DICCIONARIO DEL ESPAÑOL MODERNO
— EDICIÓN REVISADA —

現代スペイン語辞典

—— 改訂版 ——

(監修)	宮城　昇	山田善郎			
(校閲)	ヘルマン・アルセ		フワン・M・ベナビデス		
有本	紀明	木村	榮一	佐藤玖美子	清水	憲男	染田	秀藤
高橋	覺二	田尻	陽一	寺崎	英樹	中岡	省治	中山	直次
西川	喬	東谷	穎人	平田	渡	福嶌	教隆	堀田	英夫
宮本	正美	村山	光子	森本	久夫	薮中	暁	吉田秀太郎

白水社

写真提供：
　スペイン政府観光局
　メキシコ観光省
　アルゼンチン大使館
　日本・カタルーニャ友好親善協会
　田尻陽一

装丁：
　松野美根子+スタジオ エイム

Diccionario del español moderno
compilado por Noboru Miyagi y Yoshirô Yamada

Editora HAKUSUISHA

3-24, Kandaogawamachi
Chiyoda-ku, Tokio
101-0052　Japón

ま　え　が　き

　1958 年，高橋正武先生の『西和辞典』が出版されてからはや 32 年が経過した．同書が，これまでスペイン語の学習およびスペイン文化の普及にどれだけ貢献したか計り知れないものがある．その間，先生は時代の推移に応じて，何度も訂正を重ね，内容の充実に努めてこられた．同書が今後ともスペイン語学習者の良き伴侶であることに疑いの余地はない．

　しかしながら，このところ世界情勢の進展，社会の変化はあまりにも目まぐるしく，それにつれて語義にも変動がみられ，新語が続出してくるありさまである．ここに至って，高橋先生は構想を練り直して，新しい辞典を作ることを決意された．現代の生きたスペイン語に焦点を定め，学習者がめったに出くわすことはなかろうと思われるような単語は思い切って省き，そのぶん，語法辞典の要素を大幅に取り入れることにしたのである．そのような考えのもとで，先生を頂点とし，多くのスペイン語・文学・文化の研究者が参加して新辞典の編纂に着手したのが 1979 年夏のことであった．ところが 1984 年，ごく一部の原稿に目を通されただけの段階で先生はにわかに病に倒れ，志半ばにして幽明境を異にされた．惜しみてもあまりあることである．後事を託された私どもは決意も新たに，先生のご遺志の実現に努力することを誓いあったのである．

　「謙虚，細心」が高橋先生の信条であった．それはとりもなおさず「あくまで正確を期す」ということであり，私たちも執筆するにあたって，それぞれ先生の信条を座右の銘としてきたつもりである．また，単に「単語の意味」を調べるだけのものでなく，「単語の使い方」もわかるような辞典づくりを私たちは心がけた．このため，用法の解説を詳しくするとともに，中辞典クラスを越える，できるだけ多くの例文をのせた．一方，スペイン語と日本語の文化的背景も加味しながら，単語の意味をそのニュアンスにまで踏み込んでとらえるように精一杯の努力をはらった．

　このような意図はスペイン人の全面的な参加によって可能になったとも言える．ヘルマン・アルセとフワン・M・ベナビデスは編者の疑問点に答えることはもとより，校正刷り全体に目を通し，生きたスペイン語になるよう校閲した．また，吉田秀太郎，森本久夫，中岡省治，東谷穎人はそれぞれの専門から全体にわたって検討し，加筆訂正を行なった．

　高橋先生のご遺志がどの程度まで実現されたか気がかりであるが，広く読者のご批判とご教示をいただいて，今後すこしでもよいものにしていきたいと考えている．そして本書が，わが国におけるスペイン語の学習，ひいては 20 か国にのぼるスペイン語圏諸国との文化の交流，相互理解にいささかでも役立てば編者にとって望外の喜びである．

　最後になったが，本書の作成にあたっては多くの方々の献身的なお力添えをいただいた．ロサベル・インザ，ホセ-マヌエル・インザのご姉弟は数多くの質問にも快く応じてくれた．神戸外大のホセ・フェルナンデス先生，南山大学の大岩勉先生のご協力もありがたかった．白水社の水谷久和氏には全体の企画構成から辞典作製の技術的な面に至るまで，ことこまかに適切なご助言をいただいた．辞典の編集には作業の停滞がつきものであるが，氏の懸命な努力がなかったなら，この辞典もあるいは日の目を見なかったかも知れない．松行晶子さんは原稿の整理から付録の作成に至るまで長期にわたって編集の手助けをしてくれ

た. とくにインフォーマントとの窓口になって様々な疑問点を解明するなど, 内容の充実にも力を尽くしてくれた. 栗山由美子さんと今井妙子さんは初校から校了にこぎつけるまで丹念に校正してくれただけでなく, 多くの貴重なご指摘をいただいた. 心からお礼を申し上げたい.

1990 年 1 月

編　者

主 要 参 考 文 献

Real Academia Española, *Diccionario de la lengua española*, Espasa-Calpe, 1984

María Moliner, *Diccionario de uso del español*, Gredos, 1967

Diccionario Anaya de la lengua, Anaya, 1979

Gran Diccionario de la lengua española, SGEL, 1985

Diccionario Planeta de la lengua española usual, Planeta, 1982

Vox Diccionario general ilustrado de la lengua española, Biblograf, 1987

Joan Corominas, *Diccionario crítico etimológico castellano e hispánico*, Gredos, 1983

Diccionario de Autoridades, Facsímil, 1963

Manuel Seco, *Diccionario de dudas y dificultades de la lengua española*, Espasa-Calpe, 1987

Martín Alonso, *Enciclopedia del idioma*, Aguilar, 1958

R.J. Alfaro, *Diccionario de anglicismos*, Gredos, 1970

Grijalbo Diccionario enciclopédico, Grijalbo, 1986

Marcos A. Morínigo, *Diccionario de americanismos*, Muchnik Editores, 1966

Alfredo N. Neves, *Diccionario de americanismos*, Editorial Sopena, 1975

Francisco J. Santa-María, *Diccionario general de americanismos*, Editorial Pedro Robrero, 1942

Dictionnaire espagnol français, Hachette, 1968

Dictionnaire moderne français-espagnol espagnol-français, Larousse, 1967

Diccionario moderno español-inglés english-spanish, Larousse, 1976

Diccionario conciso internacional Simon and Schuster inglés/español español/inglés, Simon and Schuster, 1975

Real Academia Española, *Esbozo de una nueva gramática de la lengua española*, Espasa-Calpe, 1973

Manuel Seco, *Gramática esencial del español*, Aguilar, 1972

改訂にあたって

『現代スペイン語辞典』が上梓されてすでに 8 年余が経過した. その間, スペイン語をとりまく社会的, 文化的環境もまた大きな変化を見せている. 世界はいよいよグローバル化し, 情報通信の網の目も精緻さを加えて地球上を覆い尽くそうとする勢いである. それだけにコミュニケーションの場も量も増大し, 新しい用語が産み出され, 私たちの言語生活をより豊かなものにしている. このような情勢に即して, 今回, 旧版の改訂を思い立ち, 近年の国内外の学術的成果を加味しながら所期の目的をより発展させることにした.

改訂に際しては, まず旧版の内容をデジタル化することから始めた. 改訂を部分修正に終わらせることなく, 全体の体裁を変え, 見出語・語義・用例などの追加や削除, 順序変更までコンピュータの画面上で容易に訂正を加えられるようにするためである. こうして, 読者の方々から数多く寄せられたご指摘も参考にしながら, 旧版の全面的見直し作業を進めた. 一方, スペインの雑誌から, 情報・医学・スポーツ・料理・服飾など現代の様々なジャンルの用語を収集した. この 2 年ほどは新聞や文学作品をデータベースとして利用し, 語法研究や例文収集を図りながら, 最新のスペイン語をこの改訂版に盛ったつもりである.

ここで, まず内容面から主な改訂箇所を列挙してみると次のようになる.

1) 新語や専門語, それにもっぱら中南米で使われている語彙を 1 万語以上も見出語に追加した.
2) 語義, 用例, 熟語も大幅に増やした.
3) 同義語, 反意語をさらに多く示し, 類義語の説明を新たに加えた.
4) その単語が内包するニュアンスやプラス・マイナスのイメージをできるかぎり示すとともに, 文化的背景などの補足説明を増やした.
5) 語法の解説をより充実させた.
6) 使用頻度による語義の配列順をより実情に即したものにした.
7) スペインでしか使われない単語や語義はその地域性を表示した.

この結果, 分量は全体で旧版より 250 ページ増えた.

次いで, さらに使いやすい辞書を目指して, 形態面では次のように改めた.

1) アルファベットの配列は 1994 年に改変されたスペイン・アカデミア方式に準拠し, ch と ll を 1 文字として扱うことをやめ, それぞれ c と l の項目内に収めた.
2) 重要語とその語義を赤色で示し, さらに最重要語は大型活字で示し, 単語と意味を検索しやすいようにした.
3) 主な不規則動詞は, その語尾変化がすぐ分かるように, 活用表を本文の項目内にも載せた.
4) 旧版では巻末に収録していた略語, 接頭辞・接尾辞を本文の見出語とした.
5) 意味の理解を助けるため図版類を大幅に増やした.

辞典は本来, ある単語の訳語を探し出すのがその第一の目的であるが, それだけでなく, あわせてその語のもつニュアンス, 語法, 文化的背景などにも踏み込んで, より正し

く，よりこまやかにスペイン語を理解し，さらにはスペイン語で意志を伝達するための一助にこの辞典が役立てばと願った次第である．

　以上のように心がけたこの辞典を世に問うに当たって，それなりの努力を払ったつもりであるが，まだまだ至らないところが多々あることと内心忸怩たるものを覚えていることも否めない．しかし使用してくださる方々のご批判を執筆者はもとより，この辞書の作成に携わっている者すべてが真摯に受け止めながら，今後とも正鵠を期して，より充実した辞典にしていきたいと願っている．

　終りに改訂版を刊行するにあたり，旧版以来，常により良い辞書作りを目指して腐心してきた白水社の水谷久和氏を始め，内容のデジタル化や訂正の打ち込みを手伝ってくれた大八木秀さん・長七重さん・三谷晶子さん・多田博文氏，いつも貴重な情報を提供してくれた栗山由美子さんと今井妙子さん，『和西辞典』の改訂作業を進めながら『現代スペイン語辞典』との内容調整をはかってくれた松行晶子さん，文字データに辞典としての体裁を加えたり図版を準備してくれた山田明子さんのご助力に心から感謝の意を表したい．

1998 年 10 月

編　者

改訂版作成のため新たに使用した主な参考文献

Diccionario Esencial Santillanas de la Lengua Española, Santillana, 1991

Collins Spanish Concise Dictionary, Haper Collins Publishers, 1993

The Oxford Spanish Dictionary, Oxford University Press, 1994

Diccionario para la Enseñanza de la Lengua Española, Universidad de Alcalá de Henares, Bibliograf, S. A., 1995

Diccionario Salamanca de la Lengua Española, Santillana, Universidad de Salamanca, 1996

Clave Diccionario de Uso del Español Actual, Ediciones SM, 1996

使　用　上　の　注　意

1　見出語

① 中見出しも含め, 収録した語数は約 4 万 6 千である.

② 現代のスペイン語を中心に, 中南米で使われている語彙もできる限り収録した.

③ スペイン・中南米などの主な地名や人名, わかりにくい動詞の活用形, 略語, 接頭辞・接尾辞も見出語に立てた.

④ 初級の学習者にとって重要と思われる語を赤色で示した (約 1280 語).

> **distinto, ta** [distínto, ta] 形 〖英 distinct〗
> ❶ [+de・a と] 異なった, 別の: ...

さらに重要と思われる語は大きな活字で示した (約 750 語).

> **dinero** [dinéro] 男 〖英 money〗 ❶ 集名
> 金(%); 財産: ...

⑤ 見出語が性によって変化する場合は, その変化する部分を後に示した.

> **metálico, ca** 形 ＝男性形 metálico, 女性形 metálica.
>
> **narrador, ra** 名 ＝男性名詞 narrador, 女性名詞 narradora.

⑥ 派生語を中見出しとして, 項目の最後に置いた場合がある.

> **brezo** [bréθo] 男《植物》ヒース: 〜 veteado ブ
> ライアー, エイジュ. pipa de 〜 ブライアーのパイプ
> **brezal** 男 [ヒースの生い茂った] 荒れ野

⑦ 語形が同じだが語源や品詞が異なるとき, 検索しやすさを考慮して別見出しとし, 肩付き数字で区別した場合がある.

> **crónica**[1] [krónika] 名 ❶ [新聞の] 時評欄;
> [テレビ・ラジオの] 報道番組: 〜 deportiva スポ
> ーツ欄(ニュース). de sociedad 社交界欄. ❷
> 年代記, 編年史
>
> **crónico, ca**[2] [króniko, ka] 形 慢性的な 〖↔
> agudo〗: alcohólico 〜 慢性アルコール中毒患
> 者. déficit 〜 慢性的赤字

2　発音

① SGEL の Gran Diccionario de la lengua española を参考にして, スペイン語の発音を示した.

② 発音記号などについては巻末付録の文法概要に説明してある.

3　活用番号

① 見出語が正書法上変化動詞, 不規則動詞の場合, 巻末付録の動詞活用表と対応した番号を示した.

> **alzar** [alθár] ⑨ 他 ...
>
> **contar** [kontár] ㉘ 他 ...

② 正書法上の変化もする不規則動詞の場合は, その番号を 2 つ並べた.

> **forzar** [forθár] ⑨ ㉘ 他 ...

4 品詞

① 見出語の品詞, 性数などは次の略語で示した.

男	男性名詞, 男性形	前	前置詞
女	女性名詞, 女性形	接	接続詞
複	複数形	間	間投詞
形	形容詞	他	他動詞
冠	冠詞	自	自動詞
代	代名詞	助	助動詞
副	副詞		

② 名 は, 語尾によって男性・女性を使い分ける名詞(たとえば niño, ña)および男女共通名詞(たとえば estudiante)であることを示す.

③ 集名 は集合名詞, 可算・不可算 は可算名詞・不可算名詞, 現分・過分 は現在分詞・過去分詞を示す.

④ 再帰動詞は ～se で表わした.

> **completar** [kɔmpletár] 他 完全[なもの]にする, 完成させる; 終える: ～ su discurso con palabras de agradecimiento 感謝の言葉でスピーチを締めくくる
> ◆ ～se 補完し合う: Los dos libros se completan. その2冊の本は互いに補い合う

5 解説

① 〖 〗 の中に, 注意すべき語形変化, 相当する英語などを入れ, 派生関係は←, 反意語は↔, 参照すべき語は ☞ で示した.

> **torcaz** [tɔrkáθ] 女 〖複 ～ces〗〖鳥〗カワラバト
>
> **Cristóbal** [kristóbal] 男《男性名》クリストバル 〖英 Christopher〗
>
> **bracear** [braθeár] 自 〖←brazo〗❶ [主に何かを振り切ろうとして] 腕を振り動かす. ❷ …
>
> **minoría** [minoría] 女 ❶ 少数 〖↔mayoría〗; 少数派, 非主流派: …
>
> **encolerizar** [eŋkoleriθár] 9 他 激怒させる 〖☞enfadar 参考〗

② 同義語は語義の後に置いた.

> **garrucha** 女 滑車 〖polea〗.

類義 として類義語の説明をした場合もある.

> **piel** [pjél] 女 〖英 skin〗❶ [人間の] 皮膚, 肌 〖類義 piel は一般的に皮膚. cutis は主に化粧関係で, 特に顔の皮膚. tez は顔の皮膚の主に色について〗:

③ 語の水準は次のように《 》で示した.

《文語》, 《口語》 (=coloquial, familiar), 《俗語》 (=vulgar), 《卑語》, 《詩語》, 《古語》

親愛を表わす語・プラスイメージの語は《親愛》, 軽蔑を表わす語・マイナスイメージの語は《軽蔑》で示した.

> **peregrino, na** [peregríno, na] 形 名 ❶ 巡礼者[の]: … ❸《軽蔑》風変わりな; 脈絡のな

い: Su proyecto es 〜. 彼の計画はとっぴだ. ...

《幼児語》,《学生語》はそれぞれ幼児・学生がもっぱら使う語であることを示している.

《表示》は掲示, 広告のたぐいであることを示している.

④ 使用地域は, スペインは《西》, 中米とメキシコは《中米》, 南米は《南米》, 中米・メキシコと南米にまたがる場合は《中南米》と表示した. なお, その全域ではなく, たとえばチリだけとか, ラプラタ川流域のような場合も《南米》と表示した.

> **tabaco** [tabáko] 男 ❶《植物》タバコ. ❷《主に西》[喫煙用の] たばこ: ¿Tienes 〜? たばこ持ってるかい? hilar 〜《中南米》噛みたばこを紐状にする. ...
> *acabarse a+人 el* 〜《南米》…が一文なしになる
> *ponerse de mal* 〜《中米》不機嫌になる

⑤ 外来語は《←英語》,《←仏語》のように表示した.

> **óscar** [óskar] 男 〖単複同形/複 〜s〗《←英語. 映画》オスカー, アカデミー賞

⑥ 専門分野もたとえば次のように《 》に入れて示した.

《医学》	(医学, 病名)
《演劇》	(演劇論, 劇場)
《化学》	(化学, 化学物質)
《解剖》	(解剖学, 身体の部位)
《技術》	(技術一般)
《軍事》	(軍隊, 築城)
《経済》	(経済学, 経済)
《言語》	(言語学, 音声学)
《建築》	(建築学, 建築の構造など)
《鉱物》	(鉱物学, 鉱物名, 採鉱)
《魚》	(魚類)
《詩法》	(詩学, 韻律)
《情報》	(コンピュータ関連)
《植物》	(植物学, 植物名)
《スポーツ》	(種目, ルールなど)
《生化》	(生化学)
《船舶》	(船舶, 航海)
《天文》	(天文学, 天体)
《動物》	(動物学, 動物名)
《鳥》	(鳥類)
《服飾》	(服飾名)
《法律》	(法学, 法律)
《薬学》	(薬品名)
《歴史》	(史学, 歴史上の事件など)

⑦ [ ] の中に, 意味上・用法上の説明を入れた.

achaque [atʃáke] 男 ❶ [軽い] 慢性病；軽い
病気，体の不調 : lleno de 〜s 持病だらけの. ...

lagrimear [lagrimeár] 自 ❶ [目が主語] 涙
が出る : Con el humo me *lagrimearon* los
ojos. 私は煙で涙が出た. ❷ [人が主語] 泣く；
泣き虫である

⑧ 語義の後に，〖　〗に入れて補足的な説明を行なった場合もある.

sábana [sábana] 女 ❶ シーツ〖上下 2 枚あり，
その間で寝る〗: 〜 bajera (de abajo) 下側のシ
ーツ，敷布. 〜 encimera (de arriba) 上側の
シーツ. ...

6　語義

① 語義の配列は原則として頻度順とした.

② 重要語については，代表的な訳語を赤色の太字で示した.

7　用例

① 用例中の見出語は 〜 で代用するか，イタリック体で示した.

digerir [dixerír] 33 他 〖現分 dig*i*riendo〗❶
消化する : i) 〜 los alimentos 食品を消化〔吸
収〕する. ii) ... ❷ じっと耐える，我慢する〖主
に否定文で〗: Todavía no *ha digerido* su
cese. 彼はいまだに解雇から立ち直れないでいる

② 前置詞など見出語と密接な関連のある語もイタリック体とした.

③ 配列は語義の理解に役立つように，語義との親疎，例文・例句・合成語的な
もの，アルファベット順とした.

8　熟語

① 熟語・成句は太字イタリック体で，アルファベット順に並べ，各品詞の最後
にまとめて示した. ただし品詞ごとの分類が紛らわしい場合は項目末に一
括して置いた.

② 見出語を 〜 で代用している場合もある.

loro [lóro] 男 ❶ 〈鳥〉オウム : 〜 del Brasil バ
ラグアイインコ. ❷ ...
al 〜 [相手の注意を喚起] ほら，ねえ
estar al 〜 《西. 口語》[+de を] 知っている

9　記号

① 語句の並列は，や；や / で示した.

② 置換は（　）や・で示した.

③ 省略可能は〔　〕で示した.

A

a¹ [a] 圖《英 to, at. 定冠詞 el の直前では el と結合し **al** となる：ir al parque 公園に行く. ただし el が固有名詞の一部である場合を除く：ir a El Salvador エル・サルバドルへ行く》

I ❶ [終着点・方向] …へ，…に 《↔de. 類義 hacia は a より漠然とした方向, para は単なる方向の指示：Voy *a* Madrid. 私はマドリードへ行く. Voy *hacia* Madrid. 私はマドリードの方へ行く. Voy *para* Madrid. 私はマドリードの方に向かう（終着点はマドリードとは限らない）》：Miré al avión, pero no lo vi. 私は飛行機の方を見たが，見えなかった. El pueblo está al norte de Toledo. その村はトレドの北にある

❷ [地点] …で；…のそばに：A la puerta te esperan. 戸口で彼らは君を待っている. La fábrica está *a* dos kilómetros (*a* cinco minutos) de mi casa. 工場は私の家から2キロ（5分）の所にある. sentarse *a* la lumbre 火のそばに座る. llevar un cesto al brazo 腕にかごを下げている

❸ [時点] …に：i) La reunión empezó *a* las dos. 会合は2時に始まった. Estamos *a* 15 de agosto. 今日は8月15日です. Ingresó en la escuela *a* los seis años. 彼は6歳で入学した. al día siguiente 翌日に. ii) [主に過去の] …後に：A tres meses [de recibir la carta] se marchó de casa. 〔手紙を受け取って〕3か月後に彼は家を出た. [文語では未来も] Se celebra la reunión *a* un mes después del inicio de la Cumbre. サミット開催を1か月後に控えて会議が行われる. iii)《文語》[同時] A su muerte todo ha cambiado. 彼が死ぬとすべてが変わった. regresar a la caída de la tarde 日暮れに帰る. iv)《中南米》=por：*a* la tarde 午後に

❹ [到達点] …まで《hasta》：El agua le llegaba al cuello. 水が彼の首まで届いた. ¿Cuánto se tarda de aquí *a* la estación? ここから駅までのくらい時間がかかりますか? La oficina permanece abierta de ocho *a* dos. 事務所は8時から2時まで開いている. Querían pelear *a* morir. 彼らは死ぬまで戦おうとした

❺ [基準] …で；…につき：*a* cien kilómetros por hora 時速100キロで走る. Distribuyen las ganancias *a* mil pesetas por acción. 1株千ペセタの配当がなされる. a[l] tres por ciento 3パーセントで. vender *a* cien pesetas el kilo 1キロ100ペセタで売る. ii)《主に中南米》[時間の単位] =por：pagar dos mil pesetas *a* mes 月に2千ペセタ払う

❻ [目的] …のために《para》：i) trabajar *a* beneficio del público 公益のために働く. ¿A qué me llamaste? 何の用で私を呼んだの? [主に 移動の動詞+. +不定詞] Vengo *a* verle a

usted. 私はあなたに会いに来ました. Salí *a* recibir a José. 私はホセを迎えに出た. [+que+接続法] Voy al médico *a que* me mire la garganta. 私は喉をみてもらいに医者へ行く. ii) [結果] Por las tardes ella se sentaba *a* coser. 彼女は午後には座って縫い物をした

❼ [対象] …への：temor *a* la muerte 死の恐怖

❽ [根拠・準拠] …によって《por, según》：Se enviarán muestras *a* solicitud. ご請求次第見本をお送りします. *a* mi entender 私の理解するところによれば. *a* juicio de los comentaristas 評論家の意見によれば. *a* lo que parece 見たところ, 外見は. *a* ley de Castilla カスティーリャの法律によれば. bailar *a* la guitarra ギターに合わせて踊る

❾ [様態] …のような・に, …風(流)の・に：i) olor *a* rosas バラの香り. saludar *a* lo militar〔軍隊式に〕敬礼する. ii) [+la+地名形容詞女性形] patio *a* la española スペイン風の中庭. Hablan *a* la mexicana. 彼らはメキシコなまりで話す. iii) [+lo+人名] Canta *a* lo Iglesias. 彼はイグレシアス風に歌う.

❿ [方法・手段] ir *a* pie 歩いて行く. coser *a* máquina ミシンで縫う. cocer *a* fuego lento とろ火で煮る

⓫ [得点] i) Los dos están igualados *a* puntos. 2人は同点だ. ii) …対…：ganar el partido por tres *a* dos 3対2で試合に勝つ

⓬ [対比・比較] El hombre es distinto *a* la mujer. 男は女と違う. Eres igual *a* tu padre. お前は父親そっくりだ. Prefiero el té *al* café. 私はコーヒーより紅茶がいい. Este vino es superior *al* del otro día. このワインは先日のより上等だ

⓭ [命令] Tú, *a* la cama (*al* trabajo). さあ, 寝なさい(働け)!

⓮ [露出] …を浴びて, 受けて：sentarse *al* sol 日なたにぼっこをする. *a* la luz de la luna 月光を浴びて. Las banderas ondean *al* viento. 旗が風にはためく

⓯ …にかけては：No hay nadie que le gane a la puntualidad (*a* llegar con puntualidad). 時間を守ることにかけては彼の右に出る者はいない

⓰ [名詞+a+同一名詞] Salieron dos *a* dos. 2人ずつスタートした. casa *a* casa 一軒ずつ

⓱ [+不定詞] i) [条件. 主に熟語的] …するなら：*a* juzgar por su traje 彼の服装から判断すると. *A* no afirmarlo tú, lo dudaría yo. 君が断言しなければ, 私は疑っただろうね. ii) [命令] …しなさい；[勧誘] …しよう：A callar. 黙りなさい. A no gritar. わめくな. A ver. どれどれ〔見てよう〕.

iii)《←仏語》［名詞＋］…すべき: problema *a* resolver 解決すべき問題. casa *a* vender 売り家

II ［間接目的語を導く］ ❶ ［対象］ …に: Escribí una carta *a* mi abuela. 私は祖母に1通の手紙を書いた ❷ …にとって: *A* ti, ¿qué te parece esto? 君, これどう思う? ❸ ［…の身体の一部］ La madre le lavó la cara *a* la niña. 母親は娘の顔を洗ってやった ❹ ［分離・除去］ …から: He comprado estas flores *a* la niña. 私はこれらの花を少女から買った. Le han robado el reloj *a* Teresa. テレサは時計を盗まれた ❺ …のために: El padre le soplaba *al* niño el globo. 父は子供の風船をふくらませてやった

III ［直接目的語が人の場合］ …を: i) Respetamos *a* los ancianos. 私たちは老人を尊敬している. ¿A quién esperas?—No espero *a* nadie. 誰を待っているの?—誰も待っていない. ［不定な人の場合は a をつけてもつけなくてもよい］ Buscamos 〔a〕 una secretaria capaz. 私たちは有能な秘書を捜している. ［直接目的・間接目的がどちらも人の場合は直接目的に a をつけない方が多い］ Recomiendo a usted 〔a〕 esta chica. この娘を推薦します. ii) ［時に動物］ Ha acariciado *al* perro. 彼はその犬をなでた. iii) ［擬人化］ Adoran *a* la Luna. 彼らは月の神を信仰している. España venció *a* Francia. スペイン〔チーム〕はフランス〔チーム〕を破った. El labrador teme *a* la escarcha. 農夫は霜を恐れる. iv) ［統語関係の明示］ Llamaron América *al* Nuevo Mundo. 彼らは新世界をアメリカと呼んだ. Alcanza *al* tren el coche. 自動車が列車に追いつく

a² [á] 囡《Ⓐ aes》 ❶ アルファベットの第1字; その名称. ❷《音楽》ラ〔la〕, イ音
a por a y be por be 逐一, 詳細に

a- 《接頭辞》 ❶ ［方向・傾き］ *a*francesado フランスかぶれの. ❷ ［＋名詞・形容詞. 他動詞化「…にする, …ならしめる」］ *a*largar 長くする. ❸ ［否定・分離］ *a*normal 異常な. ❹ ［近接・付加］ *a*cercar 近づける. ❺ ［非・無］ *a*simétrico 非対称的な

-a 《接尾辞》 ❶ ［動詞＋. 名詞化. 動作・結果］ cost*a* 代償, tom*a* 取入口. ❷ ［地名形容詞化］ belg*a* ベルギーの, pers*a* ペルシアの

a. 《略語》←área アール

A. 《略語》←amperio アンペア

ab- 《接頭辞》 ［否定・分離］ *ab*dicar 退位する

abacá [abaká] 囡《植物·繊維》アバカ, マニラ麻

abacería [aβaθería] 囡《まれ》食料品店, 乾物屋
abacero, ra その店主

abacial [aβaθjál] 囮 大修道院〔長〕の

ábaco [áβako] 團 ❶ そろばん;《ビリヤード》点数盤. ❷ 計算図表, ノモグラム. ❸《建築》アバクス, 頂板

abacorar [aβakorár] 囮《中南米》［事業に］大胆に取り組む; 襲う〔acometer〕; ［人を〕追いつめる

abad, desa [aβá(đ), aβađésa] 图 大修道院長; 総主教
abadengo, ga [　] 囮 大修道院長の(に属する). ◆ 團 大修道院長の職(管区·資産)
abadía 囡 大修道院長の職(管区); ［大修道院長の管理する］大修道院

abadejo [aβađéxo] 團《魚》タラ〔bacalao〕

abajadero [abaxađéro] 團 傾斜地

abajeño, ña [aβaxéɲo, ɲa] 囮《中南米》海岸地帯(低地地方)の〔人〕《↔arribeño》; アルゼンチンの南部の

abajo [aβáxo] 圖《英 down. ↔arriba》 ❶ 下に, 下で; 階下(1階)に: i) Mira más ～. もっと下を見ろ. Fue ～ a por vino. 彼はワインを取りに降りて行った. El taxi está ～ esperándote. タクシーが下に来て待っているよ. ii) ［指示語＋］ Escóndelo ahí ～. それをその下に隠せ. Viven aquí ～. 彼らはこの下〔階〕に住んでいる. iii) ［前置詞＋］ los vecinos (del piso) de ～ 下の〔階の〕住人. mirar desde ～ 下から見上げる. ir hacia ～ 下の方へ行く. iv) ［無冠詞名詞＋］ …を下に; ［中心·自分の］近くへ, こちらに: El barco navega río ～. 船は川下に向かって航行している. ir cuesta ～ 坂を下る. Se fue (Vino) calle ～. 彼は通りを下って行った(こちらへやって来た). v) ［形容詞的に］ de escaleras ～ 階下の ❷ ［文書などで］ 下に, 後のページで: como se detallará más ～ もっと先で詳細に述べるとおり. el ～ firmante 下記の署名者, 下名者
los de ～ 下層(下積み)の人々
venirse ～ 倒壊する: Se vino ～ el edificio. ビルは崩れ落ちた
◆ 圃 ［時に＋con を］ やっつけろ!: ¡A～〔con〕 el dictador! 独裁者を倒せ!

abalanzar [aβalanθár] 囮 ❾ ～**se** ［反射的に, ＋a·hacia·sobre·contra に］ 飛びつく, 突進する: ～*se sobre* el ladrón 泥棒に飛びかかる. ～*se hacia* la salida 出口の方に突進する. Me *abalancé a* coger la pelota. 私はボールをつかもうと飛びついた

abalaustrado, da [aβalaustráđo, đa] 囮 手すりのある

abaldonar [abaldonár] 囮 侮辱する, 恥をかかせる

abalear [aβaleár] 囮 ［穀粒からわらくずを］掃き分ける;《中南米》射撃する
abaleo 團 掃き分け

abalizar [aβaliθár] ❾ 囮《船舶·航空》…に航路標識を設置する
◆ ～**se** ［船が］自分の位置を示す

abalorio [aβalórjo] 團 ❶ ビーズ; ビーズ玉. ❷ 安物のけばけばしい装身具

abancalar [aβaŋkalár] 囮 開墾する

abanderado, da [aβanderáđo, đa] 图過分 ［軍隊·思想運動などの］旗手

abanderar [aβanderár] 囮 ❶ ［外国船の］船籍を登録する. ❷ ［思想運動などの］先頭に立つ

abanderizar [aβanderiθár] ❾ 囮 グループ分

けする. ◆ **~se** [+a 党派に] 加入する

abandonado, da [abandonádo, đa] 形
過分 ❶ [estar+.+de•por に] 見捨てられた:
¡*Abandonado* me tenías! 私のことをお見限
りだったね!『しばらく来ないなど』 casa (mina)
~*da* 廃屋(廃坑). niño ~ 捨て子. ❷ なげや
りな, だらしのない: Es muy ~. 彼はまったくだらし
ない. Tiene ~ su despacho. 彼は自分の仕事
部屋を散らかし放題にしている. ❸《中南米》堕
落した, 下劣な; 不良の

abandonar [abandonár] 他《英 abandon》
❶ [途中で責任•計画などを] 放棄する, 見捨て
る; 断念する: *Abandonó* la carrera de dere-
cho. 彼は法律の勉強をあきらめた. No *aban-
dones* la vigilancia. 用心を怠るな. Le *ha
abandonado* la suerte. 彼は運に見放された.
~ a su hijo 子供を捨てる. ~ el partido 試合
を放棄する. ~ la empresa 会社をやめる. ~
su puesto 職務を放棄する; 地位を捨てる.
[使用権を] やめる: Este año *he abandona-
do* pronto el abrigo. 私は今年は早目にオーバ
ーを脱いだ. No *abandona* nunca su sonrisa.
彼は決して笑みを絶やさない. ~ el coche por la
caballería 車を馬に乗り換える. ❸ 手から放す,
投げ出す: ~ la cuerda del globo 風船のひもを
手から放す. ~ su cuerpo al espacio 空中に身
を投げ出す. ❹《文語》[場所から] 離れる, 去る:
Abandonaremos el hotel antes de las
nueve. 9 時前にホテルを出ます. ~ la ciudad
町を去る(明け渡す). ~ la patria 祖国を捨てる
(出る). ❺ [+a に] 任せる, 譲る: *Abandona-
ron* el pueblo *al* pillaje. 村は略奪されるがまま
だった. ~ la dirección *a* su ayudante 指導
を助手に任せる. ❻ [情報] 終了する. ❼《格闘
技》降参する,《チェスなど》投了する

◆ 自《スポーツ》出場を中止する; [途中で] 棄権
する, 試合を放棄する

◆ **~se** ❶ 自己放棄する, あきらめる; [身だしな
みなどが] だらしなくなる: No debes ~*te*. 身だし
なみに注意したまえ. ❷ [+a に] 身をゆだねる: *Se
abandona* (en manos de) la suerte. 彼は運
命に身を任せた. ~*se a* la alegría 喜びに我を忘
れる. ~*se a* la desesperación やけ(自暴自
棄)になる. ~*se al* placer 快楽にふける

abandonismo [abandonísmo] 男 敗北主義
abandonista 形 名 敗北主義の(主義者)

abandono [abandóno] 男 ❶ 放置, 放棄: El
jardín está en el ~. 庭は荒れ放題になっている.
~ de un cadáver 死体遺棄. ❷ なげやり; 自
暴自棄: Está vestido con ~. 彼はだらしない
服装をしている. darse al ~ だらしなくする. ❸
《文語》[場所から] 去ること. ❹《スポーツ》出場
中止; [途中での] 棄権, 試合放棄: ganar por
~ 不戦勝になる. ❺《法律》[配偶者•被扶養者
に対する] 遺棄 [~ del hogar]; [財産•権利な
どの] 放棄

abanicar [abanikár] 他 自 ❶ あおぐ, 風を送
る. ❷ …にへつらう, ごまをする. ❸《野球》三振
させる. ❹《闘牛》ムレータ muleta を左右に動か
して挑発する. ◆ 自《野球》三振する

◆ **~se** [自分を] あおぐ, 扇子を使う

abanicado, da 形 過分 扇形の

abanico [abaníko] 男 ❶ 扇子, うちわ『スペイ
ンでは女性しか使わない. フラメンコ用の扇は日本
のより大きい』: lenguaje de ~ 扇子言葉『17-
18 世紀の女性が扇子を使って様々な合図を送っ
た』. ~ aluvial 扇状地. ~ de chimenea [暖
炉の] 火熱よけのついたて. ~ eléctrico《中米》
扇風機. ❷ 範囲: ~ de posibilidades 可能
性の幅. ~ salarial (de salarios) 賃金の幅.
❸《船舶》デリック, 起重機. ❹《自転車》風よけ
の選手

en ~ 扇状の: extender las cartas *en* ~ カ
ードを扇形に広げる

abaniqueo [abanikéo] 男 あおぐこと; [話す
時] 手をヒラヒラさせること

abanto [abánto] 男 ❶《鳥》エジプトハゲワシ
◆ 名 まぬけ, うすのろ; 理性的でない人

abarajar [abaraxár] 他《南米》空中で受け止
める; [言われたことを] すぐ理解する

abaratar [abaratár] 他 [価格•コストを] 下げ
る. ◆ 自／**~se** [価格•コストが] 下がる

abaratamiento 男 値下げ; 価格の下落

abarca [abárka] 女 ＝**albarca**

abarcar [abarkár] 他 ❶ 包含する: Sus
atribuciones *abarcan* todo lo relacionado
con la administración. 彼の権限は経営に関す
るすべてに及んでいる. palabras que *abarca* el
paréntesis かっこ内の語. ❷ [両手で…の回り
を] かかえる; [仕事などを] かかえ込む: No
pueden ~ esta columna. この柱は手を回すこ
とができない. No puedo ~ tantos conoci-
mientos. 私はそんなたくさんは覚え切れない.
Quien mucho *abarca* poco aprieta. 《諺》手を
広げすぎると中途半端に終わる. ❸ 見渡せる. ❹
《中南米》一人占めする, 買い占める『acaparar』

◆ 自 含まれる, 渡る, 及ぶ: Las Islas Canar-
ias no *abarcan* en este mapa. カナリア諸島は
この地図に載っていない

◆ **~se** [一目で] …を見渡せる: Desde aquí
se abarca toda la ciudad. ここから町全体が見
渡せる

abaritonado, da [abaritonádo, đa] 形《音
楽》バリトンの

abarquillar [abarkiʎár] 他 反(そ)り返らせる
◆ **~se** 反る: Esta tabla *se abarquilla*. この
板は反りやすい

abarquillamiento 男 反り

abarraganar [abaraganár] **~se** 同棲する
『amancebarse』

abarrajado, da [abaraxádo, đa] 形 名《中
米》恥知らずの, 図々しい[人]; ふしだらな, 身を
もちくずした

abarrancar [abaraŋkár] 自 他 ❶《地質》
[雨水などが地表に] 深い溝をうがつ, 峡谷を作る.
❷ 崖ぶちに追いやる

◆ 自／**~se** [船が] 座礁する

abarrancamiento 男 細溝[形成], 雨裂

abarrocado, da [abarokádo, đa] 形 装飾
の多い, 大げさな

abarrotar [abarotár] 他 ❶ [人•物が, 場所
を] 一杯にする: El público *abarrotó* la sala.

abarrote

観客で会場ははちきれそうだった(大入満員だった). ❷《中南米》独占(専占)する.
◆ **〜se**《中南米》[商品が市場にあふれて]値下がりする

abarrotado, da [abarotéðo, ða] 形 過分 ぎゅうぎゅう詰めの: El cine está 〜 de gente. 映画館は人で一杯だ

abarrote [abaróte] 男《中南米》❶ 複 食料雑貨品. ❷ 食料品店

abarrotería [abarotería] 女《中米》=**abacería**

abarrotero, ra 名《中米》食料雑貨商

abastecer [abasteθér] 動 他 [+de・con 必需品を]…に供給(補給)する: 〜 de alimentos un barco 船に食糧を補給する
◆ **〜se** 調達する: Japón se abastece del petróleo iraní. 日本はイランの石油を買っている. 〜se de (con) verduras en el supermercado スーパーで野菜を買い込む

abastecedor, ra 名 供給する[人]

abastecimiento [abasteθimjénto] 男 供給, 補給: 〜 de agua 給水

abasto [abásto] 男 複《古》❶ 生活必需品 _dar_ 〜 [+a・para 需要・必要を] 満たす: Entre los tres no _damos_ 〜 al trabajo. 我々3人では仕事の手が足りません

abatanar [abatanár] 他《繊維》❶《繊維》縮絨(しゅくじゅう)する. ❷ 殴る, 痛めつける

abatatar [abatatár] 他《南米》赤面させる
◆ **〜se** 赤面する

abate [abáte] 男 下級聖職者; フランス人やイタリア人の司祭(聖職者); 長い間フランスやイタリアで生活したスペイン人の聖職者

abatí [abatí] 男《南米》トウモロコシ [maíz]; トウモロコシ酒

abatible [abatíble] 形 倒すことのできる: asiento 〜 リクライニングシート

abatido, da [abatíðo, ða] 形 過分 [estar+] ❶ みじめな. ❷ 落胆した, 打ちひしがれた: Juan quedó 〜 por lo que dijeron. フワンは彼らの言葉ですっかり打ちのめされてしまった. ponerse 〜 意気消沈する. ❸ 価格の下がった

abatimiento [abatimjénto] 男 ❶ 衰弱; 落胆, 失意: Le entró un profundo 〜. 彼はひどく打ちひしがれてしまった. ❷《船舶》風圧偏位; 《航空》偏流角

abatir [abatír] 他 ❶ 打ち倒す; 取り壊す: 〜 un árbol 木を切り倒す. 〜 un edificio ビルを取り壊す. 〜 una tienda de campamento テントを解体する. ❷ 撃ち落とす; 撃ち殺す: 〜 un avión enemigo 敵機を撃墜する. 〜 un pájaro 鳥を射止める. ❸ [帆・旗などを] 下ろす: 〜 la cabeza 頭を下げる, 敬礼する. ❹ 気落ちさせる; [誇りなどを] 傷つける: La mala solución nos abatió a todos. 悪い知らせに私たちは皆意気消沈した(打ちのめされた). ❺《トランプ》手札を見せる
◆ [船が] 針路からそれる
◆ **〜se** ❶《文語》[鳥・飛行機などが, 主に攻撃するために, +sobre に] 降下する: El cóndor se abatió sobre su presa. コンドルが獲物の上に舞い降りた(襲いかかった). ❷ [+ante・a に] 譲歩

(屈服)する: Sólo se abatió ante los ruegos de su madre. 彼は母に懇願されてやっと折れた. ❸ 気落ちする: Se abatió por la noticia. 彼はそのニュースでしょげこんだ

abazón [abaθón] 男《猿などの》頬袋

abdicar [abdikár] 動 自 他 [+en+人 に, 王位を]譲る, 譲位する; [高位を]辞任する: 〜 [el trono] en su hijo 王位を息子に譲る. 〜 la presidencia 大統領を辞職する. ❷ [+de 権利・主義などを]放棄する: 〜 [de] los ideales 理想を捨てる

abdicación [abdikaθjón] 女 [+en+人 への]譲位, 退位; 退任; 放棄

abdomen [abdómen] 男《解剖》腹, 腹部

abdominal [abdominál] 形 腹の, 腹部の: dolor 〜 腹痛
◆ 男 ❶《スポーツ》シットアップ. ❷ 複 腹筋

abducción [abdu(k)θjón] 女 ❶《主に女性・子供の》誘拐. ❷《生理》外転 [↔aducción]; 《論理》アブダゲ

abductor [abduktór] 男《解剖》外転筋

abecé [abeθé] 男 アルファベット [abecedario]; 初歩の知識, 基礎: no saber el 〜 イロハのイの字も知らない

abecedario [abeθeðárjo] 男 ❶ 字母(表), アルファベット; 初級読本, 入門書. ❷ 〜 manual (telegráfico) 手話(電信)用記号

abedul [abeðúl] 男《植物》カバノキ

abeja [abéxa] 女《昆虫》ミツバチ(蜜蜂): 〜 reina (machiega・maesa・maestra) 女王蜂. 〜 obrera (neutra) 働き蜂. 〜 albañila ハキリバチ. 〜 carpintera クマバチ. ❷ 働き者

abejar 男 ミツバチの飼育場, 養蜂所

abejarrón =**abejorro**

abejaruco/abejero《鳥》ハチクイ; 噂話の好きな人

abejera [abexéra] 女《植物》ヤマハッカ, コウスイハッカ

abejón [abexón] 男 雄蜂; =**abejorro**

abejorro [abexóro] 男《昆虫》マルハナバチ; コフキコガネ. ❷ 口うるさい人, やっかい者

abejorreo 男《蜂などの》羽音; ざわめき

abelmosco [abelmósko] 男《植物》トロロアオイモドキ

aberración [abeRaθjón] 女 ❶ 非常識, 無分別; 錯乱: Eso que supones es una 〜. 君の考えは常軌を逸している. 〜 mental 精神異常. ❷《天文》光行差; 《光学》収差: 〜 cromática (esférica) 色(球面)収差. ❸《生物》変体, 異常: 〜 cromosómica 染色体異常

aberrante 形 常軌を逸した;《生物》変体の

aberrar 自 常軌を逸脱する

abertura [abertúra] 女 [←abrir] ❶ 開くこと: 〜 de un testamento 遺言状の開封. ❷ すき間, 亀裂; [地面の] ひび割れ: 〜 del muro 壁の穴. ❸ 建物の開口部《窓, 戸口など》: 〜 de ventilación 換気孔. ❹ [山間の] 開けた広い土地; 入り江. ❺ 心が広い(偏見がない)こと, 率直さ [〜 de espíritu]: 〜 en el trato 気のおけなさ. ❻《服飾》スリット. ❼《言語》口の開

き. **❽**《光学》口径；[カメラの] 絞り：～ numérica 開口数. **❾**《電気》アパーチャ；《機械》開き

aber(t)zale [abertsále/-θá-] [男][女] バスク愛国主義の(主義者)〖バスク語. =patriota〗

abeto [abéto] [男]《植物》モミ(樅)〖～ blanco〗：～ falso (rojo・del norte) トウヒ

　abetal [男] 樅の林

abichar [abitʃár] **～se**《南米》[虫が] 果物などの中から現われる

abiertamente [abjértaménte] [副] 隠さずに，公然と：hablar ～ 率直に話す. criticar ～ 公然と批判する

abierto, ta [abjérto, ta] [形][過分]〖英 open. ←abrir〗

❶ 開いた，あいている：La tienda está ～ta toda la noche. その店は終夜営業する. puerta ～ta あいているドア. periódico ～ 広げられた新聞. barco ～ 甲板のない船. campo ～ [さえぎるものない] 平地，平野；《地理》開放耕地. toro ～ de cuernos 角の間隔が広い雄牛〖闘牛で危険とされる〗

❷ 公開(開放)された；開放的な：curso ～ 公開講座. prisión ～ta [より自由が許される] 開かれた牢獄. puerto ～ 自由港. ～ a las nuevas corrientes artísticas 芸術の新しい潮流を容易に受け入れる. ～ de mentalidad 精神的に柔軟な. Tiene un corazón ～. 彼は心が広い

❸ 率直な：muchacho ～ y simpático あけっぴろげで感じのいい少年

❹ 公然とした：guerra ～ta 公然とした戦争

❺ ciudad ～ta [国際法上の] 無防備都市；《古語》城壁のない都市

❻《言語》開口音の

❼《中南米》寛大な

◆ [男]《スポーツ》オープン[トーナメント]

abigarrado, da [abigařáðo, ða] [形][過分] 雑多な色の；不統一な：indumentaria ～da ごてごてした色合いの衣装. discurso ～ ごた混ぜの議論

　abigarramiento [男] 雑多な色；不統一：～ de razas 色々な民族の混成(雑居)

　abigarrar [他] 様々な色で彩る；[色々なものを] 混ぜ合わす

abigeato [abixeáto] [男]《法律》馬(家畜)泥棒〖行為〗

　abigeo [男] 馬(家畜)泥棒〖人〗

ab intestato, ta [ab intestáto, ta] [形]《←ラテン語》遺言なしの

abiogénesis [abjoxénesis] [女]〖単複同形〗《生物》自然(偶然)発生

abiótico, ca [abjótiko, ka] [形] 生命のない，無生物の

abipón, na [abipón, na] [形][名] アビポン族〔の〕〖パラナ川流域のインディオ〗

abisal [abisál] [形] **❶**《文語》=abismal. **❷** 深海の

abisinio, nia [abisínjo, nja] [形][名]《地名》アビシニア Abisinia の(人)〖エチオピアの旧称〗

abismal [abismál] [形] 深淵の；底知れぬ：pez

～ 深海魚. diferencia ～ 非常に大きな相違

abismar [abismár] [他] **❶** 深淵に沈める：La muerte de su hijo le *abismó* en la desesperación. 息子の死は彼を絶望の淵に落とし込んだ. **❷** 困惑させる；隠す

◆《中南米》驚く

◆ **～se** [+en に] ふける：Miguel *se abismó en* la lectura (sus meditaciones). ミゲルは読書(黙想)にふけった. *~se en* el dolor 悲しみに沈む

　abismado, da [形][過分] 没頭した

abismo [abísmo] [男] **❶** 深淵，深み；海淵〖～ marino〗. **❷** 大きな相違(隔たり)：Hay un ～ entre lo que dice y lo que hace. 彼の言うこととすることはまったく違う. El conflicto abrió un ～ entre ellos. その争いのために彼らの間に溝ができた. **❸** 底知れぬもの，極度：～s del alma 精神の不可解さ. un ～ de dolor 測り知れない苦しみ. un ～ de maldad 悪の塊. **❹** 地獄〖infierno〗

　al borde del ～ 危機に瀕して

abismático, ca [abismátiko, ka] [形] 底知れないほど深い

abjurar [abxurár] [他]《文語》[+de 信仰・主義などを] 放棄する：～ el (*del*) catolicismo カトリックの棄教宣誓をする

　abjuración [女] 棄教(宣誓)，放棄

ablación [ablaθjón] [女]《医学》切除；《地質》[氷河などによる] 削磨；《技術》アブレーション

ablandador [ablandaðór] [男]～ de agua 硬水軟化剤. ～ de carne 肉を柔らかくするための香辛料

ablandar [ablandár] [他] **❶** 柔らかくする：El calor *ablanda* el hierro. 熱は鉄を軟らかくする. ～ el cuero 革を柔らかくする. **❷** [怒り・厳しさなどを] 和らげる；感動させる，…の同情をさそう：su actitud 態度を和らげる. El amor de Dios *ablanda* las piedras. 神の愛は石をも溶かす. **❸**《医学》[下剤などで] 通じをつける；[腫れ物を] 化膿させる. **❹** 軟水化する. **❺**《中南米. 自動車》慣らし運転をする

◆ [自] [寒さ・風などが] 和らぐ：*Ablanda* el frío. 寒さが和らぐ

◆ **～se** 柔らかくなる；和らぐ，穏やかになる：Sus ojos *se ablandaron*. 彼は優しい目つきになった. Con el tiempo *se ablandó* la enemistad. 時とともに敵意も薄らいでいった

ablande [ablánde] [男]《南米. 自動車》ならし運転

ablativo [ablatíβo] [男]《ラテン文法》奪格：～ absoluto 奪格独立語句

-able《接尾辞》[動詞+. 形容詞化. 可能・価値] utilizable 利用化する. notable 著しい

ablución [abluθjón] [女] **❶** みそぎ，沐浴. **❷** [ミサでの聖杯・指の] 洗浄式；[複] それに使う清めの水とぶどう酒

ablusar [ablusár] [他]/**～se**《服飾》[上半身を] ゆったりと着る，ブラウジングする

abnegación [abnegaθjón] [女] [自分の利益を犠牲にした] 献身，自己犠牲：acto de ～ 献身的な行為

abnegado, da 形 過分 献身的な

abnegar 8 ～**se** 自分を犠牲にする

abobado, da [aboβáðo, ða] 形 過分 ばか[み たい]な

abobamiento 男 ぼけ；驚嘆

abobar 他 呆けさせる；びっくり仰天させる，驚 嘆させる． ◆ ～**se** 呆ける；驚嘆する

abocado, da [aboκáðo, ða] 形 過分 ❶ [estar+. +a 危険などに] 直面した：estar ～ *a* una catástrofe 大惨事の危険にさらされている． ❷ [ワインが] [ser+] 少し甘口の，中辛口の； [estar+] 口当たりのよい
◆ 男 《植物・果実》アボカド 〖aguacate〗

abocar [aboκár] 7 他 ❶ 口にくわえる． ❷ [容器同士の口から口へ] 注ぐ． ❸ 近づける
◆ 自 [船が港などに] 入りかかる
◆ ～**se** [+hacia に] 向かう；[討議するために] 集まる

abocardar [aboκarðár] 他 [穴などの] 口を 広げる

abocardado, da 形 過分 [銃などが] ラッパ形 の，口径の大きい

abocetar [aboθetár] 他 下絵(略図)を描く， スケッチする；粗彫する

abochornar [abotʃornár] 他 ❶ [暑さ・熱で] 上気させる，息苦しくさせる． ❷ …に恥をかかせる， 赤面(当惑)させる：No me *abochornes* delante de mis amigos. 友人たちの前で私に恥 をかかせるな
◆ ～**se** ❶ 赤面(当惑)する；[+de・por を] 恥 ずかしく思う． ❷ [植物が暑気で] やける

abocinado, da [aboθináðo, ða] 形 過分 ❶ ラッパ(朝顔)形の． ❷ [馬が] 前かがみの． ❸ 《建 築》arco ～ 傾斜アーチ

abocinar 他 ラッパ形にする

abofetear [abofeteár] 他 [連続して] 平手打 ちをくらわせる

abogacía [aboɣaθía] 女 ❶ 弁護士の職： estudiar ～ 弁護士の勉強をする． ❷ 集合 弁護 士

abogaderas [aboɣaðéras] 女 複 《南米》相 手を味方につける(説得する)努力；出まかせ(の 論議)

abogadillo [aboɣaðíʎo] 男 《軽蔑》三百代言

abogado, da [aboɣáðo, ða] 名 過分 〖英 lawyer〗 ❶ 弁護士：hacerse de ～ の… …の 弁護人となる；代弁する．recibirse de ～ 《中南 米》事務弁護士の資格を得る． ～ defensor 被 告側弁護人． ～ de oficio/～ de pobre〔s〕国 選弁護士． ～ de secano 三百代言． ～ fiscal (del Estado) 検事． ❷ 代弁者；調停者，仲裁 者． ❸ 守護聖人 〖patrono〗
～ *del diablo* =promotor de la fe

abogar [aboɣár] 8 自 《文語》[+por・en favor de+人・事 のために] 弁護する；代弁する

abolengo [aboléŋɡo] 男 ❶ 集合 [著名な] 祖 先． ❷ [代々の] 財産，家柄

abolición [aboliθjón] 女 廃止：～ de la pena de muerte 死刑廃止

abolicionismo 男 [主に奴隷制の] 廃止論

abolicionista 形 名 廃止論の(論者)

abolir [abolír] 他 〖語尾に i の残る活用形のみ． ➡活用表〗[法律・慣行などを] 廃止する： *Abolieron* la censura. 検閲が廃止された

abolir		
直説法現在	点過去	線過去
—	abolí	abolía
—	aboliste	abolías
—	abolió	abolía
abolimos	abolimos	abolíamos
abolís	abolisteis	abolíais
—	abolieron	abolían
直説法未来	過去未来	命令法
aboliré	aboliría	—
abolirás	abolirías	—
abolirá	aboliría	abolid
aboliremos	aboliríamos	—
aboliréis	aboliríais	abolid
abolirán	abolirían	—
接続法現在	接続法過去	
—	aboliera, -se	
—	abolieras, -ses	
—	aboliera, -se	
—	aboliéramos, -semos	
—	abolierais, -seis	
—	abolieran, -sen	

abollar [aboʎár] 他 [叩いて・衝撃で] へこます， くぼませる；打ち出し模様をつける
◆ ～**se** へこむ，くぼむ

abolladura 女 くぼみ，へこみ

abollón 男 =abolladura

abollonar 他 …に打ち出し模様をつける

abolsar [abolsár] 他 袋状にする
◆ ～**se** 袋状になる，くぼむ

abombar [abombár] 他 凸形にする，反(ǎ)ら せる；[頭を] くらくらさせる，ぼうっとさせる
◆ ～**se** ❶ 凸形になる． ❷ 《中南米》ほろ酔い機 嫌になる；《南米》腐りかける

abombado, da 形 過分 《中南米》呆然とした， 呆けた

abominable [abomináble] 形 ❶ 嫌悪すべ き；不愉快な，ひどい：crimen ～ いまわしい犯罪． tiempo ～ いやな天気．comida ～ ひどい食事． ❷ 怪物のような，巨大な

abominar [abominár] 他 自 [+de を] 嫌悪 する；…に悪態をつく：～ 〔de〕la injusticia 不 正をひどく憎む

abominación 女 嫌悪〔すべきこと〕

abonable [abonáble] 形 《文語》支払える；支 払うべき

abonado, da [abonáðo, ða] 形 過分 保証さ れた；施肥された：palco ～ [劇場などの] 定期 予約席
◆ 名 ❶ [コンサートなどの] 定期会員；定期券 所有者；定期購読者． ❷ [電気・水道などの] 使用者；[電話の] 加入者

abonanzar [abonanθár] 9 自 [天候が] よく なる；[嵐・海・騒ぎが] 静まる

abonar [abonár] 他 ❶ 保証する；…の保証人 になる：Le *abona* su pasado. 彼の経歴が〔人物

を]保証している. *Abono* la certeza de lo que dice. 彼の言葉が確かなことは私が請け合う. ❷ [土地に] 施肥する: ～ el huerto 畑に肥料をやる. ❸ 改善(改良)する. ❹《文語》支払う, 払い込む: *Aboné* diez mil pesetas por el arreglo del coche. 私は車の修理代に1万ペセタ支払った. ～ el recibo del gas ガスの使用料を払い込む. ❺ [+a のサービスを] …のために申し込む: *Abono* a Pedro *a* una revista. 私はペドロのために雑誌の購読を申し込む. ❻ 差し引く, 割引する. ❼《商業》[+en の] 貸し方に記入する, 貸記する

◆ 自 [海が] 凪(な)ぐ

◆ ～**se** [+a のサービスを] 申し込む, 予約する; …に加入する: *Nos hemos abonado a un periódico de España.* 私たちはあるスペインの新聞をとった. ～*se* a un club de tenis テニスクラブの会員になる

abonaré [abonaré] 男 約束手形 [pagaré]

abonero, ra [abonéro, ra] 名《中米》分割払いで売る街頭行商人

abono [abóno] 男 ❶ [催し物などの] 予約申し込み[金]; 予約購読[料]: tener (tomar) un ～ 申し込む, 予約する. en ～s 分割払いで. ❷ その予約入場券, シーズンチケット; [鉄道などの] 定期券, 回数券: sacar un ～ para las corridas 闘牛のシーズンチケットを買う. ❸ [電気・水道などの] 料金. ❹《商業》内金払い, 内払い金《a cuenta》: en cuenta 貸方. ❺ 肥料, 施肥: ～ verde 緑肥. ～ orgánico 有機肥料. ❻《まれ》保証. ❼《中米》分割払い

ser de ～ para+人 …のためになる

aboquillar [abokiʎár] 他 [管などに] 口boquilla を取り付ける; 面取りをする

abordar [abordár] 他 ❶ [難事に] 取り組む: *Abordó* el tema valientemente. もぞもぞもその話題に取り組んだ. ❷ [頼み事などをするために] …に近づく; [頼み事などを] 持ちかける: Me pareció oportuno para ～le [ese asunto]. 私は彼に[その件について]話を持ちかけるいい機会だと思った. ❸ [船が他船に] 衝突(接舷)する; [敵船に] 切り込む

◆ 自 [+a に] 接岸(接岸)する; 入港する: ～ *al* muelle 桟橋に接舷する

abordable 形 [人が] 親しみやすい; [事柄が] 取り組みやすい; [値段が] 手ごろな

abordaje 男 接舷: ¡Al ～! 敵艦に切り込め!

aborigen [aboríxen] 形 名 [複 aborígenes] [人・動植物が] 土着の; [オーストラリアの] アボリジニー[の]; [主に 複]先住民

aborlonado, da [aborlonáðo, ða] 形《南米》=**acanillado**

aborrajar [aboraxár] ～**se** [穀物が] 実る前に枯れる

aborrascar [aboraskár] 7 他《中南米》[揚げ物を]衣をつける

◆ ～**se** 嵐になる. [集会などが] 混乱する

aborrecer [aboreθér] 39 他 ❶ ひどく嫌う, 忌(い)み嫌う: *Aborrezco* las culebras. 私は蛇が大嫌いだ. ～ de muerte 死ぬほど嫌う. ❷ 嫌いになる: Si mi novio me ve con gafas es

capaz de ～me. 私が眼鏡をかけているのを恋人が見たら, 私を嫌いになるかもしれない. ❸ いらいらさせる: Me *aborrece* ese niño con su testarudez. あの子の強情さにはうんざりだ. ❹ [鳥がひ ななどを] 親離れさせる

◆ ～**se** うんざりする, 飽き飽きする

aborrecible [aboreθíble] 形 非常にいやな; 唾棄すべき

aborrecimiento [aboreθimjénto] 男 ❶ [+por・hacia への] いや気, 憎悪. ❷ 退屈

aborregar [aboreɣár] 8 ～**se** ❶ [空が] 綿雲(うろこ雲)に覆われる. ❷《口語》付和雷同する. ❸《地質》roca *aborregada* 羊群岩, 羊背岩

abortar [abortár] 自／～**se** ❶《医学》流産する; [妊娠]中絶する. ❷ [計画などが] 失敗(挫折)する: Se *ha abortado* la huelga. ストライキは不発に終わった. ❸ [植物が] 発育不全になる

◆ 他 ❶ 中絶手術を行なう. ❷《情報》[作業を] 中止する

aborto [abórto] 男 ❶ 流産《～ espontáneo》; 人工妊娠中絶, 堕胎《～ provocado》. ❷ 失敗, 挫折. ❸《軽蔑》醜い人(もの), 不快な人(もの)

abortista 名 中絶に賛成する[人]; 中絶医. ❷ 女 妊娠中絶をする女性

abortivo, va 形 流産を起こす; 堕胎薬

abota[r]gar [abota(r)ɣár] 8 ～**se** ❶ [体 [の一部]が] ふくれる, 腫れる. ❷ 呆ける, ばかになる

abota[r]gamento 男 腫れ, むくみ

abotinado, da [abotináðo, ða] 形 zapatos ～s アンクルブーツ. pantalón ～ 先の細いズボン, スキーズボン

abotonar [abotonár] 他／～**se** …のボタンをかける: ～ la camisa ワイシャツのボタンをはめる

◆ 自 [植物が] つぼみをもつ, 芽が出る

abotonadura 女 つぼみをもつ(芽が出る)こと; [一組の] ボタン

abovedar [aboβeðár] 他《建築》穹窿(きゅうりゅう)を作る; アーチ形にする: techo *abovedado* 丸天井

aboyar [aboʝár] 他《船舶》…にブイを付ける: ～ el escollo 暗礁をブイで示す

◆ 自 浮かぶ, 漂う

abr.《略語》←abril 4 月

abra [ábra] 女 [単数冠詞: el・un[a]] ❶ 小さな入り江; 谷間; [地震による] 土地の亀裂. ❷《中南米》[戸・窓の] 扉; 森の中の空き地. ❸《中米》小灌木の茂みの間の小道

abracadabra [abrakaðábra] 男 [厄除けの呪文] アブラカダブラ; 奇妙きてれつな事物

abracadabrante 形 奇妙きてれつな

abracar [abrakár] 7 他《中南米》=**abarcar**

abrasador, ra [abrasaðór, ra] 形 燃えるような, 焼けるように熱い: sol ～ 灼熱の太陽. ～*ra* pasión 激しい情熱

abrasar [abrasár] 他 ❶ 焼く, 燃え上がらせる: morir *abrasado* 焼死する. ❷ …に焼けるような痛みを感じさせる: La sopa es tan picante que *abrasa* el estómago. スープが辛くて胃が焼けつ

くようだ. Me *abrasa* la sed. のどがかわいてひりひりする. ❸《文語》[心を]燃え立たせる, かき乱す；恥ずかしい思いをさせる：El odio le *abrasa* el corazón. 彼の心は憎しみに燃えている. ❹[財産を]浪費する. ❺[暑さ・寒さなどが植物を]枯らす, しおれさせる. ❻[酸などで]傷める

◆ 圓 焼けるように熱い；[熱などで]枯れる, しなびる：El café está *abrasando*. コーヒーが熱すぎる

◆ ~se ❶ 焼ける, 焦げる：Se *abrasó* el guisado. シチューが焦げついた. ❷[+de・en で]燃えるように感じる：~ vivo/~ de calor 暑さにうだる. ~se de sed 喉が焼けつくようにかわいている. ~se de (en) amor 恋に身を焦がす

abrasión [abrasjón] 囡 ❶ 研磨, 摩耗；《地質》海食；《医学》[表皮の] 剝離

abrasivo, va [abrasíβo, βa] 厖 研磨用の：papel ~ 紙やすり. ◆ 囲 研磨材

abrazadera [abraθadéra] 囡 [ガス管などの] 締め金具

abrazar [abraθár] 因 囲 ❶ [主に愛情表現として] 抱く, 抱擁する：El padre me *abrazó*. 父は私を抱きしめた. La yedra *abraza* el tronco. つたが木の幹に巻きついている. ❷ 包括(包含)する：~ la frase con un paréntesis 語句をかっこで囲む. Este título *abraza* todo el contenido del libro. この表題は本の内容のすべてを包含している. ❸《文語》[思想・責務などを] 受け入れる：~ una religión 入信する. ~ un negocio 仕事を引き受ける. ~ la carrera militar 軍人の道を選ぶ

◆ ~se ❶ [相互] 抱き合う. ❷ [+a・con に] 抱きつく, しがみつく：El niño se *abrazó a* su madre. その子は母親にしがみついた

abrazo [abráθo] 囲 ❶ 抱擁：i) dar un ~ a+人 …を抱擁する. ii)[手紙] un ~ 敬具；愛を込めて. un ~ afectuoso (cordial) 敬具. ❷《ボクシング》クリンチ. ❸《婉曲》性交

abreboca [abreβóka] 囲 ❶《口語》アペリチフ 《aperitivo》. ◆ 图《南米》ぼんやりした人

abrebocas 囲《単複同形》《南米》アペリチフ

abrebotellas [abreβotéʎas] 囲《単複同形》栓抜き

abrecartas [abrekártas] 囲《単複同形》ペーパーナイフ

abrecoches [abrekótʃes] 囡《単複同形》ドアマン

ábrego [áβrego] 囲《文語》南風, 南西風

abrelatas [abrelátas] 囲《単複同形》缶切り

abrevar [abreβár] 囲 [家畜に] 水を飲ませる
◆ 圓[家畜が] 水を飲む
abrevadero 囲 [家畜・野生動物の] 水飲み場

abreviación [abreβjaθjón] 囡 ❶ 短縮；省略, 要約；略語：signo de ~ 省略記号. ❷ 抄録本

abreviadamente [abreβjáðaménte] 圖 簡単に, 要約して

abreviamiento [abreβjamjénto] 囡 語の短縮《例 cine ←cinematógrafo》

abreviar [abreβjár] 囮 囲 [期間などを] 短縮する；省略(要約)する：~ su estancia 滞在期間を短縮する. ~ los trámites 手続きを簡略化する(早くする)；~ el artículo 記事を要約する. diccionario *abreviado* 小辞典. El juego *abrevia* las horas. 勝負事をしていると時間のたつのが早い

◆ 圓 ❶ 急ぐ；[+en+a+不定詞] 急いで…する：Para ~, tomé un taxi. 時間の節約のために私はタクシーに乗った. *Abrevió en* irse. 急いで立ち去った. ❷ 省略する：Bueno, para ~… では, つきつめて言えば…. ~ de razones 言葉を省略する

◆ ~se《中米》急ぐ

abreviatura [abreβjatúra] 囡 [文字・語の] 省略[形], 略語；要約：en ~ 略語で；簡潔に

abriboca [abriβóka] 囲《南米. 軽蔑》だまされやすい人

abridero [abriðéro] 囲《植物・果実》ネクタリン

abridor, ra [abriðór, ra] 厖 開く：máquina ~ra《繊維》開繊機

◆ 囲 ❶ 缶切り；栓抜き；開ける道具. ❷ [子供の時, 耳に開けた穴が閉じないようにしておく] 耳輪. ❸ 接木用のナイフ

abrigadero [abriɣaðéro] 囲 避難所, 隠れ場

abrigado, da [abriɣáðo, ða] 厖 過分 [estar+. + de から] 守られた；《南米》[ser+. 服が] 暖かい. ◆ 囡 =abrigadero

abrigador, ra [abriɣaðór, ra] 厖《中米》[ser+. 服が] 暖かい

abrigar [abriɣár] 囵 囲 ❶ [寒暑・風などから] 保護する：El muro *abriga* la casa del (contra el) viento. 石垣が風から家を守っている. Los guantes nos *abrigan* las manos. 手袋は私たちの手を保護する. ❷ [思想・感情などを] 抱く：~ malas intenciones 悪意を抱く

◆ [服が] 暖かい：Este jersey *abriga* mucho. このセーターはとても暖かい

◆ ~se ❶ 寒さから身を守る：Nos *abrigamos* con las mantas. 私たちは毛布で体を覆った. *Abrígate* bien. ちゃんと着込むんですよ. ❷ [+de から] 身を守る：~se del aguacero bajo un alero 軒下で雨やどりをする

abrigo [abríɣo]《英 overcoat》❶《主に西》オーバー, コート, 外套：Salió con (sin) ~. 彼はオーバーを着て(着ないで)出かけた. ~ de visón ミンクのコート. ❷ 防寒：prendas de ~ 防寒服. de mal ~ [場所が] 大変寒い. ❸ 援助, 庇護(⁻). ❹ 避難所(小屋)；避難港：~ antiaéreo 防空壕

al ~ de... …に守られて；[寒暑・風を] 避けて：estar *al ~ de* un árbol 木かげにいる. fugarse *al ~ de* la noche 闇に紛れて逃げる **de ~**《西. 口語》恐ろしい, 手に余る；すばらしい：tonto *de ~* 大ばか者

abril [abríl] 囲《英 April. ☞mes 参考》❶ 4月：[En] A~, aguas (lluvias) mil.《諺》4月は雨が多い. ❷ 青春：en el ~ de la vida 青春時代に. estar hecho un ~ 若く美しい. ❸ [若い女性について] …歳：muchacha de quince ~es 15歳の少女

abrileño, ña 厖 4月の

abrillantar [abriʎantár] 他 ❶ …に光沢を与える，つやを出す：～ los zapatos 靴をピカピカに磨く．❷ 価値を高める；見かけを派手にする．❸ [宝石を] ブリリアントカットにする

abrillantado, da 形 過分《南米》[果物が] 糖衣をかけた．◆ 男 つや出し

abrillantador, ra 形 光沢を与える．◆ 男 つや出し剤；磨き器

abrir

[abrír] 他《英 open. 過分 abierto. ↔ cerrar》❶ 開く，開ける：Abra la ventana. 窓を開けてください．～ los ojos 目を開ける．～ un libro 本を開く；[ペーパーナイフで] 本のページをめくる．el paraguas 傘を開く．～ la blusa ブラウスの前を開ける．～ una caja (una lata・una botella) 箱(缶詰・瓶)を開ける．～ el cajón 引き出しを開ける．～ el gas ガスの栓を開く．[直接目的語なしで] Le abre la mujer. その女性が彼にドアを開ける

❷ [穴などを] 開ける；切り開く：～ una lámina 金属板を彫る．～ un melón メロンを切る．～ un surco en la tierra 地面に溝を掘る．～ una ventana en un muro 壁に窓を作る．～ el camino en el bosque 森を切り開いて道を作る

❸ [営業・儀式などを] 始める：～ una tienda 店を開ける；店を出す．～ un negocio 商売を始める．～ una carretera 道路を開通させる．～ la campaña キャンペーンを始める．～ la marcha 行進の先頭に立つ．～ la danza 舞踏会で最初に踊る．Abrió la sesión con un breve discurso. 彼は短い開会の辞を述べた

❹ [欲望などを] 起こさせる：～ la curiosidad 好奇心をそそる

❺《医学》切開する

◆ 自 ❶ 開く，始める：Esta puerta no abre bien. このドアは開きが悪い．Los bancos abren a las nueve. 銀行は9時に開く．❷ [時に単人称] 晴れる

◆ ～se ❶ 開く：i) Se ha abierto la puerta. ドアが開いた．Se han abierto las flores. 花が咲いた．Se abrió la columna militar. 隊列は散開した．ii) [木材に] ひびが入る；[縫い目が] ほつれる．La madera se abrió con la sequedad. 材木が乾燥してひびが入った．❷ 晴れる：El tiempo se abrió al amanecer. 明け方には晴天になった．❸《文語》[視界などが] 広がる；始まる：Un paisaje maravilloso se abre ante nosotros. すばらしい景色が眼前に開ける．Ante él se abren innumerables perspectivas. 彼の前途は洋々としている．❹ [a・con に] 心を開く，打ち明ける：No te has abierto conmigo. 君は僕に本心を明かしていない．❺ [+a・sobre に] 面する，通じる：La habitación se abre a un patio (al oeste). 部屋は中庭に面している(西向きだ)．❻ [手首・足首を] くじく．❼《自動車》[カーブで] 大回りする，外側車線にはみ出して回る．❽《俗語》立ち去る，ずらかる．❾《中南米》[計画・約束などを] 放棄する，破る

abrochar [aβrotʃár] 他 ❶ …のボタン(ホック)をはめる；[留め金などで] とめる，締める；[靴の] 紐を結ぶ：～ la camisa a+人 …のワイシャツのボタンをかけてやる．❷《中米》つかまえる；叱る

◆ ～se [自分の] Abróchense los cinturones. シートベルトをお締めください

abrochador 男《南米》ホチキス [grapadora]

abrogar [aβroɣár] 8 他 [法律を] 廃止する，撤廃する

abrogación 女 廃止，撤廃

abrojo [aβróxo] 男 ❶《植物》ハマビシ；アザミ．❷ 鐖 菱蔆；岩礁

abrojal 男 ハマビシだらけの土地

abroncar [aβroŋkár] 7 他 ❶ 叱責する，どなりつける．❷ [観客が] やじる，不満の声を上げる；[人前で] 恥をかかせる

abroquelar [aβrokelár] ～se 盾で防ぐ；[+con・en で／+de・contra から] 自分を守る

abrótano [aβrótano] 男《植物》ヨモギ：～ hembra ワタスギギク

abrumador, ra [aβrumaðór, ra] 形 ❶ 圧倒的な，抗しがたい：deseo ～ 抑えがたい欲望．victoria ～ra 圧勝．derrota ～ra 壊滅的な敗北．fracaso ～ 致命的な失敗．ganar una mayoría ～ra de votos 圧倒的多数の票を獲得する．❷ 極度に疲労させる：trabajo ～ へとへとに疲れる仕事

abrumar [aβrumár] 他 ❶ [重圧などで] 圧倒する，屈伏させる：Me sentí abrumado por su belleza. 私は彼女の美しさに圧倒された．abrumado bajo el peso de su desgracia 不幸の重圧に打ちひしがれて．❷ [+con で] 悩ます，困惑させる：Le abrumaron con (a) preguntas. 彼は質問攻めに閉口した．Estoy abrumado con (por) tantas atenciones. 私はあまりの親切に当惑している

◆ ～se [単人称] 霧(もや)が濃くなる

abrupto, ta [aβrúpto, ta] 形 ❶ 切り立った，険しい：camino ～ 険しい道．❷ 無愛想な，気難しい

abs-《接頭辞》[否定・分離] abstracto 抽象的な

absceso [a(β)sθéso] 男《医学》膿瘍(ᵘ²ʸ)

abscisa [a(β)sθísa] 女《数学》横座標 [↔ ordenada]

abscisión [a(β)sθiθjón] 女《医学》切断，切除

absenta [aβsénta] 女《酒. 文語》アブサン [ajenjo]；《植物》ニガヨモギ

absentismo [aβsentísmo] 男 ❶ 地主不在，不在地主制度．❷《西》[常習的な・無断の] 欠勤 [～ laboral]，欠席 [～ escolar]；争議戦術としての欠勤

absentista 形 名 不在地主[制度の]；欠勤(欠席)しがちな[人]

ábside [áβside] 男《建築》[教会の] 後陣，アブス [☞iglesia カット]

absidal 形 アプスの

absidiola/absidiolo 男 小後陣

absintio [aβsíntjo] 男《植物》ニガヨモギ；《酒》アブサン

absolución [aβsoluθjón] 女 [無罪]放免；《宗教》罪の許し，赦免

absolutamente [aβsolútaménte] 副 ❶ 絶

対に；完全に. ❷ まったく：*A* ～ sf. まったくその とおりに. *A* ～ no. 全然違う/とんでもない. ❸ 《文法》絶対的に，目的語なしで

absolutismo [absolutísmo] 男 専制主義（政治）；《歴史》絶対主義，絶対王政 〖～real〗

absolutista 形 名 専制(絶対)主義の(主義者)

absoluto, ta [absolúto, ta] 形 〖英 absolute. ↔relativo〗

❶ [ser+] 絶対的な：Su orden es ～*ta*. 彼の命令は絶対だ. obediencia ～*ta* 絶対服従. verdad ～*ta* 絶対の真理. lo ～ 絶対. *A*～ 神. ❷ 完全な，まったくの：alcohol ～ 無水アルコール. silencio ～ まったくの静寂. ❸ 独裁(専制)的な：poder ～ 絶対的権力. ❹《文法》絶対的な，独立的な：tiempo ～ 絶対時制〖直説法現在・現在完了・点過去・未来〗. uso ～ de un verbo transitivo 他動詞が直接目的語をもたない用法〖例 Le escribo. 彼に手紙を書く〗. construcción ～*ta* 独立構文

en ～ 1) [否定文で] まったく(…でない)：¿Le gusta la película?—[No,] *En* ～. その映画は好きですか—[いや，]全然. No estoy dispuesto a aceptarlo *en* ～. 私はそれを受け入れるつもりはまったくない. 2) 《まれ》絶対に；完全に：dominar la situación *en* ～ 事態を完全に掌握する

en lo ～ 《中米》=**en** ～

absolutorio, ria [absolutórjo, rja] 形 《法律》[判決が] 無罪の

absolver [absolβér] ㉙ 他 〖過分 absuelto〗 ❶ 無罪とする；[責務を] 解除する. ❷《カトリック》[告白者に対し，+de 罪を] 許す，赦免する：～ a+人 *de* sus pecados …の罪を許す

absolvederas 女 [複] [聴罪師の] 過度の寛大さ

absorbente [absorβénte] 形 ❶ 吸収性の，吸収力のある：toalla ～ *de* agua 水をよく吸うタオル. ❷ 時間(注意)の必要な，興味深い：trabajo ～ 集中力のいる(手の離せない)仕事. ❸ 専横な，暴君的な，独占欲の強い：Es ～ con su novia. 彼は恋人に対し独占欲が強い
◆ 男 吸収(促進)剤〖material ～〗
absorbencia 女 吸収性

absorber [absorβér] 他 ❶ 吸い込む，吸収する：Las raíces *absorben* la humedad. 根は水分を吸収する. El color negro *absorbe* la luz. 黒色は光を吸収する. ～ el choque 振動を吸収する(和らげる). ❷ [時間・精力などを] 奪う；[注意などを] 引きつける：El estudio *absorbe* todo su tiempo. 彼は自分の時間をすべて勉強に取られる. ❸ 使い果たす；消費する：El mercado nacional *absorbe* toda la producción de hierro. 産出される鉄は国内市場が全部吸収する. ❹ [企業などを] 吸収合併する

absorción [absorθjón] 女 ❶ 吸収：～ acústica 吸音. ❷ 没頭，専心：escuchar con ～ 熱心に聞く. ❸ 吸収合併

absorto, ta [absórto, ta] 形 〖←absorber〗 ❶ [+en に] 夢中な，没頭した：Está ～ *en* su

libro. 彼は読書にふけっている. ❷ [+ante に] 呆然とした，驚いた：Nos quedamos ～s *ante* sus progresos. 私たちは彼の進歩に目をみはった

abstemio, mia [a(β)stémjo, mja] 形 名 酒を飲まない[人]，禁酒主義の[人]

abstención [a(β)stenθjón] 女 ❶ 自制，節制：～ *del* tabaco 禁煙. ❷ 権利行使の回避；[選挙での] 棄権

abstencionismo 男 棄権[主義]；節制主義
abstencionista 形 名 棄権主義の(主義者)；棄権運動者

abstener [a(β)stenér] ㊽ ～*se* ❶ 棄権する〖～*se de* votar〗. ❷《文語》[から] 断つ，自制する：¡*Absténte de* intervenir en mis asuntos! 私のことに干渉するのはやめてくれ. ～*se de* comer carne 肉食を控える. ～*se de* beber 禁酒する. ～*se del* tabaco 禁煙する

absterger [a(β)sterxér] ③ 他《医学》[傷口などを] 洗浄する
abstergente 形 洗浄用の
abstersión 女 洗浄

abstinencia [a(β)stinénθja] 女 ❶ 節制，禁欲：síndrome de ～ 禁断症状. ❷ 《カトリック》[+matrimonial 禁欲避妊法. ❸ 精進；《カトリック》小斎〖聖金曜日などに肉食を断つこと〗
abstinente 形 名 禁欲主義の(主義者)，節制している[人]

abstracción [a(β)stra(k)θjón] 女 ❶ 抽象[化]；抽象概念. ❷ 捨象：hacer ～ *de*... …を捨象(除外)する. ❸ 専心，没頭の《軽蔑》ぼんやり，放心. ❹ 複 妄想

abstracto, ta [a(β)strákto, ta] 形 ❶ 抽象的な《↔concreto》：El bien, la belleza, son ideas ～*tas*. 善や美は抽象概念である. ❷ 理論的な，観念的な：ciencia ～*ta* 理論科学. ❸ [抽象的すぎて] 難解な：especulaciones ～*tas* 深遠な思索. ❹《美術》抽象[派]の，アブストラクトの《↔figurativo》：pintura ～*ta* 抽象絵画. ❺《数学》número ～ 無名数
en ～ 抽象的に，理論的に；概して，おおよそは

abstraer [a(β)straér] ㊺ 他 〖過分 abstraído, 現分 abstrayendo〗 [概念などを] 抽象する；抽象的に考える
◆ 自 捨象する，無視する
◆ ～*se* ❶ [+de・en を] 捨象する，無視する：Procuré ～*me de* lo que me rodeaba. 私は周囲のことに気をとられないよう努めた. ❷ [自分のことに] 専念する；放心する：Se ha *abstraído en* la lectura. 彼は読書に熱中した. Estaba *abstraído en* sus meditaciones. 彼は冥想にふけっていた. hombre *abstraído* ぼんやりした男

abstruso, sa [a(β)strúso, sa] 形 難解な，晦渋(かいじゅう)な

absuelto, ta 過分 ☞absolver

absurdidad [absurðiðá(ð)] 女 不条理，不合理；非常識

absurdo, da [absúrðo, ða] 形 〖英 absurd〗 [ser+] ばかげた；不合理な，不条理な《↔racional》：Eso es ～. それはばかげている. ¡Qué ～! 何てばかばかしい！ decisión ～*da* ばかげた決

定. [ser que+接続法] Es ~ *que* se gaste el dinero en armas. 軍備に金を使うのは愚かしい

◆ 男 ばかげたこと；不条理：decir ~*s* ばかげたことを言う. filosofía (teatro) del ~ 不条理哲学(演劇). reducción al ~ 背理法, 帰謬(きゅう)法

reducir al ~ 自家撞着に追い込む

abubilla [aβuβíʎa] 囡 〖鳥〗ヤツガシラ

abuchear [aβuʧeár] 他 …に不満(非難・抗議)の声をあげる 〖やじる・ブーイングする・床を踏み鳴らす・口笛を吹くも含めて〗

abucheo 男 不満(非難・抗議)の声

abuelastro, tra [aβwelástro, tra] 囡 継祖父, 継祖母〖継父母の父・母；祖父・祖母の再婚した相手〗

abuelito, ta [aβwelíto, ta] 名《口語》おじいちゃん, おばあちゃん

abuelo, la [aβwélo, la] 名 〖英 grand-mother〗祖父, 祖母；《口語》老人

◆ 男 複 ❶ 祖父母；先祖. ❷ うなじの後れ毛；両鬢(びん)の巻き毛

◆ 囡《成句》¡Cuéntaselo a tu ~*la*!/¡Que se lo cuente a su ~*la*! ばかばかしい〔そんなことは信じないよ〕! No necesitas (tienes) ~*la*./Se te ha muerto tu ~*la*. 自慢しすぎだぞ. Pues estos fardos los cargará tu ~*la*. では, この包みをかつぐのはごめんだ. Éramos pocos y parió la ~*la*. また人が増えた

abuhardillado, da [aβwarðiʎáðo, ða] 形《建築》マンサード屋根の, 屋根裏〔部屋〕のある

abulense [aβulénse] 形 名《地名》アビラ Ávila の〔人〕〖カスティーリャ=レオン地方の県・県都〗

abulia [aβúlja] 囡 意志力(活力)の欠如

abúlico, ca 形 意志の薄弱な, 無気力な

abullonar [aβuʎonár] 他《服飾》〖袖などにふくらみを持たせるために〗プリーツを寄せる

abultado, da [aβultáðo, ða] 形 過分 ❶ [+de が] かさばった, ふくらんだ；ふくれた：tener los labios ~*s* 厚い唇をしている；唇がはれている. Es ~ *de* facciones. 彼は目鼻だちがはっきりしている. ❷ [金額などが] 巨大な. ❸《文語》victoria (derrota) ~*da* 大勝(大敗). ❹ 誇張された

abultar [aβultár] 自 かさばる；ふくらむ：Este paquete *abulta* mucho. この荷物はひどくかさばる

◆ 他 ふくらます；誇張する：~ la importancia de un asunto ことの重要性を大げさに言う

abultamiento 男 かさばり, 増大；誇張

abundamiento [aβundamjénto] 男 = abundancia

a mayor ~ 念のため；その上, おまけに

abundancia [aβundánθja] 囡 ❶ 多量, 多数；豊富：En esas aguas hay ~ de peces. その海域には魚がたくさんいる. año de ~ 豊作. país de ~ 資源の豊かな国. con ~ 豊富に. De la ~ del corazón, habla la boca.《諺》魂に感ずるところ多ければ, 口おのずから開く. ❷ 富裕：vivir (nadar) en la ~ 裕福に暮らす

en ~ あり余るほど

abundante [aβundánte] 形 〖英 abundant〗 [ser+] ❶ 豊富な〔↔escaso〕；あり余るほどの：i) cosecha ~ 豊作. cabello ~ 豊かな髪. ii) [+en に] 富んだ：río ~ *en* truchas マスのたくさんいる川. ❷ 複 多数の

abundar [aβundár] 自 ❶ たくさんある, 豊富にある：En este libro *abundan* los ejemplos. この本は例文が多い. El trigo *abunda* en este país. この国は小麦がよく穫れる. Lo que *abunda*, no daña.《諺》財産はいくらあっても害にはならない. ❷ [+en=無冠詞名詞 に] 富む：España *abunda* en frutas de todas clases. スペインはあらゆる果物が豊富にある. ❸ [+en 意見に] 賛同する；固執する：*Abundo en* su opinión. 私は彼の意見に賛成だ

abundoso, sa [aβundóso, sa] 形《中南米》=abundante

abuñuelado, da / abuñolado, da [aβuɲweláðo, ða/-ɲo-] 形《料理》フリッターbuñuelo の, 揚げた

abur [aβúr] 間《口語》さようなら! 〖adiós〗

aburguesar [aβurɣesár] ~*se* ブルジョワ化する

aburguesamiento 男 ブルジョワ化

aburrido, da [aβuříðo, ða] 形 過分 ❶ [ser+] 退屈させる〔人〕：No me gusta ir con él, porque es muy ~. 彼とは一緒に行きたくない, とても退屈な人だから. película ~*da* 退屈な映画. ❷ [estar+] 退屈した；[+de に] うんざりした：Está ~ sin nada que hacer. 彼は何もすることがなくて退屈している. La enfermedad del niño les tiene ~*s*. 子供が病気で彼らは困っている

aburrimiento [aβuřimjénto] 男 退屈；いらだたしさ：Esta conferencia ha sido un ~. この講演は実に退屈だった

aburrir [aβuřír] 他 [+con で] 退屈させる；うんざりさせる, 困らせる：Me *aburría* la película. その映画は退屈だった. Aburre a cualquiera *con* sus historias. 彼の身の上話には誰もがうんざりさせられる

◆ ~*se* [+de・con・en に] 退屈する〔↔divertirse〕；うんざりする：~*se de* esperar 待ちくたびれる. Me aburrí en el fútbol. 私はサッカーに飽きた. Me *aburro* mucho explicándole las matemáticas. 彼に数学を教えていると大変いらいらする

abusado, da [aβusáðo, ða] 形 過分《中米》才知が鋭い, ずる賢い；[呼びかけ] 気をつけて 〖cuidado〗

abusador, ra [aβusaðór, ra] 形《南米》=abusón

abusar [aβusár] 自 [+de を] ❶ 乱用する；悪用する：i) No *abuses de* mi paciencia. 私が我慢してやっているのに図に乗るな. Todos *abusan de* él. みんなは彼をいいように使っている. Perdone si *abuso de* su amabilidad. ご好意に甘えすぎていたらお許し下さい. Estoy *abusando de* su tiempo. お時間をとって申し訳ありません. ~ *de* la bebida 酒を飲みすぎる. ~ *de* sus derechos 権利を乱用する. ii) [+en について] *Abusa del* personal *en* el horario de trabajo. 彼は無理な勤務時間をスタッフに要求する. Trabaja bien, pero *abusa en* los precios. 彼は仕事はできるが、料金が法外だ. ❷ 性的に虐待する、暴行する

◆ **~se**《中米》警戒している、用意ができている

abusivo, va [abusíƀo, ƀa]《形》度を越した、法外な；不当な：ejercicio ~ del poder 権力の乱用な. libertad ~*va* わがまま、放縦. costumbre ~*va* 悪習. precio ~ 法外な値段

abuso [abúso]《男》❶ 乱用；悪用：Es un ~ cobrar tanto dinero. そんな多額の代金を請求するのは法外だ. ~ de medicamentos 薬の乱用（飲みすぎ）. ~ de autoridad 職権乱用. ~ de confianza 背信、背任. ~ de la amabilidad 親切につけこんだ不当な要求. ~ de palabra 言葉の誤用. ~ televisivo テレビの見すぎ. ❷ 性的虐待、暴行：~ deshonesto 強制わいせつ行為. ~ sexual infantil 性的児童虐待. ❸《商》悪弊、弊害. ❹《法律》~ de superioridad 加重事由

abusón, na [abusón, na]《形》《名》《西. 口語》権力を乱用する〔人〕；恥知らずな〔人〕；金をくすねる〔人〕

abyecto, ta [abjἐkto, ta]《形》卑劣な、下劣な **abyección**《女》卑劣、下劣

aC《略語》←antes de Cristo 紀元前, B.C.〖↔dC〗: en el año 776 *aC* 紀元前 776 年に

A.C.《略語》←América Central 中央アメリカ；Año de Cristo 西暦紀元、；Asociación Civil 財団法人

a/c.《略語》←a cargo …気付；…の責任（負担）で；…にあてて；a cuenta 先払いで；al cuidado …気付

acá [aká]《副》《近称の指示副詞. aquí より方向性・広がりがある》❶ こちらへ、こちらに：Ven 〔más〕 ~. 〔もっと〕こっちへ来い. No vive tan ~ como crees. 彼は君が思っているほどこの近くに住んではいない. Lo guardé ~ abajo. 私はそれをここの下にしまった. más ~ del puente 橋のこちら側に. por ~ このあたりに. muy ~ ごく近くに. ❷ [de+時+] ~…から今まで：de entonces ~ その時以来. *del* lunes ~ 月曜日からずっと. ❸《中南米》i) ここで〖aquí〗：Eso no ocurre ~ en Argentina. ここアルゼンチンではそんなことは起こらない. ❷ この人：*Acá* lo explicará a ustedes. この人がご説明します

~ y allá/~ y acullá あちらこちらに **de ~ para allá** あちらこちらへ〔動き回って〕：Anduve *de* ~ *para allá.* 私は行ったり来たりしていた. llevar *de* ~ *para allá* 翻弄する **¿de cuándo ~...?** 1) いつから…. 2) …とはおかしなことだ：¿*De cuándo* ~ los malos critican a los buenos? 悪人が善人を批判するとはおかしなことだ

acabado, da [akaƀádo, da]《形》《過分》[estar+] ❶ 終わった；完成された、仕上げられた. ❷ 熟達した；完璧な：historiador ~ 歴史学の大家. obra de arte muy ~*da* すばらしい出来ばえの芸術作品. ❸ 衰弱した；荒れ果てた、

傷んだ：viejo ~ やせ衰えた老人. El coche estaba ~. 車はポンコツだった

◆《男》仕上げ；仕上がり：dar el ~ a un cuadro 絵の仕上げをする. ~ de un coche 自動車の最終仕上げ〔工程〕. ~ áspero 粗面仕上げ. ~ mate つや消し仕上げ

acabar [akaƀár] 〖英 finish. ↔empezar〗《他》❶ 終える：i) Ya *he acabado* la carta. 私はもう手紙を書き終えた. ~ su vida (sus días) 生涯を終える. ii) [直接目的語の省略. 特に hablar の省略が多い] Cuando *acabes*, avísame. それがすんだら知らせてくれ. Una salva de aplausos le impidió ~. 盛大な拍手のために彼の話は中断された. Déjeme ~. 最後まで聞いてください/[時間がないので] これで終わらせてください. ❷ 仕上げる、完成させる：*Ha acabado* la mesa con la laca. 彼は机にラッカーを塗って最後の仕上げをした. ❸ 食べ（飲み）尽くす；使い切る：El niño no *ha acabado* la leche. その子はミルクを全部飲んでいない. ❹ …の悪口を言う

◆《自》❶ 終わる：i) El curso *acaba* en enero. 講座は1月に終わる. Estaba *acabando* la casa. 家は荒れ果てていた. ¡Hemos acabado! [議論などで] もうこれで終わり（打ち切り）だ! ii) [+現在分詞] 結局は…する：Tras tres años de matrimonio *acabaron* aborreciéndose. 結婚3年にして彼らはついに倦怠に入った. iii) [+en] …で終わる、最後が…になる：La historia *acabó* en las bodas. 話は結婚で終わった. La espada *acaba* en punta. その剣は先がとがっている

❷ [+de+不定詞] i) [肯定文で] [直説法現在・線過去] …したばかりである：*Acabo de* llegar. 私は今着いたところだ. *Acababa de* llegar cuando tú llamaste. 君の電話があった時、私はちょうど着いたところだった. [直説法現在・線過去以外] …し終える：*Hemos acabado de* trabajar hoy. 今日の仕事は終わりです. *Acabó de* trabajar a las 10. 彼は10時に仕事を終えた. Cuando *acabe de* preparar la lección, voy a llamarte. 予習を終えたら君に電話するよ. ii) [否定文で] [直説法現在・線過去] なかなか〔…しない〕：No *acabo de* acostumbrarme a esta casa. 私はどうもこの家になじめない. No *acabé de* creérmelo. 私はついにそれを信じることができなかった. ¿*Acabas de* levantarte?—No, no *acabo de* levantarme. 今起きたばかりですか?—いいえ、起きたばかりではありません. [直説法現在・線過去以外] とうとう〔…しなかった〕：Pedro no *acabó de* levantarse. ペドロはとうとう起きなかった. iii) [命令文で] *Acabe de* explicarse. もう説明は結構です

❸ [+con] i) …を終わらす；殺す：En 10 minutos *acabé con* el desayuno. 私は10分で朝食を食べ終わった. Este pulverizador *acabará con* las cucarachas. このスプレーならゴキブリを退治できるだろう. ii) …を壊す：Si tratas así la pluma *acabarás con* ella. そんな使い方をしたらペンをだめにしてしまうぞ

❹ [+por+不定詞] 結局は…する：Trabajó

tanto que *acabó por* caer enfermo. 彼は働き
すぎてとうとう病気になった

❺ 死ぬ

❻《中南米. 卑語》射精する

¡acaba ya! 早く終わってほしいなあ!

~〔en〕*bien*（*mal*）〔映画・物語などが〕よい（悪い）終わり方をする: Esa película *acaba bien*. その映画はハッピーエンドだ

¡acabáramos〔*con ello*〕*!*／*¡acabara ya!* なるほどそれでわかった／やっと終わったぞ!

de nunca ~ 延々と続く, 際限のない: cuento *de nunca* ~ いつもある(解決不可能な)問題

para ~ *de arreglarlo* さらに悪いことに, かてて加えて

◆ ~**se** ❶ すっかり終わる; 完成する: Se *acabó* el programa a las once. プログラムは11時に全部終了した. Por fin se ha *acabado* la investigación. ようやく研究が完成した. ❷ 尽きる: Se ha *acabado* el carbón. 石炭がすっかりなくなった. Se les *acabó* el dinero. 彼らは一文なしになった. ❸《文語》死んでしまう

san se acabó =sanseacabó

〔*y*〕*se acabó*〔*lo que se daba*〕それで一件落着(打ち切り)だ『時に関係なく用いる』: Los culpables irán a la cárcel, *y se acabó*. 犯罪者が刑務所へ行けば, 一件落着だ

acabóse [akabóse] 男 *ser el* ~《口語》もう我慢できない; 最悪の事態である: Este niño *es el* ~. この子はひどすぎる

acacia [akáθja] 女《植物》アカシア: ~ *falsa*（*blanca*）ニセアカシア, ハリエンジュ

acacóyotl [akakójotl] 男《植物》ジュズダマ

academia [akaðémja] 女《英 academy》❶ 学士院, 芸術院; 学会: Real *A*~ Española スペイン王立学士院. ❷ 学校. 〔特に〕各種学校: ~ *de comercio* ビジネススクール. ~ *de corte y confección* 洋裁学校. ~ *de idiomas* 外国語学校. ~ *de peluquería* 理容学校. ~ *militar* 陸軍士官学校. ❸《美術》裸体画(像)の習作. ❹ プラトン学派の

academicismo [akaðemiθísmo] 男 伝統的形式主義, アカデミズム

académico, ca [akaðémiko, ka] 形 ❶ 学士院の: sillón ~ 学士院会員のポスト. ❷〔法規の〕学校教育の: título ~〔医師などの〕正規の資格, 学位. ❸ 学究的な, アカデミックな; 伝統を重んじる, 形式主義の: estilo ~ 型にはまった文体. ❹ プラトン学派の

◆ 名 学士院会員: ~ *de número* 学士院正会員. ~ *correspondiente* 学士院準会員

acadio, dia [akáðjo, ðja] 形《地名》〔メソポタミアの〕アッカド Acad の〔人〕

acaecer [akaeθér] 自《文語》〔3人称のみ. 事件などが〕起こる, 生じる

acaecimiento [] 男 出来事, 事件

acahual [akawál] 男《植物》〔メキシコ産の〕ヒマワリの一種;《中米》休耕地に生える草

acalambrar [akalambrár] ~**se** けいれんが起きる: Se me *ha acalambrado* una pierna. 私は足がつった

acalefo [akaléfo] 男《動物》ハチクラゲ

acalia [akálja] 女《植物》タチアオイ

acallar [akaʎár] 他 静かにさせる, 黙らせる; 〔苦痛・怒りなどを〕和らげる: ~ *la conciencia* 良心を満足させる. ~ *su apetito* 空腹を抑える

acalorar [akalorár] 他 熱くする; 興奮させる, 怒らせる

◆ ~**se** ❶ 熱くなる; 〔激しい運動などで〕上気する, 火照(ほて)る. ❷〔+con・por *i.* 議論などで〕興奮する, かっとなる: Se *acalora con la política*. 彼は政治問題で熱くなっている

acaloradamente 副 興奮して, 熱っぽく

acalorado, da 形 過分 1)〔ser+. 議論などが〕激しい: discusión ~*da* 激論. 2)〔estar+. 人が〕怒った; 上気した, 火照った

acaloramiento 男 熱くする(なる)こと, 上気; 暑気あたり; 興奮

acamar [akamár] 他〔嵐が農作物を〕吹き倒す

acampa [akámpa] 女 野営; キャンプ地

acampada [akampáða] 女 キャンプ: ir *de* ~ キャンプに行く

acampanado, da [akampanáðo, ða] 形 鐘の形の;《服飾》〔スカート・ズボンが〕フレアーの, ベルボトムの

acampar [akampár] 自／~**se** 野営する, キャンプする

acampante 名 キャンパー

acanalar [akanalár] 他 …に水路(通り道)をつける;《建築》〔柱などに〕縦溝飾りを施す

acanalado, da [akanaláðo, ða] 形 過分 水路を通る, 溝のある; 《繊維》畝(うね)織りの

acanaladura [] 女 縦溝飾り

acanallado, da [akanaʎáðo, ða] 形 下賤な, 下品な

acanillado, da [akaniʎáðo, ða] 形 織りむらのある

acantáceas [akantáθeas] 女 複《植物》キツネノマゴ科

acantilado, da [akantiláðo, ða] 形〔海岸が〕切り立った, 断崖の

◆ 男 断崖

acanto [akánto] 男 ❶《植物》アカンサス. ❷《建築》〔コリント式円柱の〕アカンサス葉装飾

acantonar [akantonár] 他《軍隊》宿営する

acantopterigios [akantopterixjos] 男 複《魚》棘鰭(きょくき)類

acaparar [akaparár] 他 ❶ 一人占めする, 独占する: ~ *la habitación* 部屋を専有する. ~ *el éxito* 成功を一人占めする. ~ *la atención de todos* みんなの注目を一身に集める. ❷ 没頭させる: Su trabajo le *acapara* todo el día. 彼は一日中仕事に忙殺されている. ❸ 買占める: ~ *el azúcar* 砂糖を買占める

acaparador, ra 形 名 一人占めする〔人〕; 買占めをする〔人〕

acaparamiento 男 一人占め; 買占め

a capella [a kapéla] 《←伊語. 音楽》〔歌が〕伴奏なしで, アカペラで

acápite [akápite] 男《中南米》〔条文などの〕節, 段落《párrafo》: punto ~ ピリオドを打って

改行せよ

acaponado, da [akaponáđo, đa] 形 去勢
された男のような

acapulqueño, ña [akapulkéɲo, ɲa] 形
名《地名》アカプルコ Acapulco の〔人〕『～ de
Juárez. メキシコ南西部太平洋岸の観光都市』

acaracolado, da [akarakoláđo, đa] 形 ら
せん形の

acaramelar [akaramelár] 他《料理》カラメ
ルにする, カラメルをかける
◆ **～se** 〔恋人同士が〕べたべたする

acaramelado, da 形 過分 [estar+] カラメル
状の;《比喩》甘い, べたべたの: voz ～da 甘っ
たるい声, 猫なで声

acariciar [akariθjár] 10 他 ❶ 愛撫(を)する,
そっと触れる: i) ～a+人 la cabeza 〔人の〕頭をな
でる. ii)《文語》〔風などに〕La brisa me
acaricia las mejillas. そよ風が私のほほをなでる.
❷ 心にいだく: ～ la memoria 思い出を胸に秘
める. Acaricia la idea de marcharse a
España. 彼はスペインに行く計画を温めている

acariciador, ra 形 愛撫する〔ような〕

ácaro [ákaro] 男《昆虫》ヒゼンダニ; ダニ

acarrear [akareár] 他 ❶ 〔車などで〕運ぶ, 運
搬する: ～ las maletas スーツケースを運ぶ.
Bien acarrea, pero mal empiedra.《諺》手段
はたくさんあるのに, それをうまく使う術を知らない.
❷ 〔損害・不快の念などを〕引き起こす: El te-
rremoto ha acarreado la ruina del país. 地
震はその国を破滅に追い込んだ. Su imprevi-
sión nos acarreó muchos disgustos. 彼の先
見のなさに私たちはほとほといやと気がさした
～se la propia desgracia 自ら不幸を招く

acarreo [akaréo] 男 ❶ 運搬, 運送〔費〕. ❷
《地質》沖積土, 沖積層『tierras•terrenos de
～』
de ～ よせ集めの

acartonar [akartonár] 自 〔ボール紙 cartón
のように〕固くひからびる; 〔人が年をとって〕枯れ
木のようになる, やせこける
◆ **～se** 〔皮膚が〕ひからびる

acaserar [akaserár] ～se《南米》〔店などに〕
常連になる;〔場所が〕好きになる

acaso [akáso] 副《英 maybe》❶ もしかする
と〔頭語 quizás, tal vez より疑念が強い〕: i)
《文語》[+接続法. 確信があれば +直説法] A～
venga mañana. もしかすると彼は明日来るかもし
れない. ii)〔疑問文の導入, +直説法〕¿A～ es
usted el Sr. López? もしかしてロペスさんではあり
ませんか?〔文末で〕=por si ～: ¿Es usted
médico, ～? あなたはお医者さんですか? ひょっと
して. ❷〔間投詞的. 否定の強調〕¿Dónde
están mis gafas? ―A～. 私の眼鏡はどこだろ
う?―そんなこと私が知るわけじゃない
por si ～ 万一のために; ひょっとして: Le
llamé por si ～. 私は念のために彼に電話した.
Más vale un "por si ～" que un "¡quién
pensara!".《諺》転ばぬ先の杖. Llévate el
paraguas, por si ～ llueve. ひょっとして雨が
降るといけないから, 傘を持っていきなさい
si ～ 1) いずれにしても: No sé si podré

volver hoy ; si ～, muy tarde. 私は今日帰れ
るかわからないが, 帰るにしても非常に遅くなる.
Habrá cinco o seis, si ～ 5, 6 人はいるでしょ
う, 少なくとも. 2) 万一……ならば: Llama si ～
no puedes venir. もし君が来れないなら電話し
てくれ
◆ 接《南米》もし〔si〕: A～ quieren, hablo.
もし彼らが望むなら私は話す
◆ 接 偶然〔出来事〕: Si el ～ nos ayuda,
volveremos a encontrarnos. 運がよければ, ま
たお会いできるでしょう
al ～ 行きあたりばったりに, でたらめに
por ～ ひょっとして, もしかして; 偶然に

acatar [akatár] 他 ❶ 〔法律・権威などを〕尊
重する, 順守する. ❷《中南米》…に気づく

acatamiento 男 尊重, 尊敬

acatarrar [akatařár] 他 …に風邪をひかせる
◆ **～se** 風邪をひく

acaudalar [akauđalár] 他 〔富などを〕大量に
蓄積する

acaudalado, da 形 過分 金持ちの, 裕福な

acaudillar [akauđiʎár] 他 指揮する, 指導的
役割を演じる

・**acceder** [a(k)θeđér] 自 ❶ [+a に] 同意する,
受け入れる: No accedió a ir conmigo. 彼は私
と行くことに同意しなかった. ❷ [a la demanda
要求に]応じる. ❷ 〔高い段階などに〕到達する:
～ al trono 王位につく. ～ a los honores 名
誉を手に入れる. ❸ 《情報》アクセスする: ～ a
una base de datos データベースにアクセスする

accesible [a(k)θesíble] 形 ❶ [+a に] 接近
(到達)できる; 近づきやすい: Esa catarata no
es fácilmente ～. その滝へ行くのは容易ではな
い. La biblioteca es ～ al público. その図書
館は一般に公開されている. ❷ 気さくな, 気のおけ
ない; 面会できる: Es una princesa ～ al
pueblo. 彼女は国民に親近感を抱かせる王女だ.
❸ [+para にとって] 理解できる, わかりやすい:
Ese razonamiento no es ～ para mí. その理
屈は私には理解できない

accesibilidad 女 近づきやすさ; 到達可能性

accésit [a(k)θésit] 男〔単複同形/複 ～s〕次
席〔賞〕, 選外佳作

acceso [a(k)θéso] 男 ❶ [+a への] 到達, 接
近: i) Prohibido el ～ a la zona de la base
militar. 軍事地帯への立入禁止. ～ al poder
権力〔の座〕への到達(道). ～ a la verdad 真
理への到達. persona de fácil (difícil) ～ 近
づきやすい(近づきにくい)人, 気さくな(気難しい)
人. ii) 〜の機会(権利): Tenemos libre ～ al
gimnasio (al director). 私たちは自由に体育
館を利用できる(社長に面会できる). ❷ 入り口,
通路;《交通》進入路: Hay otro ～ en la
parte de atrás. 裏側に別の入り口がある.
Están bloqueados todos los ～s a la capi-
tal. 首都への道は全部封鎖されている. puerta
de ～ 入り口用のドア. ～ a la universidad [25
歳以上の人を対象とする] 大学入学検定試験.

❸［+de 感情の］激発；突然の発病，発作：tener un 〜 de ira (de celos) かんしゃくを起こす〔嫉妬心が燃え上がる〕. sufrir un 〜 de fiebre 急に発熱する. El humo le provocó un 〜 de tos. 煙で彼は咳込んだ. ❹ 性交 〔〜 carnal〕. ❺〔情報〕アクセス；データの書き込み（読み出し）= aleatorio ランダムアクセス. 〜 directo 直接アクセス

dar ~ a... …に通じる

accesorio, ria [a(k)θesórjo, rja] 形 付random的な；副次的な：cláusula 〜*ria* 付帯条項. gastos 〜s 付随的な経費. detalle 〜 枝葉末節. puerta 〜*ria* 脇戸, サイドドア；通用口

◆ 男 ❶［主に 複〕付属品；アクセサリー〔〜s del vestir〕；〔自動車〕カーアクセサリー〔〜s de automóvil〕; 〜s de cocina 台所用品. 〜 de tocador 化粧道具. 〔演劇〕小道具

◆ 女 別館，離れ；複〔別の出入口・用途の〕1 階(地階)の部屋

accidentado, da [a(k)θiðentáðo, ða] 形 過分 ❶ 事故にあった：coche 〜 事故車. ❷ 波瀾に富んだ，多難な：vida 〜*da* 波瀾の人生. viaje muy 〜 色々と出来事の多かった旅行. ❸［土地］起伏の多い，でこぼこの

◆ 名 事故の被害者

accidental [a(k)θiðentál] 形 ❶ 偶然の，思いがけない：muerte 〜 事故死，不慮の死. ❷ 臨時の：empleo (sueldo) 〜 臨時雇用(給与). director 〜 社長代行. ❸ 本質的でない〔↔esencial〕

accidentalmente 副 偶然に，たまたま

accidentar [a(k)θiðentár] 他 …に事故(波瀾)を生じさせる

◆ 〜se 事故にあう

accidente [a(k)θiðénte] 男 〔英 accident〕 ❶ 事故，災害；［主に不幸な〕偶然の出来事：〜 aéreo (de avión) 航空機事故. 〜 automovilístico (de coche) 自動車事故. 〜 de circulación (de carretera・de tráfico) 交通事故. 〜 laboral (de trabajo) 労働災害. sin 〜s 無事に. ❷ 本質的でない事柄：Es mero 〜. それは二義的なことにすぎない. ❸［土地］起伏〔〜 geográfico〕. ❹《文法》語尾変化〔〜 gramatical〕. ❺《医学》偶発症状，副症的発作；《音楽》臨時記号；《哲学》偶有〔性〕

por 〜 偶然に；意図せずに：encontrarse *por* 〜 偶然出会う. Derramó el vino *por* 〜. 彼はワインを〔わざとではなく〕こぼしてしまった

acción [a(k)θjón] 女 〔英 action. ☞acto 囲義〕 ❶ 行為，行動；活動：poner... en 〜 …を実行に移す；作動させる. unir la 〜 a la palabra 言行を一致させる. buena (mala) 〜 善行(悪行). campo de 〜 行動範囲. hombre de 〜 行動的な人，実行力のある人. política de 〜 活動方針. 〜 de justicia 法の手，警察の捜索. 〜 destructiva 破壊活動. 〜 humanitaria 人道的な行為. 〜 militar 軍事行動. 《物理・化学》作用：Esta máquina se mueve por la 〜 de la electricidad. この機械は電気で動く. 〜 erosiva 浸食作用. ❸

［小説などの］筋，ストーリー：La 〜 del drama se desarrolla en Sevilla. そのドラマの舞台はセビーリャである. ❹ 戦闘，作戦〔〜 de armas・de guerra〕: película de 〜 アクション映画. ❺ 訴訟，件〔〜 judicial〕: ejercitar una 〜 contra... …に対して訴訟を起こす. 〜 civil (penal) 民事(刑事)訴訟. ❻ 体の動き，身ぶり. ❼《経済》［主に 複〕株式；株券：comprar *acciones* 株を買う. mercado de *acciones* 株式市場. *acciones* navieras 海運株. *acciones* liberadas 功労者などに贈られるボーナス株

¡~!〔撮影開始〕スタート!

estar en 〜 活動(作動・交戦)中である

ganar a+人 la 〜 …を出し抜く

medir sus acciones〔まれ〕慎重にふるまう

accionar [a(k)θjonár] 他 〔機械を〕作動させる

◆ 自 ❶ 作用する. ❷〔話す時に〕身ぶりをする. ❸《中南米》裁判に持ち込む

accionamiento 男 作動，作用

accionariado [a(k)θjonarjáðo] 男 集名 株主

accionarial [a(k)θjonarjál] 形 株式の：participación (paquete) 〜 株式保有，資本参加

accionista [a(k)θjonísta] 名 株主：asamblea general de 〜s 株主総会

accisa [a(k)θísa] 女 間接税，消費税

ace [éis] 名 〔←英語. テニス〕サービスエース

acebo [aθéßo] 男《植物》モチノキ，セイヨウヒイラギ

acebuche [aθeßútʃe] 男《植物》［野生の］オリーブ

acechar [aθetʃár] 他 見張る，つけねらう；待ち伏せする：Un gran peligro nos *acecha*. 私たちは大きな危険にさらされている

acechadera 女 待ち伏せ場所

acechanza 女 罠，待ち伏せ

acecho [aθétʃo] 男 見張ること，待ち伏せ：estar al (en) 〜 ［+de を〕見張っている；待ち伏せしている

acecinar [aθeθinár] 他 ［肉を〕燻製にする，干し肉にする

◆ 〜se やせ細る；［年老いて〕しなびる

acedera [aθeðéra] 女《植物》スイバ，スカンポ

acedía [aθeðía] 女《医学》胸やけ，胃のもたれ. ❷《魚》カレイの一種

acéfalo, la [aθéfalo, la] 形 ❶《動物》無頭の. ❷ 首長(首領)のいない

aceitar [aθeitár] 他 ❶ …に油(オリーブ油)を塗る(さす)：〜 el pan パンにオリーブ油をかける〔朝食・おやつの食べ方〕. ❷《南米》買収する，贈賄する

aceitada 女 垂れた(こぼれた)油；オリーブ油でこねたパイ生地

aceite [aθéite] 男 〔英 oil〕［主に食用・薬用の］油；［特に］オリーブ油〔〜 de oliva〕: i) freír un pescado con 〜 魚を油で揚げる. aderezar con 〜, vinagre y sal フレンチドレッシングであえる. 〜 de bebé/〜 para niños ベビ

ーオイル. ~ de hígado de bacalao 肝油. ~ de soja 大豆油. ~ solar サンオイル. ~ virgen バージンオイル. ii) [工業・燃料用] ~ mineral 鉱油. ~ pesado (ligero) 重(軽)油
echar ~ *al fuego* 火に油を注ぐ

aceitero, ra [aθeitéro, ra] 厖 油の: industria ~*ra* 製油業
◆ 图 油販売業者
◆ 囡 ❶ [食卓用の] 油入れ; 覆 =**vinagreras**. ❷《技術》油差し

aceitoso, sa [aθeitóso, sa] 厖 油気のある, 油ぎった; 油のような: manos ~*sas* 油で汚れた手. ensalada ~*sa* 油っぽいサラダ. jarabe ~ どろりとしたシロップ

aceituna [aθeitúna] 囡 オリーブの実: ~ gordal 女王オリーブ. ~ manzanilla 小粒のオリーブ. ~ verde グリーンオリーブ. ~ rellena スタッフトオリーブ
llegar a las ~*s* [会合・催しの] 終わりごろにやって来る

aceitunado, da 厖 オリーブ色の, 土気色の
aceitunero, ra 厖 图 オリーブの; オリーブ摘み(売り)
aceituno 围《植物》オリーブ〔の木〕〔olivo〕;《西. 隠語》治安警備隊

aceleración [aθeleraθjón] 囡 加速〔度〕; 促進: poder de ~ 加速力. ~ de la gravedad 重力加速度. ~ de las obras 工事のスピードアップ

acelerado, da [aθelerádo, da] 厖 邏分 加速度的な, 速い; 急いだ: movimiento ~ 加速運動. paso ~ 速い足どり, 急速度
◆ 囡《主に中南米》アクセルをふかすこと
aceleradamente 圖 加速度的に; 急いで
acelerador, ra [aθeleraðór, ra] 厖 加速する
◆ 围 ❶ 加速装置〔mecanismo ~〕; アクセル: pisar el ~ [a fondo] アクセルを〔一杯に〕踏む. ❷《化学》[反応]促進剤;《物理》粒子加速器〔~ de particulas〕;《情報》アクセラレータ

aceleramiento [aθeleramjénto] 围 = **aceleración**: con ~ 急いで. ~ de gentes 人々があわてて動き出すこと

acelerar [aθelerár] 他 ❶ 速める; 促進する: ~ la marcha del coche 車の速度を上げる. ~ el paso 足を速める. ~ la producción 生産の能率(率)を上げる. ❷ [時期などを] 早める: ~ el proyecto 計画の実施を繰り上げる
◆ 自 ❶ 加速する; アクセルを踏む. ❷ [+en で] 急ぐ: ~ *en* el aprendizaje de un idioma 外国語を速修する
◆ ~**se** ❶ [+a+不定詞] 急いで…する: Él *se aceleró* a partir. 彼は急いで出発した. ❷ 急ぐ, あわてる: No *te aceleres*. 落ち着いて/ゆっくり!

acelerómetro [aθelerómetro] 围 加速度計
acelerón [aθelerón] 围 アクセルをふかすこと
acelga [aθélga] 囡《植物》[主に 覆] フダンソウ
cara de ~ 不機嫌な顔, 仏頂面; 青白い顔
acémila [aθémila] 囡 荷役用のラバ; 間抜け,

とんま
acemilero, ra 图 ラバの飼い主, ラバ使い

acendrar [aθendrár] 他 純化する: ~ sus modales 立居振舞いを洗練させる
◆ ~**se** [+con・en で] 磨きがかかる: La virtud *se acendra con* (en) el sufrimiento. 徳は艱難辛苦して磨かれる
acendrado, da 厖 邏分 純な, 汚れ(欠陥)のない

acento [aθénto] 围 ❶《文法》アクセント, 強勢; アクセント符号〔~ ortográfico〕: En la palabra "español" el ~ cae en (hiere) la última sílaba. español は最後の音節にアクセントがある. ~ de intensidad (~ tónico) 強さ(高さ)のアクセント. ~ secundario 第2強勢〔-mente の〔mén〕〕. ~ agudo (grave・circonflexo) 揚音符´(抑音符`・曲折音符ˆ). ❷ なまり: Tiene ~ andaluz. 彼はアンダルシアなまりがある. sin ~ なまりのない. ❸ 口調, 調子: hablar con un ~ tierno 優しい調子で話す. ❹ 強調; 強い関心, 専心: poner el ~ en... …を強調(力説)する; …に専心する. ❺《詩法》詞(ことば), 詩句. ❻《音楽》アクセント
acentual [aθentwál] 厖《文法》アクセントの
acentuar [aθentwár] 他 ❶ …にアクセント〔符号〕をつける: vocal *acentuada* 強勢母音. ❷ 強調(力説)する; きわ立たせる: ~ el color rojo 赤を強調する. ❸ 強める: ~ la crisis 危機を増大させる
◆ ~**se** きわ立つ; 強まる: Se *acentúa* la tendencia a la subida de los precios. 物価の上昇傾向が一段と強まる
acentuacion 囡 アクセント〔符号〕をつけること; 強調
acentuadamente 圖 きわ立って: tendencia ~ derechista 著しく右寄りの傾向
acentuado, da 厖 邏分 [+名詞] きわ立った
aceña [aθéna] 囡 [粉ひきの] 水車;《植物》ガマ
acep.《略語》←aceptación 引き受け
acepción [aθepθjón] 囡 [文脈などに応じた] 意味, 語義: Esta palabra tiene varias *acepciones*. この語には色々な意味がある. ~ fundamental (derivada) 基本的(派生的)意味
acepillar [aθepiλár] 他 …に鉋(かんな)をかける, 平らに削る
acepilladora 囡 平削り盤, プレーナー
aceptable [aθeptáble] 厖 受け入れられる: Su disculpa no es ~. 彼の釈明は受け入れがたい. condiciones ~*s* のめる条件. precio ~ 納得できる値段. producto ~ まずまずの製品
aceptablemente 圖 Él fue ~ recibido. 彼はまあ満足できる形で迎えられた
aceptación [aθeptaθjón] 囡 ❶ 受け入れ: ~ de una donación 寄付金の受納. ❷ 承認: Su propuesta contó con la general ~. 彼の提案は全員の承認を得た. ~ voluntaria 自発的な同意. ❸ 好評: Esa película ha tenido mucha ~. その映画は好評だった. ❹《商業》[手形などの] 引き受け
aceptador, ra/aceptante [aθeptaðór,

ra/-tánte] 图《商業》引受人

aceptar [aθeptár] 他《英 accept》❶《提供されたものを，+por として》受け入れる，受諾する：i) ～ el ofrecimiento de ayuda 援助の申し出を受け入れる. ～ una invitación 招待に応じる. ～ el cargo de director 社長の職を引き受ける. ～ la responsabilidad 責任を負う. ii) [人を] Esta escuela no *acepta* muchachas. この学校は女子は入れない. ～ a+人 *como* (*por*) secretario …を秘書として雇い入れる. ～ a+人 *por* marido …を婿に迎える. iii) [正当・妥当なものとして] *Acepté* con agrado sus excusas. 私は喜んで彼の謝罪を受け入れた. ～ el argumento (la dimisión) de+人 …の言い分を認める(辞表を受理する). iv) [やむを得ないものとして] No *aceptaremos* ninguna intervención. 我々はいかなる介入も許さない. ～ la suerte con resignación 運命を甘受する. ～ el desafío 挑戦に応じる. v) [+不定詞・+que+接続法 することを] *Aceptó* realizar el experimento. 彼は実験を行なうことを引き受けた. ❷《商業》[手形などを] 引き受ける：En este banco *aceptarán* los cheques de viajeros. この銀行ではトラベラーズチェックを引き受けてくれるだろう

aceptor [aθeptór] 男《物理》アクセプター，受容体

acequia [aθékja] 囡 用水路；《南米》小川

acera [aθéra] 囡 ❶ 歩道：Vaya por la ～. 歩道を歩きなさい. ❷ 家並：Vive en esta misma ～. 彼はこの同じ並びに住んでいる. ❸《建築》壁面
ser de la otra ～/ser de la ～ de enfrente《口語》同性愛者である

acerar [aθerár] 他 ❶ [刃などを] 鋼にする，鋼を着ける. ❷ [性格などを] 鍛える；[言葉などを] とげとげしくする，辛辣にする
acerado, da 形 過分 鋼鉄の；はがね色の；辛辣な. ◆ 男 鋼を着けること

acerbo, ba [aθérbo, ba] 形 苦(にが)い，渋い，辛辣な，手厳しい：causar a+人 un ～ dolor …に苦い(つらい)思いをさせる

acerca [aθérka] ～ *de...*《英 about》…に関して《sobre》：No tengo nada que decir ～ de ese asunto. その件に関して私は何も言うことはない

acercamiento [aθerkamjénto] 男 ❶ 接近，近づく(近づける)こと. ❷ 和解，歩み寄り：～ entre los dos países 二国間の友好関係樹立(国交回復)

acercar [aθerkár] 7 他 ❶ [+a に] 近づける：*Acerca* la silla *al* fuego. 椅子を火に近寄せなさい. *Acércame* el libro. その本を取ってくれ. Esa desgracia nos *ha acercado* mucho. その不幸をきっかけに私たちはとても親しくなった(団結した). ～ la cultura *al* pueblo 文化を民衆に身近なものにする. ❷《口語》連れて行く，送って行く：¿Puedes ～me *a* la estación? 駅まで乗せていってくれないか?
◆ ～*se* ❶ 近づく：*Me acerqué a* un hombre para preguntar el camino. 私は道を尋ねよう

と一人の男に近づいた. ～*se* hacia (hasta) el edificio 建物の方に近寄る(建物まで近づく). ～*se* a la solución 解決に近づく. ❷《口語》立ち寄る：*Acércate a* mi casa un rato. ちょっと家に寄っていきなさい. ❸ [日時に・が] 近づく：*Nos acercamos* al día de partir para España. 私たちがスペインに出発する日が迫っている. *Se acerca* la Semana Santa. 聖週間が間近だ. ❹ 親しくなる；和解する. ❺ 類似する：idea que *se acerca* al existencialismo 実存主義に近い考え方

ácere [áθere] 男《植物》=arce

acería/acerería [aθería/-rería] 男《製鋼所

acerico/acerillo [aθeríko/-λo] 男《裁縫》針山，針刺し

acero [aθéro] 男《英 steel》❶ 鋼鉄，はがね；鋼材〖material de ～〗：～ fundido 鋳鋼. ～s especiales 特殊鋼. ～ rápido 高速度鋼. lana de ～ スチールウール. ❷《文語》刀剣：sacar el ～ 剣を抜く. ❸ 喻 決断力，勇気：de muchos ～s 肝っ玉の太い. ❹ 喻 食欲，空腹：comer con buenos ～s もりもりと食べる
de ～ 鉄のような，硬い

acerolo [aθerólo] 男《植物》セイヨウサンザシ
acerola 囡 その実，アセロラ

acérrimo, ma [aθérrimo, ma] 形〖acre の絶対最上級〗[信念などが] 強固な，決然とした：partidario (creyente) ～ 熱烈な支持者(信者)

acertado, da [aθertáðo, ða] 形 過分 的中した，当を得た，適切な：i) Es muy ～*da* la disposición de esta revista. この雑誌のレイアウトは[内容と]実にぴったり している. medida ～*da* 適切な処置. ii) [ser ～ que+接続法] No sería muy ～ que fueses a verla ahora. 今彼女に会いに行くのはあまり賢明ではないだろう

acertante [aθertánte] 形 图 [くじに] 当選した，当選者

acertar [aθertár] 23 他《英 hit. ☞活用表》❶ …に命中させる：*Acertó* el blanco con la pistola. 彼はピストルで的に命中させた. ❷ 言い当てる；捜し当てる：*Acerté* su edad. 私は彼の年齢を当てた. Hemos *acertado* la casa. 私たちはその家を捜し当てた. No le *aciertan* la enfermedad. 彼の病気が何かわからない.
◆ 自 ❶ [+a・en に] 命中する：La flecha *acertó* al ciervo. 矢は鹿に命中した. ¡Ojalá *aciertes* en tu esperanza! 君の期待どおりだといいね! ❷ [+con・en を] 言い(捜し)当てる：Has *acertado* con el color que yo quería. 私の好きな色がよくわかったね. No *acierto* con el verdadero significado de esta frase. 私はこの文の本当の意味がわからない. ❸ [+a・al+不定詞/+con・en+名詞・不定詞/+現在分詞] 偶然に」…がうまくいく，適切である：No *acertó* a elegir la carrera (con la elección de carrera・con la carrera elegida). 彼は職業の選択を誤った. *Acertaste* marchándote ese día. 君はその日に出発しておいてよかった. ❹《文語》

[+a+不定詞] 偶然…する：*Acerté a* pasar por allí. 私はたまたまそこを通りかかった．*Acertó a* ser sábado ese día. たまたまその日は土曜日だった．❺《農業》順調に成育する

acertar	
直説法現在	接続法現在
ac*ie*rto	ac*ie*rte
ac*ie*rtas	ac*ie*rtes
ac*ie*rta	ac*ie*rte
acertamos	acertemos
acertais	acerteis
ac*ie*rtan	ac*ie*rten

acertijo [aθɛrtíxo] 男 なぞなぞ, 当てもの；不可解なこと, 謎めいた言葉

acervo [aθɛ́rbo] 男 ❶ [集団で共有の・社会的な] 財産：~ familiar 家族の共有財産．~ cultural 文化的遺産．❷ [種・豆など小さい物の] 山積み

acetábulo [aθetábulo] 男《解剖》寛骨臼, 股臼

acetal [aθetál] 男《化学》アセタール

acetamida [aθetamíða] 女《化学》アセトアミド

acetato [aθetáto] 男《化学》酢酸塩；《繊維》アセテート

acético, ca [aθétiko, ka] 形《化学》酢酸の：ácido ~ 酢酸．ácido ~ glacial 氷酢酸．fermentación ~ca 酢酸発酵

acetileno [aθetiléno] 男《化学》アセチレン：lámpara de ~ アセチレンランプ

acetilo [aθetílo] 男《化学》アセチル基
　acetilación 女《化学》アセチル化
　acetilcolina 女《生化》アセチルコリン

acetilsalicílico [aθetilsaliθíliko] 男《薬学》アセチルサリチル酸 [*ácido* ~]，アスピリン

acetona [aθetóna] 女《化学》アセトン；《口語》=acetonemia
　acetonemia 女《医学》アセトン血症

acetre [aθétre] 男 手桶；《宗教》聖水桶

acezar [aθeθár] 自 自 あえぐ，息を切らす

a/cgo. [略語] ←a cargo. *r*a/c

achabacanar [atʃabakanár] 他 下品にする
　◆ ~se 下品になる

achacar [atʃakár] 7 他 [罪・失敗などを不当に，+a の] せいにする：Quieren ~me lo que no hice. 彼らは私に濡れ衣を着せようとしている．*Achacó* el accidente *al* mal tiempo. 彼は事故を悪天候のせいにした

achacoso, sa [atʃakóso, sa] 形 ❶ 軽い持病のある，病弱な：Es ~. 彼は病身だ．❷ 欠点（欠陥）のある：motor ~ 欠陥エンジン

achaflanar [atʃaflanár] 他《技術》面取りをする

achampañado, da [atʃampaɲáðo, ða] 形 [飲み物が] シャンペン風の：sidra ~da 発泡性のリンゴ酒

achampar [atʃampár] ~se《南米》定着する，根づく；[+con を] 自分のものにする

achanchar [atʃantʃár] ~se《南米》恥じる，ど

ぎまぎする；太る；堕落する

achantar [atʃantár] 他《口語》おじけづかせる
　◆ ~se ❶ おじけづく, ひるむ；我慢する．❷ [おじけづいて・あきらめて] 黙る

achaparrado, da [atʃaparáðo, ða] 形 過分 [木が] こんもりとした；[人などが] ずんぐりとした
　achaparrar ~se こんもりとする；ずんぐりとする

achaque [atʃáke] 男 ❶ [軽い] 慢性病；軽い病気, 体の不調：lleno de ~s 持病だらけの．❷《口語》月経；妊娠．❸ 欠点, 欠陥：~ financiero 財政（資金）難．❹ 脅迫；口実, 弁解：con ~ de… …を口実にして．❺ 事柄：Sabe poco de ~ de amores. 彼は恋愛のことはほとんどわからない

achares [atʃáres] 男 複 [←ジプシー語・俗語] 嫉妬：dar ~ 嫉妬させる

acharolado, da [atʃaroláðo, ða] 形 過分 エナメル革に似た
　acharolar 他 =charolar

achatar [atʃatár] 他 押しつぶす, ぺしゃんこにする：~ a+人 la nariz …の鼻をつぶす
　achatamiento 男 押しつぶし

achicar [atʃikár] 7 他 ❶ 小さくする：~ la chaqueta 上着の丈を詰める．❷ おじけづかす, いじけさせる：A mí no me *achica* este problema. この問題は怖くない．❸ [たまった水を] 汲み出す：~ agua del sótano 地下室の水をかい出す．❹《南米》殺す；締める
　◆ ~se 小さくなる；おじけづく, いじける

achicharrar [atʃitʃarár] 他 ❶《料理》強火で焼く；[おいしそうな] 焦げ目をつける：No *achicharres* el asado. 肉をあまり焦がすな．Hace un sol que *achicharra*. 焼けつくような太陽だ．❷ 悩ます：Los niños me *achicharraron* a preguntas. 子供たちの質問に私は閉口した．❸《口語》[弾で] 蜂の巣にする．❹《南米》潰す
　◆ ~se 焦げる；~se al sol 日焼けする
　achicharradero 男《口語》地獄
　achicharrante 形 非常に暑い

achichincle/achichinque [atʃitʃíŋkle/-ke] 男《中米》子分, 取り巻き

achicoria [atʃikórja] 女《植物》チコリ；キクジシャ；~ roja 赤チコリ

achiguar [atʃigwár] 13 他《南米》湾曲させる
　◆ ~se 反(`)る；腹が出る

achinado, da [atʃináðo, ða] 形 [顔立ちが] 中国人のような；《南米》メスティーソの

achiote [atʃóte] 男《中南米》《植物》=bija；《料理》アチョーテ [[着色料, 香辛料]]

achique [atʃíke] 男《船からの》水のかい出し

achiquillado, da [atʃikiʎáðo, ða] 形《主に中米》子供っぽい

achiquitar [atʃikitár] 他《中米》=achicar

achira [atʃíra] 女《植物》[南米産の] ダンドク, カンナ

achís [atʃís] 間 [くしゃみの音] ハクション

achispar [atʃispár] 他 軽く酔わせる
　◆ ~se ほろ酔い機嫌になる

-acho [軽蔑接尾辞] vin*acho* 安酒, vivar*acho* 空元気の

achocar [atʃokár] 7 他 ❶ [壁に] 投げつけ

る；傷つける. ❷ 大金をためる

acholar [atʃolár] 他《南米》恥ずかしめる
◆ 〜se 恥じる
acholado, da 過分 ❶ 赤銅色の. ❷《南米》恥じた；インディオとの混血の

achuchar [atʃutʃár] 他 ❶ [+a・contra に]けしかける：Si te acercas, te *achucharé* el perro. 近づいたら犬をけしかけるぞ. ❷《口語》[物・人を] 押しつぶす, 押しのける；愛撫する, いちゃつく
◆ 自《南米》[熱病・寒さで] 震える
◆ 〜se ❶《口語》押し合う. ❷ 重荷にあえぎ, 苦しむ
achuchado, da 形 過分《西. 口語》困難な；金のない：La vida está 〜*da*. 生活が難しくなっている
achuchón 男 押しのける(押しつぶす)こと；愛撫, いちゃつき；体の不調, 軽い病気

achucharrar [atʃutʃarár] 他《中南米》たたきつぶす；《中米》怖がらせる
◆ 〜se《中米》怖がる

achucuyar [atʃukujár] 他《中米》怖がらせる；悲しませる

achular [atʃulár] 〜se《西》生意気になる

achunchar [atʃuntʃár] 他《南米》…に恥をかかす
◆ 〜se 恥をかく

achuntar [atʃuntár] 他《南米》[+a・en に] 命中(的中)する

achura [atʃúra] 女《南米》[主に 複. 四足獣の] 臓物
achurar 他 臓物を取り除く；刺し殺す

achús [atʃús] 間 =**achís**

aciago, ga [aθjáɡo, ɡa] 形《主に時・事が》不幸な, 不吉な：〜*s* años de la guerra 戦時中の不幸な歳月. día 〜 凶日

acíbar [aθíbar] 男 アロエ áloe の汁；にが味, 不快
acibarar 他 にがくする；にがにがしいものにする

acicalar [aθikalár] 他 飾り立てる；きれいにする：〜 su habitación 部屋をきれいに片付ける
◆ 〜se 着飾る, おめかしする
acicalamiento 男 おめかし；整頓

acicate [aθikáte] 男 [突起だけの] 拍車；刺激：〜 de la inflación インフレ促進要因
acicatear 他 刺激する, そそのかす

acíclico, ca [aθíkliko, ka] 形 無周期の, 非周期的な

acicular [aθikulár] 形 針状の, 針形の

acidez [aθiðéθ] 女 ❶ すっぱさ, 酸味；《化学》酸(性)度. ❷ 辛辣さ. ❸ 胃酸過多 『〜 de estómago』

acidificar [aθiðifikár] [7] 他 酸っぱくする, 酸性にする

ácido, da [áθiðo, ða] 形 ❶ すっぱい 『agrio』：bebida 〜*da* 酸味のある飲み物. ❷《化学》酸(性)の：lluvia 〜*da* 酸性雨. ❸ 気難しい；辛辣な：carácter 〜 気難しい性格. respuesta 〜*da* 辛辣な答え. 〜*da* comedia 辛口の喜劇
◆ 男 ❶《化学》酸. ❷ LSD 『〜 lisérgico』

acidófilo, la [aθiðófilo, la] 形《生物》好酸性の

acidosis [aθiðósis] 女《単複同形》《医学》酸性[血]症

acídulo, la [aθíðulo, la] 形 酸味のある
acidulante 男 酸味料
acidular 他 …に酸味をおびさせる

acientífico, ca [aθjentífiko, ka] 形 非科学的な

acierto [aθjérto] 男 [←acertar] ❶ 的中, 当たり：Su idea fue un 〜. 彼のアイデアはぴったりだった. 〜 pleno 完全的中. ❷ 成功, 成果：El gobierno ha tenido muchos 〜*s*. 政府は多くの成果を収めた. ❸ 手ぎわのよさ：con 〜 巧みに, うまく

ácimo, ma [áθimo, ma] 形 =**ázimo**

acimut [aθimút] 男《天文》方位角；方位：〜 magnético 磁方位角

ación [aθjón] 女 鐙(あぶみ)革

aclamación [aklamaθjón] 女 歓呼の声, 拍手喝采：subir a la tarima entre *aclamaciones* 歓呼の声に迎えられて登壇する
por 〜 [投票によらず] 全員の拍手喝采で, 満場一致で

aclamar [aklamár] 他 ❶ 歓呼の声で迎える, 拍手喝采する：*Aclamaron* al torero. 闘牛士は歓呼の声に迎えられた. ❷ [満場一致で・全員の拍手で, +por/+目的格補語 への] 任命を要求(承認)する：El pueblo le *aclamó* 〔*por*〕 rey. 国民は彼を国王に要求した

aclaración [aklaraθjón] 女 ❶ 明るくすること. ❷ 説明, 解明：solicitar la 〜 説明(釈明)を求める

aclarado [aklaráðo] 男《西》すすぎ, 水洗い

aclarar [aklarár] 他 ❶ 明らかにする, はっきりさせる：Les *aclaro* que no tengo la culpa. 私の責任ではないことをはっきりさせておきます. El tiempo lo *aclara* todo. 時が全てを解明する. 〜 sus ideas 自分の考えを説明する. ❷ 明るくする：〜 el tono de la pared 壁の色を明るくする. ❸ 薄める；まばらにする：〜 la salsa ソースを薄める. 〜 un bosque 森の間伐をする. ❹《西》理解する；理解し合う：No me *aclaro* de lo que dices. 君の言うことが私にはよくわからない. No pudieron 〜 se los dos. 2 人は理解し合えなかった(忌憚のない話ができなかった). ❸ 晴れる, 明るくなる：Se *aclara* el tiempo (el día). 天気がよくなる(夜が明ける). ❹ 澄む：Se ha ido *aclarando* el agua. 水が澄んできた. ❺《中南米》文なしである
◆ 自 ❶ [時に単人称. 曇り空が] 晴れる：[El cielo] Va *aclarando*. 空が晴れていく. ❷ [単人称] 夜が明ける：Ha *aclarado* ya. もう空が明るくなった
◆ 〜se ❶ 明らかになる；自分の考えを明らかにする：Durmiendo un poco se *aclararán* las ideas. 少し眠ったら考えがはっきりするだろう. ❷《西》理解する；理解し合う：No me *aclaro* de lo que dices. 君の言うことが私にはよくわからない

aclaratorio, ria [aklaratórjo, rja] 形 説明の, 説明的な；解釈上の：notas 〜*rias* 注釈

aclimatar [aklimatár] 他 [+a 風土・環境

に]順応させる, 適応させる;[思想などを]取り入れる

◆ 〜se 順応する: *Se ha aclimatado a* la vida urbana. 彼は都会生活に慣れた. 〜*se al frío* 寒さに順応する

aclimatable 厖 順応できる

aclimatación 囡 順応, 順化

acmé [akmé] 囡 [熱病などの] 頂点

acné [akné] 男 [まれに] 囡 [病気としての] にきび『普通は grano』: *joven con ~* にきびの出た若者

ACNUR [aknúr] 囡《略語》←Alto Comisariado de las Naciones Unidas para los Refugiados 国連難民高等弁務官事務所

-aco ❶《接尾辞》[名詞+. 品質形容詞化] polic*íaco* 警察の. ❷ [地名形容詞化] pol*aco* ポーランドの, sir*íaco* シリアの. ❸《軽蔑接尾辞》libr*aco* くだらない本

acobardar [akobarðár] 他 怖がらせる, おじけづかせる: *La oscuridad (El calor) me acobarda.* 私は暗闇が怖い(暑さに弱い). *Me acobarda* salir a la calle con este tiempo. こんな天気では外出するのをためらってしまう

◆ 〜se [+ante を前に] 怖がる, おじけづく: *Se acobardó ante la escena.* 彼はその光景にひるんだ

acobardamiento 男 恐怖心;元気(勇気)の欠如

acocil [akoθíl] 男《中米》川エビ

acodar [akoðár] 他 [L字形に] 曲げる;《農業》取り木する

◆ 〜se [+en•a に] 肘をつく: *Se acoda en (a)* la ventana. 彼は窓に肘をついている

acodado, da 過分 L字形の; 肘をついた

acodo 男 取り木;《建築》[窓・ドアの] 飾り額縁の突出部

acogedor, ra [akoxeðór, ra] 厖 ❶ 親切にもてなす: *familia ~ra* 親切な家族. ❷ 居心地のよい: *ambiente ~* 暖かい雰囲気

acoger [akoxér] 他《☞活用表》❶ [喜んで・温かく] 迎える, 収容(保護)する: *Me acogieron* en su casa como a una persona de la familia. 彼らは家族の一員のように私を迎え入れてくれた. *Acóge*me, Señor. 神様, 私をお助けください. *~ a*+人 con aplausos 拍手で…を迎える. *~ a los refugiados* 難民を受け入れる. *~ a los huérfanos* 孤児(負傷者)を収容する. ❷ [情報・提案など を] 受け入れる; 承認する: *Acogieron* la noticia con desagrado. 彼らは苦々しい思いでその知らせを聞いた. *Ha acogido* la propuesta de los subordinados en el proyecto. 彼は部下の提案を受け入れて計画に盛り込んだ

◆ 〜se ❶ [+a に] 保護を求める; 避難する: *El refugiado político se ha acogido a* la embajada. 政治亡命者は大使館にかけ込んだ. *~se a* la ley 法律の力に訴える; 法律に基づく. *~se* en la iglesia 教会に保護を求める. ❷ 口実にする: *Se acogió a* la avería de su coche para no asistir. 彼は車の故障にかこつけて出席しなかった

acoger	
直説法現在	接続法現在
aco*jo*	aco*ja*
acoges	aco*ja*s
acoge	aco*ja*
acogemos	aco*ja*mos
acogéis	aco*já*is
acogen	aco*ja*n

acogida[1] [akoxíða] 囡 迎え(受け)入れること; 歓迎: *dar ~ a...* ...を受け入れる. *tener ~* 受け入れられる. *tener buena (mala) ~ entre...* ...の間で歓迎される(されない); 好評を博する(悪評を受ける). *casa de ~* 保護(収容)施設. *familia de ~* 里親

acogido, da[2] [akoxíðo, ða] 厖 過分 bien (mal) ~ 歓迎された(されない); 評判のよい(悪い)

◆ 图 [保護施設などの] 収容者

acogimiento [akoximjénto] 男 迎え(受け)入れること: *~ familiar* 養子として迎えること

acogotar [akoɣotár] 他 ❶ うなじへの一撃で殺す; 襟首をつかんで倒す. ❷ 屈服させる, 威圧する

acojonar [akoxonár] 他《主に西. 俗語》おじけづかせる; 強い印象を与える, 驚かす

◆ 〜se おじけづく

acojonante 厖 印象深い, 驚くべき, すごい; すばらしい

acojone/acojono 男 おじけ, 恐怖

acolchar [akoltʃár] 他 …に詰め物をする;《服飾》パッドを入れる, キルティングする; クッションをかぶせる: *~* la puerta [消音のため] ドアにクッションを付ける

acolchado 男 キルティング;《南米》掛け布団

acólito [akólito] 男《宗教》侍者『☞órden 囡』❷ 参列]; [一般に] 手下, 子分

acollador [akoʎaðór] 男《船舶》ラニヤード

acollar [akoʎár] 他《農業》土寄せする

acollarar [akoʎarár] 他 ❶ [動物に] 首輪をはめる: *~ un perro* 犬に首輪をつける. ❷《南米》[2人・2つのものを] 結びつける

◆ 〜se《南米》同棲する; 結婚する

acomedir [akomeðír] 35 過分 acom*i*diendo》〜se《中南米》[自発的に] 奉仕(援助)を申し出る

acomedido, da 過分《中南米》親切な, 世話好きの

acometer [akometér] 他/自 ❶ [+contra を] 襲う, 攻撃する: *Acometieron [contra]* el pueblo. 町が襲われた. *Le acometió* la tos (una tristeza). 彼は咳の発作(寂しさ)に襲われた. ❷ 企てる, 着手する: *~ una reforma* 改革に着手する

acometedor, ra 厖 攻撃的な, 積極的な

acometida 囡 攻撃; [電気・ガスなどの] 引込線(管)

acometimiento 男 攻撃; 着手

acometividad 囡 攻撃性, 積極性

acomodable [akomoðáble] 厖 適合できる;

順応性のある
acomodación [akomoðaxjón] 囡 ❶ 適合, 順応. ❷ [家具などの] 配置, 設置

acomodado, da [akomoðáðo, ða] 厖 過分 ❶ 適応した: comentario ~ a las circunstancias 状況に応じた説明. ❷ 裕福な. ❸ [値段が] 手ごろな. ❹ 居心地のよい, 設備の整った: piso bien ~ 快適な(設備のよい)マンション

acomodadizo, za =**acomodaticio**

acomodador, ra [akomoðaðór, ra] 图 [劇場などの] 案内係

acomodamiento [akomoðamjénto] 男 妥協, 和解; 便宜

acomodar [akomoðár] 他 ❶ [大きさなどを, +a·con に] 合わせる, 適合(適応)させる; 適用する: ~ la puerta al marco ドア(の大きさ)をかまちに合わせる. ~ las lentes de contacto コンタクトレンズを調整する. ~ la conducta con la circunstancia 状況に応じた行動をとる. Me acomodaban los trajes viejos del hermano. 私は兄のお古を着せられていた. ❷ [+en 楽な·適切な場所に] 落ち着かせる; 《主に中南米》置く: ~ al enfermo en un sofá 病人をソファーに寝らせる. ~ la maleta en el portaequipajes スーツケースを車のトランクに入れる. ❸ [+de 職などを] …に世話する: La acomodé de niñera con (en casa de) mis amigos. 私は友人の家の子守りに彼女を世話する. ❹ [劇場などで客を] 席に案内する. ❺ 和解させる

◆ 自 [+a+人 に] 適合する: Este puesto me acomoda. この仕事は私にぴったりだ. Si os acomoda, podéis venir mañana. 都合がよければ明日来ていいよ

◆ ~se ❶ 順応する: ~se al nuevo sistema de vida 新しい生活様式に順応する. Se acomoda a vivir de las rentas. 彼は年金でつつましく(やりくりして)暮らしている. ❷ 妥協する: ~se a la situación que impera 大勢に迎合する. ❸ [場所に] 落ち着く: ~se en una butaca 安楽椅子にゆったりと座る. Acomódese a su gusto. お楽になさってください. ❹ 職につく

acomodaticio, cia [akomoðatíθjo, θja] 厖 ❶ 妥協的な; 節操のない: persona ~cia 柔軟な人; 八方美人. actitud ~cia 柔軟な姿勢; 日和見的な態度. ❷ 融通のきく, 便利な: mueble ~ 色々な用途に使える家具. palabra ~cia 様々な意味に解釈できる言葉. empleo ~ 腰かけ仕事

acomodo [akomóðo] 男 ❶ 《西》[人に世話してもらって得た] 働き口, 職; 住む(泊まる)所, 身の落ち着け場所. ❷ 《西》都合: Hágalo según su ~ y gusto. あなたのいいようになさってください. ❸ 《中南米》わいろ

acompañado, da [akompanáðo, ða] 厖 過分 ❶ [+de·por に] 伴われた: niños ~s de sus padres 両親に付き添われた子供たち. ~ de su esposa 夫人同伴の·で. Más vale solo que mal ~. 悪い(つまらない)仲間より一人の方がましである. ❷ 人通りの多い: sitio ~ にぎやかな場所

acompañamiento [akompanamjénto]
男 ❶ 同行, 同伴: sin ~ 誰も連れずに, 一人で. ❷ お供, 随員: el rey y su ~ 国王とその随員の一行. ❸ [事件などの] 余波, 後遺症: El terremoto tuvo un ~ de horribles tragedias. 地震によって大惨事が起きた. ❹ 《料理》つけ合せ: servir un bisté con ~ de patatas fritas ビフテキにポテトフライを添えて出す. ❺ 医器《演劇》その他大勢. ❻ 《音楽》伴奏 [~ musical]

acompañante [akompanánte] 厖 同行する

◆ 图 [**acompañanta** 囡 もある] ❶ 同伴者, 付き添い: Tiene usted buena ~. いいお連れとご一緒ですね. ❷ 伴奏者. ❸ ツアーコンダクター

acompañar [akompanár] 他 [英 accompany] ❶ …と一緒に行く(いる): Acompañó a su madre al hospital. 彼は母親に付き添って病院へ行った. Voy a ~te hasta la parada. 停留所まで送って行ってあげるよ. Siempre la acompañaron sus amigos. 彼女のまわりにはいつもボーイフレンドたちがいた. La nieve acompaña siempre la Navidad. クリスマスには決まって雪が降る. ~ al primer ministro 首相に随行する. ❷ [+en 感情などを] …と共にする: Le acompaño en el (su) sentimiento. ご愁傷さまです. ~ a+人 en sus ideas …の考えに同調する. ❸ [資質などが] …に備わっている: Le acompañan grandes cualidades de escritor. 彼には作家としての偉大な才能がある. ❹ 《文語》[+a に] 同封する, 添付する: Acompañamos a esta carta una lista de precios. 本状に価格表を同封します. ❺ [+con·de に] …に添える: ~ la denuncia con (de) pruebas 告訴状に証拠品を提出する. ~ el jamón con piña ハムにパイナップルをつけ合わせる. ~ la comida con una botella de vino 昼食にワインを1本つける. ❻《音楽》…に伴奏する: ~ a+人 con (a) la guitarra …(の歌)にギターで伴奏をつける. ❼ …と調和する: El vino tinto acompaña bien el queso. 赤ワインはチーズとよく合う

◆ 自 [+a に] 添付されている; 付随する: A cada máquina acompaña un certificado de garantía. 各機械に保証書が付いている. Al contrato acompañan unas condiciones. 契約にはいくつかの条件が付いている

◆ ~se ❶ [+de·con と] 一緒に行く(いる): Se acompañaba de buenos amigos. 彼にはいい友人たちがいた. ❷ 自分で伴奏をつける: ~se con el (al) piano ピアノの弾き語りをする. ❸ [専門家たちが] 共同で事にあたる

acompasar [akompasár] 他 [調子を, +a·con に·と] 合わせる: ~ la música a los movimientos del baile 踊りの動きに音楽を合わせる

acompasado, da 厖 過分 規則正しい; [話し方·歩き方などが] ゆっくりとした

acomplejar [akomplexár] 他 …にコンプレックスを抱かせる

◆ ~se [+por に] コンプレックスを感じる

acomplejado, da 厖 图 過分 コンプレックスを持った[人]

aconchabar [akɔntʃabár] 〜**se** =**concha-barse**

acondicionar [akɔndiθjonár] 他 …の条件を整える，整備する；調整する：〜 la capilla para hospital 礼拝堂を病院として使えるようにする。〜 [el aire de] la habitación 部屋の温度をエアコンで調節する。〜 el pelo 髪をトリートメントする

acondicionado, da 形 過分 条件の整った，調整された；設備のよい

acondicionador 男 調節するもの；ヘアコンディショナー〖〜 de pelo〗；エアコン〖〜 de aire〗

acondicionamiento 男 《空気》調整，調節

acondroplastia [akɔndroplástja] 女 《医学》軟骨発育(形成)不全

aconfesional [akɔnfesjonál] 形 《国・政党などが》無宗教の

acongojar [akɔŋɡoxár] 他 《文語》[精神的に] 苦しめる，悲しませる
◆ 〜**se** 苦しむ
acongojador, ra 形 いたましい，悲しい

acónito [akónito] 男 《植物》トリカブト
aconitina 女 その毒

aconsejable [akɔnsexáble] 形 勧められる，望ましい：Es una medida poco 〜. それはあまり勧められた方策ではない。[ser 〜 que+接続法] No es 〜 que trate con persona semejante. あんな人とは付き合わない方がいい

aconsejado, da [akɔnsexáðo, ða] 形 過分 bien (mal) 〜 適切な(間違った)助言を受けた；分別のある(ない)：Andas mal 〜. 君は無分別だ

aconsejar [akɔnsexár] 他 《英 advise》[+de・sobre について/+en のことで. +不定詞・que+接続法 するように] 助言する：Le aconsejé tener (que tuviera) paciencia. 私は辛抱するよう彼に忠告した。La mucha nieve aconseja prudencia a los conductores. 大雪のときは慎重に運転すべきだ
◆ 〜**se** [+con・de に] 助言を求める：Se ha aconsejado de su abogado. 彼は弁護士に相談した
〜**se en lo mejor** 最良の策を考える
〜**se mejor** 熟考する

aconsonantar [akɔnsonantár] 他 《詩法》子音韻を踏む

acontecedero, ra [akɔnteθeðéro, ra] 形 起こりそうな，ありそうな

acontecer [akɔnteθér] 39 自 《文語》[3人称のみ. 事が，+a・con に] 起こる：Todo aconteció conforme a lo que esperábamos. すべて私たちの予想どおりに事が運んだ。Aconteció que el tren se detuvo en el puente. 列車が橋の上で止まるという事態が起きた。Lo mismo aconteció al (con el) pintor. 同じことがその画家にも起きた。Es un hacer y 〜.《諺》情けは人のためならず/[脅して] 天罰からは逃れられないぞ。〜 cotidiano 日常の出来事

acontecimiento [akɔnteθimjénto] 男 《英 event》[重大な・よい] 出来事，事件：Terminar una carrera universitaria es un 〜.

大学を卒業するのは大変な事だ。〜 casual 偶然の出来事。〜 feliz (desgraciado) 幸運(不運)な出来事。〜 histórico (artístico) 歴史的(芸術上の)事件
adelantarse (anticiparse) a los 〜s 性急にことを運ぶ，先走る

acopiar [akopjár] 10 他 [将来のために] 集積する：〜 leña まきを蓄える
acopio 男 集積，蓄積：hacer 〜 de… …を蓄える

acoplable [akopláble] 形 適合する，うまく合う

acoplado [akopláðo] 男 《南米》トレーラー，被牽引車

acoplamiento [akoplamjénto] 男 ❶ 連結，結合；《機械》連結装置，継ぎ手：〜 universal ユニバーサルジョイント。❷ 《電気》接続：〜 en paralero (en serie) 並列(直列)．❸ 《鉄道》連結；《宇宙》ドッキング

acoplar [akoplár] 他 ❶ [+a に] 連結(結合)させる，ぴったり合わせる：〜 las ruedas a su eje 車輪を軸にはめる。〜 los bueyes [耕作のために] 牛をつないで合わせる。❷ 《電気》接続する；《鉄道》連結する。❸ 転用する：〜 un motor de coche a una barca 車のエンジンをボート用に使う。❹ 交尾させる
◆ 〜**se** 適合(調和)する：No se ha acoplado a su nueva familia. 彼は新しい家族とそりが合わなかった。❷ 《音響》ハウリングする。❸ 《宇宙》ドッキングする。❹ 交尾する

acoquinar [akokinár] 他 怖がらせる：Tiene acoquinados a sus subordinados. 彼は部下たちから恐れられている
◆ 〜**se** ひるむ，おじける
acoquinamiento 男 恐怖

acorazado, da [akoraθáðo, ða] 形 過分 ❶ 装甲された：cámara 〜da 金庫室，大金庫。❷ 無感動な，無神経な
◆ 男 戦艦．| 女 機甲部隊

acorazar [akoraθár] 9 他 [鉄板・鋼板で] 装甲する
◆ 〜**se** [+contra に対して] 自身を守る；無感動(無神経)になる：〜se contra las malas lenguas 中傷に対して免疫ができる

acorazonado, da [akoraθonáðo, ða] 形 ハート形の

acorchar [akortʃár] 他 コルクで覆う
◆ 〜**se** ❶ [コルクのように] 水気がなくなる，すかすかになる。❷ 無感覚になる，しびれる
acorchamiento 男 すかすかになること

acordado, da [akorðáðo, ða] 形 過分 同意した：lo 〜 協定事項，同意をみた事柄

acordar [akorðár] 28 〖☞活用表〗 他 ❶ [意見が一致して・投票して] 決定(協定)する；決心する：Acordaron organizar una comisión. 委員会を設置することに決まった。❷ [意見などを，+con と] 調和させる：〜 las voluntades 意志を統一する。〜 el piano con la voz ピアノの調子を声に合わせる。❸ 《中南米》与える，許可する〖otorgar〗
◆ 自 ❶ 一致する：Ambos informes acuer-

dan en sus líneas generales. ❷ 調和する：Los muebles *acuerdan* con los colores de la pared. 家具は壁の色とマッチしている

◆ **～se** ❶ 〔+de を〕覚えている, 思い出す『英 remember』：*Se acuerda* de los nombres de todos sus estudiantes. 彼は生徒全員の名前を覚えている．　Ahora *me acuerdo* 〔de〕que tenía un compromiso. 私は約束があったのを今思い出した．　*Acuérdate* de llamarme mañana. 明日私に電話するのを忘れないでくれ．　¡Ni *me acordé* de eso! そのことをすっかり忘れていた！ ❷ 〔意見などが〕一致する：～se+不定詞 …することに意見が一致する．～se con los enemigos 敵と気脈を通じる

si mal no me acuerdo 私の記憶に間違いなければ

si te he visto no me acuerdo 恩知らずな(無責任な)奴め

¡ya te acordarás! 今に見ていろ/思い知らせてやるからな！

acordar	
直説法現在	接続法現在
ac*ue*rdo	ac*ue*rde
ac*ue*rdas	ac*ue*rdes
ac*ue*rda	ac*ue*rde
acordamos	acordemos
acordáis	acordéis
ac*ue*rdan	ac*ue*rden

acorde [akɔ́rðe] 形〔estar+. 意見・内容などが, +con と〕一致した；調和した：Quedamos ～s en ese punto. その点で私たちの意見は一致している．　～ *con* la ley 法律にのっとった．medida ～ *con* la situación 状況に応じた方策．colorido ～ 調和のとれた色どり．instrumentos ～s 快くハーモニーする楽器

◆ 男《音楽》和音：～ consonante (disonante) 協(不協)和音

a los ～s de... …の音楽に合わせて, …の曲が流れて

acordeón [akɔrðeɔ́n] 男《楽器》アコーディオン
　acordeonista 含 アコーディオン奏者

acordonar [akɔrðonár] 他 ❶ 〔地域に〕非常線を張る．❷ 紐で結ぶ(締める)：～ sus zapatos 紐を結ぶ
　acordonado, da 形 過去 1) zapatos ～s 編上げ靴. 2)《中米》やせた, やせっぽちの
　acordonamiento 男 非常線を張ること

acornear [akɔrneár] 他 角(ﾂﾉ) cuerno で突く

acorralar [akɔrralár] 他 ❶ 包囲する, 囲いに入れる．❷ 〔議論などで〕追いつめる, 動揺させる

acorrer [akɔrɛ́r] 他《古語》助ける『socorrer』

acortar [akɔrtár] 他 ❶ 短くする, 減らす：～ el artículo 記事を縮める．～ el camino 近道をする．～ la falda スカートの丈を詰める．～ la ración 配給を減らす

◆ 自 近道をする：Si sigues por esta calle, *acortas* mucho. この通りを行けば, とても近道になる

よ

◆ **～se** 短くなる：Con el nuevo tren el viaje *se ha acortado* en media hora. 新型列車で所要時間が 30 分短縮される
　acortamiento 男 短縮, 減少

acosar [akosár] 他 ❶ 急追する, 追い回す：～ a la liebre 兎を追いたてる．❷ うるさがらせる, 悩ます：Me sentía *acosado* por una inquietud. 私は不安にさいなまれていた．～ a+人 a (con) preguntas …を質問攻めにする
　acosador, ra 形 名 急追する〔人〕；悩ます〔人〕

acosijar [akosixár] 他《中米》悩ます, 困らせる

acoso [akóso] 男 急追, 追い回し；悩ますこと：～ sexual セクシュアルハラスメント

acostar [akostár] 28 他 ❶ 寝かせる；横たえる：Ya es hora de ～ a los niños. もう子供たちを寝かせる時間だ．❷ 〔船を〕横付けにする：～ el yate al muelle ヨットを桟橋につける

◆ 自〔船が〕接岸する, 入港する

◆ **～se** ❶ 〔就寝〕寝る『↔levantarse』；横になる, 横たわる：*Acostémonos* ya. もう寝よう．Nunca *te acostarás* sin saber una cosa más.《諺》日々これ学習．❷ 〔+con と〕同棲する；性交する．❸《文語》〔太陽が〕沈む

acostumbrado, da [akostumbráðo, ða] 形 ❶ 〔estar＋. +a に〕習慣になった, 慣れた：Está ～ *a* levantarse temprano. 彼は早起きの習慣がついている．　Tengo a mis hijos ～s *a* obedecer. 私は子供たちが言うことをきくようにしつけてある．Está ～ *a* las blasfemias de su jefe. 彼は上司の暴言に慣れっこになっている．Estoy ～ *a* que me pongan de vuelta y media.　私は口汚くののしられることに慣れている．disculpa ～*da* いつもの弁解．llegar con el retraso ～ いつものように遅刻する．❷ 熟達した, 手慣れた

acostumbrar [akostumbrár] 他 ❶ 〔+a を〕…に習慣づける；慣らす：～ a los niños *a* limpiarse los dientes 子供に歯磨きの習慣をつけさせる．En Japón le han *acostumbrado al* té verde. 彼は日本で緑茶に慣らされた．❷ 〔+不定詞〕いつも…する：*Acostumbra* venir los sábados. 彼は土曜日にはいつもやって来る

◆ 自〔+a+不定詞〕…する習慣である, いつも～をする：*Acostumbro a* ir a la piscina cada tres días. 私は 2 日おきにプールに行くことにしている．No *acostumbro a* tomar nada hasta la hora de comer. 私は食事の時間まで何も口にしないことにしている

◆ **～se** ❶ 慣れる；習慣になる：Uno *se acostumbra a* todo. [新しい環境になじめない人を慰めて] 人はどんなことにでも慣れるものだ．*Me acostumbré a* fumar en pipa. 私はパイプを吸う習慣がついてしまった．❷ 流行する：En esos días *se acostumbraba* mucho la minifalda. 当時ミニスカートが大はやりだった

acotar [akotár] 他 ❶ …の境界を定める, 範囲を限定する：～ una finca 地所に境界標を立てる．～ el campo de acción 行動範囲を制限する．❷ 〔余白に〕メモする, 書き込む．❸ 〔地図

に〕標高を入れる

◆ **~se** 〔安全地帯に〕逃げ込む；頼りにする

acotación 囡 書き込み，書き入れ；《演劇》ト書き

acotamiento 男 地割り，境界の画定；《中米》=**arcén**

acotiledóneo, a [akotileðóneo, a] 形《植物》無子葉の

ácrata [ákrata] 形 图 アナキスト〔の〕〔anarquista〕．**acracia** 囡 アナキズム

acre [ákre] 形 ❶〔味・臭いが〕きつい，刺激のある：aroma ~ つんとくる臭い．❷ 手厳しい，辛辣な．◆ 男〔面積の単位〕エーカー

acrecentar [akreθentár] 23 他 ❶ 増加(増大)させる〔aumentar〕：~ su patrimonio 資産を増やす．~ la inflación インフレを激化させる．❷ 昇進させる

◆ **自/~se** 増加(増大)する：Cuando pensaba en su patria, *acrecentó* su melancolía. 故郷を思うと彼はますます気が滅入った

acrecencia 囡/**acrecentamiento** 男 増加，増大

acrecer [akreθér] 39 他 自 ❶ =**acrecentar**. ❷《法律》derecho de ~ 相続遺産追加権．**acrecimiento** 男 =**acrecentamiento**

acreditación [akreðitaθjón] 囡 証明，信用；身分証明書

acreditado, da [akreðitáðo, ða] 形 過分 ❶ 信用(定評)のある：médico ~ 名のある医者．marca ~*da* 名の通ったブランド．❷ nuestro representante ~ 当方の正式な代理人

acreditar [akreðitár] 他 ❶《文語》i)〔…の信頼性・正当性などを〕証明する：El hecho *acredita* su valor. その事実が彼の勇敢さを裏づけている．Ese título no le *acredita* para ejercer la medicina. その肩書は医療行為の資格証明にならない．~ la firma 署名が本物だと証明する．ii)〔+de という〕名声(評判)を…に与える：La calidad *acredita* la marca. 品質がブランドの評判を高める．Este proceder le *acreditó como* político competente. この行動によって彼は有能な政治家という評価を得た．❷《外交》信任状を与える：~ un embajador en un país ある国へ大使を派遣する．❸《商業》貸方に記入する

◆ **~se** ❶〔+como・de として〕信用を得る，名声を得る，評判になる：El hotel *se ha acreditado* mucho recientemente. そのホテルは最近とても評判がいい．Se *acreditó* de imprudente. 彼は分別のない男だという評判がたった．❷〔+con・para con に対して〕信任状を提出する

acreditativo, va [akreðitatíβo, βa] 形〔+de を〕証明する：documento ~ *de* su condición 身分を証明する書類

acreedor, ra [akreeðór, ra] 形 ❶〔ser+. + a に〕ふさわしい：Es ~ *a* la confianza. 彼は信頼していい．❷《商業》país ~ 貸付国

◆ 图 債権者〔↔**deudor**〕：~ común (con garantía) 無担保(担保付き)の債権者．~ diferido 繰延べされた債権者．~ hipotecario 抵当権者

acreencia [akreénθja] 囡《中南米》信用，貸

acribillar [akriβiʎár] 他 ❶ 穴(傷)だらけにする：~ la pared con clavos 壁を釘穴だらけにする．~ a balazos 〔弾で〕蜂の巣にする．❷〔主に質問で〕ひどく(しばしば)困らせる：~ a preguntas 質問攻めにする

acrílico, ca [akríliko, ka] 形《化学》アクリル〔酸〕の：fibra ~*ca* アクリル繊維

◆ 囡《美術》アクリル塗装画

acriminar [akriminár] 他 ❶ 告訴(起訴)する；〔過ちなどを〕大げさに言う

acrimonia [akrimónja] 囡 ❶ とげとげしさ，辛辣さ；無愛想．❷ 刺激臭，つんとくるにおい(味)

acriollar [akrioʎár] ~**se**《中南米》〔外国人が〕その国の風習に染まる

acrisolar [akrisolár] 他 ❶〔金属を〕るつぼで精製する．❷《文語》純化する；〔徳性の〕輝きを見せる：~ sus virtudes 徳を磨く

acrisolado, da 過分 非の打ちどころのない，申し分のない

acristalar [akristalár] 他〔窓・ドアなどに〕ガラスをはめる：puerta *acristalada* ガラスのはまったドア

acristalamiento 男 doble ~ 複層ガラス

acristianar [akristjanár] 他 キリスト教化する，洗礼を授ける

acritud [akritúð] 囡〔味・臭いの〕きつさ；〔痛みの〕激しさ，とげとげしさ，辛辣さ

acrobacia [akroβáθja] 囡 軽業，曲芸：hacer ~s 曲芸をする．❷《航空》a~ aérea アクロバット飛行

acróbata 图 軽業師，曲芸師

acrobático, ca 形 軽業の，曲芸の：esquí ~《スキー》エアリアル

acrobatismo 男 =**acrobacia**

acrocefalia [akroθefálja] 囡《医学》塔状頭，尖頭症

acrofobia [akrofóβja] 囡 高所恐怖症

acromático, ca [akromátiko, ka] 形 無色の；《光学》色収差のない，色消しの

acromatismo 男 無色性，収色性

acromatizar 9 他 色消し(無色)にする

acromatopsia 囡《医学》色覚異常

acromegalia [akromegálja] 囡《医学》先端巨大症

acromio[n] [akrómjo/-mjon] 男《解剖》肩先，肩峰

acrónimo [akrónimo] 男〔頭文字による〕略語《例 RENFE←*Red Nacional de Ferrocarriles Español*》

acronimia 囡 =**acrónimo**

acrópolis [akrópolis] 囡〔単複同形〕《古代ギリシア》アクロポリス

acróstico, ca [akróstiko, ka] 形 男 折り句〔形式の〕〔各行の最初の字を縦に読むとキーワードになる詩・文〕

acrotera [akrotéra] 囡《建築》アクロテリオン

acta [ákta] 囡〔単数冠詞：el・un[a]〕❶〔交渉・会議の〕記録，議事録：constar en ~ 議事録に残る．levantar ~〔+de を〕議事録につける；証書を作成する．extender (redactar) el ~ 記録を作成する．~ de la junta 委員会

議事録. ❷ 証書, 証明書：～ notarial 公正証書. ～ de bautismo 洗礼証明書. ～ de nacimiento 出生証書. ～ de diputado 議員当選証. A～s de Navegación 航海条令〖英国が 1651 年から数次発布した〗. A～ Única Europea 単一欧州議定書. ❸〖学会などの〗紀要：～s del Primer Congreso Internacional de Hispanistas 第 1 回国際スペイン学会記録〔論集〕. ❹ 〖宗教〗〖聖人・殉教者に関する〗聖なる記録, 殉教録

actinia [aktínja] 囡 〖動物〗イソギンチャク

actínico, ca [aktíniko, ka] 形 〖物理〗化学線の. **actinismo** 囲 化学線作用

actínido [aktínido] 囲 〖化学〗アクチニド

actinio [aktínjo] 囲 〖元素〗アクチニウム

actinomicosis [aktinomikósis] 囡 〖単複同形〗〖医学〗放線菌症

actitud [aktitú(d)] 囡 〖英 attitude〗態度；〖比喩〗姿勢：Me recibieron en ～ amistosa. 私は友好的に迎えられた. Su ～ frente a la música es rigurosa. 彼の音楽に対する姿勢は厳しい. aclarar (decidir) su ～ 態度を明らかにする〔決める〕. adoptar una ～ rebelde [+con+人に] 反抗的な態度をとる. cambiar de ～ 態度を変える. mostrar una ～ pensativa 考え込むような様子を見せる. ～ política 政治姿勢

activación [aktibaθjón] 囡 ❶ 活性化, 促進：política de ～ económica 景気刺激策. ❷〖化学〗活性化；〖物理〗放射化；〖情報〗起動, 実行

activamente [aktíbaménte] 副 活発に, 積極的に：participar ～ 積極的に参加する

activar [aktibár] 他 ❶ 活発にする, 促進する：～ el desarrollo 成長を促す. ～ el trabajo 仕事をスピードアップする. ～ la circulación de la sangre 血液の循環を促す. ～ el comercio 景気を刺激する. ～ el mercado 市況を活気づける. ❷〖機械などを〗始動させる. ❸〖化学〗活性化する；〖物理〗放射能を与える：carbón *activado* 活性炭

activador 囲 〖化学〗活性剤

actividad [aktibiðá(d)] 囡 〖英 activity〗❶ 活動；働き：Tiene una ～ formidable. 彼はすごく行動力がある. Ha perdido la ～ en una mano. 彼は片手が利かなくなった. ～ de un volcán 火山の活動. ～ extravehicular 宇宙船外活動. ～ fuera del programa de estudios 課外活動. ～ política (económica) 政治（経済）活動. ❷ 活気, 活発さ；活況：Hay mucha ～ en la fábrica. 工場は活気に満ちている. La bolsa registró escasa ～. 市場は活気がなかった. dar ～ a... …を活気づける. mostrar gran ～ en el partido 試合で活躍する. ❸ 職業, 仕事〖～ profesional〗：lucrativa もうかる仕事. ❹〖化学・物理〗活性, 活動度：residuos de alta ～ 高レベルの放射性廃棄物. ～ óptica 光学活性

en ～ ［事物が］活動中の, 運転中の：La fábrica está *en* plena ～. 工場は盛んに操業している

otra ～ 趣味

activismo [aktibísmo] 囲 直接行動主義；〖政党・労働組合などの〗活動

activista 囵 直接行動主義者；活動家

activo, va [aktíbo, ba] 形 〖英 active〗❶ 活動的な, 活発な；積極的な, 能動的な 〖↔pasivo〗：Ese político es muy ～. その政治家はとても活動的だ. secretario ～ 勤勉（有能）な秘書. tomar parte ～va en... …に積極的に参加する. ❷ 現役の, 現役の：en servicio ～ 現職（現役）の. edad ～va 就業年齢. población ～va 就業（労働力）人口. ❸ 即効性の：veneno muy ～ 効き目の早い（強い）毒. ❹〖化学〗活性の：vitamina ～va 活性ビタミン. ❺〖電気〗corriente (potencia) ～va 有効電流（電力）. ❻〖文法〗能動の：oración ～va 能動文

en ～ 現職の, 現役の：permanecer *en* ～ 現職にとどまる, 現役を続ける. policía *en* ～ 現職の警官. jugador *en* ～ 現役選手

por ～*va y por pasiva* 手を変え品を変え

◆ 囲 〖商業〗資産〖↔pasivo 負債〗：～ circulante (corriente) 流動資産. ～ inmovilizado (permanente・fijo) 固定資産

acto [ákto] 囲 〖英 act, action〗❶ 行為 〖願義 acción は一般的な行為, acto は特殊な行為に多く使われる〗：Se conocen las personas por sus ～s. 人〔の価値〕はその行為によってわかる. ～ bueno (malo) 善行（悪行）. ～ carnal 〖文語〗性行為. ～ de hostilidad (terrorismo・violencia) 敵対（テロ・暴力）行為. ～ fallido 本音の出た失言. ～ instintivo 本能的な行為. ～ jurídico 法的行為. ❷ 行事, 儀式 〖～ público〗：～ de inauguración (apertura) 開会（開幕）式. ～s oficiales 公式行事. ❸〖演劇〗幕：drama en tres ～s 三幕ものの芝居. ❹〖哲学〗現勢, 現実態

～ *seguido* (*continuo*) ただちに, すぐ

～ *seguido de...* …の直後に

en el ～ 即座に, その場で：morir *en el* ～ 即死する. reparaciones en el ～ 〖表示〗その場で修理します

hacer ～ *de presencia* 登場する, 姿をみせる；ちょっと顔を出す：La ciudad *hizo* ～ *de presencia.* その町が見え出した

actor¹, ra [aktór, ra] 形 囵 〖法律〗原告〔側の〕：parte ～*ra* 原告側

actor², triz [aktór, tríθ] 囵 〖英 actor, actress. 囵 ～*ces*〗❶ 俳優, 女優：～ de cine 映画俳優. ～ principal/primer ～ 主役, 主演俳優. ～ secundario (de reparto) 脇役, 助演者. ～ substituto (suplente) 代役. ❷〖比喩〗役者, だます人

actuación [aktwaθjón] 囡 ❶ 行動, ふるまい：La ～ de la policía fue criticada. 警察の行動は批判された. ❷ 演技；上演, 演奏；〖競技などの〗成績. ❸ 手続き〖囵 法律〗訴訟手続き〗：～ pericial 鑑定人の評価（査定）. ❹〖言語〗言語運用

actual [aktwál] 形 〖英 present〗❶ 現在の, 今の：¿Está contento de su vida 〜? 今の生活に満足していますか? en la situación 〜 現状では. la España 〜 今日のスペイン. el Gobierno 〜 現内閣. ❸ 流行している：música 〜 今はやりの音楽. ❸《哲学》現実の〚↔potencial〛

◆ 圐《手紙》今月：el 5 del 〜 今月 5 日

actualidad [aktwaliðá(ð)] 囡《英 present time》❶ 現在；現実, 現状；現代性：en la 〜 現在のところ, 現状において；今日における. 〜 de la nación その国の現状. ❷《主に 圈》ニュース；ニュース映画 de 〜 今日的な；流行の：cuestiones de 〜 時事問題. tema de gran 〜 現在重要な問題, 非常に今日的なテーマ. estar de 〜 流行している
ser 〜 時勢に合う
perder 〜 時代遅れになる

actualizar [aktwaliθár] 囮 圄 ❶ 現代(現状)に適合させる：〜 el armamento 軍備を近代化する. 〜 un problema 今日的な観点から問題を見直す. ❷《哲学》現実化する. ❸《言語》現前(現働)化する
actualización 囡 現代化；現実化；現前化；《情報》バージョンアップ
actualizador, ra 圏 圐 現代化する；《言語》現前化の〔

actualmente [aktwálmente] 圖 今, 現在
actuante [aktwánte] 囵 学位論文提出者；応募(志願)者
actuar [aktwár] ⑭ 圄《英 act. ☞活用表》❶ [+de·como としての] 役割(職務)を果たす, 行動する：Actuó bien en este asunto. 彼はこの件で立派に役目を果たした. 〜 de coordinador (de secretario) 調停役(秘書)をつとめる. 〜 como intérprete 通訳をつとめる. ❷ [薬などが] 作用する：La medicina actúa bien calmante. この薬は鎮痛によく効く. ❸《演劇》演じる；[+en に] 出演する；上演する, 演奏する：Los Beatles actuaron también en Japón. ビートルズは日本でも公演した. 〜 bien 演技が上手である. 〜 de galán 二枚目を演じる. 〜 en una película 映画に出演する. 〜 en televisión テレビに出る. ❹ [+en 試験などに] 応募する：〜 en el ejercicio oral 口述試験を受ける. ❺《法律》[訴訟などの] 手続きをとる

actuar	
直説法現在	接続法現在
act*ú*o	act*ú*e
act*ú*as	act*ú*es
act*ú*a	act*ú*e
actuamos	actuemos
actuáis	actuéis
act*ú*an	act*ú*en

actuario, ria [aktwárjo, rja] 囵 保険数理士〚〜 de seguros〛；[裁判所の] 書記
actuarial 圏 保険数理士の〔業務の・算定した〕
acuafortista [akwafortísta] 囵 エッチング画家

acuanauta [akwanáuta] 囵 アクアノート, 海中で生活する研究者
acuaplano [akwapláno] 圀 水中翼船
acuarela [akwaréla] 囡 水彩画〚pintura a la 〜〛；水彩画法；圈 水彩絵の具
acuarelista 囵 水彩画家
acuario [akwárjo] 圀 ❶ [水生動植物を飼育する] 水槽；水族館. ❷《占星》[主に A〜] 水瓶座〚☞zodíaco 参考〛
acuariano, na 圏 水瓶座生まれの〔人〕
acuartelar [akwartelár] 囮 ❶ [出動に備えて部隊を] 兵営に待機させる；兵営に収容する. ❷ [土地を] 4つに区画分けする
acuartelamiento 圀 外出禁止；兵舎, 駐屯地
acuático, ca [akwátiko, ka] 圏〚←agua〛 ❶ 水の：vía 〜ca 水路. deporte 〜 水上スポーツ〚ボートは含まない〛. ❷ 水にすむ：planta 〜ca 水生植物. aves 〜cas 水鳥
acuatinta [akwatínta] 囡 =**aguatinta**
acuatizar [akwatiθár] 圄 圄《航空》着水する
acuatizaje 圀 着水
acuchillar [akut͡ʃiʎár] 囮 ❶ [ナイフなどで] 刺す, 刺し殺す. ❷ [床・家具の] 表面を滑らかにする. ❸《服飾》[裏地が見えるように] スリットを入れる
acuchucar [akut͡ʃukár] ⑦ 囮《南米》押しつぶす
acuciar [akuθjár] ⑩ 囮 ❶ せき立てる：〜 al caballo 馬を急がせる. ❷ 悩ませる, 困らせる：Le acucian estos problemas. これらの問題で彼は頭を悩ませている. ❸ 熱望する
acucia 囡 急ぎ, あわただしさ；切望
acuciador, ra 圏 =**acuciante**
acuciamiento 圀 せき立てること；熱望
acuciante 圏 至急の, 急を要する；せき立てるような：problema 〜 焦眉の問題
acucioso, sa 圏 熱心な；差し迫った, 緊急の
acuclillar [akukliʎár] 〜se うずくまる, しゃがむ
acudir [akuðír] 圄 ❶《文語》[+a い] i) [呼ばれて·いるべき場所に] 行く：Acudió inmediatamente al lugar del accidente. 彼はすぐ事故現場にかけつけた. 〜 a una cita 約束の場所に行く. 〜 al teléfono 電話に出る. 〜 a unos Juegos Olímpicos オリンピックに出場する. ii) いつも行く, 通う：〜 a la escuela 学校に通う. iii) [考え·不幸などが] 生じる, 起こる：Acude a mi mente su imagen. 彼の面影が私の心に浮かぶ. Siempre me acuden desdichas. 私にはつも不運に見舞われる. ❷ 注意する；援助する：No puede 〜 a todo. 彼は全部には目が行き届かない(手が回りかねる). 〜 a los desvalidos 恵まれない人を助ける. ❸ [手段などに] 訴える：〜 a la violencia 暴力に訴える. 〜 al gobernador en busca de ayuda 知事に援助を求める. 〜 a la huida 逃げ出す. ❹ [+con の] 手段を講じる：En el acto acudieron con el remedio. 即座に救済の手が打たれた. ❺ [+en] 助けに行く：〜 en ayuda (en socorro) de+人 …を援助(救助)しに行く

acueducto [akweðúkto] 男〔送〕水路；水道橋：～ romano ローマ時代の水道橋〖☞写真〗

ácueo, a [ákweo, a] 形 水の，水性の

acuerdo [akwérðo] 男〖英 agreement. ← acordar〗❶〖意見などの〗**一致**，決議；決心；llegar a un ～ 意見の一致をみる，合意に達する. tomar en ～ de+不定詞 …することに決定(決心)する. ～ entre lo que se dice y lo que se hace 言行の一致. ❷ 協定：firmar (concertar) un ～ 協定を結ぶ. ～ comercial 貿易(通商)協定. A～ General sobre Aranceles Aduaneros y Comercio 関税と貿易に関する一般協定，ガット. ❸ 和合，親和：Padres e hijos viven en perfecto ～. 親子は仲むつまじく暮らしている. ❹ 調和：～ de los colores 色の調和. ❺ 正気：estar en su ～ 正気である. volver en (a) su ～ 正気に返る. ❻《中南米》諮問委員会，審議会. ❼《南米》閣議；上院による指名の承認

de ～〖英 OK〗承知した/よろしい：¿Mañana a las seis?—De ～. 明日 6 時に？―オーケー

de ～ con (a)... …と一致して；…に従って(準拠して)，…に従えば

de común ～/por ～ común 満場一致で

de mutuo ～ 合意の上で

estar de ～ con+人 en+事 (que+直説法)〖意見などが〗…と一致している：Estoy en contigo en que es mejor no comprarlo. それを買わない方がいいという点で私は君と同意見だ

ponerse (quedar) de ～ 意見の一致をみる：Mañana te llamo para ponernos de ～. 打ち合わせのため明日電話するよ. Padre e hija quedaron de ～ en ese punto. 父と娘はその点で意見が一致した

volver de su ～〖約束などを〗取り消す

acuícola [akwíkola] 形 水の；〖生物〗水生の

acuicultura [akwikultúra] 女《漁業》養殖，《農業》水耕法，水栽培法

acuidad [akwiða(ð)] 女 音の鋭さ〖スペイン語の母音では i, e, a, o, u の順〗

acuífero, ra [akwífero, ra] 形 水を含んだ，帯水の：zona ～ra 地下水源地帯

acuitar [akwitár] 他 悲しませる，心配させる，困らせる

◆ **～se** 思い悩む

acular [akulár] 他〖車・馬を，+a・contra に〗押しつける：～ el camión a la puerta トラック

をドアぎりぎりまでバックさせる

acullá [akuʎá] 副〖指示副詞〗《古語的》あちらへ

acullico [akuʎíko] 男《南米》コカの葉のかたまり〖噛んで摂取する〗

aculturación [akulturaθjón] 女 文化摂取〖2 つの社会が直接接触することによって一方の文化要素が他方の社会に摂取されていくこと〗

acumulación [akumulaθjón] 女 ❶ 積み重ね，蓄積；《地質》堆積；～ de arena 砂の山. ～ de capital 資本蓄積. ～ de endeudamiento 債務の累積. ～ de electricidad 蓄電. ❷ 兼職，兼任〖～ de empleos〗. ❸《修辞》列叙法

acumulador, ra [akumulaðór, ra] 形 蓄積する

◆ 男 蓄電池〖～ eléctrico〗，バッテリー；エネルギー蓄積器；《情報》累算器，アキュムレータ：～ de calor 蓄熱ヒーター

acumulamiento [akumulamjénto] 男 ＝ **acumulación**

acumular [akumulár] 他 蓄積する，集める；積み重ねる；～ riquezas 富を蓄える. ～ recuerdos 思い出を心にとどめる. ～ preocupaciones sobre+人 …に多くの心配をかける. ～ mercancías 商品を積み上げる. ～ crímenes 次々に犯罪を重ねる

◆ **～se** 積み重なる，蓄積される：Las basuras (Los hombres) se acumulan a la esquina. 街角にごみが山積みになる(人が群がる). Se me ha acumulado el cansancio. 私は疲れがたまっている. Se ha acumulado el déficit. 赤字が累積した

acumulativo, va [akumulatíβo, βa] 形 累積的な

acunar [akunár] 他〖赤ん坊を〗揺りかごで(抱いて)揺する

acuñar [akuɲár] 他 ❶〖硬貨・メダルなどに〗刻印する，鋳造する：～ moneda 貨幣を鋳造する. ❷〖新語などを〗生み出す，普及させる. ❸ …にくさびを打つ(かませる)

acuñación 女 鋳造；新語の発明

acuocultivo [akwokultíβo] 男《農業》水耕法；水栽培

acuoso, sa [akwóso, sa] 形 ❶ 水っぽい，水分の多い. ❷〖果実が〗汁けの多い，ジューシーな. ❸ 水のような. ❹《科学》水の：solución ～sa 水溶液

acupuntura [akupuntúra] 女 鍼(はり)療法

acupuntor, ra/acupunturista [名] 鍼医

acure [akúre] 男《動物》アグーティ，オオテンジクネズミ

acurrucar [akuřukár] 7 ～se〖寒さなどで，+en に/+contra に対して〗丸くなる，ちぢこまる；〖物が〗ちぢむ：Se acurrucó contra su madre. 彼は母親に体をすりよせた

acusación [akusaθjón] 女 ❶ 告発；告訴，起訴；〖el+〗起訴者側，検察当局：formular una ～ 告訴する. acta de ～ 起訴状. ❷ 容疑：bajo la ～ de... …の容疑で. cargo de ～ 訴因. ❸ 非難

acusado, da [akusáðo, ða] 形 過分 目立った、際立った: semejanza (tendencia) 〜*da* 顕著な似性(傾向)
◆ 名 [el+. 刑事事件の] 被告[人]、被疑者

acusador, ra [akusaðór, ra] 形 告発(告訴)する；非難する：con los ojos 〜*es* とがめるような目つきで. en tono 〜 詰問する口調で
◆ 名 告訴人、告発者；非難者

acusar [akusár] 他 ❶ [+de の罪で/+ante に] 告発する；告訴(起訴)する：Le han acusado de llevar armas sin licencia. 彼は武器の不法所持で起訴された. 〜 a+人 ante las autoridades …を当局に訴える. 〜 a+人 de egoísta …を利己主義者だと非難する. ❷ 非難する、とがめる：Me acusan de todos sus fallos. 彼らは自分たちの失敗を全部私のせいにする. 〜 a+人 de egoísta …を利己主義者だと非難する. ❸ 表わす、示す：El barómetro acusa un cambio de presión atmosférica. バロメーターは大気圧の変化を示す. Le suspendieron al chico en la escuela y su madre acusó el golpe. 子供が落第したので母親は動揺を隠せなかった. ❹ [トランプ] [点数・手札を] 宣言する
◆ 〜**se** ❶ 罪を認める：Se ha acusado del crimen. 彼は罪状を認めた(白状した). ❷ はっきり知覚できる：Esa tendencia se acusa cada vez más. その傾向はますます顕著になる

acusativo [akusatíbo] 形《文法》対格, 目的格《caso 〜》：〜 interno 同族目的語《例 vivir una vida tranquila 平穏に暮らす》

acusatorio, ria [akusatórjo, rja] 形 告訴に関する：sistema 〜《法律》弾劾主義

acuse [akúse] 男 受領：〜 de recibo 受領通知、受領証

acusetas [akusétas] 形 名《単複同形》《中南米》告げ口屋[の]

　acusete, ta 形 名 ＝acusetas

acusica [akusíka] 形 名《西. 幼児語》告げ口屋[の]

acusón, na [akusón, na] 形 名《中南米》告げ口屋[の]

acústico, ca [akústiko, ka] 形 聴覚の；音響[学]上の：guitarra 〜*ca* アコースティックギター. tubo 〜 伝声管
◆ 名 音響学；音響効果：teatro con 〜*ca* mala 音響効果の悪い劇場

acutángulo, la [akutángulo, la] 形《数学》鋭角の《↔obtusángulo》：triángulo 〜 鋭角三角形

acutí [akutí] 男《南米》＝acure

ad-《接頭辞》[近接・付加] adjunto 付随の、admirar 賞賛する

-ada《接尾辞》❶ [ar 動詞+. 名詞化. 動作・結果] entrada 入口. ❷ [名詞+. 集合名詞化] torada 牛の群れ

adagio [adáxjo] 男 ❶ 格言、箴言(ﾊﾟﾝ). ❷《音楽》アダージョ[の曲]

adalid [adalíð] 男 ❶ 指導者：〜 de la reforma política 政治改革のリーダー. ❷ [中世の] 隊長、首領

adamascado, da [adamaskáðo, ða] 形《繊維》ダマスク damasco 風の

adán [adán] 男 ❶《聖書》[A〜] アダム：estirpe (hijos) de A〜 人類. ❷《軽蔑》汚らしい(だらしない)男, 不精者《女性は gitana》：estar (ir) hecho un 〜 [男が] 汚らしい見なりをしている

adamismo 男 アダム主義、裸体主義

adaptable [adaptáble] 形 [+a に] 適合できる、順応性のある：libro 〜 a la segunda enseñanza 高校生でも読める本

　adaptabilidad 名 適合性、順応性

adaptación [adaptaθjón] 名 [+a への] ❶ 適合、順応：〜 a la obscuridad 暗順応. ❷ 取りつけ. ❸ 脚色、翻案；編曲

adaptador, ra [adaptaðór, ra] 名 脚色(翻案・編曲)者
◆ 男《技術》アダプター

adaptar [adaptár] 他 [+a に/+para のために] ❶ 適合(適応)させる：〜 las medidas al fin 目的に合った手段をとる. 〜 su conferencia a los estudiantes 講演内容を学生に合わせる. ❷ 取りつける：〜 un motor nuevo al coche 車に新しいエンジンを取りつける. ❸ 脚色(翻案)する；編曲する：〜 una novela al teatro 小説を芝居用に脚色する
◆ 〜**se** 適合(順応)する：Los guantes se adaptan a las manos. その手袋は[大きさが]手にぴったりだ. El cerebro del niño está bien adaptado para el aprendizaje de lenguas. 子供の頭脳は言語学習にはぴったりだ

adaptadamente 副 ぴたりと；ぴったりと

adaraja [adaráxa] 名《建築》待歯(ﾏﾂ)

adarga [adárga] 名 [皮製で楕円・ハート形の] 盾

adarme [adárme] 男 ごく少量《昔の重量単位. ＝1.79 グラム》：No tiene un 〜 de vergüenza. 彼は羞恥心のかけらもない

adarve [adárbe] 男 [城壁上の] 巡視路；城壁

addenda [adénda] 名/男《←ラテン語》[巻末の] 補遺

A. de C.《略語》←Año de Cristo 西暦紀元

adecenar [adeθenár] 他 10 ずつ分ける

adecentar [adeθentár] 他 小ぎれいにする、整頓する：〜 un poco su cuarto 部屋を少し片付ける
◆ 〜**se** 身繕いをする

adecuación [adekwaθjón] 名 適合、順応

adecuado, da [adekwáðo, ða] 形 過分 [+para・a に] 適した：Este traje no es 〜 a las circunstancias. この服はその場にふさわしくない. libro 〜 para niños 子供向けの本. el tratamiento 〜 para curar las enfermedades 病気を治療するのにぴったりの処方

adecuadamente 副 適切に、ぴったりと

adecuar [adekwár] 12 他 [+a に] 適合(順応)させる：〜 un adorno al vestido アクセサリーをドレスにふさわしいものにする
◆ 〜**se** 適合(順応)する：〜*se* a las nuevas costumbres 新しい風習に慣れる

adefagia [aðefáxja] 囡 貪食(どんしょく)
　adéfago, ga 囮 貪食の
adefesio [aðefésjo] 囲 常軌を逸した事(物)、
　たわごと；ひどく醜い(とっぴな格好をした)人：
　decir 〜s ばかなことを言う．estar hecho un 〜
　ひどい見ないをしている．　país の
　adefesiero, ra 囮《南米》おかしな；ばかげた
a. de J.C.《略語》←antes de Jesucristo 紀
　元前，B.C.
Adela [aðéla] 囡《女性名》アデラ
adelantado, da [aðelantáðo, ða] 囮 過分
　❶ [estar+．通常より] i) 進んだ，進捗した：La
　cosecha está 〜da．今年は収穫が早い．
　Tengo bastante 〜 el libro．私の著作はかなり
　進んでいる．Tienes el reloj 〜．君の時計は進ん
　でいる．ii)［知的・肉体的に］発達の早い：Este
　niño está muy 〜 para su edad．この子は年の
　わりにとても早熟だ．❷ [ser+．他より] 進歩し
　た：Sus ideas eran muy 〜das entonces．彼
　の思想は当時としては大変進んでいた．　país
　先進国．país menos 〜 最貧国．❸ 前払いの：
　Se exige el pago 〜．前金制だ
　◆ 囲 ❶《歴史》[新大陸探検時代の] 総督：
　de mar 探険隊長．❷《サッカー・ラグビー》フォワー
　ドバス
　llevar（tener）〜 [todo eso+] もうもうもの
　ある，得になる
　por 〜 前もって；前払いで：Le advierto *por*
　〜．あらかじめ警告しておきます．exigir el pago
　por 〜 前払いを要求する
adelantamiento [aðelantamjénto] 囲 ❶
　前進；進歩．❷ [車の] 追い越し．❸ 総督位；
　総督領
adelantar [aðelantár] 囲 ❶ 前に出す：〜
　una silla 椅子を前に動かす．❷ 追い越す：i) El
　camión nos *adelantó*．トラックが私たちを追い
　抜いた．ii)［人を］上回る：En estatura
　Miguel lo ha *adelantado* a su hermano．ミゲル
　は身長で兄を追い抜いた．　❸ [予定・進行で] 早
　める；[仕事を] はかどらせる：〜 un día el viaje
　旅行の日程を1日繰り上げる．❹ [時計を] 進
　める．　❺　前払い(前貸し)する：Me *han*
　adelantado el pago．私は給料を前借りした．
　❻ [疑問文・否定文で．+con で] 獲得する：
　¿Qué *adelantas* con disgustarte? 君は腹を立
　てて何の得があるんだ．❼《スポーツ》[ボールを] 前
　に蹴る(進める)
　◆ 固《英 advance》❶ 前進する《↔retro-
　ceder》：La procesión *adelantaba* lenta-
　mente．行列はゆっくりと進んでいた．　〜 un
　paso 1歩前に出る．　〜 en edad 年をとる．❷
　[+a で] 追い抜く：〜 al coche 車を追い越す．
　Prohibido 〜《表示》追い越し禁止．❸ [進行
　が] はかどる；[時計が] 進む：Por este atajo
　adelantaremos unos minutos．この近道を行く
　と数分早く着ける．　❹　進歩する；よくなる：
　Adelantan las ciencias．科学が進歩する．He
　adelantado mucho en matemáticas．私は数
　学がよくできるようになった．　El enfermo no
　adelanta nada．病人は一向によくならない
　◆ **〜se** ❶ 前に出る；突き出ている：Me ade-

lanté unos pasos．私は数歩前に出た(進んだ)．
Se adelantó a abrir el coche．彼は車のドアを
開けるために進み出た．❷ 早まる：El calor *se
ha adelantado* este año．今年は暑くなるのが早
い．　El reloj *se adelanta* unos minutos
diarios．その時計は一日に数分進む．❸ [+a
に] 先んじる，先を越す：追い越す：i) *Me he
adelantado* a sus deseos．[彼の希望を聞く前
に]私の方から彼の希望をかなえてやった．　*Se me
adelantó* en verla．彼は私を出し抜いて彼女に
会った．**〜se** a la marcha del tiempo 時代を
先取りする．　ii)［+a+不定詞］先を越して…す
る：Ella *se adelantó* a dar las gracias．彼女
の方が先にお礼を言った

adelante [aðelánte] 圓《英 ahead, for-
ward》前へ，先へ：i) Siga 〜．前へ進みなさ
い/もっと先へ行きなさい/先を続けなさい．Así no
podemos ir 〜．こんなことでは進歩はありえない．
hacia 〜 前の方に．ii)［名詞+ 副詞句］
Fueron calle 〜．彼らは通りを[先へ]進んだ
de aquí（hoy・ahora）en 〜 今後は
en 〜 1) 今後：En 〜, tenga cuidado de su
salud．今後は健康に注意しなさい．para *en 〜*
今後のために．2) …以上：de diez libras *en
〜* 10ポンド以上は
llevar 〜 実現する，推進する：llevar 〜 un
proyecto 計画を実行する．　llevar 〜 el
negocio 商売を切り盛りする，経営する
más 〜 もっと先で：Más 〜, el camino se
ensanchaba．もっと先の方は広くなっていた．
Más 〜 te arrepentirás．将来になって悔やむ
よ．Véase *más 〜*．後述参照
sacar 〜 [子供を] 立派に育てあげる；[仕事な
どを] やり遂げる
salir 〜 何とかやっていく，しのぐ
◆ 圓 ❶ 前進！❷ [促し] さあ[止まらないで・続
けて言いなさい]！；¡A〜 con la cerveza! さあ，ビ
ールをどんどんやってください！❸ [ノックに答えて]
どうぞ(お入りください)！

adelanto [aðelánto] 囲 ❶ 前進，進捗；先
行：〜 de las obras 工事の進捗．Tiene un
〜 por (en) su trabajo．彼は仕事がはかどって
いる/順調に利益をあげている．Llegó con un 〜
de media hora．彼は定刻より30分早く到着し
た．El reloj tiene un 〜 de dos minutos．そ
の時計は2分進んでいる．Ese corredor tiene
diez metros de 〜 sobre los otros．その走者
は10メートルリードしている．❷ 進歩；[主に 囫]
進歩したもの：Es un gran 〜．それは一大進歩
だ．〜s de la ciencia 科学の進歩．❸ 前払い
金[〜 de dinero]：pedir un 〜 前金を請求す
る

adelfa [aðélfa] 囡《植物》キョウチクトウ
adelgazar [aðelɣaθár] 固《自》**〜se** やせる，体
重が減る：Ha *adelgazado* dos kilos．彼は2キ
ロやせた
◆ 囲 細く(薄く)する：Este vestido la *adel-
gaza* mucho．このドレスは彼女をとてもほっそり見
せる
　adelgazador, ra 囮 やせさせる：régimen 〜
　スリミングダイエット

adelgazamiento 男 細くする(やせる)こと

A. del S. 《略語》←América del Sur 南アメリカ

adema/ademe [aðéma/- me] 男 〔坑道の〕支柱

ademán [aðemán] 男 ❶ しぐさ, 態度；表情：～ severo 厳しい態度(顔). en ～ de agradecimiento 感謝の念を表わして. hacer ～ de huir 逃げるそぶりを見せる. [+de que+接続法] Me hizo ～ de que me fuese. 彼は私に立ち去るように合図した. ❷ 複 行儀 〖modales〗：tener *ademanes* elegantes ふるまいが上品である. ser de *ademanes* bruscos 行儀が悪い

además [aðemás] 副 さらに, その上に：Es bueno y, ～, tiene talento. 彼はいい人だし, その上, 才能がある
～ de... 〖英 besides〗…の上に, …のほかに：i) A～ de esto, tengo cinco mil pesetas. これに加えて(さらに)私は5千ペセタ持っている. ii) [+不定詞+que+直説法] A～ de ser caro, es malo. それは値段が高い上に品質が悪い

adenda [aðénda] 女 [巻末の]付録

adenina [aðenína] 女 《生化》アデニン

adenitis [aðenítis] 女 《単複同形》《医学》腺炎

adenocarcinoma 女 腺癌

adenoidectomía 女 アデノイド切除

adenoides 女 複 アデノイド

adenoma 女 腺腫

adenopatía 女 腺疾患

adenosina [aðenosína] 女 《生化》アデノシン

adensar [aðensár] 他 濃くする, 密度を高くする
◆ ～se 濃くなる

adentrar [aðentrár] ～se [+en] ❶ 入り込む：～se en el río 川に入る. ～se entre los árboles 木立ちの間に分け入る. ～se en el mar 沖に出る. ～se en sí mismo 思いに沈む. ❷ 深く掘り下げる：～se en la médula del asunto 問題の核心を掘り下げる

adentro [aðéntro] 副 〖英 inside. ↔afuera〗中へ, 中で：i) Vamos ～. 中へ入ろう. Se retiró ～ para descansar. 休息するために奥〔の部屋〕に引っこんだ. El cassette lleva ～ cuatro pilas. このカセットは電池を4本内蔵している. La espina está tan ～ que es difícil de sacarla. とげが深すぎて抜きにくい. ii) 〔無冠詞名詞+〕…の中へ・で：Los indígenas viven tierra ～. 先住民は内陸部に住んでいる. La corriente llevó el bote mar ～. ボートは潮のために沖へ流された. iii) 《中南米》〔前置詞+〕Empuje hacia ～ la palanca. レバーを内側へ押しなさい
ser de muy ～ 大変親密である
◆ 間 ❶ 入りなさい! ❷ 《南米》〔掛け声〕さあ, それっ!
◆ 男 複 内心：En (Para) sus ～s está admirado. 彼は内心では感心している. decir (hablar) para sus ～s ひとりごとを言う

adepto, ta [aðépto, ta] 形 名 [+de・a 党派などに] 入会(入党)している[人]；[主義・人物などを] 信奉している[人]：ser ～ de la masonería フリーメーソンに入っている. ～ del socialismo 社会主義の信奉者

aderezar [aðereθár] 夕 他 ❶ 調理する, [特に] 味つけをする：～ la ensalada con aceite y sal 油と塩でサラダをあえる. ❷ 飾る：～ la sala para la fiesta パーティーのために広間の飾りつけをする. ～ a su niña 娘を着飾らせる. ❸ 修繕する；支度する. ❹ [糊などで布に] 仕上げ加工をする
◆ ～se 身繕いする, 身仕度を整える；着飾る

aderezo [aðeréθo] 男 ❶ 調理, 調味[料]. ❷ 装身具一式〖首飾り, 耳飾り, ブローチ, 腕輪〗：medio ～ 耳飾りとブローチ. ❸ 飾りつけ；身繕い, 身支度：Ella no se preocupa del ～ personal. 彼女は身なりを構わない

-adero 《接尾辞》[ar 動詞+] i) [形容詞化. 可能] llev*adero* 我慢できる. ii) [名詞化. 場所] freg*adero* 流し

adeudar [aðeuðár] 他 ❶ [金を] 借りている, 負債としてもつ：Le *adeudo* diez mil pesetas. 私は彼に1万ペセタの借金がある. *Adeuda* los alquileres de cinco meses. 彼は5か月分の家賃をためている. ❷ 《商業》借方に記入する. ❸ [税金・関税が] かかる
◆ ～se 借金する 〖endeudar〗

adeudo 男 負債, 借方[記入]；関税

a D.g. 《略語》←a Dios gracias おかげさまで

adherencia [aðerénθja] 女 ❶ くっつくこと, 粘着性. ❷ [主に 複] くっついたもの, 付属物：concha con muchas ～s 色々なものが付着した貝. ❸ 加入, 加盟. ❹ 《医学》癒着, 癒合. ❺ 《自動車》ロードホールディング

adherente [aðerénte] 形 くっついた；粘着性の
◆ 名 支持者, 信奉者

adherir [aðerír] 33 《現分 adhiriendo》他 [+a に] 貼る, くっつける：～ una foto al certificado 証明書に写真を貼付する
◆ 自 くっつく；参加する
◆ ～se ❶ くっつく：No se me adhiere el esparadrapo a la piel. ばんそうこうがくっつかない. ❷ [+a に] 同意する：Me adhiero a lo que has dicho. 私は君の言ったことに賛成だ. ❸ [政党などに] 加入する；[運動に] 参加する：No me adhiero a ningún partido. 私はどの党派にも加わらない. ～se a la manifestación デモに参加する. ～se a un club クラブに入会する

adhesión [aðesjón] 女 ❶ 付着, 粘着；接着：fuerza de ～ 粘着力. ❷ 支持；執着：Espero poder contar con tu ～. 君の支持を期待しているよ. mensaje de ～ 支持声明. ❸ 加入, 加盟；参加. ❹ 《物理》付着力

adhesivo, va [aðesíbo, ba] 形 粘着力のある
◆ 男 ❶ 接着剤：～ de los componentes 二液混合型接着剤. ～ epóxico エポキシ系接着剤. ❷ 接着テープ

ad hoc [adók] 《←ラテン語》特にそのための・に：comité ～ 特別委員会

adiabático, ca [adjabátiko, ka] 形《物理》断熱の: gradiente ～ 断熱減率

adicción [adi(k)θjón] 女《←adicto》[+a へ の] 耽溺(蕩), 中毒: ～ al tabaco たばこ中毒

adición [adiθjón] 女 付加[されたもの], 追加; 足し算;《法律》[遺産の] 受諾;《南米》勘定書《cuenta》

adicional [adiθjonál] 形 付加(追加)の, 補足的な: artículo ～ 追加条項. impuesto ～ 付加税

adicionar [adiθjonár] 他《文語》❶ [+a に] 付加する: ～ unos productos químicos a los alimentos 食品に化学物質を添加する. ❷ 足す, 加算する

adicto, ta [adíkto, ta] 形 ❶ [ser+. +a 人物・主義に] 信奉している; …の下に配属されている: Es muy ～ al secretario general. 彼は書記長に心酔している. ～ a una causa 節を曲げない. amigo ～ 信義にあつい友人. ❷《医学》[麻薬・アルコールなどに] 中毒の: Es ～ a las drogas. 彼は麻薬中毒だ. ❸ 熱中している
◆ 名 信奉者; 中毒者

adictivo, va 形 中毒をもたらす

adiestrar [adjestrár] 他 [+en を] …に訓練する, 調教する: ～ a+人 en el manejo de las armas …に武器の扱い方を教える
◆ ～se 練習する: i) ～se en el manejo del balón ボールさばきを練習する. ii) [+a+不定詞] ～se a luchar 格闘訓練をする

adiestrado, da [adjestrádo, da]《中米》研修生

adiestramiento 男 訓練, 養成; 調教; 練習

adinerado, da [adinerádo, da] 形〔大〕金持の

ad infinítum [adinfinítun]《←ラテン語》無限に, 永久に

ad ínterim [adínterin]《←ラテン語》合間に, 臨時に

adiós [adjós] 間《英 good-bye. ←diós 神のみもとへ》❶ さようなら; いってきます, いってらっしゃい; [通りなどですれちがった時] やあ; ～, hasta mañana. さようなら, また明日. A～ a todos. 皆さん, さようなら.
❷ [驚き] おや: ¡A～! Se fue la luz. あれ! 明かりが消えた
◆ 男 別離: No me gustan los adioses. 別れは嫌いだ. dar un ～ 別れる. decir los adioses 別れの挨拶を言う. hora del ～ 別離の時
decir ～ a... [+人] …に別れを告げる; [+物・事] …をあきらめる: Le dije ～ con la mano. 私は手を振って彼に別れを告げた. Dijo ～ a ese plan. 彼はその計画を断念した

adípico, ca [adípiko, ka] 形《化学》ácido ～ アジピン酸

adiposo, sa [adipóso, sa] 形 脂肪太りの; 脂肪質の: tejido ～ 脂肪組織

adiposidad 女 肥満, 脂肪太り

adiposis 女〔単複同形〕《医学》脂肪〔過多〕症

aditamento [aditaménto] 男 ❶ 付加[物], 追加. ❷《言語》状況補語

aditivo, va [adítibo, ba] 形 添加される
◆ 男 添加物(剤)《sustancia ～va》; 混和剤

adivinación [adiβinaθjón] 女 ❶ 占い, 予言. ❷ 見抜くこと, 推測; 謎解き: ～ de pensamientos 読心. por ～ 推測で

adivinador, ra [adiβinadór, ra] 名 占い師《adivino》

adivinanza [adiβinánθa] 女 なぞなぞ, クイズ《例》¿Qué es lo que te sigue adondequiera que vayas, cuando hace sol? 晴れの時, 君が行く所へどこでもついてくるのは何だ? (答えは影)》

adivinar [adiβinár] 他 ❶ [迷信的で・超自然的に] 占う, 予言する: ～ el futuro 未来を占う (予言する). ❷ 見抜く, 推測する; [謎を] 解く: ～ el pensamiento de+人 …の考えを見抜く. ¡Adivina quién soy! [目隠し鬼などで] 私は誰だ! ❸ …がほのかに見える: Adivino allá lejos unas casas. 遠くに家々がかすかに見える
dejar ～ …をほのめかす: Ella dejó ～ su descontento. 彼女はそれとなく不満をもらした

adivinatorio, ria [adiβinatórjo, rja] 形 占いの: artes ～rias 占い術

adivino, na [adiβíno, na] 名 占い師

adj《略語》←adjunto 同封; adjetivo 形容詞

adjetivo, va [adxetíβo, ba] 形 ❶ 付随的な: cualidad ～va 付随的な性質. ❷ 形容詞の: oración ～va 形容詞節
◆ 男《文法》形容詞: ～ atributivo (predicativo) 付加[的](叙述)形容詞. ～ calificativo 品質形容詞. ～ determinativo 限定形容詞《指示 demostrativo, 所有 posesivo, 数 numeral, 不定 indefinido, 疑問 interrogativo》. ～ demostrativo (posesivo) 指示(所有)形容詞

adjetivación 女 形容; [語に] 形容詞をつけること; [名詞などの] 形容詞化

adjetivar 他 形容する; [語に] 形容詞をつける. ◆ ～se 形容詞化する

adjudicar [adxudikár] 7 他 ❶ [賞などを] 授与する: ～ a+人 el primer premio …に1等賞を与える. ～ una pensión 年金を与える. ❷ [競売・入札などで] 落札させる: Le han adjudicado el cuadro en un millón de pesetas. その絵は100万ペセタで彼に落札した. ¡Adjudicado! 落札! ❸《法律》[判決によって] 与える, 認める
◆ ～se …を自分の物にする: Su equipo se adjudicó la victoria. 彼のチームが勝利を得た

adjudicación 女 1) 授与. 2) 落札; 競売. 3) 裁定, 判決

adjudicatario, ria 名 落札者

adjuntar [adxuntár] 他 同封する: Le adjuntaré una copia del informe. 報告書のコピーを1通同封いたします

adjuntía [adxuntía] 女 専任講師の職(地位)

adjunto, ta [adxúnto, ta] 形 ❶ [+a 別のものと] 続いた: casa ～ta a la mía 私の家と棟続きの家. ❷ 同封した; 付属した: remitir ～ta una muestra 見本を同封して送る. carta ～ta 添え状, カバーレター. ❸ 補佐する, 付添いの: secretario ～ 次官補
◆ 名《大学の》専任講師《スペインでは廃止》
◆ 副 [主に商業文・公用文で, +動詞] 同封して: A～ le enviamos una muestra. 見本を同

封いたします
◆ 男《文法》付加詞, 任意の修飾語句

adlátere [aðlátere] 图《軽蔑》取り巻き, 仲間

ad líb [að líb] = ad líbitum

ad líbitum [að líbitun]《←ラテン語》アドリブで

ad litteram [ad líteran]《←ラテン語》字句どおりに《literalmente》

adminículo [aðminíkulo] 男 [揚子・ピン・釘・尾錠のような] 小物 ; [小さな] 付属品

administración [aðministɾaθjón] 图 ❶ 管理, 運営 ; 経営 : encargar a+人 la ～ de sus bienes 財産の管理を…にゆだねる. ～ de personal 労務管理. ❷ 統治, 行政 ; 政府, 行政機関, 官公庁 ; 医図その職員 : A～ Clinton クリントン政権. ～ actual 現政権. ～ central 中央官庁. ～ civil (military) 民政 (軍政). ～ de correos 郵政局. ～ local 地方行政機関. ～ municipal 市政 ; 市役所. ～ pública 行政. ～ de aduana 税関の係官. jefe de ～ [部局長以上の] 行政官. ❸ 与える(授ける)こと. ❹ 投薬, 服用《～ de medicamentos》. ❺《西》宝くじ発売所《～ de loterías》

administrador, ra [aðministɾaðór, ra] 形 管理 (統治)する
◆ 图 ❶ 管理者, 経営者 : ～ de Correos 郵便局長. Es una buena ～ra. 彼女は家計のやりくりがうまい. ❷ 管財人《～ judicial》; 行政官

administrar [aðministɾár] 他 ❶ 管理する, 運営する ; 統治する : ～ la fortuna 財産を管理する. ～ los asuntos locales 地方行政をつかさどる. ～ la justicia 裁判を行なう. ～ sus fuerzas 力をコントロールする ; 体力をセーブする. ❷ 与える, 授ける : ～ a+人 una paliza …を棒で叩く ; つらい目にあわせる. ～ los sacramentos 秘跡を授ける. ❸ 投薬する ; 服用する : ～ a+人 calmantes …に鎮静剤を投与する
◆ ～se 薬を飲む ; 自分をコントロールする, 倹約する

administrativo, va [aðministɾatíbo, ba] 形 管理の, 経営の ; 行政の : capital ～va [行政上の] 首都. derecho ～ 行政法. medida ～va 行政手段. personal ～ 行政官
◆ 图 役人, 事務官

administrativamente 副 管理 (経営) 上 ; 行政的に

admirable [aðmiɾáble] 形《英 admirable》[ser+] 賞賛に値する, 驚嘆すべき : Eso es ～. それは見事だ. belleza ～ すばらしい美しさ
admirablemente 副 見事に, 立派に

admiración [aðmiɾaθjón] 图《英 admiration》❶ 感嘆, 賞賛 ; その対象 : tener (sentir) ～ por+人 …を賞賛する, …に感心 (敬服)する. No salí de mi ～ al ver la obra. 私はその作品に見とれてしまった. Ese maestro es la ～ de los alumnos. その先生は生徒たちのあこがれの的だ. ❷《文法》感嘆符《signos de ～》; 感嘆文

admirador, ra [aðmiɾaðór, ra] 形 賞賛する
◆ 图 賛美 (崇拝)者, ファン : Tiene muchas ～ras. 彼には女性ファンが多い

admirar [aðmiɾár] 他《英 admire》❶ 感嘆する, 賞賛する : Todo el mundo *admira* la amabilidad de Juan (la razón de Juan por su amabilidad). フワンの親切にみんな感心している. ～ un paisaje 景色に見とれる. ❷ 驚かす ; 不思議に思わせる : Me *admiró* su desvergüenza. 彼のあつかましさにはびっくりした.[que+接続法が主語] Me *admira que* no haya llegado todavía. 彼がまだ着かないのは不思議だ

ser de ～ *que*+接続法 …は感嘆すべきことである : No *es de* ～ *que* haya salido bien. 彼が成功したからといって感心する (驚く)ほどのことではない

◆ ～se [+de に] 驚嘆する ; 驚く : i) Me *admiro de* los progresos médicos. 医学の進歩には目をみはるばかりだ. ii) [+de+不定詞・que+接続法] Se *admiró de* saberlo. 彼はそれを知って驚いた. Me *admiro de que* tengas tanta paciencia. 君の辛抱強さには感心するよ

admirativo, va [aðmiɾatíbo, ba] 形 感嘆した : mirada ～va 賞賛のまなざし. tono ～ 感心した口調. frase ～va 感嘆文
admirativamente 副 感嘆して, ほれぼれと

admisible [aðmisíble] 形 許容できる, 容認できる : Su excusa es ～. 彼の弁明はもっともだ
admisibilidad 图 許容性

admisión [aðmisjón] 图《↔expulsión》❶ 入場 (入会・入学) 許可 ; 合格, 採用 : examen de ～ 入学 (採用) 試験. ～ temporal 一時的保税輸入. reservado el derecho de ～《表示》会員制《店にとって歓迎できない客は入場を断わることができること》. ❷ 許容, 容認. ❸ [内燃機関の] 吸気

admitancia [aðmitánθja] 图《電気》アドミタンス

admitidamente [aðmitíðaménte] 副《←英語》確かに《ciertamente》

admitir [aðmitír] 他《英 admit》❶ [+en 場所・組織などに] 入ることを…に許可する : Sin corbata no le *admitirán en* el restaurante. ノーネクタイではレストランに入れません. Le *admitieron en* la asociación (el banco). 彼は入会を認められた (銀行に採用された)
❷ 許容 (容認)する ; 受け入れる : i) No *admito* excusas. 弁解は許さない. Me *han admitido* el ejercicio escrito. 私は筆記試験に合格した. En correos no *admiten* paquetes tan voluminosos. 郵便局ではそんな大きな荷物は受け付けない. Ese asunto no *admite* dilación. その件は遅滞を許さない. Los zapatos *admiten* todavía compostura. その靴はまだ修理の余地がある. ii) [+por・como として] Lo *admitió como* regalo. 彼はそれを贈り物として受け取った. ～ a+人 *por* jefe …をボスとして認める. ～ *por* válido …の有効性を認める. iii) [+que+直説法. 事実を] 認める : *Admito que* tienes razón. 君が正しいことは認めます.[否定で, +接続法] No *admito que* te portes así con él. 私は君が彼にそんなふるまいをするのは許さない.[仮定的. +接続法] Yo le apoyo, *admitiendo que* haya dicho la ver-

dad.〔本当はどうか知らないが〕あなたが真実を言ったと仮定して，支持します

❸ 収容できる：Este barco *admite* cien pasajeros. この船は 100 人乗れる

◆ 〜se No *se admiten* perros (propinas). 犬を連れて入るべからず〔チップ不要〕

admón.《略語》←administración …局，…部

admonición [aðmoniθjón] 囡《文語》忠告；説諭，訓戒
　admonitorio, ria 形 説諭の，訓戒の

ADN 男《略語》←ácido desoxirribonucleico DNA

-ado《接尾辞》❶ [ar 動詞+] i) [過去分詞] hablado. ii) [名詞化．技術的処理] planchado アイロンかけ． ❷ [名詞+] i) [集合名詞化] jurado 審査会． ii) [品質形容詞化] anaranjado 橙色の

adobar [aðoβár] 他《料理》マリネーする；[皮を]なめす：carne *adobada* マリネーした肉
　adobado, da 形 過分《南米》酔っぱらった

adobe [aðóβe] 男 日干し煉瓦：casa de 〜 日干し煉瓦造りの家

　descansar haciendo 〜s《中米》休憩時間に他人の仕事をする
　hacer 〜s *con la cabeza* 死ぬ

adobo [aðóβo] 男 ❶《料理》マリネー；その漬込み液：pescado en 〜 魚のマリネー． ❷ [皮の]なめし；それに使う薬品

adocenar [aðoθenár] 他 ダース docena に分ける． ◆ 〜se《軽蔑》平凡になる，くすんでしまう
　adocenado, da 形 過分 平凡な，凡庸な

adoctrinar [aðoktrinár] 他《時に軽蔑》[教服などを]教え込む；[行儀作法などを]指導(教育)する
　adoctrinamiento 男 教化；訓育

adolecer [aðoleθér] 自 ❶ [+de 病気を]患う，持病に悩む：*Adolezco* de reuma. 私はリューマチに悩んでいる． ❷ …という欠点(悪癖)がある：〜 *de* soberbia 傲慢になることがある

adolescencia [aðolesθénθja] 囡 青春期，思春期〔幼年期 infancia と青年期 juventud の間の精神的・肉体的に成長盛りの時期〕

adolescente [aðolesθénte] 形 青春期の，若々しい〔12-20 歳〕：árbol 〜 若木
　◆ 名〔主に 18 歳までの〕青年，若者

Adolfo [aðólfo] 男《男性名》アドルフォ〔英 Adolph〕

adonde [aðónde] 副〔場所の関係副詞．先行

詞が明示されたときのみ a donde とも表記する〕…する所へ：Es muy caluroso el sitio 〜 nos dirigimos. 私たちが行く所はとても暑い

adónde [aðónde] 副〔場所の疑問副詞．a dónde とも表記する〕どこへ：i) [+移動の動詞] ¿A〜 vas? どこへ行くの？ ii)《口語》[+非移動の動詞] ¿A〜 estamos? ここはどこですか？ iii) [前置詞的] …のいる所に：Voy 〜 Daniel. ダニエルの家へ行って来ます

adondequiera [aðondekjéra] 副〔☞dondequiera〕《西では主に古語的》[+que+接続法] どこへ(どこで)…しても：Te acompaño 〜 *que* vayas. どこにでもついて行く

adonis [aðónis] 男《単複同形》❶《神話》[A〜] アドニス． ❷《口語》美青年

adopción [aðopθjón] 囡 養子縁組；採用，採択
　de 〜 帰化した：Ese futbolista es japonés *de* 〜. そのサッカー選手は日本に帰化している． país *de* 〜 第二の祖国
　adopcionismo 男 養子論〔8 世紀後半にスペイン・フランスで広がった異端の教義．キリストが養子になって神の子とされるとする〕

adoptar [aðoptár] 他《英 adopt》❶ 養子にする；実の子同様に扱う：*Adoptaron* a María [por・como hija]. 彼らはマリアを養女にした． ❷ [自分のものとして] 採用する，取り入れる：〜 la nacionalidad japonesa 日本国籍を取る． 〜 la política democrática 民主化政策を取る． 〜 el budismo 仏教を取り入れる． ❸ [態度・方策などを] 取る：〜 una medida terminante 断固とした措置を取る． ❹ 採択(可決)する：〜 una decisión 決議を採択する． ❺ [+por・como として] 受け入れる：Me *adoptaron por* amigo. 彼らは私を友人として受け入れた

adoptivo, va [aðoptíβo, βa] 形 養子〔縁組〕の：padre (hijo) 〜 養父(養子)． hijo 〜 de México [帰化して] メキシコで育った子． hijo 〜 de la ciudad 名誉市民． patria 〜*va* 帰化した国，第二の祖国

adoquín [aðokín] 男 ❶ [プリズム形の] 舗石，敷石；[その形の] 大きな飴． ❷ 愚鈍な男，やぼな男
　adoquinado 男 舗石，石畳
　adoquinar 他 敷石で舗装する，石畳を敷く

-ador《接尾辞》[ar 動詞+] i) [品質形容詞化] madrugador 早起きの． ii) [名詞化．場所] mirador 展望台

adorable [aðoráβle] 形 ❶ 崇拝に値する． ❷ とてもかわいい，愛らしい：mujer 〜 とてもすてきな女性

adoración [aðoraθjón] 囡 ❶ 礼拝，祈り；崇敬，崇拝：A〜 de los Reyes《聖書》東方の三博士の礼拝． ❷ 熱愛：sentir una 〜 por... …が大好きである

adorador, ra [aðoraðór, ra] 形 礼拝する，崇拝する；熱愛する
　◆ 名 礼拝者，崇拝者；《戯語》求婚者

adorar [aðorár] 他 ❶ 礼拝する，あがめる；崇敬する：〜 a Dios [en sus criaturas] [被造物を通して] 神をあがめる． 〜 al sol 太陽を崇拝

する. ❷ 熱愛する: *Adora* a su novia. 彼は恋人をとても愛している. *Adoro* la pintura. 私は絵が大好きだ

◆ 圓 ❶ [+en を] 熱愛する: El chico *adora* en su maestro. その子は先生が大好きだ. ❷ 祈る

adoratorio [aðoratórjo] 圐 持ち運び用の祭壇飾り壁；[インディオの] 神殿

adoratriz [aðoratríθ] 囡 Las Esclavas del Santísimo Sacramento 会の修道女

adormecer [aðormeθér] 勁 他 ❶ 眠らせる；眠くする: La madre acuna a su hijo para ~lo. 母親は揺りかごを揺すって息子を眠らせた. Su voz monótona nos *adormece*. 彼の単調な声を聞いていると眠くなる. ❷ [苦痛などを] 静める: ~ los temores 恐怖心を静める. ❸ 麻痺させる

◆ ~se 眠り込む, うとうとする；麻痺する
adormecedor, ra 圏 眠けを誘う
adormecimiento 圐 まどろみ, 眠り

adormidera [aðormiðéra] 囡 《植物》ケシ

adormilar/adormitar [aðormilár/-tár] ~se うとうとする, まどろむ [⇒adormecerse]

adornar [aðornár] 他 ❶ [+con・de で] 飾る: Ella *adornó* el vestido *con* cintas. 彼女はドレスにリボンの飾りをつけた. ~ el altar *con* flores 祭壇を花で飾る. ~ el salón 広間の飾り付けをする. ~ una historia *con* episodios エピソードで物語を豊かにする. ❷ 精神的に豊かにする: La *adornan* las virtudes. 徳が彼女の品位を高めている

◆ ~se 自分を飾る, おめかしする；美しくなる

adorno [aðórno] 圐 ❶ 装飾[品], 飾り: vestido con ~s de encaje レース飾りのついたドレス. ❷《闘牛》アドルノ《牛に背を向ける・牛の角をつかむなどの技》

de ~ 1) 飾り物の: árbol *de* ~ 装飾用樹木. Estas gafas están *de* ~. これはだて眼鏡だ. Ese profesor está *de* ~ en la universidad. その教授は大学では飾り物だ. 2) 必修でない課目《音楽, 美術など》

adosado, da [aðosáðo, ða] 圏 過分 [+a に] 接した, ぴったりくっついた

◆ 圐 棟続きの共同住宅, テラスハウス 《casa ~da》

adosar [aðosár] 他 [+a を背にして] 寄せる, くっつける；もたせかける: ~ una silla *a* la pared 壁ぎわに椅子を置く

adquirido, da [aðkiríðo, ða] 圏 過分 ❶ 取得した: conocimientos ~s 習得した知識. derechos ~s 既得権. velocidad ~da 到達速度. ❷ 後天的な, 習性となった [↔congénito]

adquirir [aðkirír] 他 [英 acquire. ☞活用表] ❶ 手に入れる, 取得(獲得)する [☞ obtener 類義];購入する: ~ bienes 財産を手に入れる. *Adquirió* un coche nuevo al negociante. 彼はディーラーから新車を買った. ❷ [習慣などを] 身につける；[病気に] かかる: ~ el hábito de fumar たばこを吸う癖がつく. ~ cultura 教養を身につける

adquirir	
直説法現在	接続法現在
adquiero	adquiera
adquieres	adquieras
adquiere	adquiera
adquirimos	adquiramos
adquirís	adquiráis
adquieren	adquieran

adquisición [aðkisiθjón] 囡 ❶ 取得(物)；購入: Son sus últimas *adquisiciones*. それらは彼がつい最近手に入れたものだ. precio de ~ 購入価格. ~ de divisas 外貨の獲得. ❷ 安い買い物, 掘り出し物: Esta casa es una verdadera ~. この家は掘り出し物だ. Hizo una buena ~. 彼はよい(安い)買い物をした. ❸《経済》吸収合併, 乗っ取り

adquisitivo, va [aðkisitíβo, βa] 圏 取得の: poder ~/capacidad ~*va* 購買力. prescripción ~*va*《法律》取得時効

adrede [aðréðe] 圖 わざと, 故意に；特別に, ことさら: No lo hizo ~. 彼はわざとそうしたのではない. Ha venido ~ para verte. 彼はわざわざ君に会いに来たのだ

adrenalina [aðrenalína] 囡《生化》アドレナリン: soltar (descargar) ~ アドレナリンを放出する；興奮する, ドキドキする

adriático, ca [aðrjátiko, ka] 圏《地名》アドリア海 Mar Adriático の

adscribir [aðskriβír] 他《過分 ads*cri*[*p*]*to*》[+a に] 割り当てる, 割りふる: ~ un batallón *a* la defensa de la ciudad 町の防衛に1大隊をあてる. ~ todos sus bienes *al* hijo mayor 全財産を長男に与える. ~ a+人 *al* departamento de venta …を営業部に配属する. Le *adscribieron* la autoría del hurto. 彼は盗みの犯人に名指された. nota *adscrita* 添え書き

◆ ~se 加入する: ~*se a* un partido 入党する

adscripción [aðskripθjón] 囡 指定, 任命；加入: acto de ~ de destinos 任命式

adsorber [aðsorβér] 他《物理》吸着する
adsorbente 圏 吸着する；吸着剤
adsorción 囡 吸着

adstrato [aðstráto] 圐《言語》傍層言語, 言語傍層《2言語が地理的に隣接し影響し合う現象》

aduana [aðwána] 囡 ❶ 税関: pasar por la ~ 税関を通過する. oficial de ~[s] 税関の係官. ❷ 関税《derechos de ~》: sin ~ 関税のかからない, 無税の・で

aduanero, ra [aðwanéro, ra] 圏 税関の, 関税の: hacer los trámites ~s 通関手続きをする. declaración ~*ra* 通関申告. tarifa ~*ra* 関税率, 関税表

◆ 圐 税関の係官

aducción [adu(k)θjón] 囡《生理》内転 [↔ abducción]

aducir [aduθír] 4I 他 [理由・証拠を] 提示する, 申し立てる: *Adujo* como atenuante que había estado enfermo. 情状酌量してもらうた

めに彼は病気だったと申し立てた. 〜 una prueba (un testigo) 証拠(証人)を出す. 〜 problemas 問題を言い立てる

aductor [aduktór] 男《解剖》内転筋

adueñar 〜**se** [+de] 自分のものにする, 専有する；横領する：〜*se del* volante ハンドルを握って放さない. 〜*se de* los bienes ajenos 他人の財産を横領する. No dejes que se *adueñe* de ti el pesimismo. ペシミズムにとらわれないようにしたまえ

adujar [aduxár] 他《船舶》[ロープを] 巻いて重ねる

adulación [adulaθjón] 女 へつらい, 追従(ついしょう)

adulador, ra [aduladór, ra] 形 名 おべっか使い[の]

adular [adulár] 他 …にへつらう, ちやほやする：〜 a su jefe para conseguir un aumento de sueldo 給料を上げてもらおうと上司に取り入る

adulatorio, ria [adulatórjo, rja] 形 へつらいの

adulón, na [adulón, na] 形 名 =adulador

adularia [adulárja] 女《鉱物》氷長石

adulterar [adulterár] 他 [食品などに, +con を] 混ぜる, 品質を落とす；偽造する：〜 la leche con agua 牛乳に水を混ぜる. 〜 la verdad 事実を歪曲する

◆ 自 姦通する, 不貞を働く

adulteración 女 不純物の混和

adulterador, ra 形 名 混ぜ物をする[人]

adulterino, na [adulteríno, na] 形 姦通の, 姦通による：hijo 〜 不義の子, 庶子

adulterio [adultérjo] 男 ❶ 姦通, 不倫：cometer 〜 姦通する, 姦通の罪を犯す. ❷ 偽造

adúltero, ra [adúltero, ra] 形 姦通の, 不倫の；不倫な関係を結んでいる：mantener relaciones 〜*ras* con+人 …と不倫な関係を結んでいる

◆ 名 姦通者

adulto, ta [adúlto, ta] 形 ❶ 成年に達した：edad 〜*ta* 成年期. insecto 〜 成虫. persona 〜*ta* 成人. ❷ [言語・国家などが] 成熟した

◆ 名 成人, 大人：〜*s* edad ❶ 参照：enseñanza para 〜*s* 成人教育

-aduría [接尾辞] [ar 動詞+. 名詞化. 場所] contaduría 会計課

adusto, ta [adústo, ta] 形 ❶ そっけない, 無愛想な『↔afable』：gente 〜*ta* 温かみのない連中. rostro 〜 いかつい顔. paisaje 〜 殺風景. ❷《まれ》酷熱の

adustez 女 そっけなさ, 無愛想

ad valorem [ad balórem]《←ラテン語》価格に従って, 従価方式の

advenedizo, za [adbeneðíθo, θa] 形 名《軽蔑》成り上がり者[の]；《中南米》初心者[の]

advenimiento [adbenimjénto] 男 [時期などの] 到来, 出現：〜 de la primavera 春の到来. 〜 de la república 共和国の誕生. 〜 al trono de Alfonso XIII アルフォンソ 13 世の即位. santo 〜 [キリストの] 再臨

esperar... como el (al) santo 〜 首を長く

して…を待つ

esperar el (al) santo 〜 拱手(きょうしゅ)傍観している

advenir 59 自《過分 adviniendo》[主に点過去で] 到来する；即位する

adventicio, cia [adbentíθjo, θja] 形 ❶ 偶発的な. ❷《植物》不定の, 偶生の：raíces 〜*cias* 不定根. ◆ 女《解剖》外膜

adventismo [adbentísmo] 男 キリスト再臨説

adventista 形 名 再臨派[の]

adverbio [adbérbjo] 男《文法》副詞：〜 de lugar (tiempo) 場所(時)の副詞. 〜 interrogativo (relativo) 疑問(関係)副詞

adverbial 形 副詞の：oración 〜 副詞節. modo 〜 副詞慣用句

adverbializar 9 他 副詞として用いる. ◆ 〜**se** 副詞化する

adversario, ria [adbersárjo, rja] 名 敵対者, 競争相手；反対者：〜 de la reforma 反改革派

◆ 形 敵の；反対派の

◆ 男 医学 敵. 反対派の人

adversativo, va [adbersatíbo, ba] 形《文法》反意の, 背反の：conjunción 〜*va* 反意(背反)接続詞：〜 pero, sino など]

adversidad [adbersiðá(d)] 女 ❶ 不利, 不都合：〜 del clima 気候の悪さ. ❷ 不運, 逆境：sufrir muchas 〜*es* 数々の不幸な目に会う. Se conoce a los amigos en la 〜. 困った時の友こそ真の友

adverso, sa [adbérso, sa] 形 [+a] ❶ 不利な, 不都合な：suerte 〜*sa* 不運. viento 〜 逆風. situación 〜*sa* 逆境. ❷ 逆方向の, 反対側の：actitud 〜 a sus intenciones 意図とは逆の態度

adversamente 副 不利に, 逆に

advertencia [adberténθja] 女 ❶ 警告, 注意；忠告：Que los sufrimientos te sirvan de 〜 para no volver a hacer. この苦しみを肝に銘じて二度とこんなことをするな. hacer una 〜 a un niño 子供に注意する, 子供を叱る. sin 〜 警告[予告]なしに. 〜 戒告[処分]. ❸ 警告書；[本などの] 注意書き

advertido, da [adbertíðo, ða] 形 過分 ❶ Estás 〜 [para la próxima vez]. いいか警告したぞ[, 二度とするなよ]. ❷ [estar+. +de に] 気づいた：Está 〜 *del* peligro. 彼は危険に気づいている. ❸ [ser+] 経験豊富な, 抜かりのない：Esa secretaria es muy 〜*da*. その秘書はとても有能だ

advertir [adbertír] 33 他《英 warn. ☞活用表. 過分 adviritiendo》❶ [+a+人 に, 危険などを] 知らせる, 気づかせる, 指摘する：i) Me advirtieron unos errores. 私は誤りをいくつも注意された. Una señal advierte la proximidad de un cruce. 標識が交差点の近いことを知らせている. ii) [+que+直説法] Te advierto que te pondrán muchos inconvenientes. 言っておくが, 色々と障害がふりかかるよ. iii) [+de について] Me han advertido del peligro. 彼ら

は私に危険を知らせてくれた 〖この文は 2 つの受動態を作る: Yo fui *advertido d*el peligro. 私は危険を知らされた. El peligro me fue *advertido*. その危険は私に知らされた〗

❷ [+que+接続法 するように] 忠告する，警告する: *Adviérte*le *que* se lleve el abrigo. オーバーを持っていくよう彼に言ってやりなさい

❸ …に気づく；考慮に入れる: No *advirtió* nada anormal. 彼は何ら異常に気づかなかった. *Advertí* que la hora ya había pasado. 私はすでに時刻が過ぎているのに気づいた

advertir	
直説法現在	直説法点過去
adv**ie**rto	advertí
adv**ie**rtes	advertiste
adv**ie**rte	adv**i**rtió
advertimos	advertimos
advertís	advertisteis
adv**ie**rten	adv**i**rtieron

adviento [adbjénto] 男 《キリスト教》 [主に A～] 待降節 〖クリスマス前の 4 週間〗

advocación [adβokaθjón] 女 《宗教》 [教会などに付けられた] 本尊の名前 〖例 Nuestra Señora del Pilar〗；[聖母を称える] 御名(な)

adyacente [adjaθénte] 形 隣接する，すぐ近くの. ◆ 男 《文法》付加語
　adyacencia [——] 女 近接，隣接

adyuvante [adjuβánte] 形 《薬学》補助剤

AEDAVE 《略語》←Asociación Empresarial de Agencias de Viajes Españoles スペイン交通公社

AEE 女 《略語》←Agencia Europea del Espacio 欧州宇宙機関

aeración [aeraθjón] 女 換気，通風

aereador [aereaðór] 男 換気(通気)装置

aéreo, a [aéreo, a] 形 [←aire] ❶ 航空の: batalla ～a/combate ～ 空中戦. [por] correo ～ 航空便〔で〕. fotografía ～a 航空写真. fuerza ～a 空軍. tarifas ～as 航空料金. tráfico ～ 空の交通. ❷ 空気の，大気の: partículas ～as 空気中の微粒子. ❸ 空中の: cable ～ 架空ケーブル. ferrocarril ～ 高架鉄道. ❹ [空気のように] 軽い；透明な，淡い: aparición ～a ぼんやり見える幽霊. velo ～ 薄いベール. con un andar ～ 軽やかな足取りで. ❺ 空想的な: mundo ～ 夢想の世界. ❻《植物》raíz ～a 気根

aero- 〔接頭辞〕 [空気・航空] *aero*nave 飛行船

aeróbic [aeróbik] 男 [←英語] エアロビクス

aerobio, bia [aeróβjo, βja] 形 《生物》好気性の；好気菌

aerobús [aerobús] 男 《航空》エアバス

aeroclub [aeroklúb] 男 飛行クラブ 〖組織，施設〗

aerodeslizador [aeroðesliθaðór] 男 ホーバークラフト

aerodinámico, ca [aeroðinámiko, ka] 形 ❶ 空気(航空)力学の: freno ～ エアブレーキ. túnel ～ 風洞. ❷ 流線形の: tener una

línea ～ca 流線形をしている. ◆ 男 流線形. ◆ 女 空気(航空)力学；流線形

aeródromo [aeróðromo] 男 飛行場；[航空機の] 発着場

aeroespacial [aeroespaθjál] 形 航空宇宙の: industria ～ 航空宇宙産業

aerofagia [aerofáxja] 女 《医学》空気嚥下(んげ)症

aerofaro [aerofáro] 男 航空標識灯

aerofobia [aerofóbja] 女 嫌気症

aerofotografía [aerofotografía] 女 航空写真. **aerofoto** 女 =**aerofotografía**

aerofreno [aerofréno] 男 《航空》エアブレーキ

aerógrafo [aeróɡrafo] 男 エアブラシ
　aerografía 女 エアブラシで描いた絵

aerograma [aeroɡráma] 男 航空書簡，エアログラム

aerolínea [aerolínea] 女 [主に 複] 航空会社

aerolito [aerolíto] 男 《地質》石質隕石(いんせき)，エアロライト

aerómetro [aerómetro] 男 気体計

aeromodelismo [aeromoðelísmo] 男 模型飛行機の製作(操作)

aeromodelo [aeromoðélo] 男 模型飛行機

aeromotor [aeromotór] 男 空気圧モーター

aeromozo, za [aeromóθo, θa] 名《中南米》スチュワード，スチュワーデス 〖azafata〗

aeronauta [aeronáuta] 名 飛行船(気球)の搭乗員

aeronáutico, ca [aeronáutiko, ka] 形 航空[機・学]の: industria ～ca 航空機産業. salón ～ 航空ショー. ◆ 女 航空学，航空術

aeronaval [aeronaβál] 形 《軍事》海空の: batalla ～ 海と空の戦い

aeronave [aeronáβe] 女 飛行船: ～ espacial 宇宙船

aeronavegación [aeronaβeɡaθjón] 女 航空

aeroplano [aeropláno] 男 《主に中米》飛行機 〖avión〗

aeropostal [aeropostál] 形 航空郵便の

aeropuerto [aeropwérto] 男 〖英 airport〗 空港: A～ de Barajas バラハス空港. ～ internacional 国際空港. ～ nacional 国内 [便用の] 空港

aerosol [aerosól] 男 ❶ エアゾル噴霧器，スプレー: desodorante en ～ 防臭スプレー. ❷《化学》エーロゾル，大気浮遊粒子

aerostático, ca [aerostátiko, ka] 形 気体静力学の；軽航空機の: globo ～ 気球. ◆ 女 気体静力学

aeróstato [aeróstato] 男 軽航空機 〖飛行船，気球など〗
　aerostación 女 軽航空機による飛行

aerotaxi [aerotá(k)si] 男 エアタクシー

aeroterrestre [aeroteréstre] 形 《軍事》空陸の

aerotransportar [aerotransportár] 他 空輸する: tropas *aerotransportadas* 空輸部隊

aerotrén [aerotrén] 男 リニアモーターカー

aerovía [aeroβía] 女 航空路

a/f.《略語》←a favor …あての・に, …を受取人（受益者）とした

afabilidad [afabilidá(đ)] 囡 優しさ, 親切さ；愛想のよさ：recibir a+人 con 〜 …を優しく迎える

afable [afáble] 厖 [ser+. +con•para•para con に対して] 優しい, 親切な；愛想のよい [↔ adusto]：Es 〜 con todo el mundo. 彼は誰にでも優しい。〜en su trato 人当たりの柔らかい。〜s palabras 優しい言葉

afalorar [afalorár] 〜se《南米》怒る；興奮する, 熱狂する

afamado, da [afamáđo, đa] 厖 過分 有名な, 評判の〖famoso〗：〜 empresario 有名な興行主. obtener 〜 renombre 大変有名になる

afamar [afamár] 他 有名にする：Hoy día la televisión consigue 〜 a cantantes desconocidos. 今日ではテレビのおかげで無名の歌手が有名になる
◆ **〜se** 有名(評判)になる

afán [afán] 囲 〖英 eagerness〗 ❶ 熱心さ, 精力；[+de•por への] 熱意, 欲求：Tiene mucho 〜 por aprender. 彼は学習意欲に燃えている。Le sostiene el 〜 de ver a sus hijos colocados. 彼は子供が就職するのを楽しみに生きている。poner todo su 〜 en… …に全精力を注ぐ。〜 de aventuras (de superación) 冒険(向上)心。❷ [主に 覆. 生きるための] 苦しい仕事；苦労, 努力：afanes cotidianos 日々の仕事。Eso es el premio de tantos afanes. あんなに苦労した報いがそれだ。Cada día trae su 〜. 《諺》その日その日の足りて足りれ
con 〜 熱心に, 一所懸命に
con 〜 de… [一所懸命な目的] …のために

afanar [afanár] 他 [財布などを] する, 盗む
◆ 圓/〜se [+en•por に] 精を出す, 一所懸命に働く：Se afana mucho por adquirir un coche. 彼は車を買うためにがんばっている。〜se en la limpieza 掃除に精を出す。❷《中米》金をもうける

afanadamente 圖 熱心に, 精出して

afanado, da 過分 [ser+] 骨の折れる；[estar+. +en に] 一所懸命の

afanador, ra 图《中米》掃除係

afanoso, sa [afanóso, sa] 厖 ❶ 大変骨の折れる, 困難な：trabajo 〜 重労働。llevar una vida 〜sa 苦しい生活を送る。❷ 熱心な, 切望した：Está 〜 por saber el resultado. 彼は結果をひどく知りたがっている

afanosamente 圖 苦労して；熱心に

afarolado, da [afaroláđo, đa] 厖 街灯farol のような；《闘牛》ケープを高く大きく旋回させる

afasia [afásja] 囡《医学》失語(症)

afear [afeár] 他 ❶ 醜くする：Los cables eléctricos afean el paisaje. 電線のために景観が損われる。❷ 叱る：〜 la mala conducta de los alumnos 生徒たちの行儀の悪さをたしなめる

afección [afe(k)θjón] 囡 ❶《文語》病気, 疾患：〜 cardiaca 心臓疾患。❷ 影響；愛好, 好み

afectación [afektaθjón] 囡 見せかけ；気どり；sin 〜 気どらずに, 率直に

afectado, da [afektáđo, đa] 厖 過分 ❶ 見せかけの, わざとらしい；気どった：ignorancia 〜da 知らないふりをすること。No me gusta tu tono 〜. 君の気どった口調が気にくわない。❷ [+por に, 悪い] 影響を受けた；[病気などに] おかされた：hacienda 〜da por la inundación 洪水の被害を受けた農場. estar 〜 del corazón 心臓を患っている。❸ 心を動かされた(乱された)：Está muy 〜 por la muerte de su hija. 彼は娘の死にうち沈んでいる

afectar [afektár] 他 ❶ …のふりをする, 気どる：〜 seriedad まじめぶる。〜 indiferencia 無関心を装う。〜 la voz (los modales) 気どった声を出す(態度をとる)。[+不定詞] Afecta no darse cuenta de mí. 彼は私に気づかないふりをしている。❷ [形を] とる：El edificio afecta la forma de una estrella. その建物は星形をしている。❸ [主に悪い意味で] …に影響を及ぼす, 害を与える：Las tormentas afectarán las cosechas. 嵐で収穫に影響が出るだろう。Estas pastillas me afectan el estómago. この薬を飲むと私は胃の調子がおかしくなる。❹ …の心を動かす(乱す)：Su desgracia me ha afectado mucho. 彼の不幸に私の心は痛んだ。El robo afectó a toda la familia. 泥棒にあって家族全員が動転した。❺ 切望する：〜 la fama 名声を追い求める。❻ 割り当てる, 配属する。❼ 合体させる
◆ 圓 [+a に] 関係がある；[悪い] 影響を及ぼす：Estas leyes no afectan a los extranjeros. この法令は外国人には適用されない。El clima afecta a su salud. 気候が彼の健康に障る。Este medicamento afecta al riñón. この薬は腎臓に悪い。El adjetivo afecta siempre al nombre. 形容詞は常に名詞に依存している
◆ **〜se** [+por に] 心が動揺する：Se afecta por cualquier cosa. 彼はちょっとしたことにも傷つく

afectísimo, ma [afektísimo, ma] 厖 〖afecto の絶対最上級〗《手紙》A〜 amigo：拝啓. suyo 〜/su 〜 servidor 敬具

afectivo, va [afektíƀo, ƀa] 厖 ❶ 愛情の；情緒的な：relación 〜va 恋愛関係。problema 〜 恋愛問題. sensibilidad 〜va 感受性。❷ 思いやりのある；感受性の強い, 傷つきやすい

afectividad 囡 愛；情緒, 感受性

afecto¹ [afékto] 囲 ❶ 親愛の情, 愛情；感情：Siente 〜 al profesor. 彼はその先生に親しみを感じている。tener 〜 a+人 …を好きである。tratar a+人 con cordial 〜 …を心のこもった優しさで遇する。❷ 覆 [死亡広告で] familiares y 〜s 家族および友人一同

afecto², ta [afékto, ta] 厖 ❶ [ser+. +a に] 傾倒している, …が好きな：niño 〜 a juegos violentos 乱暴な遊びの好きな子。❷《文語》[estar+] i) [+a に] 割り当てられた；配属された：Esta casa está 〜ta al pago de un impuesto. この家は税金の支払いに差し押さえられている. Estoy ～ *al* Ministerio de Trabajo. 私は労働省に勤務している. ii) [+de を] 病気に侵されて: ～ *de* pulmonía 肺を患っている

afectuoso, sa [afektwóso, sa] 形 情愛の深い, 愛情のこもった: Es poco ～ con su familia. 彼は家族に冷淡な(思いやりがない). Envíale mis ～s saludos. 彼にくれぐれもよろしく. carta ～*sa* 心温まる手紙

afectuosamente 副 優しく;〖手紙〗〖結辞〗愛情をこめて

afectuosidad 女 情愛の深さ, 思いやり

afeitado [afeitáðo] 男 剃ること, ひげ剃り;《闘牛》角先を切ること

afeitada 女《中南米》=afeitado

afeitadora [afeitaðóra] 女 電気かみそり, シェーバー

afeitar [afeitár] 他 ❶ [···のひげなどを] 剃(そ)る;[馬のたがみなどを] 刈りそろえる;[植木・芝生などを] 刈りこむ: Que me *afeiten*. ひげを剃ってください. ～ a+人 la cabeza ···を丸坊主にする. ❷ [闘牛の] 角先を切る. ❸ 化粧する;美しくする: ～ la desobediencia con el nombre de celo 熱意という名で不服従を美化する. ❹ [車などが] かすめる
◆ ～se [自分のひげを] 剃る: Esta mañana no *me he afeitado*. 今朝私はひげを剃らなかった

afeite [aféite] 男《古語・戯語》化粧;[主に 複] 化粧品〖cosmético〗

afelio [aféljo] 男《天文》遠日点

afelpar [afelpár] 他《繊維》ビロードのようにする

afelpado, da 形 過分 ビロードの(ような)

afeminado, da [afeminaðo, ða] 形 過分 女性的な〖↔varonil〗; 柔弱な
◆ 男 女性的な(めめしい)男

afeminación 女 女性的なこと

afeminamiento 男 女性的になること

afeminar 他 女性的にする. ◆ ～se 女性的になる

aferente [aferénte] 形《生理》輸入の, 求心性の: vaso ～ 輸入管. nervio ～ 求心性神経

aféresis [aféresis] 女《単複同形》《言語》[発音上の] 語頭音消失〖例 norabuena←enhorabuena〗

aferrar [aferár] 他《かつては不規則変化 23 もした》[しっかりと] つかむ: ～ el volante ハンドルを握る. ～ el barco [投錨して] 船を固定する
◆ ～se ❶ [+a に] 固執する: ～*se a* sus creencias 信念に凝り固まる. ❷ [唯一の救いとして] すがる: *Se aferró* a su familia al morir su marido. 夫が亡くなって彼女は実家を頼った

afestonado, da [afestonáðo, ða] 形 花綱 festón で飾られた;《服飾》スカラップの

affaire [afér] 男《←仏語. 文語》後ろ暗いこと, 違法な商売;情事

afgano, na [afɣáno, na] 形 名《国名》アフガニスタン Afganistán の〖人〗の;アフガニスタン人;《犬》アフガンハウンド

afianzar [afjanθár] 9 他 補強する, 確かなものにする: ～ las patas de la silla con unos travesaños 椅子の脚を横木で補強する. ～ su

fama 名声を確立する. ～ sus conocimientos 知識を深める. ～ su salud 体力をつける. Los análisis *afianzaron* al doctor en su diagnosis. 分析の結果から医師は診断に自信を得た
◆ ～se ❶ 身体を安定させる;[しっかり] つかむ: ～*se* sobre la mesa 机の上にしっかり乗る. ～*se* en su puesto [職場での] 地歩を固める. ～*se* a un árbol 木にしっかりつかまる. ❷ [+en に] 自信を持つ: ～*se en* su opinión 自分の意見に自信を持つ

afianzamiento 男 補強, 強化;確立;自信

afiche [afítʃe] 男《南米》ポスター〖cartel〗

afición [afiθjón] 女 ❶ [+a· por への] 好み, 愛着;趣味〖hobby〗: Tiene ～ a la lectura. 彼は読書が趣味だ. Tomo (Cobro·Cojo) ～ a ese juego. 私はその遊びが好きになった. Hay mucha ～ al fútbol. サッカーは大変人気がある. Siento mucha ～ hacia esta cámara. 私はこのカメラに大変愛着がある. tocar la guitarra por ～ 趣味でギターを弾く. tener muchas aficiones 趣味が広い. carpintero de (por) ～ 日曜大工. ❷ 集合 [la+. 主に闘牛·サッカーの] ファン: La ～ está entusiasmada de la victoria. ファンは勝利に熱狂している. ❸ 熱心さ: con ～ 熱心に

aficionado, da [afiθjonáðo, ða] 形 過分 [ser+] ❶ [+a が] 好きな: Es muy ～*da a* pasear. 彼女は散歩が大好きだ. ❷ 素人の〖↔ profesional〗: pintor ～ 素人画家
◆ 名 愛好家, ファン;素人: ～ a la ópera オペラファン. teatro de ～s アマチュア演劇

aficionar [afiθjonár] 他 [+a を] 好きにならせる: El profesor me *aficionó* a la música. 先生のおかげで私は音楽が好きになった
◆ ～se 好きになる, 愛着を抱く: *Me he aficionado* a esquiar. 私はスキーが好きになった

áfido [áfiðo] 男《昆虫》アリマキ, アブラムシ

afiebrar [afjebrár] ～se《中南米》発熱する

afijo, ja [afíxo, xa] 形 男《言語》接辞[の]

afijación 女 接辞による語の派生

afiladera [afilaðéra] 女 砥石〖piedra〗

afilado, da [afiláðo, ða] 形 過分 ❶ 細い, 薄い. ❷ 感情を傷つける, 辛辣な: tener una lengua muy ～ ひどく口が悪い
◆ 男 研ぎ

afilador, ra [afilaðór, ra] 形 鋭くする: muela ～*ra* グラインダー, 回転砥石
◆ 名 研ぎ師
◆ 男 革砥(かわと), 研磨用具

afilalápices [afilalápiθes] 男《単複同形》[ハンドル付きの] 鉛筆削り

afilar [afilár] 他 ❶ 鋭くする, 研(と)ぐ: ～ un lápiz 鉛筆を削る. ～ un cuchillo ナイフを研ぐ. ～ la voz 声をとがらせる, 甲高い声を出す. piedra de ～ 砥石. ❷《南米》[女性に] 言い寄る, くどく;《俗語》性関係を持つ
◆ ～se ❶ やせる: *Se le afiló* la cara. 彼は頬の肉が落ちた. ❷《中南米》入念に準備する

afiliación [afiljaθjón] 女 [+a·en への] 加入, 入会: ～ *al* sindicato 組合加盟

afiliado, da [afiljáðo, ða] 形 過分 加入した:

países ～*s* 加盟諸国. compañía (empresa) ～*da* 子会社
◆ 图 加入者, 会員

afiliar [afiljár] ⑩ 他 [+a・en に] 加入させる：～ a su hijo *al* club de fútbol 息子をサッカークラブに入れる
◆ **～se** 加入する：～*se* a un partido 入党する

afiligranar [afiligranár] 他 …に線状細工を施す；[美しく] 磨き立てる
　afiligranado, da 形 過分 線状細工を施した；繊細な, 優美な：mujer ～*da* ほっそりとした（きゃしゃな）女性

afilón [afilón] 男 革砥（なめ）；[棒状の] 鋼砥

afín [afín] 形 ❶ [事物が] 関係の近い；[漠然と] 類似した：pregunta ～ 関連質問. el español y lenguas afines スペイン語とその同族言語. ideas afines 似たような考え. ❷《数学》transformación ～ アフィン変換
◆ 图 親類 [pariente]

afinar [afinár] 他 ❶ 細く（薄く）する. ❷ 仕上げる；[人を] 洗練する. ❸《音楽》調律する, 音合わせをする. ❹《金属》精錬する
◆ 自 ❶ 正確を期する；音を合わせる. ❷ 交渉で値下げする, まける
◆ **～se** 洗練する
　afinación 囡 仕上げ；調律, 音合わせ
　afinador, ra 男 調律師

afincar [afiŋkár] ⑦ 自 定住させる
◆ 自 地所を手に入れる
◆ **～se** [+en に] 居を定める, 住みつく

afinidad [afiniđá(đ)] 囡 ❶ 類似性：Hay una ～ de caracteres entre los dos. 2 人の間には性格的に似たところがある. ❷ 姻戚関係：pariente por ～ 姻戚. ❸《物理・化学》親和力：～*es* electivas 選択的親和力

afirmación [afirmaθjón] 囡 ❶ 肯定：contestar con ～ 肯定（の返事を）する. ❷ 断言；言明：～ atrevida 大胆な言明. ❸ 確かにすること, 確かさ：～ en (de) sus creencias 信念の確かさ（確立）

afirmado [afirmáđo] 男 [車道の] 路面, 路床

afirmar [afirmár] 他《英 affirm》❶ **肯定する**《↔negar》：No *afirmo* ni niego la existencia de Dios. 私は神の存在を肯定も否定もしない. ❷ [+不定詞・que＋直説法] **確言（断言）する**；言明する：*Afirmó* haber visto al autor. 彼は確かに犯人を見たと言った. *Afirmó* que era cierto lo que decía. 彼は自分の言ってることは確かだと請け合った. Un portavoz del gobierno *ha afirmado* que habrá elecciones generales. 政府スポークスマンは総選挙が行われるだろうと言明した. ❸ 確かなものにする；強固にする：Esa experiencia le *ha afirmado* en sus creencias. その経験によって彼の信念は裏付けられた. clavar unos clavos para ～ un estante 本棚を固定するために釘を打つ
◆ **～se** [+en] 断定（確言）する：Se *afirmó* en lo dicho. 彼は自説を曲げなかった. ❷ 自身を固定する（安定させる）：Me *afirmé en* los estribos. 私はあぶみにしっかりと足をかけた

afirmativo, va [afirmatíbo, ba] 形 ❶ 肯定的な《↔negativo》：respuesta ～*va* 肯定的な回答. en caso ～ もしそうであれば. ❷ 断定的な
◆ 囡 肯定文 [afirmación]

aflamencado, da [aflameŋkáđo, đa] 形 フラメンコ風の

aflatar [aflatár] **～se**《中南米》悲しむ, 陰鬱（いんうつ）になる

aflautar [aflau̯tár] 他 [声を] かん高くする：voz *aflautada* かん高い声

aflicción [afli(k)θjón] 囡《←afligir》《文語》苦悩；悲嘆：La noticia me ha dado mucha ～. その知らせを聞いて私はひどく悲しくなった

aflictivo, va [afliktíbo, ba] 形 ❶ 苦しめる：recuerdos ～*s* 悲しい思い出. ❷《法律》pena ～*va* 体刑

afligir [aflixír] ④ 他 苦しめる, 悩ます；[深く] 悲しませる：Nos *afligen* las desgracias. 私たちは不幸に苦しめられている
◆ **～se** [+con・por・de に] 苦しむ；悲しむ, 悲嘆にくれる：Se *aflige por* la conducta de su hijo. 彼は息子の所業にひどく心を痛めている
　afligidamente 副 悲しげに
　afligimiento 男 ＝aflicción

aflojamiento [afloxamjénto] 男 緩和

aflojar [afloxár] 他 ❶ 緩める《↔apretar》；緩和する：～ una cuerda (un nudo・una tuerca) 綱（結び目・ねじ）を緩める. ～ el límite 制限を緩和する. ～ el paso 歩度を緩める, ペースを落とす. ❷《口語》[金などを] 出す, 渡す：Tendrás que ～ mil pesetas. 君は千ペセタと泣き寝入りだな
◆ 自 ❶ 緩む；衰える：Ha aflojado el calor (la tempestad). 暑さ（嵐）は峠を越した. *Aflojó* la intensidad de la corriente eléctrica. 電圧が低下した. *Ha aflojado* la conversación. 話がだれてしまった. ❷ [+en への関心・意欲が] 低下する：Los niños *aflojan en* el estudio. 子供たちは勉強に身が入らない. ❸ 譲歩する
◆ **～se** ❶ 自分の…を緩める：～*se* la corbata (el cinturón) ネクタイ（ベルト）を緩める. ❷ 緩む；衰える

aflorar [aflorár] 自 ❶ [表面に] 表われる：Empiezan a ～ las disensiones dentro del partido. 党内の意見対立が表面化し始める. La vergüenza *aflora* a ras de piel. はじらいが顔色に表われる. En esa obra *aflora* su originalidad. その作品には彼の独創性がうかがわれる. ❷ [鉱脈などが] 露出する；[地下水などが] 湧出する
◆ 他 ❶ [利益を] 得る. ❷ [粉を] ふるいにかける
　afloramiento 男 1)表面化；露出, 露頭. 2)[海流の] 湧昇, 冷水塊 [～ oceánico]

afluencia [aflwénθja] 囡 [多量の] 流れ, 流入；殺到：La exposición tuvo una gran ～ de gente. その博覧会はたくさんの人を集めた. ～ de refugiados 難民の流入. ～ del producto en el mercado 製品の大量の出回り. ❷

饒舌(じょう), 多弁 : hablar con ～ しゃべりまくる

afluente [aflwénte] 形 饒舌な
◆ 男 《川の》支流

afluir [aflwír] 48 自 《現分 afluyendo》[＋a に] 流れ込む, 流入する ; 殺到する : El Tajo *afluye* al Atlántico. タホ川は大西洋に注ぐ. La sangre *afluyó* a sus mejillas. 彼の頬が紅潮した. La gente *afluyó* a la feria. 人々が市に詰めかけた

aflujo 男 《医学》～ de sangre 充血

afmo[s]. 《略語》←afectísimo[s] きわめて親愛なる

afofar [afofár] ～se ふにゃふにゃ(ぶよぶよ)になる

afonía [afonía] 女 《医学》失声(症)

afónico, ca/áfono, na 形 [estar＋] 声が出なくなった ; 失声症の : Estoy ～ por la gripe. 私は風邪で声がかすれている

aforar [aforár] 他 ❶ …の水量(容量・収容人員)を計測する ; 《在庫品・課税品の》価格を評価する. ❷ …に特権(特典)を与える. ❸ 借地代を払う, 《口語》借金を返す

aforismo [aforísmo] 男 警句, 金言, 格言
aforístico, ca 警句的な

aforo [afóro] 男 ❶ 水量(容量)の計測 ; 《劇場などの》収容能力. ❷ 《商業》価格評価 ; 関税評価価値

aforrar [aforrár] 他 《服飾》[＋con・de・en で] …に裏をつける : ～ con seda 絹の裏地をつける

afortunado, da [afortunáðo, ða] 形 ❶ [＋en に] 恵まれた, 幸運な ; [その結果として] 幸福な 《↔desgraciado》 : Es ～ en su hijo. 彼はいい息子をもって幸せだ. ～ en los negocios 商売運がいい. ～ por la lotería くじ運が強い. hallazgo ～ 幸運な拾い物. casamiento ～ 幸せな結婚. ❷ 適切な, 時宜を得た : frases ～*das* うまい言葉
◆ 名 幸運な人
afortunadamente 副 幸運にも, 運よく

afrancesado, da [afranθesáðo, ða] 形 《過分《軽蔑》フランス風の ; フランスかぶれの(人) ; [特にスペインの独立戦争(1808-14)時の] 親仏派(の)
afrancesamiento 男 フランス化
afrancesar 他 フランス化する. ◆ ～se フランス風になる ; フランスびいきになる

afrecho [afréĉo] 男 《飼料などに使う》ふすま

afrenta [afrénta] 女 《文語》❶ 侮辱, 辱め. ❷ 恥, 不名誉 : Ése es la ～ de la familia. そいつは家族の面汚しだ

afrentar [afrentár] 他 《文語》侮辱する, 辱める : Me *afrentan* tus palabras. 君の言葉は私を侮辱するものだ
◆ ～se [侮辱に対し] 腹を立てる

afrentoso, sa [afrentóso, sa] 形 屈辱的な ; 不名誉な : acción ～*sa* 恥ずべき行為. castigo ～ 加辱刑

África [áfrika] 女 《単数冠詞 : el・un[a]》《地名》アフリカ : ～ del Norte 北アフリカ. ～ austral (meridional) 南アフリカ. ～ negra ブラックアフリカ

africado, da [afrikáðo, ða] 形 《言語》破擦音(の)

africano, na [afrikáno, na] 形 名 アフリカ África の(人)
africanismo 男 アフリカ好き(びいき), アフリカへの関心 ; アフリカの言語(風俗)の影響
africanista 形 名 アフリカ研究の(研究者)
africanizar 9 他 アフリカ化させる

afrikaans [afríkans] 男 アフリカーンス語

afrikaner [afrikáner] 形 名 《複 ～s》ボーア人(の) 《bóer》

afro [áfro] 形 ❶ アフリカの 《主に合成語で》. ❷ アフロヘアの : peinado ～ アフロヘア
afroamericano, na [afroamerikáno, na] 形 アフリカ系アメリカ黒人の
afroasiático, ca [afroasjátiko, ka] 形 アジア・アフリカ(諸国)の
afrocubano, na [afrokubáno, na] 形 アフリカ系キューバ人の
afrodisiaco, ca/afrodisíaco, ca [afroðisjáko, ka/-sfa-] 形 名 [薬剤などが] 性欲を起こさせる, 催淫の ; 催淫剤, 媚薬

Afrodita [afroðíta] 女 《ギリシア神話》[A～] 愛と美の女神 ; 農園の守護神

afrontar [afrontár] 他 ❶ …に立ち向かう : ～ al enemigo 敵に正面から挑む. ～ el peligro (la miseria) 危険(貧困)に立ち向かう. ❷ 向かい合わせにする : ～ dos testigos 2人の証人を対決させる
◆ [＋con と] 向かい合う
afrontamiento 男 立ち向かうこと

afrutado, da [afrutáðo, ða] 形 [味・香りが] フルーティな

afta [áfta] 女 《単数冠詞 : el・un[a]》《医学》[口腔粘膜の] 小潰瘍, アフタ
aftoso, sa 形 アフタ性の

after shave [after[ĉ]ib] 男 《←英語. 化粧》アフターシェーブローション

afto. 《略語》←afecto 親愛なる

afuera [afwéra] 副 《英 outside. ↔adentro》外へ, 外で ; 戸外へ : i) Vete ～. 出て行け. Está ～. 彼は外にいる. A～ hace más calor. 外はもっと暑い. ¿Lo pongo más ～? もっと端の方にこれを置こうか? ii) [無冠詞名詞＋] Las desavenencias familiares nunca trascendieron de puertas ～. 家庭内の不和の話はまったく外にもれなかった. mar ～ 沖に. iii) 《主に中南米》[前置詞＋] Por ～ está congregada la gente. 外に人が集まっている. venir de ～ 外から帰る
◆ 間 出て行け/不賛成だ!
◆ 女 [las＋] 郊外 : Vive en las ～s de Cádiz. 彼はカディスの町はずれに住んでいる

afuerano, na [afweráno, na] 形 名 よそ者(の)
afuereño, ña 形 《中南米》＝afuerano

afuste [afúste] 男 砲架

afutrar [afutrár] ～se 《南米》着飾る, おめかしする

agachar [agaĉár] 他 《頭・上体を》低くする
◆ ～se ❶ 身をかがめる, しゃがむ : *Agáchate*

para que te pueda cortar el pelo. 髪をカット
できるようにかがみなさい. *Se agachó* detrás de
un sillón. 彼は椅子の後ろに隠れた. Más vale
〜*se* y esperar tiempos mejores. おとなしく辛
抱して時機を待つのが得策だ. ❷《中米》[+con
を] 盗む, 横領する

agachada[1] 囡 かがむこと；ごまかし

agachadiza 囡 1) hacer la 〜[かがんで] 身
を隠す. 2)《鳥》ジシギ, タシギ

agachado, da[2] 厖 過分 1)《中米》本心を隠
した, 陰険な；妻を寝取られた. 2)《南米》卑屈
な, ぺこぺこする

agalactia [aɣaláktja] 囡《医学》無乳(症)

agalla [aɣáʎa] 囡 ❶ [魚の] えら；[鳥の] こめ
かみ；《植物》虫えい, 虫こぶ. ❷ 覆 勇気, 気概,
覇気：No tiene 〜s para hacerlo. 彼にはそう
する勇気がない. hombre con muchas 〜s 肝っ
玉の太い(大変ガッツのある)男. ❸《南米》[主に
覆] 貪欲, 強欲

agallón [aɣaʎón] 男 [首飾り用の] 銀の玉；
[木製の] 大玉のロザリオ

agalludo, da [aɣaʎúðo, ða] 厖《中南米》大
胆な；《南米》貪欲な

agamí [aɣamí] 男《鳥》ラッパチョウ

ágape [áɣape] 男 [初期キリスト教徒の] 愛
餐；[親しい友人同士の] 会食, 宴会

agar-agar [aɣaraɣár] 男《料理》寒天；寒天
培地

agarbanzado, da [aɣarbanθáðo, ða] 厖
《軽蔑》[文体などが] 古くさくて通俗的な

agareno, na [aɣaréno, na] 厖 名 [特に中
世スペインを占領した] イスラム教徒(の)

agárico [aɣáriko] 男《植物》ハラタケ

agarrada[1] [aɣaráða] 囡《口語》口論, けんか：
Tiene frecuentes 〜s con su vecino. 彼は隣
人とのいさかいが絶えない

agarradera [aɣaraðéra] 囡 ❶ 覆 コネ, つて：
tener buenas 〜s en la policía 警察に顔がき
く. ❷《中南米》＝**agarradero** ❶

agarradero [aɣaraðéro] 男 ❶ つかむところ,
取っ手, 握り；[カーテンの] 留めひも. ❷ 口実,
言い訳. ❸ コネ, うしろだて：tener buenos 〜s
いいコネをもっている

agarrado, da[2] [aɣaráðo, ða] 厖 過分 ❶
[ser に] けちな, 欲深な. ❷ [ダンスが] ぴったりと
抱き合って踊る

ser más 〜 que un chotis (*que el pasa-
manos de una escuela*) ひどく締まり屋であ
る

◆ 名 けち(欲深)な人：Es un 〜. 彼はけちだ
◆ 男 チークダンス『baile 〜』；＝**agarrada**[1]

agarrador [aɣaraðór] 男 ❶ 鍋つかみ, オーブン
グローブ. ❷ [電車・バスの] 立っている人がつかむ
ポール

agarrar [aɣarár] 他 ❶ [しっかりと] つかむ：i)
Agarra bien esta cuerda y no la dejes
escapar. この綱をしっかりつかんで放すな. 〜 el
cielo con las manos [怒りの身振り] 空をつか
む. ii) [+de・por 体の一部を] Lo *agarré del*
brazo (*por la nuca*). 私は彼の腕(首筋)をつか
んだ. ❷ 手に入れる, 獲得する：*Agarró* un

marido. 彼女はうまく結婚相手を見つけた.
Agarró dos puntos en el partido. 彼は試合
で2点稼いだ. 〜 una buena colocación いい
職にありつく. 〜 el sueño 寝入る. 〜 un
bofetón 平手打ちを食う. 〜 un resfriado 風
邪をひく. 〜 un buen susto ドキッとする. 〜
una rabieta むかっ腹をたてる. ❸ [人を] 捕まえ
る. ❹《中南米》つかむ, 取る『coger の代わりに
用いられる』

〜*la*《俗語》酔っぱらう

no haber (*tener*) *por donde* 〜*lo* ひどく
悪い, 救いようがない；申し分ない, 文句のつけよ
うがない

◆ 自 ❶ 根づく：El árbol *agarró* bien. 木はう
まく根づいた. ❷ くっつく

〜 *y...*《口語》突然…, 驚いたことに…：Al
decir esto, Juan *agarró y* se fue. フワンはこ
う言うと, さっと行ってしまった. *Agarró y* se
bebió la botella entera. 何と彼は一瓶飲んで
しまった

◆ 〜*se* ❶ [+a・de に] しがみつく：*Agárrate*
de la mano (*a* la cintura) para no caerte.
転ばないように手につかまれ(腰にしがみつけ). La
hiedra *se agarra* a las tapias. つたが塀一面に
はり付いている. El pescado *se ha agarrado a*
la sartén. 魚がフライパンに焦げ付いた. El
humo se me *agarró a* la garganta. 煙で喉が
いがらっぽかった. *Se le agarró* una fiebre
terrible. 彼はひどい熱病にかかった. ❷ [つかみ合
いの] *Se agarraron* los dos. 2人
は取っ組み合いのけんかをした. 〜*se de*l moño
[主に女同士の] 髪の毛をつかみ合ってけんかする.
❸ [+a を] 口実にする：Faltó a la escuela
agarrándose al mucho tráfico. 彼は交通渋
滞を口実に学校を休んだ

〜*se al camino*《自動車》ロードホールディング
がよい

¡*agárrate!* 気をしっかり持てよ

agarre [aɣáre] 男《自動車》ロードホールディング

agarrochar [aɣarotʃár] 他《闘牛》[牛を] 槍
garrocha で突く

agarrón [aɣarón] 男 ❶ 力をこめてつかむ(引っ
ぱる)こと. ❷《中南米》けんか『agarrada』

agarrotar [aɣarotár] 他 ❶ きつく縛る(締め
る)；硬直させる：La corbata me *agarrota* el
cuello. ネクタイで首が苦しい. ❷ 鉄環絞首刑で
処刑する

◆ 〜*se* [手足が] 硬直する, こわばる；[機械の一
部が] 動かなくなる：Las manos *se me han
agarrotado* del frío. 寒くて手がかじかんだ

agarrotamiento 男 縛る(動かない)こと, 硬直
化

agasajar [aɣasaxár] 他《文語》もてなす, 歓待
する；…に贈り物をする：*Han agasajado* a sus
invitados con un banquete. 彼らはごちそうで
客をもてなした

agasajador, ra 厖 名 歓迎(歓待)の；接待
役, 主人

agasajo 男 もてなし, 歓待；贈り物

ágata [áɣata] 囡《単数冠詞：el・un[a]》《鉱
物》めのう

agatas [agátas] 副 《南米》ほとんど…ない〔apenas〕

agateador [agateaðór] 男 《鳥》キバシリの一種

agauchar [agautʃár] 他 《南米》ガウチョ gaucho のようにする

agave [agáβe] 女 《植物》リュウゼツラン(龍舌蘭): ～ sisalana サイザル

agavillar [agaβiʎár] 他 [穀物を]束ねる
agavilladora 女 《農業》バインダー

agazapar [agaθapár] ～**se** [隠れるために]かがむ, ひそむ: ～se detrás de la mesa 机の後ろに隠れる

agencia [axénθja] 女 ❶ 代理店: establecer ～s de... …の代理店を開く. ～ general (exclusiva) 総(独占)代理店. ～ de cobro 貸金取立代行会社. ～ de colocación (trabajo) 職業紹介所. ～ de contactos デート斡旋所. ～ de prensa (noticias•información)/～ informante 通信社. ～ de publicidad/～ publicitaria 広告会社. ～ de transportes 運送会社. ～ de viajes 旅行会社. ～ funeraria 葬儀社. ～ matrimonial 結婚相談所. ❷ [銀行などの]支店, 出張所. ❸ 機構, 機関: A～ Internacional de Energía Atómica 国際原子力機関

agenciar [axenθjár] 自他 ❶ [+a+人のために]手に入れる: Te voy a ～ una buena colocación. いい職を世話してあげよう. ❷ …を手に入れるのに必要な手続きを取る
◆ ～**se** 《時に軽蔑》…をうまく手に入れる; 盗む: i) Se ha agenciado un billete. 彼はまんまと切符を手に入れた. ii) [+para+不定詞] やりくりして…する: Yo me agenciaré para llegar a tiempo. 何とかして間に合うようにしましょう
agenciárselas うまくやりこなす, どうにかやりくりする: Pierda usted cuidado, yo me las agenciaré. ご心配なく. 私が何とかしましょう

agenciero, ra [axenθjéro, ra] 男女 《南米》代理業者; 宝くじの売り子; 質屋の主人

agenda [axénda] 女 ❶ 手帳, メモ帳: ～ electrónica 電子手帳. ❷ 予定表, 計画表: Tengo una ～ apretada. 私は予定が詰まっている. ～ cultural 催し物ガイド. ～ de trabajo 約束をメモする予定表. ～ política de... …の政治日程

agente [axénte] 形 ❶ 要因の, 作用因の: elemento ～ 要因. ❷ 《文法》 行為者の: complemento ～ 動作主補語
◆ 名 ❶ 代理業者, ディーラー: ～ comercial 商業代理人; 貿易事務官. ～ de aduanas 通関業者. ～ de artista 芸能プロダクション. ～ de [cambio y] bolsa/～ de cambio 株式仲買人. ～ de colocaciones 職業紹介所員. ～ de negocios 業務代理(仲介)業者. ～ de publicidad/～ publicitario 広告業者. ～ de seguros 保険代理店(人). ～ de transportes 運送業者. ～ de viajes 旅行業者. ～ inmobiliario/～ de la propiedad inmobiliaria 不動産業者. ～ literario 著作権代理業者.

❷ 《文語》係官: ～ ejecutivo 執行官. ～ fiscal 税務官. ❸ 刑事, 警官 [～ de policía•《文語》～ del orden]: ～ de tráfico 交通警官. ❹ 秘密情報部員 [～ secreto]
◆ 男 ❶ 要因; 作用物, 薬剤: ～ químico 化学的要因. ～ reductor 還元剤. ～ maligno 病原体. ❷ 《文法》行為者, 動作主

agigantado, da [axiɣantáðo, ða] 形 過分 巨大な; 膨大な, 途方もない: hombre ～ 大男. cantidad ～da 巨額. a pasos ～s 大またで; 急速に, 飛躍的に, 日進月歩で

agigantar [axiɣantár] 他 巨大化する: ～ el problema 問題を大きくする

ágil [áxil] 形 ❶ [+de が]びんしょうな, 軽快な [↔torpe]: Su hijo es ～ de piernas. 彼の息子は足が速い. ～ de movimientos 動作のすばやい. ～ en escalada すばやくよじ登る. estilo ～ 軽やかな文体. ❷ 理解の速い: ser ～ de pensamiento 頭の回転が速い. inteligencia ～ 鋭敏な知性
ágilmente 副 身軽に, すばやく, 鋭敏に

agilidad [axiliðá(ð)] 女 びんしょうさ, 軽快さ; 鋭敏さ: tocar el piano con ～ 軽快にピアノを弾く. tener mucha ～ en los negocios 商売に抜け目がない

agilipollar [axilipoʎár] 他 《卑語》呆然とさせる

agilitar [axilitár] 他 ＝agilizar

agilizar [axiliθár] 他 迅速化する, 促進する
agilización 女 迅速化, 促進

agio [áxjo] 男 《商業》 為替差益; [両替•手形割引などの] 手数料

agiotaje [axjotáxe] 男 [主に不正な, 有価証券の] 投機売買

agiotista 名 投機家, 相場師; 《古語》両替商

agitación [axitaθjón] 女 ❶ 揺らすこと, 揺れ. ❷ [精神的•政治的な] 不安: sembrar la ～ en el ánimo de+人 …を不安にさせる. ～ de las masas 騒擾. ❸ [街の] ざわめき, 雑踏. ❹ 扇動, アジテーション. ❺ [海の] 荒れ, 波立ち

agitado, da [axitáðo, ða] 形 過分 [海が] 荒れた; [生活が] てんてこまいの, 忙しい; [人が] そわそわしている; [政治的に] 不安定な

agitador, ra [axitaðór, ra] 形 揺らす; 扇動する
◆ 名 扇動者, アジテーター
◆ 男 コンクリートミキサー車; 攪拌器

agitanar [axitanár] 他 ジプシー風にする
agitanado, da 形 過分 ジプシーのような

agitar [axitár] 他 ❶ 揺り動かす, 振る: El viento agita los árboles. 風で木々が揺れている. Agite la botella antes de abrirla. 開栓する前に瓶を揺すってください. ～ la mano (un pañuelo) 手(ハンカチ)を振る. ❷ [心を] 動揺させる, 不安にさせる: ～ el ánimo 心をかき乱す. ❸ 扇動する: ～ la masa 大衆を扇動する
◆ ～**se** ❶ 揺れる: Las flores se agitan por el viento. 花が風にそよいでいる. ❷ そわそわする; 騒ぐ: La niña se agitaba en su silla. 女の子は椅子に座ってそわそわしていた. La población

empezaba a ~*se*. 住民が騒ぎ始めた. ❸〔海が〕荒れる

aglomeración [aglomerajón] 囡 ❶ 集積；集塊：~ de tráfico 交通ラッシュ. ❷ 群集〔~ de gente〕

aglomerado [aglomeráðo] 男 ❶《建築》ブロック；人造建材：~ de madera 合板. ❷ 炭

aglomerar [aglomerár] 他〔無秩序に〕積み重ねる, 寄せ集める：~ informes 情報を集める（つなぎ合わせる）
◆ ~**se** 群がり集まる：La gente *se aglomeró* en la plaza. 広場に人だかりができた
aglomerante 男《建築》結合材, バインダー

aglutinar [aglutinár] 他 ❶ 接着する；〔傷口などを〕癒着させる. ❷ 結集させる：~ personas (voluntades) 人々(意志)を一つにまとめる
aglutinación 囡 接着, 粘着；癒着；結集；《医学》〔細菌などの〕凝集；《言語》膠着（ニぅちゃく）
aglutinador, ra 形 接着(結集)する
aglutinante 形 接着する, 粘着力のある：lengua ~《言語》膠着語. ◆ 男 結合剤

agnición [aɣniθjón] 囡《演劇》〔大団円での〕身の上のあかし

agnosia [aɣnósja] 囡《医学》失認〔症〕

agnosticismo [aɣnostiθísmo] 男《哲学》不可知論
agnóstico, ca 形 圀 不可知論の(論者)

agnus〔**déi**〕[áɣnus/aɣnusðéi] 男〔←ラテン語〕❶ 神の小羊〔キリストのこと〕. ❷ 神羔羊〔ミサで主の祈りと聖体拝領の間に3度この言葉で始める祈り〕. ❸ 子羊(聖人)を彫った蠟版（ろう）

ago.《略語》←agosto 8月

agobiado, da [aɣobjáðo, ða] 形 過分〔+con・por・de で〕疲れ切った, 打ちひしがれた：Está ~ con el trabajo. 彼は仕事で疲れ切っている. Me siento ~ con tanta responsabilidad. 私は責任の重さに耐えかねている. vivir ~ de deudas 借金で首が回らない

agobiador, ra [aɣobjaðór, ra] 形 =**agobiante**

agobiante [aɣobjánte] 形 ❶ 骨の折れる, つらい；耐え難い：trabajo ~ へとへとに疲れる仕事. calor ~ やりきれない暑さ. niño ~ こうるさい子供. programa ~ 退屈な番組

agobiar [aɣobjár] 他 ❶ 他〔重さ・負担で〕疲れさせる, 苦しめる：Tanto trabajo (ruido) me *agobia*. 仕事が多くて(あまりの騒音に)参る. Le *agobian* las responsabilidades. 彼は責任の重圧に押しつぶされそうだ
◆ ~**se**〔+por・con で〕疲れ果てる, 苦しむ：~*se por* las penas 悲しみに打ちひしがれる

agobio [aɣóbjo] 男《主に西》重荷, 重圧；消耗させるもの：Esos niños son un ~. その子どもは悩みの種だ. soportar el ~ de las circunstancias プレッシャーに耐える. ~ de los años 寄る年波

agolpar [aɣolpár] ~**se** ❶〔一か所に〕集まる：La gente *se agolpó* en el lugar del accidente. 事故現場に人が集まった. *Se le agol*-*pó* la sangre en la cabeza. 彼は頭に血がのぼった. ❷〔短時間に多くのことが〕起こる：*Se agolparon* los acontecimientos. 事件が一度に重なった

agolpamiento 男 集まる(集める)こと

agonía [aɣonía] 囡 ❶ 断末魔〔の苦しみ〕〔~ de la muerte〕；最期：estar en〔plena〕~ 死に瀕している. ~ de una civilización 文明の終焉. ❷ 苦悩, 苦悶；切望
ser〔**un**〕~**s**《西》泣きごとばかり言う, 気が弱い；けち(欲張り)である
agónico, ca 形 断末魔の, 臨終の

agonista [aɣonísta] 圀《文語》闘士

agonizante [aɣoniθánte] 形 圀 ❶ 瀕死の〔人〕：soldado ~ 死にかけている兵士. luz ~《文語》消えかけている火. ❷ 臨終をみとる〔聖職者〕

agonizar [aɣoniθár] 自 自 死に瀕する, 最期を迎える；滅び(消え)かかる

ágora [áɣora] 囡〔単数定冠詞：el・un〔a〕〕古代ギリシアの広場(集会場)

agorafobia 囡 広場恐怖症

agorar [aɣorár] 31 他〔迷信的に, 主に災難を〕予言する〔augurar〕

agorero, ra [aɣoréro, ra] 形 不吉な, 縁起の悪い：ave ~*ra* 不吉〔なこと〕
◆ 圀 占い師, 予言者

agostar [aɣostár] 他〔暑さが植物を〕枯らす, しおれさせる；〔活気などを〕失わせる：Los desengaños *agostan* las ilusiones. 苦い経験は夢をしぼませる
◆ ~**se** 枯れる：Las plantas *se agostaron* en el sur. 南部では暑さで植物が枯れた
◆ 自〔かんばつ時に家畜が〕畑の切り株などを食べる

agostero, ra [aɣostéro, ra] 圀 収穫時の臨時雇いの農夫

agostizo, za [aɣostíθo, θa] 形 8月の；〔植物が〕暑さで枯れやすい；〔動物が〕8月生まれの〔弱い〕

agosto [aɣósto] 男〔英 August. ☞mes 参考〕8月；収穫〔期〕
hacer su ~〔うまく, +con で〕大いに稼ぐ

agotable [aɣotáble] 形 枯渇し得る, なくなる可能性のある

agotado, da [aɣotáðo, ða] 形 過分 枯渇した；疲れ果てた：~*das*《表示》満席/切符売切れ. Este libro está ~. この本は絶版だ. Estoy ~. 私はへとへとだ. Llegó ~*da*. 彼女は疲れ切って到着した

agotador, ra [aɣotaðór, ra] 形 枯渇(疲労)させる：Es un trabajo ~. それはしんどい仕事だ

agotamiento [aɣotamjénto] 男 枯渇；疲労, 疲弊：~ de la tierra 土地の疲弊. ~ físico 過労. ~ mental 精神的疲労

agotar [aɣotár] 他 ❶〔容器などを〕からにする：~ una cisterna 用水タンクをからにする. ~ la copa グラスを飲み干す. ~ las existencias 在庫を売り尽くす. ~ la imaginación 想像力を使い果たす. ~ un tema テーマについて余すところなく述べる(究める). ~ a+人 la paciencia …を

我慢できなくさせる. ❷［極度に］疲労（衰弱）させる: Es un trabajo que me *agota*. ひどく疲れる仕事だ

◆ ~**se** ❶ からになる, 枯渇する: *Se ha agotado* la fuente. 泉が涸(ᵃ)れた. ❷ へとへとに疲れる, すっかり衰弱する. ❸ 品切れ（絶版）になる: *Se han agotado* las entradas. 切符はもう売り切れだ

agracejo [agraθéxo] 男〘植物〙メギ；［成育不全で］小さいままのブドウの実

agraciado, da [agraθjáðo, ða] 形 名 過分 ❶ 優美な；かわいらしい: cara poco ~*da* 不器量. ❷［くじで］当選した［人］: Salió (Resultó) ~. 彼が当たった. número ~ 当たり番号. billete no ~ 外れ券

ser ~ くじが当たる: *Fue* ~ con el primer premio. 彼に1等賞が当たった

agraciar [agraθjár] 他 ❶ 優美（魅力的）にする: Este vestido la *agracia*. このドレスを着ると彼女は一層美しく見える. ❷［+con］恩恵を与える: ~ a+人 *con* una condecoración …に勲章を授ける

agradable
[agraðáble] 形 〘英 agreeable〙 ❶ 楽しい: Ha sido una noche ~. とても楽しい一夜だった. historia ~ ［読んで］愉快な物語. unir lo útil con lo ~ 趣味と実益を兼ねる

❷［+a に］快い, 気持ちのよい: El accidente no era ~ *a* la vista. その事故はおぞましい光景だった. música ~ *al* oído 耳に快い音楽. vino ~ *al* paladar 口あたりのよいワイン

❸［人が, +con·para に］優しい, 親切な: Me fue difícil ser ~ *con* (*para*) todos. 誰にでも愛想よくするのは難しかった. chico ~ 気立てのよい子

agradar [agraðár] 自 《文語》［+a を］楽しませる, 喜ばせる；気に入る: Me *agrada* ver a los niños alegres. 快活な子供たちを見ているのが私は楽しい. Esta película *agradó* *al* público. この映画есは観客の評判はよかった. Él me *agrada*. 私は彼が好きだ. ［+que+接続法することとは］No me *agrada* que salgas tan a menudo. 君がそんなにしばしば出かけるのはおもしろくないよ

si le agrada... もしよろしければ…

agradecer [agraðeθér] 39 他 〘英 thank for.〙 ☞活用表 ❶ 感謝する: Le *agradezco* mucho su grata oferta. ［ありがたい］お申し出を感謝します. Los amigos son de ~. 友人とはありがたいものだ. Esa blusa *agradecería* una jabonada. そのブラウスは洗濯した方がいいのではないか. ［+que+接続法］Les *agradecería* mucho (*que*) me enviaran el catálogo./ *Agradezco* de antemano la atención que me envíen el catálogo. カタログをお送りいただければ幸いに存じます〔カタログ送付の依頼〕. ❷［好意などに］こたえる: Ella me lo *agradeció* con una sonrisa. 彼女は私の〔好意〕に微笑でこたえた. Las plantas *agradecen* la atención constante. 植物は丹念に世話してやればそれにこたえる

agradecer	
直説法現在	接続法現在
agrade**zc**o	agrade**zc**a
agrade**c**es	agrade**zc**as
agrade**c**e	agrade**zc**a
agrade**c**emos	agrade**zc**amos
agrade**c**éis	agrade**zc**áis
agrade**c**en	agrade**zc**an

agradecido, da [agraðeθíðo, ða] 形 過分 ［estar+. +a+人 に/+por·de+事 を］感謝している: Le estamos (quedamos) muy ~*s*. 大変ありがとうございました. ¡[Muy] *A*~! ［どうも］ありがとう. Estoy ~ *por* su favor. ご好意に感謝いたします. Se la muy ~*da de* vivir. 彼女は人生を楽しんでいるようだ. Es de ~*s* corresponder al beneficio recibido./El que no es ~ no es bien nacido. 受けた恩に報いるのが感謝を忘れぬ人の道

agradecimiento [agraðeθimjénto] 男 感謝: expresar su ~ a+人 por+事 …についての感謝の意を…に表わす. carta de ~ 礼状

en ~ ［+por に］感謝して, 感謝の印に

agrado [agráðo] 男 《文語》 ❶ 楽しみ, 喜び；好み: Halla ~ en la conversación. 彼は人と話すのが楽しい. Haga lo que sea de su ~. お好きなようになさって結構です. Ése no es de mi ~. それは私の好みではない. ❷ 親切, 愛想のよさ: Esta dependienta tiene un ~ especial para despachar. この店員の客扱いには特別好感が持てる

con ~ 喜んで: Recibí *con* ~ su atenta invitación. ご招待状ありがたく拝受しました

agrafia [agráfja] 女 〘医学〙失書症

ágrafo, fa [ágrafo, fa] 形 1) 失書症の. 2) 文字のない: cultura ~*fa* 文字を持たない文化

agramar [agramár] 他 ［麻などの］皮をはぐ

agramadera 女 ブレーカ, 麻打ち機

agramatical [agramatikál] 形 〘言語〙非文法的な〘文法規則にかなっていない〙

agrandar [agrandár] 他 ❶ 大きくする, 拡大（拡張）する: ~ la casa 家を増築する. Esto *agrandó* la diferencia de opinión. このため意見の違いが大きくなった. ❷ 大きく見せる: La escasez de muebles *agranda* la habitación. 家具が少ないと部屋が広く見える. ~ los defectos 欠点を誇張して言う

◆ ~**se** 大きくなる

agrandamiento 男 拡大, 拡張

agranujado, da [agranuxáðo, ða] 形 にきびのできた；やくざな

agrario, ria [agrárjo, rja] 形 農地の, 農業の: ley ~*ria* 農地法

agrarismo 男 ［メキシコの］農地改革運動

agravar [agrabár] 他 悪化（重大化）させる: ~ la enfermedad 病気を悪化させる

◆ ~**se** 悪化する；［責任などが］重くなる: *Se ha agravado* la situación política. 政情が深刻化した

agravación 女/**agravamiento** 男 悪化

agravante 男/女 悪化させる〔もの〕：con la ～ de que+直説法 …という悪条件も重なって. circunstancia ～《法律》加重情状

agraviar [agrabjár] ⑩ ⑩《文語》侮辱する；[…の感情を] 傷つける：～ de palabra ののしる
◆ ～se [+por el] 気を悪くする, 腹を立てる：～se por una ofensa 侮辱されて怒る

agravio [agrábjo] 男《文語》❶ 侮辱, 無礼：La indiferencia significó un ～ para él. 無視されたことを彼は侮辱と受け取った. ❷《権利の》侵害：trabajar en ～ de su salud 健康を犠牲にして働く
～ comparativo 不公平, 差別
deshacer ～s 遺恨を晴らす；不正をただす

agraz [agráθ] 男 ❶ 熟していないブウ；その酸味の強い果汁.《口語》苦しみ, 不快
en ～ 未熟な：novelista en ～ 小説家の卵

agrazón 男 野生のブドウ(スグリ)

agredir [agredír] ⑩《語尾にiの残る活用形のみ▷abolir》《文語》襲う, 攻撃する；侮辱する〖～ de palabra〗

agregación [agregaθjón] 女 ❶ 付加；加入. ❷《生物》集合生活

agregado, da [agregádo, ða] 名 過分 ❶《外交》～ comercial (cultural・militar・naval) 大使館付通商務官(文化担当官・陸軍武官・海軍武官)；～ diplomático 下級外交官. ❷《西》准教授〖profesor ～. 現在は存在しない〗. ❸《中南米》小作人
◆ 男 ❶ 集塊；付加物. ❷《建築》骨材

agregaduría 女 1)《外交》agregado の職 (執務室). 2) 准教授の職(地位)

agregar [agregár] ⑧ ⑩ [+a に] ❶ 付加する：～ cinco a diez 10に5を足す. ～ azúcar al zumo ジュースに砂糖を入れる. ～ unos municipios vecinos a la ciudad 周辺の町を市に併合する. ～ los paganos al cristianismo 異教徒をキリスト教に改宗させる. ❷《臨時的に》任命する, 配属させる：Lo agregaron a la dirección. 彼は管理職に加えられた. ❸ 言い(書き)足す
◆ ～se 加入する；参加する：～se a una fiesta パーティーに参加する

agremiar [agremjár] ⑩ ⑩《主に中南米》同業組合 gremio を組織する, 組合に加入させる

agresión [agresjón] 女 ❶ 攻撃；侵略, 侵害：pacto de no ～ 不可侵条約. guerra de ～ 侵略戦争. ❷《スポーツ》ストライキング

agresivo, va [agresíβo, βa] 形 ❶ 攻撃的な, 侵略的な：carácter ～ 攻撃的な性格. tono de voz ～ けんか腰の口調. pancarta ～va 激しい文句のプラカード. ❷ 決断力のある, 積極的な

agresividad 女 攻撃的な性格, 攻撃性

agresor, ra [agresór, ra] 形 襲撃する, 侵略する：país ～ 侵略国
◆ 名 襲撃者, 侵略者

agreste [agréste] 形 ❶ 田園の, 田舎の；未開拓の；野生の. ❷ 粗野な, 荒っぽい

agriar [agrjár] ⑩ ⑪ ⑩ ❶ すっぱくする. ❷ 気難しくする；いら立たせる：Estos desengaños le han agriado. この苦い経験で彼は気難しくなった. ❸ [事柄を] 不愉快にする：～ la conversación 会話をしらける
◆ ～se ❶ すっぱくなる：Se ha agriado la leche. 牛乳がすっぱくなった. ❷ 気難しくなる

agrícola [agríkola] 形 農業の：año ～ 農業年. máquina ～ 農業用機械. país ～ 農業国. sociedad ～ 農耕社会

agricultor, ra [agrikultór, ra] 名 農民〖願農 agricultor は最も一般的な表現, labrador は主に自作農, labriego は主に小農・農場労働者〗：Los ～es se han opuesto a la subida de los precios. 農民たちは値上げに反対した

agricultura [agrikultúra] 女 農業, 農耕；農学：dedicarse a la ～ 農業に従事する. ～ biológica (ecológica・orgánica) 有機農業. ～ de subsistencia 自給自足農業

agridulce [agriðúlθe] 形 甘酸っぱい：cerdo ～《料理》酢豚. amor ～ 甘く苦い恋

agriera [agrjéra] 女《中南米》胃酸過多

agrietar [agrjetár] ⑩ …に亀裂を作る；ひびを切らす
◆ ～se 亀裂が入る：Se le agrietan las manos. 彼の手にあかぎれができている

agrietamiento 男 亀裂, 割れ目

agrimensura [agrimensúra] 女 土地測量〔技術〕

agrimensor, ra 名 測量士, 測量技師

agrimonia [agrimónja] 女《植物》キンミズヒキ

agringar [agriŋgár] ⑧ ～se《中南米. 軽蔑》米国人 gringo の風習に染まる

agrio, gria [ágrjo, grja] 形 ❶ すっぱい：Esta uva está muy agria. このブウはひどくすっぱい. ❷ そっけない, 不機嫌な；気難しい〖～ de carácter〗. ❸ 辛辣(ﾗﾂ)な, 厳しい：crítica agria 辛辣な批評. ❹ [色が] 調和のない, けばけばしい
◆ 男 ❶ 酸味；サワージュース. ❷ 覆 柑橘(ｶﾝ)類

agriamente 副 にがにがしげに, 不愛想に；辛辣に

agrisar [agrisár] ⑩ 灰色にする

agrisado, da 形 過分 灰色の, 灰色がかった

agro [ágro] 男《文語》[el+] 農地, 農業用地

agroalimentario, ria [agroalimentárjo, rja] 形 食糧と農業の

agrobiología [agroβjoloxía] 女 農業生物学

agroindustria [agroindústrja] 女 農産加工業

agrología [agroloxía] 女 農業科学, 応用土壌学

agrónico, ca [agróniko, ka] 名 コンピュータ化農業の技術者

agronomía [agronomía] 女 農学
agronómico, ca 形 農学の
agrónomo, ma 名 農学者：ingeniero ～〖農学部を卒業した〗農業技師

agropecuario, ria [agropekwárjo, rja]

A

〖略〗農業と牧畜の: productos ～s 農畜産物

agroquímica [agrokímika] 囡 農芸化学

agrupación [agrupaθjón] 囡 ❶ 集合, グルー
プ分け. ❷ 団体: ～ coral コーラスグループ, 合
唱団. ～ de jóvenes 青年会. ❸《軍事》［臨
時］編成された, 混成の］部隊

agrupar [agrupár] 他［グループ別に］集める,
まとめる；分類する: ～ los libros por tamaño
本を大きさごとに分類する

◆ ～se 集まる, グループになる

agrupamiento 男 集合

agua [ágwa] 囡〖英 water. 単数冠詞: el・
un[a]〗❶ 不可算 水《水と湯の区別を
しないときが多い》i) Bebí［un vaso de］～.
私は［コップ 1 杯の］水を飲んだ. Limpió el pa-
ñuelo con ～. 彼はハンカチを水で洗った. No
me van las ～s de aquí. ここの水は私に合わな
い. ～ caliente 湯. ～ fría 水, 冷水. ～
hirviendo 沸騰している湯, 熱湯. ～ dulce 淡
水, 真水. ～ salada 塩水. ～ sucia 汚水. ～
potable (fresca) 飲料水. ～ gaseosa (car-
bonatada) 炭酸水, 発泡性のミネラルウォーター.
〔↑↔〕 ～ natural 炭酸なしの普通の水〗. ～ mine-
ral 鉱水, ミネラルウォーター. ～ de mesa 飲料
用水. ～ de Seltz ゼルツ水〖炭酸水の一種〗.
ii)《諺》No digas (No se puede decir・
Nadie diga) de esta ～ no beberé. 君も同じ
破目にならないとは限らないぞ/安易な約束はするな.
A～ que no has de beber, déjala correr.
余計なことには口出しするな/さわらぬ神にたたりな
し. Algo tendría el ～ cuando la bendicen.
いやにほめるのには裏があるもの. iii)［川・海などの
水］～ corriente 流水. ～ muerta よどんだ
水, たまり水〖↔～ viva 流れる水〗. ～s
vertientes 斜面を流れる水. ～s vivas (muer-
tas) 上げ潮(小潮). ～s mayores (meno-
res) 大潮(小潮),〖☞ 8〗. ～s falsas はけ
る水〖↔～s firmes わき水〗. ～ de pie わき水.
～[s] arriba (abajo) 川上(川下)へ. ¡Hom-
bre al ～! 誰か水[池・海など]に落ちた! ［船］
［船の］浸水: Se ha abierto un ～. 船が浸水
した. hacer ～ 浸水する；破滅にひんしている.
vía de ～ 浸水経路. v)［水状のもの］～ de
azahar《香料》橙花水. ～ de cepas ぶどう酒.
～ de olor/～ perfumante 香水. ～ fuerte
エッチング用の硝酸水. ～ regia 王水. vi)《キ
リスト教》～ bendita 聖水〖司祭が罪の許しや洗礼,
洗礼や信者の清めのために使う〗～s bautis-
males 洗礼水. ～ de socorro 略式の洗礼.
echar el ～ a＋人 …に洗礼を施す. vii)《技術》
～ dura (gorda・cruda) 硬水. ～ blanda
(delgada) 軟水. ～ pura (ultrapura) 純水
(超純水)

❷［雨］~: Hoy ha caído mucha ～. 今日はひどい
雨だった. Empezaron a caer grandes gotas
de ～. 大粒の雨が降りだした. Se mete en ～ el
tiempo. 雨が降りそうだ. ponerse al ～《中米》
雨になる. ～ [de] lluvia/～s pluviales 雨水.
～ nieve =**aguanieve**

❸［宝石の］輝き, 透明度

❹ 複［屋根などの］斜面: cubrir ～s 屋根をつ

ける. tejado de (a) dos ～s 切妻型の屋根. a
cuatro ～s 寄せ棟の. a un ～ 片流れの

❺ 複 海域: en ～s de Cartagena カルタヘナ
海域(近海)で. ～s jurisdiccionales (terri-
toriales) 領海. ～s internacionales 公海.
doscientas millas de ～s económicas 200
海里の経済水域

❻ 複 航跡〖～s del timón〗: seguir las ～s
de un buque 船の行方を追う

❼ 複 温泉〖～s termales〗；鉱泉

❽ 複《婉曲》小便: hacer ～s [menores] 小
便をする. hacer ～s mayores 大便をする. Se
le han ido las ～s. 《驚きなどで》彼はおしっこを
もらしそうになった

❾ 複［絹などの］光沢のある波形模様；［刀剣
の］刃文

❿《中南米》ソーダ水；ハーブティー

¡A～ va!/¡A～[s] ! あぶない!

bailar el ～ [delante] a＋人 …におもねる,
おべっかをつかう

bañarse en ～ de rosas (en ～ rosada)
人の不幸を見て［だから言わないことではないかと］ほ
くそえむ

como ～ 豊富に；感じないで

dar ～ a＋人《中米》…を殺す

echar ～ arriba a＋人《中南米》…をこっぴど
く叱る

echarse al ～ 思い切って危険を冒す

*estar entre dos ～s =nadar entre dos
～s*

estar hecho un ～ 汗びっしょりである

irse al ～［計画などが］失敗する: El pro-
yecto *se ha ido al ～*. その計画は流れた

más claro que el ～ きわめて明白な

nadar entre dos ～s［決めかねて］双方にい
い顔をしようとする

romper ～s《医学》［妊婦が］破水する

sin decir ～ va 出し抜けに, 予告なしに突然

tan claro como el ～ きわめて明白な

tomar las ～s 1) 湯治をする；［医療用に］
鉱泉水を飲む. 2) 屋根をつける

volver las ～s por do[nde] solían [ir]
振り出しに戻る

aguacal [agwakál] 男 石灰塗料

aguacate [agwakáte] 男 ❶《植物・果実》アボ
カド. ❷《中南米》怠け者

aguacero [agwaθéro] 男 にわか雨, どしゃぶり
の雨: Ha caído un ～. にわか雨が降った

aguachar [agwatʃár] 他《南米》［動物を］飼
い馴らす

◆ ～se《中南米》おとなしくなる, 静まる

aguachento, ta [agwatʃénto, ta] 形《中南
米》［水などで］薄められた；［果物・料理が］水っ
ぽい, 味気のない

aguachinar [agwatʃinár] 他［料理を］水っ
ぽくする

aguachirle [agwatʃírle] 囡《西》ひどく水っぽ
い(まずい)飲み物；弱い酒(ワイン)

aguada[1] [agwáða] 囡 ❶ 水飲み(汲み)場. ❷
《美術》グワッシュ画, 不透明水彩画；その絵の
具: a la ～ グワッシュ画法で. ❸《船舶》hacer

〜 飲料水を補給する

aguadera [agwaðéra] 囡 ❶《服飾》雨がっぱ〖capa〜〗. ❷《鳥の》風切り羽. ❸ 閥 水がめ用の荷鞍

aguadero [agwaðéro] 團 =**abrevadero**

aguadilla [agwaðíʎa] 囡《西. 口語》=**ahogadilla**

aguado, da[2] [agwáðo, ða] 過分 ❶〔飲み物が〕水で薄めたような: vino 〜 味の薄いぶどう酒. ❷ 興ざめした: ambiente 〜 白けた雰囲気. ❸《中南米》退屈な, 活気のない; 〔果物が〕水っぽい

aguador, ra [agwaðór, ra] 图 水売り人

aguaducho [agwaðútʃo] 團〔昔の〕水などの飲み物売り場

aguafiestas [agwafjéstas] 图《単複同形》《軽蔑》〔他人を〕興ざめさせる人, しらけさせる人

aguafuerte [agwafwérte] 囡/團《囡 でも単数冠詞: el・un〔a〕》《美術》エッチング

aguaitar [agwajtár] 他《中南米》見つめる, 見張る

aguaje [agwáxe] 團 ❶ 潮流; 大潮. ❷《動物の》水飲み場. ❸《中南米》=**aguacero**

aguamala [agwamála] 囡 クラゲ〖medusa〗

aguamanil [agwamaníl] 團 ❶〔手洗い用の〕水差し. ❷〔昔の〕洗面器
　　aguamanos 團《単複同形》=**aguamanil** ❶: dar 〜 水を差し出す

aguamar [agwamár] 團 クラゲ〖medusa〗

aguamarina [agwamarína] 囡《鉱物》藍玉, アクアマリン

aguamiel [agwamjél] 囡《単数冠詞: el・un〔a〕》蜂蜜水;《中米》リュウゼツランの汁

aguanieve [agwanjéße] 囡《気象》みぞれ: Cae 〜. みぞれが降る

aguanoso, sa [agwanóso, sa] 厖 湿潤な; 水気の多い: terreno 〜 湿地. patata 〜sa 水っぽいジャガイモ

aguantable [agwantáßle] 厖〔事物が〕我慢できる

aguantaderas [agwantaðéras] 囡 覆《軽蔑》=**aguante**
　　tener 〜《中南米》非常に寛大である

aguantar [agwantár] 他 ❶ 支える, 制御する: Los pilares aguantan el techo. 柱が屋根を支えている. Esta mesa no aguanta mucho peso. このテーブルはあまり重いものはのせられない. 〜 la cuerda 綱を抑える. ❷ 我慢する, 耐える: La aguanté dos horas. 私は2時間も辛抱強く彼女につき合った. Este jersey aguantará otro invierno. このセーターはもう一冬もつだろう. 〜 el dolor 痛みをこらえる. 〜 las ganas de reír 笑いたいのをこらえる. 〜 la respiración 息を殺す. 〜 bromas 冗談を〔笑って〕受け流す. 〜 un huracán 嵐の中で, 嵐を乗り切る. ❸〔闘牛士が〕牛の攻撃にひるまずそのままの姿勢で牛を仕留める
　◆〜se ❶ 自制する;〔欲望などを〕抑える: Me aguanté las ganas de decirle cuatro cosas.

私は彼にいやみの一つも言ってやりたかったが, ぐっと我慢した. Aguantaos la sed hasta que lleguemos a la cima. 頂上までは口々の渇きを辛抱したまえ. Aguántate. 我慢しなさい/あきらめなさい. ❷ [+con で] 我慢する: Me aguanto con lo que tengo ahora. 私は今持っているもので我慢する. 〜se con su destino 運命に忍従する

aguante [agwánte] 團 忍耐; 我慢強さ: ¡Qué 〜 tiene él! 彼は何と我慢強いのだろう! hombre de mucho 〜 辛抱強い人

aguapié [agwapjé] 團 水っぽい（質の悪い）ワイン

aguar [agwár] 13 他 ❶ 水で薄める: 〜 la leche 牛乳を水で薄める. 〜 el vino de las reformas 改革を骨抜きにする. ❷ [楽しみに] 水をさす, 興ざめさせる: 〜 una fiesta パーティーを台なしにする. ambiente aguado 白けた雰囲気. ❸《中南米》〔家畜に〕水を飲ませる
　◆〜se ❶ 水びたしになる: Se le aguaron los ojos. 彼の目から涙があふれた. ❷ [計画などが] 流れる, 台なしになる: Con el mal tiempo se nos ha aguado el viaje. 天気が悪くて旅行はさんざんだった

aguaraibá [agwarajßá] 團《植物》テレビンノキ

aguardar [agwarðár] 他〔一個所でじっと〕待つ: i) Estaba aguardando el tren. 私は列車を待っていた. Nos aguardan tiempos mejores. もっといい時が来る. No sabes lo que te aguarda.《諺》行く先は闇. ii) [直接目的語なしで] El avión no aguarda. 飛行機は待ってくれない
　◆ 自 ❶ [+a que+接続法 するのを] 待つ: Aguardamos a que venga el director. 私たちは社長が来るのを待っている. ❷ [支払いなどを] 猶予する: Aguardaremos unos días más para cobrar. 取り立てをあと数日待ちます
　◆〜se 待つ《直接目的語を伴わない場合しばしば他動詞の代わりに使われる》: ¡Aguárdese! 待ってください. Si te aguardas un poco, iré contigo. 少し待ってくれたら一緒に行こう

aguardentoso, sa [agwarðentóso, sa] 厖 蒸留酒の: bebida 〜sa アルコール度の高い蒸留酒. aliento 〜 酒くさい息. voz 〜sa〔酔っ払いのような〕しゃがれ声

aguardiente [agwarðjénte] 團 ❶ アグワルディエンテ《果汁などから作るアルコール度の高い蒸留酒》; 焼酎: 〜 de cabeza 最初の蒸留で取れた酒. 〜 de caña ラム酒. 〜 de cerezas キルシュ. ❷ toro de 〜 早朝興行の闘牛

aguardo [agwárðo] 團 見張り, 待ち伏せ;〔狩りの〕待ち伏せ場所: estar al 〜 見張る, 待ち伏せる

aguaribay [agwarißáj] 團《南米. 植物》コショウボク〖turbinto〗

aguarrás [agwařás] 覆〜rrases] 團 テレビン油

aguasar [agwasár] 〜se《南米》野暮ったくなる

aguatero, ra [agwatéro, ra] 图《中南米》=

aguador

aguatinta [agwatínta] 囡《美術》アクアチント〔版画〕

aguaturma [agwatúrma] 囡《植物》キクイモ

aguaverde [agwaβérde] 囡《動物》ミドリクラゲ

aguaviva [agwaβíβa] 囡《中南米》クラゲ〖medusa〗

aguazal [agwaθál] 男 水たまり, 泥沼

agudamente [agúðaménte] 副 鋭く；辛辣に

agudeza [aguðéθa] 囡 鋭さ；機知：Tiene mucha ～. 彼は機知に富んでいる

agudizar [aguðiθár] 他 鋭くする；悪化させる：Esto no hará sino ～ la situación. これは事態を先鋭化（悪化）させるだけだ
◆ ～se《病気など》悪化する：Se agudiza la enfermedad. 病状が悪化する

agudo, da [agúðo, ða] 形 〖英 sharp〗❶ 鋭い：i) filo ～ 鋭利な刃. pico ～ とがったくちばし. ii) 〔頭脳・感覚など〕Es ～ de ingenio (en sus críticas). 彼は才気煥発だ(辛辣な批評をする). inteligencia (pregunta・vista) ～da 鋭い知性(質問・観察力). olfato ～ 敏感な嗅覚. dicho ～ 機知に富んだ(うがった)言葉, 警句. iii) 〔痛み・音など〕〖↔sordo〗dolor ～ 鋭い痛み, 激痛. voz ～da かん高い声. olor ～ 鼻につんとくる臭い. sabor ～ 舌にピリッとくる味. ❷ 緊急の；急性の〖↔crónico〗：crisis ～da さし迫った危機. enfermedad ～da 急性の病気. ❸ 高音の〖↔grave〗. ❹〖言語〗最後の音節にアクセントのある〔例 café, papel など〕；鋭音の, 高音調性の〖↔grave〗
◆ 男《音楽》高音域

agüero [agwéro] 男 前兆, 縁起：Es de mal ～ derramar la sal en la mesa. テーブルに塩をこぼすのは縁起が悪い
ser ave de buen (mal) ～ 縁起がよい(悪い), 吉兆(不吉)である

agüería 囡《中南米》=agüero

aguerrido, da [agerríðo, ða] 形 過分 鍛え上げられた；勇敢な：luchador ～ 歴戦のつわもの

aguerrir [agerrír] 他《主に不定詞・過去分詞で》〔新兵を〕戦争に慣れさせる

aguijar [agixár] 他〔牛などを〕突き棒でかり立てる；刺激(鼓舞)する
～ el paso 足を速める
◆ 自 足を速める, 急ぐ

aguijada 囡 突き棒

aguijón [agixón] 男 ❶ 突き棒の先. ❷〔ハチなどの〕針, 毒針；〔バラなどの〕とげ. ❸《文語》刺激, 誘惑：～ del arte 創作欲

aguijonazo 男〔針などの〕突き刺し；痛烈な冷やかし(叱責)

aguijonear 他 突き棒でかり立てる；刺激(鼓舞)する；不安にさせる, 苦しめる

águila [ágila] 囡《単数冠詞：el・un[a]》❶〔鳥〕ワシ(鷲)：i) ～ barbuda ヒゲワシ. ～ blanca 〔アンデス山脈中の〕ミサゴの一種. ～ caudal (real) イヌワシ. ～ imperial カタジロワ

シ. ～ marina オジロワシ. ～ pescadora ミサゴ. ～ ratera (ratonera) ノスリ. mirada de ～〔ワシのような〕鋭い視線. vista de ～ 遠くまで見える目. ii)《紋章》～ agrifada グリフィン. ～ bicéfala 双頭のワシ. ～ explayada (pasmada) 翼を広げた(畳んだ)ワシ. ❷ 頭の切れる人, 傑物：Es un ～ para los negocios. 彼はやり手だ. ❸ [メキシコの] 20 ペソ金貨. ❹《魚》～ de mar トビエイ

aguileño, ña [agiléɲo, ɲa] 形 ワシの〔ような〕：nariz ～ña 鷲鼻. hombre ～ 細くとがった顔の男
◆ 囡《植物》オダマキ

aguilucho [agilútʃo] 男《鳥》チュウヒ；ワシのひな

aguinaldo [aginálðo] 男 ❶ クリスマスの心付け(チップ)〔近所の子供や郵便配達などに小額の金をあげる〕；年末手当. ❷ クリスマスキャロル

agüista [agwísta] 囡 〔鉱泉を飲む〕湯治客

agüita [agwíta] 囡《中南米》ハーブティー〖tisana〗

aguja [agúxa] 囡〖英 needle〗❶ 〔裁縫・計器などの〕針：～ colchonera [ふとん用の] とじ針. ～ de coser 縫い針. ～ de [hacer] punto (de calceta・de tejer) 編み棒. ～ de gancho (de ganchillo・de crochet) かぎ針. ～ de inyectar 注射針. ～ de la balanza 秤の針. ～ de marear (de bitácora) 羅針盤〖brújula〗. ～ fonográfica (del gramófono) レコード針. ～ larga (pequeña) 〔時計の〕長(短)針. ～ magnética 磁針. ❷ 磁石〔～ de marcar〕. ❸《服飾》飾りピン, ブローチ；《化粧》ヘアピン. ❹ 針葉樹の葉. ❺[北大西洋・地中海産の] 細長い魚の通称. ❻《建築》塔. ❼囲《鉄道》転轍機, ポイント. ❽《料理》i) vino con (de) ～ 少し発泡性のワイン. ii)《畜産》スペアリブ〖carne de ～s. ☞carne カット〗；ミートパイ. ❾《情報》ピン. ❿《中南米》〔柵に使う〕丸太
buscar una ～ en un pajar 望みのない探し物をする, 無駄骨を折る
meter ～ y sacar reja えびで鯛を釣る

agujer[e]ar [aguxer[e]ár] 他 …に穴をあける：moneda agujereada 穴あき硬貨
◆ ～se 穴があく：Se han agujereado los calcetines. 靴下に穴があいた

agujero [aguxéro] 男 ❶ 穴, 破れ目：Hay un ～ en la sábana. シーツに穴があいている. abrir (hacer) un ～ en la pared 壁に穴をあける. ～ negro《天文》ブラックホール. ～ [en la capa] de ozono オゾンホール. ❷[正当化できない] 欠損：El ～ de la tienda es de dos millones de yenes. 店が出した穴は 200 万円だ. ～ presupuestario 財政赤字

agujetas [aguxétas] 囡 複〔運動などによる〕体の痛み：tener ～ en las piernas 脚[の筋肉]が痛い

agur [agúr] 間 =abur

agusanar [agusanár] ～se うじ虫がわく, 虫がつく

agustino, na [agustíno, na] 形 囡《宗教》

聖アウグスティヌス会
orden de San Agustín の[修道士・修道
女][カット]

agutí [aguti] 男 [動]
～[e]s][動物]アグー
ティ，オオテンジクネズミ

aguzanieves
[aguθanjéβes] 女 [単複同形][鳥]セキレイ

aguzar [aguθár] 他 鋭くする，とがらす：～
un cuchillo 包丁を研ぐ．～ el oído 耳を澄ま
す．～ la vista 目を凝らす(皿のようにする)．～
la inteligencia 頭を働かす

ah [á] 間 ❶ [驚き・痛みなど] ああ!：¡Ah, no
esperaba tu visita! おや…! 君が訪ねてくるとは
思いもよらなかった．¡Ah, qué hambre tengo
yo! ああ! 腹がへった．¡Ah, yo no sabía eso! あ
あ，そうか(なるほど)! それは知らなかった．❷ [中南
米][聞き返し] え?/何だって? ❸ [+de+名詞．
遠くへの呼びかけ] おーい…!

ahechar [aetʃár] 他 [穀物を] ふるいにかける
ahechaduras 女 複 もみ殻

aherrojar [aeˠoxár] 他 鎖につなぐ；抑圧する
aherrojamiento 男 抑圧

aherrumbrar [aeˠumbrár] ～se 錆つく

ahí [aí] 副 [英 there. 中称の指示副詞] ❶
そこに，そこで：¿Qué haces ～? そこで
何をしているのだ? Ahí viene él. [指し示して]
あそこに彼がやって来た．Lo encontrarás ～ en
el armario. それは戸棚の中にあるでしょう．
Ahí está la dificultad del asunto. 本件の難
しさはそこにある．❷ その時：Ahí es cuando la
vi por primera vez. その時私は初めて彼女に会
った．❸ [手紙] Ahí te mando (envío) las
fotos. 写真を同封します/別便で送ります
～ **está** その通りだ
～ **me las den todas** 私には何の関心もない/
痛くもかゆくもない
～ **nos vemos** [中米] [別れの挨拶] じゃ，またね
～ **va** [驚き] わあ/[提示] ほら
～ **viene** 行くぞ[どけどけ]
de ～ 1) そこから：El pueblo está de ～ a
diez kilómetros. 村はそこから 10 キロの所にあ
る．Quítate de ～. そこをどけ．De ～ se
deduce la veracidad de sus palabras. その
ことから彼の言葉が真実であることが推論される．
2) その時から：De ahí a poco se enteró de
la verdad. それから間もなく彼は事実を知った．
de ～ en adelante その時以後
¿de ～? それで?/それから?
de ～ **que+接続法** したがって…：La pri-
mavera ha sido lluviosa ; de ～ que las
hojas estén muy verdes. この春は雨が多かっ
た．それで葉が青々としている
desde ～ そこから；その時から
por ～ 1) その辺に：Voy a dar una vuelta
por ～. その辺を散歩してこよう．2) そのくらい：
¿Te costó mil pesetas? —Sí, por ～, por
～. 千ペセタかかったか?—うん，まあそのくらいだ．
cien metros o por ～ 100 メートルかそこら．
3) No es por ～. それは的外れだ/それはない

y ～ **queda eso** これで一件落着だ

ahijado, da [aixáðo, ða] 形 名 過分 名付け
子，教子(きょうし) [↔padrino, madrino]

ahijar [aixár] 他 養子にする；[羊などが] 他
の子を乳で育てる
◆ 自 子を生む；[植物が] 新芽を出す
◆ ～se [+a を] 養子にする

ahijuna [aixúna] 間 [←¡ah hijo de una!]
[中南米] ちくしょうめ/すごいなあ!

ahilar [ailár] 自 [病気で] やせ細る；[植
物が] ひょろひょろと成長する

ahincar [aiŋkár] 自 他 [ロ活用表] 自 熱心
(執拗)に主張する
◆ ～se しがみつく；努力する

ahincar	
直説法現在	直説法点過去
ahínco	ahinqué
ahíncas	ahincaste
ahínca	ahincó
ahincamos	ahincamos
ahincáis	ahincasteis
ahíncan	ahincaron

ahínco [aíŋko] 男 熱心，熱烈：con ～ 一所
懸命に，必死になって

ahíto, ta [aíto, ta] 形 [文語] [estar +] 食べ
すぎの [harto]；[+de に] 食傷した：～ de
placeres 快楽に飽きた

ahogadero [aogaðéro] 男 [馬術] 顎革

ahogadilla [aogaðíʎa] 女 [ふざけて他人の頭
を] 水に沈めること

ahogado, da [aogáðo, ða] 形 過分 ❶ 窒息
した(しそうな)，溺死した：respiración ～da 苦
しそうな息づかい．morir ～ en el mar 海で溺死
する．estar (verse) ～ de deudas 借金で首が
回らない ❷ [場所が] 狭苦しい，息の詰まりそう
な：habitación ～da 狭苦しい部屋
◆ 名 窒息した人；溺死(水死)者

ahogamiento [aogamjénto] 男 ❶ 窒息
[死]，溺死．❷ 息苦しさ；圧迫

ahogar [aogár] 自 他 ❶ 窒息死させる，絞殺す
る；溺死させる：～ a+人 entre los brazos …
を両腕で絞め殺す．～ la lumbre con ceniza
灰をかけて火を消す．～ los capullos de seda
蚕のまゆを水に浸す．❷ 息苦しくさせる：Me
ahogó el exceso de abrigo. 私は厚着しすぎて
暑苦しかった．❸ [感情などを] 抑える，圧迫(鎮
圧)する：Ahogué el llanto. 私は涙をこらえた．
～ su pena embriagándose 悲しみを酒でまぎら
す．～ las protestas 抗議の声を抑えつける．～
una sublevación 反乱を鎮圧する．～ un in-
cendio 火事を消し止める．❹ 苦しめる，悩ます：
Le ahoga la responsabilidad. 彼は責任の重さ
に押しつぶされそうだ．Le ahogó la pena. 彼は悲
しみに打ちひしがれた．❺ [水が多すぎて植物を]
枯らす．❻ [エンジン・気化器に] 燃料を過剰に
送る，かぶらせる．❼ [チェス] ～ el rey スティルメ
イトにする
◆ ～se ❶ 窒息死(溺死)する：Se ahogó en el
mar. 彼は海で溺死した．❷ 息苦しくなる：Me

ahogué de calor. 私は暑くて息が詰まりそうだった. ❸ 苦しむ, 困窮する. ❹［エンジン・気化器が］かぶる

～se en poca agua (por nada) ささいなことを大げさに心配する

ahogo [aógo] 男 ❶ 呼吸困難, 窒息: La tos pertinaz me dio un ～. 私はしつこい咳で息ができなかった. ❷ 苦悩, 困窮: Pasó un ～ económico. 彼は貧窮に陥った. ❸《チェス》ステイルメイト

ahondar [aondár] 自 深く掘る(埋める)
◆ 自 深く根をはる；[+en を] 深く研究する: ～ en un problema 問題を掘り下げる
ahondamiento 男 掘り下げ

ahora [aóɾa] 副《英 now》❶ 今, 現在は: i) 今 son las seis en punto. 今ちょうど6時だ. A～ no se usa tal aparato. 今日ではそんな器具は使わない. No lo sabía hasta ～. 私は今までそのことを知らなかった. desde ～. 今から. moda de ～ 今の流行. ii)［近い過去］A～ lo has dicho. 今言ったばかりじゃないか/まったくそうだ. A～ caigo. 今わかった.［近い未来］A～ lo verás. すぐにわかるよ. A～ voy. 今行きます/［写真を]さあ写すよ. ❷ 今度は, さて: A～, ¿qué vamos a hacer? さて, 何をしようか? ❸［間投詞的］さあ今だ〔始めろ〕/ああ, なるほど[わかった]. ❹［繰返して］…したり…したり；[+接続法] …にせよ…にせよ: ～ está alegre, ～ triste, cambia de humor por nada. 彼はうれしいと思えば悲しんだり, すぐに気分が変わる. A～ hable de ciencias, ～ de artes, siempre acierta. 科学の話であれ, 芸術の話であれ, 話は常に的を射ている
～ bien さて, ところで；しかし: A～ bien, ¿cómo anda tu estudio? ところで, 勉強はどんな調子だい? Lo haré；～ bien, no quiero responsabilidades. するよ. だけど責任はとりたくないね
～ digo yo… それはそうと…
～ mismo 今すぐ；今さっき: Quítate de ahí ～ mismo. ただちにそこをどきたまえ. A～ mismo ha salido. 彼はたった今出かけた
～ o nunca 今が絶好の機会である
～ que+直説法 1) …する今になって: A～ que me conoces, tenemos que despedirnos. 我々は今知り合ったばかりなのに, 別れなければならない. A～ que pienso, será mejor que no vayas. 考えてみると, 君は行かない方がいいよ. 2) =～ bien
～ sí que+直説法 今度こそ…: A～ sí que saco buena nota. 今度はいい点を取るぞ
de (desde) ～ en adelante 今後: Me abstengo de fumar de ～ en adelante. 今後はたばこをやめよう
por ～ 今のところ: Por ～ no lo necesitamos. さしあたりそれは必要ない

ahorcajar [aoɾkaxár] ～se [+en に] 馬乗りになる: ～se en una barandilla 手すりにまたがる

ahorcar [aoɾkár] 他 絞り首(絞首刑)にする
◆ ～se 首をくくる, 絞死(し)する: ～se de (en)

un árbol 木から首を吊って自殺する

ahorcado, da 名 過分 絞死者；絞首刑者: La compañía lo ～: ir con él y dejarle colgado.《諺》2 階に上げてはしごを外す. ◆ 男 [el+] 言葉当て遊び, ハングマン
ahorcamiento 男 絞首刑；絞死

ahorita [aoɾíta] 副《主に中南米》たった今；すぐ: He vuelto ～. 私はたった今帰ったところだ. Estudia ～ [mismo]. 今すぐ勉強しなさい

ahormar [aoɾmár] 他 ❶ 型に入れる(はめる): ～ los zapatos 靴に木型を入れる. ❷ …に良識ある態度をとらせる

ahorquillado, da [aoɾkiʎáðo, ða] 形 過分 二またに分かれた
ahorquillar 他 二またに分ける；[木などを] 股木で支える

ahorrador, ra [aoraðór, ra] 形 名 貯蓄(節約)する[人]

ahorramiento [aoramjénto] 男 貯蓄；節約

ahorrar [aorár] 他 ❶ 貯蓄する: ¿Cuánto ahorró usted el año pasado? あなたは去年どの位貯金しましたか? ❷ 節約(倹約)する: Ahorro el billete yendo a pie. 私は歩いて交通費を倹約する. Si le telefoneas, le ahorras el viaje. 君が彼に電話してやれば, 彼もわざわざ来なくてすむ. No te lo digo, para ～te ese disgusto. 彼が君にそれを言わなかったのは, 君に不快な思いをさせないためだ. ～ energía エネルギーを節約する. no ～ sacrificios 犠牲をいとわない
◆ ～se …を節約する: Comprando el coche de segunda mano se ahorró la mitad del dinero. 彼は中古車を買って出費を半分に減らした. Así se ahorra usted preocupaciones. こうすれば心配しないですみます. No se [las] ahorra con nadie. 彼は誰に対しても遠慮しない. ～se el trabajo de… …の労を惜しむ

ahorrativo, va [aorratíβo, βa] 形 節約する, 倹約家の

ahorro [aóro] 男 ❶ 貯蓄, 貯金: i)［行為］postal 郵便貯金. ～ nacional 国民貯蓄. caja de ～s 貯蓄銀行, 信用金庫. cuenta de ～[s] 貯蓄口座, 普通預金. ii)［資金］[金] Tengo algunos ～s. 私はいくらか貯金がある. ❷ 節約, 倹約: Es un ～ de tiempo. それは時間の節約になる. ～ de energía 省エネルギー. ～s de chicha y nabos 爪の先に火をともすような倹約

ahuasar [awasár] ～se =aguasarse

ahuchar [autʃár] 他［金を］貯金箱に入れる, 貯めこむ

ahuecar [awekár] 他 他 くりぬく, 中空にする；[綿などを] ふわふわにする；[声を] 太くする, 重々しくする
◆ 自 立ち去る《主に命令文で》: ¡Ahueca de ahí! そこから出て行け!
◆ ～se 中身を空にする；ふわふわになる. ❷ うぬぼれる
ahuecamiento 男 くぼませる(ふかふかにする)こと；気どり, うぬぼれ

ahuehuet[l]e [awewét(l)e] 男《植物》クロ

ahuesar [awesár] 《中南米》型にはまった生活を送る；[欠陥があって・流行遅れで，商品が] 売れない；[有用性(名声)を失う

ahuevar [aweβár] 他 ❶ 卵形にする. ❷《中南米》呆然とさせる；怖がらせる
◆ **~se** 卵形になる

ahuizote [awiθóte] 男《中米》やっかい者；呪術

ahulado, da [aυláðo, ða] 《中米》形 ゴム引きの，防水の
◆ 男 オーバーシューズ《chanclo》

ahumado, da [aυmáðo, ða] 形 過分 ❶ いぶした，燻製の：salmón ~ スモークサーモン. ❷ すすけた色の：cristal ~ 淡い色つきガラス，スモークガラス．cuarzo ~ 煙水晶
◆ 名 酔っぱらい《borracho》
◆ 男 ❶ いぶす(すすける)こと，燻製. ❷ 複《西》燻製の魚(肉)
◆ 男 のろし

ahumar [aυmár] 18 他 いぶす，燻製にする；すすけさせる：~ el jamón 燻製してハムを作る
◆ **~se** 燻製の味がする；すすける. ❷《口語》酔っぱらう《emborracharse》

ahusado, da [aυsáðo, ða] 形 紡錘形の，先細の

ahuyama [aυjáma] 女 **=auyama**

ahuyentar [aυjentár] 他 追い払う，寄せつけない：~ los gorriones すずめを追い散らす. ~ el miedo 恐怖心を払いのける
◆ **~se**《まれ》[恐れて] 近づかない

AIEA 女《略語》←Agencia Internacional de Energía Atómica 国際原子力機関

AIF 女《略語》←Asociación Internacional de Fomento 国際開発協会，第二世銀

aikido [aikíðo] 男《←日本語》合気道

ailanto [ailánto] 男《植物》ニワウルシ

aíllo [aíʎo] 男 銅球のボーラ《☞boleadoras》

aimará/aimara [aimará/-mára] 形 名 アイマラ族の〔チチカカ湖周辺に住むインディオ〕『チチカカ湖周辺に住むインディオ』

aindiado, da [aindjáðo, ða] 形 名《中南米》[顔つき・皮膚の色が] インディオのような〔人〕

airado, da [airáðo, ða] 形 過分 怒った：con tono ~ 怒った口調で
a mano ~da 1) 〔怒りの〕こぶしを振り上げて. 2) matar a+人 *a mano ~da* …を我が手で殺す. morir *a mano ~da* de+人 …の手にかかって死ぬ

airadamente 副 怒って

airar [15]《まれ》他 怒らせる. ◆ **~se** 怒る

airbag [εrbág] 男《複 ~s》《←英語. 自動車》エアバッグ

aire [áire] 男《英 air》❶ 不可算 空気：En el campo ~ es limpio. 田舎は空気がきれい. En esta habitación falta ~. この部屋は風通しが悪い. El ~ está cargado. 空気がよどんでいる. respirar el ~ 空気を吸う. exponer al ~ …を空気にさらす. sacar ~ del neumático タイヤから空気を抜く. contagio por el ~ 空気感染
❷ 風《corriente de ~, ~ colado》：i)

Sopla un ~ fresco. 涼しい風が吹いている. ~ de mar 海風, 潮風. ii)《比喩》¿Qué ~s te traen por aquí? どういう風の吹き回してここに来たんだ？ Durante la revolución corrieron buenos (malos) ~s para esos hombres. 革命中は彼らにとって風向きがよかった(悪かった)
❸ [時に 複] 空, 航空：volar por el ~ (por los ~s) 空を飛ぶ. viaje por ~ 空の旅. ejército del ~ 空軍
❹ 様子, 外見, 気配；優雅な(さっそうとした)様子：Tiene un ~ severo. 彼は厳しそうだ. Tiene ~ de salud. 彼は健康そうだ. No me gusta el ~ de ese tipo. 私はあいつの態度が気にいらない. Anda con mucho ~ vestido con un traje nuevo. 彼は新調の服を着てさっそうと歩いている
❺ 類似：Tienen un cierto ~ de familia. 彼ら一家はどこか似ている. tener un ~ con.../ darse un ~ a... …とどこか似ている
❻ 様式, 流儀：a su ~ 自己流で, 自分勝手に. ir a su ~ 自己流でやる, 自分勝手にする
❼ 根拠(内容)のないもの：Esas palabras son [un poco de] ~. そんな約束は何にもならない. Sus proyectos no son más que ~. 彼の計画は空中楼閣だ
❽《音楽》歌, 旋律, 曲調：~ popular 民謡, フォークソング；民衆音楽. ~ bailable ダンス音楽. Esta canción tiene ~ de tango. この歌はタンゴに曲調が似ている
❾ [心臓・脳などの] 発作, けいれん；風邪：Le dio un ~. 彼は発作を起こした. coger [un] ~ 風邪をひく
❿《馬術》馬の足並み『並足, 速足など』
⓫《フラメンコ》気分, 雰囲気
⓬《自動車》チョーク
⓭《口語》**=aerofagia**

al ~ 1) 空に向けて：lanzar *al ~* 空に投げ上げる. disparar *al ~* 空へ向けて発射する, 威嚇射撃をする. 2) 根拠のない, 空しい. 3) むき出しの, 露出した. 4)《ギターの》アルアイレ奏法
◆ 間《口語》出ていけ/さっさとしろ！《fuera》

~ acondicionado 冷暖房装置, エアコン：cuarto con *~ acondicionado* エアコン付きの部屋

al ~ libre 戸外で：concierto *al ~ libre* 野外コンサート

cambiar de ~s 転地[療養]する

cogerlas en el ~ 理解が早い

dar ~ a... [+人を] 扇などであおいでやる；[+物を] たちまち使い果たす：*dar* (buen) ~ *al dinero* 金をパアッと使ってしまう

darse ~ 急ぐ

darse ~s もったいぶる；[+de を] 気どる：Se *da ~s de intelectual* (*de persona importante*). 彼はインテリぶっている(大物気どり)

de buen (*mal*) *~* 喜んで(いやいや)

en el ~ 1) 空中に；宙に浮いて：El proyecto está (sigue・queda) *en el ~*. 計画は宙ぶらりんのままだ. dejar una pregunta *en el ~* 質問に答えない. estar *en el ~* 不安である. 2) 根拠のない, 架空の：promesas *en el ~*

空約束. 3)《ラジオ・テレビ》放送中の, オンエアの
estar de buen (*mal*) ～ 機嫌がよい(悪い)
hablar al ～ 口から出まかせを言う
hacer ～ 1)《単人称》風が吹く: Hoy hace
～. 今日は風がある. 2) 風を起こす: Hacía ～
al enfermo con un abanico. 彼女は扇で病
人をあおいでやっていた
herir el ～ [轟音などが] 空気をつんざく
lleno de ～ 空っぽの: Tiene la cabeza *llena
de* ～. 彼は頭が空っぽだ
llevar a+人 *el* ～《口語》…のご機嫌をとる
mantenerse de ～ 食うや食わずの暮らしをする
matarlas en el ～ =cogerlas en el ～
montar al ～ [宝石を] 立て爪式にする
mudar a cualquier ～ 移り気である
mudarse de ～s 転勤する;《口語》危険を避
ける
salir al ～《ラジオ・テレビ》放送される
sustentarse de ～ =mantenerse de ～
tomar el ～ 外の〔新鮮な〕空気を吸う, 散歩に
出る: ¡Vete a *tomar el* ～! とっとと出て行け!
tener buen ～ 有能そうである
vivir del ～ 食うや食わずの暮らしをする; 幻想
に生きる

airear [aireár] 他 ❶〔機械は使わずに〕換気す
る;〔衣類などを〕風にあてる, 虫干しする: ～ la
habitación [窓を開けて] 部屋に風を入れる.
cuarto bien *aireado* 風通しのよい部屋. ❷ 公
表する: ～ los secretos 秘密をばらす. ❸ 放送
する
◆ ～se ❶ 外の〔新鮮な〕空気を吸う, 散歩に出
る; 外気にあたる: Necesitas ～te un poco
después de tanto trabajo. そんなに働いたんだか
ら, ちょっと外の空気にでも当たってきた方がいいよ.
❷ 風邪を引く
aireación 囡 通風, 換気
aireo 囲 換気, 風に当たること
airón [airón] 囲 ❶《鳥》アオサギ. ❷ 冠毛;
[兜・帽子などの] 羽飾り
airoso, sa [airóso, sa] 形 ❶ さっそうとした,
優雅な;〔物が〕すらりとした, しなやかな: andar
～ さっそうとした歩き方. ～ chopo すらりとした
ポプラ. ❷ 風通しのよい; よく風が吹く. ❸
[estar+. 人が] 成功した
salir ～ *de.../quedar* ～ *en...* …に見事に
成功する: Salió ～ del negocio. 彼は事業で
見事な成功を収めた
airosidad 囡 さっそうとした様子, 優雅さ
aislacionismo [aislaθjonísmo] 囲《政治》
孤立(不干渉)主義《↔intervencionismo》
aislacionista 形 囵 孤立主義の(主義者)
aislado, da [aisláðo, ða] 形 過囲 ❶ 孤立し
た; 隔離された: una casa ～da 一軒家. isla
～da 孤島. vivir ～ 孤独な生活を送る. Ha-
brá chubascos ～s en los Pirineos. ピレネー
地方は所によりわか雨が降るでしょう. ❷ 他に
類のない, 特異な: caso ～ 例外的な(別個の)ケ
ース. ❸《電気》絶縁した
aislador, ra [aislaðór, ra] 形《電気》絶縁す
る
◆ 囲 絶縁体, 碍子(がいし)

aislamiento [aislamjénto] 囲 孤立(化);
隔離; 絶縁: vivir en el ～ 孤独に暮らす. ～
económico 経済的孤立. ～ nacional 鎖国.
～ acústico 防音. ～ térmico 断熱
aislante [aislánte] 形 断熱(絶縁)する
◆ 囲 断熱材《～ térmico》; 絶縁体
aislar [aislár] 囮 他 ❶ 孤立させ
る; 隔離する, 仲間外れにする: La inundación
aisló el pueblo *del* mundo exterior. 洪水で
村は外界から孤立した. ～ a un enfermo 患者
を隔離する. ❷ 断熱する;《電気》絶縁する. ❸
[微生物などを] 分離する. ❹《化学》遊離させる
◆ ～se 孤独になる: ～se de los compañeros
仲間との交際を絶つ
aizcolari [aiθkolári] 囲《←バスク語》丸太を斧
で切る競技の選手《☞写真》

ajá [axá] 間 [満足・是認] いいぞ, それでよし/[了
解] なるほど!
ajado, da [axáðo, ða] 形 過囲 すり切れた, むさ
くるしい; 色あせた: tez ～da しわだらけの顔.
flores ～das しおれた花
◆ 囡《料理》ニンニクソース
ajajá [axaxá] 間 =ajá
ajamonar [axamonár] ～se《口語》[女性が]
丸々と太る
ajar [axár] 他 ❶〔衣服などを〕しわくちゃにする,
台なしにする. ❷ 色あせさせる; 新鮮さを失わせ
る: El sol ha *ajado* la cortina. カーテンが日に
やけた. Los sufrimientos le han *ajado* pre-
maturamente. 彼は苦労したせいで年より早く老
けた
◆ 自/～se 色あせる; 容色が衰える
◆ 囲 ニンニク畑
ajardinar [axarðinár] 他 造園する; 緑を重視
した都市開発をする
-aje 《接尾辞》❶ [ar 動詞+. 名詞化. 技術的処
理] aterriz*aje* 着陸, mont*aje* 組み立て. ❷
[名詞+. 集合名詞化] equip*aje* 荷物, cortin*a-
je* カーテン一式
ajedrea [axeðréa] 囡《植物》キダチハッカ; シソ
ajedrez [axeðréθ] 囲《ゲーム》チェス; 匪名 その
駒: jugar al ～ チェスをする
ajedrecista 名 チェスの棋士
ajedrecístico, ca 形 チェスの
ajedrezado, da 市松模様の, チェックの
ajenjo [axénxo] 囲《植物》ニガヨモギ;《酒》ア
ブサン
ajeno, na [axéno, na] 形 ❶ [ser+] 他人
の: No te metas en asuntos ～s. ひとのことに

口出しするな. vivir a costa ～na 他人のやっかいになって暮らす, 寄食する. opinión ～na ほかの人の意見. terreno ～ 他人の土地. jugar en campo ～ 本拠地以外で試合をする, ロードゲームに出る. ❷ [ser+. +a に] 無関係な: i) Este asunto me es ～. この件は私に関係ない. Esto es ～ a mi especialidad. これは私の専門外だ. Vive ～ a las cosas del mundo. 彼は世の中のことに超然と暮らしている. ii) 似合わない: ～ a su estado 身分にふさわしくない. iii) 異なる: Mis preocupaciones son ～nas a las suyas. 私の心配はあなたのとは違う. ❸ [estar+. +a・de に] 気づかない; 無関心な: Yo estaba completamente ～ a (de) lo que pasaba. 私は事件にはまったく気がつかなかった. ❹ [+de] …のない: persona ～na de piedad 冷酷な人. ～ de prejuicio 偏見のない

ajete [axéte] 男 柔らかい(青い)ニンニク; 野生のポロネギ

ajetrear [axetreár] ～se [仕事などで] へとへとになる; せわしく立ち働く, 忙しく動き回る

ajetreado, da 形 過分 目の回るほど忙しい, てんてこ舞いの

ajetreo 男 忙しさ, 忙殺; 目まぐるしさ

ají [axí] 男 [複] ～[e]s/[口語] ajíes 《南米. 植物》トウガラシ [guindilla]; ＝ajiaco

　estar hecho un ～ 激怒している

　ponerse como un ～ 顔を真っ赤にする; カンカンに怒る

　ser más bravo que el ～ [人が] 手に負えない, 乱暴者である

ajiaceite 男 ＝ajoaceite

ajiaco 男 チリソース [で煮込んだジャガイモ]

ajilimoje/ajilimójili 男 1) ニンニク入りのチリソース/男 付け合わせ. 2) ごた混ぜ, 雑多. 3) con todos sus ～s 必要なものすべてと共に

ajillo 男 ニンニク[と赤ピーマン]のソース

ajimez [ximéθ] 男
[複] ～ces 《建築》アーチ形の夫婦(めおと)窓
[☞写真]

ajipuerro
[axipwéřo] 男 《植物》
[野生の] ポロネギ

ajito [axíto] 男 《隠語》LSD 剤

ajo [áxo] 男 ❶ 《植物》ニンニク: cabeza de ～s ニンニクの玉. diente de ～ ニンニクのひとかけ. ～ cañete (castañete・castañuelo) 皮の赤いニンニク. ～ blanco ニンニクソース. sopa de ～ ガーリックスープ. El que (Quien) se pica ～s come. 《諺》自分に関係のない話に腹を立てるのはきっと思い当たるふしがあるからだ. ❷ [数人以上] 企み, 陰謀: estar (andar) [metido] en el ～ あることに関わっている. ❸ 野卑な言葉, 悪たれ口: soltar ～s ののしる, 毒づく. ❹ 男 ＝ajó

　¡～ y agua! あきらめが肝心だ!

　estar harto de ～s 無作法(粗野)である

　más tieso que un ～/tieso como un ～ うぬぼれた, 得意になった: andar tieso como un

～ すまして歩く

　resolver el ～ 火に油をそそぐ

ajoaceite 男 ニンニクソース [alioli]

ajoarriero 男 干ダラの蒸し焼き 《バスク, アラゴン, リオハ地方の料理》

ajó [axó] 間 [赤ん坊に話しかけて] あばば!

-ajo 《軽蔑接尾辞》hierbajo 雑草, terminajo 下品な言葉

ajolote [axolóte] 男 《魚》アホロートル, ウーパールーパー

ajonjolí [axɔŋxolí] 男 [複] ～[e]s 《植物》ゴマ [の種]

ajorca [axórka] 女 《まれ》ブレスレット, アンクレット

ajornalar [axɔrnalár] 他 日給で雇う

ajotar [axɔtár] 他 ＝azuzar

ajuar [axwár] 男 医 嫁入り道具; [一軒の家の] 家具, 衣類, 什器

ajumar [axumár] 他 泥酔させる

　◆ ～se 酔っぱらう

ajuntar [axuntár] 他 ❶ 《口語》集める [juntar]. ❷ 《幼児語》…と仲良くする 《主に否定文で》: Ahora no te ajunto. もう君とは遊んでやらないから

　◆ ～se [+con と] 仲良くする; 同棲する

Ajuria Enea [axúrja énea] 女 [バスク自治州政府の] 首相官邸, バスク自治州政府

ajustado, da [axustáðo, ða] 形 過分 ❶ ぴったり合った: vestido ～ a la cintura ウエストをしぼったドレス. camiseta muy ～da きつすぎるシャツ. ❷ [予算・価格などが] ぎりぎりの; [試合などが] 互角の, ぎりぎりの勝負の. ❸ [+a に] 適合した. ❹ [価格などが] 取り決められた

　◆ ～se 調整する

ajustador, ra [axustaðór, ra] 形 調節する; アジャスター

ajustamiento [axustamjénto] 男 ＝ajuste

ajustar [axustár] 他 ❶ [+a に] ぴったり合わせる, はめ込む; 適合(適応)させる; 調節する: ～ la funda al procesador de texto ワープロにカバーをかける. ～ un tornillo ねじをはめ込む. ～ los gastos a los ingresos 支出を収入に見合うようにする. Ajustaron sus relojes. 彼らは時計を合わせた. ❷ [価格などを] 取り決める; [契約などを] まとめる: Ajustaremos la fecha (las condiciones). 日取り(条件)を決めよう. ～ un matrimonio 縁談をまとめる. ～ un tratado 条約を結ぶ. ～ obreros 労働者を雇う. ❸ 《商業》決済(清算)する. ❹ 《印刷》ページ組み(メーキャップ)する. ❺ 《中南米》一つにまとめる. ❻ 《中米》[病気・痛みを] 感じる. ❼ 《南米》[仕事などを] 一緒にする

　◆ 自 ❶ ぴったり合う [～ bien]: Este corcho no ajusta [al cuello de la botella]. この栓は [瓶の口に] 合わない. ❷ [中南米] 一つにまとまる

　◆ ～se ❶ ぴったり合う; 適合する: Lo que dice se ajusta a la verdad. 彼の言っていることは事実と符合する. その展示はテーマにふさわしくない. Siempre me ajusto a tus caprichos. 僕はいつも君の気まぐれに合わせているんだ. Ajústense ustedes a nuestras instrucciones. 当社の指

示書どおりにしてください. ～*se a* las circuns-
tancias 環境に順応する. ～*se a* razones 道理
に従う. ❷ [+en で/+con+人 に] 折り合う, 同
意する[態度などを][折り合う, 同意する
en que iban a pagarlo. 彼らはそれを払うことで
話がついた. ～*se en* 3.000 pesetas 3 千ペセタ
で折り合う. ～*se con* el dueño 雇い主に調子を
合わせる. ❸ …をぴったり自分に合わせる: ～*se*
el cinturón ベルトを締める; 生活を切り詰める

ajuste [axúste] 男 ❶ 合わせること, 調整; 適
合: hacer un ～ del motor エンジンの調整をす
る. ～ de plantilla [人員整理を伴った] 配置
転換. carta de ～ 《テレビ》テストパターン. mal
調整不良, 不均衡. ❷ 取り決め, 合意: llegar
a un ～ 意見の一致を見る. ～ de la paz 和平
交渉. ～ de cuentas [けんかなどの] 決着, 仕返
し. ❸ 《服飾》寸法合わせ;《機械》はめ合い

ajusticiar [axustiθjár] 10 他 死刑に処する,
処刑する

ajusticiado, da 名 過分 死刑に処せられた人
ajusticiamiento 男 死刑執行, 処刑

al [ál] 前置詞 a と定冠詞 el との結合形. ☞
a[1]

al+不定詞 1) …する時に《不定詞の主語は原
則として主動詞の主語と同じ》: *Al* salir de
casa, lo vi. 私は家を出る時それを見た. *Al* no
tener dinero se puso a trabajar. 彼は金がな
くなると働き始めた. *Al* ponerse el sol, lle-
gamos a casa. 日暮れになって私たちは家につい
た. 2) [原因・理由] …するので: *Al* enterar-
me de eso, dejé de fiarme de él. 私はそれ
を知ったので, 彼を信用しないことにした. Se sor-
prendió *al* verla caminar deprisa. 彼女が
早足で歩いているのを見て彼は驚いた. 3) [主に
中南米] [条件] …すれば: *Al* fracasar en los
exámenes, se pondría a estudiar seria-
mente. 試験に失敗したら, 彼はまじめに勉強し
始めるだろう

-al 《接尾辞》[名詞+] i) [品質形容詞化] na-
cion*al* 国家の. ii) [名詞化. 栽培地] arroz*al*
水田, trig*al* 小麦畑

ala [ála] 女 《英 wing. 単数冠詞: el・un[a]》❶
[鳥・昆虫の] 翼, 羽: batir las ～s 羽ばたく.
❷ [翼状のもの] i) [飛行機の] 主翼: ～ de
flecha variable 可変後退翼. ～ delta ハング
ライダー; デルタ翼. ～ voladora 無尾翼飛行
機. ii) [建物の] 翼;[屋根の] ひさし. iii) [折
畳式テーブルの] 自在板. iv) [帽子の] つば. v)
《解剖》鼻翼, 小鼻. vi) 《軍事・政治》～ dere-
cha 右翼. ～ moderada 穏健派. ③ 《スポーツ》
ウィング [位置]: ～ izquierda レフトウィング.
❹ 複 活力;[軽蔑的に] 勇敢さ, ふてぶてしさ:
Tiene mucho talento, pero le faltan ～s. 彼
は才能はあるが, 活力が足りない. Tiene demasia-
das ～s. 彼は無鉄砲だ

ahuecar el ～ 《口語》立ち去る, 逃げる
arrastrar el ～ 言い寄る, くどく
caerse a+人 *las* ～*s* [*del corazón*] …が落
胆する
cortar a+人 *las* ～*s* …のやる気を失わせる

dar a+人 ～*s* …を元気づける; つけ入らせる
... del ～ [金額の強調] pagar diez mil *del*
～ 1万ペセタも払う
ser como ～ *de mosca* 紙のように薄い, 透明
な
tocado del ～ 《口語》[estar+] 気のふれた,
頭のいかれた
tomar ～*s* 自由になる
volar con sus propias ～*s* 一人立ちする, 自
力でやる
◆ 名 《スポーツ》i) ウィング. ii) 《アメフト》～
abierta (cerrada) ワイドレシーバー(タイトエン
ド)
◆ 間 《西》＝hala

Alá [alá] 男 《イスラム教》アッラー[の神]

alabanza [alaβánθa] 女 賞賛, 賛辞; 自慢:
hacer grandes ～s (una gran ～) de... …を
ほめちぎる. en ～ de... …をほめて

alabar [alaβár] 他 ほめたたえる, 賞賛する《↔
vituperar》: i) Todos *alaban* su belleza. み
んな彼女の美しさをほめそやす. ii) [+por+事と]
Le *alabaron por* su prudencia (*por* pru-
dente). 人々は彼の慎重さをほめたたえた
◆ ～*se* ほめて自慢する, うぬぼれる: *Se*
alaba de su linaje. 彼は家柄を鼻にかけている

alabarda [alaβárða]
女 矛槍(ほ(ピ))[☞カッ
ト]

alabardero 男 矛
槍兵; 雇われて拍手
喝采する人, さくら

alabastro [alaβás-
tro] 男 雪花石膏, ア
ラバスター: ～ oriental 霰石(あられ)

alabastrino, na 形 雪花石膏の[ような]: tez
～*na* 純白の肌. ◆ 名 [ガラス窓代わりの] 石
膏板

álabe [álaβe] 男 [水車の] 水受け板;《機械》
羽根, ベーン, 翼[板]

alabear [alaβeár] 他 ゆがめる, 反(そ)らす, ねじ
る
◆ ～*se* ゆがむ, 反る: *Se ha alabeado* la
puerta. ドアがゆがんでしまった

alabeo 男 ゆがみ, ひずみ

alacena [alaθéna] 女 [壁のくぼみに作られた]
食料(食器)戸棚

alacrán [alakrán] 男 《動物》サソリ: ～ cebo-
llero 《昆虫》ケラ. ～ marinero 《魚》アンコウ
《rape》

aladar [alaðár] 男 [主に 複] こめかみに垂れた
髪の房

ALADI [aláði] 女 《略語》←Asociación
Latinoamericana de Integración ラテンアメ
リカ統合連合

aladierna [alaðjérna] 女 《植物》クロウメモド
キ[の一種]

alado, da [aláðo, ða] 形 ❶ 翼(羽)のある,
翼状の: hormiga ～*da* 羽アリ. ❷ 《文語》軽や
かな; すばしこい

alagartado, da [alagartáðo, ða] 形 名 《中
南米》けちな[人], 欲ばりな[人]; ひとり占めする

〔人〕

alajú [alaxú] 男《料理》アーモンド・蜂蜜などで作る生地

alalá [alalá] 男 ガリシア地方の民謡の一種

ALALC [alálk] 女《略語》←Asociación Latinoamericana de Libre Comercio ラテンアメリカ自由貿易連合

alamar [alamár] 男《服飾》ボタンホール飾りの〕ひも；飾りひも

alambicar [alambikár] ⑦ 他 ❶ 蒸留する〖destilar〗. ❷ あまりにも緻密にする，凝りすぎる：~ sus frases 文章を練り上げる. ❸ 〖原価寸前まで〗値下げする
　alambicado, da 形 過分 微に入り細をうがった，凝りすぎの；ぎりぎりに値下げした
　alambicamiento 男 過度に緻密にすること

alambique [alambíke] 男 蒸留器

alambrada [alambráða] 女 金網（のフェンス）；鉄条網〖~ de púas〗：~ eléctrica 電流を流してある鉄条網

alambrar [alambrár] 他 金網（鉄条網）を張る，フェンスで囲む：~ el campo de concentración 収容所のまわりを鉄条網で囲む
　alambrado 男=alambrada；配線〖工事〗《中南米》フェンスで囲むこと

alambre [alámbre] 男 ❶ 針金，ワイヤー；電線：red de ~ 金網. ❷ 有刺鉄線，鉄条網〖~ de púas・de espino〗
　alambrera 女=alambrada
　alambrista 名 綱渡り芸人；〔メキシコから米国への〕不法移民

alameda [alaméða] 女 ポプラ並木；並木道

álamo [álamo] 男《植物》ポプラ：~ alpino (temblón) ヨーロッパヤマナラシ. ~ blanco ハクヨウ，ギンドロ. ~ falso ニレ. ~ negro コクヨウ，ヨーロッパヤマナラシ

alancear [alanθeár] 他 槍 lanza で突く（刺す）

alano, na [aláno, na] 形 名《歴史》アラーノ族〔の〕〖5世紀初頭スペインに侵入したゲルマン民族の一部〗
　◆ 男《犬》マスティフ

alar [alár] 男=alero

alarde [alárðe] 男 誇示；見栄：hacer ~ de su riqueza 金持ちであることを見せびらかす（自慢する）. por (con) ~ 見栄で；大げさに

alardear [alarðeár] 自［+de を］誇示する：~ de sabiduría 知識をひけらかす
　alardeo 男=alarde.

alargadera [alargaðéra] 女《化学》[蒸留器の]誘導管

alargado, da [alargáðo, ða] 形 過分 細長い，縦長の〖↔apaisado〗：pasillo ~ 細長い廊下

alargador [alargaðór] 男《電気》延長コード

alargamiento [alargamjénto] 男 長くする（なる）こと，伸び

alargar [alargár] ⑧ 他 ❶ 〖空間的・時間的に〗長くする，延長する：~ las mangas そで丈を長くする（出す）. ~ un cable ロープを伸ばす（繰り出す）. ~ su territorio 領域を広げる. ~ las

vacaciones 休暇を延長する. ~ la paga 支払いを延期する. ❷ ［手などを；離れた所の物を］取る：Alarga el brazo (la mano) y coge aquel vaso. 手を伸ばして，あのコップを取れ. Alárgame la sal. 塩を取って（回して）くれ. Te alargo mi bolígrafo. 私のボールペンを貸してあげよう. ~ la mano ［施しを求めて］手を差し出す；[+a+人 に]手を貸す. ❸ ［賃金・食事量などを］多く与える：~ el sueldo 賃上げする. ❹ ［注意力を］強める：~ la vista 目を凝らす. ~ el oído 耳を澄ます. ❺ 遠ざける，そらす
　◆ ~se ❶ 長くなる，伸びる：La reunión se alargó mucho. 会合は延々と続いた. ❷ ［+en 記述などを］長々と続ける：Ese novelista tiende a ~se en la descripción. その小説家は描写が冗長になる嫌いがある. Me alargué en mi carta. 私は手紙でくどくど書きすぎた. ❸ ［+a・hasta 近くへ］出向く；立ち去る，姿を消す：Alárgate hasta el kiosco de la esquina por el diario. 角の売店にちょっと行って新聞を買ってきてくれ. ❹ ［+a］余分に…する：Creo que se alargará a darme las cuarenta mil pesetas por la moto. 彼らならオートバイに10万ペセタも出してくれるだろう

alarido [alaríðo] 男 ❶ ［苦痛・恐怖などの］叫び声，悲鳴；歓喜；〖モーロ人の〗鬨（とき）の声

alarife [alarífe] 男 棟梁；煉瓦積み職人

alarma [alárma] 女《英 alarm. ←al arma》❶ 警報，警戒態勢；警戒装置：No ha pasado todavía la ~. 警報（警戒態勢）はまだ解除されていない. dar (sonar) la ~ 警報を出す；[+a に]危険を知らせる. dar un toque (la campana) de ~ 警鐘を鳴らす. estado de ~ 緊急（非常）事態. falsa ~ bomba 爆弾を仕掛けたという虚報. sistema de ~ 警報装置. ~ roja (amarilla) 赤(黄)色防空警報〖警戒警報の第1(2)段階〗. ~ antirrobo 盗難防止警報器. ~ contra incendios 火災報知器. ~ detectahumos contra incendios 火災用煙探知器. ❷ 恐れ，不安：vivir en ~ 不安のうちに暮らす

alarmador, ra [alarmaðór, ra] 形 =alarmante
　◆ 男 警報器：~ de fuego 火災報知器

alarmante [alarmánte] 形 不安を与える，心配な：noticias ~s ただならぬ知らせ. situación ~ 憂慮すべき事態

alarmar [alarmár] 他 警戒させる，…に危険を知らせる；不安を与える
　◆ ~se 警戒する；ひどく不安（心配）になる，おびえる：No te alarmes por poco. それくらいのことでびくびくするな

alarmismo [alarmísmo] 男 杞憂；人に無用な不安を与えること

alarmista 名 人騒がせをする（流言をとばす）人；心配性の人

alauí [alawí] 形 名《イスラム教》アラウィー派〔の〕；〖モロッコの〗アラウィット朝の

alavense/alavés, sa [alabénse/-bés, sa] 形 名《地名》アラバ Álava の〔人〕〖バスク地

cingulo

alazán, na/alazano, na [alaθán, na/-θáno, na] [形] 〖馬が〗栗毛の; 栗色の

alazor [alaθór] [男] 《植物》ベニバナ〖紅花〗

alba¹ [álba] [女] 〖単数冠詞: el·un[a]〗❶ 暁, 夜明け; 曙光: Clarea (Raya・Rompe) el ～. 夜が明けそめる. nacer con el ～ 朝早く生まれる. al ～/al quebrar el ～ 夜明けに. misa del ～ 夜明けのミサ. toque del ～ 暁の鐘. ❷ 〖聖職者の〗白衣〖カット〗

albaca [albáka] [女] =**albahaca**

albacea [albaθéa] [名] 《法律》遺言執行人

albaceteño, ña/albacetense [albaθetéño, ɲa/-ténse] [形] [名] 《地名》アルバセーテ Albacete の〖人〗〖カスティーリャ＝ラ・マンチャ地方の県・県都〗

albacora [albakóra] [女] 《魚》ビンナガマグロ

albahaca [alb[a]áka] [女] 《植物・香辛料》メボウキ, バジル

albañal [albaɲál] [男] 下水道, 排水溝; 汚ない場所

albanés, sa [albanés, sa] [形] [名] 《国名》アルバニア Albania の〖人・語〗; アルバニア人
◆ アルバニア語
albano, na [形] [名] =**albanés**

albañil [albaɲíl] [男] 石工, 煉瓦(タイル)職人
albañilería [女] その職(工事)

albar [albár] [形] 《文語》白い: conejo ～ 白ウサギ

albarán [albarán] [男] 貨物引渡し通知書

albarazo [albaráθo] [男] 《医学》疱疹の一種
albarazado, da [形] その病気にかかった; 黒と赤のまだらの; 《中米》中国人との混血の

albarca [albárka] [形] 紐で結ぶサンダルの一種〖カット〗

quedar a+人 como una ～ …には大きすぎる

albarda [albárda] [女] [馬の] 荷鞍; 《中米》[生皮の] 鞍
～ *sobre* ～ 〖無駄な〗重複
albardar [馬に] 鞍を置く
albardilla [女] [小馬の] 調教用の鞍; 《建築》笠石, 鍋つかみ

albardear [albarðeár] [自] 《中米》困らせる, 迷惑をかける

albardón [albarðón] [男] 《中南米》[水没しない] 小高い所

albaricoque [albarikóke] [男] 《西. 果実》アンズ, アプリコット
albaricoquero [男] 《植物》アンズ〖の木〗

albariño [albaríɲo] [男] ガリシア産のワイン

albarrana [albaráɲa] [女] 城壁の外に突き出した塔〖torre ～〗

albatros [albátros] [男] 〖単複同形〗《鳥》アホウドリ; 《ゴルフ》アルバトロス

albayalde [albaʝálde] [男] 鉛白

albazo [albáθo] [男] 《中南米》払暁戦〖alborada〗; 払暁起き; 暁の恋歌

albear [albeár] [自] 白くなる; 《中南米》暁と共に起きる

albedo [albéðo] [男] 《天文》アルベド, 反射係数

albedrío [albeðrío] [男] 意志; 気まぐれ: libre ～ 自由意志. según el ～/al ～ [+de の] 本人の意志で; 気ままに

albéitar [albéitar] [男] 獣医〖veterinario〗

alberca [albérka] [女] [人工の] 用水池; 《中米》プール〖piscina〗
en ～ [建物が] まだ屋根が出来ていない, 壁だけの

albérchigo [albértʃigo] [男] 《果実》モモ〖の一種〗; アンズ〖の一種〗
alberchiguero [男] 《植物》モモ〖の木〗; アンズ〖の木〗

albergar [albɛrgár] [8] [他] ❶ …の宿泊(避難)所である: Este edificio *alberga* treinta familias. この建物には30世帯が入っている. ❷ 内部にある, 含む. ❸ 《文語》[感情・意図などを] 抱く: ～ odio 憎しみを抱く. *Albergo* la esperanza de ir a Perú. 私はいつかペルーに行きたいと願っている
◆ ～*se* [+de に] 泊まる; 避難する

albergue [albérge] [男] ❶ 宿屋, 小ホテル: ～ juvenil (de [la] juventud) ユースホステル. ❷ 避難場所, 逃げ場: encontrar un ～ en casa de un amigo 友人の家に隠れる(かくまってもらう). ❸ 宿泊[所]: pedir ～ 宿を乞う. dar ～ a+人 …に間貸しする

albero [albéro] [男] [公園・闘牛場用の] 砂; 《闘牛》=**ruedo**

Alberto [albérto] [男] 《男性名》アルベルト〖英 Albert〗

albigense [albixénse] [形] [名] 《歴史》アルビ[ジョワ]派[の]

albilla [albíʎa] [女] 《植物・果実》白ブドウの一種; それから作られるワイン

albina¹ [albína] [女] [塩水の] 潟湖; そこの塩

albinismo [albinísmo] [男] 《医学》白皮(白色)症, 白子(ず); 《生物》白化
albino, na² [形] [名] 白子[の]

albita [albíta] [女] 《鉱物》曹長石

albo, ba² [álbo, ba] [形] 《文語》白い〖blanco〗

albóndiga [albóndiga] [女] 《料理》肉だんご
albondiguilla [女] =**albóndiga**; 《幼児語》丸めた鼻くそ

albor [albór] [男] ❶ 《文語》明け方, 暁: al ～ 夜明けに. ❷ [主に 複] 初期: en los ～*es* del Renacimiento ルネサンス黎明期に. ～*es* de la libertad 自由の曙光. ～ *[es]* de la vida 幼年(青春)時代. ❸ 《文語》白さ, 純白

alborada [alboráða] [女] ❶ 明け方; 暁の恋歌; 人に敬意を表する朝の演奏. ❷ 《軍事》起床ラッパ; 払暁(ふつぎょう)戦

alborear [alboreár] [自] ❶ 《文語》[単人称] 夜が明ける, 空が白む. ❷ 兆候が現われる: *Alboreaba* la paz. 平和の曙光が射し始めていた

albornoz [albornóθ]
男〖複 ～ces〗《服飾》
バスローブ；［モーロ人
が着る］フード付き外
套〖ロカット〗

alborotado, da
[alborotádo, ða] 形
過分 ❶ [estar+] 興
奮(動揺)した，ざわついた；あわてた，思慮を欠いた：Los ánimos están ～s en el país. その国では人心が動揺している．❷ 波瀾の，多事多端の：un día ～ 色々なことがあった一日

alborotadizo, za [alborotaðíθo, θa] 形 怒りっぽい，激しやすい

alborotador, ra [alborotaðór, ra] 形 名 騒がしい；騒ぎを起こす人；扇動者，破壊分子

alborotar [alborotár] 自 ❶ 騒ぐ，騒ぎ立てる；暴れる：¡No *alborotéis*, niños! 子供たち，静かにしなさい！
◆ 他 ❶ [心を] 動揺させる，不安にさせる；騒ぎを引き起こす，扇動する：～ a las masas 大衆を不安に陥れる(扇動する)．❷ 乱す：～ los pelos 髪をくしゃくしゃにする
◆ ～se 騒ぐ，激する；[海が] 荒れる

alboroto [alboróto] 男 ❶ 騒ぎ，騒動；暴動：armar mucho ～ en la calle 通りで騒ぎ回る．❷《中米》[喜びの] 騒ぎ；《中南米》甘いポップコーン
de ～《中米》すばらしい

alborozo [aloróθo] 男《文語》大喜び
alborozar [9] 他 大喜びさせる．◆ ～se 大喜びする

albricias [albríθjas]《古語》女 ❶ 吉報の持参者に対する心付け；[慶事の] 内祝い〖品〗
◆ 間 おめでとう！〖歓喜〗わーい！

albufera [albuféra] 女 潟，潟湖

álbum [álbun] 男〖複 ～[e]s〗❶ アルバム；収集物を納めるもの〖切手帳，サイン帳，スクラップブックなど〗：pegar los fotos en el ～ 写真をアルバムに貼る．❷ [レコードなどの] アルバム：～ doble 2枚組のアルバム

albumen [albúmen] 男《生物》卵白；《植物》胚乳
albúmina [albúmina] 女《生化》アルブミン
albuminoide [albuminóiðe] 男《生化》アルブミノイド
albuminuria [albuminúrja] 女《医学》たん白尿〖症〗

albur [albúr] 男 ❶《文語》偶然性，運；危険：dejar al ～ …をなりゆき任せにする．al ～ 行き当たりばったりに：correr un (el) ～ 危険な目に会う；一か八かやってみる．❷《魚》グリック；デース

albura [albúra] 女 ❶《文語》白さ，純白．❷ [木材の] 白太，辺材

alca [álka] 女《単複冠詞：el・un[a]》《鳥》ウミスズメ

alcabala [alkaβála] 女 ❶《歴史》売上税〖14世紀にアルフォンソ11世によって設けられ1845年消滅〗．❷《中米》警察の検問所

alcachofa [alkatʃófa] 女 ❶《植物》チョウセンアザミ，アーティチョーク．❷ じょうろ(シャワー)の口；濾過器．❸ corazón de ～ 移り気

alcahuete, ta [alkawéte, ta] 名 ❶《古語》

売春の仲介者，ポン引き：vieja ～*ta* やり手ばばあ．❷《主に南米》噂話の好きな人

alcahuetear 自 売春を仲介する；噂話をして回る

alcahuetería 女 売春の仲介；噂話

alcaicería [alkaiθería] 女〖イスラム統治時代の〗絹製品店街

alcaide [alkáiðe] 男《古語》砦の守備隊長；《中南米》看守長

alcalaíno, na [alkalaíno, na] 形 名《地名》アルカラ・デ・エナレス Alcalá de Henares 男 の〔人〕《complutense》；[カディスの] アルカラ・デ・ロス・ガスレス Alcalá de los Gazules の〔人〕；[ハエンの] アルカラ・ラ・レアル Alcalá la Real の〔人〕

alcaldada [alkaldáða] 女《軽蔑》職権乱用，横暴

alcalde, desa [alkálde, alkaldésa] 名《英 mayor》市長，町(区・村)長；その夫人：～ de barrio 区長．～ pedáneo 村長
alcaldía 女 市(町・村)長の職；市役所，町(村)役場；市(町・村)の行政地域

álcali [álkali] 男《化学》アルカリ：～ cáustico 苛性アルカリ
alcalimetría 女 アルカリ滴定(定量)
alcalinidad 女 アルカリ性，アルカリ度
alcalinizar [9] 他 アルカリ化する
alcalino, na 形 アルカリ〔性〕の：metales ～s アルカリ金属．rocas ～*nas* アルカリ岩．tierras ～*nas* アルカリ性土壌
alcalinotérreo, a 形 アルカリ土類金属〔の〕

alcaloide [alkalóiðe] 男《化学》アルカロイド；《文語》コカイン
alcaloideo, a 形 アルカロイドの

alcalosis [alkalósis] 女《単複同形》《医学》アルカローシス

alcance [alkánθe] 男〖←alcanzar〗❶ [+ de 能力・活動などの届く] 距離，範囲：Las casas de campo no están a nuestro ～. 別荘など我々にはとても手が届かない．Tenemos el triunfo al ～ *de* la mano. 勝利は我々の手の届く所にある．Eso está más allá del ～ *de* mi inteligencia. それは私の理解の範囲を越えている．al ～ *de* la vista (la voz) 目(声)の届く所に．proyecto de mucho ～ 非常に広範囲にわたるプロジェクト．❷ 重要性：noticia de gran ～ 非常に重大なニュース．❸ [主に否定で] 知性，能力：de cortos ～s/corto de ～s あまり聡明でない．de pocos (no muchos) ～s 才能の乏しい．❹《軍事》射程距離；《ボクシング・フェンシング》リーチ：tener un ～ de …metros 射程が…メートルである．cañón de largo ～ 長距離砲．❺《商業》[金額などの] 水準，台；残高，赤字：ser del ～ de …pesetas …ペセタ台である．❻《新聞》最新ニュース〔欄〕〖información de ～〗；《印刷》分割原稿．❼ [前便に追い付く] 特別送達郵便．❽ [馬などの] 脚の打撲傷
andar (*ir*) *a* (*en*) *los* ～*s de...* …を尾行(追跡)する；もう少しで…を達成するところである

dar ~ *a...* …に追いつく〚alcanzar〛

alcancía [alkanθía] 囡《中南米》〔主に陶製の〕貯金箱；〔教会の〕献金箱

alcanfor [alkanfór] 男 樟脳(しょうのう)；《医学》カンフル，カンファー：bolitas de ~ 虫よけ玉
 alcanforar 他 …に樟脳を入れる
 alcanforero 男《植物》クスノキ

alcano [alkáno] 男《化学》アルカン

alcantarilla [alkantaríʎa] 囡 下水道，暗渠(あんきょ)；小さい橋：boca de ~ 下水口．pluvial 雨水暗渠
 alcantarillado 男〔都市の〕下水設備
 alcantarillar 他 …に下水道を敷設する

alcanzable [alkanθáble] 形 手の届く，達成できる

alcanzado, da [alkanθáðo, ða] 形 過分〔+de で〕負債のある，窮迫した：~ de dinero 金に困った，資金の乏しい

alcanzar [alkanθár] 9 他 ❶ …に追いつく：Si corres, le *alcanzarás*. 走れば彼に追いつく．Mi hermano pronto me *alcanzará* en altura. 弟はすぐに私の身長に追いつくだろう．Estudió mucho para ~ a los otros alumnos. 彼は他の生徒に追いつくために大いに勉強した．❷ …に〔手が〕届く，到達する：*Alcanza* el techo. 彼は天井に手が届く．El cañón *alcanza* 20 kilómetros. その大砲は射程距離 20 キロだ．El termómetro *alcanzó* los 10° bajo cero. 寒暖計は零下 10 度に達した．Una bala le *alcanzó* en la pierna. 彼の脚に弾が当たった．~ la meta (la cima) 目標(頂上)に達する．~ la madurez 熟年に達する．❸〔手を伸ばして〕取る，渡す：*Alcánza*me el encendedor que está en la mesa. テーブルの上のライターを取ってくれ．❹ 獲得する，達成する：Ya *ha alcanzado* el cargo que siempre quiso. 彼は長年望んでいた地位を手に入れた．~ su deseo 望みを達する．~ la felicidad 幸福になる．❺ 理解できる：No *alcanzo* lo que me dice. 私には彼の言っていることがわからない．❻ …と同時代に生きる：Los abuelos *alcanzaron* a Napoleón. 祖父母はナポレオン戦争の時代に生きていた．❼〔+en で〕…より優る：Lo *alcanzo* en edad. 私は年齢で彼より上だ
◆ 自 ❶〔+a に〕到達する：i) El niño no *alcanza* al timbre. その子はベルに手が届かない．*Alcanza* con el disco a 50 metros. 彼は円盤投げで 50 メートルを出した．La desgracia *ha alcanzado* a toda la familia. 不幸は家族全員に及んだ．A él le *alcanzó* una finca inmensa. 広大な地所が〔遺産として〕彼に残された．ii)〔能力などが〕及ぶ：Ella no *alcanza* a todo el trabajo de la casa. 彼女は家事のすべてには手が回らない．No puedo ~ más. これ以上私が及びません．iii)〔+a+不定詞〕…できる：Sin gafas no *alcanzaba* a leer aquella letra pequeña. 彼は眼鏡なしではそんな小さな字は読めなかった．❷〔+para に〕十分である，足りる：Los dulces *alcanzan* para todos. お菓子は全員に行き渡る．La cuerda *alcanza* para atar el paquete. ひもは包みを縛るのに十分な長さだ

◆ ~se〔+a+人 に〕理解できる：No *se* me *alcanza* por qué lo hizo. なぜ彼があんなことをしたのか私にはわからない

alcaparra [alkapářa] 囡《植物》フウチョウボク；《料理》〔主に複〕ケーパー
 alcaparrón 男 その実，《料理》ケーパー

alcaraván [alkarabán] 男《鳥》イシチドリ

alcaravea [alkarabéa] 囡《植物》キャラウェー，ヒメウイキョウ

alcarreño, ña [alkařéɲo, ɲa] 形 名《地名》アルカリアの〔人〕〚クエンカとグアダラハラの間の高地〛

alcarria [alkářja] 囡〔不毛の〕高地

alcatraz [alkatráθ] 男〔複〕~ces《鳥》カツオドリ；《植物》＝aro

alcaucí/alcaucil [alkauθí/-θíl] 男 ＝alcachofa

alcaudón [alkau̯ðón] 男《鳥》モズ

alcayata [alkajáta] 囡 頭が鉤状の釘

alcazaba [alkaθába] 囡〔城郭都市内の〕城，砦

alcázar [alkáθar] 男 ❶ 城，砦；〔アラビア風の〕土宮．❷《船舶》船尾楼

alce [álθe] 男《動物》ヘラジカ

alce- ⇨**alzar** 9

alción [alθjón] 男《鳥》カワセミ

alcista [alθísta] 囡《相場の》強気筋，買い方
◆ 形《相場が》強含みの

alcoba [alkóba] 囡 寝室；その家具

alcohol [alk(o)ól] 男 アルコール；酒類：~ etílico エチルアルコール ～ metílico／~ azul (de quemar) メチルアルコール．~ absoluto 無水アルコール．~ neutro 中性スピリッツ

alcoholato [alk(o)oláto] 男《化学》アルコレート

alcoholaturo [alk(o)olatúro] 男〔植物の〕アルコール漬け〔薬用〕

alcoholemia [alk(o)olémja] 囡 血中アルコール濃度〚tasa de ~〛

alcohólico, ca [alk(o)óliko, ka] 形 ❶ アルコールの(を含んだ)：desinfección ~ca アルコール消毒．bebida no ~ca ノンアルコール飲料．❷ アルコール中毒の
◆ 名 アルコール中毒患者：A~ Anónimos アルコール中毒者更正会，断酒会

alcoholímetro [alk(o)olímetro] 男 アルコール計〔飲酒運転摘発用具も〕

alcoholismo [alk(o)olísmo] 男 アルコール中毒：~ agudo (crónico) 急性(慢性)アルコール中毒症
 alcoholista 名《南米》アルコール中毒患者

alcoholizar [alko(o)liθár] 9 他 …にアルコールを添加(混入)する；アルコール化する
◆ ~se アルコール中毒になる
 alcoholización 囡 アルコール添加
 alcoholizado, da 形 名 過分 アルコール中毒の(患者)

alcor [alkór] 男《文語》小さな丘

alcorán [alkorán] 男《イスラム教》コーラン

alcornoque [alkornóke] 男《植物》コルクガシ

◆ 形 名 頭がからっぽな〔人〕
alcornocal 男 コルクガシの林
alcorque [alkórke] 男 [水をやるための] 根元に掘った穴
alcorza [alkórθa] 女 《料理》アイシング, 糖衣
alcotán [alkotán] 男 《鳥》ハヤブサ
alcotana [alkotána] 女 [石工用の] 片つるはし
alcoyano, na [alkojáno, na] 形 名 《地名》アルコイ Alcoy の〔人〕『バレンシア地方の都市』
　tener más moral que el A～ 意気だけはすこぶる軒高である, きわめて楽天的である
alcubilla [alkuβíʎa] 女 水槽
alcurnia [alkúrnja] 女 [高貴な] 血筋, 家系
alcuza [alkúθa] 女 《料理》油入れ；《中南米》＝vinagreras
alcuzcuz [alkuθkúθ] 男 《料理》[北アフリカの] クスクス
aldaba [aldába] 女 ❶ [ドアの] ノッカー. 形 [扉・窓の] かんぬき；[馬などをつなぐ, 壁の] 環
　agarrarse a buenas ～s コネに頼る
　tener buenas ～s コネ(うしろ立て)がある
aldabilla [扉・窓の] 掛け金
aldabón 男 大型のノッカー；[棺などの] 大きな取っ手
aldabonazo 男 [ノッカーで] ドアを叩くこと(音)；通知, 警告：～ a su conciencia 良心への警鐘
aldea [aldéa] 女 [英 village]「小さな] 村, 村落：Nació en una ～ pobre de la provincia de Málaga. 彼はマラガ県のある貧しい村で生まれた
　llegar a la ～ 目標を達成する, 成功する
aldeano, na [aldeáno, na] 形 村の；田舎の, ひなびた
◆ 名 村人；田舎者
aldeanismo 男 地方の人たちの偏狭さ
aldehído [aldeíðo] 男 《化学》アルデヒド：acético アセトアルデヒド
aldehuela [aldewéla] 女 小さな村
al dente [aldénte] 《←伊語 料理》アル・デンテで
aldeorr[i]o [aldeórrjo/-rró] 男 《軽蔑》寒村, 片田舎
ale [ále] 間 ＝hala
aleación [aleaθjón] 女 合金『行為, 金属』：～ ligera 軽合金
alear [aleár] 他 合金にする
◆ 自 羽ばたきする；元気を回復する
aleatorio, ria [aleatórjo, rja] 形 運しだいの：contrato ～ 射倖(しゃ)契約
aleccionar [ale(k)θjonár] 他 ❶ 訓練(教育)する：～ a＋人 en el manejo de la máquina …に機械の操作を教える. ❷ 戒める：El maestro le *aleccionó* para que no volviera a llegar tarde. 先生は二度と遅刻しないようにと彼に言い聞かせた
◆ ～se [＋con・por の経験から] 学ぶ, 懲りる：Se ha *aleccionado con* (por) el accidente. 彼は事故で懲りた
aleccionador, ra 形 教訓的な, ためになる

aleccionamiento 男 訓練, 教訓
alecrín [alekrín] 男 《植物》[南米産の] マホガニーに似た木
aledaño, ña [aleðáɲo, ɲa] 形 隣接した
◆ 男 複 隣接地：vivir en los ～s de la frontera 国境のすぐ近くに住む. en los ～s del poder 権力の周辺に
alegar [alegár] 8 他 [言い訳・弁護などのために] 引き合いに出す, 申し立てる；主張する：*Alega* que ha estado de viaje. 彼はずっと旅行していたと申し立てている
◆ 自 《中南米》[＋de について] 議論する
alegación [alegaθjón] 女 申し立て, 引証
alegador, ra 形 《中南米》議論好きの, 理屈っぽい
alegato 男 口答弁論, 弁論書；《中南米》議論
alegoría [alegoría] 女 寓意, 寓話；象徴
alegórico, ca 寓意的な
alegrar [alegrár] 他 ❶ 喜ばせる, 楽しませる：Esa noticia me *alegró*. 私はその知らせに喜んだ. ❷ [雰囲気を] 陽気にする：Las flores *alegran* la casa. 花は家を明るくする. ❸ [光・火を] 強くする：～ el fuego 火をかき立てる. ❹ ほろ酔い機嫌にさせる
◆ ～se [英 be glad] ❶ [＋de・con・por を] 喜ぶ；陽気になる：i) Me *alegro* de verle a usted. お目にかかれてうれしく思います. ii) [＋de] que＋接続法] Me *alegro* [de] que hayas vuelto sin novedad. 君が無事に帰ってきて私はうれしい. ❷ ほろ酔い機嫌になる

alegre ❶
[alégre] 形 [英 cheerful, happy] [estar＋. ＋con＋事物/＋de＋不定詞] うれしい, 楽しい：Está (Se siente) ～ con el resultado. 彼は結果を知って上機嫌だ(浮き浮きしている). Está ～ de oírlo. 彼はそれを聞いて喜んでいる. cara ～ うれしそうな顔, 明るい顔. noticia ～ うれしいニュース
❷ [estar＋] ほろ酔い機嫌の
❸ [ser＋] 陽気な, 朗らかな：Los jóvenes cantan ～s. 若者たちは陽気に歌っている. persona (carácter) ～ 陽気な人(性格). música ～ 陽気な音楽. paisaje ～ 明るい景色
❹ [色などが] 明るい：color ～ 明るい色. habitación ～ 明るい感じの部屋
❺ 軽率な, 気楽な：～s inversiones 軽はずみな投資
❻ [女性が] ふしだらな：mujer de vida ～ ふしだらな生活の女. mujer ～ いかがわしい女
❼ [冗談などが] きわどい, 下品な
alegreto [alegréto] 副 男 《音楽》アレグレット
alegría [alegría] 女 [英 joy] ❶ 喜び, うれしさ：Me da mucha ～ volver aquí. 再びここに来れて私は大変うれしい. ¡Qué ～! ああ, うれしい！ Está loco de ～. 彼は手放しの喜びようだ. tener una ～ loca 大喜びする. llorar de ～ うれし泣きする. ～ de vivir 生の喜び. ❷ 楽しみ：Los niños son su única ～. 子供たちだけが彼の唯一の慰めだ. ❸ 軽率さ, 無責任さ：con ～ 軽はずみに. ❹ 《植物》i) ゴマ『ajonjolí』. ii) del hogar (de la casa) ホウセンカ. ❺ 複 《音楽》アレグリーアス『フラメンコのリズムの一つで陽

気なもの】

alegro [alégro] 【略】【男】《音楽》アレグロ

alegrón [alegrón] 【男】[思いがけない] 大きな喜び : ¡Me dio un ~! わくわくする!

alejado, da [alexádo, ða] 【形】【過分】[+de から] 遠い : Mi casa está ~da de la suya. 私の家は彼の家から遠い. aldea ~da 遠くの村. Estoy ~ de la política. 私は政治から離れている〔政治に無関心だ〕

alejamiento [alexamjénto] 【男】 遠ざける(遠ざかる)こと ; 疎遠, 不仲

alejandrino, na [alexandríno, na] 【形】【名】《地名》アレクサンドリア Alejandría 【女】の〔人〕; アレキサンダー大王 Alejandro Magno の
◆ 【形】【男】《詩法》アレクサンダー(14 音節)詩句〔の〕

Alejandro [alexándro] 【男】《男性名》アレハンドロ 《英 Alexander》: ~ Magno アレキサンダー大王

alejar [alexár] 【他】[+de から] 遠ざける ; 追い払う : ~ la carne del fuego 肉を火から離す. Hay que ~la de las malas compañías. 彼女を悪い仲間から引き離さねばならない. *Aleja de ti esa sospecha.* そんな疑いは捨てろ
◆ ~se 遠ざかる : El tren se alejó de la estación. 列車は駅から遠ざかった. Se alejó de sus amigos. 彼は友人たちと疎遠になった

alelar [alelár] 【他】[頭の働きを] 鈍らせる, 愚鈍にする
◆ ~se 呆ける, 頭の中がこんがらがる
alelado, da 【形】【過分】呆けた, ぼけた

alelí [alelí] 【女】 =**alhelí**

alelia [alélja] 【女】《生物》対立遺伝子

aleluya [alelúja] [歓喜・賛美・感謝] ハレルヤ!
◆ 【男】【女】《カトリック》ハレルヤ唱(聖歌)
◆ 【男】❶ [教会で配られる] 聖画. ❷ 下手な詩 ; ひどくやせた人. ❸ 《植物》カタバミ

alemán, na [alemán, na] 【形】【名】《英 German》【国名】ドイツ Alemania の ; ドイツ人 : tener la cabeza cuadrada como los alemanes 《軽蔑》ドイツ人のように頭が固い
◆ 【男】ドイツ語

alentada [alentáda] 【女】 *de (en) una* ~ 一息に, 一気に 〔話す, 読むなど〕

alentador, ra [alentaðór, ra] 【形】 元気づける 〔ような〕: palabras ~ras 励ましの言葉. noticia ~ra 明るいニュース

alentar [alentár] 【23】【他】元気づける, 激励する : Tus palabras me *alientan.* 君の言葉は私を勇気づけてくれる
◆ 【自】《文語. 主に比喩》呼吸する 《respirar》: i) No lo consentiré mientras *aliente.* 私の目の黒いうちはそれは認めない. ii) 〔希望・勇気・隣人愛などが主語〕 En su corazón han alentado siempre esperanzas. 彼はいつも希望に燃えている〔決して希望を失わない〕
◆ ~se 元気づく ; [病気が] 治る

aleonado, da [aleonáðo, ða] 【形】黄褐色の

alerce [alérθe] 【男】《植物》カラマツ

alérgeno, na [alérxeno, na] 【形】【男】アレルギー

の原因となる ; アレルゲン

alergia [alérxja] 【女】《医学》[+a に対する] アレルギー : ~ a + 人 …にアレルギーを起こさせる. ~ alimenticia 食物性アレルギー. ~ a los cipreses スギ花粉症. ~ a la primavera 花粉症
alérgico, ca [sér+] アレルギー〔性〕の, アレルギー体質の ; [+a を] 嫌いな, …が性に合わない
alergólogo, ga/alergista 【名】アレルギー専門医

alero [aléro] 【男】❶ 《建築》軒(%) , 庇(%) : al ~ 軒先に. bajo el ~ 軒下に. ❷ [車の] 泥よけ 〔aleta〕. ❸ 《スポーツ》ウイング〔選手〕
estar en el ~ 不確かである, 確実でない

alerón [alerón] 【男】❶ 《航空》補助翼, エルロン ; [レーシングカーなどの] ウイング. ❷ 《戯語》腋の下 〔sobaco〕

alerta [alérta] 【女】[まれに] 警戒態勢, 警報 : dar la (el) ~ 警戒警報を発する. estar en estado de ~ 警戒態勢にある. sistema de ~ inmediata 《軍事》早期警戒システム. ~ aérea 空襲警報 ; 《軍事》空中待機
~ *roja* 非常事態, 危機的状況
◆ 【形】[estar+. 時に複数でも無変化] 注意している : Tenemos que estar ~〔s〕 para que no se escape. 彼が逃げ出さないように気をつけなければならない. escuchar con oído ~ 耳をすまして聞く. estar con ojo ~ 注意する, 気をつける
◆ 【副】 警戒して, 注意して
◆ 【間】 警戒せよ/気をつけろ!

alertar [alertár] 【他】[+de に対して] 警戒させる, 警告する

aleta [aléta] 【女】❶ [魚の] ひれ : ~ dorsal (pectoral・ventral・anal・caudal) 背(胸・腹・臀・尾)びれ. ❷ [潜水用の] 足ひれ, フィン. ❸ 矢羽根 ; [ミサイルなどの] 小翼 ; [飛行機の] 補助翼 〔alerón〕. ❹ 《機械》フィン, ひれ : ~ de refrigeración 冷却フィン. ❺ 《自動車》泥よけ. ❻ 鼻翼, 小鼻

aletargar [aletargár] 【8】[眠く(無気力に)させる : Este calor *aletarga* a cualquiera. この暑さでは誰もが眠くなる. ~ la mente けだるい気持ちにさせる
◆ ~se 眠り込む : ~se viendo la televisión テレビを見ているうちに眠ってしまう
aletargamiento 眠気, まどろみ ; 無気力

aletear [aleteár] 【自】❶ 羽ばたく ; [魚が] ひれを動かす. ❷ 元気(勢い)を取り戻す : ~ de su caída 没落から立ち直る. ❸ 時々ちらっと見える : En su cara aleteaba la tristeza. 時おり彼の顔に悲しみの影がさした
◆ 【他】[パタパタと] 振り動かす
aletazo 【男】羽ばたき
aleteo 【男】羽ばたき ; はためき ; 動悸

aleutiano, na [aleutjáno, na] 【形】【名】《地名》アリューシャン列島 islas Aleutianas の〔人〕

alevín [alebín] 【男】❶ [養殖の] 稚魚. ❷ 初心者. ❸ 《スポーツ》benjamín と infantil の間の年齢層の選手クラス

alevosía [alebosía] 【女】[犯罪の] 計画性 ; 裏

切り，背信：con ～ 計画的に

alevoso, sa [形][名] 計画的な；《法律》謀殺犯人〖asesino ～〗

alexia [aléˈk]sja] [女]《医学》失読症，読字不能症

alfa [álfa] [女]〖単数冠詞：el・un〔a〕〗 ❶《ギリシア文字》アルファ〖A, α〗：rayos (partícula) ～ アルファ線(粒子)．❷《天文》アルファ星
～ y omega 始めと終わり；全体

alfabético, ca [alfaβétiko, ka] [形] アルファベット〔順〕の：por (en) orden ～ ABC 順に
alfabéticamente [副] アルファベット順に

alfabetizar [alfaβetiθár] [自] アルファベット順に配列する；…に読み書きを教える
alfabetización [女] 識字(文盲)教育

alfabeto [alfaβéto] [男][集名]〖英 alphabet〗アルファベット，字母：en el ～ Morse モールス符号で

alfaguara [alfaɣwára] [女]〖豊かな〗泉

alfajor [alfaxór] [男]《菓子》アーモンド・蜂蜜などで作るケーキ

alfalfa [alfálfa] [女]《植物》アルファルファ
alfalfal/alfalfar [男] アルファルファの牧草地

alfandoque [alfandóke] [男] ＝**alfondoque**

alfanje [alfánxe] [男] ❶ 三日月刀，湾刀刀．❷《魚》メカジキ

alfanumérico, ca [alfanúmeriko, ka] [形] 文字と数字を組み合わせた(区別なく処理する)

alfaque [alfáke] [男]〖河口の〗砂州，浅瀬

alfarería [alfarería] [女] 製陶(工場)；陶器店
alfar [男] 製陶工場；陶土
alfarero, ra [名] 陶工

alfarje [alfárxe] [男]《建築》〖彫刻を施した〗格天井(ごうてんじょう)

alféizar [alféjθar] [男]《建築》〖窓・戸をつけるための〗壁の開口部；[特に] 窓の下枠

alfeñique [alfeɲíke] [男] 弱々しい人

alferecía [alfereθía] [女] てんかん〖epilepsia〗

alférez [alféreθ] [男] ❶《陸軍・空軍》少尉：～ del rey [昔の] 軍旗護衛少尉官．❷《海軍》～ de fragata 少尉．～ de navío 中尉．❸《南米》祭りの費用の負担者

alfil [alfíl] [男]《チェス》ビショップ

alfiler [alfilér] [男] ❶ ピン，留め針；待ち針：sujetar con un ～ ピンで留める．～ de corbata ネクタイピン．～ de seguridad/《中南米》～ de nodriza (gancho-criandera) 安全ピン．～ de sombrero ハットピン．❷ ブローチ〖broche〗
de veinticinco ～es 着飾って：ponerse (ir) de veinticinco ～es 着飾る(着飾っている)
no caber a+人 un ～ de gusto《中南米》…は喜びのあまり我を忘れている
no caber un ～ 立錐の余地もない
prendido con (de) ～es 危うい，心もとない：La situación económica está prendida con ～es. 経済情勢は不安定である．llevar la lección prendida con ～es 授業をあやふやにしかわかっていない；忠告をろくに聞かない

alfilerazo [alfileráθo] [男][ピン・皮肉で] ちくりと刺すこと

alfiletero [alfiletéro] [男][筒形の] 針入れ

alfombra [alfómbra] [女] じゅうたん，カーペット：El suelo está cubierto de una ～. 床はじゅうたんが敷かれている．～ de flores 花のしとね．～ persa ペルシアじゅうたん．～ voladera (mágica) 空飛ぶ(魔法の)じゅうたん
alfombrado [男] じゅうたんを敷くこと；[集名] じゅうたん
alfombrar [他] …にじゅうたんを敷く，覆い尽くす：～ el camino de flores 道に花を敷き詰める
alfombrilla [女] バスマット；[車の] マット；《医学》風疹

alfóncigo [alfónθiɣo] [男]《植物》ピスタチオ

alfondoque [alfondóke] [男]《南米. 菓子》[バナナ・サトウキビの葉で包んだ] アニス・牛乳などを混ぜた糖蜜

Alfonso [alfónso] [男]《男性名》アルフォンソ
alfonsí [形][複]～(e)s ＝**alfonsino**
alfonsino, na [形]《歴史》アルフォンソ Alfonso 王〔派〕の：tablas ～nas アルフォンソ 10 世の命で作られた天文表

alforfón [alforfón] [男]《植物》ソバ

alforja [alfórxa] [女] [主に 複] 振り分け荷物，鞍かばん；だぶだぶの服
para este viaje no se necesitan ～s そんなに大騒ぎするほどのことではない
pasarse a la otra ～《南米》ばか丁寧である
¡qué ～! 私に構わないでくれ

alforza [alfórθa] [女] ❶《裁縫》あげ，タック：hacer ～s a las mangas 袖にあげをする．❷ [大きな] 傷

alfoz [alfóθ] [男]《歴史》[都市の] 周辺地域

Alfredo [alfréðo] [男]《男性名》アルフレード〖英 Alfred〗

alga [álga] [女]〖単数冠詞：el・un〔a〕〗 ❶《植物》海草，コンブ；[複] 藻類：～s pardas (rojas) 褐(紅)藻類．❷《料理》海苔(のり)

algalia [algália] [女] [ジャコウネコからとった] 麝香(じゃこう)
◆ [男] ＝**civeta**

algara [algára] [女] [中世，敵地に侵入・略奪した] 騎兵隊；その略奪行

algarabía [algaraβía] [女] ❶ アラビア語〖árabe〗．❷《口語》意味不明の文章(言葉)，チンプンカンプン．❸ ワイワイ，ガヤガヤ

algarada [algaráða] [女] ❶ 騒動；＝**algara**

algarroba [algarróβa] [女] ❶ イナゴマメ〖豆〗；《植物》[種が飼料用の] カラスノエンドウの一種
algarrobal [男] イナゴマメ畑
algarrobo [男]《植物》イナゴマメ：～ loco セイヨウハナズオウ

algazara [algaθára] [女] 歓声，にぎやかな人声

álgebra [álxeβra] [女]〖単数冠詞：el・un〔a〕〗 ❶ 代数〔学〕：～ booleana ブール代数．❷ 接骨術
algebraico, ca [形] 代数〔学〕の

álgido, da [álxiðo, ða] [形] ❶ 最高潮の：Ha llegado el momento ～ de la campaña electoral. 選挙戦は今がたけなわだ．punto ～

最高潮，頂点．❷ 非常に寒い；《医学》悪寒を伴う：fiebre 〜da 寒けを伴う熱

algina [alxína] 囡 《化学》アルギン
　alginato 男 アルギン酸塩

algo
[álgo] 代 《英 something. 事物の不定 名詞. ↔nada》 ❶ 何か：Vamos a tomar 〜. 何か食べよう〔飲もう〕. Ha pasado 〜 siniestro. 何か不吉な事が起きた. ¿Tienes 〜 que decirme? 何か私に言うことがあるの? ¿A〜 más? ほかに何か? El amor es 〜 bonito. 愛とは美しいものだ

❷ [数量・程度] 少し〔のもの〕：i) Apostemos 〜. 少し賭けよう. Falta 〜 para tres litros. 3リットルに少々足りない. ii) [反語的に] かなり：Aún falta 〜 para llegar allí. そこに着くまではだかなりある

❸ 重要性：ser 〜 ひとかどの人物である. creerse 〜 〔大物だと〕うぬぼれる

◆ 男 [主に un+. 漠然的な強調] ちょっとしたもの(財産)：Tomamos un 〜 antes de partir. 私たちは出発前に軽いものを食べた

◆ 圓 少し 《un poco》：Ahora estoy 〜 cansado. 今私は少し疲れている. ¿Aún te duele 〜? まだ少し痛いか?

〜 así それくらい：Se tarda diez minutos o 〜 así. 10分かそこらかかる

〜 así como... 1) [小さな数の概数] …くらい：Participaron 〜 así como 50 personas. 約50人参加した. 2) …のようなもの

〜 de... 1) 少しの…：〜 de dinero 少しばかりの金. Tiene 〜 de malicia. 彼には少し意地悪なところがある. Comprendo 〜 de español. 彼はスペイン語がいくらかわかる. Efectivamente 〜 hay de ello. 確かにそういう一面がある. 2) [haber・tener+. +形容詞] 何か…な物(事)がある：¿Hay 〜 de particular? 何か特別な点がありますか? El viaje tiene 〜 de importante. その旅行には重要な意味がある

〜 es 〜 〔少しでも〕ないよりはましである

ir a dar 〜 a+人 《戯謔》…の気が変になる：A ella le va a dar 〜 si la persigues así. あんな風に君に付きまとわれたら彼女はおかしくなってしまう

más vale 〜 que nada =〜 es 〜

para 〜 何らかの理由があって：Para 〜 soy maestro. 私はこれでも教師の端くれだ

por 〜 何らかの理由があって：Por 〜 será. 何か訳があるのだろう. Por 〜 te lo dice. 彼が君にそう言うのにはそれなりの理由がある

ser 〜 aparte ひときわ優れている：Este reloj es 〜 aparte. この時計はちょっとしたものだ

tener un 〜 de... …らしいところがある：Tiene un 〜 de malicia. 彼には意地悪みたいなところがある

… y 〜 …あまり：Tiene 40 años y 〜. 彼は40歳ちょっとだ

algodón [algoðón] 男 ❶ 綿(%)，木綿，綿糸，綿布；綿花：〜 en rama 原綿. 〜 hidrófilo 脱脂綿. 〜 pólvora (fulminante) 綿火薬. ❷ 《植物》ワタ；綿花. ❸ 綿あめ 《〜 dulce, dulce de 〜, 〜 de azúcar》

entre algodones [育児などで] 大切に，真綿でくるむように，過保護に：criar entre algodones 真綿でくるむように育てる

algodonal/algodonar 男 ワタ畑

algodonero, ra 形 綿の：industria 〜ra 綿紡織工業. ◆ 男 綿花栽培者. ◆ 男 《植物》ワタ

algodonoso, sa 形 綿のような

algoritmo [algoritmo] 男 《数学》アルゴリズム
　algorítmico, ca 形 アルゴリズムの

alguacil, la [algwaθíl, la] 名 囡 alguacilesa もある》[裁判所・市役所の] 執行官，執達吏

◆ 男 =**alguacilillo**；《動物》〜 de moscas ハエトリグモ

alguacilillo 男 《闘牛》騎馬執行吏 《入場行進を先導したり主宰者が与える耳を闘牛士に渡す》

alguicida [algiθíða] 男 殺藻剤

alguien
[álgien] 代 《英 somebody. 人の不定代名詞. ↔nadie》 ❶ 誰か 《☞alguno 願義》：Viene 〜 hacia acá. 誰かこっちの方に来る. ¿Hay 〜? 誰かいますか? ¿Esperas a 〜? 誰かを待っているのか? A〜 muy atolondrado lo haría. 〔誰か〕ひどいあわて者だったら，そうしかねない. A〜 de Japón dijo tal cosa. 日本の誰かがそんなことを言った. No malgasto el dinero como 〜 que yo me sé. 私は誰かさんみたいに無駄づかいしたりしない. [+que+接続法] ¿Hay 〜 que hable japonés? 日本語を話せる人が誰かいますか?

❷ ひとかどの人物：Es 〜 en su pueblo. 彼は村ではいっぱしの人物である. tomar a+人 por 〜 …をひとかどの人物であると見なす

creerse 〜 〔偉いと〕うぬぼれる，いばる：Ese policía se cree 〜. あの警官はいばっている

algún [algún] 形 ☞**alguno**

〜 tanto 少し：Si estudias 〜 tanto más, pasarás los exámenes. もう少し勉強すれば試験に合格するだろう

alguno, na
[algúno, na] 《英 some；someone. 不定形容詞・代名詞. ↔ninguno》男性単数名詞の前で **algún** となる》 ❶ [+名詞] ある，何らかの：i) ¿Hay 〜na novedad? 何か変わったことがありますか? 《願義 alguno は話し手・聞き手のどちらも知らないこと，uno は聞き手の知らないこと(話し手は知っている可能性がある)：Comimos en un restaurante. 私たちはとあるレストランで食事した(聞き手にはどのレストランかわからない). ×Comimos en algún restaurante. (過去の事実なので話し手がどのレストランか知らないことはあり得ない) Comeremos en algún restaurante. どこかのレストランで食事しよう(話し手・聞き手ともまだわかっていないレストラン). Comeremos en un restaurante. あるレストランで食事しよう(聞き手はどこのレストランか知らないが話し手は知っている可能性がある)》 ii) [ぼかし表現] No se oye más que el ladrido de algún perro. 犬か何かの吠え声のほか何も聞こえない. ¿Esperas

a *algún* amigo? 誰か友人でも待っているの？ iii)《反語》*¿Cuándo he dado algún motivo de sospecha?* 私がいつ疑われるようなことをした？〖何もしていないではないか〗

❷ [名詞+. 否定] どんな(何の)…も〔ない〕: No tengo deseo ～ de volver. 私は全然戻りたくない. En parte ～*na* estoy más a gusto que aquí. ここほど居心地のいい場所はない

❸ [数量・程度] 少しの: Quedan ～*nas* pesetas en el monedero. 財布に何ペセタか残っている. Falta *algún* esfuerzo para obtenerlo. それを獲得するには少し努力が足りない. ii) かなりの: Es un problema de ～*na* importancia. それは相当重要な問題だ

～ *que otro*+単数名詞 わずかの…, １つ２つの: Se encontraba *algún que otro* molino. 水車がほんのいくつかあった

◆《代》❶ 誰か〖類義 alguno はある範囲内での不定な人(まれに事物). alguien よりも限定性がある〗: ¿Ha venido ～? [来るはずの人のうち] 誰か来ましたか？ A～ de ellos lo contará. 彼らのうちの誰かがそれを話すだろう. [+que+接続法] ¡Ojalá haya ～*na que* cuide del niño! 子供の世話をしてくれる女性が誰かいたらなあ! ❷ 何人か; いくつか: A～s, no muchos, han mostrado interés. 大勢ではないが, 何人かが興味を示した. Monedas, tengo ～*nas*. 小銭なら私は少し持っている

～ *que otro* わずか, １つ２つ: A～ *que otro* vendrá, si no llueve. 雨が降らなければ数人は来るだろう

hacer ～*na* [*de las suyas*] よくないことをする: ¡Has hecho ～*na de las tuyas*! いたずらしたな!

alhaja [aláxa]《女》❶ [主に《複》] 宝飾品, 宝石〖joya〗. ❷ 価値のあるもの;《時に皮肉》役立たず: Ese secretario es una ～. あの秘書は仕事がよくできる

¡buena ～*!* 猫かぶり(偽善者)め/役立たずめ!

alhajar《他》宝石で飾る; [家・部屋に] 調度類を備える

alhajero《男》/**alhajera**《女》《中南米》宝石箱

alharaca [alaráka]《女》[主に《複》] 大騒ぎ, 感情の大げさな表現

alharma [alárma]《女》《植物》ヘンルーダ

alhelí [alelí]《男》《複》～[e]s《植物》ニオイアラセイトウ

alheña [aléɲa]《女》《植物》ヘンナ, イボタノキ; ヘンナ染料: ～ de Mahón ヒメアラセイトウ

hecho (molido como) una ～ へとへとに疲れた; 打ちのめされた

alhóndiga [alóndiga]《女》穀物市場

alhucema [aluθéma]《女》《古語》=**espliego**

aliáceo, a [aljáθeo, a]《形》ニンニクの臭い(味)のする

aliado, da [aljáðo, ða]《形》《過去》同盟した: fuerzas (naciones) ～*das* 同盟国

◆《名》提携者, 盟友: gobierno y sus ～s 政府とその支持者たち

◆《男》《複》[第１・２次大戦の] 連合国, 連合軍

aliaga [aljáɣa]《女》《植物》=**aulaga**

alianza [aljánθa]《女》❶ 同盟, 提携: ～ militar 軍事同盟. ～ electoral 選挙協定. pacto de ～ 同盟条約. Santa A～《歴史》神聖同盟. ❷ 結びつき: ～ de dos factores ２つの要素の結合. ❸ 結婚指輪;《文語》婚姻, 姻戚関係〖～ matrimonial〗. ❹《宗教》[神と選ばれた民との] 契約

aliar [aljár]《他》[+con と] 結びつける; 同盟させる: *Alió* el valor *con* (a) la inteligencia. 彼には勇気もあり知性もあった

◆ ～*se*《互いに/+con と》同盟を結ぶ, 提携する; [+a に] 加盟する: España e Inglaterra *se aliaron* contra Napoleón. スペインとイギリスはナポレオンに対抗して同盟を結んだ

alias [áljas]《副》別名では: Domenico Theotocópuli, ～ El Greco ドメニコ・テオトコプリ, またの名エル・グレコ

◆《男》❶ 別名, あだ名. ❷《情報》エイリアス

alicaído, da [alikaíðo, ða]《形》[estar+. 肉体的・精神的に] 弱った, しょげた

alicante [alikánte]《男》《動物》毒蛇の一種

alicantino, na [alikantíno, na]《形》《名》《地名》アリカンテ Alicante の〔人〕《バレンシア地方の》県・県都

alicatar [alikatár]《他》《西》…にタイルを張る

alicatado《男》タイル張り, モザイク

alicates [alikátes]《男》ペンチ, プライヤー: ～ universales 万能ペンチ. ～ de corte ニッパー. ～ de uñas 爪切り

Alicia [alíθja]《女》《女性名》アリシア〖英 Alice〗

aliciente [aliθjénte]《男》❶ [土地のもつ] 魅力: ～ de Córdoba コルドバの魅力. ❷ [+para にとっての] 魅力, 刺激: El plan no tiene ～ *para* mí. その計画には私は興味がない. Este libro me sirvió de ～ *para* estudiar más. この本に刺激されて私は一層勉強した. El estar tú ahí es ～ *para* que vayamos. 君がそこにいるから私たちは行くのだ

alicuanta [alikwánta]《形》《数学》割り切れない, 整除できない: parte ～ 非約数

alícuota [alíkwota]《形》❶ 比例した: en partes ～s 比例して. ❷《数学》割り切れる, 整除できる: parte ～ 約数

alienar [aljenár]《他》❶《哲学》疎外する, 自主性(人間性)を奪う; [愛情などを] よそへ向ける. ❷ …の理性を失わせる, 気を狂わせる. ❸《法律》譲渡

alienación《女》[人間] 疎外; 精神錯乱〖～ mental〗; 譲渡

alienado, da《形》《過去》1) 疎外された〔人〕: sentirse ～ 疎外感をもつ. 2)《婉曲》精神異常の〔人〕

alienante《形》疎外する

alienígena [aljeníxena]《形》《名》異星の〔人〕, エイリアン〔の〕, 地球外生物〔の〕〖extraterrestre〗; 外国の〔人〕〖extranjero〗

alienista [aljenísta]《名》精神科医

aliento [aljénto]《男》〖←alentar〗❶ 呼吸; 呼気, 息: perder el ～/estar (quedar) sin ～ 息切れする, あえぐ; 落胆する. Llegó a la meta sin ～. 彼はハーハーいいながら(息も絶え絶えに)ゴ

ールインした. cobrar (tomar) ～ 呼吸を整える; 一息入れる, 一休みする; 息を吹き返す, 盛り返す, 改めて元気を出す. ❷ 気力: Ya no tengo los ～s de mi juventud. 私にはもう若いころの元気はない. ❸ 励まし, 激励: Su ayuda es un ～ para mí. 彼の助けが私の支えになっている

aguantar (contener) el ～ かたずを飲む

de un ～ 一息で, 一気に: Se bebió un vaso de agua *de un ～*. 彼はコップ1杯の水を一息に飲み干した

exhalar su último ～ 息を引き取る

sin tomar ～ 大急ぎで

alifafe [alifáfe] 男 [軽い] 持病

alifático, ca [alifátiko, ka] 形《化学》脂肪族の: compuesto ～ 脂肪族化合物. serie ～ca 脂肪族系列

aligátor [aligátor] 男《動物》アリゲーター〖北米などのワニ〗

aligerar [alixerár] 他 ❶ 軽くする: ～ la carga 積み荷を減らす. ～ el dolor 痛みを和らげる. ～ el paso 足を速める, 急ぐ. ❷ [+de を] …から取り去る
◆ 自 急ぐ
◆ ～se ❶ [+de を] 自分から取り去る: Hoy se ha aligerado de ropa. 彼は今日薄着した. ～se de prejuicios 先入観をなくす. ❷ 軽くなる

aligeramiento 男 軽減

aligustre [aligústre] 男《植物》イボタノキ

alijar [alixár] 他《船舶》陸揚げする, 軽くする; [密輸品を] 積み換える, 陸に揚げる
◆ 男 未開墾地

alijo [alíxo] 男《船舶》軽減, 陸揚げ; 医名 密輸品

alimaña [alimáɲa] 囡 [小動物や家畜にとっての] 害獣;《口語》悪人, 悪いやつ

alimentación [alimentaθjón] 囡 ❶ 食物(栄養)の摂取(補給): ～ equilibrada バランスのとれた食事. tienda de ～ 食料品店. ❷ [機械への電力・燃料などの] 供給; 電源: fuente de ～ 電源, 動力源. interruptor de ～ 電源スイッチ. tubo de ～ 給水管. ❸《情報》送り, フィード

alimentador, ra [alimentaðór, ra] 形 供給の: bomba ～ra de agua 給水ポンプ
◆ 男《電気》給電線;《機械》原料供給装置;《牧畜》給餌機: ～ de papel シートフィダー

alimentar [alimentár] 他 ❶ …に食物(栄養)を与える, 養う, 育てる: ～ a su familia 家族を養う. ～ al ganado 家畜を育てる. ～ una esperanza 希望をかき立てる. ❷ [+de を] …に供給する: ～ las fábricas *de* electricidad 工場に電気を供給する
◆ 自 栄養になる: La carne *alimenta* mucho. 肉はとても栄養がある
◆ ～se [+de・con を] 食べる, …で栄養をとる: Sólo se *alimenta* de frutos. 彼は木の実しか食べない

alimentario, ria [alimentárjo, rja] 形 食物の, 食品の: industria ～*ria* 食品工業

alimenticio, cia [alimentíθjo, θja] 形 栄養のある; 食物の: tabletas ～*cias* 栄養剤. productos ～s 食料品

alimento [aliménto] 男 ❶《文語》食物, 食糧: ～ natural 自然食品. ～ precocinado レトルト食品. ～ del espíritu 心の糧. ❷ 栄養: de mucho (poco) ～ 栄養価の高い(低い). ❸ 圏《法律》生活扶助料, 扶養料

alimoche [alimótʃe] 男 =**abanto**

alimón [alimón] 男《西》*al* ～ 2人がかりで; [闘牛士が] 2人で1枚のカポーテを操って: escribir un libro *al* ～ 本を共同執筆する

alindar [alindár] 他 [所有地の] 境界線を表示する. ◆ 自 [互いに/+con と] 隣接する

alineación [alineaθjón] 囡 ❶ 整列, 一列に並べること. ❷《政治》連合: política de no ～ 非同盟政策. ❸《スポーツ》ラインナップ; メンバーの決定. ❹《機械》心合わせ, アラインメント;《電気》同調

alineado, da [alineáðo, ða] 形 名 過分 [estar+, +con を] 支持(賛成)する(人)

alineamiento [alineamjénto] 男 ❶ 整列; 協同歩調をとること. ❷ 医名《考古》メンヒルの列

alinear [alineár] 他 ❶ 一列に並べる, 整列させる; [チームに] 入れる: ～ a los niños por orden de estatura 子供たちを身長順に並ばせる. ❷《スポーツ》[チームに] 入れる; スターティングメンバーを決める. ❸ [部品などの] 位置(方向)を調節する
◆ ～se ❶ 1列に並ぶ, 整列する: ¡*Alinéense* contra la pared! 壁に向かって並べ! A este lado de la calle se *alinean* los bancos. 通りのこちら側には銀行が並んでいる. ～se de delantero centro センターフォワードをつとめる. ❷《政治》[+con と] 協同歩調をとる, 陣営に加わる: ～se *con* los países del bloque occidental 西側陣営と協同歩調をとる. países no *alineados* 非同盟諸国. ❸《スポーツ》[+en チームに] 入る: ～se *en* el equipo de España スペインチームに加わる

aliñar [aliɲár] 他《料理》[主に酢・油・塩で] …に味つけする, あえる: ～ la ensalada サラダをドレッシングであえる
◆ ～se 着飾る

aliño [alíɲo] 男 ❶ 味つけ; 医名 調味料, ドレッシング. ❷ 身だしなみ

alioli [aljóli] 男《料理》にんにくソース

alionín [aljonín] 男《鳥》シジュウカラ

aliquebrado, da [alikeβráðo, ða] 形《まれ》元気をなくした, しょげた

alirón [alirón] 男 [主にサッカーの歓声] ばんざい!: cantar el ～ ばんざいを唱える

alisar [alisár] 他 なめらかにする; つやを出す: ～ un terreno 地面をならす. ～ una tabla 板を磨く. ～ la ropa 服のしわを伸ばす
◆ ～se [服の] しわを伸ばす; [軽く髪を] とかす: Se *alisa* el pelo. 彼は髪を手でなでつけている

alisado 男 磨き

alisador, ra [alisaðór, ra] 形 なめらかにする. ◆ 男 ローラー

aliscafo [aliskáfo] 男《南米》[高速の] 河舟

aliseda [aliséða] 囡 ハンノキ林

alisios [alísjos] 男 圏《気象》貿易風〖vientos ～》

aliso [alíso] 男《植物》ハンノキ

alistar [alistár] 他 ❶ 名簿に登録する. ❷ 兵籍に編入する；募兵する
◆ ～**se** [兵役に] 志願する：～se como marino (en infantería) 海軍（歩兵）に志願する
alistamiento 男 1)〔兵籍〕登録；募兵, 徴募：～ voluntario 兵役志願. ❷匿名〔毎年の〕兵籍登録者

alita [alíta] 囡〔脇・腕につける水泳練習用の〕浮き袋；《料理》手羽先

aliteración [aliteraθjón] 囡《詩法》頭韻法

aliviadero [alibjaδéro] 男《ダムなどの》放水口；余水吐き, 余水路

aliviador, ra [alibjaδór, ra] 形 慰めとなる

aliviar [alibjár] 10 他 ❶ 軽くする, 軽減する；緩和する：i) ～ la carga 荷物を軽くする. Esta medicina te *aliviará* el dolor (la tos). この薬で痛み（咳）が鎮まるよ. Sus palabras *aliviaron* mi pena. 彼の言葉に私は慰められた. ii) [+人] Voy a ～te en el trabajo. 君の仕事を手伝ってあげよう. iii) [+de を] ～ a+人 *de* la carga その負担を軽くする. ❷ 急がせる, せきたてる. ❸《口語》盗む, くすねる
◆ ～**se** ❶ 軽くなる：Se va *aliviando de* su enfermedad. 彼の病気は快方に向かっている. ❷《俗語》排便する

alivio [alíbjo] 男 軽減；安堵：Su aparición fue un ～ para mí. 彼が現われたので私はほっとした. con ～ ほっとして／*de* ～《西》ひどい, やっかいな：catarro *de* ～ しつこい風邪. Su jefe es *de* ～. 彼の上司は一癖も二癖もある

alizarina [aliθarína] 囡《化学》アリザリン

aljaba [alxába] 囡 箙(えびら), 矢筒

aljama [alxáma] 囡《歴史》モーロ人やユダヤ人の会合（居住区）；イスラム教寺院, ユダヤ教教会

aljamía [alxamía] 囡 アラビア文字で書かれたカスティーリャ語の文書；[スペインに住んでいたモーロ人にとっての] カスティーリャ語, 外国語
aljamiado, da 形 aljamía の(で書かれた)

aljibe [alxíβe] 男 雨水だめ [cisterna]；《船舶》タンカー〖buque ～〗

aljófar [alxófar] 男 ❶ 形のいびつな真珠；匿名小粒の真珠. ❷《文語》～ de lágrima 真珠のような涙

allá [aʎá] 副〖英 over there. 遠称の指示副詞. allí より方向性がある〗 ❶ あちらの方へ：i) Vete ～. あっちへ行け. Ponlo más ～. もっと遠くに置け. Murió ～ en Africa. 彼はあの遠いアフリカで死んだ. ii) [前置詞+] La pelota ha caído por ～. ボールはあのあたりに落ちた. De Sevilla para ～ no hay mucho tráfico. セビーリャから先はあまり交通量が多くない. de ～ あちらから. hacia ～ あちらの方へ. ❷[時間] あのころ, 昔：Pensaba así ～ en mis años mozos. かつて私が少年のころはそう考えていた. Eso ocurrió ～ por el siglo V. それはずっと昔, 5 世紀のことだ. ❸《口語》[+主語人称代名詞]…の勝手である：Si te empeñas, ～ tú. どうしてももと言うなら勝手にしろ

～ *arriba* あの高い所に；空に, 天国に

～ *cada uno* 各自の勝手である

¡～ *te las hayas!* 君が自分で処理したまえ!

～ *va* 1) [驚き] おや. 2) [提示・物を投げて] ほら：¡A～ van estas flores! はい, 花をどうぞ! 3) A～ va el trabajo de varios años. 数年間の努力が無駄になってしまう

～ *voy* 今行きます

el más ～ あの世, 死後

hacer... ～ …を向こうに押しのける

hacerse [para] ～ 離れる：Hazte ～ un momento. ちょっと向こうへ行っててくれ

... hasta ～ …まで：Ha comprado una casa hasta ～. 彼は家まで買い込んだ

más ～ *de*…〖英 beyond〗…の向こう側に, …を越えて；…以上に：*más* ～ *de* la montaña 山の向こうに. No valdría *más* ～ *de* diez mil pesetas. それは 1 万ペセタもするまい

... ni lo de más ～ [否定文での列挙の終了] …などなど…する

no... muy (*tan*) ～ それほどではない：El cuadro *no es muy* ～. その絵は大したことない

vamos ～ さあ行こう

... y lo de más ～ [列挙の終了] …などなど

allanamiento [aʎanamjénto] 男 ❶ 平らにする(こと). ❷《法律》～ de morada 住居侵入[罪]. ❸《南米》家宅捜索

allanar [aʎanár] 他 ❶ 平らにする：～ el campo グランドをならす. ～ un montón de piedra 石の山を崩す. ～ el camino《比喩》道を切り開く. ❷[障害などを] 取り除く：～ los obstáculos 障害物を除去する. ～ las dificultades 困難を克服する. ～ la revuelta 反乱を鎮圧する. ❸[無断で・力ずくで] …に侵入する, 押し入る
◆ ～**se** ❶ 平らになる, 崩れる. ❷ [+a に] しぶしぶ同意する：Me allané a esas condiciones para evitar una discusión. 私は議論を避けるためにその条件をのんだ. ❸[地位の低い人と] 対等に付き合う

allegado, da [aʎeɣáδo, δa] 形 過分 ❶ 寄せ集められた：pruebas ～*das* 集められた証拠. ❷ 近い, 親しい；血縁の：gente ～*da* al ministro 大臣の側近／～ a la monarquía 王政支持派の政治家
◆ 囡 ❶ 親族, 血縁者：～*s* del difunto 故人の近親者. ❷ 側近；親しい友人：ser un ～ *de* (a) la familia 家族と親しい. ❸ 同調者：Tiene muchos ～*s*. 彼は支持者が多い

allegar [aʎeɣár] 8 他 ❶ 寄せ(かき)集める：～ ceniza 灰をかき集める. ～ fondos (datos) 資金(資料)を集める. ❷[+a に] 近づける：～ una silla *a* la ventana 椅子を窓に近づける. ～ a los alumnos *al* marxismo 生徒にマルクス主義を吹き込む
◆ ～**se** ❶ 近づく：～*se a* un policía 警官に近寄る. ❷[+a に] 同意する；加入する：～*se a* la opinión de……の意見に同調する／～*se al* sindicato 組合に加盟する

allende [aʎénde] 副《文語》…を越えて, …の向こう側で〖↔aquende〗：Se fue ～ los Pirineos. 彼はピレネー山脈の向こうへ行ってしまった. de ～ los mares 海のかなたから. Su idea está ～ la realidad. 彼の考えは現実離れしている.

～ de... …の上に 『[además de]』: A～ de ser hermosa, es discreta. 彼女は美しい上に慎み深い. ～ de eso その上に

allí [aʎí] 圖 『英 there. 遠称の指示副詞』❶ あそこに, あそこで: Te esperan ～. 彼らがあそこで待っているよ. A～ cerca se ve una casa. あのあたりに家が見える. Vamos hasta ～. あそこまで行こう. El humo viene de ～. 煙はあそこから出ている. por ～ あのあたりに. ❷ その時, その場で: Hasta ～ todo fue bien. その時までははすべてうまくいっていた

～ donde …する所では: A～ donde mete la cabeza, todo se trastorna. 彼が首をつっこむと, すべてちゃめちゃになる

... hasta ～ すばらしい…: Se ha comprado una casa hasta ～. 彼はすごい家を買った

alma [álma] 囡 単数冠詞: el・un[a]› ❶ 魂, 霊魂［↔cuerpo］; 心, 精神; 人: Tiene un ～ noble. 彼女は心が気高い. No hay un ～. 人っ子一人いない. rezar por el ～ de un difunto 死者の冥福を祈る. inmortalidad del ～ 霊魂の不滅. ～ atravesada (de Caín・de Judas) 邪悪な人. ～ de cántaro ばか, とんま; 無belcな人. ～ de Dios 心の美しい人. ～ en pena さまよえる亡霊; 孤独な人. ～ inocente 無垢な心. ❷ 中心人物, 首謀者: Es el ～ del equipo 彼はチームの要だ. ❸ 真髄, 核心. ❹ 《機械》ウェブ; 腹部; 〔砲の〕内腔; 〔ケーブルの〕心線;《建築》支柱; 〔弦楽器の〕魂柱

abrir el (su) ～ 心を打ち明ける

～ mía 〔親愛の呼びかけ〕いとしい人

～ viviente 〔否定文で〕誰も〔…ない〕

arrancar a+人 el ～ …の命を奪う; …に痛ましい思いをさせる

arrancarse a+人 el ～ …の心が痛む: Se me arranca el ～ que no me ha dicho la familia. その不幸な家族には同情を禁じ得ない

caerse a+人 el ～ a los pies …が落胆する, 打ちのめされる

clavarse a+人 en el ～ …に痛い思いをさせる: Las palabras se me clavaron en el ～. その言葉は私の胸にぐさっと来た

como ～ en pena 一人当てどもなく

como ～ que lleva el diablo あわてて, 一目散に

con toda el (su) ～/con ～ y vida/con el ～ 〔y vida〕/con mil ～s 喜んで, 心から; 魂こめて, 誠心誠意

dar (decir) a+人 el ～ …に予感を与える: Me da el ～ que no me ha dicho la verdad. 私は彼が本当のことを言わなかったような気がする

dar el ～ 〔a Dios〕死ぬ

... de mi ～ 〔哀願・未練〕Pero, Pepe de mi ～, ¿no te he dicho muchas veces? でも, べべ, ってば, あんたに何度も言わなかった…? ¡Aquel pastel de mi ～! 〔なくなった〕あのパイ!

destrozar a+人 ～ =partir a+人 el ～

doler a+人 el ～ de... …で…が飽きる: Ya me duele el ～ de decir repetidas veces. 何度も言うのはもういやだ

en cuerpo y ～ =en el ～

en el ～ …心から: Le agradezco en el ～. 厚くお礼申し上げます. Lo siento en el ～. 本当に申し訳ありません

entregar el ～ =dar el ～

estar con el ～ en un hilo (en vilo) はらはらしている, 不安である

exhalar el ～ =dar el ～

irse a+人 el ～ por (detrás de・tras) ... …が…を切望する: Se le va el ～ detrás de la moto. 彼はひどくオートバイをほしがっている

llegar a+人 al ～/tocar a+人 en el ～ …の胸を打つ, 感動させる: Su muerte me llegó al ～. 彼の死は私の胸を打った

llevar a+人 en el ～ …を深く愛する

mi ～ =～ mía

no poder con su ～ ひどく疲れている

no tener ～ 薄情である, 冷たい

partir a+人 el ～ …につらい思いをさせる: Me partió el ～ ver la escena. その光景を見て私は胸が痛んだ

partirse a+人 el ～ =arrancarse a+人 el ～

perder el ～ 地獄に落ちる

pesar a+人 en el ～ …を後悔させる: ¿No te pesa en el ～ haber desatendido el trabajo? 仕事を怠けたことを悔しくないのか

poner el ～ en... …に心を込める: Pone toda el ～ en su trabajo. 彼は仕事に全身全霊うちこんでいる

rendir el ～ =dar el ～

romper a+人 el ～ …につらい思いをさせる; こてんぱんにやっつける

sacar a+人 el ～ …を殺す(痛めつける・一文無しにする)

sin ～ 薄情な

tener el ～ bien puesta/tener el ～ en su armario (su cuerpo・sus carnes) やる気がある, 決然としている

tener el ～ en un hilo = estar con el ～ en un hilo

volver el ～ al cuerpo ほっとする, 安心する

almacén [almaθén] 團 ❶ 倉庫, 問屋,《南米》食料品店. ❷ 〔銃の〕弾倉; 〔カメラの〕マガジン. ❸ 圈 デパート, 百貨店 〔grandes almacenes〕: hacer compras en los almacenes デパートで買い物をする

almacenar [almaθenár] 他 倉庫に入れる; 蓄積する, 保存(保管)する; 〔情報を〕入力する: ～ el trigo 小麦を貯蔵する. ～ rencor 恨みをつのらせる

almacenaje 團《商業》倉敷料; 入庫, 貯蔵: ～ con suspensión de pagos 保税保管

almacenamiento 團 倉入れ, 入庫; 貯蔵, 保管;《情報》記憶; 医薬 貯蔵物

almacenero, ra [almaθenéro, ra] 图 倉庫番;《南米》食料品店の店主(店員)

almacenista [almaθenísta] 图 卸売業者；倉庫業者

almáciga [almáθiga] 囡 ❶ 苗床. ❷ 乳香, マスチック

　almácigo [男] 苗床；《植物》[キューバ産の] ウルシ科の木の一種

almádena/almádana [almáðena/-ða-] 囡 石割り用ハンマー, 玄翁(窕)

almadía [almaðía] 囡 [筏流しの] 筏

almadraba [almaðrába] 囡 マグロ漁(漁場・網)；颲 その漁期

almadreña [almaðréɲa] 囡 [泥道用の] 木靴

almagre [almágre] 男 代赭(窕)

　almagrar 他 代赭で染める；印をつける；傷つける

alma-máter [almamáter] 囡 《単数冠詞：el・un[a]》《←ラテン語》推進力, 活力

almanaque [almanáke] 男 暦《天体の運行・年中行事・気象予想などが記載されたもの》；[卓上用の] カレンダー；年鑑

almandina [almandína] 囡 《鉱物》鉄礬(窕)ざくろ石

almarada [almaráða] 囡 [3 稜の] 短剣；[ズック靴 alpargata 用の] 縫い針

almario [almárjo] 男 =**armario**

almarjo [almárxo] 男 《植物》オカヒジキ

almazara [almaθára] 囡 オリーブ油工場；油搾り機

almeja [alméxa] 囡 《貝》[食用の二枚貝の総称] アサリ, ハマグリ

almena [alména] 囡 [主に 颲. 城壁の] のこぎり壁, 女牆[☞**castillo** カット]

　almenar 他 女牆をつける. ◆ [男] かがり火台

almenara [almenára] 囡 [合図の] かがり火；[枝のある] 燭台

almendra [alméndra] 囡 ❶ 《果実》アーモンド：〜 amarga 苦扁桃, ビターアーモンド. 〜 dulce 甘扁桃. 〜 mollar 薄皮のアーモンド. 〜s garapiñadas《菓子》プラリーヌ. ❷ [核果の] 仁(娝)：〜 de cacao カカオの実. ❸ アーモンド型のダイヤ；小石

　almendrado, da [形] アーモンド型の；[料理・菓子が] アーモンドを使った：ojos 〜s 細い目, 切れ長の目. ◆ [男] アーモンドクッキー；ナッツ入りのチョコレートアイスバー. ◆ [形] アーモンドミルク

　almendral [男] アーモンド畑. =**almendro**

　almendrilla 囡 小石；[舗装用の] 砕石

　almendro [男]《植物》アーモンド[の木]

　almendruco [男] アーモンドの未成熟な実；殻つきのアーモンド

almeriense [almerjénse] [形] 图 《地名》アルメリア Almería の[人]《アンダルシア地方の県・県都》

almete [alméte] 男 クローズヘルメット《兜の一種》

almez [alméθ] 男 《植物》エノキ, ハックベリー

　almeza 囡 その実

almiar [almjár] 男 [棒を中心とした] 麦わら(干し草)の山

almíbar [almíbar] 男 ❶ シロップ, 糖蜜；fruta en 〜 果実のシロップ漬け. ❷ ばか丁寧, 甘言：hecho un 〜 いやに優しい(愛想のよい)

　almibarado, da [形] [過分] [人が] 猫をかぶった

　almibarar 他 シロップに漬ける；[言葉づかいを] いやに優しくする

almidón [almiðón] 男 澱粉；[澱粉から作る] 糊(渋), 洗濯糊：dar 〜 a una camisa ワイシャツに糊をつける. planchar con 〜 糊づけしてアイロンをかける

　almidonado, da [形] [過分] 糊をつけた；[一分のすきもないほど] 着飾った, とり澄ました

　almidonar 他 …に糊をつける

almimbar [almimbár] 男 [イスラム教寺院の] 説教壇

alminar [alminár] 男 [イスラム教寺院の] 塔

almirante [almiránte] 男 海軍大将；提督：〜 de la flota 海軍元帥. ◆ 囡 旗艦《nave 〜》

　almirantazgo 男 海軍大将の地位(管区)；[昔の] 海事裁判所

almirez [almiréθ] 男 《金属製の》乳鉢, すり鉢

almizcle [almíθkle] 男 《香料(娝)》, ムスク

　almizclado, da [形] 麝香の香りの

　almizcleño, ña [形] 麝香の[香りの]. ◆ 囡《植物》ムスカリ

　almizclero, ra [形] =**almizcleño**. ◆ 囡《動物》ジャコウジカ. ◆ 囡《動物》マスクラット, ジャコウネズミ《ratón 〜》

almocafre [almokáfre] 男 手鍬(娝)

almodóvar [almoðóbar] 囡《軍事》陣地, 要塞

almófar [almófar] 男 [兜の下に着ける] 鎖製の頭巾

almogávar [almogábar] 男 [国土回復時代, 敵地に遠征した] 選抜兵

almohada [almoáða] 囡 ❶ 枕；枕カバー：apoyar la cabeza sobre la 〜 枕に頭をのせる. 〜 cervical 健康枕. ❷ [椅子用の] クッション. ❸《建築》積彫石, 切り出し野面：consultar con la 〜 熟考する, ゆっくり考える

almohade [almoáðe] [形] 图《イスラム教》アルモアデ派[の]《ムワッヒド朝を樹て, 12 世紀にスペインに侵入した》《ムワッヒド朝》

almohadilla [almoaðíʎa] 囡 小クッション；《裁縫》針山；《服飾》パッド；鍋つかみ；スタンプ台, 印肉；《機械》クッション, パッド；[馬の] 鞍敷き；《建築》積彫石, 渦形方円柱頭；《野球》塁, ベース

　almohadillar [almoaðiʎár] 他 [椅子に] 詰め物をする；《建築》浮き彫りを施す

　almohadillado 男 浮き彫り

almohadón [almoaðón] 男 ❶ [ソファー用の大きな] クッション；長枕；[祈りの時の] 膝ぶとん；《西》枕カバー. ❷《建築》[アーチの] 起供石, 迫台(窕)石《☞**arco** カット》

almojarifazgo [almoxarifáθgo] 男《歴史》取引税《中世にイスラム教徒がカスティーリャ王国に納めた》

almojaya [almoxája] 囡《建築》足場用腕木

almóndiga [almóndiga] 囡《誤用》=**albóndiga**

almoneda [almonéda] 囡 ❶ [主に古物の] 競売；競売場；古道具屋：poner en 〜 競売にかける. ❷ 安売り，バーゲンセール

almorávid[e] [almoráβid(e)] 形 囝 アルモラビド族(の)〖ベルベル人の一族. 11世紀にムラービト朝を樹て，スペインに侵入した〗；ムラービト朝

almorrana [almořána] 囡 [主に 複] 痔疾〖hemorroide〗

almorta [almórta] 囡 〖植物〗レンリソウ

almorzar [almorθár] 回 28 〖←esforzar 活用表〗圓〖←almuerzo〗昼食を食べる
◆ 冊 昼食に…を食べる：〜 pescado 昼食に魚を食べる

almuecín / almuédano [almweθín/ -mwéðano] 囝 [イスラム教寺院の] 祈禱時報係

almuerzo [almwérθo] 囝 〖英 lunch〗《主に中南米》昼食〖comida〗；[一部の農村で] 朝食；[元来は] 朝食 desayuno と昼食 comida の間にとる軽食：tomar el 〜 昼食を食べる. durante el 〜 昼食の間に. 〜 de negocios ビジネスランチ

aló [aló] 圃〖←仏語. 主に中南米〗[電話をかけた側が] もしもし〖oiga〗

alocado, da [alokáðo, ða] 形 [人・行動などが] 気が変になったような；思慮(分別)のない：Corría 〜 de un sitio a otro. 彼は錯乱したように走り回っていた

alocución [alokuθjón] 囡 〖文語〗[重要人物の] 短い演説，談話；訓示

alodial [aloðjál] 形 〖歴史〗封建地代を免除された. **alodio** 囝 封建地代を免除された土地

áloe/aloe [áloe/alóe] 囝 〖植物〗アロエ；その汁〖下剤用〗

alófono [alófono] 囝 《言語》異音

alogamia [alogámja] 囡 《生物》他殖

aloja [alóxa] 囡《中南米》[様々な] 清涼飲料；イナゴマメのビール

alojamiento [aloxamjénto] 囝 宿泊(先)；dar 〜 a+人 …を泊める. buscar 〜 泊まる所を探す

alojar [aloxár] 冊〖+en に〗❶ 泊める；住まわせる：Me alojaron en una habitación vacía. 私は空き部屋に泊めて(住まわせて)もらった. ❷ [物を] 入れる：No puedo 〜 tantos trajes aquí. そんなにたくさんの服はここに納められません
◆ 〜se ❶ 泊まる：¿Dónde se aloja usted? どちらにお泊まりですか？ ❷ [物が] 入り込む：Se le alojó una bala en el brazo. 彼の腕に弾丸が食い込んだ

alomorfo [alomórfo] 囝 《言語》異形態

alón [alón] 囝《料理》手羽先
◆ 形《中南米》つば広の：sombrero 〜 つば広の帽子

alondra [alóndra] 囡 〖鳥〗ヒバリ

Alonso [alónso] 囝 〖人名〗アロンソ

alopatía [alopatía] 囡 〖医学〗逆症療法〖↔ homeopatía〗. **alópata** 形 囝 逆症療法の[医師]

alopecia [alopéθja] 囡 〖医学〗脱毛症：〜 circunscrita 円形脱毛症. 〜 prematura 若はげ. **alopécico, ca** 形 脱毛症の

aloque [alóke] 形 囝 [ワインについて] 淡紅色(の)，ロゼ〖vino rosado〗

alotropía [alotropía] 囡 〖化学〗同素(体). **alotrópico, ca** 形 同素(体)の

alpaca [alpáka] 囡 ❶ 《動物》アルパカ；その毛〖の織物〗. ❷ [光沢のある] 綿布；《金属》洋銀

alpargata [alpargáta] 囡 [縄底・ゴム底の] 布靴
alpargatería 囡 その工場(店)
alpargatero, ra 囝 その製造(販売)者

alpechín [alpetʃín] 囝 〖山積みした〗オリーブから出る汁

alpestre [alpéstre] 形 flora 〜 高山植物

alphorn [alpórn] 囝《音楽》アルプスホルン

alpinismo [alpinísmo] 囝 登山，アルピニズム

alpinista [alpinísta] 囝 [専門的な] 登山家：botas de 〜 登山靴. club 〜 山岳会

alpino, na [alpíno, na] 形 ❶ 《地名》アルプスの los Alpes の：Cordillera A〜na アルプス山脈. ❷ 山岳の，高山の：batallón 〜 山岳部隊. deporte 〜 山岳スポーツ. pruebas 〜nas《スキー》アルペン種目〖参考〗descenso 滑降，slalom 回転，slalom gigante 大回転，slalom super-gigante スーパー大回転〗. raza 〜na 山岳(高地)民族. ❸ 《地質》アルプス造山運動の

alpiste [alpíste] 囝 ❶ 《植物》[カナリア]クサヨシ；その種. ❷ 《口語》酒の一種
dejar a+人 〜 …を幻滅させる
dejar a+人 sin 〜/quitar a+人 el 〜 …の生活手段を奪う
quedarse 〜 幻滅する

alpistera/alpistela 囡《菓子》ゴマ入りケーキ

alpujarreño, ña [alpuxařéɲo, ɲa] 形 囝 《地名》アルプハーラス las Alpujarras の[人]〖グラナダからアルメリアにかけての山岳地帯〗

alquequenje [alkekénxe] 囝 〖植物〗ホオズキ；その実

alquería [alkería] 囡 《西》農家，農場；その集落

alquilación [alkilaθjón] 囡 《化学》アルキル化，アルキレーション

alquilar [alkilár] 冊 〖英 rent, hire〗❶ 賃貸しする；賃借りする〖類語〗alquilar と arrendar は家賃・地代などの賃貸料をとって貸し，主に alquilar は住居・家具・車など，arrendar は土地・店舗について. prestar と dejar は賃貸料はとらないで貸す. prestar は貸した物を必ず返してもらう条件で貸すという意味合いがあり，利子を取って金を貸す場合にも使われる. dejar は口語的で，軽い感じの貸し借り〗：Vamos a 〜 un coche. レンタカーを借りよう. 〜 una casa en 10.000 pesetas 1万ペセタで家を貸す(借りる). ❷ 雇う：〜 un guía ガイドを雇う
◆ 〜se ❶ Se alquila piso.《表示》マンション貸します. ❷ 自分を貸す，雇われる

alquiler [alkilér] 囝 ❶ 賃貸借，リース：dar (tomar) en 〜 賃貸し(賃借り)する. casa de 〜 借家，貸し家. coche de 〜 レンタカー；ハイヤー. ❷ 賃貸料：Todavía no he pagado el 〜 de este mes. 私は今月の家賃をまだ払っていない

alquilo [alkílo] 囝《化学》アルキル

alquimia [alkímja] 囡 錬金術
　alquímico, ca 圈 錬金術の(ような)
　alquimista 图 錬金術師
alquitara [alkitára] 囡 =**alambique**
alquitrán [alkitrán] 團 タール: cigarrillos
　bajos en ～ 低タール煙草. ～ mineral (de
　hulla) コールタール
　alquitranado 團 タール舗装; タール塗布
　alquitranar 囮 …にタールを塗る: calle *al-*
　quitranada タールで舗装した道

alrededor [alɾɛðeðóɾ] 圖 〔英 around〕 ❶ [+de の] まわ
りに, 周囲に: Nos sentamos ～ de él. 私たち
は彼を取り囲むように座った. Muchos satélites
artificiales giran ～ de la Tierra. たくさんの
人工衛星が地球のまわりを回っている
❷ ほぼ, 約: Llegó ～ de las tres. 彼は3時ご
ろ着いた. Tiene ～ de veinte años. 彼は20歳
位だ
◆ 團 周囲; 圈 近郊: Miré a mi ～, pero no
vi nada. 私はあたりを見回したが, 何も見えなかっ
た. pueblos de ～ 周囲の村々. ～*es* de la
ciudad 都市の近郊

alsaciano, na [alsaθjáno, na] 圈 图 《地名》
アルザス Alsacia の〔人〕
álsine [álsine] 囡 《植物》ルリハコベ
also [álso] 團 《中米》窃盗; [闘いでの] 勝利
alta¹ [álta] 囡 [単数冠詞: el・un(a)] ❶ 《西》
[団体などへの] 加入: solicitar el ～ en el
colegio de ingenieros 工業高校への入学願書
を出す. ❷ [税務署への] 所得申告. ❸ [病院
の] 退院許可, 全快証明書. ❹ 《気象》高気圧
　causar (ser) ～ 《軍事》入隊する; 加入する
　dar de ～ 1) 全快証明書(退院許可)を出す.
　2) =**darse de** ～
　dar el ～ =**dar de** ～
　darse de ～ [加入などの] 届出をする; 営業届
　を出す: No está *dado de* ～ en la seguri-
　dad social. 彼は社会保険に加入していない
altaico, ca [altájko, ka] 圈 《地名》アルタ
イ Altai 〔山脈・語族〕の; アルタイ族の人
◆ 團 アルタイ語
Altaír [altaíɾ] 團 《天文》アルタイル, 牽牛星, ひこぼし
altamente [altaménte] 圖 高く; 非常に:
estar ～ satisfecho とても満足している
altanería [altanería] 囡 ❶ 高慢: con ～ お
ごり高ぶって, 人を見下すように. meterse en
～s 自分の能力以上のことに手を出す. ❷ [鷹な
どの] 飛翔. ❸ 《古語》鷹狩り [caza de ～]
altanero, ra
[altanéɾo, ra] 圈 ❶
傲(ご)った, 尊大な.
❷ [鷹などが] 高く飛
ぶ

altar [altáɾ] 團 祭
壇; 供物台 [mesa
de ～]: ～ mayor
主(中央)祭壇 [☞写
真]
　consagrarse al ～
　司祭になる

elevar a+人 *a los* ～*es* …を列聖する, 聖者の
　列に加える
llevar (*conducir*) *a*+人 *al* ～ …を妻にめとる
poner a+人 *en un* ～ …を高く評価する
altaricón, na [altaɾikón, na] 圈 背が高く太
った
altavoz [altaβóθ] 團 《圈 ～ces》スピーカー, ア
ンプ: anunciar… por el ～ スピーカーで知らせ
る. ～ de agudos (de graves) ツイーター(ウー
ファー). ～ dinámico ダイナミックスピーカー
alterable [alteɾáβle] 圈 ❶ 変わる; 変質しや
すい: Los víveres son ～*s*. 食料品は傷みやす
い. ❷ [心が] すぐ動揺する
　alterabilidad 囡 変わりやすさ
alteración [alteɾaθjón] 囡 ❶ 変化, 変更;
変質: ～ del horario 時間割(時刻表)の変更.
～ de los colores 変色. ～ de la leche 牛乳
の変質. ❷ 混乱; 動揺, 驚き: ～ del orden
público 治安の乱れ. ❸ けんか
alterar [alteɾáɾ] 囮 ❶ [構成・形式などを] 変
える, 変更する: El accidente *alteró* los pro-
yectos. 事故で計画が狂った. un texto 文
章を改竄(ぎ)する. ～ la verdad 真実をゆがめ
る. ❷ [秩序などを] 混乱させる: ～ la paz 平
和を乱す. ❸ [人を] 動揺させる, 不安にさせる:
La noticia *alteró* su semblante. 知らせを聞い
て彼の顔色が変わった. La *alteraron* las pala-
bras de los padres. 両親の言葉に彼女の心は
揺らいだ. ❹ 変質(悪化)させる: El calor
altera la carne. 暑さは肉を腐らせる. ～ la
salud 健康をむしばむ
◆ ～*se* ❶ 変わる; 変質する. ❷ 動揺する; 怒
り出す: Siguió sin ～*se*. 彼は平然としていた.
¡No *te alteres*! 怒るな/落ち着け!
altercado [alteɾkáðo] 團 口論, 論争: Tuvo
un ～ con su jefe. 彼は上役と言い争いをした
　altercador, ra 圈 けんか好きな〔人〕
　altercar 囝 口論する, 論争する: ～ con su
　mujer 妻と口げんかする
álter ego [álteɾ ego] 團 《←ラテン語》第2の
自我, 別の自己
alternador [alteɾnaðóɾ] 團 交流発電機
alternadora [alteɾnaðóɾa] 囡 《南米》《酒場
の》ホステス
alternante [alteɾnánte] 圈 交代する, 交互
の: cultivos ～*s* 《農業》輪作
alternancia [alteɾnánθja] 囡 交代, 交互: ～ de cultivos
輪作. ～ de generaciones 《生物》世代交替.
～ en el poder 権力交代
alternar [alteɾnáɾ] 囝 ❶ [+con と] 交代する,
交互にある: En abril *alternan* los días cla-
ros *con* los lluviosos. 4月は晴れの日と雨の日
が交互にある. ❷ [主に社会的地位の高い人と]
交際する: Mi trabajo me lleva a ～ *con*
toda clase de gente. 私は仕事柄あらゆる階級
の人とお付き合いする. ❸ [バーなどでホステスが]
接客する
◆ 囮 交互に行なう: ～ el trabajo *con* el
estudio 仕事と勉強を交互にする. ～ los dos
trajes 2着の服を交互に着る. ～ cultivos 輪
作にする

◆ **～se** 交代する: *Se alternan* en el volante (para cuidar a su niño). 彼らは交代で運転する(子供の面倒を見る)

alternativa[1] [alternatíßa] 囡 ❶ 交互, 交代；[いくつかある中の1つの] 案, 代案: ～ de gobierno 政権の受け皿. ～ de proyectos 代替プロジェクト. ～ democrática 民主的な政権交代. ～ económica de los socialistas 社会党の経済改革案. ❷ 二者択一: Tienes una ～: o irte o quedarte. 行くか残るか, どちらかにしたまえ. No le queda otra ～ (No tiene más ～) que aceptar la propuesta. 申し出を受け入れる以外, 彼に道はない. ❸ 囿 栄枯盛衰, 浮き沈み；[病状の]一進一退. ❹《闘牛》見習いから正マタドールになる儀式 [ムレータと剣を与えられる]: tomar (dar) la ～ 正マタドールに昇格する(させる)

alternativo, va[2] [alternatíßo, ßa] 形 ❶ 交互の：voto ～ 互選. movimiento ～ 往復(周期的)運動. Le dominan sentimientos ～s. 彼の心は揺れている. ❷ [+a に] 代わる: energía ～va a la nuclear 原子力の代替エネルギー

alternativamente 剾 交互に, 交代で

alterne [altérne] 男 [バーなどの] 接客: chica de ～ ホステス. bar de ～ [時に売春をする] ホステスのいるバー. local de ～ 高級売春婦のたまり場

alterno, na [altérno, na] 形 ❶ 交互の: en días ～s 1日おきに, 隔日に. ❷《電気》交流の；《植物》[葉が] 互生の

alteza [altéθa] 囡 ❶《称号》殿下: Su *A*～ Real, el Príncipe Carlos カルロス皇太子殿下. ❷《文語》[思想などの] 高さ；高潔, 気高さ: ～ de miras 崇高な志

altibajo [altißáxo] 男 [←alto+bajo] [主に 囿] ❶ [土地などの] 起伏, 上下；急激な変化: terreno con muchos ～s 険しい(起伏の激しい)土地. ～ de la temperatura (la bolsa) 温度(相場)の上がり下がり. ❷ [人生などの] 浮き沈み：～s de la historia de un pueblo 民族の歴史的盛衰

altica [altíka] 囡《昆虫》ノミハムシ, トビハムシ

altillo [altíʎo] 男 ❶《西》吊り戸棚, 天袋. ❷ 屋根裏部屋, 中2階；高床状の事務所(倉庫). ❸ 小高い丘, 高台 [altozano]

altilocuencia [altilokwénθja] 囡 大上段にふりかぶった言い方, 大げさな表現

altilocuente 形 大げさな

altimetría [altimetría] 囡 高度(仰角)測量 〔法〕

altímetro 男 高度計

altipampa [altipámpa] 囡《南米》=**altiplanicie**

altiplanicie [altiplaníθje] 囡 高原, 台地

altiplano 男《南米》=**altiplanicie**

altipuerto [altipwérto] 男 高地飛行場

altísimo [altísimo] 形 [el *A*～] 神: rogar al *A*～ 神に願う

altisonante [altisonánte] 形 仰々しい, もったいぶった: apellido ～ ご大層な名字. lenguaje

～ もったいぶった言葉づかい

altisonancia [altisonánθja] 囡 仰々しさ

altísono, na 形 =**altisonante**

altitud [altitú(d)] 囡 高さ；《地理》標高；《航空》高度: Madrid está a la ～ de 646 metros. マドリードは標高646メートルの所にある. instalar el campamento a una ～ de cinco mil metros sobre el nivel del mar 海抜5千メートルの地点にキャンプを設置する. ～ absoluta 絶対高度

altivo, va [altíßo, ßa] 形 いばった, 尊大な；高貴な: hablar con voz ～va 横柄な口をきく

altivez[a] 囡 横柄さ, 尊大さ

alto, ta[2] [álto, ta] 形 〖英 high, tall. ↔ bajo〗 ❶ 高い: i) [高さが] Aquel edificio es ～. あのビルは高い. ¡Qué ～ estás! 大きくなったね! alta montaña 高い山. chico ～ 背の高い子. vaso ～ 丈の高いコップ. ii) [位置が] 上方の: El sol estaba ～. 日は高くのぼっていた. rama alta de un árbol 木の上の方の枝. iii) [価格・温度などが] precio ～ 高値. temperatura alta 高温. ❷ [地位・程度などが. +名詞] 高い評価. ～ funcionario 高官. altas notas 好成績. alta posición 高位. ❸ [+名詞] 高潔な: ～ ideal 高い理想. ～s pensamientos 高潔な思想. ❹ [時刻が] 遅い；[時代が] 初期の: a altas horas de la noche 夜ふけに. Alta Edad Media 中世前期. ❺ [テレビなどの音が] 大きい: estar+] 大きい. ❻ [+名詞] 高地の；上流の: el ～ Aragón 高地アラゴン. el ～ Ebro エブロ川上流. ❼《南米》[衣服の裾が] 短い

a lo ～ 上の方を・に

ir alta [雌が] 発情期にある

lo ～ 頂点, 天: lo ～ de la montaña 山頂. castigo [que viene] de lo ～ 天罰

por lo ～ 多目に, 高目に

por todo lo ～ ぜいたくに, 盛大に；立派に: celebrar una boda *por todo lo* ～ 豪華な結婚式をあげる. dar una conferencia *por todo lo* ～ すばらしい演説をする

◆ 剾 高く；大声で: volar ～ 高く飛ぶ. hablar ～ 大声で話す

◆ 男 ❶ 高さ [altura]. ❷ 丘, 高原: *A*～s del Golán ゴラン高原. ❸ 休止, 停止: hacer [un] ～ en el trabajo 仕事の手を休める. dar el ～ 停止を命じる. ❹《音楽》アルト 〖contralto〗；ビオラ 〖viola〗. ❺ 階上 [↔ planta baja]. ❻《中南米》山積み；大量

¡～ [*ahí*]! [警官などが] 止まれ!/[発言などを] やめろ!

～ el fuego 1)《西》停戦: acuerdo de ～ el fuego 停戦協定. 2) [間投詞的] 撃ち方やめ

～s y bajos =altibajo

de ～ a bajo 上から下に

echar por ～ 軽視する；浪費する

en ～ 高く: avanzar con las manos en ～ 腕を高く上げて行進する. ¡Manos en ～! 手を上げろ!

pasar por 〜 1) 何も言わないでおく, 黙認する: *Pasó por* 〜 los errores. 彼は誤りにも見て見ぬふりをした. 2) 無視する: *pasar por* 〜 las realidades 現実を無視する

por 〜 山なりに, 放物線状に

altocúmulo [altokúmulo] 男《気象》高積雲

altoestrato [altoestráto] 男《気象》高層雲

altoparlante [altoparlánte] 男《中南米》拡声器 [altavoz]

altorrelieve [altořeljébe] 男《美術》高[肉]浮き彫り

Alto Volta [álto bólta] 男《国名》オートボルタ

altozano [altoθáno] 男 ❶ 丘, 高台. ❷《中南米》[教会の] 前廊 [atrio]

altramuz [altramúθ] 男《植物》ルピナス

altruismo [altrwísmo] 男 利他[心], 愛他〔精神〕〖↔egoísmo〗

　altruista 形 名 利他的な, 愛他主義的な; 愛他主義者

altura [altúra] 女《英 height》❶ 高さ, 高度; 海抜; 身長: La torre tiene 200 metros de 〜 (tiene la 〜 de 200 metros). その塔は高さが 200 メートルある. La 〜 mínima exigida es de 1,70 m. 身長 1 メートル 70 センチ以上でなければならない. tomar (perder) 〜 [飛行機が] 高度を上げる(下げる). edificio de gran 〜 高い建物. mal de [las] 〜[s] 高山病. vuelo a baja 〜 低空飛行. 〜 sobre el asiento 座高. ❷ 卓抜, 優秀; 高潔さ, 崇高: Es imposible que un hombre de su 〜 pueda cometer tal equivocación. 彼ほど優秀な人がこんな間違いをするはずがない. programa de 〜 すばらしいプログラム. ❸ 高所; 圏 山頂; 高空, 天: a gran 〜 高い所に. Había nieve en las 〜s. 山頂には雪があった. volar por las 〜s 高空を飛ぶ. Dios en las 〜s 天にまします神様. ❹ 圏《口語》上司, 幹部: orden de las 〜s 上からの指令. ❺《西. 文語》階 [piso]. ❻《音楽》音の高さ, ピッチ. ❼《天文》高度

a estas 〜*s* 今ごろになって: *A estas* 〜*s* todavía no me han dicho nada. この期におよんでもまだ何も言ってこない. Es extraño que nieve *a estas* 〜*s* del año. 今ごろ雪が降るのは妙だ

a la 〜 *de...* 1) …と同じ高さ(程度)に, …に応じて: La exposición no llegó *a la* 〜 *de* la del año pasado. 展示会は昨年より劣った. ponerse (estar) *a la* 〜 *de* las circunstancias 状況に適応する(している). estar *a la* 〜 *del* tiempo 時勢に遅れないようにする. 2) …の位置に: al llegar *a la* 〜 *de* una tienda 一軒の店の所までやって来たときに

rayar a gran (*mucha*) 〜 傑出する, 抜きん出る

alúa [alúa] 女《南米》ホタル [cocuyo]

alubia [alúbja] 女 インゲンマメ [judía]

alucinación [aluθinaθjón] 女 ❶ 幻覚: producir (provocar) una 〜 幻覚を生じさせる. tener *alucinaciones* 幻覚を感じる. 〜 auditiva (visual) 幻聴(幻視). ❷ 陶酔, 魅了

alucinador, ra [aluθinaðór, ra] 形 ❶ 幻覚を起こさせる: El zorro es animal 〜. キツネは人をだます動物である. efecto 〜 幻覚効果. ❷ 陶酔させる: ojos 〜*es* 人を魅惑するような目

alucinamiento [aluθinamjénto] 男 ＝**alucinación**

alucinante [aluθinánte] 形 ❶ ＝**alucinador**. ❷《西. 口語》強烈な印象の: sueño 〜 真に迫った夢. paisaje 〜 すばらしい景色

alucinar [aluθinár] 他 ❶ …に幻覚を生じさせる: Algunos hongos *alucinan* al hombre. キノコの中には人に幻覚を起こさせるものがある. ❷《西. 口語》陶酔させる, 魅了する; 驚嘆させる: Esta melodía *alucina* al que la escucha. この調べは聞く人をうっとりさせる(虜にする)

estás alucinando《西. 口語》君は頭がおかしい

◆ 〜*se* 幻覚を経験する; [+de・con に] 陶酔する

alucine [aluθíne] 男《西. 口語》驚き, 驚嘆
de 〜 驚くべき; 印象的な, すばらしい: Esta película es *de* 〜. この映画はすごい
ser un 〜 驚くべきものである

alucinógeno, na [aluθinóxeno, na] 形 幻覚を生じさせる
◆ 男 幻覚[誘発]剤

alud [alú(ð)] 男 雪崩(なだれ); 土砂崩れ 〖〜 de piedras〗: 〜 de fango 泥流. 〜 de cartas (de quejas) 山のような手紙(苦情). El ejército enemigo avanzó como un 〜. 敵軍は雪崩のように押し寄せた

aludir [aluðír] 自 [+a を] ほのめかす; [偶然のように] 言及する: *Aludía* sin duda *a* tu padre. 彼はきっと君の父親のことをほのめかしていたのだ. A propósito de la reforma *aludió a* las dificultades. 改革についての話の中で彼は難しい点があることを述べた
darse por aludido 自分のことを言われたと思う
no darse por aludido [ほのめかされても] そらとぼける

alumbrado, da [alumbráðo, ða] 形 過分 ❶ 照明を当てられた; mal 〜 照明の不十分な. ❷ [estar+] ほろ酔い機嫌の
◆ 男 照明[装置・設備]; 《宗教》照明派 〖iluminado〗

alumbramiento [alumbramjénto] 男 ❶ 照明. ❷《文語》出産; 《医学》後産: buen 〜 安産

alumbrar [alumbrár] 他 ❶ 照らす, 明るくする: El farol *alumbra* la calle. 街灯で通りは明るい. *Alúmbra*me para subir la escalera. 階段を上るので足もとを照らしてくれ. ❷ …の視力を回復させる; 啓蒙(啓発)する; [… の解決に] 光明を与える, 解明する; [水脈などを] 探り当てる. ❸《文語》出産する: *Alumbró* dos hijos. 彼女は 2 人の子を産んだ. ❹ [人を] 殴る. ❺《農業》…の根もとを鋤き返す. ❻ [布を] 明礬液(みょうばんえき)に浸す
◆ 自 ❶ 光る: Esta bombilla *alumbra* poco. この電球は暗い. ❷《文語》出産する. ❸《宗教》

[+en に] ろうそくを手に参列する

◆ ～se《口語》ほろ酔い機嫌になる

alumbre [alúmbre] 男《化学》明礬 (みょうばん)

aluminio [alumínjo] 男《元素》アルミニウム

　alúmina 囡《化学》アルミナ, 酸化アルミニウム

　aluminita 囡《鉱物》アルミナイト

　aluminizar 他 アルミナイジングする

　aluminosis 囡《単複同形》アルミナセメントの劣化

　aluminoso, sa 形 アルミナを含んだ: cemento ～ アルミナセメント

　aluminotermia 囡 アルミノテルミット法

alumnado [alumnádo] 男 匧 [一校の] 生徒全体

alumno, na [alúmno, na] 名 《英 pupil》[先生から見た] 生徒, 学生: Son ～s míos. 彼らは私の生徒だ. ～ de la universidad 大学生

alunar [alunár] ～se [一時的に] 気がふれる;《中南米》不機嫌になる

　alunado, da 形 匧 過去 =**lunático**; 不機嫌な

alunizar [aluniθár] 自 匤 月面に着陸する

　alunizaje 男 月面着陸: ～ suave 月面への軟着陸

alusión [alusjón] 囡《←aludir》暗示; [それに] 言及; 《修辞》引喩: hablar con alusiones それとなく(遠回しに)言う. hacer ～ a... …をほのめかす; …に言及する. ～ personal 個人的言及; 人々のあてこすり(非難)

alusivo, va [alusíbo, ba] 形 暗示的な; [+a を] ほのめかす

aluvial [alubjál] 形《地質》沖積土の: capa ～ 沖積層. llanura ～ 沖積平野. período ～ 沖積期

aluvión [alubjón] ❶ 洪水. ❷《地質》沖積土, 沖積層; terreno de ～ 沖積地. ❸ 多量の流入: ～ de trabajadores extranjeros 外国人労働者の大量移入. ～ de paquetes 小包の殺到. un ～ de preguntas 矢継ぎ早の質問. cultura de ～ 異種混合文化

aluzar [aluθár] 他《中米》照らす [**alumbrar**]

Álvarez [álbareθ] 男《人名》アルバレス

Álvaro [álbaro] 男《男性名》アルバロ

álveo [álbeo] 男 河床

alveolar [albeolár] 形 ❶ 小さな穴がたくさんある, ハチの巣状の. ❷《解剖》歯槽の; 肺胞の: arco ～ 歯槽弓. ❸《言語》consonante ～ 歯茎音

alveolo/alvéolo [albeólo/-béo-] 男 ❶ 小さな穴. ❷《解剖》～ dental 歯槽. ～s pulmonares 肺胞. ❸ [ハチの巣の] 房室

　alveolitis 囡《単複同形》《医学》歯槽炎

alverja [albérxa] 囡《中南米. 誤用》エンドウマメ [**arveja**]

alza [álθa] 囡 [単数冠詞: el・un(a)] ❶ [価格・温度などの] 上昇: ～ del precio 値上がり. ～ de cambio 為替騰貴. ～ de las temperaturas 気温の上昇. ❷ [靴の] 入れ皮, 敷き革. ❸ [水門の] 堰板. ❹ [銃の] 照門, 後部

照尺. ❺《南米》[トウモロコシ・小麦の] 収穫; エクアドルの民俗舞踊

al ~《相場》上げ調子の, 強気筋の

¡ ~ ! [踊りなどの掛け声] それっ/[非難・懐疑] あれっ!

en ~ [価格・評価などが] 上昇中の: La carne está ～. 肉の値段が上がっている. joven autor en ～ 新進気鋭の作家, 前途有望な若い作家

jugar al ～ 値上がりを見越して投機する, 買い方に回る

alzacristales [alθakristáles] 男《単複同形》《自動車》～ eléctrico パワーウインドー

alzacuello [alθakwéʎo] 男 ❶ [聖職者・司法官などの] 正装用の胸飾り. ❷ [聖職者の] ローマンカラー

alzado, da [alθádo, đa] 形 過分 ❶ 上げた, 上がった; 決起した: con la mano ～da 拳を振り上げて. tropas ～das 決起部隊. ❷ 請負い決めの: por un precio (un tanto) ～ 請負い価格で. trabajo a ～ 請負い仕事. ❸ 偽装(計画)倒産した. ❹《中南米》i) [estar+] 発情した. ii) [ser+. 逃げた家畜が] 野生化した; [人が] 高慢な, 横柄な. ❺《中米》[人が] 粗暴な

◆ 男《建築》立面図 [↔**planta**]; 《印刷》丁合

◆ 囡 ❶ 馬高. ❷ 控訴, 上告 [**recurso de ～da**]

alzamiento [alθamjénto] 男 ❶ 上昇. ❷ 決起: ～ militar 軍部の反乱. ❸《競売》せり上げ. ～ de bienes 偽装倒産, 財産の隠匿

alzapaño [alθapáɲo] 男 カーテンの留めひも, カーテンループ

alzaprima [alθapríma] 囡 ❶ てこ [**palanca**]; その支点のくさび. ❷ [弦楽器の] 駒 [**puente**]. ❸《南米》木材運搬用のトロリー車

alzapuertas [alθapwértas] 男《単複同形》《演劇》端役

alzar [alθár] 他 匤《英 raise. ☞活用表》❶ 《文語》[+de から] 持ち上げる. 高くする [**levantar**]: ～ una piedra del suelo 地面から石を持ち上げる. ～ el brazo 挙手する. ～ el telón 幕を上げる, 開幕する. ～ las faldas すそを持ち上げる. ～ el fusil a... …に銃口を向ける. ～ a+人 por caudillo …を親分に仰ぐ. ❷ 倒れたものを] 起こし, 立て直す: ～ un árbol derribado por el viento 風で倒れた木をまっすぐにする. ❸ [覆いなどを] 取り去る; ～ el vendaje 包帯を取る. ～ las tiendas de campaña テントを引き払う. ～ el destierro 追放処分を解除する. ❹ 建てる; 設立する: ～ la casa 家を建てる. ❺ 決起させる, 扇動する. ❻ [腫れなどを] 作る. ❼《農業》収穫する; [収穫後に] 初めて耕す. ❽《印刷》～ y recoger 丁合を取る. ❾ [トランプ] [カードを] カットする [**cortar**]

◆ 自《カトリック》[ミサで] 聖体(聖杯)を奉挙する

◆ ～se ❶ 上がる, 立つ: ～se de la silla 椅子から立ち上がる. Se alzan las nubes. 雲が晴れる. ❷ 決起する. ❸《文語》i) そびえ立つ; 図抜ける: Un edificio se alza en la esquina. 角にビルがそびえている. ii) [+con を] 不当(不法)に

所有する；獲得する. ❹ 控訴(上告)する：～se un recurso al Tribunal Supremo 最高裁に上告する. ❺ 〔賭け事で〕勝ち逃げをする. ❻ 偽装倒産する. ❼《中南米》〔家畜が〕山に逃げる

alzar	
直説法点過去	接続法現在
alcé	alce
alzaste	alces
alzó	alce
alzamos	alcemos
alzasteis	alcéis
alzaron	alcen

a. m.《略語》←ante meridiem 午前(の)

ama[1] [áma] 囡《単数冠詞: el•un[a]》❶ 〔～ de casa 主婦. ❷〔主に聖職者の家の〕家政婦〔～ de gobierno・de llaves〕；女中頭. ❸ 〔乳母〔～ de leche・de cría〕：～ seca 〔離乳後の〕養乳育. ～ de brazos 子守女〔niñera〕

amabilidad [amabilidá(d)] 囡 優しさ, 親切〔性格, 行為〕：Estoy agradecido por su ～. ご親切に感謝しています. Tuvo la ～ de acompañarme al médico. 彼は親切にも私を医者へ連れて行ってくれた. Es de una gran ～. 彼はとても優しい. solicitar+事 de su ～ …を申請する

amable [amáble] 圏 〔英 kind. 絶対最上級 amabílísimo〕優しい, 親切な：Ha sido muy ～ al prestarme (prestándome) el dinero./ Ha sido tan ～ de prestarme el dinero. 彼は親切にも金を貸してくれた. Muchas gracias. Es usted muy ～. ご親切に. どうもありがとうございます. ¿Sería usted tan ～ de pasarme el azucarero? 砂糖入れを取っていただけませんか？ ～ para (con•para todos) 誰にでも親切な. palabras ～s 優しい言葉

amacayo [amakájo] 團《中南米》ユリの花

amachinar [amatʃinár] ～se《中南米》= **amancebarse**

amado, da [amáðo, ða] 圏 图 過 愛する〔人〕：mi hijo ～ いとしい我が子. mi ～da 私の愛する人

amadrinar [amaðrinár] 囮 ❶ …の代母になる；命名者になる. ❷〔綱で2頭の馬を〕つなぐ

amadrinamiento 團 代母(命名者)になること

amaestrar [amaestrár] 囮 〔主に動物を〕訓練(調教)する. 芸を仕込む：～ a un perro en (para) el circo 犬にサーカスの芸を仕込む

amaestrador, ra 图 訓練士, 調教師

amaestramiento 團 訓練, 調教

amagar [amagár] 囮 ❶ 〔悪い事が〕兆候(気配)が見える：Le amaga un gran daño. 彼に大きな被害が及びそうだ. Amagó una epidemia de cólera. コレラが大流行する兆しが見えた. Amaga la primavera. 春の気配がする. 〔時に +con•a〕Amaga 〔con〕 llover (lluvia). 雨が降りそうだ. ❷ 陽動作戦をとる；フェイントをかける

～ y no dar 手を上げて叩くふりをする子供の遊び

◆ 囮 ❶ …のそぶりを見せる：～ asombro/～ asombrarse 驚いたような様子をする. ～ la retirada 退却のふりをする. ❷〔+con で〕脅す；殴ろうとする：Me amagaron con despedirme. 私は解雇すると脅された. Le amagué, pero no le pude tocar. 私は彼に一発食らわせようとしたが, かすりもしなかった

◆ ～se 隠れる

amago [amáɣo] 團 ❶ 兆候, 気配；そぶり；脅威：El niño tiene un ～ de sarampión. その子ははしかの兆候が出ている. Hay un ～ de rebelión. 反乱の兆候が見られる. hacer un ～ de sacar la pistola ピストルを抜く真似をする. atajar el ～ de guerra civil 内戦の脅威を断ち切る. ❷《軍事》陽動作戦〔～ de ataque〕

amainar [amajnár] 囲 ❶〔風などが〕弱まる：Amainó el viento (la lluvia). 風(雨)が弱まった. Pronto amainó su furia. 彼の怒りはすぐおさまった. ❷〔+en 感情などを〕抑える：～ en su ánimo はやる気持ちを抑える, リラックスする. ～ en sus pretensiones 要求を控え目にする. ～ en sus esfuerzos 努力を惜しむ

◆ 囮 ❶〔帆を〕たたむ, 縮帆する. ❷〔感情などを〕抑える：～ a+人 …の怒りをなだめる

amalgama [amalɣáma] 囡 ❶《化学》アマルガム, アマルガム鉱. ❷〔雑多なものの〕混合：～ de intereses 色々な利害関係のからみあい. ～ de colores 様々な色の混合(入り混じり)

amalgamación [amalɣamaθjón] 囡 ❶《金属》アマルガム法(化). ❷ 混合：～ de razas 人種の混淆. ～ de varias voces 何人かの入り混じった声

amalgamar [amalɣamár] 囮 ❶《化学》…のアマルガムを作る. ❷ 混ぜ合わす：～ varios colores 数種の色を混ぜる. ～ frases incoherentes 脈絡のない語句をつなぎ合わせる. ❸ 合同させる：～ las dos compañías 2社を合併させる

amalgamamiento 團 =amalgamación

amamantar [amamantár] 囮 …に授乳する, 乳を飲ます：Tiene un niño que amamanta. 彼女にはまだ乳飲み子がいる

◆ ～se 〔+con の乳で〕育つ；〔+en 思想に〕かぶれる

amamantamiento 團 授乳すること

amancay [amaŋkái] 團《植物》黄色いスイセン

amancebamiento [amanθebamjénto] 團《古語》同棲, 内縁関係：vivir en ～ 同棲する. unirse en ～ 内縁関係を結ぶ

amancebar ～se 同棲する, 内縁関係にある

amanecer [amaneθér] 劒 囲 〔↔ano-checer〕❶〔単人称〕夜が明ける：En verano amanece temprano. 夏は夜明けが早い. Amaneció un domingo. 日曜日の朝となった. ❷〔ある場所・状態で〕朝を迎える：Amanecí en Madrid (de buen humor). 私はマドリードで(さわやかな)朝を迎えた. 〔+主格補語〕La ciudad amaneció totalmente blanca. 夜が明け

る と町は白一色だった. ❸ 新たに始まる, 出現する: *Amanece* la era nuclear. 原子力時代の幕明けだ

◆ 男 夜明け: i) al ～ 夜明けに, 明け方に. Llegó el ～. 夜が明けた. ii) 《文語・比喩》～ de la civilización 文明の夜明け

amanecida [amaneθíða] 女 夜明け 〖amanecer〗

amanerado, da [amaneráðo, ða] 形 過分 ❶ 気どった, わざとらしい; 嫌味な: galán ～ 気どった優男. modo de hablar ～ 気どった話し方. ademán ～ わざとらしい(嫌味な)態度. ❷ マンネリ化した, 型にはまった: escritor ～ マンネリズムに陥った作家. ❸ [男が] 女性的な, おかまっぽい

amaneradamente 副 気どって

amaneramiento [amaneramjénto] 男 ❶ 気どり; 嫌味: vestirse con mucho ～ 大変気どった服装をする. ❷ マンネリズム: caer en un ～ マンネリに陥る. ❸ [男性の] 女性化

amanerar [amanerár] 他 《まれ》気どったものにする; 型にはめる

◆ ～se ❶ マンネリ化する, 型にはまる: En estos días *se ha amanerado* su estilo. 最近の彼の作風はマンネリだ. ❷ [男が] 女性的になる, おかまっぽくなる

amanita [amaníta] 女 《植物》テングタケ

amansar [amansár] 他 ❶ [猛獣などを] 飼い馴らす, おとなしくさせる: ～ un caballo 馬を調教する. ～ el carácter violento de+人 …の乱暴な性格を矯正する. ～ las olas 波の力を弱める. ❷ [感情・苦痛を] 抑える, 静める: ～ la irritación いら立ちを抑える. Esta medicina te *amansará* el dolor. この薬で君の痛みも治るだろう

◆ ～se [+con で] おとなしくなる; 静まる: Las fieras también *se amansan con* la música. 猛獣も音楽を聞くとおとなしくなる. Con la edad *se amansó* su carácter. 年をとるにつれて彼の性格は丸くなった

amansador, ra 名 《中南米》[馬の] 調教師

amante [amánte] 形 [+de を] 愛する: Fue siempre un ～ esposo y padre. 彼は常に〔家族を愛する〕よき夫, よき父であった. ser ～ *de* la paz 平和を愛する

◆ 名 ❶ 愛人, 情夫(婦); 《文語》恋人: Tiene una ～. 彼には愛人がいる. ❷ 愛好家: ～ *de* las bellas artes 美術愛好家

amanuense [amanwénse] 名 ❶ 口述筆記者; 《政治》秘書. ❷ 写字生; 筆耕

amanzanar [amanθanár] 他 《中南米》[土地を] 区画 manzana に分ける

amañar [amaɲár] 他 ❶ [事柄の] 体裁を繕う: ～ el informe 報告のつじつまを合わせる. いかげんな報告をする. ❷ でっち上げる, 偽造する: ～ excusas 口実をでっち上げる. ～ un documento 書類を改ざんする

◆ ～se [+con・para に] 巧みである 〖amañárselas となることがある〗: *Te* (*las*) *amañas* bien *para* tener entretenidos a los ancianos. 君はお年寄りを楽しませるのがうまい. Hay

que ～*se con* unos pocos empleados. ごくわずかな従業員でやっていかなければならない

amaño [amáɲo] 男 ❶ 巧みさ, 巧みな(ずるい)方法: Tiene ～ para congraciarse con su jefe. 彼は上司に取り入るのがうまい. Eso no pasa de ser un ～. それは一時しのぎにすぎない. proceder con ～ うまくたち回る. ❷ 機 道具, 用具

a su ～ 自分に都合よく

amapola [amapóla] 女 《植物》ヒナゲシ: ～ blanca ケシ 〖adormidera〗. ponerse (rojo) como una ～ [恥ずかしさなどで] 顔が真っ赤になる

amar [amár] 他 《英 love》❶《文語的》愛する 〖querer. 直接目的が人以外でも +a のことがある〗: *Amarás* a tu prójimo. 汝の隣人を愛せ. *Amo* la música. 私は音楽が好きだ. ～ a Dios (a la patria) 神(祖国)を愛する. ～ el dinero 金を愛する. ❷ …とセックスをする

amaraje [amaráxe] 男 《航空》着水

amaranto [amaránto] 男 《植物》ハゲイトウ, アマランサス 〖不老・不滅の象徴とされる〗

amarar [amarár] 自 《水上機などが》着水する

amargar [amargár] 自 にがい味がする

◆ 他 ❶ にがくする. ❷ 苦しめる, 不快にする, ひどく悲しませる: ～ a+人 la vida …の人生をつらいものにする. ❸ 台なしにする, 水をさす

◆ ～se にがくなる: *Se amarga* la existencia. 生活がいやになる

amargado, da 形 過分 1) [estar+] 苦しんだ, 落ち込んだ. 2) ひねくれた, とげとげしい, 痛烈な

amargo, ga [amárgo, ga] 形 ❶ にがい 〔↔ dulce〕: naranja ～ga にがいオレンジ. ❷ つらい; [その結果] 不快な: experiencia ～ga にがい経験. ～gas noticias 痛ましい知らせ. carácter ～ とげとげした性格. quedarse muy ～ むっとする

◆ 男 にがみ; ビターアーモンド入りの菓子; 《酒》ビター; 砂糖抜きのマテ茶

amargamente 副 つらく: llorar ～ 悲嘆の涙を流す

amargor [amargór] にがみ; 苦しみ

amarguera [amargéra] 女 《植物》ツキヌキ (ミシマ)サイコ

amarguillo [amargíʎo] 男 ビターアーモンドで作った菓子

amargura [amargúra] 女 苦しみ, 不快, 悲嘆; にがみ

amariconado, da [amarikonáðo, ða] 形 男 女のような[男]; 同性愛の[男]

amariconar ～se 女性的になる

amarilis [amarílis] 女 《単複同形》《植物》アマリリス

amarillear [amariʎeár] 自 黄色くなる; 黄ばむ

amarillento, ta [amariʎénto, ta] 形 黄色みがかった

amarillismo [amariʎísmo] 男 《軽蔑》[新聞の] センセーショナリズム; 御用組合主義

amarillista 形 センセーショナリズムの; 御用組

合的な

amarillo, lla [amaríʎo, ʎa] 形 男 『英 yellow』 ❶ 黄色[の]; 黄色人種[の]: ponerse ～ 黄色くなる; [恐怖で] 血の気を失う. ～ limón レモンイエロー[の]
❷ [信号の] 黄色
❸ Casa A～lla [コスタリカの] 大統領官邸. prensa ～lla 大衆紙, 低俗な新聞. sindicato ～ 御用組合

amariposado, da [amaripoˈsaðo, ða] 形 チョウのような形の, 蝶々形の; 女性的な

amarizaje [amariˈθaxe] 男 =amaraje
amarizar 9 自 =amarar

amaro [amáro] 男 『植物』 オニサルビア

amarra [amářa] 女 ❶ 『船舶』 係留用のロープ, もやい綱; [複] 係留設備(装置): soltar [las] ～s もやい綱を解く, 出航する; 束縛を断つ. ❷ [馬具の] むながい. ❸ [複] 後ろだて, コネ: tener buenas ～s 有力なコネをもっている

amarraco [amaˈřako] 男 『トランプ』 [mus の] 5ポイント

amarradero [amaˈřaðero] 男 係留用の杭 (環); 係留地; 泊地, シーバース

amarraje [amaˈřaxe] 男 停泊料

amarrar [amaˈřar] 他 ❶ [船などを] 係留する, もやう. ❷ [+a に] つなぐ; 束縛する: ～ a un árbol …を木に縛りつける. ～ un paquete 小包をしっかり縛る. Los padres tienen a la hija *amarrada*. 両親は娘に自由を与えない. ❸ 『トランプ』 [不正な切り方でカードを] そろえる
◆ 自 《口語》 ガリ勉する
amarrársela 《中南米》 酔っ払う
dejarlo todo bien amarrado [*y bien amarrado*] 万全の用意をする

amarre [amáře] 男 ❶ 係留; 泊地 [amarradero]: Tiene un ～ en ese club náutico. 彼はそのヨットクラブに船を置いてある. boya de ～ 係留ブイ. ❷ 『技術』 固定装置, アンカー. ❸ 『トランプ』 不正な切り方. ❹ ガリ勉

amarrete, ta [amaˈřete, ta] 形 名 《中南米・軽蔑》 欲の深い[人]

amartelado, da [amarteˈlaðo, ða] 形 過分 べたべたした, 惚れ込んだ, 相思相愛の: Está muy ～*da* con un muchacho. 彼女はある男の子にべったりくっ付いて(熱を上げて)いた. Vive ～ con el automóvil. 彼は車の虫である

amartelar [amarteˈlar] ～se [男女が] べたべたする, いちゃつく

amartillar [amartiˈʎar] 他 ❶ [銃の] 撃鉄を起こす. ❷ 金槌で打つ 『martillear』. ❸ 《口語》 確認する: ～ el negocio 取引の念押しをする

amasar [amaˈsar] 他 ❶ こねる, 練る: ～ el pan パン生地をこねる. ❷ [悪事などを] たくらむ: ～ un golpe de estado クーデターの工作をする. ❸ 蓄える: ～ una fortuna 一財産こしらえる

amasadera 女 [パン生地の] 練り桶
amasadora 女 こね機
amasadura 女 こねること; 練った生地
amasamiento 男 こねること

amasijar [amasiˈxar] 他 《南米》 手ひどく殴る; 惨殺する

amasijo [amaˈsixo] 男 ❶ こねること; こねたもの. ❷ 寄せ集め, ごたまぜ: Su libro es un ～ de impresiones ajenas. 彼の本は他人の印象記の寄せ集めだ. ❸ 《口語》 たくらみ: andar en un ～ よからぬことをたくらんでいる

amate [amáte] 男 『植物』 [中米産の] イチジクの一種 『アステカ人がその樹皮を紙として使った』

amateur [amaˈteɾ] 形 名 [複 ～s] ←仏語』 アマチュア[の], 素人[の]: Es un ～. 彼はアマチュア(素人)だ. jugador ～ アマチュア選手. pintor ～ 素人画家. campeonato mundial del golf ～ 世界アマゴルフ選手権

amateurismo 男 アマチュア資格; 《軽蔑》 素人らしさ

amatista [amaˈtista] 女 『鉱物』 紫水晶, アメジスト: ～ oriental 東洋アメジスト, スミレサファイア

amatorio, ria [amaˈtorjo, rja] 形 《文語》 恋愛の: poesía ～*ria* 恋愛詩. carta ～*ria* ラブレター

amaurosis [amauˈrosis] 女 [単複同形] 《医学》 黒内障

amauta [amáuta] 男 [インカの] 賢者

amazacotado, da [amaθakoˈtaðo, ða] 形 ❶ [estar+] 詰め込みすぎた: colchón ～ ぱんぱんになった(固い)ふとん. estofado ～ こってりしすぎたシチュー. relato ～ くどい話. Viajamos ～s en un tren. 私たちはぎゅうぎゅう詰めの列車で旅行した. ❷ [文学・美術作品などが] 重苦しい, ごたごたした: fachada ～*da* 装飾過剰の正面壁. libro ～ de fechas 日付がやたらに出てくる本

amazona [amaˈθona] 女 ❶ 《神話》 アマゾン; 女戦士, 女傑. ❷ 乗馬婦人; 婦人用の乗馬服: montar en (a la) ～ 馬に横座りに乗る. ❸ 《地名》 el [río] A～s アマゾン川

amazónico, ca 形 アマゾン川[流域]の

ambages [amˈbaxes] 男複 遠回しな言い方, 回りくどい話: gastar ～/andar[se] (venir) con ～ 遠回しに言う. sin ～ 単刀直入に

ámbar [ámbar] 男 ❶ 琥珀(ɛ̌); ～ negro 黒玉. ❷ 竜涎(ʊ̌ʌ)香 『～ gris・pardillo』: perfume de ～ 竜涎香入りの香水. ❸ [信号の] 黄色
◆ 形 琥珀色の
ambarino, na 形 琥珀の[ような], 琥珀色の

ambición [ambiˈθjon] 女 野心, 野望; 意欲, やる気: tener ～ de (por)… …に野心がある. hombre con muchas *ambiciones* 野心満々の男. ～ de fama 名誉心. ～ de poder 権力欲

ambicionar [ambiθjoˈnar] 他 …に野心がある: ～ poder 権力への野心を抱く

ambicioso, sa [ambiˈθjoso, sa] 形 ❶ [人が] 野心的な [+de に]: estar ～ de riqueza 富を強く望んでいる. ii) 意欲的な, やる気のある. ❷ [事柄が] 野心的な: proyecto ～ 野心的な計画

ambidextro, tra / ambiestro, tra

[ambiðέ(k)stro, tra/-bjés-] 形 名 両手ききの〔人〕

ambientación [ambjentaθjón] 女 ❶《演劇》舞台装置, 背景；《放送》音響効果. ❷ 環境への馴化

ambientador [ambjentaðór] 男 消臭(芳香)スプレー

ambiental [ambjentál] 形 周囲の, 環境の：música ～ [映画・公共施設などの] バックグラウンドミュージック；環境音楽

ambientar [ambjentár] 他 ❶ [環境・状況を] 設定する；[…の場にふさわしい] 雰囲気を作る：～ el escenario 舞台を作る. ～ la fiesta パーティーを盛り上げる. ❷ [人を] 周囲の環境になじませる

◆ **～se** [環境に] なじむ；よい雰囲気になる：No se ambientó a la vida de Japón. 彼は日本の生活になじめなかった

ambiente [ambjénte] 男《英 environment, atmosphere》❶ [社会的・文化的な] 環境；自然環境 [medio ～]；[限定された場所の] 空気：～ familiar 家庭環境. vivir en buen ～ よい環境で生活する. contaminar el ～ 空気(環境)を汚染する. ❷ 雰囲気；活気：En la fiesta había muy buen ～. パーティーは盛り上がった. ～ de fiesta お祭り気分. ❸ グループ, 社会階層：～s intelectuales 知識人階層. ❹ 縄張り. ❺《美術》空気遠近法. ❻《南米》部屋

◆ 形 周囲の, まわりの：esnobismo ～ 周囲の俗物主義

ambigú [ambigú] 男《複 ～[e]s》《まれ》[劇場などの] 軽い夜食 [を出す食堂]；[主に夕食用の] 盛り合わせ料理

ambigüedad [ambigweðá(ð)] 女 ❶ あいまいさ：responder con ～ あいまいな答をする. ❷《言語》両義(二義)性

ambiguo, gua [ambíɣwo, gwa] 形 ❶ [意味が] あいまいな, 両義をもつ, 漠然とした：respuesta ～gua あいまいな返事. expresión ～gua 紛らわしい表現. carácter ～ つかみどころのない性格. ❷《文法・生物》両性の：sustantivo de género ～ 両性名詞 [azúcar・mar など 男 どちらにも使う名詞]. ❸ [男が] 女性化した：Tiene un modo de hablar ～. 彼は女みたいな話し方をする

ambiguamente 副 あいまいに

ámbito [ámbito] 男 ❶ [内部の] 区域：en el ～ de la universidad 大学の構内で. ❷ 分野, 領域：～ de su especialidad 彼の専門分野. ❸ グループ：～s de la oposición 反対派

ambivalente [ambiβalénte] 形 両義的な, 両面性のある

ambivalencia 女 両義性, 両面性；《心理》アンビバレンス

amblar [amblár] 自《馬術》側対歩で進む

ambligonio, nia [ambligónjo, nja] 男 = **obtusángulo**

ambliopía [ambljopía] 女《医学》弱視

ambo [ámbo] 男《南米》背広 [traje]

ambón [ambón] 男 [教会の] 説教壇

ambos, bas [ámbɔs, bas] 形 代《英 both. 不定語尾. 無冠詞》《文語》両方の [los dos]：Ambas manos llenas de lodo. 両手とも泥だらけだ. a ～ lados del camino 道の両側に

◆ 代 複《文語》両方, 両者：Vinieron ～. 人とも来た

ambrosía [ambrosía] 女 ❶《神話》神食 [神々の食物で不老不死の霊薬]；《文語》珍味佳肴(ｶｺｳ)：licor de ～ 美酒. perfume de ～ 芳香. ❷《植物》ブタクサ；アンブロジア. ❸ ミツバチの集めた花粉

ambulacro [ambulákro] 男 [棘皮動物の] 歩帯

ambulancia [ambulánθja] 女 ❶ 救急車；移動野戦病院. ❷ ～ de correos《鉄道》郵便車

ambulanciero, ra 名 救急隊員

ambulante [ambulánte] 形 移動する；歩き回る：actor ～ 旅役者. circo ～ 巡業のサーカス. vendedor ～ 行商人

◆ 男《鉄道》郵便車乗務員 [～ de correos]

ambulatorio, ria [ambulatórjo, rja] 形《医学》入院する必要のない：tratamiento ～ 通院治療

◆ 男 外来患者専門の病院, 診療所；[病院の] 外来診療科

ameba [améba] 女《動物》アメーバ

amebiasis 女《単複同形》《医学》アメーバ症

amedrentar [ameðrentár] 他 怖がらせる, 脅す：～ al enemigo con cañonazos 砲撃で敵を威嚇する

◆ **～se** 怖がる：Las hermanitas se amedrentaron por los truenos. 妹たちは雷を怖がった

amedrantar 他 = **amedrentar**

amelcochado, da [amelkotʃáðo, ða] 形《中南米》黄金色の；[蜜のような] とろみのある

amelcochar 他 …に糖蜜を加える

amelga [amélɣa] 女 [種まき用に区画分けした] 帯状の田畑

amén [amén] 間 ❶ [祈りの言葉] アーメン. ❷《皮肉》そうだといいね：Todo saldrá bien.—¡A～! すべてうまくいくさ.—そう願いたいね!

～ de... …のほかさらに [además de]；…を除いて

decir [a todo] ～ [何でも] 同意する：Dice ～ a cuanto le mandan. 彼は何でも言うことをきく

en un decir ～ あっという間に

amenaza [amenáθa] 女 脅し[文句], 脅迫；悪い兆候：Conmigo no valen ～s. 私に脅しはきかない. ～ para la paz 平和に対する脅威

amenazador, ra [amenaθaðór, ra] 形 脅迫的な：carta ～ra 脅迫状. llamada ～ra 脅迫電話. tono ～ 脅すような口調. nubes ～ras 一荒れ来そうな雲ゆき

amenazar [amenaθár] 他 ❶ [+con・de で] おどす, 脅迫する：Le amenazaron de muerte (con el despido). 殺すぞ(解雇するぞ)と彼は脅された. Nos amenaza una guerra

nuclear. 我々は核戦争の脅威にさらされている. ❷ …の危険がある, 危うく…しそうである：i) Esta casa *amenaza* ruina. この家は今にも倒れそうだ. ii)［単人称］*Amenaza* lluvia. 雨が降りそうだ
◆ 圓［時に単人称. +con+不定詞. 悪い事が］…しそうである：［El tiempo］*Amenaza con* llover. 雨が降りそうだ

amenguar [ameŋgwár] 13 他 減らす〖menguar〗

ameno, na [améno, na] 形 ❶ ［場所が］快適な：pueblo 〜 para las vacaciones 休暇を過ごすのに快適な村. ❷ おもしろい, 楽しい：libro muy 〜 とてもおもしろい本. fiesta 〜*na* 楽しいパーティー. hombre muy 〜 大変魅力的な人
amenidad 女 心地よさ；おもしろさ, 楽しさ
amenizar 9 他 楽しくする

amenorrea [amenoréa] 女《医学》無月経

amento [aménto] 男《植物》尾状花序

amerengado, da [amereŋgáðo, ða] 形《菓子》メレンゲのような；［人が］甘い, 感傷的な

América [amérika] 女《地名》❶ アメリカ：〜 del Norte (Central・del Sur) 北 (中央・南) アメリカ. ❷《西》中南米, ラテンアメリカ；米国：las 〜s 南北両アメリカ
hacer(se) la 〜 一旗上げる, 金持ちになる

americana[1] [amerikána] 女《服飾》［男性用の］ジャケット, 上着；ブレザー

americanada [amerikanáda] 女《軽蔑》アメリカ映画の軽薄さ；［単純な］アメリカ人らしさ

americanismo [amerikanísmo] 男 ❶ ラテンアメリカ特有の言い回し, 中南米語；中南米の現地語からの借用語〖例 maíz, tabaco など〗. ❷ アメリカ学. ❸ 米国風(式)；米国かぶれ(崇拝)
americanista 形 名 アメリカ学の〔研究者〕

americanizar [amerikaniθár] 9 他 アメリカ化する, 米国風にする
americanización 女 アメリカ化

americano, na[2] [amerikáno, na] 形 名《英 American》❶ アメリカ América の〔人〕：Continente *A*〜 アメリカ大陸. ❷《西》中南米の〔人〕, 中南米帰りの〔人〕, 米国の, 米国人

americio [ameríθjo] 男《元素》アメリシウム

amerindio, dia [ameríndjo, dja] 形 名 アメリカインディアンの〔人〕, インディオの〔人〕

ameritar [ameritár] 自 他《中南米》メリットを生む；…に値する〖merecer〗

amerizar [ameriθár] 9 自［水上機などが］着水する
amerizaje 男 着水：realizar un 〜 de emergencia 海上に不時着する

amestizado, da [amestiθáðo, ða] 形 メスティーソ mestizo のような〔人〕

ametrallador, ra [ametraʎaðór, ra] 形 fusil 〜 自動小銃. pistola 〜*ra* 短機関銃
◆ 女 機関銃：〜*ra* pesada (ligera) 重 (軽) 機関銃. 〜*ra* fotográfica ガンカメラ

ametrallar [ametraʎár] 他 ❶ 機関銃で射つ, 機銃掃射する；散弾で攻撃する. ❷《比喩》

連発する：〜 palabras feas 汚い言葉をまくし立てる

ametrallamiento 男 機銃掃射

ametropía [ametropía] 女《医学》非正視, 異常視眼

amianto [amjánto] 男《鉱物》アミアンタス, 上質の石綿：〜 cemento 石綿セメント. 〜 en tejido 石綿布

amiba [amíba] 女 =**ameba**

amicísimo, ma [amiθísimo, ma] 形 amigo の絶対最上級

amida [amíða] 女《化学》アミド

-amiento [接尾辞][ar 動詞+. 名詞化. 動作・結果] pens*amiento* 思想

amigable [amigáble] 形 親しい；親しみのある, 好意的な：en tono 〜 親しげな調子で. persona 〜 感じのよい人. relación 〜 親しい関係, 友人関係

amigablemente 副 親しげに, 好意的に

amigacho, cha [amigáʧo, ʧa] 名 ❶《軽蔑》悪友. ❷ 友達〖amigo〗

amigar [amigár] 8 〜se《古語》同棲する

amígdala [amígdala] 女《解剖》［主に 複］扁桃(せん)〔腺〕

amigdalalotomía 女《医学》扁桃摘出

amigdalitis 女《単複同形》《医学》扁桃腺炎

amigo, ga [amígo, ga] 形 名《英 friend》❶ 友達, 友人：José es un 〜 mío. ホセは私の友人だ. Tengo un 〜 español. 私にはスペイン人の友達がいる. Son 〜s desde la infancia. 彼らは幼友達だ. Nada como tener 〜s. 持つべきものは友達だ. gran 〜 親友. Es mi mejor 〜. 彼は私の一番の親友だ. Querido 〜/Mi estimado 〜《手紙》拝啓〖相手が友人でなくても使う〗. ❷ 恋人, 愛人. ❸ 味方〔↔enemigo〕
◆ 圓 ❶ 仲のよい, 友人の：Se lo he pedido a un diputado 〜. 私はそれを親しい (コネのある) 議員に頼んだ. ❷［+de の］好む：ser 〜 de divertirse 遊び好きである. 〜 de la música de música を愛好する〔人〕. ❸ 友好的な, 味方の：tender una mano 〜*ga* a los refugiados 難民に暖かい手をさしのべる. país 〜 友好国. tropa 〜*ga* 友軍. viento 〜 順風. ❹ 好ましい：jardín 〜 感じのよい庭
hacerse 〜 *de*+人 …と親しくなる

amigote, ta [amigóte, ta] 名《口語》悪友；親友

amiguete [amigéte] 男《口語》ちょっとした友人；親友

amiguismo [amigísmo] 男 コネを使って地位などを得ること, 身内びいき, 親戚や友人に対する優遇；その風潮

amiláceo, a [amiláθeo, a] 形 澱粉(質)の, 澱粉を含む

amilanar [amilanár] 他 ❶ 怖がらせる, おびやかす：〜 a+人 con amenazas 脅迫で…を震え上がらせる. ❷ 落胆させる
◆ 〜se [+por に/+ante を前に] おじけづく；がっかりする：No *se amilana por* nada. 彼は何事にもおじけづくことがない

amilanamiento 男 恐れ；落胆：causar 〜 a＋人 …を恐れおののかせる

amilasa [amilása] 囡《生化》アミラーゼ

amillarar [amiλarár] 他［徴税のために住民の財産を］査定する
　amillaramiento 男 査定〔表〕

amilo [amílo] 男《化学》アミル

amílico 形 アミルアルコール〖alcohol 〜〗

amina [amína] 囡《化学》アミン
　amino 男 アミノ基

aminoácido [aminoáθido] 男 アミノ酸：〜 esencial 必須アミノ酸

aminorar [aminorár] 他 減らす：〜 la marcha 速度を落とす
　◆ 自／〜**se** 減少する
　aminoración 囡 減少

amistad [amistá(d)] 囡《英 friendship》❶ 友情，友愛：hacer 〜 con＋人 …と親しくなる，知り合う．romper la(s) 〜[es] 絶交する．❷ 友好関係〖relaciones de 〜〗：tratado de 〜 友好条約．❸ 複 友人たち；コネ：tener buenas 〜es en el ministerio 政府内にいいコネがある

amistar [amistár] 他《まれ》友達にする
　◆ 〜**se** 友達になる；仲直りする

amistoso, sa [amistóso, sa] 形 友情のこもった；友好的な：consejo 〜 友人としての助言．conversación 〜**sa** 和気あいあいとした会談．partido 〜 親善試合．relaciones 〜**sas** 友好関係．reunión 〜**sa** 親睦会

amito [amíto] 男 アミクトゥス〖司祭がミサで頭・肩からかける白い麻布．☞カット〗

amitosis [amitósis] 囡《単複同形》《生物》無糸分裂

amnesia [amnésja] 囡《医学》記憶喪失，健忘症：〜 anterógrada (retrógrada) 先行(逆行)性健忘症
　amnésico, ca 形 記憶喪失の〔人〕

amnios [ámnjos] 男《単複同形》《解剖》羊膜

amniocentesis 囡《単複同形》《医学》羊水穿刺

amniótico, ca 形 羊膜の：líquido 〜/aguas 〜**cas**《生理》羊膜液，羊水

amnistía [amnistía] 囡 恩赦；大赦，特赦：conceder una 〜 恩赦を与える．A〜 Internacional アムネスティ・インタナショナル
　amnistiar 自 他 …に恩赦を与える

amo, ma[2] [ámo, ma] 名 持ち主；飼い主；《古語》［召使いの］主人，雇い主：〜 de una fábrica (una finca) 工場(農場)主
　◆ 男〔現場〕監督
　hacerse el 〜 de... …を支配する：hacerse el 〜 de la situación 状況を掌握する
　ser el 〜 [del cotarro] 中心(指導)的役割を果たす

amoblar [amoblár] 28 他《主に中南米》＝ amueblar

amodorrar [amoðořár] 他 うとうとさせる
　◆ 〜**se** うとうとする，まどろむ

amodorramiento 男 まどろみ，半睡眠状態

amohinar [amoinár] 17 他 不機嫌にさせる
　◆ 〜**se** むかっとする

amojamar [amoxamár] 他［マグロを］塩干しする，干物にする
　◆ 〜**se**［人が年をとって］干からびる

amojonar [amoxonár] 他［土地に］境界線を立てる，境界を定める
　amojonamiento 男 地割り；医名 境界標

amojosar [amoxosár] 〜**se**《中南米》かびる〖enmohecerse〗

amolar [amolár] 28 他 ❶ 研ぐ，とがらす：〜 un cuchillo ナイフを研ぐ．❷［人を］いらいらさせる，不快にさせる
　◆ 〜**se**《主に中南米》いやになる；［不快さに］耐える，我慢する
　amolado 研磨

amoldar [amoldár] 他 型にはめる，鋳造する
　◆ 〜**se**［＋a 環境などに］適応する：〜se al carácter de su marido 夫の性格に自分を合わせる

amoldable 形 鋳造可能な；適合できる
　amoldamiento 男 鋳造，塑造

amollar [amoλár] 自 譲歩する，態度を和らげる

amonal [amonál] 男《化学》アモナール〖爆薬の一種〗

amonar [amonár] 〜**se**《口語》酔っぱらう〖embriagarse〗

amonedar [amoneðár] 他［金属を］貨幣に鋳造する

amonestar [amonestár] 他 ❶ 叱る；説諭する，戒告処分にする；《スポーツ》警告する．❷［教会が］結婚挙行の予告をする
　amonestación 囡 1) 説諭，訓戒，戒告；警告．2) 婚姻公示：correr las amonestaciones 婚姻公示の紙を貼る

amoníaco, ca/amoniaco, ca [amoníako, ka/-njá-] 形《化学》アンモニアの：gas 〜 アンモニアガス．sal 〜**ca** アンモニウム塩
　◆ 男 アンモニア〖気体〗：〜 líquido 液体アンモニア

amoniacal/amónico, ca 形 アンモニア〔性〕の：agua 〜 アンモニア水．olor 〜 アンモニア臭
　amonio 男《化学》アンモニウム

amonita [amoníta] 囡《古生物》アンモナイト

amontillado [amontiλáðo] 男 モンティーリャ montilla 風ワイン〖シェリー酒の一種〗

amontonar [amontonár] 他 山積みにする；たくさん集める：〜 el trigo 小麦の山を作る．〜 riquezas 蓄財する．〜 datos (razones) 資料(理由)をかき集める．〜 alabanzas べたほめする
　◆ 〜**se** ❶ 積み重なる，寄り集まる：Se amontonan los problemas (los espectadores). 問題が山積している(黒山のような見物人だ)．❷［事件などが］集中して起こる(生じる)．❸《口語》同棲する

amontonamiento 男 山積み；寄せ集め

amor [amór] 男《英 love．↔odio》❶［＋ a·por への］愛，愛情；恋愛：i) 〜 a (por) los hijos 息子たちへの愛．〜 de madre

母の愛. ～ a Dios 神への愛. ～ a la humanidad 人間愛. A～ con ～ se paga.《診》情けは人のためならず《(皮肉)目には目を. El ～ no quiere consejo. 恋は盲目. ii)〔事物への〕～ a la música 音楽愛好. ～ al lujo ぜいたく好き(趣味). ～ a (de) la patria 祖国愛, 郷土愛. ～ a la verdad 真理を愛する心. ～ por la libertad 自由への欲求. iii)〔異性に対する〕sentir ～ a+人 …に恋心を抱く. ～ de Juan por Inés フワンのイネスに対する愛. carta de ～ ラブレター. poesía de ～ 恋愛詩. primer ～ 初恋〔の人〕. ～ cortés 宮廷風恋愛. ～ libre〔結婚に関係ない〕自由恋愛 ❷ 恋人；愛人：¡A～〔mío〕! 〔恋人・夫・妻への呼びかけ〕ねえ, おまえ〔あなた〕! Ella fue el gran ～ de su vida. 彼女は彼にとって生涯最高の女性だった. En cada puerto, un ～. 港々に女あり. Su único ～ es el coche. 彼の唯一の恋人は車だ ❸〔el+〕性交 ❹《俗》恋愛関係, 情事；口説き, 愛撫 ❺《植物》～ al uso フヨウの一種. ～ de hombre ツユクサ. ～ de hortelano ゴボウ；ヤエムグラ；キビ. árbol del ～ ハナズオウ

a su ～ 気ままに, のんびりと

al ～ *de la lumbre* (*del fuego*) 火のそばに

al ～ *del agua* 流れのままに；時代に迎合して

～ *propio* 自尊心, 自負心；競争心, 根性：herir el ～ *propio* de+人 …の自尊心を傷つける. Le falta ～ *propio*. 彼は根性が足りない

andar en ～*es con*+人《古語》=*tener* ～*es con*+人

con ～ 愛情を込めて, 優しく；熱心に；入念に

con (*de*) *mil* ～*es* 心から, 進んで：Le ayudo *con mil* ～*es*. 喜んでお手伝いします

de ～ *y* ～《中米》=*por* ～ *al arte*

de mil ～*es* =*con mil* ～*es*

en ～ *y compaña* 仲よく

hacer el ～〔+a·con と〕セックスをする；《古語》〔+a に〕求愛する：No *hagas el* ～ *con* ella. 彼女に手を出すな

por ～ *al arte*《主に戯語》無料で, 無報酬で

por ～ *de*... …のために

¡por 〔*el*〕 ～ *de Dios!*〔哀願・抗議〕お願いだから, 後生だから/〔物乞いが〕どうかお恵みを!

requerir a+人 *de* ～*es*《古語》…を口説く

tener ～*es con*+人《古語》…と恋愛関係にある, 情事をもつ

tratar ～*es con*+人 …と肉体関係を結ぶ

amoral [amorál] 形 道徳観念のない, 無道徳な

amoralidad 女 道徳観念の欠如

amoralismo 男 無道徳主義

amoratar [amoratár] 他 ～se [寒さ・打撲などによって体の一部が] 紫色になる；青あざができる：Los labios *se le han amoratado* de frío. 彼の唇は寒さで紫色になった

amorcillado, da [amorθiʎáðo, ða] 形 ソーセージのような形の

amorcillo [amorθíʎo] 男 愛の神, キューピッド『Cupido』；《玩具》キューピー

amordazar [amorðaθár] ⑦ 他 ❶ …に猿ぐつわをかませる：～ a+人 con una cinta adhesiva …の口をガムテープでふさぐ ❷ しゃべらせない；言論の自由を奪う

amordazamiento 男 猿ぐつわをかませること；箝口(?)令, 言論統制

amorfo, fa [amórfo, fa] 形 ❶《生物・化学》無定形の, アモルファスの；非結晶の. ❷ 特徴のない, 漠然とした：Es de una personalidad ～*fa*. 彼は個性的だ

amorío [amorío] 男 [主に複] 恋愛事件, 情事；浮気

amoroso, sa [amoróso, sa] 形 ❶ 愛情の：desengaño ～ 失恋. relaciones ～*sas* 恋愛関係. ❷ 愛情深い；[+con に] 優しい：carta ～*sa* ラブレター. Es ～ con sus hijos. 彼は子供たちに優しい. ～ para (con) los enfermos 病人に優しい. ❸〔天候が〕穏やかな：La tarde está ～*sa*. 穏やかな午後だ. ❹〔土地が〕耕しやすい. ❺《中南米》かわいい, 魅力的な

amorrar [amorrár] 他 [+a に] …の顔を近づける(くっ付ける)

◆ ～se ❶ 顔をくっ付ける：Absorto ante tantos juguetes, *se amorraba al* escaparate. 彼はたくさんの玩具に見とれて, ショーウィンドーに顔をくっ付けていた. ❷〔不機嫌に・すねて〕うつむく

amortajar [amortaxár] 他 屍衣(?)で包む

amortajador, ra 名 葬儀屋

amortecer [amorteθér] ㊴ 他 [強度などを] 和らげる, 弱める

amortecimiento 男 緩和, 軽減

amortiguación [amortiɣwaθjón] 女 ❶ 緩和, 減衰：～ de la velocidad 減速. ❷ 緩衝, 制動；サスペンション, 懸下装置

amortiguador, ra [amortiɣwaðór, ra] 形 和らげる, 弱める

◆ 男 ❶ 緩衝器, ショックアブソーバー；防振装置, ダンパー；《自》サスペンション. ❷ 調光機；消音装置, マフラー

amortiguar [amortiɣwár] ⑬ 他 ❶〔衝撃などを〕和らげる, 弱める：～ el golpe (las oscilaciones) 衝撃(振動)を和らげる. ～ la luz 光を弱める. ～ el tono del color 色調を抑える. ❷〔文語〕〔痛みを〕緩和する；[飢えを] いやす

◆ ～se 和らぐ, 弱まる

amortiguamiento 男 =**amortiguación**：coeficiente de ～ 減衰係数

amortizable [amortiθáble] 形 償還できる

amortización [amortiθaθjón] 女 [元本の] 償還, 返済；[減価]償却：caja (fondo) de ～ 減債基金, 負債償却積立金. ～ acelerada 加速償却. ～ decreciente (degresiva) 定率償却. ～ en cuotas iguales 均等償却. ～ lineal 定額償却

amortizar [amortiθár] ⑦ 他 ❶〔負債を〕償還する；〔債務を〕返済する：～ los empréstitos públicos 公債を償還する. ～ deudas externas 対外債務を返済する. ❷〔減価〕償却する；使用する：～ una máquina 機械を減価償却する. ❸〔職を〕失わせる：Las nuevas técnicas *amortizan* unas plazas de obreros.

新技術は労働者の職を奪う. ❹《法律》[財産を]死手譲渡する

amoscar [amɔskár] ⑦ **~se**《口語》腹を立てる: *Se amoscó por nada.* 彼はつまらないことでむくれた

amostachado, da [amɔstatʃáðo, ða] 形 ひげを生やした

amostazar [amɔstaθár] ⑨ 他《口語》怒らせる
◆ **~se** 怒る: *Se amostaza fácilmente.* 彼はすぐむかっとする

amotinar [amotinár] 他 扇動する
◆ **~se** 反乱(暴動)を起こす, 反抗する: *Se amotinaron* contra el comandante. 彼らは司令官に反抗した

amotinado, da [amotináðo, ða] 形 名 過分 反乱に加わった〔人〕: tropa *~da* 反乱部隊

amotinador, ra 形 名 扇動する; 扇動者

amotinamiento 男 扇動; 反乱, 暴動

amover [amoβér] ② 他 解任する, 転任させる; 免職する

amovible [amoβíble] 形 ❶ 解任(転任・免職)され得る. ❷ 取り外しのできる; 交換可能な: pieza ~ 外せる(交換できる)部品

amovibilidad 女 解任可能なこと

ampalagua [ampalágwa] 女 [アルゼンチン北部の] 大型のヘビ

amparar [ampar̃ár] 他 庇護する, 保護する: ~ al débil 弱者をかばう. ~ la propiedad privada 私有財産を保護する
◆ **~se** [+en の] 庇護を求める; [+de から] 身を守る: ~se en la autoridad 権威をかさにきる. ~se de (contra) la lluvia 雨宿りする. ~se bajo los balcones バルコニーの下に避難する

amparo [ampáro] 男 ❶ 庇護, 保護; 擁護者; 避難所: Los árboles nos ofrecen ~ contra el sol. 木々は日ざしの下に避難する. pedir el ~ de+人 …の庇護を求める. carta de ~ [自分・他人の] 人物を保証する手紙. ❷《中南米》鉱山開発権
al ~ de... …に保護されて, …のおかげで; …に基づいて: vivir *al ~ de* la pensión 年金で生活する
ni [para] un ~ 少しも…ない: No tengo *ni un ~ de* dinero (dinero *ni para un ~*). 私は一銭も持ってない/一文なしだ

amperio [ampérjo] 男《電気》アンペア: ~ hora アンペア時. ~ vuelta アンペア回数

amperaje 男 アンペア数

ampere 男 =amperio

amperímetro 男《電気》電流計, アンメーター

ampliable [ampljáble] 形 拡大できる

ampliación [ampljaθjón] 女 拡大, 拡張〖↔ reducción〗;《写真》引き伸ばし: ~ de la casa 家の増築

ampliador, ra [ampljaðór, ra] 形 拡大する
◆ 女《写真》引き伸ばし器〖~ra fotográfica〗

ampliamente [ámpljaménte] 副 広く, 広範に; 十二分に

ampliar [ampljár] ⑪ 他 ❶ 広げる, 拡大(拡張)する; [数を] ふやす: ~ la tienda (el negocio) 店(事業)を拡張する. ~ su campo de acción 行動範囲を広げる. ~ el número de miembros 会員をふやす. ~ una fotografía 写真を引き伸ばす. ❷ [音を] 大きくする. ❸ [知識を] 広げる. ❹ 敷衍(ﾟ)する

amplificar [amplifikár] ⑦ 他 [主に音を] 大きくする;《電気》増幅する: ~ el volumen de la radio ラジオの音量を上げる. ~ el problema 問題を大きくする

amplificación 女 増幅;《修辞》増幅法

amplificador, ra 形 増幅させる. ◆ 男《電気》増幅器, アンプ〖~ de sonido〗: ~ previo 前置増幅器, プリアンプ

amplio, plia [ámpljo, plja] 形〖英 wide. 絶対最上級 amplísimo〗 ❶ 広い〖↔ rancho 類義〗: valle ~ 広い谷. vivienda *amplia* 広い住居. calle *amplia* 広い通り. espíritu ~ 広い心. *amplia* sonrisa 満面の笑み. en el sentido ~ de una palabra 言葉の広い意味において. ❷ [衣服が] ゆったりした: chaqueta *amplia* ゆったりした上着. ❸ 漠然とした: criterio ~ あいまいな規準. ❹ [+名詞. 範囲が] 非常に広い: *amplias* facultades 広範な権限. ~ estudio 広範囲な研究. ❺ [+名詞. 勝利・優位が] 余裕のある: *amplia* victoria 圧勝

amplitud [amplitú(d)] 女 ❶ 広さ: tener mucha (poca) ~ 広い(狭い). ❷《物理》振幅;《数学》[複素数の] 偏角. ❸《気象》la variación anual de la temperatura 気温の平均年較差

ampo [ámpo] 男 [雪の] 輝くような白さ: más blanco que el ~ de la nieve 雪よりも白い

ampolla [ampóʎa] 女 ❶ [やけどによる] 水ぶくれ; [手足にできる] まめ, たこ;《解剖》膨大部: Se me levantó una ~ en la planta. 私は足の裏にまめができた. ❷ [水が沸騰した時に出る] 泡. ❸ ガラス製の容器; 電球〔の丸い部分〕;《医学》アンプル
levantar ~s ひどくいらいらさせる, 立腹させる

ampolleta [ampoʎéta] 女《南米》電球〖bombilla〗

ampuloso, sa [ampulóso, sa] 形 [文体などが] 冗長な; 誇張した, 大げさな

ampulosidad 女 冗長さ; 誇張

ampurdanés, sa [ampurðanés, sa] 形 名《地名》アンプルダン Ampurdán の〔人〕〖カタルーニャ地方北部の地域〗

amputar [amputár] 他 ❶ [手術で] 切断する: ~ una pierna 片脚を切断する. ❷ [必要なものを] 削除する: ~ unos capítulos de un libro 本の何章かを削る

amputación 女 切断〔手術〕; 削除, 削減

amuchachado, da [amutʃatʃáðo, ða] 形 少年のような

amuchamiento [amutʃamjénto] 男《南米》雑踏, ぎゅうぎゅう詰め

amueblar [amweβlár] 他 [家・部屋に, +con 家具を] 備え付ける: ~ la sala con una alfombra 部屋にじゅうたんを敷く. ~ el piso a estilo provenzal マンションをプロバンス風のインテリアにする

amueblado, da 形 過分 家具付きの;《口語》頭のいい. ◆ 女《南米》ラブホテル
amuermar [amwermár] 他《西. 口語》❶ 退屈させる;げんなりさせる;意気消沈させる: Me *amuerman* las clases. 私は授業にはうんざりだ. ❷ [麻薬が] 眠気を催させる. ❸ 不快にさせる,やる気をなくさせる: El calor le *amuerma*. 彼は暑くて元気がない
◆ ～se うんざりする;眠くなる;不快になる
amugronar [amuɣronár] 他《農業》ブドウの枝を] 取り木する
◆ ～se [ジャガイモなどが] 芽を伸ばす
amujerado, da [amuxeráðo, ða] 形 女のような《afeminado》
amulatado, da [amulatáðo, ða] 形 名 顔つき・皮膚の色が] ムラート mulato のような〔人〕
amuleto [amuléto] 男 お守り,護符
amura [amúra] 女《船舶》船首の側面
amurallar [amuraʎár] 他 城壁で囲む;《比喩》障壁を設ける
-án 接尾辞 ❶ [品質形容詞化] holgaz*án* 怠け者の. ❷ [地名形容詞化] catal*án* カタルーニャの, alem*án* ドイツの
an- 接頭辞 [非・無] *an*alfabeto 無学文盲の
ana [ána] 女 ❶ 長さの単位 [=約1m]. ❷《女性名》[*A～*] アナ《英 Ann》
anabaptismo [anabaptísmo] 男《宗教》アナバプティスム《再洗礼派の終末思想》
　anabaptista 形 名 アナバプティスト派(再洗礼派)の〔教徒〕
Anabel [anaβél] 女《女性名》アナベル《Ana Isabel の愛称》
anabolismo [anaβolísmo] 男《生物》同化〔作用〕《↔catabolismo》
　anabólico, ca 形 =anabolizante
　anabolizante 形 同化を促進する. ◆ 男 [主に 男] アナボリック剤
anacarado, da [anakaráðo, ða] 形 真珠のような光沢の
anacardo [anakárðo] 男《植物》カシュー;《果実》カシューナッツ
anacoluto [anakolúto] 男《言語》破格構文
anaconda [anakónda] 女《動物》アナコンダ
anacoreta [anakoréta] 名《キリスト教》隠者,隠修士
　anacorético, ca 形 隠者の〔ような〕: vida ～*ca* 隠遁生活
anacreóntico, ca [anakreóntiko, ka] 形《詩法》アナクレオン Anacreonte 風の《ギリシアの詩人》
anacronismo [anakronísmo] 男 ❶ 時代錯誤,アナクロニズム;時代錯誤的な物(事). ❷ 年代(時代考証)の誤り
　anacrónico, ca 形 時代錯誤の
ánade [ánaðe] 名《鳥》カモ(鴨);アヒル《pato》: ～ real (silvestre) マガモ. ～ mandarín オシドリ
　anadón 男 子ガモ
anadiplosis [anaðiplósis] 女《単複同形》《修辞》前辞反復
anaerobio, bia [anaeróβjo, βja] 形《生物》

嫌気性の: bacterias ～*bias* 嫌気性細菌
anafe [anáfe] 男 卓上(携帯)用こんろ
anafilaxia [anafilá(k)sja] 女《医学》アナフィラキシー,過敏症
anáfora [anáfora] 女《文法》[代名詞などの] 前方照応《↔catáfora》;《修辞》行頭(首句)反復
　anafórico, ca 形 前方照応の
anafrodisia [anafroðísja] 女《医学》無性欲症,冷感症
　anafrodisiaco, ca 形 名 性欲を抑制する;性欲抑制剤
anagogía [anaɣoxía] 女 ❶ 法悦,忘我. ❷《聖書》神秘的解釈
anagrama [anaɣráma] 男 語句の綴り変え,アナグラム《例 zorra↔arroz》;回文
anal [anál] 形《←ano》肛門の
analectas [analéktas] 女 複 選集,抜粋集: Las ～ de Confusio『論語』
anales [análes] 男複 ❶ 年代記,編年史,年譜;[一般に] 過去の記録,歴史. ❷ [学術的な] 定期刊行物,紀要: A～ de la Universidad de Salamanca サラマンカ大学紀要
analfabeto, ta [analfaβéto, ta] 形 名 読み書きのできない〔人〕,文盲の;《軽蔑》無知な,無学の
　analfabetismo 男 文盲: ～ funcional 機能的文盲
analgesia [analxésja] 女《医学》無痛覚〔症〕
　analgésico, ca [analxésiko, ka] 形 男 鎮痛の;鎮痛剤
análisis [análisis] 男《単複同形》❶ 分析: hacer un ～ de la situación actual 現状を分析する. ～ cualitativo (cuantitativo) 定性(定量)分析. ～ de sistemas システム分析. ❷《医学》検査;～ clínico 臨床検査. ～ de sangre 血液検査. ❸《数学》解析《～ matemático》. ❹《言語》文法: ～ del discurso 談話分析. ～ gramatical 文法〔的〕分析
analista [analísta] 名 ❶ 分析家,アナリスト;《新聞・放送》解説者: ～ de inversiones 投資アナリスト. ❷ 年代記編者
analítico, ca [analítiko, ka] 形 分析の,分析的な: filosofía ～*ca* 分析哲学
　◆ 女《医学》検査
analizar [analiθár] 自 他 分析する;[分析的に] 調べる: Me *analizaron* la sangre. 私は血液検査を受けた
　analizable 形 分析可能な
　analizador, ra 形 男 分析する;分析器,成分計
analogía [analoxía] 女 ❶ [+entre の間の] 類似(性): *Entre* español y francés existen evidentes ～*s*. スペイン語とフランス語の間には明らかな類似性がある. ❷《論理・言語》類推,アナロジー: por ～ con... …との類推で. ❸《生物》相似
　analógico, ca 形 類似の;類推による;《情報》アナログの: señal ～*ca* アナログ信号

A

análogo, ga [análogo, ga] 形 [事物が, +a に] 類似した : Este problema es ~ a aquél. この問題はあれと似ている ◆ 男 limpiar con alcohol o ~ アルコールかそれに近いもので拭く

anamnesis [anamnésis] 女 【単複同形】《医学》既往症, 病歴

anamorfosis [anamɔrfósis] 女 【単複同形】《美術》歪像画法

ananá [ananá] 男 [複 ~s]《植物・果実. 主に南米》パイナプル 〖piña〗

   ananás 男 【単複同形】=**ananá**

anaplasia [anaplásja] 女《医学》退形成

anaquel [anakél] 男 棚, 棚板

   anaquelería 女 棚 ; 本棚

anaranjado, da [anaranxáðo, ða] 形 男 オレンジ色(の)

anarco, ca [anárko, ka] 形 =**anarquista**

anarcosindicalismo [anarkosindikalísmo] 男 アナルコサンディカリズム, 無政府主義的組合主義

anarquía [anarkía] 女 無政府状態(主義) ; 無秩序, 混乱 : sumir a un país en la ~ 国を無政府状態に陥れる

anárquico, ca [anárkiko, ka] 形 無政府状態の ; 無秩序な : vida ~ca 勝手気ままな生活

anarquismo [anarkísmo] 男 無政府主義, アナーキズム

   anarquista 形 名 無政府主義の(主義者), アナーキスト

anarquizar [anarkiθár] 他 無政府主義を広める, 無秩序を引き起こす

anascote [anaskóte] 男 《繊維》アナコート 〖ダブルサージの薄い毛織物〗

anastigmático, ca [anastigmátiko, ka] 形《光学》lente ~ca アナスチグマート, 非点収差補正レンズ

anastomosis [anastomósis] 女 【単複同形】《医学》吻合(ᵗᵘᵍ) 〖術〗

anata [anáta] 女《歴史》media ~ 職・称号などを受けた時に収益の半分を支払う税

anatema [anatéma] 男 ❶《宗教》破門制裁, アナテマ : La iglesia lanzó contra él un ~. 教会は彼を破門した. ❷ 呪詛(ᵗˢ) : lanzar (pronunciar) ~ contra+人 …に呪いをかける. ❸ [道徳的観点からの] 非難, ののしり

anatematizar [anatematiθár] 他 破門制裁にする. ◆ 自 [+contra] 非難する

anatomía [anatomía] 女 解剖[学] ; [解剖学的な] 構造, 組織 : ~ patológica 病理解剖〔学〕, 剖検

   anatómico, ca 形 解剖[学]の : asiento ~ 身体構造学に基いてデザインされた椅子

   anatomista 名 解剖学者

   anatomizar 他 解剖する

   anatomopatología 女 解剖病理学

anatoxina [anato(k)sína] 女《生物》アナトキシン

anca [áŋka] 女 【単数冠詞 : el·un(a)】 [主に 複. 馬などの] 尻 〖戯語で人の〗: montar a las ~s de un caballo [2 人乗りで] 馬の尻に乗る.

~s de rana《料理》カエルの脚

llevar (*traer*) *a las* ~s *a*+人 …を養う, 面倒を見る

llevar en ~[s] *a...*《中南米》…を養う ; …という結果をもたらす : La guerra lleva en ~s a la miseria. 戦争は結局貧困をもたらす *no sufrir* ~s 冗談を聞き流すことができない

ancestral [anθestrál] 形 祖先の, 先祖〔伝来〕の : costumbre ~ 昔からの習慣. lengua ~ 祖語

ancestro [anθéstro] 男《主に中南米》先祖

ancho, cha [ántʃo, tʃa] 形 《英 cho》❶ 広い 〖関連 ancho は幅が広い, amplio は主に立体的に広い〗: avenida ~ 広い通り. piso ~ 広い(ゆったりした)マンション. ❷ [衣服が] ゆったりした, 大きすぎる : La camisa te está (viene) *ancha*. そのシャツは君にはぶかぶかだ. ❸ 《西》ゆとりのある : i) Ya que había pocos viajeros en el autocar, fuimos ~s. バスは乗客が少なくてゆったり行けた. ii) [estar+. 精神的に] Me he quedado ~ después del examen. 私は試験が終わってほっとしている. ❹ [estar+] うぬぼれた : Se pone muy ~ después de tener éxito. 彼は成功して大得意になる

a lo ~ 横方向に : Mide un metro *a lo* ~. それは横幅が 1 メートルある. Había un camión tumbado todo *a lo* ~ de la calle. トラックが道幅一杯に横転していた

a sus anchas《西》くつろいで, のびのびと : No me siento *a mis anchas* sino en mi casa. 私は自分の家でないと落ちつかない

quedarse tan ~ / *quedarse más* ~ *que largo* [何事もなかったように] 平然としている

venir [*muy*] ~ *a*+人 [事柄が] …の力量を越える : El cargo le *venía* ~. その役目は彼の手に余った

◆ 男 幅 : i) La calle tiene 100 metros de ~. その通りは幅が 100 メートルある. ~ de banda《通信》[周波数]帯域幅. ii)《服飾》tres ~s de tela 3 幅分の布. doble ~ ダブル幅. iii)《鉄道》軌間, ゲージ 〖~ de vía〗: normal 標準軌間

anchoa [antʃóa] 女《料理》[主に 複] 塩漬けにしたアンチョビー ; =**anchova**

   anchoeta 女 =**anchoveta**

   anchova 女《魚》アンチョビー

   anchoveta 女 ペルー海域産のアンチョビー

anchura [antʃúra] 女 ❶ 幅, 横幅 〖長方形の短い方の辺. ↔longitud〗: ~ del río 川幅. ~ del coche 車幅. ~ de la pared 壁の厚さ. ~ de espaldas 肩幅. ~ de pecho 胸まわり, バスト. ~ de banda《通信》[周波数]帯域幅. ~ de conciencia 寛大さ. ❷ 奔放, 気まま : Tiene ~s. 彼は自由気ままだ

anchuroso, sa [antʃuróso, sa] 形《文語》広々とした : ~ comedor ゆったりとした食堂. ~ mar 大海原

-ancia《接尾辞》❶ [ar 動詞+. 名詞化. 動作・結果] vag*ancia* 放浪. ❷ [形容詞+. 名詞化. 性状] frag*ancia* 芳香

ancianidad [anθjaniðá(ð)] 囡 老年〔期〕

ancianito, ta [anθjaníto, ta] 图 おじいちゃん，おばあちゃん

anciano, na [anθjáno, na] 厖 〖英 aged〗年老いた〖☞viejo 類義〗: Sus padres son ya muy ～s. 彼の両親はもう大変高齢だ
◆ 图 老人，お年寄；長老，古参者

ancla [áŋkla] 囡 〖単数冠詞：el・un(a)〗❶ 錨（いかり）: echar (levar) ～s 錨を下ろす(上げる)，投錨(抜錨)する. ～ de la esperanza 予備〔主〕錨；頼みの綱. ～ de leva 船首錨，主錨. ～ flotante シーアンカー. ❷《建築》つなぎ金物，アンカー. ❸《数学》argolla del ～ 円環体
　　ancladero 男 錨地，停泊地
　　anclaje 男 1) 投錨，停泊；停泊料. 2) 留め，固定
　　anclar 圁 投錨する，停泊する

ancón [aŋkón] 男 ❶《建築》渦形持送り. ❷〔小さな〕入り江. ❸《中米》〔部屋などの〕隅〖rincón〗

áncora [áŋkora] 囡 〖単数冠詞：el・un(a)〗❶ 錨〖ancla〗. ❷ 頼みの綱〖～ de salvación〗. ❸〔時計の〕アンクル

andada[1] [andáða] 囡 ❶《料理》薄い固焼きパン. ❷〖獲〗《狩猟》足跡. ❸《中南米》遠足，遠出
　　volver a las ～s また悪い癖をだす

andadero, ra [andaðéro, ra] 厖〔道などが〕歩きやすい，通行可能な
◆ 男 〖獲〗〔幼児用の〕歩行〔練習〕器. ❷ 支え；用心

andado, da[2] [andáðo, ða] 厖〖過分〗❶ 走破した: Llevo ～ ya diez kilómetros. 私はもう 10 キロ歩いた. ❷ 人通りの多い: callejón poco ～ 人通りの少ない裏通り. ❸ 着古した: ropa muy ～da よれよれの服
◆ 男《中米》歩き方: conocer a José en el ～ 歩き方でホセとわかる

andador, ra [andaðór, ra] 厖 健脚の；歩くのが好きな
◆ 男 歩行器〖andaderas〗；〖獲〗〔幼児の〕誘導ひも
　　poder andar sin ～es 自分でできる，一人立ちできる

andadura [andaðúra] 囡 歩行；足どり: paso de ～〖馬術〗側対歩

Andalucía [andaluθía] 囡《地名》アンダルシア〖スペイン南部の自治州〗
　　andalucismo 男 アンダルシア方言；その風物に対する愛好心；その地方主義
　　andalucista 厖 图 アンダルシア地方主義の(主義者)

andalusí [andalusí] 厖 〖獲〗～[e]s〗〖スペインの〕イスラム教〔徒〕の

andaluz, za [andaluθ, θa] 厖 图 〖男獲〗～ces〗アンダルシアの〔人〕
◆ 男 アンダルシア方言
　　andaluzada 囡 〔アンダルシア人のような〕誇張: decir ～s 大げさな言い方をする

andamio [andámjo] 男 ❶〔時に獲〕足場〔の板〕；〔仮設の〕桟敷: ～ suspendido 吊り足場. ～ de tubos パイプ足場. ❷《口語》履き物
　　andamiaje 男 足場

andana [andána] 囡 列，層: cinco ～s de ladrillos 5 段の煉瓦. navío de dos ～s de cañones 二層〔砲列甲板〕艦
　　llamarse [a] ～ 知らん顔をする；約束(公言)を引っ込める

andanada [andanáða] 囡 ❶〔軍艦の〕片舷斉射. ❷ 厳しい叱責: soltar una ～ a+人 … に叱責を浴びせる. ❸〔闘牛場の〕2 階席〖一番安い. ☞plaza カット〗. ❹ =andana
　　por ～s《南米》たくさん，多すぎるほど

andante [andánte] 厖 歩く: cadáver ～ 生ける屍
◆ 男 圊《音楽》アンダンテ
　　andantino 男 圊《音楽》アンダンティーノ

andanza [andánθa] 囡〔主に獲〕❶〔主に旅行中の〕冒険；出来事: meterse en ～s 危険を冒す. buena (mala) ～ 幸運(不運). ❷ 小旅行

andar [andár] 圅 圁 〖英 walk. ☞活用表〗❶《主に西》歩く；《主に中南米》行く: i) El niño ya echó a ～ a los nueve meses. その子は 9 か月でもう歩き始めた. Fue *andando* al hotel. 彼はホテルまで歩いて行った. *Anda* a la escuela. 薬局に行け. ～ a caballo 馬に乗って行く. ～ en bicicleta 自転車に乗る(乗って行く). Quien mal *anda* mal acaba.《諺》因果応報，自業自得. ～ de Herodes a Pilatos 一難去ってまた一難
❷〔乗り物などが〕進む；〔機械が〕動く: El coche no *anda* en absoluto. 車は全然進まない. La lavadora *anda* mal (no *anda* bien). 洗濯機の調子が悪い
❸〔+con+人 と〕付き合う: ～ con (entre) gente sospechosa いかがわしい連中と付き合っている. Dime con quién *andas* 〔y te diré quién eres〕.《諺》類は友を呼ぶ
❹〔+主格補語〕…の状態にある: *Anda* muy ocupada. 彼女はとても忙しい. El negocio no *anda* bien. 商売がうまくいかない. ～ bien de salud 健康である. ～ mal de dinero 金回りが悪い. ¿Cómo *anda* usted? ごきげんいかがですか? ¿Cómo *anda* eso? 例の件はどうだい?/何だって!
❺〔時に軽蔑〕〔+現在分詞. 主語の断続的で方向性のない動きを含む継続〕…している: *Anda* buscando empleo. 彼は仕事を探し回っている. *Anda* pidiendo dinero a todo el mundo. 彼は誰にでも金をせびる
❻〔+con+sin〕…の状態にある；…の言動をする: *Anda* con los preparativos de viaje. 彼は旅行の準備に追われている. *Anda* sin trabajo. 彼は失業している. *Andamos* sin saber qué hacer. 私たちは途方に暮れている. ～ con cuidado 注意深く行動する. ～ con bromas 冗談ばかり言う，ふざける. ～ sin etiquetas 無礼なふるまいをする
❼〔+por〕i) …のあたりにある(いる): Las gafas *andarán por* ahí. 眼鏡はそのへんにあるだろう. Ese pueblo *anda por* el norte de Espa-

ña. その町はスペイン北部にある. ii) [＋数量] ほぼ…に達する: El gasto *andará por* un millón de pesetas. 費用は 100 万ペセタ位になるぞ. [Se] *Anda por* los treinta. 彼は 30 歳位だ

❽ [＋en] i) …に触る, ひっかき回す; 関わる: No *andes* en el cajón (mis cosas). 引出しに手を触れるな(私のことに口を出すな). ～ *en* pecado 罪を犯す. ～ *en* los trámites del divorcio 離婚の手続き中である. ii) [＋年齢] …歳になろうとしている: *Anda en* los veinte años. 彼はそろそろ 20 歳だ

❾ [＋con を, 不注意に] 取り扱う: ～ *con* pólvora 火薬をいじる. ～ *con* fuego 火遊びをする

❿ [＋a＋行為の複数名詞] ～ *a tiros* 発砲する

⓫ [＋tras・detrás de を] 追い求める: *Anda tras* un empleo. 彼は職を捜している

⓬ 《口語》…にある: El ruido *andaba* en el jardín. 庭で物音がしていた

⓭ [時間が] 進む

a todo (más) ～ 全速力で, 大急ぎで

¡anda!/¡ande〔usted〕! [呼びかけ・元気づけ・驚き・感嘆・失望など] おい, さあ, おや, 何だ! ¡*Anda*, chico! おい, お前! ¡*Anda*, vamos (*anímate*)! さあ, やろう(がんばれ)! ¡*Anda*, si estás aquí! おや, ここにいたの! ¡*Anda*, no tiene gracia! 何だ, 面白くもない! Cómpramelo… ¡*anda*! ねえ, 買ってよ! Me han puesto mejor nota que a ti… ¡*anda*! どうだ, 僕の方がいい点だぞ! ¡*Anda*, *anda*! ばかなこと を言うな(するな)!

¡anda (andad), a pasear (a paseo)! [怒り・軽蔑・拒絶など] さようなら!

¡andando! 急げ! さあ, 始めよう(元気を出せ)!

¡～! [是認] よし, いいぞ!

～ *a una* 力を合わせて行動する

～ *andando* 《中南米》 [目的なしに] ぶらぶらする

～ *bien (mal) con*＋人 …と仲がよい(悪い)

pues, anda que tú 君の方こそだ/他人のことを言える立場じゃないだろ: Tu novio es tacaño.—*Pues, anda que tú*. あなたの彼ってけちね.—よく言うわ. あなたの彼の方がもっとけちでしょ

¿qué anda? 《中米. 挨拶》 やあ, どうだい?

◆ 他 ❶ [ある距離・場所を] 歩く: Cada día *ando* tres kilómetros. 私は毎日 3 キロ歩く. ～ todas las calles del pueblo 町の通りをくまなく歩く. ❷ 《中米》 Yo no *ando* reloj. 私は時計をつけていない

◆ ～se ❶ [自・他の] 意味の強調, ほぼ同じ意味で] Me *anduve* mis 50 kilómetros. 私は[自分の足で]50 キロも歩いたぞ. No *te andes* con cumplidos (*con rodeos*). そう形式ばるな/単刀直入に言え. No sabe *por* dónde *se anda*. 彼は見当外れなことをしている. ❷ [＋a＋不定詞] 従事する, …し始める: ～se a preparar la cena 夕食の支度を始める

todo se andará 待てば海路の日和あり

◆ 男 [主に 複] 歩き方; やり方: Tiene unos ～es muy garbosos. 彼はさっそうとした歩き方

をする

a largo ～ そのうちに

a mejor (mal) ～ よくても(悪くても)

andar	
直説法点過去	接続法過去
and*uve*	and*uvie*ra, -se
and*uvi*ste	and*uvie*ras, -ses
and*uvo*	and*uvie*ra, -se
and*uvi*mos	and*uvié*ramos, -semos
and*uvi*steis	and*uvie*rais, -seis
and*uvie*ron	and*uvie*ran, -sen

andariego, ga [andarjéɣo, ga] 形 名 歩くのが好きな[人]; 放浪の, 放浪者

andarín, na [andarín, na] 形 名 歩くのが好きな; 健脚の

andarivel [andariβél] 男 ❶ [2 点間を連絡させる] 渡し綱, 運搬索; [船の] 手すりロープ. ❷ 《南米》車線《carril》; [プールの] コース

andas [ándas] 女 複 [祭りで聖像をのせる] みこし, 輦台(れんだい) [☞ カット]

en ～ *y volandas* すばやく, スピーディに

llevar en ～ *a*＋人 …を丁重にもてなす

andén [andén] 男 ❶ [駅の] ホーム: Sale del ～ número 3. 3 番ホームから発車する. ❷ [橋などの] 歩行者用通路; 《中南米》歩道

andesina [andesína] 女 《鉱物》中性長石

andesita [andesíta] 女 《鉱物》安山岩

andinismo [andinísmo] 男 《南米》登山 《alpinismo》

andinista 名 《南米》登山家 《alpinista》

andino, na [andíno, na] 形 《地名》アンデス山脈 los Andes の

-ando 《接尾辞》 [ar 動詞＋. 現在分詞] hab-l*ando*

andoba/andóbal [andóba(l)] 名 《←ジプシー語. 軽蔑》人, やつ

andorga [andórɣa] 女 《口語》腹 《vientre》

Andorra [andóřa] 女 《国名》アンドラ 《正式名称 Principado de ～ アンドラ公国》

andorrano, na 形 名 アンドラの(人)

andorrero, ra [andořéro, ra] 形 [主に女性が] 出歩く(ぶらつく)のが好きな

andrajo [andráxo] 男 ❶ [主に 複] ぼろ切れ; 《軽蔑》ぼろぼろの服: estar en ～s ぼろぼろになっている, ぼろを着ている. ❷ くず(のような人), ごろつき

andrajoso, sa 形 1) [estar＋. 服が] ぼろぼろの. 2) ぼろぼろの服を着た

Andrés [andrés] 男 《男性名》アンドレス 《英 Andrew》

androceo [androθéo] 男 《植物》雄蕊(ゆうずい)群

androfobia [androfóβja] 女 [女性の] 男性恐怖症

andrógeno [andróxeno] 男 《生化》アンドロゲ

ン, 男性ホルモン

andrógino, na [andróxino, na] 形 名 男女両性具有の〔人〕, 両性的な；《植物》雌雄同花序の

androide [andróiðe] 名 アンドロイド, 人造人間

andrólogo, ga [andrólogo, ga] 形《医学》男性病学の

andrómina [andrómina] 女《口語》[大きな]嘘, でたらめ；策略

andropausia [andropáusja] 女《医学》男子更年期

andurrial [anduřjál] 男 [主に複] 人里離れた所

anduv-, anduvie- ☞andar 65

anea [anéa] 女《植物》ガマ〖enea〗

anécdota [anέkðota] 女 ❶ 逸話, 逸事；[歴史上の] 秘話. ❷ 瑣末(ᵇᵘ)なこと, 二次的なこと

anecdotario 男 逸話集

anecdótico, ca 形 逸話的な；瑣末な

anegar [anegár] 8 他 ❶《主に誇張》[+de・en で] 水浸しにする：～ en sangre 血の海にする. ～ de agua el arrozal 田に水を入れる. ❷ うんざりさせる：～ de preguntas a+人 …を質問攻めにする

◆ ～se 水没する：～se en llanto 泣きぬれる

anegación 女 水浸し, 洪水

anegadizo, za 形 男 洪水になりやすい〔土地〕

anegamiento 男 =anegación

anejo, ja [anέxo, xa] 形 男 =anexo

anejar 他 =anexionar

anélidos [anéliðos] 男複 環形動物

anemia [anémja] 女《医学》貧血〔症〕

anémico, ca 形 名 貧血症の〔人〕

anemófilo, la [anemófilo, la] 形 男《植物》風媒〔の〕

anemómetro [anemómetro] 男 風速計

anemometría 女 風速測定

anémona/anémone [anémona/-ne] 女《植物》アネモネ：～ de mar《動物》イソギンチャク

anergia [anέrxja] 女《医学》アネルギー

anestesia [anestésja] 女《医学》i) 麻酔〔法〕：～ local (general) 局所(全身)麻酔. ～ epidural (peridural) 硬膜外麻酔. ii) 知覚麻痺, 無感覚症

anestesiar 10 他 …に麻酔をかける

anestésico, ca 形 男 麻酔の；麻酔薬

anestesiología 女 麻酔学

anestesista/anestesiólogo, ga 名 麻酔医

aneurisma [aneurísma] 男/女《医学》動脈瘤(ⁿ ⁱ ⁺)；心臓の異常肥大

anexar [anε(k)sár] 他《主に中南米》=anexionar

anexionar [anε(k)sjonár] 他 [領土などを]併合する

anexión 女 併合

anexionismo 男 併合主義

anexionista 形 名 併合主義の(主義者)

anexo, xa [anέ(k)so, sa] 形 [+a に] 付属の：llevar (tener) … ～ …を伴っている. hospital ～ a la Universidad A A大学付属病院. artículo ～ 付帯条項. documento ～ 付属資料. edificio ～ 付属建物, 別館

◆ 男 付属建物, 別館；付属文書, 添付書類；[手紙の] 同封物；《解剖》付属器

anfetamina [amfetamína] 女《薬学》アンフェタミン

anfeta 女《隠語》=anfetamina, 覚醒剤

anfi- 〔接頭辞〕[両・周囲] anfibios 両生類, anfiteatro 円形劇場

anfibio, bia [amfíbjo, bja] 形 ❶《生物》水陸両生の. ❷ 水陸両用の；陸海合同の：tanque ～ 水陸両用戦車

◆ 男 複《動物》両生類

anfíbol [amfíbol] 男《鉱物》角閃石

anfibología [amfiboloxía] 女 [文法構造のあいまいさによる] 文意多義, 多義構文

anfibológico, ca 形 文意多義(不明)の

anfisbena [amfisbéna] 女《動物》ミミズトカゲ

anfiteatro [amfiteátro] 男 ❶ 円形闘技場〖☞写真〗；階段教室；[劇場の] 2階以上の正面席：～ anatómico 階段式手術教室. ❷《地理》半円劇場, 半円形の盆地

anfitrión, na [amfitrjón, na] 名 [食事をふるまう] 接待者, 主人役：país ～ 主催国；[投資の] 受入れ国

ánfora [ánfora] 女〖単数冠詞：el·un〔a〕〗 ❶《古代ギリシア・ローマ》両取っ手付きのつぼ. ❷《中南米》投票箱；福引きの箱

anfótero, ra [anfótero, ra] 形《化学》両性の

anfractuoso, sa [anfraktwóso, sa] 形 [土地などが] でこぼこの多い；曲りくねった

anfractuosidad 女 [主に複] でこぼこ；曲折

angarillas [aŋgaríʎas] 女 複 ❶ [荷物を運ぶ] 輦台(ᵏⁱ)；担架：transportar a los heridos en ～ 負傷者を担架で運ぶ. ❷ 水がめ用の荷鞍〖aguaderas〗

ángel [ánxεl] 男〖英 angel〗 ❶ 天使〖☞ángel はキリスト教神学では天使の階級 órdenes angélicos の最下位でもある：serafines> querubines>tronos>dominaciones>potestades>virtudes>principados>arcángeles>ángeles〗：～ bueno (de luz) 良天使；《比喩》救いの神. ～ malo (de tinieblas) 悪天使；悪魔のような人. ～ caído 堕天使. ～ custodio (guardián・de la guarda) 守護天使. ～ patudo 偽善者, 猫かぶり. mal ～ やっ

かい者, 困り者. ❷ 優しさ, 愛らしさ〖特に女性・子供の, 顔などの表面的な美しさでなく, 愛嬌・感じのような魅力〗: tener ～ 愛くるしい, 愛らしい. tener mal ～ 意地が悪い. ❸ 天使のような人: Aquella señora es un ～. あの女性は天使のような人だ. Ese chico es bueno como un ～. あれはとても素直な子だ. ❹《男性名》[Á～] アンヘル

cantar como los ～ 美しい声で歌う

ha pasado un ～ 天使が通った〖会話で気まずい沈黙が流れた時の表現〗

Ángela [áŋxela] 囡《女性名》アンヘラ〖英 Angel(a)〗

¡~ María! 〖驚き・抗議〗一体どうして!

angélica¹ [aŋxélika] 囡 ❶ 聖土曜日に歌われる宗教歌. ❷《植物》シシウド: ～ arcangélica アンゼリカ

angelical [aŋxelikál] 圏 天使の〔ような〕: niño ～ 天使のような子

angélico, ca² [aŋxéliko, ka] 圏 =**angelical**

Angelín [aŋxelín] 團《男性名》アンヘリン〖Angel の愛称〗

Angelina [aŋxelína] 囡《女性名》アンヘリナ〖Ángela の愛称〗

angelito [aŋxelíto] 團 ❶ 幼児; 無邪気なふりをする大人.❷《中南米》死んだ幼児

angelón [aŋxelón] 團 ～ de retablo 丸々と太った人

angelote [aŋxelóte] 團《口語》〔絵・彫刻などの〕天使の像; 〔おとなしい〕幼児; お人好し, 善人. ❸《魚》カスザメ

ángelus [áŋxelus] 團《単複同形》《キリスト教》アンジェラス, お告げの祈り; その時を知らせる鐘〖cámpana del ～〗

angina [aŋxína] 囡 ❶《医学》アンギナ〖口峡炎, 扁桃炎, 狭心症など〗: ～ de pecho 狭心症. ❷ 覆 喉の痛み; 扁桃腺炎: tener ～s 喉が痛い, 扁桃腺がはれている

angioma [aŋxjóma] 團《医学》血管腫

angiospermas [aŋxjospérmas] 囡 覆 被子植物

anglicano, na [aŋglikáno, na] 圏 图 英国国教の〔信者〕: iglesia ～na 英国国教会

anglicanismo [aŋglikanísmo] 團 英国国教

anglicismo [aŋgliθísmo] 團 英語からの借用語, 英語的用法

anglicista 圏 英語的用法の

anglo, gla [áŋglo, gla] 圏 图 =**anglosajón**

angloamericano, na [aŋgloamerikáno, na] 圏 图 英米の, 英米人; 英国系アメリカ人〔の〕

anglófilo, la [aŋglófilo, la] 圏 图 親英家〔の〕

anglófobo, ba [aŋglófobo, ba] 圏 图 英国嫌いの〔人〕

anglófono, na [aŋglófono, na] 圏 图 英語圏の〔人〕

anglonormando, da [aŋglonormándo, da] 圏 图〔アングロ〕ノルマン人〔の〕: Islas A～das チャネル諸島

anglosajón, na [aŋglosaxón, na] 圏 图 アングロサクソン人〔の〕; 英国の, 英国人

angoleño, ña/angolano, na/angolés, sa [aŋgoléɲo, ɲa/-láno, na/-lés, sa] 圏 图《国名》アンゴラ Angola の〔人〕

angora [aŋgóra] 囡 アンゴラ種〔の〕: cabra (conejo•gato) de ～ アンゴラヤギ(ウサギ・ネコ). suéter de ～ アンゴラのセーター

angorina 囡 アンゴラのイミテーション

angosto, ta [aŋgósto, ta] 圏 狭い〖estrecho〗: calle ～ta 細い通り

angostura 囡 1) 狭さ; 狭い所, 狭い道. 2) アンゴスツラ樹皮

ángstrom [áŋgstron] 團《物理》オングストローム

angstromio 團 =**ángstrom**

anguila [aŋgíla] 囡《魚》ウナギ(鰻): ～ de mar アナゴ. ～ eléctrica デンキウナギ

angula [aŋgúla] 囡 シラスウナギ, ウナギの稚魚

angular [aŋgulár] 圏 角〔の〕の, 角度の: piedra ～《建築》隅石. distancia ～《光学・天文》角距離

◆ 團《写真》広角レンズ〖gran ～〗

ángulo [áŋgulo] 團《英 angle》❶ 角〔の〕, 角度: i) inclinado a un ～ de 30 grados 30度に傾斜した. ～ adyacente 隣接角. ～ agudo (obtuso) 鋭角(鈍角). ～ alterno (externo•interno) 〔外•内〕錯角. ～ complementario (suplementario) 余角(補角). ～ cóncavo (convexo) 180度以上(以下)の角. ～ correspondiente 同位角. ～ diedro (triedro•poliedro) 2(3•多)面角. ～ interior (exterior) 内(外)角. ～ opuesto por el vértice 対頂角. ～ plano (saliente) 平(凸)角. ～ recto 直角. ii)《光学》de ～ ancho 広角の. ～ óptico (visual) 視角. ～ de reflexión (refracción) 反射(屈折)角. iii)《天文》～ acimutal 方位角. ～ horario 時角. iv)《軍事》～ de mira 照準角. ～ de tiro 射角. ～ muerto 死角. v)《機械》～ de avance 前進角. ～ de ataque 迎角. ～ de incidencia 取付け角; 《物理》入射角. ❷ 角〔の〕; 隅, コーナー: en un ～ de la habitación 部屋の隅に. ～ de un edificio 建物の角. ～ del ojo 目尻, 目頭. ❸ 観点: mirar desde un ～ diferente 別の角度から見る(考える)

en ～ 角度をなして; 傾斜して

anguloso, sa [aŋgulóso, sa] 圏 角ばった, ごつごつした: facciones ～sas 角ばった顔

angurria [aŋgúrja] 囡 ❶《主に南米》ひどい空腹, 食い意地; 極度の大食: comer con ～ がつがつ食う. ❷《医学》排尿困難

angurriento, ta 圏《主に南米》食い意地のはった

angustia [aŋgústja] 囡 ❶〔強度の〕不安, 恐れ; 苦悩, 苦悶: i) Espera con ～ la llegada de su hija. 彼は娘の到着を待って居ても立ってもいられない. poner cara de ～ 顔に苦悶の色を浮かべる. ii)《医学》～ vital (existencial) 不安, 苦悶. neurosis de ～ 不安神経症. ❷《西》吐き気. ❸《女性名》[A～s] アングスティ

アス

angustiar [aŋgustjár] [10] 他 不安に陥れる：Me *angustia* lo del futuro. 私は将来のことがとても心配だ

◆ **~se** 不安で一杯になる：Se angustia por aprobar el examen. 彼女は試験に受かるか気が気でない

angustiado, da 形 過分 不安にさいなまれた，苦悩に満ちた

angustioso, sa [aŋgustjóso, sa] 形 ひどく不安な；[決定などが] 苦悩に満ちた：pasar días ~s 苦悩の日々を過ごす

anhelante [anelánte] 形 ❶ 息づかいの激しい．❷《文語》[+por を] 切望する，必死の：esperar ~... …を待ちこがれる

anhelar [anelár] 自 あえぐ，息を切らす

◆ 他《文語》切望（熱望）する：*Anhelo* vivir en el campo. 私は田舎住まいを心から望んでいる

anhelo [anélo] 男《文語》切望，熱望：con ~ 切望して．tener ~s de... …を切望している，待ちこがれている

anheloso, sa [anelóso, sa] 形 [+por を] 渇望している；息を切らしている

anhídrido [aníðriðo] 男《化学》無水物：~ acético 無水酢酸．~ carbónico 二酸化炭素．~ sulfúrico 三酸化硫黄．~ sulfuroso 二酸化硫黄，亜硫酸ガス

anhidro, dra 形 無水の

anhidrosis [aniðrósis] 女《医学》無汗症

anidar [aniðár] 自 ❶ [鳥が，+en に] 巣を作る，巣ごもる；住む．❷《文語》[感情などが人に] 宿る：No dejes que el odio *anide* en tu alma. 憎しみを心に抱いてはいけない

anilina [anilína] 女《化学》アニリン

anilla [aníʎa] 女 ❶ [カーテンなどの] 輪；[環状の] 留め金；[缶詰の] プルトップ [~ de desgarre]；[鳥に付ける] 脚環：~s mágicas (juego) 知恵の輪．~s metálicas 手錠 [esposas]．❷ 複《体操》吊り輪 [器具，種目]

anillar [aniʎár] 他 ❶ 輪にする：~ el alambre 針金で輪を作る．❷ 環状のもので止める．❸ [鳥に] 脚環を付ける．❹ [エンジンに] ピストンリングを取り付ける

anillado 男 環形動物

anillo [aníʎo] 男《英 ring》❶ [小さな] 輪，環．❷ [主に宝石なしの] 指輪：ponerse un ~ 指輪をはめる．~ de boda 結婚指輪．~ de pedida (de compromiso) 婚約指輪．~ del Pescador ローマ教皇の印章．~ pastoral 司教の指輪．《諺》虚栄のための浪費を慎しめ．❸ [缶詰の] プルトップ，プルリング．❹《植物》年輪 [~ anual]．❺《動物》環節．❻《闘牛》闘牛場．❼《天文》[土星などの] 環．❽《建築》輪状平縁．❽《機械》リング：~ de rodadura レース；[軸受の] 軌道．❾《医学》~ vaginal 腟リング．❿《地理》~ de Fuego 環太平洋火山帯

caerse a+人 los ~s [+por で] …の体面を傷つける：A ella no *se le caerán* los ~s *por* barrer la casa. 彼女は偉いのに掃除までする

como ~ al dedo おあつらえ向きに，ぴったりと：

Ese dinero le vino *como ~ al dedo*. 彼にとってその金は実にありがたかった

ánima [ánima] 女《単数冠詞：el·un〔a〕》❶ [死者の] 霊魂 [≒ánimo 類義語]；[特に] 煉獄にいる霊魂 [~ en pena, ~ del purgatorio]．❷ [銃砲の] 内腔．❸ [晩鐘 [の時刻] [toque de ~s]：tocar a ~s 晩鐘を鳴らす．volver a casa a las ~s 晩鐘のころ家に帰る

en su ~ 衷心より，心から

animación [animaθjón] 女 ❶ 活気〔づける・づくこと]：~ cultural 文化の振興．escena llena de ~ 生き生きとした（にぎやかな）光景．Tiene mucha ~. 彼はとても活発だ．No hubo ~ en la bolsa. 市況は低調だった．❷ 人出，にぎわい：Hay mucha ~ en el parque. 公園は大変な人出だ．❸《映画》動画，アニメーション

animado, da [animáðo, ða] 形 過分 ❶ 生命のある：seres ~s 生物．❷ 活気のある：persona muy ~da 元気はつらつな人．calle ~da にぎやかな通り．coloquio ~ 白熱した討論．❸ [+a+不定詞] …しようと張り切った：Está ~ a cantar. 彼は歌いたくてうずうずしている．❹ [+de·por に] 勇気づけられた：estar ~ por el éxito 成功に気をよくしている．estar ~ de buenas intenciones 精一杯やろうとしている．❺ dibujos ~s 動画，アニメーション

animador, ra [animaðór, ra] 形 活気（元気)づける

◆ 名 [ショー・番組の] 司会者，ホスト，ホステス；芸人，エンタテイナー；[パーティーの] 余興屋；《スポーツ》チアリーダー，応援団

animadversión [animaðßersjón] 女 反感，敵意；非難

animal [animál] 男《英 animal. ↔ planta》動物：El hombre es un ~ racional. 人間は理性的な動物である．~ de bellota〔s〕豚；《軽蔑》愚劣なやつ．~ de compañía ペット．~ doméstico ペット；家畜．~ de carga 荷役用の家畜．~ político 政治に熱中する人

◆ 形 ❶ 動物〔性]の [↔vegetal]：proteína ~ 動物性たん白質．instinto ~ 動物的本能．❷ 愚かな，粗暴な：No seas ~. ばかなことを言うな（するな）

◆ 名 愚か（粗暴）な人；体の大きい（頑強な）人：el ~ de Miguel ばかなミゲル．¡Qué ~ de policía! 何て乱暴な警官だろう！

animalada [animaláða] 女 ❶《軽蔑》ばかげたこと，愚行：¡Qué ~ salir en una noche como ésta! こんな夜に出かけるとは無謀だ！ decir ~s くだらないことを言う．❷ 大量のもの

animalidad [animaliðá〔ð〕] 女 獣性

animalucho [animalútʃo] 男 醜怪な動物，怪獣；ちっぽけな動物

animar [animár] 他《英 encourage》❶ 活気を与える，元気づける：i) ~ el comercio 商いを活発にする．~ la conversación 会話を活気づける．~ la fiesta パーティーを盛り上げる．~ el fuego 火をかき立てる．~ a+人 la cara …の血色をよくする．ii) [+a+不定詞] …する気にさせる：Sus palabras me *animaron a* vivir

(*a salir*). 彼の言葉で私は生きる勇気がわいた（出かける気になった）. ❷ [神が] …に生命を与える；[芸術作品に] 魂を入れる
◆ ~se ❶ 活気づく：Si tomas unas copitas *te animarás*. 一杯飲めば元気が出るよ. *Se anima la calle*. 通りはにぎわっている. *¡Anímate!* 元気を出せ，がんばれ／決心しろ！ ❷ …する気になる，決心がつく：Por fin *se animó a* realizar su trabajo. やっと彼は仕事をする気になった. Vamos a pescar, *¿te animas?* 釣りに行こうよ，どうだい？

anímico, ca [anímiko, ka] 形 心霊の，霊魂の：estado ~ 精神状態. disposición ~*ca* 精神的傾向

animismo [animísmo] 男 アニミズム

animista 形 名 アニミズムの(信奉者)

ánimo [ánimo] 男 [英 spirit] ❶ 魂，心 [願望 ánimo は魂の働きとしての心，ánima は霊魂そのもの]：La conferencia afectó mucho a su ~. 講演は彼に深い感銘を与えた. estado de ~ 気分，精神状態. hombre de ~ esforzado 勇気のある人；鉄人. ❷ [時に 複] 勇気，気力：cobrar ~ 勇気を奮い起こす；recobrar ~ 気力を回復する. estar sin ~ 意気消沈している. tener muchos ~s 気力充実している. dar ~(s) a+人 …を励ます. ❸ [+de+不定詞または] 意図，気持ち：No está en mi ~ (Mi ~ no es·No tengo el ~ *de*) insultarle a usted. あなたを侮辱するつもりはありません. No tengo el ~ *de* pasear. 私は出歩く気がしない. Por fin hizo ~ *de* abrir la boca. ようやく彼は話す気になった. con (sin) ~ *de*+不定詞 …するつもりで(つもりではなく)
caer[*se*] *de* ~ 意気消沈する，落胆する
dilatar el ~ 心を慰める
estrecharse de ~ くじける
hacerse el ~ *de...* [心の] …を受け入れる：No *me hago el* ~ *de* que ha fallecido. 私にはどうしても彼の死が信じられない
no reparar en ~ *de*+不定詞 …する気分がない
◆ 間 しっかり，がんばれ！

animoso, sa [animóso, sa] 形 [+en·para に] 勇敢な；気力のある，仕事熱心の：Es ~ *para* el trabajo. 彼は仕事熱心だ. estar ~ *en* sus tareas 自分の仕事に情熱を燃やしている
animosidad 女 ＝**animadversión**；《まれ》勇気，気力

aniñado, da [aniñádo, ða] 過分 子供のような，子供じみた：rostro ~ 子供っぽい顔. expresión ~*da* 幼稚な表現
aniñar ~se [大人が] 子供のようになる

anión [anjón] 男《物理》陰イオン [↔catión]

aniquilar [anikilár] 他 ❶ 消滅(絶滅)させる [↔crear]；か敵 enemigo 敵を全滅(壊滅)させる. ❷ [非物質的なものを] 悪化させる：~ la salud 健康を損わせる
◆ ~se 消滅する；悪化する：Su ánimo *se ha aniquilado* por el fracaso. 彼は失敗して意気消沈している
aniquilación 女／**aniquilamiento** 男 消滅，絶滅

anís [anís] 男《植 aníses》❶《植物》アニス；その果実：aceite de ~ アニス油. ~ escarchado アニスの砂糖漬け. ~ estrellado (de la China·de las Indias) シキミ，スターアニス. ❷ アニス酒，アニゼット；その瓶『フラメンコではこすって楽器にする』. ❸ [主に 複] アニスキャンデー
anisado 男 アニス酒；アニスキャンデー
anisar 他 …にアニスの香りをつける. ◆ 男 アニス畑
anisete 男 アニス酒

anisotropía [anisotropía] 女《物理》異方性

Anita [aníta] 女《女性名》アニータ『Ana の愛称』

aniversario [aniβersárjo] 男 ❶ 記念日，記念祭：~ de la independencia 独立記念日. fiesta de ~ de boda 結婚記念パーティー. ❷ 誕生日；命日：Hoy es el primer ~ de mi padre. 今日は父の一周忌だ

ano [áno] 男《解剖》肛門：~ artificial 人工肛門

-ano《接尾辞》❶ [地名形容詞化] itali*ano* イタリアの. ❷ [品質形容詞化] urb*ano* 都市の

anoche [anóʧe] 副 [英 last night] 昨夜：~ hubo un incendio. 昨夜火事があった. Dormí bien ~. ゆうべはよく眠れた. antes de ~ 一昨夜『anteanoche』

anochecer [anoʧeθér] 39 自 『↔amanecer』❶ [単人称] 日が暮れる：i) Cuando *anocheció* nos fuimos a casa. 暗くなってから私たちは帰路についた. *Anocheció* despejado. 夕方には雲一つなかった. ii) [+a+人] Me *anocheció* mientras estaba buscándolo. 私が彼を捜している間に日が暮れた. iii) [精神的に] 暗くなる：*Anocheció* en mi espíritu. 私の希望の灯が消えた. ❷ [ある場所・状態で] 夜を迎える：*Anochecí* en Palma. 私は日暮れにパルマに着いた／日暮れにはパルマにいた
◆ 男 日暮れ：al ~ 日暮れに，夕方に

anochecida [anoʧeθíða] 女 日暮れ『anochecer』
de ~《文語》日暮れに〔なってから〕

anochecido [anoʧeθíðo] 男《文語》夜『noche』

anodino, na [anoðíno, na] 形 ❶ 毒にも薬にもならない，無意味な：crítica ~*na* 当たりさわりのない批評. persona ~*na* おもしろみのない人，退屈な人；うすのろ. película ~*na* つまらない映画. cena ~*na* 軽すぎる夕食. ❷《薬学》鎮痛の
◆ 男 鎮痛剤

ánodo [ánoðo] 男《物理》陽極 [↔cátodo]

anofeles [anoféles] 男《単複同形》《昆虫》ハマダラカ『マラリアを媒介する蚊』

anomalía [anomalía] 女 変則，異例；《文法》変則；《天文》近点角；《生物》異常；《物理》偏差；《情報》バグ
anómalo, la 形 変則的な，異例の

anón [anón] 女《中南米》＝**anona**

anona [anóna] 女《植物·果実》バンレイシ

anonadar [anonaðár] 他 [気力などを] くじく，打ちのめす；呆然とさせる

◆ **～se** [+por で] 意気消沈する；呆然とする
anonadación 囡/**anonadamiento** 團 意気消沈，落胆；呆然

anonimato [anonimáto] 團 匿名：conservar el ～ 名前を伏せる

anonimia [anonímja] 囡 匿名性

anónimo, ma [anónimo, ma] 圏 ❶ 匿名の，無署名の；作者不詳の：carta (llamada) ～*ma* 匿名の手紙(電話). ❷ 有名でない，無名の. ❸《商業》☞**sociedad**
◆ 團 匿名の〔の文書・作品〕：en el ～ 匿名で，conservar (guardar) el ～ 名を秘している

anónimamente 圖 匿名で

anorak [anorák] 團 [複 ～s]《服飾》アノラック

anorexia [anorέ(k)sja]囡《医学》食欲不振〔症〕，拒食症：～ nerviosa 神経性無食欲症，拒食症

anoréxico, ca 圏 囝 食欲不振症(拒食症)の〔人〕．**anorexígeno** 團 食欲抑制剤

anorgasmia [anorgásmja]囡《医学》オルガスムを得られないこと

anormal [anormál]圏 ❶ 異常な，変則的な，アブノーマルな：frío ～ 異常な寒さ．psicología ～ 異常心理．❷《医学》発育に欠陥のある，知恵遅れの
◆ 囝《軽蔑》[肉体的・精神的に]異常者；知恵遅れの子

anormalidad 囡 異常；《政治》非常事態

anortita [anortíta]囡《鉱物》灰長石

anosmia [anósmja]囡《医学》無臭覚〔症〕

anotar [anotár] 他 ❶ [+en に] 書きとめる：la dirección *en* su agenda 住所を手帳にメモする．❷ 登録する：～ a+人 *en* la lista …をリストに入れる．❸ [本などに]注釈をつける．❹《商業》採点する；《スポーツ》得点をつける；《映画》撮影記録をつける
◆ **～se** [勝利・失敗などを] 得る：～*se* la victoria 勝利を得る

anotación 囡 書きとめること；登録；注釈；記帳；得点，スコア：～ preventiva 登録商標

anotador, ra 囝 注釈者；記帳係；得点記録係，スコアラー；《映画》スクリプター

anovelado, da [anoβeláðo, ða] 圏 小説風の

anovulación [anoβulaθjón]囡《医学》無排卵

anovulatorio, ria 圏 團 無排卵性の；《薬学》排卵抑止剤，ピル【**píldora**】

anoxia [anó(k)sja]囡《医学》酸素欠乏症

anquilosar [aŋkilosár] 他 [関節を] 強直させる
◆ **～se** 強直する；[活動・反応などが] 鈍化(硬直化)する：*Se* van *anquilosando* sus ideas. 彼の思考は硬直化しつつある．*Se* le han *anqui-losado* las piernas por no hacer ejercicio. 彼は運動不足で足の筋肉が固くなっている

anquilosamiento 團 強直；鈍化，硬直化

anquilosis 囡〔単複同形〕《医学》関節強直〔症〕

anquilostoma [aŋkilostóma]團《動物》コウチュウ(鉤虫)，十二指腸虫

Ansa [ánsa] 囡 =**Hansa**
anseático, ca 圏 =**hanseático**

ánsar [ánsar] 團《鳥》ガン；ガチョウ
ansarino 團 ガン(ガチョウ)のひな

ansia [ánsja] 囡〔英 eagerness. 単数冠詞：el・un[a]〕 ❶ [強い] 欲求，希求：saciar el ～ de poder (de riquezas・de saber) 権力(金銭・知識)欲を満足させる．❷ 苦悩：Se pasó el día en las ～s de la muerte. 死の苦しみのうちにその日は過ぎた．❸ 憔悴(しょうすい)．❹ 圏 吐き気【náusea】
con ～ 切望して；苦しみにさいなまれながら：comer *con* ～ がつがつ食べる

ansiar [ansjár] 囗 他《文語》切望する：～ la paz 平和を熱望する．～ ganar el partido 試合にぜひ勝ちたいと思う

ansiedad [ansjeðá(ð)] 囡 ❶ 不安，心配；不安混じりの切望：esperar con ～ やきもきしながら待つ．❷《医学》不安

ansiolítico [ansjolítiko] 團《医学》抗不安薬

ansioso, sa [ansjóso, sa] 圏 ❶ [estar+] i) 心配そうな：mirada ～*sa* 不安のまなざし．ii) [+por・de+名詞・不定詞・que+接続法 を] 切望する：estar ～ *por* salir 外出したがっている．❷ [ser+] 欲ばりな
◆ 囝 欲ばり

ansiosamente 圖 やきもきしながら

ant.《略語》←anterior 前の，先の

anta [ánta] 囡〔単数冠詞：el・un[a]〕《動物》=**ante**, alce；《考古》=**menhir**；《建築》=**pilastra**

antagónico, ca [antagóniko, ka] 圏 敵対(対立)する

antagonismo [antagonísmo] 團 ❶ 敵対，対立：～ entre patronos y obreros 労使対立．～ de opiniones 意見の対立．❷《生理》拮抗作用(現象)

antagonista [antagonísta] 囝 反対者，敵対者；《演劇》敵(かたき)役【↔protagonista】
◆ 圏《医学》拮抗剤；《生理》拮抗筋

antaño [antáɲo] 圖《文語》昔，往時に；前年に

antañón, na 圏 とても古い

antártico, ca [antártiko, ka] 圏 南極〔地方〕の【↔ártico】

Antártida [antártiða]囡 [la+] 南極大陸

ante¹ [ante] 圃 ❶《場所》…の前に【英 before. ↔tras】 ❶ [場所] …の前に(de の方が普通だが，比喩的な意味では ante が好まれる)：No apareció más ～ mí. 彼は二度と私の前に姿を見せなかった．Hay muchos problemas ～ nosotros. 我々の前途は多難だ．A～ su testarudez preferí no discutir más. 彼の頑固さに私は議論をあきらめた．El consulado de Japón ～ España está en Barcelona. 在スペイン日本領事館はバルセロナにある．❷ …と比べて：A～ él no soy más que un niño. 彼に比べたら(彼にかかると)私はまるで子供

A

だ

ante² [ánte] 男《動物》ヘラジカ『alce』；その皮, エルク；スエード, バックスキン

ante-《接頭辞》[前・先] *ante*ayer 一昨日, *ante*poner 前置する

-ante《接尾辞》[ar 動詞+] i)［品質形容詞化］*ante*ayer 移動する. ii)［名詞化. 行為者］estudi*ante* 学生

antealtar [antealtár] 男 祭壇の前, 内陣

anteanoche [anteanótʃe] 副 一昨夜

anteayer [anteajér] 副 一昨日：A～ apareció José. おとといホセがやって来た

antebrazo [antebráθo] 男 前腕, 前膊；［馬などの］前肢の上部

anteburro [antebúrɾo] 男《動物》［メキシコで］バク（獏）

antecámara [antekámara] 女 控え室, 次の間
hacer ～［控え室で］面会を待つ

antecedente [anteθedénte] 形 [+a に] 先立つ：unas semanas ～ *a* la boda 結婚式の前の数週間
◆ 男 ❶［主に 複］前例, 前歴, いきさつ；《医学》病歴, 既往症：aclarar los ～*s* de un asunto 事件のいきさつを明らかにする. ～*s* penales 前科. ❷《文法》先行詞；《数学》［比例の］前項；《論理》前件
estar en ～s 事のいきさつを知っている
poner a+人 *en ～s* いきさつを…に教える

anteceder [anteθedér] 自 [+a に] 先んじる：La práctica *antecede a* la teoría. 理論の前に実践がある. Madrid era un poblacho que *antecedió a* la capital. マドリードは首都になる前は寒村だった

antecesor, ra [anteθesór, ra] 形 先行する
◆ 名 前任者, 先任者；［複］祖先

antecocina [antekoθína] 女［台所の前にある］食器室, 配膳室

antedatar [antedatár] 他 …より前に起こる；［小切手などに］実際より前の日付を付ける

antedicho, cha [antedítʃo, tʃa] 形 名《文語》前記（上記）の〈人〉, 前述の〈人〉

antediluviano, na [antedilubjáno, na] 形 ノアの洪水以前の；古めかしい, 時代遅れの

antefirma [antefírma] 女［手紙の末尾に書く］儀礼の文句『例 suyo afectísimo』；［署名者の］肩書, 役職名

antelación [antelaθjón] 女［時間的な］先行：con ～ 前もって, あらかじめ. Venta de entrada con cinco días de ～. 入場券は5日前から発売します. con la debida ～［しかるべく］事前に

antemano [antemáno] *de ～* 前もって, あらかじめ：Tenían preparada la comida *de ～*. 食事はすでに用意されていた. sacar la entrada *de ～* 前売り券を買う

ante meridiem [ante meríðjen]《←ラテン語. 主に中南米》午前：Son las ocho ～. 午前8時だ

antemural [antemurál] 男［精神的な］防壁, 砦

antena [anténa] 女 ❶ アンテナ：～ de cuadro ループアンテナ. ～ emisora (receptora) 送信(受信)用アンテナ. ～ interior 室内アンテナ. puesta en ～ 放送, 放映. ❷《動物》触角, 角（ツノ）. ❸《口語》耳；聴覚：tener la ～ puesta 聞き耳を立てている. ❹《船舶》大三角帆の帆桁
en ～ ラジオ(テレビ)で放送されている

antenatal [antenatál] 形 出生前の『prenatal』

anteojera [anteoxéra] 女 眼鏡ケース；［複］［馬の］遮眼帯

anteojo [anteóxo] 男 ❶ 望遠鏡『telescopio, ～ de larga vista』；～ de nivelación［測量の］水準器. ～ buscador ファインダー『visor』. ❷［複］《主に中南米》眼鏡『gafas』, 鼻眼鏡『quevedos』, 双眼鏡『gemelos』：～*s* de teatro (de puño) オペラグラス
ver con ～ de aumento 大げさに考える；大目に予想する

antepalco [antepálko] 男 ボックス席の控え室

antepasado, da [antepasáðo, da] 形［時間的に, +a より］前の：En los días ～*s a* su muerte le visité unas veces. 私は彼の生前に何度か訪ねたことがある
◆ 名 複 先祖

antepecho [antepétʃo] 男《建築》欄干, 手すり；窓の下粋, 窓台；出窓；《軍事》胸壁

antepenúltimo, ma [antepenúltimo, ma] 形 終わりから3番目の

anteponer [anteponér] 60 他［過分 antepuesto］❶ [+a の前に置く：～ el artículo *al* substantivo 名詞の前に冠詞を置く. ❷ [+a より] 優先させる, 重視する：～ el deber *al* interés 利益よりも義務を優先させる

anteportada [anteportáða] 女［本の］仮扉

anteposición [anteposiθjón] 女『←anteponer』前置；優先

anteproyecto [anteprojékto] 男 計画案, 基本構想

antepuerto [antepwérto] 男 外港

antera [antéra] 女《植物》葯（ヤク）

anterior [anterjór] 形『英 previous. ↔posterior』❶ [+a より] 前の：i)［時間］El suceso fue muy ～ *a* 1960. その出来事は1960年よりずっと前のことだ. ii)［空間］Está sentado en la fila ～ *a* la mía. 彼は私より前の席に座っている. parte ～ del coche 車の前部(フロント). iii)［定冠詞+］Me había olvidado de todo lo ～. 私はそれ以前(昔)のことはすっかり忘れていた. volviendo a lo ～ 先ほどの話に戻ると. El nuevo es mucho mejor que el ～. 今度のは前のよりずっといい. ❷《文法》futuro ～ 前未来『未来完了のこと』. ❸《言語》前舌の：vocal ～ 前舌母音
el día (el año) ～ その前日(前年)に：Dijo que había venido aquí *el día* ～. 彼は「昨日ここに来た」と言った

anterioridad [anterjoriðá(d)] 女《文語》先行：con ～ 前もって. con ～ a la verbena 前夜祭に先立って

anteriormente [anterjórménte] 圖 ❶ あらかじめ, 前もって：Véase 〜. 前もって参照すること. ❷ 前には, 前に〖antes〗：Esto no ha pasado 〜. こんなことは以前には起こらなかった

antes [ántes] 圖 【英 before. ↔después】 ❶ 〖時間〗前に, 以前に；昔に；少し前に：i)〖Mucho〗A〜 decía lo contrario. 彼は〔ずっと〕以前には反対のことを言っていた. A〜 las mujeres no tenían derecho a votar. 昔は女性に選挙権がなかった. Un hombre te ha llamado 〜. 少し前にある男から電話があったよ. Está como 〜. 彼は昔のままだ. ii)〖名詞＋. 過去・未来のある時点より〗…前に〖現在の時点より「…前に」の場合は hace…. または…atrás〗：Meses 〜 no había nada allí. その数か月前にはそこには何もなかった. Tres días 〜 se había marchado. 彼は3日前に立ち去っていた. iii)〖形容詞的〗La noche 〜 del asunto vino a verme. 事件の前の晩に彼は私に会いに来た. el día 〜 その前日に. la semana 〜 その前の週に ❷〖順序〗先に：¿Quién llegó 〜 a la meta? 誰が先にゴールに着いたのですか？ ❸〖接続詞的〗むしろ, 逆に：No teme la pena, 〜 la desea. 彼は苦痛を恐れず, むしろそれを望んでいる

〜 al contrario ＝〜 bien

〜 bien 〖文語〗むしろ, それどころか：No se alegró；〜 bien, se puso triste. 彼は喜ばなかった. それどころか, むしろ悲しんだ

〜 con できるだけ早く

〜 de…〖英 before〗1)…の前に：i)〖時間〗Venga usted 〜 de las nueve. 9時前に来なさい. Media hora 〜 de abrir la tienda ocurrió el suceso. 開店の30分前に事件は起きた. A〜 de terminada la cena salí de la sala. 夕食が終わらないうちに私は広間を出た. 〜 de amanecer 夜明け前に. 〜 del domingo 日曜日以前に.〖類義 para は期限を含む〗, antes de は含まない：*Para* el 10 volveremos aquí. 10日までには戻ります（10日まで含まれる）. *Antes de*l 10 volveremos aquí. 10日より前に戻ってきます〗 ii)〖空間〗Se colocan 〜 de la puerta. 彼らはドアの前に陣取っている. Hay muchas personas en la cola 〜 de mí. 私の前に大勢の人が列に並んでいる. 2)…より むしろ〖〜 que〗

〜 de nada 何よりも先に：A〜 de nada, lávate la cara. 何よりもまず顔を洗いなさい

〜〔de〕 que＋接続法 …する前に：He partido 〜〔de〕que amaneciera. 私は夜が明けないうちに出発した

〜 por el contrario ＝〜 bien

〜 que… 1)…より先に〖英 before〗：Había llegado 〜 que yo. 彼は私より先に着いた. 〜 que nadie 誰よりも先に. 2)…よりむしろ〖英 rather than〗：Tiene el pelo negro 〜 que castaño. 彼の髪は栗色というより黒い. Prefiero ir en tren 〜 que en avión. 私は飛行機よりむしろ列車で行きたい. Quiero morir 〜 que retroceder. 敵に後ろを見せるくらいなら死んだ

方がましだ

〜 que〔de〕 nada ＝ de nada：La salud es 〜 que nada. 健康がまず第一だ

de 〜 前の：a la tarde de 〜 前日の午後. Estás hablando de cosas de 〜. 君が話しているのはもう昔のことだ. Se sentaba en la fila de 〜 de la mía. 彼は私の前の列に座っていた

lo〔más〕 〜 possible できるだけ早く

antesala [antesála] 囡 ❶〖病院などの〗待合室. ❷ 前兆, 前ぶれ

en la 〜 de＋事 …の直前になって

hacer 〜〖待合室で〗順番を待つ

antevíspera [antebíspera] 囡〖文語〗前々日

anti-〖接頭辞〗〖反対〗*anti*social 反社会的な, *anti*colonialismo 反植民地主義

antiabortista [antjaβortísta] 形 名 中絶反対の（論者）

antiácido, da [antjáθiðo, ða] 形〖薬学〗制酸の；制酸剤

antiadherente [antjaðerénte] 形〖フライパンなどが〗汚れのこびりつかない

antiaéreo, a [antjaéreo, a] 形 防空の, 対空の：cañón 〜 高射砲

antiafrodisiaco, ca [antjafroðisjáko, ka] 形 男〖薬学〗性欲減衰剤〔の〕

antialcohólico, ca [antjalk〔o〕óliko, ka] 形 禁酒〖主義〗の：liga 〜*ca* 禁酒連盟

antialcoholismo 男 禁酒主義（運動）

antialérgico, ca [antjalérxíko, ka] 形 抗アレルギー性の

antiarrugas [antjarúgas] 形〖皮膚の〗老化防止の

antiatómico, ca [antjatómiko, ka] 形 放射能を防ぐ；反核兵器の：refugio 〜 核シェルター

antibalas [antibálas] 形〖単複同形〗防弾の：chaleco 〜 防弾チョッキ

antibelicista [antibeliθísta] 形 名 反戦主義の（主義者）

antibiótico, ca [antibjótiko, ka] 形 男〖生物〗抗生〔作用〕の；抗生物質〔の〕

antibloqueo [antiblokéo] 形〖自動車〗〖ブレーキが〗アンチロック式の

anticanceroso, sa [antikanθeróso, sa] 形〖薬学〗抗癌性の, 癌治療の：medicina 〜*sa* 抗癌剤

anticarro [antikárɔ] 男 対戦車砲〖cañón 〜〗

anticatalizador [antikataliθaðór] 男〖化学〗負（抗）触媒

anticátodo [antikátoðo] 男〖物理〗対陰極

anticiclón [antiθiklón] 男〖気象〗高気圧

anticiclónico, ca 形 高気圧の

anticipación [antiθipaθjón] 囡 ❶ 早める（早まる）こと, 先行：con 〜 前もって, あらかじめ；早めに. comprar las entradas con 〜 前売券を買う. con 10 minutos de 〜 10分早く. El calor ha venido este año con 〜. 今年は暑さが早くやって来た. ❷《修辞》予弁法. ❸ literatura de 〜 空想科学文学

anticipado, da [antiθipáðo, ða] 〖形〗〖過分〗予定より早い, 期限前の；前もっての：elecciones ～*das*〔任期切れ前の〕解散総選挙. pago ～前払い. venta ～*da* de entrada 入場券の前売り
por ～ 前もって, あらかじめ：pagar *por* ～前払いする

anticipar [antiθipár] 〖他〗❶〔予定・期限より〕前に行なう, 早める：～ la partida 出発を早める. ❷ 前払いする：He pedido a la empresa que me *anticipe* cien mil pesetas. 私は会社に 10 万ペセタの前借りを頼んだ. ❸ 見越す, 予想する

◆ **～se** ❶〔+a に〕先んじる, 先取りする：Iba a pagar la cuenta, pero él *se me anticipó*. 私, が勘定を払おうとしたのに, 彼に先を越された. ～*se a* su época 時代を先取りする. ❷ 早まる：Este año los fríos *se han anticipado*. 今年は寒くなるのが早い

anticipo [antiθipo] 〖男〗❶ 前払い〔金〕：～ de los derechos de autor 印税の前払い金. ❷ 前兆

anticlericalismo [antiklerikalísmo] 〖男〗反教権主義
anticlerical 〖形〗〖名〗反教権主義の(主義者)

anticlímax [antiklíma(k)s] 〖男〗《修辞》文勢漸落, 漸降法；《文学・映画》アンチ・クライマックス

anticlinal [antiklinál] 〖形〗〖男〗《地質》背斜〔の〕〖↔sinclinal〗

anticoagulante [antikoagulánte] 〖形〗《薬学》抗凝血性の；抗凝固剤

anticolonialismo [antikolonjalísmo] 〖男〗反植民地主義

anticomunismo [antikomunísmo] 〖男〗反共主義
anticomunista 〖形〗〖名〗反共主義の(主義者)

anticoncepción [antikɔnθepθjón] 〖女〗避妊
anticonceptivo 〖形〗避妊の：píldora ～ ピル, 経口避妊薬
anticonceptivo, va 〖形〗〖男〗避妊用の；避妊薬(具)

anticongelante [antikɔnxelánte] 〖形〗凍結を防ぐ
◆ 〖男〗凍結防止剤, 不凍液〖líquido ～〗

anticonstitucional [antikɔnstituθjonál] 〖形〗憲法違反の, 違憲の
anticonstitucionalidad 〖女〗違憲性

anticorrosivo, va [antikɔrrosíßo, ßa] 〖形〗〖男〗錆止めの；防食剤

anticresis [antikrésis] 〖女〗〖単複同形〗《法律》不動産担保契約

anticristo [antikrísto] 〖男〗〔el+〕反キリスト, キリストの敵
anticristiano, na 〖形〗反キリスト教の

anticuado, da [antikwáðo, ða] 〖形〗〖過分〗廃れた；流行(時代)遅れの：Esa costumbre se ha hecho ～*da*. その風習はもう廃れた. palabra ～*da* 古語, 死語

anticuar [antikwár] 〖14〗〖←antiguo〗**～se** 廃れる, 廃物になる；流行遅れになる：Esta palabra *se va anticuando*. この語はだんだん使われなくなる

anticuario, ria [antikwárjo, rja] 〖名〗古美術商(収集家). ◆ 〖男〗古美術品店

anticucho [antikútʃo] 〖男〗《南米. 料理》牛の心臓の串焼き

anticuerpo [antikwérpo] 〖男〗《医学》抗体, 免疫体

antidemocrático, ca [antiðemokrátiko, ka] 〖形〗非民主的な；反民主主義的な

antideportivo, va [antiðepɔrtßo, ßa] 〖形〗スポーツマンらしくない：conducta ～*va* スポーツマンシップに反した行為

antidepresivo [antiðepresßo] 〖男〗《薬学》抗鬱薬

antideslizante [antiðeslißánte] 〖形〗〖男〗すべり止めの〔チェーン・タイヤ〕

antidetonante [antiðetonánte] 〖形〗〖男〗制爆性の；アンチノック剤

antidisturbios [antiðistúrßjos] 〖形〗〖男〗〖単複同形〗紛争処理〔の〕, 暴動鎮圧〔の〕：policía (unidad) ～/los ～ 機動隊

antidoping [antiðópin] 〖男〗control ～ ドーピングテスト

antídoto [antíðoto] 〖男〗❶ 解毒剤. ❷〔悪習などに〕対抗する手段：El trabajo es el mejor ～ contra el (del) aburrimiento. 退屈しのぎには働くのが一番だ

antidroga [antiðróga] 〖形〗反麻薬の, 麻薬取り締まりの：redada ～ 麻薬の一斉取り締まり

antieconómico, ca [antjekonómiko, ka] 〖形〗不経済な, 高くつく

antiemético, ca [antjemétiko, ka] 〖形〗〖男〗《薬学》制吐作用の；制吐薬, 鎮吐剤

antienvejecimiento [antjembɛxeθimjénto] 〖男〗老化防止

antiescorbútico, ca [antjeskɔrbútiko, ka] 〖形〗《薬学》抗壊血病の

antiespasmódico, ca [antjespasmóðiko, ka] 〖形〗《薬学》抗痙攣性の；鎮痙剤

antiestático, ca [antjestátiko, ka] 〖形〗静電荷を減らす；静電気(帯電)防止の

antiestético, ca [antjestétiko, ka] 〖形〗見苦しい, 醜い

antifascismo [antifasθísmo] 〖男〗反ファシズム
antifascista 〖形〗〖名〗反ファシズムの(人)

antifaz [antifáθ] 〖男〗〖複 ～ces〗覆面；〔目のまわりを隠す〕仮面

antifeminista [antifeminísta] 〖形〗〖名〗女性解放(男女同権)に反対の(人)

antífona [antífona] 〖女〗《宗教》交唱詩篇
antifonario 〖男〗交唱聖歌集〖libro ～〗

antifranquismo [antifraŋkísmo] 〖男〗反フランコ Franco〔体制〕
antifranquista 〖形〗〖名〗反フランコ派〔の〕

antífrasis [antífrasis] 〖女〗〖単複同形〗《修辞》反語, 反用〔例 don Generoso けちん坊〕

antifricción [antifri(k)θjón] 〖女〗減摩メタル

antigás [antigás] 〖形〗対毒ガスの

antígeno, na [antíxeno, na] 〖形〗〖男〗《医学》抗原〔の〕

antiglipal [antiglipál] 形 男 インフルエンザ予防用の, 風邪の治療用の；風邪薬

antigualla [antiɣwáʎa] 女 ❶ 《軽蔑》古物, 遺物；時代遅れのもの：Tu coche es una 〜. 君の車は古びている(がらくた同然だ)

antiguamente [antíɣwaménte] 副 昔は；かつて, 以前に

antiguar [antiɣwár] 13 自 古顔(古参)になる
◆ 〜se ＝anticuarse

antigubernamental [antiɣuβɛrnamentál] 形 反政府の, 野党の

antigüedad [antiɣweðá(d)] 女 ❶ 古さ：Las calles relatan la 〜 de la ciudad. 通りが町の古さを物語る． ❷ 昔, 古代；[特に la A〜] 古典古代, ギリシア・ローマ時代 『〜 clásica): de toda 〜 太古の昔から；千古の. en la remota 〜 はるか大昔に. Esto lo creía la 〜. これを昔の人は信じていた． ❸ 年功, 勤続年数：tener mucha 〜 勤続が長い, 古参である. tener …años de 〜 勤続…年である． ❹ [主に 複] こっとう品, 古美術品, アンティーク；遺物, 遺跡：tienda de 〜es こっとう品店. 〜es de Roma 古代ローマの遺跡.
por 〜 年功序列で, 先任順に：ascenso *por* 〜 年功序列による昇進.

antiguo, gua [antíɣwo, gwa] 形

〖英 ancient. 絶対最上級：anti*quí*simo,《俗用》anti*güí*simo〗❶ 古い, 古くからの, 古めかしい 〖↔nuevo〗；昔の, 古代の 〖↔moderno〗：mueble 〜 古い(時代ものの)家具. tarifa 〜*gua* 旧運賃. civilización 〜*gua* 古代文明. Madrid 〜 マドリードの下町(旧地区). ii) [人について] amigo 〜 旧友 〖参考 amigo viejo 年老いた友人〗. compañero 〜 かつての(昔の)仲間. 〜*gua* criada 古くからいる女中. Es más 〜 que yo en la compañía. 彼は会社で私より先輩だ
❷ [＋名詞] 元の, 旧の：〜 primer ministro 元首相. asociación de 〜s alumnos 同窓会. 〜*gua* capital 旧都
❸ 古くさい, 時代遅れの 〖anticuado〗：traje 〜 流行遅れの服
a la 〜gua 昔風に
de (desde) 〜 昔から
desde muy 〜 大昔から
en lo 〜 昔は
◆ 名 昔なじみ, 古顔；先輩, 上級生
◆ 男 ❶ 古代美術(の様式). ❷ 昔の人, 古代人；ギリシア・ローマ時代の人：Los 〜s adoraban al Sol. 古代人は太陽を崇拝した
◆ 女《国名》A〜*gua* y Barbuda アンティグア・バーブーダ

antihelmíntico, ca [antjɛlmíntiko, ka] 形 男《薬学》駆虫の；駆虫剤, 虫下し

antihéroe [antjéroe] 男 敵(かたき)役；アンチヒーロー

antihigiénico, ca [anti(i)xjéniko, ka] 形 非衛生的な

antihistamínico, ca [anti(i)stamíniko, ka] 形 男《薬学》抗ヒスタミンの；抗ヒスタミン剤

antihumano, na [antjumáno, na] 形 人間性に反する, 非人間的な

antiimperialismo [anti(i)mperjalísmo] 男 反帝国主義

antiincendios [anti(i)nθéndjos] 形《単複同形》消防の

antiinfeccioso, sa [anti(i)nfɛ(k)θjóso, sa] 形 男《薬学》抗感染性の；抗感染薬

antiinflacionario, ria [anti(i)nflaθjonárjo, rja] 形《経済》インフレ抑制の

antiinflamatorio, ria [anti(i)nflamatórjo, rja] 形 男《薬学》炎症抑制の；炎症抑制剤

antilegal [antileɣál] 形 法律に反する

antillano, na [antiʎáno, na] 形《地名》アンティーリャス諸島 las Antillas の〔人〕

antilogaritmo [antiloɣarítmo] 男《数学》真数

antilogía [antiloxía] 女 矛盾
antilógico, ca 形 矛盾した, 非論理的な

antílope [antílope] 男《動物》レイヨウ(羚羊), アンテロープ

antimagnético, ca [antimaɣnétiko, ka] 形 抗(耐)磁性の

antimanchas [antimántʃas] 形《単複同形》汚れ防止の

antimateria [antimatérja] 女《物理》反物質

antimicótico [antimikótiko] 男《薬学》抗真菌薬

antimilitarismo [antimilitarísmo] 男 反軍国主義

antimisil [antimisíl] 形 ミサイル迎撃用の；ミサイル迎撃ミサイル

antimonárquico, ca [antimonárkiko, ka] 形 反君主制の

antimonio [antimónjo] 男《元素》アンチモン
antimonita [antimoníta] 女《鉱物》輝安鉱

antimonopolista [antimonopolísta] 形 ley 〜 独占禁止法

antimoral [antimorál] 形 反道徳的な
antinacional [antinaθjonál] 形 反国家的な
antinatural [antinaturál] 形 自然に反する
antineoplástico, ca [antineoplástiko, ka] 形《薬学》抗新生物性の

antineurálgico, ca [antinɛurálxiko, ka] 形 男《薬学》抗神経痛性の；抗神経痛薬

antineutrino [antinɛutríno] 男《物理》反ニュートリノ

antineutrón [antinɛutrón] 男《物理》反中性子

antiniebla [antinjébla] 形《単複同形》濃霧対策の

antinomia [antinómja] 女 [現実に応用する時の2つの法律・原理間の] 矛盾；《哲学》二律背反
antinómico, ca 形 矛盾する

antinuclear [antinukleár] 形 反核の, 非核の；対核爆発(核戦争)用の

antíope [antíope] 女《昆虫》キベリタテハ
antioxidante [antjo(k)siðánte] 形 男 酸化防止の(防止剤)

antipalúdico, ca [antipalúðiko, ka] 形 《薬学》抗マラリア性の

antipapa [antipápa] 男 対立(僭称的)教皇

antipara [antipára] 囡 ついたて；［兵士などの昔の］すね当て

antiparasitario, ria [antiparasitárjo, rja] 形 男 ❶ 《薬学》寄生虫に対して作用する；駆虫剤(薬). ❷ =**antiparásito**

antiparásito, ta [antiparásito, ta] 形 男 雑音防止の(装置)

antiparlamentarismo [antiparlamenta-rísmo] 男 反議会主義

  antiparlamentario, ria 形 名 反議会主義の(主義者)

antiparras [antipárras] 囡 複 《戯語》眼鏡〖gafas〗

antipartícula [antipartíkula] 囡 《物理》反粒子

antipasto [antipásto] 男 《南米. 料理》前菜

antipatía [antipatía] 囡 ［+a・contra・hacia・por・para con に対する］反感, 嫌悪 〖↔simpatía〗: Los niños han cogido ~ *a* la nueva maestra. 子供たちは新任の先生を毛嫌いした. No siento ~ *hacia* él./No le tengo ~. 私は彼に反発を感じない

antipático, ca [antipátiko, ka] 形 名 感じの悪い(人), 反感を抱かせる 〖↔simpático〗: Es una persona ~*ca*. 彼はつき合いにくい人間(虫の好かないやつ)だ. Me fue (cayó) ~ desde el primer encuentro. 私は最初から彼に好感がもてなかった

antipatriota [antipatrjóta] 名 愛国心のない人, 非国民

  antipatriótico, ca 形 愛国心のない

antipendio [antipéndjo] 男 《美術》祭壇前飾り

antiperistáltico, ca [antiperistáltiko, ka] 形 《医学》逆蠕動(ぜん)の

antipersonal [antipɛrsonál] 形 《軍事》対人用の

antiperspirante [antipɛrspiránte] 形 発汗抑制の(抑制剤)

antipirético, ca [antipirétiko, ka] 形 《薬学》解熱性の；解熱剤

antipirina [antipirína] 囡 《薬学》アンチピリン

antípoda [antípoða] 形 男/囡 ［主に 複］ ❶ 対蹠(たいしょ)地(の), 地球の裏側: Nueva Zelanda es ~ de España. ニュージーランドはスペインの裏側の国である. hacer un viaje a los ~s 地球の反対側に旅行する. ❷ 正反対の: El machismo se encuentra en las ~s del feminismo. 男性優位主義は女性解放の正反対に位置する

antiquísimo, ma [antikísimo, ma] 形 ☞ **antiguo**

antirrábico, ca [antiřáβiko, ka] 形 《薬学》狂犬病予防の

antirracista [antiřaθísta] 形 人種差別反対の

antirradar [antiřaðár] 形 対レーダー〔妨害〕用の

antirreflector, ra [antiřɛflɛktɔr, ra] 形 反射防止の

antirreglamentario, ria [antiřɛgla-mentárjo, rja] 形 規則に反する；《スポーツ》反則の

antirreligioso, sa [antiřɛlixjóso, sa] 形 反宗教的な

antirreumático, ca [antiřɛumátiko, ka] 形 名 《薬学》抗リウマチ性の；抗リウマチ薬

antirrevolucionario, ria [antiřɛβolu-θjonárjo, rja] 形 反革命の；反革命家

antirrobo [antiřóβo] 形 男 盗難防止用の〔装置〕: alarma ~ 盗難防止用警報器

antisemita/antisemítico, ca [anti-semíta/-tiko, ka] 形 名 反ユダヤの, ユダヤ人排斥の；反ユダヤ主義者

  antisemitismo 男 反ユダヤ主義, ユダヤ人排斥運動

antiséptico, ca [antisɛ́ptiko, ka] 形 男 ❶ 防腐性の；防腐剤. ❷ 殺菌の, 消毒の；殺菌薬, 消毒薬

  antisepsia 囡 防腐〔法〕；殺菌, 消毒〔法〕

antisiquiatría [antisikjatría] 囡 反精神医学

antisísmico, ca [antisísmiko, ka] 形 耐震の

antisocial [antisoθjál] 形 反社会的な, 社会秩序を乱す

antisubmarino, na [antisubmaríno, na] 形 対潜水艦の

antitabaco [antitaβáko] 形 《単複同形》喫煙抑止の, 嫌煙の

antitanque [antitáŋke] 形 対戦車用の: cañón ~ 対戦車砲

antitérmico, ca [antitɛ́rmiko, ka] 形 男 =**antipirético**

antiterrorista [antiteřorísta] 形 テロ活動に反対する；テロ活動防止用の: Ley *A*~ テロ活動防止法

antítesis [antítesis] 囡 《単複同形》 ❶ 正反対；対照: Ese muchacho es la ~ de su hermano. その子は兄と正反対だ. ❷ 《修辞》対句, 対照法；《哲学》反定立, アンチテーゼ

antitetánico, ca [antitetániko, ka] 形 囡 《医学》破傷風予防の〔注射〕

antitético, ca [antitétiko, ka] 形 正反対の, 対照的な

antitoxina [antito(k)sína] 囡 《医学》抗毒素

  antitóxico, ca 形 男 抗毒性の；抗毒素

antituberculoso, sa [antituβerkulóso, sa] 形 結核治療〔予防〕の

antitusígeno, na [antitusíxeno, na] 形 男 《薬学》鎮咳〔性〕の；鎮咳薬, 咳止め

antiulceroso, sa [antjulθeróso, sa] 形 《薬学》抗潰瘍性の

antivaho [antiβáo] 形 曇り止めの

antivariólico, ca [antiβarjóliko, ka] 形 囡 天然痘治療(予防)の〔ワクチン〕

antivírico, ca [antiβíriko, ka] 形 男 《薬学》抗ウイルス性の；抗ウイルス薬

antiviveseccionista [antiβiβisɛ(k)θjo-

nísta] 形 名 生体解剖(動物実験)に反対の
〔人〕

antojadizo, za [antoxaðíθo, θa] 形 気まぐ
れな, むら気な

antojar ～se ❶ [+a+人 にとって]
i) …が欲しい気がする; [+不定詞] …したい気が
起こる: Se le ha antojado salir de viaje. 彼
はふと旅に出たくなった. ii)《文語》[+que+直説
法 のような] 気がする: Se me antoja que ma-
ñana lloverá. 明日は雨が降りそうだ. ❷ [人が
主語. +de+不定詞] …したくなる

antojo [antóxo] 形 ❶ 気まぐれ: cada uno a
su ～ 各自好きなように. vivir a su ～ 気ままに
暮らす. seguir sus ～s 気が向くままにする; 勝
手気ままにふるまう. ❷ [妊婦の示す] 変わった嗜
好, つわり. ❸ 覆 [生まれつきの] あざ, 母斑

antología [antolóxía] 女 選集, 詞華集, アン
ソロジー. de ～ 思い出に残る, すばらしい
antológico, ca 形 選集の; すばらしい

Antonia [antónja] 女《女性名》アントニア

antónimo [antónimo] 形 反意語, 反義語
antonimia 女 反意〔性〕

Antonio [antónjo] 男《男性名》アントニオ〔英
Anthony〕

antonomasia [antonomásja] 女《修辞》換
称〖例 el Salvador←Jesucristo〗
por ～ とりわけ, すぐれて: El Apóstol〔de las
gentes〕es por ～ San Pablo.〔異邦人の〕使
徒といえばまさに聖パウロのことである. Pica-
sso es el pintor por ～ del siglo XX. ピカソ
は押しも押されもしない20世紀を代表する画家
である

antor.《略語》←anterior 前の, 先の

antorcha [antórʃa] 女 たいまつ, トーチ: ～
olímpica オリンピックの聖火トーチ(聖火台). ～
de la fe 信仰の光
pasar (entregar) la ～ [事業などを, +a+
人 に] 引き渡す
recoger la ～ [事業などを] 引き継ぐ

antraceno [antraθéno] 男《化学》アントラセ
ン

antracita [antraθíta] 女 無煙炭

antraquinona [antrakinóna] 女《化学》アン
トラキノン

ántrax [ántra(k)s] 男《医学》炭疽; 癰(ﾖｳ), 疔
(ﾁｮｳ)

antro [ántro] 男 ほら穴, 洞窟; いかがわしい場所
(飲み屋): ～ de perdición 悪徳の巣

antropocentrismo [antropoθentrísmo]
男《哲学》人間中心主義(説)
antropocéntrico, ca 形 人間中心主義の

antropofagia [antropofáxja] 女 人食いの
風習
antropófago, ga 形 名 人肉を食う; 食人種

antropografía [antropoɣrafía] 女 記述的
人類学

antropoide [antropóiðe] 形 名 類人猿〔の〕

antropología [antropolóxía] 女 人類学: ～
cultural 文化人類学
antropológico, ca 形 人類学の
antropólogo, ga 名 人類学者

antropometría [antropometría] 女《人類》
人体測定〔法〕
antropométrico, ca 形 人体測定の: ficha
～ca〔犯罪者の〕識別カード

antropomorfo, fa [antropomórfo, fa]
名 類人猿〔の〕; 人間の形をした
antropomórfico, ca 形 擬人化された, 神人
同形論的な

antropomorfismo 男 擬人観, 神人同形論

antropónimo [antropónimo] 男 人名
antroponimia 女 人名研究

antropopiteco [antropopitéko] 男 猿人

antropozoico, ca [antropoθóiko, ka] 形
《地質》人類出現期〔の〕; ＝cenozoico

antruejo [antrwéxo] 男《文語》カーニバル
〖carnaval〗

anual [anwál] 形 [←año] 毎年の; 1年間の:
fiesta ～ 毎年恒例の祭り. ceremonias ～es
年中行事. junta general ordinaria ～ 定例
年次総会. plazo ～ 1年の期限. presupues-
to ～ 年間予算. pagar …pesetas ～es 年に
(毎年)…ペセタ支払う
◆ 男 一年生植物〖planta ～〗
anualmente 副 毎年, 年々

anualidad [anwaliðá(ð)] 女 ❶ 毎年(1年
間)であること: reembolso por ～es 年々の償
還. ～ de presupuesto 予算の年次制. ❷ 毎
年の支払(受取)金, 年会費; 年金: ～
vitalicia 終身年金

anuario [anwárjo] 男 年鑑, 年報: ～ de
ciencias médicas 医学年報. ～ telefónico
電話帳

anubarrado, da [anuβařáðo, da] 形 [空
が] 曇った

anublar [anuβlár] 他 [雲などが] 覆う, 隠す
◆ ～se [植物が] しおれる; [迷いなどが] 雲散霧
消する

anudar [anuðár] 他 ❶ 結ぶ, …に結び目を作
る: ～ los bordes de la herida 傷口を縫い合
わせる. ～ su amistad 友情のきずなを結ぶ. La
perplejidad anudó su voz. 彼は困惑して声が
出なかった. ❷ 再開する: ～ la conversación
また会話を始める
◆ ～se ❶ [ネクタイ・リボンなどを] 結ぶ: Se
anudó los cordones de los zapatos. 彼は靴
紐を結んだ. ❷ 結び合わされる: La hiedra se
anuda al árbol. 木に蔦が絡まっている. Se le
anudó la garganta. 彼は胸が締めつけられる思
いで何も話せなかった. ❸ 成長が止まる
anudadura 女/**anudamiento** 男 結ぶこと,
結び目

anuencia [anwénθja] 女《文語》[主に個人
的な] 承認, 同意. **anuente** 承諾の

anulable [anuláβle] 形 取り消せる, 無効にで
きる

anulación [anulaθjón] 女 取り消し, 解消;
破棄

anular [anulár] 他 ❶ 取り消す, 取りやめにす
る;《法律》無効とする, 破棄する: ～ el viaje 旅
行を中止する. ～ el pedido 注文をキャンセルす
る. ～ el compromiso de matrimonio 婚約

を解消する. ❷［人格を］支配する, 圧倒する. ❸《数学》［共通項などを］約す, 消す
◆ 〜**se ❶** 無効になる, 消滅する. ❷ 打ち消し合う, 相殺する. ❸《野球》アウトになる
◆ 囲 薬指〖dedo 〜〗

anunciación [anunθjaθjón] 囡 ❶ 告示. ❷ ［la A〜. 大天使ガブリエルによる聖母マリアへの］受胎告知；お告げの祝日〖3月25日〗

anunciador, ra [anunθjaðór, ra] 厖 名 = **anunciante**；口上などを述べる人

anunciante [anunθjánte] 厖 広告の：entidad 〜 広告会社
◆ 名 広告主, スポンサー

anunciar [anunθjár] ⑩ 他 〖英 announce〗 ❶ 知らせる, 通知する：Han anunciado un accidente de avión en (por) TV. テレビで飛行機事故が報じられた. ❷《文語》［来訪を］告げる：La secretaria le anunció mi visita. 秘書が私の訪問を彼に告げた. ❸ …の前兆となる：Las golondrinas anuncian la llegada de la primavera. ツバメは春の訪れを告げる. ❹ 広告する：Han anunciado mucho este producto. この製品はずいぶん広告されていた
◆ 〜**se ❶**［+主格補語］…のようである：El fin de semana se anuncia lluvioso. 週末は雨らしい. ❷《文語》［自分の］来訪を告げる：Sírvase 〜se en recepción. 受付へどうぞ

anuncio [anúnθjo] 囲 ❶ 知らせ, 通知：〜 oficial 公告. tablón (tablero) de 〜s 掲示板. ❷ 広告：〜 destacado ディスプレー広告. 〜 por palabras 三行広告. 〜s breves (clasificados)［求人・貸家などの］項目別小広告. hombre 〜 サンドイッチマン. ❸ ビラ；立て看板：Prohibido fijar 〜s. ビラ貼りお断り. ❹ 前兆：〜 de la tormenta 嵐の前ぶれ

anuria [anúrja] 囡《医学》無尿［症］

anuro, ra [anúro, ra] 厖《動物》無尾の

anverso [ambérso] 囲 ［↔reverso］［紙・硬貨などの］表(\<sup\>きん\</sup\>)；［本の］表(右)ページ

-anza 《接尾辞》［ar 動詞・名詞化. 動作・結果］matanza 殺戮, confianza 信頼

anzuelo [anθwélo] 囲 釣り針
tragar[se] (morder·picar) el 〜/caer en el 〜 針にかかる；［誘惑に］ひっかかる, 一杯食わされる
echar el 〜 a+人 …を罠にかける, 誘惑する

añada [aɲáða] 囡《農業》1年間；輪作地

añadido [aɲaðíðo] 囲 ❶ 付加(された)もの）：hacer un 〜 a un texto 原文に加筆する. poner un 〜 a la manga そでを長くする. ❷ 入れ毛, ヘアピース

añadidura [aɲaðiðúra] 囡 付加されたもの；おまけ, サービス
por (de) 〜 その上：Es guapa y, por 〜, inteligente. 彼女は美人で, おまけに頭がいい

añadir [aɲaðír] 他 〖英 add〗 ❶ ［+a 物］付け加える, 足す：Añadió él lo que faltaba. 彼が不足分を出してくれた. La música añadió animación a la reunión. 音楽が集まりに活気

を添えた. 〜 sal a la sopa スープに塩を足す. 〜 el interés al capital 元金に利子を加える. 〜 puntos al jersey セーターを編み足す. ❷ 言い足す, 書き添える：Siempre añadía dos renglones para su madre. 彼女はいつも母親あてに数行書き添えた. Al terminar, añadió que le gustaría volver aquí algún día. 最後に彼女はいつかまたここへ来たいと言い添えた

añagaza [aɲaɣáθa] 囡 ［鳥をおびき寄せるため］おとり(の鳥)；策略, わな

añal [aɲál] 厖 ［牛・山羊が］1歳の

añalejo [aɲaléxo] 囲 ［年間の］聖務案内, 教会歴

añejo, ja [aɲéxo, xa] 厖 ❶ 古い；［酒などが］1年以上たった, 熟成した：vicio 〜 古くからの悪習. vino 〜 年代もののワイン. ❷ 古くさい：noticia 〜ja 新鮮味のないニュース
añejamiento 囲 熟成
añejar 〜**se** 古くなる；熟成する

-añero, ra [aɲéro, ra] 《接尾辞》…歳代の：veinte añero 20歳代の

añicos [aɲíkos] 囲 圏 ［小さな］破片, かけら
hacerse 〜 ばらばら(こなごな)になる；へとへとに疲れる, 消耗する：La taza estaba hecha 〜. 茶碗はこなごなになっていた
romperse en 〜 ばらばら(こなごな)に壊れる

añil [aɲíl] 囲 厖 厖《植物》アイ(藍)；藍色(の)

año [áɲo] 囲 〖英 year〗 ❶ 年, 1年間：Se ha graduado este 〜. 彼は今年卒業した. el 〜 que viene/el 〜 entrante 来年. dentro de dos 〜s 再来年, 2年後に. el 〜 pasado 去年, 昨年. hace dos 〜s 一昨年, 2年前に. hace 〜s 数年(何年も)前に. en los 〜s que corren ここ数年, 現在. durante todo el 〜 一年中. cada/todos los 〜s 毎年. cada dos 〜s 2年ごとに, 1年おきに. una vez al (por) 〜 年に1回. al 〜 de casado 結婚して1年目に. experiencia de largos 〜s 長年の経験. A〜 Internacional de la Mujer 国際婦人年
❷ 年度：〜 escolar 学年度. 〜 académico (lectivo) ［主に大学の］学年度. 〜 fiscal (económico) 会計年度
❸ 暦年：i) 〜 bisiesto うるう年 ［↔ común 平年］. 〜 eclesiástico 教会年〖待降節の第1日曜から始まる. ↔ civil 1月1日から始まる〗. 〜 árabe イスラム年. 〜 de gracia《古語》キリスト紀元. ii)《天文》〜 astronómico 天文年. 〜 anomalístico 近点年. 〜 de Venus 金星の1年. 〜 solar 太陽年. 〜 lunar 太陰年
❹ ［紀元］…年：¿En qué 〜 estamos?—Estamos en 1989. 今年は何年ですか?—今年は1989年です. en el 〜 1975 1975年に. en los 〜s treinta ［19〕30年代に. ¡Qué 〜s aquellos! ああ, あの時代は〔よかった〕!
❺ 年齢, …歳：¿Cuántos 〜s tiene usted?—Tengo veinte 〜s 〔cumplidos〕. 何歳ですか?—私は20歳です. No pasan los 〜s por María. マリアはいつまでも若い. A sus 〜s todavía se cree una muchacha. その年までして彼女は少女のつもりだ. Con los 〜s viene el juicio. 年

をとるにつれて判断力がつく．　Ayer cumplió (celebró) los 〜s. 彼は昨日誕生日だった（誕生日のお祝いをした）. tener muchos 〜s 年をとっている. a sus diez 〜s 彼が 10 歳の時に. con los 〜s que tiene 彼の年齢で. en sus 〜s mozos 少年時代に. en sus últimos 〜s 晩年に

❻ 学年: ¿En qué 〜 estás?—Estoy en primero./¿Qué 〜 haces?—Estudio primero. 何年生ですか？—1 年生です

a los pocos 〜*s* 数年後に

〜 [*de*] *luz* 光年: encontrarse a 〜*s luz de*… …から何光年も先にある

Año Nuevo 新年: día de *Año Nuevo* 元日. felicitar el [día de] *Año Nuevo* 新年(元日)を祝う

〜 *tras* 〜 年々, 年ごとに: El niño creció 〜 *tras* 〜. 子供は年を追って成長した

〜 *viejo* みそか

¡Buen Año [Nuevo]! 新年おめでとう

de 〜 *en* 〜 一年一年と, 年々

de 〜 *y vez* [耕作と休耕などで] 1 年交替で

de 〜*s* 年をとった

de buen 〜 太った; 健康な: ponerse *de buen* 〜 太る. Está *de buen* 〜. 彼は健康だ

el 〜 *de la nanita* (*nana・pera・polca・tana*)/*el* 〜 [*del*] *catapún*/*el* 〜 *de Maricastaña* 昔々その昔

el 〜 *verde* 《中米》決して〔…ない〕

estos 〜*s* ここ数年

entre 〜 今年中に: Se casará *entre* 〜. 彼は今年中に結婚するだろう

ganar 〜 一年に 2 学年上がる, 飛び級をする

pasar 〜 学年末試験に合格する

perder 〜 学年末試験に落ちる, 留年する

ponerse 〜 自分の実際の年齢より多く言う

por los 〜*s de*… …年(歳)ごろに: *por los* 〜*s de juventud* 若いころに

por muchos 〜*s* 《←カタラン語》いつまでもお元気で, 長生きしてください

quitarse 〜*s* 自分の実際の年齢より若く言う(見せる): Con ese peinado *te has quitado* diez 〜*s* de encima. その髪型だと 10 歳も若く見えるよ

añojo, ja [aɲóxo, xa] [西] 图 満 1 歳を過ぎた子牛(子羊). ◆ 男 《料理》その肉

añoranza [aɲoɾánθa] 图 [+de・por 失ったものへの] 懐かしさ: 〜 *de* (*por*) su país natal 郷愁

añorar [aɲoɾár] 他 自 懐かしむ: 〜 su juventud 青春を懐かしむ. Cuando te vayas te *añoraré* mucho. 君が行ってしまったら寂しくなるよ

añoso, sa [aɲóso, sa] 形 [主に樹木が] 長い年を経た: árbol 〜 老木. primeriza (primípara) 〜*sa* 高年齢の初産婦

añublo [aɲúblo] 男 《植物》胴枯れ病, 焼枯れ

añusgar [aɲusɣár] 〜*se* 喉が詰まる 『atragantarse』

AOD 图 《略語》←Asistencia Oficial para el Desarrollo 政府開発援助, ODA

aojar [aoxár] 他 [眼で] 呪いをかける

aojo 男 その眼(呪い), 邪眼

aorta [aóɾta] 图 《解剖》大動脈

　aórtico, ca 形 大動脈の

　aortitis 图 《単複同形》《医学》大動脈炎

aovar [aoβár] 自 [昆虫・鳥・魚が] 卵を産む, 産卵する

aovado, da 形 過分 [葉などが] 卵形の

aovillar [aoβiʎár] 〜*se* [猫などが] 体を丸くする

ap. 《略語》←aparte 別便で

AP 图 《略語》←Alianza Popular 国民同盟『スペインの政党』

APA [ápa] 图 《西. 略語》←Asociación de Padres de Alumnos 父母会, PTA

apabullar [apaβuʎár] 他 《口語》[精神的に] 打ちのめす, ぐうの音も出なくする

　◆ 〜*se* ぐうの音も出ない

　apabullamiento 男 意気消沈

　apabullante 形 圧倒的な

apacentar [apaθentár] 23 他 ❶ 放牧する, 飼育する; 牧草を食べさせる. ❷ …に心の糧を与える, 魂の世話をする. ❸ [感情などを] 刺激する: 〜 el sexo 性欲をかきたてる. 〜 la vista 目の保養をする

　◆ 〜*se* 草をはむ; [+de・con で] 心が満たされる: 〜*se de* esperanzas 希望で胸をふくらます

　apacentamiento 男 放牧

apache [apátʃe] 形 图 [北米インディアンの] アパッチ族(の); [大都市の] ならず者, 強盗

apacheta [apatʃéta] 图 [古代ペルーの] 石の祭壇

apacible [apaθíβle] 形 穏やかな, 平穏な: hombre 〜 おとなしい人, 温和な人. mar 〜 穏やかな海. viento 〜 心地よい風. llevar una vida 〜 平穏な生活をおくる

　apacibilidad 图 穏やかさ

apaciguar [apaθiɣwár] 13 他 『←paz』 ❶ なだめる, 平静にさせる; 仲直りさせる. ❷ [痛み・苦しみなどを] 鎮静させる: 〜 el dolor 苦痛を和らげる

　◆ 〜*se* 静まる: Se *apaciguó* la tempestad. 嵐がおさまった

　apaciguador, ra 形 图 なだめる(人), 調停する(人)

　apaciguamiento 男 平静, 平穏; 鎮静

apadrinar [apaðɾinár] 他 ❶ …の代父(名付親)になる; [結婚式で] 介添人をつとめる. ❷ …の後援者となる, 援助する: 〜 a un escritor joven 若い作家のパトロンになる

　◆ 〜*se* 庇護を受ける

　apadrinamiento 男 代父(介添人)になること; 庇護

apagadizo, za [apaɣaðíθo, θa] 形 [炭などが] 燃えにくい; 消えそうな: El fuego está 〜. 火が消えそうだ

apagado, da [apaɣáðo, ða] 形 過分 ❶ 消えた: con la luz 〜*da* 明かりを消して. ❷ 活気(生気)のない: Está muy 〜. 彼は意気消沈している. ❸ [色が] くすんだ; [音が] 鈍い, 弱い:

color ~ くすんだ色. ruido ~ 鈍い(かすかな)物音. voz ~*da* 消え入りそうな声

apagador [apagaðór] 形 = **apagavelas** ❶；《音楽》ダンパー, 止音器

apagamiento [apagamjénto] 男 消す(消える)こと

apagar [apagár] 8 他 ❶ [火・明かりなどを] 消す；[装置を] 停止する：~ un incendio 火事を消し止める. ~ la radio ラジオを消す. ~ una revuelta 反乱を鎮圧する. ❷ 《文語》[欲求など を] 静める：~ el hambre 空腹をいやす. ~ el dolor 痛みを和らげる. El tiempo *apaga* los rencores. 時は恨みを忘れさせる. ❸ [色・音を] 弱くする：~ un tono rojo 赤の色調を弱める. ~ los colores 退色させる. *Apague* un poco la televisión. テレビの音を少し小さくしてくださ い. ❹《技術》~ el hierro 熱した鉄を水に浸す *apaga y vámonos* 《西》おしまいにしよう/切り 上げよう

◆ ~**se** ❶ 消える：Con el aire *se apagó* la vela. 風でろうそくが消えた. *Se apagó* su ira. 彼の怒りはおさまった. ❷ [穏やかに] 死ぬ：*Se apagó* a los 80 años. 彼は 80 歳で大往生した

apagavelas [apagabélas] 男 [単複同形] ❶ [円錐形の] ろうそく消し. ❷ しし鼻

apagón [apagón] 男 停電

apaisado, da [apaisáðo, ða] 形 過分 [紙・本などが] 横長の [↔alargado]

apaisar 他 横長にする

apalabrar [apalabrár] 他 口頭で取り決める, 口約束する

apalancar [apalaŋkár] 7 他 ❶ てこで持ち上げる(動かす)；こじ開ける. ❷《経済》adquisición *apalancada* 借入金をてこにした買収, レバレッジドバイアウト

◆ ~**se** 《西, 口語》座る, 腰を落ち着ける

apalancamiento 男 てこの作用；こじ開け

apalear [apaleár] 他 ❶ 棒 palo で叩く(殴る)『じゅうたんのほこりを払う, 枝から果実を落とすなども』：~ la alfombra じゅうたんを叩く. ~ los almendros アーモンドの実を叩き落とす. ❷ [ごみを除くために穀物を] シャベル pala ですくい投げる, 風でふるい分ける

~ *oro* (*plata*・*dinero*) たんまり儲ける

apaleamiento 男 棒による殴打；穀物のふるい分け

apaleo 男 ふるい分け

apandar [apandár] 他《口語》[+a から] くすねる

apando [apándo] 男《主に中米》懲罰房

apañado, da [apaɲáðo, ða] 形 過分《主に西》❶ [ser+] 上手な, 有能な：Es muy ~*da* para llevar la casa sin gastar mucho dinero. 彼女は家計のやりくりがうまい. ❷ 適当な, 役に立つ：maleta muy ~*da* ちょうどいい[大きさの]スーツケース. ❸ 着飾った. ❹ [estar+] 困る, 間違っている：¡Estoy ~ si no me llega a tiempo ese documento! その書類が間に合わなかったらもうだめだ！ ¡Estás (Vas) ~, si crees que van a ayudarte! 助けてもらえると思ったら大間違いだ！

¡*va* ~! どうせうまくいかないさ！

apañar [apaɲár] 他《西》[うまく] 修理(調節・整頓・準備)する, 飾る：~ los pantalones ズボンを仕立て直す. ~ un estante 本棚を整理する. ~ la comida 食事の仕度をする. ❷ [不当に] 手に入れる, くすねる；[金などを] ためる, 貯金する. ❸《中南米》隠す

ya te apañaré yo [子供などへの警告] もう承知しないぞ

◆ ~**se** 身繕いする, 身の回りの始末をする；何とかやっていく

apañárselas《口語》[+con で] うまく(何とか)やっていく；[+para+不定詞] うまく(何とか)…する：*Me las apañaré con* 5.000 pesetas. 5千ペセタで何とかやっていこう. Siempre *se las apaña para* conseguir lo que quiere. 彼はいつもうまいことをして望みのものを手に入れる

apaño [apáɲo] 男 ❶《西》i) 修理, 整頓；[一時的な] 解決. ii) 色恋ざた, 不倫の恋. ❷ 巧妙さ, 才覚；効用：persona (caja) de mucho ~ うまくやる人(色々役に立つ箱)

apapachar [apapatʃár] 他《中米》かわいがる；抱き締める

aparador [aparaðór] 男 ❶ 食器戸棚, サイドボード；[店の] 陳列棚. ❷ 仕事場, 作業場

aparar [aparár] 他 ❶ [手などを] 差し出す, 差し伸べる；[食事などを] 用意する

aparato [aparáto] 男 ❶ 器具, 装置：i) ~ eléctrico 電気器具. ~ de acondicionamiento de aire 空調設備. ~ de uso doméstico 家庭用品. ii) [ラジオの] 受信機；[テレビの] 受像機. iii)《演劇》小道具. iv) [主に 医]《体操》器械, 用具；《情報》装置. v) 補聴器[~ auditivo]；[時に 医] 歯列矯正器. ~ [el+] 電話：¡Al ~! [電話を受けて] はい, 私です. Me pondré al ~. 私が出よう. ¿Quién está al (en el) ~? どなたさまですか？ ❷《文語》飛行機. ❸《解》[身体の] 器官：~ digestivo 消化器. ~ vocal 発声器官. ❺《政治》[支配・規制する] 機構, 機関；執行部：~ del estado 国家機構. ❻ 華美, 仰々しさ：En su casa hay mucho ~. 彼の家はきんぴかの飾り物で一杯だ. ¡Vaya ~ para tan poca cosa! こんなささいなことに何と大げさなことだ！ con gran (mucho) ~ きらびやかに, 派手に. sin ~ 質素に. ❼ 噂話, 大騒ぎ. ❽ ~ crítico 考証資料. ~ eléctrico 発光現象, 稲光

armar ~ 派手(大げさ)なことをする：No *armes* tanto ~ *para tomarte* una medicina. たかが薬を飲むのに大騒ぎするな

aparatoso, sa [aparatóso, sa] 形 [見た目に] 派手な, 大げさな, 仰々しい：traje ~ けばけばしい服. accidente ~ 劇的な出来事

aparatosidad 女 派手さ, 仰々しさ：con ~ これ見よがしに

aparcamiento [aparkamjénto] 男《西》駐車[場]

aparcar [aparkár] 7 他《西》❶ [+en に] 駐車する：~ su coche *en* una calle 車を通りにとめる. ❷ [軍需品などを] 集結させる. ❸ [面倒事などを] 後回しにする

◆ 自 駐車する：Prohibido ～《表示》駐車禁止

aparcería [aparθería] 囡 分益小作[制度]
aparcero, ra 图 分益小作人

aparear [apareár] 他 対(つ)にする，取り合わせる；[繁殖のために]つがわせる
◆ ～se 2人ずつ組になる；つがう，交尾する
apareamiento 男 対にする(つがわせる)こと：danza de ～《動物》求愛ダンス

aparecer [apareθér] 39 自《英 appear》❶ [+por・en に]現れる，姿を見せる；[無くし物が]出てくる，見つかる：El sol *apareció por* entre las nubes. 太陽が雲間から姿を見せた．*Aparece* de vez en cuando *por* la tertulia. 彼は時々集まりに顔を出す．　Tu nombre no *aparece* en la lista. 君の名前はリストにない．Por fin *han aparecido* las llaves. やっと鍵が出てきた
❷ [新たに]出現する；[本・雑誌などが]刊行される：*Ha aparecido* una nueva moda (revista). 新たな流行が始まった(新しい雑誌が発刊された)
❸《文語》[+como] …のようである：Ese río *aparece como* un mar inmenso. その川は大海原のようだ．Allí *apareció como* era. 聞いていたとおりのままの姿が現れた
❹ [主に感嘆文で]明らかになる，わかる：¡Ya *aparecieron* las razones! その理由がとうとうわかった．¡Ya *apareció* aquello! やっとわかった/[関心事が相手の口から出て]とうとう出た
◆ ～se [+a・ante の前に]現れる：Un oasis *se apareció* como un espejismo *ante* nosotros. 私たちの前にオアシスが蜃気楼のように現れた．Dios *se apareció a* Moisés. 神がモーゼの前に姿を現した．*Se aparecían* los fantasmas en el castillo. その城には幽霊が出た

aparecido [apareθído] 男 幽霊，亡霊：En el hotel anda un ～. そのホテルには幽霊が出る

aparejado, da [aparɛxádo, ða] 形 過分 [+名詞]適当な，ぴったりの
llevar (*traer*) ～*s* [結果を]もたらす：Esta decisión *llevará* ～*das* graves consecuencias. この決定は重大な結果をもたらすだろう．El cargo *lleva* ～*das* muchas responsabilidades. その地位は責任が重い

aparejador, ra [aparɛxaðór, ra] 图 建築士《arquitecto を補佐して，部分的な製図・建材の管理・現場監督などをする》

aparejar [aparɛxár] 他 ❶ [一般に]準備(用意)する；[馬に]馬具を付ける；[船に]艤装する．❷ 対(つ)にする
◆ ～se ペアを組む

aparejo [aparɛxo] 男 ❶ 装備，設備；馬具，船具；～*s* de pescar 釣り道具．❷ 滑車．❸《建築》積み石法：～ inglés イギリス積み

aparentar [aparentár] 他 ❶ …のふりをする：Ella *aparentó* alegría (desvanecerse). 彼女は楽しそうな(気を失った)ふりをした．*Aparenta* que no le importa. 彼は何でもないようなふりをしている．❷ [外見が]…に見える：No *aparenta* 80 años. 彼はとても80歳には見えない．

Aparentas muy joven. 君はとても若く見えるだ
◆ 自 見栄をはる：Le gusta ～. 彼は見栄っぱりだ

aparente [aparénte] 形 ❶ 見せかけの，表面的な：Su optimismo es sólo ～. 彼の楽天主義はうわべだけだ．❷ 明らかな：sin motivo ～ はっきりした動機もなく．❸ 適切な：La solución era ～. その解決策は妥当なものだった．❹ 外見のいい：llevar un vestido muy ～ 見ばえのする服を着ている
aparentemente 副 外見上は；おそらく：hombre ～ dócil 一見おとなしそうな男．A～ viven juntos. 彼らは一緒に住んでいるのかもしれない

aparición [apariθjón] 囡 《←aparecer》❶ 出現：la del nuevo artículo 新製品の出現．libro de próxima ～ 近刊書．hacer su ～ 出現(登場)する．❷ 幻影，幽霊：tener *apariciones* 幻を見る．❸《映画・テレビ》～ gradual フェイドイン

apariencia [aparjénθja] 囡 《英 appearance》❶ 外観，外見；見かけ：i) Las ～*s* engañan. 外観はあてにならないものだ．tener [la] ～ de un caballero 紳士のように見える．con ～ de mendigo 乞食のような姿で．ii) 立派な外観(風采)：casa de mucha ～ 豪華な外観の(見ばえのする)家．hombre de gran ～ 堂々たる風采の男．❷ 徴候：Las ～*s* están a su favor. どうやら彼に有利な気配だ．❸ 題《昔の舞台装置の》絵幕
de ～ 外見だけの；高価そうな：hombre *de* ～ うわべだけの男．broche *de* ～ 値うちのありそうなブローチ
en ～ 外見上は：*En* ～ se hallaba tranquilo. 彼はうわべはおとなしくしていた
guardar (*cubrir・salvar*) *las* ～*s* 体裁(体面)を繕う，うわべを飾る

apartadero [apartaðéro] 男 ❶ [道路・トンネルなどの]待避所；[列車の]待避線．❷《闘牛》牛分け場

apartadijo [apartaðíxo] 男 [あまりに]細分化されたもの：hacer ～*s* de… …を小分けにする

apartado[1] [apartáðo] 男 ❶ [文章の]段落，[法律などの]条項．❷ [問題などの]側面，部分：～ físico 肉体的な面．❸ [郵便]私書箱《～ de correos, ～ postal》．❹ 別室，離れ．❺《闘牛》牛分け《闘牛の開始前に牛を囲いに入れること》．❻ [金の]精錬

apartado[2], **da** [apartáðo, ða] 形 過分 ❶ [estar+. 空間的に +de から]離れた，別にした；辺鄙な：Lo mantenga ～ del alcance de los niños. 子供の手の届かない所に保管してください．～ de un pueblo 町から遠い．barrio ～ 場末．❷ 隠棲した：vivir ～ en el campo 田舎にひっそり住む．~ del pueblo natal 生まれ故郷に引きこもる．mantenerse ～ 他人と没交渉でいる；表立たない

apartador, ra [apartaðór, ra] 图 選別者；選別工

apartamento [apartaménto] 男 ❶《西》マンション，アパート《主に piso よりも狭い個々の住居》．❷ 別荘

apartamiento [apartamjénto] 男 ❶ 離すこと, 離れ〔てい〕ること；選別. ❷ 《法律》〔権利・主張の〕取下げ, 放棄. ❸ 辺鄙な所. ❹ 《中南米》アパート〖apartamiento〗

apartar [apartár] 他 ❶ [+de から] 離す, 別にする：~ una mesa de la pared テーブルを壁から離す（遠ざける）. ~ el grano de la paja 粒とわらをふるい分ける. ~ la ropa de invierno 冬物をしまう. Apartó a los niños que reñían. 彼はけんかしている子供を引き分けた. Aparté a José para hablar con él a solas. 私はホセを呼んで2人だけで話した. Apártame un trozo de pastel. 私のケーキをとっておいてくれ. ❷ そらす, 外れさせる：~ la mirada (la vista) de... …から目を離す, 視線をそらす. Los padres lo apartaron del propósito. 両親は彼の意図を断念させた. ❸ 押し（払い）のける：~ el plato (la espada) 皿を押しのける（剣を払いのける）. ~ un perro con el pie 足で犬を押しのける. ❹ 《文語》解任する. ❺ 《鉄道》〔車両を〕切り離す, 操車する

◆ **~se** ❶ 離れる；それる：Apártate de mi vista. 消え失せろ／遠くへ行け. Apártate de mi camino. 私のことはほうっておいてくれ. ¡Apártate! どいてくれ／出ていけ！ Apártate un poco. 少しわきに寄ってくれ. ~se de la política 政界から離れる. ~se del camino recto そっとうな道から外れる. ~se del tema 主題から外れる. ~se de su deber 義務を怠る. ~se del cristianismo キリスト教を捨てる. ❷ 引きこもる, 隠棲（いんせい）する：~se del mundo 世捨て人になる. ❸ 疎遠になる；離婚する. ❹ 《法律》請求を取り下げる

aparte [apárte] 副 〖英 apart〗 ❶ 離して, 別にして：i) Pon estos libros ~. これらの本は別にしておいてくれ. Estaré ~ observando. 私は遠くまわって見ていよう. Habló ~ conmigo. 彼は私だけ呼んで話をした. enviar ~ 別送する. considerar ~ 別にして考える. ii) [代名詞+] esto ~ このことは別として, eso ~ それはさておき. iii) [形容詞語] 別の：caso ~ 別の場合；難事. mesa ~ 別のテーブル. conversación ~ 私語, 内緒話. ❷ さらに, そのほかに：He pesado un kilo de azúcar, y ~, medio kilo más. 私は砂糖を1キロ計り, さらにあと半キロ計った. ❸ 改行して：hacer párrafo ~ 改行する, 段落をつくる. Punto y ~./Párrafo ~. 改行せよ. ❹ 《演劇》傍白で

~ de... …のほかに；…の上に, …に加えて：No tengo muchos intereses ~ de mi trabajo. 私は仕事のほかにはあまり興味がない. ~ de su agudeza, tiene otros muchos atractivos. 彼は頭が切れる上に, 色々魅力がある

dejar ~ 後回しにする；軽視する：dejando ~ la cuestión その問題はさておき

ser algo ~ 特別である：Esta gratificación es algo ~. これは特別ボーナスだ

tener ~ a+人 …をのけ者にする

◆ 男 ❶ 改行：Pon aquí un [punto y] ~. ここで改行せよ. Eso ya es punto y ~. そこで話は変わっている／それは格別だ. ❷ 抜刷り, 別冊

〖tirada ~〗. ❸ 傍白：en un ~ 傍白で；内緒で

apartheid [apartéjd] 男 《←英語》人種隔離政策, アパルトヘイト

apartotel [apartotél] 男 長期滞在用のホテル〖hotel apartamiento〗

aparvar [aparbár] 他 〔麦を〕脱穀場に積む

apasionado, da [apasjonáđo, đa] 形過分 ❶ 情熱的な, 熱烈な：amor ~ 激しい恋. temperamento ~ 情熱的な（激しい）気性. elogio ~ 熱烈な賞賛. árbitro ~ 感情的な審判. discusión ~da 激論. ❷ [estar+. +por con に] 熱中する：Está ~ por Alicia. 彼はアリシアに熱をあげている

◆ 名 [+de の] 熱狂的なファン：Es un ~ de los toros. 彼は闘牛の熱狂的なファンだ

apasionamiento [apasjonamjénto] 男 熱中：Este chico muestra ~ por la música. この子は音楽が大好きなようだ. con ~ 熱心に

apasionante [apasjonánte] 形 熱中させる：novela ~ 手に汗握る（スリリングな）小説

apasionar [apasjonár] 他 熱中させる：Me apasiona el teatro. 私は芝居が大好きだ

◆ **~se** ❶ [+por con に] 熱中する：Se apasiona por esa chica (el juego). 彼はその子にほれ込んでいる（賭け事に夢中になっている）. ❷ 《軽蔑》偏見をもつ

apatía [apatía] 女 無関心, 無気力；無感動：~ del electorado 選挙民の無関心

apático, ca [apátiko, ka] 形 無関心（無気力）な〔人〕

apatito [apatíto] 男 《鉱物》燐灰石

apátrida [apátriđa] 形 名 無国籍の；無国籍者

apble〔s〕. 《略語》←apreciable〔s〕 尊重すべき

apda〔s〕. 《略語》←apreciada〔s〕 尊い

apdo. 《略語》←apartado〔de correos〕私書箱

apeadero [apeađéro] 男 〔駅としての設備のない〕仮駅, 無人駅；〔乗合馬車の〕停留所；〔戸口にある乗馬用の〕踏み段

apear [apeár] 他 ❶ [+de 馬・車から 人を／それがあった場所から 物を] 降ろす：El padre apeó al niño del autobús. 父親は子供をバスから降ろしてやった. ~ el cuadro para limpiarlo ほこりを払うために絵を降ろす. ❷ 〔木を〕根元から切り倒す. ❸ 《口語》[+de 意見などを] …に放棄させる：No podemos ~lo de sus ideas. 彼に考えを変えさせることはできない. ❹ [+de 職・地位を] …から降ろす：Le apearon de su puesto de director. 彼は部長を降ろされた. ❺ [困難に] 乗り越える. ❻ [地所の] 境界を定める. ❼ [馬などに] 足かせをはめる；[車の] 車輪に輪止めをする；《建築》[支持材で] 補強する

◆ **~se** ❶ 降りる：~se del tren en marcha 走っている列車から飛び降りる. ❷ ようやく意見を変える（自分の誤りを認める）：No voy a ~me de lo dicho. 言ったことを取り消すつもりはない

apechugar [apetʃugár] 自 [+con を] 我慢して受け入れる：~ con las consecuencias

結果を甘受する；尻ぬぐいをする
apechar 自 =apechugar

apedazar [apeðaθár] 他 [服などに] 継ぎ
をする

apedrear [apeðreár] 他 [←piedra] …に投
石する；石を投げつけて殺す
◆ 自 [単人称] 雹(ひょう)が降る〖granizar〗
◆ ～se 石を投げ合う；雹害を受ける
apedreado, da 形過分 まだら模様の
apedreamiento/apedreo 男 投石

apegado, da [apegáðo, ða] 形過分 [+a に]
執着した：estar ～ a las tradiciones 伝統に
固執している. El niño está muy ～ a la ma-
dre. その子は母親にべったりだ（甘えて離れない）

apegar [apegár] 8 ～se [+a に] 愛着を抱く，
執着する：～se al cargo 地位にしがみつく

apego [apégo] 男 [+a・por への] 愛着，執着：
Tiene mucho ～ a su abuela. 彼は祖母に強い
愛着を感じている. tener ～ a los estudios (al
dinero) 勉学にいそしむ（金に執着する）. tomar
(cobrar) ～ a... …に愛着を抱く

apelación [apelaθjón] 女 ❶ [法律] 上訴, 控
訴, 上告：presentar una ～ contra la
sentencia 判決を不服として上訴する. no
tener ～ [判決が] 確定している, 上訴不可能で
ある. ❷ 呼びかけ, アピール：hacer una ～ a la
solidaridad en pro de... …のために団結するよ
う呼びかける
sin ～ 回復不可能なまでに

apelambrar [apelambrár] 他 [脱毛するため
に] 皮革を石灰水につける

apelar [apelár] 自 ❶ [法律] 上訴(上告)する：
～ de (contra) una sentencia 判決を不服と
して上訴する. ～ ante el tribunal supremo
最高裁に控訴する. [例外的に受け身で] La
sentencia fue *apelada*. 判決は上訴された. ❷
[+a 手段などに] 訴える：～ a la justicia (la
violencia) 法律(暴力)に訴える. ～ a su
bondad 彼の親切心に訴えかける. ❸ [+a+人
に] 証言を頼む. ❹ …にあだ名を付ける
apelante 共 上訴人

apelativo, va [apelatíβo, βa] 形 呼び名の,
通称の；呼びかけの
◆ 男 ❶ あだ名, 別名 〖nombre ～〗：
cariñoso 愛称. ❷ 《中南米》姓 〖apellido〗

apellidar [apeʎiðár] 他 ❶ 名づける，[+de
と] 形容する：La reina Juana fue *apellidada*
la Loca. フワナ王妃は狂女と呼ばれた. *Apelli-
dó* al hombre *de* sinvergüenza. 彼はその男を
恥知らずと呼んだ. ❷ …の名前を呼ぶ, 点呼をと
る：～ a los reclutas 新兵たちの点呼をとる
◆ ～se ❶ …という姓である：¿Cómo te ape-
llidas? 君の姓は？ Se *apellida* Sánchez. 彼の
姓はサンチェスという. ❷ …というあだ名で呼ばれ
る：A Manuel se le *apellidó* "El Cordobés".
マヌエルは「エル・コルドベス(コルドバの男)」と呼ばれ
た

apellido [apeʎíðo] 男 〖英 surname〗 ❶ 姓,
名字 〖～ familiar〗：¿Cómo te llamas de
～? 君の姓は？ Su ～ es López./Se llama
López de ～. 彼の姓はロペスだ. ～ materno

(paterno) 母方(父方)の姓. ❷ あだ名
con nombre y ～ 詳細に, 事細かに

apelmazar [apelmaθár] 9 他 [ふっくらした
ものを] 固くする
apelmazado, da 形過分 [文学作品が] 面白
くない, 退屈な

apelotonar [apelotonár] 他 玉にする, 丸める
◆ ～se 丸くなる；群れをなす：El colchón *se
apelotonó*. [綿にかたまりができて] ふとんがごろご
ろになった. *Se apelotonó* a la salida del
teatro. 劇場の出口は人で混雑した

apenar [apenár] 他 つらい思いをさせる：La
muerte del hijo *apenó* mucho a su madre.
息子の死は母親を悲しみのどん底に陥れた
◆ ～se ❶ [深く] 悲しむ：*Se apenó* ante la
noticia. 彼はその知らせにひどく心を痛めた. ❷
《中米》はにかむ, 照れる

apenas [apénas] 副 〖英 hardly. 否定副
詞. ↔casi〗 ❶ ほとんど[…な
い] で は no は不要]：No sabe leer
～./A～ sabe leer. 彼はほとんど字が読めない.
Últimamente no le he visto ～. 最近私は彼
にほとんど会っていない

❷ [+数量] せいぜい…：Se tardará ～ tres
días en terminarlo. それを仕上げるのにせいぜい
3 日しかかかるまい. A～ tengo dos o tres
dólares. 私はせいぜい 2, 3 ドルしか持っていない
❸ やっと, どうにか：A～ aprobó el examen.
彼はどうにか試験に受かった. A～ [si] se tenía
de pie. 彼は立っているのがやっとだった
◆ 接 《主に中南米》…するとすぐに：A～ salió,
comenzó a llover. 彼が出かけるとすぐ雨が降り
出した. A～ amaneció, cuando nos pusimos
en marcha. 夜が明けるとすぐ私たちは出発した
～ *si* [強調] ほとんど[…ない]；せいぜい；やっと：
A～ *si* comía. 彼はほとんど食べなかった. A～
si se reunían diez personas. せいぜい 10 人
位しか集まらなかった

apencar [apeŋkár] 8 自 《西》=apechugar

apendejar [apendexár] ～se 《中南米》愚か
(臆病)になる

apéndice [apéndiθe] 男 ❶ [巻末の] 付録,
補遺；付属家屋. ❷《解剖》付属体；虫垂 〖～
vermicular・vermiforme・cecal〗. [体節動
物の] 付属肢. ❸《比喩》腰ぎんちゃく

apendicectomía 女《医学》虫垂切除

apendicitis 女《単複同形》《医学》虫垂炎, 盲
腸炎

apeo [apéo] 男 ❶ 伐採；境界標の設置. ❷
下馬, 下車. ❸《建築》支持材

apeonar [apeonár] 自《鳥》地面を走る

apepsia [apépsja] 女《医学》消化不良

apercibimiento [aperθiβimjénto] 男 用
意；警告；知覚

apercibir [aperθiβír] 他 ❶ [+de・por・con
を] …に警告する：Le han *apercibido con* la
suspensión si sigue haciendo novillos. 授業
をサボり続けると落第だぞと彼はおどされた. ～
a+人 *del* peligro …に危険を知らせる. ～ a+人
por la baja calidad …に品質が悪いと厳重に
注意を与える. ❷ 用意(準備)する：～ la cama

ベッドの用意をする
◆ ～se ❶ [+de に] 気づく：Se apercibieron de mi presencia. 彼らは私の存在に気づいた. ❷ [+a・para の] 用意をする：～se para la cena 夕食の支度をする

apergaminar [apɛrɣaminár] ～se [皮膚が] しなびる, しわしわになる；やせこける
　apergaminado, da [過分] 羊皮紙のような；しわくちゃの, ひからびた；骨と皮ばかりの

aperiódico, ca [aperjóðiko, ka] [形] 非周期的な；《物理》非振動性の

aperitivo, va [aperitíβo, βa] [形] 食欲増進の
◆ [男] 食前酒, アペリチフ；《料理》前菜

apero [apéro] [男] [主に [複]] 農器具；道具類；《中南米》馬具

aperrear [apɛrɛár] [他] ❶ …に犬をけしかける. ❷ 疲れさせる, うんざりさせる
◆ ～se へとへとになるまで働く；固執する
　aperreado, da [形] [過分] [estar+] 大変忙しい；悲惨な：He tenido un día ～. 今日は非常に忙しい一日だった. vida ～da 悲惨な生活
　aperreo [男] 疲労困憊

apersonado, da [apersonáðo, da] [形] 風采のよい [bien ～]；mal ～ 風采の上がらない

apertura [apɛrtúra] [女] [←abrir. ↔clausura] ❶ 開始；その式典：～ de los cursos 開講 [式]. ～ de una nueva era 新時代の幕あけ. ～ de un crédito 信用状の開設. hora de ～ 開店(開館・開場)時間. ❷ 開放(性)：～ del gobierno 開かれた政府. ～ del mercado 市場開放. ❸ 遺言状の開封 [～ de un testamento]. ❹ [相場] 寄付き：precio de ～ 寄り値. ❺ [チェス] 初手. ❻ [光学] 口径. ❼ [解剖] 開口, 孔

aperturismo [apɛrturísmo] [男] 門戸開放主義, 進歩主義
　aperturista [形] [名] 門戸開放主義の(主義者), 進歩的な[人]

apesa[dumb]rar [apesa[dumb]rár] [他] 悲しませる, 重い気分にさせる
◆ ～se [+con・por・de を] 悲しむ, 嘆く

apestado, da [apestáðo, da] [形] [過分] ペストにかかった, [+de で] 一杯の：La ciudad estaba ～da de pordioseros. その町は乞食だらけだった
◆ [名] ペスト患者

apestar [apestár] [他] ❶ [+con で] うんざりさせる：Me apesta con sus quejas continuas. 長々と続く彼の愚痴にはうんざりする. ❷ …に悪臭をつける：No apestes el cuarto fumando. たばこを吸って部屋にいやな臭いをしみこませるな. ❸ [+de・con で] 一杯にする. ❹ ペストに感染させる
◆ [自] ❶ [+a の] 悪臭を放つ：Este pescado apesta. この魚はいやな臭いがする. Su boca apesta a cebollas. 彼は玉ねぎの口臭がする. ❷ [+de が] 一杯の：El estanque apesta de peces. 池には魚がたくさんいる
◆ ～se ❶ [南米] 風邪をひく；[中南米] [人・動植物が] 伝染病にかかる. ❷ ペストにかかる

apestoso, sa [apestóso, sa] [形] ❶ くさい, 悪臭の：olor ～ 悪臭. ❷ うんざりさせる, 鼻持ちならない

apétalo, la [apétalo, la] [形] 《植物》花弁のない

apetecer [apeteθɛr] [自] 《主に西》[+a+人 の] 食欲(欲望)をそそる：¿Te apetece un café? コーヒーでも飲まない？ No me apetece salir ahora. 私は今外出したくない. Si te apetece, vamos al cine. よかったら映画でも見に行こう
◆ [他] 望む, 欲する：No apetezco honores ni riquezas. 私は富も名誉も欲しくない

apetecible [apeteθíβle] [形] 食欲(欲望)をかきたてる；望ましい：oferta ～ とびつきたくなるような申し出

apetencia [apeténθja] [女] 《文語》食欲；[+de への] 欲望

apetitivo, va [apetitíβo, βa] [形] ❶ 欲求の：La facultad ～va es insaciable. 欲望には限りがない. ❷ 食欲をそそる

apetito [apetíto] [男] [英 appetite] ❶ 食欲：tener mucho ～ おなかがすいている, 食欲旺盛である. comer con mucho (poco) ～ もりもり食べる(食が進まない). perder (quitar) el ～ 食欲をなくす(なくさせる). El aire fresco me abre el ～ (despierta mi ～). 空気がいいと私は食欲が出る. ❷ 《文語》欲望：Sólo busca satisfacer sus ～s. 彼は自分の[あさましい]欲望を満たすことしか考えていない. tener ～ de (por)... …に対する欲望がある. ～ sexual 性欲
　¡**buen** ～! 《主にカタルーニャ》=¡que aproveche!

apetitoso, sa [apetitóso, sa] [形] おいしそうな, おいしい；欲望をそそる：plato ～ おいしそうな(おいしい)料理. empleo ～ 魅力のある仕事. mujer ～sa 魅力的な女性

ápex [ápɛ(k)s] [男] 兜の頂；《天文》[太陽]向点

apiadar [apjaðár] [他] …に憐みの気持ちを起こさせる
◆ ～se [+de を] 憐む, 不憫に思う

apiario [apjárjo] [男] 養蜂場 [colmenar]

apical [apikál] [形] [女] 《言語》舌尖(፩)の, 舌尖音の
　apicoalveolar [形] [女] 舌尖歯茎音の
　apicodental [形] [女] 舌尖歯音の

apicarar [apikarár] ～se ごろつき(与太者)になる, pícaro になる

ápice [ápiθe] [男] ❶ 《文語》i) 先端：～ de la lengua 舌の先. ii) 頂上, 頂点：estar en el ～ de la gloria 栄光の絶頂にある. ❷ =tilde. ❸ [否定の強調] 少しも[…ない]：no tener ni un ～ de sentido común 爪の先ほどの常識もない

apicultura [apikultúra] [女] 養蜂
　apícola [形] 養蜂の
　apicultor, ra [名] 養蜂家

apilar [apilár] [他] 積み重ねる, 積み上げる：～ los libros 本を山積みにする
　apilamiento [男] 積み重ね：～ de papeles 書類の山

apimplar [apimplár] ～se 《口語》ほろ酔いす

る

apiñar [apiɲár] 他 詰め込む
◆ **～se** [ぎっしりと] 詰まる；押し合う，寄り集まる：La gente *se apiñaba* en la acera. 群集が歩道にひしめいていた
apiñamiento 男 詰め込むこと；ぎゅうぎゅう詰め：un gran ～ de gente 黒山の人だかり
apiñonado, da [apiɲonádo, ða] 形 [皮膚の色が] 浅黒い《moreno》
apio [ápjo] 男《植物》セロリ：～ caballar (esquino) トウキ．～ cimarrón 野生セロリ．～ de ranas キンポウゲ．～ nabo (rábano) 根用セロリ，セルリアック
apiolar [apjolár] 他《西.口語》殺す
apipar [apipár] **～se**《口語》[+a を] たらふく食べる(飲む)
apirexia [apirɛ{k}sja] 女《医学》無熱，発熱間欠期
apirético, ca 形 熱のない，無熱性の
apisonar [apisonár] 他 地固め(地ならし)する，ローラーをかける
apisonadora 女《建築》ロードローラー；《口語》圧倒的に強い人々
apitonar [apitonár] 自 角(ろ)が生える；芽が出る
◆ 他 [ひながくちばしで卵のからを] 割る
◆ **～se** 怒る
aplacar [aplakár] 他 [怒り・苦痛などを] 和らげる：～ a+人 el dolor …の苦しみを和らげる
aplacamiento 男 鎮静，緩和
aplanar [aplanár] 他 ❶ 平らにする：～ el suelo 地面をならす．～ las calles《中南米》[仕事せずに] ぶらぶらする．❷ 打ちのめす，呆然とさせる：Le *aplanó* la noticia. 彼はその知らせにがっくりきた
◆ **～se** 意気消沈する；衰弱する：Estoy *aplanado* por el calor. 私は暑さに参っている
aplanadera 女《建築》ランマー
aplanadora 女《中南米》ロードローラー《apisonadora》
aplanamiento 男 平らにすること；《口語》意気消沈
aplasia [aplásja] 女《医学》形成不全[症]：～ medular 無形成性貧血
aplastamiento [aplastamjénto] 男 押しつぶすこと；鎮圧，制圧
aplastante [aplastánte] 形 押しつぶす；圧倒的な：triunfo ～ 圧勝．por una mayoría ～ 圧倒的多数で
aplastar [aplastár] 他 ❶ 押し(叩き)つぶす．❷ [敵を] 打ち破る，圧倒する；[議論で] やり込める
◆ **～se** 伏せる：～*se* contra el suelo 地面に伏せる
aplatanar [aplatanár] **～se** やる気を失う：Con este calor *se aplatana* cualquiera. この暑さでは誰でも怠惰になる
aplatanamiento 男 ものうさ，怠惰
aplaudir [aplauḍír] 他 ❶ …に拍手[喝采]する：El público *aplaudió* frenéticamente al

cantante. 聴衆は歌手に熱烈な拍手を送った．❷ 賞賛する，賛同する：Todos *aplaudieron* su decisión. 皆は彼の決断をたたえた
aplauso [apláuso] 男 ❶ 拍手[喝采]：Vamos a dar un gran ～ a los ponentes. 発表者たちに盛大な拍手を送りましょう．recibir con ～s 拍手で迎える．recoger grandes ～s 大きな喝采を浴びる(評価を受ける)．～ cerrado 万雷の拍手喝采．No le regateo mi ～ al libro. 私はその本への賞賛を惜しまない．ser digno de ～/merecer ～ 賞賛に値する *hundirse a ～* 割れんばかりの拍手喝采が起こる
aplazamiento [aplaθamjénto] 男 延期：～ de un mes de una reunión 会議の1か月延期
aplazar [aplaθár] 他 ❶ 延期する：Han *aplazado* el viaje hasta (para) el próximo domingo. 旅行は次の日曜まで延期になった．～ el pago un mes 支払いを1か月繰延べる．❷《中南米》落第させる《suspender》
aplazo 男《中南米》落第
aplebeyar [aplebejár] 他 俗っぽく(下品に)する
◆ **～se** 俗っぽく(下品に)なる
aplicable [aplikáble] 形 [+a に] 適用できる：Esta ley no es ～ a los extranjeros. この法律は外国人には適用されない
aplicación [aplikaθjón] 女 ❶《文語》貼付，塗付．❷ 適用，応用；用途：tener muchas *aplicaciones* 用途が広い．campo de ～ 適用(応用)範囲．ejercicios de ～ 応用問題．de un plan 計画の実施．❸ [+a への] 専心，勤勉：Trabaja con más ～. もっと熱心に仕事しろ．～ al estudio 勉強への専心．❹《手芸》アップリケ，貼り付けた飾り．❺《数学》写像．❻《情報》アプリケーション
aplicado, da [aplikáḍo, ða] 形 過分 ❶ 勤勉な：alumno ～ よく勉強する生徒．❷ 応用された：matemáticas ～*das* 応用数学．química ～*da* 応用化学
aplicador [aplikaḍór] 男 塗布具，アプリケーター
aplicar [aplikár] 他《英 apply.》活用表》[+a に] ❶《文語》貼り(塗り)付ける：～ un cartel *a* la pared 壁にポスターを貼る．～ el oído *a* la puerta 耳を戸に押し当てる．～ radiaciones *a* un enfermo 患者に放射線を当てる．❷ 適用する，応用する；充当(利用)する：～ una teoría *a* la realidad 理論を現実に適用する(当てはめる)．～ una tarifa elevada *a* las mercancías 商品に高い税率をかける．～ el agua *al* riego 水を灌漑に用いる．～ todo su esfuerzo *a*… あらゆる努力を…に注ぐ．❸ [名前などを] 付ける，与える．❹《文法》～ un acento *a* la última sílaba 最後の音節にアクセントを置く．～ un artículo *a* un nombre 名詞に冠詞をつける．❺《法律》譲渡する
◆ **～se** ❶ 自分に…を付ける：*Aplíquese* esta pomada *a* la herida. この軟膏を傷口に塗りなさい．❷ 適用される；自分に用いる：Estas nor-

mas *se aplican a* todos los conductores. これらの規則は全運転者に適用される. Que *se aplique* cada uno al cuento. 各人は今度のことをいましめとしなさい. ❸ [+en・a 仕事などに] 励む, 専心する: ~*se en* (*a*) los estudios 一所懸命に勉強する. ~*se en* (*a*) preparar el examen 試験勉強に励む

aplicar	
直説法点過去	接続法現在
apli*qué*	apli*que*
aplicaste	apli*ques*
apli*có*	apli*que*
aplicamos	apli*quemos*
aplicasteis	apli*quéis*
aplicaron	apli*quen*

aplique [aplíke] 男 ウォールランプ；《演劇》大道具；《手芸》アップリケ

aplomo [aplómo] 男 ❶ 垂直. ❷ 沈着, 冷静: perder el ~ 平静を失う
　aplomado, da 形 過分 1) 垂直の；沈着な. 2) 鉛色(青みがかった灰色)の〖plomizo〗
　aplomar 他 [柱などが] 垂直に調べる；…に重りをつける. ◆ ~*se* 崩れる〖desplomarse〗；平静を取り戻す

apnea [apnéa] 女《医学》無呼吸, 呼吸停止

apocado, da [apokáðo, da] 形 過分 ❶ [ser+] 気の弱い, 臆病な；卑屈な. ❷ [estar+] 気落ちした

apocalipsis [apokalípsis] 男《単複同形》❶《聖書》[ヨハネの] 黙示録〖~ de san Juan〗. ❷ この世の終わり, 大惨事
　apocalíptico, ca 形 黙示録の；終末のような, 悲惨きわまる. ◆ 图 終末が近いと主張する人

apocar [apokár] 7 他 おびえさせる
　◆ ~*se* おじける, おびえる；卑屈になる
　apocamiento 男 気弱, 臆病；卑屈

apócope [apókope] 女《文法》語尾の脱落, 脱落形〖例 algún←alguno, gran←grande, cien←ciento〗
　apocopar 他 [単語の] 語尾を落とす

apócrifo, fa [apókrifo, fa] 形 ❶《聖書》外典の. ❷ 典拠の疑わしい；偽作の

apodar [apoðár] 他 [+主格補語 という] あだ名 apodo を…につける: La *apodamos* la Delgada. 私たちは彼女に「やせっぽち」というあだ名をつけた

apoderar [apoðerár] 他 …に代理権を与える, 委任する: *Apoderaron* al abogado para que negociase con los trabajadores. 労働者側との交渉は弁護士に任された
　◆ ~*se* ❶ [無理やり, +de を] 自分のものにする: ~*se del* poder 権力を奪取する. ❷《文語》支配する: El miedo *se apoderó de* él. 彼は恐怖のとりこになった
　apoderado, da 图 過分《法律》代理人；《スポーツ》エージェント, マネージャー

apodíctico, ca [apoðíktiko, ka] 形《論理》必然的な

apodo [apóðo] 男 [その人の欠点などからつけた] あだ名

ápodo, da [ápoðo, da] 形《動物》無肢の
　◆ 男 複 無足類

apódosis [apóðosis] 女《単複同形》《文法》[条件文の] 帰結節, 結句〖↔prótasis〗

apófisis [apófisis] 女《単複同形》《解剖》骨突起

apofonía [apofonía] 女《文法》[活用・派生の際の] 母音転換〖例 h*i*ce←h*a*cer, imb*e*rbe←b*a*rba〗

apogamia [apogámja] 女《植物》無配生殖

apogeo [apoxéo] 男 ❶ 絶頂: La temporada turística está en todo su ~ en agosto. 観光シーズンは8月がピークだ. ❷《天文》遠地点〖↔perigeo〗

apógrafo [apógrafo] 男 写し, 写本

apolillar [apoliʎár] 他 [衣類・木などを虫が] 食う, 穴をあける
　◆ ~*se* 虫に食われる；時代遅れになる
　apolillado, da 形 過分 虫の食った；時代遅れの: ideas ~*das* 古くさい考え
　apolilladura 女 虫食い穴(跡)

apolíneo, a [apolíneo, a] 形 ノ'ポロ Ápolo の；非常な美男子の

apolítico, ca [apolítiko, ka] 形 非政治的な, 政治に無関係な(無関心な), ノンポリの
　apoliticismo 男 非政治性, ノンポリ主義

apolo [apólo] 男 ❶《ギリシア神話》[A~] アポロ. ❷ 非常な美男子

apología [apoloxía] 女 弁明, 擁護；賞賛: hacer una ~ de… …の弁明をする
　apologético, ca 形 弁明の, 擁護の；護教の. ◆ 图 [キリスト教の] 護教学(論)
　apologista 图 弁明者, 擁護者

apólogo [apólogo] 男 教訓的な寓話

apoltronar [apoltronár] ~*se* 怠惰になる；[椅子に] ゆったりと座る；[地位に] しがみつく, 居座る
　apoltronamiento 男 怠惰〔になること〕

aponeurosis [aponeurósis] 女《単複同形》《解剖》腱膜

apoplejía [apoplexía] 女《医学》卒中；溢血(いっけつ), 出血: ~ cerebral 脳卒中. tener un ataque de ~ 卒中の発作を起こす
　apopléjico, ca 形 图 卒中[性]の；卒中患者

apoquinar [apokinár] 他 自《西. 口語》いやいや支払う

aporcar [aporkár] 7 他《農業》土寄せする

aporrear [apořeár] 他 ❶ [棍棒 porra などで] 殴る, 叩く: ~ la puerta ドアをガンガン叩く. ❷ 不快にさせる: ~ a+人 los oídos …をうるさがらせる
　◆ 自 [+en を] 叩く: ~ *en* el piano ピアノを叩く(下手にひく)
　aporreado, da 形 過分 貧しい, 一文なしの；与太者の
　aporreo/aporreamiento 男 殴打

aportación [aportaθjón] 女 ❶ 寄与；提出: ~ a la sociedad 社会への貢献. ❷ 出資〔金〕；持参金, 持ち寄り資産

aportar [aportár] 他 ❶ もたらす；差し出す:

〜 los frutos 成果を生む. 〜 una dote 持参金を持ってくる. ❷《商業》出資する

◆ 圓 ❶ 入港する；[安全な場所に]たどり着く. ❷ しばしば行く(来る)：*Aporta por aquí cada sábado.* 彼は毎週土曜日この辺に姿を見せる

aportante 形 供与国

aporte 男《主に中南米》=**aportación**：〜 de calcio カルシウムの補給

aportillar [apoɾtiʎáɾ] 他 [壁などに] 穴を開ける, 壊す

◆ 〜se [壁などの一部が] 崩れる

aposento [aposénto] 男《古語・戯曲》❶ 部屋, 居室：retirarse a su 〜 自室に引っ込む. ❷ 宿泊：tomar (dar) 〜 en... ...に泊まる(泊める). ❸ [昔の芝居小屋の] 桟敷席

aposentamiento 男 宿泊[する部屋]

aposentar [aposentáɾ] 他 宿泊(宿営)させる.
◆ 〜se 宿泊する

aposición [aposiθjón] 囡《文法》同格：en 〜 同格で

apositivo, va 形 同格の

apósito [apósito] 男《医学》[傷口の] 治療薬；救急具 [包帯, ばんそうこう, 脱脂綿など]

aposta [apósta] 副《西》わざと, 故意に：Vino 〜 el domingo porque sabía que ese día no estaba yo. 私がいないのを知っていて彼はわざと日曜日に来た

apostar[1] [apostáɾ] 28 他 [+a•por に, +con と] 賭ける：i) 〜 mil pesetas a (por) un caballo ある馬に千ペセタ賭ける. ii) [+a que+直説法] *Aposté con él la comida a que ganabas (ganarías) el partido.* 私は君が勝つ方に彼と食事を賭けた. *Apuesto (Apostaría)* cualquier cosa *a que* no viene él. 私は彼が来ないと断言できる

◆ 圓 賭ける：i) 〜 en las carreras de caballos 競馬で賭ける. 〜 sobre seguro 本命買いをする. 〜 a beber 飲み比べをする. ii) [+a que+直説法] 断言する：*Apuesto a que* no llueve. 雨は降らないよ

◆ 〜se ...を賭ける：*Me aposté con él una copa a que* José llegaba tarde. 私はホセが遅刻する方に彼と一杯賭けた

apostárselas con+人 a... ...と...を争う(競う)：*Se las apuesta con* cualquiera *a* comer. 彼は誰とでも食べ比べをする

¿qué te apuestas (se apuesta) a que+直説法? きっと...だ；...かもしれない：*¿Qué te apuestas a que* no llueve? 絶対に雨は降らないよ. *¿Qué se apuesta usted a que* me he olvidado de la llave? 僕は鍵を忘れたみたいだ/僕が鍵を忘れたなんて信じられるかい?

apostar[2] [apostáɾ] 他 [監視・攻撃などのために] 配置する：〜 a un centinela 歩哨を立てる
◆ 〜se [+en に] 位置する；待ち伏せる：El atracador *se apostó en* la esquina para esperar a la víctima. 強盗は角に立って獲物を待った

apostatar [apostatáɾ] 圓 ❶《宗教》背教する；[聖職者が] 修道会を去る, 業務を果たさない. ❷ [+de 思想などを] 捨てる；脱党する

apostasía 囡 背教, 棄教

apóstata 图 1) 背教者：el *A*〜 Juliano 背教者ユリアヌス. 2)《軽蔑》変節者, 転向者；脱党者

a posteriori [a posteɾjóɾi]《←ラテン語》後験的に, 経験に基づいて [↔a priori]；後になってから, 後天的に：demostrar 〜 経験に基づいて証明する

apostilla [apostíʎa] 囡 注, 注釈

apostillar 他 ...に注をつける

apóstol [apóstol] 男《宗教》使徒『キリストの12人の弟子：Pedro ペテロ, Andrés アンデレ, Santiago el Mayor 大ヤコブ, Juan ヨハネ, Felipe フィリポ, Bartolomé バルトロマイ, Tomás トマス, Mateo マタイ, Santiago el Menor 小ヤコブ, Tadeo タダイ, Simón シモン, Judas Iscariote イスカリオテのユダ』；布教者, 伝道者：doce 〜es 12使徒. Actos (Hechos) de los *A*〜es 使徒行伝. *A*〜 de las gentes 異邦人の使徒『聖パウロのこと』. *A*〜 de las Indias インド人への布教者『フランシスコ・ザビエルのこと』. 〜 de la paz 平和の使徒(唱道者)

apostolado [apostoláðo] 男 ❶ 使徒職, 使徒の任務. ❷ 布教, 伝道；その期間. ❸ 医名 十二使徒

apostólico, ca [apostóliko, ka] 形 ❶ 使徒の：trabajos 〜s 使徒としての仕事. partido 〜 使徒党『1820年の革命後スペインに結成された絶対主義政党』. ❷ ローマ教皇の：bendición 〜*ca* 教皇掩祝(🈁)

apostolizar [apostoliθáɾ] 9 他《まれ》[カトリックに] 改宗させる

apóstrofe [apóstrofe] 男《時に》囡《修辞》頓呼(🈁)法；ののしり, 悪口

apostrofar 他 ののしる, 侮辱する

apóstrofo [apóstrofo] 男《文法》省略符号, アポストロフィ [']

apostura [apostúɾa] 囡《←apuesto》《文語》優雅さ, 気品, スマートさ；態度, ふるまい：de buena 〜 立派な風采の, おしだしのいい

apotegma [apotéɣma] 男《文語》名言, 名句；警句

apotema [apotéma] 囡《数学》辺心距離

apoteosis [apoteósis] 囡『単複同形』❶ 神格化；賛美, 崇拝；熱狂. ❷ 華々しい終わり；《演劇》フィナーレ

apoteósico, ca 形 熱狂的な；華々しい：recibimiento 〜 熱烈な歓迎

apoyabrazos [apojaβráθos] 男『単複同形』[椅子の] ひじ掛け

apoyacabezas [apojakaβéθas] 男『単複同形』[椅子の] ヘッドレスト

apoyalibros [apojalíβɾos] 男『単複同形』ブックエンド

apoyapiés [apojapjés] 男『単複同形』足載せ台, フットレスト

apoyar [apojáɾ] 他《英 lean, support》❶ [+en•sobre に] もたせかける, 寄りかからせる：No *apoyes* los codos *sobre* (*en*) la mesa. テーブルに肘をつくな. 〜 la escalera *en* un árbol 木にはしごを立てかける. ❷ ...のよりどころとなる；[+

con に] 基づかせる: Los hechos *apoyan* mi decisión. 私の決定は事実に基づいている。 ～ su teoría *con* hechos concretos 具体的な事実に基づいて理論を展開する. ❸ 支持する: ～ la candidatura de+人 …の立候補を支援する

◆ **～se** …に支えられる, 寄りかかる: ～*se en* (contra) la pared 壁に寄りかかる. ～*se en* el bastón 杖にすがる. *Se apoya* plenamente *en* mí. 彼は私に頼りきっている

apoyatura [apojatúra] 囡《文語》=**apoyo**; 《音楽》前打音

apoyo [apójo] 男 ❶ 支え, 支えること(もの): pared de ～ 土留め壁, 擁壁. punto de ～ 支点; よりどころ, 拠点, 根拠. ❷ 支持, 支援: tener el ～ del pueblo 国民の支持がある. prestar ～ a un candidato 候補者を応援する. precio de ～ [政府による] 最低保障価格. ❸ 《言語》vocal (consonante) de ～ 嵌入的母音(子音)

en ～ de… …の証拠(裏付け)として
venir en ～ de… …を支持する; 助長する

APRA [ápra] 囡《略語》←Alianza Popular Revolucionaria Americana アプラ党『ペルーの政党』

apraxia [aprá[k]sja] 囡《医学》先行[症], 行動不能症

apreciable [apreθjáβle] 形 ❶ 感知し得る, それとわかる: cambio ～ 目立った変化. ❷ 評価し得る; 相当な: persona ～ 重要人物. La Bolsa ha sufrido un ～ deterioro. 相場はかなり落ち込んだ

apreciación [apreθjaθjón] 囡 ❶ 評価, 価値の認識, 鑑定: Su ～ es exagerada. 彼の評価は過大だ. ❷ [芸術的] 鑑賞. ❸ 感知, 見分け. ❹ [評価額などの] 上昇: ～ de inversiones de acciones 株式投資評価益. ～ de la moneda 貨幣価値の騰貴

apreciar [apreθjár] 他 動 他《英 appreciate》 ❶ [高く]評価する, 価値を認める; 鑑定する: Le *aprecio* mucho. 私は彼を高く買っている. ～ bienes inmuebles 不動産を評価する. ❷ 鑑賞する. ❸ [人に] 親しみを感じる: Es el amigo a quien más *aprecio*. 彼は私の一番大切な友人だ. ❹ 感知する: ～ la diferencia de matices 色合いの違いを見分ける. El médico le *apreció* rotura de ligamentos. 医師は彼の靱帯損傷を見つけた

apreciativo, va [apreθjatíβo, βa] 形 ❶ 評価の: valor ～ 評価額. ❷ 価値を認める: comentario ～ 好意的な評価. ❸ 評価する力のある, 眼がきく

aprecio [apréθjo] 男 [+de・por への] 評価; [長所の評価から生じる] 愛好: Siento gran ～ *por* su padre. 私はあなたのおとうさんを尊敬している
no hacer ～ a… …に留意しない

aprehender [apre[e]ndér] 他《文語》❶ 捕える, 逮捕する; 押収する. ❷ 感知する, 理解する: ～ el sentido irónico 皮肉な意味あいを感じ取る

aprehensible [apreensíβle] 形 捕捉できる; 感知(理解)できる

aprehensión 囡 逮捕; 感知, 理解

apremiante [apremjánte] 形 急を要する, 切迫した: tarea ～ 急な仕事

apremiador, ra [apremjaδór, ra] 形 = **apremiante**

apremiar [apremjár] 他 他 急がせる, 催促する; 督促する: Me *apremió* para que firmara el contrato. 彼は早く契約書にサインするように私をせき立てた. Las deudas me *apremian*. 私は借金で首が回らない

◆ 自 急を要する: La enfermedad *apremia*. 病状は急を要する. *Apremia* tomar una resolución. すぐに決心しなければならない

apremio [aprémjo] 男 ❶ [+de の] 欠如, 逼迫(ﾋﾟｯ): ～ económico (de medios económicos) 経済的逼迫. ❷ 催促, 督促; 納税延滞金: con ～ 延滞金付きの. ❸ [法的な] 強制, 令状: cobro por vía de ～ 強制取立

aprender [aprendér] 他 動《英 learn》

❶ 学ぶ, 習う 願義 aprender は経験・学習を通じて一定の知識・技術を獲得する過程で, 獲得した状態は saber. estudiar は幅広い知識を獲得しようとする作業で, つねに作業に終わりはない]: En mis viajes *he aprendido* muchas cosas. 旅行によって私は多くのことを学んだ. ～ español スペイン語を学ぶ. ～ piano (judo) ピアノ(柔道)を習う. [+de+人・事物 から] *Aprendí de* mi tierra. 私は故郷から学んだ

❷ 覚える: No consigo ～ su apellido. 私は彼の名前が覚えられない. ～ de memoria 暗記する. ～ la tabla de multiplicar 九九を覚える

◆ 自 [+a+不定詞 仕方を] 習う: Pronto *aprenderás* a nadar. すぐ泳げるようになるよ. ～ *a* trabajar 仕事を覚える
para que aprenda 彼(あなた)にはいい薬になるから/罰として

◆ **～se** …を暗記する: ～*se* los gentilicios 地名を暗記する

aprendiz, za [aprendíθ, θa] 名[男] 複 ～*ces* 見習い, 実習生; 徒弟; 初心者: ～ de carpintero 大工の弟子. ～*za* de peluquera 美容師の卵

aprendizaje [aprendiθáje] 男 見習い[期間]; 習いごと; 《心理》学習: escuela de ～ 工員養成所. ～ de un idioma 言語の習得

aprensión [aprensjón] 囡 ❶ [病気・事故などの, 根拠のない] 不安, 懸念; 取越し苦労: Tiene [la] ～ de que le pasa algo a su marido. 彼女は夫の身に何か起きたのではないかと心配している. Me da ～ beber en su vaso. 私は彼のコップで飲むのは気持ちが悪い. ❷ [他人に対する細かい] 気配り: con ～ 気を使って. ❸ 妄想

aprensivo, va [aprensíβo, βa] 形 ❶ [estar+] 不安な, 気がかりな: Estaba muy ～ con su tos. 彼は咳をあまりにも気にしすぎていた. ❷ [ser+. 病気について] 心配症の

apresar [apresár] 他 捕える, 逮捕(捕獲)する: El gato *apresó* al ratón. 猫がネズミをつかまえた

apresador, ra 名 捕える人

apresamiento 男 逮捕, 捕獲, 捕捉, 拿捕(′`)

après ski [apreskí] 〔←仏語〕アフタースキー

aprestar [aprestár] 他 ❶ 準備する, 用意する: ～ las armas 武器の用意をする. ～ el oído 耳をすます. ～ la atención 注意を払う. ❷ [紙・布などに] 仕上げ加工を施す

◆ ～se《文語》[+a+不定詞 する/+para+事の] 準備をする: ～se a salir 外出の支度をする

apresto 男 仕上げ加工 ; 仕上げ糊, サイズ: ～ resínico 樹脂加工

apresurado, da [apresuráðo, ða] 形 過分 急いだ ; 性急な: viaje ～ 急ぎの旅行. conclusión ～da 早まった結論

apresuradamente 副 急いで ; あわてて, 性急に

apresurar [apresurár] 他 急がせる, せかす ; [予定より] 早める: No me apresures. せかさないでくれ. ～ el paso 足を速める. ～ el trabajo 急いで仕事する

◆ ～se 急ぐ ; [+a+不定詞] 急いで…する: Se apresuró a ceder el asiento a un anciano. 彼はさっと立って席を老人に譲った

apresuración 名/**apresuramiento** 男 急がせる(急ぐ)こと

apretado, da [apretáðo, ða] 形 過分 ❶ きつい, ぎっしり詰まった : i) El corcho de la botella estaba muy ～. 瓶の栓がひどくきつかった. nudo ～ 固い結び目. baile ～ しっかり抱き合って踊るダンス. ii) 厳しい : programa ～ きつい日程. ～da situación 厳しい状況. Consiguió un ～ triunfo. 彼はやっと勝てた. ❷ 貧困な ; けちな, 吝嗇な

apretadamente 副 きつく ; 厳しく: ganar ～ 辛勝する. vivir muy ～ 食うや食わずの生活をする

apretar [apretár] 23 他 ❶ 抱き締める, 握り締める: Apretó al niño contra su pecho (entre sus brazos). 彼は子供を胸(腕)に抱き締めた. ～ la mano a+人 …と握手する. ❷ 締めつける, 詰め込む, 強く押す 〖aflojar〗: ～ la cuerda 紐をきつくする. ～ un tornillo ねじをきつく締める. ～ los dientes 歯をかみしめる. ～ la letra 字を詰めて書く. ～ los trajes en una maleta スーツケースに服を押し込む. ❸ [ボタンを] 押す. ❹ [人に] 厳しくする, 苦しめる: Este profesor nos aprieta en el examen. この先生は試験で私たちを締めつける. Me aprieta el tiempo. 私は時間に追われている. ～ a+人 con preguntas …を質問攻めにする. ❺ 活発にする, 強化する: ～ el paso 足を速める

◆ 自 ❶ [服などが, +a+人 にとって] きつい : Me aprietan estos zapatos. この靴はきつい. ❷ がんばる, 強まる: Tienes que ～ en los estudios. がんばって勉強しなくてはいけないよ. Empezó a ～ el dolor. 痛みがひどくなった. El sol aprieta a medio día. 日ざしは真昼には耐えがたくなる. ❸ [+a+不定詞] …し始める: ～ a correr 走り出す. ～ a escribir 書き始める ¡aprieta! さあ[急ごう]!

◆ ～se ❶ 自分を締めつける. ❷ [ぎゅうぎゅう詰

めの状態で] 集まる, 身を寄せ合う: Una muchedumbre se apretaba en la plaza. 広場には群衆が一杯集まっていた

apretón [apretón] 男 ❶ 締めること ; ぎゅうぎゅう詰め: dar a+人 un ～ de manos …と握手する. Se reciben muchos apretones en las horas punta. ラッシュアワーの人込みはひどい. ❷《口語》抱擁〖abrazo〗. ❸《口語》促進 ; 並々ならぬ努力: dar un ～ al trabajo 仕事に精を出す. apretar el ～ 仕事でがんばる. ❹ 窮地: Ahora estamos en un ～. 私たちは今苦境に陥っている. ❺ 急な便意(尿意)

apretujar [apretuxár] 他 強く締める, 詰め込む: Me apretujaba hasta casi dejarme sin aliento. 彼は息ができなくなるほど強く私を締めつけた

◆ ～se [+en 狭い場所に] ぎゅうぎゅう詰めになる

apretujamiento 男 締めつけ, 詰め込み

apretujón 男《口語》強い締めつけ ; ぎゅうぎゅう詰め

apretura [apretúra] 女 ❶ ぎゅうぎゅう詰め ; [経済的]逼迫(′`). ❷ =**aprieto**

aprieto [aprjéto] 男 困難 ; 困惑 estar (verse・encontrarse) en un ～ 困っている poner a+人 en un ～ …を困らせる: La pregunta me puso en un ～. 私は答えに窮した salir del ～ 苦境を脱する

a priori [a prjóri] 〔←ラテン語〕先験的に, アプリオリに 〖↔a posteriori〗: No lo juzgues ～, sin conocer sus motivos. 彼の考えも知らないで, 頭から決めつけてはいけない

apriorismo 男 先験主義, 先験的論法

apriorístico, ca 形 先験的な

aprisa [aprísa] 副 速く, 急いで: Conduce demasiado ～. 彼はスピードを出しすぎる

aprisco [aprísko] 男 [家畜の] 囲い場

aprisionar [aprisjonár] 他 投獄(収監・拘留)する ; 身動きできなくする, 抑えつける: Una viga le aprisionó las piernas. 彼の両膝は梁の下敷きになった. ～ a+人 con sus encantos 魅力で…をとりこにする

aprisionamiento 男 抑えつけ

aprista [aprísta] 形 名 [ペルーの] アプラ党 APRA の〔党員〕

aproar [aproár] 自 船首を向ける

aprobación [aproβaθjón] 女 ❶ [主に個人的な] 承認, 賛成: Tienes mi ～ para cualquier cambio que quieras efectuar. 好きなように変更してかまわない. dar su ～ a... …に賛成する. ❷ 合格

aprobado, da [aproβáðo, ða] 形 過分 承認された ; 合格した

◆ 男 [評点で] 可 〖↗calificación 参照〗: tener ～ 可をとる. ～ raspado ぎりぎりの可

aprobar [aproβár] 28 他 ❶ [公的に] 承認する, 認可する: La comisión ha aprobado (por mayoría) la ley. 委員会は[賛成多数で]法案を可決した. ❷ 同意する, 賛成する: No apruebo tu decisión. 君の決定には賛成できな

い．❸ [試験に] 合格する: *He aprobado todas las asignaturas.* 私は1課目も落とさなかった．❹ [先生が生徒を] 合格させる: *Me han aprobado* en español. 私はスペイン語の試験に合格した　⬥ ⬚ 合格する

aprobatorio, ria [aproßatórjo, rja] 形 [視線・仕草が] 賛成の

aprontar [aprontár] 他 急いで準備する: ～ la solución 解決を急ぐ

apropiación [apropjaθjón] 女 適合; 取得, 所有: ～ indebida 不法取得, 横領

apropiado, da [apropjáðo, ða] 形 過分 [+ para に] 適当な, ふさわしい: *Este traje no es ～ para* la fiesta. この服はパーティーにふさわしくない

apropiar [apropjár] ⑩ 他 [+a に] 適合させる: ～ las explicaciones *a* la capacidad de entendimiento 理解力に応じた説明の仕方をする

⬥ ～se [時に +de を] …を自分のものにする, 手に入れる: ～*se* (*de*) los bienes ajenos 他人の財産を横領する

apropincuar [apropiŋkwár] ⑫ ～se 《まれ》接近する; [+de を] 手に入れる

apropósito [apropósito] 男 [軽い風刺の入った] 寸劇, スキット

aprovechable [aproßetʃáßle] 形 利用可能な; 役に立つ

aprovechado, da [aproßetʃáðo, ða] 形 過分 [主に生徒が] 勤勉な, よく勉強する;《軽蔑》金に汚ない, がめつい, 締まり屋の

aprovechamiento [aproßetʃamjénto] 男 ❶ 利用, 用 資源開発: ～ de la energía solar 太陽熱の利用. ～s forestales 森林開発. ❷ 進歩, 上達: Estudió con ～ 彼は勉強したことがある

aprovechar [aproßetʃár] 他 《英 take advantage of》 [有効に] 利用する: *Aprovecho* los ratos libres cuidando (para cuidar) el jardín. 私は暇な時間を使って庭の手入れをする. ～ un salto de agua para producir electricidad 滝を利用して電気を起こす. un día bien *aprovechado* 有益に過ごした一日. [+que+直説法] *Aprovecha que* no estoy para usar mi teléfono. 彼は私がいないのをいいことに電話を勝手に使う

⬥ ⬚ ❶ 役立つ: Esto le *aprovechará* a tu padre. これは君のお父さんの役に立つよ. ❷ [+en 勉強などで] 進歩する, 上達する: Con este profesor *aprovechan* mucho *en* la asignatura. この先生につくと成績がとてもよくなる. Este niño *aprovecha en* madurez. この子ははせている

¡que aproveche! [食事する人への挨拶] たっぷり(ゆっくり)召し上がれ! 《⬅ ¿(si) usted **gusta**? 参照》

⬥ ～se ❶ [主に悪い意味で, +de を] 利用する; [人の弱さなどに] つけ込む: ～*se de* su cargo para hacer depredación 地位を利用して横領をはたらく. *Se aprovechó de* mi debilidad. 彼

は私の弱点をうまくついた. ❷《口語》痴漢行為をする

aprovisionar [aproßisjonár] 他 [+de 食糧などを] …に補給(供給)する

⬥ ～se 補給を受ける

aprovisionamiento 男 補給, 供給

aproximación [aproksimaθjón] 女 ❶ 接近: ～ de (entre) los dos países 二国間の歩み寄り. ❷ 近似値, 概算: calcular con ～ 概算する. Sólo ha sido una ～. それはおよその見当にすぎなかった. ❸ [宝くじの] 前後賞. ❹ [問題への] アプローチ; [航空機の飛行場への] 接近

aproximado, da [aproksimáðo, ða] 形 過分 ❶ おおよその, 近似の: presupuesto ～ おおよその見積り. cálculo ～ 概算. valor ～ 近似値. fórmula ～ 近似式. ❷《まれ》類似の

aproximadamente 副 おおよそ, ほぼ; 概算で

aproximar [aproksimár] 他 [+a に] 近づける, 接近させる 《acercar》: ～ su silla *al* fuego 椅子を火の近くに寄せる

⬥ ～se 近づく;《まれ》似る: *Se aproximan* las Navidades. クリスマスが間近に迫っている. ～*se a* la correcta solución [人が] 正解に近づく

aproximativo, va [aproksimatíßo, ßa] 形 おおよその, 近似の: cálculo ～ 概算

áptero, ra [áptero, ra] 形 [動物] [昆虫が] 翅(はね)のない;《建築》[神殿などが] 側柱のない

aptitud [aptitúð] 女 [+para への] 適性; [主に 用. 仕事などの] 能力, 天分: Tiene buena ～ *para* la música. 彼はとても音楽に向いている(音楽の素質がある). prueba (examen) de ～ 適性検査. ～*es* físicas 肉体的な能力

apto, ta [ápto, ta] 形 [ser+. 主に人が, +para に] 適性(素質)のある, 有能な: Es ～ *para* maestro. 彼は教師に向いている. Esta madera no es *apta para* la construcción. この材木は建築には適さない. ～ *para* el servicio militar 兵役可能な

⬥ 男 [試験の結果] 合格, 可: no ～ 不合格

apuesta¹ [apwésta] 女 ❶ 賭け事;《俗》賭け. ❷ 賭け金: subir la ～ 賭け金を上げる. ❸ 用 スポーツくじ 《～s deportivas》: billete de ～s mutuas 馬券. billete de ～s dobles 連勝式馬券

apuesto, ta² [apwésto, ta] 形 《文語》[人が] 容姿端麗な, スマートな; [服装が] きりっとした, 粋な

apunar [apunár] ～se《南米》高山病にかかる

apuntación [apuntaθjón] 女 書き留めること;《音楽》記譜[法]

apuntado, da [apuntáðo, ða] 形 過分 先の鋭い, 尖った

apuntador, ra [apuntaðór, ra] 形 名 ❶ 書き留める[人]; 指し示す. ❷《演劇》プロンプター; 舞台監督

no quedar ni el ～ [映画・演劇] 登場人物が全員死ぬ

apuntalar [apuntalár] 他 …に支柱 puntal を施す; [一般に] 支える, 補強する: ～ la

plantilla 選手を補強する
apuntalamiento 男 支持，補強

apuntar [apuntár] 自 [[英 aim, point] ❶ [+ a に] 狙いをつける；指し示す：i) *Apuntaba con la escopeta a* la liebre. 彼は野兎に猟銃の照準を合わせた．La proa *apunta al* (hacia el) norte. 船首は北(の方)を指している．Ya me figuro *a* dónde *apuntan* tus quejas. 君の不満がどこにあるか大体察しがつくよ．～ *a* la presidencia 大統領の座を目指す．ii) [+a+不定詞] …しようともくろむ：Ya sé que *apuntas a* sustituirme. お前が私に取って代わろうとしているのはもうわかっているんだ． ❷ 《文語》現われ始める：*Apunta* el alba. 夜が明け始める．*Apuntaban los trigales.* 小麦が芽をふいていた．Le *apunta* la barba. 彼はひげが生えかけている

～ a dar [殺すために] 射つ，発砲する

◆ 他 [[英 note]] ❶ [+en に] 書き留める，記入する：i) *Apunté* sus señas. 私は彼の住所をメモした．～ a+人 en la lista …の名前をリストに記入する．～ presente 出席を記入する．ii) [得点・勘定] ～ los goles a favor (en contra) ゴールを入れる(入れられる)．*Apúntalo en su* cuenta. それは彼のつけにしておけ．iii) [賭け金] ～ mil yenes al número 20　20番に千円賭ける． ❷ それとなく言う，こっそり教える：～ la posibilidad de dimitir 辞職の可能性をほのめかす．～ la solución a su compañero クラスメートにこっそり答えを教えてやる． ❸ 指し示す：Me *apuntó* con el dedo la mancha que tenía en el pecho. 彼は胸元の汚れを指さして教えてくれた． ❹ とがらせる：～ un lápiz 鉛筆を削る． ❺ [一時的に] 固定する；縫い付ける：～ unas tablas en la entrada 入り口に板を打ち付ける．Ella me *apuntó* el botón de la camisa. 彼女はワイシャツのボタンを付けてくれた． ❻ 《演劇》[プロンプターが] せりふ(きっかけ)をつける

◆ ～se ❶ [+a+en に] 自分の名前を記入する，登録(参加)する：*Se apunta a* todas las juergas. 彼はどんちゃん騒ぎには必ず加わる．¿*Te apuntas? —Me apunto.* [勧誘] どう？—OK． ❷ …を獲得する：～*se* una gran victoria en las elecciones 選挙で大勝する．～ un tanto 1点入れる；評判が上がる，点数をかせぐ

apunte [apúnte] 男 ❶ 覚え書き，メモ 《学生が取る》ノート：tomar (sacar) ～*s* メモする，ノートを取る．libro de ～(s) メモ帳． ❷ 《会議・教室などで取る》プリント． ❸ 《商業》記帳，記入． ❹ 《美術》素描，スケッチ 〖bosquejo〗. ❺ 《演劇》プロンプター

apuntillar [apuntiʎár] 他 《闘牛》[短剣で牛に] とどめを刺す；《比喩》決定的打撃を与える

apuñalar [apuɲalár] 他 [短刀で] 刺す

apuñalamiento 男 突き刺し

apuñar [apuɲár] 他 つかむ，握る

apurado, da [apuráđo, đa] 過過分 ❶ [+de が] 枯渇した：Están ～*s* todos los remedios. 万策尽きた．Estoy ～ de tiempo. 私は時間が足りない． ❷ [estar+] 苦労している，困窮した：Anda ～ por el exceso de trabajo. 彼は仕事

が多すぎて困っている．Está muy ～ [de dinero]. 彼は金に困っている．situación ～*da* 苦境． ❸ [勝利などが] ぎりぎりの：Me vi ～ para escapar. 私はやっとのことで逃げおおせた． ❹ 《西.文語》[ひげを剃って] つるつるの． ❺ 《南米》急いだ，あわただしい

apuradamente 副 苦労(困窮)して，やっとのことで；きまり悪そうに

apurar [apurár] 他 ❶ 飲み干す；使い尽くす，枯渇させる：～ una botella de cerveza ビールを1本あける．Todavía puede ～ más estos lápices. これらの鉛筆はまだ使えるよ．～ todos los medios あらゆる手段を尽くす．～ a+人 la paciencia …の堪忍袋の緒を切らす． ～ la pintura 絵を完成する． ❷ [徹底的に] 究明する；調べ上げる：～ la historia del siglo XIX 19世紀の歴史をつぶさに調べる． ❸ 急がせる：No me *apures* tanto, que no tengo ganas de correr. そうせかすな．走りたくないんだ． ❹ 悩ます，苦しめる；恥ずかしい思いをさせる：El profesor nos *apura* con demasiados deberes. 先生は宿題をたくさん出して私たちを困らせる．Me *apura* mucho decirle que no vale para el cargo. 仕事の能力がないと彼に言うのは大変心苦しい． ❺ 怒らす：Si le *apuras*, sufrirás las consecuencias. 彼を怒らせたら，後が怖いぞ． ❻ 精製(精錬)する；[精神的に] 浄化する

apurándolo mucho せいぜい [多くて・高くて]，よくても，悪くても

◆ 自 耐え difícil；急を要する：Todavía no *apura* el frío. 寒くて我慢できないほどにはまだ寒い． Todavía no *apura* ponerse ropa de invierno. まだ冬服を着るほどのことはない

◆ ～se ❶ 尽きる，なくなる． ❷ [+por に] 悩む，心配する；恥ずかしく思う：Se apura por poca cosa. 彼はつまらないことでよくよくする． ❸ 《南米》急ぐ，あわてる：*Apúrate* o llegarás tarde. 急げ．さもないと遅刻するぞ

apuramiento 男 枯渇；徹底的究明

apuro [apúro] 男 ❶ 苦境，[特に金銭的な] 困難，困窮：estar en un ～ 苦境にある．poner en un ～ 窮地に追い込む．sacar de un ～ 苦境(貧困)から救う．tener ～s de dinero お金に困っている．pasar muchos ～s [お金で] 大変苦労する；危険を冒す． ❷ 困惑，気恥ずかしさ：Me dio ～ besarle a ella delante de todos. 皆の前で彼女にキスするのはきまりが悪かった．Tengo ～ en decírselo. 彼にそれを言うのは心苦しい． ❸ 《南米》急ぐ(あわてる)こと：tener ～ por+不定詞 …しようとあせる

aquejar [akexár] 他 《文語》[痛み・病気などが] 苦しめる：Le *aqueja* (Está *aquejado* de) un fuerte dolor de cabeza. 彼はひどい頭痛に苦しんでいる

aquel, lla [akél, akéʎa] 形 [[英 that]. 遠称の指示形容詞

aque**llos, llas** ❶ [普通詞 +名詞] あの：i) ¿Ves ～ árbol? あの木が見えますか？*Aquellos* niños son chinos. あの子たちは中国人だ．ii) [名詞+. 強調・軽蔑] La silla ～*lla* no está en su lugar. あの椅子は置き場所が間違っている. iii) 〔所有形容詞との共用. 強調〕Sus palabras confirmaron ～ modo de pensar *mío*. 彼の言葉は私のあの考えが正しかったことの証拠だった. ❷ 〔+関係代名詞〕Todo ～ *que* lo desee, puede venir. 来たい人は誰でも来てよい. ❸ 〔+時の名詞. 遠い過去〕Ya no vuelven *aquellos* días felices. あの幸せな日々はもう戻ってこない. en ～ momento あの時

◆ 男 ❶ 〔ぼやかし表現〕Por el ～ del humanitarismo trata bien a los pobres. 彼は例の人道主義とやらで貧しい人たちに親切にする. ❷《西. 古語》〔主に女性の〕魅力

aquél, lla [akél, akéʎa] 代〔英 that. 遠称の指示代名詞. 複 aquél*los*, llas〕❶ あれ, あのもの: i) A～*lla* es la puerta principal. あそこが正門だ. ¡Dichosos tiempos ～*llos*! 古きよき時代だった. ii) あの人〔aquel señor, aquella señora の方が失礼でない〕: ¿Quién es ～? あいつは何者だ? ❷ 前者 〔↔*éste*〕: Tiene un niño y una niña ; ～ tiene ocho años y ésta cinco años. 彼には息子と娘がいて, 前者は8歳, 後者は5歳である. ❸《←仏語》〔部分を表わす〕A～llos de vosotros que estéis cansados, levantad la mano. 君たちのうち疲れた者は手を上げろ

aquelarre [akelárɛ] 男 魔女(魔法使い)の集会 ; 乱痴気騒ぎ

aquello [akéʎo] 代〔英 that. 遠称の指示代名詞中性形〕❶ あのこと: i) 〔物〕¿Qué es ～?―Es una pescadería. あれは何ですか?―魚屋です. ii) 〔事柄〕A～ no tiene la menor importancia. あのことは少しも重要でない. iii) 〔ぼやかし表現〕Fue el día que perdí ～ (la virginidad). その日私はあれ(処女)を失った. ❷ 〔場所〕あそこ: A～ será muy lindo. あそこはとても美しいだろう

aquende [akénde] 副《文語》…のこちら側で 〔↔allende〕: ～ los Pirineos ピレネー山脈のこちら側では

aquenio [akénjo] 男《植物》瘦果(ゑ)

aqueo, a [akéo, a] 形 名〔地名〕アカイア Acaya の〔人〕《古代ギリシアの都市》

aquerenciar [akerenθjár] 囮 〜**se**〔動物が, +a+場所 に〕縄張りとする ; 〔+a+人 に〕馴れる

aquí [akí] 副〔英 here. 近称の指示副詞〕❶ ここに, ここで: i) A～ está tu libro. 君の本はここにある. Ven ～. ここへ来い. ¡A～ los niños! さあ寄ってらっしゃい! ii) 〔前置詞+〕¿Cuánto se tarda de ～ a la estación? ここから駅までどのくらいかかりますか? Vive por ～. 彼はこのあたりに住んでいる. iii) 〔+場所の副詞. 強調〕Vive ～ cerca. 彼はこの近くに住んでいる. Mételo ～ dentro. それをこの中へ入れろ. iv) 〔観念的〕A～ ya no pudo más. 彼はここでもう我慢できなくなった. Por ～ se conoce que José se ha equivocado. このことからホセが間違えたことがわかる. ❷ 今, 現在: Hasta ～ no me ha pasado nada. 今まで私は何事もなかった. De ～ a (en)

ocho días se arreglará el reloj. 時計は1週間後に直ります. No habrá uvas de ～ a tres meses. ブドウはこの3か月は出回らないだろう. de ～ a mañana 明日までに. de ～ a poco 間もなく

❸ その時〔entonces〕: Es ～ cuando empezaron a disputar. その時(そこで)口論が始まった. A～ le cojo, le mato. 彼をつかまえたらすぐ殺してやる

❹ 〔人〕こちら『自分』; このかた: Oiga, ～ Miguel.『電話』もしもし, こちらはミゲルです. A～ el señor pregunta por la parada. この人が停留所はどこかと尋ねている

～... allí... ここには…またあちらには…

～ de... ここが…の見せ場だ: A～ *de* mi ingenio. ここが私の知恵の見せどころだ

～ y allá (allí) あちらこちらに: Estas plantas crecen ～ *y allá*. これらの植物はあちこちに生えている

como estamos ～ tú y yo きわめて明白である, 疑いの余地はない

de ～+名詞 (+〔el〕 que+接続法) このことゆえに…がある(…だ): De ～ el premio *que* ganó. これが理由で彼は受賞した. De ～ que él merezca un premio. それだから彼は受賞に値する

de ～ allá ここからあちらへ

de ～ para allá (allí) あちらこちらへ〔動き回って〕: Iba *de* ～ *para allá* por la casa. 彼は家の中を行ったり来たりした

de ～ te espero《西. 口語》大きな; 重要な

estoy hasta ～ もううんざりだ/たくさんだ

aquiescencia [akjesθénθja] 囡《文語》同意, 承諾

aquiescente 形 同意する

aquietar [akjetár] 囮《文語》平静にさせる ; 〔痛みなどを〕鎮める: ～ a un caballo 馬を落ち着かせる

◆ ～**se** 静まる, 落ち着く

aquilatar [akilatár] 囮 ❶ …の金位(カラット)を計る ; 評価する. ❷ 浄化する. ❸ 〔価格を〕できるだけ下げる

aquilatamiento 男 評価

aquilino, na/aquileño, ña [akilíno, na/-léño, ña] 形《詩語》=**aguileño**

aquilón [akilón] 男《詩語》北風

ar 《命令》〔号令〕直ちに

A. R. 《略語》←Alteza Real 殿下

-ar 〔接尾辞〕❶ 〔動詞化〕arañ*ar* ひっかく, noque*ar* ノックアウトする《新語の動詞はほとんど -ar》. ❷ 〔名詞+〕i) 〔品質形容詞化〕famili*ar* 家庭の, sol*ar* 太陽の. ii) 〔名詞化. 栽培地〕manzan*ar* リンゴ園

ara [ára] 囡《単数冠詞: el・un(a)》《文語》祭壇, 聖壇 ; 《考古》〔イベリア半島にあるキリスト教以前の〕石の遺跡

en ～s de...《文語》…に敬意を表して ; …のために: en ～s *de* un futuro mejor／よりよい未来のために. en ～s *del* progreso 進歩の名の下に

árabe [árabe] 形 名 アラビア Arabia 〔人・語〕

の, アラブ〔人〕の；アラビア人, アラブ人：caballo
〜 アラビア馬. países 〜s アラブ諸国. Liga
Á〜 アラブ連盟
◆ 男 アラビア語：Eso es 〜 para mí. それはち
んぷんかんぷんだ
arabesco, ca [araβésko, ka] 男 形 アラベス
ク様式（模様）〔の〕〖☞写真〗

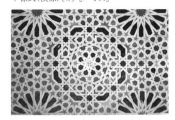

Arabia [aráβja] 女《地名》アラビア：〜 Saudí
(Saudita)《国名》サウジアラビア
arábigo, ga [aráβigo, ga] 形 名 =**árabe**：
Mar A〜 アラビア海. Península A〜ga アラビ
ア半島
arabismo [araβísmo] 男 ❶ アラビア語特有の
言い回し. ❷ アラビア語からの借用語〖alcalde,
jarabe など〗
　arabista 名 アラビア語（文学・文化）研究者
arabizar [araβiθár] 他 アラビア風にする
　arabización 女 アラビア化
arácnido, da [arákniðo, ða] 形《動物》クモ
類の；クモのような
◆ 男 綱 クモ型綱節足動物
aracnoides [araknóiðes] 女《単複同形》《解
剖》蜘網(ちも)膜, くも膜
arada [aráða] 女 耕作, 農作業；耕地
arado [aráðo] 男《農業》犂(すき)
arador, ra [araðór, ra] 形 耕す〔人〕
◆ 男《昆虫》ヒゼンダニ〖〜 de la sarna〗
Aragón [aragón] 男《地名》アラゴン〖スペイン
北東部の自治州〗
◆ 男 アラゴン方言
aragonés, sa [aragonés, sa] 形 名 アラゴン
Aragón の〔人〕：testarudo (terco) como un
〜 アラゴン人のように頑固な
◆ 女《果実》赤味がかって大粒のブドウ
　aragonesismo 男 アラゴン方言；アラゴンの地
方(自治)主義
aragonito [aragoníto] 男《鉱物》あられ石
araguaney [aragwánei] 男《植物》熱帯産の
ノウゼンカズラ科の大木〖ベネズエラの代表的な
木〗
araguato [aragwáto] 男《動物》ホエザル
arameo, a [araméo, a] 形 名《歴史》アラム
aram 人〔の〕
◆ 男 アラム語
jurar en 〜《口語》悪口を言う, ののしる；汚な
い言葉を使う
arancel [aranθél] 男 ❶ 関税, 関税率〔表〕；
〔鉄道の〕運賃(料金)表：〜 externo común
対外共通関税. ❷《南米》授業料, 月謝

arancelario, ria [aranθelárjo, rja] 形 関
税の, 関税率の：derechos 〜s 関税. restric-
ción no 〜ria 非関税障壁
arándano [arándano] 男《植物》コケモモ
arandela [alandéla] 女《技術》座金, ワッシャ
ー
arandillo [arandíʎo] 男《鳥》セキレイ
araña [aráña] 女 ❶《動物》クモ：tela (red)
de 〜 クモの巣. 〜 de agua ミズスマシ. 〜 de
mar ケアシガニ. ❷ シャンデリア. ❸《魚》ハチミ
シマ. ❹《植物》クロタネソウ；〔アンティーリャス諸
島産の〕イネ科植物の一種
arañar [arañár] 他 ❶〔爪で〕ひっかく；〔表面
に〕傷をつける：El gato me arañó. 私は猫にひ
っかかれた. Tu silla araña la pared. 君は椅子
で壁を傷つけている. ❷〔ギターを〕かき鳴らす；
〔バイオリンなどを〕キーキーいわせる. ❸〔少しず
つ〕集める：〜 el dinero 金をかき集める
◆ 自 ひっかき傷がつく, ガサガサになる
　arañando からくも, やっとのことで
◆ **〜se** 自分の…をひっかく：Al caerme, me
arañé las rodillas con el cemento. 転んだ時,
私はコンクリートで膝をすりむいた
arañazo [arañáθo] 男 爪痕, ひっかき傷
arañuela [arañwéla] 女《植物》クロタネソ
ウ；=**arañuelo**
arañuelo [arañwélo] 男〔果樹などにつく〕毛
虫；ダニ
arapaima [arapáima] 男《魚》ピラルク〖アマ
ゾン産の大魚〗
arar [arár] 他 犂(すき)で耕す, すく；すじ(しね)を付
ける：Aramos, dijo la mosca al buey.《諺》
掛け声だけの怠け者
〜 en el mar 無駄なことをする
araucano, na [araṷkáno, na] 形 名 アラウ
コ arauco 族〔の〕〖チリ・アルゼンチンに住むイン
ディオ〗
◆ 男 アラウコ語
araucaria [araṷkárja] 女《植物》ナンヨウスギ
arawak [arawák] 形 名 アラワク族〔の〕〖カリ
ブ海域に住むインディオ〗
◆ 男 アラワク語
arbitraje [arβitráxe] 男 ❶《法律》仲裁, 調
停：someter un conflicto al 〜 争議を調停に
かける. ❷〔審判員の〕判定. ❸ 方策：recu-
rrir al 〜 de nuevas soluciones 新たな解決策
を求める. ❹《商業》鞘(さや)取り売買
arbitral [arβitrál] 形 ❶ 仲裁(調停)による：
juicio 〜 仲裁裁定. sentencia 〜 調停者の裁
定. ❷ 審判の：decisión 〜 判定
arbitrar [arβitrár] 自《法律》[+en の] 仲裁
(調停)をする：〜 en un conflicto laboral 労
働争議の調停を行なう
◆ 他 ❶《スポーツ》…の審判をする：〜 un
partido de tenis テニスの試合の審判をつとめる.
❷《文語》〔方策を〕考えつく：〜 una medida
para detener la inflación インフレ抑制策を見
つける
arbitrárselas 方策を見出す：Ya se las ar-
bitrará para salir de este atascadero. 彼は
すぐにこの泥沼から抜け出す方法を考えつくだろう

arbitrario, ria [arβitrárjo, rja] 形 ❶ 勝手
気ままな, 横暴な; 不当な: decisión ～ria 専
断; 不当な決定. ❷ 自由裁量による, 恣意的な
arbitrariedad 女 1) 専断, 専横: cometer
una ～ 独断的(横暴)なことをする. 2) 自由裁
量, 恣意性

arbitrio [arβitrjo] 男《文語》❶ 意志, 自由意
志《libre albedrío》; 気まぐれ: Nos tiene a
su ～. 私たちは彼の意のままだ. Estamos al ～
de la suerte. 我々は運命〔の気まぐれ〕に支配さ
れている. dejar al ～ de+人 …の意志に任せる,
任意にする. depender del ～ (estar al ～)
de+人 …の意のままである. ❷ 調停者, 裁定；～
de juez/～ judicial《法律》判決. ❸ 方策. ❹
［複］地方税：～s municipales 市税

arbitrista [arβitrísta] 名《特に17-18世紀ス
ペインの》夢想的な〕社会改革家

árbitro, tra [árβitro] 名 ❶《スポーツ》審判
員, レフェリー: actuar de ～ 審判をつとめる. ～
auxiliar 副審. ❷ 調停者, 仲裁者. ❸ 自分
の自由意志で行動できる人; 支配者: Soy ～
de mi destino. 私は自分の運命の主人公である.
～ de la moda 流行を支配する人. ～ de los
negocios 事業の最高決定者

árbol [árβol] 男《英 tree》❶ 木, 樹木;
《植物》高木《↔arbusto》: i) fiesta
del ～ 植樹祭. ～ de pie 実生の木. ～
padre [伐採後残した] 親木. ii) ～ de la ciencia
[del bien y del mal]《聖書》善悪の知識の木.
～ de la vida《聖書》生命の木. ～ de la cruz
[del Calvario] [キリストの] 十字架. iii)《諺》
Al que (Quien) a buen ～ se arrima, buena
sombra le cobija. 寄らば大樹の陰. この木に
fruto, dígole leño. 実のならぬ木はただの丸太.
Del ～ caído todos hacen (todo el mundo
hace) leña. 落ち目の人は寄ってたかってむしられ
る. Los ～es no dejan ver el bosque. 木を見
て森を見ず. Por el fruto se conoce el ～. 人
はその行ないで判断される. iv) [各種の木] ～ de
Judas [del amor] ハナズオウ. ～ de María キ
ャラ(伽羅). ～ del diablo バラグム の木. ～ del
pan パンの木. ～ del paraíso グミの一種
❷ [樹状のもの] ～ de Diana (de Marte)《化
学》銀木(鉄木). ～ de fuego 仕掛け花火の枠
組. ～ respiratorio 呼吸器官
❸《機械》〔回転〕軸, シャフト: ～ de la hélice
プロペラ軸. ～ de levas [en cabeza] [頭上]
カム軸. ～ de transmisión 伝動軸. ～ motor
主軸. ～ de ruedas [時計の] 回転軸
❹ 帆柱《palo》: ～ mayor メインマスト
❺《建築》[らせん階段の] 心柱
❻ 樹形図, 枝分かれ図《diagrama de ～》: ～
genealógico (de costados) 家系図;《言語》
系統図

arbolado, da [arβoláðo, ða] 形 過分 ❶ 波
立った《☞mar ❷》. ❷ [estar+] 木々の茂っ
た: región ～ 森林地帯
◆ 男 医系 木立ち, 森林

arboladura [arβolaðúra] 女 医系 [一隻の船
の] 帆柱

arbolar [arβolár] 他 ❶ [船に] 帆柱を立てる.

❷ [旗などを] 掲げる: El barco *arbola* ban-
dera española al mástil. 船はスペインの旗をマ
ストに掲げている. ❸ [海を] 荒く波立たせる
◆ ～se 波立つ

arboleda [arβoléða] 女 木立ち, 林

arbóreo, a [arβóreo, a] 形 樹木の〔ような〕
高木の: planta ～a 木本植物

arborescente [arβoresθénte] 形 樹木のよう
な, 樹木性の

arborícola [arβoríkola] 形 樹木に住む

arboricultura [arβorikultúra] 女 樹木栽培
arboricultor, ra 名 樹木栽培者

arboriforme [arβorifórme] 形 樹木の形をし
た

arborizar [arβoriθár] 他 …に樹木を植える

arbotante [arβotánte] 男《建築》飛びアーチ,
フライングバットレス《ロ▶カット》

arbusto [arβústo] 男 灌木(ぼく), 低木
arbustivo, va 形 灌木の

arca [árka] 女《単数冠詞: el·un[a]》❶ [ふた
付きの] 大箱: ～ de la Alianza (del Tes-
tamento)《宗教》契約の櫃(ひつ). ～ de agua
水槽, 貯水タンク. ～ del cuerpo 胴体. ～
cerrada 口の固い人. ❷ 金庫《～ fuerte, ～
de caudales》;［複］財源:～s fiscales (mu-
nicipales) 国庫 (地方財政). ❸ ～ de Noé ノ
アの箱舟; 乱雑な場所;《貝》ノアノハコブネガイ

arcabuz [arkaβúθ] 男［複］～ces 火縄銃
arcabucero 男 その銃手, 射手
arcabuzazo 男 その発射, 射撃

arcada [arkáða] 女《←arco》❶《建築》アー
ケード, 拱廊(きょうろう);［橋の] アーチ, 橋台の穴:
pasear bajo la ～ アーケードの下を散歩する. ❷
［複］むかつき, 吐き気《náuseas》: Me vienen
～s. 私は気持ちが悪い. dar a+人 ～s …をむか
つかせる

arcaduz [arkaðúθ] 男 水道管

arcaico, ca [arkájko, ka] 形 ❶ 古風な, 擬
古的な;《美術》アルカイックの: locución ～ca
古風な言い回し. sonrisa ～ca アルカイックスマ
イル. ❷ 古代の: período ～ 古代

arcaísmo 男 古風さ, 擬古主義; 古語
arcaizante 名 形 擬古的な; 懐古的な〔人〕:
estilo ～ 擬古的な文体. gusto ～ 懐古趣味
arcaizar 自 他 古語を使う. ◆ 他 [古語を使
って] 古風な感じにする

arcángel [arkáŋxel] 男《宗教》大天使《ロ
ángel 参考》

arcano, na [arkáno, na]《文語》形 秘密の,
神秘の《recóndito》
◆ 男 神秘, 不思議: ～ insondable 計り知れな

A

い神秘

arce [árθe] 男《植物》カエデ: ～ blanco シカモア. ～ del azúcar サトウカエデ

arcediano [arθeðjáno] 男《カトリック》司教座聖堂助祭, 助祭長

arcén [arθén] 男 [道路の] へり, 路肩

archi- [接頭辞] [優越] *archi*duque 大公

archicofradía [artʃikofraðía] 女《宗教》大兄弟会

archiconocido, da [artʃikonoθíðo, ða] 形 非常によく知られた(有名な)

archidiácono [artʃiðjákono] 男 ＝**arcediano**

archidiócesis [artʃiðjóθesis] 女〖単複同形〗《カトリック》大司教区

archiduque [artʃiðúke] 男 大公
　archiducado 男 大公領, 大公国
　archiduquesa 女 大公妃

archifonema [artʃifonéma] 男《言語》原音素

archimandrita [artʃimandríta] 女《ギリシア正教》修道院長, 大僧院長

archipámpano [artʃipámpano] 男《戯語》～ de las Indias/～ de todas las Rusias [空想上の] 偉大な王様

archipiélago [artʃipiélago] 男 ❶ 群島, 列島: ～ canario カナリア諸島. ～ de las Filipinas フィリピン諸島. ～ japonés 日本列島. ❷ [A～] 多島海〖エーゲ海 Mar Egeo のこと〗

archisabido, da [artʃisaβíðo, ða] 形 非常によく知られた

archivador, ra [artʃiβaðór, ra] 形 文書保管用の
◆ 男 文書保管棚, ファイルキャビネット; ファイル〖carpeta〗

archivar [artʃiβár] 他 ❶ [文書などを] 保管(整理)する: ～ los recibos 領収書をファイルする. ～ el problema 問題を棚上げにする. ❷ 記憶する

archivero, ra [artʃiβéro, ra] 名 古文書保管人

archivo [artʃíβo] 男 ❶ 古文書保管所, 史料館: A～ Histórico Nacional [マドリードの] 国立歴史資料館. A～ de Indias [セビーリャの] 西インド資料館. ❷ 集合 古文書, 〔古い〕記録; 史料集. ❸ ファイル〔キャビネット〕. ❹ 模範, 典型; 口の固い人: Barcelona es ～ de cortesía. バルセロナは礼節の範となる町である. ❺《情報》ファイル: nombre de ～ ファイル名. ～ maestro マスターファイル.
　de ～ 古くさい, 時代遅れの
　archivología 女 古文書学

archivolta [artʃiβólta] 女 ＝**arquivolta**

arci- [接頭辞] [優越] *arci*preste 主席司祭

arcilla [arθíʎa] 女 粘土: ～ figulina 製陶用粘土. ～ refractaria 耐火粘土
　arcilloso, sa 粘土〔質〕の

arcipreste [arθipréste] 男《カトリック》司教区司祭会の〕首席司祭

arco [árko] 男〖英 arch, bow〗 ❶《建築》アーチ, 迫持(せりもち)〖ロカット〗: ～ triunfal (de

triunfo) 凱旋門. ～ adintelado (plano) フラットアーチ. ～ apuntado (ojival) 尖頭アーチ. ～ carpanel 偏円アーチ. ～ conopial (canopial) オージーアーチ. ～ de descarga 補助アーチ. ～ de herradura 馬蹄型アーチ. ～ de medio punto 半円アーチ. ～ lobulado 裂葉状アーチ. ～ peraltado (realzado) スティルテッドアーチ. ～ rebajado 低半円アーチ. ～ toral 補強アーチ; 横断アーチ. ❷ 弧(アーチ)型のもの: ～ iris (de San Martín・del cielo) 虹. describir (trazar) un ～ 弧を描く. ❸ 弓: tirar con ～ 弓を射る. armar (desarmar) un ～ 弓弦をかける(外す). tiro con ～ アーチェリー. ❹《弦楽器の》弓: instrumentos de ～ 弓奏弦楽器. ❺《数学》弧: ～ de círculo 円弧. ❻《電気》～ voltaico (eléctrico) アーク, アーク. lámpara de ～ アーク灯. ❼《解剖》弓: ～ plantar (del pie) 足底弓, 土踏まず. ❽《中南米》[サッカーなどの] ゴール〖portería〗
　aflojar el ～ 緊張をほぐす
　～ *de iglesia* 非常に困難な事柄

de medio punto　　rebajado　　peraltado

de herradura　　apuntado　　carpanel

conopial　　lobulado

contraclave / estribo / clave / almohadón / imposta

arcón [arkón] 男〖←arca〗大きな柩

arconte [arkónte] 男《古代アテネの》執政官, アルコン

arder [arðér] 自 ❶ 燃える, 焼ける: i) La leña verde no *arde* bien. 生木は燃えにくい. *Arden* unas velas. ろうそくが灯っている. ～ sin llama くすぶる, いぶる. ii) [体が] Me *arde* la garganta. 私は喉が焼けるようだ. Tiene la mano *ardiendo*. 君の手は熱っぽい. ❷ [心が, +de・en で] 燃え立つ: i) ～ *en* (*de*) celos 嫉妬に身を焦がす. *Ardo en* deseos (ganas) de conocerla. 私はどうしても彼女と知り合いになりたい. ii) [+por+不定詞] *Ardía por* saber el resultado. 彼は結果を知りたくてうずうずしていた. ❸ [+en 戦争・紛争で] 騒然とする: El país *ardía en* luchas intestinas. 国は内乱で騒然としてい

た. ❹《文語》輝く, きらきら光る

estar que arde 燃えている; ひどく熱い; 激怒(興奮)している. Andrés *está que arde*. アンドレスは頭に来ている. La cosa *está que arde*. 事態は紛糾している

ir que ~ ⇒《西》=ir que **chutar**

ardid [arðí(d)] 男 策略, 計略: valerse de ~*es* 策略を用いる

ardiente [arðjénte] 形 ❶ 燃える(ような), 熱い; 熱烈な, 激越な: bebida ~ 熱い飲み物. amor ~ 激しい恋. defensor 熱烈な擁護者. rosa ~ 真っ赤なバラ. sed ~ 焼けつくような喉の乾き. ❷ [estar+] 欲情に駆られた; [ser+] いつも欲情でぎらぎらしている

ardientemente 副 熱烈に

ardilla [arðíʎa] 女《動物》リス: ~ rayada (listada) シマリス. ~ voladora モモンガ

listo como una ~《口語》目から鼻に抜けるような, 抜け目のない

ardite [arðíte] 男 アルディーテ〖昔のスペインの小額の貨幣単位〗: No vale un ~. 一文の値打ちもない. [No] Me importa un ~. 私にとって大したことではない/気にしない

ardor [arðór] 男 ❶ [焼けつくような] 熱さ, 暑さ: ~ del verano 酷暑, 燃えるような夏. tener ~ de estómago/sentir ~ en el estómago 胸やけがする. ❷ 熱情, 熱烈さ: ~ en el trabajo 仕事にかける情熱. en el ~ de la disputa 議論が白熱して. con ~ 熱心に, 意欲的に; 勇敢に

ardoroso, sa 形 熱い, 暑い; 熱烈な

arduo, dua [árðwo, ðwa] 形 [仕事などが] 困難な, 骨の折れる

área [área] 女《英 area. 単数冠詞: el・un[a]》❶ 区域: i) ~ urbana [市の] 中心部. ~ militar 軍事地域. ~ de servicio (de aparcamiento) サービス(パーキング)エリア. ~ de aterrizaje 離着陸場. ii)《スポーツ》~ de castigo ペナルティーエリア. ~ de gol/~ chica (pequeña) ゴールエリア. ~ defensiva ディフェンスゾーン. iii) 分野: ~ lingüística 言語学の分野. ❷ 面積, 建坪; [面積の単位] アール. ❸《解剖》面, 野(°), 領: ~ sensorial 感覚野

areca [aréka] 女《植物, 果実》ビンロウ

arena [aréna] 女《英 sand》❶ [主に不可算] 砂: jugar con la ~ 砂遊びをする. bajo de ~ 砂洲. ~ de mina (cantera) 山砂. ~ fluvial 川砂. ~ pulidora 磨き砂. ~*s* de oro 砂金; 金粉. ❷ 砂地, 砂浜: jugar al voleivol en la ~ 砂浜でバレーボールをする. ~*s* del desierto 砂漠. ❸ [円形] 闘技場; [闘牛場] 砂場: en la ~ política 政界で. ❹ 複《医学》結砂

edificar sobre ~ 砂上に楼閣を築く
escribir en la ~ 守れそうもない決心をする
estar en la ~ にらみ合っている
poner ~ 邪魔する, 阻害する
sembrar ~ 無駄な努力をする

arenal [arenál] 男 砂地, 砂原; 流砂

arenga [aréŋga] 女 [意識を高揚させる] 熱弁〔の演説〕

arengar [8] 他 …に熱弁をふるう

arenilla [areníʎa] 女 ❶ 細かい砂; [インクを乾かす] 吸取粉. ❷ 複《医》硝石末; 《医》結砂

arenisco, ca [arenísko, ka] 形 砂混じりの
◆ 砂 砂岩〔roca ~ca〕

arenoso, sa [arenóso, sa] 形 砂の, 砂状の: playa ~ 砂浜. terreno ~ 砂地. roca ~sa ざらざらした岩

arenque [aréŋke] 男《魚》ニシン: ~ ahumado 燻製のニシン

aréola [aréola] 女《解剖》乳輪; 《医学》[炎症の] 紅輪

areolar 形 乳輪の; 紅輪の

areómetro [areómetro] 男 液体比重計, 浮き秤

areópago [areópago] 男 [古代アテネの] 最高法廷

arepa [arépa] 女《中南米》とうもろこしパン

arestín [arestín] 男《植物》ヒゲタイサイコ

arete [aréte] 男《中南米》イヤリング; 《西》輪状のイヤリング

argallera [argaʎéra] 女 [樽板の] 溝鉋(なん)

argamandel [argamandél] 男 ぼろ切れ, ぼろ着

argamandijo [argamandíxo] 男 こまごまとした品物(用具一式)

dueño (señor) del ~ リーダー, 責任者

argamasa [argamása] 女《建築》モルタル

argán [argán] 男《植物》アルガニア

argelino, na [arxelíno, na] 形 名《国名》アルジェリア Argelia 国〔人〕の, アルジェリア人; 《地名》アルジェ Argel 国〔人〕の〔人〕

argemone [arxemóne] 女《植物》アザミゲシ

argentado, da [arxentádo, da] 形《文語》銀めっきの

argénteo, a [arxénteo, a] 形《文語》銀の〔ような〕, 銀色の; 銀めっきの

argentífero, ra [arxentífero, ra] 形《地質》銀を含有する: mina ~ra 銀鉱

argentino, na [arxentíno, na] 形 ❶ アルゼンチン Argentina〔人〕の; アルゼンチン人: República A~na アルゼンチン共和国. ❷《文語》銀[色]の: voz ~na 鈴を転がすような声, 高くてよい声
◆ 男 アルゼンチン金貨〖5 ペソ貨〗
◆ 女 ❶《国名》〔A~na〕アルゼンチン. ❷《植物》エゾツルキンバイ

argentinismo アルゼンチン特有の言葉や言い回し

argentita [arxentíta] 女《鉱物》輝銀鉱

argento [arxénto] 男《詩語》銀〖plata〗
argentoso, sa 形 銀を含んだ

arginina [arginína] 女《生化》アルギニン

argolla [argóʎa] 女 [船・馬などをつなぐ] 輪, 環; [クロッケーに似た] 弾通しゲーム; 《中南米》結婚指輪〖~ de matrimonio〗, 婚約指輪〖~ de compromiso〗

formar ~《中米》独占する

argón [argón] 男《元素》アルゴン

argonauta [argonáuta] 男《神話》アルゴー船 Argos の乗組員; 《動物》アオイガイ, カイダコ

argot [argót] 男［複 〜s］《←仏語》[ある集団に特有の] 通り言葉, 隠語, 符丁；専門用語：〜 estudiantil 学生言葉
argótico, ca 形 隠語の

argucia 囡 ❶ 空理空論；屁理屈, こじつけ. ❷ 汚ない手段, 奸計

argüir [argwír] 48 〖ü+y>uy. ☞活用表. <u>仮定</u>arg<u>uy</u>endo］他 ❶ 推論する, 結論づける；[明白に] 立証する：Por el color del cielo *arguyo* que nevará. 空の色から見て雪になると私は思う. ❷ [賛成・反対を] 主張する
◆ 圓 主張する：〜 a favor (en contra) de... …の賛成(反対)意見を述べる

argüir		
直説法現在	点過去	接続法現在
arg*uy*o	argüí	arg*uy*a
arg*uy*es	argüiste	arg*uy*as
arg*uy*e	arg*uy*ó	arg*uy*a
argüimos	argüimos	arg*uy*amos
argüís	argüisteis	arg*uy*áis
arg*uy*en	arg*uy*eron	arg*uy*an

argumental [argumentál] 形 あら筋の：línea 〜 あら筋
argumentar [argumentár] 他 ❶ 推論(立証)する（≒argüir）. ❷ 主張する：*Argumentó* la validez del gol en contra de la opinión arbitral. 彼はゴールは成功したと主張して判定に食い下がった
argumentación 囡 立論, 論証；論戦；主張
argumento [arguménto] 男 ❶ 論拠, 論証, 論法；主張, 言い分：Tu 〜 tiene poca validez. 君の論拠は弱い. No podemos seguir su 〜. 彼の論法にはついてゆけない. Se expusieron muchos 〜s. 議論百出した. buen 〜 もっともな言い分. ❷ [戯曲・小説の] あら筋, 構想, プロット, 梗概(ぷぷ). ❸ 《数学》［独立変数の] 引数；[複素数の] 偏角

aria¹ [árja] 囡 ［単数冠詞：el・un[a]］《音楽》アリア, 詠唱
aridez [aridéθ] 囡 ❶ 乾燥；不毛：índice de 〜 乾燥指数. ❷ 味気なさ
árido, da [áriðo, ða] 形 囡 ❶ ［土地などが] 乾燥した；不毛な：terreno 〜 乾燥地. ❷ 退屈な, 味気のない：Ese trabajo me resultó 〜. 私, はその仕事がつまらなく(無味乾燥なものに)なってしまった
◆ 男 囡 ❶ 穀類と豆類：medida de 〜s 乾量. ❷ 《建築》骨材

aries [árjes] 男 《占星》［主に *A*〜］牡羊座〖☞zodíaco 参照〗
ariete [arjéte] 男 ❶ ［昔の] 破城槌(ぷ). ❷ 《スポーツ》フォワード. ❸ 《技術》～ hidráulico 水撃ポンプ, 水(油)圧ラム. 〜 de retropropulsión ラムジェット
ario, ria² [árjo, rja] 形 囡 アーリア人の；[ナチスの] アーリア民族至上主義の(主義者)
-ario ［接尾辞］ ❶ ［動詞・名詞+. 名詞化. 行為者］ botic*ario* 薬剤師, funcion*ario* 公務員. ❷ ［名詞+］ i) ［集合名詞化］ vocabul*ario* 語

彙, epistol*ario* 書簡集. ii) ［場所］ campa*nario* 鐘楼, acu*ario* 水槽・水族館. iii) ［品質形容詞化］ fraccion*ario* 分数の
arísaro [arísaro] 男 《植物》サトイモの一種
arisco, ca [arísko, ka] 形 無愛想な, つっけんどんな；《中米》おどおどした, 内気な
arisquear 圓 《南米》無愛想になる
arista [arísta] 囡 ❶ 《数学》稜；[切り石などの] 角：〜 de una bóveda 《建築》穹稜. ❷ 《植物》芒(ぷ). ❸ 困難；愛想のなさ. ❹ 《登山》尾根, 稜線
aristocracia [aristokráθja] 囡 <u>集合</u>貴族〔階級〕；特権階級；〜 intelectual 知的エリート. 〜 militar エリート軍人. ❷ 貴族政治. ❸ 貴族的な上品さ
aristócrata [aristókrata] 名 ❶ 貴族；貴族政治主義者. ❷ 特権階級の人：〜 del saber 学者エリート
aristocrático, ca [aristokrátiko, ka] 形 ❶ 貴族的の；貴族政治(主義)の：sociedad 〜ca 貴族社会. ❷ 《軽蔑》貴族的な, 尊大な, 上品ぶった
aristoloquia [aristolókja] 囡 《植物》ウマノスズクサ
aristón [aristón] 男 《楽器》手回しオルガン
aristotélico, ca [aristotéliko, ka] 形 名 アリストテレス Aristóteles〔学派〕の；その学派の人
aristotelismo 男 アリストテレス哲学
aritmética¹ [aritmétika] 囡 算数
aritmético, ca² 形 名 算数の；算数家
arlequín [arlekín] 男 アルルカン〖イタリア喜劇の道化役〗；おどけ者
arma [árma] 囡 ［英 arm. 単数冠詞：el・un[a]］❶ 武器, <u>集合</u>兵器：i) estar en 〜[s] 武装している. 〜 arrojadiza (bracera) 飛び道具〖弓矢, 投げ槍など〗. 〜 asesina 凶器. 〜 blanca 刃物, 白兵戦用の武器〖剣, 槍〗. 〜 de fuego 火器. 〜 de mano 携帯武器〖剣, ピストルなど〗. 〜 ligera (pesada) 軽(重)火器. 〜 negra 練習用の剣. 〜s cortas 小火器. 〜s ofensivas (defensivas・disuasorias) 攻撃(防御・抑止)用兵器. Su 〜 es su pluma. 彼の武器はペンだ. ii) 《号令》¡Presenten, 〜s! 捧げ銃(ぷ)! ¡Descansen, 〜s! 立て銃! ¡Sobre el hombro, 〜—!/¡*A*〜 al hombro! 担(ぷ)え銃! ¡A las 〜s! 武器をとれ/戦闘準備! ❷ 部隊；兵科：〜 de artillería (caballería) 砲兵(騎兵)隊. ❸ <u>複</u>軍隊；軍務：〜s de España スペイン軍. 〜s aliadas 連合軍. 〜s enemigas 敵軍. hombre de 〜s〔勇ましい〕軍人. las 〜s y las letras 文武〔両道〕. elegir la carrera de 〜s 軍人の道を選ぶ. ❹ <u>複</u>甲冑〖armadura〗. ❺ <u>複</u>［盾形の] 紋章：〜s de la ciudad 市章. 〜s de la nación 国章
acudir a las 〜*s* 応召する；武力に訴える
alzarse (levantar) en 〜*s* 武装決起する
de 〜*s tomar* 〔性格が〕豪胆な, 果断な
hacer sus primeras 〜*s* 初陣に出る；第一歩を踏み出す：Está *haciendo sus primeras* 〜*s en amor.* 彼は恋愛修業の第1課を始めた

ところだ

llegar a las ～s 戦いになる, 戦いを始める

medir las ～s/*hacer* ～s 張り合う, 競う; 口論する

pasar a+人 por las ～s …を銃殺する

poner a+人 en ～s …を武装決起させる

publicar ～s 公然と挑戦する

rendir el ～ [兵士が] 聖体に向かってひざまずく

rendir las ～s 降伏する, 武器を捨てる; [+a+人 に] 捧げ銃をする

sobre las ～s 臨戦態勢で

tocar [*al・el*] ～ 戦闘準備のラッパを吹く; 戦備召集をする

tomar [*las*] ～s 武器をとる; 戦備を整える

armada¹ [armáða] 囡 ❶ 海軍; 艦隊: *A*～ *Báltica* バルチック艦隊。❷ 《南米》[投げ縄の] 輪差

armadía [armaðía] 囡 =**almadía**

armadillo [armaðíʎo] 男《動物》アルマジロ

armado, da² [armáðo, ða] 形 過分 ❶ [estar+] 武装した: *fusil* ～ 銃装填して. *intervención* ～*da* 武力干渉. *país* ～ 軍備のある国. *paz* ～*da* 武装下の平和. *sublevación* ～*da* 武装蜂起. *toro bien* ～ 立派な角を持った闘牛。❷ [鉄骨などで] 補強された。❸《中米》頑固な; 金持ちの

a mano ～*da* 武器を持って・持った, 武装して; 果敢に, 決然と: *atraco a mano* ～*da* 武装強盗

◆ 男 ❶ [聖週間の行列で] ローマ兵士の扮装をした人。❷《南米》手巻きたばこ; 武具

armador, ra [armaðór, ra] 名 ❶ 船主; 艤装業者。❷ 組立工

◆ 形 艤装業の

armadura [armaðúra] 囡 ❶ 甲冑 (かっちゅう) [ロ゚カット]: *vestirse de (llevar)* ～ 甲冑をつける (つけている). ❷ 骨格,《建築・機械》骨(枠)組み, 鉄骨, 補強材, [眼鏡の] フレーム。❸ [シカなどの] 角 (の)。❹《電気》電機子; 接片。❺《音楽》調号

yelmo

celada

gola

hombrera

peto

coraza

malla

guantelete

quijote

rodillera

greba

escarpe

Armagedón [armaxeðón] 男《聖書》ハルマゲドン

armamentismo [armamentísmo] 男《軽蔑》軍国主義, 軍備拡張路線

armamentista [armamentísta] 名 軍需産業の; 軍拡路線の〔人〕;《中米》軍国主義の(主義者)

armamento [armaménto] 男 武装, 軍備; 集名 兵器: *aumento (reducción) de* ～s 軍

備拡張(縮小). *industria de* ～ 軍需産業. ～ *completo* 完全武装. ～ *nuclear* 核武装

armar [armár] 他 ❶ [+con+物] …で武装させる: ～ *a+人 con (de) un fusil* …を銃で武装させる. ～ *a un país* 国に軍備を持たせる(戦争の準備をさせる). ～ *un baile* (*una tómbola*) 舞踏会(福引き)の準備をする. *Le han armado de una instrucción práctica.* 彼は実践的な教えを授けられた。❷ [罠などを] 仕掛ける。❸ …の作動の準備を整える, 組立てる: ～ *un fusil* 銃の撃鉄を起こす; 銃を装填する. ～ *una ballesta* 弩に矢をつがえる. ～ *un aparato de radio* ラジオを組立てる。❹《口語》[けんか・騒ぎなどを] 引き起こす。❺ 船を艤装する。❻ [金銀細工で金属を] かぶせる

～ *la* [*buena*] 騒ぎ(けんか)を起こす: *Sus declaraciones la armaron buena.* 彼の宣言で大騒ぎが起きた

◆ 自 [鉱脈が] 横たわっている

◆ ～*se* ❶ 武装する, …を準備する: *Ella se armó de inocencia.* 彼女は無邪気さを武器とした. *Se armó de unas buenas botas para la excursión.* 彼女は遠足に適した靴を用意した。❷ [騒ぎなどが] 起こる: *Se está armando un alboroto (una tormenta).* 騒動が起きようと(嵐になろうと)している。❸《中米》[馬などが] 動こうとしない; 金持ちになる

armario [armárjo] 男《英 closet》たんす, 戸棚, ロッカー: ～ *botiquín* 薬棚, 洗面戸棚. ～ *de cocina* 食器戸棚. ～ *de seguridad* 金庫, キャビネット. ～ *frigorífico* [大型の] 冷蔵庫. ～ *para libros* [扉付きの] 本棚. ～ *ropero* 洋服だんす. ～ *trastero* 不用品入れ

armatoste [armatóste] 男 大きすぎて(重すぎて)役に立たない物;《まれ》うどの大木 〖人〗: *Esta mesa es un* ～. このテーブルはばかでかすぎる

armazón [armaθón] 囡 ❶ [建物などの] 骨組み; 仮枠: ～ *de pantalla* 電灯の笠の骨. ～ *del tablero* 床組み。❷ [文学作品の] 骨格, あら筋。❸《南米》[眼鏡の] フレーム 〖*armadura*〗

◆ 男 [物事の] 基盤

armella [armélʎa] 囡《技術》アイボルト, 輪つきボルト;《登山》ハーケン 〖～ *de alpinista*〗

armenio, nia [arménjo, nja] 形 名《国名》アルメニア *Armenia*〔人・語〕の; アルメニア人

◆ 男 アルメニア語

armería [armería] 囡 ❶ 銃砲店; 武器(戦争)博物館; 武器製造法。❷ 紋章学 〖*heráldica*〗

armero [arméro] 男 ❶ 武器(兵器)の製造(販売)業者; 〔軍隊の〕兵器係 〖*maestro* ～〗; 王立武器博物館長長 〖～ *mayor*〗。❷ 銃架

armiño [armíɲo] 男《動物》オコジョ, エゾイタチ, アーミン; その毛皮

armisticio [armistíθjo] 男 休戦, 停戦: *firmar un* ～ 休戦協定を結ぶ

armón [armón] 男 弾薬庫; [砲車の] 前車

armonía [armonía] 囡《英 harmony》❶ 調

和: ～ de colorido 色彩の調和. ～ entre cuerpo y alma 心身の調和. ❷ 快い調べ; 諧調, ハーモニー;《音楽》和声(学): dulce ～ del canto de los pájaros 小鳥たちのさえずりの甘い調べ. ～ de los versos 詩句の諧調. ❸ 協調: En la familia reinaba una ～ perfecta. 家族たちは仲むつまじく暮らしていた

en ～ [＋con と] 調和して; 仲よく: El estilo de los muebles está *en ～ con* el de la casa. 家具の様式が家の様式とマッチしている. trabajar *en ～ con* sus compañeros 同僚と仲よく力を合わせて働く

armónica[1] [armónika] 囡 ❶《楽器》ハーモニカ: tocar la ～ ハーモニカを吹く. ❷ 囲《数学》調和関数

armónico, ca[2] [armóniko, ka] 厖 ❶ 快い調べの; 和声の: música ～*ca* 声楽. ❷ 調和の〔とれた〕: colores ～*s* よく調和した色彩. división (serie) ～*ca*《数学》調和分割(級数)
◆ 囲《音楽》倍音〖sonido ～〗

armonio [armónjo] 囲《楽器》ハーモニューム, リード式オルガン

armonioso, sa [armonjóso, sa] 厖 ❶ 調和のとれた: cuerpo ～ 均整のとれた体. movimiento ～ 優美な動き. ❷ 耳に快い: sonido ～ 響きのよい音

armónium [armónjun] 囲 ＝armonio

armonizar [armoniθár] 囲 囲 [＋con と] 調和(協調)する: El color de la cortina *armoniza con* el cuarto. カーテンの色が部屋と調和している
◆ 他 ❶ 調和(協調)させる: ～ su vista *con* la realidad 物の見方を現実に合わせる. ❷《音楽》〔旋律・主題に〕和声(コード)をつける. **armonización** 囡 調和〔させること〕, 協調; 和声をつけること: ～ vocal《言語》母音調和

armuelle [armwéʎe] 囲《植物》ハマアカザ

ARN 囲《略語》←ácido ribonucleico リボ核酸, RNA

arnés [arnés] 囲 ❶ 甲冑〖armadura〗. ❷ 囲 馬具; 用具一式. ❸《航空》ハーネス

árnica [árnika] 囡《単数冠詞: el・un〔a〕》《植物》アルニカ;《比喩》特効薬
pedir ～ 敗北を認める

aro [áro] 囲 ❶ 輪〖anillo〗; 〔樽・桶の〕たが;《機械》リング;《自動車》tar: jugar al ～ たが回しをして(フラフープで)遊ぶ. ～ de émbolo (de pistón) ピストンリング. ～ de compromiso 結婚; 婚姻関係. ～*s* olímpicos オリンピックの五輪マーク. ❷《植物》サトイモ科アラム属の一種. ❸《中南米》イヤリング; 指輪
pasar (entrar) por el ～ 必要な苦労を忍ぶ, 甘受する, 意志に反して行なう

aroma [aróma] 囲 ❶ 香り, 芳香; 香料: tener ～ a plátano バナナの香り(味)がする. ～ del café recién hecho 入れたてのコーヒーの香り
◆ 囡 キンゴウカン aroma の花

aromático, ca [aromátiko, ka] 厖 芳香のある, 香りのよい: planta ～*ca* 香草. café muy ～ 香りの高いコーヒー. compuesto ～《化学》

芳香族化合物

aromatizar [aromatiθár] 囲 他 …に芳香をつける; 芳香(消臭)剤をまく; 〔食品・料理に〕香料(香草)を入れる;《化学》芳香族化する
aromatizador 囲 芳香剤, 消臭剤
aromatizante 囲 〔食品添加物の〕香料

aromo [arómo] 囲《植物》キンゴウカン

arpa [árpa] 囡《単数冠詞: el・un〔a〕》《楽器》ハープ, 竪琴;《中南米》アルパ, インディアンハープ: tañer (tocar) el ～ ハープを弾く. ～ eolia エオリアンハープ

arpado, da [arpáðo, ða] 厖 〔武器が〕ぎざぎざのある; 〔鳥が〕さえずりの美しい

arpegio [arpéxjo] 囲《音楽》アルペジオ

arpía [arpía] 囡《神話》ハルピュイア;《軽蔑》意地の悪い女

arpillera [arpiʎéra] 囡 〔包装用の〕麻布, ズック

arpista [arpísta] 囮 ハープ奏者

arpón [arpón] 囲《漁業》銛(もり); ギャフ: ～ submarino 水中銃
arponear 他 …に銛を打ち込む
aponero, ra 囮 銛打ち女

arquear [arkeár] 他 〔←arco〕❶ 弓なりに曲げる. ❷ 〔金庫・帳簿の〕金額を調べる, 勘定する; 〔船の〕積載量を量る
◆ 自 吐き気がする
◆ ～se 湾曲する

arqueado, da 厖 湾曲した: piernas ～*das* がに股. ◆ 囡《音楽》弓の動き

arqueo [arkéo] 囲 ❶ 湾曲. ❷〔船舶〕積載量〔検査〕: tonelada de ～ 登簿トン, 容量トン. ❸ 会計検査〖～ de caja〗: hacer el ～ 会計検査をする. ❹ 吐き気

arqueolítico, ca [arkeolítiko, ka] 厖 石器時代の

arqueología [arkeoloxía] 囡 考古学
arqueológico, ca 厖 考古学の: excavación ～*ca* 考古学的発掘. museo ～ 考古学博物館
arqueólogo, ga 囮 考古学者

arqueópteris [arkeópteris] 囲《単数同形》《古生物》始祖鳥

arquería [arkería] 囡《集名》《建築》アーチの連なり

arquero, ra [arkéro, ra] 囮 現金出納係, 会計係; 樽製造人;《中南米》ゴールキーパー〖portero〗
◆ 囲 弓を射る人, 射手

arqueta [arkéta] 囡 〔←arca〕小型の櫃, 小箱

arquetipo [arketípo] 囲 原型; 理想型;《心理》古態型
arquetípico, ca 厖 原型の, 原型的な

arquitecto, ta [arkitékto, ta] 囮 建築家: ～ técnico 建築技師. ～ naval 造船技師. ～ paisajista 造園技師

arquitectónico, ca [arkitektóniko, ka] 厖 建築術(学)の, 建築上の: estilo ～ 建築様式. plano ～ 建築プラン

arquitectura [arkitektúra] 囡 ❶ 建築〔術・

学）；建築様式：estudio de ～ 建築設計事務所. ～ gótica ゴシック建築. ～ funcional 機能［主義］的建築. ～ civil (militar) 一般建築（築城）. ～ naval 造船［術・学］. ～ paisajística 造園. ❷ 構造, 構成：～ visionaria ［番組などの］視覚的構成. ❸《情報》アーキテクチャー

arquitrabe [arkitráβe] 男《建築》アーキトレーブ, 台輪《☞columna カット》

arquivolta [arkiβólta] 女《建築》飾り迫縁（せり）, アーキボルト

arrabal [araβál] 男 ❶《軽蔑》町外れ, 場末；隣《町の》郊外, 周辺地域：vivir en los ～es 郊外に住む. ❷《中南米》スラム〔街〕

　arrabalero, ra 形 名 1) 町外れの〔住民〕：bar ～ 場末の酒場. 2)《西》［主に女性から］品のない

arrabio [araβjo] 男《金属》銑鉄, 鋳鉄

arracacha [arakátʃa] 女《中南米》セロリ《apio》

arracada [arakáða] 女《服飾》［垂れ飾り付きの］イヤリング

arracimar [araθimár] ～se 鈴なりになる：La gente se arracima en la estación. 駅は群集で鈴なりだ

arraclán [araklán] 男《植物》セイヨウイソノキ

arraigado, da [araiγáðo, ða] 形 過分 深く根を下ろした：prejuicio muy ～ 根強い偏見. familia ～da en la ciudad 町で勢力（名望）のある一家

　arraigadamente 副 根から, 根強く

arraigar [araiγár] 自/～se ❶《植物が》根を張る, 根付く：No se arraigó el rosal. バラは根付かなかった. ❷ [+en] 定住（定着）する；［心に］深く根を下ろす：Los Pérez se arraigaron en Londres. ペレス一家はロンドンに腰を落ち着けた. El mal se arraigó en su corazón. 悪が彼の心に根を張った
　◆ 他 根づかせる；［心に］深く植えつける

arraigo [araiγo] 男 根を張ること；定住, 定着：tener ～ en... …に定住（定着）している；勢力（信望）がある. con mucho ～ 深く根を下ろした

arramblar [aramblár] 他 土砂で覆う（埋める）；持ち去る
　◆ 自 [+con] 持ち去る, 奪い去る：Arrambló con todo el pan que teníamos. 彼は私たちの持っていたパンを全部かっさらっていった

arramplar [aramplár] 他《口語》持ち去る

arrancaclavos [araŋkakláβos] 男《単複同形》くぎ抜き

arrancada [araŋkáða] 女 ❶ 急に走り出すこと, 急発進（加速）：El caballo me tiró al suelo en (de) una ～. 馬が突然かけ出した勢いで私は地面に投げ出された. ❷《重量挙げ》スナッチ
　tener ～s de caballo y paradas de mula ［人が］熱しやすく冷めやすい

arrancador [araŋkaðór] 男《機械》スタータ-, 始動機

arrancamoños [araŋkamóɲos] 男《単複同形》《植物》オナモミ

arrancar [araŋkár] ⑦ 他 ❶ ［根もとから］引き抜く, 根こそぎにする；はぎ（もぎ）取る：La tormenta arrancó los árboles. 嵐で木々が倒れた. ～ un clavo 釘を抜く. ～ las malas hierbas 雑草を引き抜く. ～ una página 1 ページ破り取る. ～ un botón ボタンを引きちぎる. ～ la voz 声をしぼり出す. ❷ [+de から] 奪い取る, 取り上げる；ii) ～ a+人 la pistola de la mano …の手からピストルを取り上げる. ii)［悪習などから］引き離す：～ a+人 de la marihuana …にマリファナをやめさせる. ❸［苦労して・力ずくで・難しく］奪う；手に入れる：Le arrancaré la verdad. 私は何としても彼から真実を聞き出す. ～ a+人 el dinero …から金をせしめる. ～ un punto《スポーツ》1点をもぎ取る. ～ aplausos (una ovación) 拍手喝采を巻き起こす. ～ risas (lágrimas) 笑い（涙）を誘う. ❹［エンジンを］始動させる：～ el coche 車のエンジンをかける
　◆ 自《英 start》❶ ［機械が］始動する；発進する, 出発する：El tren arrancó a la hora. 列車は定刻に発車した. ❷ [+de から] 始まる；由来する：La carretera arranca de Valencia. その道路の起点はバレンシアだ. Su enemistad arranca de aquella disputa. 彼らの不仲はあの時の口論が端緒だ. ❸ [+a+不定詞] 突然…し始める：Después de tres copas arrancó a decir barbaridades. 彼は3杯飲んでから急に無茶苦茶言い出した. ❹［人に］襲いかかる：El toro ha arrancado contra el torero. 牛が闘牛士に向かって突進した
　◆ ～se ❶《やっと》立ち去る, 離れる. ❷ 急に突進する. ❸ [+con+現在分詞] 不意に…する：Se arrancó con (dándome) dos mil pesetas. 思いがけず彼は2千ペセタくれた. ❸ [+por 歌を] 急に歌い出す
　～se por peneteras 突然関係のないことを言い出す

arranchar [arantʃár] 他《中南米》奪い去る《arrebatar》

　arranchada 女《中南米》洪水による押し流し

arranque [araŋke] 男 ❶ 始動；発進, 出発：Este coche tiene un ～ muy potente. この車のスタートダッシュはすごい. punto de ～ 出発点, 起点；始まり. motor (aparato) de ～ スターター, 始動機. disco de ～《情報》起動ディスク. ～ de la era moderna 近代の幕開け. ～ de la enfermedad 発病. ❷［感情の］突発, 衝動；狂気；［時に複］気力, 決断力：en un ～ 突然. en un ～ de ira (de compasión) 突然怒りが爆発して（ふと哀れみの念がこみ上げて）. No tiene ～ para cambiar de empleo. 彼に転職するだけの決断力がない. ～ de energía 異常な言動. ❸［身体部分の］付け根；《建築》基部. ❹《スポーツ》助走
　no servir ni para ～《中米》役立たずである

arrapiezo [arapjéθo] 男《親愛・軽蔑》［薄汚れた］小僧

arras [áras] 女 複 結納金《13個のコイン》；手付金, 内金

arrasar [ar̄asár] 他 ❶ なぎ倒す；壊滅させる：El ciclón *arrasó* las cosechas. サイクロンで収穫は完全にだめになった。 ～ el edificio ビルを壊す。 ❷ [表面を] 平らにする；[容器を] 満たす：El llanto *arrasó* sus ojos. 涙が彼女の目にあふれた。 ❸ 打ち勝つ
◆ 自 《口語》[競技会などで] 圧勝する
◆ ～se [単人称．空が] 晴れ上がる
～*se en lágrimas* 涙が目にあふれる
arrasamiento 男 壊滅，完全破壊

arrascar [ar̄askár] 7 他 《口語》=rascar

arrastradero [ar̄astraðéro] 男 [木材の] 切り出し路；[闘牛] 殺された牛を引き出す口

arrastrado, da [ar̄astráðo, ða] 形 過分 ❶ 貧しい，悲惨な：llevar una vida ～*da* つらい人生を送る。 ❷ [音節を] 引き伸ばした；《トランプ》同じ組札を出さなければならない
◆ 名 《口語》ごろつき，悪党
arrastradamente 副 悲惨に；やっとのことで

arrastrar [ar̄astrár] 他 ❶ 引っぱる，引きずる；[波・風などが] 運び去る：i) La locomotora *arrastraba* unos vagones. 機関車が車両を引いていた。El viento norte *arrastró* las hojas secas. 北風が枯葉を運んでいった。 ～ la maleta スーツケースを引きずる。 ～ (andar *arrastrando*) los pies 足を引きずって歩く。 ～ mar adentro [潮が] …を沖へ運び去る ii) 《比喩》*Arrastré* al niño hasta el dentista. 私は子供を無理やり歯医者に連れて行った。 La pasión por el juego le *arrastró* a la ruina. ギャンブル好きが彼を破滅に導いた。 [苦難などを] 持つ：Cada uno *arrastra* su cruz. 誰もが自分の十字架を背負っている。 ～ una vida miserable 悲惨な暮らしを送る。 ～ una gripe 風邪を長引かせる。 ❸ [結果として] 生じさせる：Las guerras *arrastran* muchas calamidades. 戦争は多くの悲惨を生む。 ❹ 納得させる，意に従わせる：Jesucristo *arrastraba* a las muchedumbres. イエス・キリストは群衆の心をとらえていた。 ❺ [情報] ドラッグする
◆ 自 ❶ 裾を引きずる：A la novia le *arrastra* la cola. 新婦の[ドレス]はトレーンを引きずっている。 ❷ 《トランプ》カードを出す
◆ ～se 裾を引きずる；這って行く，卑下する，卑屈になる

arrastre [ar̄ástre] 男 ❶ 引くこと；[伐採した木などの] 搬出：～ de la deuda 借金を引きずること。 ❷ 《漁業》引き網 [red de ～]，底引き網 《～ de fondo》：pesca de ～ 引き網（底引き網）漁。 ❸ 《スポーツ》～ de espaldas 背泳。 ❹ 《地質》tierras de ～ 沖積層。 ❺ [闘牛] 死んだ牛の引き出し
estar para el ～ がらくた同然である，[精神的・肉体的に] がたが来ている
tener (ser de) mucho ～ 《口語》強い影響力がある

arrayán [ar̄aján] 男 《植物》ギンバイカ：～ brabántico (bastardo・de Brabante・de los pantanos) シロヤマモモ

arrear [ar̄eár] 他 ❶ [馬などに] 拍車をかける，追い立てる；急がせる。 ❷ 《口語》[打撃を] 加え

る：～ una bofetada 平手打ちする。 ❸ 馬具を付ける；飾り立てる。 ❹ 《中南米》[家畜を] 盗む
◆ 自 《口語》飛び出す，急ぐ。 ❷ [+con を] 奪い去る
◆ ～se 《口語》やってのける，実現する

arre [馬などを歩かせる掛け声] はい!

arrea 間 《俗語》[驚き] ありゃ，まさか；急げ!

arreado, da 形 過分 《中南米》[仕事で] 疲れ果てた。形 過分 《中南米》家畜追棒 『行為』

arreador 男 《南米》笞

arrebañar [ar̄eβañár] 他 [残さずに] かき(拾い)集める，拾い(取り)つくす；全部食べる
arrebañaduras 女 食べ残し，残飯

arrebatado, da [ar̄eβatáðo, ða] 形 過分 ❶ 性急な，血気にはやる；[+de・por に] 我を忘れた，怒った：～*da* imaginación 奔放な想像力。estar ～ de ira 怒り狂っている。[estar+．顔色] 赤い：Su cara está ～*da* por el calor. 彼の顔は暑さで上気している
arrebatadizo, za 形 怒りっぽい

arrebatar [ar̄eβatár] 他 ❶ [+de から] もぎ取る，奪い去る：Le *arrebaté* el cuchillo de las manos. 私は彼の手からナイフを奪い取った。Una ráfaga de viento me *arrebató* el sombrero. 一陣の風に私の帽子が飛ばされた。 ～ la vida a+人 …の命を奪う。 ❷ 魅了する；～ los corazones de los oyentes 聴衆の心を奪う
◆ ～se ❶ [怒りなどに] 我を忘れる。 ❷ 《料理》[中まで火が通らずに] 外側を焦がしてしまう
arrebatador, ra 形 人を魅了する：sonrisa ～*ra* 魅惑的なほほえみ
arrebatamiento 男 奪取；忘我，恍惚；激怒

arrebatiña [ar̄eβatíña] 女 奪い合い：tirar monedas a la ～ 取り合いをさせるために硬貨を投げる

arrebato [ar̄eβáto] 男 ❶ [感情の] 激発 [特に] 激怒：en un ～ 発作的に．en un ～ de cólera 怒りが爆発して．hablar con ～ 怒り狂って話す；[断定的な調子で] 話す。 ❷ 《宗教》忘我，神との合一感

arrebol [ar̄eβól] 男 ❶ 《文語》i) [夕やけ・朝やけの] 茜(あかね)色。ii) [頬の] ばら色，《化粧》頬紅 [colorete]。 ❷ 《文語》夕やけ，朝やけ：cielo con ～*es* al anochecer 夕やけの空
arrebolada 女 夕やけ，朝やけ
arrebolar 他 茜色にする；赤面させる。 ◆ ～se 茜色になる；赤面する

arrebozar [ar̄eβoθár] 9 ～se =embozarse

arrebujar [ar̄eβuxár] 他 《文語》[衣類などを] くしゃくしゃに丸める；[衣類・シーツで] 包む，くるむ
◆ ～se 身を包む

arrechar 他 《中南米》激怒させる；[性的に] 興奮させる
◆ ～se 激怒する；[性的に] 興奮する
arrechera 女 激怒，性的興奮

arrechucho [ar̄etʃútʃo] 男 体の不調；[感情の] 激発

arreciar [ar̄eθiár] 自 他 [風・雨などが] 激しくなる，力を増す：Ha *arreciado* el viento. 風が

強まった. *Arrecia* la furia. 怒りがつのる

arrecife [aře̞θífe] 男 岩礁, 暗礁: ～ coralino (de coral) 珊瑚礁. ～ costero 裾礁. ～ de barrera 堡礁

arrecir [aře̞θír] 〖語尾に i の残る活用形のみ ☞ abolir 活用表〗 **～se** [+de 寒さで] 無感覚になる, かじかむ

arredrar [aře̞ðrár] 他 ひるませる
◆ **～se** [+por･ante に] ひるむ, 尻ごみする

arreglado, da [aře̞gláðo, ða] 形 過分 ❶ 整頓された, 清潔な; 調整された: habitación muy ～da きれいに片付いた部屋. traje mal ～ 体に合ってない服. vida ～da 規則正しい生活. precio ～ 妥当な価格. ❷ 有能な: administrador muy ～ 有能な支配人. ❸《皮肉》[estar･ir+] ¡Estamos ～s! [失望] 結構なことだ! ¡Estamos ～s con estos camareros! このボーイたちはまったくよく世話をしてくれるよ!『サービスがひどく悪い』

arreglar [aře̞glár] 他《英 arrange》❶ 整える, 整頓(整理)する; 準備する: ～ la mesa 机の上を片付ける. ～ la habitación 部屋を整頓(掃除)する. ～ el altar con flores 祭壇に花を飾る(生ける). ～ los papeles 書類を準備(整理)する. ～ a los niños para la fiesta 子供たちに晴れ着を着せる. ❷ 直す, 修理(修繕)する; 編曲する, 脚色する: ～ un reloj 時計を修理する. ～ un traje 服を仕立て直す. ～ el estómago 胃を手術する. ～ la dentadura 歯列を矯正する. ～ una obra para piano 曲をピアノ用に編曲する. ❸ [紛争などを] 解決する: ～ una situación complicada 紛糾した状況を正常化する. ❹ 打ち合わせる, 段取りをつける: ～ una entrevista 会見の手はずを整える. ❺ [脅し文句] ¡Ya te *arreglaré* yo a ti! 覚えてろ! Has llegado tarde otra vez, ¡ya te voy a ～ yo! また遅刻したな. もう勘弁しないぞ! ❻《料理》味を整える
◆ **～se** ❶ うまくいく, けりがつく; 合意に達する: Todo *se arreglará*. すべてうまくいくだろう. El día *se* está *arreglando*. 天気はよくなっている. ～se en el precio 値段の折り合いがつく. ❷ 身なりを整える; おめかしする: Los niños *se arreglan* para el colegio. 子供たちは学校へ行く支度をしている. ～se el pelo 髪を整える. ❸ 何とかする; うまくやる: i) [+con で] Nos *arreglaremos con* un pan. パン1個で何とかします. ii) [+para+不定詞] 何とかして…する: Tienes que ～*te para* llegar a la hora. 君は何とか時間どおり着くようにしなければいけない. ❹ [互いに] うまくやっていく: Los dos hermanos *se arreglan* muy bien. その2人の兄弟はとても仲がいい. ❺ 愛人関係になる
～*se por las buenas* (*las malas*) 何事もなく(かろうじて)解決する
arreglárselas ¡*Arréglatelas* como puedas! 自分で何とかしてしまえ! ¡Ahí *te las arregles*! 一人で何とかしろ! saber *arreglárselas* 自立できる, 自分でやっていける

arreglista [aře̞glísta] 名 編曲者, アレンジャー

arreglo [aře̞glo] 男 ❶ 整理; 調整, 修理: ～

personal 身繕い, 身だしなみ. ～s florales 生け花. Este televisor no tiene ～. このテレビは直しようがない. Este chico no tiene ～. この子は処置なしだ. ❷ 合意, 和解: llegar a un ～ 合意に達する. ❸ 愛人関係: tener un ～ 愛人関係にある. ❹ 編曲, アレンジ『～ musical』. ❺《料理》味の調整
～ *de cuentas* 復讐
con ～ a... …に応じて(従って): *con ～ a* la ley 法律どおりに; 法律によれば

arrejuntar [aře̞xuntár] **～se**《口語》[+con と] 同棲する

arrellanar [aře̞ʎanár] **～se** ゆったりと腰かける, くつろぐ; [自分の職業・地位に] 満足している, 安住している

arremangar [aře̞maŋgár] 他 …の袖(裾)をまくり上げる『remangar』
◆ **～se** ❶ [自分の] ～se hasta los codos ひじまで腕まくりする. ❷ [仕事などにとりかかる] 決意を固める

arremeter [aře̞metér] 自 ❶ [+contra･con･para･a に] 襲いかかる, 攻撃する: ～ *contra* el enemigo 敵に突撃する. Estos colores *arremeten* a los ojos. これらの色は目にチカチカする. ❷ [決然として] 取り組む
arremetida [aře̞metíða] 襲いかかること

arremolinar [aře̞molinár] 他 …に渦を巻かせる. ◆ **～se** 渦を巻く; ひしめき合う

arrempujar [aře̞mpuxár] 他 自 ＝**empujar**
arrempujón [aře̞mpuxón] ＝**empujón**

arrendadero [aře̞ndaðéro] 男 馬をまぐさ場につなぐ輪

arrendador, ra [aře̞ndaðór, ra] 形 名 賃貸人(の) [↔arrendatario]

arrendajo [aře̞ndáxo] 男 ❶《鳥》カケス. ❷ 物まねをする人; まがいもの

arrendamiento [aře̞ndamjénto] 男 ❶ 賃貸し, 賃借り; リース『～ con opción a compra, ～ financiero』: tomar... en ～ …を賃借りする. ❷ 賃貸料

arrendar [aře̞ndár] 23 他 ❶ 賃貸し(賃借り)する: ～ tierras 土地を貸す(借りる). ❷ [馬を] つなぐ; 馬勒に慣らす
arrendatario, ria 形 名 賃借人(の) 『↔ arrendador』; 小作人

arreo [aře̞o] 男 ❶ 持ち物, 装身具. ❷ 複《馬などに付ける》飾り, 馬具; 付属品. ❸《南米》家畜泥棒

arrepanchigar [aře̞pantʃigár] 8 **～se**《口語》[椅子などに] ゆったりと座る

arrepentido, da [aře̞pentíðo, ða] 形 過分 [estar+] 後悔した; 痛悔した, 悔い改めた
◆ 男 改心したテロリスト(犯罪者)
◆ 女 悔悛して修道院に入った売春婦

arrepentimiento [aře̞pentimjénto] 男 ❶ 後悔; 痛悔, 悔悟 [↔impenitencia]: sentir (tener) ～ 後悔する; 痛悔する, 悔い改める. ❷ [絵の] 補筆

arrepentir [aře̞pentír] 33 既分 arrepintiendo〗 **～se** ❶ [+de を] 後悔する『《宗教》痛悔する, 悔い改める: *Me arrepiento de* haber

dicho demasiado. 私は言い過ぎたことを後悔している．～*se de* sus pecados 罪を悔い改める．❷ 約束を違える，翻意する

arrequesonar [arekesonár] ～**se** 〔牛乳が〕凝固する

arrestar [arɛstár] 他 逮捕する，検挙する：～ a un ladrón 泥棒をつかまえる

◆ ～**se** [+a+不定詞] 思い切って(大胆にも)…する：～*se a* poner en práctica una idea 思い切って考えを実行に移す．～*se a* un peligro 危険に挑む

　　arrestado, da 形 名 過分 逮捕された，逮捕者；営倉に入れられた(兵士)；大胆な

arresto [arésto] 名 ❶ 逮捕，検挙；拘留：encontrarse bajo ～ domiciliario [自宅で] 軟禁されている．~ mayor (menor) 重(軽)禁固．❸ 軍 禁固，営倉入り：～ mayor (menor) 重(軽)禁固．❸ 軍 勇気，大胆さ；決意：tener ～s para+不定詞 思い切って(大胆に)…する

arrevistado, da [arɛbistáðo, ða] 形 《演劇》[作品の] レビュー風の

arrezagar [arɛθaɣár] 8 他 =**arremangar**

arrianismo [arjanísmo] 名 《宗教》アリウス派(教義) Arrio 派(教義)

　　arriano, na 名 アリウス派[の]

arriar [arjár] 他 ❶ 〔帆・旗を〕降ろす；[鎖・綱などを] ゆるめる．❷ 水浸しにする

◆ ～**se** 水浸しになる，浸水する

arriate [arjáte] 男 《西・中米》花壇；道

arriba [aríba] 副 《英 up. ↔abajo》❶ 上へ・で；階上に：i) Pasen ～. 2 階へどうぞ．Los esposos viven ～. その夫婦は上の階に住んでいる．A～ estará el paraíso. 天国は空の上にあるのだろう．ii) [指示詞+] Cantan los pájaros allá ～. あの高い所で鳥がさえずっている．iii) [前置詞+] mirar hacia ～ 上の方を見る．los habitantes de ～ 上の階の住人．iv) [無冠詞名詞+] …を上に；[中心・自分から] 遠くに，あちらに：río ～ 川上へ．calle ～ 通りを上がって(むこうへ)向かって．Trepamos monte ～. 我々は山をよじ登った．Alquiló un piso dos manzanas ～. 彼は2街区むこうにマンションを借りた．v) [形容詞的] desnudo de la cintura ～ 上半身裸の．vi) [階層・地位] Llegó ～. 彼は出世した．lo de ～ 上層部(上流社会)のこと

❷ [文書などで] 上に，前のページで：asunto ～ mencionado 上記(前述)の事項．como hemos dicho más ～ 先に申しましたように

… ～, … *abajo* [概数] …の多い少ないはあっても

～ *de*+数量 [主に否定文で] …以上に：No tendrá ～ *de* mil pesetas. 彼は千ペセタ以上は持っていないだろう

～ *del todo* 一番高い所に

～ *o abajo* 約…，およそ…

～ *y abajo* 右往左往して：Te ha estado buscando todo el día ～ *y abajo*. 彼は一日中あちこち君を捜し回っていた

de ～ 1) 上の，上から；上層部の．2) 神の，神から：venir *de ～* 神様からいただく

de ～ abajo 1) 上から下へ；一番上から一番下まで：El agua corre *de ～ abajo*. 水は上から下へ流れる．Miró al niño *de ～ abajo*. 彼はその子を頭のてっぺんから足の先まで見た．2) 端から端まで：registrar la casa *de ～ abajo* 家の隅々まで捜索する．leer el artículo *de ～ abajo* 記事を最初から最後まで読む．3) 見下して：Pepe los mira (trata) *de ～ abajo*. ペペは彼らを見下している

***de*+数量 ～** …以上の：*de* cien pesetas ～ 100 ペセタより高い．Tiene *de* quince años ～. 彼は15歳より上だ

***de*+数量+*para* ～** …より上：trabajar *de* diez horas *para* ～ al día 一日10時間以上働く

estar hasta ～ de… …が山ほどたくさんある

***más ～ de*+数量** …より上：Tiene *más ～ de* cuarenta años. 彼は40歳を越えている

por ～ y por abajo あらゆる所を，あちこち

que si ～ que si abajo あれやこれやと：Toda la mañana han estado explicándome *que si ～ que si abajo*. 午前中ずっと私はああだこうだと説明を受けていた

◆ 間 ❶ …を上げなさい！：¡A～ las manos!/¡Manos ～! 手を上げろ！ ❷ 起立，立ちなさい！/起床，起きなさい！ ❸ 乾杯！ ❹ 万歳：やったあ！：¡A～ España! スペイン万歳！ 『フランコ時代の表現．現在は ¡Viva España!』 ❺ 奮い立て，がんばれ！ 『～ los ánimos・los corazones』

arribar [aribár] 自 ❶ [+a+名] 入港する；《文語》到着する：～ *a* buen puerto 無事到着する．❷ 達する：～ *a* la conclusión 結論に達する．❸ 〔船舶〕船首を風下に向ける

　　arribada 女 入港；到着：entrar de ～ forzosa 緊急に予定外の港に入る

arribazón [aribaθón] 男 魚の大群が海岸に押し寄せること；《中南米》大勢の人(多くの物)の一個所への集中

arribeño, ña [aribéɲo, ɲa] 形 名 《中南米》高地地方の[人] 《↔abajeño》

arribista [aribísta] 形 名 [手段を選ばない] 出世主義の(主義者)

　　arribismo 男 出世主義

arribo [aríbo] 男 [船荷などの] 到着

arriendo [arjéndo] 男 =**arrendamiento**：tomar un piso en ～ マンションを借りる

arriero [arjéro] 男 荷馬車屋，荷車引き[人]

arriesgar [arjesɣár] 8 他 危険にさらす；思い切ってしてみる：～ su vida 生命を賭ける，命の危険を冒す．～ su reputación 評判を損わねない．～ una hipótesis 大胆な仮説を立てる

◆ ～**se** やってみる；[+a+名詞・不定詞・que+接続法 の] 危険を冒す

　　arriesgado, da 形 過分 危険な；大胆な

arrimar [arimár] 他 ❶ [+a+名] 近づける；寄せかける：～ una silla *al* fuego 椅子を火のそばに寄せる．～ una escala *a* la pared はしごを壁に立てかける．❷ [使わないので] 片付ける，片隅においやる：～ las botas 長靴をしまう；サッカーをやめる．❸ 《主に中米》[打撃を] 与える：～ un golpe a+人 …を殴る

◆ ～**se** 寄りかかる, もたれかかる; 近づく: ～*se a su lanza* 槍に寄りかかる. ～*se a los poderosos* 強者にすがる (こびる)

arrimadero 男 支え; 〖建築〗擁壁

arrimado, da 形 過分 *estar* ～ *con una mujer* [情夫として] 女に養ってもらっている. 图 《中南米》居候

arrimo [arímo] 男 ❶ 支え, 後ろだて: *tener un buen* ～ 有力な支持者を持つ. ❷ 好み: *tener* ～ *por la política* 政治好きである. ❸ 仕切り壁 〖tabique〗

al ～ *de...* …の支持を受けて(庇護下に)

arrimón [arimón] 男 *estar de* ～ 壁に寄りかかって見張っている

hacer el ～ [泥酔して]壁に寄りかかる

arrinconar [arinkonár] 他 ❶ [物・人を]片隅に追いやる, 使わなくなる: ～ *un vestido* 服をずっとしまい込んだままにしておく. ～ *a los viejos* 老人を疎外する. ❷ 追いつめる: ～ *a los sublevados en las montañas* 反乱軍を山へ追い込む

◆ ～**se** 隠遁する

arriñonado, da [ariñonáðo, ða] 形 腎臓の形をした

arriscado, da [ariskáðo, ða] 形 過分 ❶ 向こう見ずな, 無鉄砲な; 冒険好きな. ❷ [山などが]岩だらけの, ごつごつした. ❸ 《中米》[鼻などが]上を向いた

arriscar [ariskár] 7 他 ❶ ＝**arriesgar**; 《中南米》＝**arremangar**. ❷ [金額に]達する: *No arrisca más de cien pesetas.* それは100ベセタもしない

◆ ～**se** 怒る, 腹を立てる; 《中南米》着飾る

arritmia [arítmja] 女 〖医学〗不整脈

arrítmico, ca [arítmiko] 形 律動的(規則的)でない

arritranco [aritránko] 男 《中米》がらくた; 軽蔑すべき人

arroba [aróβa] 女 ❶ [重量・容量の単位]アローバ 〖＝約11.5 kg. ワインでは＝約16.1リットル, オリーブ油では＝12.5リットル〗. ❷ 《情報》アットマーク〖@〗

echar por ～*s* 誇張する

por ～*s* 山のように, 大量に

arrobar [aroβár] 他 〖文語〗魅了する

◆ ～**se** [+*ante* に]うっとりする: *Se arroba ante* su mujer. 彼は妻にほれ込んでいる

arrobado, ra 形 うっとりさせる

arrobamiento 男 ＝**arrobo**

arrobo [aróβo] 男 〖文語〗恍惚(こ̄), 夢中: *con* ～ うっとりとして

arrocero, ra [aroθéro, ra] 形 〖←arroz〗米の: *zona* ～*ra* 稲作地帯

◆ ～*ra* 稲作農民; 米屋

arrodajar [aroðaxár] ～**se** 《中米》あぐらをかく

arrodillar [aroðiʎár] ～**se** ひざまずく

arrogación [aroɣaθjón] 女 ❶ 養子の入籍. ❷ [権利の]侵害; 横暴

arrogante [aroɣánte] 形 [態度が]尊大な, 傲慢(ご̄)な; 堂々とした, 押し出しのいい

arrogancia 女 尊大さ, 傲慢

arrogar [aroɣár] 8 他 [孤児などを]養子にする

◆ ～**se** [他人の権利を]侵害する; [称号などを]不当に名乗る: ～*se la representación del pueblo* 勝手に国民の代表と名乗る

arrojadizo, za [aroxaðíθo, θa] 形 投げられ得る

arrojado, da [aroxáðo, ða] 形 過分 勇敢な: *soldado* ～ 勇敢な兵士

arrojar [aroxár] 他 〖英 throw〗 ❶ [強く]投げる; 投げ捨てる: i) ～ *piedras* 石投げをする. ～ *flores* 花を投げる. ～ *las armas* 武器を捨てる, 降伏する. ～ *la basura al río* ごみを川に捨てる. ii) 《文語》[人を] ～ *a*+人 *de la dirección de la empresa* …を社長の座から放り出す. ～ *a*+人 *de su casa* …を家から追い出す. ❷ 噴き出す, 吐き出す: ～ *lava* 溶岩を噴出する. ～ *humo* 煙を吐く. ❸ 《文語》[結果を]生む. ❹ 《商業》～ *un saldo positivo (negativo)* 黒字(赤字)を出す

◆ ～**se** ❶ [+*a* に]飛び込む, 身投げする: ～*se a la piscina* プールに飛び込む. ～ *por la ventana* 窓から身を投げる. ❷ [+*sobre・contra* に]飛びかかる: *El perro se arrojó sobre el ladrón.* 犬が泥棒に飛びかかった. ❸ [+*a*+不定詞] あえて…を決意する: ～*se a montar un negocio* 思い切って商売を始める

arrojo [aróxo] 男 勇敢さ

arrollar [aroʎár] 他 ❶ 巻く〖enrollar〗. ❷ [車などを]押しつぶす: *Murió arrollado por un coche.* 彼は車にひかれて死んだ. ❸ 打ち勝つ: ～ *al enemigo* 敵を撃破する. ❹ [風・水などが]吹き飛ばす, 押し流す. ❺ [法律・慣習などを]守らない

arrollado 男 《南米. 料理》牛肉の野菜巻き

arrollador, ra 形 圧倒的な; 一掃する: *éxito* ～ 大成功

arrollamiento 男 巻くこと; 《電気》巻線

-arrón 〖軽蔑接尾辞〗*vozarrón* 大声

arropar [aropár] 他 ❶ [衣服・毛布などで人を]くるむ: ～ *a un niño en la cama* 子供にきちんとふとんをかけてやる. ❷ 保護する

◆ ～**se** [+*con* に]くるまる

arropamiento 男 くるむこと

arrope [arópe] 男 煮つめた果汁, シロップ

arrorró [aroró] 男 〖主に中南米〗子守歌: *A*～ *mi niño.* ねんねんころりよ

arrostrar [arostrár] 他 [危険・苦難に]立ち向かう, 耐える

◆ ～**se** [+*con*+人 に]立ち向かう

arroyar [aroʎár] 他 [雨が土地に]急流を作る

arroyada 女 小さな谷; 増水, 洪水

arroyo [aróʎo] 男 ❶ 小川, 流れ: ～ *de lágrimas* 大粒の涙を流す. ❷ [道路わきの]排水溝, 側溝. ❸ 車道, 道の真ん中. ❹ 《口語》悲惨な状況

criarse en el ～ [邸宅でなく]町中で育つ

poner (plantar) a+人 *en el* ～/*echar a*+人 *al* ～ …を[家の外へ]ほうり出す; 解雇する

recoger a+人 *del* ~ [捨て子などを] 拾う

arroyuelo [arʒʌ̃wélo] 男 小さな流れ, 小川

arroz [arʒõθ] 男 『英 rice』❶《植物》イネ(稲) : ~ de secano 陸稲. ~ salvaje マコモ, ワイルドライス. ❷ 米 : Se come ~ en España. スペインでは米を食べる. ~ blanco ご飯; 白米. ~ descascarillado 脱穀した米. ~ picón くず米. ~ en blanco ご飯. ~ integral 玄米. ~ pulido 白米. ~ quemado (pegado) おこげ. ~ con leche 牛乳で炊いた甘いご飯, ライスプディング. ~ a la cubana 目玉焼きをのせてトマトソースをかけたご飯

que si quieres ~, *Catalina* 全然言うことを聞かない, 無視する : Le pedí que me ayudara y *que si quieres* ~, *Catalina*. 手伝ってくれるように彼に頼んだのに, 少しも言うことを聞いてくれない

arrozal [arʒõθál] 男 稲田, 水田 : ~ de secano 陸稲畑

arruga [arrúga] 女 [皮膚・布などの] しわ : tener ~s en la frente 額にしわがある. sin una ~ en el traje 服にしわ一つない. papel lleno de ~s しわくちゃの紙. anciana toda ~s しわくちゃのおばあさん

arrugar [arrugár] 8 他 ❶ …にしわを作る(寄せる), しわくちゃにする : ~ un vestido ドレスにしわを作る. ~ el entrecejo 眉間にしわを寄せる. ❷ 怖じ気づかせる

◆ ~se しわが寄る; 怖じ気づく

arrugamiento 男 しわを寄せること

arruinar [arrwinár] 他 破産させる ; [健康・評判などを] 損なう ; [壊滅的な] 被害(打撃)を与える : ~ su salud 健康を損なう. ~ toda la ciudad 町を全滅させる

◆ ~se 破産(倒産)する; 被害を受ける : *Se ha arruinado* la cosecha. 収穫はすっかり駄目になった

arrullar [arruʎár] 他 ❶ [雄鳩が雌鳩に求愛して] クウクウ鳴きかける ; [人が] 甘い言葉をささやきかける. ❷ [子守歌などで子供を] 寝かしつける ; [心地よい音で] うっとりさせる

◆ ~se クウクウ鳴き合う; いちゃつく

arrullador, ra 形 [音・言葉が] 耳に快い, 甘い

arrullo [arrúʎo] 男 ❶ 鳩の鳴き声; いちゃつき, 心地良い音(歌) : adormecerse al ~ del murmullo de las olas 波の音を子守歌にまどろむ. ❷ おくるみ

arrumaco [arrumáko] 男 ❶《主に 複》i) [偽りの・うわべだけの] 優しい言葉(態度) : hacer ~s へつらう, おもねる. ii) 愛撫, いちゃつき. ❷ 複 奇妙な飾り(装身具)

arrumar [arrumár] 男《船舶》積み込む

◆ ~se 雲が一面に広がる

arrumaje 男 積み込み

arrumbar [arrumbár] 他 [使わない物を] わきにのける, 捨てる ; [人を] 口のけ者にする, 会話から締め出す

◆ 自 [船の] 針路を決める

arrurruz [arrurũθ] 男《植物》クズウコン

arsa [ársa] 間 [激励] しっかり, がんばれ! 『フラメンコでは jaleo の一種』

arsenal [arsenál] 男 ❶《西》海軍工廠. ❷ 造兵廠, 兵器工場. ❸ [知識・情報などの] 蓄積, 宝庫 : Es un ~ de sabiduría. 彼は知識の宝庫だ

arsénico, ca [arséniko, ka] 男 形《元素》砒素(33) 男 白砒

arseniato 男 砒酸塩

arsenito 男 亜砒酸塩

arseniuro 男 砒化物

art.《略語》←artículo …項, …条 ; 商品

arta [árta] 女《植物》オオバコ

artanica/artanita [artaníka/-ta] 女《植物》シクラメン

arte [árte] 男/女《複》では 女. 英 art. 単数冠詞 : el·un[a] 〔 〕 ❶ 芸術 ; 美術 : el ~ y la ciencia 芸術と学問. bellas ~s 芸術 [絵画, 彫刻, 建築, 音楽, 文学]. academia de ~ 美術学校. escuela de ~s y oficios《西》技術工芸学校. ~ cinematográfico 映画芸術. ~ de la pintura (la danza) 絵画(舞踊)芸術. ~ dramático 舞台芸術. ~ griego ギリシア美術. ~ mecánica 工芸. ~s liberales 教養科目(課程), 文芸 [語学, 哲学, 数学, 音楽など]. ~s menores 第二芸術 [陶芸, 金銀細工など]. el ~ por el ~ 芸術のための芸術, 芸術至上主義. retirarse del ~ 芸能界から引退する. Quien tiene ~, va por toda parte. 《諺》芸は身を助ける

❷ 技術 ; 技能, こつ : La cirugía tiene tanto de ~ como de ciencia. 外科は科学であると同時に技術でもある. cultivar el ~ de nadar 泳法をみがく. tener (gran) ~ para vestirse 着こなしが(大変)上手である. con (buen・mucho) ~ [非常に]巧みに. con mal ~ 不器用に. ~ culinario 料理法. ~ de vivir 処世術. ~ poética 詩法. ~s domésticas 家政. Hágase según ~. [処方箋で] 定法により調製のこと

❸ 人工, 人為 : la naturaleza y el ~ 自然と人工

❹《軽蔑》[主に 複] ずるさ : Puso todo su ~ para convencerla. 彼女を説得するために彼はあらゆる手を使った

❺《詩法》de ~ mayor (menor) [詩句が] 9音節より多い(8音節以下の), 長(短)句型の

❻《フラメンコ》粋(ⁱᵏⁱ)

de buen (*mal*) ~ 上機嫌で(不機嫌に)

malas ~s 策, 策略 : tener *malas* ~s ずる賢い. hacer uso de *malas* ~s 悪らつな手段を用いる

no tener ~ *ni parte en...* …にまったく関与していない

por buenas o malas ~s 手段を問わず, 卑劣な方法を使ってでも

ser del ~ その道の専門家である

sin ~ *ni parte* [+en の中で] ただ無意味に, 大したこともなく

sin ~ *ni tino* でたらめに

artefacto [artefákto] 男 ❶ 装置, 機械 : ~s bélicos [広く] 兵器, 武器. ~s eléctricos para uso doméstico 家庭用電化製品. ~s

espaciales 人工衛星や宇宙ロケットなど. 〜s
explosivos 爆破装置. ❷〔遊園地などの〕乗り
物. ❸《考古》文化遺物. ❹《医学》アーチファ
クト. ❺《軽蔑》大きすぎて役に立たないもの
〔armatoste〕

artejo [artéxo] 男 指の関節；〔節足動物の〕
付属肢

artemisa [artemísa] 女《植物》ヨモギ

arteria [artérja] 女 ❶《解剖》動脈〔↔
vena〕：〜 femoral (pulmonar·subclavia)
大腿(肺·鎖骨下)動脈. ❷〔交通などの〕幹線,
幹線道路

arterial 形 動脈の：inyección 〜 動脈注射

arterioesclerosis 女《単複同形》《医学》動
脈硬化〔症〕

arteriografía 女《医学》動脈造影(撮影)

arteriola 女 小(細)動脈

arterioesclerósico, ca/arteriosclerótico,
ca 形 動脈硬化の

arterioso, sa 形 動脈の ＝arterial

arteriotomía 女《医学》動脈切開

arteritis 女《単複同形》《医学》動脈炎

arteriosclerosis 女《単複同形》＝arterioes-
clerosis

artería [artería] 女《軽蔑》ずるさ, 狡猾(ﾗﾗ)さ

artero, ra [artéro, ra] 形《軽蔑》ずるい, 狡猾
な

artesa [artésa] 女 ❶〔パン生地などの〕練り鉢；飼
い葉桶. ❷《地理》U 字谷

artesanado [artesanáðo] 男 囲名 職人〔階
級〕；手工業, 手工芸

artesanal [artesanál] 形 職人の；手仕事の,
手工業的な

artesanía [artesanía] 女 ❶ 手仕事, 手工
業；手工芸[品]：mueble de 〜 手作りの家具.
trabajos de 〜 手作り, 細工；技巧. 〜
peruana ペルーの工芸品. ❷ 囲名 職人

artesano, na [artesáno, na] 名 職人, 手工
業者；工芸家：obra de 〜 手仕事；手作りの
品

artesiano, na [artesjáno, na] 形〔井戸が〕
自噴する

artesón [artesón] 男 ❶《建築》格間(ﾗﾗ)；格
天井. ❷〔パン生地などの〕練り鉢

artesonado, da 形 格間の；格天井

ártico, ca [ártiko, ka] 形 北極〔地方〕の〔↔
antártico〕：Océano A〜 北極海
◆ 男 [el+] 北極地方；北極海

articulación [artikulaθjón] 女 ❶ 連結：〜
de los departamentos 各部門の連結(協力).
❷《解剖》関節：〜 del codo ひじの関節. ❸
《機械》継ぎ手：〜 esférica 玉継ぎ手. 〜
universal ユニバーサルジョイント. ❹ 明瞭な発
音；調音：punto de 〜 調音点. 〜 articulial
指話術. ❺《言語》分節

articulado, da [artikuláðo, ða] 形《過分》❶
連結された：muñeco 〜 頭や手足が曲げられる
人形. tren 〜 連結式列車. ❷《言語》分節的
な, 有節の：lenguaje 〜 有節言語《人間の言
語のこと》. ❸《動物》関節のある, 体節動物の
◆ 男 ❶ 囲名 条項. ❷ 陳述. ❸ 動 体節(環

節)動物

articuladamente 副〔一語一語〕はっきりと

articular [artikulár] 形 ❶《可動性·有機的
に〕連結する；関連づける：〜 las piezas 部品
をつなぎ合わせる. ❷ はっきりと発音する(述べ
る)；《言語》調音する：Está tan emocionado
que no puede 〜 ninguna frase. 彼は感動のあ
まり口がきけない. ❸〔法律·契約などを〕個条書
きにする. ❹《法律》陳述する
◆ 形《解剖》関節の：reúma 〜 関節リューマチ

articulatorio, ria 形《言語》調音の：movi-
miento 〜 調音運動

articulista [artikulísta] 名〔解説〕記者, 論
説委員；コラムニスト

artículo [artíkulo] 男〔英 article〕❶〔新聞·
雑誌の〕記事, 論説；論文：En el diario hay
un 〜 interesante. 新聞に面白い記事がのって
いる. 〜 de fondo 社説. ❷ 項目, 事項；〔法
律·契約などの〕条項, 個条：〜 por 〜 項目を
追って；逐条的に, 個条書きにして. el A〜
Primero de la Constitución 憲法第 1 条. ❸
〔主に 囲〕品物, 商品：Grandes rebajas de
todos los 〜s. 全品大安売り. 〜s alimen-
ticios 食料品. 〜s de caballero 紳士用品.
〜s de consumo 消費財. ❹《文法》冠詞：〜
determinado (definido) 定冠詞. 〜 in-
determinado (indefinido) 不定冠詞. ❺《解
剖》関節；《動物》体節
〜 de fe 信仰箇条；絶対的真理：tomar…
como 〜 de fe …を固く信じる
en (el) 〜 de (la) muerte 臨終に際して
formar (hacer) 〜 de… …に反論する, 難
癖をつける
hacer el 〜 [=魂胆があって, +de を] はめあげる；
[+a+人 に] お世辞を言う, おだてる

artífice [artífiθe] 名《文語》❶ 芸術家, 工芸
家；職人. ❷〔善し悪しは〕自力《su fortuna 自
力で財産を築き上げた人. A〜 Supremo 造物
主. Dios es el 〜 de la Creación. 神は万物
の創造者である. Tú eres el 〜 de tu fracaso.
君は自ら失敗を招いた. ❸ やり手, 策略家

artificial [artifiθjál] 形 ❶ 人工の, 人為的な
〔↔natural〕；模造の：diente (mano) 〜 義
歯(義手). flor 〜 造花. ❷ 不自然な, わざと
らしい：sonrisa 〜 作り笑い. actitud 〜 取っ
てつけたような態度

artificialmente 副 人工的に；わざとらしく

artificiero, ra [artifiθjéro, ra] 名 爆発物専
門家, 爆弾処理係

artificio [artifíθjo] 男 ❶ 装置, 仕掛け：〜
para contar las personas 人数を数える装置.
❷ 技巧；〔悪い意味で〕術策：emplear los
〜s 技巧(手くだ)を弄する. con 〜 巧みに. sin
〜s 策を弄さずに；率直に. ❸ 不自然さ, わざと
らしさ

artificioso, sa [artifiθjóso, sa] 形 ❶ 欺瞞
的な, ごまかしの. ❷ 技巧的な, 凝った. ❸ 技
巧的な. **artificiosidad** 女 技巧；不自然さ

artillería [artiʎería] 女 ❶ 囲名 砲, 大砲；ミ
サイル発射台：〜 ligera (pesada) 軽砲(重
砲). montar la 〜 砲を砲架に据える. clavar

la 〜 火門に釘を打ち込んで使用不能にする. ❷ 砲兵隊

disparar toda la 〜 あらゆる手段に訴える, すべての論拠を持ち出す

artillar 他 …に大砲を備えつける；helicóptero *artillado* 重武装ヘリコプター

artillero, ra 形 大砲の. ◆ 名 砲兵, 砲手；《スポーツ》ストライカー

artilugio [artilúxjo] 男 ❶ ちょっと複雑な装置. ❷ たくらみ, わな：servirse (valerse) de 〜s 策略を用いる. ❸ 複 [仕事などに必要な] 装備, 設備

artimaña [artimáɲa] 女 計略, 悪計；罠(な)

artiodáctilos [artjodáktilos] 男 複 《動物》偶蹄目

artista [artísta] 名 《英 artist》❶ 芸術家；画家. ❷ 演奏家, 歌手；俳優；芸人：〜 de cine (de teatro) 映画(舞台)俳優. entrada (salida) de 〜s 楽屋口. ❸ 名人, 達人：Es una 〜 de cocina. 彼女の料理は名人芸だ

artístico, ca [artístiko, ka] 形 芸術の, 芸術的な：círculo 〜 芸術家グループ. efecto 〜 美の効果

arto [árto] 男 《植物》クコ

artolas [artólas] 女 複 二人乗り用の鞍

artralgia [artrálxja] 女 《医学》関節痛

artritis [artrítis] 女 《単複同形》《医学》関節炎：〜 reumatoide 慢性関節リューマチ

artrítico, ca 形 名 関節炎の〔患者〕

artritismo 男 関節病体質, リューマチ素質

artrópodos [artrópoðos] 男 複 《動物》節足動物門

artrosis [artrósis] 女 《単複同形》《医学》関節症；関節炎 [artritis]

Arturo [artúro] 男 《男性名》アルトゥーロ 『英 Arthur』

artúrico, ca 形 [イギリスの伝説上の] アーサー王 el rey Arturo の

aruco [arúko] 男 《鳥》ツノサケビドリ

arúspice [arúspiθe] 男 《古代ローマ》腸卜(ちょうぼく)官

arveja [arβéxa] 女 《植物》ヤハズエンドウ, カラスノエンドウ；《中南米》エンドウマメ, グリーンピース 『guisante』

arz- 《接頭辞》[優越] *arzobispo* 大司教

Arz. 《略語》←Arzobispo 大司教(職・区)

arzobispo [arθoβíspo] 男 《カトリック》大司教；《プロテスタント》大監督；《ギリシア正教・英国教》大主教

arzobispado 男 大司教位(区・館)

arzobispal 男 大司教の

arzón [arθón] 男 [鞍の] 前橋, 後橋, 鞍橋

as [ás] 男 ❶ 《トランプ》エース；[さいころの] 1の目：un 〜 de espadas スペードのエース. ❷ 第一人者：Es un 〜 del equipo. 彼はチームのエースだ. ❸ アース《古代ローマの青銅貨》. ❹ 《テニス》サービスエース. ❺ 《船舶》〜 de guía もやい結び

tener (llevar・guardar) un 〜 en la manga 奥の手(とっておきの手)がある

asa [ása] 女 《単数冠詞：el・un(a)》❶ [かご・カ

ップなどの] 取っ手, 柄；[スーツケースの] 握り. ❷ 手段, 手づる. ❸ 《植物》汁, 液：〜 dulce 安息香. 〜 fétida 《薬学》阿魏(あぎ)

asadero, ra [asaðéro, ra] 形 焼くための, あぶり焼き用の

◆ 男 非常に暑い所；《南米》丸焼きをする調理台

asado, da [asáðo, ða] 形 過分 焼いた, 焼けた：carne poco 〜da 生焼け(レア)の肉. castañas 〜das 焼き栗

◆ 男 ❶ 焼き肉 [[肉, 行為]], ロースト肉. ❷ 《南米》[子牛・子羊・子豚の] 丸焼き, バーベキュー；そのパーティー

asador, ra [asaðór, ra] 名 焼く人

◆ 男 焼き串, ロースター；asado 専門のレストラン, ステーキハウス

parece que ha comido 〜***es*** 《口語》彼はひどく思い上がっている

asadura [asaðúra] 女 《料理》[主に 複] 臓物；のろくささ, のろさ

asaetear [asaeteár] 他 ❶ [弓矢で] 射る；射殺する. ❷ 悩ます, 苦しめる：〜 a+人 a preguntas …を質問攻めにする

asainetado, da [asainetáðo, ða] 形 笑劇 sainete の〔ような〕

asalariado, da [asalarjáðo, ða] 形 名 過分 賃金を受け取る；サラリーマン, 賃金労働(生活)者

asalariar 10 他 …に賃金を支払う(提示する)

asalmonado, da [asalmonáðo, ða] 形 [色・味で] 鮭に似た

asaltante [asaltánte] 形 襲う

◆ 名 強盗, 襲撃者, 暴漢

asaltar [asaltár] 他 ❶ 強盗をする；[人・陣地などを] 攻撃する：*Asaltaron* su tienda. 彼の店が強盗に入られた. ❷ [災い・悩み・不安などが] 降りかかる：Me *asaltó* el temor de perder mi trabajo. 私は失業するのではないかという恐怖感に襲われた. ❸ [考えなどが] …の心に浮かぶ：Me *asaltó* una idea. 私はある考えを思いついた

asalto [asálto] 男 ❶ 強盗, 襲撃, 急襲：dar 〜 a…, …を襲撃する. tomar por 〜 急襲して奪う. tropa de 〜 攻撃隊, 突撃隊. ❷ 《ボクシング》回, ラウンド；《フェンシング》試合 『〜 de armas』：derribar en el primer 〜 第1ラウンドでダウンさせる. combate a diez 〜s 10回戦. ❸ 持ち寄りパーティー

asamblea [asamblé a] 女 集会, 会議；議会：celebrar una 〜 集会を開く. 〜 constituyente 憲法制定議会. A〜 Nacional 国会

asambleísta 名 集会参加者；議員

asana [asána] 女 《ヨガ・ヒンズー教》[ヨガの姿勢] 座

asao [asáo] 男 《口語》[無関心] Lo mismo me da así que 〜. 私には同じことだ/どうでもいい

asar [asár] 他 《料理》[直火・オーブンで] 焼く：〜 a la plancha 鉄板で焼く. 〜 a la lumbre 直火で焼く. 〜 en (a) la parrilla グリルする. ❷ [熱さで] 苦しめる；しつこく悩ます：〜 a+人 a preguntas …を質問攻めにする

◆ 〜se [人が] ひどく熱い(暑い)：Aquí se asa uno vivo. ここは焼けるように暑い

asarina [asarína] 女 《植物》[ピレネー山脈の]

高山植物の一種

ásaro [ásaro] 圐《植物》カンアオイ

asaz [asáθ] 圖《文語》=**bastante, muy**

asbesto [asbésto] 圐《鉱物》石綿, アスベスト

　asbestosis 囡《単複同形》《医学》石綿〔沈着〕症

ascáride [askáriðe] 囡《動物》回虫

ascendencia [asθenðénθja] 囡❶ 医名 先祖；血統, 出自：Es de ～ alemana. 彼の先祖はドイツ人だ. ❷ 影響力：tener ～ sobre+人 …に影響力がある

ascendente [asθenðénte] 圐 上昇する：tendencia ～ 上昇傾向. marea ～ 上げ潮
　◆ 圐《占星》星位, 運勢

ascender [asθenðér] 24 圁《↔descender》❶ 登る, 上昇する；[+a el] 達する：Asciende el globo por los aires. 風船が空を昇る. El termómetro *ascendió* hasta los 30 grados. 温度は30度まであがった. Los gastos *ascendieron* a cien millones de pesetas. 費用は1億ペセタにのぼった. ❷ 昇進する, 出世する：～ a capitán 大尉に昇進する
　◆ 囲 昇進させる

ascendiente [asθenðjénte] 图《両親・祖父母も含めて, 直系の》先祖, 尊属《↔descendiente》
　◆ 圐 =ascendente
　◆ 圐《文語》[精神的な] 影響力, 支配力：tener ～ sobre+人 …に影響力がある

ascensión [asθensjón] 囡❶ 登ること, 上昇：～ a la cumbre 登頂. ❷ [la A～] キリストの昇天；昇天祭《復活祭から40日目》. ❸ 昇進, 昇格
　ascensional 圐 1) 上昇する：fuerza ～ 揚力, 浮力. 2)《天文》中天に上がっていく

ascenso [asθénso] 圐❶ 昇進, 出世：conseguir ～ 昇進する. ～ a coronel 大佐への昇進. ❷ 上昇；上り坂, 上り勾配

ascensor [asθensór] 圐《主に西》エレベーター；貨物用リフト：subir en ～ エレベーターで昇る. tomar el ～ エレベーターに乗る. llamar al ～ エレベーターを呼ぶ
　ascensorista 圐圐 エレベーターの；エレベーターボーイ(ガール)

ascesis [asθésis] 囡《単複同形》苦行生活

ascetismo [asθetísmo] 圐 禁欲主義, 禁欲生活《↔sensualismo》；苦行；節制, 鍛錬
　asceta 图 禁欲者, 苦行者
　ascético, ca 圐圐 禁欲生活(の), 苦行(の)

ascidia [asθíðja] 囡《動物》ホヤ

ascitis [asθítis] 囡《単複同形》《医学》腹水

asco [ásko] 圐❶ 吐き気, むかつき：producir (dar) ～ a+人 …に吐き気を催させる. ❷ 嫌悪, 反感；いや(退屈な)もの：Le tengo ～. 私は彼が大嫌いだ. ¡Qué ～! ああ, いやだ(気持ち悪い)/何てまずそうだ！ ¡Qué ～ de tiempo! いやな天気だ！ coger (cobrar・tomar) ～ a…を嫌う. dar ～ a+人 …を不快にする, うんざりさせる. poner cara de ～ いやな顔をする
　hacer ～s a…［気どって］…を低く見る, 鼻先であしらう：Hace ～s a todo. 彼はなかなか満足

しない. No *hace* ～s a barrer la puerta. 彼は玄関の掃除をすることにも抵抗を感じない
　hecho un ～ ひどく汚れている；不快な；台なしになった, 損われた
　ser un ～ 何の価値もない, 悪い：Esta novela *es un* ～. この小説は全然面白くない

ascórbico, ca [askórbiko, ka] 圐《化学》
　ácido ～ アスコルビン酸

ascua [áskwa] 囡《単数冠詞：el・un[a]》燠(おき), 赤くおこった炭；燃えさし：asar la carne sobre las ～s 炭火で肉を焼く. ～ de oro 光り輝くもの
　arrimar el ～ a su sardina 自分だけ得をしようとする；我田引水
　estar echando ～s 激怒している
　estar en (sobre) ～s 気をもんでいる, いらだっている；知りたがっている
　pasar como sobre ～s 大急ぎで通る；ざっと目を通す
　poner a+人 en ～s …に気をもませる
　tener ojos como ～s 目を輝かせている

asear [aseár] 圕 清潔にする, 片付ける：～ la habitación 部屋をきれいにする
　◆ ～se 身繕いする, 身だしなみを整える；洗面する：Apenas tuvo tiempo de ～se antes de salir al trabajo. 彼は身繕いする暇もなく仕事に出かけた
　aseado, da 圐 過分 [estar+] きちんとした, こざっぱりした；[ser+] 清潔好きの

asechanza [aseʧánθa] 囡 [主に 圏] 悪だくみ, 罠(わな), 待ち伏せ

asediar [aseðjár] 10 圕《城などを》包囲する《参考》包囲の厳しさの順：cercar<sitiar<asediar》；しつこく悩ませ, つきまとう：Los periodistas le *asedian* a preguntas. 新聞記者たちが彼にしつこく質問する
　asedio [aséðjo] 圐 包囲, 攻囲；差し押さえ

asegurable [aseɣuráβle] 圐 保険が付けられる

asegurado, da [aseɣuráðo, ða] 圐 過分 ❶ 確実な；確固とした：El éxito está ～. 成功は確実だ. vejez ～da 安定した老後. ❷ 保険に入っている：La casa está ～da de (contra) incendios. 家には火災保険がかかっている. tener su coche ～ a todo riesgo 車を全危険保険に入れてある. cantidad ～da 保険金
　◆ 图 被保険者, 保険加入者

asegurador, ra [aseɣuraðór, ra] 圐 图 保険者〔の〕
　◆ 圐 保険業者
　◆ 囡 保険会社《compañía ～ra》

asegurar [aseɣurár] 圕《英 assure, secure》❶ 確保する；固定させる：～ una cuerda ロープを確保する. ～ un clavo 釘をしっかり打ちつける. ～ el puesto (el personal) 地位(要員)を確保する. ❷ [+que+直説法] 確言する, 保証する：Me *asegura que* mañana pagará. 彼は明日払うと私に確約している. Te *aseguro que* él es honrado. 本当に彼は正直だよ. ❸ [+contra の] 保険を…にかける：～ su casa *contra* incendios en quinientos millones 家

に5億ペセタの火災保険をかける
◆ **～se ❶** [+de que+直説法・接続法 を] 確かめる：*Asegúrate de que* la puerta está cerrada. ドアが締まっているか確かめてくれ. **❷** [自分用に] …を確保する：～se la colaboración 協力を取りつける. **❸** 安定する：*Se aseguró* el día. 天候が回復した. **❹** 保険に入る：～*se contra* robos 盗難保険に入る. **❺** [登山] 自分を確保する

aseidad [aseiða(ð)] 囡《哲学》自存性

asemántico, ca [asemántiko, ka] 形《言語》無意味な

asemejar [asemexár] 他 [+a に] 似せる；似ている：El vestido la *asemejaba a* una actriz. そのドレスを着ると彼女はある女優に似てみえた. Esta cabeza *asemeja* una calabaza. この頭はまるでカボチャだ（からっぽだ）. ～ la vida *a* los ríos 人生を川にたとえる
◆ **～se**/自 [+en・por が] 似ている：Este niño *se asemeja* a su madre *en* (*por*) la cara. この子は顔が母親似だ

asenderear [asendereár] 他 …に小道・senda を作る；…につきまとう, 悩ます
asendereado, da 形 過分 打ちひしがれた, 疲れ果てた；経験を積んだ

asenso [asénso] 男《文語》＝**asentimiento**
dar ～ *a...* …を信じる

asentaderas [asentaðéras] 囡 複《戯語》お尻 [nalgas]

asentado, da [asentáðo, ða] 形 過分 [estar+] …にある, 定住している；《主に中南米》 [ser+] 分別のある, 賢明な
de una ～*da* 一度に, 一気に

asentador, ra [asentaðór, ra] 名 **❶** [食料品の] 卸売り商. **❷** 設置する人：～ de vías 軌道敷設工

asentamiento [asentamjénto] 男 **❶** 設置, 敷設；鎮静, 安定；定住；《商業》記帳. **❷** 定住地, 入植地

asentar [asentár] 23 他 **❶** 設置する, 据えつける：～ el campamento base ベースキャンプを張る. ～ los cimientos 土台を据える. **❷** [殴打を] 命中させる：～ a+人 una bofetada en la cara …の顔に平手打ちを決める. **❸** 静める, 安定させる：La manzanilla *asienta* muy bien el estómago. カミツレ茶を飲むと胃が落ち着く. **❹** 合意する, 協定する. **❺** [しわなどを] 伸ばす, 平らにする. **❻** [聖職などを] 授与する, 任命する. **❼**《商業》記帳する：～ al crédito 貸方に記入する
◆ 自 [土台の上に] 座る, 安定する
◆ **～se ❶** [+en に] 身(腰)を落ち着ける, 定着(定住)する；位置している, ある：～*se en* la capital 首都に居を定める. ～*se en* el Ministerio 政府に職を得る. Un pájaro *se asentó en* la rama. 鳥が枝にとまった. **❷** [食べたものが] 胃にもたれる：La carne *se me asienta*. 肉が胃にもたれている. **❸** [雪・ほこりが] 積もる. **❹** [性格的に] 落ち着く, 安定する

asentimiento [asentimjénto] 男 同意, 賛意；承認：dar su ～ a... …に同意する

asentir [asentír] 33 自 [現分 asintiendo] [主に個人的に, +a・en に] 同意(賛成)する；承認する：*Asintió a* la publicación de (*a publicar*) su libro. 彼は本の出版に同意した. ～ *en* una pregunta 質問にはいと答える. ～ *a* una propuesta 提案に賛成する. ～ *con* la cabeza うなずく

asentista [asentísta] 男 御用商人

aseo [aséo] 男 **❶** 身繕い, 洗面《～ personal. 朝の排便・洗顔・化粧・着替えなど]：productos de ～ 洗面道具. ～ del cuerpo ボディーケア；身繕い. **❷**《西》[時に 複] 洗面所, 化粧室 [cuarto de ～]

asépalo, la [asépalo, la] 形《植物》萼(がく)のない

asepsia [asépsja] 囡《医学》無菌 [法]；冷淡
aséptico, ca 形 無菌 [法]の；冷淡な

asequible [asekíβle] 形 [+a にとって] 入手(到達)できる, 近づきやすい：precio ～ 手ごろな値段. libro ～ a todos 誰にでも読める(理解できる)本. profesor ～ 気さくな先生

aserción [aserθjón] 囡《文語》断言, 確言

aserrar [aserár] 23 他 鋸(のこ)で切る 『serrar』
aserradero 男 製材所
aserrado, da 形 過分 鋸歯状の. ◆ 男 鋸で切ること
aserradura 囡 鋸で切ること；鋸歯状の断面；複 おがくず

aserrín [aserín] 男《主に中南米》 おがくず 『serrín』

aserruchar [aserutʃár] 他《中南米》＝**aserrar**

aserto [asérto] 男 断言, 確言
asertivo, va 形 断定の
asertórico, ca/asertorio, ria 形《哲学》実然的な

asesinar [asesinár] 他 **❶** [計画的に・金をもらって] 殺害する；暗殺する：Un terrorista *asesinó* al presidente. テロリストが大統領を殺した. **❷** [作品などを] だいなしにする；[役を] 下手に演じる

asesinato 男 殺人, 殺害；暗殺, 謀殺

asesino, na [asesíno, na] 形 **❶** 人殺し(の), 殺人者；暗殺者. **❷** いやがらせる, 困らす；敵意のある：mirada ～*na* いやな目つき；殺意を含んだ目つき. vientecillo ～ わずらわしい風

asesor, ra [asesór, ra] 形 名 **❶** 助言する(人), 顧問(の)；相談役, コンサルタント：abogado ～ 顧問弁護士. ～ jurídico 法律顧問. ～ musical (映画)音楽監督者. ～ técnico 技術顧問. **❷** 指導教官. **❸**《闘牛》主宰者 presidente の相談役

asesorar [asesorár] 他 …に助言を与える；[論文・研究を] 指導をする
◆ **～se** [+con・de に/+en について] 相談する：*Se ha asesorado con* su abogado. 彼は弁護士に相談した

asesoramiento 男 助言, 専門的意見

asesoría [asesoría] 囡 顧問の職(事務所・報酬)

asestar [asestár] 他 ❶〔銃などを〕向ける：～ la lanza (el telescopio) 槍(望遠鏡)を向ける. ❷〔+a 向けて〕射つ；〔打撃を〕加える：～ un puñetazo *a*+人 …を殴る.～ un tiro 発砲する

aseverar [aseβerár] 他《文語》〔強く・繰返し〕確言(断言)する, 肯定する

aseveración 女 確言, 断言

aseverativo, va 形 確言的な；《言語》= enunciativo

asexual [asɛ(k)swál] 形 性別のない, 中性的な；《生物》無性の：multiplicación ～ 無性生殖

asexuado, da 形 =asexual

asfalto [asfálto] 男 ❶《鉱物》アスファルト. ❷〔アスファルト〕舗道, 街路

asfaltado 男 アスファルト舗装

asfaltadora 女 アスファルト舗装機

asfaltar 他 アスファルトで舗装する：calle *asfaltada* アスファルト道路

asfáltico, ca 形 アスファルト性の

asfixia [asfi(k)sja] 女 窒息, 呼吸困難；仮死：muerte por ～ 窒息死

asfixiante 形 窒息させる；息の詰まりそうな：gas ～ 窒息性ガス

asfixiar 10 他 窒息[死]させる：Pereció *asfixiado* por el humo. 彼は煙で窒息死した. ◆～se 窒息する

asfódelo [asfódelo] 男《植物》ツルボラン

así [así] 副〔英 so. 様態〕❶ その(この)ように：i) Así está bien. それでいい. No corras ～ tan deprisa. そんな風に走るな. 速すぎる. ii)〔como と共に〕¿Es ～ *como* te llamas? それが君の名前か？ Así fue como se nos escapó.〔強調〕そのようにして彼は逃げてしまったのだ. iii)〔como・según・cual・tal como・tal cual と共に〕…する〔の〕ように：*Como* lo trates, ～ te tratarán. 君が彼を扱うのと同じように, 君も扱われるだろう. *Según* te portes, ～ será la recompensa. 行ないに応じた報いを受けるぞ. iv)〔間投詞的. 奇異・不快〕それで？/そんなこと！：¡*Así* dimites? それで, やめるのか？ ❷〔形容詞的〕そのような：Así es la vida. 人生とはそうしたものだ. Quiero una cámara ～. あんなカメラがほしい. No sabía que fuese un hombre ～. 彼がそんな男だとは私は知らなかった ❸〔程度〕それほど：No podremos descontarlo ～. そんなには値引きできません ❹〔+直説法. 結果〕したがって…：Hubo un accidente, ～ el tren llegó con retraso. 事故があって, それで列車は延着した ❺〔+接続法. 譲歩〕たとえ…でも：Saldremos a la calle, ～ llueva. たとえ雨が降っても街に出よう ❻〔文頭で, +接続法. 願望〕どうか…：¡*Así* te mueras! お前なんか死んだらいい！

así así [あまりよくないが] まあまあ, どうにかこうにか：¿Cómo estás?—Estoy *así así.* 元気かい？—まずまずだ. ¿Te ha gustado el teatro? —*Así, así.* 芝居は気に入ったか？—まあね

～ como... 1)〔+直説法〕…するのと同様に：

Así como no te molesto, tampoco quiero que me molestes. 私が君に迷惑をかけていないように私も迷惑をかけられたくない. Lo dejé ～ *como* lo encontré. 私はそれを見つけた時のままにしておいた. Estaba pálida ～ *como* muerta. 彼女は死人みたいに青ざめていた. 〔さらに〕*Así como* a mí no me gusta hacer ejercicio, ～ no me gusta leer. 君がスポーツ好きでないように, 私は読書が好きではない. 2)〔並列〕…も：Están en flor los tulipanes ～ *como* las rosas. チューリップもバラも咲いている. La factura, ～ *como* el conocimiento, les serán enviados en este mismo correo. 送り状ならびに船荷証券を同便にてお送りします. 3)〔主に en cambio と共に〕…だが〔それにひきかえ〕：*Así como* trasnochar no le importa, *en cambio* le cuesta madrugar. 彼は夜ふかしするのは平気だが, しかし早起きがつらい. Mi padre es muy formal, ～ *como* mi tío es un gamberro. 父はとても折目正しい人なのに, 叔父はふざけ好きだ. 4)〔+接続法〕…するとすぐに：*Así como* me entere, te lo comunicaré. 私にわかったら, すぐ君に知らせよう

～ como... …も…も：En esta casa vivimos cómodos ～ en verano *como* en invierno. この家は夏も冬も快適に暮らせる

～ como 1) 大したことではないかのように, 気軽に：Me pidió ～ *como* que le prestara un millón de pesetas. 彼は 100 万ペセタ貸してくれと気安く頼んできた. No voy a permitírtelo ～ *como* ～. そう簡単には許可してやらないぞ. 2) =así así

～ de+形容詞〔身振りを伴いながら〕それほど(こんなに)…な：La nieta me escribe con letras ～ *de* grandes. 孫はこんなに大きな字で私に手紙を書いてくれる. ¿*Así de* tonto me crees? 私をそんなにばかだと思っているのか？

～ es〔肯定の返事〕そのとおり：¿Sales?—*Así es.* 出かけるのか？—そうだ

～ es que+直説法 =～ **que**+直説法

～ mismo =asimismo

～ no más《南米》=así así

～ o asá どうにかして：Lo conseguiremos ～ *o asá.* 何とかやってみよう

～ pues そこで, それで：Faltan sólo cinco minutos para empezar；～ *pues* date prisa. 始まるまで 5 分しかない. だから急げ

～ que+直説法 1) したがって…：Tenemos prisa, ～ *que* acaba de vestirte. 急いでいるのだ. だからさっさと服を着たまえ. 2) …するとすぐに《未来のことは +接続法》：*Así que* llegues allí, avísamelo. 向こうに着いたら, すぐに知らせろ

～... que+直説法 とても…なので：*Así* la había desfigurado el tiempo, *que* no la reconocí. 時が彼女の顔をすっかり変えていたので, 私は彼女がわからなかった

～ sea そうあってほしい：No se repetirá tal cosa.—*Así sea.* そんなことは二度とくり返しません.—そう願いたいものだ

～ y asá =～ **o asá**

ni ~ これっぽっちも〔…ない〕

no ~ そうはいかない：Uno se siente bien con un calor seco；*no* ~ con un calor bochornoso. 暑くても乾燥していると気持ちがいいが, 蒸し暑いとそうはいかない

o ~ 1) それくらい：Cuesta 500 pesetas *o* ~. それは 500 ペセタかそこらかかる. 2) **=y ~**

por decirlo ~/por ~ decir 言わば：Ha crecido, *por decirlo* ~, como un roble. 彼は言ってみればカシの木のように成長した

puesto que ~ es そういう事情だから

si ~ como… まるで…ではなく〔…のようである〕：*Si* ~ *como* lo dijo ella lo hubiera dicho yo. まるで彼女が言ったのではなくて私が言ったかのようだ

tanto es ~ (tan - es) que+直説法 非常に そうなので…：Está muy débil, *tanto es* ~ que no puede andar. 彼は大変弱っている. それも歩けないほどだ

un tanto ~ これ位の量

y ~ 1)〔結果〕それで：Nadie quiso ayudarle *y* ~ tuvo que desistir del plan. 誰も彼を助けようとしなかった. それで計画を断念せざるをえなかった. 2)〔命令・決断〕それならば：*Y* ~ ponte a trabajar seriamente. よし, それならまじめに働き始めろ. 3)〔並列〕…も：Es un chico inteligente *y* ~ valiente. その子は頭がよくて, しかも勇気がある. 4)〔列挙の最後〕…など：Hablábamos de amistad, amor, política… *y* ~. 私たちは友情や恋愛や政治などの話をした

Asia [ásja] 囡 アジア：~ Menor 小アジア

asiático, ca [asjátiko, ka] 形 图 アジア Asia〔人〕の；アジア人：Continente *A*~ アジア大陸

asibilar [asiβilár] 他〔言語〕歯擦音化する

asidero [asiðéro] 男❶ 取っ手, 握り, 柄(´). ❷ 口実, きっかけ. ❸〔西〕縁故, コネ

asiduo, dua [asíðwo, ðwa] 形〔訪問などが〕頻繁な：Estoy harto con sus ~*duas* visitas. 私は彼がしょっちゅう来るのにうんざりしている

◆ 图〔+de の〕常連〔客〕：~ *del* café 喫茶店の常連客. ~ *del* cine 熱心な映画ファン

asiduamente 副 せっせと, 足しげく

asiduidad 囡 頻繁：con ~ =**asiduamente**

asient- ☞asentar ㉓**/asentir** ㉝

asiento [asjénto] 男❶〔英 seat〕椅子, 座席, 〔椅子の〕座部：i) ~ del conductor (del acompañante) 運転(助手)席. ~ expulsor (proyectable・de eyección)〔航空〕射出座席. ~ reclinable リクライニングシート. Este césped será un buen ~. この芝生は座るのにいいだろう. Este sillón tiene un ~ irregular. この椅子は座る所がでこぼこになっている. ii)〔列車・劇場などの〕指定席〔~ reservado〕：conseguir dos buenos ~*s* よい席を2つとる. iii)〔法廷・委員会の〕席：asignar a+人 un ~…に席(ポスト)を割り当てる. ❷〔容器などの〕底部：Esta vasija tiene poco ~. この器は座りが悪い. dar ~ a……の座りをよくする. ❸ 沈殿〔物〕, 澱(*おり*)〔poso〕. ❹ 滞在, 定住：定着：

El campamento tiene su ~ en este bosque. キャンプはこの森の中にある. persona de poco ~ en su trabajo 仕事をよく変える人. ❺ 記入, 〔商業〕記帳：~ en el diario 仕訳帳への記帳. libro de ~ 帳簿. ❻ 契約〔の条項〕；〔16 世紀に大商人と国家が結んだ〕融資契約. ❼ 土台, 支え. ❽〔建築〕〔建造物の〕沈下. ❾〔船舶〕トリム

calentar el ~〔人が〕何もしない, くすぶっている：no *calentar el* ~〔住居・職を〕よく変える, 腰が落ち着かない

de ~ 1) 固定して, 恒久的に：Está aquí *de* ~. 彼はここに長い. 2) 分別のある：hombre de poco ~ 愚かな男. 3) 座る：localidad *de* ~ 席, 座席

hacer ~ 座り(安定)がよい；定住する：*hacer* ~ en su pueblo natal 故郷に身を落ち着ける

pegarse a+人 el ~ …が長く居る(留まる)：Cuando viene a mi casa siempre *se le pega el* ~. 彼は私の家に来るといつも長っ尻だ

tomar ~ 座る, 定住する：*Tome* ~, por favor. どうぞお座り下さい

asignar [asiɣnár] 他〔+a に〕割り当てる, 指定する：~ a+人 el trabajo (la plaza) …に仕事(席)を割りふる. Le *asignan* un sueldo muy elevado. 彼は高給をもらっている

asignable 形 割り当て得る

asignación 囡 割り当て；手当, 給料；おこづかい〔~ semanal〕：~ de las utilidades 利潤の分配

asignatario, ria 图〔中南米〕遺産受取人

asignatura [asiɣnatúra] 囡 学科目, 課目, 教科：tomar muchas ~*s* 課目をたくさんとる. Le faltan dos ~*s* para licenciarse. 彼は卒業するのに2課目〔分の単位数〕足りない

asilar [asilár] 他〔保護施設に〕収容する；庇護する：~ a un condenado político 政治犯をかくまう

◆ **~se** 逃げ込む, 避難する

asilado, da 形 過分 被収容者, 避難民；〔時に〕政治亡命者

asilo [asílo] 男❶ 保護施設, 収容所；〔政治犯などの〕避難場所；聖域, アジール：meter en el ~ de ancianos 老人ホームに収容する. ~ de la paz 天国. ~ de sus penas 心の慰め. ❷ 保護, 収容：buscar (pedir・solicitar) ~ a una iglesia 教会に保護を求める. dar ~ a+人 …をかくまう. conceder ~ político 政治亡命を認める. derecho de ~ 避難権；治外法権〔域〕

asilvestrado, da [asilβestráðo, ða] 形〔飼育・栽培されていた動植物が〕野生に戻った

asimetría [asimetría] 囡 不均整, 非対称

asimétrico, ca 形 不均整な, 非対称の

asimilable [asimiláβle] 形 同化できる

asimilación [asimilaθjón] 囡 同化, 吸収：~ social 社会的同化. ~ clorofílica 炭酸同化作用

asimilar [asimilár] 他❶〔+a と〕同一視する, 同格に扱う；類似させる：El diploma español está *asimilado al* país. スペインでの

A

資格はその国でも同等に扱われる. La embriaguez *asimila* el hombre *a* la bestia. 酒は人を獣にする. ❷［食物・知識などを］同化する, 吸収する : *Asimila* fácilmente lo que estudia. 彼はのみ込みが早い(学んだことをすぐ自分のものにする). ❸《言語》［音声を］同化する
◆ **～se** 似る ; 同化する : Esto *se asimila a* mi obra. これは私の作品に似ている. Es difícil *～se* en ese país. その国にはなかなかなじめない

asimilativo, va [asimilatíƀo, ƀa] 形 同化力(作用)のある

asimina [asimína] 女《植物・果実》ポーポー

asimismo [asimísmo] 副 ❶ さらに, 同様に : Es ～ indispensable que tomes parte. その上, 君が参加することが不可欠だ. *A*～ lo creo yo. 私もそう思う. ❷《まれ》そのままに : Déjalo ～. そのままにしておけ

asincrónico, ca / asíncrono, na [asiŋkróniko, ka/asíŋkrono, na] 形 非同時性の ;《電気》非同期の

asíndeton [asíndetɔn] 男《修辞》連結辞省略〖接続詞の省略 : 例 Vine, vi, conquisté. 来た, 見た, 勝った (シーザー). ↔polisíndeton〗

asintomático, ca [asintomátiko, ka] 形《医学》無症候性の

asíntota [asíntota] 女《数学》漸近線

asir [asír] 43 他《文語》［強く］つかむ, 握る〖agarrar〗: Me *asió* por la solapa. 彼は私の襟をつかんだ. ～ el alambre con las tenazas 針金をペンチではさむ. ～ la oportunidad〔por los pelos〕チャンスを〔やっと〕つかむ
◆ **～se** ❶［+a・de に］しがみつく : *～se de* una cuerda ロープにしがみつく. *～se a* una ilusión 幻想にすがる. ❷［つかみ合いの］けんかをする

asirio, ria [asírjo, rja] 形 名《歴史・地名》アッシリア Asiria 女 の(人)
◆ 男 アッシリア語

asísmico, ca [asísmiko, ka] 形 耐震の

asistencia [asisténsja] 女 ❶［+a への］出席, 参加 ; 集名 出席者〔数〕: ～ del alcalde *al* acto inaugural 市長の開会式への列席. Se celebró la reunión con mediana ～. 会合はあまり集まりのよくない状態で開かれた. ❷《文語》援助, 救済 ; 看護 : prestar ～ *a* los damnificados 被災者を援助する. ～ en carretera 救難サービス. ～ hospitalaria 医療扶助. ～ letrada 司法保護. ～ pública domicilaria《西》在宅介護. ～ social 社会福祉. ～ técnica アフター(修理)サービス. ❸《サッカー・バスケ》アシスト. ❹《中米》［親しい客用の］小応接室
～ médica (*sanitaria*) 治療, 医療 : recibir *～ médica* 手当を受ける

asistencial [asistenθjál] 形 援助の ; 社会福祉の : programa ～ 援助プログラム

asistenta [asisténta] 女［通いの］お手伝いさん

asistente [asisténte]〖女 asistenta もある〗形 立会いの, 列席している ; 補助(補佐)の
◆ 名 ❶《文語》［主に 複. 定冠詞+］出席者, 参列者 ; 観衆, 聴衆 : Aplaudieron los *～s* a la reunión. 集まりの出席者たちは拍手喝采した. ❷ 助手, 補佐〖ayudante〗. ❸《軍事》従卒, 当番兵. ❹ ～ social ソーシャル(ケース)ワーカー

asistir [asistír] 自〖英 attend〗❶［+a に］出席する, 参加する ; 居合わせる : Le suspendieron por no ～ *a* clase. 彼は授業に出なかったので落第した. ～ *a* la boda 結婚式に出る. ～ *a* un accidente 事故現場に居合わせる, 事故を目撃する. ❷［家事使用人として］働く, 支える. ❸《トランプ》要求された組札を出す
◆ 他 ❶ …に随行(随伴)する : ～ al rey en su viaje por el extranjero 国王の外遊に随行する. ❷《文語》援助する ;［病人を］治療(看病)する ;［臨時に］手伝いをする : ～ a los pobres 貧者を救済する. Me *asiste* un buen médico. 私はいい医者にかかっている. ❸《法律》Le *asiste* el derecho a defenderse. あなたには自分を守る権利がある

asma [ásma] 女〖単数冠詞 : el・un〔a〕〗《医学》喘息(ぜんそく) : crisis (ataque) de ～ 喘息の発作. ～ bronquial 気管支喘息
asmático, ca 形 名 喘息の〔患者〕

asnada [asnáđa] 女〖←asno〗粗野, 愚かさ

asnal [asnál] 形 ロバの〔ような〕; 粗野な, 愚かな : conducta ～ 愚行

asnillo [asníʎo] 男《昆虫》ハネカクシ

asno, na [ásno, na] 男《動物》ロバ〖会話では borrico, burro を多く用いる〗: Al ～ muerto, la cebada al rabo.《諺》泥棒を捕えて縄をなう
***apearse* (*caer*) *de su* ～** 自分の誤りを認める, 主張(要求)を引っこめる
***no ver tres sobre* (*en*) *un* ～** 大変目が悪い
parecerse al ～ de Buridán 選択に迷う
◆ 形 名 粗野な〔人〕, 愚かな〔人〕: ¡Eres un ～! お前はばかだ!

asociación [asoθjaθjɔ́n] 女〖英 association〗❶ 参加 ; 協力, 提携 : libertad de ～ 結社の自由. ～ de ideas 連想, 観念連合. ❷ 協会, 会 ; 連合 : formar una ～ 会を結成する. ～ cultural 文化協会. ～ política 政治結社. ～ de padres de alumnos 父母会, PTA. ～ de vecinos 町内会. *A*～ Internacional de Transportes Aéreos 国際航空輸送協会. *A* ～ Latinoamericana de Integración ラテンアメリカ統合連合. ❸《生物》群集
en ～ con... …と協同で, 提携して

asociacionismo [asoθjaθjonísmo] 男《哲学》観念連合論

asociado, da [asoθjáđo, đa] 形 名 過分 ❶ 参加(協力)した〔人〕, 仲間 ; 出資者 : miembro ～ 準会員. empresa *～da* 関連会社. ❷ 非常勤講師〖profesor ～〗

asocial [asoθjál] 形 反社会的な

asociar [asoθjár] 10 他 ❶［+a に］参加(関与)させる : ～ a su hijo *al* negocio (en la dirección de la empresa) 息子を事業(会社の経営)に参画させる. ～ esfuerzos 努力を結集する. ❷［心理的に, +con と］結び合わせる : *Asocia* el dolor *con* las inyecciones. 彼は注

射というとすぐ痛さを思い浮かべる

◆ **〜se ❶** ［一員として］参加する；［感情など
を］共にする：〜*se a* un partido 入党する.
Nos hemos asociado con la compañía A. 我
が社は A 社と合併(提携)した. *Me asocio a*
vuestro dolor. ご愁傷さまに存じます. ❷ ［心理
的に］結びつく：Su recuerdo *se asocia con*
mi estancia en México. 私にとっての彼の思い
出といえばメキシコにいた時のことになる

asociativo, va ［asoθjatíβo, ba］ 厖 連合
の；連想の：relación 〜*va* 《言語》連合連関.
ley 〜《数学》結合法則

asocio ［asóθjo］ 男 《中南米》＝**asociación**：
en 〜 ［＋de・con と］協同で，一緒に

asolar ［asolár］ 28 他 ［自然現象が主語］徹底
的に破壊する，荒廃させる：El huracán *asoló* la
costa. ハリケーンは海岸地帯に大被害を与えた

◆ **〜se** 荒廃する

asolación 囡 ＝**asolamiento**

asolador, ra 厖 破壊的な

asolamiento 男 破壊，荒廃

asolear ［asoleár］ 他 日光に当てる

◆ **〜se** 日焼けする；《中南米》日射病になる

asoleada 囡《中南米》日射病［insolación］

asomar ［asomár］ 自 ［英 appear］ちらりと見
える，現われ始める：*Asoma* un poco de su
vestido por detrás del árbol. 木の陰から彼の
服の一部が見える. La luna *asoma* entre las
nubes. 月が雲間からのぞいている

◆ 他 ［一部を］見せる：〜 su cabeza por
entre los visillos カーテンの隙間から顔をのぞか
せる

◆ **〜se ❶** ［＋a・por に］頭(顔)をのぞかせ
る；ちょっと現われる：Es peligroso 〜*se a*
(*por*) la ventanilla del tren. 電車の窓から顔
を出すのは危ない. A ver si *te asomas por* la
oficina. 一度オフィスに顔を出せよ. ❷ ちらっ
と見る，ざっと目を通す：El presidente no *se
asoma a* la calle. 大統領は国民の現状を見よ
うとしない

asombrar ［asombrár］ 他 ❶ 驚かす，驚嘆さ
せる：Me *asombra* verte aquí. こんな所で会う
なんてびっくりした. Este chico *asombra* a
todos por su inteligencia. この子の頭のよさに
はみんな舌を巻く. ❷《美術》陰影をつける

◆ **〜se** ［＋de・por に］びっくり〔仰天〕する，驚
嘆する：No *se asombra* de nada ni por nada.
彼は何事にもまったく動じない

asombro ［asómbro］ 男 ❶ ［賛嘆のまじった］
驚き；驚嘆，感嘆. ❷ 驚くべき人(もの)：un 〜
de paisaje すばらしい景色

no salir de su 〜 呆然とする

asombroso, sa ［asombróso, sa］ 厖 驚くべ
き，すばらしい，〔軽蔑〕想像もよらない

asombrosamente 副 驚くべきことに，すばら
しく

asomo ［asómo］ 男 ［主に 複. 面 では un＋］現
れ，兆候：tener 〜 de inteligencia 知性のひ
らめきが見られる. sin un 〜 de cansancio 疲労
の色をまったく見せずに

ni por 〜 少しも［…ない］：No la conozco *ni*

por 〜. 私は彼女と一面識もない

asonada ［asonáða］ 囡 反乱，蜂起

asonancia ［asonánθja］ 囡《詩法》半諧音，
類似母音の繰返し

asonantar 自 他 半諧音になる(する)

asonante 厖 半諧音の

asonar 28 自 半諧音になる

asordar ［asorðár］ 他 …の耳を聾(ﾛ)する［en-
sordecer］

asorochar ［asorotʃár］ 〜se 《南米》高山病に
かかる；顔を赤らめる

aspa ［áspa］ 囡 ［単数冠詞：el・un［a］］X 字形
〔十の十字架〕；［風車の］翼；糸車，かせ；《南米》
角(ﾂ)

aspar ［aspár］ 他 ❶ ［人を］十字架にかける；ひ
どく苦しめる. ❷ ［糸を］繰る(ﾏ)る. ❸ cruz
aspada X 字形の十字架

¡que me aspen si＋直説法*!* ［断定の強調］…
なら首をやるよ!：¡*Que me aspen si* no es tal
como lo digo! 絶対に僕の言うとおりだ!

aspaviento ［aspaßjénto］ 男 ［主に 複. 恐
怖・賛嘆・喜びの］芝居がかった(大げさな)言葉
(身ぶり)：decir entre 〜s 芝居がかった調子で
言う

aspaventar 23 他 怖がらせる

aspaventero, ra 厖 芝居がかった，大げさな

aspecto ［aspékto］ 男 ［英 appearance］ ❶
外観，様子：Es una persona de 〜 salubre
(perverso). 彼は健康(意地悪)そうな人だ.
tener 〜 de estar rendido 疲れ切った様子であ
る. tener un 〜 simpático 優しそうな顔つきを
している. 〜 físico de un país 国の地勢. 〜
del cielo 空模様. ❷ ［問題などの］側面，様
相；観点：Ese asunto tiene varios 〜s. その
事件にはいくつかの側面がある. No le conozco
más que en un 〜. 私は彼の一面しか知らない.
bajo este 〜 この観点から〔見て〕. en ciertos
〜s ある点では. en todos los 〜s すべての点に
おいて. ❸《生物》［植生の］季観. ❹《言語》
［動詞の］相，アスペクト：〜 perfectiva (im-
perfectiva) 完了(非完了)相. ❺《占星》［星
の］相

a［*l*］*primer* 〜 一見

buen 〜 元気そうな様子；感じ(見通し)のよさ：
Esta tarta tiene *buen* 〜. このパイはおいしそう
だ

de poco 〜 外見の悪い，不格好な

mal 〜 病気らしい様子；感じ(見通し)の悪さ：
Las nubes presentan *mal* 〜. 雲行きが怪し
い

tener mucho 〜 見かけがいい

aspereza ［asperéθa］ 囡 ❶ ［表面の］ざらつ
き，でこぼこ：〜 de las manos 手の荒れ. te-
rreno lleno de 〜s でこぼこだらけの土地. ❷
［味・匂いなどの］不快さ；［声の］しわがれ. ❸ 厳
しさ；無愛想：contestar con 〜 つっけんどんに
答える

limar 〜s 丸く収める；緊迫感を和らげる

asperger ［aspɛrxér］ 3 他 他 ＝**asperjar**

asperjar ［aspɛrxár］ 他 ［水などを］振りかける

◆ 自《宗教》灌水式(礼)をする

áspero, ra [áspero, ra] 形 ❶ [表面が] ざらざら(がさがさ・ごわごわ)した；〜 al tacto 手触りの悪い(荒い)．al tacto de la lengua 舌触りの悪い ❷ [地面が] でこぼこの；[地形が] 険しい：camino 〜 でこぼこ道，悪路．barranco 〜 険しい崖．❸ [味・匂いなどが] 不快な；[声が] しわがれた：Este vino tiene un sabor 〜. このワインは味がすっぱい．fruta 〜ra 渋い(すっぱい)果物．sonido 〜 al oído 耳ざわりな音．❹ [天候などが] 厳しい，荒れた；[戦いが] 激しい：Allí el invierno es largo y 〜. そこの冬は長く厳しい．El mar se hizo 〜. 海が荒れた．ser 〜 con sus enemigos 敵に対して情け容赦しない．❺ 無愛想な，気難しい：Es 〜 de genio (de carácter・de condición). 彼は気難し屋だ．en tono 〜 とげとげしい口調で．respuesta 〜ra そっけない(つっけんどんな)返事

asperón [asperón] 男 [珪質・粘土質の] 砂岩

aspersión [aspersjón] 女 振りかけること；《宗教》灌水：riego por 〜 散水
　　aspersor 男 散水装置，スプリンクラー
　　aspersorio 男 灌水器 《hisopo》

áspid [áspid] 男 《動物》ヨーロッパクサリヘビ；エジプトコブラ

aspidistra [aspiðístra] 女 《植物》ハラン

aspillera [aspiʎéra] 女 [城壁の] 銃眼，狭間

aspiración [aspirajθjón] 女 ❶ 吸い込むこと：bomba de 〜 吸い上げポンプ．❷ [+a への] あこがれ，熱望；野心，野望：tener 〜 a ocupar cargos 権力の座にあこがれる．〜 al bien 幸福への願望．aspiraciones políticas 政治的野心．❸ [言語] 気〔息〕音．❹ [音楽] ポーズ

aspirado, da [aspiráðo, ða] 形 過分 《言語》帯気音の

aspirador, ra [aspiraðór, ra] 形 吸い込む
　　◆ 男 《医学》吸引器；[機械の] 吸引装置
　　◆ 女/男 電気掃除機：pasar la 〜ra 掃除機をかける

aspirante [aspiránte] 形 吸い込む：bomba 〜 吸い上げポンプ
　　◆ 名 [+a 地位・栄誉を] 熱望する人，志望者，志願者：〜 al puesto その職の志願者

aspirar [aspirár] 他 ❶ 吸う，吸い込む：〜 el aire fresco 新鮮な空気を吸う．〜 el polvo ほこりを吸い込む．❷ [言語] [h を] 気〔息〕音で発音する
　　◆ 自 [+a を] 熱望(切望)する：〜 a director 社長の椅子を強く望む．〜 a ganar el Nóbel ノーベル賞をとりたいと切望する

aspirina [aspirína] 女 《薬学》アスピリン

asquear [askeár] 他 [←asco] …に吐き気を催させる；不快(嫌悪)感を抱かせる，退屈させる：Tal mentira me asquea. あんな嘘は胸が悪くなる．El trabajo tan monótono me asquea. こんな単調な仕事はやりきれない
　　◆ 自 [吐き気を催す
　　◆ 〜se [+de が] いやになる，あきる：〜se de la vida 生きるのがいやになる
　　asqueado, da 形 過分 [estar+. +de に] いやけのさした

asquenazi [askenáθi] 形 名 東欧系ユダヤ人〔の〕

asqueroso, sa [askeróso, sa] 形 名 ❶ ひどく汚ない．❷ いやな[人]，卑劣な[人]：Es un [tipo] 〜. 彼は見下げはてたやつだ
　　asquerosidad 女 汚らしさ；卑劣さ

asta [ásta] 女 《単数冠詞：el・un[a]》 ❶ 旗ざお；[槍の] 柄(え)；《古代ローマ》槍，投げ槍；[筆・ブラシなどの] 柄．❷ 圏 [動物の] 角(つの)
　　a media 〜 半旗の
　　dejar a+人 en las 〜s del toro 苦境にある…を見捨てる
　　astado, da 形 柄のついた；角のある．◆ 男 [主に闘牛の] 牛

ástaco [ástako] 男 《動物》ザリガニ

astasia [astásja] 女 《医学》無定位症，起立不能症

ástato [ástato] 男 《元素》アスタチン
　　astatina 女/**astatio** 男 ＝ástato

astenia [asténja] 女 《医学》無力〔症〕
　　asténico, ca 形 名 無力症の〔患者〕

astenopía [astenopía] 女 《医学》眼精疲労

astenosfera [astenɔsféra] 女 《地質》岩流圏

aster [astér] 男 《植物》シオン

asterisco [asterísko] 男 《印刷》星印，アステリスク〔＊〕

asterismo [asterísmo] 男 《天文》星群

asteroide [asterɔíðe] 形 星形の
　　◆ 男 《天文》小惑星：cinturón de 〜s アステロイドベルト

astifino [astifíno] 形 《闘牛》[牛が] 角の鋭い

astigmatismo [astigmatísmo] 男 《医学》乱視；《光学》非点収差
　　astigmático, ca 形 名 乱視の〔人〕：vista 〜ca 乱視

astil [astíl] 男 [斧・鍬などの] 柄(え)；矢柄；[秤の] さお；[羽根の] 軸

astilla [astíʎa] 女 ❶ 木屑，木片，圏 たきつけ：De tal palo tal 〜. 《諺》カエルの子はカエル/血は争えない．No hay peor 〜 que la del mismo palo. 《諺》かつての友ほどやっかいな敵はない．❷ [石などの] かけら．❸ 《文語》賄賂
　　hacer 〜s 粉々にする：hacer 〜s la reputación 評判を完全に落とす
　　sacar 〜 利益を得る，得をする

astillar [astiʎár] 他 細かく砕く(割る)；ひびを入らせる
　　◆ 〜se 粉々になる

astillero [astiʎéro] 男 [主に複数] 造船所

astilloso, sa [astiʎóso, sa] 形 砕けやすい，割れやすい

astracán [astrakán] 男 《服飾》アストラカン

astracanada [astrakanáða] 女 笑劇，道化芝居

astrágalo [astrágalo] 男 《解剖》距骨(きょこつ)；《建築》環縁

astral [astrál] 形 《占星》星の：influencia 〜 星の感応力．cuerpos 〜es 星気体，霊体

astringente [astriɲxénte] 形 《医学》収斂(しゅうれん)性のある

◆ 男 収斂剤；《化粧》アストリンゼント
astringencia 女 収斂性
astringir 4 他 ［皮膚など］収斂させる

astro [ástro] 男 ❶ 天体, 星：～ rey (del día) 太陽. ❷ スター：～ del cine (de la pantalla) 映画スター
astrocito [astroθíto] 男 ［解剖］星状細胞
astrofísico, ca [astroffísiko, ka] 形 名 宇宙物理学の(学者)
◆ 女 宇宙物理学
astrolabio [astroláβjo] 男 ［昔の］天体観測器
astrología [astroloxía] 女 占星術
astrológico, ca 形 占星術の
astrólogo, ga 名 占星術師
astronauta [astronáuta] 名 宇宙飛行士
astronáutico, ca 形 宇宙航行学〔の〕
astronave [astronáβe] 女 宇宙船
astronomía [astronomía] 女 天文学
astronómico, ca [astronómiko, ka] 形 ❶ 天文学の：día ～ 天文日. ❷ 天文学的な, 途方もない：cifras ～cas 天文学的な数字. precio ～ べらぼうな値段
astrónomo, ma [astrónomo, ma] 名 天文学者
astrosfera [astrosféra] 女 《生物》星状球
astroso, sa [astróso, sa] 形 ❶ ［人の外見が］汚らしい, むさ苦しい. ❷ 不幸な
astucia [astúθja] 女 ずる賢さ：obrar con ～ 抜け目なく立ち回る. Es maestro en ～s. 彼は悪知恵にかけては天才だ
astur [astúr] 形 名 《地名》アストゥル人〔の〕『アストゥリアス地方に住んでいたケルト族』；＝ **asturiano**
asturcón, na [asturkón, na] 形 名 アストゥリアス地方産の小型馬〔の〕
asturiano, na [asturjáno, na] 形 名 アストゥリアス Asturias の〔人〕
asturianada 女 アストゥリアス地方の民謡の一種
asturleonés/astur-leonés 男 アストゥリアスとレオンの地方語
Asturias [astúrjas] 女 複 《地名》アストゥリアス『スペイン北部の自治州. 正式名称 Principado de ～』
astuto, ta [astúto, ta] 形 ずる賢い, 抜け目のない：treta ～ta 巧妙な手口. abogado ～ 狡猾(こうかつ)な弁護士
asueto [aswéto] 男 ［学生などの, 半日・一日の］休暇；休息：Hoy es día de ～. 今日は休みの日だ
asumir [asumír] 他 ❶ ［責任・任務などを］引き受ける：～ la dirección del negocio 業務の指揮をとる. ～ el poder 権力を握る. ～ la presidencia 大統領になる. ～ una responsabilidad 責任をとる. ～ la gravedad de la noticia ニュースの重大性を受け止める. ❷〔←仏語〕獲得する：El incendio *asumió* grandes proporciones. 火災は広範囲にわたった. ❸〔←英語〕推定する：*Asumo* que es el jefe. 私は彼がボスだと思う

asunceno, na [asunθéno, na] 形 名 《地名》アスンシオン Asunción の〔人〕『パラグアイの首都』
asunción [asunθjón] 女 ❶ 就任；想定. ❷ ［la *A*～. 聖母に］被昇天；その祝日『8月15日』

asunto [asúnto] 男 『英 matter, affair』❶ こと, 事柄：No estoy enterado de los ～s de orden económico. 私は経済のことはよく知らない. Eso es otro ～. それは別問題だ. Volvamos a nuestro ～. 本題に戻ろう. No se meta usted en mis ～s. 私のことに口を出さないでください. Esto no es ～ tuyo. これは君の知ったことではない
❷ 事件, 紛争：i) Este ～ es difícil de resolver. この件は解決が難しい. ii)《軽蔑》情事, 醜聞：Tuvo un ～ con Lola. 彼はロラと関係があった
❸ 用事, 用件：No puede ir por un ～ inevitable. 彼はやむをえない用があって行けない. Tengo muchos ～s que hacer. 私はしなければいけないことがたくさんある
❹ ［作品の］主題, テーマ；筋：¿Cuál es el ～ de esa comedia? その芝居はどんな筋ですか？ cuadro de ～ religioso 宗教画
❺ 複 業務, 仕事：Tiene ～s en distintos países. 彼はいろいろの国で仕事をしている. viajar por ～s comerciales 商用で旅行する
～ **concluido** (**despachado**・**terminado**) これで万事終わりだ／もう十分だ
el ～ es que＋直説法 実は(問題は)…である：El ～ es que no tengo dinero. 実はお金を持っていないのです
ir al ～ 問題の核心に触れる；肝心の仕事に取りかかる
tener muchos ～s entre manos 一度にたくさんのことをしようとする, 忙しい

asustadizo, za [asustadíθo, θa] 形 怖がりの, 臆病な
asustar [asustár] 他 ❶ 怖がらせる, びっくりさせる；［動物を脅して］追い払う：La asusta el trueno. 彼女は雷を怖がっている. ［que＋接続法が主語］Me asusta que grites tanto. 君があんまり叫ぶので私はびっくりするよ. ❷ …のひんしゅくを買う
◆ ～se ❶ ［＋de・con・por に］おびえる；びっくりする：El ladrón se asustó de la sirena. 泥棒はサイレンの音でびっくりした. ❷ 眉をひそめる：Se asustan de los monokinis. トップレス水着は人々のひんしゅくを買っている

A.T. 《略語》←Antiguo Testamento 旧約聖書
atabal [ataβál] 男 《まれ》ティンパニー『timbal』
atabalear 自 ［指で］トントン(コツコツ)叩く
atacado, da [atakádo, da] 形 過分 優柔不断な；けちな, けちくさい
atacador [atakadór] 男 ［昔の大砲の］込め棒；［パイプの］タンパー, プレッサー
atacante [atakánte] 形 攻撃する
◆ 名 攻撃（襲撃）者；《スポーツ》アタッカー
atacar [atakár] 7 他 『英 attack. ☞活用表』

❶ 攻撃する, 襲撃する 〖↔defender〗: ～ un castillo 城を攻める. Un desalmado *ha atacado* al anciano. 強盗が老人を襲った. El tifón *atacó* esta región. 台風がこの地方を襲った. Le *atacó* una fiebre. 彼は熱病に襲われた. Me *atacaron* deseos de darle una bofetada. 私は急に彼を殴りたくなった. Para convencerle hay que ～le por el lado de la vanidad. 彼を説得するには虚栄心をくすぐって攻めなければならない. ❷ [困難などに] 挑む; 取りかかる, 始める: No sé por dónde ～ el tema. どこからその問題に手をつけたらいいかわからない. ～ la cara norte del Eiger アイガー北壁にアタックする. ～ el estudio de la geometría 幾何の勉強に取組む. La banda *atacó* la marcha. 楽隊が行進曲を演奏し始めた. ❸ 傷める, 損なう: La humedad *ataca* el hierro. 湿気は鉄をぼろぼろにする. ❹ …に押し込む, 詰め込む: ～ un cajón 引出しに物を一杯に入れる. ～ a+人 con la comida …にたらふく食べさせる. ❺ [衣服の] ボタンを留める, ベルトを締める: ～ su chaqueta 上着のボタンをはめる

---

atacar

直説法点過去	接続法現在
ata*qué*	ata*que*
atacaste	ata*ques*
atacó	ata*que*
atacamos	ata*quemos*
atacasteis	ata*quéis*
atacaron	ata*quen*

---

atadero [atadéro] 男 ❶ 縛るもの, つなぐもの; 縛る箇所. ❷ 留め金, 留め輪
no tener ～ 支離滅裂である, 不まじめである

atadijo [atadíxo] 男 [小さな・乱雑な] 包み; 縄, 組紐

atado, da [atáðo, ða] 形 過分 ❶ 縛られた; 束縛された: Están muy ～s por su bebé. 彼らには赤ん坊がいるので自由がきかない. ❷ 当惑した; 内気な, はにかみ屋の: encontrarse ～ どうして(どう言ったら)いいかわからない
◆ 男 医名 包み, 束;《南米》[たばこの] 箱, 一包み; un ～ de cartas 一束の手紙

atadura [ataðúra] 女 ❶ 縛る(結ぶ)こと; 縛るもの. ❷ [主に 複] 束縛: ～s económicas 経済的束縛. romper la ～s 自由になる. sin ～s 束縛されないで

atafagar [atafaɣár] 8 他 [強い臭いで] 息苦しくさせる, 窒息させる; [しつこく] 悩ます

ataguía [ataɣía] 女《建築》締切用ダム, コッファーダム

ataharre [at(a)árɛ] 男《馬術》尻繋(しりがい)

atajar [ataxár] 自 [+por] 近道をする: ～ por los campos 野原を通って近道をする. ❷ 時間を節約する
◆ 他 ❶ [障害物などで進路を] 妨害する, さえぎる; 食い止める: Le *atajó* la policía. 警官が彼の行手をさえぎった. ～ un camino 道をふさぐ. ～ el discurso 演説を中止させる. ～ el incendio 火事を消す. ～ una sublevación 暴動を抑える. ～ el aumento de la delincuencia 犯罪の増加を食い止める. ❷ 切る, 小分けする
◆ ～se おどおどする; 酔っぱらう

atajada 女《中南米. サッカー》ゴールを守ること

atajo [atáxo] 男 ❶ 近道: tomar (tirar) por el ～ 近道を行く; 安易な解決策をとる. No hay ～ sin trabajo. 苦労なしに成果は得られない/学問に王道なし. ❷《軽蔑》[人・物の] 群れ, 集団; [嘘・中傷などの] 連発: Sois un ～ de gandules. お前たちはぐうたらぞろいだ
echar por el ～ 最も安易な手段をとる
salir a+人 *al* ～ …の話をさえぎる

atalaje [ataláxe] 男 医名 馬具一式

atalaya [atalája] 女 ❶ 監視塔; 見晴らしのよい場所. ❷ [評価・判断するのに適した] 位置, 立場
◆ 男 監視兵; 好奇心の強い人

atalayar 他 [監視塔から] 見張る

atañer [atanér] 19 自 現分 atañendo [事柄が主語. +a+人] 関係を持つ: Esto no te *atañe*. これは君に関係ないことだ
por (en) lo que atañe a... …については: Por lo que a mí me *atañe*, no tengo nada que decir. 私としては何も言うことはない

ataque [atáke] 男〖英 attack〗❶ 攻撃, 襲撃〖↔defensa〗: i) ～ general 総攻撃. ～ aéreo 空襲. ¡Al ～! 〈号令〉突撃!/始め!. ～ directo a su persona 個人攻撃. ii)《スポーツ》攻撃, アタック. ❷ 発作: Sufre frecuentes ～s. 彼はしばしば発作を起こす. ～ cardíaco (de corazón) 心臓発作. ～ de nervios 神経性の発作, ヒステリー. ～ de risa 笑いの発作. ❸《化学・物理》[主に 複] 破壊的な作用

atar [atár] 他 ❶ 結びつける, +a＋[…や手足を] 縛る, つなぐ: ～ un paquete 小包に紐をかける. ～ los papeles 紙を束ねる. ～ un caballo a un árbol 馬を木につなぐ. El miedo me *ató* de pies y manos. 私は怖くて手足がすくんでしまった. ❷ 束縛する: La chaqueta me *ata* para trabajar. 働くのに上着が邪魔だ. Estas obligaciones le *atan* mucho. 彼はこの義理に縛られて身動きがとれない. ❸ 脈絡をつける, 関連させる
～ a+人 *las (de) manos* …を制約する, 自由にさせない; 邪魔をする
～ corto a+人 …を厳しく管理する, 手綱を引き締める
no ～ ni desatar 脈絡なしに口走る; 何の決断も下さない, 解決をはかろうとしない
◆ ～se ❶ 自分の…を縛る: ～se los zapatos 靴のひもを結ぶ. ❷ 苦境に陥る, 身動きがとれなくなる. ❸ [+a] 固執する; 頼る, しがみつく: ～se a una opinión 意見にこだわる
～se las (de) manos 自制する, 行動しない

atarantar [atarantár] ～se《中南米》急ぐ, 急いで行く

ataraxia [ataráksja] 女《哲学》心の平静, 不動

atarazana [ataraθána] 女 造船所〖astilleros〗

atardecer [atarðeθér] 39 自 [単人称] 日が

暮れる : En invierno *atardece* pronto. 冬は暗くなるのが早い

◆ 男 夕方 : al ～ 日暮れに

atarear [atareár] 他《まれ》忙しくさせる

◆ ～**se** [+en・con 仕事などに] 忙殺される、一所懸命…をする : ～*se en* el estudio 一心に勉強する

atareado, da 形 過分 [人が] 多忙

atarragar [atařagár] ⑧ ～**se**《中南米》飽食する

atarugar [atarugár] ⑧ 他 ❶ 詰め込む ; たらふく食べる. ❷ 黙らせる

◆ ～**se** ❶ 喉を詰まらせる ; 口ごもる ; [頭の中が] 混乱する

atascadero [ataskaðéro] 男 ぬかるみ, 泥地 [比喩的にも] : salir del ～ ぬかるみから抜け出す ; 泥沼からはい上がる

atascar [ataskár] ⑦ 他 [管などを] ふさぐ ; 妨害する : ～ una cañería 水道管を詰まらせる. ～ el negocio 商売の邪魔をする

◆ ～**se** ❶ ふさがる ; [機械が] 焼きつく. ❷ 動きがとれなくなる ;《口語》[言葉などが] つかえる : Se *atascó* el coche en el lodazal. 車はぬかるみで立往生した. Se *atascó* en el segundo problema. 彼は第 2 問でつかえてしまった

atasco [atásko] 男 ❶ ふさぐ(ふさがる)こと, 詰まり ; [機械の] 焼きつき. ❷ 交通渋滞〖～ de tráfico〗: Hay un gran ～ en la carretera. 国道は大変渋滞している. ❸ 障害, 妨害物

ataúd [ataú(d)] 男 棺, ひつぎ

ataurique [ataʊríke] 男 [アラブ風建築特有の] 葉と花の装飾模様〖☞写真〗

ataviar [atabjár] ⑪ 他《文語》[+con・de で] 着飾らせる, 飾り付ける : Las mujeres la *ataviaron con* el traje de novia. 女たちは彼女に花嫁衣裳を着せた

◆ ～**se** 着飾る : ～*se de* mosquetero 近衛騎兵の制服を着る

atávico, ca [atábiko, ka] 形 隔世遺伝の, 先祖返りの

atavío [atabío] 男《文語》美しく着飾ること ; [時に 複] 衣装

atavismo [atabísmo] 男 ❶《生物》隔世遺伝, 先祖返り. ❷ 懐古趣味

ataxia [atáksja] 女《医学》運動失調〔症〕: ～ motora 歩行性運動失調症

ateísmo [ateísmo] 男 無神論

atelaje [ateláxe] 男 曖昧 馬具, 引き具

ateles [atéles] 男《動物》クモザル

---

atemático, ca [atemátiko, ka] 形《言語》幹母音のない

atemorizar [atemoriθár] ⑨ 他《文語》おびえさせる

◆ ～**se** [+de・por に] おびえる

atemperar [atemperár] 他 ❶ [感情を] 抑える, 和らげる : ～ su gula 欲望を抑える. ❷ [+a に] 調和させる : ～ los vestidos *a* la estación 衣服を季節に合わせる

◆ ～**se** [+a に] 適応する

atemperación 女 抑制, 節制 ; 調和, 適応

atenazar [atenaθár] ⑨ 他《文語》❶ 締め付ける, しっかりつかむ ; 苦しめる : Le *atenaza* su sentido de responsabilidad. 彼は責任感に苦しめられている

atención [atenθjón] 女

❶ 注意, 注目 : escuchar con ～ 注意して聞く. centrar ～ en.../dedicar su ～ a... …に注意を集中する. merecer la ～ 注目に値する. Gracias por su ～. ご清聴ありがとうございました

❷ [主に 複] 気配り, 心づかい : Me cubrieron de *atenciones* durante mi estancia. 私は滞在中親切にして(面倒を見て)もらった. ～ médica メディカルケア

❸ [客への] 応対 : horario de ～ al público 営業(受付)時間. ～ prioritaria 優先的な扱い

❹ 曖昧 用事, 仕事 : Tengo *atenciones* urgentes. 私は緊急の用件がある

a la ～ *de...*《手紙》…宛て

dar un toque de ～ *a*+人 …に警告する

deshacerse en atenciones (*tener* (*mil*) *atenciones*) *con* (*para*)+人 …に親切にする, こまごまと気を配る

en ～ *a...* …を考慮して

llamada de ～ 注意を促すこと, 警鐘

llamar la ～ [+de の] 注意を引く, 好奇心を呼び起こす ; [+a を] 叱る, 注意を促す ; 目立つ

prestar ～ *a...* …に注意を払う(向ける), 注目する

◆ 間 ❶《号令》気をつけ! ❷ あぶない! ❸ [館内放送などで] お知らせします!

atender [atendér] ㉔ 他《英 attend. ☞活用表》❶ …の世話をする, 応待する : ～ a un enfermo 病人の面倒を見る(治療をする). ～ a un cliente お客の相手をする. ～ el teléfono 電話番をする. ～ la llamada 電話に出る. ～ un quiosco 売店の店番をする. estar bien (mal) *atendido* [店などで] きちんと応待される(ぞんざいにあしらわれる). Señorita, ¿me podría ～? 店員さん, ちょっとお願いします. ¿Le *atiende*? ご用をうかがっておりますか? [要求などを] 受け入れる : *Atiende* mi petición (mis consejos). 彼は私の依頼(助言)を受け入れた. ❸ 待つ : *Atiende* un poco. ちょっと待ってください

◆ 自 ❶ [+a に] 注意を払う, 留意(考慮)する : *Atienden a* su obra. 彼の作品は注目されている. ～ *a* las instrucciones 指示をよく聞く(守る). ～ *a* su edad 彼の年齢を考慮に入れる. ❷ [+por・a nombre de という] 名前である : Este gato *atiende por* Fausto. この猫はファウストという名だ

atender	
直説法現在	接続法現在
at*ie*ndo	at*ie*nda
at*ie*ndes	at*ie*ndas
at*ie*nde	at*ie*nda
atendemos	atendamos
atendéis	atendáis
at*ie*nden	at*ie*ndan

ateneo [atenéo] 男 [マドリード・バルセロナの, 19世紀から続く] 文芸クラブ〖組織, 建物〗
　ateneísta 名 その会員

atener [atenér] 58 ~**se** ❶ [+a 規則・指示などに] 従う, 固守する: *Atente a* las órdenes. 命令どおりにしたまえ/命令されたことだけすればいい. Me *atengo a* las declaraciones anteriores. 私は前に言明したことを変えない. ❷ [結果の] 責任をとる
　ateniéndose a las circunstancias 状況を考慮して

ateniense [atenjénse] 形 名 〖地名〗アテネ Atenas 女 の[人]; 《歴史》アテナイの[人]

atentado [atentáđo] 男 [+contra・a への] 襲撃; 加害, 侵害; テロ行為

atentamente [aténtaménte] 副 ❶ 注意深く, 熱心に; 丁重に. ❷《手紙》[A~] 敬具

atentar [atentár] 自 ❶ [+a・contra 要人に] 危害を加えようとする; 侵害する: ~ *contra* el Papa ローマ法王を襲撃する. ~ *a* las buenas costumbres 公序良俗に反する. ~ *contra* la seguridad del estado 国家の安全を侵す
　atentatorio, ria 形 [+a を] 侵害する

atento, ta [aténto, ta] 形 ❶ [+a に] 注意している; 注意深い: Está ~ *al* menor ruido. 彼はどんな音も聞きもらすまいとしている. Este alumno es ~. この生徒は熱心だ. ❷ [+con に] 親切な; 礼儀正しい: Es ~ *con* todos. 彼は誰にも親切だ. persona ~*ta* よく気のつく人, 思いやりのある人. ❸《主に商業文》quedamos (somos) de ustedes ~*s* y seguros servidores 敬具

atenuar [atenwár] 14 他 和らげる, 軽減する: ~ la luz (el dolor) 光(痛み)を弱める
　atenuación 女 緩和, 軽減
　atenuante 形 和らげる. ◆ 男/女《法律》[主に 複] 情状酌量 〖circunstancias ~s〗

ateo, a [atéo, a] 形 名 無神論の; 無神論者

aterciopelado, da [atεrθjopeláđo, da] 形 ビロードのような; 柔らかい, すべすべした: cutis ~ なめらかな肌. voz ~*da* 柔らかい声

aterir [aterír] 〖不定詞と過去分詞のみ使用〗他 凍えさせる
　◆ ~**se** 凍える: ~*se* de frío 寒さで凍える
　aterimiento 男 凍え

atérmano, na [atέrmano, na] 形《物理》不透熱(性)の

ateroma [ateróma] 男《医学》粉瘤, 粥腫 (じゅ); 動脈アテローム

ateroesclerosis 女《単複同形》アテローム性動脈硬化症

aterrar [aterár] 他 おびえさせる, 不安にする: ~ al enemigo 敵を震え上がらせる. Me *aterra* salir sola de noche. 私は夜の一人歩きは怖い
　◆ ~**se** [+de・por に] おびえる: ~*se del* ruido 物音におびえる
　aterrador, ra 形 恐ろしい, ぞっとするような

aterrizaje [aterriθáxe] 男 着陸: ~ forzado 不時着. ~ violento 事故着陸, 破損着陸. tren de ~ 着陸装置, 車輪

aterrizar [aterriθár] 9 自 ❶ 着陸する: ~ en el aeropuerto 空港に着陸する. ❷《口語》倒れる; 不意に現われる; 未知の場所にやって来る

aterronar [aterronár] 他 [土などを] 塊にする
　◆ ~**se** 塊になる

aterrorizar [aterroriθár] 9 他 恐れおののかせる: ~ al pueblo 町を恐怖に陥れる
　◆ ~**se** [+de・por に] 恐れおののく, ひるむ
　aterrorizador, ra 形 恐ろしい

atesorar [atesorár] 他 ❶ [財産を] ためこむ, 貯える; [文化財などを] 保存(保管)する. ❷ [才能・性質を] 持つ: ~ bondad en su corazón 善意がある
　atesoramiento 男 退蔵; 蓄財

atestación [atestaθjón] 女 証言

atestado¹ [atestáđo] 男 供述書, 調書: levantar el ~ del accidente 事故の調書を作成する. hacer un ~ 調書を作る

atestado², da [atestáđo, da] 形 過分 ❶ [+de で] 一杯の: sala ~*da de* gente 人で一杯の広間. tren ~ すし詰めの列車. ❷ 頑固な

atestar [atestár] 23 他 ❶ 一杯にする, 詰め込む: ~ un colchón con borra 布団に詰め物をする. El auditorio *atestaba* el salón. 聴衆で会場は一杯だった. ❷《法律》証明(証言)する
　◆ ~**se** [+de を] 腹一杯食べる

atestiguar [atestigwár] 13 他 立証する, 証明する; 証言する: ~ el valor de las medidas 手段の有効性を証明する. ~ ante el juez 判事の前で証言する

atezar [ateθár] 9 ~**se**《文語》日焼けする
　atezado, da 形 過分 日に焼けた, 黒い

atiborrar [atiborár] 他 詰め込む, 押し込む
　◆ ~**se**《口語》[+de を] 腹一杯食べる: ~*se de* dulces お菓子をたらふく食べる
　atiborramiento 男 ぎゅうぎゅう詰め

ático, ca [átiko, ka] 形 ❶〖地名〗アッティカ Ática の[人], アテネ Atenas の[人]. ❷ 典雅な: sal ~*ca* 上品なしゃれ
　◆ 男 ❶《建築》屋根裏部屋; ペントハウス. ❷ [古代ギリシア語の] アッティカ方言

aticismo 男 [言葉・文体の] 典雅さ, 簡潔で上品な言い回し

atiend- ☞atender 24

atiesar [atjesár] 他 固める, 緊張させる
　◆ ~**se** 堅くなる, ぴんとなる; 緊張する

atigrado, da [atigráđo, da] 形 虎のような縞模様の

atildar [atildár] 他 ❶《文語》[念入りに・ごてごてと] 着飾らせる. ❷ 批判する〖censurar〗. ❸

《文法》ティルデ(アクセント記号) tilde をつける
◆ 〜se おめかしをする

atildado, da [atiláðo, ða] 形 ❶ 着飾った；〔主に服装が〕上品な, しゃれた: mujer 〜da めかしこんだ女

atildamiento 男 〖ごてごてと〗着飾ること

atinar [atinár] 自 ❶ うまく(偶然に)捜し当てる: i) [+con+事物 を] Atiné en seguida con la casa. 私はすぐにその家を見つけた. No atinábamos con la solución. 私たちは解決法が見つからなかった. ii) [+a+無+不定詞] うまく…することができる: Has atinado en traer el paraguas. 傘を持ってきたのは読みが当たったね. No atinó a explicar lo que deseaba. 彼は何が欲しいのかをうまく説明できなかった. ❷ [+a+en 的に] 命中する

atinado, da 形 過分 賢明な；適切な

atingencia [atiŋxénθja] 女 《中南米》関係, 関連

atípico, ca [atípiko, ka] 形 非典型的な, 異常な

atiplado, da [atipláðo, ða] 形 過分 〔音が〕高い；かん高い, 切り切り声の: voz 〜da かん高い声, 切り切り声

atiplar 他 〔楽器・声の〕音を高くする. ◆ 〜se 音が高くなる, シャープする

atirantar [atirantár] 他 引き締める；〔関係を〕緊張させる: 〜 la situación 状況を悪化させる

atisbar [atisbár] 他 ❶ こっそり見張る(観察する): Atisbó por el ojo de la cerradura cuanto ocurría en la habitación. 彼は部屋での事の一部始終を鍵穴からのぞいた. ❷ …がちらりと(かすかに)見える: Atisbo el socorro a lo lejos. 遠くかすかに救助隊が見える
◆ 〜se [対象が] どうにか見える: La cima se atisba entre la niebla. 頂が霧の中にかろうじて見える

atisbo [atísbo] 男 ❶ 見張り, 監視: al 〜 de… …を見張って. ❷ [園 または un+] 微候: Hay 〜s (un 〜) de mejoría en (de que se mejora) el tiempo. 天候回復の兆しが見える

-ativo 〖接尾辞〗〖動詞+. 品質形容詞化〗llamativo 人目を引く

atiza [atíθa] 間 〖驚き〗ありゃ, まあ／これはこれは!

atizar [atiθár] 9 他 ❶ 〔火・感情・不和を〕かき立てる, あおる: 〜 los deseos 欲望をかき立てる. ❷ 〖口語〗〖殴打を〗食らわす: 〜 a+人 un par de bofetadas …にビンタを2発食らわす. ❸ 〖スポーツ〗〔相手を〕破る
◆ 〜se [誇張. 大量に] 食べて(飲んで)しまう: Se atizó dos botellas de vino. 彼はワインを2本も飲んだ

atizador, ra 形 名 あおり立てる〔人〕. ◆ 男 火かき棒

atlante [atlánte] 男 《建築》男像柱

atlántico, ca [atlántiko, ka] 形 大西洋の: costa 〜 大西洋岸
◆ 男 [A〜] 大西洋 〖Océano A〜〗: A〜 Norte (Sur) 北(南)大西洋

atlas [átlas] 男 〖単複同形〗❶ 地図帳. ❷ 図鑑, 図表集: 〜 anatómico 解剖図集. 〜

lingüístico 言語分布図集. ❸ 《解剖》環椎, 第1頚椎. ❹ 《神話》[A〜] アトラス；[el·los A〜] アトラス山脈

atleta [atléta] 名 ❶ 〔主に陸上競技の〕運動選手, 競技者. ❷ 筋骨たくましい人

atlético, ca [atlétiko, ka] 形 ❶ 運動(陸上)競技の: ejercicios 〜s 運動, 体育. deportes 〜s 陸上競技. ❷ 筋骨たくましい

atletismo [atletísmo] 男 運動競技, 体育；[特に] 陸上競技 〖競走, 跳躍, 投擲〗

atmósfera [atmósfera] 女 ❶ 大気, 空気: contaminación de la 〜 大気汚染. ❷ 雰囲気: Hay una 〜 cargada en el cuarto. 部屋には重苦しい空気が漂っている. estropear la 〜 agradable いいムードを壊す. ❸ 気圧 〖単位〗

atmosférico, ca 形 大気の

atn. 《略語》←atención 御中

-ato 〖示小接尾辞〗lebrato 子ウサギ

atocha [atótʃa] 女 《植物》=esparto

atocinar [atoθinár] 〜se 目を回す, 目がくらむ

atole [atóle] 男 《中南米》トウモロコシ粉を牛乳で溶かした飲み物
a caldo y 〜 節食して

atolladero [atoʎaðéro] 男 ❶ ぬかるみ. ❷ 行きづまり, 窮境: meter en un 〜 泥沼のような状況に追い込む. entrar en un 〜 にっちもさっちもいかなくなる. sacar a+人 de un 〜 …を窮境から救い出す

atollar [atoʎár] 〜se ぬかるみにはまり込む

atolón [atolón] 男 環礁

atolondrar [atolondrár] 他 呆然とさせる, 当惑させる
◆ 〜se 呆然となる, 目を回す: Me atolondré con tantas tareas. 私は用事の多さに途方に暮れた

atolondrado, da 形 過分 [estar+] 困惑した；[ser+] 軽率な, 不注意な

atolondramiento 男 困惑；軽率, 不注意

atómico, ca [atómiko, ka] 形 原子の: física 〜ca 原子物理学. armas 〜cas 核兵器

atomicidad 女 原子数

atomismo [atomísmo] 男 《哲学》原子論

atomizador [atomiθaðór] 男 噴霧器, アトマイザー

atomizar [atomiθár] 9 他 ❶ 粉々にする, 微粒子化する；霧状にする. ❷ 《比喩》細分(分裂)させる: 〜 los esfuerzos 努力をぶち壊しにする

atomización 女 微粒子化, 微小化

átomo [átomo] 男 ❶ 《物理・化学》原子: 〜 de hidrógeno 水素原子. ❷ 微量: no tener ni un 〜 de juicio 常識のひとかけらもない

atonal [atonál] 形 《音楽》無調の

atonalidad 女 無調性

atonía [atonía] 女 無気力, 不活発；《医学》無緊張(症), 弛緩症, アトニー；無気力, 不活発

atónito, ta [atónito, ta] 形 [estar+. +con·de·por] びっくり仰天した: Se quedó 〜 con (ante) tanta belleza. 彼はあまりの美しさに度肝を抜かれた

átono, na [átono, na] 形 《文法》無強勢の；

力のない

atontar [atontár] 他 呆けさせる, 呆然とさせる: El choque (La vida monótona) le *atontó*. 彼は衝撃で頭がぼうっとなった(単調な生活で頭がぼけてしまった)

◆ **～se** 呆ける, 頭がぼんやりする

atontado, da 形 名 過分 呆けた, 呆然とした; ばかな人

atontamiento 男 茫然自失, うつけた状態

atontolinar [atontolinár] 《口語》呆けさせる

◆ **～se** ばかのようになる

atontolinado, da 形 過分 [estar+] ばかみたいな.

atopia [atópja] 女 《医学》アトピー

atópico, ca 形 アトピー性の: dermatitis ～ca アトピー性皮膚炎

atorar [atorár] 他 《主に中南米》ふさぐ, 詰まらせる

◆ **～se** 喉を詰まらせる; 口ごもる

atoramiento 男 ふさぐ(詰まる)こと; 口ごもり

-atorio 《接尾辞》[動詞+] i) [品質形容詞化] compens*atorio* 償いの. ii) [名詞化. 場所] san*atorio* サナトリウム

atormentar [atormentár] 他 拷問にかける; 苦痛を与える: *Atormentaban* a los criminales políticos. 彼らは政治犯たちを拷問した. El ruido del tráfico les *atormenta*. 彼らは車の騒音に悩まされている

◆ **～se** 自分を痛めつける; [+con•de•por に] 苦しむ, 悩む: Se *atormenta* por temores irracionales. 彼は言い知れぬ恐怖にさいなまれている

atormentador, ra 形 苦しめる, 悩ませる

atornasolado, da [atornasoládo, da] 形 =tornasolado

atornillar [atorniʎár] 自 ねじを回す(締める)

◆ 他 ❶ ねじで留める. ❷ 厳しく扱う, 圧力をかける: ～ a sus alumnos 生徒を締めつける

atornillador 男 《南米》ドライバー 《destornillador》

atorón [atorón] 男 《中米》交通渋滞

atorrante [atorránte] 男 《南米》浮浪者

atortolar [atortolár] 他 …の心をかき乱す; おびえさせる

◆ **～se** 心を奪われる, ほれ込む

atosigar [atosiɣár] 自 悩ます, 困らせる; 急がせる, あせらせる

◆ **～se** 心配する; 急ぐ, あせる

atosigador, ra 形 困らせる; あせらせる

atosigamiento 男 あせり

atrabiliario, ria [atrabiljárjo, rja] 形 名 怒りっぽい〔人〕, 短気な〔人〕

atracada [atrakáða] 女 接舷; 《中米》飽食 〔atracón〕

atracadero [atrakaðéro] 男 桟橋

atracador, ra [atrakaðór, ra] 名 強盗, 山賊

atracar [atrakár] 自 他 ❶ [盗むために] 襲撃する: ～ un banco (a un taxista) 銀行(タクシー)強盗をする. ❷ 《口語》[+de を] 飽きるほど

…に食べさせる(飲ませる). ❸ [船を, +en•a に] 接舷(接岸)させる

◆ 自 [船が, +en•a に] 接舷(接岸)する: ～ en el muelle 桟橋に着く

◆ **～se** ❶ 食べ飽きる: ～ de helados いやになるほどアイスクリームを食べる. ❷ 《中米》[992いの]けんかをする; 《南米》[+a に] 近づく

atracción [atrak(θ)jón] 女 ❶ 引きつけること; [2物体間の] 引力: ～ universal 万有引力. ❷ 《口語》魅力, 呼び物: sentir una ～ por... …に魅力を感じる. punto de ～ turística 観光の中心地. La actriz fue la ～ de la fiesta. その女優がパーティーの主役だった. ❸ [主に 複] アトラクション, 演芸, 余興; [遊園地などの] 乗り物, 見せ物

atraco [atráko] 男 強盗, 強奪: cometer un ～ 強盗をはたらく

atracón [atrakón] 男 《口語》飽食; 《中米》けんか

darse (pegarse) un ～ de... …をたらふく食べる(飲む); いやというほど…をする

atractivo[1] [atraktíβo] 男 魅力: El negocio tiene mucho ～ para mí. その取引は私にとって大変魅力的だ

atractivo[2], **va** [atraktíβo, βa] 形 引きつける; 魅力的な: hombre ～ 魅力的な男

atraer [atraér] 他 《英 attract. 過分 atraído, 現分 atrayendo, ↔repeler》[+a• hacia に] 引きつける, 引き寄せる: El imán *atrae* las limaduras de hierro. 磁石は鉄粉を引きつける. El accidente *atrajo* a muchos peatones. 事故を見に大勢の歩行者が集まった. ～ la mirada 人目を引く. ～ la simpatía 同情を呼ぶ. ～ a+人 *hacia* un plan …を計画に賛同させる

◆ **～se** [自分に] …をもたらす: ～se el odio de todos みんなの憎しみを買う

atrafagar [atrafaɣár] 自 **～se** 忙しく動き回る, 精を出す; 疲れる

atragantar [atraɣantár] **～se** ❶ [+con で] 喉が詰まる; むせる: El niño se *atragantó* con un caramelo. 子供があめを喉に詰まらせた. ❷ 《口語》口ごもる, どもる. ❸ [+a+人 の] 気に入らない; 難しい: Ese político se me *atraganta*. あの政治家は虫が好かない

atraillar [atraiʎár] 他 [犬を] 紐でつなぐ; 服従させる

atrancar [atrankár] 自 他 [戸・窓に] 閂(かんぬき)をかける; ふさぐ, 詰まらせる

◆ **～se** ❶ ふさがる; [機械などが] 動かない. ❷ [閂をかけて] 閉じこもる

atranco 男 障害; 故障

atrapamoscas [atrapamóskas] 男 《単複同形》《植物》ハエトリグサ

atrapar [atrapár] 他 ❶ 捕える: ～ una mariposa (a un ladrón) 蝶(泥棒)をつかまえる. ❷ 獲得する: ～ un premio 賞金をかせぐ. ～ un buen marido 良い結婚相手をつかまえる. ❸ だます, 罠にかける

atraque [atráke] 男 ❶ 接舷, ドッキング. ❷ 桟橋, 埠頭 《muelle》

atrás [atrás] 📖 〖英 back. ↔adelante〗
❶〖空間〗後ろへ・で〖☞detrás
類義語〗；裏側に: i) volver la cara ～ 後ろを振
り向く. Siéntate ～. 後ろ〔の方〕に座りなさい.
Tenemos ～ el mar. 我々の背後は海だ. ii)
〖前置詞+〗Mira hacia ～. 後ろを見ろ. El
viento venía de ～. 追い風だった. echar el
pelo para ～ 髪を後ろへかき上げる. parte de
～ 後部, 裏側. puerta de ～ 裏口. asientos
de ～ 後ろの座席. iii)《中南米》[+de の] 後ろ
に〖detrás de〗
❷《文語》〖時間〗前に: Lo encontré〔al-
gunos〕días ～. 私は数日前にそれを見つけた.
Lo había sabido años ～. 私はその数年前にそ
れを知った. una semana ～ 1週間前に.
Tenía de ～ el cargo. 彼は以前からその職につ
いていた. Su amistad viene de muy ～. 2人
は古い友人同士だ
❸〖順序〗contar hacia ～ 逆に数える；秒読
みする
dejar ～〖競争などで〗引き離す；凌駕する
echarse [*para*] ～ 1) 後ずさりする. 2) ひる
む, 尻込みする: *echarse* ～ de la promesa 約
束したのにそれから逃げ出そうとする
estar muy ～〖時代・流行などに/発育などが〗
遅れている
hacer … ～ …を後ろに押し退ける
volver ～ 後戻りする, 引き返す: *Volvamos*
～. 戻ろう/話を前に戻そう.
volverse ～ [+de] 引き返す, 前言を翻す, 約
束を違える: No *te vuelvas* ～ *de* tus tes-
timonios. 証言を翻してはいけない
◆ 📖 後ろへ下がれ!

atrasado, da [atrasádo, ða] 形 過分 ❶ 遅
れた: El reloj va ～. その時計は遅れている.
Llegó ～da a la reunión. 彼女は会合に遅れた.
Mi hijo va ～ en el colegio. 私の子供は小学
校の勉強についていけない. Andas ～ de noti-
cias. 君は情報にうとい. estar ～ en el pago
del alquiler 家賃を滞納する. saldar lo ～
未納金を支払う. país ～ 後進国. periódico (pan)
～ 日の過ぎた新聞 (パン). ❷ 時代遅れの: Andas (Estás) ～. 君
は時代に遅れている. moda ～da 流行遅れ. ❸
[ser+] 知恵遅れの
◆ 名 ～ mental 知恵遅れの子

atrasar [atrasár] 遅らせる, 延期する: El
tren *atrasó* su salida. 発車が遅れた. ～ la
boda un mes 結婚式を1か月延期する
◆ 圓 ❶〖時計が〗遅れる〖↔adelantar〗: Tu
reloj *atrasa* cinco minutos. 君の時計は5分
遅れている. ❷〖順位などが〗後退する
◆ ～se 遅れる；遅刻する: El trabajo *se me*
está *atrasando*. 私は仕事に遅れている. ～*se*
en pagar 支払いに遅れる

atraso [atráso] 男 ❶ 遅れ, 遅延〖↔pro-
greso〗: Este reloj lleva un ～ de diez
minutos. この時計は10分遅れている. Tengo
mucho ～ en el aprendizaje. 私は練習が人よ
り遅れている. liquidar el ～ de su trabajo た
まった仕事を片づける. recobrar (recuperar)

el ～ 遅れを取り戻す. ～ cultural 文化的な後進
性. ～ del avión 飛行機の延着. ～ mental
知恵遅れ. ❷〖地域特有の〗後進性. ❸ 圈 滞
納金, 未納金: cobrar los ～s 未納金を取り立て
る

atravesado, da [atraβesáðo, ða] 形 過分
❶ [+en を] 横切った；貫いた: poner un
coche ～ *en* la carretera 車で通りを遮断する.
Tengo ～ lo que me dijiste aquel día. 君が
あの日言ったことが私の心に突き刺さっている.
mirar ～ 斜視である. ❷ 悪意のある: tener el
genio ～ 根性が曲がっている. persona ～*da*
意地悪な人. palabras ～*das* 悪意のある言葉.
❸《中南米》=**mulato, mestizo**
*tener a+*人 …を気に入らない, 我慢がならな
い: Le *tengo* ～ *a* ese hombre. 私はあの男が
我慢できない

atravesar [atraβesár] 23 他 〖英 cross. ☞活
用表〗❶ 横切る, 横断する: ～ la calle 通りを
横切る. ～ el Rubicón ルビコン河を渡る. El
camino *atraviesa* el bosque. 道は森を横切っ
ている. ❷ 貫通する；突き刺す: La flecha me
atravesó el sombrero. 矢が私の帽子を貫いた.
El agua *atraviesa* este anorak. このアノラック
は水を通してしまう. ～ la tela con un alfiler
布にピンを刺す. ❸〖時期に〗直面する: ～
momentos difíciles 困難な時期にある. ❹ 横
に置く, 渡す: ～ un tronco sobre el río 川の
上に丸木を渡す. ❺ …の行く手をはばむ, 通せ
んぼをする. ❻〖賭博で〗金を賭ける, 賭ける
◆ ～se ❶ [+en での] 通行を妨げる；邪魔する:
Él *se atravesó en* mi camino. 彼は私の行く手
をはばんだ. *Se me atravesaron* unas difi-
cultades. 困難が待ち構えていた. ❷ [+a の] 気
に入らない: Su respuesta *se me atravesó*. 彼
の返事が私の気に入らない. ❸〖自分の体に〗
貫通する: *Se me atravesó* una espiga *en* la
garganta. 私ののどに骨が刺さった

atravesar	
直説法現在	接続法現在
atrav*ie*so	atrav*ie*se
atrav*ie*sas	atrav*ie*ses
atrav*ie*sa	atrav*ie*se
atravesamos	atravesemos
atravesáis	atraveséis
atrav*ie*san	atrav*ie*sen

atrayente [atrajénte] 形 魅力的な
〖atractivo〗

atrever [atreβér] ～se 〖英 dare〗[+a・con]
思い切って…する, あえて(おこがましくも)…する:
Atrévete a hablar a tu padre. 思い切ってお父
さんに話したまえ. ¡*Atrévete* a quitármelo! 取
れるものなら取ってみろ! No me atrevo con mi
jefe. 私は上司に逆らう勇気はない. ¿*Te atreves*
con este pastel? このケーキを試してみるかい?
～*se a todo y con todo* 何にでも挑戦する

atrevido, da [atreβíðo, ða] 形 名 過分 ❶
向こう見ずな, 大胆な〔人〕；不遜な〔人〕: Es ～
con el coche. 彼は車の運転が強引だ. chiste

～ きわどい冗談． escote ～ 大胆な襟ぐり．
palabras ～das おこがましい言葉． política
～da 大胆な政策． ❷ 危険な: paso ～ 危険な
けもの道

atrevimiento [atreβimjénto] 男 大胆さ;
不遜, 図々しさ; 無謀: Ella le dio una
bofetada por su ～. 彼女は彼の失礼な行為に
平手打ちで応じた． Disculpe por mi ～, pero
¿cuántos años tiene usted, señorita? ぶしつ
けですが, おいくつですか? con mucho ～ 大変思
い切って; 厚かましく

atrezo [atréθo] 男 集合《映画・演劇》大道具・
小道具

atribución [atriβuθjón] 囡 帰すること; 付与,
帰属; [主に 複] 権限: Esto excede mis
atribuciones. これは私の権限外だ

atribuir [atriβwír] 48 他 〖現分 atribuyendo〗
❶ [性格・原因などが, +a に] あるとする: Los
nativos atribuyen a esta planta propieda-
des mágicas. 先住民はこの植物に魔力があると
思っている． ～ la muerte a un infarto 死亡原
因を心筋梗塞とする． ❷ [権威などを] 付与す
る: ～ la misión a...…に任務を与える
◆ ～se ❶ …に帰する; …のものであるとされる:
Este cuadro se atribuye al Greco. この絵はグ
レコの作とされている． ❷ …を我が物とする: Se
atribuye el triunfo de su equipo. 彼はチームの
勝利は自分のおかげだと思っている． ～se los po-
deres 権力を一人占めする

atribular [atriβulár] 他 [精神的に] 苦しめる,
さいなむ
◆ ～se [+con・por に] 苦しむ, 悩む, 悲しむ
atribulación =tribulación
atribulado, da 形 過分 悩み事の多い

atributo [atriβúto] 男 ❶ 属性, 特質; 象徴,
標章: La audacia es ～ de la juventud. 向
こう見ずは若者につきものだ． ❷《文法》属詞, 属
辞

atributivo, va 形 1) 帰属の, 属性を表わす.
2)《文法》属詞的な; 限定的な: adjetivo ～
限定形容詞 〖名詞を直接修飾する形容詞〗.
oración ～va 名詞述語文 〖主語+繋辞動詞+
補語〗． verbo ～ 繋辞動詞

atrición [atriθjón] 囡《宗教》[神の刑罰への恐
れによる] 不完全痛悔

atril [atríl] 男 書見台; 譜面台

atrincherar [atrintʃerár] 他 塹壕で防御する
◆ ～se [+en に] 立てこもる; [+en・tras で]
身を守る: Los atracadores se atrincheraron
en el banco. 強盗たちは銀行に立てこもった．
～se en el mutismo 沈黙の殻の中に閉じこもる．
～se tras su condición de abogado 弁護士の
身分を盾に取る
atrincheramiento 男 集合 塹壕, 陣地

atrio [átrjo] 男 ❶ [柱廊に囲まれた] 中庭． ❷
[教会・宮殿などの] 玄関の広間; 前庭

atrocidad [atroθiðáð] 囡〖←atroz〗❶ 残
虐さ; 残虐行為: hacer (cometer) ～es 残虐
行為をする． ❷ ひどく悪いこと;《口語》暴言, で
たらめ: No digas ～es. ひどいことを言わないでく
れ． Su libro está lleno de ～es. 彼の本はでた

らめだらけだ． ❸ [una+. 副詞句] ひどく: Me
gustan los helados una ～. 私はアイスクリーム
がすごく好きだ

atrofia [atrófja] 囡《医学》萎縮[症]; 減退,
衰退: ～ muscular 筋萎縮
atrofiar 10 他 萎縮(衰退)させる． ◆ ～se 萎
縮(衰退)する

atrojar [atroxár] ～se《中米》=aturdirse

atronado, da [atronáðo, ða] 形 過分 軽率
な, 思慮分別のない

atronador, ra [atronaðór, ra] 形 耳を聾する
ような

atronar [atronár] 28 他 ❶ …の耳を聾(ㄏ)す
る, …にガンガン響く; [騒音で] 頭をぼうっとさせ
る: Me atronaron con sus gritos. 彼らの大声
で私は耳がガンガンした． Los camiones atrue-
nan la calle. トラックの轟音が通りに響く． ❷
《闘牛》[牛の] 首筋を突き刺して殺す
◆ 自 耳を聾するような音を立てる
◆ ～se [動物が] 轟音で気絶する

atropellado, da [atropeʎáðo, ða] 形 過分
あわてふためいた, せっかちな; 時間に追われた 〖～
de tiempo〗
atropelladamente 副 あわてて, せっかちに:
hablar ～ 早口でしゃべる

atropellador, ra [atropeʎaðór, ra] 形 性
急な; 衝動的な

atropellamiento [atropeʎamjénto] 男 =
atropello

atropellar [atropeʎár] 他 ❶ [車が人などを]
轢(ひ)く; [群衆を] 乱暴に押す, 押し倒す: El
coche atropelló a un perro. 車が犬を轢いた．
La policía atropelló a una mujer. 警官隊が
1人の女性を踏みつぶした． ❷《比喩》踏みつぶし,
踏みにじる; [権力を笠に着て] 虐待する: Ese
político atropella al que se le cruza en su
camino. この政治家は邪魔な者を踏みつぶして
しまう． ～ la libertad de expresión 表現の自
由を踏みにじる． ～ a los pobres 貧しい人々をい
じめる． ❸ [仕事などを] 急いで(いい加減に)仕
上げる
～ por todo 目標に向かって突き進む
sin ～ 権力を濫用せずに
◆ ～se 無理をする, あわてる: ～se al hablar
早口になって話す

atropello [atropéʎo] 男 ❶ 轢くこと, 轢死[事
故]; 踏みにじること: cometer un ～ contra el
derecho humano 人権を蹂躙(ㄐ)する． ❷
[主に 複] あわてること: con (sin) ～s あわてて
(あわてずに)

atropina [atropína] 囡《化学》アトロピン

atroz [atróθ] 形 [複 ～ces] ❶ [痛み・天気な
どが] ひどい, ひどく悪い: dolor ～ 激痛．
comida ～ ひどい食事． Hemos pasado un
verano ～. さんざんな夏だった． Tiene un genio
～. 彼は実に悪い性格だ． ❷ すごい, 途方もない:
edificio de dimensiones atroces すごい大きさ
のビル． Es ～: fuma tres paquetes de ciga-
rrillos al día. あきれた男だ． 日にたばこを3箱も
吸う． ❸ 残虐な: muerte ～ むごたらしい死

atrozmente 副 ひどく: doler ～ ひどく痛む

ATS. 图《略語》←Ayudante Técnico Sanitario 看護士

atta. 《略語》←atenta: su ～ 貴信

attaché [atatʃé] 男《←仏語. 南米》アタッシェケース

atte. 《略語》←atentamente 丁重に, 敬具

atto. 《略語》←atento 丁重な

attrezzo [atréso] 男《←伊語. 演劇》小道具

atuendo [atwéndo] 男《文語》衣装, 服装

atufar [atufár] 他［悪臭 tufo で人を］不快にさせる；怒らせる, いら立たせる
◆ 自 ❶ 悪臭を放つ: Este cuarto *atufa*. この部屋は悪臭を放つ. ❷《軽蔑》[+a で] ひどく目立つ
◆ ～se ［ガスで］窒息する；[+con・de に] 怒る, いらいらする

atufo 男 怒り, いら立ち

atún [atún] 男《魚》マグロ(鮪), ツナ 『カツオ bonito としばしば混同される』
ser un pedazo de ～ 愚か者である

atunero, ra 形 图 マグロの；マグロ漁師(売買業者). ◆ 男 マグロ漁船

aturdimiento [aturðimjénto] 男 ❶ 茫然自失, 困惑. ❷ そこつ, そそっかしさ

aturdir [aturðír] 他 ❶［不幸・爆発音などで］…の頭をぼうっとさせる, 茫然させる: La caída me *aturdió* unos segundos. 私は倒れて一瞬何が起こったのかわからなくなった. ❷ 困惑(どぎまぎ)させる；びっくりさせる
◆ ～se ぼうっとする；困惑する: Me *aturdí* con la bebida para olvidar la pena. 私は悲しみを忘れるために酔っ払った.

aturdido, da 形 過分 うかつな, そそっかしい；茫然自失した, まごついた

atur(r)ullar [aturuʎár/-řu-] 他《口語》混同する；…の頭を混乱させる
◆ ～se 頭が混乱する, どうしたら(言ったら)いいかわからなくなる

atusar [atusár] 他／～se ［手・櫛で髪などを］なでつける；[毛を] 切りそろえる：～se el bigote ひげをきれいになでつける

audacia [auðáθja] 女 ❶ 大胆: mostrar (manifestar) ～ 大胆に行動する, 勇気を示す. ❷ 大胆な試み, 新機軸. ❸ 厚かましさ

audaz [auðáθ] 形 图 ～ces 形 ❶ 大胆な〔人〕, 思い切った: proyecto ～ 斬新な計画. ❷ 厚かましい

audible [auðíble] 形 聞き取れる

audición [auðiθjón] 女 ❶ 聞くこと, 聴取；聴覚, 聴力. ❷ コンサート, リサイタル. ❸［歌手・俳優などの］オーディション

audiencia [auðjénθja] 女 ❶ 謁見(ᡓᡓ), 会見: dar (conceder・recibir en) ～ a+人 …を引見する. obtener (pedir) ～ 謁見を許される(願い出る). ❷［法廷の］審問；法廷, 裁判所: i) ～ pública 公判. ～ provincial (territorial) 地方(高等)裁判所. *A*～ Nacional 最高裁判所. ii)《歴史》[カスティーリャ王国の] 大審問院. [植民地の] 司法・行政の王室機関. ❸ 傾聴, 支持. ❹《集名》聴衆, 視聴者；視聴率 『índice de ～』: de mucha (poca) ～ 視聴率の高い(低い)

audífono [auðífono] 男 補聴器；《南米》イヤホーン 『auricular』

audio [áuðjo] 形 音の送受信の, 音声再生の

audiómetro [auðjómetro] 男 聴力計
audiometría 女 聴力測定(検査)

audiovisual [auðjobiswál] 形 視聴覚の, オーディオビジュアルの: enseñanza ～ 視聴覚教育

auditar [auðitár] 他 …の会計監査(財務報告)をする

auditivo, va [auðitíßo, ßa] 形 聴力(聴覚)の, 耳の: nervio ～ 聴神経. conducto ～ 耳道

auditor, ra [auðitór, ra] 图［軍事・宗教裁判の］司法官；[企業などの][会計] 監査役

auditoría [auðitoría] 女 ❶ 司法官の職. ❷ 法廷. ❸ 会計検査事務所 『～ contable』. ❹ [会計] 監査, 財務報告書: hacer una ～ 会計監査をする

auditorio [auðitórjo] 男 ❶《集名》聴衆；ファン, ひいき連: El ～ aplaudió con entusiasmo. 聴衆は熱狂的な拍手をおくった. ❷ 公会堂, ホール；講堂

auditorium 男 公会堂 『auditorio』

auge [áuxe] 男 ❶ 絶頂；繁栄, ブーム: en el ～ de la fama 人気の絶頂期に. alcanzar su ～ ピークに達する. tener un ～ económico 非常に景気がよい(拡大している). ❷《天文》遠地点 『apogeo』
en ～ 絶頂の: en pleno ～ 最絶頂期に

augita [auxíta] 女《鉱物》輝石

augur [auɣúr] 男《古代ローマ》卜占(ᡓᡓ)官

augurar [auɣurár] 他《迷信的に》予言する: Te *auguro* un mal final. 君に災いがふりかかるぞ. Las nubes *auguran* borrasca. その雲は嵐の前兆だ

augurio [auɣúrjo] 男 前兆 『agüero』

augusto, ta [auɣústo, ta] 形《文語》❶ [+名詞] やんごとなき 『王族に対する尊敬語』: las ～tas personas 高貴な方々. la ～ta Pareja 妃殿下. Su ～ta mirada se fue posando sobre cada uno de los presentes. 恐れ多くも出席者の一人一人にお目をとめられた. ❷ 荘厳な
◆ 男 ❶ [clown の相手役をする] 道化師. ❷《歴史》ローマ皇帝の尊称

aula [áula] 女《単数冠詞: el・un[a]》教室, 講義室: ～ magna 講堂

aulaga [auláɣa] 女《植物》ハリエニシダ

áulico, ca [áuliko, ka] 形 宮廷の

aullar [auʎár] 自［狼・犬などが] 遠ぼえする；[風が] うなる

aullador, ra 形 遠ぼえをする；《動物》ホエザル

aullido/aúllo 男 遠ぼえ, うなり声

aumentar [aumentár] 自《英 increase. ↔ disminuir》増える, 増加(増大)する 《類義 aumentar は継続的・一時的な増加, crecer は継続的な増加》: i) Los precios *han aumentado* en un ocho por ciento. 物価が8%上昇した. El ruido *aumentó*. 音が大きくなった. ii) [+de・en が] ～ de precio 値上がりする. *He* *aumentado de*（*en*）*peso.* 私は体重が増えた. *El coche aumentó de velocidad.* 車はスピードを上げた

◆ 他 ❶ 増やす：～ el número de trabajadores 労働者の数を増やす. ～ a+人 el sueldo …の賃金を上げる. ～ un piso a la casa 1階建て増す. ～ la producción 増産する. ～ la contaminación 汚染をひどくする. ～ el clima de inseguridad 不安なムードを高める. ❷《光学》拡大する

◆ ～se 増える：*Se aumentó* el sueldo. 賃金が上がった

aumentativo, va [aumentatíβo, βa] 形《文法》示大の〖↔diminutivo〗：sufijo ～ 示大接尾辞

◆ 男 示大語, 示大辞

aumento [auménto] 男 ❶ ［+de の］増大, 増加：Tenemos ～ de sueldo. 私たちの賃金が上がった. ir en ～ 増大している. ～ de población 人口増加. ～ de precios 値上がり. ❷《光学》拡大：lente de ～ 拡大レンズ. tener veinte ～s 倍率が20倍である

aun [aun] 副《英 even. 讓歩》…でさえ：i) Va sin sombrero ～ en pleno verano. 彼は真夏でも帽子をかぶらない. Te daré mil, ～ dos mil pesetas. 千ペセタ, いや2千ペセタだってあげるよ. Sé amable, ～ con los que no lo son. 親切にしなさい. 相手が親切でなくても. ii)［+現在（過去）分詞］…する（した）にもかかわらず：*Aun* siendo joven sabe mucho. 彼は若いのによく知っている. *Aun* muerto su perseguidor, no se atrevía a salir de su escondite. 追手が死んだのに彼は隠れ家から出ようとしなかった. iii)［ni+. 否定］*Ni* ～ mi padre lo podía. 父でさえもできなかった. *Ni* ～ amenazándolo le harás mentir. たとえ脅しても彼に嘘をつかせることはできないだろう. *Ni* ～ puesto de puntillas alcanzaba la llave. 彼はつま先で立ってもスイッチに手が届かなかった

～ *a riesgo de*+不定詞・*que*+接続法 …の恐れはあるが

～ *a sabiendas de que*+直説法 …は承知の上で

～ *así*+直説法 そうであっても…：*Aun así* no（Ni ～ *así*）llegará antes del martes. そうだとしても彼は火曜日以前には到着しないだろう

～ *cuando…* 1)［+直説法］…するにもかかわらず：*Aun cuando* llegó tarde, no fue reprendido. 彼は遅刻したのに叱られなかった. 2)［+接続法］たとえ…しても：*Aun cuando* llueva, vendrá él. たとえ雨が降っても彼は来るだろう

～ *no*+直説法 *cuando…* …するとすぐ…する：*Aun no escampó cuando* nos pusimos en camino. 雨がやむとすぐ私たちは出発した

aún [aún] 副《英 yet》❶［主に否定］まだ〖…ない〗〖todavía〗：彼はまだ着かない. ¿Entiende?—*Aún* no. わかったか?—まだだ. *Aún* podemos llegar a tiempo. 私たちはまだ間に合う. *Aún* sigue llorando. 彼はまだ泣いている

❷［比較語と共に. 比較の強調］さらに, もっと：Si viene él, ～ lo pasaremos mejor. 彼が来れば, さらに楽しいだろう. Avanzó ～ más en la investigación. 彼はさらに研究を進めた

～ *no*+直説法 *cuando…* …しないうちにもう…する：*Aún* no había andado cien metros, *cuando* le alcancé. 私は100メートルも歩かないうちにもう彼に追い付いた

aunar [aunár] 16 他 つなぎ合わせる, 1つにする：～ voluntades 意志統一する

◆ ～se 結合する：～se con la oposición 反対派と合同する

aunque [aunke] 接《英 although. 讓歩》❶［+直説法. 事実の讓歩］…ではあるが：i) A～ es joven, lo sabe todo. 彼は若いが何でも知っている. ［+形容詞など］A～ tonto, no lo es tanto que no comprenda la broma. 彼はばかだが, その冗談がわからないほどばかではない. A～ rendido de cansancio, saqué fuerzas para contraatacar. 私は疲労困憊していたが, 力をふりしぼって反撃した. He comprado el coche, ～ a regañadientes. 私はいやいやその車を買った. ii)［+接続法. 話者の意見としての讓歩］A～ sea joven, lo sabe todo. 彼は確かに若いが, 何でも知っている

❷［+接続法. 仮定的な讓歩］たとえ…であっても〖単純な現在・未来の仮定は接続法現在, 事実に反する現在・未来の仮定は接続法過去, 過去の仮定は接続法過去完了］：i) Me casaré con ella ～ se opongan mis padres. たとえ両親が反対しても私は彼女と結婚する. A～ estuviera aquí, no me ayudaría. たとえ彼がここにいても助けてくれないだろう. A～ hubiese llovido, habría salido. たとえ雨が降ったとしても私は外出しただろう. ii)［ni+. 否定の讓歩］*Ni* ～ me invitara, lo aceptaría. たとえ彼が招待してくれたとしても私は応じないだろう. No iría *ni* ～ me llamara. 私はたとえ彼に呼ばれても行かないだろう

❸［+直説法. 背反］しかし〖pero〗；もっとも：Vivíamos cerca de su casa, ～ nunca lo supimos. 私たちは彼の家の近所に住んでいたのに, それをまったく知らなかった. No traigo nada de eso, ～ traigo otras cosas. 私はそんな物は持ってこなかった. ほかの物は持ってきたけれど

～ *más…* どれほど…でも〖por más que〗

aúpa [aúpa] 間 ❶［掛け声］さあ行け/がんばれ/さあ起きろ〖幼児用〗だっこして!
de ～《西. 口語》すごい, ひどい：Es una chica *de* ～. 彼女はとびきりの美人だ. coger un catarro *de* ～ ひどい風邪をひく
ser de ～《口語》要注意である

au pair [opér] 名《圏》～s ベビーシッターや家事手伝いをする代わりに無料でホームステイをする外国人

aupar [aupár] 16 他 ❶［人を］抱き上げる, 抱き起こす；称揚する：～ a+人 al poder …を権力の座に押し上げる

◆ ～se 起き上がる；［地位などが］上がる

aura [áura] 名《単冠詞：el・un[a]》❶《詩語》微風, そよ風. ❷ 霊気, オーラ. ❸《医学》

epiléptica てんかん性前兆. ~ asmática 喘息前兆. ❹《鳥》クロコンドル

áureo, a [áureo, a] 形《詩語》黄金の, 金色の: edad ~a 黄金時代. número ~ 大切な（覚えるべき）日付け
◆ 男 ローマ時代の金貨

aureola/auréola [aureóla/-réo-] 囡 ❶[聖人像などの] 後光, 光輪;[月などの] かさ, 光環. ❷ 栄誉, 名声. ❸ 雰囲気, 影
aureolar 他 後光(栄光)で包む

aureomicina [aureomiθína] 囡《薬学》オーレオマイシン

áurico, ca [áuriko, ka] 形 =**áureo**

aurícula [auríkula] 囡 ❶《解剖》i)[心臓の] 心耳. ii) 耳介, 耳たぶ. ❷《植物》アツバサクラソウ

auricular [aurikulár] 形 聴覚の; 心耳の
◆ 男 ❶[電話の] 受話器〔~ telefónico〕. ❷ イヤホーン;《複》ヘッドホン. ❸ 小指〔dedo ~〕

auriense [auriénse] 形《歴史・地名》アウリア Auria の〔人〕, アレヒア Aregia の〔人〕〔現在のオレンセ Orense〕

aurífero, ra [aurífero, ra] 形 金を含む, 金のとれる: arena ~ra 砂金

auriga [auríga] 男《古代ローマ》[競走用二輪馬車の] 御者

auriñaciense [auriɲaθiénse] 形《歴史》オーリニャック文化〔期〕の: período ~ オーリニャック期

aurora [auróra] 囡 ❶ 夜明け〔の光〕, 曙光(しょこう): Despunta (Rompe) la ~. 夜が明けそめる. ❷ 初期, 黎明(れいめい)期の: ~ de la civilización 文明のあけぼの. ❸ 極光, 極光現象〔~ polar〕: ~ boreal (austral) 北(南)極光. ❹《女性名》〔A~〕アウロラ

auscultar [auskultár] 他《医学》聴診する
auscultación 囡 聴診

ausencia [ausénθia] 囡《英 absence》❶ 不在, 留守; 欠席, 欠勤: Vino en mi ~. 私の留守中に彼が来た. Regresó después de diez años de ~. 彼は10年間留守にしたあげく戻ってきた. aviso de ~ a la reunión 会合への欠席通知. ❷ 欠如: ~ de sentido común 常識の欠如. ❸ 放心: Tiene ~s. 彼はうわのそらだ/ぼんやりしている. ❹《医学》欠神, 一時的な記憶力・思考力の欠落. ❺《法律》失踪, 生死不明
hacer (guardar) buenas ~s 本人のいない所でほめる(けなす)
tener buenas ~s 評判がよい

ausentar [ausentár] ～**se** [+de を] 一時離れる, 留守にする: ～*se de* los suyos 家族(故郷)から離れる. ～*se de* la clase (la oficina) 欠席(欠勤)する

ausente [ausénte] 形〔↔presente〕[estar+] ❶ 不在の, 留守の; 欠席の, 欠勤の: Está ~ de Barcelona desde hace años. 彼は数年前からバルセロナにいない. ❷ 放心した. ❸《法律》失踪した, 生死不明の
◆ 名 不在(欠席・欠勤)者; 失踪者: Hay muchos ~s a la clase. 授業の欠席者が多い
ausentismo 男 =**absentismo**

auspicio [auspíθio] 囡 ❶《複》前兆, 前ぶれ: mal ～ 凶兆. El viaje comenzó con buenos ~s. 旅行の幸先はよかった. ❷[時に《複》] 後援, 賛助: bajo el ~ (los ～s) de... …の後援で, 主催で. ❸ 予言
auspiciar 他 後援する; 予言する
auspicioso, sa 幸先のよい

austero, ra [austéro, ra] 形 ❶[まじめで] 厳格な: maestro ~ 厳しい先生. magistrado ~ 厳正な司法官. de aspecto ~ いかつい顔つきの. ❷ 簡素な; 禁欲的な: llevar una vida ~ra 質素な(禁欲的な)生活を送る. ser ~ en el beber あまり酒を飲まない. edificio ~ por fuera 地味な外観の建物
austeridad 囡 厳格さ; 簡素さ: ~ financiera 金融逼迫(ひっぱく)政策

austral [austrál] 形 南の〔↔boreal〕
◆ 男[アルゼンチンの旧貨幣単位] アウストラル

australiano, na [australjáno, na] 形 名《国名》オーストラリア Australia 囡〔人〕の; オーストラリア人

australopiteco [australopitéko] 男《人類》アウストラロピテクス

austríaco, ca/austriaco, ca [austríako, ka/-trja-] 形 名《国名》オーストリア Austria 囡〔人〕の; オーストリア人
austro-húngaro 形《歴史》オーストリア=ハンガリー〔二重帝国〕の

austro [áustro] 男《文語》南風; 南

autarcía [autarθía] 囡 =**autarquía**

autarquía [autarkía] 囡[一国の] 自給自足経済体制, 経済的自立; 独裁政治
autárquico, ca 自給自足の, 経済的自立の; 独裁政治の

auténtico, ca [auténtiko, ka] 形〔英 authentic〕❶ 本物の, 真正の: Es un Stradivarius ~. それは本物のストラディヴァリウスだ. firma ~ca 本人自筆の署名. ~ espíritu de servicio 真のサービス精神. ❷ 真実の: Lo que dice es ~. 彼の言っていることは真実だ. ❸《西. 俗語》すばらしい
◆ 囡 ❶[真正であることの] 認証. ❷ 謄本〔copia ~ca〕
autenticar ⑦/**autentizar** ⑨ 他 =**autentificar**
autenticidad 囡 本物であること, 真正さ; 真実性: carecer de ~ 信憑(しんぴょう)性に乏しい

autentificar [autentifikár] ⑦ 他 ❶[真正であることを] 認証する: ~ un documento 書類を認証する. ❷ …に信用(名声)を与える: Ese cuadro lo *autentificó* como gran maestro. その絵によって彼は巨匠としての名声を得た

autillo [autíʎo] 男《鳥》モリフクロウ;[異端審問所の] 判決

autismo [autísmo] 男《医学》自閉症
autista 形 名 自閉症の〔患者〕

auto [áuto] 男《主に中南米》自動車〔automóvil の省略語. coche〕. ❷《法律》[裁判所の下す] 決定, 判決; 《複》訴訟記録: ~ de comparecencia 出頭命令. ~ de prisión 逮捕令状. ~ de procesamiento 起訴状, 告訴

状. 〜 definitivo 最終決定. día de 〜s 犯行日. constar en 〜s 訴訟記録に載っている, 判決で認められている. ❸ 〈演劇〉〜 sacramental 7つの秘跡 sacramento のどれかをテーマにした 17 世紀の宗教劇. 〜 de la pasión 受難劇

estar (*poner a+*人) *en* 〜s 前例に通じている(…を通じさせる)

auto-〔接頭辞〕〔自〕*auto*móvil 自動車, *auto*-nomía 自治

autoabastecer [aut̮oabasteθέɾ] 〔39〕〜se [+de・en を] 自給自足する
　autoabastecimiento 圐 自給自足

autoadhesivo, va [aut̮oaðesíβo, βa] 圏 〔シールなどは〕押しつけるだけで貼れる
　◆ 圐 糊付きのシール, 粘着テープ

autoalimentación [aut̮oalimentaθjón] 囡 《情報》〜 de hojas 自動給紙

autoayuda [aut̮oajúða] 囡 自助〔努力〕

autobiografía [aut̮objografía] 囡 自叙伝, 自伝
　autobiográfico, ca 圐 自叙伝〔風〕の

autobombo [aut̮oβómbo] 圐 《西》自画自賛, 自慢: darse (hacerse) 〜 自画自賛する

autobús [aut̮oβús] 圐 〔英 bus. 圈 〜buses〕《主に西》バス〔主に市内を走る路線バス〕: tomar un 〜 バスに乗る. ir en 〜 バスで行く. 〜 de línea [長距離の] 路線バス

autocalificar [aut̮okalifikáɾ] 〔7〕〜se 自己評価する

autocañón [aut̮okaɲón] 圐 《軍事》自走砲, 砲戦車

autocar [aut̮okáɾ] 圐 《西》観光バス; 長距離バス: viaje en 〜 バス旅行

autocaravana [aut̮okaraβána] 囡 キャンピングカー

autocarril [aut̮okaříl] 圐 《中南米》＝**auto-vía**

autocartera [aut̮okartéra] 囡 社内株, 自己株式

autocensura [aut̮oθensúra] 囡 自己検閲

autocine [aut̮oθíne] 圐 ドライブインシアター

autoclave [aut̮okláβe] 囡 《機械》オートクレーブ; 《医学》加圧蒸気滅菌器

autocontrol [aut̮okontról] 圐 自己制御, 自制; 自己評価

autoconsciente [aut̮okonsθjénte] 圐 自己を意識する

autoconsistencia [aut̮okonsisténθja] 囡 自己矛盾のないこと, 首尾一貫

autocorrección [aut̮okoře(k)θjón] 囡 自動修正, 自動校正

autocracia [aut̮okráθja] 囡 専制政治, 独裁
　autócrata 图 専制君主; 独裁者
　autocrático, ca 圐 専制的の, 独裁的な

autocrítica[1] [aut̮okrítika] 囡 自己批判; 自省, 自戒
　autocrítico, ca[2] 圐 自省的な

autocross [aut̮okrós] 圐 オートクロス, ジムカー

ナ

autóctono, na [aut̮ókt̮ono, na] 圐 圀 土着の, その土地固有の; 土着民, 原住民

autocuración [aut̮okuraθjón] 囡 自然治癒

autodefensa [aut̮oðefénsa] 囡 自衛, 自己防衛, 護身

autodefinir [aut̮oðefiníɾ] 〜se 自己規定する

autodegradación [aut̮oðegraðaθjón] 囡 卑下, 謙遜

autodestrucción [aut̮oðestru(k)θjón] 囡 自壊, 自滅

autodeterminación [aut̮oðetermina-θjón] 囡 民族自決

autodidacta [aut̮oðiðákta] 圐 图 〖圀 autodidacto もある〗独学の〔人〕

autodirigido, da [aut̮oðirixíðo, ða] 圐 [ミサイルなどが] 自動誘導の

autodisciplina [aut̮oðisθiplína] 囡 自制; 自己訓練, 修養

autodisparador [aut̮oðisparaðóɾ] 圐 《写真》セルフタイマー

autodominio [aut̮oðomínjo] 圐 自己制御, 自制

autódromo [aut̮óðromo] 圐 [自動車の] サーキット

autoedición [aut̮oeðiθjón] 囡 《情報》デスクトップパブリッシング, DTP

autoempleo [aut̮oempléo] 圐 自営

autoencendido [aut̮oenθendíðo] 囡 自然発火

autoengaño [aut̮oeŋgáɲo] 圐 自己欺瞞

autoerotismo [aut̮oerotísmo] 圐 《心理》自己性愛, 自慰

autoescuela [aut̮oeskwéla] 囡 自動車教習所

autoestima [aut̮oestíma] 圐 自尊心, 自負

autoestimulación [aut̮oestimulaθjón] 圐 自慰

autoestop [aut̮oestóp] 圐 ＝**autostop**
　autoestopista 图 ＝**autostopista**

autoevaluación [aut̮oeβalwaθjón] 囡 自己評価

autoexpreso [aut̮oe(k)spréso] 圐 《鉄道》マイカーフレイト

autofecundación [aut̮ofekundaθjón] 囡 《生物》自家受精; 自殖

autofinanciación [aut̮ofinanθjaθjón] 囡 自己資本導入

autofoco [aut̮ofóko] 圐 《写真》オートフォーカス

autogamia [aut̮ogámja] 囡 《植物》自家受粉

autógeno, na [aut̮óxeno, na] 圐 自然発生の, 自生の: soldadura 〜na ガス溶接;《医学》[骨折部位などの] 自然接合

autogestión [aut̮oxestjón] 囡 自主管理

autogiro [aut̮oxíro] 圐 《航空》オートジャイロ

autogobernar [aut̮ogoβernáɾ] 〔23〕〜se 自主管理する; [機械が] 自動制御する
　autogobierno 圐 自主管理

autogol [au̯toɡól] 男《サッカー》オウンゴール：marcar (meter) un 〜 オウンゴールする

autogolpe [au̯toɡólpe] 男 軍部と協力した上からのクーデター 『1973 年ウルグアイのボルダベリ大統領, 1992 年ベルーのフジモリ大統領など』

autografía [au̯toɡrafía] 女《美術》自画石版
autografiar ⑪ 他 自画石版で制作する

autógrafo[1] [au̯tóɡrafo] 男［有名人の］サイン；自筆原稿：Déme un 〜. サインをください. firmar un 〜 サインをする. pedir a+人 un 〜 …にサインを求める

autógrafo[2]**, fa** [au̯tóɡrafo, fa] 形 自筆の：carta 〜fa de… …自筆の手紙

autohipnosis [au̯toipnósis] 女《単複同形》自己催眠

autoimagen [au̯toimáxen] 女 自己について抱く心像, 自像

autoimponer [au̯toimponér] 60 〜se 自分に課する

autoinculpación [au̯toiŋkulpaθjón] 女 自身を有罪に導くこと

autoinfección [au̯toinfɛ(k)θjón] 女《医学》自己感染

autoinmunidad [au̯toimmunidá(d)] 女《医学》自己免疫

autointoxicación [au̯tointo(k)sikaθjón] 女《医学》自家中毒

autolavado [au̯tolabáðo] 女 洗車機

autolegionar [au̯tolexjonár] 〜se 自身を損傷する

automación [au̯tomaθjón] 女 オートメーション 『automatización』

automarginación [au̯tomarxinaθjón] 女 ［社会からの］脱落, ドロップアウト

autómata [au̯tómata] 男 ❶ ロボット, 自動機械(装置). ❷《口語》機械的に行動する人, 他人のいいなりになる人. ❸《情報》オートマトン

automático, ca [au̯tomátiko, ka] 形 ❶ 自動(式)の, 自動的な：puerta 〜ca 自動ドア. arma 〜ca 自動火器. totalmente 〜 完全自動の. ❷ 無意識的な；機械的な：reacciones 〜cas 無意識な反応. 〜ca respuesta 当然の(決まり切った)答え
◆ 男《服飾》スナップ 『botón 〜』
◆ 女 オートメーション工学(技術)
automáticamente 副 自動的に
automaticidad 女 自動性

automatismo [au̯tomatísmo] 男 ❶［機械の］自動性, 自動作用：anulación de 〜 手動への切替. ❷ 機械的行動, 無意識的行為；《心理》自動症

automatizar [au̯tomatiθár] ⑨ 他 自動化する, オートメーション化する；機械的にする
automatización 女 オートメーション(化)

automedicar [au̯tomeðikár] ⑦ 〜se ［医師の処方によらず, +con 薬を］自己診断で服用する

automercado [au̯tomɛrkáðo] 男《南米》スーパーマーケット

automoción [au̯tomoθjón] 女 =**automovilismo**

automotor, ra [au̯tomotór, ra] 形《automotriz 女 もある》自動推進する
◆ 男《鉄道》気動車

automóvil [au̯tomóbil] 形 自動(推進)の
◆ 男 自動車 『coche, auto』：〜 club 自動車連盟

automovilismo [au̯tomobilísmo] 男 自動車運転, 自動車旅行；自動車レース 『〜 deportivo』

automovilista 名 自動車運転者, ドライバー；レーサー

automovilístico, ca 形 自動車〔旅行・レース〕の：industria 〜ca 自動車産業

autonomía [au̯tonomía] 女 ❶ 自治〔権〕；自治体《西》自治州：〜 regional 地方自治. 〜 financiera 独立採算. conceder (dar) a... …に自治権を与える. ❷ 自立：〜 económica de una mujer 女性の経済的自立. ❸［船・飛行機の］航続距離(時間)；[バッテリーの] 持続(駆動)時間. ❹ 自給自足

autonómico, ca [au̯tonómiko, ka] 形 ❶ 自治の：gobierno 〜 自治政府. poderes 〜s 自治権. ❷《西》自治州の：elecciones 〜cas 自治州選挙

autónomo, ma [au̯tónomo, ma] 形 ❶ 自治権のある, 自立した：entidad 〜ma 自治団体, 独立団体. comunidad 〜ma《西》自治州. país 〜 自治権を持つ地方. ❷ 自律的な：nervios 〜s 自律神経. ❸［人が］自営業の：traductor 〜 フリーの翻訳家
◆ 名 自営業者 『trabajador 〜』；フリーランサー

autonomista 形 名 自治を推進(主張)する〔人〕：campaña 〜 自治権運動

autonomizar ⑨ 他 自立させる. ◆ 〜se 自立する

autopista [au̯topísta] 女 高速道路

autoplastia [au̯toplástja] 女《医学》自家移植

autopropulsar [au̯topropulsár] 〜se 自動推進する

autopropulsor, ra 形 男 自動推進する〔装置〕

autopropulsión [au̯topropulsjón] 女 自己推進

autoprotección [au̯toprotɛ(k)θjón] 女 自己防衛

autopsia [au̯tópsja] 女 ❶ 検死, 死体解剖：hacer la 〜 a+人 …を検死する. ❷《まれ》精密な分析(検討)

autopullman [au̯topúlman] 男《←英語》［観光用の］デラックスバス

autor, ra [au̯tór, ra] 名《英 author》❶ 著者, 作家 『原語 autor は本の作者, escritor は職業としての作家』；［芸術作品の］製作者：〜 anónimo (desconocido) 作者不明. Es la 〜ra de esta novela. 彼女がこの小説の作者だ. derechos de 〜 著作権. ❷ 犯人 『〜 del crimen』：〜 del robo 窃盗犯. 〜 de una burla いたずらの犯人. 〜 de la intoxicación 中毒の原因. ❸ 創始(創造)者；

発明(発見)者：～ de una empresa 会社の創始者．～ de la penicilina ペニシリンの発見者．～ de una idea 発案者．～ de mi ser 私の父親

autoría [aṷtoría] 囡 原作者(発見者)であること；犯行の責任

autoridad [aṷtoriða(d)] 囡 〖英 authority〗 ❶ 権限；権力：hacer uso de la ～ para con+人 …に対して権限を行使する．imponer su ～ 権力をふるう．con plena ～ 全権をもって(委任されて)．por su propia ～〔まったくの〕独断で．～ paterna 父権．❷ 当局，権力機関；［特に］警察〖＝policial〗：～ gubernativa (judicial・military) 政府(司法・軍)当局．entregar a+人 a la ～ …を警察に引き渡す．¡Que llamen a la ～! 警察を呼べ！ Es una elevada ～ en su orden. 彼は修道会で高い地位にある．❸ 権威〔者〕：No tiene ～ sobre sus empleados. 彼は従業員ににらみがきかない．Es una ～ en literatura española. 彼はスペイン文学の権威だ．❹ 〖閲〗 典拠，権威書：Diccionario de A～es 〖範例辞典〗〘アカデミアが編纂した最初の辞典の通称〙

autoritario, ria [aṷtoritárjo, rja] 圏 権威主義の；独裁的な，横柄な：carácter ～ 高圧的な性格．gobierno (régimen) ～ 独裁政府(体制)
◆ 图 権柄づくの人，独裁的な人

autoritariamente 圖 独裁的に，権力ずくで

autoritarismo 圐 権威(権力)主義，横暴

autorización [aṷtoriθaθjón] 囡 ［主に公的機関・上司・先生などの］許可，認可；許可書：Prohibida la entrada sin ～. 許可なく立入禁止．pedir (conceder) ～ para... …の許可を求める(与える)

autorizado, da [aṷtoriθáðo, ða] 圏 圙 ❶ 許可を受けた：precio ～ 公定価格．procurador ～ 法定代理人．❷ 権威のある：noticia de fuente ～da 信頼すべき筋からの情報．opinión ～da 権威筋の意見．permiso ～ 当局の許可．❸ ［映画などが］成人指定でない

autorizadamente 圖 許可を受けて；権威をもって

autorizar [aṷtoriθár] 囲 囮 ❶ ［主に公的機関・上司・先生などが］許可する，認可する：i) La arma me *ha autorizado* la traducción. 原著者が翻訳の許可をくれた．～ una construcción 建設を認可する．ii) ［＋a・para＋不定詞］Me *autorizó* el maestro *para* volver a casa temprano. 先生が早退を許してくれた．El ser jefe no le *autoriza para* insultar a sus subordinados. あなたが上司だからといって部下をののしってもいいということにはならない．❷ ［書類などを］公証する．❸ ［用語などを］正当と認める：Esa palabra fue *autorizada* por su uso constante. その語は慣用で認められた．❹ 権威づける，重要性を与える：Sus palabras preliminares *autorizan* la obra. 彼の序言がその作品に権威を与えている

autorradio [aṷtoráðjo] 圐 カーラジオ

autorregulación [aṷtoƦegulaθjón] 囡 自動制御，自己調節

autorretrato [aṷtoƦetráto] 圐 自画像

autorriel [aṷtoƦjél] 圐 気動車〖automotor〗

autosatisfacción [aṷtosatisfa(k)θjón] 囡 独善，ひとりよがり

autoservicio [aṷtosɛrßíθjo] 圐 セルフサービス〔の飲食店〕；スーパーマーケット

autostop [aṷtostóp] 圐 《←英語》ヒッチハイク：hacer ～ ヒッチハイクをする．ir en ～ ヒッチハイクで行く

autostopista 图 ヒッチハイカー

autosuficiencia [aṷtosufiθjénθja] 囡 ❶ 自給自足．❷ 独善，ひとりよがり

autosuficiente 圏 自給自足の；独善的な，ひとりよがりの

autosugestión [aṷtosuxestjón] 囡 自己暗示

autosugestionar ～se 自己暗示をかける

autótrofo, fa [aṷtótrofo, fa] 圏 圐 《生物》独立栄養の；独立栄養体

autovacuna [aṷtoßakúna] 囡 《医学》自己(自家)ワクチン

autovía [aṷtoßía] 圐 気動車〖automotor〗
◆ 囡 ［有料でない］自動車専用道路

autumnal [aṷtumnál] 圏 《文語》秋の〖otoñal〗

auxiliador, ra [aṷ(k)siljaðór, ra] 圏 图 扶助(補佐)する〔人〕

auxiliar [aṷ(k)siljár] 囮/囲 圙 ❶ 扶助する，補佐する，助ける：～ a los pobres 貧者を救済する．❷ ［司祭が］…の死をみとる
◆ 圏 ❶ 補助の，補佐の：silla ～ 補助椅子．profesor ～ 代理教授．verbo ～ 助動詞．❷ 《情報》周辺〔機器〕の
◆ 图 補佐，助手；［官公庁の］下級事務官〔～ administrativo〕：～ de vuelo 《航空》客室乗務員．～ de laboratorio 実験助手．～ de contabilidad 会計事務官
◆ 圐 助動詞〔verbo ～〕：～ modal 法助動詞

auxilio [aṷ(k)síljo] 圐 扶助，介護；補佐：pedir ～ 助けを求める．primeros ～s 応急手当．hospital de primeros ～s 救急病院．～s espirituales 《宗教》終油の秘跡．～ en carretera ［高速道路などの］修理サービス〔センター〕
◆ 囮 助けて！〖socorro〗

auyama [aṷjáma] 囡 《南米》セイヨウカボチャ，クリカボチャ

Av. 《略語》←Avenida 大通り，…街，…通り

a/v 《略語》←a la vista 一覧払い

ava. 《略語》←avería 海損

aval [aßál] 圐 ［借金・入会などの際の］保証；保証書：con el ～ de... …の保証のある．sin ～ 保証なしに．～ bancario 銀行保証

avalancha [aßalántʃa] 囡 ❶ 雪崩(なだれ)：quedar sepultado por una ～ 雪崩の下じきになる．❷ 殺到：Tenemos una ～ de pedidos. 注文が殺到している．❸ 《物理》電子なだれ

avalar [aßalár] 囮 保証人になる；［＋que＋接続法 することを］保証する

avalador, ra 形 名 保証する；保証人

avalista 名 保証人

avalorar [aβaloɾáɾ] 他 …に〔より高い〕価値（評価）を与える；励ます

avaluar [aβalwáɾ] 14 《主に中南米》評価する

avance [aβánθe] 男 ❶ 前進；進歩, 進捗；《スポーツ》攻撃：~ de las tropas 進軍. ~ del desierto 砂漠化. Ha hecho un gran ~ en los estudios. 彼は勉強が飛躍的に伸びた. ❷ ほのめかし, 暗示；予報：tirar a+人 algún ~ …ににおわす. ~ del tiempo 天気予報. ~ informativo スポットニュース. ❸《西. テレビ・映画》予告〔編〕. ❹ 予算；前払い, 前貸し. ❺《機械》送り. ❻《中南米》掠奪；《中米》嘔吐

avante [aβánte] 副《主に中南米》前方に：~ a toda máquina《船舶》前進全速

avanzado, da [aβanθáðo, ða] 形 過分 前に出た, 進んだ；進歩的な：país ~ 先進国. curso ~ 上級講座. idea ~da 進んだ考え, 革新思想. de ~da edad (edad ~da) 高齢の. hora muy ~da de la noche 深夜. Este niño es ~ para su edad. この子は年の割に知恵がある(ませている). Llegamos al hotel ~da la noche. 私たちは夜遅くなってからホテルに着いた

◆ 名 進歩的な人

◆ 名《軍事》前衛, 前哨

de ~da 先進的な, 先端的な

avanzadilla 女［前衛の］尖兵；桟橋の突端

avanzar [aβanθáɾ] 活用表. ↔retroceder ❶ 前進する, 進む：i)［+hacia の方に］Las tropas *avanzaron hacia* el río. 部隊は川に向かって進んだ. ii)［時間が］El día *avanza* y todavía queda mucho trabajo. 昼を過ぎた仕事はまだたくさん残っている. El otoño *avanzaba*. 秋が深まっていった. Los años *avanzan de prisa*. 年月の流れは速い. ❷［+en が］進歩する；はかどる, 進展する：~ mucho *en* sus estudios 勉強の力が伸びる. ~ en el proceso de recuperación 順調に回復する. ~ en edad 年をとる

◆ 他 ❶ 前進させる, 前に出す；［時間・進行を］早める：~ una silla 椅子を前に出す. ~ un pie 1歩足を踏み出す. ~ la hora de salir 出時間を早める. ❷ 予測する. ❸《中米》盗む

avanzar	
直説法点過去	接続法現在
avancé	avance
avanzaste	avances
avanzó	avance
avanzamos	avancemos
avanzasteis	avancéis
avanzaron	avancen

avaricia [aβariθja] 女 貪欲（ﾄﾞﾝ）, けち：La ~ rompe el saco. 一文惜しみの銭失い

con ~ きわめて：Es impertinente *con ~*. 彼はものすごくずうずうしい

avaricioso, sa/avariento, ta 形 名 ＝ avaro

avaro, ra [aβáro, ra] 形 名 ❶ 貪欲な〔人〕, けち〔な〕：mendigo ~ 欲深な乞食. ~〔+de が〕を〕惜しむ：Es muy ~ra de sus recetas de cocina. 彼女は料理法をなかなか人に教えない. trabajar ~ de su tiempo 寸暇を惜しんで働く. ~ de palabras 口数の少ない

avasallador, ra [aβasaʎaðór, ra] 形 威圧する, 圧倒的な：fuerza ~ra 圧倒的な力. triunfo ~ 圧倒的な勝利

◆ 名 傲慢(横柄)な人

avasallar [aβasaʎáɾ] 他 服従させる；威圧(圧倒)する：Nos *avasallaron* al entrar en la sala. 彼らは我々を会場に無理やり入れた

avasallamiento 男 威圧, 圧倒

avatar [aβatáɾ] 男 ❶〔主に 複〕変化, 有為転変. ❷［ヒンズー教の］神の化身

Avda.《略語》←Avenida 大通り, …街, …通り

ave [áβe] 女《英 bird. 単数冠詞：el·un〔a〕》鳥《願義 ave は分類区分としての鳥. pájaro は小型の飛ぶ鳥》：図 鳥類：~ corredora 走鳥類. ~ de paso/~ pasajera 渡り鳥；渡り歩く人, 長く居つかない人. ~ de rapiña (de presa) 猛禽類；ハゲタカのような人. ~ del Paraíso 極楽鳥. ~ fría タゲリ；間抜け. ~ lira コトドリ. ~ nocturna 夜禽；夜出歩く人. ~ zancuda 渉禽類. ~ tonta (zonza) 間抜け, のろまな人

ser un ~〔人が〕すばやい

AVE [áβe]《略語》←Alta Velocidad Española [スペインの] 新幹線

avechucho [aβetʃútʃo] 男《軽蔑》不格好な鳥〔人〕

avecilla [aβeθíʎa] 女 小鳥

avecinar [aβeθináɾ] 他 近づける

◆ ~se ❶［事柄が］近づく：Se avecina el fin del mundo. 終末の時が近づく. ❷ 定住する

avecindar [aβeθindáɾ] 他 居住させる

◆ ~se〔+en に〕定住する：~se en las afueras de la ciudad 町の郊外に住みつく

avecindamiento 男 居住〔地〕

avefría [aβefría] 女《鳥》タゲリ《ave fría》

avejentar [aβexentáɾ] 他 老けさせる；老けて見せる

◆ ~se 老けこむ

avellana [aβeʎána] 女《果実》ハシバミ, ヘーゼルナッツ

avellanal [aβeʎanál] 男 ハシバミ林

avellanar [aβeʎanáɾ] 他《技術》…に皿穴（埋頭孔）をあける

◆ ~se しわくちゃになる

◆ 男 ハシバミ林

avellanador 男 フライス盤

avellano [aβeʎáno] 男《植物》ハシバミ〔の木〕

avellaneda 女 ハシバミ林

avellanedo 男 ハシバミ材

avemaría [aβemaría] 女《単数冠詞：el·un〔a〕》❶ 天使祝詞《アベマリア「聖母マリアに幸あれ」で始まる祈り》：decir una ~ 天使祝詞を1回唱える. ❷［ロザリオの］アベマリアの玉《アベマリアを唱え, つまぐる部分》

al ～ 夕暮れに
en un ～ またたく間に
saberse... como el ～ …を熟知している

Ave María [ábe maría] 個《驚き・不快》
¡～［Purísima］! ¡Qué disparate! まったくもう、何というたらめだ！

avena [abéna] 囡 燕麦(欸)、マカラス麦；オートミール：～ loca (morisca) カラス麦. ～ caballuna カラス麦の一種

avenar [abenár] 他［湿地を］排水する、水はけをよくする

avenencia [abenénθja] 囡 協定、和解：en buena ～ 調和した；一致して

avenida¹ [abeníða] 囡 ❶［並木のある］大通り、並木道：A～ José Antonio ホセ・アントニオ通り. ～ de acceso 通路. ❷ 洪水、氾濫；たくさんの人(物)：～ de turistas 押し寄せる観光客. ❸《中米》知らせ、ニュース

avenido, da² [abeníðo, ða] 形 過分 bien (mal)～ con... …と仲のよい(悪い)；…に満足している(いない)

avenir [abenír] 59 他 既分 aviniendo《文語》和解させる
◆ 自《事が》起きる：Esto *avino* a la armada. このことが艦隊に起こった
de buen (mal) ～ 仲良くつきあえる(つきあえない)
◆ ～se ❶［+con と/+en の点で］和解する、協定を結ぶ；仲がよい、調和する：Por fin *se avinieron en* el precio. やっと価格の点で合意が見られた. No *se aviene con* su suegro. 彼はしゅうとと折り合いが悪い. Estas costumbres no *se avienen con* los principios cristianos. これらの習慣はキリスト教の教義に反する. ❷［+a に］適応する；納得する：No me *avengo a* tener que pagar siempre yo. いつも私が払わなければいけないのには納得しかねる
allá se las avenga どうぞご勝手に/私の知ったことではない

aventador, ra [abentaðór, ra] 形 男 吹き散らす；吹き器《農業》唐箕(鷲)

aventajar [abentaxár] 他［+en について］…を上回る、リードする：Nadie le *aventaja en* simpatía. 人当たりのよさにかけては彼が一番だ
◆ ～se 地位が上がる
aventajado, da 形 過分 抜きん出た；有利な、都合のよい

aventar [abentár] 23 他 吹き散らす(飛ばす)；［穀物を］箕(%)であおる

aventura [abentúra] 囡《英 adventure》❶冒険、珍しい体験、危険：correr una ～ 冒険を試みる. meterse en ～s 危険なことをする. novela de ～s 冒険小説. ❷《口語》色事、情事
a la ～ なりゆきまかせに
embarcarse en ～s *(en una* ～) 冒険を企てる、冒険の乗り出す

aventurado, da [abenturáðo, ða] 形 過分 冒険的な、危険な；［意見などが］根拠に乏しい：teoría ～da 大胆な理論. no es ～ decir que+直説法 …と言っても過言ではない

aventurar [abenturár] 他 ❶ 危険にさらす：～ su vida 命を賭ける. ❷［仮説などを］大胆に提起する：～ una frase de protesta あえて抗議の声をあげる
◆ ～se［+por で］危険を冒す、冒険をする；［+a /+不定詞］あえて…する：～se por la selva シャングルに身を投じる. Hacía tan mal tiempo que no me *aventuré a* salir. 天気が悪かったので私は出かけはしなかった

aventurero, ra [abenturéro, ra] 形 ❶冒険好きの、向こう見ずな：espíritu ～ 冒険心. vida ～ra 波乱の生涯. ❷《中米》［農作物が］時季外れの
◆ 图 冒険家；山師；色事師

aventurismo [abenturísmo] 男《政治》冒険主義

average [aberáj] 男《←英語.スポーツ》率、アベレージ

avergonzar [abergonθár] 31 他 …に恥をかかす：Tu falta me *ha avergonzado*. 君の失敗で私は恥をかいた
◆ ～se［+de・por を］恥ずかしく思う、恥じ入る：Me *avergüenzo de* lo que he hecho. 私のやったことが恥ずかしい

avería [aberóa] 囡 ❶［機械などの］故障、破損：tener una ～ en el motor モーターが故障している. ❷［商品の］損傷、損害；《商業》海損：sufrir ～s 損害をこうむる. ～ gruesa (simple) 共同(単独)海損. ～ menor (simple) 単独海損. ❸《中米》不運な出来事

averiar [aberjár] 11 他 故障させる；損傷(損害)を与える
◆ ～se《主に西》故障する：Se *averiaron* los frenos. ブレーキが故障した
averiado, da 形 過分 故障した；損傷を受けた：El coche está ～. 車は故障している. A～《掲示》故障中. mercancías (cargas) ～das 海損貨物

averiguar [aberiɣwár] 13 他 ❶ 確かめる、調査する；その結果、真実を）知る：～ la verdad de un asunto 事件の真相を確かめる(つかむ). ～ la causa 原因を調査する. Por fin *averigüé* su domicilio. 私はついに彼の住居をつきとめた. ❷《中米》口論する
¡averígüelo Vargas!《口語》難問だがよろしく頼む/こんなのわかるものか(調べようがない)！

averiguación [aberiɣwaθjón] 囡 確認、調査：～ policial 警察の捜査

averío [aberóo] 男 匿名 家禽(談)

averno [abérno] 男《文語》地獄［infierno］；黄泉(¿)の国

averroísmo [abɛroísmo] 男 アベロエス Averroes 哲学(主義)

aversión [abersjón] 囡 嫌悪、反感：tener ～ a.../sentir ～ por... …を嫌う

Avesta [abésta] 男 アベスター《ゾロアスター教の教典》

avéstico, ca 形 アベスター〔教典・言語〕の；アベスター語

avestruz [abestrúθ] 男《複 ～ces》❶《鳥》ダチョウ：～ de América レア〔ñandú〕. ❷ 無

愛想な人

política (táctica) del ～ 実状を直視しようとしない態度《いやなことは見て見ぬふりをする》

avetoro [abetóro] 男《鳥》サンカノゴイ

avezar [abeθár] 他 [+a に] 慣れさせる, 鍛える: ～ a+人 *al trabajo* (*a las costumbres) ...*を仕事(習慣)に慣れさせる

◆ ～**se** 慣れる: ～*se a* trabajar 仕事に慣れる

avezado, da 形 過分 [+a~en に] 経験豊かな: ～ *a* la lucha 百戦錬磨の

aviación [abjaθjón] 女 ❶ 航空, 飛行; 医名 航空機: accidente de ～ 飛行機事故. compañía de ～ 航空会社. ～ civil 民間航空; 民間航空. ～ militar 空軍; 軍用機. ❷ 空軍

aviado, da [abjádo, ða] 形 過分 ❶《古語》用意のできた: La mesa está ～*da*. 食事の用意ができている. ❷《西. 口語》[estar・ir+. 人が主語] 窮地(逆境)にある, うまくいかない(失望する)ことになる: ¡Has perdido la cartera? ¡Pues sí que estamos ～*s*! 財布をなくしたって? 本当に困ったねえ! Estás ～ si crees que estoy enamorado. 私に好きな人がいると思っているならそれは見当違いだ

aviador, ra [abjaðór, ra] 名 飛行士《piloto》

aviar [abjár] 自 他《口語》❶ 整える, 準備する: ～ la comida a+人 ...のために食事を作る. ～ su despacho オフィスを整理する. ❷ [+de を] ...に調達する: Le *avié de* dinero para sus gastos personales. 私は彼が私用で使う金を用立ててやった

◆ 自 急ぐ

◆ ～**se**《古語》❶ 身なりを整える, 支度する. ❷ 急いでする; うまく立ち回る

aviario, ria [abjárjo, rja] 形 鳥の, 鳥類の

◆ 男 鳥類の収集

avícola [abíkola] 形 鳥類飼養の; 養鶏の: granja ～ 養鶏場

avicultura [abikultúra] 女 鳥類飼育, [特に] 養鶏

avicultor, ra 名 鳥類飼育家; 養鶏家

avidez [abiðéθ] 女 強い欲望, 熱心さ: con ～ 貪欲に, 熱心に

ávido, da [áβiðo, ða] 形 [+de を] 渇望する, 熱心な: estar ～ *de* saber 知識欲が旺盛である. con ojos ～*s* 物欲しそうな目つきで; 食い入るように. ～ *de* sangre 血に飢えた. ～ aficionado al cine 熱心な映画ファン

aviejar [abjexár] 他 年取らせる; [外見を] 老けさせる

avieso, sa [abjéso, sa] 形《文語》ゆがんだ; 意地の悪い, 悪意のある

avifauna [abifáuna] 女 鳥相《動物》鳥相

avilés, sa [abilés, sa] 形 名《地名》アビラ Ávila の[人]《カスティーリャ＝レオン地方の県・県都》

avinagrar [abinagrár] 他 酸っぱくする; [心を] とげとげしくする

◆ ～**se** 酸っぱくなる, とげとげしくなる: El vino *se ha avinagrado.* ワインが酸っぱくなってしまった

avinagrado, da 形 過分 酸敗した; とげとげしい, いらだった: carácter ～ つき合いにくい(いやな)性格

avío [abío] 男 ❶ 準備, 用意; 整理. ❷ [携行する] 食糧, 弁当. ❸ 複《口語》道具, 用具: ～*s* de costura 裁縫用具. ❹ 利益, 有用性: hacer buen ～ a+人 ...に大変役立つ

¡*al* ～! さあ仕事だ/働け!

avión [abjón] 男《英 airplane》❶ 飛行機: tomar el ～ para Tokio 東京行きの飛行機に乗る. subir al (descender del) ～ 飛行機に乗り込む(から降りる). ir en ～ 飛行機で行く. enviar por ～ 航空便で送る. Por ～《表示》航空便. ❷《鳥》イワツバメの一種

A

avioncito [abjonθíto] 男 紙飛行機

avioneta [abjonéta] 女 小型飛行機, 軽飛行機

aviónica [abjónika] 女 航空・宇宙関連の電子工学

avisado, da [abisáðo, ða] 形 過分 ❶ [estar+] 警告された. ❷ [ser+] 抜け目のない, 賢明な: mal ～ 思慮のない, 軽率な

avisar [abisár] 他《英 inform》❶ [関心事などについて] 知らせる, 通知する; 警告する: i) Me *avisó* por carta que estaba en Barcelona. 彼はバルセロナにいると手紙で知らせてた. Te *aviso* que perderás el trabajo si sigues llegando tarde a la oficina. 遅刻が続くようなら解雇されるよ. ii) [+que+接続法] Le *avisé que* fuera con cuidado. 注意するように私は彼に言った. iii) [直接目的語なしで] Cuando veas a alguien, *avísame*. 誰か見えたら, 知らせてくれ. ❷《西》呼ぶ, 来てもらう: ～ *al* médico 医者を呼ぶ

aviso [abíso] 男 ❶ 通知, 知らせ; 警告: ～ del traslado 移転通知. ～ para embarcar 乗船(搭乗)案内. ～ de tempestad 暴風雨警報. Recibió un ～ por ausentarse sin permiso. 彼は無断欠勤して戒告を受けた. ～ conferencia con ～《電話》パーソナルコール. ❷ 護衛艦. ❸《闘牛》faena が長びいた時に主宰者が闘牛士に発する警告. ❹《主に中南米》広告

dar ～ 通知(通報)する

estar (*andar*) *sobre* ～ [警戒して] 待ち構える; [+de を] 予告されている, 聞いて知っている: *Estoy sobre* ～ *de* su llegada. 彼が到着する(した)ことは知っています

hasta nuevo ～ 追って通知があるまでは

poner sobre ～ 警戒させる; 予告する, 知らせる

servir de ～ 警鐘として役立つ

sin previo ～ 予告なしに

avispa [abíspa] 女《昆虫》スズメバチ: talle de ～ [人の] 細くくびれたウエスト

avispar [abispár] 他 ...に元気をつける, 生気を与える; 《中南米》驚かす

◆ ～**se** 賢くなる, 抜け目がなくなる; 驚く: Corriendo mundo *se avispa* uno. 世間の荒波にもまれると人は賢くなる

avispado, da 形 過分 鋭敏な; 賢い, 抜け目の

ない；驚いた

avispero [abispéro] 男 ❶ スズメバチの巣(群れ)：El Congreso era un 〜 de rumores. 議会では様々な噂が飛びかっていた。 ❷《口語》やっかい事；落ち着きがなく騒がしい集団。 ❸《医学》=antrax

meterse en un 〜 ややこしい(やっかいな)ことに首を突っ込む

avispón [abispón] 男《昆虫》モンスズメバチ

avistar [abistár] 他 …が(遠くに)見える：No *avistamos* la costa a causa de la niebla. 霧で岸が見えない

avitaminosis [abitaminósis] 女《単複同形》《医学》ビタミン欠乏症

avituallar [abitwaʎár] 他 …に食糧(物資)を補給する

　　avituallamiento 男 補給

avivar [abibár] 他 活気づける，盛んにする：〜 la rivalidad 競争心をかき立てる。 〜 el color de las mejillas 頬を赤くする。 〜 el paso 足を早める，急ぐ

◆ 自/〜**se** 活気づく；生き返る

avizor [abiθór] *ojo* 〜 油断のない：estar *ojo* 〜 油断なく警戒している。 *¡Ojo* 〜*!* 用心しろ！

　　avizorar 他 油断なく見張る，監視する

avocar [abokár] ⑦ 他《法律》[上級審が] 破棄自判する

avoceta [aboθéta] 女《鳥》ソリハシセイタカシギ

avulsión [abulsjón] 女《医学》摘出，抉出

avutarda [abutárða] 女《鳥》ノガン

axial/axil [a(k)sjál/a(k)síl] 形 軸の：di-rección 〜 軸方向

axila [a(k)síla] 女 ❶ 腋(ポ)の下，腋窩(ポ゚)：olor de la 〜 腋臭(ポ゚)。 ❷ [木の] また，《植物》葉腋

　　axilar 形 腋の下の；葉腋の，腋生の

axiología [a(k)sjoloxía] 女《哲学》価値論

axioma [a(k)sjóma] 男 自明の理，原理，《論理·数学》公理

　　axiomático, ca 形 自明の；公理的な。 ◆ 女 公理性

axis [á(k)sis] 男《単複同形》《解剖》軸椎，第2頸椎

axón [a(k)són] 男《解剖》軸索

ay [ái] 間 [悲嘆·苦痛·驚きなど] ああ！：*¡Ay!* Se me ha roto el reloj. あーあ！時計が壊れてしまった。 *¡Ay!* Me he pillado el dedo. 痛い！指をはさんだ

¡〜 de+名詞! 1) […に対する同情] *¡Ay de* mí! かわいそうな私！ *¡Ay de*l que no lleve en el corazón las riquezas! 心の貧しい人は気の毒だ! 2) [脅し] *¡Ay de* ti, si eso es verdad! それが本当なら覚悟しておけよ!

◆ 男《文語》嘆き，悲鳴：los 〜*es* de los pobres 貧しい人々の嘆き。 tiernos 〜*es* 甘い吐息。 dar un 〜 悲鳴をあげる。 estar en un 〜 [人が主語] 悲鳴をあげるほど痛みが続いている

ayacuá [ajakwá] 女《南米.神話》[目に見えない] 小さな悪魔

ayate [ajáte] 男《中米》[龍舌蘭から作った] 粗布

ayatolá [ajatolá] 男 イスラム教シーア派の最高指導者：〜 Jomeini ホメイニ師

ayeaye [ajeáje] 男《動物》アイアイ

ayer [ajér] 副《英 yesterday》❶ 昨日，きのう：A〜 hubo un terremoto. 昨日地震があった。 A〜 fue sábado. 昨日は土曜日だった。 Lo sé desde 〜. それは昨日から知っている。 antes de 〜 一昨日。 anteante (trasante) 〜 さきおととい。 [por la] noche 昨夜 《anoche》

❷《文語》過去に，昔に：Ya no soy lo que era 〜. 私はもう昔とは違う

❸ 最近：Parece que fue 〜. それはつい昨日のことのように思える。 No es cosa de 〜. それは昨日今日始まったことではない

◆ 男 過去，昔：el Madrid de 〜 昔のマドリード

de 〜 acá (*a hoy*) 1) 短時間に：La elec-trónica se ha desarrollado *de 〜 a hoy*. エレクトロニクスはまたたく間に発展した。 2) 最近：*De 〜 acá* los niños dejan de jugar fuera. 近ごろ子供たちは外で遊ばなくなった

ayo, ya [ájo, ja] 名 女 の単数冠詞：el·un [a]《古語》[貴族などの子弟の，住み込みの] 養育掛，家庭教師

ayocote [ajokóte] 男《植物》[メキシコ産の] インゲンマメの一種

ayote [ajóte] 男《中米》ひょうたん《calabaza》

　　ayotera 女《植物》ヒョウタン[の木]

ayuda [ajúða] 女《英 aid, help》❶ 援助，助力；他 後ろだて，庇護者：Muchas gracias por su 〜. 大変ありがとう。 おかげで助かりました。 Nos prestó su 〜. 彼は私たちを助けてくれた。 pedir a+人 〜 monetaria …に資金援助を求める。 ofrecer 〜 a los damnificados 被災者を救援する。 leer un libro con 〜 de un dic-cionario 辞書の助けを借りて本を読む。 con la 〜 de Dios 神のご加護で(があれば). centro de 〜 [被災者·移民などの] 受入れセンター。 〜 condicionada (atada) ひもつき援助。 〜 de costa 援助金，資金カンパ。 〜 estatal 国庫補助。 〜 de emergencia (limosna) 援助物資。 fletar la 〜 en un avión 援助物資を飛行機に積み込む。 ❸ 手当：〜 familiar 家族手当。 ❹《婉曲》浣腸《enema》. ❺《情報》サポート，ヘルプ：〜 técnica テクニカルサポート。 ❻ [間投詞的に] 助けて！

ayudado [ajuðáðo] 男《闘牛》ケープを両手で持つパス

ayudante [ajuðánte] 形 名《ayudanta 女 はまれ》手助けする[人]，助手[の]：profesor 〜 助教員，[大学の] 助手。 〜 de dirección 助監督，アシスタントディレクター。 〜 de peluque-ría 見習い美容師。 〜 de campo [将官付きの] 副官。 〜 técnico sanitario《西》[医師の指示によって注射などの治療をする] 看護士

ayudantía [ajuðantía] 女 助手の職；副官の地位

ayudar [ajuðár] 他《英 aid, help》[+en について] 助ける，手伝う；[+

済的に] 援助する: i) 〜 a su padre *en* su trabajo 父の仕事を手伝う. 〜 a los necesitados 困窮者を助ける. ii) [+a+不定詞 するのを] *Ayúdame a* llevar la mesa. テーブルを運ぶのを手伝ってくれ. *Ayúde*nos a ahorrar energía. エネルギーの節約にご協力下さい. iii) [+a que+接続法] El mal tiempo *ayudó a* que la fiesta fuera un fracaso. 悪天候も手伝って祭りは散々だった

◆ 〜**se** ❶ 助け合う; [+de•con の] 助けを借りる: *Se ayudó de* los amigos. 彼は友人の力を借りた. 〜*se con* su elocuencia natural 持ち前の雄弁さを利用する. ❷ 《諺》*Ayúdate* y ayudarte he (y Dios te ayudará). 天は自ら助くる者を助く

ayunar [ajunár] 自 断食する, 絶食する

ayuno, na [ajúno, na] 形 [estar+. +de] …のない; 知らない

en 〜*nas* まだ朝食を食べていない; 何も知らない（わかっていない）

◆ 男 断食, 絶食: guardar el 〜/hacer 〜 断食をする

ayuntamiento [ajuntamjénto] 男 ❶ 市役所, 市庁舎; 市議会; 《中南米》村役場. ❷ 《古語》結合; 《婉曲》性交 『〜 carnal』

ayuntar [ajuntár] 他 =juntar

◆ 〜**se** 《古語》結合する; [+con+人 と] 性交する

ayustar [ajustár] 他 《船舶》組み継ぎする, スプライスする

azabache [aθaβátʃe] 男 《鉱物》黒玉; 《鳥》シジュウカラ: negro 〜 漆黒〔の〕, 真っ黒〔な〕

azacán, na [aθakán, na] 形 汗水たらして働く. ◆ 男 水売り

estar hecho un 〜 一所懸命である

azacanear 自 精を出して働く

azada [aθáða] 女 鍬(ﾐﾜﾐ)

azadón 男 刃の長い鍬

azafata [aθafáta] 女 ❶ 《主に西》スチュワーデス, エアホステス; グランドホステス 『〜 de tierra』. ❷ [催しなどの] コンパニオン 『〜 de congresos』; [テレビ番組などの] 女性アシスタント. ❸ [王妃の] 侍女

azafato 男 スチュワード, パーサー

azafate [aθafáte] 男 《南米》盆 『bandeja』

azafrán [aθafrán] 男 《植物》サフラン: de color 〜 サフラン色の

azafranar 他 《料理》サフランで香り(色)をつける

azagaya [aθaɣája] 女 短い投げ槍

azahar [aθa(a)ár] 男 [薬用・香料用の] オレンジ(レモンなど)の花 〜 橙花(ﾀﾞｲ)水

azalea [aθaléa] 女 《植物》アザレア, 西洋ツツジ

azar [aθár] 男 ❶ 運, 偶然(性); 不測の事態, 災難, 不運: dejar… al 〜 をなりゆきに任せる. por [puro] 〜 まったく偶然に. juego de 〜 ばくち, 運による勝負. ❷ 複 栄枯盛衰, 浮き沈み

al 〜 行き当たりばったりに, 適当に: andar al 〜 あてもなく歩く

azarar [aθarár] 他 困惑させる

◆ 〜**se** ❶ 平静を失う; 恥ずかしがる: No *se*

azara de lo que ha hecho. 彼はあんなことをしても平然としている. ❷ [ゲームなどで] へまをする

azaramiento 男 困惑; 恥ずかしがり

azarbe [aθárβe] 男 [灌漑用水の] 排水溝, 暗渠

azarbeta 女 《示小語》小暗渠

azarear [aθareár] 〜**se** 《中南米》=azararse; いら立つ, 腹を立てる

azaroso, sa [aθaróso, sa] 形 危険の多い, 不確かな; 不運な: vida 〜*sa* 波乱に富んだ人生

azarosamente 副 危険をおかして, 苦労して

azerí [aθerí] 形 名 [複 〜*es*]《国名》アゼルバイジャン Azerbaiján 男 の(人)

◆ 男 アゼルバイジャン語

azerbaijanés, sa/azerbaiyaní/azer-baiyano, na 形 名 =azerí

ázimo, ma [áθimo, ma] 形 無酵母の: pan 〜 種なしパン

azimut [aθimút] 男 =acimut

-azo (接尾辞) ❶ [動詞・名詞と. 名詞化. 打撃] cod*azo* ひじ打ち, bomb*azo* 爆撃. ❷ 《示大》boy*azo* 大きな雄牛

ázoe [áθoe] 男 窒素 『nitrógeno の古称』

azoar 他 …に窒素を加える

azogar [aθoɣár] 他 [ガラスなどに] 水銀を塗る

◆ 〜**se** 水銀中毒になる; 心配する, そわそわする

azogado, da 形 過分 [人が] 落ち着きのない. ◆ 男 水銀塗布

azogue [aθóɣe] 男 水銀 『mercurio』

ser un 〜/*tener* 〜 *en las venas* 《口語》[人が] 落ち着きがない, たえず動き回っている

temblar como 〜 ぶるぶる震える

azoico, ca [aθóiko, ka] 形 ❶ 《化学》アゾ基を含む: colorante 〜 アゾ染料. ❷ 《地質》無世代の

azoospermia [aθoospérmja] 女 《医学》無精子症

azor [aθór] 男 《鳥》オオタカ

azorar [aθorár] 他 困惑させる, どぎまぎさせる

◆ 〜**se** どぎまぎする

azoramiento 男 困惑

azoro 男 《中南米》困惑; 《中米》お化け

azorrar 他 〜**se** うとうとする

azotacalles [aθotakáʎes] 名 『単複同形』ぶらぶら遊び歩く人

azotaina [aθotáina] 女 鞭打ち; お尻をビシビシ叩くこと

azotar [aθotár] 他 ❶ 鞭で打つ; 激しく打つ, 叩きつける: 〜 un caballo 馬に鞭を入れる. Las olas *azotaban* las rocas. 波が岩を叩いていた. ❷ 被害を与える: Una ola de frío *azotó* Francia. 寒波がフランスを襲った

〜 *el aire* 空を打つ; 無駄骨を折る

〜 *las calles* 街をぶらぶら歩き回る

azote [aθóte] 男 ❶ 鞭; 鞭打ち: niño de los 〜*s* 王子の代わりに鞭打たれる学友. [子供への罰として] お尻を叩くこと: Te voy a dar (propinar) unos 〜*s*. お尻を叩くぞ. ❸ [波・雨などが] 激しく叩きつけること. ❹ 災害, 災難

azotea [aθotéa] 女 屋上; 平屋根

estar (andar) mal de la ~/tener pájaros en la ~《口語》頭がおかしい

azteca [aθtéka] 形 名 アステカ族[の]《メキシコの先住民》

◆ 男 アステカ語

azúcar [aθúkar] 男 《時に 囡. 慣. では常に 囡. 英 sugar》❶ 不可算 砂糖：¿Tomas ~ en el café?/¿Le pones ~ al café? コーヒーに砂糖を入れますか？ ~ blanco 白砂糖. ~ blanquillo [半精製状態の] 白砂糖. ~ moreno ブラウンシュガー, 黒砂糖. ~ cande (candi) 氷砂糖. ~ [de] lustre 上白糖. ~ en cubos (en terrones)/~ cortadillo 角砂糖. ~ en polvo/~ glasé 粉糖. ❷《化学・生理》糖, 糖分；血糖《~ sanguíneo》：tomar ~ 糖分をとる. nivel de ~ [en la sangre] 血糖値

azucarado, da [aθukarádo, da] 形 過分 ❶ [estar+] 甘い；砂糖入りの：café muy ~ 非常に甘くしたコーヒー. ❷ 愛想のいい, 猫をかぶった

azucarar [aθukarár] 他 …に砂糖を入れる, 甘味をつける；糖衣をかぶせる,《比喩》甘ったるくする

◆ ~se [ジャムなどのシロップが] 砂糖状に固まる

azucarero, ra [aθukaréro, ra] 形 砂糖の：industria ~ra 製糖業

◆ 男《鳥》ミツドリ；砂糖入れ

◆ 囡 製糖工場；砂糖入れ

azucarería 囡《中米》砂糖店

azucarillo [aθukaríʎo] 男 カルメラに似た菓子

azucena [aθuθéna] 囡《植物》白ユリ：~ de agua スイレン

azud [aθú(d)] 男 [灌漑用の] 水車；[貯水用の] 堰(ゼき)

azuela [aθwéla] 囡《建築》手斧(ちょうな)

azufaifa [aθufáifa]《果実》ナツメ

azufaifo 男《植物》ナツメ

azufre [aθúfre] 男《元素》硫黄：~ sublimado 硫黄華. ~ vivo 天然硫黄. ~ vegetal

石松子

azufrar 他 …に硫黄を散布する

azul [aθúl] 形《英 blue》青い, 青色の：i) 青い空. pelo rubio y ojos ~es 金髪碧眼. días ~es [スペイン国鉄の] 割引日. enfermedad ~ 青色病《先天性心疾患》. zona ~ パーキングメーターのある駐車区域. ii) [+形容詞. 数無変化] Las faldas son [de color] ~ celeste. それらのスカートは空色だ. corbatas blancas y ~ marino 白とネービーブルーのネクタイ

◆ 男 青色, 青さ：~ añil 藍色. ~ azafata 紺青色, ロイヤルブルー. ~ celeste (cielo) 空色. ~ claro/~ [del] agua 水色. ~ cobalto コバルトブルー. ~ de Prusia プルシアンブルー. ~ de Sajonia サックスブルー. ~ ultramar/~ ultramarino ウルトラマリン, 群青色. ~ eléctrico 明るい金属的な青. ~ marino ネービーブルー, 紺色. ~ turquesa ターコイズブルー. ~ turquí 濃青色

azulado, da [aθuládo, da] 形 過分 青みがかった, 青い

azular 他 青くする

azulear [aθuleár] 自 青みがかって見える

azulejo [aθuléxo] 男 ❶《建築》化粧タイル. ❷《鳥》ハチクイ；《中南米》シジュウカラの一種

azulejería 囡 タイル張り

azulete [aθuléte] 男 [洗濯で黄ばみをとるための] 青みづけの染料

azulón, na [aθulón, na] 形 鮮やかな青の

azuloso, sa [aθulóso, sa] 形 青みがかった《azulado》

azúmbar [aθúmbar] 男《植物》サジオモダカ

azumbre [aθúmbre] 男 [昔の液体量の単位] アスンブレ《=約2リットル》

azur [aθúr] 形 男《紋章》紺色[の]

azurita [aθuríta] 囡《鉱物》藍銅鉱

azuzar [aθuθár] 他 [犬・人を, +contra に] けしかける

B

b [bé] 男 アルファベットの第2字 〖⇒v 参照〗

b/; B/. 《略語》←botella びん; bulto 荷物

BA 《略語》←Buenos Aires ブエノスアイレス

Baal [báal] 男 バール神《セム系の民族の主神》

baba [bába] 女 ❶ よだれ: echar ～ よだれをたらす. ❷ [カタツムリなどが出す] 粘液; 樹液. ❸ 《動物》[南米産の] ワニの一種. ❹《菓子》サバランン

　caerse a+人 *la* ～ …がうっとりする: Se les cae la ～ con su nieto. 彼らは孫がかわいくてたまらない

　cambiar ～s キスする

　mala ～ ねたみ; 悪意: tener (con) muy *mala* ～ 大変意地が悪い(意地悪く)

babaza [babáθa] 女 =**baba**, **babosa**

babear [babeár] 自 ❶ よだれをたらす; 粘液を出す. ❷《口語》[聞いて・見て] 大変満足する

　◆ ～se《中米》[+por を] 渇望する

　babeo 男 よだれをたらす(粘液を出す)こと

babel [babél] 男/女 ❶ 混乱, 騒然とした場所: Tu cuarto es siempre un ～. 君の部屋は散らかり放題だ. ❷《聖書》torre de B～ バベルの塔

babélico, ca 形 混乱した, 騒然とした

babera [babéra] 女 [兜の]あご当て; よだれかけ [babero]

babero [babéro] 男 よだれかけ; [食事用の]エプロン; 《西》[小学生の] うわっぱり, スモック

babi [bábi] 男 《←英語. 西. 服飾》ロンパース

Babia [bábja] 女 《estar en ～ うわのそらであ
る, とりとめない夢想にふけっている

babieca [babjéka] 形 名《軽蔑》愚か者(の)

babilla [babíʎa] 女 ❶《食用獣の》股の部分
〖carne カット〗. ❷《中米》傷口から出る分泌液

babilónico, ca [babilóniko, ka] 形 ❶《歴史・地名》バビロニア Babilonia 女 の. ❷ 豪華な; これみよがしの

　babilonio, nia 形 名 バビロニアの(人)

bable [báble] 男 アストゥリアス方言(なまり)

babor [babór] 男《船舶》左舷 [↔estribor]: A [todo] ～. 取り舵(いっぱい)!

babosa¹ [babósa] 女《動物》ナメクジ

babosada [babosáda] 女 愚直さ, 愚行;《中米》軽蔑すべきこと(人)

babosear [baboseár] 他 ❶ よだれで汚す(濡らす). ❷《中南米》からかう, 嘲笑する;《中米》ひどく固執する

　◆ [女性に] ほれ込む

baboso, sa² [babóso, sa] 形 よだれをたらす

　◆ 名《口語》大人ぶった(小生意気な)子供

　◆ 男《魚》ベラ

babucha [babútʃa] 女 ❶ [アラブ風の]スリッパ; 《南米》[紐で結ぶ] 深い靴

a ～《南米》背負って

babuino, na [babwíno, na] 名《動物》ヒヒ

baby [bábi] 男《西》=**babi**

baca [báka] 女《自動車》ルーフラック, 荷台

bacalao [bakaláo] 男 ❶《魚》タラ(鱈)《特に》干鱈: ～ de Escocia ヘイク. ～ al pil-pil《料理》[バスク地方の] タラのニンニク煮込み. ❷《音楽》強烈なビートの曲

　conocer a+人 *el* ～《口語》…の意図(下心)が見え見えである

　cortar el ～《口語》主導権を握っている

bacalada 女 塩漬けタラ

bacaladero, ra 形 タラ(漁)の. ◆ タラ漁船

bacaladilla 女 [小型の] タラの一種

bacán, na [bakán, na] 形 名《南米》[女・男を囲っている] 旦那(の), パトロン(の)

bacanal [bakanál] 形《酒神バッカス Baco の》
　◆ 女 乱痴気騒ぎ; 形 バッカス祭

bacante [bakánte] 女 バッカス神の巫女

bacar[r]á [bakará/-řá] 男《トランプ》バカラ
　hacer ～ すべての試験に落ちる

bache [bátʃe] 男 ❶ [道路の] 穴, 水たまり; 《航空》エアポケット; [それによる車・飛行機の] 揺れ: carretera con ～s 穴だらけの道. ❷ [精神状態・売上げなどの] 落ち込み: sufrir un ～ 落ち込む. ～ económico 経済の不振. ❸ [一時的な] 中断. ❹ 形《スキー》モーグル

bachear [batʃeár] 他 穴ぼこを埋める

bachicha [batʃítʃa] 名《南米》イタリア系移民
　◆ 女 形《中米》[コップに残った] 汚れかす

bachiller, ra [batʃiʎér, ra] 名 ❶《中等教育を修了した人《日本の高卒者に相当する》; 《古語》学士. ❷ おしゃべりな[人]; 知ったかぶりの[人]

bachillerato [batʃiʎeráto] 男《中等教育《日本の中学・高校に相当する》; その修了資格(卒業試験): ～ unificado polivalente [普通科高校に相当する] 総合中等教育

bacía [baθía] 女 [給餌用の] 容器, 桶; [昔の理髪師がひげをぬらすために使った] 半円形の皿

bacilo [baθílo] 男 バチルス, 桿菌(ᵏᵃⁿ): ～ botulínico ボツリヌス菌. ～ cólico 大腸菌. ～ de Koch 結核菌

bacilar 形 バチルスの; 細菌性の

bacín [baθín] 男 [昔の] 室内用便器, おまる

backgammon [bakgámɔn] 男《←英語. ゲーム》バックギャモン

Baco [báko] 男《神話》バッカス《ワインの神》

bacon [bakɔ́n/béikɔn] 形《←英語. 西. 料理》ベーコン

bacteria [baktérja] 女 バクテリア, 細菌

bacteriano, na 形 バクテリアの, 細菌性の

B

bactericida 形 男 殺菌性の〔物質〕

bacteriófago 男 バクテリオファージ

bacteriolisis 女〖単複同形〗溶菌〔反応〕

bacteriología 女 細菌学

bacteriológico, ca 形 細菌学の; 細菌を使う

bacteriólogo, ga 名 細菌学者

báculo [bákulo] 男〖主に権威の象徴としての〗杖(?);〖精神的・経済的な〗支え: ～ pastoral 司牧の杖〖☞obispo カット〗. ～ de su vejez 老後の頼り

badajo [baðáxo] 男〖鐘の〗舌;〖無知な・愚かな〗多弁家
　badajear 自 べらべらとよくしゃべる

badajocense/badajoceño, ña [baðaxoθénse/-θéɲo, ɲa] 形 名 ＝**pacense**

badana [baðána] 女 羊のなめし皮
　zurrar (*sobar*) *a*+人 *la* ≪西. 口語≫…をぶん殴る; がみがみ叱る
◆ ＝**badanas**
　badanas 名〖単複同形〗≪口語≫なまけ者

badea [baðéa] 女 まずい(うらなりの)スイカ・メロン・キュウリ・カボチャ; なまけ者, ぐうたら

badén [baðén] 男 ❶〖地質〗雨溝. ❷〖道路の〗排水溝; ＝**vado**. ❸〖道路などの〗穴, でこぼこ

badil [baðíl] 男〖暖炉・火鉢の〗火かき棒〖☞brasero カット〗

badila [baðíla] 女 ＝**badil**
　dar a+人 *con la* ～ *en los nudillos*〖期待とは逆に〗…を叱る, 罰する

bádminton [báðminton] 男 ≪スポーツ≫バドミントン

badulaque [baðuláke] 名 ≪口語≫おめでたい人, 間抜け

bafle [báfle] 男〖←英語〗〖スピーカーボックスの〗バッフル; ハイファイスピーカー

baga [báɣa] 女〖植物〗亜麻の萌花(?)

bagaje [baɣáxe] 男 ❶ 軍名〖主に軍用の〗荷物;〖それを運ぶ〗駄獣, 車. ❷〖蓄積された〗知識: Tiene poco ～ intelectual. 彼は学識が浅い. coger ～ 経験を積む

bagatela [baɣatéla] 女 取るに足りないもの: gastar su dinero en ～ つまらないことに金を使う

bagazo [baɣáθo] 男〖オリーブなどの〗搾りかす

bagual, la [baɣwál, la] 形 名 ≪南米≫気性の荒い〔馬〕
◆ 女 アルゼンチンの民謡

bah [bá] 間 ❶〖不信・軽蔑など〗どうだか/ばかばかしい!: ¡Bah! ¡Qué disparates dices! ばかな! 何というでたらめを言うんだ! ❷〖諦め〗しょうがない!: ¡Bah! Entonces, qué le vamos a hacer. だめだ! これじゃ, どうしようもない

bahamés, sa [b(a)amés, sa] 形 名〖国名〗バハマ Bahamas の(人)

bahareque [b(a)aréke] 男 ＝**bajareque**

baharí [b(a)arí] 男〖鳥〗チゴハヤブサ

bahía [baía] 女 湾, 入り江〖☞golfo 類義〗: *B*～ de Tokio 東京湾

bahreiní [barɛiní] 形 名〖国名〗バーレーン Bahrein の(人)

bailable [bailáble] 男 ダンス音楽〖música ～〗

bailador, ra [bailaðór, ra] 形 名 舞踊好きの〔人〕, 踊り手

bailaor, ra [bailaór, ra] 名 フラメンコダンサー

bailar [bailár] 自〖英 dance〗❶ 踊る, ダンスをする: *Baila* muy bien. 彼は踊りが上手だ. ¿Puedo invitarla a ～? 踊っていただけますか? ❷ 揺れ動く, 動き回る: Te *bailan* los pies. 足もとがふらついているよ. Mis pies *bailan* en estos zapatos. この靴は私にはぶかぶかだ. Me *baila* un diente. 私は歯が1本ぐらぐらしている. ❸〖こま〗回る. ❹〖文字・数字の〗順番を間違える
　otro que bien (*tal*) *baila* 似たりよったりのもの/同じ穴のむじな
◆ 他 踊る;〖こま〗回す: ～ el vals ワルツを踊る
　¡que me (*te・nos…*) *quiten lo bailado* (*bailao*)!* ≪口語≫〖喜び〗今まで楽しんだのだから, 後は〔どうなっても〕いいさ!

bailarín, na [bailarín, na] 形 名 踊る〔人〕, 踊り好きの〔人〕; 舞踊家, ダンサー; バレリーナ〖*bailarina* de ballet〗: primer ～ 第一舞踊手. ～ de claqué タップダンサー. *bailarina* del vientre ベリーダンサー
◆ 女 ≪靴≫パンプス

baile [báile] 男〖英 dance〗❶ 舞踊, ダンス; ～ clásico 古典舞踊, バレエ. ～ de escoba 椅子とりゲーム〖負けた人は椅子と踊る〗. ～ de figuras スクエアダンス. ～ de salón 社交ダンス. ～ deportivo 競技ダンス. ～ moderno モダンダンス. ～ regional 民俗舞踊 ❷ 舞踏会, ダンスパーティー: celebrar (dar) un ～ 舞踏会を催す. ir al ～ ダンスパーティーに行く. ～ de sociedad 社交舞踏会;〖ダンスホールでの〗ダンスパーティー ❸≪古語≫ダンスホール: ～ de candil (de botón gordo) 低俗なダンスホール ❹ ゆっくりとしたリズミカルな動き ❺≪口語≫i)〖数字・文字の〗書き間違え, 記入ミス〖例 42←24〗. ii)〖テニスなどで〗相手を愚弄するような球を送ること. iii)〖思考の〗混乱;〖知識の〗欠如. iv)〖選挙で〗なかなか当確確実にならないこと ❻〖医学〗el ～ de San Vito 聖バイタス舞踏病

bailón, na [bailón, na] 形 名 よく踊る〔人〕, 踊りが大好きな〔人〕

bailongo, ga [bailóngo, ga] 形 música ～*ga* ダンス音楽
◆ 男 ≪軽蔑≫陽気で下品な踊り

bailotear [bailoteár] 自 ≪戯語≫〖正式・優雅でなく〗踊る; ふらふら揺れる
　bailoteo 男 その踊り

baivel [baiβél] 男〖石切りが使う〗斜角定規

baja¹ [báxa] 女 ❶〖価格・温度などの〗下落: ～ en picado de las acciones 株価の暴落. ～ de temperatura 気温の低下. ❷ 落ちぶれ, 倒産. ❸ 欠員, 脱退者: Se han producido (causado) tres ～s por jubilación en la empresa. 定年退職によって3名の欠員が生じた．Es ~ en el sindicato hace un año. 彼は1年前から組合をやめていた．❹ 休職, 病欠〖~ por enfermedad〗: Estuvo un mes de ~. 彼は1か月休職していた. tomar la ~ 休職する. ~ por maternidad 産休, 育休. ❺ 〖医療扶助を受けるための医者の〗診断書, 罹病証明. ❻ 退職: ~ incentivada (por incentivo) 〖退職金の割増による〗希望退職. ~ vegetativa 自然減による退職. ~ voluntaria 自己都合による退職. ❼〘軍事〙除隊; 〖兵員・武器の〗損害: En la batalla hubo gran número de ~s. その戦闘で多数の死傷者が出た. ❽〘表示〙1階

a la ~《相場》下げ調子の, 弱気筋の

dar ~/ir de (en) ~ 〖価値などが〗下落する: Siendo así, su tienda *da (va) de ~*. そんなことをしているとお店の評判が落ちますよ

dar de ~ 1)〘軍事〙未確認戦死者として登録する; 〖不適格者を〗免役除隊にする. 2) 解雇する; 除名(除籍)する. 3)〖保険を〗解約する

darse de ~〖+en・de から〗退職(退会)する, 引退する; 病気休暇をとる: Me di de ~ en el club. 私はクラブを脱退した. *darse de ~ en una inscripción* 加入契約を取り消す. Está *dado de ~*. 彼は休職中である.

estar en (de) ~ 下降(下落)中である; 元気がない, 調子が悪い

jugar a la ~ 値下がりを見越して投機する, 売り方に回る

bajá [baxá] 男 パシャ〖オスマン・トルコ帝国の高官の称号〗

bajacaliforniano, na [baxakalifornjáno, na] 形〘地名〙〖メキシコの〗バハカリフォルニア Baja California の〔人〕

bajada [baxáða] 女 ❶ 下降; 低下, 下落: ~ del telón 閉幕. ❷ 下り坂, 傾斜: Esta carretera tiene mucha ~. この道は急な下り坂になっている. El terreno hace una ~ hacia el río. 土地は川の方へ下っている. ~ de aguas《建築》樋, 雨樋

~ *de bandera*〖タクシーの〗最低料金

ir de ~ 下降中である, 低下しつつある

bajamar [baxamár] 女 干潮(時)〖原義 bajamar は潮が最も引いた時. その前後を含めては marea baja. ↔pleamar〗

bajante [baxánte] 女/男 下水道;《中南米》水位の低下

bajar [baxár] 自〖英 go down. ↔subir〗
❶〖人が〗降りる: i)〖+a に/+de から〗~ a la bodega 酒倉へ降りる. ~ del tren 列車から降りる. El estudiante no *baja de* sobresaliente. その学生はオール優だ. ii)〖+a+不定詞 するために〗Ha bajado a desayunar. 彼は朝食を食べに降りてきた. iii)〖+en で〗~ en ascensor エレベーターで降りる. He bajado mucho en su consideración. 彼の私に対する評価が下がってしまった. iv)~ de categoría 降級する, 格下げになる
❷〖ものが〗下がる: i) Ha bajado el nivel del agua. 水位が下がった. La temperatura *bajó* a cero. 気温は零度に下がった. ii)〖+de が〗La gasolina no *baja*〖de precio〗. ガソリンの値段が下がらない
❸〖+de+数 を〗下回る: El atleta *baja de* los 3,30 minutos. その選手は3分30秒を切っている
❹〘口語〙〖南へ〗下る
◆ 他〘英 lower〙❶ 下げる, 低くする: i) ~ un cuadro 絵の位置を下げる. ~ la basura〖階上の人が〗ごみを下に出す. ~ la persiana ブラインドを降ろす. ~ la temperatura 温度を下げる. ~ el precio 値下げする. ~ sus pretensiones 目標を下げる, 望みを低くする. ii)〖+de から〗~ una maleta *de* la baca 車のラックからスーツケースを下ろす. ❷ 下る: ~ el río (la cuesta) 川(坂)を下る
◆ ~*se* ❶ 降りる: Se bajó *de*l autobús. 彼はバスを降りた. ❷ 身をかがめる: Me bajé a beber del arroyo. 私はかがんで小川の水を飲んだ. ❸〖ズボン・スカートなどを〗下ろす

bajareque [baxaréke] 男《中米》掘立小屋; 塗り壁, 土壁

bajativo [baxatíβo] 男《南米》消化によいとされる食後酒

bajel [baxél] 男《文語》船〖barco, buque〗

bajero, ra [baxéro, ra] 形 下にある, 下で使われる: falda ~ra アンダースカート〖ペチコートなど〗
◆ 女 ❶ 敷布〖sábana ~ra〗. ❷《中南米》大して価値のない物・人

bajeza [baxéθa] 女 卑しさ, 下劣さ: cometer la ~ 卑劣な行為をする. ~ de ánimo 卑怯. ~ intelectual 無教養, 粗野. ~ de nacimiento 生まれの卑しさ

bajial [baxjál] 男《中南米》〖冬の雨期に冠水する〗低地

bajini(s) [baxíni(s)] 男 *por* 〖*lo*〗~《口語》小声で, こっそりと

bajío [baxío] 男 浅瀬, 砂州;《中南米》低地

bajista [baxísta] 形 名 ❶《商業》弱気筋〖の〗, 売り方〖の〗: tendencia ~ 値下がり傾向. ❷《音楽》低音部の奏者(歌手), ベーシスト

bajo¹ [baxo] 前 ❶ …の下に〖囿義 bajo は主に抽象的な意味で使われる. debajo de は bajo より基準点が具体的〗: andar ~ la lluvia 雨の中を歩く. 〖時に +de〗Se oculta su impiedad ~〖de〗hermosa apariencia. 美しい外見の下に彼女の無情さは隠されている. ❷ …のもとで: sufrir ~ la tiranía 圧政に苦しむ. ❸〖他の前置詞の代用〗~ esta base この基盤に立って〖=sobre〗. ~ este fundamento この仮定のもとに〖=en〗. ~ mi punto de vista 私の観点からすれば〖=desde〗. ~ la razón social 商号をもって〖=con〗

bajo², ja² [báxo, xa] 形〘英 low. ↔alto〙❶〖ser+ 高さが/ estar+ 位置が〗低い; 下の: i) Pedro es ~. ペドロは背が低い. Su cuarto es más ~ que el mío. 彼の部屋は私の所よりも下の階にある. La niebla está *baja*. 霧が低くたれこめている. hom-

bre ～ [de estatura] 背の低い男. mesa *baja* 低いテーブル. tierra *baja* 低地. el ～ Plata ラプラタ川下流. con las cortinas *bajas* カーテンを下ろして. ii) [価格・温度・地位などが] de ～ precio 安い. El mercado está ～. 市況は低調だ. temperatura *baja* 低温. nota *baja* 低い(悪い)点数. de *baja* calidad 品質の悪い. iii) [+en·de が] cigarrillos ～*s* en nicotina ニコチンの少ない煙草. metal ～ *en* plata 銀位の低い金属. Los jugadores están ～*s de* moral. 選手たちは士気が低い
❷ [音・声が] 低い, 小さい
❸ [時代が] 後期の: *B*～ Edad Media 中世後期
❹ [色が] 薄い, 淡い: azul ～ 淡青色
❺ 下劣な: vocabulario ～ 卑語. ～ en su estilo やり方が卑劣な
por lo ～ 小声で, ひそかに; 少なめに, 控えめに
◆ 副 ❶ 低く: La golondrina vuela muy ～. ツバメはとても低く飛ぶ. ❷ 小声で: hablar ～ 小声で話す
◆ 男 ❶ [主に 複] 低い所; 下の部分: ～〔*s*〕 de la casa 家の1階. ～*s* de los pantalones (la falda) ズボン(スカート)のすそ. ❷ 低地; 浅瀬. ❸《音楽》i) 低音部: ～ cifrado 〔数字付き〕通奏低音. ii) [歌手] バス. iii) ベース; ベーシスト. ❹ 複《自動車》床板の外側

bajón [baxón] 男 ❶ [顕著な] 下落, 衰退: Su salud dio un ～. 彼の健康が衰えた. ❷《楽器》バスーン

bajonazo [baxonáθo] 男《闘牛》低い(肺に刺さる)突き《estocada》

bajorrelieve [baxořeljébe] 男《建築》浅浮き彫り

bajuno, na [baxúno, na] 形 [人柄・行為・手段などが] 卑しい, 下劣な

bakalao [bakaláo] 男 =**bacalao** ❷

bala [bála] 女 ❶ 弾(🎱), 弾丸: como una ～ 鉄砲玉のように, すばやく. ～ de fogueo (de salva) 空包. ～ de goma (de plástico) [暴動鎮圧用などの] ゴム(プラスチック)弾. ～ expansiva ダムダム弾. ～ perdida 流れ弾; 風変わり(放縦・無鉄砲)な人. ～ trazadora 曳光弾. tren ～ 超特急〔列車〕. Donde pone el ojo, pone la ～. 百発百中である. ❷ [綿などを縛った] 荷; 梱, 俵
ni a ～《中南米》決して[…ない]
～ *rasa* =**balarrasa**
tirar (disparar) con ～ [悪意で] ずけずけ言う

balaca [baláka] 女《南米》虚勢, 強がり

balacear [balaθeár] 他《中米》銃撃する
balacera 女 [激しい] 銃撃《tiroteo》

balada [baláða] 女《詩法・音楽》バラード

baladí [balaðí] 形〔複 ～es〕取るに足りない: un asunto ～ 瑣事, 小事

baladre [baláðre] 男《植物》セイヨウキョウチクトウ

baladronada [balaðronáða] 女 ほら, 大言壮語
baladrón, na 形 名 ほら吹き[の]

baladronear 自 ほらを吹く

bálago [bálaɣo] 男 [長い] わら; [石けんの] 細かい泡
zurrar a+人 el ～ …をぶん殴る

balalaica [balaláika] 女《楽器》バラライカ

balance [balánθe] 男 ❶ [利害得失などの] 比較検討; [行為などの成否の] 結果, 評価: hacer el ～ de la situación política 政治情勢を検討する. ～ de víctimas 犠牲者(死傷者)の数. ❷《経済》決算, 収支;貸高, 貸借対照表, バランスシート: cuadrar un ～ 勘定を締める. hacer el ～ 帳尻を合わせる. libro de ～s 残高帳. venta por ～ 決算前処分セール. ～ anual 年次貸借対照表. ～ de comprobación 試算表. ～ consolidado 連結貸借対照表. ～ de pagos 国際収支. ～ comercial 貿易収支. ～ superavitario (deficitario) 黒字(赤字)収支. ❸ [船・体の] 揺れ; 不安定な状態: estar en perpetuo ～ [決心などが] 揺れ動いている. ❹《化学・医学》～ ácido-básico 酸塩基平衡. ～ energético エネルギー収支

balancear [balanθeár] 他 ❶ 揺り動かす: ～ la cuna 揺りかごを揺する. ❷ [秤などの] 釣合いをとる: ～ el presupuesto 予算の均衡を図る
◆ 自 [船などが] 揺れる; ためらう
◆ ～**se** 体を前後(左右)に揺する, 揺れる; 釣合いがとれる: ～*se* en el columpio ブランコに乗る
balanceo 男 揺れ

balancín [balanθín] 男 ❶ 揺り椅子; [幌付きの] 吊り椅子. ❷ シーソー; [綱渡りの] バランス棒; [カヌーの] 舷外浮材; [エンジンの] ロッカーアーム

balandra [balándra] 女 1本マストの小型帆船, スループ

balandrán [balandrán] 男 聖職者の着るケープ付きのコート

balandro [balándro] 男 1本マストの短艇, ヨット
balandrismo 男 ヨット遊び; ヨットレース
balandrista 名 ヨットマン

balano/bálano [baláno/bála-] 男《解剖》亀頭《glande》

balanza [balánθa] 女 ❶ 秤(はかり), 天秤: ～ analítica 化学天秤. ～ automática [値段もわかる] 自動秤. ～ de baño ヘルスメーター. ～ de cocina キッチンスケール. ～ de cruz [昔の] 2枚皿の天秤. ～ de muelle (de resorte) ばね秤. ～ de precisión 精密秤. ～ romana 竿秤. ～ de poder[es]/～ política 勢力均衡, 政治的均衡. ❷《経済》～ comercial 貿易収支. ～ de pagos 国際収支. ～ de pagos por cuenta de capital 資本収支. ～ por cuenta corriente 経常収支
estar en ～〔*s*〕どっちつかずの(不安定な)状態にある
inclinar [*el fiel de*] *la* ～ 片方に肩入れして優勢にする
poner en ～ …を秤にかける, 比べる

balaquear [balakeár] 自《南米》=**baladronear**

balar [balár] 自 ❶ [ヒツジ・ヤギが] 鳴く. ❷ [+por で] しきりに欲しがる

balarrasa [balar̄ása] 男《口語》[強い] 安酒；分別のない人, 常識外れの人

balasto [balásto] 男 [鉄道・道路建設用の] バラス, 敷き砂利
　balastro 男 ＝balasto

balaustrada [balau̯stráða] 女《建築》欄干, 手すり；[装飾用などの透かし穴を入れた] 腰壁
　balaustre/balaústre 男 手すり子, バラスター

balay [balái̯] 男《中南米》ふるい, 篭

balazo [baláθo] 男 命中弾；弾傷, 銃創：morir a+人 ～ 弾傷で死ぬ. caer a+人 a ～s …を蜂の巣にする
　ser un ～《南米》手早い, 上手である

balboa [balbóa] 男 [パナマの貨幣単位] バルボア《＝100 センテシモ》

balbucear [balbuθeár] 自 口ごもる, もぐもぐ言う；[幼児が] 片言をしゃべる, たどたどしく話す
　balbuceo 男 片言；初期段階, 揺籃期：los primeros ～s de la Reforma 宗教改革のきざし
　balbucir 自 [語尾に i の残る活用形のみ ☞ abolir 活用表] ＝balbucear

balcánico, ca [balkániko, ka] 形 名《地名》バルカン半島(諸国) Balcanes 男 複 の〔人〕
　balcanización 女 バルカン化, 小国の分立

balcón [balkón] 男 ❶ バルコニー；その手すり：Está en el ～. 彼はバルコニーにいる. salir al ～ バルコニーに出る. ～ corrido ＝balconada. ❷ 展望台, 見晴らし台
　balconada 女 長いバルコニー
　balconaje 男 バルコニーの連なり
　balconcillo 男《闘牛》toril の上の手すり付きの席

balda [bálda] 女 [家具の] 棚, 棚板；[ドアの] かんぬき

baldado, da [baldáðo, ða] 形 過分 [estar+. 事故・殴打などで] 動けない, ぐったりした；疲れ果てた：quedarse ～ de un partido 試合でへとへとになる
　baldar 他 ぐったりさせる：～ a+人 a palos 棒で…を叩きのめす. ◆ ～se ぐったりする

baldaquín/baldaquino [baldakín/-kíno] 男 [寝台・玉座・祭壇の] 天蓋

balde [bálde] 男《船舶》バケツ, 手桶《cubo》
　caer a+人 como un ～ de agua fría …にとって思いもよらない衝撃である
　de ～ 無料で, ただで：viajar de ～ ただ乗りする
　en ～ 無駄に・を：Le esperé en ～. 彼を待ったが無駄だった. perder el tiempo en ～ 無為に過ごす
　estar de ～ 何もしないでいる；余計(無益)である
　no en ～ 不思議ではない, 当然である

baldear [baldeár] 他 [甲板などに] バケツで水をまく；[溝などから] バケツで水をかき出す
　baldeo 男 その行為

baldío, a [baldío, a] 形 [土地が] 不毛な；無

駄な, 空しい；[人が] ぶらぶら(のらくら)する：esfuerzos ～s 空しい努力
　◆ 男 不毛の土地, 荒れ地《terreno ～》；《南米》空き地, さら地
　baldíamente 副 無駄に, 空しく

baldón [baldón] 男 汚点, 恥辱；侮辱：El hijo fue el ～ de la familia. その子は一家の面汚しだった
　baldon[e]ar 他 侮辱する

baldosa [baldósa] 女 タイル, 板石：～ de plástico ビニタイル
　baldosín 男 小タイル

baldragas [baldrágas] 男《単複同形》意気地なし

balduque [baldúke] 男《官僚式の》煩雑な手続き

balear [baleár] 形 名《地名》バレアレス諸島 las Baleares の〔人〕：Islas B～es バレアレス諸島《正式な自治州名》
　◆ 他《南米》銃撃する；《中米》詐取する

baleo [baléo] 男 丸いドアマット

balero [baléro] 男《中米》ボールベアリング

balido [balíðo] 男 ヒツジ(ヤギ)の鳴き声：dar ～s メーメー鳴く

balín [balín] 男 小口径の銃弾, 空気銃の弾

balístico, ca [balístiko, ka] 形 弾道の：misil ～ 弾道ミサイル
　◆ 女 弾道学

baliza [balíθa] 女 航路(航空)標識, ビーコン；[鉄道・道路の] 危険標識
　balizaje/balizamiento 男 滑走路の照明《～ de pista》
　balizar 他 航路標識を設置する《abalizar》

ballena [baʎéna] 女 ❶《動物》クジラ(鯨)：caza (pesca) de la ～ 捕鯨. aceite de ～ 鯨油. ～ azul シロナガスクジラ. ❷ 鯨のひげ；[コルセットなどに入れる] 針金
　ballenato 男 鯨の子
　ballenero, ra 形 名 捕鯨の；捕鯨船員. ◆ 男 キャッチャーボート；捕鯨船《barco ～》

ballesta [baʎésta] 女 弩(おおゆみ), 弩砲(いしゆみ)；[車両の] 板ばね
　ballestero 男 弩の射手(作り手)；武器の手入れと狩猟の供をする従臣

ballestrinque [baʎestrínke] 男《船舶》巻結び

ballet [balé] 男《複》～s バレエ, 舞踏劇；バレエ団

ballico [baʎíko] 男《植物》ドクムギ, ライグラス

ballueca [baʎwéka] 女《植物》カラスムギ《麦畑などの雑草》

balneario, ria [balneárjo, rja] 形 湯治の, 温泉の
　◆ 男 湯治場, 温泉場《estación ～ria》
　balneoterapia 女 温泉療法

balompié [balompjé] 男 サッカー《fútbol》
　balompédico, ca 形 サッカーの

balón [balón] 男《英 ball》❶ ボール
　《題義》balón はサッカー・バスケットボールなどの大型のボール. pelota はテニス・野球などの小型のボール. ゴルフやホッケーなどでは bola も使

う］：～ de rugby ラグビーボール. ❷ 風船；気
球：～ de ensayo 観測気球. ❸ 球形の容器；
球形フラスコ：～ de oxígeno 酸素ボンベ；救い
の神. ❹《船舶》スピンネーカー
echar balones fuera《口語》あいまいな返事
をする、逃げ口上を言う

balonazo [balonáθo] 男 ボールによる打撃

baloncesto [balonθésto] 男《スポーツ》バスケ
ットボール

baloncestista 名 バスケットボールの選手

baloncestístico, ca 形 バスケットボールの

balonmano [balonmáno] 男《スポーツ》ハンド
ボール

balonvolea [balomboléa] 男 バレーボール
〖voleibol〗

balota [baló ta] 女 投票用の小球

balsa [bálsa] 女 ❶ ［主に川を渡る］筏、渡し
舟；ゴムボート：～ neumática (inflable) ゴム
ボート. ❷ 水たまり；［灌漑用の］溜池：～ de
enfriamiento《技術》冷却池(槽). ❸《植物》
バルサ；バルサ材
～ de aceite《口語》［油を流したような］穏やか
さ；［会議などで］問題は起きないこと

balsamina [balsamína] 女《植物》ホウセン
カ；ツルレイシ、ニガウリ

bálsamo [bálsamo] 男 ❶ バルサム剤、芳香
油；鎮痛剤. ❷ 慰め：Es el ～ de mis penas.
それは私の苦悩をいやしてくれる
ser un ～ 香りがよい；申し分ない

balsamero 男《植物》ボツワクジュ

balsámico, ca 形 バルサムの；和らげる、鎮静
する

balsamizar 他 痛みを鎮める；慰める

balsear [balseár] 他［川を］筏で渡る

balsero, ra 名 筏(ゴムボート)を操る人

balso [bálso] 男《船舶》［荷役用の］吊り上げ
索、スリング

báltico, ca [báltiko ka] 形 名《地名》バルト
海 Mar Báltico 沿岸〔諸国〕の〔人〕

baluarte [balwárte] 男 稜堡(りょうほ)；防塁、防
塞：～ de la libertad 自由の砦

balumba [balúmba] 女 ❶［雑多で大量の］
集積；～ de papeles 書類の山. ❷《中南米》
騒ぎ、騒動

bamba [bámba] 女 ❶ メキシコの民俗舞踊の
一種. ❷ まぐれ当たり. ❸《西》i)《料理》甘い
パン；クリームパン〖～ de nata〗. ii)複《服飾》
スニーカー〖zapatillas〗

bambalina [bambalína] 女《演劇》スカイドー
ム、一文字〖⌐teatro カット〗：actor nacido
entre ～s 親譲りの(生まれついての)役者.
detrás de las ～s 舞台裏で

bambolear [bamboleár] 自/～se［舟・車・
木などが］揺れる；［テーブルなどが］ぐらぐらする；［歩
く時］よろよろする：El bote *se bamboleaba* a
merced de las olas. ボートは波間に揺れていた

bamboleo 男 ぐらつき

bambolla [bambóʎa] 女 ❶《口語》虚飾、見
栄. ❷《中南米》おしゃべり、無駄話；虚勢

bambú [bambú] 男 複 ～〔e〕s《植物》タケ
(竹)：vara de ～ 竹竿

bambuco [bambúko] 男 コロンビアの民俗舞
踊

bambula [bambúla] 女《繊維》チーズクロス

banal [banál] 形 〈仏語〉平凡な、月並みな

banalidad 女 平凡さ、陳腐さ

banana [banána] 女《中南米. 植物・果実》バナ
ナ〔スペインでは一般に plátano〕

bananal 男 バナナ園

bananero, ra 形《中南米. 植物》バナナ〔園〕の：compañía
～ra バナナ会社. república ～ra バナナ共和
国〔果物などの輸出に頼る政治的に不安定な
中南米の国〕. ◆ 男 バナナの木；バナナ〔輸
送〕船；バナナ園

banano 男《植物》バナナ〔の木〕

banasta [banásta] 女〔大きな〕かご

banasto 男 深く丸いかご

banca [báŋka] 女 ❶《経済》銀行〔家〕；銀行業：
negocios de ～ 銀行業務. sector de la ～ 銀
行業界. ❷《トランプ》親〔賭博〕胴元(にある
金)；《中南米》賭博場：hacer saltar la ～〔胴
元を倒して〕賭け金をさらう. ❸〔背もたれのない〕
腰掛け、ベンチ〖banqueta〗；〔市場の〕物売り
台. ❹《南米》議席〔数〕：tener ～ 影響力(権
力)がある
tener la ～ 銀行家である

bancada [baŋkáda] 女 ❶ 漕ぎ手座；《機械》
ベッド. ❷《南米》議席

bancal [baŋkál] 男 ❶〔一区画の〕畑；複
段々畑〖campo de ～es〗. ❷ 砂洲

bancar [baŋkár] 自《南米》我慢する；資金
を出してやる
◆ ～se 耐える

bancario, ria [baŋkárjo, rja] 形 銀行の：
cheque ～ 銀行小切手. préstamo ～ 銀行ロ
ーン

bancarrota [baŋkařóta] 女 ❶ 破産、倒産：
hacer (estar en) ～ 破産する(している). lle-
var... a la ～ …を破産に追い込む. ❷〔組織・
理論などの〕破綻、破滅：ir a la ～ 破滅に向か
う

banco [báŋko] 男〖英 bench, bank〗 ❶
ベンチ：～ azul〔議会の〕大臣席
❷ 仕事台、作業台〖～ de carpintero〗：～ de
pruebas〔エンジンなどの〕テストベッド；《比喩》
試験台、試金石
❸ 浅瀬、州(す)；〔厚い〕層：～ de arena 砂州.
～ de coral サンゴ礁. ～ de hielo 氷盤、氷原.
～ de niebla 霧峰. ～ de nubes 雲の層. ～
de nieve 雪の吹きだまり
❹ 魚群：～ de atunes マグロの群れ
❺ 銀行：i) ～ central 中央銀行. ～ de
crédito〔固有名詞として〕信用銀行. B～ de
España スペイン銀行. ～ de inversiones 投資
銀行、証券会社. ～ mercantil〔英国の〕マー
チャントバンク. B～ Mundial 世界銀行. ～
nacional 国立銀行. ～ por acciones 合資銀
行. ii)《医学》～ de esperma (de semen) 精
子銀行. ～ de ojos アイバンク. ～ de sangre
血液銀行. iii)《情報》～ de datos データバンク.
～ de memoria 記憶装置
❻《建築》～ de nivel 水準点、ベンチマーク

herrar el ~ [するかしないか] 決断する
salida de pie de ~ 場違いな話題, 的外れ

banda [bánda] 囡 ❶《服飾》飾り帯, サッシュ；リボン；綬(器), 懸章：~ de Moebius《数学》メビウスの帯. ❷《紋章》斜帯. ❸ [犯罪者・鳥などの] 一団, 群れ：una ~ de ladrones 泥棒の一味. una ~ de gaviotas 一群のカモメ. Siempre están en ~. 彼らはいつも一緒にいる. ❹ 楽団, バンド 〖~ de música〗：~ militar 軍楽隊. ❺ 側面：otra ~ de la mesa テーブルの向かい側. de la ~ de acá (allá) del río 川のこちら側(対岸)の. la ~ de Gaza [パレスチナの] ガザ地区. la B~ Oriental《歴史》[アルゼンチンから見て] ウルグアイ. ❻ [一連の数の間の] 幅, 帯域：Los precios subirán en una ~ entre el 3 y 4 por 100. 物価上昇率は3%から4%の幅におさまるだろう. ~ ancha《通信》広帯域. ~ de frecuencia 周波数帯. ~ salarial 賃金の幅. ❼《映画》~ sonora (de sonido) サウンドトラック；映画音楽. ❽《スポーツ》サイドライン, タッチライン 〖línea de ~〗：fuera de ~《ラグビー》インタッチ. quedarse en la ~ サイドライン外にいる, 試合に出ない. ❾《ビリヤード》jugar por la ~ クッションに当ててプレーする. ❿《船舶》i) 舷側. ii) arrirar en ~ もやい綱を解く. ❶❶《自動車》~ de rodamiento [タイヤの] 踏み面, トレッド. ~ lateral 外装

cerrarse en (de·a la) ~《口語》強情を張る, 一歩も譲らない

coger (agarrar·pillar) por ~ 叱る, 説明を求める

de ~ a ~ 通して, 貫いて

jugar a dos ~s 二股をかける

bandada [bandáða] 囡 [鳥・魚の] 群れ；[騒がしい] 人の群れ：~ de golondrinas ツバメの群れ

bandazo [bandáθo] 男 ❶ [船の突然の] 大きな傾斜；[車の] 激しい蛇行；[人の] よろめき：dar ~s 大きく傾斜する；蛇行運転する；よろめろする. ❷ [意見などの] 急変：dar un ~ hacia la izquierda (en política) 突然左傾化(政策転換)する

bandear [bandeár] 他 激しく横揺れさせる；《中南米》横切る, 貫通する；《中米》追跡する
◆ ~*se* 激しく横揺れ(蛇行)する；[難局を] 切り抜ける, 日和見する

bandeja [bandéxa] 囡 ❶ 盆, トレイ：servir las bebidas en una ~ 飲み物を盆に載せて出す. ~ de carga [輸送用の] パレット. ~ de entrada (de salida) 未決(既決)書類入れ. ❷ [トレイ状の] 引出し；[スーツケースの] 仕切り板. ❸《自動車》リアボード. ❹《中米》鉢, ボール

pasar la ~ [盆を回して] 施し物(献金)を集める

servir (poner)... a+人 en ~ [de plata]《口語》[望みのものを] …に簡単に差し出す：La falta de entrenamiento del contrario le *sirvió* la victoria *en ~*. 相手の練習不足のおかげで彼は楽勝した

bandera [bandéra] 囡〖英 flag〗❶ 旗：~ nacional 国旗. ~ española スペイン国旗. ~ del regimiento 連隊旗. ~ blanca (de paz) 白旗 [降伏・休戦の印]. ~ marrón 半旗, 弔旗. ~ negra 黒旗《海賊・アナーキストの旗, 皆殺しの印》. ~ roja 赤旗 [革命旗, 危険の印]. ~ ajedrezada (a cuadros) チェッカーフラッグ. [campaña] azul 海岸をきれいにする運動. ❷ [同じ旗の下の] 一隊. ❸《商業》~ de conveniencia 便宜船籍. ❹ [主に同格用法で] 最有力なもの, 目玉商品的なもの：compañía ~ 最大手企業. mujer ~ ものすごい美人. ❺《情報》フラッグ

a ~s desplegadas とどこおりなく, 支障なく；公然と

alzar (levantar) ~[s] 指導者(首謀者)になる；決起する

arriar (la) ~ [船が] 旗を降ろす；降伏する

bajar (levantar) la ~ [競争の開始・終了の合図] 旗を降り下ろす(上げる)；タクシーメーターを作動させる(止める)

de ~ すばらしい：chica *de ~* いかした女の子

enarbolar la ~ [+de の] 旗幟(き)を鮮明にする

jurar [la] ~ [軍人が] 国家への忠誠を誓う

[lleno] hasta la ~ ぎりぎり一杯まで[詰め込まれた]

militar bajo la ~ de... …の旗印の下に戦う

rendir la ~/batir ~s [敬意の印に] 旗を下げる

salir con ~s desplegadas 名誉の降伏を認められる

seguir la ~ de... =militar bajo la ~ de...

banderazo [banderáθo] 男 旗による合図；[レースの] スターティングフラッグ, チェッカーフラッグ

banderería [banderería] 囡 党派[性]

banderilla [banderíʎa] 囡 ❶《闘牛》バンデリーリャ 〖飾り付きの銛. ☞カット〗：~ de fuego 爆竹付きのバンデリーリャ. ❷《口語》皮肉なコメント：poner (plantar·clavar) [las] ~s (un par de ~s) a+人 …に皮肉を言う, 辛辣なことを言う. ❸ 付箋. ❹《西.料理》[各種のピクルスなどをいくつもようじに刺した] おつまみ

banderillazo 男《中米》金をせしめる(せびる)こと

banderillear 他 バンデリーリャを突き刺す

banderillero, ra 图 バンデリリェーロ, 銛打ち士 〖☞カット〗：~ de confianza その主任 〖マタドールに助言する〗

banderilla

banderín [banderín] 男 ❶ 小旗；ペナント. ❷《軍事》旗手, 嚮導(器)兵；志願兵募集所

〚～ de enganche〛

banderita [banðeríta] 囡 [慈善募金者に渡される] 小旗：fiesta de la ～ [日本の赤い羽根募金に相当する] 小旗の共同募金

banderola [banðeróla] 囡 付箋

bandido, da [bandíðo, ða] 囮 ❶ [昔の] 指名手配者；山賊, 盗賊 〚bandolero〛. ❷《時に親愛》ごろつき〔の〕, ろくでなし〔の〕

 bandidaje 團 =bandolerismo

bando [bándo] 團 ❶ 公示, 告示；指名手配書. ❷ 党派, 徒党：dividirse en dos ～s 2派に分裂する. ❸ [鳥・魚の] 群れ

bandolera[1] [bandoléra] 囡 [肩から斜めに掛ける] 負い革：llevar el bolso en ～ バッグを肩から斜めに掛ける. bolso de ～ ショルダーバッグ

bandolero, ra[2] [bandoléro, ra] 囮 追いはぎ, 山賊

 bandolerismo 團 山賊行為

bandolina [bandolína] 囡《楽器》マンドリンの一種

bandoneón [bandoneón] 團《楽器》バンドネオン

bandurria [bandúrja] 囡《楽器》バンドゥリア〚12弦で背の平らなマンドリンの一種. ☞カット〛

BANESTO [banésto] 團《略語》←Banco Español de Crédito スペイン信用銀行

bangaña [bangáɲa] 囡《中米》[運搬用の] ひょうたん；《南米》粗末な器

banjo [bánjo] 團《楽器》バンジョー

banquero, ra [bankéro, ra] 囮 ❶ 銀行家. ❷《トランプ》親；《賭博》胴元

banqueta [bankéta] 囡 ❶ [背もたれのない] 腰掛け, ベンチ. ❷ 足台, 足掛け台；踏み台. ❸《中米》歩道〚acera〛

banquete [bankéte] 團 宴会, 饗宴；ごちそう：dar (ofrecer) un ～ para… …のために祝宴を開く. ～ de bodas 結婚披露宴

 banquetear 囲 饗応する. ◆/**～se** 宴会をする；宴会に出る

banquillo [bankíʎo] 團 ❶《法律》[el+] 被告席〚de los acusados〛：ir al ～/sentarse en el ～ 告訴される. ❷《スポーツ》ベンチ：chupar ～/calentar el ～ 補欠である, ベンチを暖める. ～ de castigo《アイスホッケー》ペナルティーボックス

banquina [bankína] 囡《南米》[道路の] 縁〚arcén〛

banquisa [bankísa] 囡 浮氷塊, 氷盤

bantú [bantú] 囮 圀〚閥 ～[e]s〛バンツー族〔の〕

banyi [bánji] 團 バンジージャンプ

banyo [bánjo] 團 =banjo

bañadera [baɲaðéra] 囡《中南米》風呂, 浴

bañadero [baɲaðéro] 團 [野生動物の] 水場

bañado, da [baɲáðo, ða] 囮 [estar+, +en で] びっしょりぬれた：～ en sangre 血まみれの《比喩的に犯罪者についても》. países ～s por el Mediterráneo 地中海沿岸諸国. ❷《料理》砂糖のグレーズをかけた：pastel ～ con azúcar 糖衣をかけたケーキ ◆ 團《南米》沼地, 湿原

bañador [baɲaðór] 團《西. 服飾》水着〚男性・女性用〛

bañar [baɲár] 囲 ❶ 入浴させる：～ a su niño 子供を風呂に入れる. ❷ [+en に/+con-de で] 浸す, ぬらす, 覆う；塗る, コーティングする：～ una galleta en leche ビスケットを牛乳に浸す. ～ de plata las cucharas スプーンを銀めっきする. ❸《文語》i) [光が] まんべんなく照らす：El sol bañaba el cuarto. 日の光が部屋一杯に当たっていた. ii) [海・川が陸地と] 接する：El lago Leman baña Ginebra. ジュネーブはレマン湖のほとりにある

 ◆ **～se** 水浴びする〚～se con (en) agua〛；入浴する：Vamos a ～nos. 泳ぎに行こう. ～se en el mar 海水浴をする. ～se al sol 日光浴をする

bañera[1] [baɲéra] 囡 浴槽：～ de remolinos ジャグジーバス. ～ para bebés ベビーバス. El metro es una ～. 地下鉄の中は蒸し風呂のようだ

bañero, ra[2] [baɲéro, ra] 囮《主に中南米》[海岸・プールの] 監視員, ビーチボーイ；湯治場の従業員

bañista [baɲísta] 囮 遊泳客, 海水浴客；湯治客

baño [báɲo] 團《英 bath》❶ 入浴, 風呂：tomar (darse) un ～〚de tina〛風呂に入る, 入浴する. ～ de espuma 泡風呂. ～ de vapor 蒸し風呂, スチームバス. ～ ruso (turco) サウナ風呂. ～s públicos 公衆浴場. ～ de asiento 座浴, 腰湯. ～ de pies 足湯, 足浴. ～ de sangre 血の洗礼(粛清), 大虐殺 ❷ 浴室〚cuarto de ～〛；浴槽；《主に中南米》洗面所, トイレ：en ～ 浴室(洗面所)で. habitación con ～ バス付きの部屋 ❸ 圃 温泉〚～s termales・medicinales〛；温泉場：tomar los ～s en un balneario 湯治場で温泉につかる ❹ [主に 圃] 水浴, 水遊び：～s de mar 海水浴. 〔tomar〕～s de sol 日光浴〔をする〕. ～s ultravioletas 紫外線浴. pantalones de ～ 水泳パンツ ❺ [ペンキなどの] 塗り, コーティング；[金属の] めっき〔溶液〕：dar a… un ～ de pintura …にペンキを塗る. ～ de plata 銀めっき ❻《料理》i) ～〚de〛María 湯煎；蒸し器. ii) ころも；グレーズ, 糖衣 ❼《技術》～ de aceite 油浴 ❽《動物》～ de ojos 眼杯 ❾ 圃《歴史》[北アフリカの] 徒刑場, 牢獄 ***dar a***+人 ***un*** [***buen***] ～《口語》…に楽勝(圧勝)する

darse un ~ de... …の勉強を改めてやり直す，…に磨きをかける

tener un ~ de cultura 薄っぺらな教養しかない

bao [báo] 男《船舶》ビーム

baobab [baobáb] 男《植物》バオバブ

baptismo [baptísmo] 男《プロテスタント》浸礼主義

baptista 形 名 バプテスト派[の] [*bautista*]

baptisterio [baptistérjo] 男《キリスト教》洗礼堂；洗礼盤

baqueador, ra [bakeaðór, ra] 名《アメフト》ラインバッカー

baqueano, na [bakeáno, na] 形 名 = *baquiano*

baquelita [bakelíta] 女 ベークライト

baqueta [bakéta] 女《銃の》梃杖（<small>こんじょう</small>）；《弦楽器の》弓の棒；《太鼓の》ばち；《闘牛》[ピカドールが馬を操るための] 棒

tratar a [la] ~ 厳しく（厳格）に扱う

baquetazo [baketáθo] 男《棒による》殴打；[激しい] 転倒，衝撃：Se pegó un ~ impresionante esquiando. 彼はスキーでひどく転倒した

tratar a+人 a ~s《口語》…を厳しく（厳格）に扱う

baqueteado, da [baketeáðo, da] 形 過分 経験豊富な；苦しい，つらい；[家具が] 使い古した

baquetear 他 ひどく動き回らせる

baqueteo 男 苦しみ；[乗り物の] 揺れ

baquía [bakía] 女《中南米》土地勘；熟練

baquiano, na [bakjáno, na] 形 名《主に中南米》[+en 地理などに] 詳しい[人]；道案内[の]：Es ~ en informática. 彼はコンピュータに詳しい

báquico, ca [bákiko, ka] 形 バッカス神 Baco の；乱痴気騒ぎの

báquira [bákira] 女《動物》ペッカリー

bar [bár] 男《←英語》❶ バル《酒・コーヒー・軽食などを出すスペイン独特の大衆的なスナック。☞写真》：ir de ~es 飲みに行く．recorrer los ~es はしご酒をする．~ de alterne (de citas) ハンドバー．❷［気圧の旧単位］バール

barahúnda [baraúnda] 女 騒音，大騒ぎ，大混乱

baraja [baráxa] 女 ❶［一組の］トランプ《~ francesa》：La ~ española tiene 48 cartas. スペイン式トランプは 48 枚ある．jugar a la ~ ト

ランプをする．peinar la ~ トランプを切る．❷ 複名［様々な］可能性，解決法：una ~ de oportunidades 一連の好機．❸［主に複］けんか，口論

jugar con (a) dos ~s 二股をかける；二枚舌を使う

romper la ~ 決まりを無視する

barajadura [baraxaðúra] 女《トランプ》シャッフル

barajar [baraxár] 他 ❶《トランプ》切る，シャッフルする；[資料などを] ごちゃごちゃにする．❷ [数字・名前を] 挙げる：~ gran número de datos en su conferencia たくさんのデータを引いて講演する．❸《馬術》手綱を引き締める．❹《南米》[投げられたものを] 受けとめる，《中南米》妨げる

~ en el aire《南米》[言われたことを] すぐに理解する

~ ideas 色々と考える

◆ 自 [+con と] けんかする，敵対する

◆ ~se 挙げられる：Se barajan dos nombres para ese puesto. そのポストに 2 人の名前が候補として挙げられている．~se la posibilidad de... …の可能性もある

barajárselas [問題などを] 正しく解決する，上手に処理する

baranda [baránda] 女 手すり；[ビリヤード台の] クッション

barandal 男 手すり子の基部；手すり

barandilla [←西] 女 手すり

barata[1] [baráta] 女《南米》ゴキブリ [*cucaracha*]；《中米》安売り [*barato*]

baratear [barateár] 他 安売りする

baratería [baratería] 女《法律》詐欺；[裁判官の] 収賄罪

baratija [baratíxa] 女［主に複］安物，粗悪品

baratillo [baratíλo] 男 複名 安物；それを売る屋台

barato, ta[2] [baráto, ta] 形《英 cheap. ↔ caro》❶［値段が］安い：perfume ~ 安物の香水．Este coche me ha salido (sido) ~. この車は安くついた．La vida es está) ~ta aquí. ここは生活費が安い．Esta casa no tiene nada de ~. この家は少しも安いことはない．Lo ~ es caro.《諺》安物買いの銭失い．❷ 安っぽい，低級な：novela ~ta 安っぽい小説．❸ たやすい

◆ 副 安く《[動詞が直接目的語を伴わない場合]》：comprar ~ 安く買う

◆ 男 安売り[店]；[賭博の勝者が出す] 涙金

a la ~ta 無秩序に

dar de ~ [細部で] 譲歩する

de ~ 無償で，無利息で

baratura [baratúra] 女 安値，買得

baraúnda [baraúnda] 女 =**barahúnda**

barba [bárba] 女《英 beard》❶［顎と頬の］ひげ；[ヤギなどの] 顎ひげ《☞カット》：llevar (gastar) ~ ひげを生やしている．llevar una ~ de dos días 不精ひげを生やしている．dejarse la ~ ひげを生やす．dejar crecer la ~ ひげを伸び

放題にする. ～ corrida 伸び放題にしたひげ.
tener ～ cerrada ひげが濃い. hacerse a
自分のひげをする. Hágame la ～.
ひげをそってく
ださい. Cuando la[s] ～[s] de tu vecino
veas pelar (cortar), pon (echa) la[s] tu-
ya[s] a remojar.《諺》他山の石とすべし.
Hazme la ～, hacerte he el copete.《諺》魚
心あれば水心. ❷ 顎〖mandíbula〗. ❸ 匍
［犬・猫などの、鯨・魚の］ひげ；［鳥の］羽枝；［植
物の］ひげ根；芒〖 〗. ❹ 匋［紙などの］ぎざぎざ
apurarse la ～ 間一髪で助かる
doble ～《口語》二重あご
en la[s] ～[s] de+人/en sus propias ～s …の
面前で、…に面と向かって
mentir con toda la ～/mentir por
［mitad de］la ～ 臆面もなく嘘を言う
por ～ 一人あたり: La cena ha salido a mil
por ～. 夕食は（割り勘で）一人千ペセタだった
subirse a+人 a las ～s《口語》…に対して尊
敬を欠く, 敬意を示さない: No *te me subas a*
las ～s. お前は態度がでかいぞ
tirarse de las ～s 怒り心頭に発する
◆ 男 ❶《演劇》老け役. ❷ =barbas

barba
cerrada

barba
partida

barba
en abanico

bigote

perilla

mosca

sotabarba

barbacana [barbakána] 女 銃眼；外堡
( )；城門を守るやぐら〖castillo カット〗；
［教会を囲む］低い壁
barbacoa [barbakóa] 女 ❶《料理》バーベキュ
ー［の焼き網・コンロ］；それで焼いた肉: hacer
una ～ en el jardín 庭でバーベキューをする. ❷
《中南米》［イグサのマットなどの］粗末な寝台；［水
上・樹上の］小屋. ❸《南米》屋根裏部屋
barbadense [barbaðénse] 形 名《国名》バル
バドス Barbados 男 の(人)
barbado, da [barbáðo, ða] 形 名 過分 ❶
《文語》ひげの生えた. ❷ =barbadense
◆ 男 根づいた植物
◆ 女［馬の］下顎；［魚］ブリル
barbar [ ] 自 ひげが生える；［植物が］根づく
Bárbara [bárbara] 女《女性名》バルバラ〖英
Barbara〗
hablar de Santa ～ cuando ya está
lloviendo 手遅れになってから思い出す
barbárico, ca [barbáriko, ka] 形 =bár-
baro ❶ ❷
barbaridad [barbariðá(ð)] 女 ❶ 野蛮, 残
虐；粗野；無謀: hacer una ～ 手荒い(むちゃ
な)ことをする. decir ～es 乱暴(下品)な言葉づ
かいをする, ばかなことを言う. Es una ～ salir
con este mal tiempo. こんな悪天候に出発する

のはむちゃだ. ❷ でたらめ, ひどい間違い: Este
ejercicio está plagado de ～es. この練習問
題はひどい間違いだらけだ. ❸《口語》［una+］大
量: comer (beber) una ～ 大食する(大酒を
飲む). una ～ de gente 大勢の人. una ～ de
trabajo たくさんの仕事
¡qué ～!［驚き・不満］何とまあ[ひどい]/うわぁ!
barbarie [barbárje] 女 ❶ 野蛮, 未開〖↔
civilización〗. ❷ 粗野, 粗暴；残虐
barbarismo [barbarísmo] 男［発音・語
句・構文上の］破格用法；外国語からの借用
barbarizar [barbariθár] 自 他 ❶［外国語か
らの借用によって国語を］乱れさせる. ❷［人を］
残虐にする
◆ 自 乱暴(むちゃ)なことを言う
bárbaro, ra [bárbaro, ra] 形 名《古代ギリ
シア・ローマ》［ギリシア人・ローマ人・キリスト教徒で
ない］異邦人［の］. ❷ 野蛮人［の］, 野蛮な；荒
くれ者［の］, 乱暴者［の］；粗野な；勇敢な: cos-
tumbres ～ras 蛮俗, 蛮風. No seas ～. 乱
暴なこと(粗野なふるまい)をするな. dar a+人
una paliza ～ra …を棒でひどく殴る. ❸《口語》
すごい, すばらしい: Es un tipo ～. 彼はすごい(ひ
どい)人だ. tener un hambre ～ra ひどく空腹
である. hacer un frío ～ ひどく寒い. vestido
～ すばらしい服
pasarlo ～《口語》とても楽しく過ごす
barbas [bárbas] 男《単複同形》《口語》ひげ面
の男
barbecho [barbétʃo] 男 休閑, 休耕〔地〕:
estar (quedar) en ～〔土地が〕休閑(休耕)
中である
firmar en ～ 盲判を押す
barbechar 他〔土地を〕休ませる
barbería [barbería] 女 理髪店〖peluquería〗
barbero, ra [barbéro, ra] 名 ❶ 理髪師: El
～ de Sevilla『セビリアの理髪師』. ❷《中米》お
追従を言う人
estar (ponerse) ～《中米》受験勉強をする
◆ 男［魚］〔吸盤のある〕棘鰭類の一種
◆ 女 理髪用具の，〔特に〕かみそりの
barbián, na [barbján, na] 形 名《主に 男》
《親愛》陽気な〔人〕, さっそうとした〔人〕: ¡Ese
muchacho es un ～! 本当にばかな子だ!
barbilampiño, ña [barbilampíɲo, ɲa] 形
ひげの薄い(生えていない)
◆ 男 青二才
barbilindo [barbilíndo] 形 男 自称伊達男
〔の〕, 気どり屋〔の〕
barbilla [barbíʎa] 女 顎( )〔の先〕；［カレイ・
ヒラメの］背と腹のひれ, 縁側
barbiquejo [barbikéxo] 男 =barboquejo
barbital [barbitál] 男《薬学》バルビタール
barbitúrico, ca [barbitúriko, ka] 形《化
学》バルビツール酸の
◆ 男 バルビツール酸系催眠薬
barbo [bárbo] 男《魚》バーベル: ～ de mar ヒ
メジ
hacer el ～［合唱で］口だけ動かして歌うふりを
する
barboquejo [barbokéxo] 男［帽子・ヘルメッ

トの〕顎ひも

barbot[e]ar [barbot[e]ár] 他 値 [怒って] ぶつぶつ言う

barboteo 男 ぶつぶつ言うこと

barbudo, da [barbúðo, ða] 形 ひげを生やした，ひげが長い

barbullar [barbuʎár] 値 [口の中で] もごもご言う，口ごもる

barbuquejo [barbukéxo] 男 =**barboquejo**

barbusano [barbusáno] 男 《植物》〔カナリア諸島産の〕クスノキの一種

barca [bárka] 囡 小舟，ボート： ～ pescadora (de pesca) 釣り船，漁船． ～ de pasaje 渡し舟． ～ de remos 手こぎ舟
en la misma ～ 運命を共にしている，同じ境遇の

barcaje [barkáxe] 男 渡し賃

barcarola [barkaróla] 囡 バルカロール，ゴンドラの舟歌

barcaza [barkáθa] 囡 はしけ，大型ボート

barcelonés, sa [barθelonés, sa] 形 名 《地名》バルセロナ Barcelona 囡 の〔人〕『カタルーニャ地方の首府・県』

bárcena [bárθena] 囡 [広大な] 傾斜地

barceo [barθéo] 男 《植物》アフリカハネガヤ

barcino, na [barθíno, na] 形 [動物の毛が] 薄い赤茶色の

barco [bárko] 男 《英 ship》❶ 船 〖願義 barco は一般的に船，buque は甲板のある大型船〗： ir (transportar) en ～ 船で行く(運ぶ)． ～ bomba 消防艇． ～ de vapor (de vela) 汽船(帆船)． ～ de recreo 遊覧船． ～ escuela 練習船． ～ mercante (de guerra) 商船(軍艦)． ❷ 〔宇宙船の〕カプセル，船室

barda [bárða] 囡 馬鎧(よろい)； [流土防止用に小枝・藁・蔓などで作った] 土塀の屋根；生け垣

bardal [barðál] 男 生け垣

bardana [barðána] 囡 《植物》ゴボウ『欧米では雑草扱いされる』；ヤブジラミ

bardo [bárðo] 男 [ケルト族の] 吟唱詩人；《文語》[一般に] 詩人

baremo [barémo] 男 ❶ 計算表，換算表；料金表． ❷ [評価などの] 基準表： El ～ del concurso era muy alto. コンクールの採点基準はとても高かった． establecer unos ～s de los contenidos de las aguas minerales ミネラルウォーターの成分基準を定める

barestesia [barestésja] 囡 《医学》圧覚

bargueño [bargéɲo] 男 〔引出しのたくさんある〕 脚付き飾り戸棚，小物入れ 『ロァカット』

baria [bárja] 囡 [気圧の単位] バリー

baricentro [bariθéntro] 男 《数学》重心

barimetría [barimetría] 囡 重力測定

bario [bárjo] 男 《元素》バリウム

barisfera [barisféra] 囡 [地球の] 重圏

barita [baríta] 囡 《化学》〔水〕酸化バリウム

baritina [baritína] 囡 《鉱物》重晶石，バライト；《化学》硫酸バリウム

barítono [barítono] 男 《音楽》バリトン〔歌手〕

barlovento [barloβénto] 男 《船舶》風上 〖↔sotavento〗： estar a ～ 風上に位置する． virar a ～ 上手(うわて)回しをする
barloventear 値 上手回しをする；間切る

barman [bárman] 男 《複 ～s/bármanes》〔←英語〕バーテンダー

Barna. 《略語》←Barcelona バルセロナ

barnabita [barnaβíta] 形 男 《宗教》バルナバ会の〔修道士〕

barniz [barníθ] 男 ❶ ワニス，ニス；〔製陶の〕うわぐすり： dar a... una capa de ～ …にニスを塗る． ～ aislante 絶縁ワニス． ❷ 見てくれ；生かじり： ～ de cortesía 上っ面だけの礼儀正しさ． ～ de cultura 上べだけの教養． ～ del latín ラテン語の生かじり． ❸《植物》～ del Japón ニワウルシ，シンジュ

barnizado 男 ニス塗り；うわぐすりかけ

barnizador, ra 名 ニスを塗る(うわぐすりをかける)人

barnizar 9 他 …にニスを塗る；うわぐすりをかける

barógrafo [barógrafo] 男 自記気圧(高度)計

barómetro [barómetro] 男 気圧計，バロメーター 〖比喩的にも〗： ～ aneroide アネロイド気圧計． ～ registrador 自記気圧計
barométrico, ca 形 気圧〔計〕の

barón [barón] 男 男爵；[政界・財界などの] 実力者

baronesa 囡 男爵夫人；女男爵

baronía 囡 男爵の位；男爵領

baroscopio [baroskópjo] 男 [簡単な] 気圧計，晴雨計

barotrauma [barotráuma] 男 《医学》気圧障害

barquero, ra [barkéro, ra] 名 [渡し舟などの] 船頭

barquilla [barkíʎa] 囡 ❶ [菓子などを入れる] 円錐形の容器；[タルトの] 小舟型の焼き型． ❷ [気球の] 吊りかご，ゴンドラ；[飛行船の] ナセル． ❸《船舶》速度の測定器，ログ

barquillo [barkíʎo] 男 [アイスクリームなどを詰める] コーン；ウェハース
barquillero, ra 名 それを作る(売る)人． ◆ 男 それを作る型． ◆ 囡 コーン売りがコーンを入れておく容器

barquín [barkín] 男 [大型の] ふいご

barquinazo [barkináθo] 男 [乗り物の] ひどい揺れ；転覆

barra [bárra] 囡 《英 bar》❶ [金属などの] 棒，バー： ～ de oro 金の延べ棒． jabón en ～/～ de jabón 棒石けん． ～ de labios 口紅，リップスティック． ～ de chocolate チョコバー． ～ protectora antivuelco 《自動車》ロールバー． ～s portacargas 《自動車》キャリア． ❷ [酒場などの] カウンター： sentarse (tomar una cerveza) en la ～ カウンターに座る(でビールを飲む)．

〜 libre 無料のおつまみ. precio en 〜 カウンターでの(テーブルチャージなしの)料金. ❷ americana 女性客が客の相手をするバー. ❸《西》棒状のパン, バゲット『スペインで最も一般的なパン』: 〜 pequeña サンドイッチ bocadillo 用のパン. ❹《法廷の》仕切り柵 ; 証人席(台) ;《中米》傍聴人 : llevar a+人 a la 〜 …を出廷させる. ❺ [肩章・紋章などの] 棒線 : 〜 dorada 金筋. [bandera de] 〜s y estrellas 星条旗. ❻ 分割の記号 [/ |] ;《音楽》[小節を分ける] 縦線 : 〜 inversa バックスラッシュ 《 \ 》. 〜 doble 複縦線. ❼ [河口の] 砂州, 浅瀬. ❽《主に複. 馬の》はみ受け. ❾《スポーツ》[体操の] 平均台. 〜 fija 鉄棒. 〜s paralelas 平行棒. 〜s asimétricas 段違い平行棒. 〜 de discos バーベル. ejercitarse en la 〜 [バーを使って] バレエの練習をする. ❿《情報》〜 espaciadora (de espaciado) スペースバー. ⓫《複数》《中南米》[会議などの] 出席者, 参加者. ⓬《南米》枷, 檻 ;《仲間, 友人グループ》応援団
de 〜 a 〜 端から端まで
no pararse (reparar・mirar・tropezar) en 〜s 後先を考えない, わき目もふらない

barrabás [baराβás] 男 邪悪な人 ; いたずら者 『主に子供』: piel de B〜 ひどいいたずらっ子
barrabasada [baराβasáða] 女 悪質ないたずら, 悪ふざけ ; 愚かな(人を傷つける)言動 : decir (hacer) 〜s ばかげた(意地悪な)ことを言う(する)
barraca [baराka] 女 ❶ バラック, 仮小屋 ; ぼろ家 : 〜 de tiro al blanco 射的場. ❷《軍事》兵舎. ❸《バレンシア地方独特の》茅ぶきの農家 『⇨写真』. ❹《南米》商品倉庫(置き場)

barracón 男 兵舎 ; [祭りの] 掛け小屋
barracuda [baराkúða] 女《魚》バラクーダ
barrado, da [baराðo, ða] 形 ❶ 閉まった 『cerrado』. ❷《商業》talón 〜 線引小切手
barragana [baराɣána] 女《軽蔑》[特に聖職者の] 妾(ㅍㅍ)
barraganería 女 内縁関係
barranco [baराŋko] 男 ❶ 断崖, 絶壁 ;《地質》雨溝, 雨裂. ❷ 窮地, 苦境 : salir del 〜 窮地を脱する
barranca [baराŋka] 女 =barranco
barranquismo 男《スポーツ》滝滑り
barraquismo [baराkísmo] 男 [都市の] スラム化
barredera¹ [baरeðéra] 女 道路清掃車 ; 複 がらくた, くず
barredero, ra² [baरeðéro, ra] 形 引きずる ;

掃く : red 〜*ra*《漁業》引き網, トロール網. viento 〜 吹きさらす風
◆ 男『パン焼き窯用の』ほうき
barredor, ra [baरeðór, ra] 名 道路清掃人 ;《中南米. サッカー》スイーパー
barredura [baरeðúra] 女 掃くこと ; 複 [ほうきで集めた] ごみ
barreminas [baरémínas] 男《単複同形》掃海艇
barrena [baरéna] 女 ❶ 錐(ㅊ), ドリル, ビット : 〜 de mano [T 字型の取っ手付きの] 木工錐. ❷《航空》スピン, 錐もみ(降下) : entrar (caer) en 〜 錐もみ状態になる ; [人が] 任務(地位)を失いかける
barrenar [baरenár] 他 ❶ [錐・削岩機で] …に穴をあける. ❷ [悪意で計画を] 未遂に終わらせる, 邪魔する ; [法律・習慣などを] 無視する, 踏みにじる
barrendero, ra [baरendéro, ra] 名 道路清掃人
barreno [baरéno] 男 ❶ 削岩機, ドリル ; その穴. ❷ 発破孔 ; 発破『爆薬』
barrenero [baरenéro] 男 発破作業員
barreño [baरéɲo] 男《西》洗い桶, たらい
barrer [baरér] 他《英 sweep》❶ 掃く, 掃除する : 〜 una habitación (el suelo) 部屋(床)を掃く. 〜 basuras ごみを掃く. ❷ 除去する, 一掃する, さらう, すべて持ち去る : El viento *barrió* la niebla. 風で霧が吹き飛ばされた. 〜 a los enemigos 敵を掃討する. 〜 las dudas 疑惑を吹き飛ばす. ❸ [光などが] 走り巡る ; [レーダーが] 走査する : El reflector *barrió* el muelle. 探照灯の光が埠頭を走った. ❹《軽く》ふれる, 引きずる : *Barres* el suelo con esta falda tan larga. こんな長いスカートでは床をこするよ. ❺《主にスポーツ》圧倒的に打ち負かす. ❻ [撮影技法] ナメる
◆ 自 一人勝ちする ; [+con+物 を] 一人占めにする ; [+con 競争相手を] 一掃する
〜 para (hacia) dentro/〜 para casa 『口語』自分の利益だけを図る
barrera [baरéra] 女 ❶ 柵 : poner unas 〜s en el camino 道に柵を置く. cercar… con 〜s …を柵で囲む. 〜 de seguridad ガードレール. 〜 de peaje 《歴史》[通行料を取る] 関所. ❷ [踏切の] 遮断機 : Está echada la 〜. 遮断機が降りている. ❸ 障害, 障壁 : salvar muchas 〜s 多くの障害を乗り越える. superar (romper) la 〜 del sonido 音速の壁を越える. sin 〜s 障害なしに. 〜 aduanera (arancelaria) 関税障壁. 〜 comercial 貿易障壁. 〜 coralina バリアリーフ, 堡礁. 〜 generacional 世代間のギャップ. 〜 natural 自然の障壁. ❹《スポーツ》ディフェンスの壁 : formar 〜 壁を作る. ❺《闘牛》砂場を囲む柵 『⇨plaza カット』 ; 最前列の席 『第 2 列目は contrabarrera』
no reconocer 〜s 際限がない
barretina [baरetína] 女 カタルーニャ地方の帽子 『⇨カット』

barriada [baरjáða]

囡［都市の主に貧しい労働者の住む］地区, 界限『barrio の一部』；《南米》スラム

barrial [bařjál] 男《中南米》＝barrizal

barrica [baříka] 囡［中位の大きさの］樽；［特に］酒樽

barricada [baříkáđa] 囡 バリケード: levantar (formar) una ～ バリケードを築く

barrida [baříđa] 囡［警察の］手入れ

barrido [baříđo] 男 ❶ 掃除: dar un ～ さっと掃く. ～ de nieve 除雪. ❷《口語》見直し, 再検討. ❸［情報の］すべてに目を通すこと. ❹《野球》すべり込み. ❺《物理》走査. ❻［撮影技法］ナメること
servir (valer) tanto para un ～ como para un fregado/servir lo mismo para un ～ que para un fregado《皮肉》どんな仕事でもする, 何でも屋である

barriga [baříǥa] 囡 ❶ 腹: Me duele la ～. 腹が痛い. llenarse la ～ 腹が一杯になる. De cuarenta para arriba no te mojes la ～.《諺》年寄りの冷や水. En ～ vacía, huelgan ideas.《諺》貧すれば鈍す. ❷《口語》［肥満・妊娠による］突き出た腹. ❸［容器などの］ふくらみ；［壁の］出っ張り
echar ～ 腹が出る, 太る
estar con la ～ a la boca 産気づく
rascarse (tocarse) la ～《口語》怠ける, のらくらする
tener mucha ～ 太鼓腹をしている

barrigón, na [baříǥón, na] 形 图《口語》＝barrigudo
◆ 男 太鼓腹

barrigudo, da [baříǥúđo, đa] 形 图 腹の出た［人］, 太鼓腹の［人］

barril [baříl] 男 ❶ 樽；［細首の］大壷: un ～ de vino ワイン1樽. ～ de pólvora 火薬樽；危険なもの(地域). ❷［石油の容量単位］バレル『～ de petróleo』
comer del ～《南米》粗末なものを食べる
irse al ～《中米》落ちぶれる

barrilete [baříléte] 男 ❶ 小樽；［リボルバーの］弾倉；［六角形の］大凧. ❷《動物》シオマネキ, タウチガニ

barrilla [baříʎa] 囡《植物》オカヒジキ

barrillo [baříʎo] 男《主に複》にきび『grano』

barrio [bářjo] 男［英 district]［都市の］i) 区, 地区: ～ bajo 貧民街, スラム. ～ chino チャイナタウン；《西》歓楽街, 売春地区. ～ chino perfumado《西》高級売春地区. ～ comercial 商業地域. ～ obrero 労働者地区. ～ residencial 住宅地域. ii) 周辺地域, 近郊『～ periférico』: ～ recién construido 新開発地区. iii)［米国で］スペイン系住民の居住区
de ～［店などが］地元の: supermercado de ～ 近所のスーパー
el otro ～《西. 戯語》あの世, 来世: irse (mandar a+人) al otro ～ 死ぬ(を殺す)

barriobajero, ra [bářjobaxéro, ra] 形 图 スラム地域の［人］；《軽蔑》粗野な(下品な)［人］

barrita [baříta] 囡 ❶《化粧》口紅. ❷ ～ de pan 棒状のパン

barritar [bařítár] 自［ゾウ・サイが］鳴く

barrito 男 鳴き声

barrizal [bařiθál] 男 ぬかるみ: atascarse (encenagarse) en un ～ ぬかるみにはまり込む

barro [bářo] 男 ❶《不可算》［水を含んだ］泥: Se llena la calle de ～. 道はぬかるんでいる. arrastrar su apellido por el ～ 自分の名前に泥を塗る. mancharse (cubrirse) de ～ 汚辱にまみれる. ❷ 陶土, 粘土『～ de alfarero』: tinaja de ～ 素焼きのかめ. vasija de ～ 土器. caño de ～ cocido 土管. ～ blanco 白陶土. ～ cocido 赤土素焼き. ❸《口語》『ビールの』ジョッキ. ❹ 価値のないもの: No somos más que frágil ～. 我々は弱く, 取るに足りない存在でしかない. ❺［主に複］にきび『grano』. ❻《南米》［不注意による］大失敗: hacer (cometer) un ～ うっかり間違える
vender por ～ y tierra 大安売りする

barroco, ca 形 バロック様式の［の］；異様な, 装飾過多の: música ～ca バロック音楽

barroquismo 男 バロック調, バロック主義の, 《軽蔑》装飾過多, わざとらしさ

barrón [bařón] 男《植物》［砂浜に生える］イネ科の雑草

barroso, sa [bařóso, sa] 形 泥んこの, 泥だらけの；泥色の

barrote [bařóte] 男 ❶ 太い棒. ❷［主に複］支柱, 柵；桟, 横木
entre ～s《口語》獄中に

barrumbada [bařumbáđa] 囡 ほら, 作り話

barruntar [bařuntár] 他 …の予感がする: ～ una desgracia 悪いことが起こる予感がする. ～ la caza 勘で獲物を見つける.［＋que＋直説法］*Barrunto que* no me has dicho la verdad. 君は僕に嘘をついたような気がする

barrunto [bařúnto] 男 微候, 推測, 予感: Hay ～s de mejoría. 回復の兆しが見えている. Tiene un ～ de barba. 彼はひげが生え始めている. Tengo ～s de que va a llover. 私は雨が降りそうな予感がする

bartola [bartóla] 囡《口語》*a la ～* くつろいで, 気楽に
echarse (tirarse・tumbarse) a la ～ 怠ける, のらくらする；気楽に構える

bartolillo [bartolíʎo] 男《菓子》クリームドーナツ

bartolina [bartolína] 囡《中米》［狭くて暗い］独房, 地下牢

bartulear [bartuleár] 自《南米》熟考する, 知恵を絞る

bártulos [bártulɔs] 男 複［種々雑多な］用具, 道具: Cuando acabes el trabajo, recoge todos los ～. 仕事が終わったら, 使った物を片付けなさい. ～ de pesca 釣り道具
liar los ～《口語》［旅行・引越しの］荷物をまとめる

barullo [barúʎo] 男 騒音；混乱, ごたごた: armar mucho ～ 大騒ぎする. tener la cabeza hecha un ～ 頭の中がごちゃごちゃになっている

a ～ 大量に

basa [bása] 囡 [柱の] 礎盤, ベース 〖*r*columna カット〗; [像の] 台座

basada [basáða] 囡 〖造船〗船架, 進水架

basal [basál] 厖 〖生理〗基礎の: metabolismo ～ 基礎代謝. temperatura ～ 基礎体温

basalto [basálto] 團 〖地質〗玄武岩

basáltico, ca 厖 玄武岩の

basamento [basaménto] 團 〖建築〗基礎, フーチング; [柱の] 台座

basar [basár] 他 [+en に] …の基礎を置く: ～ sus argumentos *en* datos históricos 史料に基づいて理論を組み立てる. ～ una estatua sobre un pedestal 台の上に像を置く
◆ ～se No *te* bases en conjeturas. 推測に頼ってはいけないよ

basca [báska] 囡 ❶ [主に 履] 吐きけ, むかつき: dar (producir) a+人 ～s …に吐きけを催させる. ❷ [主に動物の] 激怒: Le entró la ～ al perro. 犬が怒った. ❸ 精神錯乱. ❹ 〖西. 俗語〗[嫌悪感を込めて] 人々, 連中: ¡Cuánta ～! ものすごい人ごみだ!

bascosidad 囡 汚いもの(言葉); 嫌悪感

báscula [báskula] 囡 計量台, 台秤; 体重計: ～ puente 橋秤. ～ de baño ヘルスメータ

bascular [baskulár] 自 ❶ [支点を中心に] 上下に動く; [ダンプカーなどの荷台が] 傾く. ❷ [+hacia 別のものに] 気持ちが傾く, 〖西〗頭が働く. ❸ 〖スポーツ〗左右に動く

basculante 厖 ventana ～ 水平回転窓. puente ～ 跳ね橋, 跳開橋

base [báse] 囡 〖英 base〗❶ 基礎, 土台; 基本: i) Este vaso tiene poca ～. このコップは底が小さい(安定が悪い). Él es la ～ del equipo. 彼はチームの要だ. Han sentado las ～s para llegar a un acuerdo. 合意のための基本線が確認された. ～ del éxito 成功の土台. ～ de un estado 国家の基盤. ～ de salarios 賃金ベース. ～s de licitación 入札条件; ～ imponible 課税所得. ii) [形容詞的] alimento ～ 主食. campamento (de) ～ ベースキャンプ. precio ～ 基準価格. salario (sueldo) ～ 基本給. ❷ 根拠, 理由: carecer de ～ 根拠がない. partiendo de la ～ de que+直説法 …であるからには. teniendo… como ～ …をもとにして(すれば). ❸ [主に 履. 政党などの] 下部(組織), 支持母体. ❹ 基地: ～ aérea (naval) 空軍(海軍)基地. ～ de avance/～ avanzada 前進基地. ～ auxiliar 中継基地. ❺ 〖数学〗底辺, 底面; [対数の] 底; 〖測量〗基線. ❻ 〖化学〗塩基; 基体. ❼ 〖情報〗～ de datos データベース. ❽ 〖スポーツ〗i) ゲームメーカー. 〖野球〗ベース: primera (segunda・tercera) ～ 1(2・3)塁. ～ meta 本塁. ❾ 〖化粧〗ファウンデーション 〖～ de maquillaje〗

a ～ *de…* 1) …のおかげで: vivir *a* ～ *de* inyecciones 注射で生命を保つ. *a* ～ *de* diccionarios 辞書の助けを借りて. 2) …を主にした: bebida *a* ～ *de* ginebra ジンをベースにした飲み物

a ～ *de bien* 〖口語〗とてもよい, 上出来の; 大変たくさん: boda *a* ～ *de bien* 結構な結婚式. comer *a* ～ *de bien* たっぷり食べる

caer por su ～ 根拠がない

de ～ 基本の, 基礎的な: deporte *de* ～ 基礎的なスポーツ

en ～ *a…* …によると 〖según〗: *en* ～ *a* la investigación policíaca 警察の調査によると
◆ 囡 〖バスケ〗ガード 〖escolta〗

básico, ca [básiko, ka] 厖 ❶ 基礎の, 基本の: alimento ～ 主食. industria ～ca 基幹産業. precio ～ 基準価格. vocabulario ～ 基礎語彙. ❷ 〖化学〗塩基性の
◆ 囡 初等教育 〖EGB〗

basílica [basílika] 囡 バシリカ 〖古代ローマの裁判の建物; 初期キリスト教の教会堂; 特に重要な教会の尊称〗

basilisco [basilísko] 團 ❶ 〖神話・動物〗バシリスク; とげとげしい人: hecho (como) un ～ 怒り狂った. ❷ 〖動物〗バジリスク 〖イグアナの一種〗

basket[ball] [básket(bɔl)] 團 〖主に中南米〗バスケットボール 〖baloncesto〗

básquet 團 バスケットボール 〖pelota ～〗

basoto, ta [basóto, ta] 厖 图 〖国名〗レソト Lesoto の(人)

bass [bás] 團 〖←英語. 魚〗バス: black ～ ブラックバス

basset [basé] 團 〖履 ～s〗〖←仏語. 犬〗バセット

basta¹ [básta] 囡 〖裁縫〗[しつけなどの] 粗い縫い目

bastante [bastánte] 〖英 quite, enough〗厖 ❶ かなりの: Hoy hace ～ calor. 今日はかなり暑い
❷ [+para に] 十分な: Tengo ～ fuerza *para* vencerlo. 私は彼に勝つだけの力が十分にある. No tengo dinero ～ *para* pagarlo. 私はそれを払うだけの金がない
❸ 過多の: Ya tenemos ～s dificultades, para que vengas tú con esas pretensiones. そんな頼み事を持ち込まれても, 我々はすでにやっかい事を一杯かかえこんでいてどうにもならない
◆ 副 かなり; 十分に: Es ～ alto. 彼はかなり背が高い. Estas corbatas son ～ más caras que ésa. これらのネクタイはそれよりかなり高い. He estudiado ～ (lo ～ como) *para* tener éxito en el examen. 私は十分に勉強したので試験に合格するだろう
◆ 代 かなり(十分)な人・もの: Han faltado ～s al trabajo. かなりの人が仕事を休んだ. Han recaudado ～. かなりの額が取り立てられた. Ya tengo ～. もうたくさんです

bastanteo [bastantéo] 團 〖法律〗法的有効性の宣言(認証)

bastar [bastár] 自 [+con にとって] 十分である: i) [単人称. con] Me *basta con* mil pesetas. 私は千ペセタで足りる. [+con+不定詞・que+接続法] No pretendo más, me *basta con* ir tirando. 私はこれ以上は望まない. どうにかやっていけるだけで十分だ. Me *basta con que* estudies. 私は君が勉強してくれるだけで十分だ. ii) ［不定詞・que＋接続法が主語］*Basta* apretar este botón para encender el gas. ガスに点火するにはこのボタンを押すだけでよい. Me *basta que* me lo digas. 君がそう言ってくれるだけで私は十分だ. iii) ［事物が主語］Le *bastará* ese tamaño. 彼にはそのサイズで十分だろう. Nada *basta* a su ambición. 彼の野心には際限がない. *Basta, por favor.* もう結構です／たくさんだよ

¡basta *(de...)***!** ［…は］たくさんだ！:¡Basta de charla! おしゃべりはもうたくさんだ

～ y sobrar 十二分すぎる，十分すぎる

◆ **～se** ［人が，+para に］十分な力（能力）がある: *Para* el trabajo *se basta* él solo. その仕事には彼一人で十分だ

bastardear [bastarðeár] 圓／**～se** 退化（堕落・悪化）する. ◆ 他 偽造する；偽る

bastardilla [bastarðíʎa] 囡 イタリック体 『letra ～』: en ～ イタリック体で

bastardo, da [bastárðo, ða] 形 图 ❶ 私生の，庶出の；私生児，庶子，非嫡出子. ❷ ［意図などが］下劣な，堕落した: ambición ～da 卑劣な野望. ❸ letra ～*da* =**bastardilla**

bastardía 囡 私生，庶出；［生まれ・地位などにふさわしくない］下劣な言動

bastedad [basteðá(ð)] 囡 粗雑，粗末

basteza [bastéθa] 囡 粗野，不作法

bastidor [bastiðór] 男 ❶ 枠，フレーム: ～ de ventana 窓ガラスをはめる枠材. ～ de bordar 刺繡台. ❷ 《西》［自動車の］車台，シャシー: número de ～ 車台番号. ❸《演劇》書割り；［主に 腹］舞台裏，袖 『teatro カット』: ～*es* de ropa 袖に控えている人々

entre ～es《比喩》舞台裏で，黒幕として: acuerdo *entre ～es* 秘密協定

bastilla [bastíʎa] 囡《裁縫》返し縫い，しつけ

bastimento [bastiménto] 男 ❶ 船舶 『embarcación』. ❷ 履 ［都市・軍隊などの］糧食

bastión [bastjón] 男 ❶《築城》稜堡（りょうほ）；防塁: ～ de la fe 信仰の砦

basto, ta² [básto, ta] 形 ❶ 粗野な，不作法な: mujer ～*ta* 洗練されていない女性. ❷ 粗雑な，粗末な；［表面が］ざらざらした: mueble ～ 粗末な家具. tela ～*ta* 粗末な布；粗い生地. manos ～*tas* ざらざらした手

◆ 男 ❶《西式トランプ》棍棒 『組札』. ❷《中南米》鞍下具

pintar ～s ［状況が］悪化する，緊迫化する

bastón [bastón] 男 ❶ 杖，ステッキ: ir con el ～ en la mano 杖をついて歩く. apoyarse en un ～ 杖にすがる. ～ de estoque 仕込み杖. ～ taburete 腰掛にもなる杖. ～ de mando ［職権を表わす］棒，指揮棒. ❸《スキー》ストック. ❹ ［ゴルフ］クラブ: ～ de madero ウッド. ～ metálico アイアン

～ de mando 指揮棒: llevar el ～ *de mando* 指揮をとる，責任を引き受ける

empuñar el ～ 指揮をとる，命令する

bastonazo [bastonáθo] 男 杖の一撃

bastoncillo [bastonθíʎo] 男 綿棒 『～ de

algodón』；《生物》桿（かん）状体

bastonero, ra [bastonéro, ra] 图 ステッキを作る（売る）人；バトントワラー，バトンガール

◆ 囡 傘立て

basura [basúra] 囡 ❶ 医图 ごみ，くず: tirar ～ ごみを捨てる. ～ radioactiva 放射性廃棄物. ❷ ごみ箱，ごみ捨て場: tirar (echar) … a la ～ …をごみ箱に捨てる. ❸ 粗悪(下劣)なもの: Esa película es una ～. その映画は俗悪だ. ❹ 馬糞

basural 男《南米》ごみ捨て場

basurear 他《南米》［人を］蔑視する，ごみ扱いする

basurero, ra [basuréro, ra] 图 ごみ清掃員: coche (camión) ～ ごみ収集車

◆ 男 ごみ捨て場，ごみ処分場；《南米》ごみ容器

basuto, ta [basúto, ta] 形 图 =**basoto**

bata [báta] 囡 ❶《服飾》i) 部屋着，ガウン: ～ de baño バスローブ. ～ de cola フラメンコのドレス. en ～ 部屋着のままで. media ～ =**batín**. ii) ［病院・理容院などの］白衣 『～ blanca』. ❷《南米》野球『béisbol』；バット『bate』；洗濯物をたたく棒

batacazo [batakáθo] 男 ［主に darse・pegarse+］❶ 転倒した時の音: pegarse un ～ バタンと倒れる. darse un ～ ドサッと倒れる. ❷ 失敗，期待外れ: darse un ～ ［事業などに］失敗する. ❸《南米. 競馬》大穴

bataclana [bataklána] 囡《中南米》ストリッパー

batahola [bataóla] 囡《口語》騒音，騒動

batalla [batáʎa] 囡《英 battle》❶ ［特定の地域での］戦い，戦闘，［特に］会戦；争い，けんか: librar (trabar) ～ … と戦う，…と戦いを交える. dar la ～ 戦う. ～ de Lepanto レパントの海戦 『1571 年』. ～ campal 会戦；大げんか，乱闘. ～ naval 海戦. ～ de flores 花合戦 『祭りで花を投げ合う』. ～ de almohadas 枕で叩き合う遊び. singular ～ 一騎打ち. ❷ ［心中の］葛藤: Libró una gran ～ consigo mismo antes de decidirse. 決心する前に彼は大いに迷った. ❸《自動車》軸距，ホイールベース

de ～《口語》［衣服が丈夫で］日常用の，ふだん着の

presentar (dar) ～ 決起する，立ち向かう

batallar [bataʎár] 圓 ［+con と］戦う，けんか(論争)する；［+por を得ようと］努力する: ～ *con* la enfermedad (la tentación) 病気(誘惑)と戦う. ～ *por* su pan 日々の糧を得るために苦労する

batallador, ra 形 图 戦闘的な(人)；戦士: el rey don Alfonso el *B*～ ドン・アルフォンソ武人王 『1073-1134』

batallita [bataʎíta] 囡 ［主に 腹. 自身が主人公の］昔語り，昔話

batallón¹ [bataʎón] 男 ❶《軍事》大隊: ～ de infantería 歩兵大隊. ～ disciplinario 囚人部隊. ❷《口語》多人数，大ぜい: Tiene un ～ de hijos. 彼は子だくさんだ

batallón², na 形 ［事柄が］論争の絶えない，争いを起こす；［人が］議論好きの: cuestión *batallona* 一触即発の問題. adaptar una actitud *batallona* けんか腰になる

batán [batán] 男《繊維》縮絨(とゃッ)機；陶 あおむけに寝た二人が相手を叩き合う遊び
　batan[e]ar 他 縮絨する；ボカボカ殴る

bataola [bataóla] 女 =**batahola**

batata [batáta] 女 ❶《植物》サツマイモ；《南米. 口語》困惑, 絶句

bate [báte] 男《野球》バット

batea [batéa] 女 ❶ 盆 [bandeja]. ❷ 平底の小舟, バント. ❸ [カキなどの] 養殖場. ❹《鉄道》無蓋無側貨車, 長物車. ❺《中南米》洗い桶, たらい；洗面器

batear [bateár] 他 自《野球》[バットで] 打つ
　bateador, ra 名 打者, バッター：～ desig-nado 指名打者
　bateo 男 バッティング

batel [batél] 男《文語》ボート, 小舟 [bote]
　batelero, ra 名 船頭

batería [batería] 女 ❶ [蓄] 電池, バッテリー〚～ eléctrica〛：～ alcalina アルカリ電池. ～ recargable 充電式電池. ～ solar 太陽光電池. ❷ 一組の器具；炊事用具一式〚～ de coci-na〛；《演劇》照明 (投光) 装置〚～ de luces〛. ❸《軍事》砲列, 砲台；砲兵中隊：～ antiaé-rea 高射砲部隊. ❹《音楽》医図打楽器, ドラムス. ❺ [知能・適性などの] 総合テスト
　en ～ 斜め平行に；[道に対して] 斜めに駐車する
　◆ 名《音楽》ドラマー

baterista [baterísta] 名 ドラマー [batería]

batial [batjál] 形 zona ～ 半深海

batiburrillo/batiborrillo [batibuříΛo/-bo-] 男 乱雑, ごたまぜ：～ de papeles 書類の山

baticola [batikóla] 女《馬術》しりがい；《アンダルシア》ふんどし

batida¹ [batíða] 女 ❶ [獲物の] 狩り立て, 追い出し；[犯人などの] 捜索：dar una ～ 狩り立てる；捜索する. ❷ [貨幣の] 鋳造. ❸《スポーツ》踏切：tabla de ～ 踏切板

batido, da² [batíðo, da] 形 過分 ❶ 打たれた；打ち負かされた：ejército ～ 敗軍. ❷ 踏み固められた；[テニスコートなどが] よく整備された：senda ～*da* 踏みならされた道. ❸ [絹布が] 光線によって色合いの変わる
　◆ 男 ❶ 撹拌. ❷《料理》ミルクセーキ, シェイク；[ビスケットの] 生地；泡立てた卵. ❸ [金・銀箔への] 打ち延ばし. ❹ 逆毛立て. ❺《舞踊》バテュ

batidor, ra [batiðór, ra] 名 ❶ 打つ人：～ de oro 金箔師. ❷《軍事》斥候, [狩りの] 勢子. ❸《南米》密告者
　◆ 男 ❶《料理》泡立て器. ❷ [歯の粗い] 梳き櫛
　◆ 女《料理》スティック (ハンド) ミキサー〚～*ra* eléctrica〛

batiente [batjénte] 男 ❶ 波打ち際. ❷ [ピアノの] 止音装置, ダンパー. ❸《建築》[扉の] 板(いた)；[扉・窓の] 枠組；[主に 陶] あおり止め付き戸当たり
　reír[se] a mandíbula ～ 大笑いする

batifondo [batifóndo] 男《南米》騒ぎ, 騒動

batímetro [batímetro] 男 水深計

batín [batín] 男《服飾》短いガウン, スモーキングジャケット

batintín [batintín] 男 銅鑼(どら)

batir [batír] 他 ❶ 打つ, 叩く：Las olas *batían* la costa. 波が岸に打ちつけていた. ～ el oro 金を打ち延ばす. ❷ 打ち壊す：～ la puerta de un empujón ドアを押し破る. ❸ [音を立てて] 激しく動かす：El ave *batía* sus alas. 鳥が羽をバタバタさせた. ❹ [強く] かきまぜる：～ huevos 卵をかきまぜる(泡立てる). ～ la nata 生クリームを泡立てる. ❺ 打ち負かす：～ a su adversario 敵に勝つ. ～ un récord 記録を破る, 新記録を出す. ～ las dificultades 困難を乗り越える. ❻ [敵・獲物を探して, ト中などを] しらみつぶしに捜す；狩り立てる. ❼ [テントなどを] たたむ；[儀礼として旗を] 下げる. ❽《美容》[髪にふくらみをつけるために] 逆毛を立てる. ❾ [貨幣を] 鋳造する. ❿《南米》[洗濯物を] すすぐ
　◆ 自《跳躍競技で》踏み切る
　◆ ～*se* [互いに/+con+人 と] 戦う
　~se en retirada 退却する, 陣地を捨てる

batiscafo [batiskáfo] 男 深海潜水艇, バチスカーフ

batista [batísta] 女/男《繊維》バティスト, キャンブリック

batracios [batráðjos] 男 複《動物》両生類

batuda [batúða] 女 [トランポリン上での] 複数選手の跳躍

batuecas [batwékas] 女 複 *estar en las B~* うわのそらである

baturrillo [baturíΛo] 男 =**batiborrillo**

baturro, rra [batúřo, řa] 形 名 アラゴン地方の [田舎者]；頑固な [人]. ◆ 男 アラゴン人

batuta [batúta] 女《音楽》タクト, 指揮棒
　llevar la ～ 指揮する；《口語》牛耳る

batzoki [batsóki] 男《バスク語》政党のバル(本部)

baudio [báuðjo] 男 [情報伝達の速度単位] ボー

baúl [baúl] 男 ❶ [旅行用の] トランク〚～ de viaje〛：～ mundo 大型トランク. ❷《中南米》[車の] トランク. ❸ 長もち, つづら
　~ de los recuerdos 心の奥底
　henchir (llenar) el ～ 大食する

bauprés [bauprés] 男《船舶》船首斜檣, バウスプリット

bautismal [bautismál] 形 洗礼の

bautismo [bautísmo] 男《宗教》洗礼：ad-ministrar el ～ a+人 …に洗礼を授ける. nom-bre de ～ 洗礼 (受洗) 名. ～ de inmersión 浸水礼. ～ de sangre 血の洗礼, 殉教. ～ de(口)aire 初飛行. ～ de fuego 砲火の洗礼, 初陣
　romper el ～ *a*+人《口語》…の頭をぶち割る

bautista [bautísta] 男《宗教》❶ バプテスト派. ❷ San Juan *B~* el *B~* 洗礼者ヨハネ

bautizar [bautiθár] 他 ❶ …に洗礼を授ける. ❷ 名づける；[命名して] 祝別する：～ a+人 con el nombre (el apodo) de… …を…と名づける(…に…というあだ名をつける). ～ el barco

船に命名する. ❸《口語》[ワインなどに] 水で薄める. ❹ [人に] 水をかける

◆ **~se** 洗礼を受ける

bautizo 男 洗礼式; その祝い

bauxita [bau(k)síta] 囡《鉱物》ボーキサイト

bávaro, ra [bábaro, ra] 形 名《地名》[ドイツの] バイエルン Baviera 囡 の[人]

baya[1] [bája] 囡《植物》漿果(しょう)

bayadera [bajaðéra] 囡 インドの踊り子(歌手)

bayeta [bajéta] 囡《繊維》ベーズ; 雑布(ぞうきん)

◆ 形《南米》怠け者の

bayo, ya[2] [bájo, ja] 形 名 鹿毛の[馬]

◆ 男《釣りの》蚕型のフライ

bayonesa [bajonésa] 囡《菓子》カボチャの砂糖漬入りバイ

bayoneta [bajonéta] 囡 銃剣《cuchillo ~》: calar (armar) la ~ 着剣する. atacar a la ~ (a ~ calada) 銃剣突撃する

bayonetazo 男 銃剣で刺すこと; その傷

bayunco, ca [bajúŋko, ka] 形《中米》田舎の, 粗野な

baza[1] [báθa] 囡 ❶《トランプ》トリック, 場からさらった札: tener (ganar) ~ 場に勝つ. ❷ 利点, 長所: Ella saca ~ de su belleza. 彼女は美人で得をしている. ❸ 利益: sacar ~ en... ...でもうける

hacer ~ 成功する, 望みを達する

jugar sus ~《口語》強みを発揮する, 能力を生かす

meter ~《口語》干渉する, 口をはさむ

no dejar meter ~《口語》[自分ばかり話して] 相手にしゃべらせない

sentar ~ 横から口出しする

bazar [baθár] 男 ❶ [中近東の] 市場. ❷ 雑貨店; 百貨店

bazo, za[2] [báθo, θa] 形 黄褐色の

◆ 男《解剖》脾臓

bazoca [baθóka] 囡 ＝bazuka

bazofia [baθófja] 囡 かす, くず: Esta ~ no hay quien la coma. こんなまずいものは誰も食べない. Venden ~s. ひどい代物が売られている

bazuka/bazooka [basúka/-θú-] 男《←英語》バズーカ砲

BCG 男《略語. 医学》BCG

Bco.《略語》←Banco 銀行

be [bé] 囡 文字 b の名称

be por be 逐一, こまごまと

tener las tres bes すばらしい, 品質 bueno・外見 bonito・値段 barato の三拍子そろっている

beagle [bígl] 名《←英語. 犬》ビーグル

beat [bít] 男《←英語. 音楽》ビート

beatería [beatería] 囡《軽蔑》大仰な信心, 盲信

beatificar [beatifikár] 7 他 ❶《キリスト教》福者の列に加える. ❷ 幸せにする

beatificación 囡 列福

beatífico, ca 形 [態度が] 穏やかな

beatitud [beatitú(ð)] 囡 ❶《キリスト教》至福. ❷ Su B~ [教皇への尊称] 猊下(げいか). ❸ 心

の平静, 満足, 幸福

beatlemanía [bitɛlmanía] 囡《←英語》極度のビートルズ好き

beatnik [bítnik] 名《複 ~s》《←英語》ビート族

beato, ta [beáto, ta] 形 名 ❶《キリスト教》福者の[人]; [時に軽蔑・皮肉] 聖人のような[人], 信心ぶった[人]. ❷《文語》幸せな

◆ 形 [4-6 世紀, モサラベ mozárabe の描いた] 細密画

Beatriz [beatríθ] 囡《女性名》ベアトリス〖英 Beatrix〗

bebe, ba [bébe, ba] 名 ❶《南米》赤ん坊. ❷ 若者

bebé [bebé] 男《←仏語》[主に 1 歳未満の] 赤ん坊〖niño〗: ¿Ese ~ es niño o niña? その赤ん坊は男の子ですか女の子ですか? ~ foca 子供アザラシ

bebedero, ra [bebeðéro, ra] 形 飲める, 飲んで害のない

◆ 男 ❶ [主に鳥の] 水入れ, 水飲み場; [容器の] 注ぎ口. ❷《金属》湯口. ❸《中南米》酒を売っている所

bebedizo, za [bebeðíθo, θa] 形 飲める, 飲用に適した

◆ 男 媚薬, ほれ薬〖filtro〗; 毒入りの飲み物; 水薬〖pócima〗

bebedor, ra [bebeðór, ra] 形 酒好きの

◆ 名 酒飲み; 酒豪《~ empedernido》: Es buen (mal) ~. 彼は酒が強い(弱い)

beber [bebér] 他《英 drink》❶ 飲む

【類義 beber は水・牛乳・ジュース・酒などを飲む, tomar はコーヒー・紅茶・スープ・薬などを飲む》: No *bebe* alcohol. 彼は酒を飲まない. ❷ [思想・情報などを] 受け入れる: ~ su saber de los libros 本から知識を吸収する

◆ 自 ❶ 飲む; 飲酒する: Le gusta mucho ~. 彼は酒好きだ. ~ demasiado 飲みすぎである. ¿Para ~...? お飲み物を[何にしますか]? ❷ [+ por・a のために] 乾杯する, 祝杯をあげる: *Bebamos por* tu salud (tu triunfo). 君の健康を祈って(成功を祝って)乾杯しよう

◆ **~se** ...を飲み干す: Se *bebió* la cerveza de un trago. 彼は一気にビールを飲んでしまった

◆ 男 飲み物, 酒; 飲むこと, 飲酒: el buen ~ y el buen comer おいしい酒と料理

bebercio [bebérθjo] 男《戯語》飲み物〖bebida〗

bebestible [bebestíble] 形 飲用に適した

◆ 男《中南米》飲み物

bebible [bebíble] 形 [水などの味がまずくなくて] 飲める

bebida[1] [bebíða] 囡〖英 drink〗❶ 飲み物; [特に] アルコール飲料, 酒類《~ alcohólica》: ¿Qué toma usted de ~? お飲み物は何にしましょう? ❷ 飲むこと; 飲酒(の習慣): darse (entregarse) a la ~ 酒におぼれる, 酒浸りになる. dejar la ~ 酒をやめる

bebido, da[2] [bebíðo, ða] 形 過分 [estar+] 酔った

bebistrajo [bebistráxo] 男《軽蔑》まずい飲み

物；〔混ぜ物をした〕変な飲み物

beca [béka] 囡 ❶ 奨学金, 給費: disfrutar de ～ 奨学金を受ける. ir a España con una ～ 給費でスペインに行く. ❷ [昔, 学生が肩から胸につけていたV字形の] たれ布 〔ロカット〕

becada [bekáða] 囡《鳥》ヤマシギ

becar [bekár] 他 奨学金を与える, 給費する
　becario, ria 图 奨学生, 給費生

becerro, rra [beθéro, ra] 图 [2歳未満の] 子牛
　◆ 囲 ❶ 子牛革. ❷ ～ marino《動物》アザラシ〖foca〗. ～ de oro《聖書》金の子牛；富, 金銭. ❸ [昔の] 地券台帳〖libro ～〗
　◆ 囡《植物》キンギョソウ
　becerrada 囡 子牛による闘牛
　becerrillo 囲 子牛革

bechamel [betʃamél] 囡《←仏語. 料理》ベシャメルソース

becuadro [bekwáðro] 囲《音楽》本位記号, ナチュラル

bedel, la [beðél, la] 图 [学校などの] 用務員, 守衛
　bedelía 囡 その職

beduino, na [beðwíno, na] 形 图 ベドウィン族〔の〕

beee [bé] 囲 [羊の鳴き声] メー

befa¹ [béfa] 囡 嘲笑: hacer ～ de+人 …を物笑いの種にする

befar [befár] ～se [+de+事物 を] ばかにする, あざける

befo, fa² [béfo, fa] 形 =belfo；X脚の
　◆ 囲《動物》オナガザル

begonia [begónja] 囡《植物》ベゴニア

behaviorismo [beabjorísmo] 囲《←英語. 心理》行動主義

behetría [be(e)tría] 囡《←歴史》自由農民《中世, 領主を自ら選ぶことができた》

beicon [béjkon] 囲《←英語. 料理》ベーコン: huevos fritos con ～ ベーコンエッグ

beige [béjs/béʃ] 形 囲《←仏語》ベージュ色〔の〕

beis [béjs] 囲 形 =beige

béisbol [béjsβol] 囲《←英語》野球
　beisbolero, ra/《主に中南米》**beisbolista** 图 野球選手

bejín [bexín] 囲《植物》ホコリタケ

bejuco [bexúko] 囲 つる〔植物〕

belcebú [belθeβú] 囲 悪魔；《聖書》[B～]ベルゼブル

beldad [beldá(ð)] 囡《詩語》[主に女性の] 美しさ；[並外れた] 美人, 美女

belén [belén] 囲《←Belén ベツレヘム》❶ [キリストの生誕を形どった, クリスマス飾りの] 馬小屋と人形の小舞台（模型）, 馬槽（訳）〖ロカット〗. ❷《口語》乱雑な所；[主に 履] やっかいな事柄, 紛糾: meterse en belenes ごたご

たに首を突っ込む
　estar en B～ ぼんやりしている, 気を取られている

beleño [beléɲo] 囲《植物》ヒヨス

belesa [belésa] 囡《植物》ルリマツリ

belfo, fa [bélfo, fa] 形《軽蔑》唇の厚い〔人〕, 下唇の突き出た〔人〕
　◆ 囲 [馬などの] 唇；《軽蔑》厚い下唇

belga [bélga] 形 图《国名》ベルギー Bélgica 囡〔人〕の；ベルギー人

beliceño, ña [beliθéɲo, na] 形 图《国名》ベリーズ Belice 囡 の〔人〕

belicismo [beliθísmo] 囲 主戦論, 好戦的な態度

belicista 形 图 主戦論の；主戦論者

bélico, ca [béliko, ka] 形 戦争の: acto ～ 戦争行為. industria ～ca 軍需産業. preparativos ～s 軍備

belicoso, sa [belikóso, sa] 形 好戦的な, 攻撃的な: tribu ～sa 好戦的な部族
　belicosidad 囡 好戦性

beligerancia [belixeránθja] 囡 交戦状態；従軍
　conceder (dar) ～ a... …を重要視する: No me *concede* ～. 彼は私など鼻もひっかけない

beligerante [belixeránte] 形 ❶ 交戦中の, 従軍している. ❷ 好戦的な, 攻撃的な
　◆ 图 戦闘員
　◆ 囲 交戦国〖país ～〗

belinún, na [belinún, na] 图《南米. 軽蔑》うすらばか

belio [béljo] 囲《物理》ベル

bellaco, ca [beʎáko, ka] 形 图 [主に冗談めかして] 不良〔の〕；詐欺師〔の〕

belladona [beʎaðóna] 囡《植物》ベラドンナ

bellaquería [beʎakería] 囡 不良（詐欺師）のような言動, 卑劣な行為

belleza [beʎéθa] 囡《英 beauty》❶ 美しさ, 美: ～ del paisaje 風景美. ～ femenina 女性美. salón de ～《西》エステティックサロン；《中南米》美容院. productos de ～ 化粧品. tener ～ 美しい
　❷ 美人, 美女: Es una ～. 彼女は美人だ. concurso de ～ 美人コンテスト

bello, lla [béʎo, ʎa] 形《英 beautiful. ↔ feo》❶《文語》美しい〔↔hermoso 囲よ］: ojos ～s 美しい瞳. La *bella* durmiente (del bosque)『眠れる森の美女』. La *bella* y la bestia『美女と野獣』. ❷ 立派な: ～ gesto 立派な行為. *bella* persona 立派な人, いい人

bellota [beʎóta] 囡 ❶ どんぐり. ❷ カーネーションのつぼみ；[どんぐり形の] 香水瓶. ❸《動物》～ de mar フジツボ
　bellotear 固 [ブタが] どんぐりを食べる

beluga [belúga] 囲《魚》ベルーガ, 大型のチョウザメ

bemba [bémba] 囡《中南米》ぶ厚い唇

bembo [bémbo] 囲 [特に黒人の] 厚い下唇

bemol [bemól] 囲 形《音楽》変記号, フラット〔の〕: doble ～ ダブルフラット. en si ～ mayor

変ロ長調の

tener 〔*tres・muchos*〕**~es** 重大(面倒)である; 不当である: *Tiene ~es* que copies el examen y apruebes. カンニングして合格するとはけしからんぞ

ben [bén] 男《植物》ワサビノキ

benceno [benθéno] 男《化学》ベンゼン

bencidina [benθiðína] 囡《化学》ベンジジン

bencilo [benθílo] 男《化学》ベンジル基

bencina [benθína] 囡《化学》ベンジン;《中南米》ガソリン

bendecir [bendeθír] 64 他『過去分詞と直説法未来・過去未来, 命令法単数は規則変化. 現分 bendiciendo』❶ たたえる, 感謝する: ~ a sus padres 両親に感謝する. ❷《キリスト教》祝福する, 恵みをたれる; 祝別する, 神のご加護を祈る: *Bendijo* a sus hijos antes de morir. いまわの際に彼は子供たちに幸いあれと祈った. El cura *bendijo* a los novios. 司祭は新郎新婦に祝福を与えた. El Señor *bendijo* su hogar con toda clase de venturas. 神は彼の家にあらゆる幸せをお授けになった. ~ la mesa (la comida) 食前・食後のお祈りをする. ~ las cosechas 豊作を祈る. ~ la nueva capilla 新しい礼拝堂を祝別する

~ *Dios a*+人《親愛》…にとってありがたい

¡que Dios bendiga a+人*!* …に神の祝福がありますように!

bendición [bendiθjón] 囡 ❶《キリスト教》祝福, 祝別; その式: Que le alcance la ~ de Dios. 彼に神の祝福が与えられますように. dar (echar) las *bendiciones* a+人 …に祝福を授ける. ~ de la mesa 食前・食後の祈り. *bendiciones* nupciales [教会での] 結婚式. ❷ 天恵

echar la ~ a... [+人と] 絶交する; [+事を] やめる, 手を引く

ser una ~ [*de Dios*] 非常にすばらしい(ありがたい): *Fue una ~ de Dios* oírlo cantar. 彼の歌は本当にすばらしかった

bendito, ta [bendíto, ta] 形 ❶《キリスト教》祝別された; 聖者の: el ~ San Antonio 聖アントニオ. ❷ [感嘆文で賛嘆・感謝] ¡*B*~ sea el dinero que me prestaste! 金を貸してくれてありがとう! ❸ お人好しの, 愚かな; 幸福(幸運)な. ❹《皮肉》[+名詞] ひどい, 出来損ないの

¡~ de Dios! 困った(人だ)!

¡~ sea! [叱責・怒り・驚き] いい加減にしろ/まったくもう!

¡~ sea Dios! 神の御胸に/神様ありがとう!

◆ 图 お人好し

dormir como un ~ ぐっすり眠る

benedictino, na [beneðiktíno, na] 形

图《宗教》ベネディクト会 orden de San Benito [(修道士・修道女)]『カット』

toca

◆ 男 ベネディクト酒 [licor ~]

benefactor, ra [benefaktór, ra] 形 慈善心

に富む, 奇特な

◆ 图 慈善家; 恩人

beneficencia [benefiθénθja] 囡 ❶ 慈善, 集名 慈善事業(団体): casa de ~ 児童福祉施設. concierto de ~ チャリティコンサート. vivir de la ~ 生活保護を受けている. ❷ 福祉事務所

beneficiar [benefiθjár] 10 他 ❶ …に恩恵(利益)を与える: ~ a la humanidad 人類に貢献する. La lluvia *beneficia* los campos. 雨は田畑をうるおす. ❷ [株式・債券を] 通常価格より安く売却する; [地位・職を] 金で買う. ❸《鉱物》精錬する; 精製する. ❹《中南米》[牛・豚などを] 解体して小売りする

◆ *~se* [+con・de の] 恩恵に浴する: *Con esta ley no se beneficia* nadie. 誰もこの法律で得する人はいない

beneficiado, da 形 過分《キリスト教》受禄(受給)聖職者(の), 聖職禄所有者(の)

beneficiario, ria [benefiθjárjo, rja] 形图 恩恵(利益)を受ける(人); 受益者: ~ de la herencia 遺産相続人. ~ del seguro de vida 生命保険の受取人

beneficio [benefíθjo] 男《英 benefit》❶ 恩恵, 善行: hacer muchos ~s a+人 …に多くの恩恵を与える. ~s sociales 社会福祉. ❷《文語》[主に 圈] 利益《ganancia》; 所得: dar (rendir) buenos (grandes) ~s 多くの利益をもたらす, 大変もうかる. ~ extrasalarial (social) 付加給付. ~ por acción 配当所得. ❸ 慈善興行. ❹《キリスト教》聖職禄, 教会禄 [~ eclesiástico]. ❺《鉱物》採掘. ❻《中米》[主にサトウキビの] 農地開発;《中南米》畜殺

a ~ de... …のために/の: función *a ~ de* los ciegos 盲人義援興行

conceder ~ de la duda [+a+人 を] 疑わない, 悪く言う理由はない

en ~ de... …のために/に: trabajar *en ~ de* la humanidad 人類のために働く

beneficioso, sa [benefiθjóso, sa] 形 [+para 主に自分の…の] 得になる: ~ *para* la salud 健康によい

benéfico, ca [benéfiko, ka] 形 ❶ 慈善の: establecimiento ~ 福祉施設. fiesta ~*ca* 慈善パーティー, チャリティーショー. función ~*ca* 慈善公演. ❷ [主に他人に] 恩恵をもたらす: lluvia ~*ca* 慈雨

benemérito, ta [benemérito, ta] 形 ❶《文語》功績のある, 感心な: ~ maestro すばらしい(立派な)先生. ❷ La *B*~*ta* 治安警備隊《guardia civil》

beneplácito [beneplátito] 男 承諾, 許可, 承認;《外交》アグレマン

benevolencia [benebolénθja] 囡 好意; 親切, 思いやり: con ~ 好意的に

benevolente 形 =**benévolo**

benévolo, la [benébolo, la] 形 [主に目下の人に] 優しい, 思いやりのある, 厳しくない, 理解のある [↔malévolo]: profesor ~ con sus estudiantes 生徒に優しい先生

bengala [beŋgála] 囡 ベンガル花火; 信号弾;

インド産の籘
bengalí [beŋɡalí] 形 名 複 ～[e]s 《地名》ベンガル Bengala 女 の〔人〕. ◆ 男 ベンガル語

benigno, na [benígno, na] 形 ❶ ［+con に/+en で〕優しい, 親切な: Es ～ en sus críticas. 彼の批評は思いやりがある. ～ con sus inferiores 部下に親切な. ❷ 〔気候などが〕温和な; 〔病気が〕軽い; 《医学》良性の〖↔maligno〗: lluvias ～nas 穏やかな雨. gripe ～na 軽い風邪
　benignidad 女 優しさ; 穏やかさ

benimerines [benimerínes] 男 複 ベニメリン王朝〖13-15世紀, モロッコを支配したベルベル族の王朝〗

beninés, sa [beninés, sa] 形 名 《国名》ベニン Benin 男 の〔人〕

Benito [beníto] 男 《男性名》ベニート〖英 Benedict〗
　¡vaya San ～ que me ha caído contigo! 《西》君のおかげで私は大変迷惑した

benjamín, na [beŋxamín, na] 名 末っ子; 最年少者; 《スポーツ》［alevín より小さい〕最年少の選手クラス
　◆ 男 《西》〔約 1/4 リットルの〕小瓶

benjuí [beŋxwí] 男 安息香, ベンゾイン樹脂

bentonita [bentoníta] 女 《鉱物》ベントナイト

bentos [béntɔs] 男 《単複同形》《生物》底生生物
　béntico, ca/bentónico, ca 形 底生生物の

benzoico, ca [benθóiko, ka] 形 《化学》ácido ～ 安息香酸
　benzoato 男 安息香酸塩

benzol [benθól] 男 《商標》=benceno

beodo, da [beódo, da] 形 名 《文語・戯語》酔った; 酔っ払い

beorí [beorí] 男 《動物》アメリカバク

berberecho [berβerétʃo] 男 《貝》ザルガイ

berberisco, ca [berβerísko, ka] 形 名 ベルベル人〔の〕〖=beréber〗; イスラム教徒〔の〕

bérbero [bérβero] 男 《植物》メギ

berbiquí [berβikí] 男 複 ～[e]s ハンドドリル

beréber/berebere [beréβer/bereβére] 形 名 ベルベル人〔の〕
　◆ 男 ベルベル語

berenjena [bereŋxéna] 女 《植物》ナス

berenjenal [bereŋxenál] 男 ナス畑
　armar un ～/meterse en ～es ごたごたに巻き込まれる, 面倒なことに首を突っ込む

bergamota [berɡamóta] 女 《果実》ベルガモット〖香料をとるオレンジの一種; 西洋ナシの一種〗

bergante, ta [berɡánte, ta] ごろつき, ろくでなし

bergantín [berɡantín] 男 ブリガンティン〖二檣帆船の一種〗

beriberi [beríβeri] 男 《医学》脚気(かっけ)

berilio [beríljo] 男 《元素》ベリリウム

berilo [berílo] 男 《鉱物》ベリル, 緑柱石

berkelio [berkéljo] 男 《元素》バークリウム

berlanga [berláŋɡa] 女 《トランプ》ポーカーに似

たゲーム
berlina [berlína] 女 《自動車》フォードアセダン; ベルリン馬車
　poner a+人 en ～ …を笑い者にする

berlinés, sa [berlinés, sa] 形 名 《地名》ベルリン Berlín 男 の〔人〕

berma [bérma] 女 《建築》犬走り; 路肩

bermejo, ja [bermé xo, xa] 形 鮮紅色の, 朱色の; 〔主に髪・皮膚の色が〕赤い
　bermejizo, za 形 朱色がかった
　bermejuela 女 《魚》小型のヒゴイ

bermellón [bermeʎón] 男 ❶ 朱砂, 辰砂. ❷ 鮮紅色 〖rojo ～〗

bermudas [bermúdas] 男 複 《服飾》バミューダ〔ショーツ〕

bernardo, da [bernárðo, ða] 形 名 ❶ 《宗教》ベルナルド会 orden del Císter の〔修道士・修道女〕. ❷ 《犬》San B～ セントバーナード犬
　◆ ［B～〕《男性名》ベルナルド〖英 Bernard〗

bernés, sa [bernés, sa] 形 名 《地名》ベルン Berna 女 の〔人〕

berquelio [berkéljo] 男 =berkelio

berrear [berreár] 自 〔子牛・鹿・象などが〕鳴く; 〔子供が〕泣きわめく; 金切り声をあげる
　berrea 女 〔主に発情期の動物の〕鳴き声

berrendo, da [berréndo, da] 形 ［+en色の〕斑点のある: toro ～ en negro 黒色のぶちのある牛
　◆ 男 《動物》〔北米の〕レイヨウの一種

berreo [berréo] 男 泣きわめき; 金切り声

berrera [berréra] 女 《植物》ミズセロリ

berreta [berréta] 男 《南米》粗野な人
　◆ 形 お粗末なにせ物

berretín [berretín] 男 《南米》頑固, 執着; 強い愛情

berrido [berríðo] 男 〔子牛・ゾウなどの〕鳴き声; 〔子供の〕泣きわめき; 金切り声

berrinche [berríntʃe] 男 怒りの発作; 激しい泣きじゃくり: Le dio un ～ porque no la invitaron a la fiesta. 彼女はパーティーに招かれなかったので当たりちらした. coger (llevarse) un ～ 《西》かんかんに怒る

berro [bérro] 男 《植物》クレソン

berrueco [berrwéko] 男 花崗岩の岩山
　berrocal 男 花崗岩の岩山地帯
　berroqueño, ña 形 花崗岩の; 硬い, 強い

Berta [bérta] 女 《女性名》ベルタ〖英 Bertha〗

berza [bérθa] 女 ❶ 《植物》キャベツ〔の一種〕: ～ lombarda 赤キャベツ. ❷ 酔い. ❸ 複 《口語》《西・軽蔑》能なし, 間抜け
　estar con (en) la ～ 〔人が〕ぼんやりしている
　ser la ～ 〔事物・人が〕腹立たしい
　berzal 男 キャベツ畑

berzotas [berθótas] 男 《単複同形》《西・軽蔑》能なし, 間抜け

besalamano [besalamáno] 男 〔その略語 B.L.M. で始まる〕無署名の通知状(招待状)

besamanos [besamános] 男 《単複同形》〔国王などによる公式の〕接見; 〔国王・女性などへの〕手への接吻

besamel[a] [besamél/-méla] 女 =bechamel

besana [besána] 囡《文語》耕耘（ﾆ̇ﾝ）; [耕す時の] 最初の畝溝（ﾆ̇ﾝﾐﾁﾞ）

besar [besár] 他《英 kiss》❶ [愛情・敬意の印として，〔+en〕+部位 に] 接吻する: i) La *besó en* la frente. 彼は彼女の額に口づけした. ～ a+人 la mano …の手に接吻する. ii) [手紙の結辞] Su seguro servidor que *besa* su mano 敬具. *Beso* a usted la mano [女性が使う] 敬具. ❷《戯語》[物に] 接触する: ¡Cuidado! Vas a ～ un árbol. 気をつけて! 木にぶつかるよ

◆ ～se ❶ [互いに] 口づけする: *Se besaron* los novios. 新郎新婦はキスを交した. ❷ 鉢合わせする: Como iban tan distraídos, *se besaron* al doblar la esquina. 彼らはぼんやり歩いていたので，角を曲がる時ともにぶつかってしまった.

besazo [besáθo] 男 Un ～ [手紙の結辞, 別れの挨拶] さよなら

beso [béso] 男《英 kiss》接吻, 口づけ; 接触: i) dar a+人 un ～ [主に挨拶として] …にキスする. tirar (echar•mandar) a+人 un ～/dar a+人 un ～ volado …に投げキスをする. ～ francés フレンチキス. ～ de paz 和解の接吻. ～ de Judas/～ de la muerte 偽りの友情, 裏切り, enfermedad del ～《医学》腺熱, キス熱. ii) [手紙の結辞] *B*～*s* a todos. みんなによろしく. Te envío un ～ fuerte. 敬具

comerse a+人 a ～s《口語》…にキスの雨を降らせる

bestia [béstja] 囡 ❶ [主に荷役用の] 家畜: ～ de carga 荷役用の家畜; 一番辛い (報われない) 仕事を割り当てられた人. gran ～《動物》バク〖tapir〗. ❷ Es una ～ en ajedrez. 彼はチェスがめちゃくちゃにうまい. ¡Qué ～! [よくも悪くも] すごい!

◆ 図 勢ぞろい〖a lo grande〗
❶《口語》❶ 獣のような〔人〕; 粗野な〔人〕; 愚か者〔の〕: ¡Qué tío tan ～! 何てひどいやつだ! Es un ～. 彼は獣 (ばか) だ. ❷ すばらしい〔人〕, 優れた〔人〕

～ *negra*《口語》一番の敵, 最もやっかいなこと
en plan ～ 手荒に, 乱暴に
mala ～ 悪人

bestiada [bestjáða] 囡《西. 口語》愚か (乱暴) な言動
una ～ 大量, 多数; 非常に

bestial [bestjál] 形 ❶ 獣のような; 愚かな: instinto ～ 獣的本能. ❷ 巨大な, 桁外れの:《口語》すばらしい: tener una sed ～ ひどく喉がかわいている. idea ～ とてもいい考え

◆ 図 勢ぞろい〖a lo grande〗

bestialidad [bestjaliðá(ð)] 囡 ❶ 獣性; 愚かさ: No digas ～es. 残酷なことを言うな. Es una ～ comer tantos dulces. そんなにたくさんお菓子を食べるなんて無茶だ. ❷ 大量: divertirse una ～ 大いに楽しむ. ❸ 獣姦

bestialismo [bestjalísmo] 男 獣姦

bestiario [bestjárjo] 男《古代ローマ》猛獣格闘奴, 闘獣士; [中世の] 動物寓話集

bestséller [bɛ(ð)sélɛr] 男〖復〗～s《←英語》ベストセラー

besucón, na [besukón, na] 形 名 キス (抱擁) 好きな〔人〕

besugo [besúɣo] 男 ❶《魚》ヘダイ, タイ: ojos de ～ 出目. ❷《西. 口語》ばか, うすのろ

besuguero, ra 名 タイを売る人. ◆ 囡 タイを煮る鍋

besuquear [besukeár] 他《口語》[うっとうしいくらいに] …に繰返し軽くキスする

◆ ～se [互いに] 抱擁しキスする, いちゃつく

besuqueo 男 繰返し軽くキスすること

beta [béta] 囡《ギリシア文字》ベータ〖B, β〗: rayos ～《物理》ベータ線

betacaroteno [betakaroténo] 男《生化》ベータカロチン

betarraga [betaṛáɣa] 囡 ビート〔の根〕

betatrón [betatrón] 男《物理》ベータトロン

betel [bétɛl] 男《植物》キンマ

bético, ca [bétiko, ka] 形 名《歴史•地名》ベティカ Bética の〔人〕〖アンダルシアのローマ時代の古名〗

betónica [betónika] 囡《植物》イヌゴマ

betuláceas [betuláθeas] 囡〖復〗《植物》カバノキ科

betuminoso, sa [betuminóso, sa] 形 ＝ **bituminoso**

betún [betún] 男 ❶《鉱物》ベチューメン: ～ de Judea/～ judaico アスファルト. negro como el ～ 真っ黒な. ❷ 靴墨: poner ～ a los zapatos 靴に靴墨を塗る
quedar (dejar) a la altura del ～《西. 口語》最低になる (する)

betunero, ra 名 靴磨き〔人〕

bezo [béθo] 男 厚い下唇

bezudo, da 形 名《軽蔑》唇の厚い〔人〕

bezoar [beθoár] 男《反芻動物の》胃石

bi- 《接頭辞》〖二・重〗自転車

biabia [bjábja] 囡《南米》〖罰〗殴打

bianual [bjanwál] 形 年 2 回の

biatlón [bjatlón] 男《スポーツ》バイアスロン

biáxico, ca [bjá(k)siko, ka] 形《物理》二軸 (双軸) の

Bib. 《略語》←biblioteca 図書館, 蔵書

bibelot [bibeló(t)] 男〖復〗～s《←仏語》[安物の装飾用の] 置き物

biberón [biberón] 男 哺乳瓶: criar a un niño con ～ 子供をミルクで育てる

biblia [bíblja] 囡 [la B～] 聖書〖la Santa B～〗: rezar con la B～ 聖書を読んで祈る
saber la ～ *en verso/saber más que la* ～ 何でもよく知っている
ser la ～ [en pasta•en verso]《主に皮肉》[事物が] あまりにもすごい, よすぎる

bíblico, ca [bíbliko, ka] 形 聖書 (風) の, 聖書に関する: cita ～ca 聖書からの引用. estudios ～s 聖書研究

bibliobús [bibljobús] 男《西》移動図書館 (のバス)

bibliofilia [bibljofílja] 囡 [珍書などの] 書籍道楽

bibliófilo, la 名 愛書家, 蔵書家

bibliografía [bibljoɣrafía] 囡 ❶ 参考書目

一覧, 文献目録. ❷ 図書目録, 出版カタログ; 著書目録. ❸ 書誌学

bibliográfico, ca [biβljoɣráfiko] 形 文献目録の : índice ~ 文献索引

bibliógrafo, fa 名 書誌学者

bibliomanía [biβljomanía] 女 愛書狂, 蔵書狂

bibliómano, na 形 名 愛書狂の〔人〕

bibliorato [biβljoráto] 男 《南米》ファイル

biblioteca [biβljotéka] 女 〖英 library〗 ❶ 図書館 : sacar un libro de la ~/tomar (coger) prestado un libro en (de) la ~ 図書館から本を借りる. ~ de consulta 館外貸出しをしない図書館, 資料館. ~ ambulante (circulante) 移動 (巡回) 図書館. Él es una ~ ambulante (viviente). 彼は生き字引きだ. ❷ 蔵書. ❸ 叢書(をする): B~ de Autores Clásicos 古典作家叢書. ❹ 書庫, 書棚

bibliotecario, ria [biβljotekárjo, rja] 名 司書, 図書館員

bibliotecología [biβljotekoloxía] 女 図書館学

biblioteconomía [biβljotekonomía] 女 図書館経営学

B.I.C. [bík] 女 《西. 略語》←Brigada de Investigación Criminal 犯罪捜査局 〖米国の FBI に相当する〗

bical [bikál] 男 《魚》雄のサケ

bicameral [bikamerál] 形 《政治》二院制の : sistema ~ 二院制度

bicameralismo [ ] 男 二院制

bicampeón, na [bikampeón, na] 名 二度の優勝者

bicarbonato [bikarβonáto] 男 《化学》重炭酸塩; 〖特に〗重曹, 重炭酸ナトリウム 〖~ sódico・de soda・de sodio〗

bicéfalo, la [biθéfalo, la] 形 双頭の : gobierno ~ 両頭政府

bicentenario, ria [biθentenárjo, rja] 形 男 200 年記念の ; 200 年祭

bíceps [bíθeps] 男 〖単複同形〗《解剖》二頭筋 : tener buenos ~ 腕力がある, 筋骨たくましい. ~ tenso 力こぶ

bicerra [biθéra] 女 《動物》ピレネーシャモア

bicha [bítʃa] 女 ❶《蜿曲》ヘビ 〖culebra〗. ❷ 装飾の中の空想的動物 〖人魚など〗. mentar (nombrar) la ~《口語》面と向かって不愉快なことを言う, 歯に衣を着せない

bichar [bitʃár] 他 《南米》のぞき見をする

bicharraco, ca [bitʃaráko, ka] 名 ❶《軽蔑》気持ちの悪い虫

◆ 名 《口語》醜い人; 手足が異常に長い人

bichero [bitʃéro] 男 《船舶》鉤竿(*かぎざお*); 《釣り》ガフ

bicho [bítʃo] 男 ❶ 虫, 蛇 〖特定できない・不快な小動物〗: Me ha picado algún ~. 私は何かの虫に刺された. ❷ 〖愛玩用の〗小動物 : Me gustan los ~s. 私は動物が好きだ. ❸ 悪いやつ; 奇妙な人 : mal (buen) ~/~ malo 悪者, ろくでなし. ~ raro 悪い (おかしな) やつ. B~ malo nunca muere.《西. 諺》憎まれっ子世には

はかる. ❹ 〖闘牛の〗牛. ❺《中米》陰茎

¿qué ~ te ha picado? どういう風の吹き回しかい?

〖*todo・cualquier*〗~ *viviente*《戯語》すべての人 : Lo sabe *todo* ~ *viviente*. 誰でもそれを知っている. En la casa no hay ~ *viviente*. 家の中には人っ子一人いない

bichoco, ca [bitʃóko, ka] 形《南米》〖主に動物が〗おいぼれの, 役立たずの

bici [bíθi] 女 〖bicicleta の省略語〗

bicicleta [biθikléta] 女 〖英 bicycle〗 自転車 : ir en ~ 自転車で行く. saber montar en ~ 自転車に乗れる. ~ de montaña マウンテンバイク. ~ de ejercicio/ ~ estática (fija・gimnástica) ルームサイクル, フィットネスバイク. ~ señora 婦人用自転車

biciclo [biθíklo] 男 =**velocípedo**

bicicross [biθikrós] 男 《スポーツ》バイシクルモトクロス

bicloruro [biklorúro] 男 《化学》二塩化物

bicoca [bikóka] 女 《口語》買い得の品 : Este cuadro es una ~. この絵は掘り出し物だ

bicolor [bikolór] 形 2 色の

bicóncavo, va [bikóŋkaβo, βa] 形 〖レンズが〗両凹の

biconvexo, xa [bikombé(k)so, sa] 形 〖レンズが〗両凸の

bicoque [bikóke] 男 《南米》〖拳骨による頭への〗殴打

bicornio [bikórnjo] 男 《服飾》二角帽

bicromato [bikromáto] 男 《化学》重クロム酸塩

bicromía [bikromía] 女 《印刷》二色刷り, ダブルトーン

bicúspide [bikúspiðe] 形 名 《解剖》二尖 (両尖) の; 〖心臓の〗二尖弁 〖válvula ~〗

BID [bíð] 男 《略語》←Banco Interamericano de Desarrollo 米州開発銀行

bidé [biðé] 男 〖複 ~s〗ビデ, 性器洗浄器

bidimensional [biðimensjonál] 形 2 次元の; 平面的な

bidireccional [biðire(k)θjonál] 形 2 方向の, 双方向的な : ~ simultáneo 《通信》全二重

bidón [biðón] 男 〖主に金属製・円筒形の〗大型容器; ドラム缶

biela [bjéla] 女 《機械》〖コネクティング〗ロッド; 《自転車》クランク

bieldo [bjélðo] 男 《農業》〖より分け用の〗フォーク

bielorruso, sa [bjeloráuso, sa] 形 《国名》ベラルーシ Bielorrusia の(人)

◆ 男 ベラルーシ語

bien [bjén] 副 〖英 well. ↔mal. 比較級 mejor〗 ❶ 善(*よ*)く, 立派に : i) Se conduce siempre ~. 彼はいつも行ないがよい (正しい). Esta obra está ~ hecha. この作品は立派な出来だ. jugar ~ いいゲーム (プレー) をする. ii) 〖estar+〗Esa película está muy ~. その映画はとてもいい. Esta chica está muy ~. その娘は〖美人ではないが〗なかなかすてきだ

❷ 正しく : i) El reloj anda ~. その時計は正確

だ. Señora, ¿voy ~ para la estación? 奥さん, 駅へ行くにはこちらでいいですか? ii) [estar+] Esta suma está ~. この足し算は正しい

❸ 上手に: Habla ~ el español. 彼はスペイン語が上手だ

❹ 具合よく, 都合よく: i) vivir ~ 裕福に暮らす. ii) [estar+] Está ~. よろしい/承知した. Eso está muy ~. それは大変結構だ. Este trozo está ~ para calzar la mesa. この木切れはテーブルの脚にはかせるのにいい. Te está ~ el vestido. その服は君に似合う(大きさが合う). La salsa está ~ de sal. ソースの塩加減はちょうどいい

❺ 心地よく, 元気に: La rosa huele ~. バラは香りがいい. Se está ~ aquí. ここは居心地がいい. No me siento ~. 私は気分がよくない. En mi casa estamos muy ~. 私の家ではみんなとても元気です

❻ よく, 十分に: He dormido ~. 私はよく寝た. No te oigo ~. 君の言うことがよく聞こえない. En el depósito caben muy ~ cien litros. そのタンクは優に100リットル入る. Con ese dinero se compra ~ un coche. その金で十分車が買える. [+形容詞·副詞, 強意] Ya está ~ rico. 彼はもうかなりの金持ちだ. salir ~ tarde かなり遅く出かける

❼ [主に文頭で] i) [強調] とても: B~ se conoce que es incapaz. 彼が無能なことはよくわかる. ii) [概数] およそ; [推測] たぶん: B~ se gastaron cincuenta mil pesetas aquella noche. 彼らはあの晩5万ペセタほど使った. B~ puede estar en casa todavía. 彼はまだおそらく家にいるよ. iii) 喜んで: B~ le ayudaría... 喜んでお手伝いしたいところですが…. B~ puedes venir si quieres verme. 私に会いたければ, もちろん来ていいよ. Puedes ir muy ~ a la playa y bañarte. 何だったら海へ行って泳いできたら. iv) [非難] B~ podías habberme avisado. 前もって言っておいてくれなくちゃ困るよ

❽ [間投詞的] i) [肯定·承諾] よろしい: ¿Vamos a salir?—B~. そろそろ出かけようか? —いいとも. ¡Muy ~! 大いによろしい/そのとおり. ii) [驚き] まさか; [困惑] さあね; [あきらめ] 仕方がない: ¡B~, lo haremos! しょうがない, そうしよう!

❾ [形容詞的]《時に軽蔑》上流階級の, 上品な: La gente ~ gusta de los clubs privados. 上品な連中は会員制のクラブを好む. Es una chica de casa ~. 彼女はいい家の子だ. niños ~ 良家の子女

❿ [接続詞的. 繰返して] …かまたは…か, ある時は…またある時は…: Puedes ir ~ por avión, ~ en tren. 飛行機で行っても列車で行ってもいい. Este equipo, ~ gana con facilidad, ~ pierde estrepitosamente. このチームは楽勝かと思えば, 大負けすることもある

~ de... たくさんの: B~ de dinero le has dado a ganar. 君は彼に大金をもうけさせた

~ o mal 良かれ悪しかれ

¡~ por...! …はいいなあ!

~ que+接続法 《←仏語》 たとえ…であっても

《aunque》: Aceptó la decisión, ~ que no estuviera de acuerdo. 彼は反対だったが, それでも決定を受け入れた

de ~ en ~ (en mejor) ますますよく

está ~/~ está [肯定·承諾] よろしい/[不満·立腹] 勝手にしろ: Ven mañana.—Está ~. 明日来いよ. —オーケー/了解. ¿Me pides más préstamos? Estaría ~. もっと金を貸せだって? そんな話ってないよ

estar ~+不定詞·que+接続法 …はよいことである; …してよい: Está ~ tener amigos en todas partes. いろんなところに友人がいるのはいいことだ. Está ~ que se queden aquí. 彼らがここにいてもかまわない

¡estamos ~! いやだなあ!: Pues, ¡estamos ~! Ahora llueve. ああ, 困った! 雨が降り出した

estar [a] ~ con+人 …と仲がよい: Está muy ~ con el jefe. 彼は部長ととてもうまくいっている

estar ~ a+人 …にとって当然の報いだ/ざまを見ろ: Les está ~ la cárcel. あいつらは牢屋にぶち込まれて当然だ

estar ~ de... 1) …が十分備わっている: Está ~ de salud (de dinero). 彼は健康だ(金回りがいい). 2) …に満足である: Ahora estoy muy ~ de empleado. 私は今のところ社員で満足です

ir ~ a+人 …にとって具合(都合)がよい: El negocio nos va ~. 私たちの商売はうまくいっている. ¿Te va ~ a las 5? 5時でいい? ¿Les va ~ esta mesa? このテーブルでよろしいでしょうか?

ni ~ 《中南米》=no ~

ni ~... ni ~... …も…もない: Ni ~ de corte, ni ~ de aldea. 都会風でも田舎風でもない

no ~ …するとすぐ: No ~ llegué a casa, empezó a llover. 私が家に着くとすぐ雨が降りだした. No ~ lo oyó cuando salió. 彼はそれを聞くやいなや出かけた

o ~ または

poner a+人 [a] ~ con+人 …と…を仲よくさせる

ponerse a ~ con+人 …と和解する

ponerse ~ [病気が] 回復する: Me he puesto ~. 私はもうよくなった

pues ~ [話の切り出し] では, さて: Pues ~, como te estaba diciendo... では君に言ったように…

¡qué ~! 1) そいつはいい/いいぞ! 2) [+不定詞·que+接続法《中南米》→直説法] …してよかった!: ¡Qué ~ que hayas vuelto! 君が戻って来てくれてよかった!

¡qué ~ si...! …だといいが!

si ~ 1) しかし: Lo haré, si ~ consignando mi protesta. しかしやる. しかし抗議は引っ込めないぞ. 2) [+直説法] たとえ…であっても: Te llevaré al cine, si ~ no lo mereces. お前はいい子じゃなかったけど, 映画に連れて行ってあげよう

tener a (por) 〜+不定詞 1)《敬語》…してくださる: *Tenga* usted *a* 〜 enviarme una lista de precios. どうぞ価格表をお送りください. Veremos si *tiene a* 〜 presentarse a trabajar algún día.《皮肉》いつか仕事をしに来てもらえるでしょうね. 2) …するのが適当と考える: *Tuvo a* 〜 volver pronto. 彼はすぐ戻る方がいいと思った

tomar[se]... a 〜 …をいい方に考える: *Se toma a* 〜 todas las bromas. 彼はどんなからかいもいい方に受け取ってしまう

venir 〜 *en...* …に同意する: Iré a verle a usted, si *viene* 〜 *en* recibirme. 会ってくださるなら、うかがいます

y 〜 [質問の切り出し] それでは、それはそうと: Y 〜, ¿qué hago yo ahora? それで、私は何をしよう？

ya está 〜 [+de は] もうたくさんだ

◆ 男《英 good. ↔mal》❶ 善、正しいこと: discernir entre el 〜 y el mal 善悪をわきまえる. hombre de 〜 誠実な人. sumo 〜《宗教》最高善. ❷ 役立つこと；好都合: Conocerte fue un 〜 para mí. 君と知り合いになってよかった. ❸ 幸福、利益: familia de 〜 幸福な家庭. el 〜 público 公共の利益、公益. el 〜 de la patria 祖国の安寧. No hay 〜 ni mal que cien años dure.《諺》苦あれば楽あり. ❹ [評点で] やや良《☞calificación 参照》. ❺ 圈 財産、富《〜es de fortuna》: 〜es comunes (comunales•comunitarios) 共有財産. 〜es de consumo (producción) 消費(生産)財. 〜es de equipo 資本財、生産財；事務用品、生産設備. 〜es de la tierra (その土地の)産物. 〜es marítimos 海産物. 〜es nullius 持ち主のいない財産. 〜es raíces (inmuebles•sitos) 不動産. 〜es semovientes 家畜、牧畜資産

decir mil 〜 *es de...* …をべたほめする

hacer [el] 〜 1) [+a+人 に] よいことをする、助ける: *Haz* 〜 y no mires (cates) a quién.《諺》善をなすのに相手を選んではならない. 2) [+en+不定詞] 適切なことをする: *Has hecho* 〜 *en* callarte. 君は黙っててよかった

mi 〜 [夫婦間の呼びかけ] あなた、お前

para (por•en) 〜 …のために: Lo hice *por tu* 〜. 私は君のためにそうした

por 〜 善意で

bienal [bjenál] 形《←bienio》2 年ごとの；2 年間の: contrato 〜 2 年契約. planta 〜 2 年生植物. rotaciones 〜es 隔年輪作

◆ 女《美術》ビエンナーレ《exposición 〜》

bienaventurado, da [bjenaβenturáðo, da] 形 ❶《キリスト教》至福の. ❷ 幸福な、幸運な: B〜 el que goza de salud. 健康な人は幸いである

◆ 名 ❶《キリスト教》天国の浄福者《天国に入ることを許された者》. ❷ 幸運な人；お人好し

bienaventuranza [bjenaβenturánθa] 女 ❶《キリスト教》至福直観、天国の至福；圈 真福八端《山上の垂訓の中の八福音》. ❷ 幸福、繁栄

bienestar [bjenestár] 男 ❶ 福祉: 〜 pú-

blico (social) 公共の(社会)福祉. estado de 〜 福祉国家. ❷《物質的に》豊かさ: 〜 económico 経済的な豊かさ. ❸ 心の平静、満足: El calmante le da 〜 al enfermo. 鎮静剤は患者を落ち着かせる

bienhablado, da [bjenaβláðo, ða] 形 上品で正しい話し方をする

bienhechor, ra [bjenetʃór, ra] 形 名 慈善を施す〔人〕；恩人

bienintencionado, da [bjenintenθjonáðo, ða] 形 善意の、好意的な

bienio [bjénjo] 男 2 年間；2 年ごとの昇給: por 〜 2 年ごとに

bienquistar [bjeŋkistár] 他 [+con と] 和解させる

bienquisto, ta [bjeŋkísto, ta] 形 [+de•por に] 評判のよい

bienvenido, da [bjembeníðo, ða] 形《英 welcome》[間投詞的に] ようこそ《相手が複数の場合は 〜s、女性の場合は ¡B〜da!》: ¡B〜 a España! ようこそスペインへ! ¡Que sean 〜s! みなさん、よくいらっしゃいました!

◆ 女 歓迎の〔言葉〕: Tuvo una gran 〜da. 彼は大歓迎を受けた. dar la 〜da a+人 …を歓迎する、…に歓迎のあいさつをする. saludo de 〜da 歓迎のあいさつ

bies [bjés] 男《←仏語. 手芸》バイアス〔テープ〕: al 〜 バイアスに、斜めに

bifásico, ca [bifásiko, ka] 形《電気》2 相〔式〕の

bife [bife] 男《←英語. 南米》ビフテキ《bistec》；平手打ち《bofetón》

bífido, da [bífiðo, ða] 形《生物》ふたまたの、2 つに裂けた

bifidus [bifiðús] 男《単複同形》《生物》ビフィズス菌

bifocal [bifokál] 形《光学》2 焦点の

◆ 男/女 圈 遠近両用眼鏡《lentes•gafas 〜es》

bifronte [bifrónte] 形 2 つの顔がある

bifurcar [bifurkár] 自 〜se 分岐する、ふたまたに分かれる: Se *bifurca* la carretera aquí. 道はここで 2 つに分かれる

bifurcación 女 分岐〔点〕: 〜 de la vida 人生の岐路

bigamia [bigámja] 女 二重結婚、重婚〔罪〕

bígamo, ma 形 名 二重結婚の〔人〕

bigardo, da [bigárðo, ða] 形 名 怠け者〔の〕；のっぽ〔の〕

bígaro [bígaro] 男《貝》タマキビ

big bang [bíg ban] 男《←英語. 天文》ビッグバン

bigornia [bigórnja] 女 両先端が角(かど)型の鉄床(とこ)

bigote [bigóte] 男 [主に 圈] ❶ 口ひげ《☞ barba カット》: Lleva el 〜 largo. 彼は長いひげを生やしている. 口ひげを生やす. 〜 con guías カイゼルひげ. ❷ [ネコ・ネズミなどの] ひげ；[エビなどの] 触鬚(しょくしゅ). ❸《電気》針電極；半導体の線

de 〜[*s*]《西. 口語》[非常に] すばらしい；ものす

ごい: La paella está de ~s. このパエーリャはすごくおいしい
menear el ~〖口語〗食べる
no tener malos ~s〖女性が〗器量がよい
ser un hombre de ~s 一人前の男である
tener ~s しっかりしている，がんばり屋である

bigotera [biɣotéɾa] 囡〔寝る時に〕ひげに付けるカバー；〔口の回りの〕飲み物の跡；〔乗り物の〕補助椅子；《製図》スプリングコンパス

bigotudo, da [biɣotúðo, ða] 厖 口ひげの豊かな(濃い)

bigudí [biɣuðí] 男〔複〕~[-e)s〗《化粧》カーラー，カールクリップ

bija [bíxa] 囡《植物》ベニノキ；それからとる赤色染料，ベクシン

bikini [bikíni] 男《服飾》ビキニ〔型の水着・パンティー〕

bilabial [bilabjál] 厖 囡《言語》両唇音〔の〕

bilateral [bilateɾál] 厖 ❶ 両者の: acuerdo ~ 双方の合意. contrato ~《法律》双務契約.
❷ 両側音の
◆ 囡《言語》両側音

bilbaíno, na [bilbaíno, na] 厖 囝《地名》ビルバオ Bilbao の〔人〕『バスク地方 Vizcaya 県の県都』

bilbilitano, na [bilbilitáno, na] 厖 囝《地名》カラタユー Calatayud の〔人〕『アラゴン地方の古い町』

bilharziosis [biljarθjósis] 囡〖単複同形〗《医学》ビルハルツ住血吸虫症

biliar [biljáɾ] 厖 胆汁の
biliario, ria 厖 =biliar

bilingüe [bilíŋɡwe] 厖 囝 2 言語〔併用〕の〔人〕，バイリンガルの〔人〕: diccionario ~ 2 か国語辞典. edición ~ 対訳版. país ~ 2 か国語を常用する国
bilingüismo 男 2 言語併用

bilis [bílis] 囡〖単複同形〗❶ 胆汁. ❷ 不機嫌；不安: descargar la ~ 怒りをぶつける
tragar la ~〖口語〗怒りを抑える
bilioso, sa 厖 胆汁の〔多い〕；気難しい，怒りっぽい

billar [biʎáɾ] 男 玉突き，ビリヤード〔台〕；〔複〕ビリヤード場；ビリヤード場: jugar al ~ ビリヤードをする. ~ americano プール. ~ romano ピンボール，スマートボール. ~ ruso スヌーカー

billetaje [biʎetáxe] 男〖英 ticket, bill〗切符；〔劇場・乗り物の〕定員: El ~ estaba agotado. 切符はすべて売り切れた

billete [biʎéte] 男〖英 ticket, bill〗❶〔催し物の〕切符，入場券；《主に西》〔乗り物の〕切符，乗車券『中南米では boleto〗: pagar el ~ 切符を買う，乗車料金を払う. sacar un ~ 切符を買う. No hay ~s.《表示》満員〔札止め〕. ~ abierto [por 90 días]〔90日間の〕オープンチケット. ~ circular (de circo) 周遊券. ~ de avión 航空券. ~ de favor 優待券，招待券. ~ sencillo/~ de ida [solamente] 片道乗車券. ~ de ida y vuelta 往復乗車券. ~ kilométrico 一定キロ数以内なら何回でも乗

れる切符. medio ~/~ a mitad de precio〔子供用の〕半額切符
❷ 紙幣，銀行券〖~ de banco〗: i) ~ de cien pesos 100 ペソ札. ~ de dos mil duros 1 万ペセタ札. ii)《西. 古語》~ verde 1 千ペセタ札. ~ salmón 5 千ペセタ札
❸ くじ札，抽選券〖~ de lotería〗
❹《古語》短い手紙；通知状: ~ postal 封緘葉書，ミニレター
❺《商業》手形〖letra〗
billetero, ra [biʎetéɾo, ra] 男/囡 札入れ，財布
◆ 囡《中米》宝くじ売り

billón [biʎón] 男 1 兆: un ~ (cien *billones*) de yenes 1(100)兆円. 1,23 *billones* de pesetas 1 兆 2300 億ペセタ
billonésimo, ma 厖 囝 1 兆番目の；1 兆分の 1〔の〕

bimembre [bimémbɾe] 厖〔構成が〕2 人の；2 つの

bimensual [bimenswál] 厖 月 2 回の；2 か月ごとの

bimestral [bimestɾál] 厖 2 か月ごとの；2 か月間の

bimestre [biméstɾe] 厖 男 2 か月〔ごとの〕，隔月の

bimetalismo [bimetalísmo] 男〔金銀〕複本位制
bimetálico, ca 厖 複本位制の

bimilenario, ria [bimilenáɾjo, rja] 厖 男 2 千年の〔記念祭〕

bimotor [bimotóɾ] 男 双発機〖avión ~〗

binar [bináɾ] 他 中耕する
◆ 自《宗教》一日にミサを 2 度行なう
binadera 囡〔除草用の〕引き鍬

binario, ria [bináɾjo, rja] 厖 2 つの: código ~ 2 進コード. compás ~ 2 拍子. estrella ~ria 連星

bincha [bíntʃa] 囡《南米》=vincha

bingo [bíŋɡo] 男 ビンゴ〔ゲーム〕；その 1 等賞金；ビンゴの遊戯場
◆ 囲〔的中〕やった，当たり！/〔怒り〕何ということだ！
binguero, ra 囝 ビンゴの参加者

binocular [binokuláɾ] 厖《光学》両眼〔用〕の: microscopio ~ 双眼顕微鏡
◆ 男〔主に 複〕双眼鏡

binóculo [binókulo] 男〔昔の柄付きの〕両眼鏡

binomio, mia [binómjo, mja] 厖 男《数学》2 項式〔の〕

binza [bínθa] 囡〔卵・玉ネギなどの〕薄皮

bio-〔接頭辞〕〔生〕*bio*logía 生物学，*bio*grafía 伝記

bioactivo, va [bjoaktíβo, βa] 囡 生物(生体)に影響する

biocenosis [bjoθenósis] 囡〖単複同形〗《生物》生物共同体

biodegradable [bjoðeɣɾaðáble] 厖〔廃棄物が〕生物分解性の
biodegradar ~se 生物分解する

B

biodinámica [bjoðinámika] 囡 生物動力学

biodiversidad [bjoðiβεrsiðá(d)] 囡 生物学的多様性

bioelemento [bjoelemẽnto] 男《生物》生〔体〕元素

bioética [bjoética] 囡 生命倫理, バイオエシックス

biofísico, ca [bjofísiko, ka] 形 囡 生物物理学〔の〕

biogénesis [bjoxénesis] 囡《単複同形》《生物》生物発生説

biogenética [bjoxenétika] 囡 遺伝子工学

biogeografía [bjoxeografía] 囡 生物地理学

biografía [bjografía] 囡 伝記
　biografiar 囮 囮 …の伝記を書く
　biográfico, ca 形 1) 伝記〔風〕の. 2) apuntes 〜s 人名注. diccionario 〜 人名辞典
　biógrafo, fa 囮 伝記作者. ◆ 男《南米》映画館『cine』

bioingeniería [bjoinxenjería] 囡 生物工学

biología [bjolxía] 囡 生物学
　biológico, ca 形 生物学の: ciencias 〜cas 生命科学. guerra 〜ca 細菌戦争. química 〜ca 生化学
　biólogo, ga 囮 生物学者

bioluminiscencia [bjoluminisθénθja] 囡《生物》生物発光

biomasa [bjomása] 囡《生物》生物〔体〕量; バイオマス

biombo [bjómbo] 男《←日本語》屏風(びょう), ついたて: poner un 〜 ついたてを立てる

biomecánica [bjomekánika] 囡 生物力学

biomédico, ca [bjomédiko, ka] 形 囡 生物医学〔の〕『環境に対する生存能力などを扱う』

biometría [bjometría] 囡 生物統計(測定)学

biónica [bjónika] 囡 生物工学, バイオニックス

biopsia [bjópsja] 囡《医学》生検, バイオプシー

bioquímica¹ [bjokímika] 囡 生化学
　bioquímico, ca² 形 囡 生化学の; 生化学者

biorritmo [bjoříitmo] 男 バイオリズム

bioscopia [bjoskópja] 囡《医学》生死鑑定

biosensor [bjosensór] 男《電気》バイオセンサー

biosfera [bjosféra] 囡《生物》生物圏, 生活圏

biosíntesis [bjosíntesis] 囡《単複同形》《生物》生合成
　biosintético, ca 形 生合成の

biotecnología [bjotɛknoloxía] 囡 バイオテクノロジー, 生物工学

biotipo [bjotípo] 男《生物》生物型

biotipología [bjotipoloxía] 囡 類型学
　biotipológico, ca 形 類型学の

biotita [bjotíta] 囡《鉱物》黒雲母

biotopo [bjotópo] 男《生物》小生活圏

bióxido [bjó(k)siðo] 男《化学》二酸化物

bip [bíp] 男《信号音》ビッ, ピー

bipartición [bipartiθjón] 囡 2 分化, 2 分裂

bipartidismo [bipartiðísmo] 男 2 大政党制
　bipartidista 形 2 大政党の

bipartito, ta [bipartíto, ta] 形 2 つの部分から成る 〜 二当間の協定. hoja 〜ta《植物》二裂葉

bípedo, da [bípeðo, ða] 形 男 二足の〔動物〕

bipinnado, da [bipinnáðo, ða] 形《植物》〔葉が〕二回羽状の

biplano [bipláno] 男《航空》複葉機『avión 〜』

biplaza [bipláθa] 形 男 複座式の, 二人乗りの;《航空》複座機

bipolar [bipolár] 形《物理・数学》二極の;《電気》バイポーラの;《政治》二極化した
　bipolaridad 囡 二極性: 〜 americano-soviético《歴史》米ソ二極構造

biquini [bikíni] 男 =**bikini**

birdie [bírði] 男《ゴルフ》バーディー

BIRF [bírf] 男《略語》←Banco Internacional de Reconstrucción y Fomento 国際復興開発銀行, 世銀

birlar [birlár] 囮 ❶《口語》だまし取る: Me han birlado la cartera (el puesto que esperaba). 私は財布をまんまと取られた(期待していたポストをさらわれた). ❷〔九柱戯で球を〕2 度目に投げる; 一撃で倒す

birlibirloque [birliβirlóke] *por arte de* 〜《西》まるで手品(魔法)のように

birmano, na [birmáno, na] 形 囡 ビルマ Birmania 囡 の(人)『ミャンマー Myanmar の旧称』: gato 〜《猫》バーマン『シャム猫に似ているが長毛で足先が白い』

birome [biróme] 囡《南米》ボールペン『bolígrafo』

birra [bířa] 囡《←伊語. 口語》ビール『cerveza』

birreactor [bířeaktór] 男 双発ジェット機

birrefrigencia [bířefrixénθja] 囡《光学》複屈折

birreta [bířéta] 囡 [聖職者の] 四角帽子, ビレタ『ロウカット』: recibir la 〜 枢機卿になる

birrete [bířéte] 男 ❶ =**birreta**: 〜 cardenalicio 枢機卿帽. ❷ [大学教授・裁判官などの] 角帽 『ロウカット』. ❸ =**gorro**

birria [bířja] 囡 ❶ 醜悪な人, 変な服装の人; 価値のないもの(人): Él es una 〜. 彼は醜男だ. Esa película es una 〜. その映画はくだらない. ❷《中米. 料理》チリソースをつけたヤギ肉
　birrioso, sa 形《口語》質の悪い, 出来のよくない

biruji/biruje [birúxi/-xe] 男《口語》寒風, 寒さ

bis [bís] 副 ❶ [同一番号内の区別] …の 2: Vivo en el número 150 〜. 私は 150 番地の 2

に住んでいる. ❷ 繰返して；《音楽》リフレインして
◆ 男 アンコール：¡Bis! アンコール！

bis- [接頭辞] [二・重] bisnieto 曾孫

bisabuelo, la [bisaβwélo, la] 名 曾祖父,
曾祖母

bisagra [bisáɣra] 女 ちょうつがい：～ cubre-
junta ストラップヒンジ. partido ～ キャスティン
グボートを握っている政党

bisar [bisár] 他 [観客の求めに応じて曲・演技な
どを] 繰返す

bisbís [bisβís] 男 [昔の] ルーレットに似たゲーム

bisbis[e]ar [bisbis(e)ár] 自《口語》よく聞き
とれないことを言う, つぶやく
　bisbiseo 男 ささやき, つぶやき

bisbita [bisβíta] 女《鳥》セキレイ, タヒバリ

biscote [biskóte] 男《西. 料理》[長期保存用
の] カリカリに焼いたトーストパン

biscuit [biskwí(t)] 男 ❶ 素焼きの陶器《biz-
cocho》. ❷《菓子》～ glacé アイスケーキ

bisecar [bisekár] 他《数学》2 等分する
　bisección 女 2 等分
　bisector 形 男 2 等分面[の]
　bisectriz 女 2 等分線[の]

bisel [bisél] 男 斜断面, 面(取り)：tallar en
～ 斜めに切る
　biselar 他 斜断する, 斜めに切る

bisemanal [bisemanál] 形 週に 2 回の

bisexual [bise(k)swál] 形 ❶《生物》両性の,
雌雄同体の. ❷ 両性に性欲を感じる, バイセクシ
ュアルの
　bisexualidad 女 両性, 雌雄同体；バイセクシ
ュアル

bisiesto [bisjésto] 形 año ～ うるう年

bisílabo, ba [bisílabo, ba] 形《言語》pala-
bra ～ba 2 音節語
　bisilábico, ca 形 ＝bisílabo

bismuto [bismúto] 男《元素》ビスマス

bisnes [bísnes] 男 [単複同形]《俗語》ビジネス,
商売

bisnieto, ta [bisnjéto, ta] 名 ＝biznieto

bisojo, ja [bisóxo, xa] 形《軽蔑》やぶにら
みの[人]《bizco》

bisonte [bisónte] 男《動物》バイソン, 野牛

bisoñé [bisoɲé] 男 [前髪用の] かつら

bisoño, ña [bisóɲo, ɲa] 形 名 新 兵[の]；
《口語》新人[の], 新米[の]

bistec [bisték] 男《料理》ビフテキ：
～ poco (medio・bien) hecho レア（ミディアム・
ウェルダン）. ～ ruso ハンバーグ《hamburgue-
sa》
　bisté 男 ＝bistec

bistorta [bistórta] 女《植物》タデ

bisturí [bisturí] 男《医学》メス：
meter le ～ a... …にメスを入れる《比喩的にも》

bisulfato [bisulfáto] 男《化学》硫酸水素塩

bisulfito [bisulfíto] 男《化学》亜硫酸水素塩

bisutería [bisutería] 女 ❶ 模造の宝石；
安物の装身具：collar de ～ イミテーションのネ
ックレス. ❷ 装身具店
　bisutero, ra 形 名 安物の装身具を売る人；じ
ゃらじゃらしたアクセサリーを身につけるのが好きな

〔人〕

bit [bít] 男《情報》ビット：～ de parada ストッ
プビット. ～ de paridad イーブンパリティービット

bita [bíta] 女《船舶》繋柱, ビット

bitácora [bitákora] 女《船舶》羅針盤箱：
cuaderno de ～ 航海日誌

bíter [bíter] 男 [単複同形/複 ～s]《酒》ビター

bitoque [bitóke] 男 [樽の] 栓, 樽口；《中南
米》カニューレ《cánula》

bituminoso, sa [bituminóso, sa] 形《←
betún》瀝青[質]の

biunívoco, ca [bjuníboko, ka] 形《数学》
[対応が] 一対一の

bivalente [bibalénte] 形 ❶《化学》2 価の.
❷《口語》相反する

bivalvo, va [bibálbo, ba] 形 二枚貝の

biz- [接頭辞] [二・重] biznieto 曾孫

bizantino, na [biθantíno, na] 形 名《歴史》
ビザンティン Bizancio 市の(人)；[議論が] 本
筋を見失った, 瑣末な：imperio (estilo) ～
ビザンティン帝国(様式). controversias ～nas
ビザンティン論争. tener una discusión ～na
小田原評定をする. novela ～na 主人公たちが
出会ったり離れたりする冒険小説
　bizantinismo 男 ビザンティン人的議論[癖]

bizarro, rra [biθáρo, ρa] 形 ❶ 勇敢な, 雄々
しい《valiente》：militar ～ 勇敢な戦士. ❷
寛大な；すばらしい. ❸ 風変わりな：personaje
～ 変人
　bizarría 女 勇敢さ；寛大さ

bizco, ca [bíθko, ka] 形 名 ❶ 斜視の[人]；
《軽蔑》やぶにらみの：Es ～ del ojo derecho. 彼
は右眼が斜視だ. ❷ [牛が] 角の片方が短い
　dejar ～ a+人《口語》…を啞然とさせる
　poner los ojos ～ 横目で見る
　quedarse ～《口語》あっけにとられる
　bizcar 自《まれ》斜視である；寄り目をす
る

bizcocho [biθkótʃo] 男 ❶《菓子》スポンジケー
キ, カステラ：～ borracho サバラン, ババ. ❷ [保
存用の] 堅パン：embarcarse con poco ～ 十
分な準備をせずに事を始める. ❸ 素焼きの陶器
　bizcochada 女 堅パン入りのクリームスープ；真
ん中に切れ目の入った小型パン；[スポンジ台の]
ケーキ
　bizcochar 他 堅パンを作る
　bizcochuelo 男《南米》スポンジケーキ

bizcotela [biθkotéla] 女《菓子》ラスク

biznaga [biθnáɣa] 女《植物》イトバドクゼリモ
ドキ；《中米》球状のサボテン

biznieto, ta [biθnjéto, ta] 名 曾孫

bizquear [biθkeár] 自 斜視である；寄り目をす
る

bizquera 女《口語》斜視《estrabismo》

blanca¹ [bláŋka] 女 ❶《音楽》2 分音符. ❷
スペインの昔の貨幣. ❸《チェス》白の駒(持ち
手)：jugar con las ～s 白を持つ
　no tener ～/estar sin ～ 無一文である

blanco, ca² [bláŋko, ka] 形《英
white》白い：i) La
nieve es ～ca. 雪は白い. Es ～ de cara. 彼は
日焼けしていない. Casa B~ca ホワイトハウス.

B

nubes ~*cas* 白い雲. pescado ~ 白身の魚.
ii) 空白の: página ~*ca* 白い(何も書いてない)
ページ. iii) 白人の. iv) 雪の: deporte ~ 雪
上スポーツ

no distinguir lo ~ de lo negro《口語》
[愚か・無知で] 右も左もわからない

◆ 图 白人

◆ 男 ❶ 白, 白色; 白いもの(部分): televisión
en ~ y negro 白黒テレビ. ~ y negro ミルク
入りのアイスコーヒー. ~ de España 白亜. ~
de huevo おしろい. ~ de la uña 爪の半月. ~
de plomo 白鉛. ~ del ojo 白眼の部分. ~
fijo 沈降硫酸バリウム. ❷ 空白, 余白; 空席:
Hay muchos ~s en este escrito. この書類に
は空欄がたくさんある. ❸ 標的; 目標: hacer ~
de su ataque a... …を攻撃の目標とする.
avión ~ 無人標的機. ❹《チェス》[el+] 白〔の
持ち手〕〖↔negro〗

dar en el ~ =*hacer* ~

en ~ 1) 余白(空欄)に; 未記入の: entregar
el examen *en* ~ 答案を白紙で出す. voto
en ~ 白票. 2) 無為に; 不眠で: pasar las
horas *en* ~ 時間を浪費する. pasar la
noche *en* ~ 一晩徹夜する. 3) [estar+] 無
知な. 4) [剣が] 抜き身の. 5)《テニス》juego
(set) *en* ~ ラブゲーム(セット)

firmar... en ~ [小切手を] 白地式にする;
白紙委任する

hacer ~《口語》標的に命中する; 言い当てる

ponerse en ~ 何が何だかわからなく
なくなる: Me quedé *en* ~ al oírlo. 私はそれを
聞いて頭の中が真っ白になった

ser el ~ *de...* …の的である: Es el ~ de
todas las miradas. 彼はみんなの注目の的だ

tener la mente en ~ 心が白紙状態である,
何と言ったらいいかわからない

blancor [blaŋkór] 男 白さ《blancura》
blancura [blaŋkúra] 图 白さ: ~ del ojo《医
学》[角膜の] 白斑
blancuzco, ca [blaŋkúθko, ka] 形 白っぽ
い; [顔が] 青白い
blandear [blandeár] 他 [譲歩するように] 説
得する
◆ 自/~*se* 屈する, 譲歩し始める: ~*se* con+人
…に迎合する
blandengue [blandéŋge] 形《軽蔑》気の弱
い, 柔弱な; 無気力な
blandir [blandír] 他〖語尾に i の残る活用形の
み ☞abolir 活用表〗[おどかすように] 振り上げ
る, 振り回す: ~ la espada 刀を振りかざす
blando, da [blándo, da] 形《英 soft. ↔
duro》❶ 柔らかい, ふんわりとした; しなやかな:
colchón (pan) ~ 柔らかい布団(パン). carne
~*da* 柔らかい肉. ❷ 柔和な, 穏やかな; 繊細な:
ser ~ de corazón 心が温かい, 感じやすい.
mirada ~*da* 柔和なまなざし. palabras ~*das*
穏やかな言葉. clima ~ 温暖な気候. ❸ [+
con に対して] 柔弱な, 弱腰の; 臆病な: ser ~
de carácter 気が弱い. madre ~*da* con sus
hijos 息子に甘い母親. ❹ [生活などが] 安楽な,
だらけた. ❺《医学》ojos ~s〔眼病による〕涙目

◆ 副 穏やかに: dormir ~ 熟睡する
blandamente 副 柔らかく, そっと; 穏やかに
blandón [blandón] 男 太いろうそく; そのろうそ
く立て
blanducho, cha [blandútʃo, tʃa] 形 柔らか
すぎる;《軽蔑》軟弱な
blandura [blandúra] 图 ❶ 柔らかさ. ❷ 柔
和, 人当たりの良さ;お世辞. ❸ 気弱さ; 怠惰.
❹ [空気の] 生暖かさ
blanquear [blaŋkeár] 他 ❶ 白くする; 漂白
する: Los años le han blanqueado el cabe-
llo. 彼は年を取って髪が白くなった. ~ la valla
柵を白く塗る. ~ la ropa 洗濯物を漂白する.
~ el oro 金を磨く. ❷ [不法に取得した金を]
洗う, 洗濯する. ❸《中南米》銃弾で傷つける(殺
す)
◆ 自 白くなる, 白く見える: Ya le blanquea a
mi madre el cabello. 私の母はもう髪が白くな
っている. El toldo blanqueaba en la oscuri-
dad. 暗闇の中にテントが白く浮き上がっていた
blanqueado《中南米》=**blanqueo**
blanqueador, ra 形 图 白くする〔人〕
blanquecer [blaŋkeθér] 69 他〖金・銀な
どを〗磨く, 光沢を出す〖blan-
quear〗
blanquecino, na 形 白っぽい
blanqueo [blaŋkéo] 男 ❶ 白くすること; 漂
白. ❷ マネーロンダリング〖~ de dinero negro〗
blanquete [blaŋkéte] 男《化粧》[昔の] おし
ろい
blanquillo, lla [blaŋkíʎo, ʎa] 形《砂糖・パ
ンなどが》白い, 精白した
◆ 男 ❶《中米》鶏卵. ❷《南米》白桃;《魚》ア
マダイ
blas [blás] *habló (lo dijo)* B~*, punto
redondo*《皮肉》鶴の一声だ/反論は許さずとい
うやつだ
blasfemar [blasfemár] 自 [+contra・de を]
冒瀆(ぼうとく)する; ののしる, 罵詈雑言(ばりぞうごん)を浴び
せる: ~ contra Dios 神を冒瀆する. ~ de una
obra 作品をひどくけなす
blasfemador, ra 形 图 =**blasfemo**
blasfemia [blasfémja] 图 冒瀆(瀆神)の言
葉; 暴言, 罵詈雑言
blasfemo, ma [blasfémo, ma] 形 图 冒瀆
的な〔人〕
blasón [blasón] 男 ❶ [主に盾形の] 紋章, 記
章; 紋章学. ❷ 名誉, 栄光;《集》名門, 家柄:
vanagloriarse de sus blasones 家柄を鼻にか
ける
hacer ~ *de...* …を自慢する
blasonar [blasonár] 他 …に紋章を描く(つけ
る); ほめたたえる
◆ 自 [+de を] 自慢する, 誇る: ~ de valiente
勇敢さを誇示する
blastodermo [blastoðérmo] 男《生物》胞
胚葉
blástula [blástula] 图《生物》胞胚
blazer [bléjθer] 男〖複 ~s〗《←英語. 服飾》ブ
レザー〔コート〕
bledo [bléðo] 男《植物》フダンソウ

importar (*darse·valer*) *a*+人 ~ …にとって少しも重要でない: Me *importa* un ~ que no me inviten. 私は招待されなくてもまったく気にしない

blefarismo [blefarísmo] 男 《医学》眼瞼(がんけん)痙攣

blefaritis [blefarítis] 女 〖単複同形〗《医学》眼瞼炎

blenda [blénda] 女 《鉱物》閃亜鉛鉱

blenorragia/blenorrea [blenořáxja/-řéa] 女 《医学》淋病

blindar [blindár] 他 ❶ [船・車両などを] 装甲する, 鋼板で覆う: coche *blindado* 《中南米》carro *blindado* 装甲車. ❷ 《電気》遮蔽する, シールディングする

　blindado 男 機甲部隊

　blindaje 男 装甲；シールド

blíster [blíster] 形 cobre tipo ~ 粗銅
　◆ 男 透明パック〔包装〕

B.L.M. [略語] ←Besalamano 簡単な通知(招待)状

bloc [blɔk] 男 〖複〗~s 〔←英語〕 [はぎとり式の] 綴り, 便箋: ~ de notas (de apuntes) メモ帳, ルーズリーフ. ~ de dibujos スケッチブック. ~ almanaque (de fichas) 日めくり

blocao [blókao] 男 《軍事》防塞, トーチカ

blocar [blokár] ⑦ 他 《球技・ボクシング》ブロックする

blof [blɔf] 男 《中南米》 =**bluff**

blondo, da [blóndo, da] 形 《文語》ブロンドの, 金髪の 〖rubio〗
　◆ 女 《手芸》ブロンドレース；《西》紙製のテーブルセンター

bloque [blóke] 男 ❶ [主に角形の] 塊；[コンクリート] ブロック: ~ de hielo 氷塊. ~ de mármol 大理石の塊. muro de ~s ブロック塀. ❷ 街区 [manzana]. 集合住宅 [~ de viviendas]. ~ de pisos マンション 〖建物全体〗. vivir en el tercer ~ 3号棟に住んでいる. ❹ [政治・経済上の] 連合体, 圏: ~ de izquierdas 左翼連合. ~ occidental 西側ブロック. ~ monetario [同一] 通貨圏. ❺ 中心部分: ~ de la expedición 遠征隊の本隊. ❻ 《情報》ブロック. ❼《自動車》i) シリンダーブロック [~ de cilindros]. ii) ~ del motor エンジンブロック. ❽ ~ de alimentación 《電気》パワーブロック. ~s aleatorizados 《統計》乱塊法. ❾ 〖複〗《玩具》ブロック [~s de construcción]. *en* ~ ひとまとめにして；結束して, 一致団結して；大筋で: acudir *en* ~ 大挙して押しかける

bloquear [blokeár] 他 ❶ 《交通・進行》を妨げる, 封鎖する: ~ una ciudad 町を包囲する. ~ la entrada 入口を閉鎖する. ~ la reforma 改革を押しとどめる. ❷ [機械を] 動かなくする, [通信を] 妨害する. ❸ 《経済》封鎖する: ~ una cuenta bancaria 銀行預金を封鎖する. ❹《球技・ボクシング》=**blocar**
　◆ ~se [故障などで] 動かない: Se me *ha bloqueado* la dirección del coche. 車のハンドルが動かなくなってしまった. Se *bloquean* las líneas telefónicas. 電話回線がパンクする

bloqueo [blokéo] 男 ❶ 動かなくする(なる)こと, 封鎖: violar el ~ 封鎖を破る. ~ continental 大陸封鎖 〖1806-14年, ナポレオンがイギリスに対して行なった〗. ~ económico 経済封鎖. ~ efectivo (en papel) 実力(宣言)封鎖. ~ cardíaco 《医学》心臓遮断(ブロック). ~ mental 《心理》精神的ブロック. ~ nervioso 神経ブロック. ❷ 《スポーツ》ブロック: ~ afuera ブロックアウト

blues [blús] 男 〖単複同形〗〔←英語. 音楽・舞踊〕ブルース

bluff [blʌf] 男 〖複〗~s 〔←英語〕虚勢, はったり

blusa [blúsa] 女 《服飾》ブラウス；上っ張り, 作業服: ~ camisera シャツブラウス. ~ de marinero 水兵服

blusón [blusón] 男 《服飾》チュニックブラウス；スモック

BN [略語] 〔←西. 略語〕←Biblioteca Nacional 国立図書館

boa [bóa] 女 《動物》ボア: ~ constrictor ボアコンストリクター
　◆ 男 《服飾》ボア

boardilla [boardíʎa] 女 =**buhardilla**

boato [boáto] 男 [富・権力の] 誇示；華麗さ

bobada [bobáða] 女 愚かな言動；くだらない(つまらない) もの(こと): Quítate de ~s. ばかなことはやめろ

bobales [bobáles] 名 〖単複同形〗ばか, うすのろ

bobalicón, na [bobalikón, na] 形 名 間抜け(な), とんま(な)

bobear [bobeár] 自 愚かなことをする(言う)

bobería [bobería] 女 愚かな(見境のない) 言動

bóbilis [bóbilis] *de* ~ 《西. 口語》金を払わずに, ただで；努力なしで

bobina [bobína] 女 巻き枠, ボビン；《電気》コイル；《印刷》巻き取り紙: ~ de hilo 糸巻き. ~ de película フィルムのスプール
　bobinado 男 《電気》巻き線
　bobinar 他 [糸を巻き枠に糸などを] 巻く；[コイルなどを] 電気回路に組み込む

bobo, ba [bóbo, ba] 形 名 ❶ ばか(な), 間抜け(な)；お人好し(の), 無邪気な(人): Es un ~: se lo cree todo. 彼は愚か者で何でも信じてしまう. No seas ~: ¡Te quiero! おばかさんね. 愛しているのに! el ~ de Coria [極め付きの] 愚か者. A los ~s se les aparece la madre de Dios. 《諺》愚か者に福あり. ❷ 取るに足りない；単純な, 簡単な
　entre ~s anda el juego 《口語》[愚かさ・悪賢さでは] どっちもどっちだ/いずれ劣らぬ騙し合いだ
　◆ 男 [昔の] 道化役者；《中米. トランプ》ばば抜き [mona]
　hacer el ~ ばかなことをする
　bobamente 副 愚かに, 無邪気に；理由もなしに；何の苦労もなしに

bobsleigh [bɔbsléɣ] 男 《スポーツ》ボブスレー 〖参考〗~ a dos (cuatro) 2(4)人乗り)

boca [bóka] 女 〖英 mouth〗 ❶ 口；口もと, 唇: i) [人・動物の] El niño tiene la 〜 manchada. その子は口の回りが汚れている. No tengo nada que llevarme a la 〜. 私は食べる物が何もない. Por mí 〜 no se ha salido nada. 私は何も口外しなかった. dar un beso en la 〜 唇にキスをする. tener una 〜 mona 愛らしい口もとをしている. ii)《諺・成句》En 〜 cerrada no entra(n) mosca(s)./Por la 〜 muere el pez. 口は災いのもと. Quien tiene 〜 se equivoca. 間違いは誰にでもある. 〜 de escorpión 毒舌家,《南米》噂好きの人. 〜 de oro 雄弁〔家〕. 〜 de verdades 直言する人. iii) 〔物の〕〜 de barril たるの栓口. 〜 de horno 炉(かまど)の口. 〜 de incendios (de fuegos) 消火栓. 〜 de fusil 銃口. 〜 de riego (de agua) 給水栓. 〜 de fuego 火器, 銃砲. 〜 en la suela de una bota 長靴の底の穴.

❷ 出入り口: 〜 de una calle 通りの入り口. 〜 de inspección マンホール

❸ 圏 河口

❹ 養い口: Tiene ocho 〜s en su casa. 彼は家族8人を養っている

❺《酒の》口あたり, 風味: Este vino tiene buena 〜. このワインは口あたりがいい

❻〔エビ・カニに〕はさみ: 〜 de la isla シオマネキのはさみ

❼〔金づちなどの〕頭; 〔のみ・おのなどの〕刃先

a 〜 口頭で

a 〜 de... …の初めに: a 〜 de noche 宵の口に

a 〜 de jarro (de cañón) =a **bocajarro**

a 〜 llena あからさまに, ずけずけと

a pedir de 〜 望みどおりに, 心ゆくまで; 好調に

abrir 〜 〔食欲を増進させるため〕食前に軽いものをとる(飲む): beber una copa de jerez para abrir 〜 アペリティフとしてシェリー酒を1杯飲む

abrir 〜 tamaña 《中米》びっくりする

abrir la 〜 口を開ける; 話す; あくびをする

abrirse la 〜 a+人 …にあくびさせる

andar en 〜〔de todos〕《口語》話題(噂の種)になる

blando de 〜 口の軽い; 〔馬が〕手綱に敏感な

〜 a 〜 1) 圏〔人工呼吸の〕マウスツーマウス〔respiración 〜 a 〜〕: hacer a+人 el 〜 〜 …に口移し法の人工呼吸を施す. 2) 口伝えで, 口コミで

〜 abajo うつぶせに; 裏返しに: Estaba tendido en la playa 〜 abajo. 彼は砂浜でうつぶせに寝そべっていた

〜 arriba あお向けに: Se cayó 〜 arriba. 彼はあお向けに倒れた. poner las cartas 〜 arriba カードを表返す; 手の内を明かす

buscar la 〜 a+人 …を挑発する

calentársele a+人 la 〜 …は夢中になって話している, 激している: Se le calienta la 〜. 彼は口角泡をとばす

callar[se] (cerrar・coserse) la 〜 沈黙する, 秘密を守る: ¡Cállate la 〜! 黙れ!

cerrar la 〜 a+人 …を口止めする, 黙らせる

con la 〜 abierta 唖然として: Me quedé

con la 〜 abierta por su frescura. 私は彼の厚かましさにあいた口がふさがらなかった

con la 〜 chica 《口語》おずおずと, ためらいがちに

dar en la 〜 a+人 …の鼻をあかす; 〔脅し文句で〕…の鼻をへし折る; 唖然とさせる

darse un punto en la 〜 黙っている, 知っていても言わない

de 〜 口先だけで; 口約束で: Es valiente de 〜. 彼は口先だけは勇ましい

de 〜 de+人 =en 〜 de+人

de 〜 en 〜 口から口へと, 口伝えで: correr (andar) de 〜 en 〜 話題になる, 噂になる

decir... con la 〜 chica (chiquita・pequeña) 心にもなく…を言う

decir lo que [se] le viene a la 〜 思いつくままにしゃべる, 口から出任せを言う

duro de 〜〔馬が〕手綱に鈍感な, 御しにくい

echar por la (aquella) 〜 悪態をつく

en 〜 de+人 …の口から: Lo he oído en 〜 de la persona en cuestión. 私は当の本人の口からそのことを聞いた

estar colgado (pendiente) de la 〜 de+人 …の言いなりになる

guardar la 〜 =callar[se] la 〜

hablar por 〜 de+人《口語》…の言葉を受け売りする; …と同意見であると表明する

hablar por 〜 de ganso (de otro) 言われたとおりにしゃべる, 人の受け売りをする

hacer 〜 =abrir 〜

hacerse a+人 la 〜 agua …にはよだれが出そうである《比喩的にも》: Se me hace la 〜 agua. 私はよだれが出そうだ(食指が動く)

ir a pedir de 〜 =salir a pedir de 〜

ir en 〜〔de todos〕=andar en 〜〔de todos〕

irse a+人 la 〜 …は口が軽い, 何でも話してしまう: Cuando ha bebido, se le va la 〜. 彼は飲むと口が軽くなる

llenar la 〜〔al nombrar〕自慢する

no caerse a+人 de la 〜 …の口によくのぼる: No se le cae esa palabra de la 〜. 彼は何かというとその言葉を口にする

no decir esta 〜 es mía/no descoser (despegar・desplegar) la 〜《口語》一言も口をきかない, 黙っている, 返事をしない

partir la 〜 a+人〔脅し文句〕Te voy a partir la 〜. 殴るぞ

pedir por esa 〜 =pedir por esa **boquita**

punto en 〜 黙りなさい/口答え無用

quitar... a+人 la (la palabra) de la 〜《口語》…を…よりも先に言ってしまう; …の話をさえぎる: Me lo has quitado de la 〜. 君は私が言おうとしていたことを先に言ってしまった

quitarse... de la 〜〔他の人のために〕…を取っておく, あきらめる

romper la 〜 =partir la 〜

salir a pedir de 〜〔事が〕うまくいく

tapar la 〜 a+人《口語》〔金・脅しなどで〕…の口を封じる; …を唖然とさせる, ぐうの音も言わせなくする

tener buena ~ [馬が] おとなしい

tener mala ~ [馬が] 御しにくい; [人が] 言葉づかいが悪い

tener... siempre en la ~ いつも…を話す(口にする)

torcer la ~ 顔をしかめる(ゆがめる)

bocabajo [bokabáxo] 圓 圐 うつぶせに[に] 〖boca abajo〗

bocacalle [bokakáʎe] 囡 通りの入り口; 枝道, 横丁

bocadillo [bokaðíʎo] 圐 ❶《西. 料理》サブマリンサンドイッチ 〖フランスパンにハム・ソーセージなどをはさむ〗 ❷ [朝食と昼食の間にとる] 軽食: tomar un ~ 軽食をとる. ❸ つまみ, カナッペ; 《中米》グアバやココナッツで作った菓子. ❹ [漫画の] 吹き出し. ❺《口語》=pinzamiento

bocadito [bokaðíto] 圐 小型のシュークリーム 〖~ de nata〗

bocado [bokáðo] 圐 ❶ 一口(の量): un ~ de pan ひとかけらのパン. Se comió una torta en un ~ (dos ~s). 彼女はパイを一口で(あっという間に)食べてしまった. probar un ~ 一口食べてみる, 試食する. comer (tomar) un ~ 軽い食事をとる. No había (tenía) para un ~. 食べる物がろくになかった(彼は食うに困っていた). ❷ かむこと; かんだ跡, かみ傷: dar un ~ a+人 …にかみつく. ❸《馬術》くつわ, はみ: poner el ~ a un caballo 馬にくつわをはめる. ❹ もうけ(割のいい)仕事

~ *de Adán* のどぼとけ 〖nuez〗

buen ~/~ *sin hueso*《口語》もうけ物, ぼろもうけ仕事: sacar un *buen* ~ de... …で大もうけをする

caro ~ 高くつく物, 割に合わない事

comerse a ~s *a+人* …を食べてしまいたいくらいいである: *Me la comería a* ~s. 彼女はかわいくて食べたいくらいだ/彼女には腹が立って仕方がない

con el ~ *en la boca* 食事が終わったとたんに

contar a+人 los ~s *a* …にほとんど食べ物を与えない

no probar ~ 何も食べない

bocajarro [bokaxárꝛo] *a* ~ 1) 至近距離から. 2) 出し抜けに, いきなり: *Me dio la noticia a* ~. 私は急にニュースを知らされた

bocal [bokál] 圐 [広口の] 壺; [航行可能な] 細い水路

bocamanga [bokamáŋga] 囡《服飾》袖口

bocamina [bokamína] 囡 鉱山の入り口, 坑口

bocana [bokána] 囡 [湾・港などの] 入り口; 《中南米》河口

bocanada [bokanáða] 囡 ❶ [酒などの] 一飲み: beber una ~ de vino ワインを一口飲む. ❷ [風・煙などの] 一吹き, 噴出: El humo salió de la chimenea a ~s. 煙突から煙がもくもくと吹き出した. una ~ de viento (de aire) 一陣の風. una ~ de gente 一団の群衆

echar ~s 自慢をする, ほらを吹く

bocarte [bokárte] 圐《西》イワシの幼魚

bocata [bokáta] 圐《西. 口語》=bocadillo

◆ 囡 空腹, 飢え

bocazas [bokáθas] 圐 〖単複同形〗《口語》大きな口

◆ 图《軽蔑》[un+] 口の軽い人, おしゃべり

bocel [boθél] 圐《建築》トルス; 《数学》輪環面: medio ~ 刳形(ｿﾘ). cuarto ~ 4分の1の刳形

bocera [boθéra] 囡 [主に西. 飲食後の] 口の回りの汚れ; 《医学》口角炎

boceras 图 〖単複同形〗[un+] =bocazas

boceto [boθéto] 圐 ❶《美術》スケッチ, 下絵; [彫刻の] 粗削り: hacer el ~ 下絵を描く; 下ごしらえをする. ❷ 草案, 下書き: ~ de una novela 小説の草稿

bocha[1] [bótʃa] 囡 ❶ [❷に使う] 木製のボール. ❷ 圐 小球 boliche を狙ってボール bocha を投げ, 近さを競うゲーム

boche [bótʃe] 圐 ❶ [ビー玉遊び用の] 地面の穴. ❷《南米》侮辱; けんか; =bochinche: dar ~ 侮辱する

bochinche [botʃíntʃe] 圐《主に中南米》けんか騒ぎ 〖jaleo〗

bocho, cha[2] [bótʃo, tʃa] 圐《南米》頭のいい, 勉強家の

bochorno [botʃórno] 圐 ❶ [夏に吹く] 熱風; [それによる] メガホン; 蒸し暑い: Hace ~. 蒸し暑い. ❷ [恥辱などによる] 赤面: sufrir (pasar) un ~ 顔を赤らめる. ❸《生理》[閉経期の] 一過性熱感, ほてり

bochornoso, sa 圐 蒸し暑い; 恥ずべき

bocina [boθína] 囡 ❶ [自動車の] 警笛, クラクション 〖claxon〗: tocar la ~ クラクションを鳴らす. ❷ メガホン 〖megáfono〗; [ラッパ型の] スピーカー. ❸《楽器》ホルン 〖corno〗. ❹《南米》ラッパ形補聴器 〖trompetilla〗

bocinazo 圐 1) クラクションの音. 2)《口語》un ~ a+人 …を大声で叱る

bocio [bóθjo] 圐《医学》甲状腺腫

bock [bɔk] 圐《←独語》〖圐 ~s〗[4分の1リットル入りの] 小ジョッキ; その1杯分のビール

bocón, na [bokón, na] 图《中南米》おしゃべりな人, 噂好きな人

◆ 圐《魚》イワシの一種 〖口が大きい〗

bocoy [bokói] 圐 [ワイン運搬用の] 大樽

boda [bóða] 囡《英 wedding la》❶ [時に 圐] 結婚式, 結婚披露宴: celebrar la ~ 結婚式をあげる. lista de ~ [新郎新婦の希望する] 結婚祝いのリスト. pastel de ~ ウェディングケーキ. ~s de papel (plata・oro・diamante) 紙(銀・金・ダイヤモンド)婚式. ~ de negros 乱痴気騒

bodega

184

ぎ. ❷ 結婚〖casamiento〗

bodega [boðéga] 囡 ❶ [地下の] 酒倉, ワインセラー. ❷ 醸造所, 酒店, 酒庫; 《中米》酒場, 飲食店, 食料品店. ❸ 船倉〖航空〗貨物室; [港の] 倉庫. ❹ ブドウ(ワイン)の出来具合い

bodegaje 男《商業》倉敷料, 保管料

bodegón [boðeɣón] 男 ❶《美術》静物[画]. ❷ 安食堂; 安酒場, 居酒屋

bodeguero, ra [boðeɣéro, ra] 图 醸造所(酒店・酒場)の主人; 酒倉係, ソムリエ

bodijo [boðíxo] 男《軽蔑》不釣合いな(身分の低い人との)結婚; 成上がりの結婚式

bodoque [boðóke] 男 ❶《手芸》浮き上げ刺繍のステッチ; [クッションなどの] とじ糸〔の補強あがり〕. ❷ [昔の弩弓用の] 陶製の弾丸; 小さな塊. ❸《中米》こぶ, 腫れ物; 出来損い
◆ 图 能なし, でくのぼう

bodorrio [boðórjo] 男 ❶《軽蔑》少人数で金をかけない結婚式. ❷ 身分違いの結婚〖bodijo〗

bodrio [bóðrjo] 男 ❶《軽蔑》失敗作, ひどいしろもの. ❷ [修道院で乞食に与える] 残り物で作ったスープ

body [bóði] 男《複 bodies》《←英語. 服飾》レオタード〖maillot〗; [女性用下着の] ボディースーツ

BOE [bóe] 男《西. 略語》←Boletín Oficial del Estado 官報, 政府公報

bóer [bóer] 形 图《複 ~s》[南アフリカの] ボーア人〔の〕

bofe [bófe] 男 [主に《口語. 食用獣の] 肺臓
echar el ~ (los ~s)《口語》懸命になる; 疲れ果てて

bófeta [bófeta] 囡《繊維》ごわごわした薄手の綿布
bofetán 男 =bófeta

bofetada [bofetáða] 囡 ❶ 平手打ち, びんた: dar una ~ a+人 …に平手打ちを食らわす; 侮辱する. ❷ 打撃; 衝撃. ❸ 侮辱
darse de ~s《西》[+con と] 調和しない
no tener [ni] media ~ [敵が肉体的に] 弱々しい

bofetón [bofetón] 男 強烈な平手打ち

bofia [bófja] 囡《西. 隠語》[la+] 警察

boga [bóɣa] 囡 ❶ 漕ぐこと. ❷ 流行, 人気: estar en ~ 流行している, 人気がある. ❸《魚》[大西洋・地中海の] ヒラダイ; [スペインの] ウグイに似た川魚

bogar [boɣár] 圓《文語》漕ぐ〖remar〗; 航行する〖navegar〗

bogavante [boɣaßánte] 男《動物》ウミザリガニ, ロブスター

bogotano, na [boɣotáno, na] 形 图《地名》ボゴタ Bogotá の〔人〕〖コロンビアの首都〗

bohardilla [boarðíʎa] 囡 =buhardilla

bohemio, mia [boémjo, mja] 形 图 ❶《地名》ボヘミア Bohemia 囡 の〔人〕; ボヘミアン〔的な〕, 自由奔放な〔人〕. ❷ ジプシー〖gitano〗
◆ 图 医名 ボヘミアン; 自由奔放な生活

bohío [bofo] 男 [南米の] 粗末な小屋

boicot [bojkó(t)] 男《複 ~s》ボイコット
boicotear 囲 ボイコットする

boicoteo 男 =boicot: ~ de las elecciones 選挙ボイコット

boina [bójna] 囡 ベレー帽: ~ verde《軍事》グリーンベレー
pasar la ~《口語》金を集める

boite [bwát] 囡《←仏語》ナイトクラブ

boj [bóx]《植物》ツゲ

bojar [boxár] 囲 [島などの] 周囲の長さを測る; [周囲が] …の長さがある; [船で] 一周する
bojear 囲 =bojar

bojote [boxóte] 男《中南米》包み, 荷物

bol [ból] 男 ❶《←英語. 料理》鉢, ボール; パンチボール. ❷ 投網〖redada〗; 地引き網. ❸ ~ armé nico (de Armenia) アルメニア赤粘土

bola¹ [bóla] 囡 ❶ 玉, 球; ボール〖☞balón 題義〗: ~ de billar 玉突きの玉. ~ de caramelo あめ玉. ~ de naftalina ナフタリン玉. ~ de vidrio ガラス玉, ビー玉. ~ del mundo 地球. ~ pampa《南米》=boleadoras. ❷ 靴墨〖betún〗: dar ~ a los zapatos 靴を磨く. ❸ 犬を殺すための毒薬. ❹《口語》力こぶ: sacar [mucha] ~ [大きな]力こぶを作る. ❺《口語》嘘, 作り話: contar (meter) ~s 嘘をつく, 作り話をする. ❻《俗語》睾丸. ❼《複《機械》ボールベアリング(の玉)〖cojinete de ~s〗. ❽《トランプ》総取り, スラム. ❾《中米》けんか騒ぎ. ❿《闘牛》hasta la ~ [estocada の突き刺しが] 刀までで深く
a ~ vista《トランプ》カードを表向きにして
~ de nieve 1) 雪玉; 雪だるま式に増大するもの〔噂, 富など〕. 2)《植物》カンボク(肝木)
~ de partido《スポーツ》マッチポイント
~ negra 反対票: echar ~ negra 反対投票をする, 拒絶する
botar la ~《中米》偉業をなしとげる
correr la ~ 噂を広める
dar a la ~/dar con la ~《中南米》狙いが的中する, 成功する
dar ~ a+人《南米》…に注目する
¡dale ~! いい加減にしろ!
dejar rodar (que ruede) la ~《口語》なりゆきに任せる
en ~s《俗語》裸で; 不意をつかれた; 手の施しようのない
escullir la ~ 逃げる
estar de (como) ~《中米》ひどく酔っている
niño de la ~ 幼子イエス; 幸福な子
no dar pie con ~/no rascar ~ へまばかりする
pasar la ~《口語》責任をなすりつける; [伝言ゲームで] 次の人に伝える
¡ruede la ~! 運を天に任せよう/とにかくやってみよう!

bolada [boláða] 囡《中南米》好機, もうけ話; 嘘, 噂話

bolado [boláðo] 男 ❶《菓子》=azucarillo. ❷《中米》用事, 仕事; 情事, 色事

bolardo [bolárðo] 男《船舶》係船柱

bolazo [boláθo] 男 ❶ 球による打撃. ❷《南米》大嘘, でたらめ
de ~ あっという間に, 気付かないうちに

bolchevique [boltʃeβíke] 形 名《歴史》ボルシェビキ；共産主義の(主義者)

bolchevi(qui)smo [男] ボルシェビズム

boldo [bóldo] 男《植物》ボルド

bolear [boleár] 他 ❶ [ボールなどを] 投げる. ❷《中南米》試験に落第させる；否決する. 反対票を投じる；ボーラ boleadoras を投げる；ぺてんにかける；《中米》靴墨を塗る
◆ ~se ❶《野球》キャッチボールをする. ❷《中南米》[馬が] 後脚で立つ
bolea 女《スポーツ》ボレー

boleadoras 女《中南米》ボーラ [[縄の先に2・3個の鉄球がついていて, ガウチョが牛などを捕えるのに使う.⇨カット]]

boleo [男] 投げること；= **bolea**

bolera[1] [boléra] 女 ボーリング場, 九柱戯場；ベネズエラの歌(踊り)

bolero[1] [boléro] 男《音楽・舞踊・服飾》ボレロ；《中米》シルクハット [[chistera]]

bolero[2], **ra** [形] 名 ❶ 大嘘つき(の)；よくサボる[人], ずる休みする[人]

boleta [boléta] 女 ❶《中南米》i) 入場券, 切符 [[billete]]；領収書, レシート. ii) 投票用紙 [[~ electoral]]. iii) ~ de citación 召喚状. ❷ 引換券；証明書；許可書, パス：~ de compra 買物券. ~ de sanidad [検疫の] 健康証明書
dar [**la**]《口語》解雇する；[人と] 関係を断つ

boletería [boletería] 女《中南米》入場券(切符)売り場 [[taquilla]]

boletero, ra [boletéro, ra] 名《南米》[車内の] 検札係；嘘つき

boletín [boletín] 男 ❶ 定期刊行物；学術報告, 紀要：~ anual (mensual・semanal) 年(月・週)報. ~ comercial 商業時報. ~ informativo・~ de noticias [ラジオ・テレビの] ニュース番組；時事通信, ニュースレター. ~ literario 文学紀要. ❷ [公的な] 報告[書]：~ de prensa 新聞発表. B~ Oficial del Estado《西》官報. ❸ 証明書；[学校の] 成績票 [[~ de calificación・de notas]]. ❹ 申込書 [[~ de inscripción]]；注文書 [[~ de pedido]]

boleto [boléto] 男 ❶《中南米》[乗り物・劇場などの] 切符 [[billete]]. ❷ [くじ・賭け事の] 札, 抽選券

boli [bóli] 男《西》ボールペン [[bolígrafo の省略語]]

boliche [bolítʃe] 男 ❶ ペタンクなどの的に使う小球；けん玉. ❷ 九柱戯場；九柱戯 [[bolos]]. ❸ [家具の柱頭の] 球形装飾. ❹《料理》小魚. ❺《南米》屋台, 露店

bolichear [他]《中南米》細々と商売をする

bólido [bóliðo] 男 ❶ 高速車, レーシングカー；すばやい人. ❷《天文》火球；隕石
ir de ~ [仕事に追われて] 手早くすます

bolígrafo [bolíɣrafo] 男《主に西》ボールペン

bolilla [bolíʎa] 女《南米》くじ引きの玉；[授業プログラムに含まれる] テーマ
dar ~ [+a+人] 関心を払う

bolillo [bolíʎo] 男 ❶《手芸》[レース・飾りひも編み用の] 糸巻き, ボビン：encaje de ~s ボビンレース. ❷《中米》パンの一種

bolina [bolína] 女 ❶《船舶》はらみ綱, ボーライン：de ~ 詰開きで. ❷ ハンモックのロープ

bolinche/bolindre [bolíntʃe/-dre] 男 = **boliche** ❸

bolinga [bolíŋga] 形《口語》酔った

bolita [bolíta] 女 ❶ [セーターなどの] 毛玉：Se me hicieron ~s en el jersey. 私のセーターに毛玉ができてしまった. ❷《中南米》ビー玉 [[canica]]

bolívar [bolíβar] 男 [ベネズエラの貨幣単位・ウルグアイの金貨] ボリーバル [[←南米独立の指導者 Simón Bolívar 1783-1830]]

bolivariano, na 形《南米》los países ~s シモン・ボリーバルによって独立した国々 [[コロンビア, ベネズエラ, エクアドル, ペルー, ボリビア]]

Bolivia [bolíβja] 女《国名》ボリビア

boliviano, na [形] 名 ボリビア[人]の；ボリビア人. ◆ 男 [ボリビアの貨幣単位] ボリビアノ

bollar [boʎár] 他 [布に] 鉛印(製造印)を押す；[金属に] 打ち出し細工をする

bollo [bóʎo] 男 ❶《料理》菓子パン；ロールパン：~ suizo ブリオッシュ. ❷《西》i) [表面の] へこみ, でこぼこ；こぶ：Me ha salido un ~ en la frente. 私は額にこぶを作った. ii) けんか騒ぎ：Se armó un gran ~. 大げんかが起きた
perdonar el ~ **por el coscorrón** よいものだが手に入れるのがやっかいなのであきらめる
ser ~ **de chocolate** とても易しい(簡単である)

bollería 女 bollo の製造所(販売店) [[集名]] [各種の] パン

bollero, ra 名 bollo を作る(売る)人. ◆ 女《軽蔑》レスビアン

bollón [boʎón] 男 飾り釘(鋲)；[単純な] 玉型のイヤリング

bolo[1] [bólo] 男 ❶《スポーツ》i) [ボーリングの] ピン. ii) 複 ボーリング [[~s americanos]]；九柱戯 [[日本式ピンのボーリング]]：jugar a los ~s ボーリングをする. ❷ [装飾用の] 玉；[劇団の] どさ回り：hacer ~s 巡業をする. ❹《口語》嘘 [[mentira]]. ❺ ~ alimenticio [一度に飲み込む] 食物塊
andar en ~《中南米》裸でいる
echar a rodar los ~s かっとして騒ぎを起こす
hacerse a+人 un ~ en la cabeza …はぼんやりしている, 頭の働きが鈍っている

bolo[2], **la**[2] [bólo, la] 形 名《中米》酔っ払い(の)

bolón [bolón] 男《南米》切り石；《中米》群集

boloñés, sa [bolonés, sa] 形 名《地名》ボローニャ Bolonia の[人]

bolsa [bólsa] 女《英 bag》❶ 袋；バッグ：~ de agua caliente《古語》湯たんぽ. ~ de aseo 洗面道具入れ, 化粧ポーチ. ~

de basura ごみ袋. ～ de cultivo 野菜栽培用の鉢入りビニール袋. ～ de deportes スポーツバッグ. ～ de dormir《南米》寝袋. ～ de hielo 氷嚢. ～ de la compra 買物袋;《経済》= **cesta** de la compra. ～ de labores 裁縫道具入れ;〔全体として〕(裁縫道具). ～ de papel 紙袋. ～ de viaje ボストンバッグ. ～ del cartero 郵便かばん. ～ plástica (de plástico) ビニール袋, ポリ袋 ❷ ふところ具合い, 金: ¡La ～ o la vida! 命が惜しけりゃ金を出せ! No abre fácilmente la ～. 彼はけちだ. tener la ～ repleta (vacía) 金をたんまり持っている(財布が空である). ～ rota 金づかいの荒い人, 浪費家 ❸〔時に B～〕〔商品・証券〕取引所〔～ de comercio〕; そこでの取引〔operaciones de ～〕;〔全体としての〕相場: La B～ sube (baja). 相場が上がる(下がる). ～ de trabajo 職業安定(紹介)所. ～ de valores 証券取引所, 株式市場(相場). ～ negra《南米》闇市; 闇取引; 闇相場 ❹ 補助金, 助成金; 奨学金〔～ de estudios. beca〕 ❺〔皮膚・衣服などの〕たるみ, しわ: ～ de los ojos 目の下のたるみ. Se le han hecho ～s en el pantalón. 彼のズボンはひざが出ている ❻《解剖》囊(^{ふくろ});《陰囊》: ～ de aguas 羊膜. ～ del canguro カンガルーの袋. ～ lacrimal 涙囊. ～ sinovial 滑液囊 ❼〔流れが妨げられ, たまった所〕i) ～ de aire《機械》空気ポケット;《航空》エアポケット. ～ de vapor ベーパーロック. ～s de pobreza 大都市の貧困地域〔に住む人々〕 ii)《鉱山》鉱囊, 鉱脈瘤: ～ de petróleo 石油のたまり. iii)《軍事》戦線の突出部 ❽《植物》~ de pastor ナズナ, ペンペングサ ❾《中南米》ポケット〔bolsillo〕

aflojar la ～ 財布の紐を緩める;〔+a＋人 に〕金を与える: sin *aflojar la* ～ 一銭も使わずに

bolsear [bolseár] 他《中米》〔ポケットから〕盗む, する;《中南米》だます

bolsillo [bolsíʎo]《西》男 ❶ ポケット: guardar las llaves en el ～ 鍵をポケットにしまっておく. ～ de parche (con cartera) パッチ(張り付け)ポケット. ～ de pecho 胸ポケット. ～ interior 内ポケット. reloj de ～ 懐中時計. ❷ ふところ具合い, 金: consultar con el ～ ふところと相談する. pagar de su (propio) ～ 自腹を切る. ❸ 財布

de ～ ポケットサイズの, 小型の: calculadora *de* ～ ポケット計算機. libro *de* ～ ポケットブック, 文庫本. submarino *de* ～ 豆潜水艦

meterse (tener) a＋人 en el ～《口語》…を味方に引き入れる, …の意を得る

no echarse nada en el ～ 何の得もしない

poner de su ～ 損をする, 足が出る

rascar[se] el ～《口語》〔いやいや〕財布の底をはたく

sin echarse la mano al ～ 一銭も金を使わ

ずに

tener a＋人 en el ～ …を自分の意のままにする

tener un agujero en el ～ ポケットに穴が空いている, 浪費家である

bolsín [bolsín] 男 株式の闇取引〔場〕

bolsiquear [bolsikeár] 他《南米》= **bolsear**

bolsista [bolsísta] 名 ❶ 株式仲買人, 投機家, 相場師. ❷《中南米》すり

bolsita [bolsíta] 女 ❶ 小袋. ❷ ティーバッグ〔～ de té〕

bolso [bólso] 男 ❶《西》ハンドバッグ. ❷ かばん〔bolsa〕;〔特に学生用の〕手さげかばん: ～ de mano 身の回り品の入ったバッグ, 手荷物. ❸〔袋状の〕財布, 巾着. ❹ ポケット〔bolsillo〕. ❺《舶》La vela hace ～. 帆がふくらんでいる

bolsón [bolsón] 男 ❶ 大袋. ❷《中米》怠け者; 沼. ❸《南米》ハンドバッグ〔bolso〕;《軽蔑》愚か者

boludo, da [bolúðo, da] 形 名《南米. 卑語》= **huevón**

bomba [bómba] 女《英 pump, bomb》❶ ポンプ: dar a la ～ ポンプを動かす. ～ de aceite〔エンジンの〕オイルポンプ. ～ de agua 揚水(送水)ポンプ. ～ de aire 空気ポンプ. ～ de bicicleta 自転車の空気入れ. ～ de calor ヒートポンプ. ～ de compresión 圧搾ポンプ. ～ de engrase 潤滑油注入器. ～ de gasolina 給油ポンプ. ～ de incendios 消防ポンプ, 消防車. ～ impelente 押上げポンプ. ❷ 爆弾, 砲弾: lanzar ～s a＋人 …に爆弾を投下する. ～ atómica 原子爆弾. ～ cazabobos (trampa) 仕掛け爆弾. ～ de dispersión 集束爆弾. ～ de humo 発煙弾;《比喩》煙幕. ～ de mano 手榴弾, 手投げ弾. ～ de tiempo／～ de acción retardada (de efectos retardados) 時限爆弾. ～ H (de hidrógeno) 水素爆弾. ～ Molotov 火炎びん. ❸〔電灯の〕球形の笠, グローブ. ❹ 驚くべきこと, 突発事: i) Esa noticia fue una ～. そのニュースは思いもよらないことだった. caer como una ～ 衝撃的である. ii)〔形容詞的〕《口語》éxito ～ 空前の大成功. fiesta ～ どんちゃん騒ぎのパーティー. noticia ～ 衝撃的なニュース. ❺〔パーティーなどでの〕即興詩. ❻《医学》～ corazón-pulmón 人工心肺. ～ de cobalto コバルト照射器. ❼《中南米》酩酊; 嘘, 疑わしいニュース: pegarse (agarrar) una ～ ひどく酔っ払う. ❽《西》シルクハット;〔ユカタン半島の〕滑稽な流行歌. ❾《南米》i) 電球. ii) ～ de crema シュークリーム

caer como una ～〔いやなこと〕を驚かす

estar ～《口語》〔女性が〕グラマーである

estar (ir) echando ～ 熱くなっている, 沸騰している; 激怒している

pasárselo／pasarlo ～《口語》非常に楽しい時を過ごす: Me lo pasé ～ en la fiesta. パーティーで私はとても楽しかった

bombaceas [bombaθéas] 女 複《植物》パンヤ科

bombacho [bombátʃo] 男《服装》〔時に 複〕ニッカーボッカー〔pantalón ～〕

bombacha 女〔時に 複〕《中南米》〔農民のは

く〕裾広のズボン；ズロース；《南米》パンティー〔bragas〕

bombarda [bombárða] 囡 ［中世の］射石砲；［パイプオルガンの］低音栓

bombardear [bombarðeár] 他 ❶ 砲撃する，爆撃する：～ una ciudad 町を砲撃（爆撃）する．～ a+人 a preguntas …を質問攻めにする．❷《物理》［原子を素粒子で］衝撃する

bombardeo [bombarðéo] 男 砲撃，爆撃：～ aéreo 爆撃，空襲．～ en (de) saturación じゅうたん爆撃．avión de ～ 爆撃機
apuntarse (abonarse) a un 《口語》［危険・面倒などにもかかわらず］介入する，参加する

bombardero, ra [bombarðéro, ra] 形 砲撃（爆撃）する
◆ 男 爆撃機：～ pesado 重爆撃機

bombardino [bombarðíno] 男《楽器》ユーフォニューム

bombasí [bombasí] 男《繊維》ボンバジーン

bombazo [bombáθo] 男［爆弾の］破裂，炸裂；衝撃的な出来事(ニュース)

bombear [bombeár] 他 ❶ ポンプで送る（汲み上げる）．❷ ふくらませる，反(そ)らせる：el pecho いばる，そっくり返る．❸《スポーツ》［ボールを］高く上げる，ロビングする．❹ 砲撃する，…に賛辞を浴びせる．❺《南米》［敵・動物などの動きを］注意深く観察する；追い出す．❻《中米》盗む
◆ ～se 反る，ゆがむ

bombeo [bombéo] 男 反り返り；汲み出し，汲み上げ

bombero, ra [bombéro, ra] 图 男 ❶ 消防士，園 消防団(隊)『cuerpo de ～s』：coche (camión) de ～s 消防車．～ torero 闘牛士の真似をするお笑い芸人．❷ ポンプ係．❸《南米》斥候；スパイ

bombilla [bombíʎa] 囡 ❶《主に西》電球『～ eléctrica』：～ ahorradora (de ahorro) 電球型蛍光灯．❷《船舶》舷灯．❸《南米》マテ茶を吸い飲みする管
bombillo 男《中南米》電球

bombín [bombín] 男 ❶ 山高帽『sombrero de hongo』．❷［自転車の］空気入れ

bombo [bómbo] 男 ❶《楽器》大太鼓．❷［くじ引きの］輪形抽選器；［洗濯機の］回転水槽；《技術》ドラム，胴部．❸《口語》妊婦の大きなお腹．❹《中米》気どり
a ～ y platillo[s] 鳴り物入りで，華々しく
dar mucho a... ［派手に］…をほめ讃える；宣伝する
darse ～ 吹聴する
hacer un ～ a+人《俗語》…を妊娠させる
irse al ～《南米》失敗する
tener la cabeza como un ～ 頭がガンガンする（割れるように痛い）

bombón [bombón] 男 チョコレートボンボン：~ helado チョコレートでくるんだアイスクリーム
ser un ～《口語》美人である，魅力的である

bombona [bombóna] 囡 ❶ ボンベ：～ de butano ブタンガスボンベ．～ de camping キャンプ用の小型ガスボンベ．❷［細口の］大きなガラス瓶

bombonaje [bombonáxe] 男《植物》パナマソウ

bombonera [bombonéra] 囡 チョコレートボンボン入れ；こぎれいな家(住まい)

bombonería [bombonería] 囡 高級チョコレート店

bonachón, na [bonatʃón, na] 名《口語》ばか正直な，のんきな，お人よし〔の〕：Tiene cara de ～. 彼は人のよさそうな顔をしている

bonaerense [bonaerénse] 形 名《地名》ブエノスアイレス Buenos Aires 男 の〔人〕

bonancible [bonanθíble] 形《文語》［天候・性格が］穏やかな

bonanza [bonánθa] 囡 ❶《海・天候の》静穏：mar en ～ 凪(なぎ)の海．❷ 繁栄，にわか景気．❸《鉱物》富鉱帯

bonapartista [bonapartísta] 形 名《歴史》ナポレオン・ボナパルト Napoleón Bonaparte 派〔の〕

bondad [bondá(ð)] 囡『英 goodness, kindness. ←bueno』❶ 善良さ；善：Nos impresionó la ～ del campesino. 私たちはその農民の善良さに感銘を受けた．la ～ suma 至高の善．❷［物事の］よさ：～ del negocio 取引の利点．❸［主に 複］親切心，好意：Le agradezco sus ～es. ご親切に感謝します．por ～ 親切心から
tener la ～ de+不定詞［命令文・疑問文で丁寧な依頼］*Tenga la ～ de* prestarme la revista. その雑誌を私に貸してください

bondadoso, sa [bondaðóso, sa] 形［ser+］善良な；心の優しい：Es muy ～ conmigo. 彼は私にとても親切だ
bondadosamente 副 優しく

bonete [bonéte] 男 ❶［昔，聖職者・学生などがかぶった，4つ角のある］縁なし帽『ロカット』；= gorro. ❷ 教区聖職者．❸［昔の男性の室内用の］縁なし帽

a tente ～ しつこく，過度に：comer *a tente ～* 食べ過ぎる
bravo ～ 俗物；大ばか者
gran ～ 重要人物；大ばか者
tirarse los ～s 互いにけんかする

bongo [bóŋgo] 男《中南米》渡し舟，大型の丸木舟

bongó [boŋgó] 男［圈 ～[e]s］《楽器》ボンゴ

boniato [bonjáto] 男 =batata

bonico, ca [boníko, ka] 形《アラゴン，ナバラ》［親しい人・子供への呼びかけ］Mira, ～ca. ねえ，お前

bonificación [bonifikaθjón] 囡 ❶ 改善，改良：～ del suelo 土壌改良．❷《商業》割戻し〔金〕，リベート，割引き．❸ ボーナス『gratificación』．❹《スポーツ》ボーナスポイント

bonificar [bonifikár] 他 ❶ 割戻し(払戻し)をする；値引きする：Si paga al contado, le *bonificamos* un cinco por ciento sobre el precio de venta al público. 現金で払って下されば一般販売価格より5％値引きします. ❷ 改善(改良)する. ❸《スポーツ》ボーナスポイントを与える

bonísimo, ma [bonísimo, ma] 形 bueno の絶対最上級

bonitamente [bonitaménte] 副 うまく；いとも簡単に: escaparse ～ まんまと逃げ出す

bonitero, ra [bonitéro, ra] 形 図 カツオ漁の〔漁民〕: barco ～ カツオ漁船

bonito, ta [boníto, ta] 形《英 pretty》❶《主に中南米》きれいな, かわいい, すてきな《スペインでは主に事物についていう》: chica ～ta 美少女. color (paisaje) ～ きれいな色(景色). letra ～ta きれいな字. casa ～ta すてきな家. historia ～ta すてきな話. ¡Qué ～! 結構なことだ! 《反語的にも》¡B～ negocio has hecho! 《皮肉》うまい取引をしたね! ❷ [+名詞] かなりの, 相当な: una ～ta cantidad de dinero かなりな額の金. Tiene un ～ sueldo. 彼は給料がかなりない. ❸《口語》[親しい人・子供への呼びかけ] Mira, ～ta. ねえ, お前
¡Muy ～! [皮肉] ひどい!
◆ 副《中南米》上手に, すばらしく
◆ 男《魚》カツオ(鰹)《マグロ atún としばしば混同される》: ～ seco 鰹節

bono [bóno] 男 ❶ 引換券；回数券. ❷ 証書, 債券；公債〔～ público〕: ～ convertible 転換社債. ～ de caja (de tesorería) 社債券. ～ del Tesoro (del Estado) 国債

bonobús [bonobús] 男《西》バスの回数券

bonoloto [bonolóto] 女《西》国営の宝くじ

bonometro [bonométro] 男《西》地下鉄の回数券

bonsai [bonsái] 男《圏 ～s》《←日本語》盆栽
niñas ～ 女子体操選手

bonzo, za [bónθo, θa] 図《←日本語. 仏教》僧侶, 坊主: monasterio de ～s 寺. suicidarse a lo ～ 焼身自殺する

boñiga [boníga] 女 牛糞, 馬糞
boñigo 男 =boñiga

boom [bún] 男《←英語》ブーム, 繁栄

boomerang [bumerán] 男《圏 ～s》《←英語》ブーメラン: efecto ～《経済》ブーメラン効果

boqueada [bokeáða] 女《主に圏》口をパクパクさせること
dar las ～s (*la última* ～) 息を引き取る；終わりかけている

boquear [bokeár] 自 ❶ 口をパクパクさせる；あえぐ. ❷ 臨終である；終わりかけている: El pueblo, abandonado por la juventud, *boqueaba*. その町は若い人に出て行かれて死にかけていた

boquera [bokéra] 女《用水路の》水の取り入れ口；《医学》口角糜爛(びらん)

boquerón [bokerón] 男《魚》カタクチイワシ；大きな穴

boquete [bokéte] 男 狭い入り口(すき間)；[壁の]破れ目

boquiabierto, ta [bokjaβjérto, ta] 形 [estar+] 口をあけた；啞然とした: quedarse ～ 啞然とする. La noticia me ha dejado ～. そのニュースを聞いて私は啞然とするほかはなかった

boquilla [bokíʎa] 女 ❶ [管楽器の] 歌口(うたぐち), マウスピース. ❷ [たばこの] フィルターチップ；ホルダー, やに取りパイプ；[パイプの] 吸い口. ❸ [器具の] 口の部品: ～ del bolso ハンドバッグの留め金. ～ de un quinqué [石油ランプなどの] 火口(ひぐち), バーナー. ～ de un grifo 蛇口. ❹ [電気掃除機の] 吸い込み口. ❺ [ズボンの] 裾の口. ❻ [用水路の] 取り入れ口. ❼《機械》ノズル. ❽《南米》噂, 噂話
de ～ 口先だけの: Todas sus promesas son *de* ～. 彼の約束はいつも口先だけだ

boquillero, ra [bokiʎéro, ra] 形 図《中米》おしゃべりな〔人〕

boquinegro [bokinégro] 男《動物》カタツムリの一種

boquita [bokíta] 女 *Pida usted por esta* ～. 《口語》何なりとお言いつけください

bora [bóra] 女 ボラ《アルプスからアドリア海に吹きおろす寒風》

borato [boráto] 男《化学》ホウ酸塩

bórax [bóra(k)s] 男《単複同形》硼砂(ほうしゃ), ボラックス

borbolla [borβóʎa] 女 =burbuja, borbollón

borboll[e]ar [borβoʎ(e)ár] 自 =borbot[e]ar

borbollón [borβoʎón] 男 [沸騰・撹拌などによる] 泡立ち: El agua salía de la cañería a grandes *borbollones*. 水がゴボゴボと水道からほとばしり出た
a borbollones 騒がしく；早口で: salir *a borbollones* ドヤドヤと出ていく. hablar *a borbollones* [早口にしゃべろうとして] 口ごもる, ときれぎれに話す. La sangre corre *a borbollones*. 血がドクドクと流れる

borbónico, ca [borβóniko, ka] 形 図 ブルボン王家 los Borbones・la Casa de Borbón の；その支持派(の)

borborigmo [borβorígmo] 男《医学》[主に圏] 腹鳴(ふくめい)

borbot[e]ar [borβot(e)ár] 自 ほとばしる；たぎる, 沸き立つ

borboteo 男 噴出；沸き立つこと

borbotón [borβotón] 男 =borbollón
a borbotones =a borbollones

borceguí [borθeɣí] 男《圏 ～[e]s》編み上げ靴, ショートブーツ

borda [bórða] 女 ❶ [船の] 舷側(げんそく), 船縁(ふなべり): caerse por la ～ 舷側[の手すり]から落ちる. ❷ [ガレー船の] 主帆
arrojar (*echar*) ... *por la* ～ 1) …を船外に(海中に)投げ捨てる. 2) 取り除く；見捨てる: Ha echado por la ～ su porvenir (a su mejor amigo). 彼は将来を棒に振った(親友を見捨てた)
fuera [*de*] ～ 男《単複同形》船外機[付きボート]

bordada[1] [borðáða] 女《船船》同一の間隔

(きゅう)きで帆走した区間: dar ～s 間切る, ジグザグに進む

bordado, da[2] [borðáðo, ða] 形 過分 ❶ 刺繍の入った. ❷ [estar+] 完全な, 完璧な: El dibujo le salió ～. 彼の絵は仕上がった
◆ 男 ❶ 刺繍(じゅう), 縫い取り 『行為, 作品』: aguja (hilo) de ～ 刺繍針(糸). ❷ =**bordada**

bordalesa [borðalésa] 女 《南米》ワインの大樽

bordar [borðár] 他 ❶ 刺繍する: i) 『布に』 ～ un mantel テーブルクロスに刺繍をする. ii) 『模様を, ～ または 布に』 ～ una flor sobre un pañuelo ハンカチに花模様を縫い取る. ❷ 見事に(完璧に)やってのける: El actor bordaba su papel. 俳優はすばらしい演技を見せた
bordador, ra 男 女 刺繍職人
bordadura 女 刺繍 『作品』: ～ en blanco 白色刺繍

borde [bórðe] 男 《英 edge》 縁(ふち), へり: Se ha roto el ～ del vaso. コップの縁が欠けた. La cuchara está en el ～ de la mesa. スプーンはテーブルの端にある. Esa chaqueta tiene los ～s gastados. その上着はすそがすり切れている. pasear por el ～ de un río 川岸を散歩する. parar su coche en el ～ de una carretera 道路の端に車をとめる
al ～ de... 1) …の縁に: vivir *al ～ del* mar 海辺に住む. 2) …の瀬戸際にある: estar *al ～ de* la locura (la tumba・la ruina) 発狂しかかっている(棺桶に片足を突っ込んでいる・破滅にひんしている)
◆ 形 名 ❶ 『植物が』自然に生えた: limonero ～ 自生のレモンの木. ❷ 私生の, 私生児 『hijo ～』. ❸ 《西. 俗語》意地の悪い『人』; のろまな『人』: No seas ～ y ayúdale. 意地悪をしないで彼を助けてやれ

bordear [borðeár] 他 ❶ …の縁を沿う: navegar *bordeando* la costa 海岸に沿って航行する. Este campo *bordea* la carretera. この畑は道路沿いにある. ❷ …に縁をつける, 縁どりする: ～ una foto con una lista blanca 写真を白く縁どりする. ❸ …の瀬戸際(寸前)にある: *Ha bordeado* el éxito muchas veces. 彼は何度も成功しかけた. *Bordea* los cincuenta 〔años〕. 彼はもうすぐ50歳だ. ❹ 《中南米》近づく, 到着する; 《南米》土手を作る
◆ 自 El vino del vaso *bordeaba*. コップのワインが縁からあふれそうだった

bordelés, sa [borðelés, sa] 形 名 《地名》ボルドー Burdeos 男 の〔人〕

bordillo [borðíʎo] 男 『歩道の』縁石, へり石; 〔少し高くなった〕車線境界線

bordo [bórðo] 男 ❶ 《船》舷側. ❷ 《中米》〔畑の周囲に巡らした〕貯水溝
a ～ 船(飛行機)で(の); 船内(機内)に: ir *a ～* 船で行く. subir *a ～* 乗船(搭乗)する. estar *a ～* 乗船(搭乗)している. viaje *a ～* de un velero 帆船の旅. El avión cayó con 50 pasajeros *a ～*. 飛行機は乗客50人を乗せて墜落した

de a ～ 搭乗した; 搭載された: hombres *de a ～* 乗組(搭乗)員. segundo *de a ～* 一等航海士; 《口語》〔企業の〕ナンバーツー
de alto ～ [船] 大型の; 〔人が〕大物の

bordón [borðón] 男 ❶ 〔巡礼などの〕長い杖 『☞peregrino カット』: hacer a+人 de ～ の杖の代わりをする, …を導く(支える). ❷ 口癖; 〔歌の〕繰返しの短句, リフレイン. ❸ 《音楽》最低弦. ❹ 《中南米》末っ子
bordona 女 『ギターの』最低弦
bordonear 自 〔虫などが〕低音でうなる, ブンブンいう; 最低弦をはじく; 杖をついて歩く; 杖で殴る

boreal [boreál] 形 北の; 《文語》北風の 『↔ austral』

bóreas [bóreas] 男 〔単複同形〕《文語》北風

borgoñón, na [borɣoɲón, na] 形 名 《地名》〔フランスの〕ブルゴーニュ地方 Borgoña の〔人〕
borgoña 男 ブルゴーニュワイン, バーガンディ
borgoñés, sa 形 名 =**borgoñón**

bórico, ca [bóriko, ka] 形 《化学》ホウ素の: ácido ～ ホウ酸
boricado, da 形 ホウ酸を含んだ: agua ～*da* ホウ酸水

borinqueño, ña [boriŋkéɲo, ɲa] 形 名 = **portorriqueño**

borla [bórla] 女 ❶ 〔飾り用の〕玉房 『大学卒業生の帽子に付けたりする』: tomar la ～ 大学を卒業する. ❷ 〔化粧用の〕パフ 『～ para polvos』. ❸ 《植物》ハゲイトウ

borne [bórne] 男 《電気》端子, ターミナル

bornear [borneár] 他 ❶ 〔ゆがみなどがないか〕片目で見て調べる. ❷ 〔枝などを〕曲げる, ねじる; 〔円柱に〕ふくらみをつける
◆ 自 〔船が〕錨を中心に振れる(回る)
◆ ～se 曲がる

borní [borní] 男 《鳥》〔沼地に住む〕ハヤブサの一種

boro [bóro] 男 《化学》ホウ素

borona [boróna] 女 ❶ トウモロコシのパン 《中南米》パンのかけら(くず). ❷ キビ 『mijo』; トウモロコシ 『maíz』

borra [bóra] 女 ❶ 〔毛・綿の〕詰め物; 繊維くず, 綿ぼこり. ❷ 〔コーヒー・インクなどの〕澱(おり), かす

borracha [borátʃa] 女 〔革製の〕酒袋

borrachera [borátʃéra] 女 ❶ 酔い, 酩酊(めいてい): agarrar (coger・pescar・pillar) una ～ 酔っ払う. ir de ～ どんちゃん騒ぎをする. ～ conduciendo 酔っぱらい運転. ❷ 陶酔, 有頂天: estar en plena ～ de gloria 栄光に酔いしれている

borrachín, na [borátʃín, na] 形 名 《軽蔑》のんだくれ〔の〕

borracho, cha [borátʃo, tʃa] 形 ❶ [estar+] i) 〔+de 酒に〕酔った: Está ～*cha* de (con) cerveza. 彼女はビールで酔っている. ii) 陶酔した; 興奮した: estar ～ de su triunfo 勝利に酔いしれている. ❷ [ser+] 大酒飲みの. ❸ 赤黒い, 暗紫色の. ❹ 《南米》〔果実が〕

熟し過ぎの
◆ 图 酔っ払い；大酒飲み：Es un 〜 perdido.
彼は飲んだくれだ
◆ 男 《菓子》サバラン

borrador [boร̃aðór] 男 ❶ 草稿，下書き
『libro 〜』；《美術》ラフスケッチ：hacer un 〜
草稿を書く．❷ 黒板ふき；《中南米》消しゴム．
❸ メモ帳，メモ用紙；《商業》当座帳
sacar de 〜 a+人 《口語》…にこざっぱりした服
を着せる

borraja [boร̃áxa] 囡 《植物》ルリヂシャ
quedar en agua de 〜s うやむやに終わる

borrajear [boร̃axeár] 他 なぐり書きする，いたず
ら描きする

borrar [boร̃ár] 他 ❶ [消しゴムなどで] 消す；
[線を引いて] 抹消する：〜 a+人 de la lista …
の名前をリストから消す． La niebla borra los
perfiles de la montaña. 霧で山の輪郭がかすん
でいる． Con su belleza *borraba* a todas las
demás. 彼女の美しさにみんな影が薄くなった．
❷ [+de など] やめさせる：〜 a+人 *del*
equipo …をチームから外す． ❸ 《情報》消去する
◆ 〜**se** ❶ 消える：Se me *ha borrado* su
cara. 私は彼の顔を忘れてしまった． ❷ [会などを] やめる：Se *borró* de la asociación hace
tiempo. 彼はだいぶ前に会をやめた

borrasca [boร̃áska] 囡 ❶ 《気象》低気圧；
[雷を伴った，主に海の] 暴風雨． ❷ [商売など
の] 危険；口論，けんか：capear las 〜s 荒波
(危機)をたくみに乗り切る

borrascoso, sa [boร̃askóso, sa] 形 暴風雨
の〔ような〕，荒れた：viento 〜 暴風． vida 〜*sa*
荒れた(無軌道な)暮らし． La reunión ha sido
〜*sa.* 会議は激しくもめた

borrego, ga [boร̃éɣo, ga] 形 图 [1・2歳の]
子羊；《口語》世間知らずな〔人〕
◆ 男 《中米》でっち上げ，虚報． ❷ 複 いわし
雲，うろこ雲；さざ波
  borreguero, ra 形 子羊〔用〕の
  borreguil 形 子羊の；《軽蔑》〔人が〕おとなし
  い，扱いやすい

borrico, ca [boร̃íko, ka] 形 图 ❶ ロバ
『asno』．❷ 《口語》うすのろ〔な〕，ばか〔な〕；頑固
な〔人〕；忍耐強く働く〔人〕
◆ 男 木挽き台『borriquete』
  borricada 囡 愚かな言動
  borriquero, ra 形 ロバの

borriquete [boร̃ikéte] 男 木挽き台
  borriqueta 囡 =borriquete

borrón [boร̃ón] 男 ❶ [インクの] 染み，汚れ． ❷
欠点，難点；[経歴の] 汚点：No había nin-
gún 〜 en su vida. 彼の人生には一点の染みもな
かった． ❸ 《美術》[明暗の効果を見るための] 素
描
hacer 〜 y cuenta nueva 水に流す，過去の
ことを忘れる

borronear [boร̃oneár] 他 =borrajear

borroso, sa [boร̃óso, sa] 形 不鮮明な：
horizonte 〜 ぼんやりした視界． escritura
〜*sa* 判読しにくい文字． ❷ [コーヒーなどで] 澱
(おり)の多い，どろっとした

borrosidad 囡 不鮮明

borujo [borúxo] 男 =burujo

boruro [borúro] 男 《化学》ホウ化物

boscaje [boskáxe] 男 ❶ やぶ，しげ み，林． ❷
《美術》木々や動物を描いた風景画

boscoso, sa [boskóso, sa] 形 [土地が] 森
(木)の多い

bosnio, nia [bósnjo, nja] 形 《国名》ボスニ
ア・ヘルツェゴビナ Bosnia Herzegovina 囡 の，
ボスニア Bosnia 囡 人〔の〕
  bosniaco, ca 形 图 =bosnio

bosque [bóske] 男 《英 woods》❶ 森，林；森
林：〜 del Estado 国有林． 〜 ecuatorial
(pluvial) 熱帯雨林． 〜 maderable 伐採林．
❷ もじゃもじゃのひげ(髪)

bosquecillo [boskeθíʎo] 男 低林，矮林

bosquejar [boskexár] 他 ❶ 《美術》素描す
る：〜 un retrato 肖像画の下絵を描く． 〜
una escultura 彫刻の荒彫りをする． ❷ …の素
案(概略)を示す：〜 un proyecto 計画の素案
を説明する

bosquejo [boskéxo] 男 ❶ 素描，スケッチ；素
案：〜 de un pueblo 村の略図． 〜 de una
novela 小説の草稿． hacer a+人 un 〜 de la
situación …に状況の概略を示す
en 〜 未完成の

bosquimano, na [boskimáno, na] 形 图
《軽蔑》[アフリカの] ブッシュマン〔の〕

bossa nova [bósa nóβa] 囡 《音楽・舞踊》ボ
サノバ

bosta [bósta] 囡 《南米》糞；お粗末な仕事

bostezar [bosteθár] 自 あくびをする：Bos-
tecé de sueño (de aburrimiento). 私は眠く
て(退屈で)あくびが出た
  bostezo 男 あくび

bostoniano, na [bostonjáno, na] 形 《地
名》[米国の] ボストン Boston の〔人〕

bota [bóta] 囡 ❶ [革製の] 酒袋 『口カット』．
❷ [主に複] 長靴，ブ
ーツ： ponerse las
〜s 長靴をはく；大金
をもうける；思う存分
飲 食する(楽 しむ)．
〜s altas (de mon-
tar) 乗馬靴． 〜s camperas [革製の膝までの]
農作業用の長靴，カウボーイブーツ． 〜s de agua
(de lluvia・de goma) 雨靴，ゴム長靴． 〜s de
campaña トップブーツ，狩猟用の乗馬靴． 〜s
de escalada 登山靴． 〜 s de esquí (de es-
quiar) スキー靴． ❸ サッカーシューズ；[フラメンコ
の] 男性の踊り手用の靴
colgar las 〜s [サッカー選手などが] 引退する
estar con las 〜s puestas 出かける用意が
整っている
morir con las 〜s puestas 戦死する；[精
一杯努力したが] 失敗する
◆ 图 图 《中米》へまな〔人〕

brocal

botador [botaðór] 男 《木工》釘締め

botadura [botaðúra] 囡 [船の] 進水

botafumeiro [botafuméiro] 男 ❶ [教会の]
香炉 『サンティアゴ・デ・コンポステラ大聖堂の巨大

な香炉が有名. ☞写真). ❷ 《口語》おべっか〖adulación〗

manejar el ～ ほめちぎる, おだて上げる

botalón [botalón]
男《船舶》船首斜墻; バウスプリット; トップマスト〖mastelero〗

botamanga
[botamáŋa] 女《南米》=bocamanga

botana [botána] 女 ❶ [皮袋の]つぎあて; [酒樽のもれを止める]木栓; [煉瓦のすき間を埋める]セメント. ❷《中米. 料理》おつまみ, 前菜

botánico, ca [botániko, ka] 形 植物学の: *jardín* ～ 植物園
◆ 名 植物学者. ◆ 名 植物学

botar [botár] 他 ❶ 投げ捨てる: ～ *un cigarrillo por la ventana* 窓からたばこをほうり投げる. ～ [*de* から] 追い出す: Si no te callas, te van a ～ *de* aquí. 黙らないとここから放り出されるぞ. Le *han botado de* la dirección. 彼は支配人をやめさせられた. ～ *a*+人 *de la empresa* …を首にする. ❸ [船を] 進水させる: Este barco fue *botado* hace tres años. この船は3年前に進水した. ❹ [ボールを] バウンドさせる. ❺《中南米》浪費する; 失う: *He botado* el pañuelo. 私はハンカチをなくした
◆ 自《西》バウンドする; [人・馬が] 跳びはねる: *Botó* de alegría. 彼は跳び上がって喜んだ
estar que bota 怒っている

botarate [botaráte] 形 ばか者, 分別のない人; 《中南米》浪費者

botavara [botabára] 女《船舶》ブーム

bote [bóte] 男 ❶ 跳躍, バウンド: saltar la valla de un ～ 一跳びでハードルを越える. dar ～*s* 跳びはねる, バウンドする. ～ *de cornero* [ラグビー] 後脚をはね上げること. ❷《西》[保存用の主に円筒形の容器] 広口瓶, 缶: un ～ *de mermelada (de yogur)* ジャム(1 パックのヨーグルト). ～ *de azúcar* 砂糖壷. ～ *de leche* 缶入りのコンデンスミルク. ～ *de humo* 発煙筒. ❸ [バーなどの] チップ[入れ]. ❹ [当たりが出なかったための] 次回への繰越し. ❺〈→英語〉ボート, 小舟: ～ *de salvamento*/～ *salvavidas* 救命ボート. ～ *de pesca* 釣り舟
a pronto [質問などが] 出し抜けに, 急に
chupar del ～《西. 口語》甘い汁を吸う
dar el ～ *a*+人《口語》…を追い出す
dar (pegar) un ～ 跳び上がる; 大喜びする
darse el ～《西. 口語》立ち去る
de ～ *en* ～ ぎゅうぎゅう詰めの: El cine está [lleno] *de* ～ *en* ～. 映画館はすし詰めだ
tener (meter) 人 *en el* ～《西. 口語》…を手中に収める, 味方につける

botella [botéʎa] 女《英 bottle》❶ 瓶(び): beber una ～ *de vino* ワインを1 瓶飲む. beber de la ～ らっぱ飲みする. cerveza de (en) ～ 瓶詰めのビール. ～ termo 魔法瓶. ～ *de Leiden*《物理》ライデン瓶. ❷ ボンベ: ～ *de oxígeno* 酸素ボンベ

botellazo [boteʎáθo] 男 瓶による殴打

botellero, ra [boteʎéro, ra] 名 瓶製造(販売)業者
◆ 男 瓶棚

botellín [boteʎín] 男 小瓶: ～ *de cerveza* ビールの小瓶

botepronto [boteprónto] 男《ラグビー》ドロップキック
a ～ ドロップキックで; 重いがけず, 不意に

botero [botéro] 男 酒袋(皮袋)職人
Pedro (Pero) ～《戯語》悪魔〖demonio〗

botica [botíka] 女 ❶ 薬局, 薬屋〖farmacia〗; 薬: pagar médico y ～ 医者代と薬代を払う. ❷《古語》店〖tienda〗
hay (tiene) de todo como en ～ この世には色々なこと(もの)がある

boticario, ria [boticário, ria] 名 薬剤師

botija [botíxa] 女 ❶ [主に素焼きで取っ手のない] 壷(つぼ). ❷《中南米. 口語》腹;《中米》隠してある宝物
llamar a+人 ～ *verde*《中南米》…をひどく侮辱する
◆ 名《南米》少年, 少女

botijo [botíxo] 男 [素焼きで, 主に流し飲みbeber a chorro 用の] 水入れ〖☞カット〗

boca ・ pitorro

estar como (hecho) un ～ 従順である; 泣き出しそうである; ずんぐりしている, ひどく太っている

botillería [botiʎería] 女《南米》酒屋

botín [botín] 男 ❶《服飾》ショートブーツ; スパッツ; [昔の] きゃはん, ゲートル. ❷ 女名 分捕り品, 戦利品〖～ *de guerra*〗. ❸《南米》ソックス〖calcetín〗

botina 女 ショートブーツ

botiquín [botikín] 男 薬箱, 救急箱〖～ *de emergencia・de primeros auxilios*〗; [救急用の] 薬一式; [浴室の] 薬戸棚; 薬品室

botivoleo [botiboléo] 男《スポーツ》球をバウンドさせてから打つこと

boto [bóto] 男 小型の酒袋; [乗馬用の] 長靴
como un ～ *hinchado* 今にも泣き出しそうな

botón [botón] 男《英 button》❶《衣服の》ボタン: poner (pegar・coser) un ～ *a la camisa* ワイシャツにボタンをつける. ～ *automático* スナップ. ❷ [植物の] 芽; つぼみ: brotar *botones* nuevos 新芽を吹く. echar *botones* つぼみを出す. ❸ [器具の] ボタン, スイッチ, つまみ: tocar (empujar・apretar・oprimir) el ～/dar al ～ ボタン(スイッチ)を押す. ～ *de contacto (de presión)* 押しボタン. al dar el timbre 呼び鈴のボタン. ❹ [吹奏楽器の] 鍵; [フェンシングの剣先に付ける] たんぽ. ❺《植物》～ *de oro* ミヤマキンポウゲ
al ～《中南米》むなしく, 無駄に〖en vaso〗

como ～ de muestra 見本として, 例として
de botones adentro 心の底で
para muestra [basta] un ～ 例えば〔一例だけで十分だろう〕

botonadura [botonaðúra] 囡 医名 [一組の] ボタン

botonazo [botonáθo] 男《フェンシング》たんぽで突くこと

botones [botónes] 名 [単複同形] [ホテルの] ベルボーイ, ベルキャプテン;[会社の] メッセンジャーボーイ

botsuano, na [botuwáno, na] 形 名《国名》ボツワナ Botsuana の(人)

botulismo [botulísmo] 男《医学》ボツリヌス中毒

botulínico, ca 形 bacilo ～ ボツリヌス菌

bou [bóṷ] 男 [沿岸の] 船引き網漁

bouquet [búke] 男《複 ～s》《←仏語》❶ [ワインの] 芳香, ブーケ:tener mucho ～ 非常に香りがよい. ❷ 花束

bourbon [búrbon] 男 バーボンウィスキー

boutade [butáð] 囡《←仏語》場違いな話, 放言

boutique [butík] 囡《←仏語》高級洋装店, ブティック

bóveda [bóβeða] 囡 ❶《建築》穹窿(きゅうりゅう), 丸天井《ボォルト》. ～ de cañón (de crucería de arista) 半円筒(交差・リブ)ボールト. ～ vaída 四角い部屋につけられた丸天井. ❷ 地下聖堂(納骨堂). ❸《解剖》～ craneal (craneana) 頭蓋冠. ～ palatina 口蓋

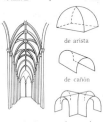

de arista

de cañón

de crucería

bovedilla 囡 [梁間の] 小穹窿

bóvidos [bóβiðos] 男 複《動物》ウシ科

bovino, na [boβíno, na] 形 牛の
◆ 男 複《動物》ウシ亜科

bowling [bóulin] 男《←英語. スポーツ》ボーリング[場]

box [bó(k)s] 男 複《～es》《←英語》[主に 複] ❶《競馬厩舎の》馬房;[カーレースなどの] ピット. ❷《中南米》郵便ポスト, 郵便受け [buzón];小さな囲い;＝boxeo

boxcalf [bo(k)skálf] 男《←英語. 皮革》ボックスカーフ

boxeo [bo(k)séo] 男 ボクシング
boxeador, ra 名 ボクサー
boxear 自 ボクシング[の試合]をする

bóxer [bó(k)ser] 男《複 ～s》《犬》ボクサー

boya [bója] 囡 ❶ ブイ, 浮漂:～ luminosa ラ

イトブイ, 灯浮標. ❷《釣り》浮き [flotador]

boyada [bojáða] 囡 牛の群れ
boyeriza 囡 牛の囲い場

boyante [bojánte] 形 ❶ 浮いている. ❷ 隆盛な:ir (andar) ～ 繁栄している;満足している. ❸《闘牛》[牛が] 扱いやすい, ひねくれていない

boyar [bojár] 自 [船が] 再就航する;《中南米》浮いている

boyardo, da [bojárðo, ða] 名《歴史》[ロシアの] 大貴族

boyero, ra [bojéro, ra] 名 牛飼い
◆ 囡 ＝boyeriza
◆ 男《中南米. 鳥》ムクドリモドキ

boy scout [bojeskáṷt] 男《複 boy[s]-scouts》《←英語》ボーイスカウト《一員》

bozal [boθál] 形 ❶《古語》アフリカから連れて来られたばかりの[黒人]. ❷ 新入りの[の], 新米[の]《bisoño》;間抜けな[な], 世間知らず[の]《bobo》
◆ 男 [犬などの] 口輪;《中南米》面繋 [bozo]

bozo [bóθo] 男 ❶ [少年に生え始めた] 薄い口ひげ;口の外部. ❷ [馬の] 面繋(おもがい)

bracamarte [brakamárte] 男 [片刃で先の反った] 短剣

braceaje [braθeáxe] 男 水深

bracear [braθeár] 自《←brazo》❶ [主に何かを振り切ろうとして] 腕を振り動かす. ❷ [手で水をかく, クロールで泳ぐ. ❸ もがく, 苦闘する. ❹ [馬が] 前脚を勢いよく動かして歩く
braceada 囡 ＝brazada
braceo 男 腕を振る(水をかく)こと

bracero, ra [braθéro, ra] 名 ❶ 農場労働者;[収入の不足を労賃で補う] 小地主;人夫. ❷ 腕を貸す人:servir de ～ a+人 …に手を貸す
de ～ 互いに腕を組んで

bracete [braθéte] *de ～* 互いに腕を組んで

braco [bráko] 男《犬》ポインター《perro ～》

bráctea [bráktea] 囡《植物》包, 包葉

bradicardia [braðikárðja] 囡《医学》徐脈

braga [brága] 囡《西》❶《服装》[主に 複] パンティー;[子供用の] パンツ. ❷ [赤ん坊の] おむつ《pañal》. ❸ 吊り索
de ～ 破産した, 一文なしの
estar en ～s《口語》[金・知識などが] ない
estar hecho una ～《口語》疲れ果てている;壊れた, だめになった
pillar (coger) en ～s a+人《口語》…の不意をつく
ser una ～ 大した代物, 価値がない

braga-faja 囡 パンティーガードル

bragado, da [bragáðo, ða] 形 ❶ [人が] 決然とした, きっぱりした;悪意のある, ひねくれた. ❷ [動物が] 股間の毛色が異なる
◆ 囡 [馬などの] 内もも

bragadura [bragaðúra] 囡 [人・動物の] 股, 股間;《服飾》クロッチ

bragapañal [bragapaɲál] 囡《西》紙おむつ

bragazas [bragáθas] 形 名《単複同形》ふぬけ[の], 男らしくない;女の尻に敷かれる[男]

braguero [bragéro] 男 脱腸帯, ヘルニアバンド

B

bragueta [braǥéta] 囡 [ズボン・パンツの] 前開き

 estar como 〜 de fraile《南米》[人が] まじめである

 oír por la 〜 耳が遠い

braguetazo [braǥetáθo] 團《西》dar (un・el) 〜 [貧乏な男が] 金持ち(上流階級)の女と結婚する. casamiento de 〜 逆玉の輿(こ)

braguita [braǥíta] 囡《服飾》[主に複] パンティー《braga》

brahmán [bramán] 團 [インドの] バラモン

 brahmanismo 團 バラモン教

braille [bráɯ̈e] 團 点字, [ブライユ]点字法

brama [bráma] 囡《シカなどの》発情[期]

 ◆ 團《魚》ブリーム

bramante [bramánte] 團 麻ひも

bramar [bramár] 目 [牛などが] ほえる;《文語》[風・海が] うなる: 〜 de dolor うめき声をあげる

bramido [bramído] 團 うなり声, 怒号: dar 〜s うなる

brandy [brándi] 團〖㿟 〜dies/〜s〗《酒》ブランデー

branquia [bráɴkja] 囡《動物》鰓(えら)

 branquial 肥 鰓の: respiración 〜 鰓呼吸

braña [bráɲa] 囡 夏用の牧場

braquial [brakjál] 肥《解剖》上腕の: bíceps 〜 上腕二頭筋

braquicéfalo, la [brakiθéfalo, la] 肥 名《人類》短頭の[人]

braquiocefálico, ca [brakjoθefáliko, ka] 肥《解剖》上腕と頭の

brasa [brása] 囡 燠(おき), 赤くおこった炭火: a la 〜《料理》炭火焼きの

 pasar como sobre 〜s por+事 …には軽く触れるだけにとどめる

 brasear 他 炭火焼きする

brasero [braséro] 團 火鉢[状の暖房具] 〖⇦ カット〗

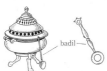

badil

brasil [brasíl] 團 ❶《植物》ブラジルスオウ: palo 〜 ブラジルスオウ材. ❷《国名》[B〜] ブラジル

 brasileño, ña 肥 名 ブラジル[人]の; ブラジル人

 brasilero, ra 肥 名《中南米》=brasileño

bravata [braβáta] 囡 からいばり, こけおどし: decir (echar) 〜s いばり散らす; おどしをかける

braveza [braβéθa] 囡 ❶ 勇ましさ, 獰猛(どうもう)さ《bravura》. ❷ 大自然の猛威: 〜 del mar 荒れ狂う海

bravío, a [braβío, a] 肥 [動物が] 荒々しい, 人に馴れない; [植物が] 野生の; [人が] 粗野な, 粗暴な; 反抗的な; [海が] 荒れた

 ◆ 團 [特に牛の] 荒々しさ: toro de mucho 〜 非常に気の荒い牛

bravo, va [bráβo, βa] 肥〖↔manso〗❶《文語》[人が] 勇敢な, 勇猛な; 気性の荒い, 怒りっぽい; やる気のある, 積極的な; 〜 soldado 勇敢な兵士. mujer 〜va じゃじゃ馬. ❷ [ser+. 動物が] 荒々しい, 人に馴れない: toro 〜 気の荒い闘牛の牛. ❸ [estar+. 海が] 荒れた: mar 〜 荒海. ❹ [土地が] 険しい: paisaje 〜 荒涼とした風景. ❺ 見事な, すごい: ¡B〜! bebedor! すごい酒豪だ!

 ◆ 副 毅然(きぜん)として: Entró pisando 〜. 彼はしっかりした足取りで入ってきた

 ◆ 間《歓喜・喝采・承認》やったぞ, うまいぞ!

 a (por) las 〜vas 乱暴に; 軽率に, 軽はずみに

 bravamente 副 1) 勇敢に. 2) 見事に; 大いに

bravucón, na [braβukón, na] 肥 名《口語》からいばりする[人]

 bravuconada/bravuconería 囡 からいばり, 強がり

bravura [braβúra] 囡 [主に闘牛の牛の] 勇猛さ; [人の] 強がり, 虚勢

braza [bráθa] 囡 ❶《水深の単位》尋(ひろ)〖= 6 pies (約 167 cm. 英米では 183 cm)〗. ❷《西》平泳ぎ〖〜 de pecho〗: nadar a 〜 平泳ぎで泳ぐ. 〜 de espalda 背泳. 〜 mariposa バタフライ. ❸《船舶》転桁索: 〜 [de] mayor 大檣転桁索

brazada [braθáða] 囡 ❶ [水泳・ボートの] 1 かき, ストローク. ❷ 一抱え[の量]: una 〜 de flores 一抱え(両腕に一杯)の花. ❸《南米》= braza

 brazado 團 =brazada ❷

brazaje [braθáxe] 團 =braceaje

brazal [braθál] 團 ❶ 腕章: llevar un 〜 腕章をつけている. 〜 de luto 喪章. ❷ [鎧の] 腕当て; [盾の] 取っ手. ❸ 用水路. ❹《船舶》ブルワーク, 舷牆(げんしょう)

brazalete [braθaléte] 團 ❶《服飾》腕輪, ブレスレット: ponerse (llevar) un 〜 ブレスレットをはめる(している). ❷ 腕章〖brazal〗: 〜 de capitán《サッカー》キャプテンがつける腕章. ❸ [鎧の] 腕当て

brazo [bráθo] 團〖英 arm〗❶ 腕〖厳密には肩から肘までを指すが, 一般的には前腕 antebrazo も含めた腕全体を表わす〗: i) tener un bebé en 〜s 赤ん坊を腕に抱いている. llevar un abrigo al (en el) 〜 コートを腕に掛けている. llevar un libro bajo el 〜 本を小脇に抱えている. echar los 〜s al cuello de+人 …に抱きつく. caerse a+人 en los 〜s …の腕に倒れ込む(胸に寄りかかる). Tiene buen 〜. 彼は腕の力が強い(肩がいい). ii) [動物の] 前脚, 前肢, 触手; [木の] 枝 ❷ [器具の] 腕, 腕木, 柄: i) 〜 de grúa 起重機のアーム. 〜 de la cruz 十字架の横木. 〜 de molino 風車の翼. ii) [椅子の] ひじ掛け. iii) [さお秤の] さお. iv) [レコードプレーヤーの] トーンアーム〖〜 lector〗. ❸ 力; 権力, 勢力: Nada resiste a su 〜. 何ものも彼の力には逆えない. valerse de buenos

~s 強力なコネを利用する． ～ de Dios 神の力．
～ de la ley 法の力，司直の手． ～ armado
(político) [テロリスト集団などの] 軍事(政治)
部門
❹ 《複》人手，労働力：Aquí hacen falta ~s. こ
こは人手が足りない
❺ 《地理》～ de mar 入り江，海峡． ～ de río
支流，分流
❻ 《菓子》～ de gitano ロールケーキ
❼ 《歴史》～ del reino [身分制議会の] 議員
団． ～ eclesiástico (de la nobleza・del
estado llano) 聖職者(貴族・平民)議員団． ～
secular [教権に対する] 俗権，一般裁判権
❽ 《フラメンコ》腕の動き，腕さばき
a ~ 手製で；人力で：chocolate elaborado a
~ 手作りのチョコレート
a ~ partido 1) 腕力で，武器なしに：pelear
a ~ partido 取っ組み合いのけんかをする． 2)
懸命に，必死に：Está luchando a ~ partido
por descubrirlo. 彼はそれを発見しようと必死
になっている
~ derecho 右腕《比喩的にも》：Es el ~
derecho del ministro. 彼は大臣の右腕だ
con los ~s abiertos 両腕を広げて；心から，
友好的に：Me recibieron con los ~s
abiertos. 私は暖かく迎えられた
con los ~s cruzados 腕組みをして；何もしな
いで
cruzarse de ~s 腕組みをする；何もしないで
いる
dar el ~ a+人 …に腕を貸す；援助する：Le
di al viejo el ~ para subir la escalera. 私
は老人に手を貸して階段を上がった
de ~s cruzados ＝con los ~s cruzados
del ~ 互いに腕を組んで：Los dos iban [co-
gidos] del ~. 2人は腕を組んで歩いていた
echarse (entregarse・abandonarse・po-
nerse) en ~s de+人 《口語》…に頼り切る
estar atado de ~s 身動きがとれない
hecho un ~ de mar めかし込んで，着飾って
niño de ~s 青二才，未熟者
no dar su ~ a torcer 《口語》頑として譲ら
ない

brazuelo [braθwélo] 男 [動物の] 前脚の膝か
ら上
brea [bréa] 女 タール，ピッチ；[タールを塗った]
防水布：~ mineral コールタール． ~ seca ロジ
ン
break [brék] 男 《←英語》ブレークダンス
brear [breár] 他 《西. 口語》虐待する
brebaje [brebáxe] 男 《軽蔑》まずい(まずそう
な)飲み物
breca [bréka] 女 《魚》[イベリア半島沿岸の] ス
ズキの一種
brecha [brétʃa] 女 ❶ [壁などの不定形の] 穴，
割れ目；[頭部の] 傷，裂傷；[攻撃の] 突破口：
abrir una ~ en la muralla 城壁に穴をあける．
❷ [意見などの] 相違，隔たり：~ generacio-
nal 世代のギャップ． ❸ 《地質》角礫岩
abrir ~ en... …に道を開く，草分けとなる
hacer ~ en+人 《口語》…の心を動かす

estar [siempre] en la ~ 《口語》いつでも戦
う(義務を果たす)用意ができている
morir en la ~ 戦闘(仕事)のさなかに死ぬ
brécol [brékol] 男 《植物》ブロッコリー
brega [bréɡa] 女 激務；戦い
andar a la ~ 一所懸命に働く；猛然と戦う
bregar [breɡár] 自自 ❶ 一所懸命に働く． ❷
[+con 困難などと] 戦う；けんかする
breña [bréɲa] 女 [主に複. 岩山の間の] 険しい
荒れ地
breñal 男 険しい荒れ地
bresca [bréska] 女 ミツバチの巣
brescar [7] 他 [巣から] 蜜蠟(ろう)の一部を取
り出す
Bretaña [bretáɲa] 女 ❶ 《国名》Gran ~ イ
ギリス『正式名称 Reino Unido de Gran ~ e
Irlanda del Norte』． ❷ 《地名》[フランスの] ブ
ルターニュ地方
brete [bréte] 男 鉄の足枷；苦境：estar en un
~ 苦境にある． poner a+人 en un ~ …を苦境
に立たせる
bretel [bretél] 男 《南米. 服飾》ストラップ，吊り
ひも
bretón, na [bretón, na] 形 名 ブルターニュ地
方 Bretaña の(人)；アーサー王と円卓の騎士物
語の． ◆ 男 ブルターニュ語
breva [bréba] 女 ❶ 夏イチジク；青いどんぐり．
❷ [平たく緩めの] 葉巻き，高級な葉巻き；《中南
米》嚙みたばこ． ❸ もうけもの，もっけの幸い：
perder la ~ もうけ口を失う
más blando que una ~ [処罰・叱責の後
で] 大変おとなしい
no caerá a+人 esa ~ 《西. 口語》…にとってそ
んな簡単にはうまくいかない
breve [brébe] 形 『英 brief』❶ 短い，短時間
の：Fue un ~ encuentro. それはつかの間の出
会いだった． El arte es largo, la vida ~. 《諺》
芸術は長く，人生は短し． ❷ 簡潔な，手短な：
explicar en ~s palabras 手短に説明する．
No es ~ de contar. それは簡単には言えない．
❸ 《言語》[母音が] 短音の；[音節が] 短い
en ~ 1) 間もなく：Saldré en ~. すぐ出かけま
す． 2) 《←仏語》手短に[言えば]，要するに
ser ~ *cosa* 見当外れ(たóぼこ)である
◆ 男 [ローマ教皇の] 小勅書 『~ pontificio』；
《複》[新聞の] 短いニュース
◆ 女 《言語》2 全音符；《言語》短母音，短音節
brevedad [breβeðá[d]] 女 ❶ 《時間の》短さ，
簡潔さ：~ de la vida 人生の短さ． ~ del
estilo 文体の簡潔さ． con ～ 手短に，簡潔に．
con la mayor ~ できるだけ早く． para mayor
~ 簡単に言えば，要するに
brevemente [breβeménte] 副 簡潔に；手短
に
breviario [breβjárjo] 男 ❶ 《カトリック》聖務
日課書(の祈禱文)． ❷ 摘要，概説
brezo [bréθo] 男 《植物》ヒース：~ veteado ブ
ライアー，エイジュ． pipa de ~ ブライアーのパイプ
brezal 男 [ヒースの生い茂った] 荒れ野
briba [bríba] 女 ぐうたらな生活
bribón, na [bribón, na] 名 ❶ ごろつき，やくざ

もの；浮浪者. ❷《親愛》いたずらっ子

bricolaje [brikoláxe] 男《←仏語》[家庭内の] 素人仕事, 日曜大工

brida [bríða] 囡 ❶《馬術》馬勒(ばろく)〖はみ・手綱・おもがいの総称〗. ❷《医学》小帯, 繋帯. ❸《技術》[接合用の] 添え金；[管の] 継ぎ手, フランジ

a toda ~ あぶみを長くして

a toda ~/*a* ~ *suelta* 全速力で

andar a la ~ 機会を狙っている

bridge [bríʃ] 男《←英語. トランプ》ブリッジ：~ contrato (subastado) コントラクト(オークション)ブリッジ

brigada [briɣáða] 囡 ❶《軍事》旅団：~ paracaidista 空挺部隊. *B*~s Internacionales《歴史》国際旅団〖内戦で共和国政府側を助けた〗. ❷ [役所・警察などの] 班, 係：~ municipal de limpieza 市の清掃班. ~ de estupefacientes 麻薬捜査班. *B*~ de Investigación Criminal 犯罪捜査局
◆ 男《陸軍・空軍》曹長；《海軍》兵曹長

brigadier [briɣaðjér]《古語》旅団長, 准将；《海軍》代将, 戦隊司令官

brigadista 男 brigada のメンバー

brillante [briʎánte] 形〖英 brilliant〗 ❶ 輝く, きらきらと：estrella ~ きらめく星. luz ~ まばゆい光. zapatos ~s ピカピカの靴. ❷ 輝かしい, すばらしい；卓越した：futuro ~ 輝かしい未来. fiesta ~ 華やかな祭典. discurso ~ すばらしい演説. profesor ~ 優れた教師. ¡Idea ~! すばらしいアイデアだ!
◆ 男 [ブリリアントカットの] ダイヤモンド

brillantez [briʎanteθ] 囡 輝かしさ；大成功

brillantina [briʎantína] 囡 [髪につやをつける] ヘアリキッド, ポマード

brillar [briʎár] 自 ❶ 輝く, キラキラ(ピカピカ)光る〖願義〗brillar は luce より輝きが強い)：El faro *brilla*. 灯台が光っている. La tristeza *brillaba* en sus ojos. 彼の目には悲しみの涙が光っていた. En algunos momentos *brilló* el sol. 時おり日がさした. ❷ [+por で] 目立つ, 際立つ：*Brilla* entre todos *por* su inteligencia. 彼は頭のよさで図抜けている. ~ *por* su ausencia《戯語》いないのでかえって目立つ；あるべきものがない

brillo [bríʎo] 男 ❶ 輝き, 光沢；栄光：sacar (dar) ~ a …を磨く. Esto no quita ~ a lo que ha hecho. これによって彼の成し遂げたことの栄光が消え去るわけではない. ❷《光学》輝度

brincar [briŋkár] 自 跳びはねる；激怒する：~ de alegría 飛び上がって喜ぶ

estar que brinca かんかんに怒っている

brinco [bríŋko] 男 跳躍：de un ~ 一跳びで

dar (*pegar*) ~*s de alegría* (*de contento*) 大喜びする

dar (*pegar*) *un* ~《口語》[驚いて] びくっとする

brindar [brindár] 自 [+por のために] 乾杯〔の挨拶を〕する, 祝杯をあげる：*Brindamos* con champán *por* el éxito. 私たちは成功を祝して(祈って)シャンペンで乾杯した

◆ 他 ❶ [マタドールが闘牛を貴人などに] 捧げる. ❷ [無償で] 提供する；[機会を] 与える：Te *brindo* mi casa. 君に私の家を提供しよう. Le *brindaron* la oportunidad de estudiar. 彼は研究の機会を与えられた

◆ ~*se* [+a+不定詞 する] 申し出る：Un taxista *se brindó a* llevarme gratis. タクシーの運転手が私をただで乗せてあげると申し出た

brindis [brindis] 男《単複同形》乾杯〔の音頭〕；闘牛を捧げる挨拶：echar un ~ 乾杯する. ¡*B*~! 乾杯!

brío [brío] 男 ❶ [時に 複] 活力, 元気；意気込み：Ella anda con tanto ~ como un muchacho. 彼女は男の子のように活発だ. Empezó a trabajar con muchos ~s. 彼女は大変意気込んで働き始めた. hombre de ~s 意気盛んな人. cortar los ~s a+人 …の活動を抑える, 意気をくじく. ❷ 気品, りりしさ

voto a ~*s*《古語》[怒り] くそっ!

brioche [brjóʃ] 男《←仏語》ブリオッシュ, 菓子パン

briofítas [brjofítas] 囡 複《植物》コケ類, 蘚苔(せんたい)類

brioso, sa [brjóso, sa] 形 ❶ 活力のある, 元気のいい；意気盛んな, 張り切った：caballo ~ 悍馬(かんば). ❷ さっそうとした, りりしい

briozoo [brjoθóo] 男《動物》コケムシ綱

briqueta [brikéta] 囡 [煉瓦型の] 煉炭, ブリケット

brisa [brísa] 囡 そよ風, 微風；北東風.《中南米》貿易風：~ marina (de mar) 海風. ~ de tierra 陸風

brisca [bríska] 囡《西式トランプ》ホイストに似たゲーム

británico, ca [britániko, ka] 形 名 イギリス の(人)〖inglés〗：Islas *B*~cas ブリテン(イギリス)諸島. Su Majestad *B*~ca 英国国王(女王)陛下

brizna [bríθna] 囡 ❶ [主に草の] 切れ端, 一片：una ~ de paja わら1本. ❷ [インゲンマメなどのさやの] すじ. ❸ 少量〖主に否定文で〗：No tiene ni una ~ de humor. 彼にはユーモアのかけらもない. ❹《南米》小雨

broa [bróa] 囡 [浅い] 入り江

broca [bróka] 囡《機械》ビット, ドリルの先端；[靴に打つ] 鋲

brocado [brokáðo] 男《繊維》ブロケード

brocal [brokál] 男 ❶ [井戸の] 井筒, 縁石. ❷ [酒袋 bota の] 吸い口〖☞bota カット〗

brocatel [brokatél] 男《繊維》ブロカーテル

brocear [broθeár] ~*se*《中米》[鉱山が] 掘り尽くされる；[商売が] 台なしになる

brocha [brótʃa] 囡 刷毛(はけ), 平筆；[ひげそり・化粧用の] ブラシ：pintar con ~ 刷毛で塗る. dar a la ~ 塗る

de ~ *gorda* 1) pintor *de* ~ *gorda* ペンキ屋, へぼ画家. 2) [画家・絵が] 下手な, 芸術性のない；[冗談などが] 面白くない

brochada 囡 =brochazo

brochazo [brotʃáθo] 男 [刷毛での] 1塗り：dar un par de ~s a la puerta ドアを2度塗

りする

a ～s ざっと, 粗く

de un ～ あっさりと, 一挙に

broche [brótʃe] 男 ❶《服飾》i) ブローチ: Lleva un ～ en la solapa. 彼女は襟にブローチをつけている. ii) 鉤ホック『～ de gancho』. Le escondieron los zapatos por ～. 彼らはふざけて彼の靴を隠した. ❷ 留め金;《南米》〖紙用の〗クリップ

～ de oro/～ final フィナーレ, 有終の美: cerrar con ～ *de oro* フィナーレを飾る, 最後の取っておきを出す

brocheta [brotʃéta] 女 ＝**broqueta**

brócoli/bróculi [brókoli/-ku-] 男 ＝**brécol**

broker [brókɛr] 名《複 ～s》〖←英語〗ブローカー, 仲買人

broma [bróma] 女〖英 joke〗❶ いたずら, からかい: ～ *pesada* たちの悪いいたずら(冗談), 悪ふざけ. Le escondieron los zapatos por ～. 彼らはふざけて彼の靴を隠した. ❷ 冗談, しゃれ: Te lo dije en ～. それは冗談だよ. No sabe cómo tomar una ～. 彼は冗談を笑って済ますことができない. ¡Basta (Déjate) de ～/ ¡Menos ～s! 冗談はやめてくれ! ¡Es (Vaya) una ～! 冗談(笑いごと)じゃない! ¡No es ninguna ～! これは本気だぞ! estar de ～s 冗談をとばしている; 冷やかしている. ser amigo de ～s 冗談が好きである. ❸〖皮肉〗〖高くて・不快でしかも〗つまらないもの: La ～ del viaje nos salió por un dineral. 私たちはばかげた旅行に大金を使ってしまった. ❹〖貝〗フナクイムシ

～s aparte/fuera de ～ 〖文頭で〗冗談はさておき

entre ～s y veras/medio en ～, medio en serio 半ば冗談で, 冗談まじりに.

gastar (dar) ～s (una ～) 〖+a+人 を〗からかう; 〖+con+物 に〗いたずらをする

ni en ～s 決して〖…ない〗

no estar para ～s 〖人が主語〗冗談を言う状況ではない, 機嫌が悪い

salir por una ～ 〖物事が〗高いものにつく

sin ～ 冗談抜きで; 〖文頭で〗冗談はさておき

tomar (echar)… a ～ …を冗談に取る, まじめに取り合わない

bromatología [bromatoloxía] 女 栄養学

bromazo [bromáθo] 男 たちの悪い冗談(いたずら), 悪ふざけ

bromear [bromeár] 自/**～se** 冗談を言う; いたずらをする, ふざける

bromeliáceas [bromeljáθeas] 女《複》《植物》アナナス科, パイナップル科

bromista [bromísta] 形 名 冗談(いたずら)好きの〖人〗, ひょうきんな〖人〗

bromo [brómo] 男《元素》臭素

　bromate 男《化学》臭素酸塩

　bromoformo 男《化学》ブロモホルム

　bromuro 男《化学》臭化物: ～ de plata 臭化銀. ～ potásico 臭化カリウム

bronca¹ [brṓŋka] 女 ❶〖殴り合いの〗けんか, 乱闘: armar una ～ けんかする. buscar ～ け

んかをふっかける. ❷《主に西》〖厳しい〗叱責: echar a+人 una ～ …をこっぴどく叱る. ❸ 騒ぎ;〖主に闘牛で観衆の〗抗議. ❹《南米》怒り, 不機嫌

broncazo [broŋkáθo] 男 厳しい叱責

bronce [brṓnθe] 男《金属》ブロンズ, 青銅; 銅像, 銅像;銅貨, 銅メダル: ～ de aluminio アルミニウム青銅. ～ de cañón 砲金. Tras la tregua, habló el ～. 休戦の後, また戦いが始まった. gente de ～ インディオ

escrito en ～ 記憶に値する

ligar ～《西. 口語》日焼けする

ser de ～ 強健である; 血も涙もない

broncear [bronθeár] 他 ブロンズ色にする; 〖肌を〗焼く

◆ **～se**〖赤銅色に〗日焼けする

bronceado, da 形 過分 男 ブロンズ仕上げ〖の〗; 赤銅色〖の〗

bronceador, ra 形 男 日焼け用の;サンオイル, 日焼け用ローション

broncíneo, a [bronθíneo, a] 形 青銅色の〖ような〗

bronco, ca² [brṓŋko, ka] 形 ❶〖音が〗不快な, どすのきいた: voz ～*ca* どすのきいた声. tos ～*ca* 激しい咳. ❷〖人が〗粗暴な: persona de ～*ca apariencia* 乱暴な感じの人. paisaje ～ 荒涼とした風景

bronquio [brṓŋkjo] 男《解剖》気管支

　broncodilatador 男 気管支拡張剤

　bronconeumonía 女《医学》気管支肺炎

　broncopulmonar 形 気管支肺の

　bronquial 形 気管支の

　bronquiolo/bronquíolo 男 細気管支

　bronquítico, ca 形 名 気管支炎の〖患者〗

　bronquitis 女《単複同形》《医学》気管支炎

brontosaurio [brontosáurjo] 男《古生物》ブロントサウルス, 雷竜

broquel [brokél] 男〖小型で円形の〗盾(たて);《文語》防御: usar a+人 como ～ …を盾に使う

broquelar 他 ＝**abroquelar**

broqueta [brokéta] 女《料理》焼き串: clavar la carne en la ～ 肉を串に刺す

brotar [brotár] 自 ❶ 発芽する; 〖葉などが〗出る: Ya empieza a ～ el trigo. もう小麦の芽が出ている. Le *brotaron* granos por todas partes. 彼は吹き出物だらけになった. La duda *brotó* en su corazón. 彼の心に疑惑が生じた. ❷〖水などが, +de から〗わき出る: De la fuente *brota* agua fría. 泉から冷たい水がわいている. De sus ojos *brotaron* lágrimas. 彼の目から涙があふれ出た.

brote [bróte] 男 ❶ 芽, つぼみ; 発芽: echar ～s 芽を出す. recoger ～s 芽を摘む. patata con ～s 芽の出たジャガイモ. ～s de soja 大豆もやし. ❷ 出現: Han aparecido los primeros ～s de insurrección. 暴動の兆候が現れた

broza [brṓθa] 女 ❶ 落ち葉; ごみ, くず. ❷ 雑草; 雑木, 下生え. ❸〖軽蔑〗〖つまらない〗埋め草, 付け足し. ❹ ＝**bruza**

brucelosis [bruθelósis] 女《単複同形》地中

海熱

bruces [brúθes] *darse de ~* [+con と] 正面衝突する

de ~ うつぶせに: caerse *de ~* うつぶせに倒れる. dormir *de ~* うつぶせで寝る

brujería [bruxería] 囡 魔法, 魔術: hacer ~*s* 魔法を使う

brujo, ja [brúxo, xa] 图 魔法使い, 魔術師; まじない師

◆ 囡 ❶ 魔女; 覆《比喩》魔女狩り 〖caza de ~*jas*〗: tren de la ~*ja* 幽霊列車. ❷ 醜い老婆; 意地悪な女. ❸《中米》遊女

◆ 厖 ❶ 魅惑的な: ojos ~*s* 魅惑的な目. ❷《中米》〖estar+〗貧困な

brujesco, ca 厖 魔法の, 魔法使いの

brújula [brúxula] 囡 コンパス, 磁石, 羅針盤〖compás〗: ~ de declinación (inclinación) 方位角(伏角)計

perder la ~ 方向を見失う; どうしたらいいかわからなくなる

brujulear [bruxuleár] 他 [トランプの] 手を読む, 予知する. ◆ 圓《西》歩き回る, さまよう

brulote [brulóte] 囲 ❶ 火船, 焼き打ち船;《中南米》[野卑な] ののしり, 侮辱

bruma [brúma] 囡 ❶ 霧, もや: Hay una ~. もやがかかっている. ❷ 覆 [考えの] 混乱, 困惑: Su mente está llena de ~*s*. 彼は頭の中が混乱している

brumoso, sa 厖 霧(もや)のかかった; 不明瞭な, 漠然とした

bruno, na [brúno, na] 厖 焦げ茶色の; 黒っぽい, 暗色の

◆ 囲《植物·果実》[小さく黒い] プラム

bruñir [brujír] 20 他《現分 bruñendo》[金属·石などを] 磨く, つやを出す

bruñido 囲/**bruñidura** 囡 つや出し

bruño [brúno] 囲《植物》=**bruno**

brusco, ca [brúsko, ka] 厖 ❶ 不意の, 突然の: cambio ~ de temperatura 気温の急変. curva ~*ca* 急カーブ. frenazo ~ 急ブレーキ. ❷ ぶっきらぼうな; 粗暴な: respuesta ~*ca* つっけんどんな返事. gesto ~ そんざいな態度

◆ 囲《植物》ナギイカダ

bruscamente 副 ぶっきらぼうに; 突然

bruselense [bruselénse] 厖 图《地名》ブリュッセル 囡 Bruselas の〔人〕

brusquedad [bruskeðá(ð)] 囡 《←brusco》ぶっきらぼう, 無愛想; 唐突: con ~ ぶっきらぼうに; 不意に, 突然

brut [brút] 囲《←仏語》[ワインが] 極辛口の, 生(³)のままの

brutal [brutál] 厖 ❶ 獣のような, 残酷な; 乱暴な: genio ~ 残忍な性格. hombre ~ 粗暴な男. muerte ~ 凄絶な死; 不慮の死. ❷ ひどく荒れた, ものすごい: a una velocidad ~ めちゃくちゃなスピードで. ❸《口語》突然の: cambio ~ 急変

brutalidad [brutaliðá(ð)] 囡 ❶ 獣性, 残忍性; 乱暴: Es una ~ pegar a un niño. 子供を殴るのは乱暴だ. ❷ 愚行: Es una ~ bañarse tanto. あんなに泳ぐなんてむちゃだ. ❸ ものすご

さ: Se comió una ~ de pasteles. 彼はものすごくたくさんケーキを食べた

bruto, ta [brúto, ta] 厖 ❶ 愚鈍な; 粗暴(粗野)な: ¡No seas ~! ばかなことをするな! ❷ 加工(精製)されていない: petróleo ~ 原油. piedra ~*ta* 原石. ❸《経済》総計の;《商業》風袋(ﾌﾛ)込みの: ganancia ~*ta* 総(粗)利益. peso ~ 総重量

en ~ 1) 総計の. /風袋込みの: peso ~ 総重量. 2) 未加工の: diamante *en ~* ダイヤモンド原石, 荒削りだがすぐれた素質を持つ人. madera *en ~* 原木. azúcar *en ~* 粗糖

◆ 图 獣のような人, 残忍(粗暴)な人; 愚か者

◆ 囲 獣, 畜生《主に馬のこと》: noble ~《文語》馬

bruza [brúθa] 囡 [馬·活字用の] たわし

bruzar 9 他 たわしでこする

Bs.As. 《略語》←Buenos Aires ブエノスアイレス

bto. 《略語》←bruto 風袋込みで

bu [bú] 囲《覆 búes》《幼児語》お化け

búa [búa] 囡 =**buba**

buba [búba] 囡《医学》膿疱; 覆 横根

búbalo, la [búbalo, la] 图《動物》ハーテビースト

bubón [bubón] 囲《医学》横根, リンパ節腫

bubónico, ca 厖 横根の, 〖鼠蹊〗リンパ節腫の

bucal [bukál] 厖 口の, 口腔の: cavidad ~ 口腔. infección ~ 経口感染

bucanero [bukanéro] 囲 バッカニア 〖17-18世紀のカリブ海の海賊〗

búcaro [búkaro] 囲 芳香粘土《白·黒·赤の3種がある》; それで作った陶器,《特に》花瓶

buccino [bu(k)θíno] 囲 ヨーロッパバイ

bucear [buθeár] 圓 潜水する〖~ en el agua〗; [+en を] 調査する

buceador, ra [buθeaðór] 图 潜水士, ダイバー: ~ de perlas 真珠採り

buceo 囲 潜水: ~ de altura 深海への潜水

bucéfalo [buθéfalo] 囲 ❶ 間抜け, 愚か者. ❷ [B~] アレキサンダー大王の愛馬

buche [bútʃe] 囲 ❶ [鳥などの] そ嚢; [動物の] 胃袋. ❷ [飲み物の] ひと口; 口に含んだ水(液体): beber a ~*s* ぐいぐい飲む

guardar (tener) en el ~ 秘密にする

hacer ~s《主に南米》[+con で] 口をすすぐ, うがいする

llenar el ~《口語》たらふく食べる

sacar el ~ a+人 …から情報を聞き出す

buchada 囡 =**bocanada**

buchinche [butʃíntʃe] 囲 むさくるしい小屋(部屋)

buchón [butʃón] 囲《植物》ホテイアオイ, ホテイソウ

bucle [búkle] 囲 ❶ 巻き毛, カール: tener un cabello lleno de ~*s* 巻き毛である. ❷《交通·情報》ループ

bucofaríngeo, a [bukofaríŋxeo, a] 厖 口腔と咽頭の

bucólica[1] [bukólika] 囡 牧歌

bucólico, ca[2] 厖 牧歌の, 田園詩風の; 田園

の. ◆ 图 田園詩人

bucolismo 男 牧歌体；田園趣味

buda [búða] 男 〖主に *B*～〗仏像；仏像；悟りの境地に達した人：～ reclinado ねはん仏

budín [buðín] 男 《←英語·料理》〖果実·魚などの〗プディング；《南米》ケーキ

budinera 囡 プディング型

budión [buðjón] 男 《魚》ベラ

budismo [buðísmo] 男 仏教, 仏陀 Buda の教え

budista 形 名 仏教の；仏教徒の〔の〕

buen [bwén] 形 ↦**bueno**

buenamente [bwénaménte] 副 ❶ 可能な範囲内で, 無理をせずに：Lo haré como ～ pueda. できるだけやってみます. ❷ 容易に, やすやすと：Se cree ～ todo lo que le digan. 彼は人に言われると何でもすぐ信じてしまう. ❸ 自分の意志で, 無理強いされずに

buenaventura [bwenabentúra] 囡 幸運〔～〕；〖ジプシーの〗占い

buenazo, za [bwenáθo, θa] 形 名 親切な〔人〕, 気だてのよい〔人〕

buenecito, ta [bwenecíto, ta] 形 〖主に tan·muy+〗従順な〔ふりをする〕：¡Tan ～ que parecía! 何とおとなしそうなんだろう!

bueno, na [bwéno, na] 形 〖英語. 男性単数名詞の前で **buen** となる. 比較級：mejor；❷ の意味では más bueno になることがある. 絶対最上級：《文語》bonísimo, óptimo, 《口語》buenísimo〗

❶ [ser+] 良い, 良好な：buen puerto 良港. El resultado ha sido ～. 結果は良好だった. ¡Qué ～! いいぞ/うまいぞ! Lo ～ dura poco. いいことは長続きしない. Lo ～, si breve, dos veces ～.《諺》よき話, 簡潔を旨とすればさらによい

❷ 適切な, 都合の良い：i) Este pescado no es ～ de comer. この魚は食用に適さない. Esta maleta está todavía ～na. このスーツケースはまだ使える. ¡B～ está! よろしい/結構! ii) [～ para に] Es un sitio muy ～ para vivir. そこは住むのにとても良い所だ. Esta medicina es ～na para la tos. この薬は咳によい. Es demasiado ～ para ser verdad. それは話がうますぎる

❸《口語》上等な, 良質の；優秀な, すぐれた：buen vestido 上等な服. ～na cuadro 良質な映画. buen cuadro 見事な絵. buen profesor 良い(有能な)先生〖profesor ～〖人柄の〗良い先生〗. Él es 〔un〕 buen bailador. 彼は踊りがとても上手だ. La protagonista de esta película está muy ～na. この映画の主役の女優はとてもいける

❹《皮肉》結構な, ご立派な：¡B～na está la cosa! 結構なことだ! ¡B～ es eso (esto)!/¡Eso (Esto) es ～! それはおかしい(是認できない)! ¡Buena es ésa!/¡Ésa sí que es ～na! いつは結構だね!〖嘘つくな〗 ¡Buena la he (has) hecho! しまった(結構なことをしてくれたな)! ¡En ～nas manos has caído! とんだ目に会ったね

❺ 善良な：i) Su marido es un hombre muy

～. 彼女の夫はとても良い人だ. ii) 親切な：Es muy ～na conmigo. 彼女は私にとても親切だ. iii) 礼儀正しい：¡Sé ～! きちんとしなさい/〖別れの挨拶〗じゃ, 気をつけて! iv) 〖子供が〗おとなしい, いい子の. v) [+名詞] 善良すぎる：buen hombre お人よし. Es buen padre. 彼は甘い父親だ

❻ 愉快な, 楽しい：Es ～ pasearse por el parque. 公園を散歩するのは楽しい. Hemos pasado una ～na noche. 私たちは楽しい夜を過ごした

❼ [estar+] i) 健康な：Mis hijos están ～s. 息子たちは元気だ. ii) [性的に]魅力のある, グラマーな. iii)《口語》[人が]間違っている：Está ～ si cree que le voy a prestar dinero. 彼が私から金を借りられると思っていたら見当違いだ. Si lo creéis, ¡estáis ～s! そんなことを信じているなら, お前たちはばかだ

❽ 美味な：El jerez es ～. シェリー酒はおいしい. Hoy está ～na la sopa. 今日のスープはおいしい

❾ [+名詞] かなりの, 相当な；十分な：una ～na cantidad 相当な量(金額). Ha caído una ～na nevada. かなりの雪が降った. Me hicieron esperar una ～na hora. 私はたっぷり1 時間待たされた. Le he echado una ～na reprimenda. 私は彼をたっぷり叱っておいた. Tenía un buen catarro. 私はひどい風邪にかかっていた. ¡Buen fresco estás tú hecho! 君はひどい恥知らずなことをしたね. ¡B～ está 〔lo ～〕!/¡Pues estaría ～ (estaríamos ～s)! もうたくさんだ!

❿ 〖挨拶〗i) B～s días. おはよう/こんにちは〖昼食時まで〗；さようなら. dar los ～s días malhumorado 不機嫌におはようと言う. Buenas tardes. こんにちは〖昼すぎから夕方まで〗；さようなら. Buenas noches. こんばんは〖日没後〗；さようなら. ii) ¿Adónde (De dónde) ～? おや, どちらへ(から)?

a ～nas o malas = *por* 〔las〕 ～*nas o por* 〔las〕 *malas*

a 〔las〕 ～*nas* = *por* 〔las〕 ～*nas*

¡～nas! 〖親しい相手に. 朝·昼·晩に関係なく〗こんにちは：¡〔Muy〕 Buenas! ¿Qué tal? やあ, 元気かい?

dar... por ～ …を承認(是認)する

dar una ～*na a*+人 …に一発くらわす, やっつける

darse a ～*nas* 敵対(抵抗)をやめる

de ～*nas* 上機嫌で：Hoy está de ～nas. 彼は今日機嫌がいい

de ～*nas a primeras* だしぬけに, 最初から；ただちに：Me lo dijo de ～nas a primeras. 彼はいきなりそれを言い出した

de los ～*nas*, かなりの：Me dieron un puñetazo de los ～s. 私は強烈なげんこつをくらった

de verdad de la ～*na* まったく本当に, 実際のところ

estar a ～*nas con*+人 …と仲が良い

estaría ～ (*lo* ～ *sería*) *que*+接続法 〖心配·叱責〗もし…ならば困ったことでは：Es-

taría ~ *que* ahora se hubiese marchado. まさか彼は行ってしまったんじゃないだろうな. *Estaría* ~ *que*, tras de venir tarde, te enfadases. 遅れて来たくせに怒るなんてひどいよ

hacer ~ 1)［主語がひどく悪いので目的語と比べると］まだましに見えるほど. 2) 実現する. 3)［単人称］天気がよい

hacer una ~*na* 悪いこと(いたずら)をする

lo ~ *es (está en) que*+直説法《反語》…とは驚いたことである: *Lo* ~ *es que* le dieron un sobresaliente. 彼が優をもらったなんておかしい

lo ~ *sería que*+接続法 ＝*estaría* ~ *que*+接続法

poner ~ *a*+人 …をひどく非難する: La *pusieron* ~. 彼女はひどく悪く言われた

por [*las*] ~*nas* 快く, 喜んで: Lo haré *por las* ~*nas*. 喜んでそうしよう

por [*las*] ~*nas o por* [*las*] *malas* [脅し文句］どうしても: Tienes que comer esto *por las* ~*nas o por las malas*. 食べないと知らないよ

¡qué ~*+不定詞·+que*+接続法*《中南米》直説法*！ …してよかった!

¿qué dice de ~*?* 何か変わったことはありますか?

ser ~ *que*+接続法 …はいいことである: *Es* ~ *que* fortifiques el cuerpo. 体を鍛えるのは良いことだよ. ¡Qué ~ *sería que* vinieras conmigo! 一緒に来てくれたらいいのだが

¡va ~*!* どうせうまくいかないさ!

venirse a ~*nas* 妥協する, 譲歩する

ver lo que es ~ すばらしいことに出会う: Ahora *verá* usted *lo que es* ~. 今すてきなものを一つお目にかけましょう

◆ 名 善人, 良い人

◆ 間 ［是認·承知·うんざりして］よろしい/そうなんです/わかりました: ¿Quieres llamarme mañana?—*B*~. 明日電話をくれないか?—オーケー. ❷［話題転換］さて, それでは: *B*~, vamos a dejar. さて, 終わりにしましょう. ❸［驚き·失望］おやおや, やれやれ. ❹ ¡*B*~, ~, ~...! ［当惑］おやおや…/さてさて…! ❺《中米》［かかってきた電話に］もしもし［発音は [bwenó]］

◆ 男 ［成績評価の］良

buey [bwéi] 男 ❶ 去勢した雄牛［労役用, 食用］: a paso de ~ [歩みが］のろのろと. Es un ~ para el trabajo. 彼は非常によく働く. El ~ suelto bien se lame.《諺》自由に優るものはない. Habló el ~ y dijo mu.《諺》日ごろ無口な人が言い出したことはろくでもないことだった. ❷《動物》~ almizclero ジャコウウシ. ~ giboso コブウシ. ~ marino マナティー. ~ del mar オマールエビ. ❸ どっと流れ込む(出す)水 [～ de agua］. ❹《建築》ojo de ~ 小円窓, 丸窓

arar con los ~*es que se tiene*《口語》［自分の境遇に満足して］手持ちの手段を活用する

buf [búf] 間 [た息]ふう

bufa[1] [búfa] 女 ❶ からかい, 冷やかし: con ~*s* y bromas さんざんからかって. ❷ 酔い: coger una ~ 酔っぱらう

bufador [bufaðór] 男《地質》硫気孔

búfalo, la [búfalo, la] 名《動物》スイギュウ(水牛);《誤用》バイソン『bisonte』

bufanda [bufánda] 女《服飾》マフラー, えり巻き: ponerse (llevar) una ~ en el cuello マフラーを首に巻く(巻いている). ❷《西》ボーナス

bufar [bufár] 自 ❶［牛·馬などが怒って］鼻を鳴らす. ❷［人が］怒る: ~ de rabia 激怒する. Está *que bufa*. 彼はひどく怒っている

bufé [bufé]《←仏語》 ❶［パーティーの］立食;立食用テーブル: ~ libre バイキング(式のレストラン). ~ frío 熱くない料理の立食. ❷《南米》食器戸棚『aparador』;［学校などの］食堂『cantina』

bufet [bufét] ＝**bufé**

bufete [buféte] 男 ❶ 弁護士の事務所(顧客): abrir ~ 弁護士事務所を開く. hacerse un ~ 顧客を作る. ❷ 事務机. ❸ ＝**bufé** ❶

buffer [báfer] 男《複 ~s》《情報》バッファー

bufido [bufíðo] 男 ❶［牛などの］荒い鼻息. ❷ 怒りの声: dar un ~ 怒りの声をあげる

bufo, fa[2] [búfo, fa] 形 滑稽な, 珍妙な: actor ~ 道化役者. ❷［イタリアオペラの］道化役

◆ 男《俗語》ホモ

bufón, na 形 名 滑稽な;［宮廷の］道化役

bufonada 女 滑稽な言動, おどけ

bufonear 自 [+de を］からかう

bufonesco, ca 形 滑稽な

buga [búga] 男《口語》自動車『coche』

bugalla [buɣáʎa] 女 没食子(ぼっしょくし)

buganvilla [buɣambíʎa] 女《植物》ブーゲンビリア

buggy [búɣi/bá-] 女/男《自動車》サンドバギー

bugle [búɣle] 男 ［軍楽隊用の］トランペットの一種

buglosa [buɣlósa] 女《植物》ウシノシタグサ

bugui [búɣi] 男《音楽》ブギ

bugui-bugui 男 ブギウギ

buhardilla [bwarðíʎa] 女 ❶ ［物置用, 時に居住用の］屋根裏部屋, グルニエ『desván』. ❷ ［屋根裏部屋の］屋根窓, ドーマー

buharro [bwárro] 男《鳥》コノハズク

búho [búo] 男 ❶《鳥》ワシミミズク, ミミズク. ❷不愛想な人;《口語》夜ふかしする人, 夜型の人. ❸ tren ~ 夜行列車

buhonería [bwonería] 女 匿名 ［時に 複. 行商·屋台で売られる］雑貨, 安物

buhonero, ra 名《古語》［安雑貨の］行商人

buido, da [bwíðo, ða] 形 とがった, 鋭利な;溝のある

buitre [bwítre] 男 ❶《鳥》ハゲワシ, ハゲタカ: gran ~ de las Indias コンドル『cóndor』. ❷《口語》［他人を食い物にする］強欲で冷酷な人

buitrear 他 せしめる, たかる: ~ el tabaco a+人 …からたばこをせしめる

buitrera 女 ハゲワシの巣(餌場)

buitrón [bwitrón] 男《漁業》漏斗形の網

bujarrón [buxarrón] 男《軽蔑》同性愛者(の), ホモ(の)

buje [búxe] 男《機械》軸箱

bujería [buxería] 女 ［ガラス·鉄製などの］安物

商品；《服飾》小物・アクセサリー類, 宝石のイミテーション

bujía [buxía] 囡 ❶ [エンジンの] 点火プラグ. ❷ ～ nueva [光度の単位] 燭光. ❸ 《古語》ろうそく〖vela〗；燭台

bula [búla] 囡 [ローマ教皇の] 大勅書, 教書；その印璽：～ de carne 小斎免除〖肉を食べる許可〗. ～ de la [Santa] Cruzada 大斎免除〖断食日に食事をとってよい許可〗

echar las ～s a+人 …に負担をかける；厳しく叱る

no poder con las ～s 何をする力もない

no valer a+人 *la ～ de Meco* …はいつか報いを受ける

tener ～ 《口語》[えこひいきなどによって, +para の] 特権を享受している

bulbo [búlbo] 男 ❶ 《植物》球根；鱗茎. ❷ 《解剖》～ dentario 歯胚. ～ piloso 毛球. ～ raquídeo 延髄
　bulbar 形 延髄の
　bulboso, sa 形 球根のある

bulerías [bulerías] 囡 覆 ブレリーアス〖フラメンコの一形式〗

bulevar [bulebár] 男 [←仏語] [広い] 遊歩道, 並木道

búlgaro, ra [búlgaro, ra] 形 名 《国名》ブルガリア Bulgaria 囡 〔人・語〕の；ブルガリア人 ◆ 男 ブルガリア語

bulimia [bulímja] 囡 《医学》多食症, 過食症

bulín [bulín] 男 《南米》独身者専用アパート

bulla [búʎa] 囡 ❶ 《主に中南米》大騒ぎ, 喧噪(けんそう)；人出, 雑踏：armar (meter) ～ 大騒ぎする. ❷ 《西》大急ぎ

bullabesa [buʎabésa] 囡 《料理》ブイヤベース

bullanga [buʎáŋga] 囡 騒動, 大騒ぎ
　bullanguero, ra 形 名 騒ぎ好きな〔人〕

bulldog [buldɔ́(g)] 男 《英語. 犬》ブルドッグ：poner cara de ～ 怒った顔をする

bulldozer [buldóθer] 男 〔覆 ～s〕 [←英語] ブルドーザー

bullicio [buʎíθjo] 男 ざわめき, 大騒ぎ：～ de la ciudad 都会の喧噪(けんそう). armar ～ 大騒ぎをする

bullicioso, sa [buʎiθjóso, sa] 形 名 騒々しい〔人〕；にぎやかな：chico ～ (calle ～*sa*) 騒がしい子供 (通り)

bullir [buʎír] 21 自 〔過分 bull*endo*〕 ❶ 沸騰する, 煮立つ：El agua *bulle*. 湯が沸く. El mar *bullía* embravecido. 海は猛り狂っていた. Las ideas *bullen* en su cerebro. 彼の頭の中では色々な考えが渦巻いている. ❷ うごめく, うようよする：*Bullía* una nube de mosquitos. 蚊の大群がブンブンしていた. La gente *bulle* en la plaza. 広場は人でごった返している. *Bullen* las revueltas. 動乱が頻発する

bulo [búlo] 男 《西》デマ, 流言：echar a rodar un ～ デマを流す

bulto [búlto] 男 ❶ ふくらみ；こぶ, 腫れ物, しこり：Le salió un ～ en el cuello. 彼の首に腫れ物ができた. ❷ [主に 覆][手]荷物, 包み：Sólo se admiten a bordo ～*s* de mano. 機内には手荷物しか持ち込めない. ❸ 判然としないもの, 人影：He visto un ～ cerca de la casa. 家の近くで何か見えた. ❹ 大きさ, かさ：Este armario tiene poco ～. このたんすは場所をとらない. ❺ 本体, 中心：～ de la discusión 議論の本題. ❻ 《美術》胸像, 彫像：～ redondo 丸彫り. ❼ 《中南米》書類かばん
　a ～ 大ざっぱに, おおよそ：calcular *a ～* 概算する, 大ざっぱに見積る
　buscar el ～ a+人 …にいやがらせをする, けんかを売る
　de ～ かさばった；はっきりした, 目立つ；[失敗などが] 重大な：pasajero *de ～* 図体の大きい乗客. error *de ～* (*de poco ～*) 大きな(ささいな)誤り. Es *de ～* que tienes razón. 君が正しいことは明らかだ
　escurrir (guardar・huir) el ～ [面倒事などから] 逃げる
　estar de ～ =ir de ～
　guardar el ～ =escurrir el ～
　hacer ～ 1) 《文語》かさばる, 場所をとる：El monedero *hace* ～ en el bolsillo. 財布でポケットがふくらんでいる(かさばって邪魔だ). 2) =ir de ～
　huir el ～ =escurrir el ～
　ir al ～ 《闘牛》[牛が] 闘牛士に襲いかかる；《サッカー》[ボールではなく] 選手を追いかける；[人を公然と激しく] 攻撃する. 反対する
　ir de ～ 頭数をそろえる：Yo hablaré y tú *irás de ～*. 話すのは私がする. 君は頭数を増やすだけだ

bum [bún] 間 [強打] ドシン, ドン

bumerán [bumerán] 男 [←英語] ブーメラン：efecto ～ ブーメラン効果

bungalow/bungaló [buŋgaló] 男 〔覆 ～s〕 [←英語] バンガロー

buniato [bunjáto] 男 =boniato

búnker [búŋker] 男 〔覆 ～s〕 [←独語] ❶ 掩蓋(えんがい)陣地, トーチカ；防空壕. ❷ 《西》守旧派, 極右派. ❸ 《ゴルフ》バンカー
　bunkeriano, na 形 トーチカ(防空壕)のような；《西》反動的な

buñolero, ra [buɲoléro, ra] 名 揚げ菓子 buñuelo 売り
　buñolería 囡 揚げ菓子店

buñuelo [buɲwélo] 男 ❶ 《料理》揚げ菓子〖万聖節に食べる〗：～ de viento 〖万聖節に食べる〗揚げシュークリーム. ❷ 駄作, 出来損い：Este cuadro es un ～. この絵は下手だ

BUP [búp] 男《西. 略語》←Bachillerato Unificado Polivalente 総合中等教育

buque [búke] 男 〖英 ship〗〖☞barco 類義〗: ～ carguero (de carga) 貨物船. ～ cisterna (tanque) タンカー. ～ de guerra 軍艦, 戦艦. ～ de pasajeros 客船. ～ de vapor (vela) 汽船(帆船). ～ escuela 練習船. ～ factoría〖漁業〗母船, 冷凍船. ～ hospital 病院船. ～ lanzamisiles ミサイル艦. ～ mercante 商船. ～ nuclear 原子力船. ～ portatrén〖鉄道〗連絡船
cabeza ～《口語》大頭の人

buqué [buké] 男 =bouquet

burbuja [burbúxa] 女 ❶ 泡, あぶく: ～ de jabón (del champaña) 石けん(シャンペン)の泡. ～ financiera バブル経済. ❷ 背中に付ける浮き具. ❸〔空気膜構造の〕ドーム
niño ～〔保育器に入れる必要のある〕未熟児

burbujear [burbuxeár] 自 泡立つ; 沸騰する
burbujeo 男 泡立ち; ブクブクいう音

burdégano [burdégano] 男《動物》ケッティ〖雄ウマと雌ロバとの雑種〗

burdel [burdél] 男 売春宿

burdeos [burdéos] 形 男〖単複同形〗ボルドーワイン; 赤紫色(の)

burdo, da [búrdo, da] 形 ❶ 粗雑な: mueble ～ 粗悪な家具. ❷ あからさまな, 露骨な: mentira ～da 見え透いた嘘

bureo [buréo] 男《西》どんちゃん騒ぎ: estar (irse) de ～ 浮かれ騒ぐ

bureta [buréta] 女《化学》ビュレット

burga [búrga] 女 温泉源

burgado [burgáðo] 男《動物》食用カタツムリの一種

burgalés, sa [burgalés, sa] 形 名《地名》ブルゴス Burgos の〔人〕〖カスティーリャ=レオン地方の県・県都〗

burger [búrɣer] 男〖複 ～s〗ハンバーガー店〖hamburguesería〗

burgo [búrgo] 男 小さな村, 部落; 〔昔の〕城塞都市
burgomaestre 男〔ドイツ・スイス・オランダ・ベルギーの〕市長

burgos [búrɣos] 男〖単複同形〗ブルゴス産の羊乳チーズ

burgués, sa [burgés, sa] 形 名 ❶ ブルジョア〔の〕, 中産階級の〔人〕; 中産的(的な): clase (revolución) *burguesa* ブルジョア階級(革命). gusto ～ ブルジョア趣味. pequeño ～ プチブル〔の〕. ❷《歴史》都市階級の住民

burguesía [burgesía] 女 医系 ブルジョアジー, 中産階級: alta ～ 有産階級. pequeña ～ プチブル

buriel [burjél] 形 褐色の, 焦げ茶色の: paño ～ 粗布

buril [buríl] 男〔主に銅版用の〕彫刻刀, ビュラン

burla [búrla] 女 ❶ からかい, 冷やかし, 嘲笑; 複 冗談: hacer ～ de... …をからかう. Este descuento es una ～. こんな〔わずかな〕値引きなんてばかにしている. ❷ 欺瞞, ごまかし

～ *burlando*《口語》気づかずに; 何食わぬ顔で
de ～s 冗談で: decir *de ～s* 冗談に言う
decir entre ～s y veras 冗談半分に言う
gastar ～s いたずらをする, からかう
hacer ～ de+人 con la mano …に向かってからかいの仕草をする〔親指を鼻先に当てる. ☞カット〕
mezclar ～s con veras 冗談をまじえながら話す(書く); 冗談めかして言う

burladero [burlaðéro] 男〔闘牛場の〕退避所〖☞plaza カット〗; 〔歩行者用の〕安全地帯

burlador [burlaðór] 男《古語》女たらし, 色事師

burlar [burlár] 他 ❶〔巧みに〕回避する;《スポーツ》ドリブルでかわす: ～ la vigilancia 監視の目をかいくぐる. ～ las leyes 法を愚弄する. ❷ だます; 〔…の期待を〕裏切る
◆ ～*se* [+de ～] からかう, 嘲笑する: Todos se burlan de su rusticidad. 皆は彼の田舎くささを笑う

burlesco, ca [burlésko, ka] 形 滑稽な, おどけた; からかう(冷やかす)ような: tono ～ おどけた調子, 冷やかしの口調
burlesque 男 笑劇, バーレスク

burlete [burléte] 男〔戸・窓の〕すき間ふさぎ, 目ばり

burlón, na [burlón, na] 形 名 ❶ からかい好きの〔人〕. ❷ あざけるような: risa *burlona* 冷笑, 嘲笑

buró [buró] 男〖←仏語〗❶ 事務机, 〔特に〕ロールトップデスク. ❷〔政党の〕事務局: ～ político 政治局. ❸《中米》ナイトテーブル

burocracia [burokráθja] 女 ❶ 官僚制度(政治・主義); 〔軽蔑〕お役所仕事
burócrata 名 官僚, 役人;《軽蔑》形式主義者, 手続きや書類を重んじる人
burocrático, ca 形《軽蔑》官僚的な
burocratismo 男《軽蔑》官僚主義

burrada [buřáda] 女 ❶ ロバの群れ. ❷ ばかなこと, 愚行; 粗暴なふるまい: decir ～s たわごとを言う. hacer ～s 乱暴を働く. ❸《西》多数, 多量: Hay una ～ de gente. 大勢の人がいる
una ～《西》大変に: Me gusta *una ～*. 私はそれが大好きだ

burrajo [buřáxo] 男 乾燥した馬糞

burro, rra [búřo, řa] 名 ❶《動物》ロバ: ir en ～ ロバに乗って行く. trabajar como un ～ ロバのように黙々と働く. *B～ grande, ande o no ande.*《諺》質より量. ❷ 愚か者, ばか. ❸ 強情(粗野)な人; 働き者
apearse (bajarse) del ～《口語》自分の非(誤り)を認める, 引き下がる
～ cargado de letras 知ったかぶりをする人; 学問はしたが分別のないばか者
～ de carga 働き者, あくせく働く人; 最もつらい(報われない)仕事をしている人
hacer el ～ ばかなことをする

no ver tres en un ~《口語》ひどい近眼である
◆ 形 ❶ 愚かな: Ese hombre es muy ~. あの男はひどい間抜けだ. ❷ ひどく強情(頑固)な: Esa chica se puso **burra**. その娘は言うことをきかなくなった
◆ 男 ❶ 木挽(ξ)き台. ❷《トランプ》戦争に似たゲーム. ❸《遊戯》馬跳び『pídola』; その馬になった人

burruño [buřúno] 男《俗語》＝**gurruño**
bursátil [bursátil] 形〔←**bolsa**〕証券取引の, 株式市場の: operaciones ~es 証券取引
bursitis [bursítis] 女《単複同形》《医学》滑液包炎
burujo [burúxo] 男 小さな凝塊, だま; オリーブ(ブドウ)の搾りかす
burundés, sa [burundés, sa] 形 名《国名》ブルンジ Burundi 男 の(人)
bus [bús] 男 ❶《autobús の省略語》. ❷《情報》バス, 母線 : ~ de datos (de direcciones) データ(アドレス)バス
busardo [busárdo] 男《鳥》ノスリ
busca [búska] 女 ❶ 捜すこと, 捜索; 追求 : ~ de un asesino 殺人犯の捜査. ~ de empleo 求職. en ~ del arca perdida 失われた櫃を求めて. perro de ~ 猟犬. ❷ 男《中南米》《職務から生じる》副収入, 役得
ir a la ~ ごみの中に価値あるものをあさりに行く
ir a la ~ y captura de... …をつかまえるために出かける
◆ 男《口語》ポケベル『buscapersonas の省略語』; 救難信号発信装置
buscador, ra [buskaðór, ra] 形 名 捜す〔人〕: ~ de oro 金鉱捜しの人. perro ~ de drogas 麻薬捜査犬
◆ 男《望遠鏡の》ファインダー
buscapersonas [buskapersónas] 男《単複同形》ポケベル
buscapiés [buskapjés] 男《単複同形》ねずみ花火
buscapleitos [buskaplέitos] 名《単複同形》《軽蔑》けんか早い人; へぼ弁護士

buscar [buskár] 他《英 seek. ☞活用表》❶ 探す, 探し求める; 探索する: La policía **busca** al ladrón. 警察は泥棒を追っている. **Buscamos** una oficinista. 事務員募集中. ~ una llave 鍵を探す. ~ su beneficio 自分の利益を追求する. el terrorista más **buscado** 特別指名手配中のテロリスト. ¡**Busca**! ¡**Busca**! 〔犬に〕取ってこい! Quien **busca**, halla.《諺》天は自ら助くる者を助く. ❷ 迎えに行く(来る); 取りに行く(来る): Venga a ~me a casa. 家まで迎えに来てください. Voy a ~ mi chaqueta. 上着を取ってきます. ❸〔＋不定詞〕…しようとする. ❹ 挑発する
◆ ~se〔3 人称単数・複数で求人など〕Se **buscan** dependientes. 店員を求める
buscársela 当然の報いを受ける: Se la está **buscando** con sus impertinencias. 彼は無礼なことをした報いをまさに受けようとしている
buscárselas《口語》うまくやる, 都合をつける

buscar

直説法点過去	接続法現在
bus**qué**	bus**que**
buscaste	bus**ques**
bus**có**	bus**que**
buscamos	bus**quemos**
buscasteis	bus**quéis**
buscaron	bus**quen**

buscarruidos [buskařwídos] 名《単複同形》けんか好きな人, けんか早い人
buscavidas [buskaβídas] 名《単複同形》詮索好きな人; 〔主に悪い意味で〕抜け目なく生活の手づるを見つける人
buscón, na [buskón, na]《古語》べてん師
◆ 女《軽蔑》売春婦
busilis [busílis] 男《単複同形》《西. 口語》困難(大事)な点: dar en el ~ 難関にぶつかる. tener mucho ~ 難しい点が多い
búsqueda [búskeða] 女〔主に警察の, ＋de の〕捜索, 追求: ~ de desaparecidos 行方不明者の捜索. ~ del tesoro 宝探し. ~ de la verdad 真理の探求. ~ de la felicidad 幸福の追求
busquillo [buskíʎo] 男《南米》生活力のある人
bustier [bustjér] 男《服飾》ビスチェ
busto [bústo] 男 ❶ 上半身, 〔特に女性の〕胸; バスト, 胸囲: con el ~ desnudo 上半身裸で. ❷《美術》胸像, 半身像
butaca [butáka] 女 ❶《主に西》〔肘掛け・ヘッドレスト付きの〕安楽椅子〔飛行機の〕座席. ❷〔劇場・映画館の〕座席, 観覧席; その切符: sacar tres ~s para la sesión de la tarde 午後の部の席を 3 枚買う. ~ de patio (de platea) 1 階〔椅子〕席. patio de ~s 1 階, 平土間
butanero, ra [butanéro, ra] 名 ブタンガスボンベの配達係
◆ 男 ブタンガス輸送船
butanés, sa [butanés, sa] 形 名《国名》ブータン Bután 男 の(人)
butano [butáno] 男《化学》ブタン〔ガス〕『gas ~』
◆ 形《西》〔ブタンガスボンベの〕明るいオレンジ色
butanol [butanól] 男《化学》ブタノール
butaque [butáke] 男《中南米》座席
buten [búten] de ~《西. 俗語》最高の, 非常にすばらしい
buteno [buténo] 男《化学》ブテン
butifarra [butifářa] 女《料理》❶〔カタルーニャ地方などの〕腸詰め: ~ negra (blanca)〔血入りの(でない)〕黒(白)ソーセージ. ❷〔ペルーの〕ハム・レタス・玉ねぎ入りのサンドイッチ bocadillo
butilo [butílo] 男《化学》ブチル基
butirato [butiráto] 男《化学》酪酸塩
butírico, ca [butíriko, ka] 形 酪酸の
butrón [butrón] 男 ❶《西》泥棒が侵入用に開けた穴. ❷＝**buitrón**
buxáceas [bu(k)sáθeas] 女複《植物》ツゲ

属

buzo [búθo] 男 ❶ 潜水士, ダイバー. ❷《服飾》
i)〔全身を覆う〕子供用オーバー；つなぎの作業衣
〖mono〗. ii)《南米》トラックスーツ；セーター

buzón [buθṓn] 男 ❶〔郵便〕ポスト；〔各家庭
の〕郵便受け：echar una carta al (en el) ～
手紙を投函する, ポストに入れる. ～ de sugeren-
cias 投書 (提案) 箱. ❷〔ポストなどの〕投入口.

❸ 排水溝；その栓. ❹《口語》大きな口

buzonear 自〔各家のポストに〕ちらしを入れる

buzonero 男《南米》〔郵便を集める〕集配係

bwaná [bwaná] 女《←スワヒリ語. 戯語》だんな

bypass [baipás] 男《←英語. 医学》バイパス

byte [báit] 男《←英語. 情報》〔記憶容量の単
位〕バイト

bytownita [baitauníta] 女《鉱物》亜灰長石

C

c¹ [θé] 囡 アルファベットの第 3 字

c² 《略語》 ←centígrado 摂氏

c/ 《略語》 ←caja[s] 荷箱; calle …通り; capítulo …章; cargo 荷積み, 借方, 負担, 貨物; contra …に対して; copia 複写; cuenta 勘定

ca [ká] 圖 [不信・否定など] まさか, とんでもない!: ¿Ya habrá llegado?—¡Ca! 彼はもう着いただろうか?—まさか! ¿Te ha gustado la corrida de toros?—¡Ca! 闘牛は気に入ったか?—とんでもない!

C.A. 《略語》 ←Centro América 中米; Compañía Anónima 株式会社; corriente alterna 交流; Comunidad Autónoma 自治州; Club Atlético アスレチッククラブ

c/a. 《略語》 ←cuenta abierta オープン勘定

cabal [kaβál] 圏 ❶ [人が] 完璧な, 欠点のない: hombre ～ 模範的な人. ❷ 魔法適正, カバラ. ❷ [計量などが] 正確な; まったくの: cuenta ～ 正確な計算. ❸ 全部そろった, まったくの: Esta baraja no está ～. このトランプは全部そろっていない. durar dos horas ～es きっかり2時間続く. fracaso ～ 完全な失敗. ❹ [間投詞的] そのとおり!

no estar (hallarse) en sus ～es [精神状態が] まともでない

por sus ～es 過不足なく

cabalmente 圖 1) 正確に; まさに: Son ～ las cinco. ちょうど5時だ. C～ iba a llamarte. ちょうど君に電話しようとしていたところだ. 2) [間投詞的] そのとおり!

cábala [káβala] 囡 ❶ 《ユダヤ教》 神秘的な聖書解釈, カバラ. ❷ 魔法適正, 魔術. ❸ [複] 憶測; 陰謀: hacer ～s 憶測をめぐらす. meterse en ～s 陰謀に首をつっ込む

cabalgar [kabalɣár] ⑧《文語》 圓 ❶ [+en 馬などに] 乗る; 馬に乗る, 馬で行く: ¡A ～! 騎乗! ～ *en* una mula ラバに乗る. ❷ [+sobre …の上に] またがる: ～ *sobre* la tapia 塀にまたがる. ～ *sobre* su nariz. 彼の鼻の上に眼鏡がのっている

◆ 他 [馬などに] 乗る; [雄が雌を] 交尾する

cabalgada 囡 乗馬. 《歴史》 [敵地に進入する] 騎馬隊

cabalgadura 囡 乗用 (荷役用) の動物

cabalgata 囡 [祭りなどの, 騎馬・山車・踊り手などの] にぎやかな行列; 《西》 乗馬

cabalista [kabalísta] 图 カバラ cábala 学者

cabalístico, ca [kabalístiko, ka] 圏 カバラの; 神秘的な, 秘められた: signo ～ 不可解な符号

caballa [kaβáʎa] 囡《魚》 サバ

caballada [kaβaʎáða] 囡《中南米》 愚行

caballar [kaβaʎár] 圏 馬の: cara ～ 馬づら.

cría ～ 馬の飼育. feria ～ 馬市

caballeresco, ca [kaβaʎerésko, ka] 圏 騎士 (道) の; 騎士道的な: literatura ～ca 騎士道文学. modales ～s 紳士らしい身のこなし

caballerete [kaβaʎeréte] 圐 気どった (生意気な) 青年

caballería [kaβaʎería] 囡 ❶ 騎兵隊; 機械化部隊: ～ ligera 軽騎兵隊. ❷ 乗用の動物: ～ mayor 馬やラバ. ～ menor ロバ. ❸ 騎士団 [orden de ～]. ❹《歴史》 ～ andante 騎士の遍歴, 武者修行; [集] 遍歴の騎士. libro de ～[s] 騎士道物語. ～ villana 馬 1 頭を所有する郷士 [貴族の最下層]. ❺ [間投詞的] 畜生! ❻《中米》 [土地の面積の単位] =約 13.5 ヘクタール

andarse en ～s お世辞を並べ立てる

meterse en libros de ～s 他人のことに口ばしを入れる

caballeriza¹ [kaβaʎeríθa] 囡 厩舎 (<きゅう>), 馬小屋; [集] そこの馬 [と厩員] の全体

caballerizo, za² 图 厩務員. ◆ 圐 [騎乗の] 侍臣 [～ del rey・de campo]: ～ mayor [del rey] 主馬頭 (<しゅめ>)

caballero¹ [kaβaʎéro] 圐 《英 gentleman, knight. ↔dama》 ❶《文語》 男: i) Acepta tu derrota como un ～. 男らしく自分の敗北を認めろ. C～[トイレの表示] 男性用. ii) [呼びかけ] =señor: ¿Se le ofrece algo, ～? 何をさしあげましょう?: Es [todo] un ～. 彼は[申し分のない]紳士だ. pacto de (entre) ～s 紳士協定. ～ de industria [一見紳士風の] いかさま師. ～ de la Mesa (la Tabla) Redonda 円卓の騎士. C～ de la Triste Figura うれい顔の騎士 [ドン・キホーテのこと]. ～ en plaza =rejoneador. Poderoso ～es don Dinero. 《諺》地獄の沙汰も金次第. ❹《軍事》 騎兵

armar ～ a+人 …を騎士に叙する

～ blanco 《経済》 乗っ取られかけている会社に良い条件で買収をもちかける人

de ～ 男性用の 《↔de señora》: ropa (zapatos) de ～ 紳士服 (靴). sección de ～ 紳士服 (用品) 売り場

de ～ a ～ 紳士らしく, 上品に

entre ～s 互いに紳士として [口約束でも信用できる]

caballero², **ra** [kaβaʎéro, ra] 圏 ❶ [+en …に] 騎乗した: ir ～ *en* un asno ロバに乗って行く. ❷ 固執した: ～ *en* su opinión 自分の意見に固執した

caballeroso, sa [kaβaʎeróso, sa] 圏 騎士道にかなった, 寛容な; 紳士的な: conducta

~sa 紳士的なふるまい, フェアプレー

caballerosidad 女 騎士(道)らしさ

caballete [kaβaʎéte] 男 ❶ 架台；画架, イーゼル：~ de aserrar 木挽(ひき)台. ❷ 鼻ばしら, 鼻梁. ❸《建築》棟

caballista [kaβaʎísta] 名 名騎手；[サーカスの] 曲馬師

caballito [kaβaʎíto] 男 ❶ [子供用の揺らす] 木馬；棒の先が馬の頭の玩具. ~ de mar/ ~ marino《動物》タツノオトシゴ. ~ del diablo《昆虫》トンボ. ❸ los ~s メリーゴーランド [tio-vivo]

llevar (subir) a+人 a ~ …をおんぶしている(する)

caballo [kaβáʎo] 男《英 horse》❶ 馬；馬の 《↔yegua》: i) montar (subir) a ~ 馬に乗る. caerse (bajarse) de un ~ 落馬(下馬)する. hacer correr a un ~ 馬を走らせる. hacer de ~ [子供を背中に乗せて] お馬さんになる. ~ de batalla 軍馬；主要な論争(問題)点. ~ de carga 荷馬. ~ de monta (de silla) 乗用馬. ~ de tiro 荷馬車馬. ~ padre (semental・entero) 種馬. A ~ regalado no hay que mirarle el diente (no le mires el dentado).《諺》貰い物にけちをつけるな. ii) ~ ligero 軽騎兵. ~ de balancín (mecedor・de vaivén)《玩具》木馬. ~ de Troya トロイの木馬. ~ de Frisa (Frisia)《軍事》拒馬, 馬防柵. ~ del diablo **caballito.** ~ de mar/~ marino ☞**caballito**

❷《チェス》ナイト；《西式トランプ》馬

❸ 馬力《~ de vapor・de fuerza》: motor de cien ~s 100 馬力の自動車

❹《体操》[跳馬・鞍馬の] 馬：~ con arcos 鞍馬《種目》

❺《中南米》愚か者

❻《俗語》ヘロイン

a ~ 1) 馬に乗って：El príncipe estaba a ~. 王子は馬に乗って. ir a ~ 馬で行く. llevar (subir) a+人 a ~ =llevar (subir) a+人 a **caballito.** guardia a ~ 騎馬警官. 2) [+entre+事物の] 間に, またがって：El hombre de Atapuerca está a ~ entre el homo erectus y el Neanderthal. アタプエルカ人は直立猿人とネアンデルタール人の中間に位置する

a mata ~ あわてふためいて

andar a ~《南米》[物が] 不足している, 高価である

~ blanco 危険な企てに出資する人；政治運動家

~ de buena boca 他人の言いなりになる人

de ~ 多くの：dosis de ~ 大量の薬

caballón [kaβaʎón] 男 畝(うね)

caballuno, na [kaβaʎúno, na] 形《軽蔑》[女性の顔だち・歩き方などが] 馬のような：cara ~na 馬づら

cabaña [kaβáɲa] 女 ❶ [木・わらの] 小屋：~ de madera 丸太小屋, ログハウス. ~ alpina 山小屋. ❷《西》[家畜の] 群れ. ❸《南米》血統のよい家畜を飼育する牧場

cabañuelas [kaβaɲwélas] 女複 [1 月 1 日 -12 日の天候を基にした] 年間天気予報

cabaret/cabaré [kabaré] 男《複~s》《←仏語》キャバレー, ナイトクラブ

cabaretero, ra 形 名 キャバレーの [芸人]. ◆ 女 キャバレーのホステス；《軽蔑》売春婦

cabás [kabás] 男《←仏語》学童かばん

cabe [kábe] 前《詩語》…の近くに, 隣りに 《cerca de》: sentarse ~ la fuente 泉のほとりに腰をおろす

◆ 男《サッカー》ヘディング《cabezazo》

~ de pala 思いがけない授かり物

dar un ~ 害を与える

dar un ~ al bolsillo あらさがしをする

cabecear [kabeθeár] 自《←cabeza》❶ 頭を [上下・左右に] 振る；[居眠りで] こっくりする；[否定して] 首を横に振る. ❷ [車などが] 大きく揺れる, がたつく；[船が] ピッチングする, 縦揺れする. ❸ 傾く

◆ 他《裁縫》縁を付ける. ❷《サッカー》ヘディングする

cabeceo 男 こっくり；[扇風機の] 首振り；[車の] 大きな揺れ；[船の] ピッチング

cabecera [kabeθéra] 女 ❶ 枕もと；[ベッドの] 頭板：estar (asistir) a la ~ del enfermo 病床に付き添う(付きっきりで看護する). médico de ~ 主治医に対して, 全科を診察する) 一般医. libro de ~ 座右の書. ❷ [食卓などの] 上座：sentarse a la ~ de la mesa テーブルの上座に座る. ❸ [紙面などの] トップ, 大見出し, 題字：publicar… en la ~ …をトップに載せる. ❹ [川の] 水源地, 上流；[路線などの] 起点. ❺ [地域の] 中心地中心地《~ de comarca》；[集団の] 中心人物：~ de reparto 主役. ❻《印刷》ヘッドバンド. ❼《軍事》de puente 橋頭堡. ❽《教会の》☞**iglesia** [カット]

cabecero [kabeθéro] 男 [ベッドの] 頭板

cabecilla [kabeθíʎa] 男《軽蔑》[反乱などの] 首謀者

cabellera [kabeʎéra] 女 ❶ [長く豊かな] 頭髪；かつら：La ~ negra cae sobre sus hombros. 黒髪が彼女の肩にかかっている. ❷ 彗星の尾

cabello [kabéʎo] 男《英 hair》❶ 不可算 [人間の] 頭髪《口語では pelo の方がよく使われる》；可算 [1 本の] 毛髪：Todavía le quedan muchos ~s. 彼はまだ髪が豊かだ. ~s postizos かつら. ❷ 複 トウモロコシのひげ. ❸ ~ de ángel《料理》砂糖漬のカボチャで作った菓子；細いパスタ, バーミセリ. ~ de Venus《植物》クジャクシダ

agarrar (asir・coger) la ocasión por los ~s わずかなチャンスをものにする

asirse de un ~ 目的のためには何でも利用する

cortar (partir) un ~ en el aire 一を聞いて十を知る

en ~ 乱れ髪で

estar en ~s 無帽である

estar pendiente de un ~ ひどく危うい

llevar a+人 por los ~s …を意のままに操る

ponerse a+人 *los ~s de punta* [恐怖で]
…が髪の毛を逆立てる：*Se le pusieron los
~s de punta.* 彼は身の毛がよだった
traído por los ~s [議論が] 強引な，こじつけ
の

cabelludo, da [kaβeʎúðo, ða] 形 髪の毛の
多い(ふさふさした)：cuero ~《解剖》有毛頭皮
caber [kaβér] 54 自 【英 have enough room.
☞活用表】❶ [収容能力, 容量. +en に] 入り得
る：i) *En este salón caben* quinientas per-
sonas. このホールは 500 人収容できる。　Esta
caja no *cabe en* el maletero. この箱はトランク
に入らない。Este sombrero no me *cabe.* この
帽子は私には小さすぎる。No *cabe en* él esa
necedad. 彼にはそんなばかなことはできない。To-
do *cabe en* él. 彼はどんなことでもやりかねない。
ii) [+por ドアなどを] 通り得る：El piano no
cabe por la puerta. ピアノがドアから入らない。
Esta anilla no *cabe por* esta barra. この輪は
この棒をとおすことができない。❷ [文語》i) [可能. +que+接
続法/+不定詞] …し得る：*Cabe que* llueva. 雨
が降るかもしれない。No me *cabe* decirlo. 私に
はとてもそんなことは言えない。*Cabe recordar
que*+直説法 …ということを忘れてはならない。ii)
[栄誉・幸運などが, +a+人 に] 当たる：Me
cupo el honor de decírselo yo mismo. 光栄
にも私自身が彼に告げることになった。　❸ [割り
算. +a] Treinta entre seis *caben* a cinco.
30 割る 6 は 5
en (dentro de) lo que cabe できるだけ
no ~ en sí 非常に満足している；思い上がって
いる
[*que*] *no cabe más* 最高だ：Es bonita *que
no cabe más.* 彼女はすごい美人だ
si cabe 可能ならば，できれば

caber		
直説法現在	直説法過去	直説法未来
quepo	*cupe*	ca*bré*
cabes	*cupiste*	ca*brás*
cabe	*cupo*	ca*brá*
cabemos	*cupimos*	ca*bremos*
cabéis	*cupisteis*	ca*bréis*
caben	*cupieron*	ca*brán*
直説法過去未来	接続法現在	
ca*bría*	*quepa*	
ca*brías*	*quepas*	
ca*bría*	*quepa*	
ca*bríamos*	*quepamos*	
ca*bríais*	*quepáis*	
ca*brían*	*quepan*	

cabero, ra [kaβéro, ra] 形 《中米》最後の，最
近の 《último》
cabestrante [kaβestránte] 男 =**cabres-
tante**
cabestrillo [kaβestríʎo] 男 吊り包帯：
llevar el brazo en ~ 腕を包帯で吊っている
cabestro [kaβéstro] 男 ❶ [馬につける] 頭絡，
端綱；闘牛の牛を先導する去勢牛。❷《軽蔑》
妻に浮気された夫；愚か者，頭の悪い人

cabeza [kaβéθa] 囡 【英 head】❶ 頭：
i) Me duele la ~. 私は頭が痛
い。ponerse el sombrero en la ~ 頭に帽子
をのせる。pedir la ~ de un asesino 殺人者の
首(生命)を要求する。Más vale (Mejor) ser
~ de ratón que cola de león (~ de sardina
que cola de salmón).《諺》鶏口となるも牛後と
なるなかれ。ii) 頭脳，知力；思考：usar (utili-
zar) la ~ 頭を使う。tener (mucha・buena)
~ 頭(記憶力)がいい。tener poca・~ 頭(記憶
力)が悪い。ser un hombre de ~ しっかり者で
ある。Es una gran ~. 彼は偉大な頭脳の持ち
主だ。Es duro de ~. 彼は頑固だ。Todo esto
ha salido (he sacado) de mi ~. これはすべて
私の考えたことだ。Esa idea no se me aparta
(va) de la ~. その考えが私から離れない。
Se le embota (obscurece・ofusca) la ~. 彼
はぼんやりしている/頭の働きが鈍っている
❷ 1 人；1 頭：mil ~s de ganado 千頭の家畜
❸ 先頭, 首位：hacer ~ 主宰する。vagón de
~ 先頭車両。~ de partido [地方裁判所の]
管轄区の首市
❹ [物の] 頭部, 先端：i) ~ de biela《機械》ビ
ッグエンド, 大端。~ de cerilla (clavo・marti-
llo) マッチ(釘・ハンマー)の頭。~ de espárrago
アスパラガスの頭。~ de viga 梁の先端。ii)《電
気》~ grabadora (borradora・reproducto-
ra) [テープレコーダーの] 録音(消去・再生)ヘッ
ド。iii)《印刷》~ de muerto けた。iv)《軍事》
~ nuclear (atómica) 核弾頭。　~ bus-
cadora 自動誘導弾頭。~ de puente 橋頭堡。
~ de playa 海岸の橋頭堡
❺ 頭 1 つ分の長さ：ganar por una ~《競馬》
首 1 つの差で勝つ
❻ [料理] i) [豚の] ヘッド 《☞carne カット》。ii)
ヘッドチーズ。iii) ~ de jabalí 豚(猪)肉の小片
を寄せ集めた冷肉
❼《中米》水源[地]
◆ 图 ❶ [+形容詞女性形] …な頭の人：~
rapada スキンヘッドの人。❷ 先頭(首位)の人，
指導(責任)者：Es el ~ de familia. 彼が世帯
主(家長)だ。Disputaron los ~s del país. そ
の国の首脳たちが議論した。~ de cordada《登
山》ザイルのトップ。~ de lista 候補者名簿の筆
頭。[tercer] ~ de serie《スポーツ》[第3]シー
ド。~ de la Iglesia ローマ教皇。C~ de los
ángeles キリスト
a la ~ [+de の] 先頭に・で：ir (ponerse) *a
la ~ de* todos 皆の先頭に立つ。estar *a la
~ de* una clase (una empresa) クラスの首
席(会社のトップ)である
abrir a+人 *la ~* [時に脅し] …の頭を割る
(傷つける)
agachar la ~ =*bajar la ~*
alzar [*la*] ~ 1) 頭(顔)を上げる；胸を張る，
背筋を伸ばす；毅然とする，悪びれない。2) [窮
状から] 立ち直る；[病気が] 快方に向かう
andar de ~ 1) [急用などで] あわてる，ろうば
いする：Ando siempre de ~ con tanto
trabajo. 私は仕事でいつも目の回るような忙しさ
だ。2) [+por・con を] ひどく欲しがる；…のため

に何でもする: *Anda de ~ por un coche.* 彼は車が欲しくてたまらない

andar mal de la ~ =**estar mal de la ~**

***apostarse la ~ a que*+直説法** …に首を賭ける; 断言する: *Me apuesto la ~ a que no vuelvo a fumar.* 私は二度とたばこを吸わないと誓う

asentar la ~ =**sentar la ~**

bajar la ~ 頭を下げる, 顔を伏せる; 恥じる; 屈従する; 謝る, うなずく: *Ante todos bajó la ~.* 彼は皆の前で頭を下げた

~ *abajo* 1) 上下を逆に: *colgar el cuadro ~ abajo* 絵をさかさまに掛けて, 無秩序に 2) まったく混乱して

~ *ajena* 他人: *aprender en ~ ajena* 他人の失敗を教訓にする, 他山の石とする． *Nadie escarmienta en ~ ajena.* 人は自らの苦い経験によってのみ学ぶ

~ *arriba* 上下を正しく(逆にせずに)

~ *cuadrada* 1)《軽蔑》頑固; 頭の固い人: *Tiene la ~ cuadrada./Él es un ~ cuadrada.* 彼は頭が固い(融通がきかない). 2) すばらしい記憶力[の持ち主]

~ *dura* 1) 頑固[な人]: *Tiene una ~ dura.* 彼は石頭だ. 2)《軽蔑》[理解力に欠ける]ばか[な人]

~ *hueca (loca·vacía)* 《時に親愛》無分別[な人]: *Tiene la ~ hueca.* 彼は頭がからっぽだ(軽率・軽薄だ)

~ *mayor* 牛や馬など

~ *menor* 羊や山羊など

~ *pensante* [集団の] 頭脳, 理論的指導者

~ *visible* 代表者, 指導者

***calentar la ~ a+人*《口語》**…をうるさがらせる; 心配させることを言う; 甘い幻想を抱かせる: *No me calientes la ~.* しつこいぞ/ごちゃごちゃ言うな

calentarse la ~ 頭を悩ます; 知恵を絞る, 熟考する

cargarse a+人 la ~ …は頭が重い: *Se me carga la ~.* 私は頭が重い(ぼうっとする)

con la ~ alta (levantada·erguida) 毅然と

con la ~ baja 頭を下げて, うつ向いて

con la ~ entre las manos [考え込んで] 頭を抱える

dar a+人 en la ~ [いやがらせをして] …を怒らす

darse de ~ 思いがけない不幸に出会う

de ~ 1) 頭から; 迷わずに, ためらわずに; 一直線に: *caerse de ~* まっさかさまに落ちる. *arrojarse de ~* 頭から飛び込む. *Va de ~ al fracaso.* 彼は失敗に向かってまっしぐらだ. 2) 暗記して. 3)《サッカー》ヘディングの·で: *meter un gol de ~* ヘディングシュートを決める

doblar la ~ =**bajar la ~**; 死ぬ

***echar*~s** 首脳陣を更送する

en ~ 1) =**a la ~**: *estar en ~ de una cola* 列の先頭にいる. 2)《中南米》帽子をかぶらずに

enderezar*[*la*]*~ =**alzar**[**la**]**~**

entrar a+人 en la ~ …の頭に入る『主に否

定文で]: *No me entra en la ~ la lección.* 私は授業が頭に入らない

erguir*[*la*]*~ =**alzar**[**la**]**~**

estar de ~ =**andar de ~**

estar mal (tocado) de la ~ 常軌を逸している

hinchar la ~ a+人 =**calentar la ~ a+人**

ir de ~ =**andar de ~**

irse la ~ …は忘れてしまう; 判断力を失う, 夢中になる; 頭がくらくらする

***jugarse la ~ a que*+直説法** =**apostarse la ~ a que*+直説法**

levantar*[*la*]*~ =**alzar**[**la**]**~**: *No levanta la ~ de los libros.* 彼は読書に没頭している. 2) [条件文で] よみがえる, 生き返る. 3) [no+. 精神的·経済的に] なかなか立ち直れない: *Estoy que no levanto ~.* 僕はすっかり落ち込んでいるんだ

llevar a+人 de ~ …を心配させる, 苦しめる

llevar a+人 en la ~ …をてんてこ舞いさせる

llevar la ~ muy alta 毅然としている

meter a+人 … en la ~ 1) …に…を納得(理解)させる: *Le metí en la ~ que debía ir a la escuela.* 学校に行かなければならないことを私は彼に納得させた. 2) [心配させるようなことを] …に言う

meter la ~ en… …に入り込む

meterse a+人 en la ~ [考えが] …の頭に浮かぶ: *Se le metió en la ~ aprender español.* 彼はスペイン語を学んでみる気になった

meterse de ~ en… …に決然と着手する

no caber a+人 en la ~ …に理解できない: *No me cabe en la ~ que hayas podido ser tan tonto.* 君がそんな愚かだったとは信じられない

no tener*[*a*]*donde volver la ~ 救いを求める相手がいない

pasar*[*se*]*a+人 por la ~/ponerse a+人 en la ~ =**meterse a+人 en la ~**

perder la ~ 分別を失う, かっとなる; [+por+人 に] すっかりほれこむ

por ~' 一人 (一頭) あたり: *Pagamos diez mil yenes por ~.* 一人あたり1万円払います

¡qué ~ la mía! 私の頭はどうかしている!

quebrar la ~ 《中南米》頭を悩ます, 大変心配する

quebrarse la ~ =**calentarse la ~**

quitar a+人 … de la ~ [説得して] …に…をやめさせる: *Le quité de la ~ ir en avión.* 私は彼が飛行機で行こうとするのをやめさせた

quitar a+人 la ~ …の理性を失わせる

***rodar*~s** 首脳陣を更送する(辞めさせる)

romper a+人 la ~ =**abrir a+人 la ~**

romperse la ~ =**calentarse la ~**

sacar la ~ 1) 顔をのぞかせる: *sacar la ~ por la ventana* 窓から首を出す. *Está sacando la ~ la primavera.* 春の気配がする. 2) [抑制されていたのが] 大胆な行動に出る. 3) [+a+人 より] 頭1つ背が高い

salir con las manos en la ~ [けんかなどで] さんざんな目に会う; [頼み事が] 無視される

sentar la ~ 分別がつく, 利口になる

subirse a+人 *a la* ~ …を酔わせる；思い上がらせる：*Se me sube a la* ~ *este vino.* このワインは悪酔いする．*Se le ha subido a la* ~ *el triunfo.* 彼は勝って得意になった

tener... metido en la ~ …の事ばかり考える

tener mala ~ 頭（記憶力）が悪い；常軌を逸している；考えのない人（ばか）である

tocado de la ~ 常軌を逸した，頭の変な人

torcer la ~ 死ぬ；病気になる

traer... a+人 *a la* ~《口語》…に…を思い出させる

traer a+人 *de* ~ =llevar a+人 de ~：*Este niño me trae de* ~. この子にはほとほと手を焼く

traer a+人 *la* ~ =llevar a+人 la ~

venir a+人 *por (a) la* ~ =meterse a+人 en la ~

volver la ~ a+人 1）ふり向く．2）［+a+人に］そっぽを向く，挨拶しない；援助を断わる

cabezada [kaβeθáða] 囡 ❶ 頭突き〔cabezazo〕；頭への打撃：*Me di una* ~ *en el dintel.* 私は鴨居に頭をぶつけた．❷［挨拶・肯定の仕草〕うなずき．❸［居眠りの〕こっくり：dar (echar) una ~ うたた寝する．dar ~s こっくりこっくりする；〔船が〕ピッチングする．❹［船の〕ピッチング，縦揺れ．❺［馬の〕鼻勒（ゾ）．❻［印刷〕ヘッドバンド，花ぎれ．❼《中米》泉，水源地

darse de ~s 知恵を絞る

cabezal [kaβeθál] 男 ❶［器具の〕頭部，ヘッド：maquinilla de ~ basculante 首振りヘッドの電気かみそり．~ magnético［テープレコーダーの〕磁気ヘッド．❷［ベッドの幅一杯の〕長枕．❸《中南米》［坑道などの〕横材

cabezazo [kaβeθáθo] 男 ❶ 頭突き；《サッカー》ヘディング；《ボクシング》バッティング

cabezo [kaβéθo] 男［小高い〕丘；峰

cabezón, na [kaβeθón, na] 形 名 ❶《軽蔑》大頭の〔人〕；頑固な〔人〕〔☞terco 頑固〕．❷［酒が〕頭へ上る，頭痛を起こす

◆ 男 大頭；《中米》オタマジャクシ〔renacuajo〕．**cabezonada/cabezonería** 囡《口語》頑固さ：¡Qué ~! 何て石頭だ！

cabezorro, rra [kaβeθóro, ra] 形 名 = cabezota

cabezota [kaβeθóta] 形 名 頑固な〔人〕

cabezudo, da [kaβeθúðo, ða] 形 名 大頭の〔人〕．= cabezota

◆ 男〔祭りの扮装で〕大頭のかぶりもの〔☞写真〕；《魚》ボラ

cabezuela [kaβeθwéla] 囡 ❶ 二番粉：pan de ~ 二番粉で作ったパン．❷《植物》頭状花，ヤグルマアザミ

cabida [kaβíða] 囡 ❶ 容量；収容能力：La piscina tiene una ~ de mil litros. プールには千リットル入る．El estadio puede dar ~ a cien mil espectadores. スタジアムは10万人の観客を収容できる．❷［土地の〕面積

tener ~ 可能である

cabila [kaβíla] 囡 ベドゥイン（ベルベル人）の種族

cabildada [kaβildáða] 囡 権力の乱用

cabildante [kaβildánte] 男《南米》市会（町会）議員

cabildear [kaβildeár] 自 暗躍する

cabildeo 男 暗躍，裏工作

cabildo [kaβíldo] 男 ❶ 教会参事会，[特に]司座座（聖堂）参事会：~ catedralicio 大聖堂参事会．~ colegial 教会付き祭式者会．❷ 市議会〔機関，建物〕：~ insular［カナリア諸島の〕島議会

cabilla [kaβíla] 囡《船舶》索止め栓，ビレービン

cabillo [kaβíʎo] 男 花柄，葉柄；［細長い〕布切れ

cabina [kaβína] 囡 ❶ 小部屋：~ de playa 海岸の脱衣所．~ de prensa 記者席．~ de proyección 映写室．~ a presion/~ de sobrepresión《航空》与圧室．~ de teléfono(s)/~ telefónica 電話ボックス．~ electoral 投票用紙記入所．❷［トラック・クレーンなどの〕運転席；［飛行機の〕操縦室〔~ de pilotaje・de mando〕．❸［列車・船・飛行機の〕客室〔~ de los pasajeros〕；［エレベーター・ケーブルカーなどの〕ボックス

cabinero, ra [kaβinéro, ra] 名《南米，航空》客室乗務員

cabio [káβjo] 男《建築》垂木（½ぎ），［窓枠・戸枠の〕横かまち

cabizbajo, ja [kaβiβáxo, xa] 形〔estar+〕うなだれた，しょげた：Caminaban tristes y ~s. 彼らは寂しくうなだれて歩いていた

cable [káβle] 男 ❶ 太綱，ロープ；ケーブル：~ portador 吊り上げ索；［吊橋の〕主ケーブル．~ eléctrico 電線．~ telefónico 電話線．❷ 海底電信，外電〔cablegrama の省略記〕：enviar un ~ a+人 …に海外電報を打つ．por ~ 外電で．❸《船舶》［距離の単位〕ケーブル〔=約185 m〕

cruzarse los ~es a+人《口語》…の頭を混乱させる

echar (tender) un ~ a+人《口語》…に助け船を出す

cableado [kaβleáðo] 男《電気》配線〔行為，集名〕

cablear 他《電気》配線する，ケーブルを取りつける

cablegrafiar [kaβleɡrafjár] 自 他［海底ケーブルで〕…に打電する

cablegrama [kaβleɡráma] 男《古語》海底電信，外電〔cable〕

cablevisión [kaβleβisjón] 男 《主に中南米》ケーブルテレビ

cabo [káβo] 男 《英 end, cape》 ❶ 端, 先端; 残り端：~s de cuerda 綱の両端. ～ de vela ろうそくの燃え残り. ～ de hilo 糸くず. ❷ 岬：～ de Buena Esperanza 喜望峰. Ciudad del C～/El C～ ケープタウン. C～ Verde 《国名》カボベルデ. ❸ 《軍事》伍長：i) ～ primero 先任伍長. ～ de vara 看守. ～ de varas 意地悪な人. ii) 《海軍》～ de primera 下士官. ～ de segunda 上等水兵. ～ de cañón 砲手長. ❹ [ボートの] 整調手. ❺ 覆 [馬などの] 脚と鼻面とたてがみ：bayo de ～s negros 鹿毛で頭や脚などが黒毛の馬. ～s negros [女性の] 黒い瞳[と髪]. ❻ 《宗教》～ de año 一周忌のミサ. ❼ [船の] 綱；糸；網

al ～ ついに [al fin]：Al ～ llegamos a la conclusión. 私たちはやっと結論に達した

al ～ de... 1) [時間] …の後に：Salieron a la una hora. 彼らは1時間後に出発した. 2) …の端に；終わりに：al ～ del mundo 世界の果てに. al ～ de sus años 晩年に

atar bien los ～s [失敗しないように] しっかり準備する

atar (juntar・recoger・reunir・unir) ～s 《口語》[情報などを] 結び合わせる, 結論を引き出す

～ suelto 未決済(未解決)の事項：dejar muchos ～s sueltos 未解決の問題を多く残す. no dejar ～ suelto すべて厳密に処理する

dar a... …を完成する

dar ～ de... …をやっつける, 破滅させる

de ～ a rabo/de ～ a ～ 始めから終わりまで：leer un libro de ～ a rabo 一冊の本を読み切る

estar al ～ de+事物 …を知って(…に通じて)いる

llevar a ～... …を実現する, 実行する：Llevó a ～ una gran obra. 彼は大事業をなしとげた

cabotaje [kaβotáxe] 男 沿岸航海, 沿岸貿易：buque de ～ 沿岸貿易船

cabra[1] [káβra] 女 ❶ 《動物》ヤギ(山羊)：～ de almizcle ジャコウジカ. ～ montés/～ de los Alpes アイベックス. La ～ siempre tira al monte. 《諺》悪い性格はけっして治らない. camino de ～s ひどく険しい道. ❷ 《貝》オオノガイ. ❸ 覆 [熱による皮膚の] 紅斑. ❹ 《中南米》いかさまさいころ, ずるい手；二輪の荷車

cargar (echar) las ～s a+人 …に責任を負わせる, 賭けで負けた金の支払いを負わせる

como (más loco que) una ～ 《口語》頭のおかしい

cabracho [kaβrátʃo] 男 《魚》カサゴ

cabrada [kaβráða] 女 ヤギの群れ

cabrales [kaβráles] 男 [単複同形] 牛・羊・ヤギの乳を混ぜて作ったチーズ

cabrear [kaβreár] 他 《口語》怒らせる：No me cabrees. ふざけんじゃないよ/なめんなよ

◆ 自 《南米》跳んだりはねたりして遊ぶ；[追跡者をまいて] 逃げる

◆ ～se [+con に] 非常に頭に来る, ひどく腹を立てる；《南米》疲れる, 飽きる

cabreante [kaβreánte] 形 ser ～ que+接続法 …は頭に来る

cabreo [kaβréo] 名 1) 《口語》腹立ち, 不機嫌：coger (pillar・agarrar) un ～ 怒る. 2) 《歴史》教会・修道院が特権を書きとめた書物

cabrero, ra [kaβréro, ra] 名 ヤギ飼い

ponerse ～ 《南米》かんかんに怒る

cabrerizo, za [kaβreríθo, θa] ⇒ **cabrero**

cabrestante [kaβrestánte] 男 ウインチ；《船舶》キャプスタン

cabria [káβrja] 女 巻き上げ機, クレーン

cabrilla [kaβríʎa] 女 ❶ 《魚》マハタの一種；《建築》木びき台. ❷ 覆 [火のそばに長くすぎたための脚の] 紅斑. ❸ [海が荒れ始めた時の] 白く泡立ったさざ波, 白波

hacer (las) ～s 《遊戯》水切りをする

cabrillear 白波が立つ；《文語》[水が] きらきら輝く

cabrio [káβrjo] 男 《建築》垂木(たるき)

cabrío, a [kaβrío, a] 形 ヤギの：macho ～ 雄ヤギ；種ヤギ；精力の強い(好色な)男

◆ ヤギの群れ

cabriola [kaβrjóla] 女 ❶ 《舞踊》カブリオール『空中で斜めに足を打ち合わせる』；とんぼ返り：hacer ～s とんぼ返りをする；とんだりはねたりする. ❷ [政治家などの] 逃げ工作, 豹変. ❸ 《馬術》あと足をそろえて跳ね上げた跳躍

cabriolé [kaβrjolé] 男 [折畳み幌の] 二輪馬車；《自動車》コンバーチブル

cabritas [kaβrítas] 女 覆 《南米》ポップコーン

cabritilla [kaβritíʎa] 女 [主に子ヤギの] なめし皮, キッド：guantes de ～ 子ヤギ皮の手袋

cabrito [kaβríto] 男 ❶ 子ヤギ：～ en horno 《料理》子ヤギ肉のロースト. ❷ 《西. 口語》やつ, 野郎；[間投詞的] この野郎. ❸ 覆 《南米》ポップコーン [rosetas]

a ～ またがって, 馬乗りに

cabro, bra[2] [káβro, bra] 名 《南米》若者

cabrón[1] [kaβrón] 男 ❶ 雄ヤギ [macho cabrío]. ❷ 《俗語》妻に浮気された夫

cabrón[2], **na** 形 名 《西. 俗語》卑劣な；野郎, 畜生め；[間投詞的] この野郎：Eres un ～. お前はひどい野郎だぜ.

cabronada 女 《俗語》卑劣な行為：hacer a+人 una ～ …に対して汚いことをする

cabronicie 女 《俗語》=**cabronada**

cabruno, na [kaβrúno, na] 形 ヤギの(ような)

cabujón [kaβuxón] 男 [切り子にカットせず] 天然の形で磨いた宝石

cábula [káβula] 名 《中米》悪党

cabulear 他 いじめる；だます

cabuya [kaβúja] 女 《植物》=**pita**

ponerse en la ～ 好きになる

caca [káka] 女 ❶ 《幼児語》うんこ；汚いもの：hacerse (tener) ～ うんちをする(したくなる). No cojas eso, es una ～. ばっちいからさわらないで. ❷ [間投詞的] さわるな/汚い！ ❸ 《口語》[una+] 無価値なもの

cacahual [kakawál] 男 カカオ畑

cacahuete [kakawéte] 男《西》落花生、ピーナッツ〖maní〗
　cacahué/《中米》**cacahuate** 男 ＝**cacahuete**

cacalote [kakalóte] 男《中米》カラス〖cuervo〗

cacao [kakáo] 男 ❶〖植物・果実〗カカオ；〖粉末の〗ココア〖飲み物は chocolate〗: manteca de ～ カカオバター. ❷〖口語〗騒ぎ、騒動: armar u ～ 騒ぎを起こす. tener u ～ en la cabeza 頭の中が混乱している. ～ mental 頭の中の混乱. ❸《西. 化粧》〖カカオバターから作られる〗リップクリーム. ❹〖酒〗クレーム・ド・カカオ〖crema de ～〗
　dar ～《中南米》いやがらせをする
　no valer un ～ 何の価値もない
　pedir ～《中南米》慈悲を乞う
　tener ～《中南米》金持ちである

cacaotal [kakaotál] 男 カカオ農園

cacaotero, ra [kakaotéro, ra] 形《名》〖地名〗カカオの栽培者(商人)

cacarear [kakareár] 自〖鶏が〗繰り返し鳴く
　◆〖軽蔑〗吹聴する、騒ぎ立てる；自画自賛する：¡Cómo *cacarea* lo poco que hace! 大したことをしてないのに何という自慢ぶりだ！
　cacareo 男〖鶏の鳴き声〗クワックワッ

cacarizo, za [kakaríθo, θa] 形《中米》あばたのある

cacaste [kakáste] 男 ＝**cacaxtle**

cacatúa [kakatúa] 女《鳥》ボタンインコ；〖冠毛のある白色の〗オウム；《軽蔑》風変わりで醜い老婆

cacaxtle [kaká{k}stle] 男《中米》〖果物や野菜を運ぶのに使う〗背負子(しょいこ)；〖主に人間の〗骸骨

cacera [kaθéra] 女 灌漑用の水路

cacereño, ña [kaθeréɲo, ɲa] 形《名》〖地名〗カセレス Cáceres の〔人〕〖エストレマドゥーラ地方の県・県都〗

cacería [kaθería] 女 狩猟〔隊〕；匿名 その獲物: ir de ～ 狩りに行く. ～ de zorros キツネ狩り

cacerola [kaθeróla] 女〖浅めの〗両手鍋、キャセロール: carne a la ～《料理》肉の蒸し焼き
　cacerolada 女 鍋やふたを叩きながら行なう抗議デモ

cacha¹ [kátʃa] 女〖☞**cachas**〗❶〖主に複. ナイフなどの〗柄、つか；銃床〖複 は2つの部分を重ね合わせるその片側〗. ❷《西. 俗語》〖主に複〗ふともも、尻. ❸《中南米》角(つの)；ごまかし
　hacer 〔*la*〕 ～《中南米》〖身振りを交えて〗あざける
　hasta las ～*s* すっかり、完全に

cachaco, ca [katʃáko, ka] 形《名》《南米》❶ 気どった〔人〕、きざな〔人〕. ❷ コロンビアの中央部(ボゴタ)の〔人〕. ◆ 警官、軍人

cachada [katʃáda] 女《中南米》角による一撃〖cornada〗；《南米》冗談、いたずら〖broma〗

cachafaz, za [katʃafáθ, θa] 形《名》《中南米》恥知らず〔な〕、ろくでなし〔の〕

cachalote [katʃalóte] 男《動物》マッコウクジラ

cachapa [katʃápa] 女〖ベネズエラの〗トウモロコシ粉のパンケーキ

cachaplincos [katʃaplíŋkos] 複 ＝**cataplismos**

cachar [katʃár] 他 ❶ 砕く；〖木を縦に〗裂く. ❷《中南米》からかう；だます；盗む；〖現場で〗取り押さえる
　◆《中南米》性交する

cacharpari [katʃarpári] 女 ＝**cacharpaya**

cacharpas [katʃárpas] 女複《南米》がらくた〖trastos〗

cacharpaya [katʃarpája] 女《南米》〖旅立つ人の〗送別会；その音楽・踊り

cacharrazo [katʃaráθo] 男 ❶ 強打、激突. ❷《中米》一口の酒

cacharro [katʃáro] 男 ❶ 安物の容器、瀬戸物；複 その破片：～*s de botella* 瓶のかけら. ❷〖鍋など〗調理器具: lavar los ～*s* 洗い物をする. ❸〖口語〗ポンコツ車、おんぼろ: Este automóvil es un ～. この車はポンコツだ
　cacharrería 女 瀬戸物店
　cacharrero, ra 名 瀬戸物商

cachas [kátʃas] 形〖単複同形〗《西. 口語》力の強い〔人〕、筋骨たくましい〔人〕；〖肉体的に〗魅力的な〔人〕

cachava [katʃába] 女 ベビーゴルフ〔のクラブ〕；《まれ》杖〖cayado〗

cachaza [katʃáθa] 女 ❶《口語》急がずあせらないこと、悠長: tener mucha ～ のんびりしている. ❷ サトウキビから作る蒸留酒
　cachazudo, da 形 のんびりした、悠長な

cache [kátʃe] 男〖情報〗キャッシュメモリ

caché [katʃé] 男〔複 ～*s*〕気品、洗練；〖他と比べた〗優秀性: Tiene un ～ que no se puede imitar. 彼には他人に真似のできない上品な趣きがある. ❷〖アーティストの〗出演料、ギャラ

cachear [katʃeár] 他〖凶器などを持っていないか〗…の身体検査をする、所持品をチェックする

cachelos [katʃélos] 男複《料理》〖つけあわせ・煮込み用の〗ゆでたジャガイモ

cacheo [katʃéo] 男 所持品検査、身体検査

cachería [katʃería] 女《中南米》小さな店(商売)

cachet [katʃé(t)] 男 ＝**caché**

cachetada [katʃetáda] 女 平手打ち〖cachete〗

cachete [katʃéte] 男 ❶《主に西》殴打、平手打ち. ❷《主に中南米》〖主に複〗丸々とした頬〖moflete〗；尻〖nalgas〗

cachetero [katʃetéro] 男〖動物にとどめを刺す〗短剣；それを使う闘牛士

cachetón, na [katʃetón, na] 形《中南米》＝**cachetudo**；《中米》恥知らずな、おもしろい；《南米》虚栄心の強い

cachetudo, da [katʃetúdo, da] 形 頬がふっくらした

cachicamo [katʃikámo] 男《南米》＝**armadillo**

cachicán [katʃikán] 男 [農場の] 監督

cachicuerno, na [katʃikwérno, na] 形 [ナイフなどの] つかが皮製の

cachifo, fa [katʃifo, fa] 名 《南米. 軽蔑》男(女)の子

cachifollar [katʃifoʎár] 他 《口語》[計画などを] 台なしにする, ぶち壊す；[議論で] やり込める

cachimba[1] [katʃímba] 女 ❶ パイプ 〖pipa〗. ❷ 《南米》井戸
　fregar la ～ 《中南米》わずらわせる, 困らせる
　cachimbo, ba[2] 名 《南米》一年生, 新人. ◆ 男 《中南米》=**cachimba**[1] ❶

cachipolla [katʃipóʎa] 女 《昆虫》カゲロウ

cachiporra [katʃipórra] 女 [先が太い] 棍棒 ◆ 形 《南米》虚栄心の強い, うわべだけの
　cachiporrazo 男 棍棒の一撃
　cachiporrear ～se 《南米》自慢する

cachirul [katʃirúl] 男 《中米》虚偽, 欺瞞, わな

cachirulo, la [katʃirúlo, la] 形 名 《南米》ばか(な) ◆ 男 [アラゴン地方の男性の民族衣装で] 頭に巻くスカーフ；おんぼろ自動車

cachivache [katʃiβátʃe] 男 ❶ がらくた；役立たず, くだらない人. ❷ [主に 複. 軽蔑的に名前がわからない時などに] ¿Qué son todos estos ～? このごちゃごちゃのは何だ?

cacho[1] [kátʃo] 男 ❶ 小片, かけら. ❷ [時に形容詞を強調して] ¡Vaya ～ de inútil! 何という役立たずだ! ❸ 《魚》バーベルの一種. ❹ 《中南米》角(2). ❺ 《南米》不用品；バナナの房；[革製の] さいころ壺

cacho[2]**, cha**[2] [kátʃo, tʃa] 形 =**gacho**

cachola [katʃóla] 女 《船舶》[マストの] 橋肩

cachondear [katʃondeár] ～se 《西. 口語》[+de] からかう, ばかにする: Se cachondea hasta de su padre. 彼は何でもちゃかしてしまう
　cachondeo 男 からかい, 冗談；どんちゃん騒ぎ: tomar... a ～ …を冗談に取る. decir sin ～ まじめに話をする

cachondo, da [katʃóndo, da] 形 《西》❶ [estar+. 特に雌犬が] 発情期の；[人が] 性的に興奮した: ponerse ～ さかりがつく；興奮する. ❷ 《俗語》助平な, 好色な. ❸ [人が] 愉快な, 面白い
　cachondez 女 性的興奮；愉快さ

cachorrillo [katʃorríʎo] 男 小型ピストル

cachorro, rra [katʃórro, ʐa] 名 [動物の] 子；[特に] 子犬 ◆ 形 《中南米》けんか早い；育ちの悪い ◆ 男 =**cachorrillo**

cachucha [katʃútʃa] 女 ❶ アンダルシアの民俗舞踊(音楽)の一種. ❷ 《南米》平手打ち；ラム酒の一種；ひさし付きの帽子

cachucho [katʃútʃo] 男 《魚》タイ・シマガツオの一種

cachudo, da [katʃúðo, ða] 形 ❶ 《中南米》[動物が] 大きな角(2)の. ❷ 《南米》ずるい；金持ちの

cachuela [katʃwéla] 女 《料理》[鳥の内臓の] 煮込み

cachuelo [katʃwélo] 男 《魚》ウグイ；《南米》臨時の仕事

cachumbo [katʃúmbo] 男 《南米》巻き毛

cachupín, na [katʃupín, na] 名 =**gachupín**

cachurear [katʃureár] 自 《南米》がらくたをあさる

cacillo [kaθíʎo] 男 《料理》おたま

cacique [kaθíke] 男 ❶ [インディオの] 族長, 酋長. ❷ [地方政界・経済界などの] お偉方, ボス
　caciquil 形 地方ボス〔支配〕の
　caciquismo 男 地方ボスによる支配〔体制〕

caco [káko] 男 泥棒, すり 〖ratero〗；意気地なし

cacofonía [kakofonía] 女 《言語》不調和音, 不快音連続 〖l・s などの連続〗: 例 Dales las lilas a las niñas. ↔eufonía；耳ざわりな音
　cacofónico, ca 形 不調和音の；耳ざわりな

cacografía [kakoɣrafía] 女 不正確な綴り字

cacología [kakolɔxía] 女 《文法的には間違いでないが》慣用上(論理的に)間違った表現

cacto [kákto] 男 《植物》サボテン
　cactáceas 女 《植物》サボテン科
　cactus 男 〖単複同形〗 =**cacto**

cacuí [kakwí] 男 《アルゼンチンの》夜悲しげな声で鳴く鳥

cacumen [kakúmen] 男 《口語》[よい意味で] 抜け目なさ, 才覚

cada [káða] 形 《英 each, every. 不定形容詞. 単複同形》❶ [+単数名詞] それぞれの 〖☞todo ❶, ❸〗 〖類義〗: C～ familia tiene sus problemas. 各家庭が〔それぞれに〕問題を抱えている. C～ día trae sus penas. 毎日〔その日なりに〕悩みがある. El enfermo está ～ día mejor. 病人は日ましに快方に向かっている. C～ cosa a su tiempo. 何事にも潮時がある ❷ [+数詞] …ごとに: Los autobuses parten ～ quince minutos (media hora). バスは15分(30分)おきに出発する. Uno de ～ diez habitantes no sabe leer. 住民の10人に1人は字が読めない. ¿C～ cuándo (cuánto tiempo) van los niños al aula? どのくらいの間隔で子供たちは学校へ行くの? ～ dos días 1日おきに ❸ あまりに: Organizaba ～ juerga que enfurecía a los vecinos. 彼はいつもひどいどんちゃん騒ぎをするので隣人はかんかんだった
　a ～ cual lo suyo 各人各様である
　～ cual [不特定の人々の] 各人, めいめい: C～ cual vive por sí y para sí. 各人は自分で自分のために生きていく
　quisque 《口語》=**～ cual**
　～ uno [特定の集団の] 各人；1つずつ: C～ uno dijo cada cosa. 各人がそれぞれ違うことを言った. C～ una de las asistentes se presentó a sí misma./Las asistentes se presentaron ～ una a sí misma. 出席者は一人一人自己紹介した

cadalso [kaðálso] 男 式壇；[特に] 絞首台, 処刑台

cadáver [kaðáβer] 男 [主に人間の] 死体, 遺体: olor a ～ 死臭. Ingresó ～ en el hospital. 病院についた時, 彼は既に死亡していた. Es un ~ ambulante. 彼はまるで生ける屍だ

cadavérico, ca [kaðaβériko, ka] 形 死体の(ような): aspecto ～ 死人のように青ざめた(やせ細った)顔. delgadez ～ca 憔悴

cadena [kaðéna] 女《英 chain》❶ 鎖: atar a un perro con ～ 犬を鎖でつなぐ. ～ antirrobo [自転車などの] 盗難よけチェーン. ～ de agrimensor [測量用の] 測鎖. ～ de distribución 《自動車》チェーンドライブ, 鎖駆動. ～ de reloj 懐中時計の鎖. ～ de seguridad [ドアの] 安全鎖. ～ sin fin [自転車などの] 継ぎ目なし鎖. ～ humana [抗議行動の] 人間の鎖, スクラム. ❷ 一続き, 連鎖: una ～ de sucesos 一連の出来事. ～ de fabricación (de producción) 生産ライン. ～ de montaje 組立ライン. ～ de supermercados スーパーのチェーン[店]. ❸ [水洗トイレの] 鎖: tirar de ～ 水を流す. ❹ チェーンネックレス [📖collar 類義]. ❺ システムチェーン [～ de música・de sonido]. ❻《放送》チャンネル: la segunda ～ 第2チャンネル. ❼ 山脈, 連山 [～ montañosa・de montañas]. ❽《生物》食物連鎖 [～ trófica]. ❾《化学》[原子の] 連鎖. ❿《法律》～ perpetua 無期懲役. ⓫《情報》～ de caracteres 文字列. ⓬《言語》～ fónica (hablada) 音value連鎖, 音声連鎖. ⓭圏 [タイヤの] スノーチェーン [～s de arrastre]: poner las ～s a las llantas タイヤにチェーンをつける. ⓮圏 [囚人の] 鎖; [鎖でつながれた] 囚人たちの列; 束縛: romper las ～s 束縛の鎖を断ち切る

en ～ 連鎖的な: choque *en* ～ 玉突き衝突. difusión *en* ～ 多元放送. reacción *en* ～ 連鎖反応. trabajo *en* ～ 流れ作業
hacer ～ [物を順に手渡すために] 列を作る

cadencia [kaðénθja] 女❶ 拍子, 調子; 圏旋律, 曲: marcar la ～ 拍子をとる. golpear la pelota con ～ リズミカルにボールを打つ. con una ～ de cien por minuto 1分間に100回のテンポで. ～ en el paso 歩調. ～ de tango タンゴのリズム. Hasta nosotros llegaban las ～s de un vals. ワルツの曲が私たちの耳に達していた. ❷《音楽》終止[形]; カデンツァ

cadencioso, sa 形 律動的な, 調子をつけた

cadeneta [kaðenéta] 女❶《服飾》鎖編み, チェーンステッチ [punto de ～]. ❷ [色紙などの輪をつなげた] 紙の鎖

cadera [kaðéra] 女《英 hip》❶ 腰 [類義 cadera は cintura の下の腰の各側面, 圏で腰全体. riñones は背中の下部]; 圏 ヒップ, 腰回り: Al caerse se golpeó la ～. 彼女は転んで腰を打った. mover las ～s al andar 腰を振って歩く. ser ancho de ～s ヒップが大きい. con las manos en las ～s [主に挑発的な態度で] 両手を腰に当てて. ❷《料理》腰肉 [📖carne カット]

a la ～ 腰に担って

cadete [kaðéte] 名❶ 士官学校の生徒: ～ de marina 海軍兵学校生徒. ❷《南米》見習い, お使いさん

◆ 圏《スポーツ》infantil と juvenil の間の年齢

層の選手クラス
hacer el ～ 無分別な行為をする
enamorarse como un ～ [分別を失って] 恋に落ちる

cadi [káði] 名《←英語. ゴルフ》キャディー

cadí [kaðí] 圏《圓 ～[e]s》[イスラム教国の] 民事裁判官

cadillo [kaðíʎo] 圏《植物》ヤブジラミ; オナモミ

cadmio [káðmjo] 圏《元素》カドミウム

caducar [kaðukár] 自 自動 ❶ 失効する, 有効期限が切れる: Este boleto *caduca* a los seis meses. この券は6か月で期限が切れる. Tengo *caducado* el pasaporte. 私のパスポートは有効期限が切れている. ❷ 老衰する, ぼける. ❸ 使いものにならなくなる; 賞味期限が切れる

caduceo [kaðuθéo] 圏《神話》ヘルメスの杖 [昔は和解, 現在は商売のシンボル. 📖カット]

caduco, ca [kaðúko, ka] 形 ❶ 老衰した, ぼけた. ❷ 滅ぶべき, はかない;《生物》脱落性の: moda ～ca 一時的な流行. árbol de hoja ～ca 落葉樹. ❸ 失効した, 無効となった: testamento ～ 失効した遺言. ❹《医学》mal ～ てんかん

caducidad 女 失効; はかなさ; 老衰: fecha de ～ [薬などの] 使用期限; [食品の] 賞味期限

caducifolio, lia 形《植物》落葉樹の [↔perennifolio]

C.A.E.《略語》←cóbrese al entregar 着払い, 先方払い

caedizo, za [kaeðíθo, θa] 形 落ちやすい; 倒れかけた

caer [kaér] 44 自《英 fall. 📖活用表. 過分 caído, かつ 現分 cayendo》❶ [+de ら/+por を越えて/+en に] 落ちる, 落下(墜落)する [📖～se 再義]: La fruta madura [se] *cae* de los árboles. 熟した果実は木から落ちる. El coche *cayó por* un precipicio. 車が崖から落ちた. La pelota *cayó en* el río. ボールが川に落ちた. *Cae* lluvia. 雨が降る. *Cae* la noche. 夜のとばりが下りる
❷ 転ぶ, 倒れる: Estuve a punto de ～ por la cuesta. 私は坂で転びそうになった
❸ 垂れ下がる; 傾く: La cabellera *cae* sobre sus hombros. 彼女の髪は肩まで垂れている. El mantel *cae* en pliegues. テーブルクロスがひだになって垂れている. El abrigo te *cae* por la derecha. 君のオーバーは右のすそが下がっている. El terreno *cae* abruptamente hacia el río. 土地は川に向かって急傾斜している
❹ 下落する, 減少する: *Han caído* los precios. 物価が下がった
❺ 終わりに近づく: *Cae* el sol (la tarde). 日が暮れる. al ～ el verano 夏の終わりに
❻ 失脚する, 失敗する; 敗ける: *Ha caído* el ministro (el gobierno). 大臣が失脚した(内閣が倒れた). Ese actor *ha caído* mucho últimamente. その俳優は最近ひどく落ち目だ.

Cayó ante la número uno. 彼は第一人者と対戦して負ける. Puede que *caiga* él récord. 記録が破られるかもしれない. ～ en la segunda parte del examen 二次試験で落ちる

❼ 消滅(滅亡)する;〔戦闘などで〕死ぬ: *Cayó* el imperio (la capital). 帝国は滅亡した(首都が陥落した). El capitán *cayó* con su barco. 艦長は船と運命を共にした. ～ por la libertad 自由のために死ぬ

❽ [+en に] 陥る: ～ en el peligro 危機に陥る. ～ en postración 虚脱状態に陥る

❾ [+主格補語] …の状態になる: ～ enfermo 病気になる. La noticia le *cayó* fatal. そのニュースが彼にとって致命的になった

❿ [+bien・mal. 服などが, +a+人 に] 合う・合わない, 似合う・似合わない・しない: Este vestido te *cae* bien. このドレスは君にぴったりだ. La comida me *cayó* mal (bien). 食事が胃にもたれた(これがよかった). Lo que dijo él me *cayó* mal. 私は彼の言ったことが気にくわなかった. Me *cae* bien Pedro. 私はペドロと馬が合う

⓫ [+a+人 に, くじなどが] 当たる〔tocar〕: Me *cayó* en el examen el tema que había estudiado. 私は勉強していた問題が試験に出た

⓬ [+sobre に] 襲いかかる, 不意に起こる; [+en=por に] 不意に姿を現わす: Las desgracias *cayeron sobre* la familia. 不幸が一家を襲った. A medianoche *cayó por* mi casa. 彼は突然真夜中に我が家を訪れた

⓭ 《西》…にある, 位置する: La oficina *cae* cerca de aquí. オフィスはこの近くにある. El multar *cae* dentro de sus atribuciones. 罰金を課することは彼の権限内だ. La ventana *cae* a la calle. 窓は通りに面している

⓮ [祝日などの日付が…に] 当たる: i) La pascua *cae* alta (baja). 復活祭が早い(遅い)〔年によって移動する祭日について〕. La hipoteca *cae* a principios de mes. 借金の支払い日は月初めである. ii) [+en+曜日] Su cumpleaños *cae* en domingo. 彼の誕生日は日曜日だ

⓯ [+en を] ようやく理解する(思い出す): ¡Ah, ya *caigo*! ああ, やっとわかった! No *caigo en* la respuesta. どう返事していいかわからない. Ahora *caigo en* lo que dice. 彼の言っていることが今わかった

～ [muy・tan] bajo 身を落とす, 堕落する

dejar ～ [うっかり] 落とす;《口語》口をすべらす: *Dejó* ～ el tenedor (que se iba). 彼はフォークを取り落とした(出て行くと言ってしまった)

dejarse ～ 1) [疲労などで] 倒れ込む: Se *dejó* ～ en la cama. 彼はベッドに倒れ込んだ. 2) [精神的に] 落ち込む. 3)《口語》[+por に] 姿を見せる, やってくる

estar al ～《口語》[事柄が] 起きる寸前である: Las dos *están al* ～. ちょうど2時になるころだ. El tren *está al* ～. 列車が到着するところだ

◆ ～se 落下する; 転倒する: i) *Se ha caído* un paracaidista *en* el mar. スカイダイバーが海に落ちた. El poste *se ha caído*. 電柱が倒れた. 〖願義〗 caerse は caer と同様の意味で使われるが,

より個別的: Los cuadros mal colgados *caen*. 掛け方の悪い絵は落ちる. Ayer se *cayó* el cuadro del comedor. 昨日食堂の絵が落ちた〗 ii) [+a+人] …が落とす; …から脱落する: *Se me ha caído* el lápiz al suelo. 私は鉛筆を〔うっかり〕床に落としてしまった. *Se le cae* el pelo. 彼の髪が抜ける. *Se me cayó* un botón. ボタンが取れた

caer	
直説法現在	直説法点過去
caigo	caí
caes	caíste
cae	cayó
caemos	caímos
caéis	caísteis
caen	cayeron
接続法現在	接続法過去
caiga	cayera, -se
caigas	cayeras, -ses
caiga	cayera, -se
caigamos	cayéramos, -semos
caigáis	cayerais, -seis
caigan	cayeran, -sen

C & F ; caf.《略語》←costo y flete 運賃込み価格

café [kafé] 男〖英 coffee〗❶ コーヒー: i) 不可算 preparar ～ コーヒーを入れる. ～ a la crema クリーム入りコーヒー. ～ americano アメリカン. ～ con leche カフェオレ. ～ granizado コーヒーシャーベット. ～ irlandés アイリッシュコーヒー. ～ solo (negro) ブラックコーヒー. ～ turco トルココーヒー. ～ vienés ウィンナーコーヒー. ii) 可算 [カップ入りの] He tomado un ～ esta mañana. 私は今朝コーヒーを1杯飲んだ. ❷ コーヒー豆;[木] =cafeto: ～ torrefacto (natural•mezcla) 深煎りの(浅煎りの•中位の煎りの)コーヒー豆. ～ molido ひいたコーヒー. ❸ 喫茶店 [cafetería];カフェ: ～ bar 酒も飲める喫茶店. ～ cantante [主にフラメンコを聴かせる] ナイトクラブ. ～ concierto (concert) ライブ演奏のある喫茶店. ～ teatro ディナーシアター. ❹ コーヒーブレーク, お茶の時間. ❺ estadista de ～ サロン政治家. estratega de ～ 机上の戦略家. ❻ ホモ, 同性愛者. ❼ コーヒー色, 暗褐色;《中米》茶色 [marrón]

de buen (mal) ～ 機嫌のいい(不機嫌な), 機嫌よく(不機嫌に)

cafeína [kafeína] 女〖化学〗カフェイン

cafetal [kafetál] 男 [大規模な] コーヒー農園

cafetalero, ra 形 名 コーヒーの;コーヒー農園主

cafetera[1] [kafetéra] 女 ❶ コーヒーポット, パーコレーター: ～ filtradora フィルター式パーコレーター. ～ exprés エスプレッソ用のパーコレーター. ❷《口語》おんぼろ

cafetería [kafetería] 女 喫茶店: Tomó un té en una ～. 彼はとある喫茶店で紅茶を1杯飲んだ

cafetero, ra[2] [kafetéro, ra] 形 コーヒーの;

《口語》コーヒー好きな, コーヒー通の
◆ 图 コーヒー農園主；コーヒー豆販売業者

cafetín [kafetín] 男 安っぽい喫茶店

cafeto [kaféto] 男 《植物》コーヒー(の木)

caficho, cha/cafiche [kafítʃo, tʃa/-tʃe] 形 《南米》ポン引き

cafiolo [kafjólo] 男 売春婦のひも

cafre [káfre] 形 图 [南アフリカの] カフィール人 〔の〕；野蛮〔乱暴な〕人

caftán [kaftán] 男 《服飾》カフタン

cafúa [kafúa] 图 《南米》牢獄

caga(a)ceite [kaga(a)θéjte] 男 《鳥》ヤドリギツグミ

cagado, da [kagáðo, ða] 《口語》 形 過分 ❶ うんこをした：El niño lleva los pañales 〜s. 子供がおむつにうんちをもらしている. ❷ [ser+] 意気地のない；[estar+] 怖くて死にそうな
◆ 图 ❶ うんこ, 糞. ❷《軽蔑》 へま, 失敗：tener 〜da へまをする

cagadero [kagaðéro] 男 《口語》大便所

cagafierro [kagafjéro] 男 鉱滓, スラグ

cagajón [kagaxón] 男 馬糞

cagalera [kagaléra] 图 ❶《口語》下痢 [diarrea]；恐れ [miedo]：tener una 〜 おじけづく
cagaleta 图 《口語》= cagalera

cagaprisas [kagaprísas] 图 《単複同形》《口語》いつも急いでいる人；いつも他人をせかす人

cagar [kagár] 自 《俗語》 自 うんこ(糞)をする
◆ 他 台なしにする：Por demasiado hablar *cagué* el asunto. 私はしゃべりすぎて事をだめにした
◆ 〜se ❶ うんこをする(もらす)；おじけづく. ❷ [+en を] 悪く言う, けなす
〜*la* うんこをする
¡me cago en diez (en la mar•en la leche•en Dios•en la puta•en la Vírgen)! くそっ! 〖diez は Dios の, mar は la madre de Dios の婉曲表現〗

cagarruta [kagaŕúta] 图 〔ヒツジ・ウサギなどの〕糞；《俗語》出来損い, くだらないもの

cagantina [kagantína] 图 《中南米》下痢

cagatinta(s) [kagatínta(s)] 图 《単複同形》《軽蔑》事務屋

cagón, na [kagón, na] 图 《俗語》しばしば脱糞する〔人〕；臆病な〔人〕

caguama [kagwáma] 图 《動物》タイマイの一種；べっ甲

cagueta [kagéta] 图 《俗語》臆病者, 意気地なし

cahíz [kaíθ] 男 乾量の単位

cahuín [kawín] 男 《南米》やっかい事, トラブル

caí- ☞ caer 44

caíd [kaí(ð)] 男 カイド 〖イスラム教国の裁判・統治権を持つ地方官〗

caída¹ [kaíða] 图 ❶ 落下；脱落：〜 de la nieve 降雪. 〜 de dientes 歯の抜け落ち. 〜 de color 色落ち. 〜 del telón 閉幕. 〜 libre 自由落下(降下). a la 〜 del sol (de la tarde) 夕暮れ時に, 日没に. ❷ 転倒；崩壊, 失脚：sufrir una 〜 de bicicleta 自転車で転ぶ. 〜 del gobierno 内閣が倒れること. del

Imperio Romano ローマ帝国の崩壊. 〜 de un castillo 落城. ❸ [温度・価格などの] 低下, 下落：〜 de temperatura 気温の低下. 〜 de voltaje (de tensión) 電圧降下. 〜 de potencial 電位降下. 〜 de la bolsa (del dolar) 相場(ドル)の下落. ❹ [土地・屋根などの] 傾斜：Esta ladera tiene una 〜 vertical. こちら側は崖(垂直)だ. ❺ 滝 『〜 de agua』. ❻ 失敗, 堕落, 過誤：la C〜 [アダムとイブの] 堕落；[天使の] 堕落. ❼ [主に 複] 機知に富んだ言葉. ❽《服飾》i) ドレープ『布自体の重みでできる』 ひだ. ii) falda de tres 〜s 三幅のスカート. ❾《スポーツ》[跳躍の] 着地
〜 *de cine* [気を引くために] わざと倒れること
〜 *de ojos* わざと目をパチパチさせること, 色目
ir de 〜 勢いを失う；落ち目になる：El calor *va de* 〜. 暑さが弱まる

caído, da² [kaíðo, ða] 形 過分 ❶ 落ちた；倒れた：árbol 〜 倒木. policía 〜 en acto de servicio 殉職した警官. ❷ 衰弱した；気落ちした. ❸ 戦死した, 主義主張(理想)のために死んだ
◆ 图 [主に 複] 戦死者, 戦没者

caiga-, caigo ☞ caer 44

caimán [kajmán] 男 ❶《動物》カイマン 〖南米産のワニ〗. ❷ 腹黒い人, ずるい人

caimito [kajmíto] 男 《植物》カイミット

caín [kaín] 男 ❶ 邪悪な〔人〕. ❷《聖書》[C〜] カイン 〖弟アベル Abel を殺した〗
las de C〜 悪意：con *las de C〜* 悪意があって
pasar las de C〜 ひどい苦労をする

cairel [kajrél] 男 ❶《服飾》[主に 複] 房飾り. ❷ [シャンデリアなど照明器具の] 飾り

cairota [kajróta] 形 图 《地名》カイロ El Cairo の〔人〕

caja [káxa] 图 《英 box, case》❶ 箱, ケース：i) 〜 de uvas ブドウ1箱. poner las mercancías en una 〜 商品を箱に入れる. 〜 anidadera (nido) 入れ子式に納まる箱. 〜 china 一回り大きい箱にぴったり納まるようになっている箱. 〜 de cartón 段ボール箱. 〜 de colores 絵の具箱. 〜 de embalaje 輸送用の包装箱(木枠). 〜 de herramientas 道具箱. 〜 de música オルゴール. ii)《機械》〜 de cambios (de velocidades) ギアボックス. 〜 de engrase 軸箱. 〜 del cigüeñal クランク室. 〜 negra ブラックボックス, フライトレコーダー. iii)《電気》〜 de fusibles ヒューズボックス. 〜 de empalmes 接続箱. iv)《情報》本体 ❷ 金庫 『〜 fuerte•〜 de caudales』；帳場, レジ；出納(会計)課；[手持ちの] 現金：i) Pase a pagar por (en) 〜. レジ(会計窓口)で支払って下さい. arquear la 〜 帳簿と現金をつき合わせる. hacer mucha (poca) 〜 多額(少額)の預金をする. hacer una 〜 de pesetas diarias 毎日…ペセタの売上げがある. marcar los precios en la 〜 金額をレジに打ち込む. ocuparse de la 〜 会計を預る. coeficiente de 〜 [銀行の] 現金比率. valores en 〜 手持ち現金. 〜 chica 小口現金. 〜 de alquiler (de seguridad) 貸し金庫. 〜 de pensiones (de jubilaciones) 年金基金. ～ de resistencia 闘争(ストライキ)資金. ii) [金融機関] ingresar en ～ 預金する. ～ de ahorros 貯蓄金庫. ～ de crédito 信用金庫. ～ postal 郵便貯金

❸ [車両の] 車体; [時計の] 側(ﾌﾀ); [ベッドの] 台枠

❹ ひつぎ 《～ de muerto》: llevar la ～ ひつぎを担ぐ

❺ 《音楽》i) [ギターなどの] 胴, 共鳴箱 《～ de resonancia》; 大鼓 《tambor》. ii) ～ de ritmos リズムボックス

❻ 《解剖》～ craneana (ósea) 頭蓋. ～ de las muelas 口 《boca》. ～ del tímpano [耳の] 鼓室. ～ torácica (del cuerpo) 胸廓

❼ 《建築》i) ほぞ穴. ii) ～ de la escalera 階段の吹抜け. ～ de ascensor エレベーターの縦穴

❽ 《軍事》～ de reclutamiento (de reclutas) 徴兵事務所. entrar en ～ 徴兵される

❾ 《印刷》letra de ～ alta (baja) 大(小)文字

❿ 《植物》蒴果 《cápsula》

～ boba (tonta) 《軽蔑》テレビ 《受像機》
echar (despedir・mandar) a+人 con ～s destempladas 《口語》…を叩き出す, 追い出す
hacer ～ 売り上げ金額を記帳する: Hoy hemos hecho buena ～. 今日は大変もうかった

cajero, ra [kaxéro, ra] 图 現金出納係; [商店の] レジ係; [銀行の] 窓口係
◆ 囲 ～ automático (permanente) 現金自動預入支払機, キャッシュディスペンサー

cajetilla [kaxetíʎa] 囡 [紙巻き・刻み] たばこの箱; マッチ箱: fumar una ～ diaria 一日に1箱吸う
◆ 图 《中南米. 軽蔑》気どった人, きざな人

cajetín [kaxetín] 囲 ❶ 小箱. ❷ [錠前の舌が入る] ドア枠の穴. ❸ [書き込み用の] 空所のあるスタンプ. ❹ [公衆電話などの] コインを入れるレール. ❺ 《スポーツ》[棒高跳びで棒を突っ込む] ボックス. ❻ 《電気》分電箱

cajista [kaxísta] 图 《印刷》植字工

cajo [káxo] 囲 《製本》[表紙の] 背に接した溝

cajón [kaxón] 囲 ❶ 引出し: tirar de un ～ 引出しをあける. armario con dos cajones 引出しが2つあるたんす. ❷ [主に木製の] 大箱: ～ de frutas みかん箱. ～ de herramientas 道具箱. ～ de aire comprimido 《建築》空気ケーソン. ❸ [市場などの] 屋台店; 《中南米》食料品店. ❹ 棚と棚との間. ❺ [前後に引上げ扉の付いた] 闘牛搬送用の房; [競馬の] 出走ゲート 《～ de salida》. ❻ 《南米》長い峡谷; つぎ, 棺

～ de arena [子供の遊ぶ] 砂場
～ de sastre 《口語》散らかった物(場所): Su cuarto es un ～ de sastre. 彼の部屋はまるでごみためだ. Su cabeza es un ～ de sastre. 彼の頭の中は色々ごちゃごちゃしている
de ～ 当然の; ありきたりの: Es de ～ devolver tu deuda. 借金を返すのは当り前だぞ. reloj de ～ ごく普通の時計

cajonera [kaxonéra] 囡 [教科書などを入れておく教室の] 引き出し; [引き出しだけの] たんす

cajuela [kaxwéla] 囡 《中南米》[車の] トランク

cal [kál] 囡 石灰: dar de ～ 石灰を塗る. agua de ～ 石灰水. piedra de ～ 石灰岩. ～ apagada (muerta) 消石灰. apagar (ahogar) la ～ 石灰を消和する. ～ hidráulica 水硬性石灰. ～ viva 生石灰
a ～ y canto 密閉して, ぴったりと
dar (echar) una de ～ y otra de arena 功罪相半ばする; 矛盾した言動をする; 試行錯誤を繰返す
de ～ y canto [建物が] 石と石灰でできた; しっかりした, 固い: Entre santa y santo, pared de ～ y canto. 《諺》李下に冠を正さず

cal. 《略語》←caloría カロリー

cala [kála] 囡 ❶ 入り江, 小湾. ❷ [果物を] 切ること; [試食用の] 一切れ: melón a ～ 試食用のメロン. ❸ 試掘 [の穴], ボーリング. ❹ [主に筆記の] 小試験. ❺ [船舶の] 船倉. ❻ 《医学》[便通用の] 座薬; [傷口の] 消息子. ❼ 《植物》カラー. ❽ 《西. 俗語》ペセタ 《peseta》
a ～ y cata 試しに, 試食(試飲)用に

calabaza [kalabáθa] 囡 ❶ 《植物》カボチャ〔の実〕; ヒョウタン〔の実〕 《～ vinadera》: ～ confitera セイヨウカボチャ. ❷ 愚か者; 《戯語》頭 《cabeza》. ❸ 《主に 圈》不可, 落第: tener ～s 不可を取る
dar ～s a+人 《口語》[異性を] ふる; 落第させる
recibir (llevarse) ～s 《口語》[異性に] ふられる; 落第する
◆ 囮 明るいオレンジ色〔の〕

calabacear 他 [異性を] ふる, ひじ鉄を食わせる; 落第させる

calabacera 囡 《植物》ヒョウタン; カボチャ

calabacín 囲 《植物》ズッキーニ〔の実〕; 《口語》頭の回転の鈍い人

calabacita 囡 《中南米》＝calabacín

calabazada 囡 1) 頭突き 《cabezada》. 2) darse de ～s 大いに努力する

calabazar 囲 カボチャ畑

calabazazo 囲 ＝calabazada

calabobos [kalabóbos] 囲 《単複同形》《口語》小ぬか雨, 霧雨: Cae un ～. 霧雨が降る

calabozo [kalabóθo] 囲 独房, 留置所; 《歴史》土牢, 地下牢

calada¹ [kaláda] 囡 ❶ 水浸し, ずぶぬれ; [車の] 猛烈な雨. ❷ 《西》[たばこの] 一吹き. ❸ 《漁業》投網
dar una ～ 叱りつける

caladero [kaladéro] 囲 漁場, 網を入れるのに適した場所

calado, da² [kaláðo, ða] 囮 過分 ❶ ずぶぬれの; 透かし編みの. ❷ llevar un sombrero ～ 帽子を目深にかぶる
◆ 囲 ❶ 《手芸》カットワーク〔の刺繍〕; 《美術》透かし彫り〔彫り〕. ❷ 《船舶》吃水; 水深: barco de gran (poco) ～ 吃水の深い(浅い)船. bahía de mucho (poco) ～ 深い(浅い)湾.

camino de colaboración de gran ～ 深い協力関係. ❸ エンスト〖calada〗

calador [kalaðór] 男 ❶《医学》消息子, ゾンデ. ❷《中南米》[穀物の] 抜き取り検査；[抜き取り用の] 錐の一種

caladura [kalaðúra] 女 [液体が] しみること；果物を味見用に小さく切ること

calafatear [kalafateár] 他《船舶》槇皮(まいはだ)を詰める, 填隙(てんげき)する

calafate/calafateador 男 槇皮工；[昔の] 船大工

calafateado/calafateo 男 コーキング

calagurritano, na [kalaɡuřitáno, na] 形 名《地名》カラオーラ Calahorra の[人]〖アルゼンチンのリオハ州の都市. 大聖堂で有名名〗

calamaco [kalamáko] 男《中米》mezcal と蒸留酒を混ぜた酒；薄い毛織物

calamar [kalamár] 男《動物》イカ, ヤリイカ

calambre [kalámbre] 男 [時に 複] ❶ けいれん：Le dio un ～ en una pierna. 彼は脚がつった. ～ de estómago 胃けいれん. ～ de escribiente 書痙. ❷ [軽い] 感電：Si tocas ese enchufe, te dará un ～. そのコンセントに触れるとビリッとくるぞ

calambuco [kalambúko] 男《植物》ジンコウ(沈香), キャラ(伽羅)

calambur [kalambúr] 男《←仏語》語呂合わせ〖単語の切れ目を変えるとまったく意味が異なる文：例 su padre es conde/su padre esconde〗

calamento [kalaménto] 男《植物》トウバナ

calamidad [kalamiða(ð)] 女 ❶ [大] 災害；災難, 不幸：～ natural 天災. ～ de la guerra 戦禍. ❷《親愛》役立たず；不運な人：Es una ～. 彼は役立たずだ/彼は不運のかたまりだ. ❸《口語》出来の悪いもの：Es una ～ de cuadro. それはまったくひどい絵だ

calamina [kalamína] 女《鉱物》異極鉱, カラマイン；《薬学》カラミン

calamita [kalamíta] 女 天然磁石

calamite [kalamíte] 男 緑色で背中に黄色い筋のある小型のカエル

calamitoso, sa [kalamitóso, sa] 形 災害を起こす；悲惨な：inundación ～sa 大災害をもたらした洪水. tiempos ～s 災禍の時代. hombre ～ やっかいな男；役立たず

cálamo [kálamo] 男 ❶《音楽》葦笛；[パイプオルガンの] 舌管. ❷《詩語》羽ペン：coger el ～ ペンを取る, 書き始める. ～ currente 筆の赴くままに, 取り急ぎ. ❸《植物》i)[アシなどの] 茎. ii) ～ aromático ショウブ

calamoco [kalamóko] 男 つらら〖carámbano〗

calamón [kalamón] 男 飾り釘(鋲)；《鳥》ヨーロッパセイケイ

calandraco, ca [kalandráko, ka] 形 名《南米》軽率な[人], 無遠慮な[人]

calandrar [kalandrár] 他 [紙・布を] 光沢機にかける

calandrado 男 艶出し, カレンダー加工

calandria [kalándrja] 女 ❶《鳥》コウテンシ.

❷ 光沢機, カレンダー；ウィンチのドラム. ❸ 仮病

calaña [kaláɲa] 女 ❶《軽蔑》[主に悪い] 性質：Son dos tipos de la misma ～. 2 人は同じような[悪い] 手合いだ. ser de mala ～ たちが悪い. ❷ サンプル, 見本〖muestra〗

calañés 男 カラーニャス帽〖sombrero ～. ☞カット〗

cálao [kálao] 男《鳥》サイチョウ

calar [kalár] 他 ❶ しみ通る：La lluvia ha calado la chaqueta. 上着が雨でびしょぬれになった. ❷ 突き抜ける；突き抜く：La barrena caló la tabla. 錐が板を突き抜けた. ～ una tabla con la barrena 錐で板に穴を開ける. ❸《口語》察する, 見抜く：i) ～ el secreto 秘密を見破る. ～ a＋人 la intención …の意図を見抜く. ii) [＋a＋人 の心底を] Fingió una enfermedad, pero le calaron en seguida. 彼は仮病を使ったが, すぐ見破られた. ❹ [帽子などに] 頭を押し込める：～ a＋人 el gorro hasta las cejas …に帽子を目深にかぶらせる. ～ a＋人 unas grandes gafas de sol …に大きなサングラスをかけさせる. ❺ [メロンなどを] 味見用に小さく切る. ❻ [人が] …に入り込む. ❼ [突き刺すために武器を] 構える；[銃剣を] つける. ❽ [紙・金属などに] 透かし模様を施す；[服飾] カットワークをする. ❾《西. 自動車》～ el coche エンストを起こす. ❿ [網などを水中に] 下ろす；[喫水線一杯まで船に] 荷を積み込む. ⓫《中南米》[穀物などの] 抜き取り検査をする.《南米》困惑させる, 精神的に打ちのめす

◆ 自 ❶《船舶》喫水が…である：Esta barca cala mucho. この船は喫水が深くなっている. ❷ [＋en 心底に] しみ通る：Esas palabras calaron en lo más profundo de su alma. その言葉は彼の心の奥深くに入り込んだ. ❸ 深く追及する：～ hondamente en un asunto 事件の奥底を探る

◆ ～se ❶ しみ通る；びしょぬれになる：La lluvia se ha calado por el tejado. 屋根が雨漏りした. Al caer en el estanque se caló hasta los huesos. 彼は池に落ちてぬれねずみになった. ❷ [帽子などを] 深く(目深に)かぶる；[眼鏡を] かける. ❸ エンストを起こす

◆ 形 [石灰質の〖calizo〗

◆ 男 石灰石採掘場

calasancio, cia [kalasánθjo, θja] 形 男 ＝escolapio

calato, ta [kaláto, ta] 形《南米》裸の〖desnudo〗；一文なしの

calatravo, va [kalatráβo, βa] 形 名 カラトラーバ Calatrava 騎士団の[団員]

calavera [kalaβéra] 女 ❶ 頭蓋骨, どくろ；《昆虫》ドクロメンガタスズメガ. ❷《中米》[車の] テールランプ

◆ 形《軽蔑》放埒(ほうらつ)な[人], 道楽者；向こう見ずな

calaverada 女 放埒, 乱行；無分別

calaverear 自 放埒なことをする

calcado, da [kalkáðo, ða] 形 過分 ❶
[estar+] 透写した: Este dibujo está ～. この
図はなぞった(トレースした)ものだ. ❷ [ser+. +a
に] そっくりの: Es ～ *a* su padre. 彼は父親に生
き写しだ
◆ 男 透写; 模倣

calcamonía [kalkamonía] 女 ＝**calcoma-
nía**

calcáneo [kalkáneo] 7 形 踵骨(しょう)

calcañar [kalkaɲár] 男 かかと[の後部]
pisar los ～es a+人 [仕事などで]…に迷惑を
かける
calcañal/calcaño 男 ＝**calcañar**

calcar [kalkár] 7 他 ❶ 透写する, 敷き写す.
❷ [そっくり] 模倣する: ～ los ademanes de+
人 …の仕草をまねする. ❸ (まれ) 踏みつける

calcáreo, a [kalkáreo, a] 形 石灰質の:
roca ～*a* 石灰岩. agua ～*a* 硬水

calce [kálθe] 男 ❶ くさび, かいもの 〖calza〗.
❷ 〈中米〉 [書類の] 下の部分: firmar al ～ 末
尾に署名する

calcedonia [kalθeðónja] 女 〈鉱物〉玉髄

calceta [kalθéta] 女 ❶ 〈服飾〉 ストッキング
〖media〗. ❷ hacer ～ 編み物をする

calcetín [kalθetín] 男 [主に 複] 短靴下, ソッ
クス 〖*calcetines cortos*〗: ponerse (calzar
se) los *calcetines* 靴下をはく. un par de *cal-
cetines* 靴下 1 足. *calcetines* altos 膝までの
長さの靴下

cálcico, ca [kálθiko, ka] 形 〈化学〉カルシウ
ムの: sal ～*ca* カルシウム塩

calcificar [kalθifikár] 7 他 石灰化させる
◆ **-se** 石灰化する
calcificación 女 石灰化, 石灰沈着; 骨化

calcinar [kalθinár] 他 ❶ 焼いて石灰にする,
煆焼(かしょう)する; 〈金属〉焙焼(高熱処理)する.
❷ 焼く, 黒焦げにする: campo *calcinado* 焼け
野原. arena *calcinada* por el sol de agosto
8 月の太陽で焼けつくように熱い砂
◆ **-se** 黒焦げになる, 全焼する
calcinación 女 煆焼; 焙焼; 黒焦げ
calcinamiento 男 ＝**calcinación**

calcio [kálθjo] 男 〈元素〉カルシウム

calcita [kalθíta] 女 〈鉱物〉方解石

calco [kálko] 男 ❶ 透写, トレース; トレーシング
ペーパー 〖papel de ～〗. ❷ 模倣. ❸ 〈言語〉直
訳借用(語) 〖～ lingüístico〗

calcografía [kalkoɣrafía] 女 銅版印刷
〔術・画・所〕, 銅版彫刻(術)
calcografiar 11 他 銅版印刷する
calcográfico, ca 形 銅版印刷の
calcógrafo 男 銅版彫刻師

calcolítico, ca [kalkolítiko, ka] 形 男 〈考
古〉銅石器時代の(の)

calcomanía [kalkomanía] 女 写し絵, 転写
〔紙〕

calcopirita [kalkopiríta] 女 〈鉱物〉黄銅鉱

calculable [kalkuláble] 形 計算(予測)でき
る; 計算で確かめられる

calculador, ra [kalkulaðór, ra] 形 名 ❶
計算する[人]; 先見の明のある[人]. ❷ 打算的

な[人], 計算高い[人]: Es ～ con sus ami-
gos. 彼は損得で友人を選ぶ
◆ **計算機** 〖máquina ～*ra*〗: ～*ra* elec-
trónica 電子計算機

calcular [kalkulár] 他 自 ❶ 計算する: ～ la
raíz cuadrada de 26 26 の平方根を求める. ～
mal 計算間違いをする. máquina de ～ 計算
機. gesto *calculado* 計算された仕草. ❷ 予測
する, 見込む: i) ¿Cuánto tiempo *calcula* para
terminarlo? それを終わらせるのにどの位の時間を
見込んでいるか? Le *calculo* unos treinta
años. 彼は 30 歳位だと思う. ～ por lo bajo 少
なめに見積もる. ii) [+que+直説法] *Calculo que*
llegará tarde. 彼は遅刻すると私は思う

cálculo [kálkulo] 男 〖英 calculation〗 ❶ 計
算: ～ diferencial (integral) 微分(積分).
～ de costes 原価計算. ～ de probabilida-
des 確率計算. 【参考】 2+3=5 Dos y (más)
tres son cinco. 6−2=4 Seis menos dos son
cuatro./De dos a seis van cuatro. 2×5=10
Dos por cinco son diez. 8:2=4 Ocho
dividido por dos son cuatro ❷ 予測, 見込
み: ～ del presupuesto 予算見積り. El
perder no entraba en mis ～*s*. 負けるとは思っ
てもみなかった. fuera de sus ～*s* 予想外の. ❸
〈医学〉 [時に 複] 結石: ～*s* renales 腎結石.
～*s* biliares 胆石. ～*s* urinarios 尿結石

calda [kálda] 女 ❶ 加熱. 〈複〉 温泉: ～*s*
romanas 古代ローマの共同浴場. ❷ 加熱; 燃料をくべる
こと

caldaico, ca [kaldáiko, ka] 形 ＝**caldeo**

caldear [kaldeár] 他 ❶ [閉ざされた場所を] 暖
める, 暑くする: ～ la habitación 部屋を暖かくす
る. ❷ 興奮させる, あおる: Su discurso *caldeó*
el mitin. 彼の演説で集会は熱くなった. El vino
caldea los ánimos. ワインは心を浮き浮きさせる
◆ **-se** 暖まる, 興奮する, いきり立つ
caldeamiento 男 暖房; 暑くすること

caldeirada [kaldeiɾáðá] 女 〈料理〉塩タラと
ジャガイモのパブリカソース煮

caldeo, a [kaldéo, a] 形 名 〈歴史・地名〉カル
デア Caldea の(人).
◆ 男 加熱; カルデア語

caldera [kaldéra] 女 ❶ ボイラー, 汽罐 〖～ de
vapor〗: ～ de calefacción 暖房用ボイラー.
las ～*s* de Pedro Botero 〈口語〉地獄. ❷ 大
釜, 大鍋: una ～ de aceite 大鍋 1 杯の油. ❸
〈地質〉カルデラ. ❹ 〈南米〉ポット, やかん

calderada 女 大釜(大鍋) 1 杯の分量; 〈口
語〉[食物の] 大量: una ～ de patatas 大鍋
1 杯のジャガイモ

calderería 女 ボイラー製造業(工場・販売
店); [製鉄所の] 鍛造(加工)部門

calderero, ra 名 ボイラー製造(修理・販売)業
者; 鍛造部門の工員

caldereta 女 1) 小鍋; 聖水桶. 2) 〈料理〉
[魚の] スープ; [羊などの] 煮込み, シチュー: ～
menorquina イセエビのシチュー. 2) 〈南米〉[3
月と 10 月に吹く] 熱い海風

calderilla 女 1) [囲 で. 1 ペセタ以下の] 硬
貨, 小銭. 2) 聖水桶

caldero 男 [持ち手を掛け渡した] 自在鍋：un ～ de agua 鍋1杯の水

calderón [kalderón] 男 《音楽》フェルマータ；《動物》ゴンドウクジラ

calderoniano, na [kalderonjáno, na] 形 カルデロン Calderón [de la Barca] の《スペインの劇作家. 1600-81》

caldillo [kaldíʎo] 男 《料理》シチューのソース；《中米》[オレガノなどのスパイスを入れた] ひき肉のソース

caldo [káldo] 男 ❶ 不可算 《料理》スープ《肉・野菜を煮て実を取り除いた残りの出し汁》：～ de verduras 野菜からとったスープ. ～ de carne コンソメ. ～ corto クールブイヨン. ～ gallego [肉・野菜を長時間煮込んだ] ガリシア風スープ. A falta de ～, buena es la carne.《戯語》[すばらしいものなのに] お粗末なものですが…. Al que no quiere ～, la taza llena.《諺》いやだと思うと，なおさらいやな方に事が運ぶものだ. ❷ [サラダの] ドレッシング《aliño》. ❸ 複 《ワイン・酢・油などを作る》果汁；[特級の] ワイン：～s de la Rioja リオハ産のワイン. ❹ 《農業》～ bordelés ボルドー液

～ *de cultivo* 1)《生物》肉汁培地. 2)《比喩》温床：Aquel barrio es el ～ *de cultivo* adecuado para que germine la violencia. あの地域は暴力の温床になっている

hacer a+人 el ～ gordo《口語》[結果的に] …を利する

poner a+人 a ～《西. 口語》…を侮辱する；叱責する

caldoso, sa [kaldóso, sa] 形 スープの多い，水っぽい：arroz ～ おかゆ，雑炊

calducho [kaldútʃo] 男 《軽蔑》薄い(まずい)スープ

calé [kalé] 形 名 ジプシー(の)《gitano》

caledoniano, na [kaledonjáno, na] 形 《地質》カレドニア造山運動の

calefacción [kalefa(k)θjón] 女 暖房；集名 暖房器具《設備》：encender (apagar) la ～ 暖房を入れる(切る). habitación con ～ 暖房付きの部屋. ～ central セントラルヒーティング. ～ individual 個別暖房. ～ por aire caliente 温風暖房

calefactor, ra [kalefaktór, ra] 形 名 暖房する；暖房器具の製造(設置・修理)業者

◆ 男 暖房器具；温風ヒーター《～ de aire caliente》

calefón [kalefón] 男 《南米》湯沸かし器《calentador》

caleidoscopio [kaleidoskópjo] 男 万華鏡

caleidoscópico, ca 形 万華鏡のような，めくるめく

calendario [kalendárjo] 男 《英 calendar》❶ カレンダー，暦；暦法：～ americano (exfoliador・de taco) 日めくり. ～ de Adviento [12月に子供に与える] クリスマスイブまでのカレンダー. ～ de Flora 花暦. ～ eclesiástico 教会暦. ～ juliano ユリウス暦. ～ perpetuo 万年暦. ～ solar (lunar) 太陽(太陰)暦. ～ zaragozano 農業用の気象情報などが

書かれている暦. ❷ 予定表，スケジュール：cumplir un ～ の…のスケジュールをこなす. ～ escolar 学校行事予定表. ～ laboral 仕事のスケジュール

hacer ～s《軽率な》予想を立てる；取りとめのないことを考える

calendas [kaléndas] 女 複 ❶ 《古代ローマ》1日(空). ❷ 《口語》[遠い過去の] 時代

～ *griegas* [否定の推測] Me escribirá en las ～ *griegas*. 彼から手紙は絶対来ない

caléndula [kaléndula] 女 《植物》キンセンカ

calentador, ra [kalentaðór, ra] 形 熱する，暖める

◆ 男 ❶ 給湯器，湯沸かし器《～ de agua》；ストーブ，暖房機：～ de aire ファンヒーター. ～ de inmersión 直接水に浸す電気湯沸かし器. ❷ 湯たんぽ. ❸ 《服飾》[主に 複] レッグウォーマー

calentamiento [kalentamjénto] 男 ❶ 熱する(暖める)こと，熱く(暖かく)なること：～ global (de planeta) 地球の温暖化. ❷ ウォーミングアップ《ejercicios de ～》

calentar [kalentár] 他 ❶ 熱する，暖める：～ el agua 湯を沸かす. ～ la sopa スープを温める. ～ la habitación 部屋を暖める. ～ un metal al blanco 金属を白熱状態まで熱する. ～ un motor エンジンを暖める. ❷ 奮い立たせる，活気づける. ❸ 《俗語》性欲を刺激する. ❹ 《口語》殴る. ❺ 《スポーツ》ウォーミングアップする《precalentar》

◆ 自 熱を出す：Aún no *calienta* el sol. まだ日ざしは暑くない

◆ ～se ❶ 暖まる，熱くなる；体を暖める. ❷ [議論・試合などが] 熱が帯びる《俗語》性的に興奮する. ❸ 《中南米》怒る

calentísimo, ma [kalentísimo, ma] 形 caliente の絶対最上級

calentito, ta [kalentíto, ta] 形 ❶ [衣服が] 暖かい. ❷ 最近の，最新の：noticias ～tas ホットニュース

calentón, na [kalentón, na] 形 名 《俗語》好色な[人]；《南米》怒りっぽい

◆ 男 急に(一時的に)熱くなること：darse un ～ [エンジンが] 過熱する

calentura [kalentúra] 女 ❶ [病気による] 熱《fiebre》；[熱で] 唇にできる膿疱. ❷ 《俗語》性的興奮. ❸ 《南米》発作的な怒り；《中米》タバコの発酵

calenturiento, ta [kalenturjénto, ta] 形 名 ❶ [estar+] 熱のある，発熱した：frente ～ta 熱っぽい額. ❷ 熱狂(興奮)した：tener una imaginación ～ta 突っ拍子もない想像をしている. ❸ 《南米》結核患者

calenturón [kalenturón] 男 [病気による一時的な] 高熱

calero, ra [kaléro, ra] 形 名 石灰の；石灰業者

◆ 女 石灰岩の採掘場；煆焼する炉

calesa [kalésa] 女 [折畳み式幌の] 二輪(四輪)馬車

calesero, ra 名 その御者. ◆ 女 [アンダルシアのその御者風の] 模様付き上着；アンダルシアの

民謡の一種

calesita [kalesíta] 囡《中南米》回転木馬〖tiovivo〗

caleta [kaléta] 囡 ❶ 小さな入り江. ❷《中南米》沿岸航行船；《南米》沖仲仕組合

caletre [kalétre] 團《主に戯謔》分別, 良識；才能：tener poco (mucho) 〜 常識がない(目はしがきく). No me cabe en el 〜. それは私の力では及ばない

calibrar [kalibrár] 他 ❶ 〖能力・重要性・影響などを〗判断する：〜 las consecuencias 結果がどうなるかを考える. ❷ …の口径を測る；口径(太さ・厚み)をつける
  calibración 囡/**calibrado** 團 口径の測定
  calibrador 團 測定器, ゲージ；キャリパス〖〜 de mordazas〗

calibre [kalíbre] 團 ❶ 内径, 口径：de grueso (alto) 〜 大口径の. de pequeño (bajo) 〜 小口径の. de 〜 22 22 口径の. ❷ 重大さ, 重要さ〖gran・poco・mucho などと共に〗：error de pequeño 〜 小さな過ち. asunto de mucho 〜 重大な事柄. Es un pelmazo de mucho 〜. 彼はひどくしつこいやつだ. Llegará a ser una estrella del 〜 de Seve. 彼はセベ(バレステロス)ほどのスターになるだろう. ❸〖口径〗測定器, ゲージ

calicanto [kalikánto] 團〖漆喰でつないだ〗石(煉瓦)積み建築(工事)

calicata [kalikáta] 囡 探鉱, 鉱脈探査

caliche [kalítʃe] 團 ❶ 風土に混入した小石；壁面からはがれ落ちた石灰. ❷〖果物の〗いたみ, 傷. ❸《南米》チリ硝石

caliciforme [kaliθifórme] 形〖植物〗尊状の

calidad [kaliðáð] 囡〖英 quality〗❶〖物・人の〗質, 品質；性能：tela de buena (mala) 〜 品質のよい(悪い)布. hombre de ínfima 〜 最低の部類の男. coche de excelente 〜 大変性能のいい車. 〜 de vida 生活の質, 質的な生活水準. Hay diversas 〜es de manzanas. リンゴには色々な等級がある. ❷ 重要さ, 長所；重要(重大)性：asunto de 〜 重大な用件. ❸〖社会的〗資格, 身分：recibir una pensión por su 〜 de huérfano 孤児として年金をもらう. familia de alta 〜 貴族
  a 〜 *de que*+接続法 …という条件の下でならば
  de 〜 質のよい；〖人が〗評価の高い：vinos *de* 〜 上質のワイン. profesor *de* 〜 評判のいい教師
  de primera 〜 第一級品の
  en 〜 *de...* …の資格で, 〜として：asistir *en* 〜 *de moderador* 調停役として出席する

cálido, da [káliðo, ða] 形 ❶ 暑い；暖かい：clima (país) 〜 暑い気候(国). viento 〜 熱風. ❷ 熱烈な；〜s aplausos 熱烈な拍手. 〜da amistad 温かい(篤い)友情. ❸ 暖かい感じの；暖色の：voz 〜da ソフトな声

calidoscopio [kaliðoskópjo] 團 ＝**caleidoscopio**

calientabraguetas [kaljentabragétas] 囡〖単複同形〗《卑語》セクシーな女

calientapiernas [kaljentapjérnas] 團〖単

calientapiés [kaljentapjés] 團〖単複同形〗湯たんぽ, あんか〖〜 de cama〗；足温器

calientaplatos [kaljentaplátos] 團〖単複同形〗料理保温器

calientapollas [kaljentapóʎas] 囡〖単複同形〗《西. 卑語》セクシーな女

calientasillas [kaljentasíʎas] 形 图〖単複同形〗長っ尻の〖人〗；待合室でぐずと待つ〖人〗

caliente [kaljénte] 形〖英 hot, warm. ↔**frío**〗❶ 熱い, 暑い；温かい, 暖かい：sopa 〜 熱いスープ. mano 〜 温かい手. Ande yo 〜 y ríase la gente.《諺》見てくれより実利が大切だ/人がどう思おうと自分よければそれでいい. ❷ 熱気のある, 激しい：discusión 〜 白熱した討論, 激論. 《俗語》〖性的に〗興奮する, さかりのついた：línea 〜 テレホンセックス. ❹ 暖色の. ❺《南米》怒った. ❻〖間投詞的. クイズなどで正解に近い時〗近い, 惜しい！：Frío, templado, 〜... ¡te quemaste! 全然違う, やや近い, 近い, あと一歩！
  en 〜 すぐに, ただちに
  ◆ 图〖性的に〗興奮しやすい人

califa [kalífa] 團 カリフ〖イスラム教国の教主・国王〗

califal 形 カリフ〖統治時代〗の
  califato 團 カリフの位(在位期間・領土)

calificable [kalifikáble] 形 評価できる

calificación [kalifikaθjón] 囡 ❶ 形容；修飾. ❷〖試験の〗成績：obtener la 〜 de aprobado 可を取る.〖参考〗普通満10点満点で, 8.5 より上が sobresaliente 優, 7-8.5 が notable 良, 6-6.9が bien やや良, 5-5.9が aprobado 可, 5より下が suspenso 不可〗 ❸〖労働者の〗能力, 熟練度：de baja 〜 未熟練の

calificado, da [kalifikáðo, ða] 形 過分 ❶ 権威のある, 著名な：médico 〜 著名な医師. marca 〜da 一流ブランド. ❷《主に中南米》必要な資格を備えた〖cualificado〗

calificar [kalifikár] 7 他 ❶〖…の特徴を +de・como と〗形容する, みなす：Le calificaron de tonto. 彼は愚か者とみなされた. La firma califica el cuadro como una verdadera obra maestra. 署名によってその絵が本物の傑作であることが証明される. ❷〖試験で〗評点(評価)を与える. ❸《文法》修飾する：El adjetivo califica al nombre. 形容詞は名詞を修飾する
  calificativo, va 形 形容する, 修飾する；形容語〖名詞・動詞の〗修飾語

cálifont [kálifon] 團〖圈 〜s〗給湯器, 湯沸かし器

californiano, na [kalifornjáno, na] 形 图《地名》カリフォルニア California の(人)

californio [kalifórnjo] 團《元素》カリホルニウム

cáliga [kálɪɡa] 囡《古代ローマ》〖サンダル状の〗軍靴

calígine [kalíxine] 囡 ❶《詩語》霧〖niebla〗；闇. ❷《口語》蒸し暑さ
  caliginoso, sa 形 霧のかかった；暗い

caligrafía [kaligrafía] 囡 書道, 習字；筆跡
 caligrafiar [11] 囮 書法どおりに（美しい書体で）
 書く
 caligráfico, ca 圏 書道の, 習字の；達筆の
 calígrafo, fa 圏 書家, 能書家
caligrama [kaligráma] 團《詩法》カリグラム
calilla [kalíʎa] 囡《中南米》わずらわしさ, 迷惑；
 うるさい奴
calima [kalíma] 囡 ［夏に出る］もや
calimba [kalímba] 囡《中米》［家畜に押す］
 焼き印
calimocho [kalimótʃo] 團《西》赤ワインのコ
 ーラ割り
calimoso, sa [kalimóso, sa] 圏 もや
 calima のかかった
calina [kalína] 囡 =calima
calinoso, sa [kalinóso, sa] 圏=calimoso
calipso [kalípso] 團 カリプソ《トリニダード島の
 民俗舞踊・音楽》
cáliz [káliθ] 團 ❶
 《カトリック》聖杯, 聖餐
 杯, カリス《ロカット》；
 《文語》杯. ❷ 苦難：
 apurar el ~ de
 amargura ［hasta
 las heces］悲しみの杯をなめ尽くす. ❸《植物》
 萼(がく)
calizo, za [kalíθo, θa] 圏 石灰質の：espato
 ~ 方解石
 ◆ 囡 石灰岩 ［piedra ~za］：~za dolomíti-
 ca 苦灰石
callado, da [kaʎáðo, ða] 圏 過分 ［estar+］
 黙った, 静かな： Cuando quedarse (perma-
 necer) ~ 黙っている, 何も言わない. clase ~da
 しーんとしたクラス. mujer ~da もの静かな女性
 a las ~das/de ~da ひっそりと, こっそりと
 dar la ~da por respuesta《口語》何も答
 えない
 más ~ que un muerto 黙りこくって
 ¡qué estás más guapo ~!《戯語》口を慎み
 なさい!
callampa [kaʎámpa] 囡《南米》❶ キノコ
 《seta》；帽子 ［sombrero］. ❷ 掘っ立て小屋；
 圏 そのスラム地区
callandico/callandito [kaʎandíko/
 -to] 圖 静かに, 音をたてずに
callar [kaʎár] ❶ 黙る ［主に ~se］：hacer ~
 a+人 …を黙らせる. Quien calla, otorga.《諺》
 沈黙は同意のしるし
 ¡calla!/¡calle!《奇異・驚き》おや!
 ◆ 囮 ❶ 言わない：Lo callaré. それは言わずにお
 こう. ❷ 口止めする
 ◆ ~se ［英 keep silent］❶ 黙る：Cállate. 黙
 れ. Cuando entró en la sala todos se
 callaron. 彼が会場に入ると皆黙った. ❷ 静かに
 なる：Las máquinas se callaron. 機械の音が
 止まった. Se callan los cañones. 大砲が鳴りや
 む. ❸ 言わずにおく：No es capaz de ~se un
 secreto. 彼は秘密を守ることができない
calle [káʎe] 囡 ［英 street］❶ 通り, 街路；
 街：Su casa está en esta ~. 彼の家

はこの通りにある. Se ha criado en la ~. 彼は
市井に（場末で）育った. Lo conocía toda la
~. 町じゅうの人が彼を知っていた. vivir en el
número 105 de la C~ de Arrieta アリエタ通
り 105 番地に住む. andar por las ~s 街を歩
く. doblar la ~ 角を曲がる. ~ mayor
(principal) 大通り, メインストリート. ~ pe-
atonal 歩道
❷ ［屋内に対して］屋外, 外：Hace mucho
calor en la ~. 外はとても暑い. Vamos a la
~. 外に行こう
❸ 普通の人, 一般大衆 ［hombre・gente de la
~］：lenguaje de la ~ くだけた言葉づかい
❹ ［自動車道路の］車線：autopista de cua-
tro ~s 4 車線の高速道路. ~ de rodadura
(de rodaje)《航空》誘導路
❺《スポーツ》コース, 走路：Nada en la ~
número tres. 彼は第 3 コースを泳ぐ
❻《ゴルフ》フェアウェイ
❼ mujer (chica) de la ~ 売春婦, 街娼
❽ ［チェス・チェッカー盤の］升目の列
❾ ［間投詞的］どけ/道をあけろ!
abrir ~《口語》人をかき分ける
coger la ~ ［急に］立ち去る
de ~ 1) 外出用の：traje de ~ 外出着.
 estar (ir) vestido de ~ よそ行きの服をきて
 いる. 2) 簡単(容易)に：ganar de ~ 楽勝す
 る
dejar a+人 en la ~ …を解雇する；路頭に迷
 わす
echar a+人 a la ~ …を追い出す；解雇する
**echar (tirar) por la ~ de en medio
 (del medio)** 思い切って（あれこれ迷わず・障
 害をものともせずに）行動する
echarse a la ~ 外出する；［デモ隊が］街頭へ
 繰り出す, 暴動を起こす
en la ~ 外出中の；失業中の, 非常に貧しい；
 釈放された
estar al cabo (al final) de la ~ 事情に
 通じている
hacer ~ ［歓迎などの］人垣を作る；人をかきわ
 ける
hacer la ~ ［娼婦が］通りで客を引く
ir[se] a la ~ ［急に］立ち去る
**llevar (traer) a+人 por la ~ de la
 amargura** ［絶えず］…に心配(苦労)をかける
llevar[se] a+人《口語》…の心をひきつ
 ける：La chica del estanco me lleva de ~.
 僕はたばこ屋の娘にいかれている
llevarse... de ~ …を打ち負かす
pasear (rondar) la ~ ご機嫌をとる；［男が
 女に］言い寄る
**plantar (poner) a+人 en la ~/poner
 a+人 de patitas en la ~** …を追い出す；解
 雇(釈放)する：Puso al violinista en la ~.
 彼はバイオリン弾きを外に追い出した
quedarse en la ~ ［職・家がなくて］路頭に迷
 う
salir a la ~ 街に出る, 外出する
calleja [kaʎéxa] 囡 =callejuela
 tener más cuento que C~ 大変な嘘つきで

ある, とても大げさである

callejear [kaʎexeár] 圓 [+*por* 街を] ぶらつく(うろつく)：~ *por* Granada グラナダの街をぶらつく

  callejeo 圐 街をぶらつくこと, そぞろ歩き

callejero, ra [kaʎexéro, ra] 圏 ❶ 通りの, 街頭の：combate ~ 市街戦. manifestación ~*ra* 街頭デモ. orador ~ 街頭演説家. riña ~*ra* 街中でのけんか. venta ~*ra* 街頭販売. ❷ 街をぶらつく：Es muy ~. 彼は遊び歩くのが好きだ
  ◆ 圐 [説明入りの] 市街図, タウンマップ；街町の電話帳

callejón [kaʎexón] 圐 ❶ 横丁『callejuela より長い』. ❷ [闘牛場の] フェンスと観客席の間の通路『☞plaza カット』
  ~ *sin salida* 《文語》袋小路, 行き止まり；難局, 行き詰まり：estar en un ~ *sin salida* 出口のない状況にある
  gente de ~ 《南米》下層階級の人

  callejuela [kaʎexwéla] 圐 路地, 横丁

callicida [kaʎiθíða] 圐 うおのめ治療薬

callista [kaʎísta] 圐 足のうおのめ・皮膚病などの治療医

callo [káʎo] 圐 ❶ 《医学》胼胝(べんち), たこ, うおのめ：criar ~s たこができる. tener ~ en las manos 両手にたこができている. ❷ 《解剖》仮骨. ❸ 圐 《料理》胃袋の煮込み. ❹ 若作りしている老女, 醜い女
  dar el ~ 《西. 口語》根をつめて働く

  callosidad [kaʎosiðáð] 圐 皮膚の肥厚, 胼胝
  calloso, sa 圏 1) 肥厚した, 胼胝状の. 2) 《解剖》cuerpo ~ 脳梁

calma¹ [kálma] 圐 《英 calma》❶ 平穏：El mar está en ~. 海は穏やかだ. ~ en el dolor 痛みの和らぎ. ~ en el dolor：mantener (perder) la ~ 平静を保つ(失う). Piénsatelo con ~. 落ち着いて考えろ. ❸ 《口語》[言動の] 過度の悠長さ. ❹ 凪(なぎ), 無風状態：~ chicha べた凪. べた凪ぎ, 無風状態. ❺ [活動の] 不活発, 一時休止；[病気の] 小康[状態]；[相場の] 閑散[期]. ❻ [間投詞的] 冷静になれ, 落ち着け！
  tomarlo con ~ のんきに構える, くよくよしない

calmar [kalmár] 圓 鎮める, 和らげる：La aspirina *calma* el dolor. アスピリンは痛みを和らげる. ~ su hambre 空腹を抑える. ~ a la multitud 群衆を鎮める
  ◆ **~se** 鎮まる：*Se calmó* el mar. 海が穏やかになった. *Cálmate*. 落ち着きなさい
  calmante 圏 鎮痛の；鎮痛剤

calmo, ma² [kálmo, ma] 圏《文語》静かな, 穏やかな

  calmoso, sa [kalmóso, sa] 圏 圐 ❶《口語》悠長な〔人〕, のんびりした〔人〕. ❷ 落ち着いた〔人〕

caló [kaló] 圐 [スペインの] ジプシー語

calomelanos [kalomelánɔs] 圐 圀《化学》甘汞(かんこう)

calor [kalór] 圐 圀《英 heat》❶ 熱；熱さ, 暖かさ：La estufa da ~. ストーブは暖

かい. asarse de ~ 熱気に焼かれる, 暑さにうだる. ~ animal 《生理》体温. ~ blanco 白熱. ~ específico 比熱. ~ negro 電熱器による熱 ❷ 暑さ：Hace ~ en verano. 夏は暑い. En esta sala hace mucho ~. このホールは大変暑い. Tengo (Siento) ~. 私は暑い. ¡Qué ~! 何という暑さだ ❸ 熱心さ, 熱烈さ；[家庭などの] 温かみ：aplaudir con ~ 熱烈な喝采をおくる. acoger a+人 con ~ …を温かく迎える. ~ humano 人間的な温かみ
  al ~ de... …の暖かさ(熱気)で；《口語》…に守られて
  en el ~ de... …の熱気に包まれて；…のさなかに：en el ~ *del* combate 戦いのさなかに
  entrar en ~ 暖まる；《スポーツ》ウォーミングアップする；[議論などが] 白熱化する

caloría [kaloría] 圀 カロリー：alimento de pocas ~s 低カロリー食品. gran (pequeña) ~ 大(小)カロリー

calórico, ca [kalóriko, ka] 圏 熱の, カロリーの

calorífero, ra [kalorífero, ra] 圏 伝熱の；暖房の
  ◆ 圐 暖房装置(器具)：~ de aire 温風暖房器

calorífico, ca [kalorífiko, ka] 圏 熱を生じる, 熱の：conductibilidad ~*ca* 熱伝導性. energía ~*ca* 熱エネルギー. rendimiento ~ 熱効率

calorífugo, ga [kalorífugo, ga] 圏 断熱する, 保温する；不燃性の

calorimetría [kalorimetría] 圀 熱量測定『法』
  calorímetro 圐 熱量計, カロリーメーター

calorina [kalorína] 圀《口語》蒸し暑さ

calostro [kalóstro] 圐『分娩後の』初乳

calote [kalóte] 圐《南米》詐欺
  calotear 圓 だます

calpamulo, la [kalpamúlo, la] 圏 圐《中米》中国系住民 albarazado と黒人との混血の〔人〕

caluga [kalúga] 圀《南米》キャラメル
  ◆ 圐 べたべたまとわりつく人

calumnia [kalúmnja] 圀 中傷, 誹謗(ひぼう)：decir (levantar) ~s contra+人 …を中傷する
  calumniador, ra 圏 圐 中傷する〔人〕
  calumniar 圓 圓 中傷(誹謗)する, 悪しざまに言う：*Calumnia* que algo queda. 《諺》たとえ根も葉もない中傷でもイメージを傷つけるものだ
  calumnioso, sa 圏 中傷の, 悪しざまな

caluroso, sa [kaluróso, sa] 圏 ❶ 暑い, 暖かい：día ~ 暑い日. ❷ 愛情のこもった：~ recibimiento 熱烈な(温かい)歓迎. ❸ 暑がりの〔↔friolero〕

calva¹ [kálba] 圀 禿げた部分, 禿頭(とくとう)；[衣服の] すり切れた部分

calvados [kalbáðɔs] 圐《酒》カルヴァドス

calvario [kalbárjo] 圐 十字架の道『~C~ カルヴァリーの丘, キリスト磔刑の地』；[長い] 受

221 **calvario**

難, 苦労：Su vida ha sido un ~. 彼の人生は苦難の道だった. sufrir su (un) ~ 十字架を背負っている. tener un ~ de deudas 借金地獄に苦しむ

calvero [kalβéro] 男 林間の空き地；粘土状の土地

calvicie [kalβíθje] 女 禿頭, 脱毛（症）

calvinismo [kalβínismo] 男 《宗教》カルヴァン Calvino 主義；カルヴァン派教会

calvinista 形 名 カルヴァン派の；カルヴァン主義者

calvo, va² [kálβo, ßa] 形 禿(ʰ)げた：quedarse ~ 禿げる. cabeza ~*va* 禿げ頭. tierras ~*vas* 草木一つない土地. 〔A〕La ocasión la pintan ~*va*.《諺》好機を逃してはいけない. Al cabo de (Dentro de) cien años, todos ~*s*.《諺》時の流れには逆らえない
ni tanto ni tan ~ [*que se le vean los sesos*]/*ni ~ ni con tres pelucas* [誇張などを非難して] ほどほどにしろ
◆ 名 禿げ頭の人

calza [kálθa] 女 ❶ 輪止めのくさび；家具を水平にするために使う薄板. ❷ 〔長〕靴下；〖昔の〗ももひき. cabeza ~*va* 長靴下
tomar ~*s de Villadiego* 逃亡する
verse en ~*s prietas* 苦しい状況にある

calzada¹ [kalθáða] 女 ❶ ~ de asfalto アスファルト道路. carretera de doble ~ 中央分離帯のある幹線道路. ❷ 〔石畳みの〕道：~ romana ローマ街道

calzado, da² [kalθáðo, ða] 形 過分 靴をはいた；[馬が] 脚先だけ毛色の違う；[鳥が] 脚が羽毛で覆われた
◆ 男 〔総称〕履物, 靴：tienda de ~ 靴店

calzador [kalθaðór] 男 靴べら
entrar (*meter*) *con* ~ むりやり入る(入れる)

calzar [kalθár] 他 ❶ [靴などを] [人に] はかせる：~ un 43 サイズ 43 の靴をはく. ~ esquís スキーを足につける. ~ guantes 手袋をはめる. a un bebé 赤ん坊に靴をはかせる. ❷ [家具がぐらつかないように]・輪止めに] くさびをかう. ❸《口語》手に入れる, 自分のものにする
◆ ~*se* ❶ [靴を] はく. ❷ [知力・影響力で] …を上回る：Ése *se calza* a todos los de la clase. そいつはクラスの中でずば抜けている. ❸ …を獲得する, 手に入れる

calzo [kálθo] 男 ❶ くさび, かいもの：poner ~*s* en las ruedas 輪止めにくさびを入れる. ❷ 〖馬の〗脚先の毛色

calzón [kalθón] 男 《服飾》[時に 複. スポーツ用の・下着の] トランクス；[主に 複. 昔の] 半ズボン 〖~ corto〗；〖複〗《南米》パンティー 〖bragas〗
a ~ *quitado*《口語》無思慮に, 軽率に
llevar los calzones bien puestos [夫が] 威厳を保っている, ちゃんと家を取り仕切っている
ponerse los calzones 家を取り仕切る

calzonazos 男〖単複同形〗《軽蔑》妻の尻に敷かれている夫

calzoncillos [kalθonθíkos] 男 複 《服飾》[下着の] トランクス：~ largos ズボン下

calzonudo, da [kalθonúðo, ða] 形 《南米》

愚かな；妻の尻に敷かれた

cama [káma] 女 〖英 bed〗❶ ベッド, 寝台：ir a la ~ 寝に行く, 床につく. irse a la ~ con+人 [性的な意味で] …と寝る. meterse en la ~ ベッドに入る, 寝る. meter al niño en la ~ 赤ん坊をベッドに寝かせる. echarse en la ~ [眠くて] ベッドに倒れ込む. estar en la ~ ベッドに入っている, 寝ている. levantarse de la ~ 起床する，[病人が] 床上げする. saltar de la ~ [飛び]起きる. caer en ~ 病の床につく, 病気になる. levantar la ~ [起床後に] 寝具を上げる. destapar la ~ [就寝前に] ベッドの用意をする. hospital de 200 ~s ベッド数 200 の病院. A las diez en la ~ estés, si puede ser antes, mejor que después.《時に戯語》早寝した方がいい

❷ 〔種類〕~ de matrimonio/~ doble ダブルベッド. ~ camera (frailera) セミダブル. ~s separadas (gemelas) ツイン. ~ de soltero (de uno・individual) シングル. ~ redonda [3・4 人用の] 大型ベッド.《俗語》スワッピング. ~ adicional エキストラベッド. ~ de agua ウォーターベッド. ~ turca [野営用の] 簡易ベッド. ~ elástica トランポリン 〖trampolín〗. ~ mueble ソファベッド. ~ nido [ベッドの下からもう一つ引き出す] 入れ子式ベッド 〖複 ~s nido〗. ~ solar 日光浴用のベッド. ~ turca 背と腕のないソファー

❸《鉄道》~ en primera 1等寝台. ~ turista 2等寝台

❹ [家畜の] 寝わら 〖~ de paja〗；[野生動物の] 寝場所

❺ 層：~ de tierra 地層. ~ de abono 肥料の層

❻ すきの刃をはめる部分, ねり木
hacer (*guardar・estar en*) ~ 病床についている
hacer la ~ 1) ベッドメーキングする 〖いくつもする場合は hacer ~s〗. 2) [+人 に反対して] 裏工作をする

camachuelo [kamatʃwélo] 男 《鳥》アカウソ, ウソ

camada [kamáða] 女 匿名 ❶ 一腹の子：una ~ de gatitos 一腹の子猫たち. ❷ 一重ね [一並べに] の物：una ~ de ladrillos 一段の煉瓦. ❸《軽蔑》[悪者などの] 一団, 一味

camafeo [kamaféo] 男 カメオ〔細工〕

camal [kamál] 男 [馬などにつける] 端綱(½ʰ), 頭絡；《南米》畜殺所

camaleón [kamaleón] 男 ❶《動物》カメレオン. ❷《口語》日和見主義者, 無定見な人
camaleónico, ca 形 無定見な, 無節操な

camama [kamáma] 女 《口語》うそっぱち

camambú [kamambú] 男 《植物》[白い果実をつける南米産の] ホオズキの一種

camamila [kamamíla] 女 ＝camomila

camanchaca [kamantʃáka] 女 《南米》アタカマ砂漠の濃霧

camándula [kamándula] 女 偽善, 陰険
camandulero, ra 形 名 偽善的な, 偽善者, 陰険な〔人〕

C

cámara [kámara] 囡 〖英 camera, chamber〗❶ カメラ, 写真機 〖〜 fotográfica〗: 〜 cinematográfica (de cine) 映画カメラ. 〜 clara カメラルシダ. 〜 compacta コンパクトカメラ. 〜 de televisión テレビカメラ. 〜 de proyección 映写機. 〜 réflex レフレックス. 〜 submarina 水中カメラ. en (a) 〜 lenta スローモーションで ❷ 会議所: 〜 de comercio 商業会議所. 〜 sindical 〖組合〗統制委員会. 〜 de compensación 手形交換所 ❸ 議会: 〜 alta (baja) 上(下)院. 〜 de Indias 〈歴史〉植民地会議院. 〜 de los Lores (los Comunes) [英国の] 上(下)院. 〜 de los Diputados [フランスの] 国民議会. 〜 de Representantes [米国の] 下院 ❹ [国王などの] 私室, 寝室 〖〜 real〗; [城館などの中心となる] 部屋 〖船舶〗上級船員室: ayuda de 〜 侍従, 側仕え; 付人(ぷ). médico de 〜 侍医. pintor de 〜 宮廷画家. música de 〜 室内楽. 〜 de audiencia 謁見の間 ❺ [各種用途の] 部屋: 〜 acorazada (blindada) 金庫室, 貴重品保管室. 〜 ardiente [通夜をする] 霊安室. 〜 de gas [死刑用の] ガス室. 〜 nupcial [ホテルの] 新婚カップル用の部屋. 〜 sorda 無響室 ❻ [タイヤの] チューブ ❼ 冷蔵室 〖〜 frigorífica〗 ❽ [砲船の] 薬室 ❾ 〜 de aire [ポンプ・壁の] 空気室; チューブ. 〜 de burbujas 〖物理〗泡箱. 〜 de combustión [エンジンの] 燃焼室. 〜 de oxígeno 酸素テント. 〜 oscura 〖光学〗暗箱 ❿ 〖解剖〗〔anterior・posterior〕de ojo 〔前・後〕眼房. ⓫ 〖医学〗下痢 *chupar* → 写真・テレビに写りたがる
◆ 囡 〖西. 映画・テレビ〗カメラマン

camarada [kamaráða] ❶ 仲間, 同僚: 〜 de colegio クラスメート. 〜 de trabajo 仕事の同僚. ❷ [共産党などの] 同志. ❸ 戦友 〖〜 de armas〗
　camaradería 囡 仲間関係(意識): Hay mucha 〜 en la clase. そのクラスは結束が固い
camaranchón [kamarantʃón] 團 《軽蔑》[主に物置用の] 屋根裏部屋
camarero, ra [kamaréro, ra] 名 ❶ 《主に西》ウェイター, ウェイトレス. ❷ [ホテル・客船の] 客室係, メード. ❸ [国王・王妃の] 侍従, 女官 〖〜 mayor〗
◆ 囡 ❶ [料理以外の家事をする] 家政婦, 女執事. ❷ [料理などを載せる] ワゴン
camarilla [kamaríʎa] 囡 《軽蔑》[政治を左右する] 黒幕, 派閥
camarín [kamarín] 團 ❶ [祭壇裏の] 小聖堂; 聖像の衣類や宝石類の保管室 ❷ [劇場の] 楽屋
camarlengo [kamarléŋgo] 團 教皇庁の財政を管理する枢機卿
camarógrafo, fa [kamarógrafo, fa] 名

《南米. 映画・テレビ》カメラマン

camarón [kamarón] 團 ❶ [食用の] 小エビ; 《中南米》エビ 〖gamba〗: *C〜 que se duerme, se lo lleva la corriente.* 《諺》ぼんやりしていると周囲に流されてしまう. ❷ 《中米》心づけ, チップ, 掘り出し物. ❸ 《南米》べてん
camarote [kamaróte] 團 船室, キャビン: 〜 de primera clase 一等船室
camastro [kamástro] 團 《軽蔑》簡易ベッド, 粗末なベッド
camastrón, na [kamastrón, na] 形 名 《軽蔑》狡猾な(人), 日和見主義の(主義者)
cambalache [kambalátʃe] 團 ❶ [安物の] 物々交換: hacer 〜s con sus cosas 互いに持ち物のとりかえっこをする. ❷ 《南米》中古品店
　cambalachear 他 物々交換をする
cambar [kambár] 他 《南米》＝**combar**
cámbaro [kámbaro] 團 《動物》[海に住む, 食用の] カニ
cambiable [kambjáble] 形 変わり得る; 交換できる
cambiadizo, za [kambjaðíθo, θa] 形 変わりやすい
cambiador [kambjaðór] 團 〜 de calor 熱交換器. 〜 de iones イオン交換樹脂
cambiante [kambjánte] 形 変わる: tiempo 〜 変わりやすい天気. ❷ 両替商
◆ 團 玉虫色のきらめき

cambiar [kambjár] ⑩ 他 〖英 change〗❶ [+por で] 替える, 取り替える: i) 〜 su coche viejo *por* un nuevo 古い車を新車と替える. 〜 su ropa *por* dinero 服を金に替える. 〜 una bombilla 電球を取り替える. ii) [両替. +en で] 〜 en pesetas 円をペセタに替える. ¿Puede usted 〜me este billete de mil? この千ペセタ札を細かくしてくれませんか? iii) [···の, +de 位置で] 〜 los muebles *de* lugar 家具を配置替えする. 〜 a+人 *de* oficina ···を配置転換する
❷ [+con+人 と] 交換する: *Cambié con* él la corbata./Le *cambié* mi corbata *por* la suya. 私は彼とネクタイを交換した. 〜 opiniones (saludos) *con*+人 ···と意見(挨拶)を交わす
❸ 変える, 変更する: i) 〜 un plan 計画を変える. *El tiempo cambia* a la gente. 時は人を変える. ii) [場所を] 〜 el televisor al salón テレビを大広間に移す
❹ [人を] 着替えさせる
◆ 自 ❶ [+de+無冠詞名詞 を] 替える, 変える: *Ha cambiado de* idea. 彼は考えを変えた. 〜 *de* trabajo 仕事を変える. 〜 *de* casa 引っ越す. 〜 *de* autobús バスを乗り変える. 〜 *de* rumbo 方向転換する. 〜 *de* idea. *Has cambiado* mucho. 君はずいぶん変わったね. Va a 〜 el tiempo. 天気が変わるだろう. La situación *ha cambiado.* 情勢が変わった
◆ 〜se ❶ [+en に] 変わる: *El placer se cambió en* dolor. 喜びは苦痛に変わった. ❷ [+de を] 着替える: 〜se *de* calcetines 靴下を替える. ❸ 引っ越す: 〜se a las afueras 郊外

に移る. ❹［+por+人 と］交替する

cambiario, ria [kambjárjo, rja] 形 為替
の：mercado ～ 為替市場. política ～*ria* 為
替政策. sistema ～ 為替制度

cambiavía [kambjabía] 男《中米》転轍手
〖guardagujas〗

cambiazo [kambjáθo] 男 *dar el* ～ *a*+人
《口語》〖すりかえて〗…をだます

cambio [kámbjo] 男〖英 change〗❶ 変
化，変更.～ climático 気候の
変動.～ de horario 時間割の変更.～ de
política 政治改革.～ de sexo 性転換.～
de temperatura 気温の変化
❷ 交換：～ de aceite オイル交換.～ de
pareja パートナーチェンジ.～ de impresiones
印象を交換し合うこと
❸ 交替，交代：～ de guardia 衛兵交替.～
de gobierno 政府の交代
❹ お釣り；小銭：devolver el ～ *a*+人 …に釣
りを返す.¿Tienes ～ de cien pesetas? 100 ペ
セタを細かくできるかい？
❺ 両替；為替［相場］；［株式などの］相場：¿A
cuánto está el ～ de la peseta hoy? 今日は
ペセタの為替レートはいくらですか．casa de ～ 両
替屋《中南米に多い》. mercado (control) de
～s 為替市場(管理). tipo de ～ 為替レート.
ganancia (pérdida) por diferencia de ～ 為
替差益(差損)
❻《自動車・自転車》変速装置〖～ de mar-
chas・de velocidades〗：coche con ～ de
marchas automático (manual) オートマチッ
ク(マニュアル)車
❼《鉄道》転轍機〖～ de vía〗
❽《スポーツ》メンバーチェンジ；作戦変更：efec-
tuar (realizar) dos ～s 選手を2名替える
❾《情報》～ de línea (de página) 改行(改ペ
ージ)
a ～ ［+de と］交換に，引き替えに：Le ofre-
cieron mucho dinero a ～ de su silencio.
彼は黙っているかわりに大金を提示された
a la[*s*] *primera*[*s*] *de* ～ いきなり，出し抜け
に
en ～ 交換に，そのかわり；それに引き換え：Le
regaló un anillo y ella me regaló, en ～,
un reloj. 私は彼女に指輪をプレゼントした，彼女か
らは時計をもらった．Es feúcho, pero en ～,
muy inteligente. 彼はひどく醜いが，そのかわり
とても頭がいい

cambista [kambísta] 男 両替商；為替ディー
ラー

camboyano, na [kamboyáno, na] 形 男
《国名》カンボジア Camboya の〔人〕；カンボジ
ア人

cambriano, na [kambrjáno, na] 形 男《地
質》カンブリア紀〔の〕
　cámbrico, ca 形 男 ＝cambriano

cambrón [kambrón] 男《植物》クロウメモドキ
cambronera [kambronéra] 女《植物》クコ
cambucho [kambútʃo] 男《南米》円錐形の
紙袋；紙くずかご，洗濯物かご；［酒瓶などの］こ
も，わら包み

cambullón [kambuʎón] 男《南米》策略，罠；
《中南米》不正取引

cambur [kambúr] 男《南米》バナナ〖banana〗

camelar [kamelár] 他《←ジプシー語. 西》…に
へつらう，ご機嫌をとる；丸め込む；［女性に］言い
寄る
◆ ～*se* ［+a に］へつらう：～*se a*l jefe 上司に
取り入る

camelia [kamélja] 女《植物》ツバキ；《中米》
ヒナゲシ

camélidos [kaméliðos] 男 複《動物》ラクダ
科

camelista [kamelísta] 形 名《西》おべっか使
い〔の〕；自称の

camellero, ra [kameʎéro, ra] 名 ラクダ引き

camello[1] [kaméʎo] 名《俗語》麻薬の売人：
hacer el ～ 麻薬を運ぶ

camello[2], **lla** [kaméʎo, ʎa] 名《動物》ラク
ダ：pelo de ～ 〖繊維〗キャメルヘア
◆ 女《船舶》浮き箱
disfrutar como un ～《口語》大いに楽しむ

camellón [kameʎón] 男《中米》［道路の］中
央分離帯

camelo [kamélo] 男《←camelar》❶《口語》
嘘，見せかけ；べん；おべっか：Ese pastel tan
grande es un ～；está hueco. その巨大なケー
キは見せかけだけで，中はがらんどうだ．No me
vengas con ～s. うわべを飾るな/おべっかはやめ
ろ．❷［意図的に］無意味な言葉；虚報．❸
《口語》冗談，からかい
dar el ～ *a*+人 …をたぶらかす，だます
de ～ 自称の，偽の：escritor *de* ～ 自称作家
en ～ 口から出任せに，いい加減な調子で；冗談
で
oler a ～ 怪しげな感じがする

camelote [kamelóte] 男《繊維》カムロ〖丈夫
な毛織物の一種〗

camembert [kámembɛr] 男《←仏語. 料理》
カマンベール

cameraman [kameráman] 男 複 came-
ram*en*》《←英語. 映画・テレビ》カメラマン

camerino [kameríno] 男《演劇》楽屋

camero, ra [kaméro, ra] 形 女 セミダブルベ
ッド〔の〕：sábana ～*ra* セミダブル用のシーツ

camerunés, sa [kamerunés, sa] 形 男《国
名》カメルーン Camerún 男 の(人)

camicace [kamikáθe] 形 名《←日本語》神
風特攻隊〔の〕
◆ 男 特攻機

camilla [kamíʎa] 女 ❶ 担架；移動式ベッド，
ストレッチャー〖～ de ruedas〗：llevar (poner)
en ～ 担架(ストレッチャー)で運ぶ(にのせる). ❷
［精神分析などの］寝椅子；［自動車修理用の］
寝台. ❸〖昔は下に
火鉢を入れた〗丸テー
ブル〖mesa ～. ☞カッ
ト〗

　camillero, ra 名 担
架を運ぶ人；担架兵

camilucho, cha [kamilútʃo, tʃa] 形 名《中
南米》日雇いのインディオ労働者〔の〕

caminador, ra [kaminaðór, ra] 形 名 健脚な〔人〕; あちこち歩く

caminante [kaminánte] 名 《文語》歩行者; 旅行者

caminar [kaminár] 自 ❶ 歩く 《andar》; 〔歩いて〕行く: ~ despacio ゆっくり歩く. ~ hacia la fama 名声に向かって進む. ~ a su perdición 破滅への道を歩む. ❷ 〔天体が〕運行する; 〔川が〕流れる
~ **derecho** 悪いことをしない, まっとうに暮らす
◆ 他 《距離を》進む: ~ 20 kilómetros 20 キロ歩く

caminata [kamináta] 女 〔長距離を〕歩くこと; 〔徒歩の〕遠足: pegarse la gran ~ えんえんと歩く

caminero, ra [kaminéro, ra] 形 道路の
◆ 男 《南米》細長いテーブル掛け

camino [kamíno] 男 〔英 road, way〕
❶ 〔一般に〕道: Vamos por este ~. この道を行こう. preguntar el ~ a la estación 駅へ行く道を尋ねる. equivocar (equivocarse en) el ~ 道を間違える; 《比喩》道を誤る. perderse en el ~ 道に迷う. seguir su ~ 道を行く; 我が道を行く. reemprender el ~ 再び道を行く. cerrar el ~ 道路を閉鎖する. ~ carretero (de ruedas) 車の通れる道. ~ de hierro 鉄道. ~ forestal 林道. ~ real 〔昔の〕国道. Por todas partes hay una legua de mal ~. 《諺》どこへ行っても苦労はつきまとう. ~ de la gloria 栄光への道. C~s, Canales y Puertos 土木工学
❷ 道のり, 道程: ¿Cuánto ~ hay de aquí a Granada? ここからグラナダまでどの位ありますか? hacer 10 kilómetros de ~ 10 キロの道のりを行く
❸ 手段, 方法: Por ese ~ no le convencerás. そのやり方では彼を説得できないよ. elegir el ~ más fácil 最も安易な道を選ぶ. errar el ~ 道を誤る. escoger el buen ~ 正しい選択をする. seguir el ~ trillado (trivial) 常套手段を用いる, ありきたりの方法に従う. ~ de rosas 安楽な道. ~ para hacerse rico 金持ちになる方法. ~ directo 最善の手段
❹ 旅行: prepararse para el ~ 旅行の支度をする. traje de ~ 旅行着
❺ ~ de mesa 細長いテーブル掛け

a medio ~ 途中で: 1) A medio ~ nos paramos a descansar. 私たちは途中で止まって休んだ. abandonar a medio ~ 中途で放棄する. 2) [+entre の] 中間に

a mitad del ~ 道の半ばで, 途中で: A mitad del ~ advirtió que había olvidado la cartera. 彼は途中で財布を忘れたことに気づいた

abrir ~ 道を開く; 先例となる: abrir ~ entre la gente 人ごみをかき分ける

abrirse ~ 1) 道を切り開いて進む; 解決方法を見いだす. 2) 流れ出す; 流行する, 広まる

atravesarse en el ~ de+人 …の邪魔をする, 足を引っ張る

~ de... …に向かって; …に向かう途中で: Está

(Va) ~ de Cuzco. 彼はクスコに向かっている. C~ de la escuela, la encontré. 私は学校へ行く途中で彼女に会った

coger de ~ =pillar de ~

coger el ~ 出発する

coger por el buen (mal) ~ 正しい道を選ぶ(道を間違える)

cruzarse en el ~ de+人 =atravesarse en el ~ de+人

de ~ 途中で; ついでに: estar de ~ 途中である

deshacer el ~ 来た道を戻る

en ~ de... …への途上に: Está en ~ de arruinarse. 彼は破滅の道をたどっている

en el ~ 途中で; 計画の中途で: en el ~ de casa a la escuela 家から学校に行く途中で. dejar en el ~ 途中でやめる

hacer el ~ 道を行く

hacerse ~ =abrirse ~

hacerse su ~ 出世街道を行く; 〔事が〕進展する

interponerse en el ~ de+人 …のすることに干渉する

ir cada cual (cada uno) por su ~ 《比喩》それぞれ勝手な道を行く

ir fuera de ~ 道を踏み外す

ir por buen (mal) ~ 《比喩》正しい(誤った)道を行く

ir por su ~ 地道にこつこつやる

llevar buen (mal) por mal ~ …を誤った道に導く

llevar buen (mal) ~ やり方(生き方)が正しい(間違っている); うまく進展している(雲行きが悪くなる)

llevar ~ de+不定詞 …することになると予想される; …する方向に進展している: Esa obra lleva ~ de no acabar nunca. その工事は永久に終わりそうもない

pillar de ~ [+a+人 にとって] 途中にある: Su casa me pilla de ~. 彼の家は私の行く道の途中にある

ponerse en ~ 出発する; 旅行に出かける

por el ~ 道々, 途中で

quedarse a mitad de ~ 中途半端に終わる

salir a+人 **al ~** …を迎えに出る

tomar el ~ más corto 近道をする

tomar el ~ más largo 遠回りをする, 道草を食う

traer a+人 **a ~** [悪事から] 足を洗わせる

venir de ~ =pillar de ~

camión [kamjón] 男 〔英 truck〕❶ トラック: transportar en ~ トラックで輸送する. ~ articulado トレーラートラック. ~ cisterna (cuba) タンクローリー. ~ de carga pesada 大型トラック. ~ de la basura ごみ収集車. ~ frigorífico 冷凍トラック. ~ grúa レッカー車. ~ hormigonero (agitador・mezclador) 生コン車, コンクリートミキサー車. ~ volquete (de volteo) ダンプカー. ❷ 《中米》バス 《autobús》
estar como un ~ 《口語》〔人が〕魅力的な体つきをしている

camionaje [kamjonáxe] 男 トラック運送

〔料〕

camionero, ra [kamjonéro, ra] 名 トラック運転手

camioneta [kamjonéta] 女 ❶ バン, ライトバン；軽トラック, ピックアップ. ❷《西. 口語》長距離バス

camisa [kamísa] 女 〔英 shirt〕❶《服飾》ワイシャツ, シャツ：～ de deporte スポーツシャツ. ～ de dormir〔寝まき用の〕膝まである長いシャツ. ～ de fuerza 拘束衣. ❷ カバー, 覆い：～ de la lámpara ランプの覆い. ～ del cilindro シリンダーケーシング. ～ de agua〔機械〕水ジャケット. ❸ 書類挟み, ホルダー. ❹〔蛇の〕抜けがら

cambiar (mudar) de ~ 1) ワイシャツを着替える；〔蛇が〕脱皮する. 2)《軽蔑》〔政治的な〕立場(意見)を変える, 変節する

dejar a+人 sin (en) ~ …を破産(貧乏のどん底)に追いやる

jugarse hasta la ~ 賭博ですっからかんになる

meterse en ~ de once varas《口語》他人事に干渉する

no llegar a+人 la ~ al cuerpo《口語》…がびくびくしている

perder [hasta] la ~/quedarse sin ~ 破産(破滅)する

◆ 名 [+形容詞女性形. 人] ～ azul 青シャツ〖ファランヘ党員 falangista〗. ～ vieja スペイン内戦以前からのファランヘ党員. ～ negra 黒シャツ〖イタリアのファシスト〗. ～ parda 褐色シャツ〖ナチス〗

camisero, ra [kamiséro, ra] 形 名 ワイシャツ(の)；ワイシャツ製造(販売)業者
◆ 男 シャツブラウス〖blusa ～ra, vestido ～〗
camisería 女 ワイシャツ製造所(室)；《まれ》ワイシャツ店, 紳士洋品店

camiseta [kamiséta] 女〔丸首の〕シャツ〖下着・スポーツ用など〗, T シャツ, トレーナー；サマーセーター：～ de tirantes/～ sin mangas ランニングシャツ；タンクトップ

sudar la ~ 激烈な試合をする；猛練習する

camisola [kamisóla] 女〔←伊語〕〔女性用肌着の〕キャミソール；〔男性用の〕胸元と袖口にレース飾りのあるシャツ；《スポーツ》〔ユニホームの〕シャツ；ワイシャツ型のネグリジェ

camisolín [kamisolín] 男《服飾》プラストロン, 胸当て

camisón [kamisón] 男《服飾》ネグリジェ, 寝まき

camita [kamíta] 形 名 ハム族〔の〕

camomila [kamomíla] 女《植物》カミツレ〖manzanilla〗

camón [kamón] 男 出窓

camorra [kamórra] 女 ❶《口語》けんか：buscar ～ けんかをふっかける. armar ～ 騒ぎを起こす. ❷〔主に la C～〕カモラ〖ナポリ起源の犯罪組織〗

camorrear 自 けんか騒ぎを起こす
camorrero, ra/camorrista 形 けんか好きな〔人〕, けんか早い〔人〕

camote [kamóte] 男《中南米》サツマイモ〖ba-
tata〗；恋すること, 恋人；嘘；まぬけ

tomar un ~ [主に異性に] 好きになる

tragar ~ 詰まりながら話す

camotillo 男〖ペルーの〗サツマイモの菓子

camp [kámp] 形〔←英語〕〔芸術などで〕古いものを再評価する：cantante ～ ナツメロ歌手

campa [kámpa] 女 木の生えていない〔土地〕

campal [kampál] 形 batalla ～ 野戦；〔主に大勢の〕激しいけんか(論争). misa ～ 野外ミサ

campamento [kampaménto] 男 ❶〔登山者・軍隊などの〕キャンプ〔地〕, 野営〔地〕；〔医〕その人々, 設備：levantar el ～ キャンプをたたむ. fuego de ～ キャンプファイア. ～ de instrucción トレーニングキャンプ. ～ de trabajo ワークキャンプ. ～ de verano サマーキャンプ. ❷〔新兵の〕訓練期間

campana [kampána] 女〔英 bell〕❶ 鐘：Las ～s tocan a muerto. 弔いの鐘が鳴っている. tañer (tocar) las ～s 鐘を鳴らす. doblar las ～s 弔鐘を鳴らす. a toque de ～ 鐘の音を合図に. reloj de ～ チャイム時計. pantalones de ～〔服飾〕ベルボトム. ❷ 釣鐘型の覆い(器)：～ de buzo〔= neumática 潜函, ケーソン. ～ de la chimenea 暖炉のフード. ～ extractora〔台所の〕レンジフード. ～ aislante〔電気〕はめ形碍子. ❸〔チーズ・時計などにかぶせておく〕ガラスのカバー. ❹〔楽器〕ベル, グラスハーモニー

dar una vuelta de ~〔完全に〕一回転する, 引っくり返る

echar (tocar) las ～s al vuelo/repicar las ～s 鐘を一斉に打ち鳴らす；《口語》〔喜んで〕知らせて回る, 吹聴する

no haber oído ～s〔+de 周知の・基本的なことを〕知らないでいる

oír ～s y no saber dónde《口語》肝心な点がわかっていない, 誤解する

vuelta de [la] ~〔人・飛行機の〕宙返り

◆ 男《南米. 俗語》見張り

campanada [kampanáda] 女 ❶ 鐘の音〔時計の〕時報：He oído las ～s de las seis. 6時の鐘(時報)が聞こえた. ❷ 騒ぎ, スキャンダル：dar la ～ 物議をかもす

campanario [kampanárjo] 男 鐘楼
de ～ 見方が狭い(地域的な)

campanear [kampaneár] 自 ❶〔ひんぱんに〕鐘を鳴らす. ❷《中南米. 俗語》見張る, スパイする
◆ ～se〔女性が〕腰を振って歩く
allá se las campanee 私の知ったことではない/勝手にする
campaneo 男 鐘の音；腰を振ること

campanero, ra [kampanéro, ra] 名 鐘つき

campaniforme [kampanifórme] 形 鐘形の

campanil [kampaníl] 形 metal ～ 鋳鐘用の青銅
◆ 男 鐘楼〖campanario〗

campanilla [kampaníʎa] 女 ❶ 鈴：tocar la ～〔振って〕鈴を鳴らす. ❷ のどびこ〖úvula〗. ❸ 釣鐘型のモール飾り(小さな花). ❹《植物》フウリンソウ

de [*muchas*] 〜*s*《時に皮肉》一流の, 豪華な: futbolista (restaurante) *de* 〜*s* 一流のサッカー選手 (レストラン)

campanillear 自 ベルをしつこく(長く)鳴らす

campanilleo 男 [うるさい] 鈴(ベル)の音

campanillero, ra 图 鈴の奏者；[アンダルシア地方で] 鈴・ギターなどで伴奏する聖歌隊

campanólogo, ga [kampanólogo, ga] 图 《音楽》ベル(グラスハーモニー)の奏者

campante [kampánte] 形 [estar+] ❶ [状況に反して] 平静な, 悠然とした: Escala tan 〜, como si no hubiera peligro. 危険などないかのように彼は平然と登っている. ❷ 得意げな: Va tan 〜 con su nuevo coche. 彼は新車に乗って得々としている

campanudo, da [kampanúðo, ða] 形 ❶ [言葉・人が] 大仰な, もったいぶった；家柄のよい. ❷ 釣鐘型の

campánula [kampánula] 囡 《植物》ホタルブクロ: 〜 china (japonesa) キキョウ

campanuláceas 形 キキョウ属

campaña [kampáɲa] 囡 ❶ 《軍隊の》遠征, 軍事行動: 〜 de Rusia ロシアへの遠征. traje (uniforme) de 〜 戦闘服. artillería de 〜 野戦砲兵. ❷ 医图 [政治的・社会的な] 運動, キャンペーン: lanzar una 〜 キャンペーンを繰り広げる. 〜 antituberculosa 結核撲滅運動. 〜 de venta 商戦. 〜 denigratoria 組織的な中傷. 〜 electoral 選挙運動, 選挙戦. 〜 publicitaria 宣伝キャンペーン. 〜 mesa de 〜 キャンプ用の簡易テーブル. misa de 〜 野外ミサ. ❹《中南米》=campo

campañol [kampaɲól] 图 《動物》ハタネズミ

campar [kampár] 自 ❶ [+sobre に] 勝る. ❷ うろつく；野営する

campear [kampeár] 自 ❶ [目立って] 見える: Entre la gente campeaban unas banderas. 人々の間に何本かの旗が見えた. El pesimismo campea en sus obras. 彼の作品にはペシミズムが目立つ. ❷ [家畜が野原で] 草を食む；[畑が] 青む. ❸《南米》草原を捜索する

campeador, ra 形 Cid C〜 勇者シッド 【本名 Rodrigo Díaz de Vivar. レコンキスタで戦ったカスティーリャの騎士 (1043-99)】

campechano, na [kampetʃáno, na] 形 気さくな〔人〕, 気のおけない〔人〕

campechan(er)ía 囡 気さくさ

campeche [kampétʃe] 男 カンペチェ材

campeón, na [kampeón, na] 图 ❶ チャンピオン, 選手権保持者: Es 〜 del peso medio. 彼はミドル級のチャンピオンだ. 〜 del mundo 世界チャンピオン. ❷ [主義などの] 擁護者: 〜 de la justicia 正義を守る人. ❸ [良い意味でも悪い意味でも] すごい人. ❹ [中世の馬上槍試合などの] 戦士

campeonato [kampeonáto] 男 選手権〔試合〕, 優勝: ganar el 〜 de tenis テニスの選手権を獲得する. 〜 de liga リーグ優勝

de 〜《西. 口語》ものすごい, まったくひどい: tonto *de* 〜 どうしようもないばか

campera¹ [kampéra] 囡 ❶《南米》カーディガ

ン 〖cárdigan〗；ジャンパー 〖cazadora〗. ❷ 複《西》半靴

campero, ra² [kampéro, ra] 形 田舎の: fiesta 〜*ra* 田舎の祭り

◆ 男《自動車》ジープ

campesino, na [kampesíno, na] 形 田舎の；畑の: fiesta 〜*na* 田舎の祭り. vida 〜*na* 田園生活. labores 〜*nas* 野良仕事

◆ 图 農民；田舎の人

◆ 男《南米. 自動車》ジープ

campesinado 男 医図 農民〔層〕

campestre [kampéstre] 形 野原の, 田園の: flores 〜*s* 野の花

camping [kámpin] 男 〖圏 〜*s*〗《←英語》キャンプ(場): ir de 〜 キャンプに行く. hacer 〜 キャンプをする

campiña [kampíɲa] 囡 畑, 平原

campista [kampísta] 图 キャンプする人, キャンパー

campo [kámpo] 男 《英 field, countryside》 ❶ [都会に対して] 田舎, 田園: vivir en el 〜 田舎で暮らす. retirarse al 〜 田舎に引っ込む. emigración del 〜 a la ciudad 農村から都会への人口移動. hombre de 〜 田舎の人, 農民

❷ 野原: El 〜 está florido. 野原には花が咲いている. montañas y 〜*s* 野山. día de 〜 遠足, ピクニック

❸ 畑: La sequía ha echado a perder todos los 〜*s*. 旱魃で畑の〔作物が〕全滅した. 〜 de trigo 小麦畑

❹ [色々な] 場所, …場: 〜 aurífero 金鉱. 〜 de Agramante [けんか] てんやわんやの場所. 〜 de aterrizaje 離着陸場. 〜 de aviación 飛行場. 〜 de batalla 戦場. 〜 de concentración [捕虜・政治犯の] 収容所. 〜 de cultivo 耕地. 〜 de fuego 戦場. C〜 de Gibraltar ジブラルタルに接するスペイン領. 〜 de prueba 実験〔試験〕場. 〜 de tiro 射撃場；射程, 着弾範囲. C〜 Elíseos 《ギリシア神話》極楽；《地名》[パリの] シャンゼリゼ. 〜 minado (de minas) 地雷原, 機雷原. 〜 santo 墓地

❺ 陣地, 陣営: 〜 enemigo 敵陣〔営〕. 〜 conservador 保守陣営. 〜 liberal リベラル派陣営

❻ [行動などの] 範囲, 領域: 〜 de actividad 活動範囲. 〜 de la medicina 医学の分野. 〜 visual 視界, 視野. 〜*s* sociales 社会的領域

❼《スポーツ》i) 運動場, グラウンド 〖〜 de juego・de deportes〗；[テニスなどの] コート；ゴルフコース；《野球》内野: medio 〜 フィールド中央, ミッドフィールド. ii) 〜 a través クロスカントリー

❽《光学》視界, 視域: 〜 de un telescopio 望遠鏡の視域. profundidad de 〜 被写界深度

❾《物理》〜 eléctrico 電界. 〜 gravitatorio (de gravedad) 重力の場, 重力圏. 〜 magnético 磁場, 磁界

❿《情報》フィールド

⓫《紋章》紋地

[*a*] 〜 *traviesa/a* 〜 *través* [道を通らず]

野原を横切って

abandonar el ～ 退却する〖比喩的にも〗

asentar el ～ 野営のテントを張る, 設営する

dejar el ～ libre [競争などから] 下りる, 身を引く

en ～ propio 《スポーツ》ホームグラウンドで

hacer ～ [活動の] 場所を用意する, スペースを作る

ganar mucho ～ [+entre+人 の間に] 広く地歩を占める

levantar el ～ キャンプをたたむ, 野営をとく; 中止(断念)する

quedar en el ～ 戦場に散る; 決闘で死ぬ

tener ～ libre 行動の自由がある

camposanto [kamposánto] 男 《文語. カトリック》墓地 〖campo santo〗

campus [kámpus] 男 〖単複同形〗《大学の》キャンパス, 構内

camuesa [kamwésa] 女 《果実》リンゴの一種 〖香りが強く果肉が多い〗

　camueso 男 《植物》その木

camuflar [kamuflár] 他 《←仏語》カムフラージュする, 偽装(迷彩)を施す

　camuflaje 男 カムフラージュ

camuñas [kamúɲas] 女 複 ❶ [小麦・大麦・ライ麦以外の] 穀粒. ❷ el 〖tío〗《口語》怖いおじさん 〖子供たちを脅かすための想像上の人物〗

can [kán] 男 ❶ 《詩語》犬 〖perro〗: ～ mayor (menor) 《天文》おおいぬ(こいぬ)座. ❷ 《建築》持ち出し, 持ち送り. ❸ 《銃の》トリガー 〖gatillo〗

cana[1] [kána] 女 ❶ [主に 複] 白髪(ﾊﾞら): tener ～s 白髪がある. Le han salido ～s. 彼は白髪が出始めた. ❷ 《南米》牢獄; 警察

echar una ～ al aire 《口語》〖いつもはまじめな人が〗たまに楽しむ, 羽を外す

peinar ～s 《口語》 [実は] かなりの年齢である

canadiense [kanaðjénse] 形 名 《国名》カナダ Canadá の〖人〗; カナダ(の)人

　◆ 女 《服飾》ムートンジャケット

canal[1] [kanál] 男 〖英 canal, channel〗❶ 運河, 水路: ～ de Suez (de Panamá) スエズ(パナマ)運河. ～ de riego 灌漑用水路. ～ de drenaje 排水路. ～ abierto 開水路, 開渠. ❷ 経路; 伝達手段: ～es de distribución 販売経路. ❸ 《テレビの》チャンネル: cambiar de ～ チャンネルを変える. en el segundo ～ 第 2 チャンネルで. ❹ [本の] 小口. ❺ 《地理》海峡: C～ de la Mancha 英仏海峡. ❻ 《解剖》i) 管: ～ digestivo 消化管. ～ torácico 胸管. ～ medular 髄管. ～ de parto 産道. ii) 喉, 咽頭. ❼ 《金属》～ de colada 湯道

canal[2] [kanál] 男 女 ❶ 《建築》雨どい; 溝掘り装飾. ❷ 《料理》枝肉: en ～ 枝肉で

abrir la ～ [上から下まで] 切り裂く

mojar la ～ maestra 一杯やる

canaladura [kanalaðúra] 女 《建築》 [装飾としての] 垂直の溝

canalé [kanalé] 男 《←仏語. 繊維》メリヤス編み

canaleta [kanaléta] 女 《南米》雨どい

canalete [kanaléte] 男 水かきの大きいオール

canalizar [kanalixár] 他 ❶ 《河川を》運河化する, …に運河(水路)を開く; [水路の水を] 調節(利用)する. ❷ 方向づける, 誘導する: ～ opiniones 意見に一定の方向づけをする. ～ información 情報を流す

　canalizable 形 運河化(方向づけ)し得る

　canalización 女 1) 運河化; [主に水の] 配管網, パイプライン. 2) 方向づけ, 誘導

canalla [kanáʎa] 女 《軽蔑》集合 下層民, 下賤な連中

　◆ 名 けしからん人, 卑劣な人; ごろつき, 悪党: ¡Qué ～! 〖時に親愛〗このろくでなし!

　canallada 女 下劣な行為(言葉)

　canallesco, ca 形 下劣な, 卑賤な

canalón [kanalón] 男 《西》雨どい; 複 《料理》カネロニ

canana [kanána] 女 ❶ 弾(薬)帯. ❷ 《中米》甲状腺腫 〖bocio〗

cananeo, a [kananéo, a] 形 名 《歴史・地名》カナーン Canaán 男 の〖人〗

canapé [kanapé] 男 〖複 ～s〗《←仏語》長椅子, ソファー 〖diván〗. ❷ 《料理》カナッペ

canario, ria [kanárjo, rja] 形 名 《地名》カナリア諸島 Islas Canarias の〖人〗《大西洋にありスペインの自治州の一つ》; [カナリア諸島の] Gran Canaria 島の〖人〗

　◆ 男 ❶ 《鳥》カナリア. ❷ 《俗語》陰茎. ❸ 複 [間投詞的] ＝caramba

cambiar el agua al ～ 小便をする

canasta [kanásta] 女 ❶ [口の広い] かご, バスケット 〖cesto〗. ❷ 《バスケ》ゴール; 得点: hacer (meter) cinco ～s 5 本のシュートを成功させる. ～ triple 3 点シュート. ❸ 《トランプ》カナスタ 〖ラミーの一種〗. ❹ 《経済》マーケットバスケット

canastero, ra 名 かごを作る(売る)人; アンダルシア地方のジプシー

canastilla [kanastíʎa] 女 ❶ 小さいかご: ～ de la costura 裁縫箱. ～ del pan パンかご. ❷ 産着

　canastillo 男 小さい(平たい)かご

canasto [kanásto] 男 [両取っ手付きで口の狭い] かご

　¡～s! 〖驚き・怒り〗おや!

cáncamo [káŋkamo] 男 ❶ 《船舶》リングボルト, アイボルト. ❷ ～ de mar 大波. ❸ 《中米》だめな男; 醜い女

cancamurria [kaŋkamúrja] 女 《口語》憂鬱, 気鬱

cancamusa [kaŋkamúsa] 女 《口語》ごまかし, ちょろまかし

cancán [kaŋkán] 男 《←仏語. 舞踊》カンカン; 《服飾》 [フリルの多い] ペチコート, 《南米》パンスト

cancanear [kaŋkaneár] 自 《中南米》どもる

cáncano [káŋkano] 男 《口語》しらみ 〖piojo〗

cancel [kanθél] 男 ❶ [二重扉の] 内側(外側)のドア 〖puerta 女〗; [木製などの] ついたて. ❷ 《中米》びょうぶ, ブラインド

cancela [kanθéla] 女 [門の] 鉄柵, 格子扉

cancelar [kanθelár] 他 ❶ 取り消す; 解約する, キャンセルする: ～ el contrato (la entrevista) 契約(会見の約束)を取り消す. ～ a+人 los antecedentes penales …の前科を取り消す. ❷ [債務を] 全額支払う

cancelación 囡 取り消し; 解約

cáncer [kánθer] 男 ❶《医学》癌: tener (un) ～ de pulmón 肺に癌がある. ～ de mama 乳癌. ～ de la política 政治の癌. ❷《天文・占星》[C～] かに座〖☞zodíaco 参考〗

cancerar 他 癌を引き起こす; 堕落させる. ◆ ～se 癌を患う; 癌性化する

cancerígeno, na 形 発癌性の〔物質〕

cancerofobia 囡 癌恐怖症

canceroso, sa 形 癌〔性〕の: tumor ～ 癌性腫瘍. ◆ 名 癌患者

cancerbero [kanθerbéro] 男 ❶《神話》地獄の番犬; 厳格な門番. ❷《サッカー》ゴールキーパー〖portero〗

cancha [kántʃa] 囡 ❶《テニス・バスケなど》コート, 競技場; 闘鶏場. ❷《中南米》空き地; …河川場; 競馬場; 広々とした河床. ❸《南米》[賭場の] てら銭, 煎りトウモロコシ; こつ, 技術: ～ blanca ポップコーン〖palomitas〗
abrir (dar) ～ *a*+人 …に場所を空ける, 道を譲る;《中南米》便宜を与える
¡～*!*《南米》そこをどけ!
estar en su ～《中南米》自分の得意の領域にいる
tener ～《中南米》経験が豊富である

canchal [kantʃál] 男 岩だらけの土地

canchar 他《南米》狐色に焼く

canchero, ra [kantʃéro, ra] 形 名 ❶《中南米》コートの管理者, 競技場主. ❷《南米》熟達した; 赤銅, ポーター

cancho [kántʃo] 男 ❶ 岩だらけの土地. ❷《南米》[弁護士などへの最低額の] 謝礼

canciller [kanθiʎér] 男 ❶ 政府高官; [ドイツなどの] 首相. ～ del exchequer [英国の] 大蔵大臣. ❷ [外交機関の] 書記官;《中南米》外務大臣. ❸ [昔の] 大法官, [国璽] 尚書

cancillería [kanθiʎería] 囡 ❶ 大使館書記局. 2) canciller の職. 3) ～ apostólica ローマ教皇庁尚書院

canción [kanθjón] 囡《英 song》❶ 歌, 歌謡〖☞canto 類語〗; 歌曲〖canto〗: cantar una ～ 歌を歌う. ～ de amor 恋歌. ～ infantil 童謡. ～ parodia 替え歌. ～ protesta プロテストソング. ～ italiana イタリア歌曲. tocar una ～ al piano ピアノで一曲演奏する. ❷ [16 世紀の] 宮廷風の優雅な歌曲. ❸ [主に 脳. 根拠のない] 言い訳, 口実: No me vengas con *canciones*. でたらめな言い訳はよせ
la misma ～ [otra vez・siempre・de nuevo+] またいつもの話: ¡Vuelta siempre a *la misma* ～! いつも同じ話の繰返しだ!
poner ～ *a*+人 *de...* [不要なものなのに] …に…を欲しくさせる
ser otra ～《口語》今度は違う／別問題である: Ésa *es otra* ～. それは別問題だ

cancionero [kanθjonéro] 男 [詩]歌集; [特に 14-15 世紀の] 抒情詩集: *C*～ de

Baena バエナ詩歌集

cancro [kánkro] 男 =**cáncer** ❶;《植物》癌腫病

candado [kandáðo] 男 ❶ 南京錠;《レスリング》ハンマーロック. ❷《南米》あごひげ

candar [kandár] 他 …に鍵をかける

candeal [kandeál] 形 [小麦粉が] 上質の, 白い: pan ～ 白いパン
◆ 男《南米・飲料》エッグノッグの一種

candela [kandéla] 囡 ❶ ろうそく〖vela〗: Se acabó la ～. ろうそく(期限・生命)が尽きた. ❷《主に中南米》火〖fuego〗: pedir ～ para un cigarrillo たばこの火を借りる. ❸ [光度の単位] 燭光
a mata ～ [競売で] もうありませんか?
como unas ～*s* 陽気に
dar (arrear・arrimar・atizar) ～ *a*+人 [棒で] …を殴る
en ～ [船舶] 垂直に
estar con una ～ *en la mano* 臨終の床にある

candelabro 男 何本もの枝 brazo 付きの大燭台;《中南米》大燭台に似た形のサボテン

candelaria 囡《カトリック》ろうそく祝別の日 [2 月 2 日];《植物》ビロードモウズイカ

candelejón, na [kandeléxon, na] 形《南米》無邪気な

candelero [kandeléro] 男 燭台, ろうそく立て
estar en [el] ～《主に人が》著名である, 一世を風靡する

candelilla [kandelíʎa] 囡《中南米》ホタル〖luciérnaga〗

candente [kandénte] 形 ❶ [estar+] 白熱した: hierro ～ 白熱した鉄. ❷《比喩》noticias ～*s* ホットニュース. cuestión ～ やけどしかねないやっかいな問題

candidato, ta [kandiðáto, ta] 名 [+a への] 候補者, 志願者: ～ a la presidencia 大統領候補者. ～ republicano 共和党候補. ～ al premio Akutagawa 芥川賞候補者

candidatura [kandiðatúra] 囡 ❶ [+a への] 立候補; 推薦: presentar su ～ a la secretaría 書記長に立候補する. ❷ [集合] 候補者;《西》候補者名簿: Su nombre encabeza la ～ socialista. 彼の名前は社会党候補者名簿の第 1 位にある. ❸ [あらかじめ候補者名が書かれた] 投票用紙

cándido, da [kándiðo, ða] 形 純真な, 無邪気な; あどけない: ～ como un niño 子供のように純真な

candidez 囡 純真さ

candil [kandíl] 男
❶ ランプ〔の一種〕〖☞カット〗; [鹿の] 枝角. ❷《中米》シャンデリア〖araña〗
Adóbame esos ～*es*. それは間違い(脱線)だ
buscar con un ～ 丹念に探す
ni aun buscándolo (ni aunque lo busques) con ～ どんなに探しても〖見つけるのは難しい〗

ni buscado con ~ 最高(最適)だ

poder arder en un ~ 強い酒である；鋭い意見である

sombrero de ~ *(de tres* ~*es)* 三角帽〖tricornio〗

candileja [kandiléxa] 囡 ❶ ランプの油を入れる部分. ❷ 劇〖演劇〗フットライト

entre ~s 演劇で〔生計を立てて〕

candinga [kandíŋga] 囡 ❶《南米》愚かな言動；混乱. ❷《中米》悪魔〖diablo〗

candiota [kandjóta] 囡 [ワイン貯蔵用の]かめ

candombe [kandómbe] 圐《南米》アフリカ風のにぎやかな黒人の踊り；混乱, 無秩序

candombero, ra 厖 その踊りの大好きな

candonga¹ [kandóŋga] 囡 ひやかし, からかい

candongo, ga² [kandóŋgo, ga] 厖《口語》ずる賢い〔人〕, へつらう〔人〕；仕事をサボるのがうまい〔人〕

candor [kandór] 圐 無邪気さ, あどけなさ：~ infantil 子供の無邪気さ

candoroso, sa 厖 無邪気な, あどけない

canear [kaneár] 囲 白髪になり始める

◆ 囲《口語》殴る

caneca¹ [kanéka] 囡 [主に酒用の]陶製の容器

caneco, ca² 厖《南米》酔っぱらった. ◆ 圐 = caneca

canecillo [kaneθíλo] 圐《建築》持ち出し, 持ち送り〖can〗

canéfora [kanéfora] 囡 [古代の]花や供物を入れたかごを運ぶ娘

canela¹ [kanéla] 囡《植物·香料》桂皮, シナモン：~ en rama シナモンの枝. ~ fina (en polvo) シナモンの粉

ser ~ *[fina]* 一級品(最高)である：Este lenguado es ~. このシタビラメは大変おいしい. Esa secretaria es ~ *fina.* あの秘書は最高に有能だ

canelo, la² [kanélo, la] 厖 肉桂色の, 赤褐色の. ◆ 圐《植物》ニッケイ(肉桂)

hacer el ~《口語》愚かなことをする

canelón [kanelón] 圐 ❶ = canalón. ❷ つらら〖carámbano〗；雨どい〖canalón〗；圐《料理》カネロア

canesú [kanesú] 圐 〖圐~(e)s〗《←仏語》[婦人服·シャツの]身頃, 胴

caney [kanéi] 圐《中南米》タバコ葉の干し小屋

cangilón [kaŋxilón] 圐 釣瓶(²)；[浚渫機などの]バケット

cangreja [kaŋgréxa] 囡《船舶》スパンカー〖vela ~〗

cangrejo [kaŋgréxo] 圐 ❶《動物》カニ〖~ de mar〗：~ de río ザリガニ. ❷《南米》ならず者；ばか者

avanzar como los ~s 後退する

como un ~ ひどく日焼けした

cangrejero, ra 厖 カニを捕る(売る)人. ◆ 圐《鳥》ヌマサギ

canguelo [kaŋgélo] 圐《←ジプシー語. 西》恐れ〖miedo〗

canguil [kaŋgíl] 圐《南米》[粒の小さい]トウモロコシ

canguis [kaŋgís] 圐 = canguelo

canguro [kaŋgúro] 圐 ❶《動物》カンガルー；《服飾》[大きな胸ポケットのある]アノラック

◆ 圐《西》ベビーシッター：hacer de ~ 子守りをする

caníbal [kaníbal] 圐 图 [人が]人食いの, 食人種(の)；《口語》残酷な〔人〕

canibalismo 圐 食人；残忍

canica [kaníka] 囡 ❶ ビー玉；圐 ビー玉遊び. ❷《中米》肉桂〖canelo〗

caniche [kanítʃe/-ʃ] 圐《犬》プードル

canicie [kaníθje] 囡 白髪〔の状態〕；《医学》白毛症

canícula [kaníkula] 囡《文語》盛暑, 土用〖7月24日-9月2日〗：en plena ~ 真夏に

canicular 厖 盛暑の：calor ~ 酷暑. ◆ 圐 圐 盛暑の候

cánidos [kánidos] 圐 圐《動物》イヌ科

canijo, ja [kaníxo, xa] 厖 ❶ 病弱な. ❷《中米》ずる賢い, 陰険な

canilla [kaníʎa] 囡 ❶《腕·脚の》長い骨〔特に〕脛骨；[鳥の]翼骨. ❷ 脚の細い部分, すね. ❸ [樽などの]栓, 蛇口. ❹ [ミシン·織機の]糸巻き, ボビン. ❺《中米》ふくらはぎ；《中米》体力

irse de ~ べらべら(無思慮に)しゃべる.

canillita [kaniʎíta] 圐《南米》新聞売り子

canino, na [kaníno, na] 厖 イヌ科の, 犬の：exposición ~na/concurso ~na ドッグショー. raza ~na 犬の品種

tener un hambre ~na 腹ぺこである

◆ 圐 ❶《解剖》犬歯, 牙(²)〖diente ~〗. ❷ 圐《動物》イヌ科

canje [káŋxe] 圐 交換：~ de prisioneros 捕虜交換. ~ de notas《外交》交換公文

canjear [kaŋxeár] 囲 [+por] 交換する〖cambiar〗：~ los bonos por premios 引換券を賞品と交換する

canjeable 厖 交換できる

cannabis [kánabis] 圐《単複同形》《植物》インドアサ；大麻

cannabáceas 囡 圐 アサ科

cano, na² [káno, na] 厖 白髪の：anciano de pelo ~ 白髪の老人. ponerse ~ 白髪になる

canoa [kanóa] 囡 ❶ モーターボート 〖~ automóvil〗；カヌー；ボート, 小舟：~ monoxila 丸木舟. ~ neumática ゴムボート. ❷《中南米》樋(ⁱ)

canódromo [kanódromo] 圐 ドッグレース場

canon [kánon] 圐 〖圐 cánones〗 ❶ 規範；[理想的な] 標準：romper los *cánones* del teatro clásico 古典演劇の規範を破る. ❷《カトリック》[教会の]法規；[宗教会議の]決議；教会法. ❸《聖書》正典；[ミサの]典文. ❹ 目録, リスト. ❺ 使用料, 納付金：~ de regadío 用水料. ❻《音楽》カノン

como mandan los cánones 当然そうであるような·に

canónico, ca [kanóniko, ka] 厖 ❶《カトリック》教会法による, 宗規に関する：derecho ~ 教

会法. matrimonio ～ 教会法による婚姻. libros ～s 〔聖書の〕正典書. ❷ 規準的，標準の: forma ～ca《言語》規準形
canonicato 男 =**canonjía**
canóniga [kanóniɣa] 囡 昼食前の昼寝
canónigo [kanóniɣo] 囲 ❶ 《カトリック》〔司教座聖堂〕参事会員: ～ penitenciario 聴罪参事会員. ❷ 復《植物》ノヂシャ，コーンサラダ *llevar vida de ～* 安楽に暮らす
canonista [kanonísta] 囲 教会法学者
canonizar [kanoniθár] 他《カトリック》聖人の列に加える，列聖する
canonización 囡 列聖
canonjía [kanoŋxía] 囡 司教座聖堂参事会員の職(禄)；《戯語》楽な(割のいい)仕事
canoro, ra [kanóro, ra]《文語》美しい旋律の: ave ～ra よい声でさえずる鳥. poesía ～ra 美しい詩
canoso, sa [kanóso, sa] 形 白髪の〔多い〕: barba ～sa 白ひげ
canotié/canotier [kanotjé/-tjér] 囲 《複 ～s》《←仏語》〔麦わらの〕かんかん帽子
cansado, da [kansáðo, da] 圏 過分 《英 tired》❶ [estar+. 肉体的·精神的に, +por・de に] 疲れた: Estoy muy ～ por la caminata. 私は大変歩き疲れた. cara ～da 疲れた顔. ❷ [estar +. +de に] 飽きた，うんざりした: Estoy ～ de estudiar. 私は勉強に飽きた. viaje ～ 退屈な旅行. ❸ [estar+] 熟達した. ❹ [ser+] 骨の折れる: Es ～ pelar un pollo. ひな鶏の毛をむしるのは面倒だ. trabajo ～ 骨の折れる仕事
cansador, ra [kansaðór, ra] 圏《南米》退屈な
cansancio [kansánθjo] 囲 疲れ；飽き: Se le nota ～ en el rostro. 彼の表情には疲れの色が見える. sentir ～ 疲労(退屈)を感じる
cansar [kansár] 他 疲れさせる: El pedalear me *cansa* mucho. ペダルをこぐのはひどく疲れる. ～ la vista 目を疲労させる. ～ un terreno 土地を疲れさせる. ❷ 飽きさせる；うんざりさせる，わずらわす: Me *cansan* las películas de poca acción. アクション場面の少ない映画は退屈だ
◆ 自 疲れる；飽きる
◆ ～**se** [+de で·に] 疲れる；飽きる: *Me cansé* estudiando. 私は勉強で疲れた. *Me cansé de* estudiar. 私は勉強に飽きた. Ya *me he cansado de* oír las mentiras. もう嘘を聞かされるのにはうんざりだ
no ～se de+不定詞 [必要なだけ] 繰返し…する: *No me canso de* decirte que trabajes. 働けと何度でも言うぞ
cansino, na [kansíno, na] 圏 ❶ [疲労のために] のろい: andar con paso ～ のろのろ歩く. voz ～na 元気のない声. ❷ つらい，しんどい
cantábile [kantábile] 圏 [詩で] カンタービレ
cantable [kantáble] 圏 [詩で] 歌える
◆ 囲《サルスエラの》歌の場面；その歌詞
Cantabria [kantábrja] 囡《地名》カンタブリア 『スペイン北部の自治州. 1978 年憲法によって

Castilla la Vieja から分かれた』
cantábrico, ca [kantábriko, ka] 圏 Cordillera C～ca カンタブリア山脈. Mar C～ カンタブリア海『ビスケー湾のこと』
cántabro, bra [kántaβro] 圏 囵 カンタブリアの〔人〕
cantado, da [kantáðo, da] 圏 過分 ❶ [estar+] 初めからわかっている，避けられない. ❷《スポーツ》gol ～ 〔容易だったのに〕失敗したゴール
◆ 囲 [無能による] 失敗
cantador, ra [kantaðór, ra] 囵 [主に民謡の] 歌手
cantaleta [kantaléta] 囡《南米》=**cantinela**
cantalupo [kantalúpo] 囲《果実》カンタルーブメロン
cantamañanas [kantamaɲánas] 囵《単複同形》《軽蔑》大きなことを言う人，無責任な人
cantante [kantánte] 圏 歌う
◆ 囵《英 singer》歌手: ～ de ópera オペラ歌手
cantaor, ra [kantaór, ra] 囵《フラメンコの》歌手
cantar [kantár] 《英 sing》自 ❶ 歌う: ～ entonado (desafinadamente) 正しく[調子外れに] 歌う. ～ de tiple ソプラノで歌う. Quien *canta*, la pena espanta. 《諺》笑う門には福来たる. ❷ さえずる，鳴く；[心地よい] 音を出す: Los pájaros (Los grillos) *cantan*. 鳥 (コオロギ) が鳴いている. Se oye ～ la fuente. 噴水のサラサラいう音が聞こえる. Ya *canta* el botijo. [一杯になってきて] 水差しが音を出し始めた. Esta sandía *canta* bien. このスイカは(叩くと)いい音がする
◆ 他 ❶ 歌う: El hombre enamorado le *canta* una serenata a su amada al pie de la ventana. 恋している男は窓の下で愛する人にセレナードを歌う. ❷《文語》讃える: ～ los méritos de+人 …の功績を讃える. ～ [a] la naturaleza 自然を歌う(賛美する). ～ la alegría de la juventud 青春を謳歌する. ❸《口語》[節をつけて] 告げる: ～ las horas [夜回りが] 時を告げる. ～ el primer premio de la lotería 宝くじの 1 等賞を発表する. ❹《口語》白状する；暴露する: ～ su culpabilidad 罪を自白する. ❺《西. 口語》不快(強烈)な臭いを放つ: Le *cantan* los pies. 彼の足はとても臭い. ❻《口語》非常に明らかである；目立ちすぎる. ❼《トランプ》[得点を] 告げる；《ビンゴ》ビンゴと叫ぶ
～las (cantárselas) claras 直言する，はっきりと叱る
◆ 囲 ❶ 民謡. ❷《聖書》C～ de los C～es 雅歌
ser otro ～《口語》別物である: Su primera obra fue mala, pero ésta *es otro ～*. 彼の第一作はひどかったが，今度のは違う
cántara [kántara] 囡 ❶《容量の単位》= 16.13リットル. ❷ =**cántaro**
cantarano [kantaráno] 囲 [上部が机の] 整理だんす
cantarero, ra [kantaréro, ra] 囵 陶工

〖alfarero〗

◆ 〔名〕 壺 cántaro を並べて置く台

cantárida [kantáriða] 〔女〕《昆虫》ゲンセイ; 《薬学》カンタリス

cantarín, na [kantarín, na] 〔形〕 歌好きの, の ど自慢の; 心地よい音のする: pájaro 〜 よい声 でさえずる鳥. río 〜 サラサラ流れる川

◆ 〔名〕 歌手〖cantante〗

cántaro [kántaro] 〔男〕 ❶ [大型で両手付きの] 壺 (か), 水がめ: i) beberse medio 〜 de agua 甕 半分の水を飲み干す. ii)《諺》Tanto va el 〜 a la fuente que al fin se rompe. 危険を冒し ているといつか痛い目に会う. C〜 roto no sufre remedio. 覆水盆に返らず. Si da el 〜 en la piedra (la piedra en el 〜), mal para el 〜. ばかを見るのはいつも弱者

a 〜s 大量に, どっと: llover a 〜s どしゃぶりの 雨が降る

cantata [kantáta] 〔女〕《音楽》カンタータ

cantautor, ra [kantautór, ra] 〔名〕 シンガーソ ングライター

cante [kánte] 〔男〕 ❶ [アンダルシア地方の] 民謡; [特に] フラメンコ 〖←flamenco〗: 〜 jondo (hondo) 深い重厚な歌. 〜 chico [日常生活を歌う] 軽妙な歌. ❷ [口語]不快な

dar [el] 〜《西, 口語》場違いに目立つ, 不釣 合である; 大騒ぎする

cantear [kanteár] 〔他〕 [石材などの] 縁に細工 を施す; [レンガを] 縦に並べる; 縁に化粧板を貼 りつける

cantera¹ [kantéra] 〔女〕 ❶ 石切り場, 採石場; 《中南米》切り石: 〜 de mármol 大理石採石 場. ❷ 人材の出る所: Sevilla es una 〜 de toreros. セビーリャからは闘牛士が大勢出る

cantería 〔女〕 石材の切り出し〔の技術〕; 石造物

cantero², ra² 〔名〕 石工, 採石者

cantero² [kantéro] 〔男〕 ❶ [固いものがもろいものの] 端: 〜 de pan パンの皮. ❷《中南米》[花・野菜 の] 畑

cántico [kántiko] 〔男〕 ❶《聖書》賛歌: 〜 del Magníficat 聖母マリアの賛歌. ❷ [一般に] 歌: 〜 triunfal 勝利の歌. 〜 espiritual negro 黒人霊歌

cantidad [kantiðá(ð)] 〔女〕《英 quantity》❶ 量, 数量〖←calidad〗: Más vale la calidad que la 〜. 量より質が大切だ. Había sufi-ciente 〜 de comida. 食事の量は十分あった. grandes 〜es de hierro y carbón 大量の鉄と 石炭. 〜 de electricidad 電気量. 〜 de calor 熱量. ❷ 金額: prestar una 〜 ある金 額を貸す. Le remitimos la 〜 de cien mil pesetas. 10万ペセタ〔の金額を〕ご送金します. ¿Qué 〜 necesitas? いくら必要なの? Esa 〜 es excesiva. その額〔量〕は多すぎる. ❸ 多数: Se concentró [una] 〜 de gente. 大勢の人が 集まった. realizar una gran 〜 de viajes 非常に数多く旅行する. 〜 de regalos たくさんの 贈り物. ❹ 数字〖cifra〗 ❺《口語》[副詞的] 非常にたくさん: Éste come 〜. こいつはものすご く食べる. ❻《言語》音量, 音長

en 〜 たくさん, 非常に: El esquí me gusta en

〜. 私はスキーがすごく好きだ

en 〜es industriales 大量に

en gran 〜 大量に: importar carne de vaca en gran 〜 牛肉を大量に輸入する

cantiga/cántiga [kantíga/kánti-] 〔女〕[中 世の, 主にガリシア・ポルトガル語の] 古謡, 頌歌: C〜s de Santa María『聖母マリアの古謡集』 〖アルフォンソ10世作〗

cantil [kantíl] 〔男〕[主に海岸の] 断崖;《主に中 南米》崖縁

cantilena [kantiléna] 〔女〕 ＝cantinela

cantimplora [kantimplóra] 〔女〕 水筒

cantina [kantína] 〔女〕[駅・工場・学校などの] 食堂, 売店;《軍事》酒保;《中南米》酒場;《南 米》イタリアンレストラン

cantinela [kantinéla] 〔女〕 ❶ [中世の] ゆっく りした叙情的な旋律; 短い詩歌. ❷ [詩などの] 繰返し

la misma 〜 単調な繰返し; 繰り言: Está siempre con la misma 〜. 彼のせりふはいつも 同じだ

cantinero, ra [kantinéro, ra] 〔名〕 cantina の 経営者(従業員)

◆ 〔女〕《古語》[軍隊の移動に従う] 酒保の女

cantizal [kantiθál] 〔男〕 石ころだらけの土地

canto [kánto] 〔男〕《英 song》❶ 歌〖願義 canción は一般的な歌, 特にポピュラーソング. canto は歌の範囲が限定されていて, 特にクラシッ クの歌曲〗: i) 〜 llano (gregoriano) グレゴリ オ聖歌 〜 polifónico 多声歌. ii) 歌うこと, 歌唱(法): 〜 del himno nacional 国歌斉唱. estudiar 〜 声楽を学ぶ. iii) 歌声; さえずり: 〜 de los pájaros 小鳥のさえずり. iv)[楽曲 の] 旋律部;《文語》[歌われるための] 詩;[叙事 詩などの] 詩編. v)《比喩》賛歌: 〜 a la vida 生への賛歌. ❷ 先端, 縁: dar con un 〜 a la mesa テーブルの角をぶつける. 〜 de pan パンの 切れ端. 〜 de acero [スキー] エッジ. ❸ [刃物 の] 峰 [←filo]; [本の] 小口 [←lomo]. ❹ 厚み; 厚さ3 centímetros de 〜 厚さ3セ ンチの板. ❺ 石ころ, 丸石;《アイスホッケー》パック

al 〜 1) 端に: plato desportillado al 〜 縁 が欠けた皿. 2) 緊急に; 不可避的に: Venga, dinero al 〜. 来てください. 金がすぐ必要だ. pruebas al 〜 補強証拠

darse con un 〜 [en los pechos·en los dientes]《口語》[まずまずの結果に] 納得す る; 大喜びする

de 〜 [最小側面を] 手前に向けて, 縦に: colocar los discos de 〜 レコードを立てて置 く. No le puedo ver bien la cara porque está de 〜. 横向きで彼の顔がよく見えない

el 〜 de un duro《口語》ごくわずか: por el 〜 de un duro きわどいところで, 危機一髪で

cantón [kantón] 〔男〕 ❶ [スペインの第一共和制 時代の] 自治区; [スイスの] 州; [フランスの] 小 郡. ❷ [紋章の] 四隅. ❸ [建物の] 角 [esquina]. ❹ 軍隊の宿営地. ❺《中米》住居

cantonal [形] 〔名〕 地方分立主義の(主義者); 州(小郡)の

cantonalismo 〔男〕[19世紀後半の] 地方分

立主義

cantonalista [kantonalísta] 形 名 地方分立主義の(主義者)

cantonada [kantonáða] *dar* ～ *a*＋人 …を置き去りにする，待ちぼうけを食わせる

cantonera [kantonéra] 女 ❶ 隅の補強材；隅金具：～s de un libro 本の角布. ❷ コーナー家具〖rinconera〗

cantonés, sa [kantonés, sa] 形 名 《地名》広東 Cantón の〔人〕
◆ 男 広東語

cantor, ra [kantór, ra] 形 歌う〔のが好きな〕；〔鳥が〕よい声でさえずる：canario muy ～ よく鳴くカナリア
◆ 名 ❶ 歌手〖cantante〗. ❷ 〔作品で，＋de を〕賛美する人：Dante, el ～ de Beatriz ベアトリスを謳い上げる詩人ダンテ
◆ 女 複 鳴禽〖aves ～ras〗

cantoral [kantorál] 男 《宗教》合唱歌集

cantueso [kantwéso] 男 《植物》ラベンダーの一種

canturrear [kantur̃eár] 自 他 ハミングで歌う，鼻歌を歌う
canturreo 男 ハミング，鼻歌

cánula [kánula] 女 《医学》カニューレ，套管(とうかん)；注射器の先(さき)

canuta [kanúta] 女 *pasar las ～s* 《西. 口語》ひどい目に会う

canutillo [kanutíʎo] 男 ❶ 《繊維》[コーデュロイなどの] 畝(うね)，凹凸(おうとつ)：～ ancho (estrecho) 畝の太い(細い). ❷ 《手芸》管状のビーズ

canuto [kanúto] 男 ❶ 〔竹などの〕節間，〔短い〕管，〔図面・賞状などを入れる〕筒. ❷ 《中南米》ペン軸；《南米》牧師；《料理》棒状のパイ. ❹ 《西. 口語》マリファナたばこ〖porro〗

caña [kána] 女 ❶ 〔麦・竹などの中空で・節のある〕茎，稈(かん)；《俗称》ヨシ，アシ〖carrizo〗：～ de Bengala (de Indias) トウ〔籐〗. ～ de cuentas カンナ〖cañacoro〗. Las ～s se vuelven lanzas. 〔諺〕ちょっとしたことが大げんかの元になる/ひょうたんから駒. ❷ 《植物》サトウキビ〖～ dulce・de azúcar・de Castilla〗. ❸ 釣竿〖～ de pescar〗：poner la ～ 釣糸をたらす. ❹ [主に生ビール用の細長い] グラス：Vamos a tomar unas ～s. 一杯飲みに行こう. una ～ de cerveza グラス1杯のビール. ❺ [長靴・長靴下の] ふくらはぎの部分：bota de media ～ (de ～ alta) ハーフ(ロング)ブーツ. ❻ 《解剖》i) ～ canilla ❶；髄：～ de vaca 牛の脚の骨〔の髄〕. ii) ～ de pulmón 気管. ❼ i) 《船舶》舵柄〔～ del timón〕. ii) 《自動車》～ de la dirección ステアリングコラム. ❽ 〔銃身を支える〕銃床. ❾ [管楽器の] リード. ❿ 《料理》～ de lomo ソーセージの一種，いいやつの. ⓫ 《南米》[安い] サトウキビの蒸留酒
dar (*meter*) ～ 《口語》殴る
dar (*arrear・meter*) ～ *a*... 《口語》…のアクセルを一杯に踏み込む
◆ 名 《船舶》スキッパー

cañacoro [kanakóro] 男 《植物》カンナ

cañada [kanáða] 女 〔浅い〕谷，山あいの道；

[放牧地に行く] 家畜の通り道

cañadilla [kanaðíʎa] 女 《貝》ホネガイ

cañaduz/cañadulce [kanaðúθ/-ðúlθe] 女 《植物》サトウキビ

cañafístola/cañafístula [kanafístola/-tu-] 女 《植物》カシア

cañaheja [kanaέxa] 女 《植物》オオウイキョウ

cañal [kanál] 男 ＝cañaveral

cáñamo [kánamo] 男 《植物》❶ アサ(麻)；その繊維；《中南米》麻紐(ひも)：～ de Manila マニラ麻. ～ sisal サイザル麻. ❷ タイマ(大麻)〖～ índico〗
cañamar 男 麻畑
cañamazo 男 [刺繍用の] 粗布；メモ，スケッチ
cañamón 男 麻の実

cañaveral [kanaberál] 男 アシの茂る沼(川辺)；サトウキビ畑

cañería [kanería] 女 [水道・ガスなどの] 導管，配管：～ de agua 水道管. ～ de desechos 排水管. ～ maestra 本管

cañero, ra [kanéro, ra] 名 《中南米》サトウキビ農園主(労働者)

cañí [kaní] 形 名 〔複 ～s〕〖←ジプシー語〗ジプシー〔の〕；民俗的・伝統的なスペインの，スペイン的な

cañinque [kanínke] 形 名 《中南米》病弱な〔人〕

cañizal/cañizar [kaniθál/-θár] 男 ＝cañaveral

cañizo [kaníθo] 男 よしず，アシを編んだもの

caño [káno] 男 ❶ 〔短い〕管；排水管：～ del desagüe de un fregadero 流しの排水管. ❷ 噴出〔する水〕，〔噴水の〕口. ❸ 《港・湾の》航路筋，水路

cañón [kanón] 男 ❶ 大砲：disparar el ～ 大砲を撃つ. ～ de campaña (de montaña) 野砲(山砲). ～ de tiro rápido 速射砲. ～ de agua 〔機動隊の〕放水銃. ❷ 砲身，銃身：escopeta de dos *cañones* 二連銃. ❸ 管状のもの；[オルガンなどの] パイプ；[暖炉などの] 煙道. ❹ 〔羽根の〕軸；〔ひげの〕毛の根元. ❺ 《地理》峡谷：Gran ～ del Colorado コロラドのグランドキャニオン. ❻ ～ de cemento 《建築》セメントガン. ～ electrónico 《物理》電子銃. ～ láser レーザーガン
al pie del ～ 任務を放棄しない，いつでも動ける：Está *al pie del* ～. 彼はいつも仕事熱心だ/問題にすぐ対応できる
carne de ～ 1) 最前線の部隊. 2) 医名 危険の矢面に立たされる人；まともな扱いを受けない人
◆ 形 〔単複同形〕《口語》すばらしい，傑出している；[人が] とても魅力的な，いいやつの
pasárselo ～ すばらしい時を過ごす

cañonazo [kanonáθo] 男 ❶ 砲撃；砲声：salva de 21 ～s 21 発の礼砲. ❷ 《口語》意外な知らせ. ❸ 《スポーツ》力強いショット(シュート)，豪打

cañonear [kanoneár] 他 砲撃する
cañoneo 男 砲撃

cañonero, ra [kaɲonéro, ra] 形 [船が] 大砲をのせた
◆ 名 《スポーツ》ストライカー
◆ 女 砲艦〔lancha ~*ra*〕；砲眼，砲座；野営テント

cañutillo [kaɲutíʎo] 男 ＝canutillo

cañuto [kaɲúto] 男 ＝canuto

cao [káo] 男 《鳥》[キューバなどの] カラスの一種

caoba [káoba] 女 《植物》マホガニー
  caobo 男 ＝caoba

caolín [kaolín] 男 《鉱物》カオリン，白陶土
  caolinita 女 カオリナイト

caos [káos] 男 《単複同形》❶ [天地創造以前の] 混沌. ❷ 大混乱，無秩序：producir un ~ 混乱状態をもたらす
  caótico, ca 形 混沌とした

cap. 《略語》←capital 資本金，首都；capitán 船長，艦長，キャプテン；capítulo …章

capa[1] [kápa] 女 ❶《服飾》ケープ，袖なしマント：ponerse (echarse・colocarse) la ~ マントをはおる. ~ aguadera (de agua) 雨ガッパ. ~ española [毛織物の] 丸く大きな男性用マント. ~ magna (consistorial) [司教・大司教の] 長袍祭服〔☞カット〕. ~ pluvial [司祭の] 祭服〔☞カット〕. El que tiene ~ escapa.《諺》地獄の沙汰も金次第. Una buena ~ (La ~) todo lo tapa.《諺》外見はどうにもならない. Bajo una ~ de abnegación esconde un gran egoísmo. 彼は自己犠牲を装っているが，実はひどいエゴイストだ. gente de ~ parda 田舎者，粗野な人. ❷ 層：bizcocho recubierto de una ~ de nata 生クリームで覆われたスポンジケーキ. dar a la tabla una ~ de barniz 板にニスを塗る. ~ de acabado 仕上げ塗り. ~ del cielo 空，天空. ❸ 地層 [~ geológica] ：~ vegetal 表土. ❹ 階層：~*s* medias de la sociedad 社会の中間層. ❺ [葉巻を包む] タバコの葉. ❻ [馬などの] 毛色. ❼《闘牛》ケープ〔capote〕. ❽《船舶》ponerse (estar) a la ~ 停船する(している)
  andar (*estar·ir*) *de* ~ *caída*《口語》[仕事・健康などが] 思わしくない；尾羽うち枯らしている
  bajo ~ *de...* ＝*so* ~ *de...*
  ~ *y espada*/~ *rota* 1) 秘密諜報員，スパイ. 2) comedia de ~ *y espada* 騎士仁侠劇. defender a ~ *y espada* 必死になって守る
  dejar la ~ *al toro* 一方を救うために他方を犠牲にする

echar una ~ *a*＋人 …の失敗などをカバーする，フォローする
hacer de su ~ *un sayo* 好き勝手なことをする
hacer la ~ *a*＋人 …をかくまう
so ~ *de...* …を装って，…を口実に
tirar a＋人 *de la* ~ …に危険を注意する

capacete [kapaθéte] 男 面観・前立てのないかぶと

capacho [kapátʃo] 男 [買い物用などの，主にヤナギ・イグサ製の] かご；大かご；《南米》古びた帽子
  capacha 女 ＝capacho；《南米》牢

capacidad [kapaθiðá(ð)] 女 《英 capacity》❶ 能力，才能；資格：Este trabajo está más allá de mi ~. この仕事は私の能力を越えている. No tiene ~ para los idiomas. 彼は語学の才能がない. ~ auditiva 聴力. ~ de fuego 《軍事》火力. ~ de pago 支払い能力. ~ de trabajo 労働能力. ~ productiva 生産能力. ~ visual 視力. [＋de・para＋不定詞] Tiene ~ *para* presentarse a la oposición. 彼は試験を受ける資格がある
❷ 収容能力，容量：Este avión tiene una ~ de 300 plazas. この飛行機は300人乗りだ. camión de cinco toneladas de ~ 5トントラック. auditorio de mucha ~ たくさん人の入れる講堂. maletero de poca ~ あまり物が入らないトランク. ~ de carga 積載容量. ~ vital 肺活量. ~ calorífica 熱容量. ~ ambiental 環境収容力
❸《法律》法定資格，行為能力：~ *para* testar 証言能力

capacitación [kapaθitaθjón] 女 ❶ 養成，研修：~ profesional 職業訓練. ❷ 技能，資格

capacitancia [kapaθitánθja] 女 《電気》静電容量，キャパシタンス

capacitar [kapaθitár] 他 [＋para の] 資格(能力)を…に与える：Este título le *capacita para* ejercer la medicina. この肩書きで彼は医者として開業することができる
◆ ~*se* 資格を得る，能力を身につける：Se *capacitó para* encontrar trabajo. 彼は就職するための技能を身につけた

capar [kapár] 他 ❶ [人・動物を] 去勢する. ❷ 削減する：~ las iniciativas やる気をそぐ. ❸《中南米》剪定する
  capador 男 [主に豚を] 去勢する人
  capadura 女 去勢

caparazón [kaparaθón] 男 《動物》甲皮，甲殻；[保護用の] 覆い；馬衣：~ de tortuga カメの甲羅. Se metió en su ~. 彼は自分の殻に閉じこもってしまった

caparrón [kaparón] 男 [ラ・リオハで好まれる] インゲンマメの一種

caparrosa [kaparósa] 女 《化学》硫酸塩の旧称：~ azul 胆礬，硫酸銅. ~ blanca 皓礬，硫酸亜鉛. ~ verde 緑礬，硫酸鉄

capataz [kapatáθ] 名 《複 ~*ces*》女 capataza もある》職長，現場監督，人夫頭：~ de

capa
magna

capa
pluvial

campo 農場の監督

capaz [kapáθ] 〚英 capable. 複
～ces〛❶ [+para の] 能力があ
る, 才能(資格)がある. 有能な: Es ～ para este
empleo.　彼はこの職につく力(資格)がある.
médico ～ 有能な医師
❷ [+de+不定詞] i) [勇気・自信があって] …で
きる: Soy ～ de escalar esa pared. 私はその
壁をよじのぼるような自信がある. ¿Serías ～? 《中南米》そんな勇気は
あるまい? ii) [可能性] …するかも知れない: Es
～ de hurtar. 彼は盗みをしかねない. El frío es
～ de matarme. 私は寒さでこごえ死にそうだ
❸ 《文語》 [+para の] 収容力がある: autobús
～ para 50 personas　50 人乗りのバス. salón
muy (poco) ～ 人がたくさん入れる(あまり入れな
い)広間
❹ 《法律》 法的能力のある
〚es〛 ～ que+直説法・接続法 《中南米》…かも知
れない, おそらく…だろう 〚未来のことは +接続法〛

capazo [kapáθo] 男 [頑丈な] 大かご; [赤ん
坊用の] かごのベッド

capcioso, sa [kapθjóso, sa] 形 人を欺く:
pregunta ～sa ひっかけるような質問, 誘導尋問.
argumento ～ まことしやかな論証

capea [kapéa] 囡 ❶ [素人が参加できる] 非公
式闘牛, 牛追い試合. ❷ ケープで牛をあしらう
こと

capear [kapeár] 他 ❶《闘牛》ケープ capa で
牛をあしらう. ❷《口語》…に一杯食わせる, だま
す; [困難を] うまく切り抜ける: ～ a sus
acreedores 債権者にうまいこと言ってごまかす.
❸ [船が悪天候を] 何とか乗り切る

capelina [kapelína] 囡 ❶ [主に女性用の・雨
よけ用の] ケープ. ❷ [昔の] 鉄かぶと; [それをか
ぶった] 騎馬兵. ❸《中南米》[女性用の] つば広
の帽子

capella ☞a capella

capellán [kapeʎán] 男 《カトリック》[修道院・
病院・大学などの礼拝堂付きの] 主任司祭: ～
militar 従軍司祭
　capellanía 囡 礼拝堂付き司祭の禄

capellina [kapeʎína] 囡 =capelina

capelo [kapélo] 男 枢機卿のつば広の赤い帽
子: pasar de la mitra al ～ 司教から枢機卿
になる

caperuza [kaperúθa] 囡 ❶ [円錐状の] たれ頭
巾; [万年筆などの] キャップ; [煙突用] 煙突帽
　Caperucita Roja 囡 『赤頭巾ちゃん』

capi [kápi] 男 《南米》トウモロコシ 〚maíz〛

capia [kápia] 囡 [白くて甘い] トウモロコシ

capialzado, da
[kapjalθáðo, ða] 形
男 《建築》 窓裏(戸
裏)穹窿[の] 〚☞カッ
ト〛

capibara [kapibá-
ra] 男 《動物》カピバラ

capicúa [kapikúa] 形 男 逆から読んでも同じ
〚数・言葉〛, 回文 〚例 51815〛

capilar [kapilár] 形 ❶ 髪の: loción ～ ヘアー
ローション. ❷ 毛管の: tubo ～ 毛細管. ac-
ción ～ 毛管現象
◆ 男 複 毛細血管 〚vasos ～es〛: ～es lin-
fáticos リンパ毛細管

capilaridad 囡 毛管現象, 表面張力現象

capilla [kapíʎa] 囡 ❶ [学校・病院などに付属
する] 礼拝堂; [教会内の] 小聖堂, 副祭壇; 小
教会: ～ real 王室礼拝堂.　～ ardiente
(mortuoria) 遺体仮安置所. ❷ [ミサ用の] 携
帯用祭具. ❸ [教会の] 聖歌隊; [礼拝堂付きな
の] 司祭団: maestro de ～ 聖歌隊指揮者.
❹ [修道士のかぶる] 頭巾. ❺ 党派, 派閥
en ～ 《口語》[estar+] 死刑を待つ身の; 結果
待ちの

capillo [kapíʎo] 男 ❶ =capacete. ❷ [洗礼
式で赤ん坊がかぶる] 白い帽子;《南米》洗礼式の
記念カード

capirotada [kapirotáða] 囡 ❶《料理》[香
草・卵・ニンニク入りの] フライの衣;《中南米》
[肉・トウモロコシ・チーズの] ごった煮;《中米》干し
ブドウ・チーズなどの入った甘いパン. ❷《中米》
同墓地

capirotazo [kapirotáθo] 男 [頭などを] 指で
はじくこと: dar un ～ a… …を指で弾く

capirote [kapiróte]
男 ❶ [聖週間の行列
ででかぶる] とんがり頭巾
で; [博士
の儀式用の] 小ケー
プ; [鷹狩りの鷹の]
目隠し. ❸ =capi-
rotazo. ❹ tonto de
～ 《軽蔑》大ばか者

capisayo [kapisájo] 男 ❶ [昔の, 上っぱりを
兼ねた] 短ケープ; [司教の] 短いマント. ❷《口
語》安物の衣服, 普段着; シャツ

capiscar [kapiskár] 他《口語》理解する

capital [kapitál] 形 ❶ 主要な,
重大な; 命にかかわる: punto ～ 要点.　error
～ 重大な誤り
囡 ❶ 首都, 首府 〚～ del Estado〛; [州な
どの] 首市, 州都; 県都 〚～ de provincia〛:
Madrid es la ～ de España. マドリードはスペイ
ンの首都である.　ser de Valencia ～ [バレンシア
地方でなく] バレンシア市の出身である. ❷ [生産
などの] 中心地
◆ 男 ❶ 資本[金]: i) compañía con un ～
de cien millones de pesetas 資本金1億ペセ
タの会社. ampliación de ～ 増資. bienes de
～ 資本財. gran ～ 大企業, 大資本. ～ fijo
(circulante) 固定(流動)資本.　～ propio
(ajeno) 自己(他人)資本.　～ extranjero 外
国資本.　～ inicial 当初資本金. ～ [suscrito
y] pagado 払い込み資本.　～ autorizado 公
称資本.　～ social 株式資本, 資本金.　～
social básico 社会資本. ii) [el+] 資本家側:
relación entre el ～ y los asalariados 労資
関係. iii)《比喩》資本: La inteligencia es su ～.
頭脳が彼の資本だ. ❷ 資金; 元金, 元手: ～
activo (de trabajo・de rotación) 営業資金,
運転資金.　～ especulativo 投機資金. ❸ 資
産

capitalidad [kapitaliðáð[d]] 囡 首都(首市)であること

capitalino, na [kapitalíno, na] 形 囝 首都の〔人〕

capitalismo [kapitalísmo] 男 資本主義

capitalista [kapitalísta] 形 資本主義の, 資本家の; 資本の: país (sociedad) ～ 資本主義国(社会)
◆ 图 資本家; 資本主義体制派; 金持ち

capitalizar [kapitaliθár] 囲 他 ❶ 資本化する; 〔利子などを〕資本(元金)に組み入れる. ❷ 現価計上する, 資本還元を行なう. ❸ 貯蓄(蓄積)する. ❹ 〔状況などを〕うまく利用する
capitalización 囡 資本への組み入れ, 収益還元; 現価計上; 利用

capitán, na [kapitán, na] 图 ❶ 〔チームの〕主将, キャプテン. ❷ 〔一般に〕隊長, 指揮官; 頭目. ❸ 〔陸軍・空軍〕大尉, 中隊長; 〔海軍〕海佐, 艦長: ～ de artillería 砲兵大尉. ～ de corbeta (fragata·navío) 海軍少佐(中佐·大佐). ～ de bandera 旗艦艦長. ～ de maestrazgo 造船所所長. ～ de puerto 港長. ～ general 陸軍大将, 軍司令官; 〔海軍〕総司令官. ❹ 〔歴史〕総監. ❹ 〔大型船の〕船長
◆ 囡 〔艦隊の〕旗艦 〖nave ～na〗

capitanear [kapitaneár] 他 〔軍隊·反乱を〕指揮する

capitanía [kapitanía] 囡 ❶ 大尉(海佐)の地位. ❷ ～ general 陸軍大将の地位; 軍司令部; 〔歴史〕副王領 virreinato 内の〖capitanía〗

capitel [kapitél] 男 〔建築〕柱頭 〖☞columna カット〗

capitolio [kapitóljo] 男 ❶ 〔都市の〕中心的建造物〔市庁舎, 議事堂など〕. ❷ 《古代ローマ》ジュピターの神殿

capitoné [kapitoné] 形 《←仏語》詰め物をした 〖acolchado〗
◆ 男 引越し用のトラック 〖camión ～〗

capitoste [kapitóste] 男 〔軽蔑〕首領, 頭目

capitulación [kapitulaθjón] 囡 ❶ 〔条件付きの〕降伏; 降伏文書. ❷ 協定, 協約: capitulaciones de Santa Fe サンタフェの協約 〖1492年. コロンブスの航海の条件を定めた〗. ❸ 囻 〔法律〕婚姻継承の不動産処分 〖capitulaciones matrimoniales〗

capitulado [kapituláðo] 男 〔本などの〕章立て

capitular [kapitulár] 形 ❶ 〔司教座聖堂〕参事会の; 〔修道院〕総会の: sala ～ 参事会室; 会議室. ❷ 大文字の
◆ 囝 〔投票権のある〕正会員
◆ 圓 ❶ 〔条件付きで〕降伏する; 主張を捨てる, 譲歩する. ❷ 協定(議定)する
◆ 他 〔+de を〕責任を…に取らせる: Le capitularon de soborno. 彼は汚職の責任を取らされた
capitularmente 副 参事会(総会)によって

capítulo [kapítulo] 男 ❶ 《英 chapter》〔本などの〕章 〖序数を第10章までが普通は〗: ～ primero 第1章. serial de veinte ～s 20回ものの連続ドラマ. ❷ 主題, テーマ; 《経済》分野, 領域. ❸ 《カトリック》〔司教座聖堂〕参事会;

〔修道院〕総会. ❹ 〔聖職者への〕弾劾. ❺ 囻 婚姻継承の不動産処分 〖capitulaciones〗
ganar (perder) ～ 成功(失敗)する
llamar (traer) a ～ a+人 …に注意を与える; 責任を問う
ser ～ aparte 《口語》また別の話である

capo, pa² [kápo, pa] 图 《←伊語》マフィアの組長; 〔一般に〕ボス

capó [kapó] 男 《←仏語》〔自動車の〕ボンネット

capón [kapón] 男 形 ❶ 去勢した〔鶏〕. ❷ 頭を拳骨でコツンとたたく〔中指でパチンとはじく〕こと

caporal [kaporál] 男 ❶ 《軍事》班長, 伍長. ❷ 〔農場の〕役牛(馬)番; 《中南米》監督

capot [kapó] 男 ＝capó

capota [kapóta] 囡 〔車の折畳み式の〕幌;〔服飾〕ボンネット

capotar [kapotár] 圓 〔車が頭から〕ひっくり返る; 〔飛行機が機首から〕地面に突っ込む

capotazo [kapotáθo] 男 《闘牛》ケープによるあしらい

capote [kapóte] 男 ❶ 《服飾》i) 袖のある外套: ～ de montar 乗馬用マント. ～ de monte ポンチョ. ii) 〔軍隊外套〗《～ military》. iii) 《闘牛》ケープ 〖☞matador カット〗: ～ de paseo 行進用の半ケープ. ～ de brega 牛をあしらうケープ 〖表がピンクで裏が黄色〗. ❷ 《トランプ》全勝の手. ❸ 《気象》雨雲
dar un ～ a+人 《中南米》…をだます; 嘲ける
de ～ 秘かに
decir para su ～ 独語する
echar un ～ a+人 《口語》…の失敗などをカバーする, フォローする
pensar para su ～ 心の中でつぶやく

capotear [kapoteár] 他 《闘牛》〔牛を〕ケープであしらう; 《口語》口先でごまかす, 巧みに逃げを打つ

capotera [kapotéra] 囡 《中南米》ハンガー 〖percha〗

cappa [kápa] 囡 ＝kappa

capricho [kaprítʃo] 男 ❶ 気まぐれ, 移り気, わがまま: por puro ～ 単なる気まぐれで. ～s de la suerte/～ de la vida 運命のいたずら. Es sumisa a los ～s de su ～. 彼女は流行ばかり追いかける. ❷ 奇抜な小物(装飾品). ❸ 《音楽》奇想曲, 狂想曲
a ～ 気ままに
al ～ **de**+人 …の好みのままに
darse ～ 〔気ままに〕やりたいことをする

caprichoso, sa [kaprítʃóso, sa] 形 ❶ 勝手な, 気まぐれな; 気まぐれな: chica ～sa 気まぐれな(わがままな)娘. tiempo ～ 変わりやすい天気. ❷ 奇想天外な, とっぴな: idea ～sa 奇抜なアイデア. modas ～sas とっぴなモード

capricornio [kaprikórnjo] 男 《天文·占星》〔主に C～〕やぎ座 〖☞zodíaco 参照〗

caprino, na [kapríno, na] 形 ヤギ cabra の

cápsula [kápsula] 囡 ❶ 〔薬の〕カプセル: ～ vitamínica ビタミン剤のカプセル. ❷ 〔ロケットなどの〕カプセル: ～ lunar 月着陸船. ～ nuclear 核弾頭. ❸ 〔瓶の〕口金, 栓 〖tapón〗. ❹ 〔銃の〕雷管 〖～ fulminante〗. ❺ 〔解剖〕被膜, 囊

(^{じん})：～ suprarrenal 副腎．～ sinovial 滑液
囊．～ articular 関節囊．❻〖植物〗蒴果
(^{さく})，さく

captar [kaptár] 他 ❶ 捕える，得る：～ los
partidarios 賛同者を獲得する．～ el interés
de los oyentes 聞き手の関心を引く．～ una
emisora extranjera 海外放送をキャッチする．
～ agua río abajo 下流に水を引く．❷ 理解す
る：～ el sentido de...…の真意を捕える
◆ ～se [信用などを] 得る：~se las simpa-
tías del vecindario 住民から好感をもたれる
captación 囡 獲得
captor, ra 形 捕える〔人〕，捕捉者
capturar [kapturár] 他 捕える，捕獲する，《中
南米》逮捕する：～ a un asesino 殺人犯を逮
捕する．～ un lobo 狼をつかまえる．～ un
barco pescador 漁船を拿捕する
captura 囡 捕獲，逮捕；集水
capturación 囡 =**captura**
capucha [kapútʃa] 囡 ❶《服飾》フード，頭巾：
chaquetón con ～ フード付きのジャケット．❷ ふ
た，覆い：～ de estilográfica 万年筆のキャップ
capuchino, na [kaputʃíno, na] 形〖宗
教〗カプチン会の〔修道士・修道女〕〖ヘ
アカット〗
◆ 男 ❶ 圈〖宗教〗カプチン会．❷
《コーヒー》カプチーノ〔café〕．❸
《動物》ノドジロオマキザル
◆ 囡 ❶《植物》ノウゼンハレン，キンレ
ンカ．❷《中南米》ケーパー〔alcapa-
rra〕
capuchón [kaputʃón] 男 ❶《服飾》フード〔付
きのコート〕；[顔を隠すための] 頭巾：poner un
～ al condenado 死刑囚に頭巾をかぶせる．❷
[万年筆などの] キャップ
capulí [kapulí] 男〖圈〗～〔e〕s《植物•果実》
[南米産の] サクラ (サクランボ) の一種
capulín 男 =**capulí**
capullo [kapúʎo] 男 ❶ 繭(^{まゆ})：hilar su ～
繭を作る．devanar ～s 繭から糸を取る．～
ocal 2匹の蚕が作った繭．❷ つぼみ：～ de
rosa 魅力的な娘．mujer en ～ 開花寸前の女
性．❸《西．俗語》亀頭〔glande〕；包皮
〖prepucio〗．❹《俗語》[卑劣なことをした人に
軽蔑的に] 野郎
ser un ～《西．俗語》まぬけである〔囡 ser una
capulla〕
capuz [kapúθ] 男 フード付きの長い喪服
caquexia [kakéʔk)sja] 囡《医学》カヘキシー，
悪液質；《植物》黄化，枯死
caquéctico, ca 形 カヘキシーの
caqui [káki] 男 ❶《←日本語．植物•果実》カキ
(柿)．❷ カーキ色〔の軍服〕
◆ 形〖主に単複同形〗カーキ色の

cara[1] [kára] 男《英 face》❶ 顔：i) ～
alargada 細長い顔．～ angulosa 角
顔．～ oval (ovalada) 瓜実(^{うりざね})顔．～
redonda 丸顔．ii) 顔つき，顔色：No pongas
esa ～. そんな顔をするな．La ～ se lo dice. そ
れは顔色に出ている．Me recibió con buena
～. 彼は私を愛想よく迎えた．tener ～ sim-

pática 優しそうな顔をしている．poner ～ de
disgusto 不快そうな顔をする．juzgar por la ～
顔色を見る．tener ～ de enfermo 顔色が悪い．
estar siempre mirando la ～ a+人 いつも…の
顔色をうかがっている．con ～ de sueño 眠そうな
顔で．con ～ de español スペイン人らしい顔つき
の．～ de pocos amigos 不愛想な顔．～ de
ángel 善人そうな顔．～ de Cuaresma やつれた
顔，浮かぬ顔．C～ de beato y uña de gato.
《諺》猫かぶり/信心家には用心しろ．iii) 体面：
salvar la ～ 面目を保つ．No sé qué ～
poner. まったく面目ない．iv) [行事などの] 参
加者．顔ぶれ：En el festival de cine había
muchas ～s famosas. その映画祭には多くの名
だたる顔ぶれが参加していた

❷ [物事の] 面，側面；様相：escribir por
una sola ～ (por las dos ～s) del papel 紙
の表だけに (表と裏に) 書く．seis ～s de un
cubo 立方体の6面．una ～ del asunto 事柄
の一側面．Siempre ve las cosas por la ～
más negra. 彼はいつも事態を悲観的に見る
❸ [建物などの] 正面
❹《硬貨•切手などの》表側〖～ derecha. 肖像
のある側．↔cruz〗：echar (jugar) a ～ o cruz
コイントスをする．硬貨を投げて表か裏かを当てる．
¿C～ o cruz? Salió ～. 表が出た
❺《登山》[広い] 壁，フェース：escalar la ～
sur de la montaña 山の南壁を登る
❻ [レコードなどの] 面：～ B B面
❼《数学》面
◆ 圐《口語》[un+] 恥知らずな人〖～ dura〗：
Es un ～〔dura〕．彼は面の皮が厚い/鉄面皮だ
a ~ descubierta 公然と，堂々と
a la ~ 面と向かって
~ a... …に向かって；…に面して：caminar ～
a su destrucción 自滅への道を歩む．Su casa
está ～ al mar. 彼の家は海の方を向いている
~ a ~ 1) 向かい合って；対立して：sentarse
～ a ～ 向かい合って座る．conversación ～
a ～ 対談．mirar ～ a ～ 直視する，見据え
る．enfrentarse ～ a ～ 対決する．2) 圐 一
対一の議論
~ abajo うつ伏せになって
~ de perro 敵意のある顔，とがめるような顔つき
~ dura《口語》厚かましさ，図々しさ：Tiene la
～ dura de no pagar las deudas. 彼は借金
を返さないという厚かましさだ
~ larga 1) 細長い顔．2) 不機嫌な顔：
poner ～ larga 不満 (不快) そうな顔をする，浮
かぬ (がっかりした) 顔をする
~ nueva 新顔；ニューフェース，新人
cruzar la ~ a+人 [脅し文句] …を平手打ち
する (殴る)
dar la ~ 危険に立ち向かう，責任をとる
dar (sacar) la ~ por+人 …をかばう
de ~ 正面から，まともに：El viento nos daba
de ～. 私たちは向かい風を受けた
de ~ a... …にとって；…に向かって〖para〗：
sentarse de ～ al mar 海に向かって座る．
Los partidos preparan su estrategia de ～
a las próximas elecciones. 各政党は次の選

挙に向けて戦略を練っている

echar... en ~ a+人 1)［受けた恩・利益を忘れた相手に対し，それを思い起こさせるような］いやみを言う，責める: Me echó en ~ todo lo que había hecho por mí. あれほどやってあげたのにと彼は私を責めた．2) 非難する『reprochar』

echarle ~《口語》厚かましい，恥知らずである

en la ~ 顔色で；面と向かって: En la ~ se le conoce que ha ganado. 彼が勝ったことは顔つきでわかる．No me atrevo a decírselo *en la ~*. 面と向かって彼にそれは言えない

guardar la ~ こっそりする，表立たない

hacer a dos ~s 二股をかける

hacer ~ a... …に立ち向かう，対処する

lavar la ~ a...《口語》［+人］…におべっかを使う；［+事］…の表面を取り繕う

mirar... con buena (mala) ~ …にいい(いや)な顔をする

mucha ~ 厚顔無恥: Tiene mucha ~. 彼は大変面の皮が厚い／恥知らずだ

no mirar a+人 a la ~ …[の言うこと]を問題にしない；［怒って］…と会わないようにする

no tener ~ ［あえてする］勇気がない

no volver la ~ atrás ためらわない，一直線に突き進む

partir la ~ =romper la ~

plantar ~ a+人 ［勇敢に］…に立ち向かう，歯向かう

poner buena (mala) ~ a+人 …に愛想よくする(いやな顔を見せる)

por la ~ 顔［パス］で，ただで

por su ~ bonita/por su linda ~ 不当に，それに値しないのに；《皮肉》容易に[…ない]: No te darán permiso por tu ~ bonita. 簡単に許可はもらえないぞ

romper la ~ ［脅し文句］¡Te voy a romper la ~! 頭をたたき割るぞ！

quitar la ~ =romper la ~

salir a+人 a la ~ …の顔色に出る

saltar a la ~ 明白である: Salta a la ~ que está arruinado. 彼が破産したのは明らかだ

tener buena (mala) ~ 1) 顔色がよい(悪い)，健康である(ない)．2) Este guiso tiene muy buena ~. このシチューは大変おいしそうだ

tener dos ~s 偽善者(猫かぶり)である，裏表がある

terciar la ~ a+人 ［ナイフなどで］…の顔に傷を負わせる；［会っても］知らんぷりをする

verse las ~s ［脅し文句］けりをつける『主に未来形で』: No veremos las ~s. 覚えてろ［けりをつけてやるからな］

caraba [karába] 囡《西．口語》*ser la ~* すごい；ひどい: Cuenta unos chistes que son la ~. 彼はなかなかうまいジョークを言う．Estas cerillas son la ~, se descabezan todas. このマッチはひどい．先がみんな折れてしまう

carabao [karabáo] 囲《フィリピンの》水牛

carabela [karabéla] 囡 カラベラ船『コロンブスの時代に使われた2・3檣の中型帆船』

carábido [karábiðo] 囲《昆虫》オサムシ

carabina [karabína] 囡 ❶ 騎銃，カービン銃；

《スポーツ》ライフル．❷《西．口語》［外出する若い女性につく］付添いの老婦人

ser la ~ de Ambrosio 無用の長物である

carabinero [karabinéro] 囲 ❶ 国境(沿岸)警備隊員；［昔の］カービン銃を持った兵士；《中南米》警官．❷《動物》クルマエビ《中位の大きさのエビ》

cárabo [kárabo] 囲 ❶《昆虫》オサムシ；《鳥》モリフクロウ．❷《船舶》カラベル船［15-16世紀ごろのアラブの小型帆船』

caracal [karakál] 囲《動物》カラカル

caracará [karakará] 囡《鳥》カラカラ『南米産のハヤブサ』

caracol [karakól] 囲 ❶《動物》カタツムリ，巻き貝『~ marino』；その殻．❷ ［時計の］渦形カム；［こめかみ・額の］巻き毛；［解剖］［内耳にある］蝸牛殻，渦巻管；《馬術》一連の［半］回転，巻き乗り．❸《中米》ネグリジェ；［刺繍した麻の］ブラウス

¡~ es!《驚き》何とまあ！

caracola [karakóla] 囡《貝》ホラガイ；［菓子・パンの一種の］コルネ

caracolada 囡《料理》エスカルゴ

caracolear 固 ［馬が］［半］回転をする；巻き乗りする

caracolillo 囲 ［スペイン産の］インゲンマメの一種；［小粒の］コーヒー豆；［木目の細かい］マホガニー；囲《服飾》［昔の］縁飾り

carácter [karákter] 囲《英 character. 圈 caracteres》❶ 性格 = de atrevido. 彼は大胆な性格だ．Es alegre de ~. 彼は性格が明るい．Tienen dos ~es incompatibles. 2人は性格的に合わない． ~ español スペイン人気質．~ abierto (cerrado) 外向(内向)的な性格．❷ 個性，特徴『~ distintivo』；意志の強さ: tener ~ 個性的である，特色がある；意志が強い．ser de poco ~ 個性(特色)がない；意志が弱い．de mucho ~ あくが強い．cantante de ~ 個性的な歌手．❸ ［物事の］性質: Llegó con ~ de embajador. 彼は大使としてやって来た．Esta enfermedad no tiene ~ hereditario. この病気は遺伝性のものではない．visita de ~ privado 私的な訪問．régimen monárquico de ~ parlamentario 議会制民主主義的性格の王政『スペインの現体制』．❹ ［主に圈］文字；活字: i) ~es chinos 漢字．escribir con ~es de imprenta 活字体で書く．~es cursivos イタリック体．ii) ［情報］~ de cambio de línea 改行文字．~ libre 任意の文字．❺ 刻印，痕跡: La guerra le imprimió ~. 彼は戦争の影を背負っている．llevar el ~ de la época 時代の刻印を帯びる．❻《生物》~ adquirido 獲得形質；~ hereditario 遺伝形質．❼《カトリック》［秘跡による］霊印

dar a+人... a... …を個性的にする；［登場人物などに］性格づけをする

tener mal (buen) ~ 怒りっぽい(おとなしい)性格である

característico, ca [karakterístiko, ka] 圈 特徴的な: cualidad ~ca 特質，特性．personalidad ~ca 独特の個性．ruido ~ del motor Diesel ディーゼルエンジン特有の音

◆ 〖名〗《演劇》老け役

◆ 〖女〗❶ 特徴, 個性: ~*cas* del pueblo español スペイン人の特徴. ❷《数学》[対数の]指標;《物理》特性[曲線]. ❸《南米》市外局番〖prefijo〗

caracterizar [karakteriθár] 〖9〗〖他〗❶ 特徴づける, 性格(特色)を示す: Le *caracteriza* su amor a la música. 彼の特徴はその音楽好きなことだ. ❷《演劇》[俳優が人物を]演じ分ける, 役づくりをする;[俳優に役の]扮装をさせる

◆ ~se ❶ [+por・de が] 特徴である: La ciudad *se caracteriza por* sus numerosas iglesias. その町の特色は教会が多いことだ. ❷ メーキャップをして衣装をつける

caracterización 〖女〗性格づけ, 特徴づけ

caracterizado, da 〖形〗〖過分〗傑出した, 評判の高い

caracterología [karakterolɔxía] 〖女〗性格学;《医学》[一人の人間の] 性格

caracterógico, ca 〖形〗性格[学]の

caracú [karakú] 〖男〗《南米. 料理》髄[入りの骨]

caracul [karákul] 〖男〗[羊の一品種] カラクール

carado, da [karáđo, đa] 〖形〗mal ~ 人相の悪い

caradura [karađúra] 〖形〗〖名〗《軽蔑・親愛》面の皮の厚い[人], 恥知らずな[人]〖cara dura〗

carajillo [karaxíʎo] 〖男〗《口語》ブランデー(アニス酒などのリキュール)入りのコーヒー〖café ~〗

carajo [karáxo] 〖卑語〗〖男〗[驚き・怒り・侮辱] ばかな, くそったれ, ざまあみろ!

◆ 〖男〗陰茎〖pene〗

¡*al ~!* ああいやだ; どうということはない!

del ~ すごい, ひどい

en el quinto ~ [考え事で] ぼんやりして

irse al ~ 失敗に終める, おじゃんになる

mandar al ~ a+人 [冷たく] …を突き放す

me importa un ~ 私にはどうでもいい

ni ~ …の数…ない

no valer un ~ まったく役に立たない

¡vete al ~! うんざりだ!

y un ~ [否定の返答] とんでもない, ばかなことを言うな

caramba [karámba] 〖間〗[時に qué+][上品に奇異] おやおや/[怒り] いやはや, まったく!: *¡C~!* ¿Tú por aquí? おや, お珍しい! ¡*Qué C*~ con el niño! いやはや困った子だ!

carámbano [karámbano] 〖男〗つらら: Cuelgan ~s del tejado. 屋根からつららが下がっている

carambola [karámbóla] 〖女〗❶《ビリヤード》キャノン, キャロム. ❷《口語》一石二鳥; わな, トリック. ❸《果実》ゴレンシ

por ~/de ~《口語》偶然に, まぐれで; 間接的に

carambolo [karámbólo] 〖男〗《植物》ゴレンシ

caramellas [karaméʎas] 〖女〗〖複〗《音楽》[カタルーニャ地方の] セレナード

caramelo [karamélo] 〖男〗《料理》カラメル[ソース];《菓子》あめ, ドロップ, キャンディー: a punto

de ~ カラメル状の; [+para にとって] よい潮時の. ~ masticable (blando) キャラメル

caramelizar 〖9〗〖他〗…にカラメルソースをかける

caramillo [karamíʎo] 〖男〗❶ [骨・木・葦などで作った, 高音の] 笛. ❷ 噂話; 陰謀; 空騒ぎ: levantar (armar・mover) ~ ゴシップを流す. Por cualquier tontería arma un ~. 彼はどんなつまらないことでも騒ぎ立てる. ❸《植物》オカヒジキ

caramujo [karamúxo] 〖男〗船底に付く巻き貝

carancho [karántʃo] 〖男〗《鳥》=**caracará**;《南米》ミミズク〖búho〗

◆ 〖間〗《南米》[怒り・驚き] いやはや

carantamaula [karantamáula] 〖女〗恐ろしい顔の仮面; 厚化粧した女; 醜い人

carantoñas [karantóɲas] 〖女〗〖複〗甘える仕草, 愛撫; ご機嫌取り: hacer ~ a su madre (al bebé) 母親に甘える(赤ん坊をあやす)

carao [karáo] 〖男〗《植物》[中米産の] センナの一種;《鳥》ツルモドキ

carapacho [karapátʃo] 〖男〗[カニ・カメなどの] 甲殻, 甲羅

carape [karápe] 〖間〗=**caramba**

caraqueño, ña [karakéɲo, ɲa] 〖形〗《地名》カラカス Caracas 〖男〗の[人]〖ベネズエラの首都〗

carate [karáte] 〖男〗❶《←日本語》空手. ❷《医学》斑点病, ピンタ

carátula [karátula] 〖女〗❶ 仮面〖máscara〗; 濃いメーキャップ. ❷ [la+] 役者稼業. ❸《中米》[本の] 扉〖portada〗; [レコードの] ジャケットの表; [ファイルの] ラベル. ❹《中米》[時計の] 文字盤

caravana [karaβána] 〖女〗❶ [商人・巡礼者などの] キャラバン, 隊商. ❷《口語》[車などの] 長い行列: Hay ~ en la autopista. 高速道路で車が長い列を作っている. ー 隊列を作って; 数珠つなぎになって. ❸ キャンピングカー. ❹《中米》追従, お世辞;《南米》〖複〗イヤリング

caray [karái] 〖間〗=**caramba**

carbohidrato [karbɔiđráto] 〖男〗《化学》炭水化物〖hidrato de carbono〗

carbólico, ca [karbóliko, ka] 〖形〗コールタール性の

carbón [karbón] 〖男〗❶ 石炭〖~ mineral・de piedra〗; 木炭〖~ vegetal・de leña〗: ~ de bola 炭団〖たどん〗おや, お珍しい! ~ animal 骨炭. copia al ~ カーボン紙による写し. negro como el ~ 真っ黒な. ❷《美術》=**carboncillo**. ❸《植物》黒穂病

carbonada [karbonáđa] 〖女〗❶ [ボイラーなどに入れる大量の] 1 回分の石炭. ❷《南米》肉・米・カボチャ・ジャガイモ・トウモロコシ入りのシチュー

carbonado [karbonáđo] 〖男〗黒ダイヤモンド

carbonara [karbonára] 〖料理〗espaguetis a la ~ スパゲッティ・カルボナーラ

carbonarismo [karbonarísmo] 〖男〗《歴史》カルボナリ党, 炭焼き党〖スペインでは 1858 年に結成〗

carbonario, ria 〖形〗〖名〗カルボナリ党の[党員]

carbonato [karbonáto] 〖男〗《化学》炭酸塩:

C

～ **cálcico** 炭酸カルシウム

carbonatar 他 炭酸塩化する；[飲料を] ソーダにする

carboncillo [karbonθíʎo] 男 《美術》[デッサン用の] 木炭：**dibujo al** ～ 木炭画

carbonear [karboneár] 他 木炭を作る；[船に] 石炭を積む

carbonero, ra [karbonéro, ra] 形 石炭の
◆ 名 炭焼き，炭屋：**fe del** ～ 素朴な信仰
　男 石炭運搬船 『**barco** ～』；《鳥》ヒガラ
　女 炭木の山；炭置き場
carbonería 女 炭店

carbónico, ca [karbóniko, ka] 形 《化学》
ácido ～ 炭酸. **gas** ～ 炭酸ガス. **agua** ～**ca** 炭酸水. **bebida** ～**ca** 炭酸飲料

carbonífero, ra [karbonífero, ra] 形 石炭 〔質〕の；石炭紀の： **yacimiento** ～ 炭田. **industria** ～**ra** 石炭産業
◆ 男 《地質》石炭紀

carbonilla [karboníʎa] 女 ❶ 木炭の粉；石炭殻. ❷ =**carboncillo**

carbonilo [karbonílo] 男 《化学》カルボニル基

carbonizar [karboniθár] 他 黒焦げにする，焼き尽くす；炭化させる：**morir** *carbonizado* 焼死する
◆ ～**se** 黒焦げになる；炭化する
carbonización 女 炭化

carbono [karbóno] 男 《元素》炭素：**acero de** ～ 炭素鋼

carborundo [karborúndo] 男 カーボランダム

carboxilo [karbo(k)sílo] 男 《化学》カルボキシル基

carbunco [karbúŋko] 男 《医学》炭疽(たんそ)病，癰(よう)

carburar [karburár] 自 他 ❶ [燃料を] 気化する：**El motor no** *carbura* **bien.** エンジンはキャブレターの調子が悪い. ❷ 《口語》正常に機能する：**El teléfono no** *carbura*. 電話が通じない
carburación 女 [燃料の] 気化；《金属》浸炭
carburador 男 気化器，キャブレター
carburante 男 [内燃機関用の] 燃料

carburo [karbúro] 男 《化学》炭化物；[特に] カーバイド

carca [kárka] 形 名 ❶ 《口語》保守(反動)的な〔人〕：**mentalidad** ～ 保守的な気質. **política** ～ 反動政治. ❷ 《南米》年老いた；汚れた
◆ 女 《中南米》チチャ **chicha** を作る鍋；《南米》汚れ

carcaj [karkáx] 男 《←仏語》箙(えびら)，矢筒 『**aljaba**』

carcajada [karkaxáða] 女 大笑い，爆笑：**reír[se] a** ～**s** 大声で笑う
a ～ *limpia* [激しく・長く] 大笑いして

carcajear [karkaxeár] 自/～**se** ❶ 大笑いする，大声で笑う. ❷ [+**de** で] ばかにする，問題にしない：**Me** *carcajeé* **de sus amenazas.** 私は彼の脅し文句など一笑に付した

carcamal [karkamál] 形 名 《軽蔑》老いぼれ 〔の〕

carcamán, na [karkamán, na] 名 《中南米》いつも不機嫌な老人；移民；気取り屋

carcañal [karkaɲál] 男 =**calcañal**

carcasa [karkása] 女 [器具・建物の] 骨組み，《機械》ケーシング；[タイヤの] カーカス 『～ **radial**』；焼夷弾の一種

cárcava [kárkaba] 女 [水の浸食でできた] 溝，雨裂；[堡塁の] 堀，壕；墓穴

cárcel [kárθel] 女 ❶ 刑務所，牢獄：**ir a la** ～ 刑務所に入る. **pena de** ～ 懲役刑. ❷ 《木工》締付け金具
carcelario, ria 形 牢獄の〔ような〕
carcelero, ra 形 =**carcelario**. ◆ 名 看守，刑務官

carcinógeno, na [karθinóxeno, na] 形 発癌性の：**substancias** ～**nas** 発癌性物質

carcinoma [karθinóma] 男 《医学》癌腫

carcoma [karkóma] 女 ❶ 《昆虫》木食い虫. ❷ むしばむもの；[心をさいなむ] 不安；金食い虫 〔人〕

carcomer [karkomér] 他 ❶ [虫が木材を] 食い荒らす. ❷ むしばむ；さいなむ：**El cáncer** *carcomió* **su salud.** 癌が彼の健康をむしばんだ. **Una sospecha le** *carcome*. 彼は疑念にさいなまれている
◆ ～**se** [+**de** に] むしばまれる；さいなまれる

carda [kárða] 女 梳毛(そもう)；梳毛機，カード
dar una ～ *a* ＋人 …を強く叱る

cardamomo [kardamómo] 男 《植物・香料》カルダモン，ショウズク

cardan [kárðan] 男 《機械》カルダン継ぎ手 『**junta** ～』

cardar [karðár] 他 [羊毛などを] 梳(す)く；[布を] けば立てる；[髪に] 逆毛を立てる
cardado 男 梳毛；逆毛を立てること
cardadora 女 けば立て機

cardenal [karðenál] 男 ❶ 《カトリック》枢機卿. ❷ [打撲による] あざ：**Se hizo (Le salió) un** ～ **en el brazo.** 彼は腕にあざを作った. ❸ 《鳥》ショウジョウコウカンチョウ
cardenalato 男 枢機卿の位
cardenalicio, cia 形 枢機卿の

cardencha [karðéntʃa] 女 《植物》オニナベナ，ラシャカキグサ

cardenillo [karðeníʎo] 男 緑青(ろくしょう)：**criar el** ～ 緑青が出る

cárdeno, na [kárðeno, na] 形 名 ❶ 紫色〔の〕 『**amoratado**』：**labios** ～**s a causa del frío** 寒さで紫色になった唇. ❷ [牛の毛が] 灰色がかった

cardíaco, ca/cardiaco, ca [karðíako, ka/-djá-] 形 名 ❶ 心臓（病）の；心臓病患者. ❷ 《口語》いらいらした，あがった
◆ 男 強心剤

cardias [kárðjas] 男 [単複同形] 《解剖》噴門

cárdigan [kárðigan] 男 〔圏 ～**s**/単複同形〕 『←英語. 主に中南米』カーディガン

cardillo [karðíʎo] 男 《植物》キバナアザミ

cardinal [karðinál] 形 基本の：**número** ～ 基数. **adjetivo numeral** ～ 基数形容詞. **punto** ～ 方位点

cardiografía [karðjografía] 女 拍動(心拍)記録〔法〕，カルジオグラフィー；心電図

cardiógrafo 男 心拍記録器
cardiograma [karðjográma] 男 心拍曲線，心電図
cardiología [karðjoloxía] 囡 心臓[病]学
cardiólogo, ga 囡 心臓病専門医
cardiomegalia [karðjomegália] 囡《医学》心臓肥大症
cardiopatía [karðjopatía] 囡 心臓障害(疾患)
cardiópata 形 囡 心臓病の(患者)
cardiovascular [karðjobaskulár] 形 心臓血管の
carditis [karðítis] 囡《単複同形》《医学》心[臓]炎
cardo [kárðo] 男《植物》アザミ；カルドン：~ bendito (santo) ヤグルマギクの一種. ~ borriquero オオヒレアザミ. ~ cabrero オオアザミ. ~ corredor ヒゴタイサイコ. ~ estrellado ヤグルマギク，ヤグルマソウ
　ser un ~《西. 口語》無愛想である，とっつきにくい；[主に女性が] 大変醜い
cardón [karðón] 男 =cardencha；=carda
cardoncillo [karðonθíʎo] 男《植物》オオアザミ
cardume[n] [karðúme(n)] 男 魚群；《南米》多量，豊富
carduzar [karðuθár] 他 =cardar
carear [kareár] 他 ❶《法律》対質(ぢ)させる：~ a los testigos 証人同士を対質させる. ❷ 対照(照合)する：~ la copia con el original 写しを原本と突き合わせる
　◆ ~se 対面する；[難しい問題について] 会談する
carecer [kareθér] 自《文語》[+de+無冠詞名詞] 欠く，…がない：Carecemos de recursos naturales. 我が国には天然資源がない. Carece de sentido del humor. 彼にはユーモアのセンスがない
carel [karél] 男 [オール受けのある] 船側上部
carena [karéna] 囡 船底[の修理・手入れ]
carenado 男 船底の修理
carenar 他 …の船底を修理する
carencia [karénθja] 囡 ❶ 欠如，欠乏：Se desconoce la realidad por ~ de información. 情報がないので実態がつかめない. ❷《医学》[ビタミンなどの] 欠乏症：~ cálcica カルシウム不足. ❸《商業》crédito con una ~ de dos años 2年間の返済猶予付きの貸付け
carencial 形 欠乏症の：enfermedad ~ 欠乏性疾患
carente [karénte] 形《文語》[+de が] 欠如した
careo [karéo] 男 対質；対照，照合：hacer un ~ 対質をする
carero, ra [karéro, ra] 形 囡 高く売りつける〔人〕：Este carnicero es ~. この肉屋は高い
carestía [karestía] 囡 ❶ [生活必需品の] 高値：~ de vivienda 高い住居費. ❷《古語》欠乏
careta[1] [karéta] 囡 ❶ [主にボール紙製の] 仮面；[防毒用・フェンシングなどの] マスク；見せかけ：quitarse la ~ 仮面を脱ぐ；正体(本心)を明か

す. quitar a+人 la ~ …の正体を暴く. con una ~ de mansedumbre 猫をかぶって. ~ antigás 防毒マスク. ~ de protección [溶接の] ハンドシールド
careto, ta[2] [karéto, ta] 形 [牛・馬が] 頭部の前面が白い. ◆ 男《口語》[ひどい] 顔
carey [karéi] 男 ❶《動物》アオウミガメ；タイマイ. ❷ べっ甲
carga [kárga] 囡 ❶ 荷積み，積載〔量〕；積み荷；荷重：exceso de ~ 重量オーバー. línea de ~ [船の] 積載喫水線. seguro sobre la ~ 積み荷保険. tren (barco・avión) de ~ 貨物列車(船・輸送機). zona de ~ y descarga 積降ろし専用駐車区域. ~ de ala 翼面荷重. ~ de ruptura 破壊荷重. ~ fija (muerta) 固定荷重，死荷重. ~ máxima 最大積載量. ~ rentable 収益荷重. ~ útil 有効搭載量. ❷ 負担；租税負担 [~s fiscales]：~ de pago 納料負担. ~ personal 個人負担. ~s familiares 家計の負担，扶養家族. ~s económicas 経済的負担. ~s sociales [企業の] 社会的負担. ~ de los años 寄る年波. ❸ 装填(されるもの)，充填(されるもの)：de ~ superior (frontal) [洗濯機などが] 上部(前部)から入れる. ~ de papel 給紙. ~ de bolígrafo ボールペンの替え芯. ~ de gas para el mechero ガスライターのボンベ. ❹ 火薬[量]：~ explosiva 装薬. ~ percutora 点火薬. ~ de profundidad 爆雷. ❺《電気》電荷，電気量 [~ eléctrica]；充電. ❻《軍事》突撃：¡A la ~! 突撃! ❼《スポーツ》チャージ：~ por la espalda バックチャージ. ❽《心理》afectiva 情動的負荷
　a ~*s* 大量に，豊富に
　a ~ *cerrada* 無思慮に
　a paso de ~ 大急ぎで；急速に
　llevar la ~ *de*+人《口語》…を扶養する，責任を持つ
　quitar a+人 *la* ~ …の責任を取り除く
　ser (constituir) una ~《口語》やっかいである，迷惑である
　volver a la ~《口語》元の主張を繰り返す
cargadero [kargaðéro] 男 荷積み場；積卸し(降ろし)場
cargado, da [kargáðo, ða] 形 過分 [estar+] ❶ [+de 荷を] 積んだ；装填した：Llegó ~ de regalos. 彼はプレゼントをたくさん持ってやって来た. estar ~ de años 齢(よわい)を重ねている. estar ~ de vino (de miedo) ひどく酔って(恐れて)いる. ❷ 一杯の：Las ramas están ~das de fruta. 枝にはたわわに実がなっている. ❸ 空模様が怪しい：cielo ~ 一雨来そうな空. ❹ 重い，重苦しい [pesado]：tener la cabeza ~da 頭が重い. ambiente ~ 重苦しい雰囲気. ❺ 酔った [borracho]. ❻ 空気の汚れた. ❼ [コーヒーなどが] 濃い：poner un café bien ~ コーヒーを大変濃く入れる
　◆《南米》悪ふざけ，いたずら
cargador, ra [kargaðór, ra] 囡 荷役人夫 [~ de muelle]；荷主，送り主
　◆ 男 ❶ [銃の] 挿弾子，弾倉：llenar el ~ 全弾装填する. tener el ~ vacío 弾を装填してな

C

い。 ❷《電気》～ de baterías 充電器

◆ 囡 積込機，ローダー

cargamento [kargaménto] 團 匧宮 船荷，
積み荷

cargante [kargánte] 厖 ❶ [人が] 腹立たし
い，わずらわしい：Es un tipo ～. あいつはうるさい。
❷ [負担の] 重い：lectura ～ 大量の訳読

cargar [kargár] 图 他 [英 load, charge. ☞活
用表] ❶ …に荷を積む：i) …に荷を積む：～ un camión トラックに荷を積む，ii) [+con・de 荷を] ～ de
grava un camión トラックに砂利を積む
❷ [+en に/+sobre の上に] 積む：～ grava
en un camión トラックに砂利を積む。～ una
mochila sobre los hombros リュックを肩にかつ
ぐ。～ un saco a las espaldas 袋を背負う
❸ [+con・de を] …に装填する，入れる：～ un
revólver [con balas] ピストルに弾を詰める。～
una máquina fotográfica カメラにフィルムを入
れる。～ una estufa de leña ストーブに薪を入れ
る。～ una batería バッテリーに充電する
❹ [負担・責任などを] 負わせる：i) [+a に] ～
nuevos impuestos a la venta 新しく売上税を
課する。～ la culpa a 人+… に罪を着せる。ii)
[+con を] Le cargaron con las faenas
bajas. 彼は下等な仕事を押しつけられた
❺ [+de で] 一杯にする：～ una comida de
especias 料理に香辛料を入れすぎる。～ un
baúl トランクをぎゅうぎゅう詰めにする
❻ 追加する；強化する：～ un 10% sobre el
precio anterior 前の価格に10%上積みする。
～ los tacones por donde más se desgastan
かかとの一番すり減るところを補強する
❼《口語》不快にさせる，耐えられなくする：Me
carga la gente sinvergüenza. 恥知らずな連中
にはうんざりだ
❽ 容量がある：Este depósito carga 50 litros.
このタンクは50リットル入る
❾《スポーツ》チャージする
❿ [試験で] 落とす，落第点をつける
⓫ [商業] 借方に記入する，つけにする：Le han
cargado la cantidad de diez mil pesetas. 彼
は1万ペセタ借越し（つけ）になっている
⓬ [情報] ロードする
⓭ [言語] 強く発音する，アクセントをかける
⓮ [中南米] 携帯する，身につけている；処罰する
◆ 圓 ❶ [+sobre に] 重みをかける：La
bóveda carga sobre las columnas. 丸天井は
柱に支えられている。❷ [+con] i) …をかつぐ，に
なう：No puedo ～ con aquel enorme pa-
quete. 私にはあんな大荷物は持てない。Carga
con la responsabilidad. 彼が責任を負う。～
con los gastos 費用を負担する。ii) …を持ち
去る：Los ladrones cargaron con todas las
joyas. 泥棒たちは宝石を全部さらっていった。❸
[+sobre・contra を] 攻撃する，突撃する。❹
[+hacia のあたりで] 猛威をふるう：El tifón
cargó hacia la isla. 台風は島の近辺で猛威をふ
るった。❺ [+de で] 大量に持つ [～se ❶]。❻
[木々が] 実をつける
◆ ～se ❶ [+de で] 大量に持つ，一杯ある：El
local se cargó de marineros. 店は船員たちで

一杯になった。Se cargó de obligaciones. 彼は
多くの責任を背負い込んだ。～se de deudas 借
金だらけになる。❷ [空が] 雲に覆われる：El
tiempo se fue cargando. 曇ってきた。❸ [+
con を] 担当する：Me cargo con este trabajo. 私がこの仕事を担当します。❹
《口語》重苦しく感じる，疲れる：Se me cargan
las piernas. 足がだるい。❺《口語》[雰囲気が]
重苦しくなる，不快になる，我慢の限界に達する。
❻《西．口語》i) …を壊す；[規則などを] 破る：
Se ha cargado la nevera (la reforma). 彼は
冷蔵庫を壊した（改革をぶち壊した）。ii) [試験
で] …を落とす，落第点をつける：Se lo han
cargado en el examen práctico. 彼は実地試
験で落とされた。❼《口語》[人を] 殺す
cargársela(s)《西．口語》不愉快な結果をこう
むる：Si nadie dice quién es el culpable, se
las cargará uno de vosotros. 誰が犯人か誰
も言わなかったら，お前たちの中の一人がいやな目
に会うだろう

cargar	
直説法点過去	接続法現在
cargué	cargue
cargaste	cargues
cargó	cargue
cargamos	carguemos
cargasteis	carguéis
cargaron	carguen

cargazón [kargaθón] 囡 重苦しい感じ：
tener ～ de estómago 胃がもたれる。～ en los
ojos 目の疲れ

cargo [kárgo] 團 [英 charge] ❶ 職務，任務；
地位；役目：Tiene (Ocupa) un ～ de res-
ponsabilidad en la empresa. 彼は社内で責任
ある地位についている。tomar el ～ de ministro
大臣に就任する。alto ～ [警察などの] 高官。
❷ 担当：Tiene a su ～ esas sucursales. そ
れらの支店は彼の担当だ。Estoy a ～ del con-
trol de producción. 私は生産調整を担当して
いる。Lo dejo a tu ～. それは君に任せる。❸
[主に 圈] 責任追及，非難：lanzar graves
～s contra el gobierno 政府を手ひどく攻撃す
る。❹《商業》借方。❺ 荷重 [carga]
a ～ de... 1) …の負担で；代金がわりに：Los
gastos corren a ～ de la empresa. 費用は
会社もち。2) …の条件で
al ～ de... …の先頭に・で，最前線に・で
con ～ a... …の費用で，…が払って
～ de conciencia 良心のとがめ：Me da un
～ de conciencia terrible. 私はひどく良心が
とがめる
hacer ～s a 人+… …のせいにする，…をとがめる
hacerse ～ de... 1) …を担当する，引き受け
る：hacerse ～ de los graves deudas 重い債務を引き受け
る。hacerse ～ del poder 政権を担当する。2)
[状況などを] 把握する；よく考える，理解する：
No se hace ～ del problema. 彼は問題点が
つかめていない
jurar el (su) ～ 職務に忠実であることを宣誓

する

cargosear [kargoseár] 他《南米》…に迷惑をかける

cargoso, sa [kargóso, sa] 形《南米》= **cargante**

carguero, ra [kargéro, ra] 形 名 貨物を運ぶ〔人〕
◆ 男 ❶ 貨物船, 荷船；貨物列車. ❷《南米》役畜；忍耐強い人

cari [kári] 形《南米》褐色の

cariacontecido, da [karjakonteθíðo, ða] 形 [estar+. 表情が] しょげた, 悲しそうな；びっくりしている

cariado, da [karjáðo, ða] 形 過分 虫歯になった：Tienes una muela ~da. 君は虫歯が1本ある

cariaguileño, ña [karjagiléɲo, ɲa] 形 頬がこけて鷲鼻の

cariampollado, da [karjampoʎáðo, ða] 形 頬の丸々とした

cariar [karjár] 自 他 カリエスにかからせる；虫歯にする. ◆ ~se 虫歯になる

cariátide [karjátiðe] 形 名《建築》女像柱

caribe [karíße] 形 名 ❶ カリブ族の〔人〕《コロンブスの米大陸発見時, 西インド諸島に住んでいた》；《地名》カリブの〔人〕：Mar C~ カリブ海 ◆ 男 カリブ語
　caribeño, ña 形 名 カリブの〔人〕

caribú [karißú] 男 [複 ~[e]s]《動物》トナカイ, カリブー

caricato [karikáto] 男 ❶《西》声帯(形態)模写の演芸家；道化役の歌手. ❷《中南米》= **caricatura**

caricatura [karikatúra] 女 ❶ 戯画, 漫画：~ alusiva a un hecho político 政治事件を風刺した漫画. ❷ パロディー, 模倣；出来損い：hacer una ~ de+人 …の物まねをする
　caricaturesco, ca 形 戯画化した, 《軽蔑》［結果的に］滑稽な
　caricaturista 名 戯画家, 風刺画家
　caricaturizar 他 戯画化(パロディー化)する

caricia [karíθja] 女 愛撫, 優しく触れること：hacer ~s a un perro 犬をなでる. ~ del viento en las mejillas 頬をなでる風

caridad [kariðá(ð)] 女 ❶ 思いやり, 慈悲；《キリスト教》愛徳, カリタス. ❷ 施し物, 慈善：hacer ~ 慈善を施す. vivir de ~ お情け(施し物)で暮らす. hacer una colección de ~ 義援金をつのる. La ~ bien ordenada empieza por uno mismo.《諺》慈善とはまず自分に施すことから始まる/自分の頭の上の蝿を追え. ❸ favor：Hágame la ~ de+不定詞 …してください. ❹ Su (Vuestra) C~《聖職者間の敬称》あなた
　¡por ~!〔気の毒だと思って〕お願いします！

caries [kárjes] 女《単複同形》❶《医学》カリエス：~ espinal 脊椎カリエス. ❷ 齲蝕(ぅ͡しょく), 虫歯〔で黒くなった所〕《~ dental》

carilargo, ga [karilárgo, ga] 形《口語》浮かない顔の, 憂鬱そうな

carilla [karíʎa] 女 [便箋などの表・裏の] 面：escribir la hoja por las dos ~s 便箋の両面に書く

carillón [kariʎón] 男 ❶ [教会・楽器の] カリヨン, 組み鐘. ❷ [時計の] チャイム；チャイム時計《reloj de ~》

carilucio, cia [karilúθjo, θja] 形 顔につやのある

cariñena [kariɲéna] 男 サラゴサ県のカリニェナ Cariñena 産の甘口のワイン

cariño [karíɲo] 男《英 love》❶ 愛情, いとおしさ；愛着《amor より一般的に使われる》：Demuestra un gran ~ a su hermana. 彼は大変妹思いだ. Siente ~ por las flores. 彼は花を大事にしている. Tengo mucho ~ a este lugar. 私はこの土地に大変愛着を持っている. con ~ 愛情をもって；[手紙の結辞] 愛をこめて. ❷ 慎重, 入念：tratar con ~ 大切に(優しく)扱う. ❸ [夫婦間などの親愛の呼びかけ] No llores, ~. ねえ, 泣かないで. ❹《中米》贈り物, プレゼント

cariñoso, sa [kariɲóso, sa] 形 愛情のこもった；[+con・para con に] 優しい：~sas palabras 優しい言葉. ser ~ con los niños 子供たちに優しい
　cariñosamente 副 優しく

carioca [karjóka] 形 名《地名》リオ・デ・ジャネイロ Río de Janeiro の〔人〕；[広く] ブラジルの

cariocinesis [karjoθinésis] 女《単複同形》《生物》核分裂

cariópside [karjópsiðe] 女《植物》穀果, 穎果(えい͡か)

cariparejo, ja [kariparéxo, xa] 形《口語》平然とした顔の

carisma [karísma] 男《キリスト教》カリスマ, 特能《神から与えられた修道上の特殊な能力》；[カリスマ的な] 影響力, 統率力：tener ~ カリスマ性がある
　carismático, ca 形 カリスマ的な

caritativo, va [karitatíßo, ßa] 形 慈善の；[+con に] 慈悲深い：ser ~ con los pobres 貧しい人に思いやりがある

carite [karíte] 男《魚》《中米》サワラ；《南米》ビラニア《piraña》

cariz [karíθ] 男 ❶《口語》[事物の] 様子, 形勢：La herida presenta buen (mal) ~. 傷の具合はよい(思わしくない). La depresión tomó un ~ peligroso. 不況は危険な様相を呈した. ❷ 空模様：El cielo tiene mal ~. 空模様が怪しい

carlanca [karláŋka] 女 ❶ [犬の] とげ付きの首輪. ❷ [主に 複] ずる賢さ. ❸《中南米》鉄の[足]かせ；迷惑

carleta [karléta] 女 [鉄用の] やすり

carlinga [karlíŋga] 女《航空》操縦室, コックピット；《船舶》キールソン

carlismo [karlísmo] 男《歴史》カルリスモ, カルロス党《イサベル2世と対立した Carlos (1788-1855) とその子孫の王位継承権を要求する運動・主義》
　carlista 形 名 カルリスタ〔の〕, カルロス支持派〔の〕：primera (segunda) guerra ~ 第

1(2)次カルリスタ戦争〖1833-39 年；1872-76 年〗

Carlos [kárlɔs] 男《男性名》カルロス〖英 Charles〗

carmañola [karmaɲóla] 女〖フランス革命時、革命派の着た〗広襟で短い上着；当時の革命歌

carmelita [karmelíta] 形 名〖宗教〗カルメル会 orden del Carmen (Carmelo) の〖修道士・修道女〗：〜s descalzos 跣足(ﾎﾞﾘｱ)カルメル会. ❷《中南米》明るい茶色〔の〕, 淡褐色〔の〕

　　carmelitano, na 形 カルメル会の
　　carmelo 男〖主に C〜〗カルメル会〔の修道院〕

carmen [kármen] 男 ❶〖グラナダで果樹園・庭園つきの〗邸宅〖ロ写真（邸宅の入り口横のプレート）〗. ❷〖ラテン語の〗詩, 韻文. ❸〖C〜〗《女性名》カルメン〖英 Carmel〗

carmenar [karmenár] 他 ❶〖毛などを〗解きほぐす, 梳(ﾄﾞ)く. ❷ 盗む, くすねる

carmesí [karmesí] 形 男〖圏〜[e]s〗深紅色〔の〕

carmín [karmín] 形 男 ❶ 洋紅色〔の〕. ❷《植物》カルミナ, ゼニタチアオイ. ❸〖口紅の〗紅

carminativo, va [karminatíβo, βa] 形 男 胃や腸内のガスを排出する, 駆風の；駆風剤

carnada [karnáða] 女〖釣り・猟の〗餌〖比喩的にも〗

carnadura [karnaðúra] 女《医学》=encarnadura

carnal [karnál] 形 ❶〖精神に対して〗肉体の；物質的な, 地上の：deseos (apetitos) 〜es 性欲. amor 〜 性愛. ❷ 血縁の：tío 〜 血のつながった叔父
◆ 名《中米》仲間, 親友

carnaval [karnaβál] 男 カーニバル, 謝肉祭〖四旬節の3日間。2月-3月で年によって違う〗
　　carnavalada 女〖カーニバル特有の〗お祭り騒ぎ, 悪ふざけ
　　carnavalesco, ca 形 カーニバルの〔ような〕；異様な

carnaza [karnáθa] 女 ❶ =carnada. ❷〖肉と接する〗内皮；肥満, 贅肉. ❸《料理. 軽蔑》くず肉, 腐った肉. ❹ 罪もない人が犠牲になった悲しい事件

echar a+人 de 〜《中南米》…を身代わりにする

carne [kárne] 女〖英 meat, flesh〗❶〖不可算 形：i) Ella tiene muy poca 〜. 彼女はひどく肉付きが悪い. 〜 rosada de los bebés 赤ん坊のピンク色の肌. 〜 viciosa 贅肉. Él es 〜 de mi 〜. 彼は私の肉親だ〖主に母親または子の子供について〗. ii)〖食品〗〖ロカット〗plato de 〜 肉料理. 〜 de cerdo (cordero・ternera) 豚(羊・牛)肉. 〜 de pluma 鳥肉. 〜 de pelo うさぎ肉. 〜 de cangrejo カニの身. 〜 blanca 鶏肉・豚肉などの白っぽい肉. 〜 roja 牛肉・羊肉など赤い肉. 〜 magra 赤身肉. 〜s frías《中南米》冷肉〖fiambre〗. iii)〖果実の〗果肉：〜 de membrillo マルメロのゼリー. 〖精神 espíritu に対して〗肉体：placeres de la 〜 肉体的快楽

1)culata 2)cadera 3)filete 4)chuleta 5)costillar 6)aguja 7)redondo 8)contra 9)babilla 10)corvejón 11)punta de lomo 12)punta de chuletas 13)espaldilla 14)cuello 15)morro 16,22)morcillo 17,20)pata 18)falda 19)pecho 21)pecho

buey

1,7)manos 2)jamón 3)chuletas 4)cinta 5)cabeza 6)panceta

cerdo

abrirse a+人 las 〜s《口語》…が恐怖に襲われる, そっとする

〜 sin hueso 楽でもうかる仕事

cobrar (criar) 〜s 太る

de (en) 〜 y hueso〖人が痛みや苦しみを感じる〗生身の, 実存の：Soy de 〜 y hueso. 私は生身の人間だ. visto en 〜 y hueso〖映像でなく〗実物で見ると

de muchas (pocas) 〜s 肉づきのよい(悪い)

echar 〜s 太る

en 〜 viva 皮膚が赤むけの；〖記憶などが〗不快な, 悲惨な：herir a+人 en 〜 viva …の痛い所をつく

en 〜〔s〕 viva〔s〕 裸の・で

entrar en 〜s 太る

echar toda la 〜 en el asador《口語》= poner toda la 〜 en el asador

entrado en 〜s《口語》=metido en 〜s

metido en 〜s《口語》太り気味の

no ser ni 〜 ni pescado《口語》どっちつかず(優柔不断)である

perder 〜s やせる

poner toda la 〜 en el asador《口語》一か八か勝負に出る

ser 〜 y uña=ser uña y 〜

ser de la misma 〜 y sangre 血肉を分けた間柄である

ser uña y 〜 (〜 y uña)〖主語は圏〗切っても切れない仲である

temblar a+人 las 〜s《口語》=abrirse a+人 las 〜s

tener 〜 de perro まるで不死身である

carné [karné] 男 〖複 ～s〗《←仏語》身分証明書《= de identidad》: ～ de conducir 運転免許証. ～ de estudiante 学生証. ～ de prensa 記者証. ～ de socio 会員証

carnear [karneár] 他《南米》[食用に] 畜殺する, 解体する
　carneada 女 畜殺

carnecería [karneθería] 女《俗語》＝**carnicería**

carnero [karnéro] 男 ❶ 雄羊《↔oveja》; 羊肉, マトン; 羊皮, シープスキン: ～ llano 去勢羊. ～ de simiente 種羊. ～ marino アザラシ〖foca〗. ～ del Cabo アホウドリ〖albatros〗. ～ de la tierra リャマ〖llama〗. De la mar, el mero y de la tierra, el ～《諺》海では海の幸を, 山では山の幸を食べるべきだ. ❷ 納骨所; [一家の] 地下墓所. ❸《南米》自主性のない人. ❹ 複《気象》羊雲, 綿雲
　cantar para el ～《南米》[人が] 死ぬ
　ojos de ～ 悲しそうな目

carnestolendas [karnestoléndas] 女 複 [las+] 謝肉祭〔の期間〕

carnet [karné] 男 〖複 ～s〗＝**carné**

carnicería [karniθería] 女 精肉店
　hacer una ～ 大破壊(大虐殺・大量処分)を行なう

carnicero, ra [karniθéro, ra] 形 ❶ [動物が] 肉食の: animal ～ 肉食動物. ave ～*ra* 猛禽. ❷ 残虐な, 血を好む: venganza ～*ra* 血なまぐさい報復. ❸ 肉好きの
　◆ 名 精肉商; 残虐な人;《軽蔑・戯謔》腕の悪い外科医
　◆ 男 複《動物》食肉類〖carnívoros〗

cárnico, ca [kárniko, ka] 形 食[用]肉の: industria ～*ca* 食肉産業. preparados ～*s* 肉製品

carnita [karníta] 女《中米. 料理》豚肉の塊を油で揚げたもの〖トルティージャで巻いて食べる〗

carnívoro, ra [karníboro, ra] 形 肉食の: animal ～ 肉食動物. planta ～*ra* 食虫植物
　◆ 男 複《動物》食肉類

carnoso, sa [karnóso, sa] 形 肉のついた; 肉づきのよい: sandía ～*sa* 肉味の多い西瓜
　carnosidad 女 贅肉, 肥満;[傷跡などの] 肉の盛り上がり

caro, ra² [káro, ra] 形《英 expensive. ↔barato》❶ 高価な; 高くつく: Esta corbata es ～*ra*. このネクタイは高い. La manzana ahora está ～*ra*. リンゴは今高い. Venden muy ～*s* sus artículos en esta tienda. この店は高い. joya ～*ra* 高価な宝石. restaurante ～ 高いレストラン. ciudad ～*ra* 物価の高い都市. ❷《文語》[+名詞] 愛する: mi ～ amigo わが親愛なる友. ～*s* recuerdos 大切な思い出
　costar (salir) ～ *a+人*《比喩》…にとって高くつく: La victoria le *costó* ～*ra*. 勝利は彼にとって高くついた. La broma me *salió* ～*ra*. いたずらをして私はひどい目に会った
　◆ 副 高価に〖動詞が直接目的語を伴わない場合〗: Venden ～ en este bar. このバーは高い

carolingio, gia [karolíɲxjo, xja] 形《歴史》カール大帝 Carlomagno の, カロリング王朝の

carona [karóna] *blando de* ～ ふぬけの, やる気のない

carota [karóta] 名《西》面の皮の厚い人, 鉄面皮

caroteno [karoténo] 男《化学》カロチン: beta ～ ベータカロチン

carótida [karótida] 女《解剖》頚動脈

carotina [karotína] 女 ＝**caroteno**

carozo [karóθo] 男 [トウモロコシの] 穂軸《中南米》[モモなどの] 核, 種

carpa [kárpa] 女《魚》コイ(鯉): ～ dorada 金魚. salto de la ～ とんぼ返り. salto en ～《水泳》ジャックナイフ, えび型飛び込み. ❷ [サーカスなどの] 大きなテント;《中南米》[野営用の] テント: levantar la ～ テントを立てる. ❸《南米》tela de ～ ウール地

carpanta [karpánta] 女《口語》飢餓;《中米》ごろつきの集団;《南米》泥酔
　◆ 名《口語》がつがつ食べる人

carpelo [karpélo] 男《植物》心皮

carpeta [karpéta] 女 ❶ 紙ばさみ, ファイル: ～ de anillas リング式バインダー. ❷ デスクマット. ❸《西》レコードジャケット. ❹《南米》i) 勉強机, 事務机; 経理部. ii) じゅうたん〖alfombra〗
　hacer la ～ [入れないように] ベッドの上側のシーツを折りたたむ〖新入生などに対するいたずら〗

carpetano, na [karpetáno, na] 形 名《歴史》カルペターノ族〖ローマ征服以前, イベリア半島中央部に居住〗

carpetazo [karpetáθo] 男 *dar* ～ *a...*《口語》…を棚上げにする; 中止する: *dar* ～ *al* recurso 訴えを握りつぶす. *dar* ～ *al* proyecto 計画を打ち切る

carpetovetónico, ca [karpetobetóniko, ka] 形 名《西. 軽蔑》スペインの伝統に固執する〔人〕, 排外主義的な〔人〕

carpincho [karpíntʃo] 男《動物》カピバラ, ミズブタ

carpintería [karpintería] 女 ❶ 大工仕事, 大工の職(仕事場). ❷ [建物の] 木部全体: ～ metálica 金属部分. ～ de aluminio アルミサッシ

carpintero, ra [karpintéro, ra] 名 大工《～ de armar•～ de obra de afuera》: ～ de blanco 指物師, 建具屋. ～ de ribera 船大工. ～ de cámara 客船の船大工

carpir [karpír] 他《南米》雑草を取る

carpo [kárpo] 男《解剖》手根骨
　carpiano, na 形 手根骨の

carpología [karpoloxía] 女 果実学

carraca [karáka] 女 ❶ [聖週間の暗闇の聖務・試合の応援に使う] カラカラという音を出す道具 〖カッ ト〗. ❷ カラク船〖15-16 世紀の大型帆船〗; ほろ船. ❸ ぽんこつ; 持病だらけの人. ❹《鳥》ニシブッポウソウ

estar como una ～ 頭が少しおかしい

carracuca [kařakúka] 〖estar más perdido que C～〗絶望的な苦境にある

carraleja [kařaléxa] 囡《昆虫》ツチハンミョウ

carrao [kařáo] 男《鳥》ツルモドキ科の一種

carrasca [kařáska] 囡《植物》ケルメスナラ；《南米. 楽器》カラスカ〖棒で弦をこすって音を出す〗

carrascal 男 ケルメスナラの森

carrasco 男 ＝carrasca；《中南米》薪がたくさん取れる森

carraspa [kařáspa] 囡《植物》トキワガシ

carraspear [kařaspeár] 自 咳払いをする；声がかすれる

carraspeño, ña 形《声が》かすれた

carraspeo 男 咳払い

carraspera 囡 喉のしわがれ, いがらっぽさ

carrasposo, sa 形 よく声がかすれる；《南米》[手ざわりが] ざらざらした

carraspique [kařaspíke] 男《植物》グンバイナズナ

carrera[1] [kařéra] 囡〖英 race, career〗❶ 競走, レース. ～ de automóviles (de coches・automovilística) カーレース. ～ de caballos 競馬. ～ de cien metros 100メートル競走. ～ de galgos ドッグレース. ～ de motocicletas オートレース. ～ de natación 競泳. ～ de obstáculos 障害物競走；《競馬》障害レース；困難. ～ de relevos (de postas) リレー競走. ～ de tres pies 二人三脚. ～ de armamentos/～ armamentista (armamentística) 軍拡競争
❷ [大学の] 専門課程；[専門職の] 経歴；[生涯たどるべき] 職業：abandonar su ～ de actriz 女優をやめる. terminar la ～ 大学を卒業する. tener una ～ larga en... …のキャリアが長い. iniciar su ～ 開業する；デビューする. ～ de ingeniero 技術者養成課程. ～ diplomática 外交官養成課程；外交官の職歴. ～ media (superior) 3年(5年)制の大学課程. militar de ～ 職業軍人. mujer de ～ キャリアウーマン
❸ 経路：vigilar la ～ de la comitiva 行列の道筋を警備する. importe de la ～ [タクシーの] 走行料金
❹《天文》軌道, 運行：～ de la luna 月の軌道(運行)
❺《機械》行程：～ de admisión (de aspiración) 吸気行程. ～ de compresión 圧縮行程. ～ de escape (de evacuación) 排気行程. ～ ascendente (descendente) 上昇(下降)行程
❻《建築》梁, 根太
❼ [ストッキングの] 伝線：tener ～s 伝線している. Me he hecho una ～ en la media. 私のストッキングが伝線した
❽《野球》ホームベースを踏むこと, 得点
❾ [固有名詞として] 道：～ de San Jerónimo サン・ヘロニモ通り

a la ～ 大急ぎで
dar ～ *a*+人 …に学資を出してやる

darse una ～ 走る；急ぐ, 急いでする
de ～ 暗闇で, すらすらと；無思慮に
de ～*s* 競走用の：caballo (coche) *de* ～*s* 競走馬(レーシングカー)
de mucha ～ 学歴の高い
hacer ～ 出世する
hacer la ～ 1) [+de 科目を] 大学で学ぶ. 2)《西》[娼婦が] 通りで客を引く
hacer su ～ [+en で] キャリアを積む
ir en (de) una ～ 走って行く
no poder (lograr) hacer ～ *con (de)*+人 …に言い聞かせられない, だませない
tomar ～ [跳躍の前に] 助走する；心の準備をする

carrerilla [kařeríʎa] 囡 ❶ [ストッキングの] 伝線：tener ～ 伝線している. coger ～ 伝線を直す. ❷《スポーツ》助走：tomar ～ 助走する. ❸《音楽》ポルタメント
de ～ [口語] 棒(丸)暗記で；一気に：aprender... *de* ～ …を丸暗記する

carrerista [kařerísta] 名 競馬のファン；レーサー, 競走選手

carrero, ra[2] [kařéro, ra] 名《主に南米》＝carretero

carreta [kařéta] 囡 [二輪の] 荷馬車, 荷車：～ de bueyes 牛車. ～ de mano 手押し車. andar como una ～ のろのろと進む

carretada [kařetáða] 囡 ❶ 荷車1台分の量：cuatro ～s de leña 荷車4台分の薪. ❷ [口語] 多量：tener ～s de libros たくさんの蔵書がある
a ～*s* 大量に, 豊富に

carrete [kařéte] 男 ❶ [糸・フィルムなどの] 巻き枠, ボビン, リール：～ de hilo 糸巻き. ～ de pesca 釣りのリール. ～ de inducción《電気》誘導コイル. ❷ [映画・写真の] フィルム：Tiré dos ～s. 私はフィルムを2本使った. ～ de 36 fotos 36枚撮りのフィルム
dar ～ [釣り・凧上げで] 糸を送り出す；[+a+人 に] 好きなだけ話させる
tener ～ よくしゃべる

carretear [kařeteár] 他 [荷車で] 運ぶ
◆ 自 荷車を引く

carretel [kařetél] 男 [釣りの] リール；[ミシンの] ボビン

carretela [kařetéla] 囡 [折畳み式幌の] 四輪馬車

carretera[1] [kařetéra] 囡〖英 highway〗幹線道路, 街道：ir por ～ 陸路で行く. carrera en ～ ロードレース. ～ nacional (general) 国道. ～ comarcal (secundaria) 県道. ～ vecinal 市道. C～ Interamericana パンアメリカンハイウェイ

carretero, ra[2] [kařetéro, ra] 名 荷車引き, 馬方；車大工
fumar como un ～ ヘビースモーカーである
hablar peor que un ～ 乱暴な言葉づかいをする
jurar (blasfemar・maldecir) como un ～ 口汚くののしる

carretilla [kařetíʎa] 囡 ❶ [一輪の] 手押し

車；小型の運搬車, 台車：～ eléctrica 電動運搬車. ～ elevadora フォークリフト. ❷〔幼児などの〕歩行器. ❸ ねずみ花火. ❹《料理》〔歯車のついた〕パスタカッター. ❺《南米》顎〖quijada〗

de ～ 棒暗記で〖de carrerilla〗；慣れで, 習慣で

carretón [karetón] 男 小型の荷車；《鉄道》ボギー車

carric [karík] 男《←英語. 服飾》ひだ付きケープのついた男性用コート

carricero [kariθéro] 男《鳥》ヨシキリ〖～común〗

carricoche [karikótʃe] 男〔二輪の〕幌馬車；ぼろ馬車

carriel [karjél] 男《中南米》皮製の旅行かばん

carril [karíl] 男 ❶〔道路の〕車線；道路：carretera de dos ～es 片側 2 車線の道路. ～ bus バス専用レーン. ～ de bicicletas／～-bici 自転車用レーン. ～ de aceleración (de deceleración)〔高速道路の〕加速(減速)車線. ～ de adelantamiento 追い越し車線. ❷ 車の跡, わだち〖rodada〗. ❸ レール, 線路〖rail〗. ❹《南米》鉄道

carrillo [karíʎo] 男 頬(ほ), ほっぺた〔頬骨の下の柔らかい部分〕

comer a dos ～s がつがつ食べる；兼業(兼職)をする；二股をかける

carrilludo, da 形 頬がふっくらした

carrito [karíto] 男 ❶《西・スーパーマーケットなどで使う》カート：～ de la compra ショッピングカート. ❷ 豆自動車

carrizo [karíθo] 男《植物》アシ, ヨシ；《南米》茎の甘いイネ科植物

carrizal 男 アシの生えている場所

carro [káro] 男 ❶〔主に二輪の〕荷車, 馬車；その積み荷：tirar del ～ 荷車を引く；重労働をする. ～ alegórico (triunfal)〔祭りの〕山車(だ). dos ～s de naranjas 車 2 台分のオレンジ. ❷ カート〖carrito〗, 台車：～ de (para) compra ショッピングカート. ～ camarero 配膳車. ❸《軍home》戦車〖～ de combate〗：～ de asalto 攻撃戦車. ～ falcado〖古代の〗戦車. ❹《機械》往復台, 可動台部；〔タイプライターの〕キャリッジ. ❺《天文》C～ Mayor (Menor) 大(小)熊座. ❻《中南米》〔一般に〕車〖自動車, 市電, 列車の車両など〗：～ colectivo 乗合バス(タクシー)

aguantar ～s y carretas《口語》じっと耐え忍ぶ

arrimarse al ～ del que manda 強い方につく

parar el ～〔怒り・焦燥などを〕抑える：¡Para el ～! まあ落ち着け！

poner el ～ delante de las mulas 順序が逆のことをする, 本末を転倒する

tirar un ～ 借金をする

untar el ～ a+人 …を買収する

carrocería [karoθería] 女 ❶〔自動車・列車の〕車体, ボディー；自動車〔修理〕工場, 自動車店. ❷《西》〔店内用の〕幼児も乗せるカート

carrocero, ra 名 車体製造(修理)工；カーデザイナー

carrocha [karótʃa] 女〔昆虫の〕卵

carromato [karomáto] 男 大型の幌馬車；《軽蔑》大型で乗り心地の悪い車

carronada [karonáda] 女〔昔の〕カロネード砲

carroña [karóɲa] 女《動物》腐った死体, 腐肉

carroñero, ra 形 名 腐肉の；腐肉を食べる〔動物〕〖比喩で人についても〗

carroza [karóθa] 女 ❶ 豪華な四輪馬車, 儀典用の馬車；山車(だ)〖～ fúnebre (funeral) 霊柩車. ❷《南米》霊柩車

◆ 形 名《西. 口語》〔好み・考え方が〕年寄りじみた, 古くさい

carrozar [karoθár] 他〔車に〕ボディーを取りつける

carruaje [karwáxe] 男〔乗用の〕車, 乗り物；《集合》一隊の車

carrusel [karusél] 男《←仏語》❶〔騎馬などの〕パレード. ❷ メリーゴーラウンド〖tiovivo〗；〔祭りなどによる〕呼びもの. ❸ 連続：～ de noticias やつぎばやの知らせ. ❹《西》〔空港の〕回転式荷物引き渡し台. ❺《放送》ワイドショー：～ deportivo スポーツ中継中心のワイド番組

carst [kárst] 男 ＝**karst**

cárstico, ca 形 ＝**kárstico**

carta [kárta] 女《英 letter》❶ 手紙〖～ postal〗：¿Hay ～ para mí? 私に手紙が来ていますか？ escribir una ～ a+人 …に手紙を書く(出す). papel de ～s 便箋. ～ abierta 公開状. ～ aérea 航空便. ～ de aviso 通知状. ～ de familia〔公用・商用通信文に対して〕一般通信文. ～ bomba 手紙爆弾. ～ viva メッセンジャー

❷〔公式の〕書状, 書簡：～ de despido 解雇通知. ～ de pago 領収書. ～ de renuncia 辞表. ～ partida por ABC 合い札. ～ puebla《歴史》〔国王・領主などによる〕移住許可証. ～ verde〔海外での〕自動車災害保険証. ～s credenciales《外交》信任状

❸ 憲章：C～ Constitucional (Fundamental)《文語》憲法. C～ Magna《歴史》大憲章, マグナカルタ. C～ del Pueblo《歴史》〔1838 年イギリスの〕人民憲章. suscribir la C～ de las Naciones Unidas 国連に加盟する

❹《トランプ》カード：jugar a las ～s トランプ遊びをする. echar las ～s《口語》トランプ占いをする. ～ que no es buena 手札が悪い. enseñar las ～s／poner las ～s boca arriba (sobre la mesa) カードを表向きにして見せる；手のうち(本心)を明かす. ～s españolas スペイン式トランプ〖naipes. 普通のトランプは ～s francesas／～s de póker〗. 《番号》el as de corazones／el corazón ハートのエース. el rey (la reina・la jota) de picas スペードのキング(クイーン・ジャック). un diamante (un trébol) ダイヤ(クラブ)1 枚. スペイン式トランプの組札は oros 金, copas 盃, espadas 剣, bastos 棍棒〗

❺ 図表：～ de colores カラーチャート. ～ de

flujo 《情報》フローチャート
❻《古語》地図: ～ de marear (de navegación･marítima) 海図
❼ メニュー, 献立表 〖menú〗: platos a la ～ 一品料理. ～ de vinos ワインリスト
　a ～ cabal 完璧な, まったくの: hombre noble *a ～ cabal* 非のうち所のない立派な人. torpe *a ～ cabal* ひどいまぬけ
　a ～s vistas 正直に
　～ blanca 白紙委任状: dar (tener) ～ *blanca* 白紙委任する(されている)
　～s cantan 書類が明白に証明している
　jugar (*bien*) *sus ～s* うまい手を使う
　jugar su (*la*) *última ～* 奥の手を出す
　jugárselo todo a una ～ 一つの可能性にすべてを賭ける
　no saber a qué ～ quedar〔*se*〕途方にくれる
　por ～ de más (*menos*) あまりに多く(少なく)
　tomar ～s en... …に介入(関与)する
cartabón [kartaβón] 男 **❶** [不等辺の] 三角定規. **❷**《建築》ブラケット
cartagenero, ra [kartaxenéro, ra] 形 名《地名》カルタヘナ Cartagena の〔人〕〖ムルシア地方の港湾都市･軍港; コロンビアの都市〗
　◆ カルタヘネーラ 〖ムルシア民謡の一つ〗
cartaginés, sa [kartaxinés, sa] 形 名《歴史･地名》カルタゴ Cartago 男 の(人)
　cartaginense ＝**cartaginés**
cartapacio [kartapáθjo] 男 [特に習字用の] ノート; 学生かばん; フォルダー; デスクマット
　en ～ ＝ 検討中の
cartear [karteár] 自《トランプ》かす札を出して様子を見る
　◆ ～*se* [＋con と] 文通する, 手紙をやりとりする: Quiero ～*me con* usted. あなたと文通したい
cartel [kartél] 男 **❶** 貼り紙, ポスター; 立て札: fijar (pegar) un ～ en la pared 壁にポスターを貼る. **❷** 掛け図. **❸** 名声: de ～ 有名な. tener ～ 有名である. **❹** 決闘状, 宣戦布告状. **❺** ＝**cártel**
　en ～ 上演中の
cártel [kártɛl] 男《経済》カルテル;《政治》連合: ～ de precios 価格カルテル. ～ de las izquierdas 左翼連合
cartela [kartéla] 女 **❶** [厚紙･木などの] プレート, 名札. **❷**《建築》[バルコニー･軒などを支える] 腕木
cartelera[1] [karteléra] 女 **❶** 掲示板. **❷** [映画などの] 看板; [新聞などの] 娯楽案内欄: llevar mucho (poco) tiempo en ～ [催し物が] ロングランする(しない). En ～《掲示》上映(上演)中
cartelero, ra[2] [karteléro, ra] 名 ポスター貼り〔する人〕
cartelista [kartelísta] 名 ＝**cartelero**
carteo [kartéo] 男《主に中南米》文通, 手紙のやりとり
cárter [kártɛr] 男 **❶** [機械を保護する] 金属

覆い: ～ de motor [自動車の] クランク室. **❷**《自動車》潤滑油タンク
cartera [kartéra] 女 **❶** 財布, 札入れ 〖～ de bolsillo〗. **❷** 書類かばん, ブリーフケース 〖～ de mano〗; [生徒用の] 手さげ(背負い)かばん. **❸**《文語》大臣〔の職〕: ocupar la ～ de educación 文部大臣をつとめる. ministro sin ～ 無任所大臣. **❹** 集冠 [保有する] 有価証券類: tener en ～ [会社が有価証券を] 保有している. con una buena ～ 持ち株の多い. **❺**《服飾》[ポケットの] ふた. **❻** ～ de pedidos 注文控え帳; 受注残高. ～ de clientes 顧客リスト. **❼** 集冠 顧客: tener una buena ～ いいお得意様をもっている. **❽**《中南米》ハンドバッグ
　en ～ 検討(計画)中の: Tenemos *en ～* abrir una nueva tienda. 我が社は新店舗を計画中である
cartería [kartería] 女 [小さな] 郵便局; 郵便配達人の職
carterista [karterísta] 名 すり 〖ratero〗
cartero, ra [kartéro, ra] 名 郵便配達人
cartesiano, na [kartesjáno, na] 形 名 **❶** デカルト Descartes 派〔の〕: espíritu ～ デカルト的精神, 合理的精神. **❷** きちょうめん(論理的･理性的)すぎる〔人〕
　cartesianismo 男 デカルト哲学; 合理主義
cartílago [kartílaɣo] 男《解剖》軟骨
　cartilaginoso, sa 形 軟骨(性･質)の
cartilla [kartíʎa] 女 **❶** 手帳 〖libreta〗: ～ militar 軍隊手帳. ～ de ahorros 預金通帳. **❷** 文字教本 〖幼稚園などで文字の書き方･読み方を覚えるための絵本〗; 入門書
　leer (*cantar*) *a*＋人 *la ～* …を厳しく叱る; 教育(訓練)する
　no saber la ～《口語》まったく(イロハも)知らない
　saberse la ～ すべて心得ている
cartismo [kartísmo] 男 [19世紀前半イギリスの] チャーチスト運動
cartografía [kartoɣrafía] 女 地図作成法, 製図法
　cartografiar 他 …の地図を作成する
　cartográfico, ca 形 地図作成法の
　cartógrafo, fa 名 地図作成者
cartograma [kartoɣráma] 男 カルトグラム
cartomancia/cartomancía [kartománθja/-manθía] 女 トランプ(カード)占い: practicar la ～ トランプ占いをする
　cartomántico, ca 形 名 トランプ占いの; トランプ占い師
cartón [kartón] 男 **❶** ボール紙, 厚紙: ～ ondulado (corrugado) 段ボール. ～ bristol ブリストル紙. ～ piedra 《西》石膏のように見せかける装飾用厚紙. **❷**《タピスリー･フレスコ画など の実物大の] 下絵, カルトン. **❸** [牛乳･ジュースの] パック; [たばこの] 1カートン 〖10箱入り〗; [卵の] 1ケース 〖1ダースまたは半ダース〗
　cartonaje 男 厚紙製品, ボール箱
　cartoné 男《製本》厚表紙: en ～ 厚表紙の
cartuchera [kartutʃéra] 女 **❶** 弾薬盒(ごう); 弾〔薬〕帯, ガンベルト. **❷**《南米》筆入れ

cartucho [kartútʃo] 男 ❶ 薬莢(ᵏᵏ⁵), 弾薬筒：～ en blanco (de fogueo) 空包. ～ de dinamita ダイナマイト管. disparar cinco ～s 5 発出す. ❷ [円筒・円錐形の] 紙製容器：un ～ de monedas de 5 duros 5 ドゥーロ硬貨[の束] 1 本. un ～ de avellanas ハシバミの実 1 袋. ❸ [フィルムの] パトローネ；[インクなどの] カートリッジ

quemar el último ～ 最後の手段をとる

cartujo, ja [kartú-xo, xa] 形 图 ❶ 《宗教》カルトジオ(シャルトル)会 Cartuja の(修道士・修道女)『ロカ ット』. ❷ 隠遁した[人]；寡黙な[人]

◆ 囡 [C～] カルトジオ会(の修道院)

cartujano, na 形 1) =cartujo. 2) [馬が] アンダルシア種の

cartulario [kartularjo] 男 [教会などの] 記録簿『tumbo』

cartulina [kartulína] 囡 ❶ [上質の] 厚紙. ❷ 《スポーツ》enseñar la ～ amarilla (roja) [審判が] イエロー(レッド)カードを示す, 選手に警告を与える(退場を命じる)

carúncula [karúŋkula] 囡 ❶ 《動物》肉垂, とさか. ❷ 《解剖》丘(ᵏᵏᵒ)：～ lacrimal (lagrimal) 涙丘

carvallo [karbáʎo] 男 《植物》オーク『roble』

casa [kása] 囡 《英 house, home》 ❶ 家. i) 家屋, 住宅：Mi ～ está en el n.º 12, 3.º, D. 私の家は 12 番地の 3-D (4 階の D 号室)です. Está en ～. 彼は在宅している. [参考] Está en la ～. 彼は家の中にいる) ¿Está por ～?—No sé. [漠然と] 彼はいますか?—さあ. Está usted en su ～./Ésta es su ～. どうぞお楽に. trabajar en ～ 家で仕事をする. no parar en ～ 家に寄りつかない. fuera de ～ 戸外で. en ～ de ～ 家から家へ. [移動の動詞+～ は主に無冠詞で] ir a ～ [自分の] 家へ行く, 家に帰る. ir a ～ de su amigo 友人の家に行く. ii) ～ de cinco plantas 5 階建てのマンション. ～ con jardín 庭つきの家. ～ de campo (de recreo) 別荘. ～ de labor (de labranza) 農場, 農家. ～ de muñecas 人形の家, ドールハウス. ～ de pisos マンション. ～ de vecindad (de vecinos) [中央にパティオのある] 旧式の集合住宅. ～ grande 大邸宅. ～-barco ハウスボート. ～ club クラブハウス. ～ cuartel [治安警備隊の] 駐在所. iii) [諺・成句] Unos por otros y la ～ por barrer. 担当者が多いと仕事はおろそかにされる/船頭多くして船山に登る. Cada uno en su ～ y Dios en la de todos. 各人は自分のことだけ考えればよい/他人のことは神様に任せておけ. De fuera vendrá quien de ～ nos echará. 他人の家では余計な口出しをするな. ～ de tócame Roque [各人が勝手なことをする] 無秩序な場所

❷ 家族, 家庭：En ～ todos estamos bien. 家では皆元気です. Se deshace una ～. 一家が

没落する. escribir a ～ 家に手紙を書く. amigo de la ～ 家族同様の友人

❸ 〔医学〕 [高貴な] …家；[宮廷・元首邸の] 奉公人：～ real 王家. ～ de Habsburgo ハプスブルグ家. C～ del Rey 王宮づき武官(文官). ～ militar (civil) 王宮づき武官(文官)

❹ 会社, 商店；支社, 支店：i) Soy de la ～. 私はこの会社のものです. ～ comercial (de comercio) 商社, 販売会社. ～ de banca 銀行. ～ de comidas 大衆食堂. ～ de discos レコード会社. ～ de modas ブティック, 婦人服店. ～ editorial 出版社. ～ matriz (central・madre) 本社, 本部. ～ de Barcelona バルセロナ支社. ii) [飲食関係の] 店：A esta ronda invita la ～. これは店のサービスです. vino de la ～ [銘柄品会店の] ハウスワイン

❺ [公共・娯楽用の] 建物, 施設：～ de baños 公衆浴場. ～ de Dios (de oración・del Señor) 教会. ～ de juego 賭博場. ～ de la cultura 文化会館. ～ de locos (軽蔑) 精神病院；無秩序な場所. ～ de prostitución (de vicio)/～ pública (non sancta) 売春宿. ～ de salud [私立の] 精神病院；[南米] 療養所. ～ de socorro 救護所, 救急病院. ～ refugio 女性の福祉施設, 駆け込み寺. ～ religiosa 修道院

❻ 《スポーツ》i) ホームグラウンド, 地元；そこでの試合：equipo de ～ ホームチーム. jugar en ～ 地元で戦う. ii) 《野球》本塁『base meta』

❼ 《チェス》升目『casilla』

❽ [占星] 宿, 宮

caerse a+人 **la ～ encima (a cuestas)** [口語] [家に] じっとしていられない；…に思いがけない災難がふりかかる

como Pedro por su **～** [口語] 我が物顔で『勝手知ったる他人の家のように』

de andar por **～** =para andar por ～

de **～** 自家製の；自国の：vino *de* ～ 自家製のワイン

estar de **～** 部屋着(普段着)を着ている

levantar [la] **～** 引越しする

llevar la **～** 家を切り回す

no parar en **～** 二度と家に戻らない, 家から出たっきりである

no tener **～ ni hogar** 決まったすみかを持たない, 住所不定である

ofrecer la **～** 転居(開店)通知を出す

para andar por **～** 普段着の, よそいきでない；[専門用語でなく] 普通の言い方の

poner **～** 居を定める；[+a+人 の] 住居の面倒をみてやる

poner la **～** 家具をそろえる

quedar todo en **～** 《口語》よそ者に門戸を開かない

quitar la **～** 引越しする

ser muy de [su] **～** 家庭的である, 家事が好きである；出不精である

tener **～ abierta en...** …に支店を開設している；住居を持つ

tener **～ atrasada** 家事をおろそかにしている

CASA [kása] 囡 《西. 略語》 ←Construc-

ciones Aeronáuticas, Sociedad Anónima
〚航空宇宙関連メーカー〛

casabe [kasábe] 男《南米》キャッサバ〔の粉で作る〕パン

casaca [kasáka] 囡《服飾》長袖で裾は膝までの上着〚18世紀. 現在では礼装用の制服〛
cambiar de ~/volver la ~ 変節(転向)する
tirar de la ~ へつらう, おもねる

casación [kasaθjón] 囡 ☞**recurso** de casación

casadero, ra [kasadéro, ra] 形 結婚適齢期の: chica ~ra 年ごろの娘

casado, da [kasádo, da] 形 名 過分 結婚した〔人〕, 既婚の, 既婚者: recién ~s 新婚夫婦. Soy ~. 私は既婚です. Está ~da con un japonés. 彼女は日本人と結婚している. Ya hace un año que estamos ~s. 私たちが結婚してもらう1年になる. estar ~ a media carta 同棲している. C~ y arrepentido. 《諺》結婚しては後悔する. El ~ casa quiere. 《諺》結婚すると夫婦だけの家がほしくなる
◆ 男〚印刷〛組み付け

casal [kasál] 男 別荘〚casa de campo〛; 貴族の古い館;《南米》一つがいの動物

casamata [kasamáta] 囡〚掩蔽された〛砲台

casamentero, ra [kasamentéro, ra] 形 名 結婚の仲介をするのが好きな〔人〕

casamiento [kasamjénto] 男 結婚; 結婚式〚**boda**〛: efectuar un ~ secreto こっそり結婚する. asistir a un ~ 結婚式に出る. lista de ~ = lista de **boda**. ~ por amor 恋愛結婚. ~ de conveniencia 財産や地位目当ての結婚, 政略結婚. ~ a la fuerza 〚妊娠などによる〛やむを得ない結婚

casanova [kasanóba] 男《まれ》女たらし

casar [kasár] 他《人》結婚させる: Ese cura *casó* a Juan y a María. その司祭がフワンとマリアの結婚式をあげた. *Ha casado* a todas sus hijas. 彼は娘をみんな嫁にやってしまった. ❷〚+con と〛組み合わせる; 調和させる: No sabe ~ los colores al vestirse. 彼は服の色の取り合わせ方を知らない. ~ las entradas *con* las salidas 収入と支出を均衡させる. ❸〚判決を〛破棄する
◆ 自 調和する, はまる: Esta pieza del puzzle *casa* con ésta otra. パズルのこのピースがこっちとはまる
◆ ~*se* 〚英 marry〛〚互いに/+con と〛結婚する: Dolores *se casó* con Manuel. ドロレスはマヌエルと結婚した. *Cásate con*migo, por favor. 私と結婚して下さい. Antes de que *te cases* mira lo que haces. 《諺》せいては事をしそんじる. *no ~se con nadie*《口語》他人〔の意見〕に影響されない
◆ 男 別荘〚**caserío**〛

casata [kasáta] 囡 果実・チョコレート入りのアイスクリーム

casatienda [kasatjénda] 囡 店舗付き住宅

casba [kásba] 囡 カスバ〚モーロ人居住区〛

casca [káska] 囡 殻〚**cáscara**〛; ブドウの搾り

かす; 〚オークなどの〛樹皮; 圏〚果実の皮の〛砂糖漬け

cascabel [kaskaβél] 男 ❶ 鈴: poner el ~ al gato 猫の首に鈴をつける〚←イソップの寓話〛. ❷ 陽気なあわて者
de ~ gordo〚作品が〛安っぽい, 俗悪な
◆ 男《動物》ガラガラヘビ〚serpiente 〔de〕~〛

cascabelear [kaskaβelár] 自 鈴を鳴らす. ◆ 他〚調子のいいことを言って〛…に誘いかかける

cascabeleo [kaskaβeléo] 男 鈴が鳴る音(こと)

cascabelero, ra [kaskaβeléro, ra] 形〚性格が〛軽く明るい〔人〕

cascada¹ [kaskáda] 囡 ❶ 滝〚salto de agua〛. ❷〚大量に長く続くもの〛una ~ de cabellos 〔長い〕豊かな髪. una ~ de aplausos 鳴り止まぬ拍手
en ~ 1) 滝となって; 相次いで: saltar *en* ~ 〔並んだ馬を〕次々に跳ぶ. 2)《電気》直列の

cascado, da² [kaskádo, da] 形 過分 〚estar+〛❶〚声が〛本来の響きのない, かすれた. ❷〚西. 口語〛i) 使い古した: máquina ~*da* ぼろぼろの機械. ii) 疲れ切った: Ese delantero está ~. あのフォワードはばてている

cascajal [kaskaxál] 男 ごみ捨て場

cascajo [kaskáxo] 男 集合〚煉瓦・容器などの〛破片, かけら; 砂利, 砕石. ❷ がらくた; 病気がちの人: Mi abuela es (está hecha) un ~. 私の祖母はもうよぼよぼだ. ❸ 集合 堅果類〔その乾いた殻〕: ~ de almendras, avellanas y nueces アーモンド, ハシバミ, クルミのミックスナッツ. ❹《中米》お金

cascanueces [kaskanwéθes] 男〚単複同形〛クルミ割り〚道具〛

cascar [kaskár] 他 ❶ 割る; ひび入らせる: ~ un huevo (una nuez) 卵(クルミ)を割る. ~ un florero 花瓶にひびを入らせる. ❷ 衰弱させる. ❸〚口語〛〔人を〕殴る;〔議論で〕槍玉に上げる, 激しく攻撃する. ❹〚口語〛〔賭けで, +金額を〕失う, する: *Casqué* mil pesetas en el póker. 私はポーカーで千ペセタ損した. ❺〚試験で, +点数を〕つける: Le han *cascado* un cero en inglés. 彼は英語で0点をとった
◆ 自《口語》❶《西》〚時と場所をわきまえずに〛よくしゃべる: Siempre está *cascando* con la vecina. 彼女はいつも近所の人とおしゃべりをしている. ❷ 死ぬ. ❸〚+a を〛一所懸命勉強する: Le está *cascando* al español. 彼はスペイン語を必死に(一夜漬けで)勉強している
~la《口語》死ぬ
◆ ~*se* ❶ 割れる, ひびが入る. ❷ 体が衰弱する, 健康を損う; 〚声が〛かすれる, しわがれる

cáscara [káskara] 囡〚卵・木の実などの〛殻(から); 〚バナナ・オレンジなどの〛皮: quitar la ~ de un huevo 卵の殻をむく. ~ de nuez クルミの殻; ちっぽけな船
¡~s! 〔驚嘆〕わあ, すごい, へえ!; 〔怒り〕ちくしょう!
dar a+人 ~ de novillo …をむち打つ
de la ~ amarga 左翼(進歩)的な思想の; 同性愛者の
no haber más ~s ほかに仕方がない

cascarilla [kaskaríʎa] 囡 ❶ [穀物などの] 殻, さや; ～ del arroz もみがら. ❷ [金属などの] 被覆, 薄片
jugar de ～ ゲームのメンバーに入れてもらえない, 員数外にされる

cascarón [kaskarón] 男 [卵の] 殻
～ de nuez 《口語》[すぐ壊れそうな] 小さい船
meterse en su ～ 自分の殻に引き込む
recién salido del ～ 《口語》未熟な, 世間知らずの

cascarrabias [kaskařábjas] 图 [単複同形] 《軽蔑》すぐかっとなる人, 怒りっぽい人

cascarria [kaskářja] 囡 =**cazcarria**

cascarriento, ta [kaskařjénto, ta] 形 图 《南米. 軽蔑》身なりの汚い[人]

casco [kásko] 男 ❶ ヘルメット, かぶと: ～ protector [作業員などの] 保安帽; [レーサーなどの] 緩衝ヘルメット. ～ militar 鉄かぶと. ❷ 複《口語》ヘッドホーン『auriculares』. ❸ 破片: ～ de vidrio ガラスのかけら. ❹《西・中米》[空の] 容器, 空き瓶(樽). ❺ [人家の] 密集地: ～ urbano 市街地. ～ antiguo (viejo) 旧市街. ❻ [帽子の] 山; [船舶の] 船体, 船殻; [飛行艇の] 機体下部; [玉ネギなどの] 外皮; [ミカンなどの] 袋; [馬の] ひづめ; 複《料理》牛などの] 頭部. ❼《ボクシング》ヘッドギア
◆ 图 ～ azul 国連(保護)軍兵士
alegre de ～s =ligero de ～s
calentar los ～s a+人 [不平などで] …を悩ます
calentarse los ～s 《口語》ガリ勉する; [＋con・por に] 脳みそ(知恵)を絞る: No te calientes los ～s. そんなに心配(カッカ)しなくてもいいよ
estar mal de ～ 気が狂っている
levantar los (de) ～s a+人 …に幻想を抱かせる, だます
ligero de ～s [ser+] 軽薄な, 軽率な; [女性が] 尻軽な
meter a+人 en los ～s …をうまく説得する, …の頭にたたき込む
meterse a+人 en los ～s [考えなどがあまり根拠もないのに] …の頭に入り込む(こびりつく): Se me ha metido en los ～s que no hay solución. 私は解決法がないものとてっきり思い込んでしまった
romper los ～s a+人 [横柄さなどで] …を不快にする, いや気を起こさせる
romperse los ～s =calentarse los ～s
sentar los ～s [性格が] 落ち着く: Sentó los ～s. 彼は人間が丸くなった
ser caliente de ～s すぐ怒る, かんしゃく持ちである

cascote [kaskóte] 男 [建物の] 瓦礫(がれき), 廃材

caseína [kaseína] 囡 《化学》カゼイン

caseoso, sa [kaseóso, sa] 形 チーズ(状)の
cáseo, a [技術] =**caseoso**

caserío [kaserío] 男 ❶ 別荘. ❷ 小集落. ❸ [バスク地方などの田舎の3階建ての] 大きな農家 『☞写真』

caserna [kasérna] 囡 《軍事》トーチカ, 構築陣地

casero, ra [kaséro, ra] 形 ❶ 家の, 家庭の; 自家製の: animal ～ 家畜. cocina ～ra 家庭料理. jamón ～ 自家製のハム. trabajo ～ 家事(労働). traje ～ 普段着, ホームウェア. ❷ [人が] 家庭的な, 家事の好きな; 出不精な. ❸ 家族的な, うちとけた. ❹ [審判が] ホームチームびいきの
◆ 图 ❶ 家主, 大家; [別荘などの] 管理人. ❷《南米》顧客
◆ 囡《中米》愛人, 妾

caserón [kaserón] 男 [古めかしい] 大きな屋敷; 《軽蔑》荒れ果てた屋敷

caseta [kaséta] 囡 ❶ 小さな家, 小屋; ～ telefónica 電話ボックス. ～ y taquilla/～ de peaje 料金(徴収)所. ～ de baño [海岸・プールの] 脱衣所. ～ de cambios de agujas 《鉄道》転轍室, 信号塔. ～ del timón (de derrota) 《船舶》操舵(海図)室. ❷ [祭り・市などの] 仮小屋, 屋台; 屋台店; ～ de tiro 射的場. ❸ 犬小屋『～ de perro』
mandar (enviar) a la ～ [審判が, +a 選手に] 退場を命じる

casete [kaséte] 囡/男 カセットテープ: ～ de vídeo/video ～ ビデオカセット
◆ 男《西》カセットテープレコーダー, カセットデッキ

casetón [kasetón] 男 《建築》格間(ごうま)

cash-flow [kásflou] 男《←英語. 経済》キャッシュフロー, 資金操り

casi [kási] 副《英 almost, nearly》❶ ほとんど: i) Es ～ imposible. それは不可能に近い. Salieron ～ al mismo tiempo. 彼らはほとんど同時に出発した. Lo han aprobado ～ todos los miembros. ほとんど全員がそれに賛成した. C～ no tiene amigos. 彼にはほとんど友達がいない. 『俗語では修飾する語句の後におく: No tiene amigos ～.』 ii) [数量に限りなく近く] Eran ～ las dos de la tarde. もう午後2時になりかけていた
❷ [＋動詞の現在形] もう少しで…するところだった: C～ lo atropella un coche. 彼はあやうく車にひかれるところだった
❸ [ためらって] どちらかというと: C～ estoy por irme contigo. どちらかといえば君と出かけたい
❹ [繰返して強調] Son ～ ～ las diez. ほとんど10時だ. C～, ～ metió un gol. 彼は惜しいところでゴールを逃した. C～, ～ me gustaría quedarme. 私はむしろ残っていたいのだが

~ **nada** 1) ほとんど何も…ない: No se veía ~ *nada*. ほとんど何も見えなかった. 〔まれに un+〕Con un ~ *nada* de sal tiene bastante este plato. ほんの少し塩気があればこの料理は申し分ない. 2)《反語》Se necesita un millón de pesetas.—¡*C*~ *nada!* 100 万ペセタ必要です. —そんなにたくさん!

~ **nunca** めったに…ない: C~ *nunca* estaba en casa. 彼はめったに家にいなかった. C~ *nunca* hablaremos de él. 私たちが彼のことを話題にすることはまずないだろう

~ **que...**《口語》ほとんど: C~ *que* parece de ayer. まるで昨日のように思える. C~ *que* sí. まあそうだ

sin [**el**] ~ 〔反論〕ほとんどどころか: Eso es ~ cierto.—*Sin* ~. それはほぼ確実だ.—いや絶対〔確実〕だ

un ~ 一種の: Se produjo *una* ~ sublevación. 一種の反乱が起きた

casida [kasíða] 囡 =**qasida**

casilla [kasíʎa] 囡 ❶〔踏切番・道路作業員などの〕小屋; 売店; 〔劇場の〕切符売り場. ❷〔チェス盤・クロスワードパズルなどの〕升目; 〔書類などの〕欄, 枠. ❸〔棚などの〕仕切り, 区分け: ~ postal (de correo)《主に南米》私書箱 [apartado].

sacar a+人 de sus ~s …を怒らせる; 生活のリズムを狂わせる

salir[se] de sus ~s 怒る; 生活のリズムが狂う

casillero [kasiʎéro] 圐 整理棚(箱), 仕切り棚; レターボックス;《スポーツ》得点表示板, スコアボード

casimir [kasimír] 圐 =**cachemir**

casino [kasíno] 圐 ❶〔社交の〕クラブ, サークル〔組織, 場所. 集まって暇な時間を過ごす〕: ~ de oficiales 将校クラブ. ❷ 賭博場, カジノ. ❸《南米》学生食堂

casis [kásis] 圐〔単複同形〕❶《植物》クロフサスグリ〔~ de negro〕: ~ de rojo カーラント. ❷《酒》カシス

casita [kasíta] 囡〔貸し〕別荘

casiterita [kasiteríta] 囡《鉱物》スズ石〔英 case〕

caso [káso] 圐〔英 case〕❶ 出来事, 事態; 事件: ~ curioso 奇妙な出来事. ~ imprevisto 不測の事態. ~ Watergate ウォーターゲート事件. Hay muchos ~s de robo. 盗難事件が多い

❷ 場合: En ese (tal) ~ tomaremos un taxi. その(そのような)場合はタクシーを拾おう. en mi ~ 私の場合は. en otro ~ ほかの場合は. en ciertos ~s ある場合には. en cualquier ~ どんな場合でも; いずれにしても. y en el ~ contrario もし逆の場合には. según el ~ 場合によって

❸ 機会: Cuando llegue el ~ te contaré el cuento. 機会が来たらその話をしてあげよう

❹ 問題: ~ difícil de resolver 解決困難な問題. ~ de honra 名誉にかかわる問題

❺ 事例, ケース: Son frecuentes los ~s de suspenso. 落第のケースが多い

❻《医学》症例; 患者: ~ clínico 臨床例; 〔行為者〕並外れた人. ~ de meningitis 髄膜炎. ~ urgente 急患, 急病人

❼《文法》格: ~ ablativo 奪格. ~ acusativo 対格. ~ agentivo 動作格. ~ dativo 与格. ~ genitivo 属格. ~ locativo 所格. ~ nominativo 主格. ~ oblicuo 斜格. ~ recto 直格. ~ vocativo 呼格

a ~ **hecho** 故意に: Se cayó a ~ hecho para llamar atención. 彼は注意をひくためにわざと転んだ

a un ~ **rodado** =en un ~ rodado

caer en mal ~〔人が〕笑いものになる

~ **de**+不定詞 =en ~ de+不定詞

~ **extremo** 極端な例(場合): en ~ extremo 極端な場合には; ほかにどうしようもなければ

~ **perdido** 手の施しようのない人(こと): El gamberro (El juicio) es un ~ perdido. その不良少年はどうしようもない(裁判は勝ち目がない)

~ **por** ~ ケースバイケースで

~ **que**+接続法 / **dado** [**el**] ~ **de que**+接続法 =en ~ de que+接続法

darse el [**de**] **que**+直説法 …ということが起こる: Se dio el ~ de que no se presentó. 彼は〔ついに・結局〕出頭しなかった

el ~ **es que...** 1)〔+直説法〕実は…である: El ~ es que no sé cómo hacerlo. 実を言うと私はやり方がわからない. 2)〔+接続法〕…が肝要である: Si vienes, el ~ es que llegues a tiempo. 来るなら間に合うことが大切だ

en ~ =en todo ~

en ~ **alguno**〔+動詞〕どんな場合でも…ない: En ~ alguno se te ocurra dejar tu trabajo actual. 今の仕事をやめようなどと決して考えてはいけない

en ~ **de**+名詞・不定詞・**que**+接続法 …の場合は: En ~ de enterarte del resultado, avísamelo. 結果がわかったら知らせてください. En ~ de que no vengas, perderás el derecho. 来ない場合は失格になりますよ

en su ~ 私が…だったら: En tu ~ yo lo rechazaría. 私が君だったらそれは断るのだが

en todo ~ いずれにしても: En todo ~ hay que abonar el importe. いずれにしても料金を払わねばならない

en último ~ ほかに打つ手がないので, 仕方なく: En último ~, venderemos el coche. いよいよとなったら車を売ろう

en un ~ **rodado** もしもの時には: En un ~ rodado, iré a persuadirle. まさかの場合は私が彼を説得しに行こう

estar ~ **en** ~ **de...** …についてよく知っている; 〔+不定詞〕やむをえず…する

hablar al ~ 適切な話をする

hacer al ~《口語》適切である; 〔+con と〕関連がある: Ese tema no *hace* ahora al ~. その話題は今ふさわしくない

hacer ~ 〔+de+人・事 / +a 人. 言葉・意見を〕1) 考慮(重視)する: No *hizo* ~ de mis consejos. 彼は私の忠告を無視した(気にとめな

かった). No le *hago* ~. 私は彼の言っていることを問題にしていない. 2) 世話をする: *Haz* ~ *del* chico. 子供の面倒を見なさい

hacer ~ *omiso* (*omiso* ~) *de...* …を無視する, 気にとめない

hay ~ [+de+不定詞 する] 機会 (必要) がある〖主に否定文で〗: No *hubo* ~ *de* decirle nada, porque no vino. 彼が来なかったので私は何も話せなかった. Ten cuidado.—No *hay* ~. 気をつけて.—だいじょうぶ

ir al ~ 本論に入る: *Vamos al* ~. 本題に入ろう

llegado el ~ その場合には

ni ~ 気にもとめず, 問題にせず

no sea ~ *que*+接続法 …しないように: Ponte el abrigo, *no sea* ~ *que* cojas frío. 風邪をひくといけないからオーバーを着なさい

para el ~ その場合にとっては〔十分である・どうでもよい〕: ¿Por qué no te pones el traje nuevo?—*Para el* ~. 新しい服を着なさい.—どうでもいいのになあ…

poner a+人 *en el* ~ *de*+不定詞 …せざるをえない状況に: ~ を追い込む

poner por ~ [+que+接続法] …を仮定する: *Pongamos por* ~ *que* haya ocurrido terremoto. たとえば地震が起こったとしよう

ser del ~ 適切である

ser un ~ [良くも悪くも] 並外れている, ひどい: Aquel hombre *es un* ~. あの男はどうしようもない (あきれたやつだ)

si llega 〔*el*〕 ~ 必要になれば: *Si llega el* ~, no vaciles en llamarme. 必要になったら, ためらわずに私を呼んでくれ

venir al ~ 《口語》適切である

y el ~ *es que...* =el ~ es que...

casona [kasóna] 囡 [古くて大きな] 屋敷, 豪邸

casorio [kasórjo] 男 《戯謔・軽蔑》結婚式; [不釣り合いな] 結婚

caspa [káspa] 囡 不可算 [頭の] ふけ; ふけ状のもの: Cae un copo de ~. ふけが落ちる

caspiroleta [kaspiroléta] 囡 《中南米》エッグノッグ, 卵酒

cáspita [káspita] 間 [賞賛・奇異・怒り] おやまあ!

casposo, sa [kaspóso, sa] 厖 ❶ ふけの多い, ふけだらけの. ❷ 《俗語》不快な; 汚らしい; けちな

casquería [kaskería] 囡 臓物店

　casquero, ra 臓物商

casquete [kaskéte] 男 ❶ [服飾] スカルキャップ; 《軍事》ヘルメット. ❷ [パラシュートの] キャノピー, 傘. ❸ ~ esférico 《数学》球冠. glaciar (de hielo) 《地理》氷冠; 氷帽; polar 《地理》極冠

　echar un ~ 《俗語》性交する

casquijo [kaskíxo] 男 砂利

casquillo [kaskíʎo] 男 ❶ 空の薬莢. ❷ [先端にかぶせる] 輪金, 口金: ~ de un bastón ステッキの石突き. ~ de botella (de lámpara) 瓶 (電球) の口金. ~ de bayoneta (de rosca) 差し込み (ねじ込み) 式の口金. ❸ 《中南米》蹄鉄

reírse a ~ *quitado* 大声で笑う

casquivano, na [kaskibáno, na] 《軽蔑》厖 囡 [遊び好きで] 思考が散漫な, 軽薄な; 浮気な女

cassette [kasét(e)] 男/囡 =casete

casta[1] [kásta] 囡 ❶ 《生物》種 (品): de ~ cruzada 交配種の. ❷ 血統, 家系: ~ de genios 天才の家系. ❸ [インドの] カースト; 特権階級; [蜂・蟻の] 階級: sociedad de ~s カースト制社会

de ~ 純血 [種] の: perro *de* ~ 純血種の犬. artista *de* ~ 本物の芸術家. *De* ~ le viene al galgo 《諺》蛙の子は蛙/血筋は争えない

castaña[1] [kastáɲa] 囡 ❶ 《果実》栗: ¡C~s calientas! 焼きたての栗はいかが! ~ confitada 《菓子》マロングラッセ. ~ pilonga (apilada•maya) [保存用の] 干し栗. ~ regoldana 山栗. ~ de agua 菱の実. ~ de Indias マロニエの実. ❷ 《西. 口語》i) [大きな音の] 平手打ち: arrear a+人 una ~ en la cara …の顔をビシャッと殴る. ii) 酔い: agarrar una ~ 酔っぱらう. ❸ 細官の大瓶. ❹ 《女性の》後頭部で束ねた髪, シニョン. ❺ 《戯謔》[primavera に対し, 20 歳を過ぎた女性について] …歳: Tengo veintiséis ~s. わたしも 26 歳よ. ❻ 《口語》退屈な人 (事物). ❼ がらくた [cacharro]

dar a+人 *la* ~ …をだます

meter una ~ [+a+人] 大金を払わせる

pegarse una ~ ~ ひどく殴る (ぶつかる)

sacar a+人 *las* ~s *del fuego* …のために火中の栗を拾う, 窮地を救ってやる

tener ~s 大変な問題である

¡toma ~! 《西. 口語》ざまをみろ!

castañar [kastaɲár] 男 栗林

castañear [kastaɲeár] 自 =castañetear

castañero, ra [kastaɲéro, ra] 图 焼き栗売り

castañeta [kastaɲéta] 囡 指をパチッと鳴らすこと; カスタネット 〖castañuela〗; =moña ❷ ii)

castañetear [kastaɲeteár] 自 ❶ カスタネットを鳴らす. ❷ [a+人の] 歯・骨が〕カチカチ鳴る: Me *castañetearon* los dientes de miedo. 私は怖くて歯がガチガチ鳴った

　castañeteo カスタネットを鳴らすこと

castaño, ña[2] [kastáɲo, ɲa] 厖 ❶ [主に髪・目が] 茶色の, 栗色の: cabellera ~ña 栗色の髪. de color ~ rojizo エビ茶色の

◆ 男 ❶ 《植物》クリ (栗): ~ de Indias マロニエ, セイヨウトチノキ. ❷ 茶色, 栗色

pasar de ~ *oscuro* [冗談などが] 度を越している

castañola [kastaɲóla] 囡 《魚》ハマチマガツオ

castañuela [kastaɲwéla] 囡 ❶ [主に 複] 《楽器》カスタネット. ❷ 《植物》スゲ, カヤツリグサ. ❸ 《建築》基礎ボルト, アンカーボルト

estar 〔*alegre*〕 *como unas* ~s 上機嫌である

castellano, na [kasteʎáno, na] 厖 图 ❶ カスティーリャ Castilla の [人]. ❷ スペイン語 (カ

スティーリャ語)の

◆ 男 ❶ スペイン語, カスティーリャ語 〖lengua ～*na*〗. ❷ 城主

castellanismo 男 カスティーリャ方言

castellanizar 9 他 [外国語を] スペイン語化する〖例 fútbol←football〗

castellano y leonés, sa 形 名 カスティーリャ・イ・レオンの〔人〕〖スペイン北部の自治州〗

castellano-manchego, ga 形 名 カスティーリャ=ラ・マンチャの〔人〕〖スペイン中央部の自治州〗

castellonense [kasteʎonénse] 形 名 《地名》カステリョン Castellón de la Plana の〔人〕〖バレンシア地方 Castellón 県の県都〗

casticismo [kastiθísmo] 男 純粋主義; 純正語法主義

casticista 名 純粋(純正語法)主義者

castidad [kastiðá(d)] 囡 純潔, 貞節〖↔lujuria〗: hacer voto de ～ 貞潔の誓願を立てる

castigar [kastiɣár] 8 他 ❶ 罰する, 懲らしめる: Le *castigaron* por sacar malas notas (con dos faltas). 彼は悪い点数を取ったので罰を受けた(2回反則を犯したので罰せられた). ～ a no comer おしおきとして食事抜きにする. ❷ 痛めつける: ～ [a] su cuerpo 肉体に苦行を課す. Las heladas tardías *han castigado* los frutales. 遅霜で果樹に被害が出た. ❸ 〖鞭・拍車で馬を〗責める, 急がせる: ～ a su montura con el látigo 馬に鞭を入れる. ❹ 悩殺する. ❺ 《闘牛》パセで牛を行ったり来たりさせる

castigador, ra 形 名 悩殺する〔人〕

castigo [kastíɣo] 男 ❶ 罰, 懲罰〖↔premio〗: ～ corporal 体罰, 折檻. ～ divino 天罰. ～ ejemplar みせしめ. ❷ 痛めつけるもの, 苦しみの原因: Las jaquecas son su ～. 彼女は偏頭痛に苦しんでいる. ❸ 《スポーツ》～ máximo ペナルティ. tiro de ～ ペナルティーシュート *ser de* ～ 〔事柄が主語〕骨が折れる, つらい

Castilla [kastíʎa] 囡 《地名》カスティーリャ〖スペイン中央部の地方. 参考 Castilla は 1978 年憲法以前は北の Burgos を中心とした Castilla la Vieja と Madrid を中心とした Castilla la Nueva の2地方に分かれていた. 現在は Castilla y León と Castilla-La Mancha の2自治州に分かれている〗

¡ancha es ～! 好き勝手なことばかりやって!

castillete [kastiʎéte] 男 ❶ 〖高圧線などの〗鉄塔 ❷ 〖油井の〗やぐら

castillo [kastíʎo] 男 ❶ 《英 castle》城〖➡カット〗: C～ de San Antón サン・アントン城. ～ de fuego/～ de fuegos artificiales (de aritificio) 仕掛け花火. ～s humanos [カタルーニャ地方の祭りの] 人間ピラミッド〖➡写真〗. hacer ～s de arena 砂の城を作る; 砂上に楼閣を築く. ❷ 《船舶》船首楼〖～ de proa〗: ～ de popa 船尾楼. ❸ 《人名》[C～] カスティーリョ

～ *de naipes* (*de cartas*) 砂上の楼閣: levantar (hacer) ～s *de naipes* 砂上に楼閣を築く

hacer ～s en el aire 空中楼閣を描く

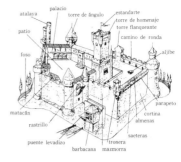

casting [kástin] 男 《←英語. 映画》配役の決定, 出演者の選考

castizo, za [kastíθo, θa] 形 ❶ 生っ粋の: i) Es un castellano ～. 彼は生粋のカスティーリャ人だ. ii) カスティーリャ(スペイン)生粋の: apellido (lenguaje) muy ～ 代表的なスペイン人の姓(生っ粋のカスティーリャ語). ❷ 伝統を守る; [文体的] 純正な, 新語を使わない: flamenco ～ 伝統的なフラメンコ. ❸ 家柄のよい; [人が] 感じのいい, おもしろい

◆ 名 ❶ 自由奔放な人. ❷ 《中米》白人とメスティーソ mestizo の混血の人

casto, ta² [kásto, ta] 形 純潔な, 貞節な: mantenerse ～ 純潔(童貞)を守る. miradas ～tas de la joven 若い娘の清純なまなざし

castor [kastór] 男 《動物》ビーバー; その毛皮

castóreo 男 海狸(かいり)香, カストリウム

castoreño [kastoréɲo] 男 《闘牛》ピカドールの帽子〖➡picador カット〗

castrar [kastrár] 他 ❶ 去勢する; 弱める: caballo *castrado* 去勢馬. ❷ [ミツバチの巣から] 蜂蜜の入った巣房を取る

castración 囡 去勢: complejo de ～ 《心理》去勢コンプレックス

castreño, ña [kastréɲo, ɲa] 形 名 《地名》カストロ・デル・リオ Castro del Río の〔人〕〖コルドバ県の町. アラブの城の遺跡がある〗

castrense [kastrénse] 形 軍隊の: vida ～ 軍隊生活. cura (capellán) ～ 従軍司祭

castrismo [kastrísmo] 男 カストロ Castro 主義〖キューバの元首〗

castrista 形 名 カストロ主義の(主義者)

castro [kástro] 男 ローマ時代の砦〔のある丘〕; 《遊戯》石蹴り

casual [kaswál] 形 ❶ 偶然の, 思いがけない: encuentro ～ 偶然の出会い. ❷ 《言語》格の: por un ～ 偶然に
　casualmente 偶然に, たまたま

casualidad [kaswaliðá(ð)] 女 偶然〔の出来事〕〖↔causalidad〗: Dio la ～ de que la encontré en el teatro. 私は偶然彼女を劇場で見つけた. Fue una ～. それは偶然だった. por ～ 偶然に

casuarina [kaswarína] 女 《植物》モクマオウ

casuario [kaswárjo] 男 《鳥》ヒクイドリ

casucha/casuca [kasútʃa/-ka] 女 《軽蔑》ぼろ家, あばら家

casuístico, ca [kaswístika, ka] 形 決疑論〔的な〕; 詭弁〔の〕
　casuista 形 名 決疑論者〔の〕; 詭弁家〔の〕

casulla [kasúʎa] 女 ［司祭がミサの時に着る〕カズラ, 上祭服 〖☞カット〗

CAT 女 《西. 略語》← Comisaría de Abastecimientos y Transportes 食糧供給輸送委員会

cata [káta] 女 試食, 試飲; そのためのサンプル: ～ del vino ワインのきき酒

catabolismo [kataβolísmo] 男 《生物》異化〔作用〕〖↔anabolismo〗.
　catabólico, ca 形 異化作用の

cataclismo [kataklísmo] 男 ［地震・津波など地球上の〕大異変; ［社会などの〕大変動

catacresis [katakrésis] 女 《単複同形》［本来の語義から離れた〕比喩的転用

catacumbas [katakúmbas] 女 複 ［初期キリスト教徒が死者を葬り礼拝を行なった〕地下墓所, カタコンブ

catadióptrico, ca [katadjóptriko, ka] 形 《光学》反射屈折の

catador, ra [katadór, ra] 名 ［ワインなどの〕鑑定人; 酒にうるさい人

catadura [kataðúra] 女 ❶《軽蔑》容貌, 顔つき: de mala ～ 顔つきのよくない. ❷ きき酒, 試飲; 味見, 試食

catafalco [katafálko] 男 棺台 ［葬儀で遺体を安置したり運んだりするための黒い布で覆われた台〕

catafaros [katafárɔs] 男 《単複同形》反射鏡

catáfora [katáfora] 女 《文法》［代名詞などの〕後方照応, 逆行指示 〖↔anáfora〗.
　catafórico, ca 形 後方照応の

catalán, na [katalán, na] 形 名 カタルーニャ Cataluña〔人・語〕の; カタルーニャ人
　◆ 男 カタルーニャ語, カタラン語
　catalanidad 女 カタルーニャ〔人〕らしさ
　catalanismo 男 カタルーニャ語風の言い回し; カタルーニャ自治 (分離) 主義
　catalanista 形 名 カタルーニャ自治主義の (主義者); カタルーニャ語 (文学) 研究者

catalejo [kataléxo] 男 望遠鏡 〖telescopio〗

catalepsia [katalépsja] 女 《医学》強硬症, カタレプシー
　cataléptico, ca 形 名 カタレプシーの〔患者〕

catalina [katalína] 女 《西. 口語》［主に牛の〕糞

catálisis [katálisis] 女 《単複同形》《化学》触媒作用
　catalítico, ca 形 触媒作用の
　catalizador, ra 男 触媒〔の〕; きっかけ〔となる〕
　catalizar 他 触媒作用を及ぼす; ［一般に反応を〕引き起こす

catalogar [katalogár] 他 ❶ …のカタログを作る, カタログに載せる: ～ los libros 図書目録を作る. ～… por fichas …のカード索引を作る. ❷ ［人を, +de・entre に〕類別する: ～ a+人 de blando (entre pro-americanos) …に弱腰 (親米派) のレッテルを貼る
　catalogación 女 目録作成; ［資料などの〕ファイリング

catálogo [katálogo] 男 目録, カタログ: ～ de títulos 書名目録. venta por ～ カタログショッピング. Ese libro no está en ～. その本は貸出中です

Cataluña [katalúɲa] 女 《地名》カタルーニャ 〖スペイン北東部の自治州〗

catamarán [katamarán] 男 《船舶》カタマラン, 双胴船

cataplasma [kataplásma] 女 ❶ 《医学》パップ, 湿布法 (法). ❷ 《口語》持病のある人; わずらわしい人

cataplexia [kataplé(k)sja] 女 《医学》カタプレキシー, 脱力発作

cataplines [kataplínes] 男 複 《西. 口語》きんたま 〖testículo〗

cataplismos [kataplísmɔs] 男 複 《俗語》女性用衣服の肩パッド

cataplum [kataplún] 男 ［物が落ちる・倒れる音, 叩く音〕ドスン, ガチャン, ポン

catapulta [katapúlta] 女 カタパルト; 弩 (緩), 投石器
　catapultar 他 ［カタパルトで〕射出する; 一挙に有名にする (昇進させる): Esa película le catapultó al estrellato. その映画で彼は一躍スターになった

catapún [katapún] 男 el año (del) ～ 昔々の昔

catar [katár] 他 ❶ 試食 (試飲) する: ～ el vino ワインのきき酒をする. ～ la sopa スープの味を見る. ❷ 初めて経験する: ～ el éxito 成功の味を知る

catarata [kataráta] 女 ❶ 大きな滝, 瀑布: i) la ～ del Iguazú イグアスの滝. las ～s del Niágara ナイアガラ瀑布. ii) 豪雨: Se abrieron las ～s del cielo. 豪雨に見舞われた. ❷ 《医学》白内障, そこひ

cátaro, ra [kátaro, ra] 形 《宗教》カタリ派の〔11 世紀フランスに起こった異端〕

catarro [katáro] 男 《医学》カタル, 粘膜炎症; ［一般に〕風邪: coger (agarrar) un ～ 風邪をひく. tener un ～ (un pequeño ～) 風邪を

ひいている(風邪ぎみである). No se me pasa (cura) el ～. 私は風邪が治らない. ～ pradial 花粉症, 枯草熱. ～ al, con el jarro.《諺》問題に正面からぶつからず気分転換することでうまくいくことがある

catarral 形 カタル性の

catarroso, sa 形 [estar+] 風邪をひいた

catarsis [katársis] 囡『単複同形』『哲学』カタルシス, 浄化.

catártico, ca 形 浄化の;『医学』下剤の

catástasis [katástasis] 囡『単複同形』『演劇』カタスタシス, クライマックス, 山場

catastro [katástro] 男 ❶ 土地台帳, 固定資産課税台帳;地籍調査. ❷ 不動産取得税, 固定資産税. ❸ [1716年カタルーニャで設けられた] 地租:～ real [貴族・平民を問わず] 王に支払った地税

catastral 形 土地台帳の: plano ～ 地籍図. valor ～ [土地の] 台帳価額

catástrofe [katástrofe] 囡 ❶ 大惨事, 大災害, 破局: causar una ～ aérea 飛行機事故を引き起こす. ❷《口語》大きな不幸;大失敗: La obra es una ～. その作品はひどい出来だ

catastrófico, ca [katastrófiko, ka] 形 ❶ 大惨事を招く, 大災害の, 破滅的な: inundación ～ca 大きな被害をもたらした洪水. zona ～ca 被災地;[援助法が適用される] 災害指定地域. ❷ まったくひどい, 惨憺たる: sacar unas notas ～cas ひどい点数をとる

catastrofismo [katastrofísmo] 男 強度の悲観主義

catastrofista 形 囲 ひどく悲観主義的な[人]

catatonía [katatonía] 囡『医学』緊張病

catatónico, ca 形 緊張病の

cataviento [katabjénto] 男 [円錐状の布で作った] 風見

catavino [katabíno] 男 [ワインの] きき酒用の小カップ;テイスティングピペット

catavinos 囲『単複同形』ワインの鑑定家

catch [kátʃ] 男《←英語. スポーツ》レスリング: luchador de ～ レスラー

catchup [katʃúp] 男 =ketchup

catear [kateár] 他 ❶《西. 口語》i) 落第させる, 不合格にする: Me han cateado las matemáticas. 私は数学を落とした. Es un profesor que *catea* mucho. その先生はたくさん落第させる. ii) [単位を] 落とす: *Cateó* varias asignaturas. 彼は何科目も単位を落とした. ❷《中南米》試掘する;[泥棒が] 侵入する

cate 男 落第, 不合格;殴打

catecismo [kateθísmo] 男 ❶《キリスト教》公教要理, 教理問答[書]. ❷ [学説などの] 要約, 入門書

catecúmeno, na [katekúmeno, na] 图 洗礼志願者;初心者, 入門者

catecumenado 男 洗礼準備教育(期間);信仰を深める修行

cátedra [káteðra] 囡 ❶ 正教授職;講座: ocupar la ～ 正教授になる. clase ex ～ 正教授の講義. libertad de ～ 学問(研究・教育)の自由. ❷ 教壇;説教壇;講義室: ～ del

Espíritu Santo 説教[壇]. ❸ 高位聖職者の地位: ～ de San Pedro 教皇位

ex ～ 権威にかけて;有無を言わさず

sentar (*poner*) ～ 通暁している;《軽蔑》もっともらしく(当然自分が正しいのように)話す

catedral [kateðrál] 囡《カトリック》カテドラル, 司教座聖堂, 大聖堂:～ de Segovia セゴビアの大聖堂『ロ写真』

como una ～《口語》[人・事物が] ひどく重々しい, もったいぶった

catedralicio, cia 形 司教座のある

catedrático, ca [kateðrátiko, ka] 图 正教授『講座の主任教授』;[高校の] 正教諭

categoría [kategoría] 囡 ❶ 範疇, カテゴリー;部類:～ gramatical《文法》品詞. ～ lingüística《言語》範疇. ❷ 階層, 等級, ランク:～ fiscal 課税所得に基づく階層区分. ～ profesional 職階. ～s sociales 社会階層. de primera (segunda) ～ 一(二)流の. ❸ 権威, 名声. ❹《スポーツ》階級:～ de los pesos ligeros 軽量級. ～ masculina (femenina) 男子(女子)種目

dar ～ *a...* …を高級にする(見せる)

de ～ 権威のある, 一流の, 高級な: artículos *de* ～ (一級・一級)品. borrachera *de* ～ 泥酔. persona *de* ～ 上流階級の人

tener mucha (*poca*) ～ 非常に優れて(劣って)いる

categórico, ca [kategóriko, ka] 形 断定的な: juicio ～ 断定. negación ～ca きっぱりとした拒絶

categóricamente 副 断定的に, きっぱりと

categorizar [kategoriθár] 自 他 類別する

catenaria [katenárja] 形 囡《鉄道・電気》懸垂線[状の]

cateo [katéo] 男《中南米》見ること;試掘

catequesis [katekésis] 囡『単複同形』[洗礼志願者への] 信仰教育

catequismo [katekísmo] 男 公教要理『catecismo』;信仰教育『catequesis』

catequista [katekísta] 图 [教理 catecismo を教える] 伝道士

catequístico, ca 形 教理教育の;問答形式の

catequizar [katekiθár] 自 他 …に信仰(入門)教育を施す

catering [káterin] 男《←英語》[料理の] 仕出し

caterva [katérba] 囡《軽蔑》[人・物の] 雑多

な集まり, 群れ : una ～ de pillos 不良の一団

catéter [katéter] 男《医学》カテーテル
cateterismo 男 カテーテル法

cateto, ta [katéto, ta] 图《軽蔑》無知で粗野な人, 田舎者
◆ 男《数学》[直角三角形の] 直角を作る 2 辺

catilinaria [katilinárja] 图 函《演説などで》個人攻撃 [の]

catinga [katíŋga] 图《南米》悪臭

catión [katjón] 男《物理》陽イオン [↔anión]

catire, ra [katíre, ra] 圈《中南米》金髪の〔人〕

catita [katíta] 图《鳥》セキセイインコ

catiusca [katjúska] 图 [ゴム製の] 長靴, レインシューズ

catleya [katléja] 图《植物》カトレア

cátodo [kátoðo] 男《物理》陰極 [↔ánodo]
catódico, ca 圈 陰極の : rayos ～s 陰極線

catolicidad [katoliθiðá(ð)] 图 ❶ カトリックの教義にかなうこと ; [教義の] 普遍性. ❷ 图 カトリック教徒

catolicismo [katoliθísmo] 男 カトリック [の教義], カトリシズム ; その信仰(実践) : convertirse al ～ カトリックに改宗する

católico, ca [katóliko, ka] [英 catholic] 圈《宗教》❶ カトリックの : rey ～ スペイン国王. su majestad ～ca スペイン国王陛下. ❷ 正統的な
no estar muy ～《口語》元気でない, 具合が悪い
◆ 图 カトリック教徒

catolizar [katoliθár] 9 他 …にカトリックを布教する

catón [katón] 男 [簡単な文章による] 初級読本《cartilla の次の段階》

catorce [katórθe] 圈 男《英 fourteen》14 [の] ; 14 番目の
catorceañero, ra 圈 图 14 歳の〔人〕
catorceavo, va 圈 男 =catorzavo
catorceno, na 圈 男 14 番目の
catorzavo, va 圈 男 14 分の 1 [の] ;《口語》14 番目の

catre [kátre] 男 簡易ベッド : ～ de tijera 折畳み式ベッド
irse al ～ 寝る
llevarse al ～《口語》寝る, 性交する

catrera [katréra] 图《南米》=camastro

catrín [katrín] 图《中米》ダンディーな男

catsup [katsúp] 男《←英語. 料理》ケチャップ

caturra [katúřa] 图《南米. 鳥》小型のオウム(インコ)

caucasiano, na [kaukasjáno, na] 圈《地名》コーカサス地方 Cáucaso 男 の〔人〕

caucásico, ca [kaukásiko, ka] 圈 图 コーカソイドの, 白色人種の ; カフカス諸語の ; =caucasiano

cauce [káuθe] 男 ❶ 河床, 川床 : El ～ estaba seco. 河床は干上がっていた. ❷ 経路, 手続き : La tramitación no ha seguido los ～s establecidos. 決められた手続きがとられなかった

dar ～ a+事 …を容易にする, …の機会を与える
volver las aguas a su ～ [川が氾濫せずに] 本来の流れに戻る ; [物事が] 元の状態に納まる

caucho [káutʃo] 男 ゴム : llanta de ～ ゴムタイヤ. ～ crudo 生ゴム. ～ esponjoso スポンジゴム, フォームラバー. ～ sintético 合成ゴム
cauchal 男 ゴム農園
cauchero, ra 图 ゴム採取人. ◆ 图《植物》ゴムノキ

caución [kauθjón] 图 保証[金], 担保 ; 保釈[金]《fianza》
caucionar 他 [保釈などの] 保証人になる

caudal [kauðál] 圈《動物》尾の ; [川が] 本流の : aleta ～ 尾びれ
◆ 男 ❶ 水量, 流量 : río de gran ～ 水量の多い川. ❷ 資産, 財産 : legar su ～ a+人 …に遺産を残す. Tiene un ～ con su sonrisa. 笑顔は彼女の宝だ. ❸ 豊富さ : poseer un ～ de conocimientos 豊富な知識を持っている
redondear el ～ 財産を増やす

caudaloso, sa [kauðalóso, sa] 圈 水量の豊かな : río ～ 水量豊富な川, 大河

caudillo [kauðíʎo] 男《軍隊などの》指導者, 隊長 ; 親分, 首領 ; [el C～] フランコ Franco の称号
caudillaje/caudillismo 男 指導, 指揮 ; 軍事政権

cauri [káuri] 男《貝》タカラガイ, コヤスガイ

causa [káusa] 图《英 cause. ↔efecto》❶ 原因, 理由 : i) fuego causa ～ 原因不明の火事. relación ～-efecto 因果関係. ～ suficiente (bastante) 十分な原因, 納得のいく理由. ～ mayor 主要な動機. Si sabe la falta, deje la ～.《諺》欠点がわかれば元を断て. ii)《哲学》～ primera 第一原因 ;《神学》神. ～ segunda 第二原因. ～ final 目的因. ❷ 主義主張, 理想 : abrazar la ～ liberal 自由主義的な立場をとる. sacrificar su vida por la ～ 大義のために命を犠牲にする. ❸ 訴訟[事件]《主に刑事訴訟》: ～ civil (criminal) 民事(刑事)訴訟. entender en una ～ [裁判官が] 審理を担当する. instruir una ～ 審理を開始する. dar la ～ por conclusa 結審する. ❹《南米》[おやつ代わりの] 軽食 ; [ペルー料理の] クレオール風マッシュポテト
a ～ de... …が原因で, …の理由で
～ perdida 見込みのない主張, 失敗した運動
ganar a+人 a su ～ …を味方に引き入れる
hablar sin ～ 軽率なことを言う, でまかせを言う
hacer ～ común [目標に向かって] 団結する
por ～ de... =a ～ de...
por poca ～/sin ～ 理由もなく

causahabiente [kausaβjénte] 图《法律》[財産・権利の] 承継人

causal [kausál] 圈 原因の : relación ～ 因果関係. conjunción ～《文法》原因の接続詞
causalidad 图《哲学》因果関係 [↔casualidad] ; 原因 : principio de ～ 因果律

causalgia [kausálxja] 图《医学》カウザルギー,

灼熱痛

causar [kaṷsár] 他 …の原因となる，…を〔結果として〕引き起こす: El terremoto *ha causado* muchos estragos en la ciudad. 地震でその町に大きな被害が出た．La codicia *causa* muchos males. 貪欲は多くの悪を生み出す

causante 形 名 原因となる〔人〕

causativo, va 形 《文法》使役の: verbo ~ 使役動詞

causeo [kaṷséo] 男 〔チリの〕冷肉・トマト・玉ねぎの軽食用の料理

cáustico, ca [káṷstiko, ka] 形 ❶ 腐食性の．❷ 辛辣〔らつ〕な
◆ 男 腐食〔焼灼〕剤

causticidad 女 腐食性；辛辣さ

cautela [kaṷtéla] 女 ❶ 注意，用心；慎重: abrir una puerta con ~ ドアをそっと開ける．proceder con ~ 慎重に事を運ぶ．❷ 悪賢さ

cautelar [kaṷtelár] 形 《法律》予防的な: prisión ~ 予防拘禁
◆ 他 …に用心する，警戒する
◆ ~se [+de に] 備える，気をつける

cauteloso, sa [kaṷtelóso, sa] 形 [ser+. + en に] 用心深い；慎重な: aproximarse con paso ~ そっと近づく．~sas palabras 慎重な言葉

cauterio [kaṷtérjo] 男 ❶ 《医学》焼灼〔しゃく〕；その器具．❷ 治療

cauterizar [kaṷteriθár] ⑨ 他 ❶ 焼灼する．❷ …に荒療治を加える: ~ la fuga de capitales 資本の流出を断固として阻止する

cauterización 女 焼灼；荒療治

cautivar [kaṷtiβár] 他 ❶ 捕虜にする．❷ …の心をとらえる，注意を引きつける: Me *cautivó* esa chica. 私はその娘のとりこになった．~ al auditorio 聴衆を魅了する

cautivador, ra 形 魅力的な，感動的な

cautiverio [kaṷtiβérjo] 男 捕虜の状態（生活）: vivir en ~ 捕われの身となって生きる

cautivo, va [kaṷtíβo, βa] 形 捕虜（の），自由を奪われた: pájaro ~ かごの鳥．vivir ~ de su trabajo 仕事に追われる．La joven le tiene ~ de sus encantos. 彼女はその娘の魅力に心を奪われている

cautividad 女 ＝cautiverio

cauto, ta [káṷto, ta] 形 用心深い，慎重な〔cauteloso〕

cava [káβa] 女 ❶ 掘り起こし，穴掘り．❷ 〔地下の〕酒倉: de ~ 〔ワインが〕酒倉で寝かせた．❸ 《解剖》大静脈〔vena ~〕
◆ 男 〔カタルーニャ産の〕発泡ワイン

cavar [kaβár] 他 〔鋤などで〕掘り返す（起こす）；〔穴などを〕掘る
◆ 自 深く考える

cavador, ra 名 掘る人

cavadura 女 穴掘り

cavatina [kaβatína] 女 《音楽》カバティーナ

caverna [kaβérna] 女 ❶ 洞穴，洞窟: vivir en una ~ 洞穴に住む．hombre de las ~s 穴居人．❷ 《医学》~ pulmonar 肺の空洞

cavernario, ria 形 洞穴の

cavernícola 形 名 1) 洞穴に住む〔動物・人〕: hombre ~ 《歴史》穴居人．2) 《軽蔑》反動的な〔人〕

cavernoso, sa 形 1) 洞穴の〔多い〕．2) 〔音・声が〕こもった，太い．3) 《解剖》海綿性の: cuerpo ~ 海綿体

caveto [kaβéto] 男 《建築》コーブ，折り上げ

caviar [kabjár] 男 《料理》キャビア: ~ rojo イクラ

cavidad [kaβiðá(ð)] 女 くぼみ，穴；空洞: i) ~ del muro 壁の穴．ii) 《解剖》~ abdominal 腹腔．~ craneal 頭蓋．~ ocular 眼窩．~ torácica 胸腔

cavilar [kaβilár] 自 ❶ 思い悩む: ~ sobre cómo encontrar dinero どうやって金を工面するか思案に暮れる．❷ よく考える，熟考する

cavilación 女 思案，熟考

caviloso, sa 形 心配性の

cavitación [kaβitaθjón] 女 《物理》空洞現象，キャビテーション

cay- ☞caer 44

cayado [kajáðo] 男 ❶ 〔握りの曲がった〕杖〔つえ〕；《カトリック》司教杖，《聖公会》牧杖．❷ 《解剖》~ de la aorta 大動脈弓

cayada 女 〔握りの曲がった〕杖

cayena [kajéna] 女 《香辛料》カイエンヌ

cayetés [kajetés] 名 複 南米インディオの旧国家の一つ

cayo [kájo] 男 〔アンティーリャス諸島・メキシコ湾の〕小島: C~ Hueso 《地名》キー・ウエスト．C~ Largo 《地名》キー・ラーゴ

cayuco [kajúko] 男 〔インディオの〕平底の小さなカヌー〔☞カット〕

caz [káθ] 男 〔複 caces〕〔取水用の〕水路

caza [káθa] 女 ❶ 狩猟: i) ir de ~ 狩りに行く．perro de ~ 猟犬．~ de jabalí イノシシ狩り．~ submarina 水中漁．Primero prender la ~ y después hacerle la salsa. 《諺》捕らぬ狸の皮算用．ii) 《比喩》andar (ir) a (la) ~ de una buena noticia 特ダネを追いに行く．~ de brujas 魔女狩り．~ del hombre 〔犯人などの〕捜索．~ del tesoro 宝捜し．❷ 集 獲物: En este monte hay ~ abundante. この山には獲物が多い．~ mayor 〔クマ・シカなど〕大型の獲物〔の狩猟〕．~ menor 〔シャコ・ウサギなど〕小型の獲物〔の狩猟〕．❸ 《料理》〔シカ・キジなど〕猟獣，猟鳥；その肉

a la ~ de... 《口語》どうしても…を得ようとして

alborotar la ~ ＝levantar la ~

dar ~ a+人 …を追跡する

espantar la ~ 《口語》あわてて獲物を取り逃がす

ir a la ~ del hombre 犯人を追跡する；《スポーツ》〔ボールを追うより〕相手の選手を攻撃する

levantar la ~ 獲物を追い出す；薮をつつく，やっかいな問題を提起する

◆ 男 戦闘機〖avión de ～〗

cazaautógrafos [kaθautóɣrafos] 名〖単複同形〗サイン収集家

cazabe [kaθáβe] 男《中南米. 料理》タピオカの粉で作るパイ

cazabobos [kaθaβóβos] 男〖単複同形〗《南米》触ると爆発する仕掛けの爆弾

cazabombardero [kaθaβombardéro] 男 戦闘爆撃機

cazadero [kaθaðéro] 男 猟場

cazador, ra[1] [kaθaðór, ra] 名 ❶ 猟師, 狩猟家：～ de alforja わな猟師.～ de pieles〖毛皮をとる〗わな猟師.～ recolector 採集狩猟生活者. ❷ ～ de autógrafos =**cazaautógrafos**.～ de cabezas =**cazaejecutivos**.～ de dotes =**cazadotes**.～ de fortunas = **cazafortunas**
◆ 男《軍事》軽装歩兵

cazadora[2] [kaθaðóra] 名《西. 服飾》ジャンパー, ブルゾン：～ de piel 皮ジャンパー.

cazadotes [kaθaðótes] 男〖単複同形〗金持ちの女性と結婚したがる男

cazaejecutivos [kaθaexekutíβos] 名〖単複同形〗人材スカウト係, ヘッドハンター

cazafortunas [kaθafortúnas] 名〖単複同形〗金鉱捜し, 砂金掘り〖人〗

cazalla [kaθáʎa] 名 セビーリャ県の Cazalla de la Sierra 産の蒸留酒
cazallero, ra 名 cazalla の愛飲家

cazamariposas [kaθamaripósas] 男〖単複同形〗捕虫網

cazaminas [kaθamínas] 男〖単複同形〗掃海艇

cazamoscas [kaθamóskas] 男〖単複同形〗=**papamoscas**

cazar [kaθár] 自 他 ❶ 狩る：～ liebres ウサギ狩りをする. ❷《口語》捕える：～ un buen marido よい夫をつかまえる.～ un empleo 職を見つける. ❸《口語》…の不意をつく. ❹〖すぐに〗理解する

cazarrecompensas [kaθarrekompénsas] 名〖単複同形〗〖犯人を追う〗賞金稼ぎ〖人〗

cazasubmarinos [kaθasubmarínos] 男〖単複同形〗駆潜艇；対潜哨戒機

cazatalentos [kaθataléntos] 名〖単複同形〗タレントスカウト〖人〗

cazatorpedero [kaθatorpeðéro] 男〖魚雷〗駆逐艦

cazcarria [kaθkárja] 名〖主に 複〗はねかけた泥, はね

cazo [káθo] 男 ❶《料理》i)〖ふたなしの〗片手鍋：～ eléctrico 電気ポット. Dijo el ～ a la caldera:《Quítate allá, tiznera》.《諺》目くそ鼻くそを笑う. ii) おたま：tomar dos ～s de sopa スープをおたま2杯分飲む. ❷《口語》ばか, まぬけ；醜い人
meter el ～ 間違いを犯す, よけいな手出し(口出し)をする

cazoleta [kaθoléta] 名 小型の鍋；〖パイプ・火縄銃の〗火皿；〖剣の椀形の〗つば

cazón [kaθón] 男《魚》〖総称〗ツノザメ, メジロ

ザメ, トラザメ

cazuela [kaθwéla] 名 ❶〖浅く底の平らな〗土鍋〖⇨写真〗；その料理,《南米の》辛いシチュー：a la ～ シチューの, 煮込んだ.～ de mariscos エビ・貝の煮込み. ❷〖ブラジャーなどの〗パット. ❸《演劇》[el+] 天井桟敷の観客

cazurro, rra [kaθúrɾo, ɾa] 形 名 無口な〖人〗；陰険な〖人〗；〖頭の〗鈍い〖人〗
cazurrería 名 無口, 寡黙

c/c.《略語》←carta de crédito 信用状；cuenta corriente 当座勘定

CCOO 名 複《略語》←Comisiones Obreras 労働者委員会〖スペインの労働組合〗

C. de J.《略語》←Compañía de Jesús イエズス会

ce [θé] 名 文字 c の名称
～ *por be*/～ *por* ～ 詳細に, くどくどと
por ～ *o por be* どのみち, どうやっても：*Por* ～ *o por be* siempre gana. どうしても彼が勝ってしまう
◆ 間〖呼びかけ・制止〗ちょっと, おーい!

CE 名《略語. 歴史》←Comunidad Europea ヨーロッパ共同体, EC

cebada[1] [θeβáða] 名《植物》オオムギ(大麦)：～ fermentada モルト.～ perlada 精白玉麦. agua de ～ 大麦の煎じ薬
cebadal 男 大麦畑

cebado, da[2] [θeβáðo, ða] 形 過分 ❶《口語》[estar+] 巨大な. ❷《中南米》〖獣が〗人食いの

cebador [θeβaðór] 男〖蛍光灯の〗予備加熱装置；〖角・皮製の〗火薬入れ；《南米. 自動車》チョーク

cebadura [θeβaðúra] 名《南米》マテ茶用のたっぷりの葉

cebar [θeβár] 他 ❶〖動物を〗太らせる, 肥育する；餌を与える：～ cerdos 豚に餌をやる. ❷〖釣針に〗餌を付ける；〖罠に〗餌を置く. ❸〖感情を〗かき立てる：～ el amor en+人 …の愛情に火をつける. ❹〖機械を〗始動できる状態にする. ❺〖爆薬に〗信管を取り付ける. ❻《南米》〖マテ茶に〗いれる；飲む
～*se* ❶ [+en・con に] 激しく襲いかかる, 荒廃させる：La desgracia *se ha cebado en* la familia. 不幸が一家を襲った. ❷ [+en・de に] 熱中する, 心がかき立てられる：～ *en* la lectura 読書に夢中になる.～*se en* vanas esperanzas はかない期待に胸をふくらます

cebellina [θeβeʎína] 名《動物》クロテン

cebiche [θeβítʃe] 男《南米. 料理》魚のマリネー

cebo [θébo] 男 ❶ 飼料. ❷ [釣りなどの] 餌 (え) 『比喩的にも』: poner ～ al anzuelo 針に 餌を付ける. ～ artificial 擬似餌. ～ para comprar 買い手を引きつける餌(おとり). operación C～ おとり作戦(捜査). ❸ 電管, 信管

cebolla [θebóλa] 女 『英 onion』 ❶ 《植物》 タマネギ: sopa de ～s 《料理》オニオンスープ. Contigo, pan y ～. 《諺》手鍋さげても『恋する 人はたとえ貧しくても幸福だ』. ～ escalonia エ シャロット. ～ albarrana ツルボ. ❷ [チューリップ などの] 球根. ❸ ろ過器

  cebollana [θeboλána] 女 《植物》ネギ

  cebollar 男 その栽培

  cebollero, ra 名 タマネギ売り

cebolleta [θeboλéta] 女 《植物》アサツキ, ワケ ギ, ネギ; 新タマネギ

cebollín [θeboλín] 男 葉タマネギ

cebollino [θeboλíno] 男 ❶ 《植物》 =cebolleta 医薬 タマネギの種. ❷ 《口語》ばか, まぬけ mandar a+人 a escardar ～s 《口語》…を 追い払う, 追い出す

cebón, na [θebón, na] 形 男 肥育された〔七 面鳥・豚など〕

cebra [θébra] 女 《動物》シマウマ: paso [de] ～ [信号機のない] 横断歩道

cebrero [θebréro] 男 栗の殻に詰めたチーズ

cebú [θebú] 男 [複 ～(e)s] 《動物》コブウシ

ceca [θéka] 女 [旧体制までの] 貨幣鋳造所, 造幣局 andar (ir) de la C～ a la Meca 《口語》 駆けずり回る; あちこち旅して回る

cecear [θeθeár] 自 s [s] を c [θ] で発音する

  ceceo 男 その発音

Cecilia [θeθílja] 女 《女性名》セシリア 『英 Cicely』

cecina [θeθína] 女 干し肉, ジャーキー

ceda [θéða] 女 =zeta

cedacillo [θeðaθíλo] 男 《植物》コバンソウ

cedazo [θeðáθo] 男 [目の細かい] ふるい; [大 きな] 漁網: pasar por el ～ ふるいにかける; 裏 ごしする agua en un ～ 糠に釘

  cedacero 男 ふるいを作る(売る)人

ceder [θeðér] 他 『英 give』 [+a に] 譲る, 譲 渡する: ～ su asiento a un anciano 老人に席 を譲る. ～ la vez en la cola 列の順番を譲る. ～ sus bienes 財産を譲渡する ◆ 自 ❶ [圧力に負けて] 曲がる, たわむ, 壊れる. ; [力などが] 弱まる: La puerta no cede aunque la empuja. 押してもドアはびくともしない. Ceden los cimientos. 土台が傾く. El cable del freno cedió. ブレーキケーブルがゆるんだ. El puente cedió por la riada. 橋が洪水に押し流 された. Cede el dolor (la lluvia・el calor). 痛 みが軽くなる(雨が小降りになる・暑さが少しおさま る). ❷ [+a・ante・en に] 屈する, 譲歩する: No cederé a (ante) sus descabelladas pretensiones. 私は彼の途方もない要求には屈しな い. Cedió a tus caprichos. 彼は君の気まぐれに 負けた. ～ a la tentación 誘惑に負ける. ❸ [+en を] 放棄する: ～ en su derecho 権利を

放棄する. ～ en su empeño 努力をやめる(怠 る). ❷ [+en 良い・悪い結果に] なる: Todo ello cede en beneficio tuyo. そのことはすべて 君の利益になる

cedilla [θeðíλa] 女 《言語》セディーユ, セディ ーリャ『çの下の記号』

Cedis 《略語》←Certificados de Devolución de Impuesto 関税払戻証明書

cedro [θéðro] 男 《植物》ヒマラヤスギ『～ de la India』: ～ de España ビャクシン. ～ blanco (amargo) ヌマヒノキ

  cédride 女 ヒマラヤスギの実

cédula [θéðula] 女 ❶ [身分証明・債務など の] 文書, 書類: ～ de citación judicial 召喚 状. ～ de habitabilidad 《西》居住適格証明 書. ～ de preeminencias 《退職公務員の》勤 続証明書. ～ hipotecaria 抵当証書. ～ personal/～ de identidad 身分証明書. ～ real/real ～ [特に王政復古時代の] 勅許証. ❷ [目録の] カード

CEE 女 《略語. 歴史》←Comunidad Econó- mica Europea ヨーロッパ経済共同体, EEC

cefalalgia [θefalálxja] 女 《医学》頭痛

cefalea [θefaléa] 女 《医学》偏頭痛

cefálico, ca [θefáliko, ka] 形 頭の, 頭部の: índice ～ 《人類》頭長幅指数

cefalópodos [θefalópoðos] 男複 《動物》頭 足綱

cefalorraquídeo, a [θefaloʈakíðeo, a] 形 《解剖》脳髄の: líquido ～ 脳脊髄液

cefalotórax [θefalotóra(k)s] 男 [単複同形] [甲殻類・クモ類の] 頭胸部

céfiro [θéfiro] 男 [地中海の, 暖かい] 西風; 《詩語》そよ風

cefo [θéfo] 男 《動物》オマキザル

cegador, ra [θegaðór, ra] 形 目をくらませる: luz ～ra 目がくらむような光

cegar [θegár] 他 23 『☞negar 活用表』他 [← ciego] ❶ 失明させる. ❷ 目をくらませる; 分別 を失わせる: Me cegaron los faros. 私はヘッド ライトに目がくらんだ. Le ciega el odio. 彼は憎 しみのあまり分別を失っている. ❸ [穴を] 埋める, ふさぐ: ～ un boquete 割れ目をふさぐ ◆ 自 盲目になる; [穴などが] 詰まる ◆ ～se [+de・por で] 分別を失う: Se cegó de ira. 彼は怒りに我を忘れた

cegarrita [θegaʈíta] 形 名 《近眼で》目を細め て見る〔人〕: a ojos ～s 目を細めて

cegato, ta [θegáto, ta] 形 名 《軽蔑》目がよ く見えない〔人〕

cegesimal [θexesimál] 形 《物理》CGS 単 位系の

ceguera [θegéra] 女 ❶ 失明, 盲目: ～ cromática 色盲. ～ nocturna 夜盲症. ❷ 無 分別

ceiba [θéiba] 女 《植物》パンヤノキ, カポックノキ

ceilandés, sa [θeilandés, sa] 形 名 《国名》 スリランカ Sri Lanka 男 の(人)

ceja [θéxa] 女 ❶ 眉(まゆ), 眉毛: lápiz de ～s 眉墨. ❷ [傷口・縫い目などの] 盛り上がり. ❸ [弦楽器の] ナット; 糸受け. ❹ 《中南米》帯状に

伸びた森

arquear (enarcar) las ~s [驚いて] 目を丸くする

hasta las ~s《口語》極度に, うんざりするほど

llevar... entre ~ y ~《口語》…に固執する

meterse (ponerse) a+人 entre ~ y ~ [考えなどが] …の頭から離れない, 頭にこびりつく

quemarse las ~s 猛勉強する

tener... entre ~ y ~/tener... entre ~s [+a+人 に] 我慢できない; …に固執する

cejar [θexár] 圁 ❶ [+en に] 緩和する, 断念する『否定文でのみ』: No *cejará en* su empeño de conseguirlo. 彼はそれを獲得する努力を怠らないだろう. No *ceja en* su propósito de ir a España. 彼はスペインへ行く考えを捨てない. ❷ [馬車を引く馬などが] 後退する

cejijunto, ta [θexixúnto, ta] 厖 ❶ 眉毛の寄った(つながった), いかめしい顔つきの. ❷ [estar+] 眉間にしわを寄せた, しかめ面の

cejilla [θexíλa] 囡 [ギターの奏法] セーハ; 糸受け『cejuela』

cejudo, da [θexúðo, ða] 厖 眉の太い

cejuela [θexwéla] 囡 [ギター] 糸受け

cela [θéla] 囡《古代ギリシア・ローマ》神殿の神像安置室

celacanto [θelakánto] 團《魚》シーラカンス

celada [θeláða] 囡 ❶ 待ち伏せ, 伏兵: caer en una ~ 罠にはまる. ❷ 兜(かぶと), サラダ『armadura カット』

celador, ra [θelaðór, ra] 图 [美術館などの] 監視員; 舎監, 学監; 架線工事者

celaje [θeláxe] 團《美術》色々な色に染まった雲, 瑞雲(ずいうん)

como un ~《中南米》電光石火のごとく

celar [θelár] 他 ❶ …に厳重な注意を払う, 監視する: ~ la observancia de las leyes 法律を守らせる. ~ a un sospechoso 容疑者を見張る. ❷ 隠す: ~ su dolor bajo una sonrisa 悲しみを抑えて微笑する. ~ un secreto 秘密をもつ. luna *celada* por la niebla 霧に隠れた月

◆ 圁 ❶ [+sobre・por に] 注意を払う: ~ *sobre* las reglas 規則を厳守する. ❷ [+de+人 に] 嫉妬する

celda [θélda] 囡 ❶ [修道院・寮などの] 個室; [刑務所の] 独房; =**celdilla**: ~ de castigo 懲罰房. ~ acolchada 壁に衝撃防止材を貼った個室[独房]

　celdilla 囡 [ハチの] 巣穴, 蜜房; 壁のくぼみ [nicho]

celebérrimo, ma [θeleβérrimo, ma] 厖 *célebre* の絶対最上級

celebración [θeleβraθjón] 囡 ❶ [行事などの] 開催, 挙行; ミサの司式. ❷ 喝采. ❸ 祝賀(記念)行事

celebrante [θeleβránte] 團 [ミサを行なう] 司式司祭

celebrar [θeleβrár] 他《英 celebrate》❶ 祝う, 記念する: ~ el cumpleaños 誕生日を祝う. ~ la victoria 勝利を記念する. ❷ [式・ミサを] あげる: El alcalde *celebró* la boda. 市長が結婚式をとり行なった. ❸《文語》[会議・選挙など を] 開催する, 行なう: Hoy *celebran* consejo de ministros. 今日閣議が開かれる. ~ una conferencia 講演会を開く. ~ un partido amistoso 親善試合を行なう. ❹《文語》喜ぶ, うれしい『alegrarse』: *Celebro* volver a ver a usted. またお目にかかれてうれしく思います. [+ que+接続法] *Celebro que* esté usted bien de salud. お元気でけっこうです. ❺《文語》[協定などに] 署名する. ❻《文語》賞賛する『alabar』. ❼ [人・事物を] 笑う

◆ 圁《宗教》ミサをあげる

◆ ~*se* 圁 [式が] 行なわれる: Los esponsales *se celebraron* en la iglesia. 婚約式は教会でとり行なわれた. ❷ 開催される

célebre [θéleβre] 厖 [絶対最上級 celebérrimo] ❶ 有名な, 名高い『☞famoso 顕語』: Salamanca es una ciudad ~ por su universidad. サラマンカは大学で有名な町だ. hacerse ~ 有名になる. ❷ 愉快な, 機知に富んだ. ❸《中南米》[女性が] 愛嬌のある, 美しい

celebridad [θeleβriðá(ð)] 囡 有名, 名声; 名士, 有名人; 著名人[・有名人] になる. Picasso fue una ~. ピカソは著名人だった

celemín [θelemín] 團 [乾量の単位] =4.625 リットル; [昔の農地面積の単位] =約 537 平方メートル

celentéreos [θelentéreos] 團 複《動物》腔腸動物門

celeque [θeléke] 厖《中米》[果実が] 青い, 未熟な

celeridad [θeleriðá(ð)] 囡 すばやさ, 迅速さ: con toda ~ 大あわてで, 大あわての

celesta [θelésta] 囡《楽器》チェレスタ

celeste [θeléste] 厖『←cielo』❶ 空の, 天の: bóveda ~《文語》大空, 蒼穹(そうきゅう). cuerpo ~ 天体. figura ~ ホロスコープ, 十二宮図. ~ imperio [昔の] 中国. ❷ 空色(水色)の

celestial [θelestjál] 厖 ❶ 天上の, 神の; すばらしい: gloria ~ 天上の栄光. placer ~ この世のものならぬ快楽. Padre ~ 天の父, 神. cara ~《口語》ばかみたいな顔

celestinaje [θelestináxe] 團 結婚相手の紹介; 仲介

celestino, na [θelestíno, na] 图 売春斡旋業者, 売春宿の主人; やり手ばばあ『←Fernando de Rojas の戯曲 La Celestina』

◆ 囡《鉱物》セレスタイト, 天青石

celiaco, ca/celíaco, ca [θeljáko, ka/-lía-] 厖《解剖》腹腔の

celibato [θeliβáto] 團 ❶ [特に宗教上の理由による] 独身, 未婚. ❷《口語》独身の男

célibe [θéliβe] 厖《文語》独身の, 未婚の『soltero』

◆ 独身者, 独身主義者

celidonia [θeliðónja] 囡《植物》クサノオウ

celinda [θelínda] 囡《植物》バイカウツギ

　celindo 團 =**celinda**

cellisca [θeλíska] 囡 みぞれまじりの嵐

cello[1] [θéλo] 團『←商標. 西』セロテープ『cinta de ~』

cello² [θéʎo] 男《まれ》[樽の] たが〖aro〗
celo [θélo] 男 ❶ [任務遂行などの] 熱心さ, 献身 : trabajar con ～ 熱心に(献身的に)働く. poner ～ en+不定詞 …に熱意を傾ける. ❷ [動物の] 発情 ; 発情期〖época de ～〗: estar en ～ 発情期にある. ❸ 複 嫉妬, やきもち : tener (sentir) ～*s* de+人 …に嫉妬する(やきもちをやく). dar ～*s* a+人 …を嫉妬させる. ❹《西》セロテープ〖papel [de] ～〗; [包装用の] ラップ
celofán [θelofán] 男 セロハン〖papel ～〗
celoma [θelóma] 男《動物》体腔
celomado, da 形 体腔の
celosía [θelosía] 女 格子窓 ; 格子
celoso, sa [θelóso, sa] 形 ❶ [estar+. +con+人 に] 嫉妬する, やきもちをやく ; [ser+] やきもちやきの : ～ como un turco ひどく嫉妬深い. ❷ [+de•en に] 熱心な : ser ～ *de* su fama 懸命に名誉を守る. ❸ [+de 権利などを] うるさく要求する. ❹《南米》[銃が] 発射(暴発)しやすい
celosamente 副 熱心に
celota [θelóta] 名《歴史》[ユダヤの] ゼロテ党員
celta [θélta] 形 名 ケルト人〔の〕; [人種的に] ケルト系の
◆ 男 ケルト語 ; 複 ケルト族
celtibérico, ca 形 =**celtíbero** ; **carpetovetónico**
celtíbero, ra/celtibero, ra 形 名 1) ケルト=イベリア Celtiberia 人〔の〕〖紀元前 5 世紀ごろからスペイン北部に居住した諸部族〗; ケルト=イベロ系の. 2)《時に軽蔑》スペイン的な, スペイン独特の
céltico, ca 形 ケルト人の
celtismo 男 ケルト的語法, ケルト人的習慣(気質)
celtista 名 ケルト〔語〕学者
célula [θélula] 女 ❶《生物》細胞 : ～ nerviosa 神経細胞. ～ pigmentaria 色素細胞. ～ comunista 共産党細胞. ❷《技術》～ fotoeléctrica 光電管, 光電池. ～ solar 太陽電池
celular [θelulár] 形 ❶ 細胞の : tejido ～ 蜂窩(ほう)状結締組織. ❷ 独房の : prisión ～ 独房. coche (furgón•camión) ～ [警察の] 護送車
celulitis [θelulítis] 女〖単複同形〗《医学》フレグモーネ, 蜂巣炎
celuloide [θelulɔ́iđe] 男 ❶ セルロイド ; [アニメ原画の] セル. ❷ 映画〖cine〗: ～ rancio 古い映画
llevar al ～ 映画化する
celulosa [θelulósa] 女《化学》セルロース
cementación [θementaθjɔ́n] 女《金属》セメンテーション, 浸炭 ;《化学》置換法
cementar 他 セメンテーション処理をする
cementerio [θementérjo] 男 墓地, 墓場 : ～ de elefantes 象の墓場 ; 引退したお偉方のたまり場. ～ de coches 廃車処理場. ～ nuclear (radiactivo) 放射性廃棄物貯蔵施設
cementero, ra [θementéro, ra] 形 セメントの. ◆ 女 セメント工場
cementita [θementíta] 女《化学》セメンタイト, 炭化鉄
cemento [θeménto] 男 ❶ セメント : ser de ～ armado 鉄筋コンクリート造りである. ～ blanco 白色セメント. ～ de alúmina アルミナセメント. ～ dental 歯科用セメント. ～ expansivo (rápido•hidráulico) 膨張(急結•水硬)セメント. ～ portland ポートランドセメント. ❷《解剖》[歯の] セメント質. ❸《南米》接着剤
tener cara de ～ armado《口語》鉄面皮である
cementoso, sa [θementóso, sa] 形 セメントのような
cena
[θéna] 女〖英 dinner〗**夕食** ; 晩餐〔会〕: tomar la ～ 晩ごはんを食べる. Última (Santa•Sagrada) *C*～ [キリストの] 最後の晩餐
cenacho [θenátʃo] 男 [野菜•果物用の] かご
cenáculo [θenákulo] 男 高間(たかま)〖キリストが弟子たちと最後の晩餐をした広間〗; [芸術家などの] 結社, サロン
cenador, ra [θenađór, ra] 形 夕食を食べすぎる
◆ 男 [つる草などに覆われた] 園亭, あずまや
cenagal [θenagál] 男《口語》泥沼, ぬかるみ〖比喩的にも〗: estar metido en un ～ de deudas 借金地獄に陥っている
cenagoso, sa [θenagóso, sa] 形 泥だらけの, ぬかるみの
cenar [θenár] 自 他 夕食をとる ; 夕食に…を食べる : Anoche *cené* sólo fruta. 私の昨夜の夕食は果物だけだった. Vamos *cenados*. 夕食をすませてから行こう
cenceño, ña [θenθéɲo, ɲa] 形 [人•動植物が] やせ細った
cencerro [θenθéřo] 男 [家畜の首につける] 鈴, カウベル
a ～s tapados こっそり, ひそかに
estar como un ～/estar más loco que un ～《口語》頭がおかしい, 狂っている
cencerrada 女 [再婚者をからかう, 家の前での鳴り物入りの] 大騒ぎ
cencerrear 自 1) カウベルをうるさく鳴らす. 2)《口語》[主にギターを] 調子外れに弾く ; [ドア•窓•機械•車などの金具が合っていなくて] ガタガタいう, ガタつく
cendal [θendál] 男 薄い絹地 ; 絹状のもの
cenefa [θenéfa] 女 縁どり, 帯状装飾
cenestesia [θenestésja] 女《生理》体感, 一般感覚
cenetista [θenetísta] 形 名 国民労働連合 CNT の〔組合員〕
cenicero [θeniθéro] 男 灰皿 ; [ストーブなどの] 灰受け
ceniciento, ta [θeniθjénto, ta] 形 灰色の : cielo ～ 灰色の空
◆ 女 [シンデレラ Cenicienta のように] 不当に扱われている人(もの)
cenit [θenít] 男 [主に 単] ❶《天文》天頂. ❷ 頂点, 絶頂 : estar en el ～ de su gloria 栄光

の絶頂にある

cenital [θeníθal] 形 1) 天頂の. 2) luz ～ 天窓から射す光；車内灯

ceniza[1] [θeníθa] 女 ❶ 〔不可算〕灰：～ de cigarrillo たばこの灰. ～ volcánica 火山灰. tomar la ～〔灰の水曜日に司祭によって額に〕聖灰を受ける. ❷〔主に 複〕遺骸，遺灰：Reposan sus ～s en este camposanto. 彼の遺体はこの墓地に眠っている. ❸ 灰色

convertirse en ～s/reducirse a ～s 灰燼に帰す，荒廃する

huir de las ～s y dar en las brasas 小難を逃れて大難に陥る

reducir... ～s …を破壊する

renacer de sus propias ～s〔不死鳥のように〕灰の中からよみがえる

cenizo, za[2] [θeníθo, θa] 形 灰色の：de rostro ～ 顔色の悪い

◆ 男 ❶ 悪運〔をもたらす人〕：Es un ～. 彼は厄病神だ〔つきがない〕. ❷《植物》アカザ

cenobio [θenóbjo] 男《文語》修道院〔monasterio〕

cenobita 名 共住苦業者(修道士)

cenotafio [θenotáfjo] 男《文語》慰霊碑(塔)

cenote [θenóte] 男《南米》〔天然の〕地下貯水池，井戸

cenozoico, ca [θenoθóiko, ka] 形 男《地質》新生代〔の〕

censal [θensál] 形 国勢調査の

censar [θensár] 他〔人口を〕調査する
censatario, ria 名 年貢上納者

censo [θénso] 男 ❶ 国勢調査：hacer (levantar) un ～ 国勢調査を行なう. ～ de población 人口調査. ❷ 有権者名簿 〔～ electoral〕；医図 選挙民. ❸ 地代：constituir (redimir) un ～〔不動産の〕賃貸借契約を結ぶ(解除する). ～ enfitéutico (irredimible・muerto) 長期の(永久的な・解除不能の)賃貸借. ❹《古代ローマ》人頭税

ser un ～《古語的》金喰い虫である，大金がかかる

censor, ra [θensór, ra] 名 ❶ 検閲官；あらがしをする人〔文学・芸術の〕評論家. ❷ ～ de cuentas 会計検査官．jurado de cuentas 公認会計士. ◆ 男《古代ローマ》監察官

censual [θenswál] 形 ＝**censal**

censualista [θenswalísta] 名 地代(年貢)徴集者

censura [θensúra] 女 ❶ 検閲〔係・機関〕：La ～ cortó unas secuencias de la película. 映画の数シーンが検閲でカットされた. ❷ 非難，酷評；《政治》不信任，譴責：incurrir en la ～ 非難される. moción de ～ 問責動議，不信任案

censurar [θensurár] 他 ❶ 検閲する；〔検閲によって〕禁止(削除)する：Censuraron muchas líneas de su novela. 彼の小説の多くの個所が検閲でひっかかった. ❷ 非難する；譴責する：～ a (en)＋人 su cobardía …を卑怯だと非難する

censurable 形 非難されるべき

centaura [θentáura] 女《植物》ヤグルマギク

centauro [θentáuro] 男《神話》ケンタウロス

centavo, va [θentáβo, βa] 形 男 ❶ 100 分の 1〔の〕〔centésimo〕. ❷〔中南米の多くの国々の貨幣単位〕 センターボ〔ペソの 100 分の 1〕：estar sin un ～ 一銭も持っていない

cente-《接頭辞》〔百〕centenario 100 年祭

centella [θentéʎa] 女 ❶〔弱い〕稲妻，稲光；火花，スパーク. ❷〔主に 複〕眼の中の感情の〕きらめき. ❸ すばやい人

como una ～ 稲妻のようにすばやい・すばやく

echar ～s 激怒する

centellear [θenteʎeár] 自 きらめく；〔星が〕またたく

centelleante 形 きらきら光る

centelleo 男 きらめき，またたき；《天文・物理》シンチレーション

centena[1] [θenténa] 女 集数 100〔のまとまり〕，約 100：una ～ de libros 約 100 冊の本. unas ～s de libros 数百冊の本. Había dos ～s de personas. 200 人位いた

centenada [θentenáda] 女 約 100：a ～s《まれ》何百も，たくさん

centenal [θentenál] 男 ライ麦畑

centenar [θentenár] 男 ❶ 100 のまとまり〔centena〕：〔varios〕～es de personas 数百人. a ～es 何人も，大勢. ❷〔主に 複〕多数：～es de veces 何回となく. ❸ ＝**centenal**

centenario, ria [θentenárjo, rja] 形 名 ❶ 100 歳〔ぐらい〕の〔人〕；100 の. ❷ 年代物の，こっとう的価値のある

◆ 男 100 周年，100 年間：llegar a ～ 100 歳 (100 年)になる. celebrar el segundo ～ de la fundación 創立 200 周年を祝う. el quinto ～ del descubrimiento de América アメリカ発見 500 年祭

centeno[1] [θenténo] 男《植物》ライムギ：pan de ～ ライ麦パン

centeno[2], **na**[2] [θenténo, na] 形 100 番目の〔centésimo〕

centesimal [θentesimál] 形 100 分の 1 の：escala ～ 100 分の 1 の縮尺．termómetro de escala ～ セ氏温度計

centésimo, ma [θentésimo, ma] 形 男 ❶ 100 番目の；100 分の 1〔の〕：la ～ma parte de la población 人口の 100 分の 1. dos ～s 100 分の 2. ❷〔パナマなどの貨幣単位〕センテシモ

centi-《接頭辞》〔百・百分の 1〕centímetro センチメートル

centiárea [θentjárea] 女〔面積の単位〕センチアール

centígrado, da [θentíɣraðo, ða] 形 セ氏の；100 度目盛りに分けた

centigramo [θentíɣramo] 男〔重さの単位〕センチグラム

centilitro [θentilítro] 男〔容量の単位〕センチリットル

centímetro [θentímetro] 男〔長さの単位〕センチメートル：～ cuadrado (cúbico) 平方(立方)センチ

céntimo[1] [θéntimo] 男〔スペイン・ポルトガルな

どの貨幣単位〗センティモ〖ペセタ・エスクードの 100 分の 1〗：no tener un ～ 一銭も持っていない

céntimo², ma [θéntimo, ma] 〖形〗100 分の 1 の〖centésimo〗

centinela [θentinéla] 〖男〗歩哨, 衛兵；見張り, 番兵；hacer ～/estar de ～ 歩哨に立つ

centinodia [θentinóðja] 〖女〗〖植物〗ミチヤナギ

Cento（略語）＝centenario 百年祭

centolla [θentóʎa] 〖女〗〖動物〗ケアシガニ, ケガニ
centollo 〖男〗＝centolla

centón [θentón] 〖男〗パッチワークのベッドカバー；〖借用・剽窃による〗継ぎはぎの作品

centrado, da [θentráðo, da] 〖形〗〖過分〗[estar+. +en を]中心とする；正しい位置の；…に慣れた：circunferencia ～da en el lugar del crimen 犯行現場を中心とした周辺．Ya anda (está) ～ en su trabajo. 彼はもう仕事に慣れている．padre muy ～ とてもバランスのとれた考え方をする父親
◆〖男〗〖技術〗心出し, 心合わせ

central [θentrál] 〖形〗〖英 central〗中心の, 中央の；中枢の：parte ～ 中心部, 中央部. gobierno ～ 中央政府. personaje ～ 中心人物
◆〖女〗❶ 本部, 本社〖casa ～〗：remitir un informe a la ～ 本社に報告書を送る．～ de correos 中央郵便局, 本局．❷ 発電所〖～ eléctrica〗：hidroeléctrica (térmica・nuclear) 水力(火力・原子力)発電所．❸ 電話局, 交換台〖～ telefónica〗：～ urbana 市内通話用の交換局．～ automática 自動交換機
◆〖男〗〖サッカー〗センターバック〖選手〗

centralismo [θentralísmo] 〖男〗中央集権制(主義)
centralista 〖形〗中央集権的な

centralita [θentralíta] 〖女〗電話交換機, 交換台

centralizar [θentraliθár] 〖他〗中央に集める；中央集権化する：～ informaciones 情報を中央に集める．economía centralizada 集権経済
centralización 〖女〗集中化；中央集権化
centralizador, ra 〖形〗中央に集める；中央集権的な

centrar [θentrár] 〖他〗❶ [+en の]中心に置く, しかるべき位置に置く；…に集中させる：～ un florero en la mesa テーブルの真ん中に花瓶を置く．～ la rueda de un coche 車輪の中心を決める．～ sus investigaciones en la economía moderna 近代経済を集中的に研究する．❷ [注意・関心などを]引きつける：～ la atención de todos 皆の注目の的になる．❸〖スポーツ〗センターキックする；センタリングする
◆ ～se ❶ [+en 新しい環境に]慣れる：No tardarás en ～te en tu nuevo puesto. 君はすぐ新しい部署に慣れるよ．❷ [課題などに]集中する

céntrico, ca [θéntriko, ka] 〖形〗中心の, 中心にある：barrio ～ 中心街．punto ～ 中心点

(地)

centrífugo, ga [θentrífugo, ga] 〖形〗遠心的な, 遠心力による〖↔centrípeto〗：fuerza ～ga 遠心力．bomba ～ga 遠心(渦巻)ポンプ
◆〖女〗遠心分離機〖centrifugadora〗
centrifugación 〖女〗遠心分離
centrifugado 〖男〗脱水；遠心分離
centrifugador, ra ＝centrífugo. ◆〖女〗遠心分離機；[洗濯機の]脱水機
centrifugar 〖他〗脱水機(遠心分離機)にかける

centrípeto, ta [θentrípeto, ta] 〖形〗求心的な, 求心力による〖↔centrífugo〗：fuerza ～ta 求心力, 向心力

centrista [θentrísta] 〖形〗〖名〗中道派の〖人〗：partido ～ 中間政党
centrismo 〖男〗中道主義, 中道政治

centro [θéntro] 〖男〗〖英 center〗❶ 中心, 中央：i) ～ de un círculo (una esfera) 円(球)の中心．en el ～ de la plaza (la mesa) 広場の中央(テーブルの真ん中)に．navegar por el ～ del río 川の中央を航行する．ii) [話題・活動の] Fue ～ de todas las miradas. 彼は皆の注目の的になった．～ de interés 興味の中心, 関心の的．～ guerrillero ゲリラの中核〖部隊〗
❷ 中心地, central：～ de comunicaciones 交通の要衝．～ de negocios ビジネスの中心地．～ industrial (turístico) 工業(観光)都市
❸ [町の] 中心部, central：hacer compras en el ～ 都心で買物をする．ir al ～ 中心部に行く
❹ [中心的な] 機関, 本部；総合施設：～ de enseñanza (de investigación) 教育(研究)機関．～ cultural (deportivo) 文化(スポーツ)センター．～ hospitalario 医療センター
❺ [政治] 中道派：de ～ (derecha) 中道[右派]の．estar en el ～ 中道派に属する
❻〖サッカー〗センタリング
❼ ～ de mesa テーブルセンター〖食卓の中央に置く飾り布・鉢〗．～ nervioso《解剖》神経中枢；[中心的な] 管理機関．～ de carena《船舶》浮力の中心, 浮心．～ óptico《光学》光心 *estar en su* ～ 得意とする領域にある
◆〖名〗〖スポーツ〗センター

centroafricano, na [θentroafrikáno, na] 〖形〗〖名〗〖国名〗中央アフリカ República Centroafricana の(人)

Centroamérica [θentroamérika] 〖女〗〖地名〗中央アメリカ
centroamericano, na 〖形〗〖名〗中央アメリカの〖人〗：países ～s 中米諸国

centrobárico, ca [θentrobáriko, ka] 〖形〗《物理》重心の

centrocampista [θentrokampísta] 〖名〗《スポーツ》ミッドフィルダー

centroeuropeo, a [θentroeuropéo, a] 〖形〗中央ヨーロッパの

centrosfera [θentrosféra] 〖女〗《地質》[地球の] 中心部；《生物》[細胞の] 中心球

centrosoma [θentrosóma] 〖男〗《生物》中心

体

céntuplo, pla [θéntuplo, pla] 形 男 100 倍
〔の〕

  centuplicar 7 他 100 倍にする

centuria [θentúrja] 女 《文語》1 世紀, 100 年
〖siglo〗

  centurión 男 《古代ローマ》百卒長

cenutrio, tria [θenútrjo, trja] 形 名 《軽蔑》
うすばか〔な〕, まぬけ〔な〕

ceñido, da [seníðo, ða] 形 過分 ぴったりした:
pantalón muy ～ ぴっちりしたズボン

ceñidor [seníðór] 男 《幅広の》帯, ベルト

ceñir [θeníɾ] 20 35 〖rreñir 活用表. 現分 ci-
ñendo〗 他 ❶ [体などに, +con・de を] 巻きつけ
る: i) ～ su cabeza con una corona de
laurel 頭に月桂冠を頂く. ～ una ventana de
rosas 窓にバラをからませる. ii) …を巻きつける:
～ cadenas a＋人 …を鎖でがんじがらめにする.
❷ 締める; 取り囲む: Esta faja no me ciñe
bien. このベルトは私にはゆるい. Las murallas
ciñen la ciudad. 城壁が町を囲んでいる

◆ ～se ❶ [+a に] 限定する, 自制する: ～se
al presupuesto 出費を予算内に抑える. ～se a
relatar los hechos 事実だけを述べるようにする.
❷ 《文語》[剣などを] 身につける. ❸ [服などが]
ぴったりとする

ceño [θéɲo] 男 ❶ しかめっつら: fruncir el ～
眉をひそめる. ❷ [おかしな] 空模様

  ceñudo, da 形 しかめっつらの, 眉をひそめた

ceolita [θeolíta] 女 《鉱物》ゼオライト, 沸石

cepa [θépa] 女 ❶ 切り株の根; [柱などの] 根も
と; [ブドウの] 幹. ❷ 《まれ》家柄, 血筋: de
rancia ～ 由緒ある家柄の

  de buena ～ 上質の

  de pura ～ 《口語》生粋の

CEPAL [θépal] 女 《略語》←Comisión Eco-
nómica para América Latina ラテンアメリカ
経済委員会

cepellón [θepeʎón] 男 《移植で》根に付けてお
く土

cepillar [θepiʎáɾ] 他 ❶ …にブラシをかける; 鉋
をかける: ～ el traje 服にブラシをかける. ❷ …に
へつらう: ～ a sus superiores 上役にゴマをする.
❸ 《口語》[賭け事で] …から金を巻き上げる

◆ ～se ❶ 自分の…にブラシをかける: Cepíllate
la chaqueta. 上着にブラシをかけなさい. ～se el
cabello 髪をブラッシングする. ❷ 《口語》[仕事な
どが] さっと片付ける. ❸ 《口語》[金を] すぐに使い
果たす; [人を] 殺す. ❹ 《俗語》[主に男が女を]
自分のものにする. ❺ 《口語》落第点をつける: Se
le *cepillaron* en inglés. 彼は英語を落とした

  cepillado 男 鉋かけ; ブラッシング

cepillo [θepíʎo] 男 〖英 brush〗❶ ブラシ: ～
para la ropa 洋服ブラシ. ～ para el
pelo ヘアブラシ. ～ del calzado 靴ブラシ. ～
de dientes/～ dental 歯ブラシ. ～ para
barrer [刷毛状の] ほうき. ❷ 鉋〔ふ〕:
bocel 剣〔ふ〕形鉋. ❸ 献金(募金)箱 〖～ de
las ánimas〗: pasar el ～ [ミサの時に] 献金
箱を回す; 捌く

  al ～ [髪を] 短く刈った, クルーカットの

cepo [θépo] 男 ❶ [動物を捕える] 罠〔な〕:
caer en el ～ 罠にはまる. ❷ [木製の] 枷〔な〕:
estar con las manos en el ～ 手枷をはめられ
ている. ❸ 《船舶》～ del ancla 錨の横木

ceporro, rra [θepóro, ra] 形 名 《口語》まぬ
け〔な〕, ばか〔な〕

◆ 男 たきつけ用の根っ子

  dormir como un ～ 《口語》ぐっすり眠る

CEPSA [θépsa] 女 《略語》←Compañía Es-
pañola de Petróleos, Sociedad Anónima ス
ペイン石油会社

cequí [θekí] 男 《昔の》ゼッキーノ金貨

cera [θéɾa] 女 ❶ 不可算 蠟〔ろ〕, ワックス: dar
la ～ al suelo 床にワックスをかける. sacar la
～ ワックスがけして磨く. museo de ～ 蠟人形
館. ～ de abejas/～ virgen 蜜蠟. ～ de-
pilatoria 脱毛ワックス. árbol de la ～ 《植物》
シロヤマモモ. ❷ 不可算 ろうそく. ❸ 不可算 耳垢
〖～ de los oídos〗. ❹ 《美術》クレヨン

  dar ～ 殴る

  estar pálido como la ～ 〔顔色が〕真っ青で
ある

  no hay más ～ *que la que arde* 《口語》何
も隠していることはない/すべて話した

  ser como una ～/*ser hecho de* ～ 従順で
ある, 人の言いなりになる

cerámica[1] [θeɾámika] 女 ❶ 〔時に 集名〕陶
器, セラミックス: La ～ toledana es famosa
por su buena calidad. トレドの陶器は上質なこ
とで有名である. jarra de ～ 陶製の水差し. ❷
陶芸 〖decoración de ～〗

  cerámico, ca[2] 形 陶器の, 陶製の: industria
～ca 製陶業, 窯業

  ceramista 名 陶工, 陶芸家

cerapio [θeɾápjo] 男 《学生語》零点

cerasta [θeɾásta] 女 《動物》ツノクサリヘビ

  cerastes 男 =cerasta

cerbatana [θeɾbatána] 女 吹き矢; [昔の]
小口径のカルバリン砲

cerca [θéɾka] 副 《英 near. ↔lejos》[空
間的・時間的に] ❶ 近くに: La
parada está [aquí] ～. 停留所は[この]近くに
ある. La Navidad ya está ～. クリスマスはもう
すぐだ. Estás ～, pero tienes una falta de
ortografía. 君は正解に近い, でも綴りを1つ間
違えている

  ❷ [+de] i) …の近くに: La playa está muy
～ de mi casa. 海岸は私の家のすぐそばだ. Es-
tamos ～ de las vacaciones. もうすぐ夏休み
だ. ii) [数量を越えないで] およそ…, …近く:
Son ～ de las dos. 2時少し前だ. Había ～
de quinientas personas. だいたい 500 人近く
いた

  ❸ [介入. +de] …との間に: Medió ～ de mi
padre para que me perdonara. 私を許してく
れるように彼は父との間に立ってくれた

  ❹ [大使など. +de] …駐在の: embajador ～
de Venezuela 駐ベネズエラ大使

  ～ *si*+直説法 …かもしれない

  de ～ 近くから: ver un Goya de ～ ゴヤの絵を
近くから見る

◆ 男 複 〖絵の〗前景

◆ 女 囲い, 柵, 塀 : rodear el campo con ～ 畑の回りに囲いをする

cercado [θerkáðo] 男 囲われた場所 ; 囲い

cercanía [θerkanía] 女 ❶ 近いこと, 近接. ❷ 複 近郊, 付近 : pueblo en las ～s de Madrid マドリード郊外にある町. tren de ～s 郊外(近郊線)電車

cercano, na [θerkáno, na] 形 [estar+. +a に] 近い, 近くにある [↔lejano] : hotel ～ [a la estación] 〖駅の〗近くのホテル. cantidad ～na al millón 100万近い金. La dictadura está ～na a su fin. 独裁は終わりに近い

◆ 女 《中米》石蹴り遊び

cercar [θerkár] 他 囲む ; 包囲する 〖ラ 】 asediar 参照〗 : ～ el terreno con alambre de espinos 鉄条網で土地を囲いにする. Los periodistas *cercaron* al ministro. 記者たちが大臣を取り巻いた

cercén [θerθén] *a* ～ 根もとから, ぎりぎりまで : cortar una rama *a* ～ 枝を付け根から切り落とす

cercenar [θerθenár] 他 《文語》 ❶ 根もとから切る, 短く刈る : ～ el seto 生け垣を刈り込む. ❷ [権限・費用などを] 縮小する, 削減する : ～ el poder real 王権を縮小する. ～ a+人 el sueldo …の給料を減らす

cercenadura 女 =**cercenamiento** ; 切り取られた部分

cercenamiento 男 刈り込み ; 削減

cerceta [θerθéta] 女 《鳥》コガモ ; シマアジ

cercha [θértʃa] 女 湾曲した板 ; [アーチなどの] 迫(せり)り枠

cerchón 男 迫り枠

cerciorar [θerθjorár] 他 [+de+事 について] 確信させる

◆ ～se [+de を] 確かめる : Se cercioró de que la puerta estaba cerrada. 彼はドアが閉まっていることを確かめた

cerco [θérko] 男 ❶ 輪, 円形 ; [樽の] たが : ～ luminoso 光の輪, 光輪. ～ de curiosos 野次馬の輪(人垣). ❷ 囲むこと ; 包囲 : poner (levantar el) ～ al castillo 城を包囲する(城の囲みを解く). ❸ [ドアの] 框(かまち) ; 窓枠. ❹ 《農業》囲い, 柵. ❺ 《天文》[月などの] かさ, 光環

cercopiteco [θerkopitéko] 男 《動物》オナガザル

cerda¹ [θérða] 女 [馬・豚などの] 剛毛 ; [ブラシなどの] 毛

cerdada [θerðáða] 女 卑劣なやり口 ; 汚なさ

cerdear [θerðeár] 自 [機械が] うまく動かない, 仕事をサボる : Este coche empieza a ～. この車はガタが出始めた

cerdo¹ [θérðo] 男 ❶ 《動物》ブタ(豚) : ～ hormiguero ツチブタ. ～ marino ネズミイルカ. ❷ 豚肉

cerdo², **da**² [θérðo, ða] 名 《軽蔑》汚い(下品な・卑劣な・身持ちの悪い)(人)

cereal [θereál] 男 ❶ [主に 複] 穀物, 穀類 ; 穀草. ❷ 《西》/《中南米》単 《料理》シリアル

cerealista/cerealícola 形 穀物生産(取引)の : producción ～ 穀物生産

cerebelo [θerebélo] 男 《解剖》小脳

cerebral [θerebrál] 形 ❶ 脳の ; 大脳の : anemia ～ 脳貧血. ❷ 理知的な, 頭脳的な : Es una persona ～. 彼は理知的な人だ. nada le emociona. 彼は理知的で, 決して感情に流されない

cerebro [θerebro] 男 〖英 brain(s)〗 ❶ 脳 ; 《解剖》大脳. ❷ 頭脳, 知力 ; 知的指導者, ブレーン [～ gris] ; 頭のいい人 : ～ privilegiado (despierto) 優秀な頭脳, 俊才. ～ electrónico 電子頭脳. no tener ～ 頭が悪い. Él es todo un ～. 彼はとても頭がいい(秀才だ)

   lavar el ～ a+人 …を洗脳する

   secarse el ～ 《時に戯言》気が狂う

   torturarse el ～ 知恵を絞る

cerebroespinal [θerebroespinál] 形 《解剖》脳髄の

ceremonia [θeremónja] 女 〖英 ceremony〗 ❶ 儀式, 式典 : celebrar una ～ 式を行なう. ～ del matrimonio 結婚式. maestro de ～s 式典官, 儀典長. vestido de ～ 礼装のドレス. ❷ [過度の] 礼儀, 儀礼 : hacer una ～ うやうやしくする. con ～[s] うやうやしく, もったいぶって. sin ～s もったいぶらずに, 堅苦しくなく. por ～ 礼儀正しく. ❸ 医器 華美(なもの), 豪華さ

ceremonial [θeremonjál] 形 儀式[用]の, 式典[用]の

◆ 男 医器 作法, 儀典 : observar el ～ 礼儀作法を守る. ～ palatino 王室典範

ceremonioso, sa [θeremonjóso, sa] 形 非常に礼儀正しい, 礼儀作法にやかましい : saludo ～ うやうやしい(大げさな)挨拶

céreo, a [θéreo, a] 形 《←cera》《文語》蠟(のような) : rostro ～ 黄色みがかった顔

cerería [θerería] 女 蠟製品店(工場)

cerero, ra [θeréro, ra] 名 蠟製品商, 蠟細工師

cereza [θeréθa] 女 ❶ 《果実》サクランボ [～ mollar] : ～ pasa 干しサクランボ. ～ gordal (garrafal) 大粒サクランボ. rojo ～ 鮮紅色[の]. ❷ 《中米》コーヒー豆の殻

cerezal 男 サクランボ畑

cerezo [θeréθo] 男 《植物》オウトウ(桜桃), セイヨウミザクラ ; [一般に] サクラ(桜)

cerilla [θeríʎa] 女 ❶ マッチ : rascar (encender) una ～ マッチをする(火をつける). ❷ 不可算 耳垢 〖=cera, cerumen〗

cerillero, ra 名 マッチ売り, たばこ売り. ◆ 女 マッチ箱

cerina [θerína] 女 《化学》セロチン酸

cerio [θérjo] 男 《元素》セリウム

cerita [θeríta] 女 《鉱物》セライト, セル石

cermeño [θerméɲo] 男 《植物》セイヨウナシの一種

cermet [θermét] 男 《金属》サーメット

cerne [θérne] 男 〖木の〗芯, 心材

cerner [θernér] 24 他 [粉などを] 篩(ふるい)にかける

◆ ～se ❶ [脅威などが, +sobre に] 迫る : La tempestad se cierne sobre el pueblo. 嵐が町に迫っている. ❷ [ヘリコプターが] 空中停止する,

ホバリングする；［鳥が］旋回する．❸ 腰を振って歩く

cernido 男 篩にかけること

cernícalo [θerníkalo] 男 ❶《鳥》チョウゲンボウ．❷《口語》ぶこつ（がさつ）な男
　coger un ～《西》酔っ払う

cernir [θerníɾ] 他《まれ》=**cerner**

cero [θéɾo] 形《英 zero. 形 では＋名詞 複数形で》ゼロ（の）；無：i) Un dos seguido de seis ～s forma el número dos millones. 2と6つの0で200万になる．La temperatura es diez grados bajo ～. 気温は零下10度だ．salir a las ～ horas 零時に出発する．～ absoluto 絶対零度．～ defectos《経済》ZD(無欠点）運動．reducir a ～ 無に帰する．ii)［得点］sacar tres a ～［競技で］3対0になる．cuarenta a ～《テニス》フォーティー・ラブ．juego (set) a ～《テニス》ラブゲーム（セット）．Me pusieron un ～ en matemáticas. 私は数学で零点をつけられた．
　a ～《スポーツ》0対0で
　al ～［頭が］丸坊主に
　de ～*/desde* ～ 初めから，何もない状態から：partir *de* ～ ゼロから出発する
　estar a ～《口語》無一文（無一物）である
　hora ～ 行動開始時刻，予定時刻
　ser un ～ *a la izquierda*《口語》［人が］役立たずである，無意味である
　tener ～ *faltas* 少しも失敗しない

cerote [θeɾóte] 男《製靴用の糸に塗る》ワックス；《口語》恐怖

cerquillo [θerkíʎo] 男《宗教》［剃髪して］冠状に残った頭髪

cerquita [θerkíta] 副《←cerca》大変近くに

cerrado, da [θer̄áðo, ða] 過分《↔abierto》❶［estar＋］閉まった，閉ざされた：La biblioteca ya está ～*da*. 図書館はもう閉まっている．C～《表示》準備中，閉店，休業．C～ *por reformas*《表示》改装のため休業中．carretera ～*da* 閉鎖された道路．lago ～ por las montañas 山々に囲まれた湖．tener una cabeza ～*da* 理解力がない．❷ 閉鎖的な，排他的な；取りつくしまもない：sociedad ～*da* 閉鎖的な社会．actitud ～*da* かたくなな態度．carácter ～ 打ち解けない性格．❸ 曇った：cielo ～ 曇り空．noche ～*da* 暗夜．❹ 密な：Su barba es muy ～*da*. 彼のひげは大変濃い．en formación ～*da* 密集隊形で．❺［方言が］顕著な：hablar con ～ acento andaluz ひどいアンダルシアなまりで話す．❻ ばかな，まぬけな．❼［射撃・拍手などが］一斉の．❽《言語》閉口音の．
　◆ 男 =**cercado**

cerradura [θer̄aðúɾa] 女 錠前；［ハンドバッグなどの］止め金：ojo de la ～ 鍵穴．～ de cilindro シリンダー錠．～ de combinación 組み合わせ錠．～ antirrobo［自動車などの］盗難防止装置

cerraja [θer̄áxa] 女《植物》ノゲシ
　volverse (*quedar en*) *agua de* ～*s* 挫折する，竜頭蛇尾に終わる

cerrajero, ra [θer̄axéɾo, ra] 名 錠前商；金

物製造業者

cerrajería 女 錠前（金物）製造業；その工場；錠前店

cerramiento [θer̄amjénto] 男《建築》間仕切り，隔壁

cerrar [θer̄áɾ] 23 他《英 close, shut. ↔abrir. ☞活用表》❶ 閉める，閉じる：i) *Cierre* la puerta. ドアを閉めなさい．～ la boca 口を閉じる（つぐむ）．～ su abrigo オーバーのボタンをかける．～ un libro 本を閉じる．～ una botella 瓶にふたをする．～ una carta 手紙に封をする．～ un interruptor スイッチを切る．～ la televisión テレビを消す．ii)［閉店・休業］～ una tienda 店を閉める；店を廃業する．～ una escuela 休校（廃校）にする．iii)［閉鎖］～ un agujero 穴をふさぐ．～ la herida 傷口をふさぐ（閉じる）．～ un edificio ビルを立入禁止にする．～ el tráfico 交通を遮断する，通行止めにする．～ una posibilidad 可能性を閉ざす
❷ 取り囲む；閉じ込める：～ el campo con una valla 柵で畑を囲う．～ mariposas en una caja 蝶を箱に入れる
❸ 終わらせる，締め切る：～ la asamblea 閉会にする．～ el discurso 演説を終える．～ el debate (las negociaciones) 論争（取引）を打ち切る．～ el plazo de presentación 応募を締め切る．～ el desfile 行列の最後尾を行く
❹［協定などを］結ぶ
❺《ドミノ》～ el juego 敵が牌を捨てられないようにする
　◆ 自 ❶ 閉まる：Esta puerta no *cierra* bien. このドアはよく閉まらない．Las tiendas *cierran* a las ocho de la tarde. 店は午後8時に閉まる．❷［＋contra を］攻撃する．❸［馬が］歯が生えそろう．❹ 夜になる
　◆ ～*se* 再 ❶ 閉まる：La puerta *se cerró* por sí sola. ドアがひとりでに閉まった．❷［＋a に対して］自分を閉ざす，…を受け入れない：*Se cierra a* cualquier innovación. 彼はいかなる改革も拒む．❸［＋en 態度などを］かたくなに守る：～*se en* callar かたくなに沈黙を守る．～*se en* sus ideas 自分の考えに固執する．❹［人の回りに］集まる：Los niños *se cerraron* en torno al maestro. 子供たちは先生の回りに集まった．❺［空が］曇る；夜になる：*Se cerró* el cielo. 空が曇った．❻ 花がしぼむ（閉じる）．❼［人・車が］急カーブを切る

cerrar	
直説法現在	接続法現在
c*ie*rro	c*ie*rre
c*ie*rras	c*ie*rres
c*ie*rra	c*ie*rre
cerramos	cerremos
cerráis	cerréis
c*ie*rran	c*ie*rren

cerrazón [θer̄aθón] 女 物わかりの悪さ，かたくなさ［～ *mental*］；厚い黒雲

cerril [θer̄íl] 形 粗野な，下品な；独善的な；し

つけの悪い；［家畜が］野生化した

cerrilidad ［θer̃oxáθo］囡/**cerrilismo** 圐 粗野；独善性；しつけの悪さ

cerro ［θér̃o］圐 ❶［切り立った］小山，岩山；険しい道：〜 testigo ぽつんと突き出た丘．❷ 山積み，堆積
irse (salir) por los 〜s de Úbeda《口語》［話が］脱線する，横道にそれる
montar en 〜 裸馬に乗る

cerrojazo ［θer̃oxáθo］圐 ❶ 突然閉めること：cerrar la puerta de un 〜 いきなりドアを閉める．echar 〜 a la tienda 急に店をたたむ．dar 〜 a la investigación 突然調査を打ち切る

cerrojillo/cerrojito ［θer̃oxíʎo/-to］圐《鳥》ヒガラ

cerrojo ［θér̃oxo］圐 差し錠，差し金；［銃の］遊底；《スポーツ》守備（防御）固め

certamen ［θertámen］圐［文学などの］コンクール；討論会，論争

certero, ra ［θertéro, ra］形 的を外さない：tirador 〜 名射手．flecha 〜ra 狙いがわぬ矢．opinión 〜ra 的を射た意見

certeza ［θertéθa］囡 ❶ 確かさ，確実性：con 〜 確かに，確実に．❷ 確信：Tengo la 〜 de que es falso. それは偽物だと私は確信している

certidumbre ［θertidúmbre］囡 ＝certeza

certificación ［θertifikaθjón］囡 証明［書］，保証［書］

certificado, da ［θertifikáðo, ða］形 圖週 証明（保証）された；書留の：carta 〜da 書留
◆ 圐 ❶ 証明書：presentar un 〜 証明書を提出する．〜 de garantía［品質］保証書．〜 de matrícula 在学証明書．〜 de residencia 居住証明書，住民票．〜 médico 健康診断書．❷ 書留郵便物《correo 〜》：Tienes un 〜. 君に書留が届いているよ

certificar ［θertifikár］⑦ 働 ❶［+que+直説法］証明する，保証する：La presente es para 〜 que el Sr. A se licenció en esta Universidad. 本状により A 氏が本学を卒業したことを証明する．Me certificó que lo haría en seguida. 彼はそれをすぐやると私に請け合った．❷ 書留にする：〜 una carta 手紙を書留にする（で送る）

certificatorio, ria 形 証明する，保証となる

certísimo, ma ［θertísimo, ma］形 cierto の絶対最上級

certitud ［θertitúð］囡 ＝certeza

cerúleo, a ［θerúleo, a］形《文語》［空・海が］青い，紺磐（ ）の
◆ 圐 セルリアンブルー

cerumen ［θerúmen］圐 圀可算 耳垢《cera》

cerusa ［θerúsa］囡《化学》鉛白
cerusita ［θerusíta］囡《鉱物》白鉛鉱

cerval ［θerβál］形 tener un miedo 〜 ひどくおびえる

cervantino, na ［θerβantíno, na］形 セルバンテスの（ような）《小説家 Miguel de Cervantes Saavedra. 1547-1616》：estudios 〜s セルバンテス研究
cervantismo 圐 セルバンテス研究

cervantista 形 圀 セルバンテス研究の（研究者）

cervato ［θerβáto］圐［生後 6 か月以下の］子ジカ
cervatillo 圐《動物》マメジカ

cerveza ［θerβéθa］囡 ビール：i）不可算 〜 negra 黒（濃色）ビール．〜 rubia (dorada) 淡色ビール．〜 de barril/〜 tirada 生ビール．〜 reposada ラガービール．〜 doble アルコール度の高いビール．ii）可算［グラス・ジョッキ入りの］Dos 〜s, por favor. ビール 2 杯，お願いします
cervecería 囡 ビヤホール；ビール工場
cervecero, ra 圀 圀 ビールを製造する；ビール醸造者：industria 〜ra ビール醸造業

cervical ［θerβikál］形《解剖》頚部の，首の
◆ 囡［主に 圈］頚部，首

cérvidos ［θérβiðos］圐圈《動物》シカ科

cerviz ［θerβíθ］囡 首筋，うなじ
bajar (doblar) la 〜 うなだれる；屈服する
estar con la 〜 *erguida* 昂然としている
levantar la 〜 思い上がる，うぬぼれる
ser de dura 〜/*ser duro de* 〜 強情（頑固）である

cervuno, na ［θerβúno, na］形 シカ ciervo の（ような）：bolso 〜 鹿皮の財布

cesación ［θesaθjón］囡 ＝cese

cesante ［θesánte］形 圐 ❶［主に公務員が］退職する；失業した，失業者．❷《法律》lucro 〜 逸失利益

cesantía ［θesantía］囡 1）退職，休職；退職（休職）手当．2）停職．3）《中南米》失業《paro》

cesar ［θesár］圁《英 cease》❶ やむ，終わる：Cesó la tempestad. 嵐がやんだ．❷［+de+不定詞］するのを］やめる：〜 de llorar 泣きやむ．❸《文語》［+en・como 職を］やめる，退職する；休職する：〜 en su cátedra 正教授の職をしりぞく．〜 como director de la empresa 社長をやめる
sin 〜 絶えず，休みなく：Llueve *sin* 〜. 小やみなく雨が降っている
◆ 働《文語》解職する：Han cesado a varios ministros. 大臣が数人やめさせられた

césar ［θésar］圐［ローマの］皇帝《←Julio César ジュリアス・シーザー》

cesáreo, a ［θesáreo, a］形 皇帝の
◆ 囡《医学》帝王切開《operación 〜a》：practicar una 〜a 帝王切開を行なう

cesarismo ［θesarísmo］圐 独裁政治

cesaropapismo ［θesaropapísmo］圐 皇帝教皇主義

cese ［θése］圐《文語》❶ 中止，中断：〜 de alarma《軍事》警報解除．〜 de fuego (de las hostilidades) 停戦（協定）．〜 de pagos 支払い停止．❷ 解雇（通知）；退職，休職；退職証明書：dar el 〜 a+人 …を解雇する

cesio ［θésjo］圐《元素》セシウム

cesión ［θesjón］囡《←ceder》《法律》譲渡；［領土の］割譲
cesionario, ria 圀 譲受人，被譲渡者
cesionista 圀 譲渡人

césped ［θéspe(ð)］圐 ❶ 芝生：cortar el 〜

芝生を刈る. ～ artificial 人工芝. ～ inglés
《植物》ホソムギ. ❷《スポーツ》[芝生の植わった]
フィールド, 競技場

cesta [θésta] 囡《英 basket》❶ かご : ～ de
(para las) compras 買物かご. ～ navideña
かご詰めにしたクリスマスプレゼント《主に食品》.
～ colgante 《ケーブルカーの》ゴンドラ. ❷《ハイ
アライ》手袋型のラケット《～ punta. ☞pelota カ
ット》. ❸《バスケ》ゴール《cesto》
～ de la compra 《経済》マーケットバスケット,
生計費
llevar la ～ [デートの] 付き添いをする

cestada [θestáða] 囡 1 かご分

cestería [θestería] 囡 かご細工[店]
　cestero, ra 图 かご細工職人

cesto [θésto] 圐 ❶ [大きく深い] かご : ～ de
papeles くずかご《papelera》. Quien hace un
～, hace ciento. 《諺》泥棒は一度やったら死ぬま
でやめられない. ❷《バスケ》ゴール ; その得点 :
tirar el ～ シュートする
echar... al ～ de los papeles 結果を期待
せずに…をする(送る)
estar (ponerse) como un ～ 太っている(太
る)

cesura [θesúra] 囡《詩句中の》句切り

ceta [θéta] 囡 =zeta

cetáceos [θetáθeos] 圐圈《動物》クジラ目

cetme [θétme] 圐 《スペイン製の》自動小銃
《Centro de estudios técnicos de materiales
especiales の省略語》

cetona [θetóna] 囡《化学》ケトン

cetrería [θetrería] 囡 鷹狩り ; 鷹の飼育(訓
練)
　cetrero, ra 图 鷹匠

cetrino, na [θetríno, na] 圏圏 ❶ 緑黄色
〔の〕: tez ～na 青ざめた皮膚. ❷ 謹厳な, 気難
しい

cetro [θétro] 圐 王権を象徴する杖 ; 王権 :
empuñar el ～ [国王·皇帝·教皇として] 支配
する. ostentar el ～ del fútbol (de la moda)
サッカーの王座にある(ファッション界をリードして
る)

ceugma [θéuɣma] 囡《文法》くびき語法《繰
返しとの語の省略》

ceutí [θeutí] 圏图《圈 ～[e]s》《地名》セウタ
Ceuta の〔人〕《北アフリカにあるスペイン領の港
町》

ceviche [θeβítʃe] 圐 =cebiche

Cf. ; cf.《略語》←confróntese 参照せよ

CGT 囡《略語》←Confederación General de
Trabajadores 労働総同盟

ch [tʃé] 旧アルファベットの一字《二重字》

chabacano, na [tʃaβakáno, na] 圏 下卑た,
趣味の悪い, 俗っぽい : Ese tipo tiene un as-
pecto ～. あいつはげすっぽい感じがある / chiste
～ 品の悪い冗談
　◆ 囡 フィリピンで使われているスペイン語
　chabacanada 囡 下卑た言葉(行為)
　chabacanería 囡 下卑たこと, 下品さ ; 悪趣
味 : decir una ～ 下品(ぶしつけ)なことを言う

chabola [tʃaβóla] 囡《西》❶ [主にジプシーの

住む] バラック, あばら家 ; 圈 スラム街. ❷ [主に
田舎の] 小屋
　chabolismo 圐 [都市周辺の] スラム[街]
　chabolista 图 バラック(スラム街)の住人

chacachaca [tʃakatʃáka] 圐 [列車などの]
ガタゴト ; [繰返し動く音] カシャカシャ

chacal [tʃakál] 圐《動物》ジャッカル

chacalín, na [tʃakalín, na]《中米》子供,
赤ん坊《niño》

chacanear [tʃakaneár] 他《南米》❶ [馬に]
拍車をかける ; [牛を] 突き棒などでかり立てる.
❷ [物を] 壊してしまう

chácara [tʃákara]《南米. 口語》《小規模
な》農場《chacra》; 財布

chacarero, ra [tʃakaréro, ra] 圏 图《中南
米》農場の, 農民の ; 图 農場主, 農民〔の〕
　◆ 囡 アルゼンチンなどの舞踊の一種 ; その曲

chacha[1] [tʃátʃa] 囡《幼児語》子守り女, 家政
婦

chachachá [tʃatʃatʃá] 囡《舞踊》チャチャチャ

cháchara [tʃátʃara] ❶ おしゃべり, 雑談 ;
《口語》意味のないおしゃべり, 駄弁 : de ～ おしゃ
べりしながら. estar de ～ おしゃべりしている. ❷
圈 安物, がらくた
　chacharear 自 雑談する

chachi [tʃátʃi] 圏《西. 口語》すばらしい
pasárselo ～ 大いに楽しく過ごす

chacho, cha[2] [tʃátʃo, tʃa] 图《←mucha-
cho》《親愛》子供

chacina [tʃaθína]《料理》塩漬け肉 ; 圈 サ
ラミ風のソーセージ
　chacinería 囡 それを売る店
　chacinero, ra 图 それを作る(売る)人

Chac Mool [tʃák moól] [トルテカ·マヤの] 雨
の神

chaco [tʃáko] 圐 ❶《武術》ヌンチャク. ❷《南
米》[村の近くの] 農耕地. ❸《地理》チャコ
《Gran C～. 南アメリカ中央部, パラグアイ·ボリビ
ア·アルゼンチンにまたがる広大な平原》: C～ bo-
real 《パラグアイ·ボリビアにまたがる》北部チャコ.
guerra del C～ チャコ戦争《パラグアイ·ボリビア
間で北部チャコの領有権を争った. 1932-35》

chacó [tʃakó] 圐 [軽騎兵がかぶった] シャコー
帽

chacolí [tʃakolí] 圐《圈 ～[e]s》《主にバスク
産の》アルコール度が低く酸味のあるワイン

chacolotear [tʃakoloteár] 自 [蹄鉄が緩むな
どして] カツカツと音を立てる
　chacoloteo 圐 その音

chacona [tʃakóna] 囡《音楽》シャコンヌ《16-
17 世紀スペインの舞踊曲》

chacota [tʃakóta] 囡《口語》冗談, 嘲笑 :
hacer ～ de... …をからかう. tomar[se]
(echar) a ～ a ～ …を冗談にとる, 軽視する

chacotear [tʃakoteár] 自 嘲笑する
　◆ ～se [+de を] からかう, ちゃかす
　chacoteo 圐 嘲笑
　chacotero, ra 圏 图 冗談好きな〔人〕

chacra [tʃákra] 囡《南米》《小規模な》農場

chadiano, na [tʃaðjáno, na] 圏《国名》
チャド Chad の〔人〕

chador [tʃaðɔ́r] 男 [アラビア女性が顔を覆う] ベール

chafaldete [tʃafaldéte] 男《船舶》クリューライン, 帆耳索

chafalote [tʃafalóte] 形 名《南米》下品な〔人〕
◆ 男《中南米》ナイフ

chafar [tʃafár] 他 ❶ [押し]つぶす〖比喩的にも〗: ～ un plátano con tenedor バナナをフォークでつぶす. ～ un plan 計画をつぶす(台なしにする). ❷《西. 口語》ぐうの音も出なくする; 失望(がっかり)させる; 盗む. ❸ [服を]しわくちゃにする. ❹《南米》嘲笑する; 解雇する

chafarrinada [tʃafarrináða] 女 汚れ, しみ; 下手な絵
chafarriñón 男 =chafarrinada

chafear [tʃafeár] 自《中米》だめになる, 失敗する

chafirete [tʃafiréte] 男《中米. 軽蔑》運転の乱暴な人

chaflán [tʃaflán] 男 [建物・十字路などの] 角を切り落とした平面, 面取り部分 〖☞カット〗: hacer ～ 角をなす

chagrín [tʃagrín] 男 シャグリーン革, 粒起なめし革

chagual [tʃagwál] 男《植物》リュウゼツランの一種
cháguar その繊維で作った綱

chaira [tʃáira] 女 [靴屋の] 厚皮を切るナイフ; [肉屋の] 包丁を研ぐ棒

chajá [tʃaxá] 男《鳥》サケビドリ

chajuán [tʃaxwán] 男《南米》蒸し暑さ; 疲労

chal [tʃál] 男《服飾》肩かけ, ショール; [赤ん坊の] おくるみ: ponerse (llevar) un ～ ショールを掛ける(掛けている)

chala [tʃála] 女《南米》トウモロコシの穂軸を包んでいる葉; お金

chalado, da [tʃaláðo, ða] 形 名 過分《口語》[estar+] 気が変になった〔人〕; [+por に] 夢中の〔人〕: Está ～ por Pepa. 彼はペパに夢中になっている. los ～s por las motos 暴走族

chaladura [tʃaláðúra] 女《口語》奇癖, 恋: Le ha dado la ～ de ir sin corbata. 彼はノーネクタイで行くというとんでもないことをした

chalán, na [tʃalán, na] 形 名 ❶ [馬などの] 仲買をする; 仲買人, 博労(ばくろう). ❷ 口先のうまい〔人〕
◆ 男《南米》[馬の] 調教師
◆ 女 平底船, はしけ
chalanear 他 [巧みに・不正に] 売買する;《南米》[馬を] 飼い馴らす, 調教する
chalaneo 男 仲買い; 調教
chalanería 女 [博労などの] ごまかし, 不正な手口

chalar [tʃalár] 他 ❶ …の気を狂わせる; 夢中にさせる: Los pasteles me chalan. 私はケーキに目がない. ❷《南米》落穂拾いをする
◆ ～se 気が狂う; [+por・con に] 夢中になる: Todos los chicos se chalan por ella. 男の子たちは皆彼女に夢中だ

chalaza [tʃaláθa] 女 [卵の] カラザ

chalchal [tʃaltʃál] 男《南米産の》モミ科の果樹

chalé [tʃalé] 男《複 ～s》〖←仏語〗庭付きの独立家屋; 別荘: ～ adosado (pareado)《西》テラスハウス. ～ independiente《西》一戸建て住宅

chaleco [tʃaléko] 男《服飾》チョッキ: ～ de fuerza 拘束衣
al ～《中米》むりやりに

chalet [tʃalét] 男《複 ～s》=chalé

chalina [tʃalína] 女《服飾》ボヘミアンタイ;《南米》幅の狭いショール

chalote [tʃalóte] 男《植物》エシャロット

chalupa [tʃalúpa] 女《船舶》短艇, ランチ;《中米》丸木舟, カヌー
◆ 形《西》=chalado

chamaco, ca [tʃamáko, ka] 名《中米》少年, 少女, 子供〖niño〗

chamagoso, sa [tʃamagóso, sa] 形《中米》[人が] 汚れた, 風采の上がらない; [物が] 低俗な, 粗雑な

chamal [tʃamál] 男 アラウカ族のインディオが身にまとっている大きな布

chamamé [tʃamamé] 男 [アルゼンチンなどの] ポルカを起源とする舞踊(音楽)

chamán [tʃamán] 男 シャーマン, まじない師
chamanismo 男 シャーマニズム

chamanto [tʃamánto] 男 チリの農民のまとう多色の毛布

chamarilero, ra [tʃamariléro, ra] 名 古物商, 古着屋
chamarilear 他 [古物などを] 売買する
chamarileo 男 古物の売買

chamarra [tʃamárra] 女 ❶《服飾》チョッキの一種;《中南米》肩掛け(ポンチョ)に使う毛布;《中米》ジャンバー. ❷《中米》詐欺

chamba [tʃámba] 女 ❶《西. 口語》まぐれ, 好運: He ganado la partida de (por) ～. 私はまぐれでそのゲームに勝った. ❷《中米》[主に臨時の・もうからない] 仕事. ❸《南米》[地所の] 囲い; 沼, 水たまり

chambelán [tʃambelán] 男 侍従: gran ～ 侍従長

chambergo
[tʃambérgo] 男《服飾》i) つば広の帽子〖sombrero ～. カルロス2世時代のチャンベ

ルゴ禁衛隊 regimiento chambergo がかぶった.〖☞カット〗. ii) 七分丈のコート

chambón, na [tʃambón, na] 形 名《口語》まぐれで勝つ〔人〕, ついている〔人〕; 下手な〔人〕

chambra [tʃámbra] 女《服飾》ゆったりしたブラウス

chamelo [tʃamélo] 男《ゲーム》ドミノの一種

chamiza [tʃamíθa] 女 ❶《植物》カヤ(茅). ❷ たきぎ

chamizo [tʃamíθo] 男 ❶ 茅ぶきの家;《口語》

汚い部屋, あばら家. ❷ [薪などの] 燃えさし

champán [tʃampán] 男 ❶ 《酒》シャンパン. ❷ =sampán

champaña 男/女 =champán ❶

champar [tʃampár] 他 [自分が与えた恩恵を, +a+人 に] 思い出させる, 恩を着せる

champiñón [tʃampiɲón] 男 《←仏語》 ❶ マッシュルーム, シャンピニョン. ❷ 《戯語》 背の低い人

champú [tʃampú] 男 [複 ~[e]s] 《←英語》 シャンプー: ~ anticaspa ふけ取りシャンプー

chamuchina [tʃamutʃína] 女 《中南米》 下層民, 民衆

chamullar [tʃamuʎár] 自 《←ジプシー語》 第三者にわからないように話す

chamuscar [tʃamuskár] 7 他 焦がす; 焦げ目をつける, 炙(あぶ)る
◆ ~se *Se chamuscó* la barba. 彼はひげを焦がした

chamusquina [tʃamuskína] 女 焦がす(焦げる)こと; けんか, もめごと
oler a ~ 《西. 口語》 きな臭い, もめそうである; うさん臭い
oler a+人 la cabeza a ~ …が叱られそうである

chancaca [tʃaŋkáka] 女 《中南米》 黒砂糖入りのパン, 蜂蜜入りのケーキ

chancar [tʃaŋkár] 7 他 《中南米》 砕く, 粉々にする; 殴る, 虐待する; 中途半端にする

chance [tʃánθe] 男/女 《←英語. 中南米》 機会, チャンス [oportunidad]

chancear [tʃanθeár] 自 [←chanza] 冗談を言う. ◆ ~se [+con・de+人 を] からかう

chancero, ra 形 冗談好きな, おどけた

chanchi [tʃántʃi] 形 =chachi

chancho, cha [tʃántʃo, tʃa] 男 《中南米》 豚 [cerdo]; ~ salvaje 野豚
◆ 形 名 汚い[人], 不潔な[人]
◆ 女 雌豚; 《南米》 木製の荷車

chanchería 女 豚肉店

chanchero, ra 形 名 豚の飼育(販売)業者; ひどく汚い[人]

chanchullo [tʃantʃúʎo] 男 《口語》 不正な取引(手口); 汚職: andar en ~s 不正なもうけ仕事をする

chanchullero, ra 形 名 不正な手口を使う[人]

chancillería [tʃanθiʎería] 女 《歴史》 高等法院

chancla [tʃáŋkla] 女 [主に 複] ビーチサンダル

chancleta [tʃaŋkléta] 女 ❶ [主に 複] 室内ばき, スリッパ; ビーチサンダル; かかとを踏みつぶした靴: en ~[s] 靴をつっかけて. ❷ 《南米. 親愛》 [女性・娘に対し良い意味でも悪い意味でも] 娘っこ
◆ 名 《口語》 能なし

chancletear 自 靴をつっかけて歩く; 《中南米》 かかとを引きずって歩く

chancleteo 男 靴をつっかけて歩く音

chanclo [tʃáŋklo] 男 ❶ 木靴 [zueco]; 昔風の厚底の サンダル. ❷ オーバーシューズ

chancro [tʃáŋkro] 男 《医学》 下疳(かん)

chándal [tʃándal] 男 [複 ~[e]s] 《西. 服飾》 [スポーツ用の上下の] ジャージー; スウェットスーツ [~ de felpa]

chanfaina [tʃanfáina] 女 《料理》 細切れ肉などの煮込み; 《中南米》 もつれ, 紛糾
◆ 形 《中南米》 [人が] 軽蔑すべき, つまらない

changa[1] [tʃáŋga] 女 ❶ 《中南米. 口語》 冗談, からかい. ❷ 《南米》 荷物かつぎの仕事; 《口語》 内職, アルバイト

changar [tʃaŋgár] 8 自 《南米》 [荷物運びなど] 手間賃かせぎの仕事をする; 《口語》 壊す

changador 男 荷物かつぎ, ポーター

chango, ga[2] [tʃáŋgo. ga] 形 《中米》 抜け目ない, 機敏な: ¡Ponte ~! ぼやぼやするな, しっかりしろ!
◆ 名 《南米》 子供: Tiene dos ~s y una changuita. 彼には男の子が2人と女の子が1人いる

changuí [tʃaŋgí] 男 《中南米》 詐欺

changurro [tʃaŋgúro] 男 バスク地方のカニ料理 [身をほぐして甲羅に詰める]

chano [tʃáno] ~ ~ 少しずつ; 静かに

chanquete [tʃaŋkéte] 男 《魚》 アンチョビーに似た食用の小魚

chantaje [tʃantáxe] 男 恐喝, ゆすり: hacer ~ a+人 …を恐喝する

chantajear 他 恐喝する, ゆする

chantajista 名 恐喝者

chantillí [tʃantiʎí] 男 [複 ~[e]s] 《料理》 泡立てた生クリーム(卵白) ; 《服飾》 ボビンレースの布

chantre [tʃántre] 男 《聖歌隊の》 先唱者

chanza [tʃánθa] 女 冗談, 冷やかし: decir (gastar) ~ 冗談を言う. estar de ~ 冗談を言っている; 機嫌がよい. de (en) ~ 冗談で, からかって. ~ pesada たちの悪い冗談

chañar [tʃaɲár] 男 《植物》 [南米産の] ネムノキの一種 [材質は堅く, 果実は清涼飲料にされる]

chao [tʃáo] 間 《←伊語. 南米》 じゃあね, さようなら

chapa [tʃápa] 女 ❶ 薄板: ~ de acero 鋼板. ❷ バッジ, 名札; [自動車の] ナンバープレート: ~ de policía 警官のバッジ. ❸ [瓶の] 口金; 複 口金を指で弾く子供の遊び. ❹ 合い札. ❺ 良識: hombre con ~ 良識のある, まじめな男. ❻ 《西. 俗語》 売春. ❼ 複 貨幣を2個投げて, その表裏を当てるゲーム. ❽ 《中南米》 [主に 複. 女性の] 頬の赤み(赤い恥), 錠前
estar sin ~/no tener ni ~ 《口語》 お金がない; 何もわからない
no pegar ni ~ 《口語》 働かない, ぶらぶらする

chapado, da [tʃapáðo, ða] 形 過分 …を張った: reloj ~ en oro 金側の時計
~ a la antigua [考え方・習慣が] 古風な
◆ 男 [上張りの] 薄板: reloj con un ~ de oro 金側の時計

chapalear [tʃapaleár] =chapotear

chapaleo 男 =chapoteo

chapapote [tʃapapóte] 男 [アンティーリャス諸島産の] アスファルト

chapar [tʃapár] 他 ❶ [+de・con を] …に張る; 金(銀)めっきする: ¿De qué está *chapada*

la pared? 壁には何が張ってありますか？ ❷ 乱暴
に言う: Le *chapó* un no a Miguel. 彼はたたき
つけるように, いやだとミゲルに言った. ❸《口語》閉
める
◆ 自《西. 俗語》一所懸命に働く(勉強する)

chaparral [tʃaparál] 男 ヒイラギガシの林

chaparreras [tʃaparéras] 女 複《メキシコ》チ
ャプス zahón の一種

chaparro, rra [tʃapáro, ra] 形 ずんぐりした
〔人〕: higuera ～*rra* こんもり茂ったイチジクの
木
◆ 男/女《植物》ヒイラギガシ

chaparrón [tʃaparón] 男 ❶《激しい》にわか
雨, スコール [⇨chubasco 類義]: Cae un ～. 雨
が激しく降る. llover a *chaparrones* 雨が間を
置いて降る. Le hicieron un ～ de preguntas.
彼は質問攻めにあった. ❷《口語》厳しい叱責

chape [tʃápe] 男《南米》[髪の] 三つ編み

chapear [tʃapeár] 他 =**chapar**

chapeado, da 形 過分 =**chapado**；《中米》
血色のよい；《南米》金持ちの. ◆ 男 化粧張り

chapeau [(tʃ)apó] 男《口語》=**chapó**

chapela [tʃapéla] 女 [バスク地方の] ベレー帽
[boina よりも平たい]

chapeo [tʃapéo] 男《古語》帽子, かぶりもの

chapera [tʃapéra] 女《建築》[はしご代わりの]
斜めの渡し板

chapero [tʃapéro] 男《西. 卑語》[ホモの] 男娼

chapeta [tʃapéta] 女 頬の赤み

chapetón, na [tʃapetón, na] 形 名《中南米》
渡米したばかりの〔スペイン人・ヨーロッパ人〕；未
熟な〔人, 新入り〕の
pasar el ～ 逆境を乗り越える

chapetonada 女 アメリカ大陸に渡ったヨーロッ
パ人のかかる風土病

chapín, na [tʃapín, na] 形 名《中南米》脚の
曲がった〔人〕；[あだ名で] グアテマラ生まれの
〔人〕
◆ 男 ❶ [昔の女性用の] 部厚いコルク底靴. ❷
《魚》ハコフグ

chapinismo 男 グアテマラなまり

chápiro [tʃápiro] 男 *¡por vida del* ～
〔*verde*〕*!/¡voto al* ～*!* いまいましい, こんちく
しょう！

chapista [tʃapísta] 名 板金工, 鋼板製造工
chapistería 女 鋼板製造業；集名 鋼板〔製
品〕

chapitel [tʃapitél]
男 ❶ 尖塔 [⇨カッ
ト]. ❷ 柱 頭
〔capitel〕. ❸ 磁針の
心軸

chapitel

chaplinesco, ca
[tʃaplinésko, ka] 形
チャップリン Chaplin
風の〔英国の喜劇俳
優〕

chapó [(tʃ)apó] 間《←仏語》感服した, シャッポ
を脱ぐよ！
◆ 男《ゲーム》[主に 4 人でする] ビリヤードの一種
hacer ～ [ボーリングに似たゲームで] 5 本のピン

を倒す

chapotear [tʃapoteár] 自 [水が] ボチャボチャ
音を立てる；[水の中を] ピチャピチャ動き回る: A
los niños les encanta ～ en los charcos. 子
供たちは水たまりでピチャピチャやるのが好きだ
◆ 他 何度も水に浸す

chapoteo 男 ボチャボチャいう音〔を立てること〕

chapucear [tʃapuθeár] 他 自 [仕事などを]
いい加減にする, やっつけ仕事をする；《中南米》ご
まかす, だます

chapucería [tʃapuθería] 女 やっつけ仕事, 不
出来: Este armario es una ～, cuyas puer-
tas no se pueden cerrar. このたんすは出来損い
で扉がしまらない

chapucero, ra [tʃapuθéro, ra] 形 ❶
[仕事が] そんざいな〔人〕, おざなりの〔人〕: ¡Qué
obra tan ～*ra* tiene esta casa! この家はひどい
やっつけ仕事だ. ❷ 嘘つき〔の〕

chapulín [tʃapulín] 男《中南米》バッタ；《中
米》少年

chapurrar [tʃapurár] 他 ❶ [外国語を] たど
たどしく話す: ～ el inglés 片言の英語を話す.
❷ [酒をカクテル用に] 混ぜ合わせる
chapurrear [tʃapureár] 他 =**chapurrar** ❶: ～ en
inglés 片言の英語を話す
chapurreo 男 片言の外国語を話すこと

chapuza [tʃapúθa] 女 =**chapucería**；《西》
[主に家の中での] ちょっとした仕事；《中米》ごま
かし
hacer ～s [家の修理などの] 雇れ仕事をする
chapuzas 名《単複同形》《西》仕事がぞんざい
な人

chapuzar [tʃapuθár] 自 他 [頭から] 水に飛び
込ませる
◆ ～*se* 水に飛び込む, 潜水する；さっと水浴びす
る
chapuzón 男 飛び込み, 潜水；カラスの行水

chaqué [tʃaké] 男《服飾》モーニングコート

chaqueta [tʃakéta] 女《英 jacket》
《服飾》i)[ズボンに対して]
上着: ponerse una ～ 上着を着る. con ～ 上
着を着て. ～ de smoking ディナージャケット, タ
キシード. ii) カーディガン〔～ de punto〕
cambiarse (volverse) la ～*/cambiar de*
～《軽蔑》主義主張を変える, 変節(転向)する
ser más vago que la ～ *de un guardia*
《西》生まれつき怠惰である

chaquete [tʃakéte] 男 バックギャモン〔back-
gammon〕

chaquetear [tʃaketeár] 自《西》主義主張を
変える；[危険を前に] 逃げ出す
chaqueteo 男 変節, 豹変；逃亡
chaquetero, ra 形 名 変節漢〔の〕；気まぐれ
な〔人〕；おべっか使い〔の〕

chaquetilla [tʃaketíʎa] 女《服飾》[主に飾り
付きの] 短いジャケット；[闘牛士の着る] ボレロ
〔～ torera〕

chaquetón [tʃaketón] 男《服飾》長いジャケッ
ト, ショートコート: ～ de marinero ピーコート.
～ tres cuartos 短めのコート〔chaquetón と
abrigo の中間〕

charabón [tʃaraβón] 男《南米》レアのひな；子供，若者

charada [tʃaráða] 女 音節から言葉を当てる遊び 例 ¿Por qué está tan 1ª-3ª el cantador de TODO?—Porque mientras todos 3ª-2ª, él no deja de cantar. それの歌手はなぜそんなに…なの?—なぜなら皆が…している間も歌をやめないから. ☞答: TODO は fla-men-co フラメンコ (1ª-3ª は fla-co やせた, 3ª-2ª は co-men 食べる) 》

charadrio [tʃaráðrjo] 男《鳥》チドリ

charamusca [tʃaramúska] 女 たき火の 火花；付け木

charanga [tʃaráŋga] 女 ❶《音楽》ブラスバンド, 吹奏楽団, 軍楽隊；コミックバンド. ❷ 家庭での ダンスパーティー

charango [tʃaráŋgo] 男《楽器》チャランゴ アルマジロの甲で作った 5 弦の小型ギター

charapa [tʃarápa] 女 アマゾン流域の 小型のカメ 食用

charape [tʃarápe] 男《中米》プルケ pulque やトウモロコシなどで作った醸造酒

charca [tʃárka] 女 沼, ため池: Todo el campo está hecho una ~. 畑じゅう池のようになっている

charcal 男 池の多い

charco [tʃárko] 男 水たまり；[小さな] 池: La acera está llena de ~s. 歩道は水たまりだらけだ

pasar (cruzar・atravesar) **el** ~ 海を渡る；[特に] ヨーロッパから南米に移住する

charcutería [tʃarkutería] 女《←仏語》ハム・ソーセージ店

charcutero, ra 名 ハム・ソーセージの製造(販売)者

charla [tʃárla] 女 ❶ おしゃべり, 雑談: Las mujeres siempre estaban de ~. 女たちはいつもおしゃべりをしていた. ❷ くだけた感じの 会議, 講演

dar (echar) **la** (una) ~《口語》叱る, 教える

charlar [tʃarlár] 自 おしゃべりする, 無駄話をする 類義 Los alumnos no dejan de ~ en clase. 生徒たちは授業中話ばかりしている. ¿Vamos a un cafetería a ~? お茶でも飲みに行こうか?

charlador, ra 形 名 よくしゃべる[人] charlatán

charlatán, na [tʃarlatán, na] 形 名 ❶ よくしゃべる[人], おしゃべり[な]；口の軽い[人]. ❷ 香具師(や), てきや；もぐりの医者

charlatanear 自 しゃべりまくる

charlatanería 女 よくしゃべること；たわごと, でまかせ

charlestón [tʃarlestón] 男《舞踊》チャールストン

charlista [tʃarlísta] 名 軽いテーマの 講演者

charlotada [tʃarlotáða] 女 えげつない演技；道化師(こびと)の演じる闘牛

charlotear [tʃarloteár] 自 ぺちゃくちゃしゃべる charlar

charloteo 男 ぺちゃくちゃしゃべること

charme [tʃárm] 男《←仏語》魅力 encanto

charnego, ga [tʃarnéɣo, ga] 名《軽蔑》スペインの他地方からの カタルーニャへの移住者

charnela [tʃarnéla] 女 ちょうつがい bisagra；二枚貝の ちょうつがい

Charo [tʃáro] 女《女性名》チャーロ Josefa の愛称

charol [tʃaról] 男 ❶ 皮革用の エナメル；エナメル革: zapatos de ~ エナメル靴. ❷《中南米》盆, トレー bandeja

darse ~《俗語》うわべを飾る, お高くとまる

charola [tʃaróla] 女《中米》盆；ギョロ目

charolar 他 皮革に エナメルを塗る

charque/charqui [tʃárke/-ki] 男《南米. 料理》干し肉, ジャーキー

charquear 他 干し肉にする

charquicán 男 干し肉・ジャガイモ・野菜のソース煮

charrán, na [tʃarán, na] 形 名《口語》悪党〔の〕, 悪辣な〔人〕

charranada 女 悪辣な行為, 不正

charranear 自 悪辣なことをする

charrasca [tʃaráska] 女 金属棒で叩くリズム楽器の一種

charrasquear [tʃaraskeár] 他《中南米》[ギターなどを] かき鳴らす

charrete [tʃaréte] 女 二輪馬車

charretera [tʃaretéra] 女 ❶ 房飾り付きの 肩章；~ mocha 士官の 金線入りの正装用肩章. ❷ 靴下どめ jarretera；その留め金. ❸ 水売りの 肩当て

charro, rra [tʃáro, r̃a] 形 名 ❶ サラマンカ地方の 農民: traje ~ サラマンカの民族衣装 ☞写真. ❷ 粗野な, 田舎風の；[服装などが] けばけばしい, ごてごてした. ❸《中米》牧童〔の〕

◆ 男 メキシカンハット カット

charrúa [tʃarúa] 女 タグボート, 引き船

◆ 男《歴史》ウルグアイに住んでいたインディオの国

◆ 形《南米》ウルグアイの[人]

chárter [tʃárter] 形 男《←英語》チャーター〔の〕: vuelo ~《航空》チャーター便, 不定期便

chartreuse [tʃartrés] 男《←仏語. 酒》シャルトルーズ 薬草入りのリキュール

chas [tʃás] 男 [殴打・衝突などの音] パシッ, ガチャン

chasca [tʃáska] 女 [剪定した小枝の] 薪(まき); 《南米》ボサボサの髪

chascar [tʃaskár] 7 自 他 ❶ 舌打ちする 〖～ la lengua〗. ❷ ピュンと鞭を振る. ❸ [薪などが] はぜる, パシッと割れる

chascarrillo [tʃaskaříʎo] 男 《口語》[落ちのある] 小話, 笑い話, ジョーク; 機知に富んだ話; ちょっとした猥談

chasco [tʃásko] 男 ❶ いたずら, だまし: Le dieron un ～. 彼は一杯食わされた. ❷ 期待外れ, 失望: El resultado fue un gran ～. 結果はひどい期待外れだった. darse (llevarse) un ～ 失望する

chasis [tʃásis] 男 〖単複同形〗[車などの] シャシー, 車台; 《建築》フレーム, サッシ; 《写真》撮り枠

***estar* (*quedarse*) *en el* ～** やせこけている(やせこける)

chasquear [tʃaskeár] 他 ❶ だます, いたずらする. ❷ …の期待を裏切る; …との約束を破る: Me *chasqueó* mucho su comportamiento. 彼のふるまいに私はがっかりした. ❸ [鞭・舌などを] 鳴らす: ～ la lengua 舌打ちする. ～ los dedos 指をパチンと鳴らす

◆ 自 [木などが] パシッと音を立てる

chasqui/chasque [tʃáski/-ke] 男 《南米》[インカ帝国時代の] 急使, 使者

chasquido [tʃaskíđo] 男 舌打ちの音; 指を鳴らす音; [鞭などの] ヒュッという音; [木などが割れる・折れる] ピシッという音

chata[1] [tʃáta] 女 溲瓶(しびん) 〖orinal〗; 《南米》[4 輪の] 大きな荷車

chatarra [tʃatářa] 女 ❶ くず鉄, 廃品; 鉱滓(こうさい): almacén de ～ スクラップ置き場. Este coche está hecho una ～. この車はスクラップ同然だ. ❷ 《口語》安物; 集名 小銭. ❸ 《口語》 集名 勲章

chatarrear 他 スクラップにする

chatarrería 女 くず鉄(廃品)取引場

chatarrero, ra 名 くず鉄商, 廃品回収業者

chatasca [tʃatáska] 女 ＝**charquicán**

chatear [tʃateár] 自 《西. 口語》[友人たちと] バル bar をはしごする

chateo 男 はしごすること

chato, ta[2] [tʃáto, ta] 形 ❶ 鼻の低い, 鼻ぺちゃの. ❷ 普通よりも低い(短い・浅い): manos gordas y ～*tas* 指が短く肉付きのよい手. ❸ つまらない, 出来の悪い

***dejar* ～ *a*+人** …を面くらわせる

***dejárselo* ～ *a*+人** 《南米》…を困らせる

***quedarse* ～** 唖然とする; 失敗する

◆ 名 鼻の低い人: ～*ta* mía 《西》[女性に対する親愛の呼びかけ] いとしい人; かわい子ちゃん

◆ 男 《西》ワイン用のコップ 〖vaso より小さい〗: Vamos a tomar unos ～*s*. ちょっと飲もうよ

chatungo, ga [tʃatúŋgo, ga] 形 名 鼻ぺちゃの〔人〕

chau [tʃáu̯] 間 ＝**chao**

chaucha [tʃáu̯tʃa] 女 《南米》❶ サヤインゲン 〖judía verde〗; [小玉の] 新ジャガ. ❷ 小銭; 安物

chauvinismo [tʃoƀinísmo] 男 《←仏語》狂信的愛国心, 排外主義

chauvinista 形 名 狂信的愛国者〔の〕, 排外主義の(主義者)

chaval, la [tʃaƀál, la] 名 《主に西. 口語》子供; 若者: i) 《時に軽蔑》estar hecho un ～ 子供っぽく(若々しく)見える. ser un ～ ほんの子供である, 青二才である. ii) [親愛の呼びかけ] Tú, ～, vete a dormir. おい坊主, もう寝ろ

◆ 女 恋人, 愛人

chavea [tʃaƀéa] 名 《口語》子供; 若者

chaveta [tʃaƀéta] 女 ❶ 〔かい〕くさび, コッタ〔ピン〕. ❷ 《南米》ジャックナイフ 〖navaja〗

***estar* 〔*mal de la*〕 ～** 《口語》気が狂っている

***perder la* ～** 《口語》頭がおかしくなる

chavo [tʃáƀo] 男 ❶ [昔の] 10 センティモ貨. ❷ 《中米》[面積の単位] ＝350 平方メートル

***estar sin un* ～/*no tener un* ～** 《口語》一文無しである

***quedarse sin un* ～** 《口語》一文無しになる

chayote [tʃajóte] 男 《植物・果実》チャヨーテウリ 〖キュウリに似て食用〗

◆ 形 《中米》愚鈍な

chayotera 女 《植物》チャヨーテウリ

che [tʃé] 間 《南米》[呼びかけ・注意喚起・驚き・不快, 意味のないはさみ言葉] *Che*, oye. ねえ君. Dame, ～. ねえ, おくれよ. No puedo, ～. できないんだよ

checa[1] [tʃéka] 女 [昔のソ連などの, 拷問をする] 秘密警察, 政治警察

checar [tʃekár] 他 《中米》＝**chequear**

chécheres [tʃétʃeres] 男 複 《中南米》がらくた

checo, ca[2] [tʃéko, ka] 形 名 チェコ República Checa 〔人・語〕の, チェコ人; チェコスロバキアの(人)

◆ 男 チェコ語

checoslovaco, ca 形 名 《歴史》チェコスロバキア Checoslovaquia 女 の(人)

chef [〔t〕ʃéf] 男 《←仏語》[レストランの] シェフ

chele [tʃéle] 形 名 《中米》金髪で白人〔の〕, 外国人〔の〕

◆ 男 《中米》目やに 〖legaña〗

cheli [tʃéli] 男 マドリードの隠語; 《西. 口語》男, やつ

chelín [tʃelín] 男 [英国などの貨幣単位] シリング

chelo [tʃélo] 男 チェロ 〖violonchelo〗

Chema [tʃéma] 男 《男性名》チェマ 〖José María の愛称〗

Chemari [tʃemári] 男 《男性名》チェマリ 〖José María の愛称〗

chepa [tʃépa] 女 《口語》背骨の湾曲 〖joroba〗

◆ 形 名 背骨の弯曲した〔人〕

***subirse a*+人 *a la* ～** 《口語》[敬意を払わず] …になれなれしくする

cheposo, sa 形 背骨の湾曲した

chepudo, da 形 《軽蔑》＝**cheposo**

cheque [tʃéke] 男 ❶ 小切手: extender un ～ de (por) cien mil pesetas 10 万ペセタの小切手を振出す(切る). cobrar un ～ 小切手を

現金にする. 〜 a la orden 指図小切手. 〜 al portador 持参人払い小切手. 〜 certificado (conformado) 支払保証小切手. 〜 cruzado 横線小切手. 〜 de viaje (de viajero) 旅行者用小切手, トラベラーズチェック.   〜 en blanco〔金額未記入の〕白地式小切手. 〜 nominal (nominativo)〔受取人〕指名小切手. 〜 sin fondos (sin provisión) 不渡り小切手. ❷ 〜 regalo 商品券, ギフト券. 〜 comida お食事券

dar a+人 **un 〜 en blanco**《口語》…にすべて任せる, 好きなようにやらせる

chequear [tʃekeár] 他《←英語》❶ 監視する : 〜 a los presos 捕虜を見張る. ❷ 照合する, チェックする : 〜 las dos firmas 2つの署名を照合する. ❸ 調査(検査)する : 〜 el estado de cuentas 資産状態を調べる. ❹《中南米》〔荷物を〕チッキにする

chequeo [tʃekéo] 男 ❶ 健康診断 : hacerse un 〜 健康診断を受ける. ❷ 監視, 照合, チェック ; 調査, 検査 : hacer un 〜 del coche 車〔の状態〕を調べる

chequera [tʃekéra] 囡 小切手帳 ; 小切手帳入れ

chequetrén [tʃeketrén] 男《鉄道》旅行クーポン券

cherna [tʃérna] 囡《魚》ニシオオスズキ

cheroque/cheroqui [tʃeróke/-ki] 形 チェロキー族〔の〕《北米インディアン》

cherva [tʃérba] 囡《植物》トウゴマ, ヒマ

chéster [tʃéster] 男〔複 〜[e]s〕《←英語》チェシャーチーズ

chévere [tʃébere] 形《中南米》すばらしい, かわいい, 美しい ; 情深い, 寛大な

chevió [tʃebjó] 形〔複 〜s〕《←英語. 服飾》チェビオット〔の〕

cheyene [tʃejéne] 形 囝 シャイアン族〔の〕《北米インディアン》

chianti [tʃjánti] 男《←伊語. 酒》キャンティ

chiar [tʃjár] 自 由《小鳥が》さえずる

chibcha [tʃíbtʃa] 形 囝 チブチャ族〔の〕《ボゴタ地方に住んでいたインディオ》
◆ 男 チブチャ語

chibolo [tʃibólo] 男《南米》子供

chic [(t)ʃík] 形《←仏語》〔着こなしなどが〕しゃれた, シックな
◆ 男 しゃれていること, 粋(いき) : Tiene mucho 〜. 彼女はとてもシックだ

chicano, na [tʃikáno, na] 形 囝 メキシコ系米国人〔の〕
◆ 囡《←仏語》〔主に訴訟での〕言い逃れ, ごまかし

chicarrón, na [tʃikaron, na] 形 囝《西》大きくて頑丈な〔子供・若者〕 : 〜 del norte バスク, ナバーラ, アラゴン北部の若者

chicazo [tʃikáθo] 男 おてんば娘

chicha [tʃítʃa] 囡 ❶〔幼児語〕〔食用の〕肉《carne》: i)〔幼児語〕〔食用の〕En este plato hay muy poca 〜. この料理にはほとんど肉が入ってない. ii)〔人体の〕tener demasiada 〜 太りすぎている. tener pocas 〜s やせっぽちである. iii) 体. ❷

《中南米》チチャ〖〜 andina. トウモロコシや果実から作る酒〗;〔ブドウ・リンゴの〕ジュース〖〜 de uva·manzana〗. ❸《口語》面白さ, 内容 : libro con poca 〜 内容のない本

estar 〜《中米》面白い

no ser ni 〜 ni limonada (limoná)《口語》得体の知れない, どっちつかずの ; 役に立たない

chícharo [tʃítʃaro] 男《主に中米》エンドウマメの一種

chicharra [tʃitʃara] 囡 ❶《昆虫》セミ《cigarra》; その鳴き声に似た音を出すおもちゃ. ❷ 呼び鈴, ブザー. ❸ おしゃべり(饒舌)な人

canta la 〜 ひどく暑い

chicharrero, ra [tʃitʃarero, ra] 形 囝《西. 口語》〔カナリア諸島の〕サンタ・クルス・デ・テネリフェの〔人〕
◆ 男 とても暑い所

chicharro [tʃitʃaro] 男《魚》アジ《jurel》

chicharrón [tʃitʃarón] 男《料理》❶〔ラードを取った後の〕豚肉の揚げかす ; 黒焦げになった料理,《中米》豚の皮を油で揚げたもの ;《南米》豚肉の塊をラードで揚げたもの : torta de chicharrones 揚げかす入りのパイ. ❷〔色々な部位の豚肉を使った〕ソーセージ. ❸《口語》黒く日焼けした人

saber a chicharrones de sebo《中南米》不快感を与える

chiche [tʃítʃe] 男《中南米》〔主に乳母の〕乳房 ; 宝物, すばらしい物 ; 立派な人

dar 〜 許可する
◆ 形《中米》容易な, 簡単な ;《南米》すてきな

chichear [tʃitʃeár] 自 他 =sisear

chicheo 男 =siseo

chichería [tʃitʃería] 囡《中南米》〔チチャ chicha を売る・飲ませる〕飲み屋, バー

chichi [tʃítʃi] 囡《西. 俗語》〔女性の〕陰部
◆ 囡《男性・雌の〕乳房
◆ 形《西. 俗語》〔女性的な〕

chichimeca [tʃitʃiméka] 形 囝 チチメカ族〔の〕《メキシコ北部・西部に住むインディオ》

chichinabo [tʃitʃinábo] **de 〜**《口語》取るに足らない《de chicha y navo》

chicho [tʃítʃo] 男《化粧》カーラー《rulo》

chichón¹ [tʃitʃón] 男〔頭・額の〕こぶ : El niño tiene un 〜 en la cabeza. その子は頭に〜ができている

chichón², na [tʃitʃón, na] 形 ❶《南米》冗談好きな. ❷《中米》簡単な, やさしそうな ; 胸の豊満な

chichonera [tʃitʃonéra] 囡〔幼児のけがよけの〕帽子 ;《スポーツ》ヘルメット ;《南米》騒ぎ, けんか

chichota [tʃitʃóta] 囡 **sin faltar 〜** 針一本欠かさずに, 完璧に

chicle [tʃíkle] 男 ❶ チューインガム ; チクル : 〜 de globo (de globito) 風船ガム. ❷《俗語》上質の大麻

chiclé [tʃiklé] 男《自動車》〔キャブレターの〕絞り弁

chico, ca [tʃíko, ka] 形 小さい《pequeño》: Este vestido es

ya 〜 para ti. この服はもう君には小さい

〜 con grande 大小とりまぜて

dejar 〜『口語』十二分に勝つ

dejar 〜 *a*+人 …から精彩を奪う, 目立たなくさせる

quedarse 〜 精神的に萎縮する, 気後れする, たじろぐ: Ante su actitud tan imponente, *me quedé* 〜. 彼のいけたけだかな態度に私はひるんだ

◆ [英 boy, girl] 圐 子供, 青年『30歳位まで使われる』; 少年, 少女; 息子, 娘: Los 〜*s* suelen jugar en la calle. 子供たちはよく通りで遊ぶ. buen 〜 いい若者. 〜*ca* guapa 美女

❷ [大人に対する親愛・軽蔑の呼びかけ] ¿Qué tal, 〜? やあ, 元気かい? ¡Anda, 〜! おい, 早くしろよ!

◆ 圐 走り使いの少年 [〜 de los recados]

◆ 囡 ❶ 家政婦, お手伝いさん [〜*ca* de servicio]. ❷ 小型の貨幣 [↔gorda]

◆ 圙 [驚き] おや!

chicoco, ca [tʃikóko, ka] 服 図 《南米》小さな[子]

chicoleo [tʃikoléo] 圐 『口語』[女性への] ほめ言葉, 誘い文句『piropo』: estar de 〜 誘いかけている

chicolear 囘 [女性に] ほめ言葉を投げかける.
◆ 〜se 《南米》楽しく過ごす

chicoria [tʃikórja] 囡 『植物』チコリ, キクヂシャ

chicote, ta [tʃikóte, ta] 図 =chicarrón
◆ 圐 葉巻き『puro』;『船舶』ロープの先を結んだ鞭; 鞭『látigo』

chicozapote [tʃikoθapóte] 圐 『植物』= zapote

chicuelina [tʃikwelína] 囡 《闘牛》牛の突きと反対方向に回るパセ

chicuelo, la [tʃikwélo, la] 服 図 ごく小さい[子供]

chifa [tʃífa] 囡 《中南米》中華レストラン

chiffon [tʃffon] 圐 [←仏語. 繊維] シフォン

chiffonnier [tʃffonjér] 圐 《←仏 語》[服飾品・裁縫道具などを入れる] 小たんす

chifla [tʃffla] 囡 ❶ からかい; [合図などの] 口笛, 指笛: hacer 〜 a+人 …をからかう. ❷ 皮はぎ包丁

chiflado, da [tʃifláðo, ða] 服 図 過囘《口語》[estar+] 少し頭のおかしい[人]; [+con+事物・+por+人 に] 熱中した, 夢中の: Está 〜 con los coches. 彼は車に夢中だ

chifladura [tʃiflaðúra] 囡 ❶ 頭が変なこと. ❷ 熱中, のぼせ上がり; その対象: Su 〜 es el ajedrez. 彼が夢中になっているのはチェスだ

chiflar [tʃiflár] 囲 熱中させる, 夢中にさせる: Me *chifla* la paella. 私はパエリャに目がない
◆ 囘 ❶ [合図などのために, ピーッと] 口笛(指笛)を吹く; 野次る: 〜 a una chica bonita かわいい女の子に口笛を吹く. ❷ [皮はぎ包丁で] 皮をはぐ
◆ 〜se ❶ 頭が変になる. ❷ 《口語》[+por に] 熱中する: Se chifló por la vecina. 彼は隣の女の子に夢中になった. ❸ 《口語》[大勢の前で, +de を] からかう

chiflido/chiflo 圐 口笛, 指笛; その音

chifle [tʃffle] 圐 角製の火薬入れ

chiflón [tʃiflón] 圐 《中南米》[空気・水の] 隙間風;《中南米》[空気・水の] 噴流;[中米] 滝;[鉱山の] 落盤

chifonier [tʃifonjér] 圐 [背の高い] 整理だんす

chigre [tʃígre] 圐 『アストゥリアス地方の』リンゴ酒などを売る店; 屋台

chigua [tʃígwa] 囡 《南米》[柳の枝などで編んだ] 楕円形のかご

chihuahua [tʃiwáwa] 図 《犬》チワワ [←C〜 メキシコ北部の州・州都]

chif [tʃif] 服 =chiíta

chiíta [tʃiíta] 服 囡 [イスラム教] シーア派[の]

chiísmo 圐 シーア派の教義

chilaba [tʃilába] 囡 [北アフリカのアラビア人の着る, フード付きのゆったりした] 長衣

chilacayote [tʃilakaɟóte] 圐 《植物》メキシコ産のヒョウタンの一種

chilaquil [tʃilakíl] 圐 《中米. 料理》チリソースで煮たトルティーヤ

chilate [tʃiláte] 囡 《中米》トウガラシ・焦がしたトウモロコシ・カカオで作った飲み物

chilatole [tʃilatóle] 圐 《中米. 料理》トウモロコシと豚肉の煮込み

chile [tʃíle] 圐 ❶ 《中米》トウガラシ [pimiento];《料理》チリ[パウダー]: 〜 con carne 牛ひき肉・豆の辛いトマトソース煮. ❷ [C〜] 《国名》チリ

a medios 〜*s* 《中米》ほろ酔いで

estar hecho un 〜 《中米》激怒している

chileno, na [tʃiléno, na] 服 図 チリ Chile [人] の; チリ人
◆ 囡 《サッカー》シザーズキック

chilenismo 圐 チリ特有の表現

chilindrina [tʃilindrína] 囡 くだらないもの, 安物; [会話を楽しくするための] 小話, 冗談

chilindrón [tʃilindrón] 圐 《料理》トマト・ピーマンのソース;《トランプ》ボーブジョーン

chilla [tʃíʎa] 囡 《中米》貧乏: estar en la 〜 貧しい

chillar [tʃiʎár] 囘 ❶ [金切り声で] わめく, かん高く叫ぶ; きしむ, キーキーいう: No me *chilles*. キーキー言うな. ❷ 支離滅裂に話す; 考えもなしに叱る
◆ 〜se 《中米》むっとする, 怒る

chillería [tʃiʎería] 囡 金切り声, わめき声

chillido [tʃiʎído] 圐 金切り声, かん高い声; きしみ, キーキーいう音

chillón, na [tʃiʎón, na] 服 ❶ [人が] 金切り声をあげる; [声が] かん高い; [音が] 鋭く耳ざわりな. ❷ [色が] けばけばしい, どぎつい
◆ 図 『口語』騒がしい人

chilmole [tʃilmóle] 圐 《中米. 料理》チリ chile とトマトなどのソース(煮込み)

chilpayate, ta [tʃilpayáte, ta] 図 《中米. 口語》小さな子, ちびっこ

chimango [tʃimáŋgo] 圐 《鳥》南米に住むタカの一種

chimbo, ba [tʃímbo, ba] 服 圐 《南米》すり減った;《中南米》卵・アーモンド・糖蜜で作った[菓子]

chimenea [tʃimenéa] 囡 ❶ 煙突: 〜 estufa

煙突付きのストーブ. 〜 de aire (de ventilación) 通風(換気)孔, ダクト. fumar como una 〜 やたらに煙草を吸う. ❷ 暖炉: 〜 francesa (de campana) 飾り棚つきの暖炉, マントルピース. ❸〔鉱山の〕立て坑;〔火山の〕火道;〔パラシュートの〕ベンツ;《登山》チムニー

caer por la 〜 たなぼた式に手に入る

estar mal de la 〜 気が変である

chimó [tʃimó] 男 嚙むたばこの一種

chimpancé [tʃimpanθé] 男《動物》チンパンジー

chimuelo, la [tʃimwélo, la] 形《中米》歯の抜けた

china[1] [tʃína] 女 ❶〔丸い〕小石: Se me ha metido una 〜 en el zapato. 靴に石が入った. ❷《俗語》i) お金: No tiene ni una 〜. 彼は一文なしだ. ii)〔たばこ1本分ほどの〕少量の大麻. ❸《国名》[C〜] 中国. ❹ 陶〔磁〕器; 絹織物: media 〜 安物の絹織物. ❺《南米》[インディオの] 女; 召使い, 女中;《親愛》かわいい女

jugar (echar) a las 〜*s* ☞**chino**

poner 〜*s a*+人 …の邪魔をする

tocar a uno la 〜《口語》はくじ運が悪い, 貧乏くじを引く: A mí me tocó la 〜. 運悪く私が当たってしまった

tropezar en una 〜 ちょっとした困難にもくじける

chinama [tʃináma] 女《中南米》屋台;《中米》ひさし

chinampa [tʃinámpa] 女《中米》[花などを植えた] 人工の島

chinancal [tʃinaŋkál] 男《中米》掘っ立て小屋

chinarro [tʃináro] 男 [china より大きい] 石

chinchar [tʃintʃár] 他《口語》困らせる, 面倒をかける

◆ 〜**se** 何とかがんばる

chinche [tʃíntʃe] 女/男 ❶《昆虫》ナンキンムシ, トコジラミ. ❷ 画鋲《chincheta》

caer (morir) como 〜*s*《口語》ばたばた倒れる(死ぬ)

◆ 形 名 細かいことにこだわる〔人〕, 小うるさい〔人〕

chincheta [tʃintʃéta] 女《西》画鋲

chinchibí [tʃintʃibí] 男《中南米. 飲料》ジンジャービア

chinchilla [tʃintʃíʎa] 女《動物》チンチラ

chinchín [tʃintʃín] 男 [←擬音. 口語]〔親しい間柄で〕乾杯《brindis》; 街頭での演奏;《南米》現金

chinchón [tʃintʃón] 男 アニス入りの蒸留酒;《トランプ》ラミーの一種

chinchona [tʃintʃóna] 男 キニーネ《quina》

chinchorrear [tʃintʃoreár] 自《口語》噂話をして回る, 陰口をきく

◆ 他 困らせる, 迷惑をかける

chinchorrería 女《軽蔑》[話の] 細かさ, しつこさ; 噂話

chinchorrero, ra 形 細かいところにうるさい

chinchorro [tʃintʃóro] 男 [手漕ぎの] 小舟; [小型の] 地引き網; [軽い] ハンモック

chinchoso, sa [tʃintʃóso, sa] 形 名《口語》うんざりさせる〔人〕, しつこい〔人〕

chinchulín [tʃintʃulín] 男《南米. 料理》[牛・羊の] 小腸

chincol [tʃiŋkól] 男 =**chingolo**

chincuete [tʃiŋkwéte] 男《中米》[インディオの] 巻きスカート

chiné [tʃiné] 形《服飾》まだら(ぼかし)模様の

chinear [tʃineár] 他《中米》見る, 見張る

chinela [tʃinéla] 女 スリッパ, 室内履き

chinerío [tʃinerío] 男集《南米》インディオ

chinero [tʃinéro] 男 [田舎風の] 食器棚

chinesco, ca [tʃinésko, ka] 形 中国(風)の: sombras 〜*cas* 影絵

◆ 男《楽器》クレッセント

chingada[1] [tʃiŋgáða] 女《中米. 俗語》死

¡〜*!*[ののしり] くそったれ, ばかものめ!

¡vete a la 〜*!* とっとと消え失せろ, くたばれ!

chingado, da[2] [tʃiŋgáðo, ða] 形 過分《中南米》壊れた, 故障した;〔人が〕わずらわしい, うるさい

chingana [tʃiŋgána] 女《中南米》キャバレー; ダンスパーティー

chingar [tʃiŋgár] 自《口語》[酒を] がぶ飲みする;《中米. 俗語》性交する;《南米》[服が] 片側だけずり落ちる

◆ 他 ❶《中米》台なしにする. ❷《中米》尻尾を切る;《口語》うんざりさせる

◆ 〜**se** ❶《口語》酔っ払う. ❷《中南米》台なしになる. 失敗する: Los cohetes *se chingaron*. 打上げ花火が上がらなかった

chingolo [tʃiŋgólo] 男《南米》スズメに似た鳴き声のよい鳥

chino, na[2] [tʃíno, na] 形 名 ❶ 中国 China〔人・語〕の; 中国人: trabajo de 〜*s* 重労働, 長時間のきつい仕事. ❷《中南米》i) インディオ〔のような容貌の〕; 黒人とインディオとの混血の〔人〕. ii)〔愛情・軽蔑を込めた呼びかけ〕お前

◆ 男 ❶ 中国語: Eso es 〜 para mí. それはちんぷんかんぷんだ. ❷《西. 料理》シノワ『円錐形のこし器』

engañar a+人 *como [a] un* 〜《軽蔑》…をころりとだます

jugar (echar) a los 〜*s (las* 〜*nas)* いくつ握っているか当てる『硬貨などの数を当てる賭け』

ser trabajo de 〜*s* 複雑で入念な仕事である

trabajar como (más que) un 〜 よく働く; 働きすぎる

chip [tʃíp] 男〔複 〜*s*〕 ❶《情報》チップ: 〜 de memoria メモリーチップ. ❷ ポテトチップス《patatas fritas》

chipá [tʃipá] 女《南米》トウモロコシ(キャッサバ)のケーキ

chipé(n) [tʃipé(n)] 形《西. 古語》すばらしい

la 〜 真実

pasarlo 〜 楽しく過ごす

ser de 〜 すばらしい

chipiar [tʃipjár] 他《中米》うるさがらせる, 困らせる

chipichipi [tʃipitʃípi] 男《中米》小雨, 小ぬか

雨

chipirón [tʃipirón] 男《動物》ホタルイカ

chipocludo, da [tʃipoklúðo, ða] 形《中米》すばらしい；上等な

chipote [tʃipóte] 男《中米》でっぱり，こぶ

chipriota [tʃiprjóta] 形 名《国名》キプロス Chipre 男 の(人)

chiqueadores [tʃikeaðóres] 男 複 頭痛止めの貼り薬

chiquear [tʃikeár] 他《中米》甘やかす

chiquero, ra [tʃikéro, ra] 形《口語》❶ 子供好きの. ❷ [男の子が] 女の子好きの；[女の子が] 男の子好きの
◆ 男 ❶《闘牛》砂場に出る前の牛を入れておく囲い. ❷ ブタ(子ヤギ)を入れる小屋

chiquilicuatro [tʃikilikwátro] 男《古語》生意気な若僧
　chiquilicuatre 男 = chiquilicuatro

chiquillada [tʃikiʎáða] 女 子供じみた行ない：hacer ~s 子供っぽいことをする

chiquillo, lla [tʃikíʎo, ʎa] 名 児童，子供
◆ 形 子供っぽい，愚かな：No seas tan ~, Juanito. うるさくしない(言わない)で，フワニート
　chiquillería 女 1) 集名 子供たち. 2) 子供っぽいふるまい

chiquito, ta [tʃikíto, ta] 形《主に中南米》ちっちゃな；男(女)の子
　dejar a+人 ～《口語》…を上回る
　no andarse con (en) ~tas 回りくどいやり方をしない，単刀直入に言う
◆ 男《西》小型のワイングラス；《南米》[un+] ごく少量

chiribita [tʃiríβita] 女 ❶ 火花，火の粉〖chispa〗. ❷ 複 [眼の] 飛蚊(ひ)症：Los ojos me hacen ~s. 目がちらちらする
　echar ~s (estar que echa) ~s《口語》烈火のごとく怒る(怒っている)

chiribitil [tʃiriβitíl] 男 屋根裏部屋〖desván〗；[天井の低い] 狭苦しい部屋

chirigota [tʃiriɣóta] 女 ❶《悪意のない》冗談〖broma〗：tomar... a ~ …を本気にしない. decir (gastar) ~ 冗談を言う. ❷ [カディスのカーニバルの] 歌い手の一団
　chirigotero, ra 形 名 冗談好きの〔人〕

chirimbolo [tʃirimbólo] 男 ❶《口語》[名づけようのない・雑多な] 物；[何かの] 道具，容器：Lleva en la mano un ~. 彼は手に何やら持っている. ❷ [曲線の] 装飾

chirimía [tʃirimía] 女《楽器》シャリュモー；《南米》[インディオの吹く] 縦笛

chirimiri [tʃirimíri] 男 = sirimiri

chirimoya [tʃirimója] 女《果実》チェリモヤ〖中米産で食用〗
　chirimoyo 男 その木

chirinada [tʃirináða] 女《南米》失敗，不成功：La fiesta fue una ~. パーティーはさんざんだった

chiringuito [tʃiriŋɡíto] 男 ❶《西》[海岸などの仮設の] 飲食店；《南米》グレープジュースと蒸留酒を混ぜた飲み物. ❷ 取るに足らない商売
　montar[se] un ~ ちょっとした仕事をする

chirinola [tʃirinóla] 女 ❶ 口論，口げんか；[長くて] 楽しい(生き生きとした)会話. ❷ 重要でないこと，ささいなこと. ❸《ゲーム》[子供の(する)] 九柱戯の一種

chiripa [tʃirípa] 女《口語》[主に賭け事の] つき，幸運：tener ~ ついている. por (de) ~ まぐれで，運よく

chiripá [tʃiripá] 男 [複 ~es]《南米》[ガウチョのはく] ズボンの一種 【☞カット】：gente de ~ 無学な田舎者

chirivía [tʃiríβia] 女《植物》アメリカボウフウ；《鳥》セキレイ

chirla [tʃírla] 女《貝》ヨーロッパザルガイ；《俗語》強盗

chirle [tʃírle] 形《口語》味のない，まずい；《南米》水っぽい，薄い

chirlo [tʃírlo] 男 [顔の] 切り傷，傷跡；《南米》[子供への] 平手打ち，鞭打ち

chirola [tʃiróla] 女《アルゼンチン・ボリビアの昔の》20 センタボ銀貨

chirona [tʃiróna] 女《口語》監獄〖cárcel〗：meter en ~ 投獄する

chirriar [tʃirjár] 自 ❶ [車輪・戸などが] きしむ，不快な音を立てる；[鳥が] 調子外れな声で鳴く；[人が] 調子外れに歌う；[料理で] ジュウジュウ音を立てる
　chirriante 形 きしむ
　chirrido 男 その音(声)

chirucas [tʃirúkas] 女 複《服飾》丈夫なキャンバス地のブーツ

chirula [tʃirúla] 女《楽器》[バスク地方で使われる] 小型の縦笛

chirusa/chiruza [tʃirúsa/-θa] 女《南米》[粗野な] 田舎娘

chis [tʃís] 間《黙らせる時の》しっ！/《俗語》[人を呼ぶ時の] ちょっと！

chiscar [tʃiskár] 他 [火打ち金と火打ち石で] 火花を出す

chiscón [tʃiskón] 男《軽蔑》[ひどく狭い] 小部屋

chisgarabís [tʃisɣaraβís] 男《単複同形》《西. 軽蔑》[思い上がった] つまらないやつ；おせっかいな男

chisguete [tʃisɣéte] 男《口語》❶ [ワインなどの] ひと口：Vamos a echar un ~. 一杯やろう. ❷ [液体の] ほとばしり

chisme [tʃísme] 男 ❶ [他人を陥れる] 噂話，ゴシップ：andar (ir・venir) con ~s ゴシップを流す. ❷《西. 中米. 口語》[名称を知らない] もの，代物；複 がらくた：¿De dónde has sacado ese ~ tan práctico? そんな便利なものをどこで手に入れたんだ？¿Qué haremos con estos ~s? このがらくた，どうしよう？
　chismografía 女《口語》金棒引きをすること；集名 噂話，ゴシップ
　chismorrear 自《口語》陰口をたたく
　chismorreo 男 噂話をすること

chismoso, sa 形 图 噂話の好きな〔人〕

chispa¹ [tʃíspa] 图 ❶ 火花, 火の粉;《電気》スパーク『～ eléctrica』: Me saltaron a la mano. 私の手に火花が飛んだ. piedra de ～ 火打ち石. llave de ～ 火打ち石式発火装置. ❷ 少量, 微量: echar una ～ de sal 塩をほんの少し(ひとつまみ)入れる. no tener ni ～ de talento 才能のひとかけらもない. ❸ 知性のひらめき;機知, おもしろさ: Tiene ～. 彼は頭が切れる(おもしろい). ❹〔主に 複〕雨滴: Empiezan a caer ～s. 雨がポツポツ降り始めた. ❺ 輝き, きらめき. ❻《口語》酔い: coger una ～ 酔っ払う **echar (estar que echa) ～s**《口語》烈火のごとく怒る(怒っている) **ni ～** 何も(…ない) **no dar ～**《口語》頭の回転が鈍い **ser una ～**《口語》才気換発である ◆ 形《西》[estar+] ほろ酔い機嫌の

chispazo [tʃispáθo] 男 ❶ 火花が飛ぶこと: tener ～ de ingenio 才知のひらめきがある. ❷〔主に 複〕事件などの〕契機, 影響, 後遺症: El asesinato fue el ～ que encendió la guerra civil. 内戦のきっかけとなったのはその暗殺事件だった. ❸ 陰口, 噂話: venir con ～s 噂話を聞かせにやって来る. ❹〔ニュースなどの〕急速な流布

chispear [tʃispeár] 自 ❶ 火花を発する. ❷ きらめく, 輝く: Sus ojos *chispean* por el enfado. 彼の目は怒りでぎらぎらしている. ❸〔単人称〕雨がパラつく, しょぼしょぼ降る **chispeante** 形〔演説などが〕機知に富んだ; 〔目が〕生き生きとした

chispero, ra [tʃispéro, ra] 图〔昔の〕マドリードの下層の住民

chispo, pa² [tʃíspo, pa] 形 少し酔った: Iba medio ～. 彼はほんの少し飲んだだけだった ◆ 男《口語》ひと口の酒: salir a tomar unos ～s 一杯飲みに出かける

chisporrotear [tʃisporroteár] 自〔火・油などが〕パチパチいう **chisporroteo** 男 パチパチいうこと

chisquero [tʃiskéro] 男 昔の携帯用点火器 **chist/chisss** 間 =chis

chistar [tʃistár] 自 しゃべる, 言う『否定文での み』: Se marchó sin ～〔ni mistar〕. 彼はものも言わず立ち去った. ❷ ちょっと chis と呼びかける

chiste [tʃíste] 男《英 joke》❶ 笑い話, 冗談; 機知: Déjate de ～s ahora. 今は冗談はやめろ. No le veo el ～ a lo que me ha dicho. 彼の言ったことはおもしろくも何ともない. Es una cosa sin ～. おもしろくもない話だ. contar un ～ 笑い話をする. con ～ 機知によって. ～ de leperos「Lepe (アンダルシアの町)」で始まる冗談『例¿Sabes por qué en Lepe ponen los semáforos a cien metros de altura?—No sé.—Para que no se los salten〕. ～ de Jaimito 少年 Jaimito が主人公のピンクジョーク. ❷《南米》漫画 **caer en el ～** しゃれの意味を理解する **hacer ～ de...**〔+事〕…を冗談に取る, 真に受

けない;〔+人〕笑いものにする, からかう **eso no tiene ～**《中米》それは何の役にも立たない **tener ～**《口語》[皮肉・不平] 冗談ではない: Esto *tiene* ～. 冗談じゃないよ, ふざけてるよ

chistera [tʃistéra] 图〔ハイアライの〕ラケット『cesta』;《西》シルクハット『sombrero de copa』

chistido [tʃistído] 男《南米》〔馬を抑えたり静粛を求める時, 歯の間から息を出す〕シッという音

chistorra [tʃistórra] 图〔スペイン北部産の加熱して食べる〕ソーセージ

chistoso, sa 形 图 ❶ 冗談のうまい〔人〕, 機知に富んだ〔人〕. ❷ おもしろい: i) anécdota ～sa おもしろい逸話. ii) [ser ～ que+接続法] Fue ～ que él se quedara desde encima de la cama. 彼がベッドから落ちておかしかった. iii)《皮肉》Es ～ que todos los días tenga que levantarme temprano. 毎日早起きしなければならないなんて冗談じゃない

chistu [tʃístu] 男《楽器》〔バスク地方の〕縦笛 **chistulari** 图〔その〕笛吹き

chita [tʃíta] 图 ❶《西》距骨. ❷ 地面に立てた棒を石ではじき飛ばす遊び **a la ～ callando**《口語》こっそりと **dar en la ～** 図星をさす **no importar a+人 una ～** …にとって少しも構わない, まったくどうでもよい **chiticallando**《口語》=a la **chita** callando **chito** 图 =chita ❷;その遊びに使われる棒. ◆ 間 =chis

chitón [tʃitón] 間 =chis ◆ 男《貝》ヒザラガイ

chiva¹ [tʃíba] 图《中南米》山羊ひげ『perilla』;《中米》毛布, ベッドカバー

chivar [tʃibár] 他《中南米》困らせる, だます **～se**《西》[+a+人 に/+de のことを] 告げ口する, 密告する;迷惑をかける

chivatazo [tʃibatáθo] 男《西》告げ口, 密告: dar un ～ 告げ口する

chivatear [tʃibateár] 他《口語》告げ口する

chivato, ta [tʃibáto, ta] 形 图 ❶〔生後 6-12 か月の〕子ヤギ. ❷ 告げ口屋(の), 密告屋(の) ◆ 男《西》警報器, アラーム

chivo, va² [tʃíbo, ba] 图 子ヤギ: barba〔s〕 de ～ 山羊ひげ. ～ expiatorio (emisario) 身代わり, スケープゴート, 贖罪の山羊 **comer ～**《南米》怒る **estar como una ～va (un ～)**《口語》完全に気が変になっている

choc [tʃók] 男《←英語》虚脱『colapso』

chocante [tʃokánte] 形 ❶ 奇異な;〔人が〕奇妙な, おかしな: ser ～ que+接続法 …とは妙だ. voz ～ 耳ざわりな声. ❷《中南米》〔人が〕退屈な;不快な

chocar [tʃokár] 可 自 ❶ [+con・contra・en と・に] 衝突する, ぶつかる: El camión *chocó contra* la pared (*en* un árbol). トラックが壁(木)にぶつかった. ❷ けんかする, 反目する: *Choca con* todo el mundo. 彼は誰とでも衝突

する. ❸ [+a+人 に, +que+接続法 することが]
奇異感を与える; 不満にさせる: Me *choca* que
no estén aquí. 彼らがここにいないことに私はひっ
かかる
◆ 㧖 ❶ ぶつける: *Chocamos* las copas para
brindar. 私たちはグラスを合わせて乾杯した. ❷
《やや古い》¡*Choca* ésa (esa mano)!/¡*Chóca*-
la! 握手しよう!【交渉成立・賛成・了解・承知し
たなどの意味あいで】

chocarrero, ra [tʃokařéro, ra] 厖 [冗談な
どが] 下品な
　chocarrería 囡 下品な冗談
chocha¹/chochaperdiz [tʃotʃa/tʃotʃa-
perdíθ] 囡《鳥》ヤマシギ
chochear [tʃotʃeár] 圓 ❶ [年をとって] ぼける,
老碌(ろく)する. ❷《口語》[+por に] 夢中になる,
ほれ込む: ~ *por* los sellos 切手集めに熱中す
る
chochera/chochez [tʃotʃéra/-tʃéθ] 囡 ❶
老碌, ぼけ; [主に 㧖] 老碌したふるまい(言葉):
Le ha dado la ~ de hacer tal cosa. そんなこ
とをするなんて彼もぼけてきたな. ❷《南米》溺愛の
対象: ser la ~ de+人 …の目に入れても痛くな
いほどかわいい
chocho, cha² [tʃótʃo, tʃa] 厖 [estar+] ❶
ぼけた, 老碌した: viejo ~ ぼけ老人. ❷ [+
con+por に] 夢中の: Está ~ *por* su nieta.
彼女は孫娘を溺愛している
◆ 男 ❶《植物》ルピナス. ❷《菓子》シナモンケー
キ; 㧖 子供をなだめるための菓子. ❸《西. 卑語》
女性性器, 膣
choclo [tʃóklo] 男 木靴《chanclo》;《南米》ト
ウモロコシ【穂軸の部分. 食用】
　meter a+人 **el** ~《南米》…に罪をなすりつける,
やっかいなことを押しつける
choclón [tʃoklón] 男《南米》[人の] 大集団
choco, ca [tʃóko, ka] 厖 ❶ 片方の目
(耳・手・足)のない《南米》[スパニエル犬のよう
な] 縮れ毛の
◆ 男 ❶《動物》コウイカ. ❷《南米》スパニエル犬
《perro de aguas》
chocolatada [tʃokolatáða] 囡 ココアを飲む
パーティー
chocolate [tʃokoláte] 男《英 chocolate》❶
《菓子》チョコレート《~ para crudo》: ~ blan-
co (negro) ホワイト(ブラック)チョコ. ~ de
leche ミルクチョコレート. ~s surtidos チョコレ
ートの詰め合わせ. ❷《飲料》ココア《~ a la
taza・~ caliente》: ~ en polvo ココアの粉.
~ con leche ミルクココア. ❸《西. 俗語》ハシッ
シュ《hachís》
　estar como agua para ~《中南米》[怒り
で] はらわたが煮えくり返っている
　estar para mojar en ~ 美男(美女)である,
魅力的である
　hacer economías del ~ **del loro**《口語》
けちな(しみったれた)節約をする
　¡**las cosas** (**Las cuentas**) **claras y el** ~
espeso! 物事をはっきりさせよう!
　sacar ~ a+人《中南米》…に鼻血を出させる
　ser el ~ **del loro** 大した節約にならない

◆ 厖 チョコレート色の
chocolatero, ra [tʃokolatéro, ra] 厖 图 チ
ョコレート好きの(人); チョコレートの製造(販売)
者
◆ 囡 ココア沸かし; がらくた, おんぼろ
chocolatería 囡 チョコレート店(工場); ココア
店
chocolatina [tʃokolatína] 囡 ひと口大の板チ
ョコ
　chocolatín 男 =**chocolatina**
chófer [tʃófer] 图《←仏語. 西》❶ おかかえ運転
手: Tiene coche con ~. 彼は運転手つきの車
がある. ❷ [一般に]自動車の]運転手
　chofer 图《主に中南米》=**chófer**
chola¹ [tʃóla] 囡 =**cholla**
cholla [tʃóʎa] 囡《口語》[人間の] 頭; 頭脳:
tener una ~ superior すばらしい頭がよい
chollar [tʃoʎár] 㧖《中米》皮をはぐ; こらしめる,
痛めつける
chollo [tʃóʎo] 男《西. 口語》もうけもの《gan-
ga》; [特に] 役得, うまみ
cholo, la² [tʃólo, la] 厖 图《中南米》❶ 白人
とインディオの混血の(人); 近代社会の風俗を取
り入れたインディオ(の); [インディオ(との混血)の
ような] 色の浅黒い(人), 下層階級の(人). ❷
《愛称》いとしい人
chomba/chompa [tʃómba/-pa] 囡《南
米》セーター《jersey》
chonchón [tʃontʃón] 囡《南米》アセチレンラン
プ
chongo [tʃóŋgo] 男《中米》冗談《broma》;
[髪の] 三つ編み, 束髪; 㧖 パン菓子
chonta [tʃónta] 囡《植物》トックマシュロ
chontal [tʃontál] 厖 图 チョンタル族(の)【メキ
シコのオアハカ州・タバスコ州に住むインディオ】;
《中米》無教養な, 粗野な(人)
chop [tʃóp] 男《中南米》[半リットル以下の] 中
ジョッキ
choped [tʃopé(ð)] 男 太いソーセージ
chopera [tʃopéra] 囡 ポプラの木立ち
chopería [tʃopería] 囡《南米》バル《bar》
chopito [tʃopíto] 男《動物》小型のイカ
chopo [tʃópo] 男 ❶《植物》ヨーロッパヤマナラシ,
ポプラ. ❷《俗語》銃《fusil》: cargar con el ~
軍隊に入る
choque [tʃóke] 男 ❶ 衝突: ~ múltiple
(conjunto・en cadena) 多重衝突, 玉突き衝
突. ondas de ~ 衝撃波. ❷ けんか, 口論;《軍
事》小競り合い 【少数の兵による短時間の戦
闘】: ~ armado 武力衝突. ❸ [肉体的・精神
的な] 衝撃, ショック: sentir el ~ ショックを感
じる. estado de ~ ショック状態. ~ eléctrico
(operatorio・cultural) 電気(術後・カルチャー)
ショック
choquezuela [tʃokeθwéla] 囡 膝蓋骨
《rótula》
chorar [tʃorár] 㧖《口語》盗む
chorbo, ba [tʃórbo, ba] 图《西. 俗語》[誰だか
知らない・言いたくない] 人, やつ; 恋人
choricear [tʃoriθeár]《西. 口語》㧖 =**cho-
rizar**

◆ 圁 泥棒のようなことをする, 悪事を働く

choriceo 男 かっぱらい, すり 〖行為〗

chorizar [tʃoɾiθáɾ] 回 他《西》盗む, くすねる, する

chorizo [tʃoɾíθo] 男 ❶［料理］チョリーソ〖香辛料のきいた腸詰め〗. ❷《西. 軽蔑》こそ泥, すり, 置引き〖人〗; 詐欺師, たちの悪い男; 恥知らず. ❸［綱渡りで使う］バランス棒. ❹《中南米》［壁の塗替え用の］ならを混ぜた壁土

chorla [tʃóɾla] 女［鳥］［大型の］ライチョウ

chorlito [tʃoɾlíto] 男［鳥］チドリ, ヨーロッパムナグロ

cabeza de ~ そこ者, 気の散る人

tener cabeza de ~ うっかり者(あわて者)である

choro [tʃóɾo] 男《南米》ムール貝〖mejillón〗; こそ泥〖人〗

chorote [tʃoɾóte] 男《中米》ココアなどで味つけしたビノーレ pinole

chorra [tʃóɾa] 形《西. 口語》ばかな〔人〕, 愚かな〔人〕

◆ 女 好運;《卑語》陰茎

hacer la ~ ばかなまねをする

chorrada [tʃoráda] 女 ❶《西. 口語》ばかげたこと, たわごと; よけいな飾り, 不要物; ちょっとした物, 安物. ❷［定量に加えられる］余分な一滴

dar... con ~ 余分に…を与える, おまけする

chorradita 女 こまごまとした不要品

chorrear [tʃoreáɾ] 自 ❶ ほとばしる, 噴出する; したたる, ポタポタ落ちる: i) La sangre comenzó a ~ por la herida. 傷口から血がほとばしった. *Chorrea* el agua por el grifo medio cerrado. よく締まっていない蛇口から水がしたたっている. ii)《口語》［主に 過去］ずぶぬれである: Tengo el pelo *chorreando*. 私は髪がぐしょぬれだ. ❷ 押し寄せる: En este pueblo *han chorreado* los premios de lotería. この村で宝くじの当選者が続けて出た. ❸ 激しく叱る

◆ 他《南米. 口語》盗む

◆ ~*se*《中米》［車が］スリップする

chorreada 女 しずく

chorreadura 女 したたり; ［したたりによる］しみ

chorreo 男 したたり; ［恒常的な］金の流出;《口語》叱責

chorrera [tʃoréɾa] 女 ❶［水などが］したたる所; 流れた跡. ❷［服飾］胸飾り, ひだ飾り. ❸ 急流; 滝

chorretada [tʃoretáda] 女［不意の］噴出

hablar a ~s よく(早口で)しゃべる

chorretón [tʃoretón] 男 噴出; その跡(汚れ)

chorrillo [tʃoríʎo] 男 少しずつだが継続的に使う(受け取る)分量: a ~ 少しずつ, けちけちと

chorro [tʃóro] 男 ❶［水などが］ほとばしること, 噴出すること; ［一本の筋となって］したたること〖~ pequeño〗: Sale un ~ de agua del grifo. 蛇口から水がほとばしる. beber a ~〖ラッパ飲みで口を離して〗流し込みする. soltar a+人 un ~ de improperios …に散々悪口を言う. avión a ~ ジェット機. ~ de arena［技術］砂吹き, サンドブラスト. ❷《中米》［水道の］蛇口;《南米. 俗語》泥棒

a ~s 豊富に: tener dinero *a ~s* 金をざくざく持っている. sudar *a ~s* 滝のような汗をかく

hablar a ~s よく(早口で)しゃべる

soltar el ~ 大声で(けたけた)笑う

tener un ~ de voz 声量がある

chotacabras [tʃotakábɾas] 男/女〖単複同形〗［鳥］ヨタカ

chotear [tʃoteáɾ] ~*se*《口語》[+de で]からかう, あざける: Se *choteaban de* un chico. 彼らは1人の少年をからかっていた

choteo 男 からかい, ひやかし

chotis/chotís [tʃótis/-tís] 男〖単複同形〗《舞踊》ショッティッシュ〖マズルカに似たダンス. 19世紀末から20世紀初頭にかけてマドリードで流行〗; その音楽

choto, ta [tʃóto, ta] 名 ❶《西》［乳飲み期の］子ヤギ, 子ウシ. ❷《南米》かわいがられている人; 愛玩動物

estar como una ~ta《西. 口語》気が変になったようである

◆ 形《南米. 口語》ペテン師の, 人をだます; かわいがられている; 豊富な

◆ 男《西. 卑語》陰茎〖pene〗

chotuno, na [tʃotúno, na] 形《西》［ヤギが］乳飲み期の; やせた, 病気の

oler a ~ 汗臭い, ヤギのような体臭がする

choucroute [tʃukɾút] 女《←仏語》=**chucrut**

chova [tʃóba] 女［鳥］コクマルガラス; コノハズク

chovinismo [tʃobinísmo] 男 =**chauvinismo**

chovinista 形 =**chauvinista**

chow-chow [tʃautʃáu] 名〖単複同形〗《犬》チャウチャウ

choza [tʃóθa] 女 掘っ立て小屋, 山小屋; 狭い住居

chozo 男［choza よりも小さな］小屋

christmas [kɾísmas] 男〖単複同形〗《←英語. 西》クリスマスカード

chsss [tʃs] 間 =**chis**

chu-cu-chu [tʃukútʃu] 男《幼児語》汽車ポッポ

chubasco [tʃubásko] 男 ❶ にわか雨〖顕義〗chubasco は chaparrón より雨量が多く短時間〗: Cayó un ~. 夕立ちが降った. Fui sorprendido por (Me cogió) un ~. 私は夕立ちにあった. ❷［一時的な］逆境: estar en época de ~s 逆境にある

chubascoso, sa 形 にわか雨の降る

chubasquero 男 レインコート〖impermeable〗

chúcaro, ra [tʃúkaɾo, ra] 形《南米》［主に馬が］野生の, 飼い馴らされていない; ［人が］無愛想な, 人嫌いな

chucha¹ [tʃútʃa] 囡 ❶《口語》怠惰, 不精；酔い；ベệタ《peseta》. ❷《中南米》i)《卑語》女性的性器子. ii) フクロネズミ；かくれんぼ；わきが

chuchería [tʃutʃería] 囡 [安くてしゃれた] 小物；[おいしい] スナック, 軽食

chucho, cha² [tʃútʃo, tʃa] 图 ❶ 雑種の犬；《軽蔑》犬ころ
◆ 男 ❶《中南米》[革の] 鞭. ❷《南米》悪寒, マラリア；恐怖；ニシンに似た魚；刑務所；雑貨屋；マラカス. ❸《中米》転轍機；スイッチ

chuchoca [tʃutʃóka] 囡《南米》[焼いてひいた] トウモロコシ粉

chuchumeca [tʃutʃuméka] 囡《南米》売春婦

chuchurrido, da / chuchurrío, a [tʃutʃurído, da/-o, a] 厖《口語》[estar+] しなびた；元気のない

chucrut [tʃukrú(t)] 男《料理》ザワークラウト《キャベツの酢漬け》

chueco, ca [tʃwéko, ka] 厖 ❶《口語》まずい, 悪い《malo》: El negocio salió ～. 仕事はうまくいかなかった. ❷《中南米》歪んだ, 異常な；がにまたの

chueta [tʃwéta] 图 [バレアレス諸島・レバンテで] 改宗ユダヤ人〔の子孫〕

chufa [tʃúfa] 囡 ❶《植物》カヤツリグサ；その塊茎《食用》: horchata de ～ オルチャータ《カヤツリグサの塊茎から作った清涼飲料水》. ❷ 冗談. ❸《戯語》平手打ち

chufla/chufleta [tʃúfla/tʃufléta] 囡《西》冗談《cuchufleta》

chufo [tʃúfo] 男 ヘアカーラー〔に巻いた髪〕

chuico [tʃwíko] 男《南米》細首の大瓶

chulada [tʃuláða] 囡 ❶ =chulería. ❷ 厚かましさ；横柄さ, うぬぼれ: decir una ～/hacer ～s 自慢する. ❸《西・中米》すばらしいもの: ¡Vaya ～ de coche tienes! いい車を持っているね!

chulapo, pa/chulapón, na [tʃulápo, pa/-lapón, na] 图 マドリードの下町っ子《chulo》；小粋《生意気》な若者

chulear [tʃuleár] 他 ❶《西》[女性に] みつがせる, ヒモをする. ❷《中米》[女性に] ほめ言葉を投げかける
◆ ～se《西》[+de＋人を] 自慢する；[+de＋人を] からかう: ～se de los novatos 新人をからかう

chulería [tʃulería] 囡《西》❶ [気のきいた] しゃれ, 冗談. ❷ 生意気さ, 強気；自慢: obrar con ～ 生意気な態度をとる. ❸ 医囡 ひも；ごろつき

chulesco, ca [tʃulésko, ka] 厖 マドリードの下町っ子の

chuleta [tʃuléta] 囡 ❶《料理》骨つきのあばら肉, リブロース, スペアリブ《☞carne カット》: ～ empanada カツレツ. ～ de cerdo ポークチョップ. punta de ～s 薄いあばら肉. ❷《服飾・建築》詰め物. ❸ カンニングペーパー: sin ～s en la manga カンニングペーパーなしで. ❹《口語》平手打ち《bofetada》: dar a+人 un par de ～s … にびんたを2発食らわす. ❺ 國 もみあげ
◆ 厖《軽蔑》生意気な〔人〕, 尊大な〔人〕

chuletada [tʃuletáða] 囡 スペアリブを食べるパーティー

chuletón 男 大型のステーキ, Tボーンステーキ

chullo, lla [tʃúʎo, ʎa] 厖《南米》ふぞろいの: guante ～ 片方だけの手袋
◆ 男 [色鮮やかな幾何学模様の] 毛糸の縁なし帽

chulo, la [tʃúlo, la] 厖 ❶《西》生意気な, 強気な: Has estado muy ～ con tu hermano. お前は兄に対して生意気だ. ❷《西》かっこいい；着飾った, 気どった: jovencita ～la いかした女の子. pantalones ～s かっこいいズボン. ❸ =chulesco
más ～ que un ocho ひどく生意気な
◆ 图 マドリードの下町っ子
◆ 男《西》ひも, ぽん引き《～ de putas》；ごろつき, よたもの

chulpa [tʃúlpa] 囡《南米》インカ時代〔以前〕の墳墓

chumacera [tʃumaθéra] 囡《機械》軸受, ベアリング；《船舶》オール受け

chumar [tʃumár] 国 酒を飲む, 酔う

chumbar [tʃumbár]《南米》他 [銃弾を] 発射する
◆ 国 [犬が] ほえる；[ほえるように犬を] けしかける

chumbe [tʃúmbe] 男《南米》[インディオの] 幅広の帯

chumbera [tʃumbéra] 囡《植物》ヒラウチワサボテン

chumbo, ba 厖 higo ～ その実《食用》. ◆ 男《南米》散弾；拳闘での殴打

chuminada [tʃumináða] 囡《西. 口語》=chorrada

chumpi [tʃúmpi] 男《南米》[インディオのカラフルな] 帯

chuncho, cha [tʃúntʃo, tʃa] 厖《南米》恥ずかしがりの, 気の弱い
◆ 图 チュンチャ族《ペルー東部の森林地帯に住むインディオ》

chundarata [tʃundaráta] 囡 騒々しい音楽；ひどい騒音

chunga [tʃúnga] 囡 ❶《口語》冗談《broma》；からかい, いたずら: estar de ～ 冗談に（からかって）言う. gastar ～ 冗談を言う. tomar... a (en) ～ …を冗談にとる, 本気にしない. ❷《南米》気どった服装の男
chungo, ga² [tʃúngo, ga] 厖《西. 俗語》❶ [estar+] 調子がよくない, 壊れた；難しい, 複雑な. ❷ [ser+. 人が] 不快な；怪しい

chungón, na [tʃúŋgón, na] 厖 冗談（からかい）好きな

chunguear [tʃuŋgeár] ～se [心にもなく誉めて, +de を] からかう
chungueo 男 からかい
chunguero, ra 厖《西》冗談（いたずら）好きの

chuña [tʃúɲa] 囡《鳥》ノガンモドキ

chuño [tʃúɲo] 男《南米. 料理》ジャガイモから取った澱粉；乾したジャガイモ；甘いマッシュポテト

chupa [tʃúpa] 囡 ❶ [フィリピンの乾量の単位] =0.37リットル. ❷《西. 服飾》i）ジャンパー. ii）[昔の] 短い裾のついた胴着. ❸《口語》大雨. ❹《中米》酔っ払い
poner a+人 como ～ de dómine《西》…を厳しく叱る, ののしる

chupa-chups [tʃúpa tʃúps] 男《単複同形》
〖←商標. 西〗棒付きキャンデー, ロリポップ
chupada¹ [tʃupáða] 女 ❶ 吸う(しゃぶる・なめ
る)こと: dar una ～ al cigarrillo たばこを一服
吸う. ❷《俗語》フェラチオ, クンニリングス
chupado, da² [tʃupáðo, ða] 形 過分
[estar+] ❶ げっそりやせた, やつれた: quedarse
～ げっそりやせる. falda ～da タイトスカート. ❷
《西. 口語》子供でもできる, ひどく容易な: ¡Está
～! そんなことは朝飯前だ! ❸《中南米》酔っ払っ
た
◆ 名 うまい汁を吸う人;《南米》大酒飲み
◆ しゃぶり〖chupete〗
chupador, ra [tʃupaðór, ra] 形 吸う: ani-
mal ～ de sangre 吸血動物
chupaflor [tʃupaflór] 男《鳥》〖ベネズエラの〗
ハチドリの一種
chupamirto [tʃupamírto] 男《鳥》〖メキシコ
の〗ハチドリの一種
chupar [tʃupár] 他 ❶ 吸う; しゃぶる, なめる:
～ la sangre 血を吸う. ～ un limón レモンを
かじる. ～ el helado アイスクリームをなめる. ～
la televisión《口語》べったりついてテレビを見
る. ❷《口語》〖利益などを〗吸い取る, 巻きあげ
る: El abogado le *chupó* el dinero. 弁護士が
彼から金を吸い上げた. ❸《スポーツ》スタンドプレ
ーをする. ❹《中南米》大酒を飲む
chupa de eso〖今言ったことを〗よくかみしめろ/
ほら見たことか
◆ ～se ❶ 自分の…をしゃぶる(なめる). ❷ やせ
細る, やつれる: Se le *chupaba* el rostro. 彼の顔
はげっそりとやせていた. ❸〖年月を〗過ごす;《南
米》耐える, 耐え忍ぶ
¡chúpate ésa! = chupa de eso
chupatintas [tʃupatíntas] 男《単複同形》《軽
蔑》〖役所などの〗しがない事務職員
chupe [tʃúpe] 男《西. 軽蔑》たかり, 寄生;《南
米. 料理》ジャガイモ・チーズ・トウガラシ・肉・魚など
のスープ
chupeta [tʃupéta] 女 = **chupete**;《船舶》〖狭
い〗船尾客室
chupete [tʃupéte] 男 ❶ おしゃぶり; 〖哺乳瓶
の〗ゴム乳首. ❷《南米》棒付きキャンデー; 小型
の凧
de ～ すばらしい, おいしい
chupetear [tʃupeteár] 他 自 ちびちび吸う; し
ゃぶる, なめる
chupeteo 男 ちびちび吸うこと
chupetín [tʃupetín] 男《南米》棒付きキャンデー
chupetón [tʃupetón] 男 強く吸うこと
chupi [tʃúpi] 形《西. 幼児語》すごくいい
pasarlo ～ すごく楽しく過ごす
chupinazo [tʃupináθo] 男〖大砲の〗発射;
〖花火の〗打ち上げ; 〖ボールへの〗強いキック
chupito [tʃupíto] 男《酒の》ひと口
chupo [tʃúpo] 男《南米》吹き出物, 腫れ物
chupón, na [tʃupón, na] 形 名 ❶ 吸う;《西》
寄生虫的な〖人〗, たかり屋〖の〗. ❷《スポーツ》ス
タンドプレーをする選手
◆ 男 棒付きキャンデー; キスマーク;《農業》吸
枝;《中米》哺乳瓶〖biberón〗

chupóptero, ra [tʃupóptero, ra] 名《戯語》
月給泥棒, 寄生虫
churo, ra [tʃúro, ra] 形 名《南米》きれいな, か
わいらしい〖人〗
◆《南米》巻き毛
churra [tʃúřa] 女 ❶《口語》幸運;《中米》下
痢. ❷〖メリノ種より〗毛が粗く長い羊; その羊毛
no mezclar [las] ～s con [las] merinas
《口語》月とスッポン
churrasco [tʃuřásko] 男《料理》シュラスコ〖グ
リル焼きの焼き肉〗
churre [tʃúře] 男〖べっとりとした〗油汚れ
churrear [tʃuřeár] 自／～se《中南米》下痢をお
こす
churrero, ra [tʃuřéro, ra] 名 チューロ churro
売り;《口語》幸運な(ついている)人
◆ 女 チューロを作る機械(道具)
churrería 女 チューロ店
churrete/churretón [tʃuřéte/-řetón] 男
《西》〖顔などの〗汚れ;《南米》嘲笑, 愚弄
tomar a+人 para el ～《南米》…をからかう
churretoso, sa 形 汚れた, きたない
churriguerismo [tʃuřigerísmo] 男《建築》
チュリゲラ様式〖José Benito Churriguera
(1665-1725) の造り出したバロック的な装飾の多
い様式. ☞写真〗

churrigueresco, ca 形 チュリゲラ様式の; け
ばけばしい
churro [tʃúřo] 男 ❶《料理》チューロ〖馬蹄形ま
たは棒状のドーナツ. スペインでは朝食によくココア
に浸して食べる. ☞写真〗: desayunar choco-
late con ～s ココアとチューロの朝食をとる. ❷
《西. 口語》出来損い, 失敗作: La película fue
un ～. その映画はひどい出来だった. La foto
salió hecha un ～. 写真はまったくピンボケだった.
❸《口語》〖賭け事での〗幸運, つき: tener ～ つ
いている

de ~ たまたま, 偶然に

mandar a+人 a freír ~*s* …を追い出す

¡vete a freír ~*s!* 出ていけ!

churruscar [tʃuɾuskáɾ] 他 [食べ物の表面を] 焦がす

◆ ~*se* ❶ 焦げる: El arroz *se ha churruscado*. ご飯が焦げた. ❷《南米》[毛・糸が] 縮れる

churrusco 男 焼きすぎたパン

churumbel [tʃurumbél] 男 [←ジプシー語] 子供, 赤ん坊

churumbela [tʃurumbéla] 女 ❶《楽器》シャリュモー chirimía より短い縦笛. ❷《中南米》[マテ茶を飲む] 吸い管 [bombilla]. ❸《南米》[喫煙用の] パイプ; 心配

churumo [tʃurúmo] 男《口語》内容, 実質

Chus [tʃús] 男《男性名》チュス [Jesús の愛称]

chusco, ca [tʃúsko, ka] 形 名 ❶ こっけいな〔人〕, おもしろくてしかも驚くような: Nos pasó una cosa muy ~*ca*. とてもおかしなことが私たちに起こった. ❷《南米》平凡な, ありきたりの

◆ 男 [固くなった] パンのかけら; [軍隊などで配給される] 小さなパン

chuscada 女 おもしろい話(事柄)

chusma [tʃúsma] 女 [複] ❶《軽蔑》大衆, 俗衆; 無頼の徒: No te juntes con la ~. 悪い連中と付き合ってはいけない. ❷《歴史》ガレー船の漕ぎ手;《中南米》非戦闘員のインディオ

chusmear [tʃusmeáɾ] 自 他《南米》陰口をきく

chuspa [tʃúspa] 女《南米》袋; [トウモロコシ・小麦の粉で作った] 団子

chusquero [tʃuskéɾo] 男 [士官学校出でない] たたき上げの士官(下士官)

chut [tʃút] 男 [←英語. サッカー] シュート

chutar [tʃutáɾ] 自 シュートする

ir que ~《西》[思っていたより] よい: Toma un duro, y *vas que chutas*. お前は 1 ドゥーロで十分だ

◆ ~*se*《俗語》[自分に] 麻薬を注射する

chutazo 男 = chut

chute [tʃúte] 男 ❶ = chut. ❷《西. 俗語》麻薬の注射

chuyaco [tʃujáko] 男《南米》トゲバンレイシを使った菓子

chuzo [tʃúθo] 男 [夜警などが持つ穂先付きの] 棒, 杖;《中米》[鞭の] くちばし;《南米》[穴掘り用に] 先のとがった金属製の棒

caer (*llover・nevar*) ~*s* ひょう(雨・雪)が激しく降る

caer [*los*] ~*s de punta*《口語》激しい雨が降る

echar ~*s* 虚勢を張る; ひどく怒る

meter un ~《南米》欺く

chuzazo 男 chuzo による一撃

CI 男《略語》←coeficiente intelectual (de inteligencia) 知能指数, IQ;《中南米》cédula de identidad 身分証

cía [θía] 女《解剖》寛骨, 腰骨

Cía.《略語》←compañía 会社

ciaboga [θjabóɣa] 女《船舶》その場回頭

cianamida [θjanamíða] 女《化学》シアナミド: ~ cálcica カルシウムシアナミド

cianhídrico, ca [θjaníðriko, ka] 形《化学》ácido ~ シアン化水素酸, 青酸

cianógeno [θjanóxeno] 男《化学》シアン

cianosis [θjanósis] 女 [単複同形]《医学》チアノーゼ, 青色症

cianótico, ca 形 名 チアノーゼの〔患者〕

cianotipo [θjanotípo] 男 青写真

cianuro [θjanúɾo] 男《化学》シアン化物: ~ potásico シアン化カリウム, 青酸カリ

ciar [θjáɾ] 自 [オールを逆に漕いで] 船を後退させる; [+前 計画などを] 捨てる, 諦める

ciático, ca [θjátiko, ka] 形《解剖》座骨の, 腰の. ◆ 男 座骨神経 [nervio ~]

◆ 女《医学》座骨神経痛

cibera [θibéɾa] 形 agua ~ 灌漑用水

cibernético, ca [θibɛrnétiko, ka] 形 女 サイバネティックスの

ciborio [θibóɾjo] 男 [ロマネスクの教会の] 主祭壇の天蓋;《古代ギリシア・ローマ》さかずき

cicatería [θikateɾía] 女 吝嗇(りんしょく), けち

cicatear [θikateáɾ] 自 金を出し惜しむ, けちけちする

cicatero, ra 形 名 しみったれの; けちん坊

cicatriz [θikatɾíθ] 女 [複 ~ces] 傷跡;《医学》瘢痕(はんこん): tener una ~ en la mejilla 頬に傷跡がある. dejar una ~ en el alma 心に傷跡を残す

cicatrizar [θikatɾiθáɾ] 他 [傷を] 癒合させる, 治す [比喩的にも]

◆ 自 /~*se* 癒合する;《医学》瘢痕化する: Tarda mucho en ~[*se*] la herida. 傷口がなかなか治らない

cicatrización 女 癒合, 治癒; 瘢痕形成

cicerone [θiθeɾóne] 男 [←伊語. 文語] 観光ガイド, 案内人

ciceroniano, na [θiθeɾonjáno, na] 形 キケロ Cicerón の(ような)《古代ローマの弁論家》: estilo ~ キケロばりの[華麗な・大仰な]文体

cicindela [θiθindéla] 女《昆虫》ハンミョウ

ciclamato [θiklamáto] 男 [人工甘味料] シクラマート, チクロ

ciclamen/ciclamino [θiklámen/-klamíno] 男《植物》シクラメン

ciclamor [θiklamóɾ] 男《植物》[セイヨウ]ハナズオウ

cíclico, ca [θíkliko, ka] 形 ❶ 周期的な, 循環的な: enfermedad ~*ca* 周期的に起こる病気. ❷《化学》compuesto ~ 環式化合物

ciclismo [θiklísmo] 男 自転車競技; サイクリング

ciclista [θiklísta] 形 自転車の: carrera (vuelta) ~ 自転車レース(一周レース)

◆ 名 自転車利用者; 自転車レース(サイクリング)をする人

ciclístico, ca 形 = ciclista

ciclo [θíklo] 男 [英 cycle] ❶ 周期, 循環: ~ anual 年周期. ~ económico 景気循環. ~ hidrológico (del agua) 水の循環. ~ nitrógeno《生物》窒素循環. ~ solar (lunar) 太陽(太陰)周期. ~ vital ライフサイクル. cerrar

un 〜 histórico 一つの歴史的過程を終える.
❷《叙事詩の》作品群;[小説などの]連作.
❸《教育》課程, コース: tercer 〜 博士課程.
❹《電気・機械》サイクル

ciclocrós [θiklokrɔ́s] 男《自転車》バイシクルモトクロス, BMX

ciclohexano [θikloɛ(k)sáno] 男《化学》シクロヘキサン

cicloide [θiklɔ́iđe] 安《数学》サイクロイド
　　cicloidal 形 サイクロイドの

ciclomotor [θiklomotɔ́r] 男 モーターバイク, 原動機付き自転車

ciclón [θiklɔ́n] 男 ❶《気象》サイクロン; 大暴風【竜巻, ハリケーンなど】: 〜 tropical 熱帯低気圧. ❷ 集塵装置
　　como un 〜 すごい勢いで『まわりのものをすべてひっくり返すように』
　　ciclónico, ca 形 サイクロンの

ciclonita [θikloníta] 安 サイクロナイト【高性能爆薬】

cíclope [θíklope] 男《神話》キュクロプス, 一つ目の巨人
　　ciclópeo, a 巨大な;《考古》キュクロプス式の, 大石をモルタルなしに積み上げた

ciclorama [θiklorráma] 安 円形パノラマ

ciclostil[o] [θiklostíl(o)] 男《西》輪転謄写【器】

ciclóstomos [θiklɔ́stomos] 男 複《生物》円口綱

ciclotimia [θiklotímja] 安《医学》[躁と鬱の]循環気質

ciclotrón [θiklotrɔ́n] 男《物理》サイクロトロン

cicloturismo [θikloturísmo] 男《自転車》ツーリング, サイクリング
　　cicloturista 名 サイクリング愛好者

-cico 《示小接尾辞》jovencico 若者

cicuta [θikúta] 安《植物》ドクニンジン; その毒

cidra [θíđra] 安《果実》シトロン
　　cidro 男《植物》シトロン
　　cidronela 安《植物》コウスイガヤ

ciego, ga [θjéǥo, ǥa]《時に軽蔑》形 【英 blind】❶ 目の見えない: Fue 〜 de nacimiento. 彼は生まれつき目が不自由だった. Un destello me dejó casi 〜. 閃光で私は目がくらんだ. ❷[estar+. +de・por に]分別をなくした; [+a が]わからない: estar 〜 de ira 怒りに我を忘れる. estar 〜 a sus defectos 自分の欠点に気づかない. 〜 con la carrera de caballos 競馬狂の. confianza 〜ga 盲信. ❸ 穴のない, 詰まった: orificio 〜 ふさがった穴. ❹《西》[酔って・麻薬で]正体のない. ❺ lado 〜 無防備のところ. punto 〜《生理》盲点. ❻ 盲腸の
　　◆ 名 盲人, 目の不自由な人: bastón de 〜 [盲人用の]白い杖. perro de 〜 盲導犬. Un 〜 lo ve. それはすぐ目の前にある(まったく明らかだ). En tierra de 〜s (En el país de los 〜s) el tuerto es rey.《諺》鳥なき里のこうもり
　　a 〜*gas* 手さぐりで; 無思慮に: avanzar *a* 〜*gas* 手さぐりで進む. obrar *a* 〜*gas* 行き当たりばったりに行動する. comprar *a* 〜*gas* 手あたり次第に買う

ponerse 〜《口語》満腹になる, 堪能する
　　◆ 男 ❶《解剖》盲腸【intestino 〜】. ❷《西・俗語》酔い, 酩酊

cielito [θjelíto] 男[呼びかけ]愛しい人よ; [アルゼンチンなどの]ワルツのリズムの民族舞踊(音楽)

cielo [θjélo] 男 【英 sky, heaven】❶ 不可算 空: El 〜 está despejado (claro). 空は晴れて(澄んで)いる. Descarga (Se desgaja) el 〜. バケツをひっくり返したような雨が降る. Al que al 〜 escupe en la cara le cae.《諺》天に向かってつばはき
❷[el+]天; 神, 神意: regalo del 〜 天の たまもの. subir al 〜 昇天する, 天国へ行く. gozar del 〜 神のご加護を受ける, 運がよい. El 〜 lo ha querido. それは神の思し召しだ
❸[主に 複]天国【el reino de los 〜s】: Padre nuestro que estás en los 〜s. 天に在す我ら が父よ
❹《建築》天井: 〜 raso 平らな天井; 雲一つない空. 〜 de la cama ベッドの天蓋
❺《解剖》〜 de la boca (del paladar) 口蓋
❻[親愛の呼びかけ]ねえ: C〜, ¿vamos de excursión? おい, ピクニックに行こうか?
　　a 〜 *abierto (descubierto・raso)* 屋外で, 青天井の: mina *a* 〜 *abierto* 露天掘りの鉱山
　　agarrar el 〜 *con las manos* ＝tocar el 〜 con las manos
　　bajado (caído) del 〜《口語》好運な, 棚からぼたもち式の
　　¡〜*s!*《賞賛・奇異》すごい; [大げさな表現で]しまった!
　　clamar al 〜 [事柄が]天罰に値する: Esta injusticia *clama al* 〜. この不正はひどすぎる
　　coger al 〜 *con las manos* ＝tocar el 〜 con las manos
　　estar en el [séptimo] 〜《口語》天にも昇る心地である, 満足している
　　ganar el 〜 天国へ行ける; 我慢する
　　llovido del 〜 ＝bajado del 〜
　　remover (mover) 〜 *y tierra*《口語》奮闘する, あらゆる手段を講じる
　　¡santo 〜*!* 大変だ, 何てことだ!
　　ser un 〜 愛らしい, 親切である
　　tocar (tomar) el 〜 *con las manos* 激怒・絶望の仕草をする『ロカット』

　　venido del 〜 ＝bajado del 〜
　　venirse el 〜 *abajo a*+人 …にとって万策が尽きる(八方ふさがりである)
　　ver el 〜 *abierto (los* 〜*s abiertos)*《口語》[助かって]暗夜に明かりを見る思いをする; 希望の光を見つける
　　vivir en el [séptimo] 〜 ＝estar en el

[séptimo] ~

ciempiés [θjempjés] 男 [単複同形]《動物》ムカデ

cien [θjén] 形 ☞**ciento**

ciénaga [θjénaga] 女 沼地, 湿地

ciencia
[θjénθja] 女《英 science》❶ 科学, 学問: ~ y técnica 科学技術. ~s naturales (sociales•humanas) 自然(社会•人文)科学. ~s ocultas 神秘学. ~s políticas 政治学. ~ ficción 空想科学小説. No hay ~ sin trabajo. 学問に王道なし. ❷ 複 理科[系の学問] [↔letras]: facultad de ~s 理学部. ❸ 知識, 技術: ~ del comerciante セールス術

a (de) ~ cierta 確実に: saber... a ~ cierta …を確かに知っている

a ~ y paciencia de+人 …に見過ごしてもらって

tener poca ~/no tener ~ 簡単(容易)である: No tiene ~ resolver este problema. この問題を解くのは易しい

cienmilésimo, ma [θjemmilésimo, ma] 形 男 10 万分の1(の)

cienmilímetro [θjemmilímetro] 男 100 分の1ミリメートル

cieno [θjéno] 男 ❶ [川底•湖底などの] 泥土; 汚泥, スラッジ. ❷ 不名誉, 汚名

científico, ca [θjentífiko, ka] 形 ❶ 科学的な, 学問上の: estudios ~s 学術研究. revista ~ca 学術雑誌. libertad ~ca 学問の自由. nombre ~ 学名. socialismo ~ 科学的社会主義. ❷ 理科系の [↔literario]
◆ 名 科学者

científicamente 副 科学的に

cientifi[ci]smo 男 科学万能主義

ciento
[θjénto] 形 男《英 hundred. 名詞や mil•millones の前では cien となる. 口語では男性単数名詞としても cien が多く使われる: contar hasta cien 100 まで数える》100[の]; 100 番目の: cien libros 100 冊の本. ~ cincuenta personas 150 人. ~s de... 数百の…. unos ~s de miles años 数十万年. Cien(to) multiplicado por diez son mil. 100 掛ける 10 は 1000. billete de cien 100 ペセタ札. Éramos más de ~. 我々は 100 人以上だった. la página ~ una 第 101 ページ

a ~s たくさん

al cien por cien 完全に

cien[to] por cien[to] 100 パーセント; 本物の

~s y ~s [de...] 非常にたくさん[の…]

... por ~ [冠詞+] …パーセント: Lo aprobó el sesenta por ~ del pueblo. 国民の 60%がそれに賛成した

poner a+人 *a cien*《西. 口語》…を興奮させる; 怒らせる, いらいらさせる

cientología [θjentoloxía] 女《宗教》サイエントロジー

cierne [θjérne] 男 [←cerner] *en ~[s]* 可能性のある; 初期に: abogado *en* ~ 弁護士の卵. Una conspiración *en* ~s ha sido descubierta. 陰謀は芽のうちに摘発された

cierre [θjérɛ] 男 ❶ 閉める(閉まる)こと, 閉鎖; 閉店, 休業, 廃業; 終結, 締切: ~ de una empresa 企業閉鎖. ~ patronal ロックアウト. ~ de un periódico 新聞の廃刊. ~ de cuenta 勘定の締め. hora de ~ 閉店(閉館)時刻; 締切(終了)時刻. precio de (al) ~《相場》終値, 引け値. defensa de ~《スポーツ》フルバック. ❷ 閉じる装置; シャッター [[~ metálico]: ~ de puerta ドアチェック. ~ hermético 密閉装置. ❸ 囲い, 柵, 堀. ❹《服飾》ファスナー, チャック [[~ de cremallera•~ relámpago]]. ❺《印刷》囲み

echar el ~ [勤務時間を終えて施設などを] 閉める; 言わばにおく

ciertamente [θjɛrtaménte] 副 ❶ 確かに: C~ lloverá mañana. きっと明日は雨だ. ❷ [応答] その通り

cierto, ta
[θjérto, ta] 形《英 certain. 絶対最上級:《文語》certísimo,《口語》ciertísimo》❶ [名詞+/ser+] 確実な, 疑いない: i) noticia ~ta 確実な情報. Lo que dijiste ha resultado ~. 君の言ったことは本当だった. El paciente experimentó una mejoría ~ta. 患者は確実に回復した. Es ~. その通りだ. No es [algo] ~. それは[まったく]違う. dejar lo ~ por lo dudoso 不確実なもののために確実なものを捨てる. ii) [ser ~ que+直説法/no ser ~ que+接続法] Es ~ que tiene más de treinta años. 彼が 30 歳を越えていることは確かだ. No es ~ que tenga éxito. 彼が成功するか疑わしい

❷ [estar+. +de] 確信した: Estoy ~ de su éxito. 私は彼の成功を確信している

❸ [+名詞] i) ある…: Una ~ta envidia le impulsaba a odiar a Juan. ある種の羨望にかりたてられて彼はフワンを憎んだ. ~ta idea ある考え. ~ día ある日. ~ Tomás トマスとかいう人. ii) いくらかの, ある程度の: Mostró ~ta alegría al saberlo. 彼はそれを知って少し嬉しそうだった

~ que+直説法 確かに…: C~ que no dejará de beber. 彼はきっと酒をやめないだろう

de ~ 確かに: Sé de ~ que hay amnistía. 恩赦があるのは確かにわかっている

estar en lo ~ 正しい [tener razón]

lo ~ es que+直説法 本当のことを言うと…; それはそうだが: No encuentro ninguna avería, pero lo ~ es que no funciona bien. 何の故障も見当らないが, 事実調子が悪い

no (sí) por ~ …いや(そう): ¿Estás contento?—No por ~. 満足かい?—非常に満足とは言えないね

por ~ [que+直説法] ところで, そう言えば [a propósito]: Por ~, ¿has leído el libro? ところで, その本は読んだかい? Por ~ que es japonesa. ところで彼女は日本人なんだよ

si bien es ~ *que*+直説法 [譲歩] …だが: Si bien es ~ que ostenta el récord nacional, no ha conseguido ninguna medalla en los Juegos Olímpicos. 彼は国内記録保持者だがオリンピックでメダルを取ったことがない

tan ~ como dos y dos son cuatro 明々白々な

◆ 圏 [応答] その通り: Los jóvenes no quieren trabajar.—C~. 若者たちには勤労意欲がない.—その通りだ

ciervo, va [θjérβo, βa] 图《動物》シカ(鹿): ~ común アカシカ. ~ volante《昆虫》クワガタムシ. *C~ en aprieto es enemigo peligroso.*《諺》窮鼠猫を嚙む

cierzo [θjérθo] 圐 [アラゴン, ナバラ地方の冷たい] 北風

CIF《略語》運賃・保険料込み価格. ☞**C.S.F.**

cifosis [θifósis] 囡《単複同形》《医学》脊椎後湾症

cifra [θífra] 囡《英 figure》❶ 数字 [número は cifra で表わされたもの], 桁: número de tres ~s 3桁の数. de 5 ~s altas (bajas) 5桁上位(下位)の, 7-8万(2-3万)の. una elevada (baja) ~ de parados 多数(少数)の失業者. ❷ 暗号 [システム]: escribir en ~ 暗号で書く. estar en ~ 暗号化されている. mensaje en ~ 暗号文. ❸ [イニシアルなどの] 組合わせ文字, モノグラム. ❹ 概要, 要約 [resumen]

barajar (*hacer・manejar*) *~s* 算定する, 見積る

cifrar [θifrár] 晒 ❶ [通信文を] 暗号化する, 暗号で書く. ❷ [+en に] 限定する: ~ la felicidad *en* la familia 家庭にのみ幸せを見出す. ~ la esperanza *en* su hijo すべての望みを息子に託す. ❸《商業》値踏みする: ~ un gasto 支出の見積りをする

cifrado, da 服過分 暗号で書かれた

cigala [θiɣála] 囡《動物》アカザエビ, スカンピ, ウミザリガニ

cigarra [θiɣárra] 囡《昆虫》セミ

cigarral [θiɣarrál] 圐 [トレド郊外の] 別荘

cigarrero, ra [θiɣarréro, ra] 图 葉巻売り, 葉巻作りの工員

◆ 囡 葉巻ケース; シガレットケース

cigarrería 囡《中南米》たばこ屋

cigarrillo [θiɣarríʎo] 圐 紙巻きたばこ: apagar (dejar) el ~ たばこを消す(やめる)

cigarro [θiɣárro] 圐 ❶ 葉巻《~ puro》: fumar un ~ 葉巻を吸う. ❷ 紙巻きたばこ《cigarrillo》

cigarrón [θiɣarrón] 圐《昆虫》大きなセミ; バッタ《saltamontes》

cigomático, ca [θiɣomátiko, ka] 服《解剖》頬骨の: arco ~ 頬骨弓

cigoñal [θiɣoɲál] 圐 [井戸の] はねつるべ

cigoñino [θiɣoɲíno] 圐 コウノトリ cigüeña のひな

cigoñuela [θiɣoɲwéla] 囡《鳥》セイタカシギの一種

cigoto [θiɣóto] 圐《生物》受精卵, 接合子

ciguatera [θiɣwatéra] 囡《中米》魚貝類の病気の一種

cigüeña [θiɣwéɲa] 囡 ❶《鳥》コウノトリ: ¿Cuándo viene la ~? 子供はいつ生まれるの? Lo trajo la ~. 男の子が生まれた. esperar la ~ お腹に子供がいる. ❷《機械》クランク

cigüeñal [θiɣweɲál] 圐《機械》クランク[シャフト]

cigüeñato 圐 コウノトリのひな

cigüeñuela 囡《鳥》セイタカシギ

cilantro [θilántro] 圐《植物》=**culantro**

ciliados [θiljáðos] 圐 覆《動物》繊毛虫綱

ciliar [θiljár] 服《解剖》毛様体の

cilicio [θilíθjo] 圐 苦行衣 [修道士が苦行で着る毛シャツ・とげ付きベルトなど]

cilindro [θilíndro] 圐 ❶《数学》円柱, 円筒: ~ recto 直円柱. ❷ [エンジンなどの] シリンダー: motor de 6 ~s en V (4 ~s en línea) V型6気筒(直列4気筒)エンジン. ❸ [地ならしなどの] ローラー; [輪転機の] 回転胴: ~ compresor ロードローラー. ~ laminador 圧延ローラー. ❹《主に中南米》ボンベ《bombona》

cilindrada 囡《エンジン》気筒容積, 排気量

cilíndrico, ca 服 円柱の, 円筒状の

cilindroeje [θilindroéxe] 圐《解剖》軸索

cilio [θíljo] 圐《生物》線毛, 繊毛

-cillo《示小接尾辞》nubecilla 一片の雲

cima [θíma] 囡 ❶ 頂上: llegar a la ~ del Everest エベレストの山頂に達する. ~ de un árbol 木の梢. estar en la ~ de la gloria (la popularidad) 栄光(人気)の絶頂期にある. ❷《植物》集散花序

dar ~ a+事 …をやり遂げる

mirar... por ~ …を表面的にしか見ない

cimacio [θimáθjo] 圐《建築》波形の刳(く)り形

cimarra [θimárra] 囡 *hacer* [*la*]《南米》授業(仕事)をサボる

cimarrón, na [θimarrón, na] 服 图 ❶ [動植物が] 野生の; [家畜が] 野生化した, 野生に帰った; 粗野な[人]: perro ~ 野犬. ❷《南米》[マテ茶に] 砂糖を入れない. ❸《中南米》[奴隷が] 山に逃げ込んだ; 逃亡奴隷

címbalo [θímbalo] 圐《楽器》[主に 覆] ダルシマー, ツィンバロム

cimbor[r]io [θimbórjo/-bórrjo] 圐《建築》[円天井とドームを支えるアーチの間の] 鼓胴; [ロマネスク・ゴシックの] 丸天井

cimbra [θímbra] 囡《建築》[アーチなどの] 内迫(うち); 迫(せ)り枠

cimbr[e]ar [θimbr[e]ár] 晒 [長くしなやかなものを] 震わせる: ~ el látigo 鞭をうならす

◆ **~se** 腰を振って歩く

cimbrado 圐《舞踊》[さっと] 腰を曲げること

cimbreante 服 しなやかな

cimbreo 圐 震わす(くねらす)こと

cimbrón/cimbronazo [θimbrón/-bronáθo] 圐《南米》揺れ

cimbronear 自 揺れる

cimentar [θimentár] 晒《まれに 23》 …の基礎を作る(土台を固める): ~ una sociedad 会社の基礎を築く

◆ **~se** La paz *se cimenta* en el entendimiento mutuo. 平和は相互理解を土台として築かれる

cimentación 囡 基礎工事, 基礎固め

cimero, ra [θiméro, ra] 服 頂上にある: veleta ~*ra* de la torre 塔頂の風見鶏. épo-

ca ~ra 絶頂期
◆ 囡 [兜の] 飾冠

cimiento [θimjénto] 男 [主に 複. 建造物の] 基礎, 土台: reforzar los ~s 土台をしっかり固める. abrir (excavar) los ~s 土台を掘る, 基礎工事をする. poner (echar) los ~ s de la amistad 友愛の礎(いしずえ)を築く. empezar desde los ~s 基礎から(一から)始める

cimitarra [θimitář̃a] 囡 三日月刀, 偃月(えんげつ)刀

C

cinabrio [θinábrjo] 男 [鉱物] 辰砂(しんしゃ)

cina-cina [θinaθína] 囡 [南米産の] 黄色と赤い花の咲く灌木

cinamomo [θinamómo] 男 [植物] タイワンセンダン

cinc [θíŋk] 男 [複 cinces/zinces]《元素》亜鉛

cincel [θinθél] 男 鏨(たがね), チゼル: esculpir a ~ 鏨で彫る
 cincelado 男 彫刻
 cincelar 他 [鏨で] 彫刻する, 彫る

cincha [θíntʃa] 囡 [馬の] 腹帯
 a revienta ~s 全速力で
 ir rompiendo ~s [車・馬で] 全速力で走る
 cinchar 他 [馬に] 腹帯を巻く; [樽に] たがをはめる; [南米] がんばる, 懸命に働く

cincho [θíntʃo] 男 [樽などの] たが; [農民の] 幅広の帯

cinco [θíŋko] 形 男 [英 five] 5[の]; 5 番目の
 choca (dame・vengan) esos ~《口語》[交渉成立] 手を打とう/[仲直り] 握手しよう/賛成だ/了解/承知した
 decir a+人 cuántas son ~ …にずけずけと小言を言う, 叱りとばす
 estar sin ~/no tener ni ~《口語》無一文である
 no saber cuántas son ~ まったく無知である

cincoenrama [θiŋkoenráma] 囡 [植物] キジムシロ(の一種)

cincuenta [θiŋkwénta] 形 男 [英 fifty] 50[の]; 50 番目の: música de los ~ 1950 年代の音楽
 cincuentavo, va 形 男 50 分の1[の]
 cincuentena¹ 囡 [集り] [50のまとまり]: Hay una ~ de piezas. 50 個ぐらいある
 cincuentenario 男 50 周年記念日
 cincuentena, na² =quincuagésimo
 cincuentón, na 形 男 50 歳台の[人]

cine [θíne] 男 [英 cinema, movie. cinematógrafo の省略語] ❶ 映画館: ir al ~ 映画館に行く, 映画を見に行く. ~ de barrio 場末の映画館. ~ de estreno 封切館. ~ de verano 野外映画会. ❷ 映画 [囲 cine はジャンルとしての映画, película・film は作品としての映画]; 映画芸術, 映画技術: ~ sonoro (hablado) トーキー. ~ mudo 無声(サイレント)映画. aficionado al ~ 映画ファン. hacer ~ 映画を作る; 映画に出演する
 de ~ すばらしい, すばらしく: Esa chica es de ~. あの子はすごい美人だ

cineasta [θineásta] 图 映画人 [俳優, 監督,

カメラマンなど映画製作の関係者]; 映画スター

cineclub [θineklúb] 男 [複 ~[e]s] 映画研究会, シネクラブ

cinéfilo, la [θinéfilo, la] 形 图 映画ファン[の]

cinefórum [θinefórun] 男 シネフォーラム

cinegético, ca [θinexétiko, ka] 形 囡 狩猟術[の]

cinema [θinéma] 男 =cine

cinemascope [θinemaskópe] 男 シネマスコープ

cinemateca [θinematéka] 囡 前衛映画専門の小映画館; フィルムライブラリー

cinemático, ca [θinemátiko, ka] 形 图《物理》運動学[の]

cinematografía [θinematografía] 囡 映画技術(芸術)《cine》
 cinematografiar 自 他 映画に撮る
 cinematográfico, ca 形 映画の: industria ~ca 映画産業. crítica ~ca 映画批評

cinematógrafo [θinematógrafo] 男《古語》映写機; 映画館

cinerama [θineráma] 男《映画》シネラマ

cinerario, ria [θinerárjo, rja] 形 納骨用の
 ◆ 囡《植物》シネラリア, サイネリア

cinético, ca [θinétiko, ka] 形《物理》運動の: energía ~ca 運動エネルギー. arte ~ キネティックアート, 動く芸術
 ◆ 囡 ❶ 動力学. ❷《化学》~ca química 反応速度論

cingalés, sa [θiŋgalés, sa] 形 图 セイロン Ceilán の[人]《スリランカ Sri Lanka の旧名》
 ◆ 男 シンハラ語

cíngaro, ra [θíŋgaro, ra] 形 图 [中欧系の] ジプシー[の]

cinglar [θiŋglár] 他 ❶ [舟の] 櫓(ろ)をこぐ. ❷ [鉄を炉から出して] 鍛える

cíngulo [θíŋgulo] 男 聖職者の祭服 alba の紐 《☞alba カット》

cínico, ca [θíniko, ka] 形 图 ❶ シニックな, 冷笑的な[人], 世をすねた[人];《哲学》犬儒学派[の]. ❷ 破廉恥な[人]
 cinismo 男 反世間的な態度; 犬儒哲学; 臆面のなさ

cínife [θínife] 男 蚊 [mosquito]

cinocéfalo [θinoθéfalo] 男《動物》ヒヒ

cinoglosa [θinoglósa] 囡《植物》オオルリソウ

cinquillo [θiŋkíʎo] 男《西式トランプ》5 並べ

cinta [θínta] 囡 [英 ribbon, tape] ❶ リボン; テープ: recogerse el pelo con una ~ 髪をリボンで結ぶ. ~ adhesiva 粘着テープ. ~ aislante (aisladora) 絶縁テープ. ~ de vídeo ビデオテープ. ~ durex《←商標》セロテープ. ~ métrica 巻き尺, メジャー. ~ transportadora コンベアーベルト. ❷ 映画フィルム《~ cinematográfica》. ❸《スポーツ》~ de llegada ゴールテープ. tocar (romper) la ~ 1 着になる, ゴールテープを切る. ❹《植物》クサヨシ. ❺《料理》前リブロース《~ de lomo. ☞carne カット》
 en ~ 録音(録画)された; 制御(抑制)された

cintarazo [θintaráθo] 男 [刀の] 平(ひら)で打つ

こと

cintillo [θintíʎo] 男 帽子の山に巻かれたリボン；［髪を押さえる］スカーフ状のリボン；［汗止めなどの］ヘッドバンド

cinto [θínto] 男 帯，ベルト『cinturón』: con la espada colgada al ～ 腰に剣を下げて．llevar... al ～ …をベルトに付けている．～ negro 《地理》黒土帯

cintra [θíntra] 女《建築》［アーチなどの］湾曲，内弧面

cintura [θintúra] 女『英 waist』腰のくびれ；ウエスト，胴回り: coger a＋人 por la ～『ダンスなどで』…の腰に手を回す
　entrar en ～［子供などが］従順になる
　meter a＋人 *en* ～《西. 口語》…を行ない正しくさせる，規律を守らせる
　mover la ～ 踊る『bailar』
　tener poca ～ ウエストが細い
　tener una ～ *de avispa* ウエストが締まってヒップが豊かである

cinturilla [θinturíʎa] 女《服飾》［布製の］ベルト

cinturón [θinturón] 男『英 belt』❶《服飾》ベルト，バンド: apretarse el ～ ベルトをきつくする；《口語》空腹(貧窮)に耐える．～ de castidad 貞操帯．～ de lagarto トカゲ革のベルト．～ de lastre［潜水の］ウエイトベルト．～ de seguridad 安全(シート)ベルト．～ negro (blanco・verde・azul)《柔道》黒(白・緑・青)帯(の人)．❷ 帯状のもの，環状線；地帯：～ de baluartes［環状の］防衛線．～ de miseria 貧困地区，貧民街．～ de Orión オリオン座の三つ星．～ de trincheras 塹壕線．～ de Van Allen バンアレン帯．～ industrial 工業地帯．～ verde 緑地帯，グリーンベルト
　apretarse (estrecharse) el ～《口語》出費(生活)を切り詰める，財布の紐を締める

-ción《接尾辞》［動詞＋. 名詞化. 動作・結果］ocupa*ción* 占領

cipayo [θipáʝo] 男《歴史》［主にイギリス植民地軍の］インド人兵士，セポイ；《中南米》［スペイン軍の］原住民兵士

ciperáceas [θiperáθeas] 女複《植物》カヤツリグサ科

cipo [θípo] 男《古代の》墓碑，標柱；《交通》道標

cipolino [θipolíno] 男 雲母大理石

cipote [θipóte] 形 まぬけな『bobo』；《中米》太った
　◆ 男《西. 俗語》陰茎『pene』；《中米》少年

ciprés [θiprés] 男 ❶《植物》イトスギ：～ japonés ヒノキ．❷［イトスギが墓地に植えられることから］悲しみ，憂鬱(ゆううつ)：Es un ～ 彼は悲しみに沈んでいる(陰気だ)
　cipresal 男 イトスギ林

ciprino [θipríno] 男《魚》コイ［類］

circadiano, na [θirkadjáno, na] 形《生理》約24時間間隔の，概日の

circasiano, na [θirkasjáno, na] 形《歴史・地名》サーカシア Circasia の［コーカサスの北の地方］

circe [θírθe] 女 ずるい女，女詐欺師；［C～］キルケー『『オデュッセイア』で男を豚に変えた魔女』

circo [θírko] 男 ❶ サーカス；その一座，サーカス団；その小屋．❷《古代ローマ》円形競技場．❸《口語》大騒ぎ，目立つ行動．❹《地理》圏谷，カール『～ glaciar』
　de ～ こっけいな，笑いものの
　circense 形 サーカスの: compañía ～ サーカス団

circón [θirkón] 男《鉱物》ジルコン

circonio [θirkónjo] 男《元素》ジルコニウム

circonita [θirkoníta] 女《鉱物》ジルコニット

circuir [θirkwír] 他《聞分 circuyendo》囲む『rodear』

circuitería [θirkwitería] 女《情報》回路設計

circuito [θirkwíto] 男 ❶ 周行路，サーキット〔コース〕『～ de carreras』: ～ automovilístico オートサーキット．❷ 周囲: dentro de este ～ この周辺には．～ urbano 都市周．❸［各地を巡る］周遊，ツアー『～ turístico』；《スポーツ》トーナメントツアー：～ por Andalucía アンダルシアー周の旅．～ de los castillos 城巡り．❹《電気》回路: corto ～ ショート『cortocircuito』．～ abierto (cerrado) 開(閉)回路．～ impreso プリント回線．～ integrado 集積回路．～ primario (secundario) 一(二)次回路．❺ 系統，ネットワーク：～ de carreteras 幹線道路網．～ comercial 販売網

circulación [θirkulaθjón] 女 ❶ 通行，交通：Hay mucha ～ en esta calle. この通りは交通量が多い．horas de mucha ～ 交通量の多い時間．～ rodada 車両交通．❷《医学》循環：～ sanguínea (de la sangre) 血液の循環，血行．tener buena (mala) ～ 血行がよい(悪い)．❸ 流通；通貨：～ del dinero 貨幣の流通．～ fiduciaria 名目貨幣
　poner... en ～ …を流通させる；流布させる：*poner en* ～ una idea revolucionaria 革命思想を広める

circulante [θirkulánte] 形 流通(巡回)している

circular [θirkulár] 形 円形の，環状の：movimiento ～ 円運動
　◆ 女 回状，回覧『carta ～』；通達：enviar una ～ a los socios 会員に回状を回す
　◆ 自 ❶ 通行する；［車などを］走行する：A causa de un accidente no *circulan* los trenes. 事故のため列車は止まっている．*Circule* con precaución.《表示》安全運転．❷［血液などが］循環する．❸［手から手へ］渡る，回される；［商品・貨幣が］流通する；［思想などが］流布する：*Circula* una orden. 命令が伝わる

circulatorio, ria [θirkulatórjo, rja] 形《医学》循環の：aparato ～ 循環器．problemas ～s 血行障害

círculo [θírkulo] 男『英 circle』❶ 円；円形，輪: dibujar un ～ 円を描く．formar un ～ 輪を作る．poner un ～ en... …に丸印をつける『OK の意味はない』．～ de giro (viraje)《自動車》最小回転半径の描く円．～ vicioso 循環

論法; 悪循環環. ❷ 集まり; サークル, クラブ 〖組織, 場所〗: ~ de lectores (de lectura) 読書会. ~ de amigos de la ópera オペラ愛好会. tener un ~ de amistades amplio 交友関係が広い. ❸ [主に 複]…界: ~s financieros 財界. ~s gubernamentales 政府筋. ❹ 《地理》~ polar ártico (antártico) 北極(南極)圏. ~ máximo 大圏. ❺ 《天文》~ acimutal 方位角圏. ~ diurno (horario) 日周圏(時圏). ~ meridiano 子午圏.

en ~ 輪になって: Se sentaron en ~ alrededor del fuego. 彼らは火を囲んで車座になった.

en ~s bien informados 消息通の間では

en los ~s íntimos de+人 …に近い筋によれ

circum-〖接頭辞〗**➡circun-**

circumpolar [θirkumpolár] 形 北(南)極付近の, 周極の

circun-〖接頭辞〗〖b・p の前では circum-〗[周囲] circunstancia 環境

circuncentro [θirkunθéntro] 男 《数学》外心

circuncidar [θirkunθiðár] 他 …に割礼を行なう

circuncisión 女 包皮切除, 割礼; キリスト割礼の祝日 〖1月1日〗

circunciso, sa 形 割礼を受けた〔男〕

circundar [θirkundár] 他 囲む 《cercar》

circundante 形 周囲の

circunferencia [θirkunferénθja] 女 ❶《数学》周, 円周. ❷ 周囲, 周辺: Una arcada se extiende por toda la ~ de la plaza. 広場の回りはずっとアーケードになっている

circunferir [θirkunferír] 他 [+a に] 限定する

circunflejo [θirkunfléxo] 形 《言語》acento ~ 曲折アクセント, アクサン・シルコンフレクス

circunlocución [θirkunlokuθjón] 女 婉曲(遠回し)な表現

circunloquio [θirkunlókjo] 男 遠回しな言い方, 回りくどさ: andarse con ~s 回りくどく言う

circunnavegar [θirkunnaßegár] 自 他 周航する: ~ el mundo 船で世界一周する

circunnavegación 女 周航

circunscribir [θirkunskriβír] 他 《過分 circunscri(p)to》❶ [+a に] 限定する: ~ el incendio 火事を封じ込める. Circunscribió su intervención a mantener el orden. 彼は秩序を守るためにだけ口を出すにとどめた. ❷《数学》外接させる

◆ **~se** 《文語》自らを限定する; [範囲が] 限定される: Circunscríbete a exponer el plan. 計画について述べるだけにしなさい

circunscripción [θirkun(s)kripθjón] 女 ❶ [行政上の] 区分, 区域: ~ electoral 選挙区. ❷ 限定, 制限; 外接

circunscri(p)to, ta [θirkun(s)krí(p)to, ta] 形 《過分》❶ [estar+, +a に] 限定されている. ❷《数学》círculo ~ 外接円

circunspecto, ta [θirku(n)spékto, ta] 形 [対人関係で] 用心深い, 控え目な; [評価する時に] 慎重な

circunspección 女 用心深さ; 慎重さ

circunstancia [θirku(n)stánθja] 女 〖英 circumstance〗❶ [周囲の] **状況, 事情**: i) La crisis política es una ~ poco favorable para la economía. 政治危機は経済にとって思わしくない状況だ. Si alguna ~ no puedo ir, te avisaré. 何らかの事情で行けない時は知らせるよ. ii) 複 悪い状況: Las ~s nos obligan a suspender el viaje. 都合により旅行を中止せざるを得ません. en estas ~s このような事情で, こんな訳で. iii) 《法律》情状: tener en cuenta las ~s atenuantes 情状を酌量する. ~ agravante (eximente) 加重(免除)情状. ~ 資格, 必要条件: La experiencia es una ~. 経験の有無は条件の一つだ

de ~s 1) 緊急用の; 一時的な, 偶然の: vendaje de ~s 応急の包帯. equipo de ~s 非常用装備. estancia de ~s 一時的滞在. encuentro de ~s 偶然の出会い. 2) 顔・声・仕草などをつらい場面にふさわしいように作った: Con cara de ~s, dio el pésame a la familia del fallecido. 彼はもっともらしい顔つきで遺族に哀悼の言葉を述べた

circunstanciado, da [θirku(n)stanθáðo, ða] 形 詳細な

circunstancial [θirku(n)stanθjál] 形 一時的な, 偶然の: medios ~es 一時的な措置. hecho ~ 偶然の出来事

circunstante [θirku(n)stánte] 形 名 《文語》[主に 複] 居合わせた(人); 傍観者: Todos los ~s presenciaron el atraco. そこに居合わせた人々は皆その強盗事件を目撃した. poblaciones ~s 周囲の町や村

circunvalación [θirkumbalaθjón] 女 línea de ~ 環状線; [バスの] 循環路線. carretera de ~ 環状道路

circunvalar 他 《周囲を》取り囲む

circunvolar [θirkumbolár] 自 他 …の周囲を飛ぶ

circunvolución [θirkumboluθjón] 女 ❶ 旋回, 回転. ❷《解剖》~ cerebral 大脳回

cirial [θirjál] 男 《教会の》大型燭台

cirílico, ca [θirílliko, ka] 形 男 《言語》キリル文字(の)

cirineo [θirinéo] 男 援助者, 介添え

cirio [θírjo] 男 ❶《教会の》大ろうそく: ~ pascual 復活祭の大ろうそく. ❷《口語》もめごと

armar (montar) un ~《西. 口語》[+a+人の] ひんしゅくを買う

cirquero, ra [θirkéro, ra] 名 《中南米》サーカス団員

cirrípedos [θiríipeðos] 男 複 =**cirrópodos**

cirro [θírro] 男 ❶《気象》絹雲. ❷《動物》毛状突起, 棘毛(きょくもう); 《植物》巻きひげ. ❸《医学》硬性癌

cirrocúmulo 男 絹積雲

cirroestrato 男 絹層雲

cirrópodos [θirɔ́podos] 男 複 《動物》蔓脚（ましゃく）類

cirrosis [θirɔ́sis] 女 〔単複同形〕《医学》硬変：～ del hígado/～ hepáptica 肝硬変

ciruela [θirwéla] 女 《果実》プラム, スモモ；[一般に]梅の実：～ pasa (seca) 干しスモモ. ～ amarilla ミラベル. ～ claudia (verdal) グリーンゲージ, 西洋スモモ. ～ damascena ドメスチカスモモ

ciruelo [θirwélo] 男 《植物》プラム, 西洋スモモ；[一般に]ウメ(梅)

cirugía [θiruxía] 女 外科：～ cardiaca (cerebral) 心臓(脳)外科. ～ del tórax 胸部外科. ～ dental 歯科外科. ～ menor 小手術

ciruja [θirúxa] 名 《南米》ごみの山をあさる人

cirujano, na [θiruxáno, na] 名 外科医〖médico ～〗：～ dentista 歯科医；口腔外科医

cisalpino, na [θisalpíno, na] 形 《歴史》[ローマ人から見て]アルプスのこちら側の, ローマ側の〖↔transalpino〗：Galia ～na ガリア＝キザルピナ〖ロンバルディアとピエモンテ〗

cisandino, na [θisandíno, na] 形 アンデス山脈のこちら側の〖↔transandino〗

ciscar [θiskár] 他 ❶ 汚す〖ensuciar〗；《口語》不快にする, うんざりさせる
◆ ～se 《西. 蜘蛛》大便をする；おじけづく

cisco [θísko] 男 ❶ 粉炭, 炭滓. ❷《西》騒ぎ, けんか：armar un ～ 騒動を起こす
hacer ～ 粉々に割る；壊滅させる
hacer ～ *a...*《西. 口語》[＋人. 肉体的・精神的に]痛めつける, ぼろぼろにする；[＋物] 粉々にする
hecho ～《西. 口語》[人が] 打ちのめされた, ぼろぼろになった；[物が] 粉々になった：El cuidado de la casa la ha dejado *hecha* ～. 彼女は家事でへとへとになった

cisjordano, na [θisxɔrdáno, na] 形 ヨルダン川西岸地区 Cisjordania の

cisma [θísma] 男 ❶ [キリスト教会からの]分立, 離教；分派；その教義：～ arriano アリウス派. ❷ 不和, 対立：gran ～ de Occidente 西方教会の大分裂〖1378-1417年〗. ～ de Oriente [ローマ時代のキリスト教の] 東西教会の対立

cismático, ca 形 名 離教者(の)

cisne [θísne] 男 《鳥》ハクチョウ(白鳥)
canto de(*l*) ～ [芸術家の] 最後の傑作, 絶筆

cisoria [θisɔ́rja] 形 《文語》arte ～ 肉を切り分ける技術

cisterciense [θistɛrθjénse] 形 名 《宗教》シトー修道会 el Cister の〖修道士・修道女〗〖ロブカット〗

cisterna [θistɛ́rna] 女 ❶ [主に地下の] 雨水だめ；[水洗トイレの] 水槽. ❷ avión ～ 空中給油機. vagón

～《鉄道》タンク車

cisticerco [θistiθérko] 男 《動物》囊尾虫

cistitis [θistítis] 女 〔単複同形〕《医学》膀胱炎

cisura [θisúra] 女 [細かい] 割れ目, ひび

cita [θíta] 女 〖英 appointment〗 ❶ [友人・恋人などと] 会う約束；[診察・面会などの] 予約；《文語》会合：Tengo una ～ con Miguel. 私はミゲルと会う(デートの)約束がある. En ese bar se dan ～ las artistas. そのバルには画家たちが寄り集まる. arreglar una ～ con＋人 …と会う日時・場所を取決める. llegar tarde a la ～ 待ち合わせの時間に遅れる. casa de ～s ラブホテル；売春宿. ❷ 引用〔文〕：sacar una ～ de Cervantes セルバンテス〔の作品〕から引用する
dar ～ *a*＋人 …と会う約束をする：El abogado me *dio* ～ para las cinco. 弁護士は5時の約束をくれた

citar [θitár] 他 ❶ 引用する；引き合いに出す：～ a Unamuno ウナムーノ〔の言葉〕を引用する. ～ un ejemplo 例をあげる. ❷ …と会う約束をする：El consejero me *ha citado* a (para) las once en su despacho. 参事官は11時に執務室で面会する約束をくれた. ❸《法律》召喚(喚問)する. ❹《闘牛》[牛を] 挑発する
◆ ～se 〔互いに/＋con＋人〕会う約束をする：*Se citaron* en el café. 彼らは喫茶店で落ち合うことにした

citación 女 召喚〔状〕〖～ judicial〗

citado, da 形 過 前述の, 前記の

citador, ra 形 引用好きな〔人〕

cítara [θítara] 女 《楽器》ツィター

citatorio, ria [θitatɔ́rjo, rja] 形 召喚する：notificación ～ria 召喚状

citerior [θiterjɔ́r] 形 こちら側の〖↔ulterior〗：España ～ 古代ローマに近い側のスペイン

-cito 〖示小接尾辞〗〖pueblo*cito* 狭い village

citocromo [θitokrómo] 男 《生物》チトクロム

citófono [θitófono] 男 《南米》インターフォン

citología [θitolxía] 女 細胞学；細胞検査, スミア試験

citológico, ca 形 細胞学的な

citoplasma [θitoplásma] 男 《生物》細胞〔形〕質

citotóxico, ca [θitotɔ́(k)siko, ka] 男 《医学》細胞毒の, 細胞障害性の

citrato [θitráto] 男 《化学》クエン酸塩

cítrico, ca [θítriko, ka] 形 ❶《植物》柑橘（かんきつ）類の. ❷《化学》ácido ～ クエン酸
◆ 男 複 柑橘類〖木, 果実〗

citricultura 女 柑橘類の栽培

CiU 〖略語〗←Convergencia i Unió 集中連合〖カタルーニャの政党〗

ciudad [θjudáد] 女 〖英 city, town〗 ❶ 都市, 町：i) ～ dormitorio (colmena) ベッドタウン. ～ hermana 姉妹都市. ～ industrial 工業都市. ～ jardín [一戸建ての] 団地. ～ universitaria 大学都市. ii) [都市の別名] C～ Condal ＝Barcelona. C～ Dorada 黄金の都〖サラマンカ〗. C～ Eterna 永遠の都〖ローマ〗. C～ Imperial 皇帝の都〖トレド〗. C～ Luz 光の都〖パリ〗.

C~ Prohibida [北京の] 紫禁城. *C*~ Santa 聖都 [エルサレム]. ❷ 都会 《↔campo》: vivir en la ~ 都会に住む. ❸ 《歴史》 都市国家 《~ estado•libre》

ciudadanía [θjuðaðanía] 囡 ❶ 市民(公民)権, 国籍: obtener (perder) la ~ 市民権を得る(失う). carta de ~ 国籍証明書. ~ colombiana コロンビア国籍. ❷ 公徳心, 公民精神. ❸ 匥翻 国民

ciudadano, na [θjuðaðáno, na] 厖 都市の, 都会の: seguridad ~*na* 都市の治安. vida ~*na* 都会生活
◆ 囵 ❶ 都会人. ❷ 市民, 公民, 国民: deberes de ~ 市民(国民)としての義務. ~ del mundo 世界市民. ❸ 《歴史》 市民 《caballero と artesano の間の階層》; 平民

ciudadela [θjuðaðéla] 囡 [都市内の] 城塞, 本丸

ciudadrealeño, ña [θjuða(ð)ɾ̯ealéɲo, na] 厖 囵 《地名》 シウダー•レアル Ciudad Real の(人) 《カスティーリャ=ラマンチャ地方の県•県都》

civet [θiβét] 男 《料理》 [ウサギ•エビなどの] 煮込み

civeta [θiβéta] 囡 《動物》 ジャコウネコ
civeto 男 麝香(じゃこう) 《algalia》

cívico, ca [θíβiko, ka] 厖 ❶ 公民の, 市民の: sentido ~ 公徳心. virtues ~*cas* 公民道徳. educación ~*ca* 公民(市民)教育. ❷ 公徳心のある

civil [θiβíl] 厖 《英 civil》 ❶ 市民の: sociedad ~ 市民社会; 社団法人. guerra ~ 内戦, 内乱. ❷ 《法律》 民事の, 民法上の 《↔criminal》: derecho ~ 民法権; [特に黒人の] 平等権, 公民権; 民法. muerte ~. 死亡, 権利失. ❸ 民間の 《↔militar》; 世俗的な 《↔eclesiástico》: control ~ シビリアンコントロール. oficial ~ 文官. traje ~ 平服. vida ~ [軍人生活に対する] 一般市民生活. incorporarse a la vida ~ 軍人をやめる; 還俗する. casarse por lo ~ 無宗教で結婚する. ❹ [天文暦•宗教暦に対して] 常用の: año ~ 暦年. día ~ 暦日. ❺ 礼儀にかなった, 丁寧な
◆ 囵 民間人; 《西》治安警備隊 guardia civil の隊員

civilista [θiβilísta] 厖 [弁護士が] 民事専門の
◆ 囵 民法学者; 《中南米》反軍国主義者

civilización [θiβiliθaθjón] 囡 《英 civilization. ↔barbarie》 文明; 文明化, 開化: ~ occidental 西欧文明. volver a la ~ 文明社会に戻る

civilizar [θiβiliθár] ⑨ 他 文明化させる; 行儀よくさせる, しつける. ◆ ~se 文明化する
civilizado, da 厖 《過分》 1) 文明化した: sociedad ~*da* 文明社会. 2) 公徳心のある
civilizador, ra 厖 文明化する

civilmente [θiβílménte] 剾 民法上; 無宗教で

civismo [θiβísmo] 男 公民精神, 公徳心

---

cizalla [θiθáʎa] 囡 [主に 圏. 金属切断用の] 大ばさみ, 剪断(せんだん)機; その切り屑

cizaña [θiθáɲa] 囡 ❶ 《植物》 ホソムギ, ドクムギ. ❷ 不和, 敵対: meter (sembrar) ~ 不和の種をまく
cizañar 他 ＝encizañar
cizañero, ra 厖 いつももめごとを起こす〔人〕

clac [klák] 男 ❶ 《擬声》 バリッ, ポキッ. ❷ 《服飾》 オペラハット, 畳みシルクハット; [折畳める] 三角帽
◆ 囡 ＝claque

clamar [klamár] 他 [絶望的に] 求める, 要求する; [+que+接続法 することを求めて] 叫ぶ, 嘆く: ~ su inocencia 無実を叫ぶ. Este crimen *clama* venganza. この犯罪に対しては復讐が必要だ
◆ 自 ❶ [+por•a+事物 を] 求める: ~ *por* agua 水を求める. ❷ [+contra+事 に] 抗議する

clámide [klámiðe] 囡 《古代ギリシア•ローマ. 服飾》短いマント

clamidosaurio [klamiðosáurjo] 男 《動物》 エリマキトカゲ

clamor [klamór] 男 ❶ [不平•苦痛の] 叫び, 絶叫; [群衆の怒り•興奮の] どよめき: ~ de la multitud 群衆のわめき声(歓呼の声). ~ de los aplausos 嵐のような拍手喝采. ❷ 弔鐘
clamorear 他 …を求めて叫ぶ; 哀訴する

clamoroso, sa [klamoróso, sa] 厖 ❶ 騒がしい: aplausos y vivas ~*s* すさまじい拍手と万歳の声. éxito ~ はなばなしい成功. recibimiento ~ 熱烈な歓迎. ❷ [大きさ•量•質が] 並外れた, 桁外れの

clan [klán] 男 [主にケルト人の] 氏族; [一般に] 一族, 一門; [強固な] 一党, 派: ~ mafioso マフィアのグループ

clandestinidad [klandestiniðá(ð)] 囡 秘密; 非合法活動: pasar a (vivir en) la ~ 地下にもぐる(もぐっている)

clandestino, na [klandestíno, na] 厖 秘密の, 内密の; 非合法の, 非公然の: reunión ~*na* 秘密の集会. mercado ~ 闇市. publicaciones ~*nas* 地下出版物, 海賊版. emisora ~*na* 非合法の放送局
◆ 囵 《口語》不法入国者

claque [kláke] 囡 匥翻 [無料で劇場に入れてもらい] 拍手喝采する人, さくら
claqué [klaké] 男 《←仏語. 舞踊》 タップダンス
claqueta [klakéta] 囡 《映画》 カチンコ

clara[1] [klára] 囡 ❶ 卵白. ❷ 頭髪の薄い部分; 短い晴れ間. ❸ 《西》炭酸飲料で割ったビール. ❹ [*C*~] 《女性名》 クララ
levantarse con las ~*s del día* 夜明けに起きる

claraboya [klaraβója] 囡 天窓

claramente [klárámente] 剾 はっきりと, 明瞭に: Se ven las montañas ~. 山々がはっきり見える. Dímelo ~. はっきり言いなさい

clarear [klareár] 自 ❶ [時に単人称] 夜が明ける; 晴れる: *Clarea* en el horizonte. 地平線が明るんでいる. Va *clareando* (el cielo). 空が

晴れていく. al ~ el día 夜明けに. ❷ 透ける；薄くなる：Le *ha clareado* el pelo. 彼は髪が薄くなった

◆ 他 ❶ 明るくする：Una gran ventana *clarea* el cuarto. 窓が大きくて部屋が明るい. 《中南米》射抜く, 貫通させる

◆ ~se ❶ 〔布などが〕透ける；薄くなる：Tu vestido *se clarea*. 君のドレスは透けて見える. *Se clarean* las rodillas del pantalón. ズボンの膝が薄くなっている. ❷〔本心が〕見え透く：Tus intenciones *se clarean*. 君の魂胆は見え透いている. *Se clareó* sin querer. 彼は思わず本音を言ってしまった

clarete [klaréte] 男 クラレット, 淡紅色のワイン〖vino ~〗

claretiano, na [klaretjáno, na] 形 名 《宗教》クラレチアン修道会 congregación claretiana の〔修道士・修道女〕

claridad [klariðá(ð)] 女 ❶ 明るさ, 光；透明さ：~ del día 日中の明るさ, 日の光. Todavía hay ~. まだ明るい. ❷ 明解さ, 明晰さ：explicar con mucha ~ きわめて明解に説明する. de una ~ meridiana 明々白々な. ~ de juicio 判断の明晰さ. ~ de vista (los ojos) 明敏さ, 目の確かさ. ❸ 複 不愉快な事実, 腹蔵のない言葉：decir [cuatro] ~es a+人 …にずけずけ言う

  cuanto menos bulto, más ~ やれやれ〔これでやっかい払いだ〕

clarificar [klarifikár] 7 他 透明にする；解明する：Quedan unos puntos por ~. 明らかにすべき点がいくつか残っている

◆ ~se 透明になる：*Se iba clarificando* el líquido. 液が澄んできた

  clarificación 女 透明化, 浄化；解明

clarín [klarín] 男 《楽器》ラッパ, ラッパ手

clarinete [klarinéte] 男 《楽器》クラリネット

◆ 名 クラリネット奏者

  clarinetista 名 クラリネット奏者

clarión [klarjón] 男 白墨〖tiza〗

clarisa [klarísa] 女 《宗教》聖クララ会 orden de Santa Clara の修道女

clarividencia [klariβiðénθja] 女 慧眼(恕), 先見の明；〔オカルト的な〕透視〔能力〕

  clarividente 形 名 洞察力のある〔人〕

claro, ra[2] [kláro, ra] 形 《英 clear. ↔ oscuro》 ❶ 明るい：habitación ~ra 明るい部屋. luz ~ra 明るい光. ii) [色が] 薄い：rosa ~ 薄いピンク色. vestido ~ 明るい色のドレス. 窓が大きくて ii) 晴天な；cielo ~ 晴天. El día amaneció ~. 好天の夜明けだった ❷ [濃度・密度などが] 薄い：chocolate ~ 薄い（水っぽい）ココア. pelo ~ 薄い髪. tela ~ra 目の粗い布. trigal ~ まばらな小麦畑 ❸ 透明な：agua ~ra 澄んだ水 ❹ 明らかな, 明白な, 明瞭な：Sus intenciones son ~ras. 彼の意図は明らか. No tengo ~ lo que es eso. それが何であるか私にはわかっていない. actitud ~ra はっきりした態度. doctrina ~ra わかりやすい教義. fotografía ~ra 鮮明な写真. persona ~ra はっきり言う人, 正直な

人. pronunciación ~ra 明瞭な発音. voz ~ra 澄んだ〔よく通る〕声 ❺ 明敏な：inteligencia ~ra 鋭い知性 ❻ 有名な：~ra prosapia 名のある家柄 ❼ 清廉な, 不正のない ❽ 《闘牛》[牛が] 堂々と攻撃する

a la(s) ~*ra(s)* 明らかに；公然と：*A las ~ras me muestra rebeldía*. 彼はあからさまに私に反抗する

¡~ está! もちろん！

~ que+直説法 もちろん…である：*C~ que alguna vez reñían*. 彼らはもちろん時にはけんかをした

¡~ que sí (no)! もちろんそうだ〔違う〕！

de ~〔一睡もしないで〕=*en* ~

en ~〔一睡もしないで〕：pasar la noche *en* ~ まんじりともしないで夜を明かす

dejar... [*en*] ~ =*poner (sacar)... en* ~

¡eso está ~*!* それはそうだ！

estar (ser) ~ *que*+直説法 …は明らかである〖否定では +接続法〗：*Está* ~ *que* él no quiere ir. 彼が行きたくないのは明らかだ

poner (sacar)... en ~ …を明らかにする：*poner en* ~ su situación 自分の立場を明確にする. Lo único que *he sacado en* ~ es que no debemos perder la esperanza. 私がたった一つわかったことは希望を失ってはならないということだ

ver poco ~ あまりよく見えない

◆ 男 ❶ 空き, すき間：~ del bosque 森の中の空き地. llenar un ~ すき間を埋める. ❷ 語間. ❸ 雲間, 晴れ間：En el cielo empezaron a abrirse ~s. 雲が切れ始めた. al ~ de luna 〔雲が切れて〕月明りで ❹ [時間的な] 間隔, 間. ❺ 〔絵画の〕明るい部分

◆ 副 明白に, 明瞭に：hablar ~ はっきり〔単刀直入に〕言う

◆ 間 《英 of course》 ❶ もちろん, そのとおりだ／結構だ！Acompáñame.—¡[Pues] ~! 一緒に来てくれ—オーケー. ¡C~ ~! ❷ わかった！¡C~ ~! だから彼は答えたがらなかったのだ

claroscuro [klaroskúro] 男 《美術》明暗法, キアロスクーロ

clase [kláse] 女 《英 class》

❶ クラス, 学級；教室〖sala de ~〗：Hay pocos alumnos en la ~ superior. 上級クラスは生徒が少ない. El profesor entra en la ~. 先生が教室に入る

❷ 授業：i) Hoy no hay ~. 今日は授業がない（休講だ）. dar ~ de (en) inglés a+人 …に英語の（で）授業をする. dar ~ con+人 《西》…の授業を受ける. en ~ 授業中に. ~ atrasada 補習授業. ~ magistral [授業形態としての] 講義. ii) [先生・生徒が主語で] Tengo ~ de historia esta tarde. 私は午後に歴史の授業がある. estar en ~ 授業中である. faltar a ~ 授業に欠席する. faltar a la ~ de matemáticas 数学の授業を休む. ir a ~ 授業（学校）に行く ❸ 階級, 階層：~ social 社会階級. ~ alta (baja) 上流（下層）階級. ~ media 中流（中

産)階級. ～ media alta (baja) 中流の上 (下)の階級, アッパー(ロワー)ミドル. ～ agraria 農民階級. ～ obrera (trabajadora) 労働者 階級. ～ política 政治家たち
❹ 等級；種類：de primera ～ 一流の, ファーストクラスの. de segunda ～ 二流の. ejecutiva (preferente) ビジネスクラス, エグゼクティブクラス. lana de ～ superior 上質のウール. toda ～ de.../…de toda(s) ～(s) あらゆる種類の…. de otra (la misma) ～ 違う(同じ)種類の. sin ninguna ～ de dudas まったく疑わずに. No me gusta esa ～ de libros. 私はこの種の本は好まない. ¿Qué ～ de persona es él? 彼はどんなタイプの人(人柄)ですか? ¡Véase la ～! ほら, ひきりも上等の品ですよ!
❺ 〖主に人について〗気品, 優雅さ：Él tiene mucha ～. 彼は非常に上品だ
❻ 《生物》綱(ネ)
❼ 《軍事》下士官[階級] 〖～s de tropa〗
clasicismo [klasiθísmo] 男 古典主義；古風さ
clasicista 形 名 古典主義の(主義者)；古典学者
clásico, ca [klásiko, ka] 形 名 〖英 classic〗❶ 古典の, 古代ギリシア・ローマの；古典主義の；典雅な, 規範となる：lenguas ～cas 古典語〖ギリシア語, ラテン語〗. teatro ～ 古典劇. música ～ca クラシック音楽. ❷ 伝統的な, 正統派の；《服飾》定番の：remedio ～ オーソドックスな治療法(手段). dar el ～ saludo 昔風のあいさつをする. Nos hicimos la ～ca foto de grupo. 私たちはおきまりのグループ写真を撮った. Es ～ca en su forma de vestir. 彼女の服装はおとなしい. ❸ 〖その人に〗特有の, いつもの：broma ～ca de mi padre 父のいつもの冗談
◆ 男 古典作家；古典主義の芸術家
◆ 男 古典〔的な作品〕, 名作
◆ 名 複 古典〔文学・語〕：hacer ～cas 古典を学ぶ
clasificación [klasifikaθjón] 女 ❶ 分類：～ del correo 郵便物の区分け. ～ alfabética アルファベット順による分類(整理). ～ decimal 10 進法分類. ❷ 順位, ランク；予選通過, 決勝進出 〖～ para la final〗：～ nacional del disco ヒットパレード. ～ de la primera división de fútbol サッカーの1部リーグの順位度. ❸ 《映画》〔成人向けなどの〕等級分け 〖～ moral〗
clasificado, da [klasifikáðo, ða] 形 過分 秘密の, 機密の
clasificador, ra [klasifikaðór, ra] 形 名 分類する(人)
◆ 男 ファイリングキャビネット；リングバインダー；＝clasificadora
◆ 女 選別(分類)機, ソーター
clasificar [klasifikár] 他 〖＋en・entre に〗分類する；等級に分ける：La empresa está clasificada entre los mejores. その会社は優良企業に入っている. ～ las cartas según sus destinos 手紙を宛先別に分ける
◆ ～se 〖＋en〗順位を占める；〖＋para 決勝などに〗進出する：～se en segundo lugar 第2

位になる. Se clasificó para las semifinales. 彼は準決勝に進出した
clasismo [klasísmo] 男 《軽蔑》階級差別
clasista 形 名 階級差別的な(人)：sociedad ～ 階級制社会
clástico, ca [klástiko, ka] 形 〖岩が〗砕屑(ナッ)性の；〖解剖模型が〗分解できる
claudia [kláuðja] 女 《植物》薄緑色で甘いプラム〖ciruela ～〗
claudicar [klauðikár] 自 〖＋de 責務・信条を〗放棄する；〖＋ante 困難に〗屈する：～ de sus creencias 信念を曲げる. ～ ante las presiones recibidas 圧力に屈する
claudicación 女 1) 変節；屈服. 2)《医学》跛行(ハ)
claustral [klaustrál] 形 修道院の(ような)：vida ～ 隠遁生活
claustro [kláustro] 男 ❶ 〖修道院などの〗内庭回廊. ❷ 修道院(生活)：retirarse al ～ 修道院に隠遁する. ❸ 教授会, 教授陣 〖～ de profesores〗. ❹《文語》～ materno 子宮〖matriz〗
claustrofobia [klaustrofóbja] 女 閉所(密室)恐怖症
claustrofóbico, ca 形 閉所恐怖症の
cláusula [kláusula] 女 ❶ 〖契約・条約の〗条項, 約款(ヤッ)：～ de escape 免責約款. ❷ 《文法》文, センテンス：～ absoluta 独立構文. ～ simple 単文
clausura [klausúra] 女 ❶ 終了, 閉鎖：ceremonia (acto) de ～ 閉会式. ❷ 〖修道院内の〗禁域, 修道院禁入制；禁域生活：monja de ～ 修道生活の修道女
clausurar [klausurár] 他 終了する, 閉会する；閉鎖する
◆ ～se 終了(閉会)する：La feria internacional se clausura hoy. 国際見本市は今日閉幕する
clavada[1] [klaβáða] 女 〖店などが〗高い金を取ること；《チェス》ピン 〖コマの釘づけ〗；〖エンジンの〗故障, 停止
clavadista [klaβaðísta] 名 《中米》〖崖などから〗水に飛び込む人
clavado, da[2] [klaβáðo, ða] 形 過分 ❶ 〖比喩〗[estar＋] 釘づけの：quedar ～ en la cama (ante la televisión) ベッドに寝たきり(テレビの前に釘づけ)になっている. tener la vista ～da en el horizonte 地平線をじっと見つめている. con la mirada ～da en el cielo 空をじっと見上げて. ❷ 《口語》そっくり[生き写しの：Es ～da a su madre./Es su madre ～da. 彼女は母親に生き写しだ. ❸ 《口語》正確な, ぴったりの：Llegó a las seis ～das. 彼はきっかり6時に着いた. Este vestido le está ～. このドレスは彼女にぴったりだ. traducción ～da 逐訳 ¡～! ぴったりだ!
dejar ～ a＋人 《口語》…を釘づけにする；呆然とさせる：La noticia me dejó ～. その知らせに私は面くらった
venir ～ 適している, 都合がよい
◆ 男 《中米》〖水中への〗飛び込み

clavar [klaβár] 他 ❶ [釘・杭などを, +en に] 打ち込む. ～ un palo en el suelo 杭を地面に打ち込む. ～ a+人 un puñal en el corazón …の心臓に短剣を突き刺す. ❷ [+a・en に] 釘(鋲)でとめる: ～ un cartel en la puerta ポスターをドアに鋲でとめる. ❸《比喩》釘づけにする: El terror la clavó en la pared. 彼女は恐怖のあまり壁に釘づけになった. Clavó los ojos en mí./Me clavó la mirada. 彼はじっと私を見つめた. ❹ [試験などで] 正解する: He clavado el problema. 私はその問題はよくできた. ❺ [客から] 高い金をとる: En este bar te clavan. このバーはぼる.
◆ ～se ❶ 刺さる: Me clavé (Se me clavó) un clavo en el pie. 私の足に釘が刺さった. ❷《中米》[崖などから] 水に飛び込む

clave [klábe] 囡 ❶ [理解・成功などの] 鍵, 手がかり: i) ～ del enigma 謎を解く手がかり. ～ del buen éxito 成功の秘訣. ～ de cifra 暗号の解法. ii) [形容詞的. 時に数変化する] tres ministerios ～ 3つのかなめとなる省庁. figuras ～s en las elecciones 選挙で鍵を握る人物たち. industria ～ 基幹産業. palabra ～ キーワード. posición ～ 最も重要な位置. punto ～ キーポイント. ❷ 隻名 暗号〔コード〕; パスワード: escribir en ～ 暗号で書く. escritura en ～ 暗号文. ❸ [アーチの] かなめ石 〖☞arco カット〗. ❹《情報》キー: ～ de búsqueda 検索キー. ❺《音楽》音部記号: ～ de sol (fa) ト音(ヘ音)記号
dar con (*en*) *la* ～ 鍵を見出す
echar la ～ [交渉・議論などに] 結着をつける
en ～ *de…* …の調子で
◆ 男《楽器》チェンバロ, クラブサン, ハープシコード; 稷 クラベス〖中南米の棒状の打楽器. ☞カット〗

clavecín [klaβeθín] 男 =clavicémbalo
clavecinista 名 チェンバロ奏者

clavel [klaβél] 男《植物》カーネーション: ～ de (la) India マリーゴールド. ～ del Japón ビジョナデシコ. ～ doble (reventón) オランダセキチク
clavelito 男 [花の小さい] ナデシコの一種
clavelón 男 マリーゴールド
clavellina 囡 ナデシコ

clavero [klaβéro] 男《植物》チョウジノキ
claveta [klaβéta] 囡 木釘, ペグ
clavete [klaβéte] 男《楽器》bandurria 用のピック
clavetear [klaβetteár] 他 ❶ …に飾り鋲を打つ; 乱雑に釘を打つ(釘で打ちつける). ❷ 結着をつける
clavicémbalo [klaβiθémbalo] 男《楽器》チェンバロ
clavicordio [klaβikórdjo] 男《楽器》クラヴィコード
clavícula [klaβíkula] 囡《解剖》鎖骨
clavicular 形 鎖骨の
clavija [klaβíxa] 囡 ❶《技術》ピン: ～ hen-

dida (de dos patas) コッタービン. ～ maestra 中心ピン. ～《電気》プラグ: enchufe con tres ～s 3 口コンセント. ❸ [弦楽器の] 糸巻き. ❹《登山》ピトン 〖～ de escalada〗
apretar las ～s a+人《口語》…を厳しく扱う, 締めつける
clavijero 男 1)《音楽》糸倉. 2) ハンガー 〖percha〗
clavillo [klaβíʎo] 男 [扇・はさみなどの] かなめ
clavo [klábo] 男《英 nail》❶ 釘(氵), 鋲(氵): clavar un ～ en… …に釘を打つ. sacar un ～ 釘を抜く. colgar un almanaque de un ～ 暦を釘に掛ける. ～ baladí (de herrar) 馬蹄釘. ～ de gancha 折れ釘, 犬釘. ～ de gota de sebo 丸頭釘. ～ de listonaje 木舞い釘. ～ de rosca ねじ釘, ビス. Por un ～ se pierde una herradura.《諺》千丈の堤も蟻の一穴から. Un ～ saca otro ～.《諺》新たな悩みは古い悩みを忘れさせてくれる. ❷《植物・香辛料》クローブ, 丁字(氵)〖～ de olor・de especia〗. ❸《医学》i) うおのめ, たこ. ii) せつ, ねぶと. iii) 偏頭痛: Tenía el ～ de ese hijo inútil. その無能な息子が彼の頭痛の種だった. ❹《登山》ピトン; ボルト. ❺《南米》不快なこと; 売れ残り, 滞貨: ¡Es un ～! まったくいやになる!
agarrarse a (*de*) *un* ～ *ardiendo*《口語》溺れる者はわらをもつかむ
clavar un ～ *con la cabeza* ひどく頑固である, 石頭である
como un ～ 正確に: A las ocho estaré allí como un ～. 8 時にはきっとそこに行くよ
dar en el ～ 図星をさす, 言い当てる
dar una en *el* ～ *y ciento en la herradura* 十中八九は失敗する
de ～ *pasado* 非常に容易(明白)な: verdad de ～ pasado 明白な事実
entrar por el ～ 無理やり入る
no dar (*pegar*) *ni* ～ 縦のものを横にもしない, ひどい怠け者である
¡por los ～*s de Cristo!* どうかお願いだから!
remachar el ～ 傷口を広げる, よけい悪化させる; [証明済みの] 事実に議論を重ねる
tener un ～ *en el corazón* 悲嘆にくれる

claxon [klá(k)són] 男《稷 ～s》《←英語》クラクション, 警笛: tocar el ～ クラクションを鳴らす
claxonazo 男 クラクションを鳴らすこと
clemátide [klemátiðe] 囡《植物》クレマチス, テッセン
clemencia [kleménθja] 囡 寛大, 仁徳: mostrar ～ con+人 …に情けをかける. pedir ～ a+人 …に慈悲を請う
clemente 形《文語》寛大な, 情け深い
clementina [klementína] 囡《果実》[濃い橙色で小粒の] ミカン
clepsidra [klepsíðra] 囡 [古代の] 水時計
cleptomanía [kleptomanía] 囡 [病的な] 盗癖
cleptomaníaco, ca/cleptómano, na 形 名 盗癖のある〔人〕
clerecía [klereθía] 囡 隻名 聖職者; 聖職
clerical [klerikál] 形 名 聖職者の; 教権を支

持する〔人〕: traje ～ ローマンカラー服

clericalismo 男 教権拡張主義

clericó [klerikó] 男《南米》白ワインのフルーツポンチ

clérigo¹ [klérigo] 男 ❶《カトリック》聖職者. ❷《古語》学者, 知識人

clérigo², **ga** 《プロテスタント》聖職者, 牧師

clero [kléro] 男 医集 聖職者〔階級〕: ～ regular 修道会聖職者. ～ secular 教区(在俗)聖職者

cleruco [kléruko] 男《古代ギリシア》〔植民地に住んだ〕農奴

cleruquía [klerukía] 囡《古代ギリシア》クレルキア〔植民地の一種〕

clic [klík] 男《←英語. 情報》クリック: hacer ～ en... …をクリックする. hacer dos veces ～ ダブルクリックする

cliché [kliĉé] 男《←仏語》❶ 印刷版;〔写真〕ネガ, 陰画. ❷ 型どおりの表現, 紋切り型

cliente, ta [kljénte, ta] 图《英 client. cliente で 图 も》❶〔店などの〕客, 顧客;〔特に〕常連, 得意先〔～ asiduo·habitual〕: Esta tienda tiene muchos ～s. El ～ de un dentista 歯医者の患者. buen ～ 上客. ❷ 子分

clientela [kljentéla] 囡 ❶ 医集 顧客〔層〕, 客すじ: perder la ～ 客を失う. con buena ～ よいお得意のいる. ❷ 愛顧, ひいき. ❸ 派閥

clientelismo [《主に中南米. 軽蔑》官職などとひきかえに票を集めること〕派閥主義

clima [klíma] 男《英 climate》❶ 気候, 風土: El ～ de este país es benigno. この国の気候は温暖だ. ～ continental 大陸性気候. ～ de bosque lluvioso tropical 熱帯雨林気候. ～ desértico 砂漠気候. ～ estepario 草原気候. ～ marítimo (oceánico) 海洋気候. ～ mediterráneo 地中海性気候. ～ monzónico 季節風気候. ～ polar 極地気候. ～ templado 温帯気候. ～ tropical 熱帯気候. ～ artificial 温度調節, エアコンディショニング. ❷ 雰囲気: ～ de amistad 友好的な雰囲気

climaterio [klimatério] 男《医学》更年期, 閉経

climatérico, ca 形 更年期の; 厄年の〔7年·9年目ごと〕: año ～ 厄年

climático, ca [klimátiko, ka] 形 気候〔上〕の: cambios ～s 気候変動. condición ～ca 気候条件

climatizar [klimatiθár] 9 他 ❶ 空気調節を行なう, 空調設備を施す;〔プールを〕温水にする: piscina climatizada 温水プール. ❷《技術》熱帯(寒冷地)仕様にする

climatización 囡 エアコンディショニング;《技術》耐温調節

climatología [klimatoloxía] 囡 気候学

climatológico, ca 形 気候学の

clímax [klíma(k)s] 男《単複同形》❶ クライマックス;《修辞》漸層法: alcanzar su ～ クライマックスに達する. ❷《植物》極相, 安定期

clínex [klínɛ(k)s] 男 ＝kleenex

clínica¹ [klínika] 囡 ❶ 病院, 診療所《←hospital 頭病》: ～ universitaria 大学病院. ❷ 臨床医学

clínico, ca² [klíniko, ka] 形 臨床の: hoja ～ca カルテ
　◆ 图 臨床医, 一般医

clinómetro [klinómetro] 男 傾斜計, クリノメーター

clip [klíp] 男《複》～s《←英語》❶〔紙·髪用などの〕クリップ; クリップでとめるイヤリング《pendientes·aros de ～》. ❷《音楽》ビデオクリップ

clipe ＝clip

clíper [klíper] 男《←英語》快速帆船; 長距離の大型旅客機

clisé [klisé] 男 ＝cliché

clisar [《印刷》ステロ版にする

clítoris [klítoris] 男《単複同形》《解剖》陰核, クリトリス

clitoridiano, na 形 陰核の

cloaca [kloáka] 囡 ❶ 下水設備, 下水管. ❷ 汚くて不快な場所; 悪のはきだめ. ❸《動物》総排出腔

clocar [klokár] 7 自 ＝cloquear

cloche [klóʧe] 男《中南米》クラッチ《embrague》

clon [klón] 男《生物》クローン

clonación 囡/**clonaje** クローン技術, クローニング

clonar 他 …のクローンをつくる, クローンとして発生させる

clónico, ca 形 クローンの

cloquear [klokeár] 自〔雌鶏が〕コッコッと鳴く

cloqueo その鳴き声

clorar [klorár] 他 塩素で処理(消毒)する

cloración 囡 塩素処理(消毒)

cloro [klóro] 男《元素》塩素

clorato 男《化学》塩素酸塩

clorhidrato 男《化学》塩酸塩

clorhídrico, ca 形《化学》塩化水素の: ácido ～ 塩酸

clorobenceno 男《化学》クロロベンゼン

clorofila [klorofíla] 囡《植物》クロロフィル, 葉緑素

clorofílico, ca 形 葉緑素の

clorofluorocarbono [kloroflworokarbóno] 男《化学》クロロフルオロカーボン, フロン

cloroformo [klorofórmo] 男《化学》クロロホルム

cloroformizar 9 他 クロロホルムで麻酔(処理)する

cloroplasto [kloroplásto] 男《植物》葉緑体

clorosis [klorósis] 囡《単複同形》《医学》萎黄病;《植物》白化

cloruro [klorúro] 男《化学》塩化物: ～ sódico (de sodio) 塩化ナトリウム. ～ de ácido 酸塩化物. ～ de cal さらし粉

clóset [klóset] 男《複》～s《←英語. 中南米》〔造り付けの〕戸棚

clown [kláun/klóun] 男《複》～s《←英語》道化師《payaso》

club [klúb] 男 〖複〗～s；《中南米》～es》《←英語》〖スポーツ・社交・政治などの〗クラブ：～ atlético アスレチッククラブ．～ de natación スイミングクラブ，水泳部．～ literario 文学同好会．～ náutico ヨットクラブ．～ nocturno ナイトクラブ．～ revolucionario 革命派のクラブ(集会所)．PEN C～ ペンクラブ．C～ de Roma ローマクラブ．～ atómico 核クラブ．❷〖劇場・映画館の〗1 階の前方の列

clueco, ca [klwéko, ka] 形 卵を孵す(かえ)〔雌鶏〕

cluniacense [klunjaθénse] 形 男《宗教》クリュニー Cluni 修道院の〔修道士〕

cm. 《略語》←centímetro センチメートル

CNT 女《西. 略語》←Confederación Nacional del Trabajo 国民労働連合

co-《接頭辞》〖共同・共通〗cooperación 協力

coacción [koa(k)θjón] 女 強制, 強要

coaccionar [koa(k)θjonár] 他 強制する, 無理強いする：Me *coaccionaron* a renunciar (para que renunciara) al plan. 私は計画を断念するように強要された

coacervación [koaθerbaθjón] 女《化学》コアセルベーション, 堆積現象
coacervato 男 コアセルベート

coactivo, va [koaktíßo, ba] 形 強制的な：medios ～s 強制的手段

coadjutor, ra [koadxutór, ra] 形 名 補佐〔の〕：obispo ～ 補佐司教
◆《カトリック》補佐司祭

coadyuvar [koadjußár] 自《文語》[+a・en に] 貢献する, 助ける：～ *a* la digestión 消化を助ける
coadyuvante 形 助けとなる

coagular [koagulár] 他 凝固(凝結)させる：～ la sangre 血を凝固させる
◆ ～se 凝固する
coagulación 女 凝固〔作用〕, 凝結；凝集
coagulante 形 凝固させる；凝固剤
coágulo 男 凝固物, 凝結；〔特に〕血塊

coala [koála] 男《動物》コアラ

coalescencia [koalesθénθja] 女 合体, 集合

coalición [koaliθjón] 女〖国家・政党などの一時的な〗同盟, 提携：gabinete (gobierno) de ～ 連立内閣(政府)．～ de izquierdas 左翼連合．～ de empresas 企業連合(合同)

coaligar [koaligár] 图 他 =**coligar**

coartada [koartáða] 女 ❶《法律》アリバイ, 現場不在証明：probar su ～ アリバイを証明する．presentar (tener) una ～ アリバイを立てる(がある)．❷ 言い訳, 口実

coartar [koartár] 他〖自由などを〗制限する：～ el desarrollo de la personalidad 個性の伸びを妨げる
coartación 女 制限

coaseguro [koaseguro] 男 共同保険, コインシュアランス

coatí [koatí] 男 〖複〗～(e)s〗《動物》ハナグマ

coautor, ra [koaytór, ra] 名 共著者；《法律》共同正犯者

coaxial [koa(k)sjál] 形 同軸の：cable ～ 同軸ケーブル

coba [kóßa] 女 へつらい：dar ～ a su jefe 上司にゴマをする

cobalto [koßálto] 男《元素》コバルト
cobaltina [鉱物] 輝コバルト鉱

cobarde [koßárðe] 形 名 ❶ 臆病な〖↔ valiente〗；臆病者, いくじなし．❷《軽蔑》卑怯(卑劣)な；卑怯者

cobardía [koßarðía] 女 臆病, 気弱さ；卑怯, 卑劣さ：cometer una ～ 卑怯なことをする

cobaya [koßája] 女《動物》テンジクネズミ, モルモット〖比喩的にも〗
cobayo 男 =**cobaya**

cobea [koßéa] 女《植物》コベア

cobertera [koßertéra] 女〖鍋の〗ふた；[鳥の] 尾羽

cobertizo [koßertíθo] 男《建築》[出入口・窓の] 庇(ひさし)；納屋, 物置, 小屋

cobertor [koßertór] 男 上掛け毛布；ベッドカバー

cobertura [koßertúra] 女 ❶ 覆い, 隠蔽：servir de ～ de… …の隠れみのの役を果たす．❷ [電波・情報などの] 行き渡る範囲：～ de radar レーダーの探知範囲．programa de ～ nacional 全国ネットの番組．❸《商業》保証, カバー：～ de dividendo 配当倍率．～ frente a la inflación インフレヘッジ．❹ 掩護(射撃)：～ aérea 空軍による掩護

cobija [koßíxa] 女 ❶《建築》棟瓦(むながわら)．❷ [鳥の] 綿羽．❸《中南米》毛布；〖複〗寝具
◆ 形《中米》臆病な

cobijar [koßixár] 他 ❶ …に宿泊(避難)所を提供する, 泊める：Este edificio *cobija* a muchas familias. この建物には多くの家族が避難している．❷ [+de から] 庇護する：El paraguas nos *cobija* de la lluvia. かさは雨を防いでくれる．❸《文語》[感情を] 抱く：～ una ambición 野心を抱く
◆ ～se [+en で] 避難する：～*se en* el refugio 避難場所に逃げ込む．～*se* bajo la tienda (*en* la manta) テント(毛布)にもぐり込む
cobijamiento 男 庇護, 保護

cobijo [koßíxo] 男 ❶ 庇護；避難場所：dar ～ a+人 …を庇護する(泊める)．❷ 庇護者

cobista [koßísta] 名《西. 軽蔑》おべっか使い；詐欺師

cobla [kóßla] 女 [カタルーニャで] サルダーナ sardana を演奏する管弦合奏団

cobra [kóßra] 女 ❶《動物》コブラ：～ real キングコブラ．❷ 猟犬が獲物を持ってくること

cobrable [koßráßle] 形 回収し得る

cobrador, ra [koßraðór, ra] 名 ❶ 集金人：～ de deudas (de morosos) 取立人．❷ [バスの] 車掌

cobranza [koßránθa] 女 集金, 回収

cobrar [koßrár] 他 ❶ [給料・費用などを] 受け取る；[貸し金などを] 取り立てる, 回収する：*Cobra* cien mil pesetas al mes. 彼は月給 10 万ペセタだ．Me *han cobrado* los gastos de

envío. 私は送料を取られた. *Cóbre*me. [店員に] 勘定をお願いします. letra a ～ 受取り手形. cuenta por ～ 売掛金(勘定). ❷ [獲物を] つかまえる: Hoy *hemos cobrado* un buen número de piezas. 今日は大猟だった. ❸ 獲得する: ～ fama 有名になる. ～ importancia 重要(大物)になる. ❹ [感情を] 抱く: ～ a＋人 cariño …に愛情を感じる. ❺ [綱などを] 引く, たぐり寄せる: ～ la red 網を引き揚げる ◆ 📕 ❶ 給料(代金)を受け取る. ❷ ひどい目に会う [叱られる, 殴られるなど]
◆ ～se ❶ 立ち直る; 意識を回復する: ～se del susto 驚きから我に返る. ❷ [追徴金・貸した金・補償金などを] 受け取る: *Se ha cobrado* cinco pesetas por traerlo a casa. 彼は宅配サービスということで5ペセタ多く取っていった. ❸ 《商業》*Cóbrese* al entregar. 現金着払い, COD. ❹ 《文語》[人命を] 奪う: El accidente *se cobró* 15 víctimas. 事故で犠牲者が15人出た

cobre [kóbre] 男 ❶ 《元素》銅: ～ amarillo 黄銅, 真鍮. ～ blanco 白銅. ～ negro 粗銅. ～ rojo 金属銅. ～ verde マラカイト [malaquita]. ❷ [台所用品などの] 銅製品. ❸ 📯 《音楽》金管楽器. ❹ 《中米》銅貨: no tener ～ 一文なしである
batirse el ～ 《口語》 [＋en で] てきぱきとする, 身を入れる

cobrizo, za [kobríθo, θa] 形 銅色の, 赤褐色の; [鉱物的] 銅を含む: piel ～*za* 赤銅色の肌

cobro [kóbro] 男 [金の] 受取り; 集金, 取立て: día de ～ 給料日. llamar a ～ revertido コレクトコールで電話する. ～ indebido 不当徴収. ～ a la entrega 《商業》現金着払い, COD
poner... en ～ …を安全な場所に置く
ponerse en ～ 安全な場所に逃げ込む
presentar... al ～ …を現金に換える

coca [kóka] 女 ❶ 《植物》コカ, コカノキ; 《俗語》＝**cocaína**. ❷ [髪型] 頭の両側にまとめたシニョン. ❸ 《口語》[人間・動物の] 頭. ❹ 《口語》[拳骨による] 頭への殴打
de ～ 《中米》ただで, 無料で

cocacho [kokátʃo] 男 《南米》＝**coscorrón**

cocada [kokáða] 女 ❶ 《菓子》マコロン. ❷ 《南米》ヌガーの一種; コカインのストック

cocaína [kokaína] 女 《化学》コカイン
cocainismo 男 《医学》コカイン中毒
cocainómano, na 形 名 コカイン中毒の(中毒者)

cocal [kokál] 男 《中南米》＝**cocotal**

cocazo [kokáθo] 男 《南米》頭突き [cabezazo]

cocción [ko(k)θjón] 女 煮ること; 調理, 料理; 《医学》焼成; 《金属》焙焼: agua de ～ 沸騰水

cóccix [kó(k)θi(k)s] 男 《単複同形》＝**coxis**

cocear [koθeár] 自 [＋coz] [馬などが] 後脚で蹴る, 後脚を跳ね上げる

cocedero [koθeðéro] 男 調理した魚介類などを売る店

cocer [koθér] 他 ① 29 《ロ活用表》他 ❶ 煮る:

～ las patatas ジャガイモをゆでる(煮る). ～ arroz ご飯を炊く. ～ agua [やかん・鍋で] 湯を沸かす. ❷ [オーブン・窯で] 焼く: ～ pan パンを焼く. ～ la cerámica 陶器を焼く
◆ 自 煮立つ [hervir]: El agua está *cociendo*. お湯が沸騰している
◆ ～se ❶ 煮える; 焼ける: a medio ～*se* 生煮え(焼け)の. En esta sala *se cuece* uno. この会場はひどく暑い. ❷ [陰謀などが] たくらまれる: Se está *cociendo* una rebelión. 反乱のたくらみがある

cocer	
直説法現在	接続法現在
c*uezo*	c*ueza*
c*ueces*	c*ueza*s
c*uece*	c*ueza*
cocemos	co*zamos*
cocéis	co*záis*
c*uecen*	c*ueza*n

cochambre [kotʃámbre] 男/女 汚いもの, ごみ

cochambroso, sa 形 名 ひどく汚い [人]

cochayuyo [kotʃajújo] 男 《南米》[食用の] 海草

coche [kótʃe] 男 《英 car》 ❶ 《主に西》自動車 [中南米では carro]; 馬車: conducir un ～ 車を運転する. subir a un ～ 車に乗る. ir en ～ 車で行く. ir con ～ [自分で運転して] 車で行く. Vamos en mi ～. 私の車で行こう. ～ abierto (descubierto) オープンカー. ～ antiguo (de época) クラシックカー. ～ bomba 自動車爆弾. ～ cerrado セダン. ～ de caballo[s] 馬車. ～ de línea [＋para・行きの] 長距離バス; 定期観光バス. ～ deportivo スポーツカー. ～ familiar 《西》ワゴン車. ～ K 《西》覆面パトカー. ～ simón (de punto・de plaza・de sitio) 辻馬車; タクシー. ～*s de choque* [遊園地の] 豆自動車, ゴーカート. Ya que se lleve el diablo, que sea en ～. 《諺》どうせ悪事を働くなら大もうけしなければ損だ
❷ 《鉄道》[旅客用の] 車両, 客車: Va en el segundo ～. 彼は2両目に乗っている. ～ cama 寝台車. ～ litera 簡易寝台車. ～ comedor (restaurante) 食堂車. ～ correo (de correos) 郵便車
❸ 乳母車 [cochecito]: ～ silla ベビーカー, 折畳み式乳母車.
❹ 《中米》豚 [cerdo]: ～ de monte イノシシ [jabalí]
～ *parado* [大通り・広場に面した] 窓, バルコニー.
esto va en ～ まあまあだ/悪くはない
ir en el ～ *de San Fernando* (*San Francisco*) 歩いて行く

cochecito [kotʃeθíto] 男 おもちゃの自動車; [箱型の] 乳母車 [～ de niño]

cochero, ra [kotʃéro, ra] 名 ❶ [馬車の] 御者: ～ de punto 辻馬車の御者. ❷ 行儀の悪い人, 下品な人

hablar como un ～ 盛んに毒づく, 罵倒する
◆ 囡 ❶ [バス・電車の] 車庫；《主に中南米》[自家用車の] ガレージ. ❷ 《歴史》[宿駅の] 替え馬のいる宿場

cochifrito [kotʃifríto] 男《料理》子ヤギ・子羊肉の冷製

cochinada [kotʃináða] 囡《口語》❶ 豚のような汚なさ；卑劣(猥褻・無礼)な行為

cochinear [kotʃineár] 他《南米》困らす；[悪気でなく] からかう

cochinería [kotʃinería] 囡《口語》汚なさ；＝cochinada

cochinilla [kotʃiníʎa] 囡《昆虫》カイガラムシ；エンジムシ

cochinillo [kotʃiníʎo] 男 [離乳前の] 子豚；《料理》子豚の丸焼き [～ asado]

cochino, na [kotʃíno, na] 图 ❶ 豚 [cerdo]：～ montés イノシシ [jabalí]. ❷ 汚い人；卑劣(卑猥)な人
◆ 形 ❶ [豚のように] 汚い；卑劣な, 卑猥な. ❷ いやな, いまいましい：Esta ～na moto se ha parado. このいまいましいオートバイが動かなくなった
chino ～ 中国人(および日本人を含めた東洋人)に対する軽蔑のはやし言葉

cochiquera [kotʃikéra] 囡 豚小屋, 汚い場所 [pocilga]

cochura [kotʃúra] 囡 [陶器・パンを] 焼くこと；その1回分の量

cocido, da [koθíðo, ða] 形過分 煮た；焼いた：arroz ～ ご飯
◆ 男 ポトフに似た煮込み料理

cociente [koθjénte] 男《数学》[coeficiente]：～ intelectual (de inteligencia) 知能指数

cocimiento [koθimjénto] 男 ❶ ＝cocción：～ asativo 蒸し焼き. ❷ 煎じ汁 [decocción]. ❸ [羊毛の] 浸染

cocina [koθína] 男《英 kitchen》❶ 台所, 調理場：～-comedor ダイニングキッチン. ❷ 調理台, コンロ：～ eléctrica 電気調理器. ❸ 料理[法]：～ española スペイン料理. alta ～ 高級(フランス)料理. libro de ～ 料理の本

cocinar [koθinár] 他 ❶ [料理を] 作る；[加熱して] 調理する：～ una cena exquisita おいしい夕食を作る. ～ comida china 中華料理を作る. ～ un plato mexicano. ～ un besugo タイを調理する. ❷《口語》[密かに] 企てる, たくらむ

cocinero, ra [koθinéro, ra] 图 料理する人；[特に] コック, 料理人：Es buen ～. 彼は料理が上手だ. Haber sido ～ antes que fraile.《諺》昔とったきねづか

cocinilla [koθiníʎa] 囡 卓上コンロ, 携帯用コンロ
◆ 男《軽蔑》家事(特に料理)の好きな男

cocker [kóker] 图《復 ～s》《←英語. 犬》コッカースパニエル

coclearia [kokleárja] 囡《植物》トモシリソウ

coco [kóko] 男 ❶《果実》ココナッツ, ヤシの実 [nuez del ～]；＝cocotero：agua (leche)
de ～ ココナッツミルク. ❷《口語》頭 [cabeza]：calentarse el ～ よく考える, 知恵を絞る. tener mucho ～ 頭がいい. lavado de ～ 洗脳. ❸ [子供を怖がらせるために言われる] 鬼, お化け：Duérmete, que viene el ～. 寝なさい. さもないとお化けが出るよ. ❹ 醜い人. ❺《生物》球菌. ❻《昆虫》ゾウリムシ [gorgojo]
comer el ～ *a+人*《西. 口語》…の純真さにつけこむ, だます
comerse el ～《西. 口語》あれこれ(ああでもないこうでもないと) 考える
darse un ～ [con la cabeza] [頭に] ぶつかる, 1発くらう
estar hasta el ～《口語》満腹になる；うんざりする
hacer ～*s* [恋人同士が] 目くばせする；愛撫する
ser (parecer) un ～《口語》[顔が] 大変醜い(恐ろしい)；《スポーツ》マークすべき強敵である

cocobacilo [kokoβaθílo] 男《生物》球桿菌

cococha [kokótʃa] 囡《←バスク語. 料理》メルルーサやタラの下あご

cocodrilo [kokoðrílo] 男《動物》[アフリカ・南アジアの] ワニ：bolso de ～ ワニ革のハンドバッグ
lágrimas de ～ そら涙：derramar *lágrimas de* ～ うそ泣きする

cocoliche [kokolítʃe] 男《南米で》イタリア系移民の使う混合語
◆ 图 それを話す人

cocorota [kokoróta] 囡 ❶《口語》[人の] 頭. ❷ 頭頂 [coronilla]；最高部, てっぺん

cocotal [kokotál] 男 ココヤシ林

cocotero [kokotéro] 男《植物》ココヤシ

cóctel [kóktel] 男《復 ～[-e]s》《←英語》❶《酒・料理》カクテル：preparar (hacer) un ～ カクテルを作る. agitar un ～ カクテルをシェイクする. ～ de langostinos (de gambas de mariscos) 小エビのカクテル. ～ Molotov 火炎瓶. ❷ カクテルパーティー：celebrar un ～ カクテルパーティーを開く. ❸ カクテルドレス
coctel 《中南米》＝**cóctel**
coctelera 囡 [カクテルの] シェーカー
coctelería 囡 カクテルバー

cocuyo [kokújo] 男《昆虫》ホタルコメツキ [熱帯アメリカに住むカタルの一種]

coda [kóða] 囡 ❶《音楽》コーダ. ❷《建築》[留め継ぎ用の] くさび

codal [koðál] 男 [鎧の] 肘当て；《建築》[内壁を支える] 横木

codaste [koðáste] 男《船舶》船尾骨材

codazo [koðáθo] 男 [←codo] 肘で突くこと：abrirse paso (camino) a ～s 肘で人をかき分けて通る. dar un ～ (～s) a+人 [注意・合図のために] …を肘で突く
a ～ *limpio* 肘でかき分けて；遠慮なく, 勝手に
dar ～《中米》秘かに通報する

codear [koðeár] 他 肘で突く(人をかき分ける)
◆ 他《南米》せがむ；金をせびる
◆ ～**se** [+con 高い地位の人と対等に] 交際する：～*se con* la alta sociedad 上流社会とつきあう. ～*se con* un ministro ある大臣と親しい

codeína [koðeína] 囡《化学》コデイン

codera [koðéra] 囡 ❶《服飾》肘の継ぎ当て；肘のすり切れ．❷ 肘のサポーター

codeso [koðéso] 男《植物》エニシダ

códice [kóðiθe] 男〔昔の〕写本

codicia [koðíθja] 囡 ❶ 強欲，貪欲；渇望：～ de saber 知識欲．con ～ 貪欲に，熱心に．La ～ rompe el saco.《諺》一文惜しみの百知らず．❷《闘牛》闘争心

codiciar [koðiθjár] 囮 他〔みだりに〕欲しがる：～ los bienes ajenos 他人の財産を欲しがる

codicilo [koðíθilo] 男《法律》遺言補足書

codicioso, sa [koðiθjóso, sa] 厖 貪欲な〔人〕，欲ばりな〔な〕：ojos ～s 物欲しそうな目

codificar [koðifikár] 囮 他 ❶ 法典に編纂する．❷ コード化する，スクランブルをかける；体系化する

codificación 囡 法典編纂；コード化，体系化
codificador 男〔エン〕コーダー，符号器

código [kóðiɣo] 男 ❶ 法典；法規〔集〕：～ civil (penal・de comercio) 民(刑・商)法典．～ de la circulación/～ de carreteras 交通法規．～ de Hammurabi ハムラビ法典．～ del honor 名誉の掟．❷ 信号〔表〕，コード：～ abreviado 略号．～ autocomprobable 自己検査コード．～ barrado (de barras) バーコード．～ de señales 信号コード．～ genético《生物》遺伝暗号．～ postal 郵便番号．～ Q 航空用国際電信符号．～ secreto 暗号；暗証番号，パスワード．～ telegráfico 電信略号．～ territorial《電話》市外局番

codillo [koðíʎo] 男 ❶〔主に豚の〕膝から上の部分；《料理》肘形継ぎ管．❸〔枝を切り落とした後の〕木のこぶ

codo [kóðo] 男《英 elbow》❶ 肘(ひじ)：apoyar los ～s (estar de ～s) sobre la mesa テーブルに両肘をつく(ついている)．separar los ～s 肘を張る．chaqueta raída por los ～s 肘のすり切れた上着．～ de tenista テニス肘．❷〔道・川などの〕曲がり角，湾曲部；《技術》L字継ぎ手，エルボ．❸〔長さの単位〕コド《肘から中指の先まで：約 42 cm》

a base de [*clavar los*] ~*s* 猛勉強によって

alzar el ~ =empinar el ~

beber de ~*s* ちびちびと(ゆっくり)飲む

clavar los ~*s* [*en la mesa*]《口語》猛勉強，ガリ勉する

~ *a* ~ 肘を接して，並んで；団結して：trabajar ~ *a* ~ 並んで(力を合わせて)働く

~ *con* ~ = ~ *a* ~；~ *en* ~

~ *en* ~ 後ろ手に縛って(縛られて)

comerse los ~*s de hambre* 餓死しそうなほど貧しい

charlar por los ~*s* =*hablar por los* ~*s*

dar con el ~ 肘で突く，そっと合図する

desgastarse los ~*s* =*romperse los* ~*s*

empinar el ~《口語》たくさん酒を飲む，痛飲する

hablar por los ~*s* よくしゃべる，しゃべりまくる

hacer más ~*s* [勉強・仕事などに]もっと精を出す

hincar los ~*s* [*en la mesa*] =*clavar los* ~*s*

levantar el ~ =empinar el ~

meter la mano hasta el ~/*meterse hasta los* ~*s* 深みにはまり込んでいる

morderse el ~《中南米》我慢する

romperse los ~*s* 猛勉強する，ガリ勉する

codoñate [koðoɲáte] 男 マルメロの菓子

codorniz [koðorníθ] 囡〔複〕～ces《鳥》ウズラ：rey de *codornices* ハタイナ

coedición [koeðiθjón] 囡 共著〔本，行為〕

coeducación [koeðukaθjón] 囡《男女》共学

coeficiente [koefiθjénte] 男《数学・物理》係数，指数，率：～ de la circunferencia 円周率．～ de dilatación 膨張率(係数)．～ intelectual 知能指数

coenzima [koenθíma] 囡《生物》補酵素

coercer [koɛrθér] 囹 他《文語》抑制する，禁止する：Las normas rígidas *coercen* la libertad de acción. 厳格な規則は行動の自由を抑えつける

coercibilidad 囡《物理》圧縮可能性

coerción 囡《法律》強制

coercitivo, va 厖 1)《法律》強制的な． 2)《電気》fuerza –*va* 保磁力．campo ～ 保磁磁界

coetáneo, a [koetáneo, a] 厖 宮 [+de と]同時代の，《contemporáneo》

coexistencia [koe(k)sisténθja] 囡 共存：～ pacífica 平和共存

coexistir [koe(k)sistír] 圁 [+con と] 共存する

cofa [kófa] 囡《船舶》檣楼，トップ

cofactor [kofaktór] 男《数学》余因子

cofia [kófja] 囡 ❶〔看護婦・ウェイトレスなどの白い布の〕かぶりもの〔カット〕．❷《植物》根冠．❸〔種の〕薄い皮，種皮

cofinanciación [kofinanθjaθjón] 囡 協調融資

cofradía [kofraðía] 囡 ❶《宗教》信心会．❷ 同職組合，同業者団体：i) ～ de pescadores 漁業組合．ii) [ふざけて]…会，…族：～ de ladrones 泥棒仲間．～ de millonarios venidos a menos 斜陽族

cofrade 囡 宮 その会員；同僚，同業者

cofre [kófre] 男 ❶〔ふた付きの〕大箱，櫃；貴重品箱．❷《魚》ハコフグ

cogedor [koxeðór] 男 ちりとり《recogedor》

coger [kóxer] ❸ 以外ほとんど使われない．☞活用表 他 ❶ つかむ，取る：i) ～ el hielo con las manos 氷を手でつかむ．～ una cuchara スプーンを持つ(取る)．No *ha cogido* una raqueta en su vida. 彼は一度もテニスをしたことがない．ii) [+con・de・por+体の一部] *Cogió del* (*con・por* el) *brazo a su hijo.* 彼は息子の腕をつ

かんだ. iii) ［＋a から］奪う, 取り上げる: Me ha cogido las gafas de sol. 彼は私のサングラスを取った. Le cogieron un vídeo en la frontera. 彼は国境でビデオを没収された

❷ つかまえる, 捕える: i) La policía ha cogido al ladrón. 警官は泥棒をつかまえた. ～ radio Moscú モスクワ放送をキャッチする. ～ apuntes メモを取る. ～ la indirecta ほのめかしに気づく. Le cogió una llorera. 彼は号泣した. ii) 《主に西》発見する, 出会う: Le cogieron leyendo el periódico en vez de trabajar. 彼は仕事をさぼって新聞を読んでいるところを見つかった.

❸ 手に入れる: ～ billete 切符を買う. ～ un trabajo 職を得る. ～ un profesor particular 家庭教師を雇う. ～ hora para el dentista 歯医者の予約を取る

❹ ［習慣などを］身につける; ［感情・意見などを］持つ: ～ acento andaluz アンダルシアなまりになる. ～ la gripe 流感にかかる. ～ más confianza より親しみを感じる. ～ un vicio 悪習に染まる

❺ ［乗り物に］乗る: ～ el tren 列車に乗る

❻ …に追いつく; ［乗り物が］轢(ひ)く; 《闘牛》［角で］引っかける: Le ha cogido un autobús. 彼はバスに轢かれた

❼ ［場所を］占める: La alfombra coge toda la sala. じゅうたんは部屋一杯の大きさだ

❽ 受け取る; 受け止める: ～ una propina チップを受け取る. Cogió muy mal su destitución. 彼は解任させられたことをひどく不満に思った

❾ 収穫する, 取り入れる: ～ la uva ブドウを摘む

❿ …に取りかかる: ～ el curso con entusiasmo 熱心に講習を始める

⓫ ［たまたまある時に］当たる, 巡り合わせる: Me cogió la lluvia en la calle. 私は通りで雨に降られてしまった. Hemos cogido un año muy duro. 私たちには非常に厳しい一年になってしまった

⓬ 選び取る: Has cogido un buen día para pedirme dinero. 君はいい日に借金を申し込んできた

⓭ 《中南米. 俗語》…と性交する

～la 《口語》酔っ払う

～la con＋人 《口語》…に反感を抱く, 毛嫌いする

no haber (tener) por donde ～lo ひどく悪い, 救いようがない; 申し分ない, 文句のつけようがない

◆ 自 ❶ 位置する: La casa coge muy lejos de mi barrio. その家は私の地区から非常に遠い所にある. ❷ 収容される: El autocar no coge en esta zona de parking. バスはこの駐車場には入りきれない. ❸ 根を下ろす. ❹ ［＋y＋動詞］決心して…する: Cansado de esperar, cogió y se alargó. 彼は待ちくたびれて立ち去った

◆ **～se** ❶ つかまれる: Se cogió los dedos en la puerta. 彼はドアに指をはさまれた. ❷ ［＋de・a を］つかむ: Se había cogido con fuerza de las faldas de su madre y no quería soltar-

se. 彼は母親のスカートをぎゅっとつかんだまま, 手を離そうとしなかった

coger	
直説法現在	接続法現在
co*jo*	co*ja*
co*ges*	co*jas*
co*ge*	co*ja*
co*gemos*	co*jamos*
co*géis*	co*jáis*
co*gen*	co*jan*

cogestión [koɣestjón] 囡 ［労働者の］経営参加

cogido, da [koxído, ða] 厖 過分 つかまれた, 抑えられた; ［＋por に］束縛された: Andan ～s de la mano. 彼らは手をつないで歩いている. Está muy ～ *por* sus hijos. 彼は子供のために自由なことができない
◆ 男 ［服・カーテンの］ひだ, プリーツ
◆ 囡 《農業》収穫; 《闘牛》角による引っ掛け

cogitabundo, da [koxitaβúndo, da] 厖 《文語》物思いにふける, 考え込んだ

cognación [koŋnaθjón] 囡 ［母方の］血縁, 外戚; ［一般に］親戚

cognición [koŋniθjón] 囡 《←conocer》認識［行為］
　cognitivo 厖 認識の
　cognoscible 厖 認識可能な
　cognoscitivo, va 厖 認識の: facultad ～*va* 認識力

cogollo [koɣóʎo] 男 ❶ ［キャベツ・レタスの］結球; 若芽, 若枝. ❷ 精華, 選りぬき: ～ de la sociedad 社会的エリート. ❸ 中心的存在, 核心: ～ del alma 精神の奥底. ❹ sombrero de ～ キノコのかさ; 麦わら帽子

cogolludo, da [koɣoʎúðo, da] 厖 しっかり結球した: repollo ～ 巻きのいいキャベツ

cogón [koɣón] 男 《植物》オオチガヤ

cogonal [koɣonál] 男 その繁殖した土地

cogorza [koɣórθa] 囡 《口語》酔っ払うこと《borrachera》: coger una ～ 酔っ払う

cogote [koɣóte] 男 首すじ, うなじ 『首の後ろ側上部』
　de ～ 《南米》［馬が］大変太った
　estar hasta el ～ あきあき(うんざり)している
　tieso de ～ 傲慢な
　cogotazo 男 うなじ(首の後ろ)への平手打ち
　cogotera 囡 ［帽子の後ろに付け, 襟首を日ざしから守る］襟覆い

cogotudo, da 厖 名 首の太い, 猪首の; 《南米》有力者[の], 成金[の]

cogujada [koɣuxáða] 囡 《鳥》カンムリヒバリ

cogulla [koɣúʎa] 囡 頭巾付きの修道服

cohabitar [koaβitár] 自 ❶ 《文語》同居(同棲)する; 《婉曲》性交する. ❷ 《政治》保革共存する
　cohabitación 囡 同居, 同棲; 保革共存

cohechar [koetʃár] 他 ［判事などを］買収する
　cohecho 男 買収

coherencia [koerénθja] 囡 ❶ ［論理の］一

貫性：Este escrito no tiene ～. この文章はまとまりがない. ❷ 凝集性;《物理》干渉性

coherente [koerénte] 形 首尾一貫した, 整合的な: política ～ 一貫した政策

cohesión [koesjón] 女 ❶ まとまり, 団結: ～ de un equipo チームのまとまり. ❷《物理》凝集〔力〕;《建築·冶金》粘着〔力〕
　cohesivo, va 形 結合力のある

cohete [koéte] 男 [英 rocket] ❶ ロケット: lanzar un ～ ロケットを発射する; 花火を打ち上げる. ～ de señales/～ luminoso 信号弾. ～ espacial 宇宙ロケット. ～ granífugo 降電抑制ロケット. ～ sonda 宇宙探査機. motor de ～ ロケットエンジン. ❷ [主に 圏] 打ち上げ花火: ～ volador ロケット花火. ～ borracho ねずみ花火
　al ～《南米》無駄に
　salir como un ～ 鉄砲弾のように飛び出す

cohetería [koetería] 女 花火工場(販売店); 医組 打ち上げ花火

cohibir [koißír] 他 抑制する; 臆病にする: Las chicas le *cohíben*. 女の子たちがいると彼は固くなる
　◆ ～**se** ぎこちない; 臆する
　cohibición 女 抑制; ぎこちなさ
　cohibido, da 形 過分 自己抑制的な, おどおどした

cohombro [koómbro] 男 ❶《植物》コンブロ 〔キュウリの一種で長くねじれている〕;《料理》棒状のチューロ churro. ❷《動物》～ de mar ナマコ

cohonestar [ko(o)nestár] 他 ❶ [不当なことの] 外見を取り繕う. ❷ 調和させる, 両立させる

cohorte [koórte] 女《古代ローマ》歩兵隊; 一団, 一群

COI [kój] 男《略語》←Comité Olímpico Internacional 国際オリンピック委員会, IOC

coihué [kojwé] 男 [南米産の] ナラに似たブナ科の木

coima [kójma] 女 ❶《文語》妾, 情婦, 愛人. ❷《南米》わいろ, リベート

coincidencia [kojnθiðénθja] 女 ❶ [意見などの] 一致;《数学》[図形の] 合同. ❷ [偶然の] 遭遇, 巡り合わせ
　coincidente 形 一致した, 同じ; 合同の

coincidir [kojnθiðír] 自 ❶ [意見·好みなどが, 互いに/+con と, +en の点で] 一致する, 同じである: Todos *coinciden* en que esa decisión es disparatada. その決定はばかげているという点で皆の意見は一致している. ❷ 同時に起こる; [+en に] 居合わせる: La fiesta *coincidió* con mi viaje. パーティーが私の旅行とかち合った. Ayer *coincidimos* en el autobús. 昨日私たちはバスで一緒になった

coiné [kojné] 女 =**koiné**

coipo [kójpo] 男 《動物》ヌートリア

coito [kójto] 男 性交, 交尾: ～ interrupto = **coitus interruptus**
　coital 形 性交の

coitus interruptus [kójtus interúptus] 男

《←ラテン語》中絶性交〔避妊法の１つ〕

cojear [koxeár] 自 ❶ [+de] 片足で(片足を引いて)歩く: ～ *del* pie izquierdo 左足を引いて歩く. El que no *cojea*, renquea.《諺》猿も木から落ちる. ❷ 不安定(不完全·不調)である: Esta mesa *cojea*. このテーブルはがたつく. Las ventas *cojean*. 売上げがよくない. Esta exposición *cojea de* la debida documentación. この論述には必要な証拠が抜けている
　cojera 女 片足が不自由なこと

cojín [koxín] 男 クッション〔almohadón より小さい〕

cojinete [koxinéte] 男 ❶《機械》軸受, ベアリング: ～ de bolas ボールベアリング. ～ de rodillos ローラーベアリング. ❷ 小クッション 〔almohadilla〕. チェア, 座鉄

cojo, ja [kóxo, xa] 形 名《軽蔑》❶ 片足の不自由な(人): andar a la pata *coja* 片足で跳び歩く, けんけんする. ❷ 不安定な, ちぐはぐな: silla *coja* がたつく椅子. razonamiento ～ ちぐはぐな理論. frase *coja* ぎこちない文章
　no ser ～ *ni manco* 熟達している

cojitranco, ca 形 名《軽蔑》びっこを引いて歩く(人)

cojón [koxón] 男《卑語》❶ [主に 圏] 金玉, 睾丸〔testículo〕. ❷ [間投詞的に] i) [怒り] 畜生! ii) [驚き·喜び] ¡Cojones! ¡Hemos ganado! やったぞ! 勝ちだ! iii) [疑問詞+] 一体全体…: ¿Qué *cojones* hago yo? 一体おれはどうすりゃいいんだ
　con [*dos·un par de*] *cojones* 勇気をもって; 気合を入れて, 根性で
　de cojones すごい, ひどい; すばらしい: Hace un calor *de cojones*. ひどい暑さだ
　de los cojones ひどく悪い: He leído una novela *de los cojones*. 私はひどくつまらない小説を読んだ
　¡échale cojones! [賞賛·不満] お見事, くそったれ!
　estar hasta los [*mismísimos*] *cojones* 飽き飽きしている
　importar a+人 *un* ～ [*tres cojones*] …にとって重要でない(少しも重要でない): Me importa tres *cojones* lo que pienses. 君がどう思おうと私の知ったことではない
　no haber (*tener*) *más cojones* ほかに仕方がない
　no valer un ～ まったく価値がない
　pasarse... por los cojones …を軽視する: Me paso por los *cojones* el reglamento. 規則なんて糞くらえだ
　ponerse a+人 *los cojones de* (*como*) *corbata/ponerse* a+人 *los cojones en la garganta* …がひどく怖がる, 金玉が縮み上がる
　por cojones 無理やり, 強引に
　salir a+人 *de los cojones* …が好き勝手なことをと»する
　tener [*dos·un par de*] *cojones* 男らしい, 勇敢である
　tocar a+人 *los cojones* …をひどく困らせる
　tocarse los cojones 少しも働かない

cojonudo, da [koxonúðo, ða] 形《卑語》すばらしい；決然とした

cojudo, da [koxúðo, ða] 形 [動物が] 去勢されていない

coke [kóke] 男《中南米》コークス《coque》

col [kól] 女《植物》《総称》キャベツ《普通のキャベツは repollo》: ～ de Bruselas 芽キャベツ．～ roja (morada) 紫キャベツ《lombarda》．～ china 白菜．Entre ～ y ～, lechuga.《諺》変わったことをしてみるのも必要だ．El que quiere a la ～, quiere a las hojas de alrededor.《諺》あばたもえくぼ

col.《略語》←colonia 区域；columna 縦隊

cola [kóla] 女 [英 tail] ❶ 尾，しっぽ: i) El perro mueve su ～. 犬が尾を振る. ii) [尾状のもの] ～ de un cometa 彗星の尾. ～ de un avión 飛行機の後尾. iii)《服飾》～ del traje de novia ウエディングドレスのトレーン（引き裾）. iv)《馬》～ de caballo ポニーテール；《植物》トクサ；《解剖》馬尾；《俗語》ヘロイン．～ de zorra《植物》ヒモゲイトウ．～ de milano (de pato)《技術》蟻ほぞ. ❷ [順番などの] 後尾；[順番を待つ人の] 行列: Había muchas personas en la ～. 大勢の人が並んでいた. ponerse a la ～ 列の後尾につく. ponerse en (la) ～ 列に入る．formar (hacer) ～ 列を作る. estar a la ～ de la clase クラスのびりである. aparecer en la ～ de la lista リストの終わりに載っている. montar en la ～ 最後尾の車両に乗る. venir en ～ 最後に来る，しんがりをつとめる. contar por la ～ 逆算する. ❸ にかわ《～ fuerte》: ～ de pescado 魚にかわ，にべ. pintura a la ～ テンペラ画. ❹《植物》コラノキ；その実.《飲料》コーラ. ❺《酒》～ de mono ラムとミルクコーヒーを混ぜたもの. ❻《木工》～ de milano (de pato) あり継ぎ. ❼《婉曲》陰茎

apearse por la ～ ピントの外れたことを言う

comer ～《南米》[コンクールで] びりになる

hacer bajar a+人 la ～ …を降伏させる

llevar la ～ 裾を持つ；びりになる

no pegar (ir) ni con ～ *con...* …と調和しない；まったく関係がない

ser la pescadilla que se muerde la ～ 堂々巡りをする，尻切れとんぼに終わる

tener (traer) ～ 重大な結果をもたらす: Su destitución *traerá* ～. 彼の罷免は尾を引くだろう

colaboración [kolaβoraθjón] 女 ❶ 協力，協同: en ～ 協力して，共同で. ❷ 共同執筆，寄稿

hacer colaboraciones [給料をもらわないで] お手伝いをする

colaboracionista [kolaβoraθjonísta] 形 名 対占領軍協力派〔の〕

colaboracionismo 男 対占領軍協力

colaborador, ra 名 協力者；共同執筆(制作)者；寄稿家

colaborar [kolaβorár] 自 ❶ [互いに/+con と, +en に] 協力する: Muchos actores *colaboraron en* la obra benéfica. 多くの俳優

が慈善事業に協力した. ❷ 寄付する，寄付金を出す. ❸ [+en 新聞・雑誌などに] 寄稿する

colación [kolaθjón] 女 ❶《文語》間食，軽食《refrigerio》. ❷ [学位などの] 授与. ❸《法律》～ de bienes [相続での] 持ち戻し. ❹《古語》対照，照合《cotejo》

sacar (traer) a ～ [話などを] 持ち出す

traer a ～ los ejemplos 例を出す

venir a ～ 話題と関係がある

colada¹ [koláða] 女 i)《西》洗濯《lavado》；《集名》洗濯物: hacer la ～ 洗濯をする．secar (enjuagar) la ～ 洗濯物を干す(ゆすぐ). ❷ [洗濯用の] 漂白剤. ❸《金属》流し込み，鋳込み；鋳造: orificio de ～ 湯口. ❹ 家畜の通る道，山間の狭い道，難所. ❺ 溶岩流《～ volcánica》

sacar a ～ [秘密を] 明るみに出す

salir a (en) la ～ 明るみに出る，知られてしまう

coladero [kolaðéro] 男 ❶ [通り抜けやすい・防御の] 穴. ❷《口語》[点数が] ひどく甘い学校（講座・先生）. ❸ =colador

colado, da² [koláðo, ða] 形 過分 ❶ aire ～ すき間風.《西. 口語》[estar+. +por+人 に] ほれ込んだ: Está ～ por Lola. 彼はロラに首ったけだ. ❷《西. 口語》気の変な

colador [kolaðór] 男《料理》濾し器，水切り，ざる: ～ de té 茶濾し

dejar como un ～ 穴だらけにする

tener la cabeza como un ～ ひどく物覚えが悪い

coladura [kolaðúra] 女 ❶ 濾すこと. ❷《口語》[不注意による] 失敗，へま

colage [koláʒ] 男 =collage

colágeno [koláxeno] 男《生化》コラーゲン，膠原質

colapso [kolápso] 男 ❶《医学》虚脱: ～ cardíaco 心臓虚脱. ～ circulatorio 循環虚脱；交通麻痺. ～ nervioso 神経衰弱. ❷ [事業・組織などの] 衰退，崩壊: ～ en las ventas ひどい売れ行き不振

colapsar 他《西. 比喩》麻痺させる. ◆ ～se 麻痺する

colar [kolár] 28 他 ❶《料理》濾(こ)す: ～ el caldo スープを濾す. ❷《口語》不法に通過させる；[嘘などを] 信じ込ませる: ～... por la aduana …を密輸入する. billetes falsos ～ 偽札を流す(使う). ❸《口語》入り込ませる，押し込む

◆ 自《口語》[嘘などが] 通用する: *Coló* una noticia falsa. デマがまかり通っていた

◆ ～se 浸み込む；[すき間から] 入り込む: Se colaba el aire por las rendijas. 割れ目からすき間風が入り込んでいた.《口語》[+en に, 気づかれずに] もぐり込む；[行列に] 割り込む: ～*se en* la fiesta [招待されていないのに] パーティーに押し込む《チケットなしに》～；[電車にも] もぐり込む.《西. 口語》i) [+por+人 に] ほれ込む: *Se coló por* una bailarina. 彼はある踊り子にぞっこん参ってしまった. ii) へまをする，間違える；やりすぎる: Me he *colado* bebiendo. 私は

酒で失敗した. La policía *se ha colado* en la represión. 警察の規制はいきすぎだった

colateral [kolateɾál] 形 [本体の] わきに並んだ；傍系の：altar ～ わき祭壇. punto ～ 中間方位. efectos ～es 副作用
◆ 名 傍系親族
◆ 名 系列会社，グループ企業

colcha [kóltʃa] 名 [飾り用の] ベッドカバー

colchón [koltʃón] 男 ❶ 敷きぶとん；マットレス 〖～ de espuma〗：～ de agua ウォーターマット，ウォーターベッド. ～ de muelles/～ de tela metálica スプリング入りマットレス；[ベッドの] スプリング台. ～ neumático (hinchable-de viento) エアマット. ～ sin bastas でぶ. ❷ 緩衝材：～ de aire [壁の防音・断熱用の] 空気層；エアマット. servir a+人 de ～〖比喩〗…にとってクッションになる

colchonería [koltʃoneɾía] 寝具店
colchonero, ra 寝具販売(製造)業者

colchoneta [koltʃonéta] 名 [ソファーなどに置く] クッション；[海水浴などで使う] エアマット 〖～ neumática〗；〖スポーツ〗マット[レス]

colcótar [kolkótaɾ] 男 〖化学〗べんがら，鉄丹；三酸化二鉄

cole [kóle] 男 〖colegio の省略語〗〖幼児語〗学校

colear [koleáɾ] 自 〖←cola〗❶ 尾を振る(動かす). ❷〖口語〗結着がつかない：Todavía *colea* el suceso. 事件はまだ尾を引いている
vivo (vivito) y coleando [死んだと思われていた人が元気で] ぴんぴんしている
◆ 他 ❶〖闘牛〗[牛の] 尾をつかんで引き止める. ❷〖中南米〗[動物の] 尾を引っぱって倒す. ❸〖中米〗[年齢に] 近づく：Colea [en] 40 años. 彼は 40 歳近い. ❹〖南米〗いやな思いをさせる；尾行する；[試験で] 不合格にする

colección [kole(k)θjón] 名 〖英 collection〗❶ 収集[品]：tener una ～ de sellos (cuadros) 切手(絵画)のコレクションを持っている. ～ de mariposas 蝶の標本. Hay una rica ～ de corbatas en la tienda. 店にはネクタイが豊富に取りそろえてある. ～ de primavera-verano (de otoño-invierno) 〖服飾〗春・夏(秋・冬)物の新作コレクション. ❷ 叢書：～ de cuentos populares 民話集. ❸ 多数：una ～ de científicos 大勢の科学者. decir una ～ de tonterías さんざんばかなことを言う

coleccionar [kole(k)θjonáɾ] 他 収集する
coleccionable 形 [雑誌の] 永久保存版の〖綴じ込み付録〗

coleccionismo [kole(k)θjonísmo] 男 収集[法・癖]
coleccionista 名 収集家，コレクター

colecistitis [koleθistítis] 名 〖単複同形〗〖医学〗胆囊(ﾀﾝﾉｳ) 炎

colecta [kolékta] 名 ❶ [慈善のための] 募金：hacer una ～ en favor de los damnificados 被災者のために募金をする. ❷〖宗教〗集禱文
colectar 他 募金(徴収)する，集める

colectivero [kolektibéro] 男 〖南米〗バスの運転手

colectividad [kolektibiðá(ð)] 名 [共通の目的をもった] 集団，団体：bien de la ～ 集団の利益. ～ local 地方自治体

colectivismo [kolektibísmo] 男 集産主義
colectivista 形 名 集産主義の；集産主義者

colectivizar [kolektibiθáɾ] 他 共有(国有)化する：～ las tierras 土地を共有化する
colectivización 名 共有(国有)化

colectivo, va [kolektíbo, ba] 形 [共通の目的をもった] 集団の，団体の：billete ～ 団体乗車券. contrato ～ 団体契約. granja ～*va* 集団農場. intereses ～*s* 共同の利害. negociaciones ～*vas* 集団(団体)交渉. propiedad ～*va* 共有財産. seguridad ～*va* 社会保障. trabajo ～ 共同作業. viaje ～ 団体旅行
◆ 名 ❶〖文語〗[共同作業をする] 集団. ❷〖文法〗集合名詞〖nombre ～〗. ❸〖南米〗バス，小型バス；[4・5 人用の] 乗り合いタクシー
colectivamente 副 集団的に：suicidarse ～ 集団自殺する

colector, ra [kolektóɾ, ra] 形 集める
◆ 男 ❶ [下水の] 幹線渠；〖電気〗集電極. ❷ 収集装置：～ de basuras ダストシュート；～ solar 太陽熱集熱器. ～ de escape 排気マニホルド

colédoco [koléðoko] 男 〖解剖〗総胆管

colega [koléga] 名 ❶ 同僚；[医者・弁護士などの] 同業者：María es mi ～. マリアは私の同僚です. El primer ministro español recibió a su ～ japonés. スペインの首相は日本の首相を出迎えた. ❷〖口語〗仲間，友人

colegiación [kolexjaθjón] 名 同業組合への入会，同業組合の結成

colegiado, da [kolexjáðo, ða] 形 名 過分 ❶ 同業組合に入っている；組合員. ❷ 集団の：dirección ～*da* 集団指導(体制). tribunal ～ 3 人以上の判事で審理される法廷. ❸〖文語〗[主にサッカーの] 審判〖árbitro〗
colegiadamente 副 集団で

colegial, la [kolexjál, la] 形 学校 colegio の；生徒の：vida ～*la* 学校生活. bromas ～*las* 学生のいたずら. lenguaje ～ 学生言葉. vestido (traje) ～ 学生服
◆ 名 ❶ 生徒；寮生. ❷ 青二才，くちばしの黄色いやつ

colegiar [kolexjáɾ] 他 ～*se* 同業組合に入る；同業組合を結成する

colegiata [kolexjáta] 名 [司教でなく] 参事会 cabildo colegial が管理する教会

colegio [koléxjo] 男 ❶ 小学校；〖西〗小中学校 〖8 年間の一貫制〗；[私立の] 高等学校：Mi hijo va al ～ todas las mañanas. 私の息子は毎朝小学校に行く. ～ privado (de pago) 私立学校. ～ público (estatal・estado) 公立学校. ～ concertado 公費補助を受けている私立学校. ❷ [総合大学で基礎教育をする] カレッジ 〖～ universitario〗：～ mayor 学生寮. ❸ 授業〖clase〗：Hoy no hay ～. 今日は学校は休みだ. ❹ [医者・弁護士などの] 同業組合：～ de médicos (de abogados) 医師

(弁護士)会. ❺《宗教》～ cardenalicio (de cardenales)/sacro ＝《教皇を選挙する》枢機卿会. ～ apostólico 使徒団. ❻《政治》～ electoral 選挙区の全有権者；投票所

colegir [koléxir] ④ 35 [☞regir 活用表. 現分 coligiendo] 他 ❶ [+de•por から] 推論(演繹)する. ❷ [散らばったものを] 集める

colelitiasis [kolelitjásis] 囡《単複同形》《医学》胆石症

cóleo [kóleo] 男《装飾に使われる》唇形科の植物類

coleópteros [koleópteros] 男《複》《動物》鞘翅(しょう)目

cólera [kólera] 囡 激怒, かんしゃく：descargar su ～ en... ...に八つ当たりする
montar en ～ かっとなる
◆ 男《医学》コレラ【～ morbo】

colérico, ca [kolériko, ka] 形 ❶ [ser+] 怒りっぽい；[estar+] 激怒している：Es (Está) muy ～. 彼はとても怒りっぽい(大変怒っている). ❷ コレラの
◆ 图 怒りっぽい人；コレラ患者

colesterol [kolester51] 男《医学》コレステロール：～ bueno 善玉コレステロール
colesterina 囡 ＝colesterol

coleta [koléta] 囡 ❶ [リボンなどで束ねた]お下げ髪；[闘牛士の]弁髪[現在かつら]. ❷ 言い足し, 追記
cortarse la ～ [闘牛士が] 引退する；《戯語》[一般に] 職業(習慣)をやめる
tener (traer) ～ 重大な結果をもたらす

coletazo [koletáθo] 男 尾による一撃；[主に複] 最後のあがき；[自動車] カーブで尻を振ること

coletilla [koletíʎa] 囡 言い足し, 追記；付加疑問【～ interrogativa】

coleto [koléto] 男《服飾》[昔の] 短い胴着
echarse... al ～《口語》…を[一気に]飲み込む；最後まで一気に読んでしまう
para su ～ 心の中で：hablar *para su* ～ ひとりごとを言う

colgadero [kolɡaðéro] 男 [物を吊るす] 鉤：～ de ropa [フック型の] 洋服掛け

colgado, da [kolɡáðo, da] 形 過分 ❶ 吊るされた；落第点をつけられた. ❷ [estar+] i) 失望した：dejar a+人 ～ …を失望させる, 期待を裏切る. ii) 金のない, 友人のいない. iii) [麻薬で] ラリっている, 中毒の

colgador [kolɡaðór] 男 洋服掛け, ハンガー【percha】

colgadura [kolɡaðúra] 囡 [主に複] 壁掛け【タペストリーなど】

colgajo [kolɡáxo] 男 [裾などのほつれた] 垂れ下がり；[保存用に] 吊り下げられた果実

colgante [kolɡánte] 形 ❶ 垂れ下がる：puente ～ 吊橋. ❷ [吊橋の] 吊りケーブル
◆ 男《服飾》ペンダント；垂れ下がる飾り

colgar [kolɡár] ① [☞rogar 活用表] 他 [英 hang] ❶ [+de•en に] 吊るす, 吊り下げる：i) ～ un cuadro *de (en)* la pared 絵を壁に掛ける. ～ una chaqueta *en* una percha 上着をハンガーに掛ける. ～ el teléfono (el auricu-

lar) 受話器を置く, 電話を切る. ii) [職業などをやめる] ～ los estudios 研究をやめる. ❷ 絞首刑にする：Lo *colgaron* por ladrón. 彼は物を盗んで縛り首になった. No lo digo, aunque me *cuelguen*. 口が裂けてもそれは言えません. ❸ [試験で] 落第点をつける：Me *han colgado* [en] tres asignaturas. 私は3課目落とした. ❹ [過ちなどを] …のせいにする：Me *cuelgan* esa frase que no es mía. 言ってもいないのに彼らはそれが私の言葉だと言う
◆ 自 ❶ [+de•por から] ぶら下がる, 垂れ下がる：Una lámpara *cuelga del* techo. 電灯が天井から下がっている. Le *colgaban* los pies. 彼は足をぶらぶらさせていた. ❷ [服が] ずり下がる. ❸ 電話を切る. ❹《情報》ハング(フリーズ)する
◆ ～se 首吊り自殺する；《中南米》落伍する

colgar		
直説法現在	直説法点過去	接続法現在
cuelgo	colgué	cuelgue
cuelgas	colgaste	cuelgues
cuelga	colgó	cuelgue
colgamos	colgamos	colguemos
colgáis	colgasteis	colguéis
cuelgan	colgaron	cuelguen

colibacilo [kolibaθílo] 男《生物》大腸菌
colibacilosis 囡《単複同形》《医学》大腸菌症

colibrí [kolibrí] 男 [複 ～[e]s]《鳥》[総称] ハチドリ

cólico [kóliko] 男《医学》仙痛；[幼児の] 激しい腹痛：～ biliar 胆石仙痛. ～ hepático 肝(胆石)仙痛. ～ nefrítico (renal) 腎仙痛. ～ saturnino 鉛仙痛. ～ miserere《口語》ひどい腸閉塞

coliflor [koliflór] 囡《植物》カリフラワー

coligar [koliɡár] ⑧ 他 結束(団結)させる
◆ ～se 結束する；[+con と] 同盟を結ぶ, 連合する
coligación 囡 結束, 同盟

coligüe [koliɡwe] 男《南米》イネ科のつる植物の一種【実は食用】

colilla [kolíʎa] 囡 [たばこの] 吸いがら, 吸いさし

colimación [kolimaθjón] 囡《光学》視準

colimador [kolimaðór] 男《光学》コリメーター, 視準器

colimba [kolímba] 囡《南米》兵役

colimbo [kolímbo] 男《鳥》アビ

colín, na [kolín, na] 形 [主に馬が] 尾の短い
◆ 男《料理》スティックパン；《鳥》コリンウズラ

colina [kolína] 囡 [英 hill] ❶ [標高500m位までの] 丘：La casa está sobre una suave ～. その家はなだらかな丘の上にある. ❷《生物》コリン

colinabo [kolináßo] 男《植物》カブハボタン

colindar [kolindár] 自 [+con と] 隣接する
colindante 形 隣接する, 隣の

colirio [kolírjo] 男 目薬, 洗眼剤：echarse ～ 目薬をさす

colirrojo [kolir̃óxo] 男《鳥》シロビタイジョウビタキ

coliseo [koliséo] 男 劇場〖teatro〗;《古代ローマ》コロセウム〖*C~*〗

colisión [kolisjón] 囡 衝突;〖意見などの〗対立,あつれき: ~ entre dos vehículos 車同士の衝突. ~ de frente 正面衝突. ~ de intereses 利害の衝突

　colisionar 自《文語》[+contra・con に・と] 衝突する;対立する

colista [kolísta] 囮 最下位の選手(チーム)

colitis [kolítis] 囡《単複同形》〖医学〗大腸炎,結腸炎;〖一般に〗下痢〖diarrea〗

collado [koʎáðo] 男 小さな丘;〖山脈の〗鞍部,峠

collage [koláʒ] 男《←仏語. 美術》コラージュ

collalba [koʎálba] 囡《鳥》サバクヒタキ

collar [koʎár] 男《←cuello》❶ 首飾り〖頸飾〗 collar は宝石などをつなげた首飾り, cadena は鎖のネックレス, gargantilla は首まわりにぴったりしている〗: ponerse (con) un ~ de diamantes ダイヤの首飾りをつける(つけた). ~ de perlas de tres hilos 3連の真珠のネックレス. ❷〖首に掛ける〗勲章. ❸〖犬などの〗首輪: ~ antipulgas ノミ取り首輪. ❹《動物》〖胸の〗輪状の模様;《技術》継ぎ輪,締め環

collarín [koʎarín] 男《服飾》飾り襟,胸飾り;《建築》玉縁

collarino [koʎaríno] 男《建築》円柱上部を囲む装飾帯

colleja [koʎéxa] 囡《口語》[あいさつで後ろから] 肩をたたくこと

collera [koʎéra] 囡 ❶〖馬の〗胸繋(むながい). ❷《中南米》ペア,対〖pareja〗;《南米》カフスボタン〖gemelos〗

　collerón 男 飾り付きの胸繋

collie [kóli] 名《←英語. 犬》コリー

collón, na [koʎón, na] 厖 名《口語》臆病な〖人〗〖cobarde〗

colmado, da [kolmáðo, ða] 厖 過分 一杯の: dos cucharadas ~das de azúcar スプーンに山盛り2杯の砂糖

　◆ 男《西. 古語》食料品店;大衆食堂

colmar [kolmár] 他 [+de で] 一杯にする,満たす: ~ una copa de vino グラスにワインをなみなみと注ぐ. ~ a+人 de alabanzas (de atenciones) …に賛辞を浴びせる(やたらに親切にする). ~ las ansias de saber 知識欲を満たす

colmena [kolména] 囡《ミツバチの》巣箱. 集合 そこに住むミツバチ: Este barrio es una ~ humana. この地域には人がひしめき合っている

　colmenar 男 養蜂場

　colmenero, ra 名 養蜂家

colmenilla [kolmeníʎa] 囡《植物》アミガサタケ

colmillo [kolmíʎo] 男 犬歯, 牙(きば): enseñar los ~s 牙をむく, 脅かす. ~ de elefante 象の牙

　escupir por el ~《口語》強がる, 虚勢を張る

　tener los ~s retorcidos/tener el ~ retorcido《口語》ずる賢い, 巧みである

　colmillada 囡 牙でのかみつき

colmo [kólmo] 男 ❶〖容器での〗山盛り: una cucharada de azúcar con (sin) ~ スプーンに山盛りの(すり切りの)1杯の砂糖. ❷ 絶頂, 極み: ~ de la belleza 美の極致. Es el ~ de la tontería. それは愚の骨頂だ. Son el ~. 彼らはあきれ返った連中だ. Su ira llegó al ~. 彼の怒りは頂点に達した

　a ~ たくさん, あり余るほど

　¡[es] el ~*!*《口語》[怒り.事物が] あんまりだ, 我慢ならない/[人が良くも悪くも] すごい, 桁外れだ!

　para ~ さらに悪いことに: Anochecía, y *para* ~ empezó a llover. 日は暮れるし, おまけに雨さえ降ってきた. *para* ~ de desgracia (de desdicha・de males) さらに不幸なことには, 悪いことは重なるもので

colobo [kolóbo] 男《動物》コロブス〖尾の長い猿〗

colocación [kolokaθjón] 囡 ❶ 置くこと;配置, 配列: ~ de la primera piedra 定礎. ❷ 職, 地位: buscar ~ 職を捜す. tener una buena ~ よい職についている, 立派な地位にある. ❸ 投資

colocado, da [kolokáðo, da] 厖 過分 ❶ 職のある;《スポーツ》2番手につける: estar bien ~ よい職についている;《スポーツ》好位置にいる. ❷《口語》apostar a ~ al número… …番に複勝式で賭ける;《口語》〖酒で〗ご機嫌の;《俗語》〖麻薬で〗ラリっている

colocar [kolokár] 他 〖英 place. ☞ 活用表〗❶ [+en しかるべき所に] 置く, 配置する: ~ libros en una estantería 本を本棚に並べる. ~ el coche en el garaje 車をガレージに入れる. ~ una flecha en el blanco 矢を的に命中させる. ~ una silla junto a la pared 椅子を壁ぎわに置く. ~ un guarda a la entrada 入り口に見張りを置く. ❷ [+de で] 職につける, 就職させる;〖娘を〗結婚させる: ~ a+人 de guarda en el ministerio …を役所の警備員に雇う. ❸ …の素性(身の上)を特定する. ❹ [言葉・逸話を] 差しはさむ;[欠陥品・面倒事を] 押しつける. ❺ 投資する〖invertir〗: ~ todos sus ahorros en acciones 貯金全部を株につぎ込む

　◆ ~se ❶ 身を置く, 位置する;着席する: ~se en la última fila 最後列に座る. ❷ 雇われる: ~se de camarero ボーイとして就職する. ❸《口語》〖酒で〗ご機嫌になる;《俗語》〖麻薬で〗ラリる

colocar	
直説法点過去	接続法現在
coloqué	coloque
colocaste	coloques
colocó	coloque
colocamos	coloquemos
colocasteis	coloquéis
colocaron	coloquen

colocasia [kolokásja] 囡《植物》サトイモ(里芋)

colocolo [kolokólo] 男《南米》ヤマネコの一種;〖伝説上の〗怪物

colocón [kolokón] 男《西.口語》tener un ～ terrible 酔っぱらっている；麻薬でラリっている

colodión [koloðjón] 男《化学》コロジオン

colodra [kolóðra] 女 羊の搾乳に使う木製の容器；角製のコップ

colodrillo [koloðríʎo] 男 後頭部

colofón [kolofón] 男［本の］奥付；[催し物の] フィナーレ

colofonia [kolofónja] 女《化学》ロジン

cologaritmo [kologarítmo] 男《数学》余対数

coloide [kolóiðe] 男《化学》コロイド, 膠質
　coloidal 形 コロイドの：solución ～ コロイド溶液

Colombia [kolómbja] 女《国名》コロンビア
colombianismo [kolombjanízmo] 男 コロンビア特有の言い回し
colombiano, na 形 コロンビア[人]の；コロンビア人

colombicultura [kolombikultúra] 女 鳩の飼育

colombino, na [kolombíno, na] 形 コロンブス Cristóbal Colón の：fiestas ～nas コロンブス祭《米大陸発見の日. 10月12日》

colombofilia [kolombofílja] 女 伝書鳩の飼育
　colombófilo, la 形 名 伝書鳩の飼育の(飼育者)

colon [kólon] 男 ❶《解剖》結腸：～ sigmoideo S状結腸. ❷《文法》コロン [dos puntos]；セミコロン [punto y coma]

colón [kolón] 男［コスタ・リカとエル・サルバドルの貨幣単位］コロン 〖←コロンブス Cristóbal Colón〗

colonato [kolonáto] 男 小作制度；[ローマ帝国末期の] 農奴制

colonia [kolónja] 女《英 colony》❶ 植民地；匿名 植民者：～s francesas en África アフリカにあるフランスの植民地. ❷ 匿名 居留民；[同郷人・避暑客・芸術家などの] 集団：～ española de París パリ在住のスペイン人たち. ～ de artistas 芸術家集団. ～ veraniega/～ de vacaciones 林間(臨海)学校. ～ penitenciaria 流刑地, 収容所；少年院. ❸ 住宅団地：～ obrera 労働者用住宅団地. ❹《生物》集落, コロニー：～ de castores ビーバーの群れ. ～ de corales サンゴの群体. ❺《化粧》オーデコロン 〖agua de ～〗. ❻《中米》地区 〖barrio〗

coloniaje [kolonjáxe] 男《中南米》スペインによるアメリカ統治時代

colonial [kolonjál] 形 ❶ 植民地[風]の：período ～ 植民地時代. arquitectura ～ コロニアル[建築]様式. ❷［食料品が］外国(植民地)産の
　◆ 男 複［輸入］食料品

colonialismo [kolonjalízmo] 男 植民地主義
　colonialista 形 名 植民地主義の；植民地主義者

colonizar [koloniθár] 他 植民地化する；植民する, 開拓する
　colonización 女 植民地化

colonizador, ra 形 名 植民地化する；植民地建設(開拓)者

colono [kolóno] 男 ❶ 植民者, 開拓者. ❷ 小作人；[アルゼンチンの農場 estancia で働いていた] 移民労働者；《中米》サトウキビ農場主

coloquial [kolokjál] 形 口語の, 話し言葉の 〖↔literario〗：giro ～ 話し言葉

coloquíntida [kolokíntida] 女《植物》コロシント

coloquio [kolókjo] 男 ❶［親しい間柄での］会話, 対話. ❷ 討論[会]：～ sobre el aborto 妊娠中絶に関する討論会. ❸ 会話の文 〖↔narración〗

color [kolór] 男 ❶ 色, 色彩；色調：¿De qué ～ es el vestido?—Es azul. そのドレスは何色ですか?—ブルーです. coche [de] ～ rosa ピンク色の車. perder el ～ 色が落ちる；顔色が悪くなる. de ～es vivos カラフルな. tres ～es primarios (fundamentales) 〖三〗原色. ～ caliente (cálido) 暖色. ～ frío 寒色
❷ 絵の具；染料：caja de ～es 絵の具箱
❸ 顔色；肌の色：mudar (cambiar) de ～ 顔色を変える. recuperar el ～ 血色を取り戻す. Un ～ se le iba y otro se le venía.［恥ずかしさ・怒りなどで］赤くなったり青くなったりした
❹ 特色, 様相；精彩：～ local 地方色. La situación se presenta con ～es sombríos. 状況は暗い. escena llena de ～ 生き生きとした情景
❺ 音色, 響き：maravilloso ～ de la voz 声のすばらしい響き
❻ 政治(思想)的傾向 〖～ político・ideológico〗
❼ 複［セットになった］色鉛筆, クレヨン
❽《スポーツ》チーム[カラー], ユニホーム：～es nacionales [一国の] 選手団, ナショナルチーム
a todo ～ フルカラーの：foto a todo ～ カラー写真
dar ～ a... …に色を付ける；精彩(活気)を与える
de ～ 1) 色つきの：vestir de ～ 色物を着る. zapatos de ～ 茶色の靴. 2)［人が］有色の：hombre de ～ 有色人種；[特に] 黒人
distinguir de ～es 正確な判断を下す
en ～[es] カラーの 〖↔en negro〗：televisión en ～ カラーテレビ
no haber (tener) ～ 月とスッポンである, 比べ物にならない；[試合などで] 両者の力量が違いすぎる
pintar a+人 con negros ～es …をあしざまに言う
ponerse de mil ～es《口語》赤面する；[興奮して顔が] 赤くなったり青くなったりする
quebrado de ～ [人が] 青ざめた
sacar (salir) a+人 los ～es [al rostro・a la cara]《口語》…を赤面させる(…が赤面する)
so ～ de... …を口実にして；…と見せかけて
subido de ～ 強烈な色彩の；いかがわしい；[会話・冗談などが] きわどい

C

subirse a+人 los ~es [a la cara] …が赤面する

tomar ~ [果実が] 色づく; 《料理》こんがり焼け目がつく

tomar el ~ [布地が] よく染まる

coloración [koloraθjón] 囡 ❶ 着色: ~ artificial 人工着色. ~ defensiva《生物》保護色. ❷ 色調, 色合い: Su cara presentaba una ~ rojiza. 彼の顔はほんのりと赤かった. ❸ 特色: ideología de ~ marxista マルクス主義的な色彩の思想

colorado, da [koloráđo, đa] 厖 過分 ❶ [特に顔に] 赤い: poner a+人 ~ を赤面させる. ponerse más ~ que un pavo (un tomate) 顔が真っ赤になる. flor ~da 赤い花. ❷ 卑猥な, きわどい

◆ 男 赤色

coloradote, ta 厖 赤ら顔の, 血色のよい

colorante [koloránte] 厖 着色(色づけ)する

◆ 男 着色剤(料), 染料《materia ~》: ~ sintético 合成染料

colorar [kolorár] 他 着色(染色)する

colorear [koloreár] 他 ❶ 着色(染色)する: ~ un mapa 地図に色を塗る. dibujos para ~ 塗り絵. ❷ 粉飾する, 取り繕う: ~ su falta 過ちを取り繕う. ~ una triste noticia 悲報に色をつける

◆ 自/~se〔赤く〕色づく: Ya *colorean* las manzanas. リンゴはもう赤く色づいている.[+de 色に] El cielo *se coloreaba* de rojo. 空が赤く染まっていた

colorete [koloréte] 男《化粧》頬紅

colorido [koloríđo] 男 ❶ 色調; 配色: ~ de un cuadro 絵の配色. ❷ 精彩, 活気: carecer de ~ 精彩を欠く. El mercado tiene mucho ~. 市場は大変活気がある

colorimetría [kolorimetría] 囡《化学》測色, 比色定量

colorímetro 男 比色計

colorín [kolorín] 男 ❶《主に 複》派手な色: camiseta de muchos *colorines* けばけばしい色のシャツ. ❷《鳥》ヒワ. ❸《カナリア諸島》漫画雑誌《tebeo》

y ~ colorado, este cuento se ha acabado [物語の終わり] めでたし, めでたし

colorinche 男《南米》どぎつい(けばけばしい)配色

colorismo [kolorísmo] 男《美術・文学. 時に軽蔑》色彩派

colorista [kolorísta] 厖 名 色彩派の〔人〕; 色彩豊かな, カラフルな

colorrectal [kolor̃ektál] 厖《解剖》結腸直腸の

colosal [kolosál] 厖 巨大な; すごい, すばらしい: estatua ~ 巨像. fortuna ~ 巨万の富. empresa ~ 巨大な事業. éxito (pérdida) ~ 大成功(損害). comida ~ すごいご馳走. precio ~ べらぼうな値段

colosense [kolosénse] 厖 名《歴史・地名》コロサイ Colosas の〔人〕

coloso [kolóso] 男 巨像; 巨人: ~ de Rodas

ヘリオスの巨像 『世界 7 不思議の一つ』. Cervantes es el ~ de la literatura española. セルバンテスはスペイン文学の巨人である

colostomía [kolostomía] 囡《医学》人工肛門形成〔術〕

cólquico [kólkiko] 男《植物》イヌサフラン

colt [kólt] 男《商 ~s》《←商標》コルト式拳銃

coludir [koluđír] 自 [+con+人 と] 共謀する

columbario [kolumbárjo] 男 [ローマ時代の] 納骨室の壁龕(がん)

columbino, na [kolumbíno, na] 厖 鳩の〔ような〕

columbrar [kolumbrár] 他《文語》[遠くにかすかに] …が見える, 見え始める; 予見する: *Columbro una solución.* 解決の道が見える

columna [kolúmna] 囡《英 column》❶ 円柱 『ロカット』: ~ dórica (jónica・corintia) ドーリア(イオニア・コリント)式円柱. ~ embebida 付け柱. ~ rostrada (rostral)《古代ローマ》海戦勝利記念柱. ~ anunciada 広告塔. ~ de Hércules ヘラクレスの柱 『ジブラルタル海峡の入口にある2つの岬』. ~ de fuego 火柱. ~ de dirección《自動車》ステアリングコラム.

❷《比喩》支柱, 支え: La familia es una de las ~s de la sociedad. 家族は社会の柱の一つである. ❸ 一つ一つ積み重ねられたもの: ~ de latas de conserva 缶詰の山. ❹《印刷》[縦の] 段; [新聞などの] 欄, 記事, コラム: Este diccionario está impreso a dos ~s. この辞書は2段組である. en estas ~s 本紙上で. ~s literarias 文芸欄. ❺《軍事》縦隊; 行動部隊: marchar en ~ de a cuatro 4列縦隊で行進する. quinta ~/~ quinta 第5列 [敵地に紛れ込んで撹乱する部隊. スペイン内戦中のファシスト協力組織を起源とする]. ~ blindada 機甲部隊. ❻ [温度計・気圧計などの] 柱: ~ de mercurio 水銀柱. ❼《技術》~ destiladora (de destilación) 蒸留塔

columnata [kolumnáta] 囡《建築》列柱

columnista [kolumnísta] 名 コラムニスト, 常時特約寄稿家

columpiar [kolumpjár] 他 ブランコに乗せて揺らす

◆ ~se ❶ ブランコをこぐ. ❷ 間違う, へまをする

columpio [kolúmpjo] 男 ❶ ブランコ. ❷ ~ basculante (de tabla) シーソー. ❸ 公園の遊戯設備 [ブランコ, シーソー, すべり台など]

coluro [kolúro] 男《天文》分至経線, 四季線: ~ equinoccial 二分経線

colusión [kolusjón] 囡 共謀: en ~ 共謀して

colutorio [kolutórjo] 男《文語》うがい薬

colza [kólθa] 囡《植物》セイヨウアブラナ: aceite de ~ 菜種油

com-《接頭辞》[共同・共通] *com*poner 組み立てる

com.《略語》←comisión 手数料

coma [kóma] 囡 ❶ コンマ, 句点: poner una 〜 コンマをつける. sin faltar una 〜 [原文の]コンマ一つ変えずに, 正確に. ❷ 小数点 《〜 decimal. スペイン語では, 】: uno 〜 dos mil ciento treinta y cinco/uno 〜 dos uno tres cinco / uno 〜 veintiuno treinta y cinco 1.2135 [小数点以下を全体を整数と同じように読むか, 1桁ごとに読む. 小数点以下の数字が偶数個の場合は2桁ごとに読むこともある]. 〜 flotante《情報》浮動小数点. ❸《音楽》コンマ. ❹《天文》[彗星の] 髪, コマ

◆ 男《医学》昏睡: estado de 〜 昏睡状態. caer (entrar) en 〜 昏睡状態に陥る

comadre [komáðre] 囡 ❶《宗教》実母と代母が互いに呼び合う呼称; 実父・代父が代母を呼ぶ呼称. ❷ 近所のおばさん(友人); おしゃべり女, 口さがない女: entre 〜s 噂話で; 女の友人同士で. ❸《口語》産婆《comadrona》

comadrear [komaðreár] 圓 [近所の女たちが集まって] 噂話をする, 井戸端会議をする
  comadreo 男 井戸端会議
  comadrería 囡 噂話

comadreja [komaðréxa] 囡《動物》イタチ

comadrona [komaðróna] 囡 助産婦《par-tera》

comal [komál] 男《中米》トルティージャを焼く皿(グリドル)

comanche [komántʃe] 形 名 [北米インディアンの] コマンチ族(の)

comandante [komandánte] 男 ❶《軍事》指揮官, 司令官; 《陸軍・空軍》少佐: 〜 de armas 駐屯部隊司令官. 〜 en jefe/〜 general 総司令官, 司令官長. ❷《航空》機長: Les habla el 〜. [機内放送で] こちら機長です
  comandancia 囡 その地位(管轄区域); 司令部

comandar [komandár] 他 指揮する: 〜 una flota 艦隊の指揮をとる

comandita [komandíta] 囡 ❶《口語》en 〜 集団で. ❷《商業》☞sociedad
  comanditario, ria 形 ☞sociedad, socio

comando [komándo] 男 ❶《軍事》特別攻撃隊, コマンド部隊; その隊員: 〜 de reconocimiento 偵察隊. 〜 terrorista テロリスト団. ❷《情報》コマンド

comarca [komárka] 囡 地方, 地域 [普通は región より狭い]
  comarcal 形 地方の, 地域の: costumbre 〜 地方的な習慣

comarcano, na [komarkáno, na] 形 隣接した: pueblos 〜s 近隣の村々

comatoso, sa [komatóso, sa] 形《医学》[estar+] 昏睡(状態)の

comba[1] [kómba] 囡 ❶ 湾曲, 反(そ)り. ❷《西》縄跳び《salto a la 〜》; その縄: jugar (saltar) a la 〜 縄跳びをする. dar a la 〜 縄を回す. ❸《南米》槌
  hacer 〜《口語》腰を振って歩く

no perder 〜《口語》あらゆる機会を利用する

combadura [kombaðúra] 囡 湾曲(すること)

combar 他 湾曲させる. ◆ 〜**se** 湾曲する

combate [kombáte] 男 ❶ 戦い, 戦闘: librar un 〜 戦いを始める. avión de 〜 戦闘機. 〜 en las calles 市街戦. ❷ 格闘, けんか; [格闘技の] 試合. ❸ 闘争; [心の] 葛藤
  dejar a+人 *fuera de* 〜 ノックアウトする; …の戦闘能力を奪う

combatiente [kombatjénte] 形 戦闘の: unidad 〜 戦闘部隊
  ◆ 名 ❶ 戦闘員: no 〜 非戦闘員. ❷ 戦士, 闘士; 殴り合う人
  ◆ 男 交戦国

combatir [kombatír] 圓 [+contra・con と/+por のために] 争を求めて] 戦う: 〜 contra un enemigo 敵と戦う. 〜 por la libertad 自由のために戦う
  ◆ …と戦う; …に抵抗する, 反対する: 〜 la dictadura militar 軍事独裁と戦う

combativo, va [kombatíβo, ba] 形 ❶ 戦闘的な, 好戦的な. ❷ 闘志(戦意)のある: espíritu 〜 闘争心. ❸ やる気のある, 意欲的な
  combatividad 囡 闘志, 戦意; やる気, 意欲

combi [kómbi] 男《中南米. 自動車》小型バン

combina [kombína] 囡《口語》術策, 策略

combinación [kombinaθjón] 囡 ❶ 組み合わせ: 〜 de inteligencia y sensibilidad 知性とセンスの結合. ❷《口語》術策, 策略: Tengo una 〜. 私にうまい手がある. ❸《服飾》コンビネゾン, スリップ. ❹《化学》化合(物). ❺《数学》組み合わせ. ❻《金庫の》ダイヤル; その数字の組み合わせ: cerradura de 〜 combinaciones ダイヤル錠. ❼《交通機関の》連絡, 接続

combinada [kombináða] 囡 [スキーなどの] 複合競技: 〜 nórdica ノルディック複合

combinado [kombináðo] 男 カクテル《coctel》; 《スポーツ》混成チーム

combinador [kombinaðór] 男《鉄道》列車集中制御装置

combinar [kombinár] 他 ❶ 組み合わせる: 〜 colores 色を組み合わせる; 絵の具を配合する. 〜 sus esfuerzos 団結する. 〜 un plan 計画を企てる. 〜 las piezas 部品を組み立てる. operación combinada 連合(共同)作戦. ❷《スポーツ》[ボールを] パスする. ❸《南米》[会合などの] 日取りを決める
  ◆ 圓 [+con と] 調和する: La corbata no combina con el traje. そのネクタイは背広と合わない
  ◆ 〜**se** ❶ [+para+不定詞 することを] 互いに取り決める. ❷《化学》[+con と] 化合する

combinatorio, ria [kombinatórjo, rja] 囡 組合わせの; 《数学》組合せ論(の)

combo, ba[2] [kómbo, ba] 形 湾曲した
  ◆ 男《南米》[拳骨による] 殴打; 大槌

comburente [komburénte] 形 名《化学》支燃性の(物質)

combustible [kombustíβle] 形 可燃性の
  ◆ 男 燃料; 可燃物 [materia 〜]: 〜 gaseoso (líquido・sólido) 気体(液体・固体)燃料.

~ nuclear 核燃料
combustibilidad [kɔmbustjβiliðáð] 囡 可燃性, 燃焼力
combustión [kɔmbustjón] 囡 燃焼: ~ incompleta 不完全燃焼
comecocos [komekókos] 男 〖単複同形〗《西》❶ 理性を失わせるもの, 妄想, 洗脳, 難所: Los videojuegos son ~ para los niños. テレビゲームは子供をとりにくする. ❷《ゲーム》パックマン

◆ 图 へつらう人
comecome [komekóme] 男 かゆみ; 不安, 不快
comedero [komeðéro] 男 ❶《牧畜》給餌(きゅうじ)器. ❷ [動物の] 餌場. ❸ 〖戯語〗[公共施設の] 食堂
  limpiar a+人 el ~《口語》…から職(生活手段)を奪う
comedia [koméðja] 囡 〖英 comedy〗 ❶ 喜劇 〖↔tragedia〗; 演劇: ~ italiana イタリア喜劇. ~ de carácter (de figurón) 性格(道化)喜劇. ~ de costumbres 風俗喜劇. ~ ligera 軽喜劇. ~ musical ミュージカル. alta ~ 上流社会やインテリを扱った喜劇. ir a la ~ 芝居を見に行く. ❷《口語》笑い事; 茶番: Es una ~. それはお笑いだ(お芝居だ). hacer ~/venir con ~s お芝居をする
comediante, ta [komeðjánte, ta] 图 喜劇俳優; 俳優, 役者 〖比喩的にも〗: Cuidado con ese hombre, pues da un gran ~. そいつには用心しろよ. 相当な役者だから
comedido, da [komeðíðo, ða] 厖 過分 ❶ [+en に] 節度のある, 中庸の: Es ~ en sus palabras. 彼は言葉づかいが穏やかだ. ❷《南米》世話好きな
comedimiento 男 節度, 穏健
comedir ㉟ 〖現分 comidiendo〗 ~se 1) 節度を守る, 自制する. 2)《南米》[親切に, +a を] 申し出る
comediógrafo, fa [komeðjóɣrafo, fa] 图 〖喜〗劇作家
comedón [komeðón] 男 〖医学〗面皰(にきび)
comedor¹ [komeðór] 男 [家·学生寮などの] 食堂; 〖医名〗[食堂の] 家具: ~ (de) diario 居間. ~ de estudiantes 学生食堂. ~ para pobres 無料給食センター
comedor², ra [komeðór, ra] 厖 大食漢の, 食欲旺盛な: mal ~ 小食の
comedura [komeðúra] 囡 ~ de coco (de tarro) =comecocos
comején [komexén] 男 〖昆虫〗シロアリ 〖termita〗;《南米》騒擾(そうじょう), 社会的不安
comendador [komendaðór] 男 騎士分団長, 上級騎士団員 〖中世には領地·俸禄などを与えられた〗; [いくつかの修道会の] 高位聖職者
comendadora [komendaðóra] 囡 [メルセル会などの] 女子修道院長; [古い騎士修道会の] 修道女
comendatario [komendatárjo] 男 騎士領に聖職禄を持つ教区付き司祭
comensal [komensál] 图 ❶《文語》食卓を共にする人(客), 陪食者. ❷《生物》共棲動物

(植物)
comensalismo 男《生物》片利共生
comentar [komentár] 他 ❶ 解説(論評·コメント)する, …について意見を述べる(取りざたする);[…を話題に] 話す 〖☞hablar 類義〗: Su boda fue un golpe muy *comentado*. 彼の結婚は色々な噂を呼んだ. Quiero ~ un problema contigo. ある問題について君と話したい. ❷ …に注釈をつける
comentario [komentárjo] 男 ❶ 解説, 論評, コメント; [主に 複] 噂, 取りざた: ~ de noticias ニュース解説. hacer ~s (un ~) sobre... について論評する(話題にする). sin (más) ~(s) ノーコメントで. ❷ 注釈, 注解: texto con ~s 注釈のついたテキスト. ~ de texto テキスト分析(解説)
comentarista [komentarísta] 图 ❶ [ニュースなどの] 解説者, 評論家: ~ deportivo スポーツ評論家. ❷ 注釈者, 注解者
comenzar [komenθár] 囮 ㉓ 〖☞活用表. 英 begin. 類義〗 comenzar は empezar より少し固い表現〗他 始める, 開始する: *Han comenzado* una nueva vida. 彼らは新しい生活を始めた. ~ un trabajo 仕事に取りかかる. ~ un libro 本を読み始める

◆ 自 ❶ 始まる: *Ha comenzado* el segundo acto. 第 2 幕が始まった. ❷ [+a+不定詞] …し始める: *Comenzó* a llover. 雨が降り始めた. ❸ [+por+不定詞] 最初に…する, …することから始める: *Comenzamos por* quitarnos los zapatos. 私たちはまず靴を脱ぐ
  comienza y no acaba《口語》彼の話はなかなか終わらない

comenzar		
直説法現在	直説法点過去	接続法現在
comienzo	comencé	comience
comienzas	comenzaste	comiences
comienza	comenzó	comience
comenzamos	comenzamos	comencemos
comenzáis	comenzasteis	comencéis
comienzan	comenzaron	comiencen

comer [komér] 他 〖英 eat〗 ❶ 食べる: *He comido* pasta (un bistec). 私はパスタ(ステーキ)を食べた. ~ sopa スープを飲む. ~ chicle ガムをかむ. ❷ 消費する: Esta estufa *come* mucha electricidad. このストーブはたくさん電気を食う. ❸ 侵す, むしばむ: El orín *come* el hierro. 錆は鉄を腐食させる. ❹ 小さく見せる: El flequillo le *come* la cara. 前髪のせいで彼女の顔が小さく見える. ❺ [色を] あせさせる. ❻《チェス》[相手の駒を] 取る
  sin ~lo ni beberlo《口語》[結果が良くも悪くも] 何もしなかったのに: Me vi implicado en el asunto *sin ~lo ni beberlo*. 私は何もしていないのに事件に巻き込まれた

◆ 自 食べる, 食事をする;《主に西》昼食をとる;《主に中南米》夕食をとる: Los japoneses *comemos* con los ojos (por la vista). 私たち日

本人は目でも食べる．No se puede vivir sin ~. 人は食べなければ生きられない．~ muy poco. El ~ y rascar todo es empezar. 《諺》何事も始めが難しい．Donde *comen* dos, comen tres. 《諺》2 人養う（食べる）のも 3 人養う（食べる）のも同じだ

¡come y calla! 黙って従え（いうことを聞け）！

~ bien (mal) きちんと食事をとる（とらない）

~ por ~ 食べたくないのに食べる

no ~ ni dejar ~ ［意地悪で］自分に用がないのに他人に使わせない

no tener de qué ~ 食うや食わずである

ser de buen ~ 美食家（大食漢）である

◆ **~se** ❶ …を（すべて）食べてしまう：Él solo *se comió* toda la caja de bombones. 彼一人でキャンデー1 箱食べてしまった．~ *se* la herencia 遺産を食いつぶす．No *me como* a nadie. 私は何も取って食うわけじゃない　『恐がらなくていい』❷《口語》…を台なしにする；相殺する：El edificio *se come* parte de la vista. ビルの collde 見晴らしが悪くなった．El sol *se ha comido* la pintura. ペンキの色が日にあせた．❸《口語》［蚊などが］そこらじゅうを刺す．~ ~ を言い（読み・書き）落とす：*Se han comido* una línea. 1 行落ちている．~*se* las eses finales de las palabras 語末の s を発音しない．❺［嫉妬などが］そこをさいなむ；［人が，+con・de 嫉妬などに］さいなまれる

~se unos a otros いがみ合う

¿con qué ~ se come eso? それは一体何の話だ/どういう意味だ?

para comérselo (comerlo)《口語》食べてしまいたいほどかわいい（魅力的な）

comercial [komɛrθjál] 形 『英 commercial』商業の；貿易の：-avión ~ ［個人用・軍用でない］商業用飛行機．balanza ~ 貿易収支．banco ~ 商業銀行．centro ~ ショッピングセンター．película ~ 商業（金もうけ主義）の映画．tratado ~ 通商条約．zona ~ 商業（ビジネス）地区．tener relaciones ~es con... …と取引関係がある

◆ 囡/男 商店

comercialidad [komɛrθjaliðá(ð)] 囡 市場性

comercialismo [komɛrθjalísmo] 男 営利主義，コマーシャリズム

comercializar [komɛrθjaliθár] ⑨ 他 商品化する：~ un producto 製品を市場に売り出す

comercialización 囡 商品化；マーケティング

comerciante [komɛrθjánte] 囲 ❶ 商人，商店主：~ al por mayor (menor) 卸売（小売）商．~ en granos 穀物商．pequeño ~ 小商人．❷ 欲深な人

◆ 圈 ❶ 商売をする；利益第一主義の，欲深な

comerciar [komɛrθjár] ⑩ 圎 ［+en の/+con で・と］商売（取引）をする：~ *en (con)* telas 織物を商う．~ *con* el extranjero 外国と取引をする．~ *con* los permisos de importación 輸入許可を操作して収賄する

comercio [komɛrθjo] 男 『英 commerce』
❶ 商業；商売，取引；貿易［~ exterior］：

dedicarse al ~ 商売をする．salir al ~ ［商品が］売りに出される．~ al por mayor (menor) 卸売り（小売）．~ americano 16-17 世紀にスペイン王家の介入で独占的に行なわれた］アメリカ貿易．~ interior 国内取引．❷ 商店；匧图 商人，商業界：~ de maderas 材木店．Hoy cierra el ~. 今日は店は〔みんな〕休みだ．❸ 交際；［性的な］関係［~ carnal］．❹《トランプ》銀行『ゲームの一種』．❺《戯語》食べ物，料理

comestible [komɛstíble] 形 食べられる，食用の：frutos ~s 食べられる果実

◆ ［主に 匧］食料品：tienda de ~s 食料品店

cometa [kométa] 男《天文》彗星（ﾋﾟ）：~ Halley ハレー彗星

◆ 囡 凧（ﾀﾞ）：[hacer] volar una ~ 凧を上げる

cometer [kométɛr] 他 ❶ ［過ちなどを］犯す：~ una falta de ortografía 綴りの間違いを犯す．~ una indelicadeza 無礼を働く．❷《商業》…に手数料を払う．❸ ［修辞的技法で］使う

cometido [kométiðo] 男 役目，任務；義務：principal ~ del viaje 旅行の主な目的．desempeñar su ~ 自分の仕事をする，義務を果たす

comezón [komeθón] 囡 かゆみ，むずがゆさ：tener ~ en la espalda 背中がかゆい．sentir una ~ por+不定詞 …したくてむずむずする．~ del remordimiento 後悔のうずき．~ del séptimo año 7 年目の浮気

comible [komíble] 形 ［まずいが］食べられる

cómic [kómik] 男《複 ~s》［<英語》［4 こま以上の］漫画，劇画；漫画本（雑誌）

comicastro [komikástro] 男《軽蔑》大根役者

comicial [komiθjál] 形 選挙の：resultado ~ 選挙結果

comicidad [komiθiðá(ð)] 囡 滑稽さ：Esta película es de una gran ~. この映画は大変おかしい

comicios [komíθjos] 男 複 選挙［elecciones］；《古代ローマ》民会

cómico, ca [kómiko, ka] 形 ❶ 喜劇の；喜劇的な：actor (autor) ~ 喜劇俳優（作家）．obra ~ca 喜劇作品．❷ 滑稽な，おかしな：chiste ~ 笑い話．cara ~ca 面白い顔

◆ 囵 ❶ 喜劇俳優；コメディアン，お笑い芸人．❷ ［一般に］役者，俳優：~ de la legua どさまわりの芸人．❸ 滑稽な人，ふざけ好き

comida¹ [komíða] 囡 『英 food, meal, lunch』❶ ［調理した］食べ物，料理『菓子・果物などは含まれない』：La ~ es muy buena en España. スペインの食べ物は大変おいしい．tienda de ~ preparada おそうざい屋．~ japonesa 和食，日本食．~ basura ジャンクフード．~ rápida ファーストフード．grandes ~s すばらしい（ボリュームのある・豪華な）料理

❷ 食事；《主に西》昼食；《主に中南米》夕食

〖cena〗: En España hacen cinco ~ al día. スペインでは日に5回食事をとる. En la ~ bebemos vino, en la cena no. 私たちは昼食の時はワインを飲むが、夕食は飲まない. ~ corrida 《中南米》定食

cambiar la ~ 食べた物を吐く

dar una ~ 〔敬意などの印として〕食事を出す

reposar la ~ 食後に休む

comidilla [komiðíʎa] 囡 ❶〖口語〗悪い噂の的,物笑いの種:Es la ~ de barrio. 彼は町中の笑い者だ. ❷一番の趣味:La baraja es su ~. カードゲームは彼の無上の楽しみだ

comido, da[2] [komíðo, ða] 厖 過分 ❶食べた:Ya estoy (he venido) ~. 私はもう食事をすませた(すませて来た). ❷ [+de・por に] さいなまれた:~ *de (por)* la envidia 嫉妬にさいなまれた. ❸〖口語〗〔服が〕すり切れた:mangas ~*das* por los codos 肘の所がすり切れた袖 ~ ***y bebido*** 養われた

lo ~ por lo servido やっと食事代を稼ぐだけの仕事である/給料がスズメの涙である

comienzo [komjénθo] 男 〖←comenzar〗開始,始まり 〖↔final〗:~ de la guerra 開戦. ~ de una nueva era 新時代の幕開け

a ~s de… …の初めに:*a ~s de* mayo 5月初旬に. *a ~s de* los años sesenta 70年代初頭に

al ~ 初めは,初期は

dar ~ a… …を始める

comilla [komíʎa] 囡 國 〖複〗で 引用符 "…"/《…》: poner entre ~s 引用符でくくる,かっこ付きにする. Esto lo dijo entre ~s. これが彼の強調した点だ

comilón, na [komilón, na] 厖 囡 食べるのが好きな〔人〕,大食漢〔の〕

◆ 囡 〖口語〗ごちそう,大盤ぶるまい

comineria [kominería] 囡 〔主に複〕ささいなこと;愚痴,不平

comino [komíno] 男 〖植物・香辛料〗クミン;《親愛》〔子供・背の低い人に対して〕おちびちゃん

importar a+人 un ~ (tres ~s) …にとってまったくどうでもいい

valer un ~ 一文の値打ちもない

comisaría [komisaría] 囡 警察署 〖~ de policía〗;comisario の職〔事務所〕

comisariado [komisarjáðo] 男 〖省庁・国連など〕下部組織;alto ~ 高等弁務官事務所

comisario, ria [komisárjo, rja] 囡 ❶委員,役員;《スポーツ》コミッショナー:~ de guerra 《軍事》主計官. ~ de la Inquisición (del Santo Oficio) 異端審問所の地方支部長. ~ de la quiebra 破産管財人. ~ europeo EU委員. ~ político 《軍事》政治委員. alto ~ 〔国連などの〕高等弁務官. ❷警察署長,警視 〖~ de policía〗

comiscar [komiskár] 7 他 ちびちび食べる

comisión [komisjón] 囡 〖英 commission〗❶委員会:convocar una ~ 委員会を召集する. ~ de presupuesto 予算委員会. C~ Europea EU委員会. Comisiones Obreras 《西》労働者委員会 〖労働組合全国組織の1

つ〗. ❷委任〔された任務〕:Te traigo una ~ de parte de María. マリアから君に用を頼まれてきたよ. dar (recibir) una ~ 任務を与える(引き受ける). ~ de servicios 《西》〖公務員の〗出向. ❸〖商業〗手数料,コミッション:cobrar el diez por ciento sobre… …の10%を手数料として取る. viajante a ~ 歩合制のセールスマン. trabajar a (con) ~ 歩合制で働く. ❹《文語》〖犯罪〗遂行

en ~ 〔商業〕委託で:venta *en ~* 委託販売. dejar los libros *en ~* 本を委託に出す

comisionado, da [komisjonáðo, ða] 厖 過分 委任された:junta ~*da* para aclarar un asunto 事件の解明を託された委員会

◆ 囡 委員:~ de apremio 収税の督促係官. alto ~ 〔国連の〕高等弁務官

comisionar [komisjonár] 他 …に権限を委任する;使命を与えて派遣する:Le *comisionaron* para negociar un tratado de comercio. 彼は通商条約を取り決める権限を委任された

comisionista [komisjonísta] 囡 取次業者,仲買人

comiso [komíso] 男 没収,押収〖decomiso〗

comisquear [komiskeár] 他 ＝comiscar

comistrajo [komistráxo] 男 《軽蔑》まずい(まずそうな)料理;おかしなごたまぜ料理

comisura [komisúra] 囡 〖解剖〗交連〔部〕:~ de los labios 口唇交連,口角

comité [komité] 男 〖英 committee〗委員会:~ de empresa 《西》職場代表委員会. ~ de redacción 起草委員会. ~ electoral 選挙管理委員会

comitente [komiténte] 厖 権限を委任する

comitiva [komitíβa] 囡 匮名 随員,お供:~ funebre 葬列

cómitre [kómitre] 男 ガレー船の漕ぎ手の監督;人をこき使う人

como [komo] 厖 〖英 as〗❶〔様態・類似〕…のように:i) blanco ~ la nieve 雪のように白い. Llegó ~ muerta. 彼女は死んだようになって帰ってきた. Yo la quería ~ a una madre. 私は彼女を母親のように愛した. Hazlo ~ yo. 私のようにやれ. ii) 〔+直説法・接続法〕Lo he hecho ~ me mandaron. 私は命じられたとおりにした. Hacedlo ~ queráis. 君たちの好きなようにやれ. iii) 〔+estar・ser〕…のまま:Todo está ~ estaba antes. すべて以前のままだ. Nada es exactamente ~ era. 何もかも正確には以前のままではなかった. iv) 〔+現在分詞〕Habla ~ gritando. 彼の話し方はまるでわめいているようだ

❷〔並列. así・tanto+ で強調〕…と同様に,…もまた:Le gusta escuchar la música 〔así〕~ tocar el piano. 彼は音楽を聞くことはむろんピアノをひくことも好きだ. Estudió en Madrid 〔tanto〕~ en París. 彼はパリと同様にマドリードでも勉強した

❸〔資格. 前置詞的に＋無冠詞名詞〕…として:Te lo aconsejo ~ padre. 私は父親としてお前に忠告する. Me lo dieron ~ fianza. 私はそれを担保として受け取った. asistir a la boda

testigo 証人として結婚式に立会う

❹［小さな数の概数. 副詞的］約…, …ぐらい: Son ~ las dos. 2 時ごろだ. Estábamos ya a cinco kilómetros de distancia. 私たちはもう5キロぐらい離れていた

❺［原因・理由. 主節に先行］…なので: i) C~ hacía frío, se quedó en casa. 寒かったので彼は家にいた. ii)《まれ》［主格補語＋~＋動詞］Siendo un muchacho ~ era, yo no lo podía entender bien. 私は子供だったので, よく理解できなかった

❻［譲歩］…としても: Escaso de tiempo ~ estaba, todavía seguía a hablar conmigo. 時間がないのに, 彼はまだ私と立ち話を続けた

❼《古語》［時間］…するとすぐ: C~ llegué a la ciudad, fui a visitar el museo. 私は町に着くとすぐ美術館を訪れた

❽［警告的な条件. ＋接続法］もし…ならば: i) C~ te descuides, pierdes el tren. うかうかしていると列車に乗り遅れるぞ. ii)［＋no］…でもなければ: C~ *no* sea en taxi, ya no puedes volver a casa. タクシーでもなければ家に帰れないよ

◆ 圖《方法・様態の関係副詞》i)［限定用法］Habló de la manera ~ se cazan ciervos. 彼は鹿の捕え方について話した. Fíjese en el modo ~ interpretan las obras. 彼らが作品をどのように演奏するか注目しなさい［限定用法ではあまり使われない. en que の方が普通］.［＋不定詞］No sé la manera ~ manejar la máquina. 私はその機械の操作法を知らない. ii)［独立用法］Sabrás ~ hemos llegado bien. 私たちがどうやって無事に着いたか教えてあげよう. Todo ha salido al contrario de ~ yo esperaba. すべて期待に反する結果となった. No hay *cómo* hablarle. 彼に話しようがない《独立用法の関係詞＋不定詞 ではしばしば強勢をとる》. iii)［強調構文. ser…~］Así es ~ se aprende. こうして人は学ぶのだ. Cantando es ~ se alegran los corazones. 歌えば心が晴れる. v)［＋名詞］Sentí ~ un escalofrío que me sacudía todo. 私は全身を震わせる悪寒のようなものを感じた

~ *para*＋不定詞 1)…するためであるかのように: Lo dejaron ~ *para* tirarlo. 彼らはそれを投げ捨てるように放り出した. 2)…くらい: Su gripe no es (tan) grave ~ *para* renunciar a su viaje. 彼の風邪は旅行を中止するほどひどくはない

~ *que*＋直説法 1)…であるかのように: Se oyó ~ *que* lloraban. 彼らが泣いているらしいのが聞こえた. 2)《口語》［原因の強調］…であるから: C~ *que* no lo vas a creer, no te lo cuento. 君が信じそうもないから, それは話さない. 3)［結果］だから…: Estoy cansadísimo ~ *que* me voy a acostar. とても疲れているから, だから寝るとしよう. 4)《中南米》…するほど: distancia ~ *que* embellece los objetos 物を美しく見せるくらいの距離

~ *quiera* ＝~ usted quiera；＝como-

quiera

~ *si*＋接続法［事実に反して］まるで…であるかのように［内容が非完了的であれば接続法過去, 完了的であれば接続法過去完了］: Me tratan (trataban) ~ *si* fuera hijo suyo. 彼らは自分の息子であるかのように私を扱ってくれる). Me critican (criticaban) ~ *si* yo hubiera cometido un error grande. 私はまるで大失策をしたかのように非難されている. ¡C~ si supiera él algo de eso! まるで彼がそれについて何か知っているかのようだ!《実は何も知らない》

~ *usted quiera* お好きなように

hacer ~ *que*＋直説法 …であるふりをする: Hace ~ *que* llora. 彼は泣き真似をしている

si… ~ si… …しようがしまいが: Si quiere ~ *si* no quiere, tendrá que trabajar. 好むと好まざるとにかかわらず, 彼は働かなければならない

cómo

[kómo] 圖《英 how. 様態の疑問副詞》❶ どのように: i) ¿C~ está usted? ごきげんいかがですか? ¿C~ anda el reloj? 時計の調子はどうですか? ¿C~ quiere usted que seamos? 私たちにどうしろと言うのですか? ii)［間接疑問］Dígame ~ estuvo el partido. 試合はどうだったのか教えてください. iii)［＋不定詞］No sé ~ disculparme. 何と弁解していいかわかりません. iv)《西》［形状・性状. ＋de＋形容詞・副詞］¿C~ es *de* largo? それは長さがどのくらいですか? ¿C~ quieres el salón *de* grande? 居間はどのくらいの広さが欲しい? ¿C~ es el libro? その本はどんな内容ですか? Ya sabes ~ es tu padre. 君の父親がどういう人間かもうわかっている. v)［方法・手段］¿C~ lo han construido? それはどのように建てられたのですか? No sé ~ hemos llegado hasta aquí. 私たちがどのようにしてここまでたどり着いたかわからない

❷［理由］どうして《por qué? よりも奇異感が強い》: i) ¿C~ has llegado tan tarde? どうしてこんなに遅刻したのだ? ii)［反語］¿C~ podíamos (podríamos) sospechar de él? どうして彼を疑うことができようか

❸［親しい相手・目下の相手に対する聞き返し］何ですって?

❹［感嘆］何と: ¡C~ llueve! 何というひどい雨だ!

a ~ ［単位価格で］いくら?: ¿A ~ son las naranjas? オレンジは〔1 キロ〕いくら? ¿A ~ es (está) el dólar? ドル〔の相場〕はいくらですか?

¿~ *así*? どうして/まさか?: Han dicho que mañana no habrá clase. ¿C~ así? 明日は授業がないそうだ. どうしたのだろう?

¡~… *de*＋形容詞！ 何と…か!: ¡Cómo te has puesto *de* gordo! 君は太ったんだ!

¿~ es posible? ¿~ así?

¿~ no? / ¡~ no!《主に中南米》承知した/もちろん: ¿Puedo llevarme este libro?—¿C~ no? この本を持っていいのか?—いいとも. Lo haré, ¿~ no? もちろん, するよ

¿~ puede ser? ¿~ así?

¿~ que…?［不審・奇異・侮蔑］…はどうして

ka?: ¿C~ que no lo has visto? 君はそれを見たことがないだって? ¿C~ que qué? [聞き返し] 何って何? No sé nada.—¿C~ que nada? 私は何も知らない.—何が何も知らないだ! No viene.—¿~ que no? 彼は来ない. 来ないのはずはないのに

¡~ que no! とんでもない

¡~ que+直説法! [強い非難・反発] …とはなんだ!: ¡C~ que no estás de acuerdo! どうして賛成じゃないの!

◆ [男] [el+] 様子, 方法: Me han dado una explicación del ~ y el cuándo. 私はいつ, どのようにしてやるか説明された. Quiero saber el ~ y el porqué. どうして, なぜそうなのか知りたい

◆ [間] [驚きと怒り] ¡¿C~?! ¡No lo entiendes? 何だって! わからないのか! ¡Pero ~! しかしまた何だって! ¡Y ~! へえ何だと!

cómoda[1] [kómoða] [女] 整理だんす

cómodamente [kómoðaménte] [副] 快適に, ゆったりと; 容易に

comodidad [komoðiðá(d)] [女] ❶ 便利さ; 快適さ: sentarse con ~ ゆったりと座る. vivir con toda ~ 何不自由なく暮らす. Ven a cualquier hora a tu ~. いつでも都合のいい時に来なさい. ❷ [複] [便利・快適な] 設備: Esta casa tiene muchas ~es. この家は設備が整っている

comodín [komoðín] [男] ❶ [トランプ] ジョーカー. ❷ 何にでも役立つもの: Este sofá hace de ~. このソファは色々な用途に使える. ❸ 都合のいい口実. ❹ [情報] ワイルドカード [carácter ~]

cómodo, da[2] [kómoðo, ða] [形] [英 convenient, comfortable] ❶ 便利な, 使いやすい; 快適な, 安楽な: cocina ~da 便利な台所. plancha ~da 使いやすいアイロン. sillón ~ 座り心地のいい椅子. habitación ~da 居心地のいい部屋. casa ~da 住み心地のいい家. vestido ~ 着やすい(ゆったりした)服. trabajo ~ 楽な仕事. Sin zapatos andarás más ~. 靴を脱いだ方が楽に歩けるよ. ❷ 好都合な; ocasión ~da ちょうどいい機会. ❸ [人が] くつろいだ: Aquí estoy más ~. ここの方がくつろげます. Póngase ~. どうぞお楽に

comodón, na [komoðón, na] [形] [名] [口語] 楽(快適な生活)をしたがる[人]

comodoro [komoðóro] [男] [主に英国・米国海軍の] 戦隊司令官, 代将

comoquiera [komokjéra] [副] [西では古語的] [譲歩] i) [+que+接続法] …のなにしても: C~ que sea, lo hecho no merece disculpa. それが何であれ(いずれにしても), やったことに弁解の余地はない. ii) [+que+直説法] …である以上: C~ que sabes la dirección, no necesitas que te acompañe. 君は住所を知っているのだから, 私がついて行く必要はない

compa [kómpa] [名] [口語] 仲間, 友達

compact[disc] [kómpak(t)/kompakðísk] [男] [複 ~s] [←英語] コンパクトディスク; CD プレーヤー

compactar [kompaktár] [他] 締める, ぎっしり詰める;《金属》[粉末の] 成形

compactación [女] 締め固め, 突き固め; 成形

compactado [男] [建築] 地固め, 突き固め

compactadora [女] 突き固め機, ローラー

compacto, ta [kompákto, ta] [形] ❶ ぎっしり詰まった [↔esponjoso]: tierras ~das 固くしまった土. muchedumbre ~ta 密集した群集. ❷ [印刷物が] 字のぎっしり詰まった

◆ [男] コンパクトディスク, CD [disco ~]; CD プレーヤー

compadecer [kompaðeθér] [他] …に同情する: ~ a los pobres 貧乏人を哀れむ

◆ ~se [+de con に] 同情する: ~se del dolor ajeno 他人の痛みに同情する. ❷ [まれ] 両立する

compadraje [kompaðráxe] [男] 共謀, ぐる: formar un ~ 共謀する

compadre [kompáðre] [男] ❶ [宗教] 実父と代父が互いに呼び合う呼称; 実母・代母が代父を呼ぶ呼称. ❷ [アンダルシア・中南米の庶民階級の親しい男同士の呼称] やあ君

◆ [形] [南米] 高慢な, 尊大な

compadrazgo [男] 実父と代父の間柄; = compadraje

compadrear [自] [南米] 高慢である, 尊大にふるまう

compadreo [男] = compadraje

compadrito [形] [南米] 生意気な, けんか好きな

compaginar [kompaxinár] [他] ❶ [+con と] 両立させる, 調整する: ~ su trabajo en casa con el de la tienda 家事と店の仕事を両立させる. ❷ [印刷] ページアップする, メーキャップする

◆ ~se 両立する: Su buen genio no se compagina con el aspecto de persona maligna. 彼の優しさは意地悪そうな顔つきにそぐわない

compaginable [形] 両立できる

compaginación [女] 両立; ページアップ, メーキャップ

compaña [kompáɲa] [女] [西. 口語] 仲間, 一同: ¡Adiós, Pedro y la ~! さようならペドロ, そして皆さん. en buena ~ 仲よく

compañerismo [kompaɲerísmo] [男] 仲間意識, 団結精神

compañero, ra [kompaɲéro, ra] [名] [英 companion] ❶ 仲間; 連れ, 相棒: Somos ~s de colegio. 私たちは学校友達だ. hacer a+人 de ~ …を仲間(相棒)にする. tener un ~ para toda la vida 生涯の伴侶を得る. ~ de clase 級友. ~ de equipo チームメート. ~ de oficina 会社の同僚. ~ de viaje 旅の道連れ; [右翼からの軽蔑語] 共産党の協力者. ~ de armas 戦友. ~ de fatigas (en desgracia) 苦労(不幸)を共にした人. ~ sentimental [婉曲] 愛人 [amante]. ❷ [一対・一セットの] 片方, 1点: perder el ~ de un guante 手袋の片方をなくす. Estos sillones son ~s del sofá. この椅子はソファとセットになっている. ❸ [トランプ] パートナー

compañía [kompaɲía] [女] [英 company] ❶ 会社: Pérez y

C~ ベレス社 (商会). ~ **aérea** (de seguros) 航空 (保険) 会社. ~ **inglesa de las Indias Orientales** イギリスの東インド会社

❷ 同伴(者), 一緒にいること(人) : Le gusta la ~. 彼は人と一緒にいるのが好きだ. Todos los días se hacen ~ charlando y jugando. 彼ら は毎日集まって雑談したり遊んだりする. Hazle ~. 彼の相手をしてやれ. La música es su mejor ~. 音楽が彼の最良の友だ. malas ~s 悪い仲間. señora (dama) de ~ [病人などの] 付き添い婦 ;《古語》[独身女性の外出時の] 付 き添い人, お目付

❸ 団体 ; 劇団, 一座『~ de teatro』: la ~ María Guerrero マリア・ゲレロ劇団

❹《軍事》中隊

❺《宗教》イエズス会『~ de Jesús』: miem- bro de ~ イエズス会修道士

en ~ [+de+人 と] 一緒に

comparable [komparáble] 形 [+a・con に・ と] 比較し得る ; 匹敵する

comparación [komparaθjón] 囡 ❶ 比較, 対比 : en ~ con… …と比較して. sin ~/ fuera de ~ [すぐれていて] 比べようもなく, 断然. ❷ 比喩, たとえ

comparado, da [komparáðo, ða] 形 過分 ❶ 比較された : ~ con mi casa, tu casa es un palacio. 私の家と比べたら君の家はまるで御 殿だ. ❷ 比較研究の : estudio ~ 比較研究. literatura (gramática) ~da 比較文学(文 法)

comparador [komparaðór] 男《技術》コンパ レータ, 比較〔測定〕器

comparanza [komparánθa] 囡《古語》= **comparación**

comparar [komparár] 他 ❶ [相互に/+ con・a と] 比較する, 対比する : ~ dos mode- los 2つのモデルを比べる. ~ el texto con el manuscrito テキストと原稿をつき合わせる. comparándolo con antes de la guerra 戦前 と比較して. ❷ [+a と] たとえる : ~ los años de la vida a las estaciones 人生を季節にたと える

◆ ~**se** 比べられる : Esto no puede ~se a aquello. これはあれとは比べ物にならない

comparativo, va [komparatíβo, βa] 形 比較の : estudio ~ 比較研究
◆ 男《文法》比較級 : ~ de superioridad (de inferioridad) 優等 (劣等) 比較

comparativamente 副 比較して, 比較的に

comparecer [kompareθér] 自 ❶ 出頭す る : ~ ante el juez 出廷する. ❷ [思いがけ・ 時期外れに] 現れる : Compareció al final de la fiesta. 彼はパーティーの終わりころにやって来た

comparecencia 囡 出頭, 出廷

comparsa [kompársa] 囡 集合《演劇》その他大 勢, 端役 ; [カーニバルなどの] 仮装行列
◆ 名 端役 ; [地位が] 名前だけの人, かかし

compartimentar [kompartimentár] 他 [独立したものとして] 区分する, 分ける

compartimentación 囡 区分

compartimiento [kompartimjénto] 男 ❶

《鉄道》車室, コンパートメント. ❷ 仕切り, 区画 : cajón con ~s 仕切り付き引出し. ~ estanco 《船舶》水密区画. ~ de bombas《航空》爆弾 倉. ❸《まれ》共用

compartimento 男 = **compartimiento**

compartir [kompartír] 他 ❶ [+con と] 共 用する ; [感情などを] 共有する : ~ un piso con un amigo 友人とマンションを共用する. ~ la alegría de+人 …と喜びを分かち合う. Com- parto tu opinión. 私は君と意見が同じ. ❷ [1つ のものを] 等分に分ける (分け合う)

compás [kompás] 男 ❶《幾何》コンパス : trazar un círculo con ~ コンパスで円を描く. ~ de puntas ディバイダ. ❷ 羅針盤『~ magnético』. ❸ 拍子, リズム : marcar el ~ [con el pie] [足で] 拍子 (リズム)をとる. guar- dar (perder) el ~ リズムを保つ (外す). ir al ~ 歩調をそろえる. a (al) ~ 拍子を[正しく]と って. al ~ de vals ワルツのリズムで. ~ de tres por cuatro 4分の3拍子. fuera de ~ リズムを外して ; 歩調を乱して. ~ mayor (me- nor) 2(4)拍子. ~ binario 双split拍子. vivir al ~ de la sociedad 社会のテンポに合わせて生 活する. ❹《音楽》小節 ; その縦線 : repetir los primeros compases 最初の数小節を繰り返す. ~ de espera 休止小節 ; 間(*). ❺《自動車》 折畳み式幌のばね

llevar el ~ 拍子をとる ; [楽団・合唱団を] 指 揮する『比喩的にも』

compasado, da [kompasáðo, ða] 形 節度 のある, 適度な

compasillo [kompasíʎo] 男《音楽》4分の2 拍子

compasión [kompasjón] 囡 同情, 哀れみ : tener ~ de+人 …を気の毒に思う. sentir ~ por… …に同情する. llamar (mover) a ~ a+人/dar ~ a+人 …の胸を痛める, 同情を誘う. por ~ 同情して

compasivo, va [kompasíβo, βa] 形 [+ hacia に] 同情的な, 思いやりのある

compatible [kompatíble] 形 ❶ [+con と] 両立できる : Su explicación es ~ con la mía. 彼の説明は私のと矛盾しない. No es ~ con nadie. 彼は誰とも〔性格が〕合わない. ❷《機械・ 情報》互換性のある

compatibilidad 囡 両立〔性〕, 適合性 ; 互換 性 ;《生物》融和性 ;《化学》和合性

compatibilizar 9 他 [+con と] 共立させる ; 互換性を持たせる

compatriota [kompatrjóta] 名 同国人, 同 郷人

compeler [kompelér] 他 [+a+名詞・不定詞 を] …に強制する : No me pueden ~ a aban- donar el cuarto. 部屋を明け渡すよう私に強制 することはできない

compendio [kompéndjo] 男 要約, 概要 : ~ de química 化学概論. en ~ 要約して. Es un ~ de todos los vicios. 彼は悪徳の塊だ

compendiar 10 他 要約する

compenetrar [kompenetrár] ~**se** ❶ [感 情などを, +con と/互いに] 共有する : Nos *compenetramos* a la perfección. 私たちは完全に理解し合っている. ❷〔微粒子が〕相互浸透する

compenetración 囡 相互理解；相互浸透

compensación [kɔmpensaθjɔ́n] 囡 ❶ 補償, 代償: exigir la ～ de molestias (de divorcio) 迷惑を受けた償い(離婚の慰謝料)を要求する. ～ económica 経済的補償. en ～ 埋め合わせに, その代わりに. ❷《法律・経済》相殺, 平衡. ❸《技術》補正

compensador, ra [kɔmpensaðɔ́r, ra] 形 男 補償の；《技術》補正の, 補正器, 補償器

compensar [kɔmpensár] 他 [+con で, +por について] 補償する, 埋め合わせる: Le *compensaron con* un millón de pesetas *por* la pérdida de la mano. 彼は片手を失った補償金として 100 万ペセタをもらった. Le *compensaron* [de] los esfuerzos./Fue *compensado* de los esfuerzos./Los esfuerzos le fueron *compensados*. 彼の努力は報われた. Las ganancias *han compensado* las pérdidas. もうけが損失を補った
◆ やる価値がある, 努力に見合うだけのものがある: Esta tarea no *compensa*. この仕事はやっても損だ
～se ❶ 補償される；《医学》代償される. ❷ 自身の埋め合わせをつける: ～se del trabajo *con* unas vacaciones 休暇をとって仕事の疲れをいやす

competencia [kɔmpeténθja] 囡 ❶ 競争；競争相手: Hay mucha ～ en la industria textil. 繊維業界は競争が激しい. hacer la ～ a+人 …と張り合う. ～ en ～ con… …と競争で. libre ～ 自由競争. ～ desleal 《経済》不公正競争. ❷ 権限, 管轄: Esto no es (cae dentro) de su ～. これは彼の管轄外だ/能力を越えている. cuestión de ～〔官庁間の〕縄張り争い. ❸ 資格, 能力；専門家, 学識経験者: persona de gran ～ 大変有能な人. ～ administrativa 行政能力. ～ lingüística del español スペイン語運用能力. ❹《南米》競技, 試合
con ～ 適切に

competente [kɔmpeténte] 形 ❶ 権限のある, 所轄の: autoridad ～ 所轄官庁. tribunal ～ 管轄裁判所. ❷ 有能な；[+para に] 適格のある；[+en に] 詳しい: profesor muy ～ 大変有能な先生. ser ～ *para* un cargo docente 教職の資格がある. ser ～ *en* finanzas 財政に通じている. edad ～ 有資格年齢. ❸ 適切な: premio ～ 妥当な賞
◆ 名 有資格者

competer [kɔmpetér] 自 [+a の] 管轄である: Esto *compete a*l ayuntamiento. これは市役所の管轄だ

competición [kɔmpetiθjɔ́n] 囡 《西》❶ 競争: ～ reñida 熾烈な争い. ❷〔競技〕試合, コンペ

competidor, ra [kɔmpetiðɔ́r, ra] 形 名 競争する〔人〕: espíritu ～ 競争心. nuestros ～es 我々の〔競争〕相手

competir [kɔmpetír] 35 自 [+en で, +por を] 競争(競合)する: En la carrera *competí* con él *por* el primer puesto. レースで私は彼と 1 位を争った. ～ *en* belleza (*en* precio) 美を競う(価格で競争する)

competitivo, va [kɔmpetitíβo, ba] 形 競争の；競争力のある: mercado ～ 競争市場. precio ～ 競争価格
competitividad 囡 競争力；競争〔関係・相手〕

compilar [kɔmpilár] 他 ❶〔文献などを〕集成する, 一冊にまとめる. ❷《情報》コンパイルする, 別のコードに翻訳する
compilación 囡 1) 集成, 編纂: ～ de leyes 法規集. 2) コンパイル
compilador, ra 形 集成する；編纂者. ◆ 男《情報》コンパイラー

compinche [kɔmpíntʃe] 名《口語》〔遊び・悪事の〕仲間, 相棒；共犯者
compinchado, da 形 過知 仲間の, ぐるの
compinchar ～se 共謀する

complacencia [kɔmplaθénθja] 囡 ❶〔自己〕満足: hablar de su obra con gran ～ 自分の作品について大変うれしげに話す. ❷〔過度の〕寛容, 甘やかし: Tiene excesiva ～ con su mujer. 彼は妻に甘すぎる

complacer [kɔmplaθér] 39 他 …の気に入るようにする: Todo lo hice para ～te. すべて君を喜ばせようとしてしたことだ. ¿En qué puedo ～le? 何かご用かな?
◆ ～se [+en・con・de を] 喜ぶ, 満足する: i) *Se complace en* hacer burla de mí. 彼は私をからかって楽しんでいる. ～se *en* el trabajo (*con* su obra・*de* sí mismo) 仕事(作品・自分自身)に満足する. ii)《丁寧》*Nos complacemos en* anunciarles la próxima boda de nuestra hija. 私どもの娘の結婚式についてご案内いたします

complaciente [kɔmplaθjénte] 形 [+con に] 愛想のよい, 好意的な；寛容な: Es ～ con sus parroquianos. 彼はお得意さんに愛想がいい. marido ～ 寛大な夫, 妻の不貞をとがめない夫

complejidad [kɔmplexiðá(ð)] 囡 複合性, 複雑さ: de una gran ～ 大変複雑な

complejo[1] [kɔmpléxo] 男 ❶ 複合的(複雑)なもの: ～ químico 化学複合体. ～ vitamínico 複合ビタミン剤. ❷ コンビナート, 工業団地〚～ industrial〛；総合施設: ～ siderúrgico (petrolero) 製鉄(石油)コンビナート. ～ de viviendas 住宅団地. ～ deportivo 総合スポーツ施設. ～ hotelero 総合宿泊施設. ～ turístico 総合観光(レジャー)施設. ～ vacacional 休暇村. ❸《心理》観念複合, コンプレックス；《医学》症候群〚síndrome〛: tener (dar) ～ de inferioridad 劣等感を抱く(与える). ～ de superioridad 優越複合, 優越感. ～ de culpa (de culpabilidad) 罪責複合. ～ edípico (de Edipo) エディプスコンプレックス. ❹《数学》複素数〚número ～〛. ❺《化学》錯体, 錯化合物〚compuesto ～〛

complejo², ja [kompléxo, xa] 形 複合の；複雑な：mecanismo 〜 複雑な機構. problema (asunto) 〜 込み入った問題(事件)

complementar [komplementár] 他 [+con を]…に補う，補足する
◆ 〜se 補い合う

complementario, ria [komplementárjo, rja] 形 補完(相補)的な：hacer una explicación 〜ria 補足説明をする. colores 〜s 補色. distribución 〜ria 〘言語〙相補分布. proposición 〜ria 〘文法〙補文
complementariedad 囡 補足性

complemento [kompleménto] 囲 ❶ 補足，補完：El vino es el 〜 necesario en toda buena comida. ワインはおいしい食事に欠かせない. oficial de 〜 予備役士官. ❷ ボーナス，手当〖〜 salarial・de sueldo〗. ❸〘文法〙補語：〜 directo (indirecto・circunstancial) 直接(間接・状況)補語. ❹〘数学〙余角，余弧；補集合，補空間. ❺〘生理〙補体. ❻ 囤 付属品；〘服飾〙小物

completamente [kompletaménte] 副 完全に，徹底的に：Ha cambiado 〜. 彼はすっかり変わった

completar [kompletár] 他 完全(なもの)にする，完成させる；綜締る：〜 su discurso con palabras de agradecimiento 感謝の言葉でスピーチを締めくくる
◆ 〜se 補完し合う：Los dos libros se completan. その２冊の本は互いに補い合う

completas [kompletás] 囡 圈 〘宗教〙終禱
completiva [kompletíba] 囡 〘文法〙補語節〖proposición 〜va. que 節〗

completo, ta [kompléto, ta] 形 〘英 complete〗 ❶ 完全な，完璧な，仕上がった：La victoria fue 〜ta. 完璧な勝利だった. 〜 徹底した研究. fracaso 〜 まったくの失敗. muchacha 〜ta 申し分のない娘. ❷ [estar+] i) [構成要素が] 全部ある：La colección está casi 〜ta. コレクションはほぼそろっている. obras 〜tas 全集. familia 〜ta 家族全員. ii) 満員の：El teatro estaba 〜. 劇場は満席だった. autobús 〜 満員のバス
◆ 囲 ❶ 全員〖表示〗満室，満席. ❷ 《南米》借金の残り；ホットドッグ
al 〜 全員で；満員で
por 〜 完全に，徹底的に：registrar una casa por 〜 家のすみずみまで捜索する

complexión [komplek(k)sjón] 囡 体格，体質：〜 débil 虚弱体質. ser robusto de 〜 体つきが頑丈である
complexionado, da 形 bien (mal) 〜 体格のよい(悪い)

complexo, xa [komplék(k)so, sa] 形 ＝complejo

complicación [komplikaθjón] 囡 ❶ 複雑(化)，紛糾：La trama es de gran 〜. 筋が錯綜している. Surgió una 〜. 面倒なことが起きた. ❷〘医学〙合併(併発)症，余病. ❸《南米》かかわり合い〖implicación〗

complicado, da [komplikáðo, ða] 形 過分 〘英 complicated〗 ❶ 複雑な，入り組んだ：máquina 〜da 複雑な機構. asunto 〜da やっこしい(やっかいな)事件. persona 〜da 理解しにくい人. ❷ [+en 事件などに] 関わりのある：estar 〜 en una conspiración 陰謀に関わっている

complicar [komplikár] 7 他 ❶ 複雑にする，紛糾させる；困難にする：Su presencia complica la cosa. 彼がいると事がややこしくなる. No me compliques la vida.《口語》ややこしい話に僕を巻き込まないでくれ. ❷ [+en 事件などに] 巻き込む：Le complicaron en el escándalo. 彼はスキャンダルの巻き添えを食った
◆ 〜se ❶ 複雑になる；巻き添えになる：Se ha complicado la discusión. 議論が紛糾した. Se ha complicado en el suceso. 彼はその事件の巻き添えになった. ❷ [病状が] こじれる，[+con 余病を] 併発する：Su resfriado se complicó con una pulmonía. 彼は風邪から肺炎を併発した

cómplice [kómpliθe] 囵 [+de+人/+en+事の] 共犯者；加担者：Fue 〜 del ladrón. 彼は泥棒とぐるだった. 〜 en una estafa 詐欺の共犯者
complicidad 囡 共犯，共謀；加担：en 〜 con+人 …と共謀して

complot [komplót] 囲 〘圈 〜s〗《←仏語》陰謀，密議：maquinar (tramar) un 〜 陰謀をたくらむ

complutense [kompluténse] 形 囵 〘地名〙アルカラ・デ・エナーレス Alcalá de Henares の〔人〗〘マドリード東方の都市〗
◆ [C〜] マドリード大学〖Universidad C〜 de Madrid〗

componedor, ra [komponeðór, ra] 囵 ❶《法律》amigable 〜 調停者. ❷《中南米》整骨医

componenda [komponénda] 囡 [不正な] 談合，裏取引；[失敗を取り繕う] 一時しのぎ

componente [komponénte] 形 囵 構成する；構成員
◆ 囲 ❶ 構成要素〖elemento 〜〗. ❷ 部品：fábrica de 〜s electrónicos 電子部品工場. 〜s físicos (lógicos) ハードウェア(ソフトウェア). ❸ 囡 も〘物理〙[ベクトル・力などの] 成分

componer [komponér] 60 他 過分 compuesto〗❶ 構成する，組み立てる：Ocho departamentos componen la Facultad. 8学科で学部は構成されている. ❷ 作曲する，創作する：〜 una sinfonía 交響曲を作る. 〜 versos 詩を書く. ❸ 整理する，修理する；取り繕う：〜 el salón 応接間を片付ける. 〜 un reloj viejo 古時計を調整する. 〜 los semblantes 見かけをよくする，うわべを繕う. ❹ [争う・反抗する人を] なだめる，懐柔する. ❺ 味つけをする，[特にサラダを] あえる. ❻ …の飾りつけをする；…の身なりを整える. ❼〘印刷〙[活字を] 組む. ❽《中南米》[脱臼を] 治す
◆ 〜se ❶ [+de で] 構成されている：El jurado se compone de doce personas. 陪審員は12人で構成される. ❷ 身なりを整える

componérselas 《口語》[+para+不定詞] うまく…する, 何とかする : Siempre *se las compone para* salir del apuro. 彼はいつもうまく窮地を逃れる

comportamiento [komportamjénto] 男 ❶ 行動, ふるまい, 行儀 : observar buen (mal) ～ 行儀がよい(悪い). ～ instintivo 本能的行動. ～ social 社会的行動. ❷ (機械などの) 動き ; [物質の] 特性. ❸ 推移, 成行き. ❹ 《教育》[生徒の評価] 生活・学習態度

comportar [komportár] 他 ❶ 《文語》[事柄・行為が] 伴う, 含む : Este trabajo no *comporta* ningún beneficio. この仕事は何の得にもならない. Retrasar la intervención quirúrgica *comporta* unos riesgos. 手術を遅らせることには危険が伴う. ❷ 《まれ》我慢する 《soportar》. ❸ 《中南米》もたらす, 原因(動機)となる

◆ **～se** 行動する, ふるまう : ～*se* bien (mal) 立派にふるまう(行儀が悪い)

saber **～se** 行儀よくする

composición [komposiθjón] 女 《←componer》❶ 構成, 組成, 合成, 成分, 含有量 : ～ de la cámara 議会の構成. ～ de un medicamento 薬の成分. ～ de fuerzas 《物理》力の合成. ～ fulminante 起爆剤. ❷ 作曲, 創作, 作品 : ～ de una sonata para piano ピアノソナタの作曲. *composiciones* musicales (poéticas) 曲(詩). ❸ 作文 : hacer una ～ 作文を書く. ～ en inglés 英作文. ❹ 《美術》構図. ❺ 《体操・スケート》*composiciones* libres 自由演技, フリー. ❻ 《印刷》植字, 組み版 : ～ manual 手組み. ～ por ordenador コンピュータ植字. ❼ 《言語》合成

～ *de lugar* [全面的な] 状況の検討 : Antes de tomar una decisión debes hacer una ～ *de lugar* 決定を下す前に君は状況を十分に把握しておくべきだ

compositivo, va [kompositíβo, βa] 形 [合成語の] 構成要素となる

compositor, ra [kompositór, ra] 形 名 ❶ 作曲する ; 作曲家. ❷ 《南米》整骨医

compostelano, na [komposteláno, na] 形 名 《地名》サンティアゴ・デ・コンポステーラ Santiago de Compostela の〔人〕《ガリア地方の首市でキリスト教の聖地》

compostura [kompostúra] 女 ❶ 節度, 穏健 : guardar la ～ 節度を守る, 礼儀正しくする. ¡Miguel, ten ～! ミゲル, お行儀よくしなさい. ❷ 調停, 合意 : hacer una ～ con los acreedores 債権者と話をつける. ❸ 修理 ; 身繕い : ～ de su rostro 化粧[直し]. taller de ～《南米》靴の修理場. ❹ 構成, 組立て

compota [kompóta] 女 《料理》果実のシロップ煮, コンポート

compra [kómpra] 女 ❶ 購入, 買入れ : Le gusta a mi mujer ir de ～. 私の妻は買い物に出かけるのが好きだ. hacer una buena ～ よい(上手な)買い物をする. precio de ～ 買い値, 取得価格. ～ por catálogo カタログショッピング. ❷ [食料品・日用品の] 買い物 : Los viernes hacen la ～ para toda la semana. 彼らは金曜日に1週間分の買い物をする. Fui a la ～ al supermercado. 私はスーパーに買い物に出かけた. ❸ 買った品物

comprador, ra [kompraðór, ra] 形 名 買い手(の) : mercado de ～*es* 買い手市場. parte ～*ra* 《法律》買い手

comprar [komprár] 他 《英 buy. ↔ vender》❶ [+para+人 のために/から] 買う, 購入する : *Compró* el terreno por un millón de pesetas. 彼はその土地を100万ペセタで買った. Le *compraré* a mi hija una muñeca. 私は娘に人形を買ってやろう. Le *compré a* (*Compré de*) un amigo su coche. 私は友人から車を買った. ～ marcos マルクを買う. ～ futuros 《商業》先物買いをする. Que te *compre* quien te entienda. お前の言っていることはでたらめだ. ❷ [不正に] 買収する : ～ a un juez 判事を買収する. ～ el silencio de+人 …に口止め料を払う

◆ 自 買い物をする : No sabe ～. 彼は買い物が下手だ

◆ **～se** ❶ 自分のために買う : *Me compré* esta corbata. 私は[自分用に]このネクタイを買った. ❷ [金で] 買える : El amor no *se compra*. 愛情は金では買えない

compraventa [kompraβénta] 女 [職業としての] 売買, [特に] 古物商 : Tiene un negocio de ～ de automóviles usados. 彼は中古車売買の仕事をしている

comprehender [kompreendér] 他 《古語》=comprender

comprender [komprendér] 他 《英 understand, comprehend》❶ 理解する, わかる 《☞entender 頻義》; 納得する : i) *Comprende* el italiano. 彼はイタリア語がわかる. No *comprendí* nada [de] lo que dijo. 私は彼の言ったことがまるでわからなかった. Nadie le *comprende*. 誰も彼のこと(気持ち)を理解できない. *Comprendo* tu ira. 君が怒るのももっともだ. ～ el arte 芸術を理解する. ～ sus intenciones 彼の意図を理解する. ii) [+que+接続法] *Comprendo que* no me creas. 君が私を信用しないのも無理はない. iii) [過去分詞. 聞き手の性と無関係に男性形] ¿*Comprendido*? [念押し] わかる? ¡*Comprendido*! わかった! ❷ 含む, 包含する : La casa *comprende* además un sótano y un cobertizo. その家には地下室と物置も付いている. IVA no *comprendido* 《表示》消費税を含まず

～ *de qué*+直説法 何が…であるかわかる : No *comprendo de qué* va el asunto. 私には問題の中味がもう一つよくわからない

hacerse ～ 自分の言い分(考え)をわからせる

◆ **～se** 理解し合う

comprensible [komprensíβle] 形 理解できる ; 納得のいく

comprensión [komprensjón] 女 ❶ 理解[力] : tener ～ con (para)... …に対する理解力がある ; 物わかりがよい. ❷ 《論理》内包

comprensivo, va [komprensíβo, βa] 形

物わかりのよい；包括的な，意味が幅広い

compresa [komprésa] 图〔医学〕［止血用などの〕ガーゼ，脱脂綿．湿布：Póngase al pecho ~s frías. 胸に冷湿布をしなさい．❷ 生理用ナプキン〖~ higiénica・femenina〗

compresible [kompresíβle] 厖 圧縮可能の
compresibilidad 图 圧縮性(率)

compresión [kompresjón] 图 ❶ 圧縮：molde por ~ 圧縮成型．ciclo de ~ ［エンジンの］圧縮行程．❷〔医学〕［血管などの］圧迫

compresor, ra [kompresór, ra] 厖 圧縮機の
◆ 男/囡 圧縮機，コンプレッサー：~ de aire エアコンプレッサー．~ frigorífico 冷凍用圧縮機

comprimible [komprimíβle] 厖 ＝**compresible**

comprimido [komprimíðo] 男《薬学》［平べったい］錠剤

comprimir [komprimír] 他 圧縮する：~ el gas ガスを圧縮する．aire *comprimido* 圧縮（圧搾）空気．Nos *comprimieron* en un autobús. 私たちはバスにぎゅうぎゅう押し込まれた
◆ ～**se** ❶ 圧縮される．❷ 自分を抑える；［感情などを］抑制する：Tuve que ~me para no echarme a reír. 私は笑わないように我慢しなければならなかった．~se en los gastos 支出を抑える

comprobar [komprobár] 28 他 確認する，証明する：Hay que ~ si has dicho la verdad. 君の話が本当かどうか確認しなくてはならない．Esto *comprueba* lo que ya suponíamos. これで私たちの想像どおりであることがはっきりする．~ el disco《情報》ディスクを検査する

comprobable 厖 確認できる
comprobación 图 確認：~ cruzada クロスチェック

comprobador, ra [厖][男] 確認する〔装置〕；テスター

comprobante [男] 1) 証明書；証拠品(物件)．2) レシート，領収書〖~ de pago・compra〗

comprobatorio, ria [厖] 確認(証明)する：documento ~ 証明書類

comprometedor, ra [komprometeðór, ra] [厖][图] 危うくする，面倒を起こす〔人〕：carta ~ra やばい手紙．situación ~ra まずい事態

comprometer [komprometér] 他 ❶ 危うくする；［+en a に］巻き込む：~ los intereses de la nación 国益を損ないかねない．~ su reputación 自分の評価を危うくする．❷［+a+不定詞・que+接続法 することを］…に義務づける：Su juramento le *compromete* a guardar silencio. 彼は宣誓したので何も話せない．❸［+en・a 第三者に］…の調停〔解決〕を委ねる：~ un negocio *en* jueces árbitros 一件を仲裁裁定に委ねる．❹ 予約する．❺［+con と，売買条件などの］合意に達する，契約する．❻［内臓など を］冒す，障害を及ぼす
◆ ～**se** ❶ 自身を危うくする；［+en・a に］巻き込まれる，かかり合いになる：Me he comprometido a (en) la guerra civil. 私は内乱に巻き込まれた．~se con+人 *en* una empresa …とある事業に手を出す．❷［+a+不定詞 すると，+con+人 に］固く約束する，義務を負う；互いに固い約束を交わす：Se *comprometió conmigo a* terminarlo para el jueves. 彼は木曜日までに必ず仕上げると私に約束した．❸ 罪(責任)を認める．❹［知識人が政治問題などに］参加する，立場を明らかにする：~se *en* la lucha por la libertad 解放闘争にコミットする．❺《主に南米》婚約する〖prometerse〗

comprometido, da [komprometíðo, ða] [厖][過分] ❶［estar+］i) 義務づけられた《prometido》：quedar ~ a+不定詞 …しなければならない．Los dos están ~s. 2人は婚約中だ．ii) 危うくなった；困った，やっかいな：situación ~da 困った事態．❷［ser+］政治参加の：intelectual ~ 政治的態度を明確にした知識人
◆ [图]《南米》婚約者

compromisario, ria [kompromisárjo, rja] [厖] 調停する〔人〕；代表選挙人

compromiso [kompromíso] [男] ❶ 取り決め；［主に人に会う］約束：contraer (suscribir) un ~ 取り決める．cancelar (rescindir) un ~ 取り決めを破棄する．Tengo un ~ para esta noche. 今晩は約束があります．~ tácito 暗黙の了解．~ verbal 口約束．❷ 婚約〖~ matrimonial〗．❸ 妥協，示談；仲裁：llegar a un ~ 妥協にこぎつける．❹ 窮地，困窮：ponerse (verse) en un ~ 窮地に陥る．❺［米国大統領選挙のような］代表選挙．❻［政治参加などの］決意．❼［内臓などへの］悪影響，障害
sin ~ 婚約者のいない；自由で；無償で；政治参加のない：Pruebe usted este aparato en su casa *sin* ~. 買わなくても結構ですからこの製品をお宅で使ってみてください

comprueba [komprwéβa] 图《印刷》再校ゲラ

compuerta [kompwérta] 图 ❶［ダム・水路の］水門：bajar la ~ 水門を閉じる．❷［背の低い］小扉

compuesto, ta [kompwésto, ta] [厖][過分]〖← componer〗❶［estar+］構成された：El Estado está ~ de (por) once provincias. その国は11の県で構成されている．❷ 合成された，複合の：nombre ~ 複合名詞．palabra ~ta 合成語．ojo ~ 複眼．❸ 取りすました；身なりを整えた
◆ [男] 合成物；《化学》化合物〖~ químico〗
◆ [图]《植物》頭状花序

compulsar [kompulsár] 他 ［写しを原本と］照合する；原本に相違なきことを証する
compulsa/compulsación 图 照合

compulsión [kompulsjón] 图〖←compeler〗強制；《心理》強迫

compulsivo, va [kompulsíβo, βa] 厖 強制力のある

compunción [kompunθjón] 图 悔恨；同情
compungir 4 他 …の心を痛める．◆ ~se 悔恨する

computable [komputáβle] 厖 可算の

computación [kɔmputaθjón] 囡《主に中南米》コンピュータ操作, 情報処理；計算
　computacional 厖 コンピュータの：lingüística ～ コンピュータ言語学
computadora[1] [kɔmputadóra] 囡《主に中南米》コンピュータ〔ordenador〕：～ anfitriona ホストコンピュータ. ～ central 中央コンピュータ. ～ personal パソコン. ～ de mesa (～ portátil) デスクトップ(ラップトップ)コンピュータ
　computador, ra[2] 厖 計算する. ◆ 男 計算機；コンピュータ〔～ electrónico〕
　computadorizar 9 他 =computalizar
computalizar [kɔmputaliθár] 9 他 [情報を] コンピュータに入れる(で処理する)；[過程を] 電算化する
computar [kɔmputár] 他《文語》[+en・por で] 計算(算定)する：～ la distancia en kilómetros 距離をキロメートルで算出する. ～ cada acierto por diez puntos 命中ごとに10点加上する
computerizar [kɔmputeriθár] 9 他 = computalizar
cómputo [kɔmputo] 男《文語》計算, 算定：～ del tiempo 時間の算定. ～ de los daños 被害額の算出. ～ eclesiástico《キリスト教》移動祝祭日の算出
comulgar [kɔmulgár] 8 自 ❶《キリスト教》聖体拝領をする〔☞comunión〕. ❷ [+con と, +en を] 同じくする：No comulgo con sus principios. 私は彼らと主義が異なる
　◆ 他 …に聖体を授ける
　comulgante 厖 名 聖体拝領する〔人〕；同じ考えの〔人〕
　comulgatorio 男 聖体拝領台〔☞comunión カット(右の神父と婦人の間)〕
común [kɔmún] 厖《英 common》❶ [+a に] 共通の, 共同の：problema ～ a todos 皆に共通する問題. mercado ～ 共同市場. puntos comunes 共通点. retrete ～ 共同便所. tierra de propiedad ～ 共有地. ❷ 普通の, 一般の；平凡な：ciudadanos comunes 一般市民. planta ～ en el país その国でありふれた植物. error ～ entre los jóvenes 若者にありがちな過ち. melón de clase ～ 中級品のメロン
　◆ 男 ❶ 共通(公共)性；共同体：bienes del ～ 公共物. el ～ de las gentes (los mortales・los comunes) 世間一般〔の人〕. ❷ 便所〔retrete〕
　en ～ 共通して；共同で：trabajar en ～ 共同で働く. hablar en ～ 誰とでも話す. tener mucho (poco) en ～ con... …と共通するところが多い(少ない)
　fuera de lo ～ 並外れた
　por lo ～ 普通は, 一般には：Por lo ～, no van a la playa en invierno. 普通, 冬は海に行かない
comuna [kɔmúna] 囡 ❶ コミューン, 革命自治区；[共同生活する] 小グループ：C～ en París パリ・コミューン. ❷《中南米》市議会, 市

当局
comunal [kɔmunál] 厖 公共の, 共有の：bosque ～ 共有林
comunero [kɔmunéro] 男 ❶ コムニダーデスComunidades の反乱の参加者. ❷ コムネーロスの反乱の参加者〔18世紀末コロンビア, パラグアイで起きた反スペインの大規模な反乱. 革命委員会 común を結成した〕
comunicable [kɔmunikáble] 厖 伝達(連絡)可能な；人づきあいのよい, あけっぴろげな
comunicación [kɔmunikaθjón] 囡 〖英 communication〗 ❶ 伝達, 通知：～ de un pensamiento 思想的伝達. ～ de masas マスコミュニケーション. ❷ 連絡；通信, 交通；〔複〕通信(交通)機関：Quedan cortadas las comunicaciones con la ciudad. 町との連絡が断たれている. La escuela está muy bien de comunicaciones. 学校は交通の便のよい所にある. ponerse (estar) en ～ con... …と連絡を取る(接触がある). puerta de ～ [2部屋間の] 連絡扉. ～ por teléfonos 電話通信. ～ marina 海上交通. ～ secreta 秘密の通路. ❸《文語》伝達；伝言：～ oficial 公報. ❹ [学会での] 発表, 報告：presentar una ～ 研究発表をする
comunicado, da [kɔmunikáðo, ða] 厖 〔過形〕[交通機関が] 通じている：estar bien (mal) ～ 交通の便がよい(悪い)
　◆ 男 公式声明, コミュニケ：publicar un ～ confunto 共同コミュニケを発表する. enviar un ～ a la prensa 新聞社に声明文を送りつける. ～ de prensa 新聞発表
comunicador, ra [kɔmunikaðór, ra] 名 伝達者
comunicante [kɔmunikánte] 厖 相通じている：vasos ～s 連通管
　◆ 名 通報者
comunicar [kɔmunikár] 7 他 〖英 communicate. ☞活用表〗 ❶ [+a に] 伝達する, 伝える：i) Le he comunicado la noticia por teléfono. 私はそのニュースを彼に電話で知らせた. ～ sus intenciones (su emoción) a+人 …に意向(感動)を伝える. ii) [動きなどを] ～ el calor 熱を伝導する. ～ una enfermedad 病気を伝染させる. ❷ 連絡させる：Una carretera comunica ambas ciudades. 国道が両市を結んでいる
　◆ 自 ❶《西》[+con と] 連絡を取る, 報告をする：Comuniqué con él por carta. 私は手紙で彼と連絡を取った. Está comunicando.《電話》話し中だ. ❷ [場所が] 通じる：El lago comunica con el mar por un canal. 湖は運河で海に通じている
　◆ ～se ❶ 伝達(連絡)し合う：Nos comunicamos las opiniones. 私たちは意見を交換した. Nuestras habitaciones se comunican por una puerta. 私たちの部屋はドア一枚でつながっている. ❷ [感情などが] 伝わる：La inquietud se comunicó a todos. 不安が皆の間に広まった. El fuego se comunicó a la casa vecina. 火が隣家に燃え移った. ❸ 連絡を取る；交信する：

Me comuniqué con su amigo. 私は彼の友人と連絡を取った

comunicar	
直説法点過去	接続法現在
comuniqué	comunique
comunicaste	comuniques
comunicó	comunique
comunicamos	comuniquemos
comunicasteis	comuniquéis
comunicaron	comuniquen

comunicativo, va [komunikatíßo, ßa] 形 ❶ 話し好きな, 人づきあいのよい: carácter ～ 気さくな性格. poco ～ 口数の少ない, とっつきにくい. ❷ 伝わりやすい: El bostezo es ～. あくびは伝染しやすい. ❸ 伝達の; 通信の

comunicología [komunikolɔxía] 囡 コミュニケーション理論

comunicólogo, ga 图 マスメディア研究者

comunidad [komunidá(d)] 囡 ❶ 共同体: ～ lingüística 言語共同体. C～ Británica de Naciones イギリス連邦. C～ Europea 〔歴史〕欧州共同体, EC. ❷ 共通性, 共同; 共有: tener ～ de origen 起源が共通している. ～ de bienes 〔夫婦などの〕共通財産制. ❸ 教団, 修道会 〔～ religiosa〕: ～es de base キリスト教基礎共同体. ❹ 國〔歴史〕コミュネロスの反乱〔sublevación de las C～es. カルロス1世に対するカスティーリャの都市住民の反乱. 1520-21〕 *en* ～ 共同で: vivir *en* ～ 共同生活をする. poseer *en* ～ 共有する

comunión [komunjón] 囡 ❶ 〔カトリック〕聖体拝領〔の儀式〕, 〔Sagrada C～. ☞カット〕〔プロテスタント〕聖餐式: recibir la ～ 聖体を拝領する. primera ～ 初聖体拝領. ❷ 〔信仰などを同じくする〕共同体: ～ católica カトリック教団. ～ de los fieles 医图カトリック教徒. ～ de los Santos (la Iglesia) 諸聖人の通功. ❸ 〔思想・感情などの〕共有, つながり: estar en (tener) ～ de ideas con+人 …と同じ考えである. estar en ～ con la naturaleza 自然と合一する

acabar de hacer la primera ～ まだ子供である〔幼い〕

de primera ～ 晴れ着を着て

comunismo [komunísmo] 男 共産主義: ～ primitivo 原始共産制. ～ libertario アナキズム

comunista [komunísta] 形 图 共産主義の, 共産主義者; 共産党員: partido ～ 共産党

comunitario, ria [komunitárjo, rja] 形 ❶ 共同の; 共同体の: centro ～ コミュニティーセン

ター. ❷ 〔歴史〕欧州共同体の: países ～s EC諸国

comúnmente [komúmménte] 副 一般に, 普通に, 通常

con [kon] 前 〔英 with. +mí･ti･sí は conmigo･contigo･consigo となる. ↔sin〕
❶ 〔同伴・協同〕 …と一緒に, …とともに: i) ¿Irás *conmigo*?—No, iré ～ José. 僕と行くか?—いや, ホセと行く. Está ～ sus amigos. 彼は友人たちと一緒にいる. Trabaja ～ su padre. 彼は父親と働いている. El príncipe ～ su séquito se alojó (se alojaron) en el hotel. 王子は随員たちとホテルに泊まった. ii) 〔含めて〕 Somos cinco, *conmigo*. 私を入れて5人です
❷ 〔所持・付随〕 …を持って, …の付いた: Ha salido ～ el paraguas. 彼は傘を持って外出した. Hay un viejo ～ un saco al hombro. 肩に袋をかついだ老人がいる. No me dejaron entrar ～ traje de baño. 私は水着姿では入れてもらえなかった. Me robaron la maleta ～ vestidos. 私は衣類の入ったスーツケースを盗まれた. Estamos ～ lo de robos. 私たちは盗みの問題を抱えている. habitación ～ baño バス付きの部屋. radio ～ antena アンテナ付きのラジオ. días ～ sus noches 昼夜分かたず
❸ 〔様態〕 …の様子で: i) Lo recibieron ～ aplausos. 人々は拍手喝采して彼を迎えた. llegar ～ una hora de retraso 1時間遅れて到着する. ii) 〔+抽象名詞 =-mente の副詞〕 ～ cuidado 注意深く 〔=cuidadosamente〕. ～ frecuencia しばしば 〔=frecuentemente〕. iii) 〔結果〕 Lo pronunció ～ una risa general. 彼がそう言うと, みんな笑った. Acabo de leer tu carta ～ gran sorpresa. お手紙を読んで大変驚きました. iv) 〔遺憾〕 ¡Con los sacrificios que me ha costado! 私はあんなに犠牲を払ったのに〔残念だ!〕
❹ 〔手段・材料〕 …で, …を使って: escribir ～ lápiz 鉛筆で書く. adornar la mesa ～ flores テーブルを花で飾る. pagar ～ cheque 小切手で支払う
❺ 〔原因〕 …によって: Está ciega ～ los celos. 彼女は嫉妬で目がくらんでいる. Está contento ～ el regalo. 彼は贈り物をもらって喜んでいる
❻ 〔同時性〕 …と同時に: Salimos de excursión ～ el amanecer. 夜が明けるとすぐ私たちは遠足に出かけた
❼ 〔+不定詞〕 i) 〔原因・理由〕 Con declarar se eximió del tormento. 彼は自白したので拷問を免れた. ii) 〔条件〕 Con estudiar algo más, ya podrás aprobar. もう少し勉強すれば, もちろん合格できるよ. iii) 〔譲歩. 帰結節は否定文〕 Julio, ～ ser feroz, no se atrevió a tanto. フリオは残忍ではあったが, そこまではしかねた
❽ 〔関係〕 …と: i) hablar ～+人 …と話す. cambiar de asiento ～+人 …と席を取りかえる. mezclar vinagre ～ aceite 酢と油を混ぜる. ii) 〔指導・保護下〕 …の下で: aprender piano ～+人 …についてピアノを習う. Me voy

～ mis padres. 私は両親のもとに帰る. iii) [関心・動作の対象] …に: ser amable ～＋人 …に親切である. deber para ～ la patria 祖国に対する義務. Lo mismo pasó ～ Lola. ロラにも同じことが起こった

❾ [賛成] ¿Estáis *conmigo*, o en contra? 君たちは私に賛成ですか, 反対ですか?

❿ [小数点] tres ～ catorce 3.14. un metro ～ cincuenta centímetros 1.5 メートル

～ lo＋形容詞・副詞 (～＋名詞) que＋直説法 [理由] …なので…; [譲歩] …なのに…: *Con lo estudioso que* es seguro que pasará el examen. 彼は勉強家だから合格するだろう. *Con lo estudioso que* se han suspendido. 彼は勉強家なのに落第した

¡～ lo (mucho) que…!/¡～ tanto como…! [不平・非難] …なのに…とは: ¡*Con lo mucho que* (*Con tanto como*) le he ayudado *y* ahora me vende! 彼をずいぶん助けてやったのに今になって私を裏切るとは!

～ que… それで… 〖conque〗: *Con que*, vaya con Dios. それでは, ごきげんよう

～ [sólo] que＋接続法 [条件] …(さえ)すれば: *Con que* vuelva sin novedad mi hijo, me contentaré. 息子が無事に戻ってくれれば私は満足だ. *Con sólo que* estudies un par de horas cada día, puedes prepararte bien. 毎日2時間ばかり勉強しさえすれば十分準備できるよ

～ tal [de] que＋接続法 という条件で: Te lo dejaré *con tal que* me lo devuelvas pronto. すぐ返してくれるなら貸してあげよう

～ todo 1) それでも, しかしながら. 2) [＋名詞] をもってしても: ～ *todo* eso そんなことをしても. *Con todos* sus esfuerzos no salió bien. 彼はあらゆる努力をしたが, それでも成功しなかった

con- 〖接頭辞〗[共同・共通] *con*discípulo 同級生

Conacyt 男 《メキシコ. 略語》←Consejo Nacional de Ciencia y Tecnología 国家科学技術審議会

conato [konáto] 男 試み; 《法律》未遂[罪]: ～ de asalto a mano armada 強盗未遂. ～ de incendio ぼや

concadenar [koŋkaðenár] 他 ＝concatenar

concatenar [koŋkatenár] 他 連絡させる, …に脈絡をつける: ～ causas y efectos 原因と結果を結びつける. ～ los argumentos 議論につながりを持たせる

  concatenación 女 連結, 脈絡

concavidad [koŋkaβiðáˈd] 女 凹状; くぼみ: ～ de una roca 岩のくぼみ

cóncavo, va [kóŋkaβo, ða] 形 凹状の 〖↔convexo〗: espejo ～ 凹面鏡. lente ～*va* 凹レンズ

concebible [konθeβíble] 形 考えられる, あり得る

concebir [konθeβír] [35] 他 〖既分 conc*i*bien-

do〗❶ [構想・感情などを] 抱く, 概念を形成する: ～ un plan 計画を立てる. ～ un odio hacia＋人 …に対して憎しみを抱く. ～ esperanzas 希望を持つ. hacer ～ ilusiones 幻想を抱かせる. ❷ 理解する, 考えが及ぶ 〖主に否定文〗: No *concibo* cómo lo has podido hacer. どうして君にそんなことができたのか私には考えられない. ❸ 受胎する, 妊娠する: *Concibió* un hijo varón. 彼女は男の子を身ごもった

◆ 自 受胎する, 妊娠する

conceder [konθeðér] 他 〖↔denegar〗❶ [権利などを] 与える, 認可する: ～ un préstamo 借款を供与する. ～ a＋人 un mes de vacaciones …に1か月の休暇を与える. ～ un premio (una beca) 賞(奨学金)を与える. ❷ [＋que＋直説法 が事実・確実であることを] 認める; [＋que＋接続法 することを] 許可する: Te *concedo que* tienes razón. 君の言い分が正しいことは認めるよ. Te *concedo que* expreses tres deseos. 願い事を3つ言ってよろしい. ❸ [価値などを] 認める: ～ demasiada importancia a... …を過大評価する

concejal, la [konθexál, la] 名 市(町・村)議会議員

  concejalía 女 その職務

concejo [konθéxo] 男 ❶ 市(町・村)議会 〖組織, 会議, 建物〗. ❷ 《歴史》 ～ de la Mesta 牧場主組合の会議

concelebrar [konθeleβrár] 他 《宗教》 [複数の司祭がミサを] 共同司式する

concentración [konθentraθjón] 女 ❶ 集中: ～ parcelaria 耕地の整理統合. punto de ～ 集結地点. ❷ 《心理》 集中, 精神統一 〖～ mental〗. ❸ [政治的な] 集会. ❹ 濃縮. 《スポーツ》 合宿, 宿舎(キャンプ)入り: hotel de ～ 宿舎のホテル

concentrado, da [konθentráðo, ða] 形 過分 ❶ [estar＋] 専心している: Está muy ～ viendo la tele. 彼はテレビに一心に見入っている. ❷ 濃縮の: café ～ 濃いコーヒー. comida ～*da* 濃縮食品

◆ 男 濃縮物: ～ de limón レモンエキス

concentrar [konθentrár] 他 ❶ [＋en に] 集中させる: La lente convexa *concentra* los rayos. 凸レンズは光線を1点に集める. ～ las tropas 部隊を集結させる. ～ el poder en una sola mano 権力を1人の手に集中させる. ～ la atención en una cuestión 1つの問題に神経を集中する. ❷ [液を] 濃縮する. ❸ 《スポーツ》 [選手を] 宿舎に集める, キャンプ入りさせる

◆ **～se** ❶ 集中する: La población *se concentra* en el norte. 人口は北部に集中している. ❷ 精神統一する: *Se concentra* en los estudios. 彼は勉強に精神を集中している. ❸ 合宿する, 宿舎(キャンプ)に入る

  concentrador, ra 形 男 集中させる; 濃縮機

concéntrico, ca [konθéntriko, ka] 形 《数学》 同心の: círculos ～*s* 同心円

concepción [konθepθjón] 女 〖↔concebir〗 ❶ 妊娠, 受胎: impedir la ～ 避妊する. Inmaculada (Purísima) C～ 〖カトリック〗[聖

母の〕無原罪のお宿り；その祝日〖12月8日〗.
❷ 把握，概念形成；理解力：su ～ de la historia 彼の歴史観．clara ～ 明晰な理解力．
❸《女性名》[C～] コンセプシオン

conceptismo [konθeptísmo] 男 奇知主義, 警句文学〖Quevedo を中心とするスペイン17世紀の作風. culteranismo に対する〗
　conceptista 形 名 奇知主義の(主義者)

concepto [konθépto] 男 ❶〔一般化された〕概念：～ del tiempo 時間の概念．～ de la vida 人生観．formar [un] ～ de... ...について概念を得る，把握する．　No tengo un ～ claro de lo que es el confucianismo. 儒教とは何かよくわからない．❷ 意見，判断：Tienes mal ～ de tu hermana. 君は妹のことをよく思っ～. 私はこの本を高く評価している．❸ 警句．❹《商業》細目，品目
　bajo (por・en) ningún ～ 決して〔…ない〕
　en ～ de... ...の資格で，...として：en ～ de indemnización 賠償金として．en ～ de amigo 友人として
　en su ～ ...の意見では：En mi ～ se equivoca usted. 私の見るところあなたは間違っている
　perder el ～ 信用(人望)を失う
　por todos ～s あらゆる点で
　tener un gran (alto) ～ de... を高く評価している

conceptual [konθeptwál] 形 概念の，概念的な：arte ～ 概念芸術
　conceptualismo 男《哲学》概念論
　conceptualizar 9 他 概念化する，...の概念を形成する

conceptuar [konθeptwár] 14 他〔+目的格 補語/+de+人 であると〕考える，判断する：La conceptúan poco apta para ese cargo. 彼女はその仕事に向かないと思われている．　a+人 por docto を博学であると思う．bien (mal) conceptuado 高く(低く)評価されている
◆ ～se 自分が...であると考える

conceptuoso, sa [konθeptwóso, sa] 形〔文体などが〕ひねった，機知に富んだ

concerniente [konθerniénte] 形〔+a に〕関する：en lo ～ a... ...に関しては

concernir [konθernír] 25 自〔+a に〕関係(影響)する，属する：Sus palabras no nos concernían. 彼の発言は私たちには関係がなかった．Esto sólo le concierne al ministro. それは大臣の専管事項だ
　por (en) lo que concierne a... ...については

concertación [konθertaθjón] 女 協定；協調

concertado, da [konθertáðo, ða] 形 過分 ❶ 整った：mampostería ～da 整然とした石組み．fiesta bien ～da 段取りのよいパーティー．❷〔私立学校が〕公的補助を受けている；[病院が] 健康保険のきく
　concertadamente 副 整然と

concertar [konθertár] 23 他 ❶〔協定などを〕

取り決める：i) *Concertaron* la venta en tres millones de pesetas. 300万ペセタで売ることで取引がまとまった．～ la paz 和平協定を結ぶ．～ el casamiento 婚約する．～ una entrevista 会見の約束をする．ii)〔+不定詞〕*Hemos concertado* reunirnos los lunes. 私たちは毎週月曜日に集まることにした．❷〔+con と〕一致(調和)させる；和解させる：～ la llegada del tren *con* la salida del autobús 列車の到着とバスの発車時刻を合わせる．～ a+人 la rodilla dislocada ...の膝の脱臼を直す．～ los esfuerzos 力を合わせる．～ al padre *con* el hijo 父と子を和解させる．❸《音楽》音合わせをする
◆ 自 ❶ 一致(調和)する：Lo que me dices no *concierta con* las noticias. 君の話では情報と一致しないところがある．❷《文法》〔+en 性数・人称などが〕一致する
◆ ～se〔+para+不定詞 することで〕合意に達する，折り合う

concertina [konθertína] 女《楽器》コンサーティーナ

concertino [konθertíno] 男 コンサートマスター，第一バイオリン

concertista [konθertísta] 名〔合奏の〕演奏者，独奏者

concerto grosso [kontʃérto gróso] 女《音楽》合奏協奏曲

concesión [konθesjón] 女〖←conceder〗❶〔土地・権利などの〕委譲，払い下げ；利権：otorgar la ～ de explotar las minas 鉱山採掘権を認可する．～ de un ferrocarril 鉄道の営業権．～ arancelaria 関税譲許．❷ 譲歩：hacer *concesiones* a... ...に譲歩する．No está dispuesto a ninguna ～. 彼は一歩も譲ろうとしない．❸ 居留地，租界
　sin concesiones 断固として〔譲歩せずに〕

concesionario, ria [konθesjonárjo, rja] 形 名 委譲(認可)された(人)：entidad ～ria de los transportes 交通営業権所有会社．～ de una firma de relojes 時計の販売特約店

concesivo, va [konθesíβo, βa] 形 ❶《文法》譲歩を示す：oración ～va 譲歩節．❷ 認可する
◆ 女 譲歩文

concha [kóntʃa] 女 ❶ 貝殻：abrir las ～s 貝をむく．～ de caracol カタツムリの殻．❷〔カメの〕甲羅，べっ甲〖carey〗．❸ 小湾，入り江．❹《演劇》プロンプターボックス〖～ del apuntador〗．❺《女性名》[C～] コンチャ〖Concepción の愛称〗．❻《料理》[総称的に] ねじった形のマカロニ．❼《中南米》i) ずうずうしさ，臆面のなさ．ii)《俗語》[女性の] 性器．iii) 殻；樹皮
　¡～[s] de tu madre!《中南米. 俗語》ちくしょう，くそ！
　meterse en su ～《口語》自分の殻に閉じ込もる
　tener muchas ～s/tener más ～s que un galápago《口語》手練手管にたけている，一筋縄ではいかない

conchabar [kontʃaβár] 他《中米》召使いとし

て雇う

◆ 〜se《口語》[+para 悪い目的で] 談合する，示し合わせる

conchabo [kontʃábo] 男《南米》[賃金の低い] 仕事，職

Conchita [kontʃíta] 女《女性名》コンチータ《Concepción の愛称》

concho [kóntʃo] 間《婉曲》[怒り・奇異] くそっ，ちえっ；おや！

◆ 男《南米》[ワインなどの] おり，かす

conchudo, da [kontʃúðo, ða] 形《南米. 俗語》運のいい；《中南米》恥知らずな

conciencia [konθjénθja] 女 [英 conscience] ❶ 意識，自覚：No tiene 〜 de lo que le está pasando. 彼は自分に何が起きているか自覚していない．tener la 〜 clara (obscura) 意識がはっきり(もうろうと)している．tomar 〜 de... …を自覚する．〜 de sí mismo 自意識．〜 de clase 階級意識．❷ 良心，道義心：No tiene 〜. 彼には良心がない．Es un hombre de 〜. 彼はちゃんとした[心を持った]男だ．Me remuerde la 〜 por haber obrado mal. 私は悪いことをして気がとがめる．tener la 〜 limpia (tranquila) 良心に恥じるところがない．tener la 〜 sucia やましい(後ろめたい)ところがある．libertad de 〜 良心(思想・信仰)の自由．〜 ancha (estrecha) 寛大(厳格)さ
_a_ 〜 丹念に；手堅く：mueble hecho _a_ 〜 丹念に作ってある家具
_a_ 〜 _de que_+直説法 …を自覚しながら，…と知りつつ
acusar a+人 _la_ 〜 …が良心の呵責に悩む：Le _acusaba la_ 〜. 彼は良心の呵責にさいなまれた
caso de 〜 良心的義務：Es un _caso de_ 〜 ayudar a este pobre hombre. この気の毒な男を助けてやるのは良心にかかわる義務である
cobrar 〜 意識を回復する；[+de に] 気づく，自覚する：_cobrar_ 〜 política 政治的に目覚める
descargar la 〜 _con_+人 …に打ち明けて心の重荷を降ろす
_en_ 〜 良心に恥じるところなく，誠実に：_En_ 〜 debo reconocer que era yo el equivocado. 間違えたのは私だと率直に認めねばならない

concienciado, da [konθjenθjáðo, ða] 形《国》《西》❷ [estar+. +sobre 責任・問題性などを] 自覚した，意識に目覚めた：Está 〜 _sobre_ el problema del paro. 彼は失業問題を身にしみて感じている

concienciar 他 [+de を] …に自覚させる

concientizar 他《主に中南米》自覚させる

concienzudo, da [konθjenθúðo, ða] 形 良心的な；細部にまで注意の行き届いた：trabajador 〜 勤勉な労働者．traducción 〜_da_ 丹念な翻訳

concierto [konθjérto] 男 [←concertar] ❶ 一致，調整，調和；取り決め，協定：llegar a un 〜 意見の一致を見る．poner 〜 en su casa 家の中を整理する．〜 europeo 欧州の協調(各国間協定)．Cantan sin ningún 〜. 彼らの歌はま

ったくそろっていない．❷ 音楽会，コンサート：dar un 〜 clásico クラシックコンサートを開く．〜 al aire libre 野外演奏会．❸ 協奏曲，コンチェルト：〜 para violín [y orquesta] バイオリン協奏曲
_al_ 〜 _de..._ …に調和(一致)して
_de_ 〜 合意の上で，協力して
sin orden ni 〜 でたらめに，出まかせに

conciliable [konθiljáβle] 形 両立し得る

conciliábulo [konθiljáβulo] 男 秘密集会，密議

conciliación [konθiljaθjón] 女 和解：acto de 〜《法律》調停

conciliador, ra [konθiljaðór, ra] 形 和解させる；妥協的な：espíritu 〜 協調の精神
◆ 調停者

conciliar [konθiljár] 他 ❶ [+con と] 和解させる；《法律》調停する．❷ 両立させる：〜 lo divertido _con_ lo provechoso 実利と楽しみを両立させる．❸ [好意などを] 得る
◆ 〜se 互いに和解する；[好意などを] 得る：〜se el respeto de todos 皆の尊敬を得る
◆ 形 概→ concilio の[出産者]

conciliatorio, ria [konθiljatórjo, rja] 形 和解させる：palabras 〜_rias_ 仲直りの言葉

concilio [konθíljo] 男 ❶《キリスト教》公会議，宗教会議；その決定[事項]：〜 ecuménico (universal) 世界司教会議．〜 lateranense ラテラノ公会議《ローマのラテラノ宮殿で開催. 1123-1517》．C〜 de Trento トリエント宗教会議《カトリックの教義を確定. 1545-63》．❷ [中世トレドで王が招集した，宗教会議も兼ねた] 国会

conciso, sa [konθíso, sa] 形 簡潔な：hacer una exposición 〜_sa_ de los hechos 事実を手短かに紹介する

concisión 女 簡潔さ

concitar [konθitár] 他 [+contra に対する敵意などを] 生じさせる：〜 _contra_ sí la indignación del pueblo 国民の怒りを買う

conciudadano, na [konθjuðaðáno, na] 名 同じ町の人；同国人，同郷人

cónclave [kóŋklaβe] 男 教皇選挙会議[場]；《戯語》会議

conclave 男 =cónclave

concluir [koŋklwír] 48 他《規分 concluyendo》《文語》❶ 完結(終了)する：〜 su discurso con unas palabras de agradecimiento 感謝の言葉で演説を締めくくる．〜 su plato de sopa スープを飲み終える．❷ [+de から] …と結論する：Concluimos de todo esto que el acusado obró con plena conciencia. 以上のことから我々は被告が完全な意識下に行動したと結論する．Concluimos pedir un armisticio. 我々は休戦提案をすることにした
◆ 自 ❶ 終わる：i) La guerra concluyó el año dieciocho. 戦争は1918 年に終結した．Su vida concluyó tristemente. 彼は寂しく人生を終えた．ii) [+en・con で] palabra que concluye en vocal 母音で終わる単語．El libro concluye con estas palabras. その本はこのよう

な言葉で結んである. iii）［+de+不定詞］…し終わる：*Concluyó de* hablar. 彼は話し終えた. ［+por+不定詞/+現在分詞］ 結局（ついに）…する：*Concluirás por* ceder. 君もしまいには折れるだろうよ. *Concluiré* volviéndome loco. 私は気が変になりそうだ

¡hemos concluido!［話し合いは］もうこれまでだ!

◆ **~se ❶** 終わる：*Se me han concluido* las vacaciones. 私の休暇は終わってしまった. **❷** 結論が出る

conclusión [koŋklusjón] 囡 〖英 conclusion〗 **❶** 結論：sacar（llegar a）la ~ de que+直説法 …という結論を出す（に達する）. **❷** 終了, 完結：~ de un negocio 取引の終了. ~ de la guerra 終戦. **❸**［協定などの］締結, 取り決め. **❹**《論理》断案, 帰結. **❺**圈《法律》訴答書面の末尾

en（como）~［主に不快を表わして］結論としては, 結局のところ：*En ~*, que no has hecho el trabajo. 要するに君は仕事をしなかった訳だ

sacar en ~［+de から］…という結論を引き出す

conclusivo, va [koŋklusíbo, ba] 厖 結論的な：proposición ~*va* 最終提案

concluso, sa [koŋklúso, sa] 厖《法律》結審した

concluyente [koŋklujénte] 厖［結論を引き出すのに］決定的な：prueba ~ 決定的証拠. respuesta ~ 異論をはさむ余地のない返答. hablar en términos ~s 断定的な話し方をする

concoideo, a [koŋkojdéo, a] 厖 螺獅（ﾆﾅ）線の, コンコイドの

concoide 厖 ＝concoideo

concomer [koŋkomér] ~se **❶**［+por・de 不安・後悔などに］さいなまれる：*Se concomía de* envidia. 彼は羨望の念に苦しめられた. **❷**《口語》［かゆくて］背中をもぞもぞさせる

concomitancia [koŋkomitánθja] 囡 同時生起, 同一方向性

concomitante 厖 同時生起の：síntomas ~s《医学》随伴症状

concordancia [koŋkordánθja] 囡 **❶** 一致：~ de sus opiniones 意見の一致. ~ de los tiempos《文法》時制の一致（照応）. **❷** 圏 用語索引

concordante 厖 一致する

concordar [koŋkordár] 図囻 [+con と, +en で] 一致する：El adjetivo ha de ~ *en* género y número *con* el nombre. 形容詞は名詞と性数が一致しなければならない

◆ 囲 一致させる

concordato [koŋkordáto] 男《歴史》コンコルダート, 宗教協約, 政教条約

concorde [koŋkórde] 厖 [estar+. +con と, +en で] 一致した：Su declaración no está ~ con lo que no había dicho. 彼の証言は以前言っていたことと違う

concordia [koŋkórdja] 囡 **❶** 融和, 和合：Reina la ~ en su matrimonio. 彼らの結婚生活はうまくいっている. **❷** 協定, 和解

concreción [koŋkreθjón] 囡 **❶** 具体化, 具体性：El proyecto carece de ~. その案は具体性に欠ける. **❷** 凝固［物］：~ renal《医学》腎臓結石. *concreciones* calcáreas《地質》石灰質結核

concretamente [koŋkrétaménte] 圖 具体的に；はっきりと, 具体的に言うと

concretar [koŋkretár] 囲 **❶** 具体化させる：~ el número 具体的に数字をあげる. **❷** [+a に] 限定する

◆ **~se ❶** 具体化する：Ese proyecto parece ~*se*. その計画が具体化するらしい. **❷** 自身を限定する：*Me concreté a* decir lo que sabía. 私は知っていることしか言わなかった

concreto, ta [koŋkréto, ta] 厖《英 concrete. ↔abstracto》具体的な, 具象的な：dar forma ~*ta* al proyecto 計画を具体化する. fijar un día ~ 具体的に日取りを決める. hechos ~s 具体的な事実. número ~《数学》名数

en ~ 具体的に；要するに, 結局：No hay nada en ~. はっきりしたことは何もない

◆ 男《中南米》コンクリート〖hormigón〗

concubina [koŋkuβína] 囡 ❶ 内縁の妻, 愛人；［多妻制で］第2夫人以下の妻

concubinato 男 内縁関係, 同棲

concuerda [koŋkwérda] *por* ~ 原本と相違ないことを証明する

conculcar [koŋkulkár] ⑦ 囲《文語》…に違反する：~ los principios 方針に背く

concuñado, da [koŋkuɲáðo, da] 图 義姉妹の夫, 義兄弟の妻；兄弟の妻（姉妹の夫）の兄弟姉妹

concupiscencia [koŋkupisθénθja] 囡 [現世の快楽への] 欲望；[特に] 色欲

concupiscente 厖 貪欲な；淫蕩な

concupiscible 厖《哲学》appetito ~ 快欲求

concurrencia [koŋkuřénθja] 囡 **❶**《文語》i) 集中：~ de dos accidentes 2つの事故の同時発生. ii) 人込み, 人だかり. 圏名 出席者, 出席者：En la fiesta hubo gran ~. パーティーには大勢が出席した. **❷**《まれ》協力, 援助. **❸**《商業》競争〖相手〗

concurrente [koŋkuřénte] 厖 图《文語》集中する；参加した, 参加者

concurrido, da [koŋkuříðo, da] 厖 過分 [estar+] 混み合った, 参加者の多い：La sesión estuvo ayer muy ~*da*. 昨日の集まりは盛会だった. cafetería muy ~*da* 客の多い喫茶店

concurrir [koŋkuřír] 囻 **❶** [+en 一か所・一時に] 集中する：Las tres carreteras *concurren en* Madrid. その3本の道路はマドリードで一緒になる. *Concurren en* ella todas las cualidades deseables. 望ましい特質が彼女にはすべて備わっている. **❷** [+a 行事・コンクールなどに] 参加する：~ *a* un baile 舞踏会に出席する. ~ *a* un certamen コンテストに応募する. ~ *al* éxito de un negocio 取引の成功に寄与する

concursar [koŋkursár] 囻 [+en コンクール・選抜試験などで/+a に] 応募する：~ *a* una

plaza de profesor 教員の採用試験を受ける
◆ 他《法律》…の破産を宣告する

concursante 图 応募者；[クイズ番組の] 解答者

concurso [koŋkúrso] 男《英 competition》 ❶ コンクール，競技会；選抜(採用・資格)試験：tomar parte en (presentarse a・participar en) un ～ コンクールに出場する．obtener una cátedra por ～ 公募試験に受かって教授の地位を得る． ～ completo individual《体操》個人総合． ～ de atletismo 陸上競技大会． ～ de novelas 小説の懸賞募集． ❷ 協力，貢献：prestar su ～ para una obra 事業のために力を貸す． ❸ 一致，符合；人だかり． ❹《放送》クイズ番組〖programa ～〗． ❺《商業》競争入札〖～ subasta〗：presentar+物 a ～…を入札にかける． ❻《法律》～ de acreedores 債権者会議

fuera de ～ 競争に加わらず；入賞の望みもなく，勝ち目もなく

concusión [koŋkusjón] 囡 ❶ 衝撃． ❷ 公金横領，汚職

conde [kónde] 男 伯爵〖囡 condesa〗：Su abuelo era ～. 彼の祖父は伯爵だった．C～ de Floridablanca フロリダブランカ伯爵

condado [男1) 伯爵位；伯爵領．2) [英国などの] 州；[米国などの] 郡

condal 形 伯爵の

condecir [kondeθír] 64 自 [+con に] 適切である，ふさわしい

condecorar [kondekorár] 他 [+con 勲章を] …に授与する，叙勲する：El general fue *condecorado con* una cruz. 将軍は十字勲章を授けられた

condecoración 囡 叙勲；勲章

condena [kondéna] 囡 ❶ 有罪判決，刑(の宣告)：cumplir (sufrir・incurrir en) la (su) ～ 服役する．imponer a+人 una de diez años de cárcel …を懲役 10 年の刑に処する． ～ perpetua 終身刑． ～ condicional 執行猶予つき判決． ❷ [+de・a への] 非難

condenable [kondenáble] 形 罰すべき；非難すべき

condenación [kondenaθjón] 囡 ❶ =condena：pronunciar una ～ 判決を言い渡す． ❷ 地獄での永遠の責め苦〖～ eterna〗

condenado, da [kondenáðo, ða] 形 名 過分 ❶ 有罪を宣告された〔人〕，受刑者：～ a muerte 死刑囚．trabajar como un ～ 牛馬のごとく働く． ❷《カトリック》地獄に落ちた〔人〕：sufrir como un ～ 地獄の苦しみを味わう． ❸ 邪悪な〔人〕，呪われた． ❹ [+名詞] いやな〔やつ〕；[特に] いたずらっ子：Estos ～s zapatos me van martirizando. このいまいましい靴は痛くてたまらない．¡Como vuelva a ver a ese ～…! 今度あの悪ガキを見つけたらただではおかないぞ！ ❺ ふさがれた：puerta ～da 釘づけにされた扉

condenar [kondenár] 他 ❶ [+a 刑を] …に宣告する，有罪判決を下す：Le *condenaron* por ladrón *a* dos años de cárcel. 彼は窃盗罪

で懲役 2 年の刑を言い渡された． ～ *a* muerte 死刑を言い渡す． ～ con una multa 罰金を支払うよう申し渡す． ～ en costas 訴訟費用の支払いを命じる． ❷ 非難する：Los periódicos *condenaron* la huelga. 新聞はストライキを糾弾した． ❸ [+a+名詞・不定詞 を] …に余儀なくさせる：La enfermedad lo *condena a* guardar cama durante unos meses. 彼は病気で数か月寝ていなければならない． ❹ [戸・窓などを] 塞ぐ，閉鎖する． ❺ [主に子供が大人を] 怒らせる

◆ ～se ❶《カトリック》地獄に落ちる，永遠の罰を受ける． ❷ 自責する：Él *se condenó* sólo. 彼だけが ばかを見た

condenatorio, ria [kondenatórjo, rja] 形 有罪の：sentencia ～ 有罪判決

condensar [kondensár] 他 [+en に] 凝縮させる：～ el vapor 水蒸気を凝縮(結露)させる． ～ las explicaciones *en* unas frases 説明を要約する．leche *condensada* コンデンスミルク，練乳

◆ ～se 凝縮(凝結)する；密集する

condensable 形 凝縮し得る

condensación 囡 凝縮

condensador 男 凝縮器〖dispositivo ～〗；《電気》コンデンサー，蓄電器；《光学》集光装置〖～ óptico〗

condesa [kondésa] 囡 女伯爵；伯爵夫人

condescender [kondesθendér] 24 自 [+a・en+不定詞 思いやり・やさしさから] わざわざ(へりくだって)…してあげる：El nuevo director *condescendió a* saludar a los empleados. 新社長は従業員にもあいさつをふりまいた． ～ *a* los ruegos de+人 …の願いを聞き届けてあげる

condescendiente [kondesθendjénte] 形 [+con+人 に対して] 思いやりのある，やさしい

condescendencia 囡 [相手に対する] 思いやり，やさしさ

condestable [kondestáble] 男 [昔の] 元帥

condición [kondiθjón] 囡《英 condition》 ❶ 条件：Para aspirar a ese puesto es ～ necesaria tener cumplido el servicio militar. その地位につくための条件として兵役を終えていることが必要である．poner una ～ [+a に] 条件を出す(付ける)．con una ～ 条件付きで．admitidas estas *condiciones* これらの条件が認められれば． ～ necesaria y suficiente 必要十分条件． *condiciones* laborales (de trabajo) 労働条件．*condiciones* de pago 支払い条件． ❷ [主に 複] 状態，状況；事情：No está en ～ de salir hoy. 彼は今日外出できない．estar en malas *condiciones* 悪い状態にある． ～ física 体調．*condiciones* atmosféricas 天候，気象状況．*condiciones* de vida 生活状態(環境)． ❸ [生まれつきの・本来的な] 性格，性質：Ya de niña era de ～ rebelde. 彼女は子供の時から反抗的だった． ❹ 身分，社会階層；貴族階級：de ～ humilde 卑しい身分の． ❺ [主に 複] 適性：No tiene *condiciones* para ser músico. 彼には音楽家の素質がない

a ～ *de que*+接続法 …という条件で：Te lo

explicaré *a* ~ *de que* no se lo cuentes a nadie. 誰にも言わないなら説明してやろう
en condiciones よい状態の
ser de ~ 身分が高い, 貴族である
sin condiciones 無条件で: rendirse *sin condiciones* 無条件降伏する

condicionado, da [kondiθjonáðo, ða] 形 過分《estar+》条件づけられた: reflejo ~ 条件反射

condicional [kondiθjonál] 形 条件つきの;《文法》条件を表わす
◆ 男《文法》条件法〖modo ~〗

condicionar [kondiθjonár] 他 ❶［+*a* の］条件を…につける, 制約する: *Condicionó* su respuesta *al* resultado de las averiguaciones. 彼は調査結果を見てから返事することにした. ❷ 影響する, 左右する
condicionamiento 男 条件づけ
condicionante 形 条件づける〔もの〕, 制約

condigno, na [kondígno, na] 形 ふさわしい, 相応の

cóndilo [kóndilo] 男《解剖》顆状突起

condiloma [kondilóma] 男《医学》湿疣(いぼ), コンジローム

condimento [kondiménto] 男 調味料〖塩, こしょう, オリーブ油, 酢, マスタード, 香辛料など〗
condimentar 他 …に味つけする, 調味する
condimentación 女 味つけ, 調味

condiscípulo, la [kondisθípulo, la] 名 同級生, 同窓生

condoler [kondolér] 再 ~*se*《文語》［+de・por を］気の毒に思う: *Me conduelo de* su desgracia. 彼の不幸には心が痛む
condolencia 女 同情; 弔意: Le expreso mi sincera ~. お悔やみ申し上げます

condominio [kondomínjo] 男 ❶ 共同統治, 共同所有. ❷ 共同統治領; 共同所有のもの(土地). ❸《中南米》マンション〖piso, 建物〗

condón [kondón] 男《口語》コンドーム〖preservativo〗: calzarse (ponerse) el ~ コンドームをつける

condonar [kondonár] 他［刑を］赦免する;［負債を］免除する
condonación 女 赦免, 帳消し

cóndor [kóndor] 男《鳥》コンドル;［チリ・コロンビア・エクアドルの］金貨

condotiero [kondotjéro] 男《歴史》［主にイタリアの］傭兵隊長

conducción [kondu(k)θjón] 女 ❶《主に西》［車の］運転: ~ por (la) izquierda 左側通行. ~ imprudente (temeraria) 運転不注意(無謀運転). permiso de ~ 運転免許〔証〕. ❷《主に中南米》指揮, 指導〖dirección〗. ❸ 伝導: ~ de calor 熱伝導. ❹ 医系 導管, 配管: ~ de aire エアダクト. ❺［主に遺体の］運送

conducente [konduθénte] 形 ❶［+a に］導く. ❷ lo ~ 関係書類

conducir [konduθír] 4 他《英 conduct, drive. ☞活用表》❶［+*a* に］導く, 案内する: *Conduce* a este señor *a* la oficina del

director. この方を社長室にご案内しなさい. Esta política *conduce* a la catástrofe. この政策は破局に通じる. ❷《主に西》運転する: ~ un camión トラックを運転する. ❸ 指揮(指導)する: ~ una empresa 企業を動かす. ~ el pueblo 民衆を率いる. ❹［水などを］引く;《物理》伝導する: El cobre *conduce* bien la electricidad. 銅は電気をよく通す. ❺［主に遺体を］運ぶ
◆ 自 ❶《主に西》車を運転する: ¿Sabe usted ~? 車の運転ができますか? En este país se *conduce* por la izquierda. この国では車は左側通行だ. ❷ 通じる: Este camino *conduce* a la playa. この道を行くと海岸に出る
*¿a qué conduce+*不定詞? …したところでどうなるというのか? 〖どうにもなりはしない〗: *¿A qué conduce* quejarte? 不平を言ったところでどうなるものか
no ~ a nada (ninguna parte) 何ももたらさない, 無駄である: Este negocio *no conduce a ninguna parte.* この仕事はしてもどうにもならない
◆ ~*se* ふるまう, 態度をとる: *Se ha conducido* como un caballero. 彼は紳士的にふるまった

conducir	
直説法現在	点過去
conduzco	conduje
conduces	condujiste
conduce	condujo
conducimos	condujimos
conducís	condujisteis
conducen	condujeron
接続法現在	接続法過去
conduzca	condujera, -se
conduzcas	condujeras, -ses
conduzca	condujera, -se
conduzcamos	condujéramos,-semos
conduzcáis	condujerais, -seis
conduzcan	condujeran, -sen

conducta [kondúkta] 女《英 conduct》❶ 行動, ふるまい: cambiar de ~ 行動を改める. buena ~ 善行. mujer de mala ~ 娼婦; 身持ちの悪い女. notas de ~ 操行点. ciencia de la ~ 行動科学. ❷ ホームドクター契約. ❸ 統治, 経営; 誘導

conductancia [konduktánθja] 女《電気》コンダクタンス

conductibilidad [konduktibiliðá(d)] 女 =**conductividad**

conductismo [konduktísmo] 男《心理》行動主義
conductista 形 名 行動主義的な; 行動主義者

conductividad [konduktiβiðá(d)] 女《物理》伝導性

conducto [kondúkto] 男 ❶ 導管, パイプ: i) ~ de desagüe 排水管. ~ de humo〔s〕煙道. ii)《解剖》~ alimenticio 消化管. ~ auditivo externo 外耳管. ~ deferente 精管. ~

hepático 肝管. ～ lacrimal 涙管. ❷《文語》[事務処理などの] 経路 : enviar su instancia por ～ oficial 陳情書を公式のルートを通じて提出する

por ～ de... …を通じて(介して) : Le envié un regalo *por ～ de* un amigo. 私は友人を介して彼にプレゼントを送った

conductor, ra [konduktór, ra] 形 導く, 指導する; 伝導する

◆ 名 ❶ 運転手 : Es muy buen ～. 彼は大変運転が上手だ. ❷ 指導者;《中南米》指揮者

◆ 男《物理》導体 : buen (mal) ～ 良(不良)導体. ～ eléctrico 導線

condumio [kondúmjo] 男 ❶《戯語》おかず, 料理. ❷ 服2《口語》食べ物 : ganarse el ～ 食費を稼ぐ. ❸《南米》二重の意味をもつ言葉

conectar [konektár] 他 [+a に] つなぐ, 連結させる; [電気回路などを] 接続させる, …のスイッチを入れる : ～ la secadora *a* la red ドライヤーをコンセントにつなぐ. Los dos están mal *conectados*. 2人は波長が合わない

◆ 自 [+con と] 関係を持つ; 交際する : *Conectamos con* Barcelona.《電話》バルセロナにおつなぎします

conectador 男《電気》コネクター;《言語》連結詞, 連結語

conectivo, va [konektíbo, ba] 形 接続的な, 結合性の

◆ 女《言語》連結語;《論理》結合記号

conector, ra [konektór, ra] 形 連結する

◆ 男 連結するもの, コネクター; 連結詞《conectador》

conejar [konexár] 男 ウサギ小屋

conejero, ra [konexéro, ra] 形 [犬が] ウサギ狩り用の; 養兎の

◆ 名 養兎家

◆ 女 ❶ ウサギの穴; 洞穴. ❷ ウサギ小屋; 狭い家(部屋)

conejillo [konexíʎo] 男 ～ de Indias《動物》モルモット《比喩的にも》, テンジクネズミ

conejo, ja [konéxo, xa] 名《英 rabbit》❶《動物》ウサギ; [特に] 飼いウサギ《～ casero》: ～ de campo (monte) 野ウサギ. ～ de Indias ＝**conejillo** de Indias. ～ de Noruega レミング. El ～ ido, el consejo venido.《諺》後の祭り. ❷《中米》刑事

◆ 男《西. 俗語》女性の陰部

◆ 女《軽蔑》多産系(子だくさん)の女性

conexión [konek(k)sjón] 女 ❶ つながり, 連結 : ～ entre dos fenómenos 2つの現象の間にある関係. ～ de ideas 思想的な関連性. vuelo de ～《航空》乗継ぎ便. ❷ 服 つきあい, コネクション : tener buenas *conexiones* よいコネを持つ. ❸《電気》接続; 接続回路

conexo, xa [konék(k)so, sa] 形 関連した, 連結した : asuntos ～s 関連した事件. empresas ～xas 関連企業

confabular [konfabulár] 自 [秘密に] 協議する

◆ ～se [+con と/互いに] 共謀する, 示し合わせる

confabulación 女 密議; 共謀
confabulador, ra 名 陰謀家

confección [konfek(k)θjón] 女 ❶ [料理・既製服などの] 製造 : ～ de un plato 料理作り. ii)《軍隊》その製品 : ～ de caballeros 紳士服; 紳士用品. iii) 服 既製服《prenda・traje de ～》. ❷ [リスト・予算などの] 作成

confeccionar [konfek(k)θjonár] 他 ❶ 製造する : ～ un traje de novia ウェディングドレスを作る. ❷ 作成する

confeccionador, ra 形 名 製造する(人)
confeccionista 形 名 既製服製造の(製造業者)

confederación [konfederaθjón] 女 連邦, 同盟, 連合 : C～ Helvética (Suiza) スイス連邦. ～ general del trabajo 労働総同盟

confederar [konfederár] ～se 連合する, 同盟を結ぶ

confederado, da 形 過分 連邦の; 連合した.

◆ 男 [アメリカ南北戦争の] 南部連邦

confederal 形 連邦の; 連盟の, 同盟の

conferencia [konferénθja] 女 ❶ [主に国際的な] 会議, 協議 : ～ de las cuatro grandes potencias 四大国会議. ～ de paz 講和会議. celebrar (convocar) una ～ 会議を開く(招集する). ～ de prensa 記者会見. ❷ 講義; 講演会 : dar una ～ sobre literatura 文学について講演する. ❸《西》長距離電話, 市外通話《～ telefónica》: poner una ～ a Madrid マドリードに長距離電話をかける. ～ persona a persona 指名通話

conferenciante [konferenθjánte] 名 講演者, 講師; [会議への] 参加者

◆ 男/女 [会議への] 参加国

conferenciar 自 協議する, 会談する
conferencista 名《中南米》講演者

conferir [konferír] 他 《現分 confiriendo》[称号・特権などを, +a に] 授ける, 与える : ～ el diploma *a*+人 …に卒業証書を授与する. Le *confirieron* la más alta distinción. 彼はきわめて丁重なもてなしを受けた. Las cortinas *confieren* dignidad *al* cuarto. カーテンをつけると部屋が荘重な感じになる

confesable [konfesáble] 形 何ら恥じるところのない

confesado, da [konfesáðo, ða] 形 名 過分 告解した(人)

confesar [konfesár] 他 ❶ [罪などを, +a に] 告白する, 認める : ～ el delito 犯行を自白する. ～ su amor *a*+人 …に愛の告白をする. ～ la verdad 事実を認める. ❷《カトリック》[聴罪師が] …の告解を聞く. ❸ [信仰を] 告白(公言)する

◆ 自 自白する

～ de plano 包み隠さず白状する

◆ **～se** 自 [+con に, +de について] 告解する : ～se de sus pecados *con* un padre 神父に罪を告解する. ～se a Dios 神に告解する. ❷ 自白する : ～se autor del crimen 自分が犯人であると認める

confesión [konfesjón] 囡 ❶ 告白，白状：
hacer 〜 pública de su culpa 自分の罪を公に
認める．❷《カトリック》告解：morir sin 〜 告
解せずに死ぬ．oír a＋人 en 〜 …の告解を聞く．
bajo secreto de 〜 告解の守秘義務に従って．
〜 general 総告解．〜 anual 年1回の告解．
❸ 信仰；宗派：escuela que no está ads-
crita a 〜 alguna 無宗教の学校

confesional [konfesjonál] 厖 ❶ 信仰の；
〔一つの決まった〕宗派の：disputas 〜es 宗教
論争．escuela 〜 宗学校，ミッションスクール．
estado 〜 国教を標榜している国．❷ 告解
の：secreto 〜 告解の秘密

　confesionalidad 囡 宗派性，宗教色，特定の
　宗教に属すること：principio de no 〜 del
　estado 国家無宗教（政教分離）の原則

confesionario [konfesjonárjo] 圐 ＝con-
fesonario

confeso, sa [konféso, sa] 厖 图 自白（告
解）した〔人〕；ユダヤ教からキリスト教に改宗した
〔人〕；平修道士（修道女）

confesonario [konfesonárjo] 圐 告解室

confesor [konfesór] 圐 ❶ 聴罪師，聴罪司
祭．❷ 証聖者；《歴史》信仰の公言者

confeti [konféti] 圐《パレードなどで投げる》紙
吹雪：lanzar 〜 a＋人 …に紙吹雪を投げる

confiable [konfjáble] 厖 信頼できる

　confiabilidad 囡 信頼性

confiado, da [konfjádo, da] 厖 過分 ❶
〔estar＋〕確信している，自信のある：Estoy 〜
en que no lloverá. 私は絶対雨が降らないと思
う．❷〔ser＋〕人を信じやすい

　confiadamente 剾 信頼（安心）して

confianza [konfjánθa] 囡〔英 confidence〕
❶〔＋en への〕信頼，信用：Tengo 〜 en él. 私
は彼を信頼している．Ponga toda su 〜 en el
médico. 医者にすべて任せなさい．❷ 自信《〜
en sí mismo》：lleno de 〜 自信満々な．ex-
ceso de 〜 自信過剰．sin 〜 自信なく．❸ 親
密さ；信頼：tener 〜 con＋人/tratar a＋人
con 〜 …と親しくつき合う．hablar con 〜 ざっ
くばらんに話す．❹ 剾《軽蔑》なれなれしさ，図々し
さ：tomarse (dar) demasiadas 〜s なれなれ
しくしすぎる

　de 〜 信頼のおける；親しい，気のおけない：Esta
　máquina es de toda 〜. この機械は絶対間違
　いがない．amigo de 〜 親友．hombre de 〜
　腹心，片腕．reunión de 〜 内輪の集まり

　en 〜 内密に；格式ばらずに

　margen de 〜 [信頼して] 許容する範囲

　plantear la cuestión de 〜 [政府・指導者
　が] 自身の命脈に直接かかわるような問題を提
　起する

　voto de 〜 1) [政府の施策に対する] 国会の
　是認．2) 委任，自由に行動してよい許可：Te
　doy mi *voto de* 〜. 君の自由裁量に任せるよ

confiar [konfjár] ⓘ 活用表
⥁〔＋en を〕**信頼する**，あてにする：i) Puedes
〜 *en* él para todo. あらゆる面で彼を頼りにして
いいよ．No *confía en* su memoria. 彼は自分の
記憶力をあてにしない．〜 *en* Dios 神の助けを

信じる．ii)〔＋en que＋直説法・接続法〕*Confío
en que* vendrá. 彼はきっと来ると思う．Antes
de un mes, *confío en que* nos casemos. 1か
月もたたないうちに私たちは結婚すると思う

◆ 他 ❶〔信頼して，＋a に〕ゆだねる，任せる：
Confié mi hijo *a* un amigo. 私は友人に子供
を預けた．Le *confiaron* la dirección de la
empresa. 彼は会社の経営を任された．❷ 打ち
明ける：Me *confió* su secreto. 彼は私に秘密を
打ち明けた

◆ 〜*se* ❶ 意中を打ち明ける：No tiene nadie
a quien 〜*se*. 彼には心から相談できる相手がいな
い．❷〔＋en・a に〕信頼する，身をゆだねる：Me
confié a su buena fe. 私は彼の善意を信じた．
Me confío en usted. あなたにお任せします．❸
〔自信過剰による安心感から〕油断する

confiar	
直説法現在	接続法現在
conf*ío*	conf*íe*
conf*ías*	conf*íes*
conf*ía*	conf*íe*
confiamos	confiemos
confiáis	confiéis
conf*ían*	conf*íen*

confidencia [konfiðénθja] 囡 打ち明け話，
内密の話；内部情報：hacer 〜s a＋人 …に打
ち明け話をする．en 〜 内密に

confidencial [konfiðenθjál] 厖 内密の：
carta 〜 親展書．nota 〜 非公式文書

　confidencialidad 囡 機密性

　confidencialmente 剾 内密に

confidente [konfiðénte] 图《囡 confidenta
もある》打ち明け話のできる相手，親友；内部通
報者，スパイ；《演劇》腹心の役

◆ 剾 ラブシート，2人掛けのソファー

configurar [konfiǥurár] 他 形成する，構成す
る：El clima *configura* el paisaje. 気候が風
景を形作る

◆ 〜*se* 形成される：El carácter *se configura*
en la niñez. 性格は幼年期に形成される

　configuración 囡 1) 形状，外形；地形．2)
　形成，構成；《情報》構成：〜 Windows ウイ
　ンドウズ方式

confín [konfín] 圐《文語》[主に 圐] 境；果て，
はるかのはて：en los *confines* de España y
Portugal スペインとポルトガルの境に．hasta el
último 〜 de un país 国の隅々まで

confinar [konfinár] 他〔＋en・a に〕閉じ込め
る，監禁する：Le *confinaron* en su pueblo. 彼
は村から外に出られなかった

◆ 圁〔＋con と〕隣接する；紙一重である

◆ 〜*se* 閉じ込もる

　confinación 囡 ＝confinamiento

　confinado, da 厖 图 過分 拘禁された〔人〕

　confinamiento 圐 監禁，拘禁，幽閉

confirmación [konfirmaθjón] 囡 ❶ 確認，
確証：hacer la 〜 de una noticia ニュースを確
認する．〜 del pedido 注文の確認〔状〕．❷ 是
認，追認．❸《キリスト教》堅信〔式〕

confirmando, da [konfirmándo, da] 形 堅信を受ける者, 受堅者

confirmar [konfirmár] 他 〖英 confirm〗❶ 確認する, 確証する: La noticia no *ha sido confirmada* oficialmente. そのニュースは公式には確認されていない. Su actitud *confirmó mis sospechas.* 彼の態度を見て私の疑惑は一層強まった. ～ un pedido 注文を確認する. 注文請け書を出す. ❷ [+en 信念などを] 堅固にする: ～ a+人 *en* la fe …の信仰を固めさせる. ～ a+人 *en* sus temores …の恐れを強めさせる. ❸ [法律] [判決などを] 是認(追認)する. ❹ 〖キリスト教〗堅信を授ける
◆ ～se ❶ 確認される. ❷ 堅持する: *Se confirma en* su opinión. 彼は自説を曲げない. ❸ 堅信を受ける

confirmatorio, ria [konfirmatórjo, rja] 形 確認の: sentencia ～*ria* [前判決の] 是認判決

confiscar [konfiskár] ⑦ 他 [+a から] 没収(押収)する: La policía *confiscó a* la secta religiosa numerosos productos químicos. 警察はその宗教団体から多くの化学薬品を押収した
confiscación 女 没収, 押収

confite [konfíte] 男 砂糖菓子 〖糖衣を着せたアーモンドなど〗
confitar 他 [果実を] 砂糖漬けにする, 糖衣を着せる; [人に] 甘い期待を持たせる
confitería [konfitería] 女 菓子店;《西の一部・南米》喫茶店 〖cafetería〗
confitero, ra 名 菓子製造(販売)者
confitura [konfitúra] 女 《菓子》糖果, 砂糖漬け

conflagración [konflaɣraθjón] 女 《文語》❶ 動乱, 国際紛争; 戦争 〖～ bélica〗. ❷ 大火 〖incendio〗
conflagrar 他 燃やす. ◆ ～se 燃える

conflictivo, va [konflíktiβo, βa] 形 紛乱の, 闘争の: época ～*va* 動乱の時代. tema ～ もめそうな問題. zona ～*va* 紛争地域
conflictividad 女 紛争; 対立, 矛盾: ～ laboral 労働争議

conflicto [konflíkto] 男 〖英 conflict〗❶ 紛争, 闘争: C～ de Suez スエズ紛争. ～ de clases 階級闘争. ～ de intereses (de opiniones) 利害(意見)の衝突. ～ fronterizo 国境紛争. ～ generacional 世代間の争い. ～ laboral (de trabajo・colectivo) 労働争議. ～ social 社会闘争. entrar en un ～ 衝突する. tener un ～ con+人 …と衝突している. ❷ [心中の] 葛藤. ❸ 困難, 窮地: encontrarse en un ～ 困った立場にある. ❹ 《情報》コンフリクト

confluir [konflwír] ㊽ 自 〖現分 confluyendo〗❶ [+en と, +con と] 合流する: Los dos ríos *confluyen en* esta ciudad. 2つの川はこの町で合流する. ❷ [考え・態度などが] 一致する
confluencia 女 合流〔点〕

confluente 形 合流した: viruelas ～*s* 《医学》融合性の痘瘡

conformación [konformaθjón] 女 [人体などの] 形態, 構造: vicio de ～ 奇形

conformar [konformár] 他 ❶ [+a・con よに] 適合させる, 合致させる: ～ los gastos *a* los ingresos 収入に見合った支出をする. ～ la vida *a* (con) la doctrina 教義に従った生活を送る. ❷ [+con で] 満足させる: ～ al niño *con* un caramelo 子供にキャラメルをやってなだめる. ❸ 《文語》形作る: ～ el carácter 性格を形成する. ❹ [書類などに] 承認のサインをする
◆ 自 [+con と] 適合する, 合致する
ser de buen ～ [人が] 組しやすい, 気安い
◆ ～se ❶ [+con に] 従う, 順応する: ～se *con* la voluntad de Dios 神の意志に従う. ～se *con* su suerte 運命に逆らない. ❷ 満足する; 《主に中南米》あきらめる: *Me conformo con* estar a tu lado. 君のそばにいるだけで満足だ. *Me conformé con* un vaso de agua. 私は水1杯で我慢した. ❸ 《まれ》合致する

conforme [konfórme] 形 ❶ [+con 《文語》+a に] 適合した, 合致した: reforma ～ *a* la realidad 実情に合った改革. La disposición es ～ *a* ley. その処置は法にかなっている. El premio es ～ *a* sus méritos. その賞は彼の功績にふさわしい. ❷ [estar+. +en について, +con+人 と] 同意見の, 賛成の: Estamos ～*s en* el precio. 私たちは値段の点で合意している. Estoy (Quedo) ～ *contigo en* que debemos regresar cuanto antes. 一刻も早く帰るべきだという君の意見に私は賛成だ. ❸ [+con に] 満足した; あきらめた: No se ha quedado muy ～ *con* la propina. 彼はチップ〔の額〕にあまり満足していない. Está ～ *con* su destino. 彼は自分の運命とあきらめている
◆ 男 承認〔のサイン〕: poner (dar) el ～ 承認のサインをする
◆ 間 オーケー, わかった!
◆ 前 〖英 according to〗[+a] …にしたがって, …次第で: ～ a lo establecido en la ley 法律の定めるところにしたがって. pagar ～ a su trabajo 彼の仕事より次第で払う. Te atenderán ～ a lo que pagues. 君へのサービスは君がいくら払うかによって決まる
◆ 接 …するのにしたがって, …するとおりに; …するやいなや: i) Lo he hecho todo ～ me han dicho. 私はすべて言われたとおりにした. ii) [未来のこと. +接続法] Colocamos a la gente ～ llegue. 私たちは到着順に人々を席につかせる. C～ amanezca, saldré. 夜が明けたら, すぐ出かけます
～…, más (menos) … …するにつれて, より(少なく)…である: C～ se conocían los detalles del asunto, *menos* lo entendía. 事の詳細を知れば知るほど彼は訳がわからなくなっていった

conformidad [konformiðá(ð)] 女 ❶ 適合, 合致: ～ de gustos 趣味の一致. no ～ 不一致, 非協調. ❷ 同意, 承認: dar su ～ 承認を

与える. ❸ あきらめ, 忍従：aguantar con 〜 las pruebas de la vida 人生の試練にじっと耐える

de (*en*) 〜 *con...* …にしたがって(応じて)
en esta (*tal*) 〜 そのような場合には

conformismo [konformísmo] 男〔体制〕順応主義

conformista [konformísta] 形 名 ❶〔体制〕順応主義の(主義者)：hacerse 〜 順応主義する. ❷ 英国国教〔会〕の；英国国教徒

confort [konfór] 男 《←仏語》快適な設備：hotel con todo el 〜 近代設備の完備したホテル

confortable [konfortáble] 形 ❶ 快適な：sillón 〜 座り心地のよい椅子. ❷ 元気づける
confortabilidad 囡 快適性

confortar [konfortár] 他 励ます, 元気を回復させる：Una buena comida te *confortará*. おいしいものを食べると元気が出るよ
◆ 〜se 励まされる, 元気が出る
confortador, ra 形 励ましの, 元気づける

confraternidad [konfraternidá(d)] 囡 [所属などの違いを越えた] 友愛, 友好
confraternar 自 ＝confraternizar
confraternizar 自 友好関係を結ぶ

confrontación [konfrontaθjón] 囡 対照, 照合；対決, 対質；《文語》試合

confrontar [konfrontár] 他 ❶〔+con と〕対照する, 照合する：〜 las dos ediciones con el original 2 つの版を原稿と突き合わせる. ❷ 対決させる；《法律》対質させる. ❸〔困難などに〕正面からぶつかる
◆ 自 隣接している
◆ 〜se 互いに対決する；〔+con に〕直面する：Los dos testigos *se confrontaron* en el tribunal. 2 人の証人が法廷で対決した. 〜se con una crisis 危機に直面する
confróntese 参照せよ：*Confróntese* la lección 10. 10 課を参照して下さい

confucianismo / confucionismo [konfuθjanísmo/-θjo-] 男 儒教, 儒学〔←Confucio 孔子〕
confuciano, na / confucionista 形 名 儒教の, 孔子の；儒者

confundible [konfundíble] 形 混同され得る

confundir [konfundír] 他〔英 confound, confuse〕❶〔+con と〕混同する, 取り違える：Le *confundí con* su hermano. 私は彼と彼の兄を取り違えた. 〜 la sal *con* el azúcar 塩を砂糖と取り違える. 〜 la carretera 道を間違える. 〜 Roma *con* Santiago ばかばかしい間違いをする. ❷ 混ぜる, 混合する：Los ríos *confunden* sus aguas. それらの川は合流する. La niebla *confunde* los perfiles. 霧で輪郭がにじんで見える. ❸〔どこかへ〕なくす, 失う：Me *has confundido* otra vez las tijeras. また僕のはさみをどこかへやってしまった. ❹ 混乱させる；当惑(恐縮)させる；恥じ入らせる：Me *confundió con* sus explicaciones. 彼の説明で私はかえって混乱した. Me *confunde* usted con tantas atenciones. 大変ご親切にしていただき恐れ入り

ます. 〜 las cosas 事態を紛糾させる
◆ 〜se ❶ 混ざる：〜se en (entre・con) la muchedumbre 群衆の中に紛れ込む. ❷ 間違える, 混同する. ❸ 当惑する：Está *confundido*. 彼は困惑(恐縮)している

confusión [konfusjón] 囡 ❶ 混同, 取り違え：〜 de fechas 日付の間違い. ❷ 混乱；不明瞭さ：En la casa reina una gran 〜. 家の中はめちゃくちゃだ. 〜 de lenguas 言葉の混乱〔←バベルの塔〕. ❸ 当惑, 恐縮；錯乱：estar en un mar de 〜 ひどく当惑している

confusionismo 男《軽蔑》[思想・言語などの] 混乱状態

confuso, sa [konfúso, sa] 形 ❶ 混乱した；乱雑な, 雑然とした；不明瞭な, 漠然とした：La situación es 〜*sa*. 事態は紛糾している. letra 〜*sa* 乱雑な字. explicación 〜*sa* あいまいな説明. ideas 〜*sas* 漠然とした考え. contorno 〜 ほんやりとした輪郭. ❷ 当惑(恐縮)した, 恥じ入った

conga [kóŋga] 囡 コンガ〔キューバの民俗舞踊・音楽・打楽器〕

congelación [konxelaθjón] 囡 ❶ 凍結；冷凍：punto de 〜 氷点. 〜 de fondos 資金凍結. ❷《医学》凍傷

congelado, da [konxeláðo, ða] 形 過分 ❶ 凍結した；冷凍の：carne 〜*da* 冷凍肉. ¡Estoy 〜! 私はものすごく寒い！ ❷ 凍傷にかかった
◆ 男 覆 冷凍食品

congelador [konxelaðór] 男 冷凍庫, フリーザー：barco 〜 冷凍船

congelar [konxelár] 他 ❶ 凍結させる；冷凍する：〜 la carne 肉を冷凍にする. 〜 los precios 物価を凍結する. 〜 los fondos 資産を凍結する. ❷ 凍傷にかからせる. ❸《口語》[人を] 凍えさせる, とても寒い
◆ 〜se ❶ 凍結する：El vapor de agua *se congelaba* sobre los cristales. 水蒸気がガラスに氷結していた. ❷ 凍える, 冷える：Se *congelan* las relaciones entre los dos países. 両国の関係が冷たくなる. ❸《医学》凍傷にかかる
congelamiento 男 ＝congelación
congelante 形 凍結させる

congénere [konxénere] 形 同類の, 同種の
◆ 名《軽蔑》仲間

congeniar [konxenjár] 自〔+con と, +en 好み・性格が似ていて〕気が合う, 理解し合う：No *congenia con* su marido. 彼女と夫との間には性格の不一致がある

congénito, ta [konxénito, ta] 形 生まれつきの, 先天的な〔↔adquirido〕：talento 〜 生まれつきの才能. enfermedad 〜*ta* 先天性疾患

congestión [konxestjón] 囡 ❶ 鬱血(充血), 充血：〜 pulmonar 肺鬱血. ❷ 閉塞状態：〜 de tráfico 交通渋滞. 〜 nasal 鼻詰まり

congestionar [konxestjonár] 他 ❶ 充血させる. ❷ [道を] ふさぐ, 混雑させる：Los coches privados *congestionan* la circulación. 自家用車が交通渋滞を引き起こしている
◆ 〜se 鬱血(充血)する；紅潮する：ojos

C

congestionados 充血した目. *Se le conges-tionó* la cara. 彼は顔を赤らめた. ❷ 渋滞する, とどこおる: el *congestionado* Tokio 混雑した東京

conglomeración [kɔŋglomeraθjón] 囡 凝集

conglomerado [kɔŋglomeráðo] 男 ❶ 寄せ集め: un ~ de intereses 複雑な利害関係の塊. ❷ 《経済》コングロマリット, 複合企業. ❸ 《地質》礫岩

conglomerar [kɔŋglomerár] 他 集積する
◆ ~se 凝集する
  conglomerante 男 凝集させる物質

congoja [kɔŋgóxa] 囡 《文語》悲痛, 心痛; 失神

congoleño, ña [kɔŋgoléɲo, ɲa] 形 图 《国名》コンゴ Congo 男 の(人)
  congolés, sa 形 图 =congoleño

congraciar [kɔŋgraθjár] 他 [好意などを] …に得させる
◆ ~se [+con の] 好意を得る: *Se congració con* todo el mundo. 彼は皆の心をつかんだ

congratulación [kɔŋgratulaθjón] 囡 《文語》[主に 覆] お祝い, 祝賀: Reciba mis *congratulaciones* por el éxito. ご成功おめでとうございます

congratular [kɔŋgratulár] 他 《文語》[+por 成功などを] …に祝う, 祝いを述べる: Le con*gratulé por* el éxito de su recital. リサイタルがうまくいってよかったですねと私は彼に言った
◆ ~se [+de・por+事/+con+人 に] 満足する, 喜ぶ: *Nos congratulamos por* su recupe-ración. ご回復おめでとうございます

congregación [kɔŋgregaθjón] 囡 ❶ 《宗教》i) [単式誓願だけを立てる] 修道会. ii) [ローマ教皇庁の] 聖省: ~ de Propaganda 布教聖省. iii) ~ de los fieles カトリック教会. ❷ 集める(集まる)こと

congregante, ta [kɔŋgregánte, ta] 图 修道会員

congregar [kɔŋgregár] 8 他 [人を] 集める: El partido de fútbol *congregó* en Madrid a los aficionados de toda Europa. その試合はヨーロッパ中のサッカーファンをマドリードに集めた
◆ ~se 集まる: Los manifestantes *se con-gregaron* en la plaza. デモ参加者は広場に集まった

congreso [kɔŋgréso] 男 ❶ [主に国内的な] 会議, 大会《会議, 建物》: ~ de odontología 歯科学会議. ~ nacional 全国大会. ~ de Viena ウィーン会議. ❷ [国際問題に関する] 会議: ~ de Viena ウィーン会議. ❸ [米国・中南米の共和国などの] 国会《議事堂》: C~ de los Diputados 《西》下院
  congresista 图 会議のメンバー; 下院議員

congrí [kɔŋgrí] 男 《中米, 料理》豆入りご飯

congrio [kɔŋgrjo] 男 《魚》アナゴ

congruencia [kɔŋgrwénθja] 囡 適合, 一致; 《数学》合同

congruente [kɔŋgrwénte] 形 ❶ [+con に] 適合した, 一致した: Sus palabras y sus hechos no son ~s. 彼の言行は一致しない. Na-

da de lo que estás diciendo es ~ *con* este asunto. 君の言っていることはこの件とまったく関係ない. ❷ 《数学》合同の: números ~s 等剰数

congruo, grua 形 =congruente

cónico, ca [kóniko, ka] 形 [←cono] 円錐形の: superficie ~*ca* 円錐面
◆ 囡 《数学》円錐曲線

conidio [koníðjo] 男 《植物》分生子

coníferas [koníferas] 囡 複 《植物》針葉樹, 毬果(ﾏﾂｶｻ)植物

conjetura [kɔnxetúra] 囡 [主に 覆] 憶測, 推測: hacer ~s sobre… …について憶測をめぐらす. juzgar por ~s 推測で判断する. perder-se en ~s あれこれと憶測する. Ésa es una ~ muy verosímil. その憶測はいかにもありそうなことだ

conjeturar [kɔnxeturár] 他 憶測する, 推測する《✍suponer 穏健》: ~ el futuro 未来を予測する

conjugación [kɔnxugaθjón] 囡 ❶ [動詞の] 活用, 変化(表): ~ regular (irregular) 規則(不規則)活用. ❷ 結合, 調整; 《生物》接合

conjugar [kɔnxugár] 8 他 ❶ [動詞を] 活用させる. ❷ 調整する; [+con と] 折り合わせる: ~ las opiniones de todos みんなの意見を調整する. ~ el trabajo *con* la diversión 仕事と楽しみをうまく両立させる

conjunción [kɔnxunθjón] 囡 ❶ 《文法》接続詞: ~ de coordinante (subordinante) 等位(従位)接続詞. ❷ 結合: ~ de los esfuerzos 努力の結集. ❸ 《天文》[天体の] 会合

conjuntar [kɔnxuntár] 他 …にまとまりを持たせる: ~ a los jugadores de un equipo チームを団結させる
◆ 自 調和している, まとまりがある
◆ ~se 結びつく, 集合する

conjuntiva¹ [kɔnxuntíβa] 囡 《解剖》[目の] 結膜
  conjuntivitis 囡 [単複同形] 《医学》結膜炎

conjuntivo, va² [kɔnxuntíβo, βa] 形 ❶ 結合(連結)する: tejido ~ 《解剖》結合組織. ❷ 《文法》接続(詞)的な
◆ 男 《文法》接続語

conjunto¹ [kɔnxúnto] 男 ❶ [事物・人の] 集合, 集団: i) ~ urbanístico (residencial) 住宅団地. ~ español スペイン選手団. ii) [un+] un ~ de circunstancias 一連の情況. Este libro es un ~ de líricas españolas. この本はスペインの叙情詩を集めたものだ. ❷ 全体の: ~ de sus obras 彼の全作品. ❸ 《服飾》セット, アンサンブル: ~ de chaqueta y falda 上着とスカートのセット. ~ de tenis テニスウエアの上下. ❹ [小編成の] 楽団《~ musical》; 合唱団《~ vocal》: chica de ~ コーラスガール. ❺ 《数学》集合. ~ *integrado* de pro-gramas 統合化ソフト
  de ~ 全体の
  en ~ 全体として, 概して: La obra, *en* ~, está bien hecha. その作品は全体としてよくでき

ている

en el ～ たくさんある中で

en su ～ 全体として, まとめて

conjunto², ta [koŋxúnto, ta] 形 結合した;
連帯の: esfuerzos ～s de todos みんなの努力
の結集. base aérea ～ta 連合空軍基地.
comisión ～ta 合同委員会. obra ～ta 共同
作品. operación (empresa) ～ta ジョイントベ
ンチャー

conjuntamente 副 一緒に, 共同で

conjura [koŋxúra] 女 陰謀, 共謀

conjurar [koŋxurár] 他 ❶ [災厄を] 払いのけ
る: ～ una epidemia 疫病を避ける. El go-
bierno trata de ～ el peligro de inflación.
政府は何とかインフレの危険を避けようとしている.
❷ [悪霊を] 祓(はら)う. ❸ [+[a] que+接続法
するように] 懇願する: Le *conjuro* [a] que
diga la verdad. お願いだから本当のことを言って
ください

◆ 自/～se [+contra に対して/+con と] 陰謀
を企てる, 共謀する: ～se contra el gobierno
共謀して政府を倒そうとする

conjuración 女 ＝**conjura**; 避けること

conjurado, da 形 名 過分 陰謀に加担した
〔人〕

conjuro [koŋxúro] 男 悪魔祓い〔の呪文〕; 魔
力

al ～ de... …の影響で, …のせいで: Al ～ de
sus palabras se desvanecieron mis temo-
res. 彼の言葉を聞くと私の恐れは嘘のように消え
去った

conllevar [konʎeβár] 他 ❶ [事柄が] 結果
的(必然的)に伴う: Este puesto *conlleva*
mucha responsabilidad. この地位には大きな
責任が伴う. ❷ [逆境などに] 耐える, 耐え忍ぶ

◆ 自《南米》[+a の] 結果に通じる

conmemoración [kommemoraθjón] 女
記念〔祭〕: en ～ de la victoria 勝利を記念し
て

conmemorar [kommemorár] 他 記念する,
祝う: ～ la fundación de una universidad
大学の創立を記念する（創立記念日を祝う）

conmemorativo, va [kommemoratíβo,
βa] 形 記念の: acto ～ 記念式典. foto ～va
記念写真. monumento ～ 記念碑(像•建築
物). sello ～ 記念切手

conmensurable [kommensuráβle] 形 同
一単位で測れる, 測定可能な;《数学》通約できる

conmigo [kommíɣo] 〖←con+mí〗 Ven ～.
私と一緒に来たまえ. Ahora no tengo dinero
～. 私は今金を持っていない

conmilitón [kommilitón] 男 戦友

conminar [komminár] 他 ❶ [処罰などで]
脅す, 威嚇する: Le *conminaron* con despe-
dirlo. 彼は解雇すると脅された. ❷ [法律] [+
a+不定詞•que+接続法 を] …に厳命する: El
dueño le *conminó* a pagar el alquiler en
cinco días. 5日以内に家賃を払うように家主は
彼に要求した

conminación 女 脅迫, 威嚇; 厳命

conminativo, va/conminatorio, ria 形

脅迫的な, 処罰をにおわせる

conmiseración [kommiseraθjón] 女 同情,
憐憫: tener ～ con+人 …に同情する

conmoción [kommoθjón] 女 ❶ [肉体的•
精神的な] 衝撃; 感動: La aparición de la
flota americana causó mucha ～ al gobier-
no de Edo. 米艦隊の出現は江戸幕府に大きなシ
ョックを与えた. ～ cerebral《医学》脳振盪
(とう). ❷ [社会の] 激変, 激動. ❸ [強い] 地
震 〖～ de tierra〗

conmocionar 他 …に衝撃を与える

conmovedor, ra [kommoβeðór, ra] 形 感
動的な, 心を揺さぶる: película ～ra 感動的な
(ほろりとさせる)映画

conmover [kommoβér] 29 他 ❶ [主に悲し
み•哀れみで] …の心を動揺させる, 感動させる,
涙を誘う: La muerte del rey *conmovió* todo
el país. 王の死に全国民はショックを受けた(心を
痛めた). Le *conmovió* el recibimiento. 彼は
歓迎に感激した. ❷ [強く] 揺り動かす: Un
terremoto ha *conmovido* la torre. 地震で塔
が揺れた

◆ ～se 心が動揺する, 感動する; 揺れる

conmutar [kommutár] 他 ❶ [+por•en に]
減刑する: ～ a+人 la pena de muerte *por*
cadena perpetua …を死刑から終身刑に減刑
する. ❷ [+por と] 入れ換える, 置き換える

conmutabilidad 女 減刑の可能性

conmutable 形 減刑可能な; 可換の

conmutación 女 1) 減刑 〖～ de pena〗. 2)
入れ換え, 置き換え. 3)《情報》～ de mensa-
jes (por paquetes) メッセージ(パケット)交換

conmutador, ra 形《電気》
整流子, スイッチ; 電話交換機;《中南米》[電
話に置く] 交換台

conmutativo, va 形 交換の, 可換性の;《法
律》双務の

connatural [konnaturál] 形 [+a に] 生得の,
固有の: facultad ～ al hombre 人間固有の能
力

connaturalizar 9 他 [+con に] 慣らす. ◆
～se 慣れる

connivencia [konniβénθja] 女 ❶《文語》共
謀: estar en ～ con+人 …とぐるになっている.
❷ [部下の失敗に対する] 寛容, 寛大

connotación [konnotaθjón] 女《言語》内包
〖↔denotación〗; 共示, 暗示的意味

connotado, da 形 過分《中南米》著名な

connotar 他 共示する, 含意として示す

connotativo, va 形 内包的な; 暗示的な

connubio [konnúβjo] 男《文語》結婚 〖ma-
trimonio〗

cono [kóno] 男 ❶ 円錐〔形〕: ～ truncado 円
錐台. ～ volcánico《地質》火山錐. ～ de luz
《光学》光錐. ～ de sombra《天文》本影. ～
sur アルゼンチン•チリ•ウルグアイの3国《時にパラグ
アイを含めた4国》. ❷ [道路に置く] コーン, パ
イロン 〖～ de encauzamiento•de baliza-
miento〗. ❸《解剖》[眼の] 円錐体

conocedor, ra [konoθeðór, ra] 形 名 精通
した〔人〕; 玄人, 通(つう): ～ de vinos ワイン通

conocer [konoθér] ③⑨ 他 〖英 know. ☞活用表〗❶ 知っている〔☞ saber 顕〕; 〔学問・技術などに〕精通している〔☞ Conozco España. 私はスペインに行ったことがある. Conoce bien esta calle. 彼はこの通りをよく知っている. ～ bien su oficio 自分の仕事をよく心得ている. ～ unos idiomas 数か国語ができる. ～ los vinos ワインに詳しい. Conociendo el estado crítico de la compañía, el despido del personal es perdonable. 会社が危機状態にあるのなら, 人員解雇も許される. Más vale malo conocido que bueno por ～.《諺》知らない善より知った悪の方がまし/明日の百より今日の五十

❷〔人と〕知り合いである(になる) : Le conozco de vista. 彼の顔は知っている. La conozco de nombre. 私は彼女の名前しか知らない. Conocí a su hermano en la universidad. 私は彼の弟と大学で知り合った. El que no te conozca que te compre. 誰があんたなんか信用するものか

❸〔+de・en・por で, +que+直説法 に〕気づく, 察知する : Conocí en su rostro que le disgustaba. 私は彼の表情で気に入られなかったことがわかった. El médico conoce las enfermedades por los síntomas. 医者は症状で病気[の正体]がわかる. Conoce que ha de llover. 彼は雨が降るはずなのを知っている

❹ 識別する : El bebé ya conoce a su madre. 赤ん坊はもう母親がわかる. La conocí en la voz. 私は声で彼女だとわかった. Nadie la conoce en el pueblo sino por la María. 村でマリアと言えば知らない人はいない. ～ las hierbas buenas de las malas 雑草の見分けがつく

❺《古風》…と肉体交渉を持つ : Todavía no conoce hombre. 彼女はまだ男を知らない

❻〔法律〕〔裁判官などが事件を〕担当する

dar a ～ 知らせる, 公表する

darse a ～ 自分の身元を明かす; デビューする

◆ **～se** 自分のこと(自己)を知る; 知り合う : Conócete a ti mismo. おのれ自身を知れ. Nos conocemos desde hace tiempo. 私たちは以前からの知り合いだ. ❷ …であるとわかる : Se conoce que no quiere venir. 彼は来たくないらしい. Se le conoce el disgusto por la voz. 声から彼の不快さが読み取れる

conocer	
直説法現在	接続法現在
conozco	conozca
conoces	conozcas
conoce	conozca
conocemos	conozcamos
conocéis	conozcáis
conocen	conozcan

conocido, da [konoθíðo, ða] 形 過分 [よく] 知られている, 有名な : cirujano muy ～ 大変有

名な外科医. El problema no me es ～. その問題はこちらには何も知りはしない
◆ 图 [あまり親しくない] 知り合い, 知人 : Es un simple ～. 彼は単なる知り合いだ

conocimiento [konoθimjénto] 男 〖英 knowledge〗 ❶ 知っていること; [主に 複] 知識 : Un mejor ～ mutuo favorecería nuestras relaciones comerciales. お互いをもっとよく知れば, 我々は商売上もうまくいくだろう. Tengo algunos ～s de jardinería. 私はいささか造園術の心得がある. profundo ～ sobre España スペインに関する深い造詣. ～ técnico (tecnológico) ノウハウ. ❷ 知ること, 認識; 理解(判断)力 : teoría del ～ 認識論. ❸ 意識, 知覚 : perder el ～ 気を失う. estar sin ～ 意識がない. recobrar el ～ 意識を回復する. ❹《商業》船荷証券 : ～ de embarque. ❺《戯語》知人

con ～ 分別をもって, 思慮深く

con ～ de causa 事情を十分にわきまえて

dar ～ de... …のことを知らせる, 連絡する

estar en pleno ～ 正気(まとも)である

llegar a ～ de+人 〔事柄が〕…の知るところとなる

pongo en su ～ que...《手紙》…をご通知申し上げます

sin ～ 判断力のない; 無意識の, 気を失った

tener ～ 〔善悪の〕分別がつく年齢に達している; [+de のことを] 知っている : El niño no tiene todavía ～. その子はまだ分別がつかない

venir en ～ de... …を突きとめる; …に気づく

conoide [konóiðe] 男《数学》円錐曲線体

conoidal 形 円錐形状の

conque [kóŋke] 接 [結果] それで…, 結局 : Hoy no hay trabajo, ～ no tienes que venir. 今日は仕事がない. だから君は来なくていい. C～, ¿quieres o no? 決まり. 結局, いやなのかどうか, それを言いたまえ. C～, no iba a llover, ¿eh? 雨は降らないと君は言ったじゃないか
◆ 男 条件

conquense [koŋkénse] 形 图《地名》クエンカ Cuenca の(人) 〖カスティーリャ=ラ・マンチャ地方の県・県都〗

conquistable [koŋkistáβle] 形 征服され得る

conquista [koŋkísta] 女 〖英 conquest〗 ❶ 征服; 獲得[物] : i) ～ de Toledo por Alfonso VI アルフォンソ 6 世によるトレドの征服 〖1085 年〗. deseo de ～ 征服欲. ～ de la libertad 自由の獲得. ii) [la C～] スペインによるアメリカ大陸の征服. ❷ [異性の] 心をつかむこと; ものにした女(男) : hacer ～s (una ～) de+人 …を夢中にさせる, …の愛情を獲得する. ir de ～ ガール(ボーイ)ハントに出かける

conquistador, ra [koŋkistaðór, ra] 形 征服する; [異性の] 心をとらえる
◆ 图 ❶ 征服者 [特にアメリカ大陸の] : Jaime I, el C～ 征服王ハイメ 1 世 〖1208–76〗. ❷ [異性の] 愛情を獲得する人, ドン・ファン

conquistar [koŋkistár] 他 ❶ 征服する; 勝ち取る : ～ América アメリカを征服する. tierra *conquistada* a los árabes アラブ人から勝ち取った(奪い取った)土地。 〜 un puesto 地位を獲得する。 ❷ …の心をつかむ, 魅了する: Ella nos *ha conquistado* a todos con su simpatía. 彼女は感じの良さで私たちみんなをとりこにした。 〜 a una mujer 女をものにする。 ❸ 納得させる: Le *he conquistado* para que vuelva enseguida. 私は彼を説得して, すぐ帰らせた

consabido, da [konsaβído, ða] 形 [主に + 名詞] よく知られた, いつもの, 昔からの: Lo encontré tomándose el 〜 café. 見ると, 彼はいつものようにコーヒーを飲んでいた。 el 〜 discurso おきまりのスピーチ

consagración [konsaɣraθjón] 女 聖別；奉献；[地位・名声などの] 確立

consagrar [konsaɣrár] 他 ❶《宗教》聖別(祝別)する；神聖化する: 〜 una iglesia (la hostia) 教会(パン)を聖別する。 〜 a un obispo 司教の祝聖式をあげる, 司教に叙階する。 vino de 〜 ミサ用ワイン。 ❷ [+a] 捧げる, 奉献する；割り当てる: 〜 a su hija *a* Dios 娘を神への奉仕のためにささげる。 〜 su vida *al* estudio 研究に生涯をささげる。 〜 un monumento a+人 …のために記念碑を建てる。 Ese libro *consagra* unas páginas *a* Cataluña. その本はカタルーニャに数ページ割いている。 ❸ [+a, +en] …としての地位・名声などを 確立する；[正式なものとして] 認める: Esta película le *consagró como* un director de primera categoría. この映画で彼は一流監督の仲間入りをした。 El uso *ha consagrado* esta nueva palabra. これはよく使うので新語として認められた

◆ **〜se** 身を捧げる, 没頭する；[自分の地位を] 確立する: 〜*se* a ayudar a los pobres 貧者の救済に身を捧げる。 〜*se* como escultor 彫刻家としての地位を確立する

consanguíneo, a [konsaŋɡíneo, a] 形 形 血縁の[人], 血族の: casamiento 〜 近親結婚
  consanguinidad 女 血族関係: grado de 〜 親等

consciencia [konsθjénθja] 女 《文語》 = conciencia

consciente [konsθjénte] 形 ❶ [+de を] 自覚した, 意識のある；[estar+] 意識がはっきりした: Los trabajadores son 〜*s* de sus derechos. 労働者たちは自分たちの権利を自覚している。 El paciente está 〜. その患者は意識がある。 ❷ [ser+] 良心的な, まじめな: funcionario 〜 責任感のある役人
  conscientemente 副 意識的に, 知っていながら

conscripción [konskripθjón] 女 《中南米》 募兵, 徴兵 [reclutamiento]
  conscripto 男 《中南米》召集兵 [recluta]

consecución [konsekuθjón] 女 [←conseguir] 《文語》願望の達成。 〜 de un deseo 願望の達成。 〜 de un plan 計画の成功。 de diffícil 〜 獲得(達成)するのが難しい

consecuencia [konsekwénθja] 女 [英 consequence. ←conseguir] ❶ 結果: tener (traer) buenas 〜*s* 好ましい結果をもたらす。 traer... como 〜 結果として…をもたらす。 ❷ [結果の] 重大さ: El asunto es de 〜. 事は重大だ。 ❸ [思想と行為との] 首尾一貫性: Su actitud no guarda 〜 con su manera de pensar. 彼の行為は思想と矛盾している。 ❹ 結論, 帰結: sacar... *en* 〜 …という結論を引き出す

a (como) 〜 de... …の結果として: *A* 〜 *de* la muerte de sus padres, el niño no pudo estudiar más. 両親が死んだ結果, その子は勉強を続けられなかった

atenerse a las 〜s [主に脅し文句で] 結果の責任をとる

en 〜《文語》その結果, したがって

en 〜 con... …に相応して: Cada uno debe obrar *en* 〜 *con* sus ideas. 各人は自分の考えに即した行動をとるべきだ

por 〜 = *en 〜*

sufrir las 〜s 報いを受ける

tener (traer) 〜s 重大な結果(影響)をもたらす

consecuente [konsekwénte] 形 ❶ [+a に] 由来する: El aumento del paro es un fenómeno 〜 *a* la crisis económica. 失業の増大は経済危機から生じる現象である。 ❷ [思想と行為とが] 首尾一貫した。 ❸ 必然的な
  ◆ 男 帰結；《論理》後件；《数学》後項
  consecuentemente 副 その結果, したがって；首尾一貫して

consecutivo, va [konsekutíβo, ßa] 形 ❶ 連続した, あいつぐ: Discutimos diez horas 〜*vas*. 我々は10時間ぶっ通しで議論した。 cinco victorias 〜*vas* 5連勝。 El número dos es 〜 al uno. 2は1に続く数である。 ❷《文法》結果を表わす: conjunción 〜*va* 結果の接続詞
  ◆ 女 帰結節 [oración 〜*va*]
  consecutivamente 副 すぐ後で, 直後に；次々に, 順々に

conseguido, da [konseɣíðo, ða] 形 過分 よくできた: Es una novela muy 〜*da*. それはよくできた小説だ

dar... por 〜 …を当然の(許される)ことと考える

conseguir [konseɣír] 他 35 [☞seguir 活用表. 過分 consi*guiendo*] [英 get, attain] 達成する, 獲得する [☞obtener 類義] i) *Conseguí* mi fin. 私は目的を達した。 Me *consiguió* una buena colocación. 彼は私のために良い職を捜してくれた。 ¡Lo *conseguí*! やった！ 〜 un billete 切符を手に入れる。 〜 la mayoría 過半数を獲得する。 〜 una fama 名声を得る。 ii) [+不定詞/+que+接続法] *conseguí* entrevistar al presidente. やっと私は大統領に会見することができた。 Con esos argumentos *consiguió que* me subscribiera a la asociación. 彼のそのような理屈に負けて私は協会に加入した

conseja [konséxa] 女 物語 [cuento]；[特に] おとぎ話, 昔話

consejería [kɔnsɛxeɾía] 囡 ❶《西》[自治州
の] 省. ❷ [大使館の] …部： ～ económica
経済部. ❸ 顧問・カウンセラー・評議員の執務室
(職)

consejero, ra [kɔnsɛxéɾo, ra] 图 ❶ 助言
者： Es mi buen ～. 彼は私のいい相談相手だ.
La envidia es mala ～*ra*. ねたみは自分を損う.
❷ 顧問, コンサルタント； カウンセラー： ～ de
Corte 枢密院顧問官. ～ técnico 技術コンサル
タント. ❸《西》[自治州の] 大臣. ❹ [大使館
の] 参事官： ～ cultural 文化参事官. ❺ 評議
員, 理事；[審議会の] 委員, 取締役： ～
delegado 専務取締役, マネージングディレクタ
ー

consejo [kɔnséxo] 男《英 advice, council》
❶ 忠告, 助言；カウンセリング： Tomaré ～ de
mi padre. 私は父に相談しよう. Me dio un ～
muy útil para quitar las manchas. 彼は汚れ
を取る方法をアドバイスしてくれた. pedir ～
a+人 …に助言を求める, 相談する. seguir los
～s del médico 医師の指示に従う. ❷ [代表
者の] 会議, 審議会, 協議会： ～ de adminis-
tración 重役会, 取締役会；理事会. ～ de
disciplina 懲罰(査問)委員会. ～ de familia
後見人会議. ～ de guerra 軍法会議. ～ de
ministros 内閣, 閣議；[EUの] 閣僚会議. ～
escolar 教育委員会. C～ de Castilla/～
Real [歴史] カスティーリャ最高法院. C～ de
Europa 欧州会議 [1949年21か国が加盟].
C～ de Indias《歴史》拓殖院. C～ de la
Inquisición 異端審問所. C～ de Seguridad
[国連の] 安全保障理事会

consell [kɔnsɛl] 男[複 ～s] [バレンシアとマヨ
ルカの] 州議会

conselleiría [kɔnsɛʎeɾía] 囡 [ガリシア自治
州政府の] 省

    conselleiro, ra 图 その大臣

consellería [kɔnsɛʎeɾía] 囡 [複 ～ríes]
[カタルーニャ・バレンシア・マヨルカの自治州政府
の] 省

    conseller, ra 图[男 複 ～s] その大臣

consenso [kɔnsénso] 男 同意；コンセンサス：
de mutuo ～ 互いに合意の上で. ～ general 全
体の合意. ～ nacional 国民のコンセンサス

    consensual 形 合意による： contrato ～ 諾
成契約

    consensuar [12] 他 …について合意に達する

consentido, da [kɔnsentíðo, ða] 形 图
過分 甘やかされた[人]；妻に浮気をされた[夫]

consentimiento [kɔnsentimjénto] 男 同
意, 許可： dar el (su) ～ a+人 …に同意する.
～ con información/～ informado [医学] イ
ンフォームドコンセント

consentir [kɔnsentír] [33] 他 [現分 cons*in*-
tiendo] ❶ 容認する, 許容する： No nos *con-
sienten* salir por la noche. 私たちは夜間外出
を許されない. [+que+接続法] El profesor no
consiente que los estudiantes fumen en la
clase. 先生は学生たちが教室で喫煙するのを認め
ない. ❷ 甘やかす, 放任する： ～ a sus hijos 子
供たちを甘やかす. ❸ [使用・重量などに] 耐えら
れる： El asiento no *consiente* más peso. 椅

子はこれ以上の重さを支えられない

◆ 自 ❶ [+en に] 同意する, 承諾する[主に否
定文で]： No *consintió en* venderme la
casa. 彼は私に家を売ることに同意しなかった.
[+en que+接続法] La niña no *consiente en*
que le quiten el lazo. その子はリボンを外される
のをいやがる. ❷ [器具・建物が重さで] がたが来
る[resentirse]： La mesa [se] *ha consen-
tido* con tanto peso encima. あんな重いものを
のせたのでテーブルががたがたになってしまった

◆ ～se がたが来る

conserje [kɔnsɛ́rxe] 图 ❶ [主に公共施設
の] 守衛；[学校の] 用務員. ❷ [ホテルの] コン
セルジェ係

conserjería [kɔnsɛrxeɾía] 囡 ❶ 守衛の職
務(部屋). ❷ [ホテルの] コンセルジェ係 [鍵を預か
ったり, 各種のインフォメーションサービスをする. チ
ェックイン・チェックアウトをするフロントは recep-
ción]

conserva [kɔnsɛ́rba] 囡 ❶ 保存食品；[特
に] 缶詰： ～ de mandarinas ミカンの缶詰.
carne en ～ コンビーフ. ～s en aceite 油漬け.
❷ 保存, 保管. ❸《船舶》en ～ 船団を組んで
estar en ～ [ぎゅうぎゅう詰めで] 身動きできな
い

conservación [kɔnsɛrbaθjón] 囡 保存, 保
管： ～ de un edificio 建造物の保存. ～ de
las especies 種(ｼｭ)の保存

conservador, ra [kɔnsɛrbaðór, ra] 形 图
❶ 保管する[人]；[美術館・博物館の] キュレー
ター. ❷ 保守的な[人], 保守主義者： partido
～ [英国の] 保守党

    conservadurismo 男 保守主義

conservante [kɔnsɛrbánte] 形 保存(保管)
する

◆ 男 [食品の] 防腐剤, 保存料： ～ químico
合成保存料

conservar [kɔnsɛrbár] 他《英 preserve》保
存する, 保管する；保つ： ～ los alimentos en
una nevera 食料品を冷蔵庫に保存する. ～
una carta 手紙を[大切に]取っておく. ～ la
salud 健康を保つ. ～ un recuerdo 思い出を持
ち続ける

◆ ～se ❶ 保存される： Se *conserva* el am-
biente exótico de la ciudad. 町のエキゾチック
な雰囲気が残っている. ❷ [自分の若さなどを]
保つ： A su edad ella *se conserva* bien
todavía. 彼女は年のわりにはまだ容姿が衰えてい
ない. ～se para mañana 明日のために力を蓄え
ておく. [+主格補語] ～se joven 若さを保つ

conservatorio, ria [kɔnsɛrbatórjo, rja]
形 保持している

◆ 男 [公立の] 音楽院, 音楽学校

conservero, ra [kɔnsɛrbéro, ra] 形 保存
食品の；缶詰の： industria ～*ra* 缶詰産業

considerable [kɔnsiðeráble] 形 かなりの, 相
当な： una cantidad ～ de dinero かなりの大
金. dar un golpe ～ かなりの打撃を与える

    considerablemente 副 かなり, 相当

consideración [kɔnsideraθjón] 囡 ❶ 考
慮, 熟慮；[事物への] 配慮, 注意： El asunto

merece una 〜. この件は一考に値する. des-
pués de largas *consideraciones* 長考の末.
tratar... con 〜 注意して…を扱う. ❷ [時に
⟨複⟩. +a・por・con・hacia+人 への] 思いやり, 敬
意: tener muchas *consideraciones a* sus
subalternos 部下に大変思いやりがある. tener
una gran 〜 *por* su profesor 先生を大変尊
敬している. sin ninguna 〜 *a* los demás 他人
のことなど考えずに. falta de 〜 思いやりのなさ,
軽視
　de 〜 かなりの, 相当な: daño *de* 〜 相当な被
害. Sufrieron heridas *de* diversa 〜. 彼ら
は重軽傷を負った
　en 〜 *a...* …を考慮に入れて: Le ascendieron
a coronel *en* 〜 *a* sus méritos. 彼は功績に
よって大佐に昇進した
　poner... a la 〜 *de*+人 …を…の考慮(検討)
に委ねる
　por 〜 *a...* …を気づかって, 斟酌して
　tomar (*tener*)... *en* 〜 …を考慮に入れる

considerado, da [kɔnsiðeráðo, ða] ⟨形⟩
⟨過⟩ [ser+] 思いやりのある: profesor muy 〜
con sus alumnos 生徒に思いやりのある先生
　estar bien (*mal*) 〜 信望がある(ない), 評判
がよい(悪い)

considerando [kɔnsiðeránðo] ⟨男⟩《法律》
前文, 理由《書》

considerar [kɔnsiðerár] ⟨他⟩《英 consider》
❶ [よく] 考える, 検討する; 考慮に入れる; 想像
する: 〜 la posibilidad de un proyecto 計画
実現の可能性について考える. Le rogamos que
considere nuestra oferta. 当社のオファーをど
うかご検討下さい. Tenemos que 〜 que hizo
todo lo que pudo. 彼はできる限りのことをしたと
いう点を考慮しなければならない. ❷《文語》i) [+
目的格補語 と] みなす: *Considero* muy cruel
su acto. 私は彼の行為は大変残酷だと思う. ii)
[時に +como+名詞] *Considerábamos* a Ro-
salía [*como*] una niña. 私たちはロサリアを子
供だと思っていた. ❸ 重んじる, 尊敬する: Sus
compañeros le *consideran* [bien]. 仲間は彼
を尊敬している
　◆ 〜*se* ❶ 自分を…とみなす: *Se considera* un
hombre capaz. 彼は自分が有能だと思っている.
❷ si *se considera* bien よく考えてみると

consign《略語》←consignación 委託

consigna [kɔnsíɣna] ⟨女⟩ ❶ [軍隊などで, 短
い] 指令, 指示: El centinela tenía la 〜 de
no abandonar el lugar. 衛兵はその場所を離れ
るという指令を受けていた. ❷ 標語, スローガン.
❸ 手荷物預かり所: dejar... en 〜 …を一時預
けにする. 〜 automática コインロッカー

consignación [kɔnsiɣnaθjón] ⟨女⟩ ❶ [予算
の] 割り当て[額]: 〜 para gastos extraor-
dinarios 臨時費. ❷ 委託, 託送; 供託[金]:
mercancías en 〜 委託販売品

consignar [kɔnsiɣnár] ⟨他⟩ ❶ [予算などに金
額を] 充当する, 振り当てる: 〜 una impor-
tante suma para la inversión pública 公共
投資に相当な額を計上する. ❷ [意見などを] 記
録にとどめる: *Consignaron* su opinión en el
acta. 彼の意見は議事録に記録された. ❸ [保
管所に] 預ける: 〜 su equipaje en un de-
pósito 荷物を保管所に預ける. ❹《商業》委託
する, 託送する;《法律》供託する

consignador, ra ⟨形⟩⟨名⟩ 委託する; 委託者, 荷
主

consignatario, ria [kɔnsiɣnatárjo, rja]
⟨形⟩ 委託される
　◆ ⟨名⟩ ❶ 委託販売人; 荷受業者; [供託金の]
受託者. ❷ 船舶仲立人 《〜 de buques》

consigo [kɔnsíɣo] 《←con+sí》 Se llevaron
a sus hijas 〜. 彼らは娘たちを一緒に連れていっ
た

consiguiente [kɔnsiɣjénte] ⟨形⟩ 《←con-
seguir》 [+a の] 結果として生じる, …に従って
起こる: gastos 〜s *a* su viaje 彼の旅行に要し
た費用. su viaje y los gastos 〜s 彼の旅行と
それに伴う費用
　por 〜 従って, それ故: He trabajado todo el
día, *por* 〜 tengo derecho a descansar. 私
は一日中働いた. だから休む権利がある

consiguientemente ⟨副⟩ 従って

consiliario, ria [kɔnsiljárjo, rja] ⟨名⟩ 助言
役, 顧問

consistencia [kɔnsisténθja] ⟨女⟩ ❶ 粘りけ;
堅さ: La masa tiene una 〜 suficiente. パン
生地は十分練れている. ❷ 内実; 一貫性: no-
vela sin 〜 内容のない小説. vino sin 〜 こく
のないワイン
　tomar 〜 粘つく, 固まる; 実体化する: El plan
va *tomando* 〜. 計画は具体化しつつある

consistente [kɔnsisténte] ⟨形⟩ ❶ 粘りけのあ
る; 堅い: salsa 〜 どろっとしたソース. cuerda
〜 丈夫なロープ. ❷ 内実のある: El personaje
es poco 〜. その登場人物は奥行がない. ❸ [+
en から] 構成される: drama 〜 *en* tres actos
三場からなるドラマ

consistir [kɔnsistír] ⟨自⟩《英 consist》 ❶ [+
en に] ある, 基づく: Su gracia *consiste en* su
sencillez. 彼の魅力は素朴さにある. ❷ …のこと
である: La tortilla mexicana *consiste en* una
torta de harina de maíz. メキシコのトルテ
ィーリャとはトウモロコシ粉のクレープのことである.
❸ …から構成される: El estudio *consiste en*
dos partes. 論文は2部からなる. ❹ …の義務
(役目)である: En ti *consiste* el realizarlo. そ
れを実現するのは君の役目だ

consistorio [kɔnsistórjo] ⟨男⟩ 枢機卿総会
議; [一部の都市で] 市役所

consistorial ⟨形⟩ 枢機卿総会議の; 市役所の:
casa 〜 市庁舎

consocio, cia [kɔnsóθjo, θja] ⟨名⟩ [事業など
の] 協同者, 共同事業者

consola [kɔnsóla] ⟨女⟩ コンソールテーブル; [コン
ピュータの] コンソール; [パイプオルガンの] 演奏台

consolación [kɔnsolaθjón] ⟨女⟩ 慰め 《con-
suelo》;《スポーツ》コンソレーション, 敗者〔慰安〕
戦: premio de 〜 残念賞

consolador, ra [kɔnsolaðór, ra] ⟨形⟩ 慰め
る: palabras 〜*ras* 慰めの言葉
　◆ ⟨男⟩ [女性の自慰用の] 陰茎形の器具, 張り形

consolar [konsolár] [28] ⑩ 慰める；[苦しみなどを] 和らげる：～ a una pobre viuda 気の毒な未亡人を慰める. Sus cartas me *consolaban* de los sinsabores de la vida. 彼の手紙は味けない生活を慰めてくれた

◆ ～se [+con で] 自分を慰める：～se con la bebida 酒で憂さを晴らす

consolidar [konsoliðár] ⑩ ❶ 強化する, 補強する：～ un muro 壁を補強する. ～ una amistad 友情を固める. ❷ [短期借入金を] 長期に変える

◆ ～se 強化される

consolidación ⑤ 強化, 補強
consolidado, da ⑱ 過去 強固な

consomé [konsomé] ⑲ ⟪＜仏語. 料理⟫ コンソメ [スープ]

consonancia [konsonánθja] ⑤ ❶ 調和, 一致. ❷⟪音楽⟫協和[音]. ❸ [詩などの] 語尾同音

en ～ con... …に従って；…に一致(調和)して：Su modo de vestir no está en ～ con su posición social. 彼の服装は社会的地位にふさわしくない

consonante [konsonánte] ⑱ ❶ [+con と] 調和した, 一致した. ❷⟪音楽⟫協和音の. ❸ 語尾が同音の. ◆ 子音の

◆ ⑤⟪文法⟫子音 [↔vocal]；子音字 ⟪letra ～⟫：～s compuestas 二重子音
consonántico, ca ⑱ 子音の

consonar [konsonár] [28] ⑤ 調和する, 一致する；⟪音楽⟫協和音を出す

consorcio [konsórθjo] ⑲ ❶ 業者団体, 組合, 財団；シンジケート, コンソーシアム：～ de fabricantes de muebles 家具製造業協会. ❷ [主に夫婦の] 結びつき：vivir en buen ～ 仲よく暮らす

consorte [konsórte] ⑤ ❶⟪文語⟫配偶者：príncipe ～ 女王の夫君. reina ～ 王の妻, 皇后. ❷ [運命を共にする] 仲間；共犯者, 共謀者. ❸⟪法律⟫原告団, 被告団

conspicuo, cua [konspíkwo, kwa] ⑱ 有名な；⟪文語⟫明白な：～ historiador 著名な歴史学者

conspiración [konspiraθjón] ⑤ 陰謀, 共謀：tramar una ～ contra el rey 国王に対して陰謀を企む

conspirar [konspirár] ⑤ ❶ [+contra に対して] 陰謀を企てる, 共謀する：～ contra el Estado 国家転覆を企てる. ❷ [いくつかの要因が, +a+名詞・不定詞・que+接続法 の結果を] 生じさせる：Los vicios y la ignorancia *conspiran* a corromper las buenas costumbres. 悪徳と無知が重なって—い風習をだめにする
conspirador, ra ⑤ 共謀者, 陰謀者(家)

Const. ⟪略語⟫←constitución 憲法

constancia [konstánθja] ⑤ ❶ 粘り強さ, 忍耐：Tiene ～ en el estudio. 彼は根気よく勉強する. ❷ 恒常性：～ de la temperatura 気温が一定なこと. ❸ 確実(明白)さ, 証拠, 記録：dejar ～ de... …を明らかにする；記録にとどめる. No existe ～ de que+接続法 …は明らかではな

い, …の証拠はない. ❸⟪中南米⟫証拠書類

constante [konstánte] ⑱ ⟪英 constant⟫ 恒常的な, 一定の：Las temperaturas son ～s en la región a lo largo del año. その地方では一年を通して気温が一定している. cantidad ～ ⟪数学⟫不変量. Me molesta con sus ～s llamadas. 彼はしょっちゅう電話してきて私は迷惑している. ～ ruido 絶え間ない騒音. ❷⟪物理⟫確固不動の, 粘り強い：amor ～ 変わらぬ愛. esfuerzo ～ 不断の努力. Es muy ～ en su trabajo. 彼はたゆまず働く

◆ ⑤ ❶ 不変のもの(特徴). ❷⟪数学⟫定数：～ universal 普遍定数. ❸⟪医学⟫生命徴候 ⟨～s vitales⟩

constantemente [konstánteménte] ⑩ 絶えず, しょっちゅう

constar [konstár] ⑤ ❶ [+que+直説法 は, +a にとって] 確か(明らか)である：Me consta que él se marchó de allí antes que yo. 彼が私より先に立ち去ったのは確かだ. ❷ [接続法で(文頭の que の省略), 念押し] [Que] *Conste* que no ha sido la culpa mía. 言っておくが, 私のせいではないよ. ❸ [+en に] 記録(記載)されている：En la lista no *consta* su nombre. リストに彼の名前はのっていない. ～ por escrito 明記されている. ❹ [+de から] 構成される：El libro *consta de* siete capítulos. その本は 7 章から成っている

hacer ～ [+en に] 明記する, 明言する：Haga ～ en el acta mi propuesta. 私が提案したことを議事録に残してください

y para que así conste 右証明する

constatar [konstatár] ⑩ ⟪＜仏語⟫確認する, 証明する ⟨comprobar⟩：Todas las noches *constata* que las puertas están cerradas. 彼は毎晩戸締まりを確かめる
constatación ⑤ 確認, 証明

constelación [konstelaθjón] ⑤ ❶ 星座. ❷ ～ de escritores 文壇の巨星たち. una ～ de manchas 点々とついた汚れ

constelado, da [konstaláðo, ða] ⑱ ⟪＜仏語⟫星をちりばめたような ⟨estrellado⟩

consternar [konsternár] ⑩ [悲しみなどで] 茫然自失させる：La catástrofe aérea nos *consternó* a todos. 飛行機事故に私たちは皆愕然とした

◆ ～se 茫然自失する
consternación ⑤ 茫然自失, 悲嘆

constipación [konstipaθjón] ⑤ 便秘 ⟨～ intestinal・de vientre. estreñimiento⟩

constipado [konstipáðo] ⑲ 風邪：coger un ～ 風邪をひく

constipar [konstipár] ～se [特に喉の] 風邪をひく

constitución [konstituθjón] ⑤ ⟪英 constitution⟫ ❶ 構成, 組成；設立：～ de un comité 委員会の構成. ～ de una molécula 分子の構造. ～ de una sociedad 会社の設立. ❷ 体格；体質：tener una ～ fuerte 体が丈夫である. ser de ～ débil 虚弱体質である. ❸ [主に C～] 憲法：promulgar la nueva C～ 新

憲法を発布する. 〜 de Cádiz カディス憲法
〖1812 年〗. ❹ 〔ユネスコ・ILO などの〕憲章. ❺
圏〔会の〕規則

constitucional [kɔnstituθjonál] 形 憲法の,
立憲的な；合憲の；憲法擁護的の: régimen 〜
立憲政体

　constitucionalidad 女 合憲性
　constitucionalista 形 護憲派的

constituido, da [kɔnstitwíðo, ða] 形 過分
bien (mal) 〜 体つきがしっかりとした(ひ弱な)

constituir [kɔnstitwír] 48 他 現分 con-
stituyendo] ❶ 〔全体を〕構成する: Cuarenta
miembros *constituyen* la sociedad. 40 人のメ
ンバーで協会は構成されている. ❷ 〔内実を〕構
成する, …となる: Esta casa *constituye* toda
su fortuna. この家が彼の全財産だ. 〜 un ho-
nor para+人 …にとって名誉となる. 〜 un deli-
to 犯罪を構成する. ❸ 〔主に +en に〕指定(任
命)する: *Constituyeron* Tokio en capital
de Japón. 東京は日本の首都とされた. 〜 a+人
en tutor de+人 …を…の後見人に指名する. 〜
a+人 su heredero universal …を相続人に指
定する. ❹ 設立する, 組織する: 〜 una junta
gestora 役員会を設ける. ❺ 〜 un depósito
供託金を納める. 〜 una hipoteca sobre la
casa 家屋に抵当権を設定する

◆ 〜se 〔+en〕❶ 出向く, 立ち合う: El juez
se constituyó en el lugar de los hechos. 裁
判官が実地検証に立ち合った. ❷ 〈文語〉
《文語》自分を…にする, …になる；役割を引き受
ける: La nueva nación *se ha constituido en*
república. 新国家は共和制になった. El mu-
chacho *se constituyó en* mi guardián. 少
年が私の見張役になった. *Se constituyeron en*
junta gestora. 彼らは自分たちで役員会を作っ
た

constitutivo, va [kɔnstitutíβo, ba] 形 構
成する: elemento 〜 de los huesos 骨の成分.
hechos 〜s de un delito 犯罪を構成する事実
◆ 男 成分

constituyente [kɔnstitujénte] 形 ❶ =
constitutivo. ❷ 憲法を制定(改正)する
◆ 男 構成要素, 成分

Consto 《略語》←consentimiento 同意

constreñir [kɔnstreɲír] 20 35 〖☞teⓃir 活用
表. 過分 constriⓃendo〗他 ❶ 〔+a+不定詞 する
ことを〕強制する, 抑圧する, 制限する: La po-
breza nos *constriñó a* pasar hambre. 私た
ちは貧乏で飢えを体験せざるを得なかった. Su
presencia *constriñe* nuestra forma de ha-
blar. 彼がいるので私たちはこんな話し方をしなけれ
ばならない. ❷ 《医学》圧迫する, 狭める
◆ 〜se 自制する；制限される
　constreñimiento 男 強制

constricción [kɔnstrikθjón] 女 強制；抑圧,
制圧；圧迫, 狭窄

constrictor, ra [kɔnstriktór, ra] 形 緊縮さ
せる: músculo 〜《解剖》括約筋. serpiente
〜ra 〔大蛇の一種〕コンストリクター

construcción [kɔnstru(k)θjón] 女《英 con-
struction》❶ 建築, 建設, 製造；組立て: casa

en 〜 建築中の家. edificio de sólida 〜 堅固
な構造の建物. industria de 〜 建設業. 〜
naval (de barcos) 造船〔業〕. 〜 aeronáu-
tica 航空機製造〔産業〕. ❷ 建築(建造)物:
El Palacio Real es una 〜 del siglo XVIII.
王宮は 18 世紀の建物である. ❸《文法》構造,
構文. ❹《数学》作図. ❺ 圏 積み木(ブロック)
遊び

constructivo, va [kɔnstruktíβo, ba] 形
建設的な, 積極的な: opinión 〜*va* 建設的な
意見

　constructivismo 男《美術・演劇》構成主義
　constructivista 形 名《美術・演劇》構成主
義の(主義者)

constructor, ra [kɔnstruktór, ra] 形 建築
(建造)の: firma 〜*ra* de automóviles 自
動車メーカー
◆ 名 建設(建造)業者: 〜 de buques 造船業
者
◆ 女 建設会社 〖empresa 〜*ra*〗

construir [kɔnstrwír] 48 他 〖現分 con-
struyendo. ↔destruir〗❶ 建築する, 建造す
る: 〜 una casa 家を建てる. 〜 una carrete-
ra 道路を建設する. un barco 船を建造する.
〜 una balsa 筏を組む. 〜 una fortuna 一財
産を築く. ❷ 製造する；組立てる: 〜 armas
atómicas 核兵器を製造する. 〜 una má-
quina 機械を組立てる. ❸ 〔作品などを〕組立て
る: 〜 una novela 小説を構成する. 〜 una
teoría 理論を構築する. 〜 una frase 文を作
る. En esta oración hay que 〜 el verbo en
imperativo. この文では動詞を命令法にしなけれ
ばならない. ❹《数学》作図する

consubstancial [kɔnsubstanθjál] 形 =
consustancial
　consubstanciación 女 =consustancia-
ción
　consubstancialidad 女 =consustanciali-
dad

consuegro, gra [kɔnswéɣro, gra] 名 自分
の子のしゅうと(しゅうとめ)

consuelda [kɔnswélda] 女《植物》ヒレハリソ
ウ

consuelo [kɔnswélo] 男 〖←consolar〗安ら
ぎ；慰め(となるもの): buscar (encontrar) 〜
en... …に安らぎを求める(見出す). Su hija es
su único 〜. 娘が彼の唯一の慰めだ. Mal de
muchos, 〜 de todos (tontos).《諺》災いが全
員に及べば諦めもつく
　***sin* 〜** 慰めようのない；容赦のない；けちけちせず
に

consuetudinario, ria [kɔnswetuðinárjo,
rja] 形 習慣の, 習慣から生じる: derecho 〜 慣
習法

cónsul [kónsul] 名 ❶ 領事: Es 〜 de España
en Kobe. 彼は神戸駐在のスペイン領事だ. 〜
general 総領事. 〜 honorario 名誉領事
◆ 男《歴史》執政官

consulado [kɔnsuláðo] 男 領事館；領事の
職: 〜 general 総領事館. personal del 〜
領事館員. 〔Libro del〕*C*〜 del Mar 〔13-14

世紀カタルーニャで編集された〕海上航行・貿易に関する法令

consular [kɔnsulár] 形 ❶ 領事［館］の：legalización ～ 領事査証. derechos ～es 領事査証料. ❷ 執政官の

consulta [kɔnsúlta] 囡 ❶ 相談：～ jurídica 法律相談. ❷ 診察〔～ médica〕；医院, 診療所；診察室：Este médico tiene la ～ de 9 a 12. この医師は9時から12時まで診察する. No pasa ～ los domingos. 日曜日は休診である. ～ a domicilio 往診. ❸ ［医師団の］協議, 診断；［専門家・弁護士の］鑑定, 意見. ❹ 参照, 閲覧：libro de ～ 参考書. documento de ～ 参考資料

llamar a ～s ［相手国への圧力として］大使を召還する

consultar [kɔnsultár] 他 ❶ ［+事 を, +con+人 に/+人 に, +sobre+事 について］相談する, 意見を求める：Consulté el asunto *con* mi abogado (a mi abogado *sobre* el asunto). 私は弁護士にその件を（その件について弁護士に）相談した. ～ a un médico 医者に診察してもらう. ❷ ［+en 本など］参照する, 調べる：～ la palabra *en* un diccionario 辞書で単語を引く. ～ la ciudad *en* un plano 地図で町のことを調べる. ～ el reloj/～ la hora *en* su reloj 時計を見る

◆ 囵 ［+con に］相談する：～ *con* un abogado (un médico) 弁護士に相談する（医者に診察してもらう）

consulting [kɔnsúltin] 男 〔複 ～s〕《←英語》=**consultoría**

consultivo, va [kɔnsultíbo, ba] 形 諮問の：comisión ～*va* 諮問委員会

consultor, ra [kɔnsultór, ra] 形 名 助言を与える［人］, 顧問［の］, コンサルタント：abogado ～ 顧問弁護士. firma ～*ra* (de ～) コンサルティング会社. ～ de dirección 経営コンサルタント

◆ 男 解説書

consultoría 囡 コンサルタント業（会社）

consultorio [kɔnsultórjo] 男 ❶ 相談所：～ jurídico 法律相談所（コーナー）. ～ sentimental ［新聞・ラジオなどの］悩みごと相談. ❷ 医院, 診療所〔～ médico〕

consumación [kɔnsumaθjón] 囡 完遂, 成就：hasta la ～ de los siglos《文語》この世の終わりまで；いつまでも

consumado, da [kɔnsumáđo, đa] 形 過分 ❶ 完遂された：Todo está ～. すべては成し遂げられた〔十字架上のキリストの言葉〕. ❷ 熟達した, 完璧な：pianista ～ 名ピアニスト

consumar [kɔnsumár] 他 ❶《文語》〔主に犯罪・契約行為を〕完遂する：No llegó a ～ el crimen. 彼の犯罪は未遂に終わった. ～ la sentencia 判決を執行する. ～ el matrimonio ［性交によって］結婚を完遂する, 床入りする. ❷ ［主にバル・喫茶店などで］食べる, 飲む

consumición [kɔnsumiθjón] 囡 ❶ 消費〔consumo〕. ❷ 飲食〔代金〕；飲み物, 酒〔1杯〕：huir sin pagar la ～ 食い逃げをする.

pagar+人 la ～ …におごる. ～ mínima 席料, カバーチャージ. entrada con derecho a 〔una〕 ～ ドリンク〔1杯〕サービス付き入場券

consumido, da [kɔnsumíđo, đa] 形 過分 〔estar+〕衰弱した：cara ～*da* やつれた顔

consumidor, ra [kɔnsumiđór, ra] 形 〔+de を〕消費する：sociedad ～*ra* 消費社会. país ～ de petróleo 石油消費国

◆ 名 消費者：asociación de ～es 消費者団体. ～ final 最終消費者

consumir [kɔnsumír] 他 ❶ 消費する；《文語》飲食する：Este coche *consume* mucha gasolina. この車はガソリンをたくさん食う. *Consumen* diariamente un kilo de pan. 彼らは毎日パンを1キロ食べる. ～ preferentemente antes del fin de….《表示》賞味期限…. ❷ 消滅させる：El fuego *consumió* todo el bosque. 火は森をすべて焼き尽くした. ～ su fortuna 財産を使い果たす. ❸ 憔悴させる：La enfermedad le iba *consumiendo*. 彼は病気にむしばまれていった. Me *consume* su lentitud. 彼ののろさにはいらいらさせられる. ❹《中米》水中に投げ込む

◆ ～se ❶ 尽きる；〔+con・de で〕消耗する：El jugo de la carne *se consumió* totalmente. 肉は汁けが完全になくなった. El cirio *se consumió*. ろうそくが燃え尽きた. *Se consume* de celos. 彼は嫉妬心にさいなまれている. ❷《中米》水に飛び込む；潜る

consumismo [kɔnsumísmo] 男《軽蔑》消費主義

consumista 形 名 消費主義の〔人〕

consumo [kɔnsúmo] 男 消費, 消費量；減耗：～ de petróleo 石油消費〔量〕. ～ nacional 国内消費〔量〕. ～ privado (individual) 個人消費〔量〕. fecha de ～ preferente 賞味期限. impuesto de ～ 消費税. motor de bajo ～ 低燃費のエンジン

consunción [kɔnsunθjón] 囡 〔←consumir〕消費する（尽きる）こと；衰弱

consuno [kɔnsúno] 男《文語》*de* ～ 一緒に, 合意の上で

consustancial [kɔnsustanθjál] 形《文語》不可分の；〔+a と〕一体になった：La competitividad es ～ *a* la sociedad. 競争は社会につきものである

consustanciación 囡《神学》両体共存説〔キリストの肉と血が聖餐のパンとワインに共存するという説〕

consustancialidad 囡 不可分性：～ de las tres personas《神学》三位一体の同一実体性

consustancial [kɔnsustanθjál] 形 =**consubstancial**

contabilidad [kɔntabiliđá[d]] 囡 簿記〔学〕；経理, 会計：llevar la ～ 帳簿をつける. estudiar ～ 簿記の勉強をする. doble ～ 複式簿記. sección de ～ 経理課. ～ general 一般会計

contabilizar 9 他 1) 帳簿に記入する, 記帳する. 2) 計算（算定）する；〔+como と〕考える,

みなす

contable [kontáβle] 形 ❶ 簿記の：periodo 〜 会計期間. ❷《言語》可算の：nombre 〜 (no 〜) 可算(不可算)名詞
◆ 名《西》会計係

contactar [kontaktár] 自 [+con+人 と] 接触する

contacto [kontákto] 男《英 contact》❶ [主に人との] 接触；連絡，交際：Esa enfermedad se transmite por simple 〜. その病気は単なる接触によって伝染する. No hay 〜 entre ellos. 彼らの間に接触はない. entrar en (ponerse en・establecer) 〜 con... …と接触する；連絡をとる，交際を結ぶ. estar en (tener) 〜 con... …と接触している，連絡がある. mantenerse en 〜 接触を保つ. perder el 〜 接触を失う. casa de 〜s 売春宿. 〜 sexual 性交. 〜 visual 視線を合わせること. ❷ 縁故，コネ. ❸ [秘密の] 連絡員. ❹ 日食(月食)の開始. ❺《写真》prueba (copia) por 〜 密着印画，べた焼き. ❻《電気》接触，接点. ❼《自動車》イグニッション
punto de 〜 共通点，類似点

contado[1] [kontáðo] 男 **al 〜** 即金で，現金で《↔a plazos》：comprar **al 〜** 即金で買う. cotización **al 〜** 現物相場. dinero **al 〜** 現金. venta **al 〜** 現金販売
de 〜 ただちに，すぐに
por de 〜 もちろん

contado[2], **da** [kontáðo, ða] 形[過分][複] で] まれな，数少ない：C〜das veces sale de casa. 彼はめったに外出しない

contador, ra [kontaðór, ra] 形 計測する
◆ 名 ❶ 話し手，語り手. ❷ 会計係，会計士. ❸《南米》金貸し[業者]
◆ 男 メーター，カウンター：〜 de la luz/〜 eléctrico 電気メーター. 〜 de gas (agua) ガス(水道)のメーター. 〜 de aparcamiento パーキングメーター. 〜 [de] Geiger ガイガーカウンター

contaduría [kontaðuría] 女 ❶ 経理部，会計課：〜 de hacienda 大蔵省財務局. 〜 del ejército 軍の主計局. ❷ 前売券発売所. ❸《南米》質屋

contagiar [kontaxjár] [10] 他 [+a+人 に] 伝染(感染)させる《比喩的にも》：Contagió la gripe a sus compañeros. 彼は仲間に風邪をうつした. Me ha contagiado su optimismo. 彼の楽観主義が私に伝染した
◆ 〜se 伝染する；[+de 病気に・人などから] 感染する：La sabiduría no se contagia. 賢さは伝染しない. Se ha contagiado del sarampión. 彼ははしかにかかった. Me ha contagiado el sarampión mi hermano. 私は兄から感染した

contagio [kontáxjo] 男 ❶ 伝染，感染：exponerse al 〜 感染の危険にさらされる. por 〜 伝染によって；真似して. ❷ [主に軽い] 伝染病：Hay un 〜 de gripe. 流感がはやっている

contagioso, sa [kontaxjóso, sa] 形 伝染性の：enfermedad 〜sa 伝染病. El bostezar es 〜. あくびはうつりやすい

container [kontájner/-téi-] 男[複]〜s《←英語》コンテナー《contenedor》

contaminación [kontaminaθjón] 女 汚染：〜 ambiental 公害. 〜 atmosférica (del aire) 大気汚染. 〜 acústica 騒音公害

contaminar [kontaminár] 他 [+con・de で] 汚染する：〜 el aire 空気を汚染する. agua contaminada 汚染された水. Me contaminó con (de) su melancolía. 彼の憂鬱が私にうつってしまった
◆ 〜se 汚染される：〜se con un vicio 悪習に染まる

contaminador, ra 形 汚染する：agente 〜 汚染源；感染源

contaminante 形 男 汚染する；汚染物質

contante [kontánte] 形 現金の：pagar en dinero 〜 現金(即金)で支払う. 〜 y sonante《口語》現金の，キャッシュの

contar [kontár] [28] 他《英 count, tell》❶ 数える：i) 〜 los árboles 木を数える. 〜 el dinero 金を勘定する. ii) 数に達する：El anciano cuenta 90 años de edad. 老人は齢 90 を重ねる. iii) 計算(考慮)に入れる：Se encontraban allí 20 personas sin 〜 los niños. そこには子供を別にして 20 人いた. iv) [+por として] En los hoteles cuentan a dos niños por una persona. ホテルでは子供 2 人を[大人] 1 人分と計算する
❷ [+por+形容詞/+como と] みなす；[+entre に] 含める：Contamos por hecho el trabajo. 仕事はすんだものと考えます. Cuento por segura su colaboración. 私は彼の協力を確信している. Te cuento entre (como) mis mejores amigos. 君を親友だと思っているよ
❸ 語る，話して聞かせる《⇔hablar 願彙》：〜 una anécdota 逸話を語る. 〜 su experiencia 経験談を語る. Anda, cuéntame algo. さあ，何か話してよ. Tengo muchas cosas que 〜. 私は話したいことが山ほどある. Si me lo cuentan no lo creo. 言われても／とても信じられない. ¿Qué me cuentas? お元気ですか／どうですか？
❹ [+不定詞] …するつもりでいる，確信する：Cuento estar de regreso antes del anochecer. 私は暗くなる前に戻るつもりだ
◆ 自 ❶ 数をかぞえる，計算する：〜 de uno a veinte 1から20まで数える. Cuento por cuánto me saldrá el viaje. 私は旅費がいくらになるか計算する. ❷ 重要である：i) Lo que cuenta no es el dinero sino el amor. 大切なのは金ではなく愛情だ. ii) [+por に] 値する：Es tan trabajador que cuenta por dos. 彼は働き者で 2 人分の値打ちがある. iii)《口語》計算に入る：Los niños no cuentan. 子供は数に入らない. ❸ [+con に] i) あてにする，考慮に入れる：Cuento contigo para el partido de mañana. 明日の試合には出てくれるものと思っているよ. ¡Cuenta con lo que dices! 言うことをよく考え. Has comprado este coche sin 〜 conmigo. 君は私に何の相談もなくこの車を買った. ii) 予想する：No conté con la lluvia. 私は雨が降るとは考えていなかった. iii)《文語》持ってい

る：El coche *cuenta con* un motor muy potente. その車は強力なエンジンを備えている. Para terminar este trabajo *cuento* sólo *con* dos semanas. この仕事を終えるのにたった2週間しか私にはない

a ~ de (desde) ... …から起算して

~ atrás カウントダウンする

sin ~ con que+直説法 ましてやその上に…：No le apetecerá salir con este tiempo；〔y eso〕*sin ~ con que* su mujer está enferma. 彼はこんな天候では出かけたがらないだろう. 奥さんが病気ではなおさら

◆ 自 数えられる，見なされる：Este cuadro *se cuenta* entre los mejores de Goya. この絵はゴヤの最高傑作に数えられている. Cada vaca *se cuenta por* diez ovejas. 牛1頭は羊10頭分に相当する

contar	
直説法現在	接続法現在
c**u**ento	c**u**ente
c**u**entas	c**u**entes
c**u**enta	c**u**ente
contamos	contemos
contáis	contéis
c**u**entan	c**u**enten

contemplación [kɔntemplaθjón] 女 ❶ 熟視；瞑想. ❷ 圏 甘やかし，寛大さ：tener *contemplaciones* con su hijo 息子を甘やかす. tratar sin *contemplaciones* びしびしやる

contemplar [kɔntemplár] 他 〖英 contemplate〗 ❶ 熟視する，じっと見つめる：~ el paisaje impresionante 感動的な景色を眺める. ❷ 考える，考慮に入れる：~ la posibilidad de una guerra 戦争が起こるかもしれないことを考える.〔否定文では +que+接続法〕La tradición del país no *contempla* que se celebre un viaje de bodas. その国の伝統では新婚旅行はしないことになっている. ❸〔人を〕大事にする，甘やかす

◆ 自 瞑想(㍼)する：~ en Dios 神について瞑想する

◆ **~se** 自分をじっと見つめる：~*se* en el espejo 鏡を見つめる

contemplativo, va [kɔntemplatíbo, ba] 形 ❶ 瞑想(熟考)する；瞑想的な，物思いにふける：vida ~*va* 観想生活. ❷〔+con を〕甘やかす，大事にする

◆ 名 観想修道士(修道女)；神秘家

contemporaneidad [kɔntemporaneidá(d)] 女 同時代性；現代性

contemporáneo, a [kɔntemporáneo, a] 形〖英 contemporary〗❶〔ser+. +con と〕同時代の：Cervantes y Shakespeare son ~s. セルバンテスとシェイクスピアは同時代人である. ❷ 現代の：arte ~ 現代美術. edad ~*a* 現代〖フランス革命以後. スペインでは普通は独立戦争(1808-14)以後を指す〗. historia ~*a* 現代史

◆ 名 同時代の人；現代人：nuestros ~*s* 我々と同時代(同世代)の人々

contemporizar [kɔntemporiθár] 自 自〔+con 人・時勢に〕妥協する，迎合する：~ *con* su jefe 上司と折りあう. ~ *con* la oposición 反対派に妥協する

contemporización 女 妥協，迎合

contemporizador, ra 形 名 妥協する〔人〕，迎合的な〔人〕：actuar de ~ 調停役をする

contención [kɔntenθjón] 女 抑制，制止：~ de precios 物価の抑制. No tiene ~. 彼は自制心がない

contencioso, sa [kɔntenθjóso, sa] 形 男 訴訟〔の〕，係争〔の〕：asunto ~ 係争事件. vía ~*sa* 法的手段.〔recurso〕~ administrativo《西》行政訴訟

contender [kɔntendér] 自 自〔+con・contra と，+por を〕争う：~ *por* el primer puesto 首位を争う

contendiente 形 名 争う〔人〕；競争相手〔の〕

contenedor [kɔntenedór] 男 ❶ コンテナー：transporte en ~*es* コンテナー輸送. ❷〔通りに置かれる〕ごみ収集容器：~ de vidrio 空きびん回収ボックス. ~ de escombros 建築廃棄物搬出用の大型容器. ❸《船舶》コンテナー船

contener [kɔntenér] 58 他 〖英 contain, restrain〗❶ 含む，〔容器などに〕入っている：La carne *contiene* mucha proteína. 肉には蛋白質が多く含まれている. Esa lata *contiene* zumo de naranja. その缶にはオレンジジュースが入っている. La sala *contiene* (puede ~) mil personas. その会場は1千人収容できる. El tratado *contenía* la devolución del territorio. 条約には領土の返還がうたわれていた. ❷ 制止する，抑制する：La *contuve* por el brazo. 私は彼女の腕をつかんで引止めた. El dique *contenía* las aguas. 堤防は水を食い止めた. ~ la sangre de la herida 傷口からの出血を抑える. ~ la inflación インフレを抑制する. ~ su cólera 怒りを抑える. ~ la risa (las lágrimas) 笑い(涙)をこらえる

◆ **~se**〔+de を〕自制する，我慢する：*Conteneos* de beber líquidos fríos. 冷たいものを飲まないようにしなさい

contenido¹ [kɔntenído] 男 ❶ 中身，内容〔物〕：~ de un paquete 包みの中身. ~ de un documento 書類の内容. ❷ 含有量：~ vitamínico ビタミン含有量

contenido², da [kɔntenído, da] 形 過分 含まれた；抑制された：risa ~*da* くすくす笑い, 忍び笑い. persona muy ~*da* 自制心のある人，感情を表に出さない人

contentadizo, za [kɔntentaðíθo, θa] 形 すぐに満足する，協調的な：mal ~ なかなか満足しない

contentar [kɔntentár] 他 満足させる，喜ばせる：No podemos ~ a todos. 万人を満足させることはできない. Voy a ~*lo* regalándole esta corbata. このネクタイをプレゼントして彼を喜ばせよう

◆ **~se** ❶〔+con で〕満足(我慢)する：Para

cenar *me contento con poco*. 夕食は軽くて構わない／私はわずかしか食べない. ❷《中米》和解する

contento, ta [kontɛ́nto, ta] 【英 content】[estar+] ❶ 満足した，うれしい《圏義 contento は満足してうれしい，satisfecho は単に満足した》: i) [+con に] Las niñas están muy ~*tas con* sus muñecas. 女の子たちは人形に大変満足(大喜び)している. ii) [+de+不定詞・que+接続法] Estoy muy ~ *de* saber tu éxito. 私は君の成功を知って大変うれしい. Estoy ~ *de que* hayas tenido éxito. 君が成功してうれしい. ❷《口語》ほろ酔い機嫌の ◆ 男《文語》満足，喜び: No cabía en sí de ~. 彼は喜びではちきれそうだった. con gran ~ 大いに満足して，大喜びで
darse (*tenerse*) *por* ~《口語》[一応] 満足する: Si te pagan cien mil por este coche estropeado, tienes que *darte por* ~. こんなボロ車に10万ペセタも払ってくれたら，御(おん)の字ではないか

conteo [kontéo] 男《主に南米》計算, 集計
contera [kontéra] 女 [傘・杖の] 石突き; [鞘の] こじり
por ~ [他の証言などと] おまけに, なおその上に
contertulio, lia [kontertúljo, lja] 图 [集まり tertulia に出席している] 仲間
contesta [kontésta] 女《中南米》答え, 返事; おしゃべり, 会話
contestación [kontestaθjón] 女 ❶ 答え, 返事: Le escribí hace meses y aún espero ~. 私は何か月も前に彼に手紙を出したのにまだ返事が来ない. mala ~ 無礼な返事；間違った答え. ❷ 異議申立て: ~ a la demanda《法律》反訴請求
contestador [kontestaðór] 男 留守番電話《~ automático》
contestar [kontestár] 他《英 answer》❶ 答える, 返答(返事)する《[=responder] と》 i) […に] *Contestaré* su carta a vuelta de correo. 折り返しお手紙さし上げます. ii) [+que+直説法であると/+que+接続法 するようにと] Me *contestó que* lo había pasado muy bien. 彼はとても楽しかったと私に答えた. Me *contestó que* viniera a verle pronto. 彼はすぐ会いに来なさいと私に答えた. ❷ [他の証言などと] 一致する ◆ 自 ❶ [+a に] 返答(返事)する: *Contestó* a mi pregunta con un monosílabo. 彼は私の質問にそっけなく答えた. *Contestó* bien. 彼は正しく(上手に)答えた. *Contestó* al discurso de bienvenida con unas palabras de agradecimiento. 彼は歓迎のスピーチに答えて感謝の言葉を述べた. Sigo llamando a su casa pero no *contesta* nadie. 私は彼の家に電話し続けているが誰も出ない. ~ *a* una carta 手紙の返事を書く. ❷ 口答えする, 異議を唱える: No *contestes* y haz lo que te mandan. 口答えしないで言われたことをしろ
contestatario, ria [kontestatárjo, rja] 形 图 [社会などに] 異議を申し立てる(人), 体制批判をする(人), けんか

contestón, na [kontestón, na] 形 图 ああ言えばこう言う(人), 口の減らない(人)
contexto [kontɛ́(k)sto] 男 ❶ 文脈, 文の前後関係: aislar una frase de su ~ ある語句を文脈から切り離す. en (dentro de) este ~ この文脈で; この状況で. ❷ [前後の] 状況: ~ social 社会的背景
contextura [kontɛ(k)stúra] 女《文語》[繊維などの] 組織, 構成: ~ musculada 筋肉組織. ❷ 体格
contienda [kontjénda] 女 【←contender】《文語》争い, けんか
contigo [kontíɡo] 【←con+ti】 *C*~ lo paso siempre muy bien. 君といるといつもとても楽しい
contiguo, gua [kontíɡwo, gwa] 形 [+a に] 隣接する: casa ~*gua* 隣の家. habitación ~*gua* al jardín 庭つづきの部屋. El cuarto de baño está ~ a la cocina. 浴室は台所の隣にある
contigüidad 女 隣接
continencia [kontinénθja] 女 【←contener】 自制;[特に性的な] 禁欲
continental [kontinentál] 形 大陸の: país ~ 内陸国
continente [kontinénte] 男 ❶《英 continent》大陸: ~ americano アメリカ大陸. ~ blanco 白い大陸《南極大陸のこと》. ~ negro 黒い大陸《アフリカのこと》. antiguo ~ 旧大陸《アジア・アフリカ・ヨーロッパのこと》. viejo ~ 旧大陸《ヨーロッパのこと》. nuevo ~ 新大陸. ❷ 外見, 様子: hombre de ~ severo 厳しそうな人. ❸ 入れ物, 容器 【↔contenido】
contingente [kontinxénte] 形 偶発的な ◆ 男 ❶ 割当(額), 分担: ~ arancelario 関税枠. ~ provincial 地方交付金. ❷ 偶発事【contingencia】. ❸ 軍隊, 軍事力. ❹ 集団
contingencia 女 偶発性; 偶然の出来事
continuación [kontinwaθjón] 女 連続, 継続: Ese sendero es la ~ de este camino. この細い道はこの道の続きだ. ~ de la novela 小説の続き. ~ de las obras del ferrocarril 鉄道工事の続行. tener ~ 継続される, 続く
a ~ 引き続いて: A ~ se celebró una conferencia. 引き続き講演会が開かれた. Mi calle es a ~ de la suya. 私の家のある通りは彼の通りの先にある
continuador, ra [kontinwaðór, ra] 形 图 継承する(人), 後継者
continuamente [kontínwaménte] 副 連続的に, 絶えず: La fuente mana ~. 泉がこんこんと湧き出ている. *C*~ me está pidiendo dinero. 彼は私にひっきりなしに金をせがむ
continuar [kontinwár] 自 他《英 continue. ☞活用表》❶ 続く, 継続する: i) La guerra *continuó* por cinco años. 戦争は5年間続いた. La pieza *continúa* en cartel. その芝居は続演中だ. *Continuamos* en Madrid. 私たちは引き続きマドリードにいる. *Continuará*. [連載が] 次号に続く. *Continúa* en la página 83.

83 ページに続く．La carretera *continúa* más allá de la frontera. 道路は国境の向こうまで続いている．ii) [+主格補語] *Continúa* enfermo. 彼は今でも病気だ．　La puerta *continúa* cerrada. ドアはあいかわらず閉まっている．iii) [+現在分詞] …し続く：*Continúa* nevando. 雪が降りquitい続いている．iv) *Continúa* sin contestar. 彼は依然として答えない．❷ [+con を] 続ける：*Continuó* [con] sus explicaciones. 彼は説明を続けた

◆ 他 続ける：〜 su trabajo (su lectura) 仕事(読書)をし続ける．*Continúe* su camino. このまままっすぐ行きなさい

continuar	
直説法現在	接続法現在
contin*úo*	contin*úe*
contin*úas*	contin*úes*
contin*úa*	contin*úe*
continuamos	continuemos
continuáis	continuéis
contin*úan*	contin*úen*

continuativo, va [kɔntinwatíβo, ba] 形 継続する，引き継ぐ：conjunción 〜*va* 引き継ぎの接続詞 [pues, así que など]
continuidad [kɔntinwiðá(ð)] 女 ❶ 継続，連続(性)：〜 de una planicie 果てしない平原．perder la 〜 とぎれる，中断する．romper la 〜 さえぎる，中断させる．❷ 続き，延長．❸《映画・放送》台本，コンテ；[番組の合間の] つなぎ文句
continuismo [kɔntinwísmo] 男《主に中南米．政治》現状維持主義
continuo, nua [kɔntínwo, nwa] 形《英 continuous》連続した，切れ目(絶え間)のない；終わりのない：fila 〜*nua* de coches 切れ目のない車の列．dolor 〜 持続する痛み．esfuerzo 〜 たゆまぬ努力．lluvia 〜*nua* 絶え間なく降る雨．programa 〜 連続上映

de 〜/a la 〜nua 連続的に：Hablaba *de* 〜 sobre sus enfermedades. 彼はたえず自分の病気について話していた

◆ 男 連続体；《音楽》通奏低音 [bajo 〜]
contonear [kɔntoneár] 〜*se* [気どって] 肩を揺すって(腰を振って)歩く
contoneo 男 その歩き方
contornear [kɔntorneár] 他 ❶ …(の縁)に沿っていく，一周する：El río Tajo *contornea* la ciudad de Toledo. タホ川はトレドの町に沿って流れる．El sendero *contornea* un bosque. 小道は森のまわりを巡っている．❷ …の輪郭を描く
contorno [kɔntórno] 男 ❶ 輪郭，周囲：〜 de una isla 島の輪郭．〜 de cadera 腰回り，ヒップ．❷ [しばしば 複．都市などの] 周辺，郊外：Madrid y sus 〜*s* マドリードとその郊外
contorsión [kɔntorsjón] 女 ❶ [手足などを] ひどくねじる(曲げる)こと．❷ こっけい(奇妙)な身ぶり
contorsionar 〜*se* [自分の] 体をねじる(曲げる)：〜*se* de dolor 苦痛に身をよじる

contorsionista 名 アクロバットの曲芸師

contra¹ [kóntra] 前 [英 against] ❶
[対立・敵対] …に反して，逆らって；…に対して，対抗して：i) nadar 〜 la corriente 流れに逆らって泳ぐ．luchar 〜 los agresores (el prejuicio) 侵略者(偏見)に対して戦う．ir 〜… …に反する；反対する．ii) [防止] medicina 〜 la tos 咳止めの薬．ropa 〜 el frío 防寒服．iii) [衝突] Me hice daño 〜 la pata de la mesa. 私は机の脚にぶつかって痛かった．lanzar una piedra 〜 un árbol 木に向かって石を投げる

❷ [接触] …に触れて；寄りかかって：apretar a una muñeca 〜 su pecho 人形を胸に抱き締める．apoyarse 〜 un pilar 柱に寄りかかる
❸ [方向] …に向いて：i) La casa está 〜 la iglesia. その家は教会と向かい合っている．Mi habitación está 〜 el norte. 私の部屋は北向きだ．ii) 〈←仏語〉…の隣に：Su casa está 〜 la mía. 彼の家は私の隣だ
❹ [対比] …と比べて；…対…で：Lo que ganamos fue poco 〜 lo que habíamos perdido. 我々の得たものは失ったものと比べてわずかだ．Se aprobó la ley por nueve 〜 ocho. その法案は9対8で可決された．ganar con un tanteo de dos 〜 uno 2対1(のスコア)で勝つ
❺ [交換] …と引き換えに：entregar las mercancías 〜 pago de letra 手形支払いと引き換えに商品を引き渡す

contra² [kóntra] 男 ❶ 反対，不利な点．❷ [オルガンの] ペダル

◆ 女 ❶《主に中南米．口語》困難，不都合：Ahí está la 〜. そこに難点がある．❷ [お得意様への] 景品．❸《料理》[牛の] もも肉の上部 [ro carne カット]．❹《中南米》解毒剤．❺ 反革命派，コントラ．❻ よろい戸 [contraventana]．❼《ボクシング・フェンシング》カウンター．❽ 複《スポーツ》プレイオフ

en 〜 [+de と] 反対の・に，不利に [↔a favor]：Estoy *en* 〜 de eso. 私はそれには反対だ．ir *en* 〜 de… …に反する；反対する．ponerse *en* 〜 de… …と反対の立場に立つ．*en* 〜 de lo que pienso 私の思っているのと逆に．opinión *en* 〜 反対意見．viento *en* 〜 向かい風，逆風

hacer (llevar) la 〜 a+人 …にいつも反対する，難癖をつけられる
◆ 形《中南米》反革命派の [ゲリラ]
◆ 間 [怒り・嫌悪・驚き] 何てことだ！

contra-《接頭辞》[反対] *contra*ataque 逆襲，*contra*decir 反論する
contraalisios [kɔntr(a)alísjos] 形 男 複 反対貿易風[の]
contraalmirante [kɔntr(a)almiránte] 男 海軍少将
contraatacar [kɔntr(a)atakár] 自 他 逆襲(反撃)する；言い返す
contraataque [kɔntr(a)atáke] 男 ❶ 逆襲，反撃：pasar al 〜 反撃に転じる．❷《スポーツ》カウンターアタック
contraaviso [kɔntr(a)abíso] 男 反対命令；

命令の取消し

contrabajo [kɔntrabáxo] 男《楽器》コントラバス，ベース

◆ 图 コントラバス奏者，ベーシスト

contrabalancear [kɔntrabalanθeár] 他 釣合いをとる；[反対の事物で] 拮抗させる，補う

contrabando [kɔntrabándo] 男 密輸[品]，密売[品]；[思想などの] 非合法：hacer 〜 de.../pasar... de 〜 …の密輸(密売)をする．ser de 〜 密輸(密売・禁制)品である． 〜 de guerra 戦時禁制品

de 〜 秘密に，人目を避けて

hacer 〜 ずる(許されないこと)をする

contrabandear 他 密輸(密売)する

contrabandeo 男《中南米》密輸

contrabandista 图 密輸業者，密売人

contrabarrera [kɔntrabaréra] 女 [闘牛場の観客席 tendido の] 2 列目

contracción [kɔntra(k)θjón] 女 [← contraer] ❶ 収縮：〜 económica 不況．de la demanda 需要の減少．política de 〜 引締め政策． ❷《文法》縮約『al/del←a/de+el』；縮音『toro←tauru』． ❸《南米》努力，熱中

contracepción [kɔntraθepθjón] 女 避妊 『anticoncepción』

contraceptivo, va 形 男 避妊[用]の，避妊具『anticonceptivo』

contrachapado, da [kɔntratʃapáðo, ða] 男 形 ベニヤ〔の〕，合板〔の〕：madera 〜*da* ベニヤ材

contraclave [kɔntrakláβe] 女 [アーチの] 迫り石『arco カット』

contracorriente [kɔntrakɔrjénte] 女 逆流，反流

a 〜 流れに逆らって，逆方向に

contráctil [kɔntráktil] 形 収縮し得る

contracto, ta [kɔntrákto, ta] 形《文法》縮約された

contractual [kɔntraktwál] 形 契約の，契約による：cláusula 〜 契約条項

contractualismo 男 [ホッブズ・ルソーなどの] 社会契約論

contractura [kɔntraktúra] 女《医学》[筋肉の] 拘縮；《建築》[円柱上部の] 先細り

contracubierta [kɔntrakuβjérta] 女 [本の] 表紙の内側；[本・雑誌の] 裏表紙

contracultura [kɔntrakultúra] 女 反文化，カウンターカルチャー

contracultural 形 反文化的な

contradanza [kɔntraðánθa] 女《舞踊》コントルダンス

contradecir [kɔntraðeθír] 64 他《過分》contra*dicho*，《現分》contra*diciendo*．命令法単数は規則的変化》…と反対のことを言う，反論する；否認する：*Contradijo* todo lo que confesé. 彼は私の自供をすべて否認した． Sus actos *contradicen* sus palabras. 彼の行動は言うことと矛盾している

◆ 〜*se* [+con と] 矛盾する，矛盾した(つじつまの合わない)ことを言う：La práctica a veces *se*

contradice con la teoría. 実践が理論と食い違うことはよくある

contrademanda [kɔntraðemánda] 女 反訴

contradicción [kɔntraði(k)θjón] 女 ❶ 矛盾：Sus actuaciones están en clara 〜 con sus promesas. 彼のしていることは約束したことと明らかに食い違っている． ser el espíritu de la 〜 あまのじゃくである． ❷ 反論，異議：no admitir 〜 反論の余地がない

contradictorio, ria [kɔntraðiktórjo, rja] 形 矛盾した，相反する；反論の：hipótesis 〜*rias* 相反する仮定．interrogatorio 〜 反対尋問

◆ 女《論理》矛盾命題

contradictoriamente 副 矛盾して；相対立して

contraelectromotriz [kɔntraelɛktromotríθ] 形《電気》fuerza 〜 逆起電力

contraer [kɔntraér] 45 他《過分》contra*ído*，《現分》contra*yendo*》 ❶ 収縮させる 《↔dilatar》：El frío *contrae* los cuerpos. 冷やすと物体は収縮する． 〜 los músculos 筋肉を引きつらせる． ❷ 制限する，限定する：〜 su estudio al siglo XX 研究を 20 世紀に限定する． ❸《文語》[習慣などを] つける；[約束などを] 結ぶ：〜 una enfermedad 病気にかかる． 〜 matrimonio con+人 …と婚姻を結ぶ． 〜 deudas 負債を負う． ❹《文法》縮約する

◆ 〜*se* ❶ 収縮する；限られる：*Se ha contraído* la oferta. オファーが減った． ❷《南米》熱中する，努力する

contraespionaje [kɔntraespjonáxe] 男 防諜，対スパイ活動

contrafilo [kɔntrafílo] 男 [剣の] 切っ先のみね側

contrafuero [kɔntrafwéro] 男 特権に対する侵害

contrafuerte [kɔntrafwérte] 男《建築》扶壁，控え壁；[靴の] かかと革；[山脈の] 支脈

contragolpe [kɔntraɡólpe] 男 ❶ 跳ね返り，余波《比喩的にも》． ❷《ボクシング》カウンター

contrahecho, cha [kɔntraétʃo, tʃa] 形《軽蔑》奇形の

contrahílo [kɔntraílo] a 〜 布目に逆らって

contrahuella [kɔntrawéʎa] 女 [階段の] 蹴(け)込み

contraindicación [kɔntraindikaθjón] 女《医学》禁忌

contraindicado, da 形 [estar+] 禁忌された

contrainsurgencia [kɔntrainsurxénθja] 女 反乱鎮圧，対ゲリラ活動

contrainteligencia [kɔntraintelixénθja] 女 対敵情報活動

contrainterrogación [kɔntraintɛroɣaθjón] 女 反対尋問

contralmirante [kɔntralmiránte] 女 = contraalmirante

contralor [kɔntralór] 男《中南米》会計検査官

contralto [kɔntrálto] 男 《音楽》アルト
◆ 图 その歌手

contraluz [kɔntralúθ] 男 逆光の写真(絵)
◆ 图 逆光(線) : sacar a 〜 逆光で撮る

contramaestre [kɔntramaéstre] 男 職
〔工〕長, 現場監督 ; 《海軍》掌帆長

contramano [kɔntramáno] ❶ a 〜 [習慣・
規定に] 逆らって ; 逆方向に. ❷《南米. 表示》
一方通行

contramarcha [kɔntramártʃa] 图 《軍事》
背面行進 ; dar 〜 退却する

contraofensiva [kɔntraofensíba] 图 《軍
事》反攻, 反撃

contraoferta [kɔntraoférta] 图 対案, 代案

contraorden [kɔntraórðen] 图 反対(取消
し)命令

contraparte [kɔntrapárte] 图 《経済》カウン
ターパート 〖personal・funcionarios de 〜〗;
《中南米》〔裁判などの〕相手側

contrapartida [kɔntrapartíða] 图 ❶ 埋め
合わせ, 代償 : como 〜 埋め合わせに. ❷ 〔複式
簿記の〕反対記入(項目)

contrapear [kɔntrapeár] 他 合板(化粧板)
を作る ; 交互に置く

contrapelo [kɔntrapélo] a 〜 逆なでに ; 通
常とは逆に ; 意に反して ; 時宜を得ない : pre-
gunta hecha a 〜 神経を逆なでするような質
問. ir a 〜 de los tiempos 時流に逆らう.
pregunta hecha a 〜 場違いな質問

contrapeso [kɔntrapéso] 图 ❶ 釣合いおも
り ; 釣合わせる(補う)もの : hacer [de] 〜 バラン
スをとる. Ella hace de 〜 a la frivolidad de
él. 彼女が彼の軽薄なところを補っている. ❷ 〖綱
渡りの〗バランス棒 〖balancín〗. ❸《南米》不
安, 不穏

contrapesar [kɔntrapesár] 他 …と釣合いを
とる ; 補う : 〜
la inflación con una mayor inversión 投資
の拡大でインフレに対抗する

contrapié [kɔntrapjé] a 〜 逆足で, 利き足と
逆に ; おりまじて

contraponer [kɔntraponér] 60 他 《過分》
contra*puesto*》[+a に] 対置する, 対抗させる ;
対比させる : 〜 la virtud al vicio 悪徳に徳を
対置する. 〜 los tejidos 布を並べて比べる

contraportada [kɔntraportáða] 图 〔雑誌
の〕最終ページ, 裏表紙

contraposición [kɔntraposiθjón] 图 対置,
対比 : en 〜 a (con)... …と対置されて, 対照
的に

contraprestación [kɔntrapastaθjón] 图
〔恩恵などの〕見返り

contraproducente [kɔntraproðuθénte]
形 意図と逆の結果をもたらす, 逆効果の

contraproposición [kɔntraproposiθjón]
图 =contrapropuesta

contrapropuesta [kɔntrapropwésta] 图
反対提案

contraproyecto [kɔntraprojékto] 男 対案

contraprueba [kɔntraprwéba] 图 《印刷》
再校 ;《中南米》反証

contrapuerta [kɔntrapwérta] 图 二重扉の

内側の戸 ; 玄関から部屋への戸

contrapuesto, ta [kɔntrapwésto, ta] 形
《過分》〖←contraponer〗 反対の : opiniones
〜*tas* 反対意見. intereses 〜*s* 利害の対立

contrapunta [kɔntrapúnta] 图 [旋盤の] セ
ンター

contrapunto [kɔntrapúnto] 男 ❶《音楽》対
位法. ❷ 対照, コントラスト. ❸ 〔文学作品など
の〕付随テーマ, 副次的主題. ❹《南米》即興での
歌合戦

contrapuntear 他 対位法で歌う(演奏する) ;
《南米》即興で歌を競う

contrapuntista 图 対位法で作曲する人

contrariamente [kɔntrárjaménte] 副《文
語》[+a と] 反対に : No es verdad 〜 a lo
que se cree. それは一般に信じられているのとは反
対に真実ではない

contrariar [kɔntrarjár] 11 他 ❶ …の気持ち
を損ねる : Le ha contrariado ver cómo se ha
gastado el dinero. その金の使われ方を知って彼
は不快になった. [que+接続法 が主語] Me
contraría mucho que no lo aceptes. 君が承
諾しないので私はとても気分を害している. ❷ …に
反対する(逆らう), 妨げる : No debes 〜 su
proyecto. 彼の計画を邪魔してはいけないよ

contrariado, da 形《過分》[estar+] 不機嫌
な ; 悩んでいる

contrariedad [kɔntrarjeðá(ð)] 图 ❶ 困っ
たこと, 障害 : tropezar con una 〜 障害にぶつ
かる. ❷ 不機嫌 : Me produjo 〜 que no
pudiera venir. 彼が来られないのが私には不愉快
だった. ❸ 対立, 矛盾

contrario, ria [kɔntrárjo, rja] 形 〖英 con-
trary》❶ [+a・de と] 反対の, 逆の : Va en
dirección 〜*ria* a la mía. 彼は私と逆方向に
行く. La generosidad es 〜*ria* al egoísmo.
寛容は利己主義とは相反する. Es 〜 a nuestro
interés. それは我々の利益に反する. Soy 〜 a
la reforma. 私は改革に反対だ. Tomó mis
palabras en sentido 〜. 彼は私の言葉の意味に
とった. Son 〜*s* en gus-
tos. 彼らは趣味が正反対だ. suerte 〜*ria* 不
運, 逆境. viento 〜 逆風. ❷ 相手の, 敵の :
parte 〜*ria* 〔訴訟の〕相手方 ; 相手チーム
al 〜 [+de と] 反対に : Tal vez estoy
molestándote.—Al 〜, te escucho con
mucho gusto. 迷惑でしょう. —それどころか, 君
の話を喜んで聞いているよ. Todo ha salido al
〜 de como yo esperaba. すべて私の期待と
逆になった
de lo 〜 さもなければ : Vaya usted allí. De lo
〜, tendré que ir yo. あなたがそこへ行ってくだ
さい. そうでないと私が行かねばなりません.
en 〜 反対して : No tengo nada que decir
en 〜. 私に異議はありません
hacer la 〜*ria* a+人 =llevar la 〜*ria* a+
人
lo 〜 [+de と] 反対のこと : Dice lo 〜 de lo
que piensa. 彼は思っているのと反対のことを言
う. Claro es lo 〜 de oscuro. 「明るい」は「暗
い」の反対である

llevar la ~ria a+人 …に反対する，逆らう：
Lo dice sólo por *llevar*me la ~ria. 彼はた
だ私に反対するためにそんなことを言っている．
Lleva siempre *la ~ria*. 彼はいつも反対する
（へそ曲がりだ）
muy al ~ まったく反対に
por el ~ =al ~
todo lo ~ ［+de の］正反対：Su idea es
todo lo ~ de la mía. 彼の考えは私の考えとま
ったく逆だ
◆ 图 敵，反対者

Contrarreforma [kontrařefórma] 囡《歴
史》対抗宗教改革

contrarreloj [kontrařelóx] 囡《スポーツ》タイ
ムトライアル〔レース〕：a ~ タイムトライアルで
contrarrelojista 图《自転車》タイムトライアル
の選手

contrarréplica [kontrařéplika] 囡 ❶ 返答
に対する言葉，言い返し，応酬．❷《法律》被告
の 2 回目の反訴

contrarrestar [kontrařestár] 他 ❶ …の効
果を消す：~ las pérdidas 損失を帳消しにする．
❷ …に立ち向かう

contrarrevolución [kontrařeβoluθjón]
囡 反革命
contrarrevolucionario, ria 厖 反革命の

contrarrotante [kontrařotánte] 厖《技術》
反回転の：eje ~ 反転軸

contrasentido [kontrasentído] 男 非常識，
ばかげた行為：Es un ~ comprar ahora los
muebles si nos vamos a mudar de casa. す
ぐ引っ越しするのに家具を今買うのはナンセンスだ

contraseña [kontraséɲa] 囡 ❶ 合い言葉，
合い札：dar la ~ 合い言葉を言う．❷〔劇場な
どの〕一時外出券，半券〔~ de salida〕

contrastar [kontrastár] 自 ［+con と〕対照
をなす，際立った違いを見せる：Sus opiniones
contrastan con las tuyas. 彼の意見は君のと対
照的だ
━ 他 ❶ 〔秤・情報などの正確さを〕証明する：
~ su amor filial 親孝行を実証してみせる．❷
比較対照する．❸ 〔金銀などの〕純分を検証す
る；極印を押す

contraste [kontráste] 男 ❶ 対照，対比：
Hay un gran ~ entre los dos hermanos. 2
人の兄弟は大変対照的だ．~ de luces y som-
bras 光と影のコントラスト．❷ 〔金銀製品など
の〕純分検証〔marca•sello del ~〕；極印．
❸《テレビ》コントラスト．❹《医学》造影剤
en ~ con... …と対比して

contrata [kontráta] 囡 ❶ 〔主に役所との〕請
負い：hacerse con la ~ del servicio de
recogimiento de basuras ごみ収集の仕事を請
負う．trabajo por ~ 請負い仕事．❷ 上演（演
奏）の契約

contratar [kontratár] 他 契約する；…と雇用
契約を結ぶ：~ la construcción de (en)
tres millones de pesetas 建築を 300 万ペセタ
で契約する．La *han contratado* como meca-
nógrafa. 彼女はタイピストとして雇われた．~ a+
人 …を一員として雇う：~ a como un miem-
bro del equipo …と選手契

約する．~ un profesor de baile ダンスの教師
を雇う．~ los servicios de un detective
privado 私立探偵を雇う
◆ ~se Se ha *contratado* para cantar en
Madrid. 彼はマドリードで歌う契約をした
contratación 囡 ❶ 請負〕契約，契約：casa de ~
de las Indias《歴史》対インディアス交易裁判
所
contratante 图 契約当事者〔parte ~〕

contratenor [kontratenór] 男《音楽》カウン
ターテナー

contratiempo [kontratjémpo] 男 不慮の出
来事，不都合；災難：sufrir (tener) ~ 事故
に会う
a ~ 1) おりあしく，具合の悪い時に．2)《音楽》
シンコペーションで，拍子を外して

contratista [kontratísta] 图 請負人，請負
業者

contrato [kontráto] 男〔英 contract〕契約，
契約書：concluir un ~ 契約を結ぶ．hacer
~s 契約書を作る．~ de compraventa (de
alquiler) 売買（賃貸）契約．~ bilateral
(unilateral) 双務（片務）契約．~ social 社
会契約

contratuerca [kontratwérka] 囡《技術》ロ
ックナット，止めナット

contravención [kontraβenθjón] 囡 違反
contraveneno [kontraβenéno] 男 解毒剤
contravenir [kontraβenír] 自 〔既分 con-
tra*viniendo*〕他 …に背く，違反する：~ las
órdenes 命令に背く
◆ 自 ［+a に〕違反する：~ a la ley 法律に違
反する

contraventana [kontraβentána] 囡 〔窓
の〕よろい戸，雨戸

contrayente [kontrajénte] 厖 图《文語》婚
姻を取り結ぶ〔人〕

contribución [kontribuθjón] 囡 ❶ ［+a へ
の〕貢献，寄与：~ de la ciencia a la
humanidad 科学の人類に対する貢献．❷ 分担
金，出資金；寄付．❸ 〔主に国への〕税金：
imponer *contribuciones* 税を課する．*contri-
buciones* directas (indirectas) 直接（間接）
税．~ municipal/~ territorial urbana
地方税．~ de guerra 〔敗戦国に課する〕軍税．
~ de sangre 兵役
poner... a ~ …を用いる：*poner a* ~ todo
su ingenio para salir de un apuro 苦境を脱
するために知恵を絞る

contribuir [kontribwír] 48 自〔既分 con-
tri*buyendo*〕❶ ［+con〕分担金を払う，出資す
る：~ con el 30% del capital 30 パーセント出
資する．❷ ［+a に〕貢献する，寄与する：i) ~
al desarrollo industrial 工業の発展に貢献す
る．ii) ［+a que+接続法〕El turismo
contribuye a que cambien las costumbres.
観光開発のせいで人々の暮らし方が変わる．❸
［+a に/+para のために〕寄付する．❹ 税金を納
める
contribuidor, ra 厖 图 貢献する〔人〕
contribuyente 厖 图 納税者（の）

contrición [kontriθjón] 囡《カトリック》痛悔: acto de ~ 痛悔の祈り

contrincante [kontriŋkánte] 图 対戦相手, 競争相手

contristar [kontristár] 他《文語》悲しませる, 寂しがらせる
◆ ～se 心を痛める

contrito, ta [kontríto, ta] 厖 [+estar] 後悔した, 悔いる

control [kontról] 團《英 control》❶ 制御; 統制, 管理: llevar el ~ 統御する, 管理する. estar bajo ~ médico 医師の監督下にある. bajo el ~ del gobierno 政府の統制[監督]下で. barra (botón) de ~ 制御棒(ボタン). sala de ~ コントロール室. ~ automático 自動制御[装置]. ~ de calidad 品質管理. ~ de sí mismo セルフコントロール, 自己制御. ~ mental マインドコントロール. ❷ 検問, 検査, チェック;検問所, 検査所《puesto de ~》. ~ de aduanas 税関《検査》. ~ de frontera 国境検問所. ~ de pasaportes パスポート審査[所]. ~ de seguridad [空港などの]身体・所持品検査. ~ policial 警察の検問所. lista de ~ チェックリスト. coche en un ~ 検問中の車. ❸《教育》小テスト. ❹ 健康診断
fuera de ~ 制御できない: accidente *fuera de* ~ 不可抗力の事故. Este chico está *fuera de* ~. この子は手に負えない
perder el ~ [+de を] 制御できなくなる;錯乱する, 激怒する
sin ~ 制御できなくって;たくさん, 大量に

controlador, ra [kontroladór, ra] 厖 图 制御する[人]; ~ aéreo 航空管制官

controlar [kontrolár] 他 ❶ 制御する;統制する: ~ la salida de agua 水の出を調節する. ~ los precios 物価を統制する. ~ sus impulsos 衝動を抑える. No sabe ~ el aparato. 彼はその装置を動かせない ❷ 検査する: ~ la eficacia de un medicamento 薬の効果を調べる
◆ ～se 自分を抑制する

controversia [kontroβérsja] 囡 [長期にわたる] 論争: suscitar numerosas ~s 多くの論議を巻き起こす

controvertido, da 厖 過分 [estar+] 議論のある; [ser+] 論争好きな

controvertir 33 他 自 《現分 controvirtiendo》論争する

contubernio [kontuβérnjo] 團《軽蔑》野合;《時に戯画》同棲

contumaz [kontumáθ] 厖 《複 ~ces》❶ [けなして] 強情な, 誤りを認めようとしない 《☞terco 國義》. ❷ 裁判に欠席した《rebelde》
contumacia 囡 1) 強情さ, 頑固. 2) 欠席《rebeldía》

contundente [kontundénte] 厖 ❶ 打撲傷を負わせる: instrumento (arma) ~ 鈍器. ❷ 確信（強い印象）を与える;明白な: argumento ~ 反論の余地のない主張. prueba ~ 確証. derrota ~ 完敗
contundencia 囡 打撲, 打撃;確信性

conturbar [konturbár] 他 動揺させる, 不安にさせる. ◆ ～se 動揺する
conturbación 囡 動揺

contusión [kontusjón] 囡《文語》打撲傷, 挫傷
contusionar 他 …に打撲傷を与える
contuso, sa 厖 打撲傷を受けた

conurbación [konurβaθjón] 囡 集合都市, 都市集団

convalecencia [kombaleθénθja] 囡 [病気の] 回復; 回復期: estar en ~ 回復期にある. centro (casa) de ~ 療養所

convalecer [kombaleθér] 39 自 [+de から] 回復する: *Convaleció* de la gripe. 彼は流感が直った. ~ de la guerra 戦災から復興する
convalecimiento 團 =convalecencia
convaleciente 厖 [estar+] 回復期にある[病人], 病み上がりの[人]

convalidar [kombaliðár] 他 [真正であること を] 証明する; [他大学で取得した単位を] 認める, 読み換える
convalidación 囡 証明, 立証; [単位の] 読み換え, 認定

convección [kombɛ(k)θjón] 囡《物理》対流

convecino, na [kombeθíno, na] 厖 图 [+a に] 隣接した; 近所の[人], 住民

convector [kombektór] 團 対流式暖房器

convencer [kombenθér] ① 他 《英 convince》❶ [人を] 説得する, 納得させる: i) [+para・de que+接続法 するように] Me *convenció para que* le acompañara. 彼は同行するように私を説得した. Le he convencido de que asista a la asamblea. 私は集会に出るよう彼を承知させた. ii) [+de que+直説法 であると] Le he convencido de que debe trabajar. 私は彼に働くべきだと説得した. iii) [+de+名詞] Me han convencido de mi error. 私は誤りを認めさせられた. ❷ 満足させる: Su interpretación no nos *convence*. 彼の演技には得心がいかない
◆ ～se 納得する, 確信する: i) No llegué a *convencer me* de su sinceridad. 私は彼の誠実さを信じられなかった. ii) [+de que+直説法 であると] ¿*Te convences* ahora de que nadie trataba de engañarte? 誰も君をだまそうなどとしなかったことをもうわかったね?

convencido, da [kombenθíðo, ða] 厖 過分 [+de を] 確信した: Está ~ de su importancia. 彼は自分の権威に自信がある

convencimiento [kombenθimjénto] 團 確信《convicción》: tener el (llegar al) ~ de que+直説法 …であると確信している(するようになる)

convención [kombenθjón] 囡 ❶ 取決め, 協定: *C* ~ de Ginebra ジュネーブ協定. ❷ [全国的な] 大会, 代表者会議; [大統領候補指名などの] 党大会: salón (sala) de *convenciones* コンベンションホール. ❸ しきたり, 因習. ❹ 都合, 便宜: hacer las cosas por pura ~ すべて自分の都合のいいように物事を行なう

convencional [kombenθjonál] 厖 取決めに

よる，規定された，慣用的な；一定の；型にはまった，儀礼的な；従来からの，伝統的な：signo ～ 定められた記号，慣用符号． boda ～ 型どおりの結婚式． armas (fuerzas) ～es 通常兵器（戦力）

convencionalismo 男 慣例主義，因習尊重

convenido, da [kombeníðo, ða] 形 過分 取り決められた，協定による：precio ～ 協定価格． hora ～ 定刻

conveniencia [kombenjénθja] 女 ❶ 都合，便宜；適切さ：Hazlo a tu ～. 都合のいいようにしたまえ． mirar solamente su ～ 自分の都合しか考えない． tienda de ～ コンビニエンスストア． ❷ 《←仏語》[主に 複] 礼儀，作法 [[～s sociales]]：faltar a las ～s 礼儀を欠く

conveniente [kombenjénte] 形 [比較的] 都合のよい；ふさわしい，適切な：i) Venga a verme cuando le sea ～. ご都合のいい時においでください． Creí ～ advertirle el peligro. 私は彼に危険を知らせた方がいいと思った． ii) [＋para に] La natación es ～ para la salud. 水泳は健康にいい． iii) [ser ～＋不定詞・que＋接続法] …する方がよい：Es ～ no olvidar este asunto. この件は忘れない方がよい

convenio [kombénjo] 男 取決め，協定：～ colectivo (entre trabajadores y patronos)/～ laboral 労働協約 ～ comercial 貿易協定

convenir [kombenír] 59 自 《英 be convenient, agree》 現分 conviniendo》 ❶ [主語は事物，＋a に] 都合がよい；ふさわしい，適している：¿Te conviene? 都合はどう？ A un profesor no le convienen esas palabras. そんな言葉づかいは教師にふさわしくない． [que＋接続法 が主語] Conviene que analicemos los pros y los contras. 得失をよく考えた方がいい． ❷ [＋con と，＋en で] 合意する，協定する：Todos convinieron en que ésa era la mejor solución. それが最善策であることで全員の意見が一致した． remuneración a ～ 給与応談 conviene a saber つまり，すなわち

◆ 他 …について合意する，取り決める：～ un precio 価格について取り決める

◆ ～se 互いに合意する

conventillero, ra [kombentiʎéro, ra] 形 名 《南米》金棒引き(の)，陰口屋(の)

conventillo [kombentíʎo] 男 《南米》長屋

convento [kombénto] 男 《宗教》 修道院 [[↔ monasterio 類語]]：entrar en el ～ 修道士(修道女)になる

conventual 形 修道院の：misa ～ 修道院のミサ． vida ～ 修道院生活． ◆ 男 修道士，修道女

convergente [komberxénte] 形 集中する：esfuerzos ～s 努力の集中

convergencia 女 1) 収束，収斂． 2) 集中，統一化：～ de opiniones 意見がまとまってくること

converger [komberxér] 3 自 《文語》[＋a・en の] 一点に向かう；[1つの目標に向けて] 集中する：Las ocho calles convergen a la

plaza. 8本の通りがその広場に向かっている． Nuestros pareceres convergerán a la misma conclusión. 我々は同じ結論に達するだろう

convergir 4 自 ＝converger

conversación [kombersaθjón] 女 《英 conversation》 ❶ 会話；話し方：Tiene una ～ pesadísima. 彼は話がくどい． estar en ～ おしゃべりをしている． de ～ agradable 話上手な． ❷ 交渉，会談：conversaciones de Viena sobre desarme 軍縮に関するウィーン会談 dar ～ a＋人 …に話しかける，話相手になってやる

conversacional [kombersaθjonál] 形 話し言葉の，口語的な；《情報》対話型の

conversar [kombersár] 自 会話をする，話す：Conversaron sobre el feminismo. 彼らは女性解放について話し合った

conversada 女 《南米》長々としたおしゃべり

conversador, ra 形 名 話好き(話上手)な〔人〕

conversión [kombersjón] 女 ❶ 変換，転換：tabla de ～ 換算表． ❷ [＋a への] 改宗，回心． ❸《軍事》旋回

converso, sa [kombérso, sa] 形 名 ❶ 改宗(回心)した(人)，改宗者；[特に] カトリックに改宗したユダヤ人 [[judío ～]]． ❷《軽蔑》転向，転向者

conversor [kombersór] 男 《情報》変換器，コンバーター

convertible [kombertíble] 形 変換できる：sofá ～ en cama ソファーベッド． billete ～ 兌換紙幣

◆ 男《中南米. 自動車》コンバーチブル [[coche ～]]

convertibilidad 女 変換可能性

convertidor [kombertiðór] 男 変換器，コンバーター；《金属》転炉：～ de par (de torsión) トルクコンバーター． ～ de imagen 映像変換器

convertir [kombertír] 33 他 《現分 convirtiendo》 ❶ [＋en に] 変換する，転換する：～ un hotel en un bloque de pisos ホテルをマンションに変える． ～ su fortuna en dinero 財産を現金に換える． ～ pesetas en yenes ペセタを円に換算する． ❷ 改宗させる；考えを変えさせる：～ infieles 異教徒をキリスト教に帰依させる

◆ ～se ❶ 変わる 〔別のものへの無意志で思いがけない変化〕：La ilusión se convirtió en realidad. 夢が現実のものとなった． ～se en un delincuente 犯罪者になる． ❷ [＋a に] 改宗する；転向する：～se al comunismo 共産主義に転向する

convexo, xa [kombé(k)so, sa] 形 凸状の 〔↔ cóncavo〕：espejo ～ 凸面鏡． lente ～xa 凸レンズ

convexidad 女 凸状

convicción [kombi(k)θjón] 女 ❶ 確信：Tengo la ～ de que va a ganar. 私は彼の勝利を確信している． llegar a la ～ 確信するに至る． ❷ 複 信念，信条：en contra de sus convicciones 信念に反して

convicto, ta [kombíkto, ta] 形 《法律》[＋

de の)] 罪を犯したと認められた : ser declarado ～ *de* asesinato 殺人の廉(な)で有罪を宣告される

convidado, da [kombiðáðo, ða] 形 名 過分 [+a に] 招待された〔人〕, 招待客
como el (un) ～ *de piedra* 押し黙って, 黙々と
◆ 名 [主に飲み物の] おごり : pagar una ～*da* おごる

convidar [kombiðár] 他 ❶ [+a 祝い事・行楽などに] 招待する《invitar》: Me *convidó a* pasar unos días en su casa de campo. 彼は私を別荘に招待してくれた. Te *convido a* una cerveza. ビールを一杯おごるよ. ❷ [+a+不定詞するように] 勧める, 誘う : El calor *convidaba a* tomar una siesta. 暑さが昼寝を誘った
◆ ～*se* [招待されないのに] 押しかける

convincente [kombinθénte] 形 《←convencer》説得力のある : argumento ～ 納得のゆく主張

convite [kombíte] 男 ❶ 招待 ; 宴会 : dar un ～ *a* sus amigos 友人たちを招いて祝宴を開く. ❷ 圏名 《中米》祭りなどを知らせるために通りを練り歩く踊り手たち ; 《南米》食事と引き換えだけで働く人々

convivencia [kombibénθja] 女 同居, 共同生活 ; [主に 圏. 野外活動などの] 合宿

convivir [kombibír] 自 [互いに／+con と] 同居する, 一緒に生活する ; 仲よく暮らす

convocar [kombokár] 他 ❶ [+a に] 召集する : Nos *han convocado a* una reunión de vecinos. 私たちは近所の寄合いに呼び出された. ～ consejo de ministros 閣議を召集する. ❷ [採用試験などを] 公示する

convocatoria [kombokatórja] 女 ❶ 召集 ; その告示, 招請状 : llamar a ～ a todos los socios 全会員に告示する. ～ de huelga general ゼネストへの参加呼びかけ. ～ de elecciones 選挙の告示. ❷ [採用試験などの] 公示, 募集要綱 ; [第一次の] 激動 : ganar las oposiciones a (en) la primera ～ 就職試験の第一次選考を通る

convólvulo [kombólbulo] 男 《植物》サンシキヒルガオ

convoy [kombói] 男 ❶ [護衛する・される] 護送隊, 輸送隊 ; 護送(輸送)船団 《～ marítimo》: ～ de camiones トラックの列. ❷ 列車 《tren》. ❸ 卓上用の調味料入れ 《vinagreras》
convoyar 他 1) 輸送隊を護送する. 2) 《中米》おだてて手に入れる. 3) 《南米》仕事で人を助ける.
◆ ～*se* 《中南米》共謀する

convulsión [kombulsjón] 女 痙攣(なじん), ひきつけ ; [大地・政界の] 震動 ; [社会の] 激動 : provocar una ～ en el país 国に混乱をもたらす
convulsionar 他 痙攣させる, ひきつらせる ; 震動させる. ◆ ～*se* 痙攣する, ひきつけを起こす ; 震動する

convulsivo, va [kombulsíbo, ba] 形 痙攣〔性〕の

convulso, sa 形 痙攣した ; 引きつった

conyugal [konjuɣál] 形 《文語》 夫婦の : reyerta (riña) ～ 夫婦げんか. vida ～ 夫婦生活. deberes ～es 夫婦間の義務

cónyuge [kónjuxe] 名 《文語》配偶者 ; 圏 夫婦

coña [kóɲa] 女 《西. 俗語》 [たちの悪い] 冗談, からかい ; 面倒, 面白くないこと : tomar a ～ 本気にしない. Eres la ～. お前は最低だ. ¡Vaya ～ de película! 何てつまらない映画だ!
de (en) ～ 冗談で, ふざけて : ¿Estás *de* ～? ふざけているのか?
ni de ～ 決して〔…him〕

coñac [koɲák] 男 [圏 ～s] 《酒》コニャック

coñazo [koɲáθo] 男 《西. 俗語》わずらわしい(つまらない)人・事物
dar el ～ *a+人* …をひどく困らせる

coñear [koɲeár] ～*se* 《西. 俗語》 [+de を] からかう

coñete [koɲéte] 形 《南米》けちな, しみったれた

coño [kóɲo] 男 《卑語》 ❶ 女性性器 《vulva》. ❷ 《主に西》 i) [間投詞的. 怒り・奇異・歓喜など] ¡Deja ya de molestar, ～! ちくしょうめ. もう邪魔はよせ! ii) [疑問詞+] 一体 : No sé qué ～ hacer. くそ, おれは一体どうすりゃいいんだ. ¿Dónde ～ has estado? 一体全体どこへ行ってやがったんだ?
estar en el quinto ～ 非常に遠い
estar (tener) hasta el [mismísimo] ～ [不快・怒り. 主に女性が, +de・con に] もう我慢できない
ser (como) el ～ *de la Bernarda／parecer el* ～ *de la Bernarda* ひどく散らかっている
tocarse el ～ 何もしない
tomar a+人 por el ～ *de la Bernarda* …をからかう ; 軽視する

coñozo, za [koɲóθo, θa] 形 《俗語》退屈な, つまらない

cooficial [k(o)ofiθjál] 形 dos lenguas ～*es* 共に公用語として認められた2言語

cooperación [k(o)operaθjón] 女 [+en への] 協力 : ～ económica 経済協力

cooperar [k(o)operár] 自 [+con と, +a のために, +en で] 協力する : ～ *a* la realización de una empresa 企画の実現に力を貸す. El buen tiempo *cooperó a*l éxito. 好天気も幸いした
cooperador, ra 形 協力する, 協力者

cooperativa[1] [k(o)oeratíba] 女 協同組合 《sociedad ～》; その店, 生協ストア : ～ agrícola (agraria) 農業協同組合. ～ de consumo (de producción) 消費者(生産者)組合
cooperati[vi]smo 男 協同組合運動
cooperativista 形 名 協同組合の〔組合員〕

cooperativo, va[2] [k(o)operatíbo, ba] 形 協力的な, 協調的な : demostrar una disposición ～*va* 協力的な姿勢を示す. espíritu ～ 協調精神

cooptación [k(o)optaθjón] 女 新会員の選出

coordenado, da [k(o)orðenáðo, ða] 形 座標の

◆ 囡 ❶《地理》経緯. ❷ 圈《数学》座標：ejes de 〜*das* 座標軸

coordinar [k[o]ɔrðinár] 囮 ❶ 連携させる, 調和して機能させる：〜 esfuerzos 努力を結集する. 〜 los movimientos 動きを調整する. ❷ 《服飾》色を, +con と〕コーディネートさせる

◆ 圁 ［精神状態が］まともである

coordinación 囡 連携, 調整；《文法》等位

coordinado, da 圈 過分 等位の. ◆ 男《服飾》ツーピース

coordinador, ra 圈 囝 調整する；［企画推進などの］責任者, まとめ役, コーディネーター

copa [kópa] 囡《英 wineglass》❶ ［脚つきの］グラス；グラス1杯の酒：tomar una 〜〔vino〕〔ワインを〕1杯飲む. convidar (invitar) a+人 a una 〜 …に酒を1杯おごる. 〜 de balón 球形のブランデーグラス. 〜 de coñac ブランデーグラス. 〜 de champaña/〜 flauta シャンパングラス. 〜 de jerez シェリーグラス；その争奪戦：ganar la 〜 優勝する. la C 〜 Davis デビスカップ戦. 〜 mundial ワールドカップ戦. ❸ 樹冠, 梢. ❹ ［服飾］帽子の山, クラウン：sombrero de 〔alta〕シルクハット. ii) ［ブラジャーの］カップ. ❺ ［料理］〜 de helado/〜 helada クリームサンデー. ❻ カクテルパーティー, 小宴会〔〜 de vino español〕. ❼《四式トランプ》盃

andar (estar) de 〜*s* 飲み歩く(歩いている)

apurar la 〜 〔*de la amargura・del dolor・de la desgracia*〕辛酸をなめる

como la 〜 *de un pino*《口語》並外れた, 大変重要(偉大)な

ir〔*se*〕(*salir*) *de* 〜*s* 一杯飲みに出かける

llevar (tener) una 〜 *de más* ほろ酔い機嫌になる(なっている)

copado, da [kopáðo, ða] 圈 過分 = copudo；《口語》〔estar+〕金のない；《南米》非常に満足した

copal [kopál] 男 コーバル〔樹脂の一種〕；《植物》コーバルの〔採れる〕木

copar [kopár] 囮〔議席などを〕独占する；奇襲する, 退路を断つ；《トランプ》〔子が〕親と同額を賭ける

Coparmex 囡《略語》←Confederación Patronal de la República Mexicana メキシコ共和国経営者連合

copartícipe [kopartíθipe] 圈 囝《文語》共同参加の(参加者)

copazo [kopáθo] 男《口語》酒をぐっと飲むこと

copear [kopeár] 圁 酒を飲む

copeo 男 飲酒：ir de 〜 酒を飲みに行く

cópec [kópɛk] 男 圈 〜s〕［ロシアの貨幣単位］コペイカ

copela [kopéla] 囡《技術》灰吹き皿, 骨灰皿

copero, ra [kopéro, ra] 圈 優勝杯〔争奪戦〕の：partido 〜 優勝杯争奪戦

◆ 男 グラス用の戸棚；〔王に〕酌をする召使

copete [kopéte] 男 ［立たせた］前髪；［鳥の］冠羽；［アイスクリームなどの］盛り上がり

de alto 〜 高貴な血筋の

copetín [kopetín] 男《中南米》アペリチフ, カクテル；リキュールグラス

copey [kopéi] 男《中米. 植物》シオウジュの一種

copia [kópja] 囡《英 copy》❶ 写し, コピー：sacar (hacer) 〜s de.. …のコピーをとる. papel de 〜 コピー用紙. 〜 en limpio 清書(した写し). 〜 legalizada (simple) 原本証明のある(ない)謄本. 〜 de seguridad (de respaldo)《情報》バックアップ. ❷ ダビング〔したテープ〕：hacer una 〜 de cinta de vídeo ビデオテープをダビングする. ❸《写真》プリント, 印画：Haga una 〜 de la fotografía. 写真を1枚焼増ししてください. ❹《美術》模写〔した絵〕. ❺ ［印刷物の］…部：Quiero cinco 〜s de este libro. 私はこの本を5部ほしい. ❻ 生き写しの人：〜 de su padre. 彼は父親に生き写しだ. ❼ コピー機〔copiadora〕. ❽《文語》大量, 豊富：〜 de datos 大量のデータ

copiador, ra[1] [kopjaðór, ra] 圈 囡 写しをとる(人), 模写する(人)

◆ 男 信書控え帳〔libro 〜〕；コピー機〔copiadora〕

copiadora[2] [kopjaðóra] 囡 コピー機

copiante [kopjánte] 囝 = copista

copiar [kopjár] 囮 囮 ❶ 写す；コピーにとる〔a máquina〕：〜 una página de un libro 本の1ページをコピーする(書き写す). ❷ ［テープを］ダビングする. ❸ 模写する：〜 un cuadro de Velázquez ベラスケスの絵を模写する. ❹ 模倣する：〜 el estilo de un escritor ある作家の文体をまねる. 〜 a+人 en la manera de hablar …の話し方をまねる. 〜 el examen del compañero 仲間の答案を写す. ❺ 口述筆記する：〜 la carta 手紙の口述筆記をする

◆ 圁 カンニングする

copihue [kopíwe] 男《植物》ツバキカズラ, ユリカズラ〔チリの国花〕

copiloto [kopilóto] 囝 副操縦士；《自動車》ナビゲーター

copión, na [kopjón, na] 圈 囝《軽蔑》人まね(カンニング)する〔人〕

copioso, sa [kopjóso, sa] 圈 多量の, 豊富な：〜sa cabellera 長い(豊かな)髪. 〜sa cosecha 豊作. 〜sa nevada 大雪. comida 〜sa たっぷりの食物. lluvia 〜sa 大雨

copiosamente 圓 大量に, おびただしく：Nieva 〜. 大雪が降る

copiosidad 囡 豊富さ

copista [kopísta] 囝 ［古文書などの］写字生, 筆耕者

copita [kopíta] 囡 小グラス

copla [kópla] 囡 ❶ ［歌などの］節；囮 詩, 俗謡：〜 manriqueña 4または5音節の行とそれより多い音節の行とを交互に続ける詩. 〜s de ciego へぼ詩. 〜s de Calaínos ばかばかしい話, おもしろくもない昔話. ❷ ［主にアンダルシアの, 4行の］民謡. ❸ ［人・物の］ペア, カップル〔pareja, par〕. ❹ しつこい繰返し. ❺ 圈 うわさ話；逃げ口上

andar en 〜*s*《口語》巷のうわさになる

echar 〜*s a*+人《口語》…の悪口を言う

coplero, ra [名] 民謡 copla の歌手;《軽蔑》へぼ詩人

copo [kópo] [男] ❶ 雪片;〖紡ぐ前の羊毛など〗かたまり: avena en 〜s/〜s de avena オートミール. 〜s de maíz コーンフレークス. Poco a poco hila la vieja el 〜. 《諺》塵も積もれば山となる. ❷《漁業》袋網〖漁〗

copón [kopón] [男] 《カトリック》聖体器 〖□カット〗

copra [kópra] [女] コプラ〖ココヤシの核・胚乳を乾燥させたもの〗

coproducción [koproðu(k) θjón] [女] 共同生産;[映画などの] 共同製作, 合作: 〜 chino-japonesa 日中共同製作

coproductor, ra [名] 共同製作者[の]

coprofagia [koprofáxja] [女] 食糞

coprófago, ga [形]〖昆虫が〗食糞性の

coprolito [koprolíto] [男]《地質・医学》糞石

copropiedad [kopropjeðá(ð)] [女] 共同所有;共有物

copropietario, ria [形] [名] 共同所有者[の]

coprotagonista [koprotaɣonísta] [名]《映画・演劇》主役級の共演者

copto, ta [kópto, ta] [形] [名] コプト人〔の〕
◆ [男] コプト語

copucha [kopútʃa] [女]《南米》噂話

copudo, da [kopúðo, ða] [形]〖←copa〗梢の茂った

cópula [kópula] [女] ❶ 交接, 性交;交尾. ❷ 連結;《言語》繋辞

　copular [自]/〜se 交接(交尾)する

　copulativo, va [形] 1) 交接の. 2)《言語》conjunción 〜va 連結の接続詞〖y, ni など〗. verbo 〜 繋辞動詞

copyright [kopiráit] [男]〖複〗〜s〖←英語〗版権, 著作権, その印〖©〗

coque [kóke] [男] コークス

coqueluche [kokelútʃe] [男]/[女] 百日咳

coquero, ra [kokéro, ra] [形]《南米》コカイン生産(取引)業者;コカイン中毒者

coqueta¹ [kokéta] [女] ❶ 色っぽい女;浮気な女. ❷ 鏡台, 化粧台〖tocador〗

coquetear [koketeár] [自] ❶ [+con に対して] 色っぽくふるまう, 戯れに恋をする: ¿Con quién has estado *coqueteando*? 誰といちゃついていたんだ? ❷ ちょっと手を出す: En su juventud *coqueteó con* el comunismo. 若いとき, 彼は共産主義にかぶれた

　coqueteo [男] 媚, 色っぽい仕草;ちょっと手を出すこと

coquetería [koketería] [女] ❶ 媚(こ̲び), 色っぽさ: hacer 〜s 媚態を示す. ❷ 小粋さ, こぎれいさ: sala puesta con mucha 〜 しゃれた(こざっぱりした)部屋

coqueto, ta² [kokéto, ta] [形] ❶ [女性が] 色っぽい, 男好きのする;浮気な: niña 〜ta おませな子. ❷ [物が] しゃれた, かっこいい;[人が] おしゃれをする, 異性の目を意識した: piso (peinado) 〜 しゃれたマンション(ヘアスタイル). Él es muy 〜. 彼はすごくおしゃれだ

coquetón, na [koketón, na] [形]《西》❶《親愛》小粋(こ̲い̲き̲)な, こざっぱりな: teatro pequeño y 〜 小さなしゃれた劇場. ❷ 女たらしの
◆ [男] 女たらしの

coquilla [kokíʎa] [女]《ボクシング》プロテクター, カップ〖〜 de protección〗

coquina [kokína] [女]《貝》アサリの一種〖スペインの地中海岸に多く, 食用〗

coracero [koraθéro] [男] 胸甲騎兵

coraje [koráxe] [男] ❶ 勇気〖valor〗;気力: batirse con 〜 勇敢に(全力をつくして)戦う. echar 〜 a… …に全力をつくす. ❷《西》怒り: Me da 〜 recordarlo. それを思い出すと私は腹が立つ. ¡Qué 〜! 何と腹立たしい! tener 〜 怒っている. estar lleno de 〜 かんかんになっている

　corajina [名]《口語》[発作的な] 怒り

　corajudo, da [形] 1) 勇敢な. 2) 怒った;怒りっぽい

coral [korál] [形] 合唱の: canto 〜 合唱曲
◆ [男] ❶《音楽》コラール. ❷《動物》サンゴ;サンゴ色
◆ [女] 合唱団;サンゴヘビ〖coralillo〗

　coralífero, ra [形] サンゴ礁のある

　coralillo [男]《動物》サンゴヘビ

　coralino, na [形] サンゴの(ような): labios 〜s 赤い唇. ❷ [女]《植物》サンゴマメ

corambre [korámbre] [女]〖集合〗皮, 革

corán [korán] [男]〖el C〜〗コーラン〖alcorán〗

　coránico, ca [形] コーランの

coraza [koráθa] [女] ❶ 胴鎧(ど̲う̲よ̲ろ̲い̲)〖□armadura カット〗;[戦車などの] 装甲;[カメの] 甲羅

corazón [koraθón] [男]〖英 heart〗❶ 心臓: trasplante de 〜 心臓移植. a 〜 abierto《医学》開心方式の・で ❷ 心;愛: Le brincaba (dentro del pecho) el 〜. 彼はうれしくて心がはずんだ. La tristeza me arranca (desgarra・destroza・parte・rompe・traspasa) el 〜. 悲しみで胸がはりさける思いだ. Hay cosas que uno no hace por dinero, sino porque le salen (brotan) del 〜. 人が金のためではなくて, 親切心から行なうことがある. tener buen (mal) 〜 優しい(冷酷な) 心の持ち主である. no tener 〜 para con+人 …に対して思いやり(愛情)がない. hablar al 〜 de+人 …の心(良心)に訴える. limpio de 〜 心の美しい. sin 〜 心ない, 冷酷な. en el fondo del 〜 心の底で ❸ 勇気;熱意: Hace falta 〜 para+不定詞 …するには勇気がいる. No tengo 〜 para decírselo. [気の毒で] 私は彼にそれを言う勇気がない ❹ 中心: 〜 de una manzana リンゴの芯. 〜 de una ciudad 市の中心部. Barcelona es el 〜 industrial de España. バルセロナはスペインの工業の中心地である ❺《トランプ》ハート〖□carta 参考〗;ハート形のもの ❻《親愛》[呼びかけ] ¡Ven aquí, 〜 mío! 私のいとしい人, ここにおいで! Pero, 〜 mío, ¿cómo

has llegado tan tarde? しかし, 君, 何でこんなに遅くなったのかね?〖時に軽い不快〗
❼ 中指〖dedo 〜〗

abrir su 〜 a+人 …に心を開く, 本心をうちあける

anunciar el 〜 a+人 …に虫が知らせる, 予感させる: Me lo *anuncia el 〜*. 私はそんな予感がする

cerrar el 〜 心を閉ざす

clavarse en el 〜 a+人 …の悲しみ(同情心)をかきたてる

con la mano en el 〜/con el 〜 〔en la mano〕心から, 率直に

con el 〜 en un puño びくびくしながら

con todo su 〜 心の底から: Te quiero *con todo su 〜*. 僕はしんそこ君が好きだ

dar (decir) el 〜 a+人 =anunciar el 〜 a+人

de 〜 心の優しい; 心から

de mi 〜 1)《親愛》〖呼びかけ〗¡Hijita *de mi 〜*! いとしい娘よ! 2)〔軽い不快〕¡Pero, Pepe *de mi 〜*, ya es hora de que te enteres! しかし, べべ君, もうわかっていいころだよ!

de todo 〜 心から

encoger el 〜 a+人 …をぞっとさせる; 〔苦悩で〕胸を締めつける; 同情心をかきたてる: Ver aquella horrorosa escena me *encogía el 〜*. あの悲惨な光景を見て私は心をかきむしられる思いだった

encogerse el 〜 a+人 …がぞっとさせられる; 〔苦悩で〕胸が締めつけられる; 同情心をかきたてられる: De ver aquel abismo *se encoge a* uno *el 〜*. その深淵をのぞくと誰もがぞっとする

estar con el 〜 en un hilo (en vilo) はらはらしている, 不安である

gran 〜 寛大(高貴)な心〔の持ち主〕: tener un *gran 〜* 心が広い

latir el 〜 por+人 …に胸をときめかす

levantar el 〜 元気づける; 元気づく

llegar al 〜 心に訴える; 心を動かす

llevar el 〜 en la mano 心の内をさらけ出す

no caber a+人 el 〜 en el pecho …はうれしくて(不愉快で·心配で)たまらない; きわめて善良である(優しい): De tanta alegría, *no me cabía el 〜 en el pecho*. あんまりうれしくて私はもうたまらなかった

partir (romper) corazones 誘惑する, 魅了する

poner el 〜 en... …を熱望する; …を決心する

secarse el 〜 a+人 …の心がひからびる

tener el 〜 en su sitio 気骨がある

tener el 〜 que se sale del pecho 優しい心を持つ

tener un 〜 de oro いい人である

tocar a+人 en el 〜 …の心をうつ

todo 〜 善人; 寛大な人: Es *todo 〜*. 彼はいい人だ

corazonada [koraθonáða] 囡 **❶** 虫の知らせ: Tengo la 〜 de que va a suceder algo malo. 何か悪いことが起こりそうな予感がする. **❷**

衝動: En (Por) una 〜 lo compré. 私はそれを衝動買いしてしまった. **❸**《料理》内臓, もつ

corazonista [koraθonísta] 圏《宗教》聖心修道会 Sagrados Corazones de Jesús y María の〖修道士·修道女〗

corbata [korβáta] 囡〖英 tie〗**❶**《服飾》ネクタイ: llevar 〜 ネクタイをしめている. ponerse la 〜 ネクタイをしめる. ir de (con) 〜 ネクタイをしめて行く. 〜 de lazo (de moño) 蝶ネクタイ〖pajarita〗. **❷** 旗の柄につけるリボン

poner el corazón de 〜 a+人《口語》…を驚かす, びっくりさせる

corbatín [korβatín] 圐 簡易ネクタイ; =**corbata ❷**

irse (salirse) por el 〜 やせこけている

corbeta [korβéta] 囡 コルベット艦〖フリゲート艦より小型の帆装の艦及び現代の護衛艦〗

corcel [korθél] 圐《文語》駿馬

corchea [kortʃéa] 囡《音楽》8分音符

corchero, ra [kortʃéro, ra] 圏 コルクの: industria 〜ra コルク産業
◆ 囡〔競泳の〕コースロープ

corchete [kortʃéte] 圐 **❶**《服飾》ホック; その鉤, フック. **❷**《印刷》角かっこ, ブラケット〔　〕. **❸**《中南米》ホッチキスの針〖grapa〗
corcheta 囡〔ホックの〕輪, ループ

corcho [kortʃo] 圐 コルク; コルク栓〖tapón de 〜〗

córcholis [kórtʃolis] 圖《婉曲》〔奇異·怒り〕=**caramba**

corcova [korkóβa] 囡 **❶** 背骨(胸骨)の異常な湾曲, 背中のこぶ〖joroba〗: El corcovado no ve su 〜 y ve la otra.《諺》他人の欠点には気づいても自分の欠点には気づかないものだ. **❷**《南米》祭りが1日以上延長されること: fiesta con 〜 数日続く祭り
corcovado, da 圏 背骨の湾曲した〔人〕

corcovo [korkóβo] 圐〔馬などの〕背中を丸めた跳びはね
corcovear 圁 跳びはねる

cordada [korðáða] 囡《登山》アンザイレンしたパーティー: primero de 〜 ザイルのトップ

cordados [korðáðos] 圐 圈《生物》脊索動物門

cordaje [korðáxe] 圐 匿圈《船舶》索具;《スポーツ》〔ラケットの〕ガット

cordal [korðál] 圐〔弦楽器の〕緒止め, ブリッジ
◆ 囡《解剖》知歯, 親知らず〖muela 〜〗

cordel [korðél] 圐 **❶**〔細い〕綱, 紐: atar el paquete con un 〜 包みを紐で縛る. libro de 〜 糸とじの本. **❷**《中米》〔長さの単位〕=約20 m

a 〜〔建物·道など〕一直線に, まっすぐ: calle trazada *a 〜* 一直線に引かれた道

cordelejo [korðeléxo] 圐 *dar 〜 a+人* …をからかう

cordelería [korðelería] 囡 製綱業
cordelero, ra 圏 製綱業の(業者)

cordero, ra [korðéro, ra] 图 **❶**〔1歳未満の〕子羊: 〜 lechal (recental)〔生後2か月未満の〕乳飲み子羊. C 〜 de Dios 神の子羊

〖イエスのこと〗. ❷ 従順な人：Él es como un ~. 彼は子羊のようにおとなしい
◆ 男 ❶《料理》ラム. ❷ 子羊の毛皮
madre del ~ キーポイント, 要点；難しい点：Ahí está la *madre del* ~. そこにこそ問題の核心がある
ojos de ~ *degollado* 悲しそうな目

cordial [korðjál]《英 cordial》❶《文語》[行為が] 心からの, 丁重な；[人が] 如才のない, 人当たりのよい：Saludos ~*es*. 心からごあいさつ申し上げます/《手紙》敬具. Estuvo muy ~ conmigo. 彼は私にとても丁重だった. ~ recibimiento 手あついもてなし. ❷ [薬などが] 気つけの, 元気をつける
◆ 男 気つけ薬, 気つけの飲み物〖remedio ~〗

cordialidad [korðjaliðá(ð)] 囡《文語》丁重さ：En la reunión reinó gran ~. 会合は和気あいあいとした雰囲気だった. con ~ 丁重に, ねんごろに

cordialmente [korðjálménte] 副 丁重に, 手あつく：Me trataron ~. 私は丁重にもてなされた. C~,《手紙》敬具

cordillera [korðiʎéra] 囡 山脈, 山系：~ de los Andes アンデス山脈. ~ Pirenaica ピレネー山脈
cordillerano, na 形 名《南米》アンデス山脈の〔人〕

cordita [kórðita] 囡 コルダイト火薬

córdoba [kórðoba] 男 ❶ [ニカラグアの貨幣単位] コルドバ. ❷《地名》[C~] コルドバ〖アンダルシア地方の県・県都, アルゼンチン中部の県・県都, コロンビアの県〗
cordobán 男 ヤギのなめし革
cordobense 形 名 [コロンビアの] コルドバの〔人〕
cordobés, sa 形 名 [アンダルシア・アルゼンチン・コロンビアの] コルドバ Córdoba の〔人〕. ◆ 男《服飾》[アンダルシア独特の] つば広のフェルト帽〖sombrero ~. ☞カット〗

cordón [korðón] 男 ❶ [主に布製の細い] 紐：*cordones* de los zapatos 靴紐. zapatos de ~ 編み上げ靴. ❷ [電気器具の] コード：La plancha tiene el ~ roto. アイロンのコードが断線している. ❸ 警戒線：~ policial (de policía) 非常線. ~ sanitario 防疫線. ❹ 飾[制服の肩にかける] 飾り紐. ❺《建築》玉縁. ❻《地理》~ litoral 沿岸州, 浜堤. ❼《解剖》~ umbilical へその緒. ~ espermático 精索. ❽《南米》[街路の] 縁石；切り立った丘(岩山)の連なり
cordoncillo 男《繊維》[コールテンなどの] うね；[貨幣の] 縁のぎざぎざ；[ページの] 縁飾り

cordura [korðúra] 囡 分別, 慎重さ；正気：obrar con ~ 慎重に行動する

corea [koréa] 囡 ❶《国名》[C~] 朝鮮：C~ del Sur 韓国〖正式名称 República de C~〗. C~ del Norte 北朝鮮〖正式名称

República Popular Democrática de C~〗. ❷《医学》舞踏病

coreano, na [koreáno, na] 形 名 朝鮮 Corea〔人・語〕の, 韓国〔人〕の；朝鮮人, 韓国人
◆ 男 朝鮮語

corear [koreár] 他《←coro》❶ 合唱する, 唱和する；合唱部をつける. ❷ 口をそろえて…に賛同する, 付和雷同する

coreografía [koreografía] 囡《舞踊》振り付け
coreográfico, ca 形 振り付けの, 舞踊の
coreógrafo, fa 名 振り付け師

coriáceo, a [korjáθeo, a] 形 [外見・手触りが] 皮 cuero のような

corifeo [koriféo] 男 ❶ [古典悲劇の] 合唱隊リーダー；[社会運動などの] 唱導者. ❷《誤用》腰巾着, おべっか使い

corimbo [korímbo] 男《植物》散房花序

corindón [korindón] 男《鉱物》コランダム, 鋼玉

corintio, tia [koríntjo, tja] 形 名《地名》[ギリシアの] コリント Corinto 市の〔人〕：Carta a los C~*s*《聖書》コリント人への手紙
corinto 男 赤みがかった濃紫色〖←干しブドウ pasa de Corinto の色〗

corión [korjón] 男《解剖》絨毛膜；《生物》漿膜

corista [korísta] 名 ❶ [オペラなどの] 合唱団員；[ミュージカルの] コーラスラインのメンバー. ❷ 聖歌隊員

coriza [koríθa] 囡《医学》コリーザ, 鼻風邪

cormorán [kormorán] 男《鳥》ウ(鵜)

cornada [kornáða] 囡 角 cuerno による一撃

cornalina [kornalína] 囡《鉱物》紅玉髄

cornamenta [kornaménta] 囡 匣匣 [一対の] ；=**cuerno** ❺

cornamusa [kornamúsa] 囡《楽器》バグパイプ gaita の一種；ホルンの一種

córnea [kórnea] 囡《解剖》角膜

cornear [korneár] 他 角(つの)で突く

corneja [kornéxa] 囡《鳥》[小型の] カラス；コノハズク, モリフクロウ

cornejo [kornéxo] 男《植物》ミズキ

córneo, a [kórneo, a] 形 角質の

córner [kórner] 男《匣匣~s》《←英語. サッカー》コーナーキック

corneta [kornéta] 囡 軍隊ラッパ；角笛：~ de llaves コルネット〖cornetín〗. ~ acústica [昔の] ラッパ形補聴器
a toque de ~ 整然と, 規律正しく
◆ 名《軍》ラッパ手〖~ de órdenes〗

cornete [kornéte] 男《解剖》鼻介骨

cornetín [kornetín] 男《楽器》コルネット
◆ 名 その奏者：~ de órdenes ラッパ手

cornezuelo [korneθwélo] 男《農業》麦角(ばっかく)〖菌〗；《薬学》麦角

cornflakes [kornflákes] 男 匣《←英語》コーンフレーク

cornisa [kornísa] 囡 ❶《建築》コーニス, 軒蛇腹〖☞columna カット〗. ❷ 岩棚；雪庇(せっぴ)

❸《地理》崖上の地帯
cornisamento [男] =**entablamiento**

corno [kɔ́rno] [男]《楽器》〔フレンチ〕ホルン：～ inglés イングリッシュホルン．～ de caza 狩猟ホルン

cornucopia [kɔrnukópja] [女]〔飾り付きの〕掛け鏡；《古語》豊饒の角〖cuerno de la abundancia〗

cornudo, da [kɔrnúðo, ða] [形][名]❶ 角(つの)の生えた．❷《口語》〔主に男〕恋人(夫・妻)に浮気された〔人〕；そんなだらしのない・おめでたい〔人〕

　encima de（*tras*〔*de*〕）～ *apaleado* 浮気されてまぬけな

cornúpeta [kɔrnúpeta] [名] 角(つの)のある動物
　◆ [男]《口語》闘牛の牛；妻に浮気される夫

coro [kɔ́ro] [男]❶ 合唱, コーラス；合唱団；合唱曲：cantar en (a) ～ 合唱する．～ mixto 混声合唱〔団〕．～ de cuatro voces 四部合唱．libro de ～ 合唱曲集．❷ 聖歌隊〔席〕；〔教会・修道院の〕食前の祈禱〖女子修道院の〕共唱祈禱の間(ま)：niño de ～ 少年聖歌隊員．❸ 天使の階級．❹《聖職者用の》聖堂内陣〖*iglesia* カット〗

　a ～ 声をそろえて：responder *a* ～ 一斉に答える
　de ～ 暗記して
　hacer ～ *a*＋人《口語》口をそろえて…に賛同する；…にへつらう

corografía [kɔroɣrafía] [女] 地方地誌, 地勢図

coroides [kɔróiðes] [女]《単複同形》《解剖》脈絡膜

corola [kɔróla] [女]《植物》花冠

corolario [kɔrolárjo] [男]《論理》派生的命題, 必然的帰結

corona [kɔróna] [女]〖英 crown〗❶ 冠；王冠〖～ de rey〗：～ de duque 公爵の小冠．～ de espinas 〔キリストの〕いばらの冠．～ de flores 花の冠；花輪．～ de muerto 棺や墓の上に置く花輪．Una ～ de nubes rodeaba la cima. 雲の冠が山頂を囲んでいた．❷〔時に C～〕王位, 王権；王国：mensaje de la ～ 王による議会の開会演説．heredar la ～ 王位を継承する．historia de la ～ de Aragón アラゴン王国の歴史．❸ 栄冠〖～ de gloria〗；賞賛：～ de martirio 殉教者の栄冠．❹《聖像などの》光輪, 光背；《天文》〔太陽の〕コロナ〖～ solar〗；《数学》環形〖～ circular〗．❺〔時計の〕竜頭；《機械》クラウン歯車．❻ 栄光の頂点．❼《宗教》削冠〖coronilla〗．❽《解剖》歯冠；〔歯にかぶせる〕冠：poner una ～ a una muela 歯に〔金〕冠をかぶせる．❾〔北欧諸国などの貨幣単位〕クローネ；〔英国の〕クラウン銀貨：～ sueca (danesa) スウェーデン(デンマーク)クローネ．media ～ 半クラウン

　ceñir〔*se*〕*la* ～ 王位につく, 君臨する

coronación [kɔronaθjón] [女]❶ 冠をかぶせること, 戴冠〔式〕：～ de la Virgen 聖母マリアの戴冠．❷ 栄光の頂点；完成, 仕上げ：El descubrimiento ha sido la ～ de largos años de investigaciones. その発見は長年の研究の最後を飾るものだった．❸《建築・船舶》=**coronamiento** ❷

coronado, da [kɔronáðo, ða] [形][過分]《戯語》〖estar＋〗浮気をしている

coronamiento [kɔronamjénto] [男]❶ 戴冠〖coronación〗．❷《建築》上部の〔飾り〕；《船舶》船尾上部〔飾り〕

coronar [kɔronár] [他]❶ …に冠をかぶせる(授ける)；王位につける：El rey *fue coronado*. 王は戴冠した．La *coronaron* reina de la fiesta. 彼女は祭りの女王に選ばれた．❷〖＋de・con で〗…の頂点(上部)を飾る：La montaña está *coronada de* nieve. 山頂は雪をいただいている．Ese edificio *corona* la ciudad. その建物は市の一番の高みにある．❸ 完成(完遂)する, …の有終の美を飾る；〔陣地などを〕奪取する：El éxito *coronó* nuestros esfuerzos. 我々の努力は成功によって報われた．Consiguieron ～ la cima. 彼らはついに山頂をきわめた．Una vejez serena *coronó* su vida. 静かな老後が彼女の人生の最後を飾った．～ la fiesta 祭りの最後を飾る．❹《チェス》〔ポーンが〕成る；《チェッカー》〔こまを〕キングにする

　para ～*lo* その上, おまけに
　◆ [自] =～*se*
　◆ ～*se* ❶ 冠をかぶる(戴く)；王位につく：Los árboles *se coronan* de flores. 木々は花を戴いている．❷〔お産で胎児が〕頭をのぞかせる

coronario, ria [kɔronárjo, rja] [形]《解剖》冠状の：arteria ～*ria* 冠状動脈

corondel [kɔrondél] [男]〔段を区切る〕縦罫；段間〔の空き〕

coronel, la [kɔronél, la] [名]《陸軍・空軍》大佐

coronilla [kɔroníʎa] [女]❶ 脳天, 頭頂：quedar calvo por la ～ 頭のてっぺんがはげる．❷《宗教》削冠

　andar（*bailar・ir*）*de* ～ 威勢がよい, がんばっている；〔人を喜ばせようと〕努力する
　dar de ～ まっさかさまに落ちる
　estar hasta la ～〖＋de に〗あきあき(うんざり)している

corotos [kɔrótos] [男]《中南米》道具, 器具

corpachón [kɔrpatʃón] [男] 大きく頑丈な体

corpiño [kɔrpíɲo]
　[男]❶《服飾》〔袖のない〕胴衣, チョッキ〖カット〗．❷《中南米》ブラジャー〖sostén〗

corporación
　[kɔrporaθjón] [女]❶ 同業者団体, 同業組合：～ de médicos 医師会．❷ 公団, 公社：*C*～ Andina de Fomento アンデス開発公社．❸ 市自治体〖～ municipal〗．❹〔英国などの大きな〕会社, 企業

corporal [kɔrporál] [形]〖←cuerpo〗肉体の, 肉体的な：castigo ～ 体罰．lenguaje ～ ボディランゲージ．trabajo ～ 肉体労働
　◆ [男][複]《カトリック》聖餐布〖聖体拝領でパンとワインをのせる布〗：bolsa de ～*es* 聖餐布入れ

corporalmente 剾 肉体的に, 体を使って

corporativo, va [korporatíβo, ba] 厖 同業組合の;《時に軽蔑》協調組合主義の

corporativismo 男 協調組合主義

corporativista 共 協調組合主義の

corpóreo, a [korpóreo, a] 厖 肉体をもつ, 有形の. **corporeidad** 囡 有形性

corps [kɔ́rps] 男 《←仏語》guardia de ～ [国王の] 護衛隊, 近衛兵. sumiller de ～ 護衛隊長

corpulento, ta [korpulénto, ta] 厖 背が高く肉づきのよい, 固太りの『gordo と違って良い意味合いがある』: persona ～ta 恰幅のいい人. árbol ～ 巨木

corpulencia 囡 体の大きいこと; 巨体

corpus [kɔ́rpus] 男 [単複同形] ❶ [文書などの] 集成; 資料体:～ jurídico romano ローマ法典. ❷《キリスト教》[C～] 聖体の祝日 『día del C～ (Christi). 復活祭から 60 日目の木曜日』

corpúsculo [korpúskulo] 男 粒子, 微粒子;《解剖》小体, 小球

corpuscular [男] 《微》粒子の: teoría ～ de la luz 光の粒子説

corral [korál] 男 ❶ [家畜を入れる] 囲い場, 囲い; [魚の] 養殖場: ave de ～ 家禽. Antes el ～ que las cabras.《諺》捕らぬ狸の皮算用. ベビーサークル『～ de niño』. ❷ [16-17 世紀の] 芝居が上演された中庭. ❸《口語》荒れ果てた所: Su casa es un ～. 彼の家はまるで豚小屋だ

　como gallina en ～ ajeno [おとなしくして] 借りてきた猫のような

　～ de vacas 廃墟, あばら家

　～ de vecinos 旧式の集合住宅『casa de vecinos』

corrala 囡 [パティオに向かって入口がある] 旧式の集合住宅

corraliza 囡 養禽場

corralón 男 広い囲い場; 材木置き場『madrería』;《南米》荒れ地, 空き地

correa [koréa] 囡 ❶ [皮製などの] ベルト『ズボンなどには cinturón』; 皮ひも; [犬の] 引き綱: i) ～ del reloj 時計のバンド. ii)《機械》conductora (transportadora) ベルトコンベア. ～ de transmisión 伝導ベルト. ～ de ventilador ファンベルト. ❷ 弾力性. ❸《建築》母屋桁

　tener ～ [からかいなどに対して] 我慢強い

correaje 男 医囨《軍事》皮装具

correazo 男 皮ひもで打つこと

correcaminata [korekaminata] 囡 楽しみのためのランニング

correcaminos [korekamínos] 男 [単複同形]《自転車》ロードランナー.

corrección [korek(k)jón] 囡 《←corregir》❶ 訂正, 修正; 添削, 加筆; 校正 『～ de pruebas』: manuscrito lleno de correcciones 訂正だらけの原稿. ❷ 矯正; 叱責; 体罰, 折檻:～ postural 姿勢の矯正. casa de ～ 少年院. Tuvo la ～ que merecía. 彼は当然の罰を受けた. ❸ 正確さ, 正しさ: obrar con gran

～ 上品に(礼儀正しく)ふるまう. hablar inglés con toda ～ 完璧な英語を話す

correccional [korek(k)jonál] 厖《法律》軽罪の

◆ 男 少年院, 教護院 『～ de menores』:～ de mujeres 婦人補導院; 女子刑務所

correctivo, va [korektíβo, ba] 厖 矯正の

◆ 男 ❶ 罰;《法律》懲戒処分. ❷《スポーツ》大敗: sufrir un severo ～ 惨敗を喫する

correcto, ta [korékto, ta] 厖《英 correct》❶ 正確な, 間違いのない: oración ～ta 正しい文章. solución ～ta 正解. ❷ [人が] 礼儀にかなった, きちんとした: tener un comportamiento ～ 行儀がよい. ❸ まずまずの, 妥当な『最低条件は満たしているが, 特に良い点はない』

correctamente [koréktaménte] 剾 正しく; きちんと

corrector, ra [korektór, ra] 厖 矯正(補正)する

◆ 囡 ❶ 校正者 『～ de pruebas・galeradas』:～ de estilo [新聞社の] 原稿整理係. ❷ [試験の] 採点者. ❸ [ミニモ会の] 修道院長

◆ 男 ❶ 修正液 『líquido ～』. ❷ 歯列矯正具. ❸《情報》ortográfico スペルチェッカー

corredera [koreðéra] 囡 ❶《建築》puerta (ventana) [de] ～ 引き戸(窓). ❷《機械》滑り弁. ❸《船舶》ログ, 測程器. ❹《古語》馬場

corredizo, za [koreðíθo, θa] 厖 puerta (ventana) ～za 引き戸(窓). nudo ～ すべり結び, 輪差結び

corredor, ra [koreðór, ra] 厖 よく走る, 足の速い;《動物》走鳥類の

◆ 囡 ❶ 走る人; 走者, ランナー:～ automovilista (de choches)《自動車》レーサー. ～ ciclista 自転車競走選手. ～ de bola《アメフト》ランニングバック. ～ de fondo 長距離走者. ～ de vallas ハードル選手. ❷《商業》仲買人, ブローカー 『～ de comercio』:～ de bolsa 株式仲買人. ～ de cambios 手形ブローカー. ～ de fincas (de propicedos) 不動産周旋業者. ～ de seguros 保険仲介人

◆ 男 ❶ 廊下 『pasillo』; 回廊 『galería』:～ de la muerte 死刑囚棟. ❷《地理》回廊地帯. ❸ 匚《動物》走鳥類

correduría [koreðuría] 囡 ＝**corretaje**

correferencia [korɛferéntja] 囡《言語》同一指示

corregente [korɛxénte] 共 連立摂政〔の〕

corregible [korɛxíβle] 厖 訂正(矯正)できる

corregidor [korɛxiðór] 男 [中世スペインで主要都市に派遣された] 王室代理官, 代官

corregidora 囡 corregidor の妻

corregimiento 男 その職(管轄区)

corregir [korɛxír] 4 35 『☞活用表. 現分 corrigiendo』 厖《英 correct》❶ [誤りを] 直す, 訂正する; 校正する:～ el dictado 書き取りの間違いを直す. Corrígele sus faltas. 彼の誤りを直してやれ. ❷ 修正する, 補正する. ❸ [欠点などを] 改める, 矯正する; 叱責する:～ la tartamudez 吃音を矯正する. ～ a+人 una mala costumbre …の悪い癖をやめさせる. ❹ [先生が答案を] 調べる, 採点する : ～ los ejercicios 問題の採点をする

◆ **～se** ❶ [+de 自分の欠点・素行などを] 改める : *Se ha corregido de* su egoísmo. 彼は自分の利己心を改めた. ❷ [欠点が] 直る : La miopía *se* le *ha corregido* con el uso de gafas. 彼は眼鏡をかけて近視を矯正した

corregir	
直説法現在	直説法点過去
corr*ij*o	corregí
corr*i*ges	corregiste
corr*i*ge	corr*i*gió
corregimos	corregimos
corregís	corregisteis
corr*i*gen	corr*i*gieron
接続法現在	接続法過去
corr*ij*a	corr*i*giera, -se
corr*ij*as	corr*i*gieras, -ses
corr*ij*a	corr*i*giera, -se
corr*ij*amos	corr*i*giéramos, -semos
corr*ij*áis	corr*i*gierais, -seis
corr*ij*an	corr*i*gieran, -sen

correhuela/corregüela [kɔr̄ɛ(g)wéla] 女《植物》ヒルガオ

correlación [kɔr̄ɛlaθjɔ́n] 女 相関関係 : La inflación guarda ～ con la subida de los carburantes. インフレはガソリンの値上げと相関関係にある. coeficiente de ～ 相関係数

correlacionar 他 相互に関連させる

correlativo, va [kɔr̄ɛlatíƀo, ƀa] 形 相関的な ;《文法》相関の 〚例 cuanto... tanto...〛

correlato [kɔr̄ɛláto] 男 相関物 ; 相関語

correligionario, ria [kɔr̄ɛlixjonárjo, rja] 形 名 同宗の(人) ; [政治的に] 同意見の(人)

correlón, na [kɔr̄ɛlɔ́n, na] 形《中南米》よく走る, 足の速い ; 臆病な, 卑怯な

correntada [kɔr̄ɛntáđa] 女《南米》急流

correntoso, sa 形 急流の

correo [kɔr̄ɛ́o] 男 〚英 mail. ☞correos〛 ❶ 郵便 ; 集名 郵便物 : enviar... por ～/echar... al ～ …を郵便で送る. distribuir el ～ 郵便を配達する. venta por ～ 通信販売. ～ electrónico Eメール. ～ urgente 速達郵便(物). ❷《中南米》[*C*～] 郵便局 〚correos〛. ❸ 郵便列車 〚tren ～〛 ; 郵便車 〚coche ～〛 ; 郵便輸送機 〚avión ～〛. ❹ 郵便ポスト 〚buzón〛. ❺ 公文書送達吏 〚～ de gabinete〛

a vuelta de ～ 折り返し(すぐに) : Espero noticias tuyas *a vuelta de* ～. 折り返しお便りをお待ちします

correos [kɔr̄ɛ́ɔs] 男 〚単複同形〛《西》郵便局 〚業務, 建物〛 : ir a ～ 郵便局に行く. ¿Dónde está ～? 郵便局はどこですか?

correoso, sa [kɔr̄ɛóso, sa] 形 〚←correa〛 ❶ 弾力性のある. ❷ [パンが] なま焼けの ; [肉が] 皮のように堅い. ❸ [人が] タフな, 不屈の

correosidad 女 弾力性 ; 堅さ

correr [kɔr̄ɛ́r] 自 〚英 run〛 ❶ [人・動物が] 走る : i) *Corrió* para coger el autobús. 彼はバスに間に合うように走った. ～ en la prueba de descenso 滑降種目に参加する. ii) [+en 車などで] ～ *en* bicicleta 自転車で走る. *Corres* demasiado. 君はスピードを出しすぎる

❷ 急ぐ : i) Habla sin ～ tanto. そんなに急がずに話しなさい. ～ al puesto de policía 交番に急を知らせる. ii) [+a+不定詞 するために] 急ぐ ; 急いで(あわてて)…する : *Corrió a* comprar la entrada. 彼は入場券を買いに急いだ. *Corrí a* esconderme. 私は急いで隠れた

❸ [水・時間・噂などが] 流れる ; [地形などが] 伸びる : dejar ～ el agua 水を流す. *Corrían* los meses sin que tuviéramos noticias. 知らせのないままに何か月も過ぎた. *Ha corrido* un rumor. ある噂が流れた. El río *corre* por la llanura. 川が平野を流れる. La cordillera *corre* de norte a sur. 山脈が南北に走っている

❹ [給料などが] 支払われる

❺ [貨幣が] 通用する

❻ [+con を] 引き受ける, 負担する : La empresa *corre con* los gastos. 費用は会社持ちだ

a ～ [時間・話は] もう終わりだ

a todo ～ 全速力で

(***aquí***) ***el que no corre*** (***el que corre menos***)***, vuela*** みんな必死だ/のんびりしてはいられない

～ ***mucho*** よく走る, 足が速い

dejar ～ なりゆきに任せる, するがままにさせる

echarse a ～ ひどい, よくない

◆ 他 ❶ [距離を] 走る ; 走り回る : ～ mundo 世界を駆け巡る ; 世間の荒波にもまれる. ❷ 追いかける ;《闘牛》[牛と] 闘う : ～ ciervos [猟で] 鹿を追う. ❸ [鍵などを] 掛ける : ～ un cerrojo 差し錠を下ろす. ❹ [幕などを] 引く ; [時に] 開ける 〚descorrer〛 : ～ la cortina カーテンを引く(開ける) ; 事実を隠蔽する. ❺ [危険などに] 立ち向かう, さらされる : ～ la misma suerte 同じ運命をたどる(危険にさらされる). ❻ [位置を] 少し動かす : *Corre* la mesa hacia la izquierda. テーブルを左へ動かしてくれ. ❼ [色を] にじませる, 流す : La lluvia *corrió* los colores. 雨で色がにじんだ. ❽ [馬を競走で] 走らせる ; 訓練する. ❾《口語》恥じ入らせる, 当惑させる ; [どんちゃん騒ぎを] する. ❿《情報》スクロールする

～***la*** どんちゃん騒ぎをする

◆ **～se** ❶ [人・物が] 少し動く : *Córrete* un poco. 少し横に寄ってくれ/席を詰めてくれ. ❷ 行きすぎる, 限度を越える : La cremallera *se ha corrido* y no vuelve para atrás. チャックが行きすぎて元に戻らない. ❸ [色が] にじむ, 流れる : La tinta *se ha corrido*. インクがにじんだ. ❹《口語》額が多すぎる : *Te has corrido* en la propina. チップのやりすぎだよ. ❺《口語》恥じ入る, どぎまぎする ; =**～la**. ❻《西. 俗語》オルガスムスに達する ; 喜びを感じる

correría [kɔr̄ɛría] 女 ❶ 複 [出かけてする] 遊び ; 遠出, 旅行 : ～*s* nocturnas 夜遊び. ❷《古

語. 軍事》[一時的な] 侵入, 侵略

correspondencia [kořespondénθja] 囡 ❶
対応 : No hay en francés ～ con este término castellano. フランス語にはこのスペイン語に相当する言葉がない. ～ de tiempos 《文法》時制の一致. ❷ 文通, 通信 ; 匪名 書簡, 郵便物 : mantener ～ con+人 …と文通している. amigo por ～ ペンフレンド. educación por ～ 通信教育. ❸ 配分される, 属する : Me ha correspondido una parte de la herencia. 遺産の一部が私に回ってきた. A los padres les corresponde cuidar de la educación de los hijos. 子供を教育するのは親の責任である. La educación obligatoria en Japón, corresponde a los primeros nueve años de estudios. 日本の義務教育は最初の9年間である. a quien corresponda 《手紙》関係当事者殿
◆ ～se ❶ [互いに/+con と] 対応する : Estas dos cajas no se corresponden. この2つの箱は合わない. Esa conducta no se corresponde con su clase social. そんなふるまいは彼の身分にふさわしくない. ❷ 愛し合う

correspondiente [kořespondjénte] 厖 ❶ [+a に] 対応する ; 適合する : Cada uno lleva su entrada ～. 各人がそれぞれ入場券を持っている. ángulo ～ 《数学》同位角. ❷ 通信(手紙)による

corresponsal [kořesponsál] 图 ❶ 文通の相手, ペンフレンド. ❷ [新聞社などの] 通信員, 特派員 ; 《商業》代理人 : ～ residente en París パリ駐在員. ～ de guerra 従軍記者
◆ 男 代理店 〖agencia〗

corresponsalía 囡 通信員の職務

corretaje [kořetáxe] 图 仲買い, 周旋 ; その手数料

corretear [kořeteár] 自 ❶ 走り回る,《口語》出歩く, うろつき回る. ❷ 《南米》追い払う ; 追いかける

correveidile [kořeβejðíle] 图 〖←corre, ve y dile. 単複同形〗《軽蔑》他人の私事を話して回る人

---

corrida[1] [koříða] 囡 ❶ [少し] 走ること : Si te das una ～, podrás alcanzarle. ひと走りすれば彼に追いつくよ. ❷ 闘牛 《～ de toros》: ir a una ～ 闘牛を見に行く. ❸《経済》～ bancaria [銀行の] 取り付け. ～ sobre el dólar 激しいドル買い. ❹ アンダルシア地方の民謡. 《西. 俗語》オルガスムス
de ～ 急いで[しかもつかえずに] ; 暗記して : El niño ya lee de ～. その子はもうすらすら読める
en una ～ 少しの間 : Ve en una ～ hasta la farmacia. ちょっと薬局まで行ってきてくれ

corrido, da[2] [koříðo, ða] 厖 過分 ❶ [建築上] つながった : balcón ～ [隣と] 連続したバルコニー. ❷ [正しい重さなどより] 多めの : un quilo ～ de azúcar 1キロ強の砂糖. una hora bien ～da たっぷり1時間. peso ～ 超過重量. ❸《西》[estar+] 恥じ入った, 当惑した : Se quedó muy ～. 彼は大変恥じ入った. dejar a ～+人 …を恥じ入らせる. ❹ [ser+] 世ずれた, 世故にたけた. ❺《南米》[日時が] ぶっ続けて : [a] tres noches ～das 3晩続けて
◆ 男 コリード 〖メキシコなどの2人で歌う民俗音楽〗;《南米》逃亡者
de ～ =de corrida

corriente [korjénte] 厖 ❶ 流れている. ❷《主に商業文》現在の : el mes ～/el ～ mes 今月. el recibo ～ de la luz 今月分の電気料金の領収書. precio ～ 時価. ❸ 普通の, 日常の : Es una chica ～. 彼女はごく普通の女の子だ. Es ～ ver nudistas en esta playa. この海岸ではヌーディストは珍しくない
al ～ 1) 遅れずに, 正確に : No está al ～ de pago. 彼は支払いが遅れる. 2) [+de に] 通じた, 知った : No estoy al ～ del asunto. 私はその件はよく知らない. Tenme al ～ de cuanto ocurra. 起こったことはすべて知らせてくれ. ponerse al ～ 最新情報に通じる
común y ～ ありきたりの, よくある
～ y moliente ありきたりの, 型どおりの
◆ 囡 〖英 current〗❶ 流れ : Se lo llevó la ～. 彼は流れに運ばれた. ～ de conciencia 意識の流れ. ❷ 空気の流れ, すきま風 ; 気流 : Aquí hay ～ de aire. ここはすきま風が入る. ～ de chorro ジェット気流. ❸ 海流 《～ marina》: ～ fría (cálida) 寒流(暖流). C～ del Golfo [de México] メキシコ湾流. ❹ 電流 《～ eléctrica》: ～ alterna (alternativa) 交流. ～ continua 直流. ❺ 傾向 : ～ de ideas 思潮
dejarse llevar de (por) la ～/irse con (tras) la ～/seguir la ～ 大勢に従う, 状況に流される
ir (navegar) contra ～ 一般的傾向に逆らう
seguir (llevar) la ～ a+人 …の機嫌をとる

corrientemente [korjénteménte] 副 ❶ 習慣として, 普通に : C～ paseo por la orilla del río. 私はいつも川岸を散歩する. ❷ 気どらずに

corrillo [koříʎo] 男 [内緒話などをする] 人の輪 : hablar en ～s グループに分かれてひそひそ話をする

corrimiento [kořimjénto] 男 ❶ 流れること：
～ de tierras 地すべり．❷ 赤面，きまり悪さ
〖vergüenza〗．❸《中米》リューマチ〖reu-
ma〗

corro [kóřo] 男 ❶ [人々の] 集まり：hacer ～
[人のまわりに] 輪になる，人がきを作る．jugar al
～ 輪になって遊ぶ〖歌いながら回る子供の遊び〗．
❷ 円形〔の空間〕；〔取引所の〕場

hacer ～ aparte 分派を作る

corroborar [kořobořár] 他 〔仮説・疑惑など
を〕確証する，裏づける：El resultado de la
prueba *corroboró* lo que se había dicho
antes. 実験の結果，以前言われていたことの正し
さが立証された

corroboración 女 確証

corroborativo, va 形 確証する

corroer [kořoér] 46 他 〔過分 corroído, 現分
corroyendo〗〔金属などを〕腐食させる；むしば
む：La lluvia *corroyó* la puerta. 雨でドアが錆
びた．～ a+人 el alma …の精神をむしばむ

◆ ~se 腐食する；[+de に] むしばまれる：Se
corroe de celos (de inquietud). 彼は嫉妬にさ
いなまれている(不安にかられている)

corromper [kořompér] 他 ❶〔主に比喩〕腐
敗させる，〔純粋さ・美しさなどを〕損なう，ゆがめ
る：～ a los jóvenes 青年を堕落させる．～ el
idioma 国語を乱れさせる．❷ 買収する：～ a
los jueces 判事を買収する

◆ 自《口語》腐った臭いがする：El poder co-
rrompe. 権力は腐敗している

◆ ~se 腐敗する，堕落する

corrongo, ga [kořóŋgo, ga] 形《中米》すて
きな，感じのいい

corrosión [kořosjón] 女 腐食

corrosivo, va [kořosíßo, ßa] 形 ❶ 腐食性
の．❷ 辛辣な：ironía ～va 痛烈な皮肉

corrugar [kořugár] 他 波形にする

corrupción [kořupθjón] 女〔←corromper〕
腐敗，堕落，退廃；買収，汚職：～ de meno-
res 青少年に対する性犯罪；青少年を使った犯
罪

corruptela [kořuptéla] 女〔法律に違反するよ
うな〕腐敗，堕落

corrupto, ta [kořúpto, ta] 形〔←corrom-
per〕腐敗した，堕落した

corruptor, ra [kořuptór, ra] 形 名 堕落させ
る〔人〕：～ de menores 青少年に対する性犯罪
者；青少年を使った犯罪者

corrusco [kořúsko] 男《口語》パンくず〖men-
drugo〗

corsario, ria [korsárjo, rja] 形 名《歴史》私
掠船の〔船員〕；海賊〔の〕：nave ～ria 私掠船

corsé [korsé] 男〔複 ～s〕《服飾》コルセッ
ト：ponerse el ～ コルセットをつける．❷ 自由を
束縛するもの

corselete 男 コースレット，オールインワン

corseletería 女 コルセット店(製造所)

corso, sa [kórso, sa] 形 名《地名》コルシカ
Córcega 女 の〔人〕

◆ 男 ❶《歴史》私掠行為；海賊行為：en ～
私掠行為をして．armar en ～ 私掠船として艤

装する．patente de ～ 私掠免許状；特権．❷
《南米》〔祭儀の〕パレード

corta¹ [kórta] 女 ❶ 木を切ること．❷《自動車》
[主に 複] ロービーム：poner las ～s ヘッドライ
トを下に向ける

cortaalambres [kortaalámbres] 男〔単複
同形〗ワイヤーカッター

cortacésped [kortaθéspe(ð)] 男〔単複同
形〗芝刈り機

cortacigarros [kortaθigářos] 男〔単複同
形〗葉巻切り，シガーカッター

cortacircuitos [kortaθirkwítos] 男〔単複同
形〗《電気》ブレーカー，遮断器

cortacorriente [kortakořjénte] 男 =cor-
tacircuitos

cortada¹ [kortáða] 女 パンの1切れ(1枚)；
《中米》切り傷；《南米》近道〖atajo〗

cortadera [kortaðéra] 女〔鉄棒切断用の〕た
がね；《植物》パンパスグラス

estar en la ～《南米》みじめな状態にある

cortadillo [kortaðíʎo] 男〔ワイン用の〕小さな
コップ；角砂糖

cortado, da² [kortáðo, da] 形 過分 ❶《西》
[estar+] 困惑した，あがった；[ser+] 気の弱い，
臆病な．❷ [estar+. 道路が] 通行止めの，行き
止まりの．❸〔牛乳・ソースが〕分離した；〔文体
が〕短文の多い，ぶつ切りの．❹《南米》一文なし
の；《中南米》悪寒のする

◆ ミルクを少量入れたコーヒー〖café ～〗

cortador, ra [kortaðór, ra] 形 名 切る，裁断
する；〔布・皮の〕裁断工

◆ 男 ❶ 前歯，門歯〖incisivo〗．❷ 切る道具，
クリッパー

◆ 女 裁断機，カッター：～ra de césped 芝刈
り機

cortadura [kortaðúra] 女 ❶ 切り傷．❷《地
質》[山間の] 断層，切り通し．❸ 複 切りくず，
裁ちくず

cortafierro [kortafjéřo] 男《中南米》=
cortafrío

cortafrío [kortafrío] 男《技術》冷たがね，生
(½)切り

cortafuego [kortafwégo] 男〔森林の〕防火
線〖camino ～〗；〔建物の〕防火壁

cortafuegos 男〔単複同形〗=cortafuego

cortahumedades [kortaumeðáðes] 男
〔単複同形〗〔壁の〕防湿層

cortante [kortánte] 形 ❶ よく切れる，鋭利な；
[身を切るように] 冷たい．❷ [口調・文体が] ぶ
っきらぼうな，そっけない

cortapapeles [kortapapéles] 男〔単複同
形〗ペーパーナイフ

cortapatillas [kortapatíʎas] 男〔単複同形〗
[電気かみそりの] きわぞり刃

cortapicos [kortapíkos] 男〔単複同形〗《昆
虫》ハサミムシ

cortapisa [kortapísa] 女 [主に 複. 使用・所
有の] 制限，条件：poner ～s a la capacidad
creativa 創造力に枠をはめる．sin ～s 無制限
に，付帯条件なしに；自由に

cortaplumas [kortaplúmas] 男〔単複同形〗

C

ポケットナイフ

cortapuros [kɔrtapúros] 男 〖単複同形〗葉巻切り, シガーカッター.

cortar [kɔrtár] 他 〖英 cut〗❶ 切る: i) ～ el pan パンを切る. ～ un libro 本のページを裁断する. ～ un vestido ドレスを裁断する. ～ una rama 枝を切り落とす. ～ a+人 la pierna …の脚を切り取る. ii) 〖文語〗〔空気・水を〕切る: La flecha *cortó* el aire. 矢は風を切って飛んだ. ～ las olas 波を切って進む

❷ 遮る, 遮断する; 〔流れを〕止める: No me *cortes*. 私の話を遮らないでください. ～ la conversación 話を中断する. ～ el agua 水を止める, 断水させる. ～ la corriente 電流を切る

❸ 横切る: La cordillera *corta* el país de sur a norte. 山脈がその国を南北に分けている

❹ 〔寒さが皮膚を〕ひび割れさせる

❺ 〔酒を水などで〕割る: ～ el vino con gaseosa ワインを炭酸で割る

❻ 〔文章・映画などの一部を〕削除する, カットする; ¡Corten! 〖映画〗カット!

❼ 〈口語〉〔間違った行動をしている人を〕引き止める, やめさせる

❽ 〈トランプ〉〔相手のカードを切り札で〕切る; 〔カードを〕カットする

❾ 〈スポーツ〉〔ボールを〕カットする

❿ 〈料理〉〔牛乳・ソースなどを〕分離させる

⓫ …に裁定を下す

⓬ 〈中南米〉〔果物を〕収穫する

◆ 自 ❶ 〔刃物が〕よく切れる: Estas tijeras no *cortan* muy bien. このはさみはよく切れない. ❷ 〔水・風が〕冷たい: Hace un frío que *corta*. 身を切られるような寒さだ. ❸ 近道をする: ～ por un atajo. ❹ 〈トランプ〉カードをカットする

◆ ～se ❶ 〔自分の体の一部を〕切る: Se *cortó* el dedo. 彼は指をけがした. Me *corto* el pelo cada mes. 私は毎月散髪する. ～se las uñas 爪を切る. ❷ 切断される; 〔布地が折り目で〕すり切れる: Se *cortó* la carretera (la luz). 道路が切断された(明かりが消えた). ❸ あかぎれができる. ❹ 〈西〉〔困惑して〕言葉に詰まる, あがる. ❺ 〔線が〕交差する. ❻ 〔牛乳・ソースなどが〕分離する: La leche *se ha cortado*. 牛乳が変質した

cortársela 〈卑語〉1) 〔確約〕Si no le convenzo, *me la corto*. あいつを説得できなければ, 俺のきんたまをやるよ. 2) 〈中南米〉死んでしまう

cortaúñas [kɔrtaúɲas] 男 〖単複同形〗爪切り

cortavidrios [kɔrtaβíðrjos] 男 〖単複同形〗ガラス切り

cortavientos [kɔrtaβjéntos] 男 〖単複同形〗防風設備, 風よけ

corte [kɔ́rte] 男 〖英 cut〗❶ 切ること, 切断, 切り口, 断面〔図〕: ～ del metal 金属の切断. ～ longitudinal (transversal) 縦(横)断面図. ❷ 散髪; 髪形: ～ a (la) navaja レザーカット. ❸ 〈服飾〉裁断, カッティング: Este traje tiene muy buen ～. この背広はすばらしい仕立てだ. ～ y confección 婦人服製造. ❹ 伐採; 刈取り. ❺ 切り傷: Me hice (Tuve) un ～ en la mano. 私は手を切った. ❻ 〔ナイフなどの〕

刃. ❼ 切片, 布切れ: un ～ de vestido (de zapatos) 着分の布地(靴 1 足分の革). ～ redondo 肉の大きな切り身. ❽ 〔人・事物の〕タイプ, スタイル, 傾向: obra de ～ tradicional 伝統的なスタイルの作品. ❾ 中断, 遮断: ～ de agua 断水. ～ de luz/～ de electricidad 停電. ～ de cuentas 借金返済の打切り. ❿ 〈印刷〉〔本の〕小口. ⓫ 〈スポーツ〉予選: pasar el ～ 予選を通過する. ⓬ 〈電気〉遮断: frecuencia de ～ 遮断周波数. ⓭ 〈西〉i) 〈口語〉恥ずかしさ: Me da ～ cantar en público. 人前で歌うのは恥ずかしい. ii) 〈口語〉驚き, 失望; 思いがけない拒絶の返事, けんつく: ¡Jo, qué ～! 残念/やられた! iii) 〈菓子〉ビスケットではさんだアイスクリーム 〖～ helado〗. ⓮ 〈南米〉〔果物の〕収穫; 〈舞踊〉タンゴのステップの一種

〖*dar・hacer un*〗
～ *de mangas* 腕を突き出しその腕をもう一方の手でたたく毎辱の仕草〔をする〕〖エグアドル〗

dar un ～ *a+人* …の話を遮る

◆ 女 〖英 court〗❶ 宮廷; 〔医学〕廷臣; 王都: vestido de ～ 宮廷の作法にかなったドレス. ～ celestial 天使軍. C～ o cortijo. 小さな町には住みたくない. ❷ 〔C～ s〕i) 〈西〉〔国会〕〔歴史〕王国議会〔国王が召集し, 各身分・町の代表で構成された〕: aprobarse por las C～s 国会で承認される. C～s constituyentes 憲法制定議会. 〔中米〕〔裁判所〕〔tribunal〕

hacer la ～ *a+人* …にへつらう; 言い寄る

cortedad [kɔrteðá(ð)] 女 〖←corto〗❶ 短いこと, 短さ. ❷ ～ de ánimo 勇気のなさ. ❸ 恥ずかしがり, 臆病

cortejar [kɔrtexár] 他 ❶ 〔女性に〕言い寄る, 口説く. ❷ 〔へつらって〕つきまとう, ご機嫌を取る ◆ 自 恋人がいる; デートする

cortejo [kɔrtéxo] 男 ❶ 口説き, 求愛. ❷ 〔医学〕〔祭儀の〕行列, 随員の一行: ～ fúnebre 葬列. ❸ 付随物: el hambre y su ～ de enfermedades 飢えとそれに伴う病気

cortés [kɔrtés] 形 礼儀正しい, 丁重な: hombre ～ 礼儀正しい人. saludo ～ 丁寧なあいさつ. hacer a+人 un recibimiento ～ pero frío …を丁重ではあるが冷ややかに出迎える. Lo ～ no quita lo valiente. 礼節と勇気は相反しない

cortésmente 副 礼儀正しく, 丁重に

cortesano, na [kɔrtesáno, na] 形 宮廷の; 丁重な, 親切な ◆ 男 宮廷人, 廷臣 ◆ 女 〈古語〉高級売春婦

cortesía [kɔrtesía] 女 ❶ 礼儀, 礼節: con ～ 礼儀正しく. por ～ 礼儀として. acto de ～ 儀礼行為. carta de ～ 挨拶状. coche de ～ 送迎車. visita de ～ 表敬訪問. Nos hizo la ～ de venir. 〈敬語〉その方は私たちのところへ来てくださった. ❷ 贈り物 〖regalo〗. ❸ 〈商業〉支払い猶予期間; 〔一般に〕猶予, 延期. ❹ 〈印刷〉

página de ～〔章末などの〕空白のページ

cortex [kɔ́rte(k)s] 男《解剖》皮質；《植物》皮層

corteza [kortéθa] 囡 ❶ 樹皮；《植物》皮層．
❷〔固い〕外皮：～ de una naranja オレンジの
皮．～ terrestre 地殻．tener la ～ crujiente
〔パンなどが〕皮がカリカリしている．❸ うわべ，みか
け：no ver más allá de la ～ de los acon-
tecimientos 物事のうわっつらしか見ない．❹ 粗
野．❺《解剖》皮質：～ cerebral 大脳皮質．
❻《料理》豚の皮をカリッと揚げたもの〖～s
de cerdo〗

cortical [kortikál] 形《解剖》皮質の；《植物》皮層の

corticoide/corticosteroide [korti-
kóide/-kosterói-] 囝《生化》コルチコステロイド

cortijo [kortíxo] 男〔アンダルシアの〕農場
cortijero, ra 囵 その監督

cortina [kortína] 囡 ❶ カーテ
ン，幕：abrir (cerrar) la ～ カーテンを開ける
(閉める)．lo de detrás de la ～ 内幕，内情．
～ de agua どしゃ降りの雨．～ de aire カ
ーテン．～ de fuego 弾幕．～ de humo 煙幕．
❷《建築》カーテンウォール；《城の》幕壁：～ de
muelle 岸壁

cortinaje [kortináxe] 囝 集名 カーテンの装備
一式

cortinilla [kortiníʎa] 囡〔列車などの窓の〕カ
ーテン

cortisona [kortisóna] 囡《生理・薬学》コーチ
ゾン

corto, ta² [kɔ́rto, ta] 形《英 short. ↔
largo》❶ 短い：i)〔空間〕
a ～ta distancia 近距離に・の．falda ～ta シ
ョートスカート．Estos pantalones te están
～s. このズボンは君には短かすぎる．ii)〔時間〕～
viaje 短期間の旅行，小旅行．discurso ～ 短
い演説．novela (película) ～ta 短編小説(映
画)．tras una ～ta espera 少し待ってから
❷ 少ない，足りない：En este restaurante la
ración es ～ta. このレストランは盛りが少ない．
Estamos ～s de fondos. 我々は資金が不足
❸ 無能な，頭の悪い；恥ずかしがりの，臆病な
a la ～ta o a la larga 遅かれ早かれ
～ de vista 近視〔近眼〕の；洞察力のない，頭
(物わかり)の悪い，近視眼的な
ir (poner) de ～ 半ズボン姿でいる
ni ～ ni perezoso いきなり，突然
quedarse ～〔弾丸が〕目標に届か
ない；計算違いをする，言い尽くせない，言い足り
ない：Te quedaste ～ echando gasolina. ガ
ソリンが足りないよ．Te espera ～ta con
azúcar. 〔味見して〕砂糖が足りないね．No te
has quedado ～ bebiendo vino. ずいぶんワイ
ンを飲んだね．Había por lo menos mil
porsonas, y me quedo ～. 少なくとも千人，い
やもっとたくさんいた
◆ 囝 ❶ 短編映画〖cortometraje〗．❷ 欠乏，
不足．❸《西》〔ビール・ワインの〕小グラス；薄い
ブラックコーヒー．❹《電気》ショート〖cortocir-
cuito〗．❺《通信》どうぞ，オーバー〖↔fuera〗

cortocircuito [kortoθirkwíto] 囝《電気》シ
ョート；《比喩》短絡：hacer (un) ～ ショートす

る；短絡する

cortometraje [kortometráxe] 囝 短編映画
cortón [kortón] 囝《昆虫》ケラ
coruñés, sa [koruɲés, sa] 形 名《地名》ラ・
コルーニャ La Coruña の〔人〕《ガリシア地方の
県・県都》
coruscar [koruskár] 〔7〕 圁《文語》きらめく
corva¹ [kɔ́rba] 囡 ひかがみ，膝窩(ひつ)
corvadura [korbaðúra] 囡 湾曲部
corvato [korbáto] 囝 カラス cuervo の子
corvejón [korbexón] 囝 ❶〔馬の後脚の〕飛
節：cerrado de corvejones 飛節が内側に湾曲
した．❷《料理》〔牛の〕脛肉〖☞carne カット〗．
❸《鳥》=**cormorán**
corveta [korbéta] 囡 馬が後脚で立った姿勢
córvidos [kɔ́rbiðos] 囝 集名《鳥》カラス科
corvina [korbína] 囡《魚》ニベ科の魚；コルビ
ーナ
corvo, va² [kɔ́rbo, ba] 形 湾曲した〖curvo〗
◆ 囝 =**corvina**
corzo, za [kɔ́rθo, θa] 囝《動物》ノロ

cosa [kósa] 囡《英 thing》❶ 物，物体：i)
¿Qué ～ ves a lo lejos? 遠くにどんな
物が見えるか？ Necesitamos muchas ～s.
色々な物が必要だ．Comió tres ～s a la vez.
彼は3つのものを同時に食べた．ii)〔人に対して〕
El esclavo era considerado como una ～.
奴隷は物のように考えられていた．iii) 所有物；複
その一そろい：No tiene ～ alguna de valor.
彼は何ら値打ちのある物は持っていない．Retira
tus ～s de esta habitación. この部屋から君の
物をどけろ
❷ 事，事柄：i) Me dijo unas ～s horribles.
彼は私に恐ろしいことを言った．～ pública 国事．
ii) 出来事，事情：Eso ya es otra ～. それはも
う別のことだ/それなら話は別だ．Cada uno tiene
sus ～s. 人にはそれぞれの事情がある．Son las ～s
de la vida. 人生とはそんなものだ．iii)〔主に 複〕
仕事，用事：He de hacer muchas ～s hoy.
私は今日たくさんのことをしなければならない
❸ 複 事態：¿Cómo le van las ～s? うまくい
ってますか？ Las ～s no van bien. 事態はかんば
しくない
❹ 複〔奇行・欠点など，+de に特有の〕言動：
Son ～s de jóvenes. いかにも若い人のやる(言
う)ことだ
❺〔主に 複〕口からの出任せ，思いつき：¡Qué
～s tienes! ひどいでたらめを言うなあ！
❻ 物事：Todas las ～s tienen su fin. 物事
にはすべて終わりがある
❼《軽蔑》取るに足りない人
❽《婉曲》陰茎〖pene〗
a ～ hecha 成功を確信して；何を買うか既に決
めてあって
como ～ de... =～ de...
como quien no quiere la ～ さりげなく，そし
らぬふりをして
como si no fuera con+人 la ～ …にとって
他人事のような顔をして
como si tal ～ 何事もなかったように，平然と：
Fuma delante de su padre como si tal ～.

彼は父親の前で平気でたばこを吸う

〜 de... [小さな数の概念] 約…, およそ…: Esperaré 〜 de media hora. 30 分位待とう

〜 fina 《西. 口語》すばらしいの(こと): Estos platos son 〜 fina. これらの料理はすばらしい

entre otras 〜s 色々ある中で, とりわけ; 例えば, 一例をあげると

entre unas 〜s y otras [事情などが] 色々あって

¡hábrase visto 〜 [igual・parecida]! [驚き・不快] こんなことってあるか/ひどい!

la 〜 es que... [+直説法] 実は(話は)…だ; [+接続法] 大切なのは…だ: La 〜 es que tengo mucho miedo a la altura. 本当は私は高所恐怖症なのだ

lo que son las 〜s... [奇妙なこと]実は…

no hay tal 〜 [反論] そんなことはまったくない

no... otra 〜 que... …だけ: No hago otra 〜 que pensar en ti. 私は君のことばかり考えている

no sea 〜 que+接続法 …しないように: Cerremos las ventanas, no sea 〜 que entre la polvareda. ほこりが入らないように窓をしめよう

no ser la 〜 para menos 正当な行動である, 無理もない

no valer gran 〜 大したことではない, つまらないことである

poca 〜 ささいなこと: Riñó con María por poca 〜. 彼女はささいなことでマリアとけんかした

poquita 〜 《口語》体の弱い人, 元気のない人

por una[s] 〜[s] o por otra[s] いつも

ser 〜 de+不定詞 …するとよい, 必要がある; 問題は…である: Es 〜 de ver. それは見ものだ. No es 〜 de ponernos a discutir en este momento. この場で議論するべきではない. Todo es 〜 de saber esperar. 問題はすべて我慢できるかどうかにある

ser 〜 de+人 …の領分である: Esto es 〜 mía. これは私の仕事[問題]だ

ser 〜 de+時間 [時間が] およそ…かかる: Llegar a Madrid es 〜 de 18 horas. マドリードまで約 18 時間

ser 〜 perdida [人が] 救いようがない

tomar las 〜s como vienen 成り行き任せにする

una 〜 es... y otra [es]... …と…は別問題である: Una 〜 es beber y otra emborracharse. 酒を飲むことと酔っ払うことは別問題だ

¡vaya [una] 〜! [皮肉・驚き・軽蔑] それはそれは/おやおや!

y otra 〜... そしてもう一つ…

cosaco, ca [kosáko, ka] 形 名 コサック[の]: beber como un 〜 《軽蔑》大酒飲みである
　◆ 男 コサック騎兵

coscoja [kɔskɔ́xa] 女 《植物》ケルメスナラ
　coscojal 男 ケルメスナラの林
　coscojo 名 ケルメスナラにできる虫こぶ

coscorrón [kɔskɔ́rɔn] 男 頭への打撃(殴打)
　darse (llevar unos) coscorrones [未熟なせいで] 痛い目にあう

coscurro [kɔskúrɔ] 男 =cuscurro

cosecante [kosekánte] 女 《数学》コセカント

cosecha [kosétʃa] 女 《英 harvest》❶ 収穫, 取り入れ; 収穫期: hacer la 〜 取り入れをする. Te pagaré para la 〜. 収穫期までに支払う ❷ 収穫物, 作柄: Este año ha habido buena (mala) 〜 de trigo. 今年は小麦が豊作(不作)だった. tamaña 〜 de datos 膨大な資料の収集 ❸ [ブドウの] 収穫年: vino de la 〜 1982 1982年もののワイン

de la 〜 de+人 …の創作した: Eso es de su [propia] 〜. それは彼の作り話だ. Cuéntamelo sin poner nada de tu 〜. 作り話など交えずにそのままで話せ

de la última 〜 最新の

cosechar [kosetʃár] 他 ❶ 収穫する: Aquí cosechan aceitunas. ここではオリーブが取れる. ❷ [憎しみ・同情などを] 受ける; [敗北・成功などを] 得る: 〜 antipatía 反感を買う
　◆ 自 収穫をする
　◆ 〜se En Castilla se cosechan cereales. カスティーリャ地方では穀類が生産される

cosechador, ra 名 取り入れをする人. ◆ 女 《農業》コンバイン

cosechero, ra 名 取り入れをする人

coselete [koseléte] 男 [主に皮製の] 胴鎧, 胸当て

coseno [koséno] 男 《数学》コサイン

cosepapeles [kosepapéles] 男 [単複同形] ホッチキス 《grapadora》

coser [kosér] 他 縫う, 縫いつける: 〜 un vestido ドレスを縫う. 〜 un botón a una camisa ワイシャツにボタンを縫いつける. 〜 a mano (a máquina) 手(ミシン)で縫う. 〜 las hojas 紙をホッチキスで留める
　◆ 自 縫い物(裁縫)をする
　ser 〜 y cantar とても容易(簡単)である
　◆ 〜se [人に] へばりつく, まとわりつく
　cosedor, ra 名 縫う人. ◆ 女 《製本》とじ機
　cosido 男 縫いつけ, 裁縫; 仕立て〔の出来具合〕

cosiaca [kosjáka] 女 《南米》ささいなこと

cosificar [kosifikár] 他 物体(事物)化する, 物とみなす

cosignatario, ria [kosignatárjo, rja] 名 連署人

cosijo [kosíxo] 男 《中南米》不快感, いらいら

cosmético, ca [kɔsmétiko, ka] 形 化粧(理容)用の
　◆ 男 化粧品 《producto 〜》
　◆ 女 美容術

cósmico, ca [kɔ́smiko, ka] 形 [←cosmos] 宇宙の: materia 〜ca 宇宙を構成する物質. leyes 〜cas 普遍的な掟

cosmo- [接頭辞] [宇宙] cosmonauta 宇宙飛行士, cosmopolita 世界的な

cosmogonía [kɔsmogonía] 女 宇宙発生論; 宇宙進化論
　cosmogónico, ca 形 宇宙発生(進化)論の

cosmografía [kɔsmografía] 女 宇宙形状誌学

cosmográfico, ca 形 宇宙形状誌学の

cosmología [kɔsmoloxía] 囡 宇宙論

cosmológico, ca 形 囡 宇宙論の

cosmonauta [kɔsmonáuta] 图《←露語》宇宙飛行士〖astronauta〗

cosmonáutico, ca 形 囡 宇宙飛行〔の〕

cosmonave [kɔsmonábe] 囡 宇宙船〖astronave〗

cosmopolita [kɔsmopolíta] 形 国際色豊かな, 世界的な: ciudad ～ 国際都市
◆ 图 国際人, 世界的視野を持った人

cosmopolitismo 囲 国際性, 国際色

cosmos [kɔ́smɔs] 囲 〖単複同形〗[caos に対し, 秩序ある体系としての] 宇宙

cosmovisión [kɔsmobisjón] 囡《文語》世界観, イデオロギー

coso [kóso] 囲 大通り;《文語》闘牛場 〖～ taurino〗;《昆虫》=**carcoma**;《南米》[名称不明の] 何とかというもの

cospel [kɔspél] 囲《南米》[貨幣代わりの] コイン

cosque/cosqui [kɔ́ske/-ki] 囲《口語》=**coscorrón**

cosquillas [kɔskíʎas] 囡 腹 くすぐったさ: Me hacen ～ en las plantas de los pies. 足の裏がくすぐったい. tener ～ くすぐったがる
buscar a+人 las ～ …を挑発する, 怒らせる

cosquilleo [kɔskiʎéo] 囲 くすぐったさ, むずがゆさ; 不安

cosquillear 他 1) くすぐる. 2) Me *cosquillea* la idea de… …かなと思う

cosquilloso, sa [kɔskiʎóso, sa] 形 くすぐったがり屋の; [精神的に] 傷つきやすい

costa [kɔ́sta] 囡《英 coast, cost》❶ 海岸, 沿岸《ロカット》: dar un paseo por la ～ 海岸を散歩する. ir de vacaciones a la ～ 休暇で海に行く. ～ oriental de España スペインの東海岸. C～ Firme コスタフィルメ〖ベネズエラとコロンビアの北部海岸〗. C～ Rica《国名》コスタリカ. ❷ [主に 腹] 費用〖経済用語としては coste, costo〗. ❸ 腹《法律》訴訟費用: Perdió el pleito y tuvo que pagar las ～s. 彼は敗訴して訴訟費用を払わねばならなかった. condenar a+人 en ～s …に訴訟費用の支払いを命じる

Costa Verde
Costa Brava
Costa Dorada
Costa del Azahar
Costa Blanca
Costa Cálida
Costa de la Luz
Costa del Sol
Costa de Almería

a ～ *de*… …を犠牲にして; …の費用で: Se compró la moto *a* ～ *de* no comer todo un mes. 彼は1か月分の食費を投げうってバイクを買った. Vive *a* ～ *de* su hermano. 彼は兄の

世話になっている
a toda ～ どれほど犠牲(費用)を払っても, ぜひとも: Hay que resolver este problema *a toda* ～. この問題は何としても解決しなければならない

costado [kɔstáðo] 囲 ❶ 横腹, わき腹: Me duele el ～ derecho. 私は右わき腹が痛い. punto de ～ わき腹の痛み. dar un cuchillazo a+人 al ～ …のわき腹をナイフで刺す. ❷ 側面: en los dos ～s 通りの両側に. ～s de un barco 船の舷側. luz de ～ [車などの] 側灯. ❸《中米》プラットホーム〖andén〗
de ～ 横向きに
por los cuatro ～*s* 完全に; [血筋に] 父方と母方の祖父母がすべて: rodearse *por los cuatro* ～ 四方を囲まれる. Es francés *por los cuatro* ～*s*. 彼は生粋のフランス人だ
por un ～ [問題の] 一面では

costal [kɔstál] 形《解剖》肋骨の: cartílagos ～*es* 肋軟骨
◆ 囲 [粗布製の] 大袋: ～ de arroz 米俵. ～ de los pecados 人間の体. De ～ vacío, nunca buen bodigo.《諺》ない袖は振れない
estar (quedarse) hecho un ～ *de huesos* 〔骨と皮ばかりに〕やせ細っている
no parecer ～ *de paja* [異性に] 憎からず思われる
ser harina de otro ～ まったく別問題である
vaciar el ～ 洗いざらいぶちまける

costalada/costalazo [kɔstaláða/-θo] 囡 あお向け(横向き)に倒れた時の打ち身

costalero, ra [kɔstaléro, ra] 囡 图《聖週間などの行列で》キリスト像をかつぐ人

costanero, ra [kɔstanéro, ra] 形 ❶ 傾斜した: camino ～ 坂道. ❷ 沿岸の〖costero〗: río ～ [海岸近くに水源のある] 沿岸河川
◆ 囡《南米》海ぞいの散歩道

costanilla [kɔstaníʎa] 囡 [短く急な] 坂道

costar [kɔstár] 図 他《英 cost, ☞活用表》❶ 値段(費用)が…である, …の金がかかる: ¿Cuánto *cuesta* este coche? —Un millón de pesetas. この車はいくらですか? —100万ペセタです. El apartamento me *cuesta* mucho al mes. このアパートは月に10万ペセタかかる. ❷ i) [+a+人 にとって, 努力・犠牲などを] 要する; [苦しみなどを] 与える: Este asunto le *costará* serios problemas. この事件は深刻な問題を彼に強いるだろう. El haber patinado le *costó* el puesto. 彼はへまをやってその地位を棒に振った. ii) [不定詞が主語] Me ha costa-*do* hallarlos. 私は彼らを見つけるのには苦労した. iii)《西》[時間が] かかる: El trabajo me *costó* cuatro horas. その仕事に私は4時間かかった
cueste lo que cueste どんなに犠牲を払っても, どうしても
◆ 費用がかかる; 難しい, 骨が折れる: i) La villa *costará* mucho. 別荘は大変金がかかるだろう. ii) [不定詞が主語] Me *cuesta* aprender francés. フランス語を勉強するのは難しい. Me *cuesta* mucho dejar Japón. 日本を離れるのは

とてもつらい

costar	
直説法現在	接続法現在
cuesto	*cueste*
cuestas	*cuestes*
cuesta	*cueste*
costamos	costemos
costáis	costéis
cuestan	*cuesten*

costarricense/costarriqueño, ña
[kostařiθénse/-kéɲo, ɲa] 形 名《国名》コスタリカ Costa Rica〔人〕の; コスタリカ人

coste [kóste] 男《主に西》費用: ～ de 〔la〕vida 生活費, 生計費. a precio de ～ 原価で

costear [kosteár] 他 ❶ …の費用を負担する: Le *costean* los estudios a un sobrino suyo. 彼らは甥に学費を出してやる. ❷〔海・川に〕沿って進む
◆ ～se 費用がまかなえる

costeño, ña [kostéɲo, ɲa] 形 名 沿岸の〔住民〕

costero, ra [kostéro, ra] 形 沿岸の, 海岸の: camino ～ 海岸道路. región ～ra 沿岸地方. pesca ～ra 沿岸漁業
◆ ～ 漁網

costilla [kostíʎa] 女 ❶〔解剖〕肋骨, あばら骨: ～ falsa 仮肋骨. ～ flotante 遊走肋骨. ❷《料理》〔骨付きの〕背肉,〔リブ〕ロース. ❸《戯語》妻〔esposa〕: consultar a su ～ 妻に相談する. ❹《船舶》肋材. ❺ 複 背中〔espalda〕
medir (*calentar*) *a*+人 *las* ～*s* …を殴る

costillaje [kostiʎáxe] 男 集合〔船の〕骨組

costillar [kostiʎár] 男 医 解 肋骨;《料理》背肉〔☞carne カット〕

costipar [kostipár] 他 風邪をひかせる
◆ ～se 風邪をひく〔constiparse〕

costipado 男 風邪

costo [kósto] 男 ❶《主に中南米》費用〔coste〕; 経費, コスト: ～ de distribución 流通経費. ～ de funcionamiento 経常支出. ～ directo 直接経費. ～ industrial (de producción) 生産コスト. ～, seguro y flete 運賃保険料込み価格, CIF. ～ y flete 運賃込み価格, C&F. ❷《西. 俗語》大麻〔hachís〕

costoso, sa [kostóso, sa] 形 ❶ 高価な, 費用のかかる: anillo ～ 高価な指輪. ❷ 犠牲(努力)を必要とする, 骨の折れる

costra [kóstra] 女 ❶〔パンなどの〕堅い皮. ❷かさぶた, 痂皮(か)〔postilla〕. ❸ こびりついた汚れ

costroso, sa 形 かさぶたのできた; 汚れがこびりついた

costumbre [kostúmbre] 女《英 custom, habit》習慣, 癖, 複 慣習, 習性: He cogido (adquirido•contraído) la ～ de no desayunar. 私は朝食を抜く習慣がついてしまった. Tiene 〔la〕～ de (Tiene por ～) acostarse muy tarde. 彼はとても遅く寝る習慣だ. Cada país tiene sus usos y ～s. どの国にも独特の風俗習慣がある. La ～ es una segunda naturaleza. 習慣は第二の天性である. La ～ hace ley. 習慣が法を作る. La ～ tiene fuerza de ley. 慣習は法律と同じ効力がある. ～s andaluzas アンダルシア地方の風習. ～s de las abejas 蜂の習性. novela de ～s 風俗小説
de ～ いつも〔の〕: De ～ nos levantamos temprano. 私たちはいつも早起きだ. hora *de* ～ いつもの時間. como *de* ～ いつものように
por ～ いつもは, 普段は
según ～ 習慣どおりに, しきたりに従って
tener buenas (*malas*) ～*s* 身持ちがよい(悪い)

costumbrismo [kostumbrísmo] 男 風俗描写(文学)

costumbrista 形 名 風俗描写の〔作家・画家〕

costura [kostúra] 女 ❶ 裁縫;〔特に婦人・子供服の〕仕立て: aprender la ～ 裁縫を習う. caja de ～ 裁縫箱. alta ～ 高級婦人服仕立店, オートクチュール. ❷ 縫い目: sin ～ 縫い目なしの, シームレスの. sentar las ～ 縫い目をアイロンで押さえる. ❸ 縫いかける物;〔特に下着の〕縫い物
meter en ～ *a*+人 …に〔道理を〕言い聞かせる
sentar las ～*s a*+人 …に厳しくする; こらしめる, 罰する

costurar [kosturár] 他《中南米》縫う〔coser〕

costurera [kosturéra] 女〔婦人服飾店の〕縫い子, お針子

costurero [kosturéro] 男 裁縫箱; 裁縫室

costurón [kosturón] 男 下手な縫い方;〔傷の〕縫い跡

cota [kóta] 女 ❶〔地図上の〕標高, 海抜; 等高線: en la ～ de los tres mil metros 海抜3千メートルで. volar a baja ～ 低空を飛ぶ. ❷ 重要性(度): El paro ha alcanzado ～s muy elevadas. 失業率が非常に高くなった. ❸ 鎖帷子(くさり)〔～ de mallas〕

cotangente [kotanxénte] 女《数学》コタンジェント

cotarro [kotářo] 男 ❶《西. 口語》〔騒がしい〕集まり; 事件, 活動. ❷〔昔の〕浮浪者たちの宿泊所. ❸ 崖の中腹
alborotar el ～ 集会を混乱させる
dirigir el ～ お先棒をかつぐ
ir de ～ *en* ～ 噂話をして回る

cotejar [kotexár] 他〔+con と〕対照する, 照合する: ～ un texto *con* el original テキストを原文とつき合わす
cotejable 形 対照できる
cotejo [kotéxo] 男 対照, 照合: ～ de las huellas digitales 指紋の照合

cotelé [kotelé] 男《南米》コールデュロイ〔pana〕

coterráneo, a [koteřáneo, a] 形 名 同国の〔人〕, 同郷の〔人〕

cotidiano, na [kotiðjáno, na] 形 日々の, 毎日の: pan ～ 日々の糧. vida ～na 日常生活

cotiledón [kotileðón] 男《植物》子葉
　cotiledóneo, a 形 女 子葉のある〔植物〕

cotilla [kotíʎa] 形 男 女《西. 軽蔑》噂好きの〔人〕，金棒引きの〔人〕〖男 cotillo も使われる〗
　◆ 女《服飾》鯨の骨を入れたコルセット

cotillear 自《口語》噂話をして回る，陰口をたたく；探る，詮索する．**cotilleo** 男 陰口，噂話

cotillo [kotíʎo] 男〖金づちなどの〗頭；〖斧などの〗刃と反対の部分

cotillón [kotiʎón] 男《舞踊》コティヨン

cotizar [kotiθár] 自 他 ❶ …の会費〔分担金〕を払う：~ a (en) la seguridad social 社会保険料を払う．❷〖+a の〗値・相場を…につける：Ahora *cotizan* el dólar a …pesetas. 今1ドルは…ペセタだ．empresas que *cotizan* en bolsa 上場企業
　◆ **~se** 値がつく，評価される：El conocimiento de idiomas se *cotiza* mucho. 外国語ができると高く評価される
　cotizable 形 相場が決められる：acciones ~s en bolsa 上場株
　cotización 女〖個々の〗相場；建て値，見積り；会費：acciones con (sin) ~ oficial 上場(非上場)株

coto [kóto] 男 ❶ 私有地；保護地域，禁猟区：~ redondo 領地．~ de caza (de pesca) 禁猟(漁)区．❷ 制限，終了：poner a... …に終止符を打つ，終わらせる．❸《魚》カジカ．❹《中米》甲状腺腫

cotón [kotón] 男《中米》シャツ〖camisa〗

cotona [kotóna] 女《中南米》綿の厚いシャツ；《中米》革の上着

cotorra [kotóřa] 女 ❶《鳥》インコ；カササギ．❷《軽蔑》おしゃべり女
　hablar como una ~ ペチャクチャしゃべる
　cotorrear 自 おしゃべりまくる
　cotorreo 男 おしゃべり

cotufa [kotúfa] 女 ❶《植物》キクイモ；= chufa．❷ 複 ポップコーン〖palomita〗

coturno [kotúrno] 男〖古典悲劇で使った〗厚底の靴；《古代ギリシア・ローマ》長靴
　calzar el ~ もったいをつける
　de alto ~ 高級な，上等の

cotutela [kotutéla] 女 共同親権

COU [kóu] 男《西. 略語》←Curso de Orientación Universitaria 大学準備コース

country [káuntri] 男《←英語. 音楽》カントリーミュージック

covacha [kobátʃa] 女 ❶《軽蔑》粗末な住居；小さなほら穴．❷《中南米》物置部屋

covadera [kobaðéra] 女《中南米》グアノguano の採取場

cowboy [kaubói] 男〖複 ~s〗《←英語》カウボーイ〖vaquero〗

coxa [kó(k)sa] 女〖昆虫〗基節

coxal [ko(k)sál] 形《解剖》腰の，股関節の：hueso ~ 寛骨

coxis [kó(k)sis] 男〖単複同形〗《解剖》尾骨，尾てい骨

coyol [kojól] 男《植物》〖中米産の〗ヤシの一種

coyote [kojóte] 男 ❶《動物》コヨーテ．❷〖メキシコから米国への〗密入国斡旋業者

coyunda [kojúnda] 女 ❶ 牛をくびきにつなぐひも．❷《戯語》夫婦のきずな：hacer ~ 結婚する．❸ 束縛，服従

coyuntura [kojuntúra] 女 ❶ 関節．❷ 好機：aprovechar la ~ para+不定詞 …のチャンスを利用する．❸《文語》情勢，局面；〖特に〗経済情勢，景気〖~ económica〗：~ crítica 危機．~ política 政治情勢
　coyuntural 形 現在の；一時的な；経済情勢の，景気の：medida ~ 景気対策

COZ [kóθ] 女〖複 coces〗❶《馬などが》後脚を跳ね上げること：dar (de) coces a... …を蹴る．~ de rana《水泳》カエル脚．❷《銃砲の》反動．❸《西. 口語》粗野(下品)な言葉；侮辱的な言葉(行為)：contestar con una ~ 粗野な言葉で言い返す
　a coces 容赦なく；独裁的に：tratar a coces a sus subordinados 部下をこき使う
　dar coces contra el aguijón 権威に対して〔空しく〕反抗する

cp.《略語》←copia 複写，写し

C.P.《略語》←código postal 郵便番号；Contador Público 公認会計士

crac [krák] 男〖複 ~s〗❶《擬音》〖物が割れる〗メリメリ，ガチャン．❷《←英語》《相場の》大暴落；大型倒産；没落，失敗

crack [krák] 男〖複 ~s〗《←英語》クラック〖コカインを精製した麻薬〗；〖サッカーなどの〗名選手

crampón [krampón] 男《登山》大型のピトン；複 アイゼン

cráneo [kráneo] 男《解剖》頭蓋〔骨〕
　ir de ~ 非常に困っている；多忙である
　tener seco el ~ 気が狂っている
　craneal/craneano, na 形 頭蓋〔骨〕の
　craneología 女 頭蓋学

crápula [krápula] 女《文語》放蕩
　◆ 男《軽蔑》放蕩者，放埒な人

craqueo [krakéo] 男《化学》熱分解，クラッキング

crash [kráʃ] 男《←英語》《相場の》大暴落，崩壊

crasis [krásis] 女〖単複同形〗《言語》母音縮合，母音縮約〖先行する語の語末の母音が次の語の語頭の母音と融合すること：de eso [déso], ese otro [esótro]〗

craso, sa [kráso, sa] 形 ❶〖+名詞〗ひどい：~ error 重大な誤り．❷《文語》太った，丸々とした
　crasitud 女 肥満

cráter [kráter] 男 噴火口；クレーター

crátera [krátera] 女《古代ギリシア》クラテル，深鉢

crawl [król] 男《←英語. 水泳》クロール〖estilo ~〗

creación [kreaθjón] 女 ❶《神による》天地創造，創造物，世界：desde la ~ del mundo 天地創造以来，大昔から．toda la ~ 森羅万象．❷ 創作；創設：~ de un fondo 基金の創設．~ de una comisión 委員会の設置．❸〖特にモードの〗新製品，新作

C

creacionismo 男《宗教》霊魂創造説

creador, ra [kreaðór, ra] 形 創造する:
talento ～ 創造力
◆ 名 創造者, 創始者;《服飾》クリエーター
◆ 男 [el C～] 創造主, 造物主, 神

crear [kreár]《英 create. ↔aniquilar》❶
[神が] 創造する. ❷ 創作する;《演劇》役作り
をする: ～ una obra 作品を作り出す. ～ un
Hamlet perfecto ハムレットを完璧に演じる. ❸
創設する: Crearon esta plaza para él. 彼のた
めにこの役職が設けられた. ～ un hospital 病院
を設立する. ～ empleos 雇用を創出する. ❹
生み出す, 引き起こす: ～ enemistades 敵意を
生む. ❺ [人を] 高位につける
◆ ～se ❶ 生じる. ❷ [自分のために] …を作
る: Los niños se crean un mundo imagina-
rio. 子供は空想の世界を作り上げる

creativo, va [kreatíβo, βa] 形 創造的な:
trabajo ～ 創造的な仕事
◆ 名《服飾・広告》クリエーター

creatividad 名 創造性, 創造力

crecedero, ra [kreθeðéro, ra] 形 大きくなれ
ろ;《服飾》サイズ調節のできる

crecepelo [kreθepélo] 男 養毛剤

crecer [kreθér] 自 自《英 grow. ☞活用表》❶
成長する, 発育する《特に高さが大きくなる》;
[植物が] 生える: Su niño ha crecido mucho.
彼の子供はとても大きくなった. En el jardín cre-
cen las rosas. 庭にはバラが伸びている. Crece
la empresa. 会社が大きくなる. Me ha crecido
el pelo. 私は髪が伸びた. Creced y multi-
plicaos.《聖書》増えよ, 地に満ちよ. ❷ [ますま
す] 増大する《☞aumentar 類義》: Ha crecido
el río. 川が増水した. Crece la intensidad del
viento. 風が強まる. La importación creció
en un 5 por ciento. 輸入が5パーセント増加し
た. Crece el rumor. 噂が広がる. Va crecien-
do el odio. 憎しみが大きくなっていく. ❸ [貨
幣・所有物の価値が] 上昇する: La hacienda
creció mucho. その農場は大変値が上がった.
❹ [潮・月が] 満ちる
◆ 他 [編み物の目を] 増やす
◆ ～se ❶ 勢いづく, 元気づく; 生意気になる.
❷ [重要度などが] 増す

crecer	
直説法現在	接続法現在
crezco	crezca
creces	crezcas
crece	crezca
crecemos	crezcamos
crecéis	crezcáis
crecen	crezcan

creces [kréθes] 名 複 成長〔の現われ〕: chico
de ～ 成長期の子供
con ～ たっぷりと; 余分に, 余裕を持たせて:
superar con ～ el nivel medio 平均をはるか
に上回る. pagar con ～ su deuda 借金に利
子をつけて返す

crecido, da [kreθíðo, ða] 形 過分 [estar+]

成長した; [+名詞] 増大した: Tenemos dos
hijos ya ～s. 私たちにはもう大きくなった子供が
2人いる. Se ha curado una ～da porción de
enfermos. 大勢の患者が治った
◆ 名 [川などの] 増水; [思春期などの急な] 成
長

crecidito, ta 形 成長した, 大きくなった《子供
じみた行為への非難に使われる》

creciente [kreθjénte] 形 増大する: luna ～
三日月, 上弦の月. ～ afición al tenis テニス
愛好家の増大
◆ 名 luna en cuarto ～/～ de la luna 三日
月. ～ del mar/aguas de ～ 上げ潮

crecimiento [kreθimjénto] 男 成長; 増大:
etapa de ～ 成長期. ～ económico 経済成
長. ～ cero ゼロ成長. ～ vegetativo (natu-
ral) 自然増加

Cred.《略語》←crédito クレジット

credencial [kreðenθjál] 名 ❶ 紹介状, 身元
保証書. ❷ 複《外交》信任状《cartas ～es》

credibilidad [kreðiβiliðá(d)] 名 信憑性, 信
憑(***)性: perder ～ entre el electorado
選挙民の信頼を失う

crediticio, cia [kreðitíθjo, θja] 形 信用の,
クレジットの: capacidad ～cia 信用度

crédito [kréðito] 男 ❶《商業》《英 credit》
[支払い能力の] 信用: i) tener ～ 信用がある.
ii) 信用貸し; 掛け売り: pedir un ～ a un
banco 銀行に貸付けを求める. iii) 信用状
《carta de ～》: abrir carta de ～/abrir un
～ 信用状(LC)を開く. ～ abierto オープンクレ
ジット. ❷ 金融〔機関〕: ～ a los consumido-
res 消費者金融. ～ bancario《西》銀行ローン.
～ blando 長期低利貸付, ソフトローン. ～ de
condicionado (atado) ひもつき借款. ～ de
vivienda/～ hipotecario 住宅ローン. ～
puente つなぎ融資. ❸《簿記》貸方《↔
débito》. ❹ [一般に] 信用《confianza》; 信
望, 人望: Sus palabras no merecen ningún
～. 彼の言葉はまったく信用に値しない. gozar
de buen (gran) ～ entre… …の間で信望が厚
い. ❺ [授業の] 単位《unidad》. ❻《映画》ク
レジットタイトル
a ～ 掛けで, クレジットで: dar a ～ 信用貸しに
する, 無担保で貸す. comprar a ～ 掛け(クレ
ジット)で買う
dar ～ a... …を信用する: No doy ～ a los
rumores. 私は噂を信じない. No podía dar
～ a mis oídos. 私は自分の耳が信じられなかっ
た
ser de ～ 信用できる
ser digno de ～ 信頼に値する

credo [kréðo] 男 ❶《キリスト教》[時に C～]
使徒信経. ❷ 単数 信条: ～ político 政治信
条
en un ～ あっという間に
que canta el ～ とんでもない, 桁外れの
ser la última palabra del ～ ほとんど重要
性がない

crédulo, la [kréðulo, la] 形 [他人の言うこと
を] すぐ信じる, 信じやすい

credulidad 囡 軽信

creederas [kreedéras] 囡 圐 すぐ信じること: tener [buenas] 〜 すぐに信じてしまう, お人好しである

creencia [kreénθja] 囡 ❶ 確信: Tiene la 〜 de que allí hay un tesoro enterrado. 彼はそこに宝が埋められていると確信している. ❷ [主に 圐] 信念, 信条; 信仰〖〜s religiosas〗: 〜 popular 民間信仰

creer [kreér] 22 他〖英 believe, think. ↔ dudar. ☞活用表. 過分 creído, 現分 creyendo〗 ❶ [信用] 信じる, 本当だと思う: Lo creo, ya que lo dices tú. 君がそう言う以上, 私はそれを信じる. La creí por (sobre) su palabra. 私は彼女の言葉を信じた
❷ [判断] …だと思う: i) [+que+直説法 (否定では +接続法)] Creo que vendrá esta noche. 彼は今晩来ると私は思う. No creo que venga él esta noche. 彼が今晩来るとは思わない/彼は今晩来ないと私は思う. ii) [+不定詞] Creía saberlo todo. 自分はすべて知っていると彼は思っていた. iii) [+目的格補語] No la creo tan guapa como dicen. 私たちは彼女がそんなに美しいとは思わない. La creo en España. 彼女はスペインにいると私は思う. Creo mejor que se vaya él en seguida. 私は彼にすぐに去った方がいいと思う. iv) [+de] De ellos ella cree cualquier barbaridad. 彼女は彼らならどんな無茶でもやりかねないと思っている
a 〜 …を信じば: A 〜le a él, todo se marcha bien. 彼の言うところでは万事好調だ
dar en 〜 [根拠なしに] 信じ込む: Ha dado en 〜 que todos la engañan. 彼女はみんなにだまされていると思い込んだ
hacer 〜 信じ込ませる, 納得させる: Me hizo 〜 que me pagaría. 私は払ってもらえるものと彼に思い込まされた
¡ya lo creo! もちろん, 当然だ; とんでもない!
◆ 圁 ❶ [+en の存在・価値などを] 信じる: 〜 en Dios 神の〔存在を〕信じる. 〜 en la democracia 民主主義(の良さ)を信じる. 〜 en el artículo del diario 新聞記事を信用する. ❷ 信仰を持つ: El que cree se salva. 信じる者は救われる. ❸ [否定命令で肯定・否定の強調] En España ahora hace mucho frío, no creas. 実際, スペインは今すごく寒いんだ. No crea usted, no es del todo tonto. とんでもない. 彼は決してばかではありませんよ
◆ 〜se ❶ 自分を…であると思う: Se cree un artista. 彼はいっぱしの芸術家のつもりだ. Aún se cree joven. 彼女はまだ若いつもりだ. ❷ [軽信] …を信じ込む: Se cree todo lo que dicen. 彼は言われたことを何でも信じてしまう. Todavía se cree que puede acertar la buenaventura. 彼女は占いが当たることがあるとまだ思い込んでいる. ❸ [一般に] 人が思う: si se le cree 彼の言うところによれば
no se crea そんなばかな/そんなわけがない
¿qué se cree? 一体自分を何様だと思っているのだ?
¡qué se cree usted eso! [軽蔑・怒り・反論]

とんでもない!: ¡Qué te crees tú eso! ¡Que voy a pagar por todos! 冗談じゃない! 私がみんなの分を払うわけがないだろう!

creer	
直説法点過去	接続法過去
creí	creyera, -se
creíste	creyeras, -ses
creyó	creyera, -se
creímos	creyéramos, -semos
creísteis	creyerais, -seis
creyeron	creyeran, -sen

creíble [kreíβle] 圀 信じられる, 信用できる

creído, da [kreído, ða] 圀 過分 ❶ 《軽蔑》[ser+] 思い上がった, うぬぼれた. ❷ [estar+] 信じ切った, 思い込んだ

crema [kréma] 囡 〖英 cream〗 ❶ ❶《料理》i) クリーム, 乳脂〖nata〗; カスタードクリーム〖natillas〗: 〜 catalana カラメルソースをかけたカスタードクリーム. 〜 (de) Chantilly ホイップクリーム. 〜 de Chantilly ホイップクリーム. 〜 de chocolate チョコレートクリーム. 〜 pastelera ケーキ用のクリーム. ii) クリームスープ, ポタージュ〖sopa de 〜〗: 〜 de espárragos アスパラガスのポタージュ. 〜 de queso チーズのポタージュ. iii) クリーム状のチーズ. ❷ [化粧品などの] クリーム: 〜 de afeitar シェービングクリーム. 〜 dental 練り歯磨き. 〜 hidratante (humectante) モイスチャークリーム. 〜 de calzado (para zapatos) 靴墨, 靴ずみ. dar 〜 a los zapatos 靴に靴ずみを塗る. ❸ クリーム色. ❹《酒》クレーム〖甘く濃いリキュール〗: 〜 de cacao クレーム・ド・カカオ. 〜 de menta ミントリキュール. ❺ [la+] 精華, エリート: la 〜 de la intelectualidad えり抜きの知識人. ❻《文法》=diéresis
◆ 圀 〖性数無変化〗クリーム色の

cremá [kremá] 囡 [バレンシアの火祭り Fallas の最終日の] 人形焼き

cremación [kremaθjón] 囡 火葬

cremallera [kremaʎéra] 囡 ❶《服飾》ファスナー, ジッパー, チャック: abrir (cerrar) la 〜 ファスナーをあける(しめる). ❷《機械》平板歯車, ラック: ferrocarril de 〜 アプト式鉄道. 〜 y piñón ラックアンドピニオン

crematístico, ca [krematístiko, ka] 《文語》理財の, 利殖の. ◆ 圀 経済学; 利殖

crematorio, ria [krematórjo, rja] 圀 火葬の: horno 〜 火葬炉. ◆ 圀 火葬場; ごみ焼却場

cremería [kremería] 囡《南米》乳製品加工場

crémor [krémor] 團 酒石英〖〜 tártaro〗

cremoso, sa [kremóso, sa] 圀 クリーム(状)の: leche 〜sa 濃厚牛乳, 脂肪分の多い牛乳. queso 〜 クリームチーズ

crencha [kréntʃa] 囡 [髪の] 分け目; その片側の髪

creosota [kreosóta] 囡《化学》クレオソート

crep [krép] 團 〖圐 〜s〗=crepe, crepé: 〜 georgette 《繊維》〔クレープ〕ジョーゼット

crepe [krép] 男/女 《←仏語. 料理》クレープ〖hojuela〗
  crepería 女 クレープ屋

crepé [krepé] 男 ❶ 《繊維》クレープ, ちりめん: ～ de china〔クレープ〕デシン. ❷ 房形の入れ毛, ヘアピース. ❸ クレープゴム: suelas de ～ クレープソール

crepitar [krepitár] 自 パチパチ(パラパラ)いう: En la chimenea *crepita* la leña. 暖炉で薪がパチパチいっている
  crepitante 形 パチパチいう

crepuscular [krepuskulár] 形 《文語》薄暗い, たそがれの, 薄暮の; 衰えゆく: luz ～ 夕暮れの日の光

crepúsculo [krepúskulo] 男 ❶ 〔主に夕暮れ, 時に明け方の〕たそがれ〔時〕, 薄明, 黎明: ～ matutino あけぼの. ～ vespertino 夕暮れ. ❷ 《文語》衰退期: ～ del Imperio Romano ローマ帝国の末期

crescendo [kresθéndo] 副 男 《音楽》クレッシェンド, 次第に強く
  in ～ しだいに, ますます

creso [kréso] 男 大金持ち

crespo, pa [kréspo, pa] 形 ❶ 〔髪が〕縮れた: Tiene el cabello ～. 彼は縮れ毛だ. ❷ 〔感情が〕いらだった; 〔文体が〕ひねった, 持って回った

crespón [krespón] 男 ❶ 《繊維》クレポン, 揚柳クレープ: ～ de la China〔クレープ〕デシン. ❷ 〔ちりめんの〕喪章

cresta [krésta] 女 ❶ 〔ニワトリなどの〕とさか; 〔鳥類の〕冠羽, 冠毛. ❷ 〔山の〕尾根, 峰: seguir la ～ 稜線づたいに行く. línea de ～ 分水嶺. ❸ 〔波動の〕山, 波頭〖↔valle〗
  alzar la ～ 傲然とする
  dar en la ～ a+人 …に屈服する, へりくだる
  estar en la ～ *de la ola* 〔人気などの〕絶頂にある

crestería [krestería] 女 《建築》棟飾り, クレスト;《築城》狭間胸壁, 鋸壁

crestomatía [krestomatía] 女 〔学習用の〕名文集

creta [kréta] 女 ❶ 《鉱物》白亜; 石灰質岩石. ❷ 《美術》色チョーク
  cretáceo, a/cretático, ca 形 《地質》白亜紀(の)

cretense [kreténse] 形 名 《地名》クレタ島 Creta の〔人〕

cretino, na [kretíno, na] 形 名 クレチン病の〔患者〕;《軽蔑》白痴〔的〕な, 大ばか〔の〕
  cretinismo 男 白痴; クレチン病

cretona [kretóna] 女 《繊維》クレトン, 厚手のプリント地

crey- ☞creer 22

creyente [krejénte] 形 名 信仰心のある; 信者: no ～ 無信仰の人

cría [kría] 女 ❶ 飼育する: ～ del cerdo 養豚. ❷ 〔乳離れしていない〕動物の子供; 稚魚. ❸ 〔集名〕一腹の子

criadero [krjaðéro] 男 ❶ 飼育(養魚)場; 営巣地. ❷ 苗床. ❸ 鉱床, 鉱脈

criadilla [krjaðíʎa] 女 ❶ 〔羊などの食用の〕睾丸. ❷ ～ de mar 《動物》ポリプの一種. ～ de tierra 《植物》トリュフ〖trufa〗

criado, da [krjáðo, ða] 過分 *bien (mal)* ～ 育ちのよい(よくない), しつけのよい(悪い): hablar *bien* ～ お上品な話し方をする
  ◆ 名 召使い, 下男; 女中〔最近は muchacha が多く使われる〕

criador, ra [krjaðór, ra] 形 養育(飼育)する
  ◆ 名 飼育家(係), ブリーダー; ワイン醸造家〖vinicultor〗
  ◆ 男 〔C～〕創造主, 神〖Creador〗

criajo [krjáxo] 男 子供, がき

criandera [krjandéra] 女 《中南米》乳母〖nodriza〗

crianza [krjánθa] 女 ❶ 〔主に乳児の〕育児, 養育; 飼育; 栽培: ～ de cerdos 養豚. ❷ 授乳期, 乳児期. ❸ buena ～ しつけのよさ. palabras de buena ～ お世辞. tener mala ～ 行儀作法を知らない

criar [krjár] 11 他 〔英 bring up. ☞活用表〕❶ 育てる, 養育(哺育)する; 飼育する; 栽培する: Ella sola *crió* tres hijos. 彼女は女手一つで3人の子を育てた. ～ a su hijo con biberón 子供を哺乳瓶で育てる. ～ un perro 犬を飼う. ～ flores 花を育てる. Los perros *crían* pulgas. 犬にはノミがたかる. Esta tierra *cría* muchas plantas (bellas muchachas). この土地は多くの植物が育つ(美人が多い). El largo mandar *cría* soberbia. 長期の支配は傲慢を生む. ❷ 教育する, しつける. ❸ 〔ワインを〕熟成させる
  ◆ 自 〔動物が子を〕産む
  ◆ ～se 育つ: Se está *criando* muy fuerte. 彼はとても丈夫に育っている

criar	
直説法現在	接続法現在
crío	críe
crías	críes
cría	críe
criamos	criemos
criáis	criéis
crían	críen

criatura [krjatúra] 女 ❶ 〔主に1歳未満の〕幼児, 赤ん坊; 胎児: ¡Qué ～ más preciosa! 何てかわいい赤ちゃん! No seas ～. 子供っぽいことをするな(言うな). ❷ 〔神による〕被造物; 〔特に〕人間: las ～s del señor 神の創造物. ❸ 〔想像力などの〕産物, 所産. ❹ 庇護されている人, お気に入り. ❺ 〔間投詞的. 同情・驚き・抗議など〕かわいそうに, 何ということだ!

criba [kríßa] 女 ふるい, 選別機: pasar por la ～ …をふるいにかける. hacer una ～ de...《比喩》…をふるいにかける, 選別する
  estar como (hecho) una ～ 穴だらけの
  cribar ふるいにかける, 選別する

cric [krík] 男 〔複～s〕《←仏語》ジャッキ; 巻き上げ機, ウインチ

cricket [kríke(t)] 男 《←英語. スポーツ》クリケット

cricoides [krikɔ́iðes] 形 名 〖単複同形〗《解

剤》輪状の〔軟骨〕

crimen [krímen] 男 『英 crime. 複 crímenes』 ❶ 犯罪, 罪; 重罪 〔匯 crimen は delito よりも重大な, 殺人・傷害などの犯罪〕; 犯行: cometer un ~ 罪を犯す. ~ de guerra 戦争犯罪. ~ organizado 組織犯罪. ❷ 悪事: Es un ~ arrancar estas bellas flores. こんな美しい花を引き抜くのは罪なことだ

criminal [kriminál] 形 ❶ 犯罪の, 罪になる: acto ~ 犯罪行為. hecho ~ 犯罪事実. ❷ 《法律》刑事の, 刑法上の〖↔civil〗: caso ~ 刑事事件. derecho ~ 刑法. ❸ 罪を犯した: hombre ~ 犯罪者. ❹ ひどい: tiempo ~ ひどい悪天候
◆ 图 犯人, 犯罪者: ~ de guerra 戦争犯罪人, 戦犯. ~ político 政治犯. ~ nato 生まれつきの犯罪者

criminalidad [kriminalidá(d)] 囡 ❶ 〔行為の〕犯罪性. ❷ 匯系 〔一地域・一時期の〕犯罪行為: índice de ~ 犯罪発生率

criminalista [kriminalísta] 图 ❶ 犯罪学者; 刑法学者. ❷ 刑事弁護士 〖abogado ~〗

criminología [kriminoloxía] 囡 犯罪学
criminólogo, ga 图 犯罪学者

criminoso, sa [kriminóso, sa] 图 = **criminal**

crin [krín] 囡 ❶ 〔主に 複. 馬などの〕たてがみ. ❷ 〔クッションなどに入れる〕植物繊維 〖~ vegetal〗

crinogénico, ca [krinoxéniko, ka] 形 極低温の

crinolina [krinolína] 囡 《繊維》クリノリン; そのペチコート

crío, a [krío, a] 图 《主に西. 口語》 ❶ 小さい子, 乳飲み子, 赤ん坊: Es todavía un ~. その子はまだ小さい. ❷ 〔まだ成熟していない〕子供, がき: ¡No seas ~! 子供みたいなことをするな(言うな)
cosas de ~s つまらない(ささいな)こと
estar hecho un ~ 《戯語》[肉体的に] 若々しい

criollo, lla [krjóʎo, ʎa] 形 图 ❶ ヨーロッパ(スペイン)系中南米人(の); 中南米生まれの黒人(の). ❷ 《中南米》[外国でなく] 中南米独特の; 《料理》クレオル風の

crioscopia [krjoskópja] 囡 《物理》氷点法
crioterapia [krjoterápja] 囡 寒冷(冷凍)療法

cripta [krípta] 囡 〔教会の〕地下礼拝堂; 地下納骨堂

críptico, ca [kríptiko, ka] 形 謎の, 秘密の: lenguaje ~ 隠語

criptógama [kriptógama] 囡 隠花植物
criptografía [kriptografía] 囡 暗号(通信)法
　criptografico, ca 形 暗号の
　criptógrafo, fa 图 暗号作成者
　criptograma 男 暗号文

criptón [kriptón] 男 《元素》クリプトン
críquet [kríket] 男 《←英語. スポーツ》クリケット; 《南米》ジャッキ 〖gato〗

crisálida [krisálida] 囡 蛹(さなぎ)

---

crisantemo [krisantémo] 男 《植物》キク(菊)

crisis [krísis] 囡 《英 crisis. 単複同形》 ❶ 危機, 難局: caer en estado de ~ 危機に陥る. entrar en ~ 危なくなる. llegar a una ~ 危機に到る. estar ante una ~ 危機に直面している. estar en ~ 危機にある; 危篤状態にある. salir (librarse) de una ~ 危機を脱する. superar (vencer•pasar por) una ~ 危機を乗り越える. gestión de ~ 危機管理. ~ de los misiles キューバ危機. ~ económica 経済危機, 恐慌. ~ energética (de energía) エネルギー危機. ~ política 政治危機. ~ petrolífera 石油危機. ~ religiosa 信仰に対する懐疑. ❷ 大幅な欠乏: En Tokio hay ~ de la vivienda. 東京は住宅難だ. ❸ 〔病勢の〕急変, 峠: hacer ~ 重態に陥る. ❹ 《医学》発作: Tuvo una ~ de asma. 彼はぜんそくの発作を起こした. ~ de furia 発作的な怒り. ~ nerviosa (de nervios) 神経的発作, ヒステリー

crisma [krísma] 男 ❶ 《カトリック》聖油. ❷ 《←英語》クリスマス〔カード〕
◆ 图 《口語》頭 〖cabeza〗: romper (partir) a+人 la ~ 〔脅し文句で〕…の頭をぶち割る

crismas 男 《単複同形》《西》= **crisma** ❷
crismera 囡 聖油入れ

crismón [krismón] 男 キリストを表わす P と X の組み合わせ文字 〖界〗

crisol [krisól] 男 《化学》るつぼ 《比喩的にも》: ~ de razas 人種のるつぼ

crisólito [krisólito] 男 《鉱物》橄欖(かんらん)石

crispar [krispár] 他 ❶ 《筋肉を》痙攣(けいれん)させる, 引きつらせる; 《手を》握りしめる: ~ las manos sobre el volante ハンドルを握りしめる. ~ los puños こぶしを固く握りしめる. ❷ 《口語》いらだたせる: Su lentitud me *crispa*. 彼ののろさは神経にさわる
◆ ~se 痙攣する; いらだつ: Se le *crispó* la frente. 彼は顔を引きつらせた

crispación 囡 痙攣; 握りしめ; いらだち
crispado, da 形 過 いらだった, とげとげしい: clima político ~ 緊迫した政界の雰囲気

cristal [kristál] 男 《英 crystal》 ❶ 〔透明で薄手の〕ガラス; 《西》窓ガラス 〖~ de la ventana〗: Ha roto el ~ del escaparate. 彼はショーウィンドーのガラスを割ってしまった. botella de ~ ガラス瓶. copa de ~ クリスタルグラス. ~ de Bohemia (Murano•Baccarat) ボヘミア(ヴェネチアン・バカラ)グラス. ~ tallado カットグラス. ~ delantero (trasero) 《西. 自動車》フロントガラス(リアウインドー). ❷ 《化学・鉱物》結晶〔体〕; 水晶 〖~ de roca〗: ~ de nieve 雪の結晶. ~ líquido/líquido ~ 液晶. bola de ~ [占いの] 水晶球. vibrador de ~ 水晶発振器. ❸ レンズ 〖lente〗: ~es de gafas 眼鏡のレンズ. ❹ 《詩語》〔澄んだ〕水
mirar con ~ de aumento [他人の] 欠点を誇張する

cristalera[1] [kristaléra] 囡 ❶ [大きな] ガラス窓; ガラスのドア(天井). ❷ ガラス戸棚

cristalería [kristalería] 囡 ガラス製造所(販

売店）；﹇集名﹈ガラス製品, ガラス器

cristalero, ra² ﹇名﹈ガラス製造（販売）業者

cristalino, na [kristalíno, na] ﹇形﹈ ❶ 結晶の；《文語》［水晶のように］透明な, 澄んだ: agua ～na 澄んだ水
◆ ﹇男﹈《解剖》[眼球の] 水晶体

cristalizar [kristaliθár] ﹇自﹈/～**se** ❶ 結晶する. ❷ ［+en の］形をとる, 具体化する: Las conversaciones *cristalizaron en* un convenio. 会談から協定がまとまった
◆ ﹇他﹈結晶させる

cristalización ﹇女﹈結晶化(作用)；具体化

cristalografía [kristaloɣrafía] ﹇女﹈結晶学

cristalográfico, ca ﹇形﹈結晶学の

cristaloide [kristalóiðe] ﹇形﹈《化学》晶質

cristianamente [kristjánaménte] ﹇副﹈キリストの教えに従って, キリスト教徒として: morir ～ 敬虔なキリスト教徒として死ぬ

cristianar [kristjanár] ﹇他﹈ ❶ …に洗礼をほどこす〖bautizar〗: galas (trapitos) de ～ ［洗礼式・日曜日の〗晴れ着. ❷ ［ワインを〗水で薄める

cristiandad [kristjandá(ð)] ﹇女﹈﹇集名﹈キリスト教徒(教会), キリスト教国(世界)

cristianismo [kristjanísmo] ﹇男﹈ キリスト教；=cristiandad: defensor del ～ キリスト教の擁護者

cristianizar [kristjaniθár] ﹇自﹈﹇他﹈キリスト教に改宗させる, キリスト教化する

cristiano, na [kristjáno, na] ﹇形﹈《英 Christian》[ser+] キリスト教[徒]の: civilización ～na キリスト教文明. mundo ～ キリスト教世界
◆ ﹇名﹈ ❶ キリスト教徒: ～ viejo [イスラムやユダヤとの混血のない] 純粋のキリスト教徒. ～ nuevo [成人後の] キリスト教改宗者；[15 世紀末以来のイスラム教・ユダヤ教からの] キリスト教への改宗者, その子孫. ❷ 《口語》人, 誰か: No hay ～ que coma esto. こんなものを食べる人はいない
◆ ﹇男﹈《口語》生の(水で割ってない)ワイン〖vino ～〗；生粋のカスティーリャ語
hablar [en] ～ わかりやすく(はっきりと)話す

Cristina [kristína] ﹇女﹈《女性名》クリスティーナ 〖英 Christine〗
cristino, na ﹇形﹈﹇名﹈《歴史》マリア・クリスティーナ María Cristina (1806-78) 派の(人) 〖carlista の反対派でイサベル 2 世を支持した〗

cristo [krísto] ﹇男﹈ ❶ 救世主；[C～] イエス・キリスト: antes (después) de C～ 紀元前(後). C～ sacramentado 聖別(祝別)されたホスチア. ❷ 十字架[上のキリスト受難]像. ❸ 《体操》十字懸垂
donde C～ *dio las tres voces (perdió el gorro)* 大変遠い所に
hecho un C～《西》気の毒な姿になった, 哀れな光景の；ひどく汚れた
ir [*sentar*] *como a un* [*santo*] C～ *dos* [*un par de*] *pistolas* まったく似合わない, まったく適さない
ni C～ 誰も[…ない]
¡ni C～ *que lo fundó!* まったくありえない(不

可能だ)!
*poner a+*人 *como un* C～ ひどくののしる；汚（⅓）す；虐待する
todo C～《西》すべての人, みんな
¡voto a C～*!* ちくしょうめ, ちえっ!

Cristóbal [kristóbal] ﹇男﹈《男性名》クリストバル 〖英 Christopher〗
cristobalita ﹇女﹈《鉱物》クリストバル石

cristobita [kristoβíta] ﹇男﹈指人形

cristofué [kristofwé] ﹇男﹈《鳥》[ベネズエラの]タイランチョウ

cristus [krístus] ﹇男﹈ *no saber el* ～ イロハのイの字も知らない

criterio [kritérjo] ﹇男﹈ ❶ ［判断・決定の] 基準：seguir (comentar por) ～s clasicistas 古典主義の基準に従う(観点から論じる). ～ de un hombre maduro 大人の尺度. ～ de rentabilidad 収益のガイドライン. ～ monetario 通貨のガイドライン. ❷ 判断力, 見識: no tener ～ 判断力がない. ❸ 意見, 判断: en mi ～ 私の意見では

criterium [kritérjun] ﹇男﹈《スポーツ》非公式競技(大会)；《競馬》同年齢の馬同士のレース；《自転車》クリテリウム

crítica¹ [krítika] ﹇女﹈《英 criticism》 ❶ 批評, 評論, 批判, 非難: hacer la ～ de una novela 小説の批評をする. recibir buenas (malas) ～s 好評を得る(悪評をこうむる). dirigir (hacer) una ～ (～s) a+人 …を批判する. ～ literaria 文芸批評. Puede hacer las ～s que quiera. どうぞ自由に意見を言ってください. aficionado a la ～ あら探し(かげ口)が好きな. ❷ ﹇集名﹈[la+] 批評家たち

criticable [kritikáβle] ﹇形﹈批判の余地のある, 非難されるべき

criticar [kritikár] ﹇他﹈ ❶ 批評する: El periodista *criticó* favorablemente la interpretación. その演奏に対する記者の批評は好意的だった. ❷ 批判する, 非難する: Le *critican* mucho su negligencia. 彼の怠慢さが厳しく非難されている. Me *criticó* por mi modo de pensar. 彼は私の考え方を批判した
◆ ﹇自﹈[いつも] あら探しをする, かげ口をきく

criticismo [kritiθísmo] ﹇男﹈批判哲学

crítico, ca² [krítiko, ka] ﹇形﹈ ❶ 批評の；批判的な, 口うるさい: actitud ～ca 非難がましい態度. análisis ～ 批判的分析. edición ～ca [異文付きの] 校訂版. espíritu ～ 批判的精神. reseña ～ca/informe ～ 書評. ❷ 危機的な；決定的な, 重大な: edad ～ca 更年期. estado ～ 危機的な状態；危篤状態；臨界状態. punto ～ 重大な時点；臨界点. Llegué en el ～ momento en que él salía. 私はあやや彼が出かけようとしていた時に着いた. ❸ 《物理》臨界の: experimento ～ 臨界実験
◆ ﹇名﹈批評家: ～ literario (de arte) 文芸(美術)批評家. ～ deportivo スポーツ評論家

criticón, na [kritikón, na] ﹇形﹈﹇名﹈《軽蔑》あら探しをする[人], 口うるさい[人]

croar [kroár] ﹇自﹈《カエルが》鳴く

croata [kroáta] ﹇形﹈﹇名﹈《国名》クロアチア

Croacia 囡 の(人)

crocante/crocanti [krokánte/-ti] 男《菓子》プラリネ，アーモンドをかけたアイスクリーム

croché [krotʃé] 男《手芸》鉤針編み；《ボクシング》フック

croissant [krwasán] 男［履 ～s］《←英語. 料理》クロワッサン

crol [krɔl] 男《←英語. 水泳》クロール：nadar a ～ クロールで泳ぐ

cromar [kromár] 他 クロムめっきする
　cromado 男 クロムめっき

cromático, ca [kromátiko, ka] 形 ❶ 色の，色彩の：gama ～ca 色階. ❷《音楽》半音階の
　cromatismo 男 半音階主義；《光学》色収差
　cromatografía 囡《化学》色層分析，クロマトグラフィー

crómico, ca [krómiko, ka] 形 クロムの

crómlech [krɔmlɛtʃ] 男《考古》環状列石

cromo [krómo] 男 ❶《元素》クロム：～ hexavalente 六価クロム. ❷ ＝**cromolitografía**；［紙に印刷した］絵，カード絵《estampa》 *estar hecho un ～* 非常によく整頓されている

cromolitografía [kromolitoɣrafía] 囡 多色石版画(術)

cromosfera [kromosféra] 囡《天文》彩層

cromosoma [kromosóma] 男《生物》染色体：～ X (Y)　X(Y)染色体
　cromosómico, ca 形 染色体の

cromotipografía [kromotipoɣrafía] 囡 多色刷り《技術, 作品》

crónica¹ [krónika] 囡 ❶［新聞の］時評欄；［テレビ・ラジオの］報道番組：～ deportiva スポーツ欄(ニュース). ❷ 年代記，編年史

crónico, ca² [króniko, ka] 形 慢性的な《↔ agudo》：alcohólico ～ 慢性アルコール中毒患者. *déficit ～* 慢性的赤字

cronicón [kronikón] 男 短い年代記

cronista [kronísta] 囲 年代記の作者；《主に中南米》報道(解説)記者，コラムニスト
　cronístico, ca 形 年代記(作者)の

crónlech [krónlɛk] 男《考古》環状列石，ストーンサークル

crono [króno] 男《西. スポーツ》タイム，時間；＝**cronómetro**：con un ～ de… …のタイムで

cronoescalada [kronoeskaláda] 囡［自転車競技などで］上り坂でのタイムトライアル

cronología [kronoloxía] 囡 年代学；年表，年譜；年代順
　cronológico, ca 形 年代学(順)の，編年体の：tabla ～ca/cuadro ～ 年表

cronómetro [kronómetro] 男 ストップウォッチ；クロノメーター
　cronometrador, ra 囵 タイムキーパー；《スポーツ》計時員
　cronometraje 男 時間計測
　cronometrar［精密に］時間を測定する；［ストップウォッチで］タイムをはかる
　cronométrico, ca 形 精密な，クロノメーターによる

croquet [krókɛt] 男［履 ～s］《ゲーム》クロッケー

croqueta [krokéta] 囡《←仏語. 料理》コロッケ

croquis [krókis] 男［単複同形］《←仏語》❶《美術》クロッキー. ❷ 略図，見取り図

cross [krɔs] 男［単複同形］《←英語. スポーツ》クロスカントリー

crótalo [krótalo] 男 ❶《動物》ガラガラヘビ. ❷［主に履］古代ギリシアのカスタネットに似た楽器；カスタネット《castañuela》

crotón [krotón] 男《植物》クロトン：～ tiglio ハズ

crotorar [krotorár] 自［コウノトリが］鳴く

crrte [略語] ←corriente 当座の，今月の

cruasán [krwasán] 男《←仏語. 料理》クロワッサン

cruce [krúθe] 男［←cruzar］❶ 横断，交差，すれ違い：luces de ～ 下に向けたヘッドライト. ❷ 交差点，十字路；横断歩道『～ peatonal・de peatones』：～ de la calle Mayor con la calle Ancha マヨール通りとアンチャ通りの交差点. doblar en un ～ 四つ角を曲がる. ❸《電話》混線：Hay un ～. 混線している. ❹《生物》交配《cruzamiento》；交配種，雑種. ❺《言語》語源の異なる2語の混合

cruceiro [kruθéiro] 男［ブラジルの旧貨幣単位］クルゼイロ

crucería [kruθería] 囡《建築》交差リブ，丸天井の筋かい骨

crucero [kruθéro] 男 ❶ 巡航，クルージング：hacer un ～ por el Mediterráneo 地中海の［各地を巡る］船旅をする. velocidad de ～ 巡航速度. misil de ～ 巡航ミサイル. ❷《船舶》クルーザー；巡洋艦. ❸《建築》袖廊，翼廊『教会で身廊 nave が交差する通路. ☞iglesia カット』. ❹［行列で］十字架を持つ人. ❺［交差点や教会の広間 atrio に置かれた］石の十字架

cruceta [kruθéta] 囡 ❶《手芸》十字縫い，クロステッチ. ❷《機械》クロスヘッド，腕木；《船舶》［檣頭の］クロスツリー

crucial [kruθjál] 形 決定的な，運命を分ける：fase (decisión) ～ 重大な局面(決定). batalla ～ 天下分け目の戦い

crucíferas [kruθíferas] 囡 履《植物》アブラナ科

crucificar [kruθifikár] ⑦ 他 十字架にかける，はりつけにする；苦しめる：～ a+人 a preguntas …を質問攻めにする
　crucificado, da 形 男 過分 十字架にかけられた《イエス・キリスト》

crucifijo [kruθifíxo] 男［キリスト像のついた］十字架『☞rosario カット』
　crucifixión 囡 十字架にかけること；キリスト磔刑(たっけい)の図(画像)

cruciforme [kruθifórme] 形 十字形の

crucigrama [kruθiɣráma] 男 クロスワードパズル

cruda¹ [krúða] 囡《中米》真っ赤な嘘；悪酔い

crudelísimo, ma [kruðelísimo, ma] 形 cruel の絶対最上級不規則形

crudeza [kruðéθa] 囡 ❶［気候などの］厳しさ. ❷ どぎつさ，生々しさ：decir ～s 露骨な(きわど

い)ことを言う

crudillo [krudíʎo] 男 [覆い用の] 丈夫な粗布

crudo, da² [krúðo, ða] 形 ❶ [estar+] 生
(釜)の, 調理していない；[果物が] 熟していない：
Las patatas todavía están ～das. ジャガイモ
はまだ煮えていない. pescado ～ 生魚, 刺身.
verdura ～da 生野菜. carne un poco ～da
生焼けの肉. ❷ 未加工(精製)の；生なり色の：
cuero ～ [なめしていない] 生皮. ～ [ser+. 気
候などが] 厳しい：invierno ～ 厳しい冬. ～
realidad 残酷な現実. ❸ [ser+. 表現などが]
どぎつい, 生々しい：chiste ～ 露骨な冗談.
película ～da どぎつい映画. ❹ [性格的に] 大
人になっていない；[技術的に] 未熟な：chico ～
けんか早い子. torero ～ 経験の浅い闘牛士. ❻
《口語》 [estar+. 達成が] 難しい. ❼《中米》
[estar+] 二日酔いの
en ～ 生の：tomate *en ～* 生のトマト
lo tienes ～ これは難しいよ(大変だよ)
◆ 男 原油 『petróleo ～』：vender ～ a… …
に原油を売る

cruel [krwɛl] 形 『英 cruel』 ❶ [+con に] 残
酷な, 無慈悲な：tirano ～ 残忍な独裁者. ❷
過酷な, つらい：La vida es ～ con ella. 彼女
にとってつらい生活である. destino ～ 過酷な運
命. dolor ～ ひどい痛み. ～ invierno 厳冬
hablar en ～ 率直に(ずけずけと)言う

crueldad [krwɛldá(ð)] 女 ❶ 残酷さ, 残虐行
為；つらさ, 厳しさ：con ～ 残酷に. ～ mental
精神的虐待

cruento, ta [krwénto, ta] 形《文語》流血に
よる：batalla ～ta 血みどろの戦い

crujía [kruxía] 女 ❶ [大きな建物の, 両側に部
屋が並ぶ, 広い] 廊下. ❷《建築》ベイ, 柱間；
《船舶》[船首・船尾間の] 中央甲板
pasar la ～ 苦難を経験する

crujido [kruxíðo] 男 きしみ：dar un ～ ギシギ
シいう

crujiente [kruxijénte] 形 バリバリした：pan
～ カリカリしたパン

crujir [kruxír] 自 [こすれて・割れて] ギシギシ(バ
リバリ)いう, きしむ：Crujían los marcos de la
puerta. かまちがミシミシいった. Le crujen los
dientes cuando duerme. 彼は寝る時歯ぎしりす
る. La seda cruje. 絹がサラサラいう. Crujie-
ron los dedos. 指がポキポキ鳴った

crup [krúp] 男《医学》クループ, ジフテリア性喉
頭炎. **crupal** 形 クループ性の

crupier [krupjér] 男 《複 ～s》『←仏語』『賭博
場の』クルピエ

crustáceos [krustáθeos] 男 複《動物》甲殻
類

crutón [krutón] 男《料理》クルトン

cruz [krúθ] 女 『英 cross. 複 ～ces』 ❶ 十字
架 『ピクト』：camino de la ～ 十字架の道
『キリストが十字架を背負って歩いた道』. clavar
(fijar) a+人 en la ～ …を十字架にかける. ～
de Lorena/～ patriarcal 総主教十字. ～ de
Malta マルタ十字. ～ de San Andrés 聖アン
ドレア十字. ～ egipcia エジプト十字. ～
gamada かぎ十字. ～ griega ギリシア十字. ～

latina ラテン十字. ～ papal 教皇十字. ❷ 十
字架像／十字架の印(記章)：～ de los caídos
慰霊碑. ～ roja 赤十字〔社〕. La C～/～ de
Mayo 聖十字架発見の記念日『5月3日』. ❸
[お祈りで切る] 十字の印 『señal de la ～』：
hacer la (una) señal de la ～ 十字を切る. ❹
[署名代わりの] 十字印；×(⁵)字 『「だめ」の意
味はない』：firmar con una ～ 自分の印をつけ
る. marcar… con una ～/poner una ～
en… …に×をつける, チェックする. ❺ 十字勲章：
gran ～ 大十字章. ❻ 南十字星 『C～ del
Sur,《中米》C～ de Mayo』. ❼ 貨幣(メダル)
の裏面 『↔cara』. ❽ 苦難, 試練：llevar la ～
a cuestas 十字架を背負う, 苦難を忍ぶ. Cada
uno lleva su ～. 人それぞれに十字架を背負って
いる. ～ del matrimonio 結婚生活の苦労. ❾
[牛・馬の肩甲骨の間] 鬐甲(憶ぅ)；[木の] 股

griega　patriarcal　egipcia　papal　de Malta

gamada　de San　latina　de Lorena
　　　　　Andrés

con los brazos en ～ [十字架にかけられたよう
に] 両手を広げて
～ y raya《口語》それでおしまい：Tras aque-
lla violenta discusión, hicimos ～ *y raya*.
激しい議論はしたが, 私たちはそれをすっかり水に
流した
de la ～ a la fecha 最初から最後まで, 完全
な
en ～ 十字形に, 斜めに：dos espadas *en ～*
交叉させた2本の剣
es la ～ y los ciriales それは大仕事だ
hacerse cruces (*la ～*)《口語》奇異の念を
表わす, いぶかる；賛嘆の気持ちを表わす
por esta ～/por estas que son cruces 神
にかけて
quedarse en ～ y en cuadro 貧乏に追い込
まれる

cruza [krúθa] 女《南米》[動物などで] 交配種,
雑種

cruzada¹ [kruθáða] 女 ❶《歴史》十字軍；聖
戦. ❷ 改革(撲滅)運動：～ antialcohólica
禁酒運動

cruzado, da² [kruθáðo, ða] 形 過分 ❶ 交差
した：fuego ～ 十字砲火. palabras ～das ク
ロスワードパズル 『crucigrama』. ❷《生物》交
配種(雑種)の：raza ～da 雑種. ❸《服飾》ダ
ブル 〔ブレスト〕の：chaqueta ～da ダブルの上着.
❹《繊維》あや織りの. ❺ 十字架(聖戦)に参加
した
◆ 男 ❶ 十字軍(聖戦)の兵士. ❷ 雑種.
〔ブラジルの旧貨幣単位, 昔のカスティーリャ・ポル
トガルの金・銀貨〕クルザード. ❹ あや織り. ❺《ボ
クシング》クロスカウンター. ❻ 複 線影づけ

cruzamiento [kruθamjénto] 男 ❶ 横断, 交
差. ❷《生物》交配, 交雑

cruzar [kruθár] ⑨ 他 〖英 cross. ☞活用表〗 ❶ [十字形に] 交差させる ; [腕・脚などを] 組む : Se sentó y *cruzó* las piernas. 彼は座って脚を組んだ. ❷ 横断する, …と交差する : ~ el desierto 砂漠を横断する. ~ la calle 通りを渡る. Este camino *cruza* la ruta 1. この道は国道1号線と交差する. Una escena me *cruzó* por la imaginación. ある光景がふと私の心をよぎった. ❸ 横切らせる ; …に斜線を引く : ~ un cable de una ventana a otra 窓から窓へロープを渡す. ~ la página con una raya ページに斜めの線を引く. ~ un cheque 横線小切手にする. ❹ [挨拶などを] 交わす : Nunca *he cruzado* una palabra con ella. 私は彼女と全然口をきいたことがない. ~ la espada con+人 …と剣を交じえる. ~ apuestas 賭けをする. ❺《生物》交配させる

◆ 自 ❶ 横切る : ~ por la plaza 広場を横切る. ❷《服飾》Esta chaqueta *cruza* bien. この上着は打ち合わせがたっぷりしている

◆ **~se** ❶ [互いに/+con と] 交差する ; すれ違う, 行き違いになる : Las dos carreteras *se cruzan* cerca de aquí. 2本の高速道路がこの近くで交差している. Los dos trenes *se cruzan* a mitad de camino. その2本の列車は途中ですれ違う. Todos los días *me cruzo con* él en el camino. 毎日私は彼と道で出会う. Nuestras cartas *se habrán cruzado*. 私たちの手紙は行き違いになったらしい. ❷ 巡航する

cruzar	
直説法点過去	接続法現在
crucé	cruce
cruzaste	cruces
cruzó	cruce
cruzamos	crucemos
cruzasteis	crucéis
cruzaron	crucen

C.S. 《略語》←costo y seguro 保険料込み価格

C.S.F. ; c.s.f. 《略語》←costo, seguro y flete 運賃保険料込み価格

CSIC [θésik] 男《西. 略語》←Consejo Superior de Investigaciones Científicas 高等科学研究院

cta. 《略語》←cuenta 勘定

cta/a. 《略語》←cuenta anterior 前回勘定

cta.cte. 《略語》←cuenta corriente 当座勘定

cta/m 《略語》←cuenta a mitad 共同計算, プール計算

cta/n 《略語》←cuenta nueva 新勘定

cta.simda 《略語》←cuenta simulada 仮計算, 試算勘定書

cta/vta 《略語》←cuenta de venta 売上計算書

cte 《略語》=**crrte**

CTM 女《略語》←Confederación de Trabajadores de México メキシコ労働者連合

CTNE 女《略語》←Compañía Telefónica Nacional de España スペイン国営電話会社

ctra. 《略語》←carretera 幹線道路, 国道

cu [kú] 女 文字 q の名称

c/u. 《略語》←cada uno 各自, 各個

cuaderna [kwađérna] 女 ❶《船舶》肋材 〖集名 としても〗. ❷《詩法》~ vía 一連4行単韻詩 〖中世の教養派俗語文芸などで用いられた一行14音節で同じ韻を踏む4行を一連とする詩形〗

cuadernillo [kwađerníʎo] 男 ❶ 小ノート, 小冊子. ❷ メモ帳 〖~ de notas〗. ❸《印刷》折り丁

cuaderno [kwađérno] 男 〖英 notebook〗 ノート, 帳面 : escribir en el ~ ノートに書く

cuadra [kwáđra] 女 ❶ うまや, 厩舎 ; 汚い場所 : Su casa parece una ~. 彼の家はまるで豚小屋だ. ❷ 集名 [一厩舎に属する] 競走馬. ❸《中南米》一街区, ブロック 〖manzana〗 : Vivo a tres *~s* de aquí. 私はここから3ブロック先に住んでいる

cuadrado, da [kwađráđo, đa] 形 過分 ❶ 四角の, 正方形の : mesa *~da* 四角いテーブル. ❷ [estar+] 頑丈な ; 角ばった : coche ~ 頑丈な車. hombre ~ がっしりした男. ❸ 二乗の, 平方の : tres metros *~s* 3平方メートル. ❹ 碁盤目状の

◆ 男 ❶ 正方形 ; 二乗 : elevar al ~ 二乗する. Tres al ~ son nueve. 3の二乗は9. ~ mágico 魔方陣. ❷ [四角い] 一区画 : un ~ de tierra 一区画の土地. ❸《服飾》[袖付け部分の] マチ

***dejar a*+人 *de* ~** 《口語》…の痛い所を突く

***tener los* ~** 男らしい, 勇気がある

◆ 女《音楽》二全音符

cuadrafonía [kwađrafonía] 女 [録音・再生の] 4チャンネル方式

cuadragenario, ria [kwađraxenárjo, rja] 形 名 40歳台の〔人〕

cuadragésimo, ma [kwađraxésimo, ma] 形 男 40番目の ; 40分の1〔の〕

◆ 女 =**cuaresma**

cuadrangular [kwađraŋgulár] 形 四角形の ; 四者トーナメントの

cuadrángulo, la 形 =**cuadrangular**. ◆ 男 四角形

cuadrante [kwađránte] 男 ❶ 四等分したもの ;《数学》四分円, 象限 : ~ del horizonte 視界の4分の1. ❷ 表示盤, ダイヤル ; [時計の] 文字盤. ❸ 日時計 〖~ solar〗 ; [昔の] 四分儀. ❹ 四角い枕

cuadrar [kwađrár] 他 ❶ 四角(直角)にする ;《数学》二乗する. ❷ 清算(決済)する. ❸《闘牛》[牛を] しっかり身構えさせる

◆ 自 ❶ [+a に] 適する, 都合がよい : No me *cuadra* este trabajo. この仕事は私に合わない. Venga usted esta tarde si le *cuadra*. ご都合がよろしければ今日の午後おいでください. ❷ [+con と] 調和する ; 合致する : Esos muebles no *cuadran con* la habitación. その家具は部屋に似合わない. Estas cifras no *cuadran*. この数字は間違っている. ❸《闘牛》[牛が] 身構える. ❹《南米》[人が] 準備できている

◆ ~**se** ❶ 直立不動の姿勢をとる；[馬などが]足をふんばって動かない；かたくなになる：*Se ha cuadrado.* 彼は気を付けをした/態度を硬化させた. ❷《口語》急にまじめな(むっとした)顔つきになる. ❸《闘牛》[牛が]身構える

cuadratura [kwaðratúra] 囡《数学》求積〔法〕：~ *del círculo* 円積問題, 解決不可能な問題

cuádriceps [kwáðriθeps] 男〖単複同形〗《解剖》〖大腿〗四頭筋

cuadrícula [kwaðríkula] 囡 碁盤目, ます目：papel de ~ 方眼紙

cuadriculado, da 圏 過分 1)碁盤目状の：hoja ~*da* 方眼紙. 2)《軽蔑》〖習慣・考えが〗硬直化した

cuadricular 他 …に碁盤目状に線を引く

cuadrienio [kwaðrjénjo] 男 4 年間

cuadrienal 圏 4 年ごとの；4 年間続く

cuadriga [kwaðríɣa] 囡 4 頭立ての馬車；《古代ローマ》四頭立て二輪戦車

cuadrilátero, ra [kwaðrilátero, ra] 圏 四辺を持つ

◆ 男《幾何》四辺形；《ボクシング》リング

cuadrilla [kwaðríʎa] 囡 ❶ 集団, グループ：una ~ *de segadores* 刈り取り労働者の一団. ~ *de ladrones* 盗賊団. en ~ 集団で；徒党を組んで. ❷《闘牛》[matador 配下の, picador・banderillo の]闘牛士チーム〖~ de toreros〗

cuadrillero 男 [cuadrilla の]一員, メンバー

cuadrimotor [kwaðrimotór] 男《航空》四発機

cuadriplicar [kwaðriplikár] 7 他 =**cuadruplicar**

cuadrivio [kwaðríβjo] 男〖中世の大学の〗自由科目 4 科〖算術, 幾何学, 音楽, 天文学〗

cuadro [kwáðro] 男《英 picture》❶ 絵〖《pintura 類義》：pintar un ~ 絵を書く. ~ *de Picasso* ピカソの絵. ~ *vivo* 活人画

❷ 描写；光景, 場面；《演劇》場：~ *de costumbres* 風俗描写. ofrecer un ~ impresionante 感動的な光景を呈する. primer ~ del segundo acto 第 2 幕第 1 場

❸ 表：estructurar en un ~ 表にする. ~ *de honor* 優等生名簿. ~ *estadístico* 統計表. ~ *mágico* 魔法陣

❹ 四角形のもの, 四角い土地；〖まれ〗正方形〖cuadrado〗：~ *de flores* 花壇. ~ *de frutales* 果樹園

❺ 計器盤, 制御盤〖~ de mandos, de instrumentos〗

❻ [自転車などの]フレーム；《建築》[窓・戸の]抱(だ)き

❼ 匿名 幹部；スタッフ, チーム：~ *de dirigentes del partido* 党指導部. ~ *de profesores* 教授陣. ~ *facultativo (médico)* 医師団. ~ *flamenco* フラメンコ舞踊団. ~ *técnico* 技術者チーム

❽《軍》方陣：formar el ~ 方陣を敷く；団結を固める

❾《野球》ダイヤモンド：jugador de ~ 内野手

❿ 圏 格子じま, 碁盤目：camisa a ~ 格子じまのワイシャツ. ~*s* de un papel 用紙のます目

⓫《医学》臨床像, 病候〖~ clínico〗：Se le da un ~ de diarrea. 彼に下痢の症状が起きる

⓬《南米》畜殺場；小牧場

dentro del ~ de... …の枠内で

en ~ 四角形に：sillas dispuestas *en* ~ 四角形に並べられた椅子. habitación de tres metros *en* ~ 3 メートル四方の部屋

estar (quedarse) en ~ 少人数になってしまう：Con la gripe, en la oficina estamos *en* ~. 流感のせいで出社している人はわずかしかいません

recargar el ~ 大げさに言う, 誇張する

¡vaya un ~...! なんという有様だ, 何てこまだ！

cuadrumano, na/cuadrúmano, na [kwaðrumáno, na/-ðrúma-] 圏 男 四手を持つ〖動物〗〖サルなど〗

cuadrúpedo, da [kwaðrúpeðo, ða] 圏 男 四足を持つ〖動物〗〖ウマなど〗

cuádruple [kwáðruple] 圏 男 4 倍〔の〕；4 つ組の

cuadruplicar 7 他 4 倍にする

cuádruplo, pla 圏 男 =**cúadruple**

cuaima [kwájma] 囡《動物》ガラガラヘビの一種

cuajado, da [kwaxáðo, ða] 圏 過分 ❶ 凝結した：sangre ~*da* 血のかたまり. ❷《文語》[+ de で]満たされた：bajo un cielo ~ de estrellas 満天の星の下で. con los ojos ~*s* de lágrimas 目に涙を一杯うかべて. ❸《口語》眠った

◆ 囡 凝乳, カード〖leche ~*da*〗；カッテージチーズ；クアハーダ〖羊の乳で作ったヨーグルト状のデザート〗

cuajar [kwaxár] 他 ❶ 凝固させる：~ un flan プディングを固める. ❷ [+de で]満たす：~ la mesa *de* manchas テーブルをしみだらけにする. ~ el balcón *de* flores バルコニーを花で一杯に飾る

◆ 自 ❶ 凝固する：i) El huevo no *ha cuajado* todavía. 卵はまだ固まっていない. ii) [+en に] Sus ideas *han cuajado* en una gran obra. 彼の構想は偉大な作品となった. ❷ [雪が]積もる. ❸ 達成される：Mi negocio no *cuajó*. 私の商売は失敗した. El acuerdo *cuajó* después de largas discusiones. 長い議論の末, 協定が実現した. ❹ 適合する：No *cuajo* en ese trabajo. 私はその仕事に向かいたくない. Esa moda no *cuajó* entre los jóvenes. そのモードは若者に受けなかった. ❺《中米》とりとめのない話をする；嘘をつく

◆ ~**se** 凝固する；覆われる：Sus ojos *se cuajaban* de lágrimas. 彼は目に一杯涙をためた. La plaza *se cuajó* de gente. 広場は人で埋めつくされた

◆ 男〖反芻動物の〗第 4 胃, 皺胃(しゅうい)

cuajarón [kwaxarón] 男 [血などの]凝塊

cuajo [kwáxo] 男 ❶ 凝乳酵素；凝結剤. ❷ 冷静さ；悠長さ：tener ~ 冷静である, 動揺しな

い; 動作が鈍い, 無気力である. ❸《中米》とりとめのない話, 雑談; 嘘
　de ～ 根こそぎ, すっかり : arrancar un árbol *de* ～ 木を根こそぎにする

cuákero, ra [kwákero, ra] 形 名 =**cuáquero**

cual [kwal] 代 『定冠詞+. 先行詞を明確に示す関係代名詞. lo ～ は先行の表現全体を受ける』❶ [説明用法] Me preguntaron por la madre de mi amigo, *la* ～ estaba enferma. 私は友人の母親について尋ねられたが, その母親は病気だった.

❷ [前置法] i) [限定用法] Le expliqué los motivos por *los* ～es no podía hacerlo. 私はそれができない理由を彼に説明した. ii) [説明用法] Empezó a llover, a pesar de *lo* ～ seguimos nuestro camino. 雨が降り始めたが, それでも私たちは歩き続けた.

❸ [過去分詞+. 分詞構文] Entramos en el túnel, pasado *el* ～ se extendía el mundo de la nieve. 私たちはトンネルに入った. それを抜けると銀世界が広がっていた

❹ [先行詞が前文の一部・全体] Era una hija muy al estilo de su padre. El ～ no tardó en darse cuenta de ello. 娘は父親によく似ていた. 父親は間もなくそのことに気づいた. También se ha ido. Lo ～ quiere decir que sabía lo que esperaba. 彼も去った. それは何が待ち構えているかを彼が知っていたことを意味する

　～ *si*+接続法 《文語》 まるで…であるかのように 『como si…』

　lo ～ *que*+直説法《まれ》もちろん…である

　por lo ～ したがって : Ha terminado la obra, *por lo* ～ nos vamos. 仕事は終わりだから帰ろう

◆ 形 ❶ [物事の性質を示す関係形容詞] Una situación tan conflictiva, ～ es la que vivimos ahora, requiere soluciones drásticas. きわめて紛糾した状況に今我々は生きているので, 抜本的な解決策が必要となる ❷ 前述の, 上記の : los ～es bienes 前記の資産

◆ 接《文語》…のように 『como』: Una luz brillaba ～ estrella. 明かりが星のように光っていた. ～ llega el día tras la noche 夜に続いて星が来るように. La cosecha, ～ se presenta, será mediana. 作柄は見たところ〔平年〕並のようだ

　～ *o* ～《まれ》ごくわずかの

　～… *tal*… [対句表現] *C*～ es Pedro, *tal* es Juana. ペドロもペドロなら, フワナもフワナだ 〔2 人とも困ったものだ〕. ～ la madre, *tal* la hija. この母にしてこの娘あり

　sea ～ *fuere* それがどうであろうと : Sus exigencias, *sean* ～ *fueren*, no pueden ser aceptadas. 彼の要求は, 内容がどうであれ, 受け入れる訳にはいかない

cuál [kwal] 代《英 which. 選択の疑問代名詞・形容詞》❶ i) どれ, どちら : i) [+de の中の] ¿*C*～ *de* las dos hermanas es más guapa?—[Es] La menor. 2 人の姉妹のうちどちらがより美人ですか?—妹の方です. ii) [de なし

では, 事物の選択] ¿*C*～ quieres?—El azul. どれが欲しい?—青いの. ¿*Qué* quieres?—Un coche. 何が欲しい?—車. ¿*C*～ es su opinión? どんなご意見ですか? No sé ～ es el título de la obra. その作品名は何か私は知らない

❸ [名称] 何 : Dime ～es son las cuatro estaciones del año. 四季の名前を言いなさい. ¿*C*～ es la capital de España? スペインの首都はどこですか?

　a ～+比較級 いずれ劣らず… : *a* ～ mejor いずれも劣らず上手に

　¡ ～ *no sería…!* [驚き] …はいかばかりか! : *¡C*～ *no sería* su sorpresa al ver a un niño en su cama! 自分の寝床に子供がいるのを見た時の彼の驚きといったら!

◆ 形 ❶《主に中南米》[+名詞] どの『スペインでは qué』: ¿*C*～ camino es [el] más corto?—[Es] El de la derecha. どちらの道の方が近道ですか?—右の方です. ❷ [感嘆文で副詞的] *¡C*～ se verán los infelices! 何という不幸な連中の有り様だろう! *¡C*～ gritan! 何という騒ぎようだ! ❸ [繰返して] あるいは…またあるいは… : Tengo muchos libros, ～es de historia, ～es de poesía. 私は歴史や詩の本をたくさん持っている

cualesquiera ⊳**cualquiera**

cualidad [kwalidá(d)] 女《英 quality》❶ 特徴, 特性 : ～es del hierro 鉄の特徴. ❷ 質, 品質 『calidad』: la ～ y la cantidad de los productos 製品の質と量. ❸ 長所, 強味 : Es un hombre de muchas ～es 彼は長所が多く さんある. explotar sus ～es 長所を生かす

cualificado, da [kwalifikáðo, ða] 過分 ❶ 有資格の, 熟練した : trabajador ～ 熟練労働者. obrero no ～ 未熟練労働者. ❷ = **calificado**

cualificar 7 他 = **calificar**

cualitativo, va [kwalitatíßo, ßa] 形 質的な 『↔cuantitativo』: control ～ 質的規制

cualquiera [kwalkjéra] 『英 any, anyone. 不定形形容詞・代名詞. cualesquiera (使用はまれ)』形 『名詞の前で cualquier, 複 cualesquier』❶ [主に +名詞] どんな […でも] : i) *Cualquier* hombre tiene sus defectos. どんな人にも欠点はある. Te veré *cualquier* día. いつでも君に会ってあげよう. ～ Eso se ve en *cualquier* otro sitio. そんなことはここ以外のどんな場所でも見られる 『名詞との間に otro があっても cualquier』. Llora por *cualquier* cosa. 彼は何でもないことで泣く. Tráigame *cualquier* libros. 何か本を 2, 3 冊持ってきてくれ. ii) [不定冠詞+otro+名詞+. 補足的に無関心] Un día ～ volveré aquí. いつかある日ここに戻って来よう. Vamos a otro sitio ～. どこか他の場所へ行こう. Sabía muchas más cosas que otro niño ～. 彼は他のどんな子より多くのことを知っていた. ❷ [名詞+] 普通の, ありふれた : El bádminton no es un deporte ～. バドミントンは決してやわな スポーツじゃない

~ *que*+接続法［譲歩］…であろうとも：C~ *que* sea el motivo, no se admite su comportamiento. 動機がどうであれ，彼の行ないは許されない

◆ ［代］どれでも；誰でも：i) ¿Qué libro prefieres?—C~ de ellos. どの本がいい？—そのどれでもいい．C~ lo sabe. 誰でもそれを知っている／誰がそんなこと知るものか《☞iii》．ii) ［+que+接続法］No me importan sus razones *cualesquiera que* sean.《文語》君の言い分がどうであれ私にはどうでもいい．C~ *que* lo viera se pondría colorado. それを見れば誰だって赤面するだろう．iii) ［感嘆文で反復］¡C~ se fía de ti! 誰も君を信じるものか

¡~ *lo diría!* まさか！

un (una) ~ ［軽蔑］unos (unas) cualquieras］取るに足りない人，平凡な人

◆ ［女］《軽蔑》売春婦

cuan [kwan] ［副］☞**cuanto**
cuán [kwán] ［副］☞**cuánto**

cuando [kwando]［英 when. 時の接続詞・関係副詞］［接］❶ …する時：i) C~ los visité, no estaban en casa. 私が訪問した時，彼らは留守だった．Llegamos al pueblo, ~ era ya de noche. 私たちは村に着いたが，その時はもう夜だった．ii) ［+接続法. 未来のこと］¿Qué quieres ser ~ seas mayor? 大きくなったら何になるの？ iii) ［+名詞］C~ la guerra, se quemó la iglesia. 戦争中にその教会は焼けた．C~ niño, iba a la pesca. 子供のころ私はよく魚釣りに行った

❷ ［条件. +接続法］…すれば：C~ lo aceptes, serás admitido en nuestro grupo. それを受けいれれば仲間に入れるよ

❸ ［譲歩］i) ［+直説法］…するにもかかわらず：No sé cómo se atreve a censurarme, ~ él hizo lo mismo. 彼がどうして私を非難しようとするのかわからない．彼も同じことをしたのに．ii) ［+接続法］たとえ…でも：No faltaría a la verdad ~ le fuera en ello la vida. 彼は命がかかっていようと真実を曲げないだろう

❹ ［理由］…するのだから：C~ tú lo dices, verdad será. 君がそう言うのだから，それは真実なのだろう．C~ no dice nada es que le gusta. 彼が何も言わないのは，気に入っているということだ

◆ ［副］…する時：i) ［説明用法］A las siete, ~ la reunión ya había terminado, volvimos a casa. 7時にはもう会合は終わって，私たちは帰宅した．ii) 《まれ》［限定用法］Recordamos los años ~ íbamos juntos a la escuela. 私たちは一緒に通学していたころのことを思い出している《限定用法では〔en〕que が主》．iii) ［ser+. 強調構文］Fue en 1492 ~ se descubrió América. アメリカが発見されたのは1492年だ．iv) ［前置詞+. 独立用法］Tengo que acabar esta obra para ~ llegue la primavera. 春が来るまでに私はこの仕事を終えなければならない《←… para el tiempo ~…》

~ *no* そうでなければ：¿Lo has leído? C~ *no*, te recomiendo que lo leas. 読んだ？読んだことがなければ，読むことを勧めるよ

~ *quiera que*+直説法・接続法《スペインでは古語的》［譲歩］…の時はいつでも：C~ *quiera que* venga usted, será bien acogido. おいでのせつは，いつでも歓迎いたします

~ [usted] *quiera* 1) お好きなときに：Venga usted ~ *quiera*. いつでもいらっしゃい．2) ［開始を促して］始めて下さい

de ~ *en* ~ 時々：Me siento mal *de* ~ *en* ~. 私は時おり気分が悪くなることがある

cuándo [kwándo] ［副］［英 when. 時の疑問副詞］❶ いつ：i) ¿C~ volverá él? いつ彼は帰ってきますか？ Me preguntaron ~ se celebraría la boda. 結婚式はいつかと私は尋ねられた．ii) ［前置詞+］¿De ~ es esta observación? この観察はいつのものですか？ ¿Hacia (Para) ~ piensa venir? 彼はいつごろ来るつもりですか？ ¿Hasta ~ crees que sigue lloviendo? いつまで降り続くと思う？ *desde* ~ いつから

❷ ［繰返し］あるいは…またあるいは…：Siempre están riñendo, ~ con motivo, ~ sin él. 原因はあれこれだが，彼らは始終けんかしている

◆ ［男］el cómo y el ~ どんな方法でいつ

cuanta² [kwánta] ［女］《物理》☞**cuanto**

cuantía [kwantía] ［女］❶ 量［cantidad］；総額：Se desconoce la ~ de las pérdidas. 損害の大きさは不明だ．❷ 重要性：de mayor (menor) ~ 重要な(重要でない)．❸ ［人の］長所：hombre de poca ~ 長所のあまりない男

cuántico, ca [kwántiko, ka] ［形］《物理》量子の：mecánica ~ca 量子力学．teoría ~ca 量子論

cuantificar [kwantifikár] ［7］［他］❶ 数量で表わす(評価する)：~ en dinero 金額で表わす．❷《物理》量子化する

cuantificación [女] 定量化，数量化；量子化
cuantificador [男]《文法》数量詞

cuantioso, sa [kwantjóso, sa] ［形］［量的に］大きい，大量の

cuantitativo, va [kwantitatíbo, ba] ［形］量の，量的な〔↔cualitativo］：valoración ~va 量的な評価

cuanto¹ [kwánto] ［男］《複》~s/cuantá》《物理》量子：teoría de los ~s (los *cuanta*) 量子論

cuanto², ta² [kwanto, ta] 『「全部」を表わす関係形容詞・代名詞・副詞』［形］❶《文語》［+名詞］…するすべての『todo… que］：Le doy ~ dinero tengo. 私は有り金残らず彼に与える．Los perros enseñan los dientes a ~ desconocido ven. 犬は知らない人を見かけると〔誰にでも〕歯をむく．Recuerdo a mi madre ~tas veces paso por esta calle. 私はこの街を通るたびにいつも母を思い出す．ii) ［todo+. 強調］Quiero castigar a *todos* ~s embusteros mentirosos hay en el mundo. 世の中すべての嘘つきな下僕を罰してやりたい

❷ ［tanto と相関して. 接続詞的］…と同じくらい：C~ta alegría él lleva *tanta* tristeza nos deja. 彼は喜びをもたらすが〔それと同じくらい〕悲しみをももたらす

❸ 〔比例比較. +比較語...〔tanto〕+比較語〕すればするほど~ます: *C~tas* más ciudades visite uno, 〔*tantas*〕más experiencias recogerá. 人は多くの町を訪ねれば訪ねるほど経験を積むものだ. *C~s* más libros se compran, 〔*tanto*〕menos espacio queda en la casa. 本を買えば買うほど場所が狭くなる

tanto ~... ~するそれだけ〔の〕: Te daré *tanto* 〔*dinero*〕~ quieras. 欲しいだけ〔金を〕あげるよ

unos ~s いくらかの: No he leído más que *unas* ~tas páginas. 私は数ページしか読んでいない

◆ 〔代〕❶《文語》...するすべて〖先行詞 todo を省略した独立用法〗 i) Le di ~ tenía. 私は持っているすべてを彼に与えた. Nos dejaba hacer ~ queríamos. 彼は何でも私たちの好きにさせてくれた. Vengan ~s quieran. 来たい人は誰でも来なさい. ii) 〔todo+. 強調〕*Todos* ~s comen aquí son españoles. ここで食事をしているのは全員スペイン人である. ❷《語と相関して》...する限りのすべて: Emplearemos *tantos* obreros ~s hagan falta. いくらでも必要なだけ工員を雇う ❸ 〔接続詞的. +比較語...〔tanto〕+比較語〕...すればするほど~ます: *C~s* más vayamos, 〔*tanto*〕mejor lo pasaremos. 行く人が多ければ多いほど楽しいだろう

en ~ 1) 〔+直説法〕...するとすぐ; ...する間: i) Partí *en* ~ salió el sol. 太陽が昇るとすぐ私は出発した. En ~ cantaba, ella escuchaba. 彼が歌っている間ずっと彼女は聞いていた. ii) 〔未来のことは +接続法〕En ~ 〔que〕llegue, te avisaré. 着いたらすぐ知らせるよ. 2) 〔+無冠詞名詞〕...の資格で, ...として: Los lectores le aprecian *en* ~ novelista. 読者は彼を小説家として評価している

〔en〕 ~ *a*... 〖英 as to〗...に関して: *En* ~ *a* mí no se moleste usted. 私のことならお構いなく

en ~ *que*+直説法 ~するとすぐ〖en ~〗

por ~+直説法《文語》...であるからには

unos ~s いくらかの人(物): ¿Tienes muchas amigas?—Tengo *unas* ~tas. ガールフレンドはたくさんいるかい?—少しね

◆ 〔副〕《形容詞・副詞の前では **cuan**》〔接続詞的. 未来のこと・仮定の場合は +接続法〕❶ ...するそれだけ一杯: Puedes protestar ~ quieras, pero será inútil. 好きなだけ抗議したまえ, 〔そんなことをしても〕無駄だろうよ. Cayó *cuan* largo era. 彼はばったりと(長々と)倒れた〖←一身長一杯に〗. El resultado será tan bueno *cuan* grande haya sido su esfuerzo. 努力が大きければ, それだけ良い結果が得られるだろう. ❷ ...すす間はずっと: Durará la privanza ~ dure la obediencia. 服従し続ける限り寵愛は続くだろう. ❸ 〔tanto と相関して〕...と同じくらい: *Tanto* vales ~ tienes.《諺》金持ちになればなるほど, みんなから敬われる. Tengo *tanto* más empeño en acabar la obra ~ que mañana no podré

dedicarme a ella. 明日は仕事ができないだけに, 私は仕事を完成させたいのだ

~ *antes* できるだけ早く: ¡Que se mejore ~ *antes*! 早くよくなられますように! *C~* *antes* 〔tanto〕mejor. 早ければ早いほどいい

~ *más* 多くても: Esto vale ~ *más* cien pesetas. これはせいぜい 100 ベセタだ

~ *y más* ましてや

no tanto ~ *A ~ B A* よりもはるかに B の方が

◆ 〔副〕〔比例比較. +比較語...〔tanto〕+比較語〕...すればするほど: i) 〔正比例〕*C~* más estudias 〔*tanto*〕más aprendes. 君は勉強すればするほど多くのことを学ぶ. ii) 〔反比例〕*C~* más me pedía, 〔*tanto*〕menos le daba. 彼が要求するほど, 私は彼に少なく与えた

cuánto, ta 〔kwánto, ta〕〖英 how many, how much. 数量の疑問形容詞・代名詞・副詞〕〔形〕〔+名詞〕いくつの, どれだけの: i) ¿C~ dinero necesitas? いくら必要なの? No sé ~s hijos tiene. 彼に子供が何人いるか私は知らない. ii) 〔感嘆〕¡C~ta gente en la playa! 海岸には何とたくさんの人がいることか!

◆ 〔代〕いくつ: ¿C~s 〔C~tas〕son doce menos siete? 12 引く 7 はいくつですか? ¿C~s vienen a comer? 食事には何人来ますか? ¿A ~s estamos hoy?—Estamos a 26 de octubre. 今日は何日ですか?—10 月 26 日です

◆ 〔副〕《形容詞・副詞の前では cuán となるが, 口語では qué が主》どれだけ: i) ¿C~ es?—Son cien pesetas. 〔支払いの時に〕いくらですか?—100 ベセタです. ¿Se tarda de aquí a la escuela? ここから学校まで〔時間では〕どの位かかりますか? ii) 〔感嘆〕¡C~ me alegro! ああうれしい! ¡C~ has cambiado! 君はずいぶん変わったね! ¡C*uán* distintos son el ideal y la realidad! 理想と現実は何と異なることか!

a ~+名詞 ...はいくら?: ¿A ~ los tomates? トマトはいくら?

~ *ha que*+直説法 どの位前に...: ¿C~ *ha que* partió? 彼はどの位前に出発しましたか?

~ *más* ましてや: Puedo venir a ser Papa, ~ *más* gobernador. 私は教皇にだってなれるのだから, 知事なんて易しいものだ. 〔+que+直説法なので〕No quiero ir porque está lloviendo, ~ *más que* tengo mucho trabajo. 雨が降っているし, その上ひどく忙しいので私は行きたくない

~ *menos* ましてや〔...ない〕

◆ 〔副〕No me importa ni el ~ ni el cómo. 金額(数量)も方法も私には重要でない

cuáquero, ra 〔kwákero, ra〕〔形〕〔名〕クエーカー教徒〔の〕

cuarcita 〔kwarθíta〕〔女〕《鉱物》珪岩

cuarenta 〔kwarénta〕〔形〕〔男〕〖英 forty〗❶ 40〔の〕; 40 番目の. ❷ 〔los+〕40 歳; 40 歳台: De los ~ para arriba no te mojes la barriga.《諺》中年になったら健康に気をつけねばならない. ❸ 〔los 〔años〕+〕1940 年代

cantar (*acusar*) *las* ~ *a*+人 〔脅し文句で〕...にはっきりと不満を述べる

cortar el ~ *a*+人《南米》…の計画を妨げる
¡ésas son otras ~*!*《南米》それはまったく別の話だ

cuarentavo, va [kwarentáβo, βa] 形 40 分の1〔の〕

cuarentena [kwarenténa] 囡 ❶ 匯名 40〔の まとまり〕: una ~ de personas 約 40 人. Está en su primera ~. 彼は 40 歳台になった（もう中年だ）［生後・出産後］40 日間. ❷ 検疫; 検疫期間［かつては 40 日だった］: poner (estar) en ~ 検疫する（中である）. ❸ 孤立，隔離

cuarentón, na [kwarentón, na] 形 囝《軽蔑》40 歳台の〔人〕, 40 がらみの〔人〕

cuaresma [kwarésma] 囡《キリスト教》四旬節《灰の水曜日 miércoles de ceniza から聖土曜日 sábado santo までの, 主日を除く 40 日間》
　cuaresmal 形 四旬節の

cuarta¹ [kwárta] 囡 ❶ 4 分の1《cuarto》: nordeste ~ al este (al norte) 北東微東(北). ❷［長さの単位］指を開いて, 親指の端から小指の端までの長さ［=約 21 cm］. ❸《自動車》4 速. ❹《音楽》4 度. ❺《中米》［馬用の］短い鞭
　a la ~《中南米》みじめに

cuartana [kwartána] 囡《医学》［主に 複. 4 日ごとに起こる］四日熱《fiebre ~》

cuartear [kwarteár] 他 ❶ 四等分する;［特に動物を］四肢に分ける. ❷［道を］蛇行して走る. ❸《中米》何度も鞭打つ
　◆ ~se ❶［皮膚・壁などが］ひび割れる: Se me han cuarteado las manos. 私の手はひびが切れた. ❷《中米》おじけつく; 約束を破る

cuartel [kwartél] 囝 ❶ 兵舎; 宿営地: ~ general 司令部;［政党などの］本部. ~es de invierno 冬営地. ❷［主に四分した］地区, 区画
　estar de ~［士官が］半給（予備役）である
　no dar ~［+a 敵を］容赦しない, 息つく暇なく攻撃する; 助命する
　sin ~ 情け容赦のない, 容赦なく: guerra sin ~ 全面戦争, 総力戦;［間投詞的に］皆殺しにしろ!
　cuartelazo 囝/**cuartelada** 囡《軽蔑》軍部の反乱
　cuartelero, ra 形 兵舎の: lenguaje ~ 軍隊用語. ◆ 囝 兵舎の清掃と保安を担当する雑役兵. ◆ 囝《南米》［ホテルの］ボーイ
　cuartelillo 囝 交番;［軍隊・治安警備隊の］詰め所

cuarteo [kwartéo] 囝［皮膚・壁などの］ひび, ひび割れ

cuarterón, na [kwarterón, na] 形 囝 ムラート mulato とスペイン人との混血の〔人〕
　◆ 囝 4 分の1《cuarto》;［重さの単位］=4 分の1ポンド; 小窓, のぞき穴

cuarteta [kwartéta] 囡《詩法》8 音節の 4 行詩《脚韻は ABAB》

cuarteto [kwartéto] 囝 ❶《音楽》四重奏〔団・曲〕, カルテット. ❷《詩法》11 音節の 4 行

詩《脚韻は ABBA》

cuartilla [kwartíʎa] 囡［本・ノートなどの］1 枚《1 折りの 4 分の1》;（印）原稿用紙

cuartillo [kwartíʎo] 囝［昔の液量の単位］azumbre の 4 分の1〔=約 0.5 リットル〕;［昔の乾量の単位］celemín の 4 分の1〔=約 1.1 リットル〕

cuarto¹ [kwárto] 囝《英 room, quarter》❶［主に個人用の］部屋, 私室: Éste es mi ~. これが私の部屋です. ~ de baño 浴室, トイレ. ~ de estar 居間. ~ frío 冷凍倉庫. ~ oscuro 暗室. ~ redondo《中南米》［通り・中庭に出られる］独立した部屋. ~ trasero 納戸
　❷ 4 分の1: i) servir un ~ de pollo 若鶏 4 分の1を出す. ii)［1 キログラムの］Déme un ~ (tres ~s) de judías. インゲンマメ 250 (750) グラムください
　❸ 15 分: Sólo falta un ~ de hora. あと 15 分しかない. partir a las tres y (menos) ~ 3 時 15 分 (15 分前) に出発する. tres ~s de hora 45 分
　❹（國）《西. 口語》お金: No tengo ~s. 私は金がない
　❺《天文》弦《~ de luna》: ~ creciente (menguante) 上 (下) 弦
　❻《スポーツ》~s de final 準々決勝
　❼《服飾》un tres ~s 七分丈のコート
　cuatro ~*s* わずかな金: tener cuatro ~s 貧乏である
　dar un ~ *al pregonero* 秘密を言いふらす
　de tres al ~ 取るに足りない, 下等な: Es un hotel de tres al ~. それは安ホテルだ
　echar su ~ *a espadas*《西》［人の話に］口をはさむ
　no tener un ~ 無一文である
　poner ~［ある場所に］居を構える;［+a 女性を］囲う
　tres ~*s de lo mismo* (*de lo propio*)《口語》自分と同じもの, それと同じようなもの

cuarto², ta² [kwárto, ta] 形《英 fourth》4 番目の; 4 分の1の: ~ lugar 第 4 位. Se comió la ~ ta parte de la torta. 彼はケーキの 4 分の1も食べた

cuartofinalista [kwartofinalísta] 囝 準々決勝出場者

cuartón [kwartón] 囝 化粧材

cuartucho [kwartútʃo] 囝《軽蔑》汚い部屋

cuarzo [kwárθo] 囝《鉱物》石英; 水晶《~ cristalino》: lámpara de ~ 石英灯. reloj de ~ 水晶時計. ~ hialino 無色の水晶. ~ rosa (rosado) ばら石英

cuásar [kwásar] 囝 =quásar

cuasi [kwási] 副《まれ》=casi

cuasia [kwásja] 囡《植物》クワッシャ, ニガキ

cuasicontrato [kwasikontráto] 囝《法律》準契約

cuatacho, cha [kwatátʃo, tʃa] 囝《中米》親友

cuate, ta [kwáte, ta] 形 囝《中米》双生児〔の〕; よく似た; 仲間, 友達〔の〕

cuaternario, ria [kwatεrnárjo, rja] 形 男
❶《地質》第四紀(の). ❷ 4 要素から成る

cuatezón, na [kwateθón, na] 形 名《中米》
❶ [牛・羊などが] 角のない. ❷ 親友[の], 仲間.
❸ 臆病な

cuatreño, ña [kwatréɲo, ɲa] 形 [若牛が]
4 歳の

cuatrero, ra [kwatréro, ra] 形 名 ❶ 家畜
泥棒[の], 馬泥棒[の]. ❷ carreras 〜ras ガウ
チョの競馬. ❸《中米》裏切り者[の]; ごろつき
[の]

cuatrienio [kwatrjénjo] 男 4 年間
  cuatrienal 形 4 年間の; 4 年ごとの

cuatrillizo, za [kwatriʎíθo, θa] 形 名 四つ
子[の]

cuatrimestral [kwatrimestrál] 形 4 か月間
の; 4 か月ごとの
  cuatrimestre 形 男 4 か月間の; 4 か月一期

cuatrimotor [kwatrimotór] 男《航空》四発
機〖avión〗

cuatrisílabo, ba [kwatrisílabo, ba] 形 男
4 音節の〔語〕

cuatro [kwátro] 形 男《英 four》❶ 4;
4 つの. ❷ 4 番目の. ❸ わずかな,
いくつかの: hace 〜 días 数日前に. No se
aprende en 〜 días そんなにすぐには覚えられない
  comer por 〜 たらふく食う
  decir 〜 *cosas* a+人《口語》…に小言(本当
  のこと)を言う
  más de 〜 たくさんの, かなりの: *Más de*
  〜 *protestaron a la policía.* 少なからぬ人々が警
  察に抗議した

cuatrocientos, tas [kwatroθjéntos, tas]
形 男 400〔の〕

cuba [kúba] 名 ❶ 樽(㊒), 桶(㊒): una 〜 de
vino ワイン 1 樽. Cada 〜 huele al vino que
tiene.《諺》お里は知れてしまうものだ. ❷《国名》
[C〜] キューバ
  beber como una 〜 大酒飲みである
  estar [*borracho*] *como una* 〜 ぐでんぐでん
  に酔っている
  estar hecho una 〜《俗語》[樽のように] 太
  っている
  ◆ 男《南米》末っ子

cubalibre [kubalíbre] 男《酒》ラム(ジン)のコ
ーラ割り

cubano, na [kubáno, na] 形 名 キューバ
Cuba [人] の; キューバ人: arroz a la 〜na《料
理》トマトとバナナ入りのライス
  cubanismo 名 キューバ独特の語法

cubata [kubáta] 男《口語》=**cubalibre**

cubertería [kubεrtería] 名 腰量 食器セット
〖一人分は cubierto〗

cubertura [kubεrtúra] 名 覆い〖cubierta〗

cubeta [kubéta] 名 ❶ 手桶, バケツ. ❷ 浅い
槽(タンク); トレイ, バット. ❸ 製氷皿〖cubete-
ra〗. ❹ 気圧計の水銀ため
  cubetera 名《冷蔵庫の》製氷皿

cubicaje [kubikáxe] 男《エンジンの》排気量,
気筒容積

cubicar [kubikár] 他 ❶ …の体積(容積)
を求める: reservas *cubicadas* 確認埋蔵量.
❷ 3 乗する
  cubicación 名 立体求積

cúbico, ca [kúbiko, ka] 形 ❶《数学》立方
〔体〕の, 3 乗の: un metro 〜 1 立方メートル.
ecuación 〜*ca* 3 次方程式. ❷ [結晶が] 立
方〔軸等〕晶系の
  ◆ 名 3 次曲線

cubículo [kubíkulo] 男 小部屋, 寝室;《中南
米》研究室

cubierta[1] [kubjέrta] 名 ❶ 覆い, カバー:
poner 〜s sobre los muebles 家具にカバーをか
ける. 〜 de la cama ベッドカバー〖cubreca-
ma〗. ❷ タイヤの外皮〔外被〕: 〜 sin cámara チュ
ーブレスタイヤ. ❸ [本の] 表紙;[雑誌の] 第 1
ページ. ❹《建築》屋根. ❺《船舶》甲板:
principal メインデッキ. 〜 superior (inferior)
上(下)甲板. 〜 de proa (popa) 前(後)甲板.
〜 de paseo プロムナードデッキ. 〜 de aterriza-
je (de vuelo) 飛行甲板

cubierto[1] [kubjérto] 男 ❶ 腰 腰量 [そろいの]
スプーンとナイフとフォーク〖juego de 〜s〗. 囲 そ
の一つ. ❷ [一人分の] 食器セット〖servicio de
mesa〗. ❸ [レストランなどの] コース料理, 定食:
pedir el 〜 de 800 pesetas 800 ペセタの定食
を注文する. ❹ 屋根, 覆い: dormir bajo 〜
〔野天ではなく〕屋根の下で眠る
  a 〜 1) 屋根の下で; [+de 危険から] 保護され
  て: ponerse *a* 〜 雨宿りする; 避難する.
  quedar *a* 〜 *de críticas* 批判を免れている.
  2)《商業》estar *a* 〜 信用貸しの支払いが保証
  されている
  por 〜 [パーティー料金などで] 一人当たり, 一
  人前で

cubierto[2], ta[2] [kubjérto, ta] 形 過分〖←
cubrir〗❶ [+de で] 覆われた: Los muebles
están 〜s *de* polvo. 家具はほこりをかぶっている.
Hay tres plazas 〜tas y dos vacantes. 席は
3 つ埋まっていて空きは 2 つだ. ir 〜 帽子をかぶっ
ている. ir 〜 *de harapos* ぼろを着ている. ❷
[競技場などが] 屋根付きの: piscina 〜ta 屋内
プール. ❸《気象》曇りの: Tenemos cielo 〜.
空は一面曇っている/本曇りだ

cubil [kubíl] 男 ❶《獣》巣, 寝ぐら. ❷《口
語》逃げ場, 隠れ場所; 部屋, 居室

cubilete [kubiléte] 男 ❶《料理》円筒形の焼
き型, タンバル; それを使ったパイ料理. ❷ [さいこ
ろ遊びの] つぼ, ダイスカップ. ❸《南米》シルクハッ
ト〖sombrero de copa〗
  cubiletear 自 [cubilete に入れて] ダイス(さい
  ころ)を振る; 計略を用いる, 策を弄(㋚)する

cubilote [kubilóte] 男 キューポラ, 溶銑炉

cubismo [kubísmo] 男《美術》キュービズム, 立
体派
  cubista 形 名 キュービズムの〔画家・彫刻家〕

cubitera [kubitéra] 名 製氷皿; 製氷機; アイ
スバケット, ワインクーラー

cubito [kubíto] 男 ❶ [飲み物などに入れる] 角
氷〖〜 de hielo〗. ❷《料理》スープキューブ〖〜
de caldo〗

cúbito [kúbito] 男《解剖》尺骨

cubital 形 尺骨の；肘(½)の

cubo [kúbo] 男 ❶《西》バケツ：～ de 〔la〕basura ゴミバケツ. ❷〔車輪の〕ハブ，ボブ. ❸《数学》立方体，正六面体；立方，3 乗：～ de dos metros 2 メートル立方. ～ de x x の3 乗. ❹〔料理〕＝**cubito**. ❺〔城の円柱形の〕小塔. ❻ 複《玩具》積み木 〖～s de madera〗

cubrecadena [kuβrekaðéna] 男《自転車》チェーンカバー

cubrecama [kuβrekáma] 男 ベッドカバー

cubreobjetos [kuβreɔbxétɔs] 男〔単複同形〕〔顕微鏡の〕カバーグラス

cubrepiés [kuβrepjés] 男〔ベッドの〕足もとに掛ける布

cubretetera [kuβretetéra] 男 ティーポットカバー

cubrimiento [kuβrimjénto] 男 ❶ 覆う(覆い隠す)こと；覆い. ❷《放送・通信》受信可能範囲，サービスエリア. ❸〔取材〕hacer el ～ de un suceso 事件の取材をする

cubrir [kuβrír] 他 〖英 cover. 過分 **cubierto**〗❶ [＋con・de で] 覆う，かぶせる；一杯にする：i) ～ una mesa con un mantel テーブルに布をかける. Las nubes *cubren* el cielo. 雲が空を覆っている. *Cubre* su tristeza *con* una sonrisa. 彼は微笑の下に悲しみを隠している. Los niños *han cubierto* el suelo *de* papeles. 子供たちは床を紙くずだらけにした. ii) [人を，＋de 侮辱・賞賛で] ～ a＋人 de insultos …に罵声を浴びせる
❷ 守る，庇護する；《軍事》援護する：～ su pecho *con* el escudo 盾で胸を守る. ～ la retirada 退却を援護する
❸ [必要を] 満たす；[出費を] 償う，まかなう：～ los trámites necesarios 必要な手続きを踏む. El sueldo no *cubre* sus necesidades. 彼の給料では生活費をカバーできない
❹《通信・放送》[地域を] 受信可能範囲(サービスエリア)にする
❺ [ニュースを] 取材する：～ la visita del presidente 大統領の訪問に同行取材する
❻ [距離を] 進む：El tren *cubre* la distancia Madrid-Barcelona en nueve horas. その列車はマドリード＝バルセロナ間を9 時間で走る
❼ [欠員を] 埋める：El nuevo empleado va a ～ la plaza. 新入社員がその仕事につくだろう
❽ 交尾する
❾《保険》[危険に対して] 保証する
❿《スポーツ》[相手の選手を] マークする
◆ ～se 覆われる：El campo *se cubrió de* flores. 野原一面に花が咲いていた. ❷ [挨拶のために脱帽し再び] 帽子をかぶる. ❸ [自分を] 覆う；服を着込む：Ella *se cubrió* el rostro *con* las manos. 彼女は両手で顔を覆った(隠した). ～*se con* un paraguas 傘をさす. ～*se con* pieles 毛皮を着る. ❹〔空が〕曇る：Hacía buen tiempo, pero *se ha cubierto*. いい天気だったが，曇ってきた

cuca¹ [kúka] 囡 ❶《口語》ペセタ：Tiene muchas ～s. 彼は金をたんまり持っている. ❷

《西》ゴキブリ〖cucaracha〗. ❸ カヤツリグサの球根，塊 干しイチジク(アーモンド)入りの菓子. ❹《中南米.卑語》女性性器

cucamonas [kukamónas] 囡 複《口語》甘言，口車

cucaña [kukáɲa] 囡 ❶ てっぺんに賞品を付けた滑りやすい棒をよじ登る遊び 〖〔カッコト〕〗；その棒. ❷《口語》もうけもの，たなぼた

cucar [kukár] ⑦ 他 …にウィンク(目くばせ)する〖guiñar〗

cucaracha [kukarátʃa] 囡 ❶ ゴキブリ. ❷《中南米》みすぼらしい車，ポンコツ車；《中米》連結された路面電車

cucarachera 囡 ゴキブリ取り器

cuchara [kutʃára] 囡《英 spoon》❶〔主に大きな〕スプーン，さじ：comer con 〔una〕～ スプーンで食べる. ～ de palo (de madera)〔料理用の〕木さじ. ～ de servir 取り分け用の大さじ，テーブルスプーン. ～ sopera (de sopa) スープスプーン. ❷〔ゴルフ・釣り〕スプーン. ❸〔掘削機などの〕ショベル，バケット：～ autoprensora グラブバケット. ❹《中南米》〔左官の〕こて
de ～《西. 俗語》〔士官などが〕兵隊からたたき上げの
meter 〔*la・su*〕～ *en…* …に口出しをする，おせっかいをやく
meter… a＋人 con 〔*de palo*〕《口語》…に…を手とり足とり教える
ser media ～《口語》愚か(下手)である

cucharada [kutʃaráða] 囡 一さじの量：una ～ de azúcar 砂糖1 杯の砂糖. ～ rasa (con colmo) スプーンすり切り(山盛り)1 杯
meter ～ en… …に口出しをする，おせっかいをやく
sacar ～ de…《口語》…から不当な利益を得る

cucharadita [kutʃaraðíta] 囡 小さじ1 杯の量：dos ～s de sal 小さじ2 杯の塩

cucharetear [kutʃareteár] 自 ❶〔さじなどで〕かきまぜる：～ en la sopa スープをかき回す. ❷ [＋en に] 口出しをする，おせっかいをやく

cucharilla/cucharita [kutʃarí8a/-ta] 囡 ❶ 小さじ，茶さじ 〖～ de té〗：～ de café コーヒースプーン. ～ de moca (moka) デミタス用のごく小さいスプーン. ❷〔釣り〕スプーン

cucharón [kutʃarón] 男 おたま，玉じゃくし；〔取り分け用の〕大きなスプーン

cuché [kutʃé] 形 男《←仏語》アート紙(の)〖papel ～〗

cuchichear [kutʃitʃeár] 自 ひそひそ話をする，耳うちをする
cuchicheo 男 ひそひそ話，耳うち

cuchichí [kutʃitʃí] 男 ヤマウズラの鳴き声

cuchilla [kutʃíʎa] 囡 ❶ 牛刀，肉切り包丁；〔刀などの〕刃；かみそり 〖～ de afeitar〗；《詩

語》剣：maquinilla de doble 〜 2 枚刃のシェーバー．cara cortada con una 〜 …とがった細長い顔．険しい尾根．❸《中南米》ナイフ；丘の連らなり

cuchillada [kutʃiʎáða] 囡 ❶ 〔刀で〕切る（刺す）こと：dar a+人 una 〜を突き刺す．matar a 〜s 刺し殺す．❷ 刀傷：de cien reales 非常に大きな傷．❸ 圏 けんか．❹《服飾》〔裏地が見えるような〕切り込み，スラッシュ

andar a 〜s 切りつける；憎み合っている，敵対している

cuchillería [kutʃiʎería] 囡 刃物店（工場）
　cuchillero, ra [kutʃiʎéro, ra] 刃物商（製造業者）．◆ 圐《中南米》〔ナイフさばきの得意な〕けんか好きの男

cuchillo [kutʃíʎo] 圐 ❶ ナイフ；包丁 〖〜 de cocina〗．短剣：cortar con un 〜 ナイフで切る．comer con 〜 y tenedor ナイフとフォークで食べる．〜 de monte (de caza) 狩猟ナイフ．〜 de postre デザートナイフ．〜 de trinchar 取り分け用の大きなナイフ．〜 para frutas 果物ナイフ．❷《服飾》〔主に 圐〕まち，ゴア．❸《天秤ばかりなどの〕支え刃．❹《建築》切妻桁，飾り破風材 〖〜 de armadura〗．❺《冷たい〕すきま風 〖〜 de aire〗．❻ 〜 de terreno 鋭角三角形の土地

noche de los 〜s largos 激論の夜
pasar a 〜 〔+a 捕虜などを〕殺す
tener el 〜 en la garganta 脅迫されている

cuchipanda [kutʃipánda] 囡《口語》宴会，どんちゃん騒ぎ
ir de 〜 〔飲酒などの〕遊びにくりだす

cuchitril [kutʃitríl] 圐 ❶ 豚小屋，家畜小屋．❷ 狭くて汚い部屋；小さくて粗末な住居，あばら屋

cucho, cha [kútʃo, tʃa] 圏《中米》背中の湾曲した 〖jorobado〗；鼻の低い，ししっ鼻の ◆ 圐《南米》屋根裏部屋，狭苦しい部屋；片隅 〖rincón〗

cuchufleta [kutʃufléta] 囡《口語》冗談，しゃれ

cuclillas [kuklíʎas] *en 〜* しゃがんで：ponerse *en 〜* しゃがむ

cuclillo [kuklíʎo] 圐 カッコウ 〖cuco〗：妻に浮気された男

cuco¹ [kúko] 圐 ❶《鳥》カッコウ：reloj de 〜 カッコウ(ハト)時計．❷ 毛虫，青虫 〖oruga〗

cuco², ca² [kúko, ka] 圏 囝 ❶《親愛》かわいらしい：habitación 〜ca かわいらしい感じの部屋．❷《西》ずる賢い〔人〕，狡猾な〔人〕

cucú [kukú] 圐 カッコウの鳴き声；カッコウ時計

cucufato, ta [kukufáto, ta] 圏 囝 囝《南米》えせ信心家〔の〕；偽善的な，偽善者

cucuiza [kukwíθa] 囡《中南米》リュウゼツランから取った糸

cuculí [kukulí] 圐《鳥》ハジロバト

cucurbitáceas [kukurbitáθeas] 囡 圏《植物》ウリ科

cucurucho [kukurútʃo] 圐 ❶ 円錐形の紙袋（容器）；〔アイスクリームの〕コーン：un 〜 de castañas asadas 紙袋入りの焼き栗 1 袋．❷ とんがり頭巾の覆面 〖capirote〗．❸《中米》てっぺん，頂上；丘

cucuyo [kukújo] 圐《中南米》=**cocuyo**

cueca [kwéka] 囡 クエカ 〖チリ・アルゼンチンなどの民俗舞踊〗

cuelga [kwélga] 囡 〖←colgar〗〔果実などを保存用に〕吊るすこと：tomates de 〜 吊るしトマト

cuelgue [kwélge] 圐《俗語》麻薬による恍惚感

cuello [kwéʎo] 圐《英 neck》❶ 〜 首：agarrarse al 〜 de+人 …の首にがみつく．alargar el 〜 首を伸ばす．llevar un collar en el 〜 ネックレスをつけている．❷《服飾》i) えり：Se subió el (Alzó) el 〜 del abrigo. 彼はオーバーのえりを立てた．agarrar (coger) a+人 del (por el) 〜 …のえり首をつかむ．〜 duro (blando) 糊付けをした(してない)カラー．ii) [カラーとネックレス] a la caja スクエアカット．〜 alechugado (escalado) ひだえり．〜 alto ハイネック．〜 china (mao) チャイニーズカラー．〜 de marinero セーラーカラー．〜 de pajarita (palomita) ウィングカラー．〜 de pico Vネック．〜 vuelto (cisne) タートルネック．❸《瓶などの〕首．❹《解剖》uterino (de la matriz) 子宮頚部．❺《料理》〔牛の〕首肉 〖carne カット〗

apostar (jugarse) el 〜 a que+直説法 …に首を賭ける：Me juego el 〜 a que no lo haces. 君にそれができたら首をやるよ
cortar a+人 el 〜 …の首をはねる，のどをかき切る；ひどい目に会わせる
〜 de botella 渋滞；ボトルネック：formar un 〜 de botella ネックになる
estar con el agua al 〜 窮地にある，深みにはまっている
estar hasta el 〜 de… …にうんざりしている
estar metido hasta el 〜 〔+en やっかい事に〕首までつかっている
hablar al (para el) 〜 de su camisa ひとりごとを言う
levantar el 〜 えりを立てる；立ち直る
meter el 〜 せっせと働く，一途にがんばる

cuenca [kwéŋka] 囡 ❶《地理》流域；盆地：〜 del Tajo タホ川流域．〜 del Ebro エブロ盆地(低地)．〜 de recepción 集水区域．❷《地質》鉱床：〜 carbonífera 炭田．〜 petrolífera 油田．❸《解剖》眼窩 〖くぼみ〗

cuencano, na [kweŋkáno, na] 圏 =**conquense**

cuenco [kwéŋko] 圐 ❶ 鉢 〖はち〗，どんぶり．❷ くぼみ，凹部：〜 de la mano 手の平

cuenta [kwénta] 囡《英 count. ←contar》❶ 計算，数えること：i) No sabe hacer 〔las〕〜s. 彼は計算ができない．Sale ajustada la 〜. 計算が合っている．〜 equivocada 計算違い．〜 de sumar 足し算．hacer una 〜 de multiplicar 掛け算をする．ii) 考慮：Han salido (resultado) bien las 〜s. 計算通りの結果になった．admitir… en 〜 …を勘定に入れる

❷ 会計, 勘定；勘定書, 請求書：i) ¡Camarero, la ~ por favor! ボーイさん, お勘定！ sacar las ~s de hoy 今日の売上げの勘定を出す. ajustar la ~ 清算する, 借りを返す. cobrar la ~ 勘定を取り立てる. pagar la ~ 会計をする, 勘定を払う. tener ~s con... …に未払いの勘定がある；未解決の問題がある. ~ de gas ガス料金の請求書. ii)《簿記》saldar una ~ 決算する. libro de ~s 会計簿, 帳簿. libro de ~s ajustadas 簿記の手引書. ~ acreedora (deudora) 貸方(借方)勘定. ~ de gastos 経費計算書. ~ de pérdidas y ganancias 損益勘定

❸ [銀行などの] 口座：abrir (tener) una ~ en un banco 銀行に口座を開く(持っている). abonar en ~ de+人 …の口座に払い込む. ~ abierta オープン勘定. ~ conjunta 共同預金口座. ~ corriente 当座預金[口座]. ~ prendaria 自動融資付き預金. ~ presupuestario 自動支払い口座

❹ [特に 圏] 報告, 説明；釈明：pedir ~ (las ~s) de... a+人 …に…についての説明(釈明)を求める；責任を問う

❺ 責任, 役目：Que se arruine o no, no es ~ mía. 彼が破産しようと私の知ったことではない. Corre (Queda) de mi ~ arreglarlo. それをまとめるのは私の責任だ

❻ [主に 圏] 狙い, もくろみ：Han salido fallidas sus ~s. 彼の狙いは外れた

❼ [ロザリオ・首飾りの] 珠〖⇒rosario カット〗

❽《情報》アカウント

a [*buena*] ～ 先払いで, 一部払いで：pagar *a* ～ mil pesetas 1 千ペセタ先払いする. pagar mil pesetas *a buena* ～ de las diez 1 万ペセタのうち 1 千ペセタ先払いする

a ～ *de...* …に寄食(依存)して：Vive *a* ～ *de* su tío. 彼は叔父に食わせてもらっている

a fin de ～*s* 結局のところ

a su ～ 自己負担で

ajustar las ～*s* a+人 [脅し文句で] けりをつける, 報いを受けさせる

caer (dar) en la ～ *de...* [初めて] …に気づく, わかる：Entonces *caí en la* ～ *de* su intención oculta. その時私は彼の真意に気がついた

cargar... en ～ …をつけにする, 借方に記帳する：*Cárguemelo en* ～. それは私につけておいてください

con ～ *y razón* 慎重に, 注意深く；時間に正確に

con su ～ *y razón* 計算(欲得)ずくで

correr por (de la) ～ *de*+人 …の所属である；負担である：Los gastos *corren por* ～ *mía.* 費用は私持ちだ

～ ***atrás (regresiva)*** カウントダウン, 秒読み

～*s* **del Gran Capitán**/～*s* **galanas** 高くふっかけた勘定；非現実的な計画, 途方もない夢

dar ～ *de...* 1) …について説明(釈明)する；…を知らせる(報じる)：*dar* ～ *de* un robo a la policía 盗難事件を警察に通報する. 2) 消費し尽くす, 食べ(飲み)尽くす：*Ha dado* ～

de toda la fortuna en un año. 彼は 1 年で全財産を使い果たした

dar ～ a+人 …を解雇する

darse ～ *de...* …に気づく, わかる：*No me he dado* ～ *de* que estabas aquí. 君がここにいたのに気づかなかったよ

de ～ 重要な：hombre *de* ～ 重要人物, 注意すべき人物

de ～ *de*+人 =*por* ～ *de*+人

de ～ *y riesgo de*+人 =*por* ～ *y riesgo de*+人

echar ～*s* 熟慮する, 検討する

echar ～ *[s] con...* …をあてにする, 頼りにする

echar ～ *[s] de...* …をもくろむ：*Echan* ～*s de* publicar para mayo. 彼らは 5 月までに刊行しようとしている

echar la *[s]* ～ *[s]* 勘定(計算)をする

echar *[se]* *[la]* ～ *de...* =*hacer* *[se]* *[la]* ～ *de...*

echar *[se]* *sus* ～*s* 自分の長所短所を考える

en resumidas ～*s* 《口語》手っとり早く言うと, 要するに

entrar en ～ [事柄が主語] 考慮(計算)に入る

entrar en ～*s consigo mismo* 良心の糾明をする, 反省する

entrar en las ～*s de*+人 …からあてにされる, 数に入れられる

estar a ～ 用意(準備)ができている

estar fuera de ～ [女性が] 臨月である

exigir estrechas ～*s* a+人 …に厳しく釈明を求める

habida ～ *de...* …を考慮して

hacer *[se]* *[la]* ～ *de...* 《口語》…と考える, 想像する：*No hacía* ～ *de hallarte.* 君を見つけられるとは思っていなかった. *No vayas a trabajar, y que se hagan la* ～ *de* que estás *enfermo.* 会社を休みなさい. そして君が病気なことをわからせなさい. [仮定的. +*que*+接続法] *Hazte* ～ *de que* ya no vuelva tu hijo. 君の子供はもう帰ってこないものと思いなさい

llevar la ～ *de...* …を数える, 数を記録する

llevar las ～*s de...* …の会計を担当する

más de la ～ 過度に：Estás bebiendo *más de la* ～. 君は飲みすぎだ

no querer ～*s con*+人《口語》…と付き合いたくない, 関わりたくない

no tomar en ～ 無視する. 相手にしない

pasar la ～ 請求する, 勘定書を渡す；恩返し(返礼)を求める

perder la ～ *de...* [数が多くて・昔のことで] …を思い出せない：*He perdido la* ～ *de los años que tengo.* 私は自分の歳を忘れてしまった

poner... en ～ =*cargar... en* ～

por ～ *de*+人 …払いの, 負担の：Los gastos de viaje serán *por* ～ *de*l becario. 旅費は留学生持ちとする

por la ～ *y riesgo de*+人 …の責任で；…の支払いと危険負担で

por la ～ 様子(経緯・前歴)から判断すると

por la ～ que le trae その人自身のためを考

por su ～ 自分の責任(判断)で, 勝手に

saldar las ～s 《比喩》貸し借りなしにする

salir a ～ =**traer**

salir de ～s 〔現在形で, 女性が〕出産予定日
である;〔現在完了形で〕出産予定日を過ぎて
いる

sin darse ～ 知らないうちに, あっという間に

tener ～ [+con を]注意する, 気にとめる;[事
柄が, +a+人 に]有利である, 都合がよい

tener... en ～ …を考慮に入れる: *Ten en ～*
que el tiempo cambia en las montañas. 山
では天候が急変することを考慮に入れなさい

tomar... en ～ …を気にかける; ありがたく思
う: *Tomó ～ las veces que me había*
prestado dinero y me echó una mano. 私
が以前何度も金を貸してあげたことをありがたく思
って彼は救いの手をさしのべてくれた. [+que+接
続法] *No tome en ～ que no le hayan*
saludado. あいさつされなかったことを気にしない
でください

tomar la〔s〕～〔s〕 会計検査をする

traer ～ 都合がよい; もうけになる: *No me*
trae ～ pagar al contado. 現金で払うのは具
合が悪い

traer a+人 a ～s …をさとす, 説得する

vamos a ～s [問題点を]まとめてみよう/はっき
りさせよう

venir a ～s 了解する, 説得に応じる

cuentacorrentista [kwentakorɾentísta]
名 当座預金者

cuentagotas [kwentagótas] 男 【単複同形】
スポイト; 点眼器
con (a) 《口語》けちけちと, 出し惜しみながら,
わずかずつ

cuentahilos [kwentáilos] 男 【単複同形】
[織物の糸などを検査するための]拡大鏡

cuentakilómetros [kwentakilómetros]
男 【単複同形】走行距離計

cuentapasos [kwentapásos] 男 【単複同形】
万歩計 《podómetro》; [通話の]度数計

cuentarrevoluciones
[kwentareβoluθjónes] 男 【単複同形】積算回転
計, タコメーター

cuentecito [kwenteθíto] 男 短編小説; 小さ
な嘘, 作り話

cuentero, ra [kwentéro, ra] 形 名 噂好きの
[人], 陰口を言う[人];《南米》詐欺師

cuentista [kwentísta] 形 名 ❶ 短編作家.
❷《軽蔑》大げさな[人], ほらふき[の];《口語》噂
好きの[人], 陰口を言う[人]. ❸《南米》詐欺師

cuentitis [kwentítis] 女 【単複同形】《戯語》
仮病

cuento [kwénto] 男 【英 story】 ❶ 話,
物語 《☞historia 類義》; 小話;
短編小説 《↔novela》: Es (un) ～ largo. 話
せば長い話である. ～ antiguo 昔話. ～ chino
(tártaro)《口語》荒唐無稽な話. ～ de hadas
おとぎ話;《比喩》夢物語. ～ de viejas [当てに
ならない] 昔からの言い伝え. ～ infantil 童話

❷《口語》i) [まったくの]作り話, 大嘘: Lo que
dices es un puro ～. 君の話は嘘っぱちだ.
¡Vete con el ～ a otra parte! その話を信じ
るものか/嘘をつけ! ii) [主に 圏]噂話, 陰口:
Siempre anda con ～s. 彼女は陰口をきいてばかり
いる. Esos bichos tienen no sé qué ～s
entre ellos. あのろくでなしどもが何やらひそひそ話
をしている

❸ [主に 圏]わずらわしい話, いやな話: Es me-
jor no ir allí con ～s. あそこへはやっかいな話は
持ち込まない方がいい. No me vengas con ～s.
くだらないことを言ってくるな

❹ 計算, 数えること

❺ [ステッキ・槍などの]石突き

a ～ de... …に関して

dejarse (quitarse) de ～s 回りくどい前置き
をはぶく, さっさと本論に入る

es mucho ～ それはないがしろにできない

estar en el ～ よく知っている

no querer ～ con+人 …と関わりたくない

ser de ～ おとぎ話のようである

ser el ～ 肝心の〔問題〕である

sin ～ 無数の〔の〕

tener 〔mucho〕 ～ 多弁(大げさ・ほらふき)であ

traer a ～ 別の話を持ち出す

va de ～ そういう話(噂)である

venir a ～ 適切である: Lo que has dicho no
viene a ～. 君の言ったことは的外れだ

vivir del ～《口語》働かずに(無為に)暮らす

cuera [kwéra] 女《中南米》鞭打ち;《中米》
[革製の粗末な]ゲートル, 脚絆(裳)

cuerazo 男《中南米》鞭打ち; 打撃, 転倒

cuerda[1] [kwérda] 女【英 rope】❶ なわ, 綱,
ロープ, ザイル; ひも: atar con ～ なわで縛る.
lucha de la ～ 綱引き. ～ de cáñamo 麻なわ.
～ de plomada [測鉛器. ～ de tripas
ガット, 腸線. O se tira la ～ para todos o no
se tira para ninguno.《諺》一部の利益にしか
ならないような物は作らない. Siempre se
rompe la ～ por lo más delgado.《諺》いつも
弱者にしわよせが来る. ❷ [時計などの]ぜんまい:
dar ～ a un reloj 時計のぜんまいを巻く.〔Se〕
Ha saltado la ～. ぜんまいが切れた. juguete
con ～ ぜんまい仕掛けのおもちゃ. ❸ [弓の] 弦
(る): aflojar la ～ a un arco 弓の弦をゆるめる.
❹《音楽》i) 弦(る); 弦楽器〔instrumento de
～〕: cuarteto de ～ 弦楽四重奏〔曲〕. ii) 声
域: ～ bajo (tenor・contralto・tiple) バス(テ
ノール・アルト・ソプラノ). ❺《数学》曲線上の2
点を結ぶ直線. ❻《農業》1 fanega 以上の種を
まける地積. ❼ 数珠つなぎ: ～ de presos 数珠
つなぎにされた囚人. ❽《解剖》～s vocales 声
帯

a ～ 一直線に: colocar los pilares *a ～* 柱を
一直線上に並べる

aflojar (apretar) la ～ 規律などをゆるめる
(引き締める)

bajo ～ 秘かに; 袖の下を使って

～ floja [綱渡りの]ロープ: estar (andar・
bailar) en la ～ *floja*《口語》難しい(微妙な)

立場にある; 迷っている

dar ～ a... 1) [愛好心などが長続きするように] 話したいことを話すように, [+人 を] 元気づける: Parecía que *daban ～ al orador*. 弁士は何かに憑(⊃)かれたように熱弁をふるった. 2) [+事 を] 長引かせる: *dar ～ a un negocio* 取引を先延ばしにする

estar con la ～ al cuello 自ら招いて危険に陥っている

estar en la ～《中南米》[+de+人 の] 得意の境地にいる

por bajo de ～/por debajo de [la] ～ = bajo～

por ～ separada《中南米》別個に, 独立して

ser de la ～ [de+人]/ser de la misma ～ [que+人]《口語》[…と] 同じ意見(立場)である

tener ～ para rato《口語》長引きそうである; 長話をする癖がある

tener mucha ～ 忍耐強い, からかわれても怒らない

tirar [de] la ～ 図に乗る; [+a の] 忍耐強さを悪用する: Cállate y no te *tires más de la ～, que acabará por enfadarse contigo*. 黙れ, 図に乗るな. 今に怒られるぞ

tocar la ～ sensible 痛い所を突く, 微妙な点に触れる

cuerdo, da² [kwérðo, ða] 形 名 ❶ [estar+] 正気の[人] 〖↔*loco*〗: Está totalmente ～. 彼は完全に正気だ. ❷ [ser+] 思慮深い[人], 良識のある[人]: Es bueno ser ～ en cualquier cosa. 何事につけ慎重なのは良いことだ. consejo ～ 分別のある助言

cuerear [kwereár] 他 《中南米》 ❶ [動物の] 皮をはぐ; 皮をなめす. ❷ 鞭で打つ. ❸ 非難する, 悪口を言う

cueriza [kwerίθa] 女 《南米》めった打ち

cuerna [kwérna] 女 [シカなどの] 枝角; 角 〖*cornamenta*〗

cuerno [kwérno] 男 [動物の] ❶ 角(⊃); [昆虫の] 触角: El toro dio un golpe de ～ al caballo. 牛が馬を角で突いた. peine de ～ 角製のくし. ～ de [la] abundancia [花・果物を詰めた] 豊饒の角 〖◖カット〗. ❷ 角笛: ～ de caza 狩りのラッパ. ❸ 《軍事》翼, 突出部. ❹ ～ de Amón アンモナイト 〖*amonita*〗. ～ de la médula espinal 《解剖》脊髄角. ❺ 圏 《俗語》妻に浮気された男の印の角 〖◖*cornudo*〗: hacer ～s a+人 con la mano 手で角の形の軽蔑の仕草をする 〖◖カット〗. llevar (tener) ～s 浮気をされる

agarrar (coger・tomar) el toro por los ～s 困難に正面から立ち向かう

¡al ～! 出ていけ, くそくらえ!

～s de la Luna 1) 三日月の両端. 2) subir hasta (levantar a・poner en) los ～s *de la Luna* ほめちぎる

echar (enviar)... al ～ …を放棄する, 投げ出す; 追い出す

en los ～s del toro 危険な状態の: El año 1929 la economía estaba muy *en los ～s del toro*. 1929 年, 経済は大変危険な状態にあった

importar un ～ a+人《軽蔑》…にとってまったく重要でない: Me *importa un ～* lo que piensen de mí. 私がどう思われようと, そんなことはどうでもいい

irse al ～ 1) 挫折する, 中止される: Con el aguacero, el partido *se fue al ～*. にわか雨で試合は流れた. 2) [命令文で] *¡Vete usted・Que se vaya! al ～!* 地獄へ落ちろ!

mandar... al ～ =echar... al ～

no valer un ～ 一銭の価値もない

oler (saber) a ～ quemado a+人《口語》…にとって不快である, 不審の念を抱かせる: A mí me *sabe su conducta a ～ quemado*. 彼の様子はうさんくさい

poner en los ～s de la Luna べたほめする, 絶賛する

poner [los] ～s [+a 夫・妻に対して] 不貞を働く: Le *puso los ～s* con la vecina. 彼女は近所の女性と浮気した

romperse los ～s《口語》骨を折る, 大変努力する: *Se rompió los ～s* preparando las oposiciones. 彼女は野党をまとめ上げるのに大変苦労した

¡[y] ～!《口語》何を言うんだ, いまいましい!

cuero [kwéro] 男 [英 *leather*] ❶ 不可算 [牛などの, 主に加工した] 皮, 革: zapatos de ～ 革靴. ～ adobado なめし皮. ～ cabelludo 頭皮. ～ sintético 合成皮革. ～ exterior (interior)《解剖》表皮(真皮). ❷ [ぶどう酒・オリーブ油などを入れる] 革袋. ❸《文語》サッカーボール. ❹《中南米》i) 鞭: dar (echar・arrimar el) ～ a+人 …に鞭をくらわす. ii) 老女, 中年過ぎの独身女性

en ～s [vivos]《口語》まる裸の・で; 無一文の・で: Huyó de casa *en ～s*. 彼は何も持たずに家出した

estar hecho un ～《口語》酔っ払っている

cuerpear [kwerpeár] 自 《南米》体をかわす

cuerpo [kwérpo] 男 [英 *body*] ❶ 身体, 肉体 〖↔*alma*〗: i) Me duele todo el ～. 私は体中が痛い. fortalecer el ～ 体を鍛える. ～ glorioso 《キリスト教》[復活後の] 栄光の肉体; 《俗語》生理的欲求を我慢している人. ii) 死体: velar el ～ 通夜をする. iii) 胴(体); [衣服の] 胴部: Es una bella muchacha de ～ estilizado. 彼女はウエストの引き締まった美少女だ. Es largo de ～. 彼は胴が長い ❷ 物体: ley de la caída de los ～s 物体落下の法則. ～ sólido (líquido・gaseoso) 固体 (液体・気体). ～ simple (compuesto) 単体 (化合物). ～ geométrico 立体. Se ve flo-

tando no sé qué ～. 何か漂っている物が見える
❸ Ese armario es de dos ～s. そのたんすは2重まぶだ. cohete de tres ～s 3段式ロケット. ～ de bomba シリンダー. ～ de un barco 船体. ～ superior de un edificio 建物の階上部分. ～ de una carta 手紙の本文. ～ del delito《法律》罪体, 犯罪の証拠[となる死体]
❹ 団体, 集団, 機関: hacer... como ～ 集団として…する. ～ de bomberos 消防隊. ～ de ejército 軍団, 方面軍. ～ de guardia 衛兵〔隊〕, 警備隊. ～ de paz [米国に派遣する] 平和部隊. ～ de policía 警察力; 警官隊. ～ diplomático 外交団. ～ electoral 選挙民. ～ legislativo 立法部. ～ médico 医療班. ～s colegiadores [上下両院の] 共同立法部
❺ 集大成: ～ de doctrinas 教理大全. ～ legal 法律全書
❻ 物の大きさ; 厚さ: mueble de mucho ～ [図体の] 大きな家具. paño de mucho (poco) ～ 厚手(薄手)の布地
❼ [酒などの] 濃さ, こく: vino de ～ こくのあるワイン. tener ～ こくがある
❽《印刷》活字の大きさ, サイズ
❾《舞踊》～ de baile [舞踊団の] ソリスト以外の(群舞を踊る)人々
❿《解剖》～ ciliar 毛様体. ～ amarillo 黄体. ～ calloso 脳梁

a ～ (**gentil**) コートなしで: En Canarias se puede salir a ～ aun en invierno. カナリア諸島は冬でもコートなしで外出できる

a ～ descubierto (**limpio**) 無防備で, 素手で; 援助なしに; コートなしで

cobrar ～ =tomar ～

～ a ～ 格闘[で・での]: un ～ a ～ encarnizado 激しい取っ組み合い. combate ～ a ～ 白兵戦

～ a tierra 地面に身を伏せて

～ de casa 家事; 家政婦

dar con el ～ en tierra 倒れる, 平伏する

dar ～ a... [液体を] 濃くする: dar al gazpacho un poco más ～ ガスパーチョをもう少し濃くする

de ～ entero 1) 全身の: foto de ～ entero 全身の写真. bañador de ～ entero ワンピースの水着. 2) [人が] 完全無欠の: escritor de ～ entero 申し分のない作家

de ～ presente [死体が] 埋葬の準備のできた; [代理でなく] 本人が, みずから

descubrir el ～ 身体の一部などを無防備のままにしておく; 弱点などを露呈したまま事を運ぶ

echar el ～ fuera 困難(責任)を回避する

echarse... al ～ [飲み物・食べ物を] たいらげる: Se echó al ～ una botella de vino. 彼はワイン1瓶飲んでしまった

en ～ =a ～ (**gentil**)

en ～ y alma [口語] 身も心も, すっかり: entregarse (darse) a... en ～ y alma …に精魂を傾ける; 身も心も委ねる. estar en ～ y alma con+人 …にまったく異存がない

falsear el ～ =huir el ～

formar ～ con+物・事 …と合体する, 一体化する

hacer de(**l**) **～**《婉曲》排尿(排便)する

huir el ～ 体をかわす

hurtar el ～ [+a から] 体をかわす, 避ける: El torero hurtó el ～ a las astas del toro. 闘牛士は牛の角をよけた. hurtar el ～ a la lluvia (al trabajo) 雨宿りする(仕事をさぼる)

mal ～ [身体の] 不調, 不快

medio ～ 半身: ganar por medio ～ 半身(馬身・艇身)の差で勝つ. medio ～ de arriba 上半身. entrar en el agua a medio ～ 腰まで水につかる. retrato de medio ～ 上半身の肖像. bañador de medio ～ 水泳パンツ

mi ～ serrano 我が輩, 小生

no tener ～ 気力がない

pedir el ～+不定詞 **a**+人 [口語] …が…したくてたまらない: Me pide el ～ dar gritos. 私は大声を出したくてたまらない

pudrirse en su (**el**) **～** …の胸にしまっておかれる: No se pudrirá nuestro asunto en su ～. 彼は私たちのことを黙ってはいないだろう

quedar otra cosa dentro del ～ 言っていることと思っていること違う

quedarse con... en el ～ [口語] …を言わずに我慢する

quedarse en su (**el**) **～** =pudrirse en su ～

sacar... en el ～ …に…を言わせる: Sácale a ése del ～ la verdad. 彼に真実を吐かせろ

saltar a ～ limpio 飛び越える, クリアする

tener buen ～ [女性が] スタイルがよい

tener un miedo en el ～ 死ぬほど恐れる

tomar ～ 1) [液体が] 濃くなる. 2) [計画が] 具体化する; 実質化する; [物事が] 確実になる: Vienen tomando ～ los rumores de la calle. 巷の噂が本当になってきた

cuervo [kwérbo] 男《鳥》カラス(烏): ～ marino ウ(鵜). ～ merendero ベニハシガラス〖grajo〗. Cría ～s, que te sacarán los ojos.《諺》飼い犬に手をかまれる

cuesco [kwésko] 男 ❶ [モモ・サクランボなどの] 核, 種. ❷《卑語》大きなおなら

cuest- ☞costar 28

cuesta [kwésta] 女 [英 slope] ❶ 坂, 斜面; 勾配: subir (bajar) una ～ 坂を上る(下る). a la cabeza (al pie) de la ～ 坂を上った(下った)所で. caerse en la ～ 坂で転ぶ. ❷《地理》急傾斜[面], 絶壁

a ～s 背負って: llevar un bulto a ～s 荷物を背負って運ぶ. Lleva (Tiene) a ～s a un enfermo. 彼は病人を背負いこんでいる. Tú que no puedes, llévame a ～s. 手一杯のところへさらに重荷を背負いこむ

～ de enero《口語》金に困る時期〖年末年始に出費がかさむことから〗

en ～ 坂になって, 傾斜して: La calle está en ～. その通りは坂になっている

hacerse a+人 **～ arriba** …にとって辛い(残念である): Se me hace ～ arriba despedirnos. お別れするのが残念です

*ir ~ **abajo*** 坂を下る；〔人・事業などが〕下り坂である

*ir ~ **arriba*** 坂を上る：Vaya ~ *arriba*, y al terminarla doble a la derecha. 坂を上って，上りきったら右へ曲がりなさい

cuestación [kwestaθjón] 囡〔慈善目的の〕寄付集め：~ callejera 街頭募金

cuestión ① 〔ある事柄に関する〕問題，話題：i) Eso es ~ mía. それは私の問題だ. La solución del caso es ~ de tiempo. 事件の解決は時間の問題だ. Eso está fuera de la ~. それは問題外だ. entrar en *cuestiones* secundarias 枝葉末節にわたる. ~ política (social) 政治(社会)問題. ~ de gusto 好みの問題. ~ de nombre 言葉(表現)の問題. ii)《数学》~ determinada (indeterminada) 答が限定された(不定の)問題. ② 論争，係争：tener una ~ 論争する. No quiere *cuestiones* con nadie. 彼は誰ともトラブルを起こしたくない. ❸ 拷問〔tormento〕：someter a+人 a la ~ …を拷問にかける

*~ **de...** =en ~ **de...**：¿Cuánto tardará usted?—C~ de dos meses. どのくらい時間がかかりますか？——およそ 2 か月です

*~ **general*** 一般論

*~ **personal*** 特定の個人に関わる問題：hacer de+事 ~ *personal* …を〔一般論でなく〕特定の個人の問題と考える

en ~ 問題の，話題になっている：asunto *en* ~ 問題の件，本件. persona *en* ~ 問題の人物，当人

*en ~ **de...*** 1) …について：*En* ~ *del* dinero, no hay problema. 金の件は問題ない. 2) 〔+数量〕およそ，で：Lo llevaron a cabo *en* ~ de cinco años. 彼らは約 5 年でそれを成し遂げた

la ~ es.../la ~ *consiste* (está) *en...* 〔大事な〕問題は…だ(…にある)：*La* ~ *es* (consiste en) saber si viene o no. 問題は彼が来るかどうかを知ることだ. *La* ~ *es* pasar el rato. とにかく何かで暇がつぶせればよい

no es ~ de que+接続法 …は道理に合わない：*No es* ~ *de que* bajo el nombre del bienestar público sacrifiquen al individuo. 公共の福祉の名の下に個人を犠牲にするのは理屈に合わない

no sea ~ que+接続法《口語》…しないように〔no sea que〕：Vamos a partir ya, *no sea* ~ *que* oscurezca en el camino. 途中で暗くなるといけないから，もう出発しよう

otra ~ 別問題：Eso es *otra* ~. それは別問題だ. Si me dices que lo va a pagar tu padre, eso ya es *otra* ~. 君のお父さんが払ってくれるというのなら話は別だ

poner en ~ …を疑う，問題にする

ser ~ de...《口語》問題は…である；…が必要である：Si es ~ *de* dinero, cuenta conmigo. 金の問題(だけ)なら，私に任せておけ. *Es* ~ *de* preparar la comida, que pronto vendrán

los invitados. 食事の支度をするときだ. お客がすぐ来るだろうから. *Es sólo* ~ *de* pensar un poco. ちょっと考えればわかることだ. Todo *es* ~ *de* esfuerzo. 努力あるのみ. *Es* ~ *de* horas que+接続法 …は時間の問題だ

cuestionable [kwestjonáble] 厖 疑わしい，論争の余地のある

cuestionar 他 問題にする，疑問を呈する；討論する

cuestionario [kwestjonárjo] 男 ❶ 質問表，アンケート表. ❷ 履名〔試験の〕テーマ，科目

cuestor [kwestór] 男 ❶《古代ローマ》財務官，執政官補佐. ❷〔街頭〕募金をする人

cueva [kwéba] 囡 ❶ ほら穴：C~s de Altamira アルタミラの洞窟〔旧石器時代の壁画で有名. ☞写真〕. ~ de ladrones 金をだましとる所；悪党のたまり場. ❷ 穴蔵，地下室

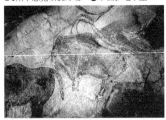

cuévano [kwébano] 男〔ブドウなどを運ぶ〕深いかご：Después de vendimiar, ~s.《諺》後の祭り

cuezo [kwéθo] 男 **meter el** ~《口語》不用意なことをする(言う)，余計な首を突っ込む

cúfica [kúfika] 囡 クーファ体〔原典コーランに書かれた古いアラビア文字の書体〕

cui [kwí] 男〔履〕~s/~ses =**cuy**

cuico, ca [kwíko, ka] 厖 男囡 ❶《中南米》i) よそ者〔の〕，外国人〔の〕. ii) インディオ〔の〕；白人とインディオの混血の〔人〕. ❷《中米. 軽蔑》まわり，ポリ公

cuidado [kwidádo] 男〔英 care〕 ❶ 配慮，注意：limpiar con mucho ~ 丁寧に掃除する. ❷〔+de の〕世話，手入れ：~ de la casa 家事. ~ de la piel 肌の手入れ. ❸ 履 看護：~s intensivos 集中治療. ❹ 心配：Siente ~ por su hijo. 彼は息子のことを心配している. Pierde ~. 心配はいらないよ. cosa de ~ 心配なこと. ❺ 役目：No es de ~ mío. それは私の担当ではない

andar con ~ 用心する：Si no *andas con* ~, van a engañarte. 気をつけないと騙されるぞ

con ~ de+不定詞/que+接続法 …するように気をつけて：Sigue adelante *con* ~ *de* no tropezar. つまずかないように気をつけて進め

de ~ 用心すべき：gente *de* ~ 要注意人物. estar *de* ~ 重態である

estar al ~ de... …の世話になっている；…を担当している：Los niños *están al* ~ *de* la abuela. 子供たちは祖母が面倒をみている. *Estoy al* ~ *de* las compuertas. 私は水門で

任されている

estar con ～ 心配している

ir con ～ 用心している

tener ～ 1) [+de の] 世話をする: *Tengo* ～ *del perro.* 私が犬の世話をしている. 2) [+con・de に] 用心する；気を配る: *Tenga más* ～ *con lo que se pone.* 着るものにもっと気をつかいなさい. [+de que＋接続法] *Ten* ～ *de que* no se escapen. 彼らが逃げないように気をつけろ

traer (***tener***) *a*＋人 *sin* ～ …にとって重要ではない

◆ 囲 ❶ 気をつけて，あぶない！: i) *¡C～!,* ahí hay un bache. あぶない！そこにくぼみがある. ii) [+con に] *¡C～ con* los coches! 車に気をつけなさい！ ❷ [怒り・嘆きなど. +con＋人] *¡C～ con* el niño, cómo le contesta a su padre! しようのない子だ. 父親に対して何という口のきき方だ！ [脅し文句] 承知しないぞ，気をつけろ！ ❸ [賞賛] *¡C～ que* es listo el niño!* その子はお利口さんだねえ！

¡allá ～s! 勝手にしろ！

cuidador, ra [kwidaðór, ra] 图 ベビーシッター，保母；[車の] 整備係；《スポーツ》トレーナー，《中米. ボクシング》セコンド. ◆ 围《南米》看護士

cuidadoso, sa [kwidaðóso, sa] 形 [ser＋] ❶ 入念な，注意深い；[+con・de に] 気を配った: modista ～ *de* los detalles 細かい所にも丁寧な仕立屋. ❷ 用心する: ～ *con* los documentos 書類に対して用心深い. ❸ 気にする: Es ～ *de* su fama. 彼は自分の評判を気にするたちだ

cuidadosamente 副 入念に，注意深く

cuidar [kwidár] 他《英 take care [of]》❶ …に気を配る: ～ su arreglo personal 身だしなみに気をつかう. ～ su estilo 文体を練る. ❷ …の世話をする，手入れをする: ～ a los huérfanos 孤児たちの面倒をみる. Tiene el jardín muy cuidado. 彼の庭は手入れが行き届いている. ❸ 看病する: ～ a su madre 母親を看病する

cuida [*que*] *no*＋接続法 …しないように用心しろ: *Cuida no* te pase lo mismo. 君も同じ目に会わないように用心しろ

◆ 圓 ❶ [+de を] 気にかける，気にする；世話をする: ～ *de* su salud 自分の健康に気をつける. ～ *de* la hacienda 農場を管理する. ～ *de* un nene 赤ん坊の子守りをする. [+de que＋接続法するように] *Cuidaré de que* todo vaya bien. 万事うまくいくように気をつけます. ❷ [+con に] 用心する: *Cuida con* esa clase de amigos. そういう類(⌢)の友人には用心しろ

◆ ***～se*** ❶ 自分の[身体・健康]に気を配る: *Cuídate* bien (mucho). 体に気をつけ. ❷ 気にかける，注意する: i) [+de を] *No se cuida de* lo que dirán. 彼は何を言われても気にしない. ii) [+不定詞・que＋接続法 するように] *Se cuida mucho de* ir bien vestida. 彼女はお洒落にとても気を使っている. *Cuídate que* no pase nadie. 誰も通らないように気をつけていろ

cuita [kwíta] 图《文語》苦しみ，悲しみ；その原因: contar sus ～s a＋人 …に悩み事を打ち明

ける

cuitado, da 形 图 苦しんで(悲しんで)いる[人]；元気のない[人]，弱気な[人]

cuja [kúxa] 图《中南米》ベッド《cama》

culada [kuláða] 图《口語》尻もち

***dar*(*se*) *una* ～ へま(失敗)をする

culamen [kulamén] 围《口語》尻

culantrillo [kulantríʎo] 围《植物》クジャクシダ

culantro [kulántro] 围《植物・香辛料》コリアンダー，コエンドロ

cular [kulár] 形 尻の；[ソーセージが] 太い腸で作られた

culata [kuláta] 图 ❶ 銃床，銃尾；砲尾[の閉鎖機]. ❷ [エンジンの] シリンダーヘッド. ❸ [牛・馬などの] 尻；その肉《carne カット》. ❹《中南米》家の横(側面)

dar de ～ [車が] バックする

salir *a*＋人 *el tiro por la* ～ …にとって望みとは逆の結果になる，当てが外れる，失敗する

culatazo 围 銃尾での殴打；[発砲の] 反動；《中米》尻もち

culear [kuleár] 自《俗語》尻を動かす；《南米》性交する

culebra [kulébra] 图 ❶《動物》[主に小型で無毒の]ヘビ(蛇). ❷《蒸留器の》らせん管. ❸《中南米》未取立ての勘定(借金)

hacer [*la*] ～ 蛇行する

matar *la* ～《中米》暇つぶしをする

saber más que las ～s とても抜け目がない

culebrear [kulebreár] 自 蛇行する

culebrina [kulebrína] 图 [昔の] カルバリン砲；稲光り

culebrilla [kulebríʎa] 围《医学》帯状疱疹；《植物》テンナンショウの一種

culebrón [kulebrón] 围《軽蔑》[テレビの] 長編メロドラマ，昼メロ

culero, ra [kuléro, ra] 形 图《中米》弱虫[の]，卑怯者[の]；約束を守らない

◆ 围《西》《口語》ズボンなどの] 尻のつぎ当て

culi [kúli] 围《←英語》[インド・中国の] クーリー，苦力

culiblanco [kuliβláŋko] 围《鳥》サバクヒタキ

culillo [kulíʎo] 围 ～ *de mal asiento* 尻の落ち着かない人

culinario, ria [kulinárjo, rja] 形 料理の: arte ～ 料理法(術)

culmen [kúlmen] 围《文語》極致，絶頂

culminación [kulminaθjón] 图 ❶ 頂点に達すること，最高潮: Este triunfo es la ～ de su carrera. この成功は彼の経歴の頂点を成すものだ. ❷《天文》子午線通過: ～ superior (inferior) 南中(北中)

culminante [kulminánte] 形 頂点にある，最高の: punto ～ 頂点，最高点；[劇などの] やま場；《天文》《天体の》最大高度；《医学》肋間神経痛. La actriz se retiró en la etapa ～ de sus éxitos. その女優は全盛期に引退した

culminar [kulminár] 自 ❶ 頂点(絶頂)に達する: La fiesta *culminó* a la media noche. 祭りは真夜中になって最高潮に達した. ❷ [+

con•en] ついに…になる: La discusión *cul-minó en* una pelea. 議論からとうとうけんかになった. ❸《天文》［天体が］子午線を通過する
◆ 圓［頂点に］達する；終える: ～ la cima 山頂をきわめる

culo [kúlo] 男《地域によって卑語》❶ 尻(ﾋ)［nalgas, ancas］；肛門［ano］: dar un azote a+人 en el ～ …の尻をたたく. coger asientos de ～ 背中合わせに座る. ～［fondo］de una botella の底. En el vaso apenas queda un ～ de vino. ぶどう酒はコップの底にわずかに残っているだけだ. ❸ おかま［sodomita］

caer[se] de ～ 尻もちをつく；度肝を抜かれる
con el ～ a rastras すっからかんで
con el ～ al aire お手上げの状態で
con el ～ prieto (pequeñito) 死ぬほど怖がって
confundir el ～ con las témporas ひどい取り違えをする
~ de mal asiento 尻の落ち着かない人, 長続きしない人
~ de pollo《裁縫》下手な穴直し
~ de vaso ひどく度の強いレンズ；模造宝石
dar por [el] ～ a+人《卑語》…におかまを掘られる；…をいらいらさせる
enviar (mandar) a tomar por [el] ～［不快・怒りで］立ち去らせる
ir con la hora pegada al ～ 大急ぎ(短時間)で行く
ir de ～［人・事が］ひどく調子が悪い；ひどく忙しい
ir[se] a tomar por [el] ～［不快・怒り・拒絶］¡Vete a tomar por el ～! とっとと失せろ!
lamer el ～ a+人《卑語. 軽蔑》…にへつらう, ゴマをする
¡métetelo en el ～! さっさとひっこめろ!
mojarse el ～《卑語》［議論に首をつっこんで］旗色を鮮明にする
ojo de[l] ～ 尻の穴
pensar con el ～ 取りとめもないことを考える, 妄想する
perder el ～ 尻に火のついたように急ぐ；《軽蔑》［卑屈に］やっきになる, 懸命にぺこぺこする
poner el ～ 哀れな状態になる, 落ちぶれる
tomar por el ～《西. 卑語》おかまを掘る

culombio [kulómbjo] 男［電気量の単位］クーロン

culón, na [kulón, na] 形《軽蔑》尻の大きい

culote [kulóte] 男《～仏語》❶［女性用下着の］キュロットパンツ；［自転車選手用の］パンツ. ❷るつぼの底に残ったもの

culpa [kúlpa] 女《英 blame》❶ あやまち［の責任］: ¿De quién es la ～?—Es mía. 誰のせいだ?—私のせいです. Es la ～ tuya (de José). それは君(ホセ)のせいだ. El reloj tiene la ～ de que hayamos perdido el tren. 私たちが列車に乗り遅れたのは時計のせいだ. Tengo toda la ～ de lo ocurrido. 事の全責任は私にある. ❷ 圏［宗教・道徳上の］罪: pagar las ～s ajenas 他人の犯した罪をつぐなう. ❸《法律》過失

echar a+人 la[s] ～[s] de... …を…のせいにする, …の罪を着せる: No me *eches* la ～ *de* tu fracaso. 自分の失敗を私のせいにしないでくれ
por ～ de《法律》過失による
por ～ de... …のせいで: Se perdió *por* mi ～. 彼は私のせいで破滅した

culpabilidad [kulpaβiliðá(d)] 女 罪のあること；有罪, 罪状: sentido de ～ 罪の意識, 罪悪感. confesar (negar) la ～ ［被告が］有罪を認める(罪状を否認する)

culpabilizar [kulpaβiliθár] 他 ＝**culpar**

culpable [kulpáβle] 形《ser＋. ＋de について》❶ 罪のある: Es ～ encubrir la verdad. 真実を隠すのは罪である. sentirse ～ 気がとがめる. amor ～ 邪恋. ❷《法律》有罪の［↔inocente］
◆ 图 責任をとるべき人；《法律》罪人: Soy yo el ～ de todo. すべての責任は私にある. La ～ es la política. 悪いのは政治だ

culpar [kulpár] 他《＋de 責任・罪を》…に負わせる；告訴する: Me *culpan de* haberlo robado. 彼らは盗まれたのを私のせいにしている. La *culpan de* homicida. 彼女は殺人のかどで訴えられている
◆ 圓《＋a》…のせいにする: *Culpa* siempre *al* tráfico de sus retrasos. 彼はいつも遅刻を交通機関のせいにする
◆ ～se 自分をとがめる: Me *culpo de* nuestra derrota. 我々が負けたのは私のせいだ

culposo, sa [kulpóso, sa] 形 過失による, 有責の: lesión ～*sa* 過失傷害. homicidio ～ 過失致死

culteranismo [kulteranísmo] 男《文学》衒飾(げん)主義, 誇飾主義《Góngoraを中心とする作風》
cultereano, na 形 图 衒飾主義の〔詩人〕

cultismo [kultísmo] 男 高尚ぶった言葉(表現), 教養語；衒飾主義［culteranismo］

cultivable [kultiβáβle] 形 耕作(栽培)できる, 耕作(栽培)に適した: tierra ～ 可耕地. microbio ～ 培養可能菌

cultivado, da [kultiβáðo, ða] 形 過分 ❶ 耕された: campo ～ 耕(作)地. ❷ 栽培(養殖)された: plantas ～*das* 栽培植物. ❸ 教養のある, 洗練された

cultivador, ra [kultiβaðór, ra] 形 图 耕作(開墾・栽培)する(人)；研究(芸術)活動に励む〔人〕: Es un gran ～ de la novela policíaca. 彼はすぐれたミステリー作家だ
◆ 男/女 耕耘(こううん)機

cultivar [kultiβár] 他《英 cultivate》❶ 耕す；開拓する: ～ el campo 畑を耕す. ～ la tierra yerma 荒れ地を開拓する. ～ una nueva rama 新しい分野を開拓する. ❷ 栽培する: *Cultivan* el olivo casi por toda España. オリーブはほぼスペイン全土で栽培されている. ❸ 養殖する；培養する: ～ bacterias 細菌を培養する. ❹ 養成する: ～ a los novatos 新人を育成する. ❺［能力などを］開発する；［研究・芸術活動に］励む: ～ la inteligencia (la memoria) 知性(記憶力)を養う. ～ las ciencias sociales 社会科学を研究する. ～ la poesía 詩作に励む. ～ la amistad 友情をはぐくむ

cultivo [kultíβo] 男 ❶ 耕作；開拓: tierra de ～ 耕作地. poner en ～ 開拓する, 耕地に変える. ❷ 栽培〔法〕: ～ del arroz 稲作. ～ frutícola 果樹栽培. ～ comercial 商品作物. ～ migratorio 移動農法. ❸ 養殖；培養: perla de ～ 養殖真珠. medio de ～ 培養基. ❹[能力などの] 養成, 開発: ～ de las ciencias naturales 自然科学の研究

culto¹ [kúlto] 男 ❶ 信仰〔心〕『fe』: ～ católico カトリック信仰. ～ de antepasados 祖先崇拝. ～ de Mao 毛沢東崇拝. ❷ 礼拝〔の儀式〕: ～ dominical 日曜日の礼拝. ❸[＋a への] 崇拝, 礼賛. ❹《社会学》カルト: película de ～ カルトムービー

　rendir（tributar）～ a... …に信仰を捧げる；崇拝〔敬服〕する

culto², ta [kúlto, ta] 形 ❶ 教養のある；気どった: persona ～*ta* 教養人. lenguaje ～ 教養語, 雅語. de modo ～ 優雅(上品)に. ❷[国が] 文化的に洗練された. ❸[土地が] 耕作された；[植物が] 栽培された

　cultamente 副 教養をもって；上品に；気どって

cultura [kultúra] 女『英 culture』❶ 文化: ～ japonesa 日本文化. La civilización es, por decirlo así, una ～ material. 文明とは, いわば物質文化のことである. ❷ 教養: aumentar la ～ 教養を高める. hombre de gran (amplia) ～ 教養の高い(広い) 人. ～ clásica 古典の素養. ～ general 一般教養. ❸ 鍛練, 修養: ～ física 体育

cultural [kulturál] 形 ❶ 教養的な: programa ～ 教養番組. ❷ 文化の: nivel ～ 文化水準. bienes ～*es* 文化財

culturismo [kulturísmo] 男 ボディービル: hacer ～ ボディービルをする
　culturista 名 ボディービルダー

culturizar [kulturiθár] 他《文語》文明化させる. ◆ ～*se* 文明化する
　culturización 女 文明化

cumbarí [kumbarí] 男《南米. 植物》トウガラシ

cumbia [kúmbja] 女 クンビア『コロンビアの民俗舞踊・音楽』

cumbre [kúmbre] 女 ❶ 山頂, 頂上；頂点: vista desde la ～ 山頂からの眺め. alcanzar la ～ de la gloria 栄光の頂点に達する. estar en la ～ de su poderío 権力の絶頂期にある. ❷ 首脳会談, サミット『conferencia〔en la〕～, reunión』. ❸[形容詞的] Es su novela ～. 小説は彼の最高傑作だ

cúmel [kúmel] 男 キュンメル酒

cum laude [kum láude]《←ラテン語》優等の・で

cúmplase [kúmplase] 男［公文書の署名の上に置く語］承認

cumpleaños [kumpleáɲos] 男『英 birthday. 単複同形. ←cumplir+años』 誕生日〔のお祝い〕:

celebrar el quinto ～ 5 歳の誕生日を祝う. Mañana es el ～ de mi padre. 明日は父の誕生日だ. ¡Feliz ～! お誕生日おめでとう. Me regalaron varias cosas en (para mi) ～. 私は誕生日のお祝いに色々なものをもらった

cumplidero, ra [kumpliðéro, ra] 形 期限の切れる: C～ el día de San Juan. サン・フワンの日に期限が切れる

cumplido, da [kumplíðo, ða] 形 過分 ❶ 成し遂げた；期間の終わった: venganza ～*da* 遂げられた復讐. Tiene el servicio militar ～. 彼は兵役がすんでいる. Al cumplir el plazo, solicitó una prórroga. 支払い期限が来て, 彼は繰延べを願い出た. ❷[estar+]《文語》完全に: victoria ～*da* 完勝. recibir ～*da* respuesta a su petición 請求がすべて応じられる. Es un ～ don Juan. 彼は完璧な女たらしだ. ❸ 大きめの, ゆったりした；多めの, たっぷりの: abrigo ～ 大きめのオーバー. ❹[ser+] 礼儀正しい: Miguel es muy ～. ミゲルはとても礼儀正しい

　◆ 男 ❶ 礼儀, 作法, 心遣い: No le gustará que le tratéis con tantos ～*s*. 彼はそんなに改まった扱いをされるのは好かないよ. No te andes con ～*s*. 形式ばるな. Aceptó sin ～*s* la invitación. 彼は図々しくも招待に応じた. ❷[主に複数で] お世辞: hacer muchos ～*s* a+人 por... …の…をべたぼめする. dirigir unos ～*s* a+人 …にお世辞を言う
　de ～ 儀礼上の, 儀礼的な: visita *de* ～ 表敬訪問
　por ～ 礼儀として, 義理で

cumplidor, ra [kumpliðór, ra] 形 名［義務・約束などを］忠実に果たせる〔人〕, 信頼できる〔人〕, まじめな〔人〕: Es muy ～ en su trabajo. 彼は仕事に大変忠実だ

cumplimentar [kumplimentár] 23 他 ❶ 表敬訪問する〔公式訪問で〕敬意を表する. ❷[命令を] 実行する〔手続きなどを〕行なう, 処理する: ～ las cláusulas del contrato 契約条項を履行する. ❸[書類などに] 記入する

cumplimiento [kumplimjénto] 男 ❶[義務・命令などの] 遂行；[期限の] 満了, 満期: realizar con gran ～ 立派に実現する. ❷ 礼儀, 賞賛, お世辞『cumplido』

cumplir [kumplír] 他『英 carry out』❶[責任・義務などを] 果たす: ～ las órdenes 命令を遂行する. ～ el servicio militar 兵役がすむ. ❷ 満…歳になる: Hoy he cumplido veinte años. 今日私は 20 歳になった. Que *cumplas* muchos. いつまでもお元気で/長生きしてください
　◆ 自 ❶ 責任・義務を果たす, 職務を遂行する: Si no *cumples*, te pondrán en la calle. きちんと仕事をしなければ, やめさせられる. ❷[＋con 任務などを] 成し遂げる；[規則などを] 守る: ～ *con* su obligación 義務を果たす. ～ *con* la ley〔la Iglesia〕法律(教会の教え)を守る. ❸[＋con+人 への] 義理を果たす, 礼儀をつくす: He cumplido *con* mis amigos mandándoles una postal. 私は友人たちに葉書を送って義理をすませた. ❹ 期限になる；支払い日になる: La

letra *cumple* dentro de un mes. その手形は1
か月後払いだ. Mañana *cumple* el plazo de
presentación de instancias. 願書の提出期限
は明日で切れる. ❺ 兵役を終える. ❻ [事柄
が, +a+人 にとって] 都合がよい; 大切である: i)
Ven hoy, si te *cumple*, a comer conmigo. よ
ければ今日食事をしにおいで. ii) [+que+接続法
することで] *Cumple* que hagas este trabajo
con toda diligencia. この仕事を一所懸命する
ことが大事なんだよ.
　por ～ 儀礼的に, 義理で
◆ ～*se* ❶ [期間が] 経過する: *Se cumplió*
400 años del nacimiento de Cervantes. セル
バンテス生誕400年を迎えた. ❷ [希望などが]
実現する: *Se cumplieron* sus deseos (sus
predicciones). 彼の願いがかなった(予言が的中
した)

cumquibus [kuŋkíbus] 男 お金 〖dinero〗

cúmulo [kúmulo] 男 ❶ 山積み: ～ de do-
cumentos 書類の山. ～ de problemas 山積
した問題. por un ～ de circunstancias 色々
な事情が重なる. sufrir un ～ de pena-
lidades さんざん苦労をなめる. ❷ 《気象》積雲.
❸ 《天文》星団

cúmulonimbo 男 《気象》積乱雲, 入道雲

cuna [kúna] 囡 ❶ 揺りかご; 乳児用のベッド:
canción de ～ 子守歌. hogar (casa) ～ 孤
児院. ❷ 生まれ, 家柄: ser de ilustre (humil-
de) ～ 名門(下層)の出である. criarse en
buena ～ 育ちがよい. ❸ 出生地; 発祥地: ～
de Goya ゴヤの生まれた土地. ～ de la civil-
ización 文明発祥の地. ～ de violencia 暴力
の温床. ❹ 乳児(幼児)期: Le conozco
desde la ～. 私は彼を赤ん坊のころから知ってい
る. ❺ 《遊戯》あや取り 〖juego de la ～〗. ❻
《技術》クレードル, 揺籃. ❼ [四足獣の] 左右の
角(ヮ)の間

cundir [kundír] 自 ❶ [液体・ニュースなどが]
広がる: Este aceite *cunde* mucho. この油はさ
らっとしている. *Cundió* la noticia por el país.
ニュースは国中に広まった. ❷ [穀粒などが] ふく
らむ, かさが増える. ❸ [仕事などが] はかどる, 効
率がよい: Hoy no me ha *cundido* el trabajo.
今日は仕事がはかどらなかった

cunear [kuneár] 他 ～*se* 〖←*cuna*〗揺れる: ～*se*
al andar 体を揺すって歩く

cuneiforme [kuneifórme] 形 〖←*cuña*〗くさ
び形(状)の: escritura ～ くさび形文字

cunero, ra [kunéro, ra] 形 名 ❶ 選挙区に
域外から移入された〔候補者〕. ❷ [商品が] ノー
ブランドの; 二流の

cuneta [kunéta] 囡 [道路わきの] 排水溝, 側
溝
　dejar a+人 *en la* ～ …を助けない, 突き放す
　echar a+人 *a la* ～ …をのけ者にする
　quedarse en la ～ [競走で] 引き離される

cunicultura [kunikultúra] 囡 養兎, ウサギの
飼育

cunita [kuníta] 囡 〖jugar a〗 hacer ～*s* あや
とりをする

cunnilinguo [kunnilíŋgwo] 男 クンニリングス

cuña [kúɲa] 囡 ❶ くさび; かいもの: clavar
(meter) una ～ en... …にくさびを打つ. poner
una ～ debajo de un armario たんすの下にかい
ものをする. No hay peor ～ que la de la
misma madera. 《諺》かつての友ほどやっかいな
敵はいない. ❷ くさび形のもの: una ～ de la
tarta ケーキ1切れ. ～ anticiclónica (de alta
presión) 《気象》くさび形の高気圧圏. ❸ コネ,
うしろ盾: tener ～ 有力な後援者がいる. ❹
《数学》 ～ esférica 球面弓形. ❺ 《軍事》くさび
形隊形 〖↔*tenaza*〗. ❻ i) 《新聞》[紙面の空き
を埋める] 短いニュース. ii) 《テレビ・ラジオ》
publicitaria スポット広告. ❼ 溲瓶(‿ん)
　en ～ V字形に
　meter ～ 《口語》不和の種をまく

cuñado, da [kuɲáðo, ða] 名 義兄(弟), 義
姉(妹) 〖夫・妻の兄弟・姉妹; 兄弟・姉妹の妻・
夫〗

cuño [kúɲo] 男 ❶ [貨幣などの] 打ち型, 刻印.
❷ 《比喩》Deja en su obra el ～ de su
personalidad. 彼はその作品に独自の性格を刻
み込んでいる
　de nuevo ～ 作られたばかりの, できたての: pala-
bra *de nuevo* ～ 新語

cuota [kwóta] 囡 ❶ 割り当て分, 割り前:
pagar su ～ 自分の分担を払う. ～ de ins-
talación de teléfono 電話の設置負担金. ～
de importación 輸入枠, クォータ. ～ de
mercado 市場占有率. ～ patronal [社会保
険の] 雇用者負担分. soldado de ～ 金を払っ
て徴兵期間を短縮してもらう者. ❷ 会費: ～
del club クラブ会費. ～ sindical 労働組合費.
❸ 《中南米》料金 〖*tarifa*〗; 分割払いの一回ご
との額: carretera de ～ 有料道路. ～
aduanera 税関手数料. venta por ～ men-
sual 月賦販売

cuotidiano, na [kwotiðjáno, na] 形 =
cotidiano

cup- ☞**cub-** 54

cupé [kupé] 男 ❶ 《自動車》[主に同格的に] ク
ーペ: un mil ～ 1000 cc クーペ. ❷ [2人乗り
四輪の] 箱形馬車

cupido [kupíðo] 男 ❶ 《神話》[C～] キューピ
ッド. ❷ ほれっぽい男; 女たらし

cuplé [kuplé] 男 主に1930年代に流行したポピ
ュラーソング

cupletista 名 その歌手

cupo [kúpo] 男 ❶ 割り当て(分), 配給分: ～
de azúcar asignado a esta fábrica この工場
に割り当てられた砂糖の量. ～ de racionamien-
to 配給券. ❷ [町・村に割り当てられた] 召集兵(の人数): excedente de ～
兵役のくじに外れた男. ❸ 《中南米》容量; [車
の] 座席

cupón [kupón] 男 ❶ [切符などの] 半券; クー
ポン券: *cupones* en rama 切り離した券片. ～
de pedido 注文票の半券. ～ de raciona-
miento 配給券. ～ federal [低所得者向け
の] 食糧切符. ～ obsequio ギフト券, 商品券.
～-respuesta/～ de franqueo (de respues-
tas) internacional 国際返信切手券. ❷ [債
券などの] 利札, 配当券. ❸ 《西》宝くじ券: ～

de los ciegos 盲人福祉宝くじ券

cupresáceas [kupresáθeas] 囡 檀《植物》ヒノキ科

cúprico, ca [kúpriko, ka] 厖 〖←cobre〗銅の;《化学》第二銅の: óxido ～ 酸化第二銅

cuprífero, ra 厖 銅を含む: yacimientos ～s 銅鉱床

cuprita 囡《鉱物》赤銅鉱

cuproníquel 男 キュプロニッケル;〔昔の〕白銅貨

cuproso, sa 厖《化学》第一銅の

cúpula [kúpula] 囡 ❶《建築》ドーム〔の内側〕;〔軍艦などの〕砲塔: ～ de bulbo ロシア正教会の〕玉ねぎ形丸屋根. ❷《植物》殻斗(かさ). ❸ 本部, 執行部

cupulino 男 〔ドームの〕頂塔

cuquería [kukería] 囡 〖←cuco〗ずる賢さ;《親愛》かわいらしいもの

cuquillo [kukíʎo] 男 =cuclillo

cura [kúra] 囡《英 care》❶ 治療, 治癒; 治療法: hacer una ～ de reposo 安静療法をする. no tener ～ 手の施しようがない《比喩的にも》. ponerse en ～ 治療を受ける. ～s médicas 医療. milagrosa 奇跡的な回復. primera ～/～ de urgencia 応急手当. ❷ 外傷用の薬《軟膏など》. ❸ ～ de almas 魂の世話《司祭が信者の精神的苦痛を救済すること》

alargar la ～《口語》引き伸ばし戦術をとる

◆《英 priest》男 司祭;〔特に, 小教区を受け持つ〕主任司祭: ～ párroco): casa del ～ 司祭館; 司祭の職. ～ de misa y olla へっぽこ司祭. ～ económo 外勤司祭. el señor ～ 司祭さま

este ～《西. 戯語》我が輩, 小生

curaca [kuráka] 男《南米》部族の長

curación [kuraθjón] 囡 ❶ 治療; 治癒. ❷ 保存加工

curado, da [kuráðo, ða] 厖 過分 ❶ 保存加工した; なめした: jamón ～ 熟成ハム《塩漬け後, 数か月つるしておく》. ❷ 〖+de 辛苦に〗鍛えられた; 頑固な: estar ～ de espanto 何事にも驚かない(動揺しない). ❸《南米》酔っ払った

◆ 男 保存加工

curador, ra [kuraðór, ra] 男囡《法律》後見人;《南米》キュレーター

curalotodo [kuralotóðo] 男 〖←curarlo todo〗万能薬

curandero, ra [kurandéro, ra] 男囡 民間療法医; 呪術医, まじない師

curanderismo 男 その医術

curar [kurár] 他《英 cure》❶ 治療する, 治す: i) 〖+a+人 の, 病気・傷を〗Me *curan* la herida dos días. 私は1日おきに傷の手当をしてもらう. Esta medicina *cura* bien la gripe. この薬は風邪によく効く. ～ las heridas del corazón 心の傷をいやす. ii) 〖+人 の, 病気・傷を〗Lo *han curado* de la gripe. 彼は風邪が治った. ❷〔肉・魚などを〕保存加工する《乾燥, 燻製, 塩漬けなど》;〔木材を〕寝かせておく;〔皮を〕なめす;〔布・糸などを〕漂白する: ～ al humo 燻製にする

◆ 自 治る, 治癒する《～se の方が多い》: José *curó* de sus heridas. ホセは傷が治った

◆ ～se ❶ 治る: La herida se *curó* sola. 傷は自然に治った. Me he *curado* de mi enfermedad. 私は病気が治った. ❷《南米》酔っ払う

curare [kuráre] 男 クラーレ《中南米で毒矢に使った植物のエキス》

curasao [kurasáo] 男《酒》キュラソー

curatela [kuratéla] 囡《法律》後見人の職務

curativo, va [kuratíβo, βa] 厖 治療力のある; 治療用の: remedio ～ 治療薬

curato [kuráto] 男 司祭の職務(教区)

curco, ca [kúrko, ka] 厖《南米》=**jorobado**

curcu(n)cho, cha [kurkú(n)tʃo, tʃa] 厖 名《中南米. 軽蔑》背骨の湾曲した〔人〕〖jorobado〗

cúrcuma [kúrkuma] 囡《植物》ウコン;《香辛料》ターメリック

curda[1] [kúrda]《口語》囡 酔い: agarrar (coger) una ～ 酔っ払う

◆ 厖 名 〖estar+〗酔っ払った; 酔っ払い

curdo, da[2] [kúrðo, ða] 厖 名 クルド族〔の〕〖kurdo〗

cureña [kuréɲa] 囡 砲架

a ～ rasa 遮蔽物なしで, 無防備で

cureta [kuréta] 囡《医》掻爬器, 掻爬器

curia [kúrja] 囡 ❶ 陸区 法曹, 法律家〖gente de ～〗. ❷《宗教》i) 〔主に教会法を扱う〕法廷: ～ regia 〔中世初期イベリア半島の王に協力する〕元老会議. ii) 〔ローマ聖庁《C～ Romana》iii) ～ diocesana 陸区 〔教区を管理する〕司教補佐. ❸〔古代ローマの社会組織〕クリア

curial 厖 ローマ聖庁の. ◆ 男 裁判所の下級職員

curialesco, ca 厖 法律万能主義的な

curio [kúrjo] 男《元素》キュリウム;〔放射能の強さの単位〕キュリー

curiosamente [kurjósaménte] 副 ❶ 好奇心から, 物珍しそうに. ❷ 奇妙なことに: Este reloj es ～ parecido al que yo perdí. おかしなことにこの時計は私がなくしたのと似ている. ❸ 清潔に, きちんと

curiosear [kurjoseár] 自 ❶ 他人のことを知りたがる, おせっかいをやく: No *curiosees* aquí y allí. あちこちかぎ回るな. ❷ 買う気もなしに冷やかす: ～ por escaparates ウィンドウショッピングをする. ～ por la librería 本屋で立ち読みをする(本を見て回る)

◆ 他 詮索する: ～ los papeles 書類をこっそり調べる

curiosidad [kurjosiðá(ð)] 囡《英 curiosity》❶ 好奇心, 知識欲: La ～ de noticias me hizo arriesgarme. 私は情報が欲しくて危険を冒した. Está muerto de ～ (Le come la ～) por saber el desenlace de esa novela. 彼はその小説の結末を知りたくてうずうずしている. tener ～ de (por)... …に好奇心を持つ. despertar a+人 la ～ …の好奇心をそそる. con ～ 物珍しそうに. por ～ 好奇心から, 物好きで. ❷ 珍しいもの(こと); 名 こっとう品: tienda de

～es こっとう品店. ❸ 清潔好き

curioso, sa [kurjóso, sa] 形 女《英 curious》 ❶《時に軽蔑》[ser+. +de・por に] 好奇心の強い, 物好きな: Es muy ～. 彼は大変好奇心が強い. ～ de noticias 詮索好きな, 知りたがり屋の. ❷ [estar+] 好奇心を持つ. ❸ 好奇心をかきたてる: fenómeno ～ 面白い(奇妙な)現象. ❹ 清潔好きな, きちょうめんな: ser ～ en el vestir いつも清潔な物を着ている. ❺ [estar+] 清潔な, きちんとした
  ◆ 名 ❶《時に軽蔑》好奇心の強い(物好きな)人, おせっかいやき. ❷《中南米》もぐりの医者《curandero》

curling [kúrlin] 男《←英語. スポーツ》カーリング

currar [kuřár] 自《西. 口語》働く, 仕事をする《trabajar》
  ◆ 他 殴る; 大勝(圧勝)する

currante 名 労働者
curre/currelo 男 職, 仕事
currelar 自 =**currar**

curricán [kuřikán] 男 一本釣り(トローリング)用の釣り具

currículo [kuříkulo] 男 ❶ カリキュラム, 教育課程, 学習計画. ❷ =**curriculum** ❶
  curricular 形 カリキュラムの

curriculum [kuříkulun] 男《複 ～s》《←ラテン語》❶ 履歴書: tener (un) buen ～ 立派な経歴の持ち主である. ❷ =**currículo** ❶

curriculum vitae [kuříkulun bítae] 男《←ラテン語》履歴書

currinche [kuříntʃe] 名《軽蔑》へぼ, 三流の人

currito, ta [kuříto, ta] 名《口語》労働者
  ◆ 男 頭を拳の先で小突くこと;《親愛》職, 仕事

curro [kúřo] 男《西. 口語》職, 仕事; 職場. ❷《男性名》[C～] クーロ《Francisco の愛称》

curruca [kuřúka] 女《鳥》ノドジロムシクイ

currusco [kuřúsko] 男 =**cuscurro**

curry [kúři] 男《複 curríes》《←英語. 料理》カレー(粉): arroz al (con) ～ カレーライス

cursado, da [kursáðo, ða] 形 過分 [estar+. +en で] 堪能な, 熟達した: Está ～ en idiomas. 彼は外国語がよくできる

cursar [kursár] 他 ❶ 履修する; ～ literatura 文学の講義を受ける. Cursó la segunda enseñanza en Gijón. 彼はヒホンで中等教育を修了した. ❷ [手紙などを] 送る; [命令を] 伝える: ～ un telegrama a... …に電報を打つ. ～ las órdenes a las comisarías 警察署に指令を発する. ❸ [請願などの] 手続きをする, 書類を回す: ～ la solicitud ante... …に嘆願書を出す

cursi [kúrsi] 形《軽蔑》ひどく気どった(人), 趣味の悪い(人): Es una ～, siempre habla en francés. 気どった女だ. いつもフランス語で話す
  cursilada 女 気どった行為; 趣味の悪いもの
  cursilería 女 趣味の悪さ(悪いもの)

cursillista [kursiʎísta] 形 名 受講(研修)中の; 研修者, 研修生.　☞ 教育実習生

cursillo [kursíʎo] 男 短期の講義, 講習会; 研修, 実習: ～ de cristiandad 宗教学講座. ～ para bibliotecarios 司書養成講座.　～ de vuelo sin visibilidad 計器飛行訓練

cursivo, va [kursíβo, βa] 形 女《印刷》イタリック体(の), 斜体(の): en ～va イタリック体で

curso [kúrso] 男《course》❶ 講義, 講座, 講習会: abrir un ～ 講座を設ける; 講習会を開く. hacer un ～ de español スペイン語の講義(講習)を受ける. dar un ～ de historia 歴史の講義をする. ～ acelerado (intensivo) 集中講義. ～ de verano 夏期講座
  ❷ 課程; 学年《～ académico》;《南米》[一学年の] 生徒, 学生: Soy de (Estoy en・Estudio) primer ～. 私は1年生だ. terminar un ～ 課程を終える. ～ 1990-91 1990年から91年にかけての学年度(の生徒). alumno de tercer ～ 3年生
  ❸ [水などの] 流れ: río de ～ rápido 流れの急な川. ～ alto (medio・bajo) 上流(中流・下流). ～ de agua 水流, 川. ～ de la historia 歴史の流れ. ～ de la vida 人生行路. ～ de la luna 月の運行. desviar el ～ 流れを変える. Dejo que las cosas sigan su ～. 私はなりゆき任せにしている
  ❹ 経過, 推移: ～ de un asunto 事件の推移. ～ de una enfermedad 病気の経過
  ❺ [貨幣の] 流通; [言葉などの] 通用; [本などの] 流布: moneda de ～ legal 法定通貨. palabra de ～ admitida por la academia アカデミアが使用を認めた単語
  dar [*libre*] ～ *a...* …をどっと流出させる: *dar* ～ a su cólera (su fantasía) 怒りをぶちまける(想像をたくましくする)
  darse [*libre*] ～ *a...* …がどっと流出する: Rompiéndose el terraplén *se dio libre* ～ al agua del río. 堤防が決壊して川の水がどっと流れ出した. A este rumor *se le dará* ～ muy pronto. この噂はすぐに広まるだろう
  en ～ 進行中の, 現在の: al año (el mes) *en* ～ 今年(今月). asunto *en* ～ 審議中(未解決)の問題. La construcción está *en* ～. 建築工事が行われている
  en ～ *de...* …が進行中の: La biblioteca está *en* ～ *de* reconstrucción. 図書館は改築中だ. El plan está *en* ～ *de* realización. その計画は実現の途中にある
  en el ～ *de...* …の間に: Ha crecido mucho *en el* ～ *de* un año. 一年のうちに彼は大変成長した. Se marcharon *en el* ～ *de* la discusión. 討論の途中で2人いなくなった
  seguir su ～ 順調に運ぶ: Nuestros negocios *siguen su* ～. 当社の経営は順調です. La enfermedad *sigue su* ～. 病状は順調に回復している

cursor [kursór] 男《技術》滑子, カーソル;《情報》カーソル

curtido, da [kurtíðo, ða] 形 過分 [estar+] 日焼けした, 鍛えられた, 丈夫になった
  ◆ 男 なめし; [主に 複] なめし革

curtir [kurtír] 他 ❶ [皮を] なめす: piel *curtida* なめし革. ❷ [皮膚を] 褐色にする, 日焼けさせる. ❸ [人を苦難に対して] 鍛える: Le *curtieron* las dificultades. 困難が彼を鍛えた

◆ **～se ❶** 日焼けする: *Se ha curtido* el rostro. 彼は顔が焼けた. **❷**［苦難に対して］強くなる

curtidor, ra 图 なめし工（職人）

curtiduría 图《中南米》なめし工場

curtiembre 图《中南米》＝**curtiduría**

curva¹ [kúrβa] 图《英 curve》**❶** 曲線；《統計》曲線グラフ: ～ de natalidad 出生曲線. **❷**［道路などの］カーブ: ～ cerrada 急カーブ；閉曲線. en una ～ abierta 緩やかなカーブで. tomar（coger・sortear）la ～ カーブを切る. **❸**《野球》カーブ. **❹**（複）［女性の美しい］体の曲線: Tiene ～s muy pronunciadas. 彼女はとてもグラマーだ

curvar [kurβár] 他 曲げる: ～ el cuerpo 体を曲げる. ～ al fuego una barra de hierro 鉄の棒を火で曲げる

◆ **～se** 曲がる；身をかがめる: Las ramas *se curvan* por el peso de la nieve. 雪の重みで枝がたわんでいる

curvatura [kurβatúra] 图 湾曲［させること］；《体操》屈伸: ～ del universo《天文》空間のゆがみ. radio de ～ 曲率半径

curvilíneo, a [kurβilíneo, a] 形 曲線の, 曲線でできた

curvo, va² [kúrβo, βa] 形 曲がった: línea（superficie）～*va* 曲線（曲面）

◆ 图《野球》カーブ

cusca [kúska] 図 *hacer la ～ a*＋人《口語》…にいやがらせをする, …をわずらわせる

cuscurro [kuskúr̃o] 图 長いパン（バゲットなど）の両端；《料理》クルトン

cuscús [kuskús] 图 ＝**cuzcuz**

cúspide [kúspiðe] 图 **❶** 山頂, 頂点: ～ de una torre 塔のてっぺん. Estaba en la ～ de su gloria. 彼は栄光の絶頂にあった. **❷**《植物》［葉などの］先端

cusqui [kúski] 图 *hacer la ～*《口語》不快にする, 迷惑をかける；損害を与える

custodia [kustóðja] 图 **❶** 監視；保管, 管理；保護, 監督, 養育；その義務, 権利: estar bajo la ～ de＋人 …の監督（保護・管理）下にある. ～ de un reo 犯人の監視（護送）. ～ aduanera 税関保管. ～ de valores 有価証券の保護預り. El tribunal le dio a la ma-

viril

dre la ～ de sus hijos. 裁判所は母親に子供の養育権を与えた. **❷**［囚人などの］監視員, 見張り；＝**custodio**. **❸**《宗教》聖体顕示台 【☞カット】；聖体容器, 聖櫃（ひつ）

custodiar 10 他 監視する；保管する；保護（監督・養育）する

custodio 男 保護者, 監督者

cususa [kusúsa] 图《中米》タフィア 【ラム酒の一種】

cutáneo, a [kutáneo, a] 形 皮膚の: enfermedad ～*a* 皮膚病

cúter [kúter] 图《英語. 船舶》カッター

cutí [kutí] 男（複 ～es）［マットレスなどに使う］綿の厚織

cutícula [kutíkula] 图《解剖》キューティクル, 角皮；［爪の］甘皮

cutirreacción [kutir̃ɛa（k）sjón] 图［アレルギーなどの］皮膚テスト

cutis [kútis] 图《単複同形》皮膚 【☞piel **❶** 類義】: tener el ～ áspero 肌が荒れている

cuto, ta [kúto, ta] 形《中南米》**❶** 歯のない, 歯の抜けた；手足の不自由な〔人〕. **❷** 古い, 壊れた

cutre [kútre] 形 图 **❶**《西. 軽蔑》みすぼらしい, いかがわしい. **❷**《古語》けちな〔人〕, 欲深な〔人〕

cutrería 图《西》みすぼらしさ

cutter [kúter] 男《←英語》カッターナイフ

cuy [kwí] 图《南米. 動物》モルモット 【食用】

cuye 男 ＝**cuy**

cuyo, ya [kujo, ja] 形《英 whose, of which. 所有を表わす関係形容詞. 名詞の前に置き, その性数に応じて語尾変化する》《文語》…するその: El niño ～*s* padres están muertos se dice huérfano. 両親に死なれた子供は孤児と呼ばれる. Ayer visité a mi hermano en *cuya* casa coincidí con María. 昨日私は弟を訪ね, その〔弟の〕家で偶然マリアに会った. Aquí hay un libro *cuya* autora es mi amiga. ここにある本の著者は私の友人だ. en ～ caso その場合は

cúyo, ya [kújo, ja] 代《所有を表わす疑問代名詞. 対応する名詞の性数に応じて語尾変化する》《古語》誰の【de quién】

cuzcuz [kuθkúθ] 男 クスクス 【北アフリカ料理. 蒸した小麦に肉・野菜を添えたもの】

cuzma [kúθma] 图［インディオ］袖なしシャツ

cuzqueño, ña [kuθkéɲo, ɲa] 形 图 クスコ Cuzco の〔人〕【ペルー南部の県・都郡. インカ帝国の首都だった】

CV《略語》←caballo de vapor 馬力

C.V.《略語》←capital variable 可変資本

D

d [dé] 囡 アルファベットの第 4 字：día ～ 作戦開始日，X デイ〖día determinado〗

D. 《略語》←don …さん〖男性〗

d/ 《略語》←día …日

da ☞dar 49

Da. 《略語》←doña …さん〖女性〗

D/A 《略語》←documento contra aceptación DA 手形

da capo [da kápo] 《←伊語. 音楽》初めから繰返して

dable [dáble] 形 可能な《posible》

dabuten/dabuti [dabúten/-ti] 形 副 《西.口語》すばらしい，すごい；すばらしく

daca [dáka] 〖←dá[me] acá〗 *toma y ～* ギブアンドテーク；お互いさまでなる

dacha [dátʃa] 囡 [ロシアの] 別荘

dactilar [daktilár] 形 指の《digital》
dactilado, da 形 指形の

dáctilo [dáktilo] 男 《詩法》長短短格
dactílico, ca 形 長短短格の

dactilógrafo, fa [daktilóɣrafo, fa] 名 タイピスト《mecanógrafo》
dactilografía 囡 タイプライティング
dactilográfico, ca 形 タイプ用の；タイプライターで打った

dactilología [daktiloloxía] 囡 ［指文字による］手話法

dactiloscopia [daktiloskópja] 囡 指紋鑑定

-dad 《接尾辞》[形容詞+. 名詞化. 性状] livian-*dad* 軽さ

dadaísmo [daðaísmo] 男 《美術・文学》ダダイズム
dadá 形 ダダイズムの
dadaísta 形 ダダイズムの，ダダイスト(の)

dadito [daðíto] 男 《料理》cortar en ～s 小さめのさいの目に切る

dádiva [dáðiβa] 囡 贈り物，プレゼント《regalo》：hacer ～s a uno …に贈り物をする

dadivoso, sa [daðiβóso, sa] 形 名 [思いやりがあって] 気前のよい(人)

dado[1] [dáðo] 男 ❶ さいころ，圏 さいころ遊び(賭博)：echar (tirar) los ～s さいころを振る. jugar... a los ～s さいころで…を賭ける. cortar en ～s さいの目に切る. ❷ 《技術》ダイス. ❸ 《建築》[柱の] 台胴，台座の胴体部
cargar los ～s さいころに〔いかさまの〕細工をする
correr el ～ 運がよい

dado[2]**, da** [dáðo, ða] 形 過分 ❶ 与えられた：i) *Dada* la coyuntura actual es imposible llegar a un acuerdo. 今の状態では〔状況が状況だけに〕意見の一致を見るのは不可能だ. Na-

da le ha venido ～. すべて彼の努力で得たものだ. un punto ～《数学》与えられた 1 点. ii) 可能な. iii) 特定の：Es tímido pero en momentos ～s se pone valiente. 彼は気が小さいが，いざという時には勇敢になる. ❷ [ser+] i) [+a] 素質(傾向)がある：Es ～ *a* la música (*a* amoríos). 彼は音楽に向いている(いつも好いたほれたと言っている). ii) 《南米》社交的な，愛想のよい

dado que... [+直説法] …であるので；[+接続法] …であるならば：Vámonos andando, *dado que* no viene ningún taxi. タクシーが来ないから歩いて行こう. *Dado que* consigas el empleo, podrías comprar el coche. 就職したら車が買えるよ

dador, ra [daðór, ra] 形 名 ❶ 与える(人). ❷ 《トランプ》札を配る人，親. ❸ [手紙の] 配達人，使者；《商業》[手形の] 振出人

daga [dáɣa] 囡 [両刃の] 短剣

daguerrotipo [daɣerótipo] 男 銀板写真〖法・機〗

daiquiri [daikíri] 男 《酒》ダイキリ

dais ☞dar 49

dalia [dálja] 囡 《植物》ダリア

dalle [dáʎe] 男 鎌《guadaña》
dallar 他 自 鎌で刈る

dálmata [dálmata] 形 名 《地名》ダルマチア地方 Dalmacia の(人)
◆ 男 ダルマチア語；《犬》ダルマシアン〖perro ～〗

dalmática [dalmátika] 囡 《服飾》ダルマチカ〖助祭がミサで白衣 alba の上に着る祭服；王の伝令官や職杖奉持者の式服〗

daltonismo [daltonísmo] 男 《医学》[赤と緑の] 色盲
daltoniano, na 形 色盲の
daltónico, ca 形 名 色盲の(人)

dama [dáma] 囡 《英 lady. ↔caballero》 ❶ 婦人《mujer より丁寧な言い方》：D～s 《表示》婦人用. Primero las ～s./Las ～s primero 〔, los caballeros después〕. レディーファースト. primera ～ ファーストレディ；主演女優. ❷ 貴婦人；[官廷の] 女官：～ de honor [王妃の] 侍女；[花嫁の] 付き添い；[美人コンテストの] 準ミス. ～ cortesana 売春婦. ～ regidora カーニバルの女王. ❸ 意中の女性〖～ de sus sueños・sus pensamientos〗：～s y galanes 来年の恋人(カップル)占い. ❹ 《演劇》主演女優：～ joven 純情娘役の女優. segunda ～ 準主役の女優. ❺ 《トランプ》クイーン. ❻ 《チェス》クイーン：hacer ～ クイーンになる. ❼ 《チェッカー》成り駒，チェッカー〖juego de ～s〗：～s chinas ダイヤモンドゲーム. ❽ 《植物》de

noche ヤコウカ(夜香花)

damajuana [damaxwána] 囡［柳細工などで包んだ］細首の大瓶

damán [damám] 男《動物》ハイラックス

damasana [damasána] 囡《中米》=**damajuana**

damasco [damásko] 男 ❶《繊維》ダマスク, 西洋どんす. ❷《中南米》アンズ〔albaricoque〕. ❸《地名》[D～] ダマスカス

damasceno, na 形 名 ダマスカスの〔人〕. ◆ 囡《植物》セイヨウスモモ

damasquinado [damaskináðo] 男 象眼細工〔技術, 作品の総称. トレドのものが有名. ☞写真〕

damasquinar 他［金属に］金銀を象眼する

damasquino, na [damaskíno, na] 形 ❶ ダマスカス〔産〕の：a la ～na ダマスカス風の. ❷〔刀剣が〕ダマスク鋼の〔しなやかで刃文が美しい〕 ◆ 囡《植物》クジャクソウ

damero [daméro] 男 ❶ チェッカーボード；= **damerograma** 碁盤目状の街路図

damerograma [damerográma] 男［出来上がりに言葉が隠されている〕クロスワードパズル

damisela [damiséla] 囡《戯語・皮肉》淑女 dama 気どりの娘, お嬢さん

damita [damíta] 囡 結婚式で花嫁花婿に付き添う女の子〔↔paje〕

damnificado, da [damnifikáðo, ða] 形 名 過分 罹災した〔人〕；被災者, 犠牲者：los ～s por el incendio 火事の被災者

damnificar 他《文語的》…に損害を与える

damos ☞dar ④

dan¹ ☞dar ④

dan² [dán] 男《←日本語. 柔道など》段：Él es tercer ～ de kárate. 彼は空手3段だ

dancing [dánθiŋ] 男《複～s》《←英語》ダンスホール

dandi [dándi] 男《単複同形》《←英語》ダンディーな男

danés, sa [danés, sa] 形 名《国名》デンマーク Dinamarca の〔人・語〕の；デンマーク人 ◆ 男 ❶ デンマーク語. ❷《犬》グレートデン〔gran ～〕

danta [dánta] 囡《動物》ヘラジカ；《中南米》バク〔tapir〕

dantesco, ca [dantésko, ka] 形〔ダンテ Dante の神曲 Divina Comedia を思わせるような〕恐ろしい, ものすごい

dantzari [dantsári] 名 バスクの民族舞踊を踊

る人

danza [dánθa] 囡 ❶ ダンス, 舞踊：～ clásica 古典舞踊, バレエ. ～ de cintas 連舞. ～ de espadas 剣舞. ～ de figuras フィギュアダンス. ～ de guerra 出陣(戦勝)の踊り. ～ del vientre ベリーダンス. ～ hablada せりふ付き舞踊. ～ popular 民俗舞踊. ～ prima アストゥリアスとガリシアに伝わる踊り〔大勢が手をつないで輪になって踊る〕. ～s de la muerte〔死神が登場する〕死の舞踏. ❷ やっかい事；けんか〔騒ぎ〕：Anda metido en la ～. 彼はその事件に一枚かんでいる

armar una ～ 騒ぎを起こす

en ～《口語》活動中の；現在的な：Él siempre está *en* ～. 彼はいつも動き回っている(仕事している). Ya está otra vez *en* ～ el asunto de los transportes. 輸送問題が再び持ち上がってきている

¡que siga la ～*!*［無関心〕勝手にやってくれ!

danzar [danθár] ⑨ 自 ❶《文語》踊る, ダンスをする〔特に芸術的な踊り. 普通は bailar〕. ❷ 揺れ動く, はね回る：Las hojas *danzan* llevadas por el viento. 落ち葉が風に舞う. ❸ おせっかいをやく, 余計な手出しをする ◆ 他［ダンスを〕踊る

danzante 名 踊る. ◆ 名 ダンサー, 踊り手；おせっかいな人

danzarín, na 名〔職業的な〕舞踊家；《口語》策謀家, 陰謀家

dañar [daɲár] 他 …に損害を与える；傷つける：La sequedad *ha dañado* las cosechas. 旱魃(かんばつ)で収穫に被害が出た. Le *dañé* con mis palabras. 私の言葉で彼の心は傷ついた ◆ 自［+a に〕損害を与える ◆ ～se 損害を受ける：Se han *dañado* todos los pasteles. ケーキは全部だめになって(腐って)しまった

dañino, na [daɲíno, na] 形［ser+〕❶［+para に〕有害な：insecto ～ 害虫. substancia ～na 有害物質. ❷〔人が〕性悪な, いやな

daño [dáɲo] 男《英 harm》❶ 損害, 被害：El tifón ha causado ～s en las cosechas. 台風のために作物に大きな被害が出た. pagar los ～s 損害を弁償する. ～s y perjuicios《法律》損害, 損失. ❷ 病気, けが；痛み：¿Dónde tengo el ～? 私はどこが悪いのですか? No puedo caminar con este ～. このばあ(痛み)では歩けません. ¡Qué ～! ああ痛い! ❸《南米》呪い

en ～ *de...* …に害を与えるほど

hacer ～ 1)［+a に〕痛みを与える, 傷つける：Me *hace* ～ la garganta. 私はのどが痛い. Esas palabras me *hicieron* mucho ～. その言葉に私はひどく傷つけられた. 2) 損害をもたらす：Por aquí también *hizo* ～ el terremoto. 地震でこのあたりも被害を受けた. *no hacer* ～ *a nadie* 誰にも損にはならない；…するのも悪くない. 3)［食物が〕胃にもたれる, 体質に合わない：Me *hace* ～ la comida picante. 辛い料理は私に合わない

dañoso, sa [daɲóso, sa] 形 有害な：Fumar es ～ para la salud. 喫煙は体によくない

DAO《略志》←diseño asistido por ordenador 計算機援用設計, CAD

dar [dár] ⒇ 囮 〖英 give. ↔recibir.〗☞活用表〗 ❶ [+a に] 与える：i）あげる，やる：Te *doy* este anillo. この指輪をあげよう. Ella me *dio* una corbata. 彼女は私にネクタイをくれた. ～ mil pesetas para la Cruz Roja 赤十字に千ペセタ寄付する. ～ tema para una composición 作文のテーマを与える. ～ la vicepresidencia 副議長の椅子を提供する. ii）[代価・代償と引き換えに] *Déme* un kilo de patatas. ジャガイモを1キロください. iii）[水道・電気などを] 供給する：Ya *han dado* el gas. もうガスが来ている. iv）《諺・成句》Donde las *dan* las toman. 因果応報. Quien *da* lo que tiene, no debe nada. 情けは人のためならず

❷ 引き渡す：*Dame* el azúcar. 砂糖を取ってくれ. *Dame* algo para escribir. 書くものを貸してくれ. ～ sus maletas a un portero スーツケースを守衛に預ける

❸ 生み出す，作り出す：Las vacas *dan* leche. 雌牛は乳を出す. Estas acciones nos *dan* un seis por ciento. この株は6分の配当だ

❹ 伝える，示す：La televisión *dio* el resultado del partido. 試合の結果がテレビで伝えられた. *Dame* tu teléfono. 君の電話番号を教えてくれ. ～ las buenas noches こんばんはとあいさつする

❺ [会などを] 催す；上映(上演)する：～ un banquete 晩餐会を催す. *Dan* una buena película. いい映画をやっている

❻ i）[行為・動作を] する：～ un paseo 散歩をする. ～ un crujido ギシギシいう. ii）[ペンキなどを] 塗る：*Dale* otra capa de barniz. ニスをもう一度それに塗りなさい. iii）[注射などを] 打つ；[マッサージなどを] する

❼ [影響・結果を] もたらす，引き起こす：Él me *da* muchos problemas. 彼は問題ばかり起こる. El vino me *da* sueño. ワインを飲むと私は眠くなる

❽ [器具などを] 作動させる：*Di* la luz (el agua・el gas). 私は明かりをつけた（水道を出した・ガスをつけた）

❾ [授業を] 受ける：Hoy no *doy* música. 今日私は音楽の授業に出ない

❿ [+a+不定詞] …させる，…してもらう：～ a entender... …を理解させる. *Di* la cámara a reparar. 私はカメラを修理に出した

⓫ [+por+形容詞・過去分詞（直接目的語と性数一致）] i）…と思う，みなす：*Doy por* provechoso este negocio. この取引はもうかると私は見ている. *Doy por* vista la lección. この課の勉強は終わったことにしよう. *Doy por* hecho que vendrás a la fiesta. パーティーに来てくれると期待しているよ. *Había dado por* perdida esta cartera. この財布をなくしたものと思っていた. ii）宣言する：Te *doy por* libre. 君は自由の身だ

⓬ [時計が] …時を打つ：El reloj del ayuntamiento *ha dado* las doce. 市庁舎の時計が12

時を打った

⓭ [時間を] 台なし(ぶち壊し)にする：El niño me *dio* la tarde con sus lloros. その子は泣いてばかりで私は午後中うんざりだった

⓮《トランプ》[カードを] 配る：Ahora te toca ～ a ti. 今度は君が親だ

a mal ～ [結果が] どんなに悪くても

～ *a*+人 *no sé qué* …にとって気が進まない, 何となくいやだ：Los pájaros me *dan no sé qué*. 鳥って何となくいやだ

～*la a*+人 …をだます

que te doy... [脅し文句] 痛い目にあうぞ

te voy a ～... [脅し文句] 痛い目にあわせるぞ

◆ 自 ❶ [+a に] i）…に面している；通じている：Esta ventana *da* al patio (al sur). この窓は中庭に面している（南向きだ）. La puerta trasera *da* a un patio. 裏口は中庭に通じている. ii）…に重要である，意義がある：Me *da* lo mismo. 私には同じことだ. iii）[人に] 起こる，感じられる；予想される：Le *da miedo* al niño la oscuridad. その子は暗闇がこわい. Le *ha dado* un mareo. 彼は気持ちが悪くなった. Me *da* el corazón de que va de venir a verme. 彼が会いに来るような気がする. iv）[スイッチなどを] 作動させる，操作する：～ a la llave 鍵をかける. ～ al pedal ペダルを踏む. ～ al gatillo 引き金をひく. v）[口語] …に打ち込む，熱中する

❷ [+con] i）[+en に] …をぶつける，落とす，倒す：～ con la frente en la puerta 額をドアにぶつける. ～ con el piano en el suelo ピアノを床に落とす. Le *di con* el pie. 私は彼を蹴った. *Di con* él en tierra. 私は彼を地面に倒した. ii）[+consigo] 倒れる；行ってしまう，身を落ち着ける：*Di conmigo* en el suelo. 私は倒れた. Al final *dio consigo* en la prisión. 彼はついには刑務所行きになった. iii）[人に] …に出会う：*Di con* ella en la calle. 私は通りで彼女と出会った. Por fin *dio con* la solución. 彼はついに解決法を見出した

❸ [+contra に] ぶつける，命中させる；ぶつかる：La pelota *dio contra* un coche. ボールは車に当たった

❹ [+de] i）[＋繰返しの殴打] ～ *de* bofetadas a+人 …にびんたを何発も食らわす. ii）[+打撃など] Caí y *di de* culo en el suelo. 私は転んでお尻をぶつけた. ～ *de* betún a los zapatos 靴に靴墨を塗る. iii）[+飲食物] ～ *de* comer (beber) a+人 …に食べ物(飲み物)を与える

❺ [+en] i）…にぶつける，命中させる：*Di en* el blanco. 私は的に当てた. ii）ぶつかる：La bala le *dio en* la pierna. 弾は彼の脚に当たった. El viento me *da en* la cara. 私は顔を風に吹かれている. iii）…に陥る，のめり込む；[+不定詞] …する習慣がつく，…するようになる：～ *en* un error 誤りに陥る. ～ *en* la manía 悪い癖がつく，やみつきになる. ～ *en* salir todas las noches 毎晩出かけるようになる. iv）…を理解するようになる

❻ [+para に] 十分である：Su salario no *da para* mantener la familia. 彼の給料では家族を養えない

❼ [+tras+人 を] 追及する
❽ [時刻・鐘が] 鳴る: *Han dado* las cinco. 5時になった
¡dale! 続けろ；[はやして] そらいけ、殴れ、追いかけろ！
dale que dale/dale que te pego [しつこさ・わずらわしさにうんざりして] またもや、だらだらと、しつこく: Ella se pasa toda la mañana *dale que dale* al piano. 彼女は午前中ピアノを弾きどうしだ. Estoy todo el día *dale que dale* a este problema. 私は一日中この問題にかかりっきりだ
dale y dale 《中南米》＝dale que dale
～ a+人 por...《口語》…が…に夢中になり始める；[+不定詞] …する気になる: Le *ha dado por* el fútbol (por aprender latín). 彼はサッカーに熱中し始めた（ラテン語を勉強する気になった）
～ de sí 1) 伸びる、広がる: Este jersey [se] *ha dado de sí*. このセーターは伸びてしまった.
2) 効果を上げる、役に立つ: Mil pesetas *dan* poco *de sí*. 千ペセタでは大した買い物はできない
～ en qué+不定詞 …する機会を与える
～ que+不定詞 …する原因となる: *Ha dado que* hablar con su conducta. 彼は自分の行ないが原因でとやかく言われた. Tus vacilaciones me *dieron que* pensar. 君がためらったのが私は気になった
～ y tomar《俗語》激しく議論する、口論する
no ～ [ni] **una** [答えなどが] なかなか当たらない
no ～ para más 向上の見込みがない
para ～ y tomar 豊富に
◆**～se ❶** [+a に] 熱中する；身を任せる: *～se al* estudio 勉強に打ち込む. *～se a* la droga 麻薬におぼれる. *～se a* la policía 警察に自首する. ❷ 終わる、だめになる. ❸ 起こる、生じる；[農産物が] とれる、生産される: *Se han dado* muchos casos de polio. 小児麻痺の症例がたくさん出た. El maíz *se da* bien en esta tierra. この土地ではトウモロコシがよくできる. ❹ [+a+人 は] 上手・下手である: *Se me dan* muy bien las matemáticas. 私は数学が大変得意だ（数学に向いている）. *Se me da* mal (regular·fatal) la cocina. 私は料理が苦手（普通·ひどく苦手）だ. ❺ [+por+形容詞·過去分詞 (主語と性数一致)] 自分を…とみなす: *Se dio por* muerto. 彼は自分は死んだと思った. *～se por* contento 自分は幸福だと思う. ❻ [+de が/+contra·en と] ぶつかる；[+en 自分の体の一部を] ぶつける: *Se dio de* narices *contra* la pared (*en* [el] suelo). 彼は壁に鼻頭をぶつけた（床にうつぶせに倒れた）. *Me di en* la espinilla. 私はむこうずねをぶつけた. ❼ [強意] *Se dio* un paseo. 彼は散歩に行った. ❽ [再帰] *Se dio* un susto tremendo. 彼はひどく驚いた
dársela a+人《口語》…をだます、たぶらかす
dárselas de...《口語》…のふりをする: *Se las da de* entendido en música. 彼は音楽がわかるふりをしている

dar	
直説法現在	直説法過去
d**o**y	d**i**
d**a**s	d**í**ste
d**a**	d**i**o
d**a**mos	d**í**mos
d**a**is	d**í**steis
d**a**n	d**í**eron
接続法現在	接続法過去
d**é**	d**ie**ra, -se
d**e**s	d**ie**ras, -ses
d**é**	d**ie**ra, -se
d**e**mos	d**ié**ramos, -semos
d**e**is	d**ie**rais, -seis
d**e**n	d**ie**ran, -sen

dardo [dárđo] 男 ❶ ダーツ、投げ矢: jugar a los ～s ダーツで遊ぶ. ❷ [昔の] 投げ槍. ❸ あてこすり、皮肉 《＝ envenenado》. ❹《魚》＝breca

dares [dáres] ～ **y tomares** 口論、売り言葉に買い言葉；支払いと受取り(の金額)：andar en ～ y tomares 口げんかする

dársena [dársena] 女 [荷役の] 波止場、埠頭

darvinismo/darwinismo [darbinísmo] 男 ダーウィン Darwin 説、進化論
darviniano, na 形 ダーウィン説の
darvinista 形 名 ダーウィン説の；進化論者

dasonomía [dasonomía] 女 森林学
dasonómico, ca 形 森林学の

data [dáta] 女 ❶ [手紙などの] 日付と発信地. ❷《簿記》貸方『haber』. ❸ 複《情報》データ
de larga ～ 遠い昔の

datación [dataθjón] 女 ❶ 日付の記入. ❷ 年代の推定：～ por carbono 14 C 14 年代法
datáfono [datáfono] 男 データフォン

datar [datár] 他 ❶ …に日付を記入する；[事件·作品などの] 年代を推定(決定)する: *Han datado* la obra como de principios del XV. その作品は 15 世紀初頭のものと推定された. ❷《簿記》貸方に記入する
◆ 自 [+de に] さかのぼる、…以来である: *Esa iglesia data del* siglo X. その教会の建立は 10 世紀にさかのぼる. *Nuestra amistad data de* la infancia. 私たちは幼なじみだ

datero, ra [datéro, ra] 名《南米》[警察の] 情報屋

dátil [dátil] 男 ❶ ナツメヤシの実、デーツ《生で·粉にして食用》. ❷《貝》～ de mar イシマテガイ. ❸ 複《口語》指『dedo』
datilera 女《植物》ナツメヤシ『palmera ～』

dativo [datíβo] 男《文法》与格

dato [dáto] 男 ❶ [主に 複] 資料、データ；《数学》既知数: recoger ～s 資料を集める. dar ～s データを与える. poner los ～s en el ordenador データをコンピュータに入れる. ～s personales 個人情報. ❷ [住所·電話番号などの] 連絡先: Le doy mis ～s. 私の住所をお教えします. ❸ 証拠書類

daza [dáθa] 女《植物》モロコシ

DBE 男《西. 略語》←Diploma Básico de Español スペイン語基礎免状

dbre《略語》←diciembre 12月

dc《略語》←docena[s] ダース

dC《略語》←después de Cristo 西暦紀元, AD 〖↔aC〗

dcha.《略語》←derecha 右, 右側

d. de J.C.《略語》←después de Jesucristo 西暦紀元, AD

DDF 男《メキシコ. 略語》←Departamento del Distrito Federal 連邦区

de¹ [de] 前《英 of, from. 定冠詞 el の直前では el と結合し **del** となる: luz *del* sol 日の光. ただし el が固有名詞の一部である場合を除く: la capital *de* El Salvador エル・サルバドルの首都》

I [限定] ❶ [所有] …の: ¿*De* quién son estos libros?—Son *de* Miguel. これらの本は誰のですか?—ミゲルのです. casa *de* mi tía 叔母の家. características *de* la obra 作品の特徴 ❷ [種類・性質] hombre *de* estatura mediana 中背の男. 【参考】estatura *del* hombre その男の身長〕 libro *de* física 物理の本. vacaciones *de* invierno 冬休み. juego *de* niños 子供の遊び. deberes *de* ciudadano 市民としての義務. Soy japonés *de* nacionalidad. 私の国籍は日本人だ ❸ [主体・作者] llegada *del* tren 列車の到着. "El desafío" *de* Llosa ジョサの『挑戦』 ❹ [材料・不可算名詞] vaso *de* cristal ガラスのコップ. La mesa es *de* madera. その机は木製だ ❺ [内容・数量] saco *de* harina 粉袋. una taza *de* café 1杯のコーヒー. muchedumbre *de* ingenieros 大勢の技術者. El grosor es *de* cuatro centímetros. 厚さは4センチある ❻ [全体の一部] i) uno *de* vosotros 君たちの中の1人. algunos *de* los reunidos 参加者の中の何人か. Es *de* los mejores. それは最上の部類に属する. ii) [最上級] Soy el más alto *de* la clase. 私はクラスで一番背が高い ❼ [身体の一部] Me cogió *de* la mano. 彼は私の手を取った. estar enfermo *del* corazón 心臓が悪い. hombre ancho *de* hombros 肩幅の広い男 ❽ [時間の限定] el 4 *de* junio *de* 1990 1990年6月4日. a las tres *de* la tarde 午後3時に. un día *de* hace diez años 10年前のある日. trabajar *de* noche 夜働く

II [起点・原因・様態] ❶ [起点] …から〖*↔* desde 類義. ↔a〗: i) [時間] *de* [las] 18 a [las] 23 [horas] 18時から23時まで〖*de…* a… では定冠詞を省くのが普通〗. *de* aquel entonces その時から. ii) [場所] ir *de* Madrid a Barcelona マドリードからバルセロナへ行く. Está colgado *del* techo. それは天井から下がっている ❷ [出身・出所] ¿*De* dónde es usted?—Soy *de* México. どこのお生まれ(ご出身)ですか?—メキシコです. Esta palabra deriva *del* japonés. この言葉は日本語から来た. carta *de* Antonio アントニオからの手紙 ❸ [固有名詞] i) [既婚婦人の姓] Matilde López *de* Montes マティルデ・ロペス・デ・モンテス〖Montes は夫の父方の姓〗. Señora *de* Montes モンテス夫人〖この *de* は省略可能〗. ii) [貴族などの姓の前] Miguel *de* Cervantes Saavedra ミゲル・デ・セルバンテス・サアベドラ. iii) [地名など] Golfo *de* México メキシコ湾. Avenida *de* San Antonio サン・アントニオ通り. Museo *del* Prado プラド美術館. Universidad *de* Málaga マラガ大学. 〖ただし *de* が省略される傾向にある(特に＋人名): Museo Sorolla ソローリャ美術館. Fundación Rockefeller ロックフェラー財団〗 ❹ [原因] …で〖*↔* por 類義〗: i) morir *de* cáncer 癌で死ぬ. estar cansado *de* la vida 生活に疲れている. Está en España *de* negocios. 彼は仕事でスペインに行っている. salir *de* paseo 散歩に出かける ❺ [手段] …で: vivir *de* la pensión 年金で生活する ❻ [動作主] acompañado *de* su madre 母親に付き添われて. Era querida *de* todos. 彼女は皆に愛された ❼ [様態] i) beber *de* un trago 一息で飲む. llevar los equipajes *de* una vez 荷物を一度に運ぶ. *de* pequeño (joven) 子供の(若い)頃に. ii) [役割・無冠詞名詞] …として: trabajar *de* secretaria 秘書として働く. *De* postre sirvieron un melón. デザートにメロンが出た ❽ [主題] …について: discutir *de* la paz 平和について話す(議論する). ¿Qué será *de* nosotros cuando seamos viejos? 私たちは年をとったらどうなるのだろう? ❾ [方向] …への: camino *de* la estación 駅へ行く道; 駅からの道. carretera *de* Valladolid バリャドリード[へ行く]街道

III [文法的機能] ❶ [動作名詞の目的語] cuidado *de* un enfermo 病人の看護. amor *de* Dios 神への愛; 神の愛 ❷ [同格] el mes *de* febrero 2月. la ciudad *de* Madrid マドリード市. problema *de* la democratización de China 中国の民主化問題. Dio la señal *de* que lo había descubierto. 彼はそれを発見したという合図をした. el bueno *de* Manuel 好人物のマヌエル ❸ [感嘆文で] ¡Pobre *de* mi hermano! かわいそうな私の弟! ¡Diablo *de*[l] muchacho! あの悪がきめ! ¡Ay *de* los vencidos! 負けた連中は気の毒に! ❹ [＋不定詞] i) [形容詞・名詞の補語] Está avergonzado *de* haber mentido. 彼は嘘をついたことを恥じている. Tiene la costumbre *de* levantarse temprano. 彼は早起きする習慣がついている. máquina *de* calcular 計算機. ii) [独立用法. 仮定・条件] …したら: *De* oírlo se reirán mucho de ti. それを聞いたら君は大笑いされるよ. *De* seguir así, tendremos que reprenderte. そんなことを続けていると叱りますよ. *De* ser verdad lo que dice él, hay que hospitalizarle. 彼の言うのが本当なら入院させなければならない

❺ [部分を表わす小辞] Sólo bebía *de* aquel vino. 彼はそのワインばかり飲んでいた. Podía comer *de* lo que pescaba. 彼は自分が釣ったのを食べればよかった. Prueba *de* todo. 彼は何でも食べてみる

~+名詞 en+同一名詞 1) …から…へ: *de* calle *en* calle 街から街へ. *de* día *en* día 日に日に. **2)** [+数詞] …ずつ: *de* dos *en* dos 2つ(2人)ずつ

de² [dé] 囡 文字 d の名称

dé ⟨⟩ **dar** ⑭

de- ⟨接頭辞⟩ [無・反対] *devolver* 戻す

deambular [deambulár] 圁 [ぶらぶらと] 散歩する, そぞろ歩く: ~ por la ciudad 市内を散策する

deambulatorio 男《建築》[教会の] 周歩廊 [⟨⟩iglesia カット]

deán [deán] 男《キリスト教》聖堂参事会長, 僧会長

deanato/deanazgo 男 その職(地位)

debacle [debákle] 囡〈←仏語〉さんざんな結果

debajo [debáxo] 圃 [英 under.↔encima]
❶ [+de の] 下に [⟨⟩bajo 頭図]: i) Mi habitación está justamente ~ *de* la suya. 私の部屋は彼の部屋の真下だ. ii) [前置詞+] pasar por ~ *de* un puente 橋の下を通る. iii) …の支配下に. **❷** [その]下に: Déjeme ver la caja que está ~. その下にある箱を見せてください. Mi maleta es la de ~. 私のスーツケースは下のだ

debate [debáte] 男 [議会などでの] 討議, 論議: Hubo un ~ sobre la reforma agraria. 農地改革の討論が行なわれた. ~ público 公開討論会

debatir [debatír] 他 圁 討議する, 討論する: ~ [sobre] el proyecto de reforma 改革案について討議する

◆ ~se 〈←仏語〉苦闘する, もがく: Su ánimo se *debatía* contra la tentación. 彼の心は誘惑と戦っていた. ~*se* entre la vida y la muerte 生死の境をさまよう

debe [débe] 男《簿記》借方, 負債 [↔haber]: llevar el importe al ~ de… …の貸方勘定に金額を記帳する. ~ y haber 借方と貸方

deber [debér] 他 [英 must] **❶** [義務感. +不定詞] …しなければならない: i) Los ciudadanos *deben* obedecer las leyes. 市民は法律を守らなくてはいけない. *Debiste* hacerlo./*Debías* haberlo hecho. 君はそうすべきだった. *Debes* hacerlo./*Has debido* hacerlo. [現在に関連させて] 君はそうすべきだった. *Debiste* haberlo hecho. 君はそうしておくべきだった. ii) [no+] …するべきでない, …してはいけない: Los menores *no deben* fumar. 未成年者はたばこを吸ってはいけない(吸うべきでない). iii) [過去未来形で婉曲] *Deberías* pagarlo. 君はそれを払わなければいけないのだが **❷** [+a に] i) [金品を] 借りている: Debo *a* Miguel mil pesetas. 私はミゲルに千ペセタ借りている. ¿Cuánto le *debo*? あなたにいくら借りていますか/支払いはいくらですか? ii) …を負っている:

Él *debe* su éxito *a* la colaboración de todos. 彼の成功はみんなの協力のおかげだ. Le *debo* lo que soy. 今日私があるのは彼のおかげだ. iii) …の義務がある, …しなければならない: Le *debes* una explicación. 君は彼に説明する義務がある. Le *debo* carta a María. 私はマリアに手紙を書かなければならない

◆ 圁 [推定. [+de]+不定詞] …するに違いない, …するはずだ [最近は de が省略されることが多い]: El tren *debe* [*de*] llegar alrededor de las diez. 列車は10時ごろ着くはずだ. *Debe de* haber llegado. 彼はもう着いたはずだ. *Debió de* llegar a las ocho. 彼は8時に着いたはずだ. No contestan; no *deben de* oírnos. 彼らは答えない. 話が聞こえないに違いない. *Debe de* ser así. そのはずだ. No *debía de* ser así. そんなはずではなかった

◆ ~se ❶ 義務がある: i) [+a に対する] Se *debe* a la patria. 彼は祖国に身を捧げる義務がある. Eso es lo que te *debes* a ti mismo. それは君の名誉にかけてもしなければならない. ii) [互いに…の] Los cónyuges se *deben* amor y fidelidad. 夫婦は互いに愛し合い, 貞節でなければならない. **❷** [+a に] 原因がある: El gol se *debió* a un fallo del portero. そのゴールはキーパーのミスによるものだった

◆ 男 **❶** [法律・社会規範・宗教・道徳・政治的な] 義務, 責務: cumplir [con] su ~ 務めを果たす. sentimiento [sentido] del ~ 義務感. ~ para con sus hijos 子供に対する義務. ~ de conciencia 道義上の責務. ~ profesional 職業上の義務. **❷** 男 宿題: poner [dar] [los] ~es 宿題を出す. hacer los ~es 宿題をする

dejar… a ~ …をつけて買う

quedar a+人 a ~ …のつけになる

debido, da [debído, da] 彫動 **❶** 当然の, しかるべき: con el ~ respeto しかるべき尊敬を払って. sin investigación ~*da* それ相当の調査をしないで: *D*~*a* la lluvia se anuló el partido. 雨のため試合は中止された

como es ~ しかるべく, それ相当に: Siéntate a la mesa *como es* ~. ちゃんとテーブルにつきたまえ

en ~*da forma* しかるべき形(方法)で

debidamente 圃 しかるべく, それ相当に

débil [débil] 彫 [英 weak.↔fuerte] **❶** 弱い; [estar+] 衰弱した: Después de su enfermedad, se quedó muy ~. 彼は病気をしてからすっかり弱くなった. niño ~ 体の弱い子供. pared ~ 弱い壁. luz (voz) ~ 弱い光(声). **❷** [+con に対して] 気弱な: Es ~ con sus subordinados. 彼は部下に甘い(にらみがきかない). **❸** かすかな: ~ acento andaluz かすかなアンダルシアなまり. ~ claridad かすかな明るさ. **❹**《言語》[音節・母音節] アクセントのない

◆ 図 弱者: lucha de ~ contra el fuerte 弱者の強者に対する戦い. ~ mental 知的障害者

debilidad [debilidá(d)] 囡 **❶** 弱さ: ~ de un convaleciente 病み上がりの弱々しさ. ~

mental 知的障害. caerse de 〜 衰弱で倒れる. ❷ 弱点；[+por への] 過度の愛好：Tu única 〜 es beber demasiado. 君の唯一の欠点は飲みすぎることだ. Susi es mi 〜. 私はすしに目がない. Tengo 〜 por ti. 僕は君に弱い. ❸《商業》[相場の]軟調

debilitamiento [debilitamjénto] 男 弱まること；衰弱

debilitar [debilitár] 他 ❶ 弱める；衰弱させる：〜 la luz 光を弱める. Comer demasiado *debilita* el aparato digestivo. 食べすぎは胃腸を弱める. El fracaso *ha debilitado* su voluntad. 失敗によって彼の意志は弱った. ❷《言語》濁音に変える；[文字の] 発音を略す
　◆ 〜se 弱まる；衰弱する：Ya *se le han debilitado* mucho las facultades mentales al padre. 父はもう思考力がかなり減退した
　debilitación 女 =debilitamiento

débilmente [débilménte] 副 弱く, 弱々しく

debilucho, cha [debilútʃo, tʃa] 形 名 虚弱な[人]；虚弱[の]

débito [débito] 男 ❶ 負債；《簿記》借方：nota de 〜 借方伝票, デビットノート. ❷ 大婦の務め《〜 conyugal》
　debitar 他《中南米》借方に記入する；借金する

debut [debú(t)] 男 [複 〜s]《←仏語》デビュー, 初登場；[興行などの] 初演：hacer su 〜 en sociedad 社交界にデビューする
　debutante 形 名 [歌手・俳優などの] 新人[の]
　debutar 自 デビューする, 初舞台を踏む

deca- 《接頭辞》[十] *decasílabo* 10 音節の

década [dékaða] 女 ❶ 10 年間：en las cuatro 〜s 40 年間に. en la 〜 de los años 70 1970 年代に. ❷《文語》10 巻, 10 章, 10 編

decadencia [dekaðénθja] 女《←decaer》衰退[期], 減退；退廃：〜 de un imperio 帝国の衰退. 〜 mental 知力の衰え. 〜 moral 道徳的退廃

decadente [dekaðénte] 形 衰えていく；退廃的な；《芸術》デカダンス派の：época 〜 衰退期
　decadentismo 男 デカダンス主義

decaedro [dekaéðro] 男《数学》十面体

decaer [dekaér] 自 [過分 decaído, 現分 decayendo]；[+en 体力などが] 衰える, 低下する：En estos días *he decaído* mucho [en fuerza]. 私は近ごろめっきり体力が落ちた. *Ha decaído en* belleza. 彼女の美貌は衰えた. Este restaurante *ha decaído* mucho. このレストランはすっかり様子が落ちた

decágono [dekáɣono] 男《数学》十角形

decagramo [dekaɣrámo] 男 [重さの単位] デカグラム

decaído, da [dekaíðo, ða] 形 [過分 estar+] 衰えた；元気のない

decaimiento [dekaimjénto] 男 衰弱；意気消沈

decalcificar [dekalθifikár] 7 他 =descalcificar

decalitro [dekalítro] 男 [容量の単位] デカリットル

decálogo [dekáloɣo] 男 [モーゼ Moisés の] 十戒；[一般的に] 10 か条

decámetro [dekámetro] 男 [長さの単位] デカメートル《=10 m》

decano, na [dekáno, na] 名 ❶ 学部長. 最古参者, 先任者, 先輩：Es el 〜 del cuerpo diplomático. 彼が外交団の最古参だ
　decanato 男 学部長の職(任期・部屋)

decantar [dekantár] 他 ❶《容器を傾けてワインなどの》上澄みを移し取る, 傾瀉する. ❷《文語》賞賛する
　◆ 自/〜se [+por・hacia に] 心が傾く：〜*se por* la abstención 棄権する気になる. 〜*se hacia* el marxismo マルクス主義に傾斜する
　decantación 女 傾瀉；傾向, 好み
　decantador 男 デカンター

decapar [dekapár] 他 [塗料・錆などを] 取り除く, はがす
　decapante 男 塗装(錆)除去剤

decapitar [dekapitár] 他 …の首を切る
　decapitación 女 斬首, 打ち首

decápodos [dekápoðos] 男 複《動物》十脚類

decasílabo, ba [dekasílabo, ba] 形 男《詩法》10 音節の[詩]

decatlón [dekatlón] 男《スポーツ》十種競技

deceleración [deθeleraθjón] 女 =desaceleración

decena [deθéna] 女 集合 10[のまとまり]：Estos caramelos valen 50 pesetas la 〜. この飴は 10 個で 50 ペセタです. la primera (segunda・última) 〜 de abril 4 月上(中・下)旬. 〜s de personas 数十人. una 〜 de personas 10 人ほどの人

decenal [deθenál] 形 10 年ごとの；10 年間の：contrato 〜 10 年契約

decencia [deθénθja] 女 礼儀正しさ, 品位；慎ましさ：〜 en el hablar 言葉づかいをきちんとすること. vivir con 〜 節度のある(まあまあの)暮らしをする. Su 〜 le impidió aceptar la oferta. 彼は遠慮深くて(体面上)その申し出を受けなかった

decenio [deθénjo] 男 10 年間：durante tres 〜s 30 年間

decentar [deθentár] 23 他 [貯えなどに] 手をつける, 使い始める；[健康などを] 損う
　◆ 〜se 床擦れができる

decente [deθénte] 形 ❶ 礼儀にかなった, 品位のある：conversación 〜 上品な会話. mujer 〜 たしなみのよい女性. ❷ 慎ましい, 遠慮深い. ❸ [estar+. 服装などが] きちんとした, 見苦しくない：Siempre tiene 〜 su cuarto. 彼女はいつも部屋をきちんとしておく. ❹ [量・金額などが] 常識にかなった, 適度な；適度な：casa 〜 まあまあの家. ingreso muy 〜 まずまずの収入
　decentemente 副 礼儀正しく, 慎ましく；適度に

decenviro [deθembíro] 男《古代ローマ》十人委員会委員

decepción [deθepθjón] 女 失望, 落胆；その原因：causar a+人 una gran 〜 …をひどくが

っかりさせる．tener una 〜 がっかりする

decepcionar [deθepθjonár] 他 失望させる：
Me *decepcionó* ese resultado. 私はその結果に
がっかりした

decepcionante 形 期待外れの

deceso [deθéso] 男《主に中南米. 文語》死
『muerte』

dechado [detʃáðo] 男 見本；模範：Es un 〜
de belleza. 彼女は典型的な美人だ．Es un 〜
de perfecciones.《皮肉》彼は《ご立派だ『実は欠
点だらけ』

deci-《接頭辞》[10分の1] *deci*litro デシリットル

decibel/decibelio [deθiβél/-βéljo] 男
『音の強さの単位』デシベル

decibelímetro 男 騒音測定器

decidido, da [deθiðíðo, ða] 形 過分 ❶
[estar+. +a+不定詞 することに] 決定（決心）し
た：La cuestión está 〜*da*. 問題は解決してい
る．❷ [ser+] 決然（毅然）とした, きっぱりした『
↔indeciso』：hombre muy 〜 決断力のある
男．con tono 〜 断固とした口調で

decididamente 副 決然と, 断固として

decidir [deθiðír] 他『英 decide』❶ 決
定する, 決める；決心する：i)
Todavía no *he decidido* nada. 私はまだ何も
決めていない．Vamos a 〜 quién tiene la
razón. 誰が正しいかはっきりさせよう．ii) [+不定
詞/+que+直説法] *Han decidido* suspender
las obras. 彼らは工事の中止を決定した．El
tribunal *decidió que* el ministro era cul-
pable. 裁判所が大臣の有罪を決定した．*He
decidido* marcharme. 私は立ち去る決意をした
❷ 決定づける；決着をつける：Las nuevas
armas *decidieron* el fin de la guerra. 新兵
器が戦争の終結を決定づけた．El asunto está
por 〜. その件はまだ決着がついていない．〜 un
argumento 議論に決着をつける
❸ [+a+不定詞 することを] …に決意させる：
Las circunstancias de su familia la *deci-
dieron* a casarse. 家庭の状況から彼女は結婚
を決意した
◆ 自 [+en・sobre について] 決定する：El
gobierno *ha decidido en* esa cuestión. 政府
はその問題について決定を下した
◆ **〜se** [+a+不定詞 する/+por を選ぶ] 決心を
する：Se *decidió* por fin *a* operarse. 彼はつい
に手術を受ける決心をした．Me *decidí por* el
piso más caro. 私は一番高いマンションに決めた

decidor, ra [deθiðór, ra] 形 口達者な；話の
面白い, 冗談好きな

decigramo [deθiɣrámo] 男 [重さの単位] デ
シグラム

decilitro [deθilítro] 男 [容量の単位] デシリッ
トル

décima¹ [déθima] 女 ❶ 10分の1：Los
precios aumentaron un 1,6 por 100, lo que
representa un descenso de tres 〜*s* con
respecto al año anterior. 物価は1.6%上昇し
た．これは前年と比べ0.3少ない数字である．❷
[体温の] 10分の1度：tener tres 〜*s* de
fiebre 平熱より3分高い．tener [unas] 〜*s*/

estar con 〜*s* 微熱がある．❸《歴史》十分の一
税．❹《詩法》8音節10行詩

decimal [deθimál] 形 10分の1の；10進法
の：punto 〜 小数点『coma』
◆ 男《数学》小数 『fracción 〜』：el tercer
〜 小数第3位

decímetro [deθímetro] 男 [長さの単位] デシ
メートル

décimo, ma² [déθimo, ma] 形 男 ❶ 10番
目の．❷ 10分の1(の)：un 〜 de la herencia
遺産の10分の1. ❸ [宝くじの] 10分の1券
『同番号の10枚1綴り　tabla　の内の1枚』：
comprar varios 〜*s* de números distintos
宝くじをバラ券で買う

decimoctavo, va 形 18番目の；18分の
1(の)

decimocuarto, ta 形 男 14番目の；14分の
1(の)

decimonónico, ca 形 [文学・建築などが] 19
世紀の；《軽蔑》古くさい, 古風な

decimonoveno, na/decimonono, na 形
男 19番目の；19分の1(の)

decimoquinto, ta 形 男 15番目の；15分の
1(の)

decimoséptimo, ma 形 男 17番目の；17
分の1(の)

decimosexto, ta 形 男 16番目の；16分の
1(の)

decimotercero, ta 形 男 13番目の；13分
の1(の)

decir [deθír] 64 他『英 say, tell. ☞活用表.
現分 *dicho*, 英などは過分 *diciendo*』❶ 言う,
述べる『☞hablar 類語』：i) Me *ha dicho*
adiós. 彼は私にさようならと言った．¿No te lo
dije?/Ya te *decía* yo./Si te lo he dicho. だ
から言ったろう．ii) [+que+直説法] *Dice que* le
duele la cabeza. 彼は頭が痛いと言っている．En
la carta me *decía que* no se encontraba
bien. 彼は手紙で体調がよくないと言ってきた．
No *dije* ni *que* sí ni *que* no. 私はイエスともノ
ーとも言わなかった．iii) [+que+接続法 するよう
に] Te *he dicho que* te vayas. あっちへ行けと
言ったろう．Le *dije* por señas que no subie-
ra. 私は彼に上がってこないように合図した．iv)
[3人称複数形+que+直説法] …だそうだ, …とい
う噂だ：*Dicen que* está enfermo el ministro.
大臣は病気だそうだ．v)《本などが主語》La
Biblia *dice*... 聖書は…と言っている．¿Qué
dice el periódico? 新聞には何と書いてある？
Sus ojos *dicen* su alegría. 彼の目が喜びを物
語っている
❷ 思う, 主張する：¿Qué *dice* usted a esto? こ
れをどう思いますか？No puedo 〜 quién va a
ganar. 誰が勝つか私にはわからない．¡Eso *digo*
yo! まったく[同感]だ！Eso no lo hace un
caballero, te lo *digo*.［念押し］紳士のすること
ではないよなあ
❸ 暗唱する：〜 su oración 祈りを唱える
❹ …と呼ぶ：Le *dicen* Miguel. 彼はミゲルとい
う名だ
❺ [道・時間を尋ねる時] 教える：¿Me podría

~ a qué hora se abre Correos? 郵便局は何時に開くか教えていただけませんか?
❻ [事柄が主語. +a+人 に] 心当たりがある
◆ 圓 ❶ [命令・未来形で, 相手の発言を催促] Mamá.—*Dime.* ママ.—何? Usted *dirá.* 何でしょうか?/ご用件は?/[酒を注ぎながら] どこまでしょうか? ❷ [+con と] 調和する, 似合う: Ese traje no *dice con* tu clase social. その服は君の地位にふさわしくない. ❸ [+de について] 物語る, 例示する: Su cara *dice de*l mal carácter que tiene. 彼の性格の悪さが顔に出ている. ❹ [+por] …について述べる; …のためを思って(…に代わって) 言う: Eso lo *dijo por* nosotros. 彼は我々のことを言ったのだ. Lo *digo por* ti. 君のためを思って言っているんだ

como quien dice/como si dijéramos 言ってみれば: Este hombre es *como quien dice* el administrador. この男はまあ管理人のようなものだ

como quien no dice nada [皮肉まじりの誇張] Le ha costado, *como quien no dice nada,* cien millones de pesetas. 彼は何とまあ1億ペセタほどそれに金がかかった

como si no hubiera dicho nada 前言を取消します

¿cómo [te] diría?/¿cómo diríamos? [言いよどみ] 何と言ったらいいか/えーと

como [te/se lo] digo [自分の確信を相手に念押し] 本当ですよ

con ~+直説法 何とまあ…: *Con ~te que* no pude ni tomar un taxi. 何と君, 僕は[金がなくて]タクシーにも乗れなかったんだよ

dar en ~ [口癖まじりで] 何度も言い出す

dar que ~ 噂のもとになる

¿decías? 何だっけ?[もう一度言ってくれ]

~ *bien (mal)* 1) [+a に] 似合う(似合わない): Este traje me *dice bien.* この服は私に似合う. 2) [+de の] 評判を高める(落とす): Esto *dice* muy *mal de* ti. こんなことをすると君の評判ががた落ちになるよ

~ *para (entre) sí* 独り言をいう, 自分に言い聞かせる: Dije para mí. 私は独り言をいった

~ *por* ~ 何の気なしに言う: Lo *he dicho por* ~ algo. ちょっと言ってみただけで

~ *y hacer* 早速実行に移す

~ *y no acabar* 口先ばかりで実行しない

~*lo todo* 非常に口が軽い

dejarse ~ 口をすべらす, うっかり言う

di [呼びかけ] ねぇ; 《電話》はい, もしもし

diga no más 《中南米》どうぞおっしゃってください/どういうご用件ですか?

dígame/diga 《西》《電話》はい, もしもし/[店で] 何をさし上げましょう?/[声をかけられて] 何でしょう?

¡dígamelo a mí! そんなことわかっていますよ!

digamos 《口語》およそ; いわば: Ha gastado, *digamos,* diez mil en el viaje. 彼は旅行で, まあ1万ペセタほど使った. Es… *digamos,* un socio suyo. 彼はまあ…言ってみればそこの会員のようなものだ

¡digo!/¡digo, digo! [感嘆] これはすごい!

digo yo [自身の発言への自信のないあいづち] そう思うんだけど

donde digo digo no digo digo, sino que digo Diego 早口ことば

el qué dirán 世間の評判: por respeto a*l qué dirán* 世間の評判を気にして, 噂を気にする

es 《文語的》換言すると, つまり, すなわち: los madrileños, *es* ~ los naturales de Madrid マドリーっ子, つまりマドリード市の人たち

es un ~ または表向きだ: Confía —es un ~: sabes que miento— que algún día él volverá. いつか彼は帰ってくると私は信じていた—というのは言葉のあやで, 嘘だと言われるだろうが

está diciendo cómeme ひどく食欲をそそる

¡haberlo dicho! それならそうと言ってくれればいいのに!

hay mucho que ~ *por ambas partes* 双方に言い分がある

he dicho 1) [演説などで] 終り, 以上. 2) [強調] Suéltame, *he dicho.* 放してったら放して

ni que ~ *tiene* [+que+直説法 すること] 言うまでもない, 当り前だ

no ~ *nada* 何の重要性(魅力)も持たない: Este certificado *no dice nada.* こんな証明書は何の役にも立たない. La canción moderna *no* me *dice nada.* 最近の歌は私は好かない

no digamos (digo) que+直説法 …とはいわないまでも: *No digamos que* están en la miseria, pero lo están pasando muy mal. 極貧状態とはいわないまでも, 彼らがひどく困っていることは確かだ

¡no digo nada! =¡Digo!

no he dicho nada 言わなかったことにする

no me digas [que+直説法] [驚き] まさか[…とは]: *¡No me digas que* ha presentado su dimisión! まさか彼が辞表を提出するとは!

no irás a ~… だとは言わないだろうね

podríamos ~ 言ってみれば

¡podrías habérmelo dicho! =¡haberlo dicho!

por más que dice 彼がどう言おうと

por mejor ~ いやむしろ, もっと正確には: Tiene mucho dinero o, *por mejor* ~, lo tiene su padre. 彼は金持ちだ, というよりも, 彼の父が金持ちなのだ

por no ~ …とまでは言わないまでも

¡porque tú lo digas! [相手の意見への反発・不同意] それは君の勝手な言いぐさだ: *¡Porque tú lo digas!*—Sí, porque yo lo digo. 勝手なこと言って!—そうだ, そうなんだもの

que digamos [否定文+] なるほど…というほどではないが: No es muy listo *que digamos,* pero estudia bastante bien. 彼は決して頭がいいというほどではないが, 勉強はかなりできる

que ya es ~ [比較文の強調] 程度がわかるというものだ, 推して知るべし: Es más fuerte que aquel boxeador, *que ya es* ~. 彼はあのボクサーより強いんだ. どんなに強いか想像がつくだろう

¿qué me dices?/¡quién lo diría! [意外] 何だって, まさか!

si tú lo dices [自分はよくわからないが] そうか

もね

sin ～ oxte ni moxte 何も言わずに

te digo que+直説法［強調］…なんだよ: *Te digo que es cierto.* 本当なんだったら. *Te digo que* no. 違うってば

〔*te・se*〕*lo digo yo*［自身の発言への高圧的なあいづち］絶対そうですとも

y no digamos… …は言うまでもなく/推して知るべしだ

y que lo digas《西》［肯定］そのとおり, まったくね, ごもっとも

y ya es ～ =*que ya es ～*

¡ya te digo!［自分の主張を強調して］そうなんだったら!

◆ **～se ❶** 言われる: i) *Se dicen* tantas cosas. 色々なことが言われている. ¿Cómo *se dice* "itadakimasu" en español? 「いただきます」はスペイン語で何と言うのですか? ii)［3人称単数形+que］…だそうだ; …と〔人は〕言う: *Se dice que* él es el verdadero autor. 彼が真犯人だという噂だ. **❷** 自分に言う, ひとりごとを言う: *Se dijo a sí mismo que había que decidirse.* 決心しなければいけないと彼は自分に言い聞かせた

decírselo todo［相手の言葉を待たず］先走る

dijérase（*Diríase・Se diría*）*que*+直説法 まるで…のようだ

eso se dice muy pronto 言うのは簡単だ

lo que se dice 文字どおり, まさしく; 本物の, 正真正銘の: Es *lo que se dice* un genio. 彼はまさに天才だ

◆ 男 **❶** 言葉: Al ～ de los que le conocen, es muy inteligente. 彼の知人の言によれば, 彼はとても賢い人だそうだ. parco en el ～ 言葉数の少ない. **❷**［主に 複］諺, 警句; 噂話, かげ口《～ de la gente》

decir

直説法現在	点過去
d*i*go	d*i*je
d*i*ces	d*i*jiste
d*i*ce	d*i*jo
decimos	d*i*jimos
decís	d*i*jisteis
d*i*cen	d*i*jeron
直説法未来	過去未来
dir*é*	dir*í*a
dir*á*s	dir*í*as
dir*á*	dir*í*a
dir*e*mos	dir*í*amos
dir*é*is	dir*í*ais
dir*á*n	dir*í*an
接続法現在	接続法過去
d*i*ga	d*i*jera, -se
d*i*gas	d*i*jeras, -ses
d*i*ga	d*i*jera, -se
d*i*gamos	d*i*jéramos, -semos
d*i*gáis	d*i*jerais, -seis
d*i*gan	d*i*jeran, -sen

decisión [deθisjón] 女 《英 decision. ←

decidir》**❶** 決定; 裁定, 判定; 決着: poder de ～ 決定権. **❷** 決心, 決意: tomar (adoptar) su última ～ 最後の腹を決める. **❸** 決断〔力〕: tener ～ 決断力がある. con ～ 決然(断固)として

decisivo, va [deθisíßo, ßa] 形 **❶** 決定的な: momento ～ 決定的瞬間. ventaja ～*va* 圧倒的優勢. medio ～ para arreglar la disputa 紛争解決の決め手. **❷** 断固とした, 果断な

decisorio, ria [deθisórjo, rja] 形 《法律》決定権のある

declamar [deklamár] 他 自［俳優が］朗読(朗唱)する; 大仰に言う, 激越に言明する

　　declamación 女 朗読〔術〕, 朗唱〔術〕; 仰々しい演説

　　declamatorio, ria 形 大仰な, 大げさな: estilo ～ 美文調. ◆ 女 激越な演説, 論難

declaración [deklaraθjón] 女 **❶** 公表; 声明, 宣言: hacer una ～ 声明を発表する. ～ de derechos [del hombre] 人権宣言. ～ de guerra 宣戦布告. **❷** 申告, 届出: ～ de la renta (de ingresos) 所得申告. ～ de quiebra (de bancarrota) 破産宣告. **❸** 愛情の告白. **❹** 発生, 表出. **❺** 《法律》証言, 供述, 陳述: prestar ～ 宣誓して供述する. tomar ～ a+人 …から供述をとる. **❻** 《トランプ》ビッド, 宣言

declarado, da [deklaráðo, ða] 形 過分 公然の, 明白な: enemistad ～*da* あからさまな敵意

　　declaradamente 副 公然と, 明白に

　　declarante [deklaránte] 名 証人

declarar [deklarár] 他 《英 declare》**❶**［公式に］宣言する: i) ～ la independencia 独立を宣言する. ii)［+目的格補語］～ abierta la sesión 開会を宣する. El árbitro *declaró* ganador a Pérez. 審判はペレスを勝者と判定した. Yo os *declaro* marido y mujer. ここにあなたがたは夫婦であると認めます. **❷**［感情・意志などを］表明する; 明言する: ～ su amor a+人 …に愛を告白する. ～ su posición 自分の立場を明らかにする. **❸** 申告する, 届け出る: ¿Algo que ～?—Nada que ～. [税関で］申告するものはありますか?—何もありません. **❹**［判決を］下す; [法廷で］供述(陳述)する: El jurado le *declaró* culpable. 陪審員は彼に有罪判決を下した. El testigo *declaró* falso el documento. 証人はその書類が偽物であると供述した. ～ su complicidad 共犯を認める

◆ 自 言明する; 供述をする; 《トランプ》ビッドする, 宣言する

◆ **～se ❶**［自分は…であると］言明する: *Se declaró* culpable de tres robos. 彼は3件の盗みを働いたと陳述した. ～*se* inocente 無罪を主張する. **❷**［災害などが］発生する: *Se ha declarado* un incendio. 火事が起こった. **❸**［+a+人 に］愛情を告白する: ¿Todavía no se te ha declarado José? ホセはまだ君に思いを打ち明けていないのか? **❹**《中米》敗北を宣言する

declarativo, va [deklaratíßo, ßa] 形

juicio ～ 宣言的判決, 確認判決

declinación [deklinaθjón] 囡 ❶ 衰退, 衰微. ❷ 語尾変化, 曲用, 格変化. ❸《天文》赤緯；偏差, 偏角：～ magnética 磁気偏角

declinar [deklinár] 间《文語》衰える；終わりに近づく：*Declina* el dólar. ドルが下がる. *Declina* el día. 日が暮れる. ～ en el vicio 悪の道にそれる

◆ 他 ❶［招待・任命などを］丁重に断る, 辞退する：～ la invitación 招待を断る. *Declinamos* toda responsabilidad en caso de robo. 盗難の場合の責任は負いかねます. ❷《言語》[性数・格によって]語尾変化させる

◆ ～se 語尾変化(格変化)する

declive [deklíβe] 围 ❶ 傾斜, 下り勾配；衰退：tejado en fuerte ～ 急勾配の屋根. ～ suave 緩やかな傾斜. artista en ～ 下り坂(落ち目)の芸術家

decocción [deko(k)θjón] 囡［煮出して, 薬を］煎じること；煎じ汁, 煎じ薬

decodificar [dekoðifikár] [7] 他 ＝descodificar

decolar [dekolár] 间《南米》[飛行船が]離陸する

decolaje 围 離陸

decolorar [dekolorár] 他 退色(変色)させる

◆ ～se 退色(変色)する：*Se ha decolorado* la blusa. ブラウスは色があせてしまった

decoloración 囡 退色, 変色

decolorante 围 脱色剤, 漂白剤

decomisar [dekomisár] 他 没収(押収)する

decomiso 围 没収, 押収

decoración [dekoraθjón] 囡 ❶ 装飾すること, 装飾法；装飾：～ de la fiesta 祭りの飾り(飾り付け). ❷ 舞台装置

decorado [dekoráðo] 围 装飾［品］；舞台装置

decorador, ra [dekoraðór, ra] 厖 装飾の：pintor ～ 装飾画家

◆ 图 装飾(美術)家：～ de interiores 室内装飾家, インテリアデザイナー

decorar [dekorár] 他［物・場所を］飾る, 飾りつける：～ su piso マンションの室内装飾をする. ～ el comedor con ramos de acebo 食堂をヒイラギの枝で飾る. Unos cactos *decoran* la entrada. サボテンが入口を飾っている

decorativo, va [dekoratíβo, βa] 厖 装飾［用］の；場を引き立てる, お飾りの：arte ～*va* 装飾美術. flores muy ～*vas* para el salón 広間を飾るにふさわしい花. figura ～*va* 飾りもの〔の人物〕

decoro [dekóro] 围［地位などにふさわしい］品格, 端正さ：Este trabajo requiere un cierto ～ en el vestir. この仕事ではきちんとした服装をすることが必要だ. Con menos de eso no se puede vivir con ～. それ以下の収入ではちゃんとした(品位を保った)生活はできない. mujer sin ～ ふしだらな女

decoroso, sa [dekoróso, sa] 厖 品格のある, 端正な：profesión ～*sa* 上品な職業. conducta ～*sa* 慎みのある行ない. traje ～ さっぱ

りとした服

decrecer [dekreθér] 39 间［強度・量・重要性などが］減少する：*Ha decrecido* el caudal del río. 川の水位が減った. *Ha decrecido* su poder. 彼の権力は衰えた. *Decrece* el interés por la política. 政治的関心が低下する

decreciente 厖 減少(減退)する：Me preocupa el ～ número de estudiantes. 私は学生数の減少が心配だ. salud ～ 健康の衰え

decrecimiento 围 減少：～ de natalidad 出産率の低下

decremento 围《物理》減衰率；＝decrecimiento

decrépito, ta [dekrépito, ta] 厖［estar＋]老衰した, 老いさらばえた；老朽化した：viejo ～ よぼよぼの老人. sociedad ～*ta* 衰退した社会

decrepitud 囡 老衰；衰微

decrescendo [dekresθéndo] 副 围《音楽》デクレシェンド, 次第に弱く

decretar [dekretár] 他 ❶ 発令する, 布告する：El gobierno *decretó* la expulsión de extranjeros. 政府は外国人退去令を布告した. ❷［裁判官が］命令する. ❸［欄外に］決定を記す

decreto [dekréto] 围 ❶ 政令；[教皇の] 教令：promulgar un ～ 政令を出す. ～ ley [法律並みの効力を持つ] 政令. real ～ 勅令. ❷[裁判官の] 命令

por real ～《軽蔑》鶴の一声で

decúbito [dekúbito] 围 臥位(?)：estar en ～ 寝そべっている. úlcera de ～ 床擦れ. ～ supino 背臥位. ～ prono 腹臥位. ～ lateral 横臥位

décuplo, pla [dékuplo, pla] 厖 围 10倍〔の〕

decuplar 他／decuplicar [7] 他 10倍にする

decuria [dekúrja] 囡《古代ローマ》[10人の兵士から成る] 班

decurión 围 その班長

decurso [dekúrso] 围《文語》[時間の] 経過：en el ～ de los años 時の流れと共に, 時がたつにつれて

dedada [deðáða] 囡 指で1すくいの量；手あか～ *de miel* せめてもの慰め

dedal [deðál] 围 ❶［裁縫用の］帽子型指ぬき；[酒などの] それに入る分量. ❷ 指サック〔指貫〕

dedalera [deðaléra] 囡《植物》ジギタリス〔digital〕

dédalo [déðalo] 围 迷路〔laberinto〕：un ～ de equívocos あいまい表現の錯綜

dedazo [deðáθo] 围《中米》高官が友人・親戚を公職に指名すること

dedicación [deðikaθjón] 囡 ❶［＋a への］献身；専念, 熱中；職業：～ *al* partido 党への献身. ～ exclusiva フルタイムの勤務. ❷ 献納, 奉納；[建物の] 献堂式

dedicar [deðikár] [7] 他 ❶［＋a に］捧げる, 奉納する：i) *Dedicó* su vida *a* la literatura. 彼は文学に一生を捧げた. ～ una iglesia *a* san Pedro 聖ペドロに捧げる教会堂を建てる. ～ sa-

crificios *a* los dioses 神々に生贄を捧げる. ii)
［著書など］に；献辞を書く：*Dedico*
este libro *al* Sr. Gómez. ゴメス氏に本書を捧げる. ❷ ［+a・para 用途に］振り向ける, あてる：
~ media hora *para* dar un paseo 散歩のために 30 分さく. ~ el salón *para* conciertos ホールをコンサートに使う

◆ ~se 献身する；専念する, 従事する：~se a
hacer obras de caridad 慈善事業に献身する.
~se a cuidar el jardín los domingos 毎日曜
庭仕事をする. ~se a la enseñanza 教育に携
わる. ~se a la ociosidad 横着を決め込む. ¿A
qué te dedicas? 君の職業は何ですか/何してるの？

dedicatoria¹ [dedikatórja] 囡 献辞

dedicatorio, ria² 厖 献呈の：epístola ~*ria*
［書簡体の］献呈文

dedil [dedíl] 男 指サック

dedillo [dedíʎo] 男 *al* ～ 細部まで, ことこまかに；そらんじて；一字一句正確に：Este asunto
se lo he dicho *al* ～. この件は一部始終申しあげました

dedo [dédo] 男 〖英 finger〗❶ 指：tomar
con la punta de los ～s 指先でつまむ. contar con los ～s 指で数える〖スペインでは指を開いていく〗. juntar los ～s ［両手の］指を組み合わせる. levantar el ～ 指を上げる〖スペインでは主に挙手ではなく人差し指を一本上げる〗. ponerse el ～ en la boca 黙れ(しい)と合図する. regla de los tres ～s〖フレミングの〗右(左)手の法則. ～ pulgar (gordo) 親指. ～ índice 人差指. ～ [de en] medio/~ [del] corazón/~ cordial 中指. ～ meñique (pequeño・auricular) 小指. Dale un ~ y se tomará hasta el codo.〈諺〉軒を貸して母屋をとられる. ❷ 指 1 本の幅〖≒約 1.9 cm〗；少量：En la botella quedan dos ～s de vino. 瓶にはワインが指 2 本分残っている. ¿Quieres un ～ más de pastel? ケーキをもう少しいかが？ cuatro ～s 4つ指幅〖≒約 7.5 cm〗

a ～ 1)〔指先の〕偶然に任せて：Eligió *a* ～ un libro cualquiera. 彼は偶然目についた本を 1 冊選んだ. 2) 指による指図で, 正式な手続きなしに：El Presidente le nombró director general *a* ～. 大統領は自分の一存で彼を局長に任命した. 3) ヒッチハイクで：viajar *a* ～ ヒッチハイクで旅行する

chuparse el ～ 1) 指をしゃぶる. 2) ばか(無邪気)である；そのふりをする：No me chupo el ～. 私はそんなにうぶじゃない/だまされないよ. Aunque *se chupe* el ～, lo sabe todo. 彼は無邪気なふりをしているが何でも知っている

chuparse los ～s《口語》十分満足する：El pollo está para *chuparse los* ～s. その鶏はとてもおいしい

cogerse los ～s =*pillarse los* ～s

comerse los ～s =*chuparse los* ～s

contarse con los ～s de la mano ごく少数である：Los asistentes se podían *contar con los* ～s de la mano. 出席者は片手の指で数えられるほどだった

dar un ～ *de la mano por...* …を熱望する：*Daría un* ～ *de la mano por* realizar este plan. この計画が実現するなら指 1 本と引換えにしてもいいよ

estar a dos ～s *de...* もう少しで…するところである：*Estuvo a dos* ～s *de* caerse del tren. 彼は危うく列車から落ちるところだった

hacer ～《口語》ヒッチハイクをする

hecho a ～《南米》当事者の都合に合わせて行なわれた：elecciones *hechas a* ～ 政府の都合のいいように操作された選挙

jurar ～ *con* ～ 両手の人差し指を交差させて誓う

mamarse el ～ =*chuparse el* ～

meter a+人 los ～s *[en la boca]* …を誘導訊問する, 巧みに口を割らせる

meterse los ～s *en la nariz* 手持ちぶさたにしている

morderse los ～s 後悔する：Es demasiado tarde para *morderse los* ～s. くやしがっても遅すぎる

no mover un ～ *de la mano* 何もしない, 何も試みない：¡No *mueven* ni un ～ *de la mano* cuando estamos tan ocupados! こんな忙しい時に横の物を縦にもしないとは！

no tener ni ～s *de frente (de enfrente)* 思慮(分別)がない

pillarse los ～s《西》悪事が露見する, 捕まる

poner a+人 los cinco ～s *en la cara* …の顔を平手打ちする

poner bien los ～s 演奏が上手である

poner el ～ *en la llaga*《口語》問題の核心を突く, 原因をつきとめる；［+a+人の］弱い所を突く：Ay, me *pones* el ～ *en la llaga*; vamos a cambiar de tema. ああ, 痛い所を突かれた. 話題を変えよう

señalar a+人 con el ～ …を指弾する：No quiero que me *señalen con el* ～. 人に後ろ指をさされるのはごめんだ

dedocracia [dedokráθja] 囡《戯語》指による指図で何でも決めてしまう独裁

dedocrático, ca 厖 その独裁の

deducción [deduˈkθjon] 囡 ❶ 推論；《論理》演繹〖法〗〖↔inducción 帰納〗. ❷ 差引き；控除：*deducciones* por cargas de familia 扶養控除

deducir [deduˈθir] 41 他 ❶ ［+de・por から］推論する；《論理》演繹(??)する. ❷ ［+de から］差引く；控除する：Nos *dedujeron* un quince por ciento *del* sueldo. 我々は給料から 15 パーセント引かれる

◆ ～se 推論される：De esto *se deduce* su inocencia. このことから彼が潔白なことがわかる

deducible 厖 推論できる；差引できる, 控除可能の：gastos ～s 必要経費

deductivo, va [deduktíβo, βa] 厖 演繹的な〖↔inductivo〗：razonamiento ～ 演繹的推理

de facto [de fákto]《←ラテン語》実際に〖de hecho〗

defasaje [defasáxe] 男《物理》位相差：ángulo de ～ 位相角

defecar [defekár] ⑦ 他 自 大便をする

   defecación 囡 排便, 便

defección [defɛθjón] 囡 [主義などからの] 離反；亡命

defectivo, va [defɛktíbo, ba] 形 《文法》 verbo ～ 欠如動詞 [活用形の一部を欠く動詞: abolir など]

defecto [defékto] 男 [英 defect] ❶ 欠陥: Esta casa tiene muchos ～s. この家には欠陥がたくさんある. 20% rebajado por tener ～s 《表示》 傷ものにつき20%引き. Padece un ～ del oído. 彼は難聴だ. ～ de fábrica 製造上の欠陥. ～ físico 肉体的欠陥. ～ del habla／～ de pronunciación 言語障害. ❷ 欠点, 短所: Tiene el ～ de no escuchar a los otros. 彼は他人の意見に耳を貸さないという欠点がある. persona sin ～s 欠点のない人. ❸ 不足, 欠如: ～ de vitaminas ビタミンの欠乏

   en su ～ 《文語》[物・人が] なければ, ないので: Traigo esto *en* ～ *de* otro mejor. ほかにいいのがないのでこれを持ってきました

   por ～ 1) [無視できるほど] わずかに: error *por* ～ ごくわずかな誤り. Este valor es injusto *por* ～. この数値はほとんど正しい. 2) 《情報》 デフォルトで

   sacar ～*s a*+人 …にけちをつける

defectuoso, sa [defektwóso, sa] 形 欠陥 (欠点) のある: artículo ～ 欠陥商品

defender [defendér] ㉔ 他 [↔atacar] ❶ [+de·contra から] 守る, 保護する: La montaña *defiende de*l viento norte el pueblo. 山が村を北風から守っている. ～ a sus hijos *contra* las fieras 子供たちを猛獣から守る. ❷ 防衛する: ～ una fortaleza 砦を守る. ❸ 弁護する；擁護する: ～ la libertad 自由を擁護する

   ◆ ～**se** 身を守る: ～*se de*l frío 寒さから身を守る. ❶ 経済力がある；[+en·con について] 何とかやっていける: *Se defiende* bastante bien *en* español. 彼はスペイン語でかなり用を足すことができる. ❷ 自己弁護する: ～*se de* una acusación 非難に対して釈明する

defendible [defendíble] 形 防御できる；支持できる, 弁護の余地のある: proyecto ～ 受け入れられる計画

defendido, da [defendído, da] 形 图 過分 弁護される[人]

defenestración [defenestraθjón] 囡 ❶ ～ de Praga 《歴史》プラハの窓外放出事件 [1419, 1618年]. ❷ 失脚, 追放

   defenestrar 他 [人を] 窓から放り出す；失脚させる, 追放する

defensa [defénsa] 囡 [英 defense. ↔ataque] ❶ 防御, 防御；《軍事》 防衛施設: ～ nacional 国防. ～ pasiva 専守防衛. ～ personal 護身；自己防衛. La mejor ～ es un buen ataque. 攻撃は最良の防御である. 弁護 [人]；擁護: hablar en ～ de…. …を弁護 (擁護) する. La ～ alegó que fue una fuerza mayor. 弁護側は不可抗力だったと申し立てた. ❸ 医系《スポーツ》ディフェンス陣, 後衛. ❹ 医

学》[主に 複] 防衛

   salir en ～ *de*+人 …を守る, かばう

   ◆ 图《スポーツ》ディフェンダー, バックス

defensivo, va [defensíbo, ba] 形 防御の, 防衛の: alianza ～*va* 防衛同盟. actitud ～*va* 守勢；消極的な態度

   ponerse (*estar*) *a la* ～*va* 守勢にまわる (立っている)；消極的な態度をとる(である)

defensor, ra [defensór, ra] 形 图 ❶ 弁護 (擁護) する；守護者の, 擁護者の；弁護士 [abogado ～]: ～ del pueblo 《西》オンブズマン, 国民擁護官. ❷ 《スポーツ》ディフェンダー [defensa]；選手権保持者 [↔desafiante]

deferencia [deferénθja] 囡 《文語》[時にうわべだけの] 尊敬, 敬意；[目下の人への] 懇勤: tener la ～ *de*+不定詞 敬意を込めて…する；寛大にも…してくれる. por pura ～ 相手の立場を尊重するあまり；ひたすら相手を立てようとして

   deferente 形 うやうやしい；懇勤な

deferir [deferír] ㉝ 自 [現分 defíriendo] 《文語》 [敬意を表して, +a の意見に] 従う, 任せる；[+con 目下の人と対等の立場で] …してやる

   ◆ 他 [権限などの一部を] 移譲する

deficiencia [defiθjénθja] 囡 [主に肉体的・精神的な] 欠陥, 欠点；不足: ～ de salud 健康上のハンディキャップ. ～ mental 知的障害. ～s de las empresas grandes 大企業の欠点. ～ de alimento 食糧不足

deficiente [defiθjénte] 形 ❶ 欠陥のある: audición ～ 聴覚障害. alumno (trabajo) ～ 出来の悪い生徒 (仕事). ❷ [+en が] 不十分な: alimentos ～s *en* hierro 鉄分不足の食物. ❸ 貧しい: gente ～ 貧しい人々

   ◆ 图 障害者: ～ mental 知的障害者

déficit [defíθit] 男 [単複同形／複 ～s. ↔ superávit] ❶ 赤字, 欠損: arrojar (tener) un ～ de un millón de pesetas 100万ペセタの赤字を出す (抱えている). cubrir el ～ 赤字を埋める. presupuesto en ～ 赤字予算. ～ comercial 貿易赤字. ～ fiscal (público) 財政赤字. ❷ 不足: Este año habrá ～ de arroz. 今年は米不足になるだろう. ～ de recursos 資源 (資金) 不足. ～ de glóbulos rojos 赤血球の不足

deficitario, ria [defiθitárjo, rja] 形 赤字の

definición [definiθjón] 囡 ❶ 定義 (付け): dar una ～ a…. …に定義を下す. ❷ [辞書などの] 語義. ❸ [教理上の問題などの] 決定: *definiciones* del Concilio 公会議の決定. ～ política 政治的判断. ❹ 《光学》 精細度, 解像力: televisión de alta ～ ハイビジョン, 高品位テレビ

definido, da [definído, da] 形 過分 明確な, 明瞭な: diferencia bien ～*da* 非常に明らかな相違

definir [definír] 他 ❶ 定義する: ～ una palabra 言葉の (意味を) 定義する (限定する). ❷ 明確にする, 明示する: ～ su posición 立場を明らかにする. ❸ [教理などを] 制定 (決定) する. ❹ 《美術》仕上げる

   ◆ ～**se** 自分の考え (態度) を明確にする

definitivo, va [definitíƀo, ƀa] 形 決定的な，最終的な：edición ～*va* 決定版．respuesta ～*va* 確答．resultado ～ 最終結果
en ～va 結局，つまりは：*En ～va*, no ha dicho nada nuevo. 結局，彼は何も新しいことは言わなかった．*En ～va*, que no nos conviene esa proposición. 要するにその提案は好ましくないということだ
definitivamente 副 決定的に，最終的に
definitorio, ria [definitórjo, rja] 形 明確化する，特徴的な
deflación [deflaθjɔ́n] 女《経済》デフレーション 〖↔inflación〗
deflacionario, ria 形 デフレーションの：política ～*ria* デフレ政策
deflacionista 形 名 デフレの；デフレ政策の(政策論者)
deflagración [deflagraθjɔ́n] 女《化学》爆燃，デフラグレーション
deflagrar 自 爆燃する
deflector [deflɛktɔ́r] 男《技術》そらせ板
deflexión [deflɛ(k)θjɔ́n] 女《物理》偏向
defoliación [defoljaθjɔ́n] 女［病気・大気汚染などによる］落葉
deforestación [deforestaθjɔ́n] 女 森林伐採，森林破壊
deforestar 他［樹林を］伐採(破壊)する
deformación [defɔrmaθjɔ́n] 女 ❶ 変形；ゆがみ，ひずみ：～ de la columna vertebral 脊柱のゆがみ．～ de imagen 画像のゆがみ．～ de la verdad 真実の歪曲．～ profesional 職業的偏見．❷《美術》デフォルマシオン
deformar [defɔrmár] 他 ❶ 変形させる；ゆがめる：La lluvia *ha deformado* los zapatos. 雨で靴が型くずれした．～ la verdad (el carácter) 真実(性格)をゆがめる．❷《美術》デフォルメする
◆ **～se** 変形する；ゆがむ，ひずむ
deformatorio, ria 形 変形させる，形をゆがめる
deforme [defɔ́rme] 形 奇形の，不具の；歪曲された：niño ～ 奇形児．pierna ～ 不具の脚．zapatos ～*s* 格好の悪い靴．imagen ～ de Japón 日本に関するゆがんだイメージ
deformidad [defɔrmiđá(đ)] 女 ❶ 奇形，不具；歪曲：～ informativa 事実をゆがめた報道．❷［芸術・道徳上の］堕落
defraudación [defrau̯đaθjɔ́n] 女 横領，詐取；期待外れ：～ fiscal (de impuestos) 脱税
defraudador, ra [defrau̯đađɔ́r, ra] 名 横領(詐取)する人
defraudar [defrau̯đár] 他 ❶ …の期待を裏切る：Le *han defraudado* los toros. 闘牛は彼にとって期待外れだった．❷［税金などの］支払いをごまかす；不正乗車する：～ a Hacienda 脱税する．❸［+en を］…から横領する，詐取する Le *defraudaron en* sus tierras. 彼は土地をだまし取られた
defunción [defunθjɔ́n] 女《文語》死亡
DEG 男 複《略語》←Derechos Especiales de Giro［IMF の］特別引出権，SDR

degenerar [dɛxenerár] 自 ❶《生物》退化する．❷ 退廃する；［悪化・変質して，+en に］なる：Los hijos *han degenerado*. 息子たちは身を持ちくずした．Una herida *degenera en* una infección. 傷が化膿する．Las protestas *degeneraron en* motín. 抗議行動が暴動化した
◆ **～se**［人・風習が］堕落する，退廃する
degeneración 女 退化；退廃，堕落
degenerado, da 形 過分 退化(退廃)した．◆ 名 変質者；堕落した人
degenerativo, va 形 退行性の
deglutir [deglutír] 他 自 飲み込む，嚥下(えんげ)する
deglución 女 嚥下
degollar [degoʎár] 31 他 ❶［人・動物の］首を切る．❷《口語》［演奏・演説などを］途中でぶち壊しにする，不首尾に終わらせる．❸［闘牛士が］急所を外す
degollación 女 斬首：～ de los santos inocentes［ヘロデ王の］幼児虐殺
degolladero 男 1)［動物の］のど首；畜殺(屠畜)場．2) 斬首台．3)《戯語》llevar a+人 al ～ …を不快(危険)な目に会わせる
degolladura 女 のど首の傷跡
degollina [degoʎína] 女 ❶ 虐殺，殺戮．❷《西．口語》［教師が］落第点を乱発すること
degradación [degrađaθjɔ́n] 女 ❶ 剝奪；降格：～ militar 軍籍剝奪；降等．～ canónica 聖職位剝奪．❷ 堕落；悪化：～ del medio ambiente/～ ambiental 環境の悪化．❸《物理》［エネルギーの］減損，散逸．❹《美術》～ de color 色調の漸減，ぼかし
degradante [degrađánte] 形 品位を落とす，下劣な
degradar [degrađár] 他 ❶［地位・称号を］剝奪する；降等(降格)させる：～ a+人 a soldado raso …を一兵卒に落とす．❷ …の品位を落とす，堕落させる；悪化させる：Los malos tratos *degradan* a las personas. 迫害されると人間はだめになる．❸［色調・光を］徐々に薄くする，ぼかす
◆ **～se** 堕落する；悪化する
degüello [degwéʎo] 男 斬首
a ～ 酷薄に，非情に：tratar a+人 *a ～* …を虐待する
entrar a ～［敵地を占領して］住民を殺戮する
tirar a+人 a ～ …をつけ狙う
degustar [degustár] 他 …の味をみる，試食(試飲)する：～ un vino ワインの鑑定(きき酒)をする
degustación 女 試食，試飲；試食品
dehesa [deésa] 女 牧草地
dehiscente [dɛi̯sθénte] 形《植物》裂開性の
dehiscencia 女 裂開
deicida [dɛi̯θíđa] 形 名 神(イエスキリスト)を殺す〔人〕，神殺し〔の〕；冒瀆する〔人〕
deíctico, ca [deíktiko, ka] 形《言語》対象指示的な，直示的な
deidad [dɛi̯đá(đ)] 女 神性；［神話の・非キリスト教の］神

D

deificar [deifikár] ⑦ ⑩ 神格化する；[神のように] あがめる

  deificación 囡 神格化；崇拝；[神秘主義で] 神との一致

deísmo [deísmo] 勇 理神論，自然神教

  deísta 形 理神論の(信者)

deíxis [deí(k)sis] 囡 [単複同形] 《言語》直示

déjà vu [dejabú] 勇 《←仏語》既視感

dejación [dexaθjón] 囡 [義務・権利・財産など] 放棄；《中米》不精，怠惰

dejadez [dexaðéθ] 囡 怠惰，なげやり

dejado, da [dexáðo, ða] 過分 不精な，怠惰な

  ◆ 囡 《テニス・ペロータ》ドロップショット

dejar [dexár] ⑩ [英 leave, let] ❶ [+en に] 残す，そのままにする；置いておく：i) *Deja* esa manzana *en* el plato y coge otra. そのリンゴは皿に置いて，別のを取りなさい． *He dejado* la moto *en* la calle. 私はバイクを通りにとめておいた． *Dejaré* esta noche para ti. 今夜は君のためにあけておこう． *Déjalo* para otro día. それは明日にしなさい． sin ～ una coma コンマ一つ落とさずに． ii) [+a に] *Ha dejado* a su sobrino un millón de pesetas. 彼は甥に 100 万ペセタの遺産を残した． La bebida me *dejó* un sabor amargo *en* la boca. その飲み物は苦い味がした

❷ 預ける，任せる：～ su gato a un vecino 猫を隣人に託す ～ a su hija el gobierno de la casa 家の切り盛りを娘に任せる．¡*Déjamelo*! 私が持ちましょう(やりましょう)/貸してごらん!

❸ 放棄する，…から去る：i) [人を] *Dejó* a su familia y se fue en busca de aventuras. 彼は家族を捨てて冒険の旅に出た．¡*Déja*me! 私を放っておいてくれ． Te *dejo*, que tengo que arreglarme. ちょっと失礼，身支度してきます． ～ a+人 *en* un apuro …を窮地に追いやったままにしておく． ii) [仕事・場所を] ～ los estudios 学業をやめる． ～ la dirección de una sociedad 社長の職を去る． ～ la ciudad 町を出る． iii) [放置] ～ los papeles *en* el suelo 紙くずを床に捨てる． iv) [事柄が主語] No le *dejan* las preocupaciones. 彼は心配の種が尽きない

❹ [利益などを] 生む：La contrata le *dejó* cien mil pesetas. その請負いで彼は 10 万ペセタもうけた

❺ 《西》貸す；[使わなくなったので] 与える：*Déjame cien pesetas (un lápiz). 100 ペセタ(鉛筆)を貸してくれ

❻ [+目的格補語の状態に] しておく：i) ～ a su abuela sola 祖母を一人ぼっちにしておく． Le *dejamos* libre el paso. 私たちは彼のために道を開けた． *Dejó* sin limpiar el cuarto. 彼は部屋の掃除をしなかった． *Déjalo* así (como está). そのままにしておけ． ii) [助動詞的．+過去分詞 (直接目的語と性数一致)．能動行為の完了] Si sales de casa, *deja* dicho adónde vas. 出かける時はどこへ行くのか言っていけ． Has de ～ acabada la tarea. 仕事を終わらせておかなくてはいけないよ

❼ [放任] …させておく：i) [+不定詞] *Déje* salir el agua. 私は水を出しっぱなしにした． *Déje*me pensar un momento. ちょっと考えさせてください． Vamos a ～le decir lo que quiera. 彼の好きに言わせておこう． No te *dejo* hacer lo que quieras. おまえに好き勝手なまねはさせないぞ． El ruido en la calle no me *dejaba* dormir. 通りの騒音で私は眠れなかった． ii) [+現在分詞] Le *he dejado* arreglándose para salir. 私は彼が外出の支度をしているのをとめなかった． iii) [+que+接続法] *Deja que* tu hijo venga con nosotros. 君の息子を僕たちと一緒に来させたまえ

❽ [+para に] 延期する：¿Por qué no *dejas* la cita *para* mañana? 会うのは明日に延ばしたらどう?

❾ 《テニス・ペロータ》ドロップショットする

¡*deja*! 1) [制止] ¡*Deja*! Yo llevaré la maleta. 待って! 荷物は私が持ちましょう． 2) [驚き] おや!

¡*deja* eso! それ以上言うな!

¡*déjalo* [*estar*]! やめておけ，それぐらいでいいだろう!/心配するな!

～ a+人 *sin*… …から…を奪う：Me *dejaron sin* cigarrillos. 彼らは私のたばこを全部吸ってしまった

～ *hacer* 《←仏語》自由放任，無干渉

◆ 圓 [+de+不定詞] i) [継続している活動の中断] …するのをやめる：Nos iremos cuando *deje de* tronar. 雷がやんだら行きます． *Dejó de* hablar al instante. 彼はすぐ話をやめた． ～ *de* fumar 禁煙する，たばこをやめる． ii) [no+ 主に命令・未来形で] 必ず…する：No *dejes de* escribirme. きっと手紙をください

no es que+接続法 ni deje de+不定詞 …の…じゃないのって：No *es que* me duela *ni* me *deje de* doler. 痛いの痛くないのって，痛くて死にそうだ

◆ **～se** ❶ 不精をする，だらしなくする． ❷ i) [+自動詞の不定詞] Se *dejó* caer. 彼はバタリと倒れた． ii) [+他動詞の不定詞．意図して・意図せずに．+por に] …される(がままになる)：Se *dejó* llevar *por* la corriente. 彼は流れに運ばれた． Me *dejé* estrechar la mano *por* la ardiente suya. 私は彼の熱い手が自分の手を握るままにさせておいた． ❸ [置き忘れる] Me *he dejado* la cartera en casa. 私は家に財布を忘れてきた． ❹ 互いに見捨てる，別れる． ❺ [+de+名詞・不定詞] …しない，やめる：*Déjate* de tonterías. ばかなことはするな(言うな)

～se llevar [+por・de の] 言いなりになる；影響される：No *se deja llevar por* las apariencias. 彼は外見に惑わされない． ～se llevar de la ira 怒りに我を忘れる

¡*déjate*! やめておけ，よせ!

deje [déxe] 勇 ＝**dejo**

dejo [déxo] ❶ [言葉の] なまり：Se le nota el ～ andaluz. 彼にはアンダルシアなまりがある． ❷ [食べ物・飲み物の] 後味，後口． ❸ [良くも悪くも，事後の] 思い，感懐

de jure [dexúre] 《←ラテン語》正当な・に，法律

上〔の〕

del [dɛl] [男] 前置詞 de と定冠詞 el の縮約形. ☞ **de¹**

delación [delaθjón] [女] 密告；暴露

delantal [delantál] [男] 前掛け, エプロン：llevar ~ エプロンを掛けている

delante [delánte] [副] 《英 in front. ↔ detrás》[空間. **+de** の] 前に；正面に, 面前に《☞ante 囲成》：i) Él está ~ de la puerta. 彼はドアの前にいる. Tiene el mar ~ de la ventana. 窓の外には海が広がっている. Se queda callado ~ de la gente. 彼は人前では無口になる. Voy ~ para guiarte. 先に立って君を案内しよう. Yo estaba ~. [列で] 私の方が先でした. La fábrica está ~. 工場はその前にある. ii) 前部に, 前面に：Este coche lleva el motor ~. この車はエンジンが前にある. Este vestido lleva los botones ~. この服はボタンが前側に付いている. iii) [前置詞+] Estaba abierta la bata por ~. ガウンは前が開いていた. Desapareció de ~ de nosotros. 彼は我々の前から姿を消した. parte de ~ 前部, 前側. vagón de ~ 前の〔方の〕車両

llevarse por ~ 壊す, 打ち壊す

no ponerse a+人 nada por ~ …は一人で好き勝手なことをする, 無鉄砲な行動をする

poner por ~ a+人 [前途の危険などを] …に警告する

por ~ 1) [順序・時間の] 先に：Tenemos todavía tres días por ~. まだ〔余裕が〕3日ある. 2) 面前に：Iré con la verdad por ~. 私は常に真実を前に掲げて進むつもりだ

delantera¹ [delantéra] [女] ❶ 前部：~ de un barco 船の前部. ❷ [観客席の] 最前列, かぶりつき；《スポーツ》フォワード陣(ライン)；(服飾) 前身ごろ；《口語》[女性の] 胸部. ❸ 先行, リード：Lleva cien metros (dos a uno) de ~. 彼は 100 メートル(2対 1 で)リードしている. llevar mucha ~ a... …に大差をつけている

tomar (coger・ganar・pillar) la ~ a+人 …に先んずる, …の機先を制する：Pensaba pagar yo, pero me *ha tomado la ~*. 私が払おうと思っていたのに, 彼に先に払われてしまった

delantero, ra² [delantéro, ra] [形] 前にある, 前部の《↔trasero》：asientos ~s 前部座席. fila ~ra 前列. pata ~ra 前足. rueda ~ra 前輪

◆ [名]《スポーツ》前衛, フォワード：~ centro センターフォワード

◆ [男]〔衣服の〕前部

delatar [delatár] [他]〔犯罪・犯人などを, +a・ante に〕密告する, 暴く《↔encubrir》：~ al culpable 犯人を密告する. ~ maldades 悪を暴く. Su sonrisa *delató* sus intenciones. 彼の微笑で意図がわかった

◆ ~**se** …を自ら暴露してしまう

delator, ra [形] 密告する：carta ~ra 密告状.
◆ [名] 密告者

delco [délko] [男]《←商標》デルコ《エンジンの点火配電器》

dele [déle] [男] [校正の] 削除記号, トル《☞》

DELE [déle] [男]《西. 略》←Diploma de Español como Lengua Extranjera 外国語としてのスペイン語免状

deleble [deléble] [形] [簡単に] 消すことのできる：tinta ~ 消えるインキ

delectación [delektaθjón] [女]《←deleitar》《文語》楽しさ, 心地よさ：con ~ うっとりと. ~ morosa 《宗教》[禁じられたことを思い浮かべる] 思いの楽しみ

delegación [delegaθjón] [女] ❶ 委任, 委託：actuar por ~ de+人 …の委任を受けて(代理人として)行動する. ❷ 委任；委員会：~ cultural 文化使節団. D~ del Ministerio de Educación 教育委員会. ❸ 代表の職(事務)所. ❹《西》支店, 出張所. ❺《中米》市役所《ayuntamiento》；警察署《comisaría》

delegado, da [delegádo] [形] [名] [過分] ❶ 代表〔の〕, 委任された〔人〕；《商業》代理人, エージェント：~ sindical 組合代表. ~ de Hacienda 地方の財務局長. ii) 各自治州政府に派遣された中央政府の代表《~ del Gobierno》.

delegar [delegár] [8] [他] ❶ [権限を, +en に] 譲渡する, 委任する：El presidente *delegó en* su hijo la representación de la empresa. 社長は会社の代表権を息子に譲った. ❷ 代表として送る, 代表に任命する

deleitar [deleitár] [他] 大いに楽しませる：~ los ojos 目を楽しませる, 目の保養をする
◆ ~**se** [+con・de で] 大いに楽しむ：*Se deleita con* (en) la pesca. 彼は釣りを楽しんでいる

deleitable [形]《文語》[事柄が] 楽しい

deleite [deléite] [男] 楽しさ, 喜び：aprender con ~ 楽しく学習する. fumar el cigarrillo con ~ たばこをおいしそうに吸う. ~s de la carne 性的喜び

deleitoso, sa [形] [事柄が] 楽しい, 楽しそうな

deletéreo, a [deletéreo, a] [形] 有毒な, 致死性の：gas ~ 有毒ガス

deletrear [deletreár] [他] [語の] 綴りを言う：*Deletree* su apellido, por favor. お名前のスペルを言ってください

deletreo [男] 綴りを言うこと

deleznable [deleθnáble] [形] ❶ もろい, 長持ちしない：materia ~ 壊れやすい材料. ❷ 滑りやすい. ❸ [根拠が] 薄弱な. ❹ 軽蔑すべき, 卑劣な

delfín [delfín] [男] ❶《動物》イルカ. ❷ [フランスの] 王太子；[政治家などの] 後継者；[幹部クラスの] 子分

delfinario [男] イルカのショウ

delfinio [delfínjo] [男]《植物》デルフィニューム

delgadez [delgadéθ, θa] [女] やせていること；薄さ, 細さ

delgado, da [delɣáðo, ða] [形]《英 thin》❶ やせた, すらりとした《↔gordo》：Es un chico alto y ~. その子はひょろっとしている. ponerse (quedarse) muy ~ やせこける. ❷ 薄い, 細い《↔grueso》：tabla ~da 薄板. hilo ~ 細い

糸. ❸ [土地が] やせた
◆ 男 複 [動物の] わき腹；腹部肉

delgaducho, cha [delɣaðútʃo, tʃa] 形《親愛》[estar+] やせっぽけの，やせこけた

deliberar [deliβerár] 自 [+sobre について] 討議 (審議) する；熟考する
　deliberación 女 討議，審議；熟考
　deliberado, da 形 過分 熟考された；意図した，故意の
　deliberadamente 副 慎重に；わざと，故意に
　deliberante 形 [決定権を持って] 討議する：asamblea ～ 審議会
　deliberativo, va 形《文語》=**deliberante**

delicadeza [delikaðéθa] 女 繊細さ；気配り：tratar a un nene con ～ 赤ん坊をそっと扱う. falta de ～ デリカシーのなさ. Tuvo la ～ de acompañarme hasta la puerta. 彼は気をつかって門まで送ってくれた

delicado, da [delikáðo, da] 形《英 delicate》❶ 微妙な，難しい；傷つきやすい，きゃしゃな；[estar+. +de が] 病気の：sentido ～ 微妙な意味あい. situación ～da 微妙な (難しい) 立場. operación ～da 危険な手術. florero caro y muy ～ 高価で壊れやすい花瓶. niño ～ 腺病質の子；線の細い子. ser ～ de salud/ser de constitución ～da 体が弱い，病弱である. estar ～ del estómago 胃弱である
❷ 気難しい：cliente ～ 注文のうるさい客. No seas tan ～. そんなに細かいことを言うな
❸ 繊細な，洗練された：tono ～ 繊細な (妙なる) 音色. gusto ～ 優雅 (上品) な趣味. perfume ～ ほのかな香り. manjar ～ 美味な食べ物. facciones ～das 美しい顔だち. zapatos de piel ～da 柔らかい皮の靴
❹ 細かい気配りをする，思いやりのある，慎み深い：tener atenciones ～das con... …に細やかな心づかいをする. Una persona ～da no escucha detrás de la puerta. 慎みのある人は立ち聞きなどしない
❺ [感覚などが] 鋭い：olfato ～ 鋭敏な嗅覚. entendimiento ～ 鋭い理解力

delicaducho, cha [delikaðútʃo, tʃa] 形《軽蔑》過敏な；病気がち

delicia [deliθja] 女 ❶ うっとりするような楽しさ，強烈な喜び；その原因：Pienso con ～ en verte mañana. 明日君に会えると思うと無性にうれしくなる. El hijo es la ～ de sus padres. その子は両親の喜びの種だ. jardín de las ～s この世の楽園. ❷《料理》[主に 複] 魚のフレークのフライ. ❸《菓子》～ …を大いに楽しませる：El circo *hace las* ～*s de* los niños. サーカスは子供たちを大喜びさせる
ser una ～ 〈時に皮肉〉大変喜ばしい：La biblioteca está siempre tan llena de estudiantes, que *es una* ～. 図書館はいつも学生で一杯で，とても喜ばしいことだ

delicioso, sa [deliθjóso, sa] 形《英 delicious》❶ 非常に心地よい：aroma ～ えも言われぬ香り. tiempo ～ すばらしい天気. conversación ～sa 楽しい会話. ❷ 美味な：comida

～sa とてもおいしい料理. ❸ 魅力的な；おかしな：niña ～sa 愛すべき少女

delictivo, va [deliktíβo, ba] 形 [←delito] 軽罪の，違法の：acto ～ 軽罪を構成する行為

delicuescencia [delikwesθénθja] 女《化学》潮解〔性〕；[社会などの] 退廃

delimitar [delimitár] 他 境界を定める；範囲を限定する：～ las funciones de cada uno 各自の任務分担をはっきりさせる
　delimitación 女 境界の画定；範囲の限定

delincuencia [delinkwénθja] 女 医名 犯罪：La ～ continúa aumentando. 犯罪は増加し続けている. ～ juvenil 少年犯罪，非行

delincuente [delinkwénte] 形 軽罪を犯した；非行を働いた：juventud ～ 医名 非行少年
◆ 軽犯罪者：～ juvenil 非行少年

delinear [delineár] 他 …の輪郭を描く，図面をひく；あらましを述べる
◆ ～se 輪郭がはっきりする
　delineación 女 輪郭を描く (図面をひく) こと，概要の説明
　delineador 男《化粧》アイライナー
　delineante 男 製図家

delinquir [delinkír] ⑥ 自《法律》罪 delito を犯す

deliquio [delíkjo] 男 気絶，失神

delirante [deliránte] 形 精神が錯乱した；ひどく興奮した：fiebre ～ 熱〔性〕譫妄. imaginación ～ 常軌を逸した想像. muchedumbre ～ 熱狂した群集

delirar [delirár] 自 ❶ 精神錯乱を起こす；うわごとを言う. ❷ おかしなことをする (言う)，逆上する；[+por に] 熱狂する：～ *por* la música 音楽に熱狂する

delirio [delírjo] 男 ❶ 精神錯乱，妄想；《医学》譫妄(🈦)：estar en un ～ 錯乱状態にある；うわごとを言う. ～[s] de grandeza 誇大妄想. ❷ 熱狂；逆上：sentir ～ por... …に熱狂する *con*《口語》非常に，とても

delírium tremens [delírjun trémens] 男《医学》振顫譫妄(🈦)

delito [delíto] 男 ❶ 犯罪 [☞crimen 類義]：cometer un ～ de robo 窃盗の罪を犯す. ～ común [政治犯罪以外の] 普通犯罪. ～ político 政治犯罪. ～ de sangre 殺人罪. ❷ 嘆かわしいこと，残念なこと

delta [délta] 男《地理》三角州：el ～ del Nilo ナイル・デルタ
◆ 女《ギリシャ文字》デルタ [Δ, δ]

deltaplano [déltaplano] 男 ハンググライダー

deltoides [dɛltɔ́iðes] 男 [単複同形]《解剖》三角筋

demacrar [demakrár] ～se やせ細る，やつれる
　demacrado, da 形 過分 [estar+] やせ細った，やつれた

demagogia [demaɡóxja] 女 民衆扇動，デマゴギー；衆愚政治
　demagógico, ca 形 民衆扇動 (衆愚政治) の：discurso ～ 扇動演説
　demagogo, ga 名 民衆扇動家，デマゴーグ

demanda [demánda] 女 ❶《法律》請求；提

訴〔状〕，申し立て〔書〕：poner a+人 una ~ por daños y perjuicios 損害賠償を…に請求する．presentar una ~ 訴訟を起こす．contestar la ~ 反訴する．❷ 需要〖↔oferta〗；〖商〗注文：tener mucha ~ 需要が多い．~s de trabajo 求職．❸《古語》質問〖pregunta〗．❹ 要求，依頼；企て

en ~ de... …を求めて：venir *en ~ de* trabajo 職捜しに来る

salir a la ~ 訴訟の当事者になる

demandar [demandár] 他 ❶《法律》[+ante に／+por の件で] 請求する，訴える：~ *ante* el tribunal supremo 最高裁判所に訴える．~ en juicio 裁判に訴える．Le *demandaron* los vecinos *por* calumnia. 近所の人たちは彼を名誉毀損で訴えた．❷ 望む，求める：~ asilo en un convento 修道院に逃げ込む

demandado, da 形 名 過分 提訴された；[民事の] 被告

demandante 形 名 原告〔の〕

demarcar [demarkár] 他 境界を定める

demarcación [demarkáθjon] 女 1) 境界〔画定〕；画定された土地．2) 管轄区域；《スポーツ》[選手一人一人の] 守備範囲

demarrar [demařár] 自《←仏語·スポーツ》スパートをかける

demás [demás] 〖英 other. 不定形容詞·代名詞. 性数無変化〗形 [+複数名詞. 並列の y の後を除き 定冠詞+] そのほかの：Todavía no han llegado los ~ invitados. そのほかの招待客はまだ来ていない．He leído el Quijote, Lazarillo de Tormes y [las] ~ obras. 私はドン·キホーテ，ラサリーリョ·デ·トルメスやそのほかの作品を読んだ

◆ 代 そのほかの人〔物·事〕：i) [定冠詞複数形+] Esta muchacha es diferente de las ~. この子はほかの女の子〔姉妹〕と変わっている．No me importa el qué dirán de los ~. 私は他人が何と言おうと気にならない．ii) [lo+] Sólo quiero tu amor; lo ~ no me interesa. 君の愛だけがほしい．それ以外は興味ない

por ~ 1) [ser *por* ~ que+接続法] 無駄なこと：Es *por* ~ que se lo pidas. 彼にそれを頼んでも無駄だよ．2) [形容詞·副詞を修飾して] 非常に，あまりに：película *por* ~ divertida とても愉快な映画．padre *por* ~ severo 厳しすぎる父親

por lo ~ それはそれとして：No es tan inteligente, pero *por lo* ~ es muy bueno. 彼はそれほど頭はよくないが，それはそれとして，とても善良だ

y ~《口語》…など〖etcétera〗：Me dio libros, cuadernos *y* ~. 彼は私に本やノートなどをくれた．Como hizo calor, llovió *y* ~ me quedé en casa. 暑かったり，雨がふったり…，それやこれやで私は家にいた

demasía [demasía] 女 ❶ 過度：Toda ~ es mala. 何でもやりすぎはよくない．❷ 横柄，侮辱；不法行為：manifestarse con ~ 横柄な態度をとる

cometer ~s 不法行為をする；極端に走る

---

en ~ 過度に：Es caluroso *en* ~. あまりにも暑い．beber *en* ~ 飲みすぎる

demasiado, da [demasjáðo, da] 形 〖英 too many〗[普通は +名詞] ❶ あまりに多くの，過度の：i) Aquí hay ~da gente. ここは人が多すぎる．El ~ cariño a veces daña al niño. 過度の愛情は時に子供をだめにする．No tengo ~ tiempo. 私は時間が足りない．ii) [+para には] Esa pulsera es ~*da para* mí. そのブレスレットは私にはもったいない．iii) [強調] Él bebe mucha agua y come ~da carne. 彼は水をたくさん飲み，肉をたくさん食べる．❷《俗語》すばらしい

¡es ~!/¡qué ~!《口語》すごい，ひどい!

◆ 副 〖英 too much〗あまりに，過度に：Papá, no bebas ~. パパ，あまり飲まないでね．Eres ~ bueno. 君は人がよすぎる．El problema era ~ complicado para que pudiéramos contestar en una palabra. 問題は一言で答えるには複雑すぎた

demasié [demasjé] 形《西. 俗語》すばらしい

demediar [demeðjár] 他 半分に分ける；半分まで使う

◆ 自 半ばに達する

demencia [deménθja] 女 精神錯乱，狂気；《法律》心神喪失；《医学》痴呆：~ precoz (senil) 早発(老年)痴呆

demencial 形 狂気じみた，混乱した，でたらめな；ものすごい

demente [deménte] 形 名《婉曲》精神の錯乱した〔人〕；心神喪失の〔喪失者〕；痴呆症の〔患者〕

demérito [demérito] 男《文語》欠点，デメリット：obrar en ~ suyo 悪い方向に働く，逆効果になる

demiurgo [demjúrgo] 男 [プラトン哲学で] 造化の神

democracia [demokráθja] 女 〖英 democracy〗民主主義；民主政治(国家)：~ directa 直接民主主義

demócrata [demókrata] 形 民主主義の：partido ~ 民主党

◆ 名 民主主義者；民主党員

democrático, ca [demokrátiko, ka] 形 民主主義の，民主的な：institución ~ca 民主的な制度．país ~ 民主主義国家

democratizar [demokratiθár] 他 民主化する

democratización 女 民主化

democristiano, na [demokristjáno, na] 形 名 キリスト教民主同盟の〔党員〕

demodé [demodé] 形《←仏語》時代(流行)遅れの

demografía [demografía] 女 人口統計学

demográfico, ca 人口統計学上の；人口の：expansión ~ca 人口の爆発的増加

demoledor, ra [demoleðor, ra] 形 解体する，破壊的な：fuerza ~ra 破壊力．crítica ~ra 酷評

◆ 名 解体業者；破壊者

demoler [demolér] ㉙ 他 [建物などを] 解体する：〜 un edificio ビルを取り壊す
demolición 女 解体, 取り壊し
demoníaco, ca / demoniaco, ca [demoníako, ka/-njá-] 形 悪魔の(ような)；悪魔に取りつかれた：culto 〜 悪魔崇拝
demonio [demónjo] 男 《英 devil》 ❶ 《婉曲》 [キリスト教で] 悪魔 《diablo》；堕天使: i) estar poseído por el 〜 悪魔に取りつかれている。〜 de la tentación 誘惑の魔手。ii) [悪魔のように] ひどく悪い(ずる賢い) 人：Es el mismo (mismísimo) 〜./Es más malo que el 〜. 彼は非常に腹黒い(すご賢い・いたずらをする)。Esa mujer es un 〜. あの女は魔物だ。❷ [古代の] 守護神, 霊；《神話》ダイミン：〜 familiar [個人の] 守り神。〜 de Sócrates ソクラテスの内なる声(ダイモニオン)。〜 inspirativo 霊感。❸ [主に 複]. 疑問詞+. 強調] ¿Qué 〜[s] quieres decirme? 一体何を言いたいのだ？ ¿Quién 〜s eres tú? お前は一体何者だ？ ¿Cómo 〜s se te ocurre tal cosa? 一体何だってそんなことを思いついたんだ？ ❹ [間投詞的. 怒り・驚き] ¡D〜[s]! ちくしょう, あぁっ!
a 〜s [強調] saber (oler) *a 〜s* ひどい味(臭い)がする。sonar *a 〜s* ひどい音がする
como el 〜 激しく, 死に物狂いで
¿cómo 〜s? [不快] どうしてなんだ？
darse a [todos] los 〜s 激怒する
de mil 〜s/de todos los 〜s すごい, ひどい：Cogí un resfriado *de mil 〜s*. 私はひどい風邪をひいた
del 〜 すごい
¡〜 con...! …には驚いた(あきれた)!：¡D〜 con este chiquillo! まったくこの餓鬼ときたら！
¡[el] 〜 de...! …のちくしょうめ！¡D〜 de José! Se ha llevado lo mío. ホセのやつめ！おれのを持っていってしまった
el 〜 que+接続法 …するのは何と難しいことだ
llevarse a+人 el 〜 ([todos] los 〜s) …が激怒する：Se enfureció tanto que parecía que *se le llevaban los 〜s*. 彼は烈火のごとく怒った
¡ni] qué 〜! [怒り] ちくしょうめ, くそっ！
ponerse como un 〜 非常に怒る, かっとなる
¡que me lleve el 〜 si...! [願望] もし…なら私はどうなってもいい!/[反論] そんなことがあってたまるものか！
tener el 〜 (los 〜s) en el cuerpo [子供が] 手に負えないほど元気である, ひどくいたずらである
demonismo [demonísmo] 男 [原始宗教の] 悪魔礼拝, 悪魔主義
demonolatría [demonolatría] 女 悪魔崇拝
demonólatra 名 悪魔崇拝者
demonología [demonoloxía] 女 悪魔学
demontre [demóntre] 間 [怒り・不快] ちくしょう！
◆ 男 《口語》=demonio
demora [demóra] 女 ❶ 《主に中南米》 遅延：Es posible una pequeña 〜. 多少の遅れはあり得る。traer una 〜 遅れる。❷ 《船舶》 方位

demorar [demorár] 他 《主に中南米》 遅らせる：〜 la salida 出発を遅らせる。〜 el pago 支払いを繰延べる
◆ 自・〜se 遅れる；[+en+不定詞 するのに] 手間取る；とどまる, 滞在する
demorón, na [demorón, na] 形 名 《南米》 のろま(な)
demos [démos] 男 [古代アッティカの] 領土の境界線
demostrable [demostráble] 形 証明可能な
demostración [demostraθjón] 女 ❶ 証明, 立証：Las lágrimas no siempre son 〜 de dolor. 涙が必ずしも苦痛の証拠だとは限らない。〜 al absurdo 帰謬法による証明。❷ [感情などの] 表明；実演, デモンストレーション：〜 de amistad 友情の表明。〜 atlética 体操の模範演技。〜 de fuerza 力の誇示。❸ デモ 《manifestación》
demostrar [demostrár] ㉘ 他 ❶ [+不定詞・que+直説法 であることを] 証明する, 立証する：〜 un teorema 定理を証明する。❷ 明らかにする, 明示する：Ha demostrado su mala educación al hablar con la boca llena. 彼は食べ物をほおばったまま話してお里が知れた。Demuestra más edad de la que se tiene. 彼は実際より老けて見える。〜 alegría 喜びを表わす。❸ 実際にやって見せる(教える), 実演する：¿Quiere 〜nos cómo funciona la máquina? 機械を動かしてみせてくれますか ❹ デモをする
demostrativo, va [demostratíbo, ba] 形 ❶ 論証に役立つ；明示する。❷ 《文法》 指示の：adverbio 〜 指示副詞
◆ 男 指示詞
demótico, ca [demótiko, ka] 形 男 [古代エジプトの] 民衆(通俗)文字(の)
demudar [demudár] 他 [表情・態度を] 変える
◆ 〜se [急に] 表情が変わる：Se demudó al oír la noticia. 彼はニュースを聞いて顔色を変えた
denante[s] [denánte[s]] 副 《古語》 [時間] 少し前に
denario [denárjo] 男 《古代ローマ》 デナリウス銀貨
dendrita [dendríta] 女 《地質》 化石樹；《解剖》 [神経細胞の] 樹枝状突起
dendrocronología [dendrokronoloxía] 女 年輪年代学
dendrología [dendroloxía] 女 樹木学
denegar [denegár] ⑧ ㉓ 《ɾneɡar 活用表》 他 拒絶する 《↔conceder》：〜 una petición (una propuesta) 嘆願(提案)を聞き入れない
denegación 女 拒絶
dengue [déŋge] 男 ❶ 《口語》 [主に女性の, 悪趣味な] 気どり, お上品さ。❷ 《医学》 デング熱 《fiebre 〜》
dengoso, sa 形 《口語》 もったいぶった
denier [denjér] 男 [糸の太さの単位] デニール
denigrar [denigrár] 他 けなす, 中傷する；侮辱する

denigración [denexaθjón] 囡 中傷

denigrante [—] 厖 [+para にとって] 中傷的な；侮辱的な

denodado, da [denoðáðo, da] 厖《文語》疲れない，根気のよい；[+名詞] 大胆不敵な，決然とした

denominación [denominaθjón] 囡 ❶ 命名，ネーミング；名称，呼称：～ de los nuevos productos 新製品の命名（名称）．～ de origen 原産地証明，原産国表示．～ social《中米》社名．❷《経済》デノミネーション

denominador, ra [denominaðór, ra] 厖 囵 命名する〔人〕
◆ 團《数学》分母：común ~/~ común 公分母／《比喩》共通点．mínimo común ~ 最小公分母

denominar [denominár] 他《文語》[+目的格補語 と] 命名する，名づける：Los críticos lo *denominaron* modernismo. 批評家たちはそれを近代主義と呼んだ．el *denominado* efecto. invernadero いわゆる温室効果

denominativo, va [denominatíßo, ßa] 厖《言語》名詞派生の：verbo ~ 名詞派生動詞『torear←toro』

denostar [denostár] ㉓ 他《文語》ひどく侮辱する

denotar [denotár] 他《文語》[印によって] 示す，表わす：Las ojeras *denotan* cansancio. 目の下のくまは疲労の表われだ．Este adjetivo *denota* sentimiento. この形容詞は感情を表わす
denotación 囡《言語》外延〔↔connotación〕；明示的な意味

densidad [densiðá(ð)] 囡 ❶ 密度，濃度，濃さ：~ de población/~ poblacional 人口密度．❷ 比重〔~ relativa〕：ser de mucha ~ 比重が大きい

densificar [densifikár] ⑦ 他《密度を》濃くする

densímetro [densímetro] 團 比重計，密度計

denso, sa [dénso, sa] 厖 濃い，密度の高い：humo ~ 濃い煙．niebla ~sa 濃霧．nubes ~sas 密雲，厚い雲．bosque ~ 密林．población ~sa 稠密（ちゅうみつ）な人口．libro ~ 中味の濃い本．noche ~sa 暗い夜

dentado, da [dentáðo, da] 厖 過分 ぎざぎざのある：hoja ~da 鋸歯状葉

dentadura [dentaðúra] 囡 医囷 歯，歯並び：tener una ~ bonita 歯並びがよい
~ *postiza* 義歯；総入れ歯，一組の義歯：Lleva ~ *postiza*. 彼は入れ歯をしている

dental [dentál] 厖『←diente』歯の：tratamiento ~ 歯の治療．hilo (seda) ~ デンタルフロス
◆ 團 鋤の刃をはめる横木；脱穀器の歯
◆ 囡《言語》歯音『consonante ~』

dentar [dentár] ㉓ 他 …にぎざぎざをつける；[のこぎりの] 目を立てる；ミシン目を入れる
◆ 圁 歯が生える

dentario, ria [dentárjo, rja] 厖 歯の『dental』

dentellada [dentexáða] 囡 歯でかむこと；かみ傷，歯跡：a ~s 歯で，かんで．dar ~s a... …をかむ，かみつく

dentellar [dentexár] 圁 [寒さなどで] 歯をガチガチいわせる

dentellear [dentexeár] 他 =mordiscar

dentera [dentéra] 囡 ❶ [酸味などによる] 歯が浮く感じ：Chupar el limón me da ~. レモンをかじると私は歯が浮く．❷《口語》羨望『envidia』

dentición [dentiθjón] 囡《医学》生歯，歯牙発生〔期〕；歯列〔の特徴〕：primera ~/~ de leche 乳歯．segunda ~/~ permanente 永久歯

dentículo [dentíkulo] 團《建築》歯飾，デンティル

dentífrico, ca [dentífriko, ka] 厖 團 歯磨きの；歯磨き〔物〕：tubo de ~ チューブ入り練り歯磨き

dentina [dentína] 囡《解剖》[歯の] 象牙質

dentista [dentísta] 囵 歯科医：ir al ~ 歯医者に行く．**dentistería** 囡《南米》歯科

dentón, na [dentón, na] 厖 囵 歯の大きい〔人〕，出っ歯の〔人〕
◆ 團《魚》[地中海産の] タイの一種

dentro [déntro] 剾《英 inside. ↔fuera》❶ [+de] i) [空間] …の中に：Lo encontrarás ~ *de*l cajón. それは引き出しの中にあるよ．Me avergüenzo ~ *de* mi alma. 私は心の中では恥じている．ii) [未来の期間] …後に，…が経過した時点で；…以内に：Estaré contigo ~ *de* media hora. 私は 30 分したら君のところへ行く．Vuelva usted ~ *de* ocho días. 1 週間後にまた来てください．Se mudan ~ *de* pocos días. 彼らは近日中に引っ越す ❷ 中に；屋内に：i) No estaba ~. 彼は〔家の〕中にいなかった．Llévala ~. 彼女を〔の部屋〕へ連れて行け．ii) [前置詞+] Me llamó desde ~. 彼は中（奥）から私を呼んだ．habitación de ~ 内側の部屋 ❸ 心の中で，胸の奥で ❹《演劇》[ト書きで] 奥に向かって
~ *o fuera* 中か外か，[決断を促して] どちらか
por ~ 1) 内心では：Se sintió orgulloso *por* ~. 彼は内心誇らしく思った．llorar *por* ~ 心の中で泣く．2) 内側を・に・から：La caja es negra *por* ~. その箱は内側が黒い．cerrar la puerta con llave *por* ~ 内側からドアに鍵をかける

dentudo, da [dentúðo, da] 厖 囵《軽蔑》出っ歯の〔人〕
◆ 團《中米》サメの一種『歯が長く食用』

denudación [denuðaθjón] 囡《地質》侵食，地すべり

denudar [denuðár] 他 …から外被物をはぐ

denuedo [denwéðo] 團《文語》勇気，大胆さ；努力

denuesto [denwésto] 團《文語》[口頭・文書での] 侮辱

denuncia [denúnθja] 囡 ❶ 訴え，密告；告発〔状〕：hacer la ~ 訴え出る；告発する．~

falsa 誣告(ᵹ). ❷《外交》~ de un tratado 条約破棄通告

denunciar [denunθjár] ⑩ 他 ❶ [不正などを, +a 当局に] 訴え出る, 密告する；《法律》告発する：~ el robo de su automóvil *a* la policía 自動車の盗難を警察に届け出る. Le *denunciaron* por ladrón. 彼は窃盗で告発された. ❷ [公然と] 示す：El aumento del paro *denuncia* la falta de política económica. 失業の増大は経済政策不在の表われである
denunciante/denunciador, ra 形 名 告発者〔の〕
denunciatorio, ria 形 告発の

deo gracias [deo gráθjas]《←ラテン語》神に感謝を, ありがたいことに

deontología [deontoloxía] 女 義務論；職業倫理：~ médica 医療の倫理

Dep.《略語》←Departamento 部, アパート
D.E.P.《略語》←descanse en paz 死者の霊が安らかに憩わんことを《墓碑に刻まれる文句》

deparar [deparár] 他 [機会などを, +a+人 に] 与える：El viaje me *deparó* un placer inesperado. 旅は思いがけない喜びを与えてくれた

departamental [departamentál] 形 部門〔別〕の

departamento [departaménto] 男 ❶ [会社などの] 部, 部門；[政府の] 省《ministerio》；[大学の] 学科：~ de ventas 営業部. ~ de español スペイン語科. ❷ 仕切り, 区画；車室《compartimento》；《南米》アパート《apartamento》. ❸ [南米などで] 県. ❹《軍事》海上管区

departir [departír] 自《文語》話し合う, 歓談する

depauperar [depauperár] 他《文語》[体力・気力などを] 弱める；貧しくする：~ la salud 健康を損う. ~ las costumbres 風俗を乱す
◆ ~se 衰弱する；貧しくなる
depauperación 女 衰弱, 衰退

dependencia [dependénθja] 女 ❶ 依存；従属《↔independencia》：estar bajo la ~ de los padres 親のすねをかじっている. ~ económica 経済的依存(従属)関係. ❷ 支局, 出張所；支店. ❸ 匦名 [一つの機関の] 従業員, 店員. ❹ 代理業(店). ❺《医学》依存(症)：~ del alcohol アルコール依存症. ❻ 関係《relación》. ❼名 付属物；付属建造物

depender [dependér] 自《英 depend》[+ de] ❶ …次第である, …による：i) La victoria *depende* de tu esfuerzo. 勝利は君の努力いかんだ. ¿Vienes tú esta noche?—*Depende*. 今晩来るかい？―場合によるよ. ii) [+de que+接続法] Todo *depende* de que él nos ayude. すべては彼が助けてくれるかどうかにかかっている. ❷ …に依存する；従属(所属)する：*Dependemos* todavía *de* nuestros padres. 私たちはまだ親に食べさせてもらっている. Gibraltar *depende* de Gran Bretaña. ジブラルタルはイギリス領である
dependiente [dependjénte] 形 [+de に] 依存(従属)する：entidad ~ del Ministerio de Hacienda 大蔵省の付属機関

◆ 名 匦 dependienta も》店員；部下
depilar [depilár] 他 …の毛を抜く
◆ ~se …を脱毛する：~ se las axilas 腋の下の脱毛をする
depilación 女 脱毛
depilatorio, ria 形 脱毛用の：crema ~ria 脱毛クリーム. ◆ 男 脱毛剤

deplorable [deploráble] 形 嘆かわしい, 残念な；ひどい, 哀れな：¡Qué ~ es el mundo! 嘆かわしい世の中だ！aspecto ~ 痛ましい光景

deplorar [deplorár] 他 嘆く；[自分に責任があるので] 残念に思う：*Deploramos* la muerte del rey. 私たちは国王の死を悼んだ. *Deploro* lo sucedido. その件は遺憾に存じます

deponente [deponénte] 形 verbo ~ [ラテン語の] 異態動詞

deponer [deponér] 60 他 [過分 depuesto] ❶ 下へ置く, 捨てる：~ las armas 武器を捨てる；降伏する. ~ su cólera 怒りを水に流す. *Depón* esa actitud. そんな態度はよしなさい. ❷ [高い所から] 下ろす：~ la imagen 肖像画を下ろす. ❸ 解任する；[地位を] 剝奪する：~ a un sargento 軍曹の階級を剝奪する. ~ a un soberano 君主を廃する. ❹《中米》吐く, 吐き出す《vomitar》
◆ 自 ❶《法律》証言(供述)する. ❷ 排便する；《中米》吐く
deportar [deportár] 他 [国外]追放する, 流刑にする；強制収容所へ入れる
deportación 女 国外追放；強制収容

deporte [depórte] 男《英 sport》スポーツ, 運動《チェスなど知的な娯楽を含むこともある》：trajes de ~ スポーツウェアー. hacer (practicar) ~ スポーツをする
por ~ 趣味として：pintar *por* ~ 趣味で絵をかく

deportismo [deportísmo] 男 スポーツ熱, トレーニング

deportista [deportísta] 形名 スポーツ好きの；スポーツマン, スポーツ選手

deportivo, va [deportíbo, ba] 形 ❶ スポーツの：club ~ 運動部, スポーツクラブ. chaqueta ~va スポーツジャケット, ブレザー[コート]. periódico ~ スポーツ新聞. ❷ スポーツマンシップにのっとった
◆ 男 スポーツカー
deportividad 女/**deportivismo** 男 スポーツマンシップ

deposición [deposiθjón] 女 《←deponer》❶ 供述, 証言：hacer una ~ contra el acusado 被告に不利な証言をする. ❷ 解任：~ eclesiástica 永久聖職剝奪. ❸《文語》排便；匦 便

depositar [depositár] 他 [+en に] ❶ 預ける, 託す：~ sus ahorros *en* un banco 銀行に預金する. ~ sus inmuebles *en* manos de un amigo 不動産の管理を友人に委ねる. ❷《文語》i) [信頼・期待・愛情などを] 寄せる：~ toda su confianza *en*+人 …に全幅の信頼を寄せる. ii) 置く：~ al herido *en* una camilla けが人を担架に載せる. ~ las cartas *en* el buzón 手紙

紙を投函する. Estos insectos *depositan* sus huevos *en* la tierra. これらの昆虫は地中に卵を産みつける. ❸〔遺体を〕仮安置する. ❹《法律》〔人を〕安全な場所に保護する

◆ ～se 沈殿する

depositante/depositador, ra 图 預金者

depositaría [depositaría] 囡 ❶ 保管庫. ❷〔会社・役所の〕出納課：～ general 供託事務所. ❸ 受託販売業者〖～ comercial〗

depositario, ria [depositárjo, rja] 形 图 受託する, 保管する；受託者, 保管者；受託(受託)販売業者；出納係
hacer a+人 ～ de su confianza …に信頼を置く

depósito [depósito] 男 ❶ 預けること, 委託, 保管；《法律》寄託, 供託；保税貨物. ～ legal《西》国立図書館への納本. ❷ 預け(預かり)物, 委託(受託)物；供託金(物)：～ previo a la importación 輸入事前供託金. ❸ 預金：hacer un ～ en el banco de un millón de yenes 銀行に 100 万円預金する. ～ a plazo (a término) fijo 定期預金. ～ a tres meses 3 か月定期. ～ a (en) cuenta corriente 当座預金. ～ a la vista 要求払い預金. ❹ 保管所, 倉庫；保税倉庫〖～ franco・de aduanas〗：compañía de ～s 倉庫会社. ～ de armas 武器庫. ～ de cadáveres 遺体安置所. ❺ タンク, 槽, 貯水池：～ de agua 水槽. ～ de gasolina (de carburante) ガソリンタンク. ～ de gas ガスタンク. ❻ 沈殿物；《地質》堆積物. ❼《軍事》新兵訓練所, 連隊本部：～ de reserva territorial 予備役

depravar [deprabár] 他 堕落させる

◆ ～se 堕落する

depravación 囡 堕落, 退廃
depravado, da 形 過分 堕落した〔人〕
depravador, ra 形 图 堕落させる〔人〕

depre [dépre]《口語》形 图 気落ちした〔人〕：
El está ～. 彼は落ち込んでいる

◆ 囡 気落ち：tener ～ 気が滅入っている

deprecar [depɾekár] 7 他〔熱心に・身を屈して〕懇願する, 嘆願する

deprecación 囡 嘆願〔の祈り〕
deprecativo, va/deprecatorio, ria 形 嘆願の

depreciar [depɾeθjár] 10 他〔貨幣などの〕価値を下げる：～ el dólar ドルを切り下げる

◆ ～se 価値が下がる

depreciación 囡 価値の下落；減価償却, 減耗：～ acelerada 割増し償却

depredar [depɾedár] 他 ❶ 略奪する：～ un pueblo 町を略奪する. ❷〔他の動物を〕捕食する

depredación 囡 略奪, 横領, 公金費消
depredador, ra 形 图 略奪する〔人〕；捕食性の：aves ～ras 猛禽

depresión [depɾesjón] 囡〔←deprimir〕❶ 気落ち；《医学》鬱病：pasar una ～ 気分が滅入る. ❷〔地盤の〕沈下, 陥没；くぼ地：D～ del Guadalquivir グワダルキビル川低地. ❸《経済》

景気後退, 不況〖～ económica〗：Gran D～〔1929 年に始まった〕世界恐慌, 大恐慌. ❹《気象》低気圧〖～ atmosférica・barométrica〗：～ ecuatorial (tropical) 熱帯低気圧. ❺《天文》～ de horizonte 水平俯角

depresivo, va [depɾesíbo, ba] 形 ❶ 気を滅入らせる：clima (ambiente) ～ 重苦しい気候(雰囲気). ❷《心理》抑鬱の

depresor, ra [depɾesór, ra] 形 男 =**depresivo**；抑鬱剤

deprimente [depɾiménte] 形 意気消沈させる：clima ～ うっとうしい気候. ～ indigencia 極度の貧困

deprimir [depɾimír] 他 ❶ 意気消沈させる；《心理》鬱状態にする：La noticia lo *deprimió* muchísimo. その知らせに彼はすっかり落ち込んだ. ❷ へこます, 沈下させる；衰退させる；不況にする

◆ ～se ❶ 意気消沈する；鬱状態になる. ❷ へこむ, くぼむ

deprimido, da 形 過分〔estar +〕落ち込んだ, 意気消沈した；鬱状態の

deprisa [depɾísa]〔急いで〖de prisa とも書く〗：Voy ～. 急いで行きます

depuesto, ta [depwésto, ta] deponer の過分：～ presidente 解任された大統領

depuración [depuɾaθjón] 囡 浄化, 純化；洗練, 粛清：～ del agua 浄水

depurador, ra [depuɾadór, ra] 形 浄化する：estación ～ra de aguas (de basuras) 浄水場(ごみ処理場). comisión ～ra 公務員弾効委員会

◆ 男/囡浄化装置：～ de aire 空気清浄器

depurar [depuɾár] 他 ❶ 浄化する, 精製(精練)する：～ el agua 水を浄化する. ～ el gas ガスを精製する. ❷ 純化する；洗練する：～ la lengua 国語を純化する. ～ el sentido estético 美的感覚を磨く. ❸ 追放する, 粛清する：～ un partido 党の粛清を行なう. ❹ 復権させる, 名誉を回復する

◆ ～se 純粋になる；復権する

depurativo, va [depuɾatíbo, ba] 形 浄化(浄血)用の

◆ 男/囡《医学》浄血剤〖～ de la sangre〗

dequeísmo [dekeísmo] 男《文法》que の代わりに誤って de que を用いること〖例 Piensa *de que* le responderán〗

derbi [déɾbi] 男〔←英語. サッカーなど〕同地域のチーム同士の試合

derby [déɾbi] 男〔←英語〕ダービー；=**derbi**；四輪の軽装馬車

derecha[1] [deɾétʃa] 囡〖英 right. ↔ izquierda〗❶ 右, 右側；右手：Verás una casa blanca a la ～. 右手に白い家が見えるだろう. Me sentaba a su ～. 私は彼の右側に座っていた. Vivo en el tercero ～. 私は〔マンションの〕4 階の右側に住んでいる. andar por la ～ 右側を歩く. doblar a la ～ 右折する. dar un puñetazo con la ～ 右手で殴る. ❷《政治》右翼：gente de ～〔s〕 en política 政治的に右翼の人々. partidos de

~〔s〕右翼政党. ❸ [舞台の] 上手. ❹ [間投詞的] 右向け右! 《¡A la ~!》

a ~s 1) 右 (時計) 回りに. 2) 正しく, 適切に 《主に否定文で》: No hago nada *a ~s* hoy. 私は今日は失敗ばかりしている

a las ~s 上手に, ほんとうに

ceder la ~ a+人 [礼儀として] …の左側に位置する

ceñirse a la ~ 右側車線を走り続ける

derechamente [deretʃámente] 副 ❶ まっすぐに; 直接に: ir ~ al aeropuerto 空港に直行する. ir ~ al asunto すぐ本題に入る, 単刀直入に言う. ❷ 正しく; 公正に: funcionar ~ (正常に) 機能する. actuar ~ 行ないが公正である

derechazo [deretʃáθo] 男《ボクシング》ライト, 右の一撃 (ブロー); 《テニス》フォアハンド; 《闘牛》右手のムレータさばき

derechista [deretʃísta] 形 名 右翼の〔人〕

derechito, ta [deretʃíto, ta] 形《口語》直接の: Se marchó ~ a casa. 彼はまっすぐ家に向かった

derechización [deretʃiθaθjón] 女 右傾化

derecho[1] [deretʃo] 男《英 law, right》❶ 医名 **法律; 法律学**: conforme a(1) ~/según ~ 法に準拠して, 法律どおりに. ~ escrito (positivo) 成文法. ~ germano [西ゴート時代のイベリア半島にあった] ゲルマン法. ~ privado (público) 私法 (公法). ~ romano ローマ法. facultad de ~ 法学部. doctor en ~ 法学博士. estudiar ~ 法律学を学ぶ

❷ [+a・de への] **権利**: El hombre tiene ~ *a* vivir (a la felicidad). 人には生きる (幸福を享受する) 権利がある. perder el ~ 権利を失う; 失格する. ~ *a* la vida 生存権. ~ al trono 王位継承権. ~ de reproducción 著作権 《copyright》. ~ de reunión 集会の権利. ~ del más fuerte 強者の権利, 適者生存の法則. ~ habiente《法律》権利所有者. ~s humanos (del hombre) 人権

❸ 正義: Me apoya el ~. 正義は私の方にある

❹ **表側** 《↔revés》: i) volver al ~ 表側に向ける. ~ de una tela 布の表. ~ de un calcetín 靴下の外側. ii)《テニス・卓球》フォアハンド

❺ [主に 複. 法定の] **料金, 手数料; 税金**: ~s de autor 著作権 (使用料). ~s de examen 受験料. ~s de matrícula [大学などの] 授業料; 登記 (登録) 料. ~s de peaje 通行料. ~s reales 贈与税. ~ compensatorio 相殺関税. ~ ad valórem 従価税. ~s específicos 従量税

al ~ しかるべく: Haz las cosas *al ~*. [物事は] きちんとしなさい. Ponte el abrigo *al ~*. ちゃんとコートを着なさい. Hoy no me sale nada *al ~*. 今日はすべてうまくゆかない

con ~ 正当に, 権利で: *con* todo (pleno) ~ まったく正当に, きわめて当然に

¿con qué ~? 何の権利があって?

corresponder de ~ a+人 …の権利である: Nos *corresponde de* ~ pedirlo. それを要求

するのは我々の権利だ

dar ~ a+不定詞 …する権利を与える: Este billete le *da* ~ *a* embarcarse. この切符で乗船できます

de pleno ~ すべての権利を持った: miembro *de pleno* ~ 正会員

estar en su ~ 正しい, 合法的である: *Están en su* ~ poniéndose en huelga. 彼らはストライキをする権利がある

no hay ~ [+a que+接続法 するなんて] 不当である: ¡*No hay* ~ *a que* yo solo tenga que hacer extras! 私だけ残業なんて, それはないよ!

perder de su ~ 妥協する

ser de ~ 正しい, 合法的である: Su conducta de entonces *es de* ~. その時の彼の行動は正しかった

derecho[2] [deretʃo] 副 まっすぐに, 寄り道せずに: Siga (Vaya) [todo] ~. [ずっと] まっすぐ行きなさい. ir ~ a su casa まっすぐ家に帰る

andar ~ 正しく行動する

derecho[3], **cha**[2] [deretʃo, tʃa] 形《英 right, straight》❶ 右の 《↔izquierdo》; 右翼 (右派) の: al lado ~ 右側に. mano ~*cha* 右手. orilla ~*cha* [川下に向かって] 右岸

❷ [estar+] まっすぐな; 垂直の: línea ~*cha* 直線. camino ~ 近道, 近道; 最善の手段. Ponte ~. 背筋を伸ばせ. poner ~*cha* una antena アンテナをまっすぐに立てる

❸ 公正な, まじめな: persona ~*cha* 心のまっすぐな人

❹《中南米》幸運な, 幸せな: Estoy ~. 私はうれしい

en ~ 正当に

derechura [deretʃúra] 女 ❶ まっすぐなこと: en ~ まっすぐに; 直接に. ❷《中南米》幸運

deriva [deríßa] 女 [船・飛行機が] コースから流されること, 偏流; 漂流: ir a la ~ 漂流する; なりゆき任せにする. pesca con redes a la ~ 流し網漁. ~ continental (de continentes) 大陸移動 (説)

derivación [derißaθjón] 女 ❶ 由来;《言語》派生 [語]: ~ progresiva 進行派生 《例 bolsillo←bolso》. ~ regresiva 逆成派生 《例 legislar←legislador》. ❷ 分岐. ❸ [派生的な] 結果. ❹《数学》導出; 微分 《diferencial》. ❺《電気》短絡, ショート; 分路, 分流. ❻《軍事》[砲弾の] 横流れ

derivado, da [derißádo, da] 形 過分 派生した, 派生的な

◆ 男 ❶《言語》派生語: ~ verbal 動詞派生語. ❷ 副産物, 二次製品 《producto ~》: ~ del petróleo 石油副産物

◆ 女 導関数 《función ~*da*》

derivar [derißár] 自 ❶ [+de から] 由来する; 《言語》派生する: Los prejuicios *derivan* de la ignorancia. 偏見は無知から生じる. "Abrazar" *deriva* de "brazo". abrazar (抱く) は brazo (腕) から派生した. ❷ [+hacia 新しい方向に] 向かう: Sus aficiones ahora *derivan hacia* las antigüedades. 彼の趣味は今は骨董

品に向いている．**❸**［船が］流される

◆ ⑩ **❶**［方向を］そらす，向ける：~ la conversación *hacia* otro asunto 話題をそらす．**❷** 導く，分流させる；《言語》派生させる：~ *del* canal ramales de riego 用水路から灌漑用の支流を引く．~ unas conclusiones erróneas 誤った結論を導く．**❸**《数学》［関数を］導く．**❹**［医師が患者を専門医に］回す

◆ ~**se** 由来する，生じる；派生する：La paz se *derivó* de esa entrevista. その会談から平和が生まれた

dermatitis [dɛrmatítis] 囡《単複同形》《医学》皮膚炎

dermatoesqueleto [dɛrmatoeskelέto] 男《生物》外骨格

dermatología [dɛrmatoloxía] 囡《医学》皮膚科

　dermatológico, ca 形 皮膚科の
　dermatólogo, ga 囲 皮膚科医

dermatosis [dɛrmatósis] 囡《単複同形》《医学》皮膚病

dermis [dɛrmis] 囡《単複同形》《解剖》真皮
　dérmico, ca 形 真皮の；皮膚の

dermohidratante [dɛrmojdratánte] 形 肌に適度な湿りを与える

dermoprotector, ra [dɛrmoprotɛktór, ra] 形 スキンケアの

-dero《接尾辞》［動詞+. 名詞化. 道具］fregadero 流し台

derogar [deroɣár] ⑧ ⑩ ［法律・規則などを］廃止する：~ una ley 法律を撤廃する．~ un contrato 解約する

　derogación 囡 廃止
　derogatorio, ria 形 廃止を目的にする：cláusula ~ria 廃止条項

derrama [derráma] 囡 ［税金・分担金の］割り当て，賦課；［一時的な］特別税

derramar [derramár] ⑩ **❶** こぼす，まき散らす：*Derramó* el agua del vaso en la mesa. 彼はコップの水をテーブルにこぼしてしまった．~ gracias para todos 皆に愛嬌をふりまく．**❷**［税金などを］割り当てる，課する

◆ ~**se** こぼれる，散らばる：Se ha *derramado* mucha sangre. 多くの血が流された

　derramamiento 男 こぼすこと，流出；［家族などの］離散：~ de sangre 流血

derrame [derráme] 男 **❶** 流出（物），漏出〔液〕：tener (sufrir) un ~ cerebral 脳溢血を起こす．**❷**《建築》隅切り部分

derrapar [derrapár] 圁 ［車が］横滑りする，ドラフトする〔参考 resbalar スリップする〕
　derrape/derrapaje 男 横滑り，ドラフト

derredor [derreðór] 男 まわり：*al* (en) ~ [+de の]まわりに：sentarse *en* ~ *de* la mesa テーブルのまわりに座る

derrengar [derreŋɡár] ⑧ ㉓ 〖☞negar 活用表〗⑩ **❶** ［人・牛馬などの背を］傷めつける．**❷** ひどく疲れさせる

◆ ~**se** へとへとになる；［背を］痛める
　derrengado, da 形 過分 [estar+] へとへとの

derretimiento [derretimjénto] 男 溶解：~ de la nieve 雪解け

derretir [derretír] ㉟ ⑩ 〖現分 derritiendo〗［熱で］溶かす，溶解する：~ la mantequilla バターを溶かす．El sol *ha derretido* la nieve. 太陽の熱で雪が解けた

◆ ~**se** **❶** 溶ける．**❷**《口語》［+por+人 に］夢中になる：Se *derritió por* Teresa. 彼はテレサにほれ込んだ．**❸** [+de に] 情熱を燃やす；やきもきする：~*se de* amor divino 信仰に身を焦がす．~*se de* inquietud 心配でいらいらする

derribar [derriβár] ⑩ **❶** ［建造物を］取り壊す〖☞derrumbar 類義〗：~ un edificio viejo 老朽化した建物を取り払う．**❷** 倒す，突き倒す：El viento *ha derribado* muchos árboles. 風で木がたくさん倒れた．*Derribó* al campeón al suelo. 彼はチャンピオンをダウンさせた．~ al primer ministro 首相をその座から引きずり下ろす．~ el gobierno 政府を転覆させる（倒す）．**❸**［飛行機を］撃墜する．**❹**［馬が乗り手を］振り落とす

derribo [derríβo] 男 **❶** 取り壊し〔作業〕；圏 その廃材，瓦礫：material de ~ 再利用可能な廃材．**❷** 倒すこと，突き倒し，撃墜

derrick [dέrik] 男〈←英語〉デリック〔クレーン〕

derrocar [derrokár] ⑦ ⑩ ［高位から］突き落とす：~ al presidente 大統領を引きずり降ろす．~ el gobierno 政府を倒す

derrocamiento 男 突き落とすこと

derrochar [derrotʃár] ⑩ **❶** 濫費（浪費）する：~ su herencia (sus energías) 相続財産（エネルギー）を浪費する．**❷**［天分などを］豊かに持っている：~ salud 非常に健康である
　derrochador, ra 形 濫費する；浪費家
　derroche 男 濫費，浪費

derrota [derróta] 囡 **❶** 敗北〖↔victoria〗：sufrir una ~ 敗北を喫する．**❷** 航路，針路：fijar la ~ 針路を定める

derrotar [derrotár] ⑩ 打ち負かす：~ al enemigo 敵を破る．Su frialdad me *ha derrotado*. 彼女の冷淡さに私は打ちのめされた
　derrotado, da 形 過分 疲れ果てた；精神的にがっくりきた；［服装が］みすぼらしい，ぼろぼろの
　derrote 男《闘牛》［牛の角の］突き上げ

derrotero [derrotéro] 男 ❶《主に 複》進路：tomar otros ~s 別の道を進む．ir (seguir) por ~s poco recomendables よくない生き方をする．~ en la vida 人生航路．**❷** 航路（図），針路

derrotismo [derrotísmo] 男《軽蔑》敗北主義，悲観論
　derrotista 形 名 敗北主義の(主義者)，非観論の(論者)：noticia ~ 悲観的なニュース

derrubio [derrúβjo] 男［谷の］浸食〔土〕

derruir [derrwír] ㊽ ⑩〖現分 derruyendo〗［建物を］取り壊す：~ una casa antigua 古い家を解体する．~ su hogar 家庭を崩壊させる

derrumbar [derrumbár] ⑩ **❶**［建造物を］倒壊させる，取り壊す〖類義 derrumbar は土台からの破壊で，derribar より程度・激しさが上回る〗：El tifón *derrumbó* una casa. 台風で家が倒れた．**❷**［岩場などから］突き落とす；［精神的に］

落ち込ませる

◆ **~se** 倒壊する；気落ちする：*Se derrumba-ron* todas sus ilusiones. 彼の幻想はすっかり打ち砕かれた

derrumbadero 男［人が落ちる危険性のある］断崖；《比喩》崖っぷち，危機

derrumbamiento 男 倒壊，取り壊し；気落ち；~ de tierras 土砂崩れ，崖崩れ

derrumbe 男 1) 倒壊；土砂崩れ，崖崩れ. 2)《経済》崩壊，暴落

derviche [derbítʃe] 男 イスラム教の修道僧

des- 《接頭辞》［無・反対］*des*orden 無秩序

desabastecer [desabasteθér] 39 他 […に対して，+de の］供給を断つ：La ciudad quedó *desabastecida* de verduras. 町は野菜の供給を断たれた

desabollar [desaboʎár] 他 …のへこみをなくす，平らにする

desaborido, da [desaborído, ða] 形 名《西》❶［料理が］味のない：caldo ~ こくのないスープ．❷ 面白味のない〔人〕

desabotonar [desabotonár] 他 …のボタンを外す：~ el abrigo de su niño 子供のオーバーのボタンを外してやる

◆ **~se**〔自分の服の〕ボタンを外す；〔服が主語〕ボタンが外れる

desabrido, da [desabrído, ða] 形 ❶ 味がない，まずい：manzana *~da* まずいリンゴ．❷［天候が］穏やかでない，一定しない：Hace un verano ~. 今年の夏は天候が不順だ．❸《西》〔人が〕むっつりした，無愛想な：carácter ~ 気難しい性格．Se muestra ~ con sus hijos. 彼は息子たちに優しくない

desabrigar [desabrigár] 8 他 オーバーを脱がせる；覆いを取り去る：lugar *desabrigado* 吹きさらしの場所

◆ **~se** 薄着をする

desabrigo 男 薄着，軽装；無庇護状態

desabrimiento [desabrimjénto] 男 ❶ 味のなさ．❷ 無愛想，冷淡；不快，不機嫌

desabrochar [desabrotʃár] 他〔衣服のホック・ボタンなどを〕外す

◆ **~se ❶** 自分の…を外す：*~se* la camisa ワイシャツの前を開ける．*~se* la pulsera 腕輪を外す．❷〔服が主語〕ボタンが外れる

desacato [desakáto] 男 不服従，反抗；不敬；法廷侮辱罪〔~ al tribunal〕

desacatar 他〔命令・法律などに〕従わない：~ el mandato 命令に服従しない

desaceleración [desaθeleraθjón] 女 減速

desacelerar 他 …の速度を落とす，減速する．

◆ **~se** 速度が落ちる

desacertar [desaθertár] 23 自［+en を〕誤る：~ *en* la puntería 狙いを誤る

desacertadamente 副 誤って，不適切に

desacertado, da 形 過分 見当外れの；不適切な

desacierto [desaθjérto] 男 見当外れ，へま：cometer un ~ en la elección de tema テーマの選択を誤る

desacomedido, da [desakomeðíðo, ða]

形《中南米》気のきかない，そっけない；ぶしつけな

desacomodar [desakomoðár] 他《南米》散らかす，乱す

desacondicionar [desakondiθjonár] 他《中南米》順応〔適応〕できなくする

desaconsejar [desakonsexár] 他［+a+人 に］…をしないように勧める：Te *desaconsejo* comprar acciones ahora. 今は株を買わない方がいい

desaconsejable 形 勧められない

desaconsejado, da 形 過分 不適切な，しない方がよい；〔人が〕軽率な，無分別な

desacoplar [desakoplár] 他 ❶ 対(?)になったものを離し，片方だけにする：~ una rueda 片方のタイヤを外す．❷〔機械・電気回路の〕接続を切る：~ de la locomotora el tren 列車を機関車から切り離す

desacorde [desakórðe] 形 ❶［+con と〕一致しない，不調和な：Está ~ con el partido. 彼は党とうまくいっていない．❷《音楽》調子の外れた

desacostumbrar [desakostumbrár] 他［+a・de の〕習慣〔慣れ〕を失わせる：~ a+人 de (a) beber …の飲酒癖を改めさせる

◆ **~se** 習慣〔慣れ〕を失う：*~se* de madru-gar 早起きの習慣をやめる，早起きをしなくなる．*~se* al calor 暑さに弱くなる

desacostumbrado, da 形 過分 普通でない，珍しい：Tiene una fuerza *~da* en la mujer. 彼女は女性にしては珍しい力が強い

desacreditar [desakreðitár] 他 …の信用を失わせる：Este producto *desacreditó* al fabricante. この製品はメーカーの名を傷つけた

◆ **~se** 信用を失う

desacreditado, da 形 過分 評判のよくない

desactivar [desaktiβár] 他 …の起爆装置を止める，雷管を外す；《化学》不活性化する：~ una reacción química 化学反応を止める．~ la economía 経済活動を麻痺させる

desacuerdo [desakwérðo] 男 ❶［+con と の/+entre の間の〕不一致，不調和；不和：Los dos testimonios están en ~. 2人の証言に食い違いがある．Hay ~ *entre* los adminis-tradores. 重役たちの間に確執がある．❷《まれ》誤り，間違い〔error〕

desafecto, ta [desafékto, ta] 形 ❶［+a 思想などに〕忠実でない：~ *al* régimen 反体制的な．❷ 冷淡な

◆ 男 悪感情，嫌悪：tratar a+人 con ~ …に意地悪する

desafección 女〔体制への〕反感；冷淡，悪感情

desaferrar [desaferár] 他 緩める，放す

◆ 自《船舶》錨を上げる

desafiador, ra [desafjaðór, ra] 形 名 挑戦する；選手権挑戦者〔↔defensor〕

desafiante [desafjánte] 形 挑戦的な

desafiar [desafjár] 11 他 ❶［+a を〕…に挑む，挑戦する；決闘を申し込む：~ a+人 a una partida de ajedrez …にチェスの手合わせを挑む．〔+a+人+不定詞・que+接続法〕~ a+人 a beber …に飲み比べを挑む. ❷ 立ち向かう: ~ las iras de sus padres 両親の怒りに反抗する. ~ los peligros 危険に立ち向かう. ~ las dificultades 困難にも屈しない. ~ el paso del tiempo 風雪に耐える

◆ ~se [互いに] 決闘する

desafilar [desafilár] 他 鈍らせる

◆ ~se 鈍る

desafinar [desafinár] 自/~se ❶ [楽器・声の] 調子が狂う, 音を外す. ❷《口語》間の悪いことを言う

desafío [desafío] 男 挑戦; 決闘の申し込み: carta de ~ 挑戦状, 果たし状

desaforado, da [desaforáđo, đa] 形 ひどく大きい, 並外れた: ambición ~da とてつもない野心

desaforar 他 …の特権を奪う(侵害する). ◆ ~se 節度を越える; 冷静さを失う

desafortunado, da [desafortunáđo, đa] 形 名 ❶ 不運な[人], ついてない[人]: ser ~ en amores 恋愛運が悪い. ❷ 場違いな, 間の悪い: respuesta ~da 見当違いの返事

desafortunadamente 副 不運にも, 残念なことに

desafuero [desafwéro] 男 違法行為, 乱暴な行為

desagradable [desagrađáble] 形《英 disagreeable》不愉快な, いやな: ruido ~ 不快な音. ~ al tacto 手触りのよくない. ~ de decir 口に出して言うのははばかられる. hombre de aspecto ~ 顔付きのよくない男. Me es ~ tener que decir esto. こんなことを言わなければならないのは不本意ですが. [+con·para+人 に対して] Es ~ con sus vecinos. 彼は近所の人に対して無愛想だ

desagradablemente [desagrađábleménte] 副 不愉快なことに, 心外にも

desagradar [desagrađár] 自 [+a に] 不快に感じる: Me desagrada ese olor. 私はその臭いが嫌いだ. ~ al oído [音が] 耳障りである. [que+接続法 が主語] Le desagrada que haya salido yo solo. 彼は私が一人で出かけたので面白くない

desagradecer [desagrađeθér] 他 …に対して知らずである: Desagradeció la ayuda que le habíamos prestado, criticándonos a nuestras espaldas. 彼は助けてもらったことも忘れて, 陰で私たちの悪口を言っていた

desagradecido, da [desagrađeθíđo, đa] 形 名 過分 ❶ 恩知らず[な]: De ~s está el mundo (el infierno).《諺》恩知らずは地獄行きだ. ❷ [仕事が] 報われない: tarea ~da 日の当たらない仕事

desagrado [desagráđo] 男 不快, 不満: saber una noticia con ~ 知らせを聞いて不愉快になる(不満に思う). hacer... con ~ いやいや(不承で)…をする. causar ~ a+人 …に不快感を与える. mostrar un ~ いやな顔をする, 不満の色を見せる

desagraviar [desagrabjár] 他《文語》…に償いを(謝罪)をする; 損害を賠償する

desagravio 男 償い; 謝罪

desaguadero [desagwađéro] 男 排水溝, 排水路

desaguar [desagwár] 他 排水する: ~ un pantano 沼の水を抜く

◆ 自 ❶ [貯水池などが] 水を放出する. ❷ [川が, +en 海などに] 流れ込む: El Ebro desagua en el Mediterráneo. エブロ川は地中海に注ぐ

◆ ~se [胃・腸が] 空になる

desagüe [deságwe] 男 排水管, 排水溝〖tubo·canal de ~〗; 排水, 放水

desaguisado, da [desagisáđo, đa] 形 不法な, 理不尽な

◆ 男 ❶ 侮辱. ❷《口語》へま, めちゃめちゃ

desahogado, da [desaogáđo, đa] 形 過分 ❶ [場所が] 広い; [衣服が] ゆったりした: piso muy ~ 大変広いマンション. ❷ [estar+. 経済的に] ゆとりのある: Vivimos ~s. 私たちの生活は楽だ. ❸ 厚かましい, ずうずうしい

desahogar [desaogár] 他 ❶ [感情を] 流露する, あふれ出させる: ~ su ira hacia (contra)... …に怒りをぶつける. ~ el corazón con+人 …に心の内を打ち明ける. ❷ [空間を] 広くあける, 邪魔なものを取り払う

◆ ~se ❶ 気が楽になる: ~se llorando 泣いて気分を晴らす. ~se del disgusto 不快感から解放される. ❷ [経済的に] 楽になる, [債務などから] 解放される. ❸ [+con に] 真情を吐露する: ~se con su amigo 友人に気持ちを打ち明ける

desahogo [desaógo] 男 ❶ 心の安らぎ, 慰め: ~ de sus penas 心痛からの解放. ❷ ゆとり: vivir con ~ 安楽な暮らしをする. ❸ 厚かましさ

desahuciar [desauθjár] 他 ❶ [借家人・借地人を] 立ち退かせる; [医者が病人に] 不治を宣告する, 見放す; 希望を失わせる, 断念させる

desahucio 男 立ち退き; 不治の宣告; 断念

desairar [desairár] 他 軽んじる, 軽視する: Desairó a sus invitados pretextando una jaqueca. 彼は頭痛を口実にしてお客の相手をしなかった

desairado, da 形 過分 みっともない, 具合の悪い

desaire [desáire] 男 軽蔑, 軽視: Nos hizo el ~ de no aceptar la invitación. 彼は失礼にも私たちの招待を断った. tomar a ~ 軽んじる

desajustar [desaxustár] 他 [調整してあるのを] 狂わす; [ねじなどを] 緩める, 取り外す

◆ ~se 狂う, 乱れる; 緩む, 外れる

desajuste [desaxúste] 男 狂い: ~ económico 経済的アンバランス. ~s horarios 時差ぼけ

desalar [desalár] 他《料理》塩抜きする: ~ el bacalao タラを塩抜きする

◆ ~se [+por+不定詞 しようと] 急ぐ, あせる: salir desalado hacia... …へ急ぐ, 急いで出かける

desalentar [desalentár] 他 ❶ 気落ちさせる: La desgracia le desalentó. その災難で彼はがっくりきた. ❷ 息切れさせる

◆ ~se がっくりする, 元気をなくす: Ante el fracaso se desalienta totalmente. 彼は失敗

してすっかりやる気をなくしている

desalentador, ra [desalentaðór, ra] 形 がっかりさせる, 期待外れな

desaliento [desaljénto] 男 落胆, 意気消沈: responder con ～ 元気なく(ぼそぼそと)答える

desalinear [desalineár] 他 列を乱す, ふぞろいにする
◆ ～se 列が乱れる

desalinizar [desaliniθár] ⑨ 他 [海水を] 淡水化する, 脱塩する
　desalinización 女 海水淡水化
　desalinizadora 女 脱塩装置

desaliño [desaliɲo] 男 [身の回りの] だらしなさ, だらしない身なり: con ～ だらしなく, 乱雑に
　desaliñado, da 形 過分 だらしのない
　desaliñar 他 だらしなくさせる. ◆ ～se だらしない身なりをする

desalmado, da [desalmáðo, ða] 形 名 凶悪な[人], 血も涙もない[人]

desalojar [desaloxár] 他 ❶ …から立ち退く: hacer ～ a+人 la casa …に家を明け渡させる. ❷ 立ち退かせる: i) [+場所 から] La policía *desalojó* el local. 警察は現場から人々をどかせた. ii) [人を, +de+場所 から] ～ a+人 *del* piso …をマンションから立ち退かせる. ❸ 取り出す: ～ la bala *del* brazo 腕から弾を摘出する. ❹ …の排水量がある 〖desplazar〗
　desalojamiento/desalojo 男 立ち退き

desalquilar [desalkilár] 他 [賃貸家屋の] 明け渡しを通告する
◆ ～se 空き家(部屋)になる

desamarrar [desamařár] 他 《主に中南米》 ❶ [船の] もやい綱を解く, 解纜(かいらん)する. ❷ 解く, ほどく
◆ ～se もやい綱を解かれる; [人・動物が] 解き放たれる; [紐などが] ほどける

desambientar [desambjentár] 他 [違う環境に] とまどわせる, 途方にくれさせる

desamigado, da [desamiɣáðo, ða] 形 仲たがいした, 不和の

desamoblar [desamoblár] 他 ＝desamueblar

desamor [desamór] 男 《文語》愛情(友情)のなさ, 冷ややかさ; 憎しみ; 愛情がなくなること
　desamorado, da 形 よそよそしい, つれない

desamortización [desamortiθaθjón] 女 [永代財産の] 譲渡, 解放; 売却
　desamortizador, ra 形 名 譲渡(売却)する; 譲渡(売却)人
　desamortizar ⑨ 他 譲渡(売却)する

desamparar [desamparár] 他 ❶ [保護者に] 見捨てる: Sus amigos le *han desamparado*. 友人たちは彼を見捨てた. ❷ 《法律》[所有権など] 放棄する
　desamparado, da 形 過分 身寄りのない; [場所が] 吹きさらしの, 人けのない
　desamparo 男 孤立無援, 寄るべのなさ: anciano en total ～ 一人も身寄りのない老人

desamueblar [desamweblár] 他 [家・部屋から] 家具を取り払う

desanclar [desaŋklár] 他 [船の] 錨を上げる,

抜錨する

desandar [desandár] ⑥⑤ 他 [来た道を] 逆戻りする, 元に戻る

desangelado, da [desaŋxeláðo, ða] 形 つまらない, 殺風景な

desangrar [desaŋgrár] 他 [大量に] 出血させる; …から金を搾り取る, 財産を巻き上げる: ～ un país 国を疲弊させる
◆ ～se 出血する; 出血多量で死ぬ
　desangramiento 男 出血; 搾取

desanidar [desaniðár] 自 [鳥が] 巣立つ
◆ 他 [隠れ場所から] 追い立てる

desanimar [desanimár] 他 ❶ 失望させる, 気力を奪う: La noticia *desanimó* a los familiares. 知らせを聞いて親戚たちはがっくりきた. ❷ 断念させる, 思いとどまらせる
◆ ～se 気力を失う, がっかりする
　desanimado, da 形 過分 がっかりした, やる気をなくした; [店などが] 活気のない, はやらない
　desánimo 男 落胆, 失望

desanudar [desanuðár] 他 [結び目を] ほどく; 解明する: ～ un paquete 包みを開ける. ～ el malentendido 誤解をとく

desapacible [desapaθíble] 形 不快な; 辛辣な, 手厳しい: tiempo ～ いやな天気. carácter ～ ぎすぎすした性格
　desapacibilidad 女 辛辣さ, 厳しさ

desaparcar [desaparkár] ⑦ 他 [車を] 撤去する, どかす

desaparecer [desapareθér] ㊴ 自 ❶ [+de から] 見えなくなる, 姿を消す; [物が] なくなる: *Desapareció* el sol en el horizonte. 太陽が地平線に消えた. ～ de la reunión 会議を抜け出す. Me *han desaparecido* unos billetes *de* la cartera. 私の財布からお札が数枚なくなった. ❷ 滅びる, 滅亡する
◆ 他 《中米》見失う: ～ al niño 子供が見えなくなる

desaparecido, da [desapareθíðo, ða] 形 姿を消した: reloj ～ 紛失した時計. animales ～s 絶滅した動物
◆ 名 行方不明者

desaparejar [desaparexár] 他 [馬から] 馬具を外す; [船から] 装備を取り除く; ＝desparejar

desaparición [desapariθjón] 女 見えなくなること; 消滅, 滅亡; 《婉曲》死亡: ～ de un financiero ある銀行家の失踪. ～ de una gran suma de dinero 大金の紛失. ～ de una tribu 種族の消滅

desapasionado, da [desapasjonáðo, ða] 形 [人が] 公平な; [批評・決定などが] 客観的な, 冷静な

desapego [desapéɣo] 男 冷淡, 無関心

desapercibido, da [desaperθiβíðo, ða] 形 ❶ 気づかれない: pasar ～ en las fiestas パーティーで目立たない(無視される). ❷ 思いがけない, 出し抜けの: coger a+人 ～ …の不意を打つ

desaplicado, da [desaplikáðo, ða] 形 名 勤勉でない[人]
　desaplicación 女 [勉強への] 不熱心

desapoderar [desapoðerár] 他 [+de の所有権を]…から奪う；～ a+人 *de sus tierras* …から土地を収用する

desapolillar [desapoliʎár] 他 [衣服から]衣魚(ぎ)を駆除する、虫干しする
◆ ～**se** [とじこもっていた家から] 外に出る、気分転換する

desaprensivo, va [desaprensíβo, βa] 形 图 厚顔無恥な(人)
desaprensión 囡 厚顔無恥

desapretar [desapretár] 他 [ねじ・結び目などを] 緩める
◆ ～**se** 緩む

desaprobar [desaprobár] 28 他 《文語》反対する、非難する：～ *el programa del gobierno* 政府の方針に反対する
desaprobación 囡 反対、非難

desapropiar [desapropjár] 10 他 [国などが]…の所有権を奪う：～ *un terreno* 土地を収用する
◆ ～**se** [+de を] 手放す、処分する：～*se de sus bienes* 財産を手放す

desaprovechar [desaproβetʃár] 他 利用し損う：～ *la oportunidad* 好機を逃す．～ *el tiempo* 時間を浪費する
◆ 自 進歩が遅い：～ *en los estudios* 勉強が遅れている
desaprovechado, da 形 過分 進歩(実り)のない；怠惰な
desaprovechamiento 男 不利用、浪費；怠惰

desarbolar [desarbolár] 他 ❶ [船舶] マストを外す(破壊する)．❷ 弱める、不調にする．❸ 《中南米》崩す

desarmador [desarmaðór] 男《中米》ドライバー、ねじ回し

desarmar [desarmár] 他 ❶ [機械などを] 分解する、解体する：～ *un reloj* 時計を分解する．❷ 武装解除する、武器を取り上げる；[ある国の] 軍備を撤廃する：～ a *los guerrilleros* ゲリラの武器を取り上げる．❸ […の怒りなどを] 和らげる：*Le desarmé con una sonrisa.* 私の微笑で彼は怒る気をなくした．❹ [議論で] 言い負かす．❺ [船の] 艤装を外す．❻ [闘牛] [牛が] ムレータを奪う
◆ ～**se** ❶ 分解される．❷ 武器を捨てる；軍備を撤廃(縮小)する

desarme [desárme] 男 ❶ 分解、解体．❷ 武装解除；軍備縮小：～ *nuclear* 核軍縮．～ *arancelario* 関税撤廃

desaromatizar [desaromatiθár] 9 他 香りを失わせる

desarraigar [desarraiɣár] 8 他 [+de から] 根こぎにする、根絶する；[故郷・習慣などから] 引き離す、根なし草にする：～ *la droga de la ciudad* 町から麻薬を撲滅する
◆ ～**se** 根こぎにされる；根なし草になる；[+de から] 離れる
desarraigo 男 根こぎ；祖国喪失

desarrapado, da [desarrapáðo, ða] 形 图 ＝**desharrapado**

desarreglar [desarreɣlár] 他 乱雑にする；[調子・計画などを] 狂わす：*Su llegada desarregló* nuestro horario. 彼が来たために私たちの予定が狂った
◆ ～**se** [服装などが] 乱れる、整っていない
desarreglado, da 形 過分 乱雑な；[生活が] 乱れた；過度の
desarreglo 男 乱雑；乱れ

desarrendar [desarrendár] 23 他 [土地・家屋の] 賃貸借をやめる

desarrollable [desarroʎáβle] 形 展開(発展)し得る：*tema* ～ 展開可能なテーマ．*superficie* ～ 開発可能な面積；《数学》可展面

desarrollado, da [desarroʎáðo, ða] 形 過分 発展(成長)した：*país* ～ 先進国．*país menos* ～ 最貧国．*niño* ～ 発育のいい子供

desarrollar [desarroʎár] 他 ❶ 発達(発展)させる；発育させる：～ *la agricultura* 農業を発展させる．～ *las plantas* 植物を成長させる．～ *la capacidad intelectual* 知能を伸ばす．❷ [巻いたものを] 広げる、伸ばす：～ *un mapa* 地図を広げる．❸ [考え・理論を] 展開する、敷衍(きえん)する．❹ [産業・製品などを] 開発する：*El gas sarín fue desarrollado* por los alemanes. サリンガスはドイツ人によって開発された．❺ [活動を] 繰り広げる；[能力を] 発揮する；[計画を] 実行する：～ *actividades clandestinas* 地下活動を展開する．～ *una inteligencia enorme* 並外れた知性を発揮する．*El tren desarrolla* una velocidad de 250 kilómetros por hora. その列車は時速 250 キロを出す．❻《数学》[数式などを] 展開する：～ *una función en serie* 関数を級数に展開する．～ *un cubo* 立方体を展開する
◆ ～**se** [英 develop] ❶ 発達する、発展する；成長する：*Se ha desarrollado* la industria electrónica. 電子産業が発展した．*El niño se desarrolla* rápidamente. 子供の成長は早い．❷ [事が] 起きる；展開(推移)する：*Ante mis ojos se desarrolló* el choque de coches. 私の目の前で車の衝突事故が起きた．*La reunión se ha desarrollado* como prefijada. 集会は予定どおり催された(進行した)．❸《生物》発生する

desarrollo [desarróʎo] 男 [英 development] ❶ 発達、発展；開発：*país en* [vías de] ～ 発展途上国．*plan de* ～ 開発計画．*mal plan de* ～ 発展計画．～ *económico* 経済発展；経済開発．～ *hacia adentro* (afuera) 国内(海外)市場中心の経済発展．❷ 発育：*niño en pleno* ～ 発育盛りの子供．❸ 展開、進展：～ *de una tesis* 論旨の展開．～ *de un acontecimiento* 事件の進展．❹《数学》展開．❺《生物》発生．❻《自転車》ギア比

desarropar [desarropár] 他 [暑いので] 服を脱がす、毛布を減らす
◆ ～**se** 着衣する

desarrugar [desarruɣár] 8 他 皺(し)を伸ばす(取る)：～ *la frente* 愁眉を開く
◆ ～**se** 皺がなくなる(伸びる)

desarticular [desartikulár] 他 [関節を] 外す；[機械などを] 分解する：～ a+人 *la man-*

díbula …のあごの骨を外す. ~ una banda de delincuentes 犯罪グループを壊滅させる

◆ **~se** 脱臼する《dislocarse》分解する

desarticulación 囡 脱臼；分解

desaseado, da [desaseádo, ða] 厖 身ぎれいでない, よごれた, 汚い；乱雑な

desaseo 男 よごすこと, よごれ；乱雑

desasegurar [desaseɣurár] 他 …の保険を解約する

desasimilar [desasimilár] 他《生理》分解(異化)する

desasimilación 囡 分解, 異化

desasir [desasír] 他 放す

◆ **~se** [+de と] 手放す；…から離れる：~se del grupo グループから抜ける

desasistir [desasistír] 他 …の面倒を見ない

desasnar [desasnár] 他《口語》[粗野・無知な人を] 洗練させる, 教育する

◆ **~se** あか抜ける, 教養を磨く

desasociar [desasoθjár] 他 分解する；解散させる

◆ **~se** [+de との] 関係を絶つ, 絶交する

desasosegar [desasoseɣár] 8 23 [☞negar 活用表] 他 不安にする；…の平穏を乱す

◆ **~se** 気をもむ

desasosiego 男 不安, 気がかり；動揺

desastrado, da [desastráðo, ða] 厖 名 ❶ 汚らしい[人], ぼろぼろの[服を着た人]；だらしのない[人]：zapatos ~s ぼろ靴. postura ~da だらしのない姿勢. vida ~da 乱れた(無軌道な)生活. ❷《文語》不運な

desastre [desástre] 男 ❶ 災害, 災厄：causar (producir) un ~ 災害をもたらす. correr al ~ 自ら災いを招く. ~ de la guerra 戦争の惨禍. ❷《口語. 誇張》i) 完全な失敗：La fiesta ha sido un ~. パーティーはさんざんだった. ii) 不運な人, 役立たず：un ~ de hombre どうしようもない男

desastroso, sa [desastróso, sa] 厖 ❶ 災害を招く[人]：terremoto ~ 大地震, 大震災. ❷《誇張》惨憺たる；役立たずの：resultado ~ ひどい(みじめな)結果

desatado, da [desatáðo, ða] 厖 [過分][estar+] 自制できない, 放埒(ほう)の

desatar [desatár] 他 ❶ [結んだものを] 解く, ほどく：~ los cordones de un paquete 包みの紐をほどく. ~ a un perro 犬を放す. ~ a+la lengua …に言いたいことを言わせる. ❷《文語》[感情などを] 噴出させる：~ la ira 怒りをぶちまける. ~ una airada protesta 激しく抗議する

◆ **~se** ❶ 解ける；[自分の…を] 解く：Se desató los cordones de los zapatos. 彼は靴の紐をほどいた. ❷《文語》[感情などが] 噴出する；[+en を] 自制できなくなる：Se desató en improperios contra nosotros. 彼は私たちに悪口雑言を浴びせた. ❸ [嵐などが] 突発する：Se desataron las más terribles calamidades sobre él. 最も恐ろしい災難が彼の上にふりかかった. ❹ くつろぐ, のびのびする

desatascar [desataskár] 7 他 [泥の中から] 引き出す；[管などの] 詰まりを除去する：~ el lavabo 洗面台の詰まりを直す

◆ **~se** 詰まりがなくなる

desatascador 男 吸引用の棒付きゴムカップ

desate [desáte] 男 [←desatar] 横溢：~ de la lengua 言いたい放題. ~ de aplausos 嵐のような拍手喝采. ~ de violencia 暴力の爆発. ~ de vientre 下痢

desatención [desatenθjón] 囡 気づかないこと, 放心；無礼, 失礼：fingir ~ 気づかないふりをする. Tuvo la ~ de no devolvernos la visita. 彼は礼儀知らずにも返礼の訪問をしに来なかった

desatender [desatendér] 24 他 ❶《文語》…に注意を払わない, 重視しない：~ las palabras de+人 …の言うことを無視する. ~ un consejo 忠告を無視する. ❷ …の面倒を見ない：~ a un paciente 患者をほったらかしにする. ~ el trabajo 仕事をおろそかにする

desatentado, da [desatentáðo, ða] 厖 名 無謀な[人], 思慮のない[人]

desatento, ta [desaténto, ta] 厖 名 ❶ [estar+] 注意の散漫な[人], ぼんやりした[人]. ❷ 失礼な[人]

desatino [desatíno] 男 へま, 見当外れ；無謀

desatinar [desatinár] 自 的外れな(ばかげた)ことをする. 他 的を外す

desatorar [desatorár] 他 …の詰まりをなくす

desatornillar [desatorniʎár] 他 =**destornillar**

desatornillador 男 =**destornillador**

desatracar [desatrakár] 7 自 [船が] 離岸する

◆ 他 離岸させる

desatrancar [desatraŋkár] 7 他 [戸の] かんぬきを外す；…の詰まりを除去する

desautorizar [desautoriθár] 9 他 ❶ 承認しない, 権威を与えない：El ministro desautorizó ese rumor. 大臣はその噂を否定した. ~ sus palabras 前言を取り消す. ❷ 権威を失わせる, …の信用(評判)を落とす

desautorización 囡 否認, 却下

desavecindar [desabeθindár] **~se** [+de から] 引っ越す, 転居する

desavenencia [desabenénθja] 囡 不和, 対立：~ de caracteres 性格の不一致

desavenir [desabenír] 59 他 [☞desavenir niendo] 対立させる

◆ **~se** [+con と] 仲たがいする：Me desavine con mi suegra. 私は姑とうまくいかなかった

desavenido, da 厖 [estar+] 仲の悪い

desaventajado, da [desaβentaxáðo, ða] 厖 不利な, 不都合な

desaviar [desabjár] 他 …から必需品を奪う

desayunar [desajunár] 自 [+con の] 朝食をとる：~ con chocolate y churros ココアとチューロの朝食をとる. ~ fuerte たっぷり朝食をとる

◆ 他 朝食に…を食べる：~ una taza de café コーヒー1杯だけの朝食をする

◆ 〜**se** 《主に中南米》朝食をとる；[＋de 知らせ などを] 初めて聞く

desayunar, da 形 過分 朝食をすませた： Voy 〜. 朝食をすませてから行きます

desayuno [desajúno] 男 〖英 breakfast〗 朝食：to-mar el 〜 朝食をとる

desazón [desaθón] 囡 ❶ [漠然とした] 不安 感, 不快感：Me causa cierta 〜 dejar solo a mi hijo. 息子を一人においておくのは何となく気が かりだ. tener 〜 en el estómago 胃の調子が 悪い. ❷ チクチク(ムズムズ)すること. ❸ 無味 [insipidez]

desazonar 他 不安にさせる, 迷惑をかける. ◆ 〜**se** 気分(体調)がすぐれない

desbancar [desbaŋkár] 7 他 ❶ [愛情・地 位について] …に取って代わる：Este cantante nuevo le *ha desbancado*. この新人歌手が(人 気・評価の面で)彼に取って代わった. ❷ [ゲーム で] 胴元を倒す, 賭け金をさらう

desbandar [desbandár] 〜**se** 我勝ちに逃げ る；ちりぢりに分かれる

desbandada 囡 わっと逃げること：a la 〜/en 〜 ちりぢりに, クモの子を散らすように

desbarajuste [desbaraxúste] 男 大混乱, 無秩序

desbarajustar 他 混乱させる

desbaratar [desbaratár] 他 壊す, 混乱させ る：Un fuerte aguacero *desbarató* su pei-nado. 激しい夕立にあって彼女の髪はぐしゃぐしゃ になった. 〜 el plan 計画をぶち壊しにする. 〜 su fortuna 財産を使い果たす

◆ 〜**se** 壊れる, 混乱する

desbaratamiento 男 破壊, 混乱

desbarbar [desbarbár] 他 [ひげ状のものを] 除去する：〜 un papel 紙の縁を裁断する

◆ 〜**se** [自分の] ひげを剃る

desbarrancar [desbarraŋkár] 7 他 [車を] 道路から突き落とす；《中南米》[ライバルを] け落 とす

◆ 〜**se** [車が] 道路から飛び出す

desbarrar [desbarár] 自 《西》非常識なことを 言う(する)；《中南米》泥を取り除く

desbastar [desbastár] 他 荒削りする；[人 を] 洗練する

◆ 〜**se** 洗練される, あか抜ける

desbastador 男 荒削り用の工具

desbaste 男 荒削り：en 〜 荒削りの

desbeber [desbebér] 自 《戯語》小便をする

desbloquear [desblokeár] 他 [封鎖などを] 解除する：〜 una cuenta en el banco 銀行口 座の凍結を解除する. 〜 las negociaciones 交 渉を再開する

desbloqueo 男 [封鎖]解除

desbocado, da [desbokáðo, ða] 形 過分 口の壊れた；解放された, 奔放な；[馬が] 暴走す る：jarrón 〜 口の欠けた花瓶. inflación 〜da 天井知らずのインフレ

◆ 囡 口汚い人, 言葉づかいの悪い人

desbocar [desbokár] 7 他 [容器の] 口を壊 す

◆ 〜**se** [馬が] 暴走する；[言動が] 横柄になる, 口汚くなる；[襟口・袖口が] 広がりすぎてしまう

desbocamiento 男 口を壊すこと；暴走

desbordamiento [desborðamjénto] 男 氾 濫；オーバーフロー；[感情などの] 横溢, 爆発

desbordante [desborðánte] 形 あふれんばか りの

desbordar [desborðár] 他 [中身が容器から] あふれる；[容器が中身を] あふれさせる；[境界・ 限界を] 越える：El agua *desbordó* el cauce del río. 川が氾濫した. El cubo *desborda* basura. バケツからごみがあふれている. Su teoría *desborda* mi capacidad de comprensión. 彼 の理論は私の理解力を越えている. El niño *des-borda* ánimo. その子は元気一杯だ. 〜 entu-siasmo やる気満々である

◆ 自・〜**se** [容器が, ＋de 中身で/中身が, ＋de 容器から] あふれ出る：La papelera *desbor-daba de* papeles. くずかごは紙であふれていた. *Se desbordó* el vino de la copa. ワインがグラス からあふれた. [Se] *Desborda* de salud. 彼は健 康ではち切れんばかりだ

desborde [desbórðe] 男 《南米》＝**desbor-damiento**

desbraguetado, da [desbragetáðo, ða] 形 《俗語》ズボンの前が開いている

desbravar [desbrabár] 他 [動物を] 訓練 (調教)する；《南米》…の雑草を除去する

◆ 〜**se** [酒が] 気が抜ける；[水流などが] 勢いが なくなる.

desbriznar [desbriθnár] 他 細かくする, 砕く；[インゲン豆などの] すじを取る

desbrozar [desbroθár] 9 他 …の雑草(下生 え)を切り払う；…から障害(不要なもの)を取り 除く, 実現を容易にする

desbroce 男 切り払い；[切り払われた] 雑草 (下生え)の山

descabalar [deskabalár] 他 不完全(半端 物)にする；混乱させる：calcetines *descabala-dos* 左右そろわない靴下

descabalamiento 男 ふぞろい

descabalgar [deskabalgár] 8 自 [＋de 馬 から] 降りる

descabellado, da [deskabeʎáðo, ða] 形 過分 常規を逸した：idea 〜da 奇抜(とっぴ)な考 え. plan 〜 とんでもない計画

descabellar [deskabeʎár] 他 《闘牛》[牛の] 後頭部(急所)に剣を突き刺す

descabello 男 その一撃

descabezar [deskabeθár] 9 他 [木などの] 頭部(頂部)を切る；[組織の] リーダーを失わせる

◆ 〜**se** 《口語》頭を悩ます

descabezado, da 形 過分 頭部のない；分別 のない, 常軌を逸した

descachalandrado, da [deskatʃalan-dráðo, ða] 形 《南米》[服装が] だらしない

descachar [deskatʃár] 他 《中南米》＝**des-cornar**

descacharrar [deskatʃarár] 他 ＝**esca-charrar**；《口語》大笑いさせる

◆ 〜**se** 《口語》大笑いする

descafeinado, da [deskafɛináðo, ða] 形
男 ❶ カフェイン抜きの〔コーヒー〕．❷《文語》[内
容が] 薄くなった，骨抜きにされた

descalabazar [deskalabaθár] 他 **~se**《口
語》=**descabezarse**

descalabrar [deskalabrár] 他 …の頭部に傷
を負わせる，頭をぶち割る；大打撃を与える: La
devaluación del dólar lo *descalabró*. 彼はド
ルの切り下げで大損した
◆ **~se** 頭部に傷を負う；大打撃を受ける
descalabradura 女 頭の傷[跡]

descalabro [deskalábro] 男 大損害，大被
害；大敗北

descalcificar [deskalθifikár] 他 [骨など
の] 石灰質（カルシウム）を失わせる；[水を] 軟水
にする
◆ **~se** 石灰質を失う；[人が] カルシウム不足に
なる
descalcificación 女 脱石灰，軟水化；カルシ
ウム不足

descalificar [deskalifikár] 他 ❶《文語》
…の信用を失わせる: Sus sucios manejos le
descalificaron. 彼は汚いやり口で評判を落とし
た．❷《スポーツ》失格させる
descalificación 女 信用の失墜；失格

descalzar [deskalθár] 他 ❶ …の靴を脱が
せる: La madre *descalzó* al niño. 母親は子供
の靴を脱がせた．❷ …のくさび（かいもの）を取り去
る
◆ **~se** 靴を脱ぐ，はだしになる
descalzador 男 長靴脱ぎ具

descalzo, za [deskálθo, θa] 形 名 ❶
[estar+] i) 履き物を脱いだ，はだしの，素足の；
靴下だけの: ir ~ はだしでいる（歩く）．ii)《皮肉》
貧困な，着る物もない．❷《宗教》跣足（ᵇₐ）の；
跣足修道士（修道女）

descamar [deskamár] 他 [魚の] うろこを落
とす．◆ **~se** [皮膚・岩石が] 剝離する
descamación 女 うろこ落とし，剝離

descambiar [deskambjár] 他《口語》
[不良品などを] 返品する

descaminar [deskaminár] 他 道を誤らせる
《比喩的にも》: Le *han descaminado* las ma-
las compañías. 悪い仲間のせいで彼は道を踏み
外した
◆ **~se** 道に迷う
descaminado, da 形 過分 [道を] 誤った；自
分の誤りに気づかない

descamisado, da [deskamisáðo, ða] 形
名 過分 上半身裸の；非常に貧しい〔人〕，ぼろを
着た〔人〕
descamisar 他《中南米》破滅（破産）させる

descampado, da [deskampáðo, ða] 形
男 草木や建造物のない〔土地〕，空き地
en ~ 野外で

descansado, da [deskansáðo, ða] 形 過分
❶ [estar+] 休めた，疲れのとれた．❷ [ser+. 仕
事などが] 楽な，気楽な

descansar [deskansár] 自 [英 rest] ❶ 休
む，休息（休憩）する 《☞reposo 類語》: i) Va-
mos a ~ a la sombra de un árbol. 木陰で一

息入れよう．Tómate unas vacaciones y
descansa. 休暇を取ってのんびりしたまえ．ii) [+
de の疲れを表す]: ~ *del* viaje 旅の疲れをい
やす．iii) 横になる；眠る: He *descansado* bien
esta noche. ゆうべはよく眠れた．iv) 埋葬されて
いる: Aquí *descansan* los restos de… ここに
…の[遺体]は眠っている．❷ 安心する，ほっとす
る；[痛みが] 治まる: Ya que se te pasó la
preocupación, puedes ~. 心配事はなくなった
のだから安心していいよ．❸ [屋根などが, +sobre
に] 支えられる；[理論などが, +en に] 基づく，の
っとる: La bóveda *descansa* sobre cuatro
arcos. ドームは4つのアーチで支えられている．❹
[田畑が] 休閑中である
◆ 他 ❶ 休ませる: ~ los pies 足の疲れをとる．
~ la vista 目を休ませる．❷ のせる，寄りかから
せる: *Descansó* su cabeza *sobre* mi hombro.
彼は頭を私の肩にもたせかけた．❸《まれ》任す；
[心の内を] 打ち明ける．❹《まれ》[仕事で] 助け
る，手伝う

descansillo [deskansíʎo] 男 [階段の] 踊り
場

descanso [deskánso] 男 ❶ 休み，休息《☞
reposo 類語》；[仕事・上演中の] 休憩: tomar
un rato de ~ 少し休憩(休息)をとる．hora de
~ 休み時間．~ para comer 昼休み．apar-
tamento de ~ リゾートマンション．día de ~ 休
日；《宗教》安息日．eterno ~ 永遠の休息，永
眠．❷ 慰め，安らぎ: ser un ~+不定詞 …する
のは[心の]安らぎだ．❸ 支え，台；頼りになる[仕
事を任せられる]人》: ~ de su vejez 老後のよりど
ころ．❹ [階段の] 踊り場 《descansillo》．❺
[間投詞的. 号令] 休め! [↔firme]．❻《スポー
ツ》ハーフタイム．❼《南米》便所，トイレ

descantillar [deskantiʎár] 他 ❶ …の縁を
傷つける: ~ una taza 茶碗の縁を欠けさせる．
❷ [金額を] 差し引く；横領する

descapitalizar [deskapitaliθár] 他 [企
業に] 十分な資金を提供しない，資金不足にす
る；[国などの] 歴史的な遺産・文化財を失わせる

descapotar [deskapotár] 他 [車の] 幌を折
り畳む(取り外す)
descapotable 男 《自動車》コンバーチブル
《coche ~》

descarar [deskarár] **~se** 厚かましいことを言
う(する): *Me* tuve que ~ a pedirle el favor.
私はあえてお願いをしなければなりませんでした
descarado, da 形 名 過分 無礼な〔人〕，横柄
な〔人〕；《西》[副詞的. 悪いことについて] 見え
見えで

descarga [deskárga] 女 ❶ 荷揚げ，荷降ろ
し；[負担などの] 軽減．❷ 射撃；[特に] 一斉
射撃 《~ cerrada》: lanzar la ~ contra los
condenados a muerte 死刑囚たちに一斉射撃
を浴びせる．❸ 放出，排出；排出物: ~ de
aparato eléctrico 雷や稲妻．~ de adrena-
lina アドレナリンの排出．~ nasal 鼻汁．❹《電
気》放電，感電 《~ eléctrica》: ~ atmosféri-
ca 空中放電．~ disruptiva 破裂放電．
recibir una ~ 感電する．❺《情報》ダウンロー
ド

descargadero [deskarɣaðéro] 男 荷揚げ
場, 埠頭

descargador, ra [deskarɣaðór, ra] 形
降ろし用の；放電用の
◆ 名 荷揚げ人夫：～ del muelle 沖仲仕

descargar [deskarɣár] 8 他 ❶ i) [+de 荷
を] …から降ろす：～ un camión de naranjas
トラックからオレンジを降ろす. ii) [積荷が目的
語] …を降ろす：～ las mercancías 陸揚げ(陸揚げ)する.
❷ [+de 義務・責任などを] …から免除する：Te
descargo de la deuda. 君の借金を帳消しにして
やろう. ～ a un ministro de las funciones 大
臣の職務を解く. ❸ [+de 余分を] …から取り
除く：～ el jamón de tocino ハムから脂身を取
り除く. ～ el vientre 排便する. ❹ [鉄砲を, +
sobre•en•contra に] 撃つ；弾丸を抜く：～ la
pistola sobre un ladrón 泥棒に向けてピストルを
撃つ. La pistola está descargada. ピストルに
は弾が入っていない. ❺ [殴打を] 浴びせる；[怒
りなどを] ぶつける：～ un puñetazo a+人 …に
拳骨を食らわす. ～ su mal humor sobre+人
…に八つ当たりする. ❻ [雨が雨・雪を] 大量に
降らす；[川が水を] 大量に流す. ❼ [エネルギー
などを] 放出する；《電気》放電させる. ❽ [情報]
ダウンロードする
◆ 自 [船・トラックなどが] 積荷を降ろす；射
撃する；[川が海などに] 流れ込む. ❷ [雲が] 雨
(雪)を降らせる；[嵐などが] 猛威をふるう
◆ ～se ❶ [+de 職務・責任を] 辞する, 免れる；
[+en•sobre に] 肩替りさせる. ❷ 激怒する, か
んしゃくをぶつける：～se 〔de su cólera〕 contra
su mujer 妻に当たり散らす. ❸ 自分の嫌疑を晴
らす. ❹ 放電する：La batería del coche se
ha descargado. 車のバッテリーがあがってしまった

descargo [deskárɣo] 男 ❶ 荷揚げ, 荷降ろし
《descarga》. ❷ 負担の解除(軽減)：～ de su
conciencia 心の重荷を軽くすること. 《法律》
答訴, 申し開き：testigo de ～ 弁護側証人.
❸ [債務の] 弁済(証書)
en ～ 言い訳として；気休めに

descarnar [deskarnár] 他 [骨•皮から] 肉を
そぎ取る；やせ細らせる
◆ ～se やせ細る；[他人のために] 財産を費す
descarnado, da 形 過分 やせこけた；[表現が]
生々しい, 赤裸々な, 残酷な
descarnador 男 歯肉剥離器
descarnadura 女 やせ細り

descaro [deskáro] 男 厚かましさ, 厚顔無恥：
Tuvo el ～ de decirnos mentiras. 彼はぬけぬ
けと私たちに嘘をついた. ずうずうしく
descarozar [deskaroθár] 9 他 《南米》[果
物の] 芯(種)を取り除く

descarriar [deskarʝár] 11 他 道を誤らせる
《比喩的にも》
◆ ～se 迷い子になる, 道を誤る：～se del buen
camino 正道を踏み外す

descarrilar [deskarʝilár] 自 [列車が] 脱線す
る
descarrilamiento 男 脱線

descartar [deskartár] 他 捨てる, 拒絶する：
～ la posibilidad 可能性を排除する. ～ la

---

ayuda 援助を断わる. Quedaba descartada la
posibilidad de la supervivencia. 生存の可
能性はなくなった
◆ ～se 《トランプ》[+de 不用な札を] 捨てる：
～se de la reina de corazones ハートのクイーン
を捨てる.
descartable 形 1) 捨てられる：no es ～
que+接続法 …する可能性は排除できない. 2)
《中南米》[容器の] 使い捨ての
descarte [deskárte] 男 捨てること；捨て札.《南米》[商
品の] 屑物

descasar [deskasár] 他 ❶ 結婚を無効とす
る；[同棲者を] 別れさせる. ❷ 離婚させる. ❸ ば
らばらにする, 調和を壊す. ◆ ～se 離婚する

descascarar [deskaskarár] 他 …の殻を割
る；《中南米》[壁の] 漆喰をはがす

descascarillar [deskaskariʎár] 他 [表面
の琺瑯・漆喰などを] はがす；[陶器などを] 欠けさ
せる：～ la pintura de una mesa con las
uñas 机の塗装を爪でかき落とす
◆ ～se はげ落ちる；欠ける
descascarillado はがすこと, はげ落ち

descastado, da [deskastáðo, da] 形 名
《西》[血縁者に対して] 薄情な(人), 冷たい
(人)；いじけた(人), すねた(人)

descendencia [desθendénθja] 女 [集名]
子や孫たち, 跡取り：morir sin ～ 跡継ぎを残さ
ずに死ぬ. ❷ 家系, 血統：～ de judíos conver-
sos 改宗ユダヤ人の血筋

descendente [desθendénte] 形 下って行く,
下降する；漸減する：curva ～ 下りカーブ；下降
曲線. escala ～ 《音楽》下降音階. población
～ 減っていく人口. progresión ～ 《数学》逓減
級数

descender [desθendér] 24 自 [英 descend.
↔ascender. ☞活用表] ❶ 下がる, 低下する：
i) El nivel del pantano ha descendido mu-
cho. 池の水位がかなり下がった. Los precios
han descendido en un cinco por ciento. 物
価が5%下がった. La temperatura viene
descendiendo. 気温が下がっている. Sus
facultades intelectuales han descendido
mucho. 彼の思考能力はひどく低下した. ii) [+
de•en 等級などが] Ha descendido de (en)
categoría. 彼は地位が下がった. ～ en la esti-
mación 評価が下がる. ❷ 《文語》[+de 高所か
ら, 行き先を/+a に] 降りる, 下降する：i) ～ de
la cima 頂上から下る. ～ por un hueco 穴を
降りる. ～ al sótano 地下室へ降りる. El agua
descendía en torrente. 水が滝のように落ちてい
た. ii) [乗り物から] ～ del tren 列車から降り
る. ❸ [+de 由来を] 出てくる；派生する：～ de un
ilustre linaje 名門の出である. ～ del Asia
central 中央アジアを発祥地とする. ❹ 垂れ下が
る：Un rizo descendía sobre su frente. 巻き
毛が彼女の額に垂れていた. ❺ [+a にまで] いき
つく：～ a analizar los detalles 細部まで分析
する. ❻《音楽》音が下がる
◆ 他 降りる；降ろす：～ la escalera 階段を降り
る. ～ una maleta del altillo スーツケースを
戸棚から降ろす

descender	
直説法現在	接続法現在
desc*ie*ndo	desc*ie*nda
desc*ie*ndes	desc*ie*ndas
desc*ie*nde	desc*ie*nda
descendemos	descendamos
descendéis	descendáis
desc*ie*nden	desc*ie*ndan

descendiente [desθendjénte] 图 [+de の，子・孫を含めて直系の〕子孫，卑属〖↔ascendiente〗；末裔(愻)
◆ 形 …の出の
　descendimiento [desθendimjénto] 男 ＝**descenso**；[時に *D*〜] キリスト降架 (の図・像)〖*D*〜 de la Cruz〗

descenso [desθénso] 男 ❶ 降りること，降下；低下，下落：〜 del avión 飛行機の降下．〜 en popularidad 人気の下落．❷ 下り坂，下り道：Sed prudentes en los 〜*s*. 下りでは慎重に．❸《スポーツ》下位リーグへの転落．❹《スキー》滑降：〜 y slalom 複合

descentrado, da [desθentrádo, da] 形 過分 [estar+. 環境に〕なじまない，当惑した：Me encuentro 〜 entre las mujeres. 私は女性たちに囲まれて落ち着かない

descentralizar [desθentraliθár] 他 地方分権にする；地方に分散させる：〜 las industrias 工業を地方に分散させる
　descentralización 囡 地方分権(分散)

descentrar [desθentrár] 他 ❶ 中心から外す；《写真》あおる．❷ [精神的に] 混乱させる，集中させない
◆ 〜se [中心が〕ぶれる；[精神的に] 混乱する，気が散る
　descentramiento 男 ぶれ；精神的不安定

desceñir [desθeɲír] 20 35 〖*ceñir* 活用表．現分 desc*i*ñendo〕他 [帯などを〕緩める，ほどく
◆ 〜se [自分の〕〜se el cinturón ベルトを緩くする

descepar [desθepár] 他 [木などを〕引き抜く

descercar [desθerkár] 他 [+場所 から〕塀・囲いを取り払う

descerebrar [desθerebrár] 他 [実験のために，動物から〕脳を除去する；…の知的機能を奪う

descerrajar [desθeraxár] 他 ❶ …の錠前をこじ開ける：〜 la puerta ドアをこじ開ける．❷《文語》発射する：〜 a+人 un tiro …に向けて1発射つ
　descerrajadura 囡 こじ開けること

deschavar [destʃabár] 他《南米》見つけ出す，暴く
◆ 〜se 露見する

deschavetar [destʃabetár] 〜se《中南米》気が変になる

descifrar [desθifrár] 他 解読する，判読する；見抜く：〜 un jeroglífico 象形文字を解読する．〜 el motivo 動機を見抜く
　descifrable 形 解読(判読)できる

descimbrar [desθimbrár] 他《建築》迫(¹)り枠を取り外す
　descimbramiento 男 迫り枠の解体

descinchar [desθintʃár] 他 [馬の〕腹帯を解く(緩める)

desclasado, da [desklasádo, da] 形 图 社会階層から脱落(離脱)した[人]；《軽蔑》階級的裏切り者[の]

desclavar [desklabár] 他 ❶ …から釘を抜く；[釘でとめていたものを〕外す：〜 el marco de la ventana 窓枠を外す．❷ [宝石を台から〕外す
　desclavador 男 釘抜き

descoagular [deskoagulár] 他 [凝固物を〕溶かす，液化する

descoco [deskóko] 男《口語》厚顔無恥；破廉恥な服装
　descocado, da 形 图 過分 ずうずうしい[人]，破廉恥な[人]
　descocar ⑦ 〜se ずうずうしくふるまう

descodificar [deskoðifikár] ⑦ 他 解読する
　descodificador 男 解読器，デコーダー

descojonar [deskoxonár] 〜se《卑語》大笑いする〖〜se de risa〗

descolgar [deskolɣár] 8 28 〖*colgar* 活用表〗他 ❶ [吊って・掛けてあるものを，+de 表〕降ろす，外す：〜 un cuadro *de* la pared 壁から絵を外す．dejar el teléfono *descolgado* 受話器を外したままにする．❷ 吊り降ろす：El helicóptero *descolgó* medicinas. ヘリコプターが医薬品を吊り降ろした．❸《競走》[集団を〕引き離す
◆ 圁《電話》受話器を取る
　〜se ❶ [+por・de+場所 を〕伝って降りる，滑り降りる：〜se *por* el muro a través de una cuerda ロープを伝って壁を降りる．❷《口語》[+con/+現在分詞] 思いがけないことを言う(する)；[+por に] 不意に現れる：Ahora se nos *descuelga* con que no quiere ir. 彼は今ごろになって行きたくないと言い出した．Se *descolgó* pidiéndonos dinero. 彼は突然借金を申し込んできた．A veces se *descuelga por* mi casa a la hora de cenar. 彼は夕食時にぶらりと我が家に顔を出すことが時々ある．❸《競走》[+de 集団から] 脱落する．❹《俗語》〜se de la droga 麻薬をやめる

descollar [deskoʎár] 28 圁 図抜けて大きい；[+entre の中で] 傑出している：La catedral *descuella* por encima de las casas. 大聖堂が家々の上に高くそびえている．*Descuella* en inglés *entre* sus compañeros. 彼の英語は仲間の間で抜きん出ている
　descollante 形 すばらしい，傑出した

descolocar [deskolokár] ⑦ 他 ごちゃごちゃにする；《スポーツ》追い払う，どかす
◆ 〜se《スポーツ》好位置から離れる

descolonización [deskoloniθaθjón] 囡 非植民地化
　descolonizar ⑨ 他 非植民地化する

descolorar [deskolorár] 他 ＝**decolorar**

descolorido, da [deskolorído, da] 形 過分

色あせた, 脱色した；顔色の悪い, 青白い

descolorir [deskoloɾíɾ] 他《複合時制, 不定詞, 現在・過去分詞でのみ》=**decolorar**

descombrar [deskombɾáɾ] 他 =**desescombrar**

descomedido, da [deskomeðíðo, ða] 形 過分 ❶ 横柄な, 無礼な：actitud ~*da* hacia el profesorado 教師たちに対する無礼な態度. ❷ 過度の, 桁外れの：apetito ~ ものすごい食欲
　　descomedimiento 男 横柄, 無礼
　　descomedir 35 既分 descom*i*diendo》~se 横柄にふるまう, 無礼なことを言う

descomer [deskoméɾ] 自《婉曲》大便をする

descompaginar [deskompaxináɾ] 他 [計画などを] 乱す, めちゃめちゃにする

descompasado, da [deskompasáðo, ða] 形 ❶ 過度の, 桁外れの：carga ~*da* 荷物の積み過ぎ. ❷ リズム (テンポ) の乱れた

descompensar [deskompensáɾ] 他 補償できなくさせる, 平衡を失わせる
　　◆ ~**se**《医学》代償不全になる
　　descompensación 女《医学》代償不全
　　descompensado, da 形 過分 代償不全の

descomponer [deskomponéɾ] 60 他 過分 descomp*uesto*》❶ [+en 成分・要素に] 分解する：~ el agua *en* oxígeno e hidrógeno 水を酸素と水素に分解する. ~ *en* capítulos una novela 小説を章分けする. ❷ 乱す, 散らかす；[機械などの] 調子を狂わす：~ a+人 el peinado …の髪をくしゃくしゃにする. ~ la habitación 部屋の中をめちゃくちゃにする. ~ un reloj 時計を壊す. ~ el proyecto 計画を台なしにする. ~ a un matrimonio 夫婦を仲たがいさせる. ❸ 取り乱させる, 怒らせる；怖がらせる：El ataque directo a su persona le *descompuso*. 彼は個人攻撃されて平静を失った (腹を立てた). ❹ 不快にする, 気分を悪くさせる；下痢を起こさせる. ❺ 腐敗させる《corromper》
　　◆ ~**se** ❶ 分解する；腐敗する. ❷ 取り乱す, 怒る；怖くなる. ❸ 気分が悪くなる；[胃腸などの] 具合が悪くなる. ❹《主に中米》故障する《averiguarse》

descomposición [deskomposiθjón] 女 ❶ [成分・要素の] 分解；腐敗：~ factorial (en factores)《数学》因数分解. ~ radioactiva《物理》放射性崩壊. El cadáver ya está en ~. 死体はすでに腐りかけている. ❷ 不調, 故障；[表情の] ゆがみ, 引きつり. ❸《西》下痢《~ de vientre, ~ intestinal》

descompostura [deskompostúɾa] 女 ❶ 厚顔無恥. ❷《主に中南米》不快, 下痢；《中米》故障

descompresión [deskompresjón] 女 減圧；《医学》減圧病, ケーソン病：cámara de ~ 減圧室
　　descompresor 男 デコンプレッサー；[エンジンの] 排気弁

descompuesto, ta [deskompwésto, ta] 形 過分《←descomponer》❶ 分解 (腐敗) した；体調を崩した；気分が悪い；下痢の：Parece ~. 彼は具合が悪そうだ. ❸ 取り乱した, 怒っ

た：poner a+人 ~ …をいらいらさせる. rostro ~ 引きつった表情. ❹《主に中米》故障した；《中南米》少し酔った

descomulgar [deskomulɣáɾ] 8 他《宗教》破門する《excomulgar》
　　descomulgado, da 形 過分 破門された〔人〕；《口語》悪い〔やつ〕

descomunal [deskomunál] 形 巨大な；異常な：casa ~ 広大な家. asunto ~ 異常な事件

desconcentrar [deskonθentɾáɾ] ~**se** 集中力をなくす, 気が散る

desconceptuar [deskonθeptwáɾ] 14 他 …の信用 (評判) を失わせる

desconcertado, da [deskonθeɾtáðo, ða] 形 過分 ❶ 困惑した：Al oír su discurso quedamos ~*s*. 彼の演説を聞いて私たちは面くらった. ❷ [生活が] だらしのない, 身を持ちくずした

desconcertante [deskonθeɾtánte] 形 困惑させる〔ような〕

desconcertar [deskonθeɾtáɾ] 23 他 ❶ [秩序・調和などを] 乱し, 狂わす：El mucho calor *desconcertó* el computador. 猛暑でコンピュータが狂った. ❷ 困惑させる, あわてさせる：Me *desconcertó* haciéndome una pregunta inesperada. 彼は思いがけない質問をして私をどぎまぎさせた. ❸ [関節を] 外す
　　◆ ~**se** ❶ 調子が狂う；困惑する：Me *desconcierto* con tantos letreros. あまりたくさん立札があって私はわけがわからない. ❷ 脱臼する

desconchabar [deskontʃaβáɾ] 他《中南米》壊す；解消 (解雇) する

desconchar [deskontʃáɾ] 他 …から漆喰 (塗料) を落とす；[陶器などを] かかせる
　　◆ ~**se** 剝落する
　　desconchado/desconchón 男 [壁などの] 剝落

desconchinflar [deskontʃinfláɾ] 他《中米》壊す

desconcierto [deskonθjéɾto] 男 ❶ 混乱, 不調；困惑：~ en la administración 行政の混乱. ~ del coro 合唱の不ぞろい. vivir con ~ 乱れた生活をする. ❷ 不和

desconectar [deskoneсtáɾ] 他 ❶《電気》切断する, 電源を切る；クラッチを切る：~ la televisión テレビの電源を切る. ❷ [+de との] …の連絡 (交際) を断たせる
　　◆ 自/~**se**《電気》切れる. ❷ 連絡 (交際) を断つ

desconfiado, da [deskonfjáðo, ða] 形 過分 [estar+] 疑っている；[ser+] 疑い深い, 猜疑心の強い

desconfianza [deskonfjánθa] 女 疑念, 不信；猜疑心：inspirar ~ a+人 …に疑念を起こさせる. tener ~ en... …に不信感を抱いている

desconfiar [deskonfjáɾ] 11 自 [+de を] 疑う, 信用しない：i) ~ *de* la fidelidad de+人 …の忠誠心を疑う. ii) [+de que+接続法] *Desconfío de que* me hayas contado toda la verdad. 君が事実をすべて話したとは思えない

descongelar [deskoŋxelár] 他 ❶ [冷凍食品などを] 解凍する；[自動車の窓ガラス・冷蔵庫などの] 霜を取る. ❷ [口座などの] 凍結を解除する
　descongelación 囡 解凍；凍結解除
　descongelador 男 霜取り装置
descongestionar [deskoŋxestjonár] 他 鬱血をとる；混雑を緩和する
　◆ ～se 混雑が緩和する
　descongestión 囡 混雑緩和(解消)
　descongestionante 男 鬱血除去剤
desconocedor, ra [deskonoθeðór, ra] 形 [+de を] 知らない
desconocer [deskonoθér] 39 他 ❶ 知らない；知っていることを否定する，関係を否認する：*Desconozco* a su padre. 私はあなたのお父さんには会ったことがない. *Desconocía* el asunto. 彼はその件は知らなかった. ❷ [変わっているので] 見違える，驚く：¡Chico, te *desconozco* tan trabajador! やあ，あんまり仕事熱心なので見間違えたよ！ Le *desconozco* haciendo un regalo tan espléndido. 彼があんな立派な贈り物をしてくれるとは思ってもみなかった
　◆ ～se *Se desconocen* las causas del accidente. 事故原因は不明だ
desconocido, da [deskonoθíðo, da] 形 名 過分 ❶ [+de・para に] 知られていない，未知の；見知らぬ〔人〕：persona ～*da de (para)* todos 皆の知らない人. mundo ～ 未知の世界. ❷ 無名の〔人〕，過分 [estar+] ひどく変わった：Estás ～*da* con este peinado. そんな髪型なので君だとわからなかったよ
desconocimiento [deskonoθimjénto] 男 無知：tener un ～ de... …について知らない
desconsideración [deskonsideraθjón] 囡 無視，軽視；無礼，無作法：tratar a+人 con ～ …をばかにする，重きをおかない
　desconsiderado, da 形 名 他人のことを考えない〔人〕；無礼な〔人〕
desconsuelo [deskonswélo] 男 ❶ 悲しみ，心痛：Su muerte nos llenó de ～. 私たちは彼の死を深く悲しんだ. ❷ 胃が弱っている感じ，胃の不快感
　desconsoladamente 副 悲しげに
　desconsolado, da 形 過分 悲しげな，沈んだ
　desconsolar 28 他 悲しませる. ◆ ～se 悲しむ
descontado [deskontáðo] *dar... por ～* …を当然のこととみなす：*Doy por ～* que pasará el examen. 彼は当然合格するだろう
　por ～ もちろん〖por supuesto〗
descontaminar [deskontaminár] 他 [+場所 から] 汚染を除去する
　descontaminación 囡 汚染除去
descontar [deskontár] 28 他 ❶ 割引きする：i) ～ el diez por ciento 10%割引く. ～ un pagaré 手形を割引く. ii) [+de] *Descontaremos* de lo que dice él. 彼の言うことは割引きして聞こう. ❷ 《スポーツ》[+時間] 時計を止める
descontentar [deskontentár] 他 …に不満を抱かせる：Me *descontenta* tu actitud. 君の

態度は気に入らない
　◆ ～se 不満を抱く
　descontentadizo, za 形 名 文句の多い〔人〕
descontento, ta [deskonténto, ta] 形 [estar+. +de・con・por に] 不満な：Está muy ～ de su sueldo. 彼は給料に非常に不満を持っている
　◆ 男 不満：Siente un gran ～ por (con) su suerte. 彼は自分の境遇を大変不満に思っている
descontextualizar [deskonte(k)stwaliθár] 9 他 …の文脈を無視する
descontinuar [deskontinwár] 14 他 …の継続をやめる，中止(中断)する
descontrol [deskontról] 男 ❶ 無秩序，混乱；なげやり. ❷ 管理撤廃，統制解除
　descontrolar ～se コントロールを失う，制御不能になる
desconvocar [deskombokár] 7 他 …の召集を取りやめる
　desconvocatoria 囡 召集解除
descoque [deskóke] 男 《口語》=descoco
descorazonar [deskoraθonár] 他 …のやる気を失わせる
　◆ ～se やる気がなくなる，がっかりする：*Se descorazonó* al ver que no le escuchaba nadie. 誰も話を聞いていないので彼は意欲をそがれた
　descorazonador, ra 形 落胆させる. ◆ 男 《料理》[リンゴなどの] 芯抜き器
　descorazonamiento 男 落胆，失望
descorchar [deskortʃár] 他 [瓶の] 栓を抜く；[コルクガシから] コルクをはぎ取る
　descorchador, ra 形 コルクを取る. ◆ 男 栓抜き〖sacacorchos〗
　descorche 男 栓を抜くこと；コルクの採取
descornar [deskornár] 28 他 [動物の] 角(つの)を切り落とす
　◆ ～se 《西. 口語》❶ 一所懸命に働く；頭を絞る. ❷ 頭部をぶつける
descorrer [deskoér] 他 《↔correr》開ける：～ la cortina カーテンを開ける；内情を暴露する. ～ un cerrojo 差し錠を開ける
descortés [deskortés] 形 無作法な，失礼な
　descortesía 囡 無作法，失礼
descortezar [deskorteθár] 9 他 [木の] 皮をはぐ
descoser [deskosér] 他 …の縫い目をほどく
　◆ ～se ほころびる：*Se ha descosido* el pantalón. ズボンがほころびた
descosido, da [deskosíðo, da] 形 過分 ほころびた；支離滅裂な
　◆ 男 ほころび
　como un ～ 《口語》たくさん，非常に：Ella estudia *como una ～da*. 彼女は非常によく勉強する
descostillar [deskostiʎár] 他 …の肋骨を強打する
　◆ ～se 〔落ちて〕背中を強打する
descote [deskóte] 男 =escote
descoyuntar [deskojuntár] 他 ❶ 関節を外す；《言語》転位させる. ❷ くたくたに疲れさせる
　◆ ～se 脱臼する；くたくたに疲れる

descoyuntamiento 男 脱臼

descrédito [deskrédito] 男 信用の下落；不評, 不人気：caer en ~ 信用を失墜する
　ir en ~ de... …の信用を失わせる

descreído, da [deskreído, ða] 形 名 無信仰の[人]

　descreimiento 男 無信仰

descremar [deskremár] 他 乳脂を取り除く：leche *descremada* スキムミルク

　descremado 男 脱脂

describir [deskriβír] 他 [過分 descri(p)to] ❶ 描写する, 叙述する：~ una cara 顔の特徴を述べる. ❷《文語》描く：~ una curva 曲線を描く

descripción [deskripθjón] 女 描写；叙述, 記述：~ de puesto 職種内容記録

descriptible [deskriptíβle] 形 描写できる

descriptivo, va [deskriptíβo, ba] 形 描写する；記述的な：música ~*va* 標題(描写)音楽. poesía ~*va* 叙景詩

descrismar [deskrismár] 他 …の頭を強打する
　◆ **~se** 知恵を絞る；仕事に熱中する

descristianizar [deskristjaniθár] 自 …にキリスト教を捨てさせる, 非キリスト教化する

descruzar [deskruθár] 自 他 [交差しているものを]解く

descto.《略語》←descuento 割引

descuadernar [deskwaðernár] 他 […の順序などを]めちゃめちゃにする, 支離滅裂にする；壊す

descuajar [deskwaxár] 他 [固まったものを]溶かす；[植物を]引き抜く
　descuaje 男 [植物の]引き抜き

descuajeringar [deskwaxeriŋgár] 8 他《口語》分解する, 壊す：~ toda la habitación 部屋中ひっかき回す
　◆ **~se** ❶ 壊れる：Se le cayó el flan al suelo y se le *descuajeringó*. 彼のプディングは床に落ちて崩れてしまった. ❷《口語》腹白する；あざが外れそうになる：~*se* de risa 大笑いする. ❸ 疲れる, へとへとになる

　descuajaringar 8 他 ＝descuajeringar

descuartizar [deskwartiθár] 9 他 [死体を] 4 つに分ける, ばらばらにする：~ la ternera 子牛を解体する

　descuartizamiento 男 解体

descubierto, ta [deskuβjérto, ta] 形 過分 [←descubrir][estar+]覆われていない；[プールなどが]屋外の：con la cabeza ~*ta* 帽子をかぶらずに
　a la ~ta あからさまに, 公然と；屋外で
　al ~ 屋外で, 野外で；あからさまに；《商業》[口座が]借越の, 預金残高のない：poner la maldad *al ~* 悪事を暴露する
　en ~ 借越の, 赤字の
　quedar al ~ 知られる；明白になる
　◆ 男 欠損, 赤字
　◆ 女《軍事》偵察

descubridor, ra [deskuβriðór, ra] 名 発見者, 探検家；《軍事》偵察隊員

descubrimiento [deskuβrimjénto] 男 発見[したもの]；露呈：el ~ de América アメリカの発見

descubrir [deskuβrír] 他 [英 discover. 過分 descub*ierto*] ❶ 発見する, 見つける：~ un microbio 病菌を発見する. ~ a su padre en medio de la multitud 人込みの中から父親を見つける. ~ el talento de+人 …の才能を見いだす. ~ el Polo Norte 北極に初めて到達する. ❷ 覆いを取る, あらわにする：~ su pecho 胸をはだける. ~ una estatua 銅像の除幕をする. ❸ 明るみに出す, 暴く：Las huellas dactilares *descubrieron* al culpable. 指紋で犯人がわかった. ~ un secreto 秘密を暴露する. ~ sus intenciones 意図を明かす. ❹ 発明する, 創り出す
　◆ **~se** ❶ [帽子などを]脱ぐ；《比喩》[+ante に]脱帽する：~*se* en señal de respeto 敬意を表して帽子をとる. ❷ 姿を現わす；明らかになる, 露見する：Desde la cima se *descubría* todo el pueblo. 頂上から町全体が見えた. *Se descubrió* la intriga. 陰謀が発覚した. ❸《格闘技》すきを見せる

descuello [deskwéʎo] 男 [物の大きさが]高すぎること；傲慢な態度

descuento [deskwénto] 男 ❶ 値引き[額]：hacer ~ 値引きする. Me hicieron un ~ importante. 私はかなり値引きしてもらった. con ~ de diez por ciento 10% 値引きして. ❷《商業》[手形の]割引き：~ bancario 銀行割引き. tasa de ~ 割引率. tasa de ~ oficial 公定歩合. ❸《スポーツ》治療などに要した分の延長時間

descuerar [deskwerár] 他 …の皮をはぐ；酷評する

descuidado, da [deskwiðáðo, ða] 形 過分 ❶ [estar+] おろそかにされている：jardín ~ 手入れされていない庭. ❷ [ser+] 怠慢な, 不注意な：coger a+人 …の不意をつく

descuidar [deskwiðár] 他 ❶ おろそかにする, 怠る：~ su trabajo 仕事をおろそかにする(なまける). ~ su aspecto 身なりを構わない. ~ a su hijo 子供をほったらかしにする. ❷ …の注意をそらす
　◆ 自 [命令文で] 心配しないで下さい：*Descuida*, que yo cuidaré de tu niño. 安心したまえ, 私が子供の面倒を見るよ.
　◆ **~se** ❶ 注意を払わない；[+de を]おろそかにする：~*se* en el vestir 服装に気を使わない. ~*se* de sus deberes 宿題を忘れる. ❷ 油断する：Si me *descuido*, pierdo el tren. うかうかしていたら電車に乗り遅れる／もたもたしてたら電車に乗り遅れるところだった『実際には乗った』

descuidero, ra [deskwiðéro, ra] 名 置き引き[の], すり[の]

descuido [deskwíðo] 男 ❶ 怠慢, 不注意：~ en apagar el cigarrillo たばこの火の不始末. con ~ むぞうさに, いい加減に. por ~ うっかりして. ❷ 過ち, しくじり；言い(書き)落とし

descular [deskulár] 他 [容器の] 底を破る
　◆ **~se** 底が抜ける

desde [désde] 前 [英 from. ↔hasta]

…から [類義] de は単なる起点, desde は起点とそこからの途中… ❶ [場所] Fuimos en coche ~ Madrid hasta Sevilla. 私たちはマドリードからセビーリャまで車で行った. Hay tres kilómetros ~ tu casa a la mía. 君の家から私の家まで3キロある. caer ~ el tejado 屋根から落ちる ❷ [時間] i) ~ las ocho hasta las diez 8時から10時まで. ~ niño 子供の時から. ~ diez años antes その10年前から. He deseado comprar esa casa ~ el momento en que la vi. 私は見た瞬間から, その家を買いたくなった. ii) [+que+直説法《文語》+接続法過去] …して以来: D~ que la vi (viera) por primera vez, nunca pude olvidarla. 初めて会った時から私は彼女を[片時も]忘れられなくなった ❸ [順序・範囲など] ~ el primero hasta el último 最初から最後まで. ~ ese punto de vista その観点から. ~ el más rico al más pobre 貧富の別なく[誰でも]

desdecir [desdeθír] 04 直 [過分 desdicho, 現分 desdiciendo. 命令法単数は規則変化] ❶ [+de と] 調和しない, そぐわない; 一致しない: Sus modales vulgares desdicen de su posición social. その野卑なふるまいは彼の社会的地位にふさわしくない. La forma desdice del fondo. 形式が内容と一致しない. ❷ 退廃(堕落)する

◆ ~se [+de 前言を] 翻す: ~se de su promesa 約束を反故(ほご)にする

desdén [desdén] 男 [見下した] 無関心, 軽蔑: mirar con ~ 軽蔑の目で見る
al ~ [わざと] 無造作に

desdentado, da [desdentáðo, ða] 形 [estar 〜] 歯の抜けた; 《動物》貧歯類の

desdeñar [desdeɲár] 他 軽蔑する, 軽視する; 断る: ~ el favor 好意を受け入れることを潔しとしない(鼻先であしらう)

◆ ~se [軽蔑して, +de と] 断る: Se desdeña de comer con sus empleados. 彼は雇い人たちと食事を共にしようとしない

desdeñable 形 軽蔑すべき

desdeñoso, sa 形 軽蔑的な, 冷淡な

desdibujar [desdiβuxár] 他 おぼろげにする, ぼかす: La niebla desdibujaba la carretera. 霧で道路がかすんでいた

◆ ~se かすむ, ぼやける

desdicha [desdítʃa] 女 ❶ 災難, 不運 [desgracia]: sufrir continuas ~s 災難続きである. tener la ~ de+不定詞 不幸(不運)にも…する. por ~ 不運にも. ❷ 《口語》不運な人; 不器用者, 役立たず: Eres una ~. 君はつきがない. ❸ 惨状: vivir en la mayor de las ~s 極貧の生活をする

desdichado, da [desditʃáðo, ða] 形 名 [+en と] 不運(不幸)な[人], 哀れな[人]; 意気地なし[の]: ~ en amores 恋愛運のない. noche ~da 不吉な夜. gente ~da 不幸な人々. padre ~ だめ親父. ¡D~ de mí! ついてない!

desdinerar [desdinerár] 他 《口語》[国を]貧しくする

◆ ~se 破産する

desdoblar [desdoβlár] 他 ❶ [折り畳んだものを] 広げる: ~ una servilleta ナプキンを広げる. ~ un alambre 針金を伸ばす. ❷ 2つ(2人)[の部分]に分ける: ~ una cátedra [en dos] 講座を2つに分ける. ~ la imagen 二重に見えさせる

◆ ~se ❶ 広がる, 伸びる. ❷ 2分される: Se desdobla su personalidad. 彼が二重人格になる

desdoblamiento 男 展開; 2分化, 2重化

desdorar [desdorár] 他 …の金めっき(金箔)をはがす; 信用を失墜させる

desdoro 男 信用の失墜, 名誉, 不名誉

desdramatizar [desdramatiθár] 9 他 劇的要素を排除する; 深刻に考えない

deseable [deseáβle] 形 望ましい: i) costumbre ~ 望ましい習慣. ii) [ser ~ que+接続法] Es ~ que descanse bien. 十分に休息することが望ましい

desear [deseár] 他 [英 wish] ❶ 望む, 願う [☞querer 類義]: i) Deseo una cámara para mi cumpleaños. 誕生日にはカメラが欲しい. ¿Qué desea (deseaba)? 何をさしあげましょうか? 何のご用でしょうか? ¿Qué desea de mí? 私に何のご用ですか? Te deseo buen éxito. 成功を祈るよ. Le deseo un buen fin de semana. あなたにとってよい週末でありますように. Cuanto más se tiene más se desea. 《諺》人は持てば持つほどさらに欲しがるものだ. ii) [+不定詞] …したい: Deseo saberlo. それを知りたい. iii) [+que+接続法] Deseo que me escribas. 私に手紙をくれよ. iv) [直説法過去未来(完了)・接続法過去完了 -ra 形で婉曲] Desearía ver al Sr. Mata. マタ氏にお目にかかりたいのですが. Deseaba que viniera pronto María. マリアに早く来てもらいたい. Habría (Hubiera) deseado ver a su padre. お父さんにお会いしたかったのですが ❷ 欲情を抱く: Te deseo. お前が欲しい

de ~ 望ましい: Es de ~ que asista él. 彼の出席が望まれる

dejar mucho (bastante) que ~ とても(かなり)不完全・不十分である: Esta obra deja mucho que ~. この作品は出来がよくない(お粗末である)

desecar [desekár] 7 他 乾燥させる, 干す: ~ las plantas medicinales al sol 薬草を日に干す. ~ un pantano 沼を干す(干拓する)

◆ ~se 乾く, からからになる

desecación 女 乾燥させること; 乾燥状態

desechable [deseʧáβle] 形 ❶ 使い捨ての: máquina fotográfica ~ 使い捨てカメラ. pañal ~ 紙おむつ. ❷ 拒否できる

desechar [deseʧár] 他 ❶ 排除する, 拒否する: ~ una propuesta 提案を受け入れない. ~ una oferta 申し出を断る. ~ las ideas pesimistas 悲観的な考えを捨てる. ❷ [不用物を] 捨てる: ~ un vestido viejo 古着を捨てる

(処分する)

◆ 圓《中南米》近道をする

desecho [desétʃo] 男 ❶ 廃棄物, 残り物: i) ～s industriales 産業廃棄物. ～s nucleares 核廃棄物. ropa de ～ ぼろ着. ii)《軽蔑》[人について] ～ de la sociedad 社会のくず. Es un ～. 彼は使いものにならない. ❷《中南米》近道

deselectrizar [deselɛktriθár] 9 他 放電させる

desembalar [desembalár] 他 荷ほどきする, パッケージを開ける

desembaldosar [desembaldosár] 他 …のタイル(敷石)をはがす

desembalsar [desembalsár] 他 [貯水池の] 水を放流する
　desembalse 男 放流

desembarazar [desembaraθár] 9 他 ❶ [+de 邪魔な物を] …から取り除く, 片づける: ～ de trastos la habitación 部屋のがらくたを片づける. ～ el paso 道をあける. ❷《南米》出産する; 流産する
◆ ～se っかい払いする, 処分する: ～se del uniforme 制服を脱ぎ捨てる
　desembarazado, da 形 過去 自由な, 屈託のない
　desembarazo 男 鷹揚(ಕ್), 磊落(ؤ್); 決然; 《南米》出産, 分娩

desembarcar [desembarkár] 7 他 [+de 船・飛行機から] 降ろす, 上陸させる: ～ las mercancías 積荷を陸揚げする
◆ 圓／～se [+en に] 上陸する: ～ de un bote ボートから降りる. ～ en la playa 海岸に上がる. ～ en Marsella マルセイユで下船する
　desembarcadero 男 船着場, 桟橋

desembarco [desembárko] 男 ❶ 陸揚げ, 荷揚げ; 下船, 上陸. ❷《軍事》上陸作戦: barcaza (buque) de ～ 上陸用舟艇

desembargar [desembargár] 8 他《法律》[差押えなどを] 解除する
　desembargo 男 差押えの解除

desembarque [desembárke] 男 ＝**desembarco**

desembarrancar [desembaraŋkár] 7 他 [船を] 離礁させる

desembaular [desembaulár] 他 [感情を他人に] ぶちまける

desembocadura [desembokaðúra] 女 河口; [狭い所から広い所への] 出口: en la ～ de la calle mayor 大通りに出た所に

desembocar [desembokár] 7 圓 ❶ [川が, +en に] 注ぐ; [道などが] 通じる: El Ebro desemboca en el Mediterráneo. エブロ川は地中海に注ぐ. Esta calle desemboca en la Plaza Mayor. この通りを行くとマヨール広場に出る. ❷ …に帰着する: Este conflicto puede ～ en una guerra. この争いは戦争につながりかねない

desembolsar [desembolsár] 他 支払う, 支出する
　desembolso 男 支払い, 支出

desembozar [desemboθár] 9 他 [顔の]

覆い(覆面)を取る; [管の] 詰まりを取り除く

desembragar [desembragár] 8 他《機械》クラッチを切る
　desembrague 男 クラッチを切ること

desembridar [desembriðár] 他 馬勒(ﾊﾞﾛﾞ)を外す

desembrollar [desembroʎár] 他《口語》もつれを解く; 解明する: ～ un malentendido 誤解を解く

desembuchar [desembutʃár] 他 洗いざらいぶちまける, 告白する; [鳥がひなのために餌を] 吐き出す

desemejar [desemexár] 圓 相違する
◆ 他 姿形を変える, 変貌させる
　desemejante 形 [+a・de と] 異なった, 似ていない
　desemejanza 女 相違, 不同

desempacar [desempakár] 7 他《主に中南米》荷ほどきする

desempachar [desempatʃár] 他 消化不良(胃腸障害)を治す
◆ ～se 消化不良が治る; 臆病でなくなる, 大胆になる
　desempacho 男 気楽さ, のびやかさ

desempañar [desempaɲár] 他 [ガラスなどの] 曇りを除く, 磨く
　desempañador 男 曇り防止装置, デミスター

desempapelar [desempapelár] 他 …から包み紙を取り除く; 壁紙をはがす

desempaquetar [desempaketár] 他 …の包装を解く, 中身を取り出す

desemparejar [desemparexár] 他 不ぞろいにする

desempatar [desempatár] 圓 他 [賛否同数の場合] 裁決する〖～ la votación〗;《スポーツ》プレイオフ(同点決勝)をする〖～ un partido〗
　desempate 男 最終的決定: partido de ～ プレイオフ, 同点決勝戦

desempedrar [desempeðrár] 23 他 …から敷石を取り除く: ～ una calle 道の敷石をはがす

desempeñar [desempeɲár] 他 ❶ [質草・抵当物件を] 請け出す(戻す): ～ el reloj 時計を請け出す. ❷ [任務・義務を] 遂行する, 果たす: ～ el puesto de subdirector 副社長の地位につく. ～ el papel de Otelo オセロの役を演じる. ❸ […の負債を] 肩代わりする
◆ ～se [+de 債務から] 解放される, 返済する: ～se de sus deudas 借金を返す
　desempeño 男 請け出し; 遂行, 履行

desempleo [desempléo] 男 失業: estar en el ～ 失業中である. tasa de ～ 失業率. ～ abierto 完全失業
　desempleado, da 名 失業者

desempolvar [desempolβár] 他 …のほこり(ちり)を払う: ～ los muebles con un plumero 家具にはたきをかける. ～ sus viejos libros 昔の本を読み返す. ～ sus recuerdos 思い出をよみがえらせる

desempotrar [desempotrár] 他 [壁に漆喰で取りつけられたものを] 取り外す

desenamorar [desenamorár] 他 …の愛情
を失わせる

◆ ~se 愛がさめる

desencadenar [deseŋkaðenár] 他 ❶ …の
鎖を解き放つ： ~ a un preso 捕虜を自由にする．
❷ ［重大・猛烈な結果を］引き起こす： ~ la
guerra 戦争を引き起こす

◆ ~se 荒れ狂う： Se desencadenó la tem-
pestad. 嵐が猛威をふるった. Se desencadenó
su enojo. 彼の怒りが爆発した

desencajar [deseŋkaxár] 他 ［接合部などか
ら］取り外す；脱臼させる： ~ una pieza de un
motor モーターから部品を外す

◆ ~se ❶ 取れる，外れる．❷ 脱臼する，骨を外
す： Se me desencajó la mandíbula. 私はあご
が外れた．❸ ［表情が］ゆがむ，引きつる： rostro
desencajado 引きつった表情．mirada desen-
cajada ぎょっとしたような目つき

desencajamiento 男 取り外し

desencajonar [deseŋkaxonár] 他 引出しか
ら取り出す

desencallar [deseŋkaʎár] 他 ［船を］離礁さ
せる

◆ ~se 離礁する

desencaminar [deseŋkaminár] 他 ＝des-
caminar

desencantar [deseŋkantár] 他 …の魔法を
解く；幻滅（失望）させる

◆ ~se 魔法が解ける；幻滅する，失望する： Se
desencantó al ver el cuadro. 彼はその絵を見
て失望した

desencantamiento 男 魔法を解く（が解け
る）こと；＝desencanto

desencanto 男 ［+con への］幻滅，失望

desencapotar [deseŋkapotár] ~se ［空が］
明るくなる，晴れる

desencaprichar [deseŋkaprit∫ár] 他 ［+de
気まぐれ（の恋）を］…にやめさせる

◆ ~se 気まぐれをやめる，浮気がおさまる

desencarcelar [deseŋkarθelár] 他 釈放す
る《excarcelar》

desenchufar [desent∫ufár] 他《電気》…のプ
ラグを抜く，電源を切る： ~ la plancha アイロン
を切る． ~ la radio ラジオのスイッチを切る

◆ ~se ［+de との］接触を断つ

desencoger [deseŋkoxér] 他 ［縮んでいる
ものを］伸ばす，広げる

◆ ~se 気がね（ものおじ）しなくなる

desencolar [deseŋkolár] 他 ［にかわで張りつ
けたものを］はがす

◆ ~se はがれる

desencolerizar [deseŋkoleriθár] 他
［怒っている人を］なだめる

◆ ~se 怒りを抑える

desenconar [deseŋkonár] 他 炎症を鎮める；
…の怒りを静める

◆ ~se 炎症が治る；怒りがおさまる

desencono 男 鎮静

desencontrar [deseŋkontrár] ~se《南米》
会えない，行きちがう

desencorvar [deseŋkorβár] 他 ［曲がってい

るものを］まっすぐにする

desencuadernar [deseŋkwaðernár] 他
［本を］ばらばらにする，表紙を取る

desencuadernado 男 医名 一組のトランプ

desencuentro [deseŋkwéntro] 男 行きちが
い，すれちがい；意見の不一致

desendiosar [desendjosár] 他 …の思い上が
りをくじく，高慢の鼻をへし折る

desenfadaderas [desenfaðaðéras] 女 複
《口語》苦境を切り抜ける能力（手段）

desenfadado, da [desenfaðáðo, da] 形
過分 ❶ 怒りが静まった．❷ ［作品・言葉づかいな
どが］因習に縛られない，自由な；無遠慮な，ぞん
ざいな

desenfadar 他 なだめる．◆ ~se 怒りを抑え
る

desenfado [desenfáðo] 男 ❶ 遠慮のなさ，
因習に縛られないこと： hablar con ~ 屈託なく
話す；くだけた話し方をする． desempeñar el
papel con gran ~ ごく自然に演じる．❷ 楽し
み，息抜き

desenfocar [desenfokár] 自 他 焦点を外す
《比喩的に的外れの意味でも》： Vas a ~ la
foto. ピントがずれるよ． Ha desenfocado el
asunto. 彼は事件について的外れなとらえ方をした

◆ 自/~se 焦点が外れる，ピントがぼける

desenfoque 男 ピンぼけ；的外れ

desenfrenar [desenfrenár] 他 馬銜（は）を外
す

◆ ~se ［悪行に］のめり込む；［感情などの］歯
止めがきかなくなる

desenfrenado, da 形 過分 抑制のない： len-
guaje ~ 節度を欠いた言葉づかい

desenfreno 男 抑制（歯止め）のないこと

desenfundar [desenfundár] 他 ［ケース・
funda から］取り出す；…からカバーを取り除く：
~ la pistola ピストルを抜く． ~ los muebles
家具のカバーを外す

desenganchar [deseŋgant∫ár] 他 ［鉤などか
ら］外す： ~ los caballos 馬を馬車から切り離
す

◆ ~se《俗語》［+de 麻薬中毒などから］脱する

desengañar [deseŋgaɲár] 他 ❶ 誤り（偽
り）に気づかせる，悟らせる： Creía que era un
experto, pero el ver su obra me ha desen-
gañado. 私は彼を玄人だと思っていたが，作品を
見たら間違っていたことがわかった．❷ 幻滅（失
望）させる

◆ ~se 誤りに気づく，悟る；［+de に］幻滅する，
失望する： Desengáñate, que no lo lograrás.
目をさませ．それは不可能だよ． Ella se desen-
gañó de los hombres. 彼女は男というものに幻
滅した

desengaño [deseŋgáɲo] 男 幻滅，失望：
sufrir un ~ 幻滅する． llevarse un ［gran］ ~
con... …に［ひどく］失望する

desengarzar [deseŋgarθár] 自 他 ［つなぎ合
わせたものを］ほどく，ばらばらにする

◆ ~se ばらばらになる

desengastar [deseŋgastár] 他 ［宝石を台か
ら］外す

desengranar [deseŋgranár] 他 歯車のかみ合わせを外す

desengrasar [deseŋgrasár] 他 ❶ …から脂肪を取る；やせさせる. ❷ 油汚れを取る
◆ 自 やせる；[口中の] 脂を消す；《南米》デブートを食べる
desengrase 男 脱脂；油の染み抜き

desenhebrar [desenebrár] 他 [針から] 糸を引き抜く

desenjaezar [deseŋxaeθár] 9 他 [馬から] 馬具を外す

desenlace [desenláθe] 男 ❶ [事件などの] 結末，解決；[戯曲などの] 大団円，大詰め：tener un ~ feliz ハッピーエンドになる. tener un fatal ~ 破局を迎える. ❷ ほどくこと

desenlazar [desenlaθár] 他 [結び目を] ほどく：~ las cintas de su sombrero 帽子のリボンをほどく
◆ ~se ❶ [事件・戯曲などが] 結末(大詰め)を迎える：Esta comedia se desenlaza ridículamente. この芝居は結末がおかしい

desenmarañar [desemmaranár] 他 [もつれを] 解く；[紛糾した事柄を] 解決する
◆ ~se ❶ ~se el pelo 髪をとかす. ❷ 解ける，ほぐれる

desenmascarar [desemmaskarár] 他 …の仮面を取る；正体を暴く，化けの皮をはがす
◆ ~se 仮面を脱ぐ；正体(本性)を現わす

desenmohecer [desemmoeθér] 39 他 …の錆(ﾋ)を落とす；機能を回復させる：~ las piernas 足のしびれを取る，足ならしをする
◆ ~se 錆が落ちる；機能が回復する

desenojar [desenoxár] 他 [怒っている人を] なだめる
◆ ~se 怒りがおさまる，機嫌が直る
desenojo 男 なだめすかし

desenredar [desenreðár] 他 [もつれを] 解きほぐす；[散らばったものを] 片づける，整理する：~ su habitación 部屋を整頓する. ~ el problema 問題を整理する
◆ ~se ❶ ~se el pelo 髪をとかす. ❷ [+de 困難などを] 切り抜ける：~se de una trampa 罠から抜け出す

desenrollar [desenroʎár] 他 [巻いたものを] 広げる：~ una persiana ブラインドを下ろす
◆ ~se 巻きが戻る，ほどける

desenroscar [desenroskár] 7 他 [ねじ込んだものを] 抜く：~ el tapón de una botella 瓶のふたを取る. ~ un tornillo ねじを外す
◆ ~se =**desenrollarse**：La serpiente se desenroscó. 蛇がとぐろを解いた

desensamblar [desensamblár] 他 [組み立てたものを] ばらばらにする

desensartar [desensartár] 他 [数珠つなぎのものを] 糸から外す，ばらばらにする

desensillar [desensiʎár] 他 [馬から] 鞍を外す

desentender [desentendér] 24 ~se [+de] ❶ わからないふりをする：Se desentiende de lo que le pedimos. 彼は私たちが頼んでも知らん顔をしている. ❷ 関心がない，関与しない：Me he

desentendido por completo del asunto. 私はその件にはまったくかかわらなかった
hacerse el desentendido 知らん顔をする

desenterrar [desenteřár] 23 他 [地中から] 掘り出す，発掘する：~ un cadáver 死体を発掘する. ~ recuerdos 思い出をよみがえらせる. ~ una historia 歴史を掘り起こす

desentonar [desentonár] 自 ❶ 調子外れに歌う(演奏する). ❷ [+con と] 調和しない：Este jersey desentona con el color de tu pelo. このセーター[の色]は君の髪の色と合わない
◆ 他 [体などの] 調子を狂わせる，不調にする
◆ ~se 調子を失って，不調になる

desentorpecer [desentorpeθér] 39 他 ❶ …からぎこちなさを取り除く，世間に慣れさせる. ❷ [手足の] 麻痺を取る；なめらかに動くようにする
◆ ~se ぎこちなさ(麻痺)がなくなる

desentrampar [desentrampár] 他 […の負債を] 肩代わりする
◆ ~se 債務を返済する

desentrañar [desentranár] 他 [問題の] 核心に迫る，深く追究する

desentrenar [desentrenár] ~se トレーニング不足になる，不調になる
desentreno 男 トレーニング不足

desentronizar [desentroniθár] 9 他 廃位する《destronar》

desentumecer [desentumeθér] 39 他 [筋肉などの] 固さを取る，しびれ(かじかみ)をなくす
◆ ~se [筋肉の] 固さがほぐれる，しびれ(かじかみ)がなくなる：Si haces ejercicio, se te desentumecerán los músculos. 運動をすると筋肉がほぐれる
desentumecimiento 男 筋肉をほぐす(しびれをなくす)こと

desenvainar [desembainár] 他 [剣などを] 抜く

desenvoltura [desemboltúra] 女 [動作・態度の] 軽さ，軽快(自在)さ；むぞうさ，無遠慮：bailar con ~ 軽快に(のびのびと)踊る. contestar con ~ 平然と(ぞんざいに)答える

desenvolver [desembolbér] 29 他 《過分 desenvuelto》 ❶ [包んだ・巻いたものを] 広げる：~ un caramelo あめの包み紙を取る. ❷ [論理などを] 展開する：~ un tema テーマを発展させる. ❸ 解明する：~ un misterio なぞを解く
◆ ~se ❶ [事柄が] 展開する：Los hechos se desenvolvieron de forma improvisada. 事態は思いがけない方向に発展した. ❷ [人が社会で] 何とかやっていく，地位を得る：Sabe ~se en la vida. 彼は処世術にたけている. ❸ [やっかいな状況下で] 平然と話す(ふるまう)，うまく切り抜ける：Se desenvolvió muy bien durante la conferencia. 会議中彼はうまくふるまった
desenvolvimiento 男 展開；成長，発展

desenvuelto, ta [desembwélto, ta] 《過分 《←desenvolver》 屈託のない，やり手の：actitud ~ta 屈託のない態度. Es una persona muy ~ta. 彼は大変なやり手だ

desenzarzar [desenθarθár] 9 他 [けんかし

ている人を] 引き分ける；[次から] 引き離す

deseo [deséo] 男 〖英 desire〗**❶** 欲望, 願望: Fue su ～ *que* le enterraran en su pueblo natal. 彼の願いは故郷に埋葬してもらうことだった. satisfacer un ～ 欲望を満たす. ～ de comer 食欲. ～*s* de poder 権力欲. **❷** 肉欲, 情欲. **❸** 欲望の対象: ¿Cuál es tu ～? 何が欲しいのか(望みなのか)？ **❹** 誓願: formular un ～ 誓いを立てる

arder en ～*s de...* …を熱望する: *Arde en* ～*s de* verte. 彼はすごく君に会いたがっている

buen〔*os*〕～〔*s*〕 善意

tener ～ *de...* …を欲する, 望む: *Tengo* ～ *de* [tomar] una cerveza bien fría. よく冷えたビールが飲みたい

venir en ～ *a*+人 [衝動が] …に生じる: *Me vino en* ～ verte. 私は〔急に〕君に会いたくなった

venir (*entrar*) *a*+人 *el* ～ *de...* …が…を欲するようになる: Me *vino* (*entró*) *el* ～ *de* lograrlo. 私は〔急に〕それが欲しくなった

deseoso, sa [deseóso, sa] 形 〖estar+. + de を〗欲している, 望んでいる: i) Estamos ～*s de* recreo. 私たちには娯楽が必要だ/娯楽がほしい. ii) [+de+不定詞・*que*+接続法] Mi amigo está ～ *de* conocerte. 僕の友人が君にお近づきになりたがっている. Estamos ～*s de que* llegue la primavera. 私たちは春の到来を待ち望んでいる

desequilibrar [desekilibrár] 他 …の均衡を失わせる: ～ un barco 船のバランスを失わせる **◆** ～*se* 均衡を失う；精神状態が〔少し〕おかしくなる

desequilibrado, da 形 名 過分 〖estar+. 軽い〗精神異常の；精神異常者

desequilibrio [desekilíbrjo] 男 不均衡, 不安定: ～ entre los ingresos y los gastos 収支のアンバランス. ～ mental 精神異常

deserción [deserθjón] 女 〖←desertar〗脱走

desertar [desertár] 自 **❶** 〖軍事〗脱走する: ～ en pleno campo de batalla 敵前逃亡する. **❷** [+de 義務などを] 放棄する: ～ *de* su papel de guía 指導者としての役目を放棄する. **❸** 〖口語〗久しく顔を見せない

desértico, ca [desértiko, ka] 形 〖←desierto〗**❶** 砂漠の: zona ～*ca* 砂漠地帯. **❷** 無人の, 人けのない

desertización [desertiθaθjón] 女 砂漠化 **desertizar** 自 他 砂漠化させる. **◆** ～*se* 砂漠化する

desertor, ra [desertór, ra] 形 名 脱走した；脱走兵 〖soldado ～〗

desescalar [deseskalár] 他 段階的に縮小する

desescalada 女 段階的縮小

desescombrar [deseskombrár] 他 …から残骸(瓦礫)を片付ける

deseslabonar [deseslabonár] 他 [つなげたものを] ばらばらにする: ～ una cadena 鎖をちぎる

desesperación [desesperaθjón] 女 絶望；捨てばち, やけ: Es una ～ la lentitud de los trámites. 手続きの遅さは絶望的だ(嘆かわしい). hundirse en la ～ 絶望の淵に沈む. arrojar a+人 en la ～ …を絶望に追いやる

con ～ 絶望的な・に；必死な・に: lucha *con* ～ 必死の戦い

desesperado, da [desesperádo, da] 形 過分 **❶** 絶望した；やけになった: quedar (hallarse) ～ 絶望する. **❷** [客観的に見て] 絶望的な, 望みのない: situación ～*da* 絶望的(深刻)な状況. **❸** 必死の, 死に物狂いの: esfuerzo ～ 必死の努力

a la ～*da* 絶望的に, どうしようもなく；必死に

como un ～ 猛烈に, むちゃくちゃに

desesperadamente 副 絶望的に, やけになって；必死に

desesperante [desesperánte] 形 絶望感を与えるような, どうしようもない, やりきれない, いらいらさせる: Va mejorando con una lentitud ～. 彼の回復は遅々としてはかどらない. Es ～ ver como se mueren de hambre los niños. 子供たちが飢えて死んでいくのを見るのはやりきれない

desesperanzar [desesperanθár] 他 自 絶望させる；[+de を] あきらめさせる **◆** ～*se* 絶望する

desesperanza 女 絶望 〖desesperación〗 **desesperanzador, ra** 形 絶望的な, 希望のない

desesperar [desesperár] 自 〖英 despair〗**❶** 絶望する: No debe ～. 絶望してはいけない. **❷** [+de+不定詞・*que*+接続法 することを] あきらめる: *Desespero de* verle otra vez. 二度と彼には会えないだろう. *Desespero de que* su padre pueda recuperarse. 彼は父親の回復をあきらめている **◆** いらいら(うんざり)させる: Me *desespera* ver cómo pasa el tiempo. 時のたつのがこう速いと私はいやになる **◆** ～*se* **❶** [+de に] 絶望する；やけになる: *Se ha desesperado de* la vida. 彼は人生に絶望した. **❷** いらいら(うんざり)する

desespero [desespéro] 男 《南米》 絶望 〖desesperación〗

desestabilizar [desestabiliθár] 自 他 …の安定を失わせる

desestacionalizado, da [desestaθjonaliθádo, da] 形 《経済》 季節修正済みの

desestimar [desestimár] 他 《文語》 **❶** 過小評価する: No lo *desestimes*. 彼を見くびってはいけない. **❷** [申し出・依頼を] 拒絶する: ～ una petición 要請を断る. ～ una acusación 告訴を却下する

desfachatez [desfatʃatéθ] 女 厚かましさ, ずうずうしさ；生意気: Es una ～ copiar en las mismas narices del profesor. 先生の目の前でカンニングするとはずうずうしい

desfalco [desfálko] 男 [私企業での] 使い込み, 横領

desfalcar 自 他 使い込む, 横領する

desfallecer [desfaʎeθér] 自 **❶** 気が遠く

なる，卒倒する：*Desfalleció* a la vista de sangre. 彼は血を見て失神した． ～ de hambre 空腹で気が遠くなる． 〔体力·気力が〕衰える：llegar a la meta sin ～ 元気にゴールインする

desfalleciente [形] 衰弱した；気を失った

desfallecimiento [男] 気絶，卒倒；衰え

desfasado, da [desfasáðo, ða] [形] 現実〔の状況〕から外れた，遅れて(ずれて)いる：Estoy ～ en cuestión de la música moderna. 私は現代音楽に疎い

desfase [desfáse] [男] ❶ 〔現実との〕ずれ，遅れ：Tengo (Sufro) ～ horario. 私は時差ぼけだ． ❷ 《統計》タイムラグ 〖= cronológico〗

desfavorable [desfaβoráβle] [形] 不利な，都合の悪い；好意的でない：viento ～ 逆風． condiciones ～s 不利な条件． Su opinión es ～ al proyecto. 彼の意見は計画に好意的でない

desfavorecer [desfaβoreθér] [他] ❶ 不利にする：La nueva ley *desfavorece* a los agricultores. 今度の法律は農民にとって不利だ． El vestido verde la *desfavorece*. 緑色のドレスは彼女に似合わない

desfibrar [desfiβrár] [他] …の繊維を砕く

desfibrilación [desfiβrilaθjón] [女] 《医学》細動除去

desfibrilador [男] 除細動器

desfigurar [desfiɣurár] [他] ❶ 〔顔·姿などを〕醜くする：La erupción le *desfigura* la cara. 発疹のせいで彼の顔は醜い． ～ una plaza 広場の景観を損なう． ❷ 歪曲する，変貌する：～ la verdad 事実をゆがめる． ～ a+人 el tipo …の人柄を変える． ❸ 不鮮明にする
◆ ～se 〔姿形が〕すっかり変わってしまう

desfiguro [男] 《中米》ふざけ，奇行；《南米》変形

desfiladero [desfiláðero] [男] 〔山間の〕狭い道

desfilar [desfilár] [自] 行進する；列を作って通る(帰る)：Las tropas *desfilaron* por la ciudad. 軍隊は町を行進した． Al terminar la fiesta empezaron a ～ los invitados. パーティーが終わると客たちはぞろぞろと帰り始めた

desfile [desfíle] [男] 〔分列式〕行進；～ de la manifestación デモ行進． ～ de la victoria 凱旋パレード． ～ de modas (de modelos) ファッションショー

desflecar [desflekár] [7] [他] 《服飾》〔布の縁をほぐして〕房のようにする

desflorar [desflorár] [他] ❶ 〔外見を〕損なう；〔問題を〕表面的に扱う，掘り下げない． ❷ 《文語》…の処女を失わせる

desfloración [女] 簡単な論及；破瓜(は)

desfogar [desfoɣár] [8] [他] 〔感情を〕あふれ出させる：～ su irritación con (en)+人 …に怒りをぶつける
◆ ～se 感情の流露するままにする；怒りに身を任せる：Se *desfogó* diciendo tacos. 彼は際限なく悪態をついた

desfogue [男] 感情の発散(はけ口)；《中米》下水道のもれ穴

desfondar [desfondár] [他] ❶ …の底を抜く；

《農業》深く耕す：～ una barca 船底を破る． ❷ 《スポーツ》…の底力(気力)を失わせる
◆ ～se …の底が抜ける；スタミナ切れになる

desfonde [男] 底を抜くこと；深耕；体力切れ

desforestar [desforestár] [他] =deforestar

desforestación [女] =deforestación

desgaire [desɣáire] [男] ❶ 無頓着；だらしなさ：vestir con ～ むぞうさな(だらしない)服装をする． al ～ 無頓着に；ぞんざいに． ❷ 軽蔑の仕草

desgajar [desɣaxár] [他] ❶ 〔木の枝を〕折る． ❷ 〔+de から〕もぎ取る；引き離す：～ las hojas *de* una revista 雑誌のページを破り取る
◆ ～se ❶ 〔枝が〕折れる． ❷ 離れる：Se *desgajó de* su patria. 彼は祖国を離れた

desgajadura [女] 枝を折る(もぎ取る)こと

desgalichado, da [desɣalitʃáðo, ða] [形] だらしのない；ぎこちない，ぶざまな

desgalillar [desɣaliʎár] ～se 《中米》=desgañitarse

desgana [desɣána] [女] ❶ 食欲不振：sufrir una ～ 食欲がない． ❷ いや気：El niño come con ～. その子はいやいや食べている． a ～ いやいや，しぶしぶ

desganar [desɣanár] ～se 食欲がなくなる；〔+de に〕いや気がさす

desganado, da [形] [過分] [estar+] 食欲不振の；やる気のない

desgano [desɣáno] [男] 《南米》=desgana

desgañitar [desɣaɲitár] ～se 《口語》声を限りに叫ぶ；声が枯れる

desgarbado, da [desɣarβáðo, ða] [形] 〔身のこなし·歩き方などが〕ぶざまな；ぎこちない

desgarrar [desɣařár] [他] 引き裂く；精神的な苦痛を与える：～ un sobre 封筒を破く
◆ ～se ❶ 裂ける，破れる：Se ha *desgarrado* la sábana. シーツが破れた． Se me ha *desgarrado* el corazón al ver a los huérfanos. 孤児たちを見て私は胸を引き裂かれる思いだった． ❷ 〔+de+人 と〕離別する：～se *de* su familia 家族と別れる；家族から引き離される． ❸ 悲痛な思いをする

desgarrado, da [形] [過分] 裂けた，破れた；恥知らずな，厚かましい：voz ～da 悲痛な声

desgarrador, ra [形] 胸を引き裂くような，悲痛な

desgarradura [女] =desgarrón

desgarramiento [男] 引き裂くこと；断腸の思い

desgarre [desɣáře] [男] 《南米》=desgarro ❸

desgarriate [desɣařjáte] [男] 《中米》混乱；破壊，災厄，惨事

desgarro [desɣářo] [男] ❶ 《医学》〔筋肉·腱の〕断裂． ❷ 《古語》厚顔無恥，天衣無縫；強がり，虚勢． ❸ 《南米》喀痰(かくたん)，喀血

desgarrón [desɣařón] [男] 大きな破れ目(かぎ裂き)

desgastar [desɣastár] [他] ❶ すり減らす，摩滅させる；すり切れさせる：～ los zapatos 靴をはきつぶす． ❷ 消耗(疲労)させる

◆ **~se** すり減る；消耗する：Este jersey *se me ha desgastado* por los codos. このセーターは肘の所がすり切れた. *Se ha desgastado* ese político. その政治家は力を失った

desgaste [desgáste] 男 摩滅；消耗：bata-lla (guerra) de ～ 消耗戦

desglosar [desglosár] 他 ❶ [綴じたものから 1 枚・1 折り] 取り出す. ❷ 分類する：～ la suma de gastos por conceptos 支出額を項目ごとに分ける

  desglose 男 分離；分類, 細分

desgobierno [desgobjérno] 男 失政, 悪政；無秩序

  desgobernar 23 他 政治(支配)を誤る；秩序を破壊する

desgoznar [desgoθnár] 他 …のちょうつがいを外す, ちょうつがいから…を外す

desgracia [desgráθja] 女《英 misfortune》不運, 災難；不幸：Me vi perseguido por la ～. 私は不幸につきまとわれた. Estoy de (en) ～. 私はついてない/災難続きだ. Es la ～ de la familia. 彼は一家の面汚しだ. Eres una ～. 《口語》お前は哀れなやつ(役立たず)だ. No se conoce a los amigos.《諺》困った時の友人が真の友人. Las ～s nunca vienen solas.《諺》悪いことは重なるものだ/泣き面に蜂

  caer en ～ 寵愛を失う

  ~s personales《文語》[災害の] 犠牲者：No hubo ～s *personales* en el accidente. その事故で死傷者はなかった

  labrarse la propia ～ 自ら不幸の種をまく

  para mayor ～ さらに不運なことに

  por ～ 不幸にも, 不運なことに, 残念ながら

  ser una ～ que+接続法 …すると不幸なことである：Es una ～ que haya caído enfermo ahora que empiezan las vacacies. 休暇が始まるという時に彼が病気になるとは不運なことだ

  tener ～ 運がない：Tiene ～ en todo lo que hace. 彼は何をやっても芽が出ない

  tener la ～ de+ 不定詞 (de que+接続法) 不幸にも…する：Tuvo la ～ de perder a su padre (de que su padre muriera). 彼は不幸にも父親に死なれた

desgraciado, da [desgraθjádo, da] 形 過分 ❶ [ser+] i) 不運な：suceso ～ 不幸なできごと. sentirse ～ 自分を憐れむ. ii) [生活が] 哀れな, 貧しい：vida ～*da* みじめな生活. ❷ 魅力のない, つまらない：mujer ～*da* 魅力のない女；不運な女. adorno ～ 醜悪な飾り. ❸ 時機を失した, 的外れの：intervención ～*da* タイミングの悪い介入

◆ 名 不運(不幸)な人, 貧しい人；取るに足りないやつ, ろくでなし

  desgraciadamente 副 遺憾ながら, 残念なことに, 不運にも

desgraciar [desgraθjár] 10 他 ❶ 損ねる, だめにする：Con esta mancha *has desgraciado* el vestido. こんなしみをつけて服を台なしにしたな. Le *han desgraciado* un ojo de una pedrada. 彼は投石で片目を失った. ❷《口語》[女性を] 辱める, 暴行する〖deshonrar〗

◆ **~se** 損なわれる：El proyecto *se desgració* en la mitad. 計画は中途で挫折した

desgranar [desgranár] 他 ❶ [穂・房などから] 種(実)を取り離す：～ habas さやからソラマメを取り出す. ❷ 一つ一つ並べる：～ frases de consuelo 慰めの言葉を並べ立てる. ❸ ～ las cuentas del rosario ロザリオの玉をつまぐりながら祈りを唱える

◆ **~se** ❶ [種・実などが] 落ちる：Se le *desgranó* el collar. 彼女の首飾りの糸が切れて, ばらばらになった. ❷《南米》分散する. 散らばる

  desgranador 男 種こき機, 脱粒機

desgrasar [desgrasár] 他 [羊毛などを] 脱脂する；脂染みを取る

desgravar [desgrabár] 他 減税する, 控除する：Me *desgravaron* los gastos médicos del impuesto sobre la renta. 私は所得税から医療費を控除された

  desgravable 形 控除できる

  desgravación 女 減税, 控除；関税引下げ

desgreñar [desgreñár] 他 …の髪を乱す

◆ **~se** 髪が乱れる；激しくけんかする

  desgreñado, da 形 過分 髪が乱れた：ir ～ 髪をぼさぼさにしている

desguace [desgwáθe] 男 [廃船・自動車などの] 解体, スクラップ化；《西》解体場

  estar para el ～ もう使い物にならない；もう老衰している

desguanzar [desgwanθár] 自 他《中米》元気をなくさせる

◆ **~se** ぐったりする

desguañangar [desgwañaŋgár] 他《中南米》壊す, 分解する；害する, 損なう

◆ **~se**《中米》意気消沈する, 気力をなくす

desguarnecer [desgwarneθér] 39 他 ❶ [+de 付属物・飾りを] …から取り去る：i) ～ una blusa de los encajes ブラウスのレースを取る. ～ el escenario 舞台を片付ける. ～ a un caballo 馬具を外す. ii) [重要な部品を] ～ un coche de las bujías 車のプラグを抜く. ❷ [場所から] 兵を撤退させる, 無防備にする

desguazar [desgwaθár] 自 他 [古くなった船・自動車などを] 解体する, スクラップにする

deshabillé [desabiʎé] 男 [服][服] ～s《←仏語》化粧着, ガウン〖salto de cama〗

deshabitar [desabitár] 他 …に住むものをやめる, 無人の土地(建物)にする：casa *deshabitada* 空き家

deshabituar [desabitwár] 14 他 […に対し, +de の] 習慣を失わせる

◆ **~se** 習慣を失う：～*se* de fumar たばこをやめる

deshacer [desaθér] 63 他 過分 deshecho ❶ [形作ったものを] 乱す, 解く：～ la radio ラジオを分解する. ～ la cama [取り替えるために] ベッドのシーツをはぐ. ～ el nudo 結び目をほどく. ～ un buey 牛を食用に解体する. ～ [契約などを] 破棄する：～ un noviazgo 婚約を解消する. ❸ 破壊する：Los bombardeos *deshicieron* la escuela. 爆撃で学校が壊された. ～ a+人 el plan (la vida) …の計画を台なしにする(人生を

めちゃくちゃにする). ❹ [固体を] 溶かす：～ el azúcar en agua 砂糖を水に溶かす． ～ la nieve 雪を解かす． ❺ [敵を] 潰走させる

hacer y ～ 1) [活動などが] 行きつ戻りつする． 2) [思いのままに] 牛耳る

◆ **～se** ❶ 乱れる, 壊れる：*Se deshizo* todo el envoltorio del regalo. プレゼントの包み紙がビリビリに破れた． ❷ [+de を] 手放す, 捨てる：i) *～se de* unas joyas 宝石を売り払う． *～se de* un compromiso 約束を反故(き)にする． ii) [人を] やっかい払いする, 追い払う：*Se deshizo de* la chica mandándola a un recado. 彼は邪魔な娘をお使いに行かせた． ❸ [不安などで] さいなまれる：*Se deshace de* nervios. 彼はひどくいらいらしている． ❹ 身を粉にして働く；[+por+人の好意を得ようと] 苦しくする；[+en+行為など] ひどく…する：*Se deshace por* ella. 彼は彼女に気に入られようと必死だ． *～se en* alabanzas hacia+人 …をべたほめする． ❺ [自分の体を] 損なう, 傷つく：*Se le deshicieron* las narices. 彼は鼻がつぶれた． ❻ [視界などから] 消える． ❼ 溶ける

～se entre las manos 壊れ(割れ)やすい；[消費して] すぐになくなる

desharrapado, da [desařapáðo, ða] 形 名 ぼろをまとった[人]

desharrapamiento 男 悲惨さ, 貧窮

deshechizar [desetʃiθár] 9 他 呪縛から解放する, 魔法を解く

deshecho, cha [desétʃo, tʃa] 形 過分 《←deshacer》 [estar+] ❶ 壊れた；溶けた：dejar la silla totalmente *～cha* 椅子をばらばらに壊してしまう． helado ～ 溶けたアイスクリーム． ❷ 打ちのめされた, 絶望した；疲れ果てた, へとへとの：estar ～ en llanto 泣きくずれている． ❸ [嵐などが] 激しい

hacer la ～cha 意図(感情)を隠す

◆ 男 [南米] 近道, 小道

deshelar [deselár] 23 他 [氷などを] 溶かす
◆ **～se** 溶ける：*Se deshielan* los ríos. 川の氷が溶けた

desherbar [deserβár] 23 他 [庭などの] 草取りをする

desheredar [desereðár] 他 …から相続権を奪う

desheredado, da 形 名 過分 恵まれない[人], 貧しい[人]

deshermanar [desermanár] 他 [対のものを] 不ぞろいにする, 半端物にする

deshidratar [desiðratár] 他 脱水する：alimento *deshidratado* 乾燥食品
◆ **～se** 脱水症状を起こす

deshidratación 女 脱水[症状]

deshielo [desjélo] 男 《←deshelar》解凍, 雪解け 『比喩的に政治的緊張の緩和も』；解凍：agua de ～ 雪解け水, 氷(水河)の溶けた水

deshijar [desixár] 他 《牧畜》[親から] 子を引き離す

deshilar/deshilachar [desilár/-tʃár] 他 [布の] 端をほどく, 横糸を抜く
◆ **～se** 端がほどける；すり切れる

---

a la deshilada 数珠つなぎになって；こっそりと

deshilvanar [desilβanár] 他 [服の] しつけ(仮縫い)をほどく

deshilvanado, da 形 過分 支離滅裂な

deshinchar [desintʃár] 他 腫れをひかせる；しぼませる：～ un globo 風船の空気を抜く
◆ **～se** ❶ 腫れがひく；しぼむ：*Se le deshinchó* la herida. 彼は傷口の腫れがひいた． ❷ [誇りなどが] ぺちゃんこになる；意気消沈する

deshipotecar [desipotekár] 7 他 …の抵当権を解除する

deshojar [desoxár] 他 …の葉を取る(摘む)：花びらをむしる；ページを破り取る：～ la margarita マーガレットの花びらをむしって恋占いをする
◆ **～se** 葉が落ちる, 花びらが散る

deshoje 男 落葉

deshollinar [desoʎinár] 他 …の煤(す)払いをする

deshollinador, ra 形 名 煙突掃除の[作業員]． ◆ 男 [煙突掃除用の] ブラシ；[天井用の] 長柄のほうき

deshonesto, ta [desonésto, ta] 形 不品行の, 不道徳な：mujer *～ta* 身持ちの悪い女． vida *～ta* 放蕩生活

deshonestidad 女 不品行

deshonor [desonór] 男 不名誉, 恥 《deshonra》

deshonra [desónřa] 女 ❶ 不面目；不名誉, 恥：Es mi ～ haber mentido. 嘘をついて面目ない． No saber no es una ～. 知らないことは恥ではない． ❷ [女性に対する] はずかしめ

tener... al ～ 恥を恥とする：Ten a ～ haber hecho tal cosa. そんなことをして恥ずかしいと思え

deshonrar [desonřár] 他 ❶ …の面目をつぶす, 侮辱する：No me *deshonra* ejercer el oficio de criado. 召使いの仕事をしても私は恥ずかしくない． ❷ [女性を] はずかしめる, 暴行する
◆ **～se** 恥をかく

deshonroso, sa [desonřóso, sa] 形 不名誉な, 恥ずべき

deshora [desóra] 女 *a ～(s)* 不適切な時に：Me llamó *a ～*. 彼はとんでもない時刻に電話をかけてきた

deshornar [desornár] 他 [パン・陶器などを] かまどから出す

deshuesar [deswesár] 他 …から骨を取り除く：～ un pollo 鶏の骨を抜く． ～ un melocotón 桃の種を抜く

deshumanizar [desumaniθár] 9 他 人間性を失わせる
◆ **～se** 人間性を失う, 非人間化する

deshumanización 女 非人間化

desiderata [desiðeráta] 女 《←ラテン語》[図書館の本購入などの] 要請書

desiderativo, va [desiðeratíβo, βa] 形 《言語》願望の

desiderátum [desiðerátun] 男 《←ラテン語》ぜひほしいもの, 切実な欲求

desidia [desíðja] 女 注意(関心・活力)の欠如

desidioso, sa 形 注意（関心・活力）の欠如した

desierto¹ [desjérto] 男 砂漠, 不毛の地：～ de Sahara サハラ砂漠
clamar (*predicar*) *en* [*el*] ～ 馬の耳に念仏

desierto², ta [desjérto, ta] ❶ [estar+] 無人の, 人けのない：isla ～*ta* 無人島. La calle estaba ～*ta*. 通りには人影がなかった. negocio ～ 閑古鳥の鳴く状態. ❷《文語》候補（該当）者のいない：Este año el premio Nadal quedará ～. 今年のナダール賞は該当者がいないだろう

designación [designaθjón] 女《文語》❶ 指名, 任命；指定：～ real 国王による任命. ❷ 名称；命名：Tiene la ～ original. それには元々の呼び名がある

designar [designár] 他《文語》❶ [+para に] 指名（任命）する；指定する：Lo *designaron para* cónsul en Kobe. 彼は神戸領事に任命された. ～ como libro de texto 教科書に指定する. ❷ [+con 名称で] …につける：*Designaron* a Fernando e Isabel con el sobrenombre de Reyes Católicos. フェルナンドとイサベルは別名カトリック両王と呼ばれた

designativo, va 形 任命制の；《言語》= denominativo

designio [desígnjo] 男 計画 [plan]；意図 [intención]：formular su ～ 計画を立てる

desigual [desigwál] 形 ❶ [+con と, +en が] 等しくない, ふぞろいな；不公平な：Son muy ～*es* en el carácter. 彼らは性格がかなり違う. Es ～ *en* el trato con la gente. 彼は付き合う相手によって態度が変わる（差別な）. tener los brazos ～*es* 左右の腕の長さが違う. lucha ～ 一方的な戦い. ❷ 不規則な, むらのある：tejido ～ むらのある織り. terreno ～ でこぼこした土地. tiempo ～ 不安定な天候. ❸《数学》不等の：signo ～ 不等号

desigualar [desigwalár] 他 ふぞろいにする
◆ ～*se* 不均等（不規則）になる

desigualdad [desigwaldá(d)] 女 ❶ 不均等；不公平：～ social 社会的不平等. ❷ 不規則, むら；起伏：～*es* del terreno 土地の起伏. ❸《数学》不等式：signo de ～ 不等号

desilusión [desilusjón] 女 幻滅, 失望；期待外れ：tener (sufrir) una ～ 幻滅を感じる. llevarse una ～ con... …に期待を裏切られる. época de ～ さめた（夢のない）時代

desilusionar [desilusjonár] 他 幻滅（失望）させる；[夢・迷いから] 目覚めさせる：Me *desilusionó* el resultado. 私はその結果にがっかりした
◆ ～*se* 幻滅（失望）する；目ざめる：*Desilusiónate* y acepta la realidad. 迷いからさめて現実を受け入れたまえ

desimantar [desimantár] 他 …の磁気を除く, 消磁させる

desimpregnar [desimpregnár] 他 [しみ込んだもの・化学兵器などによる汚染を] 除去する

desincrustar [desiŋkrustár] 他 [ボイラーの]

湯あかを取る

desinencia [desinénθja] 女《言語》屈折 [語尾]

desinfectar [desinfektár] 他 消毒する, 殺菌する：～ una herida 傷口を消毒する. ～ una jeringa en agua hirviendo 注射器を煮沸消毒する
◆ ～*se* [自分の体を] 消毒する：～*se* las manos 手を消毒する
desinfección 女 消毒, 殺菌
desinfectante 形 消毒の；男 消毒剤

desinflamar [desinflamár] 他 炎症を取る
◆ ～*se* 炎症が治まる
desinflamación 女 炎症を取ること

desinflar [desinflár] 他 ❶ しぼませる；縮小する：～ un globo 風船の空気を抜く. ～ el poder adquisitivo 購買力を減少させる. ❷《口語》やる気をなくさせる, おじけづかせる
◆ ～*se* しぼむ；《口語》意気消沈する, 誇りを失う

desinformar [desinformár] 他 [意図的に] 知らせない, 情報不足にする；間違った情報を流す
desinformación 女 間違った情報

desinhibir [desiníbír] 他《生理・心理》抑制をなくす
◆ ～*se* 屈託なく（天衣無縫に）ふるまう
desinhibición 女 屈託のなさ, 天衣無縫

desinsectar [desinsektár] 他 [+場所 から] 害虫を駆除する

desintegrar [desintegrár] 他 崩壊させる；[岩石を] 風化させる：～ un núcleo atómico 原子核を分裂させる
◆ ～*se* 崩壊する；風化する：El partido *se desintegró* después del fracaso electoral. 選挙の敗北後, 党は分裂した
desintegración 女 崩壊；風化：～ nuclear 原子核の崩壊
desintegrador 男 粉砕機

desinteligencia [desintelixénθja] 女《南米》誤解

desinterés [desinterés] 男 ❶ [+por への] 無関心, 興味のなさ：sentir un gran ～ *por* una asignatura 学科にまったく興味をおぼえない. ❷ 無私無欲；公平：actuar con ～ 欲得を離れて行動する

desinteresar [desinteresár] ～*se* [+de に] 関心（興味）を持たない：Se *desinteresó de* la política. 彼は政治への関心をすっかり失った
desinteresado, da 形 過分 無関心な；公平な, 無欲な 『権力などに執着しない』：consejo ～ 私心のない助言

desintoxicar [desinto(k)sikár] ⑺ 他《医学》中毒を治す, 解毒する；《比喩》毒気を抜く
desintoxicación 女 中毒の治療, 解毒

desistir [desistír] 自 [+de を] あきらめる, 断念する：No *desistió* nunca *de* encontrar a su hijo. 彼は息子を探し出すのを決してあきらめなかった. ❷《法律》[権利を] 放棄する
desistimiento 男 放棄；断念

desjarretar [desxaretár] 他 [馬などの] 飛節を切る

deslabonar [deslabonár] 他 [鎖を] 断つ；分離(分解)する

deslastrar [deslastrár] 他 [船などの] バラストを降ろす，荷重を減らす

deslavazado, da [deslaβaθáðo, ða] 形 混乱した，めちゃくちゃな；支離滅裂な；[服が] よれよれの，たるんだ

desleal [desleál] 形 [ser+. +a·con に] 不誠実な：ser ~ con sus amigos 友人に対して誠実でない．~ a su patria 祖国に忠誠でない．competencia ~ 不公正競争
 deslealtad 女 不実，不誠実；背信〔行為〕，不忠；[商売上の] 不公正

desleír [desleír] 36 他 [過分 desleído, 現分 desliendo] [+en に] 溶かす：~ el chocolate en agua caliente ココアを湯で溶かしのばす
 desleimiento 男 溶かすこと

deslenguar [deslengwár] 13 ~se 口汚くののしる；図々しくふるまう
 deslenguado, da 形 名 過分 口汚い〔人〕
 deslenguamiento 男 悪口雑言

desliar [desliár] 11 他 [包みを] 解く，ほどく

desligar [desliɣár] 8 他 ❶ [縛られているものを] 解く，ほどく：~ a un caballo 馬を放す．❷ [+de から] 分離する：~ el conocimiento de la experiencia 知識を経験から切り離す．❸ [義務などから] 解放する：~ a+人 de asistir a la reunión …の会合への出席を免除する
 ◆ ~se 解放される；自分を解放する：~se de la empresa 会社から独立する
 desligadura 女 ほどくこと；解放

deslindar [deslindár] 他 …の境界を定める；[+de から] 分離する；[概念を] はっきりさせる，規定する
 deslindador, ra 形 境界を画定する
 deslinde 男 境界の画定；分離；規定

desliz [deslíθ] 男 [複 ~ces] 過ち，失言：cometer un ~ 過ちを犯す

deslizamiento [deslíθamjénto] 男 すべること，滑走：~ de tierras 地すべり

deslizante [deslíθánte] 形 すべりやすい

deslizar [deslíθár] 9 他 ❶ すべらす：~ una carta por debajo de la puerta 手紙をドアの下から差し入れる．~ la mano por los cabellos 髪をなでる．❷ うっかり言う(する)：~ una palabra tabú うっかり禁句を言う．❸ 何気なさを装って言う(する)：~ a+人 un billete de mil yenes en la mano …の手にこっそり千円札を握らす
 ◆ 自 すべる
 ◆ ~se ❶ [+por を/+sobre の上を] すべる：Se deslizó por el suelo. 彼は床ですべった．bajar deslizándose por el declive 斜面をすべり降りる．~se sobre la nieve (el hielo) 雪(水)の上をすべる．La arena se deslizó entre los dedos. 砂が指の間からこぼれ落ちた．❷ こっそり逃げる；忍び込む：~se entre los invitados 招待客の中に紛れ込む．❸[文語] 緩やかに流れる：La tarde se deslizaba lenta-mente. 午後はゆっくり過ぎていった(時間のたつのが遅く感じられた)．❹ うっかり間違い(失敗)をする

deslomar [deslomár] 他 ❶ …の腰を痛める；ひどく疲れさせる．❷ 《口語》ボカボカ殴る
 ◆ ~se 腰を痛める；へとへとになる：Se ha deslomado cavando en el huerto. 彼は畑を耕していて腰を痛めた
 deslomadura 女 腰痛

deslucir [deslu0ír] 40 他 輝きを失わせる，くすませる；[外見・イメージを] 損なう，味けなくする：La lluvia deslució la fiesta al aire libre. 雨で園遊会が台なしになった．representación deslucida 面白味のない演技
 ◆ ~se 輝きを失う，色あせる
 deslucimiento 男 平凡さ，味けなさ

deslumbrar [deslumbrár] 他 ❶ …の目をくらませる：Me deslumbró la luz de los faros. 私はヘッドライトに目がくらんだ．❷ 強く印象づける
 ◆ ~se 目がくらむ，眩惑される
 deslumbramiento 男 目のくらみ，眩惑
 deslumbrante/deslumbrador, ra 形 まばしい，まばゆい

deslustrar [deslustrár] 他 [ガラス・金属などの] つやを消す，くもらせる：~ su buen nombre 名声に傷をつける

desmadejar [desmaðexár] 他 衰弱させる：La gripe le desmadejó de tal forma que era incapaz de mantenerse en pie. 彼は流感で体が弱って，立っていられないほどだった
 ◆ ~se 体の力が抜けてしまう
 desmadejamiento 男 衰弱

desmadre [desmáðre] 男《口語》やりすぎ，いきすぎ；どんちゃん騒ぎ：producir un ~ de gritos とてつもない叫び声を上げる．acabar en un ~ total 大混乱に終わる．~ sexual 性的混乱
 desmadrar ~se 度を越す；はめを外す：Se desmadró en insultos. 彼はあまりにもひどく侮辱した

desmagnetización [desmagnetiθaθjón] 女 消磁

desmallar [desmaʎár] 他 …の編み目を解く(切る)
 ◆ ~se 編み目が解ける

desmamar [desmamár] 他 離乳させる

desmán [desmán] 男 ❶ いきすぎた行為(発言)，やりすぎ，横暴：cometer desmanes con+人 …に対して乱暴を働く．desmanes de la soldadesca 兵隊どもの狼藉．desmanes con la bebida 飲み過ぎ．❷《動物》ミズトガリネズミ

desmanar [desmanár] ~se [動物が] 群れから離れる(出て行く)

desmanchar [desmantʃár] 他《中南米》汚れを取る，染みを抜く；離れる，逃げ去る
 ◆ ~se《南米》[グループから] 離れる

desmandar [desmandár] ~se 反抗する，抑えがきかない；[集団から] 離れる
 desmandamiento 男 反抗，不服従

desmano [desmáno] 男 ～ 離れて, 手の届かない所に

desmanotado, da [desmanotáðo, ða] 形 不器用な

desmantelar [desmantelár] 他 ❶ [防御施設を] 取り壊す; [足場などを] 撤去する: ～ una base militar 軍事基地を撤去する. ❷ [建物から] 家具(設備)を取り払う. ❸ 《船舶》マストを折る
desmantelamiento 男 取壊し, 撤去

desmañado, da [desmaɲáðo, ða] 形 名 不器用な[人], 下手な[人]

desmaquillar [desmakiʎár] 他 …の化粧を落とす
◆ ～se [自分の] 化粧を落とす
desmaquillador, ra 形 名 化粧落とし用の; クレンジングクリーム

desmarañar [desmaraɲár] 他 […のもつれを] 解く

desmarcar [desmarkár] 他 《スポーツ》[味方から] 相手のマークをそらす
◆ ～se マークを外す; [+de と] 一線を画する

desmasificar [desmasifikár] 他 [マスプロ化した大学などを] 少人数化する

desmayar [desmajár] 自 おじけづく, 気力を失う
◆ ～se ❶ 気を失う, 卒倒する: Al ver la sangre se *desmayó* en mis brazos. 彼女は血を見て[気が遠くなり]私の腕の中に倒れ込んだ. ❷ [体力・気力が] 衰える. ❸ [物が] だらりと垂れ下がる
desmayado, da 形 過分 気絶した; 生気のない; [色が] 薄い

desmayo [desmájo] 男 ❶ 気絶, 失神; 卒倒: sufrir un ～ 気絶(卒倒)する. ❷ [体力・気力の] 衰え
sin ～ 一心不乱に, 元気よく, へこたれずに

desmechar [desmetʃár] 他 《中米》髪の毛をむしる
desmechonar 他 ＝desmechar

desmedido, da [desmeðíðo, ða] 形 過分 度を過ごした, 並外れた: ambición ～*da* とてつもない野心. apetito ～ 異常な食欲

desmedir [desmeðír] 再 《 過分》desmídiendo} ～se [+en で] 度を過ごす: Se *desmidió en* sus bromas. 彼は冗談が過ぎた

desmedrar [desmeðrár] 自/～se 《文語》[体力などが] 衰える; やせ細る
desmedro 男 衰弱

desmejorar [desmexorár] 自 健康を損なう
◆ 他 悪化させる; 損傷する: ～ el rendimiento 収益を悪化させる
◆ ～se [健康状態などが] 悪化する
desmejoramiento 男 悪化

desmelenar [desmelenár] 他 …の髪を乱す: El viento la *desmelenaba*. 風で彼女の髪が乱れた
◆ ～se ❶ 髪が乱れる; [自分で] 髪をくしゃくしゃにする. ❷ [心が] 乱れる, 頭に血がのぼる. ❸ 急に奔放になる; がんばる
desmelenamiento 男 髪の乱れ; 逆上

desmembrar [desmembrár] 23 他 ❶ [動物の四肢を] 切り取る. ❷ 分割する, 分断する: ～ un partido 党を分裂させる
◆ ～se 解党する; [国などが] 分かれる
desmembración 女 分割

desmemoriado, da [desmemorjáðo, ða] 形 忘れっぽい

desmentir [desmentír] 33 他 《過分》desmíntiendo} ❶ [真実でないと] 否定する: ～ a un testigo 証人の申立てを否認する. ～ una noticia ニュースを否定する. ❷ [行動などが] 矛盾する; [期待などを] 裏切る: no ～ el buen nombre 名声を裏切らない. ❸ [知られないように] うまく隠す: La alegría de su rostro *desmiente* el sufrimiento de su corazón. 彼は顔で笑って心で泣いている. ～ las sospechas 疑いを押し隠す
◆ ～se 前言を取り消す
desmentido 男 否定, 否認
desmentidor, ra 形 反対の事実を物語る

desmenuzar [desmenuθár] 9 他 ❶ 細かく砕く, 細片にする: ～ un pan パンを細かくちぎる. ❷ 細かく検討する
◆ ～se 砕ける
desmenuzador, ra 形 細分する; 細かい
desmenuzamiento 男 細片化; 細かい検討

desmerecer [desmereθér] 39 他 …に値しない, ふさわしくない: ～ el premio (la confianza) 受賞(信頼)に値しない
◆ 自 ❶ よさ(価値)を失う: Su belleza *ha desmerecido* mucho con el paso de los años. 年をとって彼女の美貌はひどく衰えた. ❷ [+de より] 劣る: *Desmerece* en inteligencia *de* su hermano. 彼は頭のよさでは兄に劣る
desmerecedor, ra 形 ふさわしくない
desmerecimiento 男 悪化; 見劣り

desmesura [desmesúra] 女 《文語》横柄, 無礼

desmesurado, da [desmesuráðo, ða] 形 過分 ❶ 過度の, 並外れた: gafas ～*das* 巨大な眼鏡. ❷ 横柄な, 無礼な: actitud ～*da* 横柄な態度
desmesuradamente 副 過度に, 並外れて
desmesurar ～se 横柄にふるまう, 無礼なことを言う

desmigajar [desmiɣaxár] 他 [パンなどを] 小さくちぎる, 細かく砕く, 粉々にする
◆ ～se [ぼろぼろに] 砕ける, 崩れる
desmigar 8 他 ＝desmigajar

desmilitarizar [desmilitariθár] 9 他 非武装化する; 非軍事化する: zona *desmilitarizada* 非武装地帯

desmineralización [desmineraliθaθjón] 女 《医学》無機分過剰排泄

desmirriado, da [desmirjáðo, ða] 形 《口語》やせ細った {esmirriado}

desmitificar [desmitifikár] 7 他 非神話化する, 偶像視しない, 神秘性を取り除く

desmochar [desmotʃár] 他 頂部を切る《成長促進のため枝の先を切るなど》; [作品の一部を] カットする

desmoche 男 頂部を切ること；削除

desmontar [desmɔntár] 他 ❶ 分解する，解体する：~ un motor エンジンを分解する．❷ [山の木を] 切り払う，伐採する；[土地を] 平らにする；[建物を] 取り払う，取り壊す．❸ [銃に] 安全装置をかける；[大砲を] 使用不能にする．❹ [馬などから] 突き落とす，落馬させる．❺ 細部にわたって反論する
◆ 自/~se [+de 馬などから] 降りる：~se de la moto オートバイから降りる

desmontable 形 分解(取り外し)できる

desmonte [desmɔnte] 男 ❶ 取り壊し，取り払い；伐採．❷ 開削，整地；その残土；[主に 複] 切り開かれた土地．❸ 鉱 《南米》くず鉱石

desmoralizar [desmoraliθár] 9 他 ❶ …の士気をくじく：La inflación *desmoraliza* a los empresarios. インフレは経営者の意欲をそぐ．❷ 道徳心を失わせる
◆ ~se 意気阻喪する

desmoralización 女 士気喪失；退廃

desmoralizador, ra/desmoralizante 形 士気を喪失させる；退廃的な

desmoronar [desmoronár] 他 [建造物などを] 崩す：El viento y el agua han ido *desmoronando* el muro. 風と雨で壁が崩れていった
◆ ~se 崩れる：Sus convicciones *se desmoronaron*. 彼の確信が崩れた

desmoronadizo, za 形 崩れやすい

desmoronamiento 男 崩壊

desmotivar [desmotibár] 他 …の動機(やる気)を失わせる
◆ ~se やる気をなくす

desmovilizar [desmobiliθár] 9 他 [部隊の] 動員を解除する

desmultiplicar [desmultiplikár] 7 他 《機械》減速させる

desnacionalizar [desnaθjonaliθár] 9 他 非国有化する；[国営企業を] 民営化する

desnarigar [desnarigár] 8 他 …の鼻をそぐ (ひどく傷つける)

desnatar [desnatár] 他 [牛乳の] 表皮を取る，クリームを分離する，脱脂する：leche *desnatada* 脱脂乳，スキムミルク

desnatadora 女 クリーム分離器

desnaturalizar [desnaturaliθár] 9 他 ❶ [帰化外国人の] 国籍を剥奪する．❷ 変性(変質)させる．❸ 自然(本性)を損なう：~ el carácter 性格をゆがめる
◆ ~se 国籍を分離する，変性する，変質する

desnaturalización 女 国籍喪失(剥奪)；変性，変質；非自然化

desnaturalizado, da 形 過去分 1) 無情な，非人道的な：padre ~ 薄情な父親．2) 変性(変質)した：alcohol ~ 変性アルコール．3) 人工的な

desnevar [desnebár] 23 自 [単人称] 雪が解ける

desnivel [desnibél] 男 [土地の] 高低差；起伏，でこぼこ：hundirse en un ~ 穴に落ちる．~ de fuerzas 力量の差．~ cultural 文化的較

差．Hay un ~ económico entre las regiones. 地域間に経済的不均衡がある

desnivelar [desnibelár] 他 ❶ [高低などの] 差をつける，傾ける．❷ 不均等にする：~ un presupuesto 予算の収支を合わなくする
◆ ~se 差がつく：La mesa *se ha desnivelado*. テーブルが傾いてしまった．Se *desniveló* el partido. 試合は一方的になった

desnivelación 女 差をつけること

desnucar [desnukár] 7 他 …の首の骨を折る
◆ ~se 首の骨が折れる

desnuclearizar [desnukleariθár] 9 他 [+場所 を・から] 非核化する，核兵器を撤去する：zona *desnuclearizada* 非核地帯

desnuclearización 女 非核化

desnudar [desnudár] 他 ❶ …の服を脱がす，裸にする：~ a un bebé 赤ん坊の服を脱がす．❷ [賭け事で] 有り金残らず奪う．❸ [+de 装飾などを] …から取り去る：~ una habitación *de* cuadros 部屋から絵を取り去る．~ los altares 祭壇の飾りを取る．❹ あらわにする：~ los sentimientos 感情をさらけ出す．~ su espada 《文語》剣を抜く
◆ ~se ❶ 服を脱ぐ，裸になる．❷ [+de を] 手放す：~se de sus bienes 財産を投げ出す．~se de toda su timidez 弱気を振り捨てる

desnudez [desnuðéθ] 女 裸(の状態)；[表現などの] 飾り気のなさ：mostrarse en toda su ~ 全裸になる；赤裸々に自己をさらけ出す

desnudismo [desnuðísmo] 男 裸体主義，ヌーディズム

desnudista 形 名 裸体主義の(主義者)，ヌーディスト

desnudo, da [desnúðo, ða] 形 [estar+] ❶ 裸の：quedarse totalmente ~ 全裸になる．~ de medio cuerpo para arriba 上半身裸の．con los pies ~s 裸足で．❷ 装飾のない；隠していない，あからさまな：paisaje ~ 荒涼とした景色．verdad ~*da* ありのままの真実．❸ 必要な服を持っていない；赤貧の，裸一貫の．❹ [+de の] ない：árboles ~s *de* hojas 葉を落とした木々．~ *de* violencia 非暴力の
◆ 男 《美術》裸体[画・像]；裸 《desnudez》：pintar un ~ 裸体画を描く．foto de ~ ヌード写真
al ~ 裸の・に，むき出しの・に；ありのままの・に：mostrarse *al* ~ 自分を見せる，腹を割って話す．verdad *al* ~ ありのままの真実

desnutrición [desnutriθjón] 女 栄養失調(不良)

desnutrir ~se 栄養失調になる

desobedecer [desobeðeθér] 39 他 …に従わない，背く：~ a sus padres 両親の言うことを聞かない

desobediencia 女 不服従，反抗：~ civil [納税拒否などの] 市民的抵抗

desobediente 形 名 反抗的な[人]；わがままな[子供]

desobstruir [desɔ(b)strwír] 48 他 《現分 desobstru*yendo*》ふさいでいる物を…から除去する

desocupar [desokupár] 他 [場所から] 邪魔物を取り除く；[場所・容器を] 空ける：la vía 道から障害物を除く． ～ una habitación en un hotel ホテルの部屋を空ける． ～ un edificio 建物から退去する
◆ 自《南米》出産する
◆ ～se ❶ 仕事が終わる，暇になる．❷ 空く：Se ha desocupado el baño. トイレが空いた．❸《南米》出産する

desocupación 囡 場所をあけること

desocupado, da 形 過分 1)［estar+］空いた：piso ～ 空きマンション．2) 暇な；職のない：Estoy ～. 私は今はひまである

desodorante [desoðoránte] 形 男 脱臭(防臭・消臭)の；脱臭(防臭・消臭)剤：～ ambiental [部屋など] 消臭剤

desodorizar 9 脱臭する

desoír [desoír] 47 他 過分 desoído, 現分 desoyendo] [忠告などを] 聞き入れない：Desoyó mis advertencias. 彼は私の警告に耳を貸さなかった

desojar [desoxár] 他 [工具の穴 ojo などを] 壊す
◆ ～se [発見しようと] 目をこらす；[酷使して] 目を悪くする

desolar [desolár] 28 他 ❶ 荒廃させる：La guerra desoló el país. 戦争でその国は荒れ果てた．❷ ひどく悲しませる：Le desoló la muerte de su perro. 犬の死を彼は深く悲しんだ
◆ ～se 悲嘆にくれる，悲しみに沈む

desolación 囡 荒廃；悲嘆，悲痛

desolado, da 形 過分 荒涼とした；悲痛な

desolador, ra 形 痛ましい

desollar [desoʎár] 28 他 ❶ …の皮をはぐ：～ a un conejo ウサギの皮をはぐ．❷ [金などを] むしり取る；[精神的に] 痛めつける：Entre los parientes la desollaron. 彼女は親類たちに寄ってたかってむしられた．❸《口語》…の悪口を言う ～ vivo 生皮をはぐ；[+a+人 を] 酷評する，こき下ろす

desolladero 男 皮はぎ場

desollado, da 形 名 過分 厚かましい［人］，恥知らずな［人］

desollador, ra 形 名 むしり取る；皮はぎ職人

desolladura 囡 皮はぎ

desorbitar [desorβitár] 他 ❶ [目の玉を] 飛び出させる；[軌道を] 外れさせる．❷ [極端に] 誇張する：No desorbites los hechos. 大げさに言うな
◆ ～se ❶ 目をむく：Los ojos se le desorbitaron de asombro. 彼は驚いて目の玉が飛び出そうになった．❷ 軌道を外れる．❸ 常軌を逸する

desorbitado, da 形 過分 並外れた，とてつもない；《中南米》正気を失った：ambición ～da 大それた野望

desorden [desórðen] 男 覆 desórdenes] ❶ 無秩序，混乱；乱雑：Había un gran ～ en la habitación. 部屋は大変散らかっていた．caer en un gran ～ 大混乱に陥る．～ de contabilidad 経理の乱脈．❷ 覆 騒乱，暴動

〖desórdenes públicos〗：Hubo desórdenes en la calle. 街で暴動が起きた．❸《主に覆》ふしだら，自堕落；覆 放蕩：Cometió desórdenes en su juventud. 彼は若い頃むちゃくちゃなことをやった．❹ [体の] 不調：desórdenes en el estómago 胃の不調

en ～ 無秩序な，乱雑な，乱れた：El cuarto está muy en ～. 部屋はひどく散らかっている．La circulación está en ～. 交通は混乱している．con los cabellos en ～ 乱れ髪で

desordenar [desorðenár] 他 乱雑にする；混乱させる：～ los papeles 紙を散らかす；書類をごちゃごちゃにする
◆ ～se ❶ 乱雑になる；混乱する：Se desordenaron las tarjetas. カードがめちゃくちゃになった．❷ [生活態度が] 乱れる，不節制になる

desordenado, da 形 過分 1)［estar+］無秩序な，乱雑な．2) ふしだらな，自堕落な：vida ～da 不節制な生活；放蕩生活．mujer ～da ふしだらな女

desorejado, da [desorexáðo, ða] 形 過分 ❶ 取っ手のない．❷《南米》音痴の；《軽蔑》無責任な，恥知らずな

desorejar 他 …の耳を切る

desorganizar [desorɣaniθár] 9 他 [秩序を] 乱す，混乱させる：～ el plan a (de)+人 ～の計画をめちゃめちゃにする
◆ ～se 乱れる：La empreza se desorganizaba. 社内［の規律］は乱れた

desorganización 囡 [秩序の] 解体，混乱

desorientar [desorjentár] 他 ❶ 方向を失わせる，道に迷わせる：La niebla nos ha desorientado. 霧で私たちは方角を見失った．❷ 途方に暮れさせる，当惑させる：Su explicación nos desorientó totalmente. 彼の説明で私たちはすっかり訳がわからなくなった
◆ ～se 方向を見失う；途方に暮れる

desorientación 囡 方向の見失い；当惑

desorientador, ra 形 名 方向を見失わせる；当惑させる［人］

desornamentado, da [desornamentáðo, ða] 形 装飾のない

desovar [desoβár] 自 [魚・昆虫などが] 産卵する

desove 男 産卵

desovillar [desoβiʎár] 他 [毛糸などの] 玉を解く；…の混乱を解決する

desoxidar [deso(k)siðár] 他 ❶ 酸素を除去する；[酸化物を] 還元する．❷ …の錆を取る．❸《比喩》蔵から出してまた使う

desoxidante 男 脱酸剤

desoxigenar [deso(k)sixenár] 他 酸素を取り除く（分離する）

desoxirribonucleico, ca [deso(k)siribonukléiko, ka] 形《生化》ácido ～ デオキシリボ核酸，DNA

despabiladeras [despabilaðéras] 囡 覆 [ろうそくの] 芯切りばさみ

tener buenas ～ 干渉をうまく避けられる

despabilar [despabilár] 他 ❶ [ろうそくの] 芯を切る．❷ …の頭をはっきりさせる．❸ 迅速に

処理する：～ los informes 報告書を急いで書き上げる．❹ 盗む；殺す

◆ 圓 理解力がつく；世慣れる：no ～ en matemáticas 数学がわかっていない

¡*despabila!* 急げ，さっさとやれ！

◆ ～se ❶ 頭がはっきりする：Después de saltar de la cama me di una ducha para ～*me* completamente. 私は起きてから，完全に目をさますためにシャワーを浴びた．Si no te despabilas, llegarás el último. ぼけっとしているとビリになるぞ．❷ 世慣れる，あか抜ける

despabilado, da 厖 過分 目がさえている；世慣れた

despachaderas [despatʃaðéras] 囡 阆《口語》ぶっきらぼう，つっけんどん；［問題解決の］巧みさ：tener buenas ～ 臨機応変に対処できる

despachante [despatʃánte] 厖 阆《南米》［貨物の］通関手続き代行業者

despachar [despatʃár] 他 ❶ ［仕事などを］急いでする：～ la correspondencia 急いで手紙を書く．❷ ［事柄を］処理する，決定する：～ un asunto 事件を処理する．～ un jamón《口語》ハム1本食べてしまう．❸ ［商品を］売る；［客の］相手をする：～ la mercancía 商品をさばく．❹ 発送する，送る：～ el correo 手紙を出す．Desearíamos que nos *despachasen* pronto las mercancías. ただちに品物を発送してください ますようお願いします．❺《口語》追い払う，やっかい払いする；解雇する；殺す：～ a un criado 召使いをくびにする．～ a+人 a tiros …を射殺する

◆ 圓 ❶ 急ぐ，迅速に処理する．❷ 客の相手をする：¿Quién *despacha* en la tienda? 誰がこの店をやっているのですか？　❸《西》［+con+人 と］話す

◆ ～se ❶ 迅速に処理する；［+de を］やっかい払いする，処分する：Se *despacharon del* asunto de drogas. 彼らは麻薬事件を片づけた．❷ ［思ったことを］すぐ口に出す：～*se* a su gusto con+人 …に直言する

despacho [despátʃo] 阆 ❶ ［迅速な］処理；［客との］応対．❷ 執務室；事務室，オフィス；研究室；匭覇 その家具一式：Pasa a mi ～. 私の部屋に来なさい．Abren su ～ de diez a cinco. 彼らの事務所は10時から5時まで開いている．～ de dirección 社長（所長・校長）室．mesa de ～ 事務机．❸［切符・じょうなどの］売り場；店：～ de billetes 切符売り場；～ de pan パン屋．❹ 外交（公用）文書．❺［電報・電話などの］通知，連絡．❻ 発送：～ de mercancías 商品の発送

despachurrar [despatʃuřár] 他 ❶ 押しつぶす，中身をはちきれさす：～ los huevos 卵をグシャッとつぶす．❷《口語》やり込める，やっつける

◆ ～se つぶれる：Los plátanos se *despachurraron.* バナナがつぶれた

despacio [despáθjo] 副 ［英 slowly. ↔rápidamente］❶ ゆっくり：Habla más ～. もっとゆっくり話してくれ．andar ～ ゆっくり歩く．Vísteme ～ que tengo prisa.《諺》せいては事をし損じる．❷ 長い時間．❸ 落ち着いて［tran-

quilamente］．❹《中南米》小声で

◆ 間 ❶ ゆっくり/徐行して！❷ 落ち着いて/穏やかに！

despacioso, sa [despaθjóso, sa] 厖 広い；遅い，ゆっくりした：examen ～ 広範囲にわたる検討．hablar de forma ～*sa* ゆっくりと話す

despacito [despaθíto] 副 非常にゆっくり

despampanante [despampanánte] 厖 人目を引く

despampanar [despampanár] 他 ［ブドウの無用なつる・芽を］摘む，刈り込む；［人を］仰天させる

despanzurrar [despanθuřár] 他《口語》中身をはちきれさせる；腹を裂く

desparejo, ja [desparéxo, xa] 厖 =**disparejo**

desparejar 他 ［対の］片方をなくす，ふぞろい（半端物）にする．　◆ ～se 片方だけになる：media *desparejada* 片方だけになった靴下

desparpajo [desparpáxo] 阆 ❶ 屈託のなさ，むぞうさ：comportarse con ～ ante los superiores 目上の人になれなれしく（横柄に）ふるまう．❷《中米》無秩序

desparramar [desparamár] 他 ❶ ［+por に］まき散らす，ばらまく：～ flores *por* el suelo 花を地面にばらまく．～ las noticias ニュースを広める．❷ 浪費する，無駄づかいする

◆ ～se 分散する：Los cazadores se *desparramaron.* ハンターは四方に分かれた

desparramamiento 阆 散乱，散在

desparramo 阆《南米》=**desparramiento**；混乱

despatarrar [despatařár] ～se《口語》［人が］大の字になる：～*se* sobre un sillón ソファにどっかり腰をおろす

despatarrado, da 厖 過分 1) 大の字になった；びっくり仰天した．2) hacer la ～*da*［狂ったように］のうち回る

despaturrar 他《中南米》=**despatarrar**；《南米》=**despachurrar**

despavorido, da [despaβoríðo, ða] 厖 過分 ひどく恐れている

despavorir 他［語尾にiの残る活用形のみ ☞ abolir 活用表］ひどく怖がらせる

despecho [despétʃo] 阆 ❶ 悔しさ，恨み，いまいましさ：sufrir ～ por... …を悔しがる．llorar de ～ 悔し泣きする．❷《中米》乳離れ

a ～ de... …にもかかわらず，…の意に反して：*a ～ de* la prohibición 禁止を破って

por ～ 悔しまぎれに，腹いせに

despechar ～se [+contra を] 悔しがる，いまいましく思う

despechugar [despetʃuɣár] 8 他 ［鶏の］ささ身を切り取る

◆ ～se《口語》胸をはだける，乳房を出す

despectivo, va [despektíβo, βa] 厖 軽蔑的な：en tono ～ さげすみの口調で

◆ 阆《言語》軽蔑語，軽蔑辞

despedazar [despeðaθár] 9 他 寸断する，細分する：El tigre *despedazó* su presa. 虎が獲物をずたずたにした．～ a+人 su corazón …の心を引き裂く（かきむしる）

D

despedida [despeðíða] 囡 ❶ 別れ〔の言葉・挨拶〕, 別離；送別会：La ～ fue breve. 別れの言葉は短かった. hacer a+人 una ～ …の送別会を開く. ～ de soltero 独身最後の夜のパーティー〖女性は ～ de soltera〗『テレビ〗放送終了. ❷〔手紙の〕結辞

despedir [despeðír] ㉟ 他〔現分 despidiendo〕❶ 見送る, 別れの挨拶をする：Salió a la puerta a ～me. 彼はドアの所まで私を送ってくれた. hora de ～ 別れの時. ❷ 解雇する：Han despedido a la mitad de la plantilla. 社員の半数が解雇された. ❸ 投げつける, 発射(放出)する：Un golpe de mar le despidió contra las rocas. 波の一撃で彼は岩にたたきつけられた. El volcán despedía lava. 火山は溶岩を噴き出していた. ～ la flecha 矢を射る. ～ mal olor 悪臭を放つ. ❹〔+de から〕締め出す, はねつける：～ de sí los tristes pensamientos 悲しみを忘れる. ～ a+人 de la sala …を会場から追い出す
◆ ～se〔+de と〕別れる, 別れを告げる：Se despidió de su madre. 彼は母に別れの挨拶をした. Aquí nos despediremos. ここで別れよう. ～se de el trabajo 仕事を辞める. ～se de la idea 考えを捨てる

despegado, da [despeɣáðo, ða] 彫〔過分〕[ser+, +con に] 無愛想な, 付き合いの悪い

despegar [despeɣár] ⑫ 他 ❶〔+de から〕はがす, 引き離す：～ los sellos de un sobre 封筒から切手をはがす. ～ la espalda de un vestido 服の背中を引きをそる
◆ 圓 離陸する：El avión despegó del aeropuerto. 飛行機は空港を離陸した
◆ ～se ❶ はがれる. ❷〔心が〕離れる, 関心が薄れる：Él se ha despegado de sus amistades. 彼は友人たちと付き合わなくなった. ❸ 関連性がない. ❹《競走》[集団から] 抜け出す, 引き離す

despego [despeɣo] 男 =desapego

despegue [despeɣe] 男 ❶ 離陸：distancia de ～ 離陸距離. ～ vertical 垂直離陸. ❷《経済》テイクオフ

despeinar [despejnár] 他 …の髪を乱す：El viento me despeinó. 風で私の髪が乱れた
◆ ～se 髪が乱れる

despejado, da [despexáðo, ða] 彫〔過分〕❶ [estar+] i) 障害物のない：habitación (avenida) ～da 広い部屋（並木道）. ii) 晴れた, 快晴の：día muy ～ よく晴れた日. Está ～. 晴れている. iii)〔頭が〕はっきりした：tener la mente poco ～da 頭がぼんやりしている. ❷ 頭脳明晰な, 頭の切れる. ❸ frente ～da はげ上がった額

despejar [despexár] 他 ❶〔+場所 から, +de 障害物を〕取り除く, 片づける：～ la pista de vehículos 路上から車両を撤去する. ～ la mesa 机の上を片づける. ❷ …から立ち去る：El público despejó el salón. 聴衆が会場から消えた. ❸〔問題などを〕明らかにする：～ la situación 状況をはっきりさせる. ～ su mente 頭をはっきりさせる. ❹《サッカー》[シュートされたボールを] 払いのける, クリアする,《アメフト》パントする

despeje [despéxe] 男《サッカー》クリア,《アメフト》パント；障害物の除去

despejo [despéxo] 男 障害物の除去；屈託のなさ

despellejar [despeʎexár] 他 …の皮をはぐ；酷評する, こきおろす
◆ ～se 擦りむく

despelotar [despelotár] ～se《西. 俗語》裸になる〖desnudarse〗；笑いこける
despelote 男 裸になること；大笑い, 爆笑

despeluchar [despelutʃár] 圓〔動物が〕毛が抜け替わる. ◆ ～se〔毛が〕抜ける

despenalizar [despenaliθár] ⑨ 他 合法(適法)化する
despenalización 囡 合法化；刑事訴追免責

despenar [despenár] 他《南米》とどめを刺す；絶望させる

despendolar [despendolár] ～se《西. 口語》はめを外す, 狂乱する
despendole 男 はめを外すこと

despensa [despénsa] 囡 食料貯蔵室；食料の貯え

despeñadero [despeɲaðéro] 男 ❶ 断崖, 絶壁. ❷ 危地, 危機：meterse (ponerse) en un ～ 危機に陥る

despeñar [despeɲár] 他〔高所から, +a·en に〕投げ落とす, 突き落とす
◆ ～se 飛び込む；[+por] 墜落する

despepitar [despepitár] 他〔果物の〕種を取る：～ un melón メロンの種を取る
◆ ～se ❶〔怒りなどで〕大声を出す, 叫ぶ；大笑いする. ❷ [+por で] 夢中になる：～se por los dulces 甘い物に目がない

desperdiciar [desperðiθjár] ⑩ 他 ❶ 無駄づかいする, 浪費する：～ el dinero (el tiempo) 金(時間)を浪費する. ❷〔機会を〕見逃す：～ la oportunidad 好機を逸する

desperdicio [desperðíθjo] 男 ❶ 無駄づかい, 浪費. ❷〔主に 複〕くず, 廃物：～s de comida 残飯
no tener ～〔事物が〕とても役立つ, すばらしい；《軽蔑》まったくいいところのない

desperdigar [desperðiɣár] ⑧ 他 分散させる：～ a una familia 一家を離散させる
◆ ～se 四散する, 散乱する
desperdigamiento 男 分散, 散乱

desperecer [despereθér] ㉝ ～se [+por を] 強く望む, 無性に…したい

desperezar [despereθár] ⑨ ～se 手足を伸ばす, 伸びをする

desperfecto [desperfékto] 男 ❶〔小さな〕欠陥, 欠点：no tener ni un ～ 非の打ち所がない. ❷ 破損, 損害：sin ～ 無事に

desperolar [desperolár] ～se《南米》壊れる；死ぬ

despersonalizar [despersonaliθár] ⑨ 他

非個性化する；非人格化する，匿名化する

despersonalización 囡 非個性化，非人格化

despertador, ra [despertaðór, ra] 形 目覚めさせる：radio ～ 目覚まし付きラジオ

◆ 男 目覚まし時計〖reloj ～〗：poner el ～ para (a) las seis 目覚ましを6時にセットする

despertar [despertár] 23 他 〖英 wake up. ☞活用表〗● 目覚めさせる：i) *Despiérta*me a las seis. 6 時に起こしてください．ii) 〔+de 迷い・誤りなど〕～ a+人 *de*l letargo 無気力状態から…を抜け出させる．❷〔欲求などを〕呼び起こす，かき立てる：～ a+人 el hambre …の空腹を呼び覚ます．～ sospechas 疑惑をかき立てる．La foto *despertó* sus recuerdos de juventud. 彼はその写真を見て青春時代の記憶がよみがえった

◆ 自/～se 目を覚ます，目覚める：〔Se〕 *Despertó* temprano. 彼は早く目が覚めた．～se *de*l sueño 夢から覚める．～se de su engaño 自分の誤りに気づく

◆ 男 目覚め〔の瞬間〕；始まり：tener un buen ～ 気持ちよく目覚める

despertar	
直説法現在	接続法現在
despierto	despierte
despiertas	despiertes
despierta	despierte
despertamos	despertemos
despertáis	despertéis
despiertan	despierten

despestañar [despestaɲár] ～se よく考える，よく勉強する

despiadado, da [despjaðáðo, ða] 形 無慈悲な，無情な，冷酷な：crítica ～*da* 情け容赦のない批評．marido ～ 冷たい夫

despido [despíðo] 男 〖←despedir〗❶ 解雇：dar a+人 …の～を申し渡す．～ colectivo 大量解雇．～ libre 自由解雇できること．❷ 解雇手当〖indemnización de ～〗

despiece [despjéθe] 男 分解，〔特に牛豚などの〕解体

despiezar [9] 他 分解する，ばらばらにする

despierto, ta [despjérto, ta] 形 〖←despertar〗❶〖estar+〗目覚めている：Pasé la noche ～. 私は徹夜した．❷〖ser+〗利発な，明晰な

despilfarrar [despilfarrár] 他 自 無駄づかいする：～ el agua 水を浪費する

despilfarrador, ra 形 名 無駄づかいする；浪費家

despilfarro 男 浪費；湯水のような費消

despintar [despintár] 他 ❶ …の塗装（ペンキ）をはがす；歪曲する．❷《中南米》…から目をそらす〖主に否定形で〗

◆ 自 堕落する：～ de su casta 家名に泥を塗る

◆ ～se 色が落ちる

no ～se *a*+人 …が完全に覚えている：Después de haberlo visto ya no *se* me *despintará* su cara. 彼の顔は一度見たら忘れないだろう

despiojar [despjoxár] 他 …のシラミを取る

despiole [despjóle] 男 《南米. 口語》大騒ぎ，大混乱

despiporre[n] [despipórre[n]] 男 《口語》〖el+〗どんちゃん騒ぎ，大混乱；大変楽しいもの；ひどいもの，どうしようもないもの

despistar [despistár] 他 ❶〔追跡などを〕かわす：～ a la policía 警察をまく．❷ 勘を狂わす：Sus preguntas capciosas me *despistaron*. 彼にかまをかけられて私は頭の中が混乱してしまった

◆ ～se 方向を見失う：～se por unas estrechas callejuelas 狭い路地で道に迷う

despistado, da 形 名 過分〖estar+〗ぼんやりした；〔ser+〗あわて者（の），うっかり屋（の）

despiste [despíste] 男 ぼんやり，うっかり

despizcar [despiθkár] 7 ～se 注意を集中する

desplacer [desplaθér] 39 他 …の気に入らない

desplanchar [desplantʃár] 他 〔アイロンをかけたものを〕しわくちゃにする

desplantar [desplantár] 他 〔植物を〕抜く

desplantador 男 移植ごて，小型のシャベル

desplante [desplánte] 男 ❶ 横柄（無礼）な言動：dar (hacer) un ～ a+人 …に横柄（無愛想）なことをする．❷《闘牛》〔闘牛士がパセなどを終えた時の〕決めのポーズ，見得

desplatear [desplateár] 他 …の銀めっきをはがす；《中米》…の金を取る，一文なしにする

desplayado [desplajáðo] 男 《南米》干潟；〔森の中の〕空き地

desplazado, da [desplaθáðo, ða] 形 名 過分 ❶ 場違いな〔人〕，そぐわない：encontrarse ～ entre las personas de gran importancia お偉方の中にまじって居心地が悪い．❷ 強制移住者，追放者，流民〖persona ～*da*〗．❸《西》cartilla de ～ 一時滞在者用健康保険証

desplazamiento [desplaθamjénto] 男 ❶ 移動，移転．❷《文語》出張，通勤；旅行：tiempo de ～ 通勤時間．❸《船舶》排水量

desplazar [desplaθár] 10 他 ❶《文語》移動させる，位置を変える．❷ …に取って代わる：*Ha desplazado* a su padre de la dirección. 彼は父親に代わって社長になった．La televisión *desplaza* al cine. テレビが映画の座を奪う．❸ …の排水量を有する：El buque *desplaza* cien mil toneladas. その船は排水量 10 万トンである

◆ ～se《文語》移動する：～se al trabajo 通勤する．～se a Tokio una vez por semana 週に1度上京する

desplegar [desplegár] 8 23 〖☞negar 活用表〗他 ❶〔折畳んだものを〕広げる：～ un periódico 新聞を広げる（開く）．～ las alas 翼を広げる．❷ 大いに示す：～ su habilidad 能力を発揮する．❸《軍事》〔部隊を〕展開（散開）させる；〔兵器を〕配置する

◆ ～se 広がる，《軍事》展開（散開）する

despliegue 男 広げること；発揮；誇示；展開

desplomar [desplomár] 他 《南米》叱る

◆ 〜se [建物などが] 崩れ落ちる；[人が] ぐったりと倒れる：*Se desplomó* el edificio. ビルが倒壊した. *Se* van *desplomando* muchas tradiciones. 多くの伝統が崩れ去っていく

desplome 男 倒壊，崩壊

desplumar [desplumár] 他 ❶ [鳥の] 羽をむしる. ❷《口語》[人を] 一文なしにする，身ぐるみはぐ

◆ 〜se 羽毛が生え変わる，羽毛を落とす

despoblar [despoblár] 28 他 ❶ …の住民を減らす，人けをなくす：El desarrollo industrial *despuebla* los campos. 工業の発展は農村を過疎化する. ❷ …からなくす，絶やす：〜 un bosque *de* árboles 森の木を伐採し尽くす

◆ 〜se 住民が減る（絶える）：〜*se de* gente 人けがなくなる

despoblación 女 人口の減少，過疎化：〜 forestal《西》森林伐採，乱伐

despoblado, da 形 男 過分 住民のいなくなった［所］；廃村

despoblamiento 男 ＝despoblación

despojar [despoxár] 他《文語》❶ [+de 持ち物・財産などを] …から奪う：La *despojaron de* sus joyas. 彼女は宝石を盗まれた. ❷ [飾り・備品などを] 取り去る：〜 una habitación *de* cuadros 部屋の絵を外す

◆ 〜se ❶ 脱ぐ：〜*se* la americana 上着を脱ぐ. ❷ みずから手放す：〜*se de* su coche 車を売り払う. 〜*se de* su timidez 勇気を出す

despojo [despóxo] 男 ❶ 没収，略奪；獲物，略奪品. ❷《文語》名誉，面影『〜 *del* tiempo』；生き残り. ❸ 覆 残り物，残飯；[牛・豚・鶏などの] 肉以外の部分［頭，臓物，足など］；遺体，死骸『〜*s* mortales』

despolarizar [despolariθár] 9 他《電気》復極（消極）する

despolitizar [despolitiθár] 9 他 …の政治色をなくす

despolitización 女 非政治化

despopularizar [despopulariθár] 9 他 不人気にする

◆ 〜se 人気がなくなる

despopularización 女 人気がなくなること

desporrondingar [desporrondingár] 8 〜se《中南米》浪費（散財）する，ゆったりと腰を下ろし，くつろぐ；長話をする

desportillar [desportiʎár] 他 縁を傷つける

◆ 〜se 縁が欠ける

despordilladura 女 破片，かけら

desposar [desposár] 他《司祭が》結婚式をとり行なう：《古語》婚約式をとり行なう

◆ 〜se [+con と] 結婚する；婚約する

desposeer [desposeér] 22 他 過分 desposeído,〔現分 desposeyendo〕《文語》[+de 所有物を] …から奪う：Le *desposeyeron de* sus bienes. 彼は財産を没収された

◆ 〜se 放棄する：〜*se de* privilegios 特権を捨てる

desposeído, da 形 男 過分 [主に 複] 極貧の［人］，貧窮者

desposorio [desposórjo] 男 ❶ 婚約. ❷ 覆 結婚式；《古語》婚約式

despostar [despostár] 他《中南米》[動物を] 解体する

déspota [déspota] 名 専制君主，暴君；独裁者

despótico, ca 形 専制(独裁)的な，横暴な：gobierno 〜 独裁政府

despotismo 男 専制政治(主義)；横暴：〜 ilustrado [18世紀後半の] 啓蒙専制主義

despotizar 9 他《中南米》牛耳る

despotricar [despotrikár] 7 自 [+contra のことを] 悪しざまに言う，言いたい放題言う：〜 *contra* el clero 聖職者を悪しざまに批判する

despreciar [despreθjár] 10 他 ❶ 軽蔑する；軽視する：〜 a los pobres 貧乏人をばかにする. 〜 una posibilidad 可能性を無視する. ❷ [贈り物・親切などを] 突き返す，断わる

◆ 〜se [+de を] 軽蔑する

despreciable 形 軽蔑(軽視)すべき：Medio millón de yenes es una cantidad nada 〜. 50万円は大金だ

despreciativo, va 形 軽蔑的な，さげすみの

desprecio [despréθjo] 男 ❶ 軽蔑；軽視，無視：con un tono de 〜 ばかにしたような口調で. Nos hizo el 〜 *de* rechazarnos el regalo. 彼は失礼(傲慢)にも私たちの贈り物を突き返してきた

desprender [desprendér] 他 ❶ [+de から] はがす：La humedad *desprendió* la pintura de las paredes. 湿気で壁のペンキがはがれた. ❷ [ガス・火花などを] 発する，放つ. ❸《中南米》[ボタンなどを] 外す

◆ 〜se ❶ はがれる：La etiqueta *se desprendió del* paquete. 小包の荷札がとれた. *Se desprendió* el techo. 落盤が起きた. ❷ [拘束などから] のがれる：〜*se del* tabaco たばこをやめる. ❸ [結論などが] 引き出される：*De* sus palabras *se desprende* que está resentido. 言葉のはしばしから彼が恨んでいることが読み取れる. ❹ [+de を] 放棄する，手放す

desprendido, da 形 過分 [ser+] 気前のよい，無欲な『金などに執着しない』

desprendimiento [desprendimjénto] 男 ❶ はがれること；落石：i) 〜 de tierras 地崩れ，地すべり. ii)《医学》〜 de matriz 子宮脱出. 〜 de retina 網膜剥離. ❷ 気前のよさ. ❸《美術》D〜 de la Cruz キリスト降架

despreocupación [despreokupaθjón] 女 無頓着，なおざり；無関心

despreocupado, da [despreokupáðo, da] 形 過分 心配しない，気を使わない；なおざりな；他人の目を気にしない：ser 〜 en el vestir 服装に無頓着である

despreocupar [despreokupár] 〜se [+de について] 心配(関与)しなくなる：Me he *despreocupado de* mis hijos. 私は子供たちのことはもう手が離れた

desprestigiar [desprestixjár] 10 他 …の威信を傷つける，評判を悪くする

◆ 〜se 威信をなくす

desprestigio 男 威信(評判)の失墜

despresurizar [despresuriθár] ⑨ 他 減圧する

desprevenido, da [despreβeníđo, đa] 形 [estar+] 備えのない; 不意の, 思いがけない: coger (pillar) a+人 ～ …の不意を突く

desproporción [despropror̄θjón] 囡 不釣合, 不均衡: ～ entre la anchura y la longitud 縦と横の長さの不釣合

desproporcionar [desproporθjonár] 他 不釣合にする, …の均衡を破る: ～ el reparto 分配を片寄らせる

desproporcionado, da [~þo, þa] 過分 並外れた; 不釣合な: afición ～da por los toros 異常なまでの闘牛好き. preocupación ～da 心配のしすぎ

despropósito [despropósito] 男 不適当(的外れ)な言動, へま: con ～ 不適切に, 見当違いに. decir ～s ばかなことを言う

desproteger [desprotexér] ③ 他 見捨てる, 見放す

desprovisto, ta [desproβísto, ta] 形 過分 [+de の] ない: historia ～ta de interés おもしろくない話. hombre ～ de recursos 財産のない男

desproveer ㉒ 他 [過分 desprovísto, 現分 desproveyendo] [+de を] …から奪う

despueble [despwéβle] 男 人口の減少, 過疎化

después [despwés] 副 『英 afterwards, later. ↔antes』❶ [時間] 後で; 引き続いて: i) Pasaré ～. 後で寄ります. Se oía tronar y ～ se veía relampaguear. 雷鳴が聞こえ, それから稲妻が光るのが見えた. ¿Y ～? [相手を促して] で, それから(その次は)? ii) [名詞+] …後に: Llegó diez minutos (tres días) ～. 彼は 10 分(3 日)後に来た. iii) [形容詞的] 次の: el año ～ 翌年. el día ～ 翌日

❷ [順序・空間] 次に: Me gusta primero la manzana y ～ la naranja. 私はリンゴが一番好きで, 次にオレンジが好きだ. ¿La próxima estación es León?—No, León es mucho ～. 次の駅はレオンですか—いいえ, レオンはずっと先です. Lo encontrará usted dos calles ～. それは 2 つ向こうの通りにあります

❸ [+de] 『英 after』…の後で; …の次に: i) [時間] D～ de la cena fuimos al cine. 夕食後私たちは映画を見に行った. Uno no debe hacer visitas ～ de las ocho. 8 時以降は他人の家を訪ねるものではない. ii) [順序] Llegué una hora ～ de lo previsto. 彼は予定より 1 時間遅れて着いた. Llegué ～ de él. 私は彼の次に到着した. D～ de ti, voy yo. 後からついていきます. Osaka es, ～ de Tokio, la ciudad más grande de Japón. 大阪は東京に次ぐ日本第 2 の大都市だ. iii) [場所] La casa está justo ～ del puente. 家は橋を渡ったところにある. iv) [譲歩] D～ de lo que te hice, así te portas conmigo. 君にそうしてあげたのに, 私にこんなことをするなんて. v) [+不定詞] Duermo la siesta ～ de almorzar. 私は昼食後昼寝をする. D～

de haberlo dicho, se arrepintió. 彼は言ってから後悔した. vi) [+過去分詞] D～ de terminada la partida tardaron en volver las risas a los niños. 戦争が終わってから子供たちに笑いが戻るには時間がかかった

～ **de los despueses** ～ **de todo**

～ [de] que+直説法 …した後で: D～ que se enteró de ello, no quiso verme. 彼はそのことを知ってから, 私に会おうとしなかった. [未来を表わす場合は +接続法現在] Iremos a comer ～ que venga José. ホセが来たら食事に行こう. [過去でも +接続法過去 のことがある] Vivía sola ～ de que su hijo se marchara de casa. 彼女は息子が家を出てから一人で暮らしていた

～ **de todo** 1) つまるところ, 結局: D～ de todo no cumplió sus palabras. 結局彼は約束を破った. 2) いずれにしても; どうやらこうやら: D～ de todo llegamos a tiempo. 私たちはどうにか間に合った

～ **que**+名詞 …より遅れて: Llegó ～ que tú. 彼は君より遅く着いた. D～ que tú, voy yo. 後からついていきます

despulgar [despulgár] ⑧ 他 [甜菜などを] 粉砕する; 果肉を取り出す

despulgador 男 その機械

despuntar [despuntár] 他 …の先端を折る(つぶす): ～ un lápiz 鉛筆の芯を折る

◆ 自 ❶ 芽を出す: Ya despuntan los rosales. バラがもう芽を吹いている. ❷ 現われ始める: Despunta el día. 日の出だ. al ～ la primavera 春になると, 春が来ると. ❸ [+en・por で] 傑出する: Despuntó siempre en matemáticas. 彼はいつも数学に強いところを見せた. Despuntaba en la clase por su inteligencia. 彼は頭のよさではクラスで抜きん出ていた

◆ ～se 先端が折れる(丸くなる)

desquiciar [deskiθjár] ⑩ 他 ❶ [ちょうつがいから] 外す: ～ una puerta ドアを外す. ❷ [組織などを] 揺り動かす, 危うくする: El terrorismo desquició a la nación. テロリズムによって国家の土台が揺らいだ. ❸ [信念・勇気などを] ぐらつかせる: La guerra civil ha desquiciado a muchas personas. 内戦で多くの人が精神的にがたがたになった. ❹ [問題を] 過大視する

◆ ～se [人が] 動揺する, 平静を失う; [状況が] 手に負えなくなる; [ドアなどが] 外れる

desquiciamiento 男 ぐらつき, 動揺

desquicio 男《南米》無秩序, 大混乱

desquitar [deskitár] 他 [+de 損害などを] …に埋め合わせる

◆ ～se 挽回する, 取り戻す: ～se del exceso de trabajo 働きすぎなので休む

desquite [deskíte] 男 ❶ 埋め合わせ, 償い; 挽回: tomarse el ～ 償いをする; 報復する. ❷ 《スポーツ》リターンマッチ『partido de ～』

desratizar [desr̄atiθár] ⑨ 他 …からネズミを駆除する

desratización 囡 ネズミの駆除

desregular [desr̄egulár] 他 …の規制(制限)を撤廃する

desrielar [desr̆jelár] 自/~**se** 《南米》脱線する

desriñonar [desr̆iɲonár] 他 …の背中を打つ；ひどく疲れさせる、へとへとにする
◆ ~**se** 腰を痛める；疲れ果てる、くたくたになる

desrizar [desr̆iθár] 9 他 [髪の] カールを取る
◆ ~**se** カールが取れる

destacar [destakár] 7 他 ❶ [部隊を] 派遣する. ❷ 際立たせる、強調する：subrayar una frase para ~ la 語句に下線を引いて強調する. ~ una necesidad 必要性を強調する
◆ 自/~**se** [+por で/+en に] 際立つ、傑出する：*Se destaca* entre los compañeros *por* su elevada estatura. 彼の背の高さは仲間の中では飛び抜けている. Siempre *se destacó* en el deporte. 彼はいつもスポーツに秀でていた
destacado, da [～áðo, ða] 形 過分 傑出した、際立った：Fue el actor más ~ de su tiempo. 彼は当代きっての名優だった. lugar ~ きわめて高い地位
destacamento 男 分遣隊

destajador [destaxaðór] 男 [鍛造用の] 大槌

destajo [destáxo] 男 出来高払いの [請負] 仕事
a ~ 1) 出来高払いで. 2) 熱心に、急いで：trabajar *a* ~ わき目もふらず働く
destajista 名 出来高払いの労働者；請負業者

destanteo [destantéo] 男 《中米》困惑、逆上
destapar [destapár] 他 ❶ …のふた (栓) を開ける：~ una caja 箱のふたを取る. ~ una botella 瓶の栓を開ける. ❷ 覆いを取る、暴く：~ lo más sucio de un asunto 事件の最も汚い部分を暴く. ❸ 《南米》[下水管などの] 詰まりを直す
◆ ~**se** ❶ 自分で布団 (毛布) を剝いでしまう. ❷ [+con に] 自分の秘密 (考え) を打ち明ける. ❸ 《口語》[人前で] 裸になる
destapador 男 《南米》栓抜き 《abrebotellas》

destape [destápe] 男 ❶ [映画などでの] ヌード. ❷ [習慣・思想などの] 自由化：~ español [フランコ死後の] 性に関する検閲の緩和

destaponar [destaponár] 他 …の栓 tapón を抜く、ふたを取る

destartalado, da [destartaláðo, ða] 形 荒廃した、がたの来た：edificio ~ 荒れ果てたビル
destartalar 他 《南米》壊す；[家具などを] 取り払う

destejer [destexér] 他 [編み物などを] ほどく；[作り上げたものを] 壊す

destellar [desteʎár] 自 きらめく、またたく：*Destellan* las estrellas. 星がまたたいている

destello [desteʎo] 男 きらめき、またたき：~ de un diamante ダイヤモンドのきらめき. ~s de inteligencia 知性のひらめき. En su mirada aparecía un ~ de alegría. 彼の目に喜びの色が表われていた

destemplado, da [destempláðo, ða] 形 過分 ❶ [estar+] 調子の狂った；[熱などで] 体

調の悪い：violín ~ チューニングの狂ったバイオリン. ❷ [天候が] 不快な：Hoy hace un día ~. 今日はいやな天気だ. ❸ [口調などが] いらついた、不機嫌な

destemplanza [destemplánθa] 女 ❶ 調子の狂い；節度のなさ：~ en el cuerpo 体の不調. ~ del tiempo 天候の不順、悪天候. contestar con ~ 機嫌の悪い口調で答える. comer con ~ 食べすぎる

destemplar [destemplár] 他 ❶ [楽器などの] 調子を狂わせる；不機嫌にする. ❷ なまくらにする
◆ ~**se** ❶ 調子が狂う；[発熱・脈拍の乱れなどを伴って] 体調がよくない. ❷ 平静を失う、不機嫌になる. ❸ 鋼性がなくなる、なまくらになる

destensar [destensár] 他 [張りを] 緩める

desteñir [desteɲír] 20 35 《ceñir 活用表. 現分 destiñendo》他 退色させる、色をあせさせる
◆ 自/~**se** 色が落ちる (あせる)：Con el sol *se han desteñido* las cortinas. 日光でカーテンの色があせた

desternillar [desterniʎár] ~**se** [+con を] 大笑いする 《*se de risa*》

desterrar [desterár] 23 他 ❶ 国外追放にする 《~ de su país》；[+a に] 流刑にする：~ *a* una isla 島流しにする. ❷ [考えなどを] 追い払う；[苦悩などを] 捨てる：~ la tristeza de su ánimo 寂しさを振り払う. práctica *desterrada* すたれた習慣
◆ ~**se** [+a に] 亡命する

desterronar [desteronár] 他 [畑の] 土の塊を砕く、土ならしをする

destetar [destetár] 他 ❶ 離乳させる；《戯語》[子供を] 一人前にする、自立させる
◆ ~**se** ❶ 離乳する. ❷ 《戯語》自立する；[+con/+現在分詞] …をしながら大人になる：*Se destetó* viendo cine. 彼は映画を見て大きくなった. ❸ 《口語》[女性が] 乳房をさらけ出す、トップレスになる

destete [destéte] 男 離乳

destiempo [destjémpo] 男 *a* ~ 時期外れに、折悪しく：hablar *a* ~ まずい時に言う

destierro [destjér̆o] 男 《←desterrar》❶ 国外追放、流刑：vivir en ~ 流刑 (亡命) 生活を送る. ❷ 流刑地；人里離れた土地

destilar [destilár] 他 ❶ 蒸留する：agua *destilada* 蒸留水. ~ el petróleo 石油を蒸留する. ❷ したたらせる；分泌する. ❸ [感情などを] 表わす：Su mirada *destilaba* odio. 彼の目には憎しみの色が表われていた
◆ 自 したたり落ちる：El sudor *destilaba* por su frente. 彼の額から汗がしたたり落ちた
destilación 女 蒸留：~ fraccionada 分留. ~ seca 乾留
destiladera 女 蒸留器
destilador, ra 形 男 蒸留する；蒸留器
destilería 女 蒸留工場；蒸留酒製造所：~ de petróleo 精油所

destinar [destinár] 他 [+para・a 用途・職務などに] 割り当てる：i) *Destinaré* este cuarto *a* los hijos. ここは子供部屋にしよう. Lo han *destinado a* la cátedra de historia. 彼は史学科に属された. ～ una cantidad *para* los gastos de la vida ある金額を生活費にあてる. terreno *destinado a* una fábrica 工場用地. ii）［職務を，+a+人 に］Le *han destinado* un cargo de directivo. 彼は管理職に任命された

destinatario, ria [destinatárjo, rja] 图［郵便などの］名あて人，受取人：～ no encontrado〈表示〉受取人不明

destino [destíno] 男『英 destiny』❶ 運命，宿命：Tuvo un ～ muy triste. 彼は大変悲しい運命を背負った. Lo quiso así el ～. それが運命だ. luchar contra el ～/ir en contra del ～ 運命に逆らう. ❷ 前途，将来の計画：Su ～ es el sacerdocio. 彼は聖職者になる身だ. ❸ 用途，使用目的：Esta silla tiene un ～ múltiple. この椅子は色々な用途に使える. ❹ 使命，任務，職；任地：Le dieron ～ en París. 彼はパリに配属された. ❺ 目的地；届け先：llegar a su ～ 目的地に着く
con ～〔a〕...　1）…行きの・で：tren *con* ～ París パリ行きの列車. El avión salió *con* ～ *a* Lima. 飛行機はリマに向けて出発した. 2）［用途］…用の
unir sus ～s［主語は 複］結婚する

destituir [destitwír] 48 他『現分 destituyendo』免職(罷免)する；[+de から] 解任する：Lo *destituyeron de* director. 彼は社長を解任された

destitución 囡 免職，罷免；解任

destocar [destokár] 7 ～se 帽子(かぶりもの)を取る

destorcer [destorθér] 1 29 [☞*torcer* 活用表] 他 …の撚(よ)りを戻す
◆ ～se《船舶》針路を外れる

destorlongado, da [destorloŋɡáðo, ða] 厖《中米》軽率な，そそっかしい

destornillador [destorniʎaðór] 男 ❶ ドライバー，ねじ回し：～ ordinario (cruciforme) マイナス(プラス)ドライバー. ❷《酒》スクリュードライバー

destornillar [destorniʎár] 他 …のねじ釘を抜く
◆ ～se 大笑いする『desternillarse』
destornillado, da 厖 過分 気の変な

destral [destrál] 男 手斧

destratar [destratár] 他《南米》絶交する；協定を解消する

destreza [destréθa] 囡［←diestro］巧妙さ，熟達：tener mucha ～ con (en)... …が大変上手である. con gran ～ 大変手際よく(巧みに)

destripar [destripár] 他 ❶［動物の］内臓を取り出す，…の中身を出す. ❷《口語》［人の］話を邪魔する，話の腰を折る
◆ 自《中米》落第する，退学する
destripador, ra 厖 图 切り裂き魔[の]，ばらばら殺人鬼[の]：Jack el ～［19 世紀末ロンドンの］切り裂きジャック

destripaterrones 男『単複同形』《軽蔑》日雇い農夫；無教養な男

destrísimo, ma [destrísimo, ma] 厖 diestro の絶対最上級

destronar [destronár] 他 ❶ …の王位を剥奪する，廃位する. ❷ 権威(地位)を失わせる：Había sido la cantante número uno, pero pronto la *destronaron*. 彼女は女性歌手のナンバーワンだったが，すぐにその座を奪われた
destronamiento 男 王位の剥奪

destroncar [destroŋkár] 7 他《中南米》根元から切る

destrozar [destroθár] 9 他 ❶ ばらばら(粉々)にする：～ el cristal de un escaparate ショウィンドウを壊す. ❷［精神的に］打ちのめす；損害を与える；[極度に] 疲労させる：La muerte de su hijo lo *ha destrozado*. 息子の死に彼は打ちひしがれた. El granizo *destrozó* la cosecha. ひょうで作物が痛めつけられた. ❸［敵を］壊滅させる
◆ ～se ❶ ばらばら(粉々)になる：Al caer *se destrozó* el vaso. コップが落ちて粉々に割れた. ❷ 疲れ果てる

destrozo [destróθo] 男 破壊：～ moral 精神的打撃

destrozón, na [destroθón, na] 厖 图［何でも壊してしまう］そそっかしい[人]，不器用な[人] ◆ 男《口語》［女性の］カーニバルの仮装用のぼろ着

destrucción [destruk(k)θjón] 囡 破壊，破滅

destructible [destruktíβle] 厖 破壊され得る

destructivo, va [destruktíβo, βa] 厖 破壊力の[ある]：inspección no ～*va* 非破壊検査

destructor, ra [destruktór, ra] 厖 破壊する ◆ 男 駆逐艦

destruir [destrwír] 48 他 『現分 destruyendo. ↔construir』破壊する：El incendio *destruyó* la casa. 火事で家が焼け落ちた. Le *destruye-ron* entre todos. みんなが寄ってたかって彼を破滅させた. ～ una carta 手紙を破棄する. ～ un plan 計画をぶち壊しにする. ～ una ilusión 幻想を打破する
◆ ～se 壊れる，自壊する

desubicar [desuβikár] 7 ～se《南米》= desorientarse

desudar [desuðár] 他 …の汗をぬぐう

desuello [desweʎo] 男［←desollar］皮はぎ
ser un ～ 暴利である，詐欺同然である

desulfurar [desulfurár] 他 脱硫する

desulfuración 囡 脱硫

desuncir [desunθír] 2 他［牛馬などを］くびきから外す

desunir [desunír] 他 ❶［+de から］分離する：～ el alma *del* cuerpo 肉体から魂を引き離す. ❷ 離反させる，不和にする：～ a un matrimonio 夫婦を仲たがいさせる，夫婦仲に水をさす
◆ ～se 離れる；離反する

desunión 囡 離反，反目；不和

desurbanización [desurβaniθaθjón] 囡 非都市化，田舎化

desurtido, da [desurtíðo, ða] 厖《中南米》品ぞろえの少ない

desusado, da [desusáðo, ða] 形 ❶ 使われ
なくなった, 廃れた: tradición ～*da* 失われた伝
統. ❷ 普通でない, 異常な

desuso [desúso] 男 使われない(すたれる)こと:
caer en ～ 使われなくなる, すたれる

desustanciar [desustanθjár] 他 …の実体
(内実)を失わせる

desvaído, da [desβaíðo, ða] 形 ❶ [色が]
淡い, やわらかい; [形が] ぼんやりした. ❷ 明確で
ない, あいまいな; 個性に乏しい: mirada ～*da* う
つろなまなざし

desvalido, da [desβalíðo, ða] 形 名 [es-
tar+] 見捨てられた[人]; 貧しい[人]: huérfa-
no ～ 寄るべのない孤児

desvalijar [desβalixár] 他 身ぐるみはぐ, 金目
のものを奪う: ～ una casa 家財道具をごっそり
持ち去る

desvalijamiento 男 金品を奪うこと

desvalimiento [desβalimjénto] 男 寄るべ
のなさ, 孤立無援

desvalorizar [desβaloriθár] 9 他 [貨幣な
どの] 価値を下げる

◆ ～se 価値が下落する

desvalorización 女 [価値の] 低下, 下落

desván [desβán] 男 [物置き用の] 屋根裏(部
屋): ～ gatero (perdido) 人の住めない屋根
裏

desvanecer [desβaneθér] 39 他 ❶ 散らす,
一掃する; [疑惑・思い出などを] 脳裏から消し去
る: El viento *desvanece* las nubes. 風が雲を
散らす. Sus palabras *desvanecieron* mis
dudas. 彼の言葉を聞いて私の疑いは晴れた. ❷
[色調などを] 弱める: ～ los contornos 輪郭を
ぼかす

◆ ～se ❶ 散る, 一掃される; 消える: *Se des-
vanecía* el humo. 煙が消えていった. *Se ha
desvanecido* como por arte de magia. 彼は
魔法のように姿を消した. ❷ [風味・香りが] なく
なる. ❸ 失神する, 気を失う《desmayarse》

desvanecimiento 男 消散; 失神

desvariar [desβarjár] 11 自 うわごと(とんでも
ないこと)を言う

desvarío 男 うわごと; 精神錯乱

desvelar [desβelár] 他 ❶ 眠れなくする: El
café me *desvela*. 私はコーヒーを飲むと眠れなく
なる. ❷ 暴き出す: ～ un secreto 秘密を暴露
する

◆ ～se ❶ 眠れない. ❷ [+por に] 気をつかう:
Se desvela por complacer a sus superiores.
彼は上司に気に入られようと心を配る

desvelo 男 不眠; [時に 複] 配慮, 心配り

desvencijar [desβenθixár] 他 [部品の連結
などを] ガタガタにする, 破損させる: El peso de
los libros *ha desvencijado* la estantería. 本
の重みで棚がガタガタになってしまった

◆ ～se 破損する

desventaja [desβentáxa] 女 不利[な点], ハ
ンディキャップ; 短所, 欠点: El ser bajo es una
～ para jugar al baloncesto. 背が低いのはバス
ケットボールをするのに不利だ. llevar ～ 不利であ
る, 劣っている

desventajoso, sa 形 不利な, 不都合な

desventura [desβentúra] 女 不運, 不幸
《desgracia》: Tuvo la ～ de quedarse viu-
da. 彼女は不運にも未亡人になった. estar lleno
de ～s 不運続きである

desventurado, da 形 名 不運な[人], 不幸
せな[人]

desvergonzado, da [desβεrgonθáðo,
ða] 形 名 恥知らずな[人]; ふしだらな[人]

desvergonzar 9 ～se 図々しくふるまう; 決
然とした態度を見せる

desvergüenza [desβεrgwénθa] 女 厚顔無
恥, 厚かましさ; 放縦: con ～ 破廉恥にも, 厚か
ましく. soltar las ～s みだらなことを言う

desvestir [desβestír] 35 他 《再分》desvis-
tiendo 『…の衣服を』脱がせる

◆ ～se 服を脱ぐ

desviación [desβjaθjón] 女 ❶ [方向が] そ
れること, 偏向; 逸脱: ～ de la luz 光の屈折
(回折). ～ de la columna vertebral《医学》
脊柱の湾曲異常. ❷ バイパス, 脇道; 迂回路
《desvío》: tomar una ～ 脇道に入る. ❸《数
字》偏差: valor de ～ 偏差値. ～ standard
標準偏差

desviacionismo 男 [党の路線などからの] 逸
脱

desviar [desβjár] 11 他 ❶ 迂回させる. ❷
[人を, +de から] そらす: ～ a+人 *de* su
vocación …に職業を変えさせる. ❸ …からそれ
る, 外れる: ～ la ruta 針路から外れる. ～ la
conversación 話題を変える. ～ la mirada 視
線をそらす

◆ ～se [+de から] それる; 迂回する: ～*se de*
la carretera 国道から外れる. ～*se del* deber
任務から逸脱する. ～*se del* misticismo 神秘
主義を捨てる

desvincular [desβiŋkulár] 他 [+de きずなか
ら] 解き放つ: ～ a+人 *de* la responsabilidad
…を責任から解放する

◆ ～se 解放される: ～*se de* su familia 家族
から自由になる

desvinculación 女 解放

desvío [desβío] 男 ❶ [工事による] 迂回路,
脇道. ❷ 冷淡, 無関心: Era objeto del ～. 彼
はそっけなくされた. ❸ それること《desviación》:
El coche sufrió un ～. 車がハンドルを切り損ね
た. ❹《鉄道》引き込み線, 側線

desvirgar [desβirgár] 8 他《文語》処女を失
わせる(奪う);《口語》初めて使う

desvirtuar [desβirtwár] 14 他 …のよさ(効
果)を失わせる: La mala interpretación *des-
virtuó* la obra. 下手な演技のために作品が台な
しになった

◆ ～se よさを失う: *Se ha desvirtuado* el
champán. シャンパンの気が抜けている

desvitalizar [desβitaliθár] 9 他 生命(活
力)を奪う; [神経を] 麻痺させる

desvivir [desβiβír] ～se [+por に] 強い関心
を示す; 懸命になる: i) ～*se por* su familia マ
イホーム型である. ～*se por* los helados アイスク
リームに目がない. ii) [+por+不定詞 することに]

Se desvive por complacer a los amigos. 彼は友人を喜ばせようと一所懸命だ

desyemar [desjemár] 他 …の芽を摘む

desyerbar [desjɛrbár] 他 …の雑草を取り除く

detall [detál] 男 《←仏語》 *al ~* 小売りの・で: venta *al ~* 小売り

detallado, da [detaʎáðo, ða] 形 過分 詳しい, 細かい

    detalladamente 副 詳細に

detallar [detaʎár] 他 ❶ 詳細に述べる(描く): ~ los gastos 支出を事細かにつける. ❷ 《中南米》 小売りする

detalle [detáʎe] 男 [英 detail] ❶ 細部, 細目: preocuparse de los ~s 細かい点にこだわる. dejar los ~s a un lado 細部を省く. No pierdo ~. 私はどんな小さなことでも見逃さない. ❷ 心づかい, 思いやり: Ha tenido un ~ invitándonos a cenar. 彼は親切にも私たちを夕食に招待してくれた. ❸ ちょっとした物; [小さな] 一部分: obsequiar con un pequeño ~ ささやかなプレゼントをする. ❹ 《美術》 ディテール. ❺ 《中南米》 小売り
    al ~ 1) 《商業》 小売りの・で. 2) 細部にわたって
    con [todo] ~ [きわめて]詳細に, [ごく]細目にわたって
    dar ~s 詳細に述べる(描く)
    en ~ 細かく

detallista [detaʎísta] 形 名 [細かい点にも]よく気のつく, 完全主義の; 《美術・文学》 細密に描く[人]; 小売商

detalloso, sa [detaʎóso, sa] 形 《南米》 見栄えばりの, うぬぼれの強い

detectar [detektár] 他 検出する, 探知する; 感知する: ~ una fuga de gas ガス漏れを検出する. ~ un avión enemigo 敵機を発見する
    detección 名 検出, 探知: ~ temprana 早期発見

detective [detektíβe] 名 [私立]探偵 [~ privado]; 刑事: ~ de la casa [デパート・ホテル・会社などの] 警備員
    detectivesco, ca 形 探偵の

detector, ra [detektór, ra] 形 検出する: lámpara ~ra 検波真空管
    ◆ 男 検出(検波・探知)器, センサー: ~ de humo (de incendios) 煙探知器. ~ de mentiras 嘘発見器. ~ de metales 金属探知器. ~ de minas 地雷探知器

detención [detenθjón] 名 ❶ 逮捕; 留置, 勾留(ɔ̃ɔ̃ɔ̃); [政治犯などの] 監禁: cuarto de ~ 留置場. ~ domiciliaria 自宅監禁, 軟禁. ~ ilegal 不法監禁. ~ pendiente 未決勾留. ~ preventiva 保護拘置. ❷ 阻止, 停止: ~ de las obras 工事の差止め. ❸ 注意: examinar con ~ 注意深く調べる

detener [detenér] 他 ❶ 止める, 引き止める; [前進を] はばむ, 停止させる: ~ el paso 通行を遮断する. ~ su coche 車を止める. ~ el curso de la enfermedad 病気の進行を食い止める. ❷ 逮捕する; 留置する, 勾留する; 監禁す

る
    ◆ ~se ❶ 止まる; [+a+不定詞] 立ち止まって…する: Se detuvo a contemplar el paisaje. 彼は立ち止まって景色を眺めた. ❷ [+en に] 時間をかける: Se detuvo a pensar. 彼はちょっと考えた. No te detengas en este punto. この点にはこだわるな. ❸ 楽しむ [entretenerse]

detenido, da [detenído, ða] 形 過分 ❶ 遮られた; 逮捕(留置・勾留)された: Está ~ el tráfico. 交通が麻痺状態にある. ❷ 詳細な, 時間をかけた: ~ examen 突っ込んだ検討
    ◆ 名 逮捕者; 留置人
    detenidamente 副 詳細に, 長々と

detenimiento [detenimjénto] 男 *con ~* 注意深く, 時間をかけて, 詳細に, 深く

detentar [detentár] 他 《文語》 [権力・称号などを] 不当に保持する: ~ el poder 不当に権力の座にある

detergente [detɛrxénte] 形 男 洗浄の: 粉石けん, 洗剤

deteriorar [deterjorár] 他 損傷する; 悪化させる: ~ un mueble 家具をだめにする. ~ su salud 健康を損なう
    ◆ ~se 悪化する: Se ha deteriorado el nivel de la enseñanza. 教育水準が悪化した
    deterioro 男 破損, 減耗; 悪化

determinación [determinaθjón] 名 ❶ 決定; 決意, 決心: ~ del precio 価格の決定. tomar una ~ 決意(決心)する. ❷ 推定; 規定. ❸ 決断力, 勇気: persona de gran ~ 大変気骨のある(意志が固い)人. mostrar ~ 断固とした(毅然たる)態度を示す

determinado, da [determináðo, ða] 形 過分 ❶ 決まった, 一定の, 特定の: trabajo ~ 決まった仕事. durante un ~ tiempo 一定期間. en un día ~ 特定の日に. ❷ 《文法》 限定された [determinativo]

determinante [determinánte] 形 決定する: causa ~ 決定的な原因
    ◆ 男 《文法》 限定詞; 《心理》 決定因
    ◆ 名 《数学》 行列式

determinar [determinár] 他 [英 determine] ❶ 決定する, 明確化(具体化)する: ~ la fecha 日取りを決める. La infancia *determinó* su carácter. 幼年時代が彼の性格を決定づけた. ❷ [与えられたデータから] 推定する: ~ el peso específico del oro 金の比重を調べる. ~ la verdadera intención 真意を見極める. ❸ [規則などが] 規定する: El reglamento de la escuela lo *determina* así. 校則でそう決められている. ❹ [+不定詞 することに] 決定(決心)する: *Determinó* marcharse. 彼は出かけることに決めた. ❺ [+a+人 に, +a+不定詞 することを] 決心させる: Sus consejos me *determinaron a* dimitir. 彼の忠告で私は辞職する決心をした. ❻ 引き起こす, 原因となる. ❼ …の境界を定める. ❽ 《法律》 …を判決する
    ◆ ~se [+a+不定詞/+por+名詞 に] 決心する: Se *determinó a* partir. 彼は出発することにした. Se *determinó por* el más alto de los dos. 彼女は2人のうち背の高い方に決めた

determinativo, va [determinatíβo, ßa] 〖形〗 形 《文法》限定的な；限定詞

determinismo [determinísmo] 男 《哲学》決定論

　determinista 形 名 決定論の；決定論者

detersión [deterθjón] 女 洗浄

detestable [detestáβle] 形 ❶ 憎むべき、いやな：Él es~. 彼はいやなやつだ. ❷ [質・程度が] ひどい

detestar [detestár] 他 嫌う；[質の悪さなどに] 我慢できない：Detesto la vida urbana. 私は都会の生活はまっぴらだ

detonación [detonaθjón] 女 爆音, 爆発[音]；《自動車》ノッキング

detonador [detonaðór] 男 起爆装置, 雷管

detonante [detonánte] 形 ❶ 爆音を発する；爆発性の：mezcla~ 爆発性混合気体. ❷ 衝撃的な：colorido~ けばけばしい色合い
　◆ 男 爆薬；衝撃的な出来事の原因

detonar [detonár] 自 ❶ 爆発する；爆音を発する：hacer~ una carga 装薬を爆発させる. aire detonado 《鉱山》坑気, 爆発気. ❷ 目立つ；衝撃を与える. ❸ 《自動車》ノッキングする

detractor, ra [detraktór, ra] 形 名 中傷(誹謗)する(人)

detraer [detraér] 45 他 [過分 detraído, 現分 detrayendo] [+de から] 引き離す；盗む

detrás [detrás] 副 《英 behind. ↔ delante》❶ 後ろに；背後に, 裏に：[類義 atrás と違って静止的に]：i) Se escribe el nombre y~ el apellido. 名前を書き, その後に姓を書く. Hay un estanque~. 裏に池がある. El que viene~, que arree. 遅い者は急げ. ii) [前置詞+] salida de~ の, 後ろの出口. atacar por~ 背後から襲う. Mi casa da por ~ al río. 私の家は裏が川に面している. La blusa tiene la botonadura por~. このブラウスは後ろでボタンを止める. iii) [主に, por+] 当人のいない所で：Habla mal de ti por~. 彼は陰で君の悪口を言っている
　❷ [+de の] 後ろに [類義 抽象的な意味ではtras が主]：i) Se escondió~ de la puerta. 彼はドアの陰に隠れた. Los padres fueron~ de su hijo. 両親は子供の後から行った. ii) …のいない所で：Delante de ti te alaban, y~ de ti te critican. 彼らは君の前ではほめているが, 陰では非難している

detrimento [detriménto] 男 損害：La sequía causa~ al campo. かんばつは畑に害を与える
　en~ de... …に害を与えて：La rapidez va en~ de la perfección. やっつけ仕事はまずい結果しか得られない

detrito [detríto] 男 [主に 複]ごみ, くず；《地質》砕屑(ᵇᵉˢᵉ̆)；《医学》頹廃(ᵗᵃ̆ⁱ)物
　detrítico, ca 形 砕屑からなる
　detritus [男〖単複同形〗] =**detrito**

deuda¹ [déuda] 女 [英 debt] ❶ 借金；《商業》負債 [↔haber, activo]：Tengo una~ de un millón. 私は100万ペセタの借金がある. La~ alcanza (asciende•sube) a un mi-

llón. 負債は100万ペセタにのぼる. adquirir (contraer) una~ 借金をする. pagar las~s a +A …に借金を返す. llenarse de~s 借金だらけになる. cargarse de~s 借金を背負い込む. ~ activa (efectiva) 未払い負債(残高). ~ acumulada 累積債務. ~ externa 対外債務. ~ privada 民間債務. ❷ 《経済》公債：~ pública 国債, 公債；公的債務. ~ exterior (interior) 外債(内債). ~ consolidada (flotante) 統合(流動)公債. ❸ 恩義, 義理：Estoy (Quedo) en~ con mis amigos. 私は友人たちに借りがある. Estoy en~ de una explicación con él. 私は彼に説明する義務がある. ❹ 《宗教》罪

deudo, da² [déuðo, ða] 名 《文語》親族, 近親者

deudor, ra [deuðór, ra] 形 借方の, 債務のある [↔acreedor]：nación~ra 債務国
　◆ 名 債務者：ser~ a Hacienda 税金を滞納している. tener~es 債権者である

deus ex machina [déu éks mákina] 男 《←ラテン語. 演劇》急場に現われて解決する神(人物)

deuterio [deutérjo] 男 《化学》重水素

deuterón [deuterón] 男 《物理》重陽子

devaluar [deβalwár] 14 他 《通貨の》平価を切下げる [→revaluar]；価値を下げる：~ el dólar ドルを切下げる
　◆ -**se** 平価(価値)が下がる
　devaluación [deβalwaθjón] 女 平価切下げ

devanadera [deβanaðéra] 女 糸操り機；その糸枠
　estar como unas~s 気が狂っている

devanado [deβanáðo] 男 糸操り；《電気》巻き線

devanador, ra [deβanaðór, ra] 形 名 糸操りの(職人)
　◆ 男 糸巻き
　◆ 女 《中南米》=**devanadera**

devanar [deβanár] 他 糸を操る
　~**se de risa (de dolor)** 《中米》笑いころげる(苦しみもだえる)

devaneo [deβanéo] 男 [よくない] 気晴らし, 娯楽；戯れの恋, 浮気 [~s amorosos]

devastar [deβastár] 他 荒廃させる：La guerra devastó el país. 戦争で国は荒廃した
　devastación [deβastaθjón] 女 荒廃
　devastador, ra 形 荒廃させる；圧倒的な. ◆ 名 破壊者

develar [deβelár] 他 《中南米》[秘密などを] 暴く, 明るみに出す；除幕する

devengar [deβeŋgár] 8 他 [正当な対価として利益などを] 生み出す：El dinero que guardamos en casa no devenga intereses. たんす預金は利子を生まない
　devengo 男 [対価としての] 収入

devenir [deβenír] 自 [過分 deviniendo] ❶ 《文語》[+en/=無冠詞名詞 に] なる, 生成する：~ en sustancia 実体化する. ~ hombre 大人になる. ❷ [事件などが] 起こる
　◆ 男 生成, 変転

453

deverbal [deβerβál] 59 自 《言語》動詞から派生した

devoción [deβoθjón] 女 ❶ [+por・a への] 信心, 信仰心: sentir (tener) ～ *por* la Virgen María 聖母マリアを崇敬している. con ～ 敬虔に; 一心不乱に. de mucha ～ 信仰の厚い. ❷ [主に 複] 祈り, 勤行: cumplir sus *devociones* antes de irse a la cama 寝る前にお祈りをする. ❸ 崇拝, 献身; 執着, 愛着: Siento la ～ *por* usted. 私はあなたを敬愛している. tener ～ *al* rey 王に忠誠を捧げている

devocionario [deβoθjonárjo] 男 《信者の使う》ミサ書, 祈禱書

devolución [deβoluθjón] 女 返却, 返済; 返済金, 返還金: No se admiten *devoluciones* en los artículos rebajados. 値下品の返品はお断り. ～ de impuestos 戻し税

devolutivo, va [deβolutíβo, βa] 形 《法律》帰属的な, 移審的な

devolver [deβolβér] 29 他 《英 return. 過分 dev*uelto*] ❶ [+a に] 返す, 返却(返済)する: Te *devuelvo* el disco que me prestaste. 君から借りたレコードを返すよ. ～ un libro *a* la estantería 本を書棚に戻す. ～ *a*+人 el dinero prestado …に借金を返す. ～ un artículo defectuoso 不良品を返品する. ～ el territorio 領土を返還する. ～ el regalo 返礼する. ～ el puñetazo 殴り返す. ～ la palabra 言葉を返す. ❷ 元へ戻させる: ～ la nación *a* su antigua paz 国にかつての平和を取り戻させる. ❸ 吐き出す, もどす

～ *bien por mal* 善をもって悪に報いる

◆ ～自 吐く, もどす

◆ ～se《中南米》戻る, 帰る: ～*se a* casa 帰宅する

devónico, ca [deβóniko, ka] 形 男 《地質》デボン紀(の)

devorador, ra [deβoraðór, ra] 形 名 貪欲(どんよく)な人, むさぼり食う(人) ／ ～*ra* de hombres 男を手玉に取って捨てていく女

devorar [deβorár] 他 ❶ [動物が獲物を・飢えたように] むさぼり食う, がつがつ食べる: Tiene tanta hambre que *devora* todo cuanto le sirven. 彼は腹ぺこなので, 出されるものは何でも平らげてしまう. ❷ むさぼるように読む(見る・聞く): ～ una novela 小説をむさぼり読む. ～ *a* una mujer con los ojos (las miradas) 女性をなめるように見つめる. ❸ 焼き尽くす, 破壊し尽くす: El fuego *devoró* la casa. 炎が家をなめ尽くした. ❹ 憔悴させる: Los celos le *devoran* el alma. 嫉妬の念が彼の心をさいなむ

◆ ～自 がつがつ食べる

devoto, ta [deβóto, ta] 形 名 [← devoción] ❶ [+de に対して] 信心深い(人): Es ～ *de* Santa Rita. 彼はサンタ・リタを崇敬している. plegaria ～*ta* 敬虔な祈り. ❷ 献身的な(人); 非常に愛好している(人): ser un ～ *del* feminismo 女性解放の忠実な信奉者である. ❸ 信心を起こさせる: estampa ～*ta* 宗教画

devuelto, ta [deβwélto, ta] devolver の

過分
◆ 男 《口語》嘔吐物
◆ 女 《中南米》釣り銭 〔cambio〕

dexiocardia [deksjokárðja] 女 《医学》右心症

dextrina [dekstrína] 女 《生化》デキストリン

dextrógiro, ra [dekstróxiro, ra] 形 《化学・物理》右旋性の 〔↔levógiro〕

dextrosa [dekstrósa] 女 《化学》右旋糖, ブドウ糖

deyección [dejekθjón] 女 ❶ 《医学》排便; [主に 複] 糞便, 排出物. ❷ 《火山の》噴出物

DF. 男 《メキシコ. 略語》←Distrito Federal 連邦特別区: México, ～ [郵便の表記で] メキシコシティー

d/f. 《略語》←días fecha 日付後

Dgo 《略語》←domingo 日曜日

DGT 《略語》←Dirección General de Turismo 政府観光局

dho[s] 《略語》←dicho〔s〕上記の

di- 《接頭辞》〔分離・非〕*di*solver 溶かす

día [día] 男 〔英 day〕❶ 日, 一日: i) Hay siete ～s en una semana. 1週間は7日ある. ¿Qué ～ es hoy?—Es lunes. 今日は何曜日ですか?—月曜日です. ¿Qué ～ parte usted?—El cinco. 何日にご出発ですか?—5日です. El ～ once cae en martes. 11日は火曜日だ. El 〔～〕primero de mayo es el *D*～ del Trabajo. 5月1日は労働の日である. Tardó veinte ～s en acabarlo. 彼は完成に20日かかった. Unos ～s después volví a verlo. 私は数日後また彼に会った. Murió ese ～. その日彼が死んだ. ～ de mi cumpleaños 私の誕生日. ～ laborable (de trabajo・labor)《中南米》～ de semana 平日, ウィークデー. ii) [天気について] Hizo un ～ lluvioso (hermoso). その日は雨(晴れ)だった. Hace buen ～. 天気がよい. Hace mal ～./Hace un ～ feo. 天気が悪い. 空が曇る. iii) [運について] Hoy tengo un mal ～./Hoy no es mi ～. 今日はついてない(さえない). Al buen ～, métele en casa. 好機は逃すな. iv) 祝日, 記念日: ～ de la madre 母の日. ～ de San Valentín セントバレンタインデー

❷ 昼間, 日中 〔←noche〕: Ahora es de ～ en España. スペインでは今昼だ. El cielo estuvo claro por el ～. 昼間は晴れていた. Abre (Se abre・Raya・Rompe) el ～. 夜が明ける. Se cerró (Cayó) el ～. 日が暮れた. 空が陰れた

❸ [複] 人生, 生涯: pasar sus ～s 人生を過ごす. al final de sus ～s 彼の晩年に. Sus ～s están contados./Tiene los ～s contados. 彼は老い先短い(もう長くない・命運が尽きている)

❹ [複] 時期: esos (aquellos) ～s あのころ, その当時

a ～*s* 時々 〔*a* veces〕; 日によって

a ...～*s* …日後に: *a* ocho ～*s* 1週間後に. *a* ...～*s* fecha (vista)《商業》一覧後…日払いの

a los pocos ～*s* [+de の] 数日後に

al ~ 1) 一日につき, 一日あたり: tres veces *al ~* 日に3度. 2) 最新の; 遅れずに, 正確に: Esta revista está muy *al ~* en cuestiones económicas. この雑誌は最新の経済問題がのっている. poner la bibliografía *al ~*《情報》ライブラリーを更新する. No están *al ~* en el pago. その会社は払いが悪い. 3) 日々の, 日常の: la vida española *al ~* スペイン人の日常生活

al ~ siguiente/al otro ~ その翌日に

algún ~ 〔実際に来るかわからないが未来の〕ある日, いつか: Me necesitarás *algún ~*. 君はいつか私を必要とするだろう

antes del ~ 夜明け前に

cada ~ 毎日〔その日なりに〕〖☞cada〗.

cada tercer ~ 時おり

coger el ~ …で夜明けを迎える

como 〔d〕el ~ a la noche/como la noche y el ~ まったく対照的に, まったく異なって: La madre y la hija se parecen *como del ~ a la noche*. 母と娘はまるで似ていない

cualquier ~《主に皮肉》いつでも, いつか: i) Ven a verme *cualquier ~*. いつでも〔いつか〕来て下さい〖本当は都合が悪い〗. *Cualquier ~* te toca la lotería. 君にもいつかは宝くじが当たるさ

dar a+人 el ~ …に迷惑(面倒)をかける

de cada ~ 日々の, 日常の: hacer el trabajo *de cada ~* 日々の仕事をする

de ~ 〔昼(のうち)に〕: dormir *de ~* y trabajar de noche 昼間寝て夜働く. Es *de ~*. 昼(朝)だ

de ~ en ~ 1) 日に日に, 次第に: *De ~ en ~* va perdiendo fuerzas. 彼は一日一日と体力が衰えていく. 2) 来る日も来る日も

de ~ y de noche =~ *y noche*

de ~ en ~ ずっと以前から・に・から: Su amistad ya viene *de ~s*. 彼らの友情は古くからだ

de un ~ a otro まもなく, 今日明日じゅうに

de un ~ para otro 一夜のうちに

del ~ 最新流行の; その日の, 新鮮な: estilo *del ~* 今はやりの文体. pan *del ~* 焼きたてのパン

~ a (tras) ~ 毎日; 日々, 続けて

~ por ~ 毎日; 日に日に: Se le ve mejorar *~ por ~*. 彼は一日一日と回復しているようだ

~ y noche 昼も夜も, 昼となく夜となく; いつも, 常に

~s hombre 延べ人数

el ~ de hoy 現在, 今日では〔hoy en día〕

el ~ de mañana 将来, いつの日にか

el ~ menos pensado/el mejor ~ 思いがけない時に, 出し抜けに

el mismo ~/ese 〔mismo〕~ 当日

el otro ~ 先日, このあいだ: el accidente d*el otro ~* 先日の事故

en ...~s ~ …日間で: terminar el trabajo *en tres ~s* 3日で仕事を終わらせる

en aquellos ~s あのころ

en dos ~s 短期間で

en el ~ その日の内に

en estos ~s =estos *~s*

en los ~s ~ …を生きている間に; …の若いころに: *en los ~s de Isabel II* イサベル2世時代に. *en mis ~s* estudiantiles 私が学生のころに. *en sus mejores ~s* 彼の全盛期に

en pleno ~ 白昼に, 真昼間に

en su ~ 都合のいい時に: *En su ~* lo sabrás. 折を見て教えてあげよう

en un ~ 一日で: Lo que no pasa (ocurre・sucede) en mil años, pasa (ocurre・sucede) *en un ~*.《諺》人生には思いがけないことが起こるものだ

entrado en ~s 年をとった

entre ~ 昼間に

estos ~s 近ごろ, ここ数日

llevarse el ~ 〔人が〕一日中かかる

medio ~ 半日: Tengo *medio ~* libre. 私は半日暇だ

no pasar (los) ~s por (para)+人 …は年のわりに若く見える: No pasan los *~s para* ella. 彼女はいつまでも若い

no tener más que el ~ y la noche 一文なしである, 困窮している

noche y ~ =~ *y noche*

ocho ~s 1週間

otro ~ 別な日に; 〔未来の〕いつか, 後日: Volveré *otro ~*. いつかまた来ます. *Otro ~* será. またいつかにしよう

pasar (los) ~s 日がたつ

quince ~s 2週間

ser la noche y el ~ まったく対照的である, まったく異なっている

tal ~ hará un año《口語》私は全然気に(問題に)しない, どうということはない

tener 〔ya〕~s 大変年をとっている; 色々と変わる

tener los ~s contados 余命いくばくもない

todo el ~ 一日中: Llovió *todo el ~*. 一日中雨だった

todos los ~s 〔英 every day〕毎日: Desayunamos *todos los ~s* a las siete. 私たちは毎日7時に朝食をとる

un buen ~ ある日思いがけず

un ~ 1) 〔過去・未来の〕ある日: *Un ~* me lo contó la abuela. ある日祖母がそのことを話してくれた. 2) 一日

Un ~ es un ~ その日一日しかない; 一日限りのことだ

un ~ cualquiera ごく普通の日, 平凡な一日

un ~ de estos 近々, 近日中に

un ~ sí y otro no 一日おきに

un ~ u otro いつかは〔必ず〕

un ~ y otro 毎日毎日〔続けて〕

vivir al ~ その日暮らしをする

diabetes [djaβétes] 女〔単複同形〕《医学》糖尿病

diabético, ca 形 名 糖尿病の〔患者〕

diabla [djáβla] 女 ❶ 悪魔のような女, 悪女. ❷《演劇》上部照明, 一文字照明

diablejo [djaβléxo] 男 小悪魔

diablesa [djaβlésa] 囡 悪魔のような女, 悪女

diablesco, ca [djaβlésko, ka] 厖 =dia-bólico

diablillo, lla [djaβlíλo, ʎa] 囝《親愛》小悪魔, 小鬼；悪賢い人；いたずらっ子

diablo [djáβlo] 囲《英 devil》❶ 悪魔, 魔王 『神に背く天使 ángel rebelde のこと』: Así paga el ～ al que le sirve. 悪魔だって恩は忘れないのに. ～ predicador 偽善者. abogado del ～《カトリック》列聖調査審問検事；〔討論で〕わざと反対の立場をとる人. Cuando el ～ no tiene que hacer, mata moscas con el rabo.《諺》小人閑居して不善をなす. Más sabe el ～ por viejo que por ser ～.《諺》亀の甲より年の功. ❷ 悪賢い人；〔主に子供について〕いたずら者：El ～ de mi hermano siempre me engaña. 悪い兄がいつも私をだます. Este niño es el mismo (mismísimo) ～. この子はひどいやんちゃ坊主だ. ❸〔疑問詞+～s?〕〔怒り〕一体どうして…?；〔賞賛〕何と…!: ¿Qué ～s estás tú haciendo ahí? お前は一体そこで何をしているのだ? ❹《魚》marino アンコウ；《俗称》カサゴ. pez del ～ ハゼの一種. ❺《南米》釘抜き. ❻《中南米》～s azules 振顫譫妄(しんせんせんもう)

a ～s いやな, ひどい: oler (saber) a ～s ひどいにおい(味)がする

¡al ～〔con…〕!〔…なんて〕くそくらえ, いまいましい〔…め〕! ¡Al ～ con este chico! この悪がきめ!

andar el ～ suelto やっかいなことが起こりそうである

como el (un) ～ おそろしく, ひどく: Esta caja pesa como un ～. この箱はやけに重い

¡con mil ～s!〔怒り・嫌悪〕くそったれ!

dar al ～ a... 〔口語〕…を追い払う, やっかい払いする

darse al ～ (a todos los ～s)〔口語〕激怒する, かっとなる；絶望する

del ～/de mil ～s/de〔todos〕los ～s ひどい, ひどくいやな: ¡Gato del ～! いやな猫め! dolor de mil ～s ひどい痛み. noche de todos los ～s さんざんな夜

¡～s!〔驚き・賞賛・不快〕すごい, ほう, 何てことだ!

el ～ que+接続法 …はありえない: El ～ que lo entienda (sepa). そんなことはわかるわけがない(誰が知るものか)

entre el ～ y el mar profundo 進退きわまって

estar el ～ suelto =andar el ～ suelto

irse al ～〔口語〕〔事柄が主語〕失敗する

llevarse el ～ あっという間に消える(だめになる): El dinero se lo llevó el ～. 金はまたたく間になくなった

llevárselo a+人 los ～s …が激怒する

mandar... al ～〔腹を立てて〕…を見捨てる, 追い払う

no sea el ～ que+接続法 もし…するといけないから: Vámonos, no sea el ～ que empiece a llover. 雨が降り出すといけないから出かけよう

pobre ～〔不幸な・貧しい〕哀れな奴

por arte del ～ まるで魔法のように

¡que te lleve el ～! この罰当たりめ!

¡qué ～s! じれったい, すごい, つまらない!

tener el ～ (los ～s) en el cuerpo ひどく悪賢い；〔子供に〕やんちゃである

tener más problemas que el ～ 問題がとても多い

tentar al ～ 悪魔を試す；〔悪魔の〕誘惑に身をさらす

¡vete al ～! とっとと消えうせろ, くたばれ!

¡vive el ～!〔怒り〕くやしい!やばやば!

diablura [djaβlúra] 囡 いたずら；離れ業

diabólico, ca [djaβóliko, ka] 厖 ❶ 悪魔の〔ような〕；悪賢い: mujer ～ca 魔性の女. plan ～ 悪だくみ. ❷ ひどく複雑で, こんがらがった, こみいった: problema ～ 大変な難問

diábolo [djáβolo] 囲《←伊語. 玩具》空中独楽(こま)

diácono [djákono] 囲《カトリック》助祭 〔☞órden 囡 ❷ 参考〕；〔プロテスタントなど〕執事

diacono/diaconato 囲 助祭職

diaconisa 囡 1)《古代キリスト教会の》女性執事. 2)《プロテスタント》婦人社会奉仕団員；婦人伝道師

diacrítico, ca [djakrítika, ka] 厖《言語》signo ～ 弁別(区分)符号

diacronía [djakronía] 囡《言語》通時態(通い)〔↔sincronía〕

diacrónico, ca 厖 通時的な

diacústica [djakústika] 囡 屈折音響学

diadema [djaðéma] 囡 ❶《服飾》〔半円形の〕女性用宝冠, ティアラ；ヘアバンド, カチューシャ. ❷〔権威・栄誉の象徴としての〕王冠

diáfano, na [djáfano, na] 厖 ❶ 澄み切った, 透き通るよう〔transparente〕: día ～ 晴れた日. explicación ～na 明解な説明. ❷ 半透明の〔translúcido〕. ❸〔行ないが〕非の打ち所のない, 裏表のない

diafanidad 囡 半透明(性)；明解さ

diafásico, ca [djafásiko, ka] 厖《言語》通語的な, 表現様式的な

diafragma [djafráγma] 囲 ❶《解剖》横隔膜；《生物》隔膜. ❷ ペッサリー〔pesario〕. ❸〔カメラの〕絞り；〔スピーカーの〕振動板

diagnosis [djaγnósis] 囡〔単複同形〕❶《医学》診断〔法〕；《生物》記相. ❷ 現状分析, 状況判断

diagnosticar [djaγnostikár] 囮 ⑦ 診断する, 見立てる: ～ a+人 una tifoidea …を腸チフスと診断する

diagnóstico, ca [djaγnóstiko, ka] 厖 診断の；症状を示す ◆ 囲 診断；現状分析: Su ～ es de gravedad. 彼の診断では重病だ. dar un ～ 診断を下す. ～ erróneo 誤診. ～ de la situación 情勢分析

diagonal [djaγonál] 厖 対角線の, 斜めの ◆ 囡 対角線〔línea ～〕

diagonalmente 圖 対角線状に, 斜めに

diágrafo [djáγrafo] 囲 カメラルシダ, 転写器

diagrama [djagráma] 男 図〔表〕, グラフ; ～ arbóreo 枝分かれ図. ～ de flujo 《情報》フローチャート

diaguita [djagíta] 形 名 ディアグータ族〔の〕『アルゼンチン東北部に住んでいたインディオ』

dial [djál] 男 〔←英語〕〔電話・ラジオの〕ダイヤル

dialectal [djalektál] 形 方言の, 地方語の: acento ～ 〔地方〕なまり. fragmentación ～ 方言分化

dialectalismo 男 方言〔特有〕の語法

dialéctica[1] [djaléktika] 女 弁証法; 〔もっともらしい〕論法

dialéctico, ca[2] 形 名 弁証法的な; 弁証家, 弁証法教師: materialismo ～ 弁証法的唯物論

dialecto [djalékto] 男 方言, 地方なまり

dialectología 女 方言学

dialipétala [djalipétala] 形 《植物》離弁の

diálisis [djálisis] 女 〔単複同形〕《化学・医学》透析; ～ peritoneal 腹膜透析

dialogar [djalogár] 自 対談する; 交渉する ◆ 他 対話形式で表現する

dialogado, da 形 〔過分〕対話形式の, せりふに直された

diálogo [djálogo] 男 ❶《文語的》会話, 対話; 話し合い: mantener un ～ muy interesante 大変おもしろい会話をかわす. ～ entre la patronal y los sindicatos 労使会談. los *D*～s de Platón プラトンの『対話篇』. ❷〔物語の〕会話部分; 〔劇・映画の〕せりふ; 対話体の作品

～ *de sordos* (*de besugos*) 相手の言っていることを聞こうとしない者同士の会話, 意味のない会話

dialoguista [djalogísta] 女 せりふ作者

diamante [djamánte] 男 ❶ ダイヤモンド; pulsera de ～s ダイヤの腕輪. ～ brillante ブリリアント型ダイヤ. ～ rosa ローズカット. ～ tabla スクエアカット. ～ （en） bruto ダイヤ原石; 磨かれていない才能. ❷《トランプ》ダイヤ〖☞ carta 参照〗. ❸《技術》ガラス切り

diamantífero, ra 形 ダイヤモンドを産する: mina ～ra ダイヤモンド鉱山

diamantino, na 形 《文語》ダイヤモンドの〔ような〕; 〔性格などが〕非常に硬い〔堅実な〕

diamantista 名 ダイヤモンド商人〔細工師〕

diámetro [djámetro] 男 直径; 〔円筒の〕内径: Esta rueda tiene un ～ de 2 metros. このタイヤは直径が2メートルある. ～ aparente 《天文》視直径. ～ conjugado 共役径. ～ de giro 《自動車》最小回転半径

diametral 形 直径の; まったくの, 正反対の: en oposición ～ 真っ向から対立する, 正反対の

diametralmente 副 直径の方向に; まったく, すべての点で: ～ opuesto 正反対の

diana [djána] 女 ❶〔的の中心の〕黒点; 〔ダーツの〕的: dar en la ～/hacer ～ 的の中心に当てる; 〔比喩〕狙い〔予想〕が当たる. ❷《軍事》起床ラッパ: tocar ～ 起床ラッパを鳴らす. ❸《ローマ神話》〔*D*～〕ディアナ, 月の女神

diantre [djántre] 男 《婉曲》〔驚き・怒り〕うへ

ぇ, いやはや! 〖diablo〗

diapasón [djapasón] 男 《音楽》〔人・楽器の〕音域, 声域; 音叉; 〔バイオリンなどの〕指板（しばん）, フィンガーボード; 〔オルガンの〕音栓

bajar (*subir*) *el* ～ 〔口語〕〔議論で〕声を低く〔高く〕する

diapositiva [djapositíßa] 女 《写真》スライド

diarero, ra [djaréro, ra] 名 《南米》新聞売り子〔配達人〕

diariero, ra 名 =diarero

diariamente [djárjaménte] 副 毎日

diario[1] [djárjo] 男 〔英 diary〕❶ 日記; 日誌: llevar un ～ 日記をつける. escribir （anotar）... en un ～ …を日記につける. ～ de navegación (de a bordo) 航海日誌. ～ de operaciones 戦闘日誌. ～ de sesiones 議事録. ❷ 新聞, 日刊紙〖periódico〗: ～ de la mañana/～ matutino (matinal) 朝刊. ～ de la noche 夕刊. ❸ 報道番組, ニュース: ～ hablado (televisado) ラジオ〔テレビ〕のニュース〔番組〕. ～ filmado ニュース映画. ❹《商業》取引日記帳; 仕訳帳〖libro [de] ～〗. ❺ 毎日の家計費〖gasto ～〗

diario[2]**, ria** [djárjo, rja] 形 〔英 daily〕毎日の, 日々の: Trabaja ocho horas ～rias. 彼女は毎日8時間働く. salario ～ 日給. sucesos ～s この世の出来事. traje ～ 普段着. vida ～ria 日常生活

a ～ 毎日: salir *a* ～ 毎日外出する

de ～ 普段用の〖↔de fiesta〗: ropa *de* ～ 普段着. salir vestido *de* ～ 普段着を着て出かける

diarismo [djarísmo] 男 《中南米》ジャーナリズム〖periodismo〗

diarista 名 ジャーナリスト〖periodista〗

diarrea [djaréa] 女 《医学》下痢: sufrir de ～ 下痢をする. ～ mental 精神的混乱, 錯乱. ～ verbal 〔口語〕饒舌病

diarreico, ca 形 下痢性の: heces ～cas 下痢便

diáspora [djáspora] 女 〔ユダヤ民族の〕四散; 〔離散地での〕集落

diastasa [djastása] 女 《生化》ジアスターゼ

diastático, ca [djastátiko, ka] 形 《言語》通層的な, 社会層の

diástole [djástole] 女 《生理》〔心臓の〕拡張〔期〕〖↔sístole〗; 《詩法》音節延長

diastólico, ca 形 presión ～ca 最小血圧

diatérmano, na [djatérmano, na] 形 《物理》透熱性の

diatermia [djatérmja] 女 《医学》短波療法

diátesis [djátesis] 女 〔単複同形〕《医学》〔病気に対する〕素質, 体質: ～ cancerosa 癌体質

diatomea [djatoméa] 女 《植物》珪藻; barro de ～s 珪藻土

diatónico, ca [djatóniko, ka] 形 《音楽》全音階の

diatópico, ca [djatópiko, ka] 形 《言語》通域的な, 地域的な

diatriba [djatríßa] 女 〔+contra への〕酷評, 毒舌

diávolo [djáβolo] 男 ＝diábolo

Díaz [díaθ] 固〖人名〗ディアス

dibujante [diβuxánte] 名 素描家；漫画家；製図家；デザイナー：～ de publicidad 広告デザイナー

dibujar [diβuxár] 他 ❶ 〔線で〕描く，スケッチする〖⇨pintar 題義〗：～ un triángulo 三角形をかく．～ a lápiz (con tinta china) 鉛筆(墨)でかく．❷ 下絵をかく，製図する．❸ 〔言葉で〕描写する：～ la figura de su padre 父親の人物像を描く．❹ 構想する，立案する
◆ ～se《文語》❶ 〔輪郭が〕描かれる：A lo lejos *se dibujan* las montañas. 遠くに山々の輪郭が見える．❷ 現われる：En su rostro *se dibujó* una sonrisa. 彼の顔に笑みが浮かんだ

dibujo [diβúxo] 男 ❶ 素描，デッサン〖行為，作品〗；線描，線画〔～ lineal〗；〔一こまもの〕漫画：papel de ～ 画用紙．～ a pluma ペン画．❷ 〔機械·部品などの〕製図，見取り図〔～ industrial〗：～ de arquitectura 〔建築の〕設計図．❸ 模様，図柄：Esta tela tiene un ～ sencillo. この布はあっさりした柄だ．tela con ～s geométricos 幾何学模様の布地．sin ～ 無地の．❹ 〔言葉による〕描写
no meterse en ～s《口語》面倒事(余計なこと)に首をつっこまない
picar un ～ 目打ちをする

dic.；**dicbre**《略語》←diciembre 12月

dicción [dik(θ)jón] 女 ❶ 言葉づかい，措辞；語法．❷ 発声法，朗読法：tener una ～ clara 歯切れのいい話し方をする

diccionario [dik(θ)jonárjo] 男〖英 dictionary〗辞書，辞典；事典：buscar una palabra en un ～ 辞書である単語を捜す．～ de uso 用法辞典．～ de inglés-español 英西辞典．～ enciclopédico 百科事典

dicentra [diθéntra] 女《植物》コマクサ〔の各種〕

díceres [díθeres] 男 複《中南米》噂，風評

dicha[1] [dítʃa] 女 幸福；幸運：Tuvo la ～ de ver crecer a sus hijos sanos. 彼は子供たちがすくすく育って幸せだった．hombre de ～ 幸運な男．¡Qué ～! 何とうれしい(幸せな)ことだ！
por (a) ～ 幸運にも，たまたま

dicharacho [ditʃarátʃo] 男〔時に下品な〕冗談，ふざけ話

dicharachero, ra 形 名 冗談好きの〔人〕

dicho[1] [dítʃo] 男 ❶ 言葉，表現：Tus ～s no vienen al caso. 君の言葉は適切でない．～ de las gentes 風説，噂．Del ～ al hecho hay mucho (un gran) trecho.《諺》言うは易く，行なうは難し．❷ 格言，諺；警句：Es un ～ muy conocido. それは有名な文句だ．❸《法律》陳述，申し立て
tomarse los ～s〔結婚式で〕誓いの言葉を交わす

dicho[2], **cha**[2] [dítʃo, tʃa] 形 過分《←decir》❶ 言われた：cosas *dichas* 言われた事．Nunca es tarde si la *dicha* es buena.《諺》よい便りはいつでも歓迎だ．❷《文語》〔＋名詞. 無冠詞で〕

前記の：Excepto China y Japón: en ～s países… 中国と日本は除く，前述の国々では…
～ asunto 前記の件，該当の件
～ de otro modo (otra manera) 言い換えると
～ sea de paso ついでに言うと
～ y hecho《口語》言うが早いか，早速
está bien ～ よく言った
lo ～, ～ 言ったことは実行すべきだ(取り消せない)
mejor ～ より正確に言えば
propiamente ～ まさしく，文字どおり

dichoso, sa [ditʃóso, sa] 形 ❶〔＋de·en·con で/名詞＋〕幸福な，うれしい〖feliz〗：Estaba ～ de acompañarla. 私は彼女と一緒に行けて幸福だった．época ～ 幸福な時代．suceso ～ 喜ばしい出来事．Hasta el final nadie es ～. 勝負は終わってみなければわからない．❷ 好運な〖afortunado〗．❸ 適切な，よくできた．❹《口語》〔＋名詞〕わずらわしい，やっかいな；いまいましい：Esa ～sa lluvia nos va a impedir jugar. このいやな雨のおかげで私たちは遊べない．ese ～ piano (señor) あのうるさいピアノ(あつかましい男)

dichosamente 副 幸福に；幸運にも

diciembre [diθjémbre] 男〖英 December〗12月〔⇨ mes 参考〕

diciendo decir の現分

dicotiledóneas [dikotileðóneas] 女 複 双子葉植物

dicotomía [dikotomía] 女《俗語》二分〔状態〕；《情報》二分法；《植物》二叉分枝

dicroísmo [dikroísmo] 男《物理》二色性

dicromático, ca [dikromátiko, ka] 形 二色の

dictado [diktáðo] 男 ❶ 口述；書き取り：escribir al ～ 口述筆記する．hacer un ～ 口述する；書き取りをする．examen de ～ 書き取りの試験．❷〔賞としての〕称号：～ de valeroso 勇者の称号．❸ 複〔良心などの〕導き：～s de la razón 理性の声
al ～〔＋de の命令などに〕従って

dictador, ra [diktaðór, ra] 形 名 独裁者〔の〕

dictadura [diktaðúra] 女 独裁〔制·政治〕，専制：bajo una ～ 独裁下の·に．～ de un solo partido 一党独裁．～ militar 軍部独裁

dictáfono [diktáfono] 男《←商標》ディクタフォン，口述録音機

dictamen [diktámen] 男〖複 dictámenes〗〔専門家の〕見解，判断：～ facultativo (médico) 診断書

dictaminar 他 …について見解を述べる．◆ 自〔＋sobre について〕見解を述べる

dictar [diktár] 他 ❶〔＋a＋人 に〕口述する，書き取らせる：～ una carta a su secretario 手紙を秘書に口述筆記させる．～ las preguntas del examen a los alumnos 生徒に試験問題を書き取らせる．❷〔法律·命令などを〕発する，宣する；指図する：～ una sentencia 判決を言

い渡す. Haz lo que tu *dicte* la conciencia. 良心の命じることをしたまえ. ❸《中南米》~ clase 授業(講義)をする

dictatorial [diktatorjál] 形 独裁者の; 独裁的な, 独断的な: poder ~ 独裁権力

dicterio [diktérjo] 男《古語》[主に 圏] 侮辱〔の言葉〕

didáctico, ca [diðáktiko, ka] 形 教育の; 教育的な: material ~ 教材. juguete ~ 教育玩具
◆ 囡 教授法, 教育法〖método ~〗
  didacti(ci)smo 男〖作品の〗教訓主義

didáctilo, la [diðáktilo, la] 形《動物》2 本指の

dídimo, ma [díðimo, ma] 形《植物》左右対称の, 双生の

diecinueve [djeθinwéβe] 形 男 19〔の〕; 19 番目の
  diecinueveavo, va 形 男 19 分の 1〔の〕

dieciocho [djeθjótʃo] 形 男 18〔の〕; 18 番目の
  dieciochavo, va 形 男 18 分の 1〔の〕: libro en ~《印刷》18 折り判の本
  dieciochesco, ca 18 世紀の(的な)

dieciséis [djeθiséis] 形 男 16〔の〕; 16 番目の
  dieciseisavo, va 形 男 16 分の 1〔の〕: libro en ~《印刷》16 折り判の本
  dieciseiseno, na 16 番目の

diecisiete [djeθisjéte] 形 男 17〔の〕; 17 番目の
  diecisieteavo, va 形 男 17 分の 1〔の〕

diedro [djéðro] 形《数学》二面の: ángulo ~ 二面角《航空》上反(り)角
◆ 男 二面形, V 字形

Diego [djéγo] 男《男性名》ディエゴ

dieléctrico, ca [djelέktriko, ka] 形《電気》誘電(性)の: constante ~ 誘電率

diencéfalo [djenθéfalo] 男《解剖》間脳

diente [djénte] 男〖英 tooth〗❶ 歯〖特に門歯と犬歯〗: Al bebé le han salido los ~s. 赤ん坊に歯が生えた. Se me ha caído un ~. 私は歯が抜けた. limpiarse (lavarse) los ~s 歯を磨く. ~ de leche (de mamón) 乳歯. ~ definitivo (caduco) 永久(脱落)歯. ~ incisivo 門歯. ~ canino (columelar) 犬歯. ~ molar 臼歯. [Ojo por ojo,] D ~ por ~. 《諺》〔目には目を, 〕歯には歯を. ❷〔くし・歯車・フォークなどの〕歯: ~s de sierra のこぎりの目. ~ de lobo 研磨器. ❸《鳥》歯嘴. ❹《植物》i) 〔葉の〕鋸歯: ~ de león タンポポ. ~ de muerto レンリソウ. ii) 〔ニンニクの〕鱗茎の一片: un ~ de ajo ニンニク 1 かけ. ❺《建築》〖増築用の〗突出部; 接ぎ手, ほぞ
  a regaña ~s ☞**regañadientes**
  aguzarse los ~s 食事を待ちかまえている
  alargar[se] a+人 los ~s …が強い欲求を持つ, 食指が動く: Parece delicioso. Se me han alargado los ~s. おいしそうだ. 食べたくてたまらない. El puesto de presidente le alarga los ~s. 彼は社長になりたくてたまらない

armado hasta los ~s 完全武装した
con todos sus ~s 怒り心頭に発して, 貪欲に
crujir a+人 los ~s〔癖・怒りなどで〕…が歯ぎしりする: Le *crujían* los ~s ante su impotencia. 彼は自分の無力を歯ぎしりしてくやしがった
dar ~ con〔寒さ・恐怖などで〕歯をガチガチいわせる
de ~s afuera (para fuera) 不まじめに, せせら笑いながら
echar los ~s 歯が生える; 激怒する
enseñar [los] ~s 歯をむく; 敢然と立ち向かう, 脅す
entre ~s〔話し方が〕ぼそぼそと, 不明瞭に; [不満で] ぶつくさと
estar a ~ 食べる物がない, 飢えている
estar que echa los ~s 激怒している
hincar el ~ 1) [+a 難事に] 取りかかる: Aun no *he hincado el* ~ al problema. 私はまだその問題に手をつけていない. 2) [+en・a を] 不当に手に入れる; 批判する: *Hincó el* ~ *en* los fondos. 彼はその資金に手をつけた. *Han hincado el* ~ *en* su jefe. 彼らは上司の悪口を言っていた. 3) [+a 嚙みにくいものを] 必死で食べる
meter el ~ =hincar el ~
mostrar [los] ~s =enseñar [los] ~s
no llegar a un ~/no haber (tener) para un ~〔食物が〕ほんの一口分しかない, 足りない
partir los ~s =partir la **boca**
pasar los ~s〔冷たい食物が〕歯にしみる
pelar el ~《中南米》作り笑いをする; お世辞を言う
ponerse a+人 los ~s largos《口語》1)〔不快で〕…の歯が浮く. Cuando veo el limón *se me ponen los* ~s *largos*. 私はレモンを見ると歯がうずく. 2) …が食指を動かす; 欲情をそそられる; うらやましがる: Cuando la veo tan feliz *se me ponen los* ~s *largos*. あんなに幸福そうな彼女を見るとうらやましくなる
rechinar a+人 los ~s =crujir a+人 los ~s
romper los ~s =partir la **boca**
tener [buen] ~《口語》よく食べる, 大食家である
tener los ~s largos わいろに汚い, わいろを取りたがる
tomar (traer) a+人 entre ~s …を嫌う, 悪く言う

dientudo, da [djentúðo, ða] 形《中南米》出っ歯の

diera-, dieron ☞dar 49

diéresis [djéresis] 囡〖単複同形〗❶ 分音符〖¨〗; 二重母音(連続母音)の分立 i) güe [gwe]•güi [gwi] ←gue [ge]•gui [gi]. ii) 詩文で音節数を調整するため: aíre ←aire, coöperar←cooperar). ❷《医学》切断〖手術〗

diese- ☞dar 49

diesel [dísel] 男〖単複同形〗ディーゼルエンジン〖motor ~〗; ディーゼル車

diestro, tra [djéstro, tra] 形 ❶《文語》右側の『derecho』: a su mano ～tra 彼の右側に. mano ～tra《比喩》右腕, 片腕. ❷ [+en·con に] 上手な, 器用な; 巧妙な, 抜け目のない: Es muy ～ en carpintería. 彼は大工[仕事]の腕がとてもいい. ser ～ en nadar 水泳がうまい. ～ pianista 上手なピアニスト. ❸ 右利きの『↔ zurdo』

a ～ y siniestro 四方八方に; むやみに: mirar *a ～ y siniestro* きょろきょろ見回す. repartir puñetazos *a ～ y siniestro* 手当り次第殴りつける

◆ 名 右利きの人
◆ 男 闘牛士『matador』
◆ 女《文語》右腕
　diestramente 副 上手に, うまく

dieta [djéta] 女 ❶ 食餌療法; 規定食: seguir una ～ vegetal 野菜食をする. ❷ 節食, ダイエット; 絶食: estar a ～ 節食中である; 食餌療法をしている. someterse a una ～ rigurosa 絶食する. ～ hídrica (líquida) 水分以外の絶食. ❸ 日常の食事: ～ mediterránea 地中海料理. ❹ 複《公務員出張などの》手当; [議員の] 歳費. ❺ [La D～]. 日本・ドイツ・スウェーデンなどの] 国会, 議会

dietario [djetárjo] 男 ❶ 家計簿, こづかい帳. ❷ 手帳, メモ帳

dietético, ca [djetétiko, ka] 形 食餌療法の
◆ 女 食餌療法学, 栄養学
　dietista 名 その専門医

diez [djéθ] 形 男《英 ten》❶ 10(の); 10番目の. ❷《中米》10 センターボ貨

hacer las ～ de últimas [最後に] 自暴自棄になる, 元も子もなくす; 《トランプ》勝って賭け金をさらう

diezmar [djeθmár] 他 ❶ 大量に殺す: La peste *diezmó* la población de la ciudad. ペストで市民が大勢死んだ. ❷ 10 のうち 1 つを取り除く

diezmilésimo, ma [djeθmilésimo, ma] 形 男 1 万分の 1(の)

diezmilímetro [djeθmilímetro] 男 [長さの単位] 10 分の 1 ミリメートル

diezmillonésimo, ma [djeθmiʎonésimo, ma] 形 男 1 千万分の 1(の)

diezmo [djéθmo] 男《歴史》[信者が教会に納めた] 十分の一税

difamar [difamár] 他 中傷する, 誹謗(ひぼう)する; …の名誉を傷つける: ～ al candidato opositor 対立候補を誹謗する. ～ el nombre de la familia 名家を汚す
　difamación 女 中傷; 名誉毀損(きそん)
　difamador, ra 形 名 中傷する(人)
　difamatorio, ria 形 中傷的な; 名誉毀損の: escrito ～ 中傷文書

difásico, ca [difásiko, ka] 形《電気》2 相の
diferencia [diferénθja] 女《英 difference》❶ 相違, 違い; 差: Hay gran ～ de precio entre el original y una copia. 本物と模写とでは値段が全然違う. ¿Qué ～ hay entre "estado" y "país"? 国家と国はどう違うのです

か? La ～ de restar cuatro de seis es dos. 6 と 4 の差は 2 である. pagar la ～ 差額を支払う. ～ de carácter 性格の違い. ～ de hora 時差. ¿Cuántas horas de ～ hay entre Madrid y Tokio? マドリード＝東京間の時差は何時間ですか? ～ de fase 位相差. ～ de potencial 電位差. ～ en el trato 扱いの違い. ❷ [主に 複] 意見の不一致; もめごと, 対立: Los dos tuvieron sus ～s. 2 人は意見が食い違った. ❸《音楽》[昔の] 変奏曲

a ～ de... …と違って: A ～ de mí, mi hermano es muy hablador. 私と違って兄は大変話好きだ

ir ～ de... a... …と…は違う: Va mucha ～ de este traje a ése. この服とそれでは大違いだ

partir la[s] ～[s] 折り合う, 妥協する

diferenciación [diferenθjaθjón] 女《生物》分化; 区別, 識別

diferencial [diferenθjál] 形 ❶ 違いの: rasgo ～ 違いを示す特徴. derechos ～es 差別関税. ❷ 微分の
◆ 男《自動車》差動装置, ディファレンシャル
◆ 女《数学》微分

diferenciar [diferenθjár] 他 ❶ [+de と] 区別する, 違いを生む; 識別する: Es sólo el color lo que *diferencia* las dos casas. 2 軒の家の違いは色だけだ. No *diferenció* un bajo *de* un tenor. 彼はバスとテノールを聞き分けられなかった. ❷ 微分する
◆ ～se 自 ❶ 異なる: Los hermanos *se diferencian* mucho. その兄弟は似ていない. *Se diferencian* en (por) su modo de mirar. 彼らは見方が違う. Anita siempre quiere ～*se de* las demás. アニタはいつもほかの娘と違っていたがる. ❷《生物》分化する

diferendo [diferéndo] 男《南米》意見の相違; 対立, 反目

diferente [diferénte] 形《英 different》❶ [+de·a と] 違った, 異なった: Mi opinión es ～ de la suya. 私の意見は彼のと異なる. Es una persona ～. 彼は人が変わった. En ese caso, es ～. それなら話は別だ. El concepto de la justicia es ～ para todos. 正義の概念は人それぞれによって異なる. ❷ 複 [+名詞] さまざまな, 色々な: traducido a unos ～s idiomas 数か国語に翻訳された
◆ 副 違った風に: Actúa ～ conmigo. 彼は私には別人のようにふるまう

diferido [diferído] *en ～*《放送》録画中継で: emitir *en ～* 録画中継する

diferir [diferír] 他《過分 difiriendo》延期する: ～ una asamblea anual 年次総会を延ばす
◆ 自 ❶《文語》[+en で, +de と] 異なる: Esta ciudad *difiere en* todo *de* la vecina. この町は隣町とすべてにおいて異なる. ❷ 不同意である

difícil [difíθil] 形《英 difficult. ↔fácil》
『ser+』❶ 困難な, 難しい: i) obra ～ 難工事. problema de ～ solución 難問. ii) [+de+他動詞の不定詞 するのが] Eso es ～ de entender. それは難解だ. asunto ～ de

resolver 難事件. iii) [ser ～+不定詞・que+接続法] Me es ～ que se mejore el día. 天気はよくなりそうもない. ❷ 気難しい, 扱いにくい; [好みが] うるさい: niño ～ 育てにくい子. carácter ～ 気難しい性格

difícilmente [difíθilménte] 圖 ほとんど不可能に近く: D～ podrá aguantarlo. 彼はとてもそれに耐えられまい

dificultad [difikultáð] 囡 [英 difficulty] ❶ 困難, 障害: verse en ～es 困難に陥る. vencer (superar) una ～ 困難を克服する. asunto de mucha ～ 難事件. ～ de la respiración 呼吸困難. No encuentro ～ en andar ahora. 今は歩くのに不自由はありません. ❷ 異議, 反対: poner ～es a... …に難癖をつける

con ～ 苦労して, やっと: Con mucha ～ he montado el reloj. 私はやっとこさ時計を組み立てた

dificultar [difikultár] 他 困難にする; 邪魔する: El fuerte viento dificultaba la operación de rescate. 強風のため救助活動が難航した

dificultoso, sa [difikultóso, sa] 形 ひどく困難な, やっかいな: problema ～ 面倒な問題

difracción [difrakθjón] 囡 《物理》回折
　difractar 他 回折させる
　difractor 男 回折格子
　difrangente 形 回折の, 回折する

difteria [diftérja] 囡 《医学》ジフテリア: ～ laríngea 偽膜性喉頭炎, クループ
　diftérico, ca 形 图 ジフテリアの〔患者〕: angina ～ca ジフテリア

difuminar [difuminár] 他 ❶ [デッサンなどを] 擦筆(きっ)でぼかす. ❷ ぼやかす: La neblina difumina los edificios. もやで建物がかすんで見える
　◆ ～se ぼやける, かすむ
　difumino 男 擦筆

difundir [difundír] 他 ❶ [水などを] まき散らす: La lámpara difundía una luz sobre la mesa. ランプが机の上に光を投げかけていた. ❷ [噂・思想などを] 広める: ～ una doctrina 教義を広める. ❸ 放送する
　◆ ～se まき散らされる; 広まる, 流布する: La noticia se difundió entre los vecinos. 知らせは近所に広まった

difunto, ta [difúnto, ta] 《文語》形 死亡した, 亡くなった: su ～ padre 彼の亡父
　◆ 图 故人, 死者: día de [los] ～s 死者の日, 万霊節〔11月2日〕
　el ～ era mayor 《口語》その服は大きすぎるよ

difusión [difusjón] 囡 [←difundir] ❶ 散乱, 拡散. ❷ 流布, 普及: Su libro ha tenido una gran ～. 彼の本はよく売れた. ❸ 放送

difusivo, va [difusíbo, ba] 形 拡散傾向のある; 普及に役立つ

difuso, sa [difúso, sa] 形 ❶ 散乱(拡散)した: luz ～sa 散光. ～sa sensación de angustia 漠然とした不安感. ❷ 散漫な, 冗長な: estilo ～ 散漫な文体

difusor, ra [difusór, ra] 形 拡散(普及)させる: medio ～ de noticias 〔ニュースを伝える〕媒体, メディア
　◆ 男 拡散装置, ディフューザー

diga, diga- 〓decir 64

digerible [dixeríble] 形 [食物が] 消化のよい

digerir [dixerír] 33 他 《現分 digiriendo》 ❶ 消化する: i) ～ los alimentos 食品を消化(吸収)する. ii) [知識などを] ～ la lección 教えられたことを吸収する. ❷ じっと耐える, 我慢する 〔主に否定文で〕: Todavía no ha digerido su cese. 彼はいまだに解雇から立ち直れないでいる
　◆ 自 消化される

digestible [dixestíble] 形 [食物が] 消化のよい

digestión [dixestjón] 囡 消化: tener una mala ～ 消化不良を起こす

digestivo, va [dixestíbo, ba] 形 ❶ 消化の; 消化を促進する: aparato ～ 消化器. ❷ [食物が] 消化のよい
　◆ 男 消化剤; 食後酒, ディジェスティフ

digesto [dixésto] 男 摘要, ダイジェスト

digitación [dixitaθjón] 囡 《音楽》運指法

digitado, da [dixitáðo, da] 形 ❶ 《植物》掌状の: hoja ～da 掌状葉. ❷ 《動物》有指の

digital [dixitál] 形 ❶ デジタル〔方式〕の, 計数型の: cámara ～ デジタルカメラ. reloj ～ デジタル時計. comunicaciones ～es デジタル通信. ❷ [←dedo] 指の
　◆ 囡 《植物》ジギタリス; ジギタリス製剤
　digitalina 囡 《薬学》ジギタリン
　digitalizar 9 他 《情報》デジタル化する

digitígrado, da [dixitígraðo, da] 形 《動物》指行性の

dígito [díxito] 男 ❶ 《数学》桁(½), ディジット; 数字: de tres ～s 3桁の. crecer con doble ～ 2桁成長する. ❷ 《天文》ディジット

digitopuntura [dixitopuntúra] 囡 指圧

diglosia [diɣlósja] 囡 《言語》2言語重用, 2つの変種の使い分け

dignamente [diɣnaménte] 圖 立派に, 堂々と: morir ～ 尊厳死する

dignar [diɣnár] ～se [敬語. +[a+]不定詞] …してくださる: El jefe se dignó aceptar mi invitación. 上司が私の招待を受けてくれた. このプレゼントを受け取って下さい. [否定では単なる強調] No se dignó mirarme. 彼は私を見てもくれなかった

dignatario, ria [diɣnatárjo, rja] 图 高官, 高位の人

dignidad [diɣniðáð] 囡 ❶ 威厳, 尊厳: Tiene ～. 彼は威厳がある. hablar con ～ 威厳に満ちた話し方を. con gran ～ 堂々と. ～ humana 人間としての尊厳. ❷ 品位, 誇り: perder su ～ 品位を失う. propia ～ 自尊心. ❸ 高位〔の人〕, 顕職: ostentar la ～ de arcediano 助祭長という高位にある

dignificar [diɣnifikár] 7 他 …に威厳を与える

digno, na [díɣno, na] 形 [英 worthy] ❶ [+ de に] 値する, ふさわしい: i) Su acción es

〜*na de* elogio. 彼の行為は賞賛に値する. Ésas no son palabras 〜*nas de* ti. 君らしくない発言だ. Es 〜 hijo *de tal padre.* 父の名を辱しめる息子だ. ii)［＋de＋不定詞・que＋接続法］Es un libro 〜 *de leerse.* それは読むに足る本だ. Es 〜 *de* ser llamado gran artista. 彼は大芸術家と呼ばれるにふさわしい. No soy 〜 *de que* me honréis con vuestra amistad. 私は君たちの友情を受けるに値しない. ❷ 威厳のある, 堂々とした : con actitud 〜*na* 毅然とした態度で. persona muy 〜*na* 威厳に満ちた人. muerte 〜*na* 尊厳死. ❸ 恥ずかしくない, 人並みの, まずまずの〖notable より劣る〗: resultado 〜 どうにか恥ずかしくない(まあまあの)成績

digo ⇢**decir** 64

dígrafo [dígrafo]〖言語〗二重字〖2字で1音を表わす : ch, qu など〗

digresión [digresjón] 囡 本題から離れること, 余談 : hacer *digresiones*/caer (perderse) en *digresiones* 話を脇道にそらす, 脱線する

dije [díxe] 男〖首飾り・腕輪などにつける〗小さな飾り
　◆ 形〖南米〗すばらしい ; 親切な

dije-, diji- ⇢**decir** 64

dilacerar [dilaθerár] 他〖肉を〗引き(切り)裂く ; 〖名誉などを〗ひどく傷つける

dilación [dilaθjón] 囡〖文語〗遅延, 延期 : El encuentro sufrió 〜. 会見は延期された

dilapidar [dilapiðár] 他 濫費(浪費)する : 〜 la herencia 遺産を無駄に使い果たす
　dilapidación 囡 濫費, 浪費
　dilapidador, ra 形 囝 浪費家(の)

dilatar [dilatár] 他 ❶ 膨張させる〖↔contraer〗: El calor *dilata* los cuerpos. 熱は物体を膨張させる. 〜 sus dominios 領土を広げる. 〜 la sesión 会議を延長する. ❷〖文語〗遅らせる ; 長引かせる, 延期する : 〜 la inauguración 開会を遅らせる. ❸ 喜ばせる, 満足させる
　◆ 〜se ❶ 膨張する : El llano *se dilata* hasta donde alcanza la vista. 見渡す限り平原が広がっている. ❷ 遅れる ; 長引く : *Se dilató* la conferencia más de lo previsto. 会議は予定より延びた. ❸ 喜ぶ, 満足する : *Se me dilata* el ánimo al ver estas fotos. これらの写真を見ていると心が伸びやかになる
　dilatable 形 膨張性の
　dilatación 囡 膨張, 拡張, 拡張 : 〜 térmica 熱膨張. 〜 gástrica〖医学〗胃拡張
　dilatado, da 形 過去 広大な
　dilatador 男〖解剖〗拡張筋 ;〖医学〗拡張器

dilatorio, ria [dilatórjo, rja] 形 遅らせる, 延期する ; 時間稼ぎの
　◆ 囡 引き延ばし戦術 : andar con 〜*rias* 時間稼ぎをする

dilecto, ta [dilékto, ta] 形〖文語〗愛する〖querido〗: mi 〜 amigo 私の敬愛する友人

dilección 囡［＋por への］純粋な愛

dilema [diléma] 男 ジレンマ, 板ばさみ : verse (encontrarse) en un 〜 ジレンマに陥っている

diletante [diletánte] 形 囝《←伊語》芸術愛好家〔の〕;《軽蔑》ディレッタント

diletantismo 男《軽蔑》道楽, 趣味

diligencia [dilixénθja] 囡 ❶〖法律〗訴訟手続き ;［事務上の］手続き, 処置 : hacer unas 〜*s* 用事(仕事)をする. ❷〖公文書で〗承認済・保留などの〗記載事項. ❸《文語》迅速さ ; 熱心さ : solucionar con 〜 速やかに解決する. ❹［大型の］乗合馬車, 駅馬車

diligenciar [dilixenθjár] 他〖必要な手段を〗取る, 手続きをする

diligente [dilixénte] 形 ❶ 勤勉な, 熱心な : Es muy 〜 en el estudio. 彼はよく勉強する. ❷《文語》敏速な, てきぱきした

dilogía [diloxía] 囡〖用語〗両義性

dilucidar [diluθiðár] 他 明らかにする, 解き明かす : 〜 un enigma 謎を解く. 〜 una proposición 提案の内容説明をする
　dilucidación 囡 解明

dilución [diluθjón] 囡《←diluir》溶解 ; 希釈

diluir [diluír] 48 他《叙法 diluyendo》［＋en に］溶かす ; 薄める : sal *en* el agua 塩を水に溶かす. 〜 la salsa ソースを薄める. 〜 atribuciones entre los hijos 権限を息子たちに分担させる

diluvial [dilubjál] 形〖地質〗terreno 〜 洪積層. ◆ 男 洪積層(世)

diluviar [dilubjár] 10 自〖単人称〗豪雨が降る

diluvio [dilúbjo] 男 ❶ 大洪水 ; 豪雨, 大雨 : *D〜* Universal de (de Noé) ノアの洪水. Tras mí, el 〜.［自分の死後について］あとはどうなろうとかまわない. ❷《口語》大量 ; 大混乱 : un 〜 de recomendaciones 山のような推薦状. Ese traslado fue el 〜. その引越しは大騒動だった

diluyente [dilujénte] 男 シンナー : aspirar el 〜 シンナーを吸う

dimanar [dimanár] 自［水が, ＋de から］湧き出る ;《文語》発生する : Una alegría *dimanaba de* su rostro. 彼の顔には喜びがあふれていた. Todo *dimana de* su imprudencia. すべては彼の浅慮から起こっている
　dimanación 囡 湧出 ; 発生

dimensión [dimensjón] 囡 ❶〖主に 複〗大きさ, 寸法 ; 規模 : i) tomar las *dimensiones* de una caja 箱の寸法を計る. apreciar las *dimensiones* de un desastre 災害の規模(被害額)を推測する. coche (fábrica) de grandes *dimensiones* 大型の車(大規模な工場). ii)《服飾》スリーサイズ. ❷《物理》次元 : espacio de tres *dimensiones* 3次元空間. cuarta 〜 第4次元. ❸［物事の］側面, 様相
　dimensional 形 次元の : análisis 〜 次元解析
　dimensionar 他《文語》…の大きさ・価値を測定する

dimes [dímes] 男 複 〜 *y diretes*《口語》議論, 口論 ; 噂話 : 〜 *y diretes* entre gobierno y oposición 政府と野党間の論戦(口げんか). andar en 〜 *y diretes* con＋人 …と口げんかをする. tejer 〜 *y diretes* かげ口をきく ; 策動する

diminuendo [diminwéndo] 男〖音楽〗デ

ィミヌエンド, 次第に弱く

diminutivo, va [diminutíbo, ba] 形《文法》示小の〖↔aumentativo〗: sufijo ～ 示小接尾辞
◆ 男 示小語, 示小辞

diminuto, ta [diminúto, ta] 形 大変小さい: bebé con grandes ojos y ～ta nariz 目が大きく鼻のちっちゃな赤ん坊

dimisión [dimisjón] 女 辞職, 辞任: ～ en bloque (en pleno) 総解職. presentar su ～ a+人 …に辞表(辞職願)を提出する

dimisionario, ria [名]《文語》辞職した〔人〕

dimitir [dimitír] [+de como を] 辞職(辞任)する: ～ de presidente 議長を辞任する

dimorfismo [dimorfísmo] 男《生物・鉱物》二形性
dimorfo, fa 形 二形性の

dimos ☞ dar ⑭

din [dín] 男《口語》〖力〗: ～ y el don 金と身分. Sin ～, no hay don. 金がなけりゃ人じゃない

DIN [dín] 男 [紙の大きさ] …判〖←ドイツ工業規格〗: ～ A 4 A 4 判

dina [dína] 女《物理》[力の単位] ダイン

dinamarqués, sa [dinamarkés, sa] 形 名 デンマーク Dinamarca 女 [人・語] の; デンマーク人〖danés〗. ◆ 男 デンマーク語

dinámico, ca [dinámiko, ka] 形 ❶《口語》[人が] 活動的な, 活発な: joven ～ バイタリティーのある青年. ❷ 力学の; 動態的な: unidad ～ca 力の単位. análisis ～ 動態分析. elemento ～ 主導的な要素
◆ 女《物理》〖力学〗: ～ca grupal (de grupo) 集団力学, グループダイナミックス

dinamismo [dinamísmo] 男 活力, バイタリティー; 《哲学》動力論, 力本説; 《美術》ダイナミズム

dinamita [dinamíta] 女 ❶ ダイナマイト. ❷《口語》騒ぎのもと
dinamitar [他] [ダイナマイトで] 爆破する; …にダイナマイトを仕掛ける
dinamitero, ra [名] 発破要員; 爆弾テロリスト

dinamizar [dinamiθár] ⑨ 他 [活動を] 活化する

dinamo [dínamo] 女《主に西》[主に直流の] 発電機, ダイナモ
dínamo 女《主に中南米》=dinamo

dinamómetro [dinamómetro] 男 力量計, 動力計; 握力計

dinar [dinár] 男 [アラブ諸国などの貨幣単位] ディナール

dinastía [dinastía] 女 ❶ 王朝: ～ de los Borbones ブルボン王朝. ～ omeya ウマイヤ朝. fundar la ～ 王朝を樹てる. ❷ [有名な] 家系: ～ de los Bach バッハ一族. el séptimo Luis de la ～ 〖歴代 Luis を名乗る〗その家系の7代目のルイス
dinástico, ca 形 王朝の; 家系の: orgullo ～ 家門の誉れ

din don [dín dón] 男《擬声》[2つの鐘などの] ジャンジャン, ガンガン

dinerada [dineráda] 女 =dineral

dineral [dinerál] 男 大金, 巨額の金: ganar un ～ 大もうけする

dinerario, ria [dinerárjo, rja] 形 金に関する: problemas ～ 金の問題

dinerillo [dineríλo] 男《口語》小金(ぷね)

dinero [dinéro] 男《英 money》❶ 集名 金(ぷ); 財産: i) Para mí cien mil yenes son ～ 私にとって10万円は大金だ. Tiene mucho ～. 彼は大金持ちだ. Hoy no tengo ～. 今日は金がない. ¡Salud, ～ y amor! 乾杯! ganar (gastar) ～ 金を稼ぐ (使う). casarse por ～ 金目あてに結婚する. sin ～ 金のない. ～ blanco まっとうな金. ～ caliente 《経済》ホットマネー. ～ de bolsillo ポケットマネー. ～ fácil 楽にもうかる金, あぶく銭, バブルマネー. ～ negro ブラックマネー. ～ suelto 小銭 ii)《諺・成句》El ～ cambia de manos. 金は天下の回り物. El ～ se toma siempre, y más, si se es pobre. 金は常に欲しがられるものだ, 貧しければなおさらのことだ. De ～s y bondad quita siempre la mitad./De ～ y calidad, la mitad de la mitad. 金の話とほめ言葉は話半分に聞け. D～ llama ～. 金のある所にはますます金が集まる. Los ～s del sacristán, cantando se vienen, cantando se van. 悪銭身につかず. ❷ 通貨: ～ bancario 信用貨幣. ～ cambiado 補助通貨. ～ metálico 硬貨. ❸ 資金: ～ extranjero 外貨. ～ prestado 借入金. de ～ 金持ちの: ser de ～ 金持ちである. hombre de ～ 財産家
echar ～ 投資する, 金を出す
estrujar el ～ けちである
hacer ～ 《口語》財をなす, 金持ちになる
mal de ～ 金に困って
pasar el ～ 金を数え直す

dingo [díngo] 男《動物》ディンゴ

dinosaurio [dinosáurjo] 男《古生物》[総称] 恐竜

dinoterio [dinotérjo] 男《古生物》ディノテリウム

dintel [dintél] 男 ❶《建築》まぐさ, 鴨居(ぷね) 〖☞カット〗. ❷《中南米》戸口, 出入り口

dintel

diñar [diɲár] 他 〖←ジプシー語〗 ～la 死ぬ: La diñó al año siguiente. その翌年彼は死んだ
diñársela a+人 …をペテンにかける

diócesis [djóθesis] 女〖単複同形〗《カトリック》司教区
diocesano, na [djoθesáno, na] 形 名 司教区の〔信者〕; 教区司教の. ◆ 男 教区司教

diodo [djóðo] 男《電気》ダイオード, 二極(真空)管

dioico, ca [djóiko, ka] 形《植物》雌雄異株の

dionesa [djonésa] 女《植物》ハエジゴク

dionisiaco, ca/dionisíaco, ca [djonisjáko, ka/-sía-] 形《神話》酒神ディオニソス

Dionisos の; 飲めや歌えの
◆ 図 酒神祭

dioptría [djɔptría] 図 [レンズの屈折率の単位] ジオプター『近視・遠視の程度を表わす』

dióptrico, ca 圏 図 屈折光学『上の』

diorama [djɔráma] 圏 図 ジオラマ, 透視画

Dios
[djɔs] 圐 [英 God] ❶ [ユダヤ教・キリスト教など—神教の] 神: i) 〜 Padre 父なる神。— Hijo 子なる神。— Hombre イエスキリスト。— Espíritu Santo 聖霊なる神。ii) 《諺・成句》dar a 〜 lo que es de 〜 y al César lo que es del César それぞれ正当な所有者に返さなくてはいけない。— aprieta, pero no ahoga. たとえわずかでも望みがないわけではない/天道人を殺さず。— da pañuelo a quien no tiene narices (mocos). 猫に小判。— los cría y ellos se juntan. 《軽蔑》類は友を呼ぶ。— te bendiga./— te lo pague. ありがとうございます。A quien 〜 se la diere, san Pedro (Antón) se la bendiga. 神の摂理に任せよう。❷ [間投詞的。怒り・失望・不満] ちぇっ, いやはや!

a la buena de 〜 行きあたりばったりに, なりゆきで; 何の準備もなく; むぞうさに: presentarse a un examen *a la buena de* 〜 ぶっつけ本番で試験に臨む

¡alabado sea 〜! [賞賛] すばらしかった; [あきらめ] 仕方ない; [ある場所に入る時の聖職者同士などの挨拶] 神のたたえられんことを!

¡anda con 〜! さようなら; [安堵・怒りなどを含んで] あばよ!

¡así 〜 *me castigue!* 本当にそうなんだよ!

¡bendito sea 〜! =¡alabado sea 〜!

clamar a 〜 [正義がなく] 絶望的である: Esta situación *clama a* 〜. この情況は嘆かわしい

como 〜 《口語》すばらしく, 大変良く

como 〜 *da a+人 a entender* 《口語》…にとって精一杯, できるだけ

como 〜 *manda* しかるべく, 適切に: Haz la cama *como* 〜 *manda.* ベッドをきちんとしなさい

costar 〜 *y (su) ayuda* ひと苦労(大仕事)である: Pagar las deudas me *cuesta* 〜 *y ayuda.* 借金を返すのは大変だ

cuando 〜 *quiera* いつか, いずれそのうち: Iré *cuando* 〜 *quiera.* いつか行きます

dar a 〜 *a+人* …に臨終の聖体拝領をする

de 〜 《口語》たっぷりと, たくさん: Hace un frío de 〜 ひどく寒い。Llueve de 〜 どしゃ降りだ

dejado de la mano de 〜 神に見放された, 悲惨な

dejar 〜 *de su mano a+人* …がでたらめなことをする; 悲惨な暮らしをする: 〜 *le ha dejado de su mano.* 彼はまずいことをしたものだ

〜 *dirá* [人事を尽くして] 天命を待つ

¡〜 *le ampare!* [神の力ではどうにもならない] 哀れなやつめ!; [皮肉] 物乞いに対し持ち合わせがない時など] 申し訳ないけど…

〜 *lo quiera* [不信] どうかね, そうだといいけどね

〜 *me entiende* [うまく証明できないが] それは正しい

〜 *me perdone, pero...* はっきり言って…/あえて言わせてもらうと…/こう言っては何だが…

〜 *mediante* うまくいけば, 神のおぼしめしにかなえば

¡〜 *mío!* [驚き・賞賛・苦痛など] おお, ああ!

〜 *nos asista (coja confesados·tenga de su mano)* 神よ, お助けを/くわばら, くわばら/わあ助けてくれ!

¡〜 *quiera!* どうか!; [+que+接続法] どうか…しますように! [ojalá]

〜 *sabe/sabe* 〜 誰にもわかるものか [神のみぞ知る]; …は絶対間違いない [神様がご存じだ]: ¡Sabe 〜 si viene o no (dónde andará)! 彼が来るかどうか(どこを歩いているのか)わかったものではない! 〜 *sabe* cómo yo fui el primero. 誓ってもいい, 本当に私が1番だった

¡〜 *santo!* =¡santo 〜!

〜 *se lo pague* 神様のお恵みがあなたにありますように [乞食がお恵みをもらったときの返事など]

〜 *te la depare buena* 《口語》 [相手の成功を危惧して] うまくいくといいね/しっかり(がんばって)ね

estar de 〜 避け難い, 必然的である: Estaba de 〜 que nunca podría triunfar. 私が負けるのは必至だ

gozar de 〜 天国に昇る

hablar con 〜 神に祈る

la de 〜 *es Cristo* 大げんか, 大騒動: [Se] Armó *la de* 〜 *es Cristo.* 大げんかが起きた

llamar a 〜 *de tú* 《口語》ひどく厚かましい(なれなれしい)

llamar a 〜 *a+人* …が死ぬ

necesitar 〜 *y (su) ayuda* =costar 〜 *y (su) ayuda*

ni 〜 《口語》誰も…ない

no haber 〜 *que+*接続法 …する者は一人もいない

no llamar 〜 *a+人 por el (este) camino* 《口語》…はその道の才能がない: 〜 *no le ha llamado por el camino* del arte. 彼は画家に向いていない

ponerse a bien con 〜 神の許しを得る

¡por 〜! [軽い抗議] これはこれは/後生だから!: No me lo agradezcas tanto, *¡por* 〜! 頼むからそんなに礼を言わないでくれ

que sea lo que 〜 *quiera* なるようにしかならない; [あきらめ] どうにでもなれ

¡quiera 〜! =〜 *lo quiera/¡*〜 *quiera!*

recibir a 〜 聖体を拝領する

¡santo 〜! [驚き・不信] ちぇっ!

si 〜 *quiere* 事情が許せば, 何もなければ; 神の思し召しにかなえば: Mañana, *si* 〜 *quiere,* saldremos para París. 何もなければ明日, パリにたちます。Hasta la vista, *si* 〜 *quiere.* ご縁があったらまた会いましょう

sin encomendarse ni a 〜 *ni al diablo* 無思慮に, よく考えもせず

tentar a 〜 神を試す; 危険な企てをする: Esas acciones temerarias son *tentar a* 〜.

それは神をも恐れぬ向こう見ずな行為だ

todo ~ みんながみんな、ありとあらゆる人

¡válgame (válgate) ~! [不快・驚き] おや
おや、何ともはや!

¡vaya con ~! [旅立つ人への挨拶] さような
ら、ご無事で!; [話をさえぎって] うるさい、黙れ!

¡vaya por ~! [不快・怒り・あきらめなど] けし
からん、やれやれ、あーあ!

venga ~ y lo vea 《口語》[不正などで] ひどい
ありさまだ、我慢ならない

venir ~ a ver a+人 …に思いがけないことが起
きる

¡vete bendito de ~! =¡anda con ~!

¡vive ~! [怒り・驚き] おやまあ、いやはや!

vivir como ~ 裕福に暮らす

dios, sa [djós, sa] 男 ❶ [神話などの] 神, 女
神:~ Horus [エジプトの] ホルス神.~*sa del
amor* 愛の女神. ❷ [他より優れた] 神のような
存在の人

ni ~ =*ni Dios*

todo ~ =*todo Dios*

diostedé [djosteðé] 男 《鳥》オオハシの一種

dióxido [djó(k)siðo] 男 《化学》二酸化物:~
de carbono 二酸化炭素

dioxina [djo(k)sína] 女 《化学》ダイオキシ
ン の

dipétalo, la [dipétalo, la] 形 《植物》二花弁
の

diplodoco [diploðóko] 男 《古生物》ディプロド
クス

diplodocus 男 《単複同形》=**diplodoco**

diploma [diplóma] 男 免状, 免許; [大学・各
種学校の] 修了(卒業)証書:~ *académico*
学位記. ~ *de honor* 表彰状

diplomacia [diplomáθja] 女 ❶ 外交; 外交
官の職:~ *secreta* 秘密外交. *entrar en la*
~ 外交官になる. *hacer* ~ 外交官になるための
勉強をする. ❷ 医学 外交団; 外交機関. ❸ 外
交的手腕, 駆け引き: *actuar con* ~ 如才なくふ
るまう

diplomado, da [diplomáðo, ða] 形 過分
免状(資格)を持った[人]: *arquitecto* ~ 建築
士. ~*da en belleza* 美容師. ~*da univer-
sitaria de enfermería* 正看護婦

diplomar [diplomár] 他 …に免状を与える
◆ ~*se* [+*en* を] 卒業する

diplomático, ca [diplomátiko, ka] 形 ❶
外交(上)の: *pasaporte* ~ 外交官旅券.
problema ~ 外交問題. ❷ 如才ない, 駆け引き
にたけた: *lenguaje* ~ 外交辞令. *de una
manera* ~*ca* 如才なく
◆ 名 外交官; 駆け引きのうまい人
◆ 女 外交術; 公文書学

diplomatura [diplomatúra] 女 学士号

diplopía [diplopía] 女 《医学》複視, 二重視

dipneo, a [dipnéo, a] 形 《動物》肺魚類の

dipolo [dipólo] 男 《物理》双極子; 《化学》双
極分子

dipsomanía [dipsomanía] 女 《医学》飲酒
(渇酒)癖

dipsómano, na/dipsomaníaco, ca 形
名 飲酒癖の[人]

díptero, ra [díptero, ra] 形 《建築》二重周柱
式の
◆ 男 襴 《動物》双翅(し)目

díptico [díptiko] 男 《美術》二枚折りの絵(浮
き彫り)

diptongo [diptóŋgo] 男 《言語》二重母音:~
creciente (decreciente) 上昇(下降)二重母
音

diptongación 女 二重母音化

diptongar 他 二重母音化させる. ◆ 自
~*se* 二重母音化する

diputación [diputaθjón] 女 ❶ 議員団; 代
表委員会. ❷ 議員の職(任期). ❸ 《西》地方
議会:~ *provincial* 県議会

diputado, da [diputáðo, ða] 名 過分 ❶
《西》下院議員; 代議士:~ *por (de) Bar-
celona* バルセロナ選出の下院議員. ~ *provin-
cial* 県会議員. ❷ 代表者, 代議員

diputar [diputár] 他 ❶ 判断する, みなす. ❷
代表として立てる; 議員に選ぶ

dique [díke] 男 ❶ 堤防, 土手; 防波堤:~
de contención ダム. ❷《船舶》ドック, 船渠:
entrar en ~ ドックに入りする. ~ *seco (flo-
tante)* 乾(浮き)ドック. ❸ 障害, 障壁. ❹《地
質》岩脈. ❺《南米》威信, 上流: *darse* ~ も
ったいぶる, 偉ぶる

entrar (estar) en el ~ *seco* [健康を害し
て] 休養する(休養中である)

poner [un] ~ [+*a* 危険なものを] おしとどめる

diquelar [dikelár] 他 《←ジプシー語》…に気づ
く: *Ya te he diquelado.* 君の下心は見え見えだ

dirá, diré ☞**decir** 64

dirección [dire(k)θjón] 女 《英 direction,
address》❶ 指導, 指揮: *tomar la* ~ *de...*
…の指揮を取る. *llevar la* ~ *de una empresa*
会社を経営している. *bajo la* ~ *de+人* …の指
導の下に. ~ *espiritual* 《宗教》霊的指導

❷ 方向, 方角, 方針: ¿*Qué* ~ *llevó el la-
drón?* 泥棒はどの方向に逃げたのですか? *El
viento sopla* ~ *norte.* 風は北に向かって吹
いている. *perder la* ~ 方角がわからなくなる.
tomar una ~ *equivocada* 方角を誤る. *cam-
biar de* ~ 方向を変える. *en la* ~ *de las
agujas del reloj* 時計の針が回る方向に. ~
prohibida 進入禁止. ~ *única* 一方通行

❸ 医学 幹部; 経営陣, 執行部: *consultar con
la* ~ 責任者に相談する. ~ *de un partido* 党
執行部

❹ 長 director の職(事務室): *Lo encontra-
rás en* ~. 彼は社長(校長)室にいるよ

❺ 住所: *cambiar de* ~ 引っ越しをする. *po-
ner mal la* ~ *en una carta* 手紙の住所を書
き間違える

❻《演劇》演出, 監督;《音楽》指揮

❼ 操縦(性);《自動車》かじ取り装置, ハンドル:
~ *asistida* パワーステアリング

❽《情報》アドレス

~ *general* [省庁の] 局, 庁: *D*~ *General
de Turismo* [政府]観光局

en ~ *a...* …の方へ: *La pelota rodaba en
~ al río.* ボールが川の方へ転がった

en todas direcciones あらゆる方向に, 四方八方に: mirar *en todas direcciones* 四方を見回す

direccional [dire(k)θjonál] 形 方向の ◆ 女 覆 [中米. 自動車] 方向指示器

directa¹ [dirékta] 女 《自動車》［ギアの］トップ: poner (meter) la ～ トップに入れる. en ～ トップで

directamente [diréktaménte] 副 直接に: dirigirse ～ a+人 直接…に話をする. volver ～ a casa まっすぐ帰宅する

directiva¹ [diréktíβa] 女 ❶ 重役会, 役員会;［党の］執行部. ❷［主に 覆］指針, ガイドライン: de acuerdo a las ～s 指針どおりに

directivo, va² [diréktíβo, βa] 形 名 指導的な［人］;幹部, ція管理職

directo, ta² [dirékto, ta] 形 《英 direct》 ❶ 一直線の, まっすぐな;直行の, 直通の: senda ～ta まっすぐ続く小道. vuelo ～ hasta Madrid マドリードへの直行便.［副詞的］Este camino nos lleva ～ hasta la estación. この道は駅までまっすぐ続いている. ❷ 直接の: acción ～ta 直接行動. golpe ～ 直撃. luz ～ta del sol 直射日光. método ～ ［外国語で］直接教授法. negociaciones ～tas 直接交渉. venta ～ta 直販. ❸ 率直な, 露骨な: pregunta ～ta 率直な質問 ◆ 男 ❶［中間の駅に止まらない］直行列車 〖tren ～〗. ❷《ボクシング》ストレート *en* ～ 生放送で, 生中継で: grabación *en* ～ ライブ録音

director, ra [direktór, ra] 名 《英 director》 ❶ 長;校長, 局長, 部長, 理事長, 重役: ～ [general] de una empresa ある会社の社長. ～ de fábrica 工場長. ～ de personal 人事部長. ～ general 総支配人;局長. ～ de proyecto プロジェクトマネージャー. ❷《映画・放送》監督, ディレクター;《音楽》指揮者: ～ de teatro 演出家. ～ artístico 美術監督. ❸《宗教》 espiritual 霊的指導者

directorial [direktorjál] 形 長 director の: sillón ～ 部長の椅子

directorio¹ [direktórjo] 男 ❶ 指示, 指針;規定: ～ de negocios 営業方針. ❷ 手引, 便覧. ❸ 名簿, 住所録. ❹ 役員会, 理事会;執行委員会. ❺［歴史］政府: D～ de 5 miembros 五執政官政府〖フランス. 1795-99 年〗. D～ militar (civil) プリモ・デ・リベラの軍事政府〖1923-25 年〗（文官政府〖1925-30 年〗）. ❻［情報］ディレクトリー: ～ raíz ルートディレクトリー. ❼《中米》～ telefónico (de teléfonos) 電話帳

directorio², **ria** [direktórjo, rja] 形 指導の, 指揮の

directriz [direktríθ] 女 [覆 ～*ces*] ❶《数学》［楕円の］準線〖línea ～〗. ❷ 覆 指針, ガイドライン

dirham [dirán] 男 ［モロッコ, アラブ首長国連邦の貨幣単位］ディルハム
　dirhem 男 =dirham

diría- ☞**decir** 64

dirigencia [dirixénθja] 女 《南米》［政党・組合の］執行部

dirigente [dirixénte] 形 ［政党・企業などを］指導する, 支配する: equipo ～ 指導部. clase ～ 支配階級 ◆ 名 指導者, 幹部: ～ de un sindicato 組合幹部

dirigible [dirixíβle] 男 飛行船〖globo ～〗

dirigir [dirixír] 他 [活用表] ❶ 指導する, 指揮する;経営(運営)する: ～ los estudios de+人 …の研究を指導する. ～ un equipo チームを率いる. ～ la discusión 討論の司会をする. ～ una empresa 企業を経営する. ❷ ［+a+hacia の方へ］向ける, 導く: *dirigir* el telescopio *hacia*... …の方へ望遠鏡を向ける. ～ la nave *a* un puerto 船を港に向ける. ～ una carta *a* su madre 母親に手紙を出す. ～ la vista *hacia* atrás うしろを見る. ［+a+不定詞］*Dirige* sus esfuerzos *a* lograr nuestro favor. 彼は私たちの好意を得ようと必死だ. ❸《演劇》演出する, 監督する;《音楽》指揮する: ～ una película 映画の監督をする. ～ una orquesta オーケストラを指揮する. ❹ 操縦する ◆ ～se ❶ 向かう, 目指す: *Se dirigieron* a la puerta. 彼らはドアの方に進んだ. ❷［+a+人 に］話しかける;手紙を出す: *Se dirigió* a mí en inglés. 彼は私に英語で話しかけてきた. *Me dirijo* a usted para pedirle un favor. お願いがありまして本状をさしあげます

dirigir	
直説法現在	接続法現在
dirijo	dirija
diriges	dirijas
dirige	dirija
dirigimos	dirijamos
dirigís	dirijáis
dirigen	dirijan

dirigismo [dirixísmo] 男 ［政府などの］規制;統制経済［体制］
　dirigista 形 名 規制を推進する［人］

dirij- ☞**dirigir** 4

dirimir [dirimír] 他 ❶《法律》無効とする, 破棄する: ～ el matrimonio 婚姻を無効とする. ～ el contrato 契約を破棄する. ❷《文語》［争いなどを］解決する: ～ la contienda いさかいを治める. ～ una dificultad 難問を解決する
　dirimente 形 impedimento ～ ［婚姻の］無効支障

dis- 《接頭辞》［分離・非］*dis*gusto 不快

disc-jockey [disʃókkei] 男 ［単複同形/覆 ～s］《←英語》ディスクジョッキー

discal [diskál] 形 《医学》椎(ｯ)間板の

discante [diskánte] 男 《南米》めちゃくちゃ, でたらめ

discapacidad [diskapaθiðá(d)] 女 ［肉体的・精神的な］障害
　discapacitado, da 形 名 身障者［の］: ～ físico (mental) 身体(精神)障害者

discar [diskár] ⑦ ⑯ 《南米. 電話》ダイヤルする

discente [disθénte] 厖 图 学生(の) 〖↔ docente〗: cuerpo ～ 学生団体

discernir [disθernír] ㉕ ⑯ ❶ [+de から/+ entre の間を] 見分ける, 識別(判別)する: ～ lo bueno de lo malo 善悪をわきまえる. ❷ 《文語》許す, 与える: ～ un premio 授賞する. ❸ 《法律》…に後見を任す, 後見人に指定する

discernimiento 图 識別, 判別; 見識

disciplina [disθiplína] 图 ❶ 規律; 風紀; 訓練, しつけ: No tiene ～ en su trabajo. 彼の仕事ぶりはだらしがない. imponer (observar) la ～ 規則を押しつける(守る). seguir la ～ 規律に従う. educar con mucha ～ 厳しくしつける. ～ de partido (de voto) 党規. ～ militar 軍規. ❷ 学科, 学問分野: La lingüística es una ～ moderna. 言語学は近代的な学問分野である. ～s básicas 〖大学の〗基礎課程. ❸ 《スポーツ》種目. ❹ 《悔悟に使う》短い鞭

disciplinar [disθiplinár] ⑯ ❶ …に規律を課す; 訓練する, しつける: ～ a sus hijos 子供にしつけをする. ❷ 鞭で打つ
◆ ～se 規律に服する, 自分を律する; 自分を鞭で打つ
◆ 厖 [教会の] 規律の

disciplinado, da 厖 過分 規律正しい, よく訓練された: vida ～da 折り目正しい生活

disciplinario, ria [disθiplinárjo, rja] 厖 規律上の; 懲戒の: castigo ～ 懲罰. medida (destitución) ～ria 懲戒処分(免職). comité ～ 懲罰委員会

discípulo, la [disθípulo, la] 图 弟子, 門弟; 信奉者: ～ de piano ピアノの弟子. ～ de colegio 学校の生徒

discman [dískman] 男 《←商標》携帯用 CD プレーヤー

disco [dísko] 男 《英 disk》 ❶ 円盤: lanzar el ～ 円盤を投げる. ❷ レコード: poner (tocar) un ～ レコードをかける. máquina de ～s ジュークボックス. ～ de platino プラチナディスク. ～ compacto (digital) コンパクトディスク, CD. ～ de vídeo digital デジタルビデオディスク, DVD. ～ láser レーザーディスク. ❸ 〖口語〗しつこく繰返されるもの: Me suelta el mismo ～. 彼はいつも同じ話を持ち出す. ❹ 〖電話・金庫の〗ダイヤル: teléfono de ～ ダイヤル式電話. ❺ 信号灯 〖信号機の各色〗; 交通標識: ～ en rojo 赤信号. ～ de señales 《鉄道》信号板. ❻ 《自動車》freno de ～ ディスクブレーキ. ❼ 《情報》magnético 磁気ディスク. ～ flexible (floppy) フロッピーディスク 〖disquete〗. ～ duro ハードディスク. ～ óptico 光ディスク. ❽ 《解剖》intervertebral 椎間板. ❾ 《植物》花盤, 円盤状組織. ❿ 《天文》視表面 parecer un ～ rayado 同じ話を何度も繰返す
◆ 图/男 ディスコ 〖discoteca の省略語〗: música ～ ディスコミュージック

discobar [diskobár] 男 =discopub

discóbolo, la [diskóbolo, la] 图 円盤投げの選手

discografía [diskografía] 图 レコード目録 (年譜), ディスコグラフィ

discográfico, ca 厖 レコード〔目録〕の. ◆ 图 《西》レコード会社

discoidal [diskojdál] 厖 円盤形(状)の

díscolo, la [dískolo, la] 厖 图 [主に生徒に] 従順でない, 反抗的な

disconforme [diskonfórme] 厖 [estar+. + con·a と] 合致(適合)しない: Estoy ～ contigo en eso. 私はその点で君と意見が違う. reforma ～ a la realidad 現実にそぐわない改革. ～ a la edad 年齢にふさわしくない

disconformidad [diskonformiðá(ð)] 图 [+con との] 不一致; 不満

discontinuidad [diskontinwiðá(ð)] 图 不連続性; 中断: ～ en las clases 授業があったりなかったりすること

discontinuo, nua [diskontínwo, nwa] 厖 不連続の; 断続的な: línea ～nua 破線. función ～nua 《数学》不連続関数. sonido ～ とぎれとぎれの音

discopub [diskopáb] 男 《←英語》ディスコパブ

discordancia [diskorðánθja] 图 ❶ 不調和, 不一致: ～ de planificaciones 計画相互の不統一. Hay ～ entre él y yo. 彼と私の間にはあつれきがある. ❷ 《音楽》不協和

discordante [diskorðánte] 厖 不調和な, 一致しない: genio ～ 人と折り合いにくい性格. matrimonio ～ 合わない(仲の悪い)夫婦. opiniones ～s まちまちな意見. sonidos ～s 調子外れの音. nota ～ 不協和音; 《比喩》足並みの乱れ

discordar [diskorðár] ㉘ 圁 ❶ [互いに/+ de·con と, +en が] 調和しない, 一致しない: El color de la cortina discuerda con el de la pared. カーテンの色が壁の色と調和していない. Discordan en pareceres. 彼らは意見が合わない. ❷ 〖楽器・声が〗音が合わない, 調子が狂う. ❸ [+de と] 反目する: ～ del jefe 上司と折り合いが悪い

discorde [diskórðe] 厖 ❶ 《文語》調和(一致)しない: Los hermanos son ～s en muchos aspectos. その兄弟たちは多くの面で肌が合わない. ❷ 《音楽》不協和な, 調子の外れた

discordia [diskórðja] 图 不和; 争い, もめごと: Hay continuas ～s en la empresa. その会社はもめごとが絶えない. estar en ～ もめている. ～s intestinas 内紛, 内輪もめ

discoteca [diskoteka] 图 ❶ ディスコ〔ティック〕. ❷ レコードライブラリー, レコードコレクション; レコードキャビネット

discotequero, ra 厖 〖口語〗ディスコの〔好きな〕

discreción [diskreθjón] 图 ❶ [立ち入ったことを言わないなどの] 慎み深さ, 慎重さ; 分別: obrar con ～ 慎み深くふるまう. ❷ 秘密を守ること; con ～ absoluta 極秘扱いで. ❸ 機知, 才気
a ～ 好きなだけ; [+de の] 自由に: beber a ～ 好きなだけ飲む. Dejo los detalles a su ～. 細かいことはあなたに任せます. ¡Fuego a ～! 各員

に撃て!

darse (*entregarse・rendirse・quedar*) *a*
~ 無条件降伏する

discrecional [diskreθjonál] 形 自由裁量の,
任意の: facultades ~*es* 自由裁量権. de
servicio ~ 貸し切りの. parada ~ 乗降客のあ
る時だけ停まる停留所

discrepancia [diskrepánθja] 女 相違, 不
一致 : ~ de los dos textos 2つのテキスト間の
食い違い. ~ de ideas 考え方の相違

discrepar [diskrepár] 自 [+de と, +en で]
異なる, 食い違う: Mi opinión *discrepa* de la
suya. 私の意見は彼と違う. Las dos relacio-
nes *discrepan* en ese punto. 2つの報告はその
点が食い違っている

discretear [diskreteár] 自 ひそひそ話をする,
こっそり耳打ちする

discreto, ta [diskréto, ta] 形 名 ❶ 控え目
な〔人〕, 慎み深い ; 慎重な, 用心深い: palabras
~*tas* 慎みのある言葉. Es muy ~ en sus
palabras. 彼は慎重な話し方をする. razones
~*tas* もっともな理由. ❷ 秘密を守れる, 口の堅
い〔人〕. ❸〔金額などが〕適度な: ganancias
~*tas* ほどほどの利益. sueldo ~ ささやかな収入

discriminación [diskriminaθjón] 女 ❶ 区
別, 識別 : hacer ~ de colores 色を識別する.
❷ 差別 : ~ racial (por motivos raciales)
人種差別. ~ sexual 男女差別, 性差別. ~
positiva [差別解消のための] 積極的差別

discriminar [diskriminár] 他 ❶ [+de か
ら/+entre の間を] 区別(識別)する : ~ lo
bueno de lo malo 善悪を区別する. ~ entre
lo propio y lo ajeno 自分のものと他人のものを
区別する. ❷ 差別する : ~ a los negros 黒人
を差別する

discriminante [diskriminánte] 男《数学》
判別式

discriminatorio, ria [diskriminatórjo,
rja] 形 区別する ; 差別的な: trato ~ 差別待
遇

discromatopsia [diskromatópsja] 女《医
学》色弱

disculpa [diskúlpa] 女〖英 excuse〗言いわ
け, 弁解; 謝罪: Me dio (ofreció) ~*s* por
haber llegado tarde. 彼は遅刻の言いわけをし
た. No tiene ~. これは弁解の余地がない.
aceptar (admitir) las ~*s* de+人 …の弁明
(陳謝)を受け入れる(認める)

pedir** a+人 **~s …の許しを請う, …に謝罪する

disculpable [diskulpáble] 形 許せる, 無理も
ない

disculpar [diskulpár] 他 ❶ [+de・por につい
て] 許す, 容赦する : *Discúlpa*me por mi tar-
danza (*por haber faltado a mi palabra*).
遅れた(約束を破った)ことを許してくれ. *Discúl-
pe* mi fracaso. 私の失敗を許してください. ❷
[事情が] 言いわけになる: Su inexperiencia no
disculpa el fracaso. 経験不足だからといって彼
の失敗の言いわけにはならない. ❸ [+con+人 のた
めに] 言いわけをする

◆ **~se** [+de・por の] 言いわけをする ; 謝罪す

る : i) *Se disculpó de* sus errores. 彼は過ちの
弁解をした. ii) [+de+不定詞] …できないと言い
逃れる : *Se disculpó de* verme. 彼は私に会え
ないと弁解した

discurrir [diskurír] 自 ❶《文語》[水などが, +
por を] 流れる: La gente *discurre por* las
calles. 人々が通りをぞろぞろ行く. Las horas
discurrían lentamente. 時がゆっくり流れてい
た. ❷ [答を見出せまいと] 考える, 熟考する:
Por más que *discurría* no encontraba la
salida a mi situación. 私はいくら考えても状況
の突破口が見つからなかった
　― *poco* 賢くない, 上手でない
◆ 他 考え出す, 思いつく

discursear [diskurseár] 自 [主に無内容な]
演説(スピーチ)をする

discursivo, va [diskursíβo, βa] 形 思慮深
い ; 論証的な, 推論的な

discurso [diskúrso] 男〖英 speech〗❶ 演説,
講演; 挨拶, スピーチ: pronunciar un ~ 演説
(スピーチ)をする. ~ de apertura 開会の辞. ~
electoral 選挙演説. ❷ 推論, 論証; [短い]
論文. ❸《文語》[時間などの] 流れ. ❹《言語》
談話, ディスクール

discusión [diskusjón] 女〖英 discussion〗
❶ 議論, 討論 : vencer en una ~ 議論に勝つ.
~ del presupuesto 予算審議. ❷ 口論, 口げ
んか

discutible [diskutíble] 形 議論の余地のある;
好ましくない: actitud ~ 問題のある態度

discutidor, ra [diskutiðór, ra] 形 名 論争
好きな〔人〕, 理屈っぽい〔人〕

discutir [diskutír] 他〖英 discuss〗❶ 討論す
る : ~ la política antiterrorista テロリスト対
策を討議する. ❷ [+a+人 に対して] …に異議を
唱える, 疑義をさしはさむ: Siempre me *dis-
cutes* lo que digo yo. 君はいつも私の言うことに
逆らう. ~ las órdenes 命令に異を立てる
◆ 自 [+de・sobre について] 議論する; 口論す
る : ~ *de* política 政治論議をする

disecar [disekár] 他 ❶ 解剖する : ~ una
rana カエルを解剖する. ❷ 剥製にする; 押し花
(押し葉)にする. ❸ 詳細に分析(検討)する
　disecador, ra 名 剥製師

disección [dise(k)θjón] 女 解剖; 詳細な分
析. **diseccionar** 他 解剖する

diseminar [diseminár] 他 [種などを] まき散
らす : ~ semillas en un campo 畑に種をまく.
~ la fe 信仰を広める
◆ **~se** 散布される ; 散らばる, 散在する : Con la
imprenta *se diseminaron* las ideas. その思想
は印刷物を通じて広まった
　diseminación 女 散布, 拡散 ; 伝播

disensión [disensjón] 女 ❶ [意見などの] 相
違, 対立 : En la asamblea no existió ~ de
mayor importancia. 集会では大した意見の対
立はなかった. ❷ 不和, 紛争: Surgieron *disen-
siones* entre los hermanos. 兄弟の間に争いが
起こった. *disensiones* dentro de un partido
政党の内部抗争

disenso [disénso] 男 =**disentimiento**

disentería [disentería] 囡《医学》赤痢：~ amebiana (bacilar) アメーバ(細菌性)赤痢

disentérico, ca 形 赤痢の：bacilo ~ 赤痢菌

disentir [disentír] 33 圓《覗決 disintiendo》 [+de に, +en の点で] 意見(考え)が異なる：Disiento de usted en todo cuanto ha dicho. 私はあなたの言ったこととはことごとく違う意見である. Disienten sus pareceres. 彼らの見解は一致しない

disentimiento 男 [意見などの] 相違；不和

diseñador, ra [diseɲaðór, ra] 图 製図家, 設計家；デザイナー；industrial 機械設計家, 工業デザイナー. ~ de moda[s] ファッションデザイナー

diseñar [diseɲár] 他 ❶ 製図する, 設計する：~ un mueble 家具を設計する, 家具のデザインを描く. ❷ 簡単に説明する

diseño [diseɲo] 男 ❶ 製図, 設計[図]；デザイン：~ de un edificio ビルの設計[図]. ~ asistido por ordenador 計算機援用設計, CAD. ~ gráfico グラフィックデザイン. ~ industrial 工業デザイン. ❷ [言葉による] 簡単な説明：hacer un rápido ~ de... …を大まかに説明する

de ~ デザイナーズブランドの

disépalo, la [disépalo, la] 形《植物》2 萼片(ᵃⁿ)の

disertar [disertár] 圓 [口頭で, +sobre•de について] 論じる, 論述する：~ sobre filología 文献学について話す

disertación 囡 論述, 発表；講演

disfasia [disfásja] 囡《医学》不全失語症

disfavor [disfaβór] 男 ❶ 失寵, 勘気；不興. ❷ 軽視, 無礼

disforme [disfórme] 形 =deforme

disfraz [disfráθ] 男《覆 ~ces》 ❶ 変装, 仮装；その衣装：baile de disfraces 仮装舞踏会. llevar un ~ de oso 熊のぬいぐるみを着ている. ❷ 見せかけ：ponerse el ~ de buena persona 善人を装う. bajo el ~ de... …と見せかけて；…を口実にして

disfrazar [disfraθár] 圀 他 ❶ [+de に] 変装させる：~ a una niña de pastora 娘に羊飼いの格好をさせる. crucero disfrazado 仮装巡洋艦. ❷ [感情などを] 隠す：~ su rencor 恨みを隠す

◆ ~se 変装(仮装)する：~se de demonio 悪魔の扮装をする

disfrutar [disfrutár] 圓 [+de•con で] 享受する；楽しむ：~ de un privilegio 特権を享受する. ~ de buena salud 健康に恵まれる. ~ con una película 映画を楽しむ

◆ 他 享受する：~ los beneficios 利を得る. ~ horrores スリルを楽しむ

disfrute 男 享受

disfunción [disfunθjón] 囡《医学》機能不全

disgregar [disɣreɣár] 8 他 ❶ 分離(分散)させる：La policía disgregó la muchedumbre. 警察は群集を解散させた. Las vacaciones han disgregado la tertulia. 休みに入ったためその集まりはなくなった. ❷《地質》風化(風解)させる

◆ ~se ❶ 分離(分散)する：Se disgregó el imperio. 帝国は崩解(分裂)した. ❷ 風化(風解)する

disgregación 囡 分離, 分散化；風解

disgustar [disɣustár] 他 …の気に入らない；[+con•por•de で] …を怒らせる, 不快にする；悲しませる：Me disgusta el invierno por la lluvia. 冬は雨が降るのでいやだ. Nos disgustaste con tu actitud. 我々は君の態度が気にくわなかった. [que+接続法が主語] Me disgusta que se haya ido ya. 彼が先に行ってしまって私は不愉快だ

◆ ~se 不愉快な思いをする；[互いに] けんかする, 対立する

disgustado, da 形 過分 味気ない, まずい；[+por で] いらだった, 不機嫌な；[+con+人 と] 対立した, 不仲の

disgusto [disɣusto] 男《英 displeasure》 ❶ 不快, 腹立たしさ：Siento ~ por su conducta. 私は彼のふるまいが気に入らない. trabajar con ~ いやいや働く. tener un ~ con... …で悩む, 心配する. dar a+人 un gran ~ …を大変心配させる；大変困った状況に置く. ❸ 対立：tener un ~ con+人 por... …の件で…と対立する

a ~ いやいやながら, 意に反して

disidencia [disiðénθja] 囡 離反, 脱退；異論[を唱えること]

disidente [disiðénte] 形 [宗派•政党などから] 離反(脱退)する；反逆する, 反体制派の：secta ~ 分派. tropa ~ 反乱軍. movimiento ~ 反体制運動

◆ 图 離反者, 脱退者；反体制派

disidir [disiðír] 圓《文語》[+de から] 離反する；異論を唱える：~ de la Iglesia Católica カトリック教会に対して異説を唱える

disimetría [disimetría] 囡 非対称, 不均斉

disimétrico, ca 形 非対称の

disimilar [disimilár] 他《言語》[近接した類似音を] 異化させる

disimilitud [disimilitú(d)] 囡 不同, 相異

disimular [disimulár] 他 ❶ [主に感情•考えを] 隠す：~ su verdadera intención 本心を表に出さない. ~ los años 年齢を隠す. ~ su falta 失敗をごまかす. ~ una mancha 汚れを隠す. No puedo ~ mi alegría. 私はうれしくてたまらない. ❷ 見て見ぬふりをする, 見逃す；許す：~ los robos de su empleado 使用人の盗みにも気付かないふりをする

◆ 圓 知らないふりをする

disimulación 囡 隠すこと

disimulado, da 形 過分 偽り隠す[人]：hacerse el ~ しらばくれる, 知らないふりをする

disimulo [disimúlo] 男 [感情を•知っているのに] 隠すこと, 空とぼけ：con ~ こっそり, そしらぬ顔で, とぼけて

disipación [disipaθjón] 囡 消散；放蕩

disipado, da [disipáðo, ða] 形 過分 放埓(ᵃⁿ)な[人]：vida ~da 放蕩生活

disipar [disipár] 他 ❶ [煙・雲などを] 散らす：~ las nieblas 霧を晴れさせる．~ las dudas de+人 …の疑いを晴らす．❷ 浪費する：~ su herencia 遺産を蕩尽する
◆ ~se 散る；一掃される
disipador, ra 浪費家

diskette [diskéte] 男 ＝**disquete**

dislalia [dislálja] 女《医学》構音障害，発音不全

dislate [disláte] 男 大失策，でたらめ《**disparate**》：cometer un ~ 大失態をやらかす．libro lleno de ~s でたらめだらけの本

dislexia [dislé(k)sja] 女《医学》失読症
disléxico, ca 形 名 失読症の〔患者〕

dislocación [dislokaθjón] 女 脱臼；分解：~ del orden 秩序の崩壊

dislocar [dislokár] 7 他 ❶ …の関節を外す，脱臼させる．❷ [機械などを] 分解する：~ la maquinaria de un reloj 時計を分解する．~ el imperio 帝国を分割する．❸ [内容などを] 変更する：~ los hechos 事実をねじ曲げる
◆ ~se 脱臼する：Se le *dislocó* el hombro. 彼は肩を脱臼した

disloque [dislóke] *ser el* ~《口語》最高（最悪）である

dismenesia [dismenésja] 女《医学》記憶障害

dismenorrea [dismenoréa] 女《医学》月経困難

disminución [disminuθjón] 女 減少，軽減；減退：~ de nacimientos 出生率の低下

disminuido, da [disminwído, ða] 形 名 過分 [精神的・肉体的に] 障害のある〔人〕：~ físico 身体障害者．~ sensorial 視覚・聴覚障害者

disminuir [disminwír] 48 他 現分 disminuyendo] 減らす，小さくする：~ el sueldo 賃金を引下げる
◆ 自 減る，小さくなる：i) Han *disminuido* los crímenes. 犯罪が減った．Ha *disminuido* el frío. 寒さが緩んだ．ii) [+en・de が] He *disminuido* de peso. 私は体重が減った．El dolor de la pierna ha *disminuido* en intensidad. 足の痛みが和らいだ．El agua del embalse ha *disminuido* de volumen. 貯水池の水量が減った

disnea [disnéa] 女《医学》呼吸困難

Disneylandia [disnɛjlándja]《←英語》ディズニーランド

disociar [disoθjár] 10 他 ❶ [+de から，+en に] 分離する：~ el fondo *de* la forma 実体を形式から峻別する．❷《化学》解離させる
disociación [disoθjaθjón] 女 分離；解離

disoluble [disolúßle] 形 溶解性の；解消し得る
disolubilidad 女 溶〔解〕性；解消可能性

disolución [disoluθjón] 女 ❶ [液体中の] 溶解；溶液《**solución**》：~ de la sal en el agua 塩の水への溶解．calor de ~ 溶解熱．❷ 分解，解体：~ de una sociedad 会社の倒産．~ de las cortes (las cámaras) 国会の解散．

❸ [風俗の] 退廃；放埓(ほうらつ)

disolutivo, va [disolutíßo, ßa] 形 溶解性の；崩解させる

disoluto, ta [disolúto, ta] 形 名 放縦(放埓)な〔人〕

disolvente [disolßénte] 形 男 溶解させる；溶剤

disolver [disolßér] 29 他 過分 dis*uelto*] ❶ [+en に] 溶解させる，溶かす：~ el azúcar *en* el café 砂糖をコーヒーに溶かす．❷ 解消(解散)させる：~ un matrimonio 婚姻を解消する．~ las cortes 議会を解散する
◆ ~se 溶解する；解散する：Los manifestantes *se disolvieron* en la plaza. デモ隊は広場で解散した

disonancia [disonánθja] 女 ❶《音楽》不協和音，調子外れの(耳ざわりな)音．❷ 不調和，不一致：~ de ideas 考え方の相違

disonante [disonánte] 形 ❶ 調子外れの，耳ざわりな：producir un sonido ~ 耳ざわりな音を立てる．❷ 調和(一致)しない：Esta corbata está ~ con el duelo. このネクタイは葬式の席にはそぐわない

disonar [disonár] 28 自 ❶ 調子外れの(耳ざわりな)音を出す；不協和音になる：Los violines *disonaban* un poco al empezar. バイオリンは最初少し調子が外れていた．❷ [+de と] 調和しない：La alfombra *disuena del* color de las paredes. じゅうたん〔の色〕が壁の色と合わない．Tales palabras *disuenan* en boca de un diputado. そんな発言は議員にふさわしくない

dispar [dispár] 形 違う，かけ離れた；不均等な：Tienen unos gustos ~es. 彼らは趣味が全然異なっている．Su rendimiento es muy ~. 彼の働きぶりは大変むらがある

disparada[1] [disparáða] 女《中南米》疾走，遁走：tomar la ~ 遁走する，すたこら逃げる．a la ~ 全速力で，あわてて．de una ~ すばやく，即座に

disparadero [disparaðéro] 男 発射装置《**disparador**》
poner a+人 *en el* ~《口語》…を挑発する

disparada, da[2] [disparáða, ða] 形 過分 ir ~ 大急ぎで行く．salir ~ あわてて出かける

disparador [disparaðór] 男 ❶ 発射装置．❷《写真》シャッター〔ボタン〕：apretar el ~ シャッターを押す．~ automático セルフタイマー

disparar [disparár] 他 ❶ 発射する：~ un escopeta 猟銃を撃つ．~ un tiro 1 発撃つ．❷ 強く投げる(蹴る)．❸《口語》過度に上昇(増加)させる
◆ 自 ❶ [+contra・sobre に向けて] 発射する：~ *contra* el enemigo 敵を撃つ．❷ 強く投げる(蹴る)：~ *a* puerta ゴールにキックする．❸ シャッターを切る．❹《中米》浪費する；勘定を払う
◆ ~se ❶ 暴発する：Se le *disparó* el fusil. 彼の銃が暴発した．❷ あわてて出かける；突然動き(走り)出す，暴走する；はめを外す．❸ 激怒する；乱暴なことを言う，暴れ出す．❹ 過度に上昇(増加)する：Se *disparan* los precios. 物価がひどく上がる

disparatar [disparatár] 直 非常識なことを言う(する)

disparatado, da 形 過分 常軌を逸した, でたらめな: idea ~da 非常識な考え

disparate [disparáte] 男 ❶ 常軌を逸した言動, でたらめ言動: ~s はかげたことを言う. Me soltó todos los ~s que le vinieron a la boca. 彼は言いたい放題をののしった. Hiciste un ~ saliendo con tal tiempo. そんな天気で外出するなんて無茶をしたものだな. ❷ [口語] 過度(法外)なこと: gastar un ~ en vestirse 着る物にめちゃくちゃ金を使う

¡qué ~! とんでもない/ばかばかしい!

ser un ~ que+接続法 …するとはとんでもない

un ~ 大いに [*mucho*]: Me reí *un* ~. 私は大笑いした

disparejo, ja [disparéxo, xa] 形 [主に中南米] ふぞろいの, ちぐはぐな

dispareunia [dispaɾéunja] 女 [医学] [痛みによる] 性交困難

disparidad [dispaɾiðá(ð)] 女 [←*dispar*] [+*de* の] 不同, 不均衡: ~ *de cultos* 信仰(宗旨)の違い [カトリック教会では結婚が認められない理由となることがある]

disparo [dispáɾo] 男 ❶ 発射, 射撃: ~ *intimidatorio* 威嚇射撃. Se oyó un ~. 発射音(銃声)が聞こえた. ❷ [サッカー] 強烈なシュート

dispendio [dispéndjo] 男 浪費, 大変な出費

dispendioso, sa 形 大変費用のかかる, 高くつく

dispensa [dispénsa] 女 免除, 特別許可: ~ *de examen* 試験免除. ~ *de edad* 年齢制限の免除. ~ *matrimonial* 近親結婚の特別許可

dispensar [dispensár] 他 ❶ [名誉・恩恵などを] 与える: ~ a+人 *elogios* …に賛辞を与える. ~ *cuidados* 世話を焼く. ❷ [過ちなどを] 許す: ~ *la ignorancia* 無知をとがめない. *Dispense* usted mi atrevimiento, pero… 失礼ですが…. ❸ [+*de*] …に免除する: Lo *dispensaron de pagar la multa.* 彼は罰金を払わなくてすんだ

◆ 直 許す: *Dispense*, por favor. すみません

dispensario [dispensárjo] 男 無料診療所

dispepsia [dispépsja] 女 [医学] [慢性的な] 消化不良

dispéptico, ca 形 名 消化不良の(患者)

dispersar [dispersár] 他 ❶ まき散らす, ばらまく; 分散させる: ~ *la semilla al viento* 種を風にまき散らす. ~ *los papeles* 書類を散らかす. ~ *su atención* 気が散る. ❷ 追い散らす, 潰走させる: ~ *los curiosos* 野次馬を追い払う

◆ ~se 中 四散する: El grupo *se dispersó por el bosque.* 集団は森の中でちりぢりになった. ❷ 気が散る

dispersión 女 散乱, 散逸; 分散; 潰走

disperso, sa 形 散らばった

displasia [displásja] 女 [医学] 形成異常, 異形成

display [displéi] 男 [英語] ❶ 表示[装置].

❷ 折り畳んだパンフレット

displicencia [displiθénθja] 女 冷淡, 無愛想; 無関心: *tratar* a+人 *con* ~ …を冷たくあしらう. *trabajar con* ~ いやいや仕事をする

displicente [displiθénte] 形 ❶ 不快感を与える: *hablar con tono* ~ 気にさわる口のきき方をする. ❷ [+*con* と] 冷淡な, 無愛想な; 無関心な: Estuvo ~ *conmigo.* 彼は私にそっけなかった. Eres ~ *con los demás.* 君は他人に冷たい. Se mostró ~ *con* (hacia) el plan. 彼は計画に気乗りしない様子だった

disponer [disponér] 60 他 過分 [過分 *dispuesto*] [文語] ❶ 並べる, 配置する: ~ *las sillas en círculo* 椅子を丸く並べる. ~ *a los invitados en grupos de a seis* お客を6人ずつに分ける. ❷ [+*para* のために] 整える, 準備する: ~ *el dormitorio para el invitado* 客用に寝室の用意をする. ❸ 命じる, 規定する: ~ *la línea de actuación* 行動規準を定める. [+不定詞・que+接続法] La policía *dispuso que* nadie saliera de la sala. 警察は誰も会場を出ないように命じた. ❹ …に覚悟させる

◆ 直 [+*de* を] ❶ 自由に使う, 所有している; *Disponemos de pocos días para acabarlo.* それを仕上げるのにあまり日数がない. Puede ~ *de mí.* なんなりとお申しつけください. ❷ [法律] 処分(譲渡)する

◆ ~se [文語] ❶ [+*a*+不定詞] …しようとする; 覚悟(決心)する: *Se disponía a salir.* 彼はちょうど出かけるところだった. *Se dispuso a bien morir.* 彼は立派に死ぬ覚悟ができていた. ❷ 並ぶ

disponible [disponíble] 形 ❶ 自由に使用(処分)できる: *tiempo* ~ 自由(に使える)時間. *habitación* ~ 空き部屋. *ingreso* ~ 可処分所得. *artículos* ~s 在庫品. *capital* ~ 流動資本. No estoy ~ para nadie. 私は誰とも関わり合っている暇がない. ❷ [役人・軍人が] 待職(待命)中の

disponibilidad 女 寛大さ; 使用権, 処分権; [商] 流動資産

disposición [disposiθjón] 女 [英 *disposition*] ❶ 配置, 配列; [家の] 間取り, [部屋の] レイアウト: ~ *de los muebles* 家具の配置. *estar en* ~ *de batalla* 戦闘配備についている. ❷ 精神状態 [~ *de ánimo*], 健康状態: i) *encontrarse* (hallarse) *en buena* ~ 機嫌がよい. ii) [+*a*+不定詞 する] 意向: *Están en* ~ *a mejorar las condiciones.* 彼らは条件をよくする用意がある. ❸ 自由処理, 裁量: *Pongo mi coche a su* ~. どうぞ私の車を自由にお使いください. *Estoy en todo a su* ~. 何なりと御用を承ります. ❹ 素質, 才能: *tener una* ~ *para los deportes* 大変運動神経が発達している. ❺ [法律などの] 規定, 条項: *cumplir con las disposiciones legales* 法規を守る. *última* ~ 遺言. ❻ [主に中南米] 処置, 方策: *tomar las disposiciones para…* …に備える

dispositivo [dispositíβo] 男 ❶ 装置, 仕掛け: ~ *de seguridad* 安全装置. ~ *electrónico* 電子装置. ❷ [主に中南米] [派遣]部隊

disprosio [disprósjo] 男《元素》ジスプロシウム

dispuesto, ta [dispwésto, ta] 形 過分 〖←
disponer〗❶ [estar+] 並べられた；[+a+不定
詞 する] 用意のできた：estar ～ en su sitio 位
置についている. Estoy ～ a negociar. 私は交渉
の用意がある. No estoy ～ a consentirlo. 私
は同意するつもりはない. ❷ 素質 (才能) のある：
chica muy ～ta 才能豊かな少女
　bien (mal) ～ para... …に好意 (悪意) のあ
る：Es una persona bien ～ta para el
trabajo. 彼は仕事をするのが好きだ
　ser bien ～ 姿形の美しい, 風采のよい

disputa [dispúta] 女 ❶ 口論, 言い争い；論
争. ❷ 競争
　sin ～ 異論の余地なく

disputar [disputár] 他 [+a+人 と] 争う, 競
う：Le disputamos el derecho a la herencia.
私たちは彼と相続争いをしている. ～ una cues-
tión 論争する. ～ un balón ボールを取り合う.
～ un encuentro 試合を行なう
　◆ 自 ❶ [+de・sobre について] 口論する；議論
する：～ de literatura 文学論を戦わす. ❷ [+
con と, +por を] 争う：～ por la copa 優勝
杯を争う
　◆ ～se ❶ 争われる：Se disputa un tingu-
lar. 3 か国対抗戦が行なわれる. ❷ 奪い合う：
Todos se la disputan. 彼らはみんなで彼女を取
り合っている

disquería [diskería] 女《南米》レコード店

disquete [diskéte] 男《情報》フロッピーディス
ク

disquetera 女 ディスクドライブ

disquisición [diskisiθjón] 女 ❶ 論文, 研究
報告. ❷ 複 余談：disquisiciones filosóficas
哲学的ご高説

distancia [distánθja] 女 〖英 distance〗❶
距離, 隔たり：De tu casa a la mía hay una
～ de unos cien metros. 君の家と私の家とは
約 100 メートル離れている. Una ～ de diez
años separa a las dos guerras. その 2 つの戦争
の間には 10 年の隔たりがある. mantener una
～ 距離を置く. ❷ [顕著な] 差異：Existe una
enorme ～ entre un artista y un político.
国政を動かす人と単なる政治家とでは大違いだ.
❸ 疎遠
　a ～ 距離を置いて・置いて, 遠くに：enseñanza
a ～ 通信教育. controlar a ～ 遠隔操作 (リ
モートコントロール) する. mantener a+人 a
〔respetuosa〕～ …を敬遠する
　acortar las ～s 意見の相違をなくす (乗り越
える)
　en la ～ 遠くに：Vimos en la ～ el humo.
遠くに煙が見えた. En la ～ no te olvido. 遠
くにいても君のことは忘れない
　guardar (mantener) las ～s 〔身分上の〕
一線を画して〕 なれなれしくさせない, お高くとまる
　salvando las ～s それほどでもないが

distanciar [distanθjár] 他 [+de から] 引
き離す, 離れさせる
　◆ ～se 距離を置く, 離れる：～se de su amigo
友人と疎遠になる

distanciamiento 男 疎遠, 仲違い

distante [distánte] 形 [+de から] 離れてい
る, 隔たった：No está muy ～ de aquí. それは
ここからそう遠くない. ❷ 冷ややかな, よそよそしい：
mostrarse ～ con+人 …によそよそしくする

distar [distár] 自 [+de から] 隔たっている；[顕
著に] …と違う, 程遠い：El pueblo no dista
mucho de Toledo. その村はトレドからそう遠くな
い. Dista mucho de ser un hombre de
confianza. 彼はまったく信用のおけない男だ

distender [distendér] 24 他 ❶ 緩める：～
las cuerdas de una guitarra ギターの弦を緩め
る. ❷《医学》[筋肉組織などを] 急激に引き伸ば
す
　◆ ～se ❶ 緩む：Se han distendido las re-
laciones entre los dos países. 両国の〔緊張し
た〕関係が緩和した. ❷ Se me ha distendido
el tendón de Aquiles. 私はアキレス腱を切ってし
まった

distensión [distensjón] 女 ❶ 弛緩 (し゚ん), 緩
和. ❷《政治》緊張緩和, デタント 〖～ de la
tirantez〗. ❸《医学》すじ違い：tener (sufrir)
una ～ すじをたがえる

dístico [dístiko] 男《詩法》2 行連句, 対句

distinción [distinθjón] 女 ❶ 区別, 識別 〖←
distinguir〗：hacer la ～ entre el bien y el mal
善悪の区別をする. ❷ 栄誉, 特典. ❸ 気品, 品
位：tener una ～ innata 生まれつき気品がある.
de mucha ～ 大変品位のある. ❹ 敬意, 尊敬
の念：tratar a+人 con gran ～ …に非常な敬
意を払う
　a ～ de... …とは違って
　hacer distinciones 差別をする
　sin ～ 無差別に：sin ～ de edad 年齢の区別
なく

distingo [distíngo] 男 細かい制限：poner
～s a... …に難癖をつける

distinguido, da [distingído, ða] 形 過分 上
品な, 気品のある；著名な, 卓越した：familia
～da 上流家庭. ～da señorita 令嬢. asien-
to ～ 貴賓席

distinguir [distingír] 5 他 〖英 distinguish.
☞活用表〗❶ [+de から/+entre の間で] 区別
する；[特徴が] 区別となる：～ la obstinación
de la tenacidad 頑固と頑迷を区別する. Los
colores de las camisetas distinguen a los
jugadores. シャツの色の違いで選手がわかる. La
risa distingue al hombre. 笑いが人間の特徴で
ある. ❷ 見分ける, 識別する：No distinguí a lo
lejos su figura. 遠くで彼の姿がわからなかった.
No distingo entre ellos. 私は彼らの見分けがつ
かない. ❸ [人を] 高く買う, 特別扱いする：El
profesor la distingue con su trato. 先生は彼
女をひいきしている. ❹ [+con の] 栄誉を…に与
える：Le distinguieron con la laureada de
san Fernando. 彼は聖フェルナンド勲章を授与さ
れた
　◆ 自 見分ける；権威を高める
　◆ ～se [+por・en で] 抜きん出る, 際立つ：Se
distingue entre todos por su sabiduría. 彼は
皆の中でも博識で抜きん出ている

distinguir	
直説法現在	接続法現在
distin**go**	distin**ga**
distin**gues**	distin**gas**
distin**gue**	distin**ga**
distin**guimos**	distin**gamos**
distin**guís**	distin**gáis**
distin**guen**	distin**gan**

distintamente [distíntaménte] 圓 異なっ て; 色々に; 明瞭に: pronunciar ～ はっきりと 発音する

distintivo, va [distintíβo, βa] 形 区別する, 特有の: rasgo ～ 特徴. marca ～va 識別商 標
◆ 男 記章, 標章; 特長, モットー: ～ de la orden 階級章

distinto, ta [distínto, ta] 形 〖英 distinct〗
❶ [＋de・a と] 異なった, 別の: Esta pluma es ～ta de la mía. このペンは私ので違う. Eso ya es ～. それは話が違う. Su hijo es algo ～. 彼 の息子は少し変わっている. ❷ 圈 [＋名詞] 色々 な: Hay ～s tipos de personas. 様々なタイプ の人がいる. en ～s lugares de Japón 日本各 地で. ❸ 明瞭な 〖claro〗: tener unas fac- ciones muy ～tas 目鼻立ちがはっきりしている

distocia [distóθja] 囡 《医学》難産

distorsión [distorsjón] 囡 ❶ [事実などの] 歪曲: ～ de las palabras 曲解. ❷ [映像・音 などの] ゆがみ, ひずみ. ❸ 《医学》捻挫(ねん): ～ del tobillo 足首の捻挫

distorsionar [distorsjonár] 他 ねじる, ゆがめ る: ～ el sonido 音をひずませる. ～ las pala- bras 言葉を曲解する
◆ ～se 捻挫する

distracción [distra(k)θjón] 囡 ❶ 気晴らし, 娯楽: Mi ～ favorita es ir a la pesca. 私の 道楽は釣りだ. ❷ 放心, 不注意: Tuve una ～ y me dejé el paraguas. 私はうっかりして傘を忘 れてきた
por ～ うっかりして; 気ままに: cantar *por* ～ 鼻歌をうたう

distraer [distraér] ④5 他 〖過分 distraído, 現分 distrayendo〗 ❶ [＋de から] …の気をそら せる: El ruido me *distrajo* del estudio. 私は 騒音が気になって勉強に身が入らなかった. ❷ 気 晴らしをさせる, 楽しませる: La música me *distrae*. 音楽は私の心をなごませる. ❸ 横領する, 流用する
◆ ～se ❶ [＋con・en で] 気晴らしをする: ～*se con* la lectura 読書をして楽しむ. ～*se en* la conversación con＋人 …と歓談する. ❷ 放心 する, ぼんやりする; 気を紛らす: *Se distrae con* facilidad. 彼女は気が散りやすい. ～*se de* las preocupaciones 心配事から気を紛らす

distraído, da [distraído, da] 形 〖過分〗 ❶ [estar＋] 楽しんでいる: En la fiesta estuve muy ～. パーティーはとても楽しかった. ❷ 面白 い: película (novela) ～*da* 娯楽映画(小説). aventura ～*da* 愉快な冒険. ❸ 放心した, うわ

のそらの; 注意力散漫な: Yo estaba ～. 私はほ んやりしていた. ❹ 《中南米》だらしない, むさ苦しい
◆ 图 ぼんやり屋; 粗忽者
hacerse el ～ 聞こえないふりをする

distribución [distriβuθjón] 囡 ❶ 分配, 配 給, 配布; 配分, 割り当て: ～ de la riqueza 富 の分配. ～ de películas 映画の配給. ～ de premios 賞品の授与〔式〕. Nueva D～ [米国 の] ニューディール. ❷ [商品の] 流通: meca- nismo de ～ 流通機構. ～ física 物流. ❸ 配 列, 配置; 分布: ～ de las habitaciones 間取 り. ～ de frecuencias 〔統計〕度数分布. ❹ 《機械》配気, 配水, 配電: cuadro de ～ 配電 盤. eje de ～ カム軸

distribuidor, ra [distriβwiðór, ra] 形 分配 (配給)の: red ～*ra* 供給網, 販売網
◆ 图 ❶ 配布者, 配達人. ❷ ディーラー, 仕入 れ業者: su ～ habitual 貴社の出入り業者. ～ exclusivo 一手販売者
◆ 男 ❶ 分配機, 販売機 〖～ automático〗; [エンジンの] ディストリビューター. ❷ [家の] 廊 下
◆ 囡 《映画》配給会社

distribuir [distriβwír] ④8 他 〖現分 distri- buyendo〗 ❶ [＋a に/＋entre の間で] 配る, 分 配(配給)する: ～ los víveres *entre* los refugiados 避難民に食糧を分配する. ～ la correspondencia 郵便物を配達する. ～ el agua 給水する. ～ las mesas 席を割り当てる. ～ los cargos *a* sus alumnos 生徒たちに役目 を割り当てる. ❷ [＋en・por に] 配列(配置)す る: ～ los libros *por* las estanterías 本を棚 に区分けする

distributivo, va [distributíβo, βa] 形 配分 する: justicia ～*va* 《法律》配分的正義; 公平 な罰. conjunción ～*va* 配分の接続詞 〖aho- ra... ahora...; unos... otros... など〗

distrito [distríto] 男 [行政・司法などの目的で 区分された] 地区: sistema de ～s multies- caños 中選挙区制. D～ Federal 《メキシコ》連 邦特別区. ～ judicial 裁判区. ～ postal 郵 便区. ～ rojo 赤線地区. ～ universitario 大 学地区

distrofia [distrófja] 囡 《医学》ジストロフィー: ～ muscular 筋ジストロフィー

disturbio [distúrβjo] 男 騒乱, 擾乱; 圈 暴 動: ～ del orden público 治安妨害. ～ aerodinámico 《航空》後流. ～s estudianti- les 学生の反乱, 学園紛争

disuadir [diswaðír] 他 [＋de を] …に思いとど まらせる, 断念させる: ～ a＋人 *del* propósito … に意図をあきらめさせる. [＋de＋不定詞・que＋接 続法 するのを] La disuadimos de vender (de que vendiera) la casa. 私たちは彼女が家を売 ろうとするのを思いとどまらせた
◆ ～se 断念する

disuasión [diswasjón] 囡 思いとどまらせるこ と; 《軍事》抑止力: ～ nuclear 核抑止力

disuasivo, va [diswasíβo, βa] 形 思いとど まらせる: poder ～/fuerza ～*va* 説得力, 抑止 力

disuelto, ta ☞disolver

disyunción [disjunθjón] 囡《文法》[単語などの] 分離；《論理》選言命題

disyuntivo, va [disjuntíßo, ßa] 彫《文法》離接的な；《論理》選言的な：conjunción ～*va* 離接的の接続詞〖o；bien... bien など〗
◆ 囡 二者択一：estar ante la ～*va* de ir o quedarse 行くか留まるか二者択一を迫られている

diteísmo [diteísmo] 男《善悪の》二神論，二神論
  diteísta 彫 囮 二神教(論)の〔人〕

ditirambo [ditirámbo] 男 ❶ 酒神バッカスBaco への賛歌．❷《文語》熱狂的な賛辞
  ditirámbico, ca 彫 べたぼめの；熱狂的な：alabar con un discurso ～ 大げさな言葉ではめちぎる

DIU [djú] 男《略語》←dispositivo intrauterino 避妊リング

diuca [djúka] 囡《南米. 鳥》アトリの一種〖スズメに似ているが鳴き声はよい〗
◆ 囮《口語》先生のお気に入りの生徒

diurético, ca [djurétiko, ka] 彫 男《医学》利尿の；利尿剤
  diuresis 囡《単複同形》利尿

diurno, na [djúrno, na] 彫 ❶ 昼の〖↔nocturno〗：curso ～ 昼間の講座．❷《動物が》昼行性の；《花・葉が》昼間開く．❸《天文》一日の：movimiento ～ 日周運動

divagación [diβaɣaθjón] 囡 ❶ 余談，脱線：hablar con ～ 話が脱道にそれてばかりいる

divagar [diβaɣár] ⑧ 圄 ❶ 余談をする，脱線にそれる；支離滅裂なことを言う．❷《まれ》さまよう〖vagar〗

diván [diβán] 男 ❶《背・腕のない》寝椅子，ソウチ．❷《ペルシア・トルコなどの》詩集；《トルコなどの》枢密院

díver [díβer] 彫《西. 口語》＝**divertido**

divergencia [diβerxénθja] 囡 ❶ 相違；分岐，逸脱：Hay graves ～s en el partido. 党内には深刻な意見の対立がある．❷《数学・物理》発散

divergir [diβerxír] ④ 圄〔意見などが，+en で〕分かれる，対立する；〔道などが〕分岐する：En todo *divergen* nuestras opiniones. すべてについて議論百出である．Otra línea *diverge* desde aquí. 別の線路がここから延びている
  divergente 彫 相違(分岐)した；発散する：Hay opiniones ～s. 意見はまちまちだ

diversidad [diβersiðá(ð)] 囡 ❶ 多様性：ofrecer una gran ～ de platos いろいろバラエティに富んだ料理を出す．❷ 相違，食い違い：～ de caracteres 性格の不一致

diversificar [diβersifikár] ⑦ 囮 多様化させる，変化をつける：～ sus productos 生産を広げる
◆ ～**se** 多様化する
  diversificación 囡 多様化，雑多

diversión [diβersjón] 囡〖←divertir〗❶ 娯楽，気晴らし：～ de salón 室内ゲーム．❷ 陽動作戦，牽制

diverso, sa [diβérso, sa] 彫〖英 diverse〗❶ 多様な，変化に富んだ：tener un estilo muy ～ 非常に多彩な文体を持っている．❷ 複 色々な，各種の：～s colores 様々な色．artículos ～s 雑貨．en ～*sas* oportunidades 様々な機会に
◆ 男 複《商業》雑費，雑口

divertículo [diβertíkulo] 男《解剖》憩室
  diverticulosis 囡《単複同形》《医学》憩室症

divertido, da [diβertíðo, ða] 彫 過分 ❶ 楽しい；面白い，愉快な：una noche ～*da* 楽しい一夜．película ～*da* 面白い映画．chico ～ ひょうきんな少年．❷《中南米》ほろ酔い機嫌の

divertimento [diβertiménto] 男〖←伊語. 音楽〗嬉遊曲

divertir [diβertír] ㉝ 囮《現分 divirtiendo》❶ 楽しませる，気を晴らす：Esa película me *divirtió* mucho. その映画は大変面白かった．❷《軍事》牽制する
◆ ～**se**〖←aburrirse〗[+現在分詞/+con・en で〕楽しむ：Me *divierto* viendo la televisión. 私はテレビを見て楽しんでいる．Se *divirtió* con las bromas de sus amigos. 彼は友人たちの冗談を面白がった．Me ha *divertido* mucho en la fiesta. 私はパーティーを大いに楽しんだ．¡Que te *diviertas*! 楽しんでおいで！

dividendo [diβiðéndo] 男 ❶《数学》被除数．❷《商業》配当金：～ activo 利益配当金．～ acumulado 未収配当金．～ en acciones 無償増資．～ pasivo 株の額面に対する払込み金．～ provisional 中間配当．sin ～ 配当落ちの

dividir [diβiðír] 囮 ❶ [+en に/+entre の間で〕分割する，割る：～ un pastel *en* ocho partes ケーキを8つに分ける．～ sus bienes *entre* sus tres hijos 財産を息子3人に分ける．Dividan 50 *entre* (por) 3. 50を3で割りなさい．❷ 分離する，隔てる：Los Pirineos *dividen* España de Francia. ピレネー山脈はスペインとフランスを隔てる．El camino *divide* el campo. 道は野原を横切っている．❸ 分類する，区分する：～ a los hombres *en* cinco razas 人類を5つの種族に分類する．～ el trabajo 仕事を分担する，分業する．❹ 分裂させる，不和にする：La guerra *dividió* el país. 戦争は国を二分した
◆ 圄 割り算をする
◆ ～**se** 分かれる；分裂する：El canal *se divide en* tres ramales. 運河は3本の支流に分かれる

divieso [diβjéso] 男《医学》せつ，ねぶと

divinidad [diβiniðá(ð)] 囡 ❶ 神性；[キリスト教から見て]異教の〕神．❷《口語》この上なく美しい(すばらしい)もの(人)

divinizar [diβiniθár] ⑨ 囮 神に祭る，神格化する；[神のように]崇拝する，礼賛する
  divinización 囡 神格化，神聖視；崇拝，賛美

divino, na [diβíno, na] 彫 ❶ 神の：derecho ～〖王権神授説による〗神授権．poder ～ 神通力．❷ 崇高な；《口語》[この上なく]すばらしい，美しい：mujer ～*na* 絶世の美女

divisa [diβísa] 囡 ❶ 記章，バッジ；[紋章の]銘；《闘牛》[牧場の違いを示すため牛の首に付け

る）色リボン. ❷［主に(複)］外国為替, 外国通貨: ～s fuertes 強い通貨. mercado de ～s 為替市場. reservas (ingreso) de ～s 外貨準備(収入)

divisar [dibisár] (他) …が遠くに(かすかに)見える: Desde aquí podemos ～ el monte. ここから山が遠望できる

divisible [dibisíble] (形)［+por で］分割できる, 可分の; 〔数学〕整除性

divisibilidad (女) 可分性; 〔数学〕整除性

división [dibisjón] (女)［←dividir］❶ 分割, 区分, 分裂: ～ del trabajo 分業. ～ de poderes 三権分立. ～ celular 細胞分裂. ～ de opiniones 意見の対立. ❷ 区画, 仕切り: ～ administrativa (territorial) 行政区分. poner una ～ de biombos ついたてで仕切りをする. ❸ 部門, 分野; 局, 部, 課: ～ de venta 販売部門; 販売部. ❹《動物》部門;《植物》門. ❺《数学》割り算, 除法. ❻《軍事》師団: ～ acorazada (blindada) 機甲師団. ～ motorizada 機動部隊. D～ Azul 青い旅団［第2次大戦中, フランコがドイツに協力してロシア戦線に派遣した〕. ❼《スポーツ》クラス, 等級: ascender a primera ～ 1部リーグに上がる. ～ de honor [1部より上の] 選抜リーグ. ❽《文法》連節符, ハイフン〖guión〗

divisionario, ria [dibisjonárjo, rja] (形)《経済》moneda ～ria 補助貨幣

divisionismo [dibisjonísmo] (男)《美術》分割描法

divismo [dibísmo] (男) スター志望; スター然とした態度; スターシステム

divisor [dibisór] (男)《数学》除数, 約数〖número ～〗: [máximo] común ～ [最大] 公約数

divisorio, ria [dibisórjo, rja] (形) 分ける: pared ～ria 仕切り壁
◆ (女) 分水嶺〖～ria de aguas〗

divo, va [díbo, ba] (名) ❶［主にオペラの］スター歌手; スター然とした人. ❷［非キリスト教徒のローマ人が信仰した〕異教の神
◆ (形) ❶《文語》神の〖divino〗. ❷ 高慢な, お高くとまった

divorciar [diborsjár] (10) (他)［裁判所が］離婚させる; 切り離す, 絶縁させる
◆ ～se［互いに/+de と］離婚する; …から分離する: Se divorciaron después de tres años de matrimonio. 彼らは結婚して3年で別れた. A menudo la teoría se divorcia de la práctica. 理論はしばしば実践と一致しない

divorciado, da (形) (過分) 離婚した; 離婚者; [estar+] 分裂した

divorcio [dibórθjo] (男) ❶ 離婚; 離婚判決: ～ por mutuo consentimiento 協議離婚. ❷ 不一致, 分裂: ～ entre las palabras y los hechos 言行の不一致

divorcista (形) abogado ～ 離婚問題専門の弁護士

divulgar [dibulgár] (8) (他) ❶ 公表する; [秘密を] 暴露する, 漏らす: ～ la muerte del jefe de Estado 国家元首の死を公表する. ～ una

información 情報を公開する. ❷ 普及させる, 大衆化する: La televisión ha divulgado el modo moderno de vida. テレビが現代的な生活様式を広めた
◆ ～se 公表される, 流布する

divulgable (形) 公表し得る

divulgación (女) 公表; 流布: ～ agrícola 農業知識の普及〔事業〕

divulgador, ra (形) (名) 流布(普及)させる〔人〕

dizque [díθke] (副)《中南米》見たところ, 明らかに; おそらく; いわば

d. J. C.《略語》＝dC

dl.《略語》←decilitro デシリットル

Dls.《略語》←dólares ドル

DNI (男)《西. 略語》←documento nacional de identidad ［政府発行の］身分証明書

DNS (女)《略語》←Delegación Nacional de Sindicatos ［国際労連の］各国支部

do [dó] (男)［←es]《音楽》ド, ハ音: Dame el ～. ドの音を出しなさい. ～ de pecho ［テノール音域の] 最も高いド
◆ (副)《詩語》＝dónde
dar el ～ de pecho 血のにじむような努力をする
～ quiera ＝dondequiera

D.O.《略語》←denominación de origen 原産地証明

doberman [dóbɛrman] (名) (複) ～s《犬》ドーベルマン

dobla [dóbla] (女)［中世カスティーリャの金貨］ドブラ
jugar a la ～ 次々に倍賭けする

dobladillo [dobladíʎo] (男)《裁縫》[折り返して縫った] へり, ヘム; [ズボンの折り返した] 裾

doblaje [dobláxe] (男)《映画》吹き替え, ダビング

doblar [doblár] (他) ❶ 2倍にする, 2重にする: ～ su fortuna 財産を倍に増やす. Lo doblo en edad./Le doblo la edad. 私の年齢は彼の2倍だ. ❷ 折る, 折り畳む; 折り曲げる: Pon tu pantalón doblado. ズボンを畳みなさい. ～ un papel en cuatro 紙を4つ折りにする. ～ los dedos 指を折る. ～ una barra de hiero 鉄棒を曲げる. No ～.《表示》折り曲げ禁止. ❸ [角などを] 曲がる: ～ la esquina 角を曲がる. ～ el cabo [船の] 岬を回る. ❹《映画・俳優の》吹き替えをする, ダビングする: ～ el diálogo al castellano せりふをスペイン語に吹き替える. En las escenas de bailar una bailadora dobló a la estrella. 踊りのシーンではあるダンサーがスター女優の吹き替えをした. ❺［考えを] 変えさせる; 屈服させる. ❻ たたきのめす: Le doblaron a palos. 彼は棒でめった打ちにされた. ❼《競走》1周リードする. ❽《中米》射殺する; 恥ずかしい思いをさせる
◆ (自) ❶ 曲がる: El coche dobló a la izquierda en el cruce. 車は四つ角を左折した. La carretera dobla aquí hacia el este. 道はここで東に折れる. ❷ [+por のために] 弔鐘を鳴らす. ❸ [俳優が] 二役を演じる. ❹《闘牛》[牛が] 致命傷を負って倒れる
◆ ～se ❶ 折れる; 曲がる, 身をよじる: Las espigas se doblan con el viento. 穂が風でたわ

んでいる. ❷ [+a 圧力などに] 屈する, 従う：〜se
a las exigencias 要求に従う

doble
[dóble] 形 男 〖英 double〗2 倍 の：二重の：Su ganancia es 〜 de (que) la mía. 彼の収入は私の2倍だ. Esta ciudad tiene 〜 número de habitantes que ésa. この町はあの町より人口が2倍多い. Esta cinta es 〜 de ancha que ésa. このリボンは幅がそれの2倍ある. espía 〜/〜 agente 二重スパイ. flor 〜 八重の花, 重弁花. 〜 tributación 二重課税. 〜 ventana (acristalamiento) 二重窓(ガラス)

◆ 名 瓜二つの人；《映画》吹き替えの人：ser el 〜 de+人 …の吹き替えをする
◆ 男 ❶ 2 倍：El 〜 de tres son seis. 3の2倍は6である. ❷ [ホテルなどで] ツインの部屋. ❸ [レコードなどの] 2枚組, 2本組. ❹ [ビール・ワインなどの通常量の2倍の容器] 〜 de whisky ウイスキーのダブル. ❺ [服飾] 折り返し [doblez]. ❻ 弔鐘. ❼ 複製. ❽ [主に 複] i) 《テニス》ダブルス [↔simple]：jugar el 〜 ダブルスの試合をする. partido de 〜s ダブルスの試合. 〜s masculinos (caballeros) 男子ダブルス. 〜s femeninos (damas) 女子ダブルス. 〜s mixtos 混合ダブルス. ii) 《バスケ》ダブルドリブル. iii) 《野球》2 塁打. iv) 《ボーリング》ダブル
al 〜 2倍に：jugar *al* 〜 倍賭けする
〜 *o nada* 負ければ借りが2倍になり勝てば借りがなくなる賭け
◆ 女 《ドミノ》ダブル
◆ 副 ❶ [時に el+] より一層：Hay que trabajar *el* 〜. なお一層働かなければならない. ❷ ver 〜 物が二重に見える

doblegar [doblegár] 8 他《文語》❶ 屈服させる：〜 a+人 bajo su voluntad …を自分の意志に従わせる. ❷ 折る, 曲げる：〜 su sable サーベルを折る
◆ 〜se ❶ [+a・ante に] 従う, 服従する：Todos se doblegan ante el general. みんな将軍に従っている. ❷ 折れる, 曲がる：Las vigas se *doblegan* bajo el peso. 梁が重みでたわんでいる
doblegable 形 簡単に従う(言うことをきく)
doblemente [dóblemènte] 副 二重に；2 倍に, 輪をかけて
doblero [dobléro] 男 角材
doblete [dobléte] 男 [2 枚のガラスを張り合わせた] 模造宝石；[言語] 二重語 [例 同語源の colocar と colgar など]；《演劇》一人二役；《スポーツ》2 連勝：hacer 〜 一人二役を演じる
doblez [doblé9] 男 [複 〜ces] 折り目, 折り返し：planchar los *dobleces* 折り目にアイロンをかける
◆ 女 [時に 男] 二心, 陰ひなた：con 〜 二心をもって
doblón [dobló9] 男 [昔のスペインの金貨] ドブロン
doc. 《略語》←docena ダース

doce
[dó9e] 形 男 〖英 twelve〗12(の)；12 番目の：Son las 〜 del día (de la noche) en punto. ちょうど昼(夜)の12時だ
doceañero, ra 形 名 12 歳の〔人〕

doceavo, va 形 男 12 分の1(の)
docena[1] [do9éna] 女 [集合] 〖英 dozen〗ダース：una 〜 de huevos 卵 1 ダース. vender a … pesetas la 〜 1ダース…ペセタで売る. media 〜 半ダース；いくつか, 数個
a 〜*s* たくさん, 何十となく
〜 *de[l] fraile* 13個, 1 ダース買ったら1個のおまけ
por 〜*(s)* 何十となく；1 ダースずつ
docencia [do9én9ja] 女 教育, 教えること
doceno, na[2] [do9éno, na] 形 12 番目の 〖duodécimo〗
docente [do9énte] 形 教育に携わっている：cuerpo 〜 教授陣. personal 〜 教授スタッフ
◆ 名 教師, 教育者
docetismo [do9etísmo] 男 キリスト仮現説
docético, ca 形 キリスト仮現説の
dócil [dó9il] 形 ❶ 従順な, 御しやすい：niño 〜 素直な子. ❷ [毛髪が] 素直な；[金属などが] 加工しやすい
docilidad 女 従順さ
dock [dók] 男 [複 〜s] 〖←英語〗ドック, 埠頭, 倉庫
docmto[s] 《略語》←documento[s] 書類
Doct. ; Dr. (Dra.) 《略 語》 ←Doctor (Doctora) 博士
docto, ta [dókto, ta] 形 名 博学な〔人〕；[+en に] 通暁した, 造詣(ぞうけい)の深い〔人〕
doctor, ra [doktór, ra] 形 名 〖英 doctor〗❶ 博士；〜 en letras (ciencias) 文(理)学博士. 〜 honoris causa 名誉博士. ❷《口語》医師 [médico]；[医師への呼びかけ] 先生. ❸ i)《カトリック》教会博士 〜 de la Iglesia]：〜 angélico 天使的博士 〖トマス・アクィナス Tomás de Aquino のこと〗. ii)《ユダヤ教・イスラム教》〜 de la ley 律法学者
doctorado [doktoráðo] 男 博士号, 学位；博士課程 [curso de 〜]：conferir el 〜 博士号を授与する
doctoral [doktorál] 形 ❶ 博士の：tesis 〜 博士論文. ❷《軽蔑》もったいぶった, 学者ぶった：hablar en tono 〜 もったいぶって話す
doctorar [doktorár] 他 …に博士号を授与する；《闘牛》正式のマタドールに昇格させる
◆ 〜se ❶ 博士を取得する：〜se en medicina 医学博士になる. ❷ 正式のマタドールに昇格する
doctorando, da 名 博士候補者；博士課程の学生
doctrina [doktrína] 女 ❶ [特定の宗派の] 教義, 教理；《キリスト教》公教要理, 教理問答書：〜 evangélica 福音主義の教理. ❷ 学説；主義, 主張：〜 marxista マルクスの学説. 〜 Monroe モンロー主義. 〜 común 通説. 〜 legal/〜 de la ley 法解釈, 法の見解(主張). ❸ 学識, 知識：de mucha 〜 学識の豊かな
doctrinal [doktrinál] 形 教義〔上〕の, 学理〔上〕の, 学術的な
doctrinario, ria [doktrinárjo, rja] 形 名 教条主義の, 教条主義者；理論派〔の〕；空論的な〔人〕：〜 del marxismo 教条的マルクス主義

者
doctrinarismo 男 教条主義 〖dogmatismo〗；空理空論

doctrinero [doktrinéro, ra] 男 公教要理の教師；《中南米》インディオに教理を説いた〖教区〗司祭

docudrama [dokuðráma] 男 ドキュメンタリードラマ

documentación [dokumentaθjón] 女 ❶ 医名 [ある事柄に関する] 情報；参考資料. ❷ 考証,資料による裏付け. ❸ 医名 [公的な] 必要書類：～ del barco 船積み書類一式. ❹ 証明書 〖身分証など〗：D～, por favor. 身分証を拝見します

documentado, da [dokumentáðo, ða] 形 過分 [情報で] 裏付けられた；証明書（必要な書類）を持った：película bien ～da 〖時代〗考証のしっかりした映画. En este país es necesario ir siempre ～. この国では常に身分証明書を携帯していなければならない

documental [dokumentál] 形 ❶ 記録(資料)に基づく,ドキュメンタリーの：prueba ～ 証拠資料. ❷ 文書の：falsificación ～ 文書偽造
◆ 男 記録映画,ドキュメンタリー：～ sobre la Guerra Civil 内戦のドキュメンタリーフィルム
documentalista 名 文書整理係；ドキュメンタリー映画の監督
documentalmente 副 〖証拠〗資料に基づいて

documentar [dokumentár] 他 ❶ 考証する,資料で裏付ける. ❷ …に参考(証拠)資料を渡す：～ su solicitud 願書に証明書類を貼布する
◆ ～se 資料を集める,下調べ(下準備)をする

documento [dokuménto] 男 〖歴史的な・身分証明用などの〗文書；〔文献〕資料,記録；証明書：～ público (privado) 公(私)文書. ～ 〔nacional〕 de identidad 〖政府発行の〗身分証明書. ～s del embarque 船積み書類. ～ de antecedentes 関係資料文書. ❷《商業》証券,手形：～ de crédito 信用証券. ～ negociable 商業手形

dodecaedro [doðekaéðro] 男《数学》12面体

dodecafónico, ca [doðekafóniko, ka] 形《音楽》12音[音楽]の
dodecafonía 女 =dodecafonismo
dodecafonismo 男 12音音楽(技法)

dodecágono, na [doðekáɣono, na] 男《数学》12角形

dodecasílabo, ba [doðekasílaβo, ba] 形 男 12音節の(詩句)

dodo [dóðo] 男 ドードー〖絶滅した飛べない鳥の一種〗

dodotis [doðótis] 男 〖単複同形〗《→商標》紙おむつ

dogal [doɣál] 男〖馬などにつける〗首輪；絞首刑用の綱
estar con el ～ al cuello《口語》窮地に追いつめられている

dogma [dóɣma] 男 ❶ 〖教会が権威をもって確立した〗教義,教理：～ católico カトリックの教

義. ❷ 教条,学説；独断的な主張：～ marxista マルクス主義の教条

dogmático, ca [doɣmátiko, ka] 形 ❶ 教義〔上〕の：sector ～ de un partido 党の理論部門. ❷ 独断的な,断定的な：tono ～ 独断的な口調
◆ 名 独断論者,独断家
◆ 女 教義学；教義神学
dogmatismo 男 1) 医名〔的な態度〕；教条主義；独断論. 2) 医名 教義,理論体系
dogmatizar 自 〖正統でない教義を〗主唱する,教条を作る；独断的(断定的)にものを言う

dogo, ga [dóɣo, ga] 名《犬》マスティフ：～ alemán グレートデン
◆ 男 〖古語〗 =dux

dola [dóla] 女《口語》=pídola

doladera [dolaðéra] 女 手斧(ﾁｮｳﾅ)

dólar [dólar] 男 〖英 dollar〗〖米国などの貨幣単位〗ドル：pagar en ～ ドルで支払う. zona del ～ ドル地域. ～ norteamericano 米ドル. ～ de Canadá／～ canadiense カナダドル
estar montado en el ～ 金をどっさり持っている

dolby [dólbi] 男《商標》ドルビー〔方式〕

dolencia [dolénθja] 女 ❶ 体の不調,病苦：～ ya antigua 宿痾(ﾌﾞ), 持病. ❷ 苦痛,痛み〖dolor〗

doler [dolér] 自 〖英 hurt. →活用表〗[+a+人] ❶ 〖痛む個所が〗痛む：Me duele el pie derecho. 私は右足が痛い. La inyección no te dolerá. 注射は痛くないよ. ❷ 〖事柄が主語〗心痛を与える：i) Sus insultos nos han dolido mucho. 彼の侮辱に私たちはひどく傷ついた. No le duele nada la deuda. 彼は借金など全然苦にしていない. ii) 〖不定詞・que+接続法が主語〗Me duele tener que decirle eso. 彼にそれを言わなければならないのは心苦しい. Me duele que me lo diga una persona mayor. 大人の方にそう言われると心が痛みます
ahí le duele《口語》そこが彼の弱みだ
◆ ～se [+de 苦痛を] 訴える；…に同情する；…を後悔する；…を不快に思う：～se de la desgracia ajena 他人の不幸に心を痛める. Se duele de que no le hayas llamado. 君から電話がなかったので彼は気分を害している

doler	
直説法現在	接続法現在
duelo	duela
dueles	duelas
duele	duela
dolemos	dolamos
doléis	doláis
duelen	duelan

dolicocéfalo, la [dolikoθéfalo, la] 形 名《人類》長頭の〔人〕

dolido, da [dolíðo, ða] 形 過分 気分を害している；心を痛めている,悲嘆に暮れている

doliente [doljénte] 形《文語》悲しんでいる：

familia 〜 遺族

◆ 图 遺族；患者

dolmen [dólmen] 男 《複 dólmenes》《考古》ドルメン

dolménico, ca 形 cultura 〜ca 巨石文化

dolo [dólo] 男 《法律》詐欺, 欺瞞；故意

dolomita [dolomíta] 囡 《鉱物》苦灰石, 白雲石, ドロマイト

dolomítico, ca 形 苦灰石の

dolor [dolór] 男 《英 pain》❶ 苦痛, 痛み：Me dan 〜es de cabeza./Tengo 〜 de cabeza. 私は頭が痛い. sentir un 〜 en la pierna 脚に痛みを感じる. 〜 de muelas 歯痛. 〜 de tripas 腹痛；嫌悪, 不快, 怒り. 〜 de espalda 腰痛；背中の痛み；肩のこり. 〜es musculares 筋肉痛. 〜es del parto 陣痛. ❷ [精神的な] 苦しみ, 苦悩：Le causó mucho 〜 la muerte de su hijo. 彼は息子の死を嘆き悲しんだ. 〜 de corazón 自責の念, 後悔. ¡Qué 〜! かわいそうに！

estar con 〜es 陣痛が起きる

dolora [dolóra] 囡 《詩文》ドローラ 『哲学的テーマの短詩. Ramón de Campoamor (1817-1901) が命名』

Dolores [dolóres] 囡 《女性名》ドロレス

dolorido, da [dolorído, da] 形 ❶ [少し] 痛い, 苦しい, ずきずき(ひりひり)する. ❷ 沈痛な, 哀れを誘う

doloroso, sa [doloróso, sa] 形 ❶ 痛い, 苦しい：decisión 〜sa 心苦しい決断. ❷ 悲しませる, 悲惨な：accidente 〜 痛ましい事故. queja 〜sa 悲痛な訴え

◆ 囡《戯画・皮肉》[主にレストランの払うべき] 勘定書. ❷ キリストの死を嘆き悲しむ聖母像 『Virgen D〜sa』

doloso, sa [dolóso, sa] 形 [←dolo] 詐欺の

dom. [略語] ←domingo 日曜日

doma [dóma] 囡 ❶ 馴らすこと：〜 de la bravía じゃじゃ馬馴らし. ❷ 馬場馬術

domar [domár] 他 ❶ [猛獣などを] 馴(ﾅ)らす：〜 un león ライオンを仕込む. 〜 elementos disidentes 不穏分子を手なずける(鎮圧する). 〜 unos zapatos nuevos 新品の靴を履き慣らす. ❷ 《文語》[感情などを] 抑制する：〜 las pasiones 情熱を抑える

domable 形 馴らし得る

domador, ra 图 馴らす人：〜 de fieras 猛獣使い

domeñar [domeñár] 他 屈服させる, 抑制する

domesticar [domestikár] 他 ❶ [野生動物を] 飼い馴らす, 家畜化する；[人を] 服従させる, 教化する

◆ 〜se 家畜化される, 飼い馴らされる；人づきあいがよくなる, 角(ﾂﾉ)がとれる

domesticable 形 飼い馴らし得る

domesticación 囡 飼い馴らし, 馴化(ﾊん)

doméstico, ca [doméstiko, ka] 形 ❶ 家の, 家庭の：para uso 〜 自家用の. vídeo 〜 ホームビデオ. ❷ 国内の：mercado 〜 国内市場. ❸ 飼い馴らされた：animal 〜 家畜. ave 〜ca 家禽

◆ 图 ❶ 家事使用人, お手伝いさん. ❷《自転車》アシスト役の選手

domesticidad 囡 おとなしさ, 従順；家畜状態

domiciliar [domiθiljár] 他 ❶《西》[+en 銀行の口座に・から] 自動的に振込む(引落とす)：〜 una nómina 給料を自動振込みにする. 〜 un recibo 支払いを自動引落としにする. ❷ 住まわせる

◆ 〜se 《文語》[+en に] 居を定める：〜se en Barcelona バルセロナに移り住む

domiciliación 囡 自動振込み, 自動口座振替 『〜 de pagos』

domiciliario, ria [domiθiljárjo, rja] 形 住居の

domicilio [domiθíljo] 男 《文語》住所, 住居：no tener 〜 fijo 住所不定である. sin 〜 fijo 住所不定の. 〜 legal 法定住所. 〜 social 会社の所在地

a 〜 1) 自宅で・に：ayudas a 〜《西》在宅介護. cobro a 〜 自宅集金. servicio a 〜 配達. vendedor a 〜 セールスマン. venta a 〜 訪問販売. 2)《スポーツ》jugar a 〜 相手チームの地元で試合をする

dominación [dominaθjón] 囡 ❶ 支配, 統治：bajo la 〜 romana ローマの統治下で. ❷ 複《キリスト教》主天使 『☞ángel 参照』

dominador, ra [dominaðór, ra] 形 图 支配する[人], 権柄ずくの[人], 横暴な[人]

dominancia [dominánθja] 囡 [遺伝の] 優性；《生態》優占度, 優位

dominante [dominánte] 形 ❶ 支配的な, 主要な, 優勢な：tendencia 〜 主流, 主潮. consideración 〜 世間一般の考え. ❷ あたりを見下ろす：punto 〜 de la sierra 山脈の最高峰. ❸ 横柄な, 権柄ずくの：carácter 〜 傲慢な性格；《生物》優性形質

◆ 图《音楽》属音, 音階の第 5 音

dominar [dominár] 他 《英 dominate》❶ 支配する；占拠する：intentar 〜 Europa ヨーロッパ制覇を企てる. 〜 el mar 海の制海権を握る. 〜 a su marido 夫を尻に敷いている. 〜 un caballo 馬を乗りこなす. 〜 un balón ボールを自在にあやつる. La *domina* la envidia. 彼女の心は羨望で一杯だ. ❷ 抑制する：〜 la cólera 怒りを抑える. 〜 un incendio 火事を消し止める. 〜 el ruido 音を小さくする. ❸ 修得する, 精通する：〜 tres idiomas 3 か国語をマスターする(に通じている). ❹ 見下ろす, …にそびえている：Desde ese puerto *dominábamos* todo el pueblo. その峠から町中が見下ろせた. La torre *domina* toda la ciudad. 塔が町を見下ろしている. ❺ きわだつ：Una innata elegancia *dominaba* sus gestos. 生まれつきの優雅さが彼女の仕草で目についた

◆ 自 ❶ [+en を] 支配する；優越する：*Domino en* casa. 私が家で一番偉いのだ. El rojo *domina en* ese vestido. そのドレスは赤が主調だ. ❷ 普通(特徴)である：Lo que *domina en* su carácter es su sinceridad. 彼の性格で顕著なのは誠実さだ. ❸ [+sobre に] 高くそびえる：Una estatua *domina sobre* la plaza. 銅

像が広場にそびえている

◆ 〜se 自分を抑える, 我慢する

dómine [dómine] 男 [昔の] ラテン語教師；学者ぶった人

domingas [domíngas] 女 複 《戯語》[女性の] 乳房, おっぱい

domingo [domíngo] 男 『英 Sunday』日曜日 [☞semana 参考]；《キリスト教》安息日, 主日：observar los 〜s 安息日を守る. traje de 〜 晴れ着. D〜 de Carnaval 謝肉の主日. D〜 de Cuasimodo 白衣の主日. D〜 de Resurrección (de Pascua) 復活の主日. D〜 de Ramos 枝の主日 [復活祭直前, 聖週間の第 1 日目. ☞写真] *hacer* 〜 [平日に] 仕事を休む

salir con un 〜 *siete* ばかなことを言う

dominguejo [domiŋɡέxo] 男 《中南米》取るに足らない人；《南米》案山子

dominguero, ra [domiŋɡéro, ra] 形 日曜日に使われる(行われる)；《中南米》[衣服が] よそ行きの：traje 〜 晴れ着

◆ 名 《軽蔑》休日の行楽客；日曜ドライバー

dominguillo [domiŋɡíʎo] 男 《玩具》起き上がり小法師

traer (*llevar*) *a+*人 *como un* 〜 …を思いのままに使う

Dominica [dominíka] 女 《国名》ドミニカ国 《Commonwealth de 〜》

domínica [domínika] 女 《キリスト教》主日；日曜祈禱書

dominical [dominikál] 形 日曜日の；《キリスト教》主日の：escuela 〜 日曜学校. hoja 〜 [新聞の] 日曜版. descanso 〜 主日の休息

◆ 男 《主に西》日曜版

dominicano, na [dominikáno, na] 形 名 ❶《地名》サント・ドミンゴ Santo Domingo 島の；ドミニカ共和国 República Dominicana の(人). ❷ =**dominico**：orden 〜*na* ドミニコ会

dominicanismo 男 ドミニカ起源のスペイン語・表現

dominico, ca [domíniko, ka] 形 名 《宗教》ドミニコ会 orden de Santo Domingo の〔修道士・修道女〕[☞カット]

◆ 男 《中米》小型のバナナ

dominio [domínjo] 男 ❶ 支配, 統治：ejercer el 〜 sobre... …を支配する. tener 〜 sobre... …を掌握している. estar bajo el 〜

de... …の支配(統治)下にある. 〜 del aire (del mar) 制空(海)権. 〜 de sí mismo 自制, 克己. ❷ [主に複] 領土, 勢力範囲；[科学・芸術などの] 分野, 領域：En los 〜s de Felipe II no se ponía el sol. フェリペ 2 世の領土では日の沈むことがなかった. Sus 〜s se extendían por toda la tierra. 彼の領地は全土に広がっていた. entrar en los 〜s de las bellas letras 文学界に進む. ❸ 修得, 精通：〜 del inglés 英語の修得. ❹ 英連邦自治領の旧称. ❺《法律・政治》Estas tierras son del 〜 del Sr. López. この土地はロペス氏が所有している. 〜 directo 直接所有権. 〜 público 公共財産, 公有地. 〜 útil 用益権. ❻《情報》ドメイン

ser de 〜 *público* (*común*) 周知の事実である

tener un 〜 *de...* …に精通(熟達)している

dominó [dominó] 男 複 〜s ❶《ゲーム》ドミノ 〔☞写真〕；その札：jugar al 〜 ドミノをする. teoría del 〜 ドミノ理論. efecto 〜 連鎖反応. ❷ [仮装舞踏会用の] 頭巾付き長ガウン

dómino 男 =**dominó**

domo [dómo] 男 《建築》ドーム〔の外側〕：〜 volcánico 溶岩ドーム

dompedro [dompédro] 男 《植物》オシロイバナ 《dondiego》；《俗語》便器

don [dón] 男 ❶ [男性名の前につける尊称. 女性は **doña**. 略語 **D., Da.**] i) *Don* Pedro, ¿dónde está su despacho? ペドロさん, あなたのオフィスはどこですか？ *Don Quijote* ドン・キホーテ. ii) 《侮辱・皮肉》[＋名詞・形容詞] *dificultades* トラブルメーカー. 〜 *ladrón* どろぼうさん. iii) 《西. 手紙》[Sr.＋. 一般的に使われる宛先人への敬称] *Sr. D.* José Marrón ホセ・マロン様. *Sra. Da.* Eva Yáñez エバ・ヤニェス様 ❷《文語》[天の] 恵み；天賦の才能, 天性：tener 〜 para el comercio 商才がある. tener 〜 de palabra 口が達者である. tener el 〜 de la inoportunidad いつもタイミングが悪い. 〜 de lenguas 語学の才能. 〜 de mando リーダーとしての資質, 指導力

ser 〜 *alguien* ひとかどの人物である

ser [*un*] 〜 *nadie* 取るに足らない人物である, いてもいなくてもよい

tener 〜 *de gentes* 人あしらいがうまい, 人好きがする

donación [donaθjón] 女 寄贈, 贈与；寄贈物, 寄付金：hacer 〜 de todos sus bienes a+人 …に全財産を贈与する. 〜 entre (inter) vivos《法律》生前贈与

donaire [donáire] 男《文語》❶ 機知；しゃれ，冗談：Me molestan sus ～s. 彼の冗談にうんざりだ。❷ 優雅さ；品格，おちつき：chica con mucho ～ 魅力的な娘．atender a los invitados con mucho ～ 大変上品な態度で客に接する

donante [donánte] 囲 寄贈者；臓器提供者，ドナー：～ de sangre 献血者．trasplante de hígado de ～s vivos 生体肝移植

donar [donár] 他 [+a に] 贈与する：～ su biblioteca a la ciudad 蔵書を町に寄贈する

donatario, ria [donatárjo, rja] 图 寄贈(付)の受領者

donativo [donatíβo] 男《慈善のための》寄贈，寄付：hacer ～s a los pobres 貧しい人たちのために寄付をする

doncel [donθél] 男《文語》童貞の青年；若者，青年；[中世，まだ正式に騎士に叙せられていない] 貴族の青年
◆ 形 [ワインなどが] 甘口の，未発酵の

doncella [donθéʎa] 囡 ❶《文語》処女，生娘；乙女，少女．❷《古語》メード，小間使。❸《魚》ベラ『budión』

doncellez [donθeʎéθ] 囡《文語》処女性，童貞：perder su ～ 処女(童貞)を失う

donde [dónde] 関《英 where. 場所の関係副詞》❶ …する所(に)：i) La casa ～ nací subsiste todavía. 私が生まれた家はまだ残っている．Lo dijo con acento ～ traslucía su hostilidad. 彼は敵意の感じられる調子でそう言った。 ii) [前置詞+] Ha desaparecido el parque por ～ paseaba. 私がよく散歩した公園はもうなくなってしまった。Allí se ve el pueblo a ～ vamos. 私たちの目指す村があそこに見える．iii) [+不定詞] ¿Tienes sitio ～ dormir? 君は泊まる所がありますか？ iv) [独立用法] Subí por ～ me señalaban. 私は教えられた所を通って登った。Tengo que buscar ～ acomodarme. 私は落ち着き先を捜さねばならない

❷ [接続詞的] …する所に・へ：Está ～ lo dejaste ayer. それは君が昨日置いた所にそのままある．Vamos ～ quieras. 君の好きな所へ行こう．D～ fueres haz como (lo que) vieres.《諺》郷に行っては郷に従え．ii) [allí+. 強調] Allí ～ no hay leyes impera el desorden. 法のない所には無秩序がはびこる．iii)《主に中南米. 口語》[+接続法. 仮定] …ならば：Es mi hijo ; ～ le toques un pelo, te rajo. これは私の息子だ．指一本でも触れたら，お前を引き裂いてやる

❸ [強調構文] En Madrid fue ～ la vi por primera vez. 彼女に初めて会ったのはマドリードだった．De aquí fue de ～ salió. 彼が出て行ったのはここからだ

❹《主に中南米》[前置詞的] …のいる所に，…の家に：Estuve ～ Pedro. 私はペドロの家にいた．Voy a enviar a mi niño ～ mis padres. 私は両親のもとへ子供をやるつもりだ

ahí (aquí) ～ ver 1) ああ(こう)見えても：Ahí ～ ves la mesa, me recuerda mucho la juventud. この机はこう見えても私の青春の思い出なのだよ．2) [強調] Aquí ～ lo ves, ha sacado sobresaliente en latín. 実に驚いたことに彼はラテン語で優を取った

de (por) ～ したがって，そこから考えると：En el documento hay errores, por ～ se ve su falta de preparación. この書類には誤りがある．そうしてみると彼は下書きしなかったらしい

～ no《まれ》さもなければ

～ quiera =dondequiera

～ sea とにかく

dónde [dónde] 関《英 where. 場所の疑問副詞》❶ どこに(へ)：i) ¿D～ está la salida? 出口はどこですか？ ¿D～ estamos? ここはどこですか？ ¿D～ vive usted? どこにお住まいですか？ Dime ～ le conociste. どこで彼と知り合ったのか言ってくれ．ii) [前置詞+] ¿A ～ va usted de verano? どこに避暑に行かれるのですか？ ¿De ～ eres tú? 君はどこの生まれですか？ ¿Por ～ empezamos? [授業で] どこからはじめますか？ iii) [+不定詞] No sabía ～ acostarme. どこに寝たらいいか私はわからなかった．Me señaló por ～ subir. どこから登るべきか彼は私に教えてくれた

❷《口語》どこへ [a dónde] : ¿D～ vas? どこへ行くの？

❸《中南米》どのようにして，なぜ：¿D～ va a oírlo Pedro, si es sordo? ペドロは耳が不自由なのだから聞こえるはずがないだろう

por ～ どうして，なぜ：Me pregunto por ～ se habrá enterado. どうして彼は知ったのだろうか．¿Por ～ tengo que creerlo? そんなこと信じられるものか

dondequiera [dondekjéra] 副《西では主に古語的》[譲歩] どこにでも：i) Ponlo ～. どこでもいいから置きなさい．ii) [+que+直説法] D～ que va, es bien acogido. どこに行っても彼は歓迎される．iii) [+que+接続法] ¿D～ que vayas, hallarás amigos. どこに行っても，君には友達ができるだろう

dondiego [dondjéɣo] 男《植物》オシロイバナ 『～ de noche』：～ de día サンシキアサガオ

donjuán [donxwán] 男 女たらし，ドン・フワン 『←Tirso de Molina の戯曲の主人公 Don Juan Tenorio』

donjuanesco, ca 形 女たらしの

donjuanismo 男 ドン・フワン的性格(行動)

donoso, sa [donóso, sa] 形《←donaire》機知に富んだ；優雅な：¡D～sa agudeza!《皮肉》面白い冗談だ！

donostiarra [donostjárra] 形 图《バスク語. 地名》サン・セバスティアン San Sebastián の〖人〗『バスク地方 Guipúzcoa 県の県都』

donosura [donosúra] 囡 機知；優雅さ

donut [donú] 男《複 ～s》《←英語. 菓子》ドーナツ

doña [dóɲa] 囡 ❶ [既婚女性の名の前につける尊称 ☞**don**] Juana la Loca 狂女ドニャ・フワナ 『フェルナンド 2 世の娘 1479-1555. 女王になったが統治不能者とされた』．～ Melindres 甘ったれ屋．❷《南米》[呼

びかけ] =**señora**

dopamina [dopamína] 囡《生化》ドーパミン

doping [dópiŋ] 男《←英語. スポーツ》薬物の使用(投与), ドーピング

dopaje 男 =**doping**

dopar 他 …に薬物を与える. ◆ ~**se** 薬物を使用する

doquier[a] [dokjér[a]] 副《←dondequiera》《文語》por どこにでも

-dor, ra《接尾辞》[動詞+. 名詞化] i) [行為者] labra**dor** 農夫. ii) [道具]『女性形は一般に大型のもの』encende**dor** ライター, lava**dora** 洗濯機

dorado, da [doráðo, ða] 形 過分 金めっきの; 金色の: gafas de oro ~ 金縁の眼鏡. edad ~**da** 黄金時代. ~**da** juventud 輝く青春
◆ 男 ❶ 金めっき, 金箔; 過 金めっきした金具 (装飾品). ❷ El D~ 黄金郷
◆ 囡《魚》ヘダイ

dorar [dorár] 他 ❶ …に金箔を張る(金泥を塗る), 金めっきする; 金色に塗る(染める). ❷ 体裁をよくする, 美化する: ~ la verdad a+人 事実を取り繕って…に言う. ❸《料理》キツネ色に焼く(揚げる・炒める);[焼き色をつけるために] 卵黄を塗る
◆ ~**se** こんがり焼ける(日焼けする)

dórico, ca [dóriko, ka] 形《建築》ドーリス式の

dorio, ria [dórjo, rja] 形 图《地名. 古代ギリシア》ドーリス地方の(人)

dormida[1] [dormíða] 囡 ❶ うたた寝, 仮眠: echar una ~ 一眠りする. ❷ [蚕の] 休眠; [動物の] 巣, ねぐら. ❸《南米》寝場所

dormidera [dormiðéra] 囡 ❶《植物》ケシ『adormidera』. ❷ 榎《口語》寝つきのよさ: Tiene buenas ~s. 彼は寝つきがいい

dormido, da[2] [dormíðo, ða] 形 過分 眠った, ぼけた

dormilón, na [dormilón, na] 形 图《口語》よく眠る(人), 寝つきのよい(人), 寝坊(の)
◆ 囡 ❶ [昼寝用の] 椅子, デッキチェア;[主に]耳飾り. ❷《南米》ネグリジェ

dormir [dormír] 34 自《英 sleep. 過分 durmiendo》❶ 眠る《英 He dormido bien. 私はよく眠れた. Está durmiendo. 彼は眠っている. Está dormido. 彼は寝ついている. Ya se quedó dormido. 彼はもう寝ついた. Vete a ~. 寝に行きなさい. ¡A ~! さあ寝なさい. ~ demasiado 寝坊する, 寝過ごす. Quien duerme cena.《諺》眠ることは食べることの代わりになる
❷ 宿泊する: Durmió en Madrid. 彼はマドリードで泊まった
❸ 何もしない, ぼやっとしている;[感情などが] 鎮まる: Si sigues durmiendo, te quitarán el puesto. ぼやぼやしていると地位を取り上げられるぞ. Sus pasiones han dormido. 彼の感情はおさまった. Dejé ~ el asunto. 私は事態を〔進展させず〕放っておいた
❹ [+sobre について] ゆっくり考える
❺ [+con+人 と] 性交する

❻ [コマなどが] その場を動かず回る『静止しているように見える』

echarse a ~ ベッドに入る;途中で投げ出す

medio dormido うとうとした: conducir *medio dormido* 居眠り運転する

ser de mal ~ 不眠症である

◆ 他 ❶ 眠らせる: ~ a un niño en los brazos 子供をだっこして寝かしつける. ~ un asunto 問題を放っておく. ❷ 麻酔をかける. ❸《中米》誘惑する, たぶらかす
◆ ~**se** ❶ 眠り込む『開始, 過程』: Me duermo enseguida por las noches. 私は寝つきがいい. Se durmió apenas apoyó la cabeza sobre la almohada. 彼は横になるやいなや寝入ってしまった. ❷ [体の一部が] 麻痺する, しびれる: Se me ha dormido el pie. 私は足がしびれてしまった. ❸ 何もしないでいる;[決定・決心するのが] 遅すぎる, 時間がかかりすぎる. ❹ 穏やかになる: Se durmió el mar. 海が凪いだ. ❺《中米》[塀などが] 傾く

dormir	
直説法現在	直説法点過去
d*u*ermo	dormí
d*u*ermes	dormiste
d*u*erme	d*u*rmió
dormimos	dormimos
dormís	dormisteis
d*u*ermen	d*u*rmieron
接続法現在	接続法過去
d*u*erma	d*u*rmiera, -se
d*u*ermas	d*u*rmieras, -ses
d*u*erma	d*u*rmiera, -se
durmamos	d*u*rmiéramos, -semos
durmáis	d*u*rmierais, -seis
d*u*erman	d*u*rmieran, -sen

dormitar [dormitár] 自 うとうとする, うたた寝する

dormitivo, va [dormitíßo, ba] 形 男 催眠性の; 睡眠(催眠)薬

dormitorio [dormitórjo] 男 ❶ 寝室, 匮图 寝室用家具. ❷ [学校などの] 寮

dorsal [dorsál] 形 背中の; 背面の: aleta ~ 背びれ
◆ 男 ❶《スポーツ》背番号. ❷《解剖》~ ancho 広背筋
◆ 囡 ❶ 山脈《cordillera》: ~ de los Andes アンデス山脈. ❷《言語》舌背子音『consonante ~』

dorso [dórso] 男 ❶ 背中『espalda, lomo』. ❷ 背面, 裏: al (en el) ~ de... …の裏側に. ~ de la mano 手の甲『足の甲は普通 empeine』. ~ de la carta カードの裏面

dos [dós] 形 男《英 two》2; 2つの; 2番目の
a ~《スポーツ》2対2の
cada ~ *por tres* ほとんどいつも, 三日にあげず
como ~ *y* ~ *son cuatro* 明白に, 当然: Es tan cierto *como* ~ *y* ~ *son cuatro* que saca las oposiciones. 彼が合格するのは火を

見るより明らかだ
de ~ en ~ 2つ(2人)ずつ
decir a+人 cuántas son tres y ~/decir a+人 las cosas ~ por tres …にずけずけと文句を言う, 叱りとばす
en un ~ por tres あっという間に, すばやく
uno ~《ボクシング》ワンツー

dosaje [dosáxe] 男《南米》ドーピングテスト

doscientos, tas [dɔsθjéntɔs, tas] 形 男 200〔の〕; 200番目の

dosel [dosέl] 男 [祭壇・説教台などの] 天蓋

dosificar [dosifikár] 7 他 ❶ [薬を] 調合する. ❷ [量を] 加減する, 控えめにする : ~ sus esfuerzos 少しずつ努力を重ねる
dosificación 女 調剤, 投薬 ; 加減

dosis [dósis] 女 『単複同形』 ❶ [薬の1回分の] 服用量 : ~ mortal 致死量. ❷ [一定の] 分量, 程度 : consumir ~ elevadas de alcohol 大量の酒を消費する. Ya has tenido tu ~ diaria de televisión. 君の一日のテレビを見る時間はもう終わった. una buena ~ de humildad 大変な謙遜

dossier [dosjέ〔r〕] 男 『複 ~〔e〕s』《←仏語》一件書類, 身上調査書

dotación [dotaθjɔ́n] 女 ❶《文語》基金, 収入 ; 支給, 装備 : ~ de la familia real 王室歳費. ~ de recursos《経済》資源賦与. ❷ 人員, 要員 ; [特に軍艦の] 乗組員, 乗員定数. ❸ 持参金 『dote』

dotar [dotár] 他 ❶ [娘などに] 持参金(財産)を持たせる. ❷《文語》[+con・de 才能・予算・人員などを] …に付与する ; 設置する, 装備させる : Dios no le *ha dotado con* el sentido del humor. 神は彼にユーモアのセンスを与えなかった. *Han dotado* el hospital *de* la maquinaria más moderna. 病院に最新の設備が施された
dotado, da 形 過分 [+de の] 才能(天分)のある

dote [dóte] 女 『❶ は時に 男』 ❶ 持参金 ; 修道院入会金 : llevar a+人 en ~ un millón de pesetas …の所に持参金として100万ペセタ持って行く. mujer con una buena ~ 大変な持参金つきの女. ❷ 複 才能, 天分 : tener ~*s* para el baile 踊りの才能がある

dovela [dobéla] 女《建築》[アーチの] 迫石(せりいし)
dovelar 他 迫石を作る

doy ☞dar 49

dozavo, va [doθábo, ba] 形 男 =**doceavo** : libro en ~《印刷》12折り本

D/P《略語》←documento contra pago DP手形

dpdo《略語》←duplicado 複本

dpto.《略語》←departamento 省, 部, 学科

dracma [drákma] 女 ドラクマ 『古代ギリシア・ローマの銀貨, 現代ギリシアの貨幣単位』

draconiano, na [drakonjáno, na] 形 [法律などが] 過酷な, 厳格な 『←アテネの立法家Dracón』: medidas ~*nas* 厳正な措置

DRAE [dráe] 男《略語》←Diccionario de la Real Academia Española スペイン王立言語アカデミー辞典

dragar [dragár] 8 他 ❶ 浚渫(しゅんせつ)する : ~ un canal 運河の底をさらう. ❷《軍事》掃海する
draga 女 浚渫機(船) ; 掃海機
dragado 男 浚渫, 底をさらうこと
dragaminas 男 『単複同形』 掃海艇

drago [drágo] 男《植物》リュウケツジュ(龍血樹)

dragón [dragɔ́n] 男 ❶ 龍 ;《動物》トビトカゲ 『~ volador』: ~ marino《魚》トラギス. ❷《植物》キンギョソウ(金魚草) 『boca de ~』. ❸ 龍騎兵. ❹ 炉の口, 炉喉. ❺《天文》cabeza del *D*~ 昇交点. ❻《船舶》ドラゴン級〔のヨット〕;《歴史》バイキング船

dragonear [dragoneár] 自《中南米》無資格で営業する ; うぬぼれる : ~ de médico もぐりで医者をする
◆ 他《南米》[女性に] 言い寄る

dragontea [dragɔntéa] 女《植物》ランナンショウ

drama [dráma] 男 『英 drama』 ❶ 演劇, 芝居 ; 戯曲, 脚本 ;《演劇》ドラマ 『悲劇の中に喜劇を織りまぜたもの』: ~ lírico オペラ. ❷ 悲しい(痛ましい)出来事(事件)
hacer un ~ a+人 …に対して大げさ(ヒステリック)にふるまう
hacer un ~ de... …を大げさ(悲壮)に考える

dramático, ca [dramátiko, ka] 形 ❶ 演劇の : género ~ 劇部門. ❷ 劇的な, 感動的な ; 悲劇的な : ~ incidente 悲劇的な事件
◆ 名 劇作家 『escritor ~』
◆ 女 劇作法 ; 集名 戯曲

dramatismo [dramatísmo] 男 悲劇性

dramatizar [dramatiθár] 9 他 劇に仕立てる, 劇化する
◆ 自 大げさ(悲劇的)に考える(話す)
dramatización 女 劇化 ; 誇張

dramaturgia [dramatúrxja] 女 劇作法, ドラマトゥルギー ; 集名 戯曲

dramaturgo, ga [dramatúrgo, ga] 名 劇作家, 脚本家

dramón [dramɔ́n] 男《口語》大げさな芝居, 大時代的なドラマ

drapear [drapeár] 他《服飾》[ひだを] ゆったりとる, ドレープをつける

draque [dráke] 男《中南米》ナツメグ入りの甘いアルコール飲料

drástico, ca [drástiko, ka] 形 ❶ 激烈な, 徹底的な : medida ~*ca* 思い切った(ドラスティックな)手段. ❷《医学》激しい下痢を起こす

drenaje [drenáxe] 男 ❶ 排水〔設備〕: tubo (colector) de ~ 排水管(本溝). hacer el ~ de un pantano 沼の排水をする. ❷《医学》排膿, ドレナージ ; その手術用具

drenar [drenár] 他 ❶ [土地を] 排水する, 水はけをよくする. ❷ 排膿する

dríada/dríade [dríađa/-đe] 女《神話》ドリュアス, 木の精

driblar [driblár] 他 自《スポーツ》[ボールを] ドリブルする ; [相手を] ドリブルでかわす
drible/dribling 男 ドリブル

dril [dríl] 男《繊維》太あや織り

drive [dráib] 男《←英語》❶《テニス》ドライブ. ❷《ゴルフ》ドライブショット；ドライバー. ❸《自動車》ドライブ

driver 男《ゴルフ・情報》ドライバー

driza [dríθa] 女《船舶》ハリヤード

droga [dróga] 女 ❶ 麻薬；薬品：~ blanda 弱い麻薬『マリファナなど』. ~ dura 強い麻薬『コカイン, ヘロインなど』. ~ de diseño デザイナードラッグ, 合成麻薬. ❷ たぶらかし, ごまかし

drogadicción 女 麻薬中毒

drogadicto, ta 形 名 麻薬中毒の〔人〕

drogado, da 形 名 過分 麻薬使用者の〔の〕. ◆ 男 麻薬の使用

drogar 8 他 …に麻薬を使用させる. ◆ ~se 麻薬を使用する

drogata 名《口語》麻薬常用者

drogodependencia 女《文語》麻薬依存症

drogodependiente 形 名 麻薬依存症の〔人〕

drogota 名 =drogadicto

droguería [drogería] 女《西》掃除・大工用具などの〕雑貨店；《中南米》薬局, ドラッグストア『farmacia』

droguero, ra 名 雑貨商

dromedario [dromedárjo] 男《動物》ヒトコブラクダ

drosera [droséra] 女《植物》モウセンゴケ

drosófila [drosófila] 女《昆虫》キイロショウジョウバエ

druida, desa [drwída, drwidésa] 名《宗教》ドルイド僧

druidismo 男 ドルイド教

drupa [drúpa] 女《植物》石果, 核果

drupáceo, a 形 石果性の

drusa¹ [drúsa] 女《地質》晶洞, がま

druso, sa² [drúso, sa] 形 名《イスラム教》ドルーズ派〔の〕

dto.《略語》←descuento 値引き, 割引

Dtor《略語》←director 支配人, 社長

dual [dwál] 形 2 つの, 二重の：control ~ 二重管理；二者共同統治

◆ 男《文法》両数, 双数『número ~』

dualidad [dwalidá(d)] 女 二元性, 二重性；《論理・数学》双対性：~ del ser humano 人間存在の二元性. ~ de la economía 経済の二重構造. ~ de la conducta 行動の二面性

dualismo [dwalísmo] 男 二重性, 二元性；《哲学》二元論

dualista 形 名 二元論の〔論者〕

dubitativo, va [dubitatíßo, ba] 形 疑いを表わす（含んだ）：en un tono ~ いぶかしげな口調で. adverbio ~ 疑惑の副詞『quizá など』

dubitación 女 疑い〔の表明〕

dubles [dúbles] 形 副《縄飛びの》二重（三重）飛び

dublinés, sa [dublinés, sa] 形 名《地名》〔アイルランドの〕ダブリン Dublín 男 の〔人〕

ducado [dukáðo] 男 ❶ 公爵の位；公爵領, 公国. ❷〔16 世紀スペインの〕金貨

ducal [dukál] 形《←duque》公爵の

duce [dútʃe] 男《←伊語》首領『ムッソリーニの称号』

ducentésimo, ma [duθentésimo, ma] 形 男 200 分の1〔の〕

ducha¹ [dútʃa] 女『英 shower』❶ シャワー；シャワー設備（室）：tomar（darse）una ~ シャワーを浴びる. habitación con ~ シャワーつきの部屋. ❷ 洗浄, 注水：~ escocesa《医学》〔温水と冷水が交互の〕スコッチ圧注法

recibir una ~〔にわか雨にあう

~ de agua fría/~ fría〔落胆させるような〕よくない知らせ(出来事)：dar una ~ *de agua fría* a un proyecto 計画案に水をさす

duchar [dutʃár] 他 シャワーを浴びさせる；ずぶぬれにする

◆ ~se シャワーを浴びる

ducho, cha² [dútʃo, tʃa] 形 [+en に] 熟達した：persona ~*cha* en política 政治に通じた人物. ser ~ *en* tretas 策謀にたけている

duco [dúko] 男〔吹き付け用の〕ラッカー：pintura al ~ 吹き付け塗装

dúctil [dúktil] 形 ❶《金属》可延性の；曲げやすい. ❷〔人が〕従順な, 柔軟な；頼りない

ductilidad 女 可延性；従順さ

duda [dúða] 女『英 doubt』❶ [時に 複] 疑い, 疑惑, 疑念, 懐疑；疑問点：i) Estoy en ~ de si he cerrado la puerta con llave. 私はドアに鍵をかけたかどうか確信がない. exponer sus ~s sobre... …について疑問を表明する. sin la menor ~ 一点の疑いもなく. fuera de ~ 疑う余地なく, きわめて明白に. Queda la ~ en pie. 何かひっかかる. ii) [+de que+接続法（否定文では直説法も）] La ~ de que esté él enfermo le hace nervioso. 自分は病気ではないかと疑って彼は神経質になっている. No cabe（hay）ninguna（la menor）~ de que me ha traicionado. 彼が裏切ったことはまったく疑う余地はない. ❷〔信仰上の〕懐疑：tener ~s 懐疑的になる

no dejar lugar a ~s 疑う余地がない

poner... en ~ …について疑問を呈する

sacar a+人 de la ~ …の疑念を晴らす

salir de ~s 疑問が晴れる

sin ~（alguna） 間違いなく, たぶん『tal vez』：Te diré sin ~. 必ず話してやるよ. ¿Vienes aquí mañana?—Sin ~. 明日来るかい?—もちろん. Sin ~ creerías que lo había dicho yo. おそらく君は僕が言ったと思っているだろうね

sin lugar a ~s 疑いの余地なく

dudar [dudár] 自『英 doubt. ↔creer』❶ [+de を/+sobre について] 疑う, 信じない：Duda de mi honradez. 彼は私の誠実さを疑っている. La policía *duda del* portero. 警察は守衛を怪しいと思っている. ❷ [+si+直説法 かどうか] 確信しない：Dudo si he apagado la luz. 私は電気を消したか自信がない. ❸ ためらう：i) [+entre の間で] *Dudaba entre（si）*ir por avión o ir en tren. 彼は飛行機で行こうか列車にしようか迷っていた. ii) [+en+不定詞 するのを] Si necesitas algo, no *dudes en* llamarme. 用があったら遠慮なく私を呼びなさい

◆ 他 疑う，信じられない；[+que+接続法（否定文では直説法も）]…とは思えない：Lo *dudo*. それはおかしい．*Dudo que* llegue a tiempo. 彼が間に合うとは思えない．*No dudo que* tenga (tiene) razón. 彼は正しいと私は信じて疑わない

dudoso, sa [duðóso, sa] 形 ❶ [ser+] 疑わしい，疑問の余地のある；怪しげな，うさんくさい：El resultado es ～. 結果は疑わしい．conducta ～*sa* 不審な行動．mujer ～ いかがわしい女性．[ser ～ que+接続法] Es ～ *que* me ayude. 彼が助けてくれるか確かでない．❷ [estar+] 疑っている；迷っている：Estoy ～ de su oferta. 私は彼の申し出に迷っている
　dudosamente 副 [後に続く形容詞を疑問視して] método ～ eficaz 効果の疑わしい方法

duela [dwéla] 囡 ❶ [樽の] 側板．❷ 《生物》ジストマ

duelo [dwélo] 男 ❶ 決闘：batirse en ～ 決闘する．retar en (a un) ～ a+人 …に決闘を挑む．～ a pistola ピストルによる決闘．～ a muerte 死をかけた戦い．❷ 喪の悲しみ，哀悼；喪のしるし：estar de ～ 喪に服している．casa de ～ 喪中の家．Los ～ con pan son buenos (menos).《諺》お金があれば悲しみもいやされる．❸ 医学《西》会葬者，葬列
　sin ～ けちけちせずに，ふんだんに
　tener ～ a+人 …に同情する
　duelista 男 決闘者

duende [dwénde] 男 ❶ [いたずら好きの] 小妖精，小鬼．❷ [童話などに登場する] 小びと 〖nomo〗．❸ [不思議な] 魅力，魔力：Ese cantaor tiene ～. そのフラメンコの歌い手には妖しい魅力がある
　andar como un ～《口語》神出鬼没である

dueño, ña [dwéɲo, ɲa] 名《英 owner》❶ 持ち主，所有者；[動]飼い主：Él es el dueño del coche. 彼がその車の持ち主だ．～ de casa 家主．❷ [召使いなどから見た] 主人，雇い主．❸ 中心人物
　hacerse ～ *de*… …を理解する；支配する
　ser ～ *de sí mismo* 自制する，感情を抑える
　ser [*muy*] ～《口語》[+de+不定詞 すること が] 自由に…できる：¿Me permite usted que abra la ventana?—*Es* usted *muy* ～. 窓を開けてもかまいませんか？—どうぞ．*Es muy* ～ *de* hacer lo que prefiere. 好きなようになさってかまいません
　◆ 囡《古語》女主人；[娘に付添う] 年配の女中，ばあや；女官長
　poner ～*as como* (*cual*) [*no*] *digan* ～*ñas*《口語》…を侮辱する，悪口を言う

duerm- ☞*dormir* 34

duermevela [dwermeβéla] 男/囡 まどろみ：en un ～ うとうとと，熟睡せずに

dueto [dwéto] 男《音楽》デュエット，二重唱(奏)

dugong [dugóŋg] 男《動物》ジュゴン

dulce [dúlθe] [英 sweet] 形 ❶ 甘い 〖↔amargo〗：Esta bebida es ～. この飲み物は甘い
❷ [ワインが] 甘口の 〖↔seco〗

❸ 心地よい；穏やかな，温和な：música ～ 快い音楽．voz ～ 柔らかい(甘い)声．luz ～ 柔らかい光
❹ [人・性格が] 優しい，気立てのよい
　de ～《口語》すばらしい，魅力的な
　en ～ 砂糖漬けの
　◆ 男 ❶ [主に 覆] 菓子，甘い物：comer ～*s* 菓子を食べる．A nadie le amarga un ～. もらえるものは何でも歓迎だ．～ de leche《南米》凝乳と砂糖を煮つめた菓子．❷ [果物の] 砂糖煮，コンポート 〖～ de almíbar〗：peras en ～ ナシのコンポート
　◆ 副 甘い声で；愛想よく，親切に

dulcémele [dulθémele] 男《楽器》ダルシマー

dulcería [dulθería] 囡 菓子店

dulcero, ra [dulθéro, ra] 形 甘い物好きの，甘党の 〖goloso〗
　◆ 名 菓子職人(店員)

dulcificar [dulθifikár] 7 他 甘くする；[苦悩・緊張などを] 和らげる
　◆ ～*se* 甘くなる；和らぐ，穏やかになる

dulcinea [dulθinéa] 囡 いとしい女(⁇)，意中の女 〖←ドン・キホーテの思い姫 Dulcinea del Toboso〗

dulía [dulía] 囡《神学》聖人天使崇敬

dulzaino, na [dulθáino, na] 形 ひどく甘い，甘すぎる
　◆ 囡《楽器》ドゥルサイナ 〖クラリネットの素朴なもの〗

dulzarrón, na/dulzón, na [dulθarón, na/-θón, na] 形 甘いだけでこくのない，甘ったるい

dulzor [dulθór] 男 甘さ，甘み

dulzura [dulθúra] 囡 ❶ 《主に比喩》甘さ；甘美さ：～ del primer beso ファーストキスの甘美さ．política de ～ y azote 飴と鞭の政策．❷ 優しさ，温和さ．❸ [主に 覆] 甘い言葉

duma [dúma]《帝政ロシアの》帝国議会

dúmper [dúmper] 男《←英語》ダンプカー 〖volquete〗

dumping [dúmpiŋ] 男《←英語》ダンピング

duna [dúna] 囡 砂丘

dundera [dundéra]《中米》愚かさ
dundo, da《中米》愚かな

dúo [dúo] 男《音楽》二重奏(唱)曲，デュエット：cantar a ～ 二重唱する，デュエットで歌う．Todo lo hacen a ～. 彼らは何でも2人でする

duodécimo, ma [dwoðéθimo, ma] 形 12番目の；＝doceavo

duodeno [dwoðéno] 男《解剖》十二指腸
duodenal《解剖》十二指腸の
duodenitis 囡《単複同形》十二指腸炎

dup[l]《略語》←duplicado 複本

dúplex [dúple(k)s]《単複同形》形 ❶《建築》メゾネット．❷《通信》同時送受方式，二元(多元)放送．❸《金属》鋳包(⁇)材
　◆ 形 2層の，二重の，複式の

dúplica [dúplika] 囡《法律》[被告側の] 第2の訴答

duplicación [duplikaθjón] 囡 ❶ 複写．❷ 二重；倍化，倍増：～ del presupuesto 予算の倍増

duplicado, da [duplikáðo, ða] 形 過分 ❶
複写の, 正副 2 通の. ❷ [番号・番地の表示]
第 2 の : calle Granja, 7 〜 グランハ通り 7 番地
の 2
◆ 男 ❶ 副本, 控え, 写し : certificado en 〜
正副 2 通の証明書. preparar el acta por 〜
議事録を正副 2 通作成する. ❷ 複製 : 〜 de la
llave 合い鍵

duplicar [duplikár] 7 他 ❶ 2 倍(二重)にす
る : 〜 la venta 売上げを倍増する. 〜 el
cerrojo 鍵を二重にする. Te *duplico* la edad.
私は君の 2 倍の年齢だ. ❷ 複写(複製)を作る :
〜 la solicitud 申請書をコピーする.
◆ 〜se 倍増する : El coste de vida *se ha
duplicado*. 生活費が 2 倍に増えた

duplicidad [dupliθiðáð] 女 ❶ 二重性, 2
倍 : Este problema admite 〜 en la inter-
pretación. この問題は 2 通りに解釈できる. ❷
[態度の] 裏表 : Nos engañó con su 〜. 彼は
二枚舌で私たちをだました

duplo, pla [dúplo, pla] 形 男 2 倍(の)
『doble』: El 〜 de 5 es (son) 10. 5 の 2 倍は
10 だ

duque [dúke] 男 公爵 ; [公国の] 君主, 公
duquesa 女 公爵夫人, 女公爵 ; 公妃 : D〜
de Alba アルバ公爵夫人

durable [duráble] 形 持続(耐久)性のある, 長
もちする
durabilidad 女 持続力, 耐久性

duración [duraθjón] 女 ❶ 継続, 持続〔性〕;
期間 : 〜 de una película 映画の上映時間.
disco de larga 〜 LP レコード. corta (poca)
〜 de estancia 短期滞在. ❷ 寿命, もち : 〜
media de la vida 平均寿命. un coche
車の寿命(耐久性). prueba de 〜 耐久試験

duradero, ra [duraðéro, ra] 形 持続(耐久)
性のある : zapatos 〜s 長もちする靴. fe 〜ra
変わらぬ信仰. bienes de consumo 〜s 耐久
消費財

duralex [duralé(k)s] 男 『単複同形』《←商標.
料理》耐熱ガラス容器

duraluminio [duralumínjo] 男 《金属》ジュラ
ルミン

duramadre [duramáðre] 女 《解剖》[脳・脊
髄の] 硬膜
duramáter 女 =duramadre

duramen [durámen] 男 《植物》赤身, 心材

duramente [dúramente] 副 厳しく : criti-
car 〜 強く非難する

durante [durante] 前 『英 during』『継
続』…の間〔ずっと〕: Ella
estuvo llorando 〜 unos veinte minutos. 彼
女は約 20 分間泣き続けた. D〜 las vacacio-
nes frecuentaba el teatro. 休暇中私はよく芝
居を見に行った. 〜 el día (la noche) 日中(夜
中)ずっと. 〜 la guerra 戦争中, 戦時中

durar [durár] 自 『英 last』❶ 続く, 継続(持
続)する : La sesión de la tarde *dura* tres
horas. 午後の部は 3 時間だ. Mi estancia en

Madrid *duró* cinco años. 私のマドリード滞在
は 5 年に及んだ. Cuando regresé a casa,
todavía *duraba* su llanto. 私が帰宅した時, 彼
女はまだ泣き続けていた. ❷ 長持ちする, 耐久性
がある : Estos zapatos me *duraron* mucho.
この靴は長持ちした. Esta pila *dura* dos años.
この電池の寿命は 2 年だ. El enfermo no *du-
rará* un día más. 病人はあと 1 日ともつまい. ❸
じっとしている, 我慢する : No *durará* en el
cargo ni dos meses. 彼はその職に 2 か月とはい
ないだろう

durativo, va [duratíβo, βa] 形 《文法》継続
相の

durazno [duráθno] 男 《植物・果実》モモの一種
『中南米の一部では =melocotón』
duraznero 男 《南米》モモの木
duraznillo 男 《植物》ハルタデ

dureza [duréθa] 女 ❶ 硬さ, 硬度 ; 厳しさ : 〜
de un mineral 鉱物の硬度. 〜 de vientre 便
秘. ❷ [手足にできる] たこ

durma-, durmie- ⊃dormir 34

durmiente [durmjénte] 形 名 『←dormir』
眠っている(人) : sociedad 〜 休眠会社
◆ 男 《建築》受木 ; 《中南米》[線路の] 枕木

duro, ra [dúro, ra] 形 『英 hard. ↔
blando, tierno』❶ 堅い, 硬
い : carne *dura* 堅い肉. almohada *dura* 堅
い枕
❷ 厳しい ; 困難な : clima 〜 厳しい気候.
ejercicio 〜 激しい運動. trabajo 〜 きつい仕
事. prueba *dura* 難しい試験. Es muy 〜
vivir solo. 一人で生きていくのはつらい
❸ 厳格な ; 無情な, 冷酷な ; 強慾な, 妥協しな
い : palabras *duras* きつい(厳しい)言葉. 〜 de
corazón 心の冷たい. ser 〜 con+人 …に厳し
くあたる. línea *dura* 曲げられない方針
❹ 耐える, 強い ; 堅牢な : hombre 〜 がまん強い
人. caja *dura* 頑丈な箱
❺ コントラストの強い ; 刺激的な, どぎつい : por-
no 〜 ハードポルノ
❻ ごつごつした, いかつい : facciones *duras* 厳し
い顔
❼ 《南米》ずるい
ponerse 〜 堅くなる ; 厳しく(困難に)なる
◆ 副 ❶ 乱暴に, 強く : pegar 〜 ひどく殴る. ❷
《主に中南米》一所懸命, 精一杯 : estudiar 〜
一所懸命勉強する
◆ 男 ❶ 《西》[貨幣単位] ドゥーロ 『=5 ペセ
タ』; その硬貨 : Nunca falta quién dé un 〜
para un apuro.《諺》渡る世間に鬼はなし. ❷
《映画》ハードボイルドの俳優
lo que faltaba para el 〜《口語》泣き面に
蜂で, ふんだりけったりなことには

dux [dú(k)s] 男 『単複同形』《歴史》[ベネチア, ジ
ェノバ共和国の] 大統領, ドージェ

d/v [略語] ←días vista 一覧後…日

DYA [día] 女 《西. 略語》←Detente y Ayuda
事故者救助協会

E

e[1] [e] 援 〖接続詞 y が i-・hi- で始まる語の前に来る時。☞**y**〗María *e* Isabel マリアとイサベル. madre *e* hija 母と娘

e[2] [é] 囡 アルファベットの第5字；その名称

-e《接尾辞》❶ [名詞化. 動作・結果] cost*e* 費用, desembarqu*e* 荷揚げ. ❷ [地名形容詞化] árab*e* アラビアの, etíop*e* エチオピアの

E.《略語》←este 東

ea [éa] 間 ❶ [決意・激励] He dicho que no, ¡~! いやだと言ったらいやだ！¡*Ea*, a trabajar! さあ, 仕事だ！ ❷ [繰返して, 赤ん坊をあやす] よしよし, よし

-ear《接尾辞》[動詞化] voc*ear* やたらに叫ぶ, agujer*ear* 穴を開ける

easonense [easonénse] 形 囡 =**donostiarra**

ebanista [eβanísta] 囲 指物師, 家具職人

ebanistería [eβanistería] 囡 その技術(仕事場)；[集合] 指物, 家具

ébano [éβano] 囲《植物》コクタン(黒檀)

ebonita [eβoníta] 囡《化学》エボナイト

ebrio, bria [éβrjo, brja] 形 [estar+] ❶ 酔った〖↔**sobrio**〗: conductor ~ 酒酔いドライバー. ❷ [+de に] 錯乱した: ~ *de* amor 恋に酔いしれた. ~ *de* ira 怒りに我を忘れた ‖ **ebriedad** 囡 酩酊；錯乱

ebullición [eβuʎiθjón] 囡 ❶ 沸騰；punto de ~ 沸点. ❷ 不穏な動き(状態)

ebullómetro/ebulloscopio 囲 沸点測定装置

ebúrneo, a [eβúrneo, a] 形《文語》象牙の(ような): figura ~*a* 象牙製の人形. tez ~*a* 真白い肌

eccehomo [ɛ(k)θeómo] 囲 ❶ いばらの冠を頂いたキリスト像〖←ラテン語「この人を見よ」〗. ❷ [傷だらけで] 哀れな姿の人: Al caer quedó como un ~. 彼は転んで哀れな姿になった

eccema [ɛ(k)θéma] 囲《医学》湿疹 ‖ **eccematoso, sa** 形 湿疹の(できた)

ecco [éko] 間《←伊語. 南米》そうだ, そのとおり！

-ececico《示小接尾辞》pi*ececico* 小さな足

-ecer《接尾辞》[動詞化] enriqu*ecer* 富ませる, entont*ecer* ばかにする

-ececuelo《示小接尾辞》pi*ececuelo* 小さな足

ECG 囲《略語》←electrocardiograma 心電図

echada[1] [etʃáða] 囡 ❶《スポーツ》体1つ(の差). ❷《中南米》虚勢, からいばり

echado, da[2] [etʃáðo, ða] 形 過分《中米》もうかる職についている

echar [etʃár] 他《英 throw》❶ [+a・en に/+sobre の上に] 投げる, 投げかける(入れる)；[☞**meter** 類義]；捨てる；放つ: i)

Echó una rosa *a* su balcón. 私は彼女のバルコニーにバラの花を投げた. ~ *a*+人 en la cama … をベッドに寝かせる. ~ un as 《トランプ》エースを出す(捨てる). ii) [言葉などを] ~ un discurso 演説をぶつ. iii) 注ぎ込む: ~ leche *al* café コーヒーにミルクを入れる. ~ agua *en* la taza カップに湯を注ぐ. iv) [+de から] 追い出す: Le *echaron de* su casa. 彼は家から放り出された. Me *han echado de* secretaria. 私は秘書をやめさせられた. v) [煙・臭いなどを] Esta flor *echa* buen olor. この花はいい香りを放つ

❷ [芽などを] 出す；[実を] つける；[ひげなどを] 生やす: El manzano *ha echado* poco fruto este año. 今年はあまりリンゴの実がならなかった. Este niño está echando los dientes. この子は歯が生えかけている

❸ [用具などを] 使う, 用いる: i) ~ una pieza *a* la sábana シーツにつぎを当てる. ~ el bisturí メスを振るう. ii) [鍵を] かける: ~ la cadena チェーンをかける

❹ [数量を] 推定する: ¿Cuántos quilos le *echas* *a* esta piedra? この石は何キロあると思う？ *echando* por bajo 少なく見積っても

❺ 賭ける: ~ mil pesetas *a* la lotería 宝くじに千ペセタ投資する

❻ [刑罰などを] 課する: ~ *a*+人 un año de prisión …を禁固1年に処す. Nos han echado mucha tarea hoy. 今日は宿題がたくさん出た

❼ [書類を当局などに] 提出する

❽ [体を] 動かす: *Echó* la cabeza atrás. 彼は頭をのけぞらせた

❾ [ある行為を] 行なう: ¿*Echamos* un partido de tenis? テニスを一勝負しようか？ ~ un sueño 一眠りする. ~ un trago 一杯飲む

❿《西》上映する, 上演する: *Echan* "Carmen" en ese cine. その映画館で『カルメン』をやっている

⓫《西》[時間を] 過ごす: Yo *echo* dos horas en ir a Sevilla. 私はセビーリャに行くのに2時間かかる

⓬《俗語》[雄を, +a 雌に] かける, 交尾させる

◆ 自 ❶ 向かう, 道を行く: i) [+前置詞] ~ por la izquierda 左に曲がる. ~ detrás de… …のあとを追う. ii) [+場所の名前+arriba・abajo] *Echó* calle *arriba*. 彼は通りを向こうへ行った. ~ monte *abajo* 山を下る. ❷ [+a+不定詞] …し始める 〖不定詞は移動を表わす動詞〗: *Echó* a correr. 彼は走り出した. ❸ [+tras+人 の] 追いかける

~… *a*+不定詞 …を…させる

~ *a*+人 *de comer aparte* 《主に軽蔑》[長所・欠点から] …を特別扱いする, 差別する

~ *abajo* [建物などを] 壊す；[計画などを] 台

なしにする: *Echaron abajo* el edificio. ビルは取り壊された

~ *de*+不定詞 [+a 動物に] …するものを与える: ~ *de* comer (beber) *a* los perros 犬たちにえさ(水)をやる

~ *de ver* …に気づく: *Echó de ver* un peligro. 彼は危険に気づいた. *Eché de ver* que me faltaba dinero. 私は金を持っていないことに気づいた

◆ ~*la de...* =echárselas de...

◆ ~*se* ❶ とび込む; [+sobre に] とびかかる, 駆け寄る: *Se echó al* estanque. 彼は池にとび込んだ. El perro *se echó sobre* el ladrón. 犬が泥棒にとびかかった. ❷ 横になる, 寝そべる; 一眠りする: *Se echó en* el sofá. 彼はソファーに横になった. ❸ [自分の体を] ねじる: ~*se* hacia delante 体を前に倒す, 前にのめる. ❹ [自分の体に…] をかける: *Se echó* el abrigo sobre (por) los hombros. 彼はオーバーをはおった. ❺ [+a を] 開始する; i) ~*se a* la buena vida まっとうな生活を始める. ii) [+a+不定詞] …し始める 《主に感情的な行為》: *Se echó a* reír (llorar). 彼は笑い(泣き)出した. ❻ [友人など] をもつ: *Se ha echado* novia. 彼に恋人ができた. ❼ [風が] 凪(な)ぐ. ❽ [鳥が] 卵を抱く

echárselas de... …を気どる: Es viejo ya, pero *se las echa de* Romeo. 彼はもう年なのにロミオを気どっている

echarpe [etʃárpe] 男 《←仏語. 服飾》ショール 【chal】

echón, na [etʃón, na] 形 《中米》ひどく自慢する. ◆ 女 《南米》刈り取り用の鎌

-ecico 《示小接尾辞》son*ecico* 小さな音

-ecillo 《示小接尾辞》pan*ecillo* ロールパン

-ecito 《示小接尾辞》viej*ecito* 老人

eclampsia [eklámpsja] 女 《医学》子癇(かん); [子供の] 急癇, ひきつけ

eclecticismo [eklektiθísmo] 男 折衷主義; [趣味・考え方などの] 幅広さ: actuar con ~ 中庸を志向する, 事なかれ主義をとる

ecléctico, ca [eklέktiko, ka] 形 名 折衷主義の(主義者); 幅の広い: filósofo ~ 折衷主義哲学者. gusto ~ 幅広い趣味. actitud ~*ca* どっちつかずの態度

eclesial [eklesjál] 形 教会の: comunidad ~ キリスト教共同体, 教団

Eclesiastés [eklesjastés] 男 《聖書》伝道の書

eclesiástico, ca [eklesjástiko, ka] 形 《キリスト教》聖職者の; 教会の: bienes ~*s* 教会財産. ◆ 男 ❶ 聖職者. ❷ 《聖書》集会の書 【Libro del *E*~】

eclesiología [eklesjoloxía] 女 《神学》教会論

eclipsar [eklipsár] 他 ❶ [天体が] 食する: La luna *eclipsa* totalmente (parcialmente) el sol. 皆既(部分)日食が起きる. ❷ 輝きを奪う, 圧倒する: Ella *eclipsa* a las demás por su belleza. 彼女の美しさに他の女性たちは影が薄くなっている

◆ ~*se* ❶ 食になる, 欠ける; 輝きを失う: *Se eclipsó* su poder (su fama). 彼は権力(名声)を失った. ❷ [+de から] 姿を消す, 立ち去る: *Eclipsate* en este momento. 今だ. 抜け出る

eclipse [eklípse] 男 ❶ 《天文》食: ~ solar (de sol) 日食. ~ lunar (de luna) 月食. ~ total (parcial) 皆既(部分)食. ❷ 衰退, かげり: sufrir un ~ del prestigio 威信を失墜する. ❸ 《口語》遁走, 雲隠れ

eclíptico, ca 形 食の; 黄道の: coordenadas ~*cas* 黄道座標. ◆ 女 《天文》黄道

eclosión [eklosjón] 女 《←仏語》孵化(か); 羽化; 開花; 出現: ~ de la primavera 春の訪れ. ~ del romanticismo ロマン主義の開花

eco [éko] 男 《英 echo》 ❶ こだま, 反響; 《物理・音楽》エコー: Se oye un ~. こだまが聞こえる. Oía los ~*s* del desfile. 行進する音がかすかに聞こえた. Todavía me dura el ~ de sus palabras. 彼の言葉がまだ私の耳に残っている. ❷ 社会的反響; 噂話: hacer ~ / tener ~ 反響を呼ぶ, 大評判になる. Su advertencia no tuvo ningún ~. 彼の警告は何の反響も呼ばなかった. Me ha llegado algún ~ del suceso. 事件について私も少しは聞いている. ~*s de sociedad* [新聞・雑誌の] 社交界欄. ❸ 《口語》[他人の話の] 受け売り[をする人], 追随[者]: Es mero ~ de su maestro. 彼は師匠の模倣者にすぎない

hacerse ~ *de...* …を聞いてそれを伝え広める

ecografía [ekografía] 女 《医学》エコー 【超音波による臓器撮影】

ecolalia [ekolália] 女 《医学》反響言語

ecología [ekoloxía] 女 生態学, エコロジー; 自然環境

ecológico, ca [ekolóxiko, ka] 形 生態学の; 環境にやさしい: desastre ~ 環境破壊. papel ~ 再生紙

ecologismo [ekoloxísmo] 男 エコロジズム

ecologista 形 名 エコロジスト[の]: organización ~ 環境保護団体

economato [ekonomáto] 男 [協同組合・社内販売などの] 廉売店, 組合店

econometría [ekonometría] 女 計量経済学

economía [ekonomía] 女 《英 economy》 ❶ 経済(状態・制度); 経済学: Esa industria tiene ~ destrozada. その産業は壊滅的な経営状態にある. estudiar ~ 経済学を学ぶ. nueva ~ [情報産業主体の] 新経済. ~ latinoamericana ラテンアメリカ経済. ~ abierta (cerrada) 開放(封鎖)経済. ~ capitalista 資本主義経済. ~ de mercado 市場経済. ~ dirigida 統制経済. ~ doméstica (familiar) 家計. ~ mixta 混合経済. ~ sumergida 地下経済. ~ política [政治] 経済学

❷ [時に 複] 節約, 倹約; [複] 貯金: hacer ~*s* 倹約する. dejar de fumar por ~ 倹約のためにたばこをやめる. vivir con ~ つましく暮らす. ~ de gasolina (de tiempo) ガソリン(時間)の節約. Pienso comprarme una radio con mis 〜*s*. 私は貯金でラジオを買うつもりだ

❸《生物》〜 animal 動物の営み

económicamente [ekonómikaménte] 副 経済的に；つましく

económico, ca [ekonómiko, ka] 形 『英 economic』❶ 経済の：ayuda 〜*ca* 経済援助. bien 〜 経済財. facultad de ciencias 〜*cas* 経済学部. relaciones 〜*cas* 経済関係. ❷ 節約になる：Resulta más 〜 ir a pie. 歩いて行く方が経済的だ. El viaje nos ha salido muy 〜. 旅行は安く上がった. hotel 〜 安いホテル. tarifa 〜*ca* エコノミー料金. velocidad 〜*ca* 経済速度. ❸ 倹約家の, つましい

economista [ekonomísta] 名 経済学者, エコノミスト

economizar [ekonomiθár] 自 他 ❶ 節約する：〜 petróleo 石油を節約して使う. no 〜 esfuerzos (trabajos) 努力(労力)を惜しまない. ❷ 倹約(貯金)する

ecónomo, ma [ekónomo, ma] 形 男《カトリック》代理の〔聖職者〕：cura 〜 代理司祭

ecosistema [ekosistéma] 男 生態系

ecosonda [ekosónda] 女 音響測深器

ecoturismo [ekoturísmo] 男 エコツーリズム

ectasia [ɛktásja] 女《医学》拡張〔症〕

ectoparásito [ɛktoparásito] 男《生物》外部寄生者〔↔endoparásito〕

ectopia [ɛktópja] 女《医学》〔器官の〕転位〔症〕

ectoplasma [ɛktoplásma] 男 ❶〔霊媒の肉体から発する〕心霊体, エクトプラズム. ❷《生物》外質, 皮質原形質

ectropión [ɛktropjón] 男《医学》〔眼瞼・口唇などの〕外反〔症〕

ecuación [ekwaθjón] 女 ❶《数学》等式, 方程式：poner una 〜 方程式を立てる. sistema de *ecuaciones* 連立方程式. 〜 diferencial (integral) 微分(積分)方程式. 〜 química 化学方程式. ❷《天文・心理》〔観測・観察による〕差：〜 de tiempo 時差. 〜 personal 個人差

ecuador [ekwaðór] 男 ❶ 赤道：pasar el 〜 赤道を越える. paso del *E*〜 赤道祭り；〔大学の〕学業の中間時点のパーティー(旅行). ❷〔期間の〕中間点. ❸《国名》〔*E*〜〕エクアドル

ecualizador [ekwaliθaðór] 男《電気》イコライザー, 等化器

ecuánime [ekwánime] 形 冷静な；公正な

ecuanimidad [ekwanimiðáð] 女 冷静, 平静；公正さ：carecer de 〜 冷静さを欠いている. con 〜 冷静に；公正に

ecuatorial [ekwatorjál] 形 赤道〔地帯〕の：país 〜 赤道直下の国. línea 〜 昼夜平分線 ◆ 男《天文》赤道儀

ecuatoriano, na [ekwatorjáno, na] 形 名《国名》エクアドル Ecuador〔人〕の；エクアドル人

ecuatorianismo 男 エクアドル特有の言い回し

ecuestre [ekwéstre] 形 馬の；騎士の

ecuménico, ca [ekuméniko, ka] 形 全世界的な；全キリスト教会の

ecumenismo 男《キリスト教》〔教派を超えた〕世界教会主義, 教会一致運動

eczema [ekθéma] 男 =**eccema**

-eda《接尾辞》〔名詞+. 集合名詞化〕alam*eda* ポプラ並木, arbol*eda* 木立ち

edad [eðáð] 女 『英 age』❶ 年齢：i) ¿Qué 〜 tiene usted?—Tengo 58 años. おいくつですか？—58 歳です. ¿Qué 〜 le echas (das) a ese hombre? あの男は何歳だと思う？¿A (Con) qué 〜 se casó?—Se casó a los (con) 26 años. 彼は何歳で結婚したのですか？—26 歳で結婚しました. Ha llegado a la 〜 de ochenta años. 彼は 80 歳になった. Parece joven para su 〜. 彼は年齢のわりに若く見える. Yo ya trabajaba a su 〜. 彼の年齢の時には私はもう働いていた. a la 〜 de 20 años/a los 20 años de 〜 20 歳の時に. de mediana 〜 中年の. grupo de 〜 年齢層〔参考 jóvenes 15 歳まで, adultos 15-65 歳, viejos 65 歳以上〕. Mayor en 〜, saber y gobierno. 亀の甲より年の功. ii)〔年齢区分〕〜 tierna 幼少年期. 〜 del pavo〔大人になりかけの〕少年期. 〜 adulta 成年期. 〜 viril〔30-50 歳の〕壮年期. 〜 madura 壮年後期, 熟年期. 〜 avanzada 老年期. iii)〔事物の〕〜 de un árbol 樹齢. La democracia del país apenas tiene 〜. この国の民主主義はまだ若い. Esta catedral tiene una 〜 de 300 años. この教会は 300 年の歴史を誇っている

❷〔歴史区分の〕時代：*E*〜 de Piedra (los Metales) 石器(金属器)時代. *E*〜 de Cobre (Bronce・Hierro) 銅器(青銅器・鉄器)時代. *E*〜 Antigua 古代. *E*〜 Media 中世. *E*〜 Moderna 近世. *E*〜 Contemporánea 現代

de cierta 〜 少し年配の

de corta 〜 年少の, 幼少の

de 〜 かなりの年輩の, 老齢の：Mi madre ya es *de* 〜. 私の母はもう老人だ

entrar en 〜 年をとる

estar en 〜 *de*+不定詞 …するのに適した年齢である

estar en la (su) más tierna 〜《口語》幼い, 子供である

tercera 〜《婉曲》老齢；医名 老人：centro de (para) *tercera* 〜 老人ホーム

-edad《接尾辞》〔形容詞+. 名詞化. 性状〕se-ri*edad* まじめさ

edáfico, ca [eðáfiko, ka] 形 土壌の

edafología 女 土壌学

edecán [eðekán] 男 ❶《軍事》副官. ❷ 助手, 補佐役

edelweis [eðɛlbájs] 男《←独語. 植物》エーデルワイス

edema [eðéma] 男《医学》水腫, 浮腫：〜 pulmonar 肺水腫

edematoso, sa 形 浮水腫〔性〕の

edén [eðén] 男 ❶《聖書》エデン〔の園〕；楽園：Este lugar es un 〜. ここはこの世の楽園だ

edénico, ca 形 エデンの園の〔ような〕：vida 〜*ca* 快美な生活

-edero《接尾辞》〔er 動詞+〕i)〔形容詞化. 可

能] hac*edero* …しやすい. ii) [名詞化. 場所] com*edero* まぐさ桶

edible [eðíβle] 形《中南米》食べられる

edición [eðiθjón] 囡 [英 edition] ❶ 出版, 刊行; …版: ～ de las obras completas 全集の刊行. ～ de sellos 切手の発行. primera (segunda) ～ 初版(第2版). última ～ 最新版; [新聞の] 最終版. ～ príncipe [古書として価値のある] 初版本. ～ revisada 改訂版. ～ suplementaria (aumentada) 増補版. ～ corregida y aumentada 改訂増補版. ～ diamante コンパクト版. ❷ [本の] 製作, 編集; [レコードなどの] 製作, 発売. ❸ [催し物・競技会などの] …回: la tercera ～ de la Exposición 第3回博覧会. ❹《情報》編集

ser la segunda ～ de… …の焼き直し(模倣)である

edicto [eðíkto] 囲 ❶《歴史》勅令, 王令; 高札: *E* ～ de Milán (Nantes) ミラノ(ナント)の勅令. ❷ 布告, 公示: publicar un ～ en los periódicos 新聞紙上に公告を掲載する

ediculo [eðikúlo] 囲 小建築物; お堂

edificar [eðifikár] 他 [大規模に] 建造する; 創設する: ～ el nuevo aeropuerto 新空港を建設する. zona edificada [既成の] 市街地. ❷ [態度などで] 良い見本を示す

edificabilidad 囡 建築許可

edificable 形 建設可能の

edificación 囡 建造[物], 建設; 教化

edificante 形 模範的な, ためになる

edificio [eðifíθjo] 囲《英 building》[大きな] 建物, ビル: Vive en un ～ de lujo. 彼はデラックスなマンションに住んでいる. construir un ～ ビルを建てる. ～ público 公共建築物. ～ social 社会構造

edil, la [eðíl, la] 图 ❶ 市庁幹部, 市会議員 [concejal]. ❷《古代ローマ》造営官

edilicio, cia [eðilíθjo, θja] 图《南米》建物の, 建築の

editar [eðitár] 他 ❶ [書籍・新聞などを] 出版する, 発行する; 製作する, 製作する: Esta casa *edita* una revista. この会社はある雑誌を発行している. ～ un nuevo disco 新しいレコードを発売する. ❷《情報》編集する

editor, ra [eðitór, ra] 图 発行者; 校訂刊行者: ～ responsable [新聞の] 発行責任者; [ゴーストライターを使う] 名目上の著者

◆ 囲《情報》エディター: ～ de textos テキストエディター

◆ 囡 出版社 [casa ～*ra*]

editorial [eðitorjál] 形 ❶ 出版[業]の. ❷ [新聞・雑誌の] 社説, 論説

◆ 囡 出版社 [casa ～]

editorialista 图 論説委員(記者)

-edo [接尾辞] [名詞+. 集合名詞化] robl*edo* カシの木林

Edo. 〔略語〕←Estado 州

-edor [接尾辞] [er 動詞+] i) [品質形容詞化] beb*edor* 酒飲みの. ii) [名詞化. 場所] com*edor* 食堂

edredón [eðreðón] 囲 羽毛ふとん, 掛けぶとん

Eduardo [eðwárðo]《男性名》エドゥアルド〔英 Edward〕

educación [eðukaθjón] 囡〔英 education〕❶ 教育《題鬮》educación は主に人格・人間形成のための教育, enseñanza は学校での教育〕: ～ primaria 初等教育《スペインでは6-12歳》. ～ secundaria (obligatoria) 中等教育《スペインでは12-16歳》. ～ moral 道徳教育. ～ sexual 性教育. ～ especial 身障児教育. ministerio de E～ y Ciencia 文部省. ❷ しつけ, 行儀作法: Tiene muy buena ～. 彼は大変しつけがいい. ¡Pórtate con ～! お行儀よくしなさい! falta de ～ 不作法

educacional [eðukaθjonál] 形 教育の

educado, da [eðukáðo, ða] 形過 しつけのよい: bien ～ 礼儀正しい, 行儀のよい; 立派な教育を受けた. mal ～ 粗野な, 行儀の悪い; 十分な教育を受けていない

educar [eðukár] 他 ❶ 教育する; しつける: ～ un perro 犬を調教する(しつける). ❷ [機能などを] 訓練する, 鍛練する: ～ los músculos 筋肉を鍛える. ～ su oído 聴覚を養う

◆ ～se [学校などで] 教育を受ける: *Me he educado* en este colegio. 私はこの小学校で勉強した

educador, ra 形 图 教育する;《文語》[主に小学校の] 教育者

educando, da 图《文語》[主に小学校の] 生徒

educativo, va [eðukatíβo, βa] 形 教育の; 教育に役立つ, 教育的な: política ～*va* 教育政策. película ～*va* 教育映画

edulcorar [eðulkorár] 他 [まずい・にがいものに] 甘味をつける

edulcoración 囡 甘味づけ

edulcorante 囲 甘味料

-eduría [接尾辞] [er 動詞+. 名詞化. 場所] expend*eduría* 売り場

EE.UU.《略語》←Estados Unidos [de América] アメリカ合衆国, USA

efe [éfe] 囡 文字 f の名称

tener las tres ～s [女性が] 醜くて嘘つきで詮索好きである〔←fea, falsa, fisgona〕

efebo [eféβo] 囲《文語》若者, 美少年

efectista [efektísta] 形 图 効果(受け)をねらう[人], わざとらしい[人]: pintura ～ 技巧に走りすぎた絵

efectismo 囲 センセーショナリズム

efectivo, va [efektíβo, βa] 形 ❶ 効果のある: medio ～ 効果的な手段. ❷ 実際の, 現実の; 現職の: circunstancias ～*vas* 実際の状況. triunfo ～ 実質的な勝利

hacer ～ 実行(実現)する; [小切手などを] 現金化する: *hacer* ～*va* su presencia [約束どおり] 出席する

◆ 囲 ❶ 現金〔dinero [en] ～〕: pagar en ～ 現金で支払う. en caja 現金手持ち高. ❷ 履《軍事》兵員: reducir los ～s norteamericanos en Japón 在日米軍を削減する

efectivamente 副 [確言して] 実際に, 本当

に；案のじょう；［相手の発言を論理的に正しいと認めて］そのとおり

efectividad [efeθtiβiðáð] 囡 効果, 効力

efecto [efékto] 團 《英 effect》 ❶ ［主に良い］効果, 効き目；結果 《↔causa》: producir el ～ pretendido 期待どおりの効果をあげる. La medicina no tuvo ningún ～. その薬は全然効かなかった. Sin causa, sin ～. 原因のない結果はない. ～ cascada 雪だるま効果. ～ de demostración 《経済》デモンストレーション効果. ～ de Doppler 《物理》ドップラー効果. ～s especiales 《映画》特殊効果, SFX. ～s secundarios 二次的効果, 副作用. ❷ 印象, 感銘: Su muerte heroica me hizo un gran ～. 彼の英雄的な死に私は強い感銘を受けた. Esa actitud causa mal ～. そんな態度は悪い印象を与える. ❸《文語》目的: a este ～ この目的で, このために. ❹ 商品. ❺ 團 財産；身の回り品 《～s personales》: ～s mobiliarios 家具. ❻《商業》為替手形 《～ cambiario》; 團 有価証券: ～s a pagar (a recibir) 支払い(受取り)手形. ～s públicos 国債. ❼《スポーツ》スピン: dar ～ a la pelota ボールにスピンをかける. ～ hacia atrás バックスピン

a ～*s* (*al* ～) *de...* …の目的で

a tal (*dicho*) ～ そのために, わざわざ

con ～[*s*] *de...* …日付けまで有効な

en ～ 1) ［確認して］実際に: Pagó su deuda, *en* ～. 彼は本当に借金を払ったんだ. 2) ［相手の発言を論理的に正しいと認めて］そのとおり

hacer a+人 *el* ～ *de...* …の印象を…に与える

hacer ～ 効果を現わす

ser de mal ～ ［事柄が］悪い印象を与える

llevar... a ～ …を実行する

surtir ～ 期待どおりの効果をあげる: No *ha surtido* ～ *esa política*. その政策は効果がなかった

tener ～《法律》効力を生じる, 実施される

efectuar [efektwár] 囲 《文語》実行する, 行なう: ～ una detención 逮捕する

efeméride [efemériðe] 囡 ❶ ［暦・新聞などに記載される］過去の同じ日に起こった出来事 〔祝賀行事〕; 團 その一覧表. ❷ 團 日々の記録, 日誌. ❸ 團《天文》天体暦, 天体位置推算表

eferente [eferénte] 形《解剖》導出の, 遠心性の: vaso ～ 輸出管. nervio ～ 遠心性神経

efervescencia [efεrβesθénθja] 囡 ❶ 泡立ち, 発泡: cerveza que carece de ～ 泡立ちの悪いビール. ❷ 不穏な動き；懸念, 不満: calmar la ～ de la gente 群衆の不穏な動きを静める

efervescente [efεrβesθénte] 形 ❶ 発泡性の；泡立っている: bebida ～ 発泡性飲料. ❷ 不穏な；［怒って］興奮した: pasiones ～s 激情. carácter ～ 頭に血がのぼりやすい性格

efeta [eféta] 團 古代アテネの〕裁判官

eficacia [efikáθja] 囡 効果, 効力；能率, 効率: El antídoto actuó con ～. その解毒剤は効果があった. aumentar la ～ 能率を上げる.

de gran ～ 大変効果のある(有能な). ～ de la publicidad 宣伝効果

eficaz [efikáθ] 形 團 ～*ces* ❶ ［+contra に対して］大変効力のある, 効果的な: Esta pastilla es ～ *contra* el dolor de cabeza. この錠剤は頭痛によく効く. con su ～ ayuda 彼の適切な助力で. persona ～ 役に立つ人. ❷ 有能な

eficiencia [efiθjénθja] 囡 有効性；能率: ～ económica 経済効率. ～ del trabajo 労働効率

eficiente [efiθjénte] 形 ❶ ［主に人が］能率のよい, 有能な: secretario ～ 有能な秘書. máquina ～ 効率のいい機械. ❷ 効果的な 〔eficaz〕

efigie [efíxje] 囡 ❶ 肖像: quemar a+人 en ～ ［デモ隊などが］…の人形を焼く. ～ de un soldado 兵士の像. ❷《文語》［+de の］化身: Es la ～ *de* la pureza. 彼は純真そのものだ

efímero, ra [efímero, ra] 形 ❶ つかの間の, はかない: alegría ～*ra* つかの間の喜び. felicidad ～*ra* はかない幸福. ❷ 1日だけの: insecto ～ 1日しか生きない昆虫

◆ 囡《昆虫》カゲロウ

eflorescencia [efloresθénθja] 囡《化学》風解；《医学》発疹

eflorescente 形 風解性の

efluente [eflwénte] 團 《←英語》廃液, 排水

efluvio [eflúβjo] 團 ❶ におい, 香気；悪臭: Tiene ～s de borrachera. 彼は酒のにおいをさせている. ❷ 気配, 雰囲気: Los rodea un ～ de optimismo. 彼らは楽観的な空気に包まれている. ～s de la primavera《文語》春の気配

efod [efɔ́(ð)] 團 ［ユダヤ教の祭司が着た］法衣

éforo [éforo] 團《歴史》［スパルタの］法官

efracción [efra(k)θjɔ́n] 囡《←仏語》不法侵入: robo con ～ 押し込み強盗

efugio [efúxjo] 團《文語》言いのがれ, 逃げ口上

efusión [efusjɔ́n] 囡 ❶ 流出: ～ de sangre 出血. 流血. ❷ ［愛情などの］吐露；感動: con ～ 感激して, 熱烈に

efusivo, va [efusíβo, ba] 形 ❶ 流出する: sangre ～*va* どくどくと流れ出す血. ❷ ［愛情などが］あふれんばかりの: recibimiento ～ 熱烈な歓迎. mis más ～*vas* gracias 心からのお礼. Es ～. 彼は感激屋だ

efvo.《略語》←efectivo 現行の, 現金

egeo, a [εχéo, a] 形《地名》エーゲ海の Mar Egeo の: civilización ～*a* エーゲ海文明

égida/egida [éxiða/exí-] 囡《神話》アテナの神盾

bajo la ～ *de...*《文語》…の庇護(援助)の下に

egipcio, cia [εχípθjo, θja] 形 囝《国名》エジプト Egipto 團〔人〕の；エジプト人: letra ～*cia* ゴチック体

egiptología [exiptoloxía] 囡〔古代〕エジプト学

egiptólogo, ga [exiptóloɣo, ɣa] 囝〔古代〕エジプト学者

eglantina [eɣlantína] 囡《植物》ノバラ

égloga [éɣloɣa] 囡 ［対話形式の］牧歌, 田園詩

ego [égo] 男《←ラテン語》自我, エゴ; うぬぼれ, 自分に対する過大評価

egocentrismo [egoθentrísmo] 男《心理》自己中心主義〔的傾向〕

　egocéntrico, ca 形 自己中心的な〔人〕

egoísmo [egoísmo] 男 利己主義, エゴイズム

　egoísta 形 名 利己主義の; エゴイスト

egolatría [egolatría] 女 自己崇拝

　ególatra 形 名 自己崇拝的な〔人〕

egotismo [egotísmo] 男 自己崇拝, 自己中心主義

egregio, gia [egréxjo, xja] 形《文語》著名な; 高貴な; 高徳な · 名士

egresar [egresár] 自《中南米》[主に大学を]卒業する; 支出がある

　egresado, da 形 過分 卒業生

　egreso 男 卒業; 支出

eh [é] 間 [質問·呼びかけ·叱責など] Hace frío, ¿～? 寒いね. ¡Eh, Pedro, espera! おいペドロ, 待てよ! Esto no se hace, ¿～? こんなことをしてはいけないよ, わかるね?

einstenio [einsténjo] 男《元素》アインスタイニウム

eirá [eirá] 男《動物》ジャガランディ『南米産. ピューマに似ている』

ej.《略語》←ejemplar [印刷物] …部; ejemplo 例

eje [éxe] 男 ❶《数学》軸: ～ de coordenadas 座標軸. ～ de simetría 対称軸. ❷ [機械の]シャフト: ～ de las ruedas 車軸, 心棒. ❸ 基本方針(路線); 中心人物. ❹ [el Eje. 第 2 次大戦の] 枢軸国『países del Eje』
　partir por el ～ a+人《口語》[…の計画などを] めちゃめちゃにする

ejecución [exekuθjón] 女 ❶ 実行, 遂行, 実施: poner... en ～ …を実行に移す. ❷ 演奏: tener buena ～ 上手な演奏ぶりである. ❸ 死刑執行, 処刑. ❹ 施行; 差し押さえ: ～ forzada 強制執行

ejecutar [exekutár] 他 ❶ 実行する, 遂行する: ～ un plan (una orden) 計画(命令)を実行する. ❷ [技術·熟練を要する行為を] 行なう: ～ limpiamente un triple salto mortal 見事に 3 回転宙返りをやってのける. ❸ [音楽] [曲を] 演奏する: ～ al piano una sonata ピアノでソナタをひく. ❹ 処刑する, 死刑を執行する. ❺《法律》施行(執行)する; 差し押さえる: Le han ejecutado la hipoteca. 彼は担保物件を差し押さえられた
　ejecutante 名 執行者; 演奏者

ejecutivo, va [exekutíßo, ßa] 形 ❶ [ただちに·迅速に] 執行されるべき: orden ～va 執行命令. ❷ 執行上の, 行政上の: comité ～/comisión ～va 執行(行政)委員会
　◆ 名 重役, 幹部職員; 行政官
　◆ 女 理事会, 執行部『junta ～va』

ejecutor, ra [exekutór, ra] 形 名 実行(執行)する; 実行者, 遂行者

ejecutoria [exekutórja] 女 業績;《法律》確定判決『sentencia ～』

ejemplar [exemplár] 形 ❶ 模範的な, 手本となる; 見せしめの: conducta ～ 模範的な行為, 品行方正. castigo ～ 見せしめのための罰. ❷ 実例となる: caso ～ 事例
　◆ 男 ❶ [本·新聞などの] …部, …冊: tirar diez mil ～es 1 万部印刷する. ❷ [その種の] 典型; 標本, 見本: Es un ～ de raza asiática. 彼は典型的なアジア人種だ
　sin ～ 前代未聞の; 特例として

ejemplaridad [exemplariðá(ð)] 女 模範性

ejemplarizar [exemplariθár] 他 [人が] …の模範となる

ejemplificar [exemplifikár] 他 例証する, 例示する

ejemplificación 女 例示, 例証

ejemplo [exémplo] 男《英 example》❶ 模範, 手本; 見せしめ: Su conducta es un ～ para todos. 彼の行ないは皆のお手本だ. servir de ～ a+人 …の模範(見せしめ)となる. vivo ～ 生きた(よい)見本
　❷ 例, 実例; 前例: poner (dar) un ～ de... …の例をあげる. poner... por (como) ～ 例として…をあげる. ～ de frase 例文. ～ de ensayo テストケース. ～ casero 誰でも知っている例, 卑近な例
　a ～ *de...* …にならって
　dar ～ [+a+人] 手本を示す: dar buen (mal) ～ よい(悪い)手本となる. Da ～ de probidad. 彼は誠実そのものだ
　por ～《英 for example》例えば: Quiero visitar unas ciudades antiguas; por ～ Toledo, Granada. 私は古都, 例えばトレドやグラナダを訪れたい
　seguir el ～ *de...* …の例にならう
　sin ～ 前代未聞の; まれなことに
　tomar como (por) ～ a+人 …を見習う

ejercer [exerθér] 自 他 ❶ …に従事する, 営む: ～ la abogacía 弁護士を営む. ❷ [影響·力を, +sobre に] 及ぼす: Los amigos ejercen una buena influencia sobre él. 友人たちが彼にいい影響を与えている. ❸ 行使する: ～ el derecho de veto 拒否権を行使する
　◆ 自 [+de 職業に] 従事する: Ejerce de médico (de abogado). 彼は医者(弁護士)をしている. ～ como periodista ジャーナリストをする

ejercicio [exerθíθjo] 男《英 exercise》❶ 練習, 訓練: hacer ～s de piano ピアノの練習をする. ～ de la voluntad 意志の強化. ～s espirituales 心の鍛錬;《宗教》霊操
　❷ [身体の] 運動: Conviene hacer ～ para no engordar. 太らないためには運動をするとよい
　❸ 練習問題: hacer los ～s de un texto 教科書の練習問題をする
　❹ [採用試験の] 試問, 審査: Me suspendieron en el segundo ～. 私は 2 次試験で落ちた. ～ escrito (oral) 筆記試験(口答試問). ～ práctico 実技試験
　❺ [職業の] 従事;[権利などの] 行使: ～ de la medicina 医療業務を行なうこと. ～ del

poder 権力の行使

❻ 会計〈事業〉年度：presupuesto del presente ～ 今年度予算

❼ 《商業》precio de ～ ［オプション契約のできる］契約価格

❽ 國《軍事》演習，教練〖～s militares〗 _en_ ～ 現役の；業務中の：abogado _en_ ～ 開業している弁護士

ejercitar [ɛxɛrθitár] 他 ❶ ［権力・能力を］行使する，発揮する：～ sus derechos 権利を行使する．～ la caridad 慈善行為をする．❷ 従事する〖ejercer〗：～ la pintura 絵をかく．～ la cirugía 外科医を営む．❸ ［+en の］練習させる，訓練する：～ a+人 _en_ salto de longitud …に走り幅跳びのトレーニングをさせる

◆～se 練習する：～se _en_ natación 水泳のトレーニングをする

ejercitación 囡 行使；訓練

ejército [ɛxɛ́rθito] 囲 輯國《英 army》軍隊；［特に］陸軍〖～ de tierra〗：El ～ apoyó al gobierno. 軍部は政府を支持した．～ enemigo 敵軍．～ popular 人民軍．～ del aire 空軍．un ～ de hormigas アリの大軍

ejido [ɛxído] 囲 ［村の］共有地，入会(⁽ⁱ）地；《中米》集団農場

ejidatario, ria 图《中米》集団農場の農民，集団農場の贈り物

-ejo《軽蔑接尾辞》regalejo つまらない贈り物

ejote [ɛxóte] 囲《中米. 植物》サヤインゲン

el [ɛl] 冠 〖英 the. 定冠詞男性単数形．女性単数 **la**，男性複数 **los**，女性複数 **las**．アクセントのある a-·ha-で始まる女性単数名詞の直前では la は **el** となる：el agua, el hacha. 前置詞 a·de·el で _a_, _del_〗

I ［+普通名詞］❶ ［話し手・書き手と聞き手・読み手の双方が了解している前述のもの，既知・周知のもの］その，例の：i) Aquí está el libro. その本はここにある．Te llamó la chica. 例の娘から君に電話があった．Tráeme _las_ muestras.〔それらの〕見本を持ってきてくれ．Está escrito en _la_ biblia. それは聖書に書いてある．_Mamá_ está enferma. ママは病気だ〖固有名詞化〗．Vendrán _padre_ e _hijo_. 父と子が来るだろう（一対）．Estará en _casa_. 彼は自宅にいるだろう〖熟語化〗．¿Cómo está, _maestro_? 先生，お元気ですか？（呼びかけ）ii) 日常生活における，わかりきった・決まりきった対象）¿Dónde está el _periódico_? 新聞はどこだ？ ¿Ha venido el cartero? 郵便配達は来たか？ iii) ［身体・建造物など了解されている事物のわかりきった一部分，一員，所有物］Me duele la cabeza. 私は頭が痛い．Cierre la puerta, por favor. ドアをしめてください．¿Dónde está el conductor? 運転手はどこだ？〖参考〗Me rompí _un_ pie. 私は足を折った〗

❷ ［修飾語句や文脈による特定化］el padre de Miguel ミゲルの父．la capital de Japón 日本の首都．la casa que compramos 私たちが買った家．Los empleados de la tienda son muy simpáticos. その店の従業員は大変愛想がいい．Las ruedas del coche levantaban una estela de polvo. 車のタイヤが埃を舞い上げた．

〖参考〗las fiestas de _final_ de año 年末のパーティー．Nació en Barcelona, _capital_ de Cataluña. 私はカタルーニャ地方の首市であるバルセロナで生まれた〗

❸ ［唯一物］el sol y la luna 太陽と月．〖参考〗Hace _sol_. 日が出ている．eclipse de _sol_ 日食〗

❹ ［全体・総称］…というもの：i) Los libros son de papel. 本は紙で出来ている．El hombre es mortal. 人間は死ぬものである．Me gusta el café. 私はコーヒーが好きだ．〖参考〗_Pobreza_ no es vileza. 貧乏は卑しさと違う〗ii) ［身体・建造物など了解されている事物に属する全体，全員］Voy a lavarme _las_ manos. 手を洗おう．Se lo voy a decir a _los_ alumnos. 生徒たちにそのことを言おう．〖参考〗Tienen _ojos_ y no ven, tienen _oídos_ y no oyen. 彼らは目があっても見ようとしないし，耳があっても聞こうとしない．Se pintó los labios con _manos_ temblorosas. 彼女は震える手で口紅を塗った〗

❺ ［空，海，野，山，海岸，大地，世界］El cielo está despejado. 空は晴れ渡っている．Íbamos a _la_ playa más que a _la_ montaña. 私たちは山よりも海へ多く行った．Ella está solita en el mundo. 彼女は天涯孤独だ．〖参考〗En el horizonte parecían una cosa _cielo_ y _tierra_. 天と地が一つになったようだった〗

❻ ［自然現象］Fuera, _la_ lluvia caía lentamente. 外では雨が静かに降っていた．El anochecer me impedía ver bien. 夕方でよく見えなかった．Entra [el] _viento_. 窓から風が入って来る．〖参考〗Hace _viento_. 風が吹いている．Hay _escarcha_. 霜が降りている〗

❼ ［四季，朝昼晩，年号・日付・曜日（ただし月名は無冠詞）］Se acerca _la_ primavera. 春が近い．En [el] otoño caen las hojas. 秋には葉が落ちる．Te llamaré a las diez de _la_ noche. 夜の10時に電話するよ．Hoy es [el] [día] cuatro de mayo. 今日は5月4日だ．Nació el [día] 15 de enero del [año] 1980. 彼は1980年1月15日に生まれた．Volveré el martes. 火曜日に帰ってくるつもりだ．［los+曜日名の複数形で毎週…曜日］Los domingos van a misa. 彼らは毎週日曜日ミサに行く．〖参考〗Salgo de noche. 私は夜出かける．Estamos a _cuatro_ de mayo. 今日は5月4日だ．Hoy es _martes_. 今日は火曜日だ．Buenos _días_. こんにちは〗

❽ 囡 ［時刻］Es la una. 1時だ．Son las dos. 2時だ．Llegué a casa a _las_ ocho. 私は8時に帰宅した．Ven entre _las_ dos y _las_ tres. 2時から3時の間に来なさい．〖参考〗=Ven de _dos_ a _tres_.〗

❾ ［方角］Francia está al norte de España. フランスはスペインの北にある．Se cultiva arroz en _el_ este. 東部では米を作っている．〖参考〗Iban navegando de _norte_ a _sur_. 彼らは北から南に向かって航行していた〗

❿ ［食事・衣服］La cena está lista. 夕食の用意ができた．En _el_ desayuno tomamos pan y café. 私たちは朝食にパンとコーヒーをとる．Es mejor que te pongas _el_ suéter. セーターを着

た方がいいよ. Me quito *los* zapatos. 私は靴を脱ぐ. 〖参考〗Salió en *pijama*. 彼はパジャマ姿で現れた. Siempre lleva *corbata*. 彼はいつもネクタイを締めている〗

❶ [ゲーム・スポーツ・放送] Jugamos *al* ajedrez todas las tardes. 私たちは毎晩チェスをする. A él le gustaba *el* fútbol. 彼はサッカーが好きだった. Hemos estado viendo *la* televisión. 私たちはテレビを見ていた

⓬ [言語] *El* español se deriva *del* latín. スペイン語はラテン語から派生した. 〖参考〗hablar・aprender・estudiar・enseñar・comprender・saber・escribir・leer・oír などの直接目的語となる場合, 前置詞 en・de の補語となる場合は無冠詞が多い: Hablan *inglés*. 彼らは英語を話す. Escríbalo en *japonés*. 日本語で書きなさい. Es profesor de *alemán*. 彼はドイツ語の先生だ〗

⓭ [学問名, 権威ある機関] Empecé a estudiar 〔*la*〕medicina. 私は医学の勉強を始めた. Corrieron al primer puesto de 〔*la*〕policía. 彼らは最寄りの交番に急を知らせた. 〖参考〗大文字で書かれた場合, 無冠詞になる: estudiar *Medicina* 医学の勉強をする. correr a *Policía* 警察に急を知らせる〗

⓮ [バス・鉄道] Voy a coger *el* autobús. バスに乗るつもりだ. Viene *el* tren. 列車が来た. 〖参考〗Prefiero viajar en *tren*. 私は列車で行く方がいい〗

⓯ [楽器] ¿Sabe usted tocar *el* piano? ピアノを弾けますか? 〖参考〗Quiero comprar *un* piano. 私はピアノを買いたい〗

⓰ [序数, 序数の代用としての基数] *la* primera fila 〔*la*〕medicina. el capítulo quinto 第5章. *el* siglo veinte 20世紀. *el* uno de abril 4月1日. Llegó a la meta *la* tercera. 彼女は3着でゴールインした. 〖参考〗por *primera vez* 初めて. coche de *segunda mano* 中古車〗

⓱ 男 閣 [+数詞[+años]. 年齢] desde *los* once años 11歳の時から. Murió a *los* 37. 彼は37歳で亡くなった. Cumplió 〔*los*〕29 años. 彼は29歳になった. 〖参考〗tener+de+は無冠詞: Mi madre tiene 65 *años*. 私の母は65歳だ. una mujer de 43 *años* 43歳の女性〗

⓲ [+単位を示す名詞. 1の代用] …につき: Se venden naranjas a 20 pesetas *el* kilo. オレンジは1キロ20ペセタで売られている. ¿A cómo va *el* kilo de plátanos? バナナ1キロでいくらか? Viene dos veces a *la* semana. 彼は週に2回来る. 〖参考〗correr a *la* velocidad de 100 kilómetros por *hora* 時速100キロで走る〗

II [+固有名詞] 〖人名・都市名は原則として無冠詞〗❶ [+国名] 〖ほとんどの国は無冠詞. 冠詞がつく国名でも無冠詞で使われることがある〗し 〔*El*〕Salvador. 〔*El*〕Ecuador エクアドル. 〔*la*〕República Argentina アルゼンチン共和国. 〔*los*〕Estados Unidos 〔de América〕アメリカ合衆国. 〔*el*〕Japón 日本

❷ [+地名. monte・río・isla などの性数と一致した定冠詞] *El* Chomolungma チョモランマ山 〖←monte〗. *los* Andes アンデス山脈 〖←

montes〗. *el* Amazonas アマゾン川 〖←río〗. *el* Plata ラプラタ川 〖←río〗. *el* Atlántico 大西洋 〖←océano〗. *las* Canarias カナリア諸島 〖←islas〗. *el* Titicaca ティティカカ湖 〖←lago〗. *el* Sahara サハラ砂漠 〖←desierto〗

❸ [限定される場合] *la* España actual 今日のスペイン 〖参考〗*toda* España〗. Quería ser *el* Napoleón de América. 彼はアメリカのナポレオンになりたかった. *el* pobre Juan かわいそうなフワン

❹ [+敬称・称号] Es *el* señor (profesor) Gómez. それはゴメス氏(先生)だ. *el* rey Alfonso アルフォンソ王. *los* señores Sánchez サンチェス夫妻. 〖1) 呼びかけでは無冠詞: Buenos días, *profesor* Álvarez. こんにちは, アルバレス先生. 2) don・doña, san・santo・santa, fray, sor や外国語の敬称 (monsieur・madame・sir・lord・mr・miss など) は無冠詞: *Don* Ramón estudió sobre *Santa* Teresa. ラモンさんは聖テレジアについて研究した. Saludó a *Madame* Pimentón. 彼はピメントン夫人にあいさつした. 3) 同格用法では無冠詞: *El* señor González, *primer ministro* de España, hizo una visita oficial al presidente de Francia, *señor* Mitterrand. スペインのゴンサレス首相はフランスのミッテラン大統領を公式訪問した〗

❺ 男 閣 [+姓] …家[の人々]: *los* González ゴンサレス家〔の人々〕〖姓が複数の時は同じ姓をもつ人たち〗En este pueblo abundan *los* Garcías. この町にはガルシアという人がたくさんいる

❻ …の作品: *el* García Lorca ガルシア・ロルカの作品. *los* Greco グレコの諸作品

❼ [+作品名] *el* Guernica 『ゲルニカ』. *el* Quijote 『ドン・キホーテ』

❽ [有名な女性, イタリア人の芸術家] *la* Pardo Bazán パルド・バサン 〖作家. 1851-1921〗. *el* Tasso タッソー. *el* Dante ダンテ

❾ [+通称・あだ名] Alfonso *el* Sabio アルフォンソ賢王. Juan *el* Gordo 太っちょのフワン

❿ 《軽蔑・親愛》[+人名] Llamó a *el* Pérez. ペレスのやつが電話してきた. Que suba *la* Nati a dormir. ナティに2階へ行って寝るように言いなさい

⓫ 《法律》Y declaró *el* [dicho] Díaz que había visto a *la* María. ディアスはマリアを見たと陳述した

III [+形容詞・副詞・動詞・接続詞・節など] ❶ [名詞化] *El* bueno no siempre se escapa de la calumnia. 善人といえども中傷から逃れない. *el* sí de las niñas 娘たちの「はい」という返事. el ir y venir de la gente 人々の行き来. *El* fumar es malo para la salud. 喫煙は健康に悪い. No me agrada *el* que se queden solas aquí. 彼女たちだけがここに残るのは気にくわない. No me importa *el* porqué de sus acciones. 彼がなぜやったのか, その理由はどうでもいい. No me importa *el* qué dirán. 私は人の噂など平気だ

❷ [+品質形容詞+de+人. 質の強調] ¿Dónde se metió *el* tonto de Miguel? ミゲルのばかはどこに消えた?

❸ [名詞の省略] el sombrero de Juan y *el* de Antonio フワンの帽子とアントニオの帽子. la cultura cristiana y *la* árabe キリスト教文化とアラブ文化. *Los* que pintaron el muro se han escapado. 壁に落書きをした連中は逃げてしまった 〖関係詞 los que とも考えられる〗

❹ [形容詞の最上級] Es *la* más estudiosa de mis amigas. 私の友人の中で彼女が一番よく勉強する. 〖[参考] haber+無冠詞名詞+más+形容詞: ¿Hay *hombre* más capaz que él? 彼ほど有能な男がいるか?〗

él [él] 代 [英 he. 人称代名詞 3 人称単数男性形] ❶ 彼: i) [主語] (*Él*) Es mexicano. 彼はメキシコ人だ. ii) [前置詞格] Para ～ eso es difícil. 彼にはそれは難しい. iii) [a+. 目的代名詞と重複させて目的語を明示する] Se lo dije *a él*. 私はそれを彼に言った. ❷ [男性名詞をうけて. 主に前置詞格で] それ: Este diccionario es magnífico, con *él* podrás aprender mucho. この辞書はすばらしい. これで勉強がよくできるよ. ❸ 《まれ》神 〖Dios〗
por él 彼としては
ser más él [*mismo*] [服装・髪型などより] 彼らしくなる
¡*sus y a él*! それ, 彼にかかれ!

elaboración [elaβoraθjón] 囡 加工, 精製; 推敲: de ～ casera 自家製の. ～ de un plan 計画の練り上げ

elaborar [elaβorár] 他 ❶ [原料を] 加工する, 精製する; [生物] を生成する: alimento *elaborado* 加工食品. Las abejas *elaboran* miel. 蜜蜂は蜜を作る. ❷ [計画などを] 入念に考える, …の構想を練る; [文章を] 推敲する: ～ la venganza 復讐の計画を立てる
elaborado, da 形 過分 [estar+] 入念な, 手の込んだ

elan [élan] 男 気力, 情熱: ～ vital 生命の飛躍

elasmobranquios [elasmoßráŋkjos] 男 複 〖魚〗軟骨魚類

elasticidad [elastiθiðá(ð)] 囡 ❶ 弾性, 弾力性: módulo de 〖物理〗弾性率. ～ de la demanda 《経済》需要弾性値. ❷ 柔軟性; 融通性: ～ de los músculos 筋肉のしなやかさ. ～ de la conciencia 無節操, 道徳上の乱れ

elástico, ca [elástiko, ka] 形 ❶ 弾力性のある: cuerpo ～ 弾性体. límite ～ 弾性限界. ❷ [肉体・精神が] 柔軟な; 融通のきく: temperamento ～ くったくない気質. reglamento ～ 融通のきく規則. El itinerario es ～. 日程はいろいろ動かせる
◆ 男 ❶ ゴムひも, ゴムバンド; ゴム地; 複 ズボンつり. ❷ 《南米》[ベッドの] マットレス台
◆ 男 防寒用の肌着; 《南米》[主に 複] ズボンつり

ele [éle] 囡 文字 l の名称
◆ 間 [同意] そうだ, そのとおりだ!; [喝采] がんばれ, いいぞ!

eléboro [eléβoro] 男 〖植物〗ヘレボルス: ～ negro クリスマスローズ. ～ blanco バイケイソウ

elección [elek(k)θjón] 囡 〖英 choice, election. ←elegir〗❶ 選択: ～ de carrera 職業の選択. No hay ～. 選択の余地はない/仕方がない. ❷ [主に 複] 選挙, 選出: Se han celebrado las *elecciones* generales. 総選挙が行なわれた. presentarse a las *elecciones* de alcalde 市長選挙に立候補する

eleccionario, ria [elek(k)θjonárjo, rja] 形 《中南米》選挙の

electivo, va [elektíßo, ßa] 形 選挙によって選ばれる: cargo ～ 公選の役職
electividad 囡 公選(制)

electo, ta [elékto, ta] 形 [役職名+] 当選した 〖当選したばかりでまだ正式に就任していない〗: el presidente ～ 今回の選挙で選ばれた大統領

elector, ra [elektór, ra] 名 選挙人, 有権者: Los ～*es* se abstuvieron masivamente. 大量の棄権者が出た
◆ 男 〖歴史〗選帝侯 〖príncipe ～〗
electorado 男 医 選挙民, 有権者

electoral [elektorál] 形 選挙の; 有権者の: distrito ～ 選挙区. ley (sistema) ～ 選挙法(制度)

electoralismo [elektoralísmo] 男 《軽蔑》選挙至上主義, 当選第一主義
electoralista 形 名 選挙至上主義の〔人〕

electorero, ra [elektoréro, ra] 名 選挙参謀

electricidad [elektriθiðá(ð)] 囡 〖英 electricity〗❶ 不可算 電気, 電力; 電流: En casa no tenemos ～. 私たちの家には電気が引かれていない. cortar la ～ 電気を切る. producción de ～ 発電. ～ positiva (negativa) 陽(陰)電気. ❷ 電気学. ❸ 《口語》緊張, 興奮

electricista [elektriθísta] 名 電気工 〖operario ～〗; 電気技師 〖ingeniero ～〗; 電気屋, 家電製品販売商

eléctrico, ca [eléktriko, ka] 形 〖英 electric〗電気の: plancha ～*ca* 電気アイロン

electrificar [elektrifikár] 他 電化する: ～ la línea férrea 鉄道を電化する
electrificación 囡 電化

electrizar [elektriθár] 他 帯電させる; 感動(熱狂)させる
◆ ～se 帯電(感電)する; 感動する
electrizable 形 帯電し得る
electrizante 形 感動的な

electro [eléktro] 男 electrocardiograma の省略語

electro- [接頭辞] [電気] *electro*magnético 電磁気の

electroacústica [elektroakústika] 囡 《物理》電気音響学

electrocardiograma [elektrokarðjográma] 男 〖医学〗心電図
electrocardiografía 囡 心電図検査法
electrocardiógrafo 男 心電計

electrochoque [elektrotʃóke] 男 電気ショック〔療法〕

electroconvector [elektrokombektór] 男 ファンヒーター

electroconvulsivo, va [elektrokombulsíbo, ßa〕 形 電気痙攣の

electroconvulsoterapia 女《医学》電気シ
ョック療法

electrocutar [eléktrokutár] 他 電気死刑に
する, 電気椅子にかける；感電死させる
◆ **～se** 感電死する

electrocución 女 電気死刑；感電死

electrodinámico, ca [eléktrodinámiko,
ka〕形 女 電気力学〔の〕

electrodo [elektródo] 男 電極

electrodoméstico, ca [eléktrodomésti-
ko, ka〕形 男 家庭電化製品〔の〕: tienda de
～s 電化店. industria ～ca 家電産業

electroencefalograma [eléktroenθefa-
lográma]男《医学》脳電図, 脳波図

electroencefalografía 女 脳波記録（検
査）〔法〕

electrógeno, na [elektróxeno, na〕形 発
電する: grupo ～ 発電装置
◆ 男 発電機

electroimán [eléktroimán] 男 電磁石

electrólisis [elektrólisis] 女『単複同形』《化
学》電気分解, 電解
electrolítico, ca 形 電解〔質〕の
electrólito 男 電解質, 電解液
electrolizar 9 他 電気分解する

electromagnético, ca [eléktromagné-
tiko, ka〕形 電磁気の: onda ～ca 電磁波
electromagnetismo 男 電磁気学

electromecánica [eléktromekánika] 女
電気機械技術

electrometalurgia [eléktrometalúrxja]
女 電気冶金

electrómetro [elektrómetro] 男 電位計
electrometría 女 電位測定〔法〕

electromotor, triz [elektromotór, triθ]
形《electromotora もある》電気を起こす,
起電の: fuerza ～triz 起電力
◆ 男 電動機, 電気モーター

electrón [elektrón] 男 電子, エレクトロン

electronegativo, va [eléktronegatíbo,
ßa〕形 陰電荷を帯びた

electrónico, ca [elektróniko, ka〕形 電子
の；電子工学の: industria ～ca エレクトロニク
ス産業. haz ～ 電子ビーム. música ～ca 電
子音楽
◆ 女 電子工学, エレクトロニクス

electropositivo, va [eléktropositíbo,
ßa〕形 陽電荷を帯びた

electroquímico, ca [eléktrokímiko, ka〕
形 女 電気化学〔の〕

electroscopio [elektroskópjo] 男 検電器

electroshock [eléktrosók/-tʃók] 男 ＝
electrochoque

electrostático, ca [eléktrostátiko, ka〕
形 女 静電気の；静電気学

electrotecnia [eléktrotéknja] 女 電気工学
electrotécnico, ca 形 名 電気工学の〔技術
者〕

electroterapia [eléktroterápja] 女《医学》
電気療法

electrotermia [eléktrotérmja] 女 電熱工
学

electrotipia [eléktrotípja] 女《印刷》電気
製版
electrotipo 男 電気版

electrotren [eléktrotrén] 男《西》電車特急
〖TER〗

electrovalencia [eléktrobalénθja] 女《物
理》イオン原子価

electrovoltio [eléktrobóltjo] 女《物理》電
子ボルト

elefante, ta [elefánte, ta〕名 ❶《動物》ゾウ
（象）: ～ africano (asiático) アフリカ(インド)
象. ～ marino ゾウアザラシ. de pata de ～《服
飾》ベルボトムの. ❷《口語》ひどく太っている人
～ *blanco* 〔維持費・手間ばかりかかって〕役に
立たないもの
sacarse la rifa del ～ 骨折り損のくたびれも
うけ

elefantiasis [elefantjásis] 女『単複同形』
《医学》象皮病

elegancia [elegánθja] 女 優雅, 優美；気品,
上品；かっこよさ, スマートさ: ～ en el vestir 着
こなしの優雅さ. Tiene ～ en su belleza. 彼女
の美しさには気品がある

elegante [elegánte] 形『英 elegant』❶ 優
雅, 優美な；気品のある；かっこいい, スマートな:
vestido ～ しゃれた(品のよい)ドレス. estilo ～
洗練された文体. ❷〔行ないが〕慎みのある. ❸
〔やり方が〕見事な: ～ dicción すばらしい朗読
◆ いつも美しく着飾っている人

elegía [elexía] 女 哀歌, 悲歌, エレジー
elegiaco, ca/elegíaco, ca 形 哀歌(悲歌)
の；哀調を帯びた: tono ～ 哀愁に満ちた(涙を
そそる)調子

elegible [elexíble] 形 被選挙資格のある
elegibilidad 女 被選挙資格

elegido, da [elexído, da〕形 過分 選ばれ
た；〔神の〕選民『pueblo ～. ユダヤ民族のこ
と』: Este montón de sandías está ya muy
～. このスイカの山はもう相当選り取りされたあと
だ. su hija ～da 彼のお気に入りの娘. can-
didato ～ 当選者. vino ～ 良質(特選)のワイ
ン. ❷《口語》エリート

elegir [elexír] ④ ㉟〖🡒活用表 corregir. 過分
eligiendo〕他『英 choose, elect』〔+entre・
de から〕選ぶ, 選択する: i) *Eligió* la tercera
entre las aspirantes. 彼は志望者の中から3番
目の女性を選んだ. *Elegiré entre* ir al cine o
al parque. 映画に行くか公園に行くか決めよう.
～ una corbata por el color 色でネクタイを選
ぶ. ii)〔選挙によって, +目的格補語 に〕選出す
る: Le *eligieron* presidente. 彼は大統領に選
ばれた

elemental [elementál] 形 ❶ 基本の, 基礎
の: conocimientos ～es 基礎知識. curso ～
de español スペイン語の入門〔課程〕. prin-
cipio ～ 基本原理. ❷ 初歩的な, 簡単な:
cuestión ～ 初歩的な質問

elemento [eleménto] 男『英 element』❶
要素, 成分；部品: Estos ～s determinan el

nivel de ingreso. これらの要素が所得水準を決定する. ～ constitutivo (formativo) 構成要素. mueble por ～s ユニット家具. líquido ～ 《文語》水. ❷《化学》元素 [～ químico]: tabla de ～s 元素表. ❸ 構成員, メンバー: i) Será un buen ～ del equipo. 彼はチームのいいメンバーになるだろう. ii)《西. 軽蔑》分子, ひとりっつ [女 elementa もある]: ～ revolucionario (de cuidado) 革命(要注意)分子. ❹[複] 初歩, 基本原理: ～s de la física 物理学の初歩. ❺[複] 基本手段: ～s de juicio 判断の基礎となる情報(知識). Tiene pocos ～s de vida. 彼は生きていくのがやっとだ. ❻[複] 大自然の力(猛威)[風, 波など]. ❼《中南米》愚か者, ばか

estar en su ～《口語》自分の好きな場所(得意な領分)にいる

Elena [eléna] 囡《女性名》エレナ[英 Helen]

elenco [elénko] 男 ❶《西》一覧表, カタログ: ～ de personalidades 紳士録. 物産名[英名] ❷[集名] i)《演劇・映画》配役, 総出演者: La obra tiene un buen ～. その作品は配役がいい. ii)《口語》一群の人. iii)《中南米. スポーツ》チーム

elepé [elepé] 男[複 ～s][←英語] LP レコード

elevación [eleβaθjón] 囡 ❶《文語》持ち上げること, 上げること. ～ de agua 揚水. ～ de precios 物価の上昇. ❷ 高所, 高台. ❸[精神的に] 高まり, 高揚. ❹《キリスト教》[E～. 聖体の]奉挙. ❺ 立面図

elevado, da [eleβáðo, ða] 形 過分 ❶ 高い [alto]: lugar ～ 高所, 高台. sueldo ～ 高給. ～da posición 高位. ❷ 高尚な, 気高い: ～s pensamientos 気高い思想

elevador, ra [eleβaðór, ra] 形 持ち上げる: bomba ～ra de agua 揚水ポンプ

◆ 男 その機械(《主に中南米》エレベーター[ascensor]): ～ de la gasolina ガソリンポンプ. ～ de granos 揚穀機. ～ de voltaje《電気》昇圧機

elevalunas [eleβalúnas] 囡[単複同形]《自動車》パワーウインドー

elevar [eleβár] 他[英 elevate] ❶《技術・文語》上げる, 高める[levantar]: ～ los materiales con una polea 滑車を使って資材を持ち上げる. ～ la casa un piso más 家を1階建て増しする. ～ el precio 価格を引き上げる. ～ el nivel de la vida 生活水準を上げる. ❷[+a に]昇進させる: Le *elevaron a* jefe de la sección. 彼は課長に昇格した. ❸[+a+人 に, 嘆願書・苦情などを]上申する: ～ una protesta *a* las autoridades 当局に抗議する. ❹《数学》～ un número al cubo ある数を3乗する

◆ ～se ❶ 上がる, のぼる; [+a に]達する: Los precios *se han elevado* mucho. 物価がひどく上昇した. El pico *se eleva* a 8.000 metros. 頂上は8千メートルに達する. ❷《文語》建つ, そびえる: En la plaza *se eleva* un obelisco. 広場にオベリスクが建っている. ❸ 昇進する, 出世する. ❹[精神的に]高められる

elfo [élfo] 男 小妖精

elidir [eliðír] 他《文法》[母音字などを]省略す

る[例 del←de el. Vistalegre (地名)←Vista Alegre. CONFIRMAR RECEPCION (テレックス文)←confirmar la recepción]

eliminación [eliminaθjón] 囡 除去, 排除; 消去[法]: ～ progresiva 失格制(勝ち抜き式)の競技会

eliminar [eliminár] 他 ❶[+de から]除去する, 排除する: Le han eliminado del partido. 彼は党を除名された. Los *eliminaron* en la segunda prueba. 彼らは2次試験で落ちた. ～ la posibilidad de... …の可能性を排除する. ～ una sospecha 疑念を打ち消す. ～ el colesterol コレステロールを排除する. ❷《婉曲》殺す[matar]. ❸《数学》消去する

◆ ～se《中米》立ち去る

eliminatorio, ria [eliminatórjo, rja] 形 選の, 予備選考の: prueba ～ria 予備試験; 予選. criterio ～ 予選通過規準

◆ 囡 予選: pasar la primera ～ria 第1次予選をパスする

elipse [elípse] 囡《数学》楕円(だえん)

elipsis [elípsis] 囡[単複同形]《文法》[文の要素の一部の]省略[例 Trae los zapatos del niño y los [zapatos] míos también.]: ～ del sujeto 主語の省略. ❷《文学・映画》時間的跳躍

elipsoide [elipsóiðe] 男《数学》楕円面, 楕円体: ～ de revolución 回転楕円体

elipsoidal 形 楕円面(体)の

elíptico, ca [elíptiko, ka] 形 ❶ 楕円の: órbita ～ca 楕円軌道. ❷ 省略の: frase ～ca 省略された語句

elisión [elisjón] 囡[←elidir]《文法》省略

elite/élite [elít/élit] 囡[集名]《←仏語》エリート: ～ intelectual 知的エリート. ～ social エリート階層, 名士. deportista de ～ 一流選手

elitismo 男 エリート主義

elitista 形 名 エリート主義の(主義者)

élitro [élitro] 男《動物》[甲虫類の]翅鞘(ししょう)

elixir/elíxir [eli(k)sír/elí(k)sir] 男 ❶ 練金薬液; エリキシル剤. ❷ 霊薬, 妙薬: ～ de la eterna juventud 不老長寿の薬. ❸《西》口内洗浄剤

ella [éʎa] 代[英 she. 人称代名詞3人称単数女性形] ❶ 彼女: i)[主語][E～] Es cantante. 彼女は歌手だ. ii)[前置詞格] No sé nada acerca de ～. 私は彼女について何も知らない. iii)[a+. 目的代名詞と重複させて目的語を明示] Le duele la cabeza *a* ～. 彼女は頭が痛い. ❷[女性名詞を受けて. 主に前置詞格で]それ: La plaza es muy divertida, siempre hay feria en ～. その広場はとても楽しい. いつもそこで縁日をやっている. ❸《まれ》聖母マリア

aquí (*allí*) *fue* (*será*) ～ 問題はここ(そこ)だった(だろう)

ser más ～ [*misma*][服装・髪型などが]より彼女らしくなる

ellas [éʎas] 代[英 they. 人称代名詞3人称複数女性形] ❶ 彼女ら: [E～]

Han salido para Navarra. 彼女たちはナバーラ
に出発した。❷ [女性複数名詞を受けて。主に前
置詞格で] それら

ello [éʎo] 代 『英 it. 人称代名詞中性形。3
人称単数のみ。口語では指示代名詞 eso
が多く使われる』そのこと、それ: それ: i) [主語] *E~*
no me gusta. そんなことはいやだ。ii) [前置詞
格] Por ~ no le perdono. それだから私は彼を
許さない

el ―《心理》イド

~ es que+直説法 実は…である: *E~ es que*
nos conocemos desde hace mucho. 実は私
たちはずっと前から知り合いなのだ

estar en ~ 了解している；関心を持っている:
No te preocupes por la petición ; *estoy en*
~. 申請の件は心配するな。わかっているから

ellos [éʎos] 代 『英 they. 人称代名詞3人
称複数男性形』❶ 彼ら: [*E~*] No
llegaron a tiempo. 彼らは間に合わなかった。❷
[男性複数名詞をうけて。主に前置詞格で] それ
ら

¡*sus y* *a ~!* やつらにかかれ!

elocución [elokuθjón] 囡 話し方、演説法:
tener una ~ fácil 弁舌がさわやかである

elocuencia [elokwénθja] 囡 ❶ 雄弁、弁舌
の才: demostrar su ~ 弁舌をふるう。❷ [言
葉によらない] 表現力、説得力: Estas cifras
son de una gran ~. この数字が雄弁に物語って
いる (何よりの証拠だ)

elocuente [elokwénte] 形 雄弁な；表現力に
富んだ: orador ~ 弁舌さわやかな演説家.
silencio ~ 多くを物語る沈黙

elogiar [eloxjár] 他 ほめたたえる

elogiable 形 賞賛に値する

elogio [elóxjo] 男 賞賛；賛辞: hacer ~[s]
de... …を賞賛する。dirigir a+人 un ~ …をほ
める。merecer el ~ 賞賛に値する
deshacerse en ~s con... …をべたほめする

elogioso, sa [eloxjóso, sa] 形 賞賛の:
palabras ~*sas* 賛辞、ほめ言葉

elongación [eloŋɡaθjón] 囡 伸長、伸び；《天
文》離隔、離角

elote [elóte] 男 《中米》[干してない・軟かい] ト
ウモロコシ

elucidar [eluθiðár] 他 解明する 『dilucidar』

elucidación 囡 解明

elucidario [eluθiðárjo] 男 解説書

elucubración [elukuβraθjón] 囡 とりとめも
ない考え；熟考；《軽蔑》労作

elucubrar 他 とりとめもなく考える；熟考す
る

eludir [eluðír] 他 [口実などを使って] 巧みに避
ける、免れる: ~ el servicio militar 兵役を逃れ
る。~ la acción de la justicia 法の網をかいく
ぐる。~ la respuesta 質問をはぐらかす。No
pude ~ la invitación. 私は招待を断りきれなか
った

eludible 形 回避され得る

elusivo, va 形 言い抜けの、はぐらかしの

eluvión [eluβjón] 男《地質》風化残留物

em-《接頭辞》⇨en-

Ema [éma] 固 《女性名》エマ 『英 Emma』

emanar [emanár] 自 《文語》❶ [+de から]
発散する、放射する: La luz *emanaba de* una
luciérnaga. その光はホタルが出していた。*Ema-
na* el agua de las rocas. 岩の間から水が湧き
出る。❷ 由来する: Esas calamidades
emanan de su error. その災難は彼のミスから生
じている

◆ 他 [感じなどを] 発散する: Toda su per-
sona *emana* simpatía. 彼のすべてから好感がに
じみ出ている

emanación 囡 発散、放射: ~ de gas ガスの
臭い

emanantismo 男 《哲学》流出説(論)

emancipación [emanθipaθjón] 囡 解放:
~ de América 《歴史》ラテンアメリカの解放
『19世紀、スペイン・ポルトガルの植民地からの独
立』。~ de esclavos 奴隷解放. ~ de la
mujer 女性解放. ~ del menor de edad 未
成年者に対する解放、親権の解除

emancipar [emanθipár] 他 [+de から] 解放
する、自由にする: ~ a+人 *de* la esclavitud …
を奴隷の身から解放する

◆ ~*se* 自由になる: ~*se de*l yugo extranje-
ro 外国の支配から独立する

emascular [emaskulár] 他 《文語》去勢する
『castrar』

emasculación 囡 去勢

embabiecar [embaβjekár] 7 他《口語》う
っとり(驚嘆)させる

◆ ~*se* うっとりする、驚嘆する

embadurnar [embaðurnár] 他 [+con・de
べたべたした物を]…に塗る、汚す: ~ la venta-
na *con* las manos manchadas de barro 泥
だらけの手で窓を汚す

embaír [embaír] 他 《古語》だます、ひっかける

embajada [embaxáða] 囡 『英 embassy』
❶ 大使館: ~ de Japón en Madrid マドリード
の日本大使館。❷ 大使の伝えるメッセージ；大
使の職務(資格)。❸《口語》やっかいな要求(伝
言): ¡No me vengas con ~s! 面倒を持ち込
まないでくれ

embajador, ra [embaxaðór, ra] 名 大使、
使節、特使: ~ de España en Japón 駐日スペ
イン大使. ~ extraordinario 特派大使. ~
itinerante (volante) 移動大使

◆ 囡 大使夫人

embaladura [embalaðúra] 囡 《南米》=
embalaje

embalaje [embaláxe] 男 ❶ 包装、梱包
(ﾎﾟｳ)；荷造り: ~ de cartón ボール箱包装. Yo
haré el ~. 私が荷造りします。❷ 梱包材料
『箱、紙など』；梱包費

embalar [embalár] 他 ❶ 包装(梱包)する；
荷造りする: ~ los libros en caja 本を箱詰めに
する。❷ [モーターなどを] 過度に回転させる

◆ 自 水面をたたいて魚を網に追い込む

◆ ~*se* ❶ 猛スピードを出す: *Se embaló* con
la moto cuesta abajo. 彼はバイクで猛スピード
を上げて坂道を下って行った。~*se* en los últi-
mos metros ラストスパートをかける。❷ 興奮

る, のぼせ上がる

embaldosar [embaldosár] 他 [+場所 を]
敷石で舗装する；タイルを張る：〜 el patio con
mármol 中庭を大理石で敷きつめる

embaldosado 男 敷石(タイル)を敷くこと(敷
いた場所)

emballenar [embaʎenár] 他《服飾》[コルセ
ットなどに] 針金を入れる

embalsadero [embalsaðéro] 男 [雨・洪水
でできる] 湿地, 沼地

embalsamar [embalsamár] 他 ❶ [死体
に] 防腐処置を施す. ❷《文語》芳香で満たす：
Las flores *embalsaman* la habitación. 花の
香りが部屋に満ちている

embalsamador, ra 形 名 芳香をつける；死
体に防腐処置をする人

embalsamamiento 男 [死体の] 防腐処
置；香気づけ

embalsar [embalsár] 他 [水を] 貯める
◆ 自 [水が] たまる；《南米》[川・湖を] 船で渡
る
◆ 〜se [水が] たまる

embalse [embálse] 男 貯水, ダム, 貯水池

embanastar [embanastár] 他 ❶ かごに入れ
る：〜 las peras ナシをかごに入れる. ❷ [多くの
人を, +en 場所に] 押し込む

embancar [embaŋkár] 自 〜se ❶ 座礁する.
❷《南米》[川・湖が] 土砂で埋まる, 浅くなる

embanquetar [embaŋketár] 他《中米》[道
に] 歩道を設ける

embarazada [embaraθáða] 形 女 妊娠して
いる；妊婦：dejar 〜 a+人 …を妊娠させる.
estar 〜 de dos meses 妊娠3か月である《日
本と数え方が異なる》. estar 〜 de su segundo
hijo (de un español) 第2子(あるスペイン人の
子供)を身ごもっている

embarazar [embaraθár] 他 ❶ 妊娠させ
る. ❷ 邪魔する, 妨げる；困らせる, 当惑させる
◆ 〜se 困惑する：〜se por el trato muy
acogedor 手厚いもてなしに恐縮する

embarazo [embaráθo] 男 ❶ 妊娠：estar
en el quinto mes de 〜 妊娠5か月である. 〜
extrauterino (ectópico) 子宮外妊娠. 〜
falso 想像妊娠. ❷《文語》困惑, 当惑：sentir
(sufrir) 〜 どぎまぎする, ろうばいする. hablar
con 〜 口ごもり(つっかえ)ながら話す. ❸ 障害,
迷惑：Nos causó un gran 〜. 彼は我々に大変
な迷惑をかけた. ❹ 窮地, 苦境：encontrarse
en un 〜 困っている. ❺《医学》〜 gastronó-
mico 胃腸障害

embarazoso, sa [embaraθóso, sa] 形 ❶
邪魔な：paquete 〜 手ふさぎになる荷物. traje
〜 窮屈な服. ❷ 面倒な, やっかいな；困惑させ
る：situación 〜sa やっかいな事態, 難局.
pregunta 〜sa 人を困らせるような質問. es-
cena 〜sa じっと見ておれない光景. silencio 〜
気づまりな沈黙

embarbillado [embarbiʎáðo] 男《建築》だ
ほほぎ, さねほぎ

embarcación [embarkaθjón] 女 ❶ [総称]
船, 船体：〜 menor 小型船舶. ❷《文語》=

embarco：tarjeta de 〜 搭乗券. ❷ 航海日
数

embarcadero [embarkaðéro] 男 ❶ 桟橋,
埠頭. ❷ [駅の] ホーム《andén》

embarcar [embarkár] 他 ❶ [船・飛行
機・列車に] 乗せる；積み込む, 出荷する：〜 los
pasajeros 旅客を乗船(搭乗)させる. ❷ [+en
危険な事業などに] 引き入れる. ❸《南米》だま
す
◆ 自/〜se [+en に] 乗り込む, 乗船(搭乗)す
る；関わり合う：〜 en un yate ヨットに乗る.
〜se en el tren para Córdoba コルドバ行きの
列車に乗る. 〜se en nuevo negocio 新しい商
売を始める

embarco [embárko] 男 乗船, 搭乗, 乗車；
積み込み

embargar [embargár] 他《法律》差し
押さえる：Le *han embargado* la casa. 彼は家
を差し押さえられた. ❷ [精神的に] 引きつける；
邪魔する, ふさぐ：El juego *embarga* toda la
atención del niño. 子供は遊びに神経が集中し
ている. La tristeza *embargaba* su ánimo. 彼
は悲しみのあまり, ほかのことは何も考えられなかった
◆ 〜se 夢中になる

embargo [embárgo] 男 ❶ 差し押さえ；[武
器などの] 輸出(運搬)禁止, 封鎖：〜 econó-
mico 経済封鎖. ❷《医学》消化不良
sin 〜 とはいえ, それにもかかわらず：Tenía moti-
vos para enfadarse；*sin* 〜, no se enfadó.
彼は怒って当然だったが, 怒らなかった

embarque [embárke] 男 ❶ 積み込み, 船積
み, 出荷：〜 parcial《商業》分割船積み. ❷ 乗
船, 搭乗：puerta de 〜 搭乗ゲート. tarjeta
de 〜 搭乗券. ❸ 積み荷. ❹《南米》詐欺, 罠

embarrada [embařáða] 女《南米》へま, 失
敗

embarrancar [embařaŋkár] 自/〜se ❶
[船が] 座礁する；[車がぬかるみなどに] はまり込
む, 動きがとれなくなる. ❷ ゆきづまる

embarrar [embařár] 他 ❶ 泥だらけにする, 泥
で汚す. ❷ …にてこ棒をあてがう：〜 una piedra 石
をてこで持ち上げる. ❸《中南米》[悪事に] 巻き
込む. ❹《南米》中傷する
◆ 〜se 泥だらけになる；《中南米》[車同士が]
衝突する

embarrialar [embařjalár] 〜se《中南米》泥
で汚れる；《中米》[ぬかるみに] はまり込む

embarrilar [embařilár] 他 樽に入れる(詰め
る)

embarullar [embaruʎár] 他 ❶ 混乱させる；
[人を] まごつかせる：〜 los documentos 書類
をごちゃごちゃにする. 〜 el asunto 事態を紛糾さ
せる. 〜 a+人 la cabeza …の頭を混乱させる.
❷ 急いでいい加減にする, なおざりにする
◆ 〜se《口語》支離滅裂になると(言う)

embastar [embastár] 他《服飾》仮縫いする,
しつけをする；[布団地を] 縫い合わせる

embastecer [embasteθér] 自/〜se 太る
《engordar》；粗くなる

embate [embáte] 男 ❶ [海の突然の] 時化
(け)：〜 del viento 突風. 〜s de la vida 人
生の荒波. ❷ [感情の] 激発：〜 de celos 嫉

妬の炎

embaucar [embaukár] ⑦ ⑯ 〖☞活用表〗他
だます，たぶらかす：Me *embaucó* con sus palabras y se lo compré. 私は彼の言葉にだまされて，それを買ってしまった

embaucar	
直説法現在	直説法点過去
emba*u*co	embau*qué*
emba*u*cas	embaucaste
emba*u*ca	embaucó
embaucamos	embaucamos
embaucáis	embaucasteis
emba*u*can	embaucaron
接続法現在	
emba*u*que	
emba*u*ques	
emba*u*que	
embau*que*mos	
embau*qué*is	
emba*u*quen	

embaucador, ra 形 名 人を欺く；嘘つき，ペてん師：palabras ～*ras* 甘言

embaular [embaulár] ⑯ 〖時に規則変化〗
他 トランク baúl に詰める；[人・物を] ぎゅうぎゅう詰めにする；〔戯語〕[食べ物を腹に] 詰め込む，むさぼる

embebecer [embebeθér] ㊴ 他 魅了する
◆ ～se うっとりする

embeber [embebér] 他 ❶ [液体を] 吸い取る；[+en・de で] …に浸み込ませる：*Embebí* la tinta con tisú. 私はティッシュでインクを吸い取った。～ algodón *en* (*de*) agua 脱脂綿に水を含ませる。❷ [+en に] はめ込む，組み入れる。❸ 《服飾》…の寸法をつめる：～ vuelo de la falda [ギャザーをとったりして] スカートの幅をつめる
◆ 自 [布が] 縮む：La lana *embebe* al lavarse. ウールは洗うと縮む
◆ ～se [+en・de が] 浸み込む：La tierra se *embebió* de agua. 土は水を一杯に含んだ。❷ [+de 学説などを] 完全に理解する，自分のものにする：～se *del* estructuralismo 構造主義を吸収同化する。❸ [+con・en に] 心を奪われる，のめり込む：～se con (*en*) la lectura 読書にふける。❹ [布が] 縮む

embejucar [embexukár] ⑦ 他 《南米》つる bejuco で覆う；まごつかせる，当惑させる

embelecar [embelekár] ⑦ 他 [甘言などで]
だます：～ a los clientes ofreciendo condiciones ilusorias de compra 夢のような売買条件で顧客を釣る

embelecador, ra 形 名 詐欺師〔の〕
embelecamiento 男 ＝embeleco
embeleco 男 詐欺，ペてん；甘言

embelesar [embelesár] 他 魅了する，うっとりさせる：*Embelesó* al público con su voz. 彼の声に聴衆は痺れてしまった
◆ ～se [+con・en に] うっとりする：～se en la música 音楽に陶酔する。Se *embelesa* con su hija. 彼は娘を夢中になってかわいがっている

embelesamiento 男 魅了

embeleso [embeléso] 男 魅了〔するもの〕：Su canto es un ～ para la juventud. 彼の歌は若者の心をとりこにする

embellecedor, ra [embeʎeθeðór, ra] 形
化粧用の：crema ～*ra* del cutis 美顔クリーム
◆ 男 ❶ [車などの] 装飾品；[特に] ハブキャップ 〖tapacubos〗。❷ 化粧品 〖cosmético〗。❸ [ドアなどの] 木工飾り

embellecer [embeʎeθér] ㊴ 他 美しくする；[+con で] 飾る：～ el cabello *con* flores 花で髪を飾る
◆ ～se 身を飾る，化粧をする：Se *embelleció* para salir a cenar. 彼女はおめかしして食事に出かけた

embellecimiento [embeʎeθimjénto] 男
美しくする(飾り立てる)こと；化粧 〖maquillaje〗：～ de la calle 街の美化(飾り付け)

embero [embéro] 男 《植物》センダンの一種

emberrenchinar / emberrinchar
[embɛrrentʃinár/-rrintʃár] ～se [子供が・子供のように] かんしゃくを起こす，ぎゃあぎゃあ怒って泣く

emberretinar [embɛrretinár] ～se 《中南米》
夢中になる

embestir [embestír] ㉟ 他 自 〖現分 *embistiendo*〗 ❶ [闘牛などが] …に襲いかかる：El toro *embistió* al picador. 牛がピカドールに突きかかっていった。El oleaje *embestía* (contra) las rocas. 波が岩に打ち寄せていた。❷〔金を〕つこくせがむ，無心する
embestida 女 攻撃，突進；無心，せびり

embetunar [embetunár] 他 …にタール(靴ずみ)を塗る：～ el calzado 道をアスファルト舗装する。～ los zapatos 靴を磨く

embicar [embikár] ⑦ 他《南米》船首を岸へ向ける；[酒を] 飲む

embichar [embitʃár] ～se 《南米》[動物の傷口に] うじがわく

embijar [embixár] 他《中南米》ベクシン bija で塗る；汚す，塗りたくる

embiste [embíste] 男 〖←embestir〗突進，襲いかかり

emblandecer [emblandeθér] ㊴ 他 柔らかくする
◆ ～se 感動する

emblanquecer [emblaŋkeθér] ㊴ 他 白くする 〖blanquecer〗。～se 白くなる

emblema [embléma] 男 ❶ 紋章〖図柄を銘で説明したものが多い〗。❷ 記章，標章：Lleva en la solapa el ～ de su club. 彼は襟にクラブのバッジを付けている。❸ 象徴，表象：La paloma es el ～ de la paz. ハトは平和の象徴である
emblemático, ca 形 象徴的の，象徴的な

embobar [embobár] 他 うっとりさせる，驚嘆させる：Sus aventuras *embobaban* a los chicos. 彼の冒険談に少年たちはうっとりていた
◆ ～se [+con に] うっとりする：Los niños se *embobaron* con el espectáculo. 子供たちはショーに夢中だった
embobamiento 男 陶酔，驚嘆

embocado, da [embokáðo, ða] 形 [ワイン

について] =abocado

embocadura [embokaðúra] 囡 ❶〔狭い所から〕入ること；〔運河・港などの〕入り口. ❷〔ワインの〕芳香，ブーケ. ❸〔管楽器の〕吹口. ❹ 才能，技量. ❺〔馬などの〕くつわ，はみ
tener buena ～〔馬が〕はみ受けがよい；〔楽器の〕吹き方が上手である
tomar la ～〔楽器を〕軽く吹き始める；〔入門期の〕最初の困難を乗り越える

embocar [embokár] 7 他 ❶〔バスケ〕〔ボールを〕ゴールに入れる；《ゴルフ》ホールに入れる. ❷〔入り口・狭い所に〕入る：～ una callejuela (un túnel) 横丁(トンネル)に入る. ～ una calle hacia la salida 通りを出口の方に進む. ❸ 口に入れる；〔笛などを〕口にあてる. ❹ 信じ込ませる
◆ ～se〔口語〕むさぼる，がつがつ食べる

embochinchar [embotʃintʃár] 他《中南米》騒ぎを起こす

embojotar [emboxotár] 他《南米》包む，荷造りする
◆ ～se 毛布などで身を包む

embolado, da [emboláðo, ða] 形 過分《闘牛》〔防護用に角(ぷ)に〕木の球をつけた
◆ 男 ❶〔口語〕やっかいなこと，もめごと；嘘，べてん. ❷《演劇》端役，重要でない役
◆ 囡 ピストンの行程

embolar 他〔牛の角に〕木の球をつける；《中米》酔わせる. ◆ ～se《中米》酔う

embolia [embólja] 囡《医学》塞栓症

embolismo [embolísmo] 男〔太陰暦の〕閏(うる)月

émbolo [émbolo] 男 ❶《技術》ピストン；プランジャー：bomba de ～ ピストン(プランジャー)ポンプ. ❷《医学》塞栓

embolsar [embolsár] 他 ❶〔金を〕受け取る：～ una buena suma 大金を受け取る. ❷〔金などを〕袋(財布)に入れる
◆ ～se〔金を〕得る

embonar [embonár] 他《中米》結合する，まとめる

emboquillado, da [embokiʎáðo, ða] 形 男 過分 フィルター(吸い口)つきの〔たばこ〕
emboquillar [たばこに〕フィルター(吸い口)をつける

emborrachar [emboraatʃár] 他 ❶ 酔わせる；陶然とさせる：Un par de cervezas le *emborrachan*. 彼はビール2杯で酔っぱらってしまう. ❷《菓子》酒・シロップに浸す
◆ ～se 酔う：～se con (de) jerez シェリー酒で酔っぱらう. ❷〔染物などの〕色がにじむ. ❸《自動車》ふかしすぎてエンジンがかからない

emborrachador, ra 形 陶然とさせる
emborrachamiento 男 酔い

emborrascar [emborraskár] 7 ～se〔天候が〕荒れ模様になる；《中南米》〔鉱脈が〕尽きる

emborregado, da [emborreɣáðo, ða] 形〔空が〕雲に覆われた

emborronar [emborronár] 他 ❶ …にインクの染みをつける；落書きする. ❷〔急いで・推敲せずに〕文章を書く

emboscada [emboskáða] 囡 伏兵，待ち伏せ；わな：tender una ～ 伏兵を配置する. parar una ～ 待ち伏せする

emboscar [emboskár] 7 他 待ち伏せさせる
◆ ～se ❶ 待ち伏せる；〔茂みに〕隠れる. ❷〔安全・安楽な〕後方勤務につく

embotar [embotár] 他〔感覚などを〕鈍らせる，弱らせる；〔剣などの〕切れ味を鈍くする：La bebida le *embota* el entendimiento. 彼は酒を飲むと頭が回らなくなる
◆ ～se 鈍る

embotamiento 男 弱まり，衰え〔行為，状態〕

embotellar [emboteʎár] 他 ❶〔ワインなどを〕瓶に詰める：agua *embotellada* 瓶入りの水. ❷〔人を〕追いつめる；〔交通を〕渋滞させる；〔商談などを〕妨害する，妨げる；〔敵艦隊を〕封鎖する. ❸《中南米》丸暗記する
◆ ～se 渋滞する

embotellado, da 形 過分 渋滞した；〔演説・授業などが〕よく準備された. ◆ 男 瓶詰め〔作業〕

embotellador, ra 形 囡 瓶詰めする；瓶詰め機

embotellamiento 男 瓶詰め；詰め込み；〔交通〕渋滞，混雑；丸暗記

embotixar [embotiʃár] 他 ～se〔口語〕ふくらむ

embozar [emboθár] 7 他 ❶〔顔の下部などを〕覆う，隠す：～ su rostro hasta los ojos 目の所まで顔を隠す. ～ a+la verdad …に対して真実を覆い隠す. ❷〔管などを〕詰まらせる
◆ ～se ❶〔+con で/+en に〕顔を隠す：～se con el manto (en la capa) マント(ケープ)で顔を隠す. ❷ 詰まる

embozo [emboθo] 男 ❶〔上掛けシーツの〕折り返し；〔コートなどの〕襟；〔ケープなどの縁の〕裏打ち. ❷ 言い逃れ，ごまかし

embrague [embráɣe] 男 クラッチ〔の接続〕：pedal de ～ クラッチペダル. automóvil con ～ automático オートマチック車. quitar el ～ クラッチを切る

embragar 8 自 クラッチをつなぐ

embravecer [embraβeθér] 39 他《文語》〔人を〕勇猛にする；〔動物を〕獰猛(どう)にする
◆ ～se ❶〔+con・contra に対して〕勇猛(獰猛)になる. ❷〔海が〕荒れる

embrazar [embraθár] 7 他〔盾の取っ手などに〕腕を入れる

embrear [embreár] 他 …にタール(ピッチ)を塗る

embretar [embretár] 他《南米》〔家畜を〕囲いに入れる

embriagar [embrjaɣár] 8 他《文語》❶ 酔わせる；陶然とさせる；有頂天にする，得意にさせる：El éxito le *embriagó*. 彼は成功に酔いしれた
◆ ～se〔+con に〕酔っぱらう；〔+de に〕陶酔する：～se de felicidad 幸福に酔いしれる

embriagador, ra 形 陶然とさせる

embriaguez [embrjáɣeθ] 囡 酔い，酩酊；陶酔，夢中

embridar [embriðár] 他 ❶ [馬に] 馬勒(ば)をつける; [馬の] 首の位置(振り方)を正しくさせる. ❷ 抑える, 抑制する

embrión [embrjón] 男 ❶ 《生物》胚(はい); 胎児. ❷ 萌芽, 初期段階: El proyecto está todavía en ~. 計画はまだ緒についたばかりだ

embriogénesis 女 《単複同形》《生物》胚発生, 胚形成

embriología 女 発生学; 胎生学

embrionario, ria 形 ❶ 胚の; 萌芽状態の

embrocar [embrokár] 7 他 [容器から容器へ] 空ける; 《中米》[器物を] 伏せる

◆ ~se 《中米》[スカートなどを] 頭からかぶって着る

embrollar [embroʎár] 他 ❶ [糸を] もつれさせる. ❷ 紛糾(混乱)させる; [+en に] 巻き込む: ~ un asunto 事件をもつれさせる

◆ ~se 頭の中が混乱する

embrollo [embróʎo] 男 ❶ 錯綜, 混乱; 紛糾, 混乱 糸のもつれ. ~ político 政治的なもつれ. ❷ [人に関する] 嘘, でっち上げ

embrollón, na 形 トラブルメーカー(の)

embromar [embromár] 他 ❶ [ちょっと] からかう; [悪気でなく] だます, かつぐ. ❷ 《中南米》困らせる, うるさがらせる, 時間をとらせる

embroncar [embroŋkár] ~se 《南米》怒る, 腹を立てる

embrujar [embruxár] 他 魔法にかける; 魅惑する, 惑わす: casa *embrujada* お化け屋敷

embrujamiento 男 魔法にかけること(かかった状態)

embrujo [embrúxo] 男 ❶ =embrujamiento. ❷ 魅惑, 魔力: ~ de la Alhambra アルハンブラ宮殿の魅力. el ~ de su mirada 彼女の魅惑のまなざし

embrutecer [embruteθér] 39 他 ❶ [人を] 野獣化する; [思考を] 鈍らせる: La vida por las tabernas acabó por ~la. 酒場を渡り歩くうちに彼女の心はすっかりすさんだ

◆ ~se 獣のようになる; 愚かになる

embrutecimiento 男 野獣化; 痴呆化

embuchado [embutʃáðo] 男 ❶ 《料理》=embutido. ❷ 《口語》実は重大な事柄; 見落とし: Aunque se presenta como un negocio fácil, temo que se trate de un ~. やさしい商売のように見えるが実際は大変なのではないかな. ❸ 不正投票. ❹ 《口語》内に秘めた怒り. ❺ 《製本》投げ込み. ❻ 《演劇》アドリブ(のギャグ)

embuchar [embutʃár] 他 ❶ 《料理》=embutir. ❷ [家禽に] 餌を強制的に与える; 《口語》よく噛まずに] がつがつ食べる, 腹に詰め込む. ❸ 《製本》投げ込む. ❹ 《南米》…の秘密を守る

◆ ~se [+en に] 身を包む, 着込む; 《中南米》理由もなしに怒る

embudo [embúðo] 男 ❶ 漏斗(じょうご), じょうご; その形の穴. ❷ [狭い出入口の前で] 扇形に群がること

ley del ~ 《軽蔑》一部の人だけが利益を受ける法律

embullar [embuʎár] 自 《中米》騒ぎを起こす

embullo 男 騒動, 騒々しい遊び

emburujar [emburuxár] 他 《中米》包む

◆ ~se 《口語》[糸などが絡んで] かたまりができる; 《中南米》身を包む, 厚着する

embuste [embúste] 男 ❶ 大嘘, 見え透いた(わざとらしい) 嘘. ❷ 模造宝石

embustero, ra [embustéro, ra] 形 名 ❶ 大嘘つき(の). ❷ dientes de ~ すきまの多い(歯並びの悪い) 歯. ❸ 《南米》誤字当て字の多い[人]

embutido [embutíðo] 男 ❶ 《料理》[総称] ソーセージ, 腸詰め. ❷ 詰め込むこと. ❸ はめ込み細工, 象眼; プレス. ❹ 《中南米》細長いレース《entredós》

embutir [embutír] 他 ❶ 腸詰めを作る. ❷ [+en に] 詰め込む, 入れる; [+de を] …に詰める: ~ los papeles *en* un sobre 封筒に書類をぎっしり入れる. ~ una viga *en* la pared 壁に梁を入れる. ~ unas noticias *en* una crónica 一つの記事にいくつものニュースを詰め込む. ~ *de* lana un colchón 布団に羊毛を詰める. ❸ 《技術》はめ込む; プレスする

◆ ~se ❶ 《口語》腹一杯(がつがつ) 食べる: ~se *de* pasteles ケーキを腹に詰め込む. ❷ [服を] 着込む

eme [éme] 女 ❶ 文字 m の名称. ❷ 《婉曲》糞(ふん) [←mierda]: ¡Y una ~! 畜生! Vete a la ~. くそったれめ. Lo mandó a José a la ~. 彼はホセを追い払った. Me importa una ~. おれにはどうでもいい

emenagogo [emenagógo] 男 《薬学》月経促進剤, 通経薬

emental [ementál] 男 エメンタールチーズ

emergencia [emerxénθja] 女 ❶ 突発事, 緊急事態: en caso de ~ 緊急の場合は. estado de ~ 非常事態. aterrizaje de ~ 緊急着陸. ❷ 浮上, 出現

emergente [emerxénte] 形 ❶ 新生の, 頭角を現す: fuerza ~ 新興勢力. ❷ 《哲学》創発的な. ❸ año ~ ある日から翌年同日までの１年

emerger [emerxér] 自 自 [水面に] 現れる: *Emerge* un submarino. 潜水艦が浮上する. El chico *emergió* de la nada. その青年は無一物から身を起こした

emeritense [emeriténse] 形 名 メリダMérida の[人] [エストレマドゥラ自治州の州都]

emérito, ta [emérito, ta] 形 profesor ~ 名誉教授

emersión [emersjón] 女 [←emerger] 出現, 浮上

emético, ca [emétiko, ka] 形 男 《薬学》嘔吐を起こす; 吐剤

emétrope [emétrope] 形 《医学》[眼が] 正視の. **emetropía** 女 正視

emigración [emigraθjón] 女 [↔inmigración] [他国·他の土地への] 移住, 出稼ぎ; 医名 移民, 出稼ぎ者

emigrado, da [emigráðo, ða] 名 過分 移民, 移住者; [特に] 亡命者

emigrante [emigránte] 形 名 移住する[人], 移民; [特に] 出稼ぎ者

emigrar [emigrár] 自 ❶ [+a 他国·他の土地

に〕移住する〖↔inmigrar〗: ～ *a* Alemania (*a la ciudad*) ドイツ(都会)に出稼ぎに行く. ❷《動物》渡る, 回遊する. ❸《口語》立ち去る

emigratorio, ria [emigratórjo, rja] 形 移住の, 出稼ぎの

Emilia [emílja] 女 《女性名》エミリア〖英 Emily〗

Emilio [emíljo] 男 《男性名》エミリオ

eminencia [eminénθja] 女 ❶ 傑出, 卓越; 傑物: Es una ～ en cirugía. 彼は外科の分野の大物だ. ❷ 高地, 丘. ❸ [su•vuestra *E～*. 枢機卿への尊称] 猊下, 閣下
～ *gris* 影の実力者, 黒幕

eminente [eminénte] 形 ❶ [場所が] 高い. ❷ [+en に] 傑出(卓越)した: Es ～ *en* lingüística. 彼は言語学に大変秀でている. político ～ 立派な政治家

eminentemente 副 すぐれて, 著しく

eminentísimo 形 [枢機卿への尊称] el ～ señor cardenal 猊下

emir [emír] 男 エミール〖マホメットの子孫の尊称, イスラム教団の首長〗
emirato 男 首長の地位(領土): *E～s* Árabes Unidos アラブ首長国連邦. *E～ Independiente*《歴史》独立エミール〖イベリア半島のウマイヤ家が乗った地位 756~929〗

emisario, ria [emisárjo, rja] 形 特使, 密使
◆ 男 排水路, 放水路; [湖から発する] 川

emisión [emisjón] 女 ❶ 放出, 放射, 排出: ～ *de energía* エネルギーの放出. ～ *de voz* 発声. *emisiones de dióxido de carbono* 二酸化炭素の排出. ❷ 発行: ～ *de bonos del Estado* 国債の発行. *banco de* ～ 発券銀行. ❸ 放送(番組): ～ *de tarde* 午後の放送(番組). ～ *deportiva* スポーツ放送(番組). ～ *por (vía) satélite* 衛星放送

emisor, ra [emisór, ra] 形 発する; 送信する; 発行する: *banco* ～ 発券銀行
◆ 女 発信者, 発行人;《言語》[メッセージの] 発信者〖↔receptor〗
◆ 男 送信機〖*aparato* ～〗: *receptor* トランシーバー
◆ 女 [ラジオの] 放送局〖*estación* ～*ra*〗

emitir [emitír] 他 ❶ [光・音などを] 発する, 放出(放射)する; 排出する: ～ *rayos (calor)* 光線(熱)を発する. ～ *señales de socorro* 難信号を発する. ～ *un sollozo* すすり泣きの声をあげる. ❷ [意見・判断などを] 表明する: El jurado *emitió* su veredicto. 陪審員が評決を出した. ～ *un dictamen* 見解を述べる. ❸ 発行する, 振り出す: ～ *billetes (sellos)* 紙幣(切手)を発行する. ～ *cheques* 小切手を振り出す. ❹ 放送する: ～ *el concierto* コンサートを放送する
◆ 自 放送する(される)

emmenthal [ementál] 男 〖←仏語〗エメンタ ールチーズ

emoción [emoθjón] 女 〖英 emotion〗感動, 感激; [理性に対して, 喜怒哀楽の] 感情, 情緒: *sentir* ～ 感動を覚える, 感激する. *llorar de* ～ 感動の涙を流す. *exteriorizar sus emociones* 感情を表に出す. *regirse por emocio-*

nes 感情に左右される. ¡Qué ～!《文語・時に皮肉》すごい!

emocional [emoθjonál] 形 感情の; 感情的な: *trastorno* ～ 情緒障害. *persona* ～ 感じやすい人, 涙もろい人

emocionante [emoθjonánte] 形 感動的な: *encuentro* ～ 感動的な(感激の)出会い. *novela* ～ わくわくさせる(心を揺さぶる)小説

emocionar [emoθjonár] 他 [喜怒哀楽で] …の心を動揺させる, 感動(感激)させる: i) Su fallecimiento me *emocionó* mucho. 彼の死に私の心は痛んだ. ii)《口語》[否定文で] No me *emociona* ese libro. その本はあまり感心しない(好きじゃない)
◆ ～*se* [+con•por に] 感動する: ～*se con* la música 音楽に感動する. ～*se de júbilo* 大喜びする. *Al verla me emocioné* mucho. 私は彼女に会って大変感激した(気が動転した)

emoliente [emoljénte] 形 男《薬学》[炎症を起こした組織を] 和らげる, 緩和薬

emolumento [emoluménto] 男 [主に 複. 公証人・医者などへの] 謝礼, 料金

emotivo, va [emotíßo, ßa] 形 ❶ 感情の, 情緒の. ❷ [事物が] 感動的な: *discurso* ～ 感動的な演説. *escena* ～*va* 感動的な場面. ❸ [人が] 感傷的な, 多感な, 感受性の強い: *niño* ～ 感じやすい子供
emotividad 女 感動; 感受性

empacar [empakár] 他 梱包する, 包装する
◆ 自 荷物をスーツケースに詰める
◆ ～*se* 強情を張る,《南米》[馬などが] 動こうとしない

empachar [empatʃár] 他 ❶ 飽食させる, 胃にもたれさせる: *Cenar tanto me empachó.* 私は夕食を食べすぎて胃にもたれた. ❷ 飽きさせる, うんざりさせる: Me *empachan* tantas zalamerías. おべっかはもうたくさんだ
◆ ～*se* [+de•con•por を] 食べ飽きる, 胃にもたれる: *Me empaché de* chocolates. 私はチョコレートで胸が悪くなった

empacho [empátʃo] 男 胃のもたれ; 当惑, 気恥ずかしさ: *tener un* ～ [+de が] 胃にもたれる, …に飽きる; [+en で] 気おくれする
empachoso, sa 形 [食品が] 胃にもたれる; 当惑させる, 気おくれさせる

empadrar [empadrár] 他《中米》[特に牡馬を] 交尾させる
◆ ～*se* [子が] 過度に親に甘える, 父親っ子である

empadronar [empadronár] 他 [+人 を] 住民登録する, 人口調査をする
◆ ～*se* [+en+場所 に] 住民登録をする
empadronamiento 男 人口(国勢)調査; 住民登録

empajar [empaxár] 他 ❶ わらをかぶせる(詰める), むしろで覆う. ❷《南米》[煉瓦用の土などに] わらを混ぜる; [屋根を] わらでふく
◆ ～*se*《南米》[穀物が] 実が入らない〖わらばかりできる〗

empalagar [empalagár] 8 他 ❶ [食べ物

が] 甘すぎる(しつこい)感じを与える: Me *empa-lagan* los bombones. 私はキャンデーで口の中が甘ったるくなっている. ❷ [単調さ・押しつけがましさなどで] うんざりさせる: Su cariño me *empalaga*. 彼女の愛情には閉口する

◆ ～**se** [+con・de で] うんざりする

empalago [empalágo] 男 うんざり感.

empalagoso, sa [empalagóso, sa] 形 ❶ [食べ物が] 甘すぎる, しつこい: dulce ～ 甘すぎる菓子. ❷ 《軽蔑》[人が] 押しつけがましい

empalar [empalár] 他 ❶ [ボールを] ラケット pala で打つ. ❷ [人を] 串刺しの刑にする

◆ ～**se** 固執する; 麻痺する

empalidecer [empaliðeθér] 自 ＝**pali-decer**

empalizada [empaliθáða] 女 柵 [estaca-da]

empalmar [empalmár] 他 ❶ [管などを] 延長する: ～ la tubería con dos metros 管を2メートル延ばす. ❷ [+con と/+en に] つなげる, 接続する: ～ una fiesta *con* la otra 飛び石連休の真ん中の日も休日にする. Ya han empal-*mado* las líneas telefónicas. 電話線はもう接続されている

◆ 自 ❶ つながる: Esta película *empalma con* la otra. この映画は続き物だ. ❷ [乗り物が] 接続する: Este tren *empalma con* el que sale para Valencia. この列車はバレンシア行きに接続する

◆ ～**se** 《西. 卑語》ペニスが勃起する

empalme [empálme] 男 接続[個所]: esta-ción de ～ 接続駅, 乗り換え駅. cinta de ～ スプライシングテープ

empampar [empampár] ～**se** 《南米》[大平原 pampa で] 道に迷う; うっとりする

empanada [empanáða] 女 ❶ [料理] エンパナーダ 《肉・魚などのパイ揚げ》: galle-ga ツナ・イワシのエンパナーダ. ❷ [ちょっとした] 策略, 小細工: meter a+人 una buena ～ …をひっかける

tener una ～ mental 《西. 口語》めんくらう, 当惑する

empanadilla 女 [半月状の] 小型のエンパナーダ

empanar 他 パン粉をつける; パイ皮で包む

empantanar [empantanár] 他 ❶ [土地を] 水没させる; [計画などを] 停滞させる. ❷《口語》散らかす, ごちゃごちゃにする

◆ ～**se** 《中南米》水浸しになる; [車が] ぬかるみにはまり込む

empantanado, da 形 [estar+] 水浸しの; 停滞した; [人が] 混乱した

empañar [empaɲár] 他 ❶ [ガラスなどを] 曇らせる, 輝きを失わせる: El vapor *empañó* los cristales. 湯気で窓ガラスが曇った. ❷ [評判などを] 傷つける: ～ su buen nombre 名声をけがす

◆ ～**se** ❶ 曇る, 輝きを失う. ❷ 目をうるませる; 涙声になる

empañetar [empaɲetár] 他《中米》[壁に] 漆喰(モルタル・プラスター)を塗る

empapaciar [empapaθjár] 自他 ＝**empa-puzar**

empapado, da [empapáðo, ða] 形 過分 ❶ ずぶぬれの: Está ～ de (en) sudor. 彼は汗びっしょりだ. ❷ 傾倒した

empapar [empapár] 他 ❶ [+de 液体を] …にしみ込ませる; [+en に] 浸す: ～ la gasa *de (en)* alcohol ガーゼにアルコールをしませる(ガーゼをアルコールに浸す). ❷ ずぶぬれにする: La llu-via *empapó* sus vestidos. 雨で彼女の服はびしょぬれになった. ❸ 拭き取る: ～ el agua del suelo con (en) un trapo 床の水を雑巾で拭く

◆ ～**se** ❶ しみ込む; ずぶぬれになる: La tierra se *empapa de* agua. 地面が水を一杯に含む. ❷ [+de・en に] 詳しい; 傾倒している: ～se *de* economía 経済学に詳しい. ～se *en* marxis-mo マルクス主義にかぶれている

para que se empape [意外性の強調] Co-mió a más no poder y se fue sin decirme nada, ¡*para que te empapes*! 彼はたらふく食べて何も言わずに帰ってしまった. こんなことがあっていいのか!

empapelar [empapelár] 他 ❶ [部屋・壁に] 壁紙を貼る; [紙で] 包む.《西. 口語》…を法廷に引きずり出す

empapelado 男 壁紙[貼り]

empapuciar [empapuθjár] 自他 ＝**empa-puzar**

empapujar [empapuxár] 他 ＝**empapuzar**

empapuzar [empapuθár] 自 他 [人・動物に] 過食させる

◆ ～**se** [+de を] 食べすぎる

empaque [empáke] 男 ❶ [人・物に] 堂々とした様子, 威厳のある外見. ❷ 重々しさ, 固苦しさ: con gran ～ ひどくもったいぶって. ❸ 包装[材料]: lista de ～ パッケージリスト.《中南米》厚かましさ; [動物が] 動こうとしないこと

empaquetar [empaketár] 他 ❶ 包装する, 包む: ～ los libros 本を梱包する. ❷ [+en 狭い場所に] 詰め込む: ～ toda la familia en un coche 家族全員を1台の車に押し込む. ❸ 罰する

empaquetador, ra 形 名 包装用の; 包装係

emparar [emparár] 他《南米》空中で取る

emparchar [empartʃár] 他 …に継ぎ布 par-che などを貼りつける

empardar [emparðár] 他《南米》引き分けにする. ◆ ～**se** 引き分ける

ser lo que no se emparda 比類ない

emparedar [empareðár] 他 ❶ 幽閉する. ❷ 壁の中に(壁で)隠す

emparedado 男 サンドイッチ [sandwich]

emparejar [emparexár] 他 ❶ [+con と] 対(つい)にする; ～ ases《トランプ》エースのペアを作る: ～ a su hija *con* un joven adinerado 娘を金持ちの青年と結婚させる. ❷ 同じ高さにする. ❸ [両開きの扉・窓を] 締め切らずに合わせただけにする

◆ 自/～**se** ❶ 対になる: [Se] Han empare-*jado* inmediatamente. 彼らはすぐカップルになった. ❷ [+con に, +en で] 追いつく: Se *empa-*

rejó con su rival *en* los estudios. 彼はライバルと勉強で肩を並べた. ❸《中米》[欠けているもの を] そろえる

emparentar [emparentár] 自《[+con と]》
❶ 姻戚関係(縁続き)になる: estar bien *emparentado* 有力者の(社会的地位の高い)親戚がいる. ❷ 類似性(関連)がある
◆ 他 関連づける, 類似性を指摘する

emparrado [emparrádo] 男《農業》ブドウなどの] 棚
　emparrar 他 …の棚を作る

emparrillado [empařiʎádo] 男《建築》[土台の] 鉄枠

emparvar [emparbár] 他 [脱穀するために麦などを] 束にして並べる

empastar [empastár] 他 ❶ [虫歯に] アマルガム(セメント)を詰める; [化粧品・絵の具などを] …に厚塗りする. ❷ [革・布などで] 装丁する. ❸《中米》牧草地に変える
◆ 自 [合唱・オーケストラで] 声・音がそろっている
◆ ～se《南米》牧草地になる; [畑が] 雑草に覆われる; [動物が] 肥える
　empastador, ra 形 图 絵の具を厚塗りする〔画家〕;《中米》製本業者. ◆ 男 刷毛

empaste [empáste] 男 虫歯の充填[材];《南米》鼓腸〔症〕;《美術》調和のとれた配色

empatar [empatár] 自 [スポーツ・選挙で] 同点になる: Los dos *han empatado* a tres (tantos). 両者は 3 対 3(の引き分け)になった
◆ 他 ❶ 引き分けにする: Así estamos *empatados*. これであいこだ. ❷《中米》つなぎ合わせる; 台なしにする: ～ el tiempo 時間をむだに使いする. ❸《南米》…に迷惑をかける

empate [empáte] 男 同点, 引き分け: El partido terminó con (acabó en) ～ a uno. 試合は 1 対 1 の引き分けに終わった. gol de ～ 同点ゴール

empatía [empatía] 囡《心理》感情移入, 共感

empavesada [empabesáda] 囡《船舶》満艦飾
　empavesado 男 ＝empavesada
　empavesar 他 満艦飾を施す; [修理のために] シートなどで建物を] 覆う

empavonar [empabonár] 他 ＝pavonar;《中南米》…にグリースを塗る
◆ ～se《中米》着飾る

empecatado, da [empekatádo, ða] 形 意地の悪い, ひねくれた; 手に負えない

empecé ☞**empezar** 9 23

empecer [empeθér] 自 [3 人称でのみ] 障害(妨げ)になる〖主に否定文で〗

empecinarse [empeθinárse] ～se 《[+con に]》固執する: ～se en no salir どうしても出かけないと言い張る
　empecinado, da 形 [estar+] 頑固な
　empecinamiento 男 固執

empedar [empeðár] ～se《中南米》酔う

empedernido, da [empeðernído, ða] 形 [悪習などに] 凝り固まった; 非情な: fumador ～ ヘビースモーカー. jugador ～ 賭博常習者

empedrar [empeðrár] 他 ❶ [道路などに] 敷石を張る; [+con・de を] 敷く. ❷ [+de で] 満たす
　empedrado, da 形 過去 [空が] うろこ雲で覆われた. ◆ 男 石畳; 舗石作業

empegar [empegár] 8 他 …にピッチ(松やに)を塗る

empeine [empéine] 男 [足・靴の] 甲: tener el ～ muy alto 甲高である

empellón [empeʎón] 男 体当たり, 突きとばし a empellones 乱暴に, 手荒く; 体当たりで

empelotar [empelotár] ～se《中南米》裸になる; [+con・人 に] ほれ込んでいる

empenachar [empenatʃár] 他 …に羽根飾り penacho を付ける

empeñar [empeɲár] 他 ❶ 担保(抵当・質)に入れる: ～ su reloj en diez mil pesetas 時計を 1 万ペセタで質に入れる. ～ su palabra 言質を与える. ～ su honor 名誉をかける. ❷ 仲介(保証)人にする. ❸ [戦いなどを] 始める. ❹ [+en に, 時間を] 費やす
◆ ～se ❶ [+con に, +en 金額を] 借金する: *Se ha empeñado* con su padre *en* tres millones・por la compra de la casa). 彼は父親に(300 万ペセタ・家を買うために)借金をした. ❷ [+en+不定詞・que+接続法 すること] 固執する, 言い張る: *Se empeña en* irse a vivir solo. 彼はどうしても家を出て自活すると言ってきかない. ¿*Por qué te empeñas en que* me ponga de pie? なぜ私が立つように言い張るのですか? ❸ [+en+不定詞 するように] 努力する. ❹ [戦闘などを] 開始する

empeño [empéɲo] 男 ❶ 担保[に入れること]: casa de ～[s] 質屋. papeleta de ～ 質札. ❷ [+en への] 執心, 宿願; 企図: Tiene ～ en completar su trabajo. 彼は何としても仕事を完成させたいと思っている. morir en el ～ 目的のために死ぬ. ❸ 努力, 粘り強さ, 根気: con ～ 粘り強く, 根気よく. poner ～ en+不定詞 …するように努力する. ❹ 園《口語》コネ, つて. ❺《中米》質屋

empeñoso, sa [empeɲóso, sa] 形《中南米》粘り強い

empeorar [empeorár] 〖↔mejorar〗他 悪化させる: ～ la situación financiera 経営状態を悪化させる
◆ 自／～se 悪化する: Su salud (El tiempo) *ha empeorado*. 彼の健康状態(天候)が悪化した
　empeoramiento 男 悪化

empequeñecer [empekeɲeθér] 39 他 小さくする; [重要性・価値などを] 減らす: Su belleza *empequeñece* a todas sus compañeras. 彼女の美しさの前では全員がかすんで見える
◆ 自／～se 小さくなる

emperador [emperaðór] 男 ❶ 皇帝; 天皇: el ～ Meiji 明治天皇. ❷《料理》メカジキ〖魚としては pez espada〗

emperatriz [emperatríθ] 囡 女帝; 皇后: la ～ Catalina II 女帝エカチリーナ 2 世

emperchado [empertʃádo] 男 [生木で作っ

E

た〕柵

empercudir [emperkuðír] 他 〔汚れが衣服などに〕しみ込む

emperejilar [emperexilár] 他 《古語》〔ごてごてと・美々しく〕着飾らせる
◆ ～se 着飾る

emperezar [empereθár] 自 他 遅らせる，ゆっくりする
◆ 自／～se 怠ける，だらだら過ごす

empergaminar [empergaminár] 他 羊皮紙で覆う(上張りする)

empericar [emperikár] 自 ～se ❶ 《南米》酔う，酔っぱらう．❷ 《中米》〔+en に〕登る；〔鳥が〕とまる

emperifollar [emperifoʎár] 他 ＝emperejilar

empero [empéro] 接 《文語》しかし 〔pero, sin embargo〕

emperrar [emperár] ～se 《口語》〔+en・con に〕固執する，こだわる：Se emperró en seguir conduciendo. 彼はどうしても運転を続けると言い張った．～se con los sellos 切手集めに凝る

empezar [empeθár] 自 23 〔☞活用表．英 begin. ↔acabar. ☞ comenzar 題義〕自 ❶ 始まる：La escuela empieza en septiembre. 学校は9月から始まる
❷ 〔+a+不定詞〕…し始める：Empezaron a reñir. 彼らはけんかを始めた．Empezó a llover. 雨が降り始めた
❸ 〔+por+不定詞〕まず…することから始める：Empieza por callarte. とにかくだまれ
❹ 〔+con から・を〕始まる：El dolor empezó con unas ligeras molestias. 痛みはちょっとした不快感から始まりだった．Otra vez empieza con esa canción. 彼はまたあの歌を歌い始めた
❺ 〔+a 打撃を〕突然始める：～ a golpes con... 突然…を殴る
para ～ まず最初に；始めるにあたって：i) No voy, porque para ～ estoy muy cansado y además no me apetece. 私は行かない．なぜなら第一に疲れているし，それに気が進まないからだ．ii) 〔レストランで〕¿Para ～? 前菜は何になさいますか？
ya empezamos 《口語》〔継続・繰返しに対する不快〕またか〔いやになるな〕
◆ 他 始める：i) ～ un negocio 営業を始める．～ el desayuno con un café コーヒーで朝食を始める．ii) 〔使用を〕～ una botella de whisky ウイスキーの口を開ける．manzana empezada 食べかけのリンゴ

empezar		
直説法現在	直説法点過去	接続法現在
empiezo	empecé	empiece
empiezas	empezaste	empieces
empieza	empezó	empiece
empezamos	empezamos	empecemos
empezáis	empezasteis	empecéis
empiezan	empezaron	empiecen

empiece [empjéθe] 男 《口語》開始；最初
empiezo 男 《南米》＝empiece

empilchar [empiltʃár] ～se 《南米》上等な服を着る，ドレスアップする

empilonar [empilonár] 他 《中南米》積み重ねる，積み上げる

empinado, da [empináðo, ða] 形 過分 ❶ 〔道が〕急な，険しい．❷ 高所にある；そびえ立つ．❸ 高慢な，傲慢な

empinar [empinár] 他 ❶ 〔倒れた・傾いたものを〕立てる；〔飲むために器を〕傾ける；持ち上げる ～la 《口語》大酒を飲む
◆ 自 《口語》大酒を飲む
◆ ～se ❶ つま先立つ；〔動物が〕後脚で立つ．❷ そびえ立つ，酔い立つ：〔道が〕険しくなる：La torre se empina hasta la altura de la montaña. 塔は山ほど高くそびえている．❸ 〔衣服などが〕片側だけ持ち上がっている．❹ 《俗語》勃起している

empingorotado, da [empingorotáðo, ða] 形 過分 《軽蔑・戯語》成り上がりの；横柄な，尊大な

empingorotar 他 高い地位につける，出世させる

empiñonado [empiɲonáðo] 男 松の実をまぶした甘い菓子

empipar [empipár] ～se 《南米》＝apiparse

empíreo, a [empíreo, a] 形 男 《文語》〔神の住む〕天空〔の〕，最高天〔の〕，天国〔の〕：¡Oh Dios, tú que estás en el ～! 天にまします神よ

empirismo [empirísmo] 男 《哲学》経験論，経験主義

empírico, ca [empíriko, ka] 形 名 経験主義の(主義者)

empitonar [empitonár] 他 〔牛が闘牛士を〕角(つの)で突く

empizarrar [empiθarár] 他 〔屋根を〕スレートでふく：cubierta empizarrada スレートぶきの屋根

empizarrado 男 スレートぶき〔の屋根〕

emplaste [empláste] 男 下塗り用の漆喰

emplastecer 39 他 漆喰を下塗りする

emplasto [emplásto] 男 ❶ 《医学》膏薬：aplicar un ～ a... …に膏薬を貼る．❷ 《軽蔑》べとべとしたごたまぜ；下手な修理；病弱な人 estar hecho un ～ 体が弱い

emplazar [emplaθár] 他 23 他 ❶ 《文語》〔相手に出向かせる日時・場所を〕指定する；位置させる：Te emplazo el sábado en mi despacho. 土曜日に私のオフィスに来なさい．Emplazaron el circo en las afueras de la ciudad. サーカスは郊外にキャンプするよう指示された．～ una batería 砲列を配置する．❷ 《法律》召喚する，出頭を命じる

emplazamiento 男 召喚，出頭；位置，配置：carta de ～ 召喚状

empleado, da [empleáðo, ða] 形 過分 用いられた：palabra bien ～da 適切な言葉．tiempo mal ～ むだな時間
dar... por bien ～ 《口語》…に〔自己〕満足する
estar bien ～ a+人 《口語》…にとって当然の報いである

◆ 图 ❶ 従業員, 職員 〖☞trabajador 類義〗; 被雇用者: ～ bancario (de banco) 銀行員. ～ de aduanas 税関の職員. ～ público 公務員〖funcionario〗. ～ del Estado 国家公務員. ❷ 召使い〖～ de hogar〗; 家政婦, メード〖～da doméstica (de servicio)〗: ～da con cama 住み込みの家政婦

emplear [empleár] 他 〖英 employ〗 ❶ [+para ために/+en に] 使う, 用いる 〖類義〗emplear は使う対象を消耗させるが, usar は消耗しない〗: ～ cien gramos de azúcar *en* la confección de pasteles ケーキを作るのに砂糖を100 グラム使う. ～ una máquina de escribir タイプライターを使う. ～ malas artes *para* ganar un partido 試合に勝つために汚い手を使う. ～ bien (mal) el tiempo 時間の使い方が上手(下手)である

❷ [+como・de として] 雇う: Esta empresa *emplea* a mil personas. この会社は千人の人を使っている. ～ a su sobrina *como* secretaria 姪を秘書として雇う

◆ ～se 使われる; 雇われる: En las ciudades *se emplea* gas natural. 都市では天然ガスが使われている. *Se ha empleado* de camarero. 彼はボーイとして雇われた

empleo [empléo] 男 ❶ 使用: Hace buen ～ del dinero. 彼は金の使い方が上手だ. ～ de las armas 武器の使用. ～ de las palabras 語の用法. ❷ 雇用; 職, 仕事: contrato de ～ 雇用契約. tener un buen ～ いい職についている. buscar un ～ 職を捜す. perder su ～ 失業する. ❸〖軍事〗階級

emplomar [emplomár] 他 ❶ 鉛をつける; 鉛板で覆う: ～ los cristales 窓ガラスを鉛枠で固定する. ❷〖南米〗[虫歯に] アマルガム(セメント)を詰める

emplomado 男 屋根ぶき用の鉛板; [窓ガラスの] 鉛枠; 封鉛

emplomadura 図 鉛張り; 鉛片;〖南米〗アマルガム

emplumar [emplumár] 他 ❶ …に羽根をつける: ～ un sombrero 帽子に羽根飾りをつける. ❷〖西. 口語〗罰する, 捕まえる. ❸〖中米〗騙す

◆ 自 ❶ 羽が生える. ❷〖中南米〗逃げる

emplumecer [emplumeθér] 39 自 羽が生える

empobrecer [empobreθér] 39 他 貧しくする

◆ 自/～se 貧しくなる; 衰える, 貧弱になる

empobrecimiento 男 貧困〔化〕

empollar [empoλár] 他 ❶〖西. 口語〗[主に試験直前に] 猛勉強する: ～ historia 一夜漬けで歴史の勉強をする. ❷ [親鳥が卵を] 抱く

◆ 自 ❶〖西. 口語〗猛勉強する. ❷〖中南米〗まめ(たこ)ができる. ❸ [蜜蜂が] 増殖する

empollado, da 形 〖西〗猛勉強してある; [+en に] 精通している, よく知っている

empollón, na 形 图 〖西. 軽蔑〗ガリ勉家〔の〕

empolvar [empolbár] 他 ほこりだらけにする

◆ ～se ❶ ほこりだらけになる: Los armarios *se han empolvado*. 家具はほこりをかぶっている. ❷ …におしろい(パウダー)をつける: ～se la cara 顔におしろいをつける

emponchado, da [empontʃáðo, ða] 形 〖南米〗ポンチョを着た; 抜け目のない; 怪しげな

emponzoñar [emponθoɲár] 他 ❶ …に毒を盛る(入れる), 毒殺する. ❷ [関係・状況などを] 悪化させる: ～ la amistad 友情を損なう

empopar [empopár] 自 船尾が深く沈む; 追い風を受ける

empopada 図 追い風での航行

emporcar [emporkár] 7 28 〖☞ trocar 活用表〗他 汚す

◆ ～se [自分の体を] 汚す

emporio [empórjo] 男 国際商業都市(港); 文化(芸術)の中心地;〖中南米〗百貨店

emporrar [emporár] ～se 〖西. 俗語〗マリファナ porro でラリる; 勃起する

empotrar [empotrár] 他 [+en 壁・床などに] はめこむ, 作り付ける: armario *empotrado* 作り付けのたんす

◆ ～se [衝突によって] めり込む

empozar [empoθár] 9 他 井戸に入れる

◆ 自 水たまり(池)になる

◆ ～se 〖口語〗[法案などの処理が] 遅れる

emprender [emprendér] 他 〖主に難事などに〗取りかかる, 着手する, 開始する: ～ la traducción 翻訳に取りかかる. ～ la marcha 前進を開始する. ～ el vuelo 飛び立つ

～*la* [+con+人 に] 襲いかかる; 非難する: *La emprendió* a golpes *con* su hermano. 彼は兄に殴りかかっていった

emprendedor, ra 形 图 積極的な〔人〕, 進取の気性に富んだ〔人〕

empreñar [empreɲár] 他 妊娠させる;〖口語〗不快にさせる, 迷惑をかける

◆ ～se 妊娠する; 不快に思う

empresa [emprésa] 図 〖英 enterprise〗 ❶ 企業, 会社: ～ de transporte 運送会社. gran (mediana・pequeña) ～ 大(中・小)企業. pequeñas y medianas ～s 中小企業. ～ privada 私企業. ～ pública 公営企業. ～ mixta 準公営企業. ❷ 企て, 事業: intentar una difícil ～ 難事業を企てる. ❸ [盾などの] 紋様, 銘句

empresariado [empresarjáðo] 男 医系 企業家〔家〕連合

empresarial [empresarjál] 形 企業の, 経営の: capacidad ～ 経営能力. espíritu ～ 企業家精神

◆ 図 実地研修 〖estudios ～es〗

◆ 男 圏 経営学 〖ciencias ～es〗

empresario, ria [empresárjo, rja] 图 企業家, 企業主, 経営者; 興業主

empréstito [empréstito] 男 公債; 貸付け, 借款: ～s públicos (del Estado) 政府公債

empujada [empuxáða] 図〖南米〗= empujón

empujador [empuxaðór] 男 [内燃機関の] 押し棒

empujar [empuxár] 他 〖英 push〗 ❶ 押す, 押しやる; 突く: ～ una cama contra la pared ベッドを壁際に押しやる. ～ la puerta ドアを押

す. ～ a+人 fuera de la casa …を家の外へ押し出す. ❷［+a+不定詞・que+接続法 するように］圧力をかける；かり立てる: La necesidad le *ha empujado a robar.* 彼は食べるのに困って盗みを働いた. Mis padres *me empujan a que* me case con él. 両親は彼と結婚するよう私にやかましく言う. ❸［地位から］追い出す: Le *empujaron* de la presidencia. 彼は社長の椅子を追われた

◆ 固［野望を実現するために］手を打つ，たくらむ

empuje [empúxe] 男 ❶ 押すこと(力)，圧力: ～ del techo sobre las paredes 壁にかかる天井の重み. ❷ 気力，行動(決断)力；影響力: con mucho ～ 威勢よく. persona de ～ 行動力のある人；有力者. ❸《航空》推力. ❹《スポーツ》プッシング

empujón [empuxón] 男 ❶［強く］押すこと: dar a+人 un ～ …を突きとばす. ❷ 急速な進捗: dar un ～ a un proyecto 計画を押し進める

a empujones 人を押しのけて，荒々しく；とぎれとぎれに，中断しながら

empuntar [empuntár]《南米》他 進ませる，向かわせる

～*las* 逃げる，姿を消す

◆ 固 立ち去る，出て行く

◆ ～se 固執する

empuñadura [empuɲaðúra] 女［剣の］柄(ﾂｶ)；[銃・杖・傘の] 握り

empuñar [empuɲár] 他［武器などを] つかむ，握る；振りかざす

empurrar [empurrár] ～se《中米》かんしゃくを起こす，ぷりぷりする

emputecer [emputeθér] 他《俗語》うんざりさせる

◆ ～se 悪化する

emú [emú] 男《圓 emúes》[鳥] エミュ

emulación [emulaθjón] 女 ❶《文語》ライバル意識，競争心: estimular la ～ entre los alumnos 生徒たちの競争心をあおる. ❷《情報》エミュレーション

emular [emulár] 他 ❶《文語》[張り合って，+a+人 と] 同じことをする，見習う；[+事 を] 同じくらい上手にする，競う: ～ las proezas de su predecesor 前任者の功績に負けまいとする. ❷《情報》エミュレートする

émulo, la [émulo, la] 名《文語》いい所を見習う人；競争相手，ライバル: Es un ～ de su maestro. 彼は先生を手本にしている

emulsión [emulsjón] 女 乳剤: ～ fotográfica 写真(感光)乳剤

emulsionar [emulsjonár] 他 乳化する

en [en] 前『英 in』[内部・範囲] ❶［場所］i)［内部]…の中に，…で: La llave está ～ el cajón. 鍵は引き出しの中にある. Está ～ casa (España). 彼は家(スペイン)にいる. *En* Madrid compré unos zapatos. マドリードで私は靴を買った. Lo leí ～ sus ojos. 私は彼の目を見てそれとわかった. ii)［地点］La vi ～ la estatua del perro. 私は犬の像のところで彼女に

会った. Le adelanté ～ el kilómetro cuarenta. 私は 40 キロ地点で彼を追い抜いた. iii)［体の部位］…を，…に: Mamá me besó ～ la mejilla. ママは私の頬にキスをした. iv)［表面]…の上に: Hay un florero ～ la mesa. テーブルの上に花瓶がある. Una foto cuelga ～ la pared. 壁に写真がかかっている. dormir ～ el suelo 床の上で寝る. v)…の中を: mirar ～ el cuarto 部屋の中を見る. No encontraba su sombrero. Buscó vanamente ～ varias habitaciones. 彼は帽子が見つからなかった. いくつも部屋を捜したが無駄だった

❷［時間］i)［年・月・季節など］…に: Nací ～ 1970. 私は 1970 年に生まれた. *En* verano (agosto) hace calor. 夏(8 月)はとても暑い. ～ los días claros 晴れた日には. ～ aquellos tiempos あのころ. 参考 時の名詞は冠詞・指示形容詞・不定語などを伴うと，en なしで，そのまま副詞的に使われることが多い: Nací el 31 *de mayo.* 私は 5 月 31 日に生まれた. *Este mes* ha llovido mucho. 今月は雨が多かった. Le vi *la semana pasada (el otro día)*. 私は先週(先日)彼に会った. ii)［所要時間・必要な期間］…かかって，…で: *En* dos horas (*En* menos de tres días) lo acabaremos. 2 時間で(3 日もかからないで)それを終わらせます. Ella corre los 100 metros ～ 11.10. 彼女は 100 メートルを 11 秒 10 で走る. Roma no se hizo ～ un día. ローマは 1 日にして成らず. 《終わらせます》iii)《中南米》=**por**: ～ la mañana 午前中に

❸［分野］…における: doctor ～ medicina 医学博士. tener experiencia ～ diplomacia 外交官の経験がある. Nadie la supera ～ bondad. 親切なことでは彼女が一番だ

❹［様態］…で『+無冠詞名詞. ただし特定化されれば+定冠詞: contestar ～ voz alta 大声で返事する. aparecer ～ traje de baño 水着姿で現れる. hacer el edificio ～ L 建物を L 字形にする. Le conocí ～ el hablar. 私は話し方で彼だとわかった. ii)［手段・方法］viajar ～ coche (moto・tren・avión) 車(バイク・列車・飛行機)で旅行する. explicar ～ inglés 英語で説明する

❺［価格・数量］Lo compré ～ dos mil pesetas. 私はそれを 2 千ペセタで買った. El precio aumentó ～ un diez por ciento. 価格は 10 パーセント上がった

❻［変化の結果］…に: cortar una manzana ～ dos リンゴを 2 つに切る. convertirse ～ enemigo 敵になる

❼［+名詞・形容詞. 副詞化］～ suma つまり，要するに. ～ general 一般的に 《=generalmente》

❽［+不定詞］i)…することにおいて: No hay inconveniente ～ concederlo. それを譲っても差しつかえない. Tengo mucho gusto ～ conocerle a usted. お知り合いになれて大変うれしく思います. ii)［所要時間］…するのに: He tardado diez minutos ～ escribirlo. 私はそれを書くのに 10 分かかった. No tardará mucho ～

llegar. 彼はもうすぐ来るだろう．　iii)［ser+定冠詞＋序数＋〜＋不定詞］…番目に…する: ¿Quién fue el último 〜 salir? 誰が最後に出ましたか？　❾［＋現在分詞］…するとすぐ: En saliendo el sol, se levantó. 日が昇るとすぐ彼は起きた　❿［信念・思考の動詞］…は〜: Creía 〜 mi suerte. 私は自分の幸運を信じていた．Siempre pensaba 〜 ti. 私はいつも君のことを思っていた

en-《接頭辞》［基数詞＋.集合数詞］docena ダース, centena 100 個組

enagua [enágwa] 囡［服飾］［主に 複］ペチコート，アンダースカート；スリップ

enagüillas [enagwíʎas] 囡 複［民族衣装の男性用の］短いスカート；［十字架上のキリストの］腰巻き

enajenable [enaxenáble] 厖《文語》譲渡可能な

enajenación [enaxenaθjón] 囡 ❶《文語》譲渡．❷《婉曲》精神異常，発狂〖〜 mental〗．❸ 恍惚，陶酔

enajenado, da [enaxenáðo, ða] 厖 匌 過分 ❶《婉曲》精神に異常を来たした［人］［loco］: clínica de 〜s 精神病院．❷ 我を忘れた: Quedé 〜 de alegría. 私はうれしさに酔いしれた

enajenamiento [enaxenamjénto] 男 ＝ enajenación

enajenar [enaxenár] 他 ❶《文語》［財産・権利などを］譲渡する: 〜 bienes *enajenados* 譲渡財産．❷ 我を忘れさせる，逆上させる；うっとりさせる: La muerte de su marido la *enajenó*. 彼女は夫の死に取り乱した．Su belleza me *enajenó*. 彼女の美しさに私は心を奪われた．❸［人心を］離反させる；［同情などを］失わせる: Su altivez le *enajenó* muchas amistades. 彼は傲慢で多くの友人を失った

◆ 〜**se** ❶［＋de を］手放す；失う: 〜se de toda relación humana すべての人間関係を断つ．❷ 我を忘れる，うっとりする

enálage [enálaxe] 囡《文法》［品詞などの］転用語法〖例 El río corre *rápido*. 形容詞 rápido の副詞への転用〗

enalbardar [enalbarðár] 他 ❶［馬に］荷鞍albarda をつける．❷《料理》［フライの］衣をつける

enaltecer [enalteθér] 39 他《文語》称揚する，賛美する

◆ 〜**se** 自賛する

enaltecimiento 男 賞賛

enamoradizo, za [enamoraðíθo, θa] 厖 ［ser+］ほれっぽい，多情な

enamorado, da [enamoráðo, ða] 厖 匌 過分 ❶［estar+. +de に］恋をしている［人］: mujer profundamente 〜*da* de su marido 夫を深く愛している妻．Laura es su 〜*da*. ラウラは彼の恋人だ．día de los 〜s 恋人たちの日

〖2月14日〗．❷ 愛好者［の］: 〜 del esquí スキー好きの人

enamoramiento [enamoramjénto] 男 恋すること，恋慕

enamorar [enamorár] 他 ❶ …に恋心を起こさせる，…の心を捕える: La *enamoró* su voz dulce. 彼の甘い声に彼女は恋心をそそられた．❷［女性に］言い寄る，くどく．❸ …の気に入る: Me *enamora* ese baile. 私はその踊りが好きだ

◆ 〜**se**［英 fall in love］［+de に］恋をする；非常に気に入る: Se ha *enamorado* de José. 彼女はホセが好きになった．〜se de un coche deportivo スポーツカーが欲しくてたまらなくなる

enamori(s)car [enamori(s)kár] 7 〜**se** ［+de を］少し好きになる，好きになりかける

enancar [enaŋkár] 7 〜**se**《中南米》馬の尻に乗る；次々に（結果として）起こる

enano, na [enáno, na] 厖 匌 ❶［医学］小びと［症］の；小びと［症患者］．❷［親愛］［子供などに対する愛称］チビちゃん．❸［軽蔑］とても小さい，極小の

◆ 囡《天文》〜*na* blanca 白色矮星

como un 〜 非常に，大変: disfrutar *como un 〜* 心ゆくまで楽しむ

enanismo 男 小びと症，矮性〖↔gigantismo〗

enarbolar [enarbolár] 他［旗などを］掲げる: 〜 una pancarta プラカードを掲げる．〜 un bastón ステッキを振り上げる．〜 su condición de diplomático という地位を振りかざす

enarbolado 男［塔・ドームの］木組み

enarcar [enarkár] 7 他 弓なりに曲げる: 〜 las cejas［驚き・疑いなどを表し］眉をあげる

◆ 〜**se**《中米》［馬が］後脚で立つ

enardecer [enarðeθér] 39 他 興奮（熱狂）させる

◆ 〜**se** 興奮（熱狂）する；炎症を起こす；性的に興奮する

enardecimiento 男 興奮

enarenar [enarenár] 他 …に砂をまく（敷く），砂で覆う

enastar [enastár] 他 柄（ʔ）をつける: 〜 un cuchillo ナイフに柄をつける

enastado, da 厖 過分［動物が］角（ɔ）のある

encabalgar [eŋkabalgár] 8 他 載せる，重ねて置く

encabalgamiento 男 支えとなる木組み；《詩法》句またがり

encaballar [eŋkabaʎár] 他［瓦などを一部］重ね合わせる

encabestrar [eŋkabestrár] 他［馬に］端綱（ʔʌ）をかける；［闘牛の牛を］誘導用の牛の後について行かせる

encabezar [eŋkabeθár] 9 他 ❶［名前が名簿などの］最初にある: Sr. C *encabeza* su partido. C 氏が党の選挙候補リストの第 1 位にある．❷ 前置きとする: Un proverbio *encabeza* el artículo. 諺が記事の最初に置かれる．ii)［人が主語, +con を］〜 su libro *con* una cita de Cervantes セルバンテスの引用で本を始める．❸ 率いる，指揮する: 〜 un gran gentío

E

大群集の先頭に立つ. **④** [ワインをブレンドして] アルコール度を高める

encabezamiento 男 [手紙などの] 前置き, 前文

encabriar [eŋkaβrjár] ⑩ 他《建築》垂木(な,^る)を組む

encabritar [eŋkaβritár] ～se [馬が] 後脚で立つ;《口語》[人が] 激怒する: Se le *encabritó* la moto. 彼のバイクはウイリーした

encabronar [eŋkaβronár] 他《西. 俗語》怒らせる

◆ ～se 激怒する, 頭にくる

encachar [eŋkatʃár] 他 **①** 砂利を敷く. **②** [ナイフに] 柄をつける; 銃床を取り付ける

encachado 男 [鉄道などの] 砂利敷き; 土をのぞかせた敷石

encachilar [eŋkatʃilár] ～se《南米》激怒する

encadenar [eŋkaðenár] 他 **①** [+a に] 鎖でつなぐ; 束縛する: ～ su bicicleta *a* un árbol 自転車をチェーンで木につなぐ. ～ a su marido *al* hogar 夫を家庭に縛りつける. El trabajo me *encadena* a la fábrica. 私は仕事で工場を離れられない **②** [観念などを] 関連づける, 結びつける

encadenado, da 形 過分《詩法》連鎖韻の.
◆ 男《映画》オーバーラップ

encadenamiento 男 つながり; 束縛

encajar [eŋkaxár] 他 **①** [+en に] はめる: ～ un cristal *en* el marco de la ventana 窓枠にガラスをはめ込む. ～ el eje a la rueda タイヤをはめる. ～ la gorra *en* su cabeza 帽子をかぶる.《口語》投げつける; [殴打などと] 与える: Me *encajó* un tintero en la cabeza. 彼は私の頭にインク瓶を投げつけた. ～ un insulto a+人 …に侮辱の言葉を投げつける. **③**《口語》[+a+人 …を, やっかいなものを] 押しつける; [合わない服を] 着せる: Encajamos los hijos *a* la suegra. 私たちは姑に子供を預かってもらう. ～ a+人 un billete falso …に偽札をつかます. **④**《口語》[不幸・逆境などを] 受け入れる: Ha *encajado* muy bien la quiebra. 彼は破産にもくじけなかった. **⑤**《←仏語. ボクシングなど》[相手の一撃を平然と] 受け止める, 耐え忍ぶ

◆ 自 はまる: La puerta no *encajó* bien *en* el marco. ドアがうまくかまちにはまらなかった. Aquí *encaja* bien el refrán. この場合この諺がぴったりだ. Con ello *encajaban* todas las piezas. これで話がすっかりつながった. [非論理的表現] Este sombrero no me *encaja en* la cabeza. この帽子は私の頭には入らない. **②** [+con と] 一致する; 調和する: Lo que digo *encaja con* su información. 私の言っていることは彼の情報と符合する. Este mueble no *encaja con* la habitación. この家具は部屋としっくりしない. **③** [胎児が] 骨盤に下りる

◆ ～se はまり込む; 動けなくなる: Una rueda *se encajó* en la cuneta. タイヤが側溝にはまってしまった. **②** …を着る; かぶる: ～se el gabán オーバーを着る

encaje [eŋkáxe] 男 **①**《手芸》レース: hacer

～ レースを編む. pañuelo de ～ レースのハンカチーフ. **②**《銀行》[銀行の資金留保の] 準備率《～ bancario》: ～ legal 法定準備率. **③** はめ込み, 接合

encajetar [eŋkaxetár] 他《南米》[やっかいなものを] 押しつける

encajetillar [eŋkaxetiʎár] 他 [たばこを] 袋詰めする, パックに入れる

encajonar [eŋkaxonár] 他 **①** 箱に入れる, 箱詰めにする; [+en 狭い所に] 押しこめる. **②**《闘牛》[移動のために] 牛を檻に入れる

◆ ～se [狭い所に] 入りこむ;《口語》[+con に] 狭くなる

encalabrinar [eŋkalaβrinár] 他 怒らせる, いらいらさせる; はかない望みを抱かせる

◆ ～se 怒る, いらいらする;《口語》[+con に] 夢中になる, ほれ込む

encalambrar [eŋkalambrár] ～se《中南米》[寒さで] 無感覚になる, かじかむ

encalar [eŋkalár] 他 [壁などに] 石灰を塗る, 漂白する

encalado 男 石灰を塗ること

encallar [eŋkaʎár] 自 座礁する; 失敗(挫折)する: *Encalló* el barco en la arena. 船は砂浜に乗り上げた. Su proyecto *encalló*. 彼の計画は暗礁に乗り上げた

◆ 挫折(停滞)させる

◆ ～se [失敗して料理が] 固くなる

encallecer [eŋkaʎeθér] 自 ～se **①** [皮膚に] たこ callo ができる: Sus manos *se encallecieron* con el duro trabajo. 彼の手は重労働でごつごつになった. **②** [気候などの厳しさに対して] 抵抗力ができる; [悪習などに] 抵抗感がなくなる, 馴れる. **③** [料理が] 固くなる《encallarse》

◆ 自 ＝～se **①**

encallejonar [eŋkaʎexonár] 他 [家畜などを, 狭い通路を通って] 追い込む

encalmar [eŋkalmár] 他 [興奮などを] 静める

◆ ～se [海・風が] 穏やかになる; 落ち着く

encamar [eŋkamár] ～se **①** 病に倒れる, 病床につく: anciano *encamado* 寝たきり老人. **②** [動物が寝ぐらで] 横になる; [獲物が] 身を隠す; [穀物が] 倒れる. **③**《口語》[+con と] 寝る, 性交する

encaminar [eŋkaminár] 他 **①** [+a・hacia への] 道を指し示す, 向かわせる: *Encaminaron* a los policías *al* puerto. 警官たちは港へ向かうよう指示された. **②** [行為などを] 向ける: ～ sus pasos *a (hacia)*… …に向かう. ～ todos los esfuerzos *a*… …に全力をあげる. medida *encaminada* a+不定詞 …するための手段. **③** [人を] 導く: ～ a los niños por el buen camino 子供たちを正しい道に導く

◆ ～se …に向かう: *Se encaminó a* la salida. 彼は出口に向かった

estar bien (mal) encaminado 適切である(ない)

encamotar [eŋkamotár] ～se《南米》恋する, ほれ込む

encampanar [eŋkampanár] 他《中南米》

[人を] 高い地位につける

◆ ～se 傲慢な態度をとる；《中南米》出世する；《中米》窮地に陥る；《南米》恋をする

*dejar a+*人 *encampanado*《中米. 口語》…を2階に上げてはしごを外す

encanalar [eŋkanalár] 他 運河で輸送する；[河川を] 運河化する

encanallar [eŋkanaʎár] 他 [下賤な人と交って] 品位を落とす

◆ ～se 下品になる，がらが悪くなる

encanallamiento 男 下品になること

encanar [eŋkanár] ～se ❶ [泣き・笑いすぎて] 息が詰まる．❷《南米》刑務所に入る

encanastar [eŋkanastár] 他 かごに入れる

encandelillar [eŋkandeliʎár] 他《南米》裁ち目をかがる〔sobrehilar〕；眩惑する〔encandilar〕

encandilar [eŋkandilár] 他 ❶《主に比喩》眩惑する，惑わす：Sus dotes *encandilaban* a los muchachos. 彼女の持参金に青年たちは目がくらんだ．❷ [欲望などを] かき立てる，刺激する

◆ ～se ❶ 眩惑される；[酔い・情熱に] 目をぎらつかせる．❷《中米》おびえる，びっくりする

encanecer [eŋkaneθér] 自/～se 白髪になる；老け込む

encanijar [eŋkanixár] 他 やつれさせる

◆ ～se やつれる，病気がちになる

encanillar [eŋkaniʎár] 他 [糸をボビンに] 巻く，巻き取る

encantado, da [eŋkantáðo, ða] 形 過分 ❶ [estar+. +con で] うっとりとした；喜んだ，満足した：Estoy ～ *con* la vida de aquí. 私はここの生活に満足している．❷ [女性が] i) [E～. 初対面の挨拶] 初めまして〔E～ de conocerle. 英 Nice to meet you〕．ii) [勧誘などに答えて] Yo ～. 承知した／わかった．❸《西》放心した，ぼけっとした．❹ [建物が] 人けのない；幽霊の出る：casa ～*da* お化け屋敷

encantador, ra [eŋkantaðór, ra] 形 名 ❶ 魅惑的な，すてきな；優しい，親切な：muchacha ～*ra* チャーミングな娘．❷ 魔法使い〔の〕，魔術師：～ de serpientes 蛇使い

encantamiento [eŋkantamjénto] 男 ❶ 魔法をかけること：como por〔arte de〕～ まるで魔法のように，突然に．❷ 魅惑；歓喜

encantar [eŋkantár] 他《英 enchant》❶ …に魔法をかける．❷ 魅惑する，魅了する；喜ばせる：Me *encanta* este paisaje. 私はこの景色にうっとりする．La *encanta* salir de compras. 彼女は買い物に出かけるのが大好きだ．[que+接続法 が主語] Nos *encantaría* que se encontrase la solución. その解決法が見つかれば私たちはうれしいのだが

◆ ～se 陶然とする；注意を奪われる

encanto [eŋkánto] 男《英 charm》❶ 魅力，图《口語》肉体的な魅力：～ de cara risueña 笑顔の魅力．Este trabajo tiene su ～. この仕事は魅力がある．Esa actriz lucía sus ～*s*. その女優は色気たっぷりだった．La playa es un ～. その海岸はすばらしい．❷ 陶然，歓喜；不注意．❸ [親愛の呼びかけ] きみ

encañado [eŋkaɲáðo] 男 導管，水道(下水)管；葦を編んだ垣根，よしず張り

encañar 他 1) [導管で] 水を引く；排水する．2) [植物に葦で] 支えをする

encañizada 女 [葦で作った，魚を捕える] やな；葦で編んだ垣根

encañonar [eŋkaɲonár] 他 ❶ [銃口などを] …に向ける，狙う．❷ [水を] 管で引く；[アイロンで] ひだをつける

encapotar [eŋkapotár] ～se 夕立などの予兆で，空が〕暗雲に覆われる

encapotamiento 男 暗雲に覆われること

encaprichar [eŋkapritʃár] 他 [+con-de+事物 を] 気に入る，固執する：Se ha enca*prichado con* comprar un coche. 彼は車を買いたくてたまらなくなった．❷ [+con-de+人 に] ほれ込む：Un noble se *encaprichó con* ella. ある貴族が物好きにも彼女にほれ込んだ

encapsular [eŋkapsulár] 他 カプセルに入れる〔詰める〕

encapuchar [eŋkaputʃár] 他 …に頭巾をかぶせる

◆ ～se 頭巾をかぶる，覆面をする

encapuchado, da 形 名 過分 頭巾をかぶった〔人〕，覆面をした〔人〕

encaramar [eŋkaramár] 他 [+a・en 高い・危ない所に] 上げる；[人を] ほめ讃える；《中南米》上気(赤面)させる

◆ ～se 上がる

encaramiento [eŋkaramjénto] 男 [人を] 高位につけること

encarar [eŋkarár] 他 ❶ 向き合わせる；対置する：～ los pros y los contras 利害得失を対置する．❷ [困難・危険などに] 立ち向かう，挑む：～ las adversidades 逆境に立ち向かう

◆ ～se [+con・a+人 に] 臆せずに立ち向かう

bien（mal）encarado 顔つきのよい(よくない)，顔の美しい(醜い)

encarcelar [eŋkarθelár] 他 ❶ 投獄する．❷《建築》[漆喰などで] はめ込む，固定する

encarcelación 女/**encarcelamiento** 男 投獄，入獄

encarecer [eŋkareθér] 自 他 ❶ 値上げする：～ el petróleo 石油価格を上げる．❷ ほめそやす，吹聴する；[重要性を] 強調する：～ su inteligencia 彼の聡明さをほめちぎる．❸《文語》[+que+接続法 するように，+a+人 に] 熱心に勧める(頼む)：Le *encarezco que* lo haga. その件をどうかよろしくお願いします

◆ 自/～se 値上がりする：Se ha *encarecido* la vida. 生活費が上昇した

encarecidamente 副《文語》切に，熱心に

encarecimiento [eŋkareθimjénto] 男《文語》❶ 値上がり．❷ 賞賛；勧誘，切願：con ～ 切に，熱心に

encargado, da [eŋkargáðo, ða] 形 過分 [estar+. +con で] 任された，引き受けた：sección ～*da* de adquisición de... …の購入を担当する課

◆ 名 担当者，責任者，係員：Es el ～ de obra. 彼が現場監督だ．～ de la comida 食事

係, 賄い係. ～ **de negocios** 代理商用. ～ de vestuario《演劇》衣裳係.

encargar [eŋkarɣár] ⑧《⇨cargar 活用表》⑭❶［世話・管理を］ゆだねる, 任せる: i)［+a+人 に］*Encargó a* su hijo la limpieza de la casa. 彼は息子に家の掃除を任せた. ii)［+de を］*La han encargado de* la sección de ventas. 彼女は営業部を任された. ～ a+人 *del teléfono* …に電話番を頼む. ❷［+que+接続法 するように］指示する, 命じる, 勧める: *Me encargó que* le diera las gracias. お礼を申し上げるように言いつかってきました. ❸ 注文する: *Hemos encargado al* mozo tres jamones. 私たちはボーイにハムを3皿注文した

◆ ～**se** ❶［+de を］引き受ける: i) ～*se de* una sucursal 支店を任される, 支店長になる. ii)［+不定詞・que+接続法］*Me encargué de* formular la solicitud. 私は申請書を書くのを引き受けた. ❷［自分のために］…を注文する: ～*se* un traje 服を1着あつらえる

encargo [eŋkárɣo] 男❶ 依頼; 使命: *Tengo* unos ～*s* que hacer. 私は用事をいくつか頼まれている. *cumplir* su ～ 使命を果たす. ❷ 注文: *Me hicieron un* ～ *de diez kilos de* patatas. 私はジャガイモ10キロの注文を受けた. *muebles de* ～ 注文で作らせた家具. ❸ 職, 職務

como [*hecho*] *de* (*por*) ～ おあつらえ向きの: *Esta chaqueta me viene como hecha de* ～. この上着は私にちょうどぴったりだ

estar de ～《南米》妊娠中である

encargue [eŋkárɣe] 男《南米》＝**encargo**

encariñar [eŋkariɲár] ⑭ …の愛情を呼びさます

◆ ～**se**［+con+事物・人 を］好きになる: *Se encariñaba con* sus alumnos. 彼は生徒たちが好きだった

encarnación [eŋkarnaθjón] 囡 ❶［キリストの］受肉, 托身. ❷ 化身, 権化: *Es la* ～ *del* mal. 彼は悪の権化だ. ❸《美術》肌色

encarnado, da [eŋkarnáðo, ða] 形 過分 ❶ 受肉(托身)した; 化身した: *el Verbo* ～ 人となったみ言葉《イエスのこと》. *diablo* (*demonio*) ～ 悪魔の化身. ❷［強調］本人の: *Era Luis XIII* ～. 彼がルイ13世その人だった. ❸ 演じられた. ❹ 肉色の, 赤い

男《美術》肌色

encarnadura [eŋkarnaðúra] 囡《医学》*tener buena* (*mala*) ～ 傷の治りが早い(遅い)体質である

encarnar [eŋkarnár] ⑭❶《宗教》［+en に］受肉(化身)させる, 人の姿をとらせる. ❷ 体現(具現)する: *Esta persona encarna* la injusticia. この人物は不正の権化だ. ～ *en* un personaje la ambición ある人物像に野望を具現する. ❸［俳優が役を］演じる: ～ *a* Hamlet ハムレットに扮する. ❹［影像に］肌色を塗る

◆［傷口が］癒合する: *Esta llaga no consigue* ～. この潰瘍はまだ治っていない

◆ ～**se** ❶ 受肉(化身)する: *Dios se encarnó en* Jesucristo. 神はイエスキリストに受肉した.

❷［足の爪が］肉に食い込む

encarnecer [eŋkarneθér] ㊴ 圓 肉がつく, 太る

encarnizar [eŋkarniθár] ⑨ 他 ❶［人・戦いなどを］より激しくする, 残酷にする. ❷［獰猛にするために, 犬に］獣肉を与える

◆ ～**se** ❶［人が, +con に対して］残酷さをあらわにする: ～*se con* el enemigo derrotado 敗れた敵に対して残虐の限りを尽くす. ❷［獣が, +con 獲物を］むさぼり食う

encarnizado, da 形 過分［戦い等］熾烈を極めた; むごい, 残酷な: *pelea* ～*da* 死闘

encarnizamiento 男［痛めつけて喜ぶような］残忍さ;［獣の獲物に対する］残酷さ

encaro [eŋkáro] 男 銃床の頬に当てる部分

encarpetar [eŋkarpetár] ⑭《南米》［計画などを］棚上げにする

encarrilar [eŋkařilár] ⑭❶［乗り物を］進ませる, 道路(レール)上にのせる. ❷ 順調に進行させる; 正しい(決まった)道を歩ませる: ～ el negocio 商売を軌道にのせる. ～ a+人 a seguir la profesión familiar …が家業に進むように方向づける

◆ ～**se** 順調に進む

encarroñar [eŋkařoɲár] ⑭ 腐敗させる

encartar [eŋkartár] ⑭ 起訴する

◆ ～**se**《トランプ》［他の人と］同じ種類の組札を集める

encarte [eŋkárte] 男［本・新聞に入れる］投げ込み

encartonar [eŋkartonár] ⑭ ボール紙で包む(保護する);《製本》厚紙で装丁する, 厚表紙をつける

encartuchar [eŋkartutʃár] ⑭《南米》円錐形に巻く;［金を］ポケットにしまう

encasillar [eŋkasiʎár] ⑭［+en に］分類する, 決まり切った型にはめる: *Lo han encasillado en* los papeles de malo. 彼には悪役という固定イメージができている

encasquetar [eŋkasketár] ⑭❶［帽子などを］目深にかぶらせる. ❷［+a+人 の頭に, 考えなどを］詰め込む, 教え込む;［やっかい・不快なものを］押しつける: ～ *a* sus alumnos el marxismo 生徒たちにマルクス主義を吹き込む

◆ ～**se** 目深にかぶる; 思い込む

encasquillar [eŋkaskiʎár] ⑭《中南米》［馬に］蹄鉄を打つ《herrar》

◆ ～**se**［銃が］故障する, 弾が出ない;《中米》おじけづく

encastar [eŋkastár] ⑭［交配により家畜の］品種改良をする

encastillar [eŋkastiʎár] ～**se**［+en に］固執する: ～*se en* su idea 自分の考えを曲げない

encastrar [eŋkastrár] ⑭［部品を］はめ合わせる

encausar [eŋkausár] ⑭ 起訴する, 告訴する

encáustico, ca [eŋkáustiko, ka] 形《美術》蠟画(の)

◆ 男 つや出しワックス

◆ 囡 ＝**encausto**

encausto/encauste 男 蠟画法: *al* ～ 蠟

画法で

encauzar [eŋkauθár] ⑨ 他 ❶ [流れを] 水路で導く；[水路を] 作る．❷ [+hacia の方へ] 誘導する，方向づける：～ mal su vida 人生に失敗する．volver a ～ una conversación 話を元に戻す
◆ ～se 順調に機能する，スムーズに進む
encauzamiento 男 水路の整備

encebollado, da [enθeβoʎáðo, ða] 形 男 《料理》タマネギをたくさん使った〔シチュー〕

encéfalo [enθéfalo] 男 《解剖》脳 《口語では seso》
encefálico, ca 形 脳の，脳性の：masa ～*ca* 脳
encefalitis 女 《単複同形》《医学》脳炎：～ japonesa 日本脳炎
encefalografía 女 《医学》脳造影(撮影)法，脳写
encefalograma 男 脳電図，脳波図
encefalomielitis 女 《単複同形》《医学》脳脊髄炎：～ miálgica 筋痛性脳脊髄炎
encefalopatía 女 《医学》脳障害，脳症
enceguecer [enθeɣeθér] ③9 他 《中南米》盲目にする；理性を失わせる
◆ ～se 盲目になる，目がくらむ；理性を失う

encelar [enθelár] 他 嫉妬させる
◆ ～se [+de に] 嫉妬する；[動物が] さかりがつく，発情期になる

enceldar [enθeldár] 他 独房に入れる

encenagar [enθenaɣár] ⑧ 他 泥んこにする；[+en に] 堕落させる：～se en el vicio 悪徳にふける

encendedor, ra [enθendeðór, ra] 形 火をつける，点火用の
◆ 男 [コンロなどの] 点火器，点火装置；ライター 《mechero》

encender [enθendér] ㉔ 他 《英 light. ↔ apagar》❶ …に火をつける．点火する：～ un cigarrillo たばこに火をつける．～ el gas ガスに着火する．～ la guerra 戦争を引き起こす．El guiso me *encendía* la boca. シチューは〔辛くて〕口がひりひりした．❷ 点灯する，スイッチを入れる；[エンジンを] スタートさせる：～ el televisor テレビのスイッチを入れる．❸ [欲望・情熱などを] 燃え上がらせる：～ la cólera de+人 …の怒りをかき立てる
◆ 自 火がつく：Este mechero no *enciende*. このライターは火がつかない
◆ ～se ❶ 火がつく．❷ 興奮する；顔を赤らめる：～se de cólera 怒りで真っ赤になる

encendido, da [enθendíðo, ða] 形 過分 激しい；真っ赤な：lucha ～*da* 激闘．palabras ～*das* 激しい言葉
◆ 男 点火，発火，着火；[エンジンの] 点火装置：～ espontáneo 自然発火．～ electrónico 電子点火．bobina de ～ イグニションコイル
encendidamente 副 激しく，熱烈に
encentar [enθentár] ㉓ 他 ＝decentar
encerar [enθerár] 他 …に蠟(ワックス)を塗る：～ el suelo 床をワックスで磨く
encerado 男 ワックスがけ；防水された布，オイ

ルクロス；黒板 《pizarra》
enceradora 女 床磨き機

encerradero [enθeraðéro] 男 [雨などの時に家畜を入れておく] 囲い，《闘牛》＝toril

encerrar [enθerár] ㉓ 他 ❶ [+en に] 閉じこめる：～ a+人 *en* una clínica …を病院に監禁する．Estás para que te *encierren*. 君は頭がおかしい．❷ しまい込む，隠す；[内容として] 持つ，含む：～ los documentos *en* lugar secreto 書類を秘密の場所にしまう．Esta pregunta *encierra* una trampa. この質問には罠が隠されている．❸ 内包する，含む：Ese libro *encierra* mucha sabiduría. その本には知識が詰まっている．❹ [+entre かっこなどで] 囲む：～ una frase *entre* paréntesis 句をかっこで囲む．❺ [ゲーム]〔相手の駒を〕動けなくする，はさむ．❻ [牛が闘牛士を] 追いつめる
◆ ～se 閉じこもる；[抗議行動などで] 立てこもる：～se en su habitación 自室に引きこもる．～se en sí mismo 自分の殻に閉じこもる

encerrona [enθeróna] 女 ❶ 罠，策略：preparar (tender) a+人 una ～ …を罠にかける．❷ [抗議の] 座り込み．❸ [若牛による] 非公開の闘牛

encespedar [enθespeðár] 他 芝生で覆う，芝を植える

encestar [enθestár] 自 《バスケ》シュートを決める；[+en に] うまく投げ入れる
enceste 男 シュート，得点

enchambranar [entʃambranár] 他 《南米》騒ぎを引き起こす

enchapado [entʃapáðo] 男 金属メッキ；化粧板張り

encharcar [entʃarkár] ⑦ 他 浸水させる：Las intensas lluvias *han encharcado* los caminos. 豪雨で道路は水びたしになった．La cerveza me *ha encharcado* el estómago. ビールでお腹がチャポチャポしている
◆ ～se ❶ 浸水する．❷ [+en 悪徳に] ふける：～se en la droga 麻薬におぼれる
encharcamiento 男 浸水

enchastrar [entʃastrár] 他 《南米》汚す

enchichar [entʃitʃár] ～se 《中南米》チチャ chicha で酔っ払う；かんしゃくを起こす

enchilada [entʃiláða] 女 《中米・料理》エンチラーダ 『トルティーリャに肉などを入れチリソース chile をかけたもの』
enchilado 男 チリソースのシチュー
enchilar 他 チリソースで味つけする；いらだたせる．◆ ～se いらだつ
enchiloso, sa 形 ピリッと辛い

enchinar [entʃinár] 他 《中米》[髪に] パーマをかける

enchinchar [entʃintʃár] ～se 《南米》腹を立てる

enchiquerar [entʃikerár] 他 《闘牛》[牛を] 囲い toril に入れる；投獄する

enchironar [entʃironár] 他 《口語》牢に入れる

enchispar [entʃispár] ～se 《中南米》ほろ酔い機嫌になる

enchivar [entʃiβár] **~se**《南米》かんしゃくを起こす

enchuecar [entʃwekár] ⑦ ⑯《中南米》曲げる，たわめる

enchufar [entʃufár] ⑯ ❶［電気器具などを］接続する；[+en と] つなぐ：~ la plancha アイロンのコンセント(スイッチ)を入れる． ❷《口語》[光などを] 当てる． ❸《軽蔑》コネで採用する(受賞させる)：Le han enchufado en el ayuntamiento. 彼はコネで市役所に入った

enchufado, da 图 過形《軽蔑》コネで採用された人；お気に入り

enchufe [entʃúfe] 男 ❶［電気］コンセント〖caja de ~〗；プラグ〖clavija〗． ❷《主に西》コネ；裏工作：tener un buen ~ よいコネがある． por ~ コネで

enchufismo [entʃufísmo] 男《西. 軽蔑》裏工作

enchufista 图 いつもコネを利用する人；黒幕，フィクサー

enchular [entʃulár] **~se**《卑語》[売春婦が, +con を] ひもにする

enchumbar [entʃumbár] ⑯《南米》ずぶぬれにする

enchutar [entʃutár] ⑯《中南米》入れる, はめる

encía [enθía] 囡［主に 複］歯茎, 歯肉

-encía《接尾辞》 ❶［形容詞+. 名詞化. 性状］demencia 狂気． ❷［er・ir 動詞+. 名詞化. 動作・結果］asistencia 出席

encíclica [enθíklika] 囡［ローマ教皇の］回勅

enciclopedia [enθiklopéðja] 囡 百科事典；百科全書：Es una ~〖viviente〗. 彼は生き字引きだ

enciclopédico, ca 厖 百科事典の；博学な：cultura ~ca 幅広い教養

enciclopedismo 男［18 世紀フランスの］百科全書主義

enciclopedista 图 百科事典の執筆者；百科全書派の人

encierro [enθjérɾo] 男《←encerrar》 ❶ 引きこもり；籠城；隠遁, 隠居；監禁, 幽閉：vivir en un perpetuo ~ 隠遁生活を送る． ❷ 引きこもる(閉じこめる)場所. ❸《闘牛》囲い〖toril〗；牛を囲いに入れること；[特にパンプローナのサンフェルミン祭 sanfermines の] 牛追い《狭い道を通って牛を闘牛場まで追い込む催し. ☞写真》

encima [enθíma] 副〖英 above. ↔ debajo〗 ❶〔その〕上に：i) Ponte el jersey ~. 上にセーターを着なさい． Teníamos ~ la luna. 頭上には月が出ていた．

ii)［前置詞+］Pásame el libro de ~. 上の(上にある)本を取ってください． Cayó la piedra desde ~. 上から石が落ちてきた

❷ [+de の] 上に〖抽象的な意味では sobre が主〗：Deja el libro ~ de la mesa. 本は机の上に置いておきなさい． Su casa está ~ de la mía. 彼の家は私の家の上の(階)だ． El presidente está ~ del primer ministro. 大統領は首相の上(の地位)である

❸ [+de+不定詞・que+直説法] …である上に：E~ de ser charlatán, es comilón. 彼はおしゃべりな上に, 大食らいだ． E~ de que es inteligente, es bondadosa. 彼女は賢い上に親切だ

❹ 身に付けて, 所持して：¿Llevas ~ el reloj? 時計を持っているか

❺ さし迫って〖困った状況〗：Tenemos ~ los exámenes. 近々試験がある

❻ その上, さらに：Me dio mil pesetas y otras cien ~. 彼は 1000 ペセタくれて, さらに 100 ペセタくれた． Le insultaron y ~ le apalearon. 彼は侮辱された上に殴られた

de ~ de... …の上から：El niño se cayó de ~ de la cama. 子供がベッドから落ちた

echarse ~ 1) [事件などが, +a・de+人 に] 突然ふりかかる：Se nos han echado ~ los exámenes. 私たちは抜き打ちテストをやられた． 2) 厳しく叱る：Se le echó ~ toda la familia. 彼は家じゅう寄ってたかって叱られた． 3) [責任などを] 引き受ける

echarse todo ~《南米》稼いだ金をすべて服飾に使う

~ que+直説法 …である上に

estar ~ de... […を] …に精を出す；《口語》[+人] いつも…に目をつけている：estar ~ del trabajo 精一杯働く

hacerse ~〖sus necesidades〗粗相(おもらし)をする

llevar ~ 1) 所持している：No llevo dinero ~. 私は金を持っていない． 2) 背負っている：Lleva ~ el peso de la familia. 彼は家族の重荷を背負っている

poner por ~... a... …より…を上位に置く：Pongo por ~ la inteligencia a la belleza. 私は美しさより知性が大切だと思う

por ~ 1) [+de の] 上に・を：i) Pon la servilleta por ~ de la fruta. 果物の上にナプキンを掛けなさい． El avión vuela por ~ del mar. 飛行機は海の上を飛んでいる． ii) [卓越・優先など] Está por ~ de sus amigos. 彼は友人たちよりはるかに上だ(すぐれている). Lo social está por ~ de lo personal. 社会が個人(的なこと)より優先されている． Vive por ~ de la adversidad. 彼は逆境を乗り越えて生きている． iii) [限界] Eso está por ~ de mi capacidad. それは私の力では及ばない． 2) ざっと, 上っ面だけ：leer un libro por ~ 本を斜め読みする． mirar... por ~ …にざっと目を通す． calcular por ~ 概算する

tener ~ 背負っている

venirse a+人 ~ …の身に起こる(ふりかかる)

encimero, ra [enθiméro, ra] 厖 上にある

（置く）

◆ 囡 上掛けシーツ『sábana 〜*ra*』;《西》調理台〔の上板〕;《南米》革製の鞍カバー

encina [enθína] 囡《植物》コナラ, セイヨウヒイラギガシ;オーク材

  encinar/encinal 圐 その林

encinta [enθínta] 圏 [estar+] 妊娠している:Está 〜 de cinco meses. 彼女は妊娠6か月だ『日本と数え方が異なる』. dejar 〜 妊娠させる. mujer 〜 妊婦

encintar [enθintár] 囮 ❶ [人・物を] リボンで飾る. ❷ [歩道などに] 縁石を敷く

  encintado 圐 [歩道・プラットホームなどの] 縁石

encizañar [enθiθapár] 囮 …の間に不和の種をまく

enclaustrar [enklaustrár] 囮 修道院に入れる;閉じこもる

◆ 〜**se** 修道院に入る;閉じこもる

enclavado, da [enklaβáðo, ða] 圏 過分 [estar+. +en に] 位置する; はめ込まれた:Barcelona está 〜*da en* la costa mediterránea. バルセロナは地中海沿岸にある

enclavamiento [enklaβamjénto] 圐《技術》連動

enclavar [enklaβár] 囮 ＝clavar; 突き通す;はめ込む; 位置させる;騙す

enclave [enkláβe] 圐 飛び地, 飛び領土:Llivia es un 〜 español en Francia. リビアはフランス内のスペイン領である『ロカット』.

enclenque [enklénke] 圏《軽蔑》病気がちの, 体の弱い

enclítico, ca [enklítiko, ka] 圏 圐《言語》前接的な; 前接語 『先行する語と結合する:例 míra*me*』

encochar [enkotʃár] 囮 [タクシーが客を] 乗せる

encocorar [enkokorár] 囮 うんざりさせる, 退屈させる

◆ 〜**se** うんざりする

encofrado [enkofráðo] 圐 [トンネルなどの土止めに] 締切り;[コンクリートを流し込む] 型枠

  encofrador, ra 图 型枠工

  encofrar 囮 …に締切りを設ける; …の型枠を組み立てる

encoger [enkoxér] 3 囮 ❶ 狭める, 縮める:〜 las piernas 足を引っ込める. 〜 el músculo 筋肉を収縮させる. ❷ 気力を失わせる, 意気を阻喪させる:Lo *encogían* mis reprimendas. 私が叱りつけたら彼は委縮してしまった

◆ 圓 狭まる, 縮む:Esta prenda *encoge* al lavarla. この服は洗うと縮む

◆ 〜**se** ❶ 縮む;[体を] 縮ませる:〜*se* de frío 寒くて体をちぢこませる. ❷ 気力を失う;内気である

  encogimiento 圐 縮み;委縮

encojar [enkoxár] 囮 …の足を不自由にする

◆ 〜**se** 足が不自由になる

encolar [enkolár] 囮 [糊で] 貼る, 貼りつける;[テンペラ画を描く前に] …に糊を塗る

  encolado, da 圏 過分《中南米》きざな, おしゃれな. ❷ 糊づけ

  encolador, ra 图 糊を塗る人

encolerizar [enkoleriθár] 9 囮 激怒させる『☞enfadar 参考』

◆ 〜**se** 激怒する

encomendar [enkomendár] 23 囮 ❶ [+a+人 に] 委託する, 委任する:Le *encomendé* el asunto *a* mi abogado. 私はその件を弁護士に任せた. ❷《歴史》[エンコミエンダの] インディオを委託する

◆ 〜**se** [+a に] 保護を依頼する:〜*se a* Dios 神の加護を求める

encomendería [enkomenderóa] 囡《南米》食料品店

encomendero, ra [enkomendéro, ra] 图《歴史》エンコメンデーロ『エンコミエンダを委託された人』;《南米》食料品店主

encomiar [enkomjár] 10 囮 激賞する, べたぼめする

  encomiástico, ca 圏 絶賛の

encomienda [enkomjénda] 囡 〖←encomendar〗 ❶ 委託, 委任:No hizo mi 〜. 彼は私の頼んだことをしてくれなかった. ❷《歴史》エンコミエンダ〖制〗『新大陸での征服者に対する征服地の土地・住民の委託, その委託された土地・住民』. ❸《中南米》郵便小包『〜 postal』;《中米》果物店

encomio [enkómjo] 圐 激賞:digno de 〜 絶賛に値する

  encomioso, sa 圏《南米》絶賛の

enconar [enkonár] 囮 ❶ [傷を] 悪化させる, 炎症を起こさせる. ❷ [争いなどを] 激化させる. ❸ 怒らせる, 敵意をもたせる:Tu intervención *enconó* los ánimos. 君の口出しが彼らを刺激した

◆ 〜**se** ❶ [+con に/+en で] 興奮する, 激怒する:〜*se en* la persecución 狂ったように迫害する. ❷ [傷口が] うむ, 炎症を起こす

  enconado, da 圏 過分 激しい; 興奮した

encono [enkóno] 圐 ❶ 強い反感, 敵意:sentir el 〜 hacia… …に対して嫌悪感を抱く. ❷《南米》潰瘍

encontradizo, za [enkontraðíθo, θa] 图 *hacerse el* 〜 偶然出会ったようなふりをする

encontrado, da [enkontráðo, ða] 圏 過分 ❶ 正面にある:en dirección 〜*da* a mi coche 私の車の正面方向に. ❷ [主に 圈] 正反対の;逆方向の:Tienen opiniones 〜*das*. 彼らは意見がまったく違う

encontrar [enkontrár] 28 囮 〖英 find, encounter〗 ❶ [探していた人・事物を] 見つける, 発見する:*Encontré* la bicicleta que perdí. 私は失くした自転車を見つ

けた. Ya he encontrado la forma de hacerlo. 私はもうやり方がわかった. [+目的格補語と] La encontré pálida. 見ると彼女は青ざめていた/私の感じでは彼女は青ざめているように思われた

❷ [偶然に] 見つける；出会う：Encontré a su hermano en el autobús. 私は彼の弟とバスで一緒になった. No ha encontrado ninguna dificultad en la realización. 彼はその実現にあたって何の困難にも出会わなかった

❸ [性質などを] 認める；[+目的格補語と] 評価する：Le encuentro acertadísimo. それはきわめて当を得ていると思う. ¿Cómo encuentras a esa chica? あの子をどう思う？

❹ 長所と認める：No sé lo que encuentras en Miguel. 君がミゲルのどこをいいと思っているのか僕にはわからない

◆ ~se ❶《文語》= estar：i) [ある場所に] いる, ある：Se encuentra ahora en Granada. 彼は今グラナダにいる. Esa pirámide se encuentra en México. そのピラミッドはメキシコにある. ii) […の状態に] ある, [+bien・mal] 健康である・ない：La ciudad se encuentra en una situación lamentable. 町は悲惨な状況にある. Me encuentro mejor. 私は調子がよくなってきている. ❷ 落ち合う：Quedábamos en que nos encontraríamos en la plaza. 私たちは広場で会うことになっていた. ❸ [互いに/+con と] 接触する, 衝突する；一致する：Sus cabezas se encontraron al agacharse. かがんだ時2人の頭がぶつかった. Los dos coches se encontraron. 2台の車がぶつかった. ~se con una dificultad 困難にぶつかる. ❹ [態度などが] 対立する；一致する：Nuestros gustos se encuentran por lo que se refiere a los vestidos. 私たちは服装について好みが合う. ❺ [偶然, +con を] 見つける, …と出会う：i) Ayer me encontré con un amigo. 私は昨日友人にばったり出会った. ii) [+con que+直説法] …であることに気づく：Al volver me encontré con que ellos habían desaparecido. 戻ってみると彼らはいなくなっていた

encontrárselo todo hecho《口語》すべて思うがままである

encontrón/encontronazo [eŋkontrón/-tronáθo] 男《口語》衝突；けんか, 口論

encoñar [eŋkoɲár] ~se《俗語》[+con に] 夢中になる：Se ha encoñado con una cantante. 彼はある歌手にほれ込んだ

encopetado, da [eŋkopetáðo, ða] 形《軽蔑》身分の高い；豪華な；上流階級気どりの

encorajinar [eŋkoraxinár] 他《口語》激怒させる

◆ ~se 怒り狂う

encorar [eŋkorár] 28 他 革で覆う, 革を張る

encorbatar [eŋkorβatár] ~se《口語》ネクタイをしめる

encorchar [eŋkortʃár] 他 [瓶に] コルク栓をする

encorchetar [eŋkortʃetár] 他 …にホック corchete をつける；ホックでとめる

encordar [eŋkorðár] 28 他 [楽器に] 弦を張

る；[ラケットに] ガットを張る

◆ ~se [登山] アンザイレンする, ザイルで結び合う

encordado 男 = encordadura；《南米》ギター

encordadura 女 医名 [一つの楽器の] 弦全体

encordonar [eŋkorðonár] 他 [靴などに] 紐を通す, 綬(ひも)をつける

encornado, da [eŋkornáðo, ða] 形 [動物が] 角(つの)の生えた：bien (mal) ~ 立派な角を持った(みすぼらしい角の)

encornadura 女 角の形状；角《cornamenta》

encorozar [eŋkoroθár] 他《中米》[壁の穴をモルタルで] ふさぐ

encorralar [eŋkorːalár] 他 [家畜を] 囲い場に入れる

encorsetar [eŋkorsetár] 他《服飾》コルセットで締め付ける；[思想などを] 制限する, 抑圧する

◆ ~se コルセットをつける；自分を抑圧する

encorsetado, da 形 過分 [態度・文体などが] 固苦しい, 型にはまりきった

encorvada [eŋkorβáða] 女《植物》オウゴンハギ

hacer la ~ 仮病を使う

encorvar [eŋkorβár] 他 曲げる：~ el hierro 鉄を曲げる

◆ ~se 曲がる；[年を取って] 背中が曲がる

encostrar [eŋkostrár] 他 外皮で覆う

◆ 自 外皮を生じる

encrespar [eŋkrespár] 他 ❶ [髪を] カールする《rizar》；[水面を] ひどく波立たせる. ❷ いらいらさせる, 怒らせる

◆ ~se ❶ [髪が] カールする；ひどく波立つ：Se encresparon las aguas. 海は荒れていた. ❷ いらだつ. ❸ [動物が毛・羽を] 逆立てる

encrespamiento 男 波立ち；いらいら

encrestar [eŋkrestár] ~se [鳥が] 冠羽を立てる；[人が] 横柄な態度をとる

encrucijada [eŋkruθixáða] 女 交差点, 十字路《cruce》；岐路, ジレンマ：estar (hallarse) en una ~ 岐路に立つ

encrudecer [eŋkruðeθér] 39 他 激しくする；いらだたせる

encuadernación [eŋkwaðernaxjón] 女 製本, 装丁；製本所：~ en cuero (en piel) 革装. ~ en tela 布装. ~ de media piel 背革装

encuadernador, ra 名 製本業者

encuadernar 他 製本する, 装丁する

encuadrar [eŋkwaðrár] 他 ❶ [集団・部類などに] 入れる：Se lo puede ~ dentro del movimiento impresionista. 彼を印象派に含めることができる. ❷ [写真] [枠におさめる, 構図を決める；[テレビ] 画像を調節する. ❸ [絵などを] 額縁に入れる. ❹《軍事》配属する

◆ ~se ❶ [+en 背景・枠組みに] はまる, はめこまれる：Se encuadra en la España del siglo XIX. そこ(背景)は19世紀のスペインである. ❷ 一員となる：Después del fracaso electoral se encuadró en el partido de la oposición. 選挙の敗北後, 彼は野党の一員ということになっ

た

encuadre [eŋkwáðre] 男 ❶《写真》被写体を捉えること: mover el ～ 構図を捜す(決める). ❷《テレビ》画像調整(装置). ❸ 枠, はめ込み

encuartar [eŋkwartár] 他《中米》[車に補助として馬を]つなぐ
◆ ～se《中米》[馬などに]端綱をかける；会話をさえぎる, 話の腰を折る；[やっかい事に]巻き込まれる

encuartelar [eŋkwartelár] 他《南米》兵営に待機させる〖acuartelar〗

encuatar [eŋkwatár] 他《中南米》対(?)にする〖aparear〗

encubierta [eŋkuβjérta] 女 不正, 詐欺的行為

encubrir [eŋkuβrír] 他〖過分 encubierto〗 ❶ [主に犯行・他人の失敗などを] 隠す: ～ un objeto robado 盗品を隠匿する. ～ su rostro con las manos 手で顔を隠す. acciones encubiertas 秘密作戦, 隠密行動. hablar con palabras encubiertas 隠語を使って話す. ❷ かくまう〖↔delatar〗: ～ a un asesino 殺人犯をかくまう

encubridor, ra 形 名 隠蔽する[人]
encubrimiento 男 隠蔽；[事実の] 秘匿

encucuruchar [eŋkukurutʃár] ～se《中南米》よじ登る, はい上がる

encuentro [eŋkwéntro] 男〖←encontrar〗 ❶ 出会い, 遭遇: ～ inesperado con un amigo de la infancia 幼な友達との思いがけない出会い. ❷《文語》会見, 会談；集会；試合, 対戦: Tuve un ～ con el ministro. 私は大臣と会見した. ❸ 発見, 見つけもの: tener un ～ afortunado 幸運な発見をする. ❹ 接触, 衝突；口論；《軍事》遭遇戦
ir al ～ de+人 …を迎えに行く
salir al ～ de+人 …を迎えに出る；…に対抗する；…に先んじる, 先手を打つ

encuerar [eŋkwerár] 他《中南米》裸にする
◆ ～se 裸になる

encuesta [eŋkwésta] 女 ❶ 調査, アンケート, 調査表, アンケート用紙: hacer una ～ 調査を行なう, アンケートをとる. ❷ [警察の] 捜査, 取調べ: realizar ～s entre los vecinos 近所の聞き込み捜査をする
encuestado, ra 名 調査；捜査官
encuestar 自 アンケート調査をする

encular [eŋkulár] ～se《南米》怒る

encumbrar [eŋkumbrár] 他 [地位などを] 上げる, 出世させる: Una herencia le *encumbró*. 遺産のおかげで彼の社会的地位は上がった
◆ ～se 出世する；[+sobre を] はるかに上回る；非常に高く上昇する
encumbramiento 男 出世

encurrucar [eŋkuřukár] 7 ～se《中南米》ちぢこまる〖acurrucarse〗

encurtido [eŋkurtíðo] 男 [主に 複. 野菜の] 酢漬け, ピクルス
encurtir 他 酢漬けにする: pepinillos *encurtidos* キュウリのピクルス

ende [énde] *por* ～《文語》したがって, だから:

Este documento no tiene la firma, y, *por* ～, es nulo. この書類には署名がない. したがって無効である

endeble [endéβle] 形 虚弱な；脆弱な: constitución ～ 虚弱体質. argumentos ～s 薄弱な論拠
endeblez 女 虚弱；脆弱さ

endecágono [endekáɣono] 男 十一角形

endecasílabo, ba [endekasílaβo, βa] 形《詩法》11 音節の

endecha [endétʃa] 女 葬送歌, 哀歌

endehesar [ende(e)sár] 他 [家畜を] 牧草地に入れる

endemia [endémja] 女 風土病, 地方病

endémico, ca [endémiko, ka] 形 ❶ [病気が] 風土性の: enfermedad ～*ca*/mal ～ 風土病. ❷ [ある地方・社会に] 永続的な, 慢性的な: El terrorismo es un mal ～ en España. テロはスペインで恒常的な害悪だ. ❸《動植物が》一地方に特有の
endemismo 男 一地方の特有性

endemoniado, da [endemonjáðo, ða] 形 名 ❶ 悪魔に取りつかれた[人]. ❷ 意地悪な[人]；いたずらな[人]: genio ～ 鼻もちならない性格. ❸ ひどく悪い, 不快な: [+名詞] ひどくやっかいな: olor ～ ひどい悪臭
endemoniar 他 …に悪魔を取りつかせる；いらだたせる, 怒らせる. ◆ ～se いらだつ, 腹を立てる

endenantes [endenántes] 副《南米. 誤用》少し前に；以前に

endentar [endentár] 23 他《技術》[歯車などを] かみ合わせる；歯(ぎざぎざ)をつける

endentecer [endenteθér] 39 自 [子供が] 歯が生え始める

enderezar [endereθár] 9 他 ❶ [まっすぐに] 立て直す, ぴんと伸ばす: ～ un árbol inclinado 傾いた木を立て直す. ～ un alambre torcido 曲がった針金をまっすぐにする. ～ los documentos 書類をきちんとそろえる. ～ el negocio 商売を立て直す. ❷ 修正する, 矯正する；方向づける: ～ los yerros 過ちを正す. ～ a+人 por el buen camino …を悪から立ち直らせる
◆ ～se ❶ まっすぐになる；背筋をぴんと伸ばす. ❷ [+a・hacia を] めざす, …に向かう: ～se *a* la meta ゴールをめざす. ～se *hacia* la puerta 戸口の方に進む

endeudar [endeuðár] 他 借金だらけにする
◆ ～se 借金をする, 借金だらけになる；[+con+人 に] 恩義を感じる, 借りができる
endeudamiento 男 借入れ, 債務: capacidad de ～ 借入れ能力

endiablado, da [endjaβláðo, ða] 形 = endemoniado；[問題などが] ひどく難しい；[+名詞] ひどくやっかいな: risa ～*da* 意地の悪い笑い. tiempo ～ ひどい悪天候. este ～ jeroglífico このわけのわからない象形文字
endiabladamente 副 ひどく, 大変

endíadis [endíaðis] 女〖単複同形〗《修辞》二詞一意

endibia [endíβja] 女《植物》キクヂシャ, エンダイブ

endilgar [endilgár] ⑧ ⑩《口語》❶ [不快な・不道徳なものを，〈a+人 に〉] 押しつける: Me *endilgó* su sermón de cada día. 私は彼のいつものお説教を聞かされた. Me *endilgó* la reputación de chantajista. 彼は私をゆすり屋だと言いふらした. ❷《軽蔑》やっつけ仕事をする

endiñar [endiñár] ⑩《西. 口語》[殴打を] 加える；[不名誉などを] 背負わせる

endino, na [endíno, na] 厖 图《口語》面倒を起こす[人]；性悪な[人]，よこしまな[人]

endiosar [endjosár] ⑩ 神格化する；《軽蔑》高慢にする
◆ ~se《軽蔑》思い上がる, 高慢になる: Está *endiosado*. 彼は天狗になっている
endiosamiento 男 思い上がり, 高慢

endivia [endíßja] 囡 =endibia

endocardio [endokárðjo] 男《解剖》心内膜
endocarditis [endokarðítis] 囡《単複同形》《医学》心内膜炎
endocarpio [endokárpjo] 男《植物》内果皮
endocéntrico, ca [endoθéntriko, ka] 厖《言語》内心的な, 求心性の〖↔exocéntrico〗
endocrino, na [endokríno, na]《生理》内分泌の, ホルモンの〖↔exocrino〗: glándula ~*na* 内分泌腺
endocrinología 囡 内分泌学
endocrinólogo, ga 图 内分泌学者
endocrinopatía 囡《医学》内分泌障害

endodermo [endoðérmo] 男《植物》内皮；《生物》内胚葉
endodoncia [endoðónθja] 囡 歯内治療学
endoesqueleto [endoeskeléto] 男《解剖》内骨格

endofásico, ca [endofásiko, ka] 厖《言語》内言語の
endogamia [endogámja] 囡 族内婚, 同族結婚〖↔exogamia〗；《生物》同系交配
endogénesis [endoxénesis] 囡《単複同形》《生物》内生
endógeno, na [endóxeno, na] 厖 内因性の, 内生の〖↔exógeno〗: factor ~ 内生要因. órgano ~ 内生組織. roca ~*na* 内成岩
endolinfa [endolínfa] 囡《解剖》内リンパ
endometrio [endométrjo] 男《解剖》子宮内膜

endomingar [endomingár] ⑧ ⑩ 晴れ着を着せる: La *endomingaron* para la fiesta. 彼女はパーティー用に晴れ着を着せてもらった
◆ ~se 晴れ着を着る

endoparásito [endoparásito] 男《生物》内部寄生生物〖↔ectoparásito〗
endoplasma [endoplásma] 男《生物》内部原形質, 内質
endorreísmo [endořéísmo] 男《地理》内陸流域〖海への出口のない河川流域. ↔exorreísmo〗
endosar [endosár] ⑩ ❶《商業》[小切手・手形に] 裏書きする. ❷《口語》[重荷などを] 背負わせる: Me *endosan* doble tarea. 私は2倍の仕事をやらされる
endosable 厖 裏書可能な

endosatario, ria 图 被裏書人
endoscopio [endoskópjo] 男《医学》内視鏡
endoscopia 囡 内視鏡検査
endósmosis [endósmosis] 囡《単複同形》《物理》内浸透
endoso [endóso] 男《商業》裏書[譲渡]: ~ en blanco 白地式裏書
endosperma/endospermo [endospérma/~mo] 男《植物》内乳, 胚乳
endosqueleto [endoskeléto] 男 =endoesqueleto
endotelio [endotéljo] 男《解剖》内皮
endotérmico, ca [endotérmiko, ka] 厖《物理・化学》吸熱的の〖↔exotérmico〗
endovenoso, sa [endoßenóso, sa] 厖《医学》静脈内の: inyección ~*sa* 静脈注射
endriago [endrjágo] 男 古代伝説の英雄が乗る怪獣
endrino, na [endríno, na] 厖 青みがかった黒色の
◆ 男《植物》リンボク
◆ 囡 その実〖pacharán というリキュールを作る〗
endrogar [endrogár] ⑧ ~se《中南米》麻薬におぼれる；借金だらけになる
endulzar [endulθár] ⑨ ⑩ …に甘みをつける；和らげる, 穏やかにする: ~ la salsa ソースを甘くする
◆ ~se 甘くなる；和らぐ: Su carácter *se ha endulzado* con los años. 彼の性格は年をとるにつれて温和になった
endulzante 男《南米》**endulcorante** 男 甘味料

endurecer [endureθér] ㊴ ⑩ ❶ 堅くする: ~ el cemento セメントを凝固させる. ❷ [体などを] 強くする, 鍛える: Los deportes *endurecen* el cuerpo. スポーツは体を丈夫にする. ~ los músculos 筋肉を鍛える. ❸ [心を] 無感覚(無慈悲)にする: Las calamidades *endurecieron* su espíritu. 災難が続いて彼の心には潤いがなくなった. ❹ 厳しくする: ~ su actitud 態度を硬化させる
◆ ~se 堅くなる；強くなる: *Se ha endurecido* en (con) el trabajo. 彼は労働で鍛えられた
endurecedor, ra 厖 硬化させる；硬化剤
endurecido, da 厖 過分 [estar+] 堅くなった；[+a に対して] 鍛えられた: manos ~*das* ごつごつした手. estar ~ al frío 寒さに慣れている
endurecimiento 男 硬化；強化

ene [éne] 囡 文字 n の名称
◆ 厖 [未知の・明言できない数を表して] ある…: Compraría ~ acciones. 私ならある株数買うでしょう

en[e].《略語》←enero 1月
ENE《略語》←estenordeste 東北東
enea [enéa] 囡《植物》ガマ: silla de ~ ガマの葉を編んだものを張った椅子
eneágono, na [eneágono, na] 厖 男《数学》九角形[の]
eneasílabo, ba [eneasílaßo, ßa] 厖《詩法》9音節の

enebro [enébro] 男《植物》ネズミサシ
　enebrina 囡 その果実

eneldo [enéldo] 男《植物》イノンド, ヒメウイキョウ;《香辛料》ディル

enema [enéma] 男《医学》浣腸〔剤〕

enemigo, ga [enemíɣo, ɣa] 囷《英 enemy.↔amigo》❶ 敵: i) Es mi ~. 彼は私の敵だ. hacerse ~ de... …の敵になる; …が嫌いになる. hacerse ～s 敵同士になる; 仲たがいする. ~ declarado 公然たる敵. ~ mortal (jurado・encarnizado) 不倶戴天の敵. ~ natural 天敵. ~ público 社会の敵. ii)《諺・成句》Al ~ que huye, puente de plata. 寝た子を起こすな. Lo mejor es el peor ~ de lo bueno. 欲ばりすぎると元も子もなくす. No hay ~ pequeño. つまらない敵でも見くびるな/油断大敵. ❷ [+de の] 反対者; …が嫌いな人
　◆ 男 敵軍: El ~ invadió la zona. 敵軍がその地域に侵入した
　◆ 囷 敵の; [+de の] 嫌いな: tropas ~gas 敵軍. país ~ 敵国. Soy ~ de la música moderna. 私は現代音楽が大嫌いだ
　tener ~*ga* a+人 …に反感(悪感情)を抱く: Me tiene ~ga. 彼は私に反感を持っている

enemistad [enemistá(d)] 囡 敵意, 反感; 憎悪

enemistar [enemistár] 他 敵対させる: El dinero nos enemistó. 金のために私たちは仲たがいした
　◆ ~se [互いに/+con と] 敵対する: Se enemistó con su amigo. 彼は友人とけんか別れした

energético, ca [eneɾxétiko, ka] 囷 エネルギーの: recursos ~s エネルギー資源. política ~ca エネルギー政策
　◆ 男 圈 燃料
　◆ 囡《物理》エネルギー論

energía [eneɾxía] 囡《英 energy》❶《物理》エネルギー: ~ atómica (eléctrica・solar) 原子力(電気・太陽)エネルギー. ❷ [肉体的・精神的な] 活力, 力強さ; 気力, 意志の強さ: Ya no tiene ~ para hablar. 彼はもう口をきく元気(気力)もない. tomar ~ エネルギーを貯える. reponer ~ エネルギーを取り戻す. con ~ 力強く, 力いっぱい; 断固として

enérgico, ca [enéɾxiko, ka] 囷 元気のよい; 力強い: hombre ~ 精力的な人; 決断力のある人. medidas ~cas 断固とした処置. medicina ~ca 効き目の強い薬

energizar [eneɾxiθáɾ] 9 他 …に精力(エネルギー)を与える

energúmeno, na [eneɾɣúmeno, na] 图《軽蔑》すぐ怒る人; 頭の狂った人

enero [enéɾo] 男《英 January》1 月
　『☞mes 表』

enervar [eneɾßár] 他 いらだたせる, 怒らせる; 弱らせる
　◆ ~se いらいらする: Se enerva mucho al ver el cuarto en desorden. 彼は部屋が乱雑なのを見るとひどくいらだつ
　enervante 囷 いらだたしい

enésimo, ma [enésimo, ma] 囷 ❶《数学》

n 番目(n 倍・n 次)の: función del grado ~ n 次関数. ❷ [回数が] 大変多くの: Por ~ma vez te digo que no lo hagas. してはいけないと何度も何度も言ったではないか

enfadadizo, za [enfaðaðíθo, θa] 囷《主に西》怒りっぽい

enfadar [enfaðár]《主に西》他 怒らせる: No la enfades. 彼女を怒らすな. 『参考 怒りの程度: molestar, fastidiar<enojar, enfadar<irritar<encolerizar<enfurecer<exasperar<sacar de quicio』
　◆ ~se《英 get angry》[+con・contra に対して/+por が原因で] 怒る, 腹を立てる: Se enfadó mucho conmigo por mi falta de puntualidad. 彼は私が時間にルーズなことに大変怒った. ❷ [互いに] 言い争う, けんかする

enfado [enfáðo] 男 ❶《主に西》怒り, 不快感: poner cara de ~ むっとした顔をする. causar a+人 ~ …を怒らせる, むっとさせる. con gran ~ 大変怒って, 激怒して. ❷《まれ》努力, 骨折り
　enfadoso, sa 囷 いやな, 腹立たしい; [状況が] 骨の折れる, やっかいな

enfaenado, da [enfaenáðo, ða] 囷 [estar+] 忙しい, 忙殺された

enfajillar [enfaxiʎár] 他《中南米》[印刷物に] 帯封をかける

enfaldado [enfaldáðo] 囷 [主に男の子が] 母親べったりの; 女性にまとわりつく

enfangar [enfaŋgár] 他 泥だらけにする
　◆ ~se ❶ 泥だらけになる. ❷ 悪事に手を出す, 汚れ仕事をする; 快楽にふける: ~se en el vicio 悪徳にふける

énfasis [énfasis] 男《単複同形》❶ 強調; 力点, 重点: poner ~ en... …を強調する. ❷ [過度の] 誇張, 仰々しさ: hablar con ~ 大げさな話し方をする

enfático, ca [enfátiko, ka] 囷 ❶《文法》強調の, 強意の. ❷ 誇張した, 仰々しい: con tono ~ 大げさな口調で

enfatizar [enfatiθáɾ] 9 他 強調する, 力説する; 誇張する

enfebrecido, da [enfeßɾeθíðo, ða] 囷《口語》熱狂した, 興奮した

enfermar [enfeɾmár] 自 [+de が] 病気にかかる: ~ del pecho 胸を患う. Enfermó de tanto trabajar. 彼は過労で病気になった
　◆ 他 ❶ 病気にさせる. ❷ ひどく不快にする, うんざりさせる
　◆ ~se《主に中南米》病気にかかる

enfermedad [enfeɾmeðá(d)] 囡《英 sickness》病気, 疾患: i) Tiene una ~ de riñón. 彼は腎臓を患っている. ~ de Basedow バセドー氏病. ~ de Hansen ハンセン氏病. ~ de Parkinson パーキンソン病. ~ nerviosa 神経症. ~ social 社会病. ii)《比喩》~ del amor 恋の病. ~ de la sociedad actual 現代社会の病弊

enfermería [enfeɾmeɾía] 囡 ❶ [学校などの] 医務室. ❷ 看護 [職業, 職務]. ❸ 囷囮 病人

enfermero, ra [enfeɾméɾo, ra] 图 看護士,

E

看護婦：～*ra* 〔en〕jefe 婦長．～*ra* domiciliaria 派遣看護婦

enfermizo, za [enfɛrmíθo, θa] 形 ❶ 病弱な，虚弱な：niño ～ 病気がちな子供．temperamento ～ 蒲柳（^{りゅう}）の質．❷ 病人のような，病的な：pasión ～*za* 病的な情熱

enfermo, ma
[enfɛ́rmo, ma] 形
〔英 sick. ↔ sano〕[estar+. +de が] 病気の，病気にかかった：Está muy ～. 彼は重病だ．Estaba ～ *del* corazón. 彼は心臓が悪かった．caer (ponerse) ～ 病気になる．caer ～ *del* hígado 肝臓を悪くする

◆ 名 病人，患者：～ *del* corazón 心臓病の患者．～ *de* aprensión ヒポコンデリー患者

enfermoso, sa [enfɛrmóso, sa] 形《中南米》=enfermizo

enfermucho, cha [enfɛrmútʃo, tʃa] 形《口語》病気がちな，病弱な

enfervorizar [enfɛrβoriθár] 〔9〕他 …の情熱を呼びさます，激励する：Su facilidad de palabra *enfervorizaba* a las masas. 彼の雄弁に群衆は奮起したものだ

enfeudar [enfeuðár] 他 [領地を] 封土feudo として与える

enfiestar [enfjestár] ～**se**《中南米》楽しむ，羽根をのばす

enfilar [enfilár] 他 ❶ [+場所 を, +hacia の方に] 進む，まっすぐ行く：*Enfiló* la calle *hacia* la plaza. 彼は通りをまっすぐ広場に向かって進んだ．El viento *enfilaba* la carretera. 風が道路を吹き抜けていった．❷ [視線などを] 向ける：～ la mirada *hacia* un barco 目を 1 隻の船に向ける．❸ [針などに] 糸を通す．❹ [列に] 並べる．❺ …に反感を持つ；反対の立場に立つ．❻《軍事》縦射する

◆ 自 進む，行く

enfisema [enfiséma] 男《医学》気腫：～ pulmonar 肺気腫

enfisematoso, sa [enfisematóso, sa] 形 気腫性の；肺気腫にかかった

enfiteusis [enfitéusis] 女《単複同形》《法律》永代借地[権]，長期[不動産]賃貸借契約

enfitéutico, ca [enfitéutiko, ka] 形 長期[不動産]賃貸借の

enflaquecer [enflakeθér] 〔39〕他 [←flaco] やせさせる：La *han enflaquecido* los sufrimientos. 彼女は心痛でやせ細った．

◆ 自/～**se** やせる，やつれる：～ *de* (por) no comer 食べないでやせる

enflaquecimiento 男 やせること

enflatar [enflatár] ～**se**《中南米》悲しむ；《中米》いらいらする，かんしゃくを起こす

enflautar [enflautár] 他《中南米》[不快なことを, +a+人 に] 押しつける

enflautada 女《中南米》間の抜けた言葉

enfocar [enfokár] 〔7〕他 ❶ [レンズなどの] 焦点を合わせる：i) ～ un telescopio 望遠鏡のピントを合わせる．ii) […に] Las lámparas lo *enfocaban*. 彼にライトが当たっていた．*Enfoqué* su rostro en primer plano. 私は彼の顔をアップで撮った．❷ [ある観点から] 検討(考察)する：

～ un problema desde una nueva perspectiva 新たな側面から問題を見つめる

◆ 自 ピントを合わせる

enfoque [enfóke] 男 ❶ ピント合わせ：～ automático オートフォーカス．❷ [+de への] 視点，観点，アプローチ：variar el ～ *de*... 視点を変えて…を考える

enfoscar [enfoskár] 〔7〕他 [壁に] 漆喰(モルタル)を塗る

enfrascar [enfraskár] 〔7〕～**se** [+en に] 没頭する：Se *enfrasca* en la lectura. 彼は読書にふけている

enfrenar [enfrenár] 他 [馬に] 馬勒(^{ばろ}く)をつける；[馬を] 調教する

enfrentamiento [enfrentamjénto] 男 対決，挑戦；対立：Hubo graves ～*s* verbales entre los dos partidos. 両党間で激しい口論があった．～ militar 軍事衝突

enfrentar [enfrentár] 他 ❶ …に立ち向かう：～ la realidad 現実に立ち向かう．❷ [+con に] 挑ませる：～ a+人 *con* el campeón …をチャンピオンに挑戦させる．～ a dos perros 2 匹の犬を戦わせる．❸ [+con と] 向かい合わせにする：～ a Carlos *con* José カルロスをホセの前に立たせる

◆ ～**se** [+a・con に] 立ち向かう；対決する：～*se a* (con) una dificultad 困難に立ち向かう．El equipo de Japón *se enfrentó* con el de Perú. 日本チームはペルーチームと対戦した

enfrente [enfrénte] 副 ❶ 正面に，向かい側に：i) Él vivía justo ～. 彼は真向かいに住んでいた．Allí ～ encontrará usted el hotel. ii) [前置詞+] casa de ～ 向かい側の家．página de ～ 反対側のページ．❷ 反対して：Incluso su madre se le puso ～. 彼の母親まで反対した

～ *de*... 1) …の正面に〔英 in front of〕：Está sentado ～ *de* mí en la mesa. 彼はテーブルで私の正面に座っている．2) …に反対して：Todo el pueblo está ～ *del* proyecto. 町中がその計画に反対している

uno ～ *de otro* 互いに向かい合って

enfriamiento [enfrjamjénto] 男 ❶ 冷却，さめること．❷ 風邪〔resfriado〕：pillar (coger) un ～ 風邪をひく

enfriar [enfrjár] 〔11〕他 冷やす，さます〔↔calentar〕：i) ～ agua en el frigorífico 冷蔵庫で水を冷やす．～ la sopa ligeramente スープを少しさます．ii) [情熱などを] Su intervención *enfrió* nuestra relación. 彼の干渉で私たちの仲はさめてしまった

◆ 自 冷える，さめる

◆ ～**se** 冷える，さめる：Con el viento *me he enfriado*. 風に当たって私は体が冷えた．❷ 風邪ぎみになる，風邪をひきかける

enfrijolar [enfrixolár] ～**se**《中米》[商談などが] 紛糾する，もつれる

enfrontar [enfrontár] 他 …に立ち向かう〔enfrentar〕

enfuetar [enfwetár] ～**se**《南米》[網などの] よりが戻る

enfullinar [enfuʎinár] ～**se** 《南米》怒る

enfundar [enfundár] 他 [剣を] 鞘(誘)に納める；カバーをかける：～ los asientos 座席にカバーをかける

◆ ～**se** ❶ [服を] 着る：～*se* un abrigo オーバーに身を包む

enfurecer [enfureθér] 39 他 激怒させる [☞ enfadar 参考]

◆ ～**se** ❶ [+con・contra に, +de・por が原因で] 激怒する：*Se enfureció conmigo* (*de ver la injusticia*). 彼は私のことで(不正を見て)ひどく腹を立てた．❷ [天候などが] 荒れる：*El mar se enfureció*. 海が荒れた

enfurecimiento [enfureθimjénto] 男 激怒；荒天

enfurruñar [enfuruɲár] ～**se** [口語] [怒って] ぷりぷりする；[空が] 雲に覆われる

enfurruñamiento 男 憤慨

enfurtir [enfurtír] 他 [織物を] 縮絨(ヒェ̌)する

engaitar [engaitár] 他 [口語] [うまいことを言って] だます，一杯食わす

engajado, da [engaxádo, da] 形 《南米》カールした，巻き毛の

engalanar [engalanár] 他 [+con で] 飾り立てる：～ los balcones *con* banderas バルコニーを旗で飾る

◆ ～**se** 着飾る

engalladura [engaʎadúra] 女 ＝**galladura**

engallar [engaʎár] ～**se** [+con に] 尊大(横柄)な態度をとる

engalletar [engaʎetár] ～**se** 《南米》交通渋滞になる

enganchar [engantʃár] 他 ❶ [鉤などに] 掛ける，ひっかける；[馬などを, +a 馬車などに] つなぐ：～ la caza 獲物を鉤に掛ける．～ un remolque a un vehículo トレーラーを牽引車につなぐ．❷ [口語] つかむ，つかまえる；[上手にだまして, 人を] 引きつける；[恋人・結婚相手を] つかまえる，ひっかける：*Le ha enganchado* con la promesa de buenos sueldos. 彼は高給の約束に釣られた．❸ 《闘牛》[角で] はね上げる．❹ 《軍事》募兵する

◆ 自 《中米》上がる

◆ ～**se** ❶ [+en に] ひっかかる：*Se le enganchó* la media *en* un clavo. 彼女は釘にストッキングをひっかけた．❷ [軍に] 志願する：～*se* a (en) la marina 海兵隊に入る．❸ 《口語》[+a 麻薬に] 中毒する．❹ 《中米》上がる

enganche [engántʃe] 男 ❶ 掛けること，ひっかける(ひっかかる)こと；[電話などの] 接続：～ de los carros 車両の連結．❷ 鉤，フック．❸ 募兵；志願

enganchón [engantʃón] 男 かぎ裂き：Me hice un ～ en la americana. 私は上着にかぎ裂きを作ってしまった

engañabobos [engaɲabóbos] 男 [単複同形] [いんちきな商品を売りつける] てき屋

◆ 男 その商品；いんちき

engañapastores [engaɲapastóres] 男 [単複同形] 《鳥》ヨタカ

engañapichanga [engaɲapitʃánga] 女 《南米》だまし [engañifa]

engañar [engaɲár] 他 [英 cheat, deceive] ❶ だます；誤らせる：Me *engañó* diciéndome que me iba a regalar un coche. 彼は車をくれると言って私をだました．Me *engañaron* en la cuenta. 私は勘定をごまかされた．La muchacha se dejó ～ por un joven atractivo. その娘は若い魅力的な男にだまされた．¡No me *engañes*! 冗談だろう?/嘘ばっかり！ ～ a+人 con un billete falso …に偽札をつかます．～ a la vista 目の錯覚を起こさせる．Este niño *engaña* a sus padres. この子は親の期待を裏切っている．～ [+con と] …に対して不貞を働く：La mujer le *engaña* con el joven. 妻は若い男と浮気をしている

◆ ～**se** ❶ ～*se* a sí mismo con una ilusión 幻想を抱いて自分をごまかす．❷ 誤る：*Te has engañado*, no es tan favorable la situación. 君は間違っている．情況はそれほど甘くない

engañifa [engaɲífa] 女 ❶ [口語] [いたずら・からかいが目的の, 小さな] だまし．❷ 見かけ倒しのもの

engaño [engáɲo] 男 ❶ 欺瞞(ぎぇ), ぺてん；誤り：Ese libro es un ～. その本は期待外れだ． vivir en perpetuo ～ 幻想に生きる．❷ 《闘牛》ムレータ [muleta], カパ [capa]．❸ 《スポーツ》フェイント：hacer un ～ フェイントをかける *llamarse a* ～ [だまされて] 嘆く

engañoso, sa [engaɲóso, sa] 形 だます；惑わせる：palabras ～*sas* あてにならない言葉, から約束, 甘言

engarabitar [engarabitár] ～**se** [+a・en に] よじ登る；[寒さで指が] かじかむ

engaratusar [engaratusár] 他 《中南米》＝**engatusar**

engarzar [engarθár] 9 他 ❶ [針金などを] …に通す；つなぐ：～ abalorios ビーズ玉をつなぐ．❷ ＝**engastar**：～ una esmeralda en una sortija 指輪にエメラルドをはめ込む．❸ 結びつける, 関連づける：～ unas palabras con otras 言葉をつなぎ合わせる

◆ ～**se** 《中南米》＝**enzarzarse**

engarce 男 針金を通すこと；[宝石などの] 台座

engastar [engastár] 他 [宝石などを, +en に/…に, +con 宝石などを] はめ込む, ちりばめる：～ rubíes *en* oro 金の台座にルビーをはめ込む

engastado 男 はめ込み

engaste 男 1) はめ込み；[宝石の] 台座. 2) マベパール [半球形の真珠]

engatusar [engatusár] 他 丸め込む, 甘言でだます：Lo *he engatusado* para que me compre un collar. 私はネックレスを買ってもらおうと彼を甘い言葉で釣った

engavillar [engabiʎár] 他 ＝**agavillar**

engendrar [enxendrár] 他 ❶ [子を] なす, 作る．❷ 引き起こす：La crisis económica *engendra* la inestabilidad política. 経済危機は政情不安を生む

◆ ～**se** 生み出される

engendro [enxéndro] 男 ❶ 《軽蔑》醜い人；

駄作, 失敗作. ❷ 胎児 〖feto〗
engibar [eŋxibár] 他 背骨を湾曲させる
◆ **〜se** 猫背になる, 背中が曲がる
englobar [eŋglobár] 他 ❶ 含む, 包括する: Su teoría *engloba* distintos puntos de vista. 彼の理論には相異なる観点が含まれている. ❷ [+en に] まとめる, 一括する: 〜 diversas reclamaciones *en* una plataforma 色々な要請を要求書にまとめる
engolado, da [eŋgoládo, ða] 形 〖口調などが〗もったいぶった, 気どった; 尊大な
engolfar [eŋgolfár] 〜se ❶ [+en に] 熱中する, 没頭する. ❷ 不良 (ごろつき) になる
engolosinar [eŋgolosinár] 他 …の気を引く, 引きつける
◆ **〜se** [+con を] 好きになる, 欲しがる
engomar [eŋgomár] 他 …にゴム糊を塗る; [ゴム糊で] 貼付する; [布に] ゴム引きする
engominar [eŋgominár] 〜se [髪を] ディップで固める
engordar [eŋgorðár] 他 ❶ 太らせる, 肥育する: 〜 un cerdo 豚を太らせる. 〜 las arcas もうける. [統計の数字などを] ふくらます
◆ 自 太る, もうける: He *engordado* dos quilos. 私は2キロ太った
engorda 女 《中南米》 ＝**engorde**
engordaderas 女 複 《医学》 [乳児にできる] 発疹
engorde 男 肥育
engorro [eŋgóro] 男 《軽蔑》迷惑の種: Es un 〜 acompañarlo todo el día. 一日中彼のお供をするのは大変だ
engorroso, sa 形 迷惑な, やっかいな
engoznar [eŋgoθnár] 他 …にちょうつがいを取り付ける
engrampadora [eŋgrampaðóra] 女《中南米》ホッチキス
engrampar 他 ホッチキスでとめる
engranaje [eŋgranáxe] 男 ❶ 歯車 (伝導) 装置: caja de 〜 ギアボックス. 〜 cónico 傘歯車. 〜 de tornillo sin fin ウォーム歯車. 〜 helicoidal はすば歯車. ❷ [歯車・部品の] かみ合わせ. ❸ 関連, 連鎖
engranar [eŋgranár] 他 ❶ [歯車・部品を, +con と] かみ合わせる. ❷ 関連づける, 連係させる: 〜 sus ideas con coherencia 考えを首尾一貫させる
◆ 自 かみ合う; 関連づく, 結びつく
engrandecer [eŋgrandeθér] 39 他 ❶ 大きくする, 広げる: 〜 su propiedad 所有地を増やす. ❷ 偉大 (高貴) にする; 名声を高める, 称揚する: La lectura *engrandece* el espíritu. 読書は精神を高める
◆ **〜se** 昇進する; 立派になる: Se *engrandeció* inmerecidamente. 彼は不相応に高い地位を得た
engrandecimiento 男 拡張, 増大; 昇進
engrapadora [eŋgrapaðóra] 女《中南米》ホッチキス 〖grapadora〗
engrapar 他 ホッチキスでとめる
engrasar [eŋgrasár] 他 [機械・皮革などに] 油脂 (グリース) を塗る, 油をさす: 〜 los goznes ちょうつがいに油をさす. 〜 un motor エンジンに注油する. 〜 una sartén フライパンに油をひく
engrasador 男 グリースカップ; グリースガン 〖〜 a presión〗
engrase 男 油脂を塗ること; 注油, グリースアップ; 潤滑剤 (油)
engreír [eŋgreír] 36 他 過分 engreído, 現分 engreyendo〗思い上がらせる; 《中南米》甘やかす
◆ **〜se** [+con・de・por で] 思い上がる, 慢心する: Se ha *engreído* con su premio. 彼は受賞でいい気になった
engreído, da 形 名 過分 高慢な [人]
engreimiento 男 思い上がり, 慢心
engrescar [eŋgreskár] 他 …にけんかをふっかける, 挑発する; [遊びなどに] 誘う
◆ **〜se** けんかを始める; 遊びに加わる
engrifar [eŋgrifár] 他 《南米. 俗語》麻薬で気分が高揚する, ハイになる
◆ **〜se** けんかを始める; 遊びに加わる
engrillar [eŋgriʎár] 他 足枷をはめる; 身動きできなくさせる
◆ **〜se** ❶ [ジャガイモが] 芽 grillo を出す. ❷ 《中南米》借金する; 思い上がる
engringar [eŋgriŋgár] 8 〜se《中南米》外国人 (外国人) gringo の風習を取り入れる
engripar [eŋgripár] 〜se《南米》インフルエンザにかかる; 風邪をひく
engrosar [eŋgrosár] 他 ❶ 太らせる; 厚くする. ❷ 増やす: 〜 las filas de un partido 党員数を増やす. 〜 su fortuna 財産を増やす
◆ 自 ❶ 太る; 厚くなる: Los músculos *engrosan* con el ejercicio. 運動すると筋肉がつく. ❷ 増える: Va *engrosando* la cola del cine. 映画館の行列が伸びていく
engrosamiento 男 肥大化; 増加, 増大
engrudo [eŋgrúðo] 男 [小麦粉で作る] 糊 (⁇)
engrudar 他 糊を塗る (つける)
engruesar [eŋgrwesár] 自 太る〖engrosar〗
engrumecer [eŋgrumeθér] 39 〜se《料理》[小麦粉などが] だまになる
engrupir [eŋgrupír] 他 《南米》だます
enguachinar [eŋgwatʃinár] 他 …に水をたくさん入れる (混ぜる), 水で薄める; [胃を] もたれさせる
◆ **〜se** 薄まる; [胃が] 重くなる, もたれる
engualdrapar [eŋgwaldrapár] 他 [馬に] 馬衣をつける
enguantar [eŋgwantár] 〜se 手袋をはめる
enguarrar [eŋgwarár] 他《口語》汚す, 染みをつける
◆ **〜se** 汚れる
enguatar [eŋgwatár] 他《西. 服飾》…に綿を入れる
enguirnaldar [eŋgirnaldár] 他 花 (葉) 飾り guirnalda で飾る
engullir [eŋguʎír] 21 他 自 過分 engullendo〗むさぼり食う, 丸飲みする: 〜 su almuerzo 昼食をかきこむ
engurruñar [eŋguruɲár] 他 委縮させる
◆ **〜se** 委縮する, 怖じ気づく

enharinar [enarinár] 他《料理》…に小麦粉をまぶす

enhebrar [enebrár] 他 ❶ [針に] 糸を通す; [数珠玉などを] つなぎ合わせる. ❷《口語》立て続けにしゃべる; [嘘を] 次々にでっちあげる

enhiesto, ta [enjésto, ta] 形《文語》[estar+] 立てた, 起こした: Llevaba la cabeza 〜*ta*. 彼は頭を上げていた(胸を張っていた)

enhilar [enilár] 他 [考え・話を] まとめる, 順序立てる

enhorabuena [enoraßwéna] 女 〖←en hora buena〗[努力の成果に対する] お祝いの言葉: dar (enviar) al premiado la 〜 受賞者に祝辞を述べる

estar de 〜 大変幸せである
◆ 間 おめでとう, よかったですね! 〖⇨¡Felicidades! 類語〗: Me enteré de tu éxito en el examen. ¡*E*〜! 試験に受かったって, おめでとう!
◆ 副 ❶ 折よく: ¡Ya se ha ido 〜! やれやれ帰ってくれた. ❷ [命令文で, 怒りを伴った許可] ¡Vete 〜! しょうがない, 行け!

enhoramala [enoramála] 副 ❶ 折あしく: *E*〜 entré a su cuarto. 私はまずい時に彼の部屋に入ってしまった. ❷ [命令文で] ¡Id 〜! とっとと行ってしまえ!

enhornar [enornár] 他 [器・料理を] 焼き窯(天火)に入れる

enigma [eníɣma] 男 謎(な); 不可解なこと, 謎の人: Su sonrisa es un 〜 para mí. 彼女の微笑は私にとって謎だ. proponer (descifrar) un 〜 謎を出す(解く)

enigmático, ca [eniɣmátiko, ka] 形 謎の, 不可解な: palabras 〜*cas* 謎めいた言葉. mujer 〜*ca* 謎の女性

enjabonar [enxaßonár] 他 ❶ 石けんで洗う; 石けんをつける. 《口語》…にへつらう: 〜 a su jefe 上司のごきげんをとる. 《口語》叱責する 〖regañar〗
◆ 〜se [自分の体を] 石けんで洗う: 〜*se* las manos 手を石けんで洗う

enjabonado, da 形 過分 石けん(泡)だらけの.
◆ 男 石けんで洗うこと

enjabonadura 女 石けんで洗うこと

enjaezar [enxaeθár] 他 [馬に] 馬具をつける

enjalbegar [enxalßeɣár] 他 [石灰で壁などを] 白く上塗りする; [顔に] 白粉を塗る

enjalma [enxálma] 女 荷鞍

enjalmar 他 [馬などに] 荷鞍をつける

enjambre [enxámbre] 男 ❶ [分封ミツバチの] 群れ. ❷《軽蔑》[一般に] 群れ, 集団: un 〜 de fotógrafos カメラマンの一群. ❸《天文》[隕石の] 星団

enjambrar 他 [分封ミツバチを] 巣に入れる.
◆ 自 [ミツバチが] 分封する

enjaranar [enxaranár] 〜se《中米》借金をする, 負債を背負う

enjarciar [enxarθjár] 他 [船に] 索具を装備する, 艤装する

enjardinar [enxarðinár] 他 造園する; [庭園のように木々を] 刈り込む

enjaretado [enxaretáðo] 男 [船のハッチなどの] 格子

enjaretar [enxaretár] 他 ❶ 早口でしゃべりまくる; やっつけ仕事をする. ❷ [やっかい事などを他人に] 押しつける

enjaular [enxaulár] 他 檻に入れる;《口語》投獄する: 〜 a un tigre トラを檻に入れる

enjoyar [enxojár] 他 [人を] 宝石で飾る
◆ 〜se 宝石を身につける

enjuagar [enxwaɣár] 8 他 水洗いする, すすぐ
◆ 〜se [自分の体を] すすぐ: 〜*se* el pelo 髪をすすぐ. 〜*se* los dientes [歯磨きして] 口をすすぐ

enjuague [enxwáɣe] 男 ❶ すすぎ; その液: 〜 bucal《中南米》口内洗浄剤. ❷《軽蔑》[主に 圏] 不正取引, 不正操作. ❸《中南米》ヘアリンス, ヘアコンディショナー

enjugar [enxuɣár] 8 他 ❶《文語》[水けを] ふき取る, ふく; 乾かす: 〜 los platos Ⅲをふく. 〜 la ropa 服を乾かす. ❷ [赤字などを] 解消する: 〜 las deudas 借金をなくす
◆ 〜se《文語》[自分の体の] …をふく: 〜*se* el sudor de la cara con una toalla タオルで顔の汗をふく. 〜*se* las lágrimas 涙をぬぐう

enjuiciar [enxwiθjár] 10 他 ❶ 検討する, 判断する: 〜 la conducta de+ …の行為を評価する. ❷《法律》…の訴訟を予審に付す, 訴追する; 審理する

enjuiciamiento 男 予審に付すこと; 審理

enjundia [enxúndja] 女 ❶ 実質, 内容: A este libro le falta 〜. この本には内容がない. ❷ 気力; [性格の] 強さ. ❸ [雌鶏などの卵巣のまわりの] 脂肪, 脂身

enjundioso, sa 形 内容のある, 中身の濃い; [金額が] かなりの

enjuto, ta [enxúto, ta] 形 ❶ [人が] やせた, 肉づきの悪い 〖〜 de carne〗. ❷ [作品などが] 地味な; 口数の少ない
◆ 男《建築》正方形から内接円を除いた部分; =**pechina**

enlabiar [enlaßjár] 10 他 …に唇を押しつける; [約束・甘言で] だます

enlace [enláθe] 男 〖←enlazar〗 ❶ つながり, 結合: 〜 químico (iónico) 化学(イオン)結合. 〜 covalente 共有結合. ❷《文語》結婚[式] 〖〜 matrimonial〗. ❸ [交通機関の] 接続: estación de 〜 接続駅. vía de 〜 連絡通路. ❹ 連絡係; [秘密の] 連絡員: 〜 sindical《西》組合代表. ❺《通信・情報》リンク: 〜 de datos データリンク

enlaciar [enlaθjár] 10 他 [植物を] しおれさせる

enladrillar [enladriʎár] 他 …に煉瓦を敷く

enladrillado 男 煉瓦敷き

enlanado, da [enlanáðo, ða] 形 羊毛の(割合が)多い; 羊毛に覆われた

enlatar [enlatár] 他 缶詰にする: verduras *enlatadas* 缶詰の野菜. música *enlatada*《軽蔑》[生演奏に対して] 録音した音楽

enlazar [enlaθár] 9 他 ❶ [+a に/+con と]

つなぐ；関連づける：〜 los brazos a+人 al cuello …の首に腕を巻きつける，首っ玉にしがみつく．〜 una autopista con otra 高速道路をつなげる．❷［リボン・蝶結びで］結ぶ，とめる．《中南米》投げ縄を投げる

◆ 囲［交通機関が］接続する：Este tren *enlaza con el rápido*. この列車は急行と接続する

◆ 〜se 結び合わされる；姻戚関係になる

enlistar [enlistár] 他《中米》＝**alistar**

enlobreguecer [enlobregeθér] 他 暗くする

◆ 〜se 暗くなる

enlodar [enloðár] 他 泥で汚す：〜 sus manos 手を泥だらけにする．〜 el buen nombre 名声に泥を塗る

◆ 〜se 泥で汚れる

enloquecer [enlokeθér] 39 他 ❶ 発狂させる；正気を失わせる，逆上させる：La soledad lo *enloquecía*. 彼は孤独で気も狂わんばかりだった．〜 a los hombres con su coquetería 媚態で男を狂わす．❷《口語》…は大好きである：La *enloquecen* los chocolates. 彼女はチョコレートが大好きだ

◆ 囲／〜se 発狂する，［＋por・de に］逆上する：〜*se de amor* 恋に狂う

enloquecedor, ra 形 気を狂わせるような

enloquecimiento 男 狂乱，逆上

enlosar [enlosár] 他［＋場所 に］タイル（石）を張る

enlosado 男 タイル（石）張り〔の床〕

enlozado, da [enloθáðo, ða] 形《中南米》ほうろう引きの

enlucir [enluθír] 40 他［壁などに仕上げの］漆喰（プラスター）を塗る；［金属製品を］磨く

enlucido 男 漆喰（プラスター）を塗ること

enlutar [enlutár] 他 …に喪服を着せる；悲しみに沈める

◆ 〜se 喪服を着る；悲しみに沈む：Su semblante *se enlutó*. 彼の表情はかげりを帯びた

enmaderar [enmaðerár] 他［＋場所 に］壁板（パネル）を張る；床板を張る，フローリングする

enmadrar [enmaðrár] 〜se《西》［男の子が］母親にべたべたする（なつきすぎる）

enmalle [enmáʎe] 男 刺し網漁

enmarañar [enmaɾaɲár] 他［糸などを］もつれさせる；混乱（紛糾）させる：El viento le *enmarañaba* el cabello. 風で彼女の髪が乱れた

◆ 〜se ❶ もつれる；混乱，紛糾する：*Se ha enmarañado* el proceso. 審理が混乱した．❷［人が，＋en に］巻き込まれる．❸ 雲が出る，空に雲がかかる

enmarcar [enmarkár] ⑦ 他 ❶ …に額縁をつける：〜 una foto 写真を額縁に入れる．❷［＋en・dentro de の中に］位置づける：*Enmarcaron* su gestión *dentro de*l respecto a la Constitución. 彼らは活動を憲法の枠内に限定した．❸ …の背景となる

◆ 〜se 入る，位置づけられる：Su obra *se enmarca en el* impresionismo. 彼の作品は印象派に属する

enmascarar [enmaskarár] 他 ❶［顔を］仮面で覆う．❷ 覆い隠す：〜 sus intenciones 自分の意図を隠す

◆ 〜se 仮面をつける；［＋de に］仮装（変装）する

enmascarado, da 形 名 過分 仮面をつけた〔人〕

enmascaramiento 男 仮面をつけること，仮装，変装；《軍事》偽装，迷彩

enmasillar [enmasiʎár] 他［割れ目・窓ガラスなどを］マスチック（パテ）で充填（接合）する

enmelar [enmelár] 23 他 …に蜜を塗る（まぜる）；《比喩》甘くする

◆ 囲［蜜蜂が］蜜を作る

enmendar [enmendár] 23 他［誤り・欠点を］直す，訂正する；［法案・判決を］修正する：〜 el escrito 文書を訂正する．〜 su conducta 行ないを正す

◆ 〜se［＋de 自分の欠点を］直す，行ないを改める：〜*se de* su mala costumbre 悪い癖を直す．Ese hombre era un criminal pero *se ha enmendado*. あの男は罪を犯したが今は改心している

enmienda [enmjénda] 女 ❶ 改心；訂正〔個所〕：hacer propósito de 〜 行ないを改めようと決意する．hacer unas 〜s en un texto 原文にいくつか訂正を加える．sin 〜 ni raspadura〔文書の末尾で〕訂正・削除事項なし．❷ 修正〔案〕：rechazar la 〜 al proyecto de ley〔法案〕に対する修正案を否決する．〜 a la totalidad 法案否認動議

no tener 〜 改心の見込みがない

enmohecer [enmoeθér] 39 他 かびさせる；錆びさせる；役に立たなくする

◆ 〜se かびが生える；錆びつく；役に立たなくなる：*Se enmoheció* el techo. 天井にかびが生えた

enmohecimiento 男 かびが生えること

enmonar [enmonár] 〜se《南米》酔っぱらう

enmontar [enmontár] 〜se《中南米》大きくなりすぎる

enmoquetar [enmoketár] 他［＋場所 に］じゅうたん moqueta を敷き込む

enmudecer [enmuðeθér] 39 囲 ❶ 黙る；［話すべき時に］黙っている，何も言わない：*Enmudeció* del susto. 彼は驚いて何も言えなかった．❷ 唖者（ᵃ）になる

◆ 他 黙らせる：Le *enmudeció* el miedo a morir. 彼は死の恐怖から黙ってしまった

enmudecimiento 男 無言，沈黙

enmugrecer [enmugreθér] 39 他 垢だらけにする

◆ 〜se 垢だらけになる

ennegrecer [ennegreθér] 39 他 黒くする；陰気（不吉）にする：Grandes nubarrones *ennegrecían* el cielo. 厚い雨雲で空が暗くなった．Una duda *ennegreció* su semblante. ある疑いを感じて彼の表情は暗くなった

◆ 〜se 黒くなる；暗くなる，陰気（不吉）になる

ennegrecimiento 男 黒くする（なる）こと

ennoblecer [ennobleθér] 39 他 ❶ …に爵位を授ける，貴族に叙する．❷［人・事物に］気品（品格）を与える：La bondad *ennoblece* al hombre. 善なる心は人間を気高くする

◆ ～se 爵位を得る, 貴族になる；品格が出る
ennoblecimiento 男 授爵；品格が出ること
ennoviar [ennobjár] 自 ～se《口語》恋人ができる

-eno《接尾辞》❶ [地名形容詞化] chil*eno* チリの. ❷ [品質形容詞化] mor*eno* 浅黒い
enografía [enografía] 女 ワイン概説
enojar [enoxár]《主に中南米》他 怒らせる, 感情を傷つける〔≒enfadar〕；いらいらさせる, 不快にする：i) Me *enojó* por su actitud insolente. 彼の横柄な態度に私は腹を立てた. ii) [que+接続法 が主語] Le *enoja* que sus hijos lleguen tarde a casa. 彼は子供たちの帰りが遅いのでいらいらしている

◆ ～se [+con・contra+人 に対して] 腹を立てる, 気を悪くする；いらだつ
enojada 女《中米》怒り, 腹立ち
enojadizo, za 形 怒りっぽい
enojo [enóxo] 男《主に中南米》怒り, 腹立ち〔ira〕；不快, 心痛：sentir profundo ～ 深い怒りを覚える. causar ～ a+人 …を怒らせる；いやけを起こさせる. con ～ 怒って
enojoso, sa [enoxóso, sa] 形 不快な；やっかいな, 面倒な：tipo ～ いやなやつ. situación ～*sa* 困った立場
enología [enolxía] 女 ワイン醸造学
　enólogo, ga 男女 ワイン醸造学者
enorgullecer [enorguλeθér] 他 自慢させる：Me *enorgullece* ver tu éxito. 君の成功で私は鼻が高い
◆ ～se 高慢になる；[+de・por を] 自慢する：～*se de* sus obras 自分の作品を自慢する
　enorgullecimiento 男 高慢, 思い上がり
enorme [enórme] 形〖英 enormous〗❶ 巨大な, 並外れた；ひどい：edificio ～ 巨大なビル. ～*s* gastos 莫大な費用. insulto ～ ひどい侮辱. ❷《口語》すばらしい, とてもいい
enormemente [enórmeménte] 副 すごく, ひどく
enormidad [enormidá(đ)] 女 ❶ 巨大さ, 膨大さ. ❷ 重大さ；常軌を逸した言動, ひどい間違い：libro lleno de ～*es* 間違いだらけの本 *una* ～ とても, 非常に：Me gustó *una* ～. それは大変気に入った
enoteca [enotéka] 女 ワインの貯蔵(コレクション)
enotecnia [enotéknja] 女 ワイン醸造法
enquiciar [enkijθjár] 他 [扉板などを] 側柱に取り付ける；秩序をもたせる, 正常化させる
◆ ～se 秩序を回復する, 正常化する
enquistar [enkistár] ～se《医学》包嚢に包まれる；[社会に] 固定化する, 定着する
　enquistamiento 男 包嚢形成, 被嚢
enrabiar [enrabjár] 他 激怒させる〔hacer ～ の方が一般的〕
◆ ～se 激怒する
enrabietar [enrabjetár] ～se 泣きじゃくる
enracimar [enraθimár] ～se =arracimarse
enraizar [enrajθár] 自 [表] 自/～se [+en に] 根づく, 根を下ろす〔比喩的にも〕

enraizar	
直説法現在	直説法点過去
enra*í*zo	enraic*é*
enra*í*zas	enraizaste
enra*í*za	enraiz*ó*
enraizamos	enraizamos
enraizáis	enraizasteis
enra*í*zan	enraizaron
接続法現在	
enra*í*ce	
enra*í*ces	
enra*í*ce	
enraicemos	
enraic*é*is	
enra*í*cen	

enramada [enramáđa] 女《医裝》[一本の木全体の] 枝；枝の飾り(覆い)
　enramar 他 枝で飾る(覆う)
enranciar [enranθjár] 他 [油脂・ワインなどを] 酸敗させる
◆ ～se 酸敗する；古くさくなる
enrarecer [enrareθér] 他 [気体を] 希薄化する；汚染する：～ la atmósfera en una ciudad 都市の大気を汚染する
◆ 自 減少(不足)する
◆ ～se ❶ 希薄になる；減少(不足)する：Se *enrarece* el aire. 空気が薄くなる. ❷ 汚染される
enrasar [enrasár] 他 …の高さをそろえる
enratonar [enratonár] ～se《南米》二日酔いである
enredadera [enređađéra] 女 つる植物〔planta ～〕
enredador, ra [enređađór, ra] 形 名 面倒を起こす[人]；ゴシップ屋
enredar [enređár] 他 ❶ [糸などを, +en に] からませる. ❷ [事態を] 紛糾させる：Su muerte *enredó* más el asunto. 彼の死によって事件が一層もつれた. ❸ [面倒に] 巻き込む：Le *enredaron en* un negocio fraudulento. 彼は詐欺まがいの取引にかかわり合った. ❹ 時間をとらせる；[楽しくて] 時がたつのを忘れさせる：No me *enredes* ahora, que voy deprisa. 急いでいるのだから引きとめないでくれ. ❺ [網で] 捕える
◆ 自 ❶ [+con と] [道具で] 遊ぶ：～ *con* tapaderas y cacerolas 鍋とふたをガチャガチャいわせて遊ぶ. ❷ 陰でこそこそする, 悪事をたくらむ
◆ ～se ❶ からまる, からみつく：*Se le enredó a* Juana el pelo *en* la persiana. フアナの髪がブラインドにひっかかった. ❷ 紛糾する；けんかになる. ❸《軽蔑》[+con と] 浮気する
enredo [enréđo] 男 ❶ もつれ, からまり：tener un ～ en el pelo 髪の毛がもつれている. ❷ 紛糾, トラブル. ❸ うしろ暗い仕事, あくどい商売；悪だくみ；嘘. ❹《軽蔑》愛人関係, 浮気. ❺ [小説・劇の] 筋立て, プロット：comedia de ～ 筋のこみいった(波乱万丈の)劇. ❻ 複《口語》がらくた, くだらない物

enredoso, sa [形] 複雑な, やっかいな

enrejado [enrɛxáðo] [男] [医図][一つの建物・その一部の] 格子；柵 : cerrar su jardín con un ～ 庭の回りに柵をめぐらす

enrejar [他] 1) 格子をはめる；柵で囲む : ventana *enrejada* 格子窓. 2) 牢に入れる. 3) 《中米》[動物を] 荒縄でつなぐ；衣服を縫う

enrevesado, da [enřeβesáðo, ða] [形] [問題・説明・性格などが] 入り組んだ, 複雑な : itinerario (asunto) ～ 複雑な行程(事件)

enrielar [enřjelár] [他] [+場所 に] レールを施設する

enripiar [enřipjár] [10] [他] [穴・すき間 に] 漆喰くずを詰める

Enrique [enříke] [男] 《男性名》エンリケ 〖英 Henry〗

enriquecer [enřikeθér] [39] [他] ❶ 金持ちにする；豊かにする : ～ a la clase media 中産階級を富ませる. ～ el vocabulario ボキャブラリーを増やす. ～ el campo 畑を肥沃にする. ～ su espíritu 精神を豊かにする. ❷ 飾る : Pinturas famosas *enriquecen* el salón. 名画が広間を飾っている

◆ [自] [+de・en に] 富む : *Enriquece* de ciencia. 彼は学問がある. ～ en significado 語義が多い

◆ ～se 金持ちになる；充実する : La nación *se ha enriquecido* en estos cinco años. その国はこの5年間で豊かになった

enriquecimiento [男] 金持ちになること；充実

Enriqueta [enřikéta] [女] 《女性名》エンリケータ 〖英 Henrietta〗

enriscado, da [enřiskáðo, ða] [形] 岩山の多い

enristrar [enřistrár] [他] ❶ [槍を] 槍止めに当てて構える；[攻撃するために] 小脇にかかえる. ❷ [ニンニク・タマネギなどを] 数珠つなぎにする

◆ [自] 一直線に進む

enrocar [enřokár] [7] [自] 《チェス》キャスリングする

◆ ～se 海底の岩に引っかかる

enrojecer [enřoxeθér] [39] [他] 赤くする : ～ sus uñas con esmalte エナメルで爪を赤く塗る

◆ [自] [文語] [顔が] 赤くなる : Su rostro *enrojeció*. 彼は顔を赤らめた

◆ ～se 赤くなる : *Se le ha enrojecido* la cara por efecto de la fiebre. 彼は熱のせいで顔が上気していた

enrojecimiento [男] 赤くする(なる)こと

enrolar [enřolár] [他] ❶ [主に水兵を] 徴募する；[+en 艦船に] 乗り組ませる

◆ ～se [兵役で, +en に] 入隊する；加入する : ～se en la marina 海軍に入る

enrollar [enřoʎár] [他] ❶ [円筒形に] 巻く : ～ el hilo 糸を巻く. ～ un saco de dormir 寝袋を巻く. ❷ 《西. 俗語》[+en 事業などに] 巻き込む [enredar]. ❸ [口語] …の気に入る

◆ ～se 《西. 俗語》❶ 長々と(繰返し・支離滅裂に)話す : Siempre *se enrolla* por teléfono. 彼はいつも長電話をする. ❷ 巻き込まれる；夢中になる : *Se ha enrollado en* el ordenador

personal. 彼はパソコンにのめり込んでしまった. ❸ [+con+人 と] 恋愛(性的)関係になる. ❹ 加入(参加)する

～se bien (mal) 《西. 俗語》表現が上手(下手)である；人づきあいが上手(下手)である

enronquecer [enřoŋkeθér] [39] [他] [声を] かすれさせる, しわがれ声にする

◆ [自]/～se しわがれ声になる : He *enronquecido* de tanto gritar. 私は叫びすぎて声がかれた

enronquecimiento [男] しわがれ, かすれ

enroque [enřóke] [男] 《チェス》キャスリング : hacer un ～ largo (corto) 大(小)入陣する

enroscar [enřoskár] [7] [他] ❶ 螺旋(渦巻き)状にする : ～ la pasta パン生地をホーン形にする. ❷ ～ un tornillo (una tuerca) ねじ(ナット)を締める

◆ ～se [蛇が] とぐろを巻く

enrostrar [enřostrár] [他] 《南米》[+a+人 に] 面と向かって言う(非難する)

enrular [enřulár] [他] 《中南米》[髪を] カールする

ensabanado, da [ensaβanáðo, ða] [形] [形] 《闘牛》体は白く頭と足が黒い〔牛〕

ensacar [ensakár] [7] [他] 袋に入れる(詰める)

ensacadora [女] 袋詰め機

ensaimada [ensaimáða] [女] 《菓子》渦巻(ホーン)形の菓子パン

ensalada [ensaláða] [女] ❶ 《料理》サラダ : hacer ～ de tomate トマトのサラダを作る. ～ rusa [ゆで卵・ツナなどを加えた] ポテトサラダ. ～ de fruta[s] マセドニア. en ～ 冷やしてドレッシングであえた. ❷ ごたまぜ, でたらめ；ごちゃごちゃな配色

～ de tiros (de balas) 激しい銃撃戦

ensaladera [ensalaðéra] [女] サラダボール

ensaladilla [ensalaðíʎa] [女] 《西》ポテトサラダ 〖～ rusa〗《中米》サラダ

ensalivar [ensaliβár] [他] 唾液で濡らす

ensalmo [ensálmo] [男] [迷信的な治療の] 祈禱

〔como〕 por ～ 魔法のように；あっという間に

ensalmador, ra [男] 祈禱師

ensalmar [他] …の脱臼(骨折)を治す；祈りで治す

ensalzar [ensalθár] [9] [他] 賛美する, 称揚する : ～ los méritos de+人 …の功績をたたえる. ～ a+人 a la cumbre de la fama …を名声の頂点へ押し上げる

ensalzamiento [男] 賛美, 称揚

ensamblador [ensambláðor] [男] 《情報》アセンブラー

ensambladura [ensamblaðúra] [女] 組立て 〖ensamblaje〗

ensamblaje [ensambláxe] [男] ❶ 組立て；組合わせ : coches en ～ 組立て中の自動車. factoría de ～ 組立て工場. ❷ 接合用の部品. ❸ 《情報》アセンブリング

ensamblar [ensamblár] [他] 組み立てる；組み合わせる : ～ las patas y el asiento de una silla 椅子の座部に脚をつける. ～ las piezas de un rompecabezas ジグソーパズルのピースを組み

合わせる

ensamble [ensámble] 男 組立て〖ensamblaje〗;〖木工〗組み, 継ぎ

ensanchar [ensantʃár] 他 広げる: ~ un hueco 穴を大きくする. ~ una carretera 道幅を広げる. ~ una casa 増築する
◆ 自/~se ❶ 広がる: Este jersey〔se〕*ha ensanchado.* このセーターは伸びてしまった. ❷ 思い上がる, うぬぼれる
　ensanchamiento 男 広げること, 拡大

ensanche [ensántʃe] 男 ❶ 拡張, 拡大; [都市の] 新規開発地区: zona de ~《西》新興住宅街, 団地. ~s urbanas [19-20世紀の建築家たちによる] 都市拡張計画. ❷《服飾》縫いしろ

ensangrentar [ensaŋgrentár] 23 他 血に染める; 血で汚す
◆ ~se ❶ 血だらけになる: *Se ensangrentaron sus trajes.* 彼らの服は血だらけだった. ❷ = ensañarse
　ensangrentamiento 男 血だらけにする(なる)こと

ensañar [ensaɲár] ~se [+con・contra 無抵抗の人などに] 激しく襲いかかる; [+en に] ひどく残酷である: ~se con los vencidos 敗走する敵軍を執拗に攻撃する
　ensañamiento 男 激しさ, 残酷さ

ensartar [ensartár] 他 ❶ …に糸(針金)を通す: ~ perlas en un collar 真珠をつないでネックレスにする. ❷ [剣などを, +en に] 突き刺す. ❸ しゃべり散らす: ~ mentiras 嘘を並べ立てる. ❹《中南米》紛糾させる; [人を] 欺く, 陥れる

ensayar [ensajár] 他 ❶ [繰返し] 練習する; 《演劇・音楽》稽古する, リハーサルする: ~ una canción 歌のリハーサルをする. ❷ 練習させる. ❸ [性能・品質の] 試験をする; 試用する: ~ la dureza 硬度を試験(検査)する. ~ una vacuna ワクチンの効果を試す. ❹ 試す: i) ~ cómo hacer una tortilla トルティーリャを試しに作ってみる. ii) ~ [+a・不定詞] ~ a saltar con pértiga 棒高飛びをやってみる
◆ 自 ❶ 練習する; リハーサルする: ~ con el balón ボールを使って練習する. ❷《ラグビー》トライする
◆ ~se 稽古を積む, 練習する

ensayista [ensajísta] 名 随筆家, エッセイスト
　ensayismo 匿名 [ジャンルとしての] 随筆

ensayo [ensájo] 男 ❶ 練習;《演劇・音楽》稽古, リハーサル: ~ general 衣装をつけた舞台稽古, ドレスリハーサル. ❷《性能・品質》試験, テスト; 試用: ~ de resistencia 耐久性テスト. ~ de monedas 貨幣の品質検査. ~ nuclear 核実験. vuelo de ~ テスト飛行. ❸ 試み, 小手調べ: a título (modo) de ~ 試しに, 試験的に. por ~ y error 試行錯誤しながら. ❹ エッセー, 随筆; 試論. ❺《ラグビー》トライ: línea de ~ ゴールライン

-ense《接尾辞》[地名形容詞化] costarricen*se* コスタリカの

enseguida [ensegíða] 副《英 at once. en seguida とも表記される》すぐに, ただちに: Vol-

veré ~. すぐに戻ってきます. Llovió un poco y paró ~. 雨がちょっと降って, すぐやんだ
　~ *de...* 〘~ en seguida de〙

ensenada [ensenáða] 女 入り江, 浦

enseña [enséɲa] 女 記章, 旗印

enseñante [enseɲánte] 名《文語》[広い意味で] 教師

enseñanza [enseɲánθa] 女〖英 teaching〗❶ 教育 〖☞educación 頬義〗: i) recibir una buena ~ 立派(十分)な教育を受ける. nivel de ~ 教育水準. ii) 教育課程; 教育形態(方法): ~ infantil 幼児教育. ~ primaria 初等教育. ~ media (secundaria) 中等教育. ~ superior 高等教育. ~ técnica 技術教育. ~ religiosa 宗教教育. ~ programada プログラム学習. iii) 教育で得た知識: Su ~ es muy deficiente. 彼はほとんど教育を受けていない. ❷ [主に 複] 教訓, 教え; [複] 教訓となること: servir de ~ 教訓として役立つ. Sus ~s me fueron de gran ayuda. 彼の教えは大変役に立った

enseñar [enseɲár] 他〖英 teach, show〗❶ [学科・知識・技術などを] 教える: i) El maestro nos *enseñó* matemáticas muy bien. 先生はとても上手に数学を教えてくれた. bien (mal) *enseñado* 礼儀正しい(礼儀知らずの), しつけのよい(悪い). [+a・不定詞] ~ a leer (cantar) 字(歌)を教える. ~ a tener buenos modales 行儀作法を教える
❷ 教示する, 教訓となる: Su experiencia me *enseñó* cómo se debe vivir. 彼の経験から私は人の生きるべき道を教えられた
❸ 示す, 見せる: Te *enseñaré* la ciudad. 町を案内してあげよう. *Enséña*me tu álbum. アルバムを見せてよ. ~ el camino 道を教える. ~ el cuerpo 肉体をさらけ出す

enseñorear [enseɲoreár] ~se [+de の] 持ち主(主人)になる, 支配する: *Se enseñoreó del* condado. 彼は伯爵領の領主となった

enseres [enséres] 男 複 家財道具, 家具什器 〖~ domésticos〙; [仕事などの] 道具, 七つ道具

ENSIDESA 女《略語》←Empresa Nacional de Siderurgia, Sociedad Anónima スペイン製鉄会社

ensiforme [ensifórme] 形《植物》[葉が] 剣状の

ensillar [ensiʎár] 他 [馬に] 鞍を置く

ensimismar [ensimismár] ~se ❶ [+en に] 没頭する, 没入する: *Se ensimismaba en* los recuerdos. 彼は思い出にひたっていた. ❷《南米》思い上がる
　ensimismamiento 男 没頭, 没入

ensoberbecer [ensobɛrbeθɛr] 39 他《文語》傲慢にさせる
◆ ~se ❶ 傲慢になる; [+con・de を] 自慢する: *Se ensoberbecía* con su belleza. 彼女は美しさを鼻にかけていた. ❷ [海が] 荒れる
　ensoberbecimiento 男 傲慢

ensombrecer [ensombreθɛr] 39 他 暗くする; [絵に] 陰影をつける: El árbol *ensombrece* este rincón. 木の陰になってこの隅が暗い。 La viudez *ensombreció* su vida. 夫に先立たれて彼女の人生は暗くなった。 ～ el rostro 顔を曇らせる

◆ ～se 〔文語〕暗くなる；陰気になる

ensoñar [ensoɲár] ②⑧ 夢想する： ～ el futuro 未来を夢みる

ensoñación 囡 夢想

ensoñador, ra 形 图 夢想家〔の〕

ensopar 他《南米》ずぶぬれにする

◆ ～se ずぶぬれになる

ensordecer [ensorðeθér] ③⑧ 他 ❶ …の耳を聞こえなくする；耳を聾(ろう)する： Me *ensordece* esta música. この音楽は耳にガンガンする。 ❷ 〔音を〕弱める。 ❸ 返事をしない、耳を貸さない。 ❹《言語》〔有声子音を〕無声化する ❺ 自 耳が聞こえなくなる(遠くなる)

ensordecedor, ra 形 耳を聾するような： ruido ～ ひどい騒音

ensordecimiento 男 耳が聞こえなくなる(遠くなる)こと

ensortijar [ensortixár] 他 〔文語〕〔髪を〕カールする『rizar』；〔家畜に〕鼻輪をつける

◆ ～se 指輪をいくつもはめる

ensuciar [ensuθjár] ⑩ 他 ❶ 〔ひどく〕汚す『⇔manchar 類義』： ～ su pañuelo con lodo ハンカチを泥で汚す。 ❷ 〔文語〕〔名誉・名声を〕けがす

◆ 自 ＝～se ❸

◆ ～se ❶ 〔ひどく〕汚れる。 ❷《口語》悪事に手を出す、自分の手を汚す『～se las manos』；体面をけがす、面目を失う： El teniente *se ensució* por dinero del acusado. 警部補は被告から賄賂を取った。 ❸《婉曲》大便をもらしてしまう： El niño [*se*] *ha ensuciado* en los calzones. その子はうんちをもらしてパンツを汚してしまった

ensueño [enswéɲo] 男 夢 『sueño』；夢想、願望： vivir de ～s 夢に生きる

de ～ 夢のような、すばらしい： Es una casa *de* ～. それは夢のような家だ

¡ni ～ *~!* とんでもない!

entablar [entablár] 他 ❶ 始める、着手する： ～ batalla 戦闘を開始する。 ～ la reforma 改革に着手する。 ～ negociaciones 交渉に取りかかる。 ～ amistad con+人 …と友情を結ぶ。 ❷《チェス》駒を並べる。 ❸ …に板を張る；《医学》副木で固定する

◆ 自《中南米》同点になる、引き分ける

◆ ～se 始まる；《中南米》引き分ける『empatar』

entablado 男 板張りの床

entablamento 男《建築》エンタブラチュア『古典建築で柱の上部全体。⇒columna カット』

entable 男《チェス》駒の配置、駒組み

entablillar [entabliʎár] 他《医学》〔手・足を〕副木で固定する

entalegar [entalegár] ⑧ 他 ❶ 袋 talego に入れる；貯金(秘ひ金やく)する。 ❷《西. 戯語》投獄する『encarcelar』

entallar [entaʎár] 他 ❶ 〔服を〕体のサイズに合わせる、体にぴったりさせる。 ❷〔像を〕彫る。 ❸

〔木材に〕切り込みを入れる；〔樹脂を採るために木に〕切り込みを入れる

◆ ～se 体にぴったり合う： Esa falda *se* le *entalla* demasiado. 彼女のそのスカートは体の線が出すぎる

entallecer [entaʎeθér] ③⑨ 自/～se《植物》分蘖(ぶんげつ)する、枝(株)分かれする

entalpía [entalpía] 囡《物理》エンタルピー

entapar [entapár] 他《南米》製本する、装丁する

entapizar [entapiθár] ⑨ 他 タピスリーを掛ける；貼り巡らす、覆い尽くす

entarimar [entarimár] 他 床板を張る、寄せ木張りにする

entarimado 男 床張り、寄せ木張り〔の床〕

éntasis [éntasis] 囡《単複同形》《美術》エンタシス

ente [énte] 男 ❶《哲学》存在： ～ de razón 思考の産物；論理的存在。 ❷〔主に公的な〕団体、機関『entidad』；《西》〔el *E*～〕国営放送。 ❸《軽蔑》奇妙な人、変わり者

-ente《接尾辞》〔er・ir 動詞+〕 i)〔品質形容詞化〕refer*ente* habli.te. ii)〔名詞化. 行為者〕delincu*ente* 犯罪者

enteco, ca [entéko, ka] 形 虚弱な、病気がちな

entelequia [entelékja] 囡《哲学》エンテレケイア；妄想

entena [enténa] 囡《船舶》〔三角帆を支える〕斜めの帆桁

entendederas [entendeðéras] 囡 覆《口語》理解力『entendimiento』： corto de ～ 頭の弱い。 Es duro de ～. 彼は鈍い

entender [entendér] ㉔ 他 〔英 understand. ⇒活用表〕 ❶ 理解する、わかる『類義』主に entender は相手の言葉・言うことがわかること、comprender は内容を納得すること』： i) No *entiendo* lo que dice él. 彼が何を言っているのかわからない。 No te *entiendo*. 私には君が理解できない/君が何を言っているのかわからない。 No habla el inglés, pero lo *entiende*. 彼は英語は話せないが、〔聞いて・読んで〕わかる。 ii)〔目的語なしで〕*¿Entiendes?* わかったかい?/ね、いいかい? Ya *entiendo* bien. ああ、よくわかった

❷ …が聞こえる： *Entendí* claramente la conversación. 会話がはっきり聞こえた

❸《文語的》〔+que+直説法 と〕判断する、察する；〔+por と〕みなす： *Entiendo* que sería mejor callarse. 私は何も言わない方がいいと思う。 ¿Debo ～ *que* quiere que me marche? 私に出て行ってほしいということですね? ～ a+人 *por* bajo …を軽視する

dar a ～ ほのめかす： Me *dio a* ～ que necesitaba ayuda. 彼が助けを必要としていることが私には何となくわかった

～ *mal* 誤解する： Me *has entendido mal*. 君は僕を誤解している

◆ 自 ❶〔+de と〕精通している： *Entiende* mucho *de* cine. 彼は映画に大変詳しい。 ～ *de* mecánica 機械に強い。 ❷〔+en と〕関わる：

Yo no *entiendo en* este asunto. 私はこの件に関わりがない(関わらない). **❸** 《口語》同性愛者である

◆ **〜se ❶** 理解し合う；[+con+人 と] 仲がいい, うまくやる；打ち合わせる；[意見が] 一致する：*Se entiende* bien *con* su jefe. 彼は上司とうまくいっている. *Se entiende* que Carlos me reemplazará. カルロスが私の代わりをつとめることで一致を見ている. **❷** 自分を理解する：Creo que no *se entiende.* 彼は自分の言っていることがわかっていないんだと思う. **❸** 《口語》情を通じる, 愛人関係にある. **❹** [+con に] 精通している, 扱い方を知っている

¿cómo se entiende? 〔怒り〕それは一体どういうことですか？

entendérselas con+人 …と話をつける, 釈明する

hacerse 〜/darse a 〜 自分の言っていること(考え)をわからせる：Su español no es perfecto pero *se hace* 彼のスペイン語はうまくないが通じる

◆ 男 判断, 意見：según su 〜 彼の意見によれば

a mi 〜 私が思うには

entender	
直説法現在	接続法現在
ent*ie*ndo	ent*ie*nda
ent*ie*ndes	ent*ie*ndas
ent*ie*nde	ent*ie*nda
entendemos	entendamos
entendéis	entendáis
ent*ie*nden	ent*ie*ndan

entendido, da [entendíðo, ða] 形 名 過分 **❶** 理解された：según tengo 〜 私の理解によれば, 私が思うに. palabras mal 〜*das* 誤解された言葉. **❷** [ser+. +en に] 精通した(人), 専門家：Es muy 〜 *en* álgebra. 彼は代数に強い. el whisky de los 〜*s* 通の〔勧める〕ウイスキー. **❸** [聞き手・話し手の性と無関係に男性形] *¿E〜?* [念押し] わかる?, わかったね? *¡E〜!* 了解, わかった！

bien 〜 que+直説法 …という条件で：Fijaremos este precio, *bien 〜 que* será adelantado el pago. 前払いという条件で, この値段にしよう

no darse por 〜 聞こえなかったふりをする, 知らんぷりをする

entendidamente 副 利口に, 聡明に；巧みに, 器用に

entendimiento [entendimjénto] 男 **❶** 判断, 理解；判断(理解)力：obrar con 〜 正気で行動する. 〜 recto 正しい判断力. **❷** [主に否定文で] 知能, 能力；分別：No tiene 〜. 彼はばかだ. Es persona de mucho 〜. 彼はとても頭がいい. **❸** 協調 [buen 〜]：〜 internacional 国際協調

entenebrecer [entenebreθér] 39 他 《文語》暗くする〔比喩的にも〕

◆ **〜se** 暗くなる：Su carácter *se entenebre-*

cía. 彼の性格は暗くなっていった

entente [enténte] 安 《〜仏語》[主に国家・企業間の] 協定, エンタント：〜 cordial 和親協商

enteradillo, lla [enteraðíʎo, ʎa] 形 物知りぶった

enterado, da [enteráðo, ða] 形 名 過分 **❶** [estar+. +de の] 情報に明るい(人), [出来事を] 知っている(人)：Está muy 〜 *de* la economía europea. 彼はヨーロッパ経済に詳しい. Estoy 〜 *de* las circunstancias. 事情は知っています. **❷** 《西. 主に軽蔑》[ser+] 学識のある(人)：Se las da de 〜. 彼は物知りぶっている. **❸** 《南米》横柄な, いばった

◆ 男 [文書の末尾へのサイン] 了承済み：firmar el 〜 「了承済み」とサインする

darse por 〜 [事実を] 承't ていることを示す 〔主に否定文で〕：No *se da por 〜*. 彼はまったく耳を貸さない. *Dése por 〜*. 二度と言わせないで下さい

enteramente [entéraménte] 副 すっかり, 完全に：producto 〜 nacional 純国産品

enterar [enterár] 他 **❶** …に知らせる：Me *enteraron* cuando ya era tarde. 手遅れになってから私は知らされた. **❷** 《中南米》…に支払う；《南米》完済する

◆ **〜se** 〖英 come to know〗 **❶** [情報によって, +de+名詞・+de que+直説法を] 知る：*Se enteró de*l accidente por televisión. 彼は事故のことをテレビで知った. **❷** [出来事に] 気づく 〖主に否定文で〗；[言われたことに] 留意する：Robaron en la casa vecina y no *nos enteramos.* 隣の家が泥棒に入られたが, 私たちは気がつかなかった. *Entérate* bien *de* esto. このことをよく覚えておけ(調べてみろ). **❸** 《主に西. 口語》理解する〖entender〗

entérate [念押し] わかったな

para que te enteres/¿te enteras? [相手に不愉快なことの念押し] 言っておくぞ, わかったな：Si lo vuelves a hacer te voy a castigar, *¿te enteras?* 二度としたらお仕置きだよ, わかったね？

te vas a 〜 [de quién soy yo] [脅し文句で] 思い知らせてやる

entereza [enteréθa] 安 **❶** 完全さ. **❷** 廉潔さ；意志の堅さ：llevar la viudez con gran 〜 堅くやもめを守り通す. tener 〜 意志を強くもつ

entérico, ca [entériko, ka] 形 《解剖》腸の；腸溶性の

enteritis [enterítis] 安 《単複同形》《医学》腸炎

enterizo, za [enteríθo, θa] 形 [全体として] 一つの：columna 〜*za* 一本柱

enternecer [enternéθér] 39 他 優しい気持ちにする, ほろりとさせる：Su historia *enterneció* a los oyentes. 彼の話に聴衆は感動した

◆ **〜se** ほろりとなる, 感動する

enternecimiento 男 感動, 同情

entero, ra [entéro, ra] 形 [英 whole, entire] **❶** 全部の, 全部そろった；全体の：El equipo no está 〜, falta un delantero. チームは全員そろってない. フォワードが1人いない. leer un libro ～ 本を1冊全部読む. viajar por el mundo ～ 世界中を旅行する. un día ～ 丸一日. ❸ 損われていない, 無傷の: La cristalería llegó ～ra. ガラス器は無傷のまま届いた. ❸ 廉潔な; 意志の堅い, 気丈な: juez muy ～ 公明正大な裁判官. carácter ～ 一徹な性格. ❹ [estar+] 壮健な; [米飯などが] まだ芯がある; [果実が] まだ熟していない. ❺《数学》整数の. ❻《植物》[葉が] 全縁の. ❼《中南米. 口語》よく似た

◆ 男 ❶《数学》整数. ❷ [相場の単位] ポイント: Las acciones perdieron dos ～s. 株価は2ポイント下落した. ❸《中南米》払い込み〔金〕, 納付〔金〕

por ～ すべて, 完全に: Ha cambiado *por ～*. 彼はすっかり変わった

enterocolitis [enterokolítis] 囡《単複同形》《医学》全腸炎

enteropatía [enteropatía] 囡《医学》腸病

enterostomía [enterostomía] 囡《医学》腸フィステル形成, 腸造瘻(ろう)術

enterotomía [enterotómja] 囡《医学》腸管切断術

enterrar [enterár] 23 他 ❶ 埋める: ～ un tesoro 財宝を埋める. ❷ 埋葬する: ～ a+人 en un cementerio …を墓地に葬る. ❸ 隠す; 忘れ去る: ～ las pruebas 証拠を隠滅する. ～ su odio 憎しみを忘れる. ❹ …よりも長生きする: Éste me *enterrará*. こいつは私より長生きするだろう. ❺《中南米》[剣などを, +en に] 突き刺す

◆ **～se** 引きこもる: ～*se* en un pueblo de montaña 山の中の村に隠棲する

enterrador, ra 图 墓掘り人. ◆ 男《昆虫》モンシデムシ

enterramiento 男 埋葬, 葬儀; 墓, 墓穴

enterratorio [enteratórjo] 男《南米》昔の先住民の墓地

entibar [entibár] 他 [坑道などで] 土止めする

◆ 自 重みがかかる

entibación 囡 土止め; その坑木

entibiar [entibjár] 10 他 ぬるくする, 少し暖(温)かくする; [愛情などを] さます: ～ un café コーヒーをさます

◆ **～se** ぬるくなる, さめる: Se han *entibiado* las relaciones entre los dos países. 両国の関係は冷たくなった

entidad [entiðá(ð)] 囡 ❶《文語》機関, 団体: ～ privada 民間機関. ～ financiera 金融機関. ～ local 地方自治体. ❷ 価値, 重要性: problema de gran ～ 重大な問題. asuntos de poca ～ つまらない用件. ❸《哲学》本質; [抽象的な] 実体: encontrar su ～ 自分の本質を発見する. El alma es una ～. 精神とは抽象的実体である

entiend- ☞entender 24

entierro [entjéro] 男《←enterrar》❶ 埋葬, 葬式: asistir al ～ de su amigo 友人の葬儀に参列する. ❷ 葬列: Santo E～ 聖金曜日の行列. ～ de la sardina 鰯の埋葬《灰の水曜日の祭り. ☞写真》

entimema [entiméma] 男《論理》省略三段論法

entintar [entintár] 他 ❶ インクで汚す; 染める; 《印刷》インク付けをする

-ento《接尾辞》[名詞+. 品質形容詞化] ama-ril*lento* 黄色っぽい

entoldar [entoldár] 他 ❶ …に天幕(日よけ)を張る: ～ el patio 中庭に天幕を張る. ❷ [雲が空を] 覆う

◆ **～se** 曇る: Se *entoldó* el cielo de repente. 突然空が曇った

entoldado 男《匤芸》天幕, 日よけ

entomófilo, la [entomófilo, la] 形 名 ❶《植物》虫媒の. ❷ 昆虫好きな〔人〕

entomología [entomoloxía] 囡 昆虫学

entomólogo, ga 名 昆虫学者

entonación [entonaθjón] 囡 ❶ 歌うこと. ❷《音楽》発声, 調音. ❷《声の》抑揚, イントネーション; 語調: ～ ascendente (descendente) 上昇(下降)調

entonado, da [entonáðo, ða] 形《過分》❶《音楽》調子の合った. ❷《口語》[estar+. 酔って] ご機嫌な. ❸ 社会的地位のある; 学者ぶった;《中南米》虚栄心の強い

entonar [entonár] 他 ❶ [調音のための出だしを] 歌い出す, 音頭をとる. ❷ 歌う: ～ un aria アリアを歌う. ❸ [筋肉を] 鍛える; …に活力を与える, 元気づける: Un café te *entonará*. コーヒーを飲めばしゃきっとするよ. ❹ [賛辞を] 述べる

◆ 自 ❶ 声の調子をとる: No *entona* bien. 彼は音が外れている. ❷ [+con と] 調和する: Las cortinas no *entonan con* la alfombra. カーテンがじゅうたんの色と合わない

◆ **～se** [酔って] いい気分になる; 活力(元気)を取り戻す; 高慢になる, 思い上がる

entonces [entónθes] 副《英 then》その時; 当時: i) Le llamé y ～ se echó a correr. 私は彼を呼んだ. すると〔その時〕彼は急に走りだした. Ya veremos (se verá) ～. その時はその時だ. ii) [前置詞+] La conozco desde ～. 私は当時から彼女を知っている. hasta ～ その時まで. Por 〔aquel〕 ～ tenías tres años. 君はあのころ〔その当時〕3歳だった. en aquel ～ あの時; 当時. iii) [形容詞的] Debemos mucho al ～ director. 私たちは当時の支配人に大変世話になっている

❷ [接続詞的] それでは: ¿No está en casa? E～ le llamaré más tarde. ご不在ですか. それ

では後ほどお電話します。*E~*, hasta mañana. ではまた明日

*~+直説法 **cuando…*** …するとすぐ…：*E~* amaneció *cuando* se pusieron a trabajar. 夜が明けるとすぐ彼らは働き始めた

ser ~ cuando… …するのはその時である：Fue *~ cuando* conocí a tu madre. 私が君のお母さんと知り合ったのはその時だった

◆ [成] 何を今さら！[Pues *~*]：¿No le dijiste que se fuera? ¡*E~*! 君は彼に出ていけと言ったんじゃないか。それじゃ仕方ないよ！

entono [entóno] 男 傲慢，うぬぼれ 〖ensoberbecimiento〗

entontar [entontár] 他《中南米》=**atontar**, **entontecer**

entontecer [entonteθér] 39 他 愚かにする；[思考能力を] 鈍くする

◆ *~se* 愚かになる

entontecimiento 男 白痴化

entorchado [entortʃáðo] 男《服飾》[軍服の] 金(銀)モール；《音楽》[低音部の] 太い弦

entorchar 他 モールで飾る；《中南米》ねじ曲げる

entornar [entornár] 他 [扉・窓などを] 細めに開く：*~* los ojos 薄目をあける；目を軽く閉じる

entorno [entórno] 男 ❶ [社会・家族などの] 環境，周囲：*~* familial 家庭環境．❷《情報》環境

entorpecer [entorpeθér] 39 他 困難にする，妨げる：*~* el camino 通行を妨げる．*~* las negociaciones 交渉を停滞させる．❷ [理解力・反応を] 鈍らせる：*~* la mente 頭をぼうっとさせる．El frío me *entorpece* los dedos. 私は指がかじかんでいる

◆ *~se* [理解力・反応が] 鈍る

entorpecimiento 男 鈍化，邪魔，交通渋滞

entrada¹ [entráða] 女 [英 entry, en-trance. ↔**salida**] ❶ [+en に] 入ること：i) Prohibida la *~*.《表示》立入禁止，入場お断わり．*~ en* una ciudad del ejército 部隊の市内入城．*~ en* un puerto 入港．*~ de* capital 資本の流入．ii) 入場；入場券 [billete de *~*] 〖値〗入場者：Anoche hubo poca *~*./Anoche fue floja la *~*. 昨夜は入りが悪かった．pagar una *~* 入場券を払う．comprar la *~* 入場券を買う．derechos de *~* 入場料；輸入税．media *~* 半分の入り．*~* general [劇場の] 普通席券．iii) 入会，加盟；入学，入社：*~ en* la Academia アカデミーへの入会．*~ en* el gobierno 入閣．❷ 入り口：El edificio tiene dos *~s*. その建物には入り口が2つある．Te espero a la *~* del parque. 公園の入り口で待ってるよ．*~* principal 表門，正面玄関．*~ de* aire 空気取り入れ口．❸ [季節・年などの] 初め；[小説などの] 初めの部分：a la *~* de la primavera 春の初めに．El discurso está en su *~*. 演説は始まったばかりだ．❹《商業》[主に 値] 帳簿（への）入金，収入；輸入：asentar una *~* 入金を1件記帳する．*~s* por carga 運賃収入．*~s* y salidas 収支

❺ 頭金，内金：sin *~* 頭金なしの・で．*~ del* piso マンション購入の頭金

❻《演劇》登場 [en escena]

❼《料理》前菜 [entrante]

❽《野球》回，イニング；《サッカー》タックル

❾ [主に 複]額のはえぎわ：tener [muchas] *~s* 額が[ひどく]はげ上がっている

❿ [辞書の] 見出し語

⓫《情報》入力，インプット

⓬《中南米》強襲

dar ~ a+人 1) [+en への] 入会(入場)を…に許す：No me *dieron ~ en* el grupo. 私はグループに入れてもらえなかった．2) きっかけを与える：El director dio *~ a* los violines. 指揮者がバイオリンに出の合図をした

de ~ まず，手初めに：Te diré, *de ~*, que no tengo dinero ahora. まず言っておくけど，今金は持ってないよ

tener ~ en… …に自由に出入りできる

entrado, da² [entráðo, ða] 形 過分 Está *~da* la mañana. もう朝も遅い時間だ．*E~da* (Bien *~da*) la noche salimos a la calle. 夜に(夜大変遅く)なってから私たちは街に出かけた．bien (poco) *~da* la noche 深夜に(宵の口に)．hasta muy *~da* la noche 夜ふけまで．*~ en* años 年をとった

entrador, ra [entraðór, ra] 形《中南米》威勢のよい，元気のある；ほれっぽい

entramado [entramáðo] 男 ❶《建築》真壁造り，枠組壁工法．❷ 構成；集合体：*~* jurídico 法的枠組

entramar 他 木ずりを打ちつける

entrambos, bas [entrámbos, bas] 形 代 複《文語》両方(の) [ambos]

entrampar [entrampár] 他 だます；借金を負わせる

◆ *~se* 借金を背負う

entrante [entránte] 形 入る；次の：el mes *~* 来月．el alcalde *~* 次期市長 〖↔el al-calde saliente 前市長〗．ángulo *~*《数学》凹角

◆ 男 ❶ 入る(入り込んだ)もの：*~ en* la pared 壁内のくぼみ，壁龕(がん)．❷《料理》前菜 [オードブルやスープ]

entraña [entráɲa] 女 [主に 複] ❶ 内臓，臓物．❷ 奥底，内奥；中心，本質：vivir en las *~s* de una selva 密林の奥深くに住む．ir a la *~* de un asunto 事の本質に迫る．Es un hombre de malas *~s*. 彼は[本当は]たちの悪い男だ

arrancársele a+人 las ~s …の心が引き裂かれる

de sus ~s 愛する：¡Hijo *de mis ~s*! いとしい我が子よ！

echar [hasta] las ~s 激しく吐く

llevar un hijo en las ~s お腹に子供がいる

no tener ~s 血も涙もない

sacar las ~s a+人 …を殺す，ひどい目に会わせる；有り金全部使わせる

sin ~s 血も涙もなく，残酷にも

entrañable [entraɲáble] 形 親しい：amigo

～ 畏怖. mirada ～ 親しみのまなざし. recuer-
do ～ 甘い思い出

entrañar [entrañár] ⑩[危険・問題点などを]
含む：un peligro 危険性をはらんでいる

◆ **～se** [+con と] 親交を結ぶ

entrar

[entrár] ⑩《英 enter. ↔salir》❶
[+en・a と] 入る《+a は主に《中南
米》または《比喩》》: i) *Entró* en el cuarto por
la ventana. 彼は窓から部屋に入った. *¿Se
puede ～?* 入っていいですか？ Las tropas *han
entrado* en Toledo. 軍隊がトレドに侵入した.
No *entro* en el aspecto moral de la cues-
tión. 私は問題の道徳的側面には立ち入らない.
ii) 入り切る，はまる：El anillo no me *entra* en
el dedo. 指輪が私の指にはまらない. El clavo
no *entra* en la pared. 釘が壁に刺さらない. iii)
[組織などに]加入する；[事件などに]関わる：
～ *en* la escuela 入学する. ～ *en* el ejército
入隊する，軍人になる. ～ de dependiente *en*
una zapatería 靴屋の店員になる. ～ *en* una
conspiración (una conversación) 陰謀(会
話)に加わる. ～ *en* política 政治に携わる. iv)
[材料・要素・範疇などに]含まれる：*En* la con-
fección de esta tarta *entran* leche y
huevos. このケーキには牛乳と卵が入る. El desa-
yuno no *entra* en el precio del hotel. 朝食
は宿泊料に含まれない. Su nombre entraba en
la lista. 彼の名前がリストに入っていた. *En* un
kilo *entraron* seis tomates. トマト6個で1キ
ロになった

❷ [時期などに]達する；[ある状態に]なる：i)
Ha entrado en la pubertad (los sesenta
años). 彼は年ごろ(60歳)になった. *Hemos
entrado* en el otoño (lo más duro de la
batalla). 秋になった(戦いの最も困難な局面に入
った). ii) [習慣などに]染まる，取り入れる：～
en las tradiciones 伝統に染まる. iii) [感情な
ど] ～ *en* deseo (recelo) 欲しく(心配に)なる.
～ *en* cólera 怒り出す

❸ [時期・状態などが]始まる：i) La primave-
ra *entra* en marzo. 春は3月に始まる. *Entró*
el año con buen tiempo. 晴天で新年を迎えた.
el mes que *entra* 来月. ii) [+a+人] Me
entra miedo (frío). 私は怖く(寒く)なった

❹ [食べ物・飲み物が]おいしい

❺ [+a+不定詞] ～し始める：～ *a* pronunciar
unas palabras 話し始める

❻ [+現在分詞 で話が]始まる：La carta *entra*
contando su viaje. 手紙は彼の旅行の話で始ま
っている

❼ 《演劇》登場する《～ en escena》: *Entra*
por la derecha. 上手より登場

❽ 《音楽》[楽譜に従って演奏・歌が]始まる

❾ 《闘牛》[牛が闘牛士の挑発に]向かっていく

❿ 《自動車》[ギアが]はいる

no ～ a+人 1) …に理解(習得)できない；納得
できない：*No le entran* las matemáticas. 彼
は数学がわからない. *No me entra* esa ley. そ
の法律には納得がいかない. 2) [人が]…に親し
みを感じさせない：*No me entra* esa chica. そ
の娘は私にはしっくりしない

no ～ ni salir en+事 [人が]…に関わらない

◆ **㉞** 入れる：～ el coche en el garaje 車
をガレージに入れる. ❷ …に侵入する；[牛などが]
突きかかる；[弱みなどに]付け込む：No hay por
donde ～le. 彼には付け入るすきがない. ❸ [布
を]縫い込む，寸法を詰める. ❹ 《情報》アクセス
する；インプットする. ❺ 《サッカー》タックルする

◆ **～se** 入り込む：*Se nos ha entrado* la fe-
licidad por las puertas. 我が家に幸せが訪れた

entre

[entre] ⑩《英 between, among. 再
帰前置詞格をとる場合を除き +人称代
名詞は主格》～ *tú y yo* ❶ …の間に，…の中
で：i) [空間] León está ～ Oviedo y Zamo-
ra. レオンはオビエドとサモーラの間にある. Se ve
el cielo por ～ los árboles. 木立ちの間から空
が見える. Un conejo saltó de ～ los mato-
rrales. ウサギが茂みから飛び出した. caerse a+
人 de ～ las manos …の手(の間)から落ちる.
sentarse ～ los padres 両親の間に座る. vivir
～ los indígenas 原住民に混じって暮らす. ii)
[時間] Venga usted ～ las diez y las once.
10時から11時の間に来てください

❷ [選択・分割・区別] Es difícil escoger
[de] ～ tantos aspirantes. こんなに大勢の志
願者から選ぶのは難しい. No siempre sabe-
mos discernir ～ el bien y el mal. いつも善悪
を見分けられるとは限らない. vacilar ～ el
dinero y el honor 金か名誉か選択に迷う.
vacilar ～ salir o (o) quedarse 出かけようか
残ろうか迷う. repartir los dulces ～ los
niños 菓子を子供たちに分ける. diferencia ～
el hombre y la mujer 男と女の違い

❸ [範囲] Estaba ～ los candidatos. 彼は候
補者の中に入っていた. Es el más inteligente
～ todos. 彼はみんなの中で一番頭がいい. con-
tar a+人 ～ los amigos …を友人の数に加える

❹ [中間] *E*～ frío y caliente me gusta
más. 私は暑くもなく寒くもないのが一番好きだ.
estar ～ la vida y la muerte 生死の境をさま
よう. color ～ el amarillo y el naranja 黄と
橙の中間の色. sabor ～ dulce y agrio 甘酸っ
ぱい味. ～ curioso y atemorizado 怖いもの見
たさで

❺ [相互] Los dos se insultaban ～ sí. 2人
はののしり合っていた. conferencia ～ Japón y
Estados Unidos 日米会談

❻ [協力] …が…して；[合計] …を合わせて：
Cogimos al ladrón ～ tres personas. 私たち
は3人がかりで泥棒を捕えた. *E*～ tú y yo lo
llevaremos. 君と私とでそれを運ぼう. *E*～ jó-
venes y viejos son treinta. 老若合わせて30
人だ. *E*～ todos hay veinte personas. 皆で
20人いる. *E*～ los ruidos y el calor no
podía dormir. 騒音やら暑さやらで私は眠れなか
った

❼ …の心の中で：Lo pensaba ～ mí. 私は内心
そのことを考えていた. Nadie le oyó porque
hablaba ～ sí. 彼は心の中でつぶやいていたので誰
にも聞こえなかった

❽ [割り算] Veinte ～ cuatro igual a cinco.
20割る4は5

~ **más...**《主に中南米》…すればするほど〖cuanto más...〗

~ **tanto** =entretanto

~ [**tanto**] **que**+直説法 …する間: E~ que le espero, voy a tomar un café. 彼を待っている間にコーヒーを飲もう

~... **y...** [行為名詞の反復] …しながら

entre-《接頭辞》[中間・混交] entresuelo 中2階, entrevista 会見, entrelazar 編む

entreabrir [entreaβrír] 他 過分 entreabierto) [扉・窓などを] 少し開ける, 半開きにする: ~ los ojos 薄目を開ける

entreacto [entreákto] 男 [劇などの] 幕間(まくあい): en el ~ 幕間に

entrebarrera [entreβarɛ́ra] 女《闘牛》[主に 覆] フェンスと観客席の間の通路

entrecalle [entrekáʎe]《建築》2 つの刳型(くりがた)の間の溝

entrecano, na [entrekáno, na] 形 [髪が] 半白の, 白髪まじりの

entrecavar [entrekaβár] 他 [土を] 浅く掘り起こす

entrecejo [entreθéxo] 男 眉間(みけん); 眉をひそめること: fruncir (arrugar) el ~ 眉間にしわを寄せる; [不満などで] 眉をひそめる

entrecerrar [entreθɛrár] 他 [ドア・窓などを] 半開きにする: con los ojos entrecerrados 薄目を開けて

entrechocar [entretʃokár] 7 自 ぶつけ合う: ~ las espadas 剣を打ち合わせる. ~ los dientes 歯をガチガチ言わせる

◆ ~**se** ぶつかり合う

entrecomillar [entrekomiʎár] 他 引用符comilla で囲む

entrecomillado 男 引用符内の語句

entrecortado, da [entrekortáðo, ða] 形 とぎれとぎれの: Sus palabras me llegaron ~das. 彼の言葉はとぎれとぎれに聞こえた. con la voz ~da por la emoción 感動に声を詰まらせながら

entrecot [entrekót] 男《覆 ~s》《←仏語. 料理》あばら肉, リブロース

entrecruzar [entrekruθár] 9 他 交錯(交差)させる;《生物》交配する

◆ ~**se** 交錯する, 交差する

entrecubierta [entrekuβjɛ́rta] 女《船舶》[主に 覆. 上・下甲板の間の] 中甲板

entredicho [entreðítʃo] 男《カトリック》[司祭の] 聖務停止制裁;《南米》口論

estar en ~ [信用などが] 疑われている

poner en ~ 祭儀の挙行を禁止する; [信用などを] 疑う, 問題にする

entredós [entreðós] 男《覆 ~doses》❶《手芸》[切り替え部分に縫い込む] 細長いレース. ❷ [窓と窓の間に置く] 小たんす

entrefilete [entrefiléte] 男《←仏語》《新聞の》囲み記事, 小記事

entrega [entréɣa] 女 ❶ 引渡し; 授与: hacer la ~ de un paquete 小包を渡す. ~ a domicilio 配達, 宅配. ~ de llaves inmediata 《表示》即時入居可. ~ de premios

賞品の授与. ❷ 献身: con gran ~ 大変献身的に. ❸ [連載などの] 1 回分: novela por ~s 連載小説. ❹ [作り付けの椅子の] 壁に組み込まれた部分. ❺《技術》送り出し: ~ del papel 給紙

entregado, da [entreɣáðo, ða] 形 過分 [estar+. +a に] 没頭した

entregar [entreɣár] 8 他《英 deliver》[+a に] ❶ 渡す, 引き渡す; 明け渡す: ~ una carta al portero 手紙を管理人に渡す. ~ un criminal a la policía 犯人を警察に引き渡す. ~ una casa a+人 …に家を引き渡す(明け渡す). ~ un proyecto de ley al parlamento 議会に法案を提出する. ❷ 授与する: ~ el diploma a+人 …に卒業証書を授与する. ❸《技術》送り出す

~**la**《口語》死ぬ

◆ ~**se** ❶ …に身(心)を任せる; [女性が] 体を許す. ❷ …に没頭(専心)する: ~se al estudio 学問に励む. ❸ 投降する; 自首する

entreguerras [entreɣɛ́rras] **de** ~ [第 1 次・第 2 次の] 両大戦間の

entreguismo [entreɣísmo] 男《軽蔑》戦う前から勝利をあきらめている態度

entrelazar [entrelaθár] 9 他 [糸などを] 絡み合わせる: ~ las manos 手を組む

◆ ~**se** 絡み合う

entrelínea [entrelínea] 女 行間の書き込み; 行間

entrelinear 他 行間に書き入れる

entremedias [entremédjas] 副 [空間的・時間的に, +de の] 間に: E~ de los bombones normales hay algunos de licor. 普通のチョコレートの中にウィスキーボンボンも混じっている. Voy a hacer compras y ~ le telefoneo. 私は買い物に行ってその合い間にお電話します

entremedio [entremédjo] 副 =entremedias

entremés [entremés] 男《覆 ~meses》❶《料理》[主に 覆] オードブル. ❷《演劇》幕間(まくあい)劇

entremeter [entremetɛ́r] 他 [+con と, +en・entre に] 混ぜる, はさむ; [はみ出た部分を] 折り込む, 押し込む

◆ ~**se** 介入する; 入り込む, 割り込む

entremetido, da 形 名 過分 差し出がましい〔人〕〖entrometido〗

entremetimiento 男 混ぜること; 介入

entremezclar [entremeθklár] 他 混ぜる〖mezclar〗

◆ ~**se** 混ざる

entrenador, ra [entrenaðór, ra] 名 ❶ トレーナー, コーチ; 監督: ~ de pilotaje 操縦練習台. ❷ [オートバイに乗った自転車レースの] 先導者

entrenamiento [entrenamjénto] 男 練習, 訓練: estar falto de ~ 練習不足である. terreno de ~ 練習場. partido de ~ 練習試合. vuelo de ~ 訓練飛行

entrenar [entrenár] 他 訓練する, 鍛える: ~ a un atleta 陸上選手をトレーニングする. ~ su memoria 記憶力を鍛える

E

◆ 自 トレーニングする

◆ ～se 自分を訓練する: ～se en el fútbol サッカーの練習をする

entrenervio [entrenérbjo] 男《製本》[主に 印] 綴じ糸と綴じ糸の間

entrenudo [entrenúðo] 男《植物》節間

entreoír [entreoír] 47 他《過分 entreoído, 現分 entreoyendo》かすかに聞こえる: Entreoí una frase. 私は一言小耳にはさんだ

entrepaño [entrepáɲo] 男《建築》柱間; 棚板;《扉・窓の》鏡板

entrepierna [entrepjérna] 女 ❶ 股;《服飾》[時に 印] クロッチ. ❷《俗語. 婉曲》性器
pasarse por la ～ 軽蔑する

entrépito, ta [entrépito, ta] 形 名《南米》でしゃばりな〔人〕

entreplanta [entreplánta] 女 [店舗などの] 中２階

entrepuente [entrepwénte] 男 =**entrecubierta**

entresacar [entresakár] 7 他 ❶ [+de から] より分ける: ～ unas frases *de* un libro 本から文章を抜き出す. ❷ 間伐をする. ❸ [髪の毛を] 梳く

entresemana [entresemána] 副 女 ウィークデイ〔に〕

entresijo [entresíxo] 男 ❶《解剖》腸間膜. ❷ [主に 印] 内奥, 秘密; 困難: Esta casa tiene muchos ～s. この家は隠れ場所が多い(入り組んでいる). Es una persona con mucho ～. 彼はよくわからない人物だ

entresuelo [entreswélo] 男 中２階〔の住居・部屋〕;《劇場の》２階正面席

entretanto [entretánto] 副 [時間] その間に: Esperaba el tren y ～ leyó una revista. 彼は列車を待っていて, その間に雑誌を１冊読んでしました

◆ 男 合い間: en el ～《まれ》そうするうちに

entretejer [entretexér] 他 ❶ 織る: ～ una colcha ベッドカバーを織る. ❷ 織りまぜる; からみ合わせる: ～ hilos dorados en una tela 布に金糸を織り込む. ～ los dedos 指を組む. ❸ [+con・de を] …に加える, 挿入する: ～ su discurso con alabanzas al director 議長への賛辞を演説にまじぇる

entretela [entretéla] 女 ❶《服飾》芯地(ㄴ^). ❷ 印 心の奥底, 情: Es el hijo de sus ～s. 彼は両親の大切な息子だ

entretelar 他 …に芯地を入れる

entretención [entretenθjón] 女《南米》=**entretenimiento**

entretener [entretenér] 58 他 ❶ 楽しませる, 気晴らしをさせる: Entretuvo a su visita contándole chistes. 彼は冗談を言ってお客を楽しませた. ❷ …の注意をそらす: Le entretienen sus compañías todas las tardes, sin dejarle estudiar. 毎晩仲間たちが邪魔しにやって来て, 彼は勉強できなくなる. ❸ 我慢できるものにする: Entretiene sus largas horas de soledad haciendo punto. 彼女は編み物をして何とか長い孤独な時間を過ごした. ❹ [処理などを] 引き延

ばす: Están entreteniendo la concesión de su permiso. なかなかその許可が下りない. ❺ 維持する: ～ el fuego 火を絶やさない. ～ una ilusión 幻想を抱き続ける

◆ ～se ❶ [+con/+現在分詞 で] 楽しむ, 気晴らしをする: Nos entretuvimos viendo el vídeo. 私たちはビデオを見て楽しんだ. ～se con cualquier cosa どんなことにも楽しみを見つける. ❷ 気が散る: No te entretengas y come pronto. 遊んでないで早く食べなさい. ❸ 長い時間を過ごす: Me entretuve en la calle. 私は街で時間を食ってしまった

entretenido, da [entretenído, ða] 形《過分》❶ [ser+] 楽しい: película ～da 面白い映画. ❷ [estar+. 人が] 忙しい. ❸ 注意力の必要な: tarea muy ～da 大変緊張のいる仕事

◆ 女《古語》愛人; 売春婦

entretenimiento [entretenimjénto] 男 ❶ 娯楽, 気晴らし; その道具: El paseo me sirve de ～. 散歩は私の気晴らしだ. ❷ 維持《mantenimiento》

entretiempo [entretjémpo] 男 間(ㄵ)の季節《春と秋》: ropa de ～ 合服

entrever [entrebér] 50 他《過分 entrevisto》❶ かいま見る, ちらりと見る: Entrevió el cielo por entre los árboles. 木の間隠れに空が見えた. ❷ [漠然と] 予想する, 見抜く: Entreveo lo que pretendes hacer. 君が何をするつもりか何となくわかる. ～ una salida al problema 問題解決の糸口が見える

entreverar [entreberár] 他 混ぜる, 混合する

◆ ～se《南米》混雑(混乱)する

entreverado, da [entreberáðo, ða] 形《過分 [estar+] ちりばめられた;《口語》ごちゃごちゃした

entrevero 男《南米》混乱, 無秩序; 口論

entrevía [entrebía] 女《鉄道》軌間

entrevista [entrebísta] 女 ❶《文語》i) 会談: celebrar una ～ sobre la paz 和平会談を開く. ii) インタビュー: hacer una ～ al ministro 大臣にインタビューする. ❷ [採用試験の] 面接: La compañía les hace las ～s a los universitarios. 会社は学生たちの面接試験を行なう

entrevistar [entrebistár] 他 …にインタビューする; 面接試験をする: Los universitarios son entrevistados en (por) las compañías. 学生たちは会社の面接試験を受ける

◆ ～se 会談する; [+con に] インタビューする

entrevistador, ra 名 インタビュアー; 面接官

entripado, da [entripáðo, ða] 形《過分》腸の: dolor ～ 腸の痛み

◆ 男《口語》[秘めた] 怒り, 嫌悪感

entripar ～se《中米》ずぶぬれになる;《南米》不快になる, 怒らせる

entristecer [entristeθér] 39 他 ❶ 悲しませる: Me entristece la muerte del perro. 私は犬の死が何とも悲しい. ❷ 陰気にする: La lluvia entristecía la calle. 雨で通りはもの悲しい感じがした

◆ ～se [+de・con・por を] 悲しむ: Me entristecí de abandonar la tierra natal. 故郷を

E

去るのはつらかった

entristecimiento 男 悲しみ

entrometer [entrometér] ～**se** [+en・entre に] 入り込む；《軽蔑》介入する，口出しする：～*se en* lo ajeno 他人のことに首を突っ込む．～*se entre* marido y mujer 夫婦のことにおせっかいをやく

entrometido, da 形 名 過分《軽蔑》差し出がましい〔人〕，おせっかいな〔人〕

entrometimiento 男《軽蔑》干渉，口出し

entrompar [entrompár] ～**se**《口語》酔っ払う；《中南米》怒る，腹を立てる

entroncar [entroŋkár] 7 他 自 ❶ [+con と，家族・血統が] 縁続きである，姻戚関係にある；関連している．❷《主に中南米》[乗り物が] 接続する

◆ 他 [+con 貴族などとの] 親戚関係を証明する

entroncamiento 男 つながり，関連

entronizar [entroniθár] 9 他 ❶ 即位させる．❷ 称揚する；高く掲げる

◆ ～**se**《軽蔑》思い上がる，傲慢になる

entronización 女 即位

entronque [entrónke] 男 ❶ 血縁(姻戚)関係．❷《中南米. 鉄道》接続：estación de ～ 接続駅

entropía [entropía] 女《物理》エントロピー

entropillar [entropiʎár] 他《南米》[馬を] 群れに慣れさせる

entropión [entropjón] 男《医学》眼瞼(がんけん)内反

entubar [entubár] 他 …に管をつける，配管する；《医学》挿管する

entuerto [entwérto] 男 ❶《口語》不正，悪：deshacer ～*s*《戯語》悪を正す．❷ 腹《医学》後陣痛《dolores de ～》

entumecer [entumeθér] 39 他 [筋肉・関節などの] 動きを悪くする；しびれさせる．: El frío me *entumece* las manos. 私は寒くて手がかじかんでいる

◆ ～**se** [筋肉・関節などが] よく動かなくなる，固くなる；しびれる：*Se* me *entumecen* los músculos de las piernas. 私は脚の筋肉が張っている

entumecimiento 男 [筋肉などが] よく動かなくなること，しびれ

entumir [entumír] ～**se**《主に南米》=**entumecerse**

enturbiar [enturbjár] 10 他 ❶ 濁らせる．❷ [機能を] 乱す，動揺させる；[精神 精神的に鈍らす．～ la alegría 喜びに水をさす

◆ ～**se** 濁る；乱れる：Las aguas se *enturbiaron*. 水が濁った

entusiasmar [entusjasmár] 他 熱狂させる；…の気に入る『gustar mucho』：Sus palabras *entusiasmaron* a todos. 彼の言葉に全員感激した．Me *entusiasman* los pasteles. 私はケーキに目がない

◆ ～**se** [+con・por に] 熱狂する，夢中になる：*Se entusiasma con* el teatro. 彼は演劇に熱中している

entusiasmo [entusjásmo] 男《英 enthusiasm》❶ 熱狂，歓喜；熱情：Sentí un gran ～ por el proyecto. 私はその計画に大変興奮した．despertar ～ entre los asistentes 出席者たちを熱狂させる．perder el ～ 熱が冷める．con ～ 熱狂的に，熱心に．❷ [芸術家の感じる] 高揚

entusiasta [entusjásta] 形 名 熱狂的な〔人〕：Es un seguidor ～ de ese partido. 彼はその政党の熱狂的な支持者だ

entusiástico, ca [entusjástiko, ka] 形 [行為が] 熱狂的な：recibimiento ～ 熱烈な歓迎

enucleación [enukleaθjón] 女《医学》[腫瘍・眼球などの] 摘出

enumeración [enumeraθjón] 女 数え上げ，列挙；そのリスト，列挙

enumerar [enumerár] 他 数え上げる，列挙する：No merece la pena ～ todos los detalles. 細かい点まですべて述べるには及ばない

enumerativo, va 形 列挙する：lista ～*va* 列挙表

enunciar [enunθjár] 10 他 [他人に伝えるために・概念を厳密に使って] 述べる，表現する：～ la teoría marxista マルクス主義の理論を説く．～ un problema《数学》問題(のありか)を示す

enunciación 女 言明，表明；《言語》発話行為

enunciado 男《言語》発話[された結果]，言表；《数学》与件

enunciativo, va 1) 言明の．2)《文法》oración ～*va* 平叙文

enuresis [enurésis] 女《単複同形》《医学》遺尿[症]，夜尿症

envainar [embajnár] 他 [剣を] 鞘におさめる

◆ ～**se**《南米》悶着を起こす

envainador, ra 形《植物》[葉が] 茎を葉鞘で包んでいる

envalentonar [embalentonár] 他 大胆にする，思い上がらせる

◆ ～**se** 強気の(傲慢な)態度に出る：Ante la negativa de su padre, se *envalentonó* y amenazó con salir de casa. 父親が反対すると，彼は虚勢を張って家を出ると脅した

envanecer [embaneθér] 39 他 高慢にする，慢心させる

◆ ～**se** 高慢になる；[+de を] ひどく自慢する：*Se envanece de* tener hijas bonitas. 彼は美しい娘たちを持って鼻が高い

envanecimiento 男 高慢

envarado, da [embarádo, ða] 形 名 過分 高慢な〔人〕，自尊心の強い〔人〕

envarar [embarár] 他 [手足などを] こわばらせる：El frío me *envara* el cuerpo. 寒さで体がうまく動かない

◆ ～**se** こわばる；[人が] かたくなになる

envaramiento 男 こわばること

envasar [embasár] 他 ❶ [運搬・保存のために] 容器に入れる：～ el aceite en latas 油を缶に詰める．❷ がぶ飲みする，大量に飲む

envasado 男 容器に入れること：～ al vacío 真空パック

envasador 男 大型のじょうご

envase [embáse] 男 ❶ 容器に入れること: operación de ～ 箱詰め作業. ❷ [運搬・保存用の] 容器: leche en ～ de cartón 紙パック入りの牛乳. ～ burbuja (blíster) 透明材による包装

envasijar 他《中南米》=envasar•

envedijar [embeðixár] ～se [髪・毛糸などが] もつれる; 紛糾する

envegar [embegár] 自 ～se《南米》[土地が] ぬかるみになる

envejecer [embexeθér] 39 他 ❶ 老けさせる; 老けて見せる: Este peinado la *envejece*. このヘアスタイルだと彼女は老けて見える. ❷ [ワイン・チーズを] 熟成させる, 寝かせる. ❸ [木材を] 古く見せる; [ジーンズなどを] 着古したように見せる ◆ 自 ❶ 年をとる; 老けて見える: Ha *envejecido* mucho en un mes. 彼は1か月でずいぶん老けた. ❷ 古くなる; 熟成する: Este vino *envejece* bien. このワインはよく熟成している. ❸ 長くとどまる
◆ ～se 自身を実際より老けて見せる

envejecimiento [embexeθimjénto] 男 老化, 老齢化; 熟成

envenenar [embenenár] 他 ❶ …に毒を盛る, 毒殺する. ❷ 毒をまぜる, 毒を塗る: ～ una sopa スープに毒を入れる. ❸ 害する, 損なう: ～ la amistad 友情を損なう
◆ ～se 毒殺される; 損なわれる

envenenado, da 形 過分 [estar+] 悪意のある, 人を傷つけるような

envenenamiento 男 毒殺

enverar [embErár] 自 [ブドウなどが] 熟し始める, 色づく

envero 男 [ブドウなどが] 熟し始めた時の色; そのブドウ

enverdecer [embErðeθér] 自 緑色になる

envergadura [embergaðúra] 女 ❶ [鳥・飛行機の] 翼幅; 《船舶》帆幅; 《ボクシング》リーチ. ❷ 重要性; 規模: asunto de mucha ～ 非常に重大な用件. proyecto de gran ～ 大がかりな計画

envergar [embErgár] 8 他《船舶》[帆を] 帆桁に結びつける

enverjado [embErxáðo] 男 柵, 鉄柵

envés [embés] 男 [単複同形/複 env*eses*] ❶ 裏, 裏面 [revés]; [特に] 葉裏. ❷ [剣の] みね; 背中

enviado, da [embjáðo, ða] 名 過分《政治》外交使節; 《新聞・放送》通信員, 記者: extraordinario 特命大使. ～ especial 特派使; 特派員

enviar [embjár] 11 他《英 send. ☞活用表》❶ [+a に] 送る: i) 発送する [mandar]: Le *envié* un libro. 私は彼に本を送った. ～ dinero 送金する. ii) 派遣する, 送り出す: ～ una expedición a una isla 島に遠征隊を送る. ～ tropas 派兵する. iii) [+a+不定詞 するように] *Envió* a su hijo *a* buscar el periódico. 彼は息子に言って新聞を取りにやった. ❷ 投げる, 放つ: ～ una pelota ボールを投げる(打つ)

enviar	
直説法現在	接続法現在
envío	envíe
envías	envíes
envía	envíe
enviamos	enviemos
enviáis	enviéis
envían	envíen

enviciar [embiθjár] 10 他 [+con で] …に悪い癖をつける, 堕落させる; ひどく好きにならせる: ～ a su hijo *con* las golosinas お菓子ばかり与えて子供をだめにする. ～ a+人 a jugar a las cartas …をトランプ遊びに誘い込む
◆ 自 [植物が] 葉ばかりmyrして実が少ない
◆ ～se ❶ [+con·en に] 夢中になる; [快楽などに] とりこになる: ～se con (en) el juego 賭博にふける. 彼は酒におぼれて飲みすぎてしまう. ❷ [長期間条件の悪い場所にあって] 変形する, ゆがむ

envidar [embiðár] 自 他《西》[相手に対して] 賭け金をつり上げる

envidia [embíðja] 女 [英 envy] 羨望, ねたみ: Tengo (Siento) ～ de su vida holgada. 私は彼の安楽な暮らしがうらやましい. Le daba ～ ver salir a todos. みんなが出かけるのを見て彼はうらやましがった. ¡Qué ～! うらやましいなあ! Si la ～ tiña fuera, ¡qué tiñosos hubiera!《諺》ねたみは醜いものだ
comer [se] a+人 *la* ～ …が羨望に身をさいなまれる
comerse de ～ 羨望に身をさいなまれる

envidiable [embiðjáble] 形 うらやましい: situación ～ うらやましい境遇

envidiar [embiðjár] 10 他 うらやむ, ねたむ: ～ a los ricos 金持ちをうらやむ. ～ el éxito de los demás 他人の成功をねたむ
no tener... que ～/*tener poco que* ～ *a...* …に劣らない: Su salud *no tiene* nada *que* ～. あなたの健康は申し分ありません

envidioso, sa [embiðjóso, sa] 形《軽蔑》うらやましがる, ねたみ深い

envigar [embigár] 8 他 自《建築》梁(桁)を渡す

envilecer [embileθér] 39 他 ❶ …の品位を落とす, 堕落させる. ❷ 価値を下げる: ～ la moneda 貨幣価値を下げる
◆ 自/～se 自分の品位を落とす; 価値が下がる: La lisonja suele ～. へつらいは多くの場合, 自分を卑しめるものだ. Las palabras *envilecen* con el uso. 言葉は使っているうちに卑俗化する

envilecimiento 男 品位の下落, 堕落

envinado, da [embináðo, ða] 形《中米》ワインレッドの

envío [embío] 男 [←enviar] ❶ 発送, 送付; 発送品: ～ por correo 郵送. No he recibido tu ～. 君の送ったものは届いていない. ❷ 派遣: ～ de una delegación 代表団の派遣. ～ de personal 人材派遣. ～ de tropas 派兵

enviscar [embiskár] 7 他 [犬などを] けしか

ける；[人を] 仲たがいさせる
envite [embíte] 男 ❶ 賭け〔の上乗せ金〕. ❷ 招待, 申し出：aceptar un ～ 招待を受ける. ❸ [動作を促すための] 一押し
acortar (***ahorrar***) ***～s a***+人 …の話を手短にさせる
al primer ～ 初めに；だしぬけに, いきなり
enviudar [embjuđár] 自 やもめ viudo になる：Ella *enviudó* muy joven. 彼女は若くして夫をなくした(未亡人になった)
envoltijo [embɔltíxo] 男《軽蔑》ぐしゃぐしゃの包み
envoltorio [embɔltórjo, rja] 男 ❶ 包み, 束：poner los libros en un ～ 本を1つに束ねる. ❷ 包む物, 包み紙
envoltura [embɔltúra] 女 包装；外皮：poner una ～ a un regalo プレゼントを包装する
envolvente [embɔlƀénte] 形 ❶ 包む；囲む：movimiento ～《軍事》包囲作戦. ❷ 圧迫する, 支配する
◆ 女《数学》包絡線〖línea ～〗
envolver [embɔlƀér] 29 他 〖過分 env*uelto*〗 ❶ [+con で/+en に] 包む：～ un libro *en* papel 本を紙に包む. ～ a un enfermo *con* una manta 病人を毛布でくるむ. Me *envolvió con* sus brazos. 彼は両腕で私を抱き締めた. Sus palabras *envuelven* una amenaza. 彼の言葉の裏には脅迫が隠されている. ❷ 包囲する：～ una tropa enemiga 敵の部隊を包囲する. ❸ 言いくるめる, 篭絡する：～ a+人 *con* buenas razones もっともらしい論法で…を丸め込む. ❹ [事件などに] 巻き込む：Nos *envolvió en* sus artimañas. 彼は私たちを罠にはめた. ❺ [糸などを] 巻く〖enrollar〗
◆ **～se** ❶ 身を包む, くるまる：～*se en* un abrigo オーバーにくるまる. ❷ 巻き込まれる：～*se en* una pelea けんかの巻き添えになる
envueltas [embwέltas] 女 複 [赤ん坊の] おくるみ
envuelto [embwέlto] 男《料理》i) ～*s* de col ロールキャベツ. ii)《中米》トルティーリャで肉などを包んだもの
enyerbar [enʎεrƀár] 他《中南米》魔法にかける, 魅惑する；《中米》毒殺する
◆ **～se**《中南米》草に覆われる
enyesar [enʎesár] 他 [壁に] 漆喰を塗る；[手・足に] ギプスをはめる
enyesado 男 漆喰を塗ること；ギプス
enyetar [enʎetár] 他《南米》…に不運をもたらす, けちをつける
enyugar [enʎugár] 8 他 [牛・馬などに] くびき yugo をつける
enyuyar [enʎujár] **～se**《南米》雑草に覆われる
enzacatar [enθakatár] **～se**《中米》牧草に覆われる
enzarzar [enθarθár] 9 他 [+en] 仲たがい(けんか)させる：～ a los amigos *en* una pelea 友人同士をけんかさせる
◆ **～se** ❶ けんかを始める. ❷ [+en やっかいなことに] 手を出す, 巻き込まれる

enzima [enθíma] 男/女《生物》酵素
enzimático, ca 形 酵素の, 酵素による
enzocar [enθokár] 7 他《南米》差し込む, はめ込む
enzolvar [enθɔlƀár] 他《中米》[管を] ふさぐ
◆ **～se** 詰まる
enzootia [enθoótja] 女 [動物の] 風土病, 地方病
enzunchar [enθuntʃár] 他 [補強用の] 金環(帯鋼)をはめる
eñe [éɲe] 女 文字 ñ の名称
-eño《接尾辞》[地名形容詞化] madril*eño* マドリードの, panam*eño* パナマの
eoceno, na [eoθéno, na] 形 男《地質》始新世〔の〕
EOI 女《西. 略語》←Escuela Oficial de Idiomas 国立語学学校
eólico, ca [eóliko, ka] 形 ❶ 風(風力)による：central ～*ca* 風力発電所. energía ～*ca* 風力エネルギー. erosión ～*ca* 風化, 風食. motor ～ エアモーター. ❷《ギリシア神話》風神 Eolo の
eolio, lia [eóljo, lja] 形 =**eólico**
eolito [eolíto] 男《地質》原石器, エオリス
eón [eɔ́n] 男 測り知れない長い年月, 永劫
epa [épa] 間 ❶ [注意の喚起] おい, やあ. ❷《南米》あぶない, 気をつけて；[あいさつ] やあ
epacta [epákta] 女《年代学》閏余(じゅんよ)；[聖職者が持つ一年間の] 聖務案内, 教会暦
epanadiplosis [epanađiplósis] 女〖単複同形〗《修辞》首尾同語
epanalepsis 女 =**epanadiplosis**
epatar [epatár] 他《←仏語. 戯語》驚かす, あっと言わせる
epazote [epaθóte] 男《中米. 植物》アリタソウ
E.P.D.《略語》←en paz descanse. =**q.e.p.d.**
epeira [epέira] 女《動物》オニグモ
epéndimo [epéndimo] 男《解剖》[脳室の] 上衣
epéntesis [epéntesis] 女〖単複同形〗《言語》[発音上の] 語中音添加(挿入)〖例 corónica ←crónica〗
epi-《接頭辞》[上・表面] *epi*dérmico 表皮の
epiblasto [epiƀlásto] 男《生物》胚盤葉上層, 外胚葉
épica[1] [épika] 女 叙事詩〖poesía ～〗
epicardio [epikárđjo] 男《解剖》心外膜
epicarpio [epikárpjo] 男《植物》外果皮
epiceno [epiθéno] 形 男《文法》通性の；通性名詞〖男女・雌雄に唯一の語形を持つ：例 milano, gorila〗
epicentro [epiθéntro] 男《地質》震央：profundidad del ～ 震源の深さ
épico, ca[2] [épiko, ka] 形 ❶ 叙事詩〔体〕の, 叙事詩的な. ❷ 英雄的な；壮大な, 並外れた：sucesos ～*s* 壮大な出来事
◆ 名 叙事詩詩人
epicureísmo [epikureísmo] 男 快楽(享楽)主義；《哲学》エピクロス Epicuro 主義
epicúreo, a 形 名 快楽主義の(主義者)；エピクロス派〔の〕

E

epidemia [epidémja] 囡 [伝染病の] 流行, 流行病 [比喩的にも]

epidemiado, da 厖 《中南米》流行病にかかった

epidémico, ca 厖 流行性の: enfermedad ～ca 流行病

epidemiología 囡 疫学, 流行病学

epidemiológico, ca 厖 疫学の

epidermis [epidérmis] 囡 『単複同形』《解剖・植物》表皮, 上皮; 皮膚

epidérmico, ca 厖 表皮の

epidiascopio [epiðjaskópjo] 男 《光学》エビジアスコープ

epifanía [epifanía] 囡 《キリスト教》[主に E～] 公現祭, 主の公現 『幼子イエスが東方の三博士の礼拝を受けた記念日. 1 月 6 日』

epífisis [epífisis] 囡 『単複同形』《解剖》松果体; 骨端

epifito, ta [epifíto, ta] 厖 着生植物の

epifonema [epifonéma] 男 《修辞》感嘆的結語

epigastrio [epiɣástrjo] 男 《解剖》上腹部, みぞおち

epiglotis [epiɣlótis] 囡 『単複同形』《解剖》喉頭蓋, のどぶた

epígono [epíɣono] 男 [流派・スタイルの] 踏襲者; 模倣者, 亜流, エピゴーネン

epígrafe [epíɣrafe] 男 ❶ [章の] 表題; [新聞の] 見出し. ❷ [本や章の始めの] 題辞, 銘句; [建物などに刻まれた] 碑銘

epigrafía 囡 碑銘学, 金石文学

epigrama [epiɣráma] 男 風刺詩, エピグラム; 警句, 辛辣な言葉

epilepsia [epilépsja] 囡 《医学》てんかん: crisis de ～ てんかんの発作. ～ sensible a la luz/～ fotosensible 光過敏症てんかん

epiléptico, ca 厖 图 てんかんの〔患者〕: convulsión ～ca てんかん性痙攣

epílogo [epílogo] 男 ❶ [小説などの] 終章, エピローグ [↔prólogo]; 結論, まとめ: hacer un ～ en su conferencia 講演の結び（まとめ）の言葉を述べる. ❷ [事件の] 終局, 終末: tener un trágico ～ 悲劇的な結末を迎える

epipaleolítico, ca [epipaleolítiko, ka] 厖 男 =mesolítico

epirogénesis [epirɔxénesis] 囡 『単複同形』《地質》造陸運動

episcopado [episkopáðo] 男 《キリスト教》司教・監督・主教 obispo の位（職・任地）; 匿丞 司教団

episcopal 厖 男 司教・監督・主教の〔典礼定式書〕

episcopaliano, na 厖 图 司教会議主権論の（論者）

episcopalismo 男 司教会議主権論

episcopio [episkópjo] 男 反射投映機

episiotomía [episjotomía] 囡 《医学》会陰切開

episódico, ca [episóðiko, ka] 厖 ❶ 挿話的な: novela ～ca エピソードをつなぎ合わせた小説. ❷ 一時的な, 時たまの: Es una victoria ～ca entre tantas derrotas. それは数多い敗北の中の一勝利にすぎない

episodio [episóðjo] 男 ❶ [全体の流れの中での] 一事件; [つかのまの・ささいな] 出来事: un ～ de la última etapa de la guerra 戦争末期のある出来事. ❷ [小説の中などの] 挿話, エピソード; 話の脱線. ❸ 《放送》[続き物の] 一回分: serie en doce ～s 12 回連続もの. ❹ [口語] [思いがけない・やっかいな] 事件, 出来事: ～ de violencia 暴力事件. ❺ 《医学》[再発性疾患の] 症状の発現

epístaxis [epísta(k)sis] 囡 『単複同形』《医学》鼻出血, 鼻血

epistemología [epistemolɔxía] 囡 《哲学》認識論; 科学哲学

epistemológico, ca 厖 認識論の

epístola [epístola] 囡 ❶ 《文語》書簡, 手紙; 《文学》書簡体詩: ～ dedicatoria 書簡体の献辞. ❷ 《聖書》使徒書簡; [ミサでの] その朗読

epistolar 厖 手紙の: novela ～ 書簡体の小説

epistolario 男 書簡集; 使徒書簡集; 使徒書簡を朗読する聖職者

epitafio [epitáfjo] 男 墓碑銘, 碑文

epitalamio [epitalámjo] 男 祝婚歌

epitalámico, ca 厖 祝婚歌の

epitelio [epitéljo] 男 《解剖・生物》上皮

epitelial 厖 上皮の: tejido ～ 上皮組織. células ～es 上皮細胞

epíteto [epíteto] 男 ❶ 《文法》特徴形容詞. ❷ [侮辱的な・賞賛の] 形容

epítome [epítome] 男 [内容を知らない人のための, 作品の] 抜粋, 要約

epizootia [epiθoótja] 囡 動物間流行病, 獣疫

época [époka] 囡 《英 epoch》❶ 時代: La devolución de Okinawa marca una ～ en la historia de Japón. 沖縄返還は日本の歴史に一時代を画するものである. en cualquier ～ いつの時代にも. nuestra ～ 現代. ～ isabelina イサベル時代 『スペイン. 1833-68』. ～ de la Restauración 王政復古時代 『スペイン. 1875-1902』. ～ del ordenador コンピュータ時代

❷ 時期: Fue la ～ más feliz de su vida. それは彼の一生で最も幸福な時期だった. ～ lluviosa (de lluvias) 雨期. ～ de la siembra 種まきの季節. en esta ～ 今; この季節に. en aquella ～ あのころは. ～ verde (rosa) [ピカソの] 青（ピンク）の時代

❸ 《地質》世

a ～s 時々

de ～ 時代もの: coche *de ～* ビンテッジカー. mueble *de ～* 時代もの家具

de los (las) que hacen ～ [口語] [事件などが] ものすごい, とんでもない

en su ～ 彼の若い（活躍していた）ころは

hacer (formar) ～ 一時代を画する, 一世を風靡（ふう）する

ser de su ～ 時流に遅れない

epónimo, ma [epónimo, ma] 厖 名祖（なおや）

の 〖国・都市・民族の名の起源について: 例 América（国名）←Américo〔Vespucio〕（人名）〗

epopeya [epopéja] 囡 ❶ 叙事詩. ❷ 〖一連の〗英雄的な行為, 苦労の連続；偉業

epos [épos] 男 〖←ギリシア語〗詩, 韻文

epoxi [epóksi] 男 〖化学〗エポキシ〔樹脂〕

épsilon [épsilon] 囡 〖ギリシア文字〗エプシロン〖E, ε〗

equi- 〖接頭辞〗〖均等〗*equi*librio 均衡, *equi*valente 等しい

equiángulo, la [ekjángulo, la] 形 〖数学〗等角の

equidad [ekiðá(ð)] 囡 公平, 公正: juzgar con ～ 公平な判決を下す. distribuir con ～ 公平に分配する

　equidistar [ekiðistár] 自 〖+de から〗等距離にある: El ecuador *equidista de* los polos. 赤道は北極と南極から等距離にある
　equidistancia 囡 等距離
　equidistante 形 等距離の

equidna [ekíðna] 囡 〖動物〗ハリモグラ

équido, da [ékiðo, ða] 形 〖動物〗ウマ科〔の〕

equilátero, ra [ekilátero, ra] 形 〖数学〗等辺の: triángulo ～ 正三角形

equilibrado, da [ekilibráðo, ða] 形 過分 釣合いのとれた；平静な: persona ～*da* 情緒の安定した人, 分別のある人
◆ 男 安定〔行為, 状態〗

equilibrar [ekilibrár] 他 〖+con と〗釣合わせる: ～ la carga en un barco 船の積み荷のバランスをとる. ～ los gastos *con* sus ingresos 収入に見合った支出をする. ～ el presupuesto 予算の均衡を図る
◆ ～se 釣合いがとれる

equilibrio [ekilíbrjo] 男 ❶ 平衡, 釣合い: i) mantener（perder）el ～ バランスを保つ（失う）. poner… en ～ …を釣合わせる. ～ entre la oferta y la demanda 需給のバランス. ～ de la balanza de pagos internacionales 国際収支の均衡. ～ de fuerzas 勢力の均衡, バランス・オブ・パワー. ～ europeo ヨーロッパの均衡〖18世紀の国際関係に適用されたシステム〗. ～ químico 化学平衡. ii)〖物理〗～ estable（inestable）安定（不安定）平衡. ～ neutro 中立平衡. ❷ 調和, 均整. ❸ 平静さ, 精神的安定: juzgar con ～ 冷静に判断する. ❹ 覆〖バランスをとるための〗術策, 妥協策: hacer ～s 妥協策をとる

　equilibrismo [ekilibrísmo] 男 軽業: hacer ～ en el trapecio 空中ブランコの曲芸をする
　equilibrista 形 名 軽業師（のような）；綱渡り師

equimosis [ekimósis] 囡 〖単複同形〗〖医学〗斑状出血；青あざ

equino, na [ekíno, na] 形 馬の；〖動物〗ウマ科の
◆ 男 〖生物〗ウニ〖erizo de mar〗；〖建築〗刳り形；覆 ウマ科

equinoccio [ekinók(k)θjo] 男 〖天文〗昼夜平分時:

día de ～ 春分（秋分）の日. ～ de primavera（de otoño）春分（秋分）点. precesión de ～s 春分点歳差
　equinoccial 形 昼夜平分の: punto ～ 昼夜平分点〖春分点と秋分点〗. línea ～ 昼夜平分線〖赤道〗

equinodermos [ekinoðérmos] 男 覆 〖動物〗棘皮（きょくひ）動物門

equipaje [ekipáxe] 男 〖旅行用の〗荷物: poner el ～ en una maleta 荷物をスーツケースに入れる. viajar ligero de（con mucho）～ 少ない手荷物で（大荷物を持って）旅行する. ～ de mano 手荷物, 携帯品

equipal [ekipál] 男 〖中米〗〖革張りの・シェロで編んだ〗田舎風の椅子

equipamiento [ekipamjénto] 男 ❶ 装備を施すこと. ❷ 装備, 装具；設備: ～ militar 軍需品. ～ sanitario 衛生設備

equipar [ekipár] 他 〖+con・de 装備を〗…に施す, 支度をさせる；設備を施す: ～ el ejército *con*（*de*）armamento moderno 軍隊に近代的な装備を施す. ～ a su hijo para una excursión 子供に遠足の支度をさせる. ～ un barco 船を艤装する. buque *equipado con* misiles ミサイル搭載艦. bien（mal）*equipado* 設備のよい（悪い）. *equipado con* un carnet de prensa 記者証を携帯した
◆ ～se 装備（設備）を整える: ～se con（de）lo indispensable 自分の備えを備える. ～se para la escalada 登攀装備を用意する

equiparar [ekiparár] 他 〖等しいものと考えて, +con・a と〗比較する: *Equiparó* su belleza *con* la de los ángeles. 彼女は自分の美しさを天使のそれと比べてみた. Lo *equipararon a* un cobarde. 彼は臆病者扱いされた
　equiparable 形 比較（比肩）し得る
　equiparación 囡 比較

equipo [ekípo] 男 〖英 equipment, team〗❶ チーム 〖類義 equipo は一般的にチーム, 出場選手のみ. plantilla はプロスポーツのチームで控えの選手も含まれる〗; 〖種目〗団体〖↔individual〗: ～ de béisbol 野球チーム. ～ de salvamento 救助隊. ～ médico 医療班；医療設備. ～ nacional ナショナルチーム, 国の代表チーム. ❷ 〖医学〗装備, 備品: llevarse un buen ～ 十分な装備を整えている. ～ de alpinismo 登山用具一式. ～ de novia 花嫁衣装一式. ～ de un barco 艤装. ❸ 設備: ～ de una casa 家の設備. ～ eléctrico 電気設備. costo de ～ 設備費. ❹ システムコンポ 〖～ de música〗

caerse con todo el ～ 〖口語〗〖人が〗完全に（回復不可能なまでに）失敗する

en ～ チームを組んで〔の〕, 集団で〔の〕: trabajo *en* ～ チームワーク

equipolencia [ekipolénθja] 囡 力の均等；等価値, 等値
　equipolente 形 力の等しい；等値の

equipotente [ekipoténte] 形 等しい力（効力）を持つ

equis [ékis] 囡 〖単複同形〗❶ 文字 x の名称:

en 〔forma de〕 ～ エックス形の. ❷ 〔形容詞的. 数量が〕未知の, 不定の: un número ～ de personas ある人数

hecho una ～ 酔っぱらった

equiseto [ekiséto] 囲 〖植物〗〖総称〗トクサ

equitación [ekitaθjón] 囡 馬術, 乗馬: practicar (la) ～ 乗馬をする. enseñar a ～ 人 …に乗馬を教える

equitativo, va [ekitatíβo, ba] 囮 〖←equidad〗公平な, 公正な: persona ～*va* 公平な人. juicio ～ 公平な判決. hacer un reparto ～ 公平に分配する

équite [ékite] 囲 〖古代ローマ〗騎士

equivalencia [ekiβalénθja] 囡 同等, 等価: Déme usted la ～ en dólares. 相当する金額をドルで支払ってください. principio de ～ 〖物理〗等価原理. relación de ～《数学》同値関係

equivalente [ekiβalénte] 囮 ❶ 〔+a と〕同等の, 等価の: dinero ～ *a* lo que gana durante un año 彼の年間収入と等しい金. ❷《数学》同値の; 等積の
◆ 囲 ❶ 〔+de・a と〕同等(等価)のもの: ～ de diez jornales 日給 10 日分に当たる額. ❷ 相当する語(表現), 類義語. ❸《物理・化学》当量: ～ gramo グラム当量. ～ químico 化学当量

equivaler [ekiβalér] 61 圓 〔+a と〕同等(等価)である: Un duro *equivale* a cinco pesetas. 1 ドゥーロは 5 ペセタに相当する. Su negativa *equivalía* a un insulto. 彼の拒絶も侮辱も同然だった. Eso *equivale* a decir que no quiere ir. つまり彼は行きたくないということだ

equivocación [ekiβokaθjón] 囡 誤り, 間違い, 過ち 〖*error* よりも穏やかな表現〗: libro lleno de *equivocaciones* 間違いだらけの本. Cometió la ～ de fugarse. 彼は逃亡するという過ちを犯した. por ～ 間違って

equivocar [ekiβokár] 7 囮 ❶ 間違える; 〔+con と〕取り違える: ～ la fecha 日付けを間違える. ～ su profesión 職業の選択を誤る. *Equivoqué* mi libro *con* el suyo. 私は彼の本を自分のと間違えた. ❷ 〔人を〕間違えさせる
◆ ～se 〖英 mistake〗 ❶ 〔+de・en を〕間違える: ～*se* de calle 通りを間違える. ～*se en* el cálculo 計算間違いをする. El número estaba *equivocado*. 数字が間違っていた. Me *equivoqué* pensando que era un hombre honrado. 彼は正直な男だと思ったのは私の間違いだった. El profesor *se equivocó* al decir mi nombre. 先生は私の名前を間違えて言った. *Te equivocas* al (*en*) ponerte así. 君がそんな態度をとるのは間違いだぞ. *Te equivocas* si me tomas por tonto. 私をばかだと思ったら大間違いだぞ. Si no *me equivoco*… 間違っていなければ…, 記憶が正しければ…. ❷ 〔+con と〕よく似ている: *Me equivoco con* el padre. 私は父とそっくりだ

equívoco, ca [ekíβoko, ka] 囮 ❶ あいまいな, 色々な意味にとれる: frase ～*ca* 意味のあいまいな文章. ❷ 疑わしい, 怪しい: conducta ～*ca* 怪しげなふるまい. mujer ～*ca* いかがわしい

女
◆ 囲 誤解; 両義にとれる語: Hubo un ～ entre los dos. 2 人の間に誤解があった

era¹ [éra] 囡 ❶ 紀元: ～ cristiana (de Cristo・común・vulgar) キリスト紀元, 西暦. ～ española (de César) シーザー紀元〖西暦より 38 年前〗. ❷ 時代, 時期: ～ victoriana ビクトリア時代〖英国. 1837-1901〗. ～ de Meiji 明治時代. Vivimos en la ～ electrónica. 私たちはエレクトロニクスの時代に生きている. ❸《地質》…代: ～ paleozoica (mesozoica・cenozoica) 古生(中生・新生)代. ❹ 脱穀場; 〔小さな〕畑, 菜園

era²; era- ☞*ser* 51

eral, la [erál, la] 囮 〔1 歳以上 2 歳未満の〕若牛

erario [erárjo] 囲 国庫, 財政; 金庫

erasmiano, na [erasmjáno, na] 囮 エラスムス Erasmo の《オランダの学者》

erasmismo 囲 エラスムスの説(主張)

erasmista 囮 囝 エラスムス学派の〔人〕

erbio [érbjo] 囲《元素》エルビウム

ere [ére] 囡 文字 r の名称

erección [erεkθjón] 囡 〔←*erigir*〕 ❶ 建立; 設立, 制定; 昇格. ❷《生理》勃起: ～ nocturna 朝立ち

eréctil [erέktil] 囮《生理》勃起(起立)性の

erecto, ta [erέkto, ta] 囮 直立した, 硬直した

erector, ra [erεktór, ra] 囮《生理》勃起させる

eremita [eremíta] 囝 隠者; 隠修道士: hacer vida de ～ 隠遁生活を送る, 一人暮らしをする

eremítico, ca 囮 隠者の

eremitorio 囲 隠者の庵のあるところ

eres ☞*ser* 51

erg [érg] 囲《礦》〔～s〕《←アラビア語. 地理》エルグ〖砂丘の続く大砂漠〗

ergio [érxjo] 囲《物理》〔仕事の単位〕エルグ

ergímetro 囲 エルグメーター

ergo [érgo] 囲 〔←ラテン語〕それ故に

ergonomía [εrgonomía] 囡 人間工学, エルゴノミクス

ergonómico, ca 囮 人間工学的な

ergónomo, ma 囝 人間工学の研究者

ergoterapia [εrgoterápja] 囡 作業療法

ergotina [εrgotína] 囡《薬学》麦角流動エキス

ergotismo [εrgotísmo] 囲《医学》麦角中毒; 三段論法の濫用

ergotizar 9 圓 三段論法を濫用する

erguir [εrgír] 37 囮 〖現分 *irguiendo*〗《文語》〔頭などを〕まっすぐに立てる: El caballo *irguió* las orejas. 馬は耳を立てた
◆ ～se 立ち上がる; 〔建物などが〕そびえ立つ: *Se yerguen* las torres de la catedral. 大聖堂の塔が高くそびえている. ❷ いばる

erguimiento 囲 直立

-ería 《接尾辞》 ❶ 〔形容詞+. 名詞化. 性状〕 tont*ería* 愚かさ. ❷ 〔名詞+〕 i) 〔商店〕 zapat*ería* 靴屋. ii) 〔集合名詞化〕 cas*erío* 小集落

erial [erjál] 形 男 未開墾の[土地]; 荒れ地

erigir [erixír] ④ 他 《文語》❶ 建立する: ～ un monumento 記念碑を建てる. ❷ 設立(制定)する: ～ una sociedad 協会を設立する. ❸ [+en に] 昇格させる; 任命する: ～ la legación en embajada 公使館を大使館に昇格させる. ～ a+人 [en] árbitro de la polémica …を論争の審判役に立てる
◆ ～se [+en をもって] 自ら任じる

erisipela [erisipéla] 女 《医学》丹毒

eritema [eritéma] 男 《医学》紅斑(だ), 発赤(はっ)

eritrocito [eritroθíto] 男 《医学》赤血球

eritrofobia [eritrofóβja] 女 赤面恐怖性

erizar [eriθár] ⑨ 他 ❶ [毛・羽などを] 逆立てる. ❷ 困難にする, ややこしくする
◆ ～se ❶ 逆立つ: Se le erizó el pelo de miedo. 彼は恐怖に髪を逆立てた. ❷ おびえる; どぎまぎする

erizado, da 形 過分 [estar+] 1) 逆立った; とげのある: pelo ～ もじゃもじゃの髪. 2) [+de 障害・困難で] 満ちた: proyecto ～ de dificultades 難題山積の計画

erizo [eríθo] 男 ❶ 《動物》ハリネズミ; 《魚》ハリセンボン: ～ de mar/～ marino 《生物》ウニ. ❷ 《栗の》イガ. ❸ 気難しい人, 無愛想な人. ❹ 《軍事》ヘッジホッグ

ermita [ermíta] 女 [人里離れた] 僧院, 礼拝堂, 小教会 『口写真』

ermitaño, ña [ermitáɲo, ɲa] 名 隠者, 世捨て人; 僧院の堂守
◆ 男 《動物》ヤドカリ [cangrejo ～]

Ernesto [ernésto] 男 《男性名》エルネスト 『英 Ernest』

-ero 《接尾辞》[名詞+] i) [品質形容詞化] faldero スカートの. ii) [名詞化. 行為者・容器] cocinero 料理人, azucarero 砂糖壷

erogar [eroɣár] ⑧ 他 《文語》[財産を] 分配する, 配分する; 《南米》[借金を] 払う

erogación 女 1) 分配, 配分. 2) 《中南米》支払い, 支出; 《南米》寄贈, 寄付

erógeno, na [eróxeno, na] 形 性欲を刺激する; 性的刺激に敏感な: zonas ～nas 性感帯

eros [éros] 男 《単複同形》《←ギリシア語》❶ 性愛; 《心理》生の本能 [↔tánatos]. ❷ 《神話》[E～] エロス 《恋愛の神》

erosión [erosjón] 女 ❶ 《地質》浸食[作用]; 磨滅, 損耗. ❷ 権威(影響力)の低下: El partido del gobierno ha sufrido mucha ～. 与党はひどく力を失った. ❸ 《医学》糜爛(びらん)

erosionar 他 浸食する; [才能・長所などを] す

り減らす

erosivo, va 形 浸食性の; 糜爛性の

erótico, ca [erótiko, ka] 形 扇情的な, 官能的な, エロティックな: fotos ～cas エロ写真. teléfono ～ テレフォンセックス. ❷ 恋愛の: literatura ～ca 恋愛文学
◆ 女 ❶ 恋愛詩. ❷ 心を魅きつけるもの: ～ca del poder 権力の誘惑

erotismo [erotísmo] 男 好色, エロチシズム

erotizar [erotiθár] ⑨ 他 官能的にする, 性的に刺激する

erotomanía [erotomanía] 女 《心理》色情狂, 病的性欲亢進

erotómano, na 形 名 色情狂の[人]

errabundo, da [eraβúndo, da] 形 放浪する; 一定しない: imaginación ～da とりとめのない空想

erradicar [eraðikár] ⑦ 他 《文語》根こそぎにする: ～ el tráfico de droga 麻薬取引を根絶する

erradicación 女 [主に伝染病の] 根絶

errado, da [eráðo, da] 形 過分 誤った: La dirección está ～da. 住所が間違っている

erraj [eráx] 男 オリーブの種から作った炭の粉

errante [eránte] 形 放浪する, さすらう: judío ～ さまよえるユダヤ人

errar [erár] ㉖ 自 《文語》❶ [+en を] 誤る: ～ en la elección de su profesión 職業の選択を誤る. ❷ [+por を] 放浪する, さまよう: ～ por las calles 町をさまよい歩く. ❸ [思考などが] 脇道にそれる
◆ 他 誤る; [的を] 外す: ～ la pregunta 見当違いの質問をする

errata [eráta] 女 《印刷》誤植, 誤字: tener ～s de imprenta 誤植がある

errático, ca [erátiko, ka] 形 ❶ 常軌を逸した, とっぴな. ❷ 《医学》[痛みなどが] 迷走性の. ❸ 《地質》bloque ～ 迷子石

erre [ére] 女 文字 rr の名称
～ que ～ [固執] どんなことがあっても

erróneo, a [eróneo, a] 形 《文語》誤った: decisión ～a 間違った決定. construcción ～a ふさわしくない建物

error [erór] 男 《英 error》❶ 誤り, 間違い; 過失, 失策: Estás en un (el) ～. 君は間違っている. cometer (incurrir en) un ～ 誤りを犯す. caer en un ～ 誤りに陥る. inducir a+人 a ～ …を誤らせる; 誤解を招く. por ～ 間違って. libro lleno de ～es 間違いだらけの本. gran ～ 大間違い. ～ de cálculo 計算間違い. ～ de imprenta/ tipográfico 誤植, ミスプリント. ～ material (mecánico) 書き誤り, 誤記. ～ judicial 誤審. ❷ [宗教・道徳上の] 過ち, 罪過: vivir en el ～ 間違った信仰に生きる. ❸ 《物理》誤差: Puede tener un margen de ～ del 1 o el 2 por 100. 1 から 2 %の誤差が生じ得る. ～ accidental 偶発誤差. ～ sistemático 定(系統)誤差. ❹ 《商業》～ por defecto (por exceso) 量目不足(過剰). salvo ～ u omisión [契約書で] 誤謬脱落はこの限りにあらず. ❺ 《情報》エラー, バグ

ERT 男《西. 略語》←Explosivos Río Tinto リオ・ティント爆薬会社

Ertzaintza [eř̃tsáintsa] 女 バスクの警察
　ertzaina 名 バスクの警察官

eructar [eruktár] 自 げっぷをする
　eructo 男 げっぷ, おくび

erudición [eruđiθjón] 女 学識, 学殖: de gran ～ 学識豊かな

erudito, ta [erúđito, ta] 形 名 学識豊かな〔人〕, 碩学(㍂)の〔人〕;〔資料ばかり集めて独創性のない〕学者の; [+en に] 造詣の深い〔人〕: obra ～ta〔資料を網羅した〕学識豊かな著作. ～ a la violeta えせ学者

erupción [erupθjón] 女 ❶ 噴出: ～ de petróleo 石油の噴出. ～ volcánica 火山の噴火. entrar en ～ 噴火する. ❷《医学》発疹, 吹き出物〖～ cutánea〗. ❸〔怒りなどの〕爆発

eruptivo, va [eruptíβo, ba] 形 噴火の; 発疹を伴う: roca ～va 火山(火成)岩

es ☞**ser** [51]

es-《接頭辞》[外・除去] *es*capar 逃げる
-és《接尾辞》[地名形容詞化] japon*és* 日本の, franc*és* フランスの

esa/ésa [ésa] 形/代 ☞**ese/ése**

esaborío, a [esaβorío, a] 形《口語》= **desaborido**

esbart [esβár(t)] 名 カタルーニャの民族舞踊家

esbelto, ta [esβélto, ta] 形 すらりとした, ほっそりした: muchacha ～ta すらりとした娘
　esbeltez 女 すらりとしていること

esbirro [esβíř̃o] 男 ❶《軽蔑》用心棒; 子分, 取り巻き. ❷《歴史》執行吏

esbozar [esβoθár] 他 ❶ …の下絵をかく, 大体の輪郭をかく: ～ un vestido ドレスのラフスケッチをする. ～ un plan 大体の計画を示す. ～ una tesis 論文の草稿を書く. ❷〔動作などを〕やりかける: ～ una sonrisa ちょっとほほえむ

esbozo [esβóθo] 男 ❶ 下絵, スケッチ, 下書き, 素案: Esto es sólo un ～. これは草案にすぎない. ❷ かすかな影(萌芽): ～ de una sonrisa かすかな微笑. ～ de amistad 友情の芽

escabeche [eskaβétʃe] 男《料理》マリネー; その漬け汁: arenque en ～/～ de arenque ニシンのマリネー
　escabechar 他 1) マリネーする, 漬ける. 2)〔主に刃物で〕殺す;《西. 口語》…に落第点を与える
　escabechina 女 大損害, 壊滅;《西. 口語》大量の落第者

escabel [eskaβél] 男 足のせ, 足台;〔ひじ掛けも背もたれもない〕低い腰掛け, 床几

escabroso, sa [eskaβróso, sa] 形 ❶〔土地が〕起伏の激しい, 険しい. ❷ やっかいな, 障害の多い: negocio ～ 難しい商売. tema ～ 扱いづらいテーマ. ❸ きわどい, 下品な: filme ～ 猥褻な映画
　escabrosidad 女 険しさ, 困難さ

escabullir [eskaβuʎír] 21 〔直分 escabull*en*do〕～**se** ❶〔手から〕滑り落ちる: Se me *escabulló* la pastilla de jabón. 私は石けんを落としてしまった. ❷〔誰にも気づかれずに, +de か

ら] のがれる; [+entre に] まぎれ込む: ～*se de* una fiesta パーティーからこっそり抜け出す. ～*se entre* la multitud 人ごみにまぎれる

escachar [eskatʃár] 他 押しつぶす; ばらばらに壊す

escacharrar [eskatʃář̃ár] 他《口語》壊す; 台なしにする: ～ una fuente 大皿を割ってしまう. *Escacharró* el auto al chocar contra la pared. 彼は壁に車をぶつけて壊した. La lluvia *escacharró* nuestro plan. 雨で私たちの計画は台なしになった
　◆ ～**se** 壊れる

escachifollar [eskatʃifoʎár] ～**se**《口語》台なしになる, 壊れる

escafandra [eskafándra] 女 ❶ 潜水服, 潜水具: ～ autónoma アクアラング. ❷ 宇宙服〖～ espacial〗

escafoides [eskafóiđes] 男《単複同形》《解剖》舟形骨

escagarruzar [eskagař̃uθár] 9 ～**se**《俗語》大便をもらしてしまう

escala [eskála] 女 ❶ はしご; [船・飛行機の] タラップ: apoyar una ～ contra una pared 壁にはしごをかける. subir (bajar) una ～ はしごを登る(降りる)/タラップを上がる(下りる). ～ de cuerda (de viento) 縄ばしご. ～ telescópica (extensible) 可伸ばしご. ❷ 段階, 体系〔表〕: ～ de Beaufort ビューフォート風力階級. ～ de colores 表色系. ～ de Mercalli (Richter) メルカリ(リヒター)震度階. ～ de valores 価値体系. ～ móvil salarial 賃金のスライド制. ❸ 目盛り, 測定器: ～ de termómetro 温度計の目盛り. ～ de Mohs モースの硬度計. ❹ 規模: de pequeña ～ 小規模の. a ～ internacional (mundial) 世界的な規模で. economías de ～ 規模の経済. ❺ 縮尺: mapa a la ～ de uno por cincuenta mil 5万分の1の地図. a ～ natural 実物大の. ❻ 寄港〔地〕: hacer en... …に寄港(着陸)する. vuelo sin ～《航空》直行便, ノンストップフライト. ～ técnica 燃料補給のための着陸. ～ franca 自由港. ❼《音楽》音階〖～ musical〗: ～ mayor (menor) 長(短)音階. ～ diatónica (cromática) 全(半)音階. practicar la ～ musical 音階練習をする. ❽《軍事》幹部名簿: ～ de reserva 予備役幹部. ❾ ～ de peces 魚梯(㍂), 魚道
　en gran ～ 大規模な・に: producción *en gran ～* 大量生産.

escalabrar [eskalaβrár] 他 = **descalabrar**

escalada [eskaláđa] 女 ❶ 登攀(㍂): ～ en roca (en paredes)/～ de (con) pico ロッククライミング. ～ artificial 人工登攀. ～ libre フリークライム. ❷〔紛争などの〕急激な拡大, エスカレーション; [価格の] 高騰; [急速な] 昇進, 出世. ❸ 家宅侵入

escalador, ra [eskaláđor, ra] 形 名 登山家〔の〕, ロッククライマー〔の〕;《自転車》山岳スペシャリスト

escalafón [eskalafón] 男〔勤続年数・能力などによる〕序列: subir en el ～ 出世する

escalamiento [eskalamjénto] 男 =**escalada**

escálamo [eskálamo] 男 [船舶] 櫂栓

escalar [eskalár] 他 ❶ よじ登る，登攀する：～ una muralla 城壁をよじ登る．～ el pico 岩壁を登る．❷ [序列を] 登る：Esa canción *ha escalado* puestos en la lista. その歌はランクアップした．❸ [はしごを登って] …に入る；[ドアなどをこじ開けて] 侵入する：～ un edificio ビルに侵入する
◆ 自 ❶ 登る，《自転車》坂をのぼる．❷ 昇進（出世）する．❸ [紛争などが] エスカレートする．❹ [+en に] 寄港する
◆ 形 《物理・数学》スカラーの

escaldar [eskaldár] 他 ❶ 《料理》湯通しする，湯むきする：ave *escaldada* [毛をむしりやすくするために] 湯づけにした鳥．❷ やけどさせる
◆ ～se ❶ [熱湯・蒸気などで] やけどする．❷ おむつかぶれする

escaldado, da 形 過分 [estar+] ひどい目に会った，懲りた：salir ～ 痛い目に会う，懲りる

escaleno, na [eskaléno, na] 形 《数学》[三角形が] 不等辺の；[円錐が] 斜軸の：triángulo ～ 不等辺三角形
◆ 男 《解剖》斜角筋

escalera [eskaléra] 女 『英 stairs』 ❶ 階段：subir (bajar) la ～ 階段を上がる(下りる)．caer ～ abajo 階段をころげ落ちる．～ (de) caracol/~ espiral らせん階段．～ de emergencia (de salvamento・de incendios) 非常階段．～ de servicio [使用人が使う] 裏階段．gente de ～s abajo 医区 召使い；下層階級．～ mecánica (automática) エスカレーター．❷ はしご [～ de mano, escala]．❸ [髪の] 虎刈り．❹ 《トランプ》ストレート：～ de color ストレートフラッシュ．～ real ロイヤルフラッシュ

escalerilla [eskaleríʎa] 女 ❶ 小階段；[船・飛行機の] タラップ：en～ 段状になった．❷ 《トランプ》同じ組札の 3 枚続き

escaléxtric [eskalé(k)stri] 男 ❶ 医区《ゲーム》レーシングカー．❷ 《交通》立体交差

escalfar [eskalfár] 他 《料理》落とし卵(ポーチドエッグ)にする

escalinata [eskalináta] 女 [玄関前などの] ステップ，外付き階段

escalmo [eskálmo] 男 =**escálamo**；[大型の] くさび

escalo [eskálo] 男 はしごを使った侵入；家宅侵入：robo con ～ 押し込み強盗

escalofriante [eskalofrjánte] 形 ぞっとするような：escena ～ 身の毛のよだつような光景

escalofrío [eskalofrío] 男 [主に 複] 悪寒(#)〔による震え〕：Le cogieron ～s. 彼は寒けがした(ぞっとした)

escalofriar 自 他 ぞっとさせる．◆ ～se ぞっとする

escalón [eskalón] 男 ❶ [階段の] 段：escalera con *escalones* desgastados 段のすり減った階段．¡Cuidado con el ～! 段差に注意！cortar el pelo en ～ 虎刈りにする．❷ 階段状

の土地，段丘．❸ [地位の] 段，等級：Sólo le falta un ～ para ser directivo de la empresa. 彼は重役の椅子までもう一歩だ．❹ 《軍事》梯団

escalonar [eskalonár] 他 ❶ 間隔を置いて並べる(行なう)，段階的にする：～ los ascensos cada tres meses 3か月ごとに昇進させる．～ las vacaciones 休暇の時期を少しずつずらす
escalonado, da 形 過分 間隔を置いた；階段状の：huelga ～da 波状スト．terreno ～ 段丘．aprendizaje ～ 段階別学習．disminución ～da 段階的縮小．llevar el pelo ～ 髪を虎刈りにしている
escalonamiento 男 間隔を置くこと

escalopa [eskalópa] 女 =**escalope**

escalope [eskalópe] 男 《料理》薄い切り身；[特に] ビーフカツ

escalpelo [eskalpélo] 男 《医学》メス 〖bisturí〗

escama [eskáma] 女 ❶ [魚などの] うろこ．❷ 《医学》鱗屑(ザ)：piel en ～s 鱗状の皮膚．❸ [植物] 鱗片．❹ 不信，疑い：Le salieron ～s. 彼は不安になった．❺ ～ de jabón 鱗片石けん

escamar [eskamár] 他 ❶ …のうろこを取る：～ la sardina イワシのうろこを落とす．❷ 不安(不信)に陥れる
◆ ～se 不安になる：Me *escamé* al ver que regresaba la hija tan tarde. 私は娘があまり遅く帰って来たので心配になった

escamochar [eskamotʃár] 他 [アーティチョーク・レタスなどの] 食べられない葉を捨てる；浪費する，無駄づかいする

escamón, na [eskamón, na] 形 《口語》疑い深い

escamondar [eskamondár] 他 剪定する；…の有害なものを取り除く

escamoso, sa [eskamóso, sa] 形 うろこのある

escamotear [eskamoteár] 他 ❶ [手品などで] 隠す：El ilusionista les *escamoteaba* a los niños las palomas. 手品師は子供たちの前から鳩を消した．❷ くすねる，盗む；[難しいことを] ごまかす，回避する：Le han *escamoteado* la cartera. 彼は財布をすられた．～ la verdad 真実を避けて通る
escamoteo 男 隠す(くすねる)こと，ごまかし

escampar [eskampár] 自 ❶ [単人称] 雨がやむ：Esperemos que *escampe*. 雨がやむのを待ちましょう．❷ 《中南米》雨宿りする
escampada 女 雨の晴れ間

escanciar [eskanθjár] 自 他 《文語》[グラスにワインを] つぐ；[果実酒を泡立つように] 高い所からつぐ

escanda [eskánda] 女 《植物》ヒトツブコムギ

escandalera [eskandaléra] 女 《口語》大騒動，らんちき騒ぎ 〖escándalo〗

escandalizar [eskandaliθár] 9 他 …のひんしゅくを買う，眉をひそめさせる；ショックを与える：Su mala conducta *escandaliza* a todos. 彼の

不品行は皆のひんしゅくを買っている
◆ 📗 世間のひんしゅくを買う；大騒ぎする
◆ ~se [+de・por で] 憤慨する；ショックを受ける，憤慨した，憤慨したふりをする：Se escandalizaba de esa película. 彼はその映画に眉をひそめた(ショックを受けた)

escandallo [eskandáʎo] 男 ❶《商業》値踏み，価格決定．❷《船舶》[海底の地質を調べる] 測鉛の先端部．❸ [製品などの] 抜き取り検査

escandallar 他 …の価格を決定する；測鉛で海底を探る

escándalo [eskándalo] 男 ❶ 大騒ぎ：armar un ~ 大声を出して騒ぐ．❷《軽蔑》ひんしゅく，悪評，物議；醜聞；汚職：dar (causar) un ~ 世間の悪評を買う；スキャンダルをまき起こす．Se paseaba desnuda por la calle, con gran ~ de los transeúntes. 彼女は裸で通りを歩いて，通行人のひんしゅくを買った．~ financiero 財政汚職．❸《軽蔑》言語道断なこと：¡Es un ~! もってのほかだ！ ❹ piedra de ~ 非難(悪評)の種
de ~ 法外な，過度の：precios *de* ~ びっくりするような(法外な)値段

escandaloso, sa [eskandalóso, sa] 形 ❶ 破廉恥な，けしからぬ：acto ~ 破廉恥行為．noticia ~sa スキャンダラスなニュース．precio ~ 法外な価格．❷ 大騒ぎを引き起こす：niño ~ 手に負えない子
echar la ~sa《口語》激しくののしる
◆《船舶》ガフトプスル

escandinavo, va [eskandináβo, βa] 形 名《地名》スカンジナビア Escandinavia 女 の〔人〕：Península ~va スカンジナビア半島

escandio [eskándjo]《元素》スカンジウム

escáner [eskáner] 男《腹 ~s》《医学》CT スキャナー；《情報》スキャナー
escanear 他 スキャンする

escaño [eskáɲo] 男 ❶ 議席：ganar un ~ 議席を獲得する．renunciar al ~ 議員を辞職する．sistema de ~ por distrito 小選挙区制．❷ [背のある] ベンチ

escapada [eskapáða] 女 ❶ さぼり；[息抜きの] 遠出：ir al cine en una ~ エスケープして映画を見に行く．De vez en cuando hace (da) una ~ a la costa. 時々彼は息抜きに海岸へ行く．❷ 逃亡，脱走［huida］．❸《自転車》逃げ

escapar [eskapár] 自《英 escape》❶ [+de から] のがれる；免れる：Escapó de la policía. 彼は警察の手をのがれた．~ de la cárcel 刑務所から逃亡する．~ de la muerte 死を免れる．~ de la gripe 流感にかからないですむ．~ a la calle [仕事などをさぼって] 町へ息抜きに出かける．❷ [+a の] 手の届かない所にある：Esa lógica escapa a mi comprensión. その論理は私の理解を越えている．❸《スポーツ》逃げ切る，振り切る；フライングをする
dejar ~ 取り逃がす；[笑い・ため息などを] 漏らす：Dejó ~ el pájaro. 彼は小鳥を逃がしてしまった
◆ ~se ❶ 逃走する，脱走する；抜け出す，中座する：i) ~se de casa 家出する．~se de una fiesta パーティーを抜け出す．ii) [+a+人 から] Se le escapó a la policía. 彼は警察の手をのがれた．[乗り遅れ] Se me escapó el tren. 私は列車に乗り遅れた．[失敗など] Se me ha escapado un punto del jersey. 私はセーターの編み目を一目落とした．El plato se le escapó de las manos. 彼は手が滑って皿を落とした．Se le escapó [de las manos] el título de campeón. 彼はチャンピオンになるチャンスを逸した．❷ [+a+人 の] 口から漏れる；思わずやってしまう：Se le escapó el nombre (la risa・la mano). 彼は思わずその名前を言って(笑って・殴って)しまった．❹ [ガス・水などが] 漏れる：El agua se escapó de la tubería. 水が管から漏れた
◆ 他《馬を》乗りつぶす

escaparate [eskaparáte] 男《主に西》ショーウィンドー，ショーケース：artículo en el ~ ショーウィンドーの中の商品．detenerse ante los ~s ショーウィンドーの前で立ち止まる．❷《中南米》洋服だんす
estar en el ~ [人が] 注目の的(話題)になっている
escaparatista 名《主に西》ショーウィンドー装飾家

escapatoria [eskapatórja] 女 ❶ 逃亡，脱走［fuga］；脱出路．❷ 逃げ道，逃げ口上：No tuvo ~. 彼にはどこにも逃げ道がなかった．❸ = **escapada**

escape [eskápe] 男 ❶ 脱出，逃亡［fuga］；逃げ道：No tenía ~. 彼は逃れる術がなかった．❷ 漏出：Hay un ~ de gas. ガス漏れがしている．❸《技術》排気［装置］；[時計などの] エスケープメント：gases de ~ 排気ガス．tubo de ~ 排気管．❹《情報》エスケープ〔キー〕
a ~ 大急ぎで，全速力で：Ven *a* ~. すぐ来いよ

escapismo [eskapísmo] 男 現実逃避〔癖〕
escapista 形 現実逃避的の，現実逃避癖のある

escápula [eskápula] 女《解剖》肩甲骨［omóplato］
escapular 形 肩の，肩甲骨の：cintura ~ 肩〔甲〕帯

escapulario 男《カトリック》スカプラリオ〔修道士の肩衣〕

escaque [eskáke] 男《チェス》升目［casilla］

escaquear [eskakeár] ~se《西.口語》[+de から] 逃げる：~ de clase 授業をサボる
escaqueado, da 形 過分 碁盤目状の；格子柄の，市松模様の

escara [eskára] 女《医学》かさぶた，痂皮

escarabajo [eskaraβáxo] 男《昆虫》《総称》甲虫，[特に] コガネムシ：~ de la patata コロラドハムシ．~ pelotero 糞玉をこしらえるコガネムシの類，クソムシ

escarabajear 自 うようよする，ごったがえす；い

たずら書きをする；気をもむ

escaramucear [eskaramuθeár] 圓 =**es-caramuzar**

escaramujo [eskaramúxo] 男《植物》ノバラ；《貝》=**percebe**

escaramuza [eskaramúθa] 囡 [小規模の]局地戦；小ぜりあい：zona de ～《アメフト》スクリメージライン

　escaramuzar 回 小ぜりあいをする

escarapela [eskarapéla] 囡 [帽子・襟などに付ける，丸い・花型の] リボン飾り

escarapelar [eskarapelár] 他《南米》鳥肌を立たせる

escarbar [eskarbár] 他 圓 ❶ [+en 地面などを] ひっかく，掘り返す：El toro *escarba* 〔en〕la arena. 牛が闘牛場の砂をかく. ❷ [火を]かき立てる. ❸ 詮索する：～ *en* vida ajena 他人の生活をかぎ回る. ❹ [傷口などを] 指で繰返し触る

　◆ ～**se** [歯・鼻を] ほじくる

　escarbadientes 男 =**mondadientes**

escarcela [eskarθéla] 囡 [腰に下げる] 袋；[猟師の使う] 網袋；[鎧の] 草摺(ﾂ)

escarceo [eskarθéo] 男 ❶ さざなみ，小波. ❷ 圈《馬術》急回転，急旋回. ❸ 圈 ちょっと手を出すこと，かじってみること：En mis ～*s* por el mundo de la política... 私がちょっと政治の世界をのぞいてみた所によると…. ❹ 圈 [ちょっとした] 恋愛遊戯，浮気《～*s amorosos*》

escarcha [eskártʃa] 囡 霜《顧義 escarcha は物(つまり氷). 現象は helada》：Se ha formado ～. 霜が降りた. Hay ～. 霜が降りている

escarchada [eskartʃáða] 囡《植物》マツバギク；《菓子》糖衣をきせたケーキ

escarchar [eskartʃár] 圓 [単人称] 霜が降りる：*Ha escarchado* esta mañana. 今朝は霜が降りた. Está *escarchado*. 霜が降りている

　◆ 他 ❶ [果実に] 糖衣をかける：albaricoque *escarchado* アンズあめ. ❷ 蒸留酒の瓶の中にアニスの小枝を入れ，その回りに砂糖を結晶させる. ❸ [霜が降りたようにタルカムパウダーなどを] ふりかける

escardar [eskarðár] 他 …から雑草を取り除く；善悪をわきまえる：～ un jardín 庭の草取りをする. ～ palabrotas de su vocabulario 悪い言葉を使わないようにする

　escarda 囡 除草[の時期]；除草用の鍬

escardillo [eskardí.ʎo] 男 [小型の鍬形の] 除草器

escariar [eskarjár] 他《技術》拡孔する

　escariador 男 拡孔器

escarificar [eskarifikár] 他《農業》土かきをする；《医学》乱切する

　escarificador 男《農業》カルチベーター；《医学》乱切刀

escarlata [eskarláta] 彫 男 緋(ʰ)色[の]，スカーレット《rojo ～》

escarlatina [eskarlatína] 囡《医学》猩紅(ﾋﾟ)熱；《繊維》緋色の布地

escarmentar [eskarmentár] 23 他 厳しく叱る(罰する)；懲りさせる

　◆ 圓 懲りる：Se ha casado siete veces, pero no *escarmienta*. 彼は 7 回も結婚したが，まだ懲りていない. Nadie *escarmienta* en cabeza ajena. 人は自分の誤りからしか学ばない. ～ con la desgracia ajena 他人の不幸を見て自省する

escarmiento [eskarmjénto] 男 厳罰，懲罰；懲りること：dar a+人 un buen ～ …を厳しく罰する. servir de ～ a+人 …への戒めとなる. tener un buen ～ 懲り懲りする. ～ del cielo 天罰

escarnecer [eskarneθér] 33 他《文語》嘲弄する，愚弄する

　escarnecimiento/escarnio 男 嘲弄，愚弄

escarola [eskaróla] 囡《植物》ヒロハキクヂシャ《サラダ用》

　escarolado, da 彫 [その葉のように] カールした

escarpa [eskárpa] 囡 急斜面，断崖

escarpado, da [eskarpáðo, ða] 彫 切り立った：montaña ～*da* 険しい山. terreno ～ 傾斜の急な土地

　escarpadura 囡 急斜面

escarpe [eskárpe] 男 [鎧の] 鉄靴《ひ armadura カット》

escarpelo [eskarpélo] 男《技術》きさげ，スクレーバー；=**escalpelo**

escarpia [eskárpja] 囡《技術》[引っ掛け・吊り下げ用の] 頭が鈎状の釘；犬釘，スパイク

escarpiador [eskarpjaðór] 男 管を壁に固定する留め具

escarpín [eskarpín] 男《服飾》紐なしの軽い靴，パンプス；[靴下の上にはく] 防寒用の靴下；《南米》毛糸で編んだ乳児用の靴

escasamente [eskásaménte] 副 わずかしか…ない：Trabaja ～ cuatro horas al día. 彼はわずか1日4時間しか働かない. región ～ poblada 人口希薄地域

escasear [eskaseár] 圓 少なく(乏しく)なる：Las sandías *escasean* en septiembre. スイカは 9 月にはあまり出回らなくなる. En Tokio *escasea* (el) agua. 東京は水不足だ

　◆ 他《まれ》けちる，差し控える《escatimar》

escasez [eskaséθ] 囡 ❶ 不足，欠乏：～ de agua 水不足. ❷ 貧困：vivir con (en la) ～ 細々と暮らす

escaso, sa [eskáso, sa] 彫《英 scarce. ↔ abundante》❶ [主に +名詞] わずかな：región de ～*sas* lluvias 雨がほとんど降らない地域. La función acabó con ～ éxito. 公演はあまりふるわないまま終わった. ❷ [estar+. +de が] 不足した：Estamos (Andamos) ～*s de* víveres. 私たちは食糧が足りない. ～ de inteligencia 知性に欠ける. ❸ [数詞+] …ぎりぎりの，たったの：dos metros ～*s* de cuerda 2 メートルそこそこの綱，たった 2 メートルの綱. Ha terminado la tarea en una hora ～*sa*. 彼は 1 時間足らずで(たった 1 時間ほどで)仕事を終えた

escatimar [eskatimár] 他 …にけちけちする，出し惜しむ：～ gastos (esfuerzos) 金(力)を出し惜しむ. no ～ elogios con+人 …に対して賛辞を惜しまない

escatología [eskatoloxía] 囡 ❶ 糞便学；糞尿趣味，スカトロジー. ❷《宗教》終末論《最

後の審判, 死後の世界を論じる〕
escatológico, ca 形 糞尿にまつわる, 糞尿趣味の; 終末論の

escay [eskái] 男 =skay

escayola [eskajóla] 女 ❶ [彫刻・ギプス用の] 石膏. ❷ 石膏像;《医学》ギプス
escayolar 他 [手・足に] ギプスをはめる

escena [esθéna] 女 〖英 scene〗 ❶ 舞台; 演劇, 医名 戯曲: entrar (aparecer) en ～/ salir a ～ 登場する. salir de ～ 退場する. llamada a ～ カーテンコール. llamar a ～ カーテンコールを求める. poner... en ～/llevar... a la ～ …を上演する. puesta en ～ 上演, 演出. director de ～ 演出家, 舞台監督. ～ española スペイン演劇. ❷ …場; [特定の] 場面, シーン: ～ segunda del acto tercero 第3幕第2場. ～ de amor ラブシーン. ❸ [一般に] 場面, 光景; [事件的] 現場: ～ conmovedora 感動的な場面. ～ terrorífica 恐ろしい光景. ～ de un crimen 犯行現場. ❹ …界, 活動の舞台: dejar la ～ política 政界を去る. ❺ 大騒ぎ, けんか; 大げさな身ぶり, 芝居がかったふるまい: hacer (dar) una ～ 大騒ぎする, 派手な立ち回りをする
desaparecer de ～ [途中で] いなくなる; 死ぬ
volver a la ～ カムバックする, 返り咲く

escenario [esθenárjo] 男 ❶ 舞台, ステージ;《映画》撮影現場: pisar un ～ 舞台を踏む. estar en el ～ 舞台に立っている; 俳優である. ～ giratorio 回り舞台. ❷ [事件の] 現場: ～ de un accidente 事故現場. ❸ 雰囲気, 状況. ❹ シナリオ, 脚本〖guión〗; [経済などの] 予測

escénico, ca [esθéniko, ka] 形 舞台の, 演劇の: arte ～ 演技; 舞台芸術. efectos ～s 舞台効果. miedo ～ 場おくれ, 舞台負け. música ～ca 舞台音楽. recursos ～s 演劇の才能

escenificar [esθenifikár] 他 脚色する, 劇化する; 上演する
escenificación 女 脚色, 舞台化; 上演

escenografía [esθenografía] 女 舞台美術;《美術》遠近画法
escenográfico, ca 形 舞台美術の
escenógrafo, fa 名 舞台美術家

escéptico, ca [esθéptiko, ka] 形 [+ante に対して] 懐疑的な, 疑い深い;《哲学》懐疑論の: Me quedo ～ *ante* tus afirmaciones. 私は君の断定に対して懐疑的だ. espíritu ～ 懐疑精神
◆ 名 懐疑主義者
escepticismo 男 疑惑; 懐疑論, 懐疑主義

escialítico [esθjalítiko] 形 [手術用の] 無影灯

escila [esθíla] 女 《植物》カイソウ(海葱)
entre E～ y Caribdis 進退きわまって; 前門の虎, 後門の狼

escindir [esθindír] 他 分割する;《物理》核分裂を起こさせる
◆ ～se [+en に] 分裂する: El partido *se escindió* en tres facciones. 党は3派に分かれた

escintilómetro [esθintilómetro] 男 《物理》

シンチレーター計数管

escirro [esθírro] 男 《医学》硬性癌

escisión [esθisjón] 女 分裂;《医学》切除;《生物》細胞分裂 [～ celular]: ～ nuclear 核分裂
escisionista 形 分裂主義の

escita [esθíta] 形 名 《歴史》スキタイの(人)

esclarecer [esklareθér] 39 他 ❶ 解明する, はっきりさせる: ～ un caso 事件を解明する. ～ la causa de un delito 犯罪の原因を明らかにする. ❷ …の名声(威信)を高める
◆ 自 [単人称] 夜が明ける [alborear]
esclarecedor, ra 形 解明する
esclarecido, da 形 [過分] [+名詞] 著名な
esclarecimiento 男 解明

esclava[1] [esklába] 女 腕輪

esclavina [esklaβína] 女 《服飾》[巡礼などが着た] ケープ; [フード付きの] 短いマント [ペregrino カット]

esclavo, va[2] [esklábo, βa] 名 形 ❶ 奴隷(のような): negro ～ 黒人奴隷. ❷ [+de に] 拘束された[人], とりこになった[人]: Es ～ *de* sus deberes. 彼は義務に縛られている(忠実すぎる). Es ～*va* de su casa. 彼女は家事に追い回されている. Soy tu ferviente ～. 僕は君の恋の奴隷だ. ～ *del* dinero 金の亡者. ～ *de* su ambición 野心に取りつかれた
esclavista 形 名 奴隷制度を支持する[人]
esclavitud 女 奴隷の身分; 奴隷制度; 隷属, 屈従
esclavizar 9 他 奴隷にする; 隷属させる, 酷使する: La tienen *esclavizada*. 彼女はまるで奴隷扱いされている

esclerénquima [esklerénkima] 男 《植物》厚膜組織

esclerodermia [eskleroðérmja] 女 《医学》強皮症, 硬皮症

esclerófilo, la [esklerófilo, la] 形 《植物》硬葉の

esclerosis [esklerósis] 女 [単複同形] ❶ 《医学》硬化症: ～ arterial 動脈硬化症. ～ múltiple 多発性硬化症. ❷ [思想・組織などの] 硬直化
esclerosar 他 硬化させる. ◆ ～se 硬化する; 硬直化する

esclerótica [esklerótika] 女 《解剖》[眼の] 鞏膜(きょう)

esclusa [esklúsa] 女 [運河などの] 閘門(こう), 水門

-esco [接尾辞. 時に軽蔑] [名詞+. 品質形容詞化] noveesco 小説の, quijotesco ドン・キホーテ的な

escoba [eskóba] 女 ❶ ほうき: reunir basuras con una ～ ほうきでごみを掃き集める. ～ metálica レーキ. coche ～ 《自転車》リタイア選手収容車. ❷ 《サッカー》スイーパー [defensa ～]. ❸ エニシダ. ❹ 《トランプ》～ de quince 15点を集めるゲーム
no vender [ni] una ～ 《口語》まったく失敗する

escobajo [eskobáxo] 男 [房から実を取った

後の] ブドウの軸

escobazo [eskoβáθo] 男 ほうきによる一撃 *echar a ~s a +人* …を追い出す

escobén [eskoβén] 男 《船舶》錨鎖孔

escobero, ra [eskoβéro, ra] 名 ほうき職人（商人）
◆ 女 《植物》レダマ

escobilla [eskoβíʎa] 女 ❶ [柄の短い] 小ぼうき, ブラシ. ❷ [打楽器の] ブラシ. ❸ 《電気》[モーターなどの] ブラシ. ❹ 《植物》~ de ámbar アンブレット

escobillar 自 《南米》[民族舞踊で] 素早くすり足をする. ◆ ~se 《闘牛》[牛の角が] 折れる

escobillón [eskoβiʎón] 男 デッキブラシ; 銃口（砲口）掃除具, 《医学》[検査用の] 綿棒

escobón [eskoβón] 男 [すす払い用などの] 長い柄のほうき; [片手用の] 短いほうき

escocedura [eskoθeðúra] 女 ひりひりすること; [汗・下着による] かぶれ

escocer [eskoθér] 自 29 《torcer 活用表》自 ❶ [傷口・眼を] ひりひりさせる: El jabón *escuece* en los ojos. 石けんが眼に入るとひりひりする. ❷ [+a+人 にとって, que+接続法 が主語] いらだたしい: Le *ha escocido que* no le invitaran. 彼は招待されなかったので面白くなかった
◆ ~se ❶ [+a+人 にとって] ひりひりする, うずく: *Se le escocieron* los pies de tanto caminar. 彼は歩きすぎて足がひりひりした. ❷ いらだたしく思う: *Se escocía* cuando le corregían delante de sus compañeros. 彼は仲間の前で叱られて, いたたまれない気持ちだった

escocés, sa [eskoθés, sa] 形 名 ❶ 《地名》スコットランド Escocia の〔人〕: ~ güisqui ~ スコッチウイスキー. falda ~sa キルト〔スカート〕. ❷ 《服飾》タータン〔チェック〕の
◆ 男 《繊維》タータン

escocia [eskóθja] 女 《建築》[円柱の土台部分の] 割り形

escocimiento [eskoθimjénto] 男 ＝esco- zor

escoda [eskóða] 女 《石工用の》両尖頭ハンマー
escodar 他 両尖頭ハンマーで刻む

escofina [eskofína] 女 《荒目の》やすり

escoger [eskoxér] 他 3 [+de • (de) entre から] 選ぶ, 選び出す: ~ una fruta de la cesta かごの中から果物を1つ選ぶ. ~ al más valiente 最も勇敢な者を選ぶ. Esta tienda tiene donde ~. この店は色々選べる(よい品物がそろっている)
◆ 自 選ぶ: Voy a ~ *entre* tú y él. 君か彼かどちらかを選ぶことにしよう. Es difícil ~ [de] *entre* tantas cosas buenas. いいものがたくさんあって選ぶのが難しい. No sabe ~. 彼には選択眼がない

escogido, da [eskoxíðo, da] 形 過分 よりすぐった: mercancías ~das 優良品. obras ~das 選集. tropas ~das 精鋭部隊
◆ 女 《中南米》[農・畜産物の] 選別

escogidamente 副 選んで, よりすぐって

escolanía [eskolanía] 女 聖歌隊〔養成所〕

---

escolano 男 聖歌隊の少年

escolapio, pia [eskolápjo, pja] 形 名 《宗教》Escuelas Pías 修道会の〔修道士・修道女〕

escolar [eskolár] 形 《←escuela》学校〔教育〕の: edad ~ 就学年齢. libro ~ 成績通知票, 通信簿. nuevo curso ~ 新学年
◆ 名 [主に小学校の] 生徒, 学童

escolaridad [eskolariðá(ð)] 女 就学〔期間〕, 学歴: ~ obligatoria 義務教育. libro de ~ 成績通知票

escolarizar [eskolariθár] 他 [地域に] 学校教育〔施設〕を整備する; [人を] 就学させる
escolarización 女 学校教育の整備; 就学〔率〕

escolástico, ca [eskolástiko, ka] 形 名 スコラ学〔派〕の, スコラ哲学者; 堅苦しい, 形式主義的な
◆ 女 スコラ哲学 《filosofía ~ca》
escolasticismo 男 スコラ哲学〔的形式主義〕《nota》

escolio [eskóljo] 男 注釈, 評注

escoliosis [eskoljósis] 女 《単複同形》《医学》[脊柱の] 側湾〔症〕

escollo [eskóʎo] 男 暗礁, 岩礁; 障害: El plan encontró muchos ~s. その計画は多くの暗礁にぶつかった
escollar 自 暗礁にぶつかる; 《南米》[計画が思わぬことで] 失敗する
escollera 女 [テトラポッドなどによる海岸の] 波よけ

escolopendra [eskolopéndra] 女 《動物》オオムカデ

escolta [eskólta] 女 ❶ 護衛, 護送: dar ~ a... …を護衛(護送)する; …のお供をする. escoltする. ❷ 医軍 お供, 随員; 護衛隊, 護送隊: salir sin ~ お供(護衛)なしに出かける. ~ de un convoy 輸送船団の護衛艦隊
◆ 名 ❶ お供(護衛)の人. ❷ 《バスケ》ガード

escoltar [eskoltár] 他 護衛する, 護送する; お供をする: ~ a un ministro (un preso) 大臣を護衛する(囚人を護送する)

escombrar [eskombrár] 他 [残骸・瓦礫などを] 取り除く; [ごみを] 片付ける

escombrera [eskombréra] 女 瓦礫の山; 瓦礫の捨て場所

escómbridos [eskómbriðos] 男 複 《魚》サバ科

escombro [eskómbro] 男 ❶ 複 [建物などの] 残骸, 瓦礫（がれき）. ❷ 《南米》騒ぎ, 騒動

esconder [eskondér] 他 ❶ [主に物を, +en に] 隠す: ~ el dinero en un cajón 金を引き出しに隠す. La montaña *esconde* el mar de nuestra vista. 山にさえぎられて海が見えない. [+a+人 から] Le *escondí* el chocolate a Miguel. 私はミゲルのチョコレートを隠した. ❷ 内に含む, 秘める: Estas palabras *esconden* una profunda verdad. これらの言葉は深い真理を秘めている
◆ ~se ❶ [+de+人 から] 身を隠す, 隠れる. ❷ 隠される: En el fondo del mar *se esconden* riquezas sin fin. 海底には無尽蔵の富が秘められている

escondido, da [eskondído, ða] 形 過分 隠れた; [場所が] へんぴな [apartado] ～ vivir ～ 目立たないように暮らす. tesoro ～ 秘宝
◆ 男 アルゼンチンの民族舞踊
◆ 女 俗 男 接 《中南米》隠れん坊 [escondite] *a ～das* 隠れて, こっそりと: fumar *a ～das de sus padres* 親に隠れてたばこを吸う

escondite [eskondíte] 男 隠し(隠れ)場所; 《遊戯》隠れん坊: jugar al ～ 隠れん坊をする

escondrijo [eskondríxo] 男 隠し場所, 隠れ家

escoñar [eskoɲár] 他 《俗語》[へまをして] 台なしにする
◆ ～se 負傷する; [機械・器具が] 壊れる

escopeta [eskopéta] 女 猟銃, 散弾銃 [～ de caza]; 小銃: ～ de aire [comprimido]/ ～ de viento 空気銃. ～ recortada 銃身を短く切り落としたショットガン. ～ negra 猟師
¡aquí te quiero, ～! [危険な場面のナレーション] さあ一体どうなりますか!
como una ～ すばやく

escopetado, da 形 《口語》[副詞的に] すばやく, 大急ぎで: Fuc ～ a la estación. 彼は駅に向かって飛び出していった
escopetazo 男 1) 銃撃; 銃声; 弾痕, 弾傷. 2) 突然の悪い知らせ(出来事)
escopeteado, da 形 《西. 口語》=**escopetado**

escopetero [eskopetéro] 男 《昆虫》ホソクビゴミムシ

escoplo [eskóplo] 男 《技術》細のみ; えぼしがね: ～ de cantería 石工用のたがね

escopladura [eskoplaðúra] 女 刻み目, 彫り目; 段付け

escora [eskóra] 女 《船舶》満載喫水線; [船の] 傾斜[度]; [建造・修理中の船を支える] 支柱

escorar [eskorár] 自 《船舶》[船が] 傾く; [最も低い] 干潮に達する
◆ 他 [船を] 陸に上げる, 支柱で支える

escorbuto [eskorßúto] 男 《医学》壊血病
escorchar [eskortʃár] 他 《南米》いらいらさせる, わずらわせる

escoria [eskórja] 女 ❶ 《技術》スラグ, 鉱滓 (𝕔); 石炭殻; ぼた山. ❷ 《軽蔑》くず, かす [比喩的にも]: Es la ～ del barrio. 彼は街のくずだ. ❸ 《地質》火山岩滓

escoriar [eskorjár] 10 他 =**excoriar**
escornar [eskornár] ～se 《口語》ひどく傷める; 《俗語》=**descornarse**

escorpio [eskórpjo] 男 《占星》[主に E～] さそり座 [☞zodíaco 参考]

escorpión [eskorpjón] 男 《動物》サソリ; 《占星》=**escorpio**: lengua de ～ 毒舌 [家], 中傷 [家]

escorrentía [eskoɾentía] 女 《降水の》海への流出; それによる侵食: superficie de ～ 流域

escorzo [eskórθo] 男 《美術》遠近短縮法 [による表現・姿勢]: en ～ 遠近短縮法で
escorzar 9 他 遠近短縮法で描く

escota [eskóta] 女 《船舶》帆縮索, シート
escotar [eskotár] 他 ❶ 《服飾》…の襟ぐりを大きくする: vestido muy *escotado* 襟ぐりの深いドレス. ❷ …の分け前を払う
escotado 男 襟ぐり [escote]
escotadura 女 襟ぐり [escote];《演劇》迫り穴; 切れ込み

escote [eskóte] 男 ❶ 《服飾》襟ぐり: ～ barco (bote) ボートネック. ～ en pico (en punta・en V) V ネック. ～ redondo 丸首; U ネック. ❷ [襟もとからのぞく] 胸もと: En su ～ lucía un collar de diamantes. 彼女の胸もとにはダイヤの首飾りが輝いていた. ❸ [a+. 会食などの] 割り前, 自分の支払い分: pagar a ～ 割り勘にする. comprar a ～ 皆で金を出し合って買う

escotilla [eskotíʎa] 女 ハッチ, 昇降口: ～ de bodega 船倉用ハッチ

escotillón [eskotiʎón] 男 [床の] 揚げ戸;《演劇》迫(ᵈ)り
aparecer (desaparecer) [como] por ～ 《口語》不意に現れる(姿を消す)

escozor [eskoθór] 男 ❶ [やけどのような] 苦痛, うずき: Rocé con una ortiga y sentía ～ en las piernas. 脚がイラクサでこすれてひりひりした. ❷ いらだたしさ, 腹立たしさ

escriba [eskríßa] 男 [古代の] 書記, 写字生; [古代ユダヤの] 律法学士

escribanía [eskriβanía] 女 ❶ [インク・吸取紙などをセットした] ペン立て. ❷ 公証人事務所; 公証人の職

escribano, na [eskriβáno, na] 名 [昔の裁判所の] 記録係; [古代の] 書記, 写字生;《南米》公証人 [notario]
◆ 男 ～ del agua ミズスマシ

escribiente [eskriβjénte] 名 筆耕者; 写字生

escribir [eskriβír] 他 [英 write. 過分 escri*to*] [文字・文を] 書く, 綴る: No sabe ～ esta palabra. 彼はこの単語を書けない(綴りを知らない). ～ un poema 詩を書く. ～ a máquina タイプを打つ. ～ en el ordenador personal パソコンに打ち込む. [+ que] Me *ha escrito que* saldrá mañana. 彼は明日発つと書いて寄こした
◆ 自 ❶ [+a に] 手紙を書く(出す): *Escribe a* su mujer cada semana. 彼は毎週妻に手紙を書く. ❷ 著作する: ganarse la vida *escribiendo* ペンで生活を立てる. *Escribe* en algunos periódicos. 彼はいくつかの新聞に寄稿している. ❸ [ペンなどが] 書ける: Este bolígrafo no *escribe*. このボールペンは書けない
◆ ～se ❶ 綴られる: ¿Cómo *se escribe* su apellido? 彼の名字はどう綴るのですか? ❷ [互いに/+con と] 文通する: *Nos escribimos* en español. 私たちはスペイン語で文通している

escrito, ta [eskríto, ta] 形 過分 [←escribir] ❶ 書かれた: examen ～ 筆記試験. dejar ～ un testamento 遺言を書き残す. ❷ 《口語》[estar+] 運命の定まった. もう変えられない
◆ 男 書いたもの; 文書, 書類; 複 著作, 作品: ～s de Ortega オルテガの著作

por ～ 文書で，書面で：poner... *por* ～ …を文書にする．tomar... *por* ～ …を書きとめる

escritor, ra [eskritór, ra] 图 作家, 著述家 〖☞autor 顯義〗：Era un revolucionario y un gran ～. 彼は革命家でもあり偉大な作家でもあった

escritorio [eskritórjo] 男 ❶ 〔事務・学習用の〕机；artículos de ～ 文房具． ❷ 宝石だんす． ❸《古語》事務所，オフィス

escritura [eskritúra] 囡 ❶ 書くこと；書き方，筆跡：Tiene mala ～. 彼は字が下手だ． ❷ 文書，書類；証書：～ antiquísima 古文書．～ de propiedad 不動産権利証書．～ de constitución/～ social 法人団体設立〔許可〕書．～ pública 公正証書． ❸ 文字法, 字体：～ fonética 表音文字．～ gótica ゴシック字体．～ griega ギリシア文字． ❹《情報》記録，書き込み． ❺〔主に *E*～s〕聖書〖Sagrada〔s〕 *E*～〔s〕〗

escriturar [eskriturár] 他《法律》文書で正式化する, …の公正証書を作る：～ la casa a su nombre 自分名義で家を登記する
escriturario, ria 形 公文書によって確認される． ◆ 图 聖書研究家

escrófula [eskrófula] 囡《医学》瘰癧 $\binom{るい}{れき}$
escrofulosis 囡〔単複同形〕腺病質

escroto [eskróto] 男《解剖》陰囊

escrupulizar [eskrupuliθár] 自〔+en に〕くよくよする，こだわる

escrúpulo [eskrúpulo] 男 ❶ 良心のとがめ〖～s de conciencia〗；ためらい：no tener ～ en+不定詞 …することに良心がとがめない，臆面もなく（平気で）…する．～ de monja 腺病質なくらい取るに足りない心配． ❷ 細心の注意：con ～ 綿密に, 細心の注意を払って． ❸〔主に 圈〕不潔感：Me da ～ beber en el vaso de otro. 他人のコップで飲むのは汚い感じがする． ❹ 靴に入った小石
sin ～s 良心のかけらもない；はばかるところなく，臆面もなく：comerciante *sin ～s* 悪徳商人

escrupuloso, sa [eskrupulóso, sa] 形〔+en に〕綿密な，きちょうめんな；清潔好きの：～ *en* la comida 食べ物〔の衛生面〕にうるさい．Es ～ a la hora. 彼は時間をきちんと守る． ❷ 良心的な，きまじめな
escrupulosamente 副 良心的に；綿密に
escrupulosidad 囡 きまじめさ，綿密さ

escrutar [eskrutár] 他 ❶《文語》探索する，詮索する，注意深く観察する：～ a+人 con la mirada …をじろじろ見る． ❷〔票を〕集計する，開票する
escrutador, ra 探索（詮索）する：mirada ～*ra* 探るような目つき． ◆ 图 開票する人
escrutinio [eskrutínjo] 男 票の集計, 開票；綿密な調査, 精査

escuadra [eskwáðra] 囡 ❶〔直角二等辺の〕三角定規, かね尺：～ de agrimensor 直角鏡．falsa ～/～ falsa (móvil) 角度定規, ベベル． ❷《海軍》艦隊；匧函〔一国の〕全艦船：～ norteamericana 米国艦隊． ❸《陸軍》〔伍長の率いる〕分隊；伍長（分隊長）の位． ❹《技術》

角の補強材, 角金． ❺《スポーツ》〔ゴールの〕コーナー
a (en) ～ 直角に：calles trazadas *a* ～ 碁盤目状の街路
escuadrar 他 四角にする, 四角に切る
escuadría 囡〔角材の〕小口寸法

escuadrilla [eskwaðríʎa] 囡 ❶ 飛行隊；小艦隊, 船隊． ❷《中南米》〔労働者の〕一団

escuadrón [eskwaðrón] 男 ❶ 飛行中隊；騎兵中隊． ❷《中南米》～ de la muerte 暗殺隊

escuálido, da [eskwáliðo, ða] 形〔estar+〕やせ細った，やせこけた
escualidez 囡 やせ細っていること

escualo [eskwálo] 男《動物》サメ, ツノザメ

escucha [eskútʃa] 囡 聴取：estar a la ～ 注意深く聞いている．～ telefónica〔電話の〕盗聴．～ permanente 24 時間電話サービス ◆ 图《軍事》〔夜間の〕歩哨

escuchar [eskutʃár] 他 〖英 listen〗 ❶ 聞く, 聴く 〖顯義 escuchar は注意して聞く, oír は聞こえてくる〗：Los jóvenes *escuchaban* la radio (la música). 若者たちはラジオ（音楽）を聞いていた． ～ a un orador 講演者の話を聞く．〔しばしば目的語なしで〕No estaba *escuchando* en la clase. 彼は授業を聞いていなかった ❷ 言うことを聞く；〔忠告などを〕聞き入れる：¡Me *escuchas*! 僕の話を聞け．No quiso ～me. 彼は私の言うことを聞こうとしなかった．～ un aviso 警告を聞き入れる ❸《中南米》聞こえる〖oír〗 ◆ 自 耳を澄ます：*Escucha* detrás de la puerta. 彼はドアの後ろで聞き耳を立てている ◆ ～se 自分の話に酔いながら話す

escuchimizado, da [eskutʃimiθáðo, ða] 形《西》〔estar+〕ひどくやせ細った；虚弱な

escudar [eskuðár] 他〔盾で〕守る；〔危険から〕守る, かばう ◆ ～se〔+en·con を〕言い訳（口実）に使う：Se *escuda en* sus trabajos para no ir de viaje. 彼は旅行に行かないですむように仕事を口実にしている

escudero [eskuðéro] 男 ❶ 従者, 家来〖←主人の盾 escudo を持ち運んだ〗：Sancho Panza fue ～ fiel de don Quijote. サンチョ・パンサはドン・キホーテの忠実な従者だった． ❷ 侍臣〔の貴族〕． ❸ 盾製造者
escudería 囡〔レーサーとメカニックの〕レーシングチーム；従者の職務
escuderil 形 従者の

escudete [eskuðéte] 男 ❶ 小形の盾． ❷ 飾り座金〖escudo〗；《裁縫》〔補強のための〕まち． ❸《植物》スイレン〔睡蓮〕

escudilla [eskuðíʎa] 囡〔田舎で使われる, 底の深い半球形の〕スープ皿, 椀
escudillar 他〔スープを〕皿によそう

escudo [eskúðo] 男 ❶ 盾 $\binom{たて}{}$：～ antidisturbios 暴動鎮圧用（機動隊）の盾． ❷ 盾形の紋章, ワッペン〖～ de armas〗． ❸ 庇護：～ de occidente contra el Islam イスラムに対する西

方世界の防御線. **❹** [ポルトガル, カーボベルデの貨幣単位] エスクード. **❺** [昔の] 金貨, 銀貨. [鍵穴の周囲の] 飾り座金. **❻**《地理》~ continental 盾状地

escudriñar [eskuðriɲár] 他《文語》**❶** 細かく調べる: ~ todos los rincones de una casa 家の隅々まで調べる. **❷** [ある地点に] 視線を走らせる: ~ el horizonte 地平線に目を走らせる

escuela [eskwéla] 囡《英 school》**❶** 学校; [特に] 小学校 『~ primaria・de primera enseñanza』; 校舎: Ayer mi hijo no fue a la ~. 昨日息子は学校を休んだ. ~ de bellas artes 美術学校. ~ de verano サマースクール. ~ naval 海軍兵学校. ~ superior de comercio 商科大学 **❷** 教育, 訓練; 教育法, 教授法: ~ de la vida 人生という学校. ~ moderna 近代教育. tener buena (mala) ~ 良い指導を受ける (受けない), 先生に恵まれる(恵まれない) **❸** 学派, 流派;医学》門下生: ~ impresionista 印象派. ~ de Menéndez Pidal メネンデス・ピダルの門下 **❹**《宗教》E~s Pías 貧困児教育を目的とする修道会 **❺** alta ~ 馬場馬術, 高等馬術

escuelante [eskwelánte] 名《中南米》生徒, 児童

escuelero, ra [eskweléro, ra] 名《中南米》 [学校の] 先生

escuerzo [eskwérθo] 男 **❶**《動物》ヒキガエル. **❷**《口語》やせた人: Ella es un ~. 彼女はガリガリにやせている

escueto, ta [eskwéto, ta] 形 **❶** [表現・説明が] 簡潔な, 飾りのない: imagen ~ta あっさりとした絵. la verdad ~ta 赤裸々な真実. **❷** 邪魔のない, のびのびした

escuincle [eskwíŋkle] 名《中米》子供

esculpir [eskulpír] 他 [+en に] 彫刻する, 彫る: ~ en mármol una estatua 大理石の像を彫る

escultismo [eskultísmo] 男 ボーイ(ガール)スカウト〔運動〕

escultor, ra [eskultór, ra] 名 彫刻家

escultórico, ca [eskultóriko, ka] 形 彫刻の『escultural』: arte ~ca 彫刻芸術

escultura [eskultúra] 囡 **❶** 彫刻〔作品〕: ~ de Miguel Ángel ミケランジェロの彫像. ~ en madera (en piedra) 木(石)彫. ~ griega ギリシア彫刻 **❷** 彫像

escultural 形 彫刻の; 彫像のような, ギリシア彫刻を思わせる: materia ~ 彫刻材料. cuerpo ~ 均整のとれた体

escupir [eskupír] 自 **❶** 唾(つば)を吐く, 痰(たん)を吐く: Al verme escupió a mis pies. 彼は私を見ると足もとに唾を吐きかけた. **❷** [+a+人 を] 軽蔑する, 愚弄する **~ a la cara** ひどく侮辱する **◆** 他 **❶** 吐く: ~ un chicle ガムを吐き出す. ~ sangre 血を吐く. ~ humedad 湿気を出す. El volcán escupe lava. 火山が溶岩を噴き出す. **❷** 白状する. **❸** 受けつけない, はね返す

escupidera 囡 痰壷;《南米》溲瓶(しびん)

escupidero 男 軽蔑され

escupidor 男《中南米》痰壷;《中米》花火の一種;《南米》[小さな] ござ

escupidura 囡 = escupitajo

escupitajo 男《口語》痰, 唾『esputo』; 余計物, やっかいな物

escupitinajo 男 = escupitajo

escurreplatos [eskureplátos] 男《単複同形》[食器の] 水切りかご

escurridero [eskuřiðéro] 男 水切り台〔器〕

escurridizo, za [eskuřiðíθo, θa] 形 **❶** 回避的な, とらえ難い: actitud ~za のらりくらりとした態度. problema ~ とらえどころのない問題. **❷** すべりやすい; するりと逃げ出す: pez ~ つかまえにくい魚

escurrido, da [eskuříðo, ða] 形 過分 **❶** 腰回りの細い, ほっそりした: Es ~da de pecho. 彼女は胸が小さい. **❷**《中南米》恥じ入った. **❸** peso ~ 正味重量『peso neto』 **◆** 男 [洗濯物の] 脱水

escurridor [eskuřiðór] 男 [野菜の] 水切りかご, ざる; [洗濯機の] 脱水機

escurridora 囡 = escurridor

escurriduras [eskuříðúras] 囡 複 [瓶などの] 最後の数滴; [あまり価値のない] 残り物

escurrir [eskuřír] 他 **❶** …の水を切る, 脱水する: ~ una toalla タオルを絞る. ~ las verduras 野菜の水を切る. **❷** [容器・時計を] 明ける, 空(から)にする: ~ el vino de una bota 酒袋のワインを空っぽにする. **❸** [+por encima de の上に] 滑らす; [+en の中に] 滑り込ませる **◆** 自 したたり落ちる: El sudor escurría de su rostro. 汗が彼の顔から流れ落ちていた. Esta ropa escurre [mucha agua] todavía. この服はまだ水がポタポタ落ちる **◆** ~se **❶** 滑る: Se escurren los pies en el hielo. 氷の上では足が滑る. **❷** [+de から/+entre の間を] 滑り落ちる, すり抜ける; [抜け出す] El pez se escurrió de mis manos. 魚は私の手からするりと逃げた. ~se entre la gente 群衆の間をすり抜ける. **❸** したたり落ちる

escusado, da [eskusáðo, ða] 形 [場所が] 人目につかない, 秘密の **◆** 男《婉曲》トイレ, 便所

escúter [eskúter] 男 スクーター

escutismo [eskutísmo] 男 = escultismo

esdrújulo, la [esðrúxulo, la] 形 男《文法》終わりから3番目の音節にアクセントのある〔語〕『例 águila, oráculo』

ese¹ [ése] 囡 文字 s の名称: en forma de ~ S字形の **andar (ir) haciendo ~s**《俗語》[酔って] 千鳥足で歩く **hacer ~s** S字形を描く; 千鳥足で歩く; ジグザグに進む

ese², sa [ése, sa] 形《英 that. 中称の指示形容詞. 複 esos, esas》**❶** 普通は +名詞》その: i) [指示] Prefiero ~ abrigo a éste. 私はこれよりそのオーバーの方がいい. Pon esos libros donde estaban. それら

の本を元の場所に置きなさい. ii) [既述・既知] En — 舞った. 彼が私たちに言わない意味で私たちに言ったのだろう. iii) [名詞+. 強調・軽蔑] El hombre — no me inspira confianza. そんな男は信用できない

❷ [+時の名詞. 過去, 未来] *Ese* verano me invitó a ir con él a París para visitar museos. その夏彼は美術館巡りをしにパリへ行こうと私を誘った. Cuando vengan *esos* días, ya podremos viajar a la Luna con bastante facilidad. そのころになったら私たちは楽に月に行くことができるだろう

ése, sa [ése, sa] 代 [英 that. 中称の指示代名詞. 複 *ésos, ésas*] それ: i) [指示] El libro que buscaba es —. 私が捜していた本はそれだ. ii) [既述・既知] *Ésa* es mi intención. それが私の意図だ. iii) [まれ] [後述] Su descubrimiento era —: que no tiene confianza en nadie. 彼が発見したのはこういうこと, つまり自分は誰も信用していないということだった. iv) [人を指す場合は軽蔑] Dile a — que no tengo intención de recibirle en casa. 家に入れるつもりはないとそいつに言え

¡a ése! それっ, つかまえろ!

¿ahora me viene con ésas? 今さらそんなこと言ったって!

conque ésas tenemos [驚き・怒り] これはあきれた: ¡Conque ésas tenemos! ¿Te niegas a colaborar? これはあきれた, 君は協力を断わるというのかね?

en una de ésas 思いがけないときに, 不意に

ni por ésas 絶対に…ない: Ni por ésas lo conseguirás. 断じて君には達成できないさ

◆ 囡 [手紙] 貴地 [↔ésta 当地]: Llegaré a *ésa* dentro de ocho días. 1週間後に貴地へ到着します

esencia [esénθja] 囡 [英 essence] ❶ 本質, 真髄: — de la democracia 民主主義の本質. — de la cultura japonesa 日本文化の精髄. — de la gramática española スペイン語文法の要点. Ese señor es la — de la rectitud. その人は誠実そのものだ. ❷ [植物の] エッセンス, エキス; 香水: — de limón レモンエキス

en — 本質的に; 要点だけ, かいつまんで

por — 本質的に, もともと: Ese pueblo es *por* — apasionado. その民族はもともと情熱的だ

quinta — =quintaesencia

esencial [esenθjál] 形 [英 essential] ❶ [+ en に] 本質的な [↔accidental]: La razón es — en el hombre. 理性は人間の本性である. ❷ 肝心の; [+para・a に] 不可欠の: — parte — de una conferencia 講演の要点. La salud es — *para* la felicidad. 健康は幸福に欠かせない. [lo — es que+接続法] — que digas la verdad. 重要なのは君が真実を話すことだ. ❸ エキスの: aceite — エキス, 精油 [esencia]

esencialismo [esenθjalísmo] 男 [哲学] 本質主義

esencialmente [esenθjálménte] 副 本質的に, もともと

esenio, nia [esénjo, nja] 形 名 [歴史・宗教] エッセネ派[の]

esfagno [esfáɣno] 男 [植物] ミズゴケ

esfenoides [esfenɔ́ides] 男 [単複同形] [解剖] 蝶形骨

esfera [esféra] 囡 ❶ 球体, 球面;[文語] 地球 [~ terrestre]: — celeste 空;[天文] 天球. — armilar [古代の] アーミラリー天球儀. ❷ 範囲, 領域: — de influencia (de actividad) 勢力(活動)範囲. — profesional 専門分野. ❸ 階層: altas —s del mundo político 政界の上層部. ❹ [時計などの] 文字盤

esférico, ca [esfériko, ka] 形 球形の: cuerpo — 球体. espejo — 球面鏡

◆ 男 [文語] ボール [balón]

esferográfica [esferoɣráfika] 囡 [中南米] =estilográfica

esferoide [esferɔ́ide] 男 [数学] 回転楕円面

esferoidal 形 回転楕円面の

esferómetro [esferómetro] 男 [物理] 球面計

esfigmomanómetro [esfiɣmomanómetro] 男 [医学] 血圧計

esfigmómetro [esfiɣmómetro] 男 [医学] 脈拍計

esfinge [esfíŋxe] 囡 ❶ スフィンクス. ❷ [考え・気持ちなどを表わさない] 謎めいた人. ❸ [昆虫] スズメガ

esfínter [esfínter] 男 [解剖] 括約筋: — anal 肛門括約筋

esforzar [esforθár] 他 [9] [28] [☞forzar 活用表] 他 …に力を込める: — la voz 声を張り上げる. — la vista 目をこらす, 目を無理に使う

◆ —se [+en・por に] 努める, 努力する: Se esfuerza en el trabajo. 彼は一所懸命働いている. —se por levantar la piedra 石を持ち上げようとする

esforzado, da 形 過分 勇敢な

esfuerzo [esfwérθo] 男 [英 effort] ❶ 努力: Hizo un gran — para ser la primera. 彼女は大いにがんばって1位になった. He hecho muchos —s por pagar la casa. 私は家賃を払おうとして一所懸命働いた(かせいだ). Del —, la herida se abrió. 無理に動いたせいで傷口が開いた. hacer —s いろいろ努力する. cantar con gran — 力一杯(声を張り上げて)歌う. ❷ [技術] 応力. ❸ [器官・機能の] 活発化

esfumar [esfumár] 他 [美術] [デッサンなどを] 擦筆(きつ)でぼかす

◆ —se ❶ [徐々に] 見えなくなる: La tropa se esfumó en el horizonte. 部隊は地平線に姿を消した. ❷ [口語] [人が] 突然いなくなる

esfumación 囡 ぼかし

esfuminar 他 =esfumar

esfumino 男 擦筆

esgrafiado [esɣrafjádo] 男 [陶器などの] 搔取り仕上げ

esgrima [esɣríma] 囡 フェンシング, 剣術: practicar la — フェンシングをする. profesor (maestro) de — フェンシング教師

esgrimir [esgrimír] 他 [剣などを] 扱う, 使う: ~ su hacha contra+人 …に対して斧を振り回す. ~ la espada con habilidad 剣さばきが巧みである. ~ un argumento 論法を展開する

esgrimidor, ra 名 フェンシングの選手, 剣士

esguince [esgínθe] 男 ❶ [体を曲げて] ねじること;《医学》捻挫, すじ違い: Se hizo un ~ en el tobillo. 彼は足首を捻挫した. ❷ [攻撃などから身を守ろうとして] とっさに体をかわすこと

esguizaro, ra [esgiθáro, ra] 形 名 =**suizo**

-ésimo 《接尾辞》[序数化] milésimo 千番目の

eslabón [eslaβón] 男 ❶ [鎖の] 環;[連鎖の] 一環: Es el ~ que nos faltaba para completar la historia. これで話がつながった. ~ perdido 《生物》失われた環, ミッシングリンク. ❷ 火打ち金(%)

eslabonar [eslaβonár] 他 連結させる: ~ una cadena 鎖をつなげる. ~ los hechos para reconstruir un proceso 事実をつなぎ合わせて経過を再構成する

◆ ~se つながる, 連関する

eslabonamiento 男 連結, つながり: ~s interindustriales 産業間連関

eslálom [eslálon] 男 =**slalom**

eslalon 男 =**slalom**

eslavo, va [esláβo, βa] 形 名 スラヴ〔人・語〕の; スラヴ人

◆ 男 スラヴ語; 腹 スラヴ民族

eslavismo 男 汎(½)スラブ主義

eslinga [eslíŋga] 女 吊り索

eslip [eslíp] 男 [腹 ~s]《←英語. 服飾》ブリーフ; 水泳パンツ

eslogan [eslóγan] 男 [腹 ~s/eslóganes]《←英語》スローガン, 標語, モットー: lanzar un ~ スローガンを掲げる. ~ comunista 共産党のスローガン. ~ publicitario 広告のスローガン

eslora [eslóra] 女 《船舶》船の長さ〔↔ manga〕: ~ total 全長. ~ en flotación 喫水線の長さ

eslovaco, ca [esloβáko, ka] 形 名 《国名》スロバキア Eslovaquia の(人)

◆ 男 スロバキア語

esloveno, na [esloβéno, na] 形 名 《国名》スロベニア Eslovenia の(人)

◆ 男 スロベニア語

esmaltar [esmaltár] 他 ❶ ほうろう(エナメル)を引く; 七宝を施す, うわぐすりをかける: vidrio esmaltado ほうろう引きガラス. cerámica esmaltada うわぐすりをかけた陶器. ❷ 色とりどりに飾る: Las flores esmaltan la pradera. 牧場には色とりどりの花が咲いている

esmaltado 男 ほうろう引き; 七宝加工; うわぐすりかけ

esmalte [esmálte] 男 ❶ ほうろう, エナメル; ほうろう引き. ❷ 七宝〔工芸品〕: pintura al ~ 七宝絵. ❸ 《製陶》うわぐすり, 釉(%). ❹ 《解剖》[歯の] ほうろう質, エナメル質. ❺ 《化粧》[マニキュア用の] エナメル〔~ de・para uñas〕

esmegma [esmégma] 男 恥垢

esmerado, da [esmeráðo, ða] 形 過分 入念になされた: trabajo ~ 入念な仕事. pronunciación ~da [明瞭すぎるほどの] 丁寧な発音

esmeralda [esmerálda] 女 《鉱物》エメラルド

◆ 男 形 エメラルドグリーン(の), 鮮緑色(の)〔verde ~〕

esmerar [esmerár] ~se 再 [+en を] 入念にする: ~se en la limpieza 入念に掃除する. Se esmera muchísimo cuando trabaja. 彼はとても丁寧な仕事をする. ❷ 身だしなみに気をつける

esmerejón [esmerɛxón] 男 《鳥》コチョウゲンボウ

esmeril [esmeríl] 男 《鉱物》エメリー岩; 金剛砂

esmerilar 他 [金剛砂などで] 磨く; 光沢を消す

esmero [esméro] 男 細心さ, 入念さ: cocinar con gran ~ 細心の注意を払って調理する

esmirriado, da [esmiřáðo, ða] 形 発育の悪い, やせこけた; 虚弱な

esmoquin [esmókin] 男 [腹 esmóquines]《←英語. 服飾》タキシード〔の上着〕: de ~ タキシードで

esnaip [esnáip] 男 《船舶》スナイプ

esnifar [esnifár] 他 《卑語》[麻薬を] 鼻から吸う

esnifada 女 鼻から吸うこと; その量

esnob [esnóβ] 形 《腹 ~s》《←英語. 軽蔑》スノッブ(の), 上流ぶった〔俗物〕, 人と違ったことで目立ちたがる〔人〕

esnobismo 男 スノビズム, 俗物根性

esno. pco. 《略語》←escribano público 公証人

esnórquel [esnórkɛl] 男 [潜水艦・ダイビングの] シュノーケル

eso [éso] 代 《英 that. 中称の指示代名詞中性形》それは: i) [物] ¿Qué es ~? —Es un gato. それは何ですか一猫です. Eso que tienes en la mano es mío. 君が手に持っているのは私のだ. ii) [事柄] Eso no resuelve nada. それでは何の解決にもならない. ¿Cómo va ~ del otro día? 先日の例の件はどうなっている? ¿Es ~ lo que quieres decir? 君の言いたいのはそのことか? Es verdad ~ que te contaron. 彼らが君に言ったのは本当のことだ. Vale, pues ~. じゃあ, そういうことにしよう ❷ [場所] そこ ❸ [主に繰返して, 間投詞的に承認・賛成] そのとおり: ¡Fuera el árbitro!—¡Eso, ~, fuera! レフェリーひっこめ!—そうだ, そうだ. ひっこめ!

a ~ de... …時ごろ: A ~ de las ocho vino a verme. 8時ごろ彼が会いに来た

aun con ~ [＋否定文] たとえそうであっても: Aun con ~ no quiso ir a la escuela. それでも彼は学校に行こうとしなかった

¿cómo es ~? [不審・驚き・不快] 一体どうしたの, 何事だ, おかしいじゃないか?: ¿Cómo es ~? ¿No dijiste que pagabas la cuota? どうして? 自分の分は払うって言ったじゃないか?

¿cómo puede ser ~? まさか, どうしてそんなことがありえようか!

en ~ その時: Iba a salir, y en ~ me llamaron por teléfono. 私は出かけようとしていた. するとその時電話がかかってきた

en* ～ *está 原因はそこだ/彼はちょうどそれをしているところだ

～ ***de*+名詞・不定詞・*que*+直説法** 《時に軽蔑》[主に相手の発言を受けて] その…ということ：¿Qué es ～ *de* "una chica"? その女の子というのは何のことなの? Me molesta ～ *de* esperar. その待つということにはうんざりだ. ¿Qué es ～ *de que* no vas a la escuela? 学校に行かないって, それはどういうこと?

～ ***es/～ mismo*** そのとおり：¿Vas a salir con este tiempo?—*Eso mismo*. こんな天気なのに出かけるの?—そのとおり

～ ***no*** とんでもない：¿Puedo tocarlo?—¡*Eso no!* それに触ってもいい?—とんでもない!

～ ***sí*** もちろん：¿Puedo comprar un cuaderno?—¡*Eso sí!* ノートを買っていい?—もちろん!

～ ***sí que*+直説法** 確かに…である：¡*Eso sí que* es buena idea! それは確かにいい考えだ

～ ***sí que no*** 絶対に違う(だめだ)：¿Vienes conmigo?—¡*Eso sí que no!* 一緒に行くかい?—冗談じゃないよ!

***ni* 〔*aun*〕 *con* ～** たとえそうであっても…ない：*Ni aun con* ～ quiso prestarme el dinero. それにもかかわらず彼は私に金を貸そうとしなかった

***no es* ～** そうではない：Quieres dinero, ¿*no es* ～?—No, *no es* ～. 金が欲しいのではないか?—いや, そうではない

***no por* ～** そうだからといって…ない：*No por* ～ perdió la esperanza. だからといって彼は希望を失わなかった

***para* ～** [反語で幻滅] ¿*Para* ～ me lo pides? そんなことのために私に頼むのか. *Para* ～ no me he molestado en venir. そんなことならわざわざ来るんじゃなかった. ¡*Para* ～ mi continuo esfuerzo! 私のたゆまぬ努力はそんなことのためだったのか!

***por* ～** 従って：Es muy rico, *por* ～ le envidian. 彼は大変金持ちだ. だから人にうらやましがられるのだ

***por* ～ *mismo* (*cabalmente・justamente・precisamente*)** それだからこそ：Siempre se ofrece a ayudarme. *Por* ～ *mismo* no quiero que se entere de mi situación actual. 彼はいつも援助の手を差しのべてくれるが, だからこそ彼に私の現状を知られたくないのだ

***¡qué es* ～!** [驚き・不快] 何だ, それは!：¡*Qué es* ～! ¿Quieres ponerme en ridículo? どういうことだ! 私を笑いものにしようというのか?

***… y* ～** [列挙して] …など：Compré cuaderno, lápiz, goma *y* ～. 私はノート, 鉛筆, 消しゴムなどを買った

***¿y* ～?** [説明などを求めて] それから?

***y* ～+接続詞** [強調] それは…である：Ella me ha regalado una corbata, *y* ～ porque hoy es mi cumpleaños. 彼女がネクタイをくれた. それは今日が私の誕生日だからだ

***y* ～ *que*+直説法** …であるにもかかわらず；とはいえ…であるが：No ha asistido, *y* ～ *que* no tenía nada que hacer. 彼は欠席した. 何も用事がなかったくせに. Esta vida me atrae, *y* ～ *que* yo creo que la muerte es la liberación. 私はこの世に未練がある. もっとも死が解脱だと信じてはいるが

¿y* ～ *qué? それがどうしたというのだ?：Tu coche ya es un cacharro.—¿*Y* ～ *qué?* 君の車はもうポンコツだな.—それがどうした?

ESO 囡 《西. 略語》←Enseñanza Secundaria Obligatoria [12 歳から 16 歳までの] 後期義務教育

esófago [esófago] 男 《解剖》 食道

esos ☞**ese**

esotérico, ca [esotériko, ka] 形 〖↔exotérico〗 ❶ 秘伝の；《宗教》 秘教の. ❷ [初心者などに] 難解な：poesía ～*ca* 難解な詩. lenguaje ～ 難解な言語

esoterismo 男 難解さ；秘教主義

espabilar [espaβilár] 他 =**despabilar**

espachurrar [espatʃuřár] 他 =**despachurrar**

espaciador [espaθjaðór] 男 [キーボードの] スペースバー

espacial [espaθjál] 形 宇宙の；空間の：encuentro (cita) ～ 宇宙船のランデブー. estación ～ 宇宙ステーション. paseo ～ 宇宙遊泳. viaje ～ 宇宙旅行. vuelo ～ 宇宙飛行

espaciar [espaθjár] ⑩ 他 …の間隔をあける(広げる)：～ regularmente las sillas 椅子の間隔を規則正しくあける. ～ los pagos 間をおいて支払う

◆ 自 《印刷》 行間(語間)をあける 〖～ los renglones・las palabras〗

◆ **～se** 長々としゃべる

espacio [espáθjo] 男 〖英 space〗 ❶ 空間：～ de tres dimensiones 三次元空間. ～ aéreo 空域；領空. ～ vital 生活空間. ～*s* abiertos オープンスペース. ～*s* verdes 緑地帯, グリーンスペース. ～-tiempo 時空. ❷ [el+] 宇宙〔空間〕：viaje por el ～ 宇宙旅行. ～ exterior (sideral) 大気圏外空間. ❸ 空き, 場所：Ya no hay ～. もう余白がない. Llénense los ～*s* en blanco con las respuestas. 空欄に答を書き入れなさい. Este armario ocupa demasiado ～. このたんすは場所をとりすぎる. dejar ～ 余地(余白)を残す. ～ muerto 《軍事》 死角. ❹ 間隔；《印刷》 行間, 語間；《音楽》 五線の線間：poner ～ entre dos mesas 2つのテーブルの間隔を広げる. escribir a un (doble) ～ 行をあけないで(1行あけて)タイプする. ❺ [間隔としての] 時間；間(ま)：Por (En el) ～ de dos horas han ocurrido muchos accidentes. 2時間の間に事故が何件も起きた. ～ musical (publicitario) 《放送》 音楽(コマーシャル)の時間

espacioso, sa [espaθjóso, sa] 形 ❶ 広々とした：habitación ～*sa* 広い(ゆったりした)部屋. ❷ 《まれ》 ゆっくりした

espaciotemporal [espaθjotemporál] 形 時空〔世界〕の

espada [espáða] 囡 ❶ 剣；《フェンシング》 エペ：cruzar la ～ con+人 …と剣を交える. ceñir ～

剣を帯びる；軍人である．ceñir la ～ a+人 …を騎士にする．desnudar la ～ 剣を抜く；戦いの用意をする．rendir la ～ [降伏の印に] 剣を差し出す．～ negra (de esgrima) 試合用の剣〖↔～ blanca〗．～ de Bernardo 鈍刀；役立たず．～ de Damocles〖神話〗ダモクレスの剣．❷《西式トランプ》スペード．❸《魚》pez ～ メカジキ

entre la ～ y la pared 進退きわまって

salir con su media ～ [論争に] 口を出す

◆ 男《闘牛》=matador：primer ～ 代表的な闘牛士；[その道の] 第一人者

◆ 图 刺客〖espadachín〗

ser un buen ～ 論客である

espadachín [espadatʃín] 男 剣客, 剣の名手，けんか好きな男

espadaña [espadáɲa] 囡 [1枚の壁だけの] 小鐘楼 〖ロカット〗；《植物》ガマ

espadero, ra [espadéro, ra] 图 刀剣製造(販売)者

espadín [espadín] 男 礼装用短剣

espadón [espadón] 男《軽蔑》高級将校, 将官；[会社などの] トップ, 重要人物

espagueti [espaɣéti] 男《[圏]～s》〈←伊語.料理》《主に[圏]》スパゲッティ

espahí [espaí] 男 オスマントルコの騎兵；[フランス軍の] アルジェリア騎兵

espalación [espalaθjón] 囡《物理》破砕

espalda [espálda] 囡 〖英 back〗 ❶ [時に[圏]hombro肩] Me duele la ～. 私は腰(背中)が痛い／肩がこっている．Es ancho de ～s. 彼は肩幅が広い．andar con la ～ encorvada 背中を丸めて歩く．mancha en la ～ de la chaqueta 上着の背中についた汚れ．❷ 背後, 裏側．❸《水泳》背泳：nadar de ～[s] 背泳をする．200 metros ～ 200 メートル背泳．《レスリング》puesta de ～s フォール．❺《南米》運, 宿命

a ～s de+人 …のいない所で, 内緒で；背後で：hablar a ～s de+人 …の陰口を言う

a las ～s 背負って；背後に：Lleva a un herido a las ～s. 彼は負傷者を背負っている．con el bulto a las ～s 荷物を背中にしょって．con el sol a las ～s 太陽を背にして．El jardín está a las ～s de la casa. 庭は家の裏にある

caer[se] de ～s あお向けに倒れる；びっくり仰天する

cargado de ～s 猫背の, 腰の曲がった

cubrirse las ～s =guardarse las ～s

dar la[s] ～[s] =volver la[s] ～[s]

de ～s あお向けに；背後から；[+a に] 背中を向けて：dar de ～s あお向けに倒れる．atacar de ～s 背後から攻撃する．volverse de ～s 後ろ向きになる．de ～s al sol 太陽を背にして．poner a+人 de ～s al suelo …を床に押しつける；《レスリング》フォールする．Sólo le vi al

ladrón de ～s. 私は泥棒の後ろ姿を見ただけだった

donde la ～ pierde su honesto nombre《戯語》尻

echar de ～s =tirar de ～s

echarse+事 a la[s] ～[s]《口語》[責任・仕事を] 引き受ける；[問題などを] 気にかけない, 心配しない

echarse+事 sobre la[s] ～[s] …を引き受ける

～ mojada 图 米国への不法入国メキシコ人

～s vueltas, memorias muertas《中南米.諺》去る者は日々に疎し

guardar las ～s de+人 護衛として…に同行する

guardarse las ～s 身を守るために予防措置をとる

herir por la ～ いきなり切りつける

medir las ～s a+人《口語》…を殴る

por la ～ 裏切って：Los hijos le acometieron por la ～. 息子たちが彼を裏切った

tener buenas ～s [嘲笑などに対して] 辛抱強い, 平然としている；十分に警護されている

tener las ～s cubiertas (guardadas) 守られている；よい後ろだてがいる

tener las ～s [muy] anchas =tener buenas ～s 1)

tirar (tumbar) de ～s びっくり仰天させる；並外れている：La noticia me tiró de ～s. その知らせに私はびっくりした．Es una mujer que tira de ～s. 彼女はびっくりするような美人だ

tornar la[s] ～[s] =volver la[s] ～[s]

tumbar de ～s =tirar de ～s

volver la[s] ～[s] 1) [+a+人 に] 背を向ける．2) 逃げる, 立ち去る；[困っている時に] 知らんぷりする：Desde aquel enojoso incidente me ha vuelto la ～. あのいまいましい事件以来, 彼は私を無視している

espaldar [espaldár] 男 ❶ [四足獣の] 背中；《料理》背肉．❷ [カメの] 背甲．❸ [椅子の] 背もたれ．❹ [圏]《体操》肋木(ろくぼく)

espaldarazo [espaldaráθo] 男 [騎士叙任式での] 剣(手)による肩への軽打；[社会的な] 認知；援助：dar el ～ a+人 …に太鼓判を押す, 適格であると認める

espaldera [espaldéra] 囡 ツタをからめた壁(塀)；《農業》果樹を支える柵(垣), その果樹の列；[圏]《体操》肋木

espaldero [espaldéro] 男《南米》ボディガード；副官

espaldilla [espaldíʎa] 囡 [主に動物の] 肩甲骨；《料理》肩肉〖ロカット〗

espaldón, na [espaldón, na] 厖《中南米》肩幅の広い

espantada [espantáda] 囡 [馬などの] 突然の駆け出し；《俗語》[計画などの] 突然の放棄

pegar una ～ 突然逃げ出す(しりごみする)

espantadizo, za [espantaðíθo, θa] 厖 おびえやすい, 怖がりの

espantajo [espantáxo] 男 案山子(かかし)；奇妙な外見の人；《軽蔑》こけおどし

espantamoscas [espantamóskas] 男《単複同形》[天井から吊るす] 蝿払い, 蝿取り紙

espantapájaros [espantapáxaros] 男《単複同形》案山子(かかし); 《軽蔑》醜い人, 奇妙な服装の人

espantar [espantár] 他 ❶ 怖がらせる: El fantasma la *espantó*. 彼女は亡霊におびえた. ❷ [おどかして] 追い払う: ~ los gorriones スズメを追い払う. ❸ [望ましくなる] 払いのける: ~ el sueño bebiendo 酒で眠気を払う
◆ ~se [+de・por・con に] おびえる: El caballo *se espanta por* el estruendo. 馬は大きな音におびえる

espanto [espánto] 男 ❶ [突然の激しい] 恐怖 [⟹miedo 類義]; [脅迫による] おびえ: Ese terremoto produjo gran ~ entre la población. その地震で住民はパニック状態になった. Sentimos ~ por la guerra nuclear. 私たちは核戦争の恐怖におびえている. ❷ 《口語》迷惑, 不快. ❸ 《中米》幽霊, お化け
de ~ 《口語》激しい, ひどい: frío *de* ~ 猛烈な寒さ
estar curado de ~ 少々のことには驚かなくなっている, 修羅場をくぐってきている
ser un ~ ひどい, ものすごい

espantoso, sa [espantóso, sa] 形 ❶ 恐ろしい: accidente ~ 恐ろしい事故. ❷ 《口語》ひどい; 非常に醜い: hambre ~sa ひどい空腹. ruido ~ すさまじい騒音

España [espáɲa] 女《英 Spain》《国名》スペイン: ~ de charanga y pandereta/~ de mantilla y peineta/~ cañí《軽蔑》闘牛やフラメンコに代表されるようなありきたりのスペイン. las ~s [各地方をまとめて] スペイン. Nueva ~ ヌエバ・エスパーニャ『スペイン統治時代のメキシコ』

español, la [espaɲól, la] 形 名《英 Spanish》スペイン España〔人・語〕の; スペイン人
◆ 男 スペイン語

españolada [espaɲoláda] 女《軽蔑》上っつらだけスペイン的な事物: Este tipo de flamenco es una ~ para los turistas. この種のフラメンコは観光客向けのありきたりなスペイン紹介でしかない

españolear [espaɲoleár] 自 スペイン〔人〕をひどく賛美する

españolismo [espaɲolísmo] 男 スペイン好き; スペイン人気質
españolista 形 スペイン好きの; スペイン人気質の

españolizar [espaɲoliθár] ⑨ 他 スペイン化する, スペイン風にする
españolización 女 スペイン化〔すること〕

esparadrapo [esparadrápo] 男 絆創膏(ばんそうこう), バンドエイド

esparaván [esparaβán] 男《鳥》ハイタカ『gavilán』; [馬の] 飛節内腫

esparavel [esparaβél] 男 投網; [石工の] こて板

esparceta [esparθéta] 女《植物》イガマメ

esparcidamente [esparθíðaménte] 副 まばらに, 点々と

esparcimiento [esparθimjénto] 男 ❶ 散乱, 散在; 散布: ~ de propaganda ビラの散布. ~ de insecticida 殺虫剤の散布. ❷ 気晴らし, 娯楽: zona de ~ リゾート地

esparcir [esparθír] 他 [+por に] 散らす, まきちらす, 拡大させる: El viento *esparció* los papeles. 風で書類が散らばった. ~ las semillas 種をまく. ~ aceite solar sobre su cuerpo 体にサンオイルを塗る. ~ un rumor 噂を広める. ❷ 楽しませる: ~ el ánimo 気をまぎらわせる, 気分転換する
◆ ~se ❶ 散る, 分散する; 広がる: Las basuras *se esparcieron* por toda la calle. ごみが道路一面に散らばった. *Se ha esparcido* la mancha. 汚れが広がった. ❷ 楽しむ

espárrago [espárraɣo] 男 ❶《植物》アスパラガス; 《料理》その幼芽〖punta de ~〗: ~s frescos グリーンアスパラ. ~ triguero 野生のアスパラガス. ❷《技術》植込みボルト
mandar (enviar) a freír ~s《口語》こっぴどくはねつける, 追い払う
vete (anda) a freír ~s《口語》とっとと出て行け
esparragal 男 アスパラガス畑
esparraguero, ra 名 アスパラガス栽培(販売)者. ◆ 女《植物》アスパラガス; アスパラガス畑; アスパラガス専用の大皿

esparramar [esparramár] 他《口語》= desparramar

esparrancar [esparránkar] ~se《口語》両脚を大きく開く

espartano, na [espartáno, na] 形 名《歴史・地名》スパルタ Esparta 女 の〔人〕; 厳しい, 厳格な: educación ~na スパルタ式教育

esparteína [esparteína] 女《薬学》スパルテイン

esparto [espárto] 男《植物》アフリカハネガヤ, エスパルト
esparteña 女 [アフリカハネガヤ底の] サンダルの一種
espartería 女 その工芸品[店・製造所]
espartero, ra 名 アフリカハネガヤの栽培(加工・販売)者

esparver [esparβér] 男《鳥》= gavilán

espasmo [espásmo] 男《医学》痙攣(けいれん)
espasmódico, ca 形 痙攣性[の]
espasmolítico, ca 形 鎮痙性の; 鎮痙剤

espatarrar [espatarrár] ~se = despatarrarse

espático, ca [espátiko, ka] 形《鉱物》薄片状に剥がれやすい

espato [espáto] 男《鉱物》スパー: ~ calizo 方解石. ~ de Islandia 氷州石. ~ flúor 蛍石. ~ pesado 重晶石『baritina』

espátula [espátula] 女 ❶ へら[状の器具]; 《料理》スパチュラ, ゴムべら; 《美術》ペインティングナイフ. ❷《鳥》ヘラサギ

especia [espéθja] 女 香辛料, スパイス: comida que sabe mucho a ~s スパイスのきいた料理. ruta de las ~s《歴史》香辛料の道

〖インドへの航路〗

especiación [espeθjaθjón] 囡《生物》分化

especial [espeθjál] 厖《英 special. ↔gene-ral〗 ❶ 特別の，特殊な：caso ～ 特例. clase ～ 特別クラス，特殊学級；特級. Esta tela es ～ para cortinas. この生地はカーテン用だ. ❷ 独特の，変わった：carácter muy ～ 風変わりな性格
◆ 囲 特別列車〖tren ～〗；［雑誌の］特別号〖número ～〗；特別番組；［店の］おすすめ料理〖plato ～ de la casa〗
en ～ 特に，特別に〖en particular〗：Me gusta ～ el café de Jamaica. 私は特にジャマイカ・コーヒーが好きだ

especialidad [espeθjaliðá(d)] 囡 ❶ 得意なもの，特技；特産品，名物：～ de la casa [店の]おすすめ料理. Su ～ es meter la pata. 彼はいらぬ口出しばかりする. ❷ 専門，専攻：La arqueología es su ～. 考古学が彼の専門だ. ～ profesional 職種. ❸〖文語〗売薬，特許製剤〖～ farmacéutica〗. ❹ 特性

especialista [espeθjalísta] 厖 图 ❶ ［+de・en が］専門の；専門家：～ en historia medieval 中世史の専門家. Es ～ en alterar los nervios de cualquiera.《戯語》彼は人を怒らす名人だ. ❷ 専門医〖médico ～〗：～ de corazón 心臓病の専門医. ❸《映画》スタントマン

especializar [espeθjaliθár] 回 個 専門化する；…に技術教育をする
◆ ～se ［+en を］専門にする：～se en literatura española スペイン文学を専攻する
especialización 囡 専門化；専門，得意なもの；［大学の］専門過程
especializado, da 厖 過分 専門の：abogado ～ en derecho civil 民事専門の弁護士. trabajador ～ 熟練労働者

especialmente [espeθjálménte] 圖 特に，特別に：Me gusta el cine, ～ las películas de acción. 私は映画では特にアクション映画が好きだ. ¿Te gusta Brahms?—No, ～. ブラームスは好き?—いいえ，特には

especiar [espeθjár] 回 他《料理》…にスパイスを加える

especie [espéθje] 囡〖英 species〗 ❶《生物》種(ℓ)：mejorar la ～ 品種を改良する. origen de las ～s 種の起源. ～ humana 人類. ❷ 種類：Son de la misma ～. それらは同じ種類に属する. No me gustan las personas de esa ～ (esa ～ de gente). 私はそういうタイプの人は好かない. ordenar por ～s 種類別に配列する. ❸ ［問題になっている］事柄，情報：difundir una falsa ～ 偽情報を流す. ❹《化学》元素，単体〖～ química〗. ❺《キリスト教》～s sacramentales ［聖体のパンとぶどう酒の］形色. ❻《論理》種概念
bajo de... …を装って：Se acercó a ella bajo ～ de amistad. 彼は親しいふりをして彼女に近づいた
en ～ 現物で，品物で：pagar en ～ 現物で支払う

¡～ de...!《西》〖侮辱〗…なやつだ!
una ～ de... …の一種；一種の，…のようなもの：El charango es una ～ de bandurria. チャランゴはバンドゥリアの一種である. El "hishaku" es una ～ de cucharón. ひしゃくはお玉のようなものである

especiero, ra [espeθjéro, ra] 图 香辛料商人
◆ 囲 各種の香辛料を入れておく小戸棚(容器)
especiería 囡 香辛料店

especificar [espeθifikár] 回 他 明示(明記)する，具体的に書く，《商業》明細〖書〗に記す：～ la hora y el lugar 時間と場所を明記する
especificación 囡 明示，明記；明細書；仕様〖書〗，スペック
especificativo, va 厖 明示する；《文法》特殊化の

específico, ca [espeθífiko, ka] 厖 ❶ 特有(固有)の：carácter ～ 特性. peso ～ 比重. ❷《医学》［+para・de 病気に］特効性のある
◆ 囲 特効薬；売薬
específicamente 圖 特に，とりわけ；明確に
especificidad 囡 特異性；特効性

espécimen [espéθimen] 囲 ［榎 específmenes〗 ❶ 代表例，典型：examinar un ～ de orina 尿のサンプルを検査する. ❷ ［本の］内容見本

especioso, sa [espeθjóso, sa] 厖《文語》うわべだけの，まやかしの

espectacular [espektakulár] 厖 ❶ 人目を引く，壮観な：éxito ～ めざましい成功. accidente ～ 派手な事故. ❷ 興行の
espectacularidad 囡 華々しさ
espectacularmente 圖 めざましく

espectáculo [espektákulo] 囲〖英 spectacle〗 ❶ 見せ物，ショー，興行：página de ～s 催し物案内欄(のページ). ❷ 光景：ofrecer un ～ lamentable 悲惨な光景を呈する. ～ de film 壮観. ❸ film の ～ スペクタクル映画
dar un ～ 興行をする；《口語》見せものになる，人目をひく

espectador, ra [espektaðor, ra] 图 ❶ 観客，見物人；視聴者. ❷ 傍観者：mirar como ～ 傍観する
◆ 厖 傍観者的な

espectral [espektrál] 厖 ❶ 幽霊のような：silencio ～ 無気味な静けさ. ❷《物理》スペクトルの：análisis ～ スペクトル分析

espectro [espéktro] 囲 ❶ 幽霊，亡霊；やせけて蒼白な人：quedarse como un ～ 幽霊のようにやせ細る. ❷《物理》スペクトル：～ solar 太陽スペクトル. ～ de absorción (de emisión) 吸収(放出)スペクトル. ～ de masas 質量スペクトル. ❸ 範囲：antibiótico de amplio ～ 広範囲な効く抗生物質. alianza de vasto ～ 広範囲な同盟
espectrógrafo 囲 分光写真機，スペクトログラフ；音響スペクトログラフ
espectrograma 囲 分光写真，スペクトログラム

espectroscopia [espektrosko0ía] 囡 分光学

espectroscópico, ca [espektroskópiko, ka] 彨 分光器の

espectroscopio [espektroskópio] 男 分光器, スペクトロスコープ

especulación [espekulaθjón] 囡 ❶ 思索：~ filosófica 哲学的思索. ❷ [+en への] 投機, 思惑買い：meterse en *especulaciones* 投機に手を出す. ~ *en* terrenos/~ *del* suelo 土地投機

especulador, ra [espekulaðór, ra] 彨 图 投機的な；投機家, 相場師

especular [espekulár] 圁 ❶ [+en に] 投機する；[+con で] 利益を得る：~ *en* terrenos 土地投機をする. *Especula con su puesto.* 彼は自分の地位を利用して不当に金を得ている. ❷ [+sobre について] 思索する. ❸ 大胆な推測をする

◆ 彨 鏡の(ような)：imagen ~ 鏡像

especulativo, va [espekulatíβo, βa] 彨 ❶ 思索的な [↔práctico]；瞑想型の：filosofía ~ 思弁(純理)哲学. ❷ 投機的な

◆ 囡 [まれ] 思考力, 知性

espéculo [espékulo] 男 《医学》スペキュラ, 検鏡

espejar [espɛxár] ~se [鏡のように, +en に] 映る

espejear [espɛxeár] 圁 《文語》鏡のように輝く：Las hojas *espejeaban* al sol. 葉が日光でキラキラ光っていた

espejismo [espɛxísmo] 男 蜃気楼(½½); 幻影

espejo [espéxo] 男 《英 mirror》❶ 鏡：Me miro en (el en) el ~. 私は鏡を見る/自分を鏡に映して見る. luna de tres ~s 三面鏡. ~ de cuerpo entero/~ de vestir 姿見. ~ de mano 手鏡. ~ ustorio 集光鏡. ❷ 反映：La cara es el ~ del alma. 顔は心の鏡だ. La novela es el ~ de una sociedad. 小説は社会を忠実に反映する. ❸ 模範：~ de virtud 美徳のかがみ. ❹《船舶》船尾肋板 [~ de popa]. ❺《植物》~ de Venus オオミゾカクシ. ❻《鉱物》~ de los Incas 黒曜石. ❼《地質》~ de falla [断層の] 鏡肌

como un ~ 非常に清潔な

mirarse en+人 *como en un* ~ …にとても愛着をもっている；…を手本にする

mirarse en ese ~ それを手本にして自戒する

espejuelo [espɛxwélo] 男 ❶ [客などを引き寄せる] おとり, 甘い罠 [←ヒバリをおびき寄せる鏡]. ❷ 透[明]石膏. ❸ 眼鏡 (のレンズ)

espeleología [espeleoloxía] 囡 洞窟学；洞窟探険, ケービング

espeleólogo, ga [espeleóloɣo, ɣa] 图 洞窟学者(探険家)

espeluznar [espeluθnár] 他 [恐怖で髪の毛を] 逆立てる；ひどく怖がらせる：Me *espeluznaba* la oscuridad. 私は暗闇が恐ろしかった

◆ ~se ぞっとする, 震え上がる

espeluznante 彨 身の毛のよだつような

espeluzno 男 =repeluzno

espera [espéra] 囡 ❶ 待つこと, 待つ時間：En ~ de su respuesta... 《手紙》ご返事を待

つつ…. Estoy a la ~ de su visita. ご来訪をお待ちしています. tener una ~ de dos horas 待ち時間が 2 時間ある. ❷《狩猟》待ち伏せ場所. ❸《法律》執行猶予

lista de ~ 囡 申込者(補欠者)名簿；キャンセル(空席) 待ち名簿：Estoy en la *lista de* ~. 私はキャンセル待ちしている

esperanto [esperánto] 男 エスペラント語

esperantista 彨 图 エスペラント語の〔使用者・支持者〕

esperanza [esperánθa] 囡 《英 hope》❶ [しばしば 圈] 希望, 期待：Defraudó nuestras ~s. 彼(それ)は私たちの期待を裏切った. No hay ~. 絶望的だ. Ha fallado mi última ~. 頼みの綱が切れた. concebir (abrigar·acariciar) una ~ 希望を抱く；[+de+不定詞/+de que+直説法·接続法] Tengo pocas ~s de que llegue a tiempo. 彼が時間どおり来ることはあるまい. ❷《統計》~ de vida 平均寿命. ❸《キリスト教》望徳. ❹《女性名》[E~] エスペランサ

alimentarse de ~s 一縷(⅛₀)の望みをつなぐ

dar ~ [s] *a*+人 [+de que+直説法·接続法] …に希望を与える：El médico nos *dio* ~s *de que* se salvaría ella. 彼女は助かるだろうと医者は言ってくれた

estar en estado de [buena] ~ 妊娠中である

esperanzar [esperanθár] 他 希望(期待)を抱かせる：El verme le *esperanzó* muchísimo. 彼女は私と会って大変元気になった

◆ ~se 希望を抱く：Se *esperanzó* tanto que creyó poder ganar una medalla. 彼は大変自信がついて, メダルが取れると思った

esperanzador, ra 彨 期待のもてる, 有望な

esperar [esperár] 他 《英 wait, hope》❶ 待つ：i) Te *espero* en la cafetería. 喫茶店で待っています. Esta noche no me *esperes* a cenar. 今日の夕食は私を待たなくていいよ. Nos *espera* un mal invierno. 今年の冬は寒さが厳しくなりそうだ. ~ la llegada del tren 列車の到着を待つ. ~ el momento oportuno チャンスを待つ. ii) [目的語なしで] *Espere* un momento. 少々お待ちください. Perdóneme por haberle hecho ~. お待たせしてすみません

❷ 期待する, 希望する：i) ~ el éxito 成功を期待する. *Espero* sacar un gran premio. 私は大当たりを取れると思う(取りたい). *Espero* no volver a verlo. 二度と彼に会いたくない. La lluvia echó a perder el *esperado* domingo. せっかくの日曜日なのに雨だった. Quien *espera* desespera. 《諺》期待するから失望する. ii) [+que+接続法·直説法 (確実性が高い場合は直説法)] *Espero que* me pagues (pagarás). 払ってくれよ(払ってくれるだろう). iii) [+de から] *Es*-peraba mucho *de* él. 私は彼に多くを期待した. ❸ [主語は女性または夫婦] 妊娠している, 出産予定である：*Esperan* el primer hijo para abril. 彼らの第一子は 4 月に生まれる予定だ

~ *sentado* 《皮肉》かないそうもない望みを抱く；

待ちぼうけを食う
de aquí te espero とてつもない, 驚くほどの
ser de ～ [+que+接続法 が] 起こるべくして起こる: Con lo mal que conduce, *era de ～ que* tuviera un accidente. 彼はあんなに運転が下手なのだから事故を起こすのも当然だった
◆ 回 ❶ [+a+不定詞·que+接続法 するのを] 待つ: *He esperado* un tiempo *a* escribirle. お手紙を書くのをしばらく見合わせました. *Espera a que* vayamos a buscarla. 彼女は私たちが迎えに行くのを待っている. ❷ [+en+人 に] 期待をかける: ～ *en* Dios 神を信頼する, 神頼みする. ❸ 妊娠している: ¿Para cuándo *espera*? 彼女の出産予定日はいつですか?
◆ **～se** 予想する; 想像する: Ningún aficionado *se había esperado* aquel resultado tan favorable. ファンの誰一人としてあんな好結果を予想していなかった. [+que+接続法] Nadie *se esperaba que* fuera un orador brillante. 彼が名演説家だとは誰も思ってもみなかった

esperma [espérma] 男 [時に 女] ❶《生理》精液. ❷ 鯨蝋(ミミ) [～ de ballena]. ❸《南米》ろうそく

espermaceti [espermaθéti] 男 鯨脳, 鯨蝋

espermafitas [espermafitas] 女 複 顕花植物 [fanerógamas]
espermatófitos [espermatófitos] 男 複 ＝**espermafitas**

espermaticida [espεrmatiθíða] 形 男 ＝**espermicida**

espermático, ca [espεrmátiko, ka] 形 精子の, 精液の: conducto ～《解剖》輸精管

espermatorrea [espεrmatorréa] 女《医学》精液漏

espermatozoide / espermatozoo [espεrmatoθsíðe/-θóo] 男《生物》精子, 精虫

espermicida [espεrmiθíða] 形 男 殺精子の; 殺精子剤

espernada [espεrnáða] 女 [チェーンの端の] フック付きの環

esperpento [espεrpénto] 男 ❶《軽蔑》異様な人(もの); ばかげたこと. ❷《演劇》エスペルペント『19-20世紀の作家 Valle-Inclán の作った現実をデフォルメしたグロテスクな演劇ジャンル』
esperpéntico, ca [espεrpéntiko, ka] 形 1) 異様な: decorados ～s 変てこな装飾品. 2) エスペルペントの

espesar [espesár] 他 ❶ [液体を] 濃くする; 《料理》とろみつける: ～ la sopa con harina 小麦粉でスープにとろみをつける. ❷ [織り目·編み目を] 詰ませる: ～ el punto de un jersey セーターをきつく編む
◆ **～se** 濃くなる; [部分的に] 密生する
espesante/espesador 男 増粘剤

espeso, sa [espéso, sa] 形 ❶ [主に液体が] 濃い: café ～ 濃い目のコーヒー. jarabe ～ 濃縮シロップ. niebla ～sa 濃霧. salsa ～sa どろりとしたソース. ❷ [木·草の] 密生した: bosque ～ 生い茂った森, 密林. ❸ [壁などが] 厚い『grueso』; がんじょうな: cortina ～sa 厚いカーテン. muro ～ がんじょうな塀. obra ～sa 重厚(難解)な作品. ❹《口語》汚ない, よごれた, 粗野な, 鈍重な; 複雑な, わかりにくい;《南米》しつこい, 迷惑な

espesor [espesór] 男 ❶ 厚さ『grosor』: tener el ～ de un metro 厚さが1メートルある. ❷ 濃さ: Iba aumentando el ～ de la nieve que caía. 降る雪は激しさを増していた

espesura [espesúra] 女 ❶ 濃さ, 濃度; [織り目·編み目の] 詰まり: nube de gran ～ 厚い雲. ❷ [木·草の] 茂み; 濃い髪: adelantarse en la ～ 茂みに入り込む. ❸ 複雑, 難解

espetar [espetár] 他 ❶《料理》[肉などを] 焼き串に刺す; 串刺しにする. ❷ [突然侮辱の言葉などを] 投げつける: Me *espetó* la mala noticia en cuanto me vio. 彼は私に会ったとたん悪い知らせをぶつけてきた
◆ **～se** しゃっちょこばる, お高くとまる; [+en 場所に] 適応する, 腰を落ちつける

espetera [espetéra] 女 ❶ [肉·台所用具を掛ける] フックの付いた板, キッチンボード; 医覆 その台所用具[全体]. ❷《中南米》言い訳, 口実

espeto [espéto] 男《料理》焼き串: ～ de sardinas イワシの串焼き

espetón [espetón] 男 ❶《料理》焼き串. ❷ 細長い[鉄の]棒; それによる一撃. ❸ 火かき棒. ❹《魚》カマス

espía [espía] 名 スパイ: hacer de ～ スパイをする. ～ industrial 産業スパイ. [形容詞的] satélite ～ スパイ衛星
◆ 女《船舶》引き綱

espiar [espiár] 他 [人を] こっそり観察する, 見張る; スパイする
◆ 回 スパイをする

espichar [espitfár] 回 ❶《口語》死ぬ. ❷《中南米》[水筒などが徐々に] からになる
～la《口語》死ぬ: Si sigues bebiendo así, *la espicharás* cualquier día. そんな飲み方をしていると, そのうち死ぬぞ
◆ 他 [ボタンなどを] 押す; [チューブなどを] しぼる
◆ **～se**《中米》やせる, やつれる

espiche [espítfe] 男 ❶ 先の尖った武器(道具). ❷ [溝などにはめる] 栓, ふた. ❸《←英語. 南米》[長くて退屈な] 演説

espícula [espíkula] 女《植物》小穂

espiga [espíga] 女 ❶ 穂; 《植物》穂状花序. ❷《技術》ほぞ; [剣などの] 中子(ミミ); 《木工》木釘, 頭のない釘. ❸《服飾》杉綾(ミホ)模様. ❹ 信管 [espoleta]. ❺《船舶》檣頭頂

espigar [espigár] 8 他 ❶ …から落ち穂を拾う: ～ los trigales 小麦畑の落ち穂を拾う. ❷ [資料などを] 収集する. ❸《技術》…にほぞを作る
◆ 回 ❶ 穂が出る. ❷ 資料(情報)を収集する
◆ **～se** 背が伸びる, ひょろ長くなる: ¿Cómo te has *espigado* este año! 君は今年大きくなったなあ! ❷ [野菜が] とうが立つ
espigado, da 形 過形 他 ❶ [人が] やせて背の高い, ひょろ長い; 論じ尽くされた
espigador, ra 名 落ち穂拾いをする人

espigón [espigón] 男 ❶ [尖った] 先端; 刃先. ❷ ざらざらした(とげのある) 穂. ❸ 防波堤, 波よけ. ❹ らせん階段の中心軸

espigueo [espiɣéo] 男 落ち穂拾い

espiguilla [espiɣíʎa] 囡《服飾》杉綾(ホホタ)模様〔のリボン〕;《植物》小穂

espina [espína] 囡 ❶ とげ;いばら: Se me clavó una ~ en el dedo. 私の指にとげが刺さった. camino de ~s いばらの道. ❷ [魚の] 骨: Este pescado tiene muchas ~s. この魚は骨が多い. ❸ 気がかりなこと, 難点: Tenemos clavada esa ~ en el corazón. そこが私たちのひっかかっている点だ. problema lleno de ~s 非常にやっかいな問題. ❹《解剖》脊柱 〔~ dorsal, columna vertebral〕; 骨端, 関節端: ~ bífida 脊椎披裂. ❺《地理》~ dorsal 背梁山脈. ❻《服飾》~ de pescado (de pez) 杉綾模様. ❼《植物》~ blanca アザミ
   dar mala ~ *a*+人《口語》[事・人が] …に危惧の念を抱かせる, 不安にする
   sacarse una ~ [試合などで] 巻き返す;気分がせいせいする

espinaca [espináka] 囡《植物》ホウレンソウ

espinal [espinál] 形 脊柱の;髄の

espinar [espinár] 男 とげのある灌木の茂み

espinazo [espináθo] 男 ❶《解剖》脊柱 〔columna vertebral〕; 脊髄. ❷《料理》背肉
   doblar el ~《口語》屈従する;働く
   romperse el ~ 一生の骨を折る, 懸命に働く

espinela [espinéla] 囡《詩法》8 音節の 10 行詩〔décima. ←Vicente Espinel (16-17 世紀の作家)〕

espineta [espinéta] 囡《楽器》スピネッタ〔小型のチェンバロの一種〕

espingarda [espinɡárda] 囡 ❶ [昔の] 大砲の一種〔アラビア人の使った〕長銃. ❷ のっぽの (ひょろっとした) 女性

espinilla [espiníʎa] 囡 ❶ 向こうずね: dar un puntapié a+人 en la ~ …の向こうずねをける. ❷《主に中南米》吹出物, にきび〔grano〕.
   espinillera 囡 [鎧の] 脛当て;《スポーツ》レガース

espino [espíno] 男 ❶《植物》サンザシ 〔~ albar・blanco・majoleto〕;《中南米》マメ科(アカネ科)の木の一種: ~ negro クロウメモドキ. ~ cerval (hediondo) 下剤効果のあるクロウメモドキ ❷ 有刺鉄線, 鉄条網〔~ artificial, alambre de ~〕

espinoso, sa [espinóso, sa] 形 ❶ とげのある(多い);[魚が] 小骨の多い ❷ 難しい: camino ~ いばらの道. tema ~ やっかいなテーマ

espionaje [espjonáxe] 男 スパイ活動(行為). ~ industrial 産業スパイ

espíquer [espíker] 男《←英語》❶ [英国の] 下院議長. ❷ アナウンサー;司会者, 解説者

espira [espíra] 囡 螺旋 [spiral]; [柱などの台座の] 頂部繰形(ミネ)

espiración [espiraθjón] 囡 息を吐くこと, 呼気〔↔inspiración〕

espiráculo [espirákulo] 男 [昆虫などの] 呼吸孔, 気孔, 気門

espiral [espirál] 形 螺旋(らん)状の, 渦巻状の
   ◆ 囡 ❶ 螺旋〔状のもの〕;《数学》渦巻線〔línea ~〕: cuaderno de ~〔es〕スパイラル〔螺旋綴じ〕ノート. ❷ [時計の] ひげぜんまい. ❸ 避妊リング. ❹《悪性の》螺旋状進行過程: ~ armamentista エスカレートする軍拡競争. ~ inflacionaria 物価と賃金の相互上昇による悪性インフレ. ❺《中南米》蚊取り線香;カドリール〔cuadrilla〕

espirar [espirár] 自 息を吐き出す〔↔aspirar〕. **espiratorio, ria** 形 呼気の

espirilo [espírilo] 男《生物》スピリルム;[一般に] 螺旋菌

espiritado, da [espiritáðo, ða] 形 [人が] やせ細った, ガリガリの

espiritismo [espiritísmo] 男 交霊術
   espiritista 形 囡 交霊術の;交霊術者

espiritoso, sa [espiritóso, sa] 形 =**espirituoso**

espiritrompa [espiritrómpa] 囡 [チョウ・ガなどの] 口吻(ホネ)

espíritu [espíritu] 男《英 spirit》❶ 精神, 心〔類義 alma は宗教的に肉体 (cuerpo・carne) と対比され, 人間を形成する 2 大要素の一つと考えられている (alma+cuerpo=hombre). つまり精神の等である. espíritu も cuerpo と対比されるが宗教的な色彩はなく, 心のありかたを意味する: Alma sana en cuerpo sano. 健全な精神は健全な肉体に宿る. Soy viejo de cuerpo y de espíritu. 私は肉体的にも精神的にも年老いている〕: i) tener un ~ noble 気高い精神を持っている. abrir el ~ 心を啓発する. entender el ~ de un texto 文章の心を読み取る. ~ burgués ブルジョア精神. ~ de cuerpo 団体精神;団結心. ~ de equipo チーム精神. ~ de la época 時代精神. ~ de la ley 法の精神. ~ humano 人間精神. ii) 意欲;気骨, 勇気: tener ~ vivo 意欲旺盛である, 元気はつらつとしている. persona de ~ 元気な人. ~ de rebeldía 反抗心. ~ de trabajo 労働意欲. iii) 精神の持ち主: ~ generoso 寛大な人. ~ selecto 選民 ❷ [神の息吹としての] 精気;[人間の] 霊魂, 幽霊: i) evocar el ~ 霊魂を呼び寄せる. ~ del aire 空気の精. ~ maligno (inmundo・del mal) 悪魔. E~ Santo 聖霊. ~s celestiales 天使. ~s de los antepasados 先祖の霊. ~s vitales 生気. Descanse en paz su ~. 彼の魂よ, 安らかに眠れ. ii)《カトリック》[神から特別な人に与えられる] 能力, 賜物. iii) [主に 複] 悪霊 [malos ~s]
   ❸《化学》~ de vino 酒精, エチルアルコール. ~ de sal 塩酸. ❹ [ギリシア語の] 気音符
   exhalar (despedir・dar) el ~《婉曲》息を引き取る, 死ぬ
   levantar el ~ *a*+人 …を鼓舞する, 元気づける
   quedarse en el ~ やせ細る

espiritual [espiritwál] 形 ❶ 精神の, 心の: patria ~ 心の故郷. salud ~ 心の健康. ❷ 霊的な;信仰の, 教会の: entes ~ 霊的存在. vida ~ 信仰生活. poder ~ 教権
   ◆ 男《音楽》黒人霊歌〔~ negro〕

espiritualidad 囡 精神性;霊性: pintura de gran ~ 精神性の高い絵. ~ del alma 魂

E

の霊性

espiritualmente 剾 精神的に, 気持の上で; 精神を込めて

espiritualismo [espiritwalísmo] 男 唯心論 〖↔materialismo〗; 精神主義

espiritualista 形 唯心論の(論者); 精神主義の(主義者)

espiritualizar [espiritwaliθár] ⑨ 他 精神化(霊化)する, 精神的な意味を与える

espiritualización 女 精神化, 霊化

espirituoso, sa [espiritwóso, sa] 形 アルコール度の高い: bebida ～sa 蒸留酒, スピリッツ

espiroidal [espiroiðál] 形 螺旋状の

espirómetro [espirómetro] 男 肺活量計

espirometría 女 肺活量測定

espita [espíta] 女 ❶ [酒樽などの] 飲み口; [その] 栓, コック. ❷ 《俗語》大酒飲み, 酔っ払い *abrir la ～* [制限を解いて] ふんだんに与える

espléndidamente [espléndiðaménte] 剾 すばらしく, 豪華に; 気前よく

esplendidez [esplendiðéθ] 女 華麗さ, 豪華さ; 気前のよさ

espléndido, da [espléndido, da] 形 〖英 splendid〗 ❶ 華麗な, すばらしい; 豪華な: fiesta ～da 華やかなパーティー. mujer ～da 輝くばかりに美しい女性. paisaje ～ 絶景. casa ～da 豪邸. ❷ [見栄・ぜいたくで] 非常に気前のよい: ser ～ con sus empleados 雇い人に対してとても気前がいい

esplendor [esplendór] 男 ❶ 華麗さ, 豪華さ: con gran ～ 壮麗に. ❷ 最盛期, 絶頂

esplendoroso, sa [esplendoróso, sa] 形 輝く, きらめく; 壮麗な, 豪華けんらんたる

esplénico, ca [espléniko, ka] 形 《解剖》脾臓の: arteria ～ca 脾動脈

esplenomegalia [esplenomeɣália] 女 《医学》脾腫, 巨脾〔症〕

esplenitis [esplenítis] 女 〔単複同形〕《医学》脾炎

esplenio [esplénjo] 男 《解剖》板状筋

espliego [espljéɣo] 男 《植物》ラベンダー: agua de ～ ラベンダー香水

esplín [esplín] 男 《古語》憂鬱, 厭世的気分

espolear [espoleár] 他 ❶ [馬に] 拍車をかける. ❷ 刺激する, そそのかす: Los padres me espolean a proseguir mis estudios. 両親は私に学業を続けるようにはっぱをかける

espolada 女/**espolazo** 男 [拍車の] 一撃

espoleta [espoléta] 女 ❶ 《軍事》信管: quitar la ～ 信管を外す. ～ de percusión 着発信管. ❷ [鳥の胸の] 叉骨, 暢思(ちょうし)骨

espoliar [espoljár] ⑩ 他 ＝expoliar

espolín [espolín] 男 [長靴に固定されている] 拍車

espolio [espóljo] 男 ＝expolio

espolón [espolón] 男 ❶ [鶏・獣の] けづめ. ❷ [橋脚の] 水切り; 防波堤. ❸ [崖などの] 擁壁; [擁壁上の] 歩道, 遊歩道. ❹ [船舶の] [船首の] 水切り; [軍艦の] 衝角. ❺ [山脈などの] 突出部, 支脈
tener espolones 《口語》老練である

enpolonazo 男 けづめによる一撃

espolvorear [espolboreár] 他 ❶ [粉など

を, +sobre に/…に, +con・de を] 振りかける, まぶす: ～ queso rallado *sobre* la pasta パスタに粉チーズをかける. ～ una tarta *con* azúcar ケーキに砂糖をまぶす. ❷ …から埃(ほこり)を払う
◆ ～se 自分の体から埃を払う

espondeo [espondéo] 男 [ギリシア・ラテン詩の] 長長格

espondaico, ca 形 長長格の

espondilitis [espondilítis] 女 《医学》脊椎炎

espongiarios [esponxjárjos] 男 複 海綿動物門

esponja [espónxa] 女 ❶ スポンジ, 海綿; スポンジ状のもの: lavarse con ～ スポンジで体を洗う. ～ de tocador 化粧用のスポンジ. ～ vegetal (de luffa) へちま. ❷ 《口語》大酒飲み, 酒豪; 容易に知識を吸収する人; たかりや, いそうろう. ❸ 複 《動物》海綿動物
beber como una ～ 大酒飲みである
pasar la ～ 蒸し返さない, 二度と言及しない
tirar (echar・arrojar) la ～ 《ボクシング》タオルを投げる

esponjadura [esponxaðúra] 女 [鋳鉄の欠陥] す

esponjar [esponxár] 他 スポンジ状にする, ふっくらさせる: La lluvia *esponjó* la tierra. 雨で地面はたっぷり水を吸った
◆ ～se ❶ [パン生地などが] ふくらむ; [髪・タオルなどが] ふっくらする. ❷ いばる, 得意がる: *Se esponja* cuando le hablan de su obra. 彼は自分の作品のことを言われると鼻高々になる. ❸ 健康そうになる

esponjamiento 男 スポンジ状にすること

esponjera [esponxéra] 女 [洗面台などの] スポンジ置き, スポンジ入れ

esponjoso, sa [esponxóso, sa] 形 ❶ 海綿〔質〕の, スポンジ状の; 多孔質の: tejido ～ 海綿状組織. tierra ～sa じめじめした地面. ❷ ふっくらした 〖↔compacto〗: almohada ～sa ふかふかしたクッション. pastel ～ ふんわりしたケーキ

esponjosidad 女 海綿質, スポンジ状

esponsales [esponsáles] 男 複 《文語》婚約〔式〕: celebrar los ～ 婚約を祝う, 婚約式をあげる

esponsalicio, cia 形 婚約〔式〕の

espónsor [espónsor] 男 ＝sponsor

esponsorización 女 後援

espontanear [espontaneár] ～se [+con に] 愛(本当の気持ち)を打ち明ける

espontaneidad [espontaneiðá(ð)] 女 自然発生; 自発性; 自然さ, 素直さ

espontáneo, a [espontáneo, a] 形 ❶ 自然発生の: combustión ～a 自然発火. ❷ 自発的な, 任意の; 思いつきの, 出たとこ勝負の: ayuda ～a 自発的な援助. gesto ～ 自然な動作. ❸ 率直な, 飾らない: chico muy ～ とても素直な子. ❹ 《植物》自生の
◆ 名 [闘牛などの] 飛び入り

espontáneamente 剾 自然発生的に; 自発的に

espora [espóra] 女 《生物》胞子

esporádico, ca [esporáđiko, ka] 形 ❶
時々起こる, 散発的な: Hubo combates ～s.
戦闘が散発的に行なわれた. deportista ～ 時々
運動する人. visitas ～cas 不定期の訪問. ❷
《医学》散発性の
　esporádicamente 副 散発的に

esporangio [esporánxjo] 男《生物》胞子嚢
(⅔)

esporofita [esporofíta] 形《生物》胞子体,
造胞体

esportear [esporteár] 他 かご espuerta に入
れて運ぶ: ～ arena 砂をかごで運ぶ
　esportada 女 かご1杯の量

esporulación [esporulaθjón] 女《植物》胞
子形成

esposar [esposár] 他 …に手錠をかける

esposo, sa [espóso, sa] 名 夫, 妻 [頭類] 自
分の夫・妻は中南米では主に mi esposo•mi
esposa. スペインでは普通 mi marido•mi
mujer で, mi esposa はやや気どった感じを与え
る]；男 [頭類] 夫婦
　◆ 女 [複数] 手錠: poner (colocar) a+人 las
～sas …に手錠をかける. ❷《中南米》司教指
輪. ❸ ～sa de Cristo イエス・キリストの浄配
【教会のこと】

espray [esprái] 男 ＝spray

esprint [esprínt] 男 ＝sprint
　esprintar 自 ＝sprintar
　esprínter 男 ＝sprinter

espuela [espwéla] 女 ❶ 拍車: picar con
las ～s a su caballo 馬に拍車をかける. ❷ か
り立てるもの, 刺激: poner [las] ～s a+人 …を
かり立てる, 刺激する. ❸ [酒席での] 最後の一
杯. ❹《植物》～ de caballero ルリヒエンソウ
　calzar ～ 騎士である
　calzarse la ～ 騎士に叙せられる
　sentir la ～ 心が傷つく, 気を悪くする
　espuelear 他《中南米》＝espolear, を試す

espuerta [espwérta] 女 [左官などが材料など
を入れる] かご
　a ～*s* 豊富に, おびただしく: hacer el dinero *a*
～*s* 大金をもうける

espulgar [espulgár] 图 他 ❶ …のノミ（シラ
ミ）を取る: ～ a un perro 犬のノミを取る. ❷ 子
細（綿密）に調べる
　◆ ～*se* 自分の体からノミ（シラミ）を取る

espuma [espúma] 女 ❶ [医冠] [表面に浮いた]
泡: hacer ～ 泡立つ. ～ de la sal 波打ちぎわ
の泡. ❷《料理》i) あく: quitar la ～ del
caldo スープのあくを取る. ii)《西》ムース. ❸
《化粧など》フォーム, ムース: ～ de afeitar シェー
ビングフォーム. ～ seca カーペットクリーナー. ❹
《鉱物》～ de mar 海泡石. ～ de nitro 硝石.
❺《口語》フォームラバー〖～ de caucho〗:
colchón de ～ マットレス
　crecer como [*la*] ～ 急に大きくなる；たちまち
出世（繁栄）する

espumadera [espumaðéra] 女 あく取り用の
網じゃくし

espumaje [espumáxe] 男 大量の泡
　espumajear 自 口から泡を吹く；つばを吐く

espumajo 男 ＝espumarajo

espumar [espumár] 他 …の泡（あく）を取り除
く: ～ el caldo スープのあくをすくう
　◆ 自 泡を出す, 泡立つ
　espumante 男《技術》泡立て剤. ◆ 形 vino
～ 発泡ワイン

espumarajo [espumaráxo] 男 [大量の] つ
ば, 泡: echar ～s de rabia 怒ってつばを吐く
　echar (*arrojar*) ～*s por la boca* 激怒し
ている

espumear [espumeár] 他 自 ＝espumar

espumilla [espumíʎa] 女《繊維》薄地のクレ
ポン；《中南米》メレンゲ

espumillón [espumiʎón] 男 [クリスマス飾り
の] モール

espumoso, sa [espumóso, sa] 形 泡立つ,
発泡性の；泡状の: jabón ～ 泡立ちのよい石け
ん. leche ～sa 沸騰したミルク. estireno ～ 発
泡スチロール
　◆ 男 発泡ワイン〖vino ～〗

espurio, ria [espúrjo, rja] 形 ❶ [人が] 私
生の: hijo ～ 私生児. ❷ [書類が] 本物（真
正）でない. ❸ 雑種の: raza ～*ria* 雑種
　espúreo, a 形 ＝espurio

espurriar [espuřjár] 自 他 [+con と] …に吐
きかける: El bebé *espurrió* mi vestido *con*
leche. 赤ん坊がミルクをもどして私の服を汚してし
まった
　espurrear 自 他 ＝espurriar

esputo [espúto] 男 痰(ⁿ), つば
　esputar 自 痰（つば）を吐く, 痰を切る

esqueje [eskéxe] 男 [挿し木用の] 挿し穂
　esquejar 他 挿し木する

esquela [eskéla] 女 ❶《西》死亡通知〖～
mortuoria•de defunción〗: publicar una ～
en los periódicos 新聞に死亡公告を出す. ❷
[簡単な] 手紙；招待状, 通知書

esquelético, ca [eskelétiko, ka] 形 骨格
の；やせ細った

esqueleto [eskeléto] 男 ❶ 骸骨, 骨格. ❷
《口語》やせ細った人: estar hecho un ～/pa-
recer un ～ 骨と皮ばかりにやせている. ❸ [建物
などの] 骨組み；[小説・演説などの] 概要. ❹
[中が仕切られた] ビールケース. ❺《中米》書式,
書き込み用紙
　mover (*menear*) *el* ～《口語》踊る；[スポー
ツなどで] 激しく動く
　tumbar el ～《俗語》横になる, 寝る

esquema [eskéma] 男 ❶ [概略的な] 図表,
図式: hacer un ～ del edificio 建物の大ざっ
ぱな設計図をかく. en ～ 図解した. ❷ [計画な
どの] 概要, アウトライン；草稿: ～ general 全
体の概要. ～ de la conferencia 講演の草稿.
❸ [枠組み] ～ de integración 統合スキーム.
❹《哲学》先験的図式

esquemático, ca 形 図解した, 図式的な:
corte ～ 断面図

esquematismo 男《哲学》図式論；《軽蔑》
図式的なこと

esquematización 女 図表化；単純（図式）
化

esquematizar ⑨ 他 図で示す, 図解する；簡略化(単純化)する；図式化する

esquí [eskí] 男《英 ski. 腹 〜[e]s》スキー〖行為, 道具〗: deslizarse sobre unos 〜s スキーで滑る. ponerse los 〜s スキーをはく. practicar el 〜 スキーをする. campo (estación) de 〜 スキー場. pista de 〜 ゲレンデ. 〜 de fondo クロスカントリー. 〜 de travesía (de montaña) 山スキー, スキー登山. 〜 nórdico (alpino・artístico) ノルディック(アルペン・フリースタイル). 〜 acuático (náutico) 水上スキー

esquiar [eskjár] ⑪ 自 スキーをする: ir a 〜 スキーに行く

esquiador, ra 名 スキーヤー

esquife [eskífe] 男《船舶》[大型船に付属した] 小艇, ボート；[1人乗りの] 競技用のボート

esquijama [eskixáma] 男 [冬用の] ニットのパジャマ

esquila [eskíla] 女 ❶ [家畜の首につける小型の] 鈴, カウベル；[修道院の] 召集用の小型の鐘. ❷ =esquileo

esquilar [eskilár] 他 [動物の毛を] 刈り込む, 剪毛(ぜんもう)する；[戯謔] [髪の毛を短く] 刈る
  esquilador, ra 名 毛を刈る人. ◆ 女 剪毛ばさみ
  esquileo 男 剪毛；その季節(場所)

esquilmar [eskilmár] 他 ❶ [植物が地中の水分を] 大量に吸う. ❷ [資源などを] 枯渇させる；[金を] 搾り取る, むしり取る. ❸ [果実・野菜などを] 収穫する

esquilón [eskilón] 男 大型のカウベル

esquimal [eskimál] 形 名 エスキモー[の]
  ◆ 男 エスキモー語
  esquimotaje 男《カヌー》エスキモーロール

esquina [eskína] 女《英 corner》❶ 角(かど)〖類義 esquina は外側から見た角, rincón は内側から見た隅〗: chocar contra la 〜 de una mesa テーブルの角にぶつかる. enjugarse las lágrimas con una 〜 del pañuelo ハンカチの端で涙をぬぐう. doblar la 〜 角を曲がる. al volver (doblar) la 〜 角を曲がった所に. casa de la 〜 角の家. calle Serrano, 〜 Goya セラーノ通りとゴヤ通りの交差する角. La tienda hace 〜 con la calle Mayor. 店はマヨール通りの角にある. En la 〜 hay una cafetería. 角に喫茶店がある. ❷《サッカー・ボクシング》コーナー. ❸[遊戯] las cuatro 〜s 陣取り遊び. ❹[南米] 倉庫；雑貨店, 食料品店
  a la vuelta de la 〜 1) [時間・空間的に] ごく近くに, 目と鼻の先に: Las vacaciones están *a la vuelta de la 〜*. 休暇はもうすぐだ. Un cocinero así no lo vas a encontrar *a la vuelta de la 〜*. それほどのコックはおいそれとは見つからないよ. Con alguien así no iría ni *a la vuelta de la 〜*. あんなやつとは絶対に行くものか. 2) 角を曲がった所に
  *estar en 〜 con+*人 …と不和になっている

esquinar [eskinár] 他 ❶ …の角にある, 角に置く；角ばらせる, 角を出す. ❷ [+con と] 不和にする
  ◆ 自 [+con の] 角にある；[道が] 交差する:

La oficina *esquina con* la calle. 事務所は通りの角にある
  ◆ 〜se 不和になる；…に怒る: Se esquinó con sus colegas. 彼は同僚と仲たがいした

esquinado, da 形 過分 1) 角にある；角ばった: habitación 〜da 角部屋. 2) 気難しい, 怒りっぽい

esquinazo [eskiná0o] 男 ❶ [建物の] 角. ❷[南米] セレナーデ〖serenata〗
  *dar 〜 a+*人 1) …に待ちぼうけ(置いてきぼり)を食わせる；…と会うのを避ける. 2) [追跡者を] まく

esquinera [eskinéra] 女 コーナー用の家具, 隅戸棚

esquirla [eskírla] 女 [骨折などによる] 骨片；[木・ガラス・石などの] 破片, かけら

esquirol, la [eskiról, la] 名《軽蔑》スト破り〖人〗

esquisto [eskísto] 男《鉱物》片岩: 〜 petrolífero オイルシェール
  esquistoso, sa 形 片岩[質状]の

esquistosomiasis [eskistosomjásis] 女《単複同形》《医学》住血吸虫症

esquivar [eskibár] 他 [巧みに] 避ける, よける: 〜 un coche (un golpe) 車をよける(パンチをかわす). 〜 los castigos 罰を逃れる. Trata de 〜 mi encuentro. 彼は私と会うのを避けている

esquivo, va [eskíbo, ba] 形 [応対などを] 避ける, 逃げる；恥ずかしがりの, 内気な: Se muestra 〜va ante las manifestaciones de afecto. 彼女は相手の好意を無視する態度をとった
  esquivez 女 無愛想；恥ずかしがり

esquizofrenia [eskiθofrénja] 女《医学》〔精神〕分裂病
  esquizofrénico, ca 形 名 分裂病の〔患者〕
  esquizoide 形 名 分裂病質の〔患者〕

esquizogénesis [eskiθoxénesis] 女《単複同形》《生物》分裂生殖

esrilanqués, sa [esrilaŋkés, sa] 形 名《国名》スリランカ Sri Lanka の(人)

esta/ésta 形/代 ☞**este/éste**

está- ☞**estar** ⑥⑥

estabilidad [estabiliðá[d]] 女 ❶ 安定性: tener gran (poca) 〜 安定性がよい(悪い). 〜 a gran velocidad 高速安定性. 〜 en la bolsa 相場の安定. 〜 política 政治的安定. ❷ 平静さ: guardar (perder) su 〜 平静さを保つ(失う)

estabilización [estabiliθaθjón] 女 安定化: 〜 de la moneda 通貨の安定化. planos de 〜《航空》安定板

estabilizador, ra [estabiliθaðór, ra] 形 安定させる: elementos 〜es automáticos internos 自動安定装置, ビルトイン・スタビライザー
  ◆ 男 [車などの] 安定装置, スタビライザー；《航空》安定板；《化学》安定剤: 〜 horizontal (vertical) 水平(垂直)安定板

estabilizante [estabiliθánte] 男《化学》安定剤

estabilizar [estaβiliθár] ⑨ 他 安定させる：
～ la economía 経済を安定させる．　～ la
población 人口の変動を抑える

◆ **～se** 安定する：No *se le ha estabilizado*
todavía la fiebre. まだ彼は平熱に戻っていない

estable [estáβle] 形 しっかりした；安定した：
edificio ～ がんじょうな建物．gobierno ～ 安
定した政府．posición ～ 安定した地位

establecedor, ra [estaβleθeðór, ra] 形 名
設立の；設立者

establecer [estaβleθér] ㊴ 他 [英 estab-
lish] ❶ [施設・機関などを] 設立する, 創設(開
設)する：～ una escuela 学校を設立する．～
un control 検問所を設置する．～ una sucur-
sal 支店を開く．❷ [制度などを] 確立する：
un régimen disciplinario 懲罰制度を設ける．
～ una ley 法律を制定する．～ relaciones
con... …と関係を結ぶ．～ la paz 平和を確立
する．❸ [計画・書類などを] 作成(準備)する：
～ un plan 計画を立てる．～ un plano 図面を
作製する．～ investigaciones 調査を始める．
❹ 確証する, 明らかにする：～ las diferencias
違いを明らかにする．❺ [新記録などを] 樹立す
る：～ el récord mundial 世界新記録を打ち
立てる

◆ **～se** ❶ [+en に] 定住する：*Se han esta-
blecido en* México. 彼らはメキシコに居を定め
た．❷ 自立する；[+de を] 開業する：Ha
dejado el almacén donde trabajaba y
ahora *se ha establecido*. 彼は働いていた食料
品店をやめて今は独立した．*Se estableció de
abogado.* 彼は弁護士を開業した

establecido, da [estaβleθíðo, ða] 形 過分
確立した：hecho ～ 既定の事実．dejar ～ +事
…を既定のものとする．conforme a lo ～ en el
artículo 10 第 10 条の規定するところにより

establecimiento [estaβleθimjénto] 男 ❶
設立, 確立；[計画などの] 作成；[新記録の]
樹立．❷ 《文語》施設, 機関：～ académico
学術機関．～ benéfico 慈善施設．～ penal
刑務所．～ tabacalero たばこ販売店．❸ 定住
地；開拓地, 植民地

establo [estáβlo] 男 ❶ 厩(${}^{うま}_{や}$)；牧舎, 家畜
小屋．❷ 汚い(乱雑な)場所

estabulación 女 牧舎での飼育

estabular 他 牧舎で飼育する, 牧舎に入れる

estaca [estáka] 女 ❶ 杭(${}_{くい}$)：clavar (po-
ner) una ～ en... …に杭を打つ．❷ 棍棒．❸
挿し木．❹ 《南米》鉱山採掘権

estacada [estakáða] 女 ❶ [杭を打ち並べた]
柵(^{さく})．❷ 決闘場．❸ 《中米》刺し傷；傷
dejar a+人 *en la* ～ …を置き去りにする
quedar [se] en la ～ 立ち往生する；言い負か
される

estacar [estakár] ⑦ 他 ❶ [動物を] 杭につな
ぐ．❷ 《中南米》杭で固定して広げる．❸ 《南米》
騙す；傷つける

◆ **～se** 棒立ちになる, 動かなくなる；《中南米》負
傷する

estacazo [estakáθo] 男 棍棒による殴打；厳
しい批判(叱責)：dar a+人 un buen ～ …を厳

しく叱る

estacha [estátʃa] 女 [捕鯨のもりに付ける]ロ
ープ；[船の係留などに使う]大綱

estación [estaθjón] 女 [英 season,
station] ❶ 季節：en la ～
actual 今の季節(時期)に．las cuatro *estacio-
nes* [del año] 四季．～ de las lluvias 雨季．
～ seca 乾季．～ de las fresas イチゴの季節．
～ turística 観光シーズン．《参考》primavera
春, verano 夏, otoño 秋, invierno 冬 (春以
外は 男)：En otoño las hojas caen. 秋には葉
が落ちる．Se casarán en el otoño del año
que viene. 彼らは来年の秋結婚する．Ha
llegado la primavera. 春が来た．Estamos
en invierno. 今は冬だ
❷ 駅：i) E～ de Atocha アトーチャ駅．～ de
mercancías 貨物駅．～ de clasificación (de
apartado) 操車場．empleado de ～ 駅員．
ii) ～ de autobuses バスターミナル．～ maríti-
ma 船着場
❸ [通信・観測・研究などの] 施設：～ agronó-
mica 農業試験所．～ de policía 警察署．～
de radar レーダー基地．～ de servicio [自動
車の] サービスステーション, ガソリンスタンド．～
emisora 放送局．～ meteorológica 気象台,
測候所．～ repetidora 中継局．～ de
telecomunicaciones 電信電話局
❹ 観光地, 保養地：～ termal (climática)
温泉場．～ veraniega 避暑地
❺ 《生物》分布区域, 生息地
❻ 《天文》変向位
❼ 《宗教》十字架の道行きの留(${}^{りゅう}_{ど}$)(お旅所)
[～ de la Vía Cruci̇́s]；休憩祭壇での祈禱
❽ 《情報》～ de trabajo ワークステーション
hacer ～ 休憩する, 滞在する, 立ち寄る
hacer (recorrer・rezar) las estaciones
はしご酒をする

estacional [estaθjonál] 形 季節に特有の：
viento ～ 季節風．ajuste ～ 《経済》季節調整

estacionamiento [estaθjonamjénto] 男
❶ 駐車；《主に中南米》駐車場 [*aparca-
miento*]：Prohibido el ～. 駐車禁止．mal
～ 違法駐車．luz de ～ 駐車灯．reloj de ～
パーキングメーター．❷ 停滞．❸ 駐屯

estacionar [estaθjonár] 他 《主に中南米》[車
を] 駐(と)める [*aparcar*]；配置する：～ su
coche en la vía pública 公道に駐車する

◆ **～se** ❶ 駐車する．❷ 停滞する：En las
últimas horas *se ha estacionado* la fiebre.
この数時間, 熱は上がっていない

estacionario, ria [estaθjonárjo, rja] 形
停滞した：El mercado continúa en estado
～. 市場は依然閑散としている．mar ～ べたなぎ．
onda ～ *ria* 定在(定常)波．órbita ～ *ria* 静止
軌道

estada [estáða] 女 滞在[期間]

estadía [estaðía] 女 《美術》モデルがポーズをとる時間；
《商業》超過停泊, 滞船料；《南米》[一定期間
の] 滞在

estadillo [estaðíʎo] 男 [データの] 書き込み
表；統計によるまとめ

estadio [estáðjo] 男〖英 stadium〗❶ 競技場；~ de fútbol サッカー場。~ olímpico オリンピックスタジアム。❷《文語》[発展などの] 段階，局面：~ oral《心理》口唇期

estadista [estaðísta] 男 ❶ [国政を動かす] 政治家，国家の指導者。❷ 統計学者

estadística¹ [estaðístika] 囡 統計；統計表；統計学：hacer la ~s de... …の統計をとる。~ económica 経済統計

estadístico, ca² 形 統計[学]の：estudio ~ 統計的研究。mecánica ~ca 統計力学。◆ 图 統計学者

estádium [estáðjun] 男 スタジアム〖estadio〗

estadizo, za [estaðíθo, θa] 形《まれ》長い間動かない，よどんだ，こり固まった

E **estado** [estáðo] 男〖英 state〗❶ 状態：i) [心身の] El ~ de su enfermedad es grave. 彼の病状は深刻だ．Varía mucho de ~ de ánimo. 彼は感情の起伏が激しい．Se encontraba en un ~ deplorable. 彼は哀れな様子をしていた．~ de salud 健康状態．~ mental 精神状態．ii) [事物の] El coche está en buen (mal) ~. 車の調子は良好だ(よくない)．averiguar el ~ de la cuestión 問題の進展状況を確かめる．~ de cosas 情勢，事態．~ físico 物理的状態；体の調子．~ sólido (líquido・gaseoso) 固体(液体・気体)状態
❷ 身分，地位：i) [独身者の] ~ civil 戸籍〖独身 soltero, 既婚 casado, 寡男 viudo の別〗. cambio de ~ 独身・既婚・寡男の別の変化；状態の変化．~ llano (general・común) [貴族・聖職者に対して] 平民．~ militar (eclesiástico) 軍籍(聖職)．E~s generales [18世紀フランスの] 三部会
❸ [状況を記した] 報告書，リスト；《商業》計算書，財務表〖~ de cuenta〗：~ de los gastos 支出報告書．~ de pérdidas y ganancias 損益計算書．~ de personal 従業員名簿．~s financieros 財務諸表
❹ [時に E~] 国家〖→nación 頤題〗；政府；国土：i) E~ español スペイン国．~ de derecho 法治国家．~ plurinacional 多民族国家．asunto de ~ 国事；重要問題．hombre de ~ [首相クラスの] 政治家．ministro de E~ 国務大臣．Departamento (secretario) de E~ [米国の] 国務省(長官)．ii) 政体：~ republicano (monárquico) 共和(君主)政体．~ totalitario 全体主義国家
❺ [米国・メキシコの] 州：E~ de Texas テキサス州．E~ Libre Asociado 自由連合州．[los] E~s Unidos [de América] アメリカ合衆国．E~s Unidos es un país grande. アメリカは大国である
❻ 圈 [貴族などの支配する] 領地：E~s Pontificios 教皇領
❼《軍事》E~ Mayor 参謀本部．E~ Mayor Central 統合参謀本部．jefe de E~ Mayor 参謀総長
❽《電気》~ sólido ソリッドステート
~ de excepción 非常事態，戒厳状態

estar en ~《婉曲》妊娠中である
tomar ~ 結婚する；聖職につく

estadounidense [estaðouniðénse] 形 图 アメリカ合衆国 Estados Unidos de América の，米国の；米国人

estadunidense 形 图 ＝estadounidense

estafa [estáfa] 囡 詐取，詐欺

estafador, ra [estafaðór, ra] 图 詐欺師

estafar [estafár] 他 [+a から] だまし取る，詐取する；[+en で] だます：Le estafaron diez millones. 彼は1千万だまし取られた．El comerciante nos estafa en el peso. その商人は目方をごまかしている

estafermo [estaférmo] 男 [騎士の] 槍の的の人形；《口語》ほけっとした人

estafeta [estaféta] 囡 ❶ 郵便局〔の支局〕〖~ de correos〗；外交用郵袋〖~ diplomática〗

estafilococo [estafilokóko] 男《医学》ブドウ球菌

estagflación [estagflaθjón] 囡《経済》スタグフレーション

estalactita [estalaktíta] 囡《地質》鍾乳石

estalagmita [estalagmíta] 囡《地質》石筍（せきじゅん）

estalagnato [estalagnáto] 男《地質》石灰華柱，石柱

estalinismo [estalinísmo] 男 スターリン主義〖Stalin 主義

estalinista 形 图 スターリン主義の(主義者)

estallar [estaʎár] 自 ❶ 爆発する，破裂する；[ガラスなどが] 割れる；[服などが] 裂ける：Estalló la planta siderúrgica. 製鉄所が爆発を起こした．Le estalló el cohete entre las manos. 彼の手の中で花火が破裂した．La sandía estalló al caer al suelo. スイカが地面に落ちて割れた．❷ [突然] 鳴り響く：Estalló una ovación. どっと拍手喝采が鳴り響いた．hacer ~ el látigo 鞭をピシッと鳴らす．❸ [戦争・嵐・危機などが] 突然起こる：Estalló la guerra. 戦争が勃発した．❹ [感情が] 爆発する：i) Estaba indignadísimo y al fin estalló. 彼はひどく腹を立てて，ついに怒りを爆発させた．ii) [+de] ~ de alegría 大喜びする．~ de risa 大笑いする．Estallaba de deseos de poder contar lo ocurrido. 彼は起きたことを話したくてむずむずしていた．iii) [+en] Estalló en sollozos. 彼は急に泣き出した．El público estalló en una salva de aplausos. 観客は一斉に喝采した

estallido [estaʎíðo] 男 破裂[音]：~ del látigo 鞭の響き．~ de la revolución 革命の勃発．Gran E~《天文》ビッグバン．tener un ~ de cólera 怒りを爆発させる

estambre [estámbre] 男 ❶《繊維》長繊維羊毛；梳毛（そもう）糸，梳毛織物．❷《植物》雄蕊（ゆうずい），おしべ〖↔pistilo〗

estambrar 他 [その羊毛に] 撚（よ）りをかける

estamento [estaménto] 男 ❶ 身分，階層：sociedad dividida en ~s 身分[制]社会．❷《歴史》アラゴン議会の4身分〖聖職者，貴族，騎士，大学人〗

estamental 形 身分の，身分〔差別〕的な

estameña [estaméɲa] 囡［主に僧服用の，長繊維羊毛で作った］粗布，サージ

estampa [estámpa] 囡 ❶［本の］挿し絵，イラスト；［主に宗教的な］版画：libro de ~s 版画集．~ de la Virgen 聖母マリアの画像． ❷ 姿，様子：mujer de fina ~ ほっそりした女．toro de magnífica ~ 堂々たる体格の牛． ❸ 生き写し，うり二つ；代表例：Es la viva ~ de su madre. 彼女は母親に生き写しだ．Es la ~ de la pobreza. 彼は貧乏の典型だ．Esta obra es una ~ de la vida caballeresca. この作品は騎士の生活を生き生きと描いている． ❹《技術》押し型，打ち型． ❺ 印刷〖imprenta〗 足跡〖huella〗

maldecir la ~ de+人 …の悪口を言う

estampación [estampaθjón] 囡 印刷，プリント；型押し

estampado, da [estampáðo, ða] 形 過分 プリント地の；印刷された：falda ~da プリント地のスカート

◆ 男 印刷，プリント；プリント地〖tela ~da〗：~ en seco 空押し

estampador, ra [estampaðór, ra] 形 名 型をつける〔人〕；印刷（プリント）する〔人〕

estampar [estampár] 他 ❶ …に型をつける；印刷し，プリントする：i) ~ una placa de metal 金属板に押し型をつける．~ tejidos 布地にプリントする．ii) ［…を, +en・sobre に］~ una foto *sobre* la camiseta Tシャツに写真をプリントする．~ la noticia *en* primera página ニュースを第1面に載せる． ❷ 書く；［特に］署名する：~ su firma *al pie de un* documento 書類の末尾にサインする． ❸［跡を］つける：~ su pisada *en* la arena 砂に足跡を残す． ❹［心に］刻みつける：~ la dulzura *en* el ánimo de+人 …の心に優しさを植えつける． ❺ ［+contra に］投げつける：~ un libro *contra* la puerta 本をドアにたたきつける． ❻ ［殴打などを］与える：~ a+人 un pelotazo *en* la mejilla …の頬を殴る．~ un beso *en* la frente de+人 …の額にキスする

◆ ~se《口語》［+contra と］激しく衝突する

estampía [estampía] *de ~* あわてて，急いで：salir *de ~* 急いで出かける

estampida [estampíða] 囡 ❶［家畜などが］どっと（先を争って）逃げ出すこと：salir en (de) ~ どっと逃げ出す． ❷ 爆発音〖estampido〗

estampido [estampíðo] 男 爆発音；砲声，銃声：Sonó un ~. 爆発音がした．

dar un ~ 爆発する；破局を迎える

estampilla [estampíʎa] 囡 ❶ スタンプ，検印，証印；印鑑． ❷《中南米》郵便切手〖sello postal〗；収入印紙

estampillado 男 検印を押すこと

estampillar 他 …に検印(証印)を押す：~ documentos 書類に印を押す．~ libros 本に図書館所蔵印を押す

estancamiento [estaŋkamjénto] 男 せきとめ，抑制；よどみ，停滞

estancar [estaŋkár] 他 ❶ …の流れを止める：~ un río 川をせきとめる．~ la sangre 止

血する．agua *estancada* よどんだ水． ~ la compraventa de terrenos 土地の売買を抑制する． ❷［国などが，…の売買を］独占する，専売にする：~ tabaco たばこを専売にする．productos (efectos) *estancados* 専売品

◆ ~se よどむ；［+en が］停滞する：*Se ha estancado* el agua. 水が流れなかった（たまってしまった）．*Me he estancado en* mis estudios. 私の研究は行き詰まった

estancia [estánθja] 囡 ❶《文語》［大きな］部屋，居室． ❷《西・中米》滞在［期間］：Su ~ en Cádiz fue muy breve. 彼のカディス滞在はごく短期間だった．~ en régimen familiar ホームステイ． ❸［ルネサンス期の歌の］連，節． ❹《中南米》大農園，農場，牧場；［農園付きの］別荘

estanciero, ra [estanθjéro, ra] 名 農場主，牧場主

estanco[1] [estáŋko] 男 ❶［切手など専売品も売る］たばこ店． ❷《歴史》専売：mercancía en ~ 専売品． ❸《南米》蒸留酒販売店，酒店

estanco[2], ca [estáŋko, ka] 形 ［液体・気体などが］漏れない，密閉された

estándar [estándar] 形 《←英語》［商品が］標準的，規格にかなった；型どおりの：producto ~ 標準品，普及品．tipo ~ 標準型．llevar una vida ~ 普通の生活をする

◆ 男 ~ de vida 生活水準

estandarización [estandariθaθjón] 囡 規格化，標準化；画一化

estandarizar [estandariθár] 7 他 標準化する，規格を統一する；画一化する

estandarte [estandárte] 男 軍旗，隊旗；団体旗

estanflación [estanflaθjón] 囡《経済》スタグフレーション

estannífero, ra [estannífero, ra] 形《鉱物・金属》スズを含んだ

estanque [estáŋke] 男 ［人工の］池，ため池：Hay un ~ en el jardín. 庭には池がある

estanquero, ra [estaŋkéro, ra] 名 たばこ屋 estanco の店主

estanquillo [estaŋkíʎo] 男 ❶《中南米》［酒・雑貨なども売る，主に公営の］たばこ店． ❷《南米》居酒屋

estante [estánte] 男 ❶ 棚，棚板；本棚〖~ para libros〗． ❷《中南米》［高床式の家の］支柱

estantería [estantería] 囡 ❶ 匣名［何段もある］棚． ❷ 本棚

estantigua [estantíɣwa] 囡 ❶《軽蔑》のっぽで［服装が］野暮ったい人． ❷ 幽霊，亡霊

estaño [estáɲo] 男《元素》スズ(錫)

estañar 他 錫めっきする；はんだ付けする

estaquear [estakeár] 他《南米》手足を杭に縛り付けて拷問する

estaquilla [estakíʎa] 囡［テントの］杭，ペグ；頭なしの短い釘

estar [estár] 66 自 《英 be. ☞活用表．主に状態・所在を表わす》

I［+形容詞・副詞］ ❶［状態．繋辞動詞］…である，…になっている：i) Estoy contento. 私は満足している．Están vivos. 彼らは生きている（存

命中する•元気はつらつとしている). ii) ［変化とその結果生じた状態］El niño *está* muy alto. その子はずいぶん背が高くなった.〖参考〗El niño es muy alto. その子はとても背が高い〗 iii)《西》［衣服が, +a+人 にとって］Esta chaqueta me *está* ancha. この上着は私には大きすぎる

❷ ［所在. 既知•特定の人•事物について］いる, ある〖匯園〗☞haber ❶, ser II ❸〗: i) ［+a•en に］存在する. 彼らは戸口の所にいる. ¿Dónde *estamos*? ここはどこ? Madrid *está* casi *en* el centro de España. マドリードはスペインのほぼ中央にある. 問題は資金ぐりだ. El récord anterior *estaba en* 2 horas 15 minutos. 前回の記録は2時間15分だった. ii) ［人が主語, 複合形で］行ったことがある: ¿Has estado en España alguna vez?—No, no he estado ninguna vez. スペインへ行ったことがありますか?—いいえ, 一度も行ったことがありません. iii) ［時点］*Estamos* a mediados de mes. 月半(なか)ばである. *Estábamos en* primavera. それは春だった. iv) ［+場所の形容詞］Mi piso *está* céntrico. 私のマンションは都心にある. La niebla *está* baja. 霧は低くたれこめている. v) ［存在］Para beber *está* el vino. 飲むためにワインはある. La comida *estará* a las tres en punto. 昼食は3時ちょうどだ〖その時刻に支度ができている〗

❸ ［動作•状態の継続］…している: *Estoy* a dieta. 私はダイエット中だ.

II ［+過去分詞. 動作の結果生じた状態］…になっている, …している: i) *Estamos* decididos. 私たちは心を決めている〖←decidirse〗. *Estaba* sentado a tu lado. 私は君の隣に座っていた〖←sentarse〗. ii) ［受け身］*Estoy* muy impresionado por esa novela. 私はその小説に深く感銘を受けた. El té ya *está* preparado. もうお茶が入っている

III ［+現在分詞. 進行形］…しつつある: i) *Está* hablando por teléfono con su padre. 彼は今父親と電話中だ. Se *estaban* haciendo los trámites necesarios para sacar el permiso. 許可を取るために必要な手続きが行なわれていた. Te *estuve* esperando dos horas. 私はお前を2時間待った.〖時間が限定されているので点過去〗 ii) ［完結的な意味の動詞では近接未来］*Está* ahogándose. 彼はおぼれかけている. *Estaba* muriéndose. 彼は死にかけていた

IV ［補語なしで］❶ ［存在］ある, いる: i) ¿*Está*? 彼はいますか? *Estaré* un par de horas y me iré. 私は2, 3時間いて, それから出かけます. ii) ［出席をとるときの返事］¿José?—*Está*. ホセ?—はい

❷ 準備ができている, 仕上がっている: Echar dos cucharadas de azúcar y ya *está*. 砂糖を2匙入れたら出来上がりだ

V ［+前置詞］❶ ［+a］i) …の準備(用意)ができている: *Estoy* a lo que salga (venga). 私はどんな事態になろうと受け入れる用意がある. *Estamos* a todo 〔lo que diga usted〕.〔おっしゃることは〕何でもいたします. ii) ［+日付•曜日］…月…日である; …曜日である: *Estamos* a 12 de octubre. 今日は10月12日だ. *Estamos* a miércoles. 今日は水曜日だ. iii) ［+価格•温度など］…である: Las uvas *están* a cien pesetas el kilo. ブドウはキロ100ペセタだ. Esta habitación *está* a 40 grados. この部屋〔の温度〕は40度だ. iv) ［+al+不定詞］…しようとしている, 今にも…する

❷ ［+con］i) ［+人 と］同居する, 一緒にいる; 同意する: *Estoy con* mis padres. 私は親元にいる/両親と同居している. *Estoy con* ella en que debiéramos esperar. 私たちは待つべきだという彼女の意見に私は賛成だ. ii) ［+事物を］持っている: El cielo *está con* nubes. 空は曇っている. *Estaba con* ansias de dimitir. 彼は辞職したがっていた

❸ ［+de］i) ［状況の継続］…の最中である: *Estaban de* charla. 彼らはおしゃべりをしていた. Todos *estuvimos de* suerte. 私たちはみな運がよかった. ii) ［+職業］…として働く, …の仕事をする: *Está de* profesora en una academia de lenguas. 彼女は語学学校で先生をしている. iii) ［妊娠…か月である］: *Está de* tres meses. 彼女は妊娠4か月だ〖日本と数え方が異なる〗

❹ ［+en］i) ［継続］…している: *Están en* guardia. 彼らは警戒している. ii) …にある〖☞I ❷〗. iii) ［+不定詞］…する意図である: Miguel *está en* venir cuanto antes. ミゲルはできるだけ早く来るつもりでいる. iv) ［+que+直説法］…と考える: *Estoy en que* él no se enteró de eso. 彼にはそれがわかっていないと私は思う. v) ［俗語］［+金額］…になる: Esta cazadora *está en* diez mil pesetas. このジャンパーは1万ペセタする

❺ ［+para+不定詞. 近接未来］…するところである; …することになっている: *Estábamos para* salir cuando empezó a llover. 私たちが出かけようとしていたところに雨が降ってきた. La casa *está para* caer. 家は今にも崩れそうだ. La pared *está para* pintar. 壁はペンキを塗る予定だ

❻ ［+por］i) ［+不定詞］［物が主語］まだ…していない, これから…される; ［人が主語］…しようかと思う, まさに…しようとしている: La cama *está por* hacer. ベッドメーキングされていない. Yo *estaba por* casarme con ella. 私は彼女と結婚してもいいという気持ちになっていた. ii) ［+名詞］…の味方である, …の方がよい, …に魅力を感じている: *Están por* José. 彼らはホセを支持している. *Estoy por* cenas ligeras. 私は夕食は軽くという主義だ

❼ ［+sobre］見張る, 監督する: *Está sobre* los obreros. 彼は人夫たちの仕事ぶりを監視している

❽ ［+sin］…なしでいる: *Está sin* trabajo ahora. 彼は今失業中だ. El coche *está sin* vender. 車の買い手がつかない

❾ ［+tras〔de〕］…を〔手に入れたい: *Está tras*〔de〕ese puesto. 彼はその地位を得ようとやっきになっている

VI ［+接続詞］❶ ［+que+直説法］i) ［状態の強調•誇張］*Está que* bufa. 彼はひどく怒ってい

る. *Estoy que* me caigo. うわっ, 転びそうだ. ii) [状況への到達] *Estamos que* no podemos más. 私たちはこれ以上どうしようもない所まで来てしまった. ❷ [+como. 比喩・資格] *Está como* presidente en funciones. 彼は議長代行だ

VII 《まれ》 [+名詞] ¡Buen par de tunantes *estáis*! お前たちはお似合いのやくざ者同士だ! *Está* muy mujerona. 彼女はすごい大女になってしまった

¿está Vd.? あなた, よろしいですか/わかりましたか?

¿estamos? いいですね, そうしようね, わかったね?

ya estamos さあ, これでいい 《いつでも出かけられる, など》

¡ya estamos! [賛成・同意] それだ, そこだ!/ [怒り] もういい, やめろ!

◆ ~se [一か所に] じっとしている; [何もせずに] 留まっている: *Te* puedes ~ *conmigo* unos días. 2, 3日私の所にいていいよ. *Se está* en el campo. 彼は[好きで]田舎にいる. *¡Estáte quieto!* 静かにしていろ/じっとしていろ!

estar	
直説法現在	直説法点過去
est*oy*	est*uve*
est*ás*	est*uviste*
est*á*	est*uvo*
estamos	est*uvimos*
estáis	est*uvisteis*
est*án*	est*uvieron*
接続法現在	接続法過去
est*é*	est*uviera*, -se
est*és*	est*uvieras*, -ses
est*é*	est*uviera*, -se
estemos	est*uviéramos*, -semos
estéis	est*uvierais*, -seis
est*én*	est*uvieran*, -sen

estarcir [estarθír] ② 他 [図案を] 型紙で転写する

estarcido 男 [印刷] 刷込み型, ステンシル

estarlet [estarlét] 囡 若手(駆け出し)の女優

estárter [estárter] 男 =**stárter**

estasis [estásis] 囡 《単複同形》 [医学] 血行停止, 鬱血

estatal [estatál] 形 [←estado] 国家の, 国営(国有)の: control ~ 国家統制. política ~ 国政. empresa ~ 国営企業. universidad ~ 国立大学

estatalizar [estataliθár] ⑨ 他 国営(国有)化する

estático, ca [estátiko, ka] 形 ❶ 静的な, 静態的な [↔dinámico]; 静止した: El lago mantiene su superficie ~*ca*. 湖面は静まりかえっている. electricidad ~ 静電気. ❷ [恐怖・感動などで] 身動きできない. ❸ 静力学の
◆ 囡 静力学

estatificar [estatifikár] ⑦ 他 国家管理の下に置く, 国営化する

estatismo [estatísmo] 男 《文語》 静止[状態]; 《軽蔑》 国家[管理]主義

estatizar [estatiθár] ⑨ 他 《南米》 =**esta-**

tificar

estator [estatór] 男 [電気] 固定子, ステーター

estatua [estátwa] 囡 [英 statue] ❶ 彫像, 立像: elevar una ~ en honor de+人 …の像を立てる. ~ de la Libertad 自由の女神像. ~ de bronce 銅像. ~ ecuestre 騎馬像. ~ orante 祈っている姿の像. ~ sedente 座像. ~ yacente [墓石などの] 寝ている姿の像. ❷ 無表情な人, 感情を表わさない人

quedarse como (hecho) una ~ [恐怖・感動などで] 体がすくんでしまう

estatuario, ria [estatwárjo, rja] 形 彫像の[ような]: belleza ~*ria* 彫像のような[均整のとれた]美しさ. pase 《闘牛》身体を動かさないパス
◆ 囡 彫像家. ~ 囡 彫像術 [arte ~]

estatuilla [estatwíλa] 囡 小像

estatuir [estatwír] ㊽ 他 [現分 estatuyendo] 《文語》 ❶ [法律などを] 制定する; [法令で] 規定する. ❷ [理論などを] 証明する

estatura [estatúra] 囡 ❶ 身長: Tiene un metro setenta de ~. 彼の身長は1メートル70センチだ. Es alto (bajo) de ~. 彼は背が高い(低い). por orden de ~ 背の順に. ❷ 心の成長度, 道徳的な高さ, 偉大さ: mujer de gran ~ moral 人格高潔な女性

estatus [estátus] 男 =**status**

estatuto [estatúto] 男 ❶ 法規, 成文法; [主に 複] 団体・会社などの] 規約, 定款: ~ personal (real) 対人(対物)法. ~ del sindicato 組合規約. ~ del trabajador 就業規則. ~ formal 議定書. E~ Real [1834年マリア・クリスティーナが出した] 勅令. ❷ 《西》 [各自治州の憲法に相当する] 地方基本法 [~ de autonomía]

estatutario, ria 形 法規の; 規約にかなった

estay [estái] 男 支索, ステー

este¹ [éste] 男 [英 east. ↔oeste] ❶ 東; 東部: ir hacia el ~ 東に向かって行く. ❷ 東風 [viento (del) ~]. ❸ [政治] [el E~] 東側: países del E~ 東側諸国

este², ta [éste, ta] 形 [英 this. 近称の] 指示形容詞. [複 est*os*, estas] ❶ [普通は+名詞] この: i) [指示] Me gusta ~ sombrero. 私はこの帽子が好きだ. No sé quién es esta niña. 私はこの女の子が誰なのか知らない. ii) [既述・既知] Por estas razones no acepté la oferta. これらの理由で私は申し出を了承しなかった. iii) [後述] Empezó a hablar de esta manera. 彼は次のように話し始めた. iv) [名詞+. 強調・軽蔑] La niña esta oculta algo. こいつが何か隠している. v) [+冠詞・所有形容詞+名詞. 強調] En esta su casa encontrará de todo. [自分の家だと思って]どうぞお楽になさってください

❷ [+時の名詞] i) [現在] 今の: Ha llovido mucho ~ mes (esta tarde). 今日(今午後)雨がひどく降った. ii) [近□
E~ sábado fui (iré) al cine. □曜日映画を見に行った(今度の土□
に行くつもりだ)

… este… 《主に中南米》[話に詰まったり, 考えたりするときの間を取るつなぎ言葉〕 えーと … 〖esto〗

éste, ta
[éste, ta] 代 〖英 this. 近称の指示代名詞. 複 éstos, éstas〗 ❶ これ: i) [指示〕 Ésta es mi casa. ここが私の家だ. ii) [既述・既知〕 Éstas son mis esperanzas. これらのことが私の希望だ. ❷ [aquél と対応して〕後者: Marta y María no parecen gemelas; ésta es muy activa, mientras que aquélla es tranquila. マルタとマリアは双生児とは思えない. 後者はとても活発なのに, 前者は物静かだ. ❸ [人を紹介する時の〕この方: É~ es el señor Abe. こちらが阿部さんです. ❹ 〈軽蔑〉[人を指して〕É~ me robó la cartera. こいつが私の財布を盗んだのだ

en una de éstas いずれそのうち, いつか〖危険・悪いことが起きる〗

ésta y nunca これが最後である, これっきりである

a todas éstas とはいうものの: Y a todas éstas todavía no he convencido a Juan. とはいえ私はまだフアンを説得していない

en éstas この時, するとすぐ〖en esto〗

◆ 女 〖手紙〕当地 〖↔ ésa 貴地〗; 本状: Permaneceré en ésta unas semanas. 私は2週間ほど当地に滞在します. Por ésta le comunico que… 本状にて…であることをお知らせします

esté ☞estar 66

estearina [esteaɾína] 女 《化学》ステアリン〔酸〕
　esteárico, ca 形 ステアリンの
esteatita [esteatíta] 女 《鉱物》凍石;《電気》ステアタイト
Esteban [estéβan] 男 《男性名》エステバン 〖英 Stephen〗
estegosaurio [esteɣosáurjo] 男 《古生物》ステゴサウルス
estela [estéla] 女 ❶ 航跡; 飛行機雲 〖～ de condensación〗: ～ de cometa 彗星の尾. La guerra ha dejado una ～ de desconcierto. 戦争は混乱の跡を残した. ❷ 《航空》プロペラ後流;《自動車》スリップストリーム. ❸ [古い] 石碑, 墓石. ❹《植物》ハゴロモソウ
estelar [estelár] 形 ❶ 星の, 天体の: magnitud ～ 星の等級. ❷ 重要な; 優秀な: reparto ～ [スターの出る] 豪華な配役, オールスターキャスト
estema [estéma] 男 [文の] 構造系図
esténcil [esténθil] 男 =**stencil**
estenocardia [estenokárdja] 女 《医学》狭心症
estenografía [estenoɣrafía] 女 《古語》速記〔術〕 〖taquigrafía〗
　estenografiar 他 速記する
　estenógrafo, fa 速記者
estenordeste [estenordéste] 男 東北東〔の風〕. **estenoreste** 男 =**estenordeste**
estenosis [estenósis] 女 〖単複同形〗《医学》狭窄〔症〕

estenotipia [estenotípja] 女 速記タイプライター〔術〕
estentóreo, a [estentóreo, a] 形 大声の: voz ～a 割れるような大声, 大音声. risa ～a 大笑い
estepa [estépa] 女 《地理》ステップ
　estepario, ria 形 ステップの(に住む)
éster [éster] 男 《化学》エステル
estera [estéra] 女 むしろ, ござ
　　dar más que [a] una ～ ひどく叩く
　　cobrar (recibir) más que [a] una ～ ひどく叩かれる
esterar [esterár] 他 …にござを敷く
estercolar [esterkolár] 他 〖←estiércol〗[土地に] 堆肥をまく, 施肥する
　◆ [動物が] 糞をする
　estercoladura 男/**estercolamiento** 男 施肥
estercolero [esterkoléro] 男 堆肥の山;《軽蔑》汚らしい場所, 腐敗堕落した所
estéreo [estéreo] 男 ステレオ 〖estereofonía の省略語〗: emisión en ～ ステレオ放送. cinta (en) ～ ステレオテープ
estereofonía [estereofonía] 女 立体音響〔術〕
　estereofónico, ca 形 ステレオの: disco ～ ステレオレコード
estereografía [estereoɣrafía] 女 立体(実体)画法
estereometría [estereometría] 女 体積測定, 求積法
estereoscopio [estereoskópjo] 男 ステレオスコープ
estereotipado, da [estereotipáðo, da] 形 過分 紋切り型の, 型にはまった, ステレオタイプの: frase ～da 常套句, 決まり文句
　estereotipar [土地に] はめる, 紋切り型にする; ステロ版にする(で印刷する)
estereotipia [estereotípja] 女 ❶ ステロ版(鉛版)印刷〔術〕; ステロ版印刷機. ❷ 《医学》常同〔症〕
estereotipo [estereotípo] 男 ❶ 常套(じょうとう)句, 決まり文句; 陳腐なもの, ステレオタイプ. ❷ 《印刷》ステロ版, 鉛版
estereotomía [estereotomía] 女 《建築》切石(せっせき)法, 規矩(きく)法
estéril [estéril] 形 ❶ 不毛の, 実の成らない 〖↔ fértil〗: tierra ～ 不毛な土地. autor ～ 創造力の乏しい作家; 書けない作家. discusión ～ 実りのない論争. esfuerzo ～ 無駄な努力, 徒労. ❷ 不妊(症)の; 断種した. ❸ 殺菌(消毒)した: gasa ～ ガーゼ
　esterilidad 女 不毛(性); 不妊(症); 殺菌〔状態〕
esterilizar [esteriliθár] 他 ❶ 不毛にする. ❷ …に不妊手術をする. ❸ 殺菌(消毒)する: ～ los instrumentos por ebullición 器具を煮沸消毒する. leche esterilizada 殺菌牛乳
　esterilización 女 不妊手術; 殺菌, 消毒
　esterilizador, ra 形 不妊にする; 殺菌する
esterilla [esteríʎa] 女 ❶ [クロスステッチ用の]

刺繍布. ❷［玄関・浴室用の］小さなマット；ビーチマット；～ de baño バスマット. ～ eléctrica 足温器. ❸《南米》シュロなどの葉で編んだもの

esternocleidomastoideo [estɛrnokleiðomastoiðéo]［解剖］胸鎖乳突筋

esternón [esternón] 男《解剖》胸骨

estero [estéro] 男《地理》［大きな］河口, 三角江；《中南米》沼沢地, 湿地；《南米》小川

esteroide [esteróiðe] 男 ＝**steroide**

esterol [esteról] 男 ＝**sterol**

estertor [estertór] 男［特に臨終時の］喉鳴り, 喘鳴（ぜん）；《医学》ラ音, 水泡音, ラッセル

estesudeste [estesuðéste] 男 東南東（の風）. **estesureste** 男 ＝**estesudeste**

esteta [estéta] 名 唯美主義者；美学者

estético, ca [estétiko, ka] 形 ❶ 美学の. ❷ 美に関する；審美（耽美）的な：placer ～ 美的快感. sentido ～ 美的感覚, 審美眼. ❸ 美しい；美容の：cirugía ～ca 美容外科（整形）. gimnasia ～ca 美容体操
◆ 名 美学者；審美家, 唯美主義者
◆ 名 ❶ 美学；美的価値観, 美意識. ❷［外見の］美：Esa ciudad carece de ～ca. その都市は美観に欠ける

esthéticienne 女《←仏語》エステティシャン

esteticismo 男《美術・文学》耽美（唯美）主義

esteticista 名 全身美容師, エステティシャン.
◆ 形 耽美主義の

estetoscopio [estetoskópjo] 男《医学》聴診器. **estetoscopia** 女 聴診［法］

esteva [estéβa] 女［犂（すき）の］柄（え）

estevado, da [esteβáðo, ða] 形 名 がに股の［人］

estiaje [estjáxe] 男［河川の］最低位；渇水期

estibar [estiβár] 他［重量が均等になるように］積み込む；［船荷の］積み降ろしをする
estiba/estibación 女 積み込み
estibador, ra 名 沖仲仕, 荷積み人夫

estiércol [estjérkol] 男［動物の］糞（ふん）；堆肥（たい）, 厩肥（きゅう）, 厩肥

estigma [estíɣma] 男 ❶［主に複］体に残った跡（印）, 傷跡；複《カトリック》聖痕. ❷［奴隷・罪人に押した］焼き印；烙印, 汚名. ❸《医学》［病気特有の］しつこい症状；出血斑, 紅斑. ❹《植物》柱頭；《動物》気門［板］
estigmatizar 他 …に烙印を押す, 汚名を着せる；聖痕を付ける

estilar [estilár] 他 ❶［＋不定詞］…する習慣がある：*Estila* desayunar tarde. 彼はいつも遅く朝食をとる. ❷《法律》［正式に文書を］作成する
◆ ～se 一般に…する習慣である, 通常である；流行する：Ya no *se estila* llevar el sombrero de paja. 麦わら帽子をかぶるのはもうはやらない

estilete [estiléte] 男 ❶ 細身の短剣；［estilo より短い］鉄筆. ❷《医学》［傷口の］消息子, スタイレット

estilista [estilísta] 名 ❶ 名文家, 文章家. ❷ スタイリスト, デザイナー, 舞台美術家
estilismo 男 スタイリスト（デザイナー・舞台美術

家）の職

estilístico, ca [estilístiko, ka] 形 女 文体論（の）：análisis ～ 文体論的分析

estilita [estilíta] 形 名［柱の上で苦行した］柱頭行者（の）

estilizar [estiliθár] 他 ❶［美化・洗練して意図的に］…の特徴を際立たせる, 様式化する. ❷［体・体の一部を］やせさせる
◆ ～se 特徴が際立つ, 様式化される；やせる
estilización 女 図案化；様式化

estilo [estílo] 男《英 style》❶［個人・国・時代などを特徴づける］様式, やり方, スタイル：i) No es su ～ de obrar. それは彼の流儀ではない. Conserva cierto ～ juvenil. 彼はある種の若々しさを残している. ～ de vida 生活様式, 生き方. ～ gótico ゴシック様式. el último ～ 最新流行［型］. ii)［de ～］［de ～...］…風の：cuadro [de] ～ [de] Picasso ピカソ風の絵. casa [de] ～ [de] Europa meridional 南欧風の家. iii) タイプ, モード；習慣：Me gusta leer libros del ～ de la "Ilíada". 私は『イリアス』のような種類の本が好きだ. ～ de vestirse 着こなし［方］. el último ～ 最新流行［型］. iii)［作家・画家などを特徴づける］文体, 画風：escribir en un ～ sencillo 平易な文体で書く. elaborar el ～ 文体を練る. ❷《人》いき方, スマートさ：Tiene ～ vistiendo. 彼の着こなしはかっこいい. ❸《文法》話法：～ directo (indirecto) 直接（間接）話法. ❹《水泳》泳法：～ libre 自由形. ～ mariposa バタフライ. ～ pecho 平泳ぎ. 200 metros ～s individuales 200 メートル個人メドレー. 400 metros ～s relevos 400 メートルメドレーリレー. ❺［蝋板に文字を書く］鉄筆, 尖筆. ❻ アルゼンチン・ウルグアイの民俗音楽（舞踊）の一つ. ❼［日時計の］指時針. ❽《植物》花柱
al ～ de... …風（流）に：ir vestido *al ～ de* su país 民族衣装を着ている
con ～ かっこよく：Va vestida *con mucho ～*. 彼女はとてもしゃれた服を着ている
de buen (mal) ～ 優雅な（でない）
de [mucho] ～［大変］かっこいい
por el ～ 1) ほぼ同じ, ほぼ同様の・に：algo *por el ～* そのようなもの. Me ha costado diez mil, ¿y a ti?—A mí *por el ～*. 僕は1万円かかった. 君は？—僕もその位だ. 2) …y *por el ～* …など

estilóbato [estilóβato] 男《建築》基壇, スチロベート

estilográfica [estiloɣráfika] 女《主に西》万年筆［pluma ～］

estilográfico [estiloɣráfiko] 男 シャープペンシル［lápiz ～］

estiloso, sa [estilóso, sa] 形 粋な, スマートな

estima [estíma] 女 ❶ 評価：mostrar poca ～ por... ほとんど…を評価しない. tener... en gran (mucha) ～ …を高く評価している. ❷《船舶》船位推算：navegación de ～ 船位推算航法

estimable [estimáβle] 形 評価に値する, すぐれた；かなりの, 相当な：Fue muy ～ su ayuda.

彼の援助はとてもありがたかった. cantidad ～ か
なりの金額

estimación [estimaθjón] 囡 評価；見積り；
評価額：Tiene gran ～ por ti. 彼は君のことを
大変評価している. hacer la ～ de una obra
工事の見積りをする. ～ presupuestaria 予算
の見積り

estimado, da [estimáðo, ða] 厖 過分 ❶ 評
価の高い；概算された.《手紙》…《手紙》…E～ señor :/
E～ amigo: 拝啓. Mi ～ amigo Pepe: 親
愛なるペペ. Mi ～da mamá: 親愛なる母上様

estimar [estimár] 他《英 esteem, estimate》
❶ [+como として，価値・重要性があると] 評価
する：La *estiman* mucho *como* profesora.
彼女は先生として高く評価されている. *Estima-
mos* mucho su colaboración. ご協力をありが
たく思っております. ❷ 愛する：*Estima* a su
nuera más que a su propio hijo. 彼は自分の
息子さえ嫁の方がかわいさ. ❸《文語》…と思う，
考える：i) [+目的格補語] *Estimo* exagerada
su generosidad. 彼の寛大さは度が過ぎていると
思う. ii) [気どった表現で +que+接続法. 普通
は creer や +直説法] *Estimo que* no venga.
彼は来ないと私は思う. ❹ [+en に] 見積る：～
un cuadro *en* diez millones de pesetas 絵を
1千万ペセタに評価する

◆ **～se** ❶ 尊敬し合う. ❷ 自己評価する；自
分を高く評価する：*Se estima* mucho. 彼は思い
上がっている. ❸ …と考えられる：*Se estimó*
injusto que castigaran al alumno. 生徒を処
罰したのは不当だと考えられた

estimativo, va [estimatíβo, ßa] 厖 ❶ [計
算・数字で] 概算の，およその. ❷ 評価に役立
つ：datos ～s 判定材料

◆ 囡 判断力；動物的本能

estimulación [estimulaθjón] 囡 刺激

estimulador, ra [estimulaðór, ra] 厖
男 ＝estimulante

estimulante [estimulánte] 厖 発奮させる，
刺激する：música ～ 鼓舞するような音楽

◆ 男 刺激剤，興奮剤

estimular [estimulár] 他 [+a に向けて/+a
que+接続法 するように] 発奮させる，刺激する；
[機能を] 増進させる：～ a+人 al estudio …を
勉強にかり立てる，勉強するように励ます. ～ el
apetito 食欲を増す

◆ **～se** 興奮剤（麻薬）を摂取する

estímulo [estímulo] 男 刺激；刺激効果, イン
センティブ：El salario es un ～ que incita al
trabajo. 賃金は労働意欲をかき立てる刺激剤だ

estío [estío] 男《文語》夏《verano》

estipendio [estipéndjo] ❶《文語》報酬，
給与. ❷《カトリック》祭式の謝礼金
estipendiario, ria 厖 囡 報酬を受け取る
〔人〕

estípula [estípula] 囡《植物》托葉《たく》

estipular [estipulár] 他 ❶ [契約の中で] 定
める，規定する：*Estipulan* que la compra
debe hacerse al contado. 現金取引でなければ
ならないと規定されている. ❷ [口頭で] 契約する
estipulación 囡 約款，契約条項；契約

estirado, da [estiráðo, ða] 厖 過分 ❶《軽
蔑》高慢な，思い上がった：aspecto ～ 高慢ちき
な顔つき. ❷ 着飾った

◆ 男 [しわ取りなどの] 美容整形；《技術》延伸，
引き延ばし

◆ 囡 [ゴールキーパーの] 体を一杯に伸ばしたキャ
ッチ（クリアー）

estirajar [estiraxár] 他 ＝estirar
estirajón 男 ＝estirón

estiramiento [estiramjénto] 男 ❶《体操》
ストレッチング；美容整形〔～ facial〕. ❷《軽
蔑》高慢，思い上がり

estirar [estirár] 他 ❶ 伸ばす，ぴんと張らせる：
～ el cable コードを伸ばす. ～ una falda スカ
ートのすそを引っ張る. ～ las medias 靴下のし
を伸ばす. ～ las piernas 脚を伸ばす. ～ el
tema 話題を長々と引き伸ばす. ❷ [金を] 倹約
して（ちびちびと）使う，やりくりする：presupuesto
muy *estirada* ぎりぎりの予算. ❸《中南米》射
殺する

◆ 自 ❶ 引っ張る：～ de un lado de un
mantel テーブルクロスの片側を引っ張る. ❷ [急
に] 伸長が伸びる. ❸《中南米》死ぬ

◆ **～se** ❶ 伸びをする；《体操》ストレッチをする；
[届こうとして] 手足を伸ばす. ❷ [ゴム・セーター
などが] 伸びる. ❸ [急に] 身長が伸びる，体が大
きくなる. ❹《口語》気前のいいところを見せる

estireno/estirol [estiréno/-ról] 男《化学》
スチレン，スチロール

estirón [estirón] 男 ❶ 突然引っ張ること. ❷
[特に思春期に] 身長が急に伸びること：dar
(pegar) un ～ 急に背が伸びる（成長する）

estirpe [estírpe] 男《主に高貴な・直系の》血
統，家系：ser de rancia ～ 古い家柄の出である

estival [estiβál] 厖《←estío》夏の：vaca-
ciones ～s 夏休み

esto [ésto] 代《英 this. 近称の指示代名
詞中性形》❶ これ：i) [物] ¿Qué es
～?—Es un lápiz. [名称がわからなくて] これは
何ですか?—鉛筆です. ¿Cuánto es ～? [名称に
は無関心で，単に指示して] これはいくらですか?
ii) [事柄] ¿Qué opinas de ～? このことをどう
考える? E～ es la vida. これが人生というものだ.
Su único ideal había sido ～: cobrar un
sueldo fijo. 彼の唯一の理想はこのこと, つまり固
定給を得ることだった. iii) [いくつかのものをまとめ
て] E～ es todo. これで全部です. ❷ [場所] こ
こ：¿Qué es ～?—Es Navarra. ここはどこ〔の
駅〕ですか?—ナバーラです. Dentro de poco
estará todo ～ lleno de plantas. すぐにここら
は草ぼうぼうになるだろう. ❸ [話に詰まったり, 考
えたりするときの間を取る繋ぎの言葉] えーと…
《発音は [esto]》

[*estando*] en ～ この時；するとすぐ：En ～
me despertó un ruido. この時私は物音で目が
さめた. Di un grito y en ～ apareció un
portero. 私は悲鳴をあげた. するとすぐ守衛が現
われた

～ de... [既知の内容を省略して] この…という
こと

～ es つまり, 言いかえれば：un duro, ～ es,

cinco pesetas　1 ドゥーロすなわち 5 ペセタ
**~, lo otro y (o) lo de más allá/que si
~, que si lo otro, que si lo de más
allá** あれやこれや
hablar de ~ y aquello あれこれ話す
por ~ 〔既述の・これから述べる理由〕このために

estocada [estokáða] 囡 ❶ 〔剣〕estoque で
の〕突き；刺し傷. ❷ 〔闘牛〕とどめの一突き〖ロ
matador カット〗

estocástico, ca [estokástiko, ka] 厖 ❶
偶然の，当てずっぽうの.　❷ 推計〔統計〕学の：
variable ~ca 確率
　◆ 囡 推計〔統計〕学

estofa [estófa] 囡 《軽蔑》[人の，悪い〕質，種
類：gente de baja (mala) ~ いかがわしい連中

estofado[1] [estofáðo] 男 《料理》シチュー；《服
飾》キルティング

estofado[2]**, da** [過形] 1) とろ火で煮た：car-
ne ~da ビーフシチュー.　2) キルティングの

estofar 1) とろ火で煮る；シチューにする. 2)
《美術》[金箔の上を覆った材料を〕削って絵を
描く；[金箔をかける前に〕木彫に白い色を塗
る；[金地の上に〕テンペラ絵の具を描く

estoico, ca [estójko, ka] 厖 囝 ❶ ストア哲
学(学派)の；禁欲的な.　❷ ものに動じない，平然
とした：Aceptó la noticia de su enfermedad
incurable con ~ca resignación. 彼は自分が
不治の病と知らされても諦めて冷静に受け止めた
　◆ 囝 ストア哲学者；禁欲主義者

estoicismo 男 ストア哲学，禁欲主義；克己
心

estoicidad 囡 克己心

estola [estóla] 囡 《服飾》❶ 肩かけ，ストール.
❷ [聖職者が肩からか
ける〕ストラ，襟垂帯〖ロ
ラカット》.　❸《古代ギ
リシア・ローマ》チュニック
の一種

estólido, da [estóliðo, ða] 厖 囝 《文語》愚
鈍な〔人〕，ばかな〔人〕
estolidez 囡 愚鈍

estolón [estolón] 男 《植物》匍匐(ほふく)枝，走
出枝

estoma [estóma] 男 《植物》気孔

estomacal [estomakál] 厖 胃の；胃によい，
食欲を増進させる：jugos ~es 胃液
　◆ 男 健胃剤

estomagar [estomaɣár] [8] 他 胃にもたれさ
せる，消化不良を起こさせる；《口語》うんざりさせ
る，いらだたせる

estómago [estómaɣo] 男 《英 stomach》❶
胃：Tengo dolor de ~. 私は腹(胃)が痛い.
tener el ~ pesado 胃が重い，胃もたれがする.
tener el ~ vacío (lleno) 空腹(満腹)である.
tener el ~ sano (delicado) 胃が丈夫である
(弱い). acostar a un bebé sobre su ~ 赤ん
坊を腹ばいに寝かせる. enfermedad del ~ 胃
病. boca del ~ みぞおち.　❷ [不快なことに対
する〕辛抱，忍耐：tener [buen・mucho] ~
〔非常に〕我慢強い
echarse... al ~ 《口語》…を腹一杯詰め込む

encogerse a+人 el ~ [恐怖で〕胃が締めつけ
られる
hacer buen (mal) ~ 喜ばす(不機嫌にする)
hacer ~ a... [不愉快なものを〕我慢する
hacerse el ~a... …に慣れる
ladrar a+人 el ~ 《口語》…が腹べこである
levantar el ~ a+人 …の胃をむかつかせる
quedar a+人 en el ~ …の心の中にしまってお
かれる，言わずにおかれる
revolver ~ a+人 《口語》…を腹立たしくさ
せる，はらわたが煮えくり返る思いをさせる；…の
吐き気を催させる
**tener el ~ en los pies (pegado al espi-
nazo)** 《口語》腹べこである
tener sentado (asentado) en el ~ a+人
《口語》…に反感を抱く，腹にすえかねる
tener un ~ de piedra 胃ががんじょうである

estomático, ca [estomátiko, ka] 厖 [人
間の〕口の

estomatitis [estomatítis] 囡 《単複同形》《医
学》口内炎

estomatología [estomatoloxía] 囡 《医学》
口腔(ぼ)外科，口内咽科

estomatólogo, ga 囝 口腔外科医

estonio, nia [estónjo, nja] 厖 囝 《国名》エ
ストニア Estonia の〔人〕
　◆ 囝 エストニア語

estoniano, na [estonjáno, na] 厖 囝 ＝estonio

estopa [estópa] 囡 ❶ トウ〖麻・亜麻などのくず
繊維〗；[それで作った〕粗布.　❷《船舶》[パッキ
ンなどに使う〕槙皮(まいはだ)
dar (repartir・arrear・sacudir) ~ めった
打ちする
ser fino como la ~ 《皮肉》大変お上品であ
る

estopada 囡 [パッキン用の〕麻くず(槙皮)の
小片

estoperol [estoperól] 男 《船舶》頭が大きく丸
い鋲(釘).　❷《南米》ヘッドライトを反射する道路標
識用のガラス玉

estoque [estóke] 男 ❶ [先で突く，細身の〕
剣〖特に闘牛士がとどめを刺すのに使う. および仕
込み杖用. ロmatador カット〗.　❷《植物》グラジ
オラス〖gladiolo〗
estoquear 他 剣で突く(刺す)

estor [estór] 男 [薄手の〕カーテン

estoraque [estoráke] 男 《植物》エゴノキ；[そ
の樹脂〕安息香

estorbar [estorβár] 他 ❶ 妨げる，妨害する；
場所をふさぐ：La niebla *estorbaba* la visión
del paisaje. 霧で景色がよく見えなかった.　Tu
baúl nos *estorba* para pasar. 君のトランクは通
行の邪魔だ.　~ el casamiento de+人 …の結
婚を妨害する.　~ el sueño 安眠を妨害する.　❷
困らせる，迷惑をかける：Me estás *estorbando*
y no puedo estudiar. 君が邪魔をするので勉強
できないよ
　◆ 圁 邪魔(迷惑)である

estorbo [estórβo] 男 障害，妨害：Los guan-
tes son un ~ para jugar. 手袋は遊ぶのに邪魔
だ.　No constituye ningún ~. それは全然妨げ

にならない

estornino [estorníno] 男《鳥》ムクドリ；［特に］ホシムクドリ

estornudo [estornúðo] 男 くしゃみ
  estornudar 自 くしゃみをする
  estornutatorio 男 くしゃみ誘発剤

estos ☞**este²**

estoy ☞**estar** ⑥⑥

estrabismo [estraβísmo] 男《医学》斜視
  estrábico, ca 形 斜視の〔人〕

estrado [estráðo] 男 ❶ 壇, 演壇, 教壇：subir al ~ 壇上にのぼる. ❷ 複 法廷

estrafalario, ria [estrafalárjo, rja] 形 ［服装が］とっぴな；［考え・行動が］風変わりな

estragar [estraɣár] ⑧ 他 ❶ 傷める, 損なう：Los picantes me *han estragado* el paladar. 香辛料で口の中がひりひりする. La inundación *ha estragado* las cosechas. 洪水で収穫に被害が出た. ［飲み過ぎ・食べ過ぎで］胃を荒らす
  ◆ ~se 傷む, 損なわれる
  estragamiento 男 傷めること

estrago [estráɣo] 男 ［主に 複. 戦争・天変地異・疫病などによる］害：El bombardeo causó grandes ~s entre la población. 爆撃で住民に大きな被害が出た. ~s de los años 時とともに朽ち果てること
  hacer ~s 1) 害を与える：Las malas compañías *hacen* ~s en tu reputación. 悪い連中とつきあっていると君の評判に傷がつくよ. 2) ［+entre 異性を］夢中にさせる

estragón [estraɣón] 男《植物》エストラゴン

estrambote [estrambóte] 男《詩法》追加句

estrambótico, ca [estrambótiko, ka] 形《口語》常軌を逸した, とっぴな

estramonio [estramónjo] 男《植物》シロバナヨウシュチョウセンアサガオ

estrangular [estraŋgulár] 他 ❶ 絞殺する, 扼殺する：Lo *estrangularon* con una corbata. 彼はネクタイで締め殺された. ❷ ［血管などを］締めつける；狭くする：~ la vena con las pinzas 鉗子で血管の流れを止める. ❸ ［計画の実行などを］はばむ. ❹《自動車》チョークをひく
  ◆ ~se 窒息する；《医学》絞扼する
  estrangulación 女 1) 絞殺；《格闘技》締め技. 2)《医学》狭窄：~ de intestino 腸狭窄
  estrangulador, ra 名 絞殺者. ◆ 男《自動車》チョーク
  estrangulamiento 男 ［進行上の］ネック, ボトルネック

estrapada [estrapáða] 女 吊るし首

estraperlo [estrapérlo] 男《口語》闇取引, 闇市；闇物資：precio de ~ 闇値. vender de ~ 闇市に流す
  estraperlear 自 ［+con の］闇取引をする
  estraperlista 名 闇商人

estrapontín [estrapontín] 男 ＝**traspuntín**

estrás [estrás] 男 鉛ガラス

estratagema [strataxéma] 女 戦略；策略

estratega [estratéɣa] 名 戦略家 ［**estratego** 男 もある］

estrategia [estratéxja] 女 ❶ 戦略：~ nuclear 核戦略. ❷ 作戦, 駆け引き：~ de mercado マーケット戦略. ~ electoral 選挙戦術

estratégico, ca [estratéxiko, ka] 形 戦略的な, 戦略上の：bombardero ~ 戦略爆撃機. materias ~cas 戦略物資. objetivo ~ 戦略目標. retirada ~ca 戦略的退却

estrato [estráto] 男 ❶《地質》地層；《社会》階層. ❷《生物》［植生などの］層；［組織などの］薄層. ❸《気象》層雲
  estratificación 女《地質》成層, 層理；層をなしていること
  estratificar ⑦ 他 層に重ねる, 層状にする
  estratigrafía 女《地質》層位学, 地層学

estratocúmulo [estratokúmulo] 男《気象》層積雲

estratosfera [estratosféra] 女《気象》成層圏

estrave [estráβe] 男《船舶》船首材

estraza [estráθa] 女 ❶ ぼろ切れ. ❷ papel de ~ ［包装・段ボールなどに使う, 厚手の］粗末な紙

estrechamente [estretʃaménte] 副 ❶ ［経済的に］細々と, 質素に：vivir ~ つましく暮らす. ❷ 緊密に：quererse ~ 深く愛し合う. ~ unidos 固く結ばれた. ❸ 厳格に, 厳密に：cumplir ~ con su deber 義務を厳守する

estrechamiento [estretʃamjénto] 男 ❶ 狭める(狭まる)こと；緊密化：~ de las buenas relaciones 友好関係の強化. ~ de manos 握手. ❷ 狭まっている部分, くびれ

estrechar [estretʃár] 他 ❶ 狭める；緊密にする：~ un vestido ドレスを〔細く〕詰める. ~ las filas 隊列を詰める. ~ los lazos de amistad 友情の絆を固める. La desgracia *estrechó* más a la familia. 不幸によって家族の結束は一層強まった. ❷ 抱き締める, 握りしめる：*Estrechó* a su hijo ［entre los brazos］. 彼は息子を抱き締めた. ~ la mano a+人 …と握手する. ❸ 強要する：El detective, con sus preguntas capciosas, *estrechó* al presunto culpable a confesar su delito. 刑事は誘導尋問で容疑者を自白に追いこんだ
  ◆ ~se ❶ ［道が］狭まる；［関係が］緊密になる：El camino *se estrecha* al llegar al pueblo. 道は村に入ると狭くなる. ❷ 抱き合う；握手する. ❸ ［席を］詰める：Si *nos estrechamos*, cabrá otro. 詰めればもう１人座れる. ❹ 出費を切り詰める

estrechez [estretʃéθ] 女 ［複 ~ces］ ❶ 狭さ；窮屈さ：~ de un pasillo 廊下の狭さ. ~ de espíritu (de conciencia) 狭量. ❷ 困難, 窮地；［主に 複］困窮：vivir con gran ~／pasar *estrecheces* 貧しい暮らしをする, 生活に困る. ❸《医学》狭窄［症］

estrecho, cha [estrétʃo, tʃa] 形 ［英 narrow. ↔**ancho**］ ❶ ［幅が］狭い；窮屈な：camino ~ 狭い道. habitación muy ~cha 狭苦しい部屋. ser ~ de caderas 腰が細い. Ibamos muy ~s en el autobús. 私たちはぎゅう

うぎゅう詰めのバスで行った. ❷ [服などが] 体にぴったりした, きつい: falda ~*cha* タイトスカート. Los zapatos me van ~*s*. その靴は私にはきつい. ❸ 緊密な: amistad ~*cha* 固い友情. ❹ 厳格な; 偏狭な, 狭量な: ~ cumplimiento 厳格な遵守. moral ~*cha* 厳格な道徳. de espíritu ~/de mentalidad ~*cha* 心の狭い. 《軽蔑》性的衝動を抑圧している, 性道徳面で保守的な: hacerse la ~*cha* [女性が] 性交したくないふりをする

◆ 囡 海峡: ~ de Gibraltar ジブラルタル海峡

estrechura [estretʃúra] 囡 =**estrechez**

estregar [estreɣár] ⑧ ㉓ [☞**n**e**g**ar 活用表] 他 こする [**restregar**]

estregadura 囡/**estregamiento** 囲 こすること

estregón 囲 強く(ごしごしと)こすること

estrella [estréʎa] 囡 [英 star] ❶ 星; 恒星: i) cielo lleno de ~*s* 星空. ~ matutina (del alba) 明けの明星. ~ vespertina 宵の明星. ~ fugaz 流れ星. ~ de Belén 《聖書》ベツレヘムの星. ii) 《天文》~ de Venus 金星. ~ enana (blanca) [白色]矮星. ~ fija (errante) [古語] 恒星(惑星). ~ doble 二重星. ~ gigante 巨星. ~ Polar (del Norte) 北極星. ~ temporaria 新星 [nova]. ~ variable 変光星

❷ 《占星》nacer con (tener) buena (mala) ~ よい(悪い)星の下に生まれる. Unos nacen con ~*s* y otros estrellados. 《諺》生まれつき運のいい人もいれば悪い人もいる 〖あきらめが肝心だ〗

❸ スター, 花形: ~ de cine 映画スター. ~ del tenis テニスの花形. ~ en ascenso 新人スター, 新星

❹ 星印, 星形; 《印刷》アステリスク; 《軍事》星章: ~ de David ダビデの星. hotel de tres ~*s* 3 つ星のホテル 〖スペインでは星ではなく太陽 ☞ カット〗. motor en ~ 星形エンジン

❺ 《生物》~ de mar ヒトデ [estrellamar]

❻ 《中南米》星形の凧

campar con su ~ よい星回りに生まれる

levantarse con (las) ~*s* 夜明け前に起きる, 非常に早起きする

poner sobre (por) las ~*s* ほめちぎる

querer contar las ~*s* 不可能なことを願う

ver las ~*s* 《口語》[頭をぶつけて] 目から火が出る

estrellado, da [estreʎáðo, ða] 形 過分 ❶ coche ~ [衝突して] つぶれた車. sueño ~ 打ち砕かれた夢. ❷ 星をちりばめたような: cielo ~ 星空. ❸ 星形の; 星印のある

◆ 囡 激突

estrellamar [estreʎamár] 囡 《動物》ヒトデ; 《植物》オオバコ

estrellar [estreʎár] 他 ❶ 《口語》[+contra・en に] 投げつける, 粉々に打ち砕く: ~ un plato

contra la pared (el suelo) 皿を壁に投げつける(床にたたきつける). ❷ 《料理》[卵をフライパンに] 割り入れる

◆ ~*se* ❶ 激突する; つぶれる: El coche *se estrelló contra* una farola. 車が街灯にぶつかった. Las olas *se estrellaron contra* la roca. 波が岩にあたって砕けた. ❷ [飛行機が, +en に] 墜落する: Un helicóptero *se ha estrellado en* la jungla. ヘリコプターがジャングルに墜落した. ❸ [計画などが障害にぶつかって] 失敗する, 挫折する

estrellato [estreʎáto] 囲 スターの地位, スターダム: ascender al ~ スターの座にのぼる

estrellón [estreʎón] 囲 《中南米》衝突, 衝撃

estremecer [estremeθér] 他 揺り動かす; 震えさせる: La explosión *estremeció* las casas. 爆発で家々が揺れた. El frío *estremecía* su cuerpo. 彼は寒くてぶるぶる震えていた. El asesinato *estremeció* la ciudad entera. その殺人は全市を震え上がらせた.

◆ ~*se* 揺れ動く; 震える: *Se estremece* de ira. 彼は怒りに震えている. *Se estremecieron* sus creencias. 彼の信念は揺らいだ

estremecedor, ra 形 揺り動かす; びっくりさせる, ぞっとするような

estremecimiento 囲 震えること; 動揺

estremezón 囲 《中南米》=**estremecimiento**

estrena [estréna] 囡 =**estreno**

estrenar [estrenár] 他 ❶ 初めて使う: ~ los zapatos 新しい靴を下ろす. ~ un piso 新居に住み始める. ❷ 初演する; 封切る: *Han estrenado* su última película. 彼の最新作が封切られた

◆ ~*se* [職業などの] 第一歩を踏み出す, デビューする: ~*se* como médico 医者として出発する

estreno [estréno] 囲 ❶ 使い初め: Esta falda es de ~. このスカートは下ろしたてだ. ❷ 初演; 封切り: riguroso ~ 世界初演. ❸ デビュー, 初登場

estrenista 形 名 初演を欠かさず見に行く[人]

estreñimiento [estreɲimjénto] 囲 《医学》便秘

◆ **teñir** ⑳ ㉟ [☞t**eñ**ir 活用表. 現分 estriñendo] 他 便秘させる. ◆ ~*se* 便秘する

estrépito [estrépito] 囲 ❶ 激しい音: hacer un gran ~ 大音響を上げる. ~ del tren 列車の轟音. ❷ 仰々しさ, 派手さ: con gran ~ ひどく仰々しく, 華々しく

estrepitoso, sa [estrepitóso, sa] 形 ❶ 激しい音を立てる: caída ~*sa* de agua 水の轟々たる落下. ❷ 反響を呼ぶ; 仰々しい, 派手な: victoria ~*sa* 華々しい勝利. tener un ~ fracaso 派手な失敗をやらかす

estreptococo [estreptokóko] 囲 《生物》連鎖球菌

estreptomicina [estreptomiθína] 囡 《医学》ストレプトマイシン

estrés [estrés] 囲 [単複同形/複 estr**es**es] 《←英語》ストレス, 緊張: producir ~ a+人 …にストレスを起こさせる

estresado, da 形 過分 [estar+] ストレスを感

じている

estresante [形] ストレスの多い

estresar [他] …にストレスを感じさせる

estría [estría] [女] 妊娠線；《鉱物》条線；[柱などの] 縦溝飾り；《機械》スプライン；圏 [銃身の] 腔線(きょう)

estriar [他] …に筋(溝)をつける: músculo *estriado* 《解剖》横紋筋. ◆ ～se 妊娠線がつく

estribación [estribaθjón] [女] [山脈の] 支脈, 尾根

estribar [estribár] [自] ❶ [+en に] 重みがかかる: hacer ～ un edificio *en* unos buenos cimientos しっかりした土台の上にビルを建てる. ❷ 基づく, よりどころとする: La dificultad *estriba en* la falta de dinero. 困難は資金不足から来ている

estribillo [estribíʎo] [男] ❶ 口癖: Se ha convertido en mi ～ "vale". 「よしきた」というのが私の口癖になってしまった. ❷ 反復句, リフレイン

estribitos [estribítos] [男] 圏《中米》甘言；気どり；今にも泣きそうな顔

estribo [estríbo] [男] ❶《馬術・登山》あぶみ: hacer ～ con las manos 手をあぶみ代わりにする. ❷ [車・列車の] 踏み台, ステップ. ❸《建築》扶壁, 控え壁；あばら筋；[アーチの] 迫持(せり)台 [☞arco カット]. ❹《解剖》[耳の] あぶみ骨
estar (andar) sobre los ～s 慎重に行動する
perder los ～s [怒りで] 我を忘れる；いらいらする

estribor [estribór] [男]《船舶》右舷 [↔babor]: virar a ～ 面舵を取る. ¡A ～! 面舵いっぱい!

estricnina [estriknína] [女]《化学》ストリキニーネ

estricto, ta [estríkto, ta] [形] ❶ 厳密な, 厳正な: en el sentido ～ de la palabra 言葉の厳密な意味において. de ～a necesidad 必要最小限の. aplicación ～ta de la ley 法の厳正な適用. Es la ～ta verdad. それは厳然たる真実だ. ❷ [+con+人 に] 厳しい, 厳格な
estrictamente [副] 厳密に: ～ hablando 厳密に言えば

estridente [estridénte] [形] ❶ [声・音などが] キンキン響く, 鋭い, 耳障りな: voz ～ かん高い声. ❷ [強調で] 神経に触るような；[色が] けばけばしい

estridencia [女] かん高さ

estrilar [estrilár] [自]《南米》かんしゃくを起こす, 怒る

estripazón [estripaθón] [女]《中米》困窮；破壊

estro [éstro] [男]《文語》[詩人などの] 霊感；《動物》[雌の] 発情；《昆虫》ウマバエ

estróbilo [estróbilo] [男]《植物》球果

estrobo [estróbo] [男]《船舶》索輪(ぎぬ), 端環；《中米》ストロボ

estroboscopio [estroboskópjo] [男]《光学》ストロボスコープ

estrofa [estrófa] [女]《詩法》連, 詩節
estrófico, ca [形] 詩節の

estrógeno, na [estróxeno, na] [形] [男]《生理》発情を促す；発情ホルモン物質, エストロゲン

estroma [estróma] [男]《医学》[器官の] 基質；[腫瘍の] 間質

estroncio [estrónθjo] [男]《元素》ストロンチウム
estronciana [女]《化学》ストロンチア, 酸化ストロンチウム
estroncianita [女]《鉱物》ストロンチアン石

estropajo [estropáxo] [男] ❶《植物》ヘチマ. ❷ [食器洗い用などの] スポンジ, たわし: fregar los platos con ～ スポンジで食器を洗う. ❸ くだらない人, 役立たず
lengua de ～ 口ごもり, 舌足らずな話し方
poner a+人 como un ～ …を情け容赦なく批判する, けちょんけちょんにやっつける
tratar a+人 como un ～ …を冷たくあしらう, ひどい扱いをする

estropajoso, sa [estropaxóso, sa] [形]《軽蔑》❶ [言葉が] 聞きとりにくい, 口ごもった: lengua ～sa 口ごもり, 舌足らずな話し方. ❷ ぼろをまとった, 薄汚い. ❸ [肉などが] かみにくい, すじの多い

estropear [estropeár] [他] 壊す [☞romper 類義]；[外見などを] 損なう, 台なしにする: El choque *estropeó* mi cámara. 衝撃で私のカメラは壊れた. La lluvia nos *ha estropeado* la excursión. 雨で私たちの遠足はさんざんだった. Los años la *han estropeado* mucho. 彼女は年とともにひどく容貌が衰えた
◆ ～se 壊れる, 損なわれる；[食べ物が] 腐る: Se *estropeó* la nevera. 冷蔵庫が壊れた. Tenemos la tele *estropeada*. テレビが壊れている

estropicio [estropíθjo] [男] ❶ [食器などが大きな音を立てて] 割れること；大きな音, 騒音；破壊: hacer ～s [ガチャンガチャンと] うるさい音を立てる. ❷ 騒動

estructura [estruktúra] [女]《英 structure》構造；組織, 機構: ～ de un edificio ビルの骨組み. ～ de un poema 詩の構成. ～ atómica 原子構造. ～ celular 細胞の組成. ～ industrial 産業構造. ～ administrativa 行政機構. ～ superficial (profunda)《言語》表層(深層)構造

estructuración [estrukturaθjón] [女] 構造化, 構成すること

estructural [estrukturál] [形] 構造的な, 構造上の: fórmula ～《化学》構造式. lingüística ～ 構造言語学. análisis ～《言語》構造分析

estructuralismo [estrukturalísmo] [男] 構造主義
estructuralista [形] [名] 構造主義の；構造主義者

estructurar [estrukturár] [他] 構造化する；組織化する. ◆ ～se 構成される

estruendo [estrwéndo] [男] 大きな音；騒音: ～ de la explosión 爆発音. armar un gran ～ 大音響を立てる. despertarse con el ～ del griterío ガヤガヤという大声で目がさめる

estruendoso, sa [形] 騒がしい, 騒々しい.

aplausos ～s 割れるような拍手

estrujar [estruxár] 他 ❶ 絞る, 圧搾する: ～ un limón レモンを絞る. ❷ 押しつぶす;《口語》[人を] 抱き締める: ～ un papel 紙をクシャクシャにする. ～ a+人 contra su pecho …を胸に抱き締める. ❸《口語》[財産・努力など] …からしぼり取る: ～ al pueblo con los impuestos 国民から税金をしぼり取る

◆ ～se ❶ ～se la cabeza 頭をしぼる, よく考える. ❷ 押し合う: La gente se estrujaba en la acera. 歩道には人々がひしめいていた

estrujadora 囡 レモン絞り器

estrujón 男 ❶ しぼること; 押し合い: ～ de manos 握手

estuario [estwárjo] 男 [大きな] 河口, 三角江

estuchar [estutʃár] 他 容器 estuche に入れる

estuche [estútʃe] 男 [保護用の] 箱, ケース 類義 estuche は主に小型で固い, caja は大型で固い, funda は柔らかいケース: ～ para gafas 眼鏡ケース. ～ de los compases 製図用具入れ. ～ de lápices 筆箱. ～ de violín バイオリンケース

～ del rey [昔の] 国王づきの外科医
ser un ～《口語》[人が色々なことに] 器用である, 重宝な人である

estuco [estúko] 男 《建築》化粧喰(けしょうぐい)

parecer de ～ 心を動かされない, 冷然とした

estucado 男 化粧喰[仕上げ]

estucar ⑦ 他 化粧喰を塗る; スタッコ装飾を施す

estudiado, da [estudjáðo, ða] 形 過分 ❶ わざとらしい: indiferencia ～da 不自然なよそおそしさ. gesto ～ 取り繕った表情. actitud ～da きざな態度. ❷ precio ～ 底値. vehículo bien ～ うまくデザインされた車

estudiantado [estudjantáðo] 男 集名 [一大学・高校の] 学生全体; 学生自治会

estudiante [estudjánte] 名 《英 student》[主に高校・大学の] 学生, 生徒: Soy ～ de la Universidad de Salamanca (de Derecho). 私はサラマンカ大学 (法学部) の学生だ. ～ universitario 大学生. carné de ～ 学生証

estudiantil [estudjantíl] 形 学生の: vida ～ 学生生活. huelga ～ 学生ストライキ

estudiantina [estudjantína] 囡 トゥナ [tuna]; 昔の学生に扮したカーニバルの仮装行列

estudiar [estudjár] ⑩ 《英 study》 他 ❶ 勉強する; 練習する 類義 aprender: Estudio griego. 私はギリシア語を勉強している. ～ química 化学を勉強する. ～ piano ピアノの練習をする, ピアノを習う. ❷ 研究する: ～ la migración de las aves 渡り鳥の研究をする. ❸ 検討 (調査・討議) する: ～ las causas de un accidente 事故の原因を調べる. ～ una solución 解決法を探る. ～ un proyecto de ley 法案を審議する. ❹ [動静に] 注意を払う. 自 勉強する; 教育を受ける: Estudiando se

aprende. 人は勉強することによって覚える. Estudia mucho. 彼はよく勉強する (勉強家だ). ～ para médico 医者になるための勉強をする. ～ con maestro 先生について学ぶ. ～ en una universidad 大学で学ぶ

estudio [estúdjo] 男 《英 study》 ❶ 勉強, 学習; 練習: Este niño no tiene paciencia para el ～. この子は勉強する根気がない. ～ del latín ラテン語の勉強. ～ del violín バイオリンの練習. sala (hora) de ～ 自習室 (時間). ❷ 研究; 研究書, 論文: ～ de las mariposas チョウの研究. publicar un ～ sobre la inmigración 移民に関する研究書を出版する. ❸ 覆 学校教育, 学業 [活動, 学んだこと]: Cursa ～s de sicología en una universidad. 彼は大学で心理学を勉強している. Se costeó los ～s trabajando. 彼は働いて学費を得た. Es un señor de muchos ～s. 彼は大変学識がある. completar los ～s 学業を終える. ～s mayores 高等教育. ❹ 研究室; 勉強部屋; [画家などの] アトリエ, 仕事場. ❺《放送・映画》スタジオ [施設の全体は 覆]: ～ de grabación 録音スタジオ. ～s cinematográficos 映画撮影所. ～s de televisión テレビスタジオ. ❻ ワンルームマンション. ❼《音楽》練習曲, エチュード;《美術》習作. ❽ 検討, 討議: ～ del proyecto de ley 法案の審議. ❾ 専心; 熟達

dar ～s a+人 …の学費を出してやる
en ～ 検討中の: La nueva normativa está en ～. 新しい規定は検討中だ. Tengo en ～ ese asunto. その件は検討中だ
tener ～s 大学を出ている, 学問がある

estudioso, sa [estudjóso, sa] 形 名 勉強好きな, 研究熱心な, 学究的な; 専門家, 研究者: alumno ～ よく勉強する生徒. ～ de las lenguas 言語学者

estufa [estúfa] 囡 ❶ ストーブ: calentar las manos en la ～ ストーブで手を暖める. ～ eléctrica 電気ストーブ. ❷ サウナ風呂, 発汗室: Esta sala es una ～. この会場は蒸し風呂のような暑さだ. ❸ 温室 [invernáculo]; 保温器, 乾燥器: ～ de desinfección 熱殺菌器. ❹《中米》レンジ, こんろ

criar en ～ 過保護に育てる

estulto, ta [estúlto, ta] 形《文語》愚かな

estulticia 囡 愚かさ

estupefacción [estupefa(k)θjón] 囡 茫然自失, 驚愕: producir a+人 ～/causar en+人 ～ …を茫然とさせる

estupefaciente [estupefaθjénte] 形 麻薬の; 茫然とさせるような

◆ 男《医学》麻酔剤 [narcótico]; 麻薬

estupefacto, ta [estupefákto, ta] 形 [estar+] びっくり仰天した, 茫然自失した: Se quedó ～ al ver la escena. 彼はその光景を見て愕然とした

estupendo, da [estupéndo, da] 形 すばらしい: El color en Goya es ～. ゴヤの色彩はすばらしい. Hoy estás ～ da. 君は今日すてきだね. ¡[Eso es] E～! [それは]すてきだ! tarta ～da おいしいケーキ. profesor ～ とてもいい先生. viaje ～ 楽しい旅行

estupendamente 副 すばらしく: Lo pasamos ～. すごく楽しかった. [estar+] Luis está ～. ルイスは絶好調だ

estupidez [estupiðéθ] 女 愚かさ; 愚行: cometer una ～ ばかなことをする

estúpido, da [estúpiðo, ða] 形 [英 stupid] ❶ 愚かな [理解が遅い]: No seas ～. ばかな真似をするな. semblante ～ まぬけ面. chiste ～ 面白くもない冗談. ❷ [間投詞的に, 怒り・侮辱]まぬけ! *corramos un ～* こんな[ばかばかしい]話はやめよう

◆ 名 愚か者, まぬけ

estupor [estupór] 男 ❶ 仰天, 茫然自失: lleno de ～ びっくり仰天した・して. ❷ 《医学》麻痺; 昏迷

estupro [estúpro] 男 [未成年に対する] 婦女暴行, 強制猥褻(わいせつ)
　estuprar 他 [未成年者に] 婦女暴行する

esturión [esturjón] 男 《魚》チョウザメ

esvástica [esßástika] 女 かぎ十字 [gamada]

eta [éta] 女 《ギリシア文字》エータ [H, η]

ETA [éta] 女 [←Euzkadi ta Azkatasuna [バスクの革命的民族組織] バスク祖国と自由

etalaje¹ [etaláxe] 男 [←仏語] 高炉の朝顔

etano [etáno] 男 《化学》エタン
　etanol 男 エタノール

etapa [etápa] 女 ❶ 段階; 期間, 時期: ～s de una civilización 文明の諸段階. la primera ～ 第1段階; 第1期. ～ de preparativos 準備段階. cohete de tres ～s 3段式ロケット. ❷ [一日・一回の] 旅程, 行程; [自転車など] 一走行区間, ステージ: cubrir la ～ de un día 一日分の旅程をこなす. hacer la travesía en tres ～s 3日で横断する. hacer ～s de 100 kilómetros diarios 日に100キロ進む
　por ～s 段階を追って, 徐々に
　quemar ～s 非常に[あまりにも]急速に進行する: Hicieron el viaje *quemando ～s*. 彼らはかけ足で旅行した

etarra [etářa] 形 名 ETA の[構成員]

etc. [etθétera] [略語] ←etcétera

etcétera [etθétera] 男 等々, など [普通は etc. と略す]: comprar cebollas, patatas, *etc.* タマネギ, ジャガイモなどを買う. añadir un ～ a la lista リストに色々なものを付け加える. …, un largo ～ [まだたくさんあって]…など, など, など

-ete [示小接尾辞] clav*ete* 小釘, camion*eta* 小型トラック

eteno [eténo] 男 ＝etileno

éter [éter] 男 ❶ 《化学・物理》エーテル. ❷ 《詩語》空, 天空

etéreo, a [etéreo, a] 形 ❶ エーテルの. ❷ 《詩語》軽やかな; 精妙な; 天空の, 天上の: sueño ～ すばらしい夢. bóveda ～a 蒼穹

eternamente [eternaménte] 副 永遠に, 永久に; 《口語》際限なく: La tierra gira ～. 地球は永久に回り続ける. fumar ～ ひっきりなしにたばこを吸う

eternidad [eterniðá(ð)] 女 ❶ 永遠; 不朽: ～ del alma 魂の不滅性. ❷ 《宗教》来世: ansiar la ～ 来世を願う. ❸ 《口語》非常な長時間: Aquellas esperas me parecían una ～. その待ち時間は永遠に続くかと思われた. Tardó una ～ en salir. 出かけるまで果てしなく時間がかかった. por la ～ 未来永劫に

eternizar [eterniθár] 他 長引かせる; 永遠不滅のものにする: ～ la despedida 長々と別れの挨拶をする
　◆ ～se [+en が] 長引く; 永遠不滅のものになる: El relato *se eternizaba*. 物語は果てしなく続いた. *Se eternizó en* su arreglo. 彼女は長々と時間をかけて身だしなみを整えた

eterno, na [etérno, na] 形 [英 eternal] ❶ 永遠の, 永久の: amor ～ 永遠に変わらぬ愛. obra ～na 不朽の名作. verdad ～na 永遠不変の真実. zapatos ～s 長持ちする靴. ❷ 《口語》長く続く; [+名詞] 相変わらずの, しばしば繰返す: La espera es ～na. 待つ身は長い. Siempre está con sus ～nas quejas. 彼はいつも愚痴ばかりこぼしている. ～na riña 果てしないけんか

ethos [étos] 男 《哲学》エトス

ética¹ [étika] 女 倫理学; 倫理: ～ profesional 職業倫理
　ético, ca² 形 倫理[学]の, 道徳に関する

etileno [etiléno] 男 《化学》エチレン

etilo [etílo] 男 《化学》エチル
　etílico, ca 形 エチルの: conducir en estado ～ 酒酔い運転をする
　etilismo 男 アルコール中毒 [alcoholismo]

étimo [étimo] 男 《言語》語源

etimología [etimoloxía] 女 語源学; 語源: ～ popular 民衆語源説
　etimológico, ca 形 語源[学]の: diccionario ～ 語源辞典

etiología [etjoloxía] 女 原因論; 《医学》病因学: ～ social de las guerras 戦争の社会的原因

etíope/etíope [etjópe/etío-] 形 名 《国名》エチオピア Etiopía の(人)

etiqueta [etikéta] 女 ❶ ラベル, 名札; 値札; 荷札: Este traje no lleva ～ de precio. この服には値札が付いてない. ～ de origen 原産地標示ラベル. dar a｜ a la ～ de conservador …に保守派のレッテルをはる. ❷ [宮廷・公式の場での] 儀礼; 礼儀作法, エチケット: con gran (mucha) ～ 威儀を正して, うやうやしく. sin ～ 堅苦しいことは抜きにして. ❸ 《情報》フラッグ
　de ～ 1) しかるべき服装を必要とする, 正式な: vestir *de ～* [表示] 正装のこと. baile *de ～* 大舞踏会. 2) 儀礼的な, 形だけの: visita *de*

〜 儀礼的訪問

etiquetar [etiketár] 他 ❶ …にラベル(荷札)を貼る：〜 un paquete 小包に荷札をつける. ❷[人を, +de に] 分類する：Lo han etiquetado de izquierdista. 彼は左翼のレッテルを貼られた
　etiquetado 男 ラベル貼り

etiquetero, ra [etiketéro, ra] 形 儀式ばった, 堅苦しい；もったいぶった

etmoides [etmóiðes] 男 〖単複同形〗《解剖》篩骨(ピシ)

etnia [étnja] 女 [言語・文化などから見た] 民族

étnico, ca [étniko, ka] 形 民族の；エスニック〔調〕の：característica 〜ca 民族性

etnocentrismo [etnoθentrísmo] 男 自民族中心主義
　etnocéntrico, ca 自民族中心主義の

etnografía [etnoɣrafía] 女 民族誌学

etnolingüística [etnoliŋgwístika] 女 民族言語学

etnología [etnolɔxía] 女 民族学
　etnológico, ca 形 民族学の
　etnólogo, ga 名 民族学者

etología [etolɔxía] 女 動物行動学, 行動生物学

etopeya [etopéja] 女 《修辞》人物描写

-etorio [接尾辞] [er·ir 動詞 +. 品質形容詞化] supletorio 補いの

etrusco, ca [etrúsko, ka] 形 名 《地名》エトルリア Etruria の〔人〕. ◆ 男 エトルリア語

E.U.A. 《略語》＝EE.UU.

eucalipto [eukalípto] 男 《植物》ユーカリ

eucariota [eukarjóta] 形 《生物》真核生物の

eucaristía [eukaristía] 女 ❶《カトリック》聖体；聖体拝領；ミサ. ❷《プロテスタント》聖餐；聖餐式
　eucarístico, ca 形 聖体(聖餐)の：congreso 〜 聖体大会

euclidiano, na [euklidjáno, na] 形 《人名》ユークリッド Euclides の：geometría [no] 〜na [非]ユークリッド幾何学

eudiómetro [eudjómetro] 男 ユージオメータ, 水電量計

eufemismo [eufemísmo] 男 婉曲語法, 遠回しな表現 〖例 No es joven.←Es vieja.〗
　eufemístico, ca 形 婉曲語法の

eufonía [eufonía] 女 《言語》好音調 〖↔ cacofonía〗；《音楽》ユーフォニー
　eufónico, ca 形 音調のよい

euforbio [eufórbjo] 男 《植物》トウダイグサ
　euforbiáceas 女 トウダイグサ科

euforia [eufórja] 女 ❶ 幸福感, 多幸感 [médico] 多幸症. ❷ 好景気 〖auge〗
　eufórico, ca 形 幸福感をもたらす；陶酔状態の

eugenesia [euxenésja] 女 優生学
　eugenésico, ca 形 優生学の

eunuco [eunúko] 男 宦官(筋)；めめしい男, 意気地なし

eupátrida [eupátriða] 形 名 [古代アテネの] 世襲貴族[の]

eupepsia [eupépsja] 女 《医学》正常消化

eupéptico, ca [eupéptiko, ka] 形 男 《薬学》消化を助ける；消化促進剤

eurasiático, ca [eurasjátiko, ka] 形 ユーラシア〔大陸〕Eurasia の；ヨーロッパ人とアジア人の混血の

eureka [euréka] 間 [名案・解答を得て] わかった, これだ! 〖←ギリシア語で「私は見つけた」〗

euritmia [eurítmja] 女 律動的運動, 調和のとれた動き

euro [éuro] 男 ユーロ 〖EU の統一通貨〗；《文語》東風

euroasiático, ca [euroasjátiko, ka] 形 ヨーロッパとアジアの

eurociudadano, na [euroθjuðaðáno, na] 形 EU 各国の国民

eurocomunismo [eurokomunísmo] 男 西欧型共産主義

euroconector [éurokonektór] 男 ヨーロッパ方式のコンセントとプラグ

eurócrata [eurókrata] 名 EU の官僚

eurodiputado, da [euroðiputáðo, ða] 名 欧州議会議員

eurodólar [euroðólar] 男 《経済》[主に 複] ユーロダラー

euromoneda [euromonéða] 女 《経済》mercado de 〜s ユーロカレンシー市場

Europa [európa] 女 《地名》ヨーロッパ

europarlamentario, ria [europarlamentárjo, rja] 名 ＝eurodiputado

europeidad [europeiðá[ð]] 女 ヨーロッパらしさ；ヨーロッパの統合

europeísmo [europeísmo] 男 ヨーロッパ〔統合〕主義
　europeísta 形 名 ヨーロッパ〔統合〕主義の〔人〕；ヨーロッパかぶれの〔人〕

europeizar [europeiθár] 9 他 ヨーロッパ化する, 欧風化する
　europeización 女 ヨーロッパ化, 欧風化

europeo, a [européo, a] 形 名 〖英 European〗ヨーロッパ Europa 〔人〕の；ヨーロッパ人：países 〜s ヨーロッパ諸国

europio [európjo] 男 《元素》ユウロビウム

eurotúnel [eurotúnel] 男 ユーロトンネル

Eurovisión [eurobisjón] 男 ユーロビジョン〖西ヨーロッパテレビ放送網〗

Euskadi/Euzkadi [euskáði/euθ-] 《地名. バスク語》バスク
　euscaro, ra 形 名 ＝euskera
　euskaldún, na 形 名 バスク語を話す〔人〕, バスク人の

euskera [euskéra] 形 男 バスク語〔の〕

eutanasia [eutanásja] 女 安楽死〔賛成論〕：〜 pasiva [延命治療をやめる] 不作為による安楽死

eutrófico, ca [eutrófiko, ka] 形 《生態》富栄養の

Eva [éba] 女 《女性名・聖書》エバ, イブ 〖英 Eve〗：hijas de 〜 女性たち. traje de 〜 裸体

evacuar [ebakwár] 12/14 他 ❶ 立ち退かせる, 避難させる；救出する：〜 los habitantes de un pueblo 村民を立ち退かせる. *Han sido evacuado* 16 españolas. 16 人のスペイン人が救出された. ❷［場所から］出ていく, 立ち退く：La tropa *evacuó* ese territorio. 部隊はその地域から撤退した. ～ el vientre《婉曲》排便する. ❸《文語》［書類などを］書き上げる；［用件などを］遂行する, 片付ける：～ un informe 報告書を書き上げる. ～ una cita 会見する

◆ 圓《婉曲》排便する

evacuación 囡 疎開, 避難；撤退, 引揚げ；排便；排出

evacuado, da 厖 圀碬分 立ち退いた〔人〕, 避難民

evacuatorio, ria 厖 排便促進の. ◆ 圐 排便促進剤；公衆便所

evadir [eβaðír] 囮 ❶［危険などから］逃げる, 避ける：～ al enemigo 敵を避ける. ～ responsabilidades 責任を回避する. *Evadió* el encontrarse conmigo. 彼は私と会うのを避けた. ❷［不法に税金を］逃れる, 脱税する；［金を］国外に持ち出す

◆ ～se［+de から］脱走する；逃れる：～se de la cárcel 脱獄する. ～se de la realidad 現実から逃避する

evaluación [eβalwaθjón] 囡 見積り, 評価：Su ～ es muy baja. その評価はかなり低い. ～ continua《教育》継続評価

evaluar [eβalwár] 囲 囮 ❶［+en+金額 に］鑑定する, 見積る；評価する：～ una finca en diez millones de pesetas 土地を 1 千万ペセタと評価する. ～ los datos データを評価する. ❷［試験などで］採点する

evanescente [eβanesθénte] 厖《文語》すぐに消えていく；はかない：imagen ～ 薄れていくイメージ

evanescencia 囡 すぐ消えていくこと

evangeliario [eβaŋxeljárjo] 圐《ミサ用の》福音書抄録集

evangélico, ca [eβaŋxéliko, ka] 厖 ❶ 福音の, 福音書にかなった. ❷ 福音派の, プロテスタントの：iglesia luterana ～ca ルター派福音教会

◆ 圀 福音主義者；新教徒, プロテスタント

evangelio [eβaŋxéljo] 圐 ❶《キリスト教》i)［時に *E*～］福音《キリストの教え》；［ミサで朗読される］福音文《キリストの教え》；［ミサで朗読される］福音文；圈［新約聖書の］福音書：predicar el ～ 福音を説く. jurar sobre los *E*～s 聖書に手を置いて誓う. ～ según San Juan ヨハネによる福音書. ～s sinópticos 共観福音書. ～s apócrifos 外典福音書. ❷［口語］［主義・思想の］教義；絶対的真理：Cuando habla parece el ～. 彼は金科玉条のように奉って話す

evangelista [eβaŋxelísta] 圐 福音史家《福音書を書いたマタイ Mateo, マルコ Marcos, ルカ Lucas, ヨハネ Juan の 4 人》

evangelizar [eβaŋxeliθár] 囝 囮 …に福音を伝える, キリスト教に改宗させる：San Francisco Javier *evangelizó* el Japón. 聖フランシスコ・ザビエルは日本に福音を伝えた

evangelización 囡 福音伝道

evaporar [eβaporár] 囮 蒸発させる：～ el agua 水分を蒸発させる. *Ha evaporado* la herencia en un mes. 彼は遺産を 1 か月で全部使ってしまった

◆ ～se ❶ 蒸発する：Se evapora el sudor. 汗が蒸発する. ❷ 消える, 消滅する；［人が］突然いなくなる, 逃亡する：*Se ha evaporado* el aroma. 香りが抜けてしまった. *Se evaporó* y nunca más supimos de él. 彼は姿をくらまして行方知れず

evaporación 囡 蒸発, 蒸散

evaporador 圐 蒸発装置

evaporizar [eβaporiθár] 囝 囮 ＝**vaporizar**

evasión [eβasjón] 囡《←evadir》❶ 逃走, 逃避：～ de presos 捕囚の脱走. ～ de capital 資本の逃避. ～ de impuestos〔/～ fiscal〔不法な〕税金逃れ, 脱税. ❷ 気晴らし：encontrar una ～ en la lectura 読書に気晴らしを見出す. película de ～ 娯楽映画

evasivo, va [eβasíβo, ba] 厖 逃げる；言い逃れの：tomar una actitud ～va あいまいな態度をとる, 逃げ腰になる

◆ 囡 逃げ〔口上〕：dar ～vas 逃げを打つ, 逃げ口上を言う. responder con una ～va あいまいな返事をする

evasor, ra [eβasór, ra] 厖 圀 逃亡（逃避）する；逃亡者

evento [eβénto] 圐《←英語》❶［思いがけない］出来事, 事件. ❷ 催し, イベント：～ deportivo スポーツイベント

a todo (cualquier) ～ 万一の用心のため, 念のため

eventual [eβentwál] 厖 ❶ あるかもしれない, 偶発的な：en el caso ～ de que surjan complicaciones 面倒なことが起こりかねない状況で. circunstancia ～ 不確定な状況. ❷［仕事などが］臨時の, その時々の：ingreso ～ 臨時収入. profesor ～ 臨時講師. trabajo ～ 臨時の仕事, アルバイト

eventualidad [eβentwaliðá(ð)] 囡 ❶ 不確定性. ❷［起こり得る］可能性, 予測される事態：i) por cualquier ～ 万が一, ひょっとして. ii)［+de que+接続法］En la ～ de que nevara copiosamente han tomado precauciones. 大雪に備えて警戒態勢がとられた

evicción [eβi(k)θjón] 囡《法律》追奪

evidencia [eβiðénθja] 囡 ❶ 明白さ；明白なこと：rendirse ante la ～ 明白な事実に屈する. ❷《南米》証拠《prueba》

ponerse (quedar) en ～ きまりの悪い思いをする

evidenciar [eβiðenθjár] 囮 囮 明らかにする：Sus palabras *evidenciaron* su ignorancia. その言葉で彼は自分の無知を証明してしまった

evidente [eβiðénte] 厖《英 evident》明らかな, 明白な：i) Su culpabilidad es ～. 彼が悪いということははっきりしている. hecho ～ 明らかな事実. prueba ～ 明白な証拠. ii)［ser ～ que+直説法（否定文では +接続法）］Es ～ que tienes razón. 君が正しいのは明らかだ. No es

~ *que* él lo haya dicho. 彼がそう言ったかどうかはっきりしていない. iii) [肯定の応答] もちろんだ

evidentemente [eβiðéntemènte] 副 明らかに; 当然に[のことながら], むろん

evitable [eβitáβle] 形 避けられる, 回避できる

evitación [eβitaθjón] 囡 回避: en ~ de mayores males 事態の悪化を防ぐために

evitar [eβitár] 他 〖英 avoid〗避ける, 回避する: i) ~ el peligro 危険を避ける. ~ el accidente 事故を防ぐ. ~ la guerra 戦争を回避する. *Evita* mi mirada. 彼女は私と目が合うのを避けている. No pudo ~ un grito. 彼は叫び声を抑えることができなかった. ii) [+不定詞/+ que+接続法] hablarnos de su familia. 彼は自分の家の話は避けた. Hay que ~ *que* nos quedemos sin agua. 水がなくならないようにしなければならない

◆ ~**se** 形 ~しないですむようにする: *Se ha evitado* comprar un coche nuevo arreglando el viejo. 彼は古い車を直して, 新しく買わないですませた. ❷ 互いに避ける

evocación [eβokaθjón] 囡 想起, 喚起: Le ponía sentimental la ~ de recuerdos de su infancia. 彼は少年時代を思い出して感傷的になった

evocar [eβokár] 7 他 ❶〖文語〗i) 思い出す: ~ su niñez 子供のころのことを思い浮かべる. ii) [+a・en+人 よ] 想起(連想)させる: Su presencia *evocó en* mí el recuerdo de su madre. 彼女の姿を見て私に彼の母親の思い出がよみがえった. Esta melodía me *evoca* la primavera. このメロディーを聞くと私は春を連想する. ❷ [呪文で死者の霊を] 呼び出す

◆ ~**se** 思い起こす

evocador, ra [eβokaðór] 形 喚起する, 想起させる: ima-gen ~*ra* 喚起力のあるイメージ

evolución [eβoluθjón] 囡 ❶ 進展, 発達; 変遷, 動向: ~ económica 経済発展. ~ científica 科学の発達. ~ de las ideas 思想の変遷. ~ demográfica 人口の推移. La ~ de su pintura culminó en el cubismo. 彼の画風は変化し, キュービズムに行き着いた. La situación ha seguido una ~ favorable. 事態は有利に展開した. Ha experimentado una ~ en los últimos años. 彼はここ数年で[考え方が]変わった. ❷〖生物〗進化: teoría de la ~ 進化論. ❸〖軍事〗機動, 移動. ❹ 複 動き回る動作, 旋回運動: observar las *evolucio-nes* de leones ライオンの動きを観察する

evolucionar [eβoluθjonár] 自 ❶ 進化する, 進歩する: La técnica *ha evolucionado* a pasos agigantados. 技術は飛躍的に進歩した. El curso de la enfermedad *evoluciona* satisfactoriamente. 病状は好転している. ❷ 動き回る;《軍事》移動する

evolucionismo [eβoluθjonísmo] 男 進化論

evolucionista 形 囡 進化論の; 進化論者

evolutivo, va [eβolutíβo, βa] 形 進化の, 変化(進行)する; 旋回運動の: proceso ~ 進

化の過程. movimientos ~s de las mari-posas チョウが飛び回る動き

ex [eks] 形 [+役職名など] 前(元・旧)…〖接頭辞として一語になる場合やハイフンでつなげる場合もある: *ex*ministro 前(元)大臣, *ex*-alum-no 卒業生〗: ~ presidente 前(元)大統領, 前(元)社長. ~ comunista 元共産党員. Es su ~ esposo. 彼は彼女の前夫だ

◆ 名〖単複同形〗口語〗[ex の後の語の省略] Hoy he visto a tu ~. 今日, 君の前の彼女(奥さん)に会ったよ

ex-〈接頭辞〉[外・除去] *ex*portar 輸出する; ☞ ex

exabrupto [eksaβrúpto] 男 激怒, ののしり

exacción [eksakθjón] 囡 [税・公共料金などの] 徴収; 不当な取り立て, 強制徴収: ~ de tributos 徴税

exacerbar [eksaθerβár] 他 ❶ [病状を] 悪化させる, 亢進(こう)させる. ❷ [感情を] 激化させる, 激怒させる: ~ el odio 憎しみをかき立てる

◆ ~**se** 悪化する, 亢進する; 激怒する

exacerbación 囡 悪化; 激化

exactamente [eksáktaménte] 副 ❶ 正確に; 厳密に; きっかり, ぴったり. ❷ 正確に言って. ❸ [間投詞的] 相手の発言を正しいと判断して] まったくそのとおりだ!

exactitud [eksaktitú(ð)] 囡 正確さ; 厳密さ: con ~ 正確に; 厳密に. pintar una casa con gran ~ きわめて正確に家を写生する. cum-plir con ~ las órdenes 命令を厳守する

exacto, ta [eksákto, ta] 形 〖英 exact〗❶ 正確な, 正しい: Este reloj es ~. この時計は正確だ. hora ~*ta* 正確な時刻. medida ~*ta* 正確な寸法. copia ~*ta* 正確な写し. respuesta ~*ta* 正しい答え. ~ en sus promesas 約束を確実に守る. ❷ 厳密な, 精密な: La pared medía tres metros ~s de altura. 壁の高さはきっちり3メートルだった. ciencias ~*tas* 精密科学〖数学, 物理学など〗

para ser ~ 厳密に言えば

◆ 他 [相手の発言を正しいと判断して] そのとおり!

ex aequo [eks aékwo]〈←ラテン語〉同順位に: Los dos han obtenido el primer premio ~. 2人は1位を分け合った

exageración [eksaxeraθjón] 囡 ❶ 誇張, 大げさな表現: No es [una] ~ decir que éste es una obra maestra. これは傑作であるといっても過言ではない. hablar con ~ 大げさに話す. ❷ 過度, 法外: Su optimismo es una ~. 彼の楽観主義は行き過ぎだ

exagerado, da [eksaxeráðo, ða] 形 過分 ❶ 誇張された, 大げさな: expresión ~*da* 誇張した表現. ademanes ~s 大仰な仕草. ¡Qué ~ eres! No es ~ decir que+直説法 …と言っても過言ではない. ❷ 過度の: cariño ~ 過度の愛情. gasto ~ 法外な支出

◆ 名 大げさに考える人

exagerar [eksaxerár] 他 ❶ 誇張する: ~ la importancia (el hecho) 重要性(事実)を

誇張する. ❷ …の度を越す: *Exageras* tu disciplina. 君の締めつけは行き過ぎだ
◆ 値 ❶ 大げさに話す: Siempre *exagera* cuando habla. 彼は言うことがいつも大げさだ. ❷ [+con・en の] 度を越す: *Exageras con* la bebida (bebiendo tanto). 酒の飲み過ぎだ. ～ *en* el deporte スポーツをやり過ぎる

exaltación [ε(k)salta·θjón] 囡 ❶ 高揚 : ～ de la moral 士気の高揚. ❷ 興奮 : En su ～ no quiso callarse. 彼は興奮して話すのをやめなかった. con ～ 興奮して, 熱狂的に. ❸ 《文語》賛美, 称揚 : ～ de la virtud 徳の称揚. llegar a su ～ 栄光に到達する. ❹ 昇任, 登位 : ～ al trono 即位

exaltado, da [ε(k)saltáðo, ða] 形 過分 興奮した, 熱狂的な : hablar ～ 興奮して話す. carácter ～ 激しやすい性格. Es un anarquista ～. 彼は熱狂的なアナキストだ
◆ 图 ❶ 熱狂的な人. ❷ [1820 年以後のスペインの自由主義者の中の] 進歩派

exaltar [ε(k)saltár] 他 ❶ 高揚させる; 興奮させる : ～ la moral 士気を高める. ❷ 《文語》賛美する, 称揚する : ～ la devoción a la patria 祖国への献身を称揚する. ❸ 昇任(登位)させる : ～ a+人 al grado de general …を将軍の位につける
◆ ～se 興奮する, 熱狂する : Se iba *exaltando* a medida que hablaba. 彼は話しているうちに感情が高まっていった

examen [ε(k)sámen] 男 〖英 examination. 複 *exámenes*〗 ❶ 試験, 考査 : ¿Qué temas va a pedir para el ～ ese profesor? その先生は何を試験に出すだろう? presentarse a un ～ 試験を受ける. dar (hacer・poner) un ～ 試験を行なう; 試験を受ける. tomar un ～ 試験を行なう. ～ de ingreso 入学試験. ～ final 最終(期末)試験. ❷ 検査; 検診[～ clínico・médico] : ～ de calidad 品質検査. ～ de sangre 血液検査. ～ radiográfico レントゲン検査. ❸ 検討, 調査 : El asunto está en ～. その件は検討中だ. someter un proyecto a ～ 計画を検討する. ❹ 《哲学・宗教》libre ～ 自由検証. ～ de conciencia 自省, 内省; [告解の前の] 良心の究明. ❺ 《法律》尋問, 審理

examinador, ra [ε(k)saminaðór, ra] 图 [口頭試問などの] 試験官; 審査官, 検査官

examinando, da [ε(k)saminándo, da] 图 受験者

examinar [ε(k)saminár] 他 〖英 examine〗 ❶ [+de について] 試験する, 試問する : ～ a sus alumnos de inglés 生徒たちに英語の試験をする. ❷ 検討する, 調査する; 検査する : ～ las circunstancias 状況を検討する. ～ el porvenir 将来のことをよく考える. ～ a un enfermo 患者を診察する. ～ un documento 書類を調べる. ～ el motor エンジンを点検する. ～ a+人 de pies a cabeza …を頭のてっぺんから足の先まで眺め回す

◆ ～se ❶ 試験を受ける : ～ *se de* latín ラテン語の試験を受ける. ❷ 互いに点検する; 自分を点検する, 反省する

exangüe [ε(k)sáŋgwe] 形 [estar+] ❶ 《文語》疲れ切った, 衰弱した; 死んだ. ❷ 血の気の失せた

exánime [ε(k)sánime] 形 《文語》死んだ, 生の兆候のない; 意識を失った, 気絶した; [estar+] 疲れ切った, 衰弱した

exantema [ε(k)santéma] 男 《医学》発疹

exantemático, ca 形 発疹性の

exarca [ε(k)sárka] 男 《ギリシア正教》総主教代理;《歴史》ビザンティン帝国の総督

exasperación [ε(k)sasperaθjón] 囡 激高

exasperante [ε(k)sasperánte] 形 ひどく腹立たしい

exasperar [ε(k)sasperár] 他 ひどく怒らせる 〖⇄enfadar 参照〗
◆ ～se ひどく怒る : Me *exasperaba* con su actitud irresponsable. 私は彼の無責任な態度に大変腹を立てていた

Exc. 《略語》←Excelencia 閣下

excarcelar ←[ε(k)skarθelár] 他 釈放する

excarcelación 囡 釈放

ex cátedra [ε(k)s káteðra] 〖←ラテン語〗[教皇の] 聖座宣言の; 権威をもって, 職権に基づいて

excavar [ε(k)skabár] 他 ❶ 掘る : ～ un túnel トンネルを掘る. ～ una roca 岩に穴をあける. ～ la tierra 地面を掘る. ～ un huerto 畑を掘り返す. ❷ [遺跡を] 発掘する

excavación 囡 掘削, 発掘; 穴, 洞穴

excavador, ra [ε(k)skabaðór, ra] 图 掘削する〔人〕. ◆ 囡 掘削機〖máquina ～ra〗

excedencia [ε(k)sθeðénθja] 囡 休職

excedente [ε(k)sθeðénte] 形 图 ❶ 超過した, 過剰の : dinero ～ 余剰金. ❷ 休職中の〔人〕
◆ 男 ❶ 超過, 過剰 : ～s agrícolas 余剰農産物. ～ de peso 超過重量. ❷ 黒字〖superávit〗

exceder [ε(k)sθeðér] 値 [比較して, +a・de を, +en で] 上回る; [権限・能力などを] 越える : *Excede* a su hermana *en* inteligencia. 彼女は頭のよさでは姉より上だ. Los gastos *excedieron* a los ingresos *en* cien mil pesetas. 支出が収入を10万ペセタ上回った. Eso *excede* a mis facultades. それは私の手には負えない. La realidad *excedió* a la imaginación. 現実は想像以上だった
◆ 他 [限度などを] 越える
◆ ～se [限度・規準などを] 越える, 超過する : ～ *se del* presupuesto 予算をオーバーする. ～ *se en* sus atribuciones 越権行為をする, 権力を乱用する. ～ *se en* sus facultades 自分の能力以上のことをする. Te has *excedido*. それは行き過ぎだよ
～ *se a sí mismo* 実力以上の力を出す; 悪乗りする

excelencia [ε(k)sθelénθja] 囡 ❶ すばらしさ : cantar las ～s de su tierra 故郷のすばらしさをうたう. ❷ [主に Su E～. 大臣・大使・司

教などへの敬称] 閣下, 猊下: Su *E*～ el Go-bernador 知事閣下. Vuestra *E*～ [呼びかけ] 閣下, 猊下

por ～ [名詞+] とりわけ, すぐれて: La Ciudad mora *por* ～ es Granada. グラナダはとりわけアラブ的な町である

excelente [ε(k)sθelénte] 形 [[英 excellent]] [非常に] すばらしい, すぐれた; 善良な: carne ～ 上等の肉. estar en ～s relaciones con+人 …ときわめて良好な関係にある. Es ～ in matemáticas. 彼は数学がよくできる. Es una persona ～. 彼はとてもいい人だ

excelso, sa [ε(k)sέlso, sa] 形 《文語》傑出した, 卓越した; [木などが] 高い: ～ escritor すぐれた著作家

excelsitud 女 傑出, 卓越

excentricidad [ε(k)sθentriθiδá(δ)] 女 ❶ 奇抜さ; [主に 複] 奇行, 奇癖. ❷ 《数学》偏心 [率], 離心 [率]: ～ de la órbita de un pla-neta 惑星軌道の離心率

excéntrico, ca [ε(k)sθéntriko, ka] 形 ❶ 奇抜な, 風変わりな: idea ～*ca* とっぴな考え. sombrero ～ 奇抜な帽子. ❷ 《数学》中心が外れた

◆ 名 奇人, 変人

◆ 名 《機械》偏心器, 偏心輪(ʰ)

excepción [ε(k)sθepθjón] 女 [[英 excep-tion]] ❶ 例外, 除外: hacer una ～ a... …を例外扱いする. ～ de las *excepciones* 例外中の例外. No hay regla sin ～. 例外のない規則はない. La ～ confirma la regla. 《諺》規則あっての例外である. ❷ まれな例, 異例なこと: Él es una ～ en Sevilla por su pelo rubio. 彼は金髪だが, それはセビーリャでは例外的だ. ❸ 《法律》抗弁: ～ dilatoria 訴訟延期の抗弁

***a* (*con*) ～ *de*...** …を除いて, 例外として: No conozco a nadie *a* ～ *de* aquella chica alta. あの背の高い娘を除いて私は誰をも面識がない

***de* ～** 1) 非常によい, すばらしい: pasar unas vacaciones *de* ～ すばらしい休暇を過ごす. 2) 特例の: medida *de* ～ 特例措置. trato *de* ～ 特別待遇

excepcional [ε(k)sθepθjonál] 形 ❶ 例外の, 異例の: ascenso ～ 異例の昇進. caso ～ 特別な場合, 例外的なケース. trato ～ 特別待遇. ❷ 並外れた: pintor de talento ～ まれに見る才能の画家

excepcionalmente 副 例外的に; 桁外れに

exceptivo, va [ε(k)sθeptíβo, βa] 形 例外的な

excepto [ε(k)sθépto] 前 …を除いて, 別にすれば [+人称代名詞 は前置詞格を主格に]: Tra-bajo todos los días ～ cuando (si) llueve. 私は雨の日を除いて毎日働く. *E*～ tú, estába-mos todos. 君を除いて全員だった

exceptuar [ε(k)sθeptwár] 他 [+de から] 除く, 除外する: ～ a los inválidos para hacer el reclutamiento 身障者を除いて徴兵する. ～ a+人 *de* un castigo …を処罰の対象から外す

excesivo, va [ε(k)sθesíβo, βa] 形 過度の;

過剰の: cariño ～ かわいがりすぎ. Las posi-bilidades no son ～*vas*. 可能性はあまり高くない

excesivamente 副 過度に

exceso [ε(k)sθéso] 男 [[英 excess]] ❶ [+de の] 過多, 過剰; 超過分: Hubo ～ de viajeros. 乗客が多すぎた. ～ de velocidad スピードオーバー(違反). ～ de equipaje 超過手荷物. ～ de peso 超過重量. pagar un ～ 超過料金を払う. beber con (en) ～ 酒を飲みすぎる, 深酒する. ❷ 複 [+en での] 過度の行為, 不節制; 暴力行為, 残虐行為: En su juven-tud cometió muchos ～s. 彼は若い時むちゃなことばかりした. hacer ～s *en* la comida 食べすぎる. hacer ～s *en* el negocio 商売でむちゃをする

***por* (*en*) ～** 過度に, 度を越して

excipiente [ε(k)sθipjénte] 男 《薬学》賦形剤

excitable [ε(k)sθitáβle] 形 興奮しやすい, 激しやすい

excitabilidad 女 興奮しやすさ

excitación [ε(k)sθitaθjón] 女 ❶ 興奮[状態]; 扇動. ❷ 《物理》励磁, 励振

excitador [ε(k)sθitaδόr] 男 《電気》放電器

excitante [ε(k)sθitánte] 形 興奮させる [もの]; 興奮剤, 刺激物

excitar [ε(k)sθitár] 他 ❶ 興奮させる, 刺激する; 欲情をそそる: ～ los nervios 神経をうわ立たせる. ～ el apetito 食欲をそそる. ❷ [+a に] かり立てる, 扇動する: ～ a+人 *a* la venganza …を復讐にかり立てる

◆ ～**se** ❶ 興奮する: Este niño *se excita* demasiado. この子は興奮しすぎる. ❷ 性的に興奮する

exclamación [ε(k)sklamaθjón] 女 ❶ 感嘆, 叫び: lanzar una ～ de sorpresa 驚きの叫びをあげる. ❷ 感嘆符 [signos de ～]

exclamar [ε(k)sklamár] 自 他 [思わず喜び・怒りなどの] 声を上げる, 叫ぶ: ～ de admira-ción 感嘆の叫びをあげる. *Exclamó* "¡Viva!". 彼は「万歳!」と叫んだ

exclamativo, va [ε(k)sklamatíβo, βa] 形 感嘆の: grito ～ 感嘆の叫び. oración ～*va* 感嘆文

exclaustrar [ε(k)sklaustrár] 他 《宗教》還俗させる. ◆ ～**se** 還俗する

exclaustración 女 還俗

excluir [ε(k)sklwír] 48 他 [限入 excluyen-do] ❶ [+de から] 追放する, 排斥する: ～ a un jugador *del* equipo 選手をチームから除名する. ～ a+人 *de* la herencia …を遺産相続から除く. ❷ [可能性などを] 排除する: ～ toda clase de intervención いかなる介入も拒否する

◆ ～**se** 相いれない: Sus temperamentos *se excluyen*. 彼らの性格はまったく合わない

exclusión [ε(k)sklusjón] 女 ❶ 追放; 除名, 除籍. ❷ 除外, 排除: con ～ de... …を除外して. sin ～ 例外なく. zona de ～ 立入禁止区域

exclusiva¹ [ε(k)sklusíβa] 女 独占権, 専有

権；独占記事，スクープ，特ダネ: tener en ~ la venta de... …の販売権を独占している. ~ del reportaje 独占報道権

exclusive [ɛ(k)sklusíβe] 副 …を含めずに: Cierran hasta el nueve de julio ~. 7 月 8 日まで閉店〔←9 日より前まで閉店〕. El período de vacaciones abarca del 20 al 30 de marzo, ambos ~. 休暇は 3 月 21 日から 29 日までだ

exclusividad [ɛ(k)sklusiβiðá(đ)] 女 排他性，偏狭性；独占権，専有権

exclusivismo [ɛ(k)sklusiβísmo] 男 排他主義

exclusivista 形 名 排他主義の(主義者)

exclusivo, va[2] [ɛ(k)sklusíβo, βa] 形 ❶ 〔+de を〕排除する；排他的な: situación ~va de toda posibilidad de arreglo 妥協の可能性がまったくない状況. ❷ 独占的な，専有的な: entrevista ~va 独占会見. deseo de posesión ~va 独占欲. representación ~va 独占代理店. ❸ 1 つに限定された: perseguir un fin ~ ただ 1 つの目標を追求する. ❹ 客(会員)を厳選する，上流相手の: ~ restaurante 高級レストラン

exclusivamente 副 もっぱら，ひたすら: Lola ya no era una mujer : era ~ una madre. ロラはもう女ではなく，ただひたすら母親であった

Ex[c]mo., ma. 《略語》←Excelentísimo 閣下: El ~ Sr. Ministro de Estado 大臣閣下

excombatiente [ɛ(k)skɔmbatjénte] 名 退役軍人

excomulgar [ɛ(k)skomulgár] 8 他 《宗教》破門する；《口語》追放する

excomunión [ɛ(k)skomunjón] 女 《宗教》破門；破門状

excoriación [ɛ(k)skorjaθjón] 女 《医学》擦過傷, 表皮剝離〔~ dérmica〕

excoriar 10 他 擦りむく, 擦り傷を与える

excrecencia [ɛ(k)skreθénθja] 女 《動植物の》異常な突起(増殖)物, いぼ, こぶ；無用の長物

excreción [ɛ(k)skreθjón] 女 排泄

excremento [ɛ(k)skreménto] 男 《主に 複》糞便, 大便；排泄物, 糞尿

excretar [ɛ(k)skretár] 自/他 排泄(分泌)する

excretor, ra [ɛ(k)skretɔr, ra] 形 排泄の: aparato ~ 排泄器官

excretorio, ria 形 排泄(器官)の

exculpar [ɛ(k)skulpár] 他 〔+de について〕…の無実を証明する: La eximente de legítima defensa le *exculpó del* delito de homicidio. 正当防衛の情状で彼は殺人罪をまぬがれた

exculpación 女 無実の証明；弁明, 釈明

excursión [ɛ(k)skursjón] 女 《英 excursion》❶ 遠足；〔調査・見学などの〕小旅行, ツアー: ir de ~ 遠足(ハイキング)に行く. hacer una ~ a una fábrica 工場見学をする. ❷ ぶらぶら歩き回ること

excursionismo 男 〔恒常的に〕小旅行をする

こと: club de ~ ハイキングクラブ

excursionista 名 ハイカー；見学者, 見物客: peña ~ ハイキング同好会

excusa [ɛ(k)skúsa] 女 《英 excuse》言いわけ, 弁解；口実；わび〔の言葉〕, 遺憾の意: Su error no tiene ~. 彼の過ちは弁解の余地がない. No tengo palabra de ~. 何とも申しわけありません. ¡Nada de ~s! 弁解は無用だ. Eludió el ejercicio con la ~ de que estaba muy cerca el examen. 彼は試験が迫っていることを口実に練習をサボった. presentar (ofrecer sus) ~s a+人 口実+事 …に…のわびをする. buscar una ~ 口実(言いわけ)を考える. carta de ~ わび状

excusable [ɛ(k)skusáble] 形 ❶ 許すことのできる, 大目に見られる: error ~ 無理もない誤り. ❷ 避けられる, 回避できる

excusado, da [ɛ(k)skusáđo, đa] 形 過分 ❶ 余計な, むだな: ~ es decir que+直説法 …は言うまでもない. ❷ 許された, 大目に見られる；〔特権として〕税を免除された

◆ 男 《古語》便所〔retrete〕

excusar [ɛ(k)skusár] 他 ❶ 許す, 大目に見る: Los *excusaron* por jóvenes. 彼らは若いということで許された. ❷ 〔+de を〕…から免除する: La tremenda gripe me *excusó* de participar en el partido. ひどい風邪のおかげで私は試合に出ないですんだ. ❸ 〔+不定詞〕…しないですむ: *Excuso* ir porque va mi jefe. 上司が行くので私は行かなくていい. *Excuso* decirte lo mucho que me ha dolido el desplante. そのひどい言葉がどれほどこたえたか言うまでもあるまい. ❹ 〔不快なことを〕回避する: De este modo *excusamos* complicaciones. 私たちはこうしてやっかい事を避けている

◆ ~se 〔+de・por の〕言いわけをする；わびる: No sé cómo ~me 〔de las faltas〕. 〔その失敗を〕何とおわびしたらいいかわかりません. *Se excusó* ante el maestro *por* haber llegado tarde. 彼は先生に遅刻の弁解をした(遅刻したことを謝った). Quien (El que) *se excusa*, se acusa. 《諺》弁解するのはやましい証拠だ

execrar [ɛ(k)sekrár] 他 非難する, 憎悪(嫌悪)する: ~ a un traidor 裏切り者を非難する(憎む)

execrable 形 憎むべき, 忌わしい

execración 女 憎悪, 嫌悪；憎しみの言葉

exedra [ɛ(k)séđra] 女 《建築》エクセドラ〔アㇷ゚カット〕

exégesis [ɛ(k)séxesis] 女 《単複同形》注解, 解釈；〔特に〕聖書釈義

exegesis 女 =exégesis

exégeta/exegeta 名 注釈者；聖書釈義学者

exención [ɛ(k)senθjón] 女 《←eximir》免除: tener ~ de impuestos 税金を免除されている. certificado de ~ del servicio militar 兵役免除証明書

exento, ta [ε(k)sénto, ta] 形 《文語》
[estar+] ❶ [+de で] 免除された：Está ~
del servicio militar. 彼は兵役を免除されてい
る．~ de alquileres 地代(家賃・使用料)なし
の・で．~ de impuestos 免税の．❷ [危険・面
倒などの] ない：vivir ~ de preocupaciones
何の心配事もなく暮らす．❸ [場所・建物が] 吹
きさらしの

exequátur [ε(k)sekwátur] 男 [単複同形]
[政府が外国領事などに与える] 認可状；[外国
判決の] 国内での執行承認；[教皇勅書などへ
の] 国家認可

exequias [ε(k)sékjas] 囡 複《文語》葬儀

exequible [ε(k)sekíßle] 形 達成(実現)し得
る

exfoliar [ε(k)sfoljár] ⑩ 他 薄くはがす
◆ ~se 剝離する
　exfoliación 囡 剝離，剝落，剝脱
　exfoliador, ra 形 男《中南米》はぎとり式の[ノ
ート]

exhalación [ε(k)salaθjón] 囡 ❶ 発散；呼
気．❷ 流れ星《estrella fugaz》：pasar como
una ~ 稲妻のように(電光石火の速さで)通り過
ぎる

exhalar [ε(k)salár] 他 ❶ [香り・蒸気などを]
発散する，発する：Las rosas *exhalan* el mejor
de los aromas. バラがいちばんいい香りを放つ．
❷ [ため息などを] 吐き出す：~ una queja 不平
をもらす．~ el último suspiro 息を引き取る
◆ ~se 大急ぎで行く(走る)

exhaustivo, va [ε(k)saustíßo, ßa] 形 余
すところのない，網羅的な：análisis ~ 徹底的な
分析
　exhaustivamente 副 余すところなく，網羅
的に

exhausto, ta [ε(k)sáusto, ta] 形 [+de の]
枯渇した，疲れ切った，衰弱しきった：Esta
fuente está ~ta. この泉は涸れている．~ de
recursos 資源の枯渇した．Estoy ~. 私はへと
へとだ

exhibición [ε(k)sißiθjón] 囡 ❶ 公開，展示
[物]：~ de trajes de baño 水着のファッション
ショー．❷ 見せびらかし，誇示：~ de fuerza 力
の誇示．hacer una ~ de conocimientos 知
識をひけらかす．❸《スポーツ》エキジビション，模範
試合

exhibicionismo [ε(k)sißiθjonísmo] 男
[私的感情などの] 露出趣味；《医学》[性器]露
出症
　exhibicionista 名 露出症患者

exhibir [ε(k)sißír] 他 ❶ 公開する，展示する：
Hoy *exhiben* esa película. 今日その映画が公
開される．~ una colección filatélica 切手コ
レクションを展示する．❷ 見せびらかす，ひけらか
す：~ sus condecoraciones 勲章を見せびらか
す．❸《中米》[現金で] 支払う
◆ ~se 人前に現れる；自分の肉体を見せる：
Se exhibe generosamente. 彼女は惜しげもなく
裸体をさらす．❷ 人目を引く，目立つ

exhortación [ε(k)sortaθjón] 囡 ❶ 激励；
奨励，勧告．❷ その言葉；短い説教

exhortar [ε(k)sortár] 他 [+a+不定詞・que+
接続法 することを] …に説き勧める，勧告する：
Me *exhorta a que* dejara de fumar. 彼はた
ばこをやめるよう私に勧めた
　exhortativo, va 形 激励の；奨励の：discur-
so ~ 激励演説

exhorto [ε(k)sórto] 男《法律》司法共助の依
頼，裁判事務嘱託

exhumar [ε(k)sumár] 他 ❶ [死体を] 掘り
出す．❷ [忘れていたものを] ひっぱり出す：~
reliquias de su juventud 若いころの思い出の
品々をひっぱり出す
　exhumación 囡 発掘

exigencia [ε(k)sixénθja] 囡 [主に 複] ❶
[強い] 要求；欲求：satisfacer las ~s de los
ciudadanos 市民の要求にこたえる．por ~s de
la situación 状況の必要性によって．❷ 無理な
希望，わがまま：tener ~s 多くを要求する，気難
しい

exigente [ε(k)sixénte] 形 名 [+con+人
に/+en で] 多くを要求する[人]，気難しい[人]：
~ *con* los demás 他人に厳しい．~ *en* el
trabajo 仕事にやかましい

exigible [ε(k)sixíßle] 形 要求(請求)し得る，
支払い期限の来た

exigir [ε(k)sixír] ④ 他 [英 demand. ☞活用
表] ❶ [強く] 要求する，求める：Me *exigieron*
el pago de las deudas. 私は借金の返済を迫ら
れた．~ silencio 静粛を求める；箝口令を敷く．
[+que+接続法] *Exijo que* vengas. 私は君が
来ることを要求する．❷ 必要とする：Este tra-
bajo *exige* mucha paciencia. この仕事には大
変な忍耐が要求される
◆ 自 厳しい(やかましい)ところを見せる：Ese pro-
fesor *exige* demasiado. その先生は厳しすぎる

exigir	
直説法現在	接続法現在
exijo	exija
exiges	exijas
exige	exija
exigimos	exijamos
exigís	exijáis
exigen	exijan

exiguo, gua [ε(k)sígwo, gwa] 形 不十分
な，わずかな：ración ~*gua* 少なすぎる配給
　exigüidad 囡 少なすぎ，不足

exilar [ε(k)silár] 他《←仏語》=exiliar
　exilado, da 形 名 過分 =exiliado

exiliado, da [ε(k)siljáðo, ða] 形 名 過分 追
放された[人]，流刑者；[特に] 政治亡命した，
政治亡命者《~ político》

exiliar [ε(k)siljár] ⑩/⑪ 他 国外追放にする，
流刑にする
◆ ~se [主に政治的理由で] 亡命する：~*se*
en Francia フランスに亡命する

exilio [ε(k)sÍljo] 男 ❶《文語》国外追放，流刑
《destierro》；亡命：estar en el ~ 追放(亡
命)の身である．vivir en el ~ en... …で亡命生
活を送る．gobierno en el ~ 亡命政権．❷ 流

E

刑地；亡命地：morir en el 〜 亡命先で死ぬ

eximente [ɛ(k)siménte] 形 女 『法律』刑事
責任を免れる；［刑を免除すべき］情状［circun-
stancia 〜］：〜 de legítima defensa 正当防
衛という情状

eximio, mia [ɛ(k)sfmjo, mja] 形 『文語』
［主に芸術家について］傑出した，名高い

eximir [ɛ(k)simfr] 他 ［+de 責務などを］…か
ら免除する：Lo *han eximido de pagar*
contribución. 彼は税金を免除されている
◆ 〜se …を免れる：〜se de*l servicio militar*
兵役を免除される

existencia [ɛ(k)sisténθja] 女 『英 exis-
tence』❶ 存在，実在，《哲学》実存：La 〜 de
un complot es innegable. 陰謀の存在は否定
できない．probar la 〜 de Dios 神の存在を証
明する．la 〜 y la esencia 実在と本質．❷ 生
涯；生活：a lo largo de su 〜 彼の一生を通
じて．por primera vez en su 〜 生まれて初め
て．❸ 圀 《商業》在庫品：No quedan 〜s de
libros. 本の在庫がない．en 〜 在庫になって
いる

existencial [ɛ(k)sistenθjál] 形 《哲学》実存
の：filosofía 〜 実存哲学．angustia 〜 存在
の苦悩

existencialismo [ɛ(k)sistenθjalísmo] 男
実存主義

existencialista 形 名 実存主義の；実存主
義者

existente [ɛ(k)sisténte] 形 実在の，現存する

existir [ɛ(k)sistír] 自 『英 exist』❶ 存在す
る，実在する：¿Piensa usted que *existe* Dios?
神は存在すると思いますか？ Ya no *existen* ra-
dios de esa clase. その種のラジオはもうない．
❷ 生きる，生存する：Dejó de 〜 ayer. 彼は昨日
他界した．

exitazo [ɛ(k)sitáθo] 男 大成功；［歌・映画な
どの］大当たり

éxito [é(k)sito] 男 『英 success』❶ 成功，
好結果：La maniobra acabó con
gran 〜. 作戦は大成功のうちに終わった． Es
una chica de mucho 〜. その娘はよくもてる．
mal 〜 不成功，不出来．❷ ヒット作品：〜 de
ventas ベストセラー

de 〜 成功した：obra *de* 〜 成功作．escritor
de 〜 人気作家

tener 〜 『英 succeed』［人・事が］成功する：
Ha tenido 〜 en sus negocios. 彼は商売で
成功した．La obra no *tuvo* 〜. その作品は失
敗だった

tener 〜 *con los hombres* (*las mujeres*)
男(女)にもてる

exitoso, sa [ɛ(k)sitóso, sa] 形 《中南米》成
功した，上首尾の

ex libris [ɛks líbris] 男 『単複同形』《←ラテン
語》蔵書票(印)

exocrino, na [ɛ(k)sokríno, na] 形 《生理》
外分泌の 『↔endocrino』

exocéntrico, ca [ɛ(k)soθéntriko, ka] 形
《言語》外心的な 『↔endocéntrico』

éxodo [é(k)sodo] 男 ❶ 集団の脱出(移動)，
移住：〜 del campo a la ciudad 農村から都

市への人口移動．〜 intelectual 頭脳流出．❷
《聖書》［*É*〜］出エジプト記

exoesqueleto [ɛ(k)soeskeléto] 男 《動物》
外骨格

exoftalmía [ɛ(k)softalmía] 女 《医学》眼球
突出

exogamia [ɛ(k)sogámja] 女 族外婚 『↔
endogamia』；《生物》異系交配

exógeno, na [ɛ(k)sóxeno, na] 形 外因性
の，外生の 『↔endógeno』：variable 〜*na* 外
生変数

exoneración [ɛ(k)soneraθjón] 女 ［地位な
どの］剝奪，罷免；［義務などの］免除：〜 de
base 『税金の』基礎控除

exonerar [ɛ(k)sonerár] 他 《文語》❶ ［+de
地位などを］…から剝奪する：Le *exoneraron*
de su cartera. 彼は大臣を罷免された．❷ ［義
務などを］…から免除する：El indulto le *exo-*
neró de la condena. 恩赦で彼は刑を免れた(減
刑された)．❸ 《婉曲》〜 el vientre 排便する

exorbitante [ɛ(k)sorbitánte] 形 ［要求・価
格などが］法外な，途方もない：precio 〜 目の玉
の飛び出るような値段

exorbitancia 女 法外さ

exorbitar 他 誇張する 『exagerar』

exorcismo [ɛ(k)sorθísmo] 男 悪魔ばらい(の
儀式・祈り)

exorcista 名 悪魔ばらいの祈禱師；《カトリック》
祓魔師(ⁱⁱ)『↔órden』 ❷ 参考

exorcizar ⑨ 他 ［悪魔を］はらう；…のために悪
魔ばらいをする

exordio [ɛ(k)sórdjo] 男 ［演説などの］序文；
前置き

exornar [ɛ(k)sornár] 他 飾る，…に飾り付けを
する 『adornar』

exorreísmo [ɛ(k)sorreísmo] 男 《地理》外洋
流域 『↔endorreísmo』

exorreico, ca 形 外洋流域の

exosfera [ɛ(k)sosféra] 女 外気圏

exosmosis/exósmosis [ɛ(k)sosmó-
sis/-śosmo-] 女 『単複同形』《物理・生理》外方
浸透

exosqueleto [ɛ(k)soskeléto] 男 =**exoes-**
queleto

exotérico, ca [ɛ(k)sotériko, ka] 形 『↔
esotérico』［理論などが］一般向きの，通俗的
な；《宗教》顕教の

exotérmico, ca [ɛ(k)sotérmiko, ka] 形
《物理・化学》発熱性の，放熱を伴う 『↔endotér-
mico』

exótico, ca [ɛ(k)sótiko, ka] 形 ❶ ［遠い］
外国(産)の；異国風の：plantas 〜*cas* 外来植
物．facciones 〜*cas* エキゾチックな顔だち．❷
珍しい，風変わりな：música 〜*ca* 変わった音楽

exotismo [ɛ(k)sotísmo] 男 異国情緒，異国
趣味

Exp. 《略記》←exportación 輸出；exprés 急
行列車

expandir [ɛ(k)spandír] 他 ［ニュース・噂など
を］広める：〜 la convocatoria de huelga ス
トライキへの参加を広く呼びかける

◆ ～se ［気体・液体・噂などが］広がる：La mancha de aceite *se expandió* sobre el pavimento. 油が舗道に広がった

expansible [ɛ(k)spansíble] 形《物理》膨張性のある

　expansibilidad 囡 膨張性

expansión [ɛ(k)spansjón] 囡 ❶ 拡大；［思想などの］普及，伝播：política de ～ 領土拡張政策．～ económica 経済発展．❷ ［感情の］発露，吐露；気晴らし：ir al cine para tener unas horas de ～ 何時間か気晴らしをするために映画を見に行く．❸ 《物理》膨張：el gas 気体の膨張．～ del universo 宇宙の膨張

expansionar [ɛ(k)spansjonár] ～se ❶ ［+con+人 に］心情を吐露する，［+con で］気晴らしをする：～se con su amigo 友人に心をうちあける．❷ ［気体・液体に］広がる，膨張する

expansionismo [ɛ(k)spansjonísmo] 男 ［領土］拡張主義

　expansionista 形 图 拡張主義の(主義者)

expansivo, va [ɛ(k)spansíbo, ba] 形 ❶ 《物理》膨張性の：poder ～ 膨張力．❷ 開放的な：carácter ～ あけっぴろげな性格

expatriar [ɛ(k)spatrjár] ⑩/⑪ 他 国外へ追放する．◆ ～se 国外へ移住する；亡命する

　expatriación 囡 国外追放(移住)；亡命

　expatriado, da 形 图 過分 祖国を離れた；亡命の，亡命者

expectación [ɛ(k)spektaθjón] 囡 期待；待つこと；注視：contra la ～ 期待(予想)に反して．Estoy en ～ de buenas noticias. 私はいい知らせを待ち望んでいる

expectante [ɛ(k)spektánte] 形 ❶ 今か今かと待つ：Quedábamos ～s del resultado de las elecciones. 私たちは選挙結果をかたずをのんで待っていた．madre ～ 臨月の婦人．❷ 成り行きを見守る：en actitud ～ 傍観者の態度で．medicina ～ 自然療法

expectativa [ɛ(k)spektatíba] 囡 ［+de で］待つこと，期待，囷 見通し，見込み：i) Está en ～ de destino. 彼は運の向くのを待っている．～s de vida 平均余命．～s inflacionarias《経済》インフレ期待．ii) ［+de que+接続法］を待つ～s de que le den el premio. 彼の受賞は望みがない

a la ～ ［何もせずに］待って：Está a la ～ de que le toque la lotería. 彼は宝くじが当たるのをただ待っている

expectorar [ɛ(k)spektorár] 他 固 ［痰・つばを］吐く：Sigo tosiendo, pero apenas *expectoro*. 私はあいかわらずせきは出るが，痰はほとんど出ない

　expectoración 囡 痰(つば)を吐くこと；《医学》喀痰(かくたん)

　expectorante 形 男 痰の排出を促す，去痰剤

expedición [ɛ(k)spediθjón] 囡 ❶ 遠征，探険；遠征(探険)隊：～ a la Antártida 南極探険．～ de Napoleón a Egipto ナポレオンのエジプト遠征．～ de reconocimiento 偵察

〔隊〕．～ de salvamento 救助〔隊〕．～ científica 研究調査隊，観測隊．❷《文語》発送；匧図 発送品：mandar la ～ por vía aérea 航空便で発送する．❸ 交付，発行．《まれ》迅速さ

expedicionario, ria 形 遠征の，探険の：cuerpo ～ 遠征隊；派遣軍．◆ 图 遠征(探険)隊員

expedidor, ra [ɛ(k)spedidór, ra] 形《文語》発送人

expedientar [ɛ(k)spedjentár] 他 懲戒処分にする；行政審判を行なう

expediente [ɛ(k)spedjénte] 男 ❶ 匧图 一件書類，関係文書．❷《法律》行政審判：［～ administrativo］：formar ～ a+人 …に対して行政審判を行なう．❸ 成績：～ profesional 勤務成績．～ académico 学業成績．❹ 一時しのぎ，窮余の策；［司法の介入しない］示談：Le abrieron un ～ en la empresa. 彼のことは社内だけで処理された．recurrir a un ～ 便法をとる．❺ ［問題を処理する］迅速さ：hombre de ～ てきぱきした男．No tiene ～. 彼は無能だ．❻ 懲戒処分．❼ ～ de crisis ［法律上解雇に先立って行なうべき］経営困難的表明．～ de regulación de empleo 雇用調整計画

cubrir el ～ ［必要最小限の義務を果たして］お茶をにごす

instruir ～ a+人《法律》…を予審に付す

expedir [ɛ(k)spedír] ㉟ 他 圐分 expidiendo］❶ 発送する，送る：～ un paquete por correo 小包を郵送する．❷ ［証明書などを］交付する，発行する；［判決などを］宣告する：～ a+人 un pasaporte …にパスポートを交付する．～ a+人 el título de doctor …に博士号を与える．～ el decreto 政令を布告する

expeditar [ɛ(k)spedítár] 他《中米》［事件などを］すみやかに処理する

expeditivo, va [ɛ(k)spedítíbo, ba] 形 速くて能率的な，迅速な，てきぱきした

expedito, ta [ɛ(k)spedíto, ta] 形 ❶《文語》［estar+］自由に通行できる，通行に差し支えない：La vía se quedó ～ta. ［交通規制が解除されて］通行できるようになった．❷ 迅速な，機敏な

expeler [ɛ(k)spelér] 他《文語》［激しく］排出する：Expele sudor por todo el cuerpo. 彼の全身から汗が吹き出ている．～ el humo 煙を吐く

expendedor, ra [ɛ(k)spendedór, ra]《文語》形 販売する：máquina ～ra de tabaco たばこの自動販売機

◆ 图 売り子：～ de lotería 宝くじ売り．～ de moneda falsa 偽金使い

◆ 男 自動販売機《～ automático》

expendeduría [ɛ(k)spendeduría] 囡《文語》販売店；切符売り場

expender [ɛ(k)spendér] 他《文語》❶ 小売りする：～ billetes 切符を発売する．❷ 偽金を使う．❸ 費す，使い切る［gastar］

　expendición 囡 販売

expendio [ɛ(k)spéndjo] 男《中南米》販売店；小売り

expensar [ε(k)spensár] 他《中南米》…の費用を払う

expensas [ε(k)spénsas] 囡 圈 費用, 経費;《法律》訴訟費用
　a ~ de... …の費用(負担)で: Fui a la universidad *a ~ de* mi tío. 私は叔父に大学へ行かせてもらった. No podemos vivir sólo *a mis ~*. 私のかせぎだけでは私たちは生活できない

experiencia [ε(k)sperjénθja] 囡 ❶《英 experience》経験, 体験: Tiene mucha (una gran) ~ como periodista. 彼は新聞記者の経験が豊富だ. Es una buena ~ para él. それは彼にはよい経験だ. saber por ~ 〔propia〕経験によって知っている. acumular ~s 経験を積む. falta de ~ en un trabajo 仕事における経験不足. ❷ 実験, 試み《実験は prueba》: hacer la ~ de... …を試す, 試験してみる
　tener ~ de + 不定詞・名詞 …の経験がある: No *tengo* ~ *de* la guerra. 私は戦争体験がない

experimentación [ε(k)sperimentaθjón] 囡 匣囡 実験《個々の実験は prueba》; 実験法: ~ humana 人体実験. ~ con seres vivos 動物実験

experimentado, da [ε(k)sperimentáðo, ða] 形 週分 経験を積んだ, 熟達した

experimental [ε(k)sperimentál] 形 実験に基づく, 実験的な: ciencia ~ 実験科学. obra ~ 実験的な作品. de manera ~ 実験的に, 試験的に. El tren está en fase ~. その電車は試運転段階にある

experimentar [ε(k)sperimentár] 他 ❶ 実験する, 試す《probar》: ~ los distintos sabores 色々な味を試してみる. ❷ 体験する, 身をもって知る《感情・変化などを》感じる: ~ los desastres de la guerra 戦争の悲惨さを体験する. ~ una derrota 敗北を喫する. ~ una sensación agradable 快感を覚える. El enfermo *ha experimentado* una ligera mejoría. 病人は少しよくなった
　◆ 圁 [+con で] 実験する, 試す

experimento [ε(k)speriménto] 男 実験; 試験, 試み: hacer ~s 実験する. ~ de química 化学実験. material de ~ 実験材料

experto, ta [ε(k)spérto, ta] 形 [ser +. +en に] 精通(熟達)した: abogado ~ *en* separaciones matrimoniales 離婚問題に詳しい(専門の)弁護士
　◆ 囝 専門家; 熟練者, エキスパート: consultar a un ~ *en* la materia その道の専門家に意見を聞く
　expertamente 圓 巧みに

expiación [ε(k)spjaθjón] 囡 償い, 罪滅ぼし: Día de la *E*~《ユダヤ教》贖罪の日

expiar [ε(k)spjár] 囯 他 ❶ [ざんげなどによって] 罪を償う: ~ sus pecados 贖罪する. ❷ [刑に] 服する: Aquí *expían* su delito los criminales políticos. ここでは政治犯が服役している. ❸ [汚れたものを] 清める. ❹ [悪事の] 報いを受ける: Ahora *expía* sus pecados de juventud. 彼は若いころの報いを今受けている

expiativo, va [ε(k)spjatíβo, βa] 形 =expiatorio

expiatorio, ria [ε(k)spjatórjo, rja] 形 罪滅ぼしの, 贖罪の: víctima ~*ria* 贖罪のいけにえ

expirar [ε(k)spirár] 圁 ❶《婉曲》息を引き取る, 死ぬ. ❷《法律》[期限が] 切れる: El plazo de presentar recurso *expira* dentro de poco. 控訴期限がまもなく切れる
　expiración 囡 期限切れ, 期限満了《~ del plazo》

explanar [ε(k)splanár] 他 ❶ 平らにする; 地ならしする: ~ el monte 山を崩す. ❷ [平易に] 説明する: ~ un proyecto 計画を説明する
　explanación 囡 地ならし; 説明
　explanada 囡 平地; 空き地

explayar [ε(k)splajár] 他 広げる: ~ la mirada 遠くを見る, 視野を広げる
　◆ ~**se** ❶ [話題が] 広がる, 長話をする: *Se explayaba* en el relato de sus correrías. 彼は長々と遠足の話をした. ❷ 気晴らしをする: salir a la calle para ~*se* 街へ気晴らしに出かける. ❸ [+con に] 心を開く, 心中を打ち明ける

expletivo, va [ε(k)spletíβo, βa]《文法》[強意・口調などの] 意味のない: palabra ~*va* 助辞, 虚辞《pues, y así, es que, mira, ¿verdad? など》

explicable [ε(k)splikáble] 形 説明のつく, もっともな

explicación [ε(k)splikaθjón] 囡《英 explanation》❶ 説明, 解説: Su desaparición no tiene ~ posible. 彼の失踪は説明がつかない. ❷ [主に 圈] 釈明, 言い訳: ¿Qué *explicaciones* le vas a dar por tu comportamiento de ayer? 昨日のふるまいについて彼にどう釈明するつもりだ? ❸ 講義, 授業

explicaderas [ε(k)splikaðéras] 囡 圈《口語》[各人各様の] 説明の仕方

explicar [ε(k)splikár] 匚 他《英 explain》❶ 説明する: i) Les *explicaré* lo que ha sucedido. 何が起きたか説明しましょう. ~ el sentido de una palabra 単語の意味を説明する. ~ su plan 計画を述べる. ii) [釈明・弁明] ~ su presencia en el lugar del crimen 犯行現場にいた訳を説明する. ❷ [意図などを] 知らせる: Le *explicó* que la quería. 彼は愛していると彼女に打ち明けた. ❸ 教える: ~ historia universal en una universidad 大学で世界史を教える
　◆ ~**se** ❶ [自分の考えなどを] 相手に理解させる: Él *se explica* muy bien. 彼は表現力がある. Estoy muy confuso y no consigo ~*me*. 私は困惑してうまく説明できない. ❷ 理解する, 納得する: Ahora *me explico* por qué estás aquí. 君がなぜここにいるのかわかったよ. No *me* lo *explico*. [不当などで] どう考えても理解できないよ. ❸ 説明される, 説明がつく. ❹ 支払う
　¿me explico? [私の言っていることが] わかる?

explicativo, va [ε(k)splikatíβo, βa] 形 説明する, 説明的な: nota ~*va* 説明書, 注意書き

explicatorio, ria [ε(k)splikatórjo, rja] 形 =explicativo

explícito, ta [ε(k)splíθito, ta] 形 明確に述べられた, はっきりした 《↔implícito》: declaración ~ta はっきりした言明. Esto no está en el contrato. これは契約書に明記されていない

explicitar [ε(k)spliθitár] 他 《文語》はっきり述べる, 明示する

explicotear [ε(k)splikoteár] 他 《軽蔑》ざっと説明する; 《親愛》はっきりと説明する

◆ ~se あからさまに表現する

exploración [ε(k)sploraθjón] 囡 ❶ 探険, 踏査; [資源などの] 探査; [学問的な] 探究: ~ de cuevas 洞窟探険. ~ submarina 海底探査. ~ petrolífera 油田のボーリング調査. ❷ 《医学》 [精密] 検査. ❸ 《光学》走査, スキャン: línea de ~ 走査線. ❹ 《軍事》偵察

explorador, ra [ε(k)sploraðór, ra] 形 探険(探査・偵察)の: avión ~ 偵察機. haz ~ [レーダーなどの] 走査光線

◆ 名 ❶ 探険家; 探究者. ❷ ボーイ(ガール)スカウト; 偵察兵

◆ 男 《医学》ゾンデ, 消息子; 《光学》走査板

explorar [ε(k)splorár] 他 ❶ 探険する, 踏査する: ~ las selvas ジャングルを探険する. ❷ [資源などを] 調査する, 探査する: ~ las minas [鉱床を] 試掘する. ~ la situación económica 経済状態を調べる. ❸ 《医学》 [精密] 検査する: ~ el estómago con gastroscopio 胃カメラで調べる. ❹ 《光学》走査する. ❺ 《軍事》偵察する

exploratorio, ria [ε(k)sploratórjo, rja] 形 探りの: conversaciones ~rias 問診

explosión [ε(k)splosjón] 囡 ❶ 爆発; 爆発音: La caldera hizo ~. ボイラーが爆発した. ~ atómica (nuclear) 核爆発. ~ sónica 《航空》ソニックブーム, 衝撃波音. ❷ 突然の現われ, 突発; [感情の] 激発: ~ de violencia 暴力行為の突発. ~ de cólera 怒りの爆発. ~ de risa 爆笑. ~ demográfica 人口爆発. ❸ 《言語》 [閉鎖音の] 破裂, 外破

explosionar [ε(k)splosjonár] 他 爆発させる. ◆ 自 爆発する

explosivo, va [ε(k)splosíßo, ba] 形 爆発(性)の: materiales ~s 爆発物. ❷ 爆発的な; [話題などが] 議論を呼ぶ, あっと言わせる: declaración ~va 爆弾宣言. ❸ 《言語》破裂音の; 外破音の

◆ 男 爆薬, 爆発物

◆ 囡 《言語》i) 破裂音 [『外破を伴わず閉鎖の解放が行なわれる閉鎖音: [例] acto の t. ↔implosivo』. ii) 音声核の母音の前(音節の頭)にある子音 [例 pata の p]

explotable [ε(k)splotáßle] 形 開発できる

explotación [ε(k)splotaθjón] 囡 ❶ 開発, 開拓; 採掘; 医名 その設備: ~ de los recursos naturales 天然資源の開発. ~ agrícola 農業開拓[地]. ~ petrolífera 石油採掘[場]. ❷ 営業, 経営: ~ familiar 家族経営. costo de ~ 運転経費, 操業コスト. ❸ 搾取: ~ de los obreros 労働者に対する搾取. Ella vive de la ~ de su cuerpo. 彼女は自分の体を売って生活している

explotador, ra [ε(k)splotaðór, ra] 形 名 ❶ 搾取する[人]: clase social ~ra 搾取階

級. ❷ 経営する; 経営者

explotar [ε(k)splotár] 自 ❶ 爆発する: Explotó una bomba de relojería. 時限爆弾が破裂した. Ha explotado la rueda. タイヤがパンクした. ❷ [突然] 怒り出す

◆ 他 ❶ 開拓する, 開発する; 採掘する; 営業する: ~ la tierra 土地を開拓する. ~ los bosques 森林を開発する. ~ carbón 石炭を採掘する. ~ un hotel ホテルを経営する. ❷ 搾取する, 食い物にする: ~ a los trabajadores 労働者を搾取する. clase social explotada 被搾取階級. ❸ 悪用する: ~ las debilidades de+人 …の弱みにつけ込む

expoliar [ε(k)spoljár] 10 他 《文語》 […から, +de を/…を, +a+人 から] 略奪する, 強奪する: Las tropas expoliaron a los habitantes de cuanto de valor poseían. 軍隊は住民から金目のものを略奪した. Le expoliaron sus terrenos. 彼は土地を奪われた

expoliación 囡 略奪, 強奪

expolio [ε(k)spóljo] 男 ❶ 《文語》略奪, 強奪; 略奪品, 分捕り品: ~s de la guerra 戦利品. ❷ [montar・formar・organizar などと] けんか, 口論, 騒ぎ: Me montó un ~ por no haberle llamado. 私は彼を呼ばなかったので一悶着あった

exponente [ε(k)sponénte] 男 ❶ [判断の] 根拠, 目安; 代表するもの: ~ del atraso de un país 国の後進性を表わす目安. el máximo ~ de su arte 彼の最高の代表作. ❷ 《数学》幂数(ᵇⁿ), 指数

exponer [ε(k)sponér] 60 他 《過分 expuesto》 ❶ 展示する, 陳列する: ~ la cristalería en la vitrina ショーウインドーにガラス器を陳列する. Exponen una colección de pintura abstracta. 抽象画展が開かれている. ❷ [+a・ante 光などに] さらす, 当てる: ~ su cuerpo al sol (a la vista de la gente) 日光浴をする(体を人目にさらす). ❸ 危険にさらす: ~ su vida 命を危険にさらす. ~ su reputación 評判を落とす危険を冒す. ~ un niño en la calle 通りに捨て子をする. ❹ 開陳する, 表明する: La obra expone su doctrina. 彼の説は著作に示されている. ~ sus razones 言い分を述べる. ❺ 《キリスト教》 [信者に聖体を] 顕示する

◆ 自 [芸術家が] 出品する

◆ ~se ❶ 身をさらす: Se expuso al viento. 彼は吹きさらしにいる. ~se a la radiactividad 放射能を浴びる. ❷ [+a 危険に] Me expongo a un fracaso. 失敗は覚悟の上だ. [+a que+接続法] Si no vamos nos exponemos a que se enfade. もし行かないと私たちは彼らに怒られるかもしれない

exportable [ε(k)sportáßle] 形 [品物が] 輸出できる

exportación [ε(k)sportaθjón] 囡 《英 export. ↔importación》輸出; 輸 輸出品: ~ de tecnología 技術輸出. exceso de las exportaciones sobre las importaciones 輸出超過

exportador, ra [ε(k)sportaðór, ra] 形 輸

出の: compañía ~ra de perlas 真珠輸出会社. países ~es (no ~es) de petróleo 石油輸出国(非産油国)

◆ 图 輸出業者

exportar [ε(k)spoɾtáɾ] 他 輸出する 〖↔importar〗: ~ naranjas a Europa オレンジをヨーロッパに輸出する. ~ las nuevas ideas 新思想を国外に広める

exposición [ε(k)sposiθjón] 囡 〖英 exhibition. ←exponer〗 ❶ 展覧会, 展示会: ~ de pintura 絵画展. E~ Internacional de Muestras 国際見本市. E~ Universal 万国博覧会. ❷ 展示, 陳列: sala (salón) de ~ 展示室, 展示会場. ~ del Santísimo 《キリスト教》聖体の顕示. ❸ 〖光などに〗さらすこと: ~ de la herida al aire 傷口を空気にさらすこと. La casa tiene una ~ muy soleada. 家はとても日当たりがいい. ❹ 〖写真〗露出: tiempo de ~ 露出時間. 〖参照 sobreexposición 囡 露出過度, subexposición 囡 露出不足〗 ❺ 危険に身をさらすこと: Hay ~ en asomarse a la ventanilla. 窓から顔を出すと危ない. ganar dinero sin ~ 危ない橋を渡らずに金もうけする. ❻ 論述, 説明: hacer una ~ detallada de un proyecto 計画について詳しく説明する. ❼ 《演劇·音楽》導入部, 提示部

exposímetro [ε(k)sposímetro] 男 〖写真〗露出計

expositivo, va [ε(k)spositíβo, βa] 形 説明的な: en lenguaje ~ 説明調で

expósito, ta [ε(k)spósito, ta] 形 图 〖古語〗〖公共施設に収容された〗捨て子(の)〖niño ~〗

expositor, ra [ε(k)spositóɾ, ɾa] 形 图 ❶ 〖展示会などの〗出品者; 〖聖書·法律書などの〗説明者, 解説者. 《口語》講演者, 講師

◆ 男 〖回転式の〗陳列棚

exprés [ε(k)sprés] 形 〖単複同形〗: tren ~ 急行列車. enviar un paquete por correo ~ 速達で小包を送る

◆ 男 ❶ 〖英 express〗エスプレッソコーヒー〖café ~〗. ❷ 《表示》速達

expresamente [ε(k)sprésaménte] 副 ❶ 明らかに, はっきりと. ❷ わざわざ; 故意に, わざと: Fue ~ a comprarlo. 彼はわざわざそれを買いに行った

expresar [ε(k)spresáɾ] 他 〖英 express〗表現する, 表わす: ~ su opinión 意見を述べる. Su rostro *expresaba* angustia. 彼の表情は苦悩を表わしていた. Los personajes de su obra *expresan* profunda humanidad. 彼の作品の登場人物は深い人間性を表わしている

◆ ~se ❶ 自分(の考え)を表現する: *Exprésese* claramente. はっきり考えを述べなさい. *Me expresé* mal. 私は言い方がまずかった. ~se de palabra (por señas) 言葉(身ぶり)で表現する. ❷ 表現される: como *se expresa* más adelante もっと先で述べるように

expresión [ε(k)spresjón] 囡 〖英 expression〗 ❶ 表現: Su filosofía es la ~ del espíritu de la época. 彼の哲学は時代精神の表われだ. medio de ~ 表現手段. ❷ 言い回し,

語句: ~ muy corriente よく使われる言い回し. Perdone la ~. 失礼なことを言ってすみません. ❸ 表情: En su ~ había tristeza. 彼は悲しみの表情を浮かべていた. Sus ojos tienen una ~ enojada. 彼の目には怒りの色が表われている. 題 よろしくとの伝言〗: ¡(Dele) Muchas *expresiones* [de mi parte] a su señora! 奥様にくれぐれもよろしくお伝えください! ❺ 《数学》式: ~ algebraica 代数式

reducir... a la mínima 〜 …を極端に簡素化する, 切り詰める; 《数学》約する, 約分する

expresionismo [ε(k)spresjonísmo] 男 表現主義

expresionista 形 图 表現主義の〔芸術家〕

expresivo, va 〜 [ε(k)spresíβo, βa] 形 表現力に富んだ, 意味深長な; 表情豊かな: Hizo un gesto ~ de disgusto. 彼は不快そうな様子をありありと見せた. silencio ~ 意味ありげな沈黙. ❷ 愛情のこもった: Me miró con una sonrisa ~va. 彼は優しい微笑を浮かべて私を見た. ❸ 特徴的な, 特有の. ❹ 表現の

expresividad [ε(k)s] 囡 表現力(表情)の豊かさ

expreso, sa [ε(k)spréso, sa] 形 ❶ 〖estar+〗はっきり示された: condición ~sa 明記された条件. orden ~sa 厳命. ❷ 急行の. ❸ café ~ エスプレッソコーヒー〖exprés〗

◆ 男 ❶ 急行列車 〖tren ~〗. ❷ por ~ 速達で. tarifa de ~ 速達料金

◆ 副 わざわざ, 故意に〖expresamente〗: hacer ~ わざとする

ex profeso [éks proféso] 〖←ラテン語〗わざと, 故意に

expropiar [ε(k)spropjáɾ] 他 〖土地などを〗収用(接収)する: ~ los terrenos 土地を収用する

expropiación 囡 収用, 接収; 〖主に 題〗接収されたもの

expuesto, ta [ε(k)spwésto, ta] 形 過去分 〖←exponer〗 ❶ 〖estar+. a に〗さらされた: casa ~ta al viento norte 北風がまともに吹きつける家. ocasión ~ta a riñas けんかになりやすいケース. ❷ 〖ser+〗危険な: Es muy ~ caminar solo por la noche. 夜道の一人歩きは物騒だ

expugnar [ε(k)spugnáɾ] 他 〖武力で場所を〗奪取する: ~ una plaza 広場を占拠する

expugnable 形 〖場所が〗奪取できる

expugnación 囡 奪取, 武力占拠

expulsar [ε(k)spulsáɾ] 他 ❶ 〖+de から〗追い出す: ~ a+人 de su país …を国外追放にする. ~ a+人 de la universidad …を大学から退学処分にする. ❷ 排出する: Las chimeneas *expulsan* negras humaredas. 煙突がモクモクと黒煙を吐いている。 ❸《スポーツ》退場させる

expulsión [ε(k)spulsjón] 囡 ❶ 追放，強制退去 [↔admisión]；放校：decreto de 〜 contra los judíos ユダヤ教徒追放令〚1492年〛．*E*〜 de los jesuitas イエズス会士の追放〚1767年〛．❷ 排出．❸《スポーツ》退場

expulsor, ra [ε(k)spulsór, ra] 厖 圐 排出させる；《機械》エジェクター

expurgar [ε(k)spurǥár] 圕 囲 ❶ 清める，浄化する．❷ [+de 不穏当な部分を] …から削除する；禁書にする：〜 una película *de* lo malo que tiene 映画のまずい個所をカットする．edición *expurgada* 削除修正版

expurgación 囡/**expurgo** 圐 浄化；検閲削除，禁書処分

expurgatorio, ria 厖 検閲削除される：índice 〜 仮禁書目録

exquisito, ta [ε(k)skisíto, ta] 厖 ❶ 上品な，洗練された：modales 〜s 上品な物腰．❷ 美味な；ここちよい，甘美な：plato 〜 おいしい料理．colores 〜s すばらしい色．regalo 〜 すてきな贈り物

exquisitez 囡 優雅，洗練；美味〔な食べ物〕

ext.《略語》←exterior 外の，外部の；外国の

éxtasis [é(k)stasis] 圐《単複同形》❶ 恍惚（こう），エクスタシー；《宗教》法悦：estar [sumido] en 〜 うっとりしている，有頂天になっている．❷《俗語》エクスタシー〚強力な幻覚剤〛

extasiar 囮 〜**se** [+con で] 恍惚状態になる，うっとりする

extático, ca 厖 恍惚状態の

extemporáneo, a [ε(k)stemporáneo, a] 厖 ❶ 時期外れの：frío 〜 季節外れの寒さ．❷ 間の悪い；不適切な：respuesta 〜*a* 不適切な答え

extemporaneidad 囡 時期外れ；間の悪さ

extender [ε(k)stendér] 囮 囲《英 extend, spread》❶ 伸ばす，広げる：Si *extiendes* el brazo, tocarás el techo. 腕を伸ばせば天井につくよ．〜 un pañuelo sobre el césped 芝生の上にハンカチを広げる．〜 una masa パン生地をのばす．〜 la capa de barniz ニスを薄く塗る．〜 la fe cristiana por todo el mundo キリスト教を世界に広める．〜 el castigo a todos 全員に罰を与える．❷《文語》[書類などを] 発行する：〜 un certificado 証明書を交付する

◆ 〜**se** ❶ 広がる，伸びる；普及する：*Se ha extendido* la mancha de tinta. インクのしみが広がった．Los papeles *se han extendido* por el suelo. 書類が床に散らばった．La llanura *se extiende* a mis pies. 平原が足元に広がる．El programa *se extiende* a lo largo de toda la noche. 番組は一晩中続く．El tumor está *extendido*. 腫瘍が広がっている．❷ [+a・hasta にまで] 及ぶ：Su control *se extiende* a los más nimios detalles. 彼の管理はごく細部にまで及んでいる．❸ 長々と述べる：En la conferencia *se extendió* demasiado. 彼は会議で長く発言しすぎた．❹ 長々と横になる〚tenderse〛：〜*se* en la hierba 草の上で大の字になる

extensible [ε(k)stensíble] 厖 広げられる，伸ばせる；伸張性のある

extensión [ε(k)stensjón] 囡 ❶ 広がり；面積：recorrer el campo en toda su 〜 野原を所狭しと駆け回る．tener una 〜 de cien metros cuadrados 面積が100平方メートルある．❷ 拡大；[意味などの] 拡張；《論理》外延．❸ [小説などの] 長さ．❹ 延長，更新：〜 de visado ビザの延長．❺《電話》内線：¿Me puede poner con la 〜 791? 内線791番をお願いします．❻《情報》拡張子

en toda la 〜 de la palabra あらゆる意味で

por 〜 広義には

extensivo, va [ε(k)stensíbo, ba] 厖 ❶《文法》[ser+．+a に] 及ぶ：Esa ley es 〜*va a* otros casos. その法則は他の事例にもあてはまる．Haz 〜s mis saludos *a* tu novia. 君の彼女にもよろしく．❷ cultivo 〜/agricultura 〜*va* 粗放農業

extenso, sa [ε(k)sténso, sa] 厖 広い，広大な：finca 〜*sa* 広大な地所．conocimiento 〜 広範な知識．coloquio 〜 長々とした会話

por 〜 詳しく，こと細かに

extensor, ra [ε(k)stensór, ra] 厖 伸張性のある

◆ 圐《スポーツ》エキスパンダー；《解剖》伸筋〚músculo 〜〛

extenuar [ε(k)stenwár] 囮 囲 へとへとに疲れさせる：Me han *extenuado* las cuestas. 坂道で私はくたくたになった

◆ 〜**se** 疲労困憊する；憔悴する，やつれる：Me *extenué* de tanto repetir lo mismo. 同じことの繰返しばかりで私は疲れ果てた

extenuación 囡 疲労困憊；憔悴

exterior [ε(k)sterjór] 厖《英 exterior. ↔interior》❶ 外部の，外側の〚=externo〛；外面的な：Su amabilidad es sólo 〜. 彼の親切はうわべだけだ．sufrir una influencia 〜 外部からの影響を受ける．efecto 〜 外見，外観．deporte 〜 屋外スポーツ．❷ 対外的な：política 〜 対外政策．❸ [部屋などが] 通りに面した：puerta 〜 外へ通じるドア

◆ 圐 ❶ 外部，戸外；外側，外観：arrojarse al 〜 de un avión 飛行機の外にとび出す．pintar en el 〜 de un edificio ビルの外壁に絵をかく．divulgar una información al 〜 情報を外部にもらす．Tiene un 〜 agradable. 彼は外づらはいい．❷ 外国：noticias del 〜 海外ニュース．❸《映画》野外シーン，ロケーション：rodar en 〜es ロケする．❹《スポーツ》ウィング

exteriormente [ε(k)sterjórménte] 剾 外部（外側）は；外見は，うわべは

exterioridad [ε(k)sterjoridá(đ)] 囡 ❶ 外見，外観；《哲学》外在性．❷ [感情の] 表出；[主に 圐] 虚飾

exteriorizar [ε(k)sterjoriθár] 囮 囲 [感情などを] 表に現わす；《哲学》外在化する：〜 su desagrado 不満を表に出す

exteriorización 囡 外面化；外在化

exterminar [ε(k)sterminár] 囮 根絶する；

駆除する: ～ la violencia 暴力を一掃する. ～ las cucarachas ゴキブリを駆除する. ～ la ciudad 町を徹底的に破壊する. ～ a los habitantes 住民を皆殺しにする

exterminación 囡 根絶〔すること〕

exterminador, ra 圏 根絶する: ángel ～《聖書》滅びの天使

exterminio 團 根絶, 絶滅: campo de ～ [ナチの] 絶滅収容所

externado [ε(k)sternáðo] 團 [寄宿学校に対して] 通学生の学校; 通学生であること; 運名 通学生

externamente [ε(k)stεrnaménte] 剾 外面的に; 外側から

externo, na [ε(k)stérno, na] 圏 [英 external. ↔interno] ❶ 外側の, 外部の [＝exterior] 外的な: causa ～na 外因. herida ～na 外傷. medicamento de uso ～ 外用薬. muestra ～na de dolor 苦悩の表出. parte ～na de una casa 家の外面. ❷ 外国の; 国際市場での: relaciones ～nas 対外関係. valor ～ de la moneda 通貨の対外価値. ❸ 通学生の; [家政婦などが] 通いの

◆ 名 [寄宿生に対して] 通学生 [alumno ～]

extinción [ε(k)stinθjón] 囡 ❶ [種・民族の] 絶滅: estar en peligro de ～ 絶滅の危機にある. ❷ 消火. ❸《法律》[契約などの] 消滅, 失効

extinguidor [ε(k)stiŋɡiðór] 團《中南米》消火器 [extintor]

extinguir [ε(k)stiŋɡír] ⑤ 囮 ❶ [種を] 絶滅させる. ❷ [暴力・不正などを] なくす, 根絶させる. ❸ [火を] 消す: ～ un incendio 火事を消し止める. ❹ 徐々に失わせる: ～ el entusiasmo 熱意をさます

◆ ～se ❶ [種が] 絶滅する; 根絶する. ❷ [火・音などが] 消える: La llama se extinguió por sí sola. 炎はひとりでに消えた. El día se extingue. 日が落ちる. ❸ [情熱・愛が] 消える: Se ha extinguido su amor. 彼の愛はさめてしまった. ❹《法律》失効する

extinto, ta [ε(k)stínto, ta] 圏 ❶ [種・民族が] 絶滅した. ❷ [火などが] 消えた: sentimiento ～ さめた感情. ❸《中南米》[estar+] 死んだ

◆ 名《中南米》[定冠詞+] 死者, 故人

extintor, ra [ε(k)stintór, ra] 圏 消火の: manguera ～ra 消火ホース

◆ 團 消火器 [～ de incendios]

extirpar [ε(k)stirpár] 囮 ❶ 根こぎにする: ～ las malas hierbas 雑草を引き抜く. ～ un tumor 腫瘍を摘出する. ❷ 根絶する: ～ los abusos de la autoridad 職権濫用をなくす

extirpable 圏 根こぎにできる

extirpación 囡 根こぎ; 摘出; 根絶

extirpador, ra 圏 團 根こぎにする; 除草機

extorsión [ε(k)storsjón] 囡 ❶ ゆすり, たかり, 強要: hacer ～ a+人 …から金をゆすり取る. ❷ 混乱, 困惑: causar ～ a los vecinos 近所に迷惑をかける

extorsionar 囮 1) ゆする, たかる. 2) 混乱(困

惑)させる: ～ el plan 計画の邪魔をする

extorsionista 名 ゆすり屋, たかり屋

extra [é(k)stra] 圏 ❶ 極上の; 特別の: Este coñac está ～. このブランデーは極上だ. de tamaño ～ 特大サイズの. ❷ 臨時の: tren ～ 臨時列車

◆ 名《映画》エキストラ

◆ 團 ❶ 臨時増刊, 号外. ❷ 特別なこと; 臨時出費.

◆ 囡 特別手当, ボーナス [paga ～]

extra-〔接頭辞〕[範囲外] extraoficial 非公式の, extraterrestre 地球外の

extracción [ε(k)stra(k)θjón] 囡 [←extraer] ❶ 引き抜くこと; 抽出; 採掘: ～ dental 抜歯. ❷ 素姓, 出身 [～ social]: de baja ～ 下層階級の出身

extracorpóreo, a [ε(k)strakorpóreo, a] 圏 体外の

extractar [ε(k)straktár] 囮 [文章の一部を] 抜粋する, 要約する: ～ el contenido en unas líneas 内容を数行にまとめる

extracto [ε(k)strákto] 團 ❶ 抜粋, 要約: ～ de cuenta [銀行の] 計算書. ❷ 抽出物, エキス; エッセンス: ～ de consomé コンソメエキス. ～ de tomate トマトペースト(ピューレ). ～ tebaico (de opio) 阿片チンキ

extractor, ra [ε(k)straktór, ra] 圏 抽出する: dispositivo ～ 抽出器

◆ 團/囡 換気扇 [～ de humos・de aire]

extracurricular [ε(k)strakuřikulár] 圏 教科課程外の, 課外の

extradición [ε(k)straðiθjón] 囡 [外国政府への犯人の] 引き渡し, 送還

extraditar [ε(k)straðitár] 囮 [犯罪者を裁判権のある国に] 引き渡す

extradicción [逃亡犯罪人の] 引き渡し

extradir ＝extraditar

extradós [ε(k)straðós] 團 ❶《建築》[アーチなどの] 外輪(やぇ). ❷《航空》[翼の] 上面

extraer [ε(k)straér] 囮 [＋de から] 引き抜く, 取り出す: Le extrajeron una muela. 彼は歯を1本抜かれた. ～ una bala 弾丸を摘出する. ～ sangre 採血する. ～ el zumo de una fruta 果汁をしぼる. ～ fondos 資金を吸収する. ～ una foto de la cartera 財布から写真を取り出す. ～ conclusiones erróneas de las apariencias 外見から誤った結論を引き出す. ❷ 採取する, 採掘する: ～ petróleo del Mediterráneo 地中海から石油を採掘する. ❸《化学》抽出する. ❹《数学》～ raíces cuadradas 平方根を求める

extraescolar [ε(k)straeskolár] 圏 校外の: actividad ～ 校外活動

extraeuropeo, a [ε(k)straeuropéo, a] 圏 ヨーロッパ外の

extragaláctico, ca [ε(k)stragaláktiko, ka] 圏《天文》銀河系外の

extrahumano, na [ε(k)straumáno, na] 圏 人間離れした, 人間技とは思えない

extrajudicial [ε(k)straxuðiθjál] 圏 法廷の

権限外の, 裁判〔権〕外の
extralegal [ε(k)straleɣál] 厖 法的支配の及ばない, 超法規的な

extralimitar [ε(k)stralimitár] ~se ❶ 権利を乱用する. ❷ [+en の] 限度を越える: ~se en sus atribuciones (sus palabras) 権限以上のことをする(言いすぎる)
　　extralimitación 囡 権利の乱用; 限度の超過

extramarital [ε(k)stramaritál] 厖 婚外性交の

extramatrimonial [ε(k)stramatrimonjál] 厖 婚外の

extramuros [ε(k)stramúrɔs] 剾 郊外に〔ある〕, 市外に〔ある〕

extranjería [ε(k)straŋxería] 囡 外国人であること;その法的地位: ley de ~ 《西》外国人登録法

extranjerismo [ε(k)straŋxerísmo] 団 外来語;外国崇拝, 外国好み

extranjerizar [ε(k)straŋxeriθár] 团 他 外国風にする, 外国化する

extranjero, ra [ε(k)straŋxéro, ra] 厖 《英 foreign》外国の: coche ~ 外車. costumbre ~ra 外国の習慣. trabajador ~ 外国人労働者
◆ 图 《英 foreigner》外国人: casarse con una ~ra 外国人女性と結婚する
◆ 団 [país ~]: viajar por el ~ 外国を旅行する. ir a estudiar al ~ 外国へ留学する

extranjis [ε(k)stráŋxis] *de ~* 《口語》秘密に, こっそりと: entrar *de ~* en un país 密入国する

extrañamiento [ε(k)straɲamjénto] 団 《文語》国外追放, 流刑 [destierro]

extrañar [ε(k)straɲár] 他 ❶ 奇異に感じさせる;驚かす: Me *extraña* verte aquí. ここで君に会うとは妙だ. No me *extraña*. 別に驚かないよ. [que+接続法 が主語] No me *extraña* que haya caído enfermo. 彼が病気になったのも不思議ではない. ❷ …に慣れていない: *Extraño* la cama y no puedo dormir. 私は枕が変わってよく眠れない. ❸ 《主に中南米》[…がない・いないのを] 寂しく思う: ~ a su madre 母親を恋しがる. ❹ 国外追放(流刑)にする
◆ ~se 《英 wonder》❶ [+de を] 奇妙に思う, 不思議に思う, いぶかる;驚く: Se *extrañó* de lo sucedido. 彼は事件にびっくりした. [+de que+接続法] Me *extrañé de que* no te presentaras. 君が欠席するなんておかしいと私は思った. ❷ [+de 友人などと] 疎遠になる, 別れる

extrañeza [ε(k)straɲéθa] 囡 奇妙さ;奇異なこと: Su silencio me produce cierta ~. 彼が黙っているのは不思議だ. Me miró con ~. 彼はけげんそうに私を見た

extraño, ña [ε(k)stráɲo, ɲa] 厖 《英 strange》❶ 奇妙な, 普通でない: Tiene un aspecto ~. 彼は変わった格好をしている. ruido ~ 怪しい物音. cuerpo ~ 《医学》異物. [ser

~ que+接続法] Es ~ *que* nieve en esta época. 今ごろ雪が降るとはおかしい. ❷ よそ者の: No deberías decir las cosas íntimas ante personas ~ñas. よその人に内輪のことを言うべきでない. ❸ [+a と] 関係のない, 無縁の;未知の: Permaneció ~ a nuestra conversación. 彼は私たちの話に加わらなかった. Esas ideas me son ~ñas. そんな考え方があるとは思わなかった
◆ 图 よそ者, 部外者
◆ 団 予期しない(不意の)動作: La pelota hizo un ~. ボールは思いがけない方向に曲がった

extraoficial [ε(k)straofiθjál] 厖 非公式の, 私的な

extraordinariamente [ε(k)straɔrðinárjaménte] 剾 並外れて

extraordinario, ria [ε(k)straɔrðinárjo, rja] 厖 《英 extraordinary》❶ 並外れた, 途方もない;非常にばらしい: talento ~ 非凡な才能. memoria ~ria 並外れた記憶力. éxito ~ すばらしい成功. calor ~ 異常な暑さ. ❷ 臨時の, 特別の: ingreso ~ 臨時収入. junta general ~ 臨時総会. tren ~ 臨時列車
◆ 団 ❶ 途方もないこと: hacer un ~ 驚くべきことをやってのける;いつもと違ったことをする. ❷ [メニューにのっていない] 特別料理. ❸ [新聞などの] 特別版, 号外 [edición ~ria]
◆ 囡 ボーナス, 賞与

extraplano, na [ε(k)strapláno, na] 厖 超薄型の

extrapolar [ε(k)strapolár] 他 ❶ [既知の同様な事実から] 推論する, 《数学》外挿(補外)する. ❷ [法律・理論などを, +a に] 拡大適用する
　　extrapolación 囡 推定, 推論;外挿法

extrarradio [ε(k)strař̃ádjo] 団 町外れ;貧民街, スラム

extrarregional [ε(k)strař̃exjonál] 厖 域外の [↔intrarregional]

extrasensorial [ε(k)strasensorjál] 厖 [知覚が] 五感以外の, 超感覚の: percepción ~ 超感覚的知覚, ESP

extraterrestre [ε(k)strateř̃éstre] 厖 图 地球外の〔生物〕[↔terrícola];宇宙人

extraterritorialidad [ε(k)strateř̃itorjalidá(d)] 囡 治外法権

extravagancia [ε(k)straβaɣánθja] 囡 常軌を逸したこと, とっぴさ;非常識な言行: decir ~ とっぴ(むちゃ)なことを言う. ~ en el vestir 服装の奇抜さ

extravagante [ε(k)straβaɣánte] 厖 图 常軌を逸した〔人〕, とっぴな;法外な: Es un ~, que sale con una tan buena. こんな天気に外出するなんて, むちゃな奴だ. sombrero ~ 奇妙な帽子

extravasar [ε(k)straβasár] ~se 《医学》溢出(いっしゅつ)する, 溢血する

extravehicular [ε(k)straβeikulár] 厖 [宇宙船の] 船外の

extravertido, da [ε(k)straβertído, ða] 厖 图 《心理》外向性の〔人〕[↔introvertido]: carácter ~ 外向的な性格
　　extraversión 囡 外向性

extraviar [ε(k)straβiár] 他 他 《文語》❶ [道

に〕迷わせる；[人心を] 惑わす. ❷ 紛失する:
He extraviado mi bolso. 私のハンドバッグがどこ
かへいってしまった

~ la mirada 視線をさまよわせる，目がうつろで
ある

◆ **~se** ❶ 道に迷う，はぐれる；紛失する: *Me
extravié* en la montaña. 私は山で道に迷った.
❷ 正道を踏み外す，悪に染まる

extraviado, da 形 過分 1) 道に迷った；紛失
した: perro ~ 迷い犬. objetos ~s 遺失物.
ojos ~s 狂ったような目，うつろな目. 2) 人通り
の少ない (交通量) の少ない

extravío [ε(k)straβío] 男 ❶ 紛失. ❷ [主に
複] 正道を踏み外すこと，過ち: ~s de juven-
tud 若気の過ち. ❸ やっかい事，面倒

extrazonal [ε(k)straθonál] 形 域外の

extremado, da [ε(k)stremáðo, ða] 形
過分 ❶ [+名詞] 極端な；この上ない，最高の:
clima ~ 異常気象. ~da creación musical
最高の音楽作品. ❷《気象》大陸性気候の
  extremadamente 副 極度に

Extremadura [ε(k)stremaðúra] 女《地名》
エストレマドゥラ《スペイン南西部の自治州》

extremar [ε(k)stremár] 他《文語》極端にす
る: *Han extremado* la severidad. 彼らは厳し
くしすぎた. ~ las medidas de seguridad 治安
措置を徹底する

◆ **~se** [+en に] 丹精をこめる

extremaunción [ε(k)stremaunθjón] 女
《カトリック》終油の秘跡

extremeño, ña [ε(k)stremeɲo, ɲa] 形 名
《地名》エストレマドゥラ Extremadura の〔人〕

extremidad [ε(k)stremiðá(ð)] 女 ❶ 端，
先端: colgar un anzuelo en la ~ de un hilo
糸の先に釣り針をつける. la última ~ 死に際，
末期. ❷ 複 [胴に対して] 四肢，手足: ~es
inferiores (superiores) 下肢 (上肢)

extremismo [ε(k)stremísmo] 男 過激主義
  extremista 形 名 過激論者〔の〕，過激派〔の〕

extremo, ma [ε(k)strémo, ma] 形 [英
extreme]《最も》端の，先端の: sentarse
en el asiento ~ de un banco ベンチの端に座
る. punto ~ de una península 半島の突端.
❷ [主に+名詞] 極度の: caer en la ~ma
pobreza 極度の貧困に陥る. con ~ rigor あま
りにも厳格に. ~ma derecha (izquierda)《政
治》極右(極左). frío ~ 厳寒. ❸ [手段など
が] 極端な，行きすぎた: opinión ~ma 極端な
tomar medidas ~mas 過激な手段をとる

◆ 名《サッカー・ラグビー》ウィング: ~ cerrado タ
イトエンド. ~ defensivo ディフェンスエンド.
~ derecho (izquierdo) ライト(レフト)ウィング

◆ 男 ❶ 端: en el ~ de un bosque 森のはず
れに. ~ de la cola 行列の最後尾. Encontra-
rás el wáter al otro ~ del pasillo. トイレは
廊下の突き当たりにあるよ. ❷ 極端；頂点: Su
fatiga llegó hasta el ~ de no decir nada.
彼の疲労は極度に達して，口もきかなくなった.
Los ~s se tocan. 両極端は相通じる. pasar
(ir) de un ~ a otro 極端から極端へと走る. ❸
複 極端な手段(表現法): Hizo tales ~s de

dolor que me asustaba. 彼のあまりにも激しい
痛がりように私はびっくりした. Llegaron a los
~s cuando discutían. 彼らは議論していて行き
つくところまで行ってしまった(暴力に訴えてしまっ
た). ❹ 論点: explicar sin olvidar ningún
~ 一つ残らずポイントをおさえて説明する. ❺ 複
《数学》[比例式の] 外項

de ~ a ~ 始めから終わりまで

en (con・por) ~ [悪い意味で] ひどく，極度
に: Es idiota *en ~*. まったくばかなやつだ.
ponerse tenso *en ~* 極度に緊張する

en último ~ 万策尽きて，窮余の一策で

extremoso, sa [ε(k)stremóso, sa] 形 愛
情を大げさに表わす；過度の
  extremosidad 女 愛情表現が大げさなこと

extrínseco, ca [ε(k)strínseko, ka] 形 外
的な，外部からの〔↔intrínseco〕: circunstan-
cias ~cas 外的状況. causa ~ca 外因

extrovertido, da [ε(k)stroβertíðo, ða]
形 =extravertido
  extroversión 女 =extraversión

extrudir [ε(k)strudír] 他《金属・プラスチックな
どを》型から押出し成形する
  extrusión 女 押出し成形；《地質》[マグマの地
表への] 流出
  extrusor, ra 形 名 押出成形の〔業者〕

exudar [ε(k)sudár] 他 しみ出させる: El muro
exuda humedad. 壁から水気がしみ出ている

◆ 自 しみ出る
  exudación 女《医学》滲出(にじゅつ)
  exudado 男 滲出物(液)

exultar [ε(k)sultár] 自 大喜びする，有頂天に
なる
  exultación 女 歓喜

exvoto [ε(k)sβóto] 男《キリスト教》奉納物
《願をかけらず治った体の各部を表わす蠟細工. ex
voto とも表記する》

eyacular [ejakulár] 他《生理》射精する
  eyaculación 女 射精: ~ precoz 早漏

eyección [ejekθjón] 女 [←eyectar] ❶ 排
出，噴出. ❷《航空》パイロットの射出

eyectar [ejektár] 他 排出する，射出する

◆ **~se** 射出座席で脱出する
  eyectable 形 排出(射出)できる: asiento ~
《航空》射出座席，緊急脱出装置

eyector [ejektór] 男 ❶ 排出(射出)装置，エ
ジェクター: ~ de aire 排気装置. ❷《銃から空
薬莢をはじき出す》蹴子(ごうし)〔~ de tiro〕

-ez《接尾辞》[形容詞+. 名詞化. 性状] bri-
llant*ez* 輝き

-eza《接尾辞》[形容詞+. 名詞化. 性状] belle-
za 美しさ

ezpatadanza [eθpatadánθa] 女《男性が踊
る》バスク地方の民族舞踊

-ezuelo《示小接尾辞》port*ezuela* 小さな扉

F

f [éfe] 囡 アルファベットの第6字

f/ 《略語》←fecha 日付

fa [fá] 團《単複同形》《音楽》ファ, ヘ音: clave de ~ ヘ音記号

FAB 《略語》←franco a bordo 本船甲板渡し価格

fabada [fabáða] 囡《料理》[アストゥリアス地方の] インゲン豆と豚肉・ソーセージなどの煮込み

fábrica [fáβrika] 囡《英 factory》❶ 工場: trabajar en una ~ 工場で働く. ~ de aceite 製油所. ~ siderúrgica 製鋼所. ~ de azúcar: tener un defecto de ~ 製造上の欠陥がある. ❸ 石(煉瓦)の建造物: construcción de ~ 石造建築. muro de ~ 石塀, 煉瓦塀. ❹ でっちあげ: ~ de embustes 嘘をこしらえること. ❺ 教会財産

al pie de ~/de (en) 《商業》工場渡しの: precio de ~ 工場渡し価格, 製造原価

fabricación [faβrikaθjón] 囡 製造, 生産: ~ de automóviles 自動車の製造. defectuosa 欠陥製品. ~ casera 自家製の, 手作りの. ~ nacional (suiza) 国産(スイス製)の. reloj de su ~ 貴社製の時計. costo de ~ 製造コスト

fabricante [faβrikánte] 厖 图 製造する; 製造業者, メーカー: ~ de papel 製紙業者

fabricar [faβrikár] 他 他 ❶ 製造する: ~ neumáticos タイヤを生産する. fabricado en Japón 日本製の. ❷ 建造する: ~ una pared 壁を作る. ❸《比喩》作り上げる: ~ una fortuna 財を成す. ~ una mentira 嘘をでっち上げる. ~ su ruina 自ら破滅を招く

fabril [faβríl] 厖 製造[業]の: industria ~ 製造業

fábula [fáβula] 囡 ❶ 寓話; 寓話詩: ~s de Esopo イソップ寓話. colección de ~s 寓話集. ❷ 噂, ゴシップ, 作り話: Su historia es una ~. 彼の話はでっち上げだ. No te creas nada de eso; sólo es una ~. そんなことは何も信じるな. 噂話にすぎない. Él está siendo la ~ del pueblo. 彼は村で噂の的の(物笑いの種)になっている. ❸ 神話『mito』

de ~ 非常に品質(出来)がよい

fabular [faβulár] 自/他 作り話をする

fabulación [faβulaθjón] 囡《心理》空話(虚報)症

fabulista [faβulísta] 囲 寓話作家

fabuloso, sa [faβulóso, sa] 厖 ❶ 空想上の, 空想的な: país ~ 架空の国. ❷《口語》途方もない; 驚くべき, すばらしい: precio ~ 法外な値段. fortuna ~sa 莫大な財産. tener una memoria ~sa 驚異的な記憶力をもっている. Es francamente ~. それはまったくすばらしい

pasárselo ~ 楽々と過ごす

Fac. 《略語》←factura インボイス, 送り状

FAC 《略語》←franco al costado 船側渡し価格

faca [fáka] 囡 ナイフ (短剣) の一種『ロカット』; [船員などが使った] カトラス

facción [fa(k)θjón] ❶ 過激派, 暴力集団; [一般に] 派閥: ~ revolucionaria 革命派. ~ de motociclistas 暴走族. lucha entre facciones 派閥争い. ❷ 圈 顔だち, 容貌: tener (ser de) facciones nobles 高貴な顔だちをしている. ❸《軍事》estar de ~ 見張り(歩哨)に立つ

faccioso, sa [fa(k)θjóso, sa] 厖 ❶ 党派的の, 党派的な: luchas ~sas 派閥抗争. ❷ 反乱を起こす, 武装蜂起する: banda ~sa 暴徒, 叛徒. acto ~ 反逆行為
◆ 图 反逆者; もめごとを起こす人

faceta [faθéta] ❶ [事柄の] 面, 相: mirar el problema en todas sus ~s あらゆる角度から問題を考える. ❷ [多面体の] 面; [宝石の] 切り子面

facha [fátʃa] 囡 ❶ 容姿 [顔, 服装, 態度など総合的な印象]: Me gusta la ~ de esa chica. 私はその娘はいい感じだと思う. tener buena (mala) ~ 風采がよい(悪い). ❷ 不格好(醜悪)な人(物): Con ese traje estás hecho una ~. 君がその服を着ると変ちくりんだ. ❸《南米》=fachenda
◆ 厖 图《西. 軽蔑》ファシスト[の]『fascista』~ a ~ 面と向かって

ponerse en ~《船舶》ライツーする, 船首を風に向けて停船する; 《口語》態勢を整える

fachada¹ [fatʃáða] 囡 ❶《建物の》外面 [特に] 正面, ファサード『~ principal』: hotel con una ~ clásica 古風な構えのホテル. ~ de una iglesia 教会の正面. ❷《口語》うわべ, 外見: La prosperidad es pura ~. 繁栄はうわべだけだ. Tiene gran ~. 彼は堂々とした恰幅だ

con ~ a... …に面した: Esa ventana está con ~ a la calle. その窓は通りに面している

hacer ~ con... …に面している: La iglesia hace ~ con el mar. 教会は海の方を向いている

fachado, da² [fatʃáðo, ða] 厖 [bien-mal+] 外見(容貌)のよい・悪い

fachenda [fatʃénda] 囡 图《軽蔑》見栄, 半可通; 見栄っぱり, 通ぶった人

fachendear 自 見栄を張る, 通ぶる

fachendoso, sa 厖 見栄っぱりの, 通ぶった

fachinal [fatʃinál] 團《南米》沼地, 湿地

fachoso, sa [fatʃóso, sa] 厖 ❶ 不格好な,

見っともない. ❷《南米》気どった

facial [faθjál] 形 顔面の: nervio ~《解剖》顔面神経. técnica ~ 美顔術. ángulo ~《人類》顔面角
◆ 男[通貨などの]表示価格, 額面価格〖valor ~〗

facies [fáθjes] 女《単複同形》面貌; [地層の]相; [植物の]外観

fácil [fáθil] 形《英 easy. ↔difícil》❶ やさしい, 容易な: i) Es una cosa ~. 簡単なことだ/お安い御用です. Criticar es ~. 批判するのはたやすい. trabajo ~ 簡単な仕事. ii) [+de+不定詞] …しやすい, たやすく…する: problema ~ de resolver 容易に解決できる問題. El número no es ~ de recordar. その数字は覚えにくい. Es ~ de creer. 彼はすぐ信じてしまう. iii) [ser ~ que+接続法] Era ~ que consiguiera yo el permiso. 私が許可書を手に入れるのは簡単だった
❷ 安楽な, 気楽な: llevar una vida ~ 楽な生活を送る, のんきに暮らす. elegir un camino ~ 安易な道を選ぶ
❸ 付き合いやすい, 素直な: carácter ~ 素直な性格. niño ~ 手のかからない子
❹《軽蔑》[女性が] すぐ男の誘いに乗る, 尻軽な
❺ 器用な: versificador ~ 器用な作詩家
es ~ 1) それはありそうな(ありうる)ことだ. 2) [+que+接続法] Es ~ que venga hoy. 彼は今日来るかもしれない
◆ 副 容易に〖=fácilmente〗. ❷ [+数詞] 優に: Deben haber pagado ~ un millón de yenes. 彼らは少なくとも100万円は払ったに違いない

facilidad [faθiliðá(d)] 女 ❶ 容易さ, 自在さ: ~ de la operación 操作のしやすさ. Habla español con mucha ~. 彼はスペイン語がペラペラだ. Tiene mucha ~ para resfriarse (olvidar). 彼はすぐ風邪をひく(忘れっぽい). ❷ [自在にする]能力: tener ~ para los idiomas 語学の才能がある. mostrar gran ~ para la música 音楽にすぐれた才能を見せる. tener ~ de palabra 能弁である. ❸ 好機, チャンス: Ahora tengo ~ para cambiar de casa. 今が引っ越しするのにいい時機だ. ❹ 主に[ofrecer・obtener・dar など と]便宜; [便利な]設備: El gobierno nos dio toda clase de ~es para la investigación. 政府は研究のためのあらゆる便宜を図ってくれた. Ahí no había ~es para practicar deportes. そこにはスポーツをする設備がなかった. ~es de pago 分割払い. ~es de crédito 信用の供与. ❺《中米》交通機関

facilillo, lla [faθilíʎo, ʎa] 形 容易ならぬ, やっかいな

facilitar [faθilitár] 他 ❶ 容易にする: La nueva carretera facilitará mucho el viaje por la comarca. 新しい道路によってその地方の旅行が大変容易になるだろう. Me facilitó la solución. 彼は私の問題解決を助けてくれた. ❷《文語》[+a+人 に]供与する, …の便宜を与える: ~ el uniforme gratuitamente a los empleados 従業員に無料で制服を供与する. ~ la información 情報を提供する. Me han facilitado una entrevista con el profesor. 彼らは私に教授との面会の手はずを整えてくれた. ❸《南米》[実際に]容易だと判断する
~se [+a+人 にとって]容易である

facilitación 女 容易にすること; [便宜の]提供

fácilmente [fáθilménte] 副 容易に: Se enoja ~. 彼はすぐ怒る. Se puede hacer ~. それは簡単にできる

facilón, na [faθilón, na] 形 [曲が]覚えやすい, 低俗な

facineroso, sa [faθineróso, sa] 形 名 常習犯(の); [生来の]悪人; 悪ぶった(人)

facistol [faθistól] 男 [教会の]聖書台, 譜面台
◆ 形 名《中南米》うぬぼれ屋(の)

facochero [fakotʃéro] 男《動物》イボイノシシ

facón [fakón] 男《南米》[ガウチョの使う広刃の]短剣: pelar el ~ 剣のさやを払う; 宣戦する

facsímil[e] [faksímil(e)] 男 ❶ 複写, 複製. ❷ 写真電送, ファクシミリ〖emisor de ~s〗: servicios de ~ ファックスサービス

factible [faktíble] 形 実行できる, 実現できる: empresa ~ 実行可能な企て. No sueñes en imposibles y piensa en algo ~. 不可能なことを夢見ないで何か現実的なことを考えろ
factibilidad 女 可能性: estudio de ~ フィジビリティースタディー, 実行可能性(採算性・企業化可否)調査

facticio, cia [faktíθjo, θja] 形《まれ》人為的な, 人造の: necesidades ~cias 作られた需要. ideas ~cias《哲学》形成観念

fáctico, ca [fáktiko, ka] 形《文語》現実に根ざした; 実権のある: poderes ~s [実権を持つ]当局, その筋

factitivo, va [faktitíßo, ßa] 形《文法》作為の: verbo ~ 作為動詞

factor [faktór] 男 ❶ 要因, ファクター: ~ alcista (bajista) [相場の]強(弱)材料. ~ decisivo 決定的要因. ~ externo 外的要因. ~ humano 人的要因. ~ de producción 生産要素. ❷《数学》因数: ~ común 共通因数. ~ primo 素因数. ❸《物理》係数, 率: ~ de seguridad 安全率(係数). ❹《生物》因子: ~ Rh (Rhesus) Rh因子. ❺ 代理業者, 仲買人,《鉄道》荷物取扱係;《古語》[陸軍の]補給係将校. ❻《歴史》[領主などの]代理商人

factoría [faktoría] 女 ❶《←英語》工場〖=fábrica〗; コンビナート. ❷《歴史》在外商館; 交易場; 代理業

factorial [faktorjál] 女/男《数学》階乗
◆ 形 因数の

factorización 女 因数分解

factorizar 9 他 因数分解する

factótum [faktótum] 男 雑用係; 執事, 召使い頭; 腹心; 出しゃばりの人

factual [faktwál] 形 事実の: comprobación ~ 事実確認

factura [faktúra] 女 ❶ 請求書, 勘定書

enviar la ～ de la reparación 修理代の請求書を送る. ❷《商業》インボイス，送り状『～comercial』: extender una ～ インボイスを作成する. libro de ～s 仕入れ帳. ～ consular 領事送り状. ～ pro forma 買付け見積り送り状. ❸《文語》[美術品などの]出来上がり具合い，様式: de buena ～ 出来ばえのよい. de ～ clásica 古典様式の

pasar ～ a+人 …に請求書を送る;《比喩》つけを回す: Sus excesos le están *pasando* ～. 彼は不摂生のつけが回ってきている

facturar [fakturár] 他 ❶ [料金などを]請求する: Le *facturo* los libros, pero no los gastos de envío. 本代は請求しますが，送料は無料です. ❷ …のインボイスを作成する，送り状に書き込む. ❸《交通》[目的地まで，荷物を]預ける，託送手荷物(貨物)にする; チェックインする. ❹ [＋金額] 売上高が…になる

facturación 囡 1) インボイスの作成. 2) 託送手荷物にすること; チェックイン. 3) 売上高: ～ global 総売上げ

fácula [fákula] 囡《天文》[太陽の]白斑

facultad [fakultá(d)] 囡《英 faculty》❶ [肉体的・精神的な]能力，機能; [主に 複] 才能，天分: ～ de pensar 思考能力. perder la ～ de andar 歩行機能を失う. perder las ～es mentales 知能を失う，頭がぼける. Ese pintor no tiene ～es. その画家は才能がない. ❷ 権限，権利; 資格;《宗教》権能: tener ～ de disponer sus bienes 財産の処分権がある. tener ～ para imponer multas 罰金を科する権限を与えられている. dar ～es para enseñar 教授資格を与える. ❸ [主に 複] 大学の] 学部 [機関，建物]: F～ de Medicina 医学部. ❹ [学部を構成する]教授団

facultar [fakultár] 他《文語》[＋para+不定詞…する] 許可を…に与える: Este título le *faculta para* ejercer la medicina. この資格によって彼は医療行為をすることが許される

facultativo, va [fakultatíβo, βa] 形 ❶ 任意の『↔obligatorio』: asignatura ～*va* 選択課目. asistencia ～*va* 出席随意. ❷ 学部の; [公務員が] 専門職の，技術職の: carrera ～*va* 専門課程. título ～ 学部卒の資格. término ～ 専門語. ❸《文語》医師の: cuerpo ～ 医師団. parte ～ 病状報告(書)
◆ 图 医師『médico』

facundia [fakúndja] 囡 多弁，能弁: tener ～ 口が達者である

facundo, da 形 多弁(能弁)な

fading [féiðiŋ] 囲《←英語》《電気》フェージング;《自動車》使いすぎてブレーキが利かなくなる現象

fado [fáðo] 囲 ファド『ポルトガルの民謡』

faena [faéna] 囡 ❶ [肉体的な]労働，作業: ～s del campo 畑仕事. ～s de casa 家事. ～ de ganado 畜殺，屠畜. tener mucha ～ たくさん仕事がある，忙しい. ❷ 卑劣な手口: hacer una ～ a+人 …に対して汚い手を使う. ¡Vaya (Qué) ～! 何て汚いやり口だ. ❸《闘牛》[マタドールの]かわしから刺殺までの一連の技『～

torera』. ❹《中米》農園での時間外労働

meterse en ～ 働き始める

faenar [faenár] 自 [主に漁船が]操業する; 働く
◆ 他《南米》畜殺する: ～ un pollo 鶏を締める

faenero, ra 厖《南米》海で操業する(者)

faetón [faetón] 囲 4人乗りの旧式オープンカー; 軽4輪馬車『ロカット』

fagáceas [faɣáθeas] 囡 複《植物》ブナ科

fagocito [faɣóθito] 囲《生物》食細胞

fagocitar 他 食菌する;《文語》吸収[合併]する

fagocitosis [faɣoθitósis] 囡《単複同形》《生物》食菌作用

fagot [faɣót] 囲《楽器》バスーン，ファゴット
◆ 图 その奏者

FAI [fái] 囡《歴史. 略語》←Federación Anarquista Ibérica イベリア・アナーキスト連合

fainá [fainá] 囡《南米. 料理》エジプト豆の粉をまとめ焼いたもの『ピザのつけ合わせ』

fair-play [férplei] 囲《←英語》フェアプレー

faisán [faisán] 囲《鳥》キジ(雄)

faja [fáxa] 囡 ❶《服飾》ガードル: ponerse ～ ガードルをつける; 帯を締める. ～ braga パンティガードル. ～ pantalón ロングガードル. ❷《服飾》帯; [軍人などの]綬，懸章: ～ abdominal (de embarazo) 妊婦帯. ❸ [書物などの]帯: poner la ～ a un periódico 新聞に帯封をする. ❹ 帯状に伸びた土地，地帯『～ de terreno』: ～ desértica 砂漠地帯. ～ intermedia 中央分離帯. ❺《紋章》フェス. ❻《建築》帯状面，ファシア; [窓などの]平らな面

fajar [faxár] 他 ❶ …に帯をする; 帯封する: ～ los libros 本に帯をかける. ❷《中南米》殴る; 襲う
◆ ～se《中米》[仕事・勉強を]張り切って始める; 殴り合いのけんかになる; [＋con を]襲う

fajada 囡 攻撃，襲撃

faje [fáxe] 囲《中米》《口》[主に 複]ペッティング

fajín [faxín] 囲 [将軍などがつける絹の]飾り帯

fajina [faxína] 囡 ❶ [脱穀場に積まれた麦の]束; 小割りにした薪. ❷《軍事》食事ラッパ. ❸《中米》時間外労働. ❹《南米》急ぎの肉体労働: ropa de ～ 作業着
con uniforme de ～《南米》疲れた様子で

fajo [fáxo] 囲 ❶ [薄い・細い物の]束: ～ de billetes 札束. ～ de leña 薪の束. ❷ 複 産着(ぎ)

fajón [faxón] 囲《建築》[窓・扉などの]しっくい枠

fakir [fakír] 囲 ＝**faquir**

falacia [faláθja] 囡《←falaz》ごまかし，偽り: La declaración está plagada de mentira y ～. 供述は嘘と偽りで固められている. con ～ ごまかして. ～ patética 感傷的虚偽，無生物の感情表現

falange [faláŋxe] 囡 ❶《古代ギリシア》歩兵方陣；[おびただしい数の] 軍隊, 軍団. ❷ ファシスト組織；[F～] ファランヘ党 [フランコ将軍の体制を支えた国粋主義政党]；同志の集まり, 結社. ❸《解剖》指骨

falangeta 囡 [指の] 末節骨

falangina 囡 [指の] 中節骨

falangio [faláŋxjo] 男《昆虫》ザトウムシ, メクラグモ

falangista [falaŋxísta] 形 图 ファランヘ党 Falange の [党員]

falangismo 男 ファランヘ主義

falansterio [falanstérjo] 男 ファランステール [空想社会主義者フーリエ Fourier の提唱した生活共同体]

falaz [faláθ] 形 [複 ～ces] ごまかしの, 偽りの：razonamientos *falaces* もっともらしい論証, 詭弁

falcata [falkáta] 囡 イベリア人が使った鉄製の湾曲刀

falciforme [falθifórme] 形 鎌のような形の

falda [fálda] 囡《英 skirt》❶《服飾》スカート：ponerse (llevar) la ～ スカートをはく(はいている). ～ de capa フレアースカート. ～ de tubo タイトスカート. ～ larga ロングスカート. ～ pantalón キュロットスカート
❷ [女性の] ひざ [regazo]：Tenía un niño en la ～. 彼女は子供をひざにのせていた
❸ 山腹, 山すそ [pie より上]
❹《服飾》[主に 複] すそ：～s de la sotana 僧服のすそ
❺《料理》肋肉, ブリスケ [⇒carne カット]
❻ 複 ベッドのへりに飾る掛け布, ヴァランス；こたつ mesa camilla の掛け布
❼《口語》女性たち：En este asunto hay ～s de por medio. この事件の陰には女がいる. ser aficionado a las ～s/andar siempre entre ～s 女好きである. asunto (cuestión) de ～s 女性問題, 色恋沙汰
estar pegado (cosido) a las ～s [＋de＋女性 の] 言いなりである, 意気地がない
haberse criado bajo las ～s de mamá 過保護に育てられる

faldellín [faldeʎín] 男《服飾》長いスカートの上に重ねて着る短いスカート；[中南米] 洗礼式用のベビー服

faldeo [faldéo] 男《南米》山腹

faldero, ra [faldéro, ra] 形 男 ❶ 女好きの [男]. ❷ niño ～ 母親っ子

faldillas [faldíʎas] 囡 複 ＝**faldón**

faldón [faldón] 男 ❶ [衣服・カーテンなどの] たれ, すそ：Lleva los *faldones* de la camisa fuera del pantalón. 彼はワイシャツのすそがズボンから出ている. *faldones* de un frac フロックコートの尾. ❷ [洗礼式用の] ベビー服. ❸《自動車》泥よけフラップ. ❹《建築》切妻
agarrarse (asirse) a los faldones de＋人 …の保護を求める；…の言いなりになる

faldriquera [faldrikéra] 囡 ＝**faltriquera**

falena [faléna] 囡《昆虫》シャクガ

falencia [falénθja] 囡《中南米》破産

falible [falíble] 形 ❶ 誤りに陥りやすい；誤りを免れない：Toda persona es ～. 人は誰でも間違えるものだ. ❷ 故障しやすい；故障し得る

falibilidad 囡 誤りに陥りやすいこと

fálico, ca [fáliko, ka] 形 陰茎の；男根崇拝の：culto ～ 男根崇拝

falismo [falísmo] 男 男根崇拝

falla [fáʎa] 囡 ❶ [物の] 傷, 欠陥：La aleación tenía alguna ～. 合金に何らかの欠陥があった. ❷《地質》断層：～ sismográfica 活断層. ❸《服飾》[婦人用の] 頭巾；《中米》[幼児用の] ボンネット. ❹ バレンシア地方のサン・ホセの火祭りに使う張り子の大人形 [⇒写真]；複 その火祭り [F～s de Valencia]

fallar [faʎár] 他 ❶ [賠審員・審査員が] 裁決する：～ una sentencia 判決を下す. ～ un premio literario 文学賞 [の受賞者] を決定する. ❷ …に失敗する：～ un examen 試験に落ちる. ～ el golpe 狙いを外す, ミスショットをする
◆ 自 ❶ 裁決する：*Fallaron* a su favor (en su contra). 彼に有利(不利)な裁定が下された. ❷ 壊れる, だめになる：*Fallaron* los cimientos y se ladeó la casa. 土台が崩れて家が傾いた. *Fallaron* los frenos. ブレーキがきかなかった. Últimamente me *falla* la memoria. 私は最近記憶力が衰えた. ❸ 失敗する, 挫折する：Muchas veces *fallan* nuestros intentos. 我々の企てはしばしば失敗する. Cuéntalo con cuidado para no ～. 間違えないように注意して数えなさい. *Han fallado* las flores. 花が [実を結ばずに] 散った. ❹ [期待・予想が] 外れる：*Han fallado* los pronósticos. 天気予報が外れた. ❺ [＋a＋人 を] 裏切る：Nunca me imaginaba que me *fallaran* mis amigos. 私は友達に裏切られるとは夢にも思わなかった. ❻ [否定文で] 必ず…する：Viene cada semana sin ～. 彼は毎週欠かさずやって来る. ❼《トランプ》[組札がなくて] 切り札を出す

falleba [faʎéba] 囡 [両開きの窓・扉の] 締め金具, クレモン錠

fallecer [faʎeθér] 自 [新聞など公式の表現で] 亡くなる, 逝去する：El señor J. Pérez *falleció* el 6 de junio a los ochenta años. J. ペレス氏は6月6日80歳で亡くなった

fallecido, da 形 图 過分 死亡した, 故人

fallecimiento 男 死亡, 逝去

fallero, ra [faʎéro, ra] 形 火祭り Fallas [に使う大人形] の
◆ 图 火祭りに参加する人

◆ 囡 [F~ra] その祭りの女王 〖F~ra mayor〗

fallido, da [faʎíðo, ða] 厖 ❶ 失敗した, 期待に反した: La cosecha de uvas ha resultado muy ~*da*. ブドウの収穫は〔予想外に〕ひどかった. Al fin todos eran esfuerzos ~*s*. 結局すべて空しい努力だった. empresa ~*da* 挫折した企て. esperanzas ~*das* 裏切られた期待. ❷《商業》回収できない: crédito ~ 貸倒れ金. letra de cambio ~*da* 不渡り手形. Una gran cantidad está ~*da*. 大金がこげついている

◆ 图 破産(倒産)の. ◆ 團 破産

fallo [fáʎo] 團 ❶《←fallar》裁決, 判決: emitir un ~ 判決を下す. ~ de un concurso músico 音楽コンクールの審査〔結果の発表〕. ❷《西》i) 欠落, 欠陥: Hay ~*s* en la fila de columnas. 列柱に欠けた個所がある. Este examen no tiene ni un ~. この試験は満点だ. tener ~*s* de memoria 記憶に欠落がある. ~ de un motor エンジンの欠陥. ii) 失敗: Establecer la nueva sucursal fue un ~. 新しい支店を出したのは失敗だった. Fue una recepción que no tenía ~. そつのない接待だった. ❸《トランプ》手に組札がないこと: Tengo ~ a espadas. 私はスペードを持っていない. ❹《情報》エラー, バグ

falluto, ta [faʎúto, ta] 厖《南米》不誠実な, 二枚舌の; 失敗した

falo [fálo] 團《文語》陰茎〖pene〗; 男根像〖生産力の象徴〗

falocracia 囡 [公的な場での]男性優位

falsario, ria [falsárjo, rja] 厖 图 嘘つき(の)

falsear [falseár] 他 ❶ [事実を]歪める: ~ la verdad 真実を歪曲する. ~ el pensamiento del autor 作者の考えを曲解する. ~ una declaración 虚偽の陳述を行なう. ❷ 偽造する 〖falsificar〗. ❸《建築》斜角をつける

◆ 圁 ❶ 弱まる: La columna *falsea*. 柱がもろくなっている. ❷《音楽》調子外れの音を出す

falseador, ra 囡=falsario

falseamiento 團 歪曲

falsedad [falseðá(ð)] 囡 虚偽; 偽造: decir ~*es* 偽りを言う. ~ en documento público 公文書における虚偽の記述. ~ personal 氏名詐称

falsete [falséte] 團 ❶《音楽》裏声, ファルセット: cantar en ~ 裏声で歌う. ❷《古語》部屋をつなぐドア; 隠し扉. ❸ [樽の]木栓

falsía [falsía] 囡《軽蔑》[主に]虚偽; 偽善

falsificar [falsifikár] 他 偽造する, 変造する: ~ moneda 貨幣を偽造する. ~ documentos oficiales 公文書を偽造する. ~ la firma 署名を偽る. ~ una obra de arte 美術品の偽物を作る. ~ el vino ワインに混ぜ物をする

falsificación 囡 偽造; 偽物, 偽造品

falsificador, ra 厖 图 偽造者(の)

falsilla [falsíʎa] 囡 下敷き罫紙〖㌂〗

falso, sa [fálso, sa] 厖〖英 false. ↔verdadero〗❶ 偽りの, 虚偽の: ~*sa* alarma 間違い(いたずら)の警報. rumor ~ あらぬ噂, デマ.

médico ~ 偽医者. ❷ 偽造の, 模造の: Este Miró es ~. このミロ〔の絵〕は偽物だ. bigote ~ 付けひげ. billete ~ 偽札. diente ~ 義歯. fondo ~ 二重底. nombre ~ 偽名. perla ~*sa* 模造真珠. puerta ~*sa* 秘密のドア, 隠し扉. ~*sa* membrana 偽膜. ❸ 当てにならない, 信用できない: ~*sa* alegría ぬか喜び. ~*sa* esperanza 空頼み. ~*sa* modestia 見せかけの慎ましさ. ~*sa* reputación 虚名. ~ amigo うわべだけの(不誠実な)友人. ❹ [主に+名詞. 動作が]適切でない: ~*sa* maniobra 誤った操作. hacer un ~ movimiento 無理な体の動きをする. ❺ 弱い, もろい. ❻《音楽》調子の狂った: nota ~*sa* 調子外れの音

en (**de・sobre**) ~ 1) 偽って: jurar en ~ 偽誓(証)する. envidar en ~ はったりをかける. 2) [動作が]誤って: dar un golpe en ~ 空振りする. 3) うわべだけ: edificar en ~ 基礎を固めずに建てる. La herida se cerró en ~. 傷は表面だけふさがった. Esta ventana cierra en ~. この窓はきちんと閉まらない. La mesa está en ~. そのテーブルは安定が悪い

más ~ que Judas 偽善者の, 猫かぶりの

◆ 图 嘘つき

◆ 團《服飾》補強布, 裏地

falta¹ [fálta] 囡〖英 lack; fault, mistake〗❶ [+de の] 欠如, 不足: En el campo hay ~ de brazos. 田舎は人手不足だ. Tenemos ~ de tiempo. 私たちは時間がない. La ~ de dinero no me permitió viajar. 金がなくて私は旅行に行けなかった. suplir la ~ de un jugador 選手の穴を埋める. ~ de agua 水不足. ~ de cortesía 無礼, 礼儀知らず. ~ de disciplina しつけ不足. ~ de pago 不払い ❷ 不在; 欠席, 欠勤: Nadie notó tu ~. 君がいないことに誰も気づかなかった. Ayer había dos ~*s*. 昨日は欠席(欠勤)が2人いた. Ya ha tenido dos ~*s* este mes. 彼は今月もう2回も休んだ. Le pusieron ~. 彼は欠席(欠勤)扱いにされた ❸ 欠点, 欠陥: prendas con ~ 傷物の衣料品. persona sin ~*s* 欠点のない人 ❹ 誤り, 間違い: cometer una ~/incurrir en ~ 間違いをする; 過ち(違反・反則)を犯す. ~ de ortografía 綴りの間違い. ~ de imprenta ミスプリント. lleno de ~*s* 誤りだらけの. Tienes dos ~*s* en la traducción. 君は2か所訳を間違えている ❺ 過ち, 過失;《法律》違反: Es ~ tuya. それは君の落ち度だ. ~ grave 重大な過ち ❻《スポーツ》i) 反則, フォールト, ファウル: hacer una ~ 反則を1回犯す. doble ~《テニス》ダブルフォールト. ~ de pie [ラインから足が出る]ファウル. ii) フリーキック, フリースロー: sacar una ~ フリーキックする ❼《商業》~ de aceptación (de pago) 引受け(支払い)拒絶 ❽《医学》無月経: estar embarazada de tres ~*s* 妊娠3か月である

a ~ de... 1) …がないので〖por ~ de...〗; …がなければ. 2) [estar+]あと…だけでよい: El

vestido está *a* ~ *de* pegar los botones. ド
レスはあとボタンをつけるだけだ. 3) [＋時間] …
前に: *a* ~ *de* un minuto para salir 出発の
1 分前に

caer en ~ 誤りを犯す；義務を果たさない

coger en ~ *a*＋人 …の過ちの現場をおさえる

echar＋物 ***en*** ~ …がない〔ことに気づく・ことを
寂しく思う〕《時に ＋人》: Ella no *echó en* ~
el collar. 彼女はネックレスがないことに気づかな
かった

hacer ~ 《英 need》必要である: i) Hacen
~ dos sillas aquí. ここに椅子が 2 つ足りない.
Usted me *hace* mucha ~. 私にはあなたがぜひ
必要です/あなたがなくて大変寂しい. Me *ha-
cen* ~ unos meses para terminarlo. 私はそ
れを終えるのに数か月かかる. ii) [＋不定詞/
que＋接続法] …しなければならない: *Hace* ~
tener (*que* tengamos) paciencia. 辛抱強く
なければならない. *Hace* ~ estar loco para
gastar ese dinero. その金を使ってしまうなんて
頭がどうかしているに決まっている

no hacer ~＋不定詞 …しなくてもよい, …するに
は及ばない

notar la ~ *de...* …がないのを残念に(寂しく)
思う: *Noto* mucho *la* ~ *de* mi madre. 私
は母がいなくて(死んで)大変寂しい

poner＋人 ~ を欠席(欠勤)扱いにする

por ~ *de...* …がないので: *Por* ~ *de* dinero
no puedo comprarlo. 私は金がなくて買えない

sacar (***poner***) ~*s a...* …のあら探しをする,
難癖をつける

sin ~ 必ず, 確かに: Pase usted por mi casa
sin ~. 必ず家に寄ってください

faltar [faltár] 自 《英 lack, miss》 ❶ [事物
が主語] …がない, 不足している: i)
En el libro *faltan* 16 páginas. この本は 16 ペー
ジ抜けている. *Falta* el dinero de la caja. 金庫
の金がなくって(盗まれて)いる. no ~ no so-
brar 過不足ない. En la comida medite-
rránea no *faltan* vino, aceite de oliva y
mariscos. 地中海料理にワインとオリーブ油と魚
貝類は欠かせない. ii) [＋a＋人 にとって] Nos
falta dinero. 私たちには金がない. Le *faltó*
tiempo para escribirte. 彼は君に手紙を書く
暇がなかった. Sólo nos *falta* convencer al
padre. あとは父を説得するだけだ

❷ [時間/距離など＋, ＋para＋名詞・不定詞・que＋
接続法 まで] まだ残っている: *Faltan* tres se-
manas *para* Navidad. クリスマスまであと 3 週
間だ. *Falta* aún tiempo *para* la llegada del
autobús. バスが来るまでまだ間がある. *Falta*
poco *para* el mediodía. 正午までに間がない/も
うすぐ正午だ. Nos *faltaban* unos kilómetros
para llegar al pueblo. 村まではまだ何キロもあっ
た. *Faltan* algunas semanas *para que* con-
cluya su suscripción. あなたの定期購読が切れ
るまであと数週間です. ❸ [人が主語. ＋por＋不
定詞] まだ…することが残っている: *Faltan por*
pintar las puertas. ドアにはまだペンキを塗らなけ
ればならない

❹ [＋a に] 欠席する, 欠勤する；[＋de に] 不在

である；死ぬ: Ese profesor (estudiante)
falta mucho *a* clase. その先生(学生)はよく授
業を休む. ~ *a* la oficina 欠勤する. Hace un
mes que *falta de* Madrid. 1 か月前から彼はマ
ドリードにいない. ¿Qué será de él cuando *falte*
su madre? 母親が死んだら彼はどうなるだろう

❺ [＋a 約束・信頼などに] 背く: No *faltes a* la
cita. 約束の場所に必ず来いよ. Le *faltó a* su
profesor. 彼は先生に敬意を払わなかった.
Nunca *falta a* su mujer. 彼は決して浮気をしな
い. ~ *a* su promesa 約束を破る. ~ *a* un
deber 義務を怠る. ~ *a* la confianza 信頼を
裏切る. ~ *al* honor 名誉を傷つける

❻ [＋en に] 怠る: *Faltaba en* el auxilio de
su compañero. 彼は仲間を助けるのを怠った

❼ [道具が] 欠陥ある: *Faltó* la escopeta.
銃は不発だった. *Faltó* la cuerda. 紐がゆるんで
しまった

falta poco (***nada***) ***para***＋不定詞・***que***＋接
続法 もう少しで…するところである: Le *faltó*
poco para caerse (*para que* se cayera). 彼
はあやうく転ぶところだった

falta por saber (***ver***)... …は疑わしい:
Falta por saber si la finca es suya. その別
荘が彼のか知れたものではない

falta que＋接続法 …しなければならない: *Falta*
que lo ensayes. 君はそれをテストする必要があ
る

lo que faltaba さらに悪いことには: *Lo que*
faltaba, se ha roto la pierna. その上泣き面に
蜂で, 彼は脚を折ってしまった. ¡*Lo que falta-*
ba! 泣き面に蜂だ!

no falta más (***sino***) ***que***＋接続法 …とはとん
でもない；…したらどうしよう: *No falta* (*falta-*
ría) *más sino que* se nos apague la luz
ahora. 今停電するなんてもっての外だ(停電した
らどうしよう)

¡no faltaba (***faltaría***) ***más!*** 《承諾》もち
ろんどうぞ!: ¿Puedo usar el teléfono?—¡*No*
faltaba más! 電話を使っていいですか?—もちろ
ん!

por si faltaba algo その上, おまけに；さらに
悪いことには

¡sólo faltaba (***falta***) ***eso!*** まったく最悪だ!

falto, ta² [fálto, ta] 形 [estar＋, ＋de が] な
い, …を必要とする: Estaba ~ *de* recursos. 彼
は資金不足だった. ~ *de* amabilidad 優しさの
ない

faltón, na [faltón, na] 形 ❶ 規律をよく破る；
遅刻(欠席・欠勤)の多い. ❷ 無礼な

faltriquera [faltrikéra] 女 《服卸》ポシェット；
ポケット 《bolsillo》: rascar[se] la ~ ポケット
を探る, 金を出す

falúa [falúa] 女 小艇, ランチ

falucho [falútʃo] 男 沿岸航行用の小型三角
帆船

fama [fáma] 女 《英 fame》 名声；評
判: adquirir (conquistar・con-
seguir・ganar) buena ~ 名声を博する.
echarse mala ~ 悪評を受ける. tener
(llevar) buena (mala) ~ 評判がよい(悪い).

Ella tenía mala ～. 彼女は身持ちがよくないという噂だった. abogado de buena (mala) ～ 評判のよい(悪い)弁護士. Cobra (Cría) buena ～ y échate a dormir.《諺》いったん名声を得ると努力しなくてもそれを維持できる. Unos tienen (cobran) la ～ y otros cardan la lana.《諺》自分の苦労が他人の名声になってしまうことがよくある/名声を得た人がすべてそれに値するとは限らない

dar ～ a... …を有名にする

de ～ 名高い: político **de ～** 名高い政治家. playa **de ～** mundial 世界的に有名な海岸

lanzar... a la ～ …を有名にする

ser ～ que+直説法 …という噂である: Es ～ que el séquito pasa por esta calle. 一行はこの道を通るそうだ

tener ～ de... …という噂である: El niño tiene ～ de mentiroso. その子は嘘つきだという噂だ

tener mucha ～ 大変評判がよい: La obra tiene mucha ～ entre los especialistas. その作品は専門家の間で大変好評だ

famélico, ca [faméliko, ka] 形 [estar+] 飢えた, やせこけた

familia [famílja] 女 《英 family》 ❶ 家族, 家庭; 妻子, 子供: ¿Cuántos son ustedes en (de) ～?—Somos seis 〔en・de ～〕. ご家族は何人ですか—6人〔家族〕です. Recuerdos a su ～. ご家族の皆さんによろしく. Usted es (como) de la ～. くつろいでください/どうぞ, お楽に. formar una ～ 家庭を作る, 所帯を持つ. abandonar a su ～ 家族を捨てる. tener mucha ～/cargar[se] de ～ 子供がたくさんである. deshonrar a su ～ 家名を落とす. libro de ～ 家族手帳〔結婚の時に支給され, 子供の出生などを記録する〕. la ～ López ロペス一家. ～ extensa 拡張(複合)家族. ～ monoparental 片親の家族. ～ nuclear (conyugal) 核家族. ～ numerosa《文語》大家族/《西》4人以上の子供のいる家族〔公的扶助がある〕

❷ 親族, 一族: En Navidad se reúne en casa del abuelo toda la ～. クリスマスには親族中が祖父の家に集まる. ser de buena ～ 良家の出である. noble ～ 貴族. gran ～〔権力を持つ〕大一族, 大家 ❸ 集団, グループ: gran ～ humana 人類. ～ espiritual 思想グループ. ～ de los aficionados 愛好家のグループ ❹《言語》語族: ～ de lenguas románicas ロマンス語族 ❺《生物》科: ～ compuesta キク科

en ～ 家族〔水入らず〕で; 親しい者だけで;《皮肉》少人数で: Estuvimos **en ～**. 内輪の者しかいなかった. resolver **en ～** 内々で解決する

tener un parecido de ～ よく似ている

venir de ～ 血統から来ている, 血筋である

familiar [familjár] 形 《英 family》 ❶ 家族の, 家庭の: casa ～ 家族の住居, 民家. circunstancias ～es 家族の状況. lazos ～es 家族のきずな. rasgo ～ 一家の〔遺伝的な〕特徴.

vida ～ 家庭生活. Pensión completa y trato ～.三食付き,家族的な待遇. ❷ 打ち解けた; くだけた: Es demasiado ～ con su jefe. 彼は上司に対してなれなれしすぎる. tono (expresión) ～ くだけた調子(表現). ❸ [+a+人] 人にとって〕身近な; 慣れた, 熟知(習熟)した: problema ～ 身近な問題. ejemplo ～ 手近な例. paisaje ～ 見慣れた景色. Esa música me es poco ～. その音楽は聞き慣れない. El inglés le es muy ～. 彼は英語はお手のものだ. ❹ ファミリーサイズの. ❺《言語》lenguaje ～ くだけた言葉, 俗語

tener un parecido ～ よく似ている

◆ 名 親戚 〖pariente〗; 仲間: visitar a un ～ ある親戚を訪ねる

◆ 男 ❶《西. 自動車》ファミリーカー 〖coche ～〗. ❷ 守り神 〖demonio ～〗

familiaridad [familjaridá(d)] 女 ❶ 親しさ: con ～ 気さくに; なれなれしく. ❷《軽蔑》なれなれしい態度: tomar ～es con+人 …になれなれしくふるまう

familiarizar [familjariθár] 他 [+con に] 慣れさせる

◆ **～se** 慣れる: ～se con la nueva máquina (el nuevo profesor) 新しい機械に慣れる(先生になじむ)

famoso, sa [famóso, sa] 形 《英 famous》 ❶ [ser+. + por で] 有名な, 名高い 〔願 famoso は良い場合も悪い場合も, célebre は主に良い場合, notable は主に良い場合, notorio は主に悪い場合〕: Es ～ por su sabiduría. 彼は物知りなことで有名だ. Ese lugar ha sido tristemente ～. そこは悪い意味で有名になってしまった. marca ～sa 有名な銘柄. escritor ～ 著名な作家. ❷《口語》[+名詞] 話題の; 驚くべき: Siempre nos hace reír con sus ～sas ocurrencias. 彼の出来事にはいつも笑わされる. Es un ～ borracho. 彼はとんでもない大酒飲みだ

◆ 名 有名人, 著名人

fámulo, la [fámulo, la] 名《古語》[主に修道院の] 召使, 下僕; お手伝い, 女中

fan [fán] 名《複》～s《←英語》〔歌手などの〕ファン

fanal [fanál] 男 ❶ [ほこりよけの] ガラスケース; 〔ろうそくの〕風よけガラス. ❷ [船・港の] 標識灯, 舷灯; [機関車の] 灯火

fanático, ca [fanátiko, ka] 形 熱狂的な; 狂信的な: Es un creyente ～. 彼は熱狂的な信者だ

◆ 名 狂信者; [+de の] 熱烈な愛好者, ファン

fanatismo 男 熱狂; 狂信〔的行為〕

fanatizar 他 熱狂させる; 狂信的にする

fandango [fandáŋɡo] 男 ❶ ファンダンゴ〔ギター・カスタネットを伴ったスペインの伝統的で陽気な踊り・歌〕. ❷《口語》大騒ぎ, 大混乱

fandanguillo 男 ファンダンゴに似た踊り(歌)

fané [fané] 形《南米》盛りを過ぎた; しおれた, しなびた

faneca [fanéka] 女 地中海産のタラに似た魚

fanega [fanéɡa] 女 [穀類・豆類の容量単位]

F

ファネガ〖=55.5 リットル. 地方によっては =22.5 リットル〗= de tierra 1 ファネガの種をまく面積〖=約 64 アール〗

fanegada 囡 1) =**fanega** de tierra. 2) a ～s 豊富に

fanerógamo, ma [fanerógamo, ma] 《植物》顕花の
◆ 囡 《植》顕花植物

fanfarria [fanfárrja] 囡 ❶《音楽》ファンファーレ〔を演奏する楽隊〕. ❷《軽蔑》虚勢, からいばり

fanfarrón, na [fanfarrón, na] 形 名《軽蔑》虚勢を張る〔人〕, からいばり屋〔の〕
fanfarronada 囡 虚勢, からいばり
fanfarronear 自 虚勢を張る, からいばりする; ほらを吹く
fanfarronería 囡 虚勢, 虚栄

fangal [faŋgál] 男 ぬかるみ, ぬかるんだ所

fango [fáŋgo] 男〔主に道路の〕泥, ぬかるみ: i) Las calles están intransitables por el ～. 道はぬかるんでいて通れない. colada de ～ 泥流. ii)《比喩》La quiebra de su empresa le cubrió de ～. 会社の倒産で彼は泥をかぶった. salir del ～ 泥沼のような〔堕落した〕生活から抜け出す

fangoso, sa [faŋgóso, sa] 形 泥のような, ぬかるんだ: camino ～ どろんこ道

fantasear [fantaseár] 自 ❶ 空想にふける, 夢想する. ❷ [+de] …であるとうぬぼれる, …を気どる: ～ de rico 金持ち気どりである
◆ 他 夢みる: Fantasean grandezas. 彼らは栄光を夢みている
fantaseo 男《中南米》空想すること

fantasía [fantasía] 囡《英 fantasy》❶ 空想, 幻想, 想像; 空想力; 想像性; 〔主に 複〕空想の産物: Su relato es pura ～. 彼の話はまったくの空想だ. ¡Déjate ya de ～s! 夢みたいな話はもうやめろ! poema pobre de ～ 想像性の乏しい詩. mundo de ～ 空想(幻想)の世界. ❷《服飾》〔形容詞的〕=**de** ～ 1). ❸《音楽》幻想曲
de ～《服飾》1)〔花などの〕飾りの多い, 装飾的な: vestido *de* ～ 飾りが一杯付いているドレス. tienda de artículos *de* ～ ファンシーショップ. 2)〔宝石が〕模造の: pendientes *de* ～ 模造宝石のイヤリング

fantasioso, sa [fantasjóso, sa] 形 空想的な; 見栄っぱりの

fantasma [fantásma] 男 ❶ 幽霊, 化けもの: En la casa anda un ～. その家には幽霊が出る. cuento de ～s 怪談. buque [de] ～ 幽霊船. gol ～〔得点にならない〕幻のゴール. ❷ 幻影, 幻覚. ❸《光学》仮像, ゴースト
andar como un ～《口語》ぼんやり(ふらふら)している
◆ 形 名 ❶ 実在しない; 幽霊のような: compañía ～ 幽霊会社. avión ～ ステルス機. ❷《西, 口語》見栄っぱりな〔人〕, 気どり屋〔の〕

fantasmada [fantasmáða] 囡《口語》錯覚, 幻想: Nos hizo la ～ de tener un buen empleo. 彼は我々にいい職に就けるという夢を見させた

fantasmagoría [fantasmagoría] 囡 幻影, 幻覚; 魔術幻灯
fantasmagórico, ca 形 幻影(幻覚)の

fantasmal [fantasmál] 形 幽霊の〔ような〕; 非現実的な

fantasmón, na [fantasmón, na] 形 名 見栄っぱりな〔人〕, うぬぼれの強い〔人〕

fantástico, ca [fantástiko, ka] 形 ❶ 空想上の, 幻想的な: literatura ～ca 幻想文学. animal ～ 想像上の動物. ❷《口語》すばらしい, 驚くほどの: obra ～ca すばらしい作品. Tiene una memoria ～ca. 彼は驚くべき記憶力の持ち主だ
pasarlo ～ 楽しく過ごす

fantoche [fantótʃe] 男 ❶ 操り人形〔títere〕;《比喩》でくの坊, 傀儡(かいらい): No es más que un ～ sin convicciones propias ni personalidad. 彼は自信も個性もない, 単なる操り人形にすぎない. ❷《軽蔑》奇妙なかっこうの人; はったり屋, 見栄っぱり
fantochada 囡 はったり, 見栄

fanzine [fansín/-θín] 男 SF 雑誌

FAO [fáo] 男《略語》国連食糧農業機関, ← fabricación asistida por ordenador 計算機援用製造

faquir [fakír] 男《イスラム教》行者;《ヒンズー教》托鉢(たくはつ)僧

faradio [faráðjo] 男〔電気容量の単位〕ファラッド

faralá [faralá] 男 《複 faralaes》❶〔カーテン・服などの〕すそ飾り, フリル: traje de *faralaes* フリルの付いたドレス. ❷ 複 ごてごてした飾り

farallón [faraʎón] 男〔海・海岸に突き出た〕尖頭岩;《中南米》レリーフ, 浮き彫り

farándula [faránduḷa] 囡 ❶《口語》旅芸人〔道化芝居〕の一座. ❷ 芸能界, 演劇界
farandulero, ra 名《古語》旅芸人, 道化役者

faraón [faraón] 男 ファラオ〖古代エジプトの王〗; トランプゲームの一種
faraónico, ca 形 ファラオの; 豪勢な

FARC [fárk] 囡 複《略語》←Fuerzas Armadas Revolucionarias Colombianas コロンビア革命軍

fardar [farðár] 自《西, 口語》❶ かっこいい: Esta moto *farda* mucho. このバイクはすごくかっこいい. ❷ [+de・con を] 自慢する: *Farda de* coche deportivo. 彼はスポーツカーに乗って見せびらかしている

fardel [farðél] 男 布袋, ずた袋; ぼろを着た人

fardo [fárðo] 男〔主に衣類の〕包み
～ *de vanidad* 虚栄心のかたまり

fardón, na [farðón, na] 形《西》❶《軽蔑》〔いい服を着て〕気どった. ❷ かっこいい, 目立つ

farero, ra [faréro, ra] 名 灯台守, 灯台員

fárfara [fárfara] 囡《植物》フキタンポポ;《動物》卵殻膜

farfolla [farfóʎa] 囡 トウモロコシの皮;《軽蔑》見かけ倒し〔の物〕

farfullar [farfuʎár] 自 他 早口でせっかちに話す; せかせかする, やっつけ仕事をする
farfulla 囡 早口で話すこと;《中南米》虚勢,

◆ 彫 名 ＝farfullero
farfullero, ra 彫 名 早口で話す〔人〕；せかせかした〔人〕；《中南米》ほら吹き〔の〕

faria [fárja] 男/女《←商標》イベリア半島産の葉巻

farináceo, a [farináθeo, a] 彫 粉〔状〕の〔harinoso〕

farinato [farináto] 男《料理》練ったパンとラード入りの腸詰め

faringe [farínxe] 女《解剖》咽頭(いんとう)
 faríngeo, a 彫 咽頭の
 faringitis 女《単複同形》《医学》咽頭炎

fariña [farína] 女 カッサバの粉

fariseo, a [fariséo, a] 名《聖書》パリサイ人(びと)；《軽蔑》偽善者
 farisaico, ca 彫 パリサイ人の〔ような〕；偽善的な
 fariseísmo 男 パリサイ人の教義（態度）；偽善

farmacéutico, ca [farmaθéutiko, ka] 彫製薬の，調剤の；薬学の：códice ～ 薬局方(ほう)．industria ～ca 製薬業．producto ～ 薬品
 ◆ 名 薬剤師
 farmaceuta 名《南米》＝farmacéutico

farmacia [farmáθja] 女 ❶ 薬局，調剤室：～ de guardia (de turno) 当番で夜も営業する薬局．❷ 薬学：estudiar ～ 薬学を勉強する

fármaco [fármako] 男 医薬品，薬剤
 farmacodependencia 女 麻薬常用，薬物嗜癖
 farmacodependiente 名 麻薬常用者，薬物嗜癖者
 farmacología 女 薬理学，薬物学
 farmacólogo, ga 名 薬理学者
 farmacopea 女 薬局方(ほう)

faro [fáro] 男 ❶ 灯台，灯台守〔職員〕．～ guardián de ～ 灯台守〔職員〕．～ fijo 不動光灯台．～ flotante/buque ～ 浮き灯台．ii）［空港などの］標識灯：～ de aterrizaje 着陸誘導灯．～ radar レーダービーコン．❷ ［車などの］ライト；［特に］ヘッドライト〔～ delantero］：encender los ～s ヘッドライトを点灯する．～ antiniebla フォグランプ．～ de marcha atrás 後退灯．～ lateral スモールライト．～ piloto (trasero) テールライト．❸ ［強力な］照明灯．❹ 指針，導くもの：El profesor puede ser el ～ de la conducta de sus alumnos. 先生は生徒たちの行動を照らす導き手となりうる．❺ 闘《口語》

farol [farɔl] 男 ❶ 街路灯；［家の］外灯；［船・列車の］灯火；［昔の］ランタン；［昔］ガス灯．～ de proa (de popa) 船首(船尾)灯．～ de señales 信号灯．～ de situación 航空灯．～ de viento ハリケーンランプ．❷ ちょうちん〔～ a la veneciana〕．❸《口語》目立ちたがり屋，見栄っぱり．❹《口語》はったり，虚勢：Tiene mucho ～. 彼ははったりが多い．❺《闘牛》ケープを高く大きく旋回させる技．❻《中米》ヘッドライト．❼《南米》バルコニー．❽ 男 複『ojos』
 ¡adelante con los ～es! 《口語》がんばれ；まともじゃない，常軌を逸してる!
 marcarse (tirarse・echarse) un ～ はったりをかける，虚勢をはる

farola [faróla] 女 ❶ 街路灯；ガス灯．❷ 灯台〔faro〕

farolear [faroleár] 自 虚勢を張る，はったりをかける；うぬぼれる
 faroleo 男 からいばり，はったり，こけおどし

farolero, ra [faroléro, ra] 彫 気どった，見栄っぱりの，からいばりする
 meterse a ～ 《口語》知らない（無関係な）ことに口を出す
 ◆ 名 ❶ 気どり屋，ほら吹き．❷ ちょうちん職人；街灯番〔ガス灯を点灯・消灯する人〕
 farolería 女 1)からいばり，はったり．2)ちょうちん(ランプ)店(工場)；街灯番の職

farolillo [farolíʎo] 男 お祭りに飾るちょうちん〔～ a la veneciana〕；《植物》ホタルブクロ．～ rojo〔競走などの〕最下位

farra [fárra] 女 どんちゃん騒ぎ，お祭り騒ぎ：irse (estar) de ～ どんちゃん騒ぎをする（している）
 tomar a+人 para la ～ 《南米》…をからかう，一杯食わせる

fárrago [fárrago] 男 ［雑多なものの］寄せ集め，ごたまぜ：～ de papeles 紙くずの山．～ de ideas ごたまぜの思想
 farragoso, sa [farragóso, sa] 彫 乱雑な，ごたまぜの；［特に］言葉を羅列しただけの：discurso ～ 内容のない演説

farrear [farreár] 自《南米》どんちゃん騒ぎをする
 ◆ ～se 〔金を〕むだづかいする，ばらまく
 farrista 女 どんちゃん騒ぎの好きな〔人〕；からかい好きな〔人〕

farro [fárro] 男 粗びきした麦；スペルト小麦の一種

farruco, ca [farrúko, ka] 彫 名 ❶ ［ガリシアやアストゥリアスの］田舎から出て来たばかりの〔人〕．❷ ［estar＋］挑戦的な：No te pongas tan ～ conmigo. 私にそんなにつっかかるな
 ◆ 女 ファルーカ『フラメンコの形式の一つ』

farsa [fársa] 女 ❶ 笑劇『中世喜劇の一ジャンル』；道化芝居．❷ 〔旅〕芸人の一座．❸ 茶番，ぺてん：Sus lágrimas son una ～. 彼の涙は嘘泣きだ．hacer (representar) una ～ 一芝居うつ，一杯食わせる
 farsante 彫《軽蔑》うわべだけの，猫かぶりの；偽善的な．◆ 名 道化役者；ぺてん師

fas [fás] por ～ o por nefas 《西》正当な理由があろうとなかろうと：Por ～ o por nefas haces lo que te da la gana. なんだかんだ言って君は好き勝手なことをしている

fascia [fásθja] 女《解剖》〔筋肉の〕腱膜

fascículo [fasθíkulo] 男 ❶ ［逐次刊行される本の］分冊：Esta enciclopedia se vende en ～s. この百科事典は分冊で売られる．❷《解剖》〔筋・神経の〕束
 fasciculado, da 彫《解剖》繊維束の

fascinación [fasθinaθjón] 女 魅惑，魅了：sentir ～ por... …に魅力を感じる

fascinante/fascinador, ra [fasθinánte/-naðɔr, ra] 彫 魅惑的な

fascinar [fasθinár] 他 魅惑する；［視線などで］すくませる：Los juguetes de los escaparates *fascinan* a los niños. 子供たちはショーウィンドーのおもちゃに引きつけられる

◆ **~se** 魅了される

fascismo [fasθísmo] 男 ファシズム

　fascista [fasθísta] 形 名 ファシズムの, ファシスト〔の〕

fase [fáse] 女 ❶ 〔変化・発展などの〕段階, 局面：El asunto ha entrado en la ~ final. 事件は大詰めに来た. ~ s de una enfermedad 病気の諸段階. ~ crítica de la economía 経済の危機的な局面. ❷ 《天文》様相, 位相：~s de la luna 月相. ❸ 《電気》相, 位相；《化学》相

faso [fáso] 男 《南米》たばこ〔cigarrillo〕

fastidiado, da [fastiðjáðo, ða] 形 過分 ❶ 《主に西. 口語》[estar+] 健康がすぐれない, 調子のよくない：Ando ~ del estómago. 私は胃が疲れている. ❷ 《軽蔑》いやな性格の

fastidiar [fastiðjár] 10 他 ❶ 不快にする, うんざりさせる；怒らせる〔=enfadar 参考〕: i) Me *fastidia* ese hombre〔con su mal gusto〕. 私はこの男〔の悪趣味〕には我慢ならない. Me *fastidia* tener que salir bajo la lluvia. 雨の中を出かけなければならないのがいやになる. ii)〔que+接続法 が主語〕Me *fastidia* que la casa esté tan lejos de la estación. 家が駅から遠いのでいやになる. ❷ 《主に西. 口語》台なしにする, だめにする：*He fastidiado* mis medias al caer. 私は転んでストッキングをだめにしてしまった. Nos *fastidió* la lluvia. 雨で私たちの計画は流れた

¡no fastidies!/¡no te fastidia! [驚き・不快] 冗談〔厚かましいこと〕を言うな/うるさい!

◆ **~se** ❶ 不快になる：Si me sale mal, *me fastidio*. 私はうまくいかないと機嫌が悪い. ❷ 《主に西》台なしになる：*Se ha fastidiado* la cosecha con el tifón. 作物が台風で台なしになった. ❸ 《主に中南米》困る；我慢する：Para que te vayas, tu compañero tiene que ~*se*. 君がやめると相棒が困ることになる. Tú tienes la culpa, así que *fastídiate*. 君が悪いのだから我慢したまえ

¡fastídiate! お気の毒さま!

¡hay que ~se! うんざりだ!

para que se fastidie いやがらせのために

¡qué se fastidie! 《口語》ざまあみろ/いいきみだ!

fastidio [fastíðjo] 男 不快, 迷惑；退屈：i) Su manera de hablar me causa ~. 彼の話し方は不快だ. ¡Qué ~! ああいやだ(うんざりだ)/うるさいなあ/しゃくにさわるなあ! ii) [ser un ~+不定詞・que+接続法] Es un ~ tener que salir con ella. 彼女と出かけなくてはならないなんてうんざりだ. Es un ~ *que* llueva tanto. こんなに雨が降っていやだ

fastidioso, sa [fastiðjóso, sa] 形 ❶ 不快な；あきあきさせる：acontecimiento ~ 困った出来事. tiempo ~ 不快な天気. vecinos ~s いやな隣人. Es un trabajo ~. それはうんざりする仕事だ. Lleva una vida ~sa. 彼女は退屈な生活をおくっている. ❷ 《南米》気むずかしい

fasto, ta [fásto, ta] 形 吉の, 幸運な 〔↔ nefasto〕: días ~s 吉日

◆ 男 豪華, ぜいたく〔fausto〕；图 年代記

fastuoso, sa [fastwóso, sa] 形 ❶ 豪華な, 華麗な：boda ~*sa* 豪華けんらんたる結婚式. casa ~*sa* 豪邸. ❷ ぜいたく好きの

　fastuosidad [fastwosiðáð] 女 豪華さ, 華麗さ

fatal [fatál] 形 ❶ 《文語》宿命的な, 不可避の：destino ~ 宿命. Llegó el momento ~. 最後の瞬間〔死の時〕が来た. ❷ 致命的な, 命にかかわる《比喩的にも》: accidente ~ 死傷事故. herida ~ 致命傷. El enfermo estaba ~. 病人はきわめて危険な状態にあった. La decisión puede resultar ~. その決定が致命的になるかもしれない. ❸ 非運の, 不幸な：circunstancia ~ 不運な状況. Tiene una suerte ~. 彼はついてない. ❹ 《口語》ひどく悪い, 最低の：i) La película fue ~. 映画はまったくくだらなかった. Tiene una letra ~. 彼はひどい悪筆だ. ii) 《主に西》[副詞的に] Patina ~. 彼はまったくスケートが下手だ. Aquí huele ~. ここはひどく臭い. ❺ mujer ~ 男たらし, 妖婦

　fatalmente 副 不可避的に；運悪く；まったくひどく：Su retrato está pintado ~. 彼の肖像は下手くそに描かれている

fatalidad [fataliðá(ð)] 女 ❶ 宿命, 因果, 不可避性. ❷ 不運, 不幸：Tuvo la ~ de romperse una pierna. 彼は脚の骨を折るという不幸に見舞われた

fatalismo [fatalísmo] 男 宿命論, 運命論；あきらめの気持ち

　fatalista [fatalísta] 形 名 宿命論の；宿命論者

fati [fáti] 形 《←英語. 口語》小太りの, 丸ぽちゃの

fático, ca [fátiko, ka] 形 《言語》交感的な

fatídico, ca [fatíðiko, ka] 形 ❶ 不吉な, 縁起の悪い；ひどく悪い：número (sueño) ~ 不吉な数(夢). día ~ 忌日, 凶日. ❷ 《まれ》予言の

fatiga [fatíγa] 女 《英 fatigue》❶ 疲労：caerse de ~ 疲れて立っていられない. síndrome de ~ crónica 慢性疲労症候群. ~ visual 疲れ目. ~ del metal 《技術》金属疲労. ❷ 图 i) 苦労：pasar ~s 苦労する. ii) 吐き気〔náusea〕

con ~ 骨を折って, 苦しそうに

dar ~ a+人 …を困らせる, 悩ませる：Me *da* ~ sentarme en la presidencia. 議長席に座るのは気づまりだ

fatigar [fatiγár] 8 他 ❶ 疲れさせる：Este trabajo nos *fatiga* mucho. この仕事は大変疲れる. F ~ y no ganar nada. 《諺》骨折り損のくたびれもうけ. ❷ 息切れさせる. ❸ 困らせる, 悩ませる：Nos *fatiga* con sus continuas quejas. 彼はいつも文句ばかり言って私たちを悩ます

◆ **~se** 疲れる〔cansarse〕；息切れがする：~*se* de andar 歩き疲れる

fatigoso, sa [fatiγóso, sa] 形 ❶ 疲れさせる；うんざりさせる：trabajo ~ 骨の折れる仕事. discusión ~*sa* うんざりする議論. ❷ 苦しそうな；弱った：respiración ~*sa* 苦しそうな息づかい. digestión ~*sa* 弱った消化力

　fatigosamente 副 骨を折って, 苦しそうに

fato [fáto] 男 《南米》いかがわしい仕事(取引)

fatuo, tua [fátwo, twa] 形 ❶《軽蔑》愚かな；
うぬぼれの強い，思い上がった． ❷ 実体(中味)の
ない：fuego ～ 鬼火，人魂；一時的な熱意(怒
り)
◆ 名 うぬぼれ屋
　fatuidad 女 愚かさ；うぬぼれ，思いあがり
fauces [fáuθes] 女《複》《解剖》口の奥，咽頭
fauna [fáuna] 女 ❶ [一地方・時代の] 動物
相． ❷《軽蔑》集団，グループ：Es un hombre
escogido entre la ～ gangsteril de Miami.
その男はマイアミのギャングの中から選ばれた
fauno [fáuna] 男《神話》牧神
fausto, ta [fáusto, ta] 形《文語》[+名詞] 幸
福をもたらす：～ acontecimiento 喜ばしい出来
事
◆ 男 豪華な，ぜいたく：vivir con gran ～ 豪
勢な暮らしをする
fauvismo [faubísmo] 男《美術》フォービスム，
野獣派
favela [faβéla] 女《ブラジルの》スラム街
favor [faβór] 男 ❶ 恩恵，親切な行為．
❷ 愛顧，ひき；ひいき：buscar
(ganarse) el ～ de+人 …の支持を求める(得
る)． disfrutar (gozar) del ～ de+人 …にひい
きされる． tener a+人 de su ～ …のうしろ立てが
ある． perder el ～ de+人 …の支持を失う；…
に愛想をつかされる． ❸《主に複. 主に女が男に》
身を許すこと：conceder a+人 sus ～es に体
を許す
a ～ 1) [+de に] 有利に，…を支持して《↔en
contra》：testimoniar a ～ de… …に有利な
証言をする． votar a ～ de… …に賛成票を投
じる． La opinión pública está a su ～. 世論
は彼に好意的だ． 2) …のおかげで，…に助けられ
て：Se escapó a ～ de la noche. 彼は夜陰に
乗じて逃亡した． remar a ～ de la corriente
流れにのって漕ぐ． 3) [小切手・委任状などで]
…あての・に：librar un cheque a ～ del
señor… …氏あてに小切手を切る
de ～ 優待の：pase de ～ 優待パス． billete
de ～ 無料入場券
en ～ de… …の利益のために，…に有利に；…
を支持して：Obra en ～ del público. 彼は民
衆の利益になるように行動する． Siempre estu-
vo en ～ de la libertad de conciencia. 彼
は常に信教の自由に賛成していた
～ de+不定詞《主に中米》…してください：F～
de no molestarse. どうぞお構いなく
hacer ～ de+不定詞 [丁寧な命令・依頼]
i) ¿Me *hace* usted el ～ de pasarme la
sal? 塩を取っていただけますか？ ii) [不快感を
表して] ¿*Haz* el ～ de callarte? 黙ってくれま
せんかね？ iii) [固苦しい表現] *Haga* el ～ de
sentarse. どうぞお座りください． *Hágame* el
～ de venir conmigo. 一緒に来てください。
hacer un ～ a+人 …のために尽くす，恩恵をほ
どこす：¿Quiere usted *hacer*me un ～? お願
いがあるのですが…
por ～《英 please》どうぞ，どうか：i) [丁寧な
命令・依頼] Espere un momento, por ～./
Por ～, espere un momento. どうか少しお待

ちください． ¿Un poco más de café, por ～?
もう少しコーヒーをいかがですか？ Al aero-
puerto, por ～. [タクシーで] 空港まで行ってく
ださい． El Sr. Páez, por ～. [電話などで] パ
エス氏をお願いします． ii) [少し怒って] No
grites, ¡por ～! 頼むからどならないでくれ！ がな
るな，いいかげんにしろ！ iii) [相手に勧めて] Un
pitillo mío, por ～. たばこ1本どう？
solicitar (pedir) un ～ a+人 …に援助を頼
む：Tengo *un* gran ～ que *pedir*le *a* usted.
あなたに[大事な]お願いがあります
tener... a (en) su ～ …を味方につける，…の
支持を得る：*Tiene a su* ～ a toda la clase.
彼はクラスの全員を味方につけている
favorable [faβoráβle] 形 ❶ [+para に] 好
都合な，有利な；順調な：Hacer ejercicio es
～ *para* la salud. 運動するのは健康によい．
condición ～ *para* nosotros 我々に有利な条
件． diagnóstico ～ [病気の] 明るい兆候．
ocasión ～ 好機． viento ～ 順風． ❷ [+a に]
好意的な，賛成の：Se muestra ～ *al* pro-
yecto. 彼は計画に好意的だ
　favorablemente 副 都合よく；好意的に：
La enfermedad evoluciona ～. 病気は順調
に快方に向かっている
favorecedor, ra [faβoreθeδór, ra] 形 [+
para に] 有利な；美しく見せる：vestido muy
～ 着ばえのするドレス
◆ 名 お得意様，顧客
favorecer [faβoreθér] 他 ❶ 有利にする，
ひいきする；…に施し物をする：Las circunstan-
cias te *han favorecido*. 状況が君に幸いした．
La fortuna *favorece* a los audaces. 運命の女
神は大胆な者に味方する． ❷ …に似合う：No te
favorece ese vestido. その服は君に似合わない
◆ **～se** [+de に] 利用する：～*se de* la situa-
ción 状況に助けられる
　favorecido, da 形 過分 恵まれた，特典を与え
られた；ひいきにされている：～ por la suerte 運
のいい． el país más ～《経済》最恵国． poco
～ 恵まれない；無器量な
favoritismo [faβoritísmo] 男 えこひいき，情
実
favorito, ta [faβoríto, ta] 形 ❶ お気に入り
の，ひいきの：Es su muñeca ～*ta*. それが彼女の
一番お気に入りの人形だ． ¿Cuál es su cantan-
te ～? あなたの好きな歌手は誰ですか？ comida
～*ta* 好物． ❷《経済》país ～ ＝最恵国
◆ 名 ❶ [競技の] 優勝候補，本命：Aquel
caballo es el ～. あの馬が本命だ． ❷ お気に入
りの人，寵臣，側近者；[王妃でない] 寵姫
fax [fá(k)s] 男《単複同形》《複》～es ファックス
《器具，文書. telefax の省略語》：enviar un
～ ファックスを送る． enviar... vía ～ …をファッ
クスで送る
　faxear 他 ファックスで送る
faya [fája] 女《←仏語. 繊維》横うねのある絹織
物，ファイユ
fayuca [fajúka] 女《中米》ブラックマーケット；
密輸品
faz [fáθ] 女《複》faces ❶《文語》顔：con la

~ sonriente 笑顔で. Sacra (Santa) F~ キリストの顔[の画像]. ❷［貨幣・布などの］表側；様相：~ de la tierra 地表. ~ del mundo 世相

F.C. 《略語》←Fútbol Club サッカーチーム；ferrocarril 鉄道

Fcos 《略語》←franco[s] フラン

FDN 囡《略語》←Fuerza Democrática Nicaragüense ニカラグア民主軍
◆ 男《略語》←Frente Democrático Nacional［メキシコ・ペルーの］国民民主戦線

fdo. 《略語》←firmado 梱包

fe [fé] 囡［古 faith］❶ 信用, 信頼；信頼性：Tengo mucha ~ en él. 私は彼に多大の信頼を置いている. No tiene ~ en (presta ~ a) mis palabras. 彼は私の言葉を信じない. digno de ~ 信頼に値する. ❷ 信仰；信奉：tener ~ en Dios 神を信じる. tener [la] ~ 信仰をもつ. acto de ~ 信徳. ~ católica カトリック信仰. ~ ciega 盲信. ~ comunista 共産主義信奉. ❸ 証明［書］：~ de bautismo (matrimonio•soltería) 洗礼(結婚・独身)証明書. ~ de vida [年金受給者の] 生存証明書. ~ pública 公式の証明書
a ~ de... …の名誉にかけて：a ~ de cristiano キリスト教徒としての名誉にかけて
a ~ [mía]/por mi ~ 誓って：A ~ mía que no le vi ayer. 誓って私は昨日彼に会いませんでした
a ~ que... [強調] ¡A ~ que eso sería arriesgar mucho! それは大きな賭けだなあ!
buena ~ 1) 善意, 無邪気：Lo hice de buena ~. 私は善意でそうしたのだ. 2)《法律》善意
comprometer su ~ 誓う
dar ~ de... [公証人・専門家などが] …について証明(証言)する：Doy ~ de que lo que dice esta mujer es verdad. 私はこの女の言っていることが真実であることを証明します
dar ~ de vida [自分の] 消息を知らせる
~ de erratas (de errores) 正誤表
hacer ~ [文書・証言などが] 信ずるに足る
mala ~ 悪意：de mala ~ 悪意で, だますつもりで

fealdad [fealdá(d)] 囡［←feo］醜さ；卑劣さ
feamente [féaménte] 副 卑は劣に, 見苦しく
feb. 《略語》←febrero 2 月
febrero [febréro] 男［英 February. ☞ mes 参考］2 月
febrícula [febríkula] 囡《医学》微熱
febrífugo, ga [febrífugo, ga] 形 男《薬学》解熱の；解熱剤
febril [febríl] 形［←fiebre］❶ 熱の, 発熱による；[estar+] 熱のある：acceso ~ 発熱. estado ~ 発熱状態. pulso ~ 発熱性脈拍. ❷ 激しい, 興奮した：actividad ~ 活気, 活況. amor ~ 燃えるような恋. con impaciencia ~ じりじりしながら
febro 《略語》←febrero 2 月
fecal [fekál] 形［←heces］糞便の：aguas ~es 下水, 汚水. análisis ~es 検便. mate-

ria ~ 糞便, 汚物

fecha [fétʃa] 囡［英 date］❶ 日付け, 日取り：¿Qué ~ es hoy? 今日は何日ですか? En esa ~ no estaba yo en casa. その日は私は家にいなかった. fijar la ~ 日取りを決める. poner la ~ en... …に日付けを書き入れる. carta de (con) ~ 5 de agosto 8 月 5 日付けの手紙. línea del cambio de ~ 日付け変更線. ~ de vencimiento 満期日；期限日. ~ límite 締切日. ❷ …日間：Su carta ha tardado por avión tres ~s. 彼の手紙は航空便で 3 日かかった. hace siete ~s 1 週間前に. ❸ 圏 時期：Aquellas ~s fueron trágicas. あのころはひどい時代だった
a estas ~s 今ごろ；現在のところ：A estas ~s debe de haber vuelto a Madrid. 今ごろ彼はマドリードに戻っているに違いない
a ...día[s] ~ …日後に
en ~[s] próxima[s] 近日中に, もうすぐ
hasta la ~ 今までのところ, 現在まで：Hasta la ~ no he recibido ninguna noticia. 今日まで私は何の知らせも受け取っていない
... por estas ~s …の今ごろ：El año pasado por estas ~s hubo un gran terremoto. 去年の今ごろ大地震があった

fechar [fetʃár] 他 ❶ …に日付けを[書き]入れる：carta *fechada* el 15 de abril 4 月 15 日付けの手紙. ❷ [歴史的事物の] 年月日を推定(決定)する：*Fecharon* esta batalla en 1212. この戦いは 1212 年に起きたとされる
fechador 男 日付けスタンプ(印字器)；[写真] データパック

fechoría [fetʃoría] 囡 悪事, いたずら：Cometieron muchas ~s. 彼らは多くの悪事を働いた. Los niños hacen ~s. 子供たちはいたずらをする. Me han hecho una ~ con el vestido. 私は服をだめにされた

fécula [fékula] 囡 澱粉(でん)
feculencia 囡 澱粉を[多く]含んでいること
feculento, ta 形 澱粉質の, 澱粉を多く含んだ
fecundar [fekundár] 他 ❶ 受胎(受精・受粉)させる, 交配する. ❷《文語》多産にする, 繁殖させる；肥沃にする；[努力など] 実り多いものにする；[想像力などを] 豊かにする
fecundación 囡 受胎, 受精, 受粉：~ artificial 人工受精
fecundidad [fekundidá(d)] 囡 受胎能力, 生殖力；多産性, 肥沃さ；豊かさ
fecundizar [fekundidʒár] 他 [土地などを] 肥沃にする；多産にする；豊かにする
fecundo, da [fekúndo, da] 形 ❶ [動物が] 生殖力のある, 多産な：Las ratas son muy ~das. ネズミは繁殖力が強い. ❷ 多作な；[+en を] 豊富に産出する：campo ~ 肥沃な畑. escritor ~ 多作な作家. imaginación ~da 豊かな想像力. tierra ~da en trigos 小麦を多く産する土地
fedatario [fedatárjo] 男 公証人[の役割をする役人]
fedayin [fedajín] 图 パレスチナゲリラ
FE de las JONS 形《歴史. 略語》←

Falange Española de las Juntas de Ofensiva Nacional-Sindicalistas スペイン・ファランへと国民サンディカリスト行動隊

FEDER [feðér] 男《略語》←Fondo Europeo de Desarrollo Regional [EUの] 欧州地域振興基金

federación [feðeraθjón] 囡 連邦〔化すること〕；連合，連盟：～ de sindicatos obreros 労働組合連合会，労連．～ de fútbol サッカー連盟

federal [feðerál] 形 ❶ 連邦〔制〕の：estado (república) ～ 連邦国家（共和国）．Buenos Aires, Capital F～ ブエノスアイレス連邦首都区．❷ 連盟の．❸〔米国南北戦争時代の〕北部連邦同盟の，北軍の
◆ 图 連邦主義者

federalismo [feðeralísmo] 男 連邦主義，連邦制度；連邦組織

federalista [feðeralísta] 形 图 連邦主義の(主義者)；連邦制の

federar [feðerár] 他 連邦〔制〕にする；連合させる
◆ ～se 連合(連盟)に加入する

federativo, va [feðeratíßo, ßa] 形 連邦〔制〕の：gobierno ～ 連邦政府
◆ 图〔主にスポーツ連盟の〕理事，幹部

Federico [feðeríko] 男《男性名》フェデリコ《英 Frederick》

FEF 囡 囡←Federación Española de Fútbol スペインサッカー連盟

féferes [féferes] 男 複《中米》がらくた

fehaciente [feaθjénte] 形 立証された；信じられる：testimonios ～s 明白な証拠

felación [felaθjón] 囡 フェラチオ

feldespato [fɛldespáto] 男《鉱物》長石

felicidad [feliθiðá(ð)] 囡《英 happiness》❶ 幸福；幸運：Es una ～ poder volver a verle a usted. 再びお会いできてうれしく思います．Le deseo toda clase de ～es. ご多幸を祈ります．Que sea ella tu ～. 彼女が お前の幸福となりますように．vivir en ～ 幸せに暮らす．poner cara de ～ うれしそうな顔をする．❷ 正常〔状態〕：Realizó el viaje con toda ～. 彼は無事に旅を終えた
¡～es! おめでとう！〖類語〗¡Felicidades! は誕生日・クリスマス・成功などに対して，¡Enhorabuena! は成功に対して〕：Ya sois padres. ¡(Muchas) F～es por tu hija. お嬢さんのこと，〔本当に〕おめでとう！F～es por tu hija. お嬢さんのこと，おめでとうございます
¡felicitaciones!《まれ》おめでとう〖¡felicidades!〗

felicitar [feliθitár] 他〔祝日・幸運・成功などを〕祝う；〔por について〕…に祝辞(賛辞)を述べる：～ el Año Nuevo (las Navidades) 新年(クリスマス)を祝う．¡Te felicito! おめでとう！

すばらしかった！Le felicito por su cumpleaños (por el nacimiento de su hija). お誕生日(赤ちゃんのご誕生)おめでとうございます．Te felicito por no haber asistido a la fiesta. 君はパーティーに出なくてよかったよ．Te felicito por el gusto. 君のセンスのよさには感心した．
◆ ～se《文語》[＋de を] 喜ぶ〖alegrarse〗：i) Me felicito de su éxito. ご成功をうれしく思います．ii) [＋de que＋接続法] Me felicito de que haya recobrado la salud. お元気になられてよかったですね

félidos [féliðos] 男 複《動物》ネコ科

feligrés, sa [feligrés, sa] 图《教区 parroquia》信者，教区民；《戯語》常連客

feligresía [feligresía] 囡 匪 教区の信者，教区民

felino, na [felíno, na] 形 ネコ科の；猫のような

Felipe [felípe] 男《男性名》フェリーペ《英 Philip》

feliz [felíθ] 形《英 happy》複 ～ces. 絶対最上級 felicísimo〖主に ser＋〗
幸福な；幸せをもたらす，幸運な：i) Soy ～. 私，は幸せだ．Ellos viven muy felices. 彼らはとても幸せに暮らしている．Hicimos un viaje ～. 私たちはとても楽しい旅行をした．～ vida ～ 幸せな暮らし．niños felices 幸せな子供たち．～ con su suerte 運のよさには感心する．ii)《挨拶》¡F～ Año Nuevo! 新年おめでとう！¡Felices Pascuas! メリークリスマス！¡F～ viaje! よいご旅行を！❷ 適切な；うがった：expresión ～ うまい(うがった)表現．decisión ～ 賢明な決断．～ idea 名案
hacer ～ 1) 幸せにする．2) 喜ばせる〖主に否定文で〗：No me hace ～ tener que partir de noche. 夜出発しなければならないのは気にくわない

felizmente [feliθménte] 副 幸福に；無事に：F～, escapó pronto. 幸いにも雨はすぐあがった．La conferencia terminó ～. 会談は首尾よく終わった

felonía [felonía] 囡《文語》裏切り，不誠実
felón, na [felón, na] 形 不忠な，不誠実な；裏切り者

felpa [fɛlpa] 囡 ❶《繊維》プラッシュ，フラシ天：oso de ～ 熊のぬいぐるみ．❷《口語》叱責；けんか：dar (echar) una ～ a＋人 …を叱りつける

felpar [fɛlpár] 他 フラシ天で覆う．◆ ～se《詩語》La pampa se felpó de verdes. 平原がビロードのような緑で覆われた

felpeada [fɛlpeáða] 囡《中南米》叱責

felpear [fɛlpeár] 他《南米》叱る，とがめる

felpilla [fɛlpíʎa] 囡《繊維》シェニール糸，毛虫糸

felpudo, da [fɛlpúðo, ða] 形《繊維》毛足の長い；手触りの柔らかい
◆ 男 ドアマット，靴ふき

femenil [femeníl] 形 ❶ 女らしい〖賞賛して〗：ademán ～ 女らしい身のこなし．❷《スポーツ》女性の

femenino, na [femeníno, na] 形《英 feminine. ↔masculino》❶ 女性の，女性向きの；《生物》雌の：belleza ～na 女性美，女らしい美しさ．revista ～na 婦人雑誌．salto de altura ～ 女子走り高跳び．Tiene una constitución ～na. 彼女は女性的な体つきをしている．

❷《文法》女性〔形〕の: nombre ～ 女性名詞
◆ 男《文法》女性形《forma ～na》

fementido, da [feméntido, da] 形 不誠実な; 偽りの

fémina [fémina] 女《戯語》女性《mujer》

femin[e]idad [feminidá(d)/-nei-] 女 女性らしさ;［男性的］女性化; めめしさ

feminismo [feminísmo] 男 女性解放運動, 女権拡張論
　feminista 形 名 女性解放の; 女性解放主義者

femoral [femorál] 形《解剖》大腿の: arteria ～ 大腿動脈

fémur [fémur] 男《解剖》大腿骨

fenecer [feneθér] 図《文語》他 終わらせる
◆ 自 ❶ 死ぬ: *Feneció* a manos de sus enemigos. 彼は敵の手にかかって死んだ. ❷［期間が］終わる: *Han fenecido* los malos tiempos. 悪い時代は去った
　fenecimiento 男 終結, 終焉; 死亡

fenicio, cia [feníθjo, θja] 形 名《歴史》フェニキア Fenicia 女 の(人)
◆ 古代フェニキア語

fénico, ca [féniko, ka] 形 コールタール性の: ácido ～ 石炭酸

fénix [féni(k)s] 男《単複同形/複 fénices》 ❶《神話》不死鳥, フェニックス《Ave F～》. ❷ 無二の逸材, 白眉(はくび): ～ de los ingenios 作家 Lope de Vega のこと. ❸《植物》ナツメヤシ, フェニックス

fenobarbital [fenobarbitál] 男《薬学》フェノバルビタール

fenol [fenól] 男《化学》石炭酸, フェノール
　fenolftaleína 女 フェノールフタレン

fenología [fenoloxía] 女 生物季節学, フェノロジー

fenomenal [fenomenál] 形 ❶《口語》並外れた, 驚くべき; すばらしい: chica ～ すごい美女. estupidez ～ 驚くべき愚かさ. letrero ～ ばかでかい(すごい)看板. talento ～ 非凡な才能. Hemos pasado un verano ～. 私たちはすばらしい夏を過ごした. ❷ 現象の: hecho ～ 現象的な事柄
　pasarlo ～《口語》楽しく過ごす

fenomenalismo [fenomenalísmo] 男《哲学》現象論

fenómeno¹ [fenómeno] 男《英 phenomenon》 ❶ 現象: Se da el ～ de inflación. インフレ現象が起きる. ～ social (natural) 社会(自然)現象. ❷ 異常な(驚くべき)事(物・人); 怪物: Esta pianista es un ～. このピアニストは天才だ

fenómeno, na² [fenómeno, na] 形《口語》＝**fenomenal ❶**: Tuve una tarde ～na. 私はすばらしい午後を過ごした
　pasarlo ～ 楽しく過ごす: *Lo pasamos* ～ en la fiesta. パーティーはすごく楽しかった
◆ 間 すごい, すばらしい!

fenomenología [fenomenoloxía] 女《哲学》現象学
　fenomenológico, ca 形 現象学の

fenotipo [fenotípo] 男《生物》表現型;《心理》フェノタイプ

feo, a [féo, a] 形《英 ugly. ↔hermoso》 ❶ 醜い: i) Aunque es ～ tiene buen corazón. 彼は顔は悪いが心は美しい. cara *fea* 醜い顔. color ～ 汚らしい色. música *fea* 不快な音楽. película *fea* 醜悪な(お粗末)な映画. No hay quince años ～ *s.*《諺》番茶も出花. ii)《主に中南米》[副詞的] cantar ～ 歌うのが下手である. oler (saber) ～ いやな臭い(味)がする. ❷ 卑劣な; 礼儀知らずの, 恥ずかしい: acción *fea* 卑劣な行為. Es ～ escupir en la calle. 道路につばを吐くのは行儀が悪い. ❸［なりゆき・見通しが］悪い, 不利な: El tiempo se está poniendo ～. 雲ゆきが怪しくなってきた
◆ 男 ❶ 醜い人: Es de un ～ subido. 彼はひどい醜男だ. ❷［親しい人への呼びかけ］＝**guapo**: ¡Hasta luego, *fea*! じゃあ, またね!
　tocar a＋人 *bailar con la más fea* …に損な役回りが当たる: Siempre que se reparten los papeles, *a ti te toca bailar con la más fea*. 役割を分担する時, いつも君は貧乏くじを引く
◆ 男《口語》非礼, 侮辱: Nos hizo el ～ de rehusar nuestra invitación. 彼は招待を断って私たちの面目をつぶした. hacer un ～ a＋人 …に無礼をはたらく, 侮辱する

feraz [feráθ] 形《複 ～ces》とても肥沃な
　feracidad 女 肥沃

féretro [féretro] 男《文語》棺, ひつぎ《ataúd》

feria [férja] 女《英 fair》 ❶［年 1 回などの］市(いち), 定期市《mercado より大規模》; 品評会: ～ de ganado 家畜の品評会. ～ del libro 書籍市, ブックフェア. ～ internacional 国際見本市. ❷［屋台などが出る］祭り, 縁日; そのための休日, 祭日: ～*s* de San Isidro 聖イシドロの祭り. F～ de Sevilla セビーリャの春祭り《☞写真》. ❸《宗教》[土曜・日曜を除く] 週日: ～ tercera 週の 3 日目《火曜日》. ❹《中米》つり銭, 小銭《cambio》; チップ《propina》

feriado [ferjádo] 男 休日;《南米》祝日《día ～》

ferial [ferjál] 形 市(いち)の: días ～*es* 市のたつ日
◆ 男 市のたつ所, 市場

feriante [ferjánte] 形 名 市で買う(売る)人(の)

feriar [ferjár] 他 ［市で］買う, 売る, 商う;《中南米》安売りする

ferino, na [feríno, na] 形 猛獣の〔ような〕

fermentación [fermentaθjón] 女 ❶ 発酵: ～ alcohólica アルコール発酵. ❷ 精神的動揺, 不満の高まり

fermentar [fermentár] 自 ❶ 発酵する. ❷ [精神的に] 動揺する, 不満が高まる
◆ 他 発酵させる；醸造する
　fermentable 形 発酵性の

fermento [ferménto] 男 ❶ 酵素. ❷ 誘因: ～ revolucionario 革命の火種

fermio [férmjo] 男《元素》フェルミウム

Fernández [fernándeθ]《人名》フェルナンデス

Fernando [fernándo] 男《男性名》フェルナンド〔英 Ferdinand〕

fernandino, na 形 名《歴史》フェルナンド7世 Fernando VII (1814–33) 支持派〔の〕

ferocidad [feroθiðá(ð)] 女 獰猛さ；残忍さ, 狂暴〔性〕；猛烈さ

ferodo [feróðo] 男《自動車》ブレーキライニング

feromona [feromóna] 女《生化》フェロモン
　feromón 女〔主に 複〕＝feromona

feroz [feróθ] 形《複 ～ces》❶ 獰猛(どう)な；残忍な, 凶暴な: bestias feroces 猛獣. tigre ～ 獰猛な虎. ～ criminal 凶悪犯人. ❷ 猛烈な: Tengo un hambre ～. 私は腹がぺこぺこだ. tempestad ～ 激しい嵐. sueño ～ ひどい眠気
　ferozmente 副 荒々しく；激しく

ferragosto [feraɣósto] 男《西. 文語》8月の猛暑

férreo, a [féreo, a] 形 ❶ [意志などが] 固い；[規律などが] 厳格な: disciplina ～a 鉄の規律. ～ corazón 非情な心. ❷ 鉄の: vía (línea) ～a 鉄道

ferrería [ferería] 女 鍛冶場；複 製鉄所

ferretería [feretería] 女 金物店
　ferretero, ra 形 名 その主人(店員)

férrico, ca [fériko, ka] 形《化学》第二鉄の；鉄の

ferrita [feríta] 女《物理》フェライト；セラミック磁石

ferroaleación [feroaleaθjón] 男《金属》合金鉄

ferrobús [ferɔβús] 男《鉄道》気動車

ferrocarril [ferɔkaríl] 男《英 railroad》鉄道: En esa isla no hay ～es. その島には鉄道がない. viajar por ～ 汽車で旅行する. Red Nacional de [los] F～es Españoles スペイン国有鉄道. accidente de ～ 鉄道事故. oficial (empleado) de ～es 鉄道員
　ferrocarrilero, ra 形 名《中南米》＝ferroviario

ferrolano, na [ferɔláno, na] 形 名《地名》エル・フェロル El Ferrol の〔人〕〔ガリシア地方の港町〕

ferroso, sa [ferɔ́so, sa] 形 鉄を含む；《化学》第一鉄の

ferrotipo [ferɔ́tipo] 男 鉄板写真法

ferroviario, ria [ferɔβjárjo, rja] 形 鉄道の: empresa ～ria 鉄道会社
◆ 名 鉄道員

ferruginoso, sa [feruxinóso, sa] 形 鉄分

を含む: manantial ～ 含鉄鉱泉, 鉄泉

ferry [féri] 男《複 ～s》《←英語》フェリー〔transbordador〕

fértil [fértil] 形 ❶ 肥沃な；豊かな: tierra ～ 肥沃な土地. imaginación ～ 豊かな想像力. ❷ [+en に] 富んだ: región ～ en olivo オリーブを多く産する地方. año ～ en (de) acontecimientos 事件の多い年. ❸ edad ～ 出産〔可能〕年齢

fertilidad [fertiliðá(ð)] 女 肥沃さ；豊かさ: año de ～ 豊年. ～ de tierra 土壌の肥沃さ, 地力. gran ～ de espíritu 精神の豊かさ

fertilizante [fertiliθánte] 形 肥やす；豊かにする
◆ 男 肥料《abono》: ～ químico 化学肥料. ～ fosfatado (nitrogenado) 燐酸(窒素)肥料

fertilizar [fertiliθár] 他 …に肥料をやる, 肥やす；豊かにする: ～ la tierra 土地を肥やす
　fertilización 女 肥沃化；豊かにすること

férula [férula] 女 ❶ [体罰用の] 木べら. ❷《外科》副木
　caer (estar) bajo la ～ de+人 …の厳しい監督下に入る(ある)

férvido, da [férβiðo, ða] 形《文語》＝ferviente: ～ amor 熱烈な愛

ferviente [ferβjénte] 形 熱烈な, 熱心な: admirador ～ 熱烈な崇拝者. católico ～ 熱心なカトリック信者. súplica ～ 熱心な訴え

fervor [ferβór] 男 ❶ 熱意, 熱情；熱狂: ～ religioso 宗教的情熱. hablar con ～ 熱意をこめて話す. amar con ～ 熱烈に愛する. trabajar con ～ 熱心に働く. ❷ 炎熱, 灼熱

fervoroso, sa [ferβoróso, sa] 形 熱烈な, 熱狂的な: amor ～ 熱烈な恋. ～ creyente (partidario) 熱狂的な信者(支持者)

festejar [festexár] 他 ❶ [お祝いに] 一席設ける: ～ el aniversario 誕生日をお祝いをする. ❷ [苦労した人をねぎらって] もてなす. ❸ [女性に] 言い寄る, 口説く
◆ ～se 饗宴を催す

festejo [festéxo] 男 ❶ 歓待, 接待: tener un ～ en casa 家でパーティーを開く. ❷ 複 [公式の] 祝賀行事. ❸ 求愛
　hacer ～s [犬が] 尾を振って大喜びする

festín [festín] 男 [音楽・踊りのある豪華な] 祝宴

festinar [festinár] 他《中南米》急がせる, せきたてる

festival [festiβál] 男 音楽(映画・演劇)祭, フェスティバル: F～ Internacional Cervantino 国際セルバンテス祭. ～ taurino 闘牛大会
　festivalero, ra 形 フェスティバルの(に参加する)

festividad [festiβiðá(ð)] 女 ❶ [主に宗教的な] 祝日: ～ de la Ascensión 昇天祭. ❷ 複 祝賀行事. ❸ 愉快さ, 陽気さ

festivo, va [festíβo, βa] 形 ❶ 祭りの: día ～ 祝日, 休日〔↔día laborable〕. ❷ 愉快な, 冗談の；陽気な: hablar en tono ～ 冗談めかして(浮き浮きと)話す. carácter ～ ひょうきんな

(陽気な)性格. revista ~*va* 娯楽雑誌

festón [festón] 男 ❶ 花綱 (㌎); 《建築》懸華 (㌎) 装飾. ❷ 《服飾》スカラップ

　feston[e]ar 他 花綱で飾る; 花形(波形)模様の縁取りをする

feta [féta] 女 《南米》[ソーセージの] 薄切り.

fetal [fetál] 形 《←feto》胎児の; その姿勢の: movimiento ~ 胎動

fetén [fetén] 女 《口語》真実: ¿Es eso la [verdad] ~? それは本当?
　◆ 形 《西. 口語》❶ 真実の; 本物の: Él es un parisiense ~. 彼は生粋のパリジャンだ. ❷ すばらしい, 驚くべき: Es una chica ~. 彼女はすごい美人だ

fetiche [fetítʃe] 男 ❶ [未開人の崇拝する] 物神. ❷ お守り, マスコット. ❸ 《医学》フェティッシュ

fetichismo [fetitʃísmo] 男 物神崇拝, フェティィシズム; [物・人の] 盲目的崇拝
　fetichista 形 物神崇拝の; 物神崇拝者

fétido, da [fétiðo, ða] 形 悪臭を放つ: bombas ~*das* 《玩具》臭 (㌫) い玉
　fetidez 女 悪臭

feto [féto] 男 ❶ 《解剖》胎児. ❷ 《軽蔑》醜い人

fettuccini [fetutʃíni] 男 《←伊語. 料理》フェットチーネ

feúco, ca/feúcho, cha [feúko, ka/-tʃo, tʃa] 形 《口語》不器量な, あまり美しくない: Es más bien ~*ca*. 彼女はどちらかと言えば器量がよくない

feudal [feuðál] 形 封建制の; 封建的な: época (régimen·sociedad) ~ 封建時代(制度·社会). señor ~ 封建領主
　feudalismo 男 封建制度(主義)

feudo [féuðo] 男 ❶ 封土, 領地. ❷ 勢力範囲, なわばり
　feudatario, ria 形 名 封土を受けている; 封臣

FEVE [fébe] 女 《略語. 西》←Ferrocarriles de Vía Estrecha 狭軌

fez [féθ] 男 《複 fe-ces》トルコ帽 [㌽㌍カッㇳ]

FF.CC. 《略語》← ferrocarril 鉄道

fha. 《略語》←fecha 日付け

fhdo, da 《略語》←fechado, da …日付けの

fi [fi] 女 《ギリシア文字》ファイ 〖Φ, φ〗

fiable [fjáble] 形 [人·事物が] 信頼(信用)できる: Ese hombre es ~. その男は信用できる
　fiabilidad 女 信頼性, 信用度

fiado, da [fjáðo, ða] 形 過分 ❶ 掛け売りの: al ~/de ~ クレジットで, 掛け売りで. No vendemos [al] ~ 掛け売りお断わり. comprar... todo ~ 全部後払いで…を買う. Cochino ~, buen invierno y mal verano. 《諺》掛けで買うと支払いの時が大変. ❷ 信頼された: obrar ~ de sí mismo 自信をもってふるまう

fiador, ra [fjaðór, ra] 名 [身元·融資·保釈の] 保証人: salir ~ por+人 …の保証人になる

◆ 男 [銃などの] 安全装置; [扉などの] 掛け金; [ブローチなどの] 留め金

fiambre [fjámbre] 女 ❶ 《料理》冷肉 [carne ~. ハム, ソーセージなど]: ~s variados 各種冷肉の盛り合わせ. ❷ 《戯語》死体 〖cadáver〗
　◆ 形 ❶ 《料理》ternera ~ 子牛肉の冷製. ❷ 《口語》新鮮味のない: noticia ~ 時期を失したニュース

fiambrera [fjambréra] 女 ❶ 弁当箱 [今ではあまり使われない]. ❷ 《南米》金網を張った食料戸棚 〖fresquera〗

fianza [fjánθa] 女 保証金; 《法律》保釈金: pagar la ~ 保証(保釈)金を積む. adelantar como ~ el alquiler de dos meses 家賃2か月分を敷金として払う

fiar [fjár] 他 自 ❶ 掛け売りする: No me *fían* los muebles. 家具は掛け売りしてくれない. ❷ [人物を] 保証する: *Fío* que cumplirá su palabra. 彼が約束を守ることは私が保証する. ❸ [+a·en に] 任せる, 託す: *Fió* todas sus posesiones *en* nosotros. 彼は持ち物を全部私たちに預けた. ~ su secreto *a*+人 …に秘密を打ち明ける. ❹ 《中南米》掛け売りしてもらう
　◆ 自 [+en を] 信頼する: *Fiemos en* la solidez de la cuerda. 綱の丈夫さを信じよう. ~ *en sí* 自信を持つ
　　ser de ~ 信頼に足る: Ese hombre no *es de* ~. その男は信用できない
　◆ **~se** 再 No *se fía*. 掛け売りお断わり. ❷ [+de と] 信頼する: No *me fío de* sus palabras. 私は彼の言葉を信じない

fiasco [fjásko] 男 不成功 〖fracaso〗: resultar un ~ completo 完全な失敗に終わる

fibra [fíbra] 女 ❶ 繊維: i) ~ animal (vegetal) 動物(植物)性繊維. ~ de carbono 炭素繊維. ~ de madera 木毛. ~ de vidrio (de cristal) グラスファイバー. ~ óptica 光ファイバー. ~ sintética 合成繊維. ~ textil 紡織繊維. ii) 《解剖》~ muscular (nerviosa) 筋(神経)繊維. ❷ 素質; [心の] 琴線: tener ~ para los negocios 商売人気質をもっている. tocar ~ de+人 …の心の琴線に触れる

fibrilación [fibrilaθjón] 女 [心臓の] 細動, 顫動
　fibrilar 形 《解剖》繊維性の. ◆ 自 細動する

fibrina [fibrína] 女 《生化》フィブリン, 繊維素

fibroblasto [fibroblásto] 男 《解剖》繊維芽細胞

fibrocemento [fibroθeménto] 男 《建築》繊維セメント

fibroma [fibróma] 男 《医学》繊維腫

fibrosis [fibrósis] 女 《単複同形》《医学》繊維症(形成): ~ cística (pancreática) 嚢胞性繊維症

fibroso, sa [fibróso, sa] 形 繊維質の, 繊維性の: tejido ~ 繊維組織

fíbula [fíbula] 女 《古代ギリシア·ローマ. 服飾》フィブラ 〖飾り付きの留め金〗

ficción [fi(k)θjón] 女 ❶ 空想[の産物]; 虚構, 作り事; 《文学》小説: Es pura ~. それは単なる(まったくの)空想だ. La realidad sobrepasa a la ～. 事実は小説より奇なり. ～ científica 空想科学小説. ❷《法律》擬制：～ de derecho/～ legal 法律上の擬制

ficha [fítʃa] 图 ❶［分類・資料用の］カード：～ bibliográfica 図書カード. ～ de policía/～ policial (policíaca) 警察の記録（ブラックリスト）. ～ médica 治療記録. ❷［貨幣がわりの］コイン；賭け札：～ de teléfono 電話用コイン. ～ de la ruleta ルーレットのチップ. ❸［ドミノなどの］札, 牌(ﾊﾟｲ). ❹［出勤の］タイムカード. ❺《スポーツ》選手契約；［選手の］年俸. ❻《映画》クレジットタイトル：～ artística キャスト. ～ técnica スタッフ. ❼《電気》～ de enchufe プラグ. ❽《中南米》i) 5 センタボ貨幣. ii) 卑劣なやつ, 恥知らず：ser una buena ～ 悪いやつである

fichaje [fitʃáxe] 男 ❶《スポーツ》契約〔金〕. ❷ 契約した人：¡Qué ～ la nueva secretaria! 今度の秘書は掘出し物だ

fichar [fitʃár] 他 ❶ カードに記載する；［カードを］分類（整理）する：¿Has fichado este libro? この本をカードに記入したか？ ❷ ブラックリストに載せる, 要注意人物と見なす：Lo *ficharon* a causa de un asunto de drogas. 彼は麻薬事件でブラックリストに載った. Estoy *fichado* por mi jefe. 私は上司ににらまれている. ❸《西》［失業手当をもらうために］職業安定所に登録する. ❹［チームが選手と］契約を結ぶ. ❺《中米》［売春婦が男を］ひっかける；騙す
◆ 自 ❶ タイムカードを押す. ❷《西》[+por por チームと] 選手契約を結ぶ：～ por un club de primera división 1 部リーグのチームに入る. ❸《南米》死ぬ

fichera [fitʃéra] 图《中南米》売春婦；ホステス

fichero [fitʃéro] 男 ❶ カードボックス（キャビネット）. ❷ 医薬 索引（資料）カード. ❸《情報》ファイル：～ invertido 逆（見出し）ファイル

ficticio, cia [fiktíθjo, θja] 形 ❶ 虚構の, 架空の；偽りの：personaje ～ 架空の人物. enfermedad ～*cia* 仮病. ❷ 擬制の；名目上の：activo ～ 擬制資産. letra ～*cia* 空手形, 融通手形. valor ～ del papel moneda 紙幣の名目上の額面

ficus [fíkus] 男《単複同形》《植物》ゴムの木

fidedigno, na [fiðeðíɣno, na] 形 信用できる, 信じるに足る：fuentes ～*nas* 信頼できる情報源

fideicomiso [fiðeikomíso] 图 信託〔処分〕；[国連の] 信託統治：depósito en ～ 信託預金. estado en (bajo) ～ 信託統治国

fideicomisario, ria 形 图 信託の；被信託者：banco ～ 信託銀行

fideicomitente 图 信託者

fidelidad [fiðeliðá(ð)] 图〖←fiel〗 ❶ 忠実, 誠実；jurar ～ a... …に忠誠を誓う. ～ conyugal 夫婦間の貞節. ❷《技術》忠実度, 性能：estéreo de alta ～ ハイファイステレオ

fidelísimo, ma [fiðelísimo, ma] 形 fiel の絶対最上級

fideo [fiðéo] 男 ❶《料理》［主に 複］ヌードル. 願望 fideo は主にスープに入れるが, ごく細い. 日

本の麺に近いのは tallarines］. ❷《戯語》やせこけた人：Ella está hecha un ～. 彼女はがりがりにやせている

fideuá [fiðeuá] 图 ニンニクオイルであえた麺〔カタルーニャ料理の 1 つ〕

fidjiano, na [fiðjáno, na] 形 ＝fijiano

fiduciario, ria [fiðuθjárjo, rja] 形 ❶ 信託を受けた：heredero ～ ［遺産の］受託者. fondo ～ 信託基金. ❷《経済》信用発行の
◆ 图 被受託者

fiebre [fjébre] 图 ❶［病気による］熱：Tengo 〔un poco de〕～. 私は〔少し〕熱がある. Tiene ～ alta./Tiene mucha ～. 彼は熱が高い. Le ha dado ～. 彼は熱を出した. No se me quita la ～. 私は熱が下がらない. ❷［時に 複］熱病：～ aftosa 口蹄病. ～ amarilla 黄熱. ～ de Malta ～ mediterránea 地中海熱. ～ escarlatinosa 猩紅(しょうこう)熱. ～ láctea 授乳熱. ～ porcina 豚コレラ. ～ terciana 三日熱. ❸［+de・por による・への］熱狂, 興奮：Lo devora la ～ *del* juego. 彼はギャンブル熱にとりつかれている. ～ *del* oro ゴールドラッシュ. ～ electoral 選挙フィーバー. ❹《獣》狂躁な人

fiel [fjél] 形〖英 faithful. 絶対最上級 fidelísimo〗 ❶［+a・con・para con に対して］忠実な, 誠実な：sirviente ～ 忠実な召使い. ser ～ a su patria (〔para〕 con sus amigos) 祖国（友人）に誠実である. ❷ 正確な, 事実を曲げない：balanza ～ 狂わない秤. memoria ～ 確かな記憶. traducción ～ 原文に忠実な翻訳. hacer un relato ～ de los hechos 事実をありのままに語る
◆ 图 ❶ 信者, 信徒；取り巻き. ❷［秤などの］検査官
◆ 男［秤の］針

fielato [fjeláto] 男《歴史》入市税納入所

fieltro [fjéltro] 男《繊維》フェルト：sombrero de ～ フェルト帽

fiemo [fjémo] 男 堆肥(たいひ)〖≒estiércol〗

fiera¹ [fjéra] 图 ❶ 猛獣：casa de ～s《古語》動物園〖zoo〗. ～ corrupia［祭りなどに登場する］恐ろしい姿の動物の人形〖写真〗. ❷ 残忍（冷酷）な人；怒りっぽい人：Él es una ～. 彼は残忍な男だ《口語》気が強い

ponerse (estar) hecho una ～ 激怒する（している）

◆ 图［+en・para に］傑出した人：Es un ～ *para* los negocios. 彼は人一倍仕事がよくできる

fiero, ra² [fjéro, ra] 形 ❶ 獰猛(どう)な, 荒々しい. ❷ 残忍な, 冷酷な: aspecto ~ 凶悪(冷酷)な顔つき. ❸ 猛烈な, すさまじい: hambre ~ra ひどい空腹

fiereza 女 獰猛性; 残忍(冷酷)性

fierro [fjéρo] 男 ❶《南米》金属片, 金棒; アクセル. ❷《俗》《中米》[少額の]貨幣; 歯列矯正器

fiesta [fjésta] 女《英 party, festival, holiday》❶ パーティー, 宴会: Dieron una ~ para inaugurar la nueva escuela. 彼らは開校祝賀パーティーを催した. Iré (Asistiré) a su ~. 彼のパーティーに出ます. hacer una ~ パーティーを開く ❷ お祭り, 祝日『día de ~』; 男 その行事(休暇): Hoy es ~. 今日は休みだ. El pueblo arde en ~s. 町はお祭りに沸いている. guardar (santificar) las ~s 祭日を守る(聖とする)『仕事を休んでミサに行く』. ~ brava 闘牛. ~(s) de carnaval カーニバルの祭り. ~ de guardar/~ de precepto 《宗教》守るべき祝日『仕事を休んでミサに出席すべき祝日』. ~s de Navidad (de Pascua) クリスマス(復活祭)休暇. ~ del trabajo メーデー. ~ nacional 国の祝日《西》闘牛. ~ móvil (movible) 移動祝日『復活祭のように年によって日の変わる祝日. ↔~ fija・inmóvil』. F~ Nacional de España スペイン・デー『新大陸発見の日. 10月12日』. ~ francesa フランス革命記念会, パリ祭. ¡Felices F~s! メリークリスマス ❸ 喜び, 楽しみ: Tu visita fue una ~ para nosotros. 来てくれて本当に楽しかった ❹《俗》かわいがること: hacer ~s a+人 …にちやほやする, 機嫌をとる『犬が』じゃれつく

acabemos (tengamos) la ~ en paz [けんかにならないように] もうやめておこう

aguar la ~ a+人 …を白けさせる

arder en ~s [場所が催し物で] 盛り上がっている

de ~ 祝日用の《~↔diario》: vestidos *de ~* 晴れ着, よそいきの服. Este plato es *de ~*. この料理はごちそうだ

estar de ~《口語》わいわい楽しくやっている

hacer ~ [仕事をせずに] 一日のんびり過ごす

hacer ~s《南米》愛を~ 性交する

no estar para ~s 機嫌が悪い

querer ~《俗語》性交したい

se acabó la ~ [不快・怒り] もうたくさんだ, やめろ

tener la ~ en paz 静かさを享受する; もうたくさんである

fiestero, ra [fjestéro, ra] 形 名 パーティー好きな〔人〕

FIFA [fífa] 女《←英語. 略記》国際サッカー連盟

fifí [fifí] 男《南米》[嫌味なほど] きざな〔洗練された〕人; [金持ちの] ぼんぼん息子, 道楽者

fifiriche [fifirítʃe] 男《中南米》きざな男

fígaro [fígaro] 男《文語》理髪師『barbero』

figle [fígle] 男 オフィクレイド『低音の金管楽器』

figón [figón] 男 安食堂

figulina [figulína] 女 陶製の小さな像『esta-tua ~』

figura [figúra] 女《英 figure》❶ 姿, 体型; 形『forma』: El lobo tomó la ~ del cordero. 狼は子羊に化けた. El pan y los peces son ~ de la eucaristía. パンと魚は聖体を象徴する〔形である〕. Se ha proyectado una ~ humana en la pared. 壁に人影が映った. Ella tiene buena (mala) ~. 彼女はスタイルがいい(悪い) ❷ [美術・彫刻などの] 像, 人物像: Hay muchas ~s en el cuadro. その絵には多くの人物が描かれている. ~ de frente 正面像. ~ de nieve 雪だるま ❸ 人物; [特に] 有名人, 大物: i) principales ~s del pueblo 村の主だった人々〔名士〕. ~ histórica 歴史上の人物. gran ~ musical 大音楽家. ii)《演劇》~ central 主役. ~ de Otelo オテロの役 ❹ 図形; 模様: ~ plana 平面図形. ~s semejantes 相似形 ❺《舞踊・スポーツ》フィギュア: ~ libre (obligatoria) 自由(規定)演技 ❻《音楽》音型; 音符 ❼《トランプ》絵札;《チェス》駒 ❽《修辞》文彩『~ de dicción』;《文法》破格, 変則『~ de construcción』: ~ retórica 言葉のあや ❾《論理》~ del silogismo 三段論法の格 ❿《法律》概念 ⓫《古語》顔つき, 表情: caballero de la triste ~ 愁い顔の騎士 ◆ 名 気どり屋; 奇妙な格好をした人

figuración [figuraθjón] 女 ❶ 形に表わすこと (表わされたもの). ❷ 想像, 空想. ❸ 医室《映画・演劇》エキストラ, 端役

figurado, da [figuráðo, ða] 形 過分 比喩的な: en el sentido ~ 転義で, 比喩的な意味で. estilo ~ 比喩の多い文体

figurante [figuránte] 形 現れている: nombres ~s en el documento 書類に記載されている名前 ◆ 名《映画・演劇》エキストラ, 端役;《軽蔑》[役割の少ない] その他大勢

figurar [figurár] 他 ❶ 形に表わす, 描く: Estas líneas figuran las vallas del jardín. これらの線は庭の柵を表わしている. ❷ …のふりをする: ~ una retirada 退却を装う. Figuró que no estaba en casa. 彼は居留守を使った. ❸《演劇》…の役を演じる ◆ 自 ❶ [+en・entre リストなどに] 記載されている: Sus nombres figuraron en el periódico. 彼らの名前が新聞に載った. No figuro entre sus preferidos. 私は彼のごひいきの中に入っていない. La contratación figura entre mis atribuciones. 契約を結ぶのは私の権限内だ. ❷ 参加する: Al frente de la comisión figuraba el propio presidente. 大統領自身が委員会を主宰していた. ❸ 重要な役割を演じる, 目立つ: Es el mecánico que más figura en el departamento. 彼はその部で最も重きをなしている技術者だ

◆ **～se** [英 figure] ❶ [+que+直説法] 想像する，思う：Se *figuró que* iba a ganar el premio. 彼は自分が受賞すると思った． No *te figuras* lo que me ha costado convencerle. 彼を説得するのがどんなに大変だったか君には分からない． ❷ [+a+人 に] …と思われる：i) Se me *figura que* es muy buena persona. 彼はとてもいい人のように私には思える． ii) [否定文では +que+接続法] No *se me figura* que sepas esquiar. 君にスキーができるとは思えない

¡figúrese!/¡figúrate! [驚き・怒り] それが何と！/何たることか!：Nos iban a subir el alquiler un cien por cien, *¡figúrate!* 家賃を2倍に上げようというのだから，本当にもう!

ya me lo figuraba そうだろうと思った

figurativo, va [figuratíβo, ba] 形 物をかたどった．《美術》具象(派)の [↔abstracto]：escritura ～*va* 象形文字．arte ～ 具象芸術．pintura ～*va* 具象絵画

figurativismo 男 具象主義

figurilla [figuríʎa] 女 [陶製などの] 小像

◆ 名 背の低い人，重要でない人物

figurín [figurín] 男 ❶ [古語] [洋服の] デザイン画，モデルスケッチ；ファッション雑誌． ❷ 《軽蔑》[最新流行の服を着た] おしゃれ(きざ)な人

ir (estar) hecho un ～ トップモードを着ている

figurinista 共 服飾デザイナー

figurón [figurón] 男 ❶ 見栄っぱり，気取り屋，目立ちたがり屋． ❷ 《船舶》～ de proa 船首像

fija[1] [fíxa] 女 《中南米．競馬》[una+] 本命馬

fijación [fixaθjón] 女 ❶ 固定；取り付け，据え付け；定着：～ de una máquina 機械の固定(据え付け)． ❷ 決定：～ de salarios (de reglas) 賃金(規則)の決定． ❸ 固執，強迫観念． ❹ 《医学》固定． ❺ 《染色》［染色の］色留め，固着． ❻ 《スキー》ビンディング

fijado, da [fixáðo, ða] 形 過分 固定された：a la hora ～*da* 定刻に，定刻で

◆ 男 《写真・絵画》定着

fijador, ra [fixaðór, ra] 形 固定させる

◆ 男 ❶ 固定器具，取付(締付)金具． ❷ 固定剤，《写真》定着液． ❸ 《化粧》整髪料

fijapelo [fixapélo] 男 《化粧》整髪料

fijar [fixár] 他 [英 fix] ❶ [+a・en に] 固定させる；取り付け，据え付ける：～ un armario *a* la pared たんすを壁に固定する．～ una estaca *en* el suelo 杭を地面に打ち込む．～ un sello *a* una carta 手紙に切手を貼り付ける． ❷ [住居・日取りなどを] 定める，決定する：～ su residencia *en*... …に居を定める，定住する．～ el día de la boda 結婚の日取りを決める．～ el precio 価格を決定する． ❸ [視線などを] 注ぐ，とめる：～ su atención に注意を集中する． ❹ 《写真・絵画》定着する

◆ **～se** ❶ 固定する，定着(固定)する：Se me *ha fijado* el dolor en el brazo. 腕の痛みがとれない． ❷ [+en に] 注目する，注意する；気づく：Se *fijaban en* mí. 彼らはじっと私のことを見ていた．*Fíjate* bien *en* lo que te digo. 私の言うことをよく聞きなさい． No *nos hemos*

fijado en su belleza. 私たちは彼女の美しさに気づかなかった

¡fíjate!/¡fíjese usted! [相手の注意を喚起して] 考えてもみなさい/わかるでしょう!：¡Fíjate qué precios! ねえ，ひどい値段でしょう!

fijasellos [fixaséʎos] 男 [単複同形] [切手をアルバムに貼る] ヒンジ

fijativo [fixatíβo] 男 《写真・絵画》定着液

fijeza [fixéθa] 女 揺るぎなさ

con ～ 確かに；じっと：No lo sé *con ～*. はっきりとは知りません．mirar *con ～* じっと見つめる

fijiano, na [fixjáno, na] 形 名 《国名》フィジー Fiji・Fiyi 男 の(人)

fijo, ja[2] [fíxo, xa] 形 [英 fixed] 固定した，一定の：i) tener un objetivo ～ 一定の目的をもつ．aceite ～ 不揮発性油．cliente ～ 固定客．colocación *fija* 定職．renta *fija* 定収．sueldo ～ 固定給． ii) [ser+．仕事・値段・日時などが] 決まった，定まった：Aquí los precios son ～*s*, no se admite rebaja. 当店では値段は正価で，値引きはしません．El día de esa fiesta no es ～, cambia de un año a otro. その祭りの日は決まっていない，年によって変わる． iii) [estar+．人・物が場所的に，+a・en に] 固定(定着)している：Está ～ en México. 彼はメキシコに定住している．La escalera no está *fija a* la pared (*en* el suelo). はしごは壁(床)に固定されていない． con la mirada *fija* [一点を]じっと見つめて． iv) [副詞的に] Ella me miró ～ *en* la cara. 彼女は私の顔をじっと見つめた

de ～ 確信して：No sé *de ～* si vendrá o no. 彼が来るかどうか私ははっきりとはわからない

◆ 副 きっと，確かに：Voy ～ el día 11. 11日には僕っと行きます

～ que+直説法 きっと…：*Fijo que* ha sido José. それはホセだったに違いない

fila [fíla] 女 [英 row] ❶ 列：ponerse en ～ 列を作る，並ぶ．Los policías están en ～. 警官がずらっと並んでいる．¡Rompan ～*s*!《号令》別れ! ❷ 《口語》憎しみ，反感． ❸ 阃 集団，党派：～*s* de separatismo 分離主義者のグループ． ❹ 《軍事》en ～ 兵役に服している．entrar en ～*s*/incorporarse a ～*s* 入隊する

cerrar (estrechar) ～s [軍隊が] 集結する；団結を固める

de primera (segunda) ～ 一流(二流)の，一級(二級)の

en ～ india 数珠つなぎになって，一列縦隊で：caminar *en ～ india* 一列にぞろぞろ歩く

en primera ～ [劇場の] 最前列に；脚光(注目)を浴びて

filamento [filaménto] 男 ❶ 細糸 [動植物の] 繊維：～ metálico 金属の細い糸． ❷ [電球の] フィラメント：Se quemó el ～. 電球が切れた

filamentoso, sa 形 繊維質の

filantropía [filantropía] 女 博愛，慈善：por ～ 慈善で；無私無欲で

filantrópico, ca 形 博愛[主義]の，慈善の：

sociedad ～ca 慈善協会

filántropo, pa [名] 博愛主義者, 慈善家

filar [filár] [他] 《口語》監視する

filaria [filárja] [女] 《生物》フィラリア, 糸状虫

filariasis/filariosis [女] [単複同形] 《医学》フィラリア症

filarmonía [filarmonía] [女] 音楽愛好

filarmónico, ca [形] [名] 音楽好きの〔人〕. ◆ [女] 交響楽団: la F～ca de Londres ロンドン・フィルハーモニー

filatelia [filatélja] [女] 切手の収集(研究)

filatélico, ca/filatelista [形] [名] 切手収集(研究)の; 切手収集(研究)家

filete [filéte] [男] ❶ 《料理》i) ヒレ肉 [☞carne カット]. ii) [肉・魚の] 切り身: un ～ de lenguado 1切れの舌平目. iii) [薄い] ビフテキ. ❷ [本の表紙・衣服などの] 装飾輪郭線. ❸ 《建築》平縁; 《機械》ねじ山. ❹ [若馬用の] はみ. ❺ すきま風. ❻ 《口語》愛撫: darse el ～ 愛撫する

filetear [他] 切り身にする; 装飾輪郭線をつける; ねじを切る: pescadilla *fileteada* メルランの切り身

filfa [fílfa] [女] 《口語》 ❶ 嘘, 虚報: hacer correr una ～ デマを流す. ❷ 偽物: Esta sortija es una ～. この指輪はイミテーションだ

filia [fílja] [女] 愛好 [↔fobia]

filiación [filjaθjón] [女] ❶ 人物調査; その書類, 人相書き. ❷ [親子の] 関係, 関連性. ❸ 党員であること, 党籍

filial [filjál] [形] 子の: afecto ～ 子の情愛, 親への愛. obligación ～ 子としての義務. escuela ～ 分校
◆ [女] 子(系列)会社 [compañía ～]

filiar [filjár] [他] [警察などが] …の人物調査をする

filibustero [filibustéro] [男] [16-18世紀カリブ海の] 海賊

filibusterismo [男] [政治] 海賊行為; 《政治》議事進行妨害 [長演説, 牛歩投票, 不信任案連続上程など]

filiforme [filifórme] [形] 糸のような: antena ～ 糸状触角

filigrana [filigrána] [女] ❶ [金・銀の] 線状細工; 繊細な細工物. ❷ [紙幣などの] 透かし模様. ❸ 《植物》ランタナの一種 [キューバ産で葉が芳香]

filípica [filípika] [女] 攻撃演説, 罵言(罵雑言)

filipino, na [filipíno, na] [形] [名] フィリピン〔人〕の; フィリピン人: Islas F～nas フィリピン諸島
punto ～ 《口語》悪いやつ
◆ [女] [国名] [F～nas] フィリピン

filipinismo [男] フィリピン特有の言い回し

filis [fílis] [女] [男] [単複同形] 《詩語》巧みさ: No sé de ～ ni de palabras bonitas. 私は(恋の)手練手管も甘い言葉も知らない

filisteo, a [filistéo, a] [形] [名] ❶ 《歴史》ペリシテ人(びと)〔の〕. ❷ 大男; 俗物

film [fílm] [男] [複] ～[e]s [←英語] ❶ 映画 [película]: ～ japonés 日本映画. ～ musi-cal ミュージカル映画. ❷ 《料理》ラップ [～ transparente]

filmación [女] 映画の撮影(製作)

filmador, ra [形] [名] 撮影の; カメラマン: máquina ～ra 撮影機. ◆ [女] 《南米》[小型の] 撮影機

filmar [他] 撮影する: ～ una escena ワンシーンを撮る

filme [男] 《文語》 =film

fílmico, ca [形] 映画の

filmina [男] スライド [diapositiva]

filmlet [男] プロモーションフィルム

filmografía [女] フィルムグラフィー, 映画作品リスト

filmoteca [女] フィルムライブラリー

filo [fílo] [男] ❶ [刃物の] 刃: Se ha roto el ～ del cuchillo. 包丁の刃が欠けた. ～ rabioso よく研いでない刃. viento como el ～ de una navaja 身を切るような[冷たい]風. espada (arma) de dos ～s (doble ～) 両刃(もろは)の剣 [比喩的にも]. ～ del acantilado 崖っぷち. ❷ [スケート靴の] エッジ. ❸ 2分線(点). ❹ 《生物》門. ❺ 《中米》飢え, 外見. ❻ 《南米》恋人 [novio]
al ～ de... …ちょうどに: al ～ del mediodía 正午に
dar [un] ～ *a...* …に刃をつける, …を研ぐ; …を元気づける, はっぱをかける
por ～ ちょうど, ぴったり
sacar ～ *a...* …を研ぐ

filogenia [filoxénja] [女] 《生物》系統学, 系統発生

filogénesis [女] [単複同形] =filogenia

filología [filoloxía] [女] 文献学: ～ románica ロマンス語学

filológico, ca [形] 文献学の

filólogo, ga [形] 文献学者

filón [filón] [男] ❶ 鉱脈: descubrir un ～ de plata 銀の鉱脈を発見する. ❷ うまみのある分野 [取引, 職など]: Ese negocio es un ～ de dinero. その商売はまるで金脈だ

filoso, sa [filóso, sa] [形] 《中南米》[刃の] 鋭い; 《中米》飢えた

filosofal [filosofál] [形] piedra ～ 賢者の石

filosofar [filosofár] [自] 思索を巡らす, 哲学する; 《口語》無益な(込み入った)考察をする

filosofastro, tra [filosofástro, tra] [名] 《軽蔑》えせ(へぼ)哲学者

filosofía [filosofía] [女] [英 philosophy] ❶ 哲学: ～ griega (de Descartes) ギリシア(デカルト)哲学. ～ de la historia (del derecho) 歴史(法)哲学. F～ y Letras 文学部. ❷ 人生観, 世界観 [作品・計画などの] 意図. ❸ 平静, 諦観(ていかん): aceptar las desgracias con mucha ～ 泰然自若として(達観して)不幸を受けとめる

filosófico, ca [filosófiko, ka] [形] 哲学の (的な); 達観した: sistema ～ 哲学体系

filósofo, fa [filósofo, fa] [形] 哲学者; 哲人, 達観した人

filoxera [filo(k)séra] [女] 《昆虫》ネアブラムシ;

その害

filtración [filtraθjón] 囡 ❶ 濾過；浸透. ❷ [金・情報などの] 漏出，漏洩

filtrador, ra [filtraðór, ra] 形 濾過する：lente ~ra de los rayos ultravioletas 紫外線フィルターレンズ
◆ 男 濾過器，濾過装置

filtrar [filtrár] 他 ❶ 濾過(⅔)する，フィルターにかける：~ el agua 水をこす. ❷ [光・液体などを] かすかに通す，浸透させる：Estos zapatos gastados *filtran* el agua. このぼろ靴は水がしみ込む. ❸ [秘密を] 漏らす，リークする
◆ 圁 浸透する：Viene *filtrando* la sangre en el vendaje. 包帯に血がにじんできた
◆ ~se ❶ 漏れ出る，にじみ出る：La luz *se filtra* a través de la cortina. カーテン越しに光が入ってくる. ❷ [金・機密などが] 漏出する，漏洩する：Por sustracción *se han filtrado* los beneficios. 横領によって利益が消えてしまった. ❸ 漏れる：La información *se ha filtrado* a la prensa. 情報がマスコミに漏れた

filtro [fíltro] 男 ❶ フィルター，濾過器(装置)：cigarrillo con ~ フィルター付きのたばこ. papel [de] ~ 濾紙. crema con ~ solar 日焼け止めクリーム. ~ de aire エアクリーナー，空気清浄装置. poner el ~ a la cámara カメラにフィルターをつける. ❷《文語》媚薬

filudo, da [filúðo, ða] 形《南米》鋭い，鋭利な

fimo [fímo] 男 糞(½)［estiércol］

fimosis [fimósis] 囡《単複同形》《医学》包茎

fin [fín] 男《英 end》❶ 終わり［↔principio］. i)［期間］末：Estamos en ~ de mes. 今は月末だ. al ~ de año 年末に. a ~es de mayo　5月の終わりごろ(下旬)に. hacia ~es de la semana 金曜から週末にかけて. ~ de una época 一時代の終わり. ii) 終了：El viaje se acerca a su ~. 旅行は終わりに近づいた. ~ de la guerra 終戦. Hasta el ~ nadie es dichoso.《諺》物事は最後までわからない(注意が必要だ). iii) 結末：Ya he llegado al ~ de la novela. やっと小説の最後まで来た. iv) 最期；死：tener un triste ~ 悲しい最期を遂げる. ~ del Imperio Romano ローマ帝国の最期. v)《映画》[表示] 終
❷ 目的：conseguir el ~ 目的を達す. con el ~ de asesinar 殺人の目的で. con buen ~ 善意で. para ese ~ その目的で，そのために. de ~es múltiples 多目的の. ~ último 最終目的. El ~ justifica los medios.《諺》目的のためには手段を選ばない/目的は手段を正当化する
a ~ de+不定詞・*que*+接続法　…するために：Fue a Madrid *a ~ de* ingresar en la universidad *(de que* examinaran su obra). 彼は大学へ入る(作品を審査してもらう)ためにマドリードへ行った
al ~ 最後に(は)，ついに：*Al ~* salió bien el proyecto. とうとう計画は成功した
al ~ y al cabo/al ~ y a la postre 要するに，結局，とどのつまり：Ella es muy japonesa, *al ~ y al cabo* su madre es japonesa. 彼女はとても日本的だが，それというのも

母親が日本人だからだ. No cabe negociación；*al ~ y a la postre* ésa es la decisión definitiva. 話し合いの余地はない. つまるところ，それは最終決定なのだ
dar (poner) ~ a... …を終える：Aquí *daremos ~ a*l estudio de hoy. 今日の勉強はここまでにしよう
dar ~ de... …を消費し尽くす；全滅させる：*Dieron ~ de* la comida en diez minutos. 彼らは10分で食事を平らげてしまった
en ~ [*de cuentas*] 要するに，結局のところ：*En ~ de cuentas*, lo que quiero decir es que no estoy de acuerdo contigo. 私の言いたいのはつまり君の意見に反対だということだ
¡~! もうたくさんだ！
~ de fiesta 締めくくりの演物(ᵈᵉₛ)
~ de semana 1)《英 weekend》週末〔の休暇〕：Pienso acudir a Toredo este *~ de semana*. 私はこの週末トレドまで行くつもりだ. Las informaciones fueron publicadas el pasado *~ de semana*. その報道は先週末に発表された. ir de *~ de semana* 週末旅行に行く. 2)《西》小型のスーツケース
por ~ 最後には，ついに，やっと〔*al ~* より思い入れが強い〕：*Por ~* llegamos a la cima. 私たちはとうとう(やっと)頂上に到着した
sin ~ 1) 無数の；果てしのない：Ahí hay libros *sin ~*. そこにはおびただしい数の本がある. espacio *sin ~* 無限の空間. 2)《技術》cinta *sin ~* 継ぎ目ないベルト
tener ~ 終わる：Los buenos tiempos *han tenido ~*. 良き時代は去った
◆ 囡《主に地方語》終末

finado, da [finádo, ða] 名 過分《文語》故人

final [finál] 形《英 final》❶［完結を表わして］最後の，最終の；究極の：dibujo ~ 完成図. precio ~ de venta 末端価格. causa ~ 究極的原因. ❷ 最終的な，変更不可能な：decisión ~ 最終決定. ❸《文法》目的を表わす：oración ~ 目的節
◆ 男 ❶ 終わり〔fin〕：Hazlo hasta el ~. 最後までやれ. a ~es del mes pasado 先月の終わりごろに. ❷ 結末；《演劇》フィナーレ：El film tiene un ~ feliz. その映画はハッピーエンドで終わる. ❸ 末端：El cuarto de baño está al ~ del pasillo. トイレは廊下の端にある. ~ de la carretera 高速道路の終点
al ~ 最後に(は)：Siguió cantando y *al ~* se puso ronco. 彼は歌い続けて，とうとう声がかれてしまった
◆ 囡《スポーツ》決勝戦：jugar la ~ 決勝〔戦〕で戦う

finalidad [finaliðá(ð)] 囡 目的，意図：No sabemos cuál es la ~ de su explicación. 彼の説明の意図が何なのか私たちにはわからない

finalista [finalísta] 形 名 ❶ 決勝戦に進出する〔人〕：equipo ~ 決勝進出チーム. obra ~ del premio literario 文学賞の最終候補作品. quedar ~ 決勝に残る. ❷《哲学》目的原因論の(論者)

finalizar [finaliθár] 自 他《文語》終える：~

el trabajo 仕事を終わらせる

◆ 自 終わる: *Finalizaba* el verano. 夏も終わろうとしていた. Todo afán *finaliza* con la muerte. すべての苦労は死と共に終わる

finalización 囡 終わり, 終了

finalmente [finálménte] 副 最後に, ついに; 結局

financiación [finanθjaθjón] 囡 融資, 資金調達: ～ externa 資金の外部(外国からの)調達

financiar [finanθjár] 10 他 …に融資(出資)する; 金を出す: Las ganancias *financiarán* obras sociales. 利益は社会事業費に回されることになる. ～ un partido político 政党に献金する

financiador, ra 囝 出資者, 資金援助者

financiamiento 圐 ＝**financiación**

financiero, ra [finanθjéro, ra] 厖 囝 財政の; 金融の: asuntos ～s 財務. capital (pánico) ～ 金融資本(恐慌). ciencia ～*ra* 財政学. costos ～s 資金コスト. crisis ～*ra* 財政危機. política ～*ra* 財政政策. situación ～*ra* 財政(経済)状態

◆ 囝 財界人; 金融業者

◆ 囡 金融(投資)会社, ファイナンス会社 [sociedad・compañía ～]

financista [finanθísta] 囝 《中南米》＝**financiero**

finanzas [finánθas] 囡 甾 ❶ 財政, 財務; 金融: ～ nacionales 国家財政. ～ deficitarias 赤字財政. ❷ 金融界, 財界: altas ～ 銀行家たち, 大資本家たち; 大型金融操作

finar [finár] 自 [人が] 死ぬ; [催しなどが] 終わる

finca [fínka] 囡 ❶ 地所, 不動産: Tiene unas ～s en Andalucía. 彼はアンダルシアに地所をいくつか持っている. tener una ～ de olivo オリーブ畑を持っている. ～ de recreo [広い土地付きの] 別荘. *¡buena* ～! 《口語》とんだしろもの

fincar [finkár] 2 自/～se 地所を買う.

◆ 自 《中南米》根拠を持つ [estribar]: En esto *finca* la dificultad. 難しさはここにある

finés, sa [finés, sa] 厖 囝 ❶《国名》フィンランド(人・語)の; フィンランド人 [finlandés]. ❷《歴史》フィン族の; フィン人

◆ 圐 フィンランド語

fineza [finéθa] 囡 ❶ 細かさ; 細さ, 薄さ; 上質さ: Esta cajita es una ～. この小箱の細工は見事だ. ❷ 繊細(上品・鋭敏)さ: ～ del porte 物腰の上品さ. ❸ 心づかい; 贈り物: tener (gastar) ～ con+人 …に優しくする

fingido, da [finxído, ða] 厖 過分 偽りの, 見せかけの

fingimiento [finximjénto] 圐 偽り, 見せかけ

fingir [finxír] 4 他 ❶ …のふりをする: i) ～ sorpresa 驚いたふりをする. ～ una enfermedad 仮病を使う. ii) [+不定詞/+que+直説法] *Fingió* estar estudiando. 彼は勉強しているふりをした. *Finge* que duerme. 彼は狸寝入りしている. ❷ 作り上げる: ～ paisajes fantás-

ticos en el escenario 幻想的な舞台効果を出す. ～ voces 声帯模写をする

◆ 自 とぼける

◆ ～se ～*se* amigo 友人であると偽る; 味方を装う. ～*se* enfermo 仮病を使う

finiquitar [finikitár] 他 ❶《商業》決済(清算)する: ～ sus deudas 負債を清算する. ❷ 終わらせる, 処理する: ～ un asunto 用件を片付ける. ～ una disputa 争いに結着をつける

finiquito [finikíto] 圐 [←fin y quito] ❶ 決済, 清算: dar ～ a una cuenta 勘定を清算する. fecha del ～ 清算日. ❷ 退職届; 退職金, 解雇手当

finisecular [finisekulár] 厖 世紀末の(的な)

finito, ta [finíto, ta] 厖 ❶ 有限の: ¿Es el espacio ～? スペースの制限はありますか? decimal ～ 有限小数. lo ～ 有限性. ❷《文法》定形の: forma ～*ta* del verbo 動詞の定形

finlandés, sa [finlandés, sa] 厖 囝《国名》フィンランド Finlandia 囡〔人・語〕の; フィンランド人. ◆ 圐 フィンランド語

finlandización 囡 フィンランド化《大国が小国に圧力をかけること》

finn [fín] 圐《船舶》フィン『一人乗りのヨット』

fino, na [fíno, na] 厖 [英 fine] ❶ 細かい, 細い, 薄い [↔grueso, espeso]: lluvia *fina* 細かい雨, こぬか雨. dibujos ～s 細かい模様. hilo ～ 細い糸. cintura *fina* ほっそりしたウエスト. punta *fina* de un lápiz 鉛筆のとがった先端. papel ～ 薄い紙. manta *fina* 薄手の毛布 ❷ 繊細な; 洗練された, 上品な: tener un gusto muy ～ 趣味がよい; 好みがうるさい ❸ 鋭敏な: oído (olfato) ～ 鋭い耳(鼻) ❹ 上質の; [金属が] 純粋な; [表面が] ざらざらでない: zapatos ～s 上等の靴. oro ～ 純金. tela *fina* 手ざわりのよい布, 目のつんだ生地 ❺ 熟達した; 抜け目のない: ～ ladrón 盗みの名人 ❻ 礼儀正しい; 親切な, よく気のつく: Es demasiado ～ con las mujeres. 彼は女性に対してばか丁寧だ(気をつかいすぎる) ❼《皮肉》El jefe anda ～. 上司はすごく怒っている. Con tanto vino se puso ～. 彼は飲み過ぎてだらしなくなっている. ser cosa *fina* まったくひどい

◆ 圐 [アルコール度の高い] 辛口の白ワイン, シェリー酒の一種

finolis [finólis] 厖 囝《単複同形》《軽蔑》もったいぶった[人], 気どった[人]

finta [fínta] 囡《スポーツ》フェイント: hacer una ～ a+人 …にフェイントをかける

fintar 他 …にフェイントをかける

finura [finúra] 囡 ❶ 細かさ. ❷ 上品さ, 礼儀正しさ: persona de ～ 礼儀正しい人. ❸ 細かい細工を施したもの

finústico, ca [finústiko, ka] 厖《軽蔑》ばか丁寧な, ひどくもったいぶった

fiord[o] [fjór(do)] 圐《地理》フィヨルド, 峡湾

fique [fíke] 圐《中南米》植物繊維, 麻縄

firma [fírma] 囡 ❶ 署名『有名人などのサイン

は autógrafo）；調印：Ponga su ～ aquí (en el papel). ここに（書類に）サインしてください. Este documento no lleva la ～. この書類には署名がない. recoger ～s 署名を集める. dar a+人 una ～ en blanco …に白紙委任する. media ～ 姓だけの署名. ❷ 医図 署名を要する書類. ❸ 商号；会社, 商社：Son (Es) una ～ fuerte. そこは一流の企業だ. ❹ 著者, 執筆者も
llevar la ～ de…《商業》…を代表する

firmamento [firmaménto] 男《文語》[星の見える] 天空

firmante [firmánte] 形 名 署名（調印）する；署名者：países ～s 調印国

firmar [firmár] 他 …に署名（調印）する：～ un contrato 契約書にサインする
◆ 自 ❶ 署名する：～ con el dedo 拇印を押す. ❷ [労働者が] 雇用契約を結ぶ
◆ ～se [+補. 自分のことを] …と署名する：Se *firmó* Taizan. 彼は泰山と署名した

firme [fírme] 形 [英 firm] ❶ [+de•en が] しっかりした, ぐらつかない：Esa silla está ～. その椅子はしっかりする. No está ～ de cintura. 彼は腰がふらついている. base (empresa) ～ しっかりした土台（企業）. tierra ～ 陸地；大陸. ❷ 確固たる, 断固とした：Está ～ en su opinión. 彼の意見は変わらない. En la negociación se mantuvo ～. 彼の交渉姿勢は揺らがなかった. convicción ～ 確固とした信念. voluntad ～ 断固とした意志. sentencia ～ 確定判決
estar en lo ～ 信念が揺るがない
¡～s!《号令》気を付け！〖↔descanso〗
poner ～ a+人 [規律を守らせようと] …に厳しくのぞむ, ねじを巻く
ponerse ～ 気を付けの姿勢をとる
◆ 副 しっかりと
◆ 男 [しっかりした] 地盤；舗装
de ～ 強く；熱心に：llover de ～ 雨が強く降る. trabajar de ～ 一所懸命に働く
en ～ [市況が] 安定した；[契約が] 一定条件の：pedido en ～ 正式発注. venta en ～ 同一条件による販売

firmemente [fírméménte] 副 しっかりと：creer ～ 確信している

firmeza [firméθa] 女 揺るぎなさ：con ～ 断固として

firuletes [firulétes] 男 複《南米》ごてごてした装飾

fiscal [fiskál] 形 ❶ 国庫の, 財政の：política (reforma) ～ 財政政策（改革）. ❷ 検事の
◆ 名 ❶ 検事, 検察官；会計（検査）官：～ general [del Estado] 検事総長. ～ togado [軍法会議の] 政府委員. ❷ 口やかましい人

fiscalía [fiskalía] 女 ❶ 検察庁, 検事局；検事の職務：F～ Suprema 最高検察庁. ❷ 会計〔検査〕官；その職務；その事務所：～ de tasas 物価査定担当官

fiscalización [fiskaliθaθjón] 女 ❶ 検察, 査察：～ administrativa 行政査察. ❷ [財政の] 管理, 統制：～ del cambio 為替管理. ～ del presupuesto 予算統制. ❸ 詮索, 非難

fiscalizar [fiskaliθár] 9 他 ❶ 査察する. ❷ 詮索する, 非難する：Déjate de ～ lo que hago. 私のすることに口をはさむのはやめてくれ

fisco [físko] 男 国庫, 財政：defraudar el ～ 脱税する

fiscorno [fiscɔ́rno] 男 [カタルーニャの民俗音楽で用いる] コルネット

fisga [físga] 女 ❶ [魚を突く] やす. ❷ からかい, 嘲笑. ❸《中米. 闘牛》もり [banderilla]

fisgar [fisgár] 8 他 ❶《軽蔑》[+en を] 詮索する, かぎ回る：～ en los papeles ajenos 他人の書類をひっかき回す. Intenté ～ por qué discutían. 私は彼らが何を議論しているのかさぐり出そうとした
◆ ～se [+de を] からかう, あざ笑う

fisgón, na [fisgón, na] 形 名 詮索好きな〔人〕

fisgonear [fisgoneár] 他 自 いつも詮索する

fisiatría [fisjatría] 女 =fisioterapia

fisible [fisíble] 形《物理》核分裂を起こす

física[1] [físika] 女 物理学：～ nuclear 原子（核）物理学

físico, ca[2] [físiko, ka] 形 ❶ 物質の：ciencias ～cas 自然科学 〖物理学と化学〗. mundo ～ 物質界. ❷ 天然の, 自然界の：medio ～ 自然環境. ❸ 物理学の：leyes ～cas 物理学の法則. química ～ca 物理化学. ❹ 身体の：hacer ejercicio ～ 運動をする. formación (educación) ～ca 体育. fuerza ～ca 体力. trabajo ～ 肉体労働. ❺ 形而下の
◆ 名 物理学者
◆ 男 体格, 体つき：tener un buen ～ 格好（顔かたち）がよい

físicamente 副 身体で, 身体的に；物質的に；物理的に

fisicoquímico, ca [fisikokímiko, ka] 形 女 物理化学（の）

fisiocracia [fisjokráθja] 女 重農主義
fisiócrata 名 重農主義者

fisiografía [fisjografía] 女 地文学, 自然地理学

fisiología [fisjolɔxía] 女 生理学；体の状態
fisiológico, ca 形 生理学の
fisiólogo, ga 名 生理学者

fisión [fisjón] 女 分裂：～ nuclear 核分裂

fisionomía [fisjonomía] 女 =fisonomía

fisioterapia [fisjoterápja] 女《医学》物理（理学）療法
fisioterapeuta 名 物理療法士

fisonomía [fisonomía] 女 人相, 容貌；様相：tener una ～ agradable 感じのよい顔つきをしている. ～ de la ciudad 町の姿

fisonómico, ca 形 人相の：rasgos ～s 顔の特徴

fisonomista 名 1) 他人の顔をよく覚えている人. 2) 人相見：hacer de ～ 人相を見る

fistol [fistɔ́l] 男《中米》ネクタイピン

fístula [fístula] 女 ❶《医学》瘻（̌），瘻管：～ lacrimal 涙腺瘻. ❷ フルートに似た笛

fisura [fisúra] 女 ❶ 裂け目, 割れ目：Hay ～s

en la pared. 壁にひびが入っている. apoyo sin
~s 揺るがない支持. ❷《医学》[骨などの] 亀
裂: ~ de cráneo 頭蓋骨折. ~ anal (del
ano) 裂肛(ⁿ⁾)

fitófago, ga [fitófaɣo, ɡa] 形《動物》植食
性の

fitogenético, ca [fitoxenétiko, ka] 形 植
物発生の

fitogeografía [fitoxeoɣrafía] 女 植物地理
学

fitopatología [fitopatoloxía] 女 植物病理
学

fitoplancton [fitoplánkton] 男 植物プランク
トン

fitosanitario, ria [fitosanitário, ria] 形
植物衛生の

fitotóxiko, ka [fitotó(k)siko, ka] 女 植物
毒素の; 植物に有害な

FITUR [fitúr] 【西. 略語】←Feria Inter-
nacional del Turismo 国際観光協会

flabelo [flaβélo] 男 [宗教儀式などで用いる]
大きな扇

flác(c)ido, da [flá(k)θiðo, ða] 形 締まりの
ない, ぶよぶよの: carnes ~das たるんだ肉

flac(c)idez 女 締まりのなさ

flaco, ca [fláko, ka] 形 ❶《主に中南米》やせ
こけた, 肉づきの悪い 〖delgado〗: ponerse ~ や
せこける. ❷ わずかな, 乏しい, 薄弱な: Es muy
~ de memoria. 彼は記憶力が乏しい. recom-
pensa ~ca わずかな褒賞. argumento ~ 弱い
(説得力のない)論拠. años ~s《中南米》凶作
の年

　　hacer un ~ servicio (favor) [結果として]
余計なお世話になる, 親切があだになる

◆ 男 欠点, 弱点 〖punto ~〗; 過度の愛好:
tener muchos ~s 欠点が多い. Su ~ son las
mujeres. 彼は女性に弱い.

flacura 女 やせていること; 薄弱さ

flagelar [flaxelár] 他 鞭で打つ; 非難する

　　◆ ~se 鞭打ちをする

　　flagelación 女 鞭打ち, 笞刑

　　flagelado, da 過分《生物》鞭毛のある

　　flagelante 名 鞭打ち苦行者

flagelo [flaxélo] 男 鞭 〖azote〗; 災難;《生
物》鞭毛(⅔)

flagrante [flaɣránte] 形 明白な

　　en ~ (delito) 現行犯で: coger (sorpren-
der) a+人 *en ~* …を現行犯で捕える

flama [fláma] 女 ❶《主に比喩》炎 〖llama〗;
情熱の: ~ del amor 恋の炎. ❷ [かぶとの] 炎形
飾り

flamante [flamánte] 形 ❶ 輝くような: cor-
bata ~ 派手なネクタイ. ❷ [+名詞] できたての,
新品の; 新人の: ~ casa 新ピカの家. ~
médico 成りたての医者

flambear [flambeár] 他《料理》フランベする

flamear [flameár] 自 ❶ 炎を上げる. ❷ [旗
などが] はためく: Las ropas lavadas *flamean*
movidas por el viento. 洗濯物が風でパタパタ
している

　　◆ 他 火炎滅菌する;《料理》フランベする

flamenco, ca [flaménko, ka] 形 名 ❶《歴
史·地名》フランダース(フランドル) Flandes 男 の
〔人〕: pintor ~ フランドル派の画家. ❷ フラメ
ンコの, アンダルシア·ジプシーの: baile ~ フラメン
コ〔の踊り〕. cante ~ カンテ 〖フラメンコの歌〗.
guitarra ~ca フラメンコギター. ❸ 生意気な,
気どった. ❹ [主に女性が] 頑健な. ❺《中米》や
せた

◆ 男《音楽·舞踊》フラメンコ 〖☞写真〗; フラマン
語;《鳥》フラミンゴ

flamencología 女 フラメンコ〔音楽·舞踊〕の
研究

flamenquería 女 生意気, 気どり

flamenquín [flamenkín] 男《料理》チーズを
詰めたハムのフライ

flamígero, ra [flamíxero, ra] 形 ❶《文語》
炎を上げる; 炎のような: arma ~ra ギラギ
ラ光る武器. ❷《建築》火炎式の

flámula [flámula] 女 [橋頭の] 三角旗;《植
物》キンポウゲ

flan [flán] 男《料理》プディング, フラン: ~ de
arroz ライスプディング

　　estar (nervioso) como un ~ びくびくしてい
る

flanco [flánko] 男 ❶ 側面: atacar al
enemigo por su ~ 敵の側面を攻撃する. ❷ 脇
腹: Me duele el ~ derecho. 私は右の脇腹が
痛い

flanera [flanéra] 女《料理》プディング(フラン·
ゼリー) 型

flanero 男 =flanera

flanquear [flankeár] 他 ❶ …の側面にある:
Dos árboles *flanquean* la entrada. 入り口の
両側に2本の木が立っている. ❷ [人·部隊の]
両側(側面)を守る; 側面から攻撃する: Dos
policías *flanquean* al ministro. 2人の警官が
大臣の両脇についている. en postura *flan-
queada* 脇を固めた姿勢で. ❸ [敵陣を] 砲火で
制圧する

flanqueo 男 側面の防御(攻撃)

flaquear [flakeár] 自 ❶ [体力·強度などが]
弱くなる: Las fuerzas me *flaquean*. 私は体力
が落ちている. Le *flaqueó* la voluntad. 彼は意
志が弱くなった. Los pedidos *han flaqueado*.
注文が減った. ❷ [人が, +en の点で] 劣る:
Flaqueo en ciencias. 私は理科系に弱い

flaquencia [flakénθia] 女《中米》やせている
こと 〖flaqueza〗

flaqueza [flakéθa] 女 〖←flaco〗 ❶ やせてい

ること; 薄弱さ: ～ de carácter 意志の弱さ. ❷ 弱点, 欠如; 誤り, 過ち; 過度の選好: tener la ～ de+不定詞 …するときの過ちをおかす

flash [flás/fláʃ] 男《複》〜[e]s《←英語》❶《写真》フラッシュ『器具, 光』. ❷《テレビ》ニュース速報. ❸《西. 口語》強い驚き, ショック. ❹《俗語》[麻薬による] 快感, 幸福感

flashback [flásbak] 男《複》〜s《←英語. 映画》フラッシュバック

flato [fláto] 男 ❶ 胃腸内にたまるガス; それによる激痛, さしこみ: tener ～ さしこみがする. echar 〜s [ゲップをする. ❷《中南米》憂鬱, 悲しみ

flatulencia 女 胃腸内にガスがたまること, 鼓腸

flatulento, ta 形 [食物などが] 胃腸内にガスを生じさせる; [人が] ガスのたまりやすい

flauta [fláuta] 女 ❶《楽器》フルート, 横笛 《～ traversa》; 笛: ～ de pan パンフルート『siringa』. ～ dulce (de pico) リコーダー. ～ traversa (travesera) 横笛, フラウトトラヴェルソ. ❷ オルガンのパイプ. ❸《料理》バゲット

y sonó la ～ [por casualidad] それはついていたからだ/たまたまうまくいっただけのことだ

◆ 名 フルート奏者

flautín [flautín] 男《楽器》ピッコロ

flautista [flautísta] 名 フルート奏者

flébil [flébil] 形《文語》悲しげな, 寂しげな

flebitis [flebítis] 女 [単複同形]《医学》静脈炎

flebotomía [flebotomía] 女《医学》静脈切開, 瀉血(しゃけつ)

flebótomo [flebótomo] 男《昆虫》サシチョウバエ属『熱病を媒介する』

flecha [flétʃa] 女《英 arrow》❶ 矢: poner la ～ en el arco 矢をつがえる. disparar (tirar・lanzar) una ～ 矢を射る. ❷ 矢印: indicar con 〜s 矢印で示す. ❸《鐘楼の》尖塔. ❹ [はねなどの] たわみ; [建築]《アーチの》垂直高, 迫(せり)高;《数学》矢, 正矢

como una ～ 非常に速く: El tiempo pasa *como una ～*. 光陰矢の如し

flechar [fletʃár] 他 ❶《口語》[突然] …の心を捕える: Así que te vio, le *flechaste*. 彼は君に一目ぼれした. ❷《まれ》[矢を] 射る; 射殺す

◆ 自 [重みで] しなう

flechazo 矢を射ること; 矢傷; 一目ぼれ

fleco [fléko] 男 ❶ [主に 複. 裾などの] 房, 房飾り; 布端のほつれ: chal con 〜s 房つきのショール. ❷ ＝**flequillo**. ❸ [主に 複] 未解決の細部

fleje [fléxe] 男《金属》帯鋼, たが鉄

flema [fléma] 女 ❶ 痰(たん): tener 〜s en la garganta 痰が喉にからむ. ❷《心理》粘液質『遅鈍, 冷静など』: con 〜 ゆっくりと; 落ち着いて. tener 〜 冷静である. ❸《化学》蒸留液

flemático, ca [flemátiko, ka] 形 ❶ 痰の: tos 〜ca 痰の出る咳. ❷ 粘液質の, 冷徹な, 沈着な

flemón [flemón] 男《医学》蜂巣(ほうそう)〔織〕炎, 結合組織炎

flequillo [flekíʎo] 男 [額にかかった] 前髪, 切り下げ前髪

fletar [fletár] 他 ❶ [船・飛行機などを] チャー

ターする, 用船(賃借)する. ❷ [船・飛行機に] 積み込む, 船積みする; 乗船(搭乗)させる. ❸《中南米》[車を] 借りる. ❹《中南米》～ un insulto (una bofetada) a+人 …に侮辱的なことを言う(平手打ちを食わせる)

◆ ～se《南米》[会合などに] もぐり込む;《中南米》さっさと逃げ出す

fletador, ra 形 名 用船(賃借)する; 用船(賃借)者

fletamento 男 チャーター, 用船; その契約『contrato de ～』

fletante 男《南米》船主, 賃貸者

flete [fléte] 男 ❶ チャーター(用船)料; 運賃, 送料: conferencia de 〜s 海運(運賃)同盟. El ～ va a cargo del comprador. 送料は買い手負担となる. ❷ 積み荷, 船荷. ❸《南米》速い馬, 駿馬

fletero, ra [fletéro, ra] 形 名《中南米》賃貸し用の; 運送業者

flexibilidad [fle(k)sibiliða(d)] 女 曲げやすさ; しなやかさ, 柔軟性: con 〜 柔軟に

flexibilizar [fle(k)sibiliθár] 他 しなやかにする; 弾力性を持たせる

flexible [fle(k)síble] 形 ❶ 曲げられる; しなやかな, 柔軟な: Es 〜 de cintura. 彼は腰がしなやかだ. ser 〜 a la voluntad de otros 他人の考えと折り合える. carácter 〜 柔軟な性格. ❷ 可変性の: horario 〜 フレックスタイム. presupuesto 〜 弾力性のある予算

◆ 男 ❶ [電気の] コード. ❷《服飾》ソフト帽『sombrero 〜』

flexión [fle(k)sjón] 女 ❶ 屈曲, 湾曲: 〜 de las rodillas 膝の屈伸. ❷《言語》屈折, 語尾変化: 〜 verbal 動詞活用

flexional 形 ＝**flexivo**

flexionar 他 [体操で, 体を] 屈伸させる

flexivo, va [fle(k)síβo, βa] 形 《言語》 sufijo 〜 変化語尾. lengua 〜va 屈折語

flexo [flé(k)so] 男《西》折り曲げのできる電気スタンド

flexor [fle(k)sór] 男《解剖》屈筋『músculo 〜』

flipar [flipár] 自《西》《口語》非常に…の気に入る: A mí me *flipa* ciencia ficción. 私は SF が大好きだ

◆ 再 ・〜se [+por・con を] 非常に気に入っている;《俗語》麻薬でラリる, トリップする

flipe 男 トリップ; 大喜び, 夢中

flipper [flíper] 男《←英語》ピンボール

flirt [flir[t]] 男《複》〜s《←英語》❶ [遊び程度の] 恋愛関係, 恋愛遊戯: tener un 〜 con+人 …とつきあう, 遊ぶ. ❷ [異性の] 遊び友達: Ema es un antiguo 〜 de José. エマはホセの元の恋女だ

flirtear [flirteár] 自 ❶ [互いに/+con 異性と] つきあう, 遊ぶ; いちゃつく: *Flirtean* los dos dondequiera que estén. 2 人は場所柄をわきまえずにいちゃいちゃする. ❷ ちょっと興味を示す: 〜 con la biología 生物学をかじる

flirteo 男 ＝**flirt**

flojear [floxeár] 自 ❶ 弱まる; [+en 品質・能

率などが］落ちる：Le *flojean* las piernas. 彼は足が弱くなっている． *Flojea* el frío. 寒さが弱まる． *Ha flojeado en* matemáticas. 彼は数学の成績が落ちた． ❷ 怠ける

flojedad [floxeða(d)] 囡 怠惰, 無気力：Me da ～. 私はやる気がない

flojera [floxéra] 囡 《口語》無気力；衰弱. ❷ 折畳み椅子

flojo, ja [flóxo, xa] 厖 ❶ [estar+] ゆるんだ, たるんだ ［↔tenso］：cuerda ～*ja* たるみのある綱. nudo ～ ゆるんだ結び目. ❷ 無気力な, だらしのない：alumno ～ やる気のない生徒. ser ～ de carácter 意志が弱い ❸ 弱い：vino ～ 弱いワイン. viento ～ 微風. salud ～*ja* 病弱. Este trabajo es ～. このレポートはできが悪い. ❹ [+en が] 苦手な：Soy ～ *en* matemáticas. 私は数学が苦手な. ❺ 《商業》「市況が」軟調な. ❻ 《中南米》怠け者の [perezoso]；《南米》腰抜けの, 卑怯な

traérsela a+人 ～*ja* 《口語》…にとってどうでもよい, 大したことではない：El director *se me* la *trae* ～*ja*. 私は社長なんか屁とも思ってない

flor [flór] 囡 《英 flower》 ❶ 花：dar ～ [～es] 〔植物が〕 花をつける． Este rosal tiene muchas ～es. このバラは花をたくさんつけている． El clavel es la ～ nacional de España. カーネーションはスペインの国花である． ～ completa 完全花． ～ compuesta 複合花． ～ masculina (femenina) 雄(雌)花． ～es secas ドライフラワー． ～ de lis ［フランス王室の］ユリの紋章
❷ ［頂点に達する前の］ 盛り, 最盛期：Los estudiantes están en la ～ de la edad (la vida). 学生たちは若い盛りだ/青春期にある
❸ 精華, 精髄 ［～ y nata］；えり抜き, 精選品：～ de la literatura 文学の精髄． ～ de la caballería 騎士道の華． ～ [y nata] de la sociedad 社交界のえりすぐり． ～ de la harina [小麦の] 特等粉
❹ ［主に 囿. 男性が女性におくる］賛辞：echar ～es a una chica 娘にほめ言葉(お世辞)を言う
❺ 処女性 [virginidad]：perder su ～ 処女を失う
❻ ［ワインなどの表面に生じる］ 皮膜 《かびの一種》；［皮の］表皮
❼ 《化学》華：～ de azufre 硫黄華
❽ 《南米》シャワーの口 [alcachofa]

a ～ de... ［本来内部にあるものが］…の表面すれすれに：Los peces nadaban *a ～ de* agua. 魚が水面近くを泳いでいた． Tiene la sonrisa *a ～ de* labios. 彼は今にも口元から笑みがこぼれそうだ

a ～ de piel ［精神的に］ひどく傷つきやすい

dar en la ～ de... …する習慣がある

en ～ 開花した, 花盛りの：Los cerezos están *en ～*. 桜が満開だ． muchacha *en ～* 年ごろの娘

～ de+名詞 《南米》すばらしい；ひどい：～ de amigo 親友

～ de cantueso 《まれ》くだらない(重要でない)こと

～ *de estufa*/～ *de invernadero* 温室育ちの人, 線の細い人, 病気がちな人
～ *de la canela* 最上等品；最良の人
～ *de la maravilla* 《植物》ティグリディア；突然病気になり突然回復する人
～ *de patada* ものすごいキック
ir de ～ *en* ～ 移り気な, 何にでも手を出す
ni ～*es* 《西. 口語》まったく見当もつかない
segar... en ～ 盛りの…を台なしにする
ser ～ *de un día* [盛り]一時(ᵈᵉᵗ)だけである

flora [flóra] 囡 ❶ ［一地域の］植物相；植物誌. ❷ 《生物》～ intestinal 腸内フロラ. ❸ [F～]. イタリアの花と春と豊穣の女神] フローラ

floración [floraθjón] 囡 開花(期)：estar en plena ～ 満開である. tener su ～ en primavera 春に開花する

floral [florál] 厖 花の：adorno ～ 花飾り. dibujos ～es 花模様. ofrenda ～ 献花. juegos ～es 創作詩コンクール 《最優秀作品に花が1輪与えられる》

florar [florár] 囜《まれ》花が咲く [florecer]

florear [floreár] 囜 ❶《フェンシング》剣の先を細かく動かす；《音楽》アルペジオで弾く. ❷《中南米》花が咲く [florecer]

floreado, da 厖過 花模様の；[文体などが]華麗な, 美文調の

florecer [floreθér] 囝 囜 ❶ 花が咲く, 開花する：Los rosales *florecen* en primavera. バラは春に花が咲く. ❷ [+en で] 栄える, 盛んになる：*Florecieron* las artes *en* Francia. フランスで芸術の花が開いた
◆ ～*se* [パン・チーズに] かびが生える

floreciente [floreθjénte] 厖 花の咲いている；盛んな

florecimiento [floreθimjénto] 男 開花；繁栄

florentino, na [florentíno, na] 厖 囝《地名》フィレンツェ(フローレンス) Florencia 囡 の[人]

floreo [floréo] 男 飾りだけの言葉(動き)；[時間つぶしの] おしゃべり：～ de palabras 美辞麗句． ～ de la guitarra ギターの装飾音． ～ de la espada 剣先を細かく振る動き

florero, ra [floréro, ra] 厖 囝 花の；花屋 [florista]
◆ 男 花瓶, 花器

florería 囡 花店 [floristería]

floresta [florésta] 囡《文語》木立や花に囲まれた心地よい場所

florete [floréte] 男《フェンシング》フルーレ

floricultura [florikultúra] 囡 花作り, 花卉(ᵏ)園芸

floricultor, ra 囝 花作りをする人, 花卉園芸愛好家

florido, da [floríðo, ða] 厖 ❶ [estar+] 花の咲いている；花で飾られた：naranjo ～ 花の咲いているオレンジの木. mesa ～*da* 花を飾ってあるテーブル. letra ～*da* 花文字. ❷ 精華の, えり抜きの：lo más ～ del pueblo 選良, エリート. ❸ [文体などが] 装飾的な, 美文調の：prosa muy

～da 非常に華美な文章

florilegio [floriléχjo] 男 詞華集, 選集

florín [florín] 男［オランダなどの貨幣単位］ギルダー, フローリン

floripondio [floripṓndjo] 男 ❶《軽蔑》［趣味の悪い］大きな花飾り(造花)；《中南米》女性的な男, ホモ. ❷《植物》［ペルー産の］チョウセンアサガオの一種

florista [florísta] 名 花屋, 花売り

floristería 女 花店

floritura [floritúra] 女 ❶ 飾り；文飾；《音楽》［主に声楽で］装飾音. ❷園《口語》余計なこと

florón [florṓn] 男 ❶ 花形装飾；《建築》頂華. ❷ 名誉, 功績

flósculo [flṓskulo] 男《植物》小花(しょう)

flota [flṓta] 女 ❶匯名［一国・一社に属する］船：Este buque es el mayor de la ～ española. この船はスペインで最大である. ～ de autocares［一社の］全観光バス. ❷ 船団；艦隊［～ de guerra］；航空機隊［～ aérea］；～ pesquera 漁船団. ❸ ～ de Indias アメリカ航路［16世紀, スペイン＝アメリカ間］. ❹《中南米》大群；虚勢；長距離バス

flotación [flotaθjṓn] 女 ❶ 浮くこと；浮力：línea de ～ 喫水線. ❷ 浮遊選鉱. ❸［為替の］変動制

flotador [flotaðór] 男［水泳の］浮き袋；［釣り・水量調節などの］浮き；浮標, ブイ；フロート

flotante [flotánte] 形 ❶ 浮かぶ, 漂う：hierba ～ 浮き草. hielos ～s 流水. bandera ～ 翻る旗. nube ～ たなびく雲. universidad ～ 洋上大学. ❷ 変動する, 流動的な：población ～ 浮動人口. sistema de cambio ～ 変動為替相場制. deuda (moneda) ～ 流動負債(資金). motor ～ フローティングエンジン. costilla ～《解剖》遊離肋骨. ❸《中南米》虚勢を張る

flotar [flotár] 自 ❶［＋en に］浮く, 浮かぶ；漂う：El corcho *flota en* el agua. コルクは水に浮く. Las nubes *flotan en* el cielo. 空に雲が浮かんでいる. Una crispación *flotaba en* el ambiente. いらだちの気配が漂っていた. ❷ たなびく, 翻る：Las banderas *flotaban* al viento. 旗が風に翻っていた. ❸［為替相場が］変動する

flote [flṓte] 男 *a ～*［水に］浮いて；［事業などが］順調に

sacar... a ～ …を窮地から救う

salir (ponerse) a ～ 窮地を脱する；公になる, 明るみに出る

flotilla [flotíʎa] 女 小型船団, 小艦隊；編隊

fluctuación [fluktwaθjṓn] 女 ❶ 変動；価格変動［～ de los precios］：fluctuaciones del mercado 市況の変動. ❷ 精神的動揺, 気の迷い

fluctuar [fluktwár] 自 ❶ 変動する：La temperatura *fluctúa* entre 28 y 33 grados (de 28 a 33). 温度は28度と33度の間を上下している. Los valores *fluctúan* en la Bolsa. 株価は上下している. ❷［精神的に］動揺する, 迷う：¿Sí o no?—Estoy *fluctuando*. はい, それとも, いいえ?—迷っているのです. ❸ 波に揺られる

fluidez [flwiðéθ] 女 ❶ 流動性. ❷ 流暢さ：

hablar con gran ～ 大変流暢に話す

fluido, da [flwíðo, ða] 形 過分 ❶ 流動する, よく流れる：La mantequilla se pone ～*da* con el calor. 熱を加えるとバターはとろとろになる. circulación ～*da* スムーズな車の流れ. ❷［文体が］自然でわかりやすい, なめらかな

◆ 男 ❶《物理》流体. ❷ 電流［～ eléctrico］

fluir [flwír] 48 自《現分 fluyendo》❶［＋de から/＋por を］流れる, 流れ出る, 流動する：El agua *fluye* fresca *de* la fuente. 水がこんこんと泉から湧き出ている. ❷［言葉・考えなどが］すらすら出る：*De* su cabeza *fluyen* buenas ideas constantemente. 彼の頭からはいい考えが次々に出てくる

flujo [flúχo] 男 ❶ 流動, 流出：i) ～ de agua (de lava) 水(溶岩)の流出. ～ de palabras 多弁. ～ de ideas 想念の奔出. ii)《医学》～ de sangre 出血. ～ de vientre 下痢. ～ blanco 白帯下, こしけ. ～ menstrual 月経. iii)《経済》～ de caja (de fondos) キャッシュフロー. ❷ 上げ潮：El mar repite ～ y reflujo. 海は潮の干満をくり返す. ❸《物理》流束：～ luminoso (magnético) 光束(磁束). ❹《化学》融剤, 溶剤

flujograma 男 フローチャート

fluminense [fluminénse] 形 リオ・デ・ジャネイロ[出身]の

flúor [flúor] 男《元素》フッ素

fluorar 他 …にフッ素を添加する：pasta de dientes *fluorada* フッ素入り歯磨き

fluorescente [flworesθénte] 形 蛍光を放つ：cuerpo ～ 蛍光体. lámpara (tubo) ～ 蛍光灯(管). luz ～ 蛍光. pintura ～ 蛍光塗料

◆ 男 蛍光灯

fluorescencia 女《物理》蛍光

fluorhídrico, ca [flworíðriko, ka] 形《化学》ácido ～ フッ化水素酸

fluorita [flworíta] 女《鉱物》蛍石

fluorización [flworiθaθjṓn] 女 フッ素添加

fluorocarbono [flworokarbṓno] 男 フロンガス

fluoruro [flworúro] 男《化学》フッ化物：～ de sodio フッ化ナトリウム

flus [flús] 男《中南米》三つぞろい[の背広]［terno］

fluvial [flubjál] 形 河川の：mapa ～ 河川図. tráfico ～ 河川交通

flux [flú(k)s] 男《単複同形》❶《トランプ》フラッシュ. ❷《中南米》＝flus

hacer ～ すかんぴんになる

fluxión [flu(k)sjṓn] 女《医学》カタル, 炎症；鼻風邪

FM 男《略語》←frecuencia modulada エフエム

FMI 男《略語》←Fondo Monetario Internacional 国際通貨基金, IMF

F.O.B. ＝FAB

fobia [fṓbja] 女《心理》恐怖症, 病的な恐怖(嫌悪)［→filia］：tener ～ a las aglomeraciones 集団恐怖症にかかっている. sentir ～ por... …が大嫌いである. ～ al agua 恐水症.

〜 escolar 登校拒否〔症〕. 〜 laboral 通勤拒否〔症〕

foca [fóka] 囡 ❶《動物》アザラシ. ❷《軽蔑》でぶ, 非常に太った人

focal [fokál] 厖 焦点の: distancia 〜 焦点距離

focalización 囡 焦点への集中

focha [fótʃa] 囡《鳥》バン

foco [fóko] 男 ❶《物理》焦点; 焦点距離. ❷中心, 源: 〜 calorífico 熱源. 〜 de incendio 火元. 〜 de infección 伝染病の発生地. 〜 de luz 光源. 〜 de una civilización 文明の源. ❸ フラッドライト, スポットライト: 〜 del plató フットライト. ❹《医学》病巣. ❺《中南米》電球『bombilla』; 街灯; ヘッドライト

foete [fóete] 男《中南米》=**fuete**

fofo, fa [fófo, fa] 厖《軽蔑》[estar+] ふにゃふにゃの, ぶよぶよの: Tiene la carne *fofa*. 彼は肉が締まっていない. alimento 〜 量だけで栄養のない食物

fogaje [fogáxe] 男《中南米》発疹〔による熱〕;《中米》うだるような暑さ

fogarada [fogaráða] 囡 火炎『llamarada』

fogata [fogáta] 囡 たき火『hoguera』; [炎を上げている] 火

fogón [fogón] 男 ❶ コンロ; かまど: 〜 de gas (de petróleo) ガス(石油)コンロ. cocina con tres *fogones* ３つ口のガステーブル. ❷ [ボイラーなどの] たき口, 燃焼室. ❸《南米》=**fogata**

fogonazo [fogonáθo] 男 火花; 閃光

fogonero, ra 男 [ボイラーなどの] 火夫, ボイラーマン

fogoso, sa [fogóso, sa] 厖 熱情的な, 気性の激しい: amante 〜 情熱的な恋人. corcel 〜 悍馬〔ガ〕

fogosidad 囡 熱情, 激情

foguear [fogeár] 他 ❶ [兵士などを] 砲火に慣れさせる, 戦闘訓練をする. ❷ [+en 苦労・仕事に] 慣れさせる, 鍛える
◆ 〜se 砲火の洗礼を受ける

fogueo [foɣéo] 男 砲火 (苦難) の洗礼
de 〜 空砲の; 練習試合の

foie-gras [fwaɣrá(s)] 男《←仏語. 料理》フォアグラ

foja [fóxa] 囡 ❶《鳥》バン『focha』. ❷《南米》[書類などの] 枚, ページ

fol.《略語》←folio 枚数

folclore [folklóre] 男《←英語》❶ 民間伝承『伝説, 民謡など』; 民俗学. ❷《口語》大騒ぎ

folclórico, ca 厖 1) 民間伝承の; 民俗学的な: danza 〜*ca* 民俗舞踊. canción 〜*ca* 民謡, フォークソング. 2)《口語》一風変わった, こっけいな. ❷ スペインの伝統的な音楽・舞踊の演奏家・舞踊家

folcrorismo 男 フォークロア研究; 民族色

folclorista 图 民俗学者

folía [folía] 囡 ❶《主に複》カナリア諸島の民謡 (民俗舞踊); ポルトガルの民俗舞踊

foliáceo, a [foljáθeo, a] 厖《植物》葉〔状〕の; 薄層から成る

foliación [foljaθjón] 囡 ❶《植物》発葉; その

時期: estar en plena 〜 すっかり葉をつけている. ❷《印刷》丁付け, ノンブル付け

foliar [foljár] 他《印刷》丁付けをする, ノンブルを付ける(打つ)
◆ 厖《植物》葉の

foliador, ra 男 丁付けの; ナンバリング『numerador』

fólico, ca [fóliko, ka] 厖《化学》ácido 〜 葉酸

folículo [folíkulo] 男 ❶《植物》袋果〔ガ〕. ❷《解剖》小胞, 小嚢〔ヲ〕: 〜 ovárico 卵巣濾胞. 〜 piloso 毛嚢

folio [fóljo] 男 ❶《本・ノートなどの》1枚〔裏表2ページ〕: 〜 recto 表ページ. 〜 verso (vuelto) 裏ページ. ❷《印刷》Ａ4サイズ; Ａ4用紙『papel tamaño 〜』: en〔tamaño〕 〜 Ａ4サイズ(用紙)で・の. doble 〜 Ａ3サイズ(用紙). 〜 atlántico 全判
de a 〜《まれ》ひどい: disparate *de a* 〜 ひどいでたらめ

folíolo [folíolo] 男《植物》小葉, 萼片〔ガ〕

folk [fɔ́(l)k] 男《←英語》民俗音楽; フォークソング

folklore [folklóre] 男 =**folclore**

folla/follá [fóʎa/foʎá] 囡 *mala* 〜 失敗, 悪意

follaje [foʎáxe] 男 ❶ 医否 葉: El espeso 〜 no deja ver el sol. 葉が厚く生い茂っていて太陽が見えない. ❷ ごてごてした装飾. ❸ [講演などの] 余談, 脱線: tener exceso de 〜 余談が多すぎる. ❹《西. 卑語》性交

follar [foʎár] 自《西. 卑語》 性交する
◆ 他 ❶ 悩ます, 苦しめる; 落第させる. ❷ …と性交する
◆ 〜se すかし屁をする
〜*se vivo a*+人 …をひどく苦しめる

folletín [foʎetín] 男 ❶ [新聞の下段の] 連載欄; [新聞・雑誌の] 連載小説, 新聞小説. ❷《軽蔑》大衆 (娯楽) 小説,《テレビ》メロドラマ; それに似た出来事, 嘘みたいな話: ser de 〜 メロドラマ的である

folletinesco, ca 厖 大衆小説のような, メロドラマ風の

folleto [foʎéto] 男 小冊子, パンフレット; 案内書

folletón [foʎetón] 男《←仏語》新聞小説『folletín』

follón¹ [foʎón] 男 ❶《西. 口語》騒動, 混乱; 散乱; 困惑: Se armó un 〜 en la reunión. 会合でもめごとが起きた. No se puede dar ni un paso por el 〜 de papeles. 紙が散らばっていて足の踏み場もない. Parece metida en un 〜. 彼女はとまどっているようだ. ❷ 音なしのロケット花火; すかし屁

follón², na [foʎón, na] 厖 ❶ 怠惰な〔人〕; 卑怯な〔人〕; 虚勢を張る〔人〕

follonero, ra [foʎonéro, ra] 厖《西. 口語》もめごとを起こす人

fome [fóme] 厖《南米》おもしろくない, 退屈な

fomentar [fomentár] 他 ❶ [活力などを] 刺激する, 助長する, 促進する: 〜 las iniciativas privadas 民間活力を刺激する. ～ la envidia entre sus compañeros 仲間たちの間に嫉妬心をあおる. ❷《鶏が卵を》暖める;《医学》温湿布を施す

fomento [foménto] 男 ❶ 刺激, 助長:～ del comercio 貿易振興. ～ de empleo 雇用創出. ❷ [主に 複] 温湿布

fon [fón] 男 [音の強さの単位] ホン, フォン

fonación [fonaθjón] 囡 発声, 発音:órganos de ～ 発声器官

fonador, ra 形 発声[器官]の

fonda [fónda] 囡《主に西》安ホテル, 簡易旅館『hotel 顕義』;《主に南米》安食堂

fondear [fondeár] 自《船舶》投錨する:El barco *fondeó* en una bahía. 船はある湾に錨を下ろした
◆ 他 ❶ [水底を] 探る; [密輸品がないか船を] 捜索する. ❷ 徹底的に調べる(分析する)
～**se**《中南米》蓄財する
fondeadero 男 錨地
fondeado, da 形 過分《中南米》金持ちの
fondí [fondí] 囡 =fonde

fondillos [fondíʎos] 男 [pl.] [パンツ・ズボンの] 尻

fondista [fondísta] 图 ❶《スポーツ》長距離走者:medio ～ 中距離走者. ❷ 宿屋 fonda の主人

fondo [fóndo] 男 [英 bottom, fund] ❶ 底:Las monedas de oro estaban en el ～ del mar. 金貨は海の底にあった. doble ～ 二重底
❷ 奥, 突き当たり:en el ～ de la habitación (del bosque) 部屋(森)の奥に. línea de ～《テニス》ベースライン
❸ 背景, バック;地(*):cuadro de ～ claro 背景が明るい色の絵. A lunares azules sobre ～ blanco 白地に青い水玉模様の. foto con árboles de ～/foto con ～ de árboles 木々を背景にした写真. música de ～ バックグラウンドミュージック. ～ social 社会的背景
❹ 根本, 核心;[心の]奥底:En el ～ del asunto hay un conflicto de intereses. 事件の根本(背景)には利害対立がある. A pesar de su parecer, tiene buen ～. 表面的にはともかく, 彼は根はいい人だ
❺ [形式 forma に対して]内容:La novela tiene un ～ amargo. その小説は内容が深刻だ
❻ [主に 複] 資金, 金;基金, 積立金:recaudar ～s 資金を集める. quedarse sin ～s 金がなくなる. ～ de comercio《商業》のれん. F～ de la Infancia de las Naciones Unidas 国連児童基金, ユニセフ. F～ Monetario Internacional 国際通貨基金, IMF. ～s públicos 国債, 公債. ～s secretos (de reptiles) [政府機関などの] 機密費
❼ [主に 複] 図書館などの] 蔵書;[出版社の] 自社出版物
❽《法律》[法律行為の]実質;[訴訟の]本案
❾《スポーツ》持久力, 耐久力:carrera de ～ 長距離走. medio ～ 中距離走
❿ 複《船舶》船底, 最下層
⓫《中南米. 服飾》ペチコート

a ～ 完全に, 全部に;徹底的な・に:conocer *a* ～ 非常によく知っている. mirar *a* ～ よく見る, 観察する. reformar *a* ～ 根底から改革する. investigación *a* ～ 徹底的な調査

a ～ *perdido* [投資・貸付で] 金が戻ってこないつもりで, 捨てたつもりで

al ～ 突き当たりに:Al ～ del callejón hay un bar. 横丁の突き当たりにバーがある

bajos ～*s* 社会の底辺, どん底;暗黒街

en ～ [横に] 並んで:columna de tres *en* ～ 3 列縦隊

en el ～ 根本的に, 基本的に:En el ～ es un egoísta. 彼は根はエゴイストだ. En el ～ estamos de acuerdo. 私たちは基本的な点では合意している

estar en ～*s* 金持ちである

tener mucho (poco) ～ 底が深い(浅い);奥行きがある(ない):Sus quejas *tienen mucho* ～. 彼の不平は根が深い

tocar ～ [不幸などの] どん底に落ちる;[相場などが] 底を打つ

fondón, na [fondón, na] 形《軽蔑》[estar+] 太って鈍重な, 中年太りの

fondue [fondú] 囡《←仏語. 料理》チーズ(ミート) フォンデュ

fonema [fonéma] 男《言語》音素:～ suprasegmental 超分節音素, かぶせ音素 『音の高低・強勢・連接. 例えば強勢符号』
fonemática 囡 音素論

fonético, ca [fonétiko, ka] 形《言語》音声〔学〕の:alfabeto ～ 発音記号, 音声文字
◆ 囡 ❶ 匣義 [一言語全体の] 発音. ❷ 音声学
fonetismo 男 [言語の] 音声的特徴

foniatría [fonjatría] 囡 言語療法
foniatra 图 言語療法士

fónico, ca [fóniko, ka] 形 音の, 音声の:signo ～ 音声(発音)記号

fono [fóno] 男《中南米》電話番号;《南米》受話器 『auricular』

fonocaptor [fonokaptór] 男 [レコードプレーヤーの] ピックアップ

fonógrafo [fonógrafo] 男 [旧式の] 蓄音機
fonográfico, ca 形 蓄音機の, 録音による

fonograma [fonográma] 男 表音文字

fonología [fonoloxía] 囡《言語》音韻論
fonológico, ca 形 音韻論の

fonómetro [fonómetro] 男 測音器

fonoteca [fonotéka] 囡 [レコードなどの] 録音資料保存所, レコードライブラリー

fonsado [fonsádo] 男《歴史》[中世の] 軍役;軍役に服さなかった罰

fontana [fontána] 囡《詩語》泉 『fuente』
fontanal 形 泉の. ◆ 男 泉地

fontanela [fontanéla] 囡《解剖》泉門, ひよめき

fontanero, ra [fontanéro, ra] 图《主に西》配管工;[ガス・電気・ガラスなどの] 工事屋, 修

理屋

fontanería 囡 水道などの工事業；配管系統 (設備)

footing [fútin] 男 《←英語》 ジョギング：hacer [una hora de] ~ ［1時間］ジョギングをする

foque [fóke] 男 《船舶》船首三角帆，ジブ

forado [foráðo] 男 《南米》［大きさが規則的な］ 穴

forajido, da [foraxíðo, ða] 形 《軽蔑》無法 者，アウトロー

foral [forál] 形 《←fuero》特権の：derecho ~ 特権；地方特別法

foráneo, a [foráneo, a] 形 他国の，よその： ideas ~as 外国思想．producto ~ 外国製品

forastero, ra [forastéro, ra] 形 名 他国の ［人］，よその土地の［人］；よその：costumbre ~ra よその国（土地）の習慣．Me sentí como un ~ en esa ciudad. 私はその町になじめなかった

forcejear [forθexeár] 自 ［+para・por+不定 詞 …しようと］もがく，争う；反対（反論）する：El niño *forcejea para* desprenderse de las manos de su madre. 子供は母親の手を振りほ どこうともがいている

forcejeo 男 もがき，争い

fórceps [fórθe[p]s] 男 《単複同形》《医学》鉗 子 (鉗)

forense [forénse] 形 名 《←foro》法廷の；法 医学の，法医学者 ［médico ~］

forestal [forestál] 形 森林の：guarda ~ 林 務官，森林監視（警備）員

forestar [forestár] 他 ［+場所 を］植林する

forestación 囡 植林，造林

forfait [forfé] 男 《←仏語》❶ セット価格（料 金）：viaje [turístico] a ~ パック旅行，パッケ ージツアー．❷ ［スキーリフトなどの］利用券，パス： ~ diario 一日パス．❸ 出場取消し，棄権

forillo [forílo] 男 《演劇》小さな背景幕

forillista 名 装置家

forint [forínt] 男 ［ハンガリーの通貨単位］フォー リント

forja [fórxa] 囡 ❶ 鍛造工場，鍛冶場．❷ 鍛 造；形成：~ de su carácter 人格の形成（陶 冶）

forjar [forxár] 他 ❶ ［金属を］鍛える，鍛造す る：~ el hierro 鉄を鍛える．~ una espada 刀を打つ．❷ でっち上げる；作り上げる：~ aventuras 冒険物語を考え出す
◆ ~se ［勝手に］…を思い描く；［自分のために］ …を作る：~se ilusiones 妄想をたくましくする． ~se un gran futuro すばらしい未来を築き上げ る

forjado 男 鍛造；捏造

forma [fórma] 囡 《英 form》❶ 形，形状：i) La Península Ibérica tiene la ~ de la piel de toro. イベリア半島は牛の革の形をしている． dar a… una ~ cuadrada …を四角い形にする． en ~ de V V 字形の．ii) 形態，様式：de esta ~ このように．~ de pago 支払い方法．~ de actuar 行動様式．anunciar de ~ oficiosa 正式な形で発表する．❷ ［内容 fondo に対する］形式，表現の仕方：preocuparse por

la ~ 形式にこだわる．~ de sonata ソナタ形式．❸ 体調，好調：estar en [buena] ~ 好調であ る．en baja ~ 体調を崩している，不調の，スラン プの．en plena ~ 絶好調の．coger la ~ 体 調を整える．❹ 圈 ［主に女性の胸・胸の］体型， 体つき：Tiene unas ~s pronunciadas. 彼女 はとてもグラマーだ．Este vestido le marca mucho las ~s. このドレスは彼女の体の線をくっ きり見せる．❺ 圈 行儀，礼儀：guardar las ~s 礼儀を守る．❻ 《印刷》組み版；判型 ［formato］．❼ 《法律》正規の手続き．❽ 《哲 学》形相 ［↔materia］；形式．❾ 《文法》~ singular 単数形．~ negativa de un verbo 動詞の否定形．❿ 《キリスト教》［小さな］ホスチア ［sagrada ~］．⓫ 《中米》書式，申込用紙
dar ~ a… …に形を与える，具現する：*dar ~ a* un proyecto 計画を具体化する
de cualquier ~/de todas ~s/de una ~ u otra とにかく，何はともあれ
de ~ que… 1) ［+接続法．目的］…するよう に：Lo explicó *de ~ que* hasta los niños lo entendieran. 彼は子供にもわかるように〔易し く〕説明した．Hazlo *de ~ que* no se entere. 彼に気づかれないようにやりなさい．2) ［+直説法． 結果］そのため…：*De ~ que* ahora no quieres el helado. すると今，アイスクリームはほ しくないんだね
de ~s diversas いろいろなやり方で
de [una] ~+形容詞 =en ~+形容詞
en debida ~ 正規の手続きを踏んで
*en ~ 正式の・に；好調な，元気な：Hoy no me siento en ~. 私は今日は調子がよくない
en ~+形容詞 [副詞]化 Habla *en ~* clara. 彼は明瞭に話す ［=claramente］
no hay ~ de+不定詞 …のしようがない

formación [formaθjón] 囡 ❶ 形成，成立： ~ de las rocas 岩石の形成．~ del gabinete 組閣．~ de capital 資本形成．~ de carác- ter 性格形成．❷ 隊形，陣形：estar en ~ 隊列を組んでいる．desfilar en ~ 分列行進をす る．vuelo en ~ 編隊飛行．~ de combate 戦 闘隊形．❸ 育成，養成，トレーニング：~ musi- cal 音楽教育．~ profesional 職業訓練．~ universitaria 大学教育．❹ 知識，教養： tener buena ~ filosófica 哲学の素養がかなり ある．❺ ~ vegetal 《植物》群系．❻ ~ geo- lógica 《地質》累層

formal [formál] 形 ❶ 形式の，形式的な；形 態上の，制度面の：defecto ~ 形式（手続 き）上の不備．análisis ~ 形態的な分析．❷ 正式の（手続きを経た）：invitación ~ 正式な 招待．compromiso ~ de matrimonio 正式 な婚約．❸ まじめな，責任感のある；冗談の嫌い な：Este chico es muy ~. この少年はとてもまじ めだ．❹ はっきりと決まった：novio ~ 決まった 恋人，ステディ
ir ~ 正装する，正装して行く

formaldehído [formaldeíðo] 男 《化学》ホル ムアルデヒド

formalidad [formaliðá[ð]] 囡 ❶ まじめさ： No tiene ~. 彼は不まじめだ．❷ ［主に 圈．規

則などで定められた]形式;[正規の]手続き:Es una simple ～. これは単なる形式です. someterse a las ～es 形式に従う. hacer todas las ～es 全部所定の手続きを踏む. sin ～es 形式ばらずに. ～es aduaneras 通関手続き

formalismo [formalísmo] 男 《時に軽蔑》[科学・芸術などの]形式主義

formalista 形 名 形式を重んじる, 形式主義の;形式主義者

formalizar [formaliθár] 他 正式なものにする;はっきりと決める:～ el noviazgo 正式に婚約する

◆ ～se まじめになる

formar [formár] 他 《英 form》❶ 形成する, 形作る:i) ～ un muñeco de nieve 雪だるまを作る. ii) 設立(結成)する;構成する:～ nuevo gobierno 新政府を作る. ～ las filas 隊列を組む. Los cuatro *forman* el comité. その4人で委員会を構成している. ❷ 育成(養成)する:～ ingenieros 技術者を養成する

◆ 自 ❶ 列(陣形)を作る:¡A ～!《号令》集まれ, 整列! ❷ 構成要素となる

◆ ～se ❶ 育てられる;教育を受ける, 修養する:*Se formó* con los jesuitas. 彼はイエズス会で育てられた(イエズス会系の学校で教育を受けた). ❷ 形成される, できる:*Se ha formado* un gran charco. 大きな水たまりができた. ❸ [考え・感情などを]抱く:～se la idea de que+直説法 …であると考えるようになる

formatear [formateár] 他 《情報》フォーマットする, 初期化する

formativo, va [formatíβo, βa] 形 形成する, 養成する:manual ～ 教科書

formato [formáto] 男 ❶ [本の]判型;[一般に]大きさ, サイズ. ❷ 《情報》フォーマット, 書式

formero [forméro] 男 《建築》壁つきアーチ

formica [formíka] 女 《←商標》フォーマイカ《家具用などの合成樹脂板》

fórmico, ca [fórmiko, ka] 形 《化学》ácido ～ 蟻酸

formidable [formiðáβle] 形 《口語》❶ 恐ろしい, ものすごい;巨大な:Ser diligente es una cosa ～. 熱心とは恐ろしいものだ. ola ～ 巨大な波. ❷ すばらしい, すてきな:i) La fiesta ha sido ～. パーティーは最高だった. Es un coche ～. すごい車だ. ii) [間投詞的]すごい!

formol [formól] 男 《化学》ホルマリン:especimen conservado en ～ ホルマリン漬けの標本

formón [formón] 男 鑿(のみ):labrar con ～ のみで彫る

fórmula [fórmula] 女 ❶ [決まった]書式, ひな形;決まり文句:～ de cortesía 儀礼の決まり文句. ❷ 方式, 方策:No hallan una ～ para conciliar los diferentes criterios. 様々な人の判断基準を満たす方法はない. ❸ [数学などの]式, 公式;[薬剤の]処方:～ química 化学式. ❹ 《自動車》～ 1 (uno) エフワン, F 1. ～ 3000 F 3000

por ～ 形式的に, 儀礼的に

formular [formulár] 他 ❶ 式で表わす;公式(定式)化する. ❷ [考え・感情を]表現(表明)

する:～ un deseo 希望を述べる. ❸ [書式・処方に従って]作成する:～ un contrato 契約書を作成る. ～ una prescripción médica 処方を作る

◆ 形 書式の;式の

formulación 女 公式化, 表明

formulario, ria [formulárjo, rja] 形 公式的な, 形式的な;儀礼的な:invitación ～ria お義理の招待

◆ 男 ❶ 用紙, 申込書:～ de suscripción 購読の申込用紙. ❷ 書式集;公式集, 処方集

formulismo [formulísmo] 男 《時に軽蔑》[うわべを取繕う]形式主義, 公式主義

fornicar [fornikár] 自 《宗教》姦淫(かんいん)する:No *fornicarás*. 汝姦淫するなかれ

fornicación 女 姦淫

fornicador, ra 形 名 姦淫する[人]

fornicario, ria 形 姦淫に関する

fornido, da [forníðo, ða] 形 [筋骨が]たくましい:Se ha hecho un joven ～. 彼はたくましい青年に育った

fornitura [fornitúra] 女 [主に 複] 弾薬帯;[ボタン・ひもなど]形式の付属品

foro [fóro] 男 ❶ 公開討論, パネルディスカッション, フォーラム:Se celebró un ～ sobre la seguridad. 安全保障問題に関する討論会が開かれた. ❷ 法廷;弁護士業, 司法. ❸ [舞台の]正面奥:aparecer del ～ 舞台裏手から登場する. ❹ 借地契約;借地代. ❺ 《古代ローマ》公共広場. ❻ 《歴史》旧体制時代ガリシア・アストゥリアスの教会領に属する農民が払った税

desaparecerse (marcharse・irse) por el ～ こっそり立ち去る, 抜け出す

forofo, fa [forófo, fa] 形 名 《西》[主にスポーツの]熱狂的なファン(の)

FORPPA [fórpa] 男 《西. 略語》←Fondo de Ordenación y Regulación de Precios y Productos Agrarios 農産物価格調整会

forraje [forráxe] 男 ❶ まぐさ, 飼料;まぐさ刈り. ❷ がらくたの山

forrajear 自 まぐさを刈る

forrajero, ra 形 まぐさ用の:planta ～ra 飼料作物. ◆ 女 《軍人の》飾り緒

forrar [forrár] 他 《服飾》[+de の]裏地をつける;～にカバー(覆い)をかける, 上張りする:～ un abrigo *de* seda オーバーに絹の裏をつける. ～ un libro (un sofá) 本(ソファ)にカバーをかける. ❷ 《口語》殴る

◆ ～se 《口語》[+de で]腹一杯食べる, 飽食する;[+con で]大もうけする. ❷ 《南米》試験勉強をする

forro [fórro] 男 ❶ 《服飾》裏地;[コートの]ライナー. ❷ カバー, 覆い;上張り:poner ～ a un libro 本にカバーをかける. ～ de freno ブレーキライニング

ni por el ～ 《口語》まったく[…ない], 少しも[…ない]

pasárselo por el ～ [de los caprichos・de los cojones] 《俗語》少しも重要でない, 何ら問題にならない

fortacho, cha [fortátʃo, tʃa] 形 《南米》=

fornido

fortachón, na [fortatʃón, na] 形《口語》= fornido

fortalecer [fortaleθér] ③⑨ 他 強くする, 強化する: ~ los músculos 筋肉を鍛える. ~ una ciudad 都市に防備を施す. Sus consejos me *fortalecieron*. 彼の忠告で私の決意は固くなった. Un trago te *fortalecerá*. 一杯飲めば元気になるよ
◆ ~se 強くなる, 丈夫になる

fortalecimiento 男 強化: ~ de la economía 経済力の増強

fortaleza [fortaléθa] 女 ❶ 強さ, 丈夫さ: Tiene poca ~ física. 彼はあまり頑健でない. ~ de ánimo 意志の強さ, 勇気. ❷ 要塞, 砦; 牢獄城塞: ~ volante 空飛ぶ要塞. ❸《カトリック》[枢要徳の1つ] 勇気

forte [fórte] 男 副《音楽》フォルテ

fortificación [fortifikaθjón] 女 ❶ 強化: ~ de los músculos 筋肉強化. ❷ 要塞化, 陣地構築. ❸ 医複 城塞, 堡塁: ~ de campaña 野戦陣地

fortificar [fortifikár] ⑦ 他 ❶ 強める, 強化する: ~ el dique 堤防を頑丈にする. ~ la salud 健康を増進する. ~ sus nervios 気を強く持つ. ❷ …に防備を施す, 要塞化する
◆ ~se 守りを固める

fortín [fortín] 男 小さな砦; トーチカ

fortísimo, ma [fortísimo, ma] 形 fuerte の絶対最上級. ◆ 男 副《音楽》フォルティシモ

fortuito, ta [fortwíto, ta] 形 偶然の, 偶発的な: coincidencia ~ta 偶然の一致. suceso ~ 偶然の出来事, 偶発事件
caso ~ 《法律》不可抗力: muerte por *caso* ~ 偶発事故による殺人

fortuna [fortúna] 女 [英 fortune] ❶ [頭の み] 幸運, 運命; [La F~] 運命の女神: He tenido mucha ~. 私は大変ついていた. La F~ quiso que le tocara la lotería. 運命の女神がほほえんで彼に宝くじが当たった. hombre mimado por la ~ 幸運に恵まれた男. ❷ 財産, 富; 成功, 好評: Hizo su ~ con el contrabando. 彼は密輸で財産を築いた. amasar una ~ 大金持ちになる
correr ~《船舶》嵐を乗り切る
hacer ~ 流行する, 当たる
por ~ 偶然に; 幸運にも
probar ~ 運を試す, 一か八かやってみる

forum [fórun] 男《←ラテン語》= foro

forúnculo [forúnkulo] 男《医学》せつ, ねぶと

forzado, da [forθáðo, ða] 形 ❶ 強制された; 不自然な: Nos sería ~ hacerlo. 私たちはいやでもそうしなければなるまい. Una invitación en estas circunstancias vendría muy ~*da*. こんな時に招待するのは押しつけがましいことになるだろう. sonrisa ~*da* 作り笑い
◆ 男 [ガレー船の] 漕役刑囚

forzadamente 副 無理に, 力づくで

forzar [forθár] ⑨㉘《□活用表》 他 ❶ こじ開ける; 押し入る: ~ la llave 鍵をこじ開ける. ~ la puerta de+人 …の家に押し入る. ~ un castillo 城を攻め落とす. ❷ [+a+不定詞 することを] …に強いる, 強制する: Le han forzado a dimitir. 彼は無理やり辞任させられた. ❸ 婦女暴行する. ❹ 無理をさせる: ~ los acontecimientos ことをせく

forzar		
直説法現在	直説法点過去	接続法現在
f**ue**rzo	forcé	f**ue**rce
f**ue**rzas	forzaste	f**ue**rces
f**ue**rza	forzó	f**ue**rce
forzamos	forzamos	for**c**emos
forzáis	forzasteis	for**c**éis
f**ue**rzan	forzaron	f**ue**rcen

forzoso, sa [forθóso, sa] 形 不可避の, やむを得ない; 必然的な; 強制的な: i) aterrizaje ~ 不時(強制)着陸. consecuencia ~*sa* やむを得ない(必然的な)結果. expropiación ~*sa* 強制収用. ii) [ser ~+不定詞・que+接続法] No es ~ asistir. 出席は義務ではない. F~ es reconocer que tiene usted razón. あなたが正しいと[いやでも]認めざるを得ない. Es ~ *que* yo vaya al dentista. 私は歯医者に行かざるを得ない

forzosamente 副 不可避的に, 必ず; 無理やり

forzudo, da [forθúðo, ða] 形 盈 力持ちの〖人〗

fosa [fósa] 女 ❶ 墓穴: ~ común [身元不明者・貧困者などの] 共同墓地. ❷ 穴, 窪穴: ~ séptica 浄化槽. ~ marina 海溝. F~ del Japón 日本海溝. ~ tectónica 地溝. ❸《解剖》窩(か): ~ ilíaca 腸骨窩. ~s nasales 鼻腔
cavar su [propia] ~ 自ら墓穴を掘る

fosal [fosál] 男《方言》= cementerio〗

fosco, ca [fósko, ka] 形 [estar+. 髪が] 強い癖毛の; [空が] どんよりと曇った

fosfatina [fosfatína] 女 *estar hecho* ~ くたくたに疲れている
hacer ~ 精神的打撃を与える

fosfato [fosfáto] 男《化学》燐酸塩: ~ de calcio 燐酸カルシウム

fosfatar 他 燐酸〖塩〗で処理する

fosforescencia [fosforesθénθja] 女 燐光; 発光性

fosforecer ③ 自 燐光を発する

fosforescente 形 燐光の, 燐光を放つ: color ~ 蛍光色

fósforo [fósforo] 男 ❶《元素》リン(燐): ~ blanco 黄(白)燐. ~ rojo 赤燐. ❷ マッチ〖cerilla〗
tener menos cabeza que un ~ 頭が悪い, 脳みそが足りない

fosforado, da 形 [5価の] 燐を含む

fosforera 女 マッチ箱; マッチ工場

fosfórico, ca 形 燐の, 燐を含んだ: ácido ~ 燐酸. abono ~ 燐酸肥料

fosforito, ta 形《口語》= fosforescente. ◆ 女 燐灰土

fosforoso, sa 形 [3価の] 燐の, 燐を含んだ

fosgeno [fɔsɣéno] 男《化学》ホスゲン

fósil [fósil] 形 ❶ 化石の : ～ viviente 生きた化石. ❷《口語》老人 ; 頭の古い人
◆ 男 ❶ 化石の, 化石化した : combustibles ～es 化石燃料. madera ～ 亜炭. ❷《口語》古くさい, 古めかしい : Sus ideas son ～es. 彼の考えは時代遅れだ

fosilización 囡 化石化

fosilizar 他 ～se 化石になる ; 時代遅れになる

foso [fóso] 男 ❶ [地面の] 穴 [hoyo]. ❷ [城の] 堀 ; [劇場の] オーケストラボックス (ピット) [～ de la orquesta, ～ orquestal] ; [自動車整備用の] ピット ;《スポーツ》[陸上競技の] 砂場

fotingo [fotíngo] 男《中南米》おんぼろ自動車

foto [fóto] 囡《英 photo. fotografía の省略語》《口語》写真 : salir bien en las ～s 写真うつりがよい. un hombre en la ～ 写真に写っている男. ～ de mi familia 私の家族の写真. ～ de carnet 証明書サイズの写真 *sacar (hacer) una* ～ [＋de＋物・人／＋a＋人の] 写真を撮る : ¿Quieres *hacer*me una ～? 一枚撮ってくれない?

foto- [接頭辞] [光] *foto*copia コピー

fotocélula [fotoθélula] 囡 光電池, 光電管

fotocomposición [fotokɔmposiθjón] 囡 写真植字, 写植

fotocomponedora 囡 写真植字機

fotocopia [fotokópja] 囡 コピー, 写真複写 : hacer ～ de un documento 書類のコピーをとる

fotocopiadora 囡 コピー機

fotocopiar 他 …のコピーをとる

fotoeléctrico, ca [fotoeléktriko, ka] 形《物理》光電気の : corriente ～ca 光電流. tubo ～ 光電管

fotoelectricidad 囡 光電気

foto-fija [fotofíxa] 囡《映画》スチール写真

foto-finish [fotofíniθ] 囡《スポーツ》写真判定

fotofobia [fotofóbja] 囡 光恐怖症, まぶしがり症

fotogénico, ca [fotoxéniko, ka] 形 撮影向きの, 写真うつりのよい

fotogenia 囡 写真うつりのよさ, 撮影効果

fotógeno, na [fotóxeno, na] 形 発光性の

fotograbado [fotoɣraβáðo] 男 写真製版 ; グラビア印刷, グラビア写真

fotograbar 他 写真製版 (グラビア印刷) する

fotografiar 他 …の写真を撮る ; 写実的に描写する

fotografía [fotoɣrafía] 囡 [英 photography, photograph] ❶ 写真撮影 ; 写真 : tienda de ～ カメラ店. ～ en color カラー写真. ～ en blanco y negro 白黒写真. ❷ 撮影所. ❸ [写真のような] 忠実な再現, 正確な描写

fotográfico, ca [fotoɣráfiko, ka] 形 写真の (ような) : aparato ～ 写真機, カメラ [cámara]. arte ～ 写真術. papel ～ 印画紙

fotógrafo, fa [fotóɣrafo, fa] 名 写真家, カメラマン : ～ de prensa 報道カメラマン

fotograma [fotoɣráma] 男《映画》一こま

fotólisis [fotólisis] 囡《単複同形》《物理》光分解

fotolito [fotolíto] 男《化学》光解質

fotolitografía [fotolitoɣrafía] 囡 写真石版術 ; 写真平版

fotomatón [fotomatón] 男《西》スピード写真 ; そのボックス : hacerse las fotos en un ～ スピード写真を撮る

fotomecánico, ca [fotomekániko, ka] 形 写真製版法の

fotómetro [fotómetro] 男 光度計 ; 露出計

fotometría 囡 光度測定 ; 測光学

fotomicrografía [fotomikroɣrafía] 囡 顕微鏡写真 [術]

fotomontaje [fotomɔntáxe] 男 合成写真 ;《美術》フォトモンタージュ

fotón [fotón] 男《物理》光子

fotonovela [fotonoβéla] 囡 写真にせりふ・地の文を組み込んだ小説

fotoquímico, ca [fotokímiko, ka] 囡 形 光化学 (の) : reacción ～ca 光化学反応. niebla ～ca/smog ～ 光化学スモッグ

fotorrobot [fotorɔbó(t)] 男 [犯人の] モンタージュ写真

fotosensible [fotosensíble] 形《医学》光線過敏症の.

fotosfera [fotosféra] 囡《天文》光球

fotosíntesis [fotosíntesis] 囡《単複同形》《生物》光合成

fototeca [fototéka] 囡 フォトライブラリー

fototerapia [fototerápja] 囡 光線療法

fototipia [fototípja] 囡《印刷》コロタイプ [版]

fototropismo [fototropísmo] 男《生物》光屈性, 屈光性

fotovoltaico, ca [fotoβoltáiko, ka] 形 光電池の

fotuto, ta [fotúto, ta] 形《中南米》だいなしの, ひどい [jodido]
◆ 男 [インディオが戦争や牧畜で鳴らす] ほら貝

foul [fául] 男《複 ～s》[competición] 反則 [falta]

foulard [fulár] ＝**fular**

fox [fás] 男《単複同形》＝**foxtrot**

foxterrier [fɔstɛrjér] 名《複 ～s》《犬》フォックステリア

foxtrot [fɔstró(t)] 男《複 ～s》[←英語. 舞踊] フォックストロット

foyer [foʎé] 男 [←仏語. 南米] [劇場の] ロビー, 休憩室

FP 囡《略語》←Formación Profesional 職業訓練

fra.《略語》←factura インボイス

frac [frák] 男《複 fra*ques*/～s》《服装》燕尾服

fracasado, da [frakasáðo, ða] 形 名 過分 失敗した [人] : amor ～ 失恋. candidato ～ 落選候補. golpe militar ～ クーデター未遂. ～ en la vida 人生の敗北者

fracasar [frakasár] 自 [＋en に] 失敗する : El ataque *fracasó*. 攻撃は失敗に終わった. *Fracasó* como cantante. 彼は歌手として成功しなかった. ～ *en* sus negocios 事業に失敗す

る. ～ **en** el examen 試験に落ちる. ～ **en** la escuela 授業についていけない

fracaso [frakáso] 男 失敗；敗北：La obra es un ～. それは失敗作だ. Como médico él es un ～. 彼は医者として失格だ. tener (sufrir) un ～ 失敗する；敗北する. ～ escolar 落ちこぼれ

fracción [fra(k)θjón] 囡 ❶ 分割 [división]；[分割された] 部分，断片：～ del pan 《キリスト教》聖体分割. durante una ～ de segundo ほんの一瞬. ❷ 《数学》分数：～ propia 真分数. ～ impropia 仮分数. ～ decimal 小数. ❸ [党派内の] 分派, 少数派
　fraccionar 他 分割(細分)する；分裂させる；《化学》分別する
　fraccionamiento 男 分割；《中米》住宅団地
fraccionario, ria [fra(k)θjonárjo, rja] 形 《数学》分数の；断片的な：expresión ～ria 分数式
　moneda ～ria 補助貨幣；小銭：Se ruega moneda ～ria. 釣銭のいらないように(小銭のご用意を)お願いします
fractal [fraktál] 形 《数学》フラクタルの
fractura [fraktúra] 囡 ❶ 《医学》骨折：～ de un hueso] ～ abierta 開放骨折. ～ complicada 複雑骨折. ～ conminuta 粉砕骨折. ～ de fátiga 疲労骨折. ～ de tallo verde 若木骨折. ～ craneal (del cráneo) 頭蓋骨折. ❷ 《地質》断層
fracturar [frakturár] 他 ❶ [骨を] 折る. ❷ こじ開ける, 壊す：～ una cerradura 錠前を破る
　◆ ～**se** [骨が] 折れる, 骨折する：Se fracturó una pierna. 彼は片脚の骨を折った
fraga [frága] 囡 岩だらけの険しい土地；木くず, 木っ端
fragancia [fragánθja] 囡 ❶ 芳香 [↔hedor]：～ de las flores かぐわしい花の香り. ❷ [美徳についての] 名声
fragante [fragánte] 形 《文語》かぐわしい, 芳香性の
fragaria [fragárja] 囡 《植物》イチゴ
fragata [fragáta] 囡 ❶ フリゲート艦 [帆船, 現代の護衛艦]：～ ligera コルベット艦 [corbeta]. ❷ 《鳥》グンカンドリ [rabihorcado]
frágil [fráxil] 形 ❶ 壊れやすい, もろい：El cristal es muy ～. ガラスは割れやすい. F～ [表示] 壊れ物注意. ❷ [体などが] 弱い, 虚弱な：memoria ～ 弱い記憶力. ❸ 誘惑に負けやすい
fragilidad 囡 壊れやすさ, もろさ
fragmentar [fragmentár] 他 粉々にする；ばらばらにする：～ una obra en fascículos 作品を分冊にする
　◆ ～**se** 粉々になる；ばらばらになる：Se fragmentaron las rocas. 岩が粉々になった
　fragmentación 囡 分裂；《情報》フラグメンテーション
fragmentario, ria [fragmentárjo, rja] 形 断片からなる；表面的な, 不完全な：visión ～ria 断片的な見通し

fragmento [fragménto] 男 ❶ 破片, かけら：recoger los ～s de un plato roto 割れた皿のかけらを集める. romper una carta en pequeños ～s 手紙を細かく裂く. ❷ [文章・作品などの] 断片, 一節；部分稿
fragor [fragór] 男 《文語》[戦い・嵐などの] とどろき；やかましい音
fragoso, sa [fragóso, sa] 形 《文語》❶ [地形が] 険しい：camino ～ 悪路. ❷ 騒々しい
fragua [frágwa] 囡 [鍛冶屋の] 炉；鍛冶工場
fraguar [fragwár] 13 他 ❶ [鉄を] 鍛える；鍛造する：～ una espada 刀を打つ(作る). ❷ 考え出す, 画策する：～ una mentira 嘘をでっちあげる. ～ una conspiración 陰謀をたくらむ
　◆ 自 [セメントなどが] 固まる；[案などが] 承認される, 受け入れられる
　fraguado 男 [セメントなどの] 凝固
fraile [fráile] 男 ❶ [主に托鉢修道会の] 修道士 [《convento で生活している》]. ❷ [衣服の] まくれ, 裏返り
　haber hecho a+人 **la boca un** ～ …は物乞い同然である
frailesco, ca 形 修道士の
frailecillo [fraileθíʎo] 男 《鳥》ツノメドリ
frambueso [frambwéso] 男 《植物》キイチゴ, ラズベリー, フランボアーズ
　frambuesa 囡 キイチゴの実
francachela [fraŋkatʃéla] 囡 ❶ 《軽蔑》無礼講の宴会：andar de ～ どんちゃん騒ぎをする. ❷ ごちそう
francamente [fráŋkaménte] 副 率直に言って；明らかに, 明白に
francés, sa [franθés, sa] 形 名 [英 French] フランス Francia [人・語]の；フランス人：a la francesa フランス風に. mal ～ [婉曲] 梅毒. un ～ 《俗語》フェラチオ [felación] despedirse (marcharse・irse) a la francesa 《軽蔑》[不作法にも] あいさつせずに立ち去る
　◆ 男 フランス語
francesada [franθesáða] 囡 ❶ 《歴史》ナポレオン軍のスペイン侵入 [1808 年]. ❷ フランス風, フランス人的なやり方(言い方)
franchipaniero [frantʃipanjéro] 男 《植物》インドソケイ
franchute, ta [frantʃúte, ta] 形 名 《軽蔑》フランスの；フランス人
Francia [fránθja] 囡 《国名》フランス
francio [fránθjo] 男 《元素》フランシウム
Francisca [franθíska] 囡 《女性名》フランシスカ [英 Frances]
Francisco [franθísko] 男 《男性名》フランシスコ [英 Francis]
　franciscano, na 形 名 《宗教》フランシスコ会 orden de San Francisco の [修道士・修道女] [カット]：orden ～na フランシスコ会.
　◆ 囡 《動物》ラプラタ

capilla

カワイルカ

francmasonería [fraŋ(k)masonería] 囡
フリーメーソン『国際的な秘密結社』

francmasón, na 图 フリーメーソンの会員

franco, ca [fráŋko, ka] 厖 〖英 frank〗❶ 率
直な、裏のない: ser ～ con＋人 …に包み隠しを
しない. ser ～ en decir ずけずけ言う. Es ～ en
sus tratos. 彼は誠実な人だ. ～ca amistad 心
の底からの友情. mirada ～ca あからさまな視線.
❷ [estar＋] 自由な、妨げのない；[＋de 負担な
どを] 免れた: entrada ～ca 入場自由(無料)；
無料入場券. puerta ～ca 出入り自由(入り
口). puerto ～ 自由港. aeropuerto ～ 自由
空港. piso ～ 《西》セーフハウス『スパイなどの連
絡用の隠れ家』. zona ～ca 免税区域. con-
seguir una ～ca victoria 楽勝する. ～ de
derechos 免税の. ～ de todo gasto 無料の.
❸ [＋名詞. 状況が] 明白な: ～ca mejoría [病
状の] 明らかな好転. ❹《歴史》フランク族の. ❺
《商業》～ a bordo 本船甲板渡し〔値段〕, FOB
◆ 图《歴史》フランク人
◆ 團 ❶ [フランスなどの貨幣単位] フラン: ～
suizo (belga) スイス(ベルギー)フラン. ❷ フラン
ク語

francocanadiense [fraŋkokanadjénse]
厖 图 フランス系カナダの(人)

francófilo, la [fraŋkófilo, la] 厖 图 フランス
びいきの(人)、親仏派の(人)

francófobo, ba [fraŋkófobo, ba] 厖 图 フ
ランス嫌いの(人)

francófono, na [fraŋkófono, na] 厖 图 フ
ランス語を話す(人)

francote [fraŋkóte] 厖 ざっくばらんな、ずけずけ
ものを言う

francotirador, ra [fraŋkotiraðór, ra] 图
❶ 狙撃兵, 遊撃隊員. ❷ 個別(単独)行動をと
る人, 一匹狼

franela [franéla] 囡《繊維》フランネル, ネル
franelógrafo 團 フランネルボード『フランネルな
どを貼った掲示板』

franja [fráŋxa] 囡 ❶《服飾》〔衣服・カーテンな
どの〕縁(房)飾り, フリンジ. ❷ 帯状のもの: una
～ de luz 一筋の光. ～ horaria 時間帯. ～
de edad 年齢層. ～ de Gaza [パレスチナの] ガ
ザ地区. ❸ 電波障害, 混信〖～ de interferen-
cia〗

franquear [fraŋkeár] 他 ❶ [通行などを] 自
由にする: ～ su casa a los chicos de la
vecindad 近所の子供たちに家を開放する. ❷
[障害などを] 越える, 過ぎる: ～ el río 川を越える.
～ un obstáculo 障害を乗り越える. ❸ [郵便
物に] 切手を貼る, 郵便料金を払う: ～ una
postal 葉書に切手を貼る. a ～ en destino〔表
示〕返信受取人払い. ❹ [＋de を] …から免除
する
◆ ～se [＋con＋人 に] 心を開く: ～se con un
amigo 友人に心の内を打ちあける
franqueable 厖 越えることができる
franqueadora 囡 郵便料金支払いの押印機
〖máquina ～〗
franqueo [fraŋkéo] 團 郵便料金(の支払い)；

切手(印紙)の貼付: ～ de cien pesetas 100
ペセタの郵便料金. ～ concertado 郵便料金別
納

franqueza [fraŋkéθa] 囡〖←franco〗率直
さ；親密さ: hablar con toda ～ きわめて率直
(ざっくばらん)に話す, 直言する. Tuvo tanta ～
para pedirme dinero. 彼は遠慮せず金を頼
んできた. Cuando hay ～ sobran los cum-
plidos. 親しくなったら礼儀は無用だ.

franquía [fraŋkía] 囡《船舶》操船余地
estar (ponerse) en ～［人が］まったく自由で
ある(になる)

franquicia [fraŋkíθja] 囡 ❶ [関税などの]
免除, 免税: ～ aduanera 関税免除. ～
postal 郵便料金免除. ❷《商業》フランチャイ
ズ: tienda (cadena) de ～ フランチャイズ店(チ
ェーン). ❸《航空》～ de equipaje 荷物の制限
重量

franquismo [fraŋkísmo] 團 フランコ Francis-
cisco Franco 体制『スペイン. 1939-75』；フラン
コ主義
franquista 厖 图 フランコ派の(の)

frasca [fráska] 囡 ❶ 枯れ葉〔と小枝〕. ❷ ワ
インを入れる角形の小瓶. ❸《中米》乱痴気パー
ティー

frasco [frásko] 團 ❶ [化粧品・酒などの] 小
瓶: ～ de perfume 香水瓶. ❷《化学》フラス
コ
¡toma (chupa) del ～(, carrasco)!《口
語》いいぞ, よくやった!/ざまあみろ!

frase [fráse] 囡〖英 phrase〗❶ 句, 語群: ～
adjetiva 形容詞句. ❷ 文〖oración〗；文章:
escribir ～s 文を書く. ～ corta 短文. ～
sacramental《宗教》秘跡の定訓；式文. ❸ 語
句, 言い回し；空疎な文句: ～ hecha 成句.
proverbial 諺. Todo eso son ～s. それは言葉
の上だけだ. ❹《音楽》フレーズ, 楽句〖～ musi-
cal〗

frasear [fraseár] 圁 他 文を作る；楽句を区切
って(際立たせて)演奏する(歌う)

fraseología [fraseoloxía] 囡 ❶ 語法, 表現
法: ～ hispana スペイン語の表現体系. ❷ 大
言壮語, 美辞麗句

fraternal [fraternál] 厖 兄弟(姉妹)の:
amor ～ 兄弟愛. amistad ～ 友愛

fraternidad [fraterniðá(ð)] 囡 ❶ 兄弟愛；
友愛, 同胞愛. ❷ 兄弟仲間；結社

fraternizar [fraterniθár] 圁 [＋con と, 兄
弟のように] 仲よくする, 友好関係を保つ

fraterno, na [fratérno, na] 厖 ＝frater-
nal: luchas ～nas 兄弟げんか

fratría [fratría] 囡《古代ギリシア》氏族

fratricida [fratriθíða] 厖 图 兄弟(姉妹)殺し
の(人): lucha ～ 骨肉(身内)の争い
fratricidio 團 兄弟(姉妹)殺し

fraude [fráuðe] 團 不正(詐欺的)行為:
Hubo un ～ en el examen. 試験で不正行為
があった. ～ electoral 不正選挙. ～ fiscal
(del fisco) 脱税

fraudulento, ta [frauðulénto, ta] 厖 不正
な, 偽りの: declaración ～ta 不正申告. edi-

ción ～*ta* 海賊出版. quiebra ～*ta* 偽装倒産
fraudulencia 囡 不正
fraudulentamente 剾 不正に；こっそりと，ひ
そかに
fray [frái] 團 修道士 fraile の名の前に置く敬
称：F～ Santiago サンティアゴ師
frazada [fraθáđa] 囡《中南米》[厚手の] 毛布
frc. (略語) ←franco フラン
freático, ca [freátiko, ka] 圏《地質》capa
～*ca*/manto ～ 帯水層，自由地下水
frecuencia [frekwénθja] 囡 ❶ 頻発，頻出；
頻度：con ～ 頻繁に，しばしば. con mucha ～
大変頻繁に. ～ de los autobuses バスの運転
本数. ❷《物理》振動数；周波数：transmitir
en la ～ de 80 MHz 周波数 80 メガヘルツで放
送する. alta (baja) ～ 高(低)周波. ～ mo-
dulada FM 放送
frecuentar [frekwentár] 囮 ❶ [+場所に] よ
く行く，通う：Frecuentaba la taberna. 彼は飲
み屋に入りびたっていた. bar frecuentado por…
…の行きつけのバル. tienda poco frecuentada
閑古鳥の鳴くような店. ❷ [+人に] よく会う，つ
きあう：Frecuenta a los periodistas 新聞記
者とのつきあいが多い. ❸ [行為を] 頻繁に繰返
す：～ los sacramentos しばしば秘跡を受ける.
Frecuenta la amistad de su vecina. 彼は近
所の女性と親しくつきあっている
frecuentativo, va [frekwentatíbo, ba]
圏《文法》反復を示す：verbo ～ 反復動詞 [例]
golpear]
frecuente [frekwénte] 圏《英 frequent》頻
繁な，よく起こる；ありがちな：i) Tengo ～s
mareos. 私は気分が悪くなることがよくある. ii)
[ser ～+不定詞・que+接続法] Es ～ ver
chicas solas por la noche. 夜，女の子たちだけ
でいるのを見かけることがよくある. Es muy ～
que los autobuses lleguen con retraso. バス
の延着は非常によく起きる
frecuentemente [frekwénteménte] 剾 頻
繁に，しばしば
free-lance [frílans] 圏《←英語》フリーランス
の，自由契約の：fotógrafo ～ フリーのカメラマン
freezer [frísɛr] 團《←英語. 南米》冷凍庫
fregadera [fregaðéra] 囡《中南米》わずらわし
さ，やっかい
fregadero [fregaðéro] 團 [台所の] 流し台，
シンク
fregado, da [fregáđo, đa] 圏 過分《南米》う
るさい，しつこい；[試験などが] 難しい；[人が] 気
難しい，要求が多い；抜け目ない
◆ 圐 ❶ 磨くこと：～ de suelo 床磨き. ～ de
platos 皿洗い. ❷ 面倒，混乱，《軽蔑》口論，け
んか：Nos ha traído un ～. 彼はやっかいな問題
を持ち込んできた. tener un ～ con+人 …と口
論する，けんかする
◆ 囡《中南米》困った出来事
fregar [fregár] 图23《irregular 活用表》囮 ❶
磨く；[食器などを] 洗う：～ la madera 材木を
磨く. ～ las rodillas ひざをこする. ～ el suelo
con un trapo 雑巾で床をふく. ～ las cace-
rolas 鍋を洗う(磨く). agua de ～ [台所から

出る] 汚水. ❷《中南米. 口語》うんざりさせる，困
らせる；[計画などを] 台無しにする
◆ ～se《南米》うんざりする，台無しになる
fregona [fregóna] 囡 ❶《軽蔑》掃除婦，女
中；普通の女，粗野な女. ❷《西》モップ：pasar
la ～ モップがけをする
fregotear [fregoteár] 囮《口語》大ざっぱに磨
く；ざっと洗う
fregoteo 團 ざっと磨く(洗う)こと
freidora [frɛiðóra] 囡 フライ鍋，フライヤー
[olla ～]
freidura [frɛiðúra] 囡 揚げ物，フライ
freiduría [frɛiðuría] 囡 揚げ物屋
freír [frɛír] 图36 囮《過分 frito (規則形 freído
もあるが frito の方が一般的)，現分 friendo] ❶
《料理》揚げる，フライにする：～ el pescado con
aceite 魚を油で揚げる. ～ espárragos en
mantequilla アスパラガスをバターでいためる. Al
～ será el refr.《諺》最後に笑う者が勝つ. ❷
[+con で] うんざりさせる，困らせる：Ella me
fríe con su verbosidad. 彼女のおしゃべりには
参ってしまう. Los niños le frieron a pregun-
tas. 子供たちは彼を質問攻めにした. ❸《口語》
殺す，射殺する：～ a+人 a balazos …を蜂の巣
にする
◆ 圓 [油・鍋が] 揚げられる：Este aceite no
fríe bien. この油はよく揚がらない
◆ ～se ❶ フライにされる. ❷《戯語》ひどく暑い：
Nos freímos [de calor] en Andalucía. 私た
ちはアンダルシアの暑さに参った
fréjol [frɛxol] 團 インゲンマメ [judía]
frenado [frenáđo] 團 制動；制止，抑止：
distancia de ～ ブレーキ距離
frenar [frenár] 囮 ❶ …にブレーキをかける，ブレ
ーキをかけて止める. ❷ 抑制(抑止)する，阻止す
る：～ la inflación インフレを抑える. ～ la
carrera de armamentos 軍拡競争をはばむ
◆ 圓 ブレーキをかける(がかかる)：～ brusca-
mente (en seco) 急ブレーキをかける. No fre-
na bien este coche. この車はブレーキがよくきか
ない
◆ ～se ❶ ブレーキがかかる. ❷ 自分を抑える：
～se en la bebida 飲酒を控える
frenazo [frenáθo] 團 急ブレーキ；急激な制
制：dar (pegar) un ～ 急ブレーキをかける
frenesí [frenesí] 團《複 ～[e]s》❶ 熱狂，熱
中：amar a+人 con ～ …を熱烈に愛する. ❷
狂乱，逆上
frenético, ca [frenétiko, ka] 圏 熱狂的な，
熱烈な；狂乱(逆上)した：ponerse ～ 熱狂す
る；狂ったようになる
frenillo [freníʎo] 團 ❶《解剖》小帯，繋帯：
～ de la lengua 舌小帯. ❷《犬などにはめる》
口籠り
no tener ～ [en la lengua] 歯に衣(き)を着
せない，言いたい放題のことを言う
freno [fréno] 團 ❶ ブレーキ，制動機：echar
(pisar・soltar) el ～ ブレーキをかける(踏む・ゆる
める). luz de ～ ブレーキランプ. ～ de aire/～
neumático エアブレーキ. ～ de mano ハンドブ
レーキ. echar (poner) el ～ de mano ハンドブ

レーキをかける. quitar (soltar) el ～ de mano ハンドブレーキを外す. ～ de tambor (de disco) ドラム(ディスク)ブレーキ. ～s asistidos パワーブレーキ. ❷《馬術》馬銜(ば). ❸ 歯止め, 抑制: Su ansia de poder no tiene ～. 彼の権力欲はとどまるところを知らない. poner ～ a las pasiones 感情を抑制する

beber el ～〖馬が〗馬銜をかむ; いきり立つ, がむしゃらになる

meter a＋人 en ～ …を抑える, 制御する

morder (tascar) el ～ 馬銜をかむ; いらだちを抑える

frenología [frenoloxía] 囡 骨相学

frenopatía [frenopatía] 囡 精神病学 〖siquiatría〗

frenopático, ca 囮 囲 精神医学の; 精神科病院〖hospital ～〗

frentazo [frentáθo] 囲《南米》＝**cabezazo**〖《中米》精神的打撃

frente [frénte] 囡《英 forehead》❶〖人・動物の〗額: Tiene la ～ ancha (alta). 彼は額が広い. ganarse la vida con el sudor de su ～ 額に汗して働く. arrugar (fruncir) la ～ 〖怒り・恐れで〗眉をひそめる, 顔をしかめる. ～ calzada 狭い額. ❷ 顔つき: llevar (traer・tener)… escrito en la ～ 顔に…と書いてある〖従ってごまかせない〗

bajar la ～ 恥じ入る

con la ～ levantada (muy alta・erguida) 堂々と, 胸を張って

◆ 囲〖英 front〗❶〖建物などの〗正面: El ～ de la casa da al sur. 家の正面は南向きだ. ❷《軍事・政治》前線; 戦線, 戦地〖～ de batalla〗: Se fueron al ～. 彼らは戦地に行った. hacer un ～ único con los socialistas 社会党と統一戦線をはる. ～ popular 人民戦線. ～ de liberación nacional 民族解放戦線. ❸《気象》前線: ～ cálido (frío) 温暖(寒冷)前線. ～ polario 極前線. ❹〖硬貨などの〗表〖anverso〗. ❺〖ページ・紙面の〗上部. ～ de una onda《物理》波頭(面). ～ de arranque (tajo)〖鉱脈の〗切羽面. ～ de ataque〖トンネルの〗掘削〖開始〗面

adornar la ～《俗語》浮気をする

al ～ 前に;〖＋de の〗正面に; 先頭に: dar un paso al ～ 1歩前に進み出る. ir al ～ de todos 皆の先頭に立つ. ponerse al ～ del negocio 経営の指揮をとる. la Filarmónica de Viena, con Karajan al ～ カラヤン指揮のウィーンフィル

de ～ 正面から; 真っ向から: vista de ～ 正面図. entrar de ～ 正面から入る. tener el viento de ～ まともに風を受ける. acometer (atacar) un problema de ～ 問題に真っ向から取り組む. ¡De ～!《号令》前へ進め!

en ～ de... …と向き合って, …の正面に〖enfrente de〗

～ a... 1) …に向かって: Me senté ～ al presidente. 私は議長と向かい合わせに座った. 2) …に直面して; …に対して: hallarse ～ a

una crisis 危機に直面している. Siempre adopta una actitud severa ～ a sus subordinados. 彼の部下に対する態度はいつも厳しい

～ a 1) 面と向かって; 率直に: No puedo decirle ～ a ～ lo que piensa de él. 私は彼について思っていることを面と向かっては言えない. 2) 正面から, まともに

～ por ～ 真正面に

hacer ～ a... …に立ち向かう, 対処する: Hizo ～ al peligro (al ladrón). 彼は危険(泥棒)に立ち向かった

tener un segundo ～《中米》男(女)を囲う, 別宅を持つ

◆ 圖〖＋a の〗正面に, 面と向かって〖enfrente〗: Mi casa está ～ a la escuela. 私の家は学校の向かいにある

freo [fréo] 囲〖島と島・島と陸の間の〗海峡, 水道

freón [fre5n] 囲《←商標. 化学》フレオン, フロンガス

fresa [frésa] 囡 ❶《植物・果実》イチゴ. ❷《技術》フライス; 皿もみ錐. ❸《医学》ドリル

◆ 囮 イチゴ色の

fresado 囲 フライス切削

fresador, ra 囡 フライス工. ◆ 囡 フライス盤

fresal 囲 イチゴ畑

fresar 囮 フライス削りをする

fresca¹ [fréska] 囡 ❶〖夏の朝・夜などの〗涼しさ: salir a tomar la ～ 涼みに出かける. pasearse por la mañana con la ～ 朝の涼しいうちに散歩する. cenar a la ～ 涼しい所で夕食をとる. ❷《口語》無礼な言葉: soltar a＋人 una ～ …に生意気なことを言う. despedir a＋人 con cuatro ～s …に捨てぜりふを吐く

frescachón, na [freskatʃon, na] 囮《口語》はつらつとしたたくましい

frescales [freskáles] 囡《単複同形》《西. 軽蔑》図々しい人, 厚かましい人

fresco¹ [frésko] 囲 ❶《美術》フレスコ画〖pintura al ～〗. ❷ 涼しさ, 冷たさ〖fresca〗: Hace ～ hoy. 今日は涼しい(肌寒い). tener ～ 肌寒く感じる. tomar el ～ 涼をとる. 涼む. ❸《服飾》薄物の生地〖で作った服〗. ❹《中米》冷たい飲み物, 清涼飲料水〖refresco〗

al ～ 涼しい所に; 屋外で: sentarse al ～ 涼しい所に座る. dormir al ～ 戸外で寝る

beber ～ 平然としている

traer a＋人 al ～《口語》…にとってまったく重要でない

fresco², ca² [frésko, ka] 囮《英 cool, fresh》❶ 涼しい;〖心地よく〗冷たい, ひんやりとした: i) brisa ～ca 涼風. noche ～ca 涼しい夜. Quiero beber algo ～. 何か冷たいものが飲みたい. ii)〖布地が〗薄物の: traje ～ 涼しい服

❷〖食料品が〗新鮮な, 生きのいい; 冷凍(保存加工)していない: huevo ～ 新鮮な卵. carne (fruta) ～ca 新鮮な肉(果物). Este pescado no está ～. この魚は生きが悪い. Este salmón es ～. この鮭は冷凍物ではない

❸ 新しい, 最近の: noticia ～ca 最新のニュース.

Su recuerdo está ~ en mi memoria. 彼の思い出は今も色鮮やかだ
❹ [estar+, ペンキなどが] 乾いていない: La pintura está ~ca. ペンキが塗りたてだ
❺ [estar+] 生き生きした, 若々しい; 元気な: cutis ~ みずみずしい肌
❻ [estar+] 平然とした: Le dijeron que lo despedían y se quedó tan ~. 彼は解雇を言い渡されても少しも動揺しなかった. Jugó dos partidos y después estaba tan ~. 彼は2試合プレイした後でも涼しい顔をしていた
❼ 《口語》[estar+] 当てが外れる: Estás ~ si piensas que vas a ganar otra vez. また勝つと思ったら大間違いだぞ
❽ [香りが] さわやかな: colonia ~ca さわやかな香りのオーデコロン
❾ 率直な, 飾らない
❿ 《軽蔑》[ser+] 厚かましい, 図々しい: No seas ~ y paga tu parte. 図々しいなあ. 自分の分は払えよ
dejar ~ a+人 …をからかう
◆ 图 《口語》厚かましい人

frescor [freskór] 男 涼しさ, 若々しさ

frescote, ta [freskóte, ta] 厖 《口語》丸々と太って肌のつやのよい

frescura [freskúra] 囡 ❶ 涼しさ, 冷たさ; 新鮮さ, さわやかさ; 平静さ: ~ del aire de la mañana 朝の冷気. ~ del agua 水の冷たさ. ❷ [緑の生い茂った場所の] 心地よさ. ❸ 図々しさ, 厚かましさ; 無礼, 非常識: ¡Qué ~ la tuya, no presentarte a la cita! 約束をすっぽかすなんて失礼な! Me contestó una ~. 彼は私に失礼な口をきいた

fresneda [fresnéda] 囡 トネリコ林

fresnillo [fresníʎo] 男 《植物》ハクセン

fresno [frésno] 男 《植物》トネリコ

fresón [fresón] 男 《植物・果実》大粒のイチゴ

fresquera [freskéra] 囡 [金網を張った] 食品戸棚

fresquería [freskería] 囡 《南米》ソーダファウンテン, 清涼飲料水店

fresquilla [freskíʎa] 囡 《植物》モモの一種

freudiano, na [freuðjáno, na] 厖 フロイトFreud [学説]の: teorías ~nas フロイト理論
◆ 图 フロイト学派の人
freudismo 男 フロイト学説

freza [fréθa] 囡 ❶ [魚の] 産卵[期]; 受精卵, 稚魚, 小魚. ❷ [産卵などのために動物が掘った] 穴, 跡; [動物の] 糞
frezar 自 産卵する

friabilidad [frjaβiliðáð] 囡 もろさ, 砕けやすさ

frialdad [frjaldáð] 囡 《←frío》 ❶ 冷たさ; 冷淡さ: ~ del hielo 氷の冷たさ. tratar a+人 con ~ …に冷たくする, 冷遇する. ❷ 不感症

fríamente [fríaménte] 圖 冷たく, 冷淡に

fricandó [frikandó] 男 《料理》フリカンドー

fricasé [frikasé] 男 《料理》フリカッセ

fricativo, va [frikatíβo, βa] 囡 《言語》摩擦音[の]

fricción [fri(k)θjón] 囡 ❶ 摩擦: embrague

de ~ 《機械》摩擦クラッチ. ❷ [体・頭皮の] マッサージ. ❸ 不和, あつれき: ~ económica internacional 国際経済摩擦. punto de ~ 係争点

friccionar 他 摩擦する, マッサージする

friega [frjéɣa] 囡 ❶ マッサージ: dar (hacer) ~s マッサージをする. ~ de alcohol アルコールマッサージ. ❷ わずらわしさ; 殴打. ❸ 《中南米》叱責, 非難

friegaplatos [frjeɣaplátos] 男 《単複同形》食器洗い器 〖lavaplatos〗
◆ 图 皿洗い

frigidez [frixiðéθ] 囡 《医学》[女性の] 不感症

frígido, da 厖 不感症の; 《文語》冷たい

frigio, gia [fríxjo, xja] 厖 《歴史・地名》フリギア Frigia 囡 の(人): gorro ~ フリギア帽

frigo [fríɣo] 男 《西》冷蔵庫 〖frigorífico の省略語〗

frigoría [friɣoría] 囡 [冷却時の熱量の単位] フリゴリー

frigorífico, ca [friɣorífiko, ka] 厖 冷凍(冷蔵・冷却)する: barco ~ 冷凍船
◆ 男 ❶ 《西》冷蔵庫: meter los huevos en el ~ 卵を冷蔵庫に入れる. ~ congelador 冷凍冷蔵庫. ❷ 《南米》冷凍工場

frigorista [friɣorísta] 图 冷凍技術者

frijol/fríjol [frixól/fríxol] 男 《中南米》インゲンマメ 〖judía〗; 圈 食料, 食べ物

frío, a 絶対最上級 **fríisimo**] [frío, a] 《英 cold. ↔caliente. ❶ 冷たい, 寒い: i) El agua está ~a. 水が冷たい. viento ~ 寒風, 冷たい風. tiempo ~ 寒い天気. país ~ 寒い国. cuarto ~ 寒い部屋. sudor ~ 冷や汗. ii) 冷えた, 冷めた: La sopa ya está ~a. スープは冷めている. vino bien ~ よく冷えたワイン. motor ~ 暖まっていないエンジン. iii) 冷え冷えとした, 寒々とした. iv) 寒色の. ❷ 冷ややかな, 冷淡な: Me recibió con una acogida ~a. 私は歓迎されなかった. mostrarse ~ con+人 …に対して冷たい(よそよそしい). mirada ~a 冷ややかなまなざし. relaciones ~as 冷たい関係
❸ 冷静な, 冷徹な; 冷酷な: Es muy ~. 彼はとても冷静(冷酷)だ. permanecer ~ ante las provocaciones 挑発されても平然としている
❹ [女性が] 肉体的欲望がない, 不感症の
❺ [作品などが] 人に感動を与えない, 精彩のない
❻ [間投詞的. クイズなどで正解から遠い時] 全然違う! 〖☞caliente ❻〗
dejar ~ a+人 …を冷淡にする; 啞然とさせる: Su dimisión me dejó ~. 彼の辞職を知って私は啞然とした
quedarse ~ 冷たい때問
◆ 男 ❶ 寒さ; 寒気, 冷気: Hace mucho ~ hoy. 今日は大変寒い. Tengo ~. 私は寒い. ~ de invierno 冬の寒さ. ❷ 冷たさ. ❸ 風邪; 悪寒: Cogí ~. 私は風邪をひいた. Sintió mucho ~. 彼はひどく寒けがした
en ~ 1) 準備なしに, いきなり; 冷静に, 平然と. 2) 《商業》venta en ~ 〜 [投資などの] 電話セ

ルス，コールドコール

no dar a＋人 ni ～ ni calor/no entrar
a＋人 **～ ni calor** …にとっては問題ではない：
A mí *no me* *ha dado* ni ～ ni calor. そん
なことは私にはどうでもよいことだった

friolento, ta [frjolénto, ta] 形《中南米》寒が
りの〖friolero〗

friolera[1] [frjoléra] 女 ❶ 大金：Le costó el
yate a ～ de diez millones de pesetas. 彼は
ヨットを買うのに大枚 1 千万ペセタも払った．❷
ささいなこと，取るに足りないもの

friolero, ra[2] [frjoléro, ra] 形 名《西》寒がり
の〖人〗［↔caluroso〗

frisa [frísa] 女《繊維》けば

frisar [frisár] 他《繊維》けばを縮らせる；《技術》
［接合部に］詰め物をする
◆ 自 ［＋en] …歳に近い：Debe ～ *en* los
cincuenta. 彼はもうすぐ50歳のはずだ

friso [fríso] 男《建築》小壁，帯状装飾，絵様帯
〖☞columna カット〗

frisón, na [frisón, na] 形 名《地名》フリースラ
ンド〔フリジア〕Frisia の〖人〗

fritada [fritáda] 女《料理》❶ 医名 揚げ物，フ
ライ〖物〗：～ de pescado 魚のフライ．❷ トマ
トソース

fritanga [fritáṅga] 女 医名《中南米. 主に軽蔑》
〖屋台で売られる，油っぽい〗フライ

fritar [fritár] 他《中南米》＝**freír**

frito, ta [fríto, ta] 形《料理》❶ 油で
揚げた，フライにした：pescaditos ～s 小魚のフラ
イ．❷〖estar＋〗《口語》ぐっすり眠っている；うん
ざりした，絶望した；《俗語》死んだ．❸《中南米》
〖人が〗駄目になった，失敗した
dejar ～《口語》〖人を〗殺す
estar ～ *de calor* 暑くてたまらない
estar ～ *por*＋不定詞 …したくてたまらない：El
niño *está* ～ *por* salir. その子は出かけたくてた
まらない
quedarse ～ 眠り込む；死ぬ
tener（*traer*）a＋人 ～ …をうんざりさせる：
Los niños me *tienen* ～ con sus travesu-
ras. 子供たちのいたずらにはもうお手上げだ
◆ 男〖主に 複〗揚げ物，フライ〖物〗
le gusta el ～〖いかがわしい女が〗純情を装っ
ている

fritura [fritúra] 女 フライ〖行為〗；医名 揚げ物
〖fritada〗

frivolidad [friβoliðá(d)] 女《軽蔑》軽薄，く
だらなさ；くだらないもの

frivolité [friβolité] 男〖←仏語. 手芸〗タッチン
グレース

frívolo, la [fríβolo, la] 形《軽蔑》軽薄な，浅
薄な：hombre ～ 軽薄な男．película ～*la* く
だらない映画

fronda [frónda] 女 ❶ 医名/ 密 密生した枝や葉，
葉むら．❷ シダ類の葉

frondoso, sa [frondóso, sa] 形 枝や葉が密
生した，茂った

frondosidad 女 密生，叢生（ぞう）

frontal [frontál] 形〖←frente〗❶ 正面〔から〕
の：choque (colisión) ～ 正面衝突．ataque

～ 正面攻撃．vista ～ 正面図．❷《解剖》前
頭の，前額部の
◆ 男 ❶《宗教》祭壇飾り．❷《解剖》前頭骨
〖hueso ～〗

frontenis [fronténis] 男《スポーツ》ペロータ
〖pelota〗

frontera[1] [frontéra] 女〖英 frontier〗❶ 国
境：El Río Grande constituye la ～ entre
México y Estados Unidos. リオ・グランデ川が
メキシコと米国の国境となっている．pasar (atra-
vesar・traspasar) la ～ 国境を越える．El
arte no conoce ～s. 芸術に国境はない．sin
～s 世界的な・に，国際的な・に．❷《比喩》境
界；限界：Has rozado la ～ de la desver-
güenza. 君のやったことは恥知らずと紙一重だ．
Su osadía no conoce ～s. 彼の厚かましさはと
どまるところを知らない

fronterizo, za [fronterí0o, 0a] 形 ❶ 国境
の：conflictos ～s 国境紛争．paso ～ 国境の
通過．pueblo ～ 国境の村．soldado ～ 国境
守備〔警備〕兵．zona ～za 国境地帯．❷ ［＋
con・de と〕国境を接する：Chile es ～ *con*
Argentina. チリはアルゼンチンと国境を接してい
る．❸〖2 つの事柄の〗間にある
◆ 男〖ウルグアイのブラジルに接した地域で話され
る〗ポルトガル語なまりのスペイン語

frontero, ra[2] [frontéro, ra] 形 ［＋a・con・de
の〕正面の，向かいの

frontil [frontíl] 男〖牛のくびきの下につける〗当
て物

frontis [fróntis] 男〖単複同形〗〖建物の〗正
面；〖ペロータのコートの〗正面壁

frontispicio [frontispí0jo] 男 ❶〖本の〗表
題，口絵．❷《建築》〖建物の〗主要正面；ペデ
ィメント．❸ ペロータの壁

frontón [frontón] 男 ❶《スポーツ》ペロータ
pelota のコート（壁・試合）．❷《建築》ペディメン
ト

frotar [frotár] 他 こする：～ una cerilla マッチ
を擦る
◆ ～se …をこすり合わせる：～se las manos 手
をこすり合わせる；〖満足・期待して〗もみ手をする
frotación 女/**frotamiento** 男/**frote** 男 こ
すること

frotis [frótis] 男〖単複同形〗〖顕微鏡の〗塗沫
標本：～ cervical《医学》頸管塗沫標本

fructífero, ra [fruktífero, ra] 形 実のなる，
収穫をもたらす：hacer más ～*ra* la tierra 土
地を豊かにする．experiencia ～*ra* 実りある経
験

fructificar [fruktifikár] 7 自 実を結ぶ，収穫
をもたらす：Su esfuerzo *fructificará*. 彼の努力
は実を結ぶだろう
fructificación 女 結実

fructosa [fruktósa] 女《化学》果糖

fructuoso, sa [fruktwóso, sa] 形 ＝**fruc-
tífero**

frufrú [frufrú] 男 サラサラという衣（きぬ）ずれの音

frugal [fruɣál] 形 少食の〖↔gula〗；〖食事が〗
質素な：comida ～ 粗食．vida ～ つましい生
活．coche muy ～ ガソリンを食わない車

frugalidad 囡 少食；質素

frugívoro, ra [fruxíβoro, ra] 厖 [動物が]
果実を常食とする

fruición [frwiθjón] 囡 悦楽, 歓喜：comer
con ～ 楽しんで食べる

　fruir 48 圓 《隈分 fruyendo》《まれ》[+de を]
　楽しむ

frumentario, ria [frumentárjo, rja] 厖 小
麦の, 穀物の

frunce [frúnθe] 男 《裁縫》ギャザー, ひだ：
hacer ～s por 50 centímetros 50 センチにわた
ってギャザーをとる

fruncir [frunθír] 2 他 ❶ [布に] ギャザー(ひ
だ)をつける：falda *fruncida* ギャザースカート. ❷
[額・鼻などに] しわを寄せる：～ la boca 口をと
がらす. gesto *fruncido* しかめ面. con las
cejas *fruncidas* 眉をひそめて

　◆ **～se** [+de+感覚・感情の名詞] きわめて…の状
　態にある：*Me frunzo de* sueño. 私は非常に眠
　たい

fruncido, da 厖 《過分 《南米》気どった, 上品ぶ
った. ◆ 男 ギャザー 《frunce》

fruslería [fruslería] 囡 つまらないもの(こと)：
En la carta sólo cuenta ～s. 手紙には大した
ことは書いてない. ¿Quieres comprarme al-
guna ～ de comer al volver? 帰りに何かちょ
っとした食べる物を買ってきてくれる?

frustración [frustraθjón] 囡 ❶ 挫折. ❷ 失
望；欲求不満, フラストレーション：hombre lle-
no de *frustraciones* 欲求不満で一杯の男

frustrado, da [frustráðo, da] 厖 《過分
[estar+] 挫折(失敗)した；失velした：*F～das*
las ilusiones volvió a su pueblo. 彼は夢破れ
て故郷へ帰った. quedar ～ 挫折(失望)する.
sentirse ～ 挫折感を味わう；欲求不満を感じ
る. golpe de estado ～ クーデター未遂

frustrante [frustránte] 厖 挫折感(フラストレ
ーション)を引き起こす

frustrar [frustrár] 他 ❶ 挫折させる, 失敗させ
る：Le han *frustrado* la ambición. 彼の野望
はくじかれた. ❷ [期待などを] 裏切る：*Frus-
traba* las esperanzas de sus padres. 彼は両
親の期待を裏切った. ❸ 《心理》欲求不満にさせ
る

　◆ **～se** 挫折する：Mis esperanzas *se han
frustrado* frágilmente. 私の希望はもろくも砕
　かれた. *Se frustró* el delito. 犯行は未遂に終わ
　った

frustre [frústre] 男 《口語》=**frustración**

fruta [frúta] 囡 《英 fruit》[主に 医図, 食
用の] 果物；果実, 実：Vamos a
tomar ～ de postre. デザートに果物を食べまし
ょう. ～ confitada (abrillantada・escar-
chada) 砂糖漬けの果物. ～ del tiempo (de
(la) estación) しゅんの果物；[風邪など] 季節
性のあるもの. ～ seca 干した果実. ～ de
sartén 《西》揚げ菓子 《churro, buñuelo など》.
～ prohibida 禁断の木の実. máquina de ～s
スロットマシン 《tragamonedas》
　～ *del cercado ajeno* 隣の芝生は青い

frutal [frutál] 厖 囲 果実の；果実のなる, 果樹

frutería [frutería] 囡 果物店

frutero, ra [frutéro, ra] 厖 果物の；果物を売
る

　◆ 图 果物商

　◆ 男 果物皿, 果物鉢；[南米の] 極彩色の鳥

frutícola [frutíkola] 厖 果物の；果樹栽培の

fruticultura [frutikultúra] 囡 果樹栽培〔法〕

frutilla [frutíʎa] 囡 ❶ ロサリオの玉. ❷ 《植物・
果実》[チリ原産の] イチゴ

fruto [frúto] 男 《英 fruit》❶ 《植物》果実, 実：
Los árboles están cargados de ～s. 木々にた
くさん実がなっている. dar ～ [木が] 実をつける；
[産物・成果を] 産み出す. ～ seco [主に 囲]
乾果, ナッツ. ～ del vientre お腹をいためた子, 我が子. ❷ 成果：
sacar ～ de... …から成果をあげる, …を利用す
る. ～ de un esfuerzo de muchos años 長年
の努力の賜物(たまもの). ～ de la imaginación 想
像力の産物. ❸ [主に 囲] 産物, 収穫物：No
produjo ～ este campo. この畑からは何もとれな
かった. ～s de la tierra 大地の恵み
　con (sin) ～ 有益(無益)に

fu [fú] 間 ❶ [猫の怒った声] フー. ❷ [嫌悪]
うえっ；[軽蔑] ふん
　hacer ～ *a...* …を冷たくあしらう
　ni ～ *ni fa* 良くも悪くもない：¿Qué tal el
viaje?—*Ni* ～ *ni fa.* 旅行はどうだった?—まあ
まあだ

fuco [fúko] 男 《植物》ヒバマタ 《海藻》

fucsia [fúksja] 囡 《植物》フクシア, ホクシャ

　◆ 厖 [その花の色から] ボタン色の, 暗赤色の
《rosa ～》

fucsina 囡 《化学》フクシン 《赤色染料》

fue ☞ **ser** 51 / **ir** 52

fuego [fwéɣo] 男 《英 fire》❶ 火：i) El
～ de la chimenea está encen-
dido. 暖炉の火が燃えている. El ～ prende
en... …に火がつく. está prohibido hacer ～.
《表示》火気厳禁. encender el ～ 火をおこす.
apagar (extinguir) el ～ 火を消す. poner
a... …に火をつける, 点火する. echar... al ～
…を火にくべる(投げ入れる). poner una olla
en el ～ 鍋を火にかける. sentarse junto al ～
火のそばに座る. Donde no se hace ～, no sale
humo. (諺) 火のないところに煙は立たない. ～ de
Santelmo 《気象》セント・エルモの火. ii) [たばこ
の] ¿Tiene ～? たばこの火を貸してください. dar
(pedir) ～ a+人 …に〔たばこの〕火を貸す(借り
る)

❷ 火事, 火災 《☞incendio 囲図》：Hay ～ en
la casa de enfrente. 向かいの家が火事だ.
¡F～! ¡～! 火事だ!

❸ 砲火, 射撃：iniciar el ～ 射撃を開始する.
bajo el ～ 砲火の中を. ～ graneado 連発射
撃. Preparen, apunten, ¡～! 《号令》構え銃,
狙え, 撃て!

❹ 囲 花火 《～s artificiales・de artificio》

❺ 情熱, 熱気：～ de los años juveniles 青春
の情熱. defender con mucho ～ 熱弁をふるって擁護する. olvidar la hora en el ～ de la

discusión 議論に熱中して時を忘れる

❻ [体の] 熱さ，ほてり：Tengo 〜 en el estó-mago. 胃が焼けつくようだ. Siento 〜 en las sienes. 頬がほてる

❼ 家族，世帯 〖hogar〗

a 〜 lento《料理》弱火で，とろ火で；少しずつ：cocer a 〜 lento とろ火で煮る. matar (tor-turar) a+人 a 〜 lento 真綿で首を締める

a 〜 rápido (*fuerte・vivo*) 強火で

a medio 〜 中火で

abrir 〜 砲火を開く；きっかけを作る

apagar a+人 los 〜s [議論で] 反証して…を黙らせる

atizar (*avivar*) *el 〜* 火勢を強める，火をかき立てる；対立をあおる

echar (*lanzar*) *〜 por los ojos* [怒りで] 目をぎらつかせる，激怒する

estar entre dos 〜s 板ばさみになっている

hacer 〜 砲火を開く

huir del 〜 y dar en las brasas 一難去ってまた一難

jugar con 〜 軽はずみに危険を冒す

pegar 〜 a... =**prender 〜 a...**

poner la(s) mano(s) en el 〜 por... …について保証する，請け合う

prender 〜 a... …に放火する

romper el 〜 発砲する；論争を始める

tocar a 〜 火事を知らせる

fueguino, na [fweɣíno, na] 形《地名》フエゴ島 Tierra del Fuego の〔人〕

fuel[oil] [fwél(óil)] 男《←英語》燃料油

fuelle [fwéʎe] 男 **❶** ふいご. **❷**《自動車》折畳み式のほろ. **❸** [カメラ・かばん・車両連結部などの] 蛇腹. **❹**《口語》スタミナ：tener [mucho] 〜 息切れしない，タフである. perder 〜 息切れする，スタミナがなくなる. **❺**《服飾》アコーディオンプリーツ. **❻**《音楽》バンドネオン，バグパイプの袋. **❼**《建築》ventana de 〜 内倒し窓

fuente [fwénte] 女 **❶** 泉；噴水〔池〕；[広場などの] 水飲み場，給水栓：Hay una 〜 en medio de la plaza. 広場の中央に噴水がある. 〜 termal 温泉. 〜 de agua potable 噴水式水飲み器. 〜 de soda《南米》[ジュースなどを売る] スタンド. 〜 de los deseos コインを投げ入れると願い事をかなえてくれる泉. 〜 bautismal 洗礼盤

❷ 源，源泉：i) 〜 del río 水源. 〜 de calor 熱源. 〜s de energía エネルギー源〔資源〕. 〜 de alimentación 供給源. 〜 tributaria 租税収入源. tener una 〜 de ingresos 収入源がある. ii) [主に 圖. 情報の] 出所：saber... de buena(s) 〜(s) 確かな筋からの情報だ 〜を知る. en 〜s cercanas a... …に近い筋の情報では. 〜 de información 情報源，ニュースソース. 〜 oficial 公式筋. 〜 histórica 史料

❸ 大皿，深皿 [⊳plato 囲圙]；その料理：comerse una 〜 de judías インゲン豆を1皿食べてしまう

❹[印刷] フォント

fuer [fwér] **a 〜 de...** …として：Yo, a 〜 de

amigo tuyo, no puedo permitir eso. 私は君の友人として，それを許すことはできない

fuera [fwéra] 副 〖英 out, outside. ↔ dentro〗 **❶** 外に；屋外で：i) Los niños juegan 〜. 子供は外で遊ぶ. Mi marido está 〜. 夫は外出中です. comer 〜 外食する. ii) [前置詞］La puerta se abre hacia 〜. ドアは外側に開く. coser para 〜 内職で縫い物をする. pintar la casa por 〜 家の外側を塗る

❷ [+de] i) …の外に：Le han echado 〜 *del* pueblo. 彼は村から追い出された. El objeto está 〜 *de* alcance. 目標は射程外にある. ii) …以外に：F〜 *de* nosotros no lo sabía nadie. 我々のほかは誰もそれを知らなかった

❸ ほかの土地に・では；外国に：En invierno los hombres van a trabajar 〜. 冬には男たちはよそへ働きに行く

❹《スポーツ》ラインの外側に

caer 〜 除外される

de 〜 1) 外の；外から：Los dos tienen un carácter diferente, pero *de 〜* se parecen mucho. 2人は性格は異なっているが，外見はよく似ている. 2) ほかの土地の・から；外国の・から：Su novio es *de 〜*. 彼女の恋人はよそ者だ. equipo *de 〜* ビジターチーム

dejar 〜 a+人 …をのけ者にする，除外する

desde 〜 外から；外見では：visto desde 〜 はたから見ると

echarse 〜 手を引く：Me echo 〜 de tu negocio. 私は君の商売から手を引く

〜 de que+直説法《まれ》…である上に

〜 de sí [怒りなどで] 我を忘れて：Él está 〜 de sí. 彼は逆上している

por 〜 外から；外見は：Es blanco por dentro y negro *por 〜*. 彼は黒人なのに精神的には白人だ

◆ 間 **❶** 出ていけ！：¡F〜 de aquí! 出ていけ！/ [つきまとわれて] あっち行け！ ¡F〜 de mi vista! 失せろ！ **❷** [+服装など] ¡F〜 el sombrero! 帽子を取れ！ ¡F〜 las bases! 基地をなくせ！ **❸** [演説者などに] やめろ！《名詞化する》Se oía un 〜. 「やめろ」の怒号が聞こえた. **❹** くたばれ！

◆ 男 **❶**《スポーツ》[ラインの外側で] アウト，ファール；オフサイド 〖fuera de juego〗. **❷**《通信》通信終わり 〖↔corto〗

fuera- 〜**ser** 51/ir 52

fueraborda [fweraβórða] 男 船外機〔付きのボート〕〖fuera-borda とも表記する〗

fuero [fwéro] 男 **❶**《歴史》[中世都市の] 特権，特別法：a 〜 慣習に従って. 〜 parla-mentario 議員特権. **❷** 裁判〔権〕：someter al 〜 militar 軍事裁判にかける. 〜 de la conciencia 良心の裁き. **❸** 法典：El F〜 Juzgo フエロ・フスゴ，裁判法典〖13世紀にカスティーリャ語に訳されたローマ法とビシゴト法の集大成〗. **❹** 横柄，尊大：tener muchos 〜s 非常に横柄である

en (*para*) *su 〜 interno* (*interior*) 心の底では

volver por los 〜s de... 1) …を擁護する：volver por los 〜s de la verdad 真実を守

る. 2) 回復する: *volver por los ~s de la
justicia* 正義を復活させる
volver por sus ~s 威信(評判)を取り戻す;
また悪い癖を出す

fueron ☞**ser** 51/**ir** 52

fuerte [fwérte] 形 〖英 strong. ↔débil.
絶対最上級:《文語》fortísimo,《口
語》fuertísimo〗 ❶ 強い: i) [力が] Él es
grande y ~. 彼は大きくて力が強い. *tener
una voz ~.* 彼は声が大きい. *golpe ~* 強烈な
殴打(打撃). *deporte ~* 激しい運動. ii)
[estar+] 筋力のついた. iii) [意志・性格など.+
de が] Hay que ser ~ para vencer las
dificultades. 困難にうち勝つには意志を強くしな
ければならない. *Es ~ de carácter.* 彼は性格的に
強い. iv) [能力.+en で] Está ~ *en*
matemáticas. 彼は数学に強い. v) [勢力]
empresa ~ 有力企業. *hombre ~* 有力者,
実力者. *país ~* 強国. vi) [表現] *decir
cosas ~s* きついことを言う. *palabras ~s* 強い
調子の言葉. vii) [味・におい] El café me ha
salido demasiado ~. コーヒーは私には濃すぎた.
queso ~ においのきついチーズ. *vino ~* 強いワイ
ン. viii) [感覚など] Sufro ~s dolores de
cabeza. 頭がひどく痛い. *poseer un ~ sentido
de la estética* 美的感覚が鋭い. *pena ~* 大き
な悲しみ. ix) [効力] *medicamento ~* 効き目
の強い薬. x) [自然現象] *viento ~* 強風
❷ [体・物などが] 丈夫な, 頑丈な; 健康な:
Tiene unos ~s brazos. 彼はたくましい腕をして
いる. *Esta mesa es ~.* このテーブルは頑丈だ.
~ constitución がっしりした体格. *cuerda ~*
丈夫なロープ
❸ [+名詞] 説得力のある: *Tiene ~s razones
para no querer venir.* 彼が来たがらないのも無
理はない
❹ [色が] あざやかな, さえた: *rojo ~* 鮮紅色
❺《言語》強母音の
hacerse ~ 防備を施す, 要塞化する; 意志を固
める, 妥協しない: La guerrilla *se hizo ~* en
las montañas. ゲリラは山に立てこもった
◆ 男 ❶ 強み, 得手〖punto ~〗: Su ~ es el
deporte. 彼の得意はスポーツだ. ❷ 最盛期, 絶
頂期. ❸ 砦, 要塞
◆ 副 ❶ 強く, 力を込めて; ひどく: Me pegó ~.
彼は私を強く殴った. Llueve ~. 雨が激しく降っ
ている. [Hable] Más ~. 大声で話しなさい. ❷
たくさん: *desayunar ~* 朝食をたっぷりとる.
trabajar ~ よく働く

fuertemente [fwérteménte] 副 強く; 非常
に

fuerza [fwérθa] 囡 〖英 force〗 ❶ [体の]
力, 力強さ: i) Tiene mucha ~ en
el brazo. 彼は腕力がとても強い. Ya no tiene
~ para estar de pie. 彼はもう立っているだけの
力がない. *Se le ha agotado la ~.* 彼は力尽き
た. *apretar la mano con ~* 力を込めて握手す
る. *con toda ~* 力一杯. ii) 暴力: *recurrir
a la ~* 力に訴える. *~ bruta* [道徳的・精神的
な力に対して] 暴力, 腕力. *A la ~ ahorcan.*
《諺》長いものには巻かれろ. iii) 精神力, 気力:

~ *de voluntad* 意志の強さ. *No tiene ~
para decir que no.* 彼は気が弱くていやだと言え
ない. iv) 活力: *crecer con mucha ~* 丈夫に
育つ. ~*s vivas* [国・地方の経済的な] 活力;
[土地の] 有力者. v) ~ *del imán* 磁石の力
[人力・機械力に対して] 動物の力. ~ *de tra-
bajo* [全体的な] 労働力, 労働人口
❷ [物の] 強さ, 丈夫さ; 勢い: *Este suelo no
tiene ~, no resistirá el peso.* この床は強度が
ないから, その重みに耐えられないだろう. *El agua
sale con ~.* 水が勢いよく流れ出ている. ~ *del
viento* 風の強さ, 風力. ~ *del imán* 磁石の力
❸ 効力, 効果; [表現などの] 力: ~ *de una
ley* 法律の効力. ~ *liberatoria* [紙幣の] 強
制通用力. ~ *de un medicamento* 薬の効き
目. ~ *de la costumbre* 習慣の力, 惰性. ~
de disuación 説得力. *cuadro lleno de ~* 力
強い絵. *Su estilo tiene ~.* 彼の文体は力強い
❹ [主に 集] 集団・組織の] 力, 勢力; [特に]
兵力, 戦力; 軍, 部隊: ~[s] aérea[s] 空軍.
~*s armadas* [陸・海・空を合わせた] 軍隊, 国
軍; 武力. ~[s] *de choque* 突撃部隊. ~*s
de la oposición* 野党(反対)勢力. ~*s de
orden público* 治安部隊, 警察. ~*s de
seguridad* 国連軍. ~ *de tareas* 特殊任務部
隊; 特別調査団. ~*s políticas* 政治勢力. ~
pública 警察力. ~*s revolucionarias* 革命
勢力
❺ 電気, 電流: No hay ~. 電気が来ていない/
電源がない. *Ya ha vuelto la ~.* 停電が終わっ
た
❻《物理》力: ~ *de inercia* 慣性力. ~
aceleratriz (retardatriz) 加速(減速)力. ~
viva 運動エネルギー
a ~ de... …によって, …のおかげで; あまりに…
なので, …のあげくに: Lo he conseguido *a ~
de trabajo.* 私はそれを働いて手に入れた. *A ~
de ser amable se pone insoportable.* 彼は
あまり親切すぎて, わずらわしがられる
a la ~ やむを得ず, 仕方なしに; 無理やり: Les
he tenido que oír *a la ~.* いやおうなしに彼ら
の話が耳に入ってきた. *Le obligaron a subir
al coche a la ~.* 彼は無理やり車に乗せられた
a viva ~ 力ずくで, 暴力で
cobrar (recobrar・recuperar) las ~s
[病気が治って] 元気を取り戻す
de ~ 力のある: *argumento de ~* 説得力のあ
る議論
en la ~ de... …の最盛期に, 絶頂期に: *En
la ~ de la discusión llegaron a pegarse.*
議論が過熱して殴り合いになった. *Está en la
~ de la edad.* 彼は男盛りだ
~ mayor 不可抗力: Es un caso de ~
mayor. これは不可抗力だ/やむを得ない
hacer ~ a+人 …に強制する: Le *hicieron ~
para que dimitiera.* 彼は辞職するよう強制さ
れた
irse a+人 la ~ por la boca《口語》…は口
先だけである
medir sus ~s [着手する前に] 自分の力量を
はかる

por 〜 やむを得ず；無理やり：Tuvo que vender la finca *por* 〜. 私はどうしても土地を売らねばならなかった
por la 〜 無理やり，暴力で：dominar *por la* 〜 力で支配する
por la fuerza de las cosas もののはずみで
quedarse sin 〜s [病気で] 元気がなくなる
sacar 〜*s de flaqueza* ありったけの力をふりしぼる
ser 〜 [＋不定詞・+que+接続法 は] 必然である，避けがたい：*Es* 〜 *que veas que te están engañando.* いつかだまされていることに気づくさ
tomar 〜*s* 力がつく，元気になる

fuese- ☞ser ⑤/ir ⑤2

fuet [fwét] 男《カタルーニャ産の》細いソーセージ

fuete [fwéte] 男《中南米》鞭(むち)〖látigo〗

fuga [fúɡa] 囡 ❶ 逃走，逃亡；逃避：〜 de los presos 囚人の脱走．〜 de la realidad 現実逃避．❷ [液体・気体などの] 漏れ，流出：〜 de gas ガス漏れ．〜 radiactiva 放射能漏れ．〜 de capitales (de cerebros) 資本（頭脳）の流出．❸ 絶頂，最高潮．❹《音楽》フーガ，遁走曲．❺ 〜 de consonantes (de vocales) 子音（母音）を隠して言葉を当てさせる遊び．punto de 〜 [遠近法の] 消失点
darse a la 〜 逃げ出す
ley de 〜《中南米》逃亡しようとした罪〖犯人射殺の口実〗
poner en 〜 *a+人* …を逃げさせる；[敵を] 潰走させる

fugacidad [fuɡaθiðá(d)] 囡 消えやすさ，はかなさ

fugar [fuɡár] ⑧ 〜**se** [＋de から] 逃げる，逃走する：Su mujer *se fugó* con otro. 彼の妻はその男と逃げた．〜*se de la cárcel* 脱獄する

fugaz [fuɡáθ] 厖《複 〜*ces*》すぐに消える；逃げ足の速い：alegría 〜 つかの間の喜び．escapar 〜 さっと逃げる

fugitivo, va [fuxitíβo, βa] 厖 ❶ 逃げた，逃走した．❷ さっと通り過ぎる；すぐに消え去る，はかない：felicidad 〜*va* つかの間の幸せ
◆ 图 逃亡者，脱走者

fuguillas [fuɡíʎas] 图《口語》忍耐力のない人，少しもじっとしていない人

fui, fuimos ☞ser ⑤/ir ⑤2

fuina [fwína] 囡《動物》ムナジロテン

fuiste, fuisteis ☞ser ⑤/ir ⑤2

ful [fúl] 厖 見かけだけの：seda 〜 人絹．fiesta 〜 見かけ倒しの祭典
◆ 图 まがい物；《トランプ》＝full

fulano, na [fuláno, na] 图 ❶《時に軽蔑》[不特定，名前を隠して] 某，ある人：ese 〜 あいつ，あの野郎．He visto a *F*〜. 誰かある人に会いました．*F*〜 y Mengano 誰かと誰か．*F*〜, Mengano y Zutano 誰かと誰かと誰か．Vinieron *F*〜, Mengano, Zutano y Perengano 猫もしゃくしもやって来た．A mí no me importa que 〜 o mengano hagan lo que quieran. どこの誰が好きなことをしようと私にはどうでもいい．❷ 愛人，恋人
〜 de tal／〜 de cual [名前と姓] 何の誰がし，

誰それ：Don *F*〜 *de Tal* 某氏．Hoy salgo con 〜*na de tal*. 今日は誰かさんとデートなんだ
◆ 囡《婉曲》売春婦：casa de 〜*nas* 売春クラブ

fular [fulár] 男《服飾》スカーフ〖pañuelo〗

fulastre [fulástre] 厖 いい加減に作られた，やっつけ仕事の

fulbito [fulβíto] 男 ＝futbito；《南米》＝futbolín

fulcro [fúlkro] 男 [てこの] 支点

fulero, ra [fuléro, ra] 厖《口語》❶ 安物の，品質のよくない；やっつけ仕事の．❷ [人が] 嘘つきの，にせものの；いい加減な

fúlgido, da [fúlxiðo, ða] 厖 [強く] 輝く，きらめく

fulgor [fulɡór] 男《文語》[強い] 輝き：〜 de las estrellas 星の輝き

fulgurar [fulɡurár] 圁 [強く] 輝く：*Fulguraban las estrellas.* 星がきらめいていた
fulguración 囡 輝くこと
fulgurante 厖 輝く；[ser+] 輝かしい

fúlica [fúlika] 囡《鳥》オオバン

fuliginoso, sa [fulixinóso, sa] 厖 煤(すす)のような，煤けた，くすんだ

full [fúl] 男《←英語．トランプ》フルハウス

full-time [fultáim] 厖《←英語》常勤の，専任の

fullería [fuʎería] 囡 いかさま，ぺてん：hacer 〜s en el juego 賭け事でいんちきをする
fullero, ra [fuʎéro, ra] 图《軽蔑》いかさまをする〔人〕，ぺてんを働く；いかさま師，ぺてん師

fulminación [fulminaθjón] 囡 ❶ 雷撃，落雷；爆発．❷ 非難；[爆発などの] 宣告

fulminante [fulminánte] 厖 ❶ 爆発性の：pólvora 〜 爆粉，雷粉．❷ 突発的な：apoplejía 〜《医学》突発性卒中．orden 〜 de destitución 突然の解任通告
◆ 男 起爆薬

fulminar [fulminár] 他 ❶ 雷で打つ：morir *fulminado* 落雷で死ぬ．❷ 爆発させる：〜 la dinamita ダイナマイトを破裂させる．❸ 射殺する．❹ [病気が主語] 急死させる：Lo *fulminó* el cáncer. 彼は癌で急死した．❺ 爆発させる：Me *fulminó* (con su mirada). 彼は恐ろしい眼で私をにらんだ．❻ 激しく非難(叱責)する；《宗教》[破門などを] 宣告する

fulminato [fulmináto] 男《化学》雷酸塩：〜 mercúrico 雷酸水銀

fúlmine [fúlmine] 图《南米》悪運をもたらす人

fulmínico, ca [fulmíniko, ka] 厖《化学》ácido 〜 雷酸

fulo, la [fúlo, la] 厖《南米》激怒している

fumable [fumáβle] 厖 [たばこなどが] 吸える

fumada[1] [fumáða] 囡《口語》[たばこの] 煙の一吹き：dar una 〜 a... …を一服吸う

fumadero [fumaðéro] 男 喫煙所；[特に] 阿片窟(あへんくつ)〖〜 de opio〗

fumado, da[2] [fumáðo, ða] 厖 過分《口語》[estar+. 麻薬で] 恍惚となった

fumador, ra [fumaðór, ra] 图 [たばこを] 吸う〔人〕；喫煙家：vagón de no 〜*es* 禁煙車．

¿F～, no ～? 喫煙席, それとも禁煙席になさいますか?

fumar [fumár] 自 たばこを吸う, 喫煙する: Aquí está prohibido ～. ここは禁煙です
◆ 他 [たばこなどを] 吸う: ～ un cigarrillo [紙巻き]たばこを吸う. ～ opio 阿片を吸う
◆ ～se ❶ Me fumo dos cajetillas diarias. 私は一日にたばこを2箱も吸う. ❷《口語》…を浪費する: Se fumó la paga del mes. 彼は月給をパッと使ってしまった. ❸《口語》…をサボる: ～se una clase (la oficina) 学校(会社)をずる休みする

fumarada [fumaráða] 女 ❶ [煙の] 一吹き: La locomotora echó una ～. 機関車がパッと煙を吐いた. ❷ パイプ一回分のたばこの量

fumarola [fumaróla] 女 [火山の] 噴気孔

fumata [fumáta] 女《←伊語》[バチカンで] 新教皇の選出過程を信者に知らせる煙 『～ blanca』

fumigar [fumigár] 他 [害虫駆除などのために薬剤を] 噴霧する, 燻蒸(くんじょう)消毒する
fumigación 女 燻蒸消毒
fumigador, ra 形 燻蒸消毒の; 燻蒸装置

fumígeno, na [fumíxeno, na] 形 煙を発する

fumista [fumísta] 名 暖炉職人, 暖房器具工.
◆ 形《南米》冗談好きな

funámbulo, la [funámbulo, la] 名 綱渡りの芸人

funcar [funkár] 自《南米. 戯語》[器具が] 作動する

función [funθjón] 女 『英 function』 ❶ 機能: La ～ del estómago es digerir los alimentos. 胃の機能は食物を消化することである. ～ generativa 生殖機能. ❷ [時に 複] 職務, 役目: Ejerce las funciones del presidente provisionalmente. 彼は暫定的に社長を代行している. desempeñar su ～ 職務を遂行する. entrar en funciones 職務につく. ❸《宗教》儀式, 祭儀. ❹《演劇》公演;《映画》上映: ～ de medianoche 深夜ショー. ❺《数学》関数, 函数: ～ algebraica 代数関数. ～ lineal 1次関数. ～ de demanda 需要関数. ❻《言語》機能

en ～ de... …(の変化)に応じて; …から見て: pagar a+人 en ～ del volumen de su trabajo 仕事量に応じて…に給料を支払う

en funciones 代行の, 代理の: alcalde en funciones 市長代理. gobierno en funciones 暫定内閣

funcional [funθjonál] 形 ❶ 機能的な; 機能の: despacho ～ 機能的なオフィス. desorden (enfermedad) ～ 機能障害. lingüística ～ 機能言語学. palabra ～ 機能語. ❷ 関数の: ecuación ～ 関数方程式
funcionalidad 女 機能性
funcionalismo 男 機能主義

funcionamiento [funθjonamjénto] 男 ❶ 機能すること, 作動: poner un coche en ～ 車のエンジンをかける. entrar en ～ automáticamente 自動的に作動する. ❷ 営業, 操業:

costos de ～ 運転経費, 経常支出

funcionar [funθjonár] 自 機能する, 作用(作動)する: Este motor (El corazón) funciona bien. このエンジンは調子がよい(心臓は順調に機能している). No funciona la alarma. 警報装置が作動しない. No funciona.《掲示》故障中. ❷《口語》うまくいく

funcionario, ria [funθjonárjo, rja] 名 ❶ 公務員, 役人, 『～ público』: ～ del Estado (municipal) 国家(地方)公務員. ～ de correos 郵便局員. ❷ [国際機関の] 職員
funcionariado 男 集合 公務員; 職員

funda [fúnda] 女 ❶ [家具などの] カバー; 枕カバー 『～ de almohada』: ～ del sillón 椅子カバー. ❷ ケース, サック 『☞estuche 類義』: ～ de la raqueta ラケットケース. ～ de arzón [ピストルの] ホルスター

fundación [fundaθjón] 女 ❶ 創設, 設立: ～ de una escuela 学校の創立. ～ de una ciudad colonial 植民地都市の建設. ❷ 基金; [基金による] 施設, 財団: F～ Rockefeller ロックフェラー財団
fundacional 形 創設の; 財団の, 基金の: edificio ～ de una compañía 会社の創立社屋

fundado, da [fundáðo, ða] 形 過分 設立された; 根拠のある, 正当な
fundadamente 副 根拠をもって, 正当な理由があって

fundador, ra [fundaðór, ra] 形 名 創設の; 創設者, 設立者: Francisco Romero es el ～ de la tauromaquia moderna. フランシスコ・ロメロは近代闘牛術の始祖である

fundamental [fundamentál] 形《英 fundamental』基本的な; 根本的な, 重要な: La buena voz es para ser un buen locutor. いいアナウンサーになるためにはいい声をしていることが第一条件である. leyes ～es del Estado 国家の基本法, 憲法. nociones ～es 基本概念. piedra ～ 礎石. principios ～es 基本原則

fundamentalismo [fundamentalísmo] 男 原理主義: ～ islámico イスラム原理主義
fundamentalista 形 名 原理主義の; 原理主義者

fundamentalmente [fundamentálménte] 副 ❶ 基本的に; もともと, 本来は: El pueblo japonés es ～ emocional. 日本人は本来情緒的だ. ❷ 根本的に: rehacer un plan ～ 根本的に計画を練り直す

fundamentar [fundamentár] 他 ❶ [+en に] 根拠(基礎)を置く: ～ su teoría en las propias vivencias 自身の体験に基づいて理論を構築する. ❷ …の土台を築く(置く)

fundamento [fundaménto] 男 ❶ [建物の] 土台: poner (echar) los ～s 土台を築く. ❷ [時に 複] 基本, 基礎: El respeto al derecho ajeno es el ～ de la vida social. 他人の権利を尊重することが社会生活の基本である. ❸ 根拠, 理由: El rumor carece de ～. その噂は事実無根だ. acusación sin ～ いわれのない非難. ❹ まじめさ『主に否定文で』. ❺ 複 [学問・芸

の〕基礎知識：~s de la lingüística 言語学の初歩

fundamentoso, sa [fundamentóso, sa] 形《南米》良心的な，誠実な

fundar [fundár] 他 ❶ 創設する，設立する：Cortés *fundó* la ciudad de Veracruz. コルテスはベラクルスの町を建設した．~ una empresa 会社を設立する．~ una revista 雑誌を創刊する．❷〔+上・sobre の〕…の基礎(根拠)を置く：~ su sentencia en las declaraciones de un testigo 判決の根拠を証人の証言に置く

◆ ~se …に基礎(根拠)を置く，立脚する：Su optimismo se *funda* en la incorporación del nuevo jugador. 彼が楽観している理由はその新人選手の入団にある．¿En qué *te fundas* para decir eso? 何を根拠にそんなことを言うのですか?

fundición [fundiθjón] 女 ❶ 溶ける(溶かすこと，溶解．❷ 鋳造(所)，鋳物工場；鋳鉄．❸《印刷》同一型活字のひとそろい，フォント

fundido [fundído] 男《映画・音楽》フェード：~ en negro フェードアウト．~ encadenado スローフェード

fundidor [fundidór] 男 鋳造工

fundillo [fundíʎo] 男《南米》〔人・ズボンの〕尻

fundir [fundír] 他 ❶ 溶かす，溶解(融解)する：~ el oro 金を溶かす．❷ 鋳造する：~ cañones 大砲を鋳造する．❸ 合併させる，融合(融和)させる：~ dos compañías 2社を合併させる．❹〔ヒューズを飛ばして電気器具を〕作動しなくする．❺《口語》浪費する

◆ ~se ❶〔↔solidificarse〕：Se *funde* la nieve. 雪が解ける．Se ha *fundido* la bombilla (el fusible). 電球が切れた(ヒューズがとんだ)．❷《映画・音楽》フェードする

fundo [fúndo] 男 ❶《法律》〔田舎の〕地所；〔チリの〕大農園

fúnebre [fúnebre] 形 ❶ 葬式の：coche ~ 霊柩車．alocución ~ 弔辞．campana ~ 弔鐘．❷ 死を思わせる，陰鬱な；悲しげな：ambiente ~ 陰気な雰囲気．lamento ~ 悲嘆

funeral [funerál] 男 ❶ 形 圈 葬式，葬儀：asistir a los ~es 会葬する．~(es) del Estado 国葬．~ de corpore insepulto 遺体を前にした葬儀

◆ 形 葬式の 圈《funerario》

funerala [funerála] *a la* ~ 〔弔意の印として〕銃口を下に向けて
ojo a la ~ 〔殴られて〕周囲があざになった目

funerario, ria [funerárjo, rja] 形 葬式の，埋葬の：misa ~ria 葬送ミサ

◆ 形 葬儀社
estar permanente como la ~ria 地位にしがみついてやめようとしない

funesto, ta [funésto, ta] 形 不幸(害悪)をもたらす，不吉な：decisión ~ta 不幸な結果をもたらす決定．día ~ 不吉な日

fungible [fuŋxíble] 形《経済》消耗(枯渇)性の：bienes ~s 代替可能財

fungicida [fuŋxiθíða] 形 かびを殺す[薬]，

殺菌性の

fungir [fuŋxír] 自《中南米》〔+como・de 任務・職務を〕代行する

fungo [fúngo] 男《医学》菌状(海綿)腫
fungosidad 女 菌状増殖
fungoso, sa 形 菌状の，海綿状の

funicular [funikulár] 男 ケーブルカー 〖tren ~〗：~ aéreo 空中ケーブル，ロープウェイ

funky [fánki/fún-] 形 圈《←英語．音楽》ファンキー[な]

furcia [fúrθja] 女《軽蔑》売春婦；あばずれ女

furgón [furgón] 男 ❶ 有蓋トラック，バン．❷《鉄道》有蓋貨車，荷物車：~ postal 郵便〔貨〕車．~ de cola〔列車の〕最後尾の車両；最下位，ビリ

furgoneta [furgonéta] 女 ワゴン車，小型バン：~ familiar ステーションワゴン

furia [fúrja] 女 ❶ 激怒，激高：desatar su ~ contra+人 …に怒りをぶつける．ponerse (estar) hecho una ~ 激怒する(している)．❷ 激烈，猛威：~ del mar 怒り狂う海．❸ 激情，熱情：escribir con ~ 情念をほとばしらせるように書く．nadar con ~ 狂ったように泳ぐ．❹ 流行の頂点：El twist estaba en plena ~. ツイストはものすごくはやっていた．❺ 圈《神話》〔las F~s〕復讐の女神たち

a toda ~《南米》あわてて；猛烈に

furibundo, da [furibúndo, da] 形 ❶ 怒り狂った：mirada ~da 怒りに燃えたまなざし．❷〔主に +名詞〕熱狂的に支持する

furioso, sa [furjóso, sa] 形 ❶ 激怒した：ponerse ~ 激怒する，怒り狂う．❷ 狂乱の，狂暴な．❸〔自然現象などが〕激しい：~ huracán すさまじい嵐．tener unas ganas ~sas de+不定詞 猛烈に…したい．celo ~ 猛烈な嫉妬

furor [furór] 男 ❶ =furia．❷ 詩情，インスピレーション．❸《医学》~ uterino 色情症
hacer (*causar*) ~ 〔+entre の間に〕熱狂を呼び起こす，大人気である：El rock *hacía* ~ entre los jóvenes. 若者の間でロックがすごくはやった

furriel [furjél] 男《軍事》需品係下士官
furrier 男 =furriel

furtivo, va [furtíβo, βa] 形 秘かな：caza (pesca) ~va 密猟(漁)．cazador (pescador) ~ 密猟(漁)者．echar una mirada ~va a... …を盗み見る

furúnculo [furúŋkulo] 男 =forúnculo

fusa [fúsa] 女《音楽》32分音符

fuselaje [fuseláxe] 男〔飛行機の〕胴体，機体

fusible [fusíble] 形 溶けやすい，可溶性の：metal ~ 可融(易融)合金

◆ 男《電気》ヒューズ：Saltaron los ~s. ヒューズがとんだ

fusibilidad 女 可溶(可融)性

fusiforme [fusifórme] 形 紡錘形の，両端が先細の

fusil [fusíl] 男 銃，小銃，鉄砲：~ automático 自動小銃．~ de asalto 突撃銃．~ de pistón 手動ポンプ式銃. 〜 de repetición 連発銃

fusilar [fusilár] 他 ❶ 銃殺する. ❷《軽蔑》剽窃(盗作)する〖plagiar〗

fusilamiento 男 銃殺；剽窃, 盗作

fusilería [fusilería] 囡 ❶ 医名 銃；小銃兵部隊. ❷ 銃火, 砲火

fusilero [fusiléro] 男 小銃兵, 狙撃兵：〜 de montaña 山岳兵

fusión [fusjón] 囡 ❶ 融解, 溶解：punto de 〜 融[解]点. 〜 nuclear 核融合. 〜 fría 常温核融合. ❷ 融合, 和和. ❸［対等な企業同士の］合併

fusionar [fusjonár] 他 融合(合併)させる：〜 dos grupos políticos 2つの党派を合体させる ◆ 〜se 融合する, 合併する

fusta [fústa] 囡［乗馬用の］鞭(むち)

fustán [fustán] 男 ❶ 繊維》ファスチアン. ❷《南米》ペチコート〖enagua〗

fuste [fúste] 男 ❶［槍の］柄；《建築》柱身. ❷ 重要さ：hombre de 〜 重要人物, 重鎮. negocio de poco 〜 それほど大切でない仕事. tener 〜 重要である. ❸ 鞍の木組み；［演説などの］骨組み

fustigar [fustigár] 他 ❶ 鞭(むち)で打つ：〜 a un caballo 馬に鞭を入れる. ❷ 激しく非難する, バッシングする

fustigación 囡 鞭で打つこと, 笞刑(ちけい)；激しい非難, バッシング

futbito [futbíto] 男 ミニサッカー

fútbol [fútbol] 男〖英 football〗《スポーツ》サッカー：〜 americano アメリカンフットボール. 〜 sala ミニサッカー

futbolín [futbolín] 男《←商標》［卓上の］サッカー盤ゲーム

futbolista [futbolísta] 名 サッカー選手

futbolístico, ca 形 サッカーの：equipo 〜 サッカーチーム

futesa [futésa] 囡《まれ》つまらないもの, 取るに足りないこと：discutir por una 〜 何でもないことで議論する

fútil [fútil] 形 くだらない, 取るに足りない：conversación 〜 たわいのない会話, 無駄話. razón 〜 取るに足りない理由

futilidad 囡 くだらなさ, 無意味なこと：hablar de 〜es 無駄話をする

futón [futón] 男《←日本語》敷き布団：dormir en un 〜 布団で寝る

futre [fútre] 男《南米》しゃれ者, きざな男

futurario, ria [futurárjo, rja] 形［財産について］将来相続する

futurible [futuríble] 形 将来可能な ◆ 名［役職につく］可能性のある人：〜 para ministro 大臣候補

futurismo [futurísmo] 男 未来派, 未来主義

futurista [futurísta] 形 名 ❶ 未来派(主義)の(人). ❷ 未来の：novela 〜 未来小説. ciudad 〜 未来都市

futuro, ra [futúro, ra]〖英 future〗形 未来の, 将来の：generaciones 〜ras 未来の世代, 後世の人々. en lo 〜 将来に ◆ 名《口語》未来の夫(妻), 婚約者〖〜 esposo〗 ◆ 男 ❶ 未来, 将来：No pienses en el 〜. 先のことは考えるな. en un 〜 cercano (próximo) 近い将来に. ❷ 将来性, 成算：Este chico tiene mucho 〜. この子は将来有望だ. ❸《文法》未来時制, 未来形〖tiempo 〜〗. ❹ 複《商業》先物：mercado de 〜s 先物市場

futurología [futurolog)ía] 囡 未来学

futurólogo, ga 名 未来学者

G

g [xé] 囡 アルファベットの第 7 字

g/. 《略語》←giro 為替手形

gabacho, cha [gabátʃo, tʃa] 厖 名 ❶ 《軽蔑》フランスの; フランス人. ❷ ピレネー地方出身の〔人〕

gabán [gabán] 男 ❶ [時にフード付きの] 外套(がいとう). ❷ 《鳥》ズグロコウ, アメリカトキコウ. ❸ ベネズエラの民俗舞踊

gabanear [gabaneár] 他 《中米》盗む, 横領する; 逃げる

gabardina [gabarðína] 囡 ❶ 《繊維》ギャバジン; 《服飾》レインコート, コート. ❷ 《料理》フライの衣

gabarra [gabářa] 囡 [大型の] はしけ; [小型の] 運送船

gabato, ta [gabáto, ta] 名 1 歳未満のシカ (野ウサギ)

gabela [gabéla] 囡 ❶ 《歴史》税; 負担金. ❷ 《中南米》[賭け事などで相手に与える] ハンディキャップ

gabinete [gabinéte] 男 ❶ 応接室; 診察室; [弁護士などの] 事務室, 事務所: ~ de prensa [政府などの] 報道担当官室. ~ fiscal 税務相談所. ❷ 書斎; 研究室, 実験室: ~ de física 物理学研究室. ~ de estrategia 机上の戦略家. ❸ 展示室, 陳列室: ~ de grabados 版画展示室. ~ de historia natural 博物標本室. ❹ [大きな部屋に付属した] 小部屋, 個室: ~ de lectura 閲覧室. ❺ [時に G~] 内閣 《~ ministerial》: formar un ~ 組閣する. cuestión de ~ [政府の存続を左右するような, または一般的に] 重大問題. reunión del ~ 閣議. ~ fantasma (en la sombra) 影の内閣

gablete [gabléte] 男 《建築》切妻(きりづま)壁, 破風(はふ)

gabonés, sa [gabonés, sa] 厖 名 《国名》ガボン Gabón 男 の〔人〕

gabriel [gabrjél] 男 ❶ 《男性名》[G~] ガブリエル. ❷ 圈 《料理》煮たエジプト豆

gacela [gaθéla] 囡 ❶ 《動物》ガゼル. ❷ すらりとした女性

gaceta [gaθéta] 囡 ❶ [芸術・化学・経済などが専門の] 新聞, 定期刊行物. ❷ [昔の] 公報 《現在は Boletín Oficial》. ❸ 《口語》噂好きな〔情報通の〕人
mentir más que la ~ 平気で嘘をつく

gacetilla [gaθetíʎa] 囡 ❶ [新聞の] 短信欄; ゴシップ記事. ❷ 《口語》情報屋, 金棒引き
gacetillero, ra 名 《口語》ゴシップ記者; 《古語・軽蔑》新聞記者

gacha¹ [gátʃa] 囡 ❶ 圈 《料理》粥(かゆ). ❷ 南米 椀(わん), どんぶり
hacerse unas ~s [魂胆があって] 優しくする

gacheta [gatʃéta] 囡 [錠前の] 止め金, タンブラー

gachí [gatʃí] 囡 圈 ~s. 男 gachó 《←ジプシー語. 口語》女, あま: esa ~ morena あの黒髪の女
gachís 《単複同形》=**gachí**

gacho, cha² [gátʃo, tʃa] 厖 ❶ [estar+] 曲がった, 垂れ下がった: con la cabeza *gacha* うなだれて. sombrero ~ (de alas *gachas*) つば広のソフト帽, スローチハット. ❷ [動物が] 角の曲がっている. ❸ 《中米》ひどい; いやな, わずらわしい
a gachas 四つんばいになって

gachó [gatʃó] 男 圈 ~s. 男 gachí 《←ジプシー語. 口語》やつ 《tipo》; 情人: Está liada con un ~. 彼女には男がいる

gachón, na [gatʃón, na] 厖 《口語》色っぽい, セクシーな

gachumbo [gatʃúmbo] 男 《中南米》ココナッツの殻 《器として使う》

gachupín [gatʃupín] 男 《中米. 軽蔑》新大陸に移住してきたスペイン人; [中米の人から見て] スペイン人

gádido [gáðiðo] 男 《魚》タラの一種

gaditano, na [gaðitáno, na] 厖 名 《地名》カディス Cádiz 男 の〔人〕《アンダルシア地方の県・県都》

gadolinio [gaðolínjo] 男 《元素》ガドリニウム

gaélico, ca [gaéliko, ka] 厖 男 ゲール語(の)

gafa¹ [gáfa] 囡 ❶ [物を引っ掛ける] 鉤(かぎ) 《gancho》. ❷ 圈 《英 glasses》《主に西》眼鏡: Lleva ~s de oro. 彼は金縁の眼鏡をかけている. ponerse (quitarse) las ~s 眼鏡をかける(外す). No veo bien sin ~s. 私は眼鏡をかけないとよく見えない. hombre con ~s 眼鏡をかけた男. ~s de baño (de nadador) ゴーグル. ~s de sol サングラス. ~s submarinas (de bucear) 水中眼鏡
hacerse el de las ~〔negras〕 気がつかない(わからない)ふりをする

gafar [gafár] 他 《口語》[+人 に] 悪運をもたらす

gafe [gáfe] 厖 名 《西. 口語》悪運をもたらす〔人〕, ついていない〔人〕

gaffe [gáf/gáf] 囡 失敗, へま

gafo, fa² [gáfo, fa] 厖 名 ❶ 《中米》麻痺した, しびれた; [馬が] 蹄角炎にかかった, 足を痛めた. ❷ 《南米》ばかな, どじな

gafotas [gafótas] 名 《単複同形》《軽蔑》眼鏡をかけている人

gag [gág] 男 圈 ~s 《←英語》ギャグ

gagá [gagá] 厖 《口語》[estar+] ぼけた, もろくした

gaguear [gageár] 自 《中米》どもる

gaita [gáita] 囡 ❶《楽器》バグパイプ, 風笛『～ gallega•escocesa』; [リコーダー型の] 縦笛: ～ zamorana ヴィエール. ❷《西. 口語》やっかいな事: No me vengas con ～s. 面倒なことを持ち込まないでくれ. ❸ 首『cuello』
alegre como una ～ 大変陽気な
estirar la ～ [よく見ようとして] 首を伸ばす
templar ～s 《口語》ご機嫌をとる
◆ 图《南米》ガリシア(スペイン)出身の人

gaitero, ra [gaitéro, ra] 图 風笛奏者
◆ 彫 大変陽気な; けばけばしい

gajes [gáxes] 男 匍 給料, 手当
～ *del oficio* 《皮肉》職業上のわずらわしさ

gajo [gáxo] 男 ❶ [オレンジなどの] 房, 袋; [ブドウの房から分かれた] 小さい房; [サクランボなどの] 房. ❷ [木の] 枝. ❸《南米》挿し穂

gal [gál] 男 [加速度の単位] ガル, G
◆ 图《単複同形》GAL の構成員

GAL [gál] 男《西. 略語》←Grupo Antiterrorista de Liberación [対 ETA の] 反テロリスト組織

gala¹ [gála] 囡 ❶ [主に 匍] 晴れ着, 盛装; 装飾品『～s de novia 花嫁衣裳. ❷ 特別のパーティー, 特別上演『función de ～』: ～ benéfica 慈善パーティー. ❸ 精華, 最良のもの. ❹ 婚約祝いの品. ❺《中米》チップ
de ～ 盛装の•で, 晴れ着姿で: baile *de ～* 盛装の舞踏会. día *de ～* 盛装で出席する行事のある日. *de media ～* 略装で•の
hacer ～ de... …を自慢する, 見せびらかす
tener a ～+不定詞 …を誇りとする: Tiene a ～ ser español. 彼はスペイン人であることを誇りに思っている

galáctico, ca [galáktiko, ka] 彫 『← galaxia』銀河〔系〕の

galactita [galaktíta] 囡《鉱物》ガラクタイト

galactosa [galaktósa] 囡《化学》ガラクトース

gálago [gálago] 男《動物》カラゴ

galaico, ca [galáiko, ka] 彫《文語》=gallego: cordillera ～ca ガリシア山系. literatura ～ca ガリシア〔語〕文学

galaicoportugués, sa 彫 =gallego-portugués

galalita [galalíta] 囡《化学》ガラリット

galán [galán] 男 ❶ 美男子, 女性に言い寄る男; 《戯語》恋人: Te espera tu ～. あなたのいい人が待ってるよ. ❷《演劇》主役, 二枚目『primer ～』. ❸ スタンド型の洋服掛け『～ de noche』. ❹《植物》～ de noche ヤコウカ(夜香花), ヤコウボク. ～ de día シロバナヤコウボク(白花夜香木).
◆ 彫 ☞galano

galancete 男《軽蔑》やさ男, 色男; 《演劇》二枚目

galano, na [galáno, na] 彫 『←gala. 単数名詞の前で **galán**』❶ [外見が] りゅうとした, 粋な: ¿A dónde vas tan ～? そんなにめかしてどこへ行くの? ¡Qué *galán* doncella! いかした女の子だ! ❷ [文体などが] 洗練された: estilo ～ 優雅な文体. discurso ～ あざやかな演説. comparación ～na 的確な比較. ❸ [植物が]

青々と茂った

galante [galánte] 彫 ❶ [主に男性が女性に対して] 親切な, 礼儀正しい;《軽蔑》[女性が] 媚(㋖)を売る, 浮気な. ❷ [主題が] 色恋に関する: novela ～ 恋愛小説. ～ ラブホテル

galantear [galanteár] 他《女性に》言い寄る, くどく; へつらって手に入れようとする
galanteador, ra 图 女好きの
galanteo 男 女性に言い寄ること, くどき

galantería [galantería] 囡 [主に女性に対する男性の] 親切さ, 礼儀[正しさ]; 甘言, お世辞

galantina [galantína] 囡《料理》ガランティン, 煮こごり料理

galanura [galanúra] 囡 『←galano』優雅さ, 洗練されていること

galápago [galápago] 男 ❶《動物》[大型の] ウミガメ(海亀). ❷ 瓦用の型;《中米》女性用の鞍. ❸《地名》las (Islas) G～s ガラパゴス群島
galapagar 男 亀がたくさんいる所

galardón [galarðón] 男《文語》[功績などに対する] 賞
galardonar 他 …に賞を与える: ～ a+人 con una medalla …にメダルを授与する

gálata [gálata] 彫 图《聖書》ガラテヤの(人)

galato [galáto] 男《化学》没食子酸塩

galaxia [galá(k)sja] 囡《天文》[時に G～] 銀河〔系宇宙〕

galbana [galbána] 囡《口語》怠惰, 安逸

gálbula [gálbula] 囡 イトスギなどの実

galdosiano, na [galdosjáno, na] 形 ガルドス Pérez Galdós の〔ような〕『スペインの写実主義の小説家, 1843-1920』

gálea [gálea] 囡 古代ローマ兵士の兜

galefobia [galefóbja] 囡 猫恐怖症

galena [galéna] 囡《化学》方鉛鉱

galénico, ca [galéniko, ka] 彫 ガレノス Galeno の『古代ギリシアの医学者』: medicina ～ca ガレノス製剤, 本草薬

galeno [galéno] 男《口語•戯語》医者『médico』

galeón [galeón] 男 ガレオン船 『15-17 世紀, 主にスペインで=新大陸間航路で使われた大型帆船』

galeote [galeóte] 男 [昔の] ガレー船の漕役刑囚

galera [galéra] 囡 ❶ ガレー船; 匍 ガレー船漕役刑. ❷ 四輪(箱形)馬車. ❸ 女囚房. ❹《印刷》ゲラ. ❺《動物》シャコ. ❻《数学》割り算の記号『⌐』. ❼《中米》小屋;《南米》シルクハット
remar en la misma ～ 苦難を共にする

galerada [galeráða] 囡 ゲラ(校正)刷り; [四輪馬車の] 積み荷

galería [galería] 囡 ❶ 回廊, 細長い部屋: ～ de popa 《船舶》船尾歩廊. ～ de tiro 射撃練習場. ❷ [美術館などの] 陳列室, 画廊『～ de arte•de pinturas』. ❸ [主に 匍] デパート; アーケード, 商店街『～ comercial』: ～ de alimentación 食品マーケット. ❹《演劇》天井桟敷〔の観客たち〕. ❺ 大衆: para la ～ 俗』『

般）受けを狙って。 **❻**《建築》カーテンボックス. **❼** 坑道

galerita [galeríta] 囡《鳥》カンムリヒバリ

galerna [galérna] 囡［カンタブリア海沿岸の］強い北西風

galerón [galerón] 男 ベネズエラの民謡の一種；《中米》大広間

galés, sa [galés, sa] 形 囝《地名》ウェールズ [País de] Gales 男 の〔人〕
◆ 男 ウェールズ語

galga¹ [gálga] 囡 落石；《技術》ゲージ

galgo, ga² [gálgo, ga] 囝《犬》グレーハウンド：～ inglés ホイペット．～ ruso ボルゾイ．De casta le viene al ～ el ser rabilargo.《諺》カエルの子はカエル
¡échale un ～! もうだめだ/絶望だ！

galguear [galgeár] 自《南米》空腹である；食べ物を捜してうろうろする

gálibo [gálibo] 男 **❶** 積載規準測定器. **❷** luces de ～［大型車の］車幅灯

galicano, na [galikáno, na] 形《←galo》ゴール〔人〕の

galicanismo 男 ガリカニズム〔16-19世紀, ローマ教皇の絶対権力に対抗してフランスの教会の自主性を主張した運動〕

Galicia [galíθja] 囡《地名》ガリシア〔スペイン北西部の自治州〕

galicismo [galiθísmo] 男《←galo》フランス語風の表現；フランス語からの借用語

galicista [galiθísta] 形 フランス語風の〔表現を多用する〕

gálico, ca [gáliko, ka] 形 **❶** =**galo**: guerras ～cas《歴史》ガリア戦役. **❷**《化学》ácido ～ 没食子(もっしょくし)酸
◆ 男《古語》梅毒〔mal ～〕

galileo, a [galiléo, a] 形 囝 **❶**《歴史・地名》ガリラヤ Galilea の〔人〕〔現在のイスラエル北部〕. **❷** キリスト教徒；〔G～〕ガリラヤ人(び)〔イエス・キリストの別称〕

galimatías [galimatías] 男《単複同形》わけのわからない話（文章）；混乱, 乱雑雑

galio [gáljo] 男《元素》ガリウム；《植物》カワラマツバ

galladura [gaʎadúra] 囡《卵の》胚盤

gallardear [gaʎardeár] 自 りりしさを気どる；これ見よがしにふるまう

gallardete [gaʎardéte] 男〔三角形の〕小旗, ペナント；《艦船の》標識旗

gallardo, da [gaʎárdo, da] 形《文語》 **❶** さっそうとした, りりしい；堂々とした：tener un comportamiento ～ ante el enemigo 敵を前にして堂々とふるまう. **❷** 特にすぐれた（重要な）
◆ 囡 16世紀スペインの舞曲の一種

gallardía 囡 りりしさ；堂々とした態度

gallareta [gaʎaréta] 囡《鳥》オオバン, クロガモ

gallear [gaʎeár] 自 傑出する；《軽蔑》気どる
◆ 他〔雄鶏が雌鶏と〕交尾する

gallego, ga [gaʎégo, ga] 形 囝 **❶**《地名》ガリシア Galicia の〔人〕；ガリシア語の. **❷**《中南米. 軽蔑》〔南米に移住してきた〕スペイン人
◆ 男 ガリシア語

gallegada 囡 ガリシア地方特有の表現（習慣・踊り）

gallegoportugués, sa 形 囝《歴史・地名》ガリシア・ポルトガルの；ガリシア・ポルトガル語

galleguismo 男 ガリシア語風の表現

gallera [gaʎéra] 囡 闘鶏場

galleta [gaʎéta] 囡 **❶** ビスケット；[保存用の] 堅パン：～ maría《←商標》丸いビスケット. ～ dulce ラスク. ～ de perro ドッグビスケット. **❷**《西. 口語》平手打ち；げんこつ. **❸** 無煙炭の一種. **❹** マテ茶用の椀. **❺**《南米》混乱, もつれ；渋滞
no tener [ni] media ～ =no tener [ni] media **bofetada**

galletero [gaʎetéro] 男 ビスケットの箱

galletina [gaʎetína] 囡《南米》ビスケット

galliforme [gaʎifórme] 形 鶏の形の；《動物》キジ目の

gallina [gaʎína] 囡《←gallo》 **❶** 雌鶏(にわとり)；《料理》鶏肉：～ clueca 抱卵期の雌鶏. ～ ponedora 産卵鶏. En su casa más puede la ～ que el gallo. 彼の家はかかあ天下だ. **❷**《鳥》～ de agua バン. ～ de Guinea ホロホロチョウ. ～ de río オオバン. ～ sorda ヤマシギ. **❸**《遊戯》～ ciega 目隠し鬼遊び〔ロ゠カット〕. **❹** 売春婦. **❺**《西. 口語》平手打ち

acostarse con (como) las ～s 早寝をする
cantar la ～〔拷問などによって〕白状する
carne (piel) de ～〔寒さ・恐怖による〕鳥肌：Se me puso la *carne de ～* al oírlo. 私はその話を聞いて鳥肌が立った
cuando meen las ～s《口語》決して〔…ない〕
estar como ～ en corral ajeno 借りてきた猫のようにおとなしくしている
～ de los huevos de oro 金の卵を産む雌鶏, ドル箱：matar la ～ *de los huevos de oro* 元も子もなくす
paso de ～ 徒歩、むだ骨
◆ 囝《口語》臆病者：Es un ～. 彼は臆病者だ

gallináceas [gaʎináθeas] 囡 覆《動物》キジ目

gallinaza [gaʎináθa] 囡 鶏糞(けいふん)

gallinazo [gaʎináθo] 男《鳥》クロコンドル

gallinejas [gaʎinéxas] 囡 覆《料理》〔マドリード独特の, 鶏・子羊などの〕もつのフライ

gallinería [gaʎinería] 囡 **❶** 廛医 家禽(かきん), 家禽店. **❷** 臆病

gallinero, ra [gaʎinéro, ra] 囝 養鶏家, 家禽商
◆ 男 **❶** 鶏舎. **❷**《口語》騒々しい所；天井桟敷〔paraíso〕
alborotar el ～ 争いの種をまく

estar (ser) más sucio que el palo de un ～ ひどく汚い

gallineta [gaʎinéta] 囡 ❶ 〖魚〗[スペイン近海産の] タイの一種. ❷ 〖鳥〗オオバン; ヤマシギ; 〈南米〉ホロホロチョウ

gallito [gaʎíto] 围 ❶〈時に軽蔑〉Es el ～ de la clase. 彼はクラスの花形(目立ちたがり屋)だ. ponerse ～ トップになる, 主導権を握る. ❷〖魚〗～ del rey ベラ〖budión〗

gallo[1] [gáʎo] 围 ❶ 雄鶏(♂ラ): i) El ～ canta. 鶏が鳴く. ～ de pelea (de riña) 闘鶏の鶏. ii)《諺》Como el ～ del Morón, cacareando y sin plumas. 負け犬の遠吠え. *G*～ que no canta algo tiene en la garganta. いつもと違って黙っているのは後ろ暗いところがあるからだ. ❷ 顔役, ボス: Es el ～ de la banda. 彼は一味の親分だ. ❸〖口語〗かん高い(調子外れの)声: soltar un ～ かん高い声を上げる. ❹〖魚〗ニシマトウダイ. ❺〖鳥〗～ de monte ベニハシガラス. ～ de roca イワドリ. ～ silvestre オオライチョウ. ❻《ボクシング》バンタム級〖peso ～〗. ❼《中米》強い男, タフガイ; セレナーデ〖serenata〗

a escucha ～ 耳をすまして
al canto del ～ 夜明けに
alzar (levantar) el ～ 傲慢にふるまう; 声を荒げる
andar de ～ 悪所通いをする
bajar el ～ 傲慢な態度を改める
haber comido ～《中米》けんか早くなっている
en menos que canta un ～ たちまち, 一瞬のうちに
otro ～ *cantara* a+人 …にとって別のよい状況が生まれたろうに: Si fueras más trabajador, *otro* ～ te *cantara*. 君がもっと働きなら, 別のいい目が出ているだろうに
ser engreído como ～ *de cortijo* うぬぼれ過ぎる
tener mucho ～ 傲慢でけんか早い

gallo[2], **lla** [gáʎo, ʎa] 形 [人が] 攻撃的な, 挑発的な

gallón [gaʎón] 围《建築》卵形装飾

galo, la[2] [gálo, la] 形 名 ❶〖歴史・地名〗ガリア Galia の, ゴールの(人)〖現在の北イタリア, フランス, ベルギー〗. ❷《文語》フランスの(人)〖francés〗: el presidente ～ フランス大統領

galocha [galótʃa] 囡《南米》[ゴム製の] オーバーシューズ

galón [galón] 围 ❶〖服飾〗[金・銀]モール, 飾りひも;《軍事》袖章, 山形記章. ❷〖容量の単位〗ガロン

galonear 他 …にモール(飾りひも)を付ける

galope [galópe] 围《馬術》ギャロップ
a ～ *tendido*/*a todo* ～ 全速力で
a〔*l*〕～ 大急ぎで; 全速力で
galopada 囡 ギャロップで走ること
galopante 形 疾走する; 急速に進行する: tuberculosis ～ 奔馬性結核. inflación ～《経済》ギャロッピングインフレ
galopar 自 [馬が] ギャロップで走る
galopín [galopín] 围《古語》浮浪児;《親愛》

いたずら(わんぱく)小僧; ならず者, ごろつき

galpón [galpón] 围 ❶《歴史》奴隷部屋. ❷《南米》小屋; 倉庫

galucha [galútʃa] 囡《中米》=galope
galuchar 自 =galopar

galvanismo [galbanísmo] 围《物理》ガルバーニ電気;《医学》直流電気療法
galvánico, ca 形 ガルバーニ電気(電流)の

galvanizar [galbaniθár] 他 他 ❶ …に亜鉛(電気)めっきをする. ❷ …に直流電気療法をする. ❸ 活気を与える
galvanización 囡 亜鉛(電気)めっき; 直流電気療法

galvanómetro [galbanómetro] 围《電気》検流計

galvanoplastia [galbanoplástja] 囡《技術》電気めっき法;《印刷》電気製版法
galvanoplástico, ca 形 電気めっき法の; 電気製版の

galvanotipia [galbanotípja] 囡《印刷》電気製版法

gama [gáma] 囡 ❶[色の] 階調: toda la ～ de rojos あらゆる赤の色合い. ❷ 範囲, レンジ; [製品の] シリーズ: Han lanzado al mercado una nueva ～ de ordenadores. コンピュータの新シリーズが売り出された. ❸《音楽》音階: hacer ～s 音階練習をする
gamada [gamáda] 囡 かぎ十字〖cruz ～〗

gamba [gámba] 囡 ❶《主に西. 動物》芝エビ〖☞ langosta 龗甕〗. ❷《俗語》脚〖pierna〗; 100 ペセタ貨幣
meter la ～《口語》間違ったことをする(言う), 失言する

gamberro, rra [gambéro, ra] 形 名《西》素行の悪い; ちんぴら, 非行少年(少女)
hacer el ～ 非行に走る
gamberrada 囡/**gamberrismo** 围 非行, 暴力行為

gambeta [gambéta] 囡《舞踊》跳躍中での脚の交叉;《中米》[拳などを] かわす(よける)こと

gambiense/gambiano, na [gambjénse/-bjáno, na] 形 名《国名》ガンビア Gambia 囡 の(人)

gambito [gambíto] 围《チェス》ギャンビット

gamella [gaméʎa] 囡 ❶ 飼槽(鍋窰); バケツ. ❷ くびき yugo の片方

gameto [gaméto] 围《生物》配偶子
gametogénesis 囡《単複同形》配偶子形成

gamezno [gameθno] 围《←gamo》子鹿

gamitido [gamitído] 围 ダマシカの鳴き声

gamma [gámma] 囡《ギリシア文字》ガンマ〖Γ, γ〗: rayos ～《物理》ガンマ線

gammaglobulina [gammagloßulína] 囡《生化》ガンマグロブリン

gamo [gámo] 围《動物》ダマシカ
correr como un ～ 非常に速く走る

gamón [gamón] 围《植物》ツルボラン
gamonal 围 1) ツルボランの群生地. 2)《中南米》地方のボス〖cacique〗
gamonalismo 围《中南米》地方ボスによる支配体制〖caciquismo〗

gamopétalo, la [gamopétalo, la] 形《植物》合弁の

gamosépalo, la [gamosépalo, la] 形《植物》合片萼(ᵍ⁾の

gamulán [gamulán] 男《南米》羊皮〔のコート〕

gamusino [gamusíno] 男〔主に 複〕ガムシノ『新米の猟師をからかう時に言う空想上の動物』

gamuza [gamθa] 女 ❶《動物》シャモゼ. ❷ セーム革;《服飾》スウェードクロス;つや出し布

gana [gána] 女 ❶〔主に 複〕意欲;願望: Estoy tan cansado que no siento ~s de hacer nada. 私は疲れすぎていて何もする気が起きない. ❷ 食欲〔~s de comer〕: tener ~s 食欲がある,空腹である. perder las ~s 食欲をなくす

abrir[se] a+人 la[s] ~[s] de comer …に食欲が出てくる: Empiezan a *abrírseme las* ~s *de comer*. 私は食欲が出てきた

con ~s 1)〔熱心に〕: comer *con* ~s もりもり食べる. 2)〔強調〕まったく: Es tonto *con* ~s. 彼は本当にばかだ

dar a+人 ~s de+不定詞 …が…する気になる: No me *dan* ~s de comerlo. 私はそれを食べる気になれない

dar a+人 la〔real〕~ de+不定詞 …が…したくなる: No me *da la* ~ de ir a la escuela. 学校なんて行きたくない

de buena ~ 喜んで;進んで,意欲的に: *De buena* ~ lo haría, pero no tengo tiempo. 喜んでそうしたいところですが,暇がありません

de mala ~ いやいや: Trabajó *de mala* ~. 彼はしぶしぶ働いた

dejar a+人 con las ~s 失望させる;〔+de+不定詞 する〕望みだけに…を終わらせる

entrar (venir) a+人 ~s de+不定詞 …が…したくなる

es ~《中米》それは見込みがない(不可能だ)

hacer lo que da la ~ a+人 …がしたい放題のことをする

morirse de ~s de+不定詞 …したくてたまらない: *Se muere de* ~s *de* ir a bailar. 彼はダンスに行きたくてうずうずしている

quedarse con las ~s 失望する;〔+de+不定詞 する〕望みだけに終わってしまう

quitar a+人 las ~s de+不定詞 …に…する気をなくさせる: El accidente me *quitó las* ~s *de* comprar un coche. 私はその事故で車を買う気がなくなった

sin mucha ~ =de mala ~

tener ~s a+人 …に反感を覚える,腹を立てる

tener ~s〔de...〕 1)〔英 feel like〕〔+不定詞〕…したい〔気分である〕〔⇨querer 題解〕: *Tengo (muchas)* ~s *de* viajar. 私は(とても)旅行がしたい. No *tengo* ~s *de* hablar. 私は口をききたくない. 2)〔+que+接続法〕…してもらいたい: *Tengo* ~s *de que* vengas mañana. 君に明日来てほしい

tener unas ~s locas de+不定詞 …したくてたまらない

venir en ~ a+人 …の欲望をそそる: Me ha *venido en* ~ ese abrigo. 私はそのコートが欲しくなった

ganadería [ganaðería] 女 ❶ 集合〔一国・一地方・一個人所有の〕家畜: toro de la ~ de... 《闘牛》牧場の牛. ❷ 牧畜,畜産

ganadero, ra [ganaðéro, ra] 形 牧畜の,畜産の: región ~ra 牧畜地帯. productos ~s 畜産物. ciencia ~ra 畜産学
◆ 名 牧畜業者

ganado [ganáðo] 男 集合 ❶ 家畜: criar ~ 家畜を飼う. ~ bravo 飼い慣らされていない動物. ~ caballar 馬. ~ mayor 大型家畜〔牛や馬〕. ~ menor 小型家畜〔豚や羊など〕. ~ porcino 豚. ~ vacuno 牛. ❷〔一つの巣箱の〕ミツバチ. ❸《軽蔑》群集

ganador, ra [ganaðór, ra] 形 勝つ,勝った: caballo ~ 勝ち馬. película ~ra del Oscar アカデミー賞受賞映画
◆ 名 勝者;当籤(ᵗᵘ)者

ganancia [ganánθja] 女〔主に 複〕❶ 利益,もうけ〔↔pérdidas〕: Ese negocio me produce ~s considerables. その商売はかなりもうかる. Se quedó con las ~s. 彼は利益を一人占めした. ~s y pérdidas 損得. ~ de capital 資産売却所得,キャピタルゲイン. ❷《電気》利得,ゲイン

no arrendar a+人 la ~ …の立場にはなりたくない

ganancial [gananθjál] 形《法律》bienes ~es 後得財産

ganancioso, sa [gananθjóso, sa] 形 ❶ 金をかせいだ: salir ~ de un negocio 商売でもうける. ❷ もうかる,利益を生む: negocio ~ もうかる商売,金の生る木

ganapán [ganapán] 男〔←ganar+pan〕《口語》荷物運びなどの半端仕事をする男,使い走り;《軽蔑》粗野な男,乱暴者

ganapierde [ganapjérðe] 男〔チェッカーで〕駒を全部取られた方が勝ちとする遊び方

ganar [ganár] 他〔英 gain, win. ↔perder〕❶ 得る. i)〔金銭〕稼ぐ: *Gana* cien mil pesetas a la semana. 彼は週に10万ペセタの収入を得ている. ~ una gran cantidad de dinero en las carreras de caballos 競馬で大金をもうける. ii)〔利益〕得をする: No *ganamos* nada con eso. そんなことをしても何の得にもならない. iii)〔賞・評価など〕獲得する: ~ el primer premio 1等賞を取る. ~ una buena reputación 好評を博する. ~ la confianza de+人 …の信頼を得る. Le *ganamos* para nuestra causa. 我々は彼を味方に引き入れた. iv)勝ち取る: ~ un castillo 城を攻め落とす

❷ …に勝つ: i) ~ un partido (una carrera) 試合(競走)に勝つ. ~ una guerra (un pleito•una apuesta) 戦争(訴訟•賭け)に勝つ. ii)〔+en•a で〕…に勝る: Me *gana* en altura. 彼は身長で私に勝る. A correr, nadie le *gana*. 走ることにかけては彼に勝る者はいない

❸《文語》…に到達する

❹《印刷》〔余白を詰めたりして〕スペースを得る

◆ 圓 ❶ 稼ぐ，もうける；勝つ：～ para vivir 生活費を稼ぐ． ❷ 進歩する，よくなる：Han ganado mucho con el cambio de profesor. 彼らは先生が変わってよくなった． Ella ha ganado mucho desde que ha perdido peso. 彼女はやせたらきれいになった． ❸《中南米》[＋para の方へ] 向かう

no ～ para... …に不運である：*No gano para medias.* 私はしょっちゅうストッキングが破ける

no ～ para sustos (disgustos) [人が] 災難の連続である

salir ganando en... [他人を出し抜いて] …で利益を得る

◆ ～*se* ❶ …を稼ぐ：*Me gané* 50 mil pesetas traduciendo. 私は翻訳で 5 万ペセタ稼いだ． ❷ …を味方にする，…の気持ちをひきつける：*Se me ha ganado por medio del chantaje.* 彼は脅して私を味方に引き入れた． *Logró ～se al público.* 彼は人心を得た

ganchero, ra [gantʃéro, ra] 形《南米》売春の仲介をする

ganchete [gantʃéte] 男 *a medio ～* 中途半端に

de ～《中米》腕を組み合って

de medio ～ いい加減なやり方で

ganchillo [gantʃíʎo] 男《手芸》鈎針；鈎針編み，クロシェット：hacer ～ 鈎針編みをする

gancho [gántʃo] 男 ❶ [物を引っ掛ける] 鈎(忿)；鈎針 [ganchillo]；*disparador* 安全フック，分離フック． ❷《口語》[人の] 魅力；色気，セックスアピール：Ella tiene ～. 彼女は色っぽい． mujer de ～ [キャバレーなどの] ホステス． ❸ [人を誘い込む] おとり，さくら；宣伝文句 [～ comercial]：artículo de ～ 目玉商品． ❹ [牧畜の] 杖． ❺ i)《ボクシング》フック：dar un ～ フックを打つ． ii)《バスケ》フックシュート． ❻《中南米》ヘアピン [horquilla]；ハンガー [percha]

echar el ～ a＋人《口語》…を誘惑する，引っ掛ける

hacer ～《南米》手助けをする

ganchudo, da [gantʃúðo, ða] 形 鈎形の：nariz ～*da* 鈎鼻

gandalla [gandáʎa] 形《中米》恥知らずな，不正直な

gandul, la [gandúl, la] 形 名《軽蔑》怠け者の，ぐうたらな

gandulear 圓 怠ける，のらくらする

gandulería 女 怠惰，安逸

ganga [gáŋga] 女 ❶ 掘出物，特価品；もうけもの；[反語的に] 期待外れのもの(こと)：Es una verdadera ～. これは掘出物だ． ¡Menuda ～!/¡Vaya una ～! 何という買得品(うまい話)だ《皮肉》がっかりだ！ andar a la caza de ～*s* 特売品をあさる． aprovechar una ～ 特価品にとびつく． precio de ～ 特別価格，安売り値段． ❷《地質》脈石，ひ石． ❸《鳥》エゾライチョウ

ganglio [gáŋglio] 男《解剖》神経節 [～ nervioso]；リンパ節 [～ linfático]；《医学》節腫

ganglionar 形 神経節の；リンパ節の：fiebre ～ 神経節性熱病

gangoso, sa [gaŋgóso, sa] 形 鼻声の，鼻にかかった：hablar ～ 鼻声で話す

gangrena [gaŋgréna] 女《医学》壊疽(ぎ)，脱疽(ぎ)． ❷《比喩》El fanatismo es la ～ de la sociedad. 狂信は社会が腐敗する源だ

gangrenar ～se 壊疽にかかる；[社会・精神が] 腐敗する，毒される

gangrenoso, sa 形 壊疽にかかった，壊疽性の

gángster [gánster] 男 [複 ～(e)s]《←英語》ギャング [の一員]：cine de ～*s* ギャング映画

gangsterismo 男 ギャングの行為

ganguear [gaŋgeár] 圓 鼻声で話す，鼻声を出す

gangueo 男 鼻声で話す(を出す)こと

ganoso, sa [ganóso, sa] 形《←gana》[estar＋, ＋de ～] 望む

gansada [gansáða] 女《口語》ばかなこと(話)：decir ～*s* ばかなことを言う

gansarón [gansarón] 男《鳥》ガン(のひな)

gansear [ganseár] 圓《口語》ばかなことをする(言う)

ganso, sa [gánso, sa] 名 ❶《鳥》ガチョウ；関 鵞鳥競走：～ salvaje (bravo) ガン． paso de ～《軍事》ひざを曲げず脚を伸ばしてする行進． ❷《軽蔑》ばか，うすのろ；くだらない冗談を言う人

hacer el ～ ばかなことをする(言う)

ganzúa [ganθúa] 女 ❶ ピッキング [錠前をあける道具]． ❷ 泥棒 [ladrón de ～]；他人の秘密を巧みにほじくり出す人

gañán [gaɲán] 男 ❶ 農場の雇い人，作男；《軽蔑》[粗野な] 田舎者

gañil [gaɲíl] 男 [動物の] のど；[主に 関. 鮭の] えら

gañir [gaɲír] 20 圓 [現分 gañendo] ❶ [犬などが] キャンキャン鳴く，鋭い声で鳴く． ❷ [カラスなどが] カーカー鳴く

gañido [gaɲíðo] 男 キャンキャン鳴く声，鋭い鳴き声

gañote [gaɲóte] 男《口語》喉(%)[の内側]；食道，気管

de ～ ただで，他人の支払いで

garabatear [garabateár] 他 圓 ❶ 乱雑に書く，なぐり書きする；落書きする：～ cuartillas 原稿用紙に走り書きする． ❷ 鈎で吊るす(引っ掛ける)． ❸ 遠回しに言う，遠回りなやり方をする

garabato [garabáto] 男 ❶ [主に 関] なぐり書き；落書き：hacer ～*s* en el papel 紙にいたずら書きをする． ❷ [物を吊るす・引っ掛ける] 鈎(\&)． ❸《南米》下品な言葉

garaje [garáxe] 男 車庫，ガレージ；[自動車の] 修理工場：venta de ～ ガレージセール

garage [土に中南米] ＝garaje

garambaina [garambáina] 女《古語・軽蔑》❶ 安びかな飾り． ❷ 図 たわごと，ばかげたこと；気どった(おどけた)仕草；乱雑で読みにくい文字

garandumba [garandúmba] 女《南米》平底の川船；背が高くて肥った女

garante [garánte] 形 名 保証する；保証人

garantía [garantía] 女 ❶ [＋de の] 保証；保

証書: El gobierno ha dado (ofrecido) ~s de que no habrá cambio brusco. 政府は急激な変革はないと請け合った. La riqueza no es ~ de felicidad. 富は幸福を保証するものではない. con ~ de un año 1年間の保証付きの・で. marca de ~ [品質などの]保証マーク. persona de ~s 信用できる人物. ~ de calidad (de pago) 品質(支払い)保証. ~s constitucionales 憲法によって保証された権利. 担保: tomar... en ~ …を担保にとる. ❷《法律》保釈金 [fianza].

garantir [garantír] 他 [語尾に i の残る活用形のみ ☞abolir 活用表]《主に南米》=**garantizar**

garantizar [garantiθár] ⑨ 他 ❶ 保証する: *Garantizan* el reloj por tres años. その時計は3年間の保証付きだ. Te *garantizo* que vendrá mañana. 彼は明日来る, 僕が請け合うよ. La diligencia *garantiza* éxito. 勤勉であれば成功間違いなし. ❷ …の保証人になる: Le *garanticé* para la compra de la casa a plazos. 私は彼が家をローンで買った時の保証人になった

garañón [garaɲón] 男 種ロバ;《中南米》種馬

garapacho [garapátʃo] 男 =**carapacho**

garapiña [garapíɲa] 囡 ❶ シャーベット状に凍った状態. ❷《中米》パイナップルの皮から作った清涼飲料水

garapiñar 他 シャーベット状に凍らせる;《菓子》糖衣をかける, 砂糖漬けにする

garbancero, ra [garbanθéro, ra] 形 ❶ エジプトマメの: tierra ~ra エジプトマメ畑. ❷《軽蔑》洗練されてない

garbanzal [garbanθál] 男 エジプトマメ畑

garbanzo [garbánθo] 男《植物・豆》エジプトマメ, ヒヨコマメ: ~ mulato 小粒で灰色がかったエジプトマメ
buscarse (ganarse) los ~*s*《口語》生活手段を捜す(得る)
contar los ~*s*《口語》爪に火をともすように倹約する
~ *negro* やっかい者

garbeo [garβéo] 男《西. 口語》*dar*[*se*] *un* ~ 散歩する

garbo [gárβo] 男 颯爽(さっそう); 粋(いき), 優雅; 元気[brío]; [女性の]肉体的魅力; [文体などの]高雅さ, 優美さ; 無欲: con ~ 颯爽と; 元気よく; 優雅な文体で

garboso, sa [garβóso, sa] 形 颯爽とした; 粋な, 優雅な; 無欲な

garceta [garθéta] 囡《鳥》ギンシラサギ

García [garθía]《人名》ガルシア

garcilla [garθíʎa] 囡《鳥》ショウジョウサギ [~ bueyera]

garçon [garsón]《←仏語. 髪型》*a lo* (*la*) ~ ショートカットの

gardenia [gardénja] 囡《植物》クチナシ

garduño, ña [gardúɲo, ɲa] 男 すり, こそどろ ◆ 囡《動物》ムナジロテン

garete [garéte] 男 *ir*[*se*] *al* ~ [船が]漂流する; [計画などが]失敗する

garfio [gárfjo] 男 鉤(かぎ), フック

gargajo [gargáxo] 男《口語》痰(たん) [flema]
gargajear 自 痰を吐く

garganta [garɣánta] 囡《英 throat》❶ 喉(のど): Me duele la ~. 私は喉が痛い. agarrar a+人 por la ~ …の喉くびをつかまえる. oprimir a+人 la ~ …の首を締める. tener buena ~ いい声をしている. ❷ 峡谷, 山峡の道;《登山》ゴルジュ. ❸ くびれ, 細くなった所: ~ del pie 足首. ~ de polea 滑車の溝
tener a+人 atravesando en la ~ …を耐え難く思う: Le *tengo atravesando en la* ~. あの男は鼻もちならない

gargantilla [garɣantíʎa] 囡《服飾》[短い]首飾り, チョーカー [☞collar 頭義]

gargantón [garɣantón] 男《中米》頭絡 [cabestro]

gárgaras [gárɣaras] 囡 複 うがい: hacer ~ うがいをする
mandar a+人 a hacer ~《口語》…をさっさと追い出す, 叩き出す
¡vete a hacer ~! [侮辱] くたばれ!
gargarismo 男 1) [主に 複] =**gárgaras**. 2) うがい薬
gargarizar ⑨ 自 うがいをする

gárgola [gárɣola] 囡 ❶《屋根の》雨水落とし口《怪獣の形をしたものが多い》; [同様な噴水の] 散水口. ❷ 亜麻のさや

garguero [garɣéro] 男《口語》喉 [garganta]; 気管

garita [garíta] 囡 ❶ 見張り小屋;《軍事》哨舎(しょうしゃ); 管理人室, 守衛室. ❷ [小室の]便所. ❸《気象》~ meteorológica 百葉箱

garito [garíto] 男 賭博場; 安酒場

garlito [garlíto] 男 ❶ 梁(やな)《魚を捕えるかご》. ❷ 罠, 策略: caer en el ~ 策略にはまる. coger a+人 en el ~ …の〔秘かな行為の〕不意をつく; 罠にはめる

garlopa [garlópa] 囡 長鉋(ながかんな), 大鉋

garnacha [garnátʃa] 囡 ❶ グルナシュ《赤黒く甘いブドウ, その赤ワイン》. ❷《中米. 料理》トルティーリャの一種

garoso, sa [garóso, sa] 形 大食いの; 飢えた

garra [gáﬁa] 囡 ❶《鳥・獣》の鉤爪(かぎづめ); 鉤爪のある足: El gato contrae (extiende) las ~s. 猫が爪を引っこめる(出す). ❷《比喩》人の手: poner su ~ en... …をわしづかみにする. estar (caer) en las ~s de a+人 …の手中にある(陥る). ponerse al alcance de las ~s 手の届く所にある, 手に入れることができる. ❸ [人を説得するような]迫力, 魅力: Su canción tiene ~. 彼の歌には訴えかけるものがある. ❹ 複 脚の部分の毛皮《低く評価される》. ❺《中米》[皮・布の]切れ端, ぼろ
echar la ~ *a+人* …を捕まえる
sacar a+人 de las ~*s de...* …の手から…を救い出す

garrafa [gaﬁáfa] 囡 ❶ [主にワインなどの保存用の, コルク・わらなどで巻いた]大型のガラス瓶《☞カット》.

❷《南米》ガスボンベ

de ~ 安酒の

garrafón 男 garrafa より大型のガラス瓶

garrafal [garafál] 形 途方もない: error ~ とんでもない間違い. mentira ~ 真っ赤な嘘

garrapata [garapáta] 女《昆虫》[犬・羊・牛につく] ダニ

garrapatear [garapateár] 他 自 なぐり書きする, 落書きする《garabatear》

garrapato 男 なぐり書き, 落書き

garrapiñar [garapiɲár] 他 =garapiñar

garrear [gareár]《南米》他 盗む
◆ 自 居候をする

garrete [garéte] 男《中南米》=jarrete

garrido, da [garído, ða] 形《文語》[人が] 美しい《スタイルがよく顔立ちの整った》; 優しい: mozo ~ 美男子. moza ~da きれいな娘

garrocha [garótʃa] 女 鉤竿(ﾅ)鈎;《闘牛》[ピカドールの] 長槍

garrón [garón] 男《料理》すね肉; 飛節《corvejón》

de ~《南米》無料で, ただで

garronear [garoneár] 他《南米》❶《犬が》…の脚の先をかむ. ❷[人を] 追い回す. ❸ 他人の懐をあてにする, たかる
◆ 自《南米》人にたかる, 居候する

garrota [garóta] 女 棍棒;[握りの曲がった] 杖, ステッキ

garrotazo [garotáθo] 男 棍棒による一撃: dar (pegar) un ~ 棍棒で殴る
~ y tentetieso 強硬姿勢

garrote [garóte] 男 ❶ 棍棒. ❷ 綱(鉄環)による首の締付け: dar ~ a+人 …の首を締付けて拷問する; 鉄環絞首刑に処する. ❸《医学》止血帯. ❹《中米》ブレーキ

garrotear 他《南米》棍棒で殴る

garrotillo [garotíʎo] 男《医学》クループ

garrotín [garotín] 男 [19 世紀末に流行した舞踊] ガロティン

garrucha [garútʃa] 女 滑車《polea》

gárrulo, la [gárulo, la] 形 名 ❶《文語》[鳥が] よくさえずる. ❷ 軽やかな音を立て続ける. ❸ おしゃべりな, 口数の多い. ❹《軽蔑》粗野な人, 田舎者

garrulería 女 おしゃべり; 粗野, 不作法

garrulo, la 形 名 =gárrulo ❹

garúa [garúa] 女《中南米》[主に太平洋岸の] 霧雨, 濃霧

garuar 14 自《中南米》[単人称] 霧雨が降る

garufa [garúfa] 男《南米》どんちゃん騒ぎの好きな人

garza[1] [gárθa] 女 ❶[鳥] サギ; アオサギ《~ real》. ❷《中南米》首の長い人

garzón [ベネズエラに住む] オオシラサギ

garzota 女 シラサギ

garzo, za[2] [gárθo, θa] 形 [主に眼の色が] 青みがかった, 青い眼の

gas [gás] 男 [英 gas] ❶ 気体, ガス: i) ~ de los pantanos 沼気, メタン. ~ noble (raro) 希ガス. ~ perfecta 理想気体. ~ permanente 永久ガス. ii) [ミネラルウォーターの] con ~ 発泡性の, 炭酸入りの. sin ~ 炭酸なしの. 2)[光熱用の] ガス《~ del alumbrado》: encender el ~ ガスをつける. cerrar el ~ ガスを消す. calefacción de (a) ~ ガス暖房. cocina de (a) ~ ガスレンジ. tubo de ~ ガス管. ~ ciudad 《西》都市ガス. ~ natural 天然ガス. ❸ 毒ガス《~ tóxico・venenoso》: asfixiar con ~ 毒ガスで窒息させる. ❹ 腸ガス, 体内ガス《~es intestinales》: tener el vientre lleno de ~es 腹にガスがたまっている. ❺《自動車》混合気: [correr] a todo ~ 全速力で[走る]. perder ~ 失速する, 速度が落ちる. ❻《口語》石油, ガソリン

hacer luz de ~《口語》困惑(混乱)させる

gasa [gása] 女 ❶ ガーゼ: vendar la herida con ~ 傷口にガーゼの包帯をする. ❷[絹などの] 薄布, 紗(ﾆ)

gascón, na [gaskón, na] 形 名《地名》ガスコーニュ Gascuña 女 の〔人〕

gasear [gaseár] 他 ガスで処理する; 毒ガスで攻撃する

gaseiforme [gaseifórme] 形 ガス状の

gaseoducto [gaseoðúkto] 男《誤用》= gasoducto

gaseosa[1] [gaseósa] 女 炭酸飲料, ソーダ水

gaseoso, sa[2] [gaseóso, sa] 形 気体の; ガス[状]の

gasfitero [gasfitéro] 男《南米》ガスの配管(器具の取付け)工事をする人

gasificar [gasifikár] 7 他 気化する, ガス化する;[飲み物に] 炭酸ガスを加える

gasificación 女 気化, ガス化

gasoducto [gasoðúkto] 男〔天然〕ガスパイプライン

gasógeno [gasóxeno] 男 ガス発生炉(器): gas de ~ 発生炉ガス

gasoil [gasóil] 男《←英語》=gasóleo

gasóleo [gasóleo] 男 ガス油, 軽油; ディーゼルオイル

gasolero [gasoléro] 男《南米》ディーゼル車

gasolina [gasolína] 女 ガソリン: echar ~ a un coche 車にガソリンを入れる. estación de ~ ガソリンスタンド. ~ normal (regular) レギュラーガソリン. ~-plomo ハイオクタンガソリン. ~ sin plomo 無鉛ガソリン. ~ súper スーパーガソリン

gasolinera [gasolinéra] 女 ガソリンスタンド; モーターボート

gasómetro [gasómetro] 男 ガスタンク; ガス計量器

gasometría 女 気体計量[法]; ガス定量

gastado, da [gastáðo, ða] 形 過分 ❶ 擦り切れた, 使い古した; もう使えなくなった: Lleva la ropa muy ~da. 彼はぼろぼろの服を着ている. Este pantalón tiene las rodillas ~das. このズボンは膝が擦り切れている. coche ~ ぼろ車, ポンコツ. expresión ~da 言い古された表現. ❷ 衰えた, 消耗した: Tengo la vista muy ~da. 私は視力が非常に衰えている. El gobierno ya está ~. 政府はもう権威が衰えている

gastador, ra [gastaðór, ra] 形 名 浪費家〔の〕

◆ 男《軍事》工兵

gastar [gastár] 他《英 spend》❶ [金を, +en に] 使う: *Gasto mucho dinero en libros.* 私は本にたくさん金を使う. *Gastó toda la herencia en un mes.* 彼は1か月で遺産を使い果たした. ❷ 費やす. i) すり減らす, 傷める: ～ *unos zapatos cada seis meses* 半年に1足ずつ靴をはきつぶす. ii) [時間・力などを] *Ha gastado mucho trabajo en buscar su asiento.* 彼は席を捜すのに苦労した. ～ *su energía* 精力を消耗する(使い果たす). iii) [燃料などを] 消費する: *Esta estufa gasta demasiado gas.* このストーブはガスを食いすぎる. ❸ [日常的に] 使う, 身につける: *Gastaba unas joyas valiosas.* 彼女は高価な宝石をつけていた. ～ *buen humor* いつも機嫌がよい. ～ *un lenguaje soez* 言葉づかいが下品である. ❹ [人を] 消耗させる

～*las*《西. 口語》行動する, ふるまう: *¡Ya sé cómo las gastas!* 君の手の内はよくわかっているよ!

◆ 自 金を使う; 燃料を消費する: *Este coche gasta mucho.* この車はガソリンをたくさん食う

◆ ～*se* 消費される; すり減る; [体力などが] 衰える: *Los neumáticos se gastan muy deprisa.* タイヤはすぐすり減る. *Se gasta en elogiar a sus amigos.* 彼は友人たちをほめるのに忙しい

gasterópodos [gasterópoðos] 男 複《動物》腹足類

gasto [gásto] 男《英 expense》❶ 消費〔量〕: *Hace mucho ～ de electricidad.* それは大変電気を食う. ❷ [主に複] 出費, 支出; 費用: *Gana 500 mil pesetas al mes, más ～s.* 彼は必要経費を引いて月に50万ペセタ稼ぐ. *restringir los ～s* 出費を抑える. ～ *de consumo* 消費支出. ～ *público* 公共支出. ～*s bancarios* 銀行手数料. ～*s corrientes* 経常支出. ～*s de comunidad (de escalera)* [マンションなどの] 管理費, 共益費. ～*s de envío* [包装費も含んで] 送料. ～*s de mantenimiento* [企業の] 維持費. ～*s del Estado* 歳出. ～*s fijos* 固定費. ～*s generales* [企業の] 総経費. ～*s militares* 軍事費

cubrir ～s 支出をカバーする(埋め合わせる): *Sólo ganamos para cubrir ～s.* 我々はどうにか赤字が出ない程度の稼ぎがある

hacer el ～ 会話をリードする, 話題の中心になる

gastralgia [gastrálxja] 女《医学》胃痛
gástrico, ca [gástriko, ka] 形 胃の: *jugo ～* 胃液
gastritis 女《単複同形》《医学》胃炎
gastroduodenal 形 胃と十二指腸の
gastroenteritis 女《単複同形》《医学》胃腸炎
gastroenterología 女 胃腸病学
gastrointestinal 形 胃腸の
gastronomía [gastronomía] 女 美食〔学〕, 料理法(術): *practicar la ～* おいしいものを食

べ歩く
gastronómico, ca 形 美食に関する, 料理法(術)の
gastrónomo, ma 名 美食家, 食通
gastrópodo [gastrópoðo] 男《動物》複足類
gástrula [gástrula] 女《生物》原腸胚, 腸胚
gata¹ [gáta] 女 ❶ ☞*gato*². ❷《植物》ハリモクシュ. ❸《南米》ジャッキ《gato》

a ～s 四つんばいで: *andar a ～s* はいはいをする
hacer la ～《口語》猫をかぶる
salir a ～s de un apuro 難局を切り抜ける
ser más viejo que andar a ～s 大変古い
¡y lo que anduvo a ～s! [実際より若く言う人に対して] さばを読んでいるな!

gatear [gateár] 自 ❶ 四つんばいで歩く; [赤ん坊が] はいはいをする. ❷ [+por と] よじ登る
gatera [gatéra] 女 ❶ [ドアなどの] 猫の通る穴; [屋根の] 通気孔; [船の] 錨鎖孔. ❷《南米》[市場の] 物売り女
gatillo [gatíʎo] 男 ❶ [銃の] 引き金: *apretar el ～* 引き金を引く. ❷ [抜歯用の] 鉗子(ᵏ)
gatito, ta [gatíto, ta] 名 子猫
gato¹ [gáto] 男 ❶《機械》ジャッキ: *～ de cremallera* 箱ジャッキ. ～ *hidráulico* 水力ジャッキ. ❷《口語》財布, 金. ❸《南米》青空市場; アルゼンチンの民俗舞踊(音楽)の一つ

gato², **ta** [gáto, ta] 名《英 cat》❶ ネコ(猫): i) ～ *de algalia* オオジャコウネコ. ～ *de Angora* アンゴラネコ. ～ *montés (cerval•clavo)* ヤマネコ. ～ *persa* ペルシアネコ. ～ *romano* トラネコ, シマネコ. ～ *siamés* シャムネコ. ii)《諺》*Cuando el ～ no está los ratones bailan.* 鬼のいぬ間の洗濯. *De noche todos los ～s son pardos.* 闇夜の錦/夜目, 遠目, 笠の内. *G～ escaldado del agua fría huye.* あつものにこりてなますを吹く. *Hasta los ～s quieren zapatos.* 人は時として高望みするものだ. ❷《口語》こそどろ; ずるい人. ❸《西. 口語》マドリード生まれの人. ❹《中米》召使い; 女中, メイド

buscar tres (cinco) pies al ～ ことさら難しく考える
como ～ por (sobre) ascuas《口語》大急ぎで, すばやく
cuatro ～s《口語》ごく少数の人
dar ～ por liebre 羊頭をかかげて狗肉を売る
defenderse como ～ panza arriba 必死になって守る
eso lo sabe hasta el ～/no hay perro ni ～ que no lo sepa それは誰だって知っている
～ viejo《口語》世知にたけた人
haber ～ encerrado《口語》[+en に] おかしなことがある, 何か裏がある
lavarse a lo ～《口語》カラスの行水
llevar[se] el ～ al agua しれつな競争を勝ち抜く; 自分の意見を通す
no hay ni un ～ 人っ子一人いない
gatopardo [gatopárðo] 男《動物》ユキヒョウ
GATT 男《←英語. 略語》関税と貿易に関する一般協定, ガット

G

gatuno, na [gatúno, na] 形 猫の〔ような〕
gatuña [gatúɲa] 女《植物》ハリモクシュ
gatuperio [gatupérjo] 男《軽蔑》ごたまぜ；策謀, 欺瞞
gauchada [gau̯tʃáđa] 女《南米》好意, 親切
gaucho, cha [gáu̯tʃo, tʃa] 形 名 ガウチョ〔の〕〘主にアルゼンチンの牧童. ☞写真〙；《南米》ずる賢い：perro ～ 野良犬
◆ 男 ［ガウチョのかぶる］つば広の帽子

gauchaje 男 ガウチョの一団
gauchear 自《南米》ガウチョのような生活をする；放浪する；危険な恋をする
gauchesco, ca 形 ガウチョの：literatura ～*ca* ガウチョ文学
gauchismo 男 ガウチョの生活の影響を受けた文学・音楽の思潮
gaudeamus [gau̯đeámus] 男〘単複同形〙《←ラテン語》喜悦の歌〘讃美歌の一つ〙；饗宴
gaulteria [gau̯ltérja] 女《植物》ヒメコウジ
gausio [gáu̯sjo] 男［電磁単位］ガウス
gavera [gabéra] 女《南米》［仕切りのある］瓶ケース；製氷皿
gaveta [gabéta] 女［机の］引出し
gavia [gábja] 女 ❶《船舶》トプスル. ❷《鳥》海カモメ. ❸［排水・境界用の］溝, 堀
gavial [gabjál] 男《動物》インド(ガンジス)ワニ
gavilán [gabilán] 男 ❶《鳥》ハイタカ. ❷［主に 複. 剣の］十字形のつば
gavilla [gabíʎa] 女 ❶［薪・小麦などの］束〘☞haz 類義〙. ❷［悪者の］群れ：～ de ladrones 盗賊団. gente de ～ 悪党の一味
gaviota [gabjóta] 女《鳥》カモメ：～ argéntea セグロカモメ
gay [gái̯/géi̯] 形 男〘単複同形/複 ～s〙《←英語》ゲイ〔の〕, ホモ〔の〕
gayo, ya [gájo, ja] 形《文語》陽気な, 愉快な；［色彩などが］明るい
◆ 女 *gaya* ciencia ［吟遊詩人風の］詩
gayola [gajóla] 女［野生動物観察のための］隠れ場所
gayumbos [gajúmbɔs] 男 複《西. 口語》［下着の］トランクス
gaza [gáθa] 女《船舶》［綱の］結び目
gazapera [gaθapéra] 女 ウサギの穴；［悪者の］巣窟
gazapo [gaθápo] 男 子ウサギ；《口語》［綴り・文法上の］誤り
gazmoñería [gaθmoɲería] 女 凝り固まった信仰心；偽善
gazmoño, ña 形 名 信仰で凝り固まった〔人〕；偽善的な, 偽善者
gaznápiro, ra [gaθnápiro, ra] 形 名《軽蔑》薄のろ〔の〕, 間抜け〔な〕：Díselo al ～ de tu hijo. お前の間抜けな息子にそう言っておけ
gaznate [gaθnáte] 男 ❶ 喉〔の内側〕. ❷《中米》パイナップルまたはココナッツで作るケーキ
gazpacho [gaθpátʃo] 男《料理》ガスパーチョ〘～ andaluz. 冷たい野菜スープ〙
gazpachuelo 男 卵・酢の入ったアンダルシアのスープ
gazuza [gaθúθa] 女《口語》空腹〘hambre〙
ge [xé] 女 文字 g の名称
geco [xéko] 男《動物》［総称］ヤモリ
géiser [xéi̯sɛr] 男 間欠〔噴出〕泉
geisha [géi̯ʃa] 女《←日本語》芸者
gel [xél] 男《化学》ゲル；浴用・洗面用のゼリー状石けん
gelatina [xelatína] 女 ゼラチン；《料理・菓子》煮こごり, ゼリー：papel de ～ ゼラチン感光紙. ～ explosiva ゼラチンダイナマイト
gelatinoso, sa 形 ゼラチン質の；ゼリー状の
gélido, da [xéliđo, đa] 形《詩語》❶ 凍(い)てつくような：viento ～ 寒風. ❷ よそよそしい, 無愛想な
gelifracción [xelifra(k)θjɔ́n] 女 =**gelivación**
gelignita [xelignita] 女 桜ダイナマイト
gelivación [xelibaθjɔ́n] 女《地質》浸透水の凍結による岩石の崩壊
gema [xéma] 女 ❶［主にダイヤ以外の］宝石, 貴石. ❷［植物の］芽
gemación 女《植物》無性芽生殖；《動物》芽球形成
gemebundo, da [xemebúndo, da] 形 めそめそ泣いている；泣き虫の
gemelar [xemelár] 形 双生児の：parto ～ 双生児出産
gemelo, la [xemélo, la] 形 名 双生児〔の〕：Son ～*s*. 彼らはふたごだ. su hermano ～ 彼のふたごの兄. ～ idéntico (univitelino・homocigótico) 一卵生双生児. ～ falso (bivitelino・heterocigóticos) 二卵生双生児. alma ～*la* 同じ精神の人
◆ 男 複 ❶［プリズム式の］双眼鏡：mirar con los ～*s* 双眼鏡で見る. ～*s* de campaña (de campo) ［携帯用の］小型双眼鏡. ～*s* de teatro オペラグラス. ❷ カフスボタン：llevar ～*s* de oro 金のカフスボタンを付けている. ❸《解剖》双子筋, 腓腹筋〘músculos ～*s*〙
gemido [xemíđo] 男 うめき〔声〕；嘆き：Se oían sus ～*s*. 彼のうめき声が聞こえた
geminación [xeminaθjɔ́n] 女《修辞》同語反復
geminado, da [xemináđo, đa] 形 対になった, 一対の；《生物》双生の；《言語》子音重複の
géminis [xéminis] 男《占星》［主に *G*～］双子座〘☞zodíaco 参考〙
gemir [xemír] 35 自〘現分 g*i*miendo〙❶ うめく, うなる；嘆き悲しむ：～ de dolor 痛くてうめく. ～ por (de) su desgracia 不幸を嘆く. ～

bajo pesados impuestos 重税にあえぐ. ❷《文語》うなるような音を立てる: *Gime* el viento. 風がうなっている

gemología [xemoloxía] 囡 宝石学

gemólogo, ga 图 宝石学者

gen [xén] 囲《生物》=gene

genciana [xenθjána] 囡《植物》リンドウ;その根から作る薬(食前酒)

gendarme [xendárme] 囲 [フランスなどの, 治安・警察活動をする] 憲兵

gendarmería [xenearmería] 囡 憲兵隊;その本部, 兵舎

gene [xéne] 囲《生物》遺伝子, 遺伝因子

genealogía [xenealoxía] 囡 ❶ 家系［図］. ❷［犬・猫などの］血統書

genealógico, ca 厖 家系［図］の

genealogista 图 系譜(系図)学者

generación [xeneraθjón] 囡《英 generation》❶［血統の］代;世代《1世代は人が生まれて子を生むまでの期間で約25-30年間》: de ～ en ～ 代々［続いて］. en el transcurso de unas *generaciones* 数世代の間に. los de su ～ 彼と同じ年代の人々. cuarta ～ 4世, ひ孫. computadora de la quinta ～ 第5世代コンピュータ. ～ de la postguerra 戦後の世代. del 98 98年世代《1898年米西戦争敗戦を機に新文学運動に参加したスペインの作家たち. Unamuno, Azorín, Baroja, Machado, Valle-Inclán などに代表される》. ～ joven 若い世代. ～ presente 現代の人々. ❷《生物》発生;生殖: ～ espontánea 自然発生. ～ sexual 有性生殖. ❸［電気・熱・ガスなどの］発生;発電《～ de la energía eléctrica》. ❹《数学》生成

generacional [xeneraθjonál] 厖 世代［間］の

generador, ra [xeneraðór, ra] 厖 ❶ 発生させる: caldera ～*ra* de vapor ボイラー. planta ～*ra* 発電所. La injusticia es ～*ra* de odio. 不正は憎悪を生む. ❷《数学》点・線の移動で線・面を生成する

◆ 囲 発電機, ジェネレーター;［ガスなどの］発生器

general [xenerál]《英 general》厖 ❶ 全般的な, 全体の; 一般的な: asamblea (junta) ～ 総会. opinión ～ 通説. política ～ 一般方針. público ～ 一般大衆. reglas ～*es* 通則. revista ～ 総合雑誌. teoría ～ 一般論. voluntad ～ del pueblo 国民の総意, 民意. ❷ 概括的な, 総括的な: impresión ～ おおまかな(全体としての)印象. interpelación ～ 総括質問. ❸ 全体を統括する: administración ～ 総務［部］, 総本部. gerente ～ 総支配人. ❹《軍事》oficial ～ 将官. ❺《医学》全身の: parálisis ～ pro- gresiva 進行性全身麻痺

en ～ 1)一般の: lectores *en* ～ 一般読者. 2)全般的に;一般的に: estudiar la historia *en* ～ 歴史全般について学ぶ. 3)概して;普通は: *En* ～ tomo café por la mañana. 私は朝たいていコーヒーを飲む

por lo ～ 一般的に;概して: hablando *por lo* ～ 一般的に言って. *Por lo* ～, se levanta más temprano que yo. たいてい彼は私より先に起きる

◆ 囲 ❶《陸軍・空軍》将軍: ～ de brigada 准将, 旅団長. ～ de división 少将, 師団長. ～ en jefe 元帥, 最高司令官. ❷《宗教》管長, 総〔会〕長

generala [xenerála] 囡 ❶ 戦闘準備の合図: tocar a ～ 戦闘準備の太鼓(ラッパ)を鳴らす. ❷ 将軍夫人. ❸《南米. ゲーム》ポーカーダイス

generalato [xeneraláto] 囲 ❶ 将軍の職務(地位);匯箇 将官団. ❷ 管長・総長の職務(地位)

generalidad [xeneraliðá(ð)] 囡 ❶ 一般性, 普遍性. ❷ 囲 概要, 概論;漠然とした話, 一般論: ～*es* de la física 物理学概論. no decir más que ～*es* 漠然としたこと(一般論)しか言わない. ❸ 大多数(の人): ～ de la gente 大部分の人. opinión de la ～ 大多数の意見.《*G*～. カタルーニャ, バレンシアの》自治州政府

con ～ 概括的に, 大づかみに

generalísimo [xeneralísimo] 囲 ［三軍の］総司令官, 大元帥;総統《特にフランコ将軍》;［日本の］征夷大将軍

generalista [xeneralísta] 图 ［専門医に対して］一般医

Generalitat [xeneralitát] 囡 カタルーニャ自治州政府

generalizar [xeneraliθár] 他 ❶ 一般化(普及)させる: ～ la educación 教育を普及させる. ❷ 概括する;［問題を］一般化して述べる

◆ ～se 一般化(普及)する: Se ha generali- zado el uso del teléfono. 電話が普及した. Se *generaliza* la sublevación. 暴動が拡大している

generalización 囡 一般化, 普及;拡大

generalmente [xeneralménte] 圖 一般に; 概して: *G*～ llega tarde a la hora citada. 彼はいつも約束の時間に遅れる

generar [xenerár] 他 ❶ ［電気・熱・ガスなどを］発生する: ～ una corriente eléctrica 発電する. ❷ ［結果的に反応を］引き起こす: ～ rechazo 拒絶反応を引き起こす. ❸ ［子を］生む

generatriz [xeneratríθ] 囡 ❶《数学》母点, 母線, 母面. ❷ 発電機;発生機

genérico, ca [xenériko, ka] 厖 ❶《生物》属の: carácter ～ 属の特性. ❷《文法》総称の; 性の: nombre ～ 普通名詞. desinencia ～*ca* 性の屈折語尾

género [xénero] 囲《英 kind》❶ 種類;分野: ¿Qué ～ de libros lees? どんな種類の本を読むの? artículos de diversos ～*s* 各種の商品. ❷ 流儀, やり方: ～ de hablar 話し方. ❸《商業》i)［時に 囲］品物, 商品《～ mer- cantil》: Tenemos buen ～. よい品を取りそろえております. ～*s* extranjeros (del país) 輸入(国産)もの. ii) 布地(の種類): ～ de algodón 木綿もの. ～ de punto《西》ニット, メリヤスもの. comerciante en ～ 織物商. ❹［芸術の］ジャンル, 部門: ～ cómico 滑稽もの. ～ chico [1・

2幕の)軽喜歌劇. ~ novelesco [ジャンルとしての] 小説. cuadro (pintor) de ~ 風俗画 (画家). ❺《生物》humano 人類. ❹《文法》性《~ gramatical》: ~ masculino (femenino・neutro) 男(女・中)性. sustantivo de común 男女共通名詞〔例 el/la estudiante〕

~ *bobo* (*tonto*) 愚かなこと: Es del ~ *tonto* prestar dinero a ese tipo. そんな奴に金を貸すのばかげている

~ *de vida* 生活様式；生き方. Este ~ *de vida* no te conviene. こういう暮らしはよくないよ

sin ningún ~ *de duda* 少しも疑わずに；絶対に間違いなく

generosamente [xenerósaménte] 副 寛大に，気前よく；非常に，たくさん

generosidad [xenerosiðá(d)] 囡 寛大さ，気前のよさ；高潔さ

generoso, sa [xeneróso, sa] 形《英 generous》❶ [+con に] 寛大な；気前のよい《↔ tacaño》: Es ~ [para] *con* los pobres. 彼は貧乏人に温かい. mostrarse ~ 気前のいい所を見せる. ~ *con* el dinero 金を惜しまない. carácter ~ 寛容な性格. ❷ 高潔な，犠牲的精神に富んだ；勇敢な: en pecho ~ 気高い心をもって. ❸ 高貴な生まれの，名門の: de sangre ~*sa* 高貴な血統の. ❹ 豊富な；豊満な. ❺ [ワインが] 熟成した，年代物の，芳醇な. ❻ [土地が] 豊穣な

genésico, ca [xenésiko, ka] 形 生殖の: instinto ~ 生殖本能

génesis [xénesis] 囡《単複同形》起源，生成過程，《生物》発生: ~ de la lluvia 雨ができる過程
◆ 男《聖書》[G~] 創世記

genético, ca [xenétiko, ka] 形 ❶ 生成過程の. ❷ 遺伝〔学〕の: ingeniería ~*ca* 遺伝子工学
◆ 囡 遺伝学

geneticista/genetista 名 遺伝学者

genial [xenjál] 形 ❶ 天才的な: poeta ~ 天才詩人. obra ~ 天才的な作品，傑作. ❷《口語》すばらしい；機知に富んだ: idea ~ すばらしい思いつき

genialidad 囡 天分，天才的な才能；[主に複] 奇行，常軌を逸した〔風変わりな〕行ない

geniecillo [xenjeθíλo] 男 小妖精: ~ de bosque 森の精

genio [xénjo] 男《英 nature, genius》❶ 気質，性格；短気: Es de ~ amable. 彼は優しい性格だ. Se le ha agriado el ~. 彼は気難しくなった. tener buen ~ よい性質である《親切，陽気，寛容など》. tener [mal] ~ 怒りっぽい《気難しい》性質である. echar mal ~ 気立てが悪くなる. pronto (vivo) de ~ すぐ腹を立てる〔が，すぐ平静に戻る〕. ❷ 機嫌，気分: estar de mal ~ 機嫌が悪い. ❸ 根性；根気: tener ~ 根性がある. corto de ~ 気の弱い，内気な. ❹ [時代・国民などの] 精神，風潮；[言語などの] 特質: ~ del Renacimiento ルネッサンスの精神. ~ de la

lengua española スペイン語の特質. ❺ 天分，天賦の才；天才《hombre de ~》: Tiene ~ de pintor. 彼は絵の才能がある〔生まれつきの画家だ〕. Cervantes fue un ~. セルバンテスは天才だった. ❻ 妖精，精霊；守護神: ~ de la fuente 泉の精. ~ del mal 悪霊

genital [xenitál] 形 生殖の: órganos ~*es*《解剖》生殖器
◆ 男複 外部生殖器

genitivo, va [xenitíβo, βa] 形 男《文法》属格〔の〕

genitor, ra [xenitór, ra] 名《文語》生みの親

genocidio [xenoθíðjo] 男《民族》大虐殺，ジェノサイド

genitourinario, ria [xenitourinárjo, rja] 形《解剖》泌尿生殖器の

genoma [xenóma] 男《生物》ゲノム《配偶子に含まれる染色体の一組》

genos [xenós] 男《古代ギリシア》ゲノス《小家族集団》

genotipo [xenotípo] 男《生物》遺伝子型
genotípico, ca 形 遺伝子型の

genovés, sa [xenoβés, sa] 形 名《地名》ジェノバ Génova の〔人〕

gens [xéns] 囡《古代ローマ》ゲンス《小家族集団》

gente [xénte] 囡《英 people. ❹ を除き集名》❶ 人々: i) Había mucha ~ en la plaza. 広場には大勢の人がいた. ¿Qué dirá la ~? 〔世間の〕人々は何と言うだろう？ ii) 複《文語》あらゆる・色々な階層の〕人々，国民: Las ~*s* se reunían en torno al médico. 人々は医者のまわりに集まった. derecho de ~*s* 民衆の権利；国際法. iii) [la+] 人間一般《話し手・聞き手は含まないことが多い》: La ~ vive engañada, pero vive feliz. 人はだまされても幸福に暮らす

❷ [職業を表わす] ~ armada (de armas・de guerra) 兵士，軍人. ~ de Iglesia 聖職者，~ de mar 船乗り. ~ de pluma 作家，文筆家

❸ 家族，親類；同郷人: ¿Cómo está su ~? ご家族〔故郷のみなさん〕は元気ですか？

❹ [仕事の上での] 仲間，部下: ¿Cuánta ~ hay en esta oficina? この事務所には何人いますか？ Empezaremos a trabajar, ya que está reunida toda la ~. 全員そろったから仕事を始めよう

❺ 人《persona》: Es buena ~. 彼はいい人だ

❻《中南米》上品〔立派〕な人々

❼ [動植物などの] 同類: ~ alada 鳥の仲間

de ~ *en* ~ 世代から世代へ

~ *baja* 軽蔑 下層民

~ *bien*《時に軽蔑》上流階級の人々

~ *de a pie* 普通の人，ちまたの人

~ *de bien* 善意の人々

~ *de color* 有色人たち

~ *de mala vida* (*de mal vivir*) 犯罪〔常習〕者，いかがわしい連中

~ *de paz* 穏健な人々；[誰何に答えて] 味方だ！

~ **de poco más o menos** つまらない連中
~ **de vida airada** 放蕩(道楽)者たち
~ **del campo** 田舎の人々
~ **gorda** 《西. 軽蔑》おえら方, 要人
~ **guapa** (**linda**) [美的な流行をリードする] 社交界の人々
~ **joven** 若い連中.
~ **maleante** =~ **de mala vida**
~ **menuda** 子供たち
hacer ~ 人が群がる
¡hay una de ~**!** おびただしい数の人だ!
ser (**muy・mucha**) ~ 《主に中南米》有力者 (ひとかどの人物)である; 気骨がある

gentecilla [xenteθíʎa] 囡《軽蔑》くずのような連中, 烏合(³)の衆
gentil [xentíl] 厖囝 ❶《文語》i) [+名詞] 優美な, 上品な: de ~ porte 優雅な物腰の. ~ hombre 紳士. ¡**G**~! cumplido!《皮肉》お世辞がお上手ですこと! ii) [礼儀正しく] 親切な. ❷ [昔のキリスト教徒から見て] 偶像崇拝者の, 異教徒(の)
gentileza [xentiléθa] 囡《文語》❶ 優美さ, 上品さ. ❷ [礼儀正しい] 心遣い: Ha tenido la ~ de prestarme su libro. 彼は親切にも本を貸してくれた. ¿Tendría usted la ~ de ayudarme? すみませんが, 手伝っていただけないでしょうか? recibir con mucha ~ 丁重に迎える. por ~ de... …のご好意により
gentilhombre [xentilɔ́mbre] 囲《複 gentileshombres》❶《歴史》侍従 [~ de cámara]. ❷ 紳士 《gentil hombre》.
gentilicio, cia [xentilíθjo, θja] 厖囲《文法》地名(民族・国家・都市)を表わす [語]: adjetivo ~ 地名形容詞
gentílico, ca [xentíliko, ka] 厖 異教徒の
gentilidad 囡医名 異教徒
gentío [xentío] 囲 群衆, 人込み: ¡Qué ~! 何とたくさんの人だ! Acudió al desfile un gran (enorme) ~. パレードに大勢の人が押し掛けた.
gentuza [xentúθa] 囡 =**gentecilla**
genuflexión [xenufle(k)ɵjón] 囡 [片膝を曲げる] 跪拝(ⁿ)
genuino, na [xenwíno, na] 厖 ❶ 純粋な, 混じりのない: hablar en ~ español きれいなスペイン語で話す. ❷ 本物の, 真正の: ~ representante del pueblo 民衆の真の代表者. caso ~ de esquizofrenia 精神分裂症の典型的な症例
GEO [xéo] 囲《西. 略語》←Grupo Especial de Operaciones [対テロ組織の]特殊作戦部隊
geo 囲 GEOの隊員
geo-《接頭辞》[地] geografía 地理, geología 地質学
geobiología [xeobjoloxía] 囡 地球生物学
geobotánica [xeobotánika] 囡 地球植物学
geocéntrico, ca [xeoθéntriko, ka] 厖 地球の中心から測定した, 地心の; 地球を中心とした [↔heliocéntrico]: movimiento ~ 地心運動. sistema ~ 天動説.
geocentrismo 囲 天動説

geoda [xeóða] 囡《地質》晶洞, ジオード
geodesia [xeodésja] 囡 測地学
　geodésico, ca 厖 測地学の: estación ~ca 測地点
geodinámica [xeoðinámika] 囡 地球力学
geoestratégico, ca [xeoestratéxiko, ka] 厖 戦略地政学[上]の
geofísico, ca [xeoffísiko, ka] 厖 地球物理学[の]
geografía [xeografía] 囡 地理学: ~ física (humana・política) 自然(人文・政治)地理学. ~ lingüística 言語地理学
　geográfico, ca 厖 地理学の: latitud ~ca 地理[学]的緯度. milla ~ca 地理マイル
　geógrafo, fa 囝 地理学者
geoide [xeóide] 囲《地学》ジオイド
geología [xeoloxía] 囡 地質学
　geológico, ca 厖 地質学の
　geólogo, ga 囝 地質学者
geomagnético, ca [xeomaɣnétiko, ka] 厖 地磁気の
　geomagnetismo 囲 地磁気[学]
geomancia [xeománθja] 囡 土占い, 地卜 (ⁿ)
geometría [xeometría] 囡 幾何学: ~ analítica 座標幾何学. ~ descriptiva 図形幾何学. ~ plana (del espacio) 平面(立体)幾何学
　geómetra 囝 幾何学者. ◆ 囲《昆虫》シャクトリムシ
　geométrico, ca 厖 幾何学の; 幾何学的な, 整然とした: figuras ~cas 幾何学模様
geomorfía/geomorfología [xeomorfía/-foloxía] 囡 地形学
geopolítico, ca [xeopolítiko, ka] 厖囡 地政学[の]
geoquímico, ca [xeokímiko, ka] 厖囡 地球化学[の]
georama [xeoráma] 囲 ジオラマ
georgiano, na [xeorxjáno, na] 厖囝《国名》グルジア Georgia 囡 の(人); [米国の]ジョージア州 Georgia の[人];《建築》ジョージ王朝様式の ◆ 囲 グルジア語
geórgica [xeórxika] 囡 [主に複] 田園詩
geosinclinal [xeosiŋklinál] 厖囲《地質》地向斜[の]
geotectónico, ca [xeotektóniko, ka] 厖 地殻構造の
geotermia [xeotérmja] 囡 地熱; 地球熱学
　geotérmico, ca 厖 地熱の: energía ~ca 地熱エネルギー. grado ~ 地熱勾配
geotropismo [xeotropísmo] 囲《生物》屈地性
geranio [xeránjo] 囲《植物》ゼラニウム
gerbo [xérbo] 囲《動物》トビネズミ
gerencia [xerénθja] 囡 ❶ 支配人の職務; 管理職. ❷ 管理, 経営. ❸ 支配人の事務室(事務所)
gerente [xerénte] 囲《英 manager》支配人, 店長, 管理責任者; 経営者; [有限・合名会社

の〕重役： ~ de publicidad 宣伝部長
geriatría [xerjatría] 囡 老人病学
　geriatra 图 老人病専門医
　geriátrico, ca 形 老人病学の
gerifalte [xerifálte] 男 ❶〔鳥〕シロハヤブサ.
❷ 有力者, 実力者, ボス
　como un ~ この上なく
germanía [xɛrmanía] 囡 ❶〔16-17 世紀に
泥棒やならず者が使っていた〕隠語. ❷〔歴史〕バ
レンシアス『バレンシアの同業組合結社』: suble-
vación de las *G*~ ヘルマニアスの乱〔1519-23
年〕
germano, na [xɛrmáno, na] 形 图 ❶《歴
史・地名》ゲルマニア Germania の, ゲルマン人
〔の〕: pueblo ~ ゲルマン民族. ❷《文語》ドイツ
の, ドイツ人『alemán』
　germánico, ca 形 图 =germano
　germanio 男《元素》ゲルマニウム
　germanismo 男 ドイツ語からの借用語, ドイツ
語風の表現
　germanista 图 ドイツ〔語・文学〕研究者
　germanizar 9 他 ドイツ化させる
　germanófilo, la 形 图 ドイツびいきの〔人〕
　germanófobo, ba 形 ドイツ嫌いの
　germanófono, na 形 图 ドイツ語を話す〔人〕
germen [xɛrmen] 男〔複 gérmenes〕❶《生
物》病原菌〔~ infeccioso〕; 生殖細胞〔~・
soma〕. ❷《植物》芽; 胚, 胚芽. ❸《比喩》萌
芽: ahogar... en ~ …を未然に防ぐ, つぼみのう
ちに摘み取る. ~ del caos 混乱の始まり〔原因〕
germicida [xɛrmiθíða] 形 男 殺菌剤〔の〕;
殺菌性の
germinal [xɛrminál] 形 胚の; 萌芽段階の
germinar [xɛrminár] 自 ❶ 発芽する, 芽を出
す. ❷《文語》〔考えなどが〕芽ばえる: *Germinó*
una sospecha en su mente. 疑念が彼の心に生
じた
　germinación 囡 発芽, 芽ばえ
　germinado 男 ~ de soja 豆モヤシ
　germinador, ra 形 男 発芽させる; 発芽力試
験器
　germinativo, va 形 発芽する(させる)
gerodermia [xeroðérmja] 囡 老齢による皮
膚の変質
gerontocracia [xerontokráθja] 囡 老人政
治, 老人支配; 長老制
gerontología [xerontoloxía] 囡 老人学
　gerontólogo, ga 图 老人学の学者
gerovital [xerobitál] 男 老化防止薬
gerundense [xerundénse] 形 图《地名》ヘロ
ナ Gerona の〔人〕『カタルーニャ地方の県・県都』
gerundio [xerúndjo] 男《文法》現在分詞
gerusía [xerusía] 囡〔古代スパルタの〕裁判官
gesta [xésta] 囡 集合 2〔一人の英雄の〕武勲:
cantar (canción) de ~ 武勲詩
gestación [xestaθjón] 囡 ❶ 妊娠《受胎
concepción から出産までの過程》: período de
~ 妊娠期間. ❷《比喩》Este proyecto está
todavía en ~. この計画はまだ構想中だ
　gestacional 形 妊娠〔期間〕の
gestalt [xestált] 囡《心理》ゲシュタルト, 形態

gestante [xestánte] 囡《文語》妊婦
Gestapo [xestápo] 男〔ナチスドイツの〕ゲシュ
タポ
gestar [xestár] 他 妊娠(懐胎)している
　◆ ~se〔事件などが〕準備される;〔計画などが〕
練られる
gestatorio, ria [xestatórjo, rja] 形 抱きか
かえて運ぶ: silla ~ria〔座った教皇を運ぶ儀式
用の〕輿
gesticular [xestikulár] 自 盛んに身振りをす
る; 顔をしかめる, いやな顔をする
　gesticulación 囡 盛んに身振りをすること; し
かめっ面
　gesticulador, ra 形 身振りの多い, ジェスチャ
ーたっぷりの; 顔をしかめる癖のある
gestión [xestjón] 囡 ❶ 手続き, 処理: hacer
gestiones〔一連の〕手続きをする. ❷ 管理, 経
営; 複〔個人の〕仕事, 職務: ~ presupues-
taria 予算管理. ~ empresarial 企業管理.
~ de la información 情報管理
gestionar [xestjonár] 他 ❶〔…を得るための〕
手続きをする, 手段を取る: ~ su pasaporte パ
スポートを取るための手続きをする. Un amigo le
gestionó un permiso de importación. ある友
人が彼に輸入許可を与えるよう斡旋した(手を回
した). ❷〔業務などを〕遂行する, 管理する: Mi
agente *gestiona* los asuntos durante mi
ausencia. 私の留守中は代理人が用件を処理す
る. ~ un negocio 商売の取引きを行なう. ~ la
venta de una finca 地所の売却を扱う. ~ un
empréstito 借款を取り決める
gesto [xésto] 男『英 gesture, look』❶ 身振
り, 手振り: Me hizo un ~ para que me
parase. 彼は私に止まるように合図した. ❷《文
語》表情, 顔つき: Hizo un ~ de alegría. 彼
はうれしそうな顔をした. Tiene un ~ triste. 彼
は寂しそうな顔をしている. fruncir (torcer) el
~/poner mal ~ 顔をしかめる. con un ~ de
cansancio うんざりした顔つきで. ❸〔親切さなど
の〕表明: Tuvo un ~ generoso y perdonó a
todos. 彼はみんなを許して寛大なところを見せた
　estar de buen (mal) ~ 機嫌がよい(悪い)
　hacer ~s〔+a に〕ジェスチャーで話す
　hacer un mal ~〔筋肉を痛めるような〕無理
な動作をする
gestor, ra [xestór, ra] 形 图 ❶〔登録手続き
などを〕代行する〔人〕, 司法(行政)書士. ❷
〔案・計画の〕立案者, 提案者: ~ de moción
動議提出者. ❸ 部長, 役員: ~ de negocios
営業部長(担当重役)
　◆ 役員会『junta ~ra』
　gestoría 囡 司法(行政)書士事務所; 部長
(役員)室
gestual [xɛstwál] 形 身振りの; 表情の
géyser [xɛ́ise(r)] 男 間欠泉
ghaneano, na/ghanés, sa [ganeáno,
na/ganés, sa] 形 图《国名》ガーナ Ghana
囡 の〔人〕
ghetto [géto] 男 =gueto
giba [xíßa] 囡 こぶ: camello con una ~《動
物》ヒトコブラクダ

gibar 他 …にこぶを作る；《西. 婉曲》うんざりさせる

gibelino, na [xiβelíno, na] 形 名 《歴史》ギベリン党の［党員］『ローマ教皇と神聖ローマ皇帝の対立で皇帝を支持した』

gibón [xiβón] 男 《動物》テナガザル(手長猿)

giboso, sa [xiβóso, sa] 形 名 背中にこぶのある〔人〕

gibosidad 女 こぶ

gibraltareño, ña [xiβraltaréɲo, ɲa] 形 名 《地名》ジブラルタル Gibraltar 女 の〔人〕『地中海の入口にある軍港. 現在イギリス領』

giga- [xíɣa]《接頭辞》ギガ, 10 億

gigabayte [xiɣaβáit] 男 《情報》ギガバイト, GB

gigante[1] [xiɣánte] 巨大な：árbol ~ 巨木

gigante[2], **ta** [xiɣánte, ta] 形 ❶ 巨人, 大男. ❷ 〔カーニバルなどの祭りに繰り出す〕巨大な人形『☞写真』：~s y cabezudos 巨人と大頭. ❸ 傑出した人：~ de las letras españolas スペイン文学の巨人. ❹ 《医学》巨人症の患者

gigantea [xiɣantéa] 女 ヒマワリ『girasol』

gigantesco, ca [xiɣantésko, ka] 形 巨大な, 途方もない：telescopio ~ 巨大な望遠鏡. de proporciones ~cas 途方もない大きさの

gigantismo [xiɣantísmo] 男 《医学》巨人症

gigantón, na [xiɣantón, na] 名 〔祭りで使われる〕巨大な人形
◆ 男 《植物》ダリアの一種

gigoló [jiɣoló] 男 《←仏語》ひも, つばめ, 男娼

gigote [xiɣóte] 男 《←仏語. 料理》ひき肉(細切り肉)の煮込み

gijonés, sa/gijonense [xixonés, sa/-nénse] 形 名 《地名》ヒホン Gijón の〔人〕『アストゥリアス地方の港湾都市』

gil [xíl] 男 《南米》間抜け, とんま

gilí [xilí] 形 名 《←ジプシー語. 口語》ばか(な), 間抜け(な)

gilipollas [xilipóʎas] 形 名 《単複同形》《西. 俗語》ばか(な)：Eres un ~. バカヤロー

gilipollada/gilipollez 女 愚かな行為, どじ：decir gilipolleces ばかげたことを言う

gilipuertas [xilipwértas] 形 名 《単複同形》《西. 婉曲》=**gilipollas**

gimnasia [ximnásja] 女 体操：hacer ~ 体操をする. ~ artística [新体操に対して] 体操『参考 barras paralelas 平行棒, barra fija 鉄棒, anillas 吊り輪, potro 跳馬, caballo con arcos 鞍馬, suelo 床；barras asimétricas 段

違い平行棒, barra de equilibrios 平均台]. ~ de mantenimiento フィットネス. ~ mental 頭の体操. ~ respiratoria 深呼吸. ~ rítmica 新体操『参考 cuerda ひも, mazas 棍棒, aro 輪, pelota ボール, cinta リボン]. ~ sueca スウェーデン体操

confundir la ~ con la magnesia とんでもない間違いをする

gimnasio [ximnásjo] 男 ❶ 体育館. ❷ [ドイツ・スイス・イタリアなどの] 高等学校

gimnasta [ximnásta] 名 体操選手

gimnástico, ca [ximnástiko, ka] 形 体操の：hacer ejercicios ~s 体操をする
◆ 女 体操『gimnasia』

gimnospermas [ximnospérmas] 女 複 《植物》裸子植物

gimnoto [ximnóto] 男 《魚》デンキウナギ

gimotear [ximoteár] 自 めそめそする, わけもなく泣く『sollozar』

gimoteo めそめそすること

gin [jín] 男 《←英語》=**ginebra**：~ lemon ジンフィズ. ~ tonic ジントニック

gincana [xiŋkána] 女 [自動車などの] スピードと技術を競う障害レース

ginebra [xinéβra] 女 《酒》ジン

ginebrés, sa/ginebrino, na [xinebrés, sa/-βríno, na] 形 名 《地名》ジュネーブ Ginebra の〔人〕

gineceo [xinéθeo] 男 《植物》雌蕊(しずい)

ginecocracia [xinekokráθja] 女 女性による統治

ginecología [xinekoloxía] 女 《医学》婦人科[学]

ginecológico, ca [xinekolóxiko, ka] 婦人科[学]の

ginecólogo, ga [xinekóloɣo, ɣa] 名 婦人科医

ginesta [xinésta] 女 《植物》エニシダ

gineta [xinéta] 女 《動物》ジェネット

ginger-ale [jínjæl] 男 《←英語》ジンジャーエール

gingival [xinxiβál] 形 歯肉の

gingivitis [xinxiβítis] 女 《単複同形》《医学》歯肉炎

ginkgo [xíŋkgo] 男 《植物》イチョウ

ginofobia [xinofóβja] 女 女性恐怖症

ginseng [jinsén] 男 《植物》朝鮮ニンジン

gira [xíra] 女 ❶ 一周旅行, 周遊：hacer una ~ por toda España スペイン一周旅行をする. ❷ 地方公演『~ por provincias』：La compañía está de ~. 一座は巡業中だ. realizar una ~ artística por… …を公演旅行する. ❸ 遠足, 日帰り旅行：ir de ~ 遠足に行く. ❹ [政治家の] 遊説：~ relámpago 小都市に短時間だけ立ち寄る遊説

girada[1] [xiráða] 女 [スペインの舞踏に] つま先旋回

giradiscos [xiraðískos] 男 《単複同形》レコード(CD)プレーヤー

girado, da[2] [xiráðo, ða] 名 《商業》手形名宛人

girador, ra [xiraðór, ra] 名 《商業》手形振出人

giralda [xirálda] 女 [人・動物の形の] 風見；

[la *G*〜. セビーリャの] ヒラルダの塔 〘☞写真〙

girándula [xirándula] 囡 [輪に数個の花火を取り付けた] 回転花火；回転式噴水

girar [xirár] 自 ❶ 回る，回転する，旋回する：La Luna *gira* alrededor de la Tierra. 月は地球の周囲を回る．hacer 〜 la llave (el trompo) 鍵(こま)を回す．❷ [道・車などが，+ a・hacia に] 曲がる：El camino (El coche) *gira a* la izquierda. 道(車)は左に折れる．coche que *gira* bien 小回りのきく車．*Han girado* 180 grados en su programa. 彼らは予定を180度変更した．❸ [話題・関心が] めぐる：La conversación *giraba* alrededor de (en torno a) las armas nucleares. 話は核兵器をめぐって進んだ．❹ [数が] 前後する：El número de las víctimas *gira* alrededor de cuatrocientos mil. 犠牲者は40万人前後である．❺ 《商業》手形(支払い指図書)を振り出す：〜 a sesenta días 60日払いの手形を振り出す ◆ 他 ❶ [郵便を替・電信を替で] 送金する；[手形を] 振り出す：Cada mes *giro* la mitad del sueldo a mis padres. 毎月私は給料の半分を両親に送る．❷ 回転させる：〜 la antorcha たいまつを振り回す．〜 la cabeza a la derecha 顔を右に向ける
〜la 《中米. 俗語》働く，勤める

girasol [xirasól] 囲 《植物》ヒマワリ

giratorio, ria [xiratórjo, rja] 形 回転する，旋回する：movimiento 〜 旋回運動．placa (plataforma) 〜*ria* 《鉄道》転車台．puente 〜 旋開橋．puerta 〜 回転ドア．silla 〜*ria*/asiento 〜 回転椅子

girino [xiríno] 囲 《昆虫》ミズスマシ

giro [xíro] 囲 ❶ 回転，旋回：dar un 〜 回転(旋回)する．radio de 〜 回転(旋回)半径．ángulo de 〜 《自動車》かじとり角．❷ 局面，なりゆき：No me gusta el 〜 que toma la conversación. 話の風向きが気に入らない．tomar mal 〜 局面が悪化する．❸ 《商業》[手形・小切手の] 振り出し，送金；為替：enviar por 〜 postal (telegráfico) 郵便(電信)為替で送る．derechos especiales de 〜 [IMF の] 特別引出権，SDR．〜 bancario 銀行為替手形；銀行口座振替．❹ 《言語・文学》言い回し，表現；文体：〜 arcaico 古風な表現．〜 cervantino セルバンテスの文体
tomar otro 〜 [意味・意図などが] 変わる

girocompás [xirocompás] 囲 ジャイロコンパス

girola [xiróla] 囡 [教会の] 後陣の側廊 〘☞ iglesia カット〙

girómetro [xirómetro] 囲 《航空》ジャイロ旋回計，レートジャイロ

girondino, na [xirondíno, na] 形 名 《歴史》[フランス革命時の] ジロンド党の〔党員〕

giroscopio [xiroskópjo] 囲 ジャイロスコープ

giróstato [xiróstato] 囲 ジャイロ安定装置

gis [xís] 囲 《主に中米》チョーク，白墨 〘tiza〙

gitano, na [xitáno, na] 形 名 ❶ ジプシー(の)．❷ 魅惑的な〔女〕；甘言でだますのが上手な〔人〕．❸ [服装が] 汚らしい〔人〕
estar (ir) hecha una 〜na/parecer un 〜 《軽蔑》汚らしい身なりをしている
no se la salta un 〜 《西. 口語》非常にすばらしい(大きい)

gitanada 囲 ジプシー的なやり口 〘甘言，盗みなど〙

gitanear 自 ジプシーのようにふるまう；甘言でだます，ずるがしこく商売する

gitanería 囡 =gitanada；ジプシーの集団

gitanesco, ca 形 ジプシー的な

gitanismo 囲 ジプシーの風俗(特有の表現)

glaciación [glaθjaθjón] 囡 《地質》氷河作用；氷期

glacial [glaθjál] 形 ❶ 氷河の：período 〜 氷河期．❷ 氷の(ような)：Océano *G*〜 Antártico (Ártico) 南(北)氷洋．viento 〜 凍りつくような風．❸ 冷淡な，冷ややかな：Le hicieron un recibimiento 〜. 彼は冷たくあしらわれた

glaciar [glaθjár] 形 囲 氷河(の)：〜 continental (alpino) 大陸(山岳)氷河．época 〜 氷河時代．lengua (de) 〜 《地理》氷舌
glaciarismo 囲 氷河現象
glaciología 囡 氷河学

glacis [gláθis] 囲 《単複同形》《地理》なだらかな斜面；《城の》斜堤

gladiador [gladjaðór] 囲 《古代ローマ》剣闘士

gladio [gládjo] 囲 《植物》ガマ 〘enea〙

gladiolo/gladíolo [gladjólo/-ðío-] 囲 《植物》グラジオラス

glamour [glámur] 囲 妖しい魅力，魅惑
glamo[u]roso, sa 形 魅惑的な

glande [glánde] 囲 《解剖》亀頭
◆ 囡 どんぐり 〘bellota〙

glándula [glándula] 囡 《解剖》腺(梵)：〜 endocrina (exocrina) 内(外)分泌腺．〜 pineal 松果体．〜 pituitaria 下垂体．〜 salival 唾液腺
glandular 形 腺(質・状)の

glasé [glasé] 囲 《繊維》タフタ，艶のある薄絹

glasear [glaseár] 他 ❶ [布・紙などに] 光沢をつける：papel *glaseado* 光沢紙．❷ 《菓子》…に糖衣をかける

glasnost [glasnós(t)] 囲 [ロシアの] 情報公開，グラスノスチ

glasto [glásto] 囲 《植物》タイセイ(大青)

glauco, ca [gláuko, ka] 形 《文語》ライトグリーンの：ojos 〜s 緑色の眼
glaucoma 囲 《医学》緑内障

gleba [gléba] 囡 ❶ 《歴史》農奴(植民者)に割

glicérido [gliθériðo] 男 《化学》グリセリド

glicerina [gliθerína] 女 《化学》グリセリン

glicina [gliθína] 女 《植物》フジ(藤)

glicol [glikɔ́l] 男 《化学》グリコール

glíptica [glíptika] 女 《宝石など》彫刻術

gliptodonte [gliptoðɔ́nte] 男 《古生物》グリプトドン, オオアルマジロ

gliptografía [gliptografía] 女 宝石彫刻学

gliptoteca [gliptotéka] 女 宝石彫刻コレクション(美術館)

global [globál] 形 全体の, 包括的な: balance ~ 総合収支. estudio ~ 広範囲にわたる研究. suma ~ 総額. visión ~ グローバルな見方
　globalizar 他 全体化する, 包括する
　globalmente 副 全体として

globo [glóbo] 男 《英 globe》❶ 球, 球体: ~ ocular 眼球. ~ celeste 天球儀. ❷ 地球〔儀〕《~ terrestre・terráqueo》; 天体. ❸ 風船; 気球; 〔~ aerostático〕 気球: anunciador アドバルーン. ~ cautivo 係留気球. ~ de aire caliente 熱気球. ~ dirigible 飛行船. ~ sonda 気象観測気球; 〔相手の反応をみるために〕故意に流す情報. ❹ 〔電球の〕球形のかさ. ❺ 〔漫画の〕吹き出し. ❻ 《西. 口語》コンドーム; 怒り; 〔麻薬などによる〕ハイ. ❼ 《テニス》ロブ; 《野球》フライ; 《ラグビー》ハイパント: dar (hacer) un ~ ロブする; フライを打ち上げる; ハイパントする. ❽ 《魚》pez ~ フグ
　echar ~s 思い悩む
　en ~ 全体的に; 実現が危うい

globoso, sa [globóso, sa] 形 = globular

globulina [globulína] 女 《生化》グロブリン

glóbulo [glóbulo] 男 ❶ 小球体. ❷ 《解剖》血球: ~s blancos (rojos) 白(赤)血球
　globular 形 小球体から成る; 血球の

gloria [glória] 女 《英 glory》❶ 栄光, 名声; 誉れ, 誇り: cubrirse de ~ 《時に皮肉》栄光に包まれる. lograr (alcanzar) la ~ 名誉を得る; 名声を博する. amor de la ~ 名誉欲. ~ nacional 国家的栄誉: Es la ~ de esta ciudad. それ(彼)はこの町の誇り(誉れ)だ. ❷ 栄光に包まれた人, 名声を得た人: Es la ~ de esta ciudad. それ(彼)はこの町の誇り(誉れ)だ. ❸ 喜び, 楽しみ: Es una ~ (Da ~) pasear al borde del río. 川岸を散歩するのはとても楽しい. ❹ 《キリスト教》天上の栄光, 至福, 天国: ¡Que Santa G~ goce!/Dios le tenga en su ~. 〔死者の冥福を祈って〕天国の至福を手に入れますように! ganar[se] la ~ 昇天する. ❺ 《美術》光背, 後光; 天使や天国を描いた絵. ❻ 《女性名》〔G~〕グロリア. ❼ 〔カスティーリャ地方の古い農家の〕床暖房. ❽ 《菓子》pastel [de] ~ 卵黄あん入りのマジパン
　estar en la ~ 幸福(得意)の絶頂にある; 天国にいる
　oler a ~ 芳香がする
　saber a ~ えもいわれぬほど美味である(すばらしい): Esta tortilla me sabe a ~. このトルティーリャはすごくおいしい
　pasar a la ~ 有名になる
　pasar a mejor ~ 《皮肉》死んで忘れ去られる

que en ~ esté 〔死者に言及する時に尊敬の念から挿入〕El Sr. Díaz, *que en ~ esté*, era un buen maestro. 故ディアス氏はよい教師でした
　◆ 男 《カトリック》グロリア, 答唱 〔*G~* al padre で始まる祈り〕; 栄光誦 〔*G~* a Dios en el cielo で始まる歌〕

gloriar [glorjár] 自 ❶ 賛美する 〔glorificar〕. ❷ 《中南米》〔コーヒーなどに〕リキュールを混ぜる
　◆ **~se** 《文語》〔+de で〕自慢する; 大喜びする: ~se de sus éxitos 成功を自慢する(喜ぶ)

glorieta [glorjéta] 女 ❶ 《交通》〔木・噴水・銅像などのある〕ロータリー. ❷ あずまや, 園亭; 〔庭園内の〕小広場

glorificar [glorifikár] 他 賛美する, ほめたたえる, 《キリスト教》神の栄光を授ける, 至福を与える. ◆ **~se** = gloriarse

glorificación 女 賛美, 賞賛

glorioso, sa [glorjóso, sa] 形 ❶ 栄光(名誉)ある: victoria ~sa 輝かしい勝利. ❷ 《カトリック》〔+名詞〕至福を受けた, 聖なる: La ~sa Virgen María 聖母マリア
　◆ 女 ❶ 〔La G~sa〕聖母マリア. ❷ 栄誉革命 〔revolución de la ~sa. スペイン, 1868年. 9月革命ともいう〕

glosa [glósa] 女 〔主に行間・余白などに書き込む〕注釈, 注解
　glosador, ra 名 注釈者
　glosar …に注釈をつける; 解説する

glosario [glosárjo] 男 〔巻末の〕用語解説, 語彙集

glosemática [glosemátika] 女 《言語》言理学

glositis [glosítis] 女 《単複同形》《医学》舌炎

glosopeda [glosopéða] 女 《家畜の》口蹄疫

glotis [glótis] 女 《単複同形》《解剖》声門

glotón, na [glotɔ́n, na] 形 がつがつ食う〔人〕, 食い意地のはっている〔人〕, 大食らいの〔人〕, 大食漢
　◆ 男 《動物》クズリ
　glotonear 自 がつがつ食う, 大食する
　glotonería 女 大食, 食い意地

glucemia [gluθémja] 女 《生理》血糖: valor de la ~ 血糖値

glúcido [glúθiðo] 男 《生化》〔主に複〕糖質

glucógeno [glukɔ́xeno] 男 《生化》グリコーゲン

glucólisis [glukɔ́lisis] 女 《単複同形》《生化》解糖〔作用〕

glucómetro [glukómetro] 男 糖分計

glucosa [glukósa] 女 《生化》ぶどう糖, グルコース: ~ basal 血糖

glucósido [glukósiðo] 男 《生化》グルコシド

glucosuria [glukosúrja] 女 《医学》糖尿

gluglú [gluglú] 男 〔水の〕ゴボゴボいう音: hacer ~ ゴボゴボいう(流れる)

glutamato [glutamáto] 男 《化学》グルタミン酸塩: ~ monosódico グルタミン酸ソーダ

gluten [glúten] 男 《生化》グルテン

glúteo, a [glúteo, a] 形 《解剖》臀部(でん)の,

尻の: región ~a 臀部
◆ 男 臀筋 [músculo ~]；複 《婉曲》尻 [nalgas].

glutinoso, sa [glutinóso, sa] 形 グルテン性 の, グルテンを含んだ；粘着性のある

gneis [[g]néis] 男《単複同形》《地質》片麻岩
　gneísico, ca [[g]néisiko, ka] 形 片麻岩の

gnómico, ca [[g]nómiko, ka] 形《文語》金言の, 格言的な

gnomo [[g]nómo] 男《北欧神話》[地中の宝を守る] 地の精のこびと

gnomon [[g]nomón] 男 [日時計の] 指針針；晷針(きしん)
　gnomónica 女 日時計製作法

gnoseología [[g]noseoloxía] 女 認識形而上学

gnosis [[g]nósis] 女《単複同形》グノーシス, 霊知, 神秘的直観

gnóstico, ca [[g]nóstiko, ka] 形 名《キリスト教》グノーシス派の〔人〕
　gnosticismo 男 グノーシス主義

gnu [[g]nú] 男《動物》ヌー

gobelino [gobelíno] 男 ゴブラン織り；その職人

gobernable [gobernáble] 形 統治(支配)され得る

gobernación [gobernaθjón] 女 ❶ 統治；管理, 運営；操縦. ❷ 統治区域, 領土. ❸ [メキシコ, 昔のスペインの] 内務省 [ministerio de (la) G~]

gobernador, ra [gobernaðór, ra] 名 ❶ [植民地などの] 総督；[要塞などの] 司令官：~ militar 軍管区司令官. ❷ [メキシコ・米国などと連邦国家の州 [スペインの] 県知事 [~ civil]：~ de Veracruz ベラクルス州知事. ~ civil de Burgos ブルゴス県知事. ❸ [公的機関の] 総裁：~ del Banco de España スペイン銀行総裁

gobernalle [gobernáʎe] 男 舵 [timón].

gobernanta [gobernánta] 女 ❶ [ホテルの] チーフメード, 女中頭；寮母. ❷《俗語》口やかましい(命令好きな)女. ❸《中南米》女家庭教師

gobernante [gobernánte] 形 名 [一国の] 統治者の〔人〕, 支配者, 政権担当者, 為政者の〔人〕

gobernar [gobernár] 23 他 ❶ 統治する, 支配する：~ un país 国を治める. ~ las pasiones (la cólera) 情熱(怒り)を抑える. ❷ [船などを] 操縦する；[人を] 操る：~ su barca 舟を操る. Se deja ~ por su mujer. 彼は妻の言いなりになっている
◆ 自 El rey reina pero no *gobierna*. 国王は君臨すれど統治せず
◆ **~se** ❶ 支配される. ❷ 自ら治める；身を処する：No sabe ~*se*. 彼は自分を抑えることができない. *Se gobernaba* por los consejos de sus amigos. 彼は友人たちの忠告どおりに行動した
　gobernárselas 自分のことを処理できる, 何とかやっていける

gobierno [gobjérno] 男《英 government》❶ 政府；内閣：~ español スペイン政府. llegar al G~ 政権をとる. formar un nuevo ~ 組閣する. Casa de G~ 大統領(首相)官邸. ❷ 政治形態, 政体：Tenemos un ~ democrático. 我が国は民主主義だ. ~ parlamentario 議会政治. ~ representativo 代議政体. ❸ 統治；管理, 運営；操縦：~ de la nación (la casa) 国政(家政). línea de ~ 運営(指導)方針. ❹ 知事の地位(官邸)；総督府：~ civil 《西》県知事官邸. ❺ 舵；舵取：de buen ~ 操船性のよい. perder el ~ del avión 飛行機のコントロールを失う
　mirar contra el ~ 斜視である
　para el ~ *de*+人 …への参考までに：*Para tu* ~, te comunico que ya no queda más dinero. 念のため言っておくが, もう金はないよ
　servir de ~ 規準(警告)となる：*Este fracaso le servirá de* ~. この失敗は彼にとっていい薬だ

gobio [góbjo] 男《魚》カマツカ；ハゼ

goce [góθe] 男 [←gozar] ❶ 楽しみ, 喜び：Fue un ~ para mí escuchar tu canción. 君の歌を聞くのは私にとって喜びだった. ~ de crear 創造の喜び. ❷ [能力・権利などの] 使用, 行使

godo, da [góðo, ða] 形 名 ❶《歴史》ゴート族の〔人〕. ❷《軽蔑》[カナリア諸島で] 本土から来たスペイン人；[中南米] [独立戦争時に] スペイン人；[政治的に] 保守的な
　venir de los ~s 血筋がよい

gofio [gófjo] 男《中南米》トウモロコシや小麦などのひき割り粉

gofrar [gofrár] 他 [熱した鉄型で, 紙・布などに] 浮き出し模様をつける

gofre [gófre] 男《西. 菓子》ゴーフル, ワッフル

gogó [gogó] 名 [←英語] ゴーゴーガール(ダンサー)[chica a ~]
　a ~ 《西. 古語的》たくさん, いっぱい

gol [gól] 男 [←英語][サッカーなどの] ゴール [行, 得点]：meter (marcar) un ~ ゴールを決める, 得点する；[ライバルに対して] 一歩リードする. tiro a ~ [ゴールに対する] シュート. ~ average ゴールアベレージ. ~ de campo フィールドゴール

gola [góla] 女 ❶《服飾》ひだえり；[鎧の] 喉当て [☞armadura カット]. ❷《建築》波繰形 (なみくりがた). ❸ 喉 [garganta]
　hacer ~ 《南米》立ち向かう, 抵抗する

golear [goleár] 自 他《スポーツ》得点する；大量得点する
　goleada 女 大量得点：ganar por una ~ 楽々と勝つ
　goleador, ra 名 得点する選手, ポイントゲッター：máximo ~ 得点王

goleta [goléta] 女《船舶》スクーナー

golf [gólf] 男《スポーツ》ゴルフ：jugar al ~ ゴルフをする. jugador de ~ ゴルファー. terreno de ~ ゴルフ場

golfa[1] [gólfa] 女《口語》売春婦

golfear [golfeár] 自《主に西》よた者(浮浪者) golfo の生活をする
　golfante 形 名 よた者(の), ごろつき〔の〕
　golfería 女 悪さ, 不良行為；[集合] よた者たち, 非行グループ

golfista [golfísta] 图 ゴルファー

golfo[1] [gólfo] 男 《地理》湾 [顔 bahía は一般に golfo より小さい湾]: *G～ de México (de Vizcaya)* メキシコ(ビスケー)湾. *guerra del G～* 湾岸戦争 [対イラク. 1991 年]

golfo[2], **fa**[2] [gólfo, fa] 形 行儀の悪い; 卑猥な ◆ 图 ❶ 身持ちのよくない人; よた者, ろくでなし: i) *Siempre va con ～s.* 彼はよくない連中とつき合っている. ii) 《戯談》*No seas ～ y devuélveme el cambio exacto.* こら, ちゃんとお釣りを返してくれ. ❷ 《口語》やんちゃな(行儀の悪い)子供

Gólgota [gólgota] 男 《聖書》ゴルゴタの丘

goliardo, da [goljárdo, ða] 形 《飲食などの》快楽に溺れた. ◆ 男 [中世の] 遊歴書生
goliardesco, ca 遊歴書生か

golilla [golíʎa] 女 《技術》ワッシャー; 《服飾》[司法官の] 黒色の付け襟

gollería [goʎería] 女 ❶ おいしいもの, ごちそう. ❷ 《口語》[過度の洗練などを望む] ぜいたく: *pedir ～s* ぜいたくを言う, あまりに多くを望む

golletazo [goʎetáθo] 男 《闘牛. 軽蔑》首への一突き [肺に達する失敗技]
dar ～ [+a 交渉•議論などを] 突然打ち切る

gollete [goʎéte] 男 喉(2)の上部; [瓶などの] 細い首
estar hasta el ～ うんざりしている; 腹が一杯である: *Estoy hasta el ～ de sus entrometimientos.* 私は彼の干渉にはうんざりしている
no tener ～ 《南米》[事が] 無分別(非常識)である

golondrina [golondrína] 女 ❶ 《鳥》ツバメ: *Una ～ no hace verano.* 《諺》1つの例からだけでは一般的な結論は下せない. *Voló la ～.* 尋ね人は去って(望みが消えて)しまった. *～ de mar* アジサシ. ❷ 遊覧船, 小型連絡船. ❸ 《魚》トビウオ

golondrino 男 1) ツバメのひな; 《魚》トビウオ. 2) 脱走兵; 放浪者. 3) わきの下のできもの

golosa[1] [golósa] 女 《南米》石けり遊び

golosina [golosína] 女 ❶ [主に甘い] 菓子 [キャンディーなど]. ❷ 欲求; 気まぐれ: *mirar con ～* 物欲しそうに(うらやましそうに)見る. ❸ 刺激, 誘惑
ser el espíritu de la ～ やせ細っている, 消耗している

golosinear/golosear 自 菓子を食べる

goloso, sa[2] [golóso, sa] 形 ❶ 甘党の, 菓子好きの. ❷ おいしそうな; 魅力的な: *empleo ～* 人気のある職業. ❸ 《口語》汚ない, よごれた ◆ 图 甘党の人
tener muchos ～s 羨望の的になる

golpazo [golpáθo] 男 ひどく打つこと, 強打; 激しい衝撃: *cerrar la puerta de un ～* ドアをバタンとしめる

golpe [gólpe] 男 《英 blow, stroke》❶ 打撃, 殴打; 衝撃: i) *Al caer, recibí un ～ en el hombro.* 私はころんだ時, 肩を打った. *Dio unos ～s en la puerta.* 彼はドアをノックした. *Me dio un ～ en la cabeza.* 彼は私の頭を殴った. *Dos coches chocaron con*

un ～ fuerte. 2 台の車がドシンと衝突した. ii) 《比喩》*Sufrió un ～ duro con la muerte de su padre.* 父親の死によって彼はひどい打撃をこうむった. *Ese accidente ha constituido un gran ～ para el mundo.* その事故は世界に大きな衝撃を与えた. *A ～ dado no hay quite.* 《中米》覆水盆に返らず
❷ 襲撃; 銃撃: *preparar el ～* 攻撃の準備をする. *～ de mano* 急襲
❸ [突然の自然現象•動作] *～ de mar* 大波. *～ de lluvia* にわか雨. *～ de viento* 突風. *～ de ariete* [蛇口などからの] 水の噴出. *～ de risa* 笑い出す(吹き出す)こと. *～ de sangre* 卒中の発作. *～ de tos* 咳こみ
❹ 自動ロック錠, スプリング錠 [cerradura de ～]
❺ 《口語》犯罪行為, 盗み, 詐欺; 才気, 機知
❻ [一度に入れる] わずかな量: *un ～ de sal* ひとつまみの塩
❼ 一つの穴に入れる種(苗)
❽ 《スポーツ》i) 《野球》ヒット. ii) 《テニス》ショット; 《ゴルフ》ショット, ストローク: *buen ～* ナイスショット. *el tercer ～* 第 3 打. iii) 《サッカー》キック: *～ de castigo* ペナルティーキック. *～ franco* フリーキック. iv) 《ボクシング》パンチ: *～ bajo* ロブロー; 卑劣な手段. *～ cruzado* クロスカウンター. v) 《フェンシング》ヒット: *～ doble* ダブルタッチ. vi) 《ボート》ストローク
❾ [ゲームの] 局面; ひと打ち, 一手
❿ 《映画•演劇》*～ de efecto* 意外な展開, どんでん返し; ギャグ
⓫ 《美術》*～ de luz* ハイライト
⓬ 《フラメンコ》足の裏全体で床を打ちつける技
a ～ de... …を使って: *a ～ de diccionario* 辞書と首っぴきで. *a ～ de piedras* 石を投げて
a ～ seguro 確実に, 間違いなく
a ～s 1) 叩いて, 殴って: *Le he educado a ～s.* 私はげんこつで彼を教育した. 2) 力づくで: *Se abrió paso a ～s.* 彼は強引に通り抜けた. 3) 断続的に: *Llueve a ～s.* 雨が降ったりやんだりしている. 4) ひとかたまりずつ: *sembrar a ～s* 種をひと握りずつまく
acusar el ～ 痛手をこうむる
andar a ～s いつもけんかする; やたらと殴る
¡buen ～! よくやった, うまい言葉だ!
caer de ～ [突然] ドスンと倒れる
dar demasiados ～s... …をあまりにもしばしば繰返す(話題にする)
dar [el] ～ びっくりするようなことをする, センセーションを巻き起こす: *Con ese vestido vas a dar el ～ en la fiesta.* そのドレスを着たらパーティーで大評判になるよ
de ～ 突然, すぐに; 乱暴に: *Se abrió de ～ la puerta.* ドアがパッと開いた. *cerrar la puerta de ～* ドアをバタンと閉める
de ～ y porrazo あわただしく, よく考えないで
de un ～ 一気に, 一挙に: *escribir una carta de un ～* 一気に手紙を書き上げる. *conseguir de un ～ una fortuna* 一挙に一財産築き上げる
errar (fallar) el ～ しくじる, 失敗する

golpeador

~ de efecto [突然の] 劇的効果を狙った行為.

~ de Estado クーデター : dar (armar) un ~ de Estado クーデターを起こす

~ de fortuna 突然の幸運(不運)

~ de gracia [瀕死の苦しみを救う] とどめの一撃 ; 決定的な打撃 : El embargo fue el ~ de gracia para ellos. 差し押さえは彼らにとって致命的な打撃となった

~ de pecho 手で胸を打つ仕草 [悔恨・悲しみを表わす] ; 悔罪.

~ de suerte 思いがけない幸運.

~ de vista 一見すること ; a ~ de vista 一目で.primer ~ de vista 外見, 見てくれ

marrar el ~ =errar el ~

no dar (pegar) ~ 《口語》何も仕事をしない, 無為に過ごす

parar el ~ 打撃(災難)を避ける

tener buenos ~s/tener cada ~ 機知に富んでいる, ウィットがきいている

golpeador [golpeaðór] 男 《中南米》[ドアの] ノッカー [aldaba]

golpear [golpeár] 他 自 **❶** 打つ, 叩く : ~ una bola ボールを打つ. ~ la puerta ドアを叩く ; ドアをバタンと閉める. ~ la máquina 機械をぶつける, 機械に衝撃を与える. ~ a+人 (en) la cara …の顔を叩く. La lluvia *golpea* (en) los cristales. 雨が窓ガラスを叩いている. **❷** 《フラメンコ》足の裏全体で床を打ちつける

◆ **~se** [自分の…を] *Se ha golpeado* la cabeza. 彼は頭を打った

golpetazo [golpetáθo] 男 =golpazo

golpetear [golpeteár] 他 自 **❶** 軽く何度も叩く : La persiana *golpeteó* toda la noche. ブラインドが一晩中カタカタいっていた

golpeteo 男 1) 軽く何度も叩くこと ; その音. 2) [エンジンの] ノッキング

golpismo [golpísmo] 男 クーデター主義

golpista 形 名 クーデター主義の(主義者)

golpiza [golpíθa] 女 《中南米》めった打ち [paliza]

goma [góma] 女 **❶** 《植物》ゴム ; [製品] ゴム [~ elástica] : pelota de ~ ゴムボール. ~ arábiga アラビアゴム. ~ de mascar チューインガム [chicle]. ~ dos プラスチック爆弾. ~ espuma フォームラバー. ~ guta ガンボージ. ~ kauri カウリゴム. ~ laca シェラック. **❷** 輪ゴム, ゴムバンド ; ゴムひも. **❸** 消しゴム [~ de borrar] : borrar con [la] ~ 消しゴムで消す. **❹** ゴム糊 [~ de pegar]. **❺** ゴムホース. **❻** [口語] コンドーム [condón]. **❼** [隠語] 純度の高いハシーシュ. **❽** 《中南米》二日酔い : Estoy de ~. 私は二日酔いだ. **❾** 《南米》タイヤ

de ~ 《口語》敏捷な

gomaespuma [gomaespúma] 女 フォームラバー

gomal [gomál] 男 《中南米》ゴム園

gomería [gomería] 女 《中南米》タイヤの修理工場

gomero, ra [goméro, ra] 形 **❶** ゴム[製]の. **❷** 《地名》ゴメラ島 Gomera の [カナリア諸島の一つ]

◆ 男 **❶** 《南米》ゴム園主(労働者) ; ゴムの木. **❷** 《玩具》パチンコ

Gómez [gómeθ] 《人名》ゴメス

gomina [gomína] 女 《←商標. 化粧》ディップ

gomita [gomíta] 女 輪ゴム

gomorresina [gomoȓesína] 女 ゴム樹脂

gomoso, sa [gomóso, sa] 形 ゴム[状]の

◆ 男 《古語》きざな(おしゃれな)男

gónada [gónaða] 女 《解剖》生殖線

góndola [góndola] 女 **❶** ゴンドラ ; [気球の] 吊りかご. **❷** 《航空》エンジンポッド. **❸** 《南米》乗り合いバス

gondolero 男 ゴンドラの船頭

gong [góŋ] 男 《襖》~s》どら ; ゴング

gongo 男 =gong

gongorino, na [goŋgoríno, na] 形 ゴンゴラ Luis de Góngora のような, 誇飾主義の [スペインの詩人. 1561-1627]

gongorismo 男 ゴンゴラ詩法, 誇飾主義

goniómetro [gonjómetro] 男 測角器, ゴニオメーター

gonorrea [gonoȓéa] 女 《医学》淋(?)病

gonococia 女 淋菌による尿道疾患

gonococo 男 《医学》淋菌

González [gonθáleθ] 《人名》ゴンサレス

gonzalito [gonθalíto] 男 《鳥》ムクドリモドキ ; コウライウグイス

gorda[1] [górda] 女 **❶** 《西》大型の貨幣 [↔ chica]. **❷** 《中米》大きなトルティーリャ

armar la ~ 騒ぎを起こす : Se va a *armar la ~*. 一騒動ありそうだ

estar sin ~ 一文なしである

ni ~ 《口語》1) no tener *ni ~* 一文なしである. 2) まったく…ない : No veo *ni ~*. 何も見えない

gordal [gordál] 形 ひときわ大きい : aceituna ~ 大粒のオリーブ

gordi[n]flón, na [gorði[n]flón, na] 形 名 ぶよぶよに太った[人]

gordinflas 形 名 =gordinflón

gordito, ta [gorðíto, ta] 形 小太りの : cara ~ta 丸ぼちゃの顔

gordo, da[2] [górðo, ða] 形 《英 fat. ↔delgado》 **❶** 太った [[肥満 人について上品に言う時は grueso] : i) Es (Ahora está) ~. 彼は太っている(今は太っている). ponerse ~ 太る. ii) [+de と] ser ~ de piernas 大根足である. **❷** 大きい, 太い, 厚い : manzana ~da でっかいリンゴ. libro ~ 厚い本. **❸** 脂肪分(脂身)の多い. **❹** 《口語》重大な : Ha tenido un accidente muy ~. 彼はひどい事故に会ったことがある. El problema es muy ~. それは大事な問題だ. algo ~ 重大な何か

caer ~ a …の反感を買う, 不快にさせる : Ellas me *caen* ~*das*. 彼女たちは私の神経にさわる

de las ~s 途方もない, 莫大な : Es una equivocación *de las* ~*das*. それはとんでもない誤りだ

reventar de ~ ぶくぶくと太っている

◆ 名 太った人

bailar con la más ~da 貧乏くじを引く，運が悪い

◆ 男 ❶ [不可算] 脂肪，脂身：carne con ~ 脂身の多い肉. ❷ [宝くじの] 大当たり [premio ~]：Le ha caído (tocado) a José el ~. ホセは大当たりをひいた

gordolobo [gorðolóβo] 男 《植物》ビロードモウズイカ

gordura [gorðúra] 女 ❶ 肥満；脂肪，脂肉. ❷ 《中南米》クリーム，乳脂

gorgojo [gorgóxo] 男 《昆虫》[コク]ゾウムシ

gorgorito [gorgoríto] 男 《音楽》ルラード
　gorgoritear 自 ルラードで歌う

gorgotear [gorgoteár] 自 [水などが] ゴボゴボいう
　gorgoteo 男 ゴボゴボいう音

gorguera [gorɣéra] 女 《服飾》ひだえり [ロカット]；[鎧の] 喉当て

gorigori [gorigóri] 男 《口語》ざわめき；《戯語》埋葬する時の葬送歌

gorila [goríla] 男 ❶ 《動物》ゴリラ. ❷ 用心棒；《南米．軽蔑》反動的な人

gorjear [gorxeár] 自 ❶ [鳥が] さえずる；喉を震わせて歌う. ❷ [乳児が] 片言を話す，ムニャムニャ言う
　gorjeo さえずり

gorra [góra] 女 《英 cap》❶ [ひさしのある] 帽子：~ de plato [警官などがかぶる] 上の平らな帽子；ボンネット，ボンネット [gorro]；《軍事》近衛兵帽，バズビー；~ de marinero 水夫帽
　con ~ 《口語》簡単に，容易に
　de ~ 《口語》ただで，他人の払いで：Le gusta comer (ir) de ~. 彼は人のおごりで食べるのが好きだ
　◆ 男 《まれ》いつも他人におごってもらう人 [gorrón]

gorrear [goreár] 自 居候をする，たかる

gorrillo [goríʎo] 男 ~ de ducha シャワーキャップ

gorrino, na [goríno, na] 形 名 ❶ [4か月未満の] 子豚；豚 [cerdo]. ❷ 《口語》豚のような[人]，うすぎたない[人]，食いしんぼうの[人]，強欲（卑劣）な[やつ]
　gorrinada 女 汚さ，不潔；卑劣なこと
　gorrinera 女 豚小屋；汚い場所
　gorrinería 女 ＝gorrinada

gorrión [gorjón] 男 《鳥》スズメ（雀）

gorro [góro] 男 縁なし帽子；[女性・子供の] ボンネット，~ de baño 水泳帽；~ de cocinero コック帽；~ de dormir ナイトキャップ．~ de ducha シャワーキャップ．~ catalán ＝**barretina**．~ de lana 毛糸の帽子．~ de caza ハンチング，鳥打ち帽
　apretarse el ~ 《南米》逃げ腰になる
　hasta el ~ 《口語》うんざりした：Estoy *hasta el ~ de sus impertinencias*. 彼の図々しさにはもう我慢ならない
　poner el ~ a＋人 …を困らせる；…に不貞を働く

gorrón, na [gorón, na] 形 名 ❶ 《西》いつも他人におごってもらう[人]；居候（いそうろう）の[人]：A ver si compras tabaco, ¡~! 自分でたばこを買ったらどうだ，このたかり屋め！ ❷ 《中米》利己主義の[人]
　◆ 男 《機械》心棒，ピン
　◆ 女 売春婦

gorronear 他 自 《西》おごってもらう，居候をする

gorronería 女 《西》たかり；居候

gota [góta] 女 《英 drop》❶ しずく，したたり：~ de agua 水滴，雨だれ．~s de rocío 露の玉．grandes ~s de lágrimas 大粒の涙．una ~ de ámbar 1粒の琥珀．poner unas ~s de coñac en el té 紅茶にブランデーをたらす．Caían unas ~s. 雨がポツポツ降ってきた．Empezó a llover con grandes ~s de agua. 大粒の雨が降り始めた．❷ 少量：No tiene una ~ de sentido común. 彼は少しも常識というものがない．❸ 《医学》i) 痛風．ii) 男 点滴薬，滴剤：~s nasales 点鼻薬．iii) ~ serena 黒内障，黒そこひ．~ caduca (coral) てんかん

　cuatro ~s 短時間のわずかな雨，通り雨：Han caído *cuatro ~s*. 雨はパラパラ降っただけだ

　~ a ~ 1) 1滴ずつ，ポタポタと；少しずつ，じっくりと：dar el dinero *~ a ~* 少しずつ金をやる．2) 男 点滴滴 [transfusión *~ a ~*]；点滴器

　~ fría [小規模な嵐を伴う] 寒気の塊

　~ que rebasa (colma) el vaso やりすぎ

　ni ~ 何も［…ない］：No se ve *ni ~*. 何も見えない

　no quedar a＋人 [una] *~ de sangre en el cuerpo (las venas)* …が血の凍る思いをする，血の気がひく：*No le quedó ~ de sangre en el cuerpo*. 彼は肝をつぶした

　ser (parecerse como) dos ~s de agua 瓜二つである，非常によく似ている

　ser la última ~/ser la ~ que colma (rebosa) el vaso 堪忍袋の緒を切らせる

　ser una ~ en el océano 大海の一滴である

　sudar la ~ gorda 《口語》血のにじむような努力をする

gotear [goteár] 自 ❶ したたる：El agua *goteaba* del tejado. 屋根から水滴がポタポタ落ちていた．*Gotea* el grifo. 蛇口が漏っている．❷ [単人称] 雨がポツポツ降る：*Goteaba* cuando salí de casa. 私が家を出た時，雨がポツポツ降っていた（降り始めた）．❸ 少しずつ与える（受け取る）

goteadura 女 《中南米》雨漏り[の個所]

goteo 男 1) したたり，滴下．2) 少しずつ与える（受け取る）こと：en un lento ~ ポツリポツリと，ごく少しずつ

gotelé [gotelé] 男 [壁の] 吹付け塗装

gotera [gotéra] 女 ❶ 雨漏り；その個所（しみ）：La ~ cava la piedra. 《諺》雨だれ岩をもうがつ．❷ 腰 [老人の] 持病．❸ 《中南米》

郊外

ser una ~ 《口語》[事物が] 少しずつだが着実である: Los gastos de la casa *son una* ~. 住居費は少しずつだが確実にかかってくる

gotero [gotéro] 男《中米》ピペット；点滴器

goterón [goterón] 男 大粒の雨滴；《建築》水切り

gótico, ca [gótiko, ka] 形 ❶ ゴシック式の；《文学》ゴシック風の: arquitectura (música) ~*ca* ゴシック建築 (音楽). ❷ ゴート族の
◆ 男 ❶ ゴシック様式 《estilo ~》: ~ flamígero フランボアイヤン様式，火炎式ゴシック. ~ tardío (florido) 後期ゴシック美術. ❷ ゴート語 《lengua ~*ca*》
◆ 女《印刷》ゴシック活字 《letra ~*ca*》；ゴシック書体 《escritura ~*ca*》

gotoso, sa [gotóso, sa] 形 痛風持ちの〔人〕

gourmet [gurmé] 名《複 ~s》《←仏語》食通，グルメ

goyesco, ca [gojésko, ka] 形 ゴヤ Francisco de Goya の〔ような〕《画家, 1746-1828》

gozada [goθáða] 女《口語》大喜び

gozar [goθár] 自 自《英 enjoy. ☞活用表》❶ [+con を] 楽しむ: *Goza con* (escuchando) la música rock. 彼はロックを聞いて楽しんでいる. ❷ [+de を] 享受する: *Gocé de* unas vacaciones. 私はバカンスを楽しんだ. Últimamente no *goza de* buena salud. 彼は最近健康を害している. ~ *de la vida* 人生を楽しむ. ~ *de fama* 名声を博している
◆ 他 ❶ 享受する: *Gozamos* una temperatura suave. 私たちは穏やかな気温に恵まれている. ~ *una vida tranquila* 静かな生活を楽しむ. ❷《古語》[女性と] 肉体関係を持つ，ものにする
~ *la* 楽しい時を過ごす 《pasarlo bien》
◆ ~**se** [+en を] 楽しむ，喜ぶ: ~*se en* el daño ajeno 他人の不幸を喜ぶ

gozar	
直説法点過去	接続法現在
gocé	goce
gozaste	goces
gozó	goce
gozamos	gocemos
gozasteis	gocéis
gozaron	gocen

gozne [góθne] 男 [ドア・窓の] ちょうつがい

gozo [góθo] 男 ❶ 喜び，楽しみ: ~ *de llevar una vida tranquila* 静かに暮らす喜び. sentir un gran ~ 大きな喜びを感じる. ❷ 〔複〕《聖母・聖人を讃える》讃歌，頌歌
dar ~ 喜ばせる: *Daba* ~ *jugar con los animales.* 動物たちと遊ぶのは楽しかった
su ~ *en un pozo/el* ~ *en el pozo* 当て外れだ
no caber en sí de ~ 無上の喜びを感じる
saltar de ~ 大喜びする
ser un ~ 喜びである，楽しい

gozoso, sa [goθóso, sa] 形 うれしい，喜ばしい；楽しい: unión ~*sa* 楽しい集まり. estar ~ con la noticia 知らせを聞いて喜んでいる

gozque [góθke] 男《犬》パグ

G.P.《略語》←giro postal 郵便為替

g/p《略語》←ganancias y pérdidas 損益

g〔r〕《略語》←gramo グラム

grabación [graβaθjón] 女 収録，録音，吹込み；録画: ~ en video ビデオ録画

grabado [graβáðo] 男 ❶ 彫版〔術〕，製版；版画: ~ al agua fuerte エッチング. ~ en cobre (madera) 銅 (木) 版〔画〕. ~ en dulce 銅凹版. ~ en hueco グラビア印刷. ❷ 挿絵，イラスト: La revista tiene buenos ~*s*. その雑誌にはいいカット (写真) がのっている. ❸ [レコードなどの] 吹込み

grabador, ra [graβaðór, ra] 形 彫版の，製版の: plancha ~*ra* 版木
◆ 名 版画家，彫版師；《情報》データ入力者
◆ 男 テープレコーダー
◆ 女 テープレコーダー 《~*ra de cinta*》；《放送》女性レポーター

grabar [graβár] 他 ❶ 彫る，刻む: ~ *un sello* 刻印を押す. ❷ 収録する，録音する；録画する: ~ *un disco* レコードに吹込む. ~ *una sinfonía* 交響曲を録音する. ❸ [+en などに] 刻み込む，銘記する: ~ *en* su memoria 記憶に刻み込む. *Graba en* tu mente lo que te voy a decir. これから言うことをしっかり心にとめておけ. ❹《情報》データを入力する
◆ 自 [+en に] 彫る: ~ *en* madera 木彫りをする. ~ al agua fuerte エッチングをする

gracejada [graθexáða] 女《中米》悪趣味な冗談

gracejo [graθéxo] 男 ❶ 機知；冗談. ❷《中南米》冗談好きな人

gracia [gráθja] 女《英 grace》❶〔神の〕恩寵；恩恵: estar en estado de ~/estar en ~ de Dios 恩寵の状態にある《大罪を犯していない》. Rey de España por la ~ de Dios 神の御加護によりスペイン国王《勅書の決まり文句》. ¡Que entre la ~ de Dios! [窓を開けて] 自然の恵み (風・日光など) を入れなさい!
❷ 好意；寵愛: i) Me hizo la ~ de concedérmelo. 彼は私にそれを譲ってくれた. disfrutar de la ~ de su amo 主人の寵愛を受ける. ii)《反語》Me hicieron una ~ que me ha costado cien mil pesetas. 彼らのおかげで10万ペセタもかかってしまった
❸ 恩赦，許し: No hubo ~ para él. 彼には特赦がなかった. derecho de ~ 恩赦権
❹ [生まれつきの] 優美さ，気品，しとやかさ；魅力，才能: bailar con ~ 優雅に踊る. facciones sin ~ 品のない顔つき. Tiene mucha ~ en su porte. 彼女の動作はとてもしとやかだ. Isabel no es guapa, pero tiene cierta ~. イサベルは美人ではないが，どこか魅力がある. Este coche tiene sus ~*s* y sus defectos. この車は長所も欠点もある. tener ~ para coser 裁縫が上手である. Más vale caer en ~ que ser

gracioso.《諺》魅力は能力に勝る. las Tres *G*～*s*《神話》美の三女神. ii)《皮肉》Hizo otra de sus ～s. 彼はまたへまをやらかした

❺ 面白さ, おかしさ; 冗談: chiste que tiene mucha ～ 大変面白い小話.　¡Menuda ～ tiene! それは全然面白くない! No le veo la ～. 何がおかしいのかわからない. Ahí está la ～. そこにおかしさがある. Siempre está diciendo ～s. 彼はいつも冗談ばかり言っている.　No estoy de (para) ～s ahora. 今私は冗談なんか聞く(言う)気になれない

❻《商業》[返済·支払いの] 猶予: período de ～ 猶予期間. un día de ～ 1日の猶予

❼《古語的》名前: ¿Cómo es su ～, señorita? お嬢さん, お名前は?

❽ 圏《英 thanks, thank you》感謝, ありがとう: i) *G*～*s* por tu carta. お手紙ありがとう. Muchas ～*s*. どうもありがとう. Mil ～*s*. 本当にありがとう. Nada de ～*s*. お礼なんてとんでもない. ¿Quieres más café?—No, ～*s*. コーヒーのお代わりは?—いいえ, けっこうです. Y ～*s* si+直説法·接続法過去 もし…ならばありがたい.　dar (las) ～*s* a+人 …に感謝する, お礼を言う. dar ～*s* al cielo (a Dios) 神に感謝をささげる. acción de ～*s* [神への] 感謝[の祈り]. ii) [要請の手紙·掲示·アナウンスなどの末尾で] お願いします: Utilice el cajero automático. *G*～*s*. キャッシュディスペンサーをご利用下さい

¡a Dios ～s! ＝¡～*s* a Dios!

caer en ～ a+人 …の気に入る: Parece que le *he caído en* ～. 彼は私が気に入ったようだ

dar con la de ～ *de*+不定詞《口語》いやなことにいつも…する: *Da en la* ～ *de* poner la radio a las seis. 迷惑なことに彼はいつも6時にラジオをつける

de ～ 好意で; 無償(無料)で

en ～ *a...* …に免じて: No le han castigado *en* ～ *a* sus servicios anteriores. 彼は以前の功労に免じて罰せられなかった

estar en ～ *cerca de*+人 …のお気に入りである

～*s a...* …のおかげで: *G*～*s a* ti he llegado a tiempo. 君のおかげで間に合った.　*G*～*s a* que sabía nadar, me salvé. 泳ぎができたおかげで私は命びろいした

～*s a Dios* ありがたい, おかげさまで: *¡G*～*s a Dios!* Ha venido a tiempo. しめた! いい時に彼が来た.　*G*～*s a Dios* se ha mejorado mi madre. おかげさまで母はよくなりました

hacer ～ *a*+人 1) …を面白がらせる; 浮き浮きさせる; …の気に入る: Ese chiste nos *hizo* mucha ～. そのジョークはとてもおかしかった. Me *hace* ～ la idea de ir al cine con ella. 彼女と映画を見に行くと考えただけで私は楽しくなる. No me *hace* ～ ese hombre. 私はその男が気にくわない.《反語》[+que+接続法] Me *hace* ～ que me echen la culpa. 私に罪をかぶせるなんてひどい話だ. 2) [+de+接続法] 免除してやる: Te *hago* ～ *de* los detalles del asunto. 事の詳細は抜きにしよう

[*no*] *hacer* (*tener*) *maldita* [*la*] ～ 面白くもない, 不愉快である: *¡Maldita la* ～ *que tiene* (me *hace*) esto! こんなことは面白くも何ともないよ!

¡qué ～ [*tiene*]*!* 何て面白い(奇妙だ)/不愉快だ, とんでもない!: *¡Qué* ～ habernos encontrado aquí! ここで会うとは奇遇だなあ! *¡Qué* ～! Llegas justamente cuando iba a salir. ちぇっ! ちょうど出かけようとした時に君が来るなんて

reír a+人 *la* [*s*] ～[*s*] …[の冗談など]を義理で笑う, お世辞笑いをする

tener ～ *que*+人+接続法《皮肉》…は面白い(奇妙だ); 不愉快だ, ばかげている: *Tiene* ～ *que* no sepas nada de eso. 君がそれをまったく知らないとはおかしい.　*Tiene* ～ *que* se haya marchado sin detenerse nada. 私に何も言わずに行ってしまうなんてもってのほか

tener la ～ *por arrobas* とても面白い; 面白くも何ともない

¡vaya [*una*] ～!* いまいましい!/《軽蔑》お笑い草だ!: *¡Vaya una* ～! He olvidado la cartera. 何てことだ! 財布を忘れた

... y ～*s* …で十分[すぎる]だろう: *¿Mil pesetas?* Te daré la mitad *y* ～*s*. 千ペセタだって? 500ペセタやるよ. それで御の字だろう

grácil [gráθil] 圏 細い, きゃしゃな; 優美な: ～ figura きゃしゃな体つき

gracilidad 囡 細さ, きゃしゃ

gracioso, sa [graθjóso, sa] 圏 ❶ 面白い, おかしい, 茶目っ気がある; かわいい; 機知に富んだ: i) chico muy ～ 大変ひょうきんな(愛嬌のある)子. coincidencia ～*sa* 面白い偶然の一致. conversación ～*sa* 気のきいた会話. Lo ～ es que pasó por mi lado y no me vio. 面白いことに彼は横を通ったのに私に気づかなかった. ii)《皮肉》面白くもない, わずらわしい. ❷ 無償の, 無料の: A título ～, me dejó la tierra. 彼は無償でその土地を貸してくれた. ❸ Su *G*～*sa* Majestad [英国王への尊称] 慈悲深き陛下

◆ 圐《演劇》道化役: hacerse el ～ おどける

graciosamente 圖 1) おどけて. 2) 慈悲をもって: Le concedió ～ un título. 彼はお情けで称号をもらった. 3) 無償で: Trabajaban ～ para el soberano. 彼らは何ら報われることなく君主のために働いていた

grada [gráða] 囡 ❶ [階段の] 段; 圐 [入り口などの] 階段: subir las ～*s* de una (en) una 階段を1段ずつ上る. La vi en las ～*s* de la iglesia. 私は教会の前の階段で彼女に会った. ～[*s*] del trono 王位. ❷ [図 階段席, 観覧席: Las ～*s* están llenas de público. 観覧席は観客で一杯だ. ❸ [窓の目隠し用·面会室の] 格子. ❹《農業》ハロー, 砕土機. ❺ 圐 造船台, 船架

gradación [graðaθjón] 囡 段階[的配列]; 《美術·音楽》グラデーション

gradar [graðár] 他《農業》[土地を] ハロー(まぐわ)でならす

gradería [graðería] 囡 階段席, スタンド; 匯亜 そこの観客: ～ cubierta 屋根のある観覧席

graderío 圐《西》＝gradería

gradiente [graðjénte] 男 ❶ 変化率；《物理》勾配：~ de potencial 電位勾配. 《中南米》傾斜

grado [gráðo] 男 〖英 degree〗 ❶ 程度, 段階：No sé qué ~ de amistad hay entre ellos. 彼らがどの程度親しいのか私にはわからない. en alto ~ 非常に；大量に. en sumo (último•el más alto) ~/en superlativo 極度に. en tal ~ それほどに. ~ de invalidez 障害の程度. diferentes ~s de la evolución 進化の諸段階 ❷ …度：i)[温度] La temperatura es de veinte ~s bajo cero. 気温は零下20度だ. La temperatura descendió cinco ~s. 温度が5度下がった. ¿Cuántos ~s hay (A cuántos ~s estamos) en este cuarto? この部屋は何度ですか？ ~s centígrados (Celsio•Celsius) セ氏. ~s Fahrenheit カ氏. ~ Kelvin 絶対温度. ii)[その他] ~ de humedad 湿度. ángulo de treinta ~s 30度の角度. quemadura de tercer ~ 3度のやけど. vino que tiene once ~s アルコール分11度のワイン ❸[軍隊における]階級：tener el ~ de capitán 大尉の位を持っている ❹ 学位；高校卒業資格：~ de doctor 博士号. tener el ~ (de bachiller) 高卒の資格を持っている ❺ 学年：alumno del tercer ~ 3年生. Tiene ocho años y todavía en el primer ~. その子は8歳なのにまだ1年生だ ❻[血縁の]親等：Los hermanos son parientes (en) segundo ~. 兄弟は二親等である. primo en segundo ~ またいとこ ❼《法律》審級：en ~ de apelación (revisión) 控訴審(再審)で ❽《数学》[方程式の]次数：ecuación de primer (segundo) ~ 一(二)次方程式 ❾《文法》級：~ positivo (comparativo•superativo) 原級(比較級•最上級) ❿《宗教》剃髪式後に聖職者が与える品級

de (buen) ~ 快く, 進んで：*de ~ o por fuerza/de buen o mal* ~ いやおうなしに
de ~ *en* ~ *=por* ~*s*
de mal ~ いやいやながら, 不本意に
de su ~ 彼の意志で：*mal de su* ~ 彼の意志に反して
en mayor o menor ~ 程度の差はあっても, 多かれ少なかれ
por ~*s* 段階を追って, 徐々に

graduable [graðwáβle] 形 ❶ 調節できる：tirantes ~s 長さを調節できるサスペンダー. ❷ 卒業可能な

graduación [graðwaθjón] 女 ❶[大学の]卒業, 学位の授与：ceremonia de ~ 卒業式. ❷ 調節；測定：~ de la vista 視力検査. ❸ 度数；アルコール度：[~ alcohólica]：~ de la leche 牛乳の濃度. ~ octánica オクタン価. Este brandy tiene mucha ~. このブランデーはアルコール度数が高い. ❹[軍隊の]階級：Es de una ~ menor. 彼は位が低い. militar de alta ~ 高官. ❺《化学》滴定

graduado, da [graðwáðo, ða] 形 過分 ❶ 卒業した：~ de la Universidad Autónoma 自治大学を卒業した. ❷ 目盛りのある；調整した：vaso ~ メジャーカップ. gafas ~das de sol 度付きサングラス. 《造語》名誉進級の ◆ 男 卒業生：~ escolar 中卒者

graduador [graðwaðór] 男《機械》目盛り付け器

gradual [graðwál] 形 段階的な, 漸進(ぜん)的な：aumento ~ 漸増. mejora ~ 少しずつの改善 ◆ 男《キリスト教》昇階誦；ミサ聖歌集
gradualmente 副 次第に, だんだんと

graduando, da [graðwándo, da] 名[大学の]新卒業生

graduar [graðwár] 14 他 ❶ 調節する：~ la temperatura (el volumen de la televisión) 温度(テレビの音量)を調節する. ❷[角度•濃度などを]測定する：~ un ángulo 角度を測る. ~ la vista 視力を測定する. ~ el vino ワインのアルコール度を測る. ❸ …に目盛りをつける；階級(等級)分けする. ❹[+de 学位•軍隊の階級を]…に与える：~ *de* teniente a+人 …を中尉に昇進させる. ❺ 漸増(漸減)させる：~ las sensaciones 感動を徐々に高める ◆ ~**se** ❶[+de 人•por+機関/+en+分野 を]卒業する：*Se graduó de* la Universidad de Madrid *en* derecho. 彼はマドリード大学の法学部を卒業した. ❷ 学位を得る：*Se graduó de* licenciado en letras. 彼は文学士号を得た. ❸ 《軍》士官になる

grafema [graféma] 男《言語》書記素
graffiti [graffti/gráfiti] 男〖←伊語〗[建造物などへの芸術的な]落書き
grafía [grafía] 女《言語》書記法；文字
gráfica¹ [gráfika] 女 グラフ，図表；図形：~ lineal (de barras) 折れ線(棒)グラフ. ~ de sectores (de tarta•circular) 円グラフ. ~ de la temperatura 温度グラフ
gráfica¹ [gráfika] =**gráfica¹**：~ de operaciones《情報》フローチャート
gráfico², ca² [gráfiko, ka] 形 ❶ グラフ(図形•写真•記号)で表わした：artes ~cas グラフィックアート. explicación ~ca 図形による説明, 図解. revista ~ca グラビア雑誌. signos ~s 書記記号, 文字. ❷ 表現豊かな, 鮮明な：Nos hizo una descripción muy ~ca. 彼は非常に生き生きと描写してみせた
gráficamente 副 グラフ(図形)によって

grafila/gráfila [grafíla/gráfila] 女[貨幣の周囲の]ぎざぎざ
grafiosis [grafjósis] 女《単複同形》ニレ立ち枯れ病[~ del olmo]
grafismo [grafísmo] 男〖グラフィック〗デザイン；画風：~ por computadora コンピュータグラフィック
grafista 名〖グラフィック〗デザイナー
grafiti [grafti/grafíti] 男 =**graffiti**
grafito [grafíto] 男《鉱物》黒鉛, グラファイト
grafología [grafoloxía] 女 筆相学
grafológico, ca 筆相(筆跡)学上の

grafólogo, ga 图 筆相学者，筆跡観相家
grafomanía [grafomanía] 囡《口語》メモ魔
grafómetro [grafómetro] 男 測角器
gragea [graxéa] 囡 錠剤，糖衣錠；《菓子》ド
ロップ《caramelo》
grajo, ja [gráxo, xa] 图《鳥》ベニハシガラス
◆ 男《中南米》体臭
grajilla 囡《鳥》コクマルガラス
Gral.《略語》←general 将軍
grama [gráma] 囡 ❶《植物》ギョウギシバ，バミ
ューダグラス． ❷《中南米》芝生
gramaje [gramáxe] 男《印刷》坪量〖1 平方
メートルあたりの紙の重さ〗
gramática[1] [gramátika] 囡『英 grammar』
文法．〜 española スペイン語文法．〜 de
caso 格文法．〜 estructural 構造文法．〜
funcional 機能文法．〜 general (histórica)
一般（歴史）文法．〜 generativa 生成文法．
〜 normativa 規範文法．〜 preceptiva 認識
文法．〜 tradicional 伝統文法．〜 transfor-
mativa 変形文法
—**parda**《口語》臨機応変の才，抜け目のなさ；
悪賢さ，ずるさ
gramatical [gramatikál] 形 文法の；文法
規則にかなった
gramaticalidad 囡 文法性
gramático, ca[2] [gramátiko, ka] 形 图 文
法の；文法学者
gramil [gramíl] 男 平行定規，トースカン
gramilla [gramíʎa] 囡《南米》《総称》芝
gramíneo, a [gramíneo, a] 形《植物》イネ
科の
gramo [grámo] 男 [重さの単位] グラム
gramófono [gramófono] 男 [昔の] 蓄音機
gramola 囡 [昔の，スピーカー内蔵の] 蓄音機；
ジュークボックス
gran [grán] 形 ☞**grande**
grana [gránа] 囡 ❶《生物》エンジムシ，カイガラ
ムシ；それから採る色素》コチニール：ponerse
rojo como la 〜 顔を真っ赤にする．〜 del
paraíso《植物》カルダモン． ❷ 結実〖ganа-
zón〗；結実期． ❸ 小さな種
◆ 形 えんじ色[の]，深紅[の]
granada[1] [granáda] 囡 ❶《果実》ザクロ． ❷
《軍事》榴弾：〜 de mano 手榴弾．〜s
fumígenas 発煙弾．〜 de profundidad〜
(anti)submarina 爆雷． ❸ [G〜]《国名》グ
レナダ；《地名》グラナダ〖アンダルシア地方の県・県
都〗
granadero [granaðéro] 男《軍事》擲弾(Ưự)
兵，選抜歩兵
granadilla [granaðíʎa] 囡《果実》パッション
フルーツ〖食用〗
granadino, na [granaðíno, na] 形 图《地
名》グラナダ Granada 囡 の〔人〕
◆ 男 ❶ グラナダの花． ❷ ザクロのジュース
granado, da[2] [granáðo, ða] 形 過分 ❶ 選ば
れた：lo más 〜 最上のもの，えり抜き．〜da
familia 名門． ❷ 実った，熟した；粒の一杯ある．
❸ [人が] 成熟した；熟練した：Es una mucha-
cha ya 〜da. 彼女はもう一人前の女性だ

◆ 男《植物》ザクロ〔の木〕
granalla [granáʎa] 囡《金属》ショット，粒状
化した金属
granar [granár] 自 ❶《植物》実る，結実する．
❷ [人が] 成熟する
granate [granáte] 形 ❶《鉱物》ガーネット，
ざくろ石． ❷ 暗赤色[の]，えんじ色[の]
granazón [granaθón] 囡 ❶《植物》結実，種
ができる（実がなる）こと． ❷ [能力・魅力などの]
開花

grande [gránde] 形 『英 big, great. ↔
pequeño． 単数名詞の直前で
gran となる．比較級は ❶ の意味では **mayor**】
❶ 大きい：i) Este sombrero es 〜 para ti.
この帽子は君には大きすぎる．¿Cómo quieres el
botijo de 〜?—Así de 〜. 水差しはどれ位の大
きさのがいいの？—[手で形を作りながら] これ位の
大きさ．edificio 〜 大きなビル．gran ciudad/
ciudad 〜 大都市．ii) 広い：habitación 〜
大きな部屋．iii) 高い：árbol 〜 大きな木．
chico muy 〜 非常に背の高い子．iv) [数量・
程度] gran ruido 大きな物音．un gran nú-
mero de gente 大勢の人々．a gran
velocidad 高速度で．sufrir una pena muy
〜 非常な苦痛を味わう．v)《口語》大人の：
Cuando sea 〜 quiere ser médico. その子は
大きくなったら医者になりたがっている
❷ [estar+. +a+人 には] 大きすぎる：Estos
zapatos me están 〜s. [履いてみた結果] この
靴は私には大きすぎる．Le viene (va) 〜 el
cargo. 彼には荷が重すぎる
❸ [+名詞] 偉大な；立派な，すばらしい：i)
Aristóteles es más 〜 que Alejandro. アリス
トテレスはアレキサンダーより偉大である． Es un
gran muchacho. 立派な少年だ． gran hom-
bre 偉人．〖差別〗gran hombre 〜 en la historia 歴
史に残る立派な人〕． gran escritor 大作家．
gran mérito 偉大な功績．〜s ideales 偉大な
理想．Han dado una gran fiesta. 豪華なパー
ティーが催された．No es gran cosa. たいした
ことではない．darse el gran verano すばらしい
夏を過ごす．ii)《反語》¡Es 〜 este hombre! こ
の人はご立派だよ
❹《中米》年上の〖mayor〗：hermano 〜 兄
a lo 〜 豪華に：vivir a lo 〜 ぜいたくに暮らす
el 〜《南米》[宝くじの] 大当たり
en 〜 1) 大規模に：dedicarse al comercio
en 〜 大々的に商売する． ver las cosas en
〜 物事を大局的に見る．2) すばらしく：pasar
las vacaciones en 〜 休暇をとても楽しく過ご
す．estar en 〜 裕福（元気）に暮らす．tratar
a+人 en 〜 …を豪勢にもてなす
ser 〜 **que**+接続法 …とはばかげている：Es 〜
que, siendo yo el más viejo, tenga que
hacer el trabajo más duro. 私が一番年寄り
なのに一番大変な仕事をしなければならないなんて
おかしい
◆ 图 身分の高い人，高官：〜 de España 大公
爵〖スペインの最高貴族〗
grandecito, ta [grandeθíto, ta] 形 =
crecidito：Deja de llorar；ya eres 〜. 泣き

やみなさい. もう大きいんだから

grandemente [grándeménte] 副 大いに; 並外れて

grandeza [grandéθa] 囡 ❶ 大きいこと: Me gustó la casa por su ~. その家は広いので気に入った. ~ de un proyecto 計画の壮大さ. ❷ 偉大さ, 立派さ; 権勢: ~ de alma《文語》寛大さ, 高潔さ. ~ de ánimo《文語》勇気. ❸ 匣裏 大公爵; その位階

grandilocuencia [grandilokwénθja] 囡 大仰な話し方, 誇張した表現

grandilocuente/grandílocuo, cua 形 大仰な, 誇張した

grandioso, sa [grandjóso, sa] 形 壮大な, 雄大な; 堂々とした: espectáculo ~ 壮観. paisaje ~ 雄大な景色. iglesia ~sa 荘厳な教会. ~sa manifestación 堂々たるデモ行進
　grandiosidad 囡 壮大さ

grandor [grandór] 男 大きさ

grandote, ta [grandóte, ta] 形 大きい, ばかでかい: chica ~ta のっぽの少女

grandullón, na [granduʎón, na] 形 图《親愛・軽蔑》体の大きな〔子〕: ¡Tan ~ y todavía con pantalón corto! 背ばかり大きくなって, まだ半ズボンをはいているなんて!

grandulón, na [grandulón, na] 形《南米. 軽蔑》= grandullón

granear [graneár] 自 = granar
　graneado, da 形 過分 粒状の; 斑点のある

granel [granél] 男 1) 包装しないで, ばら売り(計り売り)で: Venden el jabón (el vino) a ~. 石けんをばら売り(ワインを量り売り)している. 2) 目分量で. 3) たくさん, ふんだんに: Recibo peticiones a ~. 私は山ほど頼み事をされる. 4) ばら積みで: mandar trigo a ~ 小麦をばら積みで送る

granero [granéro] 男 穀物倉; 穀倉地帯

granete [granéte] 男《技術》センターポンチ

granito [graníto] 男 ❶《鉱物》花崗(ぉ)岩. ❷ = grano ❸
　poner (aportar) su ~ de arena ささやかな貢献をする
　granítico, ca 形 花崗岩の

granívoro, ra [graníβoro, ra] 形〔鳥などが〕穀物を餌とする

granizada [graniθáða] 囡 ひょう(あられ)が降ること; ひょうを伴う嵐: Una ~ ha destrozado la cosecha. ひょうで作物に被害が出た. recibir una ~ de malas noticias 次から次に悪い知らせを受ける

granizado [graniθáðo] 男《飲料》[細かい氷の入った] アイスドリンク

granizar [graniθár] 囵 自〔単人称〕ひょう(あられ)が降る: Ha granizado esta mañana. 今朝あられが降った.
　◆ 他 [~de を] 雨あられのように…に落とす(投げる): Le granizaron de piedras. 彼は石をバラバラ投げつけられた

granizo [graníθo] 男《気象》ひょう, あられ: Ayer cayó ~. 昨日ひょうが降った

granja [gránxa] 囡 ❶ 農場, 農園; [家畜の]

飼育場: ~ escuela 教育農場. ❷ 牛乳屋, 乳製品販売店. ❸ [カタルーニャの] 小さな喫茶店

granjear [granxeár] 他《賞賛などを》得る, 《南米》盗む
　◆ ~se ~se una buena reputación 好評を博する. ~se la confianza de sus colegas 同僚の信頼を得る

granjería [granxería] 囡 [農場・商売の, 強欲による・不当な] 収益, 利益: hacer ~ de... …で[不当に]もうける

granjero, ra [granxéro, ra] 图 [granja の] 農民, 農場労働者

grano [gráno] 男 ❶ [穀物・果実などの] 粒; 穀物: un ~ de uva 1 粒のブドウ. pimienta en ~ 粒こしょう. ~ de café コーヒー豆. ~ de sal 塩粒. ~s de trigo 小麦の粒. almacenar〔el〕~ 穀物を貯蔵する. Un ~ no hace granero pero ayuda al compañero.《諺》ちりも積もれば山となる. ❷ きめ: lija de ~ fino (grueso) きめの細かい(荒い)紙やすり. madera de ~ grueso きめの荒い木材. ❸《医学》吹き出物, にきび, 発疹; 虫刺されなどの跡: Me ha salido un ~ en el cuello. 私は首に吹き出物ができた. cara llena de ~s にきび(ぶつぶつ)だらけの顔. ❹《写真》[乳剤中の] 粒子
　apartar el ~ de la paja 本当に価値のある人物を見つけ出す
　~ de arena ささやかな貢献, 貧者の一灯: Yo también aporté mi ~ de arena. 私も及ばずながらお手伝いいたしました
　ir al ~《口語》本題に入る: Vamos al ~. 本題に入ろう
　ni un ~ 少しも[…ない]: No tiene ni un ~ de compasión. 彼にはひとかけらの同情心もない
　no ser (un) ~ de anís かなり重要である: Cinco mil dólares no son ningún ~ de anís. 5 千ドルといったら決して小さな額ではない

granoso, sa [granóso, sa] 形 粒々のある, ざらざらした

granuja [granúxa] 图 非行少年, 不良; 詐欺師, 悪党
　granujada 囡 詐欺, ぺてん; 非行
　granujería 囡 1) = granujada. 2) 不良グループ; 詐欺団

granujiento, ta [granuxjénto, ta] 形 粒々のある, ざらざらした; 吹き出物のできた

granulación [granulaθjón] 囡 粒状化〔化〕; 発疹

granulado, da [granuláðo, ða] 形 過分 細粒状の, 顆粒(かりゅう)状の: azúcar ~ グラニュー糖. café ~ 顆粒状のインスタントコーヒー
　◆ 男 細粒(顆粒)状の薬

granular [granulár] 形 [細かい]粒状の; 吹き出物の〔できた〕. ◆ 他 細粒状にする
　◆ ~se 吹き出物(にきび)だらけになる, 発疹が出る

gránulo [gránulo] 男 細粒; 小粒の丸薬
　granuloso, sa 形 粒状の, ぶつぶつのある

granza [gránθa] 囡 ❶ 粉炭. ❷ もみがら; 石膏のふるいかす;《金属》鉱滓(ぉぃ), スラグ. ❸《南米》砂利

grao [gráo] 男〔港として使える〕海岸

grapa [grápa] 囡 ❶ ホッチキスの針；圓 その棒状のもの：coser con ~s ホッチキスでとめる．❷《建築》かすがい；《医学》縫合クリップ；~ sujetacables《電気》コード固定金具．❸《南米》安物の蒸留酒

grapadora [grapaðóra] 囡 ホッチキス

grapar [grapár] 他 ホッチキスでとめる

grapo [grápo] 图 GRAPO の構成員

GRAPO [grápo] 男 腹《西.略語》←Grupos de Resistencia Antifascista Primero de Octubre 反ファシズムのレジスタンス組織

grasa[1] [grása] 囡 不可算 ❶ 脂肪；脂，油：Esta carne tiene mucha ~. この肉は脂身が多い．~ tener (criar) ~ 太る．~ animal 獣脂．~ vegetal 植物性脂肪．❷ 脂汚れ〖mancha de ~〗：El cuello de la chaqueta tiene mucha ~. 上着のえりが垢で汚れている．❸ グリース．❹《中米》靴クリーム

grasiento, ta [grasjénto, ta] 形《軽蔑》脂肪分(脂身)の多い，油っこい；油で汚れた：comida ~ta 油っこい料理．cabello ~ 油染みた髪．cara ~ta 脂ぎった顔

graso, sa[2] [gráso, sa] 形 ❶ 脂肪質の：ácido ~ 脂肪酸．❷ 脂気のある，脂肪分の多い；脂性の〖↔seco〗：cutis ~ 脂性の肌．❸ 太った：cerdo ~ 太った豚

grasoso, sa [grasóso, sa] 形《主に中南米》=grasiento

grata[1] [gráta] 囡《冶金》ワイヤーブラシ

gratamente [grátaménte] 副 楽しく；好意的に

gratar [gratár] 他《冶金》梨地仕上げをする

gratén [gratén] 男《料理》グラタン：patatas al ~ ポテトグラタン

gratificación [gratifikaθjón] 囡 報いること；賞与；チップ〖propina〗：dar (pagar) una ~ ボーナスを出す

gratificar [gratifikár] 7 他 ❶〔人に〕報いる；賞与を与える：Se gratificará.〔表示〕お礼いたします．❷ 楽しませる，喜ばす：Me gratifica tu dedicación al trabajo. 君が仕事に打ち込んでいるので私はうれしい

gratificante/《中南米》**gratificador, ra** 形 満足感を与える，喜ばしい

gratinar [gratinár] 他《料理》グラタンにする，オーブンで焦げ目をつける

gratis [grátis] 副 ❶ 無料で，無報酬で：trabajar (viajar) ~ ただで働く(旅行する)．Nadie hace nada ~. 誰もただでは何もしない．❷ 努力せずに：No ha conseguido ~ ese puesto. 彼はその地位を何の苦労もなしに得たのではない ◆ 形《単複同形》無料の：La entrada es ~. 入場無料．pase ~ 無料入場券

gratitud [gratitú(ð)] 囡 感謝の(気持ち)：expresar su ~ 感謝の意を表わす

grato, ta[2] [gráto, ta] 形《英 pleasant》❶〔+de・para に〕快い，楽しい：i) sabor ~ al (para el) paladar 美味．sonido ~ al oído 耳に快い音．música ~ta 〔de escuchar〕〔聞いて〕楽しい音楽．días ~s de

recordar 思い出しても楽しい日々．ii) …の気に入る：Su novio no es ~ a la familia. 彼女の恋人は家族に気に入られていない．Me es muy ~ta su compañía. あなたとご一緒するのはとても楽しい．iii)《手紙》su ~ta 〔carta〕お手紙，貴信．En espera de sus ~las noticias 〔貴社の〕ご返事をお待ちしつつ．Me es muy ~ poder saludarle por este medio. 本状にてごあいさつ申し上げます．Me fue muy ~ el recibir su atenta invitación. ご招待状拝受いたしました．❷ 無料の，無償の〖gratuito〗

persona no (non) ~ta 好ましくない人物；《外交》接受国にとって容認できない人

gratuito, ta [gratwíto, ta] 形 ❶ 無料の，無償の：billete ~ 無料入場券．servicio ~ 無料奉仕．acción ~ta 無償の行為．❷ 根拠のない：afirmación ~ta 根拠のない断定．insulto ~ いわれない侮辱

gratuidad 囡 無料，無償性；無根拠

gratuitamente 副 無料(無報酬)で；努力せずに

gratulatorio, ria [gratulatórjo, rja] 形 お祝いの，祝賀の

grava [gráβa] 囡 不可算 じゃり，礫(れき)：camino de ~ じゃり道．cubrir con ~ じゃりを敷く

gravamen [graβámen] 男 腹 gravámenes] ❶ 負担，重荷：~ fiscal 租税負担．verse libre de sus *gravámenes* familiares 家族の重荷から解放される．❷ 税金，課徴金：~ arancelario 関税．~ de una finca 不動産税

gravar [graβár] 他 ❶ …に負担をかける：El sostenimiento del coche *grava* la economía familiar. 車の維持費が家計を圧迫している．Una fuerte hipoteca *grava* la casa. 家は重い抵当に入っている．~ con impuestos 重税を課する．❷ 課税する：~ las importaciones en un cinco por ciento 輸入品に5パーセントの関税をかける

grave [gráβe] 形 〖英 serious, grave〗 ❶ 重大な，深刻な：problema (error) ~ 重大な問題(誤り)．tomar una decisión ~ 重大な決定(決心)をする．~ se quía 深刻なかんばつ．Es una situación ~. 容易ならぬ事態だ ❷ 重病の：Está ~ 〔de cuidado〕．彼は〔非常に〕重態だ．enfermedad (herida) ~ 重病(重傷) ❸ 厳粛な，重々しい；まじめな：con una cara ~ まじめ(深刻)な顔つきで．estilo ~ 荘重な文体．palabras ~s 真剣な言葉．profesor ~ 重厚な感じの教授 ❹ 低音の〖↔agudo〗：voz ~ 低い声 ❺《言語》後ろから2番目の音節にアクセントがある；鈍音の，低音調性の〖↔agudo〗 ◆ 男《音楽》低音域；《物理》重量のある物体

gravedad [graβeðá(ð)] 囡 ❶ 重大さ，深刻さ；重態：~ del asunto 事の重大性．enfermo (herido) de ~ 重病人(重傷者)．❷ 重々しさ；まじめさ：hablar con ~ 重々しく(真剣)に話す．poner cara de ~ まじめ(深刻)な顔を

する。 ❸《物理》重力〖fuerza de ～〗: leyes de la ～ 重力の法則. centro de ～ 重心

gravemente [grábeménte] 副 ひどく；重々しく

grávido, da [grábiðo, ða] 形《文語》❶ 重い、一杯の：Tiene la bolsa ～da. 彼はふところが暖かい. ❷ 妊娠した

gravidez 囡 妊娠〔した状態〕

gravilla [grabíλa] 囡 不可算 小じゃり：cubrir una carretera con ～ 道にじゃりを敷く

gravímetro [grabímetro] 男 重力計

gravitación [grabitaθjón] 囡《物理》重力、引力：～ universal 万有引力

gravitacional 形 masa ～ 重力質量. constante ～ 重力定数

gravitatorio, ria 形 重力の, 引力の

gravitar [grabitár] 自 ❶ [+sobre に] 重さがかかる：La bóveda *gravita* sobre los pilares. 丸天井は柱に支えられている. Esta roca *gravita* peligrosamente. この岩は〔その重みで〕今にも落ちそうだ. *Gravita* sobre nosotros una terrible amenaza. 我々は大変な脅威にさらされている. ❷ 負担がかかる：*Gravitaba* sobre mí toda la responsabilidad. 全責任が私に重くのしかかっていた. ❸《物理》引力で引きつけられる：La luna *gravita* alrededor de la tierra. 月は〔引力によって〕地球の回りを回る

gravoso, sa [grabóso, sa] 形《文語》やっかいな；高くつく：Es ～ para la economía mantener una casa tan grande. 広い家を持つのは経済的に大きな負担だ

graznar [graθnár] 自 [カラス・アヒルなどが] カアカア(ガアガア)と鳴く

graznido 男 その鳴き声；耳ざわりな歌(話し方)

greba [gréba] 囡 [鎧の] 脛当て〖☞armadura カット〗

Grecia [gréθja] 囡《国名》ギリシア

grecismo [greθísmo] 男 ギリシア語源の語

greco, ca [gréko, ka] 形《美術》雷紋, 稲妻模様 ◆ 囡《美術》雷紋, 稲妻模様

grecolatino, na [grekolatíno, na] 形 ギリシア・ラテンの

grecorromano, na [grekorˑománo, na] 形 ギリシア・ローマの：cultura ～na ギリシア・ローマ文化

greda [gréða] 囡 [主に汚れを取るための] 粘土
gredal 男 粘土採取場
gredoso, sa 形 粘土質の

green [grín] 男《ゴルフ》グリーン

gregal [gregál] 形 =gregario ❶

gregario, ria [gregárjo, rja] 形 ❶《生物》群生の；群集の, 集団の：animal ～ 集団生活をする動物. instinto ～ 群集本能. ❷ 付和雷同する
gregarismo 男 1) 群生. 2) 群集本能；付和雷同性

gregoriano, na [gregorjáno, na] 形 グレゴリウス Gregorio の〔ローマ教皇〕：calendario ～ グレゴリオ暦〖1582年グレゴリウス13世が制定〗. reforma ～na グレゴリウス〔7世による〕教会改革
◆ 男 グレゴリオ聖歌〖canto ～〗

greguería [gregería] 囡 ❶ ガヤガヤ(ワーワー)いう声, ざわめき. ❷《文学》グレゲリーヤ〖Ramón Gómez de la Serna (1888-1963) による新しいジャンル. 機知に富んだ短評・格言など〗

gregüescos [gregwéskos] 男 複 [17世紀の] ゆったりした半ズボン

greifrú [greifrú] 男《中南米》グレープフルーツ〖pomelo〗

grelo [grélo] 男 [主に 複] カブの新芽〖食用〗

gremio [grémjo] 男 ❶ 同業組合, 同業者団体；《歴史》ギルド：～ de panaderos 製パン業組合. ❷《口語》[趣味などが同じ] 仲間：～ de los casados 既婚者グループ. ❸《俗語》売春婦・同性愛者などのグループ
gremial 形 同業組合の；ギルドの. ◆ 男 その構成員
gremialismo 男 同業組合主義
gremialista 形 囝 同業組合主義の(主義者)

greña [gréɲa] 囡 ❶ ぼさぼさ(もじゃもじゃ)の髪
andar a la ～ いがみ合っている
greñudo, da 形 髪がぼさぼさの

gres [grés] 男 [複 ～es] [砂まじりの] 陶土；炻器(½")〖～ cerámico〗：～ flameado 炎形模様の炻器

gresca [gréska] 囡《口語》❶ [大]騒ぎ：armar (meter) ～ 大騒ぎする. ❷ 口論, けんか：andar a la ～ 言い合かっている

grey [gréi] 囡 匽名 ❶ [羊・山羊などの] 群れ. ❷ 集団, グループ：～ estudiantil 学生集団. ❸《キリスト教》信徒たち, 会衆

grial [grjál] 男 聖杯〖Santo *G*～. キリストが最後の晩餐で使ったとされる酒杯〗

griego, ga [grjégo, ga] 形 ❶《国名》ギリシア Grecia〔人・語〕の：filosofía ～ga ギリシア哲学. ❷ ギリシア正教の
◆ 囝 ギリシア人
◆ 男 ❶ ギリシア語：～ demótico 口語ギリシア語〔現代の公用語〕. ❷《口語》意味のわからない言葉：Eso me suena a ～. それは私にはちんぷんかんぷんだ. hablar en ～ たわごとをしゃべる

grieta [grjéta] 囡 ❶ 割れ目, 亀裂；〔水河の〕クレバス；〔登山〕クラック：～ en el suelo 大地の裂け目. ❷ すきま：～ entre las puertas 扉と扉のすきま. ❸ 複 [手足の] ひび, あかぎれ

grifa¹ [grífa] 囡《口語》[主にモロッコ産の] マリファナ

grifo¹ [grífo] 男 ❶《西》[水道の] 蛇口, コック：abrir (cerrar) un ～ 蛇口を開ける(閉める)；支給を増額(減額)する. agua del ～ 水道水. ❷《南米》ガソリンスタンド. ❸《神話》グリフォン
grifería 囡 [総称] 給排水調節具, 水栓具
grifero, ra 囝《南米》ガソリンスタンドの従業員

grifo², fa² [grífo, fa] 形《中米》酔っぱらった；マリファナ中毒の

grifón [grifón] 男《犬》グリフォン

grill [gríl] 男《←英語》❶《料理》焼き網〖parrilla〗；電気グリル；オーブンの上部ヒーター：al ～ オーブンの上段で；直火で. ❷《南米》ロー

スト肉中心のレストラン

grilla [gríʎa] 囡《中南米》けんか, 対立

grillar [griʎár] ～**se**《口語》気が狂う

grillera [griʎéra] 囡 ❶ コオロギの穴(虫かご).
❷《口語》収拾のつかない混乱; がやがやした場所

grillete [griʎéte] 團 鉄の〔足〕かせ;《船舶》錨鎖

grillo [gríʎo] 團 ❶《昆虫》コオロギ, キリギリス
『両者は一般に区別されない』: ～ cebollero
(real) ケラ. ❷《地下茎などから発芽した》芽.
❸ 覆《一対の》鉄の〔足〕かせ
estar como un ～ 気が変である
olla (jaula) de ～*s*《口語》大騒ぎ, 大混乱:
Tengo la cabeza como una *olla de* ～*s*. 私の頭の中がごちゃごちゃになっている

grima [gríma] 囡 不快, 嫌悪: Me da ～
verle siempre divirtiéndose. 私は彼がいつも遊んでいるのを見ると不愉快になる

grímpola [grímpola] 囡 ❶《船舶》檣頭旗.
❷ 小旗, ペナント

gringo, ga [gríŋɡo, ga] 形 囡《中南米. 軽蔑》
〔外国人である〕白人の; ヤンキー[の], 米国人〔の〕
◆ 團 理解できない言葉, 外国語

griñón [griɲón] 團
〔尼僧の〕頭巾(ホん)
『ロカット』

gripar [gripár] ～**se**
〔潤滑油不足などでエンジンが〕動かなくなる

gripe [grípe] 囡 流行性感冒, インフルエンザ; 風邪: estar con ～ 流感にかかっている. coger la ～ 流感にかかる

gripa 囡《中南米》＝**gripe**

gripal 形 インフルエンザの; 風邪の

griposo, sa 形〔estar+〕風邪をひいている;
風邪ぎみである〔medio ～〕

gris [grís]《単複同形. 英 grey》形 灰色の; 精彩のない, 味気ない: día ～ どんより曇った日.
personaje ～ 目立たない(さえない)人. vida ～
灰色の生活. zona ～ あいまいな(境界のはっきりしない)領域
◆ 團 ❶ 灰色: ～ marengo 暗灰色, チャコールグレー. ～ perla 淡灰色, パールグレー. ～
pizarra 鉛色. ～ plomo 砲金灰色. ❷ 非常に寒い天気〔冷たい風〕: Hace ～. すごい寒さだ/冷たい風だ. ❸《西. 古語》〔主に 覆〕警官

grisáceo, a [grisáθeo, a] 形 灰色がかった

grisalla [grisáʎa] 囡 ❶《美術》グリザイユ. ❷
《中米》くず鉄〔chatarra〕

grisón, na [grisón, na] 形 囡〔スイスの〕グランビュンデン州の〔人〕
◆ 團 その州で話されるロマンス語

grisú [grisú] 團 坑内ガス: explosión de ～ 坑内ガス爆発

grita [gríta] 囡 抗議の叫び, 怒号

gritar [gritár] 圁《英 shout, cry》叫ぶ, わめく, どなる, 大声を上げる: No *grites* a estas horas. こんな時間に大声を出すな
◆ 囮 大声で言う: i) *Gritó* su protesta. 彼は抗議の叫びをあげた. ～ insultos a+人 …を大声

で侮辱する. ～ la mala faena de un torero
闘牛士の下手なプレーで非難する. ii)〔+
que+直説法(命令では+接続法)〕Le *gritaron* a
ese hombre *que* callara. 彼らはその男に黙れと叫んだ

griterío [griterío] 團 騒がしい叫び, 喧騒(サュ):
Se armó un ～. ガヤガヤと騒ぎが始まった

gritería 囡 ＝**griterío**;《中米》聖母無原罪のお宿りの祭り

grito [gríto] 團《英 shout, cry》❶ 叫び, 叫び声, 大声: lanzar un ～ de horror〔恐怖の〕悲鳴をあげる. ～ de guerra 鬨(ﾄ)の声. ❷《歴史》〔中南米の一部の国の〕独立宣言 『～ de Independencia』
a ～*s limpio (herido·pelado)* 大声で
a ～*s* 大声で; どなり合いの
andar a ～*s*〔主語は複数〕叫ぶ; しょっちゅうけんかしている
estar en un ～〔痛くて〕うめいている, うなっている
pedir a ～*s*《口語》緊急に必要とする: Estos
zapatos están *pidiendo a* ～*s* que los remienden. この靴はすぐ修理に出さなければいけない
poner el ～ *en el cielo* 怒り(抗議)の声をあげる
último ～〔ファッション・技術などの〕最新のもの

gritón, na [gritón, na] 形《口語》やかましい;口やかましい

groenlandés, sa [groenlandés, sa] 形 囡
《地名》グリーンランド Groenlandia 囡の〔人〕

grog [gróɡ] 團《←英語》グロッグ 『ラム酒で作る熱い飲み物』

grogui [gróɡi] 形《←英語. ボクシング》グロッキーになった; 呆然とした

grosella [groséʎa] 囡《果実》スグリ: ～
espinosa (silvestre) グーズベリー. ～ negra
(roja) 黒(赤)スグリ

grosellero 團《植物》スグリ

grosería [grosería] 囡 粗野, 不作法: Es
una ～ levantarse durante la comida. 食事中に席を立つのは行儀が悪い. decir una ～ 下品なことを言う. cometer una ～ con+人 …に失礼なことをする

grosero, ra [groséro, ra] 形 ❶ 粗野な, 不作法な: palabra ～*ra* 野卑な言葉. ¡Qué tipo
más ～! 何て下品なやつだ! ❷ 粗悪な, 粗雑な:
vestidura ～*ra* 安物の服. paño ～ 粗い布.
trabajo ～ 雑な仕事. error ～ ひどい誤り
◆ 囡 粗野(不作法)な人

grosor [grosór] 團 太さ; 厚さ: ¿Qué ～ tiene
este alambre? この針金の太さはどれ位あるか?
La nieve ha alcanzado un metro de ～. 雪が1メートル積もった

grosso modo [gróso módo]《←ラテン語》ざっと, あらまし

grotesco, ca [grotésko, ka] 形 異様で滑稽な; グロテスクな: Al caer quedó en una postura ～*ca*. 彼はぶざまなかっこうでころんだ. obra
～*ca* グロテスクな作品. historia ～*ca* 怪奇物

語

grúa [grúa] 囡 ❶ 起重機, クレーン: ～ de pórtico ガントリークレーン. ～ [de] puente デッキクレーン. ❷ レッカー車, クレーン車『carro de ～, camión ～』: servicio de ～ [自動車の] 牽引業

gruesa¹ [grwésa] 囡 ❶ グロス〖12ダース〗: una ～ de botones 1グロスのボタン. ❷《商業》préstamo a la ～ 冒険貸付. contrato a la ～ 船舶抵当(冒険貸借)契約

grueso, sa² [grwéso, sa] 厖〖英 thick. 絶対最上級:《文語》grosísimo,《口語》gruesísimo〗❶ 太い; 太った, 太った〖⇒gordo 類義〗: i) palo ～ 太い棒. línea ～sa 太い線. señora ～sa 太った婦人. ii)[+de el] ser ～ de piernas 足が太い. ❷ 厚い: libro ～ 厚い本. papel ～ 厚紙. ❸ 大きい: manzana ～sa 大きいリンゴ. paquete ～ かさばった荷物. ❹ 粗い: tela ～sa 粗い布. broma muy ～sa 下品な冗談 ◆ 圓 大きく: escribir ～ 大きな字で書く ◆ 圀 ❶ 太さ, 厚さ〖grosor〗: ～ de un alambre 針金の太さ. ❷ 本隊, 主力: ～ del ejército 軍の主力部隊. ❸ [文字の] 肉太の部分. ❹《商業》en (por) ～ 多量に, 大口で; 卸で

grulla¹ [grúʎa] 囡《鳥》ツル(鶴);《中米》抜け目のない人

grullo, lla² [grúʎo, ʎa] 厖《中米》[馬が] 葦毛の ◆ 圀 [メキシコ・ベネズエラの] ペソ貨;《南米》大きな種馬

grumete [gruméte] 圀 少年(見習い)水夫

grumo [grúmo] 圀 ❶《料理》[ソースの] だま; [牛乳の] 凝塊. ❷《カリフラワーなどの》房
grumoso, sa 厖 だまの多い

gruñido [gruɲído] 圀 ❶ 豚の鳴き声; うなり声. ❷ 不平: soltar un ～ ぶうぶう言う

gruñir [gruɲír] ⑳ 圁 囲〖現分 gruñendo〗❶ [豚が] ブーブー鳴く; [犬などが] うなる. ❷《口語》ぶうぶう不平を言う; がみがみ叱る: Gruñe porque no le pagan nada. 彼は一銭も払ってもらえないのでぶうぶう言っている
gruñón, na 厖 絶えず不平を言う; 怒りっぽい

grupa [grúpa] 囡 [馬などの] 尻: llevar a la ～ (a ～s) 馬の尻に乗せる
volver ～s (la ～) 引き返す

grupo [grúpo] 圀〖英 group〗❶ 集団; 群れ, 集まり: dividir en ～s グループに分ける. formar ～s グループを作る, 集団をなす. un ～ de estudiantes 一群の学生. ～ de árboles 木立ち. ～ de presión (de interés) 圧力団体. ～ de control/～ testigo [実験の] 対照群. ～ de trabajo 作業部会(グループ). ～ paritario 同権集団. G～ de Río リオグループ『中南米 8 か国. 1988-』. ❷《美術》群像. ❸《数学》群;《化学》基, 群;《技術》装置, 設備一式: ～ amino アミノ基. ～ electrógeno 発電装置. ❹ [血液の] 型: ～ A (B・AB・O) A(B・AB・O)型. ❺《軍事》[砲兵・空軍などの] 大隊. ❻《南米》嘘, 偽り; トリック
en ～ 集団で: viaje *en ～* 団体旅行. vivir

en ～ 集団生活をする

grupúsculo [grupúskulo] 圀《軽蔑》[急進派の] セクト

gruta [grúta] 囡 [自然の] 洞窟, 洞穴
grutesco, ca 厖 洞穴の. ◆ 圀 厖《美術》グロテスク模様

gruyer [grujér] 圀《料理》グリュイエールチーズ

G.T.《略語》←giro telegráfico 電信為替

gtos.《略語》←gastos 費用, 経費

gua [gwá] 圀 ビー玉遊び; ビー玉を入れる穴 ◆ 圃《南米》[感嘆・恐怖] おお!

guabina [gwabína] 囡 ❶ コロンビアの民俗舞踊;《中米》食用淡水魚の一種

guaca¹ [gwáka] 囡 ❶ [コロンブス到来以前のアンデス地域の] 遺跡, 墳墓. ❷《南米》埋蔵された宝. ❸《中米》果物を熟させるための穴蔵; 貯金箱

guacal [gwakál] 圀《中米》❶《植物》ヒョウタンの一種; その実〖で作った器〗. ❷ [運搬用の] かご

guacamaya [gwakamája] 囡《植物》[中米産の] ボウコウマメ;《中米》=guacamayo

guacamayo [gwakamájo] 圀《鳥》コンゴウインコ

guacamol[e] [gwakamól(e)] 圀《料理》グアカモーレ〖メキシコなどのアボカドのサラダ〗

guacamote [gwakamóte] 圀《中米》= yuca

guachafita [gwatʃafíta] 囡《南米》騒ぎ, ざわめき

guache [gwátʃe] 圀 ❶《美術》グアッシュ, 不透明水彩. ❷《南米》無教養な人, 怠け者;《動物》ハナグマ〖coatí〗

guachimán [gwatʃimán] 圀《中南米》見張り, 警備員

guachinango, ga [gwatʃináŋgo, ga] 厖《中南米》お世辞のうまい, ずる賢い; 親しみやすい, おもしろい. ◆ 圀 [中米産の] タイに似た魚

guacho, cha [gwátʃo, tʃa] 厖圀 母親をなくした〖子〗, 孤児〖の〗〖動物にも用いる〗;《軽蔑》やる気のない人, いやいやする人

guaco, ca² [gwáko, ka] 厖《南米》口唇裂の ◆ 圀 ❶《植物》ウマノスズクサの一種;《鳥》ホウカンチョウ. ❷《南米》遺跡 guaca に埋もれている貴重な品〖土器など〗

guadal [gwadál] 圀《南米》沼地

guadalajareño, ña [gwadalaxaréɲo, ɲa] 厖圀《地名》グワダラハラ Guadalajara の〖人〗〖カスティーリャ=ラ=マンチャ地方の県・県都〗

guadalajarense [gwadalaxarénse] 厖圀《地名》グワダラハラ Guadalajara の〖人〗〖メキシコ西部, ハリスコ州の州都〗; =guadalajareño

guadamecí/guadamecil [gwadameθí/-θíl] 圀 模様入りのなめし革

guadaña [gwadáɲa] 囡 長柄の鎌(⛏)〖死の象徴〗
guadañador, ra 厖圀 草(麦)を刈る〖人〗. ◆ 圀 刈り取り機
guadañar 囮〖鎌で〗刈る

guadarnés, sa [gwadarnés, sa] 《古語》馬具の手入れをする人

◆ 男 馬具置き場

guadua [gwáđwa] 女 《植物》[中南米産の] 太く高い竹

guagua [gwágwa] 女 ❶ 《主にカナリア諸島・キューバ》バス『autobús』. ❷ 《南米. 口語》赤ん坊；《昆虫》ミバエ

　de ~ ただで, やすやすと：No te lo van a dar *de* ~. それはただではくれないよ

　¡*qué* ~! 何て安いんだ

guaico [gwáiko] 男 《南米》鉄砲水

guaira [gwáira] 女 《楽器》パンフルートに似たインディオの笛

guaje [gwáxe] 名 《中米》ばか[な]

◆ 男 《植物》アカシアの一種

guajiro, ra [gwaxíro, ra] 名 [キューバの] 農民

◆ 女 グワヒーラ『19世紀後半にキューバからスペインに伝わった民謡』

guajolote [gwaxolóte] 《中米》男 七面鳥『pavo』

◆ 形 名 ばか[な]

gualdo, da [gwáldo, da] 形 《金色がかった》黄色の：bandera roja y ~*da* 赤と黄の旗『スペインの国旗』

◆ 女 《植物》モクセイソウ

gualdrapa [gwaldrápa] 女 馬衣(ﾊﾞ)

gualicho/gualichú [gwalítʃo/-litʃú] 男 《南米》悪魔, 悪霊；護符

guamazo [gwamáθo] 男 《中南米》殴打

guama [gwáma] 女 《植物・果実》グワマ『果実は食用』；《中南米》嘘, 偽り

guamo 男 《植物》グワマ

guampa [gwámpa] 女 《南米》[牛などの] 角

guanabana [gwanabána] 女 《果実》トゲバンレイシ

guanaco, ca [gwanáko, ka] 男 《動物》グワナコ『南米のラクダ科の一種』

◆ 形 《中南米》ばか[な], 愚かな[人]

guanajo [gwanáxo] 男 《中米》七面鳥『pavo』；ばか

guanche [gwántʃe] 形 名 グワンチェ人[の] 『カナリア諸島の先住民』

◆ 男 グワンチェ語

guango, ga [gwáŋgo, ga] 形 《中米》[服が] ゆったりした

guano [gwáno] 男 グアノ『海鳥の糞が堆積したもの. 肥料』

　guanero, ra 形 グアノの. ◆ 女 グアノの貯蔵場

guantada [gwantáđa] 女 平手打ち；《口語》殴打

　guantazo 男 ＝guantada

guante [gwánte] 男 《服飾》手袋；[野球・ボクシングなどの] グローブ：ponerse [los] ~*s* 手袋をはめる. llevar ~*s* 手袋をはめている. ~*s* de lana 毛糸の手袋. ~*s* de goma (de piel) ゴム(革)手袋. caja de ~*s* 『放射性物質などを扱う』グローブボックス

　arrojar (*tirar*) *el* ~ *a*+人 …に決闘を申し込む；挑戦する, 挑発する

　asentar el ~ *a*+人 …を叩く；しいたげる

　colgar los ~ [ボクシングなどから] 引退する

　como un ~/*más blando* (*suave*) *que un* ~ 非常に従順な, 人の言いなりになって

　con ~ *de seda* 手加減して, 慎重に

　dar un ~ *a*+人 …にわいろを贈る

　de ~ *blanco* [主に泥棒に] 暴力を使わない

　echar el ~ *a...* 《口語》[＋人] …を捕える；[＋物] …を盗む

　recoger el ~ 決闘(挑戦)に応じる

　sentar como un ~ *a*+人 …にぴったり合う

guantelete [gwanteléte] 男 [鎧の] 籠手(ﾃ) 『☞armadura カット』

guantero, ra [gwantéro, ra] 名 手袋製造(販売)業者

◆ 女 《車の》グローブボックス

guapear [gwapeár] 自 《南米》虚勢をはる, 強がる

guaperas [gwapéras] 形 名 《単複同形》《西. 軽蔑》[美貌を鼻にかけている] 美男子[の], 美人[の]

guapetón, na [gwapetón, na] 形 名 《親愛》とてもきれいな[人]

guapeza [gwapéθa] 女 《南米》虚勢, 強がり

guapo, pa [gwápo, pa] 形 《英 good-looking, pretty》《主に西》❶ [ser＋. 人が] 美しい, きれいな『☞hermoso 類語』：i) Es ~*pa*. 彼女は美人だ. hombre ~ 美男. mi nene ~ 私のかわいい赤ちゃん. ii) [特に顔が] No es ~*pa*, pero tiene muy buen tipo. 彼女は顔はよくないがスタイルがとてもいい. ❷ [estar＋] 着飾った：Ponte ~ y vámonos a la fiesta. おしゃれをしろ. それでパーティへ行こう. ir ~ 盛装する, 盛装して行く. ❸ 《口語》よい, すばらしい：coche ~ かっこいい車. botella ~*pa* かわいい瓶. gente ~*pa* エリート. ❹ 《口語》勇敢な：Este niño es ~ y no llora cuando se cae. この子は強くて, ころんでも泣かない

◆ 名 ❶ 美男, 美女. ❷ 《西》[親しい人・子供への呼びかけ. 時にいらだち] ¡Ven aquí, ~! おい, こっち来いよ!

◆ 男 《主に中南米》勇敢な(虚勢をはる)人；ごろつき：echárselas (dárselas) de ~ からいばりする, 強がりを言う. ~ *del barrio* 町のちんぴら

　tener el ~ めかしこむ

guapote, ta [gwapóte, ta] 形 スタイルのいい, グラマーな

◆ 男 中米産の食用淡水魚

guapura [gwapúra] 女 美しさ；[服装の] 華やかさ；強がり

guaquear [gwakeár] 他 《中南米》[遺跡を掘ったりして] 宝を探す, 盗掘する

guaracha [gwarátʃa] 女 アンティーリャス諸島の民俗舞踊・音楽

guarache [gwarátʃe] 男 《中米》[革製の・タイヤを切って作った] サンダル；[車の] つぎはぎ

guaragua [gwarágwa] 女 《南米》肩を揺する[腰を振る] 歩き方『contoneo』；《複》[派手な] 装飾品

guarango, ga [gwaráŋgo, ga] 形 《南米》粗野な, 無作法な

guarangada 囡 粗野な言動

guaraní [gwaraní] 厖 图 グアラニー族〔の〕『南米のインディオの一種族』
◆ 圐 グアラニー語 『パラグアイの公用語の一つ』; [パラグアイの貨幣単位] グアラニー

guarapeta [gwarapéta] 囡 《中米》酔い

guarapo [gwarápo] 圐 《南米》サトウキビの搾り汁；サトウキビ(パイナップル)から作る酒

guarda [gwárða] 囲 囲 番人, 管理人, 警備員；監視員：~ del museo 博物館の守衛. ~ forestal 森林監督官. ~ jurado [現金輸送などの] 護衛；[ビルなどの] 警備員. ~ rural 田園警備員
◆ 囡 ❶《印刷》[本の] 見返し. ❷ 錠の中の突起；[それに対応する] 鍵の切り込み. ❸《法律》[子供の] 保護, 後見. ❹ 保管, 保存：manzanas de ~ 保存のきくリンゴ. ❺《扇子の》骨

guardabarrera [gwarðaβaréra] 囡《鉄道》踏切番(看手)

guardabarros [gwarðaβárɔs] 圐《単複同形》[車輪の] 泥よけ, フェンダー

guardabosque [gwarðaβóske] 圐 森林監視人(監督官)

guardacantón [gwarðakantón] 圐 車よけの石柱；境界標石

guardacoches [gwarðakótʃes] 图《単複同形》駐車場の係員

guardacostas [gwarðakɔ́stas] 圐《単複同形》沿岸警備艇
◆ 图 沿岸警備隊員

guardador, ra [gwarðaðór, ra] 厖 图 見張る, 見張り；守る(人)：~ de la ley y el orden 法と秩序の番人

guardaespaldas [gwarðaespáldas] 图《単複同形》ボディーガード

guardafrenos [gwarðafrénos] 图《単複同形》《鉄道》制動手

guardagujas [gwarðaɣúxas] 图《単複同形》《鉄道》転轍(ﾃﾝ)手

guardainfante [gwarðaiɱfánte] 圐《服飾》[スカートをふくらます] 張り枠, ファージンゲール

guardalíneas [gwarðalíneas] 图《単複同形》《スポーツ》線審, ラインズマン

guardameta [gwarðaméta] 圐《スポーツ》ゴールキーパー 《portero》

guardamonte [gwarðamónte] 圐 [銃の] トリガーガード

guardamuebles [gwarðamwébles] 圐《単複同形》家具倉庫(預かり所)

guardapelo [gwarðapélo] 圐《服飾》ロケット 《medallón》

guardapolvo [gwarðapólβo] 圐 ❶《服飾》作業服, 上っぱり. ❷ [ほこりよけの] カバー

guardar [gwarðár] 囲 [英 guard] ❶《文語》[+de から] 守る：i) ~ el cuartel general de un ataque enemigo 敵の攻撃から司令部を守る. ii) [保護] El abrigo nos *guarda* del frío. オーバーは寒さから私たちを守ってくれる. ~ a los niños *de* los accidentes de tráfico 子供たちを交通事故から守る. iii) [遵守] ~ la ley 法

律を守る. ~ la tradición 伝統を守る
❷ 見張る, 見守る：Un policía *guarda* la puerta. 1 人の警官が門の警備をしている. ~ un rebaño 家畜の番をする. *Guárda*me número en la cola. 私の順番を取っておいてくれ
❸ [+en に] 保管する, 保存する：~ los papeles *en* una caja fuerte 書類を金庫にしまう. ~ la vajilla una vez lavada 洗った食器をしまう. Me *guardó* las joyas durante mi ausencia. 彼は私の留守中, 宝石を預かってくれた
❹ 取っておく, 残しておく；持ち続ける：*Guardo* lo que gano para el futuro. 私は稼ぎを将来のために取っておく. La cueva *guardaba* tesoros. 洞穴には宝物が隠されていた. Me *guarda* un gran rencor. 彼は私に大変恨みを抱いている. ~ sus conocimientos para sí 知ったことを外に漏らさない
❺《情報》保存する
¡guarda! 危い/気をつけろ!
◆ 圁 金を使わずに残す
◆ **~se** ❶ 自分を守る：~*se* del frío 寒さから身を守る. ❷ [+de に] 用心する(警戒)する：*¡Guárdate de*l agua mansa! 緩やかな流れにこそ気をつけろ! ❸ [+de+不定詞 しないように] 気をつける：*Guárdate* de revelar el secreto ajeno. 他人の秘密を明かさないように心がけなさい
guardársela *a*+人 …に復讐心を抱く

guardarraya [gwarðaráʝa] 囡《中米》[帯状の] 境界線；防火線

guardarropa [gwarðarópa] 圐 ❶ クローク, 携帯品預り所. ❷ 衣装戸棚, 洋服だんす；クロゼット. ❸ 匣囹[個人の] 持ち衣装
◆ 图 クローク係
◆ 囡 [宮廷の] 衣装係

guardarropía [gwarðaropía] 囡 匣囹《映画・演劇》撮影・上演用の衣装；衣装部屋
de ~ [事物が] 見かけ倒しの

guardarruedas [gwarðarwéðas] 圐《単複同形》=guardacantón

guardavalla [gwarðaβáʝa] 图《中南米》ゴールキーパー 《portero》
guardavallas [gwarðaβáʝas] 图《単複同形》=guardavalla

guardavía [gwarðaβía] 圐《鉄道》保線係

guardería [gwarðería] 囡 ❶ 託児所, 保育園〔~ infantil〕. ❷ 番人 guarda の職務

guardés [gwarðés, sa] 图 [別荘などの] 番人, 管理人
◆ 囡 番人の妻

guardia [gwárðja] 囡 ❶ 監視, 警備：estar de ~ 警戒している；当直である. ❷ 当直；匣囹衛兵：montar [la] ~/entrar de ~ 当直に立つ. oficial (médico) de ~ 当直士官(医師). puesto de ~ 衛兵詰め所. ~ entrante (saliente) 上番(下番)衛兵. ❸ 警備隊：*G.* ~ Civil 治安警備隊 〔☞policía 参照〕. ~ de honor 儀杖兵. ~ montada 近衛騎兵隊. ~ suiza [ローマ教皇庁の] スイス護衛兵. ~ urbana (municipal) [都市の, 主に交通担当の] 警察, 市警察. ~ pretoriana [政治家などの] 護衛官, SP. ❹《フェンシング・ボクシング》受けの構

え, ガード : estar en ~ 構えの姿勢にある ; 警戒している. bajar la ~ ガードを下げる

poner a+人 *en* ~ …を警戒(用心)させる

ponerse en ~ 警戒する, 用心深くなる

vieja ~ 〖党内の〗古くからの擁護者たち ; 〖党内の〗保守派, 古老グループ

◆ 图 ❶ 警察隊員, 警官 : ~ *de tráfico* 交通警官. ~ *urbano (municipal)* 〖主に交通担当の〗警官 〖☞ 图 ❸〗. ~ *marina* = **guardiamarina**. ~ *tumbado* 《西》スピード防止帯 〖道路の段差など〗. ❷ 警備員, ガードマン 〖~ *jurado*, ~ *de seguridad*〗

guardiamarina [gwardjamarína] 图 海軍兵学校の上級生徒, 海軍士官候補生

guardián, na [gwardján, na] ❶ 番人, 管理人, 監視員, 警備員 : ~ *de una fábrica* 工場の守衛. *Es su guardiana día y noche*. 彼女は一日中彼を見張っている. ❷ 〖秩序などの〗守護者, 保護者

◆ 男 《宗教》フランシスコ会の属管区長

guardilla [gwardíʎa] 图 屋根裏部屋 〖buhardilla〗; 《建築》マンサール(二重勾配)屋根

guarecer [gwareθér] ⑲ ⑩ 保護する

◆ ~*se* 〖+*de* から〗避難する : ~*se de* la *lluvia* 雨やどりする

guarida [gwaríða] 图 〖獣の〗隠れ場 ; 〖犯人などの〗隠れ家, アジト

guarisapo [gwarisápo] 男 《南米》オタマジャクシ

guarismo [gwarísmo] 男 《文語》アラビア数字 〖letra de ~〗

guarnecer [gwarneθér] ⑲ ⑩ ❶ 《文語》〖+*de*・*con* の〗飾りを…に施す : ~ *una espada de diamantes* 剣にダイヤをはめる. ~ *un vestido con puntillas* ドレスにレースの飾りをつける. ❷ 《料理》…に付け合わせる. ❸ …に守備隊を配し ; 設備を施す : ~ *una plaza fuerte con (de) soldados* 要塞に兵員を駐留させる. ~ *una fábrica con (de) utensilios* 工場に工具を備え付ける

guarnición [gwarniθjón] 图 ❶ 飾り, 装飾 : *abrigo con* ~ *de piel en el cuello* 襟に毛皮の付いたオーバー. ❷ 《料理》付け合わせ : *filete con* ~ *de tomates fritos* フライドトマトを添えたヒレ肉. ❸ 《軍事》〖町などの〗守備隊, 駐留部隊. ❹ 〖剣の〗鍔(ᵗᵇᵃ). ❺ 〖宝石を固定する〗爪. ❻ 覅 馬具一式

guarnicionería 图 馬具製造所, 馬具店

guaro [gwáro] 男 《中米》サトウキビから作る蒸留酒

guarrada [gwařáða] 图 《西. 口語》❶ 汚さ, 不潔 ; 汚物 : *decir* ~*s* 汚い言葉を使う. *¡Qué* ~*s está haciendo este niño!* この子は何てよごし方(散らかし方)をしているんだ! ❷ 卑劣な行為. ❸ 猥褻(ᵂᴬᴵ)物, 卑猥な言葉 : *Este libro es una* ~. この本は卑猥だ

guarrazo [gwařáθo] 男 《口語》〖転んだ時の〗強打 : *darse (pegarse) un* ~ 転んでひどく打つ

guarrear [gwaře̯ár] 他 泥んこ遊びをする

◆ 他 よごす

guarrería [gwaře̯ría] 图 = **guarrada**

guarro, rra [gwářo, řa] 形 图 《西》豚のように汚い〖人・物〗; 豚 : *Su casa está* ~*rra*. 彼の家はまるで豚小屋だ

no tener ni ~*rra* 《俗語》まったく知らない

guarumo [gwarúmo] 男 《植物》ヤツデグワ

guarura [gwarúra] 男 《中米》= **guardaespaldas**

guasa[1] [gwása] 图 《口語》冗談, 皮肉 : *con (en・de)* ~ 冗談めかして. *sin* ~ 冗談抜きで. *hablar en* ~ 冗談を言う. *tomar a* ~ 冗談に取る. *¿Yo, rico? ¡Estás de* ~! 私が金持ちだって? 冗談だろ/ふざけんじゃないよ!

guasca [gwáska] 图 《南米》〖鞭・手綱に使う〗皮帯 : *dar* ~ 鞭で打つ

guasear [gwase̯ár] 圓 《南米》無作法なふるまいをする

◆ ~*se* 〖+*de* から〗からかう : *Se guasea de* mí. 彼は私を笑いものにする

guaso, sa[2] [gwáso, sa] 形 《南米》粗野な, 無作法な. ◆ 图 《チリ》= **huaso**

guasería 图 《南米》粗野, 下品

guasón, na [gwasón, na] 形 图 冗談(からかい)好きな〖人〗, 皮肉屋〖の〗

guata [gwáta] 图 《西》〖寝具・衣服に詰める〗綿, 〖肩〗パッド ; 《南米》太鼓腹, 大きな腹

guatear [gwate̯ár] 他 《西》〖寝具・衣服に〗綿を入れる

guataca [gwatáka] 图 《中米》〖雑草取り用の〗小型の鍬

◆ 图 おべっかつかい

guate [gwáte] 男 《中米》飼料用のトウモロコシ

Guatemala [gwatemála] 男 《国名》グアテマラ ; その首都

salir de ~ *y meterse (entrar) en Guatepeor* 泣き面に蜂/一難去ってまた一難

guatemalteco, ca 形 图 グアテマラ〖人〗の ; グアテマラ人

guateque [gwatéke] 男 持ち寄りパーティー

guatusa [gwatúsa] 图 《中米. 動物》アグーティ〖acure〗

guau [gwáu̯] 圓 ❶ 〖犬のほえ声〗ワン. ❷ 《口語》〖喜び・感嘆〗わあ

guay [gwái̯] 形 〖単複同形〗《西. 若者語》すっごくいい 〖~ *del Paraguay*〗: *tope* ~ ものすごくいい

guayabera [gwajabéra] 图 《服飾》軽ジャケット

guayabo, ba [gwajábo, ba] 图 〖美男・美女で〗若い人 : *creerse un* ~ 自分を若いと思う

◆ 男 ❶ 《植物》バンジロウ, グアバ. ❷ 《南米》二日酔い.

◆ 男 ❶ 〖果実〗グアバ ; そのジャム 〖dulce de ~〗. ❷ 《中米》嘘, ほら話

guayaca [gwajáka] 图 《南米》財布 ; たばこ入れ ; お守り

guayacán/guayaco [gwajakán/- jáko] 男 《植物》グアヤック, ユソウボク

guayacol [gwajakól] 男 《化学》グアヤコール

Guayana [gwajána] 图 《地名》ギアナ : ~ *Inglesa (Británica)* 旧英領ギアナ 〖現在のガイアナ〗. ~ *Francesa* 仏領ギアナ. ~ *Holandesa* 旧蘭領ギアナ 〖現在のスリナム〗

G

guayanés, sa [形] [名] ギアナの〔人〕；《国名》ガイアナ Guyana [女] の(人)

guayuco [gwajúko] [男] 《南米》=**taparrabos**

guayule [gwajúle] [男] 《植物》グアユールゴムの木

gubernamental [guβεrnamentál] [形] 《←gobierno》 統治の，行政の；政府支持の：autoridades ~es 行政当局．organización no ~ 非政府機関，NGO．partido ~ 与党．prensa ~ 政府系の新聞，御用新聞

gubernativo, va [guβεrnatíβo, βa] [形] 政府の：orden ~va 政府の命令．policía ~va 治安警察

gubernista [guβεrnísta] [名] 《中南米》政府側の人，政府支持者

gubia [gúβja] [女] 丸鑿(まるのみ)；《医学》切骨器

gudari [guðári] [男] 《←バスク語》バスクの兵士

guedeja [geðéxa] [女] 髪の房；長い髪；[ライオンの]たてがみ

güelfo, fa [gwélfo, fa] [形] [名] 《歴史》ゲルフ党の〔党員〕 [ローマ教皇と神聖ローマ皇帝の対立で教皇を支持した]

guepardo [gepárðo] [男] 《動物》チーター

güero, ra [gwéro, ra] [形] 《中米》金髪の [rubio]

guerra [géřa] [女] 《英 war. ↔paz》 ❶ 戦争，戦い：i) entrar en ~ 戦争を始める．estar en ~ 戦争(交戦)状態にある．hacer la ~ a... ...と戦争をする，戦う．declarar la ~ a... ...に宣戦布告する；公然と敵対する．criminal de ~ 戦争犯罪人．enfermera de ~ 従軍看護婦．estado de ~ 戦争(交戦)状態．huérfano (viuda) de ~ 戦争孤児(未亡人)．zona de ~ 交戦地帯；戦争水域．~ bacteriológica 細菌戦争．~ de posiciones (de movimiento) 陣地(機動)戦．~ global (limitada・localizada) 全面(限定・局地)戦争．~ santa 聖戦．~ sucia 汚れた戦争．~ total 総力戦．ii) 《歴史》G~ de Cien Años [英仏の] 百年戦争．G~ de Seis Días [中東の] 六日戦争．~ de religión [16 -17世紀ヨーロッパの] 宗教戦争．~ hispanonorteamericana 米 西 戦 争 [1898年]．Primera (Segunda) G~ Mundial 第1(2)次世界大戦．iii) [スペインでは特に] 内戦 [G~ Civil Española. 1936-39] ❷ 《比喩》comercial 貿易戦争．~ contra el analfabetismo 文盲をなくす戦い．~ de nervios 神経戦．~ de palabras 論戦，舌戦．~ de precios 値引き競争．~ fría 冷戦 ❸ 争い，けんか：Están en ~ abierta las dos familias. 両家は公然たる敵対関係にある．Le hacen la ~ a todos sus compañeros. 仲間はみんな彼を非難している(彼といがみ合っている)

dar ~ [+a+人 を] 困らせる，うるさくする：Los niños *me dan* mucha ~. [私は]子供たちにはほとほと手を焼く

de antes de la ~ 《口語》ずっと昔の

pedir (*buscar・querer*) ~ Este cocido está *pidiendo* ~. このポトフはおいしそうだ

tener [*la*] ~ *declarada a* (*contra*)+人 《口語》...にあからさまな敵意を示す

guerrear [geřeár] [自] 《古語》 [+con・contra と] 戦う；抵抗(反撃)する

guerrero, ra [geřéro, ra] [形] ❶ 戦争の：danza ~ra 出陣(戦勝)の踊り．❷ 好戦的な，戦争に強い：pueblo ~ 好戦的な民族．❸ [子供が] いたずら好きの，よく騒ぐ
◆ [名] 戦士．
◆ [女] 軍服の上着

guerrilla [geříʎa] [女] ゲリラ [グループ，部隊]；ゲリラ戦 [guerra de ~s]：marchar en ~ 散開して進軍する

guerrillero, ra [geřiʎéro, ra] [名] ゲリラ兵

gueto [géto] [男] [ユダヤ人などの] 居住地区，ゲットー

güevón, na [gweβón, na] [形] [名] =**huevón**

guía [gía] [名] 《英 guide》案内人，ガイド；指導者：~ turístico (de turismo) 観光ガイド．~ de montaña 山岳ガイド．~ espiritual 精神的指導者．~ del museo 博物館の案内人．
◆ [男] 《軍事》嚮導(きょうどう)
◆ [女] ❶ 案内：servir de ~ a+人 ...の案内をする．~ turística 観光案内．❷ 案内書，ガイドブック：~ gastronómica 食べ歩き(レストラン)ガイド．~ de calles シティーガイド,市街案内図．~ de ferrocarriles 鉄道の時刻表．~ telefónica (de teléfonos) 電話帳．❸ 《技術》誘導装置，ガイド．❹ 《運送など》許可書：~ de carga 貨物引換証．~ al conductor 運送許可書．~ de una pistola 拳銃所持許可証．❺ 《自転車》ハンドル．❻ [はね上げた] ひげの先端．❼ 《植物》主枝．❽ ガールスカウト

guiar [gjár] [他] 《英 guide》 ☞活用表 ❶ [先に立って，+a 行き先へ] 案内する，導く：Le *guiaré* a usted al asiento. 席へご案内しましょう．❷ [乗り物を] 運転する：*Guía* el coche con mucha habilidad. 彼は車の運転がとても上手だ．❸ 指導する，指針を与える：~ los primeros pasos de+人 en el mundo de la música 音楽の道に進むように...を仕向ける．~ a un equipo *al* triunfo チームを勝利に導く．❹ 《農業》[主枝を残して] 整枝する
◆ ~*se* [+por を目当てに] 進む：~*se por* la estrella polar 北極星を目印に進む．*Me guiaba por* su ejemplo. 私は彼をお手本にした

guiar	
直説法現在	接続法現在
guío	guíe
guías	guíes
guía	guíe
guiamos	guiemos
guiais	guiéis
guían	guíen

guija [gíxa] [女] ❶ 小石，じゃり．❷ 《植物》レンリソウ

guijarral [男] 小石だらけの土地
guijarreño, ña [形] 小石の多い
guijarro [男] [河原などにある] 丸い小石

guijo 男 [集名] [道に敷く] 砕石, じゃり

güila [gwíla] 囡 =huila

guilda [gílda] 囡 [歴史] ギルド

guilder [gílder] 男 [オランダの通貨単位] ギルダー

guilla [gíʎa] 囡 豊作; 豊富
de ~ 結実のよい; 豊富に

guillar [giʎár] 自 《口語》❶ 立ち去る, 逃げる. ❷ 頭がおかしくなる, ぼける
guillárselas 立ち去る, 逃げる: Se las guilló antes de que vinieran los policías. 彼は警官が来る前に逃げた

guilladura 囡 狂気, ぼけ

Guillermo [giʎérmo] 男 《男性名》ギリェルモ 〖英 William〗

guillotina [giʎotína] 囡 ギロチン; [紙などの] 断裁機: ventana de ~ 上げ下げ窓

guillotinar 他 1) ギロチンにかける; 断裁する. 2) 強引に決定する; 突然中断する: Me cansaba su discurso y le *guillotiné* apagando la tele. 彼の演説が退屈だったので, 私はテレビを消して聞くのをやめた

güincha [gwíntʃa] 囡 =huincha

guinche [gíntʃe] 男 《南米》クレーン 《grúa》

guinda [gínda] 囡 ❶ [果実] アメリカンチェリー. ❷ 最悪 [なところ]: ~ del discurso 演説の一番ひどいところ
poner la ~ 《口語》[+a に] 有終の美を飾る; 悲惨な結果に終わる

guindar [gindár] 他 ❶ [起重機などで] 吊り上げる, 持ち上げる. ❷ 絞首刑にする. ❸ 《西. 俗語》[汚い手を使って] 奪う, 横取りする
◆ ~se [綱などに] ぶら下がる: ~se por la pared 壁を懸垂下降する

guindilla [gindíʎa] 囡 シマトウガラシの実
◆ 男 《西. 古語·軽蔑》警官

guindillo [植物] ~ de Indias シマトウガラシ

guindo [gíndo] 男 [植物] スミノミザクラ, モレロ.
caerse del ~《西. 口語》無邪気である, 右も左もわからない

guinea[1] [ginéa] 囡 ❶ [国名] G~ ギニア. G~ Bissau ギニアビサウ. G~ Ecuatorial 赤道ギニア. Papuasia-Nueva G~ パプア·ニューギニア. ❷ [英国の昔の金貨] ギニー

guineano, na 形 名 =guineo

guineo, a[2] 形 名 ギニア (ギニアビサウ·赤道ギニア) の (人). ◆ 男 [植物] [カリブ諸国産の] バナナの一種

guiña [gíɲa] 囡 《南米》不運

guiñada [giɲáda] 囡 ❶ =guiño. ❷ [船が] 急に針路からそれること

guiñapo [giɲápo] 男 ❶ ぼろ切れ, ぼろ着: Esta colgadura está hecha un ~. この壁掛けはぼろぼろになった. llevar un ~ de gabardina ぼろぼろのコートを着ている. ❷ 廃人; 腑(⁺)抜け: Las fiebres le han dejado hecho un ~. 熱病で彼の体はぼろぼろになってしまった. ❸ 堕落した人: Es un ~ de hombre. 彼は人間のくずだ
poner a+人 como un ~《口語》…をぼろくそに言う

guiñar [giɲár] 他 ❶ 目配せする, ウインクする: Me *guiñó* [el ojo]. 彼は私に目配せした. ❷ [まぶしくて·視力が悪くて両目を] 細める
◆ 自 [船が] 急に針路からそれる.
◆ ~se 互いに目配せする

guiño [gíɲo] 男 目配せ, ウインク: hacer un ~ (~s) a+人 …に目配せ (ウインク) する

guiñol [giɲól] 男 指人形芝居

guiñolesco, ca 形 指人形芝居の

guión [gjón] 男 ❶ [映画·テレビ] シナリオ, 台本; [視聴覚教育の] 教授用資料. ❷ [主に図解した] 手引, 要旨. ❸ [文法] ハイフン (-); ダッシュ (―) 〖~ largo〗. ❹ [デモ行進の先頭が持つ] 旗. ❺ 群れを先導する鳥

guionista [gjonísta] 名 [映画·テレビ] シナリオライター

guipar [gipár] 他 《口語》見る, 見分ける; 理解する

güipil [gwipíl] 男 《中米. 服飾》[インディオの女性の] 刺繍した袖なしのシャツ

guipur [gipúr] 男 《服飾》ギピュール [レース] 〖encaje de ~〗

guipuzcoano, na [gipuθkoáno, na] 形 《地名》ギプスコア Guipúzcoa の 〔人〕 〖バスク地方の県〕

güira [gwíra] 囡 《植物》ヒョウタンノキ

guiri [gíri] 名 《←バスク語. 西. 主に軽蔑》外国人 [観光客]; 《俗語》治安警備隊員

guirigay [girigái] 男 《俗 ~[e]s》❶ 《西. 口語》訳のわからない言葉, ちんぷんかんぷん; ガヤガヤいう声; どたばたのけんか

guirlache [girlátʃe] 男 《菓子》プラリネ

guirnalda [girnálda] 囡 花 (葉·色紙) をつないだ飾り, 花輪 [模様]

güiro [gwíro] 男 《楽器》ギーロ 〖ドミニカなどで, 波状の表面をこすって音を出す〗

guisa [gísa] 囡 [文語] 仕方, 流儀
a (á·en) ~ de... …のように, …として: portarse a ~ de hombre bien criado 育ちのいい人らしくふるまう. usar una cuerda a ~ de cinturón ひもをバンド代わりに使う
a su ~ 自分の好きなように
de esa (esta·tal) ~ そのようにして

guisado [gisáðo] 男 ❶ 《料理》シチュー, 煮込み 〖guiso〗. ❷ 料理

guisante [gisánte] 男 《主に西. 植物·豆》エンドウ [マメ]; グリーンピース 〖~ verde〗: ~ mollar (flamenco) サヤエンドウ. ~ de olor スイートピー

guisar [gisár] 自 他 ❶ 料理を作る; 煮込む: Guisa muy bien. 彼女は料理が大変上手だ. El pescado está *guisado*. 魚は料理ができている. ❷ 企む
◆ ~se ❶ La carne se guisa más pronto que las legumbres. 肉は野菜よりも早く火が通る. Ellos se lo *guisan* y ellos se lo comen. 《諺》まいた種は刈らねばならぬ/自業自得だ. ❷ 企みがめぐらされる: ¿Qué se está *guisando* en la reunión? 集会で何を企んでいるのだろう?

guiso [gíso] 男 ❶ 《料理》シチュー, 煮込み: ~ de patatas ジャガイモの煮込み. ❷ 料理

guisote 男 《軽蔑》ごった煮, まずいシチュー

güisqui [gwíski] 男《←英語》ウイスキー

guita [gíta] 囡 ❶ 麻ひも． ❷《口語》現金

guitarra [gitářa] 囡《英 guitar》❶《楽器》ギター：tocar la ～ ギターをひく．～ eléctrica エレキギター．～ española スパニッシュギター． ❷《南米》晴れ着
　　chafar la ～ a+人 …の計画を台なしにする
　　tener bien (mal) templada la ～ 機嫌がよい(悪い)
　◆ 图 ギター奏者

guitarreo [gitařéo] 男 ギターの単調な演奏

guitarrería [gitařería] 囡 ギター店(製造工場)

guitarrero, ra [gitařéro, ra] 图 ギターを作る(売る)人

guitarrillo [gitaříʎo] 男 4 本絃の小ギター

guitarrista [gitařísta] 图 ギター奏者，ギタリスト

guitarro [gitářo] 男 ＝guitarrillo

guitarrón [gitařón] 男［マリアッチ用の］25 弦の大ギター

güito [gwíto] 男［子供が遊びに使う］果実(特にアンズ)の種；その遊び

gula [gúla] 囡 大食，大食《←frugalidad》：pecado de ～ 大食の罪．comer con ～ がつがつ食べる

gulag [guláɣ] 男《単複同形/～s》[旧ソ連の]強制労働収容所

gulasch [gúlaʃ] 男《←ハンガリー語．料理》グラーシュ

gules [gúles] 男《紋章》赤[色]

gulusmear [gulusmeár] 自 つまみ食いをする

gumía [gumía] 囡［ムーア人の］短剣

gurí [gurí] 男《複 ～es》《南米》インディオ(メスティーソ mestizo)の男の子；小さな子
　　gurisa 囡 その女の子

guripa [gurípa] 男《西．俗語》兵士；番人，ガードマン

gurja [gúrxa] 囮 图 グルカ族〔の〕

gurmet [gurmé] 图《←仏語》グルメ，食い道楽の人

gurriato [guřjáto] 男《←gorrión》スズメの子

gurrumino, na [guřumíno, na]《中南米》形［子供が］やせ細った
　◆ 囡 疲労，無気力

gurruño [guřúɲo] 男 くしゃくしゃになったもの

gurú [gurú] 男《複 ～[e]s》[バラモン教の]導師，グル；[精神的な]指導者

gusa [gúsa] 囡 空腹[感]

gusanera [gusanéra] 囡 虫 gusano の一杯いる所；うようよいるもの

gusanillo [gusaníʎo] 男 ❶ 小さな虫． ❷ 撚(よ)り糸；撚った針金． ❸ 熱狂：Le entró el ～ de la afición al fútbol. 彼はサッカーの虫になった． ❹《口語》不安，心配
　　～ de la conciencia 良心のとがめ
　　matar el ～《口語》朝食前に酒を一杯やる；軽い物を食べる

gusano [gusáno] 男 ❶［ミミズ・回虫などの］虫；毛虫，うじ虫：～ blanco 地虫〖コガネムシの幼虫〗．～ de luz［雌の〕ホタル．～ de maguey リュウゼツランの木にいる虫の幼虫〖メキシコで食用〗．～ de seda 蚕(かいこ)．～ revoltón

[ブドウにつく〕葉巻き虫． ❷ 虫けら〔のような人〕：Eres un vil ～. お前は虫けら〔のように卑しい奴〕だ
　　criar ～s 死ぬ，死んで葬られる
　　～ de la conciencia 良心のとがめ，自責の念
　　matar el ～ ＝matar el gusanillo

gusarapo, pa [gusarápo, pa] 图 ❶《口語》[水中の]小さな虫，うじ虫． ❷《軽蔑》虫けら(うじ虫)のような人

gusarapiento, ta 形 虫がうようよしている

gustar [gustár] 自 ❶［+a+人 の］気に入る 〖主語は文末が多い〗：i) Me gusta la música latina. 私はラテン音楽が好きだ．No me gustan nada los toros. 私は闘牛が大嫌いだ．¿Te gusto?—Sí, me gustas. 僕のこと好きかい?—ええ，好きよ．〖しばしば接続法が主語〗No me gusta que ya te vayas. 君がもう行ってしまうなんていやだ．ii)［過去未来で婉曲な願望〕No me gustaría. 好ましくありません．[+不定詞]…したいのだが：Me gustaría visitar el museo. 私は美術館に行ってみたい．¿Le gustaría a usted salir a pasear? 〔よかったら〕散歩に行きませんか? 〖que＋接続法過去が主語．時として願い・命令》…してもらえるとありがたいのだが：Me gustaría que me lo explicara detalladamente. 詳しく説明してもらいたい
　❷［+de が］好きである：Gusto de pintar al aire libre. 私は外で描くのが好きだ
　　para lo que usted guste ＝para lo que guste usted mandar
　　¿(si) Vd. gusta? 〖食べ始める時の，同席している人への挨拶〕〔お先に〕いただきます．〖参考 その返事「どうぞ」は No, gracias./Gracias, (que) aproveche.〗
　◆ 他《文語》❶ 味見する；味わう：～ la salsa ソースの味を見る． ❷ 経験する：～ el peligro 危険を味わう

gustativo, va [gustatíßo, ßa] 形 味に関する，味覚の

Gustavo [gustáßo] 男《男性名》グスターボ

gustazo [gustáθo] 男 大きな喜び(満足)：Tuvo el ～ de darme un chasco. 彼は私に一杯食わせて大喜びした．Me di el ～ de quedarme en la cama hasta el mediodía. 昼まで寝坊ができて私は満足だった

gustillo [gustíʎo] 男 ❶ 後味，後口：Esta leche tiene un ～ agrio. このミルクは後味がすっぱい． ❷［意地悪などに対した時の〕快感

gusto [gústo] 男《英 taste》❶ 味，風味：i) Esta sopa tiene un ～ amargo. このスープにはにがい．tener buen ～ おいしい；趣味がよい．tener mal ～ まずい；趣味が悪い．tener poco ～ 味がない(薄い)．helado de tres ～s 三色アイス．ii)［+a の〕con ～ a queso チーズの味の
　❷ 味覚〖sentido del ～〗：perder el ～ 味覚を失う
　❸ 喜び，楽しみ；満足：Quien por su ～ padece, vaya al infierno a quejarse. 自業自

得だ/自分のしたことの責任をとれ

❹ 好み, 嗜好；趣味, 美的感覚：～ por los libros 本好き. persona con mucho ～ 趣味のよい人. habitación decorada con buen ～ 装飾のセンスのいい部屋. tener unos ～s sencillos ぜいたくを好まない, 質素(地味)である. Sobre (De) ～s no hay nada escrito (no hay disputa•no se ha escrito)./Hay ～s que merecen palos.〖諺〗人の好みはさまざまだ/蓼(ᆺ)食う虫も好き好き

❺ 気まぐれ, 勝手な願望

❻ 流儀, 様式：～ oriental 東洋趣味

a ～ よく, 快適に；気楽に；喜んで：He comido muy *a ～*. とてもおいしかった. ¡Qué *a ～* se está en casa! 我が家が一番くつろげるなあ! trabajar *a ～* 好きで働く

a ～ de+人 …の意志(好み)に従って：Lo hizo *a su ～*. 彼は自分の好きなようにやった. He comido *a mi gran ～*. とてもおいしかった

al ～ [+de+人 の] 好みに合わせて

coger ～ a... =**tomar ～ a...**

con mucho ～ 〖英 with pleasure〗喜んで：Le ayudaré a usted *con mucho ～*. 喜んでお手伝いします. ¿Por qué no vienes aquí?—*Con mucho ～*. こっちへ来ないか?—喜んで

dar ～ a+人 …を喜ばせる, 楽しませる：Me *da* mucho ～ tomar una ducha fría. 私は冷たいシャワーを浴びるのがとても好きだ. Me *daba* ～ verle. 私は彼に会うのが楽しみだった. Este niño come que *da ～*. この子は見ていて気持ちがいいほどよく食べる

darse el ～ de+不定詞 勝手に…する：Su mujer *se dio el ～ de* comprar esa esmeralda. 彼の妻はちゃっかりそのエメラルドを買った

de buen ～ [物が] 趣味のよい：muebles *de buen ～* 趣味のよい家具

de mal ～ [表現が] 粗野な

despacharse a [su] ～ 好き勝手なことを言う(する)

el ～ es mío [初めまして mucho gusto に対する挨拶] こちらこそ

～ verlo《中南米》=**mucho ～**

ir en ～s [事柄が主語] 好き好きである

¡me corro del ～!《俗語》=**¡me muero del ～!**

¡me muero del ～! めちゃめちゃすばらしい!

mucho ～ 〖英 nice to meet you〗[初対面の挨拶] 初めまして

por ～ 趣味として, 好きで

soltarse a ～ 好き勝手なことをする, 遠慮なくふるまう

tanto ～ =**mucho ～**

tener el ～ 《丁寧》*Tengo el ～ de* presentarles al señor Kenji Sato. 佐藤研次氏を皆さんにご紹介いたします

tener ～ por... …が好み(趣味)である：*Tiene ～ por* la música. 彼は音楽が趣味だ

tener mucho ～ en+不定詞 …して大変うれしい；喜んで…する：*Tengo mucho ～ en* conocerle. お知り合いになれて大変うれしく思います. *Tendré mucho ～ en* ayudarle. 喜んでお手伝いしましょう

tomar ～ a+人 a... …が…を好きになる：Le *ha tomado ～ a* la bicicleta. 彼女は自転車が気に入った

gustoso, sa [gustóso, sa] 形 ❶ おいしい〖sabroso〗. ❷ 楽しい, 喜ばしい：Aceptaré muy ～ su invitación. 喜んでご招待をお受けします. Fue ～sa a comprar unas cosillas. 彼女はいそいそとあれこれ買い物に出かけた. pasatiempo ～ 楽しく時を過ごすこと

gustosamente 副 喜んで

gutagamba [gutagámba] 女《化学》雌黄(ᆺ), ガンボージ

gutapercha [gutapértʃa] 女《化学》グッタペルカ(を塗った布)

gutural [guturál] 形《言語》sonido ～ 喉音 ◆ 女 喉音子音〖consonante ～〗

guyanés, sa [gujanés, sa] 形 名 =**guayanés**

guzla [gúθla] 女 [ダルマチアの弦楽器] グズラ

H

h [átʃe] 囡 アルファベットの第 8 字
  la hora H 〖軍事〗行動開始時刻；予定時刻
  llámale H 結局同じことだ
  por H o por B (C) 何やかやと理由をつけて

h. 《略語》←habitantes 住民，人口；hora 時間

ha ☞haber 53

ha. 《略語》←hectárea ヘクタール

haba [ába] 囡《単数冠詞: el・un〔a〕》❶《植物・豆》ソラマメ: En todas partes cuecen ～s 〔y en algunas a calderadas〕.《諺》どこへ行っても苦労はつきまとう. ❷ [虫刺されなどによる] ふくれ，腫れ. ❸ ～s verdes カスティーリャ北部の民俗舞踊
  echar las ～s 呪いをかける
  〔eso〕 son ～s contadas それは明らか(確か)だ
  ser más tonto que una mata de ～s ひどいばかである

habanero, ra [abanéro, ra] 形 名 ❶ =habano: puerto ～ ハバナ港. ❷ [金持ちになって] 中南米からスペインへ帰国してきた[人]
  ◆ 男 《音楽・舞踊》ハバネラ

habano, na [abáno, na] 形 名 ❶ [地名] ハバナ La Habana の〔人〕《キューバの首都》；キューバ Cuba の. ❷ 葉巻色(薄茶色)の
  ◆ 男 《キューバ産の》葉巻

hábeas corpus [ábeas kórpus] 男 《←ラテン語. 法律》人身保護令状，身柄提出令状

haber [abér] 他 53 〖活用表〗[単人称]
❶ 〖英 there is. 直説法現在形 **hay**〗[不特定の人・事物について存在. +単数・複数名詞] …がある(いる): Delante de la casa *hay* un coche. 家の前に車がある. ¿Qué *hay* en la mesa? テーブルの上に何がありますか? *Había* unos niños en el patio. 中庭に子供たちがいた. No *hay* gatos con alas. 翼のある猫はいない. Ha de ～ algún error. 何かの間違いでしょう. En el accidente *ha habido* muchos muertos. 事故で多くの死者が出た. Anoche *hubo* un incendio. 昨夜火事があった. A las cinco *hay* reunión. 5 時に集会がある. 〖類義〗haber は =無冠詞・不定冠詞・数詞・不定形容詞+名詞，estar・ser は +定冠詞・指示形容詞・所有形容詞+名詞: Delante de la casa *está* mi coche. 私の車は家の前にある. ¿Dónde *es* la fiesta? パーティーの会場はどこですか?
❷ [直接目的代名詞+] No hay cintas blancas pero sí las *hay* rojas. 白いリボンはないが，赤いのならある
❸《まれ》[時の名詞+ha] …前に〖普通は hace+時の名詞〗: Murió cinco años *ha*. 彼は 5 年前に死んだ. Dos meses *ha* que compramos este piso. 私たちは 2 か月前にこのマンションを買った

bien haya ありがたい，それはよかった
como hay pocos 例外的な；一流の
de lo que no hay [良い意味でも悪い意味で] 例外的な，まれな: Este niño es *de lo que no hay*. この子はものすごい
donde los hay =si los hay
～ algo [事情など] 何かある: Algo debe ～, cuando no nos ha llamado todavía. 彼からまだ電話が来ないところをみると何かあるに違いない
～ de+不定詞 [haber は人称変化する] 1)《文語》…しなければならない〖tener que〗: Todos *hemos* de morir. 私たちはみんな死なねばならない. 2)《主に中南米》[近い未来・予定] …することになっている〖ir a〗: Este chico *ha* de hacer grandes cosas. この子は[将来]大きなことをするはずだ
hay... y... [同一名詞を繰返して] …にも色々ある: Hay amigos y amigos. 友人といっても色々だ
hay que+不定詞 〖英 we have to〗…しなければならない〖願義〗hay que は一般的な, tener que は周囲の状況による義務・必要性》: Hay que trabajar para comer. [人は]食べるために働かなくてはならない. Había que aceptarlo. [我々は]それを受け入れざるを得なかった. Hay que estar loco para descubrir nuestro secreto. 私たちの秘密をばらすなんて頭がどうかしているに決まっている
lo que hay es que+直説法 [説明の前口上] 実を言うと…/つまり…
no hay de qué [感謝に対して] どういたしまして 〖☞de nada 願義〗
no hay más que+不定詞 [反論を許さずに結論づけて] 以上である/これで終わり
no hay más que+不定詞 1) [一般に] …さえすればよい: No hay más que ir allí. そこへ行くだけでいい. 2) それ以上は…できない: no hay más que decir それで言いつくされている. no hay más que pedir まったく申し分ない. no hay más que ver この上なく美しい；一目瞭然である
no hay 〔nadie・nada・otro・otra cosa〕 como... [最上級表現] No había 〔otro〕 como él para tratar ese asunto. 彼はどの件もうまく扱える人はいなかった. No hay 〔nada〕 como dormir para el catarro. 風邪には寝るのが一番だ
no hay 〔tener〕 por dónde coger 〔dejar〕 a+人 《口語》…はまったくひどい/良い所がまるでない
no hay por qué 《中南米》=no hay de qué

no hay que+不定詞［不必要］…しなくてもよい；［禁止］…してはいけない: *No hay que certificar la carta.* 書留にする必要はない. *No hay que decir mentiras.* 嘘をついてはいけない

no hay quien+接続法 …するのはきわめて難しい: *No hay quien resuelva eso.* それを解決するのはきわめて困難だ

¿qué hay [de bueno]?／《中南米》¿qué hubo? ［挨拶］やあ!

si lo[s] hay 例外的な；一流の: *Era caballero si lo hay.* 彼は紳士の中の紳士だった

◆ **~se** ［+de. 一般的な必要性］*Se ha de tener más cuidado.* 〔人は〕もっと気をつけるべきだ

habérselas ［+con+人 と］対決する〖主に不定詞で使われる〗

◆ 㐧 ［英 have］［+過去分詞. 複合時制を作る］❶ ［直説法］i) ［現在完了. 現在形+過去分詞］*Esta mañana me he levantado tarde.* 今朝私は寝坊した. *Ha vuelto a casa ahora.* 彼は今帰宅した. *No ha llovido estos diez días.* この10日間雨が降っていない. *He estado en España.* 私はスペインに行ったことがある. ii) ［過去完了. 線過去+過去分詞］*Había vuelto a casa antes de anochecer.* 彼は日暮れ前には帰宅した. *Había llovido hasta ayer.* 昨日までは雨が降り続いていた. iii) ［文語］［直前過去. 点過去+過去分詞. 口語では点過去で表わされる］*Tan pronto como hube comido, salí de casa.* 私は食事を終えるとすぐ家を出た. iv) ［未来完了. 未来形+過去分詞］*Habrá vuelto a casa para mañana.* 彼は明日までには帰宅するだろう. v) ［過去未来完了. 過去未来+過去分詞］*Habría vuelto a casa ayer, antes de anochecer.* 彼は昨日の夕暮れ前には帰宅していただろう ❷ ［接続法］i) ［現在完了］*Me alegro de que hayas vuelto a casa.* 君が帰宅して私はうれしい. *Espero que hayas vuelto a casa para mañana.* 君が明日までには帰宅していることを私は願う. ii) ［過去完了］*Me alegré de que hubieses vuelto a casa.* 君が帰宅していてうれしかった. *Esperaba que hubieras vuelto a casa para el día siguiente.* 君が翌日までには帰宅していることを私は願っていた ❸ ［不定詞の複合形］*Después de haber vuelto a casa, se dio cuenta de eso.* 彼は帰宅してからそのことに気づいた ❹ ［現在分詞の複合形］*Habiéndolo hecho bien, no hay problemas.* うまくやったので何も問題はない

¡~ venido+過去分詞+状況補語！ ［2人称に対する非難］*¡H~ venido antes!* もっと早く来るべきだったのに!

¡que hubiera+過去分詞+状況補語！ ［3人称に対する願望］*¡Que hubiera venido antes!* もっと早く来ればよかったのに

◆ 男 ❶ ［主に 梱］財産: *Tiene ~es cuantiosos.* 彼には多額の資産がある ❷ 《文語》［主に 梱］給料: *percibir (cobrar) sus*

~es 給料を受け取る ❸ 《商業》貸方, 資産 〖↔*debe*〗: *abonar una cantidad en su ~* ある金額を彼の貸方に記入する ❹ 長所, よい面: *Tiene en su ~ que tomó la responsabilidad del asunto.* その件の責任をとった彼のよいところだ

haber	
直説法現在	点過去
he	hube
has	hubiste
ha, hay	hubo
hemos	hubimos
habéis	hubisteis
han	hubieron
直説法未来	過去未来
habré	habría
habrás	habrías
habrá	habría
habremos	habríamos
habréis	habríais
habrán	habrían
接続法現在	接続法過去
haya	hubiera, -se
hayas	hubieras, -ses
haya	hubiera, -se
hayamos	hubiéramos, -semos
hayáis	hubierais, -seis
hayan	hubieran, -sen

habichuela [aßitʃwéla] 囡 インゲン〔マメ〕〖*judía*〗

ganarse las ~s 生活費を稼ぐ

habido, da [aßíðo, ða] 形 過分《文語》*hijos ~s* 生まれた子, 出来た子. *Son notables los cambios ~s en la condición de la mujer.* 女性の状況に起きた変化はめざましい

habiente [aßjénte] 形《法律》所有している

hábil [áßil] 形 ❶ ［手先が］器用な；［+con に］巧みな: *Es ~ con el pincel.* 彼は筆遣いが巧みだ. *fotógrafo ~* 優秀なカメラマン ❷ 抜け目のない；生活力のある: *ser ~ en la discusión* 議論の仕方が巧みである ❸ ［場所が, +para に］適当な: *espacio ~ para oficinas* 事務所向きのスペース ❹ 《法律》資格のある, 有効な: *tener diez días ~es para reclamar* 10日の間に請求せねばならない

habilidad [aßiliðá(ð)] 囡 ❶ 巧妙さ, 熟達; 能力: *bailar con mucha ~* とても上手に踊る. *tener la ~ de+不定詞* 上手に…できる. *hacer gala de sus ~es* 熟達ぶりを示す ❷ 悪賢さ

habilidoso, sa [aßiliðóso, sa] 形 手先の器用な

habilitación [aßilitaθjón] 囡 ❶ ［場所の］使用, 利用 ❷ 資格（能力）の授与 ❸ 国庫金支払い事務所; 支給

habilitado, da [aßilitáðo, ða] 名 過分 支払い主任；《軍事》主計官

habilitar [aßilitár] 他 ❶ ［場所を, +para に］使えるようにする, 整える: *~ un convento para hospital* 修道院を病院として使う ~ *un des-*

pacho 事務所を用意する. ❷《法律》資格(能力)を与える：～ a+人 *para* secretario …書記の資格を与える. ～ a un menor 未成年者に法的資格を与える. ❸《経済》[金を] 支給する

hábilmente [ábilménte] 剾 器用に, 巧みに

habitable [abitáble] 厖 住み得る, 住むのに適した

　habitabilidad 囡 住み得ること, 居住性

habitación [abitaθjón] 囡 〖英 room〗 ❶ [主に寝るための] 部屋, 寝室：Mi casa consta de cuatro *habitaciones*, comedor, cocina y dos baños. 私の家には寝室が4つと食堂, 台所, それに浴室が2つある. ¿Tienen ustedes *habitaciones* libres? [ホテルで] 空き部屋, ありますか？　 individual (sencilla・simple) シングル, 個室. ～ doble ツイン, 2人部屋. ～ de matrimonio ダブル. ❷ 住むこと, 居住；住居. ❸ [動植物の] 生息地

habitacional [abitaθjonál] 厖《南米》住居の

habitáculo [abitákulo] 男 居住区画, 居住部分；[自動車] 車内

habitante [abitánte] 囲 ❶ 住民, 居住者：Esta ciudad tiene un millón de ～s. この都市の人口は百万人だ. ～ de un edificio 建物の住人. ❷ 生息動物

habitar [abitár] 固 他 [+en に] 住む, 住む生息する；生息する：Una familia *habita* [*en*] la vieja casa. ある一家がその古い家に住んでいる. Los pingüinos *habitan* [*en*] las regiones polares. ペンギンは極地に生息している. satélite *habitado* 有人衛星

hábitat [ábitat] 男 〖複 ～s〗 ❶ [動植物の] 生息環境, 生息地. ❷ [人間の] 居住様式；居住条件, 住居：～ urbano (rural) 都会(農村). mejorar el ～ 居住条件を改善する

hábito [ábito] 男 ❶《文語》習慣, 癖〖costumbre〗：Tiene el ～ de morderse las uñas. 彼は爪をかむ癖がある. El tabaco causa ～. たばこは習慣性がある. ～ bueno (malo) 良い習慣(悪い癖). ❷ 修道服：tomar el ～ (los ～s) 修道会に入る. ahorcar (colgar) los ～s 還俗する；《口語》転職する. El ～ no hace al monje.《諺》人は見かけによらぬものだ／外見で判断してはいけない

habituación [abitwaθjón] 囡 慣れ, 馴化

habitual [abitwál] 厖 習慣的な, いつもの：Nos reunimos en el bar ～. 私たちはいつものバルに集まる. delincuente ～ 常習犯

　habitualmente [abitwálménte] 剾 習慣的に, いつもは

habituar [abitwár] ⑭ 他 [+a に] 慣らす：～ a su familia *a* la nueva tierra 家族を新しい土地に慣れさせる

◆ ～se 慣れる：Me he *habituado* a madrugar. 私は早起きするのに慣れた

habla [ábla] 囡 〖単数定冠詞：el・un[a]〗 ❶ 言語能力：perder el ～/quedarse sin ～ 口がきけなくなる, 言葉を失う. recobrar el ～ 言語能力を回復する. ❷ 話し方；話すこと；声：tener un ～ fluida 弁舌さわやかである. Siempre su

～ resulta interesante. 彼の話はいつも面白い. tener un ～ dulce ソフトである. ❸ 言語：países de ～ española スペイン語諸国. ❹《言語》言〖仏語 parole の西語訳. ↔lengua〗

　al ～ 1) 連絡をとって：Póngase al ～ con mi hermano para decidir la fecha. 日取りを決めるため兄と連絡を取ってください.　 estar (quedar) al ～ con+人 …と連絡がある；折衝中である. 2) 電話に出て：Mi madre va a ponerse al ～. 母に替ります. Juan al ～, dígame.《古語的》もしもしフワンです

　***dejar* a+人 *sin* ～** 唖然とさせる

　***negar* (*quitar*) el ～ a+人** [けんかして] …と口をきかない

hablado, da [ablá5r, ða] 厖 過分 話される：japonés ～ 口語日本語

　bien ～ 言葉づかいのよい[人]

　mal ～ ＝**malhablado**

◆ 囡 圐《中南米. 軽蔑》虚勢, からいばり

hablador, ra [abla5r, ra] 厖 囵 《絶対最上級 habladorcísimo, ma》おしゃべりな[人], 饒舌な[人]：No le cuentes nada, que es muy ～. 彼には何もしゃべるなよ. あいつはひどく口が軽いから

habladuría [abla5uría] 囡 [主に 圐] 噂話, 陰口：Dicen que se marcha, pero eso son ～s de la gente. 彼は行ってしまうとのことだが, それは人の噂だ

hablante [ablánte] 囵 話す人；話者, 話し手〖↔oyente〗

hablar [ablár] 固 〖英 speak, talk〗 ❶ [+con と] 話す, しゃべる 〖類義 charlar はおしゃべりをする, comentar は話題にする, contar は物語る, decir は言葉を言う・意見を述べる, hablar は言語を話す・おしゃべりをする〗：i) Yo estaba *hablando* con María mucho rato. 私は長い間マリアと話していた. *Hablamos* en español. 私たちはスペイン語で話す. Este niño ya sabe ～. この子はもう言葉をしゃべれる. ii) [主に強調されて] 白する, 白状する. iii)《電話》¿Quién *habla*?—Habla María./¿Con quién *hablo*?—Habla con María. どなたですか？—マリアです. ¿*Hablo* con la casa del Sr. González? ゴンサレスさんのお宅ですか？ Quisiera ～ con José. Aquí *habla* Miguel. ホセをお願いします. こちらはミゲルです. iv)《諺・成句》Quien mucho *habla* mucho yerra. 口数多きは過ちの元. El que sabe mucho, *habla* poco. 能ある鷹は爪を隠す. El ～ bien no cuesta dinero. お世辞に金はかからない. *Habla* mucho pero no dice nada. 彼は口数は多いが説得力に乏しい

❷ [+de について] i) Vamos a ～ de nuestros proyectos. 私たちの計画について話そう. ¿*De* qué *habla* usted? 何のお話ですか？ ～ de política 政治の話をする. ii) 噂する：He oído ～ mucho de usted. お噂はかねがね聞いております. iii) 物語る, 書く：Este libro *habla* del átomo. この本には原子のことが書いてある

❸ [+a に] 話しかける：i) Mañana *hablará* el rey *a* su pueblo. 国王は明日国民に話をしる.

Nadie le *hablará* sin permiso. 許可なく彼に話しかけないように。 ~ al alma 心に訴えかける, 感動させる. ii) 口利きをする, 取りなす: Le voy a ~ *de* ti al ministro. 君のことは大臣に話しておこう

❹ [言葉以外の手段で] 表現する: ~ con gestos 身ぶりで示す. Estas piedras nos *hablan* de la grandeza de Roma. これらの石はローマの偉大さを物語ってくれる

❺ 《古語》恋人関係にある

❻ [現在分詞] *hablando* con franqueza 率直に言って. *hablando de* otra cosa 話は別だが

dar que ~ 噂話(陰口)の的になる

estar hablando [肖像が実物に]そっくりである: Tu hermana *está hablando* en esta fotografía. この写真のお姉さんは今にもしゃべり出しそうだ

habla que esculpe 《まれ》文(表現)が雄弁である(人の心を打つ)

~ *bien de*+人 …をほめる: Todos *hablan bien de*l nuevo ministro. みんな新大臣のことをほめる

~ *consigo mismo*/~ *para sí* ひとりごとを言う; 自分でよく考える

~ *mal* 悪態をつく, 下品な言葉を使う

~ *mal de*+人 …の悪口を言う: Los críticos *hablaron mal de* ese actor. 批評家たちはその俳優をけなした

~ *por* ~/~ *por no callar* 意味のない話をする, とりとめのないことを話す

hacer ~ [楽器を] とても上手に弾く

ni ~ 論外だ, とんでもない

ni hablemos 言うまでもない

no querer ni oír ~ *de...* …の話など聞きたくもない

◆ 他 ❶ [+言語 (無冠詞) を] 話す: Él *habla* español muy bien. 彼はとても上手にスペイン語を話す. saber ~ alemán ドイツ語を話せる. ❷ =decir: ~ disparates でたらめを言う. ~ majaderías ばかげたことを言う

~*lo todo* すべてを暴露する; [幼児が言葉を]何でも話す

◆ ~*se* ❶ 話し合う; 言葉を交わす: Siempre nos *hablábamos* de eso. 私たちはいつもそれについて話し合っていた. Sólo *nos hemos hablado* un par de veces. 私たちは二, 三度話をしたことがあるだけだ. ❷ [否定文で] i) けんかしている: Los dos *no se hablan*. 2 人は互いに口をきかない(仲たがいしている). [お高くとまって, +con と] 口をきかない. ❸ 《表示》*Se habla* inglés. 英語通じます

hablárselo todo 会話を一人占めにする

no se hable más [議論を打ち切って] これで終わりにしよう/わかった, もうそれ以上言うな

hablilla [aβlíλa] 囡 =**habladuría**

hablista [aβlísta] 图 正確な言葉づかいをする(教える)人

habón [aβón] 男 [虫刺されなどによる] ふくれ, 腫れ

habr- ☞**haber** 53

---

hacedero, ra [aθeðéro, ra] 形 《古語》実行可能な, 容易な

hacedor, ra [aθeðór, ra] 图 ❶ 作者. ❷ [el [supremo•sumo] H~] 創造主, 造物主

hacendado, da [aθendáðo, ða] 图 图 [← hacienda] 地主〔の〕, 農場主〔の〕

hacendista [aθendísta] 图 財政の専門家; 《中南米》大地主

hacendoso, sa [aθendóso, sa] 形 [主に女性が家事に] 勤勉な, 働き者の

hacer [aθér] 63 他 《英 make, do. ☞活用表. 過分 *hecho*》 I ❶ 作る: i) Te voy a ~ un huevo al plato. 目玉焼きを作ってあげよう. ~ un castillo de arena 砂で城を作る. ~ muebles 家具を作る. ~ amigos 友人を作る. ii) [特に裁縫] ~ un vestido ドレスを仕立てる. ~ una bufanda [de punto] マフラーを編む. iii) [制作・創作] ~ un programa de TV テレビ番組を作る. ~ un poema 詩を書く. iv) [制定・設立] ~una regla 規則を作る. ~ una urbanización 団地を建設する. v) [創造] Dios *hizo* al hombre a su imagen y semejanza. 神は人間を自らの姿に似せて作ったもうた

❷ する, 行なう: i) [行為・動作] ¿Qué *haces* aquí? ここで何をしているの? Esta tarde tengo muchas cosas que ~. 今日の午後はしないといけないことがたくさんある. no ~ nada 何もしない. ~ yoga ヨガをする. ~ español (economías) スペイン語(経済)の勉強をする. ~ previsiones 予測する. ii) [活動] ¿Qué *hace* usted?—Soy periodista. お仕事は何をしていますか?—私はジャーナリストです. *Hice* un trabajo muy duro. 私はつらい仕事を終えた. ~ guardia 当直をする. ~ fiesta パーティーを開く. ~ teatro 演劇をやる. iii) [上演・上映] ¿Qué película *hacen* hoy? 今日は何の映画をやっているのですか? iv) 《主に西》[演技] ~ el malo 悪役をやる; 悪ぶる

❸ [音などを] 生じさせる: El gallo *hace* quiquiriquí. 雄鶏がコケコッコーと鳴く. El tren *hizo* chacachaca. 列車がガタゴトいった. Esta lámpara *hace* poca luz. この電灯は暗い

❹ [+目的格補語] …を…にする: i) Yo la *haré* feliz. 彼女を幸せにします. Les *hicieron* ministros. 彼らは大臣に任命された. El limón *hace* más sabroso este plato. レモンを加えるとこの料理はもっとおいしくなる. Este traje me *hace* más delgado. この服を着ると私はもっとやせて見える. ii) [+de の] *Hizo de* su hijo un médico. 彼は息子を医者にした [=*Hizo* médico a su hijo]. Aquella experiencia *hizo de* mí un hombre. あの経験で私は大人になった. iii) …が…にいる(…である)と思う: Yo te *hacía* en casa (enfermo•estudiando). 君は自宅にいる(病気だ・勉強している)と私は思っていた

❺ [動詞の代用] i) [単独で] Habló como sólo él sabe ~. 彼はしゃべりまくった [=彼だけが話せるかのように]. ii) [+動詞派生名詞] ~ un viaje 旅行する [=*viajar*]. ~ presión 圧力をかける [=*presionar*]. ~ (unos) trámites 手

続きをする〖=tramitar〗. iii)［lo＋］そうする: Quería verte, pero no tenía tiempo y no *lo hice*. 私は君に会いたかったのだが, 時間がなくてそうしなかった

❻［＋数詞. 計算して］…になる;［容量が］…ある: Una docena a duro *hacen* sesenta pesetas. 1ドゥーロが12で60ペセタになる. Éste *hace* cien. これで100になる. ¿Cuántos litros *hace* este barril? この樽は何リットル入りますか? Usted *hace* el veintidós. あなたは22番です. Hoy *hago* veinte〔años〕. 今日で私は20歳になった

❼［車などが距離を］走行する, 進む: El coche *hacía* cien por hora. 車は時速100キロを出していた

❽ 洗う; 掃除する: ～ los cristales ガラスを磨く. ～ la habitación［ホテルで］部屋の準備をする

❾［＋a に］慣らす; …のトレーニングをする: ～ su cuerpo *a* un duro ejercicio 体を猛練習に慣れさせる. ～ dedos［ピアニストなどが］指慣らしをする. ～ piernas 足慣らしをする

II［使役動詞］**❶**［＋不定詞］…させる: *Hice* venir a mi hermano. 私は弟を来させた. Les (Los) *hice* callar. 私は彼らを黙らせた. Los rayos del sol *hacen* crecer las plantas. 日光は植物を成長させる. *Haz*les entrar. 彼らを入らせなさい. Me *hicieron* repetir la lección. 私はその課を復習させられた. Voy a ～ limpiar el cuarto. 部屋を掃除してもらおう

❷［＋que＋接続法］Le *hice que* cerrara la puerta en seguida. 私は彼にドアをすぐに閉めさせた. Este jugador *hará que* nuestro país gane el partido. この選手がいるので我が国は試合に勝てるだろう

III［単人称動詞］**❶**［天候］*Hacía* una mañana hermosa. すばらしい朝だった. *Hace* calor (frío). 暑い(寒い). *Hace* viento. 風がある(吹いている). *Hace* bueno (malo). よい(悪い)天気だ

❷［時間］i)［＋que＋直説法］…してから…になる, …前から…している: *Hace* cinco años *que* vivo en Madrid. 私は5年前からマドリードに住んでいる/マドリードに住んで5年になる. *Hace* dos meses *que* murió. 彼が死んで2か月になる. *Hace* mucho tiempo *que* no llueve. 長い間雨が降っていない. No *hace* nada *que* volví. 私はつい今しがた帰ってきた. ii)［前置詞的］…前に;［desde＋］…前から: *Hace* dos horas vino aquí. 彼は2時間前にここに来た. Estudio español［*desde*］*hace* dos años. 私は2年前からスペイン語を勉強している. ¿Desde *hace* cuánto tiempo…? どの位前から…? Una noche de *hace* diez años. 10年前のある晩. iii)［hace が現在を基準にしているのに対し, 過去の一時点を基準にした場合は hacía］*Hacía* cinco años *que* vivía yo en Madrid. 私はマドリードに住んで5年たっていた. iv)［未来を基準にして hará］El próximo domingo *hará* un año de nuestra boda. 今度の日曜日で私たちが結婚して1年になる

～la 悪いこと(いたずら)をする

hágalo usted mismo〖男〗自分ですること〖英 do-it-yourself〗

no ～ más que…［誇張］ひたすら…するのみである: *No hace más que* llamarme por teléfono para saber cómo sigo. 彼は私の様子を知ろうとひっきりなしに電話してくる

no hemos hecho nada 無駄な骨折りだった

no le hace 何でもない, 大したことはない

por lo que hace a…《文語》…に関しては: *Por lo que hace a* mi dinero, no contéis con él. 私の金のことだが, それを当てにしてはいけないよ

¡qué le vamos a ～!/¡qué le hemos (se le ha) de ～! 仕方ない, どうしようもない!

◆圓❶ 行なう: Déjame ～. 私にやらせて(任せて)くれ. *Haz* como quieras. したいようにしなさい. **❷**［＋de 職業・役割で］つとめる, 果たす; 演じる: ～ *de* médico 医師として働く. ～ *de* presidente en la conferencia 会議の議長をつとめる. ～ *de* maestro［演劇などで］先生の役を演じる. **❸**［＋por＋不定詞 しようと］*Haré por* verte esta noche. 何とかして今晩君に会うつもりだ. **❹**［＋a＋人 に］その気がある;［＋a＋事物 に］適合(関連)する: Si te *hace*, salimos ahora mismo. よければ今出かけよう. Este corcho no *hace a* la botella. この栓は瓶に合わない

a medio ～ 中途はんぱに

～ bien 適切に行動する: i) No quiere comer más, y *hace* bien. 彼はおかわりしたがらないが, それが正解だ. ii)［＋現在分詞／＋en＋不定詞／＋si＋直説法］…するのはよい: *Hiciste* bien no respondiendo a sus insultos. 君は彼らの侮辱を相手にしなかったのがよかった. *Harás* bien *si* vas a verle. 彼に会いに行くといいよ. iii)［～ *mejor*］…する方がよい: *Harás* mejor yendo (en ir·si vas) a verle. 彼に会いに行った方がいいよ

～ mal 不適切に行動する

◆～se ❶ 作られる; 成長する: El pan *se hace* de trigo. パンは小麦から作られる. Aquí *se hacen* tazas. ここでは茶碗を作っている. Este árbol *se hace* rápidamente. この木は成長が早い. **❷**［＋主格補語 (名詞は主に無冠詞)］…になる《長期の変化. 自分の意志で・努力した結果》: *Se ha hecho* budista. 彼は仏教徒になった. *Se hizo* abogado. 彼は弁護士になった. *Se hizo* muy famoso. 彼はとても有名になった. **❸**［＋定冠詞＋形容詞］…のふりをする: *Se hizo* el sordo. 彼は耳が聞こえないふりをした. **❹**［＋a＋人 にとって］…のように思える;［結果］…となる: Ese problema *se me hizo* una montaña. その問題は私にはとうい乗り越えられないように思えた. *Se me hace* que no se llevan bien. 彼らは仲がよくないようだ. *Se me hace* difícil creerlo. 私はそれを信じられなくなる. **❺**…してもらう: *Me hice* las uñas. 私は爪の手入れをしてもらった. **❻**［＋不定詞］自身を…させる: *Se hizo* atar las manos con una cuerda. 彼は自分の手をロープで縛らせた. **❼**［＋a に］慣れる: i) Él *se hizo al* frío. 彼は寒さに慣れた. ii)［＋不定詞

No *me hago a* vivir solo. 私は一人暮らしに慣れていない. ❽ [+con を] 自分のものにする: Al fin *me he hecho con* ese documento. ついに私はその書類を手に入れた
eso no se hace そんなことをしてはいけない
¿qué se hace de...? …はどうなるか?: *¿Qué se habrá hecho de* él? 彼はどうなったのだろう?

hacer	
直説法現在	直説法点過去
hago	hice
haces	hiciste
hace	hizo
hacemos	*hicimos*
hacéis	hicisteis
hacen	hicieron
直説法未来	直説法過去未来
haré	haría
harás	harías
hará	haría
haremos	haríamos
haréis	haríais
harán	harían
接続法現在	接続法過去
haga	hiciera, -se
hagas	hicieras, -ses
haga	hiciera, -se
hagamos	hiciéramos, -semos
hagáis	hicierais, -seis
hagan	hicieran, -sen

hacha [átʃa] 囡 〖単数冠詞: el・un[a]〗 ❶ 斧 (おの), 鉈 (なた): cortar leña con el ~ 斧で薪を割る. ❷ 大ろうそく; たいまつ 〖antorcha〗
desenterrar el ~ de guerra 戦闘準備をする
enterrar el ~ de guerra 矛を収める, 和睦する
lengua de ~ 毒舌〖家〗, 中傷〖家〗
ser un ~ 名人(名手)である: *Es un ~* en ajedrez. 彼はチェスの達人だ
hachazo [atʃáθo] 男 斧による一撃;《闘牛》横からの一撃;《スポーツ》相手選手への故意の衝突
hache [átʃe] 囡 文字 h の名称. ⇨**h**
hachero [atʃéro] 男 [大ろうそく hacha 用の] 燭台, ろうそく立て
hachís [xatʃís] 男〖単複同形〗 ハシッシュ, 大麻: resina de ~ 大麻樹脂
◆ 圏〖くしゃみの〗ハックション!
hachón [atʃón] 男 大ろうそく; たいまつ
hacia [áθja] 前〖英 towards〗 ❶ …の方へ《⇨**a** 類義》: Se volvió ~ mí. 彼は私の方を振り向いた. Pulsé el botón ~ abajo. 私は下降ボタンを押した. La fachada mira ~ el mar. 建物の正面は海の方に向いている. Es un paso más ~ la recuperación. それは回復に向かってのさらなる一歩だ
❷ [漠然とした地点・時点] …のあたりで; …のころに: *H~* Salamanca nieva. サラマンカの方は雪が降っている. Viene ~ las tres. 彼は3時ごろ来る. Murió ~ el año 1510. 彼は1510年ご

ろに死んだ
❸ [感情の動詞] …に対して: Sentía mucho cariño ~ su gato. 彼は猫がとてもかわいかった
hacienda [aθjénda] 囡 ❶ 農場, 農園,《南米》大農園, 大牧場. ❷ 財産: perder toda su ~ 全財産をなくす. ❸ [H~] 大蔵省〖Ministerio de H~〗: ministro de H~ 大蔵大臣. Delegación de H~ 国税庁. ❹ 国家財政〖H~ Pública〗: sanear la ~ 財政を健全化する
hacinar [aθinár] 他 [束などを] 積み重ねる: ~ la leña en un cobertizo たきぎを納屋に積み上げる. ~ los trastos en un desván 使わない家具を屋根裏部屋に詰め込む
◆ ~se [人が] ひしめき合う
hacinamiento 男 積み重ね
hada [áda] 囡 〖単数冠詞: el・un[a]〗 妖精 (ょぅせぃ), 仙女: país de las ~s おとぎの国. ~ madrina 主人公を助ける妖精
hadado, da [adáđo, đa] 形〖←hado〗 bien (mal) ~ 運のよい(悪い)
Hades [ađés] 男《ギリシア神話》ハーデース; よみの国
hado [áđo] 男《文語》運命〔の神〕, 宿命
hadrón [ađrón] 男《物理》ハドロン
hafnio [áfnjo] 男《元素》ハフニウム
haga-, hago ⇨**hacer** [63]
hagiografía [axjografía] 囡 聖人研究; 聖人伝
hagiográfico, ca 形 聖人研究(聖人伝)の;《軽蔑》ほめすぎの
hagiógrafo, fa 名 聖人伝の作者
hahnio [ánjo] 男《化学》ハーニウム
haiga [áiɡa] 男/囡《西. 古語》高級車
haitiano, na [aitjáno, na] 形 名《国名》ハイチ Haití の〔人〕;〔人〕
hala [ála] 圏《西》❶ がんばれ, 急いで!: ¡H~! ¡A trabajar! さあ, 働け! ❷ [繰返して] さあさあ出て行け! [á:la] あーあ〔いやだ〕!/[alá:] [誇張に対して] それはすごい!
halagador, ra [alaɡađór, ra] 形 喜ばせる; へつらう: Es demasiado ~ra esa proposición. その申し出はあまりにも話がうますぎる
halagar [alaɡár] ⑧ 他 ❶ [事柄が] 喜ばせる: La *halagaba* oír hablar bien de su hijo. 彼女は息子への賛辞を耳にしてはうれしがったものだ. [+que+接続法] Mucho me *halaga que* haya pensado en mí antes que en otros. 彼が〔他の人をさておいて〕まっ先に私のことを考えてくれたのがとてもうれしい. ❷ [欲得ずくで] へつらう, 追従 (ついしょぅ) する; お世辞を言う: Quien *halaga* engaña. お世辞を言う人には気をつけろ. ❸ …に愛情(賞賛)を示す
halago [aláɡo] 男 ❶ [主に 圏] へつらい, お世辞. ❷ うれしがらせ; 喜び, 満足; 魅力
halagüeño, ña [alaɡwéɲo, ɲa] 形 ❶ へつらいの: palabras ~as へつらいの言葉. ❷ [状況・知らせが] 有望な: Las perspectivas no son ~ñas. 見通しは明るくない
halal [alál] 形〖単複同形〗[食物が] イスラムの律法にのっとった

halar [alár] 他 ❶《船舶》[索具を] 引く；[オールを] こぐ。❷《中南米》[自分の方に] 引く

halcón [alkón] 男 ❶《鳥》ハヤブサ [~ pere-grino・común]；タカ。❷《政治》タカ派

halconería 女 鷹狩り

halconero, ra 男 鷹匠

halda [álda] 女《単数語形：el・un[a]》＝ **falda**；[包装用の] 大きな麻布

haldada [aldáda] 女 エプロン(スカートの前)に入る量

haldear 自 [スカートを揺すって] 急いで歩く

hale [ále] 間 さあ[急いで]；がんばって！
~ *hop* [突然] あっ・さっ！

halibut [alibút] 男《複 ~s》《魚》オヒョウ

halita [alíta] 女 岩塩 [sal gema]

hálito [álito] 男《文語》❶ 呼気, 吐く息：
Hace tanto frío que se nota el ~. 寒くて息が白く見える。❷ そよ風

halitosis 女《単複同形》《医学》呼気悪臭, 口臭

hall [xál] 男《複 ~s》《←英語》[入り口の] 広間, ホール；[ホテルの] ロビー

hallaca [aʎáka] 女《ベネズエラの》コーンミール・肉・野菜をバナナの葉で包んだ料理

hallado, da [aʎáðo, da] 形 過分 ❶ 見つけられた：cosa ~*da* 発見物, 拾得物。❷ bien (mal) ~ 適合した(しない), しっくりする(しない)

hallar [aʎár] 他《英 find》《文語》見つける, 探し当てる：*Hallé* un libro muy antiguo en la librería. 私は本屋でとても古い本を見つけた。*Lo hallarás* en la oficina de objetos per-didos. それは遺失物取扱所にあるよ。~ un país desconocido 未知の国を発見する。~ un nuevo mecanismo 新しい装置を発明する。[+目的格補語] Le *hallaron* tendido detrás de la puerta. 彼はドアの陰に横たわっているところを発見された。❷ 気づく, わかる；判断する：*Halló* que la corriente era más rápida aquí. 彼は流れがここで急になることに気づいた。¿Cómo lo *halla* usted? それをどう思いますか？ ❸ 確かめる：*Hallad* el resultado de esta suma. この足し算の答を検算しなさい

~ *menos* …がないのを寂しく思う [echar de menos]

◆ ~*se* ❶《文語》i) [+en に] いる, ある：Yo no me *hallaba* en casa cuando llegó ella. 彼女が来た時, 私は家にいなかった。ii) […の状態に] ある：Dicen que se *halla* enfermo. 彼は病気だそうだ。~*se* desesperado 絶望している。❷ 自分を…とみなす；…とみなされる：No me *hallo* entre los afortunados. 私は幸福とはいえない。❸ [人が] 適合する, しっくりする〖否定文で〗：No me *hallo* entre gente tan intelectual. 私はこんな知的な人たちと一緒では居心地が悪い。No se *halla* con este vestido de color llamativo. 彼女にはこんな派手な色のドレスは似合わない。❹ [思いがけず, +con と] …出会う, …を持っているのに気づく：~*se con* un obstáculo 障害にぶつかる。Me *hallé con* más dinero del que creía tener. 私は思った以上に金があるのに気づいた

~*se bien con...* …に満足している

~*se en todo* 何にでも口出しする(でしゃばる)

hallárselo todo hecho やすやすとやってのける

hallazgo [aʎáθgo] 男 ❶ 見つけること；掘出し物をすること：tener un ~ afortunado 幸運な発見をする。Esa expresión es un ~. その表現は斬新だ。❷ 拾得物；掘出し物：informar de (llevar) su ~ a la policía 拾得物を警察に届ける

halo [álo] 男 ❶ [太陽・月の] かさ, 暈(š)：Un ~ rodea a la luna. 月にかさがかかっている。❷ [聖人などの] 光輪；[写真などの] ハレーション。❸ [人物にまつわる] 雰囲気, 影

haló [aló] 間 ＝**aló**

halófilo, la [alófilo, la] 形《植物》塩生の

halógeno, na [alóxeno, na] 形 男《化学》ハロゲン(の)：faro ~ ハロゲンライト

halogenación 女 ハロゲン化

halogenuro 男 ハロゲン塩

haloideo, a 形 ハロゲン化された：sal ~*a* ハロゲン塩

haltera [altéra] 女《スポーツ》ダンベル

halterofilia [alterofília] 女《スポーツ》重量挙げ

halterófilo, la 名 重量挙げの選手, ウェイトリフター

haluro [alúro] 男《化学》ハロゲン化物

hamaca [amáka] 女 ❶ ハンモック：colgar la ~ ハンモックを吊る。dormir en una ~ ハンモックで寝る。❷ [折畳み式の] デッキチェア；《南米》ロッキングチェア

hamacar 他《中南米》[ハンモックを] 揺らす

hamaquear 他 ＝**hamacar**

hambre [ámbre] 女《英 hunger. 単数冠詞：el・un[a]》❶ 空腹, 空腹感：Tengo [mucha] ~. 私は[ひどく]腹がへっている。satisfa-cer el ~ 空腹を満たす。quejarse de ~ 空腹を訴える。A buen ~ no hay pan duro./A ~*s* buenas no hay pan malo.《諺》空腹にまずいものなし。❷ 飢え, 飢餓：Hay mucha ~ en el mundo. 飢えに苦しんでいる人は世界にたくさんいる。❸《文語》渇望：tener mucha ~ de éxito 出世欲にかられている

entretener (engañar) el ~ 空腹を紛らす

juntarse el ~ *con la(s) gana(s) de* ~ [両者とも欠点があり] どっちもどっちである

matar el ~ 飢えをしのぐ / ~ を飢えさせる

morir[se] de ~ 腹がへって死にそうである；極貧状態になる

ser más listo que el ~ 非常にさとい

tener un[a] ~ *que no ver/no ver de* ~ ひどく空腹である：Tengo un ~ que no veo. 私はおなかがぺこぺこだ

traer ~ 空腹である

hambriento, ta [ambrjénto, ta] 形 名 [estar+. +de に] 飢えた[人], ひどく腹がへっている：lobo ~ 飢えた狼。~ de poder 権力に飢えた。Más discurre un ~ que cien letrados.《諺》窮すれば通ず

hambrón, na [ambrón, na] 形《西. 口語》ひどく飢えた

hambruna [ambrúna] 女 [一国・一地域全

体の〕飢餓, 飢饉；《中南米》激しい飢餓

hamburguesa[1] [amburɡésa] 囡《料理》ハンバーグ〔ステーキ〕；ハンバーガー

hamburgués, sa[2] 形 图《地名》ハンブルグ Hamburgo の〔人〕

hamburguesería 囡 ハンバーガー店

hampa [ámpa] 囡《単数冠詞: el・un[a]》匯冦やくざ, 犯罪組織；盗賊団, 詐欺団

hampesco, ca 形 盗賊団の, 詐欺団の

hampón, na 形 からいばりする〔人〕；悪党, ごろつき

hámster [xámstεr] 男 〖複 ～s〗《動物》ハムスター

han ☞**haber** 53

hándicap [xándikap] 男 〖複 ～s〗《←英語》ハンディキャップ: i) constituir un ～ para... …にとってハンディキャップになる. ii)《競馬・ゴルフ》imponer un ～ a+人 …にハンディをつける

hangar [aŋɡár] 男《飛行機の》格納庫

Hansa [ánsa] 囡《歴史》ハンザ同盟 〖～ teutónica, Liga hanseática〗

hanseático, ca 形 ハンザ同盟の

hápax [ápa(k)s] 男《言語》[資料などの中で]一度しか使われていない語句

haploide [aplóiðe] 形《生物》[染色体が] 半数性の

haplología [aploloxía] 囡《言語》重音脱落 〖連続する2つの音節が同じ母音を持つとき, この音節が1つに縮約されること: impu*dici*a←impu*dicici*a〗

happening [xápeniŋ] 男《←英語》ハプニング〔劇〕

hará, harán ☞**hacer** 63

haragán, na [araɡán, na] 形 图《軽蔑》怠惰な〔人〕, 怠け者〔の〕: ¡No seas ～! 怠けるな!

haraganear 自 ぶらぶら暮らす

haraganería 囡 無為, 怠惰

harakiri [xarakíri] 男 =**haraquiri**

harapo [arápo] 男〔主に 複〕ぼろ着, ぼろ切れ: llevar por camisa unos ～s ぼろぼろのシャツを着ている. envuelto en ～s ぼろをまとった

harapiento, ta 形 ぼろを着た

haraquiri [xarakíri] 男《←日本語》腹切り: hacerse el ～ 割腹自殺する；《比喩》自殺行為をする

haras [áras] 男《単複同形》《南米》馬の飼育場

hardware [xár(d)wεr] 男《←英語》ハードウェア

haré, haréis, haremos ☞**hacer** 63

harén/harem [arén] 男《イスラム教徒の家の》妻たちの部屋, ハーレム；匯冦ハーレムに住む女たち

haría- ☞**hacer** 63

harina [arína] 囡 小麦粉；〔穀物の〕粉: ～ [de・en] flor 特等粉. ～ integral 全粒小麦粉. ～ de maíz コーンミール. Donde no hay ～ todo es mohína.《諺》家に金がないとけんかが起きる/貧すれば鈍する

estar metido en ～《口語》没頭(熱中)している

hacer ～ 粉々にする

harinear [arineár] 自《南米》霧雨が降る 〖lloviznar〗

harinero, ra [arinéro, ra] 形 小麦粉の: saco ～ 小麦粉袋

◆ 图 製粉業者, 粉屋

harinoso, sa [arinóso, sa] 形 粉を含んだ: 粉っぽい, 粉状の: manzana ～sa 水けの少ない(ぱさぱさの)リンゴ

harmonía [armonía] 囡 =**armonía**

harnero [arnéro] 男 ふるい 〖criba〗

hecho un ～〔銃弾で〕穴だらけの

harpa [árpa] 囡 =**arpa**

harpagón, na [arpaɡón, na] 形《南米》[人・動物が] 非常にやせている

harpillera [arpiʎéra] 囡 =**arpillera**

hartada [artáda] 囡 満腹, 飽食: darse una ～ de... …をいやというほど食べる；飽きるほど…する. Más vale una ～ que dos hambres. [料理を1人で平らげてしまった時の言い訳] 2人の飢えより1人の満腹

hartar [artár] 他 ❶ [+de で] 満腹(飽食)させる: Me *hartaron* de asados. 私はローストした肉をいやというほど食べさせられた. ❷ うんざりさせる: Me estás *hartando* con tus historias de siempre. 君はいつも同じ話ばかりして僕はうんざりだ. ❸《大量の事物で》圧倒する: Me *hartaron* de bofetadas. 私はパシパシ殴られた

◆ ～se ❶ 満腹する, 飽食する: comer hasta ～se いやというほど食べる 〖不快感を表わしている〗. ❷ [+de+名詞・不定詞・que+接続法 に] 飽きる, うんざりする；飽きるほど…する: Me harto de oír su misma canción. 私は彼の同じ歌には飽き飽きしている. Me he hartado de leer novelas policíacas. 私はいやになるほど探偵小説を読んだ. No se hartó de repetirlo. 彼は飽きずにそれを繰り返した

hartazgo [artáθɡo] 男 満腹 〖行為, 結果〗: darse un ～ de... …をいやというほど食べる

harto, ta [árto, ta] 形 ❶ [estar+. +de に] 満腹した, 飽き飽きした: Estoy ～ de comer sopa todos los días. 私は毎日スープばかりでうんざりだ. ❷ [+de+名詞・不定詞・que+接続法 に] 飽きた, うんざりした: Estoy ～ de oír este disco. このレコードは聞き飽きた. Estoy ～ de verle y todavía no sé su nombre. 私はいやというほど彼に会っているが, まだ名前を知らない. Ya estoy ～ de *que* me tomen el pelo. 私はもうからかうのもいいかげんにしてもらいたい. ❸ [+名詞] かなりの, たくさんの: Tengo ～ta alegría. 私はとても うれしい

◆ 副 [+形容詞] かなり 〖bastante〗: Es ～ difícil contentar a todos. 全員を満足させるのはかなり難しい

hartón, na [artón, na] 形《中米》がつがつ食う, 大食らいの

◆ 男《西. 口語》満腹 〖行為, 結果〗；《中南米》大型のバナナ

darse un ～ *de...* …を腹一杯食べる；[+不定詞] 思う存分…する

hartura [artúra] 囡 =**hartazgo**；豊富

has ☞**haber** 53

hasta

hasta [ásta] 前 〖英 until, till. 終着点とその途中を表わす. ↔desde〗 **I ❶** …まで: i) ［場所］Te acompañaré ~ la parada. 停留所まで一緒に行くよ. copiar ~ la página 150 150 ページまでコピーする. ii) ［時間］Trabajo ~ las seis. 私は 6 時まで働く. No llegaré ~ mañana. 彼は明日までは到着しないだろう. iii) ［数量］contar desde uno ~ cien 1 から 100 まで数える 〖類義〗hasta は継続, para は期限: *Para* las cinco volveré aquí. 6 時までには戻ってきます〗 iii) ［数量］contar desde uno ~ cien 1 から 100 まで数える

❷ [+不定詞/+que+直説法] i) …するまで: Se ha de pelear ~ vencer. 力つきまで戦わねばならない. No hay final ~ *que* llega la muerte. 死が来るまで終わりはない. ii) ［結果］すると［…であった］: Subió la cuesta ~ llegar a la calle. 彼は坂を登り, 大通りに出た. Le esperábamos, ~ *que* volvió fatigado. 私たちが彼を待っていると, 彼が疲れて帰って来た

❸ [+que+接続法. 仮定的] …するまで: Te esperaré ~ *que* vuelvas. 君が戻るまで待っているよ. No me marcharé ~ *que* [no] me echen. 私は追い出されるまでは出て行かない〖no は虚辞〗

❹ [別れの挨拶] H~ ahora (pronto). またあとで/また今度. H~ después. ではまた. H~ luego./H~ más ver. また近いうちに. H~ otra. さようなら〖毎日のように会うが再会が明日とは限らない〗. H~ la próxima. さようなら〖おそらく再会する〗. H~ la vista. さようなら〖再会するかわからない〗. H~ siempre. さようなら〖再会の期待を込めて〗. H~ la noche. ではまた今晩. H~ mañana. また明日. H~ nunca. [不快・怒り] 二度と会うものか. H~ el lunes (el día 5・la semana que viene). また月曜日に(5 日に・来週)

II ［副詞的に +主語・目的語・状況補語・動詞など. 強調］…さえ: H~ los niños pueden resolver este problema. 子供でさえこの問題が解ける. ¿No me crees ~ tú? お前まで私を信じないのか? 〖前置詞格でなく主語人称代名詞をとる〗Se comió ~ una docena de huevos. 彼は卵を 12 個も食べてしまった. Amó ~ a su enemigo. 彼は敵さえ愛した. Allí hace frío ~ en verano. あそこは夏でも寒い. Gritó, lloró y ~ pataleó. 彼はどなったり, 泣いたり, 果てはじだんだを踏んだりした

hastial [astjál] 男 **❶**〖建築〗切妻壁; ［坑道の］側壁. **❷**《口語》[粗野な] 大男

hastiar [astjár] 他 嫌悪感を…に起こさせる: Me *hastían* sus charlas. 彼らのおしゃべりにはうんざりする
◆ ~**se** [+de に] いや気がさす

hastío [astío] 男 ［食物などに対する］嫌悪感, 不快感: Es un ~ hacer siempre las faenas domésticas. いつも家事ばかりするのはうんざりする

hatajo [atáxo] 男 **❶** ［家畜の］小さな群れ. **❷**《軽蔑》[人・事物の] 集まり: Sois un ~ de gamberros. よた者たちめ. decir un ~ de disparates 長々とたわごとを話す

hatillo [atíʎo] 男 ［身の回りの］衣類の包み; ［家畜の］群れ
echar el ~ al mar 怒る, 腹を立てる
coger el ~ 立ち去る

hato [áto] 男 **❶** ［身の回りの］衣類の包み. **❷** ［家畜の］群れ; 《軽蔑》[よくない人・事物の] 集まり. **❸** 食糧. **❹** =hatajo **❷**. **❺**《中南米》[牧畜の] キャンプ
andar con (*traer*) *el ~ a cuestas* 転々と居所を変える, 渡り歩く
liar el ~ [不利な状況を前に] 立ち去ることにする
revolver el ~ 不和の種をまく

hawaiano, na [xawajáno, na] 形 名《地名》ハワイ Hawai の(人)
◆ 男《南米》[主に 複] ビーチサンダル

hay, haya¹, haya- ☞haber 53

haya² [ája] 女 [単数冠詞: el・un(a)]《植物》ブナ

hayal/hayedo 男 ブナ林

hayuco 男 ブナの実

hayo [ájo] 男《植物》コカノキの一種

haz¹ ☞hacer 53

haz² [áθ] 男 [複 haces] [長い物の] 束〖類義大きさの順: haz>gavilla>manojo〗: i) ~ de leña たきぎの束. um ~ de rayos luminosos 一条の光. ii)《物理》束, ビーム: ~ hertziano ヘルツ波束. ~ catódico 陰極線束. ~ luminoso 光線束
◆ 女 [単数冠詞: el・un(a)] **❶** [布などの] 表側〖↔envés〗; 〖植物〗[葉の] 上側の表皮. **❷** ~ de la tierra 地表
a dos haces 下心があって

haza [áθa] 女 畑, 耕作地

hazaña [aθáɲa] 女 偉業, 殊勲;《皮肉》[取るに足りない行為や失敗に対して] お手柄
hazañería 女 [怒り・賞賛・熱意などの] 見せかけ: hacer ~s 体裁ぶる, 気どる
hazañero, ra 形 気どり屋の
hazañoso, sa 形 勇敢な; [事柄が] 勇気の必要な

hazmerreír [aθmereír] 男 〖←hazme refr〗《軽蔑》嘲笑の的, 笑い者

HB 男《略語》←Herri Batasuna [バスクの政党] 人民戦線〖←祖国一体〗

Hda 《略語》←hacienda 大農場

he¹ ☞haber 53

he² [é] 〖←haber〗he aquí (ahí) +直接目的語《文語》ほら, ここ(そこ)に…がある: He aquí la maqueta. ここにその模型がある. He ahí a tu madre. ほら, そこにお母さんがいるよ. Heme aquí dispuesto a ayudarte. いつでも君を助けられるなら. Hete aquí... [注意の喚起] ほら, …

heavy [xébi] 形《←英語. 音楽》ヘビメタ(の)
hebdomadario, ria [ebðomaðárjo, rja] 形 名 週 1 回の, 週刊の〖semanal〗; 週刊誌
hebilla [ebíʎa] 女 [ベルトなどの] 締め金, バックル
hebillaje 男 匿名 [一着の服の] 留め金
hebra [ébra] 女 **❶** [動植物・野菜・肉・木材などの] 繊維. **❷** [針に通す] 糸. **❸** [話の] 脈絡,

筋道 : perder la ～ 話の接ぎ穂を失う. ❹ [繊
維状の] 刻んたたばこ. ❺ 閾《詩語》髪の毛.
《料理》punto de ～ 砂糖がカラメル状になって糸
を引く状態. ❼《料理》サフラン

cortar a+人 *la* ～ *de la vida* …を殺す

de una ～《南米》一気に

estar de buena ～ [人が] 頑健である

pegar [*la*] ～《西》おしゃべりを始める；長々と
おしゃべりをする

hebraico, ca [eßráiko, ka] 形 ヘブライの
〖hebreo〗

hebraísmo 男 ヘブライ語特有の語法；ユダヤ
教(思想)

hebraísta 名 ヘブライ語(文化)研究者

hebraizar [9] [15] 〖☞enraizar 活用表〗他 ヘブ
ライ語の語法を取り入れる；ユダヤ化する

hebreo, a [eßréo, a] 形 名 ヘブライ[人・語]
の，ヘブライ人；ユダヤ教の，ユダヤ教徒
◆ 男 ヘブライ語

hebroso, sa [eßróso, sa] 形 繊維質の〖fi-
broso〗

hecatombe [ekatómbe] 女 ❶ 大災害，大惨
事；大勢の死亡者. ❷《古代ギリシア》雄牛 100
頭のいけにえ

hechicería [etʃiθería] 女 呪術，魔術；呪い

hechiceresco, ca [etʃiθerésko, ka] 形 呪
術の

hechicero, ra [etʃiθéro, ra] 形 名 魔力を持
つ，魅惑的な；呪術師，魔法使い

hechizar [9] 他 呪う，…に魔法をかけ
る；夢中にさせる，魅惑する

hechizo, za [etʃíθo, θa] 形《中南米》国産
の；手製の
◆ 男 呪術，魔法；魅力

hecho¹ [étʃo] 男《英 fact》❶ 事実 : Hay
que conocer bien los ～*s*. 事実をよく知らなけ
ればいけない. ～ consumado 既成事実. ❷ 事，
事柄，出来事 : Es un ～ que te honra. そのこ
とは君が誇りに思っていい. ❸ 行為 : demostrar
con ～*s* 行動で示す；事実で証明する. Por sus
～*s* los conoceréis. 人はその行ないによって知ら
れる. ❹ 閾 勲功，偉業 : ～*s* de armas 武勲.
❺ 閾《法律》事実，〖犯罪〗行為

adelantarse a los ～*s* 先走る

de ～ 1) そのとおり，実際 : *De* ～, el pro-
blema no es tan fácil. 実際，問題はそれほど
易しくない. practicar … *de* ～ 実際に…をやって
みる. 2) 事実上の : Él es el propietario *de*
～. 彼が事実上の所有者だ

el ～ *de que*+接続法・直説法 …ということ : *El*
～ *de que* no vinieras empeoró las cosas.
君が来なかった，そのことが事態を悪化させた

el ～ *es que*+直説法 事実は…である : *El* ～
es que yo me temía algo, pero me des-
cuidé. 実際のところ私も少しは気になっていたの
だが，結局は油断してしまった

～ *que*+直説法 このことは…である : Disminuyó
el PIB, ～ *que* no había ocurrido jamás en
las cuatro décadas previas. 国内総生産が
減少したが，これはこの 40 年間かつてなかったこと
である

hecho², cha [étʃo, tʃa] 形 過分 〖←hacer〗
❶ [estar+] i) 作られた；行なわれた : película
muy bien *hecha* よくできた映画. Estará ～
para el sábado. 土曜日までにします(できます).
ii) [+a に] 慣れた. iii) [+bien・mal. 人が] プ
ロポーションのよい・悪い；目鼻だちの整った・整わ
ない. ❷ 成熟した : mujer *hecha* 大人の女性.
❸ [主語と性数一致. +不定冠詞+名詞] …にな
った : El palacio está ～ una ruina. 宮殿は荒
れ果てている. Vino ～ una fiera. 彼は怒り狂っ
てやって来た. ❹《主に西. 料理》carne poco
(medio) *hecha* レア(ミディアム)の肉. carne
bien (muy) *hecha* ウェルダンの肉. ❺《南米》
酔った

¡bien ～*!* よくやった(言った)！

¡eso está ～*! =¡*～*!*

¡～*!* 賛成だ，そのとおり！ : ¿Vamos de com-
pras?—¡H～! 買い物に行こうか?—そうしよう

～ *y derecho* 完璧な : hombre ～ *y derecho*
一人前の男

¡mal ～*!* それはよくない，失敗だ！

hechor, ra [etʃór, ra] 形 名《中南米》種ロバ
の，種馬の；《南米》悪人[の]

hechura [etʃúra] 女 ❶ [主に 閾] 製作，加
工 : pagar las ～*s* de un traje 服の仕立代を
払う. ❷ 作り方；仕方，やり方 : mesa de ～
muy bella 大変美しい作りのテーブル. educar a
su ～ 自分の流儀で教育する. ❸ [人・物が，+
de の] 作品；[神の] 創造物 〖～ divina〗:
Somos ～ *del* profesor. 私たちは先生によって
作られた. ❹ [権勢家などに] 庇護される人，お気
に入り. ❺ 形状 ; [木などで作った] 図形，飾り :
dar a … la ～ *de estrella* …を星形にする. ❻
外見，見かけ : Sus proyectos tomaron una
～ excelente. 彼の計画はすばらしく思えた. ❼
体格，体つき : tener una magnífica ～ 申し分
のないスタイルをした

hect.《略語》←hectárea ヘクタール

hectárea [ektárea] 女 [面積の単位] ヘクター
ル

hecto-《接頭辞》[百] *hect*área ヘクタール

hectogramo [ektográmo] 男 [重さの単位]
ヘクトグラム

hectolitro [ektolítro] 男 [液量の単位] ヘク
トリットル

hectómetro [ektómetro] 男 [長さの単位]
ヘクトメートル

Héctor [éktor] 男《男性名》エクトル

heder [eðér] 24 自《文語》悪臭を放つ；わずら
わしい，うんざりさせる

hediondo, da [eðjóndo, da] 形 ❶ 臭い，悪
臭を放つ : cuarto ～ いやなにおいのする部屋. ❷
いやな，不快な；わずらわしい. ❸ [表現が] 汚い，
猥褻な

hediondez 女 悪臭，腐臭

hedonismo [eðonísmo] 男《哲学》快楽主義

hedónico, ca/hedonístico, ca 形 快楽主
義の

hedonista 形 名 快楽主義の(主義者)

hedor [eðór] 男《文語》[むかつくような] 悪臭，
腐臭 〖↔fragancia〗: despedir un ～ 悪臭を

放つ

hegelianismo [xegeljanísmo] 男 ヘーゲル
Hegel 哲学

hegeliano, na 形 ヘーゲル〔哲学〕の

hegemonía [εxemonía] 女 ❶ [国家間の]
盟主権, 厳覇, 覇権. ❷ [一般に] 主導権, ヘゲモニー：
discutir su ～ a+人 …と主導権を争う

hegemónico, ca 覇権主義的な

hégira/héjira [εxíra] 女 ヘジラ『マホメット
のメッカからメジナへの逃亡(622年). その年を
元年とするイスラム教紀元』

helada[1] [eláða] 女 [主に 複] ❶ 氷点下の気
温, 厳寒, 結氷. ❷ 霜 『～ blanca. ☞escar
cha 類義』: Cae una ～. 霜が降りる. ～s tar
días 晩霜

heladera[1] [eláðera] 女 ❶ アイスクリームフリー
ザー『heladora』. ❷《南米》冷蔵庫『frigorífi
co』; [携帯用の] クーラー, アイスボックス

heladería [elaðería] 女 アイスクリーム店; 氷
菓子製造業

heladero, ra[2] [elaðéro, ra] 名 アイスクリーム
売り
◆ 形 気温が氷点下になることが多い
◆ 男 ひどく寒い所

heladizo, za [eladíθo, θa] 形 凍りやすい

helado[1] [eláðo] 男 [英 ice cream] アイスク
リーム, 氷菓子：tomar un ～ アイスクリームを
食べる. ～ de limón レモンアイスクリーム. ～ al
(de) corte アイスもなか. ～ de agua《南米》み
ぞれ

helado[2], **da**[2] [eláðo, ða] 形 過③ ❶
[estar+] i) 凍った, 凍結(氷結)した：estan
que ～ 凍った池. ii) 非常に冷たい(寒い)：
Sale el agua ～da. いてつくような水が流れ出す.
Tenía los pies ～s. 私は足がこごえていた. iii)
[驚いて] 茫然とした：Cuando me lo dijeron,
me quedé ～. 私はそれを言われて凍りついた.
❷ 不愛想な, 冷淡な

helador, ra [elaðór, ra] 形 [天候・風などが]
凍りそうな, 非常に寒い(冷たい)
◆ 女 アイスクリーム製造機; 冷凍庫

helamiento [elamjénto] 男 氷結, 凍結

helar [elár] [23] 佑 ❶ 凍らせる：El frío hiela el
lago. 寒さで湖が凍る(湖に水が張る). ❷ 霜害
をもたらす; 凍傷にかからせる. ❸ そっとさせる：Su
aspecto me heló. 私は彼の顔つきにぞっとした.
～ a+人 …を恐怖で縮み上がらせる.
❹ [熱意などを] さます
◆ 自 [単人称] 気温が氷点下になる：Esta
mañana ha helado. 今朝は気温が氷点下に下
がった
◆ ～se ❶ 凍る; 氷結する, 氷が張る：Se ha
helado el río. 川が凍結した. ❷ 凍傷にかかる;
霜枯れする：Se helaron los olivos. オリーブが
霜害を受けた. ❸ こごえる：Se hiela uno en las
calles en invierno. 冬の街はこごえるように寒い

helecho [elétʃo] 男《植物》シダ
helechal 男 シダ群生地

helénico, ca [eléniko, ka] 形 [古代]ギリシ
アの

helenismo [elenísmo] 男《歴史》ヘレニズム;

《言語》ギリシア語源の語, ギリシア語特有の言い
回し

helenista 名 古代ギリシア語(文学)研究者;
《歴史》ギリシア化したユダヤ人

helenístico, ca 形 古代ギリシア語(文学)研
究の;《歴史》ヘレニズム時代の

helenizar [eleniθár] 他 ギリシア化させる
◆ ～se ギリシア化する
helenización 女 ギリシア化

heleno, na [eléno, na] 形 名 [古代]ギリシア
の[人]：civilización ～na 古代ギリシア文明

helero [eléro] 男 万年雪の下層の氷; 氷河
『glaciar』

helgado, da [εlɣáðo, ða] 形 歯並びの悪い
helgadura 女 歯と歯の間; 歯並びの悪さ

hélice [éliθe] 女 プロペラ; 推進機, スクリュ
ー：avión de ～ プロペラ機. ❷《数学》螺旋;
《解剖》耳輪

helicoidal [elikoiðál] 形 螺旋(らせん)形(状)
の：movimiento ～ 螺旋運動. muelle ～ コ
イルばね

helicón [elikón] 男《楽器》ヘリコン『チューバの
一種』

helicóptero [elikóptero] 男 ヘリコプター：～
monorrotor (birrotor) 回転翼が1つ(2つ)の
ヘリコプター

helio [éljo] 男《元素》ヘリウム

heliocéntrico, ca [eljoθéntriko, ka] 形
太陽の中心から測定した; 太陽を中心とした 『↔
geocéntrico』: teoría ～ca 地動説

heliofila [eljofíla] 女《植物》陽性植物

heliofísica [eljofísika] 女 太陽研究

heliogábalo [eljogábalo] 男《文語》大食家

heliograbado [eljograbáðo] 男 写真凹版
〔術〕, グラビア

heliógrafo [eljóɣrafo] 男 回光通信機
heliografía 女 回光信号法; =heliograba
do;《天文》太陽面記述

heliómetro [eljómetro] 男 太陽儀

helióstato [eljóstato] 男《物理》ヘリオスタッ
ト

heliotecnia [eljotéknja] 女 太陽エネルギーを
電気に変える技術

helioterapia [eljoterápja] 女 日光療法

heliotropismo [eljotropísmo] 男《生物》向
日性

heliotropo [eljotrópo] 男《植物》ヘリオトロー
プ

helipuerto [elipwérto] 男 ヘリポート, ヘリコプ
ター発着場

helminto [εlmínto] 男 蠕虫(ぜんちゅう); [特に]
腸内寄生虫

helor [elór] 男《まれ》[身を切るような] 強烈な
寒さ

helvecio, cia [εlbéθjo, θja] 形 名 =hel
vético

helvético, ca [εlbétiko, ka] 形 名《文語》
スイス[人]の, スイス人『suizo』;《歴史》ヘルヴェ
ティア Helvecia 族(の)

hemático, ca [emátiko, ka] 形《医学》血
液の

hematíe [ematíe] 男 赤血球

hematites [ematítes] 女 〖単複同形〗《鉱物》赤鉄鉱

hematófago [ematófaɣo] 男 吸血動物

hematología [ematoloxía] 女 血液(病)学
　hematológico, ca 形 血液学の
　hematólogo, ga 名 血液学者

hematoma [ematóma] 男 《医学》血腫

hematopoyesis [ematopoʝésis] 女 〖単複同形〗《生理》血液形成, 造血

hematuria [ematúrja] 女 《医学》血尿

hembra [émbra] 女 〖英 female. ↔macho〗
❶ 雌；雌性植物. ❷ 女性〖性別の記入など特に女性であることを示すのに使われる. ↔varón〗: Tengo dos ～s y un varón. 私には女の子2人と男の子1人がいる. ❸《軽蔑》肉体的魅力のない女性. ❹《技術》〖はめあいの〗雌部分；雌ねじ, ナット〖tuerca〗；アイボルト；《電気》コンセント
　◆ 形 ❶ 雌の〖語尾形で雌性を表わすことができない場合〗: un cocodrilo ～ 雌のワニ. ❷《植物》雌性の

hembraje [embráxe] 男 匸匚《南米》雌の家畜

hembrilla [embríʎa] 女 〖ホックの〗ループ

hemeroteca [emerotéka] 女 〖図書館の〗新聞雑誌閲覧室；定期刊行物図書館

hemi-〖接頭辞〗〖半分〗hemisferio 半球

hemiciclo [emiθíklo] 男 半円〔形〕；〖階段式の〗半円形会議場(観覧席)

hemicránea [emikránea] 女 《医学》片頭痛

hemiplejía [emipléxía] 女 《医学》片麻痺, 半身不随
　hemipléjico, ca 形 名 片麻痺の〔患者〕

hemíptero, ra [emíptero, ra] 形《昆虫》半翅類の

hemisferio [emisférjo] 男 ❶ 半球: ～ norte (sur)/～ boreal (austral) 北(南)半球. ❷《解剖》大脳半球
　hemisférico, ca 形 半球形の

hemistiquio [emistíkjo] 男《詩法》半行；不完全行

hemodiálisis [emoðjálisis] 女 〖単複同形〗《医学》血液透析

hemodinámico, ca [emoðinámiko, ka] 形 女 血行力学(の)

hemofilia [emofílja] 女《医学》血友病
　hemofílico, ca 形 名 血友病の〔患者〕

hemoglobina [emoɣloβína] 女 ヘモグロビン, 血色素

hemopatía [emopatía] 女《医学》血液疾患, 血液病
　hemopático, ca 形 血液疾患の

hemopoyesis [emopoʝésis] 女 〖単複同形〗=hematopoyesis

hemoptisis [emóptisis] 女 〖単複同形〗《医学》喀血(かっけつ)

hemorragia [emorráxja] 女《医学》出血：～ nasal 鼻血. ～ interna 内出血. ～ cerebral 脳溢血
　hemorrágico, ca 形 出血する, 出血性の

hemorroide [emorrɔ́jðe] 女《医学》〖主に複〗痔核(じかく), 痔疾：sufrir de ～s 痔が出る
　hemorroidal 形 痔核(痔疾)の

hemorroisa [emorrɔ́jsa] 女 出血過多症の女性

hemos ☞haber ⑤

hemostasia [emostásja] 女《医学》止血；鬱血
　hemostasis 女 〖単複同形〗=hemostasia
　hemostático, ca 形《医学》止血の；止血薬

henal [enál] 男 =henil

henar [enár] 男 〖←heno〗牧草地

henaje 男 干し草刈り

henasco 男〖牧草地に残された〗秣(まぐさ)用の草

henchir [entʃír] ㊳ 他 〖過分 hinchendo〗《文語》ふくらます〖hinchar〗: El viento henchía las velas. 帆は風をはらんだ
　◆ ～se 飽食する

henchido, da 形 過分 充満した: estar ～ de orgullo うぬぼれている, 高慢ちきである

hender [endér] ㉔ 他 ❶ 割る, 裂く：～ la leña con un hacha 斧で薪を割る. ❷《文語》押し分ける, かき分ける: El cohete hiende el espacio. ロケットは宇宙を切り裂いて飛ぶ
　hendedura 女 =hendidura

hendidura [endíðura] 女 割れ目, 裂け目；すき間

hendija [endíxa] 女 割れ目, 裂け目

hendir [endír] ㉕ 他 =hender

henequén [enekén] 男《植物》リュウゼツラン

henil [eníl] 男 干し草置き場

henna [xéna] 女《植物》シコウカ, ヘンナ

heno [éno] 男 ❶ 干し草, 秣(まぐさ)：segar el ～ 干し草を刈る. fiebre del ～《医学》花粉症, 枯草熱. ❷《植物》～ blanco シラゲガヤ

henrio [énrjo] 男《電気》ヘンリー

heñir [eɲír] ⑳ ㉟ 〖☞teñir 活用表. 過分 hiñendo〗他〖パン生地を〗こねる〖amasar〗

hepático, ca [epátiko, ka] 形 〖←hígado〗肝臓の: insuficiencia ～ca 肝(機能)不全
　◆ 名 肝臓病の患者
　◆ 形《植物》スハマソウ

hepatitis [epatítis] 女 〖単複同形〗《医学》肝炎：～ A (B・C) A(B・C)型肝炎

heptaedro [eptaéðro] 男《数学》七面体

heptágono, na [eptáɣono, na] 形 男《数学》七角形(の)
　heptagonal 形 七角形の

heptámetro [eptámetro] 男《詩法》七歩格

heptano [eptáno] 男《化学》ヘプタノン

heptasílabo, ba [eptasílaβo, βa] 形 男 7音節の〔語〕, 7音節詩行(の)

heptatlón [eptatlón] 男《スポーツ》七種競技

heráldico, ca [eráldiko, ka] 形 紋章〔学〕の
　◆ 女 紋章学
　heraldista 名 紋章学者

heraldo [eráldo] 男 ❶《歴史》伝令官；使者. ❷ 前兆, 前ぶれ：～ de la primavera 春の先ぶれ

herbáceo, a [erbáθeo, a] 形 草本の, 草のような: plantas ～as 草本植物

herbaje [erbáxe] 男 牧草 〖pasto〗

herbario, ria [erbárjo, rja] 形 〖←hierba〗草の: zona ～ria 草原地帯
◆ 男 植物標本, 押し葉, 押し花

herbazal [erbaθál] 男 牧草地

herbicida [erbiθíða] 男 除草剤

herbívoro, ra [erbíβoro, ra] 形 草食性の
◆ 男 動 草食動物

herbolario, ria [erbolárjo, rja] 名 薬草採取(販売)者
◆ 男 薬草店; 植物標本

herboristería [erboristería] 女 薬草販売店

herborizar [erboriθár] 自 植物採集する

herboso, sa [erbóso, sa] 形 草の生い茂った, 草ぼうぼうの

herciano, na [erθjáno, na] 形 =hert-ziano

herciniano, na [erθinjáno, na] 形 《地質》ヘルシニア造山期の

hercio [érθjo] 男 =hertzio

hércules [érkules] 男 《神話》[H～] ヘラクレス; 怪力の男

hercúleo, a [erkúleo, a] 形 大力無双の, 筋骨隆々とした

heredable [ereðáble] 形 相続(継承)可能な

heredad [ereðá(ð)] 女 《文語》[家屋を含む] 所有地, 地所

heredar [ereðár] 他 ❶ [+de から, 財産を] 相続する, 継承する: Heredó la casa de sus padres. 彼は親から家を相続した. Heredó la belleza de su madre. 彼女の美貌は母親譲りだ. ～ a su padre 父の跡を継ぐ. ～ un negocio 事業を引き継ぐ. caracteres heredados 親譲りの性格. ❷ 《口語》[使い古しを] もらう: ～ los zapatos de sus mayores 兄たちのお下がりの靴をもらう
◆ 自 [相続人として] 家産(身代)を継ぐ: ～ de su tío 叔父の跡を継ぐ

heredero, ra [ereðéro, ra] 形 相続する; 受け継ぐ: príncipe ～ 皇太子
◆ 名 [財産の] 相続人; 継承者, 後継者: ～ forzoso 《法律》遺留分権相続人. ～ presunto 推定相続人. ～ universal 残余財産受遺者

hereditario, ria [ereðitárjo, rja] 形 ❶ 世襲(制)の, 相続の: título ～ 世襲の称号. vicio ～ 親譲りの悪癖. ❷ 遺伝性の: enfermedad ～ria 遺伝病

hereje [eréxe] 名 ❶ 異端者, 異説を唱える人. ❷ 無礼なことを言う(する)人

herejía [erexía] 女 ❶ [カトリックの教義から外れた] 異端: caer en ～ 異端に陥る. ❷ 邪説, 異説. ❸ 侮辱; 弱い者いじめ: dirigir ～s a+人/llenar a+人 de ～s …を侮辱する. hacer ～s a un perro 犬をいじめる. ❹ 的外れな言動

herencia [erénθja] 女 ❶ 遺産, 相続財産: dejar a su hijo una ～ 息子に遺産を残す. dejar... en ～ 遺産として…を残す. disputa sobre la ～ 相続争い. adir (repudiar) la ～

《法律》遺産を継ぐ(放棄する). ～ yacente 相続人不在. ❷ 《生物》遺伝: transmitirse por ～ 遺伝によって伝えられる

hereque [eréke] 《南米》 形 天然痘にかかった.
◆ 男 皮膚病; コーヒーの木の病気

heresiarca [eresjárka] 名 《宗教》異端の開祖

herético, ca [erétiko, ka] 形 異端(者)の

herida[1] [eríða] 女 《英 wound》 ❶ 傷, けが, 負傷, herida は目に見える外傷, lesión は外から見えない組織・機能の損傷で捻挫・骨折なども含む]: Se hizo una ～ en el brazo. 彼は腕にけがをした. Se le abrió la ～. 彼の傷口が開いた. ～ contusa 打撲傷. ～ de arma blanca 刀傷. ❷ [精神的な] 痛手: Su mala conducta ha abierto una ～ en mi corazón. 彼の悪行で私の心は傷ついた. producir a+人 una ～ profunda …の心を深く傷つける. renovar la ～ 古傷を思い出させる. ❸ 侮辱 respirar (resollar) por la ～ 胸の内を明かす
tocar (dar・hurgar) a+人 en la ～ …の痛いところを突く

herido, da[2] [eríðo, ða] 形 過分 [estar+] 傷ついた, 負傷した: Resultó ～ en el accidente. 彼は事故で負傷した. caer ～ [戦争・けんかで] 負傷する. mal ～ 重傷を負った
sentirse ～ 精神的に傷つく, 感情を害する: Se sentía ～ en sus sentimientos patrióticos. 彼は愛国心を傷つけられたと感じた
◆ 名 負傷者

herir [erír] 他 過分 hiriendo ❶ [+en 部位を] 傷つける, 負傷させる: i) El cristal le hirió en la mano. 彼はガラスで手を切った. Un facineroso le hirió en la frente con una navaja. 暴漢がナイフで彼の額に傷を負わせた. ～ a+人 levemente (gravemente) …に軽傷(重傷)を負わせる. ii) [精神的に] Tu carta le hirió mucho. 君の手紙は彼をひどく傷つけた. ～ a+人 la propia estimación …の自尊心を傷つける. ❷ [目・耳に] 苦痛(不快感)を与える: El silbido agudo hirió mis oídos. 鋭い警笛の音が私の耳をつんざいた. La luz de la lámpara me hiere en los ojos. スタンドの明かりがまぶしい. ❸ 《文語》[光線が] …に当たる, 届く. ❹ [的などに] 当たる: La flecha ha herido el blanco. 矢が的に当たった. ❺ [弦楽器を] 弾く, かき鳴らす
◆ ～se 傷を負う: Me herí (en) la pierna al caerme. 私は転んで脚にけがをした

hermafrodita [ermafroðíta] 形 名 《生物》雌雄同体(の); 両性具有の, 両性具有者

hermafrodítico, ca 形 雌雄同体の

hermafrodi(ti)smo 男 雌雄同体現象

hermanar [ermanár] 他 取り合わせる, 結びつける: Su disertación hermanó el rigor con la amenidad. 彼の講演には綿密さに加えておもしろさもあった
◆ ～se 友好関係を結ぶ: Todos los presentes se hermanaban en un común anhelo. 出席者全員が一つの願いで結ばれた. Marugame

está *hermanada* con San Sebastián. 丸亀は
サン・セバスティアンと姉妹都市である
  hermanado, da 形 過分 瓜二つの, そっくりの
  hermanamiento 男 調和；友好関係
hermanastro, tra [ermanástro, tra] 图
異父(異母)の兄弟(姉妹)
hermandad [ermandá(d)] 囡 ❶ 兄弟愛,
友愛〖fraternidad〗. ❷ [同業者などの] 団体,
協会；《宗教》信心会：～ jacobea サンティアゴ
信心会. ❸ [意見などの] 一致, まとまり；調和.
❹ 《歴史》Santa *H*～ [15 世紀にカトリック両
王によって再編された] 市民警察
  hermanito, ta [ermaníto, ta] 图 弟, 妹；恋
人などへの親愛の呼びかけ

hermano, na [ermáno, na] 图 〖英 brother, sister〗 ❶

兄, 弟, 姉, 妹 〖特に区別するとき〗： ～ mayor
兄/～ menor 弟, ～*na* mayor 姉/～*na*
menor 妹〗： i) Juan y María son ～*s*. フワン
とマリアは兄弟だ. ¿Tiene usted ～*s*? ご兄弟
(姉妹)はおありですか？ Éste es mi ～ el pe-
queño (más chico). これは私の一番下の弟
です〖その下に妹はいない〗. Es un verdadero ～
para mí. 彼は私の兄(弟)同然だ. ～ de padre
異母兄弟. ～ de madre/～ uterino 異父兄
弟. medio ～ 義兄弟(異母)の兄弟. ～ de
leche 乳兄弟. ～ de sangre 血盟した義兄弟.
ii) [形容詞的] El catalán y el gallego son
lenguas ～*nas*. カタルーニャ語とガリシア語は姉
妹語である. ciudades ～*nas* 姉妹都市
❷ 仲間, 同志： ～ de armas 戦友
❸ 《宗教》修道士, 修
道女；[呼びかけ] ブラ
ザー, シスター；同信
者：～*na* de la ca-
ridad 愛徳修道会の
会員〖□カット〗
❹ 類似した(共通性
のある)もの；一対の片
方：Esos gemelos no son ～*s*. そのカフスボタン
は左右不ぞろいだ
hermenéutico, ca [ermenéṵtiko, ka] 形
原典解釈の, 解釈学的な
◆ 囡 [原典・聖書の] 解釈学
  hermeneuta 图 原典解釈学者
hermético, ca [ermétiko, ka] 形 ❶ 完全
密封の, 密閉した：recipiente ～ 密封容器. ❷
[人が] 心を開かない；[作品などが] 難解な
  hermetismo 男 密閉性；晦渋(かいじゅう)
hermosear [ermoseár] 他 美しくする, 美しく
見せる
  hermoseamiento 男 美しくすること

hermoso, sa [ermóso, sa] 形 〖英 beautiful〗 ❶ 美し

い, きれいな〖類義 hermoso は内面的な美しさも
含んでいる. 人については guapo が普通. bello は
自然・芸術などで完成された美しさ. lindo はほ
ど完璧な美しさではない. ↔feo〗：mujer ～*sa*
美人. paisaje ～ 美しい景色
❷ [賞賛に値する] cuento ～ 美談. amistad ～
sa 美しい友情. ～ gesto 立派なふるまい

❸ [estar+] 体格がよく健康的な；丈夫な, はつ
らつとした：Tiene tres ～*s* hijos. 彼には立派な
息子が 3 人いる
❹ [場所が] 広く快適な：Esta casa tiene una
～*sa* terraza. この家にはすばらしいテラスがついて
いる
❺ [天候が] 晴れた, 好天の：un ～ día de
primavera 春のすばらしい一日
❻ 大量の, 豊富な：tener una ～*sa* cosecha
豊作である
  hermosura [ermosúra] 囡 ❶ 美しさ, 美：～
de un cuadro 絵の美しさ. ❷ 美人, 美女：
concurso de ～ 美人コンテスト
  ¡qué (una) ～ de...! 何と美しい(見事な)
…!: ¡Qué ～ de niño! 何てかわいい子だろう!
hernia [érnja] 囡 《医学》ヘルニア：tener una
～ ヘルニアを起こしている. ～ de disco/～
discal 椎間板ヘルニア. ～ estrangulada 絞扼
性ヘルニア
  herniado, da 形 图 過分 ヘルニアにかかった；ヘ
ルニア患者
  herniar 10 ～*se* ヘルニアになる.《俗語》一所懸
命努力する
  herniario, ria 形 ヘルニアの
héroe [éroe] 男 〖英 hero. 囡 heroína〗 ❶ 英
雄, 勇士：Murió como ～ en la defensa
de la ciudad. 彼は町の防衛戦で英雄的な死を
遂げた. ❷ 主人公, 主役：～ del momento 時
の人, 話題の人. ❸ 《古代ギリシア》神人, 半神の
勇者
heroico, ca [eróɪko, ka] 形 ❶ 英雄的な；
英雄の：acción ～*ca* 英雄的な行為. poesía
～*ca* 英雄詩. ❷ 思い切った, 大胆な：decisión
～*ca* 果断な決意
  heroicidad 囡 英雄らしさ, 英雄的な行為
heroína [eroína] 囡 ❶ 〖□héroe〗 女性の英
雄, 女傑；女主人公, ヒロイン. ❷ 《古代ギリシア》
半神女. ❸ 《化学》ヘロイン
  heroinómano, na 形 图 ヘロイン中毒の(中
毒者)
heroísmo [eroísmo] 男 英雄的な行為(精神)
herpes [érpes] 男 [単複同形]《医学》ヘルペス,
疱疹：～ facial 顔面疱疹. ～ genital 陰部ヘ
ルペス. ～ labial 口唇ヘルペス. ～ zóster 帯状
疱疹
  herpe 男 =herpes
  herpético, ca 形 图 ヘルペスの〔患者〕
herpetología [erpetoloxía] 囡 爬虫類学,
両生類学
herrada [eřáða] 囡 [底の方が広い] 木桶
herradero [eřaðéro] 男 [家畜の] 焼き印押
し；その場所(時期)
herrado [eřáðo] 男 蹄鉄を打つこと；[家畜の]
焼き印押し
herrador, ra [eřaðór, ra] 图 蹄鉄を打つ人
herradura [eřaðúra] 囡 蹄鉄(ていてつ)；馬蹄形の
もの：camino de ～ [細くて険しくて] 馬だけが
通れる道
  mostrar las ～s [馬が] 後脚をけり上げる
herraje [eřáxe] 集名 [錠・蝶番などの] 金
具；[一頭の馬に打つ] 蹄鉄と釘

H

herramienta [ɛřamjénta] 囡 ❶ 工具；道具：～ mecánica 工作機械. caja de las ～s 道具箱. ❷ 《口語》ナイフ，短刀

herramental 男 工具(道具)一式

herrar [ɛřár] 23 他 ❶ [馬に] 蹄鉄を打つ. ❷ [家畜・奴隷などに] 焼き印を押す. ❸ 鉄具をつける

herreño, ña [ɛřéɲo, ɲa] 形 名 [カナリア諸島の] イエロ島 Hierro の[人]

herreriano, na [ɛřɛrjáno, na] 形 《建築》estilo ～ エレリアーノ様式 [←Juan de Herrera, 1530-97. スペインにおけるルネサンス様式で均整美が特徴. ☞写真]

herrerillo [ɛřɛríʎo] 男 《鳥》セキレイ

herrero, ra [ɛřéro, ra] 名 鍛冶(かじ)屋：En casa del ～, sartén (cuchillo・cuchara・cucharilla) de palo. 《諺》紺屋の白袴

herrería 囡 鍛冶場；鍛冶職

herrete [ɛřéte] 男 [飾り紐などの先端につける] 端金(はしがね)

herrumbre [ɛřúmbre] 囡 ❶ さび [orín]：criar (tener) ～ さびが出る，さびつく. ❷ 鉄の味，金属くささ

herrumbroso, sa 形 [estar+] さびた

hertzio [ɛr(t)θjo] 男 [振動数・周波数の単位] ヘルツ

hertziano, na 形 ヘルツの：onda ～na ヘルツ波，電波

hervidero [ɛrbiðéro] 男 ぐらぐらと沸き立つこと；[水の] 湧出口；群がり，ひしめき；[感情などの] うずまく所：La calle es un ～ de gente. 通りは大勢の人がひしめく. Su casa era un ～ de intrigas. 彼の家は陰謀の温床だった

hervido, da [ɛrbíðo, ða] 過分 沸かした，いったん沸騰させた：huevo ～ ゆで卵. agua ～da 湯冷まし
◆ 男 [ポトフに似た] 煮込み料理

hervidor [ɛrbiðór] 男 湯沸かし；牛乳沸かし [～ de leche]

hervir [ɛrbír] 33 自 《現分 hirviendo》❶ 沸騰する，煮立つ：El agua *hierve*. 湯が沸く. La cacerola *hierve*. 鍋が煮立つ. romper a ～ 沸騰し始める. La sangre le *hervía* en las venas de furia. 彼は怒りで血が煮えたぎるようだった. ❷ [発酵して] 泡立つ；[海が] 荒れ狂う. ❸ [+en・de 感情で] 興奮する，いきり立つ：～ de cólera 怒りでかっかする. ～ en deseos うずうずする. ❹ [+de で] 一杯である，ひしめく，ようよう する：La plaza *hervía* de gente. 広場は人でこ

った返していた. ～ de chismes がらくただらけである
◆ 他 ❶ 沸騰させる，沸かす：～ el agua (la leche) 湯(牛乳)を沸かす. ❷ ゆでる；煮沸する：～ un pescado 魚を水煮する

hervor [ɛrbór] 男 ❶ 沸騰：alzar (levantar) el ～ 沸騰し始める. dar un ～ 軽く沸騰させる. ～ de sangre 発疹. ❷ 興奮，熱狂：～ juvenil 青春の血気

hesitación [esitaθjón] 囡 ためらい [vacilación]；迷い [duda]

hesperdio [espérdjo] 男 《植物》ミカン状果，柑果

hetaira/hetera [etáira/eté-] 囡 娼婦

heterocerca [eteroθérka] 形 《魚》[尾ひれが] 不相称の

heteróclito, ta [eteróklito, ta] 形 雑多な [要素からなる]：ambiente ～ de un mercado 市場の雑然とした雰囲気

heterodoxo, xa [eterodɔ(k)so, sa] 形 異端の，非正統説の
◆ 名 異端者

heterodoxia 囡 異端

heterogéneo, a [eterɔxéneo, a] 形 不均質な，一様でない；異質な：población ～a 異種民族からなる住民

heterogeneidad 囡 不均質性

heteronimia [eteronímja] 囡 《言語》異根同類 [例 caballo と yegua]

heterónimo 男 異根同類語；[作家などの] 異名，別名

heterónomo, ma [eterónomo, ma] 形 他律の [↔autónomo]

heterosexual [eterosɛ(k)swál] 形 異性愛の [↔homosexual]

heterosexualidad 囡 異性愛，異性の魅力

heterótrofo, fa [eterótrofo, fa] 形 《生物》有機栄養の
◆ 男 圈 有機栄養生物

hético, ca [étiko, ka] 形 肺結核にかかった [tísico]；やせこけた

heurístico, ca [eurístiko, ka] 形 囡 発見的な；発見的方法(教授法・研究)の

hevea [ebéa] 囡 《植物》パラゴム

hexacordo [e(k)sakɔ́rdo] 男 《音楽》6 度音階，ヘクサコード

hexadecimal [e(k)sadeθimál] 形 《情報》16 進法の

hexaedro [e(k)saéðro] 男 《数学》六面体

hexágono [e(k)ságono] 男 《数学》六角形

hexagonal 形 六角形の

hexámetro [e(k)sámetro] 男 《詩法》六歩格

hexasílabo, ba [e(k)sasílabo, ba] 形 男 6 音節の[語]，6 音節詩行[の]

hez [eθ] 囡 [複 heces] ❶ [ワインなどの] 澱(おり)，かす：～ de la sociedad 社会のくず. ❷ 圈 大便

hialino, na [jalíno, na] 形 《物理》[ガラスのように] 透明な

hiato [játo] 男 《言語》i) 母音の連続(衝突)

〖囫 púa の u と a. 同音の場合は耳ざわりとされる: de este, a África〗. ii)〔連続する強弱2母音の〕弱母音の分立〖囫 día, aún〗

hibernación [iβεrnaθjɔ́n] 囡 冬眠:～ artificial 人工冬眠

hibernal [iβεrnál] 厖 冬の〖invernal〗: sueño ～ 冬眠

hibernar [iβεrnár] 囮 冬眠する, 冬ごもりする
◆ 他 人工冬眠させる;〔遺体を〕冷凍保存する

hibisco [iβísko] 男《植物》ハイビスカス

híbrido, da [íβriðo, ða] 厖 ❶《生物》雑種の: animal ～ 交雑動物. ❷ 混合の, 折衷の; ハイブリッドの; 混成語の: ordenador ～ 混成型コンピュータ
◆ 男《言語》混成語〖idioma ～. 異なった言語に由来する要素で構成された複合語〗
hibridación 囡 交雑, 雑種形成
hibridismo 男《植物》雑種(混合)であること; 混種

hicaco [ikáko] 男《植物》イカコ

hice, hici- ☞hacer 63

hidalgo, ga [iðálɣo, ɣa] 厖 图《歴史》郷士〖爵位を持たない貴族で小領主〗; 寛大で高潔な〔人〕
hidalguía 囡 郷士の身分; 寛大, 高潔

hidátide [iðátiðe] 囡《動物》水包体;《医学》包虫嚢
hidatídico, ca 厖 包虫嚢の: quiste ～ 包虫嚢胞

hidra [íðra] 囡 ❶《動物》ヒドラ; ウミヘビの一種. ❷《神話》ヒュドラ〖7つの頭をもった怪物〗

hidrácido [iðráθiðo] 男《化学》水素酸

hidratar [iðratár] 囮〔皮膚などに〕水分を与える;《化学》水化(水和)させる:～ la piel 皮膚に潤いを与える
◆ ～se 水分を補給する
hidratación 囡 水分を与えること
hidratante 厖 湿りけを与える

hidrato [iðráto] 男《化学》水化(水和)物:～ de carbono 炭水化物

hidráulico, ca [iðráuliko, ka] 厖 ❶ 水力の: energía (fuerza) ～ca 水力. ❷ 油圧の: freno ～ 油圧ブレーキ. ❸ 水利(給水)に関する: obras ～ 水利施設. ❹ 水硬性の: cemento ～ 水硬性セメント. ❺ 水力学〔者〕の
◆ 囡 水力学; 水工学

hídrico, ca [íðriko, ka] 厖 水の

hidro-〔接頭辞〕〔水〕hidrógeno 水素, hidroavión 水上飛行機

hidroala [iðroála] 男 水中翼船

hidroavión [iðroaβjɔ́n] 男 水上飛行機

hidrocarburo [iðrokarβúro] 男《化学》炭化水素;《中南米》石油と天然ガス

hidrocefalia [iðroθefálja] 囡《医学》水頭症, 脳水腫
hidrocéfalo, la 厖 图 水頭症(脳水腫)の〔患者〕

hidrodinámica [iðroðinámika] 囡 流体力学

hidroeléctrico, ca [iðroeléktriko, ka] 厖 水力電気の
hidroelectricidad 囡 水力電気

hidrófilo, la [iðrófilo, la] 厖 親水性の, 吸水性の;《生物》水生の

hidrofobia [iðrofóβja] 囡 ❶ 水恐怖症. ❷〔ヒトの〕狂犬病, 恐水病〖正しくは rabia canina〗
hidrófobo, ba 厖 图 水恐怖症の〔人〕; 狂犬病の〔患者〕

hidrofoil [iðrofɔ́il] 男《囮》～s 水中翼船

hidrófugo, ga [iðrófuɣo, ɣa] 厖 防湿性の, 耐水性の

hidrógeno [iðrɔ́xeno] 男《元素》水素
hidrogenar 囮 水素と化合させる(で処理する)

hidrogeología [iðroxeoloxía] 囡 水文地質学

hidrografía [iðroɣrafía] 囡 ❶ 水圏学, 水界地理学; 水路学. ❷〔一国・一地方の〕水圏, 水利
hidrográfico, ca 厖 水圏学の

hidrólisis [iðrólisis] 囡《単複同形》《化学》加水分解
hidrolizar 囮 加水分解する

hidrología [iðroloxía] 囡 水文学, 水理学:～ médica 鉱水学

hidrómetro [iðrómetro] 男 流速計, 検潮器; 水位計
hidrometría 囡《物理》液体比重測定; 流速測定

hidromiel [iðromjél] 男 蜂蜜水, 蜂蜜酒

hidroneumático, ca [iðrɔnεumátiko, ka] 厖 流体圧式の: freno ～〔砲の〕ハイドロニューマチック後座装置

hidronimia [iðronímja] 囡 河川名研究
hidrónimo 男 河川名

hidropedal [iðropeðál] 男 ペダルボート

hidropesía [iðropesía] 囡《医学》水腫, 水症
hidrópico, ca 厖 水腫性の; 水腫患者

hidroplano [iðropláno] 男〔船舶〕〔競艇用の〕ハイドロ艇; =hidroavión

hidroponía [iðroponía] 囡《農業》水栽培, 水耕法
hidropónico, ca 厖 水栽培の, 水耕法の

hidroquinona [iðrokinóna] 囡《化学》ヒドロキノン

hidrosfera [iðrosféra] 囡《地理》水圏, 水界

hidrosoluble [iðrosolúβle] 厖 水溶性の

hidrostática [iðrɔstátika] 囡 流体静力学, 静水力学

hidroterapia [iðroterápja] 囡 水治療法

hidrotermal [iðrotεrmál] 厖《地質》熱水の; 温泉の

hidrotropismo [iðrotropísmo] 男《生物》水屈性, 屈水性

hidroxiapatita [iðrɔ(k)sjapatíta] 囡《生化》ハイドロキシアパタイト

hidróxido [iðrɔ́(k)siðo] 男《化学》水酸化物:～ de sodio 水酸化ナトリウム

hidroxilo [iðrɔ(k)sílo] 男《化学》水酸基, ヒドロキシル基

hidrozoo [iðroθóo] 男《動物》ヒドロ虫類

hidruro [iðrúro] 男《化学》水素化物

hiedra [jéðra] 囡《植物》キヅタ(木蔦)

H

hiel [jέl] 囡 ❶ [動物の] 胆汁. ❷ [表現中の] 苦汁；いやみ：Este artículo destila ~ por cada párrafo. この記事は悪意に満ちている. ❸ 圏 労苦，逆境：probar las ~es de la derrota 敗北の苦汁をなめる
echar (sudar) la ~ 血の汗を流す，大変な苦労をする；働きすぎる
luna de ~ [luna de miel に対し，結婚生活の] 倦怠期
no tener ~ [性格が] 素直な，おとなしい

hielo [jέlo] 男 〖英 ice〗 ❶ 不可算 氷：echar ~ en el zumo ジュースに氷を入れる. cubierto de [una capa de] ~ 氷の張った. leche con ~ アイスミルク. ~ picado 細かく砕いた氷，クラッシュアイス. ~ seco (carbónico) ドライアイス. ~s flotantes 流氷. ❷ [時に 圏] 霜 [が降りること] [helada]. ❸ 冷淡，無関心；無感動：tener un comportamiento de ~ よそよそしくふるまう，態度が冷たい. corazón de ~ 冷たい心
apúntalo en la barra de ~ 〘口語〙そのことは諦めろ [忘れろ]
quedarse de ~ 呆然とする
romper (quebrar) el ~ 〘口語〙気詰まりを解きほぐす，雰囲気をなごませる

hiena [jéna] 囡 〖動物〗ハイエナ；〖軽蔑〗残忍卑劣な人

hierático, ca [jerátiko, ka] 形 ❶ [表情が] 厳しい，感情を押し隠した. ❷ [主に古代の] 聖職の，祭司の. ❸ 聖美術的；宗教美術の伝統様式に縛られた

hieratismo 男 伝統的様式性；重々しさ，おごそかさ

hierba [jérba] 囡 〖英 grass〗 ❶ [時に 集合] 草；草本 i：Las vacas comen ~. 牛たちが草を食んでいる. Crece la ~. 草が生える. arrancar unas ~ 草を数本引き抜く. acostarse sobre la ~ 草の上に寝ころぶ. haz de ~ segada 刈り草の束. ~s medicinales 薬草. ~ artificial 人工芝. ii) 〖植物〗~ buena = hierbabuena. ~ doncella ツルニチニチソウ. ~ frailera ハマウツボ. ~ hormiguera アリタソウ. ~ luisa = hierbaluisa. ~ pastel タイセイ. ❷ [牛・馬などの] 年齢：potro de una ~ (dos ~s) 1(2)歳馬. ❸ 圏 〖料理〗ハーブ：finas ~s 各種の香草を刻んだもの. ❹ 圏 草からとる毒. ❺ 〖俗語〗マリファナ. ❻ 〖南米〗マテ茶
como la[s] mala[s] ~[s] 〖軽蔑〗たくさん，非常に；急速に：El rumor se extendió *como la mala* ~. 噂はあっという間に広がった.
en ~ [麦などがまだ青く] 未熟な
mala ~ 雑草；好ましくない人物，ごろつき：*Mala* ~ nunca muere. *La mala* ~, presto crece. 〘諺〙憎まれっ子世にはばかる
ver (sentir) crecer la ~ 〘口語〙洞察力がある，利発である
[y] otras ~s 〖戯語〗[人の長所などを並べ立てて] 後は省くが

hierbabuena [jérbabwéna] 囡 〖植物〗ハッカ 〖menta〗

hierbaluisa [jérbalwísa] 囡 〖植物〗ボウシュ

ウボク(防臭木)

hierra [jéřa] 囡 〖南米〗[家畜に] 焼き印を押すこと

hierro [jéřo] 男 〖英 iron〗 ❶ 鉄：barra de ~ 鉄の棒. ~ dulce 軟鉄. ~ forjado 錬鉄. ~ fundido (colado) 鋳鉄. carencia de ~ 〖医学〗鉄分の不足. Al ~ caliente, batir de repente. 〘諺〙鉄は熱いうちに打て. Quien (El que) a ~ mata, a ~ muere. 〘諺〙剣を使う者は剣に死ぬ/因果応報. ❷ 鉄片，金属部分；圏 鉄鎖，鉄枷. ❸〖元素〗鉄. ❹〖ゴルフ〗アイアン：~ cinco 5番アイアン. ❺ 闘牛用の牛の生産
agarrarse a (de) un ~ *ardiendo* [溺れる者は] わらをもつかむ
de ~ 頑強な；頑固な：Mi padre es *de* ~. 私の父は大変丈夫だ. salud *de* ~ 頑健さ. moral *de* ~ 鉄の意志. Es un cabeza *de* ~. 彼は頑固者(石頭)だ
machacar (majar・martillar) en ~ *frío* [教育しようと] 無駄な努力をする
quitar ~ [+a 人の発言・信念などに] 水をさす

hifa [ífa] 囡 〖生物〗菌糸

hi-fi [xáifai] 形 〖←英語〗ハイファイの

higa [íga] 囡 ❶ [拳を握って親指を人差し指と中指の間から人差し指の形の] お守り；〖卑俗〗[その形の] 軽蔑の仕草. ❷〖戯語〗[una+. 否定の強調] Me importa una ~ que venga o no. 彼が来ようと来まいと私にはまったく関心がない

higadillo [igaðíʎo] 男 〖鳥などの〗レバー

hígado [ígaðo] 男 ❶〖解剖〗肝臓 i) mal de ~ 肝臓病. Lo que es bueno para el ~, no lo es para el bazo. 〘諺〙あちらを立てれば，こちらが立たず. ii)〖料理〗肝(§)，レバー：pasta de ~ レバーペースト. ❷ [主に 圏] 勇気，気力；良心の呵責のないこと：tener ~s ガッツがある
echar los ~s 大変苦労する；仕事で体を壊す
hasta los ~s 非常に激しく
malos ~s 意地悪；背徳的な性格
ser un ~ 〖中米〗いやなやつ(悩みの種)である

higadoso, sa [igaðóso, sa] 形 〖中米〗くどい，わずらわしい

higiene [ixjéne] 囡 衛生〔学〕，保健学：~ pública 公衆衛生. ~ mental 精神衛生. ~ de los alimentos 食品衛生. ~ de una piscina プールの衛生状態

higiénico, ca [ixjéniko, ka] 形 衛生的な：Esta cocina es poco ~ca. この台所は衛生的でない

higienista [ixjenísta] 形 囝 衛生学の；衛生士：~ dental 歯科衛生士

higienizar [ixjeniθár] 他 〖文語〗衛生的にする
◆ ~se 〖南米〗体を洗う
higienización 囡 衛生的にすること

higo [ígo] 男 ❶〖果実〗イチジク：~ chumba ウチワサボテンの実. ❷ [un+. 否定の強調] importar a+人 un ~/no darse a+人 un ~〖軽蔑〗…にとってまったく問題でない. no dar un ~ por... …をまったく信用しない
de ~s *a brevas* 〘口語〙まれに：Nos vemos *de* ~s *a brevas*. 私たちはたまにしか会わない

estar hecho un ~《口語》[布などが] しわだらけである、傷んでいる

higrófilo, la [iɣrófilo, la] 形 [植物が] 湿地を好む、好湿性の

higrófobo, ba [iɣrófoβo, βa] 形 [植物が] 嫌湿性の

higrometría [iɣrometría] 囡 湿度測定 [法]

　higrométrico, ca 形 湿度測定の；吸湿性の

higrómetro [iɣrómetro] 男 湿度計

higroscopia [iɣroskópja] 囡 =**higrometría**

　higroscópico, ca 形 吸湿性の

higroscopio [iɣroskópjo] 男 検湿器

higuera [iɣéra] 囡《植物》イチジク：~ *loca*《口語》野生のイチジク． ~ *chumba* (*de Indias*・*de pala*・*de tuna*) ヒラウチワサボテン
　estar en la ~《口語》うわのそらである

higueral 男 イチジク畑

higueruela [iɣerwéla] 囡《植物》コロハの一種

hijadalgo [ixaðálɣo] 囡 〘複 hijasdalgo〛《古語》=**hidalga**

hijastro, tra [ixástro, tra] 名 義理の子、継子

hijato [ixáto] 男 =**retoño**

hijear [ixeár] 自《中南米》芽が出る

hijo, ja [íxo, xa] 名 〘英 son, daughter〛 ❶ 息子、娘：i) Tienen dos *hijas* y un ~. 彼らには娘が2人と息子が1人いる．No tiene ~*s*. 彼には子供がいない．el ~ mayor 長男．el segundo ~ 次男．el ~ menor 末っ子． ~ *único* 一人っ子．el ~ de papá 金持の道楽息子、親の七光を受けた子．Al hombre venturero la *hija* le nace primero.《諺》初めての子が女の子なら父親は果報者．ii) 舅・姑が息子の嫁・娘の婿に対して使う呼びかけ
　❷ 血縁者；[町・村などの] 出身者：Ese pintor es un ~ ilustre de esta ciudad. その画家はこの町の有名な出身者だ
　❸ 所産、作品〘名詞を受けて性数一致する〙：Esas historias son *hijas* de su fantasía. その話は彼の空想の産物だ
　❹《親愛》[主に女性が年下・目下の人に対して使う呼びかけ．時に怒り] ¿Quiere tomar algo, ~? ねえ、何か食べます？
　❺《カトリック》i) [H~. 三位一体の第2位としての] 子、イエス・キリスト〘H~ de Dios, Dios H~、(El) H~ del hombre〛．ii) 修道士、修道女；信徒：~*s* de San Ignacio イエズス会修道士
　~ [*de*] *puta*/~ *de perra*/《中米》~ *de la chingada* [ののしり] この野郎、このあま〘英 son of a bitch〛
　~ *de su madre* 母親そっくりの子；=~ [*de*] *puta*
　~ *de su padre* 父親そっくりの子：Es ~ *de su padre.* この父にしてこの子ありだ
　~ *de vecino* [*cada*・*cualquier*・*todo*+] 普通の人：Ella tiene derecho a disfrutar las vacaciones, como *cada* ~ *de vecino.* 普通

の人と同様に彼女にも休暇をとる権利がある
　◆ 男 複 子孫

hijodalgo [ixoðálɣo] 男 〘複 hijosdalgo. 囡 hijadalgo〛《古語》=**hidalgo**

hijuela [ixwéla] 囡 ❶ 付属(従属)しているもの；支道、枝道． ❷ [裁縫] [ゆとりをとるための] まち． ❸ [相続の] 財産目録；匯名 相続財産． ❹《南米》[支所的な] 農場

hijuelo [ixwélo] 男 若枝

hilacha [ilátʃa] 囡 [主に 複] ❶ [布から] ほつれた糸、糸屑． ❷ 小部分、残り物：No quedan ni las ~s de su fortuna. 彼の財産はほとんど残っていない

　hilachento, ta 形《中南米》[服が] ぼろぼろの

　hilachos 男 複《中米》ぼろ切れ；ぼろ着

　hilachoso, sa 形 ほつれの多い

hilada¹ [iláða] 囡 連なり、列 〘hilera〙：una ~ de ladrillos 1列の煉瓦

hiladillo [ilaðíʎo] 男 [絹の] 節糸(ﾌﾚ)

hilado, da² [iláðo, ða] 過分 糸状の：cristal ~ 糸ガラス． huevo ~ [菓子などに使う] 錦糸卵に似たもの
　◆ 男 ❶ 糸に紡ぐこと、紡糸：~ a máquina 精紡． ❷ 織り糸、撚り糸

hilador, ra [ilaðór, ra] 形 紡ぐ：máquina ~*ra* 紡績機
　◆ 名 [主に絹を] 紡ぐ人、紡績工

hilandería [ilandería] 囡 紡績、製糸；その工場

　hilandero, ra 名 糸を紡ぐ人、紡績工

hilar [ilár] 他 ❶ 紡ぐ． ❷ [クモ・蚕が糸を] 吐く；[巣・繭を] つくる
　◆ 自 ❶ 糸を紡ぐ：máquina de ~ 紡績機． ❷《口語》[+*con* と] 関連がある
　~ *delgado* (*fino*) [議論などで] 無用な区別立てをする；神経が細かい、細心である

hilarante [ilaránte] 形《文語》哄笑を誘う：gas ~ 笑気[ガス]

hilaridad [ilariða(ð)] 囡 [主に大勢の人の] 哄笑、爆笑：provocar la ~ del público 観客をどっと笑わせる

hilatura [ilatúra] 囡 紡績、製糸；[主に 複] 紡績(製糸)工場

hilaza [iláθa] 囡 [主に太い・質の悪い] 糸；匯名 織られた糸
　descubrir la ~ 本性(欠点)をかいま見せる

hilemorfismo [ilemorfísmo] 男《哲学》質料形相論

hilera [iléra] 囡 ❶ 連なり、連続；列：~ de árboles 並木． ~ de casas 家並み． colocarse en ~s de cuatro 4列縦隊に並ぶ． ❷ [針金製造用の] ダイス板、絞りリング． ❸ [クモの] 出糸(紡績)器官

hilo [ílo] 男 〘英 thread〛 ❶ 糸：i) repasar un botón con ~ ボタンを糸で縫いつける． coser con ~ sencillo (doble) 1本(2本)糸で縫う． ~ de algodón 木綿糸． ~ de bramante 細い麻ひも． ~ de cobre 銅線． ~ dental デンタルフロス． Por el ~ se saca el ovillo.《諺》事の一端だけで全体がわかってしまう． ii) ~ musical《西》音楽の有線放送． ~ telefónico 電

話線. ❷ 亜麻布, リンネン: mantel de 〜 リンネンのテーブルクロス. ❸ [水などの細い] 流れ: Sale un 〜 de sangre. 一筋の血が流れ出る. Se quebró el 〜 de su amor. 彼らの愛の糸が切れた. 〜 de voz か細い声. ❹ [話などの] 筋道, 脈絡: perder el 〜 de la conversación 話の接ぎ穂を失う. seguir el 〜 de sus palabras 話の流れについていく

a 〜 一途切れずに, 続けて

al 〜 [布地の] 目に沿って; [木・肉などの] 繊維の方向に: cortar una falda *al 〜* [バイアスでなく] スカートをまっすぐに裁つ

al 〜 de medianoche (de mediodía) 夜 (昼) の 12 時ちょうどに

coger el 〜 [話のテーマなどが] わかる

〜 conductor 導線; [迷路を脱する] 導きの糸; [小説の] あら筋, テーマ

mover los 〜s 操る, 動かす

pender (colgar) de un 〜 非常に危険な状態にある: Su vida *pende de un 〜*. 彼の命は風前の灯だ

hilomorfismo [ilomorfísmo] 男 =**hilemorfismo**

hilván [ilbán] 男 《裁縫》しつけ, 仮縫い, 組立て; しつけの目; しつけ糸; 《南米》ヘム

hilvanado 男 仮縫い, しつけ

hilvanar 他 1) 仮縫いする, 組み立てる. 2) 草案を示す; あわてて準備 (計画) する. 3) [語句を] つなぎ合わせる, 脈絡をつける

himalayo, ya [imalájo, ja] 形 《地名》ヒマラヤ山脈 Himalaya の; gato 〜 《猫》ヒマラヤン

himen [ímen] 男 《複 hímenes》《解剖》処女膜

himeneal 形 処女膜の

himeneo 男 1) 《文語》婚姻 [boda]. 2) 祝婚歌

himenóptero, ra [imenóptero, ra] 形 《昆虫》膜翅類の

himno [ímno] 男 ❶ [祝典などで歌われる] 歌, 讃歌: 〜 nacional 国歌. 〜 de la escuela 校歌. ❷ [英雄などを讃える] 頌詩(しょう). ❸ 《宗教》賛美歌

himnario 男 賛美歌集

himpar [impár] 自 《まれ》[泣いて] しゃくり上げる

hinca [íŋka] 女 [杭などの] 打ち込み

hincada [iŋkáda] 女 《中南米》=**hincadura**; [リューマチによる] 刺すような痛み; 刺すこと; 拝跪

hincadura [iŋkádúra] 女 突き立てること

hincapié [iŋkapjé] 男 *hacer 〜* 1) しっかりと立つ. 2) [+en を] 言い張る: i) *Hizo 〜 en* que teníamos que ser más diligentes. 私たちはもっと勤勉でなくてはならないと彼は強調した. ii) [+en que+接続法] *Hizo 〜 en* que volviéramos antes de anochecer. 日暮れ前に戻るようにと彼は念を押した

hincar [iŋkár] 他 ❶ [+en に] 打ち込む, 突き立てる: 〜 una estaca *en* el suelo 地面に杭を打つ. 〜 un clavo *en* la pared 壁に釘を打つ. ❷ しっかりと支える: 〜 los pies *en* el suelo

足を踏んばる

〜 la 《口語》働く 《trabajar》

◆ *〜se* ❶ [自分の体に] Se me *ha hincado* una espina *en* el dedo. 私は指にとげが刺さった. ❷ 突き刺さる

hincha [íntʃa] 名 ❶ [チーム・選手などの熱狂的な] ファン, サポーター: Es un 〜 de un equipo del fútbol. 彼はあるサッカーチームのファンだ ❷ 女 《口語》[人への] 嫌悪感, 敵意: tener 〜 a+人 …を嫌っている

hinchado, da [intʃádo, ða] 形 過分 ❶ ふくらんだ; 腫れた: globo 〜 de gas ガスでふくらませた風船. cara 〜*da* むくんだ顔. Tienes 〜*das* las amígdalas. 扁桃腺が腫れているよ. ❷ 思い上がった. ❸ 誇張した: lenguaje 〜 大げさな (気どった) 言葉づかい

◆ 女 集名 ファン, 応援団

hinchamiento [intʃamjénto] 男 =**hinchazón**

hinchar [intʃár] 他 《西》❶ ふくらます: 〜 un balón ボールをふくらます. La hidropesía *hincha* el cuerpo. 水腫は体を腫れ上がらせる. La lluvia torrencial *hinchó* el río. 豪雨で川が増水した. 〜 a+人 de palos 《口語》…をひどく殴る. ❷ 誇張する: 〜 una narración 話をふくらます. ❸ 誇張する ❷ 水増しする

◆ 自 《南米. スポーツ》[+por を] 応援する, 声援をおくる

◆ *〜se* ❶ ふくらむ; 腫れる: Se le *ha hinchado* la rodilla. 彼は膝が腫れ上がった. ❷ [川が] 増水する. ❸ 《軽蔑》[+con で] 思い上がる: Se *hinchó con* sus éxitos. 彼は自分の成功に思い上がった. ❹ 《口語》たんまり稼ぐ. ❺ 《西. 口語》[+de を] 飽食する; 飽きるほど…する: *〜se de* pasteles いやというほどケーキを食べる. *〜se de* correr たっぷり走る. *〜se de* reír 大笑いする

hinchazón [intʃaθón] 女 ❶ ふくらみ; 腫れ: 〜 de un río 川の増水. 〜 de las piernas 脚のむくみ. Baja la 〜 腫れが引く. ❷ 思い上がり, 気どり. ❸ 誇張

hindi [índi] 男 ヒンディー語

hindú [indú] 形 《複 〜es または 〜[e]s》❶ ヒンズー教の, ヒンズー教徒. ❷ 《誤用》インドの, インド人 [indio]

hinduismo 男 ヒンズー教

hinduista 形 名 ヒンズー教の, ヒンズー教徒

hiniesta [injésta] 女 《植物》[ヒトツバ]エニシダ

hinojo [inóxo] 男 《植物・香辛料》ウイキョウ, フェンネル

de 〜s 《文語》ひざまずいて

hinojal 男 ウイキョウ畑

hinterland [interlán] 男 《←独語. 地理》後背地, ヒンターランド

hioides [jóides] 男 《単複同形》《解剖》舌骨

hipalage [ipaláxe] 女 《文法》[形容語などを本来修飾すべき語と違う語につけること]

hipar [ipár] 自 ❶ しゃっくりをする; [泣いて] しゃくり上げる. ❷ 《口語》[+por を] ひどく欲しがる: *Hipaba por* salir de compras. 彼女はしきり

に買い物に出かけたがった

híper [íper] 男 《口語》hipermercado の省略語

hiper- 《接頭辞》[超] *hiper*tensión 高血圧, *hiper*sensible 過敏症の

hiperactivo, va [iperaktíβo, βa] 形 極度に活動的な

  hiperactividad 女 活動亢進

hipérbaton [ipérβaton] 男 [複 ～batos] 《修辞》[語順の] 転置法

hipérbola [ipérβula] 女 《数学》双曲線

hipérbole [ipérβole] 女 《修辞》誇張法

  hiperbólico, ca 形 大げさな, 誇張した

hiperboloide [iperβolóiðe] 男 《数学》双曲面

hiperbóreo, a [iperβóreo, a] 形 極北[地帯]の

hiperclorhidria [iperklorídrja] 女 《医学》過塩酸症

hipercorrección [iperkɔrɛ(k)θjón] 女 《言語》[発音・表現の] 過剰訂正

hipercrítico, ca [iperkrítiko, ka] 形 [批評が] 手厳しい, あら探しの

  ◆ 女 厳密批評; あら探し

hiperdulía [iperðulía] 女 《キリスト教》超尊崇の表敬《culto de ～. 聖母マリアに対する表敬》

hiperespacio [iperespáθjo] 男 超空間

hiperestesia [iperestésja] 女 《医学》知覚過敏

  hiperestésico, ca 形 知覚過敏の

hiperexigencia [iperɛ(k)sixénsja] 女 過大な要求

hiperglucemia [ipergluθémja] 女 《医学》高血糖症

hiperinflación [iperinflaθjón] 女 《経済》ハイパーインフレーション

hipermercado [ipermerkáðo] 男 [郊外にある] 大型スーパーマーケット

hipermetropía [ipermetropía] 女 《医学》遠視

  hipermétrope 形 名 遠視の〔人〕

hiperpotencia [iperpoténθja] 女 超大国

hiperrealismo [iper̯ɛalísmo] 男 《芸術》ハイパーリアリズム, 超レアリズム

  hiperrealista 形 名 超レアリズムの〔画家〕

hipersensible [ipersensíβle] 形 《医学》感覚過敏の, 過敏症の

  hipersensibilidad 女 [+a に対する] 過敏症, 感受性亢進

hipersexuado, da [ipersɛ(k)swáðo, ða] 形 性欲(性行動)過剰の

hipersomnia [ipersómnja] 女 《医学》嗜眠症

hipersónico, ca [ipersóniko, ka] 形 超音速の

hipertensión [ipertensjón] 女 《医学》高血圧

  hipertenso, sa 形 名 高血圧の〔人〕

hipertermia [ipertérmja] 女 《医学》高体温, 高熱

hipertiroidismo [ipertiroiðísmo] 男 《医学》甲状腺機能亢進症

hipertrofia [ipertrófja] 女 《医学》肥大: ～ cardiaca 心臓肥大. ～ burocrática 官僚層の肥大化

  hipertrofiar 10 ～se 肥大する

hiperventilación [iperβentilaθjón] 女 《医学》呼吸亢進

hipervitaminosis [iperβitaminósis] 女 [単複同形] 《医学》ビタミン過剰症

hípico, ca [ípiko, ka] 形 馬の; 馬術の: concurso ～ [馬術の] 障害飛越競技

  ◆ 女 騎馬スポーツ〔馬術, ポロなど〕, 馬術競技; 《口語》競馬場

hipido [ipíðo] 男 泣きじゃくり

hipismo [ipísmo] 男 馬術; 騎馬スポーツ〔hípica〕

hipnosis [ipnósis] 女 [単複同形] 催眠状態

hipnótico, ca [ipnótiko, ka] 形 《医学》催眠〔術〕の: sueño ～ 催眠状態

  ◆ 男 催眠薬

hipnotismo [ipnotísmo] 男 催眠術

hipnotizar [ipnotiθár] 9 他 …に催眠術をかける; 陶酔させる

  hipnotizable 形 催眠術にかかりやすい

  hipnotizador, ra 形 名 催眠術の; 催眠術師

hipo [ípo] 男 **❶** しゃっくり: tener ～ しゃっくりをする. dar a+人 ～ …にしゃっくりを起こさせる. **❷** [人に対する] 反感: tener ～ con+人 …に反感を持つ

  que quita el ～ [美しさなどが] すごい, はっとするほどすばらしい

hipo- 《接頭辞》**❶** [下の] *hipo*dérmico 皮下の, *hipó*crita 偽善者. **❷** [馬] *hipo*dromo 競馬場

hipoalégico, ca/hipoalergénico, ca [ipoalérxiko, ka/-alerxéni-] 形 [食品・化粧品などが] 低アレルギー誘発性の, アレルギーを起こしにくい

hipocalórico, ca [ipokalóriko, ka] 形 低カロリーの

hipocampo [ipokámpo] 男 **❶** 《解剖》海馬. **❷** 《神話》[馬頭魚尾の] 海馬

hipocentro [ipoθéntro] 男 [地震の] 震源; [核爆発の] 爆心地

hipocondría [ipokondría] 女 《医学》ヒポコンデリー, 沈鬱症, 心気症

  hipocondríaco, ca/hipocóndrico, ca 形 名 心気症の〔患者〕

  hipocondrio 男 《解剖》[主に 複] 季肋部

hipocorístico, ca [ipokorístiko, ka] 形 《言語》親愛語〔の〕: "Merche" es el ～ de "Mercedes". 「メルチェ」は「メルセデス」の愛称である

hipocrático, ca [ipokrátiko, ka] 形 ヒポクラテス Hipócrates 学説の『古代ギリシアの医学者』

hipócrita [ipókrita] 形 偽善的な; うわべだけの

  ◆ 名 偽善者で; [特に] えせ信心家

  hipocresía 女 偽善

hipodermis [ipoðérmis] 女 [単複同形] 《解

剤]皮下組織;《植物》下皮

hipodérmico, ca [ipoðérmiko, ka] 形 皮下の: inyección ～ca 皮下注射

hipódromo [ipóðromo] 男 競馬場；馬場

hipófisis [ipófisis] 女〔単複同形〕《解剖》〔脳〕下垂体

hipogastrio [ipoɣástrjo] 男《解剖》下腹部
　hipogástrico, ca 形 下腹部の

hipogeo, a [ipoxéo, a] 形《植物》地下で成長する
　◆ 男《考古》〔古代エジプトなどの〕地下埋葬室, 玄室

hipogloso, sa [ipoɣlóso, sa] 形《解剖》舌下の: nervio ～ 舌下神経
　◆ 男《魚》オヒョウ

hipoglucemia [ipoɣluθémja] 女《医学》低血糖症

hipogrifo [ipoɣrifo] 男《神話》馬とキリンの中間で羽のある動物

hipoparatiroidismo [ipoparatiroiðísmo] 男《医学》上皮小体機能低下症

hipopótamo [ipopótamo] 男《動物》カバ

hiposo, sa [ipóso, sa] 形 しゃっくりする；しゃっくりしやすい

hipóstasis [ipóstasis] 女〔単複同形〕《哲学》基体, 実体；《キリスト教》位格

hipóstilo, la [ipóstilo, la] 形《考古》多柱造りの

hiposulfito [iposulfito] 男《化学》次亜硫酸塩；《写真》ハイポ

hipotálamo [ipotálamo] 男《解剖》視床下部

hipotaxis [ipotá(k)sis] 女〔単複同形〕《言語》従属, 従位

hipoteca [ipotéka] 女 ❶〔不動産の〕抵当〔権〕, 担保: La casa está gravada con una ～. 家は抵当に入っている. prestar dinero sobre ～ 担保を取って金を貸す. levantar una ～〔負債を清算して〕抵当権を解除する. primera ～ 第一抵当. ❷ 障害, 困難

hipotecar [ipotekár] 他 ❶〔不動産を〕抵当に入れる: ～ su finca 地所を抵当に入れる. ❷〔命などを〕投げ出してかかる: Hipotecó su vida al aceptar el cargo. 彼はその職を引き受ける時, 命を捨ててかかった

hipotecario, ria [ipotekárjo, rja] 形 抵当〔権〕に関する: banco ～ 勧業銀行. préstamo ～ 抵当貸し

hipotensión [ipotensjón] 女《医学》低血圧〔症〕
　hipotenso, sa 形 名 低血圧の〔人〕

hipotenusa [ipotenúsa] 女《数学》〔直角三角形の〕斜辺

hipotermia [ipotérmja] 女《医学》低体温症；低体温法

hipótesis [ipótesis] 女〔単複同形〕❶ 仮説, 仮定: hacer ～ 仮説を立てる. ～ de trabajo 作業仮説. ❷ 推測, 憶測: Esto es sólo una ～. これは憶測にすぎない
　en la ～ de que+接続法 仮に…である場合, もし…ならば

hipotético, ca [ipotétiko, ka] 形 ❶ 仮定の: en el ～ caso de que+接続法 仮に…である場合に. ❷ 憶測にすぎない

hipotiposis [ipotipósis] 女〔単複同形〕《修辞》迫真法

hipotrofia [ipotrófja] 女《医学》栄養障害性発育不全, 栄養不良

hipotiroidismo [ipotiroiðísmo] 男《医学》甲状腺機能低下〔症〕

hippy/hippie [xípi] 形 名〔複 hippíes〕《←英語》ヒッピー〔の〕

hirco [írko] 男 野生のヤギ

hiriente [irjénte] 形〔←herir〕感情を害する, しゃくにさわる

hirsuto, ta [irsúto, ta] 形 ❶〔髪・ひげなどが〕剛毛質の；剛毛で覆われた, 毛むくじゃらの: Tiene la barba ～ta. 彼のひげは濃い. de pecho ～ 胸毛の濃い. ❷ 気難しい, 無愛想な
　hirsutismo 男《医学》〔男性型〕多毛症

hirviente [irβjénte] 形 沸騰している, 煮立っている

hisopo [isópo] 男 ❶《植物》ヤナギハッカ. ❷《宗教》灌水器〔□アカット〕
　hisop[e]ar 他〔灌水器で〕聖水をかける

hispalense [ispalénse] 形 名《文語》= sevillano: Capital ～ セビーリャ

Hispania [ispánja] 固《歴史・地名》イスパニア〖ローマ人によるイベリア半島の古名〗

hispánico, ca [ispániko, ka] 形 名 ❶ スペイン語圏の〔人〕, スペイン系の〔人〕. ❷ イスパニア Hispania の

hispanidad [ispaniðá(ð)] 女 スペイン語圏諸国, スペイン系文化 〖特にフランコ体制下の概念〗: Día de la H～ 民族の日〖新大陸発見の日. 現在の名称は Fiesta Nacional de España〗

hispanismo [ispanísmo] 男 ❶ スペイン語独特の表現. ❷〔英語などについて〕スペイン語からの借用語. ❸ スペイン語研究, スペイン系文化〔文学〕研究. ❹ スペイン好み(びいき)
　hispanista 名 スペイン語〔文学〕研究者；スペイン好きの人

hispanizar [ispaniθár] 他 スペイン風にする
　hispanización 女 スペイン化

hispano, na [ispáno, na] 形 名 ❶ イスパニア Hispania の；スペインの, スペイン人〖español〗. ❷ スペイン系の〔人〕；〔米国で〕ヒスパニックの〔人〕

Hispanoamérica [ispanoamérika] 女《地名》スペイン系アメリカ, スペイン語圏の中南米
　hispanoamericanismo 男 1) スペイン系アメリカ人の間の連帯；スペイン系アメリカとスペイン間の連帯. 2) 中南米独特の表現〖americanismo〗
　hispanoamericano, na 形 名 スペイン系アメリカの〔人〕；スペイン系アメリカとスペインの

hispanoárabe [ispanoáraβe] 形 名 = hispanomusulmán

hispanocolonial [ispanokolonjál] 形〔中

南米の芸術について〕スペイン〔植民地〕風の

hispanófilo, la [ispanófilo, la] 形 名 スペイン好きの〔人〕

hispanohablante [ispanoaβlánte] 形 名 スペイン語圏の〔人〕, スペイン語を話す〔人〕: América ～ スペイン語を国語とする中南米. número de ～s en Estados Unidos 米国内のスペイン語(ヒスパニック)人口

hispanomusulmán, na [ispanomusulmán, na] 形 名 〔中世に〕スペインに住んでいたイスラム教徒〔の〕, イスラム・スペインの

hispanorromano, na [ispanor̄ománo, na] 形 名 《歴史》〔イベリア半島で〕ローマ化した〔人〕

híspido, da [íspido, ða] 形 剛毛の

histamina [istamína] 女 《生化》ヒスタミン

　histamínico, ca 形 ヒスタミンの

histerectomía [isterektomía] 女 《医学》子宮摘出

histeria [istérja] 女 《医学》ヒステリー: tener un ataque de ～ ヒステリーを起こす. ～ colectiva 集団ヒステリー

histérico, ca [istériko, ka] 形 名 ❶ ヒステリーの〔患者〕; ヒステリックな〔人〕: ponerse (estar) ～ ヒステリックになる(なっている). ❷ 子宮の

　histerismo 男 ＝histeria

histocompatibilidad [istokompatiβiliðá(ð)] 女 《医学》組織適合性

histograma [istográma] 男 柱状グラフ

histología [istoloxía] 女 《生物·医学》組織学

　histológico, ca 形 組織学の

historia [istórja] 女 〖英 history, story〗 ❶ 歴史; 歴史学; 歴史書: estudiar la ～ de España スペイン史を学ぶ. dejar su nombre en la ～ 歴史に名を残す. ～ antigua 古代史. ～ de la literatura 文学史. ～ natural 博物学, 博物誌. ～ sagrada (sacra) 〔聖書の記述する〕聖史. ～ universal 世界史
❷ 来歴, 伝統; 経歴: contar su ～ 身の上話をする. mujer con mucha ～ 過去のある女. clínica 《主に南米》医療記録
❸ 話, 物語 類 historia は実際にあった話・作り話, cuento は主に作り話: contar una ～ お話をする. ～ de amor 恋物語. ～ de príncipes y princesas 王子様とお姫様のお話
❹《口語》〔主に 複〕作り話; 言い訳; 噂話; 恋愛関係のごたごた: No me salgas (vengas) con ～s. でたらめを言うな. inventar una ～ 作り話をする, 噂話をでっち上げる. Tuvo una ～ con una cantante. 彼はある女性歌手と噂があった
¡*así se escribe la* ～! 〔偽りを非難して〕話の筋はできているんだな!
dejarse (*quitarse*) *de* ～s 直ちに本論に入る: ¡Déjate de ～s! 〔ぐずぐず言わず〕肝心のことを言え!
hacer ～ 歴史に残る, 歴史を作る
la ～ *de siempre* (*de todos los días*)/*la*

misma ～ いつもの話(言い訳)
pasar a la ～ 〔過去時制で〕古くさい, 過去に属する; 〔未来時制で〕歴史に残る, 非常に重要である: Esta moda ya *ha pasado a la* ～. このモードはもう古い. Sus actividades políticas *pasarán a la* ～. 彼の政治活動は歴史に残るだろう
picar en ～ 思っていたより重大(重要)である
ser ～ 過去のことである, 今は重要でない

historiado, da [istorjáðo, ða] 形 《口語》装飾過多の, ごてごてした

historiador, ra [istorjaðór, ra] 名 歴史家, 歴史学者

historial [istorjál] 男 年代的記述; 経歴, 履歴 〖～ personal〗: Él tiene un ～ muy interesante. 彼は大変おもしろい経歴の持ち主だ. escuela con un glorioso ～ 輝かしい伝統のある学校. ～ de la empresa 会社の沿革. ～ clínico (médico) 医療記録. ～ académico 学歴

historiar [istorjár] 10 他 ❶ 〔真実・作り話を問わず, 筋道を立てて詳しく〕…の話をする. ❷《中南米》混乱(粉砕)させる

historicidad [istoriθiðá(ð)] 女 歴史性, 史実性

historicismo [istoriθísmo] 男 歴史主義

　historicista 形 名 歴史主義的な〔人〕

histórico, ca [istóriko, ka] 形 ❶ 歴史的な, 歴史学の: fondo ～ 歴史的背景. documentos ～s 史料. ❷ 歴史上の, 実在の: hecho ～ 史実. novela ～ca 歴史小説. ❸ 歴史に残る, 歴史上重要な: acontecimiento ～ 歴史的事件. monumento ～ 歴史的建造物

historieta [istorjéta] 女 漫画, 〔面白い〕逸話, 小話

historiografía [istorjografía] 女 修史, 正史; 史料編纂

　historiográfico, ca 形 史料編纂の

　historiógrafo, fa 名 修史官; 史料編纂者

histrión [istrjón] 男 ❶ 《古典悲劇の》俳優; 〔大げさな演技をする〕役者. ❷《軽蔑》芝居がかった言動をする人, 大げさな人. ❸ おどけ者

histriónico, ca 形 芝居がかった, わざとらしい, 大げさな

　histrionisa 女 histrión の女性形

　histrionismo 男 1) 大げさな演技;《医学》演劇症. 2) 俳優の職;〔複 名〕俳優

hit [xit] 男 〖複 ～s〗《←英語. 音楽·野球》ヒット

hitita [itíta] 形 名 《歴史》ヒッタイト族〔の〕

hitlerismo [itlerísmo] 男 ヒトラー Hitler 主義 〖ドイツの政治家〗

　hitleriano, na 形 名 ヒトラー主義の(主義者)

hito [íto] 男 ❶ 画期的な出来事: Ese viaje constituyó un ～ en su vida. その旅行は彼の人生における画期的な出来事となった. ❷《古語》境界標; 里程標, 標石
dar en el ～ 的中する, うまく当てる
mirar de ～ *en* ～ じっと見つめる

hit parade [xitparéiđ] 男《←英語》ヒットパレード

hiza [íθa] 女 《植物》ナンキンハゼ

hizo ☞hacer 63

HMG《略語》←hora Media de Greenwich グリニッジ標準時, GMT

hnos.《略語》←hermanos 兄弟商会

hobby [xóbi] 男 《腹》hobbies〕《←英語》趣味: ¿Cuál es tu ~? 趣味は何ですか? por (como) ~ 趣味として

hocicar [oθikár] 7 他 掘る, 掘り返す〔hozar〕;《軽蔑》鼻でキスをする
◆ 自 ❶ うつぶせに(ばったり)倒れる. ❷ 乗り越えがたい障害にぶつかる. ❸ さぐり回る, かぎ回る

hocico [oθíko] 男 〔時に 腹〕❶ [哺乳動物の] 鼻口部, 鼻面. ❷《軽蔑》[人の] i) 厚い唇. ii) 顔;[怒った時の] ふくれ面: tener un ~ redondo 丸い顔をしている. caer (dar de) ~s en el suelo 地面にうつぶせに倒れる. tener [de] ~/estar de (con) ~ ふくれ面をしている. poner (hacer) ~/torcer el ~ ふくれ面をする, 口をとがらす
partirse (romperse) lo[s] ~[s] 顔をけがする;[脅し文句で] 顔を殴られる, 鼻をへし折られる
meter el ~ (los ~s) en...[口語]《好奇心で》…に鼻をつっこむ, かぎ回る

hocicón, na [oθikón, na] 形 名 好奇心の強い[人];《中南米》ベラベラとよくしゃべる[人]

hocicudo, da [oθikúdo, da] 形 [動物が] 鼻が突き出ている;《軽蔑》[人が] 唇が厚い;《南米》ふくれ面をした

hocino [oθíno] 男 鉈鎌(なた)

hociquear [oθikeár] 他 自 =hocicar

hockey [xókei] 男《←英語. スポーツ》〔フィールド〕ホッケー〖~ sobre hierba〗: ~ sobre hielo アイスホッケー. ~ sobre patines ローラーホッケー

hodierno, na [odjérno, na] 形 今日の, 現在の

hogaño [ogáno] 副《文語》今年; 今, 現在〖↔antaño〗

hogar [ogár] 男 〖英 home〗❶ 家庭, 家; 家族: formar (crear) un ~ 結婚する, 家庭を築く. tener un ~ 家庭(家)がある. trabajar en el ~ 家事労働をする. artículos para el ~ 家庭用品. violencia en el ~ 家庭内暴力. sin ~ ホームレスの. ~ del estudiante 学生会館. ~ del jubilado (del pensionista) 老人福祉センター, 敬老会館. ¡H~, dulce ~! 懐かしの我が家よ! ❷《文語》炉, 暖炉: calentarse al ~ 暖炉で暖まる. ❸《西》家政学

hogareño, ña [ogaréno, na] 形 家庭の, 家庭的な: Las navidades son unas fiestas ~ñas. クリスマスは家庭で祝うお祭りである. paz ~ña 家庭の平和. ambiente ~ 家庭的な雰囲気. hombre ~ 家庭的な男

hogaza [ogáθa] 女 [円形の] 大きなパン〖~ de pan〗

hoguera [ogéra] 女 たき火, 火刑, 火あぶり: encender una ~ たき火をする. Quemaron a una bruja en la ~. 魔女が火あぶりにされた

hoja [óxa] 女 〖英 leaf〗❶ 葉: Los árboles están cargados de ~s.

木々が葉をつけている. Caen las ~s de los árboles. 木々の葉が落ちる. ~ seca 枯れ葉. ~s caídas 落ち葉. caída de la ~ 落葉. al caer (a la caída de) la ~ 秋に. árbol de ~ caediza (perenne) 落葉(常緑)樹. ~ compuesta 複葉. ~ sencilla (simple) 単葉. ~ de parra 《聖書》イチジクの葉; 覆い隠すもの ❷ 花弁 〖pétalo〗: rosa de ~s rojas 赤いバラ ❸ 紙片; 薄片: Pon tu nombre en esta ~ de papel. この紙に名前を書きなさい. ~ de lata =hojalata. ~ en blanco 白紙. ~ intercalar 差し込み紙, 間紙(あいがみ). ~ volante [本・ノートの] 綴じられていない紙, ルーズリーフ ❹ [紙片状の] 書類, 文書; 印刷物: ~ de estudios 成績表. ~ de ruta 旅行の日程表. ~ de servicios 〔公務員などの〕功績表. ~ suelta [簡単な] パンフレット ❺ [本・ノートなどの] 1枚 〔裏表2ページ分〕: pasar ~s ページをめくる ❻ i) [ナイフなどの] 刃: Este cuchillo tiene la ~ gastada. この包丁は刃がなまっている. ~ de afeitar 安全かみそりの刃. ii) [まっすぐな] 長剣. iii) [スケート靴の] ブレード ❼ [ドア・窓などの] 扉, 戸; [ついたての] 面: puerta de dos ~s 両開きの戸(ドア) ❽ [櫂の] 水かき, ブレード ❾ 甲冑の各片 ❿《建築》[柱頭などの] 葉飾り ⓫《情報》~ de cálculo (de trabajo) スプレッドシート
volver la ~ 話題を変える; 気が変わる

hojalata [oxaláta] 女 ブリキ[板]
hojalatada 女《中米》板金
hojalatería 女 ブリキ工場(販売店)
hojalatero, ra 名 ブリキ製造(販売)業者

hojaldre [oxáldre] 男《料理》[折り込んだ] パイ生地;《菓子》パイ: lubina en ~ スズキのパイ皮包み
hojaldra 女《南米》=hojaldre
hojaldrar 他 [パイ生地を] 折り込む: pasta *hojaldrada* パイシート

hojarasca [oxaráska] 女 ❶ 枯れ葉, 落ち葉; 伸び放題に茂った葉. ❷《軽蔑》見かけだけで内容のないもの; [特に] 饒舌, 冗漫な表現

hojear [oxeár] 他 …のページをめくる; ざっと目を通す: ~ una revista 雑誌を斜め読みする
◆ 自《中南米》[木が] 芽を吹く

hojoso, sa [oxóso, sa] 形 葉の多い, 葉の茂った; 薄い層からなる

hojuela [oxwéla] 女 ❶ [金・銀などの] 細長い薄片. ❷《料理》クレープ, 薄焼き. ❸《植物》小葉. ❹《中米》=hojaldre;《南米》薄片

hola [óla] 間《話 hello》❶ [呼びかけ] やあ!/《南米. 電話》もしもし: ¡H~! ¿Qué tal? やあ! どうだい? ❷ [驚き] おや!

holanda [olánda] 女 ❶《国名》[H~] オランダ. ❷ オランダ布〔非常に薄いリネン〕
◆ 男《料理》オランダチーズ

holandés, sa [olandés, sa] 形 名 オランダ(Holanda〔人・語〕)の; オランダ人: salsa *holandesa*《料理》オランデーズソース

◆ 男 オランダ語

◆ 女〖印刷〗22×28 センチの判型の紙

holding [xɔ́ldiŋ] 男《←英語》持ち株会社

holgado, da [ɔlɡáðo, ða] 形 名 ❶［服など が］ゆったりとした, 大きめの: Estos zapatos te están un poco ~s. この靴は君には少し大きすぎ る. En este coche iremos muy ~s. この車な らゆったり乗って行けるだろう. ❷ 十分にある; ［経済的に］余裕がある: Estamos ~s de tiempo. 私たちは時間が十分ある. vida ~da ゆ とりのある生活

holgadamente 副 ゆったりと

holganza [ɔlɡánθa] 女 怠惰; 気晴らし

holgar [ɔlɡár] 自 28［☞*rogar* 活用表］自 ❶ 《文語》［行為が］余分である, 不必要である: *Huelgan* los comentarios. コメントの必要はな い. *Huelga* decir que+直説法 …はあえて言うま でもない. ❷《古語》仕事を休む, 休息(休暇)をと る

◆ ~se《古語》［+de•con を］楽しむ, 喜ぶ: ~*se de* su suerte 自分の幸運を喜ぶ

holgazán, na [ɔlɡaθán, na] 形 名《軽蔑》 怠け者〔の〕, 仕事ぎらいの〔人〕

holgazanear 自 怠ける, のらくら暮らす

holgazanería 女 怠惰, 無精

holgorio [ɔlɡórjo] 男 お祭り騒ぎ; 歓喜〖jolgorio〗

holgura [ɔlɡúra] 女 ❶ ゆったりとしていること, 余裕: Caben diez personas en ~ en el ascensor. そのエレベーターには楽々10人乗れる. vivir con ~ ゆとりのある暮らしをする. ❷《技術》 ［機械の］あそび

hollar [oʎár] 他 28 他《文語》…に足を踏み入れ る; 侵入する: ~ un cementerio 墓地に入り込 む. ~ la memoria 思い出を踏みにじる. ~ el honor 名誉を汚す

holladura 女 踏みにじること

hollejo [oʎéxo] 男［ブドウ・オリーブなどの実の］ 皮

hollín [oʎín] 男 煤(ｽｽ): El techo está cubierto de ~. 天井は煤だらけだ. limpiar… de ~ …の煤を払う

hollinar 他 煤けさせる, 煤だらけにする

holmio [ɔ́lmjo] 男《元素》ホルミウム

holocausto [olokáusto] 男 ❶《古代ユダヤ 教の》燔祭(ﾊﾝｻｲ). ❷ 犠牲; 献身: ofrecerse en ~ 命をなげうつ. servir de ~ 献身する. ❸［H~, ユダヤ人の〕大虐殺

holoceno, na [oloθéno, na] 形 男《地質》 完新世〔の〕

holoedro [oloéðro] 男《鉱物》完面像

holografía [olografía] 女《光学》レーザー光 線写真術, ホログラフィー

holográfico, ca 形 ホログラフィーの

hológrafo [olóɡrafo] 男 =ológrafo

holograma [oloɡráma] 男《光学》ホログラム

holómetro [olómetro] 男 高度角測定儀

holoturia [olotúrja] 女《動物》ナマコ

hombracho [ɔmbrátʃo] 男 大男; 無作法な 男, 軽蔑すべき男

hombrada [ɔmbráða] 女 男らしい行ない

hombre [ɔ́mbre] 男《英 man》❶［一 般に］人間, 人; ヒト, 人類: El ~ es mortal. 人間は死ぬものだ. Todos los ~s son iguales de nacimiento. すべての人は 生まれながらにして平等である. H~ prevenido (precavido•apercibido) vale por dos.《諺》 備えあれば憂いなし. origen del ~ 人類の起源. ~ de la edad media 中世の人. ~ de Cromañón クロマニョン人. ~ de Neanderthal ネアンデルタール人

❷［主に成人の］男〖↔mujer〗: El ~ y la mujer se complementan mutuamente. 男と 女は互いに補い合う. Es un ~ generoso. 彼は 寛大な人だ. cosméticos para ~s 男性用化 粧品

❸ 成人した男〖18歳以上〗; 男らしい男: Lo entenderás cuando seas ~. 大人になればわか るよ. Sé un ~. 男らしくしろ. ¡Qué ~ aquel! あの人, 男らしい!

❹ 夫〖marido〗; 愛人, 情夫

❺ 部下: el cabo y sus ~s 伍長とその部下た ち

❻［+de+名詞］i)［職業•身分など］~ *de* ciencia 科学者. ii)［特徴•性質など］~ *de* suerte 運のいい人

como un solo ~ 一斉に, 全員そろって

de ~ *a* ~ 率直に, 腹を割って

hacer [un] ~ *a*+人 …を引き立てる, 庇護す る;［泣き言•抗議］ひどい目に会わせる

hacerse un ~ 一人前の男になる

~ *bueno*《法律》調停委員

~ *medio* 平均的な人, 一般大衆

~ *objeto*《口語》単なる性交相手としての男

ser ~ *al agua* 何もできない, 途方にくれる

ser ~ *para…*［能力］…ができる〖主に否定 文で〗: No es ~ *para* llevar este negocio. 彼にはこの仕事はできない

ser mucho ~ 有能な男である

ser muy ~ 大変男らしい

ser otro ~ 別人のようである, すっかり変わってし まっている

ser poco ~ 役立たずである; 男らしくない

todo un ~ 一人前の男, 男らしい男

◆ 間［相手の性別にかかわりなく用いられる］❶ ［喜び•疑い•驚き］¡H~, qué alegría verte! や あ君, 会えてうれしいよ! ¡H~, si tú lo dices! ま さか君がそんなことを言うとは!［催促］さあ. ❷［返答の強調］もちろん: ¿No sabéis torear todos en España?—¡No, ~! Sólo algunos. スペインではみんな闘牛ができるんじゃないの?—当 たり前だよ. そんなにいないよ. ❹［ためらい］そうで すねえ

¡*anda* (*vamos*)*,* ~*!*［拒絶•抗議］とんでもな い/よしてくれ!

¡*pero,* ~*…!*［非難•不快•驚き］それはひどい/ 何だって!: ¡Pero, ~, no seas tan aprovechado! けしからん, 欲が深すぎるぞ!

hombrear [ɔmbreár] 自 ❶［若者が］一人前 の男のふりをする;［+con と］張り合う: Le gusta ~ *con* su hermano. 彼は兄と張り合いた がる. ❷ 肩で押す(突っ張る). ❸《中南米》援助

(保護)する, 肩入れする

hombre-mono [ómbre móno] 男『複 ～s ～』『人類学』猿人

hombrera [ombréra] 女『服飾』肩パッド, 肩の詰め物; [スリップ・ブラジャーなどの] 肩ひも, ストラップ; [軍服の] 肩章, 肩飾り; [鎧の] 肩当て『🜄armadura カット』

hombría [ombría] 女 男らしさ『男としての属性. 誠実, 勇気など』: ～ de bien 誠実

hombrillo [ombríʎo] 男『服飾』[肩の] ヨーク, 補強布

hombro [ómbro] 男『英 shoulder』肩『類義 hombro は肩の上部, espalda は肩の背中側』: Llevaba la chaqueta sobre los ～s (el ～). 彼は上着をはおっていた(肩にひっかけていた). El padre lleva en ～s a su hijo. 父は息子を背負っている. ponerse la bolsa sobre (en) el ～ derecho バッグを右肩にかける. alzar a+人 sobre los ～s … を肩車する. ser ancho de ～s 肩幅が広い. ～s alzados (caídos) 怒り肩(なで肩)

  a ～s 肩に[かついで]; 肩車にのせて: llevar *a ～s* 肩にかついで運ぶ

  al ～ 肩に[かついで・かけて]: con la bolsa *al ～* バッグを肩にかけて

  alzar los ～s =encoger los ～s

  arrimar el ～ 力を貸す; 労を惜しまずに働く

  cargado de ～s 猫背の, 腰の曲がった『cargado de espaldas』

  echar[se]… al ～ [責任などを] 背負いこむ

  en ～ a ～s

  encoger los ～s/encogerse de ～s 肩をすくめる『無関心・軽蔑などの身ぶり』

  ～ con (a・contra) ～ 肩を並べて, 並んで: estar ～ *a ～ con*+人 …と[親しく]つき合う

  hurtar el ～ 苦労(責任)から逃れる

  meter el ～ =arrimar el ～

  mirar a+人 por encima del ～ (sobre [el] ～) 見下げる, 軽視する

  sacar a ～s [勝者などを] 肩車にのせる

  ser muy (un poco) caído de ～s ひどく(少し)猫背である

  tener la cabeza sobre los ～s 分別がある

hombruno, na [ombrúno, na] 形『時に軽蔑』[女が] 男のような: voz ～na 男みたいな声

homenaje [omenáxe] 男 ❶ 敬意, 賞賛; その表明: rendir (dedicar・tributar・dar) ～ a … …に敬意を表する, ほめたたえる. ofrecer a+人 una comida de ～ …をお祝いの食事に招待する. en ～ de cariño y respeto 敬愛の印として. ❷『歴史』臣従の誓い

homenajear [omenaxeár] 他『文語』…に敬意を表する, 賞賛する: Cuando se jubiló, sus compañeros le *homenajearon* con un banquete. 彼が退職した時, 同僚たちは送別会を開き, 労をねぎらった

homeopatía [omeopatía] 女『医学』ホメオパシー, 同毒療法

  homeópata 形 名 ホメオパシー医[の]

  homeopático, ca 形 ホメオパシーの

homeóstasis [ome5stasis] 女『単複同形』

『生物』ホメオスタシス, 恒常性

  homeostasis/homeostasia 女 =homeóstasis

homeotermo, ma [omeotérmo, ma] 形『動物』定温(恒温)性の

  homeotermia 女 定温性, 恒温性

homérico, ca [omériko, ka] 形 ❶ ホメロス Homero の『古代ギリシアの詩人』: poema ～ ホメロスの詩. ❷『口語』とてつもない, 華々しい; やんかいな

homicida [omiθíða] 《文語》形 人殺しの: arma ～ 凶器. propósito ～ 殺意

  ◆ 殺人者, 殺人犯

homicidio [omiθíðjo] 男『文語』殺人[罪]: cometer un ～ 殺人を犯す

homilía [omilía] 女『カトリック』[ミサ中の, 福音書解説を主とした] 説教

hominicaco [ominikáko] 男『口語』[肉体的・精神的に] ちっぽけな(取るに足りない)男

homínidos [omíniðos] 男『複 《動物》ヒト科, 原人

  hominización 女『人類学』ヒト化『人類の進化過程』

homocerco, ca [omoθérko, ka] 形《魚》[尾びれが] 相称形の, 上下同じ形の

homo erectus [omoeréktus] 《←ラテン語. 人類学》ホモエレクトス, 直立猿人

homoerótico, ca [omoerótiko, ka] 形 同性愛の

homófilo, la [omófilo, la] 名 同性愛擁護者

homófono, na [omófono, na] 形 ❶『言語』同義[異義]の. ❷『音楽』斉唱法の, ホモフォニーの; 単音の, 単旋律の

homogéneo, a [omoxéneo, a] 形 均質の, 同種のものからなる『↔heterogéneo』; 統一のある: mezcla ～ 均質の混合体. equipo ～ よくまとまったチーム

  homogeneidad 女 均質性, 等質性; 統一

  homogeneizar 他 均質化する: leche *homogeneizada* ホモ(均質)牛乳

homógrafo, fa [omógrafo, fa] 形『言語』同綴異義の

homologar [omologár] 他 ❶『法律』認可する: ～ los productos 製品を許可する. ❷《スポーツ》[記録を] 公認する. ❸ [+con と] 同等と認める; 《教育》[外国で取得した単位を] 認める

  homologable 形 認可され得る

  homologación 女 認可; 公認

homólogo, ga [omólogo, ga] 形 ❶ 相応した; 同等の: A cargos ～s, sueldos ～s. 同一労働同一賃金. su ～ bilbaíno en la empresa 会社のビルバオ出身者仲間. ❷『化学』同族の; 《数学》位相合同の. ❸『生物』órganos ～s 相同器官

  homología 女 相応[関係]

homónimo, ma [omónimo, ma] 形『言語』同音異義の『例 名詞の vino (ワイン) と動詞の vino (venir の点過去3人称単数形); hojear (ページをめくる) と ojear (目を通す)』; 同名異

人の
◆ 图 同名異人
◆ 团 同音異義語

homonimia 图 同音異義〔性〕

homo sapiens [ómosapiéns] 《←ラテン語. 動物》ホモサピエンス；人類

homosexual [omosɛ(k)swál] 厖 图 同性愛の〔人〕

homosexualidad 图 同性愛

honda¹ [ónda] 图 投石器；パチンコ

　hondazo 团 投石器の一撃

　hondero 团 〔昔の〕投石兵，投弾兵

hondo, da² [óndo, da] 厖 深い《profundo》: i) Este pozo es ～. この井戸は深い. La raíz está muy ～da. 根はとても深い所にある. valle ～ 深い谷. plato ～ 深皿，スープ皿. herida ～da 深い傷，重傷. ii) 《比喩》[+名詞] pesar ～ 深い悲しみ
　lo ～ 深い所，奥底: en lo ～ del mar 海の底に，海底深く. en lo más ～ de su alma 心の奥底で
　◆ 团 深さ；底《fondo》: Tiene unos veinte metros de ～. それは深さ約20メートルある

hondonada [ondonáda] 图 《ほぼ地》；峡谷

hondura [ondúra] 图 《文語》深さ: ¿Qué ～ tiene? それはどのくらいの深さがありますか？ Tiene cinco metros de ～. それは深さが5メートルある
　meterse en ～〔s〕 深入りしすぎる；生半可な知識をもてあそぶ

Honduras [ondúras] 团 《国名》ホンジュラス: ～ Británica 《歴史》英領ホンジュラス 『現在のベリーズ Belice』
　hondureño, ña 厖 图 ホンジュラス〔人〕の；ホンジュラス人

honestidad [onestiðá(ð)] 图 ❶ 上品さ；《古語的》貞節. ❷ 正直，誠実

honesto, ta [onésto, ta] 厖 ❶ 礼儀にかなった，上品な；《古語的》慎み深い，貞淑な: estado ～ 〔女性の〕独身. ❷ 《←英語》正直，誠実な: investigador ～ 誠実な研究者. ❸ 妥当な: dar una ～ta recompensa まずまず（かなり）の報酬を与える
　honestamente 剾 上品に，慎み深く；正直に

hongo [óngo] 团 ❶ 《植物》キノコ；《医学》真菌，剾 菌類: coger ～s キノコをとる. venenoso 毒キノコ. ciudad ～ 〔人口急増の〕新興都市. ❷ キノコ雲，原子雲《～ atómico・nuclear》. ❸ 山高帽《sombrero ～》
　crecer como ～s 雨後のたけのこのように出る，急速にはびこる

honor [onór] 团 《英 honour》❶ 名誉，体面；尊重，名声: No se lo permite su ～. 彼の体面がそれを許さない. Ese cargo le dará ～. その地位は彼の名誉となるだろう. Su visita ha sido un gran ～ para nosotros. お越し下さり大変名誉に存じます. vengar su ～ 汚名をすすぐ. en defensa de su ～ 名誉を守るために. campo (terreno) del ～ 決闘の場所；戦場. mancha en su ～ 名声を汚すもの. hombre de (sin) ～ 名誉を重んじる

（恥知らずの）人. ciudadano (miembro) de ～ 名誉市民(会員). 〔hacer el〕 saque de ～ 〔サッカーなどの〕始球式〔をする〕. ❷ 信義，節操；《古語》〔女性の〕貞節: ～ profesional 職業上の信義(誇り). mujer celosa de su ～ 操の固い女. ❸ 〔主に 剾〕名誉ある地位: aspirar a los ～es de la presidencia de la república 共和国大統領の地位を望む. ❹ 〔主に 剾〕栄誉礼: recibir (rendir) a+人 con ～es …を栄誉礼で迎える. rendir los últimos ～es 葬儀をとり行なう. ～es militares 儀仗礼
　en ～ de (a)... …に敬意を表して；記念して: organizar un banquete en ～ del ministro 大臣に敬意を表して晩餐会を開く. en ～ a la verdad 真実に誓って，本当に. himno en ～ a los muertos 死者を讃える歌
　hacer ～ a... …にふさわしいふるまいをする: Hizo ～ a su apellido. 彼は自分の名に恥じない行動をした
　hacer los ～es 〔パーティーなどで〕主人(接待)役をつとめる；〔招待客が〕出された料理(酒)を十分に食べる(飲む)
　palabra de ～ 誓言: bajo palabra de ～ 誓約して. ¡Palabra de ～! 名誉にかけて〔本当です・違います〕
　tener... a〔mucho〕 ～ …を〔非常な〕名誉とする: Tengo a mucho ～ haberle visto a usted. お目にかかれて大変光栄に存じます
　tener 〔el〕 ～ de+不定詞 …する光栄をもつ: Tengo el ～ de dirigirme a Vuestra Excelencia... 謹んで閣下にお手紙をさし上げます…

honorable [onoráble] 厖 ❶ 尊敬に値する，立派な: persona (conducta) ～ 立派な人物(行ない). ❷ [+名詞. 敬称] …閣下
　honorabilidad 图 尊敬に値すること；信望

honorario, ria [onorárjo, rja] 厖 名誉職の: cónsul ～ 名誉領事. miembro ～ 名誉会員. título ～ 名目的な肩書
　◆ 团 〔剾〕〔医者・弁護士などへの〕謝礼金: ～s de una conferencia 講演料

honorífico, ca [onorífiko, ka] 厖 名誉職の: a título ～ 名誉上の，肩書きだけの. cargo ～ 名誉職. catedrático ～ 名誉教授

honoris causa [onoriskáusa] 《←ラテン語》名誉をたたえて(たたえる)；☞doctor

honra [ónřa] 图 ❶ 体面，面目: ～ de su estirpe 名門であることの体面. en defensa de su ～ 体面を守って. ❷ 名声；栄誉，誇り: ganar (dar) ～ 名声を得る(与える). Él es la ～ del país. 彼は国の誇りだ. Es una ～ para mí sentarme a la misma mesa que ustedes. ご同席することは私にとって名誉です. Quien a los suyos parece, ～ merece. 《諺》先祖に似ていれば誇りが保たれる. H～ y provecho no caben en un saco (bajo el mismo techo). 《諺》利益と名誉を両方得るのは難しい/利益を追求すると誇りを忘れがちになる. ❸ 高潔さ；〔女性の〕貞節. ❹ 剾 葬儀《～s fúnebres》

¡a mucha ~! 〔皮肉〕それは名誉なことだ

tener a mucha ~ 〔+名詞·+不定詞·+que+接続法〕…を光栄とする: *Tiene a mucha ~ que* le hayan invitado a casa. 彼は自宅に招かれたことを光栄に思っている

honradamente [onřádaménte] 圖 誠意をもって; 率直に言って

honradez [onřaðéθ] 囡 誠実さ, 高潔さ, 清廉; 貞淑

honrado, da [onřáðo, ða] 厖 過分 〔英 honest〕❶ 誠実な, 高潔な: consejo ~ 誠意のある忠告. vida ~*da* まっとうな暮らし. ❷〔女性が〕貞淑な. ❸ 面目な: Muy ~ con (por) su visita. お越しいただいて光栄の至りです

honrar [onřár] 他 〔+con·de の〕名誉を…に与える, …に面目を施させる: Él *honra* a su país. 彼は祖国に栄光をもたらした. Me *honró con* su presencia. 私はかたじけなくもご出席の栄誉を賜った. ❷ 尊ぶ, 敬う: ~ a Dios 神を敬う. *Honrarás* a tu padre y a tu madre. 〔聖書〕汝の父母を敬うべし. ❸〔商業〕〔手形など を〕引き受ける, 支払う

~ la mesa (la mesa) 〔招待状で〕Esperamos que el próximo domingo *honre* usted *nuestra mesa*. 今度の日曜日に我が家で食事を共にしてくださいますようお待ちしております

◆ **~se** 〔+con+事/+en·de+不定詞〕…を名誉とする, …を光栄に思う: *Me honro con* su amistad. 私はあなたとの友情を光栄に思います. *Me honro de (en)* tenerle por amigo. 私はあなたを友人にもって誇りに思います

honrilla [onříʎa] 囡 自尊心, 体面

por la negra ~ 人が何と言おうと, 意地で

honroso, sa [onřóso, sa] 厖 尊敬に値する: acción ~*sa* 立派な行動. profesión ~*sa* 恥ずかしくない職業

hontanar [ontanár] 男 湧水地, 泉

hooligan [xúligan] 名〔←英語〕フーリガン

hopa [ópa] 圐 《南米》〔馬などを止める掛け声〕ドードー

hopalanda [opalánda] 囡《服飾》〔主に 圈. 袖の広いゆったりした〕外套

hopear [x)opeár] 圁〔特に追われた狐が〕尾を振る; 街をぶらつく

hoplita [oplíta] 男《古代ギリシア》装甲歩兵

hopo [x)ópo] 男〔毛のふさふさした〕尾; 〔そそり立たせた〕前髪〔copete〕

sudar el ~ 骨を折る, 苦労する

hora [óra] 囡〔英 hour〕❶ 時間: i) Trabajan ocho ~*s* al día. 彼らは一日8時間働く. Ésta es la ~ en que no sé si voy a volver a mi pueblo o no. 私は故郷へ帰るかどうかいまだ〔今のところ〕わからない. dentro de cinco ~*s*〔今から〕5時間たった. después de una ~/una ~ después〔それから〕1時間後に. desde hace tres ~ *s* 3時間前から. restaurante abierto las 24 ~*s* del día 一日24時間営業のレストラン. media ~ 30分, 半時間. un cuarto de ~ 15分. No se ganó Zamora en una ~.《諺》ローマは一日にして成らず.

ii)〔副詞的〕Cobra a mil pesetas la ~. 彼は時給千ペセタ稼ぐ. Estuvieron discutiendo ~*s*. 彼らは何時間も議論していた

❷ 時刻: ¿Qué ~ es?/《中南米》¿Qué ~*s* son? 何時ですか? ¿Qué ~ tiene usted? 〔あなたの時計で〕今何時ですか? ¿Tiene usted ~? 時間がわかりますか/時計をお持ちですか? ¿A qué ~ vuelve usted? 何時にお戻りですか? ¿Qué ~*s* son éstas para venir? 今ごろ来るなんて何時だと思っているの? Es la ~ de la siesta. 昼寝の時間です. Llegó la ~ de separarnos. お別れの時が来た. preguntar a+人 la ~ …に時刻を尋ねる.〔参考〕時刻の表現: Es la una. 1時です. Tengo la una. 私の時計では1時です. Son las dos y media. 2時半です. Son las tres y cuarto. 3時15分です. Son las cuatro y veinte. 4時20分です. Son las cinco menos cuarto./《南米》Falta cuarto para las cinco. 5時15分前です. Son más de las seis. 6時過ぎです. Las tiendas se cierran a la una de la tarde. 店は昼の1時に閉まる. Volveré a eso de las siete. 私は7時ごろ戻ります. Venga usted a verme de ocho a nueve de la mañana. 午前8時から9時の間に来てください. Tomo el avión de veinte cuarenta (diez para las dos). 私は20時40分〔2時10分前〕の飛行機に乗ります. Hay trenes a y cinco y a y media.〔毎時〕5分と30分に列車がある〕

❸〔色々な時間·時刻〕i) ~ de comer 食事時間; 昼休み. ~ de la cena 夕食時. ~ de mayor consumo 〔電気などの〕最大消費時. ~ de recreo 遊び〔休憩〕時間. ~ de verano 夏時間, サマータイム. ~ libre 暇な時間, 自由時間. ii)《地理·天文》~ astronómica (solar) 天文時. ~ oficial (civil·legal) 標準時. ~ de Europa Central 中部ヨーロッパ時間〔スペインの標準時. グリニッジ時より1時間早い〕. ~ de Greenwich)~ universal グリニッジ〔標準〕時. ~ local 地方時; 現地時間. La conferencia se inauguró a las cinco de la tarde, ~ del Japón. 会議は日本時間で午後5時に始まった

❹〔医師·美容師などの〕予約: El dentista me ha dado ~ para las cinco. 歯医者は私に5時の予約をしてくれた. Tengo ~ en (con) el médico a las cuatro. 私は4時に医者の予約を取ってある

❺ 臨終, 死期: Le llegó su ~. 彼の臨終の時が来た

❻《宗教》~*s* canónicas 聖務日課〔一日7回神への奉仕·祈祷などに捧げられる日課の各時課〕. ~*s* menores 聖務日課の第1·3·6·9時. ~ cuarenta ~ キリストの受難をしのぶ40時間の祈祷. libro de ~*s* 時祷書

❼《神話》H~*s* 季節の女神たち

¡a buena(s)~(s)! 今ごろ…しても遅すぎる!: ¡*A buena* ~ me lo dices! 今さら私にそれを言っても手遅れだよ!

¡a buenas ~s mangas verdes! あとの祭りだ!

a cualquier ～ 何時にでも, いつでも

a esta ～ 〔-s〕 こんな時刻に；今になっても: A estas ～s debe de haber llegado a casa. 今ごろ彼は家に着いているはずだ. ¿Cómo me llamas *a estas* ～? 何でこんな時間に電話をしてくるんだ? A estas ～s, todavía no sé si me voy o me quedo. 私は行くべきか残るべきか, いまだに決めかねている

a ～ *avanzada* 遅くに: *a* ～ *avanzada* de la tarde 午後遅くに

a la ～ 1) 定刻に: salir *a la* ～ 定刻に出発する. 2) 〔←仏語〕＝por ～. 3) 〔+de〕 いざ…の時になると: Dudé mucho *a* ～ *de* aceptar la oferta. 申し出を受ける段になって私は大変迷った. 4) *a la* ～ aproximada およその時間に. *a la* ～ *de ahora* ちょうど今；現今では. *a la* ～ *en punto/a la* ～ *exacta* 時間かっきりに. *a la* ～ *establecida (fijada)* 定刻に

a primera 〔-s〕 ～〔-s〕 〔朝・午後などの〕 早い時間に: El lunes *a primera* ～ nos vemos. 月曜日, 朝一番に会おう

a su ～ 都合のいい時に

a todas ～*s* 四六時中, いつも: Está quejándose *a todas* ～*s*. 彼はたえず不平を言っている

a última ～ 遅くに；終わりごろに: *a última* ～ de la tarde 午後遅くに. *a última* ～ de la fiesta パーティーの終わるころに. Llegó Miguel *a última* ～. ミゲルはまぎわに(いよいよという時に・夜遅くに) 着いた

cada ～ ＝*a todas* ～*s*

dar la ～ 1) 〔時計が〕 時を打つ；時間が来たことを告げる. 2) no *dar la* ～ 非常にけちである

de ～ *en* ～ 1時間おきに；時がたつにつれて: Va recobrándose *de* ～ *en* ～. 彼は時がたつにつれて回復していく

de última ～ 最後の時間の, どたん場の；〔ニュースが〕最新の

dejar... para última ～ …を最後に回す: Este trabajo lo *dejaré para última* ～. この仕事は最後に回そう

en buen〔*a*〕 ～ 折よく, 運よく: Has venido *en buena* ～. 君はちょうどいい時に来てくれた

en ～ *buena* 《親愛》＝enhorabuena

en ～ *mala* 《怒り》不愉快なことに

en las primeras ～*s* 早い時間に

en mal〔*a*〕 ～ 折悪しく, 運悪く: En mala ～ he cogido frío. 私は悪い時に風邪をひいた

en primera ～ ＝*a primera*〔-s〕 ～〔-s〕

en su ～ しかるべき時に, 好機に: Ahora no puedo hablar, pero *en su* ～ lo sabréis. 今は話せないが, 時が来れば教えてあげる

entre ～*s* 定刻外に: comer *entre* ～*s* 間食する

fuera de ～ 〔勤務〕時間外に

ganar〔*las*〕 ～*s* 時間かせぎをする

hacer ～*s* 残業をする

hacerse ～ *de*+不定詞 …する時刻になる

~ de mayor afluencia (aglomeración) ＝～〔-s〕 *punta*

～ *por* ～ ＝*de* ～ *en* ～

~ tonta 無駄(無為)な時間, ぼんやり過ごす時間

~s extra〔*s*〕 *(extraordinarias・suplementarias)* 超過勤務時間, 時間外労働: Trabajo muchas ～*s extras*. 私は残業が多い. hacer (trabajar) ～*s extraordinarias* 残業(時間外労働)をする. poner a+人 ～*s extras* …に残業をさせる. premio por ～*s extras* 時間外手当

~s muertas 〔長い〕無駄な時間: Se pasa las ～*s muertas* jugando a la baraja. 彼は長い時間をトランプ遊びで過ごす

~〔*s*〕 *pico* 《南米》ラッシュアワー

~〔*s*〕 *punta* 《西》ラッシュアワー: durante las ～*s punta* ラッシュ時〔の間〕には

~s y ～*s* 何時間も何時間も

no dar ni la ～ 《戯語》ひどくけちである

no ver la ～ *de...* …を楽しみにする, …が待ち遠しい

pedir ～ 〔+a+人 に〕 予約をする: Quisiera *pedir* ～ para mañana. 明日の予約をしたいのですが

poner en ～ *un reloj* 時間(時計の針)を合わせる

por ～ 一時間につき, 時間あたりに: cien kilómetros *por* ～ 時速 100 キロ. cien pesetas *por* ～ 一時間 100 ペセタ

por ～*s* 刻々と, 時間ごとに；時間ぎめで: trabajar *por* ～*s* 時間給(パートタイム)で働く. Me pagan *por* ～*s*. 私は時間給で支払われている

ser ～ *de*+不定詞・*de que*+接続法 …する時間である: Es ～ *de* irte a la cama. 寝る時間だよ. Ya *es* ～ *de que* me lo digas todo. もう私にすべて話してもいいころだよ

sonar la ～ 〔+de+名詞・不定詞・*que*+接続法 の〕時が来る: Suena la ～ *de que* salgamos. 私たちが出かける時が来た

tener las ～*s contadas* 余命いくばくもない

tomar ～ ＝*pedir* ～

última ～ 最新のニュース: ☞*a última* ～, *dejar... para última* ～

horaciano, na [oraθjáno, na] 形 ホラチウス Horacio の 『古代ローマの詩人』

horadar [oraðár] 他 〔所々に〕穴を開ける

hora-hombre [óra hómbre] 安 〔園 ～*s*～〕 《経済》一人一時間の仕事量

horario¹ [orárjo] 男 ❶ 勤務(営業)時間: ～ comercial 〔会社・商店の〕営業時間. ～ de oficina 〔会社・役所の〕営業(受付)時間. ～ de visitas 〔病院の〕面会時間；診療時間. ～ intensivo (continuo) 昼休みなしの勤務 〔主に午前8時-午後3時〕. ～ partido 〔3時間ほどの〕昼休みをはさむ勤務. ❷ 勉強時間；時間割: ～ de clases 授業の時間割. ❸ 時刻表: ～〔guía〕 de ferrocarriles 列車時刻表. llegar a ～ 定刻に到着する. ❹ 〔時計の〕時針, 短針

horario², ria [orárjo, rja] 形 時間に関する: ángulo (círculo) ～ 《天文》時角(時圏)

horca [órka] 囡 ❶ 絞首台：condenar a la ～ 絞首刑を宣告する. carne de ～ 縛り首に値する やつ. ❷ [農業用の] フォーク；2 個つなぎ合せたニンニク(タマネギ)；[枝・幹を支える] 二股の支柱
pasar por las ～s caudinas やむなく屈辱的な条件をのむ

horcajada [orkaxáða] 囡 *a ～s* またがって，馬乗りに

horcajadura [orkaxaðúra] 囡 股(ま)

horchata [ortʃáta] 囡 オルチャータ 『カヤツリグサ chufa (メキシコではすりつぶしたメロンの種) から作る清涼飲料水』
horchatería 囡 その販売店(製造所)
horchatero, ra 图 その販売(製造)者

horco [órko] 男 =oreo

horcón [orkón] 男《中南米》[梁を支える] 柱，丸太

horda [órða] 囡 ❶《歴史》遊牧民. ❷ 不正規軍；[暴徒などの] 群れ

horero [oréro] 男《中南米》時針 [horario]

horita [oríta] 副《主に中米》=ahorita

horizontal [oriθontál] 厖 [↔vertical] ❶ 水平の，横の：línea ～ 横に引いた(水平の)線. plano ～ 水平面. escritura ～ 横書き. propiedad ～《法律》共同保有[権]. ❷ [クロスワードパズルの列が] 横の
coger la ～《口語》寝る，横になる
◆ 囡《数学》水平線
horizontalidad [oriθontaliðáð] 囡 水平[状態]
horizontalmente 副 水平に

horizonte [oriθónte] 男 ❶ 地平線，水平線：El sol aparece en el ～. 太陽が地(水)平線に現れる. línea de ～ 地(水)平線.《美術》ホリゾンタルライン. ❷ [主に 覇. 知識などの] 領域，視野；先行き，将来性：ampliar los ～s 視野を広げる. abrir nuevos ～s a la literatura 文学に新しい分野(可能性)を切り開く. ～[s] estrecho[s] (limitado[s]) 狭い視野. amplitud de ～[s] 視野の広さ

horma [órma] 囡 [靴・帽子などを作るのに使う] 型，木型；枠，台
encontrar (dar con・hallar) la ～ de su zapato 好敵手と出会う；探していたものを見つける
de ～ ancha [靴が] ぶかぶかの

hormiga [ormíga] 囡《昆虫》アリ(蟻)：～ blanca シロアリ. ～ cortahojas 葉切りアリ. ～ león ウスバカゲロウ；アリジゴク. Cada ～ tiene su ira.《諺》一寸の虫にも五分の魂. ❷ = hormiguita；hormiguео

hormigón [ormigón] 男 コンクリート：construir con ～ コンクリートで作る. puente de ～ コンクリートの橋. ～ armado 鉄筋コンクリート. ～ pretensado プレストレストコンクリート
hormigonera 囡 コンクリートミキサー

hormiguear [ormigeár] 自 ❶ しびれる，じーんとする：Me *hormiguea* la planta del pie. 私は足の裏がしびれている. ❷ 群がり集まる：*Hormiguea* la gente en la plaza. 広場に人が大勢集まってきた

hormigueo 男 しびれ；《医学》蟻走(ぎ)感

hormiguero, ra [ormigéro, ra] 厖 アリの
◆ 男 ❶ アリの巣，蟻塚. ❷ 雑踏，人々の集まる所. ❸《鳥》アリスイ

hormiguillo [ormigíʎo] 男 [バケツリレーのように物を手渡しする] 人の列；不快感

hormiguita [ormigíta] 囡《親愛》勤勉な人，倹約家：Es una ～. 彼は倹約家だ(勤勉だ)

hormilla [ormíʎa] 囡《手芸》くるみボタンの台

hormona [ormóna] 囡《生化》ホルモン：～ masculina (femenina) 男性(女性)ホルモン
hormonal 厖 ホルモンの，ホルモンによる：tratamiento ～ ホルモン療法

hornacina [ornaθína] 囡 壁龕(がん)『像・花瓶などを置く壁のくぼみ』

hornada [ornáða] 囡 ❶ [パンなどの] 一度に焼き上がる量，1 窯分：pan de la primera ～ [その日の] 最初に焼き上がったパン. ❷ 集名《口語》一緒に卒業(就任・昇進)した一団，同期生たち：de nueva ～ 新入りの

horn[a]blenda [orn[a]blénda] 囡《鉱物》角閃石

hornalla [ornáʎa] 囡《南米》炉；炉口

hornazo [ornáθo] 男《菓子》『聖週間などに焼く』卵を飾ったクッキー

hornear [orneár] 他 オーブンに入れる(で焼く)：polvo de ～ ベーキングパウダー

hornillo [orníʎo] 男《西. 料理》こんろ，レンジ：～ de gas ガスこんろ. ～ eléctrico 電気こんろ. cocina de gas con tres ～s 3 つ口のガステーブル
hornilla 囡 携帯用コンロ

horno [órno] 男 ❶ かまど，炉：alto[s] ～[s] 高炉，溶鉱炉. ～ de copela [吹分け用]骨灰るつぼ. ～ de panadero パン焼き窯. ～ de reverbero 反射炉. ❷ [料理用]オーブン，天火：asar en el ～ オーブンで焼く. al ～ オーブンで焼いた. fuente de ～ オーブン用の耐熱容器. ❸ [炉の中のように] 非常に暑い場所：Este cuarto es un ～. この部屋はまるで蒸し風呂だ. ❹ パン焼き場，パン屋
no estar el ～ para bollos《口語》機が熟していない

horóscopo [oróskopo] 男 星占い，占星術；十二宮図：～ chino 十二支. leer el ～ 星占いで運勢を見る. ¿Qué ～ eres?—Yo soy Virgo. 何座ですか?—乙女座です

horqueta [orkéta] 囡 ❶ [木の] 股；[枝・幹を支える] 二股の支柱. ❷《中南米》[道の] 分岐点；[川の] 合流点
horquetear 自《中南米》枝が伸びる. ◆ 他 [動物が] 耳を立てる

horquilla [orkíʎa] 囡 ❶ [農業用の] フォーク [～ de cavar]；[枝・昔の銃を支える] 二股の支柱；[自転車・オートバイの] 股，フォーク. ❷ ヘアピン：recogerse el pelo con ～s ピンで髪をまとめる

horrendo, da [orréndo, da] 厖 恐ろしい [horroroso]；《口語》ひどい

hórreo [órreo] 男 [アストゥリアスとガリシア地方の高床式の] 倉，穀物倉 [☞写真]

horrible [ɔřiβle] 形 〖絶対最上級 horribílísimo〗❶ 恐ろしい：Es ～ verlo. それは見るのも恐ろしい. escena ～ 恐ろしい光景. ❷ ひどい：Tiene una escritura ～. 彼はひどい字を書く. tiempo ～ ひどい天気

horriblemente 副 ひどく

hórrido, da [ɔ́řido, da] 形《まれ》=**horroroso**

horripilar [ɔřipilár] 他 鳥肌を立たせる，ぞっとさせる

horripilante 形 鳥肌の立つ，ぞっとする

horrísono, na [ɔřísono, na] 形 恐ろしい音のする

horro, rra [ɔ́řo, řa] 形 ❶ [奴隷が] 解放された. ❷ [雌が] 不妊の. ❸ [+de] 免れた；…のない：～ de todo pudor 慎みのまったくない

horror [ɔřór] 男 〖英 horror〗❶ 恐怖，恐ろしさ，スリル：Me da ～ recordarlo. それを思い出すと私は怖くなる. ～es de la guerra 戦争の恐ろしさ. ❷《口語》嫌悪；いやな物 (人・事)：Es un ～ trabajar con él. 彼と仕事するなんてぞっとする. sentir ～ hacia (por) el crimen 犯罪を憎む. tener ～ a las inyecciones 注射が大嫌いである. ❸《口語》大量，多数：Hace un ～ de calor. ひどい暑さだ. En la plaza había un ～ de gente. 広場にはすごくたくさんの人がいた. ❹ 複 とんでもない(大げさな)こと：decir ～es de... …についてひどいことを(大げさに)言う. ❺ 複 [副詞的] El esquí me gusta ～es. 私はものすごくスキーが好きだ. divertirse ～es すごく楽しむ ¡qué ～! 何てひどい!

horrorizar [ɔřoriθár] 他 怖がらせる：El accidente nos *horrorizó* a todos. その事故は私たちみんなをぞっとさせた
◆ ～se [+de] 怖がる：*Se horroriza de* la oscuridad. 彼は暗闇が怖い

horroroso, sa [ɔřoróso, sa] 形 ❶ 恐ろしい，身の毛のよだつ：monstruo ～ 恐ろしい怪物. ❷ 非常に醜い. ❸ 非常に悪い，ひどい：Tengo un sueño ～. 私は眠くてたまらない. situación ～sa ひどい状況. tiempo ～ ひどい悪天候

horrorosamente 副 ひどく

hortaliza [ortaliθa] 女 [主に 複] 野菜 〖verduras と豆類 legumbres で，芋 patatas は含まない〗：cultivar ～s 野菜を作る

hortelano, na [ortelán o, na] 形 〖←huerta〗野菜畑の：producto ～ [産物としての] 野菜. ◆ 名 野菜作りをする人 (農家)

hortense [orténse] 形 =**hortelano**

hortensia [orténsja] 女《植物》[セイヨウ]アジサイ

hortera [ortéra] 形 名《西》趣味の悪い〔人〕
horterada 女 悪趣味

hortícola [ortíkola] 形 =**hortelano**

horticultura [ortikultúra] 女 野菜(果樹)栽培

horticultor, ra 名 野菜(果樹)栽培業者

hortofrutícola [ortofrutíkola] 形 野菜および果物の〔栽培の〕

hosanna [osánna] 男《カトリック》ホザンナ，ホサナ〖神を賛美する叫び〗；ホザンナ唱，ホサナ聖歌

hosco, ca [ósko, ka] 形 ❶ 無愛想な，とっつきにくい. ❷ [天気が] いやな，悪い；[土地が] 人をよせつけない，険阻な

hospedador, ra [ospedaðór, ra] 名《生物》宿主

hospedaje [ospedáxe] 男 ❶ 宿泊：dar ～ a+人 …を泊めてやる. tomar ～ en un hotel ホテルに泊まる. ❷ 宿泊料金：pagar ～ 宿泊料を払う. ❸ 宿泊場所：Nuestro ～ está cerca del centro. 私たちの宿は都心に近い

hospedar [ospedár] 他 〖←huésped〗宿泊(滞在)させる：～ a un amigo 友人を泊める
◆ ～se 宿泊する，滞在する：～se en casa de un pariente 親類の家に泊まる

hospedería [ospedería] 女 [質素な] ホテル；[修道院の] 宿泊所

hospedero, ra [ospedéro, ra] 名 ホテルの主人

hospicio [ospíθjo] 男 ❶ [児童の] 養護施設，孤児院. ❷《古語》[巡礼者・浮浪者などのための] 無料宿泊所

hospiciano, na 名 そこに収容されている(いた)子供

hospiciante 名《南米》=**hospiciano**

hospital [ospitál] 男 〖英 hospital〗病院 〖題義 主に hospital は公立の病院，clínica は私立の病院〗；《歴史》施療院：Los padres le ingresaron en el ～. 両親は彼を入院させた. ingresar en un ～ 入院する. salir del ～ 退院する. ～ clínico 総合病院. ～ de sangre (de campaña) 野戦病院. Su casa es un ～. 彼の家は病人だらけだ. ～ robado [家具を取り払った] からっぽの家

hospitalario, ria [ospitalárjo, rja] 形 ❶ 歓待する：familia ～ria 親切に人をもてなす家族. hotel ～ 客あしらい(サービス)のよいホテル. ❷ [自然などが] 心地のよい，保護する：paisaje ～ 人を優しく包んでくれる風景. ❸ 病院の：infección ～ria 院内感染. ❹ 無料宿泊所の

hospitalidad [ospitaliðáð] 女 ❶ 歓待：dar ～ a+人 …を手厚くもてなす. recibir ～ 歓待を受ける. ❷ 入院

hospitalizar [ospitaliθár] 他 入院させる
◆ ～se《中南米》入院する
hospitalización 女 入院

hosquedad [oskeðáð] 女 〖←hosco〗愛想のなさ；厳しさ

hostal [ostál] 男 小ホテル 〖⇨hotel 題義〗；[昔の] 旅館：～ residencia 素泊まり用のホテル

hostelería [ostelería] 女 ホテル・飲食店業：

escuela de ~ ホテル学校

hostelero, ra [ɔsteléro, ra] 形 名 ホテル・飲食店業の；旅館の主人

hostería [ɔstería] 女 小ホテル, 旅館

hostia [ɔ́stja] 女 ❶《キリスト教》ホスチア『聖体拝領のパン』comunión カット）. ❷《料理》薄く伸ばした生地. ❸《西. 俗語》平手打ち, 殴打：dar a＋人 una …にビンタを食らわす
de la ~《西. 俗語》非常に大きい（激しい）；すばらしい
echando ~s《西. 俗語》大急ぎで
hinchar a ~s《西. 俗語》ひどく殴る
¡~[s]!/la ~《西. 俗語》[驚き・喜び・苦痛で] ひゃあ！
liar a ~《西. 俗語》殴り合いを始める
mala ~ 怒り, 不機嫌
ser la ~《西. 俗語》あんまりである, ひどい

hostiar [ɔstjár] 10 他《西. 俗語》殴る；ひどい目にあわす

hostiazo 男 殴打；衝撃, ショック

hostiario [ɔstjárjo] 男 ホスチア hostia を入れておく箱

hostigar [ɔstiɣár] 8 他 ❶ [馬などを] 鞭（棒）で打つ；励ます, 奮い立たせる. ❷ しつこく悩ます, つきまとう；《軍事》じわじわと執拗に攻撃する
hostigador, ra 形 名 しつこい〔人〕
hostigamiento 男 執拗な攻撃

hostil [ɔstíl] 形 敵意のある, 敵対的な：actitud ~ 敵意ある態度. recibimiento ~ 冷淡な迎え方. relación ~ 敵対関係. estar ~ con (hacia)＋人 …に敵意がある

hostilidad [ɔstiliðá(ð)] 女 ❶ 敵意〔のある態度〕：sentir ~ contra＋人 …に敵意（敵愾心）を抱く. ❷ 複 戦争行為：romper (iniciar) las ~es 開戦する. suspender (reanudar) las ~es 停戦する（戦闘を再開する）

hostilizar [ɔstiliθár] 9 他 攻撃する, …に敵対する

hotel [otél] 男《英 hotel》❶ ホテル 類義 規模・等級の順：hotel>hostal>pensión>fonda>：alojarse en un ~ ホテルに泊まる. ~ apartam(i)ento 長期滞在型の〔台所などの付いた〕ホテル. ~ residencia 素泊まり用の〔食堂のない〕ホテル. ❷ ＝hotelito

hotelero, ra [oteléro, ra] 形 ホテルの：industria ~ra ホテル産業
◆ 名 ホテル経営者（業者）

hotelería [otelería] 女 ＝hostelería

hotelito [otelíto] 男 [2・3階建ての] 庭つきの一戸建て住宅

hotentote [otentóte] 形 名《軽蔑》[南西アフリカの] ホッテントット〔の〕

hoy [ɔ́i] 副《英 today》❶ 今日（ஜ்）：i) ¿A cuántos estamos ~? 今日は何日ですか？ Hoy estamos a ocho de abril. 今日は4月8日です. Lo haré ~ (mismo). 今日〔すぐ〕それをします. Hoy por la mañana lo despacharé. 今日の午前中それを発送します. ii) [名詞的] Hoy es miércoles (mi cumpleaños). 今日は水曜日（私の誕生日）です. periódico de ~ 今日の新聞. de ~ en ...días 今日から…日

後に. desde ~ 今日から. hasta ~ 今日まで
❷ 現在：Hoy todo el mundo tiene coche. 今日（ஜ）では誰でも車を持っている. España de ~ 今日のスペイン
de ~ a mañana まもなく；明日にでも
~[en] día 今日（ஜ）では, 昨今は
~ por ~ 現在, 今のところ
~ por ti (mí) y mañana por mí (ti) お互い様だ/明日は我が身だ
por (para) ~ 今日のところは, さしあたって：Por ~ nada más. 今日はこれまで〔にしておこう〕

hoya [ɔ́ja] 女 ❶ [地面の] 大きな穴. ❷ 墓穴：Tiene un pie en la ~. 彼は棺桶に片足を突っ込んでいる. ❸ 山に囲まれた平原；《南米》流域

hoyo [ɔ́jo] 男 ❶ [地面の] 穴, くぼみ：hacer un ~ para plantar un árbol 木を植えるために穴を掘る. jugar al ~ [地面の穴に入れる] ビー玉遊びをする. ~s de viruelas [顔の] あばた. ❷ 墓穴〖fosa común〗. ❸《ゴルフ》ホール：el ~ 18, de par 4 18番ホール, パー4

hoyuelo [ojwélo] 男 えくぼ：Se le hacen ~s cuando ríe. 彼は笑うとえくぼができる

hoz [ɔ́θ] 女 複 hoces）❶ [半円形の] 鎌（ஜ）. ❷ 深い谷, 峡谷
de ~ y [de] coz 徹底的に, とことんまで

hozar [ɔθár] 9 他 [ブタ・イノシシなどが鼻面で地面を] 掘る

hozada 女 鎌で刈ること

hta.《略語》＝hasta …まで

huaca [wáka] 女 ワカ 《インカ時代のインディオの神聖な場所. 墓, 遺跡》

huacal [wakál] 男《中南米》＝guacal

huachafo, fa [watʃáfo, fa] 形《南米》[人が, 中流以下なのに] 上流を気どった；[服装などが] 品のない
huachafería 女 気どり

huachipear [watʃipeár] 他《南米》盗む, する

huaco [wáko] 男《南米》＝guaco ❷

huaico [wáiko] 男《南米》＝guaico

huaino [wáino] 男 [ペルーの] 民俗舞踊（音楽）

huairuro [wairúro] 男《南米. 植物》インゲン豆の一種

huapango [wapáŋgo] 男 メキシコの舞踊の一種

huaquear [wakeár] 男《南米》＝guaquear

huarache [warátʃe] 男《中米》＝guarache

huasipungo [wasipúŋgo] 男 [エクアドルの大農場に雇われている] 農民；その耕作地

huaso, sa [wáso, sa] 形 名《南米》田舎者, 無教養な人；[貧しい] 牧場（農場）労働者, 牧童

huasteco, ca [wastéko, ka] 形 名 ウアステコ族〔の〕《マヤ系のインディオ》

huayaca [wajáka] 女《南米》＝guayaca

huayco [wáiko] 男《南米》＝huaico

huayno [wáino] 男《南米》＝huaino

hub-, hubie- ☞haber 53

hucha [útʃa] 女《西》貯金箱；貯金：tener buena ~ たくさん貯金がある

hueco¹ [wéko] 男 ❶ くぼみ, 空洞：~ de la

mano 手のひらのくぼみ. ～ en la pared 壁のくぼみ. ～ de escalera 階段の吹き抜け. ～ del ascensor エレベーターシャフト. ❷ 壁に切った出入口(窓・はき出し口): La habitación tiene dos ～s a la calle. その部屋は道路側に窓が2つある. ❸ あき,すきま: No había ni un ～ en el tren. 電車は満員で席がなかった(ぎゅうぎゅう詰めだった). rellenar el ～ de A con B A の穴をB で埋める. ❹ 暇, あいた時間: ¡Ojalá que tenga un ～ para hacerlo! 彼にそれをする暇があるといいのだが!

estar un ～ 穴の淵にいる

hacer [*un*] ～ あき(欠員)を作る: Hazme un ～. 席を1つあけて(取っておいて)くれ. Hizo un ～ en el equipo. 彼はチームに穴をあけた

llenar un ～ 役に立つ, 穴埋めする

sonar a ～ うつろに響く

hueco², ca [wéko, ka] 形 ❶ [estar+] 中空の, 空(カラ)の: árbol ～ 空洞になった木. bola ～ca 中空のボール. sitio ～ あいている場所. ❷ スポンジ状の, ふんわりした: colchón ～ ふかふかのふとん. ❸ ぶかぶかの, 大きすぎる: Esta camisa me queda ～ca. このワイシャツは私にはぶかぶかだ. ❹ うぬぼれた, いばった; [有頂天の: ponerse ～ 得意になる. Ella va ～ca con sus hijos. 彼女は息子たちを連れて得意顔だ. ❺ [ser+] [表現] 虚飾的な, 内容のない; [人が] 浅薄な: frases ～cas 空虚な言葉. ❻ [音が] 反響する: sonido ～ 反響音, うつろな音. voz ～ca こもった(うつろな)声

huecograbado [wekograbádo] 男 《印刷》凹版[術]

huel- ☞ **oler** ③⓪

huelga [wélga] 女 ストライキ: Estamos en ～. スト中です. En ～. 《表示》スト決行中. convocar la ～ ストライキ指令を出す. declarar la ～/declararse en ～ ストライキ[突入]を宣言する. entrar (ponerse) en ～/caer en la ～ ストライキに入る. hacer ～ ストをする. romper la ～ スト破りをする. suspender la ～ ストを中止する. derecho de ～ スト権. subsidio de ～ スト中の手当金. ～ alternativa (escalonada・por turno) 波状スト, 拠点スト. ～ de brazos caídos (cruzados) 坐り込みスト, 職場占拠. ～ de celo 《西》順法スト, 順法闘争. ～ de(l) hambre ハンガーストライキ. ～ de los transportes 交通スト. ～ general ゼネスト. ～ intermitente [次々に異なる部門で行なう] 部分スト. ～ patronal ロックアウト. ～ por solidaridad 連帯スト. ～ por simpatía 同情スト. ～ relámpago 電撃スト. ～ salvaje 《西》山猫スト

huelgo [wélgo] 男 ❶ 息, 呼気 [aliento]. ❷ 《技術》 [部品間の] 遊び, ゆとり

huelguista [welɣísta] 名 ストライキ参加者

huelguístico, ca 形 ストライキの

huella [wéʎa] 女 ❶ 足跡; [車などの] 跡: dejar ～s 足跡を残す. La influencia árabe ha dejado una profunda ～ en España. アラブの影響はスペインに色濃く残っている. ❷ 指紋 [～ dactilar・digital]: dejar sus ～s por...

…に指紋を残す. ～ genética 遺伝子紋. imprimir las ～s 指紋を押捺する. registrar ～s 指紋をとられる. sacar ～s de+物・人 …の指紋をとる. ～ sónica 声紋. ❸ [階段の] 踏み板, 段板

perder las ～s de... …の[跡]を見失う

seguir las ～s de... …の[足]跡をたどる; …の例にならう

huelveño, ña [welβéɲo, ɲa] 形 名 《地名》ウエルバ Huelva の[人] 『アンダルシア地方西部の県・県都』

huemul [wemúl] 男 《動物》ゲマルジカ

huérfano, na [wérfano, na] 形 名 ❶ 孤児[の], [片]親のない[子]: asilo de ～s 孤児院. [niño] ～ de padre 父なし子. ❷ [estar+. + de 保護物など] …のない: vida ～na de amor 愛のない生活

huero, ra [wéro, ra] 形 《文語》 からっぽの; 空しい, 内容のない: discurso ～ 内容の空疎な演説. promesa ～ra 空約束. huevo ～ 無精卵

huerta [wérta] 女 ❶ 野菜畑, 果樹園. ❷ [バレンシア・ムルシアの] 灌漑農地 『☞写真』

huertano, na 形 名 灌漑農地の住民[の]

huerto [wérto] 男 菜園, 果樹園 [huerta より小さい]: ～ de Getsemaní 《聖書》 ゲッセマネの園

llevar a+人 al ～ 《口語》…を悪の道に誘い込む; だます

huesa [wésa] 女 墓穴 [fosa común]

huesero, ra [weséro, ra] 名 《南米》 接骨医

hueso [wéso] 男 [英 bone] ❶ [人間・脊椎動物の] 骨 [魚の骨は espina]: carne con ～s 骨付き肉. ～s del pie 足の骨. ～ de la suerte [鶏の] 叉骨 『2人で引っ張って長い方を得た人の願いがかなえられる』. ～ de la alegría (la suegra) 肘の先端部 『打つとビリッとする』. ～ de santo [万聖節に食べる] クリーム(チョコレート)入りの細長いパン mazapán. ❷ [桃・オリーブなどの] 種: aceituna sin ～ 種を抜いたオリーブ. ❸ 黄色がかった白色, オフホワイト 『color ～』. ❹ 骨折り仕事, 難業; 扱いにくい人; [スポーツなどの] 難敵: El griego es para mí un ～ [duro]. ギリシア語は私には骨だ. Nuestro jefe es un ～. 私たちの上司はまったくの難物だ. ❺ 役に立たない物, 粗悪品. ❻ 遺骨: Aquí reposan los ～s de los antepasados. ここに先祖の遺骨が眠っている. ❼ 閣 我が身, 自身: mis viejos ～s この私の老体(老骨). dar con sus ～s en tierra (en el suelo) どうと倒れる.

Dio con sus ~*s* en la cárcel. 彼は最後には囚人の身となった. ❽《中米》政府の仕事；楽な仕事
a ~《建築》[セメントなどを使わない] から積みの
acabar con sus ~*s* 死ぬ
¡*choca esos* ~*s!* よしきた/承知した!
dar en [*un*] ~《西》障害にぶつかる
empapado (*calado*) *hasta los* ~*s* びしょぬれになって
en los ~*s* やせこけた, 骨と皮だけの
estar por los ~*s de*+人《西》…に恋がれている
hacer ~*s viejos* 長生きする：No llegará a *hacer* ~*s viejos*. 彼は長生きできないだろう
la sin ~ 舌：darle a (soltar) *la sin* ~ しゃべりまくる
mojarse hasta los ~*s* びしょぬれになる
moler (*romper*) *a*+人 *los* ~*s* [脅し文句で] 骨をへし折る
no dejar ~ *sano a*+人 …の欠点を並べたてる, さんざんにやっつける
no poder con sus ~*s* へとへとである
pinchar en [*un*] ~《西》=dar en [*un*] ~
roer a+人 *los* ~*s* =no dejar ~ *sano a*+人
ser un ~ *duro de roer* したたかである, 煮ても焼いても食えない
tener los ~*s duros* 年を取りすぎている
tener los ~*s molidos* =no poder con sus ~*s*
tropezar con un ~ 障害にぶつかる

huesoso, sa [wesóso, sa] 形 骨の；骨付きの；骨太の, 骨ばった

huésped, da [wéspe(ð), ða] 名 ❶ [家・ホテルの] 泊まり客；下宿人：estar de ~ en casa de+人 …の家に滞在している. casa de ~es [素泊まり用の] 下宿屋 『☞pensión 頤腴]. cuarto de ~es 客室. ❷ 主人；《生物》宿主. ❸《経済》país ~ 投資受入れ国
antojarse (*hacerse*) *a*+人 *los dedos* ~*es* …が非常に疑い深くなる
no contar con los ~*es* (*la* ~*da*) 重要なことを見落とす(考慮に入れない)

hueste [wéste] 女 ❶ [主に 複. 昔の] 軍勢, 部隊；部下. ❷ 複 味方；[政党などの] 支持者. ❸ 大勢の人：una ~ de fanáticos 大勢のファン

huesudo, da [wesúðo, ða] 形 骨太の, 骨ばった：manos ~*das* 骨ばった手

hueva [wéβa] 女 ❶ [主に 複. 一腹の] 魚卵. ❷ 複《南米.卑》睾丸(ਪੈ)

huevear [weβeár] 他《南米》ばかげたことをする；だらだら過ごす
huevada 女 ばかげたこと；ささいなこと

huevera¹ [weβéra] 女 エッグカップ, ゆで卵立て；卵ケース

huevería [weβería] 女 卵店
huevero, ra² 名 卵商

huevo [wéβo] 男《英 egg》❶ [動物の] 卵；[特に] 鶏卵 [~ de gallina]：i) poner un ~ 卵を産む. ~ de Colón (de

Juanelo) コロンブスの卵 〖わかってしまえば簡単なこと〗. ~ de Pascua イースターの卵〖彩色したゆで卵, 卵形のチョコレート〗. ii)《料理・菓子》~ al plato [オーブンで焼く] 目玉焼き. ~ batido メレンゲ. ~ de faltriquera 卵黄に砂糖・牛乳・ワインなどをまぜた菓子. ~ duro (cocido) 固ゆで卵. ~ en tortilla フランス風のオムレツ. ~ escalfado 落とし卵, ポーチドエッグ. ~ estrellado 目玉焼き. ~ frito 目玉焼き；揚げ卵. ~ pasado por agua/《中米》~ tibio 半熟卵. ~ revuelto スクランブルエッグ. ~*s* a la flamenca トマトソースで天火焼きした目玉焼き. ~*s ahogados* トマトソースのポーチドエッグ. ~*s rancheros* [メキシコの] トルティージャに目玉焼きをのせたもの. ~*s moles* 卵黄に砂糖をまぜて作る菓子. Él no sabe ni freír un ~. 彼はまったく料理ができない

❷ 複《卑語》睾丸(ਪੈ)；勇気
a ~《俗語》ちょうどうまい具合に；きわめて容易に；手の届くところに：Eso está *a* ~. それはとっても簡単だ
andar (*ir*) [*como*] *pisando* ~*s* 一歩一歩用心して歩く；慎重に行動する
costar un ~《卑語》非常に高くつく
hasta los [*mismísimos*] ~*s*《卑語》あきあきした
importar un ~《卑語》重要でない；用心しない
límpiate que estás (*vas*) *de* ~《まれ》夢のようなことを言うな/夢からさめろ
no por el ~, *sino por el fuero* 利害の問題ではなく道義の問題である
parecerse como (*a otro como un*) ~ *a una castaña* 月とスッポンほど違う
parecerse como un ~ *a otro* ~ 瓜二つである
pisar ~ ゆっくり(気をつけて)進む
por ~*s*《卑語》無理やり
saber un ~ *de vino* ワインのことを非常によく知っている
salir a+人 *de los* ~*s*《卑語》…はやる気があ
tener ~*s la cosa* 不当である, 我慢ならない, 矛盾している
tener ~*s* (*los* ~*s bien puestos*)《卑語》根性がある
tocar los ~*s*《卑語》[+a+人 を] 困らせる
tocarse los ~*s*《卑語》だらだらと過ごす
un ~《卑語》たくさん
¡*y un* ~*!* [怒り・不快を伴う否定] とんでもない!

huevón, na [weβón, na] 形 名《中南米. 卑語》怠け者[の]；《軽蔑》とんま[な], ばか[な]

Hugo [úɣo]《男性名》ウーゴ 〖英 IIugh〗

hugonote [uɣonóte] 形 名《歴史・宗教》ユグノー[の]

huida¹ [wíða] 女 逃亡, 脱走；回避：~ a Egipto《聖書》エジプトへの逃避. ~ hacia delante《文語》向こう見ずな企て

huidizo, za [wiðíθo, θa] 形 ❶ [おびえて] すぐ逃げる：mirada ~*za* 人の視線を避けようとす

る目，おずおずとしたまなざし． ❷ すぐに消え去る，つかの間の

huido, da² [wíðo, ða] 形 過分 [estar+] 逃亡(脱獄)した: preso ～ 脱獄囚． ❷ 逃げ回る: Anda ～ desde que hizo quiebra. 彼は破産してから逃げ回っている

huincha [wíntʃa] 女《南米》=**vincha**

huinche [wíntʃe] 男《南米》ウインチ

huipil [wipíl] 男《中米. 服飾》[インディオの女性独特の] 刺繡入りのゆったりした上着 [⇒写真]

huir [wír] 48 自《英 flee, escape. ⇒活用表. 現分 huyendo] ❶ [+de から] 逃げる，逃走する: Huyeron de la cárcel. 彼らは脱獄した． ～ de casa 家出する． ～ a las montañas 山へ逃げる． ❷ 避ける，[+de+不定詞] …しないで済ませる: ～ de la tentación 誘惑から逃れる． Si eres obeso huye de los colchones blandos. 太った人は柔らかい布団は避けなさい． ❸《文語》急速に遠ざかる，すばやく去る: ¡Cómo huyen las horas! 時間のたつのは何と早いことか!

a ～, que azotan 気をつけろ!

◆ 他 …から逃げる: Me huye siempre que me ve. 彼は私を見るといつも逃げる

◆ ～**se** 逃げ去る

huir	
直説法現在	直説法点過去
huyo	huí
huyes	huiste
huye	huyó
huimos	huimos
huis	huisteis
huyen	huyeron
接続法現在	接続法過去
huya	huyera, -se
huyas	huyeras, -ses
huya	huyera, -se
huyamos	huyéramos, -semos
huyáis	huyerais, -seis
huyan	huyeran, -sen

huiro [wíro] 男《南米》海草

huisache [wisátʃe] 男《中米. 植物》キンゴウカン [aromo]
huizache 男 =**huisache**

huiztlacuache [wiθtlakwátʃe] 男《動物》エキミス

[**hula-**]**hula** [(ula)úla] 男 フラダンス

hule [úle] 男 防水布，オイルクロス；ゴム

haber ～ もめごと(けんか)が起きる

hulla [úʎa] 女 石炭: gas de ～ 石炭ガス． yacimiento de ～ 炭層． ～ blanca 水力

hullero, ra [uʎéro, ra] 形 石炭の: industria ～ra 石炭産業． minero ～ 炭坑夫

humanamente [umanáménte] 副 人間として，人間にとって；人道的に

humanidad [umaniðá(ð)] 女《英 humanity》 ❶ 人類． ❷ 人間性，人間としての宿命；《宗教》人性 [↔divinidad]． ❸ 人間味，人情: ayudar por ～ 人情で助ける． con ～ 優しく，思いやりをもって． ❹ 複 [ギリシア・ラテンの] 古典[研究]；人文科学． ❺《口語》肥満；大勢の人間: Huele a ～. 人いきれがする

humanismo [umanísmo] 男 ❶ 人間[中心]主義，ヒューマニズム；人文主義． ❷ 人文学 [14-16 世紀古典文学研究]
humanista 名 1) 人間[中心]主義者，ヒューマニスト；人文主義者 2) 人文学研究者． ◆ 形 =**humanístico**

humanístico, ca [umanístiko, ka] 形 人文主義の；人文学の

humanitario, ria [umanitárjo, rja] 形 人道主義的な，博愛の: ayuda ～ria 人道的援助
humanitarismo 男 ～s 人道主義，博愛[主義]

humanizar [umaniθár] 9 他 …に人間味をもたせる: ～ la pena 刑を緩和する
◆ ～**se** 温和になる，かどがとれる

humano, na [umáno, na] 形《英 human》 ❶ 人間の: consideraciones ～nas/condición ～na 人間として避けがたい宿命，人間の条件. cuerpo ～ 人体. fuerza ～na 人力 ❷ 人間的な，人間らしい；[+con に] 人道的な: Errar es ～. あやまつは人の性(さが). Es ～ con sus empleados. 彼は使用人に対して情け深い. fallo ～ 人為的なミス. juez ～ 人情味のある判事. miramientos ～s 人間らしい思いやり. tratamiento ～ de prisioneros 捕虜に対する人道的な扱い. [ser ～ que+接続法] Es ～ que él quiera favorecer a su hijo. 彼が息子をひいきにしたい気持ちは人間として無理もない
◆ 男 人間 [hombre]；複 人類

humanoide [umanójðe] 名 ヒトそっくりの；ヒューマノイド，ヒト型ロボット

humareda [umaréða] 女 もうもうたる煙

humazo [umáθo] 男 濃い煙
dar ～ a+人 [追い払うために] …に不愉快なことをする(言う)

humear [umeár] 自 [←humo] ❶ 煙を出す；くすぶる: chimenea que humea 煙を吐いている煙突． ❷ 蒸気(湯気)を立てる: olla que humea 湯気を立てている鍋． ❸ [争いが] くすぶっている
◆ 他《中南米》いぶす，燻蒸消毒する [fumigar]
humeante 形 [estar+] 煙を出している

humectador [umɛktaðór] 男 加湿器，給湿機

humectante [umɛktánte] 形 湿気を与える

humectar 他 加湿する〖humidificar〗

humedad [umeðá(ð)] 囡 湿り気；湿度：
Hay ～. 湿気がある. ～ relativa 相対湿度.
La ～ relativa ambiente (del aire) es del
80%. 湿度は80%だ

humedal [umeðál] 男 湿地

humedecer [umeðeθér] 39 他 湿らせる，軽く
ぬらす：～ la ropa con un pulverizador 洗濯
物に霧吹きをかける
◆ ～se 湿る：Se le *humedecieron* los ojos.
彼は目をうるませた

húmedo, da [úmeðo, ða] 形 湿った，じめじめ
した；湿度の高い：La toalla está ～*da*. タオル
が湿っぽい. Hace un calor ～. 蒸し暑い. país
～ 湿度の高い(雨の多い)国. viento ～ 湿り気
をおびた風. nariz ～ 〖風邪の症状の〗水鼻
la ～da 〖戯語〗舌

humeral [umerál] 形 〖解剖〗上腕(骨)の
◆ 男 〖司祭がミサで用いる〗肩かけ，ヒュメラルベ
ール

húmero [úmero] 男 〖解剖〗上腕骨

humidificar [umiðifikár] ⑦ 他 〖空気に〗湿
気を与える，加湿(給湿)をかける

humidificación 囡 加湿，給湿

humidificador, ra 形 囡 加湿する；加湿器，
給湿機

humífero, ra [umífero, ra] 形 〖←humus〗
〖土壌が〗腐植質の多い

humildad [umildá(ð)] 囡 ❶ 謙虚，卑下：
con toda ～ へり下って. ～ de garabato うわ
べだけの謙虚さ. ❷ 卑しさ，身分の低さ；貧しさ

humilde [umílde] 形 〖英 humble〗❶ 慎まし
い，謙虚な〖↔soberbio〗：Es ～ con todos.
彼は誰にでも腰が低い. petición ～ 控え目な要
求. ❷ 卑しい，身分の低い：Era hijo de un ～
carpintero. 彼はしがない大工の息子だった. ❸
質素な，粗末な：comida ～ 粗末な食事. ropa
～ 質素な服

humillación [umiʎaθjón] 囡 屈辱，不面目；
侮辱：causar a+人 una ～ …に屈辱を与える.
sufrir una ～ 屈辱をなめる

humilladero [umiʎaðéro] 男 〖町・村の入り
口に立つ〗キリストの十字架像 〖🖙写真〗

humillante [umiʎánte] 形 侮辱的な；屈辱
的な：sufrir una derrota ～ みじめな敗北を喫
する

humillar [umiʎár] 他 …に屈辱を与える，…の
面目を失わせる：Me *humilla* tener que pedir-
le el dinero. 彼に金をせびらなくてはならないなんて自

分が情ない. ～ el orgullo de+人 …の高慢の鼻
をへし折る. ～ la cabeza (la frente) 頭を下げ
る
◆ ～se へり下る，屈服する：Uno *se humilla*
ante Dios. 人は神の前では謙虚になる

humita [umíta] 囡 〖南米. 菓子〗柔らかいトウモ
ロコシをすりつぶして作ったケーキ

humo [úmo] 男 〖英 smoke〗❶ 不可算 煙：La
chimenea echaba ～. 煙突が煙を吐いていた.
Me pican los ojos con el ～. 煙が目にしみる.
¿No le molesta el ～? たばこの煙がご迷惑では
ありませんか? Arda (Quémese) la casa, pero
que no salga ～. 家庭内のことは決して外にもら
すな. ～ de segunda mano/～ secundario 副
流煙，二次的喫煙. ❷ 不可算 蒸気，湯気
〖vapor〗：Sale ～ del café. コーヒーから湯気が
立っている. ❸ 囮 うぬぼれ：Tiene (Se gasta)
muchos ～s. 彼はひどく思い上がっている
a ～ de pajas 〖口語〗軽々しく，いい加減に
bajar los ～s a+人 …の面目を失わせる：Se
le *bajaron a* Paco *los ～s*. パコは高慢の鼻を
へし折られた
convertir... en ～ …を費消する
echar ～ 〖口語〗かんかんに怒る
hacer ～ a+人 …に邪険にする
hacer[se] ～ 〖急に〗消える，姿を消す
irse todo en ～ 期待外れに終わる
la del ～ 〖口語〗逃亡
llegar al ～ de las velas あとの祭りである
quedar en ～ de pajas 無駄になる
subir[se] a+人 el ～ a las narices …が頭
に来る，いら立つ
subir[se] a+人 los ～s a la cabeza …が
高慢になる，偉ぶる：Se le *han subido los ～s
a la cabeza*. 彼はすっかり得意になった

humor [umór] 男 〖英 humor〗❶ 機嫌，気分：
Ahora está de buen (mal) ～. 今彼は機嫌が
いい(悪い). No estoy de (No tengo) ～
para escucharte. 私は君の話に耳を貸す気分に
ない. si estás de ～ もし君がよければ(その気なら
ば). ponerse de mal ～ 不機嫌になる. buen
～ 上機嫌；陽気な性格. seguir el ～ a+人 …
〔の気分〕に逆らわない. mal ～ 不機嫌；気難し
い性格. ❷ 気質：Es una per-
sona de ～ alegre. 彼は陽気な質(たち)だ. ～ de
todos los diablos 非常に悪い性格. ❸ ユーモア
〔のセンス〕：tener un gran sentido del ～ 大
変ユーモアのセンスがある. ～ negro ブラックユーモ
ア. ❹ 〖医学〗体液：～ acuoso (ácueo) 眼房
水
estar de un ～ de perros 非常に機嫌が悪い

humorada[1] [umoráða] 囡 気まぐれな(ユーモ
アのある・厚かましい)言動：Tuvo la ～ de pe-
dirme dinero. 彼は図々しくも私に金を要求した

humorado, da[2] [umoráðo, ða] 形 bien ～
機嫌のいい；陽気な. mal ～ 機嫌の悪い；気難
しい

humoral [umorál] 形 〖医学〗体液の

humorismo [umorísmo] 男 ユーモア〔のセン
ス〕；漫談

humorista [umorísta] 名 ❶ コメディアン，お
笑い芸人；ユーモア作家. ❷ ユーモアのセンスのあ

る人

humorístico, ca [umorístiko, ka] 形 ユーモラスな, 滑稽な

humus [úmus] 男〔単複同形〕《農業》腐植質, 腐植土

hundible [undíβle] 形 沈み得る

hundido, da [undíðo, ða] 過形 ❶ 沈んだ: barco 〜 沈没船. ojos 〜s 落ちくぼんだ目. estar 〜 en sus pensamientos 物思いにふけっている. ❷ [estar+] 打ちのめされた

hundimiento [undimjénto] 男 沈没; 沈下, 陥没; 倒壊: 〜 de un barco 船の沈没. 〜 de una empresa 企業の倒産. 〜 de un imperio 帝国の崩壊. 〜 de la moral モラルの低下. 〜 de la bolsa 相場の下落

hundir [undír] 他 ❶ [+en に] 沈める: 〜 un barco 船を沈没させる(撃沈する). 〜 la mano en el agua 手を水の中につける. Las lluvias torrenciales *han hundido* unas casas. 豪雨で浸水家屋が出た. ❷ [地面を] 陥没(沈下)させる; [建物を] 倒壊させる: El camión *hundió* el pavimento. トラックで舗装がへこんだ. El terremoto *hundió* los edificios. 地震でビルが崩れ落ちた. ❸ 打ち込む: 〜 un puñal en el pecho 胸に短剣を突き刺す. 〜 los pies en la arena 足を砂にめりこませる. ❹ [悪い状態に] 陥れる: 〜 a+人 en la miseria (en la ignorancia) …を貧困に追いやる(…に知らせずにおく). ❺ 打ち負かす; 破滅させる: 〜 a+人 con la crítica implacable 容赦のない批判で…を参らせる. Su intervención *hundió* el negocio. 彼の口出しで取引は失敗した

◆ 〜se 沈む, 沈下する; 倒壊する: Se *hundió* el barco. 船が沈没した. Se ha hundido el tejado. 屋根が崩れ落ちた. Se hunde la arena bajo los pies. 足元で砂が崩れる. ❷ 失敗に終わる; 没落する: El proyecto se *hundió* en la incomprensión de todos. 計画はみんなの無理解で失敗した. La familia se *hundió* al morir el padre. 父親が死ぬと一家は零落した. ❸ 陥る: 〜se en una vida de vicio 悪の生活に染まる. 〜se en el olvido 忘れ去られる. ❹ 大騒ぎする: Se *hundía* la casa. 家の中は大騒ぎだった

húngaro, ra [úŋgaro, ra] 形 名《国名》ハンガリー Hungría の〔人・語〕の; ハンガリー人

◆ 男 ハンガリー語

huno, na [úno, na] 形 名《歴史》フン族〔の〕

HUNOSA [unósa] 女《西. 略語》←Hulleras del Norte, Sociedad Anónima 北部石炭会社

hura [úra] 女〔モグラなどの〕穴

huracán [urakán] 男〔特にカリブ海・メキシコ湾の〕大暴風, ハリケーン: Viene un 〜. ハリケーンが来る. El ejército pasó como un 〜 por el pueblo. 軍隊は嵐のように村を〔荒らして〕通り過

ぎた

huracanado, da [urakanáðo, ða] 形 大嵐の〔ような〕: viento 〜 大暴風, ハリケーン級の風

huraño, ña [uráɲo, ɲa] 形 ひどく人嫌いな, 非社交的な

hurgar [urgár] 他 ❶ [指・とがったもので, +en を] かき回す; 詮索する: 〜 en la lumbre 火を突っつき回す. No *hurgue* en mis cosas. 私のことをかぎ回るな

◆ 他 かき回す; 詮索する

◆ 〜se [自分の…を] 〜se las narices 鼻をほじくる

hurgón, na 形 詮索する. ◆ 男 火かき棒

hurguete 男《中南米》詮索好きな人

hurguetear 自《中南米》詮索する

hurí [urí] 女《イスラム教》天女, ウリ

hurina [urína] 女《動物》〔ボリビア産の〕シカの一種

hurón, na [urón, na] 形 名 ❶《口語》人づきあいの悪い〔人〕; 詮索好きな〔人〕. ❷ [北米インディアンの] ヒューロン族〔の〕

◆ 男《動物》フェレット

huronear 自 フェレットを使って狩る;《軽蔑》詮索する

huronera 女 フェレットの穴

huroniano, na 形《地質》ヒューロン系の

hurra [úra] 間 万歳!:¡Hip, hip, 〜! [音頭をとって] 万歳!

◆ 男 その叫び: lanzar tres 〜s por... …に対して万歳三唱する

hurrita [uríta] 形 名 フルリ族〔の〕《中東の非セム系古代民族》

hurtadillas [urtaðíʎas] *a* 〜 こっそりと

hurtar [urtár] 他《文語》❶ こっそり盗む, くすねる; すり取る; 万引きする. ❷ 隠す

◆ 自 [+en 重さ・量を] ごまかす

◆ 〜se 隠れる, 会わないようにする: 〜se a la vista de la gente 人目を避ける

hurto [úrto] 男《文語》盗み; 盗品

a 〜 こっそりと

coger a+人 con el 〜 en las manos …の悪事の現場を押さえる, 現行犯で捕える

húsar [úsar] 男《軍》軽騎兵

husillo [usíʎo] 男《機械》スピンドル

husmear [usmeár] 自 ❶ [犬などが臭跡を] かぐ. ❷ [+en 他人のことを] かぎ回る, 詮索する: No hay que 〜 en la vida de los demás. 他人の生活に鼻をつっこむものではない

husmeador, ra 形 名 詮索好きな〔人〕

husmeo 男 詮索

huso [úso] 男 ❶ 紡錘, 錘(つむ). ❷ 〜 esférico《数学》球面月形. 〜 horario《地理》同一標準時帯, 時間帯

huy [úi] 間〔苦痛〕いたっ/〔驚き・不賛成〕あら, まあ《女性がよく用いる》; 〔安堵〕ほっ

huya-, huye-, huyo ☞**huir** 48

I

i [í] 囡 [圈 íes] ❶ アルファベットの第 9 字；その名称. ❷ *i griega* 文字 *y* の名称〖これに対して i は *i latina* とも呼ばれる〗
hasta los puntos de íes 事細かに
poner los puntos sobre las íes 細かい点まで気を配る；詳細に述べる

i- [接頭辞]〔不・無〗☞in-

-í [接尾辞]〔地名形容詞化〗iraqu*í* イラクの, marroqu*í* モロッコの

-ia [接尾辞]〔形容詞+. 名詞化. 性状〗audac*ia* 大胆, cortes*ía* 丁寧

IB.〈略語〉←Iberia, Líneas Aéreas de España, S. A. イベリア航空

iba- ☞**ir** 52

Iberia [ibérja] 囡〈地名〉イベリア〖ギリシア人によるイベリア半島の古名〗

ibérico, ca 厖 イベリアの；スペインとポルトガルの

iberismo 團 イベリア主義〔19-20 世紀の自由主義者が主張したスペイン・ポルトガルの合併によるイベリア半島の政治的統一〗

ibero, ra/íbero, ra 厖 1) イベリアの. 2) イベリア人の〖『ローマ支配以前にイベリア半島に住んでいた種族』；〔人種的に〕イベロ系の

Iberoamérica [iberoamérika] 囡〈地名〉❶〈主に西〉〔スペイン語圏諸国およびブラジル〗. ❷ 中南米諸国およびスペイン, ポルトガル

iberoamericano, na 厖 囝 中南米の〔人〕；中南米諸国およびスペイン, ポルトガルの

íbice [íbiθe] 團〈動物〉アイベックス

ibicenco, ca [ibiθéŋko, ka] 厖 囝〈地名〉イビサ Ibiza の〔人〕〖バレアレス諸島の一島・その町〗

ibíd.〈略語〉←ibídem 同書 (同章・同節) に

ibídem [ibíðen] 凬〈←ラテン語〉同書 (同章・同節) に

ibis [íbis] 團〈単複同形〉〈鳥〉トキ

-ible [接尾辞]〔動詞+. 形容詞化. 可能・価値〗comprens*ible* 理解し得る, tem*ible* 恐るべき

ICE [íθe] 團〈西. 略語〉←Instituto de Ciencias de la Educación 教育科学協会

iceberg [iθeβér] 團 [圈 ~s]〈←英語〉氷山：Este incidente de violencia no es más que la punta del ~. この暴力事件は氷山の一角にすぎない

ICI [íθi] 團〈西. 略語〉←Instituto de Cooperación Iberoamericana イベロアメリカ協力協会

icneumón [iknɛumón] 團〈昆虫〉ヒメバチ

-ico [接尾辞] ❶ 〔名詞+. 品質形容詞化〗volcán*ico* 火山の. ❷ 〔示小〗burr*ico* 小さなロバ

ICONA [ikóna] 囝〈西. 略語〉←Instituto Nacional para la Conservación de la Naturaleza 自然保護庁

icono [ikóno] 團 ❶〖ギリシア正教〗イコン, 聖像, 聖画. ❷〈情報〉アイコン

icónico, ca 厖 イコンの

iconoclasia [ikonoklásja] 囡 聖像 (偶像) 破壊

iconoclasta [ikonoklásta] 厖 囝 聖像破壊の, 聖像破壊主義者；因習 (権威) 打破の, 因習 (権威) 打破主義者

iconógeno [ikonóxeno] 團〈写真〉現像液, アイコノゲン

iconografía [ikonografía] 囡 図像学, イコノグラフィー；図像集, 画像集

iconográfico, ca 厖 図像〔学〕の

iconolatría [ikonolatría] 囡 聖画像 (偶像) 崇拝

iconostasio [ikonɔstásjo] 團〈建築〉イコノスタシス

icor [ikór] 團〈医学〉膿漿

icosaedro [ikosaéðro] 團〈数学〉20 面体

ictericia [ikteríθja] 囡〈医学〉黄疸

ictiófago, ga [iktjófago, ga] 厖 魚を主食 (常食) とする

ictiología [iktjoloxía] 囡 魚類学

ictiológico, ca 厖 魚類学の

ictiólogo, ga 囝 魚類学者

ictiosauro [iktjosáuro] 團〈古生物〉魚龍, イクチオザウルス

ictiosis [iktjósis] 囡〈単複同形〉〈医学〉魚鱗癬

id [íd] 團〈心理〉[el+] イド

id.〈略語〉←ídem 同上, 同前

ida[1] [íða] 囡〔←ir〕 ❶ 行くこと〔↔venida〕, 行き, 往路〔↔vuelta〕：Les avisaré su ~. あなたが行くことを彼らに知らせましょう. tomar el autobús a la ~ 往路をバスで行く. ❷ 往路の切符〔billete de ~〕：precio de ~ 片道料金. ❸ 出発〔partida〕
en dos ~s y venidas すばやく, 迅速に
~ y venida 行き来, 往来
~ y vuelta 行きと帰り, 往復：billete de ~ *y vuelta* 往復切符
~s y venidas 右往左往, 奔走

-ida [接尾辞]〔動詞+. 名詞化. 動作・結果〗com*ida* 食事, sub*ida* 上昇

-idad [接尾辞]〔形容詞+. 名詞化. 性状〗feli*cidad* 幸福

IDE〈略語〉←Iniciativa de Defensa Estratégica 戦略的防衛構想, SDI

idea [idéa]〔①〔限定詞+〕考え, 意図：Me agrada la ~ de volver a verla. 彼女にまた会えると思うと私はうれしい. Está poseído de la ~ de la conversión. 彼は改宗の考えに取りつかれている. Todavía no ha abandonado la ~ de llevar a cabo ese

plan. 彼はまだその計画を遂行するつもりだ

❷ アイディア, 思いつき: Es una buena ～. それは名案だ/よい着想だ. Tengo una ～ para las vacaciones. 休暇のためのプランがある. Se me ocurrió (Me vino) una ～. 私はあることを思いついた

❸ およその知識(理解), 概念: Este libro nos da una ～ de la antropología. この本で人類学について大体のところがつかめる. Me hago una ～. 私にはある程度わかっている. formarse una ～ equivocada 誤った概念を抱いてしまう

❹ [主に +形容詞] 意見, 見解, ものの見方: ¿Qué ～ tienes de este problema? この問題についてどう思う? tener una ～ anticuada 古くさいものの見方をしている. ～ generalmente admitida 社会通念

❺ [複] 思想: Tiene unas ～s muy avanzadas. 彼は大変進歩的な思想の持ち主だ. hombre de ～s liberales リベラルな考え方の男

❻ 観念, 理念: ～ fija 固定観念. ～ de la universidad 大学の理念

apartar a+人 de una ～ …に考えを捨てさせる

con la ～ de+不定詞 …するつもりで

dar a+人 una ～ …に思いつかせる: i) [una idea が主語. 複] で気まぐれなど] Algunas veces le *dan unas ～s* a este niño. 時々この子は変なことを考える. ii) [事物・人 が主語] Lo que acabas de decir me *ha dado una ～*. 君が今言ったことで私はあることを思いついた

dar (una) ～ de... …について知らせる, 理解させる; 大ざっぱに述べる

formarse ～ de... …という考えを抱く, 想像する

hacerse a la ～ de... …という考えを受け入れる, あきらめる: Me *he hecho a la ～* de que el mundo es así. 世の中とはこんなものと私はあきらめるようになった. *Hazte a la ～ de* descansar los sábados. 土曜日に休むことに慣れなさい

～s de bombero (de casquero) 《西. 口語》 とっぴな考え

llevaba ～ de+不定詞 …するつもりである: Llevaba ～ de decírselo. 私は彼にそれを言うつもりだった.

mala ～ de 《西》悪意 [mala intención]; 意地の悪さ

¡ni ～! さっぱりわからない!

no poder hacerse una ～ 想像もつかない: No puedes hacerte una ～ de eso. それは君には思いもよらないことだ

quitar a+人 la ～ de+不定詞 [説得して] …が…するのをやめさせる

tener ～ 1) [+de を] わかる, 察しがつく: ¿Tienes ～ de cuántos van a asistir? 出席者は何人くらいになると思う? No *tengo* (ni) ～. 私には(まったく) ～. ない. No *tengo* la menor ～ de su porvenir. 彼の将来についてはまるで見当がつかない. 2) [+de+不定詞] …するつもりである. 3) [+para に] 熟達している: Tiene mucha ～ para la jardinería. 彼は庭

づくりが大変うまい

ideal [ideál] 《英 ideal》 [形] **❶** 理想的な, 完璧な: Esa costa es un lugar ～ para las vacaciones. その海岸は休暇を過ごすのに絶好の場所だ. belleza ～ 非の打ちどころのない美しさ. mujer ～ 理想の女性. **❷** 観念的な, 空想上の [↔real]: mundo ～ 空想の世界

lo ～ es (sería) que+接続法 …するのが最善である: *Lo ～ sería que* termináramos todo en un día. すべてを1日で終えられればそれに越したことはない

◆ [男] 理想; [主に 複] 価値体系, 主義主張: Tengo un ～. 私には一つの理想がある. realizar su ～ 理想を実現する. defender sus ～es 自分の主義を守る. hombre sin ～es 理想(主義主張)を持たない人. ～ del político 理想的な政治家, 政治家の理想像

idealismo [idealísmo] [男] 《哲学》観念論 [↔ materialismo]; 理想主義 [↔realismo, pragmatismo]

idealista [形] [名] 観念論的な, 観念論者; 理想主義的な, 理想主義者

idealizar [idealiθár] [他] 理想化する: personaje *idealizado* 理想化された人物

idealización [女] 理想化

idear [ideár] [他] 考えつく, 案出する: ～ un plan 計画を思いつく

ideario [ideárjo] [男] 《集合》[一人の思想家・一つの団体・潮流などの] 基本的な考え(思想)

ídem [íden] [代] [副] 《ラテン語》[繰返しを避け] 同上, 同前; [学術書等に] 同著者; 同様に
～ de ～ まったく同様に
～ de lienzo 同じこと [lo mismo]

identi-kit [idénti kit] [男] 《南米》モンタージュ写真

idéntico, ca [idéntiko, ka] [形] [+a と] ぴったり同じの, きわめてよく似た: Su opinión y la mía son ～cas. 彼と私の意見は同じだ. El niño ha salido ～ al padre. その子は父親と瓜二つになった

identidad [identiðá(d)] [女] **❶** 同一(性), 一致; アイデンティティ: ～ de pareceres 意見の一致. ～ nacional 国民としてのアイデンティティ. **❷** 本人であること, 身元: probar su ～ 身分を証明する. probar la del ladrón 泥棒の身元を割り出す. carné (tarjeta) de ～ 身分証明書. **❸** 《数学》恒等式

identificable [identifikáble] [形] 識別し得る; 同一視し得る

identificación [identifikaθjón] [女] **❶** 識別; [警察の] 鑑識 [～ criminal]: ～ de un cadáver 死体の身元確認. ～ genética DNA鑑定. número de ～ [personal] 暗証番号, ID番号. **❷** 身元を証明するもの. **❸** 同一視

identificar [identifikár] [他] **❶** [+como と] 識別する, 特定する; [身元を] 確認する: El testigo le ha *identificado como* el agresor. 証人は彼を加害者[に間違いない]と認めた. ～ al autor del atraco 強盗の犯人を特定する(犯人の身元を割り出す). víctima sin ～ 身元不明の犠牲者. **❷** [+con と] 同一視する

◆ ～se ❶ [+con と] 賛成(同意見)である; 連

帯する: Difícilmente *se identificará con nuestra manera de pensar*. 彼が私たちの考え方に賛成することは難しいだろう. *Ella se identifica perfectamente conmigo*. 彼女は私とぴったり気が合う. ❷ 自分の身元を証明する

ideografía [iðeoɣráfia] 囡 表意文字の使用, 象徴による表意

ideograma [iðeoɣráma] 團 表意文字

ideología [iðeoloxía] 囡 イデオロギー: ～ burguesa ブルジョアイデオロギー
ideológico, ca 形 イデオロギーの
ideólogo, ga 囝 理論家, 思想家, イデオローグ

-**idero** 《接尾辞》[ir 動詞+] i)［形容詞化. 可能］ven*idero* 将来の. ii)［名詞化. 場所］herv*idero* 湧出口

idilio [iðíljo] 團 田園恋愛詩; 恋愛関係; 牧歌的(幸福)な時期
idílico, ca 形 田園恋愛詩の; 牧歌的な, のどかな: paisaje ～ のどかな風景

idiocia [iðjóθja] 囡 軽度の知的障害

idiolecto [iðjolékto] 團 《言語》個人言語

idioma [iðjóma] 團 《英 language》[一国の]言語: Habla cinco ～s. 彼は 5 か国語を話す. escribir en el ～ de Miguel de Cervantes スペイン語で書く. ～ japonés 日本語. ～ moderno 現代語

idiomático, ca [iðjomátiko, ka] 形 一国語に独特の; 慣用語法の: expresión ～*ca* 慣用表現, 熟語

idiosincrasia [iðjosiŋkrásja] 囡 特異な気質, 性癖; 《医学》特異体質: ～ de un pueblo 国民性

idiota [iðjóta] 形 囝 ❶ 愚かな〔人〕, ばか〔な〕: No seas ～. ばかなまねはやめろ. hacer el ～《口語》ばかのふりをする; ばかなことをする(言う). ❷ 《医学》軽度の知的障害の(障害者)

idiotez [iðjoté̞θ] 囡 《覆 ～ces》❶ 愚かさ, 愚劣; 愚かな言動: ser una ～ que+接続法《口語》…するなんて常軌を逸している. ❷ 《医学》= **idiocia**

idiotismo [iðjotísmo] 團 ❶ 《言語》[文法的には不正確だが] 慣用的な表現, 熟語《例 a pie juntillas 両足をそろえて》. ❷ 無知

idiotizar [iðjotiθár] 咺 他 白痴化する

ido, da² [íðo, ða] 形 週分《←ir》❶ llorar por sus ilusiones *idas* 夢が破れて泣く. ❷ 《口語》[estar+] 放心した; 《口語》頭のいかれた: estar medio ～ 頭が少しおかしくなっている

-**ido** 《接尾辞》❶ [er・ir 動詞+] i)［過去分詞］com*ido*, viv*ido*. ii)［名詞化. 動作・技術的処理・音］ped*ido* 注文, encend*ido* 点火, chill*ido* 金切り声. ❷ [名詞+. 品質形容詞化] dolor*ido* 痛ましい

idolatrar [iðolatrár] 咺 ⓗ ❶ 偶像崇拝する. ❷ 溺愛(ﾃﾞﾓ)する; 偶像視する: ～ a su hijo 自分の子供を溺愛する. ～ el dinero 拝金する
idólatra 形 囝 偶像崇拝の(崇拝者)
idolatría 囡 偶像崇拝; 溺愛, 偶像化

ídolo [íðolo] 團 ❶ 《宗教》偶像. ❷ 崇拝の的, アイドル

idóneo, a [iðóneo, a] 形 [+para に] 適した: Es una persona ～*a para* ocupar este cargo. 彼はこの地位につくのにふさわしい人物だ
idoneidad 囡 適切さ

-**idor** 《接尾辞》[ir 動詞+] i)［品質形容詞化］cumpl*idor* 務めを果たす. ii)［名詞化. 場所］recib*idor* 受付

-**iduría** 《接尾辞》[ir 動詞+. 名詞化. 場所］fre*iduría* 揚げ物屋

idus [íðus] 團 《覆》《古代ローマ》3 月・5 月・7 月・10 月の 15 日, その他の月の 13 日

i.e. 《略語》←id est すなわち

-**iego** 《接尾辞》[名詞+. 品質形容詞化] muj*eriego* 女好きの, solar*iego* 旧家の

-**iendo** 《接尾辞》[er・ir 動詞+. 現在分詞] com*iendo*, viv*iendo*

-**iense** 《接尾辞》[地名形容詞化] paris*iense* パリの

-**iente** 《接尾辞》[er・ir 動詞+] i)［品質形容詞化］sigu*iente* 次の. ii)［名詞化. 行為者］depend*iente* 従業員

-**iento** 《接尾辞》[名詞+. 品質形容詞化] sangr*iento* 血みどろの

-**ificar** 《接尾辞》[動詞化. 使役] sacr*ificar* 犠牲にする, especif*icar* 特定化する

iglesia [iɣlésja] 囡 《英 church》❶ [キリスト教の] 教会 《ｶｯﾄ》: i) [建物・組織] ir a la ～ 教会に行く(通う). casarse por la I～ [役所でなく] 教会で結婚式をあげる. unión de la I～ y del Estado 政教一致. ii) [主に I～. 宗派] I～ católica カトリック教会. I～ griega/I～ ortodoxa (griega) ギリシア正教会. iii) [教徒] ～ militante 戦う教会 [地上のキリスト教徒]. ～ purgante 苦しむ教会 [煉獄のキリスト教徒]. ～ triunfante 凱旋の教会 [救われた人々]. ❷ 匯名 聖職者

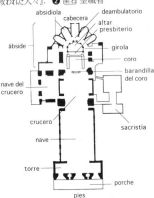

iglú [iɣlú] 團 《覆 ～〔e〕s》[エスキモーの] 氷の家, イグルー

Ignacio [iɣnáθjo] 團 《男性名》イグナシオ
ignaciano, na 形 イグナシオ・デ・ロヨラ Ignacio de Loyola の《イエズス会の創始者. 1491-1556》

ignaro, ra [ignáro, ra] 形 ひどく無知な

ígneo, a [ígneo, a] 形 **❶** 火の。 **❷** 《地質》 roca ~*a* 火成岩

ignición [igniθjón] 囡 **❶** 燃焼 [combustión]；点火，発火：punto de ~ 発火点。 **❷** 《自動車》イグニッション [encendido]．**❸** [体の] ほてり：entrar (estar) en ~ 体がほてる(ほてっている)

ignífugo, ga [igní̱fuγo, γa] 形 不燃(耐火) 性の：pintura ~*ga* 耐火ペイント

ignifugación 囡 不燃(耐火)性にすること

ignominia [ignomínja] 囡 **❶** 不名誉, 屈辱, 恥辱：Los sueldos bajos son una ~ para los trabajadores. 低賃金は労働者にとって屈辱だ。 padecer la ~ 屈辱を受ける。 caer en la ~ 汚辱にまみれる。 cubrir de ~ a+人 …に屈辱を与える。 **❷** 卑劣な行ない, 恥ずべきこと

ignominioso, sa 形 不名誉な, 屈辱的な；卑劣な

ignorancia [ignoránθja] 囡 無知, 無学；[+ de を] 知らないこと：estar en la ~ *de...* …を知らない。 tener a+人 en la ~ *de...* …に…を知らせずにおく。 pecar por ~ 知らないで(無知ゆえに)罪を犯す。 ~ crasa 許しがたい(まったくの)無知。 ~ supina 怠慢による無知

　perdonar (disculpar) la ~ [口出しの冒頭] Perdonad mi ~, pero yo creo que sería mejor consultar con un médico. よくわからないけど医者にみてもらった方がいいと思うよ

ignorante [ignoránte] 形 [ser+. +en を] 無知な；[estar+. +de を] 知らない：Es ~ en el tema. 彼はその問題に疎い。 Está ~ de lo que pasa. 彼は何が起きているのか知らない。 personas ~*s* 無知な人々

◆ 图 《軽蔑》無知な人, 無学な人

ignorantismo 男 反啓蒙主義

ignorar [ignorár] 他 **❶** 知らない, 知らないでいる：i) Ignoro lo que les sucedió. 彼らに何があったのかは知らない。 Nadie lo ignora. それを知らない人はいない。 ii) [経験] Ignora la pobreza. 彼には貧しさがわからない。 iii) [+que+接続法 (否定文では +直説法)] Ignoro que les sucediera tal cosa. あんなことが彼に起こったなんて私は知らなかった。 No ignoro que viniste ayer. 君が昨日来たことは知っている。 **❷** [←英語] 無視する, 黙殺する：ignorando la ley 法を無視して

ignoto, ta [ignóto, ta] 形 《文語》[国・土地が] 未知の, 未踏の

igual [igwál] 形 《英 equal》 **❶** 等しい, 同一の, 同等の；同様の：i) dividir en seis partes ~*es* 6等分する。 ejemplo ~ 同様な例。 ii) [類似性 +que/同等・同質性 +a と] Tengo un jersey ~ *que* ése que llevas. 私は君の着ているそれと同じセーターを持っている。 Es ~ *que* su padre. 彼は父親そっくりだ。 Cinco y tres es ~ *a* ocho. 5足す3は8。 reproducción exactamente ~ *al* original 本物そっくりの複製。 **❷** 対等の, 平等な：Todos los hombres son ~*es* ante la ley. 法の前では万人は平等である。 Su amabilidad es ~ [para] con todos. 彼の

親切さは皆に対して等しい。 El resultado nunca es ~ al esfuerzo que pone. 努力に見合った結果は決して得られない。 Así estamos ~*es*. これでおあいこだ。 **❸** 一様な, むらのない；平らな：velocidad ~ 同じ速度。 terreno ~ 平らな地面

　al ~ *que...* …と同様に：El gallego es un idioma, *al* ~ *que* el vasco y el catalán. ガリシア語はバスク語やカタルーニャ語と同様に一つの言語である

　dar ~ [+que+接続法 することは]どうでもよい, 大したことはない：[Me] Da ~ *que* lo hagas tú o él. 君がしようと彼がしようとどちらでもよい

　de ~ *a* ~ 対等に, 平等の立場に：tratar *de* ~ *a* ~ 対等につきあう

　¡es ~*!* 大したことはない, かまいません!

　¡habrá+名詞 ~*!* [驚き・冷淡] ¡Habrá cinismo ~...! 何てひどいことを…!

　¡habrá cosa ~*!* [驚き・不快] こんなことってあるか, ひどい!

　~ *de*+形容詞・副詞 [同等比較. +que と] 同じくらい… [igual は数変化しない]：Él es ~ *de* inteligente *que* María. 彼はマリアと同じくらい賢い。 Las hermanas son ~ *de* bonitas. 姉妹はどちらも同じくらい美しい

　~ *que*+直説法 …するのと同様に：Todo ha salido bien, ~ *que* habíamos pensado. 私たちが考えたようにすべてうまくいった

　por ~ 一様に；区別なく：dar a todos *por* ~ 全員に平等に与える。 Los dos son *por* ~ culpables. 2人とも等しく有罪だ

　ser ~ =*dar* ~

　si+直説法 ~ *que si*+直説法 [譲歩] …も…も同様に

　sin ~ 比べるもののない：belleza *sin* ~ 比類のない美しさ

◆ 图 対等の人, 同等の人

◆ 男 **❶** 《数学》等号 [=. signo ~]．**❷** 複《スポーツ》同点：i) Van ~*es*. 同点だ。 ii) 《テニス》quince ~*es* フィフティーンオール。 cuarenta ~*es* ジュース。 **❸** 《西》[ONCE] 宝くじ券

◆ 副 **❶** [+que と] 同様に：Yo pienso ~ *que* tú. 私も君と同じことを考えている。 **❷** [文頭で] たぶん：I~ ha perdido el tren y viene más tarde. 彼はたぶん列車に乗り遅れたのだろうから着くのはもっと後だ。 **❸** 《南米》どんなことがあっても

iguala [igwála] 囡 **❶** [医師などとの] 契約, 契約金。 **❷** 《建築》水準器

igualación [igwalaθjón] 囡 **❶** 平等化, 均等化；平らにすること。 **❷** =**iguala**

igualado, da [igwaláðo, ða] 形 過分 **❶** 平等な, 対等な；同様な：Quedaron los dos ~*s* a puntos. 2人は同点になった。 Luis está ~ con José. ルイスはホセとよく似ている。 **❷** 平らな

◆ 图 《西》[試合の] 同点

igualar [igwalár] 他 **❶** [+a と] 同じにする；平等(均等)にする：~ los gastos a los ingresos 支出を収入に合わす。 La fraternidad iguala *a* todas las razas. 友愛はすべての民族を平等にする。 Igualo tus méritos *a* los suyos. 私は君の功績は彼の功績と同じだと考えてい

る. ❷ [+a・en で] …に匹敵する: Nadie le igualaba *a* generoso. 寛大さで彼に勝る人はいなかった. Einstein *iguala* a Newton *en* su hazaña. アインシュタインの功績はニュートンのそれに匹敵する. ~ la marca de un campeón タイ記録を出す. ❸ [地面を] ならす: ~ el camino 道ならしをする

◆ 圓 ❶ [+con・a と] 同様である. ❷《スポーツ》同点になる: Los dos *han igualado* a 3. 両者は3対3のタイになった(3対3で引き分けた)

◆ ~se ❶ [互いに/+con と] 同等になる: Los tres corredores *se igualaron* a la mitad. 3人の走者が中間地点で並んだ. No *te iguales conmigo*, que soy mucho mayor. 僕には勝てないよ. 君よりずっと年上なのだから. Estas cifras pueden ~*se a* las del año pasado. この数字は昨年に匹敵する. ❷ 平等に扱う: *Se igualaba con* los pobres. 彼は貧しい人たちと対等につき合っていた

igualdad [iɡwaldá(đ)] 囡 ❶ 平等;同等, 等しさ: ~ ante la ley 法の前の平等. ~ de oportunidades 機会均等. ~ de puntos 同点. ~ de equipos 両チームの力の拮抗. ❷《数学》等式

igualitario, ria [iɡwalitárjo, rja] 厖 平等主義の, 平等をめざす

igualitarismo 男 平等主義

igualmente [iɡwálmènte] 圖 ❶ 均等に, 平等に. ❷《文語》…もまた, やはり;同じく: Participaron los jóvenes y los viejos ~. 老いも若きも参加した. ❸ [挨拶] i) Le deseo que tenga buena suerte.―*I*~. ご幸運を.―あなたも. ii) [よろしくへの返答] こちらこそよろしく

iguana [iɡwána] 囡《動物》イグアナ;タテガミトカゲ

iguanodonte [iɡwanođónte] 男《古生物》イグアノドン

-iguar《接尾辞》[動詞化] ates*tiguar* 証明する, aver*iguar* 調べる

ijada [ixáđa] 囡 [主に動物の] 脇腹, 横腹

ijar [ixár] 男 [主に 圐. 主に人間の] 脇腹: Me duelen los ~*es*. 横腹が痛い

ikastola [ikastóla] 囡《←バスク語》バスク語で授業をする学校

ikurriña [ikurríɲa] 囡 バスク地方の旗

-il《接尾辞》[名詞+. 品質形容詞化] varon*il* 男性的な

ilación [ilaθjón] 囡 [論理・話の] 連関, 脈絡: discurso carente de ~ 支離滅裂な演説

ilativo, va [ilatíβo, βa] 厖 連結きせる: conjunción ~*va*《文法》引きつぎの接続詞 [例 conque, pues など]

ilegal [ileɣál] 厖 不法の, 違法の;不当な: venta ~ de armas 武器の不法売買. acto ~ 違法行為. entrada ~ 密入国. fabricación ~ 密造. ocupación ~ 不法占拠

ilegalidad [ileɣaliđáđ] 囡 不法の, 違法〔性〕;非合法〔活動〕: vivir en la ~ アウトローとして生きる

ilegalizar [ileɣaliθár] 囨 他 非合法化する

ilegible [ilexíβle] 厖 ❶ 判読できない, 読みづら

い: Tus letras son ~*s*. 君の字は読みにくい. ❷ [作品が文学的に] 読むに耐えない; [内容が不道徳などの理由で] 読めない, 読んではならない

ilegítimo, ma [ilexítimo, ma] 厖 ❶ 正当な結婚によらない: hijo ~ 私生児, 非嫡出子. relaciones matrimoniales ~*mas* 内縁関係. alianza ~*ma* [政治的な] 野合. ❷ 不法の, 非合法の;不当な: competencia ~*ma* 不当な〔販売〕競争

ilegitimar 他 非合法化する

ilegitimidad 囡 不法, 違法

íleo [íleo] 男《医学》腸閉塞

íleon [íleon] 男《解剖》回腸

ileocecal 厖 回盲〔部〕の

ilerdense [ilerđénse] 厖 名《文語》＝**leridano**

ilergete [ilerxéte] 厖 名《歴史》[イベリア半島北西部に住んでいた] イレルゲタス族〔の〕

ileso, sa [iléso, sa] 厖 [人・動物が] 無傷な: Salió ~ del accidente. 彼は事故にあったが無傷で助かった

iletrado, da [iletráđo, đa] 厖《主に軽蔑》無教養な;文盲の

ilíaco, ca [ilíako, ka] 厖《解剖》腸骨の

ilicitano, na [iliθitáno, na] 厖 名《地名》エルチェ Elche の〔人〕『バレンシア地方の観光都市』

ilícito, ta [ilíθito, ta] 厖 不法な, 違法の;非道徳的な: tenencia ~*ta* de armas 武器の不法所持. ganancia ~*ta* 不正利得. tener amores ~*s* 不倫な関係をもつ

ilimitado, da [ilimitáđo, đa] 厖 無限の, 無制限の: responsabilidad ~*da* 無限責任. huelga ~*da* 無期限スト. tener confianza ~*da* en+人 …に絶大な信頼を置く

ilion [íljon] 男《解剖》腸骨

ilírico, ca [ilíriko, ka] 厖《歴史・地名》イリュリアの〔人〕. ◆ 男 イリュリア語

ilirio, ria [ilírjo, rja] 名 ＝**ilírico**

-illo《示小接尾辞》cigarr*illo* 紙巻きたばこ

Ilmo.《略語》←Ilustrísimo 猊下

ilógico, ca [ilóxiko, ka] 厖 非論理的な, 論理に反する;《口語》理屈に合わない: comportamiento ~ ばかげたふるまい

ilota [ilóta] 男 ❶ [古代スパルタの] 奴隷. ❷ 市民権を剥奪された人

ilotismo 男 奴隷であること

ILPES 男《略語》←Instituto Latinoamericano de Planificación Económica y Social ラテンアメリカ経済社会計画研究所

iluminación [iluminaθjón] 囡 ❶ 照明;圐 イルミネーション: La habitación tiene una ~ perfecta. 部屋の明るさは十分だ. Las calles están adornadas con *iluminaciones*. 通りは飾灯が施されている. ❷ [写本などの] 彩色. ❸《宗教》啓発, 天啓

iluminado, da [ilumináđo, đa] 厖 過分 照らされた;天啓を受けた

◆ 名 明知を得た〔と自称する〕人

◆ 男 圐《宗教》照明派『18世紀に現れた異端』

iluminador, ra [iluminađór, ra] 厖 照らす

啓発的な. ◆ 图 照明係；彩色する人

iluminar [iluminár] 他 ❶ 照らす, 照明する；イルミネーションで飾る: La luna *iluminaba* la habitación. 月が部屋を照らしていた. Un farol *ilumina* la esquina. 街灯が角を照らしている. ～ la catedral カテドラルに照明を当てる. ❷〔絵などに〕彩色する. ❸ …にわからせる: Esa palabra suya me *iluminó* acerca de sus intenciones. その言葉で彼の意図がはっきりした. ❹ 啓発する；〔神が〕啓示を与える: ¡Señor, *ilumina* mi espíritu! 神様, 天啓をお与えください! ◆ ～se〔顔・目が〕輝く: *Se* le *iluminó* el rostro de alegría. 彼は喜びに顔を輝かせた

iluminismo [iluminísmo] 男 照明派理論（運動）, 天啓説

ilusión [ilusjón] 囡〖英 illusion〗 ❶ 錯覚, 幻覚: producir ～ a+人 …に錯覚を起こさせる. ～ óptica 錯視；目の錯覚. ❷ 幻想, 夢想；希望, 夢: concebir *ilusiones* 夢（幻想）を抱く. tener una ～ con (por)... …に幻想を抱いている. con ～ 夢を抱いて. ❸《主に西》期待, 喜び, 満足: ¡Qué ～! 楽しみだな! ❹ 熱心さ: trabajar con gran ～ 熱心に働く. ❺《服飾》tul ～ de seda 極薄地の絹のチュール

hacer a+人《口語》…に夢を与える, 期待させる, 喜ばせる；…を眩惑する: Me *hacen* mucha ～ las Navidades. 私はクリスマスがとても楽しみだ. Me *hizo* mucha ～ tu regalo. 君のプレゼントはとてもうれしかった. Esa casa no le *hace* ～. 彼はそんな家に住みたいとは思わない

hacerse (forjarse) ilusiones 幻想を抱く, 甘い夢に浸る；期待しすぎる

ilusionar [ilusjonár] 他 …に幻想を抱かせる ◆ ～se [+con で] 幻想を抱く: *Se ilusionó* con el nuevo proyecto. 彼は新しい計画に夢を馳せた

estar ilusionado con (por)... …を期待している, 楽しみにしている

ilusionismo [ilusjonísmo] 男 手品

ilusionista [ilusjonísta] 共 手品の人；手品師

ilusivo, va [ilusíβo, βa] 形 =ilusorio

iluso, sa [ilúso, sa] 形〔人が〕夢想的な, 考えが甘い

ilusorio, ria [ilusórjo, rja] 形 見せかけの, むなしい: promesa ～*ria* から約束

ilustración [ilustraθjón] 囡 ❶ 挿絵, イラスト〖図版, 写真も含む〗: libro sin *ilustraciones* 字だけの本. ❷ 説明, 例証: servir como ～ de... …の例証として役立つ. para su ～ 御参考までに. ❸《文語》学識, 教養: no tener ninguna ～ まったく教養がない. ❹ [*I* ～. 18世紀の］啓蒙運動〖las Luces〗: siglo de la *I* ～ 啓蒙の世紀

ilustrado, da [ilustráðo, ða] 形 過去分 ❶ 挿絵（図版）入りの: diccionario ～ 図解辞典. libro ～ 絵本. revista semanal ～ 写真週刊誌. ❷《文語》学識のある, 教養豊かな ◆ 图 啓蒙派, 啓蒙主義者

ilustrador, ra [ilustraðór, ra] 图 挿絵画家, イラストレーター

ilustrar [ilustrár] 他 ❶ [本などに] 挿絵（イラスト・写真）を入れる. ❷ [例などをあげて] わかりやすくする, 例証する: su conferencia con diapositivas 講演でスライドを使って説明する. ❸《文語・戯語》啓発する, 啓蒙する；[+sobre について] …に教示する: Sus palabras *ilustraron* su posición. その発言で彼の立場がはっきりした ◆ ～se《戯語》知識を得る: *Te ilustrarás* bien con ese libro. この本を読めばよくわかるよ

ilustrativo, va [ilustratíβo, βa] 形 例証する: Esta anécdota es muy ～*va* de su temperamento. このエピソードは彼の気性をよく示すものだ

ilustre [ilústre] 形 著名な, 名高い: i) escritor ～ 著名な作家. familia ～ 名門. ii) [尊称. +名詞] ～ señor director 社長様

ilustrísimo, ma [ilustrísimo, ma] 形 [絶対最上級. 司教・貴族などの尊称. +名詞] ～ señor obispo 司教様. ～ gobernador 総督閣下. su ～*ma* [司教の尊称] 猊下⁽ᵍᵉⁱ⁾

im-〖接頭辞〗[中, 不. 無］☞in-

imagen [imáxen] 囡〖英 image. 複 imágenes〗 ❶ [鏡などに映る] 像, 映像；[テレビなどの] 画像, 画面: contemplar su ～ en el agua 水に映った自分の姿を見つめる. ～ consecutiva (restante) 残像. cultura por ～*es* 映像文化. Esas ～*es* fueron rodadas aquí. そのシーンはここでロケされた. ❷ 姿形；様相: En su rostro se puede percibir la ～ de su madre. 彼女の顔には母親の面影がある. Ya no queda nadie que conozca su antigua ～. 彼の昔の姿を知る者はもういない. Su novela es una viva ～ de la vida medieval. 彼の小説は中世の生活を生き生きと描き出している. ❸ [心に浮かぶ] イメージ, 心像: A menudo me viene su ～ a la mente. よく彼の姿が目に浮かぶ. guardar [en su mente] la ～ de+人 …の面影を抱き続ける. cuidar mucho su ～ 自分のイメージを大切にする. cambio de ～ イメージチェンジ. ❹ 比喩；象徴. ❺ 聖像, 聖画: Se arrodilló ante la ～ de la Virgen. 彼は聖母像の前にひざまずいた

a ～ [y semejanza] de... …のように: Dios creó al hombre a su ～. 神は自分の姿に似せて人間を作った. comportarse a ～ de su hermano 兄のまねをする

quedarse para vestir ～es [女性が] 独身のままでいる

ser la viva ～ de... …そのもの（そっくり）である

imaginable [imaxináβle] 形 想像できる

imaginación [imaxinaθjón] 囡〖英 imagination〗 ❶ 想像；想像力, 空想力: Lo dejo a su libre ～. ご想像におまかせします. falta de ～ 想像力の欠如. ❷ [主に 複]. 根拠のない] 空想, 夢想: Todo eso son *imaginaciones* suyas. それはまったく彼の想像力の産物だ（気のせいだ）

ni por ～ 決して［…から］

no pasarse a+人 por la ～ …には思いつかない

imaginar [imaxinár] 他〖英 imagine〗 ❶

imaginaria¹

[+que+直説法 (否定文では +接続法)] 想像する, 思い描く 『口語では主に ～se. 〔強意〕: *Imaginaré* que estoy en la luna. 私が月にいるものと想像してみよう. ～ fantasmas ありもしない幽霊を見たと思ってしまう. ❷ 思う, 考える: i) *Imaginaba* que habría gente, pero no tanta. 大勢の人がいるだろうとは私は思っていたが, これほどまでとは思わなかった. ii) [命令文で] ¡*Imagina* (*Imagínate*) lo que me diría.., si...! …したら, 私が彼に何と言われるか考えてみてごらん! ❸ 考えつく, 考案する: ～ un dispositivo para ahorrar gasolina ガソリンを節約する装置を考え出す

◆ ～se 想像する: i) *Se imaginó* la disposición de los muebles. 彼は家具の配置を頭に描いてみた. No puedo ～*me que* se vaya sin despedirse. 彼が挨拶もしないで行くとは考えられない. *Imagínate* mi alegría al saberlo. 私がそれを知った時のうれしさを想像してみてごらん. ii) [poder+ では ～se が多い] No *me* lo puedo ～. それは想像もできない. ¡No *te* puedes ～ lo que te echamos de menos! 君がいなくて私たちがどんなに寂しかか君にはわからないよ!

imaginaria¹ [imaxinárja] 囡《軍事》予備の衛兵
◆ 男 不寝番 (夜間当直) の兵士

imaginario, ria [imaxinárjo, rja] 厖 想像上の, 架空の 『↔real』: figura ～*ria* 架空の人物. enemigo ～ 仮想敵国. pintura ～*ria* 想像画

imaginativo, va [imaxinatíβo, βa] 厖 想像力豊かな; 想像の
◆ 囡 想像力; 常識

imaginería [imaxinería] 囡 聖像を彫刻する (描く) こと
imaginero, ra 聖像の彫刻師 (画家)

imago [imáɣo] 男《動物》成体, 成虫
imam [imán] 男《イスラム教》イマム, 導師
imán [imán] 男 ❶ 磁石: ～ permanente (temporario) 永久 (一時) 磁石. ～ de herradura (de barra) 馬蹄形 (棒) 磁石. piedra ～ 天然磁石. ❷ [人を] 引きつけるもの: tener ～ para+人 …にとって魅力がある. ❸ =imam

imanación/imantación 囡 磁化: ～ temporaria 一時磁化
imanar/imantar 他 磁化する

imbancable [imbaŋkáβle] 厖《南米》我慢できない

imbatible [imbatíβle] 厖 打ち負かすことのできない, 卓絶した

imbécil [imbéθil] 厖 囡 ❶《軽蔑》愚かな, ばかな; 愚か者, ばか: ¡No seas ～! ばかなことをするな (言うな)! ¡El ～ lo serás tú! ばかはそっちだ! ❷《医学》中度の知的障害の (障害者)

imbecilidad [imbeθiliðáð] 囡 愚かさ, ばかさ加減; 中度の知的障害: decir ～*es* ばかなことを言う. ser una ～ que+接続法 …するとは愚かだ

imberbe [imbérβe] 厖 囡 まだひげの生えていない; [未熟な] 若者

imbornal [imbornál] 男 [甲板の] 排水口;

[一般に] 水落とし
imborrable [imboráβle] 厖 消せない, ぬぐい去れない: tinta ～ 消えないインク. dejar un recuerdo ～ 忘れられない思い出を残す

imbricación [imbrikaθjón] 囡 [屋根瓦などの] うろこ状配列, 羽(ˡ)重ね; 錯綜
imbricar 他 うろこ状に重ねる. ◆ ～se 複雑に入り組む, 錯綜する

imbuir [imbwír] 48 他 《現分 imbuyendo》 [体系的・教条的に] 教え込む, 頭にたたき込む: i) [人に, +de+事柄 を] Nos *ha imbuido de* unas ideas maravillosas. 彼は私たちにすばらしい物の考え方を教えてくれた. ii) [事柄を, +a+人 に] ¿Cómo has conseguido ～ *a* los alumnos el sentido del deber? どうやって生徒に義務感を植えつけたのか?

◆ ～se [+de 思想などに] すっかりかぶれてしまう: *Se imbuyó de* ideas religiosas, que luego olvidó. 彼は宗教にかぶれたが, すぐ治まった

-imiento 《接尾辞》[er·ir 動詞+. 名詞化. 動作・結果] sufr*imiento* 苦痛

imitable [imitáβle] 厖 模倣され得る; まねをすべき

imitación [imitaθjón] 囡 ❶ 模倣, まね: Su actuación es digna de ～. 彼のふるまいは見習うべきだ. hacer una buena ～ de los cantantes 上手に歌手の物まねをする. ❷ 模造品, 模倣作品

a ～ de... …をまねて, …に倣って
de ～ 模造の: perlas *de* ～ 模造真珠

imitador, ra [imitaðór, ra] 厖 まねをする 〔人〕; 模倣者: animal ～ 物まね好きな動物

imitamonos [imitamónos] 厖《単複同形》人のまねばかりする, 猿まねをする〔人〕
imitamonas 厖 囡 =imitamonos

imitar [imitár] 他 ❶ [+en] 模倣する, まねる: Los niños *imitan* a los padres *en* sus gestos. 子供は親の仕草をまねする. ～ la voz de +人 …の声色を使う. ❷ …に似せである; 模造する: tejido que *imita* el cuero 皮そっくりの布

imitativo, va [imitatíβo, βa] 厖 模倣の, 模倣的な: armonía ～*va*《言語》模倣的諧調. arte ～ 模造芸術. capacidad ～*va* 模倣能力

impaciencia [impaθjénθja] 囡 辛抱できないこと; いらだち, 焦燥: esperar con ～ いらいらしながら待つ; 待ちかねている
devorar a+人 la ～ …がひどくあせっている, じりじりしている

impacientar [impaθjentár] 他 辛抱できなくさせる, いらだたせる
◆ ～se [+por·con に] 辛抱できなくなる, いらだつ: *Se impacientaban por* nada. 彼らはつまらないことでいらいらしていた

impaciente [impaθjénte] 厖 [ser+] 忍耐力のない, 短気な; [estar+] いらいらした: i) No seas tan ～. そんなにいらいらしないでください. ii) [+con·de·por で] Estaba ～ *de* su tardanza. 彼が遅いので私はいらいらしていた. iii) [+por+不定詞 したくて/+por que+接続法 するのを待って] Está ～ *por* conocerlo. 彼はそれを知りたくてたまらない

impacientemente 圖 辛抱し切れずに、いらいらして

impactar [impaktár] 他 …に精神的衝撃を与える

◆ 自 [+en に] 衝撃を与える

impactante 形 衝撃的な、インパクトのある

impacto [impákto] 男 ❶ 着弾；弾痕：Hay ～s de bala en la pared. 壁に弾痕が残っている． hacer ～ 弾痕を残す． ❷ 〔物理的・精神的な〕衝撃、インパクト；〔強い〕影響〔力〕：Sus declaraciones han causado un gran ～ en la opinión pública. 彼の声明は世論に大きな衝撃を与えた． ～ ambiental 環境に与える影響

impagable [impagáble] 形 払いきれない；金で買えない、この上なく高価な：deuda ～ 返済不可能な債務． ～ belleza この上ない美しさ

impagado, da [impagáðo, ða] 形 男 未払いの、未返済の〔借金〕

impago, ga [impágo, ga] 男 未払い、未返済

◆ 形 《中南米》❶ 〔人が〕まだ支払われてない；無給の、名誉職の． ❷ 〔借金・税金などが〕未払いの

impala [impála] 男 《動物》インパラ

impalpable [impalpáble] 形 微細な、かすかな；触知できない：niebla ～ 薄い霧

impar [impár] 形 ❶ 奇数の 〔↔par〕：día ～ 奇数日． ❷ 比類のない

◆ 男 奇数 〔número ～〕；形 奇数番号のもの：Los ～es que se coloquen aquí. 奇数番号の者はここに集まれ

imparable [imparáble] 形 やめられない、制止できない

imparcial [imparθjál] 形 公平な、不偏の：decisión ～ 公正な決定

imparcialidad 女 公平、不偏不党

imparipinnado, da [imparipinnáðo, ða] 形 《植物》〔葉が〕奇数羽状の

impartir [impartír] 他 《文語》〔知識・権利などを〕与える：～ la bendición a los fieles 信者に祝福を与える． ～ 〔las〕 clases 授業をする

impase [impáse] 男 袋小路、行き止まり；窮地

impasible [impasíble] 形 無感動の、平然とした；無感覚な：Aguantó ～ la reprimenda. 彼は平然と叱責を受け止めた

impasibilidad 女 無感動、平静

impasse [impás] 男 《←仏語》❶ 手詰まり、袋小路：La negociación está en un ～. 交渉はゆきづまっている． ❷ 《トランプ》フィネス

impávido, da [impáβiðo, ða] 形 ❶ 恐れを知らない、大胆不敵な；平然とした． ❷ 《中南米》厚かましい、横柄な

impavidez 女 大胆不敵

impecable [impekáble] 形 〔estar+. 物が/ser+. 態度が〕完全無欠な、完璧な：El vestido está ～, tal y como el día que lo estrené. そのドレスは私が初めて袖を通した時のように新品同様だ． comportamiento ～ 非の打ちどころのないふるまい

impecablemente 圖 完璧に、申し分なく

impedancia [impeðánθja] 女 《電気》インピーダンス

impedido, da [impeðíðo, ða] 形 過分 [estar+. +de 手足の] 不自由な：Está ～ de una mano. 彼は片手が不自由だ． estar ～ para trabajar 体に障害があって働けない

◆ 图 肢体の不自由な人、身体障害者

impedimenta [impeðiménta] 女 《軍事》運搬する糧食・弾薬類

impedimento [impeðiménto] 男 妨げ、支障；さしつかえ：No hay ningún ～ para el viaje. 旅行の妨げとなるものは何もない． ～ en el habla 言語障害

impedir [impeðír] 35 他 《英 prevent. ☞活用表. 過分 impidiendo. 現分 impidiendo》妨げる；邪魔をする：i) Una transeúnte impidió el accidente del tren. 1人の通行人が列車事故を未然に防いだ． ～ el paso a+人 …の行く手を阻む． ～ un plan 計画の邪魔をする． ii) [+不定詞] Quiso ～me salir. 彼は私の外出を妨げようとした． Su estado de salud le ha impedido trabajar. 彼の健康状態ではこれまで働くことができなかった． iii) [+que+接続法] Esta valla impedirá que entren los coches. この柵があるので車は入れないだろう

no ～ [para] que+接続法 …する妨げにならない：Eso no impide 〔para〕 que podamos ir todos. それは私たちが全員で行く妨げにはならない

impedir	
直説法現在	直説法点過去
impido	impedí
impides	impediste
impide	impidió
impedimos	impedimos
impedís	impedisteis
impiden	impidieron
接続法現在	接続法過去
impida	impidiera, -se
impidas	impidieras, -ses
impida	impidiera, -se
impidamos	impidiéramos, -semos
impidáis	impidierais, -seis
impidan	impidieran, -sen

impeler [impelér] 他 《文語》押す；[人を、+a+不定詞 に] かり立てる：Una corriente marina impele los barcos. 海流が船を押し流す． Lo ha impelido el afán a escribir. 彼は情熱に突き動かされて書いた

impenetrable [impenetráble] 形 ❶ 入り込めない；[+a を] 通さない：bosque ～ 人を寄せつけない森． cuerpo ～ a los rayos X X線の透らない物体． ❷ 不可解な、うかがい知れない：actitud ～ 不可解な態度． rostro ～ 謎めいた顔つき． secreto ～ 不可解な秘密

impenetrabilidad 女 入り込めないこと；不可解

impenitente [impeniténte] 形 ❶ 《宗教》非

改心の, 悔悟しない. **❷** [悪習などを] やめようとしない: trasnochador ～ 夜ふかしの常習者
impenitencia 囡 非改心 [↔arrepentimiento]
impensable [impensáble] 形 考えられない, ばかげた, 実現不可能な: ocurrencia ～ ばかげた思いつき
impensado, da [impensádo, ða] 形 予期しない, 思いがけない: respuesta ～da 思いがけない返事. viaje ～ 急な旅行
impepinable [impepináble] 形 《西. 戯語》議論の余地のない, 明白な
imperante [imperánte] 形 君臨する; 支配的な: clase ～ 支配階級. moda ～ モードの主流. tendencia ～ en el momento 現時点における支配的な傾向
imperar [imperár] 圁 《文語》 [王などが, +en に] 君臨する, 統治する; 支配的である: La paz va a ～ en el mundo. 平和が世界を支配するだろう
imperativo, va [imperatíbo, ba] 形 **❶** 命令的な, 強制力を持つ: hablar con tono ～ 命令口調で(権柄ずくで)話す. frase ～va 《文法》命令文. **❷** ぜひ必要な: Para mí es ～ pensar en el asunto. 私はどうしてもその問題を考えなければならない
◆ 男 **❶** 《文法》命令法 ⟦modo ～⟧. **❷** [主に複] [至上]命令, 絶対的必要性: ～ categórico 《論理》定言的命令. ～s de la política 政治的要請
imperceptible [imperθeptíble] 形 知覚され得ない; [感じ取れないほど] 微小な, わずかな: sonido ～ 人の耳には聞き取れない音. huella ～ かすかな痕跡
imperdible [imperdíble] 男 安全ピン
imperdonable [imperdonáble] 形 許されない, 許しがたい: error ～ 許されない誤り. ser ～ que+接続法 …するのは許されない
imperecedero, ra [impereθeðéro, ra] 形 《文語. 時に誇張》不滅の, 永遠の: fama ～ra 不朽の名声
imperfección [imperfe(k)θjón] 囡 **❶** 未完成, 不完全. **❷** [軽い] 欠陥, 欠点
imperfecto, ta [imperfékto, ta] 形 **❶** 未完成の, 不完全な: trabajo ～ 不完全な仕事. **❷** 《文法》futuro [～] de indicativo 直説法[単純]未来
◆ 男 《文法》未完了形, 単純形
imperfectivo, va 形 《文法》未完了の
imperforación [imperforaθjón] 囡 《医学》閉塞, 不穿孔
imperial [imperjál] 形 皇帝の; 帝国の: familia ～ 皇室, 帝室. Palacio I～ 皇居. prescripto ～ 勅令. régimen ～ 帝政. idea ～ 帝国理念. ejército ～ 帝国陸軍
Su Alteza I～ 皇帝(皇后)陛下
◆ 囡 [バス・電車などの] 2階席
imperialismo [imperjalísmo] 男 帝国主義
imperialista 形 名 帝国主義の, 帝国主義者; 帝政派(の)
impericia [imperíθja] 囡 [職業上の] 無能,

未熟: ～ al volante 運転の下手さ
imperio [impérjo] 男 《英 empire》 **❶** 帝国: I～ Romano ローマ帝国. Sacro I～ 神聖ローマ帝国. **❷** 帝政(期), 帝位. **❸** 支配, 統治; 制圧: ～ de la ley y la justicia 法と正義の支配. ～ sobre el mar 制海権. **❹** 傲慢な態度
valer un ～ 大変価値がある
◆ 形 《単複同形》第一帝政様式の
imperioso, sa [imperjóso, sa] 形 **❶** 横柄な, 高圧的な: hablar con un tono ～ 偉そうな物の言い方をする. **❷** 緊急の; 余儀ない: Es para mí una necesidad ～sa encontrar habitación. 私にとって部屋を見つけることが急務だ
impermeable [impermeáble] 形 **❶** 不浸透性の; 防水[加工]の: tierra ～ 不透水性の土壌. **❷** [+a に] 傷つかない, 影響されない
◆ 男 《服飾》レインコート; 《西. 俗語》コンドーム
impermeabilidad 囡 不浸透性, 防水性
impermeabilizar 囮 …に防水処理を施す
impersonal [impersonál] 形 **❶** 非人格的な, 個性のない: estilo ～ 個性の乏しい文体. **❷** 《文法》非人称の, 無主語の (i) 単人称 (動詞が3人称単数形だけで使われる): 例 llover・nevar など. ii) 3人称複数形の動詞を用いる:例 Están llamando. 誰かがノックしている)
◆ 男 単人称(非人称・無人称)動詞 ⟦verbo ～⟧
impersonalidad 囡 非人格性; 非人称性
impertérrito, ta [impertérrito, ta] 形 [estar+. 何事にも] 動揺しない, 顔色一つ変えない
impertinencia [impertinénθja] 囡 **❶** 不作法, 無礼; 生意気: poner mucha ～ en el trato con+人 …に対して大変無礼なふるまいをする. **❷** 無礼な言動: decir una ～ 無礼(ぶしつけ)なことを言う
impertinente [impertinénte] 形 **❶** 不作法な, 無礼な; 生意気な; うるさい, しつこい: pregunta ～ ぶしつけな質問. ¡Qué ～ es él! 生意気な(うるさい)やつだ!
◆ 男 複 柄付きの鼻めがね(オペラグラス)
imperturbable [imperturbáble] 形 動揺しない, 平然とした: permanecer ～ 泰然自若としている. sonrisa ～ 常に変わらない微笑
imperturbabilidad 囡 平静, 泰然自若
impétigo [impétigo] 男 《医学》膿痂疹(のうかしん), 飛び火
impetrar [impetrár] 囮 《文語》 [悲壮に・へりくだって] 請い求める: ～ el perdón 許しを請う
ímpetu [ímpetu] 男 勢い, はずみ: Ha entrado con tal ～ que ha roto la puerta. 彼はあまり勢いよく入ってきたのでドアを壊してしまった
impetuoso, sa [impetwóso, sa] 形 [勢いが] 激しい, 激烈な; 向こう見ずな, 情熱的な: ritmo ～ 激しいリズム. viento ～ 烈風. Dicen que la española es ～sa. スペイン女性は情熱的だと言われる
◆ 名 向こう見ずな人
impetuosamente 副 激しく, 猛然と
impetuosidad 囡 =ímpetu

impío, a [impío, a] 形 名 ❶ 不信心な〔人〕，敬虔(^{けい})でない〔人〕；罰当たりな〔人〕：convertir a los ～s 無信仰者を帰依させる．acto ～ 冒瀆行為．❷ 無情な〔人〕，思いやりのない〔人〕

impíamente 副 不敬虔に；無情に

impiedad 女 不信心，宗教蔑視，冒瀆；無情さ

implacable [implakáble] 形 容赦しない，仮借ない：juez ～ 冷酷な判事．～ avance de una enfermedad 病状が容赦なく進むこと．sol ～ 容赦なく照りつける太陽

implantación [implantaθjón] 女 ❶ 導入，設置：con ～ nacional 全国的に定着した．❷ 《医学》移植；〔受精卵の〕着床

implantar [implantár] 他 ❶ 導入する，設置する：～ un nuevo estilo en la empresa 会社に新方式を導入する．❷ 《医学》移植する
◆ ～se 定着する：Se ha implantado esa idea. その考えは定着した
implante 男 《医学》インプラント；〔毛髪の〕植毛〖～ de cabello〗

implemento [impleménto] 男 ❶ 〔主に複〕道具，用具〔一式〕．❷ 《言語》直接補語
implementar 他 1)〔手段などを〕用いる；〔計画を〕実行する．2)《中南米》〔必要な道具などを〕供給する，設置する

implicación [implikaθjón] 女 ❶ 含蓄，言外の意味：Este término tiene ～ política. この言葉には政治的含みがある．Nos sorprendió su ～ de cambios inmediatos. すぐにでも変革をやりかねない彼の口ぶりに我々は驚いた．❷〔+en 犯罪への〕関わり合い，連座：Es evidente su ～ en el complot. 彼がその陰謀に加わっていることは明白だ．❸ 複 影響，結果

implicancia [implikánθja] 女 《中南米》関わり合い；《南米》〔法律上の〕障害

implicar [implikár] 他 ❶〔+en に〕巻き添えにする，連座させる：Le implicaron en el crimen. 彼は犯罪に巻き込まれた．❷ 含む，意味する；〔結果として〕伴う：Permiso no implica aprobación. 許可は必ずしも是認を意味しない．Ser buenos amigos implica ayudarse uno a otro. 親友なら助け合うのが当然だ
◆ ～se 巻き添えになる
implicatorio, ria [implikatórjo, rja] 形 《言語》〔+de を〕意味する；言外の意味をもつ，含みのある：palabra ～ria de la negación 言外に否定を意味する言葉

implícito, ta [implíθito, ta] 形 〔estar+〕暗黙の，言外の：Su respuesta está ～ta en su actitud. 彼の返事はその態度で明らかだ．llevar ～ a... …に含まれている．acuerdo ～ 暗黙の合意
implícitamente 副 暗に，暗黙のうちに

implorar [implorár] 他 〔泣いたりして激しく〕懇願する：～ el perdón de+人 …の許しを請い願う
imploración 女 懇願，哀願
implorante 形 懇願する：tono ～ 哀願調

implosión [implosjón] 女 ❶ 内側に向かっての爆発，内破；《天文》爆縮；《言語》内破

implosivo, va [implosíbo, ba] 形 女 《言語》内破音〔の〕〖閉鎖は行なわれるがその解放が行なわれない閉鎖音：例 acto の c. ↔explosivo〗

implume [implúme] 形 羽のない

impluvio [implúbjo] 男 《古代ローマ》家の中庭に設けられた雨水だめ

impolítico, ca [impolítiko, ka] 形 まずい政策の；〔戦術的に〕拙劣な，不策な

impoluto, ta [impolúto, ta] 形 よごれていない；汚点のない

imponderable [imponderáble] 形 評価できない，はかり知れない；予測不能の：Su colaboración ha sido de un valor ～. 彼の協力はどれほどありがたかったかわからない
◆ 男 〔主に複〕予測できない要因，不確定要素〖factor ～〗：Hay muchos ～s en la política. 政治の世界は一寸先が闇だ

imponencia [imponénθja] 女 《南米》威容

imponente [imponénte] 形 ❶ 堂々たる，威圧的な，大変印象的な：edificio ～ 堂々たる建物．❷〔数量などが〕圧倒的な，すごい；〔女性が〕美しい，グラマーな：frío ～ ものすごい寒さ．muchacha ～ すごい美人

imponer [imponér] 60 他 〔過分 impuesto〗❶《文語》i)〔+a+人 に〕課する，押しつける：～ altas contribuciones al pueblo 国民に重税を課する．～ un castigo (una multa) a+人 …に罰(罰金)を科する．～ muchos deberes a los alumnos 生徒たちにたくさん宿題を出す．～ sus ideas a los demás 他人に自分の考えを押しつける．ii)〔+sobre に〕課税する：～ un gravamen sobre el juego 賭博に課税する．iii) …に尊敬(畏敬)の念を起こさせる：Me imponía su figura. 彼の姿に私は畏怖を感じた．iv) 授与する．v) 命名する：Le impusieron el nombre de su abuela. 彼女は祖母の名前をつけられた．❷《西》〔+en に〕預金する：～ diez mil pesetas en un banco 銀行に1万ペセタ預金する．❸〔+en・de を〕…に教え込む，覚えさせる：Nos impone en contabilidad. 私たちに簿記をたたき込まれている．❹《宗教》～〔las〕manos 按手(^{あんしゅ})する〖叙階式などで手を信者の頭の上に置くこと〗．❺《印刷》組付けをする
◆ 自 堂々としている
◆ ～se ❶《文語》強いられる；〔+不定詞・que+接続法 することが〕必要である：Se impone la necesidad de reunirnos. 私たちはどうしても集まる必要がある．❷ 自分に課す：Se ha impuesto un sacrificio. 彼は自分に犠牲を強いた．Me he impuesto la costumbre de levantarme temprano. 私は早起きすることにしている．❸ 幅をきかせる，優位に立つ：i) Siendo débil físicamente, se impuso por su inteligencia. 彼は体が弱かったが，知性によって重きをなした．Al final se impuso nuestro equipo. 《文語》結局我がチームが勝った．ii)〔saber+〕Es una persona que sabe ～se. 彼は人を従わせることができる．saber ～se a los alumnos 生徒たちをうまく掌握する．❹《文語》〔+de を〕知る

imponible [imponíble] 形 〔ser+〕課税され

る, 課税の対象となる: líquido (ingreso) ～ 課税所得

impopular [impopulár] 形 不人気の, 評判の悪い

impopularidad 女 不人気, 不評

importación [importaθjón] 女 〖英 import. ↔exportación〗 輸入; 團 輸入品: artículos de ～ 輸入品. ～ de petróleo 石油の輸入

importador, ra [importaðór, ra] 形 輸入する; 輸入業者: compañía ～ra de automóviles 自動車輸入会社

importancia [importánθja] 女 〖英 importance〗❶ 重要性, 重大さ: La producción de arroz tiene mucha ～. 米の生産は大変重要である. trabajo de ～ vital 非常に重要な仕事. pregunta sin ～ どうでもいいような質問. ❷ [地位などによる] 勢力, 権威: Es persona de ～ en esta ciudad. 彼はこの都市の有力者だ

dar (conceder) ～ a... …を重要視する, …に重きを置く

darse ～ 偉そうにする, もったいをつける

no dar ～ ni a Sevilla ni al Guadalquivir どんなことにも無関心(冷淡)である

no tiene ～ 大したことはありません/ご心配なく

quitar (restar) ～ a... …を軽く見せる, 深刻にしない: Le he quitado toda ～. もうそれに対して何とも思っていません

ser de mucha ～ que+接続法 …することが大変重要である

importante [importánte] 形 〖英 important. ↔insignificante〗❶ 重要な, 重大な: Es un asunto muy ～. それはとても大切なことだ. ser ～ que+接続法 …することが重要である. ～ lesión en el cerebro 脳の重大な損傷 ❷ 地位(身分)の高い; 人望の厚い: escritor ～ 大作家. persona muy ～ 要人, VIP ❸ 大量の, かなりの量の: una ～ suma de dinero かなりの大金

lo ～ es+不定詞・que+接続法 重要なのは…である: Lo ～ es que digas la verdad. 大切なのは君が真実を言うことだ

importar [importár] 自 〖英 be important, matter〗[+a にとって/+不定詞・+que+接続法 することが] i) 重要である: Nos importa mucho conocer lo que piensa ella. 彼女が何を考えているか知ることは私たちにとっては大切だ. No me importa que no venga él. 彼が来なくても私はどうでもいい. ii) [疑問文で依頼・抗議] 不都合(迷惑)である: ¿Te importaría acompañarme a la puerta? 入口まで送ってくれないか? ¿Te importa mucho lo que yo haga? 私が何をしようと君に文句(関係)はないよな? ¡Qué importa que llueva si no vamos a salir! 出かけないのだから雨が降ったって構わないさ!

¿le importaría que+接続法過去? [丁寧] …しても構いませんか?: ¿Le importaría que fumara?—No, no me importa. たばこを吸っても構いませんか?—はい, どうぞ

lo que importa es que+接続法・直説法 重要なのは…である: Lo que importa es que seas

honrado. 大事なのは, 君が正直になることだ

meterse en lo que no le importa 無関係なことに口を出す(介入する)

no importa 構いません

¿qué te importa? 君には関係ないだろ?

◆ 他 〖英 import〗❶ 輸入する 〖↔exportar〗: ～ materias primas del exterior 外国から原料を輸入する. ～ una moda 流行を取り入れる. ❷ [ある額に]のぼる, 達する: La cosecha total del trigo importa diez millones de pesetas. 小麦の総収穫高は1千万ペセタに達する

importe [impórte] 團 代金, 金額; 料金: Compró una bicicleta con el ～ de estos trabajos. これらの仕事で得た金で彼は自転車を買った. pagar el ～ de su estancia 宿泊費を払う

importunar [importunár] 他《文語》うるさがらせる, 迷惑をかける: si no lo importuno ご迷惑でなければ

importunación 女 うるさがらせ, 邪魔

importuno, na [importúno, na] 形 [事物が主語では ser+] 間の悪い; わずらわしい, しつこい: Una visita ～na me ha impedido llegar antes. あいにく客があって, 着くのが遅くなりました. hora ～na 非常識な時間. trabajo ～ やっかいな仕事, 面倒くさい仕事

importunidad 女 しつこさ, 迷惑

imposibilidad [imposibiliðáð] 女 [+de の] 不可能性: Ante la ～ de desplazarme, fui yo a telefonearle. 私は動きがとれなくなって, 彼に電話をしようとした. verse en la ～ de encontrar el camino 道がわからなくなる. por ～ física 身体に障害があるため

imposibilitar [imposibilitár] 他 [+que+接続法 することを] 不可能にする: Su intervención imposibilitó que lleváramos a cabo el objetivo. 彼の口出しで私たちは目的を達することができなかった

◆ ～se [手足が] 不自由になる

imposibilitado, da 形 [過分] [estar+. +de 肢体が] 不自由な, 身障者; [+para・de 不定詞] …できない

imposible [imposíble] 形 〖英 impossible〗❶ [ser+] 不可能な, ありえない: i) Su proyecto es ～. 彼の計画は無理だ. amor ～ かなわぬ恋. ii) [ser ～+不定詞・que+接続法] …するのは不可能だ: Me es ～ leer este libro en un día. 1日でこの本を読むなんて私にはできない. Es ～ que nieve en verano. 夏に雪が降るなんてありえない. ❷ [estar+. 道が] 混んでいる, 車が走りにくい: La carretera está ～ con tanto tráfico. 交通が激しくてこの街道は通りにくい. ❸ [人が] 耐えがたい, どうしようもない: Este niño está ～. この子は手に負えない. ponerse ～ 手に負えなくなる

hacer lo ～ できる限りのことをやってみる: Hizo lo ～ por verla, pero no lo logró. 彼女に会うためにあらゆる手段を尽くしたが, だめだった

parecer ～ [驚き・喜び. +que+接続法] ¡Parece ～ que hayamos ganado! 私たちが勝っ

たなんて嘘みたいだ!
◆ 不可能なこと: pedir un ～ 不可能なこと
を要求する

imposición [imposiθjón] 囡『←imponer』
❶《文語》『罰金などを』課すること，課税: ～
directa (indirecta) 直接(間接)課税. ❷ 押
しつけ: No me vengas con *imposiciones*. 命
令がましいことを言ってくるな. ❸ 預金: ～ a
plazo 定期預金. ❹《宗教》～ de manos 按
手(鬃). ❺『印刷』組付討

impositivo, va [impositíβo, βa] 形 carga
～*va* 租税負担. política ～*va* 租税政策

impositor, ra [imposítór, ra] 囝 預金者

imposta [impósta] 囡《建築》『アーチの』迫元
(鬃)『☞**arco** カット』

impostar [impostár] 他《音楽》『声を』一定
の高さで発する

impostor, ra [impostór, ra] 形 ごまかす，詐
欺的な; 中傷の
◆ 囝 ペテン師，詐欺師; 中傷する人

impostura 囡 詐欺行為，ペテン; 中傷

impotencia [impoténθja] 囡 無力，無能;
《医学》性的不能: tener una sensación de ～
無力感をもつ

impotente [impoténte] 形 無力な，無能な;
《医学》性的不能の: Los bomberos eran ～*s*
frente al incendio forestal. 消防士たちは山
火事を前に無力だった
◆ 囝 性的不能者

impracticable [impraktikáβle] 形 実行で
きない; 『道などが』通れない，使えない: La ope-
ración fue ～. 手術は不可能だった

imprecación [imprekaθjón] 囡《文語》呪
い，呪詛(鬃): proferir *imprecaciones* 呪いを
かける. lanzar una ～ 呪いの言葉を投げ捨てる

imprecar 他 …に呪いをかける

imprecatorio, ria 形 呪いの: fórmula ～*ria*
呪いの文句

impreciso, sa [impreθíso, sa] 形 ❶ 不明
確な，漠然とした: descripción ～*sa* あいまいな
記述. ❷《スポーツ》『選手が』プレーの不正確な

imprecisión 囡 不正確，不明確

impredecible [impreðeθíβle] 形 予言(予
測)できない

impregnar [impreɣnár] 他 ❶ 『+de・con・
en を』…にしみ込ませる: ～ el algodón *en*
(*de*) alcohol 綿にアルコールをしみ込ませる. ❷
…にしみ込む: El agua *impregnó* la pared. 水
が壁にしみ込んだ
◆ ～se ❶ しみ込む: El cuarto *se impregnó*
de olor a pino. 部屋は松の香りがした. ❷『思
想などに』かぶれる: *Se impregnó de* su doc-
trina. 彼はその主義に染まった

impregnación 囡 浸透: ～ de la madera
木材の含浸『防腐剤などの注入』

impremeditado, da [impremeðitáðo,
ða] 形『言葉・行為が』不用意な，計画的でない

imprenta [imprénta] 囡 印刷，プリント; 印刷
術; 印刷所: leyes de ～ 出版法. libertad de
～ 出版の自由

imprescindible [impresθindíβle] 形

[ser+] 必要不可欠な: Él es ～ para nuestro
equipo. 彼は我がチームに欠かすことができない.
cosas ～*s* para la vida 生活必需品. lo
〔más〕～ 絶対に必要なもの. 〔不定詞・que+接
続法 が主語〕Para matricularse en esta
escuela es ～ haber superado la prueba de
ingreso. この学校の生徒になるには入学試験に
合格することがどうしても必要である

imprescriptible [impreskriptíβle] 形《法
律》『権利・義務などが』時効によって消滅しない

impresentable [impresentáβle] 形 人前に
出せない，ひどく見苦しい

impresión [impresjón] 囡 『英
impression』 ❶ 印象，
感じ; 感想，感銘: La ciudad nos dio (cau-
só・produjo) buena ～. その町はとてもよかった.
Me ha dado mucha ～ su declaración de
retiro. 彼の引退声明に私は胸を打たれた. cam-
biar impresiones con+人 …と意見を交換する.
su primera ～ sobre... …に関する彼の第一印
象. ～ de la lectura 読後の感想. ❷ 印刷
『imprenta』: ～ en cuatricromía (en poli-
cromía) 4色(多色)刷り. mala ～ 印刷の悪
さ(汚なさ). ❸『押しつけた』跡，痕跡: ～ di-
gital 指紋
*dar a+*人 *la* ～〔*de*〕*que*+直説法 …という印
象を…に与える; …にとって…という感じがする
『*de* の省略は口語的』: Él me *da la* ～ *de*
que es una persona escrupulosa. 私は彼か
らきまじめな人という印象を受けている. Me *da*
la ～ *de que* ha subido la vida. 私には生活
費が上がったような感じがする
de ～ 印象的な，感動的な
tener la ～〔*de*〕*que*+直説法 …という印象を
持つ『*de* の省略は口語的』: *Tenía la* ～ *de*
que me iba a faltar tiempo. 私は時間が足り
なくなるような気がした

impresionable [impresionáβle] 形 ❶
[ser+. 人が] 感じやすい，感受性の強い. ❷《写
真》感光性の

impresionabilidad 囡 感じやすいこと; 感光
度

impresionante [impresionánte] 形 ❶ 印
象的な，感銘を与える; 驚くばかりの: espectá-
culo ～ 感動的な光景. ❷ 大変大きい，堂々た
る: ～ obra de ingeniería 大土木工事
tener una cara ～《口語》非常に厚かましい;
冷笑的である

impresionar [impresionár] 他 ❶ 深く感動
させる，強い印象を与える: Nos *impresionó* su
benevolencia. 私たちは彼の優しい心に感激した.
❷ 撮影する; 録音する
◆ 自 [+a+人 に] 印象づける: ～ mucho 強く
印象づける. ～ mal 悪い印象を与える
◆ ～se [+por・con に] 感動する

impresionismo [impresionísmo] 男《美
術》印象主義，印象派

impresionista 形 囝 印象主義の，印象派の
〔芸術家〕

impreso, sa [impréso, sa] 形 過分『←im-
primir』印刷された: libro mal ～ 印刷の悪い

本

◆ 男 ❶ 函 《郵便》印刷物, 書籍小包 [〜 postal]: *I 〜s* [表示] 印刷物在中. enviar (mandar) como 〜s 書籍小包扱いで送る. ❷ 記入用紙: rellenar un 〜 用紙に記入する. 〜 de solicitud 申し込み用紙

impresor, ra¹ [impresór, ra] 名 印刷業者; 印刷工

impresora² [impresóra] 囡 印刷機, プリンタ 〜: 〜 [de] láser レーザープリンター. 〜 de inyección de tinta インクジェットプリンター. matricial (de matriz) ドットプリンター

imprevisible [imprebisíble] 形 [ser+] 予 見(予知)され得ない

imprevisión [imprebisjón] 囡 予見(予測) 不能, 先見の明を欠くこと

imprevisor, ra [imprebisór, ra] 形 名 先 見の明がない(人), 不用意な(人)

imprevisto, ta [imprebísto, ta] 形 名 意外な, 思いがけない; 不測の: encuentro 〜 思いがけ ない出会い. viaje 〜 急な旅行

◆ 男 思いがけないこと; [主に 複] 不測の出費: Ha surgido un 〜. 急用が起きた
imprevistamente 副 意外に, 思いがけなく

imprimar [imprimár] 他 [絵画などの] 下準 備をする

imprimátur [imprimátur] 男 〖単複同形〗 [教会の与える] 出版認可

imprimir [imprimír] 他 〖過分 impr*eso*〗 ❶ [+en·sobre に] 印刷する, 出版する: Este libro *fue impreso* en 1605. この本は1605年に 出版された. 〜 cinco mil ejemplares 5千部 刷る. 〜 *en (sobre)* papel 紙に刷る. 〜 en redondas ロマン体で印刷する. ❷ 〖繊維〗プリン トする, 捺染(なっせん)する. ❸ [跡を] 残す; 刻印を 押す: 〜 *en* la arena las huellas de los pies 砂の上に足跡を残す. ❹ 心に刻みつける: 〜 una regla *en* un niño 子供にルールを教え込む. ❺ 《文語》特徴づける; 方向づける: El pintor *imprime* su preferencia de colores claros en sus cuadros. その画家が明るい色彩を好んでいる ことが絵の中に表われている. 〜 un nuevo estilo a una empresa 会社を新しい方向に持っていく. 〜 gran velocidad al coche 車を高速走行さ せる

improbable [improbáble] 形 [+que+接続 法 することは] ありそうもない: Parece 〜 *que* llueva hoy. まず今日は雨は降らないだろう
improbabilidad 囡 ありそうもないこと

ímprobo, ba [ímprobo, ba] 形 《文語》❶ [仕事などが] 骨の折れる, 大変な: esfuerzo 〜 大変な努力. ❷ 不誠実な, 不道徳な

improcedente [improθeðénte] 形 《文語》 不当な, 不都合な: despido 〜 不当解雇. respuesta 〜 常識外れの返答
improcedencia 囡 不当性; 不都合

improductivo, va [improðuktíbo, ba] 形 不毛の, 非生産的な: tierras 〜*vas* 不毛の土 地. dinero 〜 遊んでいる金; 無駄金

impronta [imprónta] 囡 ❶ 《技術》[押しつけ て取る] 型: sacar una 〜 en cera de una llave ろうで鍵の型を取る. ❷ 《文語》[精神的 な] 跡, 刻印, 影響; 《心理》刷り込み

impronunciable [impronunθjáble] 形 発 音できない, 発音しにくい; 口に出してはならない

improperio [impropérjo] 男 ❶ [主に 複] 侮辱〔の言葉〕, 悪口雑言: llenar (cubrir) a+ 人 de 〜*s* …に罵声を浴びせる. ❷ 複 《カトリッ ク》インプロペリア〔曲〕, イエスの非難の歌

impropio, pia [imprópjo, pja] 形 [ser+. + en·de·para に] 不適切な: Ese modo de hablar es 〜 *en* un diplomático. そんな話し方 は外交官らしくない. Estas temperaturas son 〜*pias para* esta estación. 今の季節にこの気 温はおかしい. palabra 〜*pia* 不適切な発言
impropiedad 囡 《文語》不適切; [言葉の] 誤用, 不適切な表現

improrrogable [improrogáble] 形 延長(延 期)できない

improvisación [improbisaθjón] 囡 即興, 即席; 即興曲(詩·劇), 即興演奏: a la 〜 即 興で, 思いつくままに

improvisar [improbisár] 他 即興で作る, 即 席で行なう: 〜 un discurso 即興で演説する. 〜 una comida あり合わせのもので食事を作る
improvisador, ra 形 名 即興の才がある; 即 興演奏家(詩人)

improviso, sa [improbíso, sa] 形 不意の, 突然の; 即興の
de (al) 〜 不意に, 突然; 即席で: presentarse *de* 〜 不意に現れる. coger a+人 *de* 〜 … の不意をつく

imprudencia [impruðénθja] 囡 軽率〔な言 動〕, 不謹慎, 過失: Me parece una 〜 preguntar sus años. 彼女の年齢を聞くのはぶし つけだと思う. cometer una 〜 軽率なことをする. homicidio por 〜 過失致死. 〜 temeraria 《法律》過失, 注意義務を怠ること

imprudente [impruðénte] 形 名 軽率な 〔人〕, うかつな: Has estado muy 〜 diciéndole eso. 彼にそんなこと言って君はひどく軽はず みだった. conductor 〜 慎重でないドライバー
imprudentemente 副 軽率に, うかつに

impte. 〔略語〕←importe 金額, 代金

impto. 〔略語〕←impuesto 税金

impúber [impúber] 形 名 《文語》未成年の; 未成年者: edad 〜 未成年

impúdico, ca [impúðiko, ka] 形 《文語》み だらな, 下品な
impudicia 囡 破廉恥, 厚顔無恥

impudor [impuðór] 男 《文語》羞恥心のなさ, みだらさ; 破廉恥, 厚顔無恥

impuesto¹ [impwésto] 男 〖英 tax〗税金 〖主に地方税〗: pagar el 〜 municipal 市町 村税を納める. tienda libre de 〜*s* 免税店. 〜 al valor agregado (añadido)／〜 sobre el valor agregado (añadido) 付加価値税, 消 費税. 〜*s* directos (indirectos) 直接(間接) 税. 〜 sobre la renta 所得税. 〜 sobre las utilidades (los beneficios) 法人所得税. 〜 revolucionario [テロ集団などへの] 献金, 冥加 金

impuesto², ta [impwésto, ta] 形 過分 《←imponer》［口語］[estar+. +en・de に] 熟達している：estar 〜 en botánica (de su oficio) 植物学に詳しい(仕事を心得ている)

impugnar [impuɣnár] 他 抗議する, 反論する：〜 la decisión de un juez 判定に抗議する. 〜 una teoría 理論を論駁(%)する.
impugnación 女 [+de への] 抗議, 反論

impulsar [impulsár] 他 ❶ 押す, 押し進める：〜 un coche hacia adelante 車を押す. 〜 un balón hasta la portería ボールをゴールへ進める. ❷ [+a に] 駆り立てる, しむける：¿Qué le *impulsó a* suicidarse? 何が彼を自殺に追いやったか？ ❸ 励ます；推進する：〜 la producción 生産を促進する. 〜 un proyecto 計画を推進する
impulsión 女 《文語. 技術》推進

impulsivo, va [impulsíβo, βa] 形 [ser+] 衝動的な, 直情的な《↔flemático》: compra 〜*va* 衝動買い. niño 〜 衝動的な子供
impulsivamente 副 衝動的に

impulso [impúlso] 男 ❶ 押すこと, 推進［力］: dar un gran 〜 a las actividades culturales 文化活動を大々的に推進する. 〜 ascencional 上昇力. ❷ 衝動: llevado por un 〜 instintivo 本能的な衝動にかられて. 〜 suicida 自殺衝動. ❸ 《電気》パルス, インパルス: modulación de 〜 パルス変調. generador de 〜 インパルス発生器
a 〜s de... …の力で
por 〜 発作的に, 衝動的に
tener el 〜 de+不定詞 …したいという衝動を感じる
tomar (coger) 〜 [跳躍のために] はずみをつける

impulsor, ra [impulsór, ra] 形 推進する〔人〕

impune [impúne] 形 [estar+] 罰せられない: crimen 〜 罰を受けない犯罪
impunemente 副 罰を受けずに
impunidad 女 無処罰

impureza [impuréθa] 女 不純；[主に複] 不純物：〜s del agua 水の汚れ

impurificar [impurifikár] ⑦ 他 不純にする, 汚す

impuro, ra [impúro, ra] 形 ❶ 不純な, まざり物のある: mineral 〜 不純な鉱石. acción 〜*ra* 不道徳な(動機の不純な)行為. ❷ 《宗教》不浄の, 汚れた

imputar [imputár] 他《文語》[+a の] せいにする, 責任を負わせる：〜 un error a la mala suerte 誤りを不運のせいにする
imputabilidad 女 責任
imputable 形 [+a に] 責を帰すべき, 基づく
imputación 女 [+contra に] 責任を負わせること, 嫌疑；非難

in [ín] 形《←英語》トレンディな, ナウい

in-《接頭辞》❶ [不・無] [b・p の前では im-, l の前では i-, r の前では ir-] *in*útil 無用の, *im*posible 不可能な, *i*legal 不法な, *ir*regular 不規則な. ❷ [中] [b・p の前では im-]

*in*sertar 挿入する, *im*portar 輸入する

-ín《接尾辞》❶ [地名形容詞化] mallorqu*ín* マジョルカ島の. ❷ 《示小》chiquit*ín* 幼児, poquit*ín* ほんの少し

inabarcable [inaβarkáble] 形 [ser+] 包含(包括)できない

inabordable [inaβordáble] 形 近寄れない: tema 〜 理解できない(難解な)テーマ. persona 〜 近づきがたい人

in absentia [in aβséntja]《←ラテン語》不在中に

inacabable [inakaβáble] 形 際限のない: trabajo 〜 切りのない仕事

inacabado, da [inakaβádo, da] 形 未完成の, やりかけの

inaccesible [ina(k)θesíble] 形 ❶ [+a・para にとって] 近寄れない: Este pico fue 〜 *para* los alpinistas. この山頂は登山家を受けつけなかった. persona 〜 近寄りがたい人. ❷ 理解できない: tema 〜 a los profanos 門外漢にはわからないテーマ. ❸ [誤用] [価格・目標に] 手の届かない
inaccesibilidad 女 近寄れないこと

inacción [ina(k)θjón] 女 無活動, 無為: política de 〜 消極的な政策

inacentuado, da [inaθentwádo, da] 形《言語》[estar+] 強勢(アクセント)のない: palabra 〜*da* 無強勢語

inaceptable [inaθeptáble] 形 [ser+. +para にとって] 承諾できない: propuesta 〜 [para cualquiera] [誰にとっても]承諾できない申し出

inacotable [inakotáble] 形 広大無辺の

inactivo, va [inaktíβo, βa] 形 [estar+] 不活発な, 非活動的な: No me gusta estar 〜. 私はじっとしているのが嫌いだ. mercado 〜 活気のない市場
inactivar 他 不活発にする, 不活性化する
inactividad 女 不活動, 不活発

inadaptable [inaðaptáble] 形 [ser+. +a に] 適応(順応)できない: niño 〜 *a* la vida escolar 学校生活に適応できない子
inadaptación 女 不適応
inadaptado, da 形 名 社会的不適応の(不適応者)

inadecuado, da [inaðekwádo, da] 形 不適切な, 当を得ない
inadecuación 女 不適切

inadmisible [inaðmisíble] 形 [ser+] 承認(容認)できない: teoría 〜 受け入れられない理論. conducta 〜 許しがたい行為

inadvertencia [inaðβerténθja] 女 不注意［descuido や ignorancia より語気が緩和される］: por 〜 不注意で, うっかり

inadvertido, da [inaðβertído, da] 形 ❶ 気づかれない: Su ausencia ha pasado 〜*da* hasta hoy. 彼の不在は今日まで気づかれなかった. ❷ ぼんやりした, 不注意な: Me cogió totalmente 〜. 私は完全に不意をつかれた
inadvertidamente 副 不注意で, うっかり

inagotable [inaɣotáble] 形 [ser+] くみ尽くせ

せない: recursos 〜s 無尽蔵の資源

inaguantable [inagwantáble] 形 [ser+. 事物が] 耐えられない; [estar+. 人が] 我慢のならない: Este dolor es 〜. この痛みは我慢できない. película 〜 見るに耐えない映画. Se pone 〜 cuando empieza a hablar. 彼が話し始めると始末に負えない

inalámbrico, ca [inalámbriko, ka] 形 無線の: telégrafo (teléfono) 〜 無線電信(電話)

in albis [in álbis] 《←ラテン語》何も理解できない, 何も知らない: Me quedé 〜 de lo que dijo. 私は彼の言うことがさっぱりわからなかった

inalcanzable [inalkanθáble] 形 到達不能の: objetivo 〜 達成できそうにない目標

inalienable [inaljenáble] 形 ❶《法律》譲渡できない. ❷ 奪う(侵す)ことのできない: derecho 〜 不可侵の権利

inalterable [inalteráble] 形 [+a で] 変質しない; 変らない: color 〜 a la luz 光で変色しない絵の具. con rostro 〜 顔色を変えずに, 平然と. amistad 〜 変わらぬ友情. principio 〜 不易の原則

inalterado, da [inalteráðo, ða] 形 変質していない

inamovible [inamoβíble] 形 [人·地位が] 罷免されない, 終身的身分保障の; [決定などが] 動かせない

inane [ináne] 形 ❶《文語》むなしい, 無意味な: esfuerzo 〜 徒労. ❷ 飢餓によって衰弱した

inanidad 女 空虚, 無意味

inanición [inaniθjón] 女 飢餓による衰弱

inanimado, da [inanimáðo, ða] 形 [ser+] 生命のない; [estar+] 意識を失った: objetos 〜s 無生物. cuerpo 〜 意識のない体

inánime [inánime] 形《文語》意識(生命)のない

inapelable [inapeláble] 形 ❶《法律》上訴不可能な, 確定判決の. ❷ 不可避の, 確実な

inapetencia [inapeténθja] 女 食欲(欲望)の減退

inapetente 形 [estar+] 食欲(欲望)の減退した

inaplazable [inaplaθáble] 形 [必要なため] 延期できない

inapreciable [inapreθjáble] 形 [ser+] ❶ はかり知れない, この上なく貴重な: ayuda 〜 絶大なる助力. ❷ 感知できない, 見分けられない; さいな, ごくわずかな: diferencia 〜 ほんのわずかな相違

inaprensible [inaprensíble] 形 とらえどころのない, 理解できない

inapropiado, da [inapropjáðo, ða] 形 [ser+] 不適当な, 不適切な

inarmónico, ca [inarmóniko, ka] 形 不調和の

inarrugable [inarˤugáble] 形 [布などが] しわにならない, しわになりにくい

inarticulado, da [inartikuláðo, ða] 形 ❶ [音声が] 不明瞭な. ❷ 無関節の

in artículo mortis [in artíkulo mórtis]

《←ラテン語》死の瞬間の, 臨終に

inasequible [inasekfble] 形 [+a·para にとって] 近寄れない, 到達できない: precio 〜 とても手の出ない値段
  ser 〜 al desaliento 非常に元気がよい; 張りきりすぎる

inasible [inasíble] 形 つかめない; 理解できない

inasistencia [inasisténθja] 女 [+a への] 欠席, 不参加: Ha tenido dos 〜s esta semana. 彼は今週2回休んだ

inatacable [inatakáble] 形 攻撃しがたい, 難攻不落の; 非の打ちどころのない

inatención [inatenθjón] 女 不注意; 無愛想; 無作法, 失礼

inaudible [inauðíble] 形 聞こえない, 聞き取れない

inaudito, ta [inauðíto, ta] 形 [ser+. 主に悪い意味で] 前代未聞の, 驚くべき; 聞くに耐えない, ひどい: Hace un calor 〜. とんでもない暑さだ

inauguración [inauguraθjón] 女 ❶ 開会(落成·除幕)式《開始·完成などの式典》: 〜 del congreso 議会の開会式. 〜 de una autopista 高速道路の開通式. 〜 de una tienda 開店祝い. 〜 privada [一般公開前の] 内覧会. ❷ 開始, 端緒

inaugural [inauɣurál] 形 開会式の, 開始の: discurso 〜 開会の辞

inaugurar [inauɣurár] 他 ❶ …の開会(落成·除幕)式を行なう: 〜 una exposición (una estatua·un puente) 展覧会の開会式 (像の除幕式·橋の開通式)を行なう. ❷ 開始する; 創始する: *Inauguran* las clases hoy. 今日から授業が始まる. *Han inaugurado* la temporada de esquí. スキーシーズンの幕が開いた

INB 男《西. 略語》←Instituto Nacional de Bachillerato 公立高等学校

inca [ínka] 形 名 インカ[人]の; インカ人: Imperio *I* 〜 インカ帝国
  ◆ 男 ❶ インカの皇帝; ペルーの金貨. ❷ 砲 インカ族

incaico, ca 形《文語》インカの

incalculable [inkalkuláble] 形 [価値·量などが] はかり知れない, 莫大な: pérdidas 〜s はかり知れない損失

incalificable [inkalifikáble] 形 言語道断な; 評価できない: conducta 〜 あきれたふるまい

incanato [inkanáto] 男 インカ帝国

incandescencia [inkandesθénθja] 女 ❶ 白熱[状態]: lámpara de 〜《電気》白熱灯. ❷ 熱狂

incandescente 形 [estar+] 白熱した: lámpara 〜 白熱灯

incansable [inkansáble] 形 [ser+. +en に] 疲れを知らない; 持久力のある, 根気ない: Es 〜 *en* el trabajo. 彼はたゆまず働く. luchador 〜 スタミナのあるレスラー

incapacidad [inkapaθiðá[ð]] 女 ❶ […する] 能力がないこと; [肉体的·精神的な] 不能: 〜 *para* resolver sus problemas personales 個人的問題を解決する力がないこと. 〜 laboral

労働(就労)不能. ❷《法律》無能力

incapacitar [iŋkapaθitár] 他 [+para に] 不適格にする: Su condición de militar le *incapacita para* ocupar ese puesto. 彼は軍人なのでその地位にはつけない

incapacitado, da 形 名 過分 〔法的〕資格のない〔人〕

incapaz [iŋkapáθ] 形 [複 ~*ces*] ❶ [ser+. +de が] できない; [+para に] できない: Es ~ *de* matar una mosca. 彼にはハエも殺せない. Es ~ *para* estos trabajos (*para* presentarse a esa oposición). 彼にはこの仕事は無理だ(この採用試験は受けられない). ❷無能な, 役に立たない: hombre ~ 無能な男. ❸《法律》行為能力のない, 無能力の. ❹ 収容能力のない
◆ 名 役立たず;《法律》無能力者

incardinar [iŋkarðinár] 他 [司教が聖職者を] 教区に受け入れる

incario [iŋkárjo] 男 インカ帝国

incasable [iŋkasáble] 形 結婚が難しい

incásico, ca [iŋkásiko, ka] 形 インカの

incautar [iŋkautár] ~**se** [+de を] 押収する, 差し押さえる: La policía *se incautó de* una pistola. 警察はピストルを押収した

incautación 女 押収

incauto, ta [iŋkáuto, ta] 形 [悪行などに対して] 無警戒な; お人よしの, ばか正直な

incendiar [inθendjár] 他 焼き払う, 火事にする; 放火する: Un rayo cayó sobre el bosque y lo *incendió*. 雷が森に落ちて火事になった
◆ ~**se** 火事になる: *Se incendió* la fábrica. 工場が焼けた

incendiario, ria [inθendjárjo, rja] 形 ❶ 火災を起こさせる: bomba ~*ria* 焼夷弾. botella ~*ria* 火炎瓶. ❷ 扇動的な, 挑発的な: discurso ~ 扇動的な演説
◆ 名 放火犯人

incendio [inθéndjo] 男 ❶ 火災, 大火〖願義 incendio は fuego より規模が大きい〗: Ha estallado un ~ forestal. 山火事が発生した. causar un ~ 火事を起こす. combatir el ~ 消火活動をする. ~ provocado 放火. ❷ [愛情・怒りなどの] 激情, 激高
hablar ~s de...《南米》…の悪口を言う

incensario [inθensárjo] 男《宗教》〔吊り〕香炉〖ロカット〗

incensar 23 他 撒香(½)する, 香炉を振る; おもねる, へつらう

incentivar [inθentibár] 他 刺激する: bajas *incentivadas* 希望退職

incentivo, va [inθentíbo, βa] 形 刺激となる
◆ 男 刺激, 激励;《経済》インセンティブ: El ~ del dinero le convenció. 彼は金の誘惑に負けた

incentro [inθéntro] 男《数学》内心

incertidumbre [inθertiðúmbre] 女 ❶ 不確かさ, 不確実性: Me sentía preocupado

ante la ~ de su llegada. 彼が着くかはっきりしなかったので私は心配だった. ❷ 半信半疑, 迷い: tener ~ sobre… …について確信がもてない

incesante [inθesánte] 形 絶え間ない, 不断の: lluvia ~ 降りしきる雨. ~*s* peticiones ひっきりなしの請求

incesantemente 副 絶え間なく

incesto [inθésto] 男 近親相姦

incestuoso, sa 形 近親相姦の

incidencia [inθiðénθja] 女 ❶ [ささいな・偶発的な] 出来事: La vida está llena de ~*s*. 人生は小さな出来事の積み重ねだ. ❷《文語》影響, 作用する力: La huelga ha tenido escasa ~. ストライキの影響はほとんどなかった. ~ del alza de los precios sobre la vida diaria 物価上昇の日常生活へのはね返し. ❸ [誤りなどに] 陥ること. ❹《物理》入射, 投射. ❺《経済》[間接税などの最終的な] 転嫁, 帰着〖~ fiscal〗. ❻《医学》[病気の] 発生率, 罹病率
por ~ 付随的に; 偶然に

incidental [inθiðentál] 形 ❶ 付帯的な, 付随する; 偶発的な: hacer una observación ~ ついでにひと言注釈を述べる. gastos ~*es* 諸経費, 諸雑費. detención ~ del trabajo 一時的な作業中止. ❷《文法》挿入の: oración ~ 挿入文

incidentalmente 副 偶発的に; 付随的に, ついでに

incidente [inθiðénte] 男 ❶ 小さな出来事; 支障, 混乱, トラブル: La bolsa no ha registrado hoy ~*s* dignos de mención. 今日の市場は取り立てて述べるほどの動きはなかった. Llegó sin ningún ~. 彼は無事に到着した. ~ diplomático 外交上のもめごと. ❷ [暴動などの] 事件, 事変: Hubo unos ~*s* entre los manifestantes y los policías. デモ隊と警官隊の間で小ぜり合いがあった
◆ 形 ＝**incidental**;《物理》入射(投射)の: rayo ~ 入射光線

incidir [inθiðír] 自《文語》[+en に] ❶ [誤りなどに] 陥る: ~ *en* un vicio 悪習に染まる. ~ *en* repeticiones 繰返しの弊に陥る. ❷ 強調する: ~ *en* la necesidad de… …の必要性を強調する. ❸ 影響する: ~ gravemente *en* la seguridad del Estado 国家の安全に重大な影響を及ぼす. ❹ [光線などが] 当たる, 射す: Los rayos del sol *inciden en* los cristales. 日光が窓ガラスに当たっている
◆ 他《医学》[腫れ物を] 切開する

incienso [inθjénso] 男 ❶ [宗教儀式で使われる] 香, 乳香; 香の煙: quemar ~ 香をたく. ❷《口語》へつらい, おもねり

incierto, ta [inθjérto, ta] 形《絶対最上級 inc*ertísimo*》不確かな, 疑わしい, あいまいな: información ~*ta* 不確実な情報. Lo que dices es ~. 君の言っていることはあいまいだ

incinerar [inθinerár] 他 焼却する; [特に] 火葬する

incineración 女 焼却; 火葬

incinerador 男/**incineradora** 女 [主に遺

体の] 焼却炉

incipiente [inθipjénte] 形 《文語》 初期の：
tener un resfriado ～ 風邪をひきかけている.
día ～ 夜明け

incircunciso, sa [inθirkunθíso, sa] 形 割
礼を受けていない

incisión [inθisjón] 女 ❶ 《医学》切開, 切断；
その切り口：hacer una ～ 切開する；切り込み
を入れる. ❷ 詩句の句切り

incisivo, va [inθisíβo, βa] 形 ❶ 鋭利な, よ
く切れる：instrumento ～ 刃物. ❷ 辛辣な：
crítica ～va 痛烈な(手厳しい)批評
◆ 男 《解剖》門歯, 切歯 『diente ～』

inciso, sa [inθíso, sa] 形 切り込み(切れ目)の
ある
◆ 男 ❶ 余談：hacer un ～ en su conferen-
cia 講演でちょっと脱線する. a modo de ～ つ
いでに, ちなみに. ❷ [文章の] 節, 項；《文法》挿
入句

incitación [inθitaθjón] 女 激励, 鼓舞；[+a
への] 扇動, 教唆：～ a la revuelta 騒乱の扇
動. ～ al asesinato 殺人教唆

incitador, ra [inθitaðór, ra] 形 名 そそのか
す, 誘発する；扇動者, 教唆する人：causa ～ra
誘因

incitante [inθitánte] 形 刺激する；欲情をそそ
るような

incitar [inθitár] 他 [+a に] かり立てる, …する
気にさせる；励まして(そそのかして)…させる：Los
golfos le *incitaron* a robar la moto. 不良た
ちは彼をそそのかしてバイクを盗ませた. ～ a los
obreros contra el patrón 労働者たちを扇動し
て雇い主に反抗させる. ～ a los soldados *a* la
rebelión 兵士たちに反乱を起こさせる. *incitado*
al consumo 消費にかり立てられた

incivil [inθiβíl] 形 無作法な, 粗野な；公徳心
のない

incivilizado, da [inθiβiliθáðo, ða] 形 無
作法な；未開の

inclasificable [iŋklasifikáβle] 形 分類され
得ない

inclemencia [iŋkleménθja] 女 ❶ [主に 複]
気候の・特に冬の] 過酷さ, 厳しさ. ❷ 冷酷, 無
慈悲
a la ～ 野天で, 風雨にさらされて

inclemente 形 過酷な, 厳しい

inclinación [iŋklinaθjón] 女 ❶ 傾き, 傾斜：
a una ～ de 20 grados 20度の傾斜で. ～ de
un tejado 屋根の勾配. ～ [de la aguja]
magnética 《測量》伏角, 傾角, 傾角. ❷ 傾けること：
hacer una [profunda] ～ [深々と]おじぎをす
る(頭を下げる). afirmar con leve ～ de
cabeza 軽くうなずく. ❸ [+por・hacia への] 愛
情, 好み；[時に 複] 気質, 性癖：Tiene ～ *por*
los niños. 彼は子供好きだ. sentir ～ *por*…
…に愛情(愛着)を感じる. tener ～ a mentir
虚言癖がある. *inclinaciones* conservadoras
保守的傾向(体質)

inclinado, da [iŋklináðo, ða] 形 過分 ❶ 傾
いた：plano ～ 斜面. ❷ [+a+不定詞] …した
い気がする；…しがちな

inclinar [iŋklinár] 他 ❶ [+a・hacia の方に]
傾ける, 斜めにする：El ventarrón *inclinó* los
árboles. 強風で木々がたわんだ. ～ el cuerpo
hacia atrás 体をうしろにそらす. ～ la cabeza
頭を下げる, おじぎをする；うなずく. ～ [する よ
う]に しむける, …する気にさせる：Sus razones
no me *inclinaron a* creerlo. 彼の話を聞いても
私は信用する気になれなかった. ～ a los meno-
res *al* vicio 未成年者を非行に走らせる
◆ ～se ❶ 傾斜する：Debido al terremoto *se*
inclinó el edificio. 地震でビルが傾いた. ❷ 身
をかがめる, おじぎをする：～*se hacia* adelante
前かがみになる, 前屈する. ～*se* profundamente
深々とおじぎをする. ❸ [+a+不定詞] …しがちで
ある；…に心が傾く, …する気になる：*Me in-*
clino a creerlo. 私はどちらかといえば彼を信じる.
❹ [+por に] 賛成する, 味方する：～*se por* los
conservadores 保守派の肩をもつ. [+por
que+接続法] *Me inclino por que* nos vaya-
mos a pie. 私はどちらかといえば歩いて行く方がい
い. ❺ [+a に] 少し似ている
～*se del lado de*… …の方に傾く；…に賛成
(味方)する

ínclito, ta [íŋklito, ta] 形 《文語》[+名詞] 高
名な, 名声の高い

incl[s] [略語] ←incluso[s] 同封物

incluir [iŋklwír] 48 他 《現分 incluyendo》 ❶
[+en に] 含める, 入れる；[手紙に] 同封する：
～ a Carlos en la lista de invitados 招待客
のリストにカルロスを入れる. ～ a+人 entre los
sospechosos 容疑者の中に…を入れる. ～ un
cheque en una carta 手紙に小切手を同封す
る. ❷ 含む, 包含する 『↔excluir』：Los gas-
tos de viaje no *incluyen* la comida. 旅行費
用には食事代は含まれていない. IVA *incluido*/
incluido IVA 消費税込みで
◆ ～se 自分自身を含める

inclusa [iŋklúsa] 女 [児童の] 養護施設, 孤
児院
inclusero, ra 形 名 1) 《軽蔑》養護施設育ち
の(子). 2) 《口語》まがいものの, ブランドものでな
い

inclusión [iŋklusjón] 女 含めること, 包含；
《鉱物》含有物：con ～ de gastos varios 諸雑
費込みで

inclusive [iŋklusíβe] 副 ❶ 含めて 『修飾する
語句の直後に置く. ↔exclusive』：hasta el
día treinta ～ [30日を含めて]30日まで. des-
de el domingo al viernes, ambos ～ [日曜と
金曜を含めて]日曜日から金曜日まで. ❷ 《まれ》
…さえも 『incluso』

incluso [iŋklúso] 副 ❶ [強調] …さえも：
Trabajando aquí, ～ puedes viajar al
extranjero. ここで働くと海外旅行だってできる
よ. I ～ los niños lucharon por la libertad.
子供たちまで自由のために戦った. ❷ [譲歩] I ～
sabiéndolo, no me dirá nada. 知っていても彼
は何も言ってくれないだろう. ❸ その上：Está
palido, ～ le temblan las manos. 彼は顔色が
悪く, おまけに手が震えている

incoar [iŋkoár] 他 《文語》[審理などを] 開始す

る〔直説法現在 1 人称単数はあまり使われない〕

incoativo, va [iŋkoatíβo, βa] 形《文法》起動［相］の

incobrable [iŋkoβráble] 形 回収不能の：deudas 〜s 貸し倒れ金, 不良債権

incoercible [iŋkoɛrθíβle] 形《文語》抑えがたい, 抑制できない

incógnita¹ [iŋkóɣnita] 女 ❶《数学》未知数：ecuaciones con varias 〜s 連立（二元）方程式. despejar la (una) 〜 未知数を求める；解決の鍵を発見する. ❷ 未知〔のこと〕：Es una 〜 lo que hace todas las noches. 彼が毎夜何をしているのかは謎だ

incógnito, ta² [iŋkóɣnito, ta] 形 ❶《文語》未知の：tierra 〜ta 未発見の土地, 地図の空白部分. regiones 〜tas 秘境
◆ 男 身分を隠すこと：viajar de 〜 お忍びで旅行する

incognoscible [iŋkoɣnosθíβle] 形《文語》認識できない, 不可知の

incoherencia [iŋkoerénθja] 女 脈絡のなさ：discurso lleno de 〜s 矛盾だらけの演説. decir 〜s 支離滅裂なことを言う

incoherente [iŋkoerénte] 形 脈絡のない, 一貫していない, ちぐはぐな；[+con と] 矛盾する：frases 〜s 支離滅裂な文章. La conclusión es 〜 con la hipótesis. その結論は仮説とつじつまが合わない

incoloro, ra [iŋkolóro, ra] 形 ❶ 無色の：cristal 〜 着色していないガラス. ❷ 精彩を欠く：personaje 〜 さえない人

incólume [iŋkólume] 形《文語》損害を受けていない, 無傷の：El documento resultó 〜 en el incendio. 火事にあったが書類は無事だった. salir 〜 de una prueba 満点で試験にパスする

incombustible [iŋkombustíβle] 形 ❶ 不燃性の, 難燃性の, 耐火性の. ❷［人が年月・困難に〕耐えられる, しぶとい

incombustibilidad 女 不燃性, 耐火性

incomible [iŋkomíβle] 形 食べられない, 食用に適さない

incomodar [iŋkomoðár] 他 不快にする, 迷惑をかける：Siento 〜le. ご迷惑をおかけしてすみません
◆ 〜se [+por・con に] 腹を立てる：Se ha incomodado por lo que le has dicho. 君の言ったことで彼は気分を害した

incomodidad [iŋkomoðiðá(ð)] 女 迷惑, 不都合, 不便：producir a+人 …に迷惑をかける. si no le causo 〜 もしご迷惑でなければ. Tenemos que aguantar 〜es en esta isla. この島は不便なことが多い

incómodo, da [iŋkómoðo, ða] 形 ❶ 迷惑な；不便な, 使いにくい：Los asientos de aquí son 〜s. ここの座席は座り心地が悪い. ❷ [estar+] 居心地が悪い：Estaba 〜 en la reunión. 私はその集まりで気づまりな思いをした. ❸《中南米》[estar+] 気分を害している：Pepe está 〜 conmigo. ペペは僕に腹を立てている
◆ 男 ＝incomodidad

incomparable [iŋkomparáβle] 形 比類のな

い：belleza 〜 たぐいまれな美しさ

incomparecencia [iŋkompareθénθja] 女 [法廷などへの] 不出頭

incompartible [iŋkompartíβle] 形 共有（分割）できない

incompatibilidad [iŋkompatiβiliðá(ð)] 女 ❶ 相いれないこと, 非両立性：〜 de caracteres 性格の不一致. 〜 farmacológica 2 つの薬の配合禁忌. 〜 sanguínea 血液型の不適合. ❷《政治》兼職禁止

incompatible [iŋkompatíβle] 形 ❶ [+con と] 相いれない, 両立しない：Es 〜 con José. 彼はかせと折り合いが悪い. ❷ [職務が] 兼任できない

incompetente [iŋkompeténte] 形 ❶ [+en・para に] 無能な, 不適格な：Es una persona 〜 para abogado. 彼は弁護士としての能力がない. ❷ [裁判所などが] 権限外の, 管轄違いの

incompetencia 女 無能力, 不適格；権限のないこと, 管轄違い

incompleto, ta [iŋkompléto, ta] 形 [estar+] 不完全な, 不備な：Esa lista está 〜ta todavía. そのリストにはまだ漏れがある. novela 〜ta 未完の小説

incomprendido, da [iŋkomprendíðo, ða] 形 名 わかりにくい〔人〕；真価を認められない〔人〕

incomprensible [iŋkomprensíβle] 形 [ser+] 理解され得ない, 不可解な：cuadro 〜 不可解な絵. Para mí es 〜 por qué ha fracasado él. 私には彼がどうして失敗したのか理解できない

incomprensibilidad 女 不可解〔性〕

incomprensión [iŋkomprensjón] 女 無理解

incomprensivo, va [iŋkomprensíβo, βa] 形 [他人に対して] 無理解な, 物わかりの悪い

incompresible [iŋkompresíβle] 形《物理》圧縮できない

incomunicable [iŋkomunikáβle] 形 [事柄が] 伝達（連絡）できない

incomunicabilidad 女 伝達（連絡）不可能, コミュニケーションの断絶

incomunicar [iŋkomunikár] 他 ❶ 伝達（連絡）不能にする：El pueblo quedó incomunicado por la gran nevada. その村は大雪で孤立した. ❷《法律》[逮捕者を] 接見禁止にする；[地域を] 立入り禁止にする
◆ 〜se [人が] 自から孤立する, 連絡を絶つ

incomunicación 女 伝達（連絡）不能；接見（立入り）禁止

inconcebible [iŋkonθeβíβle] 形 考えられない, 想像もつかない；[批判・非難して] 信じがたい：Su descaro es 〜. 彼の厚かましさは信じられないほどだ（許しがたい）. [ser 〜 que+接続法] Es 〜 que él cometa un robo. 彼が盗みを働くとは考えられない

inconciliable [iŋkonθiljáβle] 形 [ser+] 和解させられない；[+con と] 相いれない, 両立しない

inconcluso, sa [iŋkoŋklúso, sa] 形《文語》[estar+] 未完〔成〕の

inconcreto, ta [iŋkoŋkréto, ta] 形 あいまいな, 不明確な

　inconcreción 女 あいまいさ

inconcuso, sa [iŋkoŋkúso, sa] 形《文語》確かな, 疑いようのない, 紛れもない

incondicionado, da [iŋkondiθjonádo, da] 形 無制限の, 無条件の

incondicional [iŋkondiθjonál] 形 ❶ 無条件の: obediencia ～ 絶対的服従. amigo ～ 全面的に信頼できる友人. ❷ 無条件に支持(信奉)する, 熱狂的な
　◆ 图 熱狂的な支持者(ファン)

inconexo, xa [iŋkonέ(k)so, sa] 形 連関性のない, 首尾一貫しない
　inconexión 女 連関性(一貫性)のなさ

inconfesable [iŋkonfesáble] 形《事柄が》打ち明けられない, 口に出せない; 恥ずべき

inconfeso, sa [iŋkonféso, sa] 形《法律》[容疑者が] 自白し〔てい〕ない

inconforme [iŋkonfórme] 形 体制に不満の, 非順応主義の

inconformismo [iŋkonformísmo] 男 非順応主義
　inconformista 形 图 非順応主義の(主義者)

inconfundible [iŋkonfundíble] 形 間違えようのない, 紛れもない

incongruente [iŋkongrwénte] 形 ❶ [+con と] 適合しない, 不適切な: ～ con su ideal 理想と違う. ❷ [ser+] 首尾一貫しない: relato ～ つじつまの合わない話
　incongruencia 女 不適切; 一貫性のなさ
　incongruo, grua 形 ＝incongruente

inconmensurable [iŋkonmensuráble] 形 ❶《文語》はかり知れない, 広大(莫大)な: espacio ～ 広大な空間. ❷《数学》números ～s 無理数
　inconmensurabilidad 女 無際限

inconmovible [iŋkonmobíble] 形 揺るがない, 堅固な: cimientos ～s 頑丈な基礎. amistad ～ 揺るぎない友情. Él es ～. 彼は意志が堅い

inconquistable [iŋkoŋkistáble] 形 征服しがたい, 難攻不落の

inconsciencia [iŋkonsθjénθja] 女 ❶ 無意識, 意識喪失: estar en estado de ～ 無意識状態にある. ❷ 無自覚, 無分別: Su ～ hace que siempre gaste más de lo que puede. 彼は深く考えもせずいつも支払い能力以上に金を使ってしまう

inconsciente [iŋkonsθjénte] 形 ❶ [estar+] 無意識の: Ha estado ～ varios minutos. 彼は数分間意識を失った. Todavía sigue ～. 彼はまだ意識不明が続いている. ❷ [ser+] 無自覚の, 軽率な ～ 無意識の動作, 軽率な
　◆ 图 意識(自覚)のない人: Es un ～ al volante. 彼は運転が乱暴だ
　◆ 男《心理》無意識: ～ colectivo 集合無意識

inconscientemente 副 無意識に

inconsecuente [iŋkonsekwénte] 形 图 [ser+, +en に] 一貫性のない; 言行が一致しない〔人〕, 無定見な〔人〕: No seas ～ en tus actos. つじつまのあわないことをするな
　inconsecuencia 女 一貫性のなさ, 無定見

inconsideración [iŋkonsideraθjón] 女 無思慮, 無分別

inconsiderado, da [iŋkonsiderádo, da] 形 图 [ser+] 思慮に欠ける〔人〕, 無分別な〔人〕

inconsistente [iŋkonsisténte] 形 [ser+, 物質が] 腰(粘り)がない, もろい: crema ～ 柔らかいクリーム. argumento ～ あやふやな(根拠が薄弱な)議論
　inconsistencia 女 腰のなさ; もろさ

inconsolable [iŋkonsoláble] 形 慰めようのない, 悲嘆に暮れた

inconstancia [iŋkonstánθja] 女 変わりやすさ; 無定見, 無節操; 移り気: ～ en sus aficiones 趣味が色々変わること

inconstante [iŋkonstánte] 形 [+en が] 変わりやすい; 無節操な; 移り気な: Es ～ en sus trabajos. 彼は仕事を転々と変える

inconstitucional [iŋkonstituθjonál] 形 憲法に反する, 違憲の
　inconstitucionalidad 女 憲法違反

inconsútil [iŋkonsútil] 形 縫い目なしの

incontable [iŋkontáble] 形 [ser+] ❶ [主に 形. 付加用法で] 数えきれない: estrellas ～s 無数の星. ～ número de coches おびただしい数の車. ❷ 話すことのできない: Su historia es larga y casi ～. 彼の身の上について話すと長くなって, ほとんど語り尽くせない

incontaminado, da [iŋkontaminádo, da] 形 [estar+] 汚染(伝染)されていない

incontenible [iŋkonteníble] 形 [感情などを] 抑えられない: La emoción era ～. 感動を禁じ得なかった

incontestable [iŋkontestáble] 形 異論をはさむ余地のない, 否定できない: Es ～ que hemos de morir. 我々が死なねばならないのは明らかなことだ

incontestado, da [iŋkontestádo, da] 形 異議のない; 対立候補のない

incontinencia [iŋkontinénθja] 女 ❶《文語》自制できること, 不節制;《宗教》淫乱. ❷《医学》失禁: ～ de orina 尿失禁, 遺尿
　incontinente 形 1) 自制できない; 不節制な. 2) 失禁の, 遺尿の

incontrastable [iŋkontrastáble] 形 反論の余地のない

incontrolable [iŋkontroláble] 形 制御(抑制)できない

incontrolado, da [iŋkontroládo, da] 图 ❶ [estar+] 抑制のない. ❷ 乱暴者〔の〕, よた者〔の〕

incontrovertible [iŋkontrobertíble] 形 議論の余地のない

inconvencible [iŋkombenθíble] 形 説得できない, 頑固な

inconveniencia [iŋkombenjénθja] 女 ❶

不適切；不作法〔な言動〕：decir (cometer) una 〜 と言う(する). ❷ 不適合，支障 〖inconveniente〗

inconveniente [iŋkombenjénte] 形 ❶ 不適切な，不都合な．❷ 不作法な，ぶしつけな：comportamiento 〜 不作法なふるまい
◆ 男 ❶ 不適合，支障：Eso tiene un 〜 importante. それははなはだ不都合だ. No tengo ningún 〜. 何のさしさわりもありません. El 〜 es que+接続法 難点は…ことに…である. ❷ 難点，短所：Ese método tiene más 〜s que ventajas. その方法はいい面より悪い面の方が多い

incordiar [iŋkordjár] ⑩ 自 《西. 口語》うるさく言う(する)，からむ：Mis amigos me *incordian*. 友人たちが私にうるさくからんでくる

incordio [iŋkórdjo] 男 《西. 口語》迷惑，やっかい事〖fastidio より程度がひどい〗；困った(迷惑な)人：Es un 〜 tener que salirme con este tiempo. こんな天気に出かけなければならないなんてうんざりだ

incorporación [iŋkorporaθjón] 女 合体；加入，編入；合併：〜 de los nuevos empleados 新入社員の配属

incorporar [iŋkorporár] ⑩ 《文語》 ❶ [+a・en に] 合体させる；加入させる，入れる：〜 un capítulo *a* un libro 本に1章加える. 〜 un territorio *a* un imperio 領土を帝国に併合する. 〜 *a* un recluta *en* una compañía 新兵を中隊に編入する. 〜 la levadura *a* la masa de pan イーストをパンの生地にまぜる. Este coche *incorpora* un nuevo sistema de frenos. この車には新式のブレーキがついている. micrófono *incorporado* 内蔵マイク. ❷ 上体を起こさせる：*Incorporé* al enfermo para que bebiera agua. 水が飲めるように私は病人の体を起こした
◆ 〜se ❶ 合体(加入)する：〜se *a* un equipo チームに入る. 〜se *a* una manifestación デモに参加する. 〜se *a* su nuevo cargo 新たな職務につく. ❷ 上体を起こす

incorpóreo, a [iŋkorpóreo, a] 形 形態(肉体)を備えていない，無形の：bienes 〜s 《法律》無形財産

incorrección [iŋkoře(k)θjón] 女 ❶ 不正確〔なこと〕；間違い. ❷ 不作法，無礼：cometer una 〜 不作法なことをする. [ser una 〜 que+接続法] Es una 〜 que se marchen sin despedirse. 挨拶せずに立ち去るのは礼儀に外れている

incorrecto, ta [iŋkořékto, ta] 形 ❶ 不正確な，間違った：El dibujo es 〜. 図が不正確だ. ❷ 不作法な，無礼な：Su manera de decir es 〜*ta*. 彼の言い方は失礼だ

incorregible [iŋkořexíble] 形 ❶ 矯正され得ない，直せない：dentadura 〜 矯正不能の歯並び. ❷ 手に負えない，わがままな：niño 〜 手に負えない子
incorregibilidad 女 矯正不能
incorrupción [iŋkořupθjón] 女 腐敗しない(していない)こと
incorruptible [iŋkořuptíble] 形 腐敗しない；

清廉な，買収されない
incorruptibilidad 女 腐敗しない(買収されない)こと

incorrupto, ta [iŋkořúpto, ta] 形 [estar+] 腐敗していない；堕落して(買収されて)いない；[女性が] 純潔な

incredibilidad [iŋkredibilida(d)] 女 信じられないこと

incrédulo, la [iŋkrédulo, la] 形 疑い深い，容易に信じない；神を信じない，信仰心のない
◆ 名 疑い深い人，懐疑者；無信仰者
incredulidad 女 疑い深いこと；《文語》無信仰

increíble [iŋkreíble] 形 ❶ [ser+] 信じられない，信じがたい：cuento 〜 疑わしい話. ¡Es 〜! まさか! [ser 〜 que+接続法] Es 〜 *que* pueda ocurrir tal cosa. そんなことが起こり得るなんて信じられない. ❷ [よい意味でも悪い意味でも] 並外れた，とてつもない：tener una suerte 〜 途方もない好運の持ち主である. Es una persona 〜. 彼はまったくすごい人だ

incrementar [iŋkrementár] ⑩ ❶ 《文語》増やす〖aumentar〗：〜 las importaciones 輸入を増加させる. ❷ 発展させる，進展させる
◆ 〜se 増加する

incremente [iŋkreménte] 形 厳しい，過酷な：〜 sol 照りつける太陽

incremento [iŋkreménto] 男 《文語》 ❶ 増加〖aumento〗：〜 del sueldo 賃金の増額. ❷ 発展：〜 del comercio exterior 貿易の拡大. ❸ 《文法》音節増加

increpar [iŋkrepár] ⑩ ❶ 叱りつける，譴責(ゖゃ)する：El dueño *increpa* a los dependientes. 主人が従業員たちを叱りつける. ❷ 非難する，ののしる：El público *increpó* al jugador. 観客が選手に非難の声をあげた
increpación 女 叱責，譴責；非難

incriminar [iŋkriminár] ⑩ 《文語》起訴する，告発する
incriminación 女 起訴，告発

incruento, ta [iŋkrwénto, ta] 形 無血の，犠牲者の出ない：golpe de estado 〜 無血クーデタ —. oblación 〜*ta* 《宗教》血の出ない奉献〖ミサのこと〗

incrustación [iŋkrustaθjón] 女 ❶ はめ込み〔細工〕；象嵌. ❷ 湯垢の付着

incrustar [iŋkrustár] ⑩ ❶ [+en に] はめ込む，ちりばめる；象嵌(愨)する：〜 un diamante *en* la sortija 指輪にダイヤをはめ込む. ❷ [考えなどを] 浸透させる
◆ 〜se はまり込む；付着する

incubación [iŋkubaθjón] 女 ❶ 抱卵，孵化；培養. ❷ 《医学》[病気の] 潜伏：período de 〜 潜伏期間

incubar [iŋkubár] ⑩ ❶ [鳥が卵を] 抱く，かえす；[人工的に] 孵化(き)させる. ❷ [病気などを] 潜伏させる；[計画などを] ひそかに抱く：Estoy *incubando* una gripe. 私は風邪をひきかけている
◆ 〜se ひそかに進行する

incubadora 女 孵卵器；培養器；[未熟児

の）保育器

íncubo [íŋkubo] 男 [眠っている女性を犯すと信じられた] 夢魔

incuestionable [iŋkwestjonáble] 形 疑う余地のない：Es ~ que cederá él. 彼が譲歩することは確かだ

inculcar [iŋkulkár] 他 [+a+人 に] 教え込む；[+en 頭に] たたき込む：Inculqué en mi mente esa idea. 私はその考えを心に刻みつけた

inculpar [iŋkulpár] 他《文語》…に罪を負わせる；《法律》[+de の容疑で] 告訴する：Le inculparon de robo. 彼は窃盗容疑で告訴された

inculpabilidad 女 罪のないこと；潔白

inculpación 女 告訴；嫌疑，容疑：arrestar por la ~ de falsificación de documentos 文書偽造容疑で逮捕する

incultivable [iŋkultibáble] 形 耕作できない：tierra ~ 耕作不能地

inculto, ta [iŋkúlto, ta] 形 图 ❶ 教養のない[人]；粗野な[人]；洗練されていない：hombre inteligente pero ~ 頭はいいが教養のない男． ❷ [土地が] 耕されていない

incultura 女 無教養；不耕作

incumbencia [iŋkumbénθja] 女 ❶ [仕事などの] 領域，範囲：Ese asunto no es de tu ~. それは君の責任範囲にはない． ❷ 義務，責任：dar ~s a+人 に人に責務を課す

incumbir [iŋkumbír] 自 [義務・責任などが，+a+人 に] かかる，負わされる：Eso no te incumbe. それは君に関わりのないことだ

incumplimiento [iŋkumplimjénto] 男 不履行；違反：~ del contrato 契約不履行(違反)

incumplir [iŋkumplír] 他 [命令などに] 背く，従わない；[義務・約束などを] 履行しない

incunable [iŋkunáble] 形 活版印刷術発明期の 『1436-1500』． ◆ 男 揺籃期本

incurable [iŋkuráble] 形 图 不治の[病人]：enfermedad ~ 不治の病

incuria [iŋkúrja] 女 怠慢，不注意

incurrir [iŋkuřír] 自 ❶ [+en 誤りなどに] 陥る；[罪などを] 犯す：~ en un error 間違いをしでかす．~ en fuera de juego オフサイドをする．~ en olvido うっかり忘れる． ❷ [怒り・憎しみなどを] 受ける，被る：~ en el enojo de su jefe 上司の怒りをかう．~ en un castigo 罰を受ける

incursión [iŋkursjón] 女 [一時的な，+en へ の] 侵入，侵略；乱入：hacer una ~ en territorio enemigo 敵地を荒らす

incursionar 自《南米》[+en に] 侵入する

incurso, sa [iŋkúrso, sa] 形 [+en の] 罪を犯した，違反した

indagación [indaɣaθjón] 女《文語》探究；質問：~ de Saturno 土星の探査．hacer una ~ domiciliaria 家宅捜索をする

indagar [indaɣár] 他 ❶《文語》探究する，調査する；捜査する：~ los misterios de la vida 生命のなぞを探る．~ las causas de un accidente 事故原因を調べる． ❷《まれ》質問する，尋問する

indagatorio, ria [indaɣatórjo, rja] 形《文

語》調査の：comisión ~ria 調査委員会．estudio ~ 調査研究

◆ 女《法律》[尋問]調書

indebido, da [indebíðo, ða] 形 ❶ 不当な，道理に外れた：discriminación ~da 不当な差別．uso ~ 不正(無許可)使用． ❷ 不適切な：contestación ~da 的外れの答え． ❸ 義務（強制）ではない

indebidamente 副 不当に

indecencia [indeθénθja] 女 下品[な言動]，猥褻；慎みのなさ

indecente [indeθénte] 形 ❶ 下品な，猥褻(ねっ)な；慎みのない：película ~ 猥褻映画．muchacha ~ 慎みのない娘． ❷ 非常に汚い；ぼろぼろの：cuarto ~ むさ苦しい部屋

indecible [indeθíble] 形 言語に絶する：dolor ~ 筆舌に尽くしがたい苦しみ

indecisión [indeθisjón] 女 優柔不断，逡巡：salir de su ~ 迷いから抜け出す

indeciso, sa [indeθíso, sa] 形 图 ❶ [estar+] 決心のつかない；[ser+] 優柔不断な[人]：Estoy ~ sobre si decírselo o no. 私は彼に言うべきかどうか迷っている．árbitro ~ 決断力のない審判． ❷ [estar+] はっきりしない：La aprobación está todavía ~sa. 合格かりかうかはまだわからない．El tiempo está ~. 天候が定まらない

indeclinable [indeklináble] 形 ❶ 不可避の：deber ~ 回避できない義務．derecho ~ 無効にできない権利． ❷《文法》格変化しない：palabras ~s 不変化語

indecoroso, sa [indekoróso, sa] 形 無礼な；みっともない：lenguaje ~ ぶしつけな言葉．postura ~sa だらしない姿勢．vestido ~ 見苦しい服

indefectible [indefektíble] 形 いつもの：el ~ buen humor de+人 …のいつもの上機嫌．[ser ~ que+接続法] Es ~ que llegue tarde. 彼が遅れるのは毎度のことだ

indefenso, sa [indefénso, sa] 形 [estar+] 無防備の，防御(保護)されていない

indefendible 形 防御(弁護)され得ない

indefensible 女 無防備[状態]

indefinible [indefiníble] 形 定義できない；[+名詞] 形容しがたい，言い表わせない：persona ~ 得体の知れない人物．~ sensación de bienestar 言うに言われぬ幸福感

indefinición [indefiniθjón] 女 不明確，あいまい

indefinido, da [indefiníðo, ða] 形 ❶ 際限のない：espacio ~ 果てしない宇宙空間．por tiempo ~ 無期限に． ❷ 定義されていない，漠然とした：color ~ あいまいな色． ❸《文法》adjetivo (pronombre) ~ 不定形容詞(代名詞)

indefinidamente 副 際限なく，限りなく

indeformable [indeformáble] 形 形の崩れない，変形しない

indehiscente [indeisθénte] 形《植物》不裂開の

indeleble [indeléble] 形《文語》[汚れなどが] 消すことのできない：tinta ~ 消えないインク．

impresión 〜 忘れがたい印象

indelegable [indeleɣáble] 形 委任できない
indeliberado, da [indeliberáðo, ða] 形 熟考していない, 軽率な
indelicadeza [indelikaðéθa] 囡 粗野, 無作法: Es una 〜 hacernos caso omiso. 我々を無視するとは失礼だ. con 〜 下品に; 無神経に
indemne [indémne] 形 損害を受けない, 無傷の: Todos salieron 〜 del accidente. 彼らは事故に会ったが全員無事だった
indemnizar [indemniθár] 他 [+por・de を]…に賠償(弁償・補償)する: Me *indemnizaron por* todos los gastos de la reparación. 私は修理代を全額賠償された
　indemnización 囡 賠償, 補償; 賠償金〔の支払い〕: 〜 por daños y perjuicios 損害賠償金
indemostrable [indemostráble] 形 証明不能の: argumento 〜 証明不可能な論拠
independencia [independénθja] 囡 〖英 independence〗独立, 自立: conseguir la 〜 独立をかちとる. declaración de 〜 独立宣言. espíritu de 〜 独立不羈(ᵏᵇ)の精神. Guerra de la I 〜 〘歴史〙独立戦争〔スペインの対ナポレオン戦争, 1808-14〕
　con 〜 de …はさておき, …と無関係に
independentismo [independentísmo] 男 独立運動
　independentista 形 图 独立派〔の〕
independiente [independjénte] 形 ❶ [ser+] 独立した, 自立した; 独立心の強い: nación 〜 独立国. mujer 〜 自立した女性. periodista 〜 フリーのジャーナリスト. ❷ 無関係な, 別個の: de cuatro ruedas 〜s 四輪独立懸架の. cuarto 〜 [専用の入り口のある]独立した部屋
　◆ 图 無所属(無党派)の候補者
independientemente 副 独立して, 自主的に; [+de que+接続法]…とは無関係に
independizar [independiθár] 他 [+de から]独立させる, 無関係にする
　◆ 〜se 独立する: 〜*se de* los padres 両親から自立する
indescifrable [indesθifráble] 形 解読(解明)され得ない: inscripción 〜 判読不能の碑文
indescriptible [indeskriptíble] 形 言葉に表わせない: dolor 〜 言語に絶する痛み. escena 〜 何とも形容しがたい光景
indeseable [indeseáble] 形 好ましくない〔人〕: persona 〜 para nuestro país 我が国にとって好ましくない人物
indeseado, da [indeseáðo, ða] 形 求められていない, 好ましくない
indesmallable [indesmaʎáble] 形 [靴下が]伝線しない
indestructible [indestruktíble] 形 破壊できない, 不滅の: alianza 〜 固い同盟
indeterminable [indeterminá́ble] 形 確定(決定)できない
indeterminación [indeterminaθjón] 囡 ❶ 不確定; 不明確, あいまいさ: Nos preocupa la 〜 de la fecha. 日取りがはっきりしてないので心配だ. En el texto descubrimos algunas *indeterminaciones*. その原文にはいくつか不明確な個所が見受けられる. principio de 〜 不確定性原理. ❷ 優柔不断, ためらい: Pierde mucho por su 〜. 彼は決断力がなくて大変損をしている
indeterminado, da [indeterminá́ðo, ða] 形 ❶ 不確定な; 不明確な, あいまい; ぼやけた: un número 〜 de personas 不特定な人数. persona 〜*da* 不特定の人物. El sentido de esta frase es 〜. この文章の意味は漠然としている
indexación [indeksaθjón] 囡 〘情報〙インデックス付け; 〘経済〙物価スライド制
　indexar 他 インデックスを付ける
India [índja] 囡 ❶ 〘国名〙[主に la+] インド. ❷ 覆 i) [las 〜s. カリブ海の] 西インド諸島〘〜s Occidentales〙; [新大陸発見時には] 中南米. ii) 〜s Orientales 東インド
indiada [indjáða] 囡 🄻🄰 インディオの群衆; 〘軽蔑〙騒ぎを起こす群衆
indiano, na [indjáno, na] 形 〘文語〙西インド諸島・中南米 las Indias の
　◆ 图 〘古語〙スペインから中南米に渡って一財産作った人
indicación [indikaθjón] 囡 ❶ 表示, 印; 標識: 〜 de procedencia [食料品の] 原産地表示. ❷ [主に 覆] 指示; 指図, 命令: dar a+人 las *indicaciones* …に指示を与える. seguir las *indicaciones* 指示に従う. Me hizo la 〜 con la mano. 彼は私に手で教えた. por 〜 de…, …の指示に従って, 表示どおりに. ❸ 注解; 訂正. ❹ [薬の] 効能
indicado, da [indiká́ðo, ða] 形 過分 [+para に] 都合のよい, 適当な: Lo más 〜 sería esperar a que volvieran. 一番いいのは彼らが戻るのを待つことだろう. Es la persona más 〜*da para* este trabajo. 彼はこの仕事にうってつけ
indicador, ra [indikaðór, ra] 形 指示(表示)する: lámpara 〜*ra* 表示灯, パイロットランプ. señal 〜*ra* 方向指示器. papel 〜 マスキングテープ
　◆ 男 ❶ 標識. ❷ 指示器, 指針: 〜 de dirección 方向指示器. 〜 de la temperatura 温度計. 〜 de velocidad 速度計. 〜 económico 経済指標. ❸ 〘情報〙フラッグ
indicar [indikár] 他 覆 〖英 indicate. ☞活用表〗 ❶ 指し示す; [仕草で] 示す; 表示する: ¿Qué *indica* este pronombre? この代名詞は何を指しているのか? Mi reloj *indica* la una. 私の時計は1時を示している. [+que+接続法 するように] Me *indicó* con un movimiento de cabeza *que* no entrara. 彼は首を振って私に入るなと指示した. ❷ 教える, 告げる: ¿Podría usted 〜me cómo hacer la solicitud? 申込書をどう書けばいいか教えてくれませんか? ❸ [日時・場所を]定める, 指定する. ❹ [医者が治療法・薬を]指示する. ❺ [事物が]…の兆候を示す: La producción *indicó* una disminución.

生産高は減少を示した. [+que+直説法] Su actitud *indica que* no está conforme. 彼の態度は賛成でないことを示している

indicar	
直説法点過去	接続法現在
indi*qué*	indi*que*
indicaste	indi*ques*
indicó	indi*que*
indicamos	indi*quemos*
indicasteis	indi*quéis*
indicaron	indi*quen*

indicativo, va [indikatíßo, ßa] 形 ❶ [+を] 指示する, 示す: gráfica ~*va de* la venta 売上げを表わすグラフ. ❷ 直説法の
◆ 男 ❶《文法》直説法 [modo ～]. ❷ [電信の] 呼出し符号, コールサイン.《自動車》～ de nacionalidad 国籍プレート

índice [índiθe] 男 ❶ 索引, インデックス: consultar un ～ 索引をひく(調べる). ～ temático (de materias) 内容目録. ❷ 指標, 印: La renta per cápita es un ～ para conocer el nivel de vida. 一人当たり国民所得は生活水準を知るための指標の一つである. ❸ 指数, 率: ～ de precios [al consumo・al consumidor] [消費者]物価指数. ～ del coste de (la) vida 生計費指数. ～ Dow Jones ダウ式平均株価. ～ de refracción 屈折率. ❹《数学》指数, 指標; 添え字. ❺《宗教》人差指 [dedo ～]. ❻《カトリック》[el Í～] 禁書目録

indiciar [indiθjár] 他 指し示す, 指標となる
indicio [indíθjo] 男 ❶ 微候: Surgieron los primeros ～*s* de su talento. 彼の才能が芽ざいた. ❷ 微量: detectar ～*s* de veneno 微量の毒を検出する. ❸ 手がかり;《法律》証拠
índico, ca [índiko, ka] 形《地名》Océano Í～ インド洋
indiferencia [indiferénθja] 女 無関心, 無感動; 冷淡: Ha mostrado una total ～ a mi solicitud. 彼は私の依頼に対してまったくつれなかった. fingir (afectar) ～ 冷淡を装う, 冷たいそぶりをする
indiferenciado, da [indiferenθjáðo, ða] 形 [estar+] 区別されていない, 違いのない
indiferente [indiferénte] 形 ❶ 重要でない, どちらでもよい: artículos ～*s* つまらない記事 [ser ～ que+接続法] Me es ～ *que* sea guapa o no. 彼女が美人であろうとなかろうと私にとってはどうでもよいことだ. ❷ [+a に] 関心がない, 平然とした; 冷淡な: Ana es ～ *a* mi hermano. アナは私の弟に気がない. mirada ～ 冷ややかな目つき
dejar ～《中南米. 婉曲》殺す [matar]
◆ 名 無関心な人
indiferentismo [indiferentísmo] 男 [政治的・宗教的な] 無関心主義
indígena [indíxena] 形 ❶ 土着の, 先住民 [の], 原住民[の]; 現地人[の]: tribu ～ 先住民の部族. ❷ インディオ [indio]
indigencia [indixénθja] 女 [pobreza より深

刻な] 貧窮, 極貧: vivir en la ～ 窮乏生活をおくる
indigenismo [indixenísmo] 男 ❶ インディオに関する民族学. ❷ インディヘニスモ《ペルーの思想家 José Carlos Mariátegui (1894-1930) が提唱したインディオの文化などの擁護・復権運動》. ❸ 現地語風の表現, 現地語からの転入語
indigenista [indixenísta] 形 名 インディヘニスモの[支持者]
indigente [indixénte] 形 名 非常に貧しい, 貧窮した; 生活困窮者
indigestar [indixestár] ～se 消化不良になる: i) [+con・de で] Me he indigestado *con* pasteles. 私はケーキで胃がもたれている. ii) [食物が主語. +a+人] Se me *indigestan* fácilmente los mariscos. 私は魚介類を食べるとすぐ消化不良を起こす. iii)《比喩》Se me *indigesta* el francés (Pedro). 私はフランス語はお手上げだ(ペドロと相性が悪い)
indigestión [indixestjón] 女 消化不良, 胃のもたれ
indigesto, ta [indixésto, ta] 形 ❶ 不消化の; 消化しにくい: alimento ～ 消化の悪い食物. ❷ [人が] 消化不良の: estar ～ 消化不良を起こしている. ❸ [人が] しつこい, くどい
indignación [indignaθjón] 女 [不正などに対する] 憤慨, 憤り: Esa sanción despertó su ～. その処罰に彼は憤りを覚えた
montar en ～ 憤慨する
indignante [indignánte] 形 腹立たしい
indignar [indignár] 他 憤慨させる
◆ ～se [+con+人/+por+事 に] 憤慨する: Nos hemos *indignado por* su comportamiento. 私たちは彼のふるまいに憤慨した
indignidad [indigniðá(d)] 女 低劣さ; 恥ずべき行為
indigno, na [indígno, na] 形 [ser+] ❶ [+de に] 値しない; ふさわしくない: Esta obra es ～*na de* elogio. この作品は賞賛に値しない. Me siento ～ *de* ocupar ese puesto. 私はその地位にふさわしくないような気がする. Es ～ *de* nuestra amistad. 彼は私たちの友情に値しない男だ. ❷ [行為などが] 低劣な, 恥ずべき: gesto ～ 見下げ果てたふるまい
índigo [índigo] 男《染料》藍(あい), インジゴ: color ～ 藍色
indio, dia [índjo, dja] 形 名《英 indian》❶《国名》India 女 の; インド人. ❷ インディオ[の]; インディアン[の]. ❸ 藍(あい)色の
engañar a+人 *como a un* ～ 容易にだます
hablar como los ～*s* ブロークンなスペイン語 (英語)を話す, たどたどしい話し方をする
hacer [el] ～《西. 軽蔑》こっけい(ばか・無責任)なことをする
◆ 男《元素》インジウム
indirecto, ta [indirékto, ta] 形 間接の: iluminación ～ 間接照明. por un conducto ～ (una vía ～*ta*) 間接的なやり方で. información ～*ta* 又聞き
◆ 女 ほのめかし: decir (lanzar・soltar) una ～*ta* それとなく言う, 遠回しに言う

indirectamente 副 間接的に；遠回しに

indiscernible [indisθernɓle] 形 〖文語〗識別され得ない，見分けのつかない

indisciplina [indisθiplína] 女 規律を守らないこと，不服従

　indisciplinado, da 形 過分 規律を守らない，反抗的な

　indisciplinar 他 無規律にする．◆ 〜se 規律がなくなる

indiscreción [indiskreθjón] 女 ［立ち入ったことを言うなどの〕無遠慮，ぶしつけな言動；無分別：Perdone por la 〜, pero ¿cuánto gana su padre? 失礼ですが父上の収入はどの位ですか？

indiscreto, ta [indiskréto, ta] 形 名 ❶ 無遠慮な〔人〕，ぶしつけな：¿Será demasiado 〜 preguntarle su edad? 大変失礼ですがおいくつですか？ dirigir una mirada 〜ta じろじろ見る．❷ 無分別な〔人〕；口の軽い〔人〕

indiscriminado, da [indiskrimináðo, ða] 形 無差別の

　indiscriminadamente 副 無差別に

indisculpable [indiskulpáble] 形 許せない，弁解の余地のない

indiscutible [indiskutíble] 形 [ser+] 議論の余地のない，確実な

　indiscutiblemente 副 議論の余地なく，明白に

indiscutido, da [indiskutíðo, ða] 形 異論のない，万人の認める

indisociable [indisoθjáble] 形 分離できない，不可分の

indisoluble [indisolúble] 形 ❶ 溶解しない：〜 en agua 水に溶けない．❷ 解消（破棄）できない，永続的な：amor 〜 変わらぬ愛

　indisolubilidad 女 不溶解性；解消（破棄）できないこと

indispensable [indispensáble] 形 [ser +. +para］ 欠くことのできない，必要不可欠の：Este diccionario es 〜 para el estudio de español. スペイン語の勉強にこの辞書は欠かせない．lo [más］ 〜 最小限必要なもの．[ser 〜 que+接続法] Es 〜 que acuda a esa asamblea. 私はどうしてもその集会に出なければならない

indisponer [indisponér] 60 他 過分 indispuesto] ❶ [+con•contra への] 悪感情を…に抱かせる，仲たがいさせる；…の気分を害する：Inventando cosas infundadas intentó 〜me con ella. 彼はありもしないことをでっち上げて私と彼女の仲を裂こうとした．Todo lo que dice él me indispone. 彼の言うことはいちいち私のかんにさわる．❷ 体調を悪くさせる：El calor me indispone. 暑くて私は気分が悪い（体調が狂っている）◆ 〜se ❶ 悪感情を抱く：Se indispuso con el jefe. 彼は上司と気まずくなった．❷ 体調をくずす，気分が悪くなる

indisposición [indisposiθjón] 女 ❶ ［一時的な〕体の不調，軽い病気，気分がすぐれないこと：indisposiciones por la menopausia 更年

期障害．❷ 気が進まないこと，嫌気，嫌気．❸ [+con+人 に対する〕不快感，悪感情

indispuesto, ta [indispwésto, ta] 形 過分 〖←indisponer〗[estar+] ❶ [+con•contra と〕不和になった：Está 〜 con su amigo. 彼は友人と仲たがいしている．❷ 体調が悪い：Estoy algo 〜. 私は少し気分がすぐれない

indisputable [indisputáble] 形 議論の余地のない

indistinguible [indistiŋɡíble] 形 識別され得ない，不明瞭な

indistinto, ta [indistínto, ta] 形 ❶ 不明瞭な，ぼんやりとした：colores 〜s はっきりしない色．sonido 〜 かすかな音．memorias 〜tas あいまいな記憶．❷ どちらでもよい〖indiferente〗：Me es 〜 visitarlos por la mañana o por la tarde. 午前中に訪問しようが午後にしようが私はどちらでもいい

　indistintamente 副 1) 区別なく：Se aplica 〜 a todos los casos. それはすべての場合に一様に適用される．2) 不明瞭に：A lo lejos se oyen 〜 unas voces. 遠くでかすかに声がする

individual [indiβiðwál] 形 〖英 individual〗❶ 個人の，個人的な：libertad 〜 個人の自由；人身の逮捕されない権利］．características 〜es 個性．❷ 〖ベッド・部屋に〕シングルの．❸ 《南米》瓜二つの：Este chico es 〜 a su padre. この子は父親にそっくりだ ◆ 男 《スポーツ》個人 〖↔equipo, doble〗：masculino (caballero) 男子シングルス．femenino (damas) 女子シングルス

individualidad [indiβiðwaliðá(ð)] 女 ❶ 個性；個別性，個体性．❷ 個性的な人，個性豊かな人

individualismo [indiβiðwalísmo] 男 《時に軽蔑》個人主義

　individualista 形 名 個人主義の；個人主義者

individualizar [indiβiðwaliθár] 自 他 …に個性を与える，特性を際立たせる；[普遍的なことを〕個人に限定する：〜 a cada uno de un grupo 集団の一人一人に個性を発揮させる ◆ 自 個人名を挙げる

　individualización 女 個別化；個性化

individualmente [indiβiðwálménte] 副 個人的に

individuo, dua [indiβíðwo, ðwa] 名 ❶ [誰だか知らない・言いたくない〕人：Le atacaron unos 〜s encapuchados. 彼は覆面をした数人に襲われた．❷ 《軽蔑》[信用できない・好きになれない〕人，やつ：No me gusta esa clase de 〜s. あの手のやつらは嫌いだ ◆ 形 個人の；不可分の ◆ 男 [社会・集団に対して〕個人；個体：Todo 〜 tiene derecho a una vida digna. すべての個人は人間らしく生きる権利をもつ

indivisible [indiβisíble] 形 分割できない，不可分の：número 〜 por tres 3で割り切れない数

　indivisibilidad 女 不可分性，不分割性

indivisión [indiβiθjón] 囡 不分割；[財産の]共有

indiviso, sa [indiβíso, sa] 圏 ❶ 分割されない：La colección se vende 〜sa. コレクションは一括売りです． ❷ 《法律》不分割の，共有の〖pro 〜〗：bienes 〜s/bien pro 〜 不分割財産，共有財産．finca 〜sa 共有の地所

indización [indiθaθjón] 囡 《経済》インデクセーション；[賃金・年金などの] スライド

indoario, ria [indoárjo, rja] 圏 图 インド・アーリア人[の]；インド・アーリア語の
◆ 囲 インド・アーリア語

indoblegable [indoβleɣáβle] 圏 意志などを曲げない；手に負えない

indochino, na [indotʃíno, na] 圏 图 《地名》インドシナ Indochina 囡 の〔人〕：Península I〜na インドシナ半島

indócil [indóθil] 圏 《文語》従順(素直)でない，わがままな，強情な

indocto, ta [indókto, ta] 圏 《文語》無学な，無知な

indocumentado, da [indokumentáðo, ða] 圏 图 ❶ 身分証明書を持っていない(不携帯の)〔人〕；資格のない〔人〕． ❷ 専門知識のない，無能な． ❸ [estar+. 資料・証拠などの] 裏づけのない

indoeuropeo, a [indoeuropéo, a] 圏 图 《言語》インド・ヨーロッパ語[族]の[人]：lenguas 〜as 印欧諸語．pueblos 〜s 印欧語系諸民族

indogermánico, ca [indoxermániko, ka] 圏 图 ＝indoeuropeo

indoiranio, nia [indoiránjo, nja] 圏 囲 インド・イラン語[の]

índole [índole] 囡 ❶ [事物の] 特徴，性質：dada la 〜 reservada del asunto 慎重を要する事の性質上…. problema de 〜 económica 経済的な問題． ❷ [人の] 性格，気質：Es de 〜 perezosa. 彼は怠惰な性格だ

indolente [indolénte] 圏 [少し] 怠惰な〔人〕，無気力な〔人〕：Es un poco 〜. 彼は少しものぐさだ．mirada 〜 物憂げなまなざし
indolencia 囡 怠惰，無気力

indoloro, ra [indolóro, ra] 圏 痛まない，無痛性の：operación 〜ra 無痛手術

indomable [indomáβle] 圏 ❶ [動物が] 飼い馴らせない：caballo 〜 荒馬． ❷ [人が] 服従させられない：chiquillo 〜 手に負えない子供．valor 〜 不屈の勇気．El odio crecía 〜. 憎しみが抑えようもなく高まっていった
indómito, ta 圏 ＝indomable

indomeñable [indomeɲáβle] 圏 支配され得ない

indomesticable [indomestikáβle] 圏 馴らし得ない；反抗する

indómito, ta [indómito, ta] 圏 飼い馴らされていない；負けん気の強い，不屈の

indonesio, sia [indonésjo, sja] 圏 图 《国名》インドネシア Indonesia 囡 〔人・語〕の；インドネシア人
◆ 囲 インドネシア語

indostanés, sa [indostanés, sa] 圏 图 インドの[人][＝**hindú**]

indostaní [indostaní] 囲 ヒンドスターニー語〖インドの共通語〗

indubitable [induβitáβle] 圏 《文語》疑う余地のない：Es 〜 que lo dijo. 彼がそう言ったのは確かだ
indubitado, da 圏 ＝indubitable

inducción [indukθjón] 囡 ❶ 《論理》帰納〔法〕[↔deducción 演繹]． ❷ 推論，推定． ❸ 教唆：por 〜 de+人 …にそそのかされて． ❹ 《電気》誘導，感応：bobina de 〜 誘導(感応)コイル．〜 magnética (electromagnética) 磁気(電磁)誘導． ❺ 《生物》誘導；誘発

inducir [induθír] ⑪ 他 ❶ [a に] 仕向ける，導く；そそのかす：Aquello le *indujo a* rebelarse. そのことが原因で彼は反抗した．〜 a+人 a error (ruina) …に間違いを起こさせる(破滅に導く)． ❷ [+de から] 帰納する；結論を引き出す，推論する：*De* todo esto *inducimos* la siguiente regla. これらすべてのことから我々は次のような法則を帰納する． ❸ 《医学》陣痛を起こさせる，分娩させる． ❹ 《電気》誘導する，感応作用を起こさせる
inducido 囲 《電気》被誘導回路；電機子

inductancia [induktánθja] 囡 《電気》インダクタンス，誘導係数

inductivo, va [induktíβo, βa] 圏 ❶ 《論理》帰納的な[↔deductivo]． ❷ 《電気》誘導性の：circuito 〜 誘導回路．corriente 〜va 誘導電流

inductor, ra [induktór, ra] 圏 ❶ 《電気》誘導する：campo 〜 誘導電磁界． ❷ そそのかす，教唆する
◆ 囲 《電気》誘導子

indudable [induðáβle] 圏 [ser+] 疑う余地のない，確かな：Es 〜 que tiene razón. 彼が正しいのは確かだ
indudablemente 副 疑いなく，確かに：Tiene 〜 talento para el arte. 彼は確かに芸術に才能がある

indulgencia [indulxénθja] 囡 ❶ 寛容，寛大[な措置]：tratar a+人 con 〜 …に寛容な態度で接する，寛大な措置をとる． ❷ 《カトリック》免償，贖宥(ゆう)；《歴史》免罪符：〜 parcial (plenaria) 分(全)贖宥
indulgente [indulxénte] 圏 [+con・para・para con に] 寛大な：Es 〜 *para* sus hijos. 彼は子供に甘い

indultar [indultár] 他 ❶ [+de 罪を] 赦免する：Le *han indultado de* la pena de muerte. 彼は死罪を免れた．〜 a un reo 罪人に恩赦を与える． ❷ [義務・支払いなどを] 免除する：Le *indultaron de* la asistencia. 彼は出席を免除してもらった

indulto [indúlto] 囲 ❶ 赦免，恩赦：pedir un 〜 特赦を願い出る． ❷ 免除

indumentaria¹ [indumentárja] 囡 ❶ 【集合】衣裳，衣類：llevar una 〜 ridícula 奇妙な衣裳を着ている．estar pobre de 〜 衣類が乏しい． ❷ 衣裳史〔学〕

indumentario, ria² 《文語》衣裳(服飾)の

industria

[indústrja] 《英 industry》❶ 産業, 工業: Trabajo en la ~ química. 私は化学産業で働いている. ~ siderúrgica 製鉄業. ~ de la alimentación 食品産業. ~ pesada (ligera) 重(軽)工業. ~s primarias (secundarias‧terceras) 第1(2‧3)次産業. ~ artesanal 手工業. ~ casera (familiar) 家内工業, 零細工業. ~ pequeña y mediana 中小企業. ~ fabril 製造工業, 工場制工業. ~ naciente 幼稚産業. ❷ 工場, 製造会社: ser dueño de una pequeña ~ en un pueblo 小さな町工場を経営している. ❸ 巧知, 術策: Ese joven tiene mucha ~. その青年はなかなかの策士だ

industrial [industrjál] 形 産業の, 工業の: producción ~ 工業生産. país ~ 工業国. dulces ~es [手作りに対し] 工場で作られた菓子
en cantidades ~es 《口語》大量に
◆ 名 [製造業の] 実業家, 業者

industrialismo [industrjalísmo] 男 産業主義, 工業化優先

industrializar [industrjaliθár] 他 産業(工業)化させる: ~ una región 地域産業を振興する. 地域を工業化する. país *industrializado* 工業国
◆ ~se 産業(工業)化する

industrialización 名 産業化, 工業化

industriar [industrjár] 他 ~se うまく(才覚を働かせて)手に入れる
industriárselas うまくやる

industrioso, sa [industrjóso, sa] 形 要領のいい, 抜知にたけた; 勤勉な, 働き者の
industriosamente 副 要領よく, ちゃっかりと; 勤勉に

INE [íne] 男 《西. 略語》←Instituto Nacional de Estadística 統計局

inecuación [inekwaθjón] 名 《数学》不等式

inédito, ta [inédito, ta] 形 ❶ 未刊の, 未発表の: obra ~*ta* 未発表作品. ❷ 新奇な, 前代未聞の

ineducación [inedukaθjón] 名 ❶ 不作法, 無礼. ❷ 無教育, 無学

ineducado, da [inedukáðo, ða] 形 名 [ser+] 不作法(無礼)な[人]; 無学な[人]

INEF [ínef] 男 《西. 略語》←Instituto Nacional de Educación Física 体育協会

inefable [inefáble] 形 《文語》[ser+] 言いようのない, 言葉で表わせない: belleza ~ えも言われぬ美しさ

inefectivo, va [inefektíbo, ba] 形 効果のない

ineficaz [inefikáθ] 形 [複 ~ces] 効果のない, 役に立たない: medicina ~ 効かない薬
ineficacia 名 効果のない(役に立たない)こと

ineficiente [inefiθjénte] 形 能率の悪い, 無能な
ineficiencia 名 能率の悪いこと

inelegancia [ineleganθja] 名 粗野; 無礼
inelegante 形 失礼な, 無礼な

inelegible [inelexíble] 形 [選ばれる] 資格のない

ineluctable [ineluktáble] 形 《文語》避けられない, 抗しがたい: hado ~ 逃れられない宿命. muerte ~ 免れ得ない死

ineludible [ineludíble] 形 避けられない, 不可避の: resultado ~ 必然の結果

INEM [inén] 男 《西. 略語》←Instituto Nacional de Empleo 職安, 公共職業安定所

inembargable [inembargáble] 形 《法律》差押えの対象にならない

inenarrable [inenarráble] 形 《文語》語り得ない: experiencia ~ 言語に絶する経験

inepcia [inépθja] 名 《文語》無能, 不適格; 愚劣

inepto, ta [inépto, ta] 形 名 ❶ [ser+. + para に] 無能な[人], 不適格な[人]: Soy ~ *para* este cargo. 私はこの職には向いていない. ❷ 愚劣な[人]
ineptitud 名 無能, 不適格

inequitativo, va [inekitatíbo, ba] 形 不平等な, 不均等な

inequívoco, ca [inekíboko, ka] 形 間違いようのない, 明白な: Muestra ~*cas* señales de locura. 彼はまぎれもない狂気の徴候を示している

inercia [inérθja] 名 ❶《物理》慣性, 惰性 『比喩的にも』: fuerza de ~ 慣性力. La fuerza de la ~ le hace seguir en su puesto. 彼は惰性で今の仕事を続けている. por ~ 惰性で. ❷ 無気力, 不活発: sacar a+人 de su ~ …を無気力状態から抜け出させる

inerme [inérme] 形 ❶ [estar+] 武装していない; 《比喩》無防備な. ❷《植物》とげのない; 《動物》無鉤(む)の

inerte [inérte] 形 ❶ [estar+] 生気のない, 無気力な: Yacía su cuerpo ~. 彼はぐったりと体を横たえていた. ❷ [ser+] 自動力のない; 《化学》不活性な: gas ~ 不活性ガス

inervación [inerβaθjón] 名 《医学‧生理》神経分布, 神経支配
inervar 他 神経を分布させる, 神経支配を行なう

Inés [inés] 名 《女性名》イネス 『英 Agnes』

inescrutable [ineskrutáble] 形 《文語》[ser+] はかり知れない, 不可解な: Los designios de la Providencia son ~s. 神意はうかがい知れない

inesperado, da [inesperáðo, ða] 形 [ser+] 思いがけない, 予想外の: desgracia ~*da* 思いがけない災難. visita ~*da* 不意の訪問, 予期せぬ訪問者. de forma ~*da* 思いがけなく
inesperadamente 副 思いがけなく

inestable [inestáble] 形 ❶ 不安定な, 変わりやすい: gobierno ~ 不安定な政府. tiempo ~ 変わりやすい天気. combinación ~ 不安定な化合物. ❷ 気分(考え)の変わりやすい, お天気屋の
inestabilidad 名 不安定〔性〕

inestimable [inestimáble] 形 はかり知れない, 非常に貴重な: ayuda ~ この上ない助力.

de valor ～ はかり知れない価値のある

inestimado, da [inestimáðo, ða] 形 評価されていない；未評価の

inevitable [ineβitáβle] 形 不可避的, 免れ得ない：El accidente ha sido ～. その事故は避けられなかった
　inevitablemente 副 不可避的に

inexacto, ta [inɛ(k)sákto, ta] 形 ❶ 不正確な, 間違った：reloj ～ 時間が合わない時計. ❷《婉曲》嘘の
　inexactitud 女 不正確, 誤り；嘘：～ en los datos データの誤り

inexcusable [inɛ(k)skusáβle] 形 ❶ [ser+] 不可避的な：deber ～ 免れることのできない義務. ❷ 許され得ない：defecto ～ 許しがたい欠点

inexhausto, ta [inɛ(k)sáusto, ta] 形 枯渇することのない, 無尽蔵の

inexistente [inɛ(k)sisténte] 形 [ser+] 存在（実在）しない：hada ～ 架空の妖精
　inexistencia 女 存在しないこと, 欠如

inexorable [inɛ(k)soráβle] 形 [懇願・抵抗をはねのけて] 苛酷な, 容赦のない：padre ～ 峻厳な父親. sentencia ～ 無情な判決. paso ～ del tiempo 押しとどめがたい時の流れ
　inexorabilidad 女 苛酷さ

inexperiencia [inɛ(k)sperjénθja] 女 無経験, 不慣れ：Estos errores se deben a su ～. これらの誤りは彼の未熟さのせいだ

inexperto, ta [inɛ(k)spérto, ta] 形 [ser+] 無経験の, 不慣れな：técnico ～ 経験の浅い技師. conductor ～ 下手な運転手
　◆ 名 無経験者, 未熟者

inexplicable [inɛ(k)splikáβle] 形 説明できない；不可解な：enigma ～ 解けない謎. Su comportamiento es ～. 彼の行動は妙だ. [ser ～ que+接続法] Es ～ que él no venga. 彼が来ないのはおかしい
　inexplicablemente 副 不可解なことに

inexplicado, da [inɛ(k)splikáðo, ða] 形 解明されていない, 不明な

inexplorado, da [inɛ(k)sploráðo, ða] 形 [estar+] 探検されていない；[航路が] 未知の：tierra ～da 人跡未踏の地

inexpresable [inɛ(k)spresáβle] 形 [ser+] 表現され得ない

inexpresivo, va [inɛ(k)spresíβo, ba] 形 ❶ 無表情な；表現力に乏しい：Estuvo ～ como si no le hubiera pasado nada. 彼はまるで何事もなかったかのように無表情だった. ❷ 冷淡な, よそよそしい

inexpugnable [inɛ(k)spugnáβle] 形 [ser+] 難攻不落の, 堅固な；[説得などに] 動じない

inextensible [inɛ(k)stensíβle] 形 [布などが] 不延性の

inextenso, sa [inɛ(k)sténso, sa] 形 広がり（面積）のない

inextinguible [inɛ(k)stiŋgíβle] 形《文語》[ser+] 消され（抑えられ）得ない：sed ～ いやしがたい渇き

in extremis [in ɛ(k)strémis]《←ラテン語》臨終の際に；最後の瞬間に, ぎりぎりで；最後の手段として：testamento ～ 死に際の遺言

inextricable [inɛ(k)strikáβle] 形《文語》解きほぐせない, こんがらがった：problema ～ 錯綜した問題. maraña ～ うっそうとした茂み

inf.《略語》←informe 報告書；infinitivo 不定詞

infalible [infalíβle] 形 絶対に誤ることのない；絶対確実な：método ～ 絶対確実な方法
　infalibilidad 女 無謬（ぴゅう）性：～ del Papa 教皇の不可謬性
　infaliblemente 副 絶対確実に；きまっていつも

infalsificable [infalsifikáβle] 形 偽造（変造）され得ない

infaltable [infaltáβle] 形《南米》必ずある, つきものの

infamar [infamár] 他《文語》中傷する, …の名誉を傷つける〖difamar〗
　infamante 形 名誉を傷つける：pena ～ 加辱刑
　infamatorio, ria 形 中傷の

infame [infáme] 形 名 ❶ 卑しい〔人〕, 下劣な〔人〕；不名誉な：traición ～ 卑劣な裏切り. crimen ～ 破廉恥罪. ❷《口語》〔誇張して〕ひどく悪い：tiempo ～ ひどい悪天候. pintura ～ 下手くそな絵

infamia [infámja] 女 不名誉, 恥辱；卑劣（下劣）な行為：caer en la ～ 汚辱にまみれる

infancia [infánθja] 女 ❶ 幼年（幼児・少女）期：recuerdos de la ～ 子供のころの思い出. amigo de su ～ 幼なじみ. Pasó su ～ en Lisboa. 彼は少年時代をリスボンで過ごした. ❷ 集名 子供, 児童：～ marginada 落ちこぼれ. ❸ 揺籃（ようらん）期：Este estudio está todavía en su ～. この研究はまだ揺籃期にある. ～ de la Humanidad 人類の黎明（れいめい）期

infando, da [infándo, da] 形《文語》いまわしい, 話すに耐えない

infante, ta [infánte, ta] 名 ❶《文語》子供, 児童〖niño〗：tierno ～ 小さい子, いたいけな子. ❷ [スペインの, 王位継承順位の低い] 王子, 王女；親王, 内親王
　◆ 男《軍事》歩兵：～ de marina 海兵隊員
　infantado/infantazgo 男 王子・王女の位（領地）

infantería [infanterfía] 女 歩兵隊：soldado de ～ 歩兵. ～ ligera 軽（装）歩兵隊. ～ de marina 海兵隊

infanticidio [infantiθíðjo] 男 嬰児（えいじ）殺し, 幼児殺し
　infanticida 形 名 嬰児殺しの〔犯人〕

infantil [infantíl] 形 ❶ 幼児の, 小児の：lenguaje ～ 幼児語. enfermedad ～ 小児病. literatura ～ 児童文学. ropa ～ 子供服. ❷《軽蔑》子供っぽい, 小児的な：mentalidad ～ 子供っぽい考え方. ❸《スポーツ》alevín と cadete の間の年齢層の選手クラス
　infantilismo 男《軽蔑》[大人の] 子供っぽい性格, 幼稚さ；《医学》幼稚症

infanzón, na [infanθón, na] 图 [領主権に制限のある] 小郷士

infarto [infárto] 男 《医学》梗塞(ξ;)[症]; [特に] 心筋梗塞 [～ de miocardio]: ～ cerebral 脳梗塞

infatigable [infatigáβle] 形 [+en・para に] 疲れを知らない, 持久力のある; 根気のよい: ～ para el estudio 根気よく勉強する

infatuar [infatwár] 14 他 《文語》うぬぼれさせる
◆ ～se [+con で] うぬぼれる
infatuación 囡 うぬぼれ, 思い上がり

infausto, ta [infáusto, ta] 形 《文語》[主に時・事が] 不幸な, 不運な: un día ～ みじめな一日

infección [infe(k)θjón] 囡 感染[症], 伝染; 化膿

infeccioso, sa [infe(k)θjóso, sa] 形 [病気が] 伝染性の: enfermedad ～sa 伝染病. foco ～ 感染巣

infectar [infektár] 他 [生物・人間を] 感染(伝染)させる; [地域を] 汚染する
◆ ～se 感染する; [傷などが] 化膿する

infecto, ta [infékto, ta] 形 《文語》❶ [+de に] 感染した: ～ de herejía 邪教にかぶれた. ❷ 悪臭を放つ, 汚い; ひどくいやな: negocio ～ 汚い商売. asunto ～ いまわしい事件

infecundo, da [infekúndo, da] 形 ❶ 不妊[症]の. ❷ 不毛の; 乏しい: escritor ～ 寡作な作家
infecundidad 囡 1) 不妊[症]. 2) 不毛; 貧弱[さ]

infeliz [infelíθ] 形 图 [複]～ces [ser+] ❶ 不幸な[人]: consolar a una ～ madre 不幸な母親を慰める. suerte ～ 不幸な運命. ❷ 《軽蔑》哀れな. ❸ 《口語》人のよい, 愚直な
infelicidad 囡 不幸

inferencia [inferénθja] 囡 [←inferir] 《論理》推論, 推理; 結論

inferior [inferjór] 形 [英 inferior. ↔superior] [+a より] ❶ 下の, 低い: Aquí la tierra es ～ al nivel del mar. ここの土地は海面より低い. ❷ [質・地位などが] 劣った, 下等[下級]の: obra ～ a la precedente 前作より劣った作品. familia ～ a la clase media 中流以下の家庭. cursos ～es 低学年. animales ～es 下等動物. ❸ [数量が] 少ない: Mi sueldo es muy ～ al de ellos. 私の給料は彼らのよりずっと少ない
◆ 图 下級者, 目下の人; 部下: tratar a los ～es con respeto 部下に丁重に接する

inferioridad [inferjoridá(d)] 囡 劣ること; 下位, 下級: ～ intelectual (numérica) 頭のよさで(数の上で)劣ること. estar en ～ de condiciones 不利である, ハンデを背負っている

inferir [inferír] 33 《過分 infiriendo》他 ❶ [+ de・por から] 推論する, 推理する; 結論する: ¿Qué infiere usted de eso? そのことからどんな結論を出しますか? ❷ 《文語》[侮辱・傷などを] 与える: ～ a+人 una grave herida …に重傷を負わせる

◆ ～se 推論される

infernal [infernál] 形 ❶ 地獄の: potencias ～es 地獄の勢力 [鬼, 悪魔など]. ❷ 地獄のような, ひどい. ❸ すさまじい, 激しい: ruido ～ すさまじい音

infernillo [infernílo] 男 =infiernillo
infértil [infértil] 形 肥沃でない

infestar [infestár] 他 ❶ [有害なものが] 荒らす, …にはびこる: i) Las malezas infestan los campos. 雑草が畑にはびこっている. ii) [+de・con で] Han infestado el metro de billetes usados. 地下鉄の中は使用済みの切符が一杯うろらかっていた. ❷ 汚染する: Los gases de escape infestan el aire de la ciudad. 排気ガスが都市の空気を汚染する

inficionar [infiθjonár] 他 《文語》❶ [病気を] 感染(伝染)させる, …に毒を入れる; 汚染する. ❷ 悪習に染まらせる, …の心を毒する

infidelidad [infideliðá(d)] 囡 不忠実, 不誠実; 不貞, 浮気 [～ conyugal・matrimonial]

infiel [infjél] 形 图 [絶対最上級 infidelísimo] ❶ [ser+, +a に] 忠実でない, 誠実でない: Su marido le es ～. 彼女の夫は浮気している. amigo ～ 不誠実な友. copia ～ 原画に忠実でない模写. ❷ 《古語》[キリスト教から見て] 異教の; 異教徒の ◆ 图 異教の民族

infiernillo [infjernílo] 男 卓上コンロ

infierno [infjérno] 男 [英 hell] ❶ 地獄: irse al ～ 地獄に落ちる, 地獄で…の ～ 地獄の業火. penas de ～ 地獄の責め苦. ❷ [対立と不安に満ちた] 修羅場, 生き地獄
al ～ con+事物 [嫌悪・怒り] …なんかくそくらえ!
en (hasta) el quinto ～ はるか遠くに(まで)
¡vete (que se vaya) al ～! とっとと消えうせろ/くそくらえ!

infijo [infíxo] 男 《言語》接中辞 [例 humareda の -ar-]

infiltración [infiltraθjón] 囡 [+en への] 浸透: ～ del agua en la madera 木材への水のしみ込み. ～ de ideas revolucionarias en un país 革命思想の国内への浸透. ～ de espías スパイの潜入. ～ de pulmón 《医学》肺浸潤

infiltrar [infiltrár] 他 [+en に] しみ込ませる, 浸透させる: i) ～ el agua en la tierra 地面に水をしみ込ませる. ii) [思想などを] ～ sus ideas en la juventud 若者たちに自分の考えを浸透させる. ～ a los elementos agitadores entre los soldados 兵士たちの間に扇動分子を潜入させる
◆ ～se しみ込む, 浸透する: La humedad se infiltró en la pared. 湿気が壁にしみ込んだ. Se infiltró el sentimiento de ternura en el corazón de los presentes. ほのぼのとした暖かさがそこにいる者の心にしみ渡った. ～se en las filas del enemigo 敵軍に潜入する
infiltrado, da 图 潜入者

ínfimo, ma [ínfimo, ma] 形 [bajo の絶対最上級. ↔supremo] [階層・価格・品質などが] きわめて低い: de ～ma calidad 劣悪な品質の. precio ～ 超低価格

infinidad [infiniðá(đ)] 囡 無数, 膨大な数(量); 無限〔であること〕: He recibido una ~ de felicitaciones. 私は数限りない祝いの言葉を受けた. Hubo ~ de gente. おびただしい群衆がいた

infinitamente [infinitaménte] 副 ❶ 無限に, 限りなく. ❷《口語》[+比較語. 強調] はるかに: Éste es ~ mejor que aquél. これの方があれより断然よい

infinitesimal [infinitesimál] 形《数学》微小の; 無限小の: cálculo ~ 微積分学

infinitivo, va [infinitíβo, βa] 形《文法》不定法(の): modo ~ 不定法

infinito, ta [infiníto, ta] 形《英 infinite》無限の, 限りない: Las estrellas son ~tas. 星の数は無限だ. espacio ~ 無限の宇宙空間. sabiduría ~ta de Dios 神の限りない叡智. alegría ~ta この上ない喜び
◆ 男 [el+] 無限;《数学・写真》無限大: con la lente enfocada al ~ 焦点を無限に合わせて, mirar al ~ 虚空を見つめる
◆ 副 限りなく, 非常に: Lo siento ~. まことに申し訳ありません

infinitud [infinitú(đ)] 囡 =infinidad

inflable [infláβle] 形 ふくらますことのできる: bote ~ ゴムボート

inflación [inflaθjón] 囡《経済》インフレーション〖↔deflación〗: ~ producida por la presión de la demanda (por el alza de los costos) ディマンドプル(コスト)インフレ. ~ de palabras extranjeras 外来語の氾濫
inflacionario, ria 形 =inflacionista
inflacionismo 男 インフレ傾向
inflacionista 形 インフレ〔傾向〕の: política ~ インフレ政策

inflador [inflaðór] 男 (タイヤなどの)空気入れ

inflamable [inflamáβle] 形 ❶ 引火性の, 燃えやすい: gas ~ 可燃性ガス. ❷ [感情などが]激しやすい, 興奮しやすい

inflamación [inflamaθjón] 囡 ❶ 引火, 発火: punto de ~ 発火点. ❷《医学》炎症: ~ de las amígdalas へんとう腺炎

inflamar [inflamár] 他 ❶ 燃やす, 燃え上がらせる. ❷ [人を]激させる, 興奮させる. ❸《医学》炎症を起こさせる
◆ ~se ❶ 燃える: La gasolina se inflamó. ガソリンが燃え上がった. ❷ [+de•en で]興奮する: Se inflamó de ira. 彼は怒ってかっとした. No se han inflamado los ánimos. 気持ちが燃えなかった. ❸ 炎症を起こす, はれる: Se le ha inflamado el pie. 彼の足ははれ上がった
inflamatorio, ria 形 炎症性の

inflar [inflár] 他 ❶ ふくらます: ~ un balón ボールをふくらます. ❷ 誇張する ❸ うんざり(あきき)させる
◆ ~se ❶ ふくらむ: Los neumáticos están bien inflados. タイヤは十分空気が入っている. ❷《口語》[+de を]腹一杯食べる(飲む): Se ha inflado de pasteles. 彼はケーキをたらふく食べた. ❸ [+a+不定詞] たっぷりと(いやになるほど)…する. ❹ 自慢になる, 得意になる

inflexible [infle(k)síβle] 形 ❶ [+a に対して/+en に] 不屈の, 強情な: persona ~ 頑固(一徹)な人. ser ~ a los ruegos 懇願に心を動かされない. Ha sido ~ en su resolución. 彼の決意は頑として変わらなかった. ❷ [物が]曲げられない
inflexibilidad 囡 不屈, 強情; 曲げられないこと

inflexión [infle(k)sjón] 囡 ❶ [線などが]曲がること. ❷ 方向の変化; [光の]屈折. ❸ [声の]抑揚. ❹《文法》語形変化, 変化(屈折)語尾

infligir [inflixír] 他 他 [罰などを, +a+人 に]課する: Le infligieron un castigo. 彼は罰せられた. ~ una derrota al equipo enemigo 相手チームを打ち負かす

inflorescencia [infloresθénθja] 囡《植物》花序

influencia [inflwénθja] 囡《英 influence》❶ [+sobre•en に対する]影響, 感化: La alimentación ejerce una gran ~ sobre (en) el desarrollo de los niños. 栄養は子供の発育に大きな影響を及ぼす. En su obra se nota la ~ del romanticismo. 彼の作品にはロマン主義の影響が見られる. sentir la ~ viciosa de sus amigos 友人から悪い感化を受けている
❷ [主に 複]勢力, 権勢; コネ, 縁故: Tiene muchas ~s en el ayuntamiento. 彼は市役所で大変顔がきく. hacer uso de su ~ en favor de+人 …の便宜を図るために圧力をかける. hombre de muchas ~s 有力者. rivalidad de ~ 勢力争い. zona de ~ [ある国の]勢力圏

influenciar [inflwenθjár] 他 他 感化する〖influir〗
◆ ~se 感化される
influenciable 形 感化されやすい

influenza [inflwénθa] 囡《←伊語》インフルエンザ〖gripe〗

influir [inflwír] 他 自 [現在分 influyendo] [+en に]影響を及ぼす: El clima influye mucho en las cosechas. 気候は収穫高に大きく影響する. He influido en mi amigo para que tome a mi hija de secretaria. 私は娘を秘書として雇ってくれるように友人に働きかけた. hombre que influye en un pueblo 村の有力者
◆ 他 感化する
◆ ~se [+de に]影響される: Se ha influido de su amigo. 彼は友人から感化された

influjo [inflúxo] 男 ❶ 影響〖influencia〗: Todavía está bajo el ~ de la droga. 彼はまだ麻薬の影響が残っている. ❷ 満潮, 満ち潮〖flujo〗

influyente [influjénte] 形 影響力を持った, 権威のある: doctrina política muy ~ del siglo pasado 前世紀の一大政治理念. catedrático ~ de una universidad 大学の有力教授

infolio [infóljo] 男《印刷》2つ折り判(の本)

información [informaθjón] 囡《英 infor-

mation) [行為, 内容. 内容としては時に 複/
複名] **❶** 情報, 知識；情報収集；通知: Nos
falta ~ sobre este accidente. この事故に関
する情報が不足している. recoger *informaciones*
情報を集める. obtener ~ 情報を得る. recibir
~ 通知を受け取る. proporcionar ~ a la
policía 警察に通報する. solicitar ~ a (de) +
人 …に問い合わせる. a título de ~/para su
~ 参考までに. solicitud de ~ 問い合わせ.
teoría de la ~ 情報理論. ~ de crédito 信
用調査報告. ~ de sangre〔資格証明のため
の〕系譜調査. ~ genética《生物》遺伝情報.
~ parlamentaria 議会特別委員会による調査
報告. ~ secreta 秘密報告
❷ ニュース, 報道: *informaciones* meteoro-
lógicas 天気概況. ~ mercantil 商品市況.
~ periodística 新聞報道. Ministerio de
I ~ 情報省. servicio de ~ 報道部. traer
una ~ precisa 詳細な報道をする
❸ 案内；案内所: ~ telefónica 番号案内.
oficina (centro) de ~ turística 観光案内所
❹《法律》予審, 証人尋問: abrir la ~ 予審を
始める. ~ sumaria 略式裁判手続き
❺《情報》データ

informado, da [informáðo, ða] 形 過分 **❶**
情報に通じた: No está bien ~ de la si-
tuación actual. 彼は現状にうとい. según una
fuente ~*da*/según dicen los bien ~s 消息
筋にみると. **❷** 身元保証のある, 身元の確かな

informador, ra [informaðór, ra] 形 情報を
提供する
◆ 名 広報係；情報提供者；報道記者: ~
gráfico 報道カメラマン

informal [informál] 形 名 **❶** 非公式の, 略式
の, 形式ばらない；[言葉が] くだけた；[服が] カジ
ュアルな, 普段着の: estilo ~ くだけた文体. **❷**
[約束・決まりなどを守らない〔人〕, だらしない〔人〕,
不まじめな〔人〕: Eres un ~, siempre llegas
tarde. 君は遅刻ばかりして, いいかげんなやつだ. **❸**
《中南米. 経済》闇の: sector ~ インフォーマルセ
クター

informalidad 女 不まじめさ；非公式, 形式ば
らないこと

informante [informánte] 形 名 =**infor-
mador**；資料提供者, インフォーマント

informar [informár] 他 **❶** 知らせる, 通知す
る: i)〔…に対し, +de•sobre について〕No nos
han informado de las causas de la explo-
sión. 爆発の原因について私たちは知らされていな
い. ii)〔+a に対し, +que+直説法 であると〕El
primer ministro *ha informado a* la prensa
que no habría remodelación del gobierno.
内閣改造はないと首相は報道陣に述べた. **❷**
《文語》形づくる, …の特徴となっている: La
ambición *informa* su conducta. 彼の行動の
裏にはつねに野心がある
◆ 自 情報を与える；[検事・弁護士が] 陳述す
る
◆ ~**se** 知る, 情報を得る；問い合わせる: Te-
lefoneé a la escuela para ~*me de*l horario.
私は時間割について学校に問い合わせの電話をし

た

informática[1] [informátika] 女 情報科学,
情報処理
informático, ca[2] 形 名 情報科学(処理)の；
その専門家

informativo, va [informatíβo, βa] 形 情
報(知識)を与える: hoja ~*va* 通知ビラ. revis-
ta ~*va* 情報誌
◆ 男 ニュース番組, 報道番組〔programa ~〕

informatizar [informatiθár] 9 他 情報化
(コンピュータ化)させる
◆ ~**se** 情報化する 女

informatización 女 情報化, コンピュータ化

informe [infórme] 男 **❶** [主に 複] 知らせ, 情
報: Me dio ~s importantes. 彼は重要な情報
を教えてくれた. pedir ~s a +人 …に問い合わ
せる. ~ comercial 市況. **❷** 報告(書), レポー
ト；答申: presentar un ~ 報告書を提出する；
答申する. ~ anual de una sociedad 会社年
次報告〔書〕. ~ presidencial 大統領教書.
❸ 複 身元保証: ama de llave con buenos
~s 身元の確かな家政婦
◆ 形 形の定かでない; =**deforme**: bulto ~ ぼ
んやりした人影. obra ~ 未完成の作品

infortunado, da [infortunáðo, ða] 形
❶《文語》[ser] ~ 不運な〔人〕, 不幸な〔人〕
〔desafortunado〕. **❷** [+名詞] 犠牲となった:
~ montañero 山の犠牲者

infortunio [infortúnjo] 男 逆境,《文語》不
運, 不幸: aguantar en el ~ 逆境に耐える

infra [ínfra]《←ラテン語》下記に

infra-《接頭辞》[下] *infra*estructura 下部構
造

infracción [infra(k)θjón] 女 [規則などに対
する] 違反, 違背: ~ del contrato 契約違反,
違約

infractor, ra [infraktór, ra] 形 名 違反する;
違反者: ~ de las normas de circulación 交
通違反者

infradotado, da [infraðotáðo, ða] 形 身
体(精神)障害の

infraestructura [infraestruktúra] 女 **❶**
《経済》インフラ〔ストラクチャー〕, 基礎的経済基
盤；下部構造. **❷**《建築》基礎工事(部分)

in fraganti [in fragánti] 副《←ラテン語. 法律》
現行犯で: pillar a un ladrón ~ 泥棒を現行
犯でつかまえる

infrahumano, na [infraumáno, na] 形 人
並み以下の: condiciones de vida ~*nas* 人間
以下的な生活条件

infranqueable [infraŋkeáble] 形 越えられ
ない；打ち勝ちがたい: abismo ~ 渡れない淵.
Hay diferencias ~s entre nosotros. 我々の
間には埋めることのできない意見の違いがある

infrarrojo, ja [infrar̄óxo, xa] 形 赤外〔線〕
の: rayos ~s 赤外線. fotografía ~*ja* 赤外
線写真

infrascrito, ta [infraskríto, ta] 形 名《文
語》下に署名した〔者〕, 下記の〔者〕: yo, el ~
下記署名者である私

infrasonido [infrasoníðo] 男 超低周波不可

聴音

infrautilizado, da [infrautiliθáðo, ða] 形 十分に利用されていない

infravalorar [infrabalorár] 他 過小評価する

infrecuente [infrekwénte] 形 まれな, めったに起きない 《主に否定文で》: Esas cosas no son ~s en el país. そういうことはこの国では珍しくない

infringir [infriŋxír] 4 他 [法律・契約・権利などを] 侵す: ~ el precepto おきてに背く. ~ los derechos humanos 人権を侵害する

infructífero, ra [infruktífero, ra] 形 [ser+] 不毛の; 無益な [infructuoso]

infructuoso, sa [infruktwóso, sa] 形 実りのない, 無益な: trabajo ~ 実を結ばない仕事, むだ骨. esfuerzo ~ むなしい努力

infrutescencia [infrutesθénθja] 女 《植物》果実序

ínfulas [ínfulas] 女 ❶ 自負, 気どり: tener muchas ~ 大変気どっている. darse ~ 気どる. con ~ 気どって. ❷《古代ローマ》司祭の紅白の鉢巻き. ❸ [司教冠の後ろの2本の] 垂纓 (ﾐﾀ) 《ﾙﾗ mitra カット》

infumable [infumáble] 形 《西. 口語》[人が] 我慢ならない, どうしようもない

infundado, da [infundáðo, ða] 形 根拠 (理由) のない: miedo ~ 理由のない恐怖. rumor ~ 事実無根の噂

infundio [infúndjo] 男 嘘, 虚報

infundir [infundír] 他 [感情などを, +a+人 に] 抱かせる: Infunde respeto a todo el mundo. 彼はみんなに敬意を抱かせる. ~ miedo a+人 … を怖がらせる

infusión [infusjón] 女 ❶ [湯の中で振り出す] 煎 (ﾃ) じ薬, ハーブティー; 煎じること: tomar una ~ de manzanilla カミツレ茶を飲む. ❷ 《宗教》[洗礼などの] 注水. ❸ 《医学》注入, 点滴

infuso, sa [infúso, sa] 形 ciencia ~sa 神から授かった知識: tener ciencia ~sa 《皮肉》学ばずしてすべてを知っている [と思い込む]

ingeniar [inxenjár] 10 他 考案する, 考え出す: ~ un aparato para ahorrar gasolina ガソリンを節約する装置を考案する

　ingeniárselas [+para するように] うまくやる, 都合をつける: Me las ingeniaré para no tener que pagar la multa. 罰金を払わないですむように何とかするよ

ingeniería [inxenjería] 女 工学, エンジニアリング: ~ civil 土木工学. ~ de sistemas/~ sistemática システムエンジニアリング. ~ genética 遺伝子工学. ~ industrial 生産(経営)工学. ~ mecánica 機械工学

ingeniero, ra [inxenjéro, ra] 名 《英 engineer》技師, 技術者, エンジニア: ~ agrícola 農業技師. ~ civil/~ de caminos, canales y puertos 土木技師. ~ de minas 鉱山技師. ~ de sistemas/~ sistemático システムエンジニア. ~ de sonido 音響技師. ~ de vuelo《航空》機関士. ~ mecánico 機械技師. ~ naval 造船技師. ~ técnico (superior) 大学

(修士課程) 卒の技師

◆ 男《中米》重役などへの敬称

ingenio [inxénjo] 男 ❶ [ひらめくような] 独創力, 才能; 才人: ser un hombre de ~ prodigioso 驚くほど才能のある. ❷ 機知, ウイット: respuesta llena de ~ 機知に富んだ返事. ❸ 匿名 機械装置; [特に] 兵器: ~ espacial 宇宙船. ~ nuclear 核兵器. ❹《中南米》製糖工場

　aguzar (afilar) el ~ [苦境から抜け出すために] 工夫をこらす

ingenioso, sa [inxenjóso, sa] 形 創意に富んだ; 利発な, 巧妙な: idea ~sa 独創的な考え. procedimiento ~ 巧妙なやり方

ingeniosidad 女 巧妙さ

ingénito, ta [inxénito, ta] 形 生得的な, 生まれながらの

ingente [inxénte] 形 《文語》巨大な: una ~ cantidad de personas 膨大な数の人. ~ labor 偉大な業績

ingenuo, nua [inxénwo, nwa] 形 [ser+] 無邪気な, 天真爛漫な; ばか正直な: muchacha ~nua あどけない(うぶな)娘. pregunta ~nua 無邪気な質問. respuesta ~nua ばか正直な返事

ingenuidad 女 無邪気〔な言動〕; ばか正直

ingerencia [inxerénθja] 女 =**injerencia**

ingerir [inxerír] 33 他《既分 ingiriendo》《文語》[口から] 摂取する: ~ gran cantidad de alcohol 大量のアルコールを摂取する

ingestión/ingesta 女 摂取

Inglaterra [inglatéřa] 女《国名》イギリス《公式の表現では Gran Bretaña》

ingle [íngle] 女《解剖》鼠蹊 (ﾞﾝ) 部

inglés, sa [inglés, sa] 形 名《英 English》イギリスの; イギリス(人)の, 英語の; イギリス人: historia inglesa 英国史. a la inglesa イギリス風に・の

◆ 男 英語

inglesismo 男 =**anglicismo**

inglete [ingléte] 男 ❶ [三角定規の] 45度の角. ❷《技術》留め継ぎ: caja de ~s 留め継ぎ箱

ingletear 他 留め継ぎする

ingobernable [ingobernáble] 形 統治され得ない; 手に負えない

ingrato, ta [ingráto, ta] 形 [ser+] ❶ [+con に] 恩知らずな: Es ~ con quien le ayudó. 彼は世話になった人に対して恩知らずだ. hijo ~ 親不孝な息子. ¡I~! この人でなしめ! ❷ [苦労が] 報われるところの少ない: trabajo ~ やりがいのない仕事. ❸ 不快な, 感じの悪い

ingratitud 女 恩知らず

ingrávido, da [ingrábiðo, ða] 形 ❶《文語》[ser+] 軽い; 軽やかな: niebla ~da 薄い霧. ❷《物理》無重力の

ingravidez 女 軽さ; 無重力〔状態〕

ingrediente [ingreðjénte] 男 ❶ [食べ物などの] 成分, 〔原〕材料: Nos faltan algunos ~s y no podemos preparar la tarta. 材料がいくつか足りなくてケーキが作れない. ❷《口語》[作品

を構成する] 要素. ❸ 圈《南米》[酒の] おつまみ

ingresar [ingresár] 他 [+en に] ❶《銀行口座などに》入金する: ~ una cantidad *en* su cuenta ある金額を自分の口座に入れる. ❷ 入院させる: Le *ingresaron en* la unidad de cuidados intensivos. 彼は集中治療室に入れられた. ❸ [定期的に, +金額 を]受け取る, 収入がある: Todos los meses *ingreso* 200 mil pesetas. 私は毎月 20 万ペセタの金が入ってくる
◆ 自 [+en 学校・組織などに] 入る; 入院する: ~ *en* la Academia Militar 陸軍士官学校に入学する. ~ *en* un convento 修道院に入る. ~ *en* un partido 入党する

ingresivo, va [ingresíβo, βa] 形《言語》aspecto ~ 起動相

ingreso [ingréso] 男〖英 income, entrance〗 ❶ 入学; 入会; 入院: discurso de ~ 入会の挨拶のスピーチ. ❷ [主に 圈] 収入, 所得: Eso produce un ~ mensual de cien mil pesetas. それで月に 10 万ペセタの収入になる. política de ~s 所得政策. ~s adicionales 副収入. ~s brutos 粗(純)収入. ~s por turismo 観光収入. ~s y gastos 収入と支出. ~ fiscal 財政(租税)収入. ~ nacional 国民所得. ❸ 流入: ~ de capitales 資本の流入. ❹《西》預金: hacer un ~ 預金(入金)する

íngrimo, ma [íŋgrimo, ma] 形《中南米》孤絶した; 単独の

inguinal [iŋginál] 形〖←ingle〗鼠蹊部の

ingurgitar [iŋgurxitár] 他〖動物が〗がつがつ食べる

inhábil [inábil] 形 ❶ 下手な, 不器用な: sastre ~ 下手な仕立て屋. ❷ [+para に] 適さない;《法律》能力(資格)のない: ~ *para* trabajar 働くのに適さない, 労働不能な. ❸ [日・時間について] 執務しない: día ~ 休日. hora ~ 勤務外時間
inhabilidad 女 1) 不器用. 2) 不適当; 無能力, 無資格

inhabilitar [inabilitár] 他 [+para に対して] 無能力(無資格)にする: La enfermedad le *inhabilita para* el cargo. 病気のために彼は職務を遂行できない
inhabilitación 女 能力(資格)の剥奪(喪失)

inhabitable [inabitáble] 形《家などが》住めない, 住みにくい

inhabitado, da [inabitáðo, ða] 形 人の住んでいない: isla ~*da* 無人島

inhalar [inalár] 他 [酸素などを] 吸入する
inhalación 女 吸入: ~ de pegamento シンナー遊び
inhalador 男 吸入器: ~ de oxígeno 酸素吸入器

inherente [inerénte] 形 [+a に] 固有の; 内属の: La debilidad es ~ *a* la naturaleza humana. 弱さは人間性に内在している
inherencia 女《哲学》内属

inhibir [inißír] 他 ❶《生理・心理》抑制する: ~ el crecimiento 成長を抑える. ❷《法律》[審理を] 中止させる
◆ ~**se** [+de・en から] 身を引く, 差し控える:

Se *inhibió en* ese asunto. 彼はその件から手を引いた. Me *inhibo de* firmar el documento. 私は書類に署名するのを控えます
inhibición 女 差し控えること, 抑制; [肉体・精神的な] 不能状態; 抵抗感
inhibidor 男 抑制剤, 防止剤: ~ del apetito (del crecimiento) 食欲(成長)抑制剤
inhibitorio, ria 形 抑制する, 抑止的な

inhospitalario, ria [inospitalárjo, rja] 形 ❶ もてなし(客あしらい)の悪い, 無愛想な; 不親切な. ❷ [土地などが] 住むのに適さない, 人を寄せつけない

inhóspito, ta [inóspito, ta] 形 =inhospitalario: paisaje ~ 荒涼とした風景

inhumación [inumaθjón] 女《文語》埋葬

inhumano, na [inumáno, na] 形 ❶ 無情な, 非人間的な: tratamiento ~ 冷酷な仕打ち. mujer ~*na* つれない女. ❷ [苦痛などが] ひどい, 激しい. ❸《南米》汚ない, 不快な

inhumar [inumár] 他《文語》埋葬する〖enterrar〗

INI [íni] 男〖西. 略語〗←Instituto Nacional de Industria 産業公社

iniciación [iniθjaθjón] 女 ❶《文語》開始: ~ de las obras 起工, 着工. ❷ 入門指導, 手ほどき: ~ a la filosofía 哲学入門. ❸ 入会式; 成人式, イニシエーション

iniciado, da [iniθjáðo, ða] 形 名 過分 基礎を身につけた[人]; 入会した[人]

iniciador, ra [iniθjaðór, ra] 形 名 開始する[人]; 先駆的な, 先駆者: país ~ de las hostilidades 戦争を引き起こした国

inicial [iniθjál] 形 ❶ 最初の, 冒頭の: fase ~ de las negociaciones 交渉の第一段階. ❷《文法》語頭の
◆ 女 頭文字, イニシアル〖letra ~〗: grabar las ~*es* de su novia en un anillo 指輪に恋人のイニシアルを入れる

inicialar [iniθjalár] 他《南米》[書類に] 書き込む

inicializar [iniθjaliθár] 他《情報》イニシャライズする

iniciar [iniθjár] 他 ❶《文語》始める〖主に一度きりでない, 反復的な動作の開始〗: ~ un debate 論争を始める. ~ un festival 祭典を開始する. ~ la costumbre de+不定詞 [集団の中で] 最初に…する習慣を身につける. ❷ [+en の] 入門指導を…にする, 手ほどきする: ~ a un niño *en* las matemáticas 子供に数学の初歩を教える. ❸ [宗教団体・秘密結社への] 入会(入門)を許す. ❹《情報》起動する: volver a ~ 再起動する
◆ ~**se** ❶ 始まる: Se *inició* el curso en septiembre. 9 月に開講した. El incendio *se inició* en la cocina. 台所から出火した. ❷ 初歩を身につける: ~*se en* una profesión 仕事の要領を覚える

iniciático, ca [iniθjátiko, ka] 形 入会の, 入門の

iniciativa [iniθjatíβa] 女 ❶ 進取の気性, 自発性: tener ~ 自発性がある. lleno de ~ 自

発性に富んだ；決断力のある. ❷ 発意；率先，主唱；主導権：tomar la ～ 主導権を握る；[+de] 率先して…をする，…のイニシアチブをとる. bajo la ～ de+人 …が音頭をとって，…のイニシアチブで. ～ privada 民間活力. I ～ de Defensa Estratégica 戦略的防衛構想, SDI

inicio [iníθjo] 男 最初，冒頭

inicuo, cua [iníkwo, kwa] 形 《文語》不公平な，不当な；凶悪な，残酷な

inidentificable [iniðentifikáble] 形 特定できない，身元不詳の

inigualable [inigwaláble] 形 卓越した，比べものものない

inigualado, da [inigwaláðo, ða] 形 無類の，匹敵するもののない

in illo tempore [in íλo tempóre] 《←ラテン語》あのころ

inimaginable [inimaxináble] 形 想像を絶する：aventura ～ 信じられないような冒険

inimitable [inimitáble] 形 真似のできない，独特の

ininflamable [ininflamáble] 形 不燃性の

ininteligible [inintelixíble] 形 理解（解読）不能の：escrituras ～s わけのわからない文字

ininterrumpido, da [ininteřumpíðo, ða] 形 絶え間のない，連続した

ininterrumpidamente 副 絶え間なく，休みなく

iniquidad [inikiðá(ð)] 女 〖←inicuo〗不公平，不正〔な行為〕

injerencia [inxerénθja] 女 [+en+事 への] 干渉，口出し：～ en la política nacional 内政干渉

injerir [inxerír] 33 〖既分 injiriendo〗～se [不当に，+en+事 に] 干渉する，口出しする：Será mejor no ～te en su trabajo. 彼の仕事に口出ししない方がいいよ

injertar [inxertár] 他 ❶ [+en に] 接ぎ木する：～ un peral en membrillero ナシの木をカリンの木に接ぎ木する. ❷ 《医学》[皮膚・骨などを] 移植する：～ piel 皮膚移植する

injerto [inxérto] 男 ❶ 接ぎ木〔行為〕；接ぎ枝，接ぎ穂；接ぎ木した植物；その果実：patrón de ～ 接ぎ木の台木. ❷ 《医学》移植；移植組織，移植片

injuria [inxúrja] 女 悪口，罵詈雑言（ばりぞうごん），侮辱：proferir mil ～s contra+人 さんざん…の悪口を言う. cambiar ～s ののしり合う

injuriar [inxurjár] 10 他 ののしる，罵倒（ばとう）する；侮辱する

injurioso, sa [inxurjóso, sa] 形 侮辱的な：palabras ～sas 侮辱的な言葉

injusticia [inxustíθja] 女 不正〔行為〕，不当，不公平：con ～ 不正に，不当に. Este sistema tributario es una ～ contra los pobres. この税制は貧乏人に不公平だ

injustificable [inxustifikáble] 形 正当化できない：acción ～ 弁解の余地のない行為

injustificado, da [inxustifikáðo, ða] 形 正当化されていない，根拠のない

injusto, ta [inxústo, ta] 形 不正な，不当な，

不公平な：Has sido ～ con él. 君は彼に対して公正を欠いているよ. cometer un acto ～ 不正を働く. acto laboral ～ 不当労働行為. sentencia ～ta 不当な判決. salario ～ 不公平な賃金

injustamente 副 不正に，不当に

INLE 男 《略語》←Instituto Nacional del Libro Español スペイン書籍協会

inmaculado, da [immakuláðo, ða] 形 けがれのない，無垢（む く）な：nieve ～da 真っ白な雪. vestido ～ 純白のドレス
◆ 女 《キリスト教》[la I～da] 無原罪の聖母

inmaduro, ra [immaðúro, ra] 形 未成熟な，幼稚な；[果実が] まだ熟していない

inmadurez [immaðuréθ] 女 未成熟

inmanejable [immanexáble] 形 扱いにくい，手に余る；扱えない

inmanente [immanénte] 形 《哲学》内在的な；[+a に] 内在する：causa ～ 内在因. justicia ～ 内在的正義. La alegría es ～ al hombre. 喜びは人間に内在する

inmanencia 女 内在〔性〕

inmanentismo 男 内在哲学

inmarcesible/inmarchitable [immarθesíble/-t∫itá-] 形 《文語》色あせない；不朽の

inmaterial [immaterjál] 形 《文語》非物質的な；実体のない，無形の

inmaterialidad 女 非物質性；無形

inmediaciones [immeðjaθjónes] 女 複 付近，郊外：en las ～ de la capital 首都の近郊に

inmediatamente [immeðjátaménte] 副 直接；即時に

inmediatez [immeðjateθ] 女 直接性；さし迫っていること

inmediato, ta [immeðjáto, ta] 形 〖英 immediate〗 ❶ じかの，媒介(仲介)なしの：causa ～ta 直接原因. consecuencia ～ta 直接的結果. jefe ～ superior 直属の上司. ❷ [+a に] 隣接した：casa ～ta a la vía del tren 線路ぎわの家. pueblo ～ 隣村. ❸ 即時の，さし迫った：tener un efecto ～ 即効性がある. paga ～ta 即時払い
　de ～ 即座に，即刻：Cuando llegue, voy de ～ a verte. 着いたらすぐ会いに行くよ
　la ～ta 必然的結果：La ～ta fue avisar a sus padres. 彼の両親に知らせたのはやむを得ない措置だった
　para las necesidades del ～ 当座の入用には

inmejorable [immexoráble] 形 最上の，申し分ない：notas ～s 申し分のない成績. tela de calidad ～ 最高級の布地. Es un precio ～. これ以上負けられません

inmemorial [immemorjál] 形 遠い昔の；古くからの：de tiempo ～ 大昔の，太古の. costumbre ～ 昔からの習慣

in memoriam [im memorján] 《←ラテン語》記念して，悼んで

inmensamente [imménsaménte] 副 非常に

に，すごく：ser ～ rico 大変な金持ちである

inmensidad [immensiđá(đ)] 囡 ❶ 広大さ；広大な空間：～ del mar 海の広大さ. ❷ 無数，莫大：una ～ de cartas 膨大な数の手紙

inmenso, sa [imménso, sa] 圏『英 immense』広大な；測り知れない，莫大な：cielo ～ 果てしない空. continente ～ 広大な大陸. alegría ～*sa* 非常な喜び

in mente [im ménte]《←ラテン語》心の中で：tener ～ 考えている

inmerecido, da [immereθíđo, đa] 圏 受けるに値しない，ふさわしくない，不当な
inmerecidamente 圖 ふさわしくないのに

inmersión [immersjón] 囡 ❶ 沈めること，水没；潜水. ❷ 熱中，没頭；集中講座. ❸《天文》星食
inmergir 4 他 沈める，浸す

inmerso, sa [immérso, sa] 圏 [estar+] ❶《文語》[水に] 浸った：El submarinista permaneció ～ un tiempo excesivo. ダイバーは長時間もぐりすぎた. ❷ [+en の] 状況にある：estar ～ *en* su meditación 瞑想にふけっている. estar ～ *en* una crisis 危機に陥っている

inmigración [immigraθjón] 囡 [↔emigración] ❶ [他国・他の土地からの] 移住；[旅行者の] 入国；[集合的] 移民：～ española en Alemania ドイツへのスペイン人の出稼ぎ. oficina (nacional) de ～ 入国管理事務所. ❷ [都市への] 人口移動

inmigrado, da [immigráđo, đa] 囷 過分 移住者，移民；出稼ぎ者

inmigrante [immigránte] 圏 囷 移住する〔人〕，移民（の）；出稼ぎの，出稼ぎ者

inmigrar [immigrár] 圁 [+en 他国・他の土地に] 移住する

inmigratorio, ria [immigratórjo, rja] 圏 移住の

inminencia [imminénθja] 囡 切迫：～ del peligro さし迫った危険

inminente [imminénte] 圏 [危機などが] さし迫った：Es ～ la catástrofe. 破局が迫っている

inmisario, ria [immisárjo, rja] 圏 [川が] 合流する；[湖に] 流れ込む

inmiscuir [immiskwír] 48 [鳳分 inmiscuyendo]～se [+en+事 に] 干渉する，口出しする：～se *en* la vida de los demás 他人の生活に干渉する

inmisericorde [immiserikórđe] 圏《文語》非情な，冷酷な

inmobiliario, ria [immobiljárjo, rja] 圏 不動産の：agente ～ 不動産業者
◆ 囡 建設会社，不動産会社 『sociedad ～ria』

inmoderado, da [immođeráđo, đa] 圏 節度を欠いた，過度の
inmoderación 囡 節度のなさ

inmodesto, ta [immođésto, ta] 圏 見栄っぱりの；[古語] 慎みのない，破廉恥な
inmodestia 囡 見栄っぱり；慎みのなさ，破廉恥

inmolar [immolár] 他《文語》[+a に] いけにえ

として捧げる；犠牲にする：～ un cordero *a* los dioses 小羊を神にいけにえとして神に捧げる
◆ ～se《文語》自分を犠牲にする 『sacrificarse』：～se *por* la patria 祖国のために自分を犠牲にする
inmolación 囡 供犠，〔自己〕犠牲

inmoral [immorál] 圏 [人・事柄が] 不道徳な，背徳的な；みだらな：ser ～+不定詞 …するのは道徳に反している. espectáculo ～ 猥褻ショー
inmoralidad 囡 不道徳，背徳；不品行，猥褻

inmortal [immortál] 圏 [時に誇張] 不死の，不滅の，不朽の：El alma es ～. 霊魂は不滅である. amor ～ 変わらぬ愛
◆ 囷 圏《文語》[偉大な人について] 不滅の人
inmortalidad 囡 不死，不滅
inmortalizar 9 他 不滅（不朽）にする

inmotivado, da [immotiβáđo, đa] 圏 動機（根拠）のない：Tu preocupación está ～*da*. 君の心配は取り越し苦労だ

inmóvil [immóβil] 圏 不動の，動かない：Permanecía ～. 私は身動きもせずじっとしていた
inmovilidad 囡 不動（の状態），静止

inmovilismo [immoβilísmo] 囷 [政治的・社会的に] 現状維持的な考え，保守主義
inmovilista 圏 囷 現状維持的な，保守主義の〔人〕

inmovilizar [immoβiliθár] 9 他 ❶ 動かなくする，固定する：La fuerte nevada *inmovilizó* los coches. 大雪で車が通行できなくなった. ❷《経済》固定資産にする，不動産化する
◆ ～se 動かなくなる，停止する：Se le *ha inmovilizado* la pierna derecha. 彼は右脚が動かなくなった
inmovilización 囡 不動，固定；[資本などの] 固定化；[格闘技] 固め技
inmovilizado 囷 固定資産

inmueble [immwéβle] 圏《法律》不動産の
◆ 圐《文語》ビル，マンション 『edificio』；[圏] 不動産 『edificio～s』：～ con cinco plantas 5階建てのビル

inmundicia [immundíθja] 囡 ❶ 汚さ. ❷ [主に 圏] ごみ，汚物：estar lleno de ～s ごみだらけである

inmundo, da [immúndo, da] 圏 汚い；下劣な：aguas ～*das* 汚水，下水. lenguaje ～ 汚い言葉づかい

inmune [immúne] 圏 ❶ [+a・contra に対して] 免疫の『比喩的にも』：estar ～ *al* cólera (*a* las críticas) コレラ（批判）に対して免疫になっている. ❷ [税金・刑罰を] 免除された，特権のある

inmunidad [immuniđá(đ)] 囡 ❶ 免疫〔性〕. ❷ [僧侶・外交官などの] 特権：～ parlamentaria (diplomática) 議員（外交）特権

inmunitario, ria [immunitárjo, rja] 圏 免疫性の

inmunizar [immuniθár] 9 他 [+contra に対する] 免疫性を与える：～ *al* niño *contra* la polio 子供を小児麻痺に対して免疫にする
◆ ～se 免疫になる

inmunodeficiencia [immunođefiθjénθja] 囡《医学》免疫不全: virus de la 〜 humana エイズウイルス, VIH

inmunodepresor, ra [immunoðepresór, ra] 厖 男 免疫抑制の(抑制剤)

inmunología [immunoloxía] 囡 免疫学
　inmunológico, ca 厖 免疫学の

inmunosupresor, ra [immunosupresór, ra] 厖 男 免疫抑制の(抑制剤)

inmunoterapia [immunoterápja] 囡 免疫療法

inmutable [immutáble] 厖 ❶ 変わらない, 不変の: La moral no es 〜. 道徳は不変ではない. leyes 〜s 不変の法則. ❷ 動じない, 冷静な: permanecer 〜 平然としている
　inmutabilidad 囡 不変(性), 不易

inmutar [immutár] 他 動揺させる: Esas palabras le *inmutaron*. その言葉で彼は動揺した ◆ 〜**se** 動揺する, 顔色を変える: *Se inmutó* al leer la carta. 手紙を読んで彼は顔色を変えた
　inmutación 囡 精神的動揺

innato, ta [innáto, ta] 厖 生まれつきの, 生来の [↔adquirido]: Tiene una habilidad 〜*ta*. 彼は生まれつき器用だ. La simpatía es 〜*ta* en él. 彼の人当たりのよさは生来のものだ
　innatismo 男《哲学》生得性

innavegable [innaβegáble] 厖 [船・川など] 航行不可能な

innecesario, ria [inneθesárjo, rja] 厖 不必要な, 余計な: Sería 〜 insistir sobre la importancia. その重要性を強調するまでもあるまい

innegable [innegáble] 厖 否定できない, 明白な: ser 〜 que+直説法 …であることは否定できない

innoble [innóble] 厖 下品な, 卑劣な: estrategia 〜 卑劣な策略

innombrable [innombráble] 厖 言うのもはばかられる: Ese político es 〜 por algunas personas. その政治家の名前は一部の人の間では禁句だ

innominado, da [innomináðo, ða] 厖 名前のついていない, 無名の: hueso 〜《解剖》無名骨

innovación [innoβaθjón] 囡 [技術・芸術などの] 革新, 刷新; 新機軸: *innovaciones* técnicas (tecnológicas) 技術革新

innovar [innoβár] 他 刷新する(改革)する: ser muy dado a 〜 新しがり屋である. 〜 el método de fabricación 生産方法を一新する
　innovador, ra 厖 改革する; 改革者

innumerable [innumeráble] 厖 [ser+] 数え切れない, 無数の: 〜s peligros 山ほどある危険. 〜s riquezas 莫大な富

innúmero, ra [innúmero, ra] 厖 =**innumerable**

-ino [接尾辞] ❶ [品質・地名形容詞化] ambar*ino* 琥珀の, bilba*íno* ビルバオの. ❷《示小》langost*ino* クルマエビ, palom*ino* 子鳩

inobservancia [inoβsɛrβánθja] 囡 [規則などを] 守らないこと, 不遵守

inocencia [inoθénθja] 囡 ❶ 無罪, 潔白:

proclamar (probar) su 〜 自分の無実を主張する(身のあかしを立てる). reconocer la 〜 de+人 …の無罪を認める. ❷ 悪を知らないこと, 無垢; 無邪気, 悪意がないこと: 〜 de un niño 子供の純粋さ. abusar de la 〜 de+人 …の世間知らずにつけ込む. comportarse con 〜 無邪気にふるまう

inocentada [inoθentáða] 囡 幼な子列教者の日のいたずら; 愚直な言動: gastar (hacer) 〜s a+人 …にいたずらをする

inocente [inoθénte] 厖 [英 innocent] [ser+] ❶ 無罪の, 潔白な [↔culpable]; [+ de 〜] 犯していない: Le han declarado 〜 *del* delito. 彼はそれについて無罪を宣告された. ❷ 悪を知らない, 純真無垢な; **無邪気な**, 悪意のない: 〜 criatura けがれのない赤子. muchacha 〜 うぶな娘. cara 〜 あどけない顔. broma 〜 悪意のない冗談
　hacerse el 〜 無実を装う, しらばくれる
　◆ 图 ❶ 無実の人. ❷ [無邪気な] 子供, 幼児: degollación de los 〜s《聖書》[ヘロデ王の] 幼児虐殺. los Santos *I*〜s/día de los *I*〜s 幼な子列教者の日《12月28日. エープリルフールに相当する》

inocentón, na [inoθentón, na] 厖 图 お人よしの

inocuidad [inokwiðá(d)] 囡 無害(性)

inocular [inokulár] 他《医学》接種する: 〜 la vacuna a+人 …にワクチンを接種する. Le han inoculado el vicio del burocratismo. 彼は官僚主義の悪習に染まった
　inoculación 囡 [病菌の] 体内侵入, 細菌感染, 接種

inocuo, cua [inókwo, kwa] 厖 ❶《文語》無害の, 無毒の: insectos 〜s 害のない虫. ❷ 刺激のない, つまらない; 味のない: película 〜*cua* 退屈な映画. plato 〜 ぴりっとしない料理

inodoro, ra [inoðóro, ra] 厖《文語》無臭の: insecticida 〜 無臭の殺虫剤
　◆ 男《蜘蛛》水洗便所(便器)

inofensivo, va [inofensíβo, ba] 厖 無害な: perro 〜 かみつかない犬. juguete 〜 安全なおもちゃ. travesura 〜*va* 罪のないいたずら

inoficioso, sa [inofiθjóso, sa] 厖《法律》[遺言などが] 人倫に反した;《南米》無駄な

inolvidable [inolβiðáble] 厖 忘れがたい: maestro 〜 いつまでも心に残る先生

inoperable [inoperáble] 厖 手術不能の; 使用不能の

inoperante [inoperánte] 厖 効果のない: medicina 〜 効き目のない薬
　inoperancia 囡 無効

inopia [inópja] 囡 貧困
　estar en la 〜 うわのそらである, ぼけっとしている

inopinado, da [inopináðo, ða] 厖 予期しない, 思いがけない: visita 〜 不意の訪問
　inopinadamente 剾 予期せず, 思いがけず

inoportuno, na [inoportúno, na] 厖 時宜(ぎ)を得ない; 不都合な: decisión 〜*na* 時機を失した決定. pregunta 〜*na* 適切でない(場違いな)質問. visita 〜*na* まずい時の訪問

inoportunidad 囡 時宜を得ないこと

inorgánico, ca [inoɾɣániko, ka] 厖 ❶ 無機の, 生活機能を持たない: compuesto 〜 無機化合物. ❷ 組織化されていない

inoxidable [ino(k)sidáβle] 厖 酸化しない, 錆びない: acero 〜 ステンレス鋼

input [ímput] 男 《←英語. 情報》インプット

inquebrantable [iŋkebɾantáβle] 厖 [抽象的な意味で] 壊れない; [意志・約束などが] 堅固な: fe (amistad) 〜 固い信念(友情). Es 〜 en sus decisiones. 彼は決心したことは決して変えない

inquietante [iŋkjetánte] 厖 不安を抱かせる, 気をもませる: noticias 〜s 憂慮すべきニュース. presencia 〜 不安にさせる存在

inquietar [iŋkjetáɾ] 囮 不安にする, 心配させる: Me *inquieta* mucho su salud. 私は彼の健康が大変気がかりだ. 〜 al pueblo 民心を撹乱する

◆ 〜**se** [+por・con に] 心配する, 憂慮する: *Se inquieta por* cualquier cosa. 彼はいちいち心配する

inquieto, ta [iŋkjéto, ta] 厖 《英 uneasy》 ❶ [estar+] 不安な, 心配な: Estoy muy 〜. 私は大変心配だ. una noche 〜*ta* 不安な一夜. ❷ [estar+. 海などが] 荒れた. ❸ [ser+] 落ち着きのない; 新しいことを始めたがる: Su niño es 〜. 彼の息子は落ち着きがない(少しもじっとしていない). Era 〜 de mirada./Era de mirada 〜*ta*. 彼は目に落ち着きがなかった

inquietud [iŋkjetú(ð)] 囡 ❶ [主に 厦. +por への] 不安, 心配; 落ち着きのなさ: tener 〜 *es por* el futuro 将来に不安を抱いている. persona de 〜*es* 落ち着きのない人. ❷ 阁 知的欲求, 探究心; 社会的欲望, 野心: 〜*es* científicas 科学的な好奇心. sin 〜*es* 無気力な, 向上心(冒険心)のない

inquilino, na [iŋkilíno, na] 名 借家人, 下宿人; [チリの大農園 fundo で働く] 農民

◆ 男 [《戯語》シラミ (piojo)]; 虫 (gusano)]. ❷ 《生物》 住込み共生動物

inquilinato 男 賃借権; 家賃, 部屋代

inquilinismo 男 《生物》住込み共生

inquina [iŋkína] 囡 憎悪, 反感: tener 〜 a+ 人 …に憎悪を抱く

inquirir [iŋkiríɾ] 囮 《文語》囮 調査する; 尋ねる: 〜 las causas del accidente 事故の原因を究明する

◆ 囲 [+sobre+事物 について] 調査する

inquiridor, ra 厖 名 調査する(人)

inquisición [iŋkisiθjón] 囡 ❶ 《文語》調査; 取り調べ, 尋問. ❷ 《歴史》[I〜] 異端審問所, 宗教裁判所

inquisidor, ra [iŋkisiðóɾ, ra] 厖 =**inquisitivo**

◆ 男 異端審問官, 宗教裁判官

inquisitivo, va [iŋkisitíβo, βa] 厖 探るような, 詮索的な: mirada 〜*va* 詮索するような目つき

inquisitorial [iŋkisitoɾjál] 厖 異端審問の〔ような〕; 厳しい, 容赦のない: medida 〜 苛酷

な手段

inri [ínri] 男 ❶ 《略語》←Iesus Nazarenus Rex Iudeorum ユダヤの王, ナザレのイエス. ❷ 《西》辱しめ, 侮辱: poner el 〜 a+人 …を辱しめる. para más (mayor) 〜 さらに悪い(侮辱的な)ことには

insaciable [insaθjáβle] 厖 [+de に] 飽くことを知らない: curiosidad 〜 飽くなき好奇心. persona 〜 *de* dinero 金を求めてやまない人

insacular [insakuláɾ] 囮 [くじびき用に, 紙片・玉などを袋・箱に] 入れる

insalivar [insaliβáɾ] 囮 [嚙んで食物に] 唾液を混ぜる

insalubre [insalúβre] 厖 健康によくない, 不衛生な: clima 〜 不健康な風土

insalubridad 囡 不健康, 不衛生

INSALUD [insalú(ð)] 男 《西. 略語》←Instituto Nacional de la Salud 国民健康機関

insalvable [insalβáβle] 厖 克服しがたい, 打ち勝ちがたい

insania [insánja] 囡 《文語》錯乱, 狂気 《demencia》

insano, na [insáno, na] 厖 健康によくない

insatisfacción [insatisfa(k)θjón] 囡 不満; 《婉曲》嫌悪

insatisfactorio, ria [insatisfaktóɾjo, rja] 厖 満足のいかない, 飽き足りない

insatisfecho, cha [insatisfét∫o, t∫a] 厖 [estar+. +con に] 不満な, 満足していない: Estoy 〜 *con* el resultado. 私は結果に不満だ. venganza 〜*cha* 遂げられていない復讐

inscripto, ta [inskɾípto, ta] 厖 過分 =**inscrito**

inscribir [inskɾiβíɾ] 囮 《過分 inscri[p]to》 ❶ [+en 石・金属などに] 彫る, 刻み込む: 〜 un epitafio *en* una lápida 墓石に碑文を刻む. ❷ [名前を] 記入する: 〜 el nombre de+人 *en* la lista …の名前を名簿に載せる. 〜 a su hijo *en* el registro civil 息子の名前を戸籍に登録する. ❸ 《数学》内接させる

◆ 〜**se** [自分の名前を] 記入する; 登録する, 申し込む: ¿Quiere usted 〜*se en* el registro de viajeros? 宿帳にご記名ください. Quiero 〜*me para* participar en este campeonato. 私はこの大会への出場申し込みをしたい. 〜*se en* el seguro 保険に入る. ❷ [+dentro de に] 含まれる, 位置する: Esta medida *se inscribe dentro de* la reforma. この措置は改革の一環をなしている

inscripción [inskɾipθjón] 囡 ❶ 登録, 申し込み: plazo de 〜 申し込み期間. 〜 *para* un concurso コンクールへの参加申し込み. ❷ [石碑・貨幣などの] 碑文, 碑銘. ❸ 《数学》内接

inscrito, ta [inskɾíto, ta] 厖 過分 =**inscribir**》 ❶ 登録された: corredores 〜*s* 出場走者. ❷ 《数学》círculo 〜 内接円

insecticida [insektiθíða] 厖 殺虫剤(の)

insectívoro, ra [insektíβoɾo, ra] 厖 《生物》食虫性の: planta 〜*ra* 食虫植物

◆ 男 厦 食虫類

insecto [insékto] 男 《英 insect》昆虫

inseguridad [inseɣuriðá(ð)] 囡 安全でないこと, 不安定；不確実；~ ciudadana 都会の治安の悪さ. contestar con ~ 自信なさそうに答える

inseguro, ra [inseɣúro, ra] 厖 ❶ 確実でない；noticia ~ra 不確かなニュース. ❷ 確信がない：Estoy ~ de lo que he dicho. 私は自分の発言に自信がない. ❸ 安全でない：situación ~ra 不安定な状況

inseminación [inseminaθjón] 囡《生物》受精：~ artificial 人工受精

inseminar [inseminár] 他 受精させる, 精液を注入する

insensatez [insensatéθ] 囡 ばかげたこと, 無分別な言動：Es una ~ telefonear tan tarde. こんな遅くに電話をかけるのは非常識だ

insensato, ta [insensáto, ta] 厖 图 ばかげた, 分別のない〔人〕：Es ~ conducir el coche a alta velocidad por las calles estrechas. 狭い道でスピードを出すのは常軌を逸している

insensible [insensíble] 厖 ❶ [+a に] 無感覚な, 麻痺した：~ al frío 寒さを感じない. Está ~ desde hace una hora. 彼は1時間前から意識がない. ❷ 無関心な, 冷淡な：~ a las bellas artes 美術のわからない. Es ~ a las lágrimas. 彼は哀れみを知らない. ❸ [変化などが] 知覚できないほどの：movimiento ~ 感じ取れないほどのわずかな動き

insensibilidad 囡 無感覚, 麻痺；無関心, 冷淡, 思いやりのなさ

insensibilizar [insensibiliθár] ⑨ 他 無感覚にする, …に麻酔をかける
◆ ~se 無感覚になる；麻痺する

inseparable [inseparáble] 厖 ❶ [+de から] 切り離せない；非常に仲のよい, いつも一緒にいる：La alegría es ~ del dolor. 歓喜は苦悩と不可分である. amigos ~s 大の親友同士. ❷ [言語] 非分離の〔接頭辞など〕

insepulto, ta [insepúlto, ta] 厖《文語》まだ埋葬されていない：suceso ~ まだ忘れ去られていない〔記憶に新しい〕事件

inserción [inserθjón] 囡 ❶ 挿入：~ social de los marginados 脱落者の社会的同化(社会への組み込み). ❷ 掲載. ❸《解剖》付着；《植物》着生：punto de ~ 付着点；着生点

INSERSO [insérso] 男《西. 略語》←Instituto Nacional de Servicios Sociales 国立社会事業協会

insertar [insertár] 他 ❶ [+en に] 挿入する, 差し込む：~ una cuña en el mango del hacha 斧の柄にくさびをはめる. ❷ [記事などを] 掲載する：~ un anuncio en el periódico 新聞に広告を載せる
◆ ~se ❶ Se le insertó una bala en el hombro. 彼の肩に弾が撃ち込まれた. ❷《解剖》付着する

inserto, ta 厖 挿入された；掲載された

inservible [inserβíble] 厖 [estar+] 使用にたえない；[ser+] 役に立たない：Mi paraguas ya está ~. 私のかさはもう使えない. Este destornillador es ~ porque es muy corto. このねじ回しは短すぎて役に立たない

insidia [insíðja] 囡 [主に 榎] ❶ [他人に害を与えるための] 悪だくみ, 策略：atraer a+人 con ~s …をおびき寄せる. ❷ 悪意〔のある言動〕

insidioso, sa [insiðjóso, sa] 厖 陰険な, 狡猾(ぶつ)な；油断のならない：proceder (persona, naje) ~ 狡猾なやり方(人物). enfermedad ~sa 潜行性の病気

insigne [insíɣne] 厖 [人がすばらしい作品・業績によって] 著名な

insignia [insíɣnja] 囡 ❶ [地位・団体などを表わす] 記章, バッジ：Lleva la ~ de la policía en el pecho. 彼は胸に警察のバッジを付けている. ❷ [軍艦の] 長旗：buque ~ 旗艦

insignificancia [insiɣnifikánθja] 囡 取るに足りないこと：Lo que he hecho es una ~. 私のがしたのはごくささいなことだ. una ~ de tiempo ごく短時間. costar una ~ ほんの少ししか金がかからない

insignificante [insiɣnifikánte] 厖 取るに足りない〔↔importante〕；凡庸な：detalle ~ 取るに足りない細部. cantidad ~ はした金. persona ~ ぱっとしない人

insincero, ra [insinθéro, ra] 厖 誠実でない, 不まじめな

insinceridad 囡 不誠実, 不まじめ

insinuar [insinwár] ⑭ 他 遠回しに言う, ほのめかす：Me insinuó algo, pero no hizo una afirmación rotunda. 彼は何か匂わせたが, はっきりとした言明はしなかった
◆ ~se ❶ [+a+人 に] それとなく言い寄る, 気を引く：Pepe se te está insinuando. ペペが君に色目を使っているよ. ❷ [気持ちなどが] しみ込む：Una simpatía se insinuó en él. 同情が彼の心に生じた. ❸ うっすらと現われ始める：Un ligero bozo se insinuaba en su labio superior. 彼の鼻の下にうっすらとひげが生え始めた

insinuación 囡 ほのめかし

insinuante 厖 言い寄る, 気を引く

insipidez [insipiðéθ] 囡 無味, 味気なさ

insípido, da [insípiðo, ða] 厖 ❶ 無味の, 味のしない, まずい：potaje ~ こくのないシチュー. cerveza ~da 気の抜けたビール. ❷ 面白味のない, 無味乾燥な：conversación ~da 退屈な会話. poeta ~ 平凡な詩人

insistencia [insisténθja] 囡 固執, しつこさ；強調, 力説：pedir con ~ 執拗に〔繰返し〕求める

insistente [insisténte] 厖 執拗な, しつこい：No seas ~. しつこいぞ

insistentemente 剾 執拗に, しつこく

insistir [insistír] 圁 〖英 insist〗 ❶ [+en に] 固執する, 執拗に〔繰返し〕頼む：i) No insistas más, que no te lo compro. いくらせがんでも無駄だ. 買ってやらないよ. ii) [+en que 直説法であると] Insistía en que le dolía la cabeza. 彼は頭が痛いといって訴えた. iii) [+en que+接続法であるようにと] Insistió en que me quedara. 彼は私に残れとしつこく言い張った. ❷ 力説する, 強調する：Insisto en este punto. 私はこの点を強調します. ~ en su inocencia 無実を強く主張する

in situ [in sítu]《←ラテン語》その場で，現地に〔sobre el terreno〕: comprobación 〜 抽出検査. reportaje 〜 現場(現地)レポート

insobornable [insoβornáble] 形 買収されない；賄賂のきかない政治家

insociable [insoθjáble] 形 非社交的な，交際ぎらいの

　insociabilidad 女 非社交性

insolación [insolaθjón] 女 ❶ 日射病: coger (agarrar・pillar) una 〜 日射病にかかる. ❷ 日照時間: 〜 anual 年間日照時間

insoldable [insoldáble] 形 [金属が]溶接できない

insolencia [insolénθja] 女 無礼，横柄[言動]: decir 〜s 無礼(生意気)なことを言う

insolentar [insolentár] 他 …を横柄にさせる
　◆ **〜se** [+con に] 無礼な態度をとる，生意気な口をきく

insolente [insolénte] 形 名 無礼な[人]，横柄な[人]: dependiente 〜 横柄な店員. chico 〜 生意気な子供. actitud 〜 傲慢な(人を食った)態度

insolidario, ria [insoliðárjo, rja] 形 連帯責任のない

　insolidaridad 女 連帯責任がないこと

insólito, ta [insólito, ta] 形 稀(ま)な，並外れた: belleza 〜ta 稀に見る美しさ，絶世の美女. suceso 〜 途方もない出来事. [ser 〜 que +接続法] Es 〜 que haya nevado en esta región. この地方で雪が降ったのは珍しい

insoluble [insolúble] 形 不溶性の；解決できない

　insolubilidad 女 不溶性；解決不能性

insolvencia [insolβénθja] 女《法律》弁済(支払い)不能，破産

insolvente [insolβénte] 形 ❶ [ser+] 弁済(支払い)不能の: declararse 〜 破産宣告をする. ❷ 無能な，お手上げの
　◆ 名 弁済不能者，破産者

insomne [insómne] 形 不眠[症]の: He pasado 〜 toda la noche. 私は一晩中眠れなかった

insomnio [insómnjo] 男 不眠[症]: medicamento contra el 〜/remedio para el 〜 睡眠薬

insondable [insondáble] 形《文語》はかり知れない，底知れぬ: misterio 〜 はかり知れない神秘. Sus pensamientos son 〜s. 彼の考えはうかがい知れない

insonoro, ra [insonóro, ra] 形 響かない，防音の: material 〜 防音材
　insonoridad 女 無響性；防音性
　insonorización 女 防音[工事]
　insonorizar 9 他 防音する: cuarto *insonorizado* 防音室

insoportable [insoportáble] 形 [事柄が主語では ser+] 耐えられない，我慢のならない: El calor (El dolor) es 〜. 暑さ(痛み)は耐えがたい. Es un tipo 〜. 彼は鼻持ちならないやつだ

insoslayable [insoslajáble] 形 不可避の，やむを得ない: obligación 〜 免れられない義務

insospechable [insospetʃáble] 形 予想できない；予想外の: Es 〜 lo que pueda ocurrir. 何が起こるかわからない

insospechado, da [insospetʃáðo, ða] 形 思いもよらなかった，予想外の: situación 〜*da* 思いがけない状況

insostenible [insosteníble] 形 耐えられない；支持できない: gasto 〜 まかないきれない出費. opinión 〜 賛同できない意見

inspección [inspek(k)θjón] 女 ❶ 検査，点検；検閲；視察: 〜 comercial 営業状態の視察. 〜 de cuentas 会計検査. 〜 de las tropas 閲兵. 〜《法律》実地検証. 〜 sanitaria 衛生状態の検査. 〜 técnica (de vehículos) 車検. ❷ 検査所，監督局: 〜 de minas 鉱山監督局

inspeccionar [inspek(k)θjonár] 他 検査(検閲)する；視察する: 〜 los trabajos de construcción 建設工事を視察する

inspector, ra [inspek(k)tór, ra] 名 ❶ 検査官，視察官: 〜 de enseñanza 指導主事，視学. 〜 de Hacienda 収税官. 〜 de trabajo 労働基準監督官. ❷ 〜 de policía [私服の] 警部

inspiración [inspiraθjón] 女 ❶ 霊感，インスピレーション: dar 〜 a+人 …に霊感を与える. recibir 〜 de... …から霊感を受ける. ❷ 示唆，勧め: bajo 〜 de+人 …の勧めで，…にそそのかされて. ❸ 息を吸うこと，吸気〔↔espiración〕: Haz una 〜 más fuerte. もっと強く息を吸いなさい. ❹《宗教》〜 divina 神の霊感，神感. 〜 bíblica 聖書
　de 〜+形容詞 …の影響を受けた，…風の: composición poética *de* 〜 clásica 古典主義的な詩

inspirador, ra [inspiraðór, ra] 形 名 霊感を与える[人]

inspirar [inspirár] 他 ❶ [+a+人 に] …の着想(霊感)を与える: Este paisaje le *inspiró* la sinfonía. 彼はこの景色から交響曲のインスピレーションを得た. ❷ [感情などを] 抱かせる: Esta situación no me *inspira* confianza. この状況は不安だ. 〜 compasión a+人 …の同情を呼ぶ. ❸ [空気などを] 吸い込む: hacer a+人 〜 el oxígeno …に酸素吸入させる. 〜 profundamente 深く息を吸う
　◆ **〜se** [+en から] 着想を得る，思いつく: Se *inspiró en* ese hecho. 彼はその出来事から想を得た

inspiratorio, ria [inspiratórjo, rja] 形 吸気の

instalación [instalaθjón] 女 ❶ 入居，住居に落ち着くこと. ❷ 据付け，設置: 〜 de un equipo estereofónico ステレオ装置の取り付け. ❸ 設備；施設: 〜 de una fábrica 工場設備. *instalaciones* deportivas スポーツ施設. ❹《情報》インストール

instalador, ra [instalaðór, ta] 形 名 据付け業の(業者)
　◆ 男《情報》インストーラー

instalar [instalár] 他 ❶ [+en に] 据えつける，設置(装着)する；設備を整える: 〜 el teléfono

電話を引く．～ una antena *en* su coche 車に
アンテナを取り付ける．～ una peluquería *en* la
primera planta　2 階に美容院を入れる．❷
［人を］入居させる，落ち着かせる；［地位に］座ら
せる：～ a su niño *en* una habitación 子供を
一部屋与える．～ a+人 *en* el poder …を権力
の座に据える．❸《情報》インストールする
◆ ～se ❶ 身を落ち着ける，住む；座る：*Se*
instalaron en el segundo piso. 彼らは 3 階に
住んだ．～*se en* un sofá ソファに座る．❷［弁
護士・医者などが］開業する

instancia [instánθja] 囡 ❶ 懇願；［特に］請
願書：No quiso ceder a mis ～s. 彼は私の願
いを聞き入れようとしなかった．dirigir una ～ al
rector 学長に請願書を提出する．❷ 囲《文語》
権力機関．❸《法律》審級：［tribunal de］
primera ～ 一審
a ～s *de*+人《文語》…の要請(勧告)で
en primera ～《文語》最初に，まず
en última ～ 仕方なく，ほかに打つ手がないの
で；結局のところ

instantáneo, a [instantáneo, a] 形 瞬間的
な．瞬時の；即時の，即座の：dolor ～ 瞬間的な
苦痛．muerte ～*a* 即死．Su respuesta fue
～*a*. 彼は即答した
◆ 囡 スナップ写真［fotografía ～*a*］：sacar
una ～*a* スナップを撮る
instantáneamente 副 瞬間的に

instante [instánte] 男《英 instant》瞬間：
Lo vi un ～. 一瞬それが見えた．Espere usted
un ～. ちょっと待ってください
［*a*］*cada* ～ しばしば，常に：Te recuerda *a*
cada ～. 彼はいつも君のことを忘れない
al ～ すぐに：Voy *al* ～. すぐ行きます
en este ［*mismo*］～ 今，たった今：No lo
recuerdo *en este* ～. 今は思い出せない
en aquel ［*mismo*］～ あの時
en todo ～ いつも，常に
en un ～ すぐ，たちまち：Lo haré *en un* ～. す
ぐやります
por ～*s* しょっちゅう，絶え間なく

instar [instár] 他《文語》切望する：～ la
pronta solución すみやかな解決を願う
◆ 自 ［+*a*+不定詞＋接続法 *を*］執拗に頼
む：Le *he instado a* cantar. 私は彼に歌うよう
にせがんだ

instaurar [instaurár] 他 ［組織・制度などを］
設立する，創始する：～ una universidad 大学
を創立する．～ relaciones amistosas entre
dos países 2 国間に友好関係をうち立てる．～
una costumbre 習慣を確立する
instauración 囡 設立，創設：～ de una
república 共和国の樹立
instaurador, ra 名 設立者(創始)者

instigar [instigár] ⑧ 他 ［+*a*+名詞・不定詞 *す*
るように］扇動(教唆)する，そそのかす：～ a+人
a la rebelión …に反乱を(家を売るように…を)そ
のそのかす
instigación 囡 扇動，教唆：Cometió el
robo por ～ de su amigo. 友達にそそのかされ
て彼は盗みをはたらいた

instigador, ra 形 名 扇動(教唆)する〔人〕
instilar [instilár] 他《文語》…に一滴ずつ注入
する，滴下する
instintivo, va [instintíbo, ba] 形 本能的
な；衝動的な
instinto [instínto] 男《英 instinct》❶ 本能：
～ sexual 性本能．～ de conservación 自己
保存の本能．～ de rebaño 群集本能．❷［天
性の］才能，素質：tener ～ para los nego-
cios 生まれつき商才がある
por ～ 本能的に，本能で

institución [instituθjón] 囡 ❶ 制度；組織，
機構；～ familiar 家族制度．～ pública
(privada) 公的(私的)機関．～ educacional
教育機関．～ penal ［行政用語で］刑務所．
～ benéfica 慈善団体．❷ 囲［一国の］政治
制度，体制．❸ 制定，設立
ser ［*toda*］*una* ～ ［地域の］代表的な人物
(名物男)である

institucional [instituθjonál] 形 制度上の，
制度的な：reforma ～ 制度の変革
institucionalización 囡 制度化，組織化
institucionalizar ⑨ 他 制度化する，組織化
する；合法化する

instituir [institwír] 48 他《既分 instituyen-
do》❶《文語》制定する，設立(創設)する：～
una ley 法律を制定する．～ un premio 賞を設
ける．❷《法律》～ a+人 ［por］heredero ［遺
言によって］…を遺産相続人に指定する

instituto [institúto] 男 ❶ 研究所：*I*～ de
Biología 生物学研究所．*I*～ de España スペ
イン学士院．❷［国公立の］高等学校；専門学
校，学院．❸《慈善目的の》科学・文化・宗教
的な］団体，協会；［軍事的な］組織：～ igna-
ciano イグナチウス修道会．❹ ～ de belleza 美
容院

institutor, ra [institutór, ra] 名《南米》先
生
institutriz [institutríθ] 囡 ［昔の］女性家庭
教師

instrucción [instru(k)θjón] 囡 《←ins-
truir》❶ 教育［enseñanza］：～ primaria 初
等教育．～ militar《軍事》教練，訓練．
administración de ～ pública 教育行政．❷
教養，知識：hombre de poca ～ 無教養な男．
❸ 指示，指令：tener *instrucciones* se-
cretas 密命を帯びている．siguiendo las *ins-*
trucciones de sus mayores 先輩たちの指示に
従って．❹ 囲［商品の］使用法；説明書［libro
de *instrucciones*］：Léete las *instruc-*
ciones ［para el manejo］. 使用説明書をよく
読みたまえ．❺《情報》命令，インストラクション．
❻《法律》～ del sumario 予審

instructivo, va [instruktíbo, ba] 形 ［ser
+］教育的な；有益な，教訓的な：juguete ～
教育玩具．libro ～ ためになる本

instructor, ra [instruktór, ra] 形 名 ❶ 教
育係(の)，教官：sargento ～ 教育係軍曹．～
de esquí スキーのインストラクター．❷《法律》
juez ～ 予審判事

instruir [instrwír] 48 他《既分 instruyendo》

❶ [+en を] …に教育する：～ a su hijo *en* el manejo del balandro 息子にヨットの操縦法を教える. ❷《文語》[+sobre について] 知らせる, 教える. ❸《法律》予審する
◆ ～**se** 学ぶ, 勉強する

instruido, da [instruíðo] 過形 [ser+] 教養のある, 学識が深い

instrumentación [instrumentaθjón] 囡 編曲, 楽器編成；実行

instrumental [instrumentál] 形 ❶ 楽器の：música ～ 器楽. ❷ 道具として役立つ. ❸《法律》[証拠が] 文書の
◆ 男 ❶ 匯組 i) 器具：～ quirúrgico 手術用器具. ii) 楽器. ❷《言語》具格《caso ～》

instrumentalizar ⑨ 他 [人などを] 道具として利用する

instrumentar [instrumentár] 他 ❶ [器楽用に] 編曲する；編成する. ❷《文語》[計画・手段などを] 実行する

instrumentista [instrumentísta] 图 ❶ 楽器演奏者；楽器製作者；器楽編成者. ❷ 手術実習付きの看護婦

instrumento [instruménto] 男《英 instrument》❶ 道具, 器具；器械：～ de medida 測定器具. tablero de ～s 計器板. ❷ 楽器《～ musical》：saber tocar algunos ～s 楽器をいくつか弾ける. ❸ 手段：utilizar la amistad como ～ 友情を道具として利用する. ❹《法律》証書, 文書；[条約の] 原本：～ de ratificación 批准書. ❺《商業》債券

insubordinación [insubordinaθjón] 囡 不服従, 反抗：～ con su superior 上官に対する反抗

insubordinar [insubordinár] 他 反抗させる
◆ ～**se** [+contra+人 に] 反抗する, 従わない：Se ha insubordinado *contra* su jefe. 彼は上司に逆らった

insubordinado, da 形 過形 反抗的な[人]

insubsanable [insubsanáble] 形 《文語》[誤りが] 取り返しのつかない；解決不能の

insubstancial [insubstanθjál] 形 =**insustancial**

insubstituible [insubstitwíble] 形 =**insustituible**

insuficiencia [insufiθjénθja] 囡 ❶ 不足, 不十分：～ de la alimentación 栄養不足. ～ de liquidez《商業》流動性不足. ❷ 弱点, 欠陥：～s de su teoría 彼の理論の弱点. ❸《医学》[機能]不全, 薄弱：～ cardíaca 心不全

insuficiente [insufiθjénte] 形 ❶ 足りない, 不十分な《haber… insuficiente よりも no haber… suficiente が使われる》：El vino es ～ para cinco personas. 5 人分にはワインが足りません. preparación ～ 準備不足. ❷ [成績評価が] 不可の
◆ 男 [成績評価の] 不可, 不合格：Este curso he sacado tres ～s. 今年度私は3つ不可があった

insuflar [insuflár] 他 ❶《医学》[ガスなどを] 吹き入れる, 通気する：～ oxígeno en los pul-

mones 肺に酸素を送り込む. ❷《文語》[感情などを] 吹き込む：～ ánimo a la tropa 部隊の士気を鼓舞する

insuflación 囡 通気[法], 吹入[法]

insufrible [insufríble] 形 耐えられず, 我慢できない：humillación ～ 耐えがたい屈辱. dolor ～ 我慢できない痛み

ínsula [ínsula] 囡《文語》島 《isla》

insular [insulár] 形 島の：prejuicios ～es 島国的偏見
◆ 图 島民

insularidad 囡 島国であること

insulina [insulína] 囡《生化》インシュリン：inyección de ～ インシュリン注射

insulso, sa [insúlso, sa] 形 ❶ 風味のない：vino ～ こくのないワイン. ❷ 精彩のない, 面白味のない：persona (película) ～sa 退屈な人(映画)

insulsez 囡 風味(面白味)のなさ

insultar [insultár] 他 [言葉で] 侮辱する, ののしる：El jefe me *insultó*. 私は上司から侮辱を受けた

insultante 形 侮辱的な：tono ～ 人をばかにしたような口調

insulto [insúlto] 男《英 insult》侮辱[の言葉]：proferir ～s contra+人 …をののしる. llenar a+人 de ～s …に侮辱の言葉を浴びせる. Esa presentación le parecía un ～. その紹介の仕方は彼には侮辱と感じられた

insumir [insumír] 他《経済》[資本・資源などを] 投入する

insumo 男 投入

insumisión [insumisjón] 囡 不服従；《西》兵役拒否

insumiso, sa [insumíso, sa] 形 图 ❶《文語》[estar+] 服従しない；[ser+] 反抗的な：tribu ～sa 帰順していない部族. Ese joven es ～. その若者は従順でない. ❷《西》兵役拒否の；兵役拒否者

insuperable [insuperáble] 形 [ser+] 凌駕(りょうが)できない：calidad ～ 最高の品質. dificultad ～ 克服しがたい困難

insurgente [insurxénte] 形 图《文語》反乱を起こした, 蜂起した；反徒：tropas ～s 反乱軍

insurrección [insurɛ(k)θjón] 囡《文語》反乱, 蜂起：Se produjo la ～ del pueblo. 民衆の反乱が起きた

insurreccional 形 反乱の

insurreccionar 他 蜂起させる. ◆ ～**se** [+contra に] 反乱を起こす

insurrecto, ta 形 图 =**insurgente**

insustancial [insustanθjál] 形 ❶ 内容のない；浅薄な：argumento ～ 空疎な議論. comedia ～ つまらない芝居. ❷ [食物が] まずい, 味のない

insustancialidad 囡 内容のなさ

insustituible [insustitwíble] 形 [ser+] 代替できない, かけがえのない：La vida es ～. 命は何物にも換えがたい

int.《略語》←interés 金利, 利息

intachable [intatʃáble] 形 [ser+] 非の打ちどころのない，申し分のない：Es una persona de una conducta ~. 彼は品行方正だ. argumentación ~ 完璧な論証

intacto, ta [intákto, ta] 形 [estar+] 手を触れていない，元のままの；無傷の：La tarta está ~ta. ケーキは〔誰も〕手をつけていない. tema ~ 手つかずのテーマ. Su reputación ha salido ~ta. 彼の名声は傷つかなかった

intangible [intaŋxíble] 形 ❶ 触れられ得ない：ayuda tangible e ~ 有形・無形の援助. ❷ 触れては(侵しては)ならない：La libertad de expresión es ~. 表現の自由は不可侵である

intangibilidad 女 触知不能なこと；不可侵性

integrable [integráble] 形 同化できる；積分可能な

integración [integraθjón] 女 ❶ [+a・en へ の] 統合，同化：~ europea ヨーロッパの統合. ~ racial 人種差別撤廃による統合. ~ horizontal (vertical) 水平(垂直)統合. ❷ 《数学》積分法

integral [integrál] 形 ❶ 完全な，全面的な：belleza ~ 《表示》全身美容. desnudo ~ 性器まる出しの全裸. educación ~ 全人教育. idiota ~ まったくのばか. pan ~ 全粒パン〖長さは barra の半分ほど〗. reforma ~ 全面的な改革. ❷ 積分の：cálculo ~ 積分学. ❸ 一貫生産の
◆ 女《数学》積分

integrante [integránte] 形 [全体の] 一部をなす. ◆ 名 構成員，一員

integrar [integrár] 他 ❶ 完全にする，…の全体を構成する〖completar〗：¿Cuántos jugadores *integran* el equipo? 一チームは何人ですか? ❷ [+a・en に] 統合する，同化させる：Europa ヨーロッパを統合する. ~ a 人 *en* el grupo …をグループに入れる. ❸ 積分する
◆ ~se 同化する：Le es muy difícil ~*se en* la clase. 彼はなかなかクラスになじめない(とけ込めない)

integridad [integriðá(d)] 女 ❶ 完全さ，無傷なこと：~ de un territorio 領土の保全. ~ física 身の安全. ❷ 廉潔さ，公正正大

integrismo [integrísmo] 男 ❶ 保守十全主義〖19世紀末，スペインの伝統保持を主張した〗. ❷ ~ islámico イスラム原理主義

integrista 形 名 1) 保守十全主義の(主義者)，教権党の〔党員〕. 2) ~ islámico イスラム原理主義者

íntegro, gra [íntegro, gra] 形 ❶ 全部の，完全な：reembolso ~ 借金の完済. texto ~ de la conferencia 演説の全文. escuchar el concierto ~ コンサートを終わりまで聞く. conservar ~ el territorio 領土を保全する. ❷ 廉潔な：hombre ~ 高潔な人

intelecto [intelékto] 男《文語》知性，理解力

intelectivo, va 形 理解する能力のある，知性の. ◆ 女《時に戯画》理解力〖facultad ~va〗

intelectual [intelektwál] 《英 intellectual》 形 知能の，知的な：nivel ~ 知的水準；知能

程度. trabajo ~ 知的(頭脳)労働. clase ~ 知識階級. cara ~ 理知的な顔
◆ 名 知識人，インテリ

intelectualidad [intelɛktwaliðá(d)] 女 集合 知識人〔階級・グループ〕

intelectualismo [intelɛktwalísmo] 男 知性偏重；《哲学》主知主義

intelectualoide [intelɛktwalɔ́jðe] 名 《軽蔑》えせ知識人

inteligencia [intelixénθja] 女 《英 intelligence》❶ 知能，知性；理解力：No ha llegado a la ~ del asunto. 彼はその件がよくのみ込めなかった. tener mucha ~ 理解力がある，頭がよい. ser un hombre de poca ~ 頭が鈍い. nivel de ~ 知能程度. ~, sentimiento y voluntad 知情意. ~ artificial 人工知能〖第5世代コンピュータ〗. ❷ 高い知性の持ち主，頭のいい人：Es una de las mayores ~s de nuestra época. 彼は現代最高の知性の一人だ. ❸ [相互の] 了解，示し合わせ. ❹ servicio de ~ 情報機関. ❺ 集合 知識人，インテリ
en la ~ de... …と仮定して，…という意味で

inteligente [intelixénte] 形 《英 intelligent, clever》[ser+] ❶ 頭のいい，賢い；知能の高い：i) [人・動物が] alumno ~ 頭のいい生徒. animal ~ 利口な動物. ser ~ 知的な存在. ser ~ en matemáticas 数学が〔よく〕できる. tener unos ojos ~s 利口そうな眼をしている. ii) [行為などが] decisión muy ~ 賢明な決断. ❷ [機器などが] コンピュータ化した：edificio ~ インテリジェントビル

inteligible [intelixíble] 形 理解できる，わかりやすい：libro ~ わかりやすい本

inteligibilidad 女 理解できること，わかりやすさ

intemperancia [intemperánθja] 女《文語》節度のなさ，不節制；無寛容さ

intemperante 形 節度のない，不節制な；勝手気ままな；寛容でない，狭量な

intemperie [intempérje] 女 [a+] 悪天候，厳しい気候：resguardar las plantas de la ~ 厳しい気候から植木を守る
a la ~ 野天の・で，風雨にさらされて：vida *a la* ~ 野外生活. dormir *a la* ~ 野天で眠る

intempestivo, va [intempestíbo, ba] 形 時機を失した，場違いな：oferta ~*va* 時宜を得ない申し出. risa ~*va* 場違いな笑い. visita ~*va* 都合の悪い訪問

intemporal [intemporál] 形《文語》時間を超越した，時間のない

intención [intenθjón] 女 《英 intention》❶ 意図，意向：¿Con qué ~ haces eso? 何の目的でそんなことをするんだ? La ~ era buena... その意図はよかったのだが…. No era mi ~ decírselo. 私は彼に言うつもりはなかった. con ~ 故意に，わざと. buena (mala) ~ 善意(悪意). carta de *intenciones* [売買などの] 同意書，仮取り決め. ~ oculta 真意. [+de+不定詞する] Tiene [la] ~ *de* salir del país. 彼は出国する つもりだ. ❷《キリスト教》[ミサをあげる] 目的
de primera ~ まず最初に
segunda (doble) ~ 《口語》下心：tener

(con) *segunda* ～ 下心がある(あって)

intencionado, da [intenθjonáđo, đa] 形 故意の, 意図的な: un golpe ～ 故意の一撃. bien (mal) ～ 善意(悪意)の
intencionadamente 副 わざと, 故意に

intencional [intenθjonál] 形 意志の; 故意の
intencionalidad 女 意図性

intendencia [intendénθja] 女 ❶《軍事》補給部隊, 兵站(部); 主計官の職. ❷ [補給の] 管理. ❸《南米》行政区; 市役所

intendente, ta [intendénte, ta] 名 ❶《軍事》主計官; 主計総監, 補給局長. ❷ 補給係; 《行政》[経済関係の部局の] 局長. ❸《歴史》[カルロス3世時代の] 地方長官. ❹《中米》警部; 《南米》知事, 市長

intensidad [intensiđáđ] 女 強度: ～ del sonido 音の強さ. ～ del terremoto 震度. ～ del amor 愛の深さ. ～ de capital 資本集約度. llover con gran ～ 雨が激しく降る

intensificar [intensifikár] 他 強化する: ～ las medidas contra la inflación インフレ対策を強化する
◆ ～se 激化する: Se ha intensificado el paso de vehículos. 交通量が増大した
intensificación 女 強化, 激化; 強意
intensificador 男 増強装置

intensivo, va [intensíβo, βa] 形 ❶ 強烈な, 集中的な: entrenamiento ～ ハードトレーニング, 特訓. curso ～ 集中講義. cultivo (agricultura) ～ 集約農業. ❷《文法》強意の, 強調の

intenso, sa [inténso, sa] 形《英 intense》 [ser+] 強い, 激しい: i) calor ～ 厳しい暑さ. dolor ～ 激しい痛み. luz ～sa 強烈な光. Usas un lápiz de labios demasiado ～. 君は口紅が濃すぎる. ii) [+抽象名詞] ～sas emociones 強い感動. iii) [活発] hombre de vida ～sa y breve 太く短く生きた男

intentar [intentár] 他《英 attempt, intend》試みる, 企てる: i) Con ～lo no se pierde nada. やってみてだめなら元々だ. ¡Inténtalo! さあ, やってみろ! ii) [+不定詞] Estaba intentando escaparse del fuego. 彼は火から逃げようとしていた. Intento salir de viaje. 私は旅に出るつもりだ. [過去形では企ての失敗した, の含意] Intentó abrir mi cajón. 彼は私の引き出しを開けようとした(ができなかった). iii) [+que+接続法] Intenta que no te vean. 見られないようにしなさい

intento [inténto] 男 ❶ 試み, 企て: Lo consiguió al segundo ～. 彼は2度目の試み(試技)でそれに成功した. ～ de huida 逃亡の企て. ～ de homicidio 殺人未遂. ❷《スポーツ》試技. ❸《中米》目的, 意図
de ～ わざと, 故意に

intentona [intentóna] 女 [主に失敗に終わった] 無謀な企て: ～ golpista クーデター未遂事件

inter-《接頭辞》[相互] *inter*cambio 交換, *inter*nacional 国際的な

interacción [interakθjón] 女 相互作用
interactivo, va 形 相互に作用する, 相互作用の; 《情報》インタラクティブの, 双方向の
interactuar 14 自 相互に作用する, 影響し合う

interanual [interanwál] 形 promedio ～ 数年間の平均

interbancario, ria [interbaŋkárjo, rja] 形 銀行間の
interbase [interbáse] 名《野球》ショート, 遊撃手

intercalar [interkalár] 他 [+en に/+entre の間に] 挿入する, 差し込む: ～ un chiste en la conversación 会話に冗談を挟む
◆ 形 año ～ 閏(うるう)年. día ～ 閏日
intercalación 女 挿入

intercambiable [interkambjáble] 形 [ser+] 交換可能の, 互換性のある: Las palabras son ～s con otras según el contexto. 単語は文脈に従って他の語と置き換えできる. piezas ～s 交換可能な部品

intercambiador [interkambjađór] 男 ❶《西.交通》ジャンクション. ❷《技術》～ de calor 熱交換器

intercambiar [interkambjár] 10 他 交換する: Intercambio clases de español por clases de japonés.《広告》スペイン語を教えてもらう代わりに日本語教えます
◆ ～se Ellos se intercambian cartas. 彼らは文通している

intercambio [interkámbjo] 男 ❶ 交換: ～ de prisioneros 捕虜の交換. ～ cultural entre dos países 2国間の文化交流. profesor (becario) de ～ 交換教授(留学生). ❷ 交易, 貿易《～ comercial》: relación (términos) de ～ 交易条件. ❸《テニスなど》ラリー

interceder [interθeđér] 自《文語》[+con に対して/+por・en favor de のために] 仲介する, とりなす: Intercedí con su padre para que la perdonara. 私は彼女を許してくれるよう父親に口添えした. Intercederá por mí para que no me echen de aquí. 彼は私がここから追い出されないようとりなしてくれるだろう

intercelular [interθelulár] 形《生物》細胞間の

interceptar [interθeptár] 他 ❶ 途中で奪う(押さえる), 横取りする: ～ un balón ボールをインターセプトする. ❷ [通信などを] 傍受する: ～ las comunicaciones telefónicas 電話の盗聴をする. ❸ [進路・交通などを] 遮断する, 妨げる: ～ el tráfico 交通を遮断する. Las cortinas interceptan los rayos del sol. カーテンは太陽光線を遮る. ～ un avión 飛行機を迎撃する
intercep[ta]ción 女 1) 横取り;《スポーツ》インターセプト. 2) 傍受. 3) 遮断, 阻止
interceptor, ra 形 avión ～ (caza) → 迎撃機

intercesión [interθesjón] 女《文語》とりなし, 仲介: El niño ha sido perdonado gracias a la ～ de su abuela. 祖母が頼んでくれたおかげでその子は許された

intercesor, ra [interθesór, ra] 形 名 とりなす[人]、仲介者

intercomunicación [interkomunika-θjón] 女 相互通信、インターコム

intercomunicador 男 インターホン

intercomunicar 7 他 通信し合う

interconectar [interkonektár] 他 相互に連結する

interconexión [interkoneʃ(k)sjón] 女 相互連結(連絡)

interconfesional [interkonfesjonál] 形 各宗派間の

interconsonántico, ca [interkonsonántiko, ka] 形《言語》[母音が]子音にはさまれる

intercontinental [interkontinentál] 形 大陸間の: proyectil balístico ～ 大陸間弾道弾. servicio ～ de transportes 国外運送業

intercostal [interkostál] 形《解剖》助骨間の: neuralgia ～ 肋間神経痛

intercurrente [interkurénte] 形《医学》介入性の

interdental [interdentál] 形《言語》歯間音の

interdepartamental [interdepartamentál] 形 各学部(学科)の

interdependencia [interdependénθja] 女 相互依存

interdicción [interdi(k)θjón] 女《法律》禁止: ～ civil 禁治産, 市民権剥奪. ～ de residencia (lugar) 居住制限

interdecir 64 他《過分 interdicho, 現分 interdiciendo》禁止する

interdicto, ta 形 名 禁止された[人]; 禁治産者

interdigital [interdixitál] 形《解剖》指間の

interdisciplinario, ria [interdisθiplinárjo, rja] 形 学際的な

interdisciplinar 形 = **interdisciplinario**

interés [interés] 男《英 interest》❶ 利益, 利点: i) Todo lo que hice es por el ～ de mi hijo. すべて私の息子のためにしたことです. El ～ de este proyecto reside en la explotación de la región. この計画の利点は地域開発にある. casamiento por ～ 金目当ての結婚, 政略結婚. ～ público 公共の利益. ～ nacional (del Estado) 国益. ii) 複 利害(関係): tener intereses comunes con ～ 人 …と利害を共にする. coincidencia (oposición) de intereses 利害の一致(対立) ❷ 重要性, 価値, 意義: invento de gran ～ 重要な発明 ❸ 利子, 利息; 複[投資の] 収益: prestar con alto (bajo) ～ 高利(低利)で貸す. cobrar los intereses 収益をあげる, 利息を受け取る. con (a) ～ anual del cinco por ciento 年5%の利息で. sin ～ 無利子で. tasa de ～ preferencial プライムレート. ～ bancario 銀行利子. ～ simple (compuesto) 単利(複利). ～ sobre el depósito (el crédito)/～ de captación (de colocación) 預金(貸出)金利 ❹ 複 財産: administrar los intereses de la familia 一家の財産を管理する ❺ [+por への] 関心, 興味: tener ～ por (en)... …に関心がある. Me parece que siente ～ por (hacia) ti. 彼は君に気があるようだ. Ha demostrado un gran ～ por mi obra. 彼は私の作品に大いに関心を示した. Es de mucho ～ para nosotros. それは私たちにとって大変興味深い ❻ 圏 不安; 希望

dar a ～ 利子付きで金を貸す

intereses creados 既得権益: Tiene muchos intereses creados en el asunto. 彼はこの件に非常に利害関係がある

tener un ～ loco por...《口語》…に大変関心がある

tomarse ～ en+不定詞 …しようとする

interesado, da [interesádo, ða] 形 名 過分 ❶ [estar+. +por・en に] 関心のある[人]: Está ～ por ese poeta. 彼はその詩人に興味を持っている. ❷ 利害関係のある[人], 当事者; 本人: Los ～s pueden ponerse en contacto con nosotros. 関係者(興味のある人)は当方に連絡されたい. Que venga el ～ para recibir el pasaporte. パスポートの受け取りには本人が来ること. ❸ [ser+] 利にさとい[人], 欲得ずくの: Es muy ～. 彼は自分の利益しか考えない

interesante [interesánte] 形《英 interesting》おもしろい, 興味深い: Encuentro muy ～ a su hermana. 僕は彼の妹はとても魅力的だと思う(妹に大いに興味がある). libro (hombre) ～ おもしろい本(男). precio ～ 買い得な値段

encontrarse (estar) en estado ～ 妊娠している

hacerse el ～ 目立とうとする

interesar [interesár] 他《英 interest》❶ [+en に関して] …の関心を引く, …に興味を抱かせる; [取引などに] 参加させる: Esta película me interesa mucho. この映画はとてもおもしろうだ. Me interesa establecer relaciones con aquella compañía. 私はあの会社と関係を持ちたい. Conseguí ～lo en el negocio. 私は彼がその商売に関心を持つ(参加する)ように仕向けるのに成功した. ❷《医学》傷つける: El golpe le ha interesado unas costillas. その衝撃で彼の肋骨が折れた

◆ ～se [+por・en に] 関心を示す; …のことを尋ねる: Se interesó mucho por este personaje. 彼はこの人物に強い関心を示した. Cuando vas a su casa, interésate por su padre. 彼の家に行ったら, 彼の父親の様子を聞いてあげるんだぞ

interestelar [interestelár] 形《天文》星間の: materia ～ 星間物質

interface [interféjθ] 男《←英語・情報》インタフェース, 接続装置

interfase [interfáse] 女《生物》間期, 中間期

interfaz [interfáθ] 女 中間面, 界面; 共通領域;《情報》= **interface**

interfecto, ta [interfékto, ta] 名 ❶《法律》[事故・殺人などの] 死者, 被害者. ❷《西・戯

語》噂の主, 当の本人

interferencia [interferénθja] 図 干渉;《スポーツ》インターフェア;《通信》電波障害(妨害), 混信;《言語》[2 か国語使用での相互の語法の] 干渉, 重合

interferir [interferír] ③ 圓 《現分 interfiriendo》干渉する; 電波障害を起こす
◆ 他 妨害する: ～ el curso de la discusión 議事進行を妨害する
◆ ～se 《+en に》干渉する; 割り込む: ～se en los asuntos de los demás 他人のことに口出しする. Un coche se interfirió en el paso a nivel. 車が踏切に突っ込んだ

interferón [interferón] 男 《生化》インターフェロン

interfijo [interfíxo] 男 =**infijo**

interfluvio [interflúbjo] 男 河間地域

interfoliar [interfoljár] 他 《製本》白紙をはさみ込む

interfono [interfóno] 男 インターフォン

intergaláctico, ca [intergaláktiko, ka] 形 《天文》銀河系間の

intergeneracional [interxeneraθjonál] 形 世代間の

interglaciar [interglaθjár] 形 《地質》間氷期の: período ～ 間氷期

intergubernamental [intergubernamentál] 形 政府間の

ínterin [ínterin] 男 《複 ínterines/interines》
❶ 合い間: en el ～ その間に. ❷ 代count期間

interino, na [interíno, na] 形 名 代行(の), 代理(の): gobierno ～ 暫定内閣(政権). maestro ～ 教育実習生. médico ～ インターン. rector ～ 学長代行. solución ～na 一時しのぎの解決策
◆ 図 《西》[通いの] 家政婦

interinato 男 《主に中南米》=**interinidad**

interinidad 図 代行, 代理; その期間

interior [interjór] 《英 interior, inside.
↔exterior》 形 ❶ 内部の, 内側の 《=interno》: habitación ～ 奥の部屋. mar ～ 内海. región ～ 内陸地方. necesidad ～ 内的必然性. ❷ 国内の: política ～ 国内政策, 内政. cambio ～ 内国為替. ❸ 仲間うちの, 私的な. ❹ [ホテルで部屋が] 表通りに面していない. ❺ 内心の: voz ～ 内心の声. vida ～ 精神生活
◆ 男 ❶ 内部: ～ de la Tierra 地球の内部. decoración de ～es 室内装飾, インテリアデザイン. pintura de ～ 室内画. Ministerio del I～ 内務省. ❷ [海洋・国境地域に対して] 内陸部, 中央部. ❸ 内心: En su ～ no está muy contento. 彼は内心は満足していない. ❹ 《サッカーなど》インサイドフォワード: ～ derecho (izquierdo) インサイドライト(レフト). ❺ 《映画》屋内セット場面. ❻ 《中南米》[首都・主要都市以外の] 地方;《複》《南米》[男性用下着の] パンツ

interioridad [interjoridá(d)] 図 ❶ 内面性; 内在性. ❷ 私事, 内輪のこと: meterse en ～es [他人のことに] 立ち入る

interiorismo [interjorísmo] 男 室内装飾, インテリアデザイン

interiorista 名 インテリアデザイナー

interiorizar [interjoriθár] 他 ❶ [感情などを] 内面化する, 表に出さない; [思想などを] 内在化する, 消化して自分のものにする. ❷ 《主に南米》《+de・sobre について》…に内部情報を知らせる

interiorizado, da 形 《過分》《主に南米》[estar+] 内部事情に詳しい

interiormente [interjórménte] 副 心のうちで, 内心では

interjección [interxε(k)θjón] 図 《文法》間投詞

interjectivo, va 形 間投詞の

interlínea [interlínea] 図 行間;《情報》行送り;《印刷》インテル 《regleta》

interlineado 男 行間

interlinear 他 行間に書き込む; 行間をあける

interlock [interlók] 形 《情報》インターロック

interlocutor, ra [interlokutór, ra] 名 《文語》対話者, 対談者; 話し相手: ～ válido 公式の交渉員(スポークスマン)

interlocución 図 対話

interludio [interlúdjo] 男 ❶ 《音楽》間奏(曲). ❷ 幕間の演芸(寸劇); つなぎの短編映画

interlunio [interlúnjo] 男 《天文》無月期間

intermediar [intermedjár] ⑩ 圓 《文語》《+en の》仲介をする

intermediación 図 仲介

intermediario, ria [intermedjárjo, rja] 形 名 仲介する(人); 仲裁する(人); 仲人, 媒酌人; [生産者と消費者の間の] 中間商, 仲買人: poner a+人 de ～ …を仲介に立てる. servir de ～ para poner fin a una pelea けんかの仲裁役をつとめる. ～ financiero 金融仲介人. comercio ～ 中継貿易

intermedio, dia [intermédjo, dja] 形 中間の: calidad ～dia 中位の品質. color ～ 中間色. curso ～ 中級(の)コース. directivo ～ 中堅幹部, 中間管理職. zona ～dia 中間地帯
◆ 男 ❶ 合い間. ❷ 《演劇》幕間(まく), 休憩; 幕間の音楽
por ～ de... …を介して, …の仲介で

intermezzo [intermézo] 男 《←伊語. 音楽》インテルメッツォ

interminable [intermináble] 形 終わりのない, 際限のない: discurso ～ 延々と続く演説. trabajo ～ 切りのない仕事

interministerial [interministerjál] 形 各省間の, 各大臣間の: reunión ～ 関係閣僚会議. cartas ～es 持ち回り閣議

intermisión [intermisjón] 図 休止, 中断

intermitencia [intermiténθja] 図 断続(性), 間欠(性): con (por) ～(s) 断続的に

intermitente [intermiténte] 形 断続的な, 間欠的な: fiebre ～ 《医学》間欠熱. fuente ～ 間欠泉. pulso ～ 《医学》結滞脈
◆ 男 《自動車》ウインカー, 点滅器

intermolecular [intermolekulár] 図 分子

間の

internación [internaθjón] 囡 収容, 入院

internacional [internaθjonál] 厖
[英 international]

❶ 国際的な: comercio ~ 貿易. conflicto ~ 国際紛争. derecho ~ 国際法. relaciones ~es 国際関係. ❷《航空》国際便の: vuelo ~ 国際便, 国際航空

◆《スポーツ》[国の] 代表選手, 国際試合出場選手

◆ 囡 [I~] 国際労働者同盟, インターナショナル; [la I~] その歌

internacionalismo [internaθjonalísmo] 阳 国際主義, インターナショナリズム

internacionalista 厖 图 国際主義の(主義者);《法律》国際法の専門家

internacionalizar [internaθjonaliθár] 他 国際的にする, 国際管理下に置く

◆ ~se 国際化する

internacionalización 囡 国際化

internacionalmente [internaθjonálménte] 副 国際的に

internado, da [internádo, da] 厖 图 過分 収容された〔人〕

◆ 阳 ❶ 寄宿学校, 寄宿舎；医名 寄宿生；寄宿制度『régimen de ~』. ❷ 収容, 隔離：~ de un hospital 入院生活. ❸《医学》臨床研修期間

◆ 囡《スポーツ》敵陣内にすばやく入ること

internar [internár] 他 ❶ [+en 病院などに] 収容する, 入院させる. ❷ [内部に] 入れる：~ a+人 en lo más profundo de un bosque … を森の奥深くに連れ込む

◆ ~se ❶ 深く入り込む：~se en los misterios 秘密を探る, 謎に迫る. ❷《スポーツ》相手陣内に入る

internamiento 阳 収容, 入院

Internet [internét] 《←英語》インターネット『red informática ~』: conectar a ~ インターネットに接続する. página de ~ ホームページ

internista [internísta] 厖图 内科の；内科医

interno, na [intérno, na] 厖 [英 internal. ↔externo] ❶ 内部の, 内的な『=interior』: asuntos ~s del partido 党内事情. estructura ~na 内部構造. factor ~ 内的要因. medicina ~na 内科. oído ~『解剖』内耳. ❷ [家政婦などが] 住み込みの；寄宿する: colocarse como ~ 住み込みで雇われる

◆ 图 ❶ 寄宿生『alumno ~』: colegio de ~s 寄宿学校. ❷ [病院の] レジデント『médico ~』. ❸ [刑務所の] 被収容者, 在監者

inter nos [inter nós] 《←ラテン語》ここだけの話だが『entre nosotros』

interoceánico, ca [interoθeániko, ka] 厖 両大洋間の: canal ~ 2 つの大洋を結ぶ運河

interóseo, a [interóseo, a] 厖《解剖》骨間の

interparlamentario, ria [interparlamentárjo, rja] 厖 各国議会間の: unión ~ria 列国議会同盟

interpelar [interpelár] 他《文語》[議会などで, +sobre について] 質問する, 説明を求める

interpelación 囡 質疑, 質問: hacer una ~ al alcalde 市長に問いただす

interpersonal [interpersonál] 厖 個人の間の

interplanetario, ria [interplanetárjo, rja] 厖 惑星間の: viaje ~ 宇宙旅行

Interpol [interpól] 囡 インターポール, 国際刑事警察機構

interpolar [interpolár] 他 ❶《文語》[書き上がってから] 加筆する, 挿入する；改竄(竄)する：~ unos comentarios en el texto 原文に注記する. ❷《数学》補間する, 内挿する

◆ 厖 両極間の

interpolación 囡 加筆, 改竄；補間法, 内挿法

interponer [interponér] 他 過分 interpuesto』[+entre の] 間に置く, 入れる：~ una pantalla entre la puerta y la mesa ドアと机の間についたてを置く. ❷ [権力などを, +con に対して] 介在させる: El ministro interpone su influencia con el rector para que admitan en la universidad a su hijo. 大臣は息子を大学に入れてもらおうと学長に圧力をかけている. ❸《法律》[控訴を] 申し立てる：~ recurso contra la decisión 判決に対して再審理を請求する. ❹《文語》[言葉を] さしはさむ

◆ ~se 間に入る, 介在する: El árbitro se interpuso entre los dos boxeadores. レフェリーがボクサーの間に割って入った. Habría terminado su carrera universitaria si no se hubiera interpuesto la guerra. 戦争が邪魔しなかったら彼は大学を終えていただろうに

interposición 囡 間に入ること, 介在；控訴の申し立て

interposita persona [interposíta persóna]《←ラテン語》por ~ 第三者を通じて

interpretación [interpretaθjón] 囡 ❶ 解釈: dar una ~ favorable a... …を善意に解する. admitir varias interpretaciones [語句が] 色々に解釈できる. ~ de un texto テキストの解釈. ~ del caso 解釈事例. ~ de los sueños 夢判断, 夢占い. ❷ 演奏；演技：~ de una sinfonía 交響曲の演奏. ❸ 通訳: ~ simultánea 同時通訳

interpretar [interpretár] 他 ❶ 解釈する: ¿Cómo interpretas sus palabras? 彼の言葉をどう解釈しますか? ~ en un sentido amplio 広い意味にとる. ❷ 演奏する, 歌う；[役を] 演じる: ~ el himno nacional 国歌を演奏する. Ha interpretado maravillosamente el personaje de Hamlet. 彼はハムレットを見事に演じた. ❸ 通訳する；翻訳する. ❹ 代弁する

interpretable 厖 解釈(演奏)され得る

interpretativo, va 厖 解釈の

intérprete [intérprete] 图 ❶ 通訳: servir de ~ de+人 …の通訳(代弁者)をつとめる. ❷ 解釈者, 注釈者. ❸ 代弁者: ~ de los sentimientos del pueblo 民衆の感情の代弁者. ❹ 演奏家；演技者, 出演者: ~ de una canción 歌手

interprofesional [interprofesjonál] 形 各職業共通の: salario mínimo 〜《西》全産業一律の最低賃金

interregno [interɛ́gno] 男 [国王などの] 空位期間; 政治的空白期間; [一般に] 休止期間

interrelación [interɛlaθjón] 女 相互関係

interrogación [interogaθjón] 女 ❶ 質問; 尋問: responder a una 〜 質問に答える. ❷《文法》疑問[文]; 疑問符 [signos de 〜]: 〜 directa (indirecta) 直接(間接)疑問

interrogador, ra [interogaðór, ra] 名 質問者

interrogante [interogánte] 形《まれ》問いかけるような [interrogativo]: mirada 〜 いぶかしげなまなざし
◆ 男 [時に 女] ❶ 疑問点, 問題点: Me quedé con un 〜 en la cabeza. 私にはどうもひっかかる点がある. ❷《文法》疑問符

interrogar [interogár] 他 他 ❶ 質問する, 尋ねる [preguntar]. ❷ 尋問する, 取り調べる: 〜 a un testigo 証人を尋問する

interrogativo, va [interogatíßo, ßa] 形 ❶ 問いかけるような: gesto 〜 物問いたげな様子. ❷《文法》疑問の: pronombre (adjetivo) 〜 疑問代名詞(形容詞)

interrogatorio [interogatórjo] 男 尋問, 取り調べ; [尋問] 調書: 〜 de identidad 人定尋問

interrumpir [interumpír] 他《英 interrupt》 ❶ 中断する: El accidente interrumpió el tráfico. 事故で交通がストップした. 〜 su paseo 散歩の足を止める. 〜 los estudios 勉学を中断する. 〜 la corriente 電流を切る. ❷ …の話を遮る: No me interrumpas. 話の腰を折らないでくれ
◆ 〜se 中断される: Se ha interrumpido la comunicación telefónica. 電話が切れた

interrupción [interupθjón] 女 中断, 遮断; [話の] 妨害: 〜 de la vía férrea 鉄道連絡の途絶. 〜 [voluntaria] del embarazo 妊娠中絶
con interrupciones とぎれとぎれに
sin 〜 絶えず, 間断なく

interruptor [interuptór] 男《電気》スイッチ, 遮断器: pulsar el 〜 スイッチを押す

intersección [intersɛ(k)θjón] 女《数学》交差, 交わり; [文道] 交差点
intersecar ⑦/**intersectar** 〜se 交差する

intersexual [intersɛ(k)swál] 形 異性間の;《生物》両性の: amor 〜 異性愛
intersexualidad 女 両性

intersideral [intersiðerál] 形《天文》天体間の: espacio 〜 宇宙空間

intersindical [intersindikál] 形 組合間の

intersticio [intersti̇θjo] 男《文語》すき間, 割れ目: El aire entra por los 〜s de la puerta. 風が扉のすき間から入り込む

intertidal [intertiðál] 形《地理》潮間の

intertropical [intertropikál] 形 両回帰線

内の; 熱帯の: países 〜es 熱帯諸国

interurbano, na [interurßáno, na] 形 都市間の: conferencia 〜na 市外通話

intervalo [interßálo] 男 ❶ 間隔: plantar las flores con 〜s regulares (de dos metros) 等間隔で(2メートルおきに)花を植える. Hay diez minutos de 〜 entre clase y clase. 授業と授業の間に10分の間がある. ❷ 期間: En el 〜 de un mes hemos tenido tres terremotos. 1ヶ月の間に3度地震があった. ❸《主に南米》[芝居・コンサートなどの] 休憩時間. ❹《音楽》音程: 〜 mayor (menor) 長(短)音程
a 〜s 間をおいて, ところどころに; 時々

intervención [interßenθjón] 女 ❶ [+en への] 介入, 干渉; 仲裁, とりなし; 参加; 出演: 〜 en un debate 論争への口出し. 〜 militar 軍事介入. 〜 política 内政干渉. 〜 de los bomberos 消防隊の出動; 仲裁する; 〜 televisiva テレビ出演, テレビでの発言. ❷《医学》処置; [特に] 外科手術 [〜 quirúrgica]. ❸ 会計検査, 監査; 会計検査官(監査役)の職(事務所). ❹ 盗聴; 押収

intervencionismo 男 干渉(介入)主義

intervencionista 形 名 干渉主義の(主義者)

intervenir [interßenír] 59 自《現分 interviniendo》[+en に] ❶ 参加する; 出演する: Muchas personas intervienen en esta película. 多くの人がこの映画づくりに参加している. Intervienen varios factores en ese accidente. その事故にはいくつかの要素が働いている. ❷ 介入する, 干渉する; 仲裁する: 〜 en los asuntos ajenos 他人のことに口を出す, おせっかいをやく. 〜 en los asuntos políticos internos de… …の内政に干渉する. 〜 en la paz entre los dos países 両国の和平を調停する. 〜 en una pelea けんかの仲裁をする. Sus amigos intervinieron ante el encargado. 彼の友人たちが担当者に働きかけた
◆ 他 ❶ …に手術をする. ❷ [会計を] 監査する. ❸ [国家が] 統制(管理)する; [警察が] 盗聴する; [郵便物などを] 検閲する; [禁制品を] 押収する: 〜 la televisión テレビを国家管理する. ❹ [国際的に] …に干渉する

interventor, ra [interßentór, ra] 名 ❶ 会計検査官; 監査役: 〜 judicial 管財人. ❷ [投票・開票の] 立会人. ❸《鉄道》改札係

interviniente [interßinjénte] 名 参加者

interviú [interßjú] 男《時に 女》《←英語》インタビュー [entrevista]: hacer una 〜 a+人 …にインタビューする
interviu(v)ar 他《まれ》…にインタビューする [entrevistar]

intervocálico, ca [interßokáliko, ka] 形 [言語] 母音間の

intestado, da [intestáðo, ða] 形 名《法律》無遺言の; 無遺言死亡者: morir 〜 遺言を残さずに死ぬ
◆ 男 無遺言死亡者の遺産

intestino¹ [intestíno] 男《解剖》腸: 〜 delgado 小腸. ～ grueso (gordo) 大腸. ～ ciego 盲腸

intestinal [形] 腸の

intestino², na [intestíno, na] [形]《まれ》内部の: lucha ～*na* 内部紛争

inti [ínti] [男]〖ペルーの旧貨幣単位〗インティ〖現在は nuevo sol〗; [I～] インカの太陽神

íntimamente [íntimaménte] [副] 親密に; 緊密に

intimar [intimár] [自] [+con と] 親しくなる: El profesor novato *ha intimado* enseguida *con* sus alumnos. 新しい先生は生徒とすぐに打ち解けた

◆ [他]《文語》通達する, 命令する: El gobierno *intimó* la entrega de artículos de metal. 政府は金属製品の供出を通達した. [+a que+接続法 するように] Me *han intimado a* (para) *que* les diga la verdad. 私は真実を述べるように命じられた

intimación [女] 通達

intimatorio, ria [形] 通達(通告)する

intimidación [intimiðaθjón] [女] 脅し, 威嚇

intimidad [intimiðá(ð)] [女] ❶ 親密さ, 親密な関係: Hay una gran ～ entre ellos. 彼らはとても仲むつまじい. ❷ 私生活; 〖複〗私生活に属する事柄: derecho a la ～ プライバシーの権利. ❸ 〖複〗《婉曲》性器; 下着
en la ～ 内輪で, 家族だけで; 私生活の場で; 外からは見えないところで: La boda se celebró *en la* mayor ～. 結婚式はごく内輪だけで行なわれた

intimidar [intimiðár] [他] 脅す, 威嚇する: *Intimidó* a los presentes con la mirada. 彼は出席者たちを目で威圧した
◆ ～**se** おじけづく

intimidatorio, ria [形] 威嚇する

intimismo [intimísmo] [男]《文学・美術》内面描写を重視する傾向, アンティミスム

intimista [形] アンティミスムの

íntimo, ma [íntimo, ma] [形] [英 intimate] ❶ 親密な; 緊密な: amigo ～ 親友〖肉体関係のある相手についても使う〗. ❷ 内輪の, 仲間うちの: fiesta ～*ma* 内輪のパーティー. cena ～*ma* 家族水入らずの夕食. vida ～*ma* 私生活. ❸ [場所が] くつろいだ感じの: restaurante ～ こぢんまりしたレストラン. ❹ 心の奥底の
en lo más ～ [心の] 奥底で: Es un recuerdo que guardo *en lo* más ～ de mi ser. それは私の心の奥底に秘められた思い出
◆ [名] 親友; 側近, 腹心の者

intitular [intitulár] [他]《文語》…に題名(タイトル)をつける〖titular〗

intocable [intokáble] [形] [ser+] 触れることのできない: El asunto es ～. その件に手をつけてはならない. virtud ～ 疑い得ない徳義
◆ [名] [インドの] 不可触賤民

intolerable [intoleráble] [形] [ser+] 許しがたい, 認めがたい: ofensa ～ 許せない侮辱. dolor ～ 我慢できない痛み

intolerancia [intoleránθja] [女] ❶ [主に宗教上の] 不寛容, 異説排斥; 偏狭: ～ religio-

sa 宗教的不寛容. ❷《医学》[食物・薬に対する] 不耐性: tener ～ a las grasas 脂身を受けつけない

intolerante [intoleránte] [形][名] [+[para] con に対して] 不寛容な[人], 偏狭な[人]: Es ～ *para con* los defectos ajenos. 彼は他人の欠点に厳しい. Es ～ en punto de honra. 彼は面子(さ)を重んじる

intomable [intomáble] [形] [まずくて・まずそうで] 食べられない, 飲めない

intonso, sa [intónso, sa] [形] 剃髪 tonsura していない; [本が] 縁が裁断されていない

intoxicación [into(k)sikaθjón] [女] ❶ 中毒: ～ alimenticia 食中毒. ～ etílica (por alcohol) アルコール中毒. ～ por monóxido de carbono 一酸化炭素中毒. ❷ [情報の] 撹乱: ～ de la opinión pública 世論操作

intoxicar [into(k)sikár] [他] ❶ 中毒させる: Lo que me *intoxicó* fueron los mariscos. 私が食あたりしたのは魚介類だった. ❷ [情報の] 撹乱する
◆ ～**se** 中毒になる: Bebe tanto, que *se intoxicará*. 彼は飲み過ぎてアル中になるだろう

intra-《接頭辞》[内] *intra*muscular 筋肉内の

intracelular [intraθelulár] [形] 細胞内の

intradós [intraðós] [男]《建築》[アーチの] 内輪(ゎ)〖☞arco カット〗

intraducible [intraðuθíble] [形] 翻訳不可能な; 他の言葉で表わせない

intragable [intragáble] [形] [事柄が] 受け入れがたい, 信じがたい;《口語》[人について] 我慢できない

intramontano, na [intramontáno, na] [形] 山間の

intramuros [intramúros] [副] 市内に

intramuscular [intramuskulár] [形] 筋肉内の: inyección ～ 筋肉[内]注射

intranquilidad [intraŋkiliðá(ð)] [女] 不安, 心配

intranquilizar [intraŋkiliθár] [他] 不安にする: Nos *intranquilizaron* las noticias. ニュースを聞いて私たちは心配になった
◆ ～**se** 不安になる

intranquilo, la [intraŋkílo, la] [形] ❶ [estar+] 不安な, 心配な: Estuve ～ hasta que volvió mi hijo. 私は息子が戻って来るまで不安だった. Los habitantes están ～*s*. 住民は騒然としている. estar ～ por la fiebre 熱で気分がすぐれない. ❷ [ser+] 落ち着きのない

intranscendente [intransθendénte] [形] = **intrascendente**

intransferible [intransferíble] [形] [ser+] 譲渡できない: derecho ～ 譲渡不可能な権利

intransigente [intransixénte] [形] 妥協しない, 強硬派の; 融通のきかない, 頑固な: Se mostró ～ ante la súplica de su hijo. 彼は息子が頼んでも頑としてきかなかった

intransigencia [女] 非妥協性, 一徹さ

intransitable [intransitáble] [形] [道などが] 通れない: El camino está ～. 道は通行不能になっている

intransitivo, va [intransitíβo, βa] 形 男
《文法》自動詞(の): oración ~*va* 自動詞文
intransmisible [intransmisíβle] 形 伝達不
可能な
intraocular [intraokulár] 形 《医学》眼球内
の: presión ~ 眼内圧
intrarregional [intrařexjonál] 形 域内の
《↔extrarregional》
intrascendente [intrasθendénte] 形
[ser+] 重要でない, 取るに足りない: tema ~ 重
要でない(平凡な)テーマ
intrascendencia 女 重要性のなさ
intratable [intratáβle] 形 手に負えない; 無
愛想な: problema ~ 難問. El abuelo está
hoy ~. 祖父は今日機嫌が悪い
intrauterino, na [intrauteríno, na] 形 《医
学》子宮内の: dispositivo ~ 避妊リング
intravenoso, sa [intraβenóso, sa] 形 《医
学》静脈内の: inyección ~*sa* 静脈注射
intrazonal [intraθonál] 形 域内の 《intra-
rregional》
intrépido, da [intrépiðo, da] 形 恐れを知ら
ない, 大胆不敵な: ~ montañero 勇敢な登山
家
intrepidez 女 大胆さ
intriga [intríɣa] 女 ❶ 陰謀, 策謀: armar
(fraguar・maquinar・tramar・urdir) ~*s* 陰
謀をめぐらす. ~ política 政治的策略. novela
de ~ 冒険推理小説. ❷ 筋立て, プロット:
desarrollar (seguir) la ~ 筋を運ぶ(追う).
tener una gran ~ 筋が込み入っている. ❸ [強
い] 関心, 好奇心
intrigante [intriɣánte] 形 ❶ 陰謀をめぐらす,
策略好きの. ❷ 好奇心をそそる: suceso ~ 興
味をそそる事件
◆ 名 陰謀家, 策士
intrigar [intriɣár] 8 自 陰謀をめぐらす: Intri-
garon contra el gobernador para destituir-
lo. 彼らは知事を失脚させるために策略を用いた
◆ 他 …の好奇心(興味)をそそる: La novela
me *intrigó* tanto que la leí en una noche.
私はその小説に釣り込まれて一晩で読んでしまった
intrincado, da [intriŋkáðo, da] 形 錯綜
(さ)した: asunto ~ 込み入った用件, 複雑な
事件. camino ~ 入り組んだ道
intrincamiento 男 錯綜; 込み入った事柄
intrincar [7] 他 《まれ》もつれさせる
intríngulis [intríŋgulis] 男 《単複同形》《口
語》[外からは見えないような] 困難性, 複雑さ:
Todas las cosas tienen su ~. 物事にはすべて
裏がある
intrínseco, ca [intrínseko, ka] 形 [+a に]
内在する, 固有の
introducción [introðu(k)θjón] 女 ❶ 入れる
こと, 挿入. ❷ [人を] 招き入れること, 通すこと;
紹介: carta de ~ 紹介状. ❸ 導入すること,
導入: ~ del existencialismo 実存主義の紹
介. ❹ [+a への] 入門(書): *I* ~ *a* la lingüís-
tica 言語学入門. ❺ 序文, 序説: Ese libro
tiene una amplia ~. その本には長い序文がつい
ている. ❻ 《音楽》序奏, 導入部

introducir [introðuθír] 41 他 ❶ [+en に]
差し込む, 挿入する: ~ la llave en la cerradura
錠前前に鍵を差し込む. ❷ [人を] 招き入れる, 案
内する; [+a+人 に] 紹介する《presentar》: ~
a un visitante en el salón 訪問者を客間に通
す. Lo *introdujeron* en un grupo. 彼はあるグ
ループに入れられた. ❸ 導入する, 取り入れる:
géneros de contrabando en un país 密輸品
を国に持ち込む. ~ las técnicas nuevas 新技
術を導入する. ~ la discordia 不和をもたらす
◆ ~se 入り込む; [会などに] 入れてもらう; [+
con 力ある人に] 取り入る: Se me *introdujo*
una astilla entre la uña y la carne. 爪と肉
の間に木片が入った. Se *introdujo* esa cos-
tumbre en el siglo XV. その習慣は15世紀に
入ってきた. El ladrón *se introdujo* en la
casa. 泥棒が家に忍び込んだ. Consiguió ~*se*
en la sociedad. 彼は社交界に入れてもらうことが
できた
introductor, ra [introðuktór, ra] 名 ~ de
embajadores 外国大使の先導者
introductorio, ria [introðuktórjo, rja] 形
前置きの, 序言の
introito [intrójto] 男 [論文などの] 序文;《カト
リック》入祭文 《ミサの始めの祈り》
intromisión [intromisjón] 女 《文語》干渉:
~ de los padres en la vida de sus hijos 両
親による子供の生活への口出し
introspección [introspe(k)θjón] 女 《心理》
内観, 内省
introspectivo, va 形 内観の, 内省的な:
análisis ~ 内省分析. método ~ 内観法
introvertido, da [introβertíðo, da] 名
《心理》内向的な(人) 《↔extravertido》
introversión 女 内向(性)
intrusión [intrusjón] 女 闖入(きき), 割り込
み; 介入, 侵害
intruso, sa [intrúso, sa] 形 闖入(侵入)し
た; もぐりの, 無資格経営の
◆ 名 侵入者, よそ者; 無資格の人
intrusismo 男 《軽蔑》無資格の営業(就業)
intubación [intuβaθjón] 女 《医学》[気管な
どの] 挿管
intubar [intuβár] 他 《医学》挿管する
intuición [intwiθjón] 女 直観(力), 勘:
tener una gran ~/tener mucha ~ 勘がいい
(鋭い). tener la ~ de que+直説法 …すること
を予感する. por ~ 直観的に, 勘で
intuicionismo 男 《哲学》直観主義
intuir [intwír] 48 他 《既ク intuyendo》[+
que+直説法] 直観する; 推量する: *Intuía* que
el enemigo estaba tendiendo una trampa.
敵がわなを仕掛けているのではないかと彼は考えた
◆ ~se 推量する: Eso *se intuye*. それはありうることだ
intuitivo, va [intwitíβo, βa] 形 直観的な;
勘の鋭い
intumescencia [intumesθénθja] 女 [少し
ずつ] ふくれ上がること, 膨張
inundación [inundaθjón] 女 [圏 で広い地域
の] 洪水, 氾濫(はん); 浸水: Las lluvias to-
rrenciales produjeron *inundaciones* en

Valencia. 大雨でバレンシア地方に洪水が起きた. ~ de la huerta 畑の冠水. ~ de papeles 書類の洪水. ~ de productos japoneses 日本製品の氾濫

inundar [inundár] 他 ❶ …に洪水を起こす; 浸水させる, 水浸しにする: Las abundantes lluvias *inundaron* esa comarca. 大雨でその地域は水につかった. ❷ [+de・con で]あふれさせる: Quedamos *inundados* de pedidos. 当社は注文が殺到しております

◆ **~se** 洪水になる, 浸水する: Se *inundó* todo el suelo. 床じゅう水びたしになった

inusitado, da [inusitáðo, ða] 形 異常な: Hace un calor ~ para mayo. 5 月にしては異例な暑さだ

inusual [inuswál] 形 異常な, 普通でない

inútil [inútil] 形 [英 useless] ❶ [ser+]役に立たない, むだな: resultar ~ [結果が]むだに終わる. decir cosas ~es むだ口をたたく. boca ~ むだ飯食い. esfuerzo ~ むだな努力, 徒労. ❷ [口語][estar+]身体の不自由な: Él está ~ de una pierna. 彼は片足が動かない

declarar ~ 兵役不適格を宣する

ser ~+不定詞・*que*+接続法 …してもむだである: Es ~ hablar más. これ以上話してもむだだ. Es ~ que se lo digas. 彼にそんなことを言ってもむだだよ

◆ 名 Él es un ~. 彼は役立たずだ

inutilidad [inutiliðáð] 女 無益, むだ

inutilizar [inutiliθár] 他 [主にわざと]役に立たなくする, 使えなくする

inútilmente [inútilménte] 副 むだに: *I*~ me esforcé. 私は努力したがむだだった

invadir [imbaðír] 他 ❶ …に侵入する, 侵略する: Los pueblos germánicos *invadieron* el Imperio Romano. ゲルマン民族がローマ帝国に侵入した. La moto *invadió* la acera. オートバイが歩道に突っ込んだ. ❷ あふれさせる, 満たす: Los turistas *invadían* el museo. 美術館は観光客であふれていた. Le *invadió* la alegría. 彼の心は喜びで一杯になった

invaginar [imbaxinár] 他 《生物》陥入させる;《医学》重積させる

invaginación 女 《医学》腸重積症

invalidar [imbaliðár] 他 無効にする: ~ el resultado de unas elecciones 選挙の結果を無効とする

invalidación 女 無効にすること, 失効

invalidez [imbaliðéθ] 女 ❶ 障害, 廃疾. ❷ 《法律》無効 [no validez]: ~ del contrato 契約の無効性

inválido, da [imbáliðo, ða] 形 ❶ [傷病などで, +de 身体が]動かない: Está ~ de las piernas. 彼は足が不自由だ. Quedó ~ por un accidente. 彼は事故で体に障害を負った. ❷ 《法律》無効の: Tu carné ya está ~. 君の証明書はもう失効した. ❸ 弱い, もろい

◆ 名 [身体]障害者, 廃疾者: silla de ~ 車椅子. ~s de la guerra 傷病兵

invalorable [imbaloráble] 形 《南米》=**invaluable**

invaluable [imbalwáble] 形 はかり知れないほど貴重な

invariable [imbarjáble] 形 ❶ 不変の, 一定の: Es ~ en sus ideas. 彼の考えは変わらない. El tiempo es ~. 天候は安定している. ❷ 《文法》不変化の, 語形変化しない: palabra ~ 不変化語 [前置詞, 接続詞, 副詞など]

invariabilidad 女 不変 [性]

invariante [imbarjánte] 形 不変の; 不変量

invasión [imbasjón] 女 《←invadir》侵略, 侵入. ~ iraquí de Kuwait イラクのクウェート侵攻. ~ de los mosquitos 蚊の襲来. ~ de productos extranjeros 外国製品の氾濫

invasor, ra [imbasór, ra] 形 侵略する

◆ 名 侵略者; 侵略軍

invectiva [imbektíßa] 女 《文語》罵言 (ぼん): Lanzó una dura ~ contra el jugador que falló. 彼はミスをした選手を罵倒した

invencible [imbenθíble] 形 ❶ 不敗の, 無敵の: ejército ~ 常勝軍. Armada I ~ 無敵艦隊 [1588年に英国艦隊に撃滅されたスペインの艦隊をイギリス人がこのように命名した]. ❷ 克服しがたい: miedo ~ 抑えがたい恐怖

invención [imbenθjón] 女 ❶ 発明; 発明品: ~ del avión 飛行機の発明. ❷ 作り事, でっち上げ: Eso que dice son *invenciones* suyas. それは彼の作り話 (思いすごし) だ. ❸ 《修辞》[内容の]選択, 配置. ❹ ~ de la Santa Cruz 聖十字架の発見

invendible [imbendíble] 形 売れない, 買い手のない

inventar [imbentár] 他 ❶ 発明する; 考案する: Bell *inventó* el teléfono. ベルは電話機を発明した. ~ un nuevo método 新方式を考え出す. ❷ [物語・詩を]創作する; でっち上げる: historia *inventada* 作り話. ~ una serie de excusas 言い訳をでっち上げる

◆ **~se** …を捏造 (ねつぞう) する, でっち上げる

inventariar [imbentarjár] 他 …の目録を作る; 棚卸しする

inventario [imbentárjo] 男 [財産・在庫などの]目録, 一覧表; 在庫調べ, 棚卸し; 在庫: hacer el ~ de... …の棚卸しをする (目録を作る); …を一つ一つ調べ上げる, 列挙する

a beneficio de ~ 1)《法律》[相続が]限定承認付きで. 2) 重視せずに, なおざりに

inventivo, va [imbentíßo, ßa] 形 発明の; 創意に富んだ

◆ 女 発明の才, 創造力 [capacidad ~va]

invento [imbénto] 男 ❶ 発明品;《口語》[皮肉を込めて・批判して]工夫, 思いつき: Aparece un gran ~. 大発明が生まれる. Es un buen ~ para sacarle el dinero a la gente. それは大衆から金を搾り取るいい手だ. ❷ libro de ~ 品目一覧表, 目録

inventor, ra [imbentór, ra] 名 発明者, 発明家

invernáculo [imbernákulo] 男 温室 [invernadero]

invernada [imbernáða] 女 ❶ 冬季. ❷《南

米〕〔放牧家畜の〕冬ごもり場

invernadero [imbεrnaðéro] 男 ❶ 温室：
melón de ～ 温室もののメロン. efecto 〔de〕
《気象》温室効果. ❷ 冬期用の牧場. ❸ 避寒
地

invernal [imbεrnál] 形 〖←invierno〗冬の：
temporada ～ 冬期. frío ～ 〔冬のような〕厳
しい寒さ

invernar [imbεrnár] 23 自 ❶ 冬を過ごす, 避
寒(越冬)する. ❷ 冬眠する〖hibernar〗

invernazo [imbεrnáθo] 男 《中米》雨期 〔7
月-9月〕

invernizo, za [imbεrniθo, θa] 形 冬の〔よう
な〕

inverosímil [imberosímil] 形 本当とは思え
ない, ありそうもない：historia ～ 嘘のような話
  inverosimilitud 女 本当らしくないこと

inversión [imbεrsjón] 女 ❶ 投資：～ en
maquinaria (en instalaciones) y equipos
設備投資. ～ pública 公共投資. ～ directa
直接投資. Ha hecho una buena ～. 彼はいい
投資をした. ❷ 逆転, 反転：～ térmica 気温
の逆転. ❸ 《音楽》〔和音・主題などの〕転回；
《文法》倒置〔法〕；《電気》逆変換；《化学》転
化. ❹ 性的倒錯, 同性愛
  inversionista 名 投資家〔の〕

inverso, sa [imbérso, sa] 形 〔+a と〕逆の,
反対の：ir en sentido ～ 〔al de las agujas
del reloj〕〔時計の針と〕反対方向に進む. dic-
cionario ～ 逆引き辞典
  a (por) la ～sa 逆に, 反対に

inversor, ra [imbεrsór, ra] 形 ❶ 投資の：
compañía ～ra 投資会社. ❷ 逆転の
  ◆ 名 出資者, 投資家：～ institucional 機関
投資家. ～ privado 個人投資家
  ◆ 男 《電気》インバーター

invertasa [imbεrtása] 女 《生化》インベルター
ゼ

invertebrado, da [imbεrteßráðo, da] 形
❶ 《動物》無脊椎の. ❷ 活力(意気地)のない：
ciudad ～da 活気のない町
  ◆ 男 無脊椎動物

invertido, da [imbεrtíðo, ða] 形 〖過分〗逆の,
ひっくり返った：triángulo ～ 逆三角形
- ◆ 名《軽蔑》性的倒錯者, 同性愛者

invertir [imbεrtír] 33 他 〖現分 invirtiendo〗
❶ 逆転(反転)させる：～ el orden de las
palabras 語順を入れ替える. ～ la corriente
eléctrica 電流の向きを逆にする. ❷ 〔+en に〕
投資する；〔時間を〕費す：～ su dinero *en*
acciones 金を株式に投資する. *Invirtió dos*
horas en escribir una carta. 彼は手紙を1通
書くのに2時間かけた

investidura [imbestiðúra] 女 〔位階などの〕
授与, 叙任：～ de "Doctor Honoris Causa"
名誉博士号の授与. guerra de las ～s 〔中世,
教皇と世俗君主の間で争われた〕聖職叙任権闘
争

investigación [imbestiɣaθjón] 女 研究；
調査：*investigaciones* en biología 生物学の
研究〔業績〕. ～ arqueológica 考古学的調査.

～ de la policía 警察の捜査. ～ y desarrollo
研究開発

investigador, ra [imbestiɣaðór, ra] 形 研
究の；調査の：espíritu ～ 研究心. comisión
～ra 調査団
  ◆ 名 研究者, 研究所員；調査員：～ en oce-
anografía 海洋学者. ～ privado 私立探偵

investigar [imbestiɣár] 8 他 研究する；調
査する：～ nuevas formas de energía 新しい
エネルギーの研究をする. ～ la causa del ac-
cidente 事故の原因を調査する

investir [imbestír] 33 他〖現分 invistiendo〗
〔+con・de 高い地位・位階などを〕…に授ける：
～ a+人 *con* una medalla …に勲章を授与する

inveterado, da [imbeteráðo, da] 形 《文
語》〔主に +名詞〕根深い；常習の：～da cos-
tumbre 根深い習慣

inviable [imbjáßle] 形 実現性のない：pro-
puesta ～ 承認されそうにない提案

invicto, ta [imbíkto, ta] 形 不敗の：tropa
～ta 常勝軍

invidente [imbiðénte] 名《文語》目の見え
ない(不自由な)〔人〕

invierno [imbjérno] 男 〖英 winter. ☞
estación 参考〗❶ 冬：depor-
tes de ～ ウインタースポーツ. JJ.OO. de ～ 冬
季オリンピック〔大会〕. ～ nuclear 核の冬. ❷
〔中南米の熱帯地方で〕雨期

inviolabilidad [imbjolaßiliðá(ð)] 女 不可
侵〔特権〕：～ parlamentaria 議員特権

inviolable [imbjoláßle] 形 不可侵の：te-
rritorio ～ 不可侵領域. juramento ～ 破れ
ない誓い

inviolado, da [imbjoláðo, da] 形 高潔な

invisible [imbisíßle] 形 ❶ 〔ser+〕目に見え
ない：seres ～s a simple vista 肉眼では見えな
い存在. mérito ～ 目に見えない功績. ❷ 《経
済》貿易外収支の
  ◆ 男《南米》ヘアピン
  invisibilidad 女 目に見えないこと, 不可視性

invitación [imbitaθjón] 女 〖英 invitation〗
❶ 〔+a への〕招待：aceptar (rehusar) la ～
a un baile 舞踏会への招待に応じる(を断る).
❷ 招待状〖tarjeta・carta de ～〗. ❸ おごり：
Bebimos a ～ suya. 私たちは彼のおごりで飲ん
だ. Esta ～ es mía. これは私のおごりです

invitado, da [imbitáðo, da] 形 招待客,
客：Han asistido a la boda 300 ～s. 結婚式
には客が300人来た. ～ de piedra 好ましくない
客

invitar [imbitár] 他 〖英 invite〗❶ 〔+a に〕
招待する, 招く, 誘う：～ a+人 *a* la boda …を
結婚式に招待する. ～ *a* tomar una copa 一
杯飲もうと誘う. ❷ おごる；無料で泊める：Me
ha invitado a un café. 彼はコーヒー代を払って
くれた. Estás *invitado*. 私のおごりです. ❸ 〔…
するよう〕丁寧に指示する(促す)：i) Este
lugar nos *invita a* la meditación. この場所は
瞑想を誘う. ii) 〔+a+不定詞・que+接続法〕Me
invitó a sentarme a su lado. 彼は私に隣に座
るように誘った. La policía *invitó* a los asis-

tentes *a que* se dispersaran. 警察は参加者に解散するように促した

invocar [imbokár] ⑦ 他 ❶ [神に加護を] 祈願する；[援助などを] 求める： 〜 a Dios en su ayuda 神のご加護を願う. 〜 la piedad del tribunal 裁判所の慈悲を求める. ❷ [正当化などのために] 引き合いに出す，援用する： 〜 un artículo de la ley 法律のある条項を引用する. 〜 el ejemplo de sus antecesores 前任者の例を引き合いに出す. ❸ [霊を] 呼び出す
  invocación 囡 祈願[の言葉]；引用
  invocatorio, ria 形 祈願の

involución [imboluθjón] 囡 ❶ 《文語》[政治的]後退，反動化. ❷ 《生物・医学》退行，退縮： 〜 senil 老衰性退縮，老化. 〜 uterina [出産後の] 子宮退縮
  involucionar 自 後退する
  involucionismo 男 後退主義，反動的な姿勢
  involucionista 形 後ろ向きの，反動的な

involucrar [imbolukrár] 他 ❶ [+en 事件などに] 巻き込む： Quieren 〜me *en* ese asunto. 彼らは私をその件に引き込もうとしている. ❷ [問題を] 複雑にする. ❸ [本題と無関係なことを] さしはさむ. ❹ 《中南米》伴う
  ◆ 〜se [人が，+en に] 関係している

involucro [imbolúkro] 男 《植物》総苞(᠍)

involuntario, ria [imboluntárjo, rja] 形 [ser+] 無意志の，無意識の： acto 〜 無意識の（なにげない）行為. error 〜 過失. músculo 〜 《解剖》不随意筋. de manera 〜*ria* 故意でなく，うっかり

involutivo, va [imbolutíβo, βa] 形 《生物・医学》退行性(期)の

invulnerable [imbulneráβle] 形 ❶ 傷つくことのない，不死身の. ❷ [+a に] 屈しない： Es 〜 *a* las calumnias. 彼は中傷に動じない

inyección [injɛ(k)θjón] 囡 ❶ 注射，注入；注射液，注入薬： poner una 〜 a+人 …に注射する. 〜 de penicilina ペニシリン注射. 〜 de ánimo 活気づけ，気合入れ. ❷ 《技術》bomba de 〜 燃料噴射ポンプ. motor a (de) 〜 噴射式エンジン

inyectar [injɛktár] 他 ❶ [+en に] 注射する： 〜 a+人 la vacuna *en* el brazo …の腕にワクチンを注射する. ❷ 注入する： 〜 cemento *en* los cimientos 土台にセメントを注ぎ込む. ❸ [活気などを] 吹き込む
  inyectable 形 男 [薬が] 注射用の；注射液
  inyectado, da 形 [estar+. 目が] 充血した，血走った〔〜 en・de sangre〕
  inyector 男 注入器；噴射給水機；燃料噴射装置

iodo [jóðo] 男 《元素》ヨウ素，ヨード〖yodo〗

ion [jón] 男 《化学》イオン： 〜 pesado 重イオン
  iónico, ca 形 イオンの
  ionización 囡 イオン化，電離
  ionizador 男 イオン化装置
  ionizar ⑨ 他 イオン化する，電離する
  ionosfera 囡 電離圏，電離層

iota [jóta] 囡 《ギリシア文字》イオータ〖I, ι〗

IPC 男 《略語》←Índice de Precios al Consumo (al Consumidor) 消費者物価指数

ipecacuana [ipekakwána] 囡 《植物》吐根(ᠻ)；その根

iperita [iperíta] 囡 イペリット〔ガス〕

ípsilon [ípsilon] 囡 《ギリシア文字》イプシロン〖Υ, ν〗

ipso facto [ípso fákto] 〈←ラテン語〉事実から自体によって；直ちに： Si faltas a tu palabra, 〜 tendrás tu merecido. お前が約束を破ったら，即座にその報いを受けるだろう

ir [ir] 自 《英 go. ↔venir. ☞活用表. 現分 yendo》 **I** ❶ 行く： i) [+a へ] *Voy al* supermercado. 私はスーパーマーケットへ行く. *Fue a* España. 彼はスペインへ行った. Este autobús *va a* Málaga. このバスはマラガに行く. *Vamos al* parque. 私たちは公園に行く/公園に行こう. ii) [+en+交通手段(無冠詞)で] *ir en* coche (avión・barco・tren・bicicleta) 車(飛行機・船・列車・自転車)で行く. 〖参考〗*ir* a pie 歩いて行く. 交通手段が特定されていれば +定冠詞： Voy en *el* tren. 私はその列車で行く. iii) [+a+名詞・不定詞するために. ☞**II** ❶] ¿*Vamos al* cine? 映画を見に行こうか? *Van a* nadar a la piscina. 彼らはプールへ泳ぎに行く. iv) [+de+動作名詞など. 熟語的] *ir de* visita 訪ねて行く. *ir de* bares 飲みに行く. v) [+con+人と] ¿*Vienes* conmigo?—Sí, *voy contigo*. 一緒に行きましょう?—うん，一緒に行くよ. vi) [相手が話者の所へ] 来る： ¿No *vas* a mi casa mañana? 明日僕の家へ来ないか? vii) [行列で] ¿Quién *va* ahora? 次は誰が先頭?

❷ 《口語》達する： Esta calle *va* desde la plaza hasta la estación. この通りは広場から駅まで続いている. Tengo que aprender todo lo que *va* desde la página 40 *a* la 80. 私は40ページから80ページまでの内容すべてを覚えなければならない. ¿Ya *vais* por la lección 12? もう12課あたりまで進んでいるのかね? No sé por dónde *iba*. [話が] どこまでいったかわからなくなった. si *vamos a* eso そんなことを言い出すなら. Durante las fiestas los mariscos *van* carísimos. 祭りの期間中，魚介類の値段はひどく上がる

❸ [健康・経営状態などが，+a+人 にとって] …である： i) ¿Cómo le *van* los negocios? 景気はいかがですか? Todo *va* bien. 万事順調だ. Este coche *va* mal. この車は調子が悪い. *Iban* ocho y, para remate, sin dinero. 仲間は8人で，おまけに金もなかった. ii) [単人称動詞的] ¿Cómo le *va* a usted?—[Me *va*] Muy bien. ごきげんいかがですか?—とても元気です. No me *va* mal. まあまあです. ¡Que le *vaya* bien! [別れの挨拶] ごきげんよう/気をつけて/がんばって! [+en で] ¿Cómo le *ha ido en* el examen?—Me *ha ido* mal. 試験はどうだった?—悪かった

❹ [+a に] i) 適する，合う： Esta medicina le *irá* bien. この薬は君によく効くだろう. No le *va* bien ese vestido. そのドレスは彼女に似合わない. ii) 《西. 口語》…の気に入る： No me *va* esta música. この音楽は好かない

❺ [+a por] i) 《口語》…を取りに(捜しに)行く

〖*ir* por…〗. ii) …を追い求める: *Va a por* el puesto de director. 彼は社長の椅子を狙っている

❻ ［+con］i) …を着ている，身につけている: Ella *iba con* gabardina. 彼女はレインコートを着ていた. ii) …と調和する: Esta corbata no *va con* ese traje. このネクタイはその背広と合わない. iii)［話などを］持ち出す，言い出す: *ir con* chismes a＋人 …にゴシップを流す. iv)［+人］関係がある，話が及ぶ. v)［様態］*ir con* miedo おびえている. *ir con* cuidado 用心している

❼ ［+de］i) …を着ている: *ir de* rojo (*de* largo) 赤い服(ロングドレス)を着ている. ii)［役割］…である: *ir de* intérprete 通訳をする. iii)［熟語的に精神状態］*Iba de* broma. 彼は冗談のつもりだった. *Va de* verdad. 彼は本気だ. iv)《西》…を対象とする，扱う: Yo no sabía *de* qué *iba* la conversación. 私は何の話題か知らなかった. película que *va de* indios y vaqueros インディアンとカウボーイの映画

❽ ［+en］…に命運がかかっている: Nos *va en* ese partido nuestro porvenir. 我々の未来はその試合にかかっている

❾ ［+por］i) …を取りに(捜しに)行く: *Ve por* los niños. 子供たちを呼びに行っておいで. *Voy por* agua. 水汲みに行ってきます. ii)［+人］関係がある，話が及ぶ

❿ ［トランプゲームなどで］プレイに参加する，勝負に出る；［順番が］当たる；［金額が］賭けられる: Dijo que no *iba* y se retiró de la partida. 彼はもう下りると言ってゲームをやめた. Ahora *vas* tú. さあ君の番だ

⓫ ［足し算で］繰り上がる

⓬ 《中南米》書いてある，言っている: *Van* las direcciones de esa persona. その人物の住所は以下の通り

II ［助動詞的］❶ ［+a＋不定詞］i)《英 be going to》［近接未来］…しようとしている，…するところだ: Parece que *va a* llover. 雨が降りそうだ. Cuando *iba* yo *a* salir, vino él. 私が出かけようとしていたところに彼がやって来た. ii)［未来形の代用］Mañana *va a* hacer frío. 明日は寒くなるだろう. Creía que *ibas a* venir. 君が来るだろうと思っていたよ. Las cosas no *iban a* ser fáciles con aquel director. あの校長相手では事は容易ではいくはずはなかった. iii)［意志］*Voy a* telefonearle ahora mismo. 今すぐ彼に電話しよう. iv)［命令］¿No te *vas a* callar? 黙れ！ v)［危惧・懸念］¡No *irás a* decirme que te marchas! まさか行ってしまうと言うのではないだろうね. vi)［反語］¡Qué *voy a* estar tranquilo! どうして落ち着いていられようか【とても安心できないよ】. ¿Qué pasa?—¡Qué *va a* pasar, hombre! どうしたんだ？—どうしたもこうしたもあるもんか！ vii)［**vamos** a＋不定詞. 勧誘］《英 let's》…しよう: *Vamos a* cantar juntos. 一緒に歌おう

❷ ［+現在分詞. ある時点以後のゆっくりとした進行］…していく: Nos *vamos* haciendo viejos sin notarlo. 私たちは気づかないうちに年をとって

いく. ¿*Vamos* empezando? そろそろ始めようか？ Ya *irán* llegando los demás. そろそろ他の連中も到着するだろう. como le *iba* diciendo ［中断の後で］先ほど申し上げましたように

❸ ［+過去分詞. estar＋過去分詞 より動的な状態］i) *Voy* mareado. 私は気分が悪い. *Va* hecho un adán. 彼は生まれたままの姿だ. *Va* descaminado 道を誤る；答を間違える. ii)［3人称のみ. 結果としての数量］*Van* vendidos más de cien mil ejemplares de ese libro. その本は10万部以上売れた

a eso voy (*iba*) 私が言いたかったのはそこだ

a lo que íbamos/a lo que iba 先ほどの話ですが

dejarse ir ［結果を考えず］衝動に身を任す

en lo que va de... ［文語］…の初めから現在までの期間内に 〖↔en lo que resta de...〗: *En lo que va de* año hemos crecido un 9 por 100. わが社は年初から9パーセント成長した

en un ir y venir de... a... …や…でばっかり

ir a lo suyo 自分勝手なことをする

ir a mejor (*peor*) よく(悪く)なる: Las cosas parece que *van a mejor.* 事態は好転しているようだ

ir adelante 前進する；進歩する

ir dado 間違った考えをしている: *Va dado* Ana. アナは間違っている

ir detrás de... 執拗に…を得ようとする: Lleva varios años *yendo detrás de* comprar una casa. 彼は長年家を買おうと思ってきた. Julio *va detrás de* mi hermana. フリオは私の妹につきまとっている

ir todos a una 力を合わせる，団結する

ir y... ［口語］［語調を整える］Entonces *fue y* dijo a su mujer que no le esperara a almorzar. それでもって彼は昼食を待たなくていいと妻に言った

ir y venir 行ったり来たりする

no (*ni*) *ir a*＋人 *ni venir a*＋人 …にとってどうでもよい: A ti no te *va* ni te *viene* lo que ocurre. 何が起ころうと君には関係ない

no vaya a＋不定詞 (*a ser que*＋接続法) …するといけないので: i) Llévate el paraguas, *no vaya a ser que* llueva. 雨が降るといけないから傘を持っていきなさい. ii)［no vaya a＋不定詞＋y＋接続法］…して…するといけないので: He sacado a pasear al perro, *no vaya a* venir mi mujer y se enfadara. 妻が帰ってきて怒られないように，私は犬を散歩に連れ出した

no vayamos (*vamos*) *a*＋不定詞 …しないようにしよう

¡qué va!《口語》［否定の強調］とんでもない！

vamos 1) さあ行こう. 2)［促して］さあ: *Vamos.* Salta. さあ，飛び降りて. 3)［ためらい］えと，まあ: Nació después de la guerra, *vamos*, después de la SGM. 彼は戦後，いや第2次大戦後生まれだ 4) ＝**vaya**

¡vamos anda...!《口語》まさか，よしてくれ！

vas que chutas《口語》もう十分［持っている］じゃないか/もう大丈夫

vaya 1)［不快・幻滅・抗議］¡Pues *vaya* una

faena que nos hacen! 私たちに対して何て汚い手を使うのだろう! *¡Vaya, una Mercedes!* ベンツが何だ! 2) [驚き] *¡Vaya!* *¡Qué alegría!* わあ, うれしい! *¡Vaya!, ¡qué mal humor tiene!* おやおや, ご機嫌斜めだね! *¡Vaya, vaya!* わあ, ひどい(すごい)! 3) [慰め] *¡Vaya, mujer, no te lo tomes así!* ねえ, あなた, そんな風に考えないで! 4) [+名詞. 強調] *¡Vaya moto!* すごいバイクだ! *¡Vaya jeta que tiene!* 何て図々しいやつだ!

¡vaya con...! …には驚いた!

vaya (váyase) lo uno por lo otro いい面も悪い面もあるものだ

◆ **~se** ❶ [英 go away] [+de から] 立ち去る; [+a に] 行ってしまう: *Se fue del pueblo natal.* 彼は故郷を出て行った. *Se fueron a México.* 彼らはメキシコに行ってしまった. *Vámonos.* 行こう/帰ろう. *¿Nos vamos yendo?* ぼちぼち行きましょうか? *¡Vete!* 出て行け! *El tren acaba de irse.* 列車はたった今出たばかりだ. ❷ [容器から] 流れ出す, 漏れる: *Ten cuidado para que no se vaya la leche.* 牛乳がこぼれないように気をつけろ. *El gas se iba por la llave de paso.* ガスが栓の所から漏れていた. ❸ 死にかけている: *Se iba por momentos.* 彼の命は次第に尽きかけて行った. ❹ なくなる, 尽きる, 壊れる: *En mi casa los bombones se van en un instante.* 私の家ではキャンデーはあっという間になくなってしまう. ❺ 滑る, 滑って倒れる: *Se le fue el pie y cayó de la escalera.* 彼は足を滑らせて階段から落ちた. ❻ [汚れ・記憶などが] 消える: *Se irá esta mancha con facilidad.* この汚れはすぐ落ちるだろう. *Ahora se me ha ido el nombre de la cabeza.* 名前を忘れてしまった. ❼ [肉体的に] 抑制できない: *Se le iban los ojos tras esos pasteles.* 彼はついケーキの方に目が行ってしまった. ❽ 《トランプ》 [+de 不要な札を] 捨て: *Se ha ido de los ases.* 彼はエースを捨てた

irse abajo 《口語》崩壊する

ir		
直説法現在	点過去	線過去
voy	fui	iba
vas	fuiste	ibas
va	fue	iba
vamos	fuimos	íbamos
vais	fuisteis	ibais
van	fueron	iban
接続法現在	接続法過去	
vaya	fuera, -se	
vayas	fueras, -ses	
vaya	fuera, -se	
vayamos	fuéramos, semos	
vayáis	fuerais, -seis	
vayan	fueran, -sen	

ir- 《接頭辞》[不・無] ☞**in-**

ira [íra] 图 ❶ [我を忘れるほどの] 激怒; 覆 猛烈で執拗な攻撃(復讐): descargar la ~ contra+人 …に怒りを爆発させる. en un acceso

de ~ 怒りにかられて. ❷ 《文語》[自然などの] 猛威

~ de Dios 神の怒り; [間投詞的] いまいましい!

montar en ~ 激怒する, かっとなる

iracundo, da [irakúndo, da] 形 [ser+] 怒りっぽい; [estar+] 怒った

iracundia 图 怒りっぽさ

iraní [iraní] 形 图 [覆 ~(e)s] 《国名》イラン Irán 男 [人] の; イラン人

iraquí [irakí] 形 图 [覆 ~(e)s] 《国名》イラク Irak 男 [人] の 〖Iraq とも表記する〗; イラク人

irascible [irasθíble] 形 怒りっぽい, 短気な

irascibilidad 图 《文語》怒りっぽさ, 短気

iridio [irídjo] 男 《元素》イリジウム

iridiado, da 形 イリジウム合金の

iridiscencia [iridisθénθja] 图 虹色の光沢

iridiscente 形 虹色に輝く

iris [íris] 男 [単複同形] 《気象》虹 〖arco ~〗: Ha salido un (el) arco ~. 虹が出た. 《解剖》[眼球の] 虹彩

irisación [irisaθjón] 图 虹色を放つこと; [主に 覆] 虹色[光沢]: bellas *irisaciones* 美しい虹色(の輝き)

irisar [irisár] 圓 虹色に光る

◆ 他 虹色に輝かせる: nubes *irisadas* 虹色に染まった雲

iritis [irítis] 图 [単複同形] 《医学》虹彩炎

irlandés, sa [irlandés, sa] 形 《国名》アイルランド Irlanda 男 [人・語] の; アイルランド人 〖参考 アイルランド共和国 República de Irlanda; 北アイルランド Irlanda del Norte〗

◆ 男 アイルランド語

ironía [ironía] 图 ❶ 皮肉, 当てこすり; 皮肉な結果: decir ~s 皮肉を言う. ~ del destino 運命の皮肉(いたずら). ❷ 反語[法]: ~ socrática ソクラテスの反語

irónico, ca [iróniko, ka] 形 皮肉の; 反語の: risa ~ca 皮肉な笑い. persona ~ca 皮肉屋

irónicamente 副 皮肉を込めて; 反語的に

ironista [ironísta] 图 皮肉家; 風刺作家

ironizar [ironiθár] 圓 他 皮肉る; [+sobre について] 皮肉を言う

iroqués, sa [irokés, sa] 形 图 イロコイ族〔の〕《北米インディアン》

IRPF 男 《西. 略語》←Impuesto sobre la Renta de las Personas Físicas 個人所得税

irracional [iraθjonál] 形 ❶ 理性を持たない, 非理性的; 理性に反する, 不合理な: seres ~es 非理性的な存在 〖人間以外の動物のこと〗. conducta ~ 筋の通らない行動. temores ~es 言い知れぬ不安. [ser ~ que+接続法] Es ~ que lo emprendas estando seguro de que fallas. 失敗するとわかっていながら企てるのはばかげている. ❷ 《数学》número ~ 無理数. ecuación ~ 無理方程式

irracionalidad 图 非合理性

irracionalismo 男 非合理主義

irradiación [iradjaθjón] 图 発光, 放射; 照射: ~ de cobalto 《医学》コバルト照射

irradiar [iɾaðjár] 囮 團 ❶ [光・熱などを] 発する, 放射する: ~ calor 放熱する. Va *irradiando* alegría. 彼は喜びにあふれている. ❷ …に放射線を照射する

◆ **~se**《文語》[影響などが, +a に] 広まる: La doctrina *se irradió* enseguida *a* los países extranjeros. その教義はすぐ外国に広まった

irrayable [iɾaʃáble] 囮 傷のつかない

irrazonable [iɾaθonáble] 囮 無分別な, 非理性的な; 不当な: pánico ~ いわれのない恐怖. [ser ~ que+接続法] Es ~ que se oponga al plan a estas alturas. 彼が今ごろになって計画に反対するのは理不尽だ

irreal [iɾeál] 囮 [ser+] 実在しない, 非現実的な: mundo ~ 架空の(非現実的な)世界
    irrealidad 囡 非現実性, 非実在性

irrealizable [iɾealiθáble] 囮 [ser+] 実現(達成)不可能な

irrebatible [iɾeßatíble] 囮 反論できない: argumento ~ 論破できない主張

irreconciliable [iɾekonθiljáble] 囮 和解できない; 両立しない: enemigo ~ 不倶戴天の敵. teorías ~*s* 互いに相いれない理論

irrecuperable [iɾekupeɾáble] 囮 [ser+] 回収(回収)不可能な: Ese dinero resultó ~. その金は貸し倒れになった. daño ~ 取り返しのつかない損害

irrecurrible [iɾekuríble] 囮 La decisión es ~. その決定は変更できない/抗議は受け付けない

irrecusable [iɾekusáble] 囮 [ser+] 拒否(忌避)できない: Es una invitación ~. その招待は断れない. prueba ~ 歴然とした証拠

irredentismo [iɾeðentísmo] 團 イレデンティズモ『ある地域が他国に支配されていても民族的・文化的に自国のものと考える』; 民族統一主義

irredento, ta [iɾeðénto, ta] 囮 未解放の; [領土が] 未回収の

irredimible [iɾeðimíble] 囮 解放され得ない

irreduc(t)ible [iɾeðuθíßle/- ðuktí-] 囮 [ser+] ❶ 縮小(削減)できない: El tamaño (El precio) ya es ~. これ以上サイズは小さくできない(値引きできない). fracción ~《数学》既約分数. ❷ [+a に] 還元できない: La vida es ~ *a* la materia. 生命は物質に還元できない. ❸ 不屈の, 妥協しない: rival ~ 手ごわいライバル. castillo ~ 難攻不落の城

irreemplazable [iɾeemplaθáble] 囮 [ser+] 取り替え(置き換え)のできない: persona ~ かけがえのない人

irreflexión [iɾefle(k)sjón] 囡 無思慮, 無分別

irreflexivo, va [iɾefle(k)síßo, ßa] 囮 [ser+. 人・言動が] 思慮(分別)のない, 軽率な: hombre ~ 浅はかな男

irrefragable [iɾefɾagáble] 囮《文語》抵抗できない, 圧倒的な

irrefrenable [iɾefɾenáble] 囮 抑制できない: impulso ~ 抑えがたい衝動

irrefutable [iɾefutáble] 囮 反論できない: prueba ~ 明白な証拠

irregular [iɾegulár] 囮 ❶ 不規則な, 一様でな

い: polígono ~ 不等辺多角形. pulso ~《医学》不整脈. ritmo ~ 一定しないリズム. terreno ~ でこぼこの土地. verbo ~ 不規則動詞. ❷ 規律(道徳)に反する; 不正規の: alumno ~ 時々怠ける生徒. conducta ~ ふしだらなふるまい. medida ~ 正規でない手段. vida ~ 乱れた生活

irregularidad [iɾegulaɾiðá(ð)] 囡 ❶ 不規則(性); ~ menstrual 月経不順. ❷ 不正(行為): cometer las ~*es* 不正行為を行なう

irrelevante [iɾeleßánte] 囮 [ser+] 取るに足りない: ocuparse de detalles ~*s* 枝葉末節にとらわれる. ❷《言語》有意味でない
    irrelevancia 囡 取るに足りないこと

irreligioso, sa [iɾelixjóso, sa] 囮《文語》無宗教の, 無信仰の
    irreligiosidad 囡 宗教心の欠如, 無宗教性

irremediable [iɾemeðjáble] 囮 [ser+] 取り返しのつかない, 手の施しようのない: pérdida ~ 取り返しのつかない損失; 決定的な敗北. enfermedad ~ 不治の病い

irremisible [iɾemisíble] 囮《文語》[ser+] 許しがたい, 容赦できない: culpa ~ 許しがたい罪

irremplazable [iɾemplaθáble] 囮 = irreemplazable

irrenunciable [iɾenunθjáble] 囮 [ser+] 拒絶(放棄)できない: deber ~ 絶対的な義務

irreparable [iɾepaɾáble] 囮 修理(修繕)できない; 取り返しのつかない, 償いようのない: daño ~ 取り返しのつかない損害

irrepetible [iɾepetíble] 囮 二度とない, 比類のない

irreprensible [iɾepɾensíble] 囮 非難すべき点のない

irrepresentable [iɾepɾesentáble] 囮 [作品が] 上演できない; 想像できない

irreprimible [iɾepɾimíble] 囮 抑え切れない: cólera ~ こらえようのない怒り

irreprochable [iɾeprotʃáble] 囮 非の打ちどころのない, 申し分のない

irrescindible [iɾesθindíble] 囮 取り消しできない

irresistible [iɾesistíble] 囮 抵抗できない, 抑えがたい: atractivo ~ たまらない魅力. dolor ~ 我慢できない痛み

irresoluble [iɾesolúble] 囮 解決(決断)できない: problema ~ 解決不可能な問題

irresoluto, ta [iɾesolúto, ta] 囮《文語》❶ 不決断の, 優柔不断な: Estoy ~ todavía. 私はまだ決心がつかない. ❷ [問題が] 未解決の
    irresolución 囡 不決断, 優柔不断; 未解決

irrespetuoso, sa [iɾespetwóso, sa] 囮 [+con に対して] 不敬な, 無礼な: palabras ~*sas con* el profesor 教師に対する無礼な言葉

irrespirable [iɾespiɾáble] 囮 [気体が] 呼吸に適さない: gas ~ 窒息性ガス. ambiente ~ 息の詰まりそうな雰囲気

irresponsable [iɾesponsáble] 囮 囝 [ser+] ❶ 責任感のない[人], 無責任な[人]. ❷ 責任のない, 免責の;《法律》責任能力のない
    irresponsabilidad 囡 免責; 無責任

irreverencia [iřɛβerénθja] 囡《文語》不敬, 冒瀆(ﾎﾞ): cometer (decir) una 〜 不敬(罰当たり)なことをする(言う)

irreverente [iřɛβerénte] 形 图《文語》不敬な〔人〕, 罰当たりな〔人〕: Sus frases 〜s han molestado a los fieles. 彼の罰当たりな言葉は信者をむっとさせた

irreversible [iřɛβɛrsíβle] 形 [ser+] 逆にできない, 不可逆的な; 取り消し(撤回)できない: El proceso hacia la democracia es 〜. 民主化の流れを押し戻すことは不可能である. desgracia 〜 取りかえしのつかない不幸
　irreversibilidad 囡 不可逆性

irrevocable [iřeβokáβle] 形 取り消し(撤回)できない: decisión 〜 最終決定. carta de crédito 〜 取り消し不能信用状

irrigación [iřiɣaθjón] 囡 ❶ 灌漑. ❷《医学》[血液などの]循環; 灌注, 洗浄; その液

irrigar [iřiɣár] ⑧ 他 ❶ [土地を]灌漑(ﾗﾝ)する: Este río *irriga* los campos de abajo. この川は下流の畑をうるおす. ❷《医学》[血液などを体内各部へ]循環させる, 供給する; 灌注(洗浄)する
　irrigador 男 灌注器, 洗浄器

irrisión [iřisjón] 囡《文語》嘲笑の的, お笑いぐさ: servir de 〜 al pueblo 村人の笑いものになる

irrisorio, ria [iřisórjo, rja] 形 [ser+] 滑稽な; 取るに足らない: cuento 〜 ばかげた話. precio 〜 ばからしいほど安い値段

irritable [iřitáβle] 形 ❶ 怒りっぽい, 短気な: Estos días está muy 〜. 最近彼は不機嫌だ. ❷《医学》過敏な, 興奮性の
　irritabilidad 囡 怒りっぽさ, 短気

irritación [iřitaθjón] 囡 ❶ いらだち, 立腹: sentir 〜 いらいらする. ❷ [軽い] 炎症; おむつかぶれ: Me producen *irritaciones* estos tejidos sintéticos. この合成繊維で私はかぶれる

irritante [iřitánte] 形 [ser+] いらいらさせる, 腹立たしい: respuesta 〜 いらだたしい返事

irritar [iřitár] ⑩ ❶ いらいらさせる, 怒らせる〔☞ enfadar 參照〕: Su actitud indiferente me *irritó*. 彼の無関心な態度に私はいらだった. ❷ [感情を] 引き起こす, 高ぶらせる: 〜 los celos 嫉妬を募らせる. ❸ [軽い] 炎症を起こさせる, ひりひりさせる
　◆ 〜se ❶ いらいらする, 怒る: *Se irritó* conmigo. 彼は私に対して腹を立てた. ❷ 炎症を起こす, ひりひりする: *Se le irritó* mucho la mano. 彼の手はひどくかぶれた

irrogar [iřoɣár] ⑧ 他《文語》[害・損害を, +a に] 与える

irrompible [iřompíβle] 形 壊れない: vaso 〜 割れないコップ

irrumpir [iřumpír] 囮 [+en に] 飛び込む, なだれ込む, 押し入る: Un desconocido *irrumpió en casa*. 見知らぬ男が家に押し入って来た

irrupción [iřupθjón] 囡 乱入, 闖入(ﾁﾝﾆｭ); 急襲, 不意討ち: hacer 〜 en... …に押し入る

IRTP 男《西. 略語》←Impuesto sobre el Rendimiento del Trabajo Personal 源泉課税

IRYDA [iříða] 男《西. 略語》←Instituto

Nacional para la Reforma y Desarrollo Agrarios 国立農業改革促進協会

isa [ísa] 囡 カナリア諸島の民俗舞踊(歌)

Isabel [isaβél] 囡《女性名》イサベル〖英 Elizabeth〗

isabelino, na [isaβelíno, na] 形 图 ❶《建築》イサベル様式の〖ﾑﾃﾞﾊﾙ化したゴシック ☞写真. ←イサベル1世 Isabel I (1474-1504)〗. ❷ イサベル2世 Isabel II (1833-1904) 派の〔人〕; [家具について] イサベル2世風の. ❸ [英国の] エリザベス1世(1558-1603)時代の: estilo (teatro) 〜 エリザベス朝様式(演劇)

isanómalo, la [isanómalo, la] 形《気象》等偏差線

isba [ísba] 囡 [ロシアの] 丸太小屋

isidoriano, na [isidorjáno, na] 形 聖イシドロ San Isidoro de Sevilla の〖スペインの哲学者. 560-636〗

isidro, dra [isíðro, ðra] 图 [マドリードで] 田舎者, お上りさん

-ísimo〔接尾辞〕[絶対最上級] facil*ísimo* 非常に容易な

isla [ísla] 囡〖英 island〗❶ 島: ir a una 〜 en barco 船で島に渡る. *I* 〜 de Chipre キプロス島. *I* 〜s Bahamas バハマ諸島. ❷ [島のように孤立した] 草原中の林. ❸ 区域: 〜 de seguridad 安全地帯. 〜 peatonal (de peatones) 歩行者天国, 車両乗入れ禁止区域. ❹《南米》中央分離帯〖mediana〗

islam [islán] 男 [主に el *I*〜] イスラム教; イスラム世界

islámico, ca [islámiko, ka] 形 イスラム教の: civilización 〜*ca* イスラム文明

islamismo [islamísmo] 男 イスラム教

islamita [islamíta] 形 图 イスラム教の〔教徒〕

islamizar [islamiθár] 囮 イスラム〔教〕化する

islandés, sa [islandés, sa] 形 图《国名》アイスランド Islandia 囡〔人・語〕の; アイスランド人. ◆ 男 アイスランド語

islario [islárjo] 男 島々の研究〔記録〕; 島々の地図

isleño, ña [isléɲo, ɲa] 形 图 島の〔住民〕

isleta [isléta] 囡 [道路の] 安全地帯

islote [islóte] 男 [主に無人の] 小島; 海面から突き出た大岩

ismaelita [ismaelíta] 形 图 イスマエル Ismael の末裔(の); アラブ人〔の〕

ismo [ísmo] 男 主義, イズム

-ismo《接尾辞》[形容詞+. 名詞化. 抽象概念] real*ismo* 現実主義

isobara/isóbara [isobára/isóbara] 囡《気象》等圧線 [línea ～]
　isobárico, ca 圏 等圧の: línea ～ca 等圧線

isobata [isobáta] 囡《地理》[海底の] 等深線

isoca [isóka] 囡《南米》[総称的に, 穀類を害する] 毛虫, 青虫

isoclinal [isoklinál] 圏《地理》等斜[褶曲]の

isocromático, ca [isokromátiko, ka] 圏《光学》同色の

isócrono, na [isókrono, na] 圏 囡 等時の;《地理》等時線[の]

isoglosa [isoglósa] 囡《言語》等語線

isómero, ra [isómero, ra] 圏 男《化学・物理》異性体の; 異性体
　isomería 囡 異性

isomorfo, fa [isomórfo, fa] 圏《鉱物》[結晶が] 同形の: lenguas ～*fas*《言語》同形言語
　isomorfismo 圐 同形[性]

isopropílico, ca [isopropíliko, ka] 圏《化学》alcohol ～ イソプロピルアルコール

isósceles [isósθeles] 圏《単複同形》《数学》二等辺の: triángulo ～ 二等辺三角形

isosilábico, ca [isosilábiko, ka] 圏《言語》等音節の

isotérmico, ca [isotérmiko, ka] 圏 等温の

isotermo, ma [isotérmo, ma] 圏 囡《気象》等温の; 等温線 [línea ～*ma*]

isotónico, ca [isotóniko, ka] 圏《溶液が》等浸透圧の: bebida ～*ca* アイソトニック飲料

isótopo [isótopo] 圐《物理》同位体, 同位元素, アイソトープ. **isotópico, ca** 圏 同位体の

isquemia [iskémja] 囡《医学》虚血, 乏血

isquión [iskjón] 圐《解剖》座骨

israelí [israelí] 圏《複～es》《国名》イスラエル Israel 圐〔人〕の; イスラエル人
　israelita 圏 圀 古代イスラエルの〔人〕, ヤコブの子孫, ユダヤの

-ista《接尾辞》[名詞+] i)[品質形容詞化. …主義の] social*ista* 社会主義の. ii)[名詞化. 行為者] pian*ista* ピアニスト

istmo [ís(t)mo] 圐《地理》地峡;《解剖》峡部: ～ de Panamá パナマ地峡

itacate [itakáte] 圐《中米》[旅行の] 荷物

italiano, na [italjáno, na] 圏 囡《国名》イタリア Italia 囡〔人・語〕の; イタリア人
　◆ 圐 イタリア語
　italianismo 圐 イタリア語源の語; イタリア語特有の言い回し
　italianizar 圀 囮 イタリア風にする

itálico, ca [itáliko, ka] 圏 ❶ 古代イタリアの. ❷[印刷] イタリック体の, 斜字体の. ❸《歴史・地名》イタリカ Itálica の[ローマ時代の Sevilla]

ítalo, la [ítalo, la] 圏《文語》=italiano
　italoamericano, na 圏 圀 イタリア系アメリカ人〔の〕

ítem [íten] 圊《←ラテン語》[文書などで] 同じく, さらに: ～ más さらに加えて
　◆ 圐[圏 ～s] 項目, 条項;《技術》品目, アイテム

iterar [iterár] 囮《文語》繰り返す

iterativo, va [iteratíßo, ba] 圏《文法》prefijo ～ 反復の接頭辞[re- など]. verbo ～ 反復動詞[repicar など]

iterbio [itérßjo] 圐《元素》イッテルビウム

itinerante [itineránte] 圏 巡回する, 移動する: exposición ～ 巡回展示会

itinerario [itinerárjo] 圐 旅程, 行程; 道順: recorrer (seguir) un ～ 行程を進む(たどる)

-itivo《接尾辞》[動詞+. 品質形容詞化] compet*itivo* 競争力のある

-ito《示小接尾辞》pajar*ito* 小鳥, cuchar*ita* ティースプーン

-itorio《接尾辞》[動詞+] i)[品質形容詞化] inhib*itorio* 禁止の. ii)[名詞化. 場所] dorm*itorio* 寝室

itrio [ítrjo] 圐《元素》イットリウム

ITV 囡《西. 略語》←Inspección Técnica de Vehículos 車検

IU [íu/jú] 囡《西. 略語》←Izquierda Unida 左翼連合

IVA [íßa] 圐《略語》←impuesto al valor añadido (al valor agregado・sobre el valor añadido) 付加価値税, 消費税

-ivo《接尾辞》[動詞+. 品質形容詞化] expres*ivo* 表情のある

I. y D.《略語》←Investigación y Desarrollo 研究開発《I+D とも表記する》

izar [iθár] 圐 囮[旗などを] 揚げる; [重い物を] 引き上げる: ～ la bandera nacional 国旗を掲揚する. ～ una vela 帆を上げる
　izado 圐 掲揚

-izar《接尾辞》[動詞化] nacional*izar* 国有化する, modern*izar* 近代化する

-izo《接尾辞》[名詞+. 品質形容詞化. 近似] enferm*izo* 病気がちの

izq.《略語》←izquierdo(da) 左, 左側

izquierda¹ [iθkjérða] 囡《英 left. ↔ derecha》 ❶ 左, 左側; 左手: Está sentado a la ～ del maestro. 彼は先生の左側に座っている. A la ～ hay unos bancos. 左手には銀行が並んでいる. ir por la ～ 左側を行く. mantenerse a la ～ 左側通行する. doblar a la ～ 左折する. vivir en el quinto ～ [マンションの] 6階左側の家に住んでいる. escribir con la ～ 左手で書く. ❷《政治》左翼: partido de ～ 左翼政党. Es de ～s. 彼は左翼だ. ❸[舞台の] 下手: regresar (irse) por la ～ 下手から退場する. ❹[間投詞的] 左向け左!

izquierdista [iθkjerðísta] 圏 圀 左翼の〔人〕

izquierdoso, sa [iθkjerðóso, sa] 圏《軽蔑》左(左翼)がかった

izquierdo, da² [iθkjérðo, da] 圏《英 left. ↔derecho》 左の: brazo ～ 左腕. lado ～ del camino 道の左側. orilla ～*da* [川下に向かって] 左岸
　levantarse con el pie ～ することなすことついていない, 今日は縁起が悪い

J

j [xóta] 囡 アルファベットの第10字

ja [xá] 間 ❶ [笑い声. 主に繰返す] ¡Ja, ja, ja! わっはっは! ❷《俗語》[相手の発言に対する否定] ふん, はん

jaba [xába] 囡《中南米》シュロで編んだかご;《南米》貧困, 貧窮

jabalcón [xabalkón] 男《建築》斜柱, すじちがい

jabalí [xabalí] 男《複 ～[e]s》《動物》イノシシ(猪): ～ verrugoso イボイノシシ

jabalina [xabalína] 囡《スポーツ》[槍投げ用の] 槍: lanzar la ～ 槍を投げる. ❷ 雌猪

jabardillo [xabardíʎo] 男《昆虫などの》群れ;《口語》人込み

jabardo [xabárðo] 男 [小さな] 群れ; 人込み

jabato, ta [xabáto, ta] 形 猪の子;《西. 口語》勇猛な〔人〕;《中米》短気な〔人〕, 粗野な〔人〕

jábega [xábega] 囡 地引き網; 手漕ぎの船

jabeque [xabéke] 男 ジーベック《三檣三角帆の帆船》

jabino [xabíno] 男《植物》小型のネズミサシ

jabirú [xabirú] 男《鳥》ズグロハゲコウ

jabón [xabón] 男《英 soap》❶ 石けん: lavar con ～ 石けんで洗う. una pastilla (barra) de ～ 石けん1個. ～ de afeitar シェービングフォーム. ～ de baño 浴用石けん. ～ de lavar 洗濯石けん. ～ de tocador (de olor) 化粧石けん. ～ en crema ボディシャンプー. ～ en polvo 粉石けん. ～ en escamas 紙石けん. ～ blando 軟(カリ)石けん. ～ duro (de piedra) ソーダ石けん. ～ de sastre [裁縫用の] チャコ. ❷《中南米》恐怖, 驚き

dar ～ a+人《西. 口語》…におべっかを使う

dar un ～ a+人 …に大目玉を食らわす

jabonar [xabonár] 他 石けんで洗う 〖enjabonar〗; 石けんをつける

◆ ～se 自分の体を石けんで洗う

jabonado 囡 石けんで洗うこと;《南米》叱責

jabonado 男 石けんで洗うこと

jabonadura 囡 1) 石けんで洗うこと; 石けん水;《複》石けんの泡〔立ち〕. 2) 叱責

jaboncillo [xabonθíʎo] 男 ❶ 薬用 (化粧) 石けん. ❷《裁縫》チャコ〖～ de sastre〗. ❸《植物》サボニン

jabonero, ra [xabonéro, ra] 形 ❶ 石けんの. ❷《闘牛》toro ～ 薄黄色の牛

◆ 图 石けん製造 (販売) 業者

◆ 图 石けん入れ;《植物》サボンソウ

jabonería 囡 石けん工場 (店)

jabonoso, sa [xabonóso, sa] 形 ❶ 石けんの〔ような〕: agua ～sa 石けん水. ❷ 石けんの泡だらけの

jaborandi [xaborándi] 男《植物》ヤボランジ

jabugo [xabúgo] 男《料理》[ウエルバ産の良質な] ハムの一種〖jamón de ～〗

jaca [xáka] 囡 小型の馬; 雌馬: ～ de dos cuerpos 普通の馬並みに働く小馬

jacal [xakál] 男《中米》[日干し煉瓦・わらぶきなどの] 小屋, 粗末な家

jacamar 男/jacamara 囡 [xakamár/-mára]《鳥》キリハシ

jácara [xákara] 囡 ❶《戯歌劇的な》歌物語; スペインの舞踊(曲)の一種. ❷ やっかい, 迷惑; [長々しい] 理屈, 独り言

jacarandá [xakarandá] 男《植物》ジャカランダ

jacarandoso, sa [xakarandóso, sa] 形《口語》さっそうとした, 粋(いき)な

jacarero, ra [xakaréro, ra] 形 陽気な, 浮かれ騒ぐ〔人〕

jácaro, ra [xákaro, ra] 形 图 虚勢を張る〔人〕, つっぱり〔の〕

jácena [xáθena] 囡《建築》大梁

jacetano, na [xaθetáno, na] 形 图《地名》ハカ Jaca の〔人〕《アラゴン北部の古都》

jacinto [xaθínto] 男 ❶《植物》ヒヤシンス. ❷《鉱物》ヒヤシンス, ジルコン〖～ de Ceilán〗: ～ de Compostela 紫水晶. ～ occidental トパーズ. ～ oriental ルビー. ❸《男性名》〖J～〗ハシント

jack [ják] 男《電気. ←英語》ジャック

jaco [xáko] 男 小馬, 駄馬

jacobeo, a [xakobéo, a] 形 ❶《宗教》使徒ヤコブ Santiago の《スペインの守護聖人》: peregrinación ～a サンティアゴ・デ・コンポステーラへの巡礼. ❷《歴史》英国王ジェームス1世 Jacobo I 時代の〖1603-25〗

jacobino, na [xakobíno, na] 形 图《歴史》ジャコバン派〔の〕; 急進派〔の〕

jacobinismo [xakobinísmo] 男 ジャコバン主義; 急進主義

jacobita [xakobíta] 形 图《宗教》ヤコブ派〔の〕

jactancia [xaktánθja] 囡 自慢, うぬぼれ

jactancioso, sa [xaktanθjóso, sa] 形 自慢する, うぬぼれた: actitud ～sa 自慢げな態度

◆ 图 うぬぼれ屋

jactanciosamente 副 自慢げに

jactar [xaktár] ～se [+de で] 自慢する: Se jacta de tener amistad con el alcalde. 彼は市長と親しいことを鼻にかけている

jaculatoria [xakulatórja]《カトリック》射禱(とう) 〖信仰心のほとばしりを表現するための短い祈り〗

jacuzzi [ʃakúsi] 男《←日本語》ジャクジーバス

jade [xáðe] 男《鉱物》翡翠(ひすい)

jadear [xaðeár] 📕 息を切らす, あえぐ: Llegó *jadeando* a la meta. 彼はハーハー言いながら(息も絶え絶えに)ゴールに着いた
　jadeante 📖 息づかいの荒い
　jadeo 📗 息切れ, あえぎ

jaez [xaéθ] 📗《腹 〜ces》❶《主に 腹》馬具. ❷《軽蔑》[人の] 性質, 種類: No te fíes de gente de ese 〜. そのたぐいの人は信用するな

jaguar [xagwár] 📗《動物》ジャガー

jagüey [xagwéi] 📗《南米》水たまり, 溜め池

jai [xái] 📘《←ジプシー語》女の子, 娘

jai alai [xai alái] 📗《←バスク語. スポーツ》ハイアライ〖pelota vasca〗

jaiba [xáiba] 📘《中南米》ザリガニ

Jaime [xáime] 📗《男性名》ハイメ〖英 James〗

jainismo [xainísmo] 📗《宗教》[インドの] ジャイナ教, ジナ教
　jainista 📖 ジャイナ教の(教徒)

jaique [xáike] 📗《服飾》ハイク〖アラビア女性が頭から身を包む〔金糸・銀糸で刺繍した〕白いベール〗

jalapa [xalápa] 📘《植物》ヤラッパ

jalapeño [xalapéɲo] 📗《植物》ハラペーニョ〖青トウガラシの一種〗

jalar [xalár] 📖 ❶《中南米》引っ張る〖tirar〗
◆ 📕 ❶《西》腹一杯食べる. ❷《中南米》立ち去る; 酔っ払う

jalbegue [xalbéɣe] 📗 石灰による白い上塗り; 石灰塗料, のろ
　jalbegar [8] 📖 =**enjalbegar**

jalca [xálka] 📘《中南米》アンデス山脈の3500-4000メートル地帯

jalea [xaléa] 📘 ❶《料理》ゼリー, ジャム. ❷《薬学》ゼリー剤. ❸ ゼリー状のもの: 〜 real ロイヤルゼリー.
　hacerse (*volverse*) *una* 〜 愛想を振りまく

jalear [xaleár] 📖 ❶ [フラメンコの踊り手などに] 喝采する, かけ声をかける. ❷ [人を] 励ます; 《狩猟》[犬を] けしかける
　jaleador, ra 📖 📗 喝采する〔人〕

jaleo [xaléo] 📗 ❶ [フラメンコなどでの] 喝采, かけ声. ❷ 大騒ぎ, どんちゃん騒ぎ: armar (andar con) 〜 うるさく騒ぎ立てる. ❸ 口論, もめ事: tener un 〜 言い争いをする. ❹ ハレオ〖アンダルシア地方の民俗舞踊・音楽の一種〗
　armarse un 〜 わけがわからなくなる: Me *he armado un* 〜 con los números. 私は数字がこんがらがってしまった

jalifa [xalífa] 📗《歴史》[モロッコ保護領の] 代官, 副総督
　jalifato 📗 その位(職・管轄地)

jalisciense [xalisθjénse] 📖 📗《地名》ハリスコ Jalisco の〔人〕〖メキシコ西部の州〗

jalón [xalón] 📗 ❶《測量用の》標柱, 杭. ❷ 目印; 区切り; ser (marcar) un 〜 en la vida (la historia) 人生(歴史)の転換点となる. ❸《サッカー》ホールディング. ❹《中南米》[強く] 引っ張ること

jalonar [xalonár] 📖 …に標柱を立てる; 目印をつける: Las desgracias *jalonaron* toda su vida. 彼の人生は不幸の連続だった
　jalonamiento 📗 標柱打ち, 杭打ち

jalufa [xalúfa] 📘《俗語》空腹, 食欲; 欲求

jamaicano, na [xamajkáno, na] 📖 📗《国名》ジャマイカ Jamaica 📘 〔人の〕の; ジャマイカ人

jamar [xamár] 〜*se*《口語》食べてしまう〖comerse〗

jamás [xamás] 📖《英 never. 否定副詞》❶ [主に未来のことについて] 決して〔…ない〕, 一度も(二度と)…ない〖+動詞 では no は不要. nunca よりさらに強い否定〗: i) No le veremos 〜. 二度とお目にかかることはないでしょう. No lo he oído 〜.// 〜 lo he oído. 私, はそんなことは一度も聞いたことがない. ii) [最上級の比較文で] Es la mujer más deliciosa que vi 〜. 彼女はかつて会ったことがないほど(今まで会った中で一番)感じのいい女性だ. ❷ [反語的疑問文で] ¿Has visto 〜 una escena como ésta? 今までにこんな場面を見たことがあるか〔ないだろう〕?
　〔*en el*〕〜 *de los jamases* [強調] 決して決して〔…ない〕
　〜 *en la vida* 決して〔…ない〕
　por (*para*) *siempre* 〜 絶対に〔…ない〕; 永遠に: No vendré *por siempre* 〜. 二度と来ないわ. paraíso perdido *para siempre* 〜 永遠に失われた楽園

jamba [xámba] 📗《建築》抱き, 脇柱

jambar [xambár] 〜*se*《中米》食べすぎる, むさぼり食う

jamelgo [xamélɡo] 📗《軽蔑》痩せ馬, 駄馬

jamón [xamón] 📗 ❶《料理》[塩漬けの] 生ハム〖〜 serrano・crudo. ☞写真〗; [さらに薫製にした] ハム〖〜 (de) York・〜 cocido〗: comprar dos *jamones* ハムを2本買う. huevos con 〜 ハムエッグ. 〜〔en・de〕dulce 白ワインで蒸し煮したハム. 〜 de pata negra/〜 Ibérico ドングリだけで飼育したブタのハム. ❷ [豚の] もも肉〖☞carne カット〗. ❸《戯語》ダイコン足; 太い腕
　estar 〜《口語》[人が肉体的に] 魅力的である
　y un 〜〔*con chorreras*〕《口語》[反論・拒絶] とんでもない

jamona [xamóna] 📖 📘《口語》はちきれそうに太った〔女〕

jamoncillo [xamonθíʎo] 📗 牛乳・砂糖・カボチャの種で作った菓子

jamuga [xamúɡa] 📘《婦人用の》片鞍, 横乗り鞍

janca [xáŋka] 囡 アンデス山脈の 4800 メートル以上の地帯

jansenismo [xansenísmo] 囲《宗教》ヤンセン Jansen 主義(説)『オランダの神学者』;厳格主義. **jansenista** 形 囝 ヤンセン派(の)

Japón [xapón] 囲《英 Japan》《国名》日本: Banco del ~ 日本銀行. en ~ 日本で

japonés, sa [xaponés, sa] 形 囝《英 Japanese》日本 Japón〔人・語〕の;日本人:a la *japonesa* 日本風の・に. papel ~ 和紙. ◆ 囲 日本語

japonizar [xaponiθár] 他 日本化する **japonización** 囡 日本化

japonófilo, la [xaponófilo, la] 形 囝 日本びいきの

japonófobo, ba [xaponófoβo, βa] 形 日本嫌いの

japonología [xaponoloxía] 囡 日本学, 日本研究. **japonólogo, ga** 囝 日本学者

japuta [xapúta] 囡《魚》ミシマオコゼ

jaque [xáke] 囲 ❶《チェス》王手, チェック: ¡~ al rey! 王手! dar ~ 王手をかける. ~ mate チェックメイト. ❷ からいばり屋, つっぱり *poner (tener・traer) en ~ a+人* …を脅す, 心配させる
jaquear 他 ~ al rey 王手をかける

jaqueca [xakéka] 囡 ❶ 片(偏)頭痛. ❷ やっかい, 迷惑:dar ~ a+人〔しつこくねだったり叱ったりして〕…を悩ます, 迷惑をかける
jaquecoso, sa 形 やっかいな, 迷惑な

jaquelado, da [xakeládo, ða] 形〔宝石が〕四角い切り子面の

jaquetón [xaketón] 囲《魚》ホホジロザメ

jara [xára] 囡《植物》ゴジアオイ

jarabe [xaráβe] 囲 ❶ シロップ: ~ de grosella スグリのシロップ. ~ para la tos 咳止めシロップ. ❷ メキシカン・ハットダンス 《~ tapatío. メキシコの代表的な民俗舞踊》
~ de palo《西. 口語》お仕置きに棒で殴ること
~ de pico《口語》むだ口;空約束

jaral [xarál] 囡 ゴジアオイの原;入り組んだ場所(事柄)

jaramago [xaramáɣo] 囲《植物》カキネガラシ

jarana [xarána] 囡 ❶ どんちゃん騒ぎ, 乱痴気騒ぎ:estar (ir) de ~ どんちゃん騒ぎをしている(しに出かける). ii) けんか, 口論;騒音:armar ~ けんかをする, うるさく騒ぐ. ❷ メキシコ南東部の民俗舞踊. ❸《中米》借金;小型のギターの一種. ❹《南米》民俗舞踊のあるパーティー
jaranear 自 どんちゃん騒ぎする;jarana を踊る
jaranero, ra 形 囝 お祭り騒ぎの好きな〔人〕;jarana の踊り手

jarano [xaráno] 囲 メキシカンハット《sombrero ~》

jarcha [xártʃa] 囡《詩法》ハルチャ《モサラベ mozárabe 語で書かれた詩歌》

jarcia [xárθja] 囡《船舶》〔主に 複. 集合的に〕一船の〕索具

jardín [xardín] 囲《英 garden》❶ 庭, 庭園: ~ botánico 植物園. ~ de flores 花園. ~ de invierno 温室式の冬用庭園. ❷ エメラルドの傷《くもり》. ❸《野球》外野《ポジション. 囲 で外野(全体)》
~ de infancia/《南米》~ de infantes 幼稚園

jardinera¹ [xardinéra] 囡 ❶ プランター, フラワーポット. ❷ 無蓋の馬車(電車). ❸《南米》i) 行商人の荷車. ii)《服飾》エプロン;コート;オーバーオール
a la ~《料理》〔肉に〕温野菜を添えた

jardinería [xardinería] 囡 園芸, ガーデニング

jardinero, ra² [xardinéro, ra] 囝 ❶ 庭師, 植木屋;園芸家. ❷《野球》外野手: ~ central (centro) センター. ~ izquierdo (derecho) レフト(ライト)

jareta [xaréta] 囡《服飾》紐通し, 折り返し;飾りひだ
jaretón 囲〔主にシーツの〕折り返し

jarillo [xaríʎo] 囲《植物》アラム, マムシグサ

jaripeo [xaripéo] 囲〔メキシコの〕ロデオ

jarocho, cha [xarótʃo, tʃa] 形《地名》ベラクルス Veracruz の〔人〕《メキシコ東部の州・州都》

jarra [xára] 囡〔取っ手が1つ・2つの〕水差し, ジョッキ: una ~ de cerveza ジョッキ1杯のビール. vino en ~ カラフ入りのワイン
en (de) ~s〔s〕両手を腰に当てて『対決の仕草. ☞カット』

jarrear [xaréar] 自《口語》〔単人称〕どしゃ降りの雨が降る

jarrete [xaréte] 囲 ❶《料理》〔牛などの〕脛(臑)肉. ❷〔人の〕ひかがみ, 膝窩(ꜩ);〔馬の〕飛節

jarretera [xaretéra] 囡《服飾》〔膝上の輪状の〕靴下留め, ガーター;〔英国の〕ガーター勲章

jarro [xáro] 囲 ❶〔取っ手が1つで主に陶磁器製の〕水差し, ジョッキ. ❷〔ワインの容量単位〕0.24 リットル
a ~s 大量に, 激しく:llover a ~s 土砂降りの雨が降る
echar (lanzar) a+人 un ~ de agua (fría) …をがっかりさせる, 幻滅させる

jarrón [xarón] 囲《装飾用の》壷;花瓶《~ de flores》

jaspe [xáspe] 囲《鉱物》碧玉(ꜩꜩꜩ)
jaspeado, da 形 過分 碧玉模様の, 縞模様の. ◆ 囲 碧玉模様付け
jaspear 他〔+de の色で, 碧玉に似せた〕縞模様をつける

jato¹ [xáto] 囲《南米. 俗語》家《casa》

jato², ta [xáto, ta] 囝 子牛《choto, ternero》

jauja [xáuxa] 囡 ❶《戯語》桃源境《tierra de ~. 気候がよく豊かなことで有名なペルーの都市 Jauja》:¡Esto es ~! ここは極楽だ! vivir en J ~ 裕福な暮らしをする. ❷《南米》嘘

jaula [xáula] 囡 ❶〔動物の〕檻(ꜩ);鳥かご: ~ de oro 金はあっても自由のない境遇. ❷〔鉱山のエレベーターの〕ケージ;〔梱包用の大きな〕木

枠

jauría [xauría] 图 [集名] [一人の狩猟家が率いる] 猟犬の群れ

javanés, sa [xabanés, sa] 厖 图 《地名》ジャワ島 Java の(人)

Javier [xabjér] 图 《男性名》ハビエル

jayán, na [xaján, na] 图 《文語》体が大きく強い人. ◆ 厖《中米》いやな, くだらない

jaz [jás] 團 =**jazz**

jazmín [xaθmín] 團 《植物》ジャスミン, ソケイ: ～ de España／～ real オオバナソケイ. ～ de la India (del Cabo) クチナシ

jazz [jás] 團 《←英語. 音楽》ジャズ: banda (conjunto) de ～ ジャズバンド
　jazzista 图 ジャズメン
　jazzístico, ca 厖 ジャズの

J.C. 《略語》←Jesucristo イエスキリスト

J.D. 《略語》←junta directiva 役員会, 幹部会

je [xé] 團 =**ja**

jeans [jíns] 團 復 《←英語. 服飾》ジーンズ

jebe [xébe] 團 《化学》明礬 (みょうばん) ;《南米》ゴム

jeep [jíp] 團 [復 ～s] 《←英語》ジープ [todo terreno]

jefatura [xefatúra] 囡 ❶ 長 jefe であること; その職務, リーダーシップ: alcanzar la ～ de la empresa その会社の椅子に到達する. ❷ 本部: ～ de policía 警察本部

jefe, fa [xéfe, fa] 图 [jefe 囡 もある. 英 boss, chief] ❶ 長, チーフ, 上司, ボス: i) Consultaré a mi ～. 上司に相談します. ～ de bomberos 消防署長. ～ de cocina 料理長. ～ de departamento 部長. ～ de estación 駅長. J～ de Estado 国家元首. ～ de familia 家長. J～ de gobierno 首相, 総理大臣;大統領. ～ de la oposición 野党の党首. ～ de máquinas 主任技師, チーフエンジニア. ～ de negociado (de sección) 課長. ～ de personal 人事部長. ～ de redacción 編集長;主筆. ～ de taller 工場長. ～ de ventas 営業部長. ii) [同格用法で] redactor ～ 編集長. ❷《口語》i) [呼びかけで] だんな, あなた. ii) 父, 母;《復》両親. ❸《軍事》i) 佐官. ii) ～ de batallón 大隊長. ～ de escuadra [艦隊の] 司令官長. J～ Supremo 最高司令官 en ～ 長にある, 主任の

jején [xexén] 團《中南米. 昆虫》刺されると猛烈にかゆい蚊

jem [xén] 間 [咳払い] エヘン!

jeme [xéme] 團 [長さの単位] 人さし指の先と親指の先の間の長さ [ロカット]

jemer [xemér] 厖 图 クメールの(人): ～es rojos 赤色クメール

JEN [xén] 囡《西. 略語》←Junta de Energía Nuclear 原子力委員会

jengibre [xeŋxíbre] 團《植物》ショウガ(生姜)

jenízaro, ra [xeníθaro, ra] 厖 混血の
　◆ 團 [昔のトルコで] 近衛兵

jeque [xéke] 團 [イスラム教国で] 長老, 族長

es un ～ con su esposa 彼は亭主関白だ

jerarca [xerárka] 團《時に軽蔑》[組織の] 上級幹部, お偉方; [教会·修道会の] 上長者

jerarquía [xerarkía] 囡 ❶ 階級制, ヒエラルキー; [聖職者などの] 階段: ～ eclesiástica 聖職位階制. ascender la ～ 序列をのぼる. ❷ 高位の人; 上流階級の人: Es una ～ importante. 彼は重要なポストについている

jerárquico, ca 厖 階級制の: organización ～ca 階級組織

jerarquizar 他 階級組織にする, 階層化する

jerbo [xérbo] 團《動物》トビネズミ

jeremías [xeremías] 图 [単複同形] 愚痴っぽい人, 泣き言ばかり並べる人: Es un ～. 彼はいつも愚痴ばかり言う
　jeremiada 囡 泣き言, 繰り言

jerez [xeréθ] 團《飲料》シェリー《スペインのヘレス Jerez de la Frontera 産の白ワイン》
　jerezano, na 厖 图 《地名》ヘレス Jerez de la Frontera の(人)《スペイン, カディス県の都市》

jerga [xérga] 囡 ❶ [仲間内の] 隠語, わけのわからない言葉: ～ de los estudiantes 学生言葉. hablar en ～ 隠語で話す. ❷ 粗布, サージ; 藁布団 [jergón]
　jergal 厖 隠語の

jergón [xergón] 團 藁(わら)布団

jeribeque [xeribéke] 團 [主に 復] しかめ面: hacer ～s [無意識に] 顔をしかめる

jerigonza [xerigónθa] 囡 ❶ わけのわからない言葉; 隠語 [jerga]: Su discurso fue una ～. 彼の演説はちんぷんかんぷんだった. ❷ 奇妙な行動(仕草)

jeringa [xeríŋga] 囡 ❶ 注射器; 洗浄器, 浣腸器; [クリームなどの] 絞り出し器: ～ de engrase グリースガン. ❷《口語》わずらわしさ. ❸《南米》迷惑(不快)な人

jeringar [xeriŋgár] 图 他 ❶ 注入する; 絞り出す. ❷ 悩まし, 迷惑をかける: Me jeringan los ruidos de los coches. 私は車の騒音に悩まされている
　◆ ～se [迷惑に] 耐える, 我慢する

jeringazo [xeriŋgáθo] 團《口語》注射

jeringonza [xeriŋgónθa] 囡 =**jeringonza**

jeringuilla [xeriŋgíʎa] 囡 [小型の] 注射器; 《植物》バイカウツギ

jeroglífico, ca [xeroglífiko, ka] 厖 象形文字の
　◆ 團 ❶ [古代エジプトなどの] 象形文字, 絵文字《escritura ～ca》. ❷ 判じ物, 判じ絵;《軽蔑》理解しにくい事物: Sus explicaciones son un ～. 彼の説明はまるで判じ物だ

jerónimo, ma [xerónimo, ma] 厖 图 《宗教》ヘロニモ隠修団の(修道士)
　◆ 團 復 ヘロニモ隠修団

jerosolimitano, na [xerosolimitáno, na] 厖 图 《地名》エルサレム Jerusalén の(人)

jersey [xerséi] 團《西. 服飾》[復 ～s/jerséis] 《←英語》❶ [主に厚手の] セーター. ❷ [jérsi]《南米. 繊維》ジャージー

Jesucristo [xesukrísto] 團 イエス・キリスト: antes de ～ 紀元前. después de ～ 紀元後

jesuita [xeswíta] 形《宗教》イエズス会の
◆ 男 イエズス会士
〖ロヨラ会〗; 图 イエズ
ス会
◆ 图《軽蔑》偽善的
な人, ずる賢い人

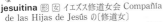

jesuítico, ca 形 イ
エズス会の; 偽善的
な

jesuitina 形 女 イエズス修道女会 Compañía
de las Hijas de Jesús の(修道女)

Jesús [xesús] 男 ❶ イエス: el Niño ～ 幼子
イエスの像。Compañía (Siciedad) de ～ イエ
ズス会〖Ignacio de Loyola が創設した修道
会〗。❷《男性名》ヘスース
◆ 間 ❶〔くしゃみをした人に〕お大事に〖言われ
た人は Gracias とこたえる。くしゃみは不吉なもの
とされた〗。❷《古語的》〔驚き・不平・安堵など〕
ああ, おお!〖i～, Dios mío!/i～, María y
José!〗
en un〔decir〕～ あっという間に, 即座に

jesusear [xesuseár] 自 イエスの名を何度も唱
える

jet [jét] 男《複》～s《←英語》ジェット機
◆ 女《医学《西》》〔ジェット機で世界の保養地を巡
るような〕有閑階級〖～ set〗

jeta [xéta] 女 ❶《口語 i)〔人の〕顔: Te voy
a romper la ～. お前の頭を叩き割ってやるぞ.
ii)《軽蔑》厚顔無恥: tener ～ あつかましい,
図々しい。❷〔豚の〕厚ぼったい唇, 突き出た口。❸《南米》
ふくれっ面: estar de ～ 不機嫌な顔をしている.
poner ～ ふくれっ面をする
estirar la ～《南米. 口語》死ぬ; 浮かない顔を
する
◆ 形 图《西. 軽蔑》厚顔無恥な〔人〕

jetlag [jétlag]《←英語》時差ボケ

jetón, na [xetón, na] 形《中南米》=jutudo

jetudo, da [xetúðo, ða] 形 ❶〔動物が〕鼻の
突き出た。❷《軽蔑》厚顔無恥な

jgo《略語》=juego ひとつがい

JHS《略語》←Jesus Hominum Salvator 救
い主イエスキリスト

ji [xí] 間 =ja

jíbaro, ra [xíbaro, ra] 形 图 ❶ ヒバロ族(の)
〖エクアドル・ペルーのアマゾン川流域に住むインディ
オ〗。❷《中南米》田舎者(の); 野性的, 野生の

jibia [xíbja] 女《動物》イカ, コウイカ
jibión 男 イカの甲

jícama [xíkama] 女《中米》食用のイモの一種

jícara [xíkara] 女 ❶〔まれ〕〔小さな〕ココア用の
カップ。❷《中米》ヒョウタンの実(で作る容器)

jicote [xikóte] 男《中米》スズメバチ
jicotera 女 1) スズメバチの巣(ブンブンという羽
音). 2) armar una ～ 騒ぎたてる

jiennense [xje(n)nénse] 形 图《地名》ハエン
Jaén の〔人〕〖アンダルシア地方の県・県都〗

jijona [xixóna] 男《菓子》アーモンド入りのヌガー
〖turrón de ～〗

jilguero [xilɣéro] 男《鳥》〖ゴシキ〗ヒワ

jilote [xilóte] 男《中米》トウモロコシのまだ熟して
いない穂

jineta [xinéta] 女 ❶《動物》ジェネット。❷《馬
術》a la ～ あぶみを短くして。❸《中南米》乗馬
婦人

jinete [xinéte] 男 騎手, 馬に乗る人; 乗馬の名
手; 騎兵
jinetear 他 ❶《中南米》〔荒馬を〕乗りこなす,
馴らす;《中米》〔他人の金を〕一時的に流用し
てしまう

jingle [ʃíngle] 男《南米》コマーシャルソング

jínjol [xínxol] 男《果実》ナツメ
jinjolero 男《植物》ナツメ

jiñar [xiɲár] 自 ・～se《卑語》排便する〖cagar〗

jipato, ta [xipáto, ta] 形《南米》青白い, 生気
のない

jipi [xípi] 图《←英語》ヒッピー
◆ 男 パナマ帽〖jipijapa〗

jipiar [xipjár] 自 自 泣き叫ぶ;《フラメンコ》うめ
き叫ぶように歌う

jipido [xipíðo] 男 =jipío

jipijapa [xipixápa] 女《植物》パナマソウ
◆ 男《服飾》パナマ帽〖sombrero de ～〗

jipío [xipío] 男《フラメンコ》うめき叫ぶような歌

jipioso, sa [xipjóso, sa] 形 图《軽蔑》ヒッピ
ー風の〔人〕

jiquilete [xikiléte] 男《植物》インドアイ

jira [xíra] 女 ❶ ピクニック, 野外での食事(宴
会): ir de ～ ピクニックに出かける。❷〔各地を
巡る〕旅行; 巡業〖gira〗

jirafa [xiráfa] 女 ❶《動物》キリン。❷《映画・
放送》マイクロホンをつけた伸縮式の棒(ブーム).
❸《軽蔑》のっぽの人

jirón [xirón] 男 ❶〔衣服の〕切れ端, ぼろ;〔小
さな〕断片: vestido hecho jirones ずたずたにな
った服. Ella es un ～ de mi alma. 彼女は我
が身の一部のようなものだ。❷ 三角旗

jit [xít]《野球》ヒット; ヒットソング

jitomate [xitomáte] 男《中米》トマト
〖tomate〗

jiu-jitsu [jíu jítsu] 男《←日本語》柔術

jívaro, ra [xíbaro, ra] 形 图 =jíbaro ❷

jo [xó] 間《驚嘆・怒り》ほう, わあ!; =ja

Joaquín [xoakín] 男《男性名》ホアキン 〖英
Joachim〗

job [xób] 辛抱強い人, 大きな苦しみにも耐える
人〖←旧約聖書のヨブ Job〗

jobar [xobár] 間《口語》〔驚き・賞賛・不快〕う
わっ, うへッ!

jockey [jóki] 男《複》～s《←英語》競馬の騎
手, ジョッキー

joco, ca [xóko, ka] 形《中米》〔果物が〕熟し
すぎた

jocoque [xokóke] 男《中米》乳酸飲料; その
デザート

jocoso, sa [xokóso, sa] 形 ひょうきんな, おど
けた
jocosamente 副 おどけて
jocoserio, ria 形 冗談半分の
jocosidad 女 ひょうきんさ; 冗談, しゃれ

jocundo, da [xokúndo, da] 形《文語》陽気な, お茶目な;〔事柄が〕楽しい
  jocundidad 女 陽気さ

joda [xóða] 女《南米》迷惑, 悪ふざけ

joder [xoðér]《卑語》他 ❶ 性交する. ❷ 盗む, 掏(す)る. ❸ つまらなくする, 台無しにする. ❹ 困らせる, いらいらさせる『fastidiar』
  ¡*[anda y] que te jodan!*〔怒り・不快を伴った反論〕とんでもない, 反対だ!
  ~la どじなことをする(言う)
  no me jodas = *no te jode*
  ◆ **~se** ❶ 台無しになる: *Se ha jodido* la fiesta. パーティーはさんざんだった. ❷ 困る
  ¡*hay que ~se!*〔+con は〕ひどい, 使いものにならない
  ¡*jódete!* くたばれ, とっとと失せろ, くそくらえ! 『英 fuck you!』
  no te jode ふざけるな, 冗談じゃない, いい加減にしろ
  ◆ 間 〔驚き・不快・怒り〕うへっ, こいつは何と!

jodido, da [xoðíðo, ða] 形 過分《卑語》❶ 〔+名詞〕つまらない, 台無しの〔人〕. ❷〔ser+〕難しい. ❸〔estar+〕体の具合が悪い;運が悪い. ❹《中南米》抜け目のない

jodienda [xoðjénda] 女《卑語》不快, 迷惑

jodío [xoðío] 形《卑語》いやなやつ

jodón, na [xoðón, na] 形 名《南米》冗談(ふざけ)好きな〔人〕;迷惑な

jofaina [xofáina] 女 洗面器

joggin[g] [jógin] 男《←英語》❶ ジョギング 『footing』: hacer ~ ジョギングする. ❷《南米》ジョギングスーツ, スウェット

jojoba [xoxóba] 女《植物》ツゲ科の小低木

joker [jóker] 男《←英語》ジョーカー『comodín』

jol [xól] 男《アメフト》ハドル

jolgorio [xolɣórjo] 男 お祭り騒ぎ, 大騒ぎ

jolín/jolines [xolín/-línes] 間《西》〔不快・怒り〕ひどい, あらまあ, あーあ! 『joder より上品な表現』

jónico, ca [xóniko, ka] 形 =jonio;《建築》イオニア式の. ◆ 男 イオニア方言

jonio, nia [xónjo, nja] 形 名《歴史・地名》イオニア Jonia の〔人〕

jonrón [xonrón] 男《南米. 野球》ホームラン

jopé [xopé] 間 =jolín

jopo [xópo] 男 =hopo

jora [xóra] 女《南米》発酵したトウモロコシ『chicha を作る』

jordano, na [xorðáno, na] 形 名《国名》ヨルダン Jordania 女〔人〕の;ヨルダン人

Jorge [xórxe] 男《男性名》ホルヘ『英 George』

jornada [xornáða] 女 ❶《文語》i)〔活動サイクルとしての〕1日: tercera ~ de la conferencia 会議の3日目. ii)1日分の行程;旅程: tener una ~ de 30 kilómetros 一日に30キロ進む. De Barcelona a Cádiz hay dos ~s de camino. バルセロナからカディスまでは2日の道のりである. ❷《労働》~ [laboral] de ocho horas 一日8時間労働. trabajo de ~ completa (entera) フルタイムの仕事. trabajo de media ~ パートタイムの仕事. trabajar ~ completa (media ~) フルタイム(パートタイム)で働く. ~ intensiva (continuada) 短時間の休憩または休憩なしの勤務. ~ partida〔昼食休憩を長くとる〕分割勤務. ❸ 軍事遠征, 戦い: ~ de Waterloo ウォータールーの戦い. ❹〔スペイン古典演劇で〕幕〔登場人物の一日を一幕〕: drama en tres ~ 3幕構成の劇. ❺ 一生涯;死. ❻ 院 会議;講習会
  a grandes ~s 大急ぎで, 強行軍で

jornal [xornál] 男 ❶ 日給;日雇い労働: trabajar a ~ 日給で働く, 日雇い仕事をする. ❷ 一日分の労働量, 労働日: trabajo que necesita diez ~es 10日分必要な仕事
  jornalero, ra 名〔主に農場の〕日雇い労働者

joroba [xoróba] 女《時に軽蔑》〔背中などの〕こぶ;出っ張り, ふくらみ. ❷《口語》わずらわしさ, やっかい
  ◆ 間 大変だ, ああ困った(いやだ)!

jorobado, da [xorobáðo, ða] 形 名 過分 ❶《軽蔑》背骨の湾曲した〔人〕. ❷ わずらわしい: estar ~ de estómago 胃がもたれている. ❸ やっかいな, やりにくい

jorobar [xorobár] 他《口語》うんざりさせる, 迷惑をかける
  ◆ **~se** あきらめる, 我慢する
  ¡*no te joroba!*《俗語》〔不快・怒り〕冗談じゃない, 頭にくるよ!

jorobón, na [xorobón, na] 形《南米》迷惑な, わずらわしい

jorongo [xoróŋɡo] 男《中米. 服飾》〔長めの〕ポンチョ

joropo [xorópo] 男 コロンビア・ベネズエラの民俗舞踊の一種

José [xosé] 男《男性名》ホセ『英 Joseph』: San ~《聖書》聖ヨセフ
  josefi[ni]smo 男《宗教》ヨゼフ主義『18世紀, オーストリア皇帝ヨゼフ2世 José II による, 宗教より国家を優位とする考え』

Josefa [xoséfa] 女《女性名》ホセーファ『英 Josephine』

josefino, na [xosefíno, na] 形 名《宗教》聖ヨセフ San José〔修道会〕の;《歴史》ホセ1世 José I 派〔の〕, 親仏派〔の〕『ナポレオンの兄』;《地名》サン・ホセ San José の〔人〕『コスタリカの首都』

jota [xóta] 女 ❶ 文字 j の名称. ❷《舞踊・音楽》ホタ『アラゴン・ナバーラ・バレンシア地方の民俗舞踊・音楽 □写真』. ❸《トランプ》ジャック『valet』

ni ～ 少しも[…ない]: no saber (entender)
ni ～ de… …についてこれっぽっちも知らない(わからない). no ver *ni* ～ 何も見えない

jotero, ra 图 ホタの踊り手(歌い手)

jote [xóte] 團 [鳥]ヒメコンドル

joto [xóto] 團《中米》ホモ, 男色家;《南米》束

joven [xóβen] 厖 [英 young. ↔viejo.
覆 jóvenes. 絶対最上級 joven-
císimo] [ser+] 若い; [estar+] 若々し
い: Para ser tan ～ sabe muchas cosas.
彼は若いのに色々なことを知っている. Él es dos
años más ～ que yo. 彼は私より2歳年下だ.
Con ese vestido ella parece ～. その服を着る
と彼女は若く見える. desde [muy] ～ [大変]
若い時から. rostro ～ 若々しい顔. país ～ 若
い国, 新興国家. árbol ～ 若木. ～ Es inmaduro:
Es todavía ～. 彼はまだ若い(経験がない)
◆ 图 若者, 青年[男女]〔主に13-18歳, 時に
25歳前後まで. ☞edad 国[参]]: Es un ～
muy simpático. 彼はとても感じのいい青年だ
de ～ 若いころの・に

jovencito, ta [xoβenθíto, ta] 图 若者

jovial [xoβiál] 厖 陽気な, ほがらかな; 快活な
  jovialidad 图 陽気さ; 快活さ
  jovialmente 副 ほがらかに; 快活に

joviano, na [xoβjáno, na] 厖 [天文]木星の

joya [xója] [英 jewel] ❶ [装身具としての]
宝石, 宝飾品: Ella siempre lleva ～s. 彼女
はいつも宝石をつけている. ❷《時に皮肉》大切な
もの・宝石 この子は宝物だ

joyel [xojél] 團 小さな宝石

joyería [xojería] 图 宝石店, 宝飾店; 宝石の
細工(販売)

joyero, ra [xojéro, ra] 图 宝石商(細工師)
  ◆ 團 宝石箱

juagar [xwagár] 他《南米》洗う, ぬらす

Juan [xwán] 團 ❶ [男性名]フワン [英 John].
《聖書》ヨハネ. ❷ fiesta de San ～ サン・フワン
の祭り [6月24日]. fogata (hoguera) de
San ～ その祭りのかがり火
  Buen ～ お人よし
  Don ～ ドン・ファン, 女たらし;《植物》オシロイバ
ナ: Don ～ Español [象徴的に]スペイン人
  ～ *Lanas* 意志の弱い男; 軟弱者
  ～ *Palomo* 役立たずの男
  ～ *Palomo, yo me lo guiso, yo me lo
  como* 自分本位の男, 専横な人
  *para quien es don ～, con doña María
  basta* 破れ鍋に綴じ蓋
  ser como el agua por San ～ 害になる, あ
りがたくない
  ser ～ y Manuela [物が]役に立たない

Juana [xwána] 图 [女性名]フワナ [英 Jane,
Joan]

juanete [xwanéte] 團 ❶ 高い頬骨;足の親指
付け根の高い骨. ❷[船舶]ゲルンスル

Juanito [xwaníto] 團 [男性名]フワニート
[Juan の愛称]

jubilación [xuβilaθjón] 图 退職;退職金,退
職年金, 恩給: ～ anticipada [定年前の]早
期退職

jubilar [xuβilár] 他 ❶ [老齢・病気などにより
年金をつけて]退職させる. ❷[物を]使わなくな
る, 廃品にする
  ◆ ～se 退職する: El año que viene *me
jubilo*. 私は来年定年だ
  ◆ 厖 [キリスト教] 全贖宥(しゅくゆう)の行なわれる:
año ～ 聖年

jubilado, da 厖 图 過分 退職した[人];年金
(恩給)生活者

jubileo [xuβiléo] 團《キリスト教》聖年 [año
de ～];全贖宥: ganar el ～ 全贖宥を得る.
❷《歴史》[ユダヤ教の]ヨベルの年. ❸ 大勢の人
の出入り

júbilo [xúβilo] 團 歓喜, 大喜び: El público
no cabía en sí de ～. 観衆は喜びにあふれていた.
mostrar ～ 大喜びする

jubiloso, sa 厖《文語》大喜びの, 歓喜に満ちた

jubón [xuβón] 團 [服飾][体にぴったりの]胴着

judaico, ca [xuðáiko, ka] 厖 ユダヤ人の

judaísmo [xuðaísmo] 團 ユダヤ教

judaizar [xuðaiθár] 自 ユダヤの戒律に従う
  judaización 图 ユダヤの戒律に従うこと
  judaizante 厖 ユダヤの戒律を守る[人]

judas [xúðas] 图 [単複同形] ❶《軽蔑》裏切り
者 『←キリストを裏切ったイスカリオテのユダ Ju-
das Iscariote]: Es un ～. 彼は裏切り者だ. ❷
《中米》わら人形

judeoconverso, sa [xuðeokomβérso,
sa] 厖 [近代スペインの, ユダヤ教からキリスト教へ
の]改宗者 [cristiano nuevo]

judeocristiano, na [xuðeokristjáno, na]
厖 ユダヤ教とキリスト教[に共通]の

judeoespañol, la [xuðeoespaɲól, la] 厖
團 ユダヤ系スペイン語[の], ジュデズモ[の][15世
紀にスペインから追放されたユダヤ人の子孫たちの
言語]

judería [xuðería] 图 [中世の]ユダヤ人街; ユ
ダヤ人社会

judía¹ [xuðía] 图《主に西. 植物・豆》インゲンマ
メ: ～ blanca 白インゲンマメ. ～ pinta ぶちイン
ゲンマメ. ～ verde サヤインゲン

judiada [xuðjáða] 图《軽》汚い(不正な)行為

judiar [xuðjár] 團 インゲンマメ畑

judicatura [xuðikatúra] 图 裁判官の職(任
期);匿稱[一国の]裁判官

judicial [xuðiθjál] 厖 司法[上]の, 裁判の:
derecho ～ 司法(裁判)権. escuela ～ 司法
学校

judío, a² [xuðío, a] 厖 图 ❶ ユダヤ Judea
[人]の, ユダヤ人;ユダヤ教の, ユダヤ教徒. ❷《軽
蔑》欲ばりな, けちな. ❸《口語》高利貸し
[usurero]
  ◆ 覆 ユダヤ民族 [pueblo ～]

judión [xuðjón] 團 [葉が大きく, さやが幅広の]
インゲンマメ

judo [júðo] 團 [←日本語]柔道
  judoca/judoísta 图 柔道家

jue. [略語]←jueves 木曜日

juego [xwégo] 團 [英 play, game] ❶
遊び, 遊戯: i) Los niños están
entusiasmados con el ～. 子供たちは遊びに夢

中record. sala (salón) de ～s ゲームセンター；［ホテル・船などの］遊戯室．［palabras などの］遊び，言葉の遊び．Es un ～ de niños. それは児戯に等しい（朝飯前だ）．ii)［トランプ・チェスなどの］ゲーム：～ carteado 賭けむしのトランプ．～ de baraja (cartas•naipes) トランプ遊び．～ de damas チェッカー；格子じま，市松模様．～ de envite 賭けトランプ．～ de ingenio ［パズル・なぞなぞなどの］メンタルゲーム．～ de mesa [salón] ［チェスなどの］ボードゲーム．～ de tira y afloja ハンカチ取りゲーム

❷ ［スポーツなどの］競技，試合：i) campo de ～〔s〕競技場；遊び場．～ de balón ［サッカーなど大きいボールの］球技．～ limpio フェアプレー《↔～ sucio》．Ahora no estamos en el ～. 今はタイムがかかっている．ii)［勝負の］…回，本，《テニスなど》ゲーム《～ terminado》：partido de tres ～s 3回勝負．He ganado por seis ～s a dos. 私は6対2でセットをとった．

❸ 賭け事，ばくち，ギャンブル《～ de azar•suerte》：He perdido en el ～. 私は賭博で金をすった．casa (lugar) de ～ 賭博場，カジノ．teoría de los ～s ゲームの理論．¡Hagan ～! さあ賭けてください！ Le acude el ～. 彼はついている．Afortunado en el ～, desgraciado en amores. 《諺》賭けに強い者は恋に恵まれない／ばくち打ちは女に好かれない《その逆 Desgraciado en el ～, afortunado en amores. も言う》

❹ ［器具などの］一式，ひとそろい，取り合わせ〔の妙〕：un ～ de llaves ［家じゅうなどの］鍵のひとそろい．un ～ de naipes トランプ1組．～ de aguas 噴水装置．～ de baño フェイスタオルとバスタオル．～ de café (de té) コーヒー（紅茶）セット．～ de cama シーツと枕カバー．～ de comedor (de dormitorio) 食堂（寝室）用家具一式．～ de luces 光のカクテル

❺ ［機械などの］働き，作用；［部品間の］遊び，ゆとり：～ de piernas フットワーク．～ de la muñeca リストワーク．～ de la llave en la cerradura 鍵の回り具合い．El volante tiene poco ～. ハンドルに遊びが少ない

❻ 駆け引き，策略，たくらみ：Es un ～ peligroso. それは危険な賭けだ．Sabemos tu ～. 君の魂胆はわかっている．～ de surtidores 納入業者の争い

❼ ［トランプ］手，手札：Tengo un buen ～. 私は手がいい

❽ 《テニスなど》右利き•左利きの別

❾ ［J～s］競技大会：J～s de Barcelona バルセロナ［夏期オリンピック］大会

❿ ［児童遊園地の］遊具『ブランコ，滑り台など』

a ～ 《西》［+con と］調和した•して

abrir [el] ～ 競技（ゲーム）を始める

andar en ～ =estar en ～

conocer (descubrir•ver) *a*+人 *el* ～ …の魂胆（手の内）を見抜く

dar ～ 好結果を生む，成功する；話題になる；［+a+人 に］権限（自由）を与える；［+para que+接続法 する］可能性を与える

de ～ ふざけた，不まじめな；重要でない

doble ～ 表裏のある言行

entrar en ～ 影響を及ぼす，介入する

estar en ～ 命運がかかっている，危うい状態にある：La dignidad nacional *está en* ～. 国家の威信が問われている

fuera de ～ 1)［人が］局外にある，除外された．2)《スポーツ》［ボールが］コート外の，アウトである；［男］オフサイド

hacer el ～ *a*+人 …を後押しする，敵対しない

hacer ～ ［+con と］合う，調和する；［部品が］連結する：Esta corbata *hace* ～ *con* la camisa azul. このネクタイは青いシャツとマッチする

～ de manos 手品，奇術

～ de manos, ～ de villanos バッグなど私物にいたずらする奴には腹が立つ

mostrar el ～ 手のうちを見せる，本音を吐く

poner... en ～ …を危険に陥れる；［手段などを］用いる：*poner en* ～ toda su técnica あらゆる技術を駆使する

por ～ ふざけて，冗談で；軽視して

tomar (*echar*)... *a* ～ …を冗談にとる，まじめに考えない

juerga [xwérɣa] [女] ［酒を飲んでの］お祭り（どんちゃん•馬鹿）騒ぎ：irse de ～ 飲んで騒ぎに出かける．correrse (armar) una ～ お祭り騒ぎをする．estar de ～ 浮かれ騒いでいる

tomar... a ～ …を冗談にとる

juerguear ～*se* お祭り騒ぎをする

juerguista [女] お祭り騒ぎが好きな〔人〕

jueves [xwébes] [男] 〔単複同形．英 Thursday. ⊏semana 参考〕木曜日．～ Santo 聖木曜日『復活祭に先立つ木曜日』．～ gordo (lardero) 謝肉の木曜日『謝肉の火曜日 martes de carnaval に先立つ木曜日』．～ de comadres (compadres) 謝肉の木曜日の1(2)週間前の木曜日

estar en medio como el ～ ［人が］邪魔をする

no ser cosa (*nada*) *del otro* ～ 取り立てて言うほどのことはない：Mi coche *no es nada del otro* ～. 私の車は大したものではない

juez [xwéθ] [名] 〔複 ～ces. 英 judge〕**❶** 裁判官，判事：～ de instrucción／～ instructor 予審判事．～ de menores 少年事件担当裁判官．～ de paz／～ municipal 治安判事．de primera instancia ［民事の］一審担当判事．～ ordinario 一審担当判事．**❷** ［スポーツの］審判員；［コンクールなどの］審査員：～ árbitro 主審．～ de silla ［テニス•バレーボールなどの］主審，ジャッジ．～ de línea (de banda) 線審，ラインズマン．～ de campo ［陸上競技の］フィールド審判員．～ de salida スターター．**❸** 判断を下す人，裁き手：J～ Supremo 神．libro de los *Jueces*『聖書』士師〔⌒〕記

cara de [*justo*] ～ いかめしい顔

～ árbitro (*arbitrador*) 仲裁者，調停者

ser ～ *y parte* 中立でない，当事者に近い

jueza [xwéθa] [女] 《主に中南米》女性判事

jugada [xuɣáða] [女] **❶** ［試合などを構成する］局面，回；プレー，一手：juego de tres ～s 3

回勝負. perder todo el dinero en sólo una ～ 1 回の勝負で有り金全部失する. buena ～ うまいプレー, ナイスショット. en la quinta ～《チェス》5 手目で. ❷ 商売, 取引: Hemos tenido una buena ～. 私たちはうまい商売をやった. ❸ 汚い手段, 奸計: hacer (gastar) a+人 una ～ …に汚い手を使う

hacer mala ～ a+人 …にひどい仕打ちをする
hacer su ～ 利益を得る, もうける

jugador, ra [xuɡaðór, ra] 图 囲 〔球技・ゲームなどの〕競技者, 選手: ～ de fútbol サッカー選手. ～ de ajedrez チェスのプレーヤー. ～ de manos 手品師. ❷ 賭博師, ばくち打ち

jugar ❶ [xuɡár] 32 圓 〔英 play. ☞活用表〕遊ぶ; ゲームをする; 〔球技などの〕スポーツをする: i) Los niños *juegan* en el parque. 子供たちは公園で遊んでいる. Ya no *juega* en este equipo. 彼はもうこのチームでプレーしていない. Te toca ～ a ti. 君の〔プレーする〕番だ. *Jugamos* hoy. 私たちは今日試合がある. ii) 〔+a+道具・遊び・競技〕¿A qué vamos a ～? 何をして遊ぼうか? ～ *a* las casitas ままごとをする. ～ *a* la guerra 戦争ごっこをする. ～ *a* las damas チェッカーをする. ～ *al* fútbol サッカーをする. El perro *jugaba* a mis pies. 犬は私の足にじゃれていた. iii) 〔+de+ポジション〕～ *de* defensa ディフェンスとしてプレーする ❷ 〔カードなどで〕賭け事をする; 投機する: i) *Jugué*, pero no me asistió la suerte. 私は賭けたがつきがなかった. ii) 〔+a〕～ *a* las carreras de caballos 競馬をする ❸ 〔+con〕いい加減に扱う; もてあそぶ, いじる: No *juegues con* tu salud. 体を大切にしたまえ. No debes ～ *conmigo*, dime la verdad. からかわないで本当のことを教えてくれ. ～ *con* la imaginación 想像して楽しむ ❹ 〔+con〕調和する: Esta blusa *jugará* muy bien *con* esa falda. このブラウスはそのスカートとよく合うだろう ❺ 〔+en 取引などに〕参加する, 一枚かむ: ～ *en* negocios sucios 汚い商売に手を出す. *Jugaron* los aviones *en* la maniobra. 作戦に航空機が加わった ❻ 《まれ》〔物が〕自由に動く, 作動する ❼ 〔+de 言語技巧を〕操る

～ *fuerte* 大きく賭ける; 強気に出る
～ *limpio* フェアプレーをする, 正々堂々と戦う
～ *sucio* 汚い手を使う
por ～ 冗談で, いたずらで

◆ 囮 ❶ 〔ゲーム・試合を〕する, プレーする: Vamos a ～ una partida de ajedrez. チェスを1局指そう. He *jugado* un partido de tenis. 私はテニスを1試合やった. ～ tenis《中南米》テニスをする〔～ al tenis〕. ～ el as de trébol クラブのエースを出す. ❷ 〔金額を〕賭ける; 〔賭け金を〕失う: He *jugado* mil pesetas en aquel caballo. 私はあの馬に千ペセタ賭けた. *Jugó* toda la hacienda que poseía. 彼は全財産をすってしまった. ❸ 〔役割を〕果たす: El color verde *juega* un papel importante en este cuadro. 緑色がこの絵で重要なポイントになってい

る. *Juego* el delantero centro. 私はセンターフォワードだ. ❹ 操作する, 動かす: ～ la espada 剣を操る. ～ el freno ブレーキをかける. ～ bien sus influencias 影響力を上手に行使する

～ *la* a+人 =jugársela a+人

◆ ～**se** ❶ 〔自分の…を〕賭ける, 危険にさらす: Puedo ～*me* el cuello, si no me crees. 私の言うことを信じないなら, 首を賭けてもいいよ. ～*se* la vida la vida を危険にさらす. ❷ 〔試合・賭け事が〕行なわれる: ¿Cuándo *se juega* el partido? 試合はいつですか? ❸ 〔過去時制で, 賭け金を〕失う: *Se jugó* todo el dinero que tenía. 彼は有り金残らずすってしまった

～*se el todo por el todo*/～*se todo a una carta* 一か八かの勝負に出る, 一るの望みをつなぐ
jugársela a+人 …に悪らつなことをする
¿qué te juegas a que+直説法? 賭けてもいいが…だ: ¿*Qué te juegas a que* ya se ha ido (no te casas con ella)? 間違いなく彼は出かけたはずだ (君は絶対に彼女と結婚できない)

jugar		
直説法現在	点過去	接続法現在
*j*uego	jugué	*j*uegue
*j*uegas	jugaste	*j*uegues
*j*uega	jugó	*j*uegue
jugamos	jugamos	ju*g*uemos
jugáis	jugasteis	ju*g*uéis
*j*uegan	jugaron	*j*ueguen

jugarreta [xuɡaréta] 囡 《口語》汚い手段, 奸計: hacer una ～ a+人 …をだます

juglar [xuɡlár] 囲 〔中世の〕旅芸人, 吟遊詩人
juglaresa 囡 女の旅芸人
juglaresco, ca 彫 旅芸人の, 吟遊詩人の: romance ～ 旅芸人的ロマンセ
juglaría 囡 旅芸人の芸(活動): mester de ～ 旅芸人文芸

jugo [xúɡo] 囲 ❶不可算〔果実・野菜などの〕搾り汁, ジュース 《主に中南米. スペインではzumo》: ～ de tomate トマトジュース. ～ de regaliz 甘草エキス. ❷ 〔料理〕肉汁: carne con su ～ グレービーをかけた肉. ❸《口語》興味深い内容; 利益: artículo con mucho ～ 大変面白い記事. ❹ 〔解剖〕～ gástrico 胃液. ～ pancreático 膵臓液

sacar el ～ a (de)+人・事物《口語》…から搾り取る
sacar ～ a+事物《口語》…から利益を得る, 利用する

jugoso, sa [xuɡóso, sa] 彫 ❶ 汁けの多い, ジューシーな: fruta ～*sa* 水々しい果物. ❷ 内容の充実した; 〔仕事などが〕割り(実入り)のよい, うま味のある
jugosidad 囡 汁けの多さ, 水々しさ; うま味
juguera [xuɡéra] 囡《南米》ジューサー〔licuadora〕

juguete [xuɡéte] 囲 〔英 toy〕❶ 玩具, おもちゃ: armas de ～ おもちゃの刀 (鉄砲). soldado de ～ おもちゃの兵隊. ～ bélico (educativo)

戦争(教育)玩具. ❷ 玩弄物, 慰みもの: ser el 〜 de todos (de las olas・de las pasiones) みんなのなぶりものになる(波に翻弄される・情熱のとりこになる). ❸ 寸劇, 軽演劇作品: 〜 lírico 抒情小演劇

juguetear [xuɣeteár] 固 [+con で] もてあそぶ, …とふざける: 〜 con un botón ボタンをいじる. El perro *jugueteaba con* una pelota. 犬はボールにじゃれついていた

jugueteo 男 もてあそぶ(ふざける)こと

juguetería [xuɣetería] 囡 玩具店; 玩具業

juguetón, na [xuɣetón, na] 形 ふざけ好きの, じゃれ好きの: perro 〜 じゃれ好きの犬

juicio [xwíθjo] 男 《英 judgment》 ❶ 判断; 見方, 意見: Me gustaría saber su 〜. ご意見をうかがいたいのですが. hacer un 〜 apresurado sobre... …についてあわてて判断を下す. someter... al 〜 de+人 …の判断に任せる. 〜 de valor 価値判断

❷ 判断力: tener un 〜 recto 正しい判断力を持つ. carecer de 〜 判断力に欠ける. tener poco 〜 判断力(常識)に欠ける. edad del 〜 理理性年齢[7-8 歳]. hombre de mucho 〜 分別のある男

❸ 裁判: i) Mañana tiene lugar el 〜 contra el asesinato. 殺人犯に対する裁判は明日開かれる. llevar... al 〜 …を裁判に持ち込む, 裁判に訴える. ganar (perder) en el 〜 裁判に勝つ(負ける). 〜 civil (criminal) 民事(刑事)裁判. 〜 de faltas [簡易裁判所の]略式手続き. 〜 oral [証言が行なわれる]公判, 審理. 〜 sumarísimo 簡易裁判. ii) 〜 de Dios [中世に行なわれた]神命裁判. 〜 divino [死後の霊魂への]神の審判. [el día del] *J*〜 Final (Universal) [神による]最後の審判[の日]『この世の終わり』. 〜 temerario 中傷, デマ

❹ 《スポーツ》判定
❺ 《論理》判断

a 〜 de+人 …の考え(意見)では: A mi 〜 es una excelente película. それは非常にすぐれた映画だと私は思う

beber el 〜 [+a+人 の] 判断力を失わせる
en 〜 裁判中の
estar en su [*sano*] 〜 [まったく]正気である
estar fuera de 〜 正気を失っている, 気が狂っている
hacer perder el 〜 a+人 …の気を狂わせる
perder el 〜 理性を失う; 気が狂う
sin 〜 分別(常識)のない; 気の狂った
suspender el 〜 判断を控える(延ばす)
tener sorbido (*trastornado・vuelto*) *el 〜 a*+人 …の分別(正気)を失わせる
volver en su 〜 正気に戻る, まもになる

juicioso, sa [xwiθjóso, sa] 形 囡 分別のある[人], 賢明な[人]; 適切な

juil [xwíl] 男 《魚》メキシコ産のマスの一種

jul. (略語) ←julio 7 月

julandrón, na [xulandrón, na] 《軽 蔑》囡 恥知らず

◆ 男 ホモ, 男色家

julay [xuláj] 男 《西. 俗語》ホモ; だまされやすい男

julepe [xulépe] 男 ❶ 《西式トランプ》ホイストに似たゲーム. ❷ 《口語》過度の努力, 大仕事. ❸ [甘い]水薬. ❹ 叱責; 殴打: dar 〜 a+人 《口語》…に大目玉をくらわす. ❺ 《南米》恐れ, 恐怖

Julián [xuljá́n] 《男性名》フリアン [英 Julian]

juliano, na [xuljáno, na] 形 ジュリアス・シーザ - Julio César の 〜

◆ 囡 《料理》千切り野菜入りのコンソメ; 千切り: cortar en 〜na 千切りにする

julio [xúljo] 男 《英 July. ☞mes 参考》 ❶ 7 月. ❷ 《物理》[エネルギー・仕事量の単位]ジュール. ❸ 《男性名》[*J*〜] フリオ

juma¹ [xúma] 囡 《口語》泥酔

jumar [xumár] 〜se 《口語》泥酔する

jumbo [xúmbo] 男 《←英語》ジャンボ[ジェット]機

jumento, ta [xuménto, ta] 囡 《文語》ロバ 『asno』

jumil [xumíl] 男 《総称》メキシコ産の食用となる虫

jumilla [xumíʎa] 男 [ムルシア産の]強いワイン

jumo, ma² [xúmo, ma] 《口語》酔っぱらった, 泥酔した

jun. (略語) ←junio 6 月

junar [xunár] 他 《南米》見つめる, 熟視する

juncal [xuŋkál] 形 [人が] すらりとした, ほっそりした

◆ 男 イグサの田(原)

juncar 男 =juncal

juncia [xúnθja] 囡 《植物》カヤツリグサ

junco [xúŋko] 男 ❶ 《植物》イグサ: 〜 de Indias トウ(籐). 〜 florido ハナイ. 〜 marinero ガマ(蒲). 〜 oloroso キャメルグラス. ❷ [細身の]杖. ❸ 《船舶》ジャンク [← chino]

jungla [xúŋgla] 囡 《←英語》密林, ジャングル 『selva』: 〜 del asfalto コンクリートジャングル

junio [xúnjo] 男 《英 June. ☞mes 参考》 6 月

júnior/junior [xúnjor] 形 囡 [複 〜(e)s. 囡 juniora もある] ❶ 《←英語》i) [同名の 2 人を区別して] 若い方の, 息子の方の: Le ha llamado Juan Díaz 〜. フワン・ディアス・ジュニアからお電話がありました. ii) 《スポーツ》ジュニア級の[選手] [18-21 歳. juvenil と senior の間]: equipo 〜 ジュニアチーム. ❷ 《←ラテン語》見習い修道士 [修練期を終えたがまだ修道誓願を立てていない]

juniorado 男 見習い修道士の期間

junípero [xunípero] 男 《植物》ネズミサシ

junquera [xuŋkéra] 囡 イグサ 『junco』; イグサの田 『juncal』

junquillo [xuŋkíʎo] 男 ❶ 《植物》キズイセン; 《建築》丸く細長い繰り形

junta¹ [xúnta] 囡 《英 meeting》 ❶ 会議; 委員会: celebrar (hacer・tener) 〜 会議を開く. 〜 directiva 重役会, 理事会. 〜 de educacion 教育委員会. 〜 general [株主]総会. 〜 militar 軍事評議会. *J*〜 de Andalucía アンダルシア評議会 『自治州政府の

こと〗. ❷《歴史》フンタ〖ナポレオン戦争時のスペインの地方議会〗. ❸ 接合個所;《技術》継ぎ手;目地材:～ universal (cardán) ユニバーサルジョイント. ～ de dilatación 伸縮継ぎ手. ～ de expansión 膨張継ぎ手. ❹《南米.軽蔑》付き合い:prohibir a su hijo las malas ～*s* 息子が悪い仲間と付き合うのを禁止する

juntamente [xúntaménte] 副 一緒に, まとめて

juntar [xuntár] 他〖英 join〗❶ [+a•con に•と] 合わせる, くっつける:～ la mesa *a* la pared 机を壁にくっつける. ～ el cable *al* enchufe コードをコンセントに接続させる. ～ un zapato *con* el otro 靴をそろえて置く. ～ dos tablas (dos hilos) 2枚の板(2本の糸)をつなぎ合わせる. ❷ 集める:～ a los amigos en su casa 友達を家に集める. ～ todas las sillas en un rincón 椅子を全部隅にまとめて置く. ～ datos データを集める. ～ sellos 切手を収集する. ❸ [観音開きの扉•窓を] 細目に開けておく

◆ **～se** ❶ 集まる;[+con と] 一緒になる, 付き合う:*Se juntaron* los chicos en torno al maestro. 子供たちが先生の回りに集まった. Su hijo tiene que ～*se con* niños. お子さんはほかの子たちと遊ばなければいけません. ❷ [結果的に, +con を] 集める;かち合う:*Se juntó con* tres gatos y un perro en la casa. 彼の家は猫が3匹と犬が1匹になった. *Me he juntado con* tres invitaciones para la fiesta. 私はパーティーへの招待が3つかち合った. ❸ 同棲する

juntero, ra [xuntéro, ra] 形 名《歴史》フンタ junta の[メンバー]

junto[1] [xúnto] 副〖英 near〗❶ [+a の] すぐ近くに, 隣に:Mi casa está ～ *a* la escuela. 私の家は学校のすぐそばにある. ❷ [+con•a と] i) 一緒に;[師事] …について:Lo puse en la mesa ～ *con* los demás libros. 私はその本をほかのと一緒に机の上に置いた. *J*～ *a* un técnico estudia su juego. 彼はコーチと一緒にプレーの検討をする. ii) 同時に

en ～ 全部まとめて:Teníamos *en* ～ mil pesetas. 私たちは合わせて千ペセタ持っていた

por ～ [売買で] まとめて, 大量に

todo ～ いっさいがっさい

junto[2], **ta**[2] [xúnto, ta] 形〖英 joined〗[estar+] 一緒の, 集まった;隣り合った:Salieron [todos] ～*s*. 彼らはみんな一緒に出かけた. Envíalo todo ～. 全部まとめて送ってくれ. Allí hay tres árboles ～*s*. そこに木が3本並んでいる. Los dos andan siempre ～*s*. 2人はねんごろな仲だ. rezar con las manos ～*tas* 手を合わせて祈る

juntura [xuntúra] 女 接合個所, 継ぎ目;《解剖》関節

Júpiter [xúpitɛr] 男《神話》ジュピター, ユピテル;《天文》木星

jura [xúra] 女 宣誓[式]:～ en Santa Gadea《歴史》サンタ•ガデアの宣誓〖騎士シッドが王アルフォンソ6世に対してサンチョ2世の死に王が関与していないことを宣誓させた〗. ～ de la bandera 国旗宣誓式

jurado[1] [xurádo] 男 [時に 集名] ❶《法律》陪審員;陪審団:tribuna del ～ 陪審員席. El ～ se retiró a deliberar. 陪審員たちは協議のため退席した. ❷ 審査員;審査会:El ～ le concedió el primer premio. 彼は審査の結果1等賞を与えられた. ❸ [censor] ～ de cuentas 公認会計士. ～ de empresa 労使協議会. ～ mixto 労使調停委員会

jurado[2], **da** [xuráđo, đa] 形 過分 宣誓した:intérprete ～ 宣誓した通訳

juramentar [xuramentár] 他《文語》宣誓させる, 誓わせる

◆ **～se** 誓い合う;共謀する:*Se juramentaron* para acabar con el régimen absolutista. 彼らは絶対主義体制打倒を誓い合った

juramento [xuraménto] 男 ❶ 宣誓[文], 誓い[の言葉]:prestar ～ 宣誓する. tomar ～ a+人《法律》…に宣誓させる. bajo ～ 宣誓して. ～ decisorio 決訟的宣誓. ～ falso 偽証[罪]. ～ promisorio 約束条項を含む誓約. ～ de Hipócrates ヒポクラテスの宣誓. ❷ 冒瀆の言葉:soltar ～*s* 悪態をつく

jurar [xurár] 他 ❶ 誓う, 宣誓する:i) [+por にかけて, +不定詞•que+直説法 することを] *Juro por* mi honor *que* cumpliré la ley. 名誉にかけて法を守ることを誓います. ～ decir la verdad 真実を述べることを誓う. ～ *por* Dios 神にかけて誓う. ii) ～ sobre la Biblia 聖書にかけて(手を置いて)誓う. ～ [la] bandera (la constitución) 国旗(憲法)に忠誠を誓う. No ～ el santo nombre de Dios en vano. 汝, 神の名をみだりに呼ぶなかれ. ❷ 強く断言する:Te *juro que* no volveré a ir allí. そこへは二度と行きません

◆ 自 [怒って] 冒瀆の言葉を吐く, 呪う

jurársela[s] a+人 [脅し文句で] …に復讐することを誓う

jurásico, ca [xurásiko, ka] 形 男《地質》ジュラ紀[の]

jurel [xurɛ́l] 男《魚》アジ

jurídico, ca [xuríđiko, ka] 形 法的な, 法律上の:problema ～ 法律問題

jurificar [xurifikár] ⑦ 他 [慣習を] 法律にする, 成文化する

jurisconsulto, ta [xuriskɔnsúlto, ta] 名 法律家, 法律顧問

jurisdicción [xurisđi[k]θjɔ́n] 女 ❶ 裁判権, 司法権:～ eclesiástica 教会裁治権. ～ militar 軍事法廷, 軍法会議. ❷ 管轄権, 権限:Ese problema no entra en tu ～. その問題は君がどうこうできるものではない. Esto no cae bajo la ～ del ejecutivo. これは執行部の管掌事項ではない. ❸ 管轄区域

jurisdiccional 形 裁判(管轄)権の:mar ～ 領海〖mar territorial〗

jurispericia [xurisperíθja] 女 =**jurisprudencia**

jurisperito, ta [xurisperíto, ta] 名 法律問題の専門家

jurisprudencia [xurispruđénθja] 女 ❶ 法学, 法律学. ❷ 集名 判例;法解釈:sentar ～

判例となる. libro de 〜 法律要覧

jurista [xurísta] 图 法学者, 法律家

juro [xúro] 男《歴史》[税収入を担保とする] 国債

justa¹ [xústa] 囡 ❶ [中世の] 騎馬槍試合. ❷ 文学のコンクール: 〜 poética 作詩コンクール

justamente [xustaménte] 圖 ❶ ちょうど: Es 〜 lo que quería. これこそ正に私が望んでいたものだ. Eso es, 〜. 正にそのとおり. 〜 para vivir. 私は生きていくのがやっとだ. ❷ 公正に, 公平に; 正しく

justedad [xusteðáð] 囡 公正さ, 公平さ

justeza [xustéθa] 囡 正確さ

justicia [xustíθja] 囡《英 justice》❶ 正義, 公正さ, 公平さ: por la causa de la 〜 正義のために. con 〜 公正に, 公平に. 〜 distributiva 賞罰の公正さ. 〜 poética [物語で] 正義が必ず勝つこと. 〜 social 社会正義. ❷ 裁判, 司法; 司直; 警察: someterse a la 〜 法の裁きを受ける. acudir a (ir por) la 〜 裁判に訴える. huir de la 〜 司直の手から逃れる. Ministerio de J〜 司法省. 〜 militar 軍法. *en* 〜 公平に見て: *En* 〜, la suya ha sido la mejor actuación. 公平に言って, 彼の演技が一番上手だった

hacer 〜 裁判を行なう; 公平に扱う: Pedimos que se *haga* 〜. 正義が行なわれること(公平な裁き)をお願いします

ser de 〜 公正(公平)である

tomarse la 〜 *por su mano* 勝手に制裁を加える, リンチする

justicialismo [xustiθjalísmo] 男 社会的正義『アルゼンチンのペロン Perón 大統領が提唱した政策』

justicialista [xustiθjalísta] 厖 图 社会的正義派[の]

justiciero, ra [xustiθjéro, ra] 厖 厳正な, 正義(派)の: Es 〜. 彼は正義感が強い. espada 〜ra 正義の刃

justificable [xustifikáble] 厖 正当化(弁明)できる

justificación [xustifikaθjón] 囡 正当化; 弁明, 釈明: Ne te cabe 〜. 君には釈明の余地はない

justificado, da [xustifikáðo, ða] 厖 適當 正当な[理由のある]: homicidio 〜 正当殺人. sospecha 〜da もっともな疑い

justificante [xustifikánte] 男 証明書: 〜 de ausencia 欠席(欠勤)届. 〜 de pago 支払い証明書

justificar [xustifikár] 7 他 ❶ 正当化する: 〜 sus defectos 自分の弱点を正当化する. 〜 a su marido 夫のことを弁護する. ❷ [書類によって] 証明する: Este papel *justifica* mis estudios. これは私の学歴を証明する書類だ. ❸ 〜 las cuentas 計算合わせをする. ❹《印刷》字間(行間)を調整する, ジャスティファイする. ❺《神学》[神が人を許して] 受け入れる, 義認する ◆ 〜se [+con・de のことを] 弁明(釈明)する: Se *justificó de* su ausencia. 彼は欠席したことの言い訳をした. 〜se por sí mismo [事柄が] それ自体で正当性を証明している

justificativo, va [xustifikatíbo, ba] 厖 正当化する; 証拠となる: razón 〜*va* de su acto 自分の行為を正当化する根拠. documento 〜 証拠書類

justillo [xustíʎo] 男《服飾》袖なしの短い胴着; ウエストニッパー

justipreciar [xustipreθjár] 10 他 [厳密に] 評価する, 見積もる

justipreciación [xustipreθjaθjón] 囡 評価, 見積もり

justo¹ [xústo] 圖《英 just》[時間が] ちょうど: 〜 ahora ちょうど今. J〜 cuando yo iba a salir, me llamó por teléfono. ちょうど私が出かけようとしていた時に彼から電話がかかってきた

justo², ta² [xústo, ta] 厖《英 just》❶ 公正な, 公平な: juez 〜 公正な裁判官. distribución 〜*ta* 公平な分配. sociedad 〜*ta* 公正な社会. Seremos 〜*s*. 公正にやろう

❷ 正しい, 正当な; 正義感の強い: apreciar... en (por) su 〜 valor …を正当に評価する. sentencia 〜*ta* 正当な判決. cólera 〜*ta* 正当な怒り. hombre 〜 正義の人. [ser 〜 que+接続法. 主に否定文で] No es 〜 que hables así de él. 彼についてそんな言い方をするのは間違いだ

❸ [estar+. 分量・時間などが] ちょうどの; ぎりぎりの, 十分ではない: Tienes el tiempo 〜 para ir y volver. ちょうど行って帰って来るだけの時間があるよ. Llegó en el momento 〜. 彼はぎりぎりに着いた. Estoy 〜 de dinero. 私は金はぎりぎりしかない. mil pesetas 〜*tas* ちょうど千ペセタ

❹ [estar+. 寸法などが] ぴったりの, きっちりした: Esa chaqueta me viene (está) 〜*ta*. その上着は私にぴったりだ. Estos pantalones me están demasiado 〜*s*. このズボンは私にはきつすぎる. expresión 〜*ta* para... …にぴったりの表現

❺《カトリック》篤信の, 戒律を守る

muy 〜 きつい: Los zapatos me están *muy* 〜*s*. その靴は私にはきつい. Ha venido *muy* 〜 el dinero. 金が足りなくなった

◆ 图《カトリック》篤信家: Siempre pagan 〜*s* por pecadores. 正直者はいつもばかを見る

jutía [xutía] 囡《動物》オオテンジクネズミ

juvenil [xuβeníl] 厖《←joven》❶ 若々しい, 若者特有の: corazón 〜 若々しい心. moda 〜 若者のファッション. delincuencia 〜 青少年犯罪. en sus años 〜es 彼の青春時代に. ❷《スポーツ》cadete と júnior の間の年齢層の選手クラス

juventud [xuβentúð] 囡《英 youth》❶ 青春[時代], 青年期[思春期 adolescencia と成年期 edad adulta の間]: en su 〜 彼の若い時に. indiscreción de la 〜 若気の過ち. ❷ 若々しさ; 若さ!若い!: Esta 〜 de hoy! 今時の若い者ときたら! ❹ [政党の] 青年組織: J〜es Comunistas 共産主義青年同盟

juzgado [xuzɣáðo] 男 ❶ 裁判所, 法廷: disputar en el 〜 法廷で論争する. 〜 de primera instancia (de instrucción) 第一審. ～ de familia 家庭裁判所. ❷ 司法管区. ❸ 単一裁判官法廷

de ～ de guardia《西.口語》無法な, 犯罪的 な

juzgador, ra [xuȥgaðór, ra] 形 名 裁く 〔人〕, 判定者

juzgar [xuȥgár] ⑧ 他 〖英 judge. ☞活用表〗 ❶ 裁判する, 裁く: Hoy lo *juzgan* en el tribunal. 今日裁判所でそれが裁かれる. ～ a un criminal 犯罪者を裁判にかける. ❷ 判断する; 判定する: i) 〔+por で〕 No debes ～ al hombre *por* sus apariencias. 人を外見で判断してはいけない. ii) 〔+目的格補語/+como・de+形容詞・名詞 であると〕 No *juzga* necesario tomar esa medida. 彼はその措置をとる必要があるとは考えていない. Me *juzgabas de* maleducada, ¿verdad? 私をはしたない女だと思ったでしょう? iii) 〔+que+直説法〕 *Juzgo que* usted no debe salir. あなたは外出すべきでないと私は思う

a ～ por+名詞/*a ～ por cómo (como)*+直説法 …から判断すると: *A ～ por* su acento, debe de ser andaluz. なまりからすると彼はアンダルシア人に違いない. *A ～ por cómo* se viste esa mujer, será gallega. その女の服装から判断するとガリシア人だろう

～ bien (mal) 正しく判断する(判断を誤る): No le *juzgas bien*. 君は彼をよくわかっていない. No me *juzgues mal*. 私を見損なう(見くびる)なよ

juzgar	
直説法点過去	接続法現在
juzgué	juzgue
juzgaste	juzgues
juzgó	juzgue
juzgamos	juzguemos
juzgasteis	juzguéis
juzgaron	juzguen

J

K

k [ká] 囡 アルファベットの第 11 字〖外来語にしか使われない〗

ka [ká] 囡 文字 k の名称

kabuki [kaβúki] 男〔←日本語〕歌舞伎

kafkiano, na [kafkjáno, na] 形 カフカ Kafka 的な, 不条理な

kahlua [kálwa] 囡〖中米. 酒〗カルア〖コーヒーとカカオをブレンドしたリキュール〗

káiser [káisɛr] 男 カイゼル, ドイツ皇帝

kaki [káki] 男 =**caqui**

kala-azar [kala aθár] 男《医学》黒熱病, カラアザール

kalmia [kálmja] 囡《植物》アメリカシャクナゲ

kamikaze [kamikáθe] 男 形 =**camicace**

kampucheano, na [kamputʃeáno, na] 形 カンプチア Kampuchea 囡〖カンボジアの別称〗

kan [kán] 男《歴史》〖モンゴルなどの〗汗, ハン: Gengis *Kan* ジンギスカン

kantismo [kantísmo] 男 カント Kant 哲学
　kantiano, na [kantjáno, na] 形 カント哲学の(哲学者)
　kantista 名 カント哲学者

kapoc [kapók] 男 カポック, パンヤ

kappa [kápa] 囡《ギリシア文字》カッパ〖K, κ〗

kaput(t) [kapút] 形〔←独語. 戯語〕[estar+] めちゃめちゃになった, 壊れた

karakul [karakúl] 男 カラクール羊〔の毛皮〕

karaoke [karaóke] 男 カラオケ〖装置, 店〗: cantar con (en) ~ カラオケで(カラオケボックスで)歌う

kárate/karate [kárate/kará-] 男〔←日本語〕空手
　karateca/karateka 名 空手家

kárdex [kárdɛ(k)s] 男《南米》ファイル; ファイルキャビネット

karma [kárma] 男《ヒンズー教》カルマ, 業;《仏教》因果応報

karst [kárst] 男《地質》カルスト〔地形〕
　kárstico, ca 形 カルストの

kart [kár] 男〖複 ~s〗ゴーカート
　karting 男 ゴーカートレース
　kartódromo 男 ゴーカートレース場

KAS [kás] 囡〖バスク語. 略語〕Coordinadora Patriota Socialista 社会主義祖国連絡会議

kasba(h) [kásβa] 囡〔←アラビア語〕=**casba**

katiuska [katjúska] 囡〔←露語〕〖ゴム製の〗長靴

katún [katún] 男〖マヤの暦で360日を一年とした〗20年

kayac [kaják] 男〖複 ~s〗カヤック〖エスキモーの一人乗りの小舟〗;《スポーツ》カヤック競技

kazajistano, na/kazaco, ca [kaθaxistáno, na/kaθáko, ka] 形《国名》カザフ(カザフスタン) Kazajstán 〔人・語〕の; カザフ人
　◆ 男 カザフ語

k/c.《略語》←**kilociclos** キロサイクル

kcal《略語》←**kilocaloría** キロカロリー

kéfir [kéfir] 男 ケフィール〖乳酸菌飲料の一種〗

kelvin [kélbin] 男〖絶対温度の単位〗ケルビン

kendo [kéndo] 男〔←日本語〕剣道

keniano, na [kenjáno, na] 形《国名》ケニア Kenia 男〔人〕の; ケニア人

kentia [kéntja] 囡《植物》〖装飾用の〗シュロ

kepis [képis] 男〖単複同形〗=**quepis**
　kepí 男 =**quepis**

kermes [kɛrmes] 男 =**quermes**

kermese/kermés [kɛrmése/-més] 囡 =**quermés**

kero [kéro] 男 インカの巨大な土器の壺

kerosén/kerosene [kerosén/- séne] 男《中南米》=**queroseno**

ketch [kétʃ] 男《船舶》ケッチ〖2 檣帆船の一種〗

ketchup [kátʃup] 男〔←英語. 料理〕ケチャップ

keynesiano, na [kɛinesjáno, na] 形《経済》ケインズ Keynes 〔学派〕の

kg.《略語》←**kilogramo** キログラム

kib(b)utz [kibúθ] 男〖複 ~tz*im*〗〖イスラエルの〗キブツ

kif [kíf] 男《西. 俗語》〖主に水ぎせるで吸う〗ハシッシュ

kiko [kíko] 男〔←商標. 西〕=**quico**

kilim [kílin] 男〖複 ~s〗〖繊維〗キリム〖トルコ・イランなどの幾何学模様の織物・じゅうたん〗

kilo [kílo] 男 ❶〖kilogramo の省略形〗dos ~s de patatas ジャガイモ 2 キロ. comprar por ~s キロ〔単位〕で買う. ❷《口語》たくさん (mucho): tener ~s (un ~) de cosas que hacer しなければいけないことがたくさんある. ❸《西. 俗語》100 万ペセタ

kilo-〖接頭辞〗〖千〗*kilo*metro キロメートル

kilobyte [kilobáit] 男《情報》キロバイト

kilocaloría [kilokaloría] 男 キロカロリー

kilociclo [kiloθíklo] 男《電気》キロサイクル

kilogramo [kilográmo] 男〖英 kilogram〗〖重さの単位〗キログラム
　kilográmetro 男〖仕事量の単位〗キログラムメートル

kilohercio [kiloɛrθjo] 男《物理》キロヘルツ

kilolitro [kilolítro] 男〖容量の単位〗キロリットル

kilometrar [kilometrár] 他 キロメートルで測る
　kilometraje 男 走行距離

kilométrico, ca [kilométriko, ka] 形 ❶ キロメートルの: poste (mojón) ~ キロメートル

道標. ❷《口語》ひどく長い: pasillo 〜 長い廊下

◆ 男［鉄道の］回遊切符

kilómetro [kilómetro] 男《英 kilometer》［長さの単位］キロメートル. 〜 cuadrado 平方キロメートル. 〜 cero 0 キロメートル地点《スペインの各道路の起点. マドリードの Puerta del Sol 広場にある》

kilopondio [kilopónɖjo] 男［重さの単位］キロポンド

kilotón [kilotón] 男［火薬の破壊力の単位］キロトン

kilovatio [kiloβátjo] 男［仕事率の単位］キロワット. 〜 hora キロワット時

kilt [kílt] 男《複 〜s》《←英語》キルト《スコットランドの男性用スカート》

kimono [kimóno] 男 =**quimono**

kindergarten [kinderɡárten] 男《複 〜s》《←独語》幼稚園 [jardín de infancia]
　kínder 男《複 〜s》=**kindergarten**

kinesiología [kinesjoloxía] 女 =**kinesiterapia**

kinesiterapia [kinesiterápja] 男《医学》運動療法

kinético, ca [kinétiko, ka] 形 運動の, 動的な

kinkayú [kiŋkajú] 男《動物》キンカジュー

kiosco [kjósko] 男 =**quiosco**

kiowa [kjówa] 形 名 カイオワ族（の）《北米インディアン》

kirguís [kirɡís] 形 名《国名》キルギス Kirguiztán 男〔人・語〕の；キルギス人

◆ 男 キルギス語

kirie [kírje] 男《カトリック》［主に 複］求憐誦, 憐みの賛歌《〜 eleisón「主よ, 憐みたまえ」を意味する祈りの言葉》
　kirieleisón 男 1）=**kirie**；埋葬の祈禱の言葉. 2）《戯語》cantar el 〜 葬式の準備をする

kirsch [kírs] 男《←独語. 酒》キルシュ, チェリーブランデー

kisear [kiseár] 自《中米》キスする [besar]

kit [kít] 男《複 〜s》《←英語》一式セット；組立用キット

kitsch [kíts] 形 男《←独語》趣味の悪い, 低俗な《作品》

kiwi [kíwi] 男《植物・果実》キーウィ；《鳥》キーウィ

kleenex [klínes] 男《単複同形》《←商標》ティ

ッシュペーパー

km.《略語》←kilómetro キロメートル《囲 のみ》: 3.000 *km* 3 千キロ

km/h.《略語》←kilómetro por hora 時速…キロメートル

knock out [nókaʊt] 男《英 〜s》=**K.O.**

K.O. [káo] 男《←英語. 主に西》ノックアウト: perder por 〜 ノックアウト負けする；完敗する. 〜 técnico テクニカルノックアウト
　dejar a＋人 〜 …を呆然とさせる, 打ちのめす
　quedar[*se*] 〜 呆然とする, 打ちのめされる

koala [koála] 男 =**coala**

kohl [kól] 男 コール墨

koiné [koiné] 女《紀元前5-3世紀の》標準ギリシア語；共通語

kokotxa [kokótɕa] 女《バスク語》=**cococha**

koljoz [kolxɵθ] 男《←露語》コルホーズ, 集団農場

Komintern [komintɛrn] 男《歴史》コミンテルン

kopec [kópɛk] 男 =**cópec**

koré [koré] 女《美術》コレー《ギリシアの少女像》

kosher [kóʃɛr] 形［食べ物が, ユダヤの教義から見て］適法な, 清浄な

kraker [krakɛr] 男 不法居住者

krausismo [kraʊsísmo] 男 クラウス哲学《←ドイツの哲学者 F. Krause. 19世紀後半のスペインに影響を与えた》
　krausista 形 名 クラウス哲学の（哲学者）

kremlin [krémlin] 男《ロシアの》クレムリン宮殿

kril[**l**] [kríl] 男《動物》オキアミ, クリル

kulak [kulák] 男《複 〜s》《昔のロシアの》富農

kumis [kúmis] 男 馬・ラクダなどの乳から作る酒

kun[**g**] **fu** [kunfú] 男《←中国語》カンフー（功夫）

kurdo, da [kúrɖo, ɖa] 形 名 クルド族（の）
　coger una 〜*da* 酔っぱらう

kurós [kurós] 男《単複同形》《美術》［裸身の］ギリシアの若者像

kuwaití [kuwaɪtí/-baɪ-] 形 名《複 〜[e]s》《国名》クウェート Kuwait 男 の（人）

kV.《略語》←kilovoltio キロボルト

kW.《略語》←kilovatio キロワット

kW/h.《略語》←kilovatios por hora キロワット時

L

l [éle] 囡 アルファベットの第 12 字: edificio en forma de *L* L 字形の建物

l. 《略語》←litro リットル

L. 《略語》←lira 〔italiana〕リラ

L/. 《略語》←letra de cambio 為替手形

la¹ [la] 园 《定冠詞単数女性形. ☞el》 *la* revista その雑誌

a *la*+地名形容詞女性形 …風の・に: jardín *a la* japonesa 日本庭園

a *la* **que**+直説法 …すると〔すぐ〕

la *de*+女性名詞 大量の…, 多数の…: ¡*La de* veces que te equivocas! 君は何度間違えることか!

◆ 代 《人称代名詞 3 人称単数女性形. ☞lo》 ❶ [直接目的] 彼女を, あなたを; [女性名詞をうけて] それを: No *la* he visto. 私は彼女(あなた・それ)を見ていない. Compró una naranja y *la* comió. 彼はオレンジを買って、それを食べた. ❷ 《方言》[間接目的] 彼女(あなた)に [le]: *La* hablé dos palabras. 私は彼女に二言三言言葉をかけた. ❸ [不快などの意味を添える] Imagínate *la* que armaron los niños. 子供たちがどんなことをしでかしたか想像してごらん

la² [la] 男 《単複同形》《音楽》[音階の] ラ, イ音

lábaro [lábaro] 男 [キリストの銘 XP と十字架をあしらった] 後期ローマ帝国の軍旗

laberinto [laberínto] 男 ❶ 迷宮, 迷路; 錯綜, 紛糾: adelantarse en el ～ 迷路に入り込む. ❷ 《解剖》内耳, 迷路

laberíntico, ca [laberíntiko, ka] 形 迷路の〔ような〕, 錯綜した: ～cas callejuelas 迷路のような路地

labia [lábja] 囡 巧みな弁舌: tener mucha ～ 《軽蔑》口がうまい. vendedor con ～ 言葉巧み な店員

labiado, da [labjáđo, đa] 形 《植物》唇状花冠の; シソ科の

labial [labjál] 形 唇の; 《言語》唇音の
◆ 囡 唇子音. **labialización** 囡 唇音化
labializar 他 唇音化する

labiérnago [labjérnago] 男 《植物》イボタノキ

labihendido, da [labjéndiđo, đa] 形 《医学》口唇裂の, 兎唇の

lábil [lábil] 形 滑りやすい; もろい, 繊細な; [決心が]変わりやすい; [化合物が]不安定な
labilidad 囡 もろさ, 変わりやすさ

labio [lábjo] 男 《英 lip》❶ 唇: apretar los ～s 唇を引き締める(きゅっと結ぶ). ～ superior 上唇, 鼻の下. ～ inferior 下唇, あごの上部. ～s finos (gruesos) 薄い(厚い)唇. ～s cortados 唇の荒れ. ～s de la herida 傷口. ❷ [主に 複] 口, 話すこと: De mis ～s no ha salido tal cosa. 私はそんなことを口にした覚えが ない. ～ de elocuencia 能弁. ～s grandes (pequeños) 大(小)陰唇: ❸ 《解剖》陰唇: ～s grandes (pequeños) 大(小)陰唇

cerrar los ～*s* 黙る, 話さない, 口をつぐむ

estar pendiente de los ～*s de*+人 …の言葉に聞き入る

hablar con el corazón en los ～*s* 腹蔵なく話す

morderse los ～*s* 《口語》言いたい(笑いたい)のを我慢する

no despegar (*descoser*) *los* ～*s* 黙っている, 返事をしない

sellar los ～*s a*+人 …を黙らせる, 話させない, 口止めする

labiodental [labjođentál] 形 囡 《言語》唇歯音[の]

labor [labór] 囡 《英 labo(u)r》❶ 《文語》労働 《trabajo》: realizar su ～ con entusiasmo 熱心に働く. ～ monótona 単調な労働. ～ de manos 手作業. ～ artística 芸術活動. ❷ 医案 仕事の成果, 業績: desarrollar una gran ～ 大きな業績をあげる. ❸ [主に 複] 針仕事, 編み物: hacer ～es 編み物(針仕事)をする. ～es de gancho かぎ針編み. Le gusta tener siempre una ～ empezada. 彼女はいつも好きで手芸をやり始めるのだが…. ❹ [主に 複] 農作業, 耕作 [～es agrícolas]: [特に] すき返し: dar dos ～es al campo 畑を 2 度すき返す. caballo de ～ 農耕馬. tierra de ～ 耕作地. ～es de campo 畑仕事. ～ de la siega 刈り入れ作業. ❺ [主に 複] たばこ製品. ❻ 複 家事 [～es domésticas]. ❼ 《中米》小農場

estar por la ～ 賛成である, する気になる 《主に否定文で》: Él no *estaba por la* ～. 彼は気乗りがしなかった

sus ～*es* [公式書類の記入で, 女性が] 無職, 専業主婦

laborable [laboráble] 形 tierra (terreno) ～ 耕作可能な土地. cinco días ～s a la semana 週休 2 日
◆ 男 平日, ウィークデー [día ～]

laboral [laborál] 形 労働の: contrato ～ 労働契約. derecho ～ 労働法. situación ～ 雇用情勢

laboralista [laboralísta] 形 名 労働法専門の〔弁護士〕, 労働弁護士

laborar [laborár] 《文語》自 [+por・en favor de のために] 働く, 努力する: ～ *por* el bien de su país 国家の利益のために働く
◆ 他 耕す

laboratorio [laboratórjo] 男 ❶ 実験室; 試験所, 研究所: ～ de idiomas ランゲージ・ラボラトリー, LL 教室. ～ espacial 宇宙実験室. animal de ～ 実験動物. ❷ 《写真》現像所

〖〜 fotográfico〗

laborear [laboreár] 他 耕す；採掘する
laboreo 男 耕作；採掘

laborioso, sa [laborjóso, sa] 形 ❶ 勤勉な：estudiante 〜 よく勉強する学生. ❷ 骨の折れる：Las negociaciones han sido muy 〜sas. 交渉は大変困難だった
laboriosidad 囡 勤勉さ；困難さ

laborista [laborísta] 形 ［英国の］労働党の［党員］：partido 〜 労働党
laborismo 男 労働党の社会主義〔運動〕

labra [lábra] 囡 細工〔labrado〕

labrada¹ [labráda] 囡 ［翌年種をまく］休耕地

labradío, a [labradío, a] 形 耕地の〔labrantío〕

labrado, da² [labrádo, ða] 形 ［木・皮などが］細工された，彫られた；［布に］刺繍を施された ◆ 男 ❶ 細工：〜 de la madera 木彫. ❷ 耕地

labrador, ra [labradór, ra] 形 名 ❶ 農民〔の〕〖☞agricultor 類義〗. ❷ 〈犬〉ラブラドルレトリーバー〔perro 〜〕

labradorita [labraðoríta] 囡 〈鉱物〉曹灰長石

labrantín [labrantín] 男 小農，貧農

labrantío, a [labrantío, a] 形 男 耕地の〔の〕，耕作可能な

labranza [labránθa] 囡 耕作：aperos de 〜 農器具

labrar [labrár] 他 ❶ 耕す，すき返す：〜 sus tierras 自分の土地を耕す. ❷ ［木・皮・宝石などに］細工を施す；彫る：〜 joyas 宝石を加工する. 〜 en piedra un busto 石の胸像を彫る. ❸ ［未来の姿を］形作る：Con esa vida estás labrando tu ruina. そんな生活をしていると身の破滅だぞ. ❹ …に刺繍する
◆ 〜se ［自分の未来を］形作る：Ya va siendo hora de que te labres un porvenir. もうそろそろ自分の将来のことを決めるべきだ

labrero, ra [labréro, ra] 形 ［犬が］ウサギ狩り用の；［人が］ウサギ狩り（ウサギ競走）好きの

labriego, ga [labrjéɣo, ga] 名 農民〖☞agricultor 類義〗

laburar [laburár] 自 《南米》働く

laburno [labúrno] 男 〈植物〉キングサリ

laburo [labúro] 男 《南米. 口語》仕事，労働〔trabajo〕

laca [láka] 囡 ❶ 漆；漆器. ❷ ラッカー；マニキュア用エナメル〖〜 de uñas〗. ❸ ヘアスプレー〖〜 en spray〗：poner (echar) 〜 al pelo 髪にヘアスプレーをかける. ❹ シェラック，ラック〔樹脂の一種〕
lacar ⑦ 他 …にラッカー（漆）を塗る

lacayo [lakájo] 男 ❶ ［昔の，仕着せを着た］従僕. ❷ 《軽蔑》おべっか使い，取り巻き，腰巾着

lacear [laθeár] 他 投げ縄・罠 lazo で捕える
laceador 男 投げ縄使い

lacedemonio, nia [laθeðemónjo, nja] 形 名 《古代ギリシア. 地名》ラケダイモン Lacedemonia の〔人〕

laceración [laθeraθjón] 囡 《医学》裂傷

lacerar [laθerár] 他 《文語》傷つける；害を与える
lacerante 形 ［痛みが］鋭い，刺すような

laceria [laθérja] 囡 貧窮；〔主に 複〕面倒事，苦難

lacería [laθería] 囡 医 名 リボン〔飾り〕；そのような幾何学模様

lacero, ra [laθéro, ra] 名 ❶ 野犬捕獲員. ❷ 投げ縄使い；〔特に密猟の〕罠猟師

lacertilios [laθertíljos] 男 複 〈動物〉トカゲ類

lacetano, na [laθetáno, na] 形 名 《歴史・地名》ラケタニー Lacetania の〔人〕〔現在のカタルーニャ地方南部〕

lacha¹ [látʃa] 囡 ❶ 〈魚〉アンチョビー. ❷ 《口語》羞恥心：tener poca 〜 恥知らずである. dar 〜 a+人 …に恥ずかしい思いをさせる

lacho, cha² [látʃo, tʃa] 名 《南米》女（男）好き；《軽蔑》同棲している愛人；キザな男
lachear 他 ［女性に］言い寄る，口説く

lacio, cia [láθjo, θja] 形 ❶ ［髪が］ストレートな，直毛の；［直毛で］こし・張りのない. ❷ ［花などが］しおれた，しぼんだ. ❸ 弱い，たるんだ

lacolito [lakolíto] 男 《地質》ラコリス，餅盤

lacón [lakón] 男 《料理》［豚の］もも肉；［特にガリシア地方で使われる］塩漬け肉

lacónico, ca [lakóniko, ka] 形 言葉（口数）の少ない；［文体が］簡潔な〖↔verboso〗：carta 〜 簡単な手紙
laconismo 男 簡潔な表現〔法〕

lacra [lákra] 囡 ❶ ［病気の］跡，傷跡. ❷ 欠陥，悪. ❸ 《南米》かさぶた；《軽蔑》変質者

lacrar [lakrár] 他 ［手紙を］封蝋で閉じる

lacre [lákre] 男 封蝋（ろう）

lacrimal [lakrimál] 形 ❶ 涙の：canal 〜 《解剖》涙管. glándula 〜 《解剖》涙腺

lacrimógeno, na [lakrimóxeno, na] 形 催涙〔性〕の：gas 〜 催涙ガス. bomba 〜na 催涙弾. historia 〜na 涙を誘う話

lacrimoso, sa [lakrimóso, sa] 形 ❶ 涙が出る：ojos 〜s 涙ぐんだ目. ❷ 涙を誘う，ほろりとさせる；哀れっぽい. ❸ 涙もろい

lacrosse [lakróse] 男 《スポーツ》ラクロス

lactancia [laktánθja] 囡 授乳期〔período de 〜〕；授乳：〜 materna 母乳哺乳. 〜 artificial 人工栄養

lactante [laktánte] 形 名 乳児〔の〕；授乳する〔女性〕
lactar 《文語》他 授乳する〔amamantar〕. ◆ 自 乳を飲む

lacteado, da [lakteáðo, ða] 形 乳を含む：harina 〜da ［乳児用の］調整粉乳

lácteo, a [lákteo, a] 形 乳の；乳状の：dieta 〜a 牛乳療法. productos 〜s 乳製品. Vía L〜a 銀河，天の川

láctico, ca [láktiko, ka] 形 《化学》ácido 〜 乳酸. fermento 〜 乳酸発酵

lactífero, ra [laktífero, ra] 形 《解剖》conducto 〜 乳管

lactobacteria [laktobaktérja] 囡 《生物》
乳酸菌

lactodensímetro [laktoðensímetro] 男
乳汁比重計

lactosa [laktósa] 囡《化学》乳糖, ラクトース

lacustre [lakústre] 形《←lago》湖の, 湖水
の; 湖上(湖畔)の: fauna ～ 湖水の動物相.
poblado ～ 湖上集落. región ～ 湖水地方

LADE [láðe] 囡《略語》←Líneas Aéreas del
Estado [アルゼンチン] 国営航空

ladear [laðeár] 他 傾ける: ～ la cabeza 首を
かしげる
◆ ～se 再 ～se el sombrero 帽子をあみだにか
ぶる. ❷ 傾く: Se ha ladeado la antena. アン
テナが傾いた. ❸ 離れる, 去る. ❹《南米》恋をす
る

ladeado, da 形 [過分] 1) [estar+] 横に傾い
た(曲がった). 2)《南米》[体が] 曲がった, 不格
好な

ladeo 男 傾ける(傾く)こと

ladera[1] [laðéra] 囡 斜面, 山腹

ladero, ra[2] [laðéro, ra] 形《南米》[馬車
の馬について] 右側の; [主に悪事に] 協力者

ladilla [laðíʎa] 囡《動物》毛虱(けじ\nらみ)
◆ 囡《南米》いらいらさせる人, いやなやつ

ladillo [laðíʎo] 男《印刷》小見出し; 欄外の書
き込み, 傍注

ladino, na [laðíno, na] 形 ❶《軽蔑》ずるい,
腹黒い. ❷《中米》メスティソの [mestizo]; し
ゃべりの. ❸《中南米》[インディオが] スペイン語を
話す
◆ 男 ユダヤ系スペイン語 [judeoespañol]

lado [láðo] 男 [英 side] ❶ 側面, 側(がわ);
面: i) Está roto el ～ sur del
edificio. ビルの南側が壊れている. En el centro
del parque hay una fuente, y en los ～s
árboles. 公園の真ん中には噴水があり, まわりは
林になっている. Esta moneda tiene por un ～
el busto del monarca. この貨幣は片面が国王
の肖像だ. Cuando yo entro por un ～, él
sale por el otro. 私と彼とはいつもすれ違いだ. a
este ～ (ambos ～s) de la calle 通りのこちら
側(両側)に. ir al otro ～ del lago 湖の向こ
う岸に行く. ～ 1 (2) [レコードの] A(B)面. ii)
[事柄の] considerar el problema por todos
～s あらゆる面から問題を考える. Por un ～
me parece listo, por otro muy tonto. 彼は一
面では抜け目がないが, 他の面ではとても間抜けな
ようだ. ～ bueno (malo) よい(悪い)面, 長所(短
所)
❷ 場所; 余地, 空間: Vamos a algún ～. ど
こかへ行こう. Déjale un ～. 彼に場所をあけなさ
い
❸ わき腹: Tengo dolor en el ～ derecho. 私
は右わき腹が痛い. dormir del ～ izquierdo 左
向きにして眠る. inclinar su cuerpo de un ～
体を横に傾ける
❹ 味方: Siempre estoy a tu ～. 私はいつも君
の味方だ. ¿De qué ～ estás? 君はどっちの側だ?
ponerse de ～ de+人 …の味方をする, …の側に
つく

❺《数学》辺: dos ～s del triángulo 三角形
の2辺

❻ 血筋, 家系: primo por el ～ de la madre
母方のいとこ

a su ～/al ～ de... 1) …の横に, そばに:
Siéntate *a mi* ～. 私の隣に座れ. 2) …と比
較すると: *A su* ～ yo soy pobre. 彼と比べた
ら私なんか貧乏だ

a todos ～s あらゆる所に: Voy contigo *a
todos* ～s. どこにでもついていくよ

a un ～ y a otro/a uno y otro 両側に

al ～ 横に, そばに: café de *al* ～ 隣の喫茶店

cada cosa por su ～ ばらばらに, めちゃくちゃに

dar de ～+人《口語》…を無視する, 相手に
しない

de ～ 横向きに: descansar *de* ～ 横向きに寝
る

de ～ *a* ～ こちら側から向こう側へ: atravesar
el río *de* ～ *a* ～ 川を渡る

de medio ～ 横向きに, 斜めに

de un ～... *de otro*... 一方では…また他方で
は…

de un ～ *para otro* あちらこちらへ: Me
hacen ir *de un* ～ *para otro*. 私はあちこち行
かされる

dejar... a un ～/*dejar... de* ～ …を無視
する, 気にしない: *dejando a un* ～ las
preocupaciones 心配などそっちのけにして

echarse a un ～ わきによる

estar ahí al ～ すぐそばにある

hacer... a un ～ …を片側に押しのける

hacerse a un ～ わきによる

ir cada uno por su ～《口語》各自我が道を
行く; たもとを分かつ

ir de ～ 大きな思い違いをする

～ a ～ 並んで: ir ～ a ～ 並んで行く. El que
está ～ a ～ a su derecha es mi primo. 彼
の右側にいるのは私のいとこだ

mirar de [medio] ～+人 …を見下す

por otro ～ 別の側面から, 別のやり方で; 他方,
その上

por un ～..., *por otro* [～] 一面では…他
方では…

ladrador, ra [laðraðór, ra] 形 [犬が] よくほ
える; [人が] がみがみ言う, 口やかましい

ladrar [laðrár] 自 ❶ [犬が] ほえる. ❷ [手を
出さずに] 口で脅迫する. ❸ のしる, がみがみ言
う: Él no habla, *ladra*. あれは話しているのではな
い. わめいているのだ
◆ わめきたてる: Me *ladró* toda clase de
improperios. 彼はあらゆる罵詈雑言を私に浴び
せかけた

ladrido [laðríðo] 男 ❶ ほえ声: dar ～s ほえ
る. ❷《口語》[ののしりの] わめき声, どなり声:
soltar cuatro ～s 一言二言大声でどなる

ladrillo [laðríʎo] 男 煉瓦(れんが): casa de ～
煉瓦造りの家. ～ hueco (macizo) 空洞(普
通)煉瓦. ～ refractario 耐火煉瓦
ser un ～《口語》[本などが分量ばかり多くて]
中味がない, 退屈な; [人が] 頭の鈍い

ladrillar 男/**ladrillera** 囡 煉瓦積み[工事]

ladrillazo 男 煉瓦による打撃

ladrón, na [laðrón, na] 名 〖英 thief〗 泥棒:
i) 《AI～!/¡L～es! 泥棒だ! 《Cuidado con los
～es! 泥棒に気をつけろ! ii) 《諺》 La ocasión
hace al ～. 誘惑の種があれば悪事に走りかねない.
El que roba a un ～ tiene cien años de
perdón. 最初に悪いことをしたやつが悪い/泥棒に
した人間から盗むのはそんなに悪いことではない.
Piensa el ～ que todos son de su condición.
カニは甲羅に似せて穴を掘る
  ◆ 形 《口語》 ❶ 泥棒の, 盗みを働く. ❷ 《親愛》
[主に子供に] いたずらな, 腕白な
  ◆ 男 タコ足配線用のコンセント; 細い排水路

ladronzuelo, la [laðronθwélo, la] 名 [主
に子供に] こそ泥; すり, ひったくり

lagaña [laɣáɲa] 女 《南米》 =**legaña**

lagar [laɣár] 男 [ブドウ・オリーブなどを搾る] 踏
み桶, 搾り桶; 圧搾場

lagarta¹ [laɣárta] 女 ❶ 《西. 軽蔑》 腹黒い女;
売春婦. ❷ 《昆虫》 マイマイガ

lagarterano, na [laɣarteráno, na] 形 名
《地名》 ラガルテラ Lagartera の〔人〕『Toledo
県の刺繍で有名な村』

lagartija [laɣartíxa] 女 ❶ 《動物》 ヤモリ. ❷
《中南米》 やせ細った人. ❸ 《中米》 hacer ～s 腕
立て伏せをする

lagarto, ta² [laɣárto, ta] 名 ❶ 《動物》 トカ
ゲ: ～ de Indias アメリカワニ. ❷ 《西》 [間投詞
的. 悪運を振り払う] お助けを!; [繰返して] 用
心, 用心. ❸ 《南米》 悪どい商人

lagartón, na [laɣartón, na] 名 腹黒い, 悪賢
い
  ◆ 女 売春婦

lago [láɣo] 男 〖英 lake〗 湖: L～ Titicaca チ
チカカ湖. ～ de agua salada 塩湖. ～ de
sangre 血の海

lagomorfos [laɣomórfos] 男 複 《動物》 ウサ
ギ目

lágrima [láɣrima] 女 〖英 tear〗 ❶ 涙:
derramar (verter) ～s 涙を流す. secarse
(enjugarse) las ～s 涙をふく. con (gran-
des) ～s en los ojos 目に(大粒の)涙を浮かべ
て. bañado en ～s 涙にぬれて. Lo que no va
en ～s va en suspiros. 《諺》一方で損失を防ぐ
と他方で損失を招く. ❷ 涙の形のもの; 涙滴形
のイヤリング(ペンダント). ❸ [酒の] ごく少量:
una ～ de vino ほんの少量のワイン. ❹ 《圏》悲
痛, 苦悩: costar a＋人 ～s …にとって大変つら
い(苦しい). ❺ [マラガ産の] 甘口のワイン
  deshacerse en ～s 泣きくずれる
  llorar a ～ viva さめざめと泣く
  llorar (costar a＋人)～s de sangre [警
  告の表現中で] 泣きを見る(…を後悔させる)
  saltar[se] a＋人 las ～s …が泣き始める

lagrimal [laɣrimál] 形 =**lacrimal**: con-
ducto ～ 涙管
  ◆ 男 目がしら

lagrimear [laɣrimeár] 自 ❶ [目が主語] 涙
が出る: Con el humo me *lagrimearon* los
ojos. 私は煙で涙が出た. ❷ [人が主語] 泣く;
泣き虫である

lagrimeo 男 涙が出ること

lagrimón [laɣrimón] 男 [主に 複] 大粒の涙
lagrimoso, sa [laɣrimóso, sa] 形 =**la-
crimoso**

laguna [laɣúna] 女 ❶ 《地理》潟, 潟湖. ❷ 書
き漏らし; [知識などの] 欠落, 空白: Tiene ～
en su pensamiento. 彼の考えには穴がある. ～
jurídica 法の抜け穴

lagunero, ra 形 潟湖の; 《地名》ラ・ラグー
ナ La Laguna の〔人〕『カナリア諸島の都市』

laico, ca [láiko, ka] 形 聖職者でない; 宗教か
ら独立した, 世俗の: enseñanza ～ca 宗教色の
ない教育
  ◆ 名 一般信徒; 俗人

laicado 男 医名 一般信徒

laicidad 女 世俗性, 非宗教性

laicismo 男 世俗主義, 非教権主義; 世俗性

laicista 形 世俗主義の(主義者), 非教権主
義の(主義者)

laicización 女 世俗化, 非宗教化

laicizar 他 〖組織などを〗非宗教化する

laísmo [laísmo] 男 《文法》間接目的語 le〔s〕
の代わりに la〔s〕を使うこと 〖例 *La* regalo una
sortija. 私は彼女に指輪を贈る〗

laísta 形 名 laísmo の〔人〕

laja [láxa] 女 《南米》石板, 平石

lama [láma] 女 ❶ [水底の] 泥, 軟泥. ❷ [よろい窓の]よ
ろい板. ❸ 《中南米》こけ 〖musgo〗;《中米》かび
  ◆ 女 ❶ [水底の] 泥, 軟泥. ❷ [よろい窓の]よ
ろい板. ❸ 《中南米》こけ 〖musgo〗;《中米》かび

lamaísmo [lamaísmo] 男 《宗教》ラマ教

lamaísta 形 名 ラマ教の; ラマ教徒

lambda [lámða] 女 《ギリシア文字》ラムダ 〖Λ,
λ〗

lamber [lambér] 他 《中南米. 俗語》こびへつら
う; =**lamer**

lambido, da 名 過分 気どり屋; 恥知らず

lambón, na 形 《圏》こびへつらう

lambiscón, na [lambiskón, na] 名 《中米》
おべっか使い, ごますり屋

lambrusco, ca [lambrúsko, ka] 形 名 食い
しん坊[の], 大食漢[の]

lambucear [lambuθeár] 自 [食いしん坊で]
料理をきれいに食べてしまう

lamé [lamé] 男 =〖仏語. 服飾〗ラメ

lameculos [lamekúlos] 男 〖単複同形〗《卑語.
軽蔑》ゴマすり野郎, おべっか使い

lamedura [lameðúra] 女 ぺろぺろなめること

lamehuevos [lamewéðos] 名 〖単複同形〗
《中米. 卑語》=**lameculos**

lamelibranquios [lamelibránkjos] 男 複
《動物》弁鰓綱, 二枚貝

lamentable [lamentáble] 形 悲しむべき; 嘆
かわしい, 遺憾な; ほろほろの: Su aspecto es ～.
彼の様子は痛ましい. suerte ～ 悲しい運命.
noticia ～ 痛ましいニュース. [ser ＝ que＋接続
法] Es ～ que se repitan las corrupciones.
汚職が繰返されるとは嘆かわしい

lamentablemente 副 悲しい(遺憾な)ことに

lamentación [lamentaθjón] 女 [主に 複]
嘆き〔の声・言葉〕, 悲嘆; 愚痴: Déjate de
lamentaciones. 泣きごとはやめろ

lamentar [lamentár] 他 残念（気の毒・遺憾）に思う: i) *Lamento* su desgracia. 彼の不幸は気の毒だ. ii) [+不定詞] *Lamentamos* no poder asistir. 残念ですが私たちは出席できません. iii) [+que+接続法] *Lamentamos que* hayáis tenido que esperar. 待たせてすみません
◆ ~se [+de·por を] 嘆く, 泣きごとを言う: *Se lamenta de* su suerte. 彼は自分の運命を嘆いている

lamento [laménto] 男 嘆きの声: No profirió ni un solo ~. 彼は泣きごと一つ言わなかった

lamentoso, sa 形 うめくような, 悲しげな

lameplatos [lameplátos] 名 〖単複同形〗《口語》貧乏人；食い意地の張った人

lamer [lamér] 他 ❶ [ベロベロと] なめる: El perro me *lamió* la mano. 犬が私の手をなめた. ❷《文語》[波が岸などを] 洗う, 打つ
◆ ~se [自分の体を] なめる
que no se lama《口語》すごい, ひどい

lamerón, na [lamerón, na] 形 名《口語》いつも何か口に入れている[大食漢]；おべっか使い〔の〕

lameruzo, za 形《口語》=**lamerón**

lametear [lameteár] 他 ベロベロとなめる, なめ回す

lametada 女／**lametazo** 男 =**lametón**

lametón [lametón] 男 ベロベロなめること: comer el helado a *lametones* アイスクリームをベロベロなめる

lamia [lámja] 女 ❶《魚》ネズミザメ. ❷《神話》上半身が女性で下半身が蛇の怪物

lamido, da [lamído, da] 過分 形 ❶《古語》やつれた；《軽蔑》めかし込んだ. ❷ [髪を] びったりなでつけた
◆ 男 なめること；《技術》ラップ仕上げ

lámina [lámina] 女 ❶ 薄板, ボード, 薄片: ~ de plomo (madera・vidrio) 鉛（木・ガラス）の薄板. ❷ [本の] 図版；《美術》銅版（画）, 版画: ~ en color カラーの挿画. ❸ [馬などの] 体つき, 姿

laminación [laminaθjón] 女 ❶《金属》圧延: ~ en caliente (frío) 熱間（冷間）圧延. tren de ~ 圧延機. ❷ 貼り合わせ, ラミネート加工

laminar [laminár] 他 ❶ 薄板にする；《金属》圧延する. 薄板をかぶせる, 貼り合わせる, ラミネート加工する；薄片に切る
◆ 形 薄板（薄片）状の: corriente ~《物理》層流. estructura ~《鉱物・生物》層状組織（構造）

laminado 男 1) 圧延工程；圧延製品. 2) 貼り合わせ

laminador, ra 形 名 圧延する；圧延工. ◆ 男 圧延機

laminaria [laminárja] 女《植物》マコンブ

laminero, ra [laminéro, ra] 形 名 甘党の〔人〕〖goloso〗

lampa [lámpa] 女《南米》鍬(くわ)

lampalagua [lampalágwa] 女《南米》ボア〖boa〗；《神話》川の水を飲み干す蛇の怪物

lampar [lampár] 自《口語》物乞いをする

lámpara [lámpara] 女 〖英 lamp〗❶ ランプ: ~ de alcohol (de petróleo) アルコール（石油）ランプ. ~ de gas ガス灯. ~ eléctrica］；電球: ~ colgante 吊り照明. ~ de bolsillo (de mano) 懐中電灯. ~ de mesa 電気スタンド. ~ de mineros (de seguridad) [鉱夫の] 安全灯. ~ de pie フロアスタンド. ~ de rayos UVA 紫外線ランプ. ~ de soldar《技術》ブローランプ. ~ de techo 天井からの照明；[車の] ルームライト. ~ solar《医学》太陽灯. ❸ 真空管 〖~ electrónica〗. ❹《口語》[衣服の] 油じみ: llevar ~ en el pantalón ズボンに油じみがついている. ❺《生物》発光体

lamparería [lamparería] 女 照明器具製造工場（販売店）

lamparilla [lampariʎa] 女 ❶ 浮かし灯明, 常夜灯 〖mariposa〗. ❷ アルコールランプの火口；ブランデーグラス. ❸《植物》ハコヤナギ

lamparín [lamparín] 男《南米》ガス灯；石油ランプ

lamparón [lamparón] 男 [衣服の] 油じみ；《医学》口辺ヘルペス

lampazo [lampáθo] 男《植物》ゴボウ〖スペインでは薬草として使われる〗；《船舶》[甲板ふきの] モップ

lampiño, ña [lampíɲo, ɲa] 形 髭の生えていない；毛の少ない

lampista [lampísta] 名 電気水道ガス工事屋

lampistería 女 電気水道ガス工事店

lampo [lámpo] 男《詩語》[一瞬の] 輝き, 閃光

lamprea [lampréa] 女《魚》ヤツメウナギ

lampuga [lampúga] 女《魚》サバの一種

LAN [lán] 女《略語》←Línea Aérea Nacional [チリの] 国営航空

lana [lána] 女 〖英 wool〗❶ 羊毛；毛糸 〖hilo de ~〗；毛織物 〖tejido de ~〗: batir la ~ 羊の毛を刈り取る. de pura ~ 純毛の. traje de ~ ウールの服. ~ burda (churra) 粗毛. ~ en rama 原毛. ~ de esquileo 刈り取られた毛. ~ virgen 新毛. ❷《軽蔑》[主に 複] 長く伸びた髪. ❸《中南米. 口語》お金. ❹《中米》下層民；浮浪者；ごろつき
cardar a+人 la ~《口語》…を厳しく叱る
ir por ~ *y salir (volver) trasquilado* もうけるつもりが損をする；ミイラ取りがミイラになる

lanada [lanáda] 女 [砲口掃除用の] 洗桿(せんかん)

lanar [lanár] 形 ganado ~ 綿羊類

lance [lánθe] 男 ❶ 出来事；場面, 局面；けんか: ~ de amor 恋愛事件. ~ de fortuna 偶然〔の出来事〕. ~ de honor 決闘. ~ emocionante 感動的な場面. ~ apretado 難局, 苦境. ❷ [トランプなどの] 手. ❸《闘牛》ケープを使うわざ, 技. ❹ [網などを] 投げること
de ~ 買い得の, 安売りの；中古の: libro *de* ~ 古本. librería *de* ~ 古書店
tener pocos ~s 簡単（容易）である

lancear [lanθeár] 他 槍で刺す（闘う）；《闘牛》[ケープで牛を] あしらう

lanceolado, da [lanθeoláðo, ða] 形《植物》〔葉が〕披針形の
lancero [lanθéro] 男 槍騎兵
lanceta [lanθéta] 女 ❶《医学》ランセット；《中南米》〔虫の〕針。❷《動物》pez ～ ナメクジウオ
lancha [lántʃa] 女 ❶《船舶》ランチ, はしけ；［大型の・エンジン付きの］ボート： i) ～ a (de) motor モーターボート。～ de pesca 釣り舟, フィッシングボート。～ rápida 高速艇。～ salvavidas/～ de salvamento (auxilio・socorro) 救命ボート. ii)《軍事》～ cañonera (bombardera・obusera) 砲艇。～ torpedera 魚雷艇。～ de desembarco 上陸用舟艇。❷ 平たい(板状の)石
　lanchero 男 ランチ(はしけ)の船長
　lanchón 男 大型のランチ
lancinante [lanθinánte] 形［痛みなどが］刺す(うずく)ような
landa [lánda] 女 荒野, 荒れ地
landó [landó] 男〔複 ～s〕ランドー型馬車〔前後から幌がかかる向かい合い座席の四輪馬車〕
landre [lándre] 女《医学》腺炎, 腫れ；リンパ腺腫
lanero, ra [lanéro, ra] 形 羊毛の：industria ～ra 毛織物業
　◆ 男 羊毛商
langosta [laŋgósta] 女 ❶《昆虫》イナゴ。❷《動物》イセエビ, ロブスター〔圍圙 エビ類の大きさの順：langosta>langostino>gamba〕
　langostera 女 エビ捕りのかご
langostín [laŋgostín] 男 =langostino
langostino [laŋgostíno] 男《動物》クルマエビ, テナガエビ〔☞ langosta 圍圙〕；ザリガニ〔～ de río〕
langüetear [laŋgweteár] 自《南米》〔動物が〕なめる
languidecer [laŋgiðeθér] 自⑳ 衰弱する, 元気(活気)がなくなる：La conversación languidece. 会話がだれる(はずまなくなる)
lánguido, da [láŋgiðo, ða] 形 衰弱した, 元気(活気)のない：aspecto ～ やつれた(物憂げな)顔
　languidez 女 衰弱；気乗りのなさ
LANICA [lánika] 女《略語》←Líneas Aéreas de Nicaragua ニカラグア航空
lanilla [laníʎa] 女 ❶［毛織物の〕けば。❷ 薄地の毛織物, サマーウール
lanolina [lanolína] 女《化学》ラノリン
lanoso, sa [lanóso, sa] 形 ❶ ウールの割合の多い。❷ 羊毛のような, 縮れた；《植物》綿毛の生えた
　lanosidad 女《植物の》綿毛
lansquenete [lanskenéte] 男〔15-16 世紀にスペインに仕えた〕ドイツ人歩兵
lantano [lantáno] 男《元素》ランタン
　lantánido 男《化学》ランタニド；〔複〕ランタン系列
lanudo, da [lanúðo, ða] 形 長毛の；《中南米》金持ちの, 裕福な
lanuginoso, sa [lanuxinóso, sa] 形《植物》綿毛に覆われた

lanza [lánθa] 女 ❶ 槍：correr ～s 槍で馬上試合をする。❷〔馬車の〕ながえ, 梶棒。❸ 槍騎兵。❹ 消化ホースの先端金具
　a punta de ～ 厳しく；きちょうめんに：Lleva todas las cosas *a punta de ～*. 彼は何事も寸分の狂いなく行なう
　con la ～ en ristre 攻撃の用意をして, 身構えて
　medir ～s con+人 …と剣を交える
　punta de ～〔攻撃の〕先頭, 一番槍
　romper una ～/romper ～s〔+por+事/+en favor de+人・事 …のために〕自分を危険にさらす, 火中の栗を拾う
　◆ 男《中南米》すり, こそ泥；詐欺師
lanzabengalas [lanθaβeŋgálas] 男《単複同形》信号弾発射ピストル
lanzabombas [lanθaβómbas] 男《単複同形》爆弾投下装置；迫撃砲
lanzacohetes [lanθakoétes] 男《単複同形》《軍事》ロケットランチャー。
lanzada¹ [lanθáða] 女 槍の突き(刺し)；その傷
lanzadera [lanθaðéra] 女〔織機・ミシンの〕杼(ひ), シャトル：～ espacial スペースシャトル
lanzado, da² [lanθáðo, ða] 形 過分 ❶《口語》〔ser+. な〕性急な；決然とした, 積極果敢な；遠慮のない：No seas tan ～. そんなにあわてる(はりきる)なよ。❷〔estar+〕i) 速い：salir ～ 大急ぎで飛び出す。ii)《口語》性的に興奮した
　◆《口語》〔主に男女関係で〕積極的な人, 向こう見ずな人
　◆ 男《釣り》キャスティング〔pesca al ～〕
lanzador, ra [lanθaðór, ra] 男 ❶ 投げる人；《野球》投手：～ de cuchillos ナイフ投げの芸人。～ de martillo ハンマー投げの選手。❷ 発起人, 創始者
lanzagranadas [lanθagranáðas] 男《単複同形》《軍事》グレネードランチャー, 擲弾筒(てきだんとう)〔tubo ～〕
lanzallamas [lanθaʎámas] 男《単複同形》《軍事》火炎放射器
lanzamiento [lanθamjénto] 男 ❶ 投げること；発射：～ de bombas 爆弾の投下。base (campo) de ～〔ロケットの〕発射台, 打上げ場。❷《スポーツ》投擲(とうてき)：～ de disco (jabalina・martillo・peso) 円盤(槍・ハンマー・砲丸)投げ。❸〔船の〕進水：ceremonia de ～ 進水式。❹〔会社などの〕創始：～ de una nueva empresa 創業。❺ 売り出し：campaña de ～ al mercado 新発売のキャンペーン。precio de ～ 先導価格。❻《法律》強制立ち退き
lanzamisiles [lanθamisíles] 男《単複同形》ミサイル発射台(装置)
lanzaplatos [lanθaplátos] 男《単複同形》〔射撃場の〕標的放出器
lanzar [lanθár] 他⑨《英 throw. ☞活用表》❶〔+a+contra に〕投げる：～ una pelota a+人 …にボールを投げる。～ una piedra *contra* el enemigo 敵に石を投げつける。❷ 発射する：～ un cohete ロケットを発射する；花火を打ち上げる。～ un satélite artificial 人工衛星を打ち

上げる. ～ un golpe 一撃を加える. ～ un ave 鳥を放つ. ～ la lava 溶岩を噴き出す. ❸ [声・命令などを]発する: ～ un suspiro ため息をつく. ～ una maldición 呪いの言葉を吐く. ～ acusaciones 非難を浴びせる. ～ un bulo デマをとばす. ～ una excomunión 破門を申し渡す. ❹ [体の一部を]急速に動かす: ～ el brazo adelante 腕を突き出す. ❺ [船を]進水させる. ❻ 売り出す, 宣伝する: ～ un nuevo producto al mercado 新製品を市場に投入する

◆ 自《野球》投球する; 吐く〖vomitar〗

◆ ～se 飛び出す, 飛び込む; 突進する: El cohete se lanzó al espacio. ロケットは宇宙に飛び出した. ～se al agua 水に飛び込む. ～se sobre la ladrón 泥棒にとびかかる. ～se contra la puerta ドアに体当たりする. ～se hacia la salida 出口に向かって突進する. ❷ [+a に] 取りかかる: ～se al ataque 攻撃を始める. ～se a los negocios 事業に乗り出す. ～se a la aventura 冒険に身を投じる. ❸《口語》急ぐ; [+a+不定詞] 急に(決然と・軽率に)…する: No te lances. そうするな. Se lanzó a correr. 彼はいきなり駆けだした. Me lancé a pedirle dinero. 私は思い切って彼に金を無心した

lanzar	
直説法点過去	接続法現在
lancé	lance
lanzaste	lances
lanzó	lance
lanzamos	lancemos
lanzasteis	lancéis
lanzaron	lancen

lanzatorpedos [lanθatɔrpéðɔs] 男《単複同形》《軍事》魚雷発射管〖tubo ～〗

lanzazo [lanθáθo] 男 槍 lanza の一撃

laña [láɲa] 女 [割れた陶器を固定する針金の] 留め具, 《医学》縫合用クリップ

lañador [láɲaðor] 男 [陶器の] 修繕屋

lañar 他 修繕する; [魚を] 開く

laosiano, na [laosjáno, na] 形 名《国名》ラオス Laos 〖人〗の; ラオス人

lapa [lápa] 女《貝》カサガイ;《中米. 鳥》コンゴウインコ

pegarse (agarrarse) como una ～《口語》[人が] しつこく付きまとう

laparoscopia [laparɔskópja] 女《医学》腹腔鏡検査

laparoscópico, ca [laparɔskópiko, ka] 形 腹腔鏡による

laparotomía [laparotomía] 女《医学》開腹術

lapicera [lapiθéra] 女《南米》ペン, ボールペン; 万年筆〖～ fuente・estilográfica〗; ペン軸

lapicero [lapiθéro] 男 ❶ シャープペンシル; その替え芯 ❷ 鉛筆〖lápiz〗; [鉛筆の] ホルダー, 補助軸. ❸ 筆箱, 筆入れ. ❹《南米》ペン, ボールペン; ペン軸

lápida [lápiða] 女 石碑: ～ conmemorativa 記念碑. ～ sepulcral (mortuoria) 墓石

lapidar [lapiðár] 他 ❶ …に石を投げつけて殺す; 投石する. ❷《南米》[宝石に] 細工を施す

lapidación 女 投石[による死刑]

lapidario, ria [lapiðárjo, rja] 形 ❶ 石に彫った: inscripción ～ria 碑銘. ❷ 碑銘に適する; 断定的な, 痛烈な. ❸ 宝石の

◆ 名 ❶ 宝石細工師; 宝石商. ❷ 石工師

◆ 男 宝石の解説書

lapídeo, a [lapíðeo, a] 形 石の(ような), 石製の(石造りの)

lapilli [lapíʎi] 男《地質》火山礫

lapislázuli [lapislá̵θuli] 男《鉱物》青金石, 瑠璃, ラピスラズリ

lápiz [lápiθ] 男《英 pencil. 複 ～ces》❶ 鉛筆: escribir a (con) ～ 鉛筆で書く. dibujo a (en) ～ 鉛筆によるデッサン. El ～ se borra solo con el roce. これすてひとりでに消える. ～ de color 色鉛筆. ～ de mina シャープペンシル〖lapicero〗. ❷ 鉛筆画. ❸《化粧》[口紅の]～ de labios/～ labial リップペンシル. ～ de ojos アイライナー. ❹《情報》óptico (fotosensible) ライトペン

lapo [lápo] 男 ❶《西》痰〖esputo〗. ❷ 剣のひらで打つこと; 鞭打ち. ❸《中南米》平手打ち

lapón, na [lapón, na] 形 名《地名》ラップランド Laponia 女 の; ラップ人

lapso [lápso] 男 ❶ 経過, 期間: En el ～ de ocho días todo ha cambiado. 1週間の間にすべてが変わった. ❷ = lapsus

lapsus [lápsus] 男《単複同形》《闘牛》《←ラテン語》[不注意による] 誤り; 言い間違え〖～ linguae〗; 書き間違え〖～ cálami〗; 記憶違い, 思い違い〖～ mentis〗: tener un ～ 1つ間違いをしている. ～ freudiano フロイトの失言

laptop [láptop] 男《情報》ラップトップ

laquear [lakeár] 他《←laca》…にラッカー(漆)を塗る

laqueado 男 ラッカー塗装; 漆塗り

lar [lár] 男 ❶《古代ローマ》[主に 複] 家の守り神. ❷《文語》かまど〖hogar〗; 複《古語》家, 家庭: Volvió a sus ～es. 彼は自分の家に戻った

lardo [lárðo] 男 [豚などの] 脂身, ラード

larga¹ [lárga] 女 ❶《闘牛》片手でケープを使ったかわし: ～ cambiada ケープと反対側に牛を通らせるかわし. ❷ [主に 複]《自動車》ハイビーム *a la ～* 1) ずっと後になって, ついには: *A la ～ no hay diferencia.* 長い目で見れば違いはない. 2) 冗長に, だらだらと

dar ～s a... …を長引かせる, 先延ばしにする: *Dan ～s al asunto para ganar tiempo.* 彼らは時間かせぎにその件の処理を遅らせている

largada [largáða] 女《南米》立ち去ること; [競走の] スタート

largamente [lárgaménte] 副 ❶ 長い間, 時間をかけて; 広く: tratar ～ de un asunto 問題を長々と(広範囲に)論じる. ❷《まれ》たっぷり, 気前よく: dar ～ ふんだんに与える

largar [largár] 他 [+a に]《口語》[不適切に・嫌なふうに] 言う: ～ una palabrota 雑言を浴びせる. ～ el discurso acostumbrado ひとしきりいつもの演説をする. ❷ [打撃などを] 与

える：～ una bofetada *a*+人 …に平手打ちを食わせる. ～ diez pesetas de propina 10 ペセタのチップをやる. ❸《口語》追い出す：～ los demonios 悪魔を追い払う. ～ al criado 召使いを解雇する. ❹《船舶》[少しずつ綱を] 繰り出す：～ cable *al* ancla 投錨する. ～ las velas 帆を広げる
◆ 自《西. 口語》[無遠慮に] よくしゃべる
◆ **～se** ❶《口語》[+de から. 突然・急いで] 立ち去る, 逃げ出す：*Me largo*. 僕はずらかる. ¡*Lárgate* y no vuelvas más! 出て行け! 二度と戻るな. ❷《中南米》[+a+不定詞] …し始める

largavistas [largaƀístas] 男 〖単複同形〗《南米》双眼鏡

largo, ga[2] [lárgo, ga] 形 〖英 long. ↔corto. 絶対最上級 lar*guí*simo〗 ❶ [ser+. +de が] 長い：i) [空間] corredor ～ 長い廊下. pelo ～ 長髪. novela ～*ga* 長編小説. Es ～ *de* piernas. 彼は脚が長い. [衣服. estar+] Esa falda me está ～*ga*. そのスカートは私には長すぎる. ii) [時間] viaje ～ 長旅. Hace ～ tiempo que no me escribe. 彼は長い間私に手紙を寄こさない. Resultó ～*ga* la clase. 授業は長く感じられた. Es ～ *de* contar. それは話せば長いことだ
❷ 背が高い：Es mucho más ～ que los otros chicos. 彼はほかの少年たちよりかなり背が高い
❸ たっぷりの, 多い：joven ～ *de* promesas 将来性豊かな青年. Es ～ *de* palabras y corto de hechos. 彼は口先ばかりで実行しない
❹ [数詞+] …を上回る：He esperado una hora ～*ga*. 私はたっぷり 1 時間は待った. El coche me costó dos millones ～*s*. その車は優に 200 万ペセタはしたよ
❺ 気前のよい 〖generoso〗：Siempre es ～ en dar propinas. 彼はいつも気前よくチップをやる
❻《口語》抜け目のない：Carlos es muy ～. カルロスはまったく抜け目がない
❼《言語》長音の
a lo ～ 1) 縦に：tres metros de ancho y cuatro *a lo* ～ 横 3 メートル縦 4 メートル. 2) [+de] …に沿って；…の間〔ずっと〕：ir *a* 〔*todo*〕 *lo* ～ *de* un río 〔ずっと〕川に沿って行く. *a lo* ～ *del* día (*del* año) 一日じゅう(一年を通して). *a lo* ～ *de* la conferencia 講演の間ずっと
a lo ～ y 〔***a lo***〕 ***ancho de...*** …のあちこちを, …じゅうを
a lo más ～ せいぜい, 多くても
cuan ～/todo lo ～ que 長さ一杯に：Estaba tumbado *cuan* ～ (*todo lo* ～ *que*) era. 彼は長々と寝そべっていた
¡cuán ～ me lo fiáis! [約束などを疑って] そんなこと信用していいのかなあ!
¡～ 〔***de ahí・de aquí***〕***!*** 〔そこから・ここから〕出て行け!
～ de vista 抜け目のない, 洞察力のある.
◆ 副 ❶ 長々と：Mañana hablaremos más ～. 明日もっとゆっくり話そう. ❷《口語》遠くに：Está muy ～ de aquí. そこはここからずっと遠い
◆ 男 ❶ [縦の] 長さ 〖longitud〗：La cuerda tiene diez metros de ～. その綱は長さ 10 メートルだ. rectángulo de diez centímetros de ～ y cinco de ancho 縦 10 センチ横 5 センチの長方形. medir el ～ de la falda スカートの丈を測る. ❷ [布地の長さの単位] 巾(はば)：Para hacer una cortina se necesitan tres ～*s*. カーテンを作るには 3 巾必要だ. ❸《スポーツ》体 1 つの差；1 馬身, 1 艇身：ganar por dos ～*s* 2 馬身(艇身)差で勝つ. ❹《水泳》[競泳路の] 一往復. ❺《音楽》ラルゴ
de ～ 1) ロングドレスを着て. 2) ずっと以前から, 昔から
de ～ a ～ 端から端まで
echar de ～ 浪費する, 無駄使いする
ir para ～ 当分終わらない, だらだらと長引く
pasar de ～ [立ち寄らずに] 通り過ぎる, 素通りする：Fui al pueblo pero *pasé de* ～ por tu casa. 私は町には行ったが君の家には寄らなかった. Me vio y *pasó de* ～. 彼は私を見たが立ち止まらなかった
poner (***ponerse***) ***de ～*** [少女を・が] 社交界にデビューさせる(する)
por ～ すっかり, 細部まで
puesta de ～ 社交界へのデビュー
tener para ～ まだ長時間かかる.
tirar de (***por***) ***～*** 濫費する；大ざっぱに計算する.

largometraje [largometráxe] 男 [60 分以上の] 長編映画 〖↔cortometraje〗

larguero, ra [largéro, ra] 形《南米》長たらしい, 時間のかかる
◆ 男《建築》桁(けた), 横木；[ベッドの] 側板；[ゴールポストの] クロスバー；長枕；《航空》翼桁：mesa con ～*s* [伸張用の] 補助板つきテーブル

largueza [largéθa] 女 ❶ [与える物の] 多さ；気前のよさ：dar con ～ ふんだんに(気前よく)与える. ❷ 長さ 〖longitud〗

larguirucho, cha [largirútʃo, tʃa] 形《軽蔑》[背丈が] ひょろ長い：joven ～ ひょろっと背の高い若者

largura [largúra] 女 [幅に対する] 長さ 〖longitud〗

laringe [laríŋxe] 女《解剖》喉頭(こうとう)
laríngeo, a 形 喉頭の：cáncer ～ 喉頭癌
laringitis 女 〖単複同形〗《医学》喉頭炎
laringología 女 喉頭学
laringólogo, ga 名 喉頭病専門医
laringoscopia 女 喉頭鏡検査
laringoscopio 男 喉頭鏡
laringotomía 女 喉頭切開〔術〕

larva [lárƀa] 女《動物》幼虫；幼生
larval 形 幼虫の, 幼生の
larvario, ria 形 幼虫の：en estado ～ 幼虫の段階の；[計画・病状などが] ごく初期の, 潜在的な段階の

larvado, da [larƀáđo, đa] 形 ❶《医学》仮面性の, 潜在の. ❷ 潜在的な：conspiración ～*da* 裏で進められている陰謀

las [las] 冠 〖定冠詞女性複数形. ☞**el**〗 ～ chicas 少女たち
◆ 代 〖英 them, you. 人称代名詞 3 人称複数

女性形. **⇨lo**] ❶ [直接目的] 彼女らを, あなたがたを；[女性複数名詞省略で]：*Las* invito a la fiesta. 私は彼女たち(あなたがた)をパーティーに招待する. Esas flores ～ compré ayer. これらの花は私が昨日買ったものだ ❷ 《方言》[間接目的] 彼女ら(あなたがた)に 〖les〗：*Las* dije que vinieran. 私は彼女たちに来るように言った

lasaña [lasáɲa] 囡 〖←伊語. 料理〗ラザニア

lasca [láska] 囡 ❶ 石の破片；ハムの一片. ❷ 《船舶》本結び

lascivo, va [lasθíβo, βa] 厖 好色の, 淫蕩な：gestos ～s みだらな仕草. mujer ～*va* 多情な女

lascivia 囡 好色, 淫蕩

láser [lásɛr] 男 《物理》レーザー：operar con ～ レーザーで手術する. rayo ～ レーザー光線. ～-disc 男 レーザーディスク

laso, sa [láso, sa] 厖 ❶ 《文語》疲れた, 元気のない, 体力の衰えた. ❷ [糸などが] 撚(*ょ*)れていない；[髪が] 真っ直ぐな, ウエーブのかかっていない. ❸ 緩んだ

lasitud 囡 《文語》疲れ, 元気のなさ

lástima [lástima] 囡 ❶ 哀れみ, 同情；残念：Sentí ～ de (por) él. 私は彼をかわいそうに思った. Me daba ～ ver aquellos chicos. あの子たちの様子が見るに忍びなかった. ❷ 悲惨なこと, みじめさ：Se desahogó contándome todas sus ～s. 彼は自分の悲惨な状態をすっかり私に打ち明けた

　〔*estar*〕**hecho una** ～《口語》哀れな状態になって〔いる〕：El paquete llegó *hecho una* ～. 小包はぼろぼろになって着いた

　¡～ **que+接続法！** …とは残念だ

　¡qué (**es** (**una**)) ～ (**que+接続法**)**！**〔…とは〕残念だ！：*¡Fue una* ～ *que* no pudieras pasar el examen! 君が試験に失敗したのは残念だった

lastimar [lastimár] 他 [軽く] 傷つける：Los zapatos me *han lastimado* los pies. 私は靴ずれを起こした. Sus palabras me *lastimaron* mucho. 彼の言葉は私をひどく傷つけた

　◆ ～se 傷つく

lastimero, ra [lastiméro, ra] 厖 ❶ 悲しげな：quejido ～ 哀れっぽい悲鳴. ❷ 傷をつける

lastimoso, sa [lastimóso, sa] 厖 痛ましい, 気の毒な；嘆かわしい：hallarse en una situación ～*sa* 哀れな状態にある

lastón [lastón] 男 イネ科植物の一種

lastra [lástra] 囡 平石

lastrar [lastrár] 他 ❶ [船・気球に] バラストを積む；重みを加える. ❷ [進行を] 遅らせる, 邪魔する：país *lastrado* por una economía débil 経済的弱体という重荷を負った国

　◆ 自 《中南米》大食いする

lastre [lástre] 男 ❶ [船・気球の] バラスト：barco en ～ 空船. tirar (largar) ～ バラストを捨てる. ❷ 邪魔, 障害. ❸ 思慮, 分別〖否定文で〗：no tener ～ 思慮がない. A él le falta ～. 彼にはまだ人間的な重みがない

lata¹ [láta] 囡 ❶ 缶；缶詰〖～ de conser-

va〗：abrir una ～ de sardinas イワシの缶詰を開ける. ❷ ブリキ〖hoja de ～〗：barrio de las ～s スラム街, バラック地区. ❸ 《口語》いや気, わずらわしさ；退屈〖な事・人〗：Es una ～ tener que trabajar hoy. 今日働かなければならないなんてうんざりだ. Esas tío es una ～. 退屈な奴だ. ¡Qué ～!/¡Vaya (Viva) una ～! ああ退屈(うんざり)だ!

　dar la ～ a+人《口語》…をうんざりさせる；…に迷惑をかける

　en ～ 缶入りの：cerveza *en* ～ 缶ビール

　estar en la ～/no tener ni una ～《中南米》一文なしである

latazo [latáθo] 男 《口語》ひどくやっかい(退屈)なこと(人)

latear [lateár] 他 《中南米》[くだらないことを長々としゃべって] うんざりさせる

latente [laténte] 厖 [estar+] 潜在する：La enfermedad está ～. 病気が潜伏している. peligro ～ 隠れた危険. calor ～ 《物理》潜熱. dolor ～ 鈍痛

latencia 囡 潜伏〔期〕

lateral [laterál] 厖 ❶ 側面の；横の：espejo ～ サイドミラー. luz ～ [船などの] 側灯. puerta ～ 横(側面側)の戸口. ❷ 側面的な, 主要でない. ❸ [家系などが] 傍系の. ❹ 《言語》側音の

　◆ 名《スポーツ》ウイング：～ izquierdo レフトウイング

　◆ 男 ❶ 側面, 側部；側面板：En este ～ irá la estantería. こち側には棚が置かれる. ❷ 〖時に囡〗側面, 脇道. ❸《スポーツ》ゴールポスト. ❹《演劇》舞台脇

　◆ 囡《言語》側音

latero, ra [latéro, ra] 厖 名《中南米》退屈な；ブリキ屋

látex [láte(k)s] 男 〖単複同形〗[植物の] 乳液, ラテックス

latido [latíðo] 男 ❶ [心臓の] 鼓動, 動悸, 脈拍：Ahora los ～s de su corazón son fuertes. 彼の鼓動は今激しい. ❷ ずきずきする痛み, 疼痛

latifundio [latifúndjo] 男 大私有農地, 大農園；未開の大私有地

latifundismo 男 大土地所有制度

latifundista 厖 名 大土地所有の；大地主, 大農園主

latigazo [latiɣáθo] 男 ❶ 鞭で打つこと；その音. ❷ [突然の] 鋭い痛み；厳しい叱責；感電. ❸《西. 口語》[酒の] ひと飲み

látigo [látiɣo] 男 ❶ [馬用の] 鞭(ʰ)：～ de montar 乗馬用の鞭. ❷ [遊園地の] 急な停車(方向転換)するような乗り物

　usar (**sacar**) **el** ～ 〔+con+人に〕非常に厳しくする

latiguillo [latiɣíʎo] 男 常套文句；[役者などの] 誇張した演技(せりふ)

latín [latín] 男 ラテン語：i) ～ clásico 古典ラテン語. bajo ～ 低ラテン語. ～ vulgar (rústico) 俗ラテン語. ～ medieval 中世ラテン語. ～ moderno 近代ラテン語. ii) [主に 複] その

単語, 表現：abusar de (echar) *latines* ラテン語を乱用する

saber [*mucho*] ～《口語》抜け目がない；すばしこい

latinajo [latináxo] 男《軽蔑》ラテン語〔風の語法〕；間違いだらけのラテン語

latinidad [latinidá(d)] 囡 ラテン〔語〕文化〔圏〕

latiniparla [latinipárla] 囡《軽蔑》ラテン語をやたらに使う学者ぶった話し方

latinismo [latinísmo] 男〔主に他の言語で使われる〕ラテン語特有の語法

latinista [latiníşta] 囲 ラテン語(文学)研究者

latinizar [latiniθár] 团 他 ラテン〔語〕化する
latinización 囡 ラテン〔語〕化

latino, na [latíno, na] 圏《英 Latin》❶ ラテン系の〔人〕；ラテン語の：hablar inglés con acento ～ ラテン系のなまりで英語を話す. América L～na ラテンアメリカ. giro ～ ラテン語の言い回し. países ～s ラテン系諸国. temperamento ～ ラテン気質. vela ～na《船舶》ラテンセール, 三角帆. ❷〔米国で〕ラテン系の人, ヒスパニック〔hispano〕. ❸《キリスト教》〔東方(ギリシア)教会に対して〕西方(ラテン)教会の：Iglesia ～na ローマカトリック教会. ❹〔歴史・地名〕古代ラティウム Lacio の；ラテン人

Latinoamérica [latinoamérika]《地名》ラテンアメリカ

latinoamericano, na 圏 圀 ラテンアメリカの〔人〕：países ～s ラテンアメリカ諸国

latir [latír] 圁 ❶〔心臓が〕鼓動する, 脈打つ：Mi corazón *late* deprisa. 私は心臓がドキドキしている. ❷ ずきずき痛む. ❸ 潜在する：Bajo sus apacibles palabras *latía* un odio feroz. 彼の穏やかな言葉の裏には激しい憎しみが渦巻いた

latitud [latitú(d)] 囡 ❶ 緯度〔↔longitud〕：Madrid está casi a 40,5 grados de ～ norte y 3,5 de longitud oeste. マドリードはほぼ北緯40.5度, 西経3.5度にある. ～ sur 南緯. ❷〔緯度的に見た〕地域, 場所；気候, 風土：～es altas (bajas) 高(低)緯度地域. El hombre puede vivir en las más diversas ～es. 人間はどんな気候の下でも生活できる. No esperaba verte por estas ～es. こんな所で君に会うとは思いもよらなかった. ❸《文語》〔領土などの〕広さ, 範囲. ❹《口語》自由, 許容範囲. ❺《天文》黄緯度
latitudinal 圏 横の, 横に広がる

lato, ta[2] [láto, ta] 圏《文語》[+名詞] 広い, 広範囲の
en sentido ～ 広い意味で

latón [latón] 男《金属》真鍮(しんちゅう), 黄銅；《南米》[ブリキ製の] 洗濯用バケツ

latoso, sa [latóso, sa] 圏 ❶《口語》やっかいな, うるさい：enfermedad ～sa やっかいな病気. ❷《南米》退屈な

latría [latría] 囡《カトリック》culto de ～ 礼拝の表敬〔神だけに捧げる最高礼拝〕
latréutico, ca 圏 culto ～ 礼拝の表敬

latrocinio [latroθínjo] 男《文語》盗み, 詐欺

laucha [láutʃa] 囡《南米》ネズミ〔ratón〕；やせて顔の小さい人；抜け目のない(すばしっこい)人

laúd [laú(d)] 男 ❶《楽器》ラウード〔スペイン式のリュート〕▷カット. ❷ 一本マストの帆船. ❸《動物》オサガメ(長亀)

laudable [laudáble] 圏 賞賛すべき

láudano [láudano] 男《薬学》アヘンチンキ

laudatorio, ria [laudatórjo, rja] 圏《文語》賞賛する：frases ～rias 賛辞
◆ 囡《まれ》賛辞

laudes [láudes] 囡《宗教》賛課〔聖務日課の一つ〕

laudo [láudo] 男《法律》〔仲裁〕裁定〔～ arbitral〕；《南米》[レストランの] サービス料

Laura [láura] 囡《女性名》ラウラ

laureado, da [laureádo, da] 圏 囡 過分《文語》栄誉を得た, 受賞した；受勲者；[特に] 聖フェルナンド勲章 Cruz Laureada de San Fernando を受けた〔軍人〕：poeta ～ 桂冠詩人

laurear 他 [+con 賞を] 授ける, 授賞する；月桂冠をかぶせる

laurel [laurél] 男 ❶《植物》ゲッケイジュ(月桂樹)：corona de ～〔月〕桂冠. hoja de ～ ベイリーフ, ローリエ. ～ alejandrino ナギイカダ. ～ cerezo (real) セイヨウバクチノキ. ～ de jardín《南米》セイヨウキョウチクトウ. ～ rosa キョウチクトウ. ❷〔主に 囡〕栄冠, 名誉：cosechar (ganar) ～es de la victoria 勝利の栄冠を得る. mancillar los ～es 名誉を傷つける
dormir[se] en (sobre) los ～es 過去の栄光の上にあぐらをかく

laurencio [laurénθjo] 男《元素》ローレンシウム

láureo, a [láureo, a] 圏《文語》月桂樹の葉(枝)でできた：corona ～a 月桂冠

laurisilva [laurisílba] 囡《植物》[カナリア諸島の] クスノキ科の常緑高木の一種

lauro [láuro] 男《文語》= laurel

lauroceraso [lauroθeráso] 男《植物》セイヨウバクチノキ

lautista [lautíşta] 囡 ラウード laúd 奏者

lava [lába] 囡 溶岩, 火山岩：río (colada) de ～ 溶岩流

lavable [labáble] 圏 洗える, 洗濯のきく

lavabo [labábo] 男 ❶ 洗面台；手洗い盤. ❷〔時に 圈〕洗面所, 化粧室；便所：pasar (ir) al ～ トイレに行く. ❸《カトリック》洗手礼, 洗指式；それに使う手ふき布

lavacoches [labakótʃes] 囡〔単複同形〕[自動車修理工場・ガソリンスタンドなどの] 洗車係, 下働き

lavada [labáda] 囡《南米》= lavado[1]

lavadero [labadéro] 男 ❶ 洗濯場；洗濯室, 家事室：～ público 共同洗濯場. ❷〔河原の〕洗鉱場；洗鉱槽. ❸《南米》クリーニング店；洗濯槽

lavado[1] [labádo] 男 ❶ 洗うこと；洗濯〔～ de

la ropa』；洗浄： ～ de platos 食器洗い. ～ de las lanas 洗毛. ～ del carbón 洗炭. ～ de estómago／～ gástrico 胃洗浄. ❷ 欠点などを取り除くこと： ～ de imagen 悪いイメージの除去. ❸ マネーロンダリング. ❹《技術》水で洗い流すこと，フラッシング： ～ automático セルフフラッシング；カーウォッシュ

　～ **de cara** 外見の一新，化粧直し： hacer una ～ de cara a... …を化粧直しする

　～ **de cerebro／**《口語》 ～ **de coco** 洗脳

lavado², da [laβáðo, ða] 形 過分 ❶ 洗った. ❷《南米》色の落ちた，色あせた；[色が] 淡い；[顔色が] 青白い

lavador, ra¹ [laβaðór, ra] 形 ❶ 洗う〔人〕，洗濯する〔人〕

　◆ 男〔銃の掃除用の〕洗い矢

lavadora² [laβaðóra] 女 洗濯機： ～ superautomática 全自動洗濯機

lavafrutas [laβafrútas] 男《単複同形》[テーブルに出される] 果物洗い用の鉢；フィンガーボール

lavaje [laβáxe] 男 [羊毛の] 洗毛；[傷口の] 洗浄

lavamanos [laβamános] 男《単複同形》フィンガーボール；洗面器

lavanco [laβánko] 男《鳥》マガモ

lavanda [laβánda] 女《植物》ラベンダー；ラベンダー香水 『agua de ～』

lavandería [laβandería] 女 [水洗い専門の] 洗濯屋，クリーニング店；コインランドリー 『～ automática』

　lavandero, ra 名 洗濯屋. ◆ 女 洗濯女；《鳥》セキレイ

lavandina [laβandína] 女《南米》漂白剤 『lejía』

lavándula [laβándula] 女 ＝**lavanda**

lavaojos [laβaóxos] 男《単複同形》洗眼皿

lavaplatos [laβaplátos] 名《単複同形》皿洗い

　◆ 男 皿洗い機 『lavavajillas』；《中南米》流し 『fregadero』

lavar [laβár] 他《英 wash》❶ 洗う，洗濯する： ～ la ropa 衣服を洗濯する. echar a ～ [洗濯物を] 洗濯機(洗濯物入れ)に入れる. ～ platos 食器を洗う. ～ un coche 車を洗う. ～ los minerales 洗鉱する. ～ a+人 el pelo …の髪を洗う. ❷ [罪・汚名などを] すすぐ. ❸ マネーロンダリングする. ❹《美術》[淡彩で] 薄く(さっと) 塗る

　◆ 自 ❶ 洗濯をする. ❷《口語》[衣服が] 洗濯がきく

　◆ ～se 自分の体を洗う，[自分の手足などを] 洗う： Se lavó con jabón. 彼は石けんで体を洗った. Me lavo la cara. 私は顔を洗う. Querría ～me las manos.《婉曲》お手洗いに行きたいのですが

lavarropas [laβarópas] 男《単複同形》《南米》洗濯機 『lavadora』

lavasecadora [laβasekaðóra] 女 全自動乾燥洗濯機

lavativa [laβatíβa] 女《医学》浣腸〔剤・器〕

lavatorio [laβatórjo] 男 ❶《カトリック》[聖木曜日の《ミサ》] 洗足式，洗手礼. ❷《南米》洗面台，化粧台；トイレ；洗面器

lavavajillas [laβaβaxíʎas] 男《単複同形》皿洗い機；食器用洗剤

lavazas [laβáθas] 女 複《汚れた》洗い水

lavotear [laβoteár] 他《軽蔑》ざっと洗う，いい加減に洗う

　lavoteo 男 ざっと洗うこと

lawrencio [laurénθjo] 男 ＝**laurencio**

laxante [la(k)sánte] 形 『ser+』 弛緩させる；緊張をほぐく；通じをよくする

　◆ 男《薬学》緩下剤，通じ薬

laxación 女／**laxamiento** 男 緩下剤の使用；リラックス

laxar 他 弛緩させる；便秘を治し，通じをよくする. ◆ ～se 緩下剤を飲む

laxo, xa [lá(k)so, sa] 形《文語. 主に比喩》緩んだ，たるんだ 『flojo』；だらけた： músculo ～ 弛緩した筋肉. opinión laxa 不健全な意見. conducta laxa だらしない行ない. ley laxa ザル法. en sentido ～ 広い意味で

laxismo 男 寛容主義；甘やかし

laxitud 女 緩み，たるみ；《医学》[組織の] 弛緩

laya [lája] 女 ❶《農業》すき. ❷《文語》性質，種類： gentes de esa ～ その類(たぐい)の連中. Son de la misma ～. 彼らは同じ穴のむじなだ

layetano, na [lajetáno, na] 形 名《歴史・地名》ライエタニー Layetania の〔人〕『現在のカタルーニャ地方の沿岸部』

lazada [laθáða] 女 蝶結び〔の飾り〕： atar con una ～ 一重結びにする. doble ～／dos ～s 蝶結び

lazar [laθár] 他《中米》投げ縄で捕える

lazareto [laθaréto] 男 [昔の] 避病院，隔離所；ハンセン病病院

lazarillo [laθaríʎo] 男 盲人の手を引く少年 『← 16 世紀の小説 Lazarillo de Tormes』： perro ～ 盲導犬

lázaro [láθaro] 男 乞食，非常に貧しい人；《聖書》『L～』ラザロ

　estar hecho un ～ 腫れものだらけになっている

lazarista 形《宗教》ラザリスト会 orden hospitalaria de san Lázaro の〔会員〕

lazo [láθo] 男 ❶《服・髪などの》リボン飾り；蝶結び： recogerse el pelo con un ～ 髪をリボンで束ねる. hacer un ～ 蝶結びにする. ～ de zapato 靴ひも. ❷ 蝶ネクタイ 『corbata de ～』；[蝶結びにした] 腕章. ❸ 投げ縄；その形の罠，輪縄 『～ corredizo』；計略： echar (tender) el ～ a... …に投げ縄をかける；[+人] …の気持ちを捕える. cazar a ～ 罠で捕える；《口語》[話に] 釣り込む. caer en el ～ 罠にかかる. ❹ [主に 複] きずな；束縛：～s de amistad 友情のきずな. servir de ～ entre... …の間の仲介役をつとめる. La costumbre crea los ～s. 習慣は束縛を生む. ❺ [道などの] カーブ；～ cerrado《鉄道》ループ線. ❻《フィギュアスケート》ループ，結び目型

lazurita [laθuríta] 女 ＝**lapislázuli**

lb.《略語》←**libra** ポンド

L

Ldo. 《略語》←Licenciado 学士

le [le] 代 〖英 him, her, you, it. 人称代名詞3人称単数〗 ❶ [間接目的] i) 彼(彼女)に, あなたに; それに: *Le* escribí. 私は彼(彼女・あなた)に手紙を書いた. Voy a reservar*le* el sitio a Miguel. ミゲルのために席を取っておいてあげよう. Agréga*le* un poco de sal. それに少し塩を加えなさい. Siempre *le* compro tabaco a esa anciana. 私はいつもその老女からタバコを買う. ii) [中性] そのことに: Me rompí una muela, pero mi familia no *le* dio ninguna importancia. 私は歯が折れたのに, 家族は知らん顔をしていた
❷《主に西》[人(男性)を表わす直接目的] 彼を, あなたを 〖lo〗: *Le* estábamos esperando mucho tiempo. 私たちは長い間彼(あなた)を待っていた

lea- ☞leer [22]

leal [leál] 形 名 [ser+. +a に] 忠実な〔人〕, 誠実な〔人〕; 支持者: ser ~ *a*l rey 国王に忠実である. mantenerse ~ *a* sus convicciones 信念を曲げない. corazón ~ 忠誠心. amigo ~ 誠実な友人. perro ~ 忠実な犬

lealtad [lealtá(d)] 女 忠実, 誠実: jurar ~ a... …に忠誠を誓う

leandra [leándra] 女《西. 口語》ペセタ 〖peseta〗

leasing [lísiŋ] 男《←英語. 商業》リース

lebeche [lebétʃe] 男 [スペインの地中海岸に吹く] 南東風

lebrada [lebráda] 女《料理》ウサギ肉の煮込みの一種

lebrato [lebráto] 男 子ウサギ

lebrel [lebrél] 男《犬》ハウンド, グレーハウンド: ~ inglés ディアハウンド. ~ irlandés アイリッシュウルフハウンド

lebrero [lebréro] 男《犬》グレーハウンド

lebrillo [lebríʎo] 男 [陶製の] 手洗い鉢

lección [lɛ(k)θjɔ́n] 女 〖英 lesson〗 ❶ 学課: ¿Por qué ~ vamos?/¿En qué ~ estamos? 今日は何課からですか? ~ una (primera) 第1課. ❷ 授業, 講義 〖clase〗; 稽古, レッスン: Hoy tenemos ~ de matemáticas. 今日は数学の授業がある. recibir *lecciones* de piano ピアノのレッスンを受ける. ~ magistral 特別講演. ❸ 教訓, 戒め: Eso es una ~ para él./Eso le servirá de ~. それは彼にはいい薬だ. ~ histórica 歴史の教訓. ❹《宗教》読誦文
dar la ~ [生徒が] 学課を暗唱してみせる
dar lecciones [+a+人 に] 授業をする, 教える; [+con+人 の] 授業を受ける
dar una ~ a+人 …に教訓となる; …をこらしめる
tomar la ~ a+人 [先生が生徒などに対して] 学んだことを確かめる, おさらいさせる

leccionario [lɛ(k)θjonárjo] 男《宗教》読誦本

lecha [létʃa] 女 =**lechaza**

lechada [letʃáda] 女 ❶《建築》漆喰(しっくい); 石灰乳, とろ, グラウト 〖~ de cal〗. ❷ [製紙の] 薄い液状のパルプ

lechal [letʃál] 形 名 哺乳期の〔動物〕; [特に] 子羊 〖cordero ~〗: ~ asado《料理》子羊の丸焼き
◆ 男 [植物の] 乳汁

lechar [letʃár] 形 =**lechal**
◆ 他 ❶《中南米》搾乳する; 哺乳する, 乳を出す. ❷《中米》[壁に] 石灰を塗る

lechaza [letʃáθa] 女 [魚の] 白子, 魚精

lechazo [letʃáθo] 男 乳飲み期(生後4週間前後)の子羊;《南米》思いがけない幸運

leche [létʃe] 女 〖英 milk〗 ❶ 不可算 i) 乳, ミルク; 牛乳 〖~ de vaca〗: criar con la ~ de la madre 母乳で育てる. ~ en polvo 粉ミルク. ~ entera [脱脂乳に対して] 全乳. ~ de cabra 山羊の乳. ~ malteada《南米》泡立てた生クリーム. ~ frita 小麦粉と牛乳で作る揚げ菓子. ~ merengada メレンゲで作ったアイスクリーム. ii) [植物からとれる] 乳液; ラテックス; 乳状のもの: ~ de almendras《薬学》アーモンドミルク(乳剤). ~ de paloma ハト乳 〖ひなを養う乳状液〗. ~ limpiadora《化粧》クレンジング乳液. ❷《植物》~ de gallina (de pájaro) オオアマナ. ❸《卑語》精液 〖semen〗. ❹《西. 俗語》i) 殴打: dar una leche ~ 殴る. liarse a ~*s* 殴り合いをする. ii) 面倒なこと: Es una ~+不定詞 …とは面倒(やっかい)だ. ❺《南米》幸運
a toda ~《俗語》大急ぎで
como la ~ [料理が] 非常に柔らかい
darse una ~《口語》びっくりする
de ~ [牛などが] 乳用の; [動物の子が] 乳離れしていない
echando ~s =**a toda ~**
estar en ~ [果実などが] まだ熟していない
¡~(s)!/¡la ~!/¡qué ~(s)!《西. 俗語》[驚き・怒り] おやおや; こん畜生!
mala ~《主に西. 口語》不機嫌; 意地の悪さ: con *mala* ~ 腹立ちまぎれに. estar de *mala* ~ 機嫌が悪い. tener *mala* ~ 意地が悪い
mamar... en la ~ [物心がつかないうちから] …が身にしみ込んでいる
pegar una ~ 殴りつける
¡por la ~ que mamé (mamaste)!《俗語》[脅迫・約束などを] 絶対にやるぞ!
ser la ~《西. 俗語》どうしようもない, 我慢ならない
tener (traer・estar con) la ~ en los labios まだ乳臭い, 若くて知識(経験)が足りない

lechecillas [letʃeθíʎas] 女 複《料理》胸腺肉; 臓物: ~ de ternera リドヴォー

lechera[1] [letʃéra] 女 ❶ 牛乳瓶(缶・つぼ). ❷《俗語》パトロールカー. ❸《南米》乳牛
cuento de la ~/cuentas de ~ 取らぬ狸の皮算用

lechería [letʃería] 女 牛乳店, 乳製品販売店

lechero, ra[2] [letʃéro, ra] 形 ❶ 乳の, 牛乳の; 酪農の: central (cooperativa) ~*ra* 酪農協同組合. industria ~*ra* 酪農業, 乳業. ❷《植物》乳液を含む. ❸《南米》幸運な
◆ 名 牛乳屋; 酪農家, 乳しぼり

lechetrezna [letʃetréθna] 囡《植物》タカトウダイ

lechigada [letʃiɣáða] 囡 医名《犬・豚などの》一腹の子

lecho [létʃo] 男 ❶《文語》寝床 〖cama〗：～ de muerte/～ mortuorio 死の床, 墓. ❷ 河床〖～ fluvial〗；湖底, 海底；《地質》地層. ❸〖物を上にのせる・敷く〗台, 床：～ del camino 道床

estar en un ～ de rosas 安楽な身分である

lechón, na [letʃón, na] 名 名《農業》[主に若い]豚；《口語》うすぎたない〔やつ〕

◆ 男《料理》乳飲み豚 〖cochinillo〗

lechoso, sa [letʃóso, sa] 形 ❶ 乳液状の；乳白色の：loción ～*sa*〖化粧用の〗乳液. ❷〖植物が〗乳液を出す

lechucear [letʃuθeár] 自 ❶《西. 口語》[ひっきりなしに]甘い物をつまむ. ❷《南米》[タクシー運転手などが]夜間勤務する；詮索する, かぎ回る

◆ 他《南米》…に不運をもたらす, けちをつける；悪口を言う

lechuga [letʃúɣa] 囡 ❶《植物》レタス, サニーレタス：～ romana (costina) ロメインレタス, タチヂシャ. repollada 葉がキャベツ状のレタス. ～ de mar アオサ. ❷《服飾》[16-17世紀に流行した]糊付けしたひだ襟(袖口), ラフ〖カット〗. ❸《西》チベセタ札

como una ～[人が]生き生き(はつらつ)とした, 元気いっぱいの

más fresco que una ～《口語》厚かましい, 涼しい顔の；とても健康である

lechuguilla [letʃuɣíʎa] 囡 野生のチシャ；= lechuga

lechuguino, na [letʃuɣíno, na] 名《口語》おしゃれな(気どった)若者

◆ 男 レタスの苗

lechuza[1] [letʃúθa] 囡 ❶《鳥》[総称]フクロウ；メンフクロウ〖～ común〗. ❷《口語》宵っぱりの人, 夜型の人；夜遊ぶ人；醜い女, ぶす. ❸《中南米》金髪で色白の人；《中米》売春婦

lechuzo, za[2] 形 名 1)《口語》まぬけ〔な〕, あほう〔の〕. 2) いつも甘い物をつまんでいる〔人〕. 3)[外見・習慣が]フクロウのような〔人〕

lecitina [leθitína] 囡《生化》レシチン

lectivo, va [lektíβo, ba] 形 授業〔期間〕の：período ～ 授業期間〖例えば4-7月, 9-12月など〗. día ～ 授業のある(休まない)日

lector, ra [lektór, ra] 形 読書の

◆ 他 ❶ 読者；閲覧者：Esta revista tiene muchos ～*es*. この雑誌は読者が多い. ❷《西》[語学の]外人教師：Fue ～ de japonés en España. 彼はスペインで日本語の教師をしていた. ❸[出版社で]原稿を読んで出版可否を判断する人

◆ 男 ❶《情報》読取機：～ óptico 光学スキャナー. ❷《カトリック》読師〖órden 参照〗

lectorado [lektoráðo] 男 医名 1) 外人教師. 2) 外人教師の職. 3) 読師の地位

lectura [lektúra] 囡《英 reading. ←leer》❶ 読書, 読むこと；朗読：Tiene afición a la ～. 彼は読書が趣味だ. sumergirse en la ～ de una novela 小説を読みふける. sala de ～ 閲覧室. ～ de los poemas 詩の朗読. ～ rápida (veloz) 速読. ❷ 読解, 解釈；解読：enseñar la ～ 読み方を教える. libro de ～ 読本, リーダー. ～ de un texto テキストの解釈. Sus palabras tuvieron diferentes ～*s*. 彼の発言は色々に解釈できた. ❸ 読み物：～ para los chicos 子供向きの本. ❹《計器の》表示度数：～ hora (minutos)〖デジタル時計の〗時間(分)表示. ❺《情報》読み取り：～ óptica 光学式読み取り. ❻[主に医. 読書による]教養：～*s* clásicas 古典の教養. Es hombre de mucha ～. 彼は非常に教養がある

leedor, ra [leeðór, ra] 形 本を読む：Es poco ～. 彼は本をほとんど読まない

◆ 名 読者：～ de un periódico 新聞の読者

leer [leér] 他他《英 read. ☞活用表. 過分 leído, 現分 leyendo》❶ 読む：～ un periódico (una novela) 新聞(小説)を読む. *Lee* el alemán. 彼はドイツ語が読める. ❷ 声に出して読む, 朗読する：～ un discurso 演説を読み上げる. ～ cuentos a sus hijos 子供たちに物語を読んでやる. ❸ 解読する；[+en から]察知する：～ una sonata ソナタ〔の楽譜〕を読む. ～ el pensamiento de+人 …の考えを見抜く. *Leí* el odio en sus ojos. 私は彼の目に憎しみを読み取った. ❹《情報》読み込む, 読み取る

◆ 自 読む, 読書する：No sabe ～. 彼は字も読めない. enseñar a+人 a ～ y escribir …に読み書きを教える. ～ mucho 多読する

leer	
直説法点過去	接続法過去
leí	leyera, -se
leíste	leyeras, -ses
leyó	leyera, -se
leímos	leyéramos, -semos
leísteis	leyerais, -seis
leyeron	leyeran, -sen

legación [legaθjón] 囡 ❶ 使節の任務, 託されたメッセージ：exponer la ～ 任務の内容(メッセージ)を公表する. ❷ 使節団. ❸ 公使の職務；公使館

legado [legáðo] 男 ❶ 遺産 〖herencia〗：dejar un ～ a+人 …に遺産を残す. ～ de Roma ローマから受け継いだもの. ❷ 使節, 特使〖enviado〗：～ apostólico (pontificio) ローマ教皇の遣外使節. ❸《歴史》[ローマ帝国の]地方総督

legajo [legáxo] 男 医名 一件書類, 書類の綴り

legal [legál] 形〖ser+〗❶ 法律〔上〕の, 法的な；合法的な〖↔ilegal〗；法定の：medio ～ 法的(合法的な)手段. precio ～ 法定価格.

procedimiento ～ 法的措置. término ～ 法律用語. ❷《西. 文語》［テロリストなどが］前科のない. ❸《口語》信頼のおける；［仕事に］忠実な. ❹《南米》優秀な

legalmente 副 法律上；合法的に

legalidad [legaliðá(ð)] 囡 合法(適法)性：dentro de la ～ 法律に触れない範囲内で. salirse de la ～ 合法的範囲から逸脱する

legalismo [legalísmo] 男 法律尊重(万能)主義, お役所的形式主義

legalista 形 名 法律尊重主義の〔人〕

legalizar [legaliθár] 他 ❶ 法律上正当と認める, 合法化する：～ el divorcio 離婚を合法化する. ❷［署名などを］真正を証明する：Legalizaron el contrato ante notario. 契約書は公証人立会いの下で真正と認められた. ❸《商業》査証する

legalización 囡 1) 合法化. 2)［文書の］証明；査証

légamo [légamo] 男《水底の》ぬるぬるした泥, 軟泥；粘土質の土

legaña [legáɲa] 囡 目やに：ojos llenos de ～s 目やにだらけの目. Ojos hay que de ～s enamoran.《諺》たで食う虫も好き好き

legañoso, sa 形 名 目やにだらけの〔人〕

legar [legár] 他 ❶［+a に］遺贈する；［後世・外国などに］伝える：～ sus bienes a una institución benéfica 財産を福祉施設に遺贈する. ～ a la posteridad sus obras 作品を後世に残す. ❷［使節・代理として］派遣する

legatario, ria《法律》受遺者：～ universal 包括受遺者

legendario, ria [lexendárjo, rja] 形《←leyenda》伝説〔上〕の；伝説となった, 有名な：personaje ～ 伝説上の人物. héroe ～ 伝説的な英雄

◆ 男《宗教》聖人伝

legible [lexíβle] 形［字が］読み取れる, 読みやすい

legibilidad 囡 可読性, 読みやすさ

legión [lexjón] 囡 ❶《古代ローマ》軍団, レギオン. ❷［選別された］部隊：～ extranjera 外人部隊. ❸《文語》多数, 大勢：una ～ de turistas 大勢の観光客. Son ～ las moscas. ハエがうようよいる. en ～ 大群の, 大群となって

legionario, ria 形 名 軍団の［兵士］；団員：enfermedad del ～《医学》在郷軍人病

legionella [lexjonéla] 囡《医学》在郷軍人病；その病原バクテリア

legislación [lexislaθjón] 囡 ❶《集合》［一国・一分野の］法律, 法：～ bancaria 銀行法. historia de la ～ 法制史. ❷ 法律の制定, 立法. ❸ 法学

legislar [lexislár] 自 法律を制定する, 立法する

legislador, ra 形 名 立法者〔の〕

legislativo, va [lexislatíβo, βa] 形 立法の, 立法部の；［機関が］立法権のある：asamblea (cámara) ～va 立法議会. cuerpo ～ 立法府. orden ～va 議会の命令. procedimiento ～ 立法手続き

◆ 囡 圈 議会選挙

legislatura [lexislatúra] 囡 立法期［立法議会の任期存続期間］；《南米》立法府, 立法議会

legista [lexísta] 名 ❶ 法律家, 法律学者. ❷《中南米》médico ～ 法医学者［forense］

legitimar [lexitimár] 他 ❶ 合法化する, 正当と認める：～ el partido comunista 共産党を合法化する. ❷［自分の子として］認知する, 嫡出子とする. ❸［書類・署名などを］真正と認める. ❹［資格・責任を］与える

legitimación 囡 合法化；認知

legitimidad [lexitimiðá(ð)] 囡 合法性, 正当性；［王位継承の］正統性

legitimista 形 名 正統王朝派の〔の〕

legitimismo 男 正統王朝主義

legítimo, ma [lexítimo, ma] 形 ❶ [ser+] 合法的な, 正当な［↔ilegítimo]：gobierno ～ 合法(正当)な政府. [en] defensa ～ma《法律》正当防衛〔で〕. dueño ～《法律上》正当な所有者. esposa ～ma 正妻. hijo ～ 嫡出子. [ser ～ que+接続法] Es ～ que lo exijan. 彼らがそれを要求するのは正当だ. ❷ 真正の：un Picasso ～ 本物のピカソ〔の絵〕. oro ～ 純金

◆ 男《法律》遺産の〕遺留分

lego, ga [légo, ga] 形 名 ❶［聖職者に対して］一般信徒〔の〕, 俗人〔の〕；受階していない〔人〕：persona lega 平信徒. hermano ～ 助修士. hermana lega 助修女. ❷ [ser+, +en の] 門外漢〔の〕：Soy ～ en medicina. 私は医学は門外漢だ

legón [legón] 男《農業》小型の唐鍬

legrado [legráðo] 男《医学》［子宮・骨の］搔爬(そうは)

legra 囡 搔爬器, キュレット

legrar 他 搔爬する

legua [légwa] 囡 ❶［昔の距離の単位］レグワ〖=約5572 m〗：～ de posta 里〖=約4 km〗. ～ marítima 海里〖=約5555 m〗. ❷ cómico de la ～ 旅芸人, 旅回りの役者. compañía de la ～ 旅回りの一座

a [la·una] ～/a cien (mil) ～s《口語》［遠くからでも］はっきりと：Se nota a la ～ que el collar es falso. 首飾りが偽物なことは遠くからでもわかる

leguleyo, ya [legulého, ja] 名《軽蔑》へっぽこ(悪徳)弁護士

legumbre [legúmbre] 囡 ❶《植物》圈 で総称》マメ(豆)：～s verdes 青いままの豆類〖サヤインゲン, ソラマメ, グリーンピースなど〗. ～s secas 乾燥させた豆類〖インゲンマメ, エジプトマメ, レンズマメなど〗. ❷《まれ》野菜 [hortaliza]

leguminoso, sa [leguminóso, sa] 形《植物》マメ科の

◆ 囡 マメ科植物

lehendakari [lendakári] 男《←バスク語》バスク自治政府の首相

leíble [leíβle] 形 =legible

leído, da [leíðo, ða] 過分《←leer》❶ 読まれている：revista muy ～da en los medios intelectuales インテリ層によく読まれている雑誌. ❷ [ser+] 教養のある，博識である：Eres muy 〜. [からかって] 君は物知りだね ◆ 囡《中南米》読むこと：de una 〜da 一気の読み方で

leísmo [leísmo] 男《文法》直接目的人称代名詞 lo[s] の代わりに le[s] を使うこと《主にスペイン (南部を除く). 例 Busqué a Pablo, pero no *le* encontré. 私はパブロを捜したが見つからなかった. Este libro no *le* doy. この本は君にあげられない》

leísta 形 その傾向の〔人〕

leitmotiv [léidmotibf] 男《複 〜s》《←独語. 音楽》ライトモチーフ, 示導動機；[作品・演説の] 反復される主題, 中心思想

lejanía [lexanía] 囡 遠さ；遠方：en la 〜 遠くに, はるか彼方に

lejano, na [lexáno, na] 形 遠い, はるかな《↔ cercano》：i) país 〜 遠い国. pariente 〜 遠い親戚. 〜 de mi casa 私の家から遠い. ii) [時間] en épocas 〜nas はるか昔に

lejía [lexía] 囡 漂白剤；灰汁(⸰)

lejitos [lexítos] 副 かなり遠くに, ずっと遠くに

lejos [léxos] 副《英 far. ↔cerca. 絶対最上級 lejísimos》❶ [+de から] 遠くに：i) Vive 〜 de aquí. 彼はここから遠い所に住んでいる. irse 〜 遠くに行ってしまう. ii) [時間] Eso me parece ya muy 〜. それはもう遠い昔のことのようだ. Todavía está 〜 para pensar en ello. それを考えるのはまだ先のことだ ❷ [+de+不定詞] …するどころか：L〜 *de* enfadarme, te lo agradezco. 怒るどころか君に感謝しているよ. Estoy 〜 *de* comprender lo que dicen. 彼らが言うことはとうていわからない

a lo 〜 遠くに：Se ve una casa *a lo* 〜. はるか彼方に家が見える

de (desde) 〜 遠くから：*De* 〜 no veo bien. 離れると私はよく見えない

ir demasiado 〜 行き過ぎる, 度を越す；言いすぎる：Has ido demasiado 〜 en tus apreciaciones. 君は過大評価している

ir 〜 成功をおさめる；[将来] 伸びる

〜 *de eso* それどころか, 逆に：Debía no tener apetito; pero, 〜 *de eso*, está atiborrándose. 彼は食欲がないはずだった. しかし何のことはない, 今はがつがつ食べている

¡〜 *de*+人称代名詞...! [否定・皮肉] …が…なんてとんでもない！：¡L〜 *de* nosotros el pretender una cosa así! 私たちがそんなことをたくらむなんてとんでもない！

llegar demasiado 〜 =ir demasiado 〜

llegar 〜 [未来形で] 偉くなる, 伸びる

sin ir más 〜 [強調] まさに手近な例として は：Ayer, *sin ir más* 〜, me la encontré borracha. ちょうど昨日のことだけど私は彼女が酔っているのを見た

lelo, la [lélo, la] 形 囡 愚鈍な〔人〕, 薄ばか〔な〕；呆然とした

lema [léma] 男 ❶ 標語, モットー；スローガン：El 〜 de esta tienda es "Limpia y barata". この店のモットーは「清潔で安い」である. 〜 pu-

---

blicitario 宣伝スローガン. ❷ [本・章の] 題辞；[紋章などの] 銘句. ❸ [辞書の] 見出し語《entrada》. ❹《西》[コンクールで使う] 仮名(⸰⸰). ❺《数学・論理》補助定理

lemming [lémin] 男《動物》レミング

lempira [lempíra] 囡 [ホンジュラスの貨幣単位] レンピーラ

lémur [lémur] 男 ❶《動物》キツネザル. ❷ 複《神話》死者の霊

lencería [lenθería] 囡 ❶ 集合《女性用の》下着類, ランジェリー；[シーツなどの] リネン製品. ❷ その販売店, 売り場

lencero, ra 囡 その製造(販売)業者

lendakari [lendakári] 男 バスク自治州政府の代表

lendrera [lendréra] 囡 目の細かい櫛(<)

lengua [lé}gwa] 囡《英 tongue, language》

❶ 舌：i) sacar la 〜 舌を出す《時に侮辱の仕草》. tener don de 〜s 弁が立つ. Hay que darle siete vueltas a la 〜 antes de hablar.《諺》話す前にじっくり考えろ. 〜 de ternera《料理》子牛のタン. 〜 de gato《菓子》ラングドシャ. ii) 舌状のもの：〜 de fuego 火炎. 〜 de tierra 半島, 岬；地峡 ❷ 言語, 国語；[独特の] 言い回し, 言葉：dominar una 〜 言語をマスターする. 〜 española スペイン語. 〜 extranjera 外国語. 〜 segunda 〜 [母国に次ぐ] 第二の言語. 〜 de Cervantes セルバンテスの〔時代の〕言葉(スペイン語). 〜 de la gente de mar 船乗り独特の言葉. 〜 de oc オック語. 〜 de oíl オイル語. 〜 de destino (de origen) [翻訳の] 目標(起点)言語. 〜 estándar 標準語. 〜 madre 祖語. 〜 materna (natural) 母国語；母語, 母方の言語. 〜 muerta (viva) 死語(現用語). 〜 paterna 父方の言語. 〜 patria 母国語 ❸《植物》：〜 canina (de perro) オオルリソウ. 〜 cerval (cervina・de ciervo) コタニワタリ. 〜 de buey ウシノシタグサ ❹ [鐘の] 舌

andar en 〜s《口語》噂される, 取りざたされる

atar la 〜 a+人 …に口止めする, 箝口(⸢⸜)令を敷く

buscar la 〜 a+人 …に言いがかりをつける

calentarse a+人 la 〜 a …が激怒する：Se le *calentó la* 〜 a. 彼はかんかんに怒った

comer la 〜 よくしゃべる

con la 〜 *fuera* [de un palmo]《口語》へとへとになって, 息を切らして

dar a la 〜《口語》ぺちゃくちゃしゃべる

de 〜 *en* 〜 口から口へと

echar la 〜 へとへとになる, 息切れがする

escaparse a+人 la 〜《口語》=irse a+人 la 〜

hablar con 〜 *de plata* 袖の下を使う

hacerse 〜s *de...*《口語》…をほめそやす

irse a+人 la 〜《口語》…が口をすべらす, 言いすぎる：Se le *fue la* 〜. 彼はうっかり口をすべらした

irse de la 〜《口語》口をすべらす, 言いすぎる：Se ha *ido de la* 〜. 彼は一言多かった

lenguado 796

largo de ～〔口語〕口さがない, おしゃべりな
～ afilada〔口語〕= mala ～
～ de doble filo = mala ～
ligero de ～〔口語〕口の軽い
llevar la ～ fuera = echar la ～
mala ～〔口語〕毒舌〔家〕, 中傷〔家〕: tener
　mala ～ 口が悪い. según malas ～s 口の悪
　い連中によると
media ～ 舌足らず: hablar con media ～ 舌
　足らずな話し方をする
morderse la ～ 口をつぐむ, 言いたいことを言わ
　ない
no tener pelos (pelillos) en la ～〔口語〕
　歯に衣を着せない, ずけずけ物を言う
pegarse a+人 la ～ al paladar［感動など
　で］…が出て来ない: Se me pegó la ～ al
　paladar. 私は言葉が出て来なかった
sacar la ～ a+人〔主に子供を〕嘲笑する, か
　らかう
soltar la ～/soltarse de la ～ 放言する,
　不用意に言ってしまう
soltarse a+人 la ～ …が放言する, 不用意に
　言ってしまう: Se le soltó la ～. 彼は口をすべら
　した
suelto de ～〔口語〕= ligero de ～
tener... en (la punta de) la ～ …を言い
　そうになる; …が喉まで出かかっている: Tengo
　el nombre en la ～. 私はその名前が喉まで出
　かかっている〔のだが思い出せない〕
tener la ～ muy larga〔口語〕余計なことま
　で言ってしまうたちである
tener mucha ～ よくしゃべる
tirar la ～ de a+人 …の口を割らせる; …に
　言いがかりをつける
trabarse (trastrabarse) a+人 la ～［興
　奮などで］…がうまく話せない, どもる: Se le
　trabó (trastrabó) la ～. 彼は言いよどんだ
traer en ～s a+人 …を批判する
venirse a+人 a la ～ …の頭に浮かぶ: Se me
　vino algo a la ～. ある考えが私の頭に浮かんだ
lenguado [leŋgwáðo] 男《魚》シタビラメ
lenguaje [leŋgwáxe] 男《英 language》❶
　言葉づかい, 言語; 用語: i) Es un hombre
　de ～ agresivo. 彼は口調がとげとげしい. ～
　conciso 簡潔な文体. ～ coloquial 口語. ～
　cotidiano 日常語. ～ escrito (hablado) 書き
　（話し）言葉. ～ grosero 卑語. ～ literario
　文語〔体〕. ～ técnico 技術用語. ～ vulgar
　俗語. ii)［伝達手段］～ cifrado 暗号. ～ de
　la fuerza 暴力による意志表示. ～ de las
　flores 花言葉. ～ de los animales 動物の言
　葉. ～ de los códigos コード言語. ～ de los
　ojos 目くばせ. ～ de los signos 記号言語. ～
　de los sordomudos 手話. ～ del cuerpo/～
　corporal 身体言語, ボディランゲージ. ～ ges-
　tual (de gestos) 身振り言語. ❷ 言語能力.
　❸《情報》言語
lenguaraz [leŋgwaráθ] 形 名〔複 ～ces〕❶
　おしゃべり〔な〕. ❷ 口の悪い〔人〕, 口さがない. ❸
　数か国語を話せる〔人〕
lengüeta [leŋgwéta] 女 ❶ 舌状のもの;［靴

の］舌革;《解剖》喉頭蓋;［楽器の］リード;《技
術》さね, さね柄〔木〕. ❷《中南米》噂好きの人
lengüetada [leŋgwetáða] 女［舌で］なめるこ
と: limpiar el plato a ～s 皿をペロペロとなめて
きれいにする
lengüetazo 男 = lengüetada
lengüetear [leŋgweteár] [ペロペロと] な
める
◆ 自 舌をペロペロ出す;《中南米》［意味のないこ
とを］しゃべりまくる
◆ ～se [自分の体をペロペロと] なめる
lengüilargo, ga [leŋgwilárɣo, ɣa] 形 口の
悪い, 毒舌家の; おしゃべりな
lenidad [leniðáð] 女《文語》過度の寛容, 甘
さ
lenificar [lenifikár] 他《医学》[痛みなど
を] 鎮める, 緩和する
lenificación 女 鎮静
leninismo [leninísmo] 男 レーニン Lenin 主
義
leninista 形 名 レーニン主義の(主義者)
lenitivo, va [lenitíβo, βa] 形 男 ❶《医学》
鎮痛性の, 鎮痛剤, 鎮静剤. ❷《文語》苦痛(心
痛)を和らげる(もの)
lenocinio [lenoθínjo] 男《文語》売春斡旋:
casa de ～《古語》娼家
lentamente [léntaménte] 副 ゆっくりと, のろ
のろと
lente [lénte] 女〔時に 男. 英 lens〕❶ レンズ;
ルーペ, 拡大鏡〔～ de aumento〕: ～ de
contacto〔主に 男〕コンタクトレンズ〔lentilla〕.
～ electrónica 電子レンズ. ～ acromática 色
消しレンズ. ～ convergente (divergente) 収
斂(発散)レンズ. ❷ 片眼鏡, モノクル
mirar con ～s de aumento 過大評価する
◆ 男〔主に中南米〕眼鏡〔gafas〕;［時に昔
の］鼻眼鏡
lenteja [lentéxa] 女 ❶《植物・豆》レンズマメ,
ヒラマメ〔豆は食用〕: ～ acuática (de agua)
アオウキクサ. ❷〔時計の〕振り子の重り
ganarse las ～s〔口語〕生計を立てる, 生活の
資を得る
venderse por un plato de ～s〔口語〕〔貴
重なものを〕ただ同然の値で売ってしまう
lentejuela [lentexwéla] 女《服飾》スパンコー
ル
lenticular [lentikulár] 形 レンズマメ形の, レン
ズ状の
◆ 男《解剖》レンズ状骨
lentilla [lentíʎa] 女〔西〕〔主に 男〕コンタクト
レンズ: llevar (ponerse) ～s コンタクトレンズを
している(入れる). Se me cayó una ～. 私はコ
ンタクトレンズを落とした. ～s blandas (duras)
ソフト(ハード)コンタクト
lentisco [lentísko] 女《植物》乳香樹
lentitud [lentitúð] 女 遅さ
lento, ta [lénto, ta] 形〔英 slow. ↔
rápido〕❶ [ser+. +en・de
が] 遅い, ゆっくりした: Es ～ en el trabajo. 彼
は仕事が遅い. ～ de reflejos 反射神経の鈍い.
a paso ～ ゆっくりした歩調で. marcha ～a

っくりした歩み. río ～ 流れの緩やかな川. veneno ～ 効き目の遅い毒. [+en+不定詞] Es ～ *en* comprender. 彼は物わかりが悪い. ❷ [火力などが] 弱い

◆ 圓 ゆっくりと : Prefiero ir ～ pero seguro. 私はのろくても安全なほうがいい

◆ 圐 《音楽》レント

leña [léɲa] 囡 ❶ 医罪 [細く割った] まき, たきぎ : hacer ～ まきを作る,まきを拾う. ir por ～ たきぎ拾いに行く. ❷ 《口語》殴打 : dar (repartir) ～ 殴る ; 《スポーツ》ラフプレーをする. Hubo ～ en la romería. お祭りで殴り合いがあった

echar (*añadir·poner*) ～ *al fuego* 火に油をそそぐ

llevar ～ *al monte* 余っているものをさらにふやす, 無駄なことをする

leñador, ra [leɲaðór, ra] 客 たきぎ取り, きこり ; たきぎ売り

leñazo [leɲáθo] 圐 《口語》❶ 棒による殴打 : dar un ～ 棒で殴る. ❷ 驚愕 : darse ～ びっくり仰天する

leñe [léɲe] 間 《西. 口語》[奇異・賛嘆・不快] おや, わあ, 畜生め!

leñera¹ [leɲéra] 囡 たきぎ置き場

leñero, ra² [leɲéro, ra] 客 たきぎ売り

◆ 圐 《スポーツ. 口語》ラフなプレーをする : equipo ～ ラフなチーム

leño [léɲo] 圐 ❶ 丸太. ❷ 《植物》道管. ❸ 《口語》まぬけ, とんま

dormir como un ～ ぐっすり眠る

leñoso, sa [leɲóso, sa] 肜 木質の, 木部の : planta ～*sa* 木本〔植物〕

leo [léo] 圐 《占星》[主に L～] 獅子座 《☞ zodíaco 参照》

león, na [león, na] 客 ❶ 《動物》i) ライオン : valiente como un ～ ライオンのように勇敢な. No es tan fiero (bravo) el ～ como lo pintan. それは思われているほど大したことはない. Más vale ser cabeza de ratón que cola de ～. 《諺》鶏口となるも牛後となるな. ii) ～ marino トド. iii) 《中南米》ピューマ 《～ miquero》. ❷ 大胆(勇敢)な人

arrojar a+人 al foso de leones …を窮地に追い込む

llevarse la parte del ～ 独り占めする, うまい汁を吸う

ponerse como un ～ 怒り狂う

◆ 圐 ❶ =leo. ❷ 《地名》[L～] レオン 《カスティーリャ=レオン地方の県・県都》; [フランスの] リヨン 《L～ de Francia》

◆ 囡 《口語》女傑 ; 気性の激しい(怒りっぽい)女性

leonado, da [leonáðo, da] 肜 黄褐色の

Leonardo [leonárðo] 圐 《男性名》レオナルド 《英 Leonard》

leonera [leonéra] 囡 ライオンの檻 ; 《西. 口語》乱雑な所(部屋) ; 《中南米》刑務所

leonés, sa [leonés, sa] 肜 客 《地名》レオン León の〔人〕. ◆ 圐 レオン方言

leonino, na [leoníno, na] 肜 ❶ ライオンの〔ような〕. ❷ [分け方などが] 不公平な : contrato

～ 一方的な契約. hacer un reparto ～ 一方だけが得するように分ける

Leonor [leonór] 囡 《女性名》レオノール 《英 Eleanor》

leontina [leontína] 囡 懐中時計の鎖

leopardo [leopárðo] 圐 《動物》ヒョウ(豹)

◆ 肜 ヒョウ柄の

Leopoldo [leopóldo] 圐 《男性名》レオポルド 《英 Leopold》

leotardo [leotárðo] 圐 《服飾》❶ [主に 圈] タイツ. ❷ レオタード

lepe [lépe] 圐 *saber más que L～*[, *Lepijo y su hijo*] 《口語》悪賢い, 非常に抜け目がない

lépero, ra [lépero, ra] 肜 客 《中米》粗野な〔人〕, 下品な〔人〕

lepidópteros [lepiðópteros] 圐 圈 《昆虫》鱗翅目

lepidosirena [lepiðosiréna] 圐 《魚》肺魚

leporino, na [leporíno, na] 肜 ウサギの : labio ～ 《医学》口唇裂

lepra [lépra] 囡 《医学》ハンセン病

leprosería 囡 その病院

leproso, sa 肜 客 ハンセン病の〔患者〕

leptón [leptón] 圐 《物理》軽粒子

lerdo, da [lérðo, da] 肜 《軽蔑》のろまな, 鈍い

leridano, na [leriðáno, na] 肜 客 《地名》レリダ Lérida の〔人〕 《カタルーニャ地方の県・県都》

lerrouxismo [leřou(k)sísmo] 圐 レルーシュ Lerroux 主義 《カタルーニャの分離主義的思想・傾向・グループ》

les [les] 旑 《英 them, you. 人称代名詞 3 人称複数. ☞le》❶ [間接目的] 彼ら(彼女ら)に, あなたがたに ; それらに : Voy a escribir*les*. 私は彼ら(彼女ら・あなたがた)に手紙を書くつもりだ. ❷ 《主に 圈》彼らを, あなたがたを 《los》: *Les* visitaré mañana. 明日彼ら(あなたがた)を訪問します

lesbiana, na [lesbjáno, na] 肜 囡 同性愛の〔女性〕, レスビアン〔の〕

lesbianismo 圐 [女性の] 同性愛

lésbico, ca 肜 同性愛の

lesbio, bia [lésbjo, bja] 肜 客 《地名》レスボス島 Lesbos の〔人〕

lesear [leseár] 圁 《南米》おどける, 冗談を言う

lesera [leséra] 囡 《南米》[主に 圈] 愚かさ

lesión [lesjón] 囡 ❶ 《医学》傷, 障害 《☞ herida 類語》; 病変 : sufrir una ～ en la pierna 脚に負傷する. ～ cerebral 脳損傷. ～ de corazón 心臓障害. ❷ 損害 : ～ a los derechos de otro 他者の権利に対する侵害. ❸ 《法律》傷害

lesionar [lesjonár] 旑 傷つける, 損傷(損害)を与える : ～ el hígado 肝臓障害を引き起こす. ～ los intereses de+人 …の利益を侵害する

◆ ～se 負傷する

lesionado, da 肜 客 過分 負傷(損傷)した ; 負傷者

lesivo, va [lesíbo, ba] 肜 《文語》[ser+. + para にとって] 有害な : El tabaco es ～ *para*

la salud. たばこは健康に有害である.　*para
(a) sus intereses 利益を損ねる

leso, sa [léso, sa] 形《法律》[+名詞] 侵害された : delito de *lesa* majestad 大逆罪, 不敬罪. delito de *lesa* patria (nación) 反逆罪. crimen de *lesa* humanidad 人類に害をなす罪. ❷ [精神的に] 混乱した. ❸《南米》愚かな

letal [letál] 形《文語》致死の : dosis ～ 致死量. arma ～ [毒ガスなど] 殺戮兵器

letanía [letanía] 女 ❶《宗教》連禱(祭) . ❷ [苦情などを] くどくどと述べ立てること

letargo [letárɣo] 男 ❶《医学》昏睡〔状態〕, 嗜眠(炑) ; [活動の] 麻痺状態, 無気力 : caer en ～ 嗜眠状態に陥る ; 無気力(不活発)になる. ❷《動物》冬眠 ;《植物》休眠

letárgico, ca 形 昏睡の, 嗜眠性の ; 不活発な : estado ～ 昏睡状態. encefalitis ～*ca* 嗜眠性脳炎

letífico, ca [letífiko, ka] 形 楽しい, 愉快な

letón, na [letón, na] 形《国名》ラトビアLetonia 女 [人・語] の ; ラトビア人

◆ 男 ラトビア語

letra [létra] 女《英 letter》❶ 文字 ; 字体, 筆跡 ; 活字 : i) El alfabeto español consta de 30 ～s. スペイン語のアルファベットは 30 文字ある〔ch・ll・rr も含む〕. Este niño ya sabe escribir (leer) ～s. この子はもう字が書ける(読める). Tiene buena (mala) ～. 彼は字がきれいだ(汚い). Ésta es la ～ de mi padre. これは父の筆跡だ. imprimir con ～ grande 大きな活字で印刷する. ～ mayúscula (capital・versal) 大文字. ～ minúscula 小文字. ～ versalita スモールキャピタル. ～ doble 複(二重)文字 [ch, ll, rr]. La ～ con sangre entra.《諺》学問は厳しさによって身につく. ii) 書体 : ～ gótica (negrita・negrilla) ゴシック体, ボールド体. ～ cursiva イタリック体 ; 崩し字, 草書体. ～ itálica イタリック体 ; redonda 円書体. ～ inglesa イタリック体よりさらに傾いた書体. ～ española 垂直で丸みのある書体. ～ manuscrita (de mano) 手書き文字. ～ de imprenta (de molde) 活字体. escribir en ～s de molde 活字体で書く. ～ tirada 崩し字, 草書体. ～ corrida 走り書きの字
❷ [内容・精神に対して] 文字どおりの意味, 字句, 字義, 字面(つら) : atenerse (atarse) más a la ～ que al espíritu 内容より字句にこだわる. tras la ～ del discurso 演説の言葉の裏に. ～ de la ley 法律の条文. ～ muerta [法律などの] 死文, 空文
❸ 歌詞 : escribir la ～ 作詞する. autor de la ～ 作詞者. canción con ～ de+人 …作詞の歌
❹ 冠 [主に L～s] 文学, 文芸〖bellas・buenas ～s. 歴史学・地理学などを含む〗: facultad de L～s 文学部. licenciado en L～s 文学士. dedicarse a las ～s 文芸活動(著述業)にいそしむ. ～s puras [自然科学と無縁の] 純粋学問
❺ 冠 学問, 学識 : seguir las ～s 勉学に精を

出す. hombre de ～s 博学の人, 教養人, 学者. primeras ～s 初等教育〔特に読み書き〕. ～s humanas 人文科学
❻《商業》手形 ; 借入金 : girar una ～ 手形を振り出す. protestar una ～ 手形の支払いを拒絶する. ～ de cambio 為替手形. ～ de tesorería/～ del tesoro 国債
❼ 冠 短い手紙 : mandar unas ～s de felicitación 一言二言お祝いの言葉を書いて送

al pie de la ～*/a la* ～ 文字どおりに : Tomó *a la* ～ lo que le dije. 彼は私の言ったことを額面どおりに受け取った. seguir la instrucción *al pie de la* ～ 指示を忠実に守る. copiar *a la* ～ 一字一句正確に書き写す
con todas sus ～*s* 略字を使わずに ; [数字でなく] 文字で ; 率直に
cuatro (dos) ～*s* 短い文章 : Le pondré *cuatro* ～*s*. 彼に一筆書きましょう
¡despacio (despacito) y buena ～*!* ゆっくり丁寧にやれば, よい出来映えにつながるものだ
～ *pequeña (menuda)* 細字部分〖契約書などで本文より小さな字で印刷された事項・隠れた不利な条件〗
～*s divinas (sagradas)* 聖書
tener ～ *menuda* ずる賢い

letrado, da [letráðo, ða] 形 学問のある, 博識な ; ペダンチックな : gente ～*da* 学者連中
◆ 名《文語》弁護士〖abogado〗;判事〖juez〗

letraset [letrasét] 男《←商標》レターセット印刷

letrero [letréro] 男 看板 ; 掲示, 立札 : El ～ dice (pone) "prohibido entrar". 掲示には「立入禁止」と書いてある

letrilla [letríʎa] 女《詩法》歌謡 ; ロンド

letrina [letrína] 女 [野営地などの簡単な] 便所 ; 汚らしい場所(もの)

letrista [letrísta] 名 作詞家

leu [léu] 男《冠 lei》[ルーマニアの貨幣単位] レウ

leucemia [leuθémja] 女《医学》白血病
leucémico, ca 形 名 白血病の〔患者〕

leucocito [leukoθíto] 男《医学》白血球
leucocitosis 女 白血球増加〔症〕

leucoma [leukóma] 男《医学》[角膜の] 白斑

leucoplaquia [leukoplákja] 女《医学》ロイコプラジー, 白斑症

leucorrea [leukořéa] 女《医学》白帯下, こしけ

leudar [leuðár] 他《酵母で》ふくらます, 発酵させる

lev [léb] 男《冠 leva》[ブルガリアの貨幣単位] レブ

leva [léba] 女 ❶ 徴兵, 動員. ❷ 出港, 出帆. ❸《技術》カム ; レバー〖palanca〗: árbol de ～s カム軸

levadizo, za [lebaðíθo, θa] 形 上げ下げできる : puente ～ 昇開橋 ; [城の] 吊り上げ橋

levadura [lebaðúra] 女 パン種 ; 酵母, イースト : pan sin ～ 種なしパン. ～ de cerveza ビー

ル酵母. ～ de panadero 生イースト. ～ en polvo ベーキングパウダー. ～ industrial 培養酵母. ～ seca ドライイースト

levantada [leƀantáđa] 女《南米》起床

levantador, ra [leƀantađór, ra] 名 重量挙げをする人, ウェイトリフター〚～ de pesas〛.

levantamiento [leƀantamjénto] 男 ❶ 持ち上げること; 上昇: ～ de cejas 眉を上げること. ～ de la corteza terrestre 地殻の隆起. ～ del cadáver《法律》遺体移送. ❷ 起床: hora de ～ 起床時間. ❸ 蜂起, 決起: ～ popular 民衆の蜂起. ～ militar 軍部の反乱. ❹ 除去, 取消し: ～ de la veda de caza 猟の解禁

levantar [leƀantár] 他〚英 raise〛❶ **上げる**, 高くする: i) ～ una caja 箱を持ち上げる. ～ un palo 棒を振り上げる. ～ la persiana ブラインドを上げる. ～ los brazos 両腕を高く上げる. ～ a+人 en brazos …を抱き上げる. ～ la vista de un libro 本から視線を上げる. ii) [強さなどを] ～ el tono de la voz 声の調子を上げる. iii) [士気などを] Esta música *levanta* los ánimos. この音楽を聞くと気分が高揚する(元気が出る). iv) [称揚] Lo *has levantado* demasiado. 君は彼を持ち上げすぎた

❷ [物を] **立てる**; [人を] 起こす: ～ un pilar 柱を立てる. acudir a ～ a+人 …を助け起こす

❸ 取り除く; 解除する: ～ el vendaje 包帯を取る. ～ el asedio (el sitio) 包囲を解く. ～ la restricción de las importaciones 輸入制限を解除する. ～ a+人 el castigo …の罰を解く

❹ 建てる, 建造する; 創設する: ～ una casa (una estatua) 家(像)を建てる. ～ un negocio 商売を始める

❺ 生じさせる, 引き起こす: Sus palabras *levantaron* muchas protestas. 彼の発言は多くの抗議を招いた. ～ falsas acusaciones contra+人 …を誤って非難する. ～ a+人 dolor de estómago …に腹痛を起こさせる

❻ 蜂起(決起)させる: El general *levantó* al pueblo contra el gobierno. 将軍は民衆を反政府に立ち上がらせた

❼ [部隊を] 召集する; [獲物を] 狩り出す

❽ [地図・図面を] 書き上げる, 作成する

❾《トランプ》カットする; [出されたカードを] 拾う, 取る

❿《口語》盗む, 奪う

◆ 自 朝になる, 明るくなる; [雲が] 晴れる

◆ **～se**〚英 stand up, get up〛❶ **立ち上がる**〚↔sentarse〛: *Se levantó* para ofrecer su asiento al anciano. 彼は老人に席を譲るために立ち上がった. ～*se* de la silla 椅子から立つ. *Levántate*. 立ちなさい/起きなさい

❷ [ベッドから] **起きる**〚↔acostarse〛: *Me levanto* todos los días a las seis. 私は毎朝6時に起床する. Si no tienes fiebre, ya puedes ～*te*. 熱がなければ起きていいよ

❸ 上がる; 建つ: *Se levantó* polvo. ほこりが舞い上がった. En la colina *se levanta* una torre. 丘には塔が立っている. *Se levanta* la pintura de la pared. 壁のペンキがはげかかっている. *Se* le *levantó* un chichón. 彼はこぶができた

❹ 発生する: *Se levantó* un fuerte oleaje (un gran vendaval). 大波が立った(大風が吹いた). *Se levantó* un gran alboroto. 大騒ぎが起きた. *Se* me *levanta* dolor de cabeza. 頭痛がする

❺ 蜂起(決起)する: ～*se* contra la dictadura 独裁に反対して立ち上がる

❻ [+con を] 持ち逃げする, 横領する

levante [leƀánte] 男 ❶ 東, 東方〚este〛. ❷ 東風: Sopla el ～. 東風が吹く. ❸《地名》[*L*～] i) [スペインの] レバンテ, 東部地方〚*L*～ español. 特に Valencia と Murcia〛. ii) 中近東, レバント〚*L*～ mediterráneo〛. ❹《中米》中傷; 暴動: armar un ～ 中傷する. ❺《南米》尊大, おごり

***dar* (*pegar*) *un* ～**《南米》激しく叱る

***de* ～** まさに出発しようとしている時に

***hacer un* ～**《中南米》くどき落とす, なびかせる

levantino, na 形 名 レバンテの〔人〕; レバントの〔人〕

levantisco, ca [leƀantísko, ka] 形《文語》騒乱を好む, 不穏な

levar [leƀár] 他 ～ anclas 錨を上げる, 出航する

◆ 自 出航する

leve [léƀe] 形 ❶ 軽い〚ligero〛: velo ～ 薄いベール. ❷ 重要(重大)でない: herida ～ 軽傷. error ～ ちょっとした誤り. pecado ～ ささいな罪. ❸ 弱い, かすかな: toque ～ そっと触れること, 軽いタッチ. brisa ～ かすかなそよ風

levedad 女 軽さ

levemente 副 軽く, そっと; 少し

leviatán [leƀjatán] 男 [制御するのが困難な] 巨大なもの;《神話》レバイアサン

levita [leƀíta] 名《聖書》レビ人

◆ 女《服飾》フロックコート

***tirar de la* ～ *a*+人**《口語》…におべっかをつかう

levitación [leƀitaθjón] 女 [磁力・心霊術などによる] 空中浮揚

levitar 自 空中浮揚する

levítico, ca [leƀítiko, ka] 形 ❶《聖書》レビ人の. ❷ 信心家ぶった, 抹香くさい

◆ 男《聖書》[*L*～] レビ記

levógiro, ra [leƀóxiro, ra] 形《化学・物理》左旋性の〚↔dextrógiro〛

lexema [lɛ(k)séma] 男《言語》語彙素

léxico, ca [lé(k)siko, ka] 形 語彙の: significado ～ 語彙的意味

◆ 男 集名 語彙; 語彙集, 辞書: ～ español スペイン語の語彙. ～ agrícola 農業用語〔辞典〕

lexicalización 女 語彙化

lexicalizar ⑨ 他 語彙化する

lexicografía 女 辞書編纂法; 語彙研究(調査)

lexicográfico, ca 形 辞書編纂法の; 語彙研究の

lexicógrafo, fa 名 辞典(辞書)編纂者

lexicología 女 語彙論, 語彙学

lexicológico, ca 形 語彙論(学)の

L

lexicón 男〔ギリシア語・ヘブライ語・アラビア語などの〕辞書

ley [léi] 女〔英 law〕❶ 法, 法律；法案；法の支配：i) respetar (violar) la ～ 法を尊重する(犯す). aprobar una ～ 法案を可決する. estudiar ～*es* 法律学を学ぶ. contra (conforme a) la ～ 法律に反して(従って). fuera (al margen) de la ～ 法の枠外で. hombre (persona) de ～*es* 法律家. representante de la ～ 法をつかさどる人. ～ escrita 成文法. ～ natural 自然法；自然法則, 自然律. ～ orgánica (de bases) 構成(基本)法. ～ de divorcio 離婚法. ～ social 社会保障法. ii) 《歴史》*Leyes* de Indias インディアス法〖16世紀, インディオを守るための法律〗. ～ seca 〔米国の〕禁酒法. iii)《諺》Hecha la ～, hecha la trampa. いかなる法にも抜け穴がある. Allá van ～*es* do quieren reyes. 権力者が法を作り, 好きなように運用する

❷ 法則〖﨤 ley は科学的な考察で導き出された・天与の法則. regla は単なる経験則〗：～ de la gravedad 重力の法則. ～ de la oferta y la demanda 需要供給の法則. ～*es* de Mendel メンデルの法則

❸ 規則, 決まり：～ de la ventaja アドバンテージルール. ～ del destino 運命の定め

❹《宗教》戒律, 教え：～ de Dios〔神がモーゼに与えた〕神の掟, 律法. ～ antigua (vieja) 古い戒律〖キリスト教から見たモーゼの律法〗. ～ de Moisés〗. ～ nueva (de gracia) 新しい教え〖イエスの教え〗. ～ de los mahometanos (de Mahoma) イスラム教の戒律

❺〔貨幣の〕金(銀)位〖～ de oro・plata〗：bajar (subir) de ～ 金位を下げる(上げる)

con todas las de la ～ 規定(型)どおりの・に：profesor *con todas las de la* ～ れっきとした教授

de buena ～〔人・行為が〕純粋な, 善良な

de ～ 当然の, 正当な；善良な；法定金(銀)位の

de mala ～ 悪質な

dictar la ～ 高飛車に命令する

dictar sus propias ～*es* 自分勝手なことをする

en buena ～ 正しく, 正当に

fuera de la ～ 图〔単複同形〕法律の恩典・保護を奪われた人；無法者

tener (*tomar・cobrar*) ～ *a*+人 …に愛情を抱く；…に忠実である

venir contra la ～ 法を破る

leye-, leyó ☞**leer** 22

leyenda [lejénda] 女 ❶ 伝説：～ áurea 黄金伝説〖聖人伝集. 13世紀〗. ～ negra 黒い伝説〖中南米征服にまつわる残虐物語. 16世紀〗〖主に根拠のない〗悪い噂(評判). ❷〔貨幣・メダル・記念碑などの〕銘(句)；〔挿絵などの〕説明文；〔地図などの〕凡例

lezna [léθna] 女〔革に穴を開ける〕突き錐(ᵏᵘ')

lía [lía] 女 ❶〔アフリカ/カネガヤ esparto を編んだ〕縄. ❷〔主に 複. ワインなどの〕滓(ⁿⁱ), かす

liado, da [ljáðo, ða] 形 過去分《口語》[estar+]

こんがらがった；[+con と]友情で結ばれた, 親密な；とても忙しい：El asunto está bastante ～. 事件はかなり複雑だ

liana [ljána] 女〔ジャングルなどの植物の〕つる, つる植物

liante [ljánte] 名《西. 口語》うまいことを言ってだます人；やっかいな人

liar [ljár] 11 他 ❶ 縛る；包む：～ leña〔en un haz〕まきを〔1つに〕束ねる. ～ unos libros en papel 本を紙で包む. ～ un cigarrillo たばこを巻く. ❷〔糸などを玉状に〕巻きとる. ❸《口語》[問題を]複雑にする：Su intervención *lió* el problema. 彼の介入で問題がこんがらがった. ❹《口語》[人を]巻き込む：～ *a*+人 en el negocio …を商売に引き込む

～la《口語》事態を困難にする：La has liado con lo que has dicho. 君の発言で事が面倒になった

◆ ～**se** ❶《西. 口語》i)[+a+不定詞 衝動的に・激しく/長くかかることを]…し始める：Me *lié a* comprobar los datos. 私はデータのチェックにのめり込んでしまった. ii)[+a 殴打などを]始める：～*se a* golpes con+人 …と殴り合いを始める. iii)[+con 楽しいことを]始める：～*se* con la radio ラジオをいじくり始める. ❷《口語》i)[問題などで]首を突っ込む. ii)[+con+人 と]不倫な関係を結ぶ, 情交する. ❸ 頭が混乱する, 気が転倒する；[問題が]もつれる. ❹ 身を包む：～*se* en la manta 毛布にくるまる

libación [libaθjón] 女 蜜の採集；〔古代の〕酒を振りまく儀式；〔酒の〕試飲；《時に皮肉》飲酒

libanés, sa [libanés, sa] 形 名《国名》レバノン Líbano 国〔人〕の；レバノン人

libar [libár] 他 ❶〔昆虫が〕蜜を吸う. ❷〔古代の神官がワインを〕儀式にのっとって飲む；《文語》[酒を]試飲する；《戯語》かなり酒を飲む

libelo [libélo] 男 中傷文書

libelista 名 その筆者

libélula [libélula] 女《昆虫》トンボ

líber [líßer] 男《植物》師部

liberación [liberaθjón] 女 ❶ 解放；釈放：～ de esclavos 奴隷解放. ～ de la mujer 女性解放(運動). ejército (guerra) de ～ 解放軍(戦争). ❷ 免除；解除：～ de la hipoteca 抵当解除. ❸《口語》[問題・困難の]解決

liberado, da [liberáðo, ða] 形 過去分《西》〔政党などの〕専従の；専従活動家

liberador, ra [liberaðór, ra] 形 名 =**libertador**

liberal [liberál] 形《英 liberal》❶ 自由主義の；[考え方が]自由な：ideas ～*es* 自由主義思想. partido ～ 自由党. régimen ～ 自由主義体制. padre muy ～ 非常に物わかりのいい父親. ❷《文語》[+con に対して]気前のよい, 寛大な〖generoso〗：Es ～ con sus amigos. 彼は友人たちに気前がいい. ❸〔医者・弁護士などが知的で独立した〕自由業の：profesional ～ 自由業者. ❹《歴史》反カルリスタの, 自由党の

◆ 名 自由主義者, 自由党員；反カルリスタ派

liberalesco, ca [liberalésko, ka] 形《軽蔑》自由主義の

liberalidad [liberaliðá(đ)] 囡《文語》気前の よさ, 寛大さ

liberalismo [liberalísmo] 男 自由主義, リベ ラリズム；寛容

liberalista 囲 リベラリスト

liberalizar [liberaliθár] 囵 他 自由化する： ～ la importación de naranjas オレンジの輸 入を自由化する

liberalización 囡 自由化

liberalmente [liberálménte] 圖 気前よく； 《南米》すばやく

liberar [liberár] 他 ❶ 解放する, 自由の身にす る：～ a los prisioneros 捕虜を釈放する. ～ un dedo cogido en un engranaje ギアにはさま れた指を外す. esclavo *liberado* 解放奴隷. ❷ [+de を] …に免除する：～ a+人 *de* su promesa …との約束をなかったことにする. *libe- rado d*el servicio militar 兵役を免除された, 除隊した. ❸「気体・熱など」を]発する, 放つ. ❹ …の規制を解除する

◆ ～**se** [+de から] 自身を解放する：Intentó de ～*se de* las ataduras. 彼は縄をほどこうとし た

liberatorio, ria [liberatórjo, rja] 形 〔義務 などを〕免除する

liberiano, na [liberjáno, na] 形 图 ❶《国 名》リベリア Liberia 囡 〔人〕の；リベリア人. 《植物》師部の, 靭皮の

liber judiciorum [líber xuðiθjórun]《歴 史》[西ゴート時代のイベリア半島の]裁判法

líbero [líβero] 男《サッカー》リベロ

libérrimo, ma [libér̃imo, ma] 形《文語》 『libre の絶対最上級』por su ～*ma* voluntad まったくの自由意志で

libertad
[libertá(đ)] 囡《英 liberty, freedom》自由：Tienes plena ～ para marcharte o quedarte. 出て 行こうと残ろうとまったく君の自由だ. No tengo ～ de movimiento. 私は体の自由がきかない. Quedas (Estás) en ～ para hacer lo que más te guste. 君は何でも一番好きなことをしてい い. dar a+人 ～ para+不定詞 …に…する自由 を与える. ～ de cultos (de expresión) 信仰 (表現)の自由. ～ de comercio (de elec- ción) 自由貿易(選挙) ❷ 釈放：poner a+人 en ～ …を釈放する. ～ condicional 仮釈放. ～ provisional (bajo fianza) 保釈. ～ vigilada 保護観察〔処分〕 ❸ 暇, 自由な時間：una tarde de ～ 自由な午 後 ❹ [+con に対する] 気軽さ；@ なれなれし さ：No tengo bastante ～ *con* él para pedirle ese favor. 私は彼にそれを頼めるほどの仲ではない ❺ 放縦, 放逸；無節操, あつかましさ：Hay muchas ～*es* en la televisión. テレビは堕落し ている

con toda ～ 遠慮なく, 自由に

tomarse la ～ *de*+不定詞 遠慮なく(あえて)… する：Me tomo la ～ *de* dirigirme a usted. 一筆啓上申し上げます. Me he tomado la ～ *de* venir a visitarle. お邪魔して申し訳ありま

せん

tomarse ～*es* *con*+人 …になれなれしくする： Ese camarero *se toma* muchas (ciertas) ～*es con* el público. あのボーイはお客にひどく (少し)なれなれしい

tomarse una ～ 勝手なことをする

libertador, ra [libertaðór, ra] 形 图 解放す る〔人〕, 解放者；[el *L*～] ラテンアメリカ独立運 動の指導者シモン・ボリーバル Simón Bolívar

libertar [libertár] 他《文語》[+de から] 解 放する；[+de を] …に免除する『liberar』：～ a los esclavos 奴隷を解放する. zona *libertada* 解放地区. Le han *libertado de* su deuda. 彼 は債務を免除された. El abogado le *ha liber- tado d*el presidio. 彼は弁護士のおかげで懲役を 免れた

◆ ～**se** 自身を解放する：El pueblo *se ha libertado de* la tiranía. 国民は独裁から解放さ れた. ～*se del* peligro (*de* la muerte) 危険 (死)を免れる

libertario, ria [libertárjo, rja] 形 图 絶対 自由主義の(主義者)；無政府主義の, 無政府 主義者『anarquista』

libertinaje [libertináxe] 男〔他人の権利・法 律を尊重しない〕放蕩, 放縦, 放埒(沁)：vivir en el ～ 放蕩生活をする

libertino, na [libertíno, na] 形 图 放蕩な 〔人〕

liberto, ta [libérto, ta] 形 图 解放された, 自 由の身になった；《古代ローマ》解放奴隷, 自由民

líbico, ca [líβiko, ka] 形 图 =libio

libidinoso, sa [libiðinóso, sa] 形《文語》好 色な, みだらな『lujurioso』

libídine 囡 淫蕩, 淫乱

libido [libíðo] 囡 ❶《医学》リビドー；性的衝 動, 性欲. ❷《口語》淫乱

libio, bia [líβjo, bja] 形 图《国名》リビア Libia 囡 〔人〕の；リビア人

libra [líβra] 囡 ❶《英国の貨幣単位》ポンド 『～ esterlina』. ❷《重量の単位》ポンド：～ carnicera キログラム. ❸《占星》[主に *L*～] 天 秤座『☞zodíaco 参照』. ❹《西. 口語》100 ペセ タ

entrar pocos en ～ [良い意味で, 人・物が] まれである：De ésos *entran pocos en* ～. それ らはことのほかすぐれている. Es una maestra de las que *entran pocas en* ～. 彼女はまれに見 るいい先生だ

libraco [líβráko] 男 くだらない本, つまらない本

librado, da [libráđo, đa] 過形 [手形など の] 振りあて人, 名宛人

salir bien ～ うまく切り抜ける

salir mal ～ 失敗する

librador, ra [libraðór, ra] 图 [手形などの] 振り出し人

libramiento [libramjénto] 男 ❶《商業》支 払い命令〔書〕. ❷《中米》環状線, バイパス

libranza [libránθa] 囡 [第三者への] 支払い 命令〔書〕

librar [librár] 他 ❶ [+de 困難・束縛から] 解 放する, 救い出す；免れさせる：～ el pueblo *del*

L

yugo del tirano 国民を独裁者の圧制から解放する。 ～ *de* un peligro 危険から救う。 ～ *del* impuesto 税金を免除する。 ～ *de* una preocupación 心配事を取り除いてやる。 ❷《商業》[手形などを] 振り出す：～ un cheque contra……あてに小切手を振り出す。 ❸《法律》[判決などを] 出す，申し渡す。 ❹ [戦いを] 交える
¡Dios me libre!/¡líbreme Dios! くわばら，くわばら!

◆ 圁 ❶ 出産する。 ❷《西》[仕事が] 休みの日である：Su marido *libra* los viernes. 彼女の夫は金曜日が休みだ。

◆ ～*se* 自身を解放する：～*se de* la responsabilidad (*del* servicio militar) 責任(兵役)を免れる。 Me libré *del* muchacho pesado. 私はそのしつこい男の子から逃れた

～*se de* buena うまく切り抜ける：¡De buena me he librado! 〔やれやれ〕助かった!

libre [líbre]《英 free. 絶対最上級 libérrimo》❶ [ser+] 自由な，拘束されない：i) Los pájaros viven ～s. 鳥は自由に生きる。 Nadie es absolutamente ～. 完全に自由な人間はいない。 espíritu ～ 自由な精神(の持ち主)．hombre ～ 自由人．mundo ～ 自由世界，自由主義諸国．país ～ 自由な国，独立国．～ cambio (comercio) 自由貿易．empresa (mercado) 自由市場(ちょう)． precio 自由価格． ii) [+de・para+不定詞] 自由に…できる：Eres [muy] ～ *de* marcharte o de quedarte. 出て行こうと残ろうと君の勝手だ。 Eres ～ *para* casarte con quien quieras. 好きな人と結婚していいよ。 iii) [レストランが] バイキング式の． iv)《スポーツ》フリースタイルの：los 100 metros ～ 100 メートル自由形．pistola ～ フリーピストル

❷ [estar+. +de を] 免除された，…のない：estar ～ *del* servicio militar 兵役を免除されている。 ～ *de* derechos [*de* aduana] [関税が] 免税の． ～ *de* toda responsabilidad まったく責任のない。 ～ *de* cuidado (deudas) 心配(借金)のない

❸ [estar+] [場所が] 空いた；[道路などが] 自由に通れる：asiento ～ 空席．Ese taxi está ～. そのタクシーは空車だ。 ¡Paso (Vía) ～! 道を空けて下さい! Deje ～ la habitación enseguida. 部屋をすぐ空けて下さい。 Ese vestido me deja los brazos ～s. この服は腕が楽だ。 ❹ [estar+] [仕事・先約などがなくて] 暇な：¿Estás ～ esta noche? 今夜暇です(空いていますか)? día ～ 非番(休み)の日；空いている日．horas ～s/tiempo ～ 自由時間，暇，余暇．Lo haré en mis ratos ～s. それは暇な時にしよう

❺ [+en で] 遠慮のない；放縦な：Es ～ *en* su lenguaje. 彼は率直に物を言う．vida ～ ふしだらな生活
❻ まだ結婚の約束をしていない，独身の
entrada ～ 1) 入場無料。 2) tener *entrada* ～ *en* casa de+人 …の家に自由に出入りできる
estar ～ *de*+人 …をやっかい払いしてある

estudiar *por* ～ 〔自由〕聴講する
por ～ フリーランスで，自由契約で
librea [líbrea] 囡 [従僕・ドアマンなどの] 制服，仕着せ
librecambio [librekámbjo] 男 自由貿易
　librecambismo 男 自由貿易主義 《↔proteccionismo》
　librecambista 厖 图 自由貿易論の(論者)
librepensador, ra [librepensadór, ra] 厖 图 自由思想の(人)
　librepensamiento 男 自由思想
librería [librería] 囡 ❶ 本屋，書店；書籍販売業。 ❷《西》本棚
　librero, ra 图 書店主，書店員．◆ 男《中南米》本棚，本箱
libresco, ca [librésko, ka] 厖《軽蔑》書物の上だけの：conocimientos ～s 本から得た(現実離れした)知識
libreta [libréta] 囡 ❶ 手帳，メモ帳 《agenda》． ❷ ～ *de* banco (depósitos・ahorro(s)) 預金通帳． ～ *de* cheques《南米》小切手帳
libreto [libréto] 男《演劇などの》台本
　libretista 囲 台本作者，作詞家
librillo [libríʎo] 男 ❶《libro の示小語》Cada maestrillo tiene su ～. 誰しも一家言ある。 ❷ たばこの巻き紙の束；ちり紙の束。 ❸ [反芻動物の] 第3胃
libro [líbro] 男《英 book》❶ 本：¿Qué clase de ～ lees? どんな本を読みますか? ～ *de* cocina 料理の本．～ *de* cuentos 物語(童話)の本．～ electrónico 電子ブック．～ mecánico (móvil・animado・mágico) とび出す絵本． ～ usado 古本
❷ 旧約聖書のテキスト：L～ *de* los Reyes 列王紀略．L～ *de* Josué ヨシュア記．～ sagrado 教会が認めたテキスト
❸《商業》[主に 圏] 帳簿 《～ de cuentas》：llevar los ～s 帳簿をつける．～ mayor 元帳．台帳．～ *de* caja 現金出納帳．～ [de] diario 仕訳日記帳．～ *de* pedidos 注文控え帳
❹ 記録，資料集：～ *de* actas 議事録．～ blanco [de la educación] [教育]白書
❺ [分冊の] 巻
❻ [反芻動物の] 第3胃
a ～ abierto いきなり本を開いて，準備なしに；すらすらと，難なく
ahorcar (colgar・quemar) los ～s《口語》勉学を放棄する
hablar (explicarse) como un ～ [*abierto*]《時に皮肉》学のある話し方をする
～ de oro [訪問客の] 記帳簿
punto de ～《西》しおり
lib[s]《略語》←libra ポンド
Lic.《略語》←Licenciado 学士
licantropía [likantropía] 囡《医学》狼男への変身[妄想]
　licántropo 男 狼つき《人》
licaón [likaón] 男《動物》リカオン
liceísta [liθeísta] 图 同好会 liceo の会員。《南米》中学生，高校生
licencia [liθénθja] 囡 ❶《主に中南米》許可

書, 免許証： ～ de armas 銃砲所持許可証. ～ de conducción (de conducir・de conductor) 運転免許証. ～ de exportación (importación) 輸出(輸入)許可. ～ de obras 建築認可. ～ fiscal 〖医師・弁護士などの〗開業税. ❷〈文語〉許可〖permiso〗： dar ～ de (para) retirarse 退出を許す. con ～ del jefe 上司の許可を得て. sin ～ 無許可で・に. derecho de ～ ライセンス料. producción por ～ ライセンス生産. ❸〖軍事〗休暇： ir a casa con ～ 休暇で家に帰る. ～ absoluta 兵役解除, 除隊. ❹〈まれ〉学士号〖licenciatura〗. ❺ 不遠慮，わがまま，放縦，放埒： tomarse demasiadas ～s con+人 …に対してなれなれしくする. ❻〖商業〗代理権，販売権. ❼〈カトリック〉ミサを行なう〖宗教書出版の〗許可. ❽〈古語〉自由： ～ poética〖詩法〗破格. ❾〈中南米〉休暇

licenciado, da [liθenθjáðo, da] 名過分 学士, 大学卒業者；薬剤士： ～ en económicas 経済学士. Farmacia del ～ Moreno〈表示〉薬剤士モレノの薬局. ～ vidriera 心配性で臆病な人【←セルバンテスの小説『びいどろ学士』】. ～ 除隊した兵士. ❷〈中南米〉弁護士, 博士〖肩書き〗

licenciador, ra [liθenθjaðór, ra] 名 特許権所有者

licenciar [liθenθjár] 10 他 ❶〖軍事〗除隊させる；休暇を与える. ❷ 学士号を与える ◆～se 兵役を終える；[+en の] 学士号を得る, 大学〖の専門課程〗を卒業する：～se en filosofía y letras 文学士号を取る, 文学部を卒業する

licenciamiento 男 除隊

licenciatura [liθenθjatúra] 女 [+en の] 学士号，専門課程： ～ en ciencias 理学士号

licencioso, sa [liθenθjóso, sa] 形 放縦な, ふしだらな： mujer ～ 身持ちの悪い女. vida ～sa 放蕩生活. cuentos ～s 猥談

liceo [liθéo] 男 ❶〖チリ・メキシコ・アメリカ・フランスなど〗中学, 高校. ❷〖文学などの〗同好会, 協会

lichi [lítʃi] 男〖果実〗ライチ

licitar [liθitár] 他〖主に中南米〗…に〔せり〕値をつける, 入札する；競売にかける

licitación 女 競売, 入札： sacar... a ～ …を競売にかける, せり売りする. fase de ～ 入札期間. ～ pública 公開入札

licitador, ra/licitante 名 入札者

lícito, ta [líθito, ta] 形 ❶ 適法の, 正当な： negocio poco ～ いかがわしい商売. ❷ 容認できる： ser ～+不定詞・que+接続法 …して構わない

licitud 女 適法性, 正当性

licoperdón [likoperðón] 男〖植物〗ホコリタケ

licopodio [likopóðio] 男〖植物〗ヒカゲノカズラ

licor [likór] 男 ❶ リキュール；蒸留酒〖ウイスキー, ブランデー, ラムなど〗；〖総称〗アルコール飲料, 酒： ～ de huevo アドボカート〖卵黄入りのリキュール〗. ❷〖化学〗溶液

licorera 女〖装飾のある〗リキュール瓶；それとリキュールグラスのセット

licorería 女 酒店；酒造所

licoroso, sa 形〖ワインが〗香りの芳醇な

lictor [liktór] 男〖古代ローマ〗リクトル〖執政官の先駆けをなし犯人を捕える〗

licuación [likwaθjón] 女 溶解, 液化；溶離

licuadora [likwaðóra] 女〖料理〗ジューサー

licuar [likwár] 12/14 他 ❶〖果物・野菜を〗ジュースにする. ❷〖固体を〗溶解する；〖気体を〗液化する： gas (de petróleo) licuado 液化〖石油〗ガス. ❸〖金属〗溶離する

licuefacción [likwefa(k)θjón] 女 ＝**licuación**

lid [líð] 女 ❶〈文語〉戦い, 争い；論戦. ❷〖複〗業務, 活動： experto en estas ～es この問題に詳しい
　en buena ～ 正々堂々と

líder [líðer] 名 ❶ 指導者, リーダー；1位〔の選手〕： i) ～ de la oposición 野党の党首. ～ de torneo トーナメントリーダー. ii)［形容詞的］empresa (marca) ～ トップ企業〖ブランド〗. equipo ～ 首位のチーム. ❷［新聞の］社説

liderar 他 …の指導的地位にある, トップに立っている

liderato/liderazgo 男 指導者の地位, リーダーシップ

lidia [líðja] 女 ❶ 闘牛〔をすること〕〖一頭の牛に対する各種の闘い全体〗： toros de ～ 闘牛用の牛. ❷ 闘争

lidiador, ra 名 闘牛士〖torero〗

lidiar 10 他 ❶〖牛と〗闘う. ◆ 自 ❶ 1)〈文語〉[+con・contra と] 闘う〖luchar〗. 2)〖やっかいな人・問題に〗立ち向かう

lido [líðo] 男〖地理〗リド〖潟の外の砂州〗

liebre [ljéβre] 女〖英 hare〗❶〖動物〗ノウサギ〖野兎〗： Donde menos se piensa salta la ～.〈諺〉薮から棒. Galgo que muchas ～s levanta, ninguna mata.〈諺〉二兎を追う者は一兎をも得ず. ❷ 臆病者. ❸〖スポーツ〗ペースメーカー. ❹〖卑語〗女性の陰部. ❺〈チリ〉マイクロバス
　cazar la ～/coger una ～〈口語〉〖滑ったりつまずいたりして〗倒れる
　correr la ～〈南米〉〖貧しくて〗飢える
　levantar la ～ 寝た子を起こす, やぶへびになる
　～ corrida〈中米〉熟練者, ベテラン

lied [líð] 男〖複 lieder〗〈←独語. 音楽〉リート, 歌曲

liencillo [ljenθíʎo] 男〈南米〉薄くて粗い綿布

liendre [ljéndre] 女 シラミの卵
　cascar (machacar) las ～s a+人 …をボカボカ殴る, …をこっぴどく打ちのめす

lienzo [ljénθo] 男 ❶〖毛織物に対して亜麻・麻などの〗布. ❷〖麻・木綿の〗ハンカチーフ： Secó el sudor con un ～. 彼はハンカチで汗をぬぐった. ❸〖美術〗カンバス；油絵. ❹〖建築〗壁面の一画；〖城の〗幕壁

lifting [líftin] 男〈←英語〉しわとり手術, 美容整形

liga [líɣa] 女 ❶ 連盟, 同盟： ～ de los derechos del hombre 人権擁護連盟. ❷〖スポーツ〗リーグ〔戦〕： campeón de ～ リーグチャンピオン. ～ japonesa de fútbol サッカーJリーグ. ❸

《服飾》靴下留め, ガーター. ❹ 鳥もち;《植物》=
muérdago. ❺《技術》結合材, ボンド. ❻《金属》合金〖aleación〗〚金銀貨に含まれる普通の金属の割合〛. ❼《中南米》輪ゴム〖gomita〗

hacer buena (mala) ~ [+con+人 と] 仲がよい(悪い)

ligado, da [ligáðo, ða] 形 過分 ❶ [estar+. +a と] 結ばれた: Está ~ a personas por lazos familiares. 彼は私たちと家族のきずなで結ばれている
◆ 男 ❶ 字をつなげて書くこと;《印刷》合字. ❷《音楽》レガート; スラー(タイ)で結ばれた音符

ligadura [ligaðúra] 女 ❶ 縛る(結ぶ)こと, 連結; [主に 複. 縛る]紐, 綱: desatar las ~s 紐を結ぶ. romper la ~ con+人 …とのきずなを断つ, 手を切る. ❷《音楽》〖記号〗スラー, タイ. ❸《医学》結紮(けっさつ): ~ de trompas《医学》輪卵管結紮

ligamen [ligámen] 男 結びつき, きずな
ligamento [ligaménto] 男 《解剖》靱帯(じんたい);《繊維》〖縦糸・横糸の〗交錯〔法〕

ligar [ligár] 他 結ぶ, 縛る: i) ~ un paquete 小包を縛る. ~ a+人 las manos a la espalda …を後ろ手に縛る. ~ la vena 血管を結紮(けっさつ)する. ii) [+a に]結びつける: ~ una tira de latas vacías a la cola del perro 空き缶をつないだ紐を犬の尻尾に結びつける. iii) ~ las letras 字をつなげて書く. ~ las notas《音楽》音をつなげて弾く. ❷ [関係などを]結ぶ;結束させる: Los *liga* su afición a la montaña. 山好きなことが彼らを結びつけている. ❸ 関連づけて考える, 脈絡をつける: ~ el amor al sexo 愛と性を結びつけて考える. ❹ 束縛(拘束)する: El contrato me *liga* de por vida *a* esta empresa. この契約によって私は一生この会社に縛られる. ❺《料理》つなぐ, とろみをつける: ~ la mayonesa マヨネーズをまぜ合わせる. ❻ [金・銀と]合金にする: ~ cobre con oro 銅と金をまぜる. ❼《トランプ》[手を]作る: ~ un trío (una escalera) スリーカード(ストレート)を作る. ❽《闘牛》[技を]つなげる, 中断しない. ❾《俗語》[麻薬を]手に入れる;逮捕する. ❿《中米》詮索する;《南米》手に入れる
◆ 自 [+con] ❶《口語》[異性を]ナンパする: ~ *con* una chica 女の子をひっかける. ❷ 脈絡がつく: Su actitud no *liga* con lo que dijo. 彼の態度は言ったことと矛盾する
◆ ~se ❶ [人間同士が]結ばれる: *Me ligué a* él desde joven. 私は彼とは若いころからの親友だ. ❷《口語》異性をナンパする
ligarla/ligársela [隠れんぼなどで]鬼になる: ¿Quién *se la liga?* 誰が鬼?

ligazón [ligaθón] 女 関連, つながり
ligeramente [lixeraménte] 副 軽く;軽快に;軽率に: Le toqué el hombro ~. 私は彼の肩にそっと触れた. soldado ~ armado 軽装備の兵士

ligereza [lixeréθa] 女 ❶ 軽さ;軽快さ: bailar con ~ 軽やかに踊る. ~ de mano 手先の器用さ. ❷ 軽率さ;移り気: obrar con ~ 考

えもなしに行動する. ❸ 心の軽やかさ, 幸福感〖~ de espíritu〗

ligero, ra [lixéro, ra] 形 〖英 light. ↔ pesado〗 [ser+] ❶ 軽い: i) equipaje ~ 軽い荷物. armazón de hierro ~ 軽量鉄骨. ii) [程度・内容など] Tengo unos conocimientos muy ~s del chino. 私は中国語をほんの少し知っている. castigo ~ 軽い罰. dolor ~ かすかな痛み. enfermedad ~ra 軽い病気. trabajo ~ 楽な仕事, 軽労働. comida ~ra 軽い食事. música ~ra 軽音楽. ruido ~ かすかな物音. conversación ~ra たわいのない会話. iii) [+de が] ごく少しの: viajar ~ de equipaje わずかな荷物だけで旅行する ❷ [濃度・材質などが]薄い・薄め: abrigo ~ 薄手の(軽い)オーバー. café ~ 薄い(浅煎りの)コーヒー. niebla ~ra 薄い霧. vino ~ アルコール度の低いワイン

❸ 軽快な, すばやい: i) ser ~ de pie (de manos) 足が速い(手先が器用である). paso ~ 軽やかな足取り. mecanógrafa ~ra 打つのが速いタイピスト. tren ~ 急行列車. mente ~ra y lúcida 明敏な頭脳. ii) [副詞的] Hazlo ~. 手早くやりなさい
❹ 軽率な, 軽薄な;節操のない: Es muy ~ hablando. 彼はロが軽い. conducta ~ra 軽々しいふるまい, 軽はずみな行動. mujer ~ra 浮気な女
❺《スポーツ》軽量級の
a la ~ra 軽率に;急いで, 浅薄に: opinar *a la ~ra* よく考えずに意見を言う
de ~ 軽率に: creer *de ~* 軽々しく信じる
◆ 男《ボクシング》ライト級〖peso ~〗

light [láit] 形 〖単複同形〗〖← 英語〗[+名詞] ❶ [たばこが] タールの少ない; [食品が] 低カロリーの, 糖分の少ない. ❷《時に戯語・軽蔑》[内容的に]軽い;[政策などが]穏健な, 妥協的な

lignito [ligníto] 男 亜炭, 褐炭
ligón, na [liǥón, na] 形 名《西. 口語》[異性に]すぐ声をかける〔人〕, ナンパ師
ligotear 自 他 ナンパする
ligoteo 男 ナンパ
ligue [líǥe] 男《西. 口語》❶ [異性を]ナンパすること: bar de ~ ハントバー. ❷ ナンパした相手; [性関係のある]恋人

liguero, ra [liǥéro, ra] 形《スポーツ》リーグ[戦]の: calendario ~ リーグ戦の日程
◆ 男《服飾》ガーターベルト

liguilla [liǥíʎa] 女《スポーツ》予選リーグ
ligur [liǥúr] 形 名《地名》[イタリア北部の]リグリア Liguria の(人)

lija [líxa] 女 ❶《魚》トラザメ. ❷ 鮫皮. ❸ 紙やすり, サンドペーパー〖papel de ~〗
lijado 男 やすりがけ, 磨き
lijadora 女 やすり: ~ de disco ディスクサンダー
lijar 他 [鮫皮・紙やすりで]磨く

lila [líla] 女《植物》リラ[の花], ライラック[の花]
◆ 形 名 ❶ 薄紫色の. ❷《西. 軽蔑》ばかな, 単純な;ばか者

liliáceas [liljáθeas] 女 複《植物》ユリ科

liliputiense [liliputjénse] 形 名 こびと〔の〕《『ガリバー旅行記』の)小人国 Liliput 男〕

lilo [lílo] 男 ❶《植物》リラ, ライラック. ❷《中米》ホモ, 同性愛者

lima [líma] 女 ❶ やすり: pasar la 〜 sobre… …にやすりをかける. 〜 plana 平やすり. 〜 muza 油目やすり. 〜 de uñas 爪やすり. ❷ やすりがけ; 仕上げ, 推敲. ❸〔口語〕大食いの人. ❹《植物·果実》ライム, ライムジュース. ❺《建築》hoya 〔屋根の〕谷. 〜 tesa 隅棟
  comer como una 〜 [*nueva*]/*comer más que una* 〜 大食いである

limaco [limáko] 男《動物》コウラナメクジ

limar [limár] 他 ❶ …にやすりをかける. ❷ 磨きをかける, 念入りに仕上げる; 推敲する. ❸〔欠点などを〕弱める, 取り除く: 〜 diferencias 対立を克服する, 敵意を忘れる

limado 男 磨き上げ

limadura 女 やすりがけ; 複 その削り屑: 〜s de hierro 鉄粉

limatón [limatón] 男〔円形の〕荒やすり《中南米. 建築》

limaza [limáθa] 女 ナメクジ [babosa]

limbo [límbo] 男 ❶《聖書》地獄の辺境〔〜 de los patriarcas. 旧約時代の善人がキリストの降誕までとどまる所〕;《カトリック》古聖所, 孩所(咳粉)〔〜 de los niños. 洗礼を受けずに死んだ幼児が住む所〕. ❷〔分度器などの〕目盛り縁;《天文》〔太陽などの〕周縁;《植物》葉身, 葉辺;《服飾》縁飾り
  estar en el 〜〔人が〕ぼんやりしている; 無知である

limeño, ña [liméɲo, ɲa] 形 名《地名》リマ Lima 女 の〔人〕〔ペルーの首都〕

limero [liméro] 男《植物》ライム〔の木〕

liminar [liminár] 形 前提の [preliminar]

limitación [limitaθjón] 女 ❶ 制限〔すること〕, 限度: 〜 de velocidad 速度制限. sin 〜 de tiempo 時間の制約なしに. ❷〔主に 複. 能力的な〕限界; 欠点: Todos tenemos *limitaciones*. 誰にも限界(向き不向き)がある

limitado, da [limitáðo, ða] 形 過分 ❶ 制限のある〔↔ilimitado〕; ごく少ない: dentro del tiempo 〜 限られた時間内に. un 〜 número de personas わずかな(限られた)人数. edición 〜*da* 限定版. oferta 〜*da* 限定販売. recursos 〜s 限られた資源. ❷ 知能の劣った, 頭の悪い

limitar [limitár] 他 ❶ …の境界を定める(示す). ❷〔+a に〕制限する, …の範囲内にとどめる: Me *han limitado* mis atribuciones. 私は権限を制約された. 〜 los gastos *a* sus ingresos 出費を収入の範囲内におさえる
  ◆ 自〔+con と〕境界を接する: El Perú *limita con* Ecuador por el norte. ペルーは北部でエクアドルと国境を接している
  ◆ 〜*se*〔+a +不定詞〕ただ…するだけにとどめる: Yo *me limito a* escuchar sin opinar. 意見を言うのは控えて聞くだけにします

limitativo, va [limitatíβo, βa] 形 制限する, 限定的な

límite [límite] 男《英 limit》❶ 境界; 複 国境 [frontera]: Estas montañas constituyen el 〜 de las provincias. この山々が県境になっている. 〜s de España スペイン国境. tierra sin 〜 果てしない大地
  ❷ 限界, 制限; 範囲: i) pasar el 〜 限界(制限)を越える; 度を越す. poner el 〜 限度(範囲)を定める. correr hasta el 〜 de sus fuerzas 力の限り走る. sin 〜s 際限のない; 広大な. 〜 de edad 年齢制限; 定年. 〜 de resistencia 耐久性の限度. 〜 de su experiencia 経験の範囲. presupuestario 予算の制限(範囲). Todo tiene sus 〜s. ものには限度というものがある. ii)〔単複同形で同格用法〕concentración 〜 限界濃度. precios 〜 制限価格. situación 〜 非常事態, 危機的状況; 極限状況. velocidad 〜 制限速度
  ❸《相場》指し値;〔賭け金の〕制限額;《数学》極限〔値〕

limítrofe [limítrofe] 形〔+de·con と〕隣接する: Dinamarca es un país 〜 *de* Alemania. デンマークはドイツの隣接国である. Francia y países 〜s フランスおよび隣接諸国

limo [límo]〔水が運ぶ〕沈土, 沈泥

limón [limón] 男 ❶《植物·果実》レモン. ❷《飲料》レモネード〔agua de 〜〕. ❸ レモン色, レモンイエロー [amarillo 〜]

limonado, da 形 レモン色の. ◆ 女 レモネード: 〜*da* de vino サングリア [sangría]

limonar 男 レモン畑

limoncillo 男《植物》レモングラス

limonero, ra 形 名 レモンの; レモン生産(販売)者. ◆ 男 レモンの木

limonita [limoníta] 女《鉱物》褐鉄鉱

limosna [limósna] 女 ❶ 施し物: dar [una] 〜 +a〔なにがしかの〕施し物を…に与える. hacer 〜s 施しをする. pedir 〜 施しを乞う. vivir de 〜s 他人の施しで生活する. ❷《軽蔑》わずかな(お情け程度の)金

limosnear 自 物乞いをする

limosnero, ra 形 名 よく施しをする, 慈悲深い;《中南米》乞食, 物乞い. ◆ 女/男《宗教》献金袋

limosnita 女 Una 〜 por amor de Dios. どうかお恵みを

limoso, sa [limóso, sa] 形 泥土のある(多い)

limpia[1] [límpja] 女 一掃: hacer una 〜 一掃する, ほとんどすべて取り除く
  ◆ 男 靴磨き〔行為〕

limpiabarros [limpjabárros] 男〔単複同形〕〔靴の〕泥落とし用マット

limpiabotas [limpjabótas] 名〔単複同形〕靴磨き

limpiabrisas [limpjabrísas] 男〔単複同形〕《南米》=limpiaparabrisas

limpiacristales [limpjakristáles] 男〔単複同形〕ガラスクリーナー [液, 道具]

limpiador, ra [limpjaðór, ra] 形 名 清潔にする, 掃除する〔人〕: 〜 de cristales 窓ガラス拭き
  ◆ 男 汚れを落とす道具, クリーナー: 〜 de al-

godón 綿棒

limpiahogares [limpiaogáres] 男 『単複同形』住まいの洗剤

limpiamente [limpjaménte] 副 見事に, 鮮やかに; 公正に, 正々堂々と

limpiametales [limpjametáles] 男 『単複同形』金属用の光沢剤

limpiamuebles [limpjamwébles] 男 『単複同形』家具のつや出し剤

limpiaparabrisas [limpjaparabrísas] 男 『単複同形』[車の] ワイパー

limpiar [limpjár] 他 『英 clean』❶ 掃除する, 拭く, 洗う; 清潔にする: i) ~ la casa 家を掃除する. ~ la mesa テーブルを拭く. ~ los zapatos 靴を磨く. ~ los platos 皿を洗う. ii) 《比喩》~ el honor 名誉を挽回する. ❷ [+de 余分などを] …から取り除く: ~ el campo de hierba 畑の草むしりをする. ~ la ciudad de maleantes 町から悪党どもを一掃する. limpiado de culpas 罪を清められた. ❸ 《料理》[魚・鶏の] 内臓を取る, [豆の] すじを取る. ❹ 《農業》…の枝を払う. ❺ 《口語》[+a+人 から] 盗む, だまし取る; [賭け事で] 無一文にする: Le limpiaron la cartera. 彼は財布を盗まれた. Le limpiaron en el juego. 彼はばくちで有り金全部とられた. ❻ 《中米》罰する, 罰として〔むちで〕打つ;《南米》殺す

◆ **~se** [体を] 清潔にする: ~se las narices 鼻をかむ

límpido, da [límpiðo, ða] 形 《文語》清らか な, 澄んだ

    limpidez 女 清澄さ

limpieza [limpjéθa] 女 ❶ 清潔さ; 掃除, 洗濯: i) Hay poca ~ en tu cuarto. 君の部屋は汚い. artículo de ~ 掃除用具. ~ general 大掃除. ~ en (a) seco ドライクリーニング. ii) 《比喩》operación de ~ 掃討作戦. ~ de bolso 無一文, 極貧. ~ étnica 民族浄化. ❷ 公正さ; フェアプレー: actuar (jugar) con ~ 誠実にふるまう(フェアプレイをする). ~ de corazón 高潔さ. ~ de manos 手を汚していないこと. ❸ 見事さ, 巧みさ: saltar con ~ 鮮やかに跳ぶ

    hacer una ~ 大掃除をする

limpio, pia²   [límpjo, pja] 形 『英 clean』. ↔sucio. 絶対最上級 limpísimo』❶ [estar+] 清潔な, 汚れのない: La casa (La camiseta) está ~pia. [掃除・洗濯して] 家(シャツ)はきれいになっている. aire ~ 澄んだ空気. cielo ~ 澄みわたった空. cristal ~ 曇りのないガラス. energía ~pia クリーンエネルギー

❷ [ser+] 清潔好きな; 清楚な: mujer ~pia 身だしなみのよい女. niño muy ~ こざっぱりとした服装の少年

❸ [ser+] 公正な, 慎みのある; [estar+] 責任(罪)のない: alma ~pia 清らかな心. conversación ~pia 慎みのある会話. intenciones poco ~pias 汚い意図. manos ~pias 廉直(紀光). relaciones ~pias [男女の] 清い関係. vida ~pia まっとうな暮らし

❹ 鮮明な: imagen ~pia はっきりした映像. silueta ~pia くっきりした輪郭

❺ [名詞+, プレー+動作が] 見事な, 巧みな: salto ~ 鮮やかなジャンプ

❻ [estar+. +de 余分などを] 取り除いた; 混じり物のない, 正味の: árbol ~ de ramas secas 枯れ枝を払われた木. grano ~ 脱穀した粒. langosta ~pia 殻を取ったエビ. beneficio ~ 純益. pesar la carne ~pia 肉だけの重さを計る. ganar cien mil pesetas ~pias al mes 月に手取りで 10 万ペセタ稼ぐ. Está ~ de toda sospecha. 彼はいかなる疑惑も受けていない

❼ 《口語》[estar+. 賭け事で] 有り金をなくした; 一文なしの: quedar (dejar a+人) ~ からっけつになる(する)

❽ 《学生語》[estar+] 無知の; [試験に] 準備不足の: Estaba ~ cuando fue al examen. 彼は何の勉強もせずに試験にのぞんだ

a... ~ 〈口語〉[強調] llamar *a* grito ~ 大声で叫ぶ. arrancar *a* tirón ~ ぐいっと引っぱる

en ~ 正味で; 手取りで: a cien pesetas el kilo *en ~* 正味 1 キロにつき 100 ペセタで. Déjate de explicaciones y dime, *en ~*, en qué has quedado. 説明はもういい. 君がどうなったのかだけを言え

~ como una patena (un espejo・los chorros del oro) 非常に清潔な

poner (escribir) en ~/pasar a (en) ~ 清書する

sacar en ~ はっきりわかる(理論づけられる)

◆ 副 正々堂々と [limpiamente]: jugar ~ フェアプレイをする, きれいな試合をする

◆ 男 《中南米》森林の中の空き地 [claro]

limpión [limpjón] 男 ❶ ざっと掃除すること. ❷ 《中南米》ふきん; 《南米》吃責

límulo [límulo] 男 《動物》カブトガニ

limusina [limusína] 女 《自動車》リムジン

lín. [略語] ←línea 航路

linaje [lináxe] 男 ❶ 家系; [特に] 貴族の家柄: ilustre ~ 名門〔の血筋〕. ~ humano 人類. ❷ 種類: personas de todo ~ あらゆるタイプの人々

    linajudo, da 形 名 家柄のよい〔人〕; 家柄を自慢する〔人〕

linaza [lináθa] 女 [←lino] 亜麻仁(だ): aceite de ~ 亜麻仁油

lince [línθe] 男 《動物》オオヤマネコ: ~ rojo ボブキャット, アカオオヤマネコ

◆ 形 名 [洞察力の] 鋭い〔人〕: Es un ~ para los negocios. 彼は商売に目はしがきく. con ojos de ~ 抜け目なく. vista de ~ 鋭い洞察力

linchar [lintʃár] 他 …に私刑(リンチ)を加える

    linchamiento 男 私刑, リンチ: ~ moral 精神的リンチ, バッシング

lindamente [lindaménte] 副 見事に; 巧妙に: Le engañaron ~. 彼はまんまとだまされた

lindar [lindár] 自 [+con と] 隣接する: Su casa *linda con* la mía. 彼の家は私の家と隣り合っている. Esto *linda con* lo ridículo. これは

こっけいに近い

lindante 形 隣接している：campo 〜 con el río 川のすぐそばの畑

linde [línde] 囡 〖時に 男〗《文語》❶ 境界〔線〕：en la 〜 del bosque 森の外れに. ❷ 限界〖límite〗

lindero, ra [lindéro, ra] 形 ＝**lindante**
◆ 男 〖主に 複〗〖〜 de comunicación〗: estar en los 〜s de la locura 狂気と紙一重の状態にある

lindeza [lindéθa] 囡 ❶ きれいさ, かわいさ. ❷ 園《反語》ののしり, 雑言；甘い言葉, ほめ言葉：Me dijo unas cuantas 〜s. 彼は私に二言三言ひどいことを言った

lindo, da [líndo, da] 形 〖英 pretty〗❶《主に中南米》きれいな, かわいい 〖☞hermoso 類義〗: muchacha 〜da きれいな少女. nene 〜 かわいい赤ちゃん. vestido 〜 すてきなドレス. 〜da letra きれいな字. ❷ すばらしい：¡L〜 amigo! 《皮肉》結構な友達だ！
de lo 〜 大いに〔楽しく〕；ひどく：divertirse *de lo* 〜 大いに楽しむ. aburrirse *de lo* 〜 ひどく退屈する
◆ 副《中南米》見事に, 上手に：Canta muy 〜. 彼の歌は大変すばらしい

línea [línea] 囡 〖英 line〗❶ 線 〖類義 línea は幾何・技術関係の使用が多く, 日常では raya が多く使われる〗: i) trazar una 〜 線を引く. 〜 mixta 直線と曲線〔で構成された線〕. 〜 central〔直線の〕センターライン. 〜 de agua〔船の〕喫水線. 〜 de montaje 組立ライン. 〜s de las aguas 分水嶺
❷〔交通・通信の〕線〖〜 de comunicación〗；電線〖〜 eléctrica〗；電話線〖〜 telefónica〗: cambiar a la 〜 3 地下鉄 3 号線に乗り換える. 〜 aérea 航空路；園 航空会社,〔一国の〕航空業界. 〜 de abastecimiento 補給路. 〜 de alta tensión 高圧線. 〜 de ferrocarril〔directa Barcelona=Ginebra〕〔バルセロナ＝ジュネーブ間の〕直通鉄道路線. buque de 〜 定期船. final de 〜 終点. Mi teléfono no tiene 〜. 私の電話は外線につながらない. La 〜 está ocupada.〔交換手が〕お話し中です
❸ 境界線〖〜 de demarcación〗: en la 〜 con México メキシコとの国境線で
❹ 輪郭, スタイル；園 顔の輪郭: guardar (mantener・conservar) la 〜 体の線を保つ, 太らないようにする. perder la 〜 体の線が崩れる, 太る. vestido elegante de 〜 優雅なラインのドレス. cara de 〜s angulosas 角ばった顔
❺ 列〖fila〗: 〜 de casas 家並み
❻〔文章の〕行〖renglón〗；園 短い手紙(印刷物): la 〜 diez 10 行目. Me ha escrito (puesto) algunas (unas・dos・cuatro) 〜s. 彼は私に一筆書いてよこした
❼ 方針, 方向, 傾向: i) Ese proyecto no entra en mi 〜 de pensamiento. その計画は私の関心外だ. fijar la 〜 del partido 党の方針を決める. 〜 general 一般方針. ii) 道, 生き方 〖〜 de conducta〗: seguir una 〜 equivocada 誤った道を歩む. 〜 de menor

resistencia 安易な道. iii) 基準: 〜 de crédito《商業》クレジットライン, 与信枠
❽ 家系: 〜 paterna (materna) 父(母)系. Desciende de Colón por 〜 materna. 彼の母方の先祖はコロンブスだ. 〜 directa 直系. 〜 transversal (colateral) 傍系
❾〔商品などの〕種類, 型: Es el coche más barato en su 〜. これはそのクラスでは一番安い車だ. lanzar al mercado una nueva 〜 de productos 一連の新製品を売り出す. 〜 deportiva スポーツタイプ. 〜 blanca〔冷蔵庫など主に白い〕大型家庭用品. 〜 marrón〔テレビなど主に茶色の〕家庭用品
❿《美術》〔色に対して〕線: Maneja la 〜 mejor que el color. 彼は色彩よりデッサンに優れている
⓫《天文》昼夜平分線〖〜 equinoccial〗
⓬《手相》〜 de la vida (del corazón・de la cabeza) 生命(感情・頭脳)線. 〜 de la salud (del sol) 健康(太陽)線. 〜s de la mano 手相
⓭〔しばしば 園〕戦線〖〜 de batalla〗: 〜 de fuego 火線, 砲列. 〜 Maginot マジノ線. primera 〜〔軍〕前線. atravesar las 〜s enemigas 敵陣を突破する
⓮《スポーツ》〜 de centro センターライン. 〜 de salida (partida) スタートライン. 〜 delantera (de ataque) フォワード陣
⓯《ビンゴ》cantar 〜 ビンゴができる, ビンゴと叫ぶ. rellenar una 〜 de números 1 列消す
⓰《中南米》釣り糸
cruzar la 〜 赤道を越える
cruzar una 〜 一線を越える
de primera 〜 一級の, 優れた: autor *de primera* 〜 一流の作家
en 〜 1) árboles plantados *en* 〜 1 列に植えられた木. estacionamiento *en* 〜 縦列駐車. 2)《情報》オンライン: apoyo *en* 〜 オンラインヘルプ
en 〜*s generales* 大筋において
en toda [la] 〜 完全に: ganar *en toda la* 〜 完勝する
entre 〜*s* 言外に: leer *entre* 〜*s* 行間(言外の意味)を読み取る. Hay que ver lo que hay (se dice) *entre* 〜*s*. 隠れた意味を読み取らなくてはいけない
〜 *recta* 直線；直線: en 〜 *recta* まっすぐに. seguir la 〜 *recta* 正しい道を踏み外さない
◆ 囡《ラグビー》tercera 〜 ナンバーエイト, ロック

lineal [lineál] 形〔線状の〕；《数学》線形の, 一次の；《生物》糸状の: aumento 〜〔賃金の〕一律引上げ. dibujo 〜 線画；線描図. hoja 〜《植物》線形葉. medida 〜〔長さ・体積に対する〕長さの尺度. motor 〜 リニアモーター

lineamiento [lineamjénto] 男 匣名〖素描などの〕線；《中南米》大筋, 大枠

linear [lineár] 形〔糸状の〕

linfa [línfa] 囡《医学》リンパ(液)

linfático, ca 形 リンパ(液)の: vasos 〜s リンパ管. sistema 〜 リンパ系. temperamentos 〜s リンパ(粘液)質, 無気力な気質

L

linfocito 男 リンパ球(細胞)

linfogranulomatosis 女 〖単複同形〗悪性リンパ肉芽腫

linfoma 男《医学》リンパ腫

lingotazo [liŋgotáθo] 男《西. 口語》[酒の]ひと飲み

lingote [liŋgóte] 男 インゴット, 鋳塊: ～ de oro 金塊

lingotera 女 インゴット用の鋳型

lingua franca [líŋgwa fráŋka] 女 リングァフランカ《イタリア・ギリシア・スペイン語などの混成語》

lingual [liŋgwál] 形 舌の: músculos ～es《解剖》舌筋
◆ 女《言語》舌音

lingüística¹ [liŋgwístika] 女 言語学: ～ aplicada 応用言語学. ～ comparada (contrastiva) 比較(対照)言語学. ～ del texto テキスト言語学. ～ histórica 歴史言語学.

lingüístico, ca² [liŋgwístiko] 形 言語(学)の: estructura ～ca 言語構造. política ～ca 言語政策

lingüista 男女 言語学者

linier [linjér] 男《←英語. スポーツ》線審, ラインズマン

linimento [liniménto] 男《薬学》[筋肉痛などを和らげる]塗布剤

lino [líno] 男 ❶《植物》アマ(亜麻). ❷《繊維》亜麻布, リネン, リンネル;《俗用》麻: pañuelo de ～ 麻のハンカチ

linografía [linografía] 女 布地への印刷

linóleo [linóleo] 男 リノリウム: suelo de ～ リノリウムの床

linón [linón] 男《繊維》ローン, 透けるような薄地の綿布

linotipia [linotípja] 女《←商標. 印刷》ライノタイプ

linterna [lintérna] 女 ❶ 懐中電灯 《～ eléctrica, ～ a pilas》. ❷ カンテラ, ランタン;ちょうちん《farol》;～ sorda 龕灯(がんとう). ❸ 映写機, プロジェクター《～ de proyección》: ～ mágica 幻灯機. ❹《建築》頂塔;《機械》ちょうちん歯車

linyera [linjéra] 名《南米》浮浪者, 乞食
◆ 女《南米》[衣類の]小さな包み

lío [lío] 男 ❶《口語》混乱;困難な事態: Tiene un ～ de papeles sobre la mesa. 彼は机の上に紙を散らかしている. meterse en un ～ 窮地に陥る;面倒なことに首を突っ込む. ❷ [衣類などの]包み: hacer un ～ con sus pertenencias 身の回り品を[荷物に]まとめる. ❸ 陰口, 噂話: ir y venir con ～s 陰口をきいて回る. ❹《軽蔑》不倫関係: tener un ～ con+人 …と愛人関係にある
armar un ～ 騒ぎ(もめごと)を起こす
hacerse (estar hecho) un ～《口語》頭の中が混乱している(している)
¡qué ～!/¡vaya ～! やっかいだ, うんざりだ!

liofilización [ljofiliθaθjón] 女 凍結乾燥, フリーズドライ

liofilizar 9 他 凍結乾燥する

lioso, sa [ljóso, sa] 形 名《口語》❶ [理解・解決が]困難な, ややこしい;ごたごたを起こす. ❷ [ser+]陰口(噂)好きの(人), ゴシップ屋

lipasa [lipása] 男《生化》リパーゼ

lipemia [lipémja] 女《医学》[高]脂肪血症

lípido [lípido] 男《生化》[主に 複] 脂質, リピド
lipoideo, a 形 脂質の

lipoma [lipóma] 男《医学》脂肪腫

lipoproteína [lipoproteína] 女《生化》脂蛋白質, リポ蛋白

liposoluble [liposolúble] 形《生化》溶脂性の

liposoma [lipoSóma] 男《化学》リポソーム

liposucción [liposu(k)θjón] 女《美容整形》脂肪吸引

lipotimia [lipotímja] 女《文語》気絶, 卒倒

liq.《略語》←liquidación 決算, 清算

liquen [líken] 男《複 líquenes》《植物》地衣〔類〕

líquida¹ [líkida] 女《言語》流音

liquidabilidad [likidaβilidá(d)] 女 ＝liquidez

liquidación [likidaθjón] 女 ❶ 清算, 決済〔勘定〕: hacer ～ de una cuenta 勘定を清算する. ～ de una sociedad 会社の清算(解散). ～ de los impuestos 課税額の決定(納入). ❷ 棚ざらえ, 投げ売り, バーゲンセール《venta de ～》: vender (comprar) en ～ バーゲンセールをする(で買う). ～ por reforma 店内改装のためのバーゲンセール. ❸ [不動産などの]売却. ❹ [関係の]解消;[活動の]終了. ❺ ＝licuación. ❻《中米》解雇〔手当〕

liquidador, ra [likidadór, ra] 名 清算人

liquidámbar [likidámbar] 男《植物》フウ, モミジバフウ

liquidar [likidár] 他 ❶ 清算する, 決済する: Todavía está por ～ [la cuenta] al mueblista. まだ家具屋の勘定が未払いになっている. ～ una sociedad 借金を全額返済する. ～ una sociedad 会社を清算(解散)する. ～ las relaciones con+人 …との関係を清算する. ❷ [不動産などを]現金化する, 売却する. ❸ [金を短期間に]使い果たす: ～ la fortuna en un año 財産を1年でなくしてしまう. ❹ 投売り(安売り)する: *Liquidamos* todas las mercancías. 全品大安売りします. ❺《口語》[邪魔者などを]殺す, 消す. ❻ 液化させる《licuar》. ❼《中米》[合理化などを理由に]解雇する
◆ ～se ❶ 液化する: El plomo *se liquida* con poco calor. 鉛はわずかな熱で溶ける. ❷《口語》使い果たす, 消費し尽くす

liquidez [likidéθ] 女 ❶《商業》流動性: Falta ～. 現金が足りない. bonos con una gran ～ 換金性の高い債券. ～ monetaria 流動資金. ❷ [物質の]流動性

líquido, da² [líkido, da]《英 liquid》形 ❶ 液体の, 流動状の《↔sólido》: aire ～ 液体空気. alimento ～ 流動食. estado ～ 液状. ❷《商業》流動性のある, すぐ現金化できる;正味の;

activo ～ 流動資産. dinero ～ 現金. saldo ～ 正味残高. sueldo ～ 手取り給与. ❹《言語》流音の: letra ～*da* 流音文字

◆ 男 ❶ 液体《cuerpo ～》: ～ de frenos ブレーキ液. ～ seminal 精液. ❷ 飲み物; 流動食《dieta a base de ～s》. ❸ 純益《beneficio・ganancia ～》, 純利得; 清算残高; 現金: ～ imponible 課税対象所得

liquiliqui/liquilique [likilíki/-ke] 男《人民服風の白い》木綿の上着

lira [líra] 囡 ❶《イタリア・トルコの貨幣単位》リラ. ❷《音楽》リラ, 竪琴(笠). ❸ 叙情詩の一種. ❹《詩人の》インスピレーション, 詩的感興

lírico, ca [líriko, ka] 形 ❶ 抒情的な, 抒情詩の. ❷《演劇》歌や音楽のある, オペラの: compañía ～*ca* 歌劇団. ❸ 熱情的な. ❹《南米》夢想《幻想》的な

◆ 图 抒情詩人《poeta ～》;《南米》夢想家
◆ 图 抒情詩《poesía ～*ca*》

lirio [líɾjo] 男《植物》アヤメ, アイリス《～ cárdeno》: ～ blanco ニワシロユリ. ～ de agua オランダカイウ. ～ de los valles スズラン. ～ hediondo 臭アヤメ. ❷《魚》[主に大西洋の] アジの一種

lirismo [liɾísmo] 男 ❶ 抒情性, リリシズム; 感情の流出, 熱情. ❷《中南米》夢想, 幻想

lirón [liɾón] 男 ❶《動物》オオヤマネ; ～ gris キンイロヤマネ. ❷《口語》よく眠る人
dormir como un ～《口語》ぐっすり眠る

lis [lís] 囡《複-es》《紋章》ユリの花形《flor de ～》;《植物》=**lirio**

lisa[1] [lísa] 囡《魚》ボラの一種;《南米》生ビール

lisboeta [lisβoéta] 形《地名》リスボン Lisboa 囡 の《人》《ポルトガルの首都》

lisbonense/lisbonés, sa 形 图 =**lisboeta**

lisérgico, ca [lisérxiko, ka] 形《化学》: ácido ～ リゼルグ酸

lisiado, da [lisjáðo, ða] 形 图 過形 ❶《時に軽蔑》[主に四肢に] 障害のある, 身体障害者: ～ de guerra 傷痍軍人. ❷ [estar+.] 疲れて] ぐったりしている

lisiar [10] 他《身体を永久的に》傷つける, 不具にする. ～*se* 不具になる

lisis [lísis] 囡《単複同形》《医学》溶解(笠), 熱が徐々に下がること

liso, sa[2] [líso, sa] 形 ❶ 平らな《llano》; なめらかな: terreno ～ 平坦な土地. mar ～ 静かな《波一つない》海. pecho ～ 平たい胸. cutis ～ なめらかな《しわのない》膚. papel (suelo) ～ つるつるした紙《床》. ❷《髪の毛が》ちぢれ《カールして》いない, まっすぐな. ❸《服が》ひだ《装飾》のない;《布が》単色の, 柄のない: falda lisa シンプルなスカート. camisa lisa 無地のワイシャツ. corbata de color azul ～ 青一色のネクタイ. ❹《スポーツ》[障害競走 obstáculos に対して] carrera de cien metros ～*s* 100 メートル競走. ❺《口語》《女性が》胸がぺちゃんこの. ❻《中南米》厚かましい

lisa y llanamente 率直(端的)に言って.
～ y llano 平易な, 回りくどくない; 誇張のない;
打ち解けて: hablar en lenguaje ～ y llano

率直(端的)に言う. verdad lisa y llana 純然たる事実

lisonja [lisóɲxa] 囡《文語的》おべっか, 追従

lisonjear [lisoɲxeáɾ] 他《文語的》…にへつらう, おもねる; 得させる, 自尊心をくすぐる

◆ ～*se* 自慢する, 得意になる; 喜ぶ

lisonjeador, ra 形 图 おべっかつかい《の》

lisonjero, ra [lisoɲxéɾo, ra] 形 へつらいの; 自尊心をくすぐるような, 満足させる: palabras ～*ras* お世辞, 追従. perspectivas ～*ras* 明るい展望

◆ 图 おべっかつかい

lista[1] [lísta] 囡《英 list》❶ 表, 名簿: hacer una ～ リストを作る. poner a+人 en la ～ リストにのせる. pasar a la ～ negra ブラックリストにのる. ～ de precios 価格(値段)表. ～ de viajeros 乗客名簿. ～ de vinos ワインリスト. ～ electoral 選挙人名簿. segunda ～《軍事》不時点呼, 再点呼. ❷《宝くじの》当たり番号表: ～ grande 全当たり番号表. ❸ テープ, 小片. ❹ 縞《す》: camisa con (a) ～*s* azules 青い縞柄のワイシャツ. tela de ～*s* verdes y rojas 緑と赤の縞模様の布. ❺ ～ civil 元首の特別歳費, 王室費

～ de correos 局留め《郵便》: escribir a la ～ de correos 局留めで手紙を出す

pasar ～ 点呼する: ～ en clase (a los alumnos) クラス(生徒)の出席をとる

listado, da [listáðo, ða] 形 過形 縞《す》のある

◆ 男 ❶《情報》表示. ～印刷《lista》: ～ electoral《南米》選挙人名簿

listar 他《情報》表示する; リストにのせる

listeria [listéɾja] 囡《生物》リステリア菌

listeza [listéθa] 囡 利口さ; 抜け目なさ

listillo, lla [listíʎo, ʎa] 图《西. 軽蔑》知ったかぶり, 利口ぶる人

◆ 图 小リスト

listín [listín] 男 アドレス帳, 電話帳

listo, ta[2] [lísto, ta] 形 ❶ [ser+.] 利口な, 頭の回転の速い, 《軽蔑》抜け目のない: Es tan ～ que capta la más ligera insinuación. 彼はとても鋭敏で, ちょっとしたほのめかしにも気づいてしまう. más ～ que Cardona 大変頭の切れる; 非常にずる賢い. ❷ [estar+] 用意のできた: Estoy ～. 私は用意が整っている《身仕度を終えた》. Todo está ～ para la fiesta. パーティーの準備はすべて整っている. ¿L～? 用意はいいですか? ¡L～! さあ〔やりなさい〕! ¡L～s!《スポーツ》用意!

andar ～《口語》用心している
echárselas (dárselas) de ～ 知ったかぶりをする
¡Estamos ～s! まったく往生したよ!
estar (ir) ～《口語》確実に失敗する《期待が外れる》: Estás (Vas) ～ si crees que él te va a ayudar. 彼が助けてくれると思っているなら, それは間違いだぞ
pasarse de ～ 抜け目なさすぎる, 利口すぎる; 邪推しすぎて失敗する

listón [listón] 男 ❶ [走り高跳び・棒高跳びの] バー: El ～ está a cinco metros. バーの高さは

5メートルだ. ❷ 細長い板. ❸ 目標, 水準: poner el ～ alto 多くを求めすぎる, 目標を非常に高く持つ

lisura [lisúra] 囡 [←liso] 平坦, なめらかさ; 率直さ 《中南米》厚かましさ

litera [litéra] 囡 ❶ 2段ベッド; [船・列車などの]簡易寝台. ❷ [昔の]輿(𝑐), 担い駕籠(𝑐)

literal [literál] 㢟 文字(字義)どおりの; 逐語訳の: significado ～ 文字どおりの意味
　literalidad 囡 字義の尊重
　literalmente 剾 文字どおりに: Estoy ～ molido. 私はへとへとだ

literario, ria [literárjo, rja] 㢟 ❶ 文学の: historia ～ria 文学史. mundo (círculo) ～ 文壇. obra ～ria 文学作品. ❷ 文科系の 〖↔ científico〗. ❸ 文語の 〖↔coloquial〗: estilo ～ 文語体

literato, ta [literáto, ta] 图 《主に軽蔑》[現代の]作家, 文学者

literatura [literatúra] 囡 〖英 literature〗❶ 文学: dedicarse a la ～ [職業として]文学をやる. vivir de la ～ 文学で暮らしを立てる. clásica 古典文学: ～ española スペイン文学. ❷ 文学研究: libro de ～ universal 世界文学の研究書. ❸ 匿名 文献: ～ matemática 数学に関する文献. ❹ 駄弁, 空論: hacer ～ 駄弁を弄する

litiasis [litjásis] 囡 〖単複同形〗《医学》結石〔症〕

lítico, ca [lítiko, ka] 㢟 ❶ 《歴史》石器〔時代〕の. ❷ 結石症の

litigar [litigár] 图 圁 ❶ 《文語》[+contra に対して/+por・sobre について]訴訟を起こす. ❷ 論争する, 言い争う
　◆ 他 訴える
　litigante 㢟 訴訟を起こす: punto ～ 争点.
　◆ 圑 訴訟人

litigio [litíxjo] 囲 ❶ 《法律》訴訟 〖pleito〗; 係争: en ～ 係争中の. ❷ 論争; 紛争

litio [lítjo] 囲 《元素》リチウム

litografía [litografía] 囡 石版印刷〔術〕; 石版画, リトグラフ; 石版工房
　litografiar 圑 他 石版刷りにする
　litográfico, ca 㢟 石版術の, 石版刷りの
　litógrafo, fa 图 石版工, 石版師

litología [litoloxía] 囡 岩石学

litoral [litorál] 㢟 《地理》沿岸の
　◆ 囲 沿岸地帯(地方): tener un largo ～ 海岸線が長い. país sin ～ 内陸国

litosfera [litosféra] 囡 《地学》岩石圏

lítotes [lítotes] 囡 〖単複同形〗《修辞》緩叙法
　litote 囡 =**lítotes**

litri [lítri] 㢟 おしゃれな, 気どった

litro [lítro] 囲 〖容量の単位〗リットル: botella de un ～ 1リットル瓶. medio ～ de aceite 半リットルの油
　litrona 囡 《西. 口語》[ビールの] 1リットル瓶

lituano, na [litwáno, na] 㢟 《国名》リトアニア Lituania 囡 [人・語]の; リトアニア人
　◆ 圑 リトアニア語

liturgia [litúrxja] 囡 《宗教》礼拝〔の儀式〕; 典礼学: ～ católica カトリック典礼

litúrgico, ca [litúrxiko, ka] 㢟 典礼の: libros ～s 典礼書. ornamentos ～s 祭服, 祭壇飾り
　◆ 囡 典礼学

liviano, na [libjáno, na] 㢟 ❶ 《主に中南米》軽い 〖ligero〗; [お茶などが]濃くない: tejido ～ 軽い布. trabajo ～ 軽作業, 簡単な仕事. comedia ～na 軽演劇. ❷ ささいな, 重要でない. ❸ 《文語》移り気な, 気まぐれな. ❹ 慎みのない: mujer ～na 尻軽女
　◆ 圑 [主に 複. 食用獣の]肺
　livianamente 剾 軽々しく
　liviandad 囡 1) 軽き; 軽薄さ; 移り気. 2) 軽率さや行為

lívido, da [líbiðo, ða] 㢟 [estar+] ❶ 蒼白の, 土気色の; [空などが]鉛色の: ponerse ～ 顔面蒼白になる. ❷ 暗紫色の: manos ～das de frío 寒さで紫色になった手
　lividecer 圂 蒼白になる
　lividez 囡 蒼白

living [líbin] 囲 〖複 ～s〗 [←英語. 主に中南米] 居間

liza [líθa] 囡 ❶ 〔騎士の〕闘技場; その試合. ❷ 《文語》論争; [利害などの]衝突: entrar en ～ 論争(競技)に参加する; 衝突する

lizo [líθo] 囲 [織機の]綜絖(𝑐)

ll [éλe] 囡 旧アルファベットの一字 〖二重字〗

Lladró [λaðró] 《←商標》陶磁器製の人形 〖☞ 写真〗

llaga [λága] 囡 ❶ 《医学》傷, ただれ, 腫れもの: Dios, que da la ～, da la medicina. 《諺》捨てる神あれば拾う神あり. ❷ 苦悩, 心痛; 遺恨: ～s de la guerra 戦争の傷跡. ❸ 《聖書》聖痕 ¡por las ～s (de Cristo)! 畜生, いまいましい！

llagar [λagár] 图 他 [体を]傷める

llama [λáma] 囡 ❶ 炎, 火炎: estar en ～s 燃えさかっている, 炎に包まれている. 《諺》olímpica オリンピックの聖火. salir de las ～s caer en las brasas 《諺》一難去ってまた一難. ❷ 情熱, 激情. ❸ 《動物》ラマ, リャマ

llamada¹ [λamáða] 囡 〖英 call〗 ❶ 呼ぶこと; 呼び声: No oí sus ～s de auxilio. 私は彼の助けを求める声が聞こえなかった. acudir a la ～ de+人 …に呼ばれてかけつける. ～ de socorro 遭難信号. ～ de la Patria 祖国の要請. ～ a escena 《演劇》カーテンコール. ～ al orden [議長の]静粛命令. ❷ 通話 〖～ telefónica〗: Hay una ～ para ti. 君に電話がかかって

いるよ. hacer una 〜 a+人・場所 …に電話をかける. 〜 a cobro revertido コレクトコール. 〜 internacional 国際電話. 〜 personal 指名通話. 〜 urbana (interurbana) 市内(長距離)通話. ❸ 出席をとること, 点呼；《軍事》召集, 集合《〜 a filas》: batir 〜 集合太鼓を鳴らす. a las armas (al orden) 出動(整列)命令. ❹ 誘惑, 誘いかけ: 〜 del mar 海の魅力. ❺《欄外記事への》送り記号《〜 a pie de página》. ❻《情報》instrucción de 〜 呼び出し命令

llamado, da[2] [ʎamáðo, ða] 形 過分 いわゆる: el 〜 Tercer Mundo いわゆる第三世界
◆ 男 呼ぶこと, 呼び出し『llamada』

llamador [ʎamaðór] 男 [ドアの] ノッカー；呼び鈴『timbre』

llamamiento [ʎamamjénto] 男 ❶ 呼びかけ, 訴え: dirigir un 〜 a los obreros para que se unan 労働者に団結を呼びかける. hacer un 〜 a la opinión pública 世論に訴える. ❷ 呼び出し；《軍事》召集《〜 a filas》

llamar [ʎamár] 他 [英 call] ❶ 呼ぶ, 呼び出す: i) Llamó al camarero y pidió un café. 彼はボーイを呼んでコーヒーを注文した. 〜 a su perro 犬を呼ぶ. 〜 un taxi タクシーを呼ぶ. ii) [+a+名詞・不定詞するように] La sirena llama al trabajo. サイレンは仕事の合図だ. Le llamaron a declarar como testigo. 彼は証人として供述するように召喚された. iii) …に助けを求める: Chillaba con todas mis fuerzas, llamando a Juan a gritos. 私は声を限りに叫んで, フワンに助けを呼び求めた
❷ …に電話をかける, 電話口に呼び出す《〜 por teléfono》: Te han llamado. 君に電話があった. Llámame esta noche. 今晩電話をくれ. ¿Por quién llama? [受話器をとった人に尋ねて] 誰への電話ですか? 〜 a casa 家に電話する. 〜 al cero noventa y uno《西》091 に電話する《091 は日本の 110 番に相当》
❸ [+目的格補語 と] 名づける；[名で] 呼ぶ: Lo llamaron Pedro como a su abuelo. 彼は祖父と同じペドロという名前をつけられた. Llámame mamá. 私のことをママと呼びなさい. 〜 a+人 prodigio (cobarde) …のことを天才と呼ぶ(卑怯者とよぶ)
❹ 引きつける: Me llama la aventura. 冒険が私を呼んでいる. La violencia llama a la violencia. 暴力は暴力を呼ぶ. A mí no me llama el pastel. ケーキなんか欲しくない
❺《軍事》召集する
◆ 自 [戸口で] ノックする, 呼び鈴を鳴らす: Están (Alguien están) llamando a la puerta. 誰かドアをノックしている(呼び鈴を押している・来ている). Pasar sin 〜.《掲示》ノック無用
◆ 〜se …という名前である: ¿Cómo se llama usted?—Me llamo Jorge Martínez. 何というお名前ですか?—私はホルヘ・マルティネスといいます. 『線過去を使うと名前の度忘れ: ¿Cómo se llamaba usted? お名前は何でしたっけ?』
lo que se llama [強調] …というもの: Eso

es lo que se llama un auténtico amigo, y no tú. それこそ本当の友人というもので, 君は違う

llamarada [ʎamaráða] 女 ❶ ぱっと燃え上がる炎. ❷ [顔が] ほっと赤らむこと；[感情などの] 激発: 〜 de cólera 怒りの炎

llamativo, va [ʎamatíβo, βa] 形 ひどく目立つ, けばけばしい: colores 〜s どぎつい(派手な)色

llamear [ʎameár] 自 [めらめらと] 燃え上がる, 炎を上げる

llana[1] [ʎána] 女 ❶ [左官の] こて: dar de 〜 こてで平らにする(ならす). ❷ 平原『llanura』

llanada [ʎanáða] 女 平原『llanura』

llanamente [ʎanaménte] 副 平易に, はっきりと, 気さくに: hablar clara y 〜 明瞭に話す. pura y 〜 掛け値なしに, まったく

llanear [ʎaneár] 自 [坂道などを避けて] 平地を進む；平地をすいすいと走る

llanero, ra [ʎanéro, ra] 形 女 平原 llanura の住民；《地名》リャノ Los Llanos の(人)

llaneza [ʎanéθa] 女 飾り気のなさ；平易さ

llano, na[2] [ʎáno, na] 形 [英 flat] ❶ 平らな, 平坦な: camino 〜 平坦な道. tierra 〜na 平地. ❷ 気さくな, 飾り気のない；[表現が] 平易な: modales 〜s 気どらない態度. decir en lenguaje 〜 わかりやすい言葉で言う. ❸ pueblo 〜 平民. ❹《文法》最後から 2 番目の音節にアクセントのある. ❺《音楽》canto 〜/música 〜na 単旋律聖歌
a la 〜na 気さくに；平易に
de 〜 あからさまに, はっきりと
estar 〜 a+不定詞 …する用意ができている
◆ 男 ❶ 平原, 平地. ❷ 複 [Los L〜s] リャノ《ベネズエラ, コロンビアにまたがる平原》

llanote, ta [ʎanóte, ta] 形 [人が] あけっぴろげな

llanta [ʎánta] 女 ❶ [車輪の] 輪金；《主に中南米》タイヤ『neumático』: estar (andar) en 〜 タイヤがパンクしている. 〜 de oruga キャタピラートラック. ❷《南米》露天商の 日よけ

llantén [ʎantén] 男《植物》オオバコ

llantera/llantina [ʎantéra/-tína] 女 大泣き

llanto [ʎánto] 男 嘆き, 泣くこと；涙: prorrumpir (romper) en 〜/tener una crisis de 〜 わっと泣きだす. tener la voz ahogada en 〜 嗚咽で声を詰まらせている. enjugar (secar) el 〜 de+人 …を慰める
deshacerse (anegarse) en 〜 泣きくずれる

llanura [ʎanúra] 女 ❶ 平原, 平野: 〜 castellana カスティーリャ平原. ❷ 平らなこと. ❸《手相》 〜 de Marte 火星平原

llapa [ʎápa] 女《南米》=yapa

llar [ʎár] 女 [主に 複. 暖炉の] 自在鉤(ﾊﾞ)

llave [ʎáβe] 女 [英 key] ❶ 鍵(ﾊﾞ): La caja está cerrada con 〜. 箱には鍵がかかっている. echar (poner) la 〜 a la puerta/cerrar la puerta con 〜 ドアに鍵をかける. abrir la puerta con llave ドアの鍵を開ける. doblar (torcer) la 〜 鍵を回す. 〜 falsa

[盗作した] 合い鍵. ～ del éxito 成功の鍵(秘訣). ～ de la solución 解決の鍵(手がかり). ～〔s〕de oro [名誉市民の印の] 金の鍵. L～ en mano.《広告》即入居(納車)可

❷ [鍵型のもの] ～ de contacto [車の] イグニッションキー. ～ de fusil 銃の引き金. ～ de reloj 時計のねじ

❸ スパナ, レンチ: ～ inglesa 自在スパナ. ～ de carraca ラチェットレンチ. ～ de tubo ソケットレンチ. ～ dinamométrica (de torsión) トルクレンチ

❹ [電灯の] スイッチ《～ de la luz》; [ガス・水道の] 元栓, [ガス器具の] コック《～ de paso》: abrir (cerrar) la ～ del gas ガス栓を開ける(締める)

❺ [記号] 角かっこ [ ]; 連鎖記号 { }

❻《音楽》[管楽器の] 弁, キー; 音部記号: ～ de fa (sol) ヘ(ト)音記号

❼《レスリング》ロック,《柔道》固め; [一般に] 技, 決まり手

❽《商業》contrato (proyecto) ～ en mano ターンキー契約(プロジェクト)

❾ ～ de mano 親指と小指を広げた長さ《palmo》

❿《南米》親友, 仲間

bajo ～/bajo (debajo de) siete ～s 安全な場所に; しっかり鍵をかけて

cerrar con siete ～s 安全な場所にしまう; しっかり鍵をかける

◆《南米》親友の, 仲のよい

llavero [ʎaβéro] 男 ❶ キーホルダー. ❷ ～ abrepuertas por radio [ガレージなどの] リモコンシャッター

llavín [ʎaβín] 男 掛け金の鍵

llegada [ʎeɣáða] 女《英 arrival.↔partida》 ❶ 到着: esperar la ～ del tren 列車の到着を待つ. ❷ 到来, 到達: ～ del invierno 冬の訪れ. ❸《スポーツ》ゴールライン《línea de ～》

llegar [ʎeɣár] ⑧ 自《英 arrive, reach. ☞活用表↔partir》 ❶ [+a に] 着く, 到着する: Llegaremos a Madrid una hora después. 1時間後にマドリードに到着します. ～ a casa 家に着く, 帰宅する

❷ 到来する. i) [時刻] Ya llega la primavera. もうすぐ春が来る/もう春だ. Ha llegado el momento de que tome una decisión. 決定を下さねばならぬ時が来た. ii) [郵便などが] Le ha llegado a usted una carta. 手紙が届いています ❸ 到達する: i) ～ a la cima 頂上に到達する. ～ a su destino 目的地に達する. ～ a presidente 社長の地位につく. ii) [高さ・数量などが] Llego con la mano al techo. 私は天井に手が届く. Mi hijo aún no llega a abrir el armario. 息子はまだ[小さくて]戸棚が開けられない. La película no llega a dos horas. その映画は2時間はない. La cola llega desde el teatro hasta la plaza. 行列は劇場から広場で伸びている. iii) [年齢・時期などが] ～ a viejo 老齢に達する. Esta flor no llega a mañana. この花は明日まで持たない. iv) [変化の結果] …になる: Llegó a médico. 彼は医者

になった. ～ a la ruina 廃墟と化す

❹ [心に] 届く; 受け入れられる: La novela me llegó muy hondo. その小説は私の胸の深いところに響いた. música que llega a la juventud 若者に受ける音楽

❺ [費用などが] 足りる: El dinero que tengo no me llega para comprar el coche. 私の所持金では車を買うのには足りない. Cobramos una pensión con la que no llegamos ni a mitad de mes. 私たちの年金では半月しか生活できない

❻ [助動詞的. +a+不定詞. 結果] …することになる, …するまでに至る: Con el tiempo llegarás a saber mucho. いずれ君も多くのことを知るようになるよ. Se enfadó mucho: llegó a decirme que me echaría de casa. 彼はひどく怒って, 私を家から追い出すとまで言った

estar al ～ まもなく到着(到来)する

¡hasta ahí (aquí) podíamos …! いくらなんでもそこまでは言いすぎ(やりすぎ)だ!/[拒絶] とんでもない, 絶対いやだ!

～ a ser+名詞 [困難などを乗り越えて長い経過を経ての変化] …になる: Juana llegó a ser profesora de matemáticas. フワナはとうとう数学の先生になった

todo llega いつかはそうなるものだ/あてはなくても大丈夫

◆ ～se《口語》…に近づく; 寄る: Llégate al mercado y tráeme cebollas. 市場へ行って玉ねぎを買ってきてくれ. Cualquier día me llegaré por tu casa. いつか君の家に寄るよ

llegar	
直説法点過去	接続法現在
llegué	llegue
llegaste	llegues
llegó	llegue
llegamos	lleguemos
llegasteis	lleguéis
llegaron	lleguen

llenado [ʎenáðo] 男 満たす(満ちる)こと

llenador, ra [ʎenaðór, ra] 形《南米》[食物が] すぐ満腹にさせる

llenar [ʎenár] 他《英 fill》 ❶ 一杯にする, 満たす: i) Los coches llenan la calle. 通りは車であふれている. El rosbif llenó a los comensales. ローストビーフで会食者たちは満腹になった(たんのうした). ii) [+de・con で] ～ el depósito de gasolina ガソリンを満タンにする. ～ el suelo de papeles 床を紙くずだらけにする. Su respuesta me llenó de ira. 彼の返事に私は何かかっとした. Ese espectáculo la llenó de tristeza. その光景を見て彼女は悲しみに胸をふさがれた. ～ a+人 de elogios (de injurias) …をほめちぎる(暴言を浴びせる). ❷ [穴などを] 埋める《rellenar》: ～ un hoyo 穴を埋める. ❸ [空欄に] 書き込む: ～ un formulario 用紙に記入する. ❹ [条件などを] 満たす: Él no llena las condiciones para este cargo. 彼はこの職につくための条件を備えていない. Estos zapatos están viejos, pero *llenan* su papel. この靴は古くなってはいるが、まだ十分はける。 ❺ 満足（納得）させる: Este trabajo no me *llena* por completo. 私はこの仕事に十分満足しているわけではない。 No me *llena* esa música. 私はその音楽は好かない

◆ ～**se** 一杯になる: La sala *se llenó* de gente. 会場は人で埋まった。 *Se llenaron* las manos de pintura. 手がペンキだらけになった。 *Me llené* de cerveza. 私はビールをたらふく飲んだ。 Al oírlo *se llenó* de gozo. 彼はそれを聞くとうれしさがこみあげた

llenito, ta [ʎeníto, ta] 形 太り気味の: cara ～*ta* ふっくらした顔

lleno, na [ʎéno, na] 形【英 full. ↔ vacío】 ❶〔+de〕一杯の、満ちた: El vaso está ～ de vino. グラスにはワインが一杯に注がれている。 La chaqueta está ～*na* de manchas. 上着はしみだらけだ。 El tren está ～. 列車は満員だ。 Estoy (Me siento) ～. 私は満腹だ。 aguas ～*nas*/ mar ～*na* 満潮。 ❷ 太り気味の〖llenito〗。 ❸ 《医学》異状が認められない: pulso ～ 正常な脈拍

de ～〔*en* ～〕一杯に、完全に; 真っ向から: El sol da *de* ～ en el cuarto. 日が部屋一杯に当たっている。 Le dio la bola *de* ～ en la cara. ボールがまともに彼の顔にぶつかった

◆ 男 ❶ 満席、満員: En el teatro hubo un ～ total (completo). 劇場は大入り満員だった。 ❷ 満月

llevable [ʎeβáβle] 形 着られる; 耐えられる
llevada [ʎeβáða] 女 着用、所作; 運搬
llevadero, ra [ʎeβaðéro, ra] 形〔ser+〕我慢できる、辛抱できる

llevar [ʎeβár] 他【英 carry, wear】 ❶〔荷物などを〕持つ; 〔+a に〕持って行く、運ぶ〔↔traer〕: i) *Llevaba* la maleta en la mano izquierda. 彼は左手にスーツケースを持っていた。 *Llevaré* esos libros a su despacho. 私がその本を彼の仕事部屋に持って行きます。 Yo *llevo* la bolsa. その袋は私が持ってあげよう。 *Llevo* mucho dinero en el bolsillo. 私はポケットに大金を入れている。 Este tren *lleva* minerales. この列車は鉱石を積んでいる。 La bala le *llevó* el brazo. 彼は銃弾で片腕を失った。 ～ la cuchara a la boca スプーンを口に運ぶ。 ～ un mensaje a+人 …に伝言を伝える。 ii)〔付属品などが〕ある: Ese vestido no *lleva* cinturón. そのドレスにベルトはいらない。 Este vino *lleva* muchas heces. このワインはおりが多い。 El cuadro *lleva* demasiadas flores. その絵には花がごてごてと描かれている。 El bistec *lleva* patatas fritas. ビステキにはつけあわせとしてフライドポテトがつく。 iii)〔重みなどに〕耐え忍ぶ: *Lleva* con paciencia el sufrimiento. 彼は辛抱強く苦しみに耐えている。 Su padre *lleva* muy bien los años. 彼の父はとてもその年には見えない

❷〔人を〕連れて行く; 〔乗り物に〕乗せる: ～ de viaje a+人 …を旅行に連れて行く。 Esta

noche *llevo*〔conmigo〕a los niños *al* cine. 今晩私は子供たちを映画に連れて行く。 *Lleva* fuera a su perro todas las mañanas. 彼は毎朝犬を〔散歩に〕連れ出す。 Te *llevo* en coche *a* tu casa. 家まで車で送ってあげよう。 Me *llevaron*〔en camión〕hasta la ciudad. 私は町まで〔トラックに〕乗せてもらった

❸〔衣服などを〕身につけている、着ている: *Lleva* un traje negro. 彼は黒い服を着ている。 ～ un sombrero 帽子をかぶっている。 ～ un anillo 指輪をはめている。 Este perro *lleva* muchas pulgas. この犬はノミがたくさんたかっている

❹〔身体などがある状態に〕; 〔感情・意志などを〕抱く: *Lleva* las manos sucias. 彼は手が汚い。 *Llevas* la chaqueta arrugada. 君の上着はしわだらけだ。 ～ el pelo largo 長髪である。 ～ una enfermedad incurable 不治の病にかかっている。 ～ mucha alegría 大変喜んでいる

❺〔影響・収穫などを〕生じる、もたらす: La inundación *lleva* la ruina a mucha gente. 洪水は多くの人々にひどい被害を及ぼす。 Ese hombre *llevó* la intranquilidad *a* la casa. その男のせいで家の中が落ち着かなかった。 Este árbol *lleva* manzanas. この木はリンゴがなる。 tierra de pan ～ 小麦畑

❻〔導く; 結果に〕至らせる: Esta calle te *lleva* al ayuntamiento. この通りを行けば市役所があるよ。 ¿Adónde nos *lleva* la guerra? 戦争で私たちはどうなるのだろうか? La enfermedad le *llevó* a la desesperación. 病気で彼は絶望に陥った。 ii)〔+a+不定詞〕Ese asesinato los *llevó* a sublevarse. その暗殺事件を契機に彼らは決起した。 Esto me *ha llevado* a pensar que está contento. このことから私は彼が満足していると考えるに至った

❼〔乗り物を〕操る、運転する: *Lleva* con facilidad el caballo. 彼は楽に馬を乗りこなす。 *Lleva* el coche con seguridad. 彼は慎重に車を運転する。 Hoy *llevaremos* su coche. 今日私たちは彼の車を使う

❽〔仕事などを〕担当（管理）する; 〔人と〕うまく接する: *Lleva* muy bien el negocio. 彼の商売は順調だ。 ～ una fábrica 工場を経営する。 Sabe ～ al abuelo. 彼は祖父の扱いがうまい

❾〔日時を〕過ごす〖不定詞・現在分詞でのみ〗; 〔時間・労力が〕かかる: ¿Cuánto tiempo *lleva* usted en Madrid? マドリードに来てどのくらいになりますか? *Llevaba* un mes en cama. 彼は1か月病気で寝ていた。 Ya *lleva* veinte años de profesor ayudante. もう彼は助手を20年やっている。 *Llevan* cinco años separados. 彼らは離婚して5年になる。 Este trabajo no me *llevará* tanto tiempo. この仕事はそれほど時間をとるまい。 ～ mucho trabajo とても手間がかかる

❿《西》〔代金を〕とる: ¿Cuánto me *llevará* usted por arreglar el reloj? 時計を直すのに〔代金は〕いくらかかりますか? No me *llevó* muy caro el sastre. 仕立代はそんなに高くなかった

⓫〔調子・拍子を〕とる: ～ el ritmo con el pie 足で拍子をとる。 El tren *lleva* buena marcha. 列車は順調に走っている

L

⑫ [+a より] 多い，上回る：Le *llevo* diez centímetros *a* mi hijo. 私は息子より10センチ背が高い。Te *llevé* seis tantos en el examen. 私は試験で君より6点多くとった。Sólo me *llevas* unos meses. 君は私より数か月年上なだけだ

⑬ [計算で桁を] 繰り上げる 〔＝～se ⑨〕

⑭ [助動詞的．＋過去分詞 (直接目的語と性数一致．能動行為の完了)] すでに…している：¿Lleváis estudiadas las lecciones? 予習してありますか。*Llevo* atrasado el libro. 私は本を読むのが遅れている。Ayer *llevaba* vendidos más de cien ejemplares. 昨日私は100部以上も売った

⑮ [遊戯] Tú la *llevas* 鬼ごっこ

en lo que llevamos de... ＝en lo que **va** de... ☞**ir**

～ consigo 連れて行く；[必然的に事柄を] 伴う：Le *llevo conmigo* a mi hijo. 私は息子と一緒に行く。La felicidad *lleva* la desgracia *consigo*. 幸福はそれ自体不幸を伴っている

～ en sí a... …を結果として (必然的に) 伴う

～ las de ganar 有利な (有望な) 状況にある

～ las de perder 不利 (絶望的な) 状況にある：El sindicato *lleva las de perder*. 組合は惨憺たる状況

～ y traer 世間話 (噂話) をする

para ～ [食品を] 持ち帰り用の，テイクアウトの

◆ 自 ❶ [＋a に] 通じる：Esta calle *lleva* al puerto. この通りは港に通じている。❷ [助動詞的．＋現在分詞．過去から継続してきた事柄がこれからも継続する] …し続けている 〔不完了時制でのみ〕：i) *Lleva* viviendo diez años en esta casa. 彼はこの家に10年も住んでいる。ii) [継続期間を表わす名詞なしに，＋desde] *Lleva* estudiando *desde* por la mañana. 彼は朝からずっと勉強している。[現在分詞なしに] Juana *lleva* en el hospital *desde* marzo. フワナは3月から入院している

◆**～se** ❶ …を一緒に連れて行く，…を持って行く，携行する：*Llévate* al niño al parque. 子供を公園へ連れて行きなさい。Será mejor que te *lleves* el paraguas por si llueve. 雨が降るかもしれないから傘を持って行った方がいいよ。❷ …を獲得する，買う：*Se ha llevado* un millón de yenes con la bolsa. 彼は株で100万円もうけた。*～se* como esposa a una mujer extraordinaria 非凡な女性を妻に得る。*～se* el premio 受賞する。*～se* el castigo 罰を受ける。❸ …を持ち去る，奪い去る：Alguien *se ha llevado* por equivocación mi sombrero. 誰かが間違って私の帽子をかぶっていってしまった。Cuando le atacaron *se llevaron* todo el dinero. 彼は襲われて有り金残らず取られた。El viento *se me llevó* el sombrero. 私は風に帽子を飛ばされた。❹ [喜び・驚き・不快などを] 感じる：*Se llevó* una enorme sorpresa. 彼はびっくり仰天した。❺ 流行する：El color verde *se lleva* mucho este año. 今年は緑が流行色だ。❻ [年齢・外見などに] 差異がある：Mi primo y yo *nos llevamos* tres años. 私と従兄弟は年が

3歳違う。Los dos *se llevan* poco de torpes. 無愛想な点では2人はどっこいどっこいだ。❼ [体調が…である，暮らす：¿Cómo *se lleva* él? — Muy bien. 彼は元気ですか。—大変元気です。❽ [事態などが] 進む：La empresa no *se lleva* de una manera económica. 企ては安くは上がらない。❾ [計算で桁を] 繰り上げる：Dieciséis por tres ; seis por tres y *me llevo* una, uno por tres y van, cuatro. 16掛ける3では，6×3 (＝18) で1繰り上がり，1×3に1を足して4とする

～se bien (mal) con＋人 …と仲がよい (悪い)：Él *se lleva bien con* su esposa. 彼は妻とうまくいっている

lliclla [ʎíkʎa] 囡 [服飾] [インディオの女性が使う] 毛布状のショール

lloradera [ʎoraðéra] 囡 [南米] ＝**llorera**

llorar [ʎorár] 自 [英 cry, weep] ❶ 泣く，涙を流す：i) Este niño *llora* por cualquier cosa. この子はすぐ泣く。～ mucho 大泣きする。～ de alegría うれし泣きする。～ de risa 笑いすぎて涙が出る。～ de despecho くやし涙を流す。El que no *llora* no mama. [諺] 黙っていては [願望・要求は] わからない。El cielo quiere ～. 今にも泣き出しそうな空だ。ii) [＋por のために] *Lloraba* él *por* un amigo. 彼は友人の不幸を悲しんだ。iii) 涙が出る：Con la polinosis me *lloran* los ojos continuamente. 私は花粉症で涙が止まらない。iv) [＋人＋人] 泣いて頼む，泣きつく。❷ [口語] 嘆く，不平を言う

◆ 他 ❶ 嘆く，悼む：*Lloró* la muerte de su mujer./*Lloró* muerta a su mujer. 彼は妻の死を嘆き悲しんだ。❷ [涙を] 流す：～ lágrimas amargas 悲嘆の涙を流す

llorera [ʎoréra] 囡 [口語] 泣き，号泣

llorica [ʎoríka] 图 [西．軽蔑] 泣き虫，すぐ泣く人

lloriquear [ʎorikeár] 自 わけもなく泣く，めそめそする；[赤ん坊が] ぐずる

lloriqueo 男 わけもなく泣くこと；ぐずること

lloro [ʎóro] 男 泣くこと

llorón, na [ʎorón, na] 形 图 ❶ 泣き虫 (の)，めそめそする；[赤ん坊が] よく泣く：mirada *llorona* うるんだまなざし。Le da por las borracheras *lloronas*. 彼は泣き上戸だ。❷ 泣き言ばかり言う [人]，ぐちっぽい [人]

◆ 囡 [口語] 泣き上戸；[中南米] 通りを泣きながら歩き回る女の幽霊

lloroso, sa [ʎoróso, sa] 形 泣きぬれた；今にも泣きそうな：cara ～*sa* 泣き顔。tener los ojos ～*s* 目に涙を浮かべている；目を泣きはらしている

llovedera [ʎoβeðéra] 囡 [南米] 長雨

llovedizo, za [ʎoβeðíθo, θa] 形 [屋根が] 雨もりのする

llover [ʎoβér] 29 自 [英 it rains. ☞活用表] ❶ [単人称] 雨が降る：*Llueve* un poco. 少し雨が降っている。Está *lloviendo*. 今雨が降っている。Empieza a ～. 雨が降り出した。Deja (Cesa) de ～. 雨がやむ。Ha *llovido* mucho esta mañana. 今朝大雨が降った. Nunca *llueve* a gusto de todos. 《諺》あちら立てればこちら立たず. ❷ ふんだんにある(生じる): Me *llueven* los contratos. 契約がどんどん舞い込んでくる. *Llovieron* bombas. 爆弾が雨あられと落ちた

como quien oye ~ 《皮肉》馬耳東風のように, 聞き流して: Oye las correcciones *como quien oye ~*. 彼はお説教なんか馬耳東風だ **haber llovido mucho** 《口語》長い時間がたつ **~ sobre mojado** [不幸が] 続けざまに起こる; 泣き面に蜂である

llover	
直説法現在	接続法現在
ll*ueve*	ll*ueva*

llovizna [ʎoβíθna] 囡 霧雨, 小ぬか雨: Cae ~. 霧雨が降っている
lloviznar 圓〔単人称〕霧雨が降る

llueca [ʎwéka] 囮 抱卵期の鶏: echar ~s 卵を抱かせる

lluvia [ʎúbja] 囡《英 rain》❶ [不可算] 雨 『長く続く雨・降ったり止んだりする雨は圈』: Me cogió la ~. 私は雨に降られた. La ~ ha mojado la ropa. 雨で服が濡れた. Cae una ~ fina. 霧雨が降っている. andar bajo la ~ 雨の中を歩く. agua de ~ 雨水. gota de ~ 雨粒, 雨滴. día de ~ 雨の日. ~ nuclear (radiactiva) 放射能雨. ~s torrenciales 豪雨. ❷ 大量: acosar con una ~ de preguntas …に雨あられと質問を浴びせる. ~ de proyectiles 銃弾の雨. ~ de cometas (estrellas) 流星雨, 流星群. ❸《中南米》シャワー 《ducha》

lluvioso, sa [ʎubjóso, sa] 囮 [時期が, ser・estar・気候・地域が, ser+] 雨が多い, 雨の多い: En Madrid la primavera es muy ~*sa*. マドリードの春は雨がよく降る. país ~ 雨の多い国

lo [lo] 冠《英 the. 定冠詞中性形. 囮 のみ. 形容詞などを抽象名詞化する》❶ …のこと (もの): i) [+形容詞] *Lo* pálido de su cara me sorprendió. 彼の顔色の青白さに私は驚いた. Comprendí *lo* inútil de mi esfuerzo. 私は自分の努力が無駄なことを悟った. Comete *lo* insólito. 彼はとっぴなことをしでかす. ii) [+所有形容詞] *Lo* tuyo es *〈lo〉* mío. 君のものは僕のものだ. Métete en *lo* tuyo. 自分のことをしていろ. iii) [+過去分詞] *lo* prohibido 禁止事項. iv) [既知の話題, ~+de+名詞・不定詞] Gracias por *lo* de ayer. 昨日はありがとう. Cuéntame *lo* de Paco. パコのことを話して. ¿Has olvidado *lo* de ir al cine conmigo? 映画へ一緒に行く話は忘れたの? ❷ [部位] …のところ: en *lo* alto de la escalera 階段の上(の所)に. en *lo* hondo del pozo 井戸の底に ❸ [+名詞] …らしさ: Me gusta *lo* torero de él. 私は彼の闘牛士らしさが好きだ. *lo* mujer [一人前の] 女らしさ

❹ [+que/+形容詞・副詞+que] ☞**que** II ❷ **lo bastante (suficientemente・justo) para+不定詞** …するのにちょうど十分な(ほど): Abrió la puerta *lo justo para* penetrar en el cuarto. 彼は部屋にやっと入れる位にドアを開けた. Esta diferencia no es *lo bastante* acusada *para* evitar confusiones. この違いは混同を避けられるほど明確ではない

◆ 冏《英 him, you, it. 人称代名詞3人称単数》[直接目的] ❶ [男性形] 彼を, あなたを 『スペインでは lo・los の代わりに le・les を使うことが多い. ☞ **leísmo**》; [男性名詞をうけて] それを: *Lo* busqué por todas partes. 私はあちこち彼(あなた・それ)を捜し回った. Este sombrero *lo* compro yo. この帽子は私が買う ❷ [中性の代名詞] ❶ そのことを: No hay clase hoy.—No *lo* sabía. 今日は授業がないよ. —それは知らなかった. ii) [+ser・estar・parecer. 既出の名詞・形容詞の代わりに主格補語として使われ] そう: Dios *lo* es por su imparcialidad. 神はその公平さの故に神なのである. Se cree guapo, pero no *lo* es. 彼は自分を美男子だと思っているが, そんなことはない. ¿Estáis listos?—Sí, ya *lo* estamos. 用意できましたか? —はい, もうできてます. María es rica, aunque no *lo* parece. マリアは金持ちだ. そうは見えないけど

loa [lóa] 囡 ❶《文語》賞賛 [elogio]. ❷ [古典劇で開幕前の] 前口上, 寸劇. ❸《中米》叱責

loable [loáble] 囮《文語》賞賛すべき
loar [loár] 囮《文語》賞賛する
lob [lɔb] 囲《←英 英. テニス》ロブ
loba¹ [lóba] 囡《農業》畝(さ)
lobagante [loβaɣánte] 囲 =**bogavante**
lobanillo [loβaníʎo] 囲《医学》皮脂嚢腫; [樹皮の] こぶ
lobato [loβáto] 囲 =**lobezno**
lobby [lóbi] 囲《複 lobbies》《←英語》圧力団体, ロビイスト; [ホテルの] ロビー
lobelia [loβélja] 囡《植物》ロベリア
lobero, ra [loβéro, ra] 囮 オオカミの: piel ~*ra* オオカミの皮
◆ 囲 オオカミを狩る人
◆ 囡 オオカミの巣
lobezno [loβéθno] 囲 オオカミの子

lobo, ba² [lóβo, ba] 图 ❶《動物》オオカミ (狼): Un ~ no muerde a otro. 《諺》悪い奴らは争わない. ~ de mar 老練な船乗り. ~ solitario 一匹狼. ❷《動物》~ cerval (cervario) オオヤマネコ. ~ acuático カワウソ. ~ marino アシカ, アザラシ 《foca》

coger un ~ 酔っぱらう
estar como boca de ~ 真っ暗である
hombre ~ [圀 hombres ~] 狼男
~ feroz 脅威となる人・事物
~s de una (la misma) camada 同じような者同士, 同じ穴のむじな
¡menos ~s [Caperucita]! 《皮肉》[大げさな相手に対して] それは大変だね!
meter el ~ en el redil 悪い奴にしたい放題にさせる

meterse en la boca del ~《口語》虎穴に入る

tener un hambre de ~ 腹ぺこである

ver las orejas al ~ 危険に気づく

◆ 形《中米》[黒人とインディオの] 混血の

lobotomía [lobotomía] 医《医学》ロボトミー・
lobotomizar 他 …にロボトミーを施す

lóbrego, ga [lóbrego, ga] 形 暗い《そして薄気味悪い》;物悲しい, 陰気な: prisión ~*ga* 薄暗い牢獄
lobreguez 女 暗さ

lóbulo [lóbulo] 男 ❶《植物》裂片;《建築》[アーチの] 花弁形切れ込み模様. ❷ 耳たぶ《~ de la oreja》. ❸《解剖》葉(よ): ~ del cerebro 頭葉. ~ frontal (occipital・parietal・temporal) 前頭(後頭・頭頂・側頭)葉. ~ del hígado 肝葉
lobulado, da 形 裂片状の;葉に分かれた
lobular 形 裂片の;葉の

lobuno, na [lobúno, na] 形 オオカミの(ような)

local [lokál] 形《英 local》❶ 地方の;その土地の: costumbres ~*es* その土地の習慣. equipo ~ ホームチーム. periódico ~ 地方紙. tren ~ ローカル列車. ❷ 局地的な;局部の: fuerte nevada ~ 局地的な豪雪. guerra ~ 局地戦争. anestesia ~ 局所麻酔.
◆ 男 [主に建物内の] 場所, 部屋;施設, 店舗: alquilar un ~ 部屋を借りる. ~ público 公共施設

localidad [lokalidá(d)] 女 ❶ 居住地域: en esta ~ この土地(町・村)では. ❷ 観客席, 座席;入場券: sacar una ~ 入場券を買う. No quedan ~*es*. 入場券は売切れです. reserva de ~*es* 座席の予約. venta de ~*es* 入場券の販売;入場券売り場

localismo [lokalísmo] 男 [排他的な] 地方主義;地方色, 地方性;方言
localista 形 地方(主義)的な;《物の見方が》偏狭な

localizar [lokaliθár] 9 他 ❶ […の位置・居場所を] 捜し当てる;位置を示す: No he podido ~*te* todo el día. 一日中君の居場所がわからなかった. ❷ [+a・en に] 局地(局部)化させる: ~ el fuego 火事が広がるのを食い止める, 延焼を防ぐ. ~ la epidemia *a* la región 伝染病をその地域だけに食い止める
◆ ~*se* [痛みなどが] 位置する: El dolor *se me ha localizado en* la espalda. 痛みが背中に来た
localización 女 位置の測定(確認);局地(局部)化

locamente [lókaménte] 副 狂ったように

locatario, ria [lokatárjo, ria] 女《文語》借地(借家)人《arrendatario》

locatis [lokátis] 名《単複同形. ←loco》《口語》気が変な(人)

locativo, va [lokatíbo, βa] 形《言語》所格の, 位置格の

locha [lótʃa] 女《魚》ドジョウ

loción [loθjón] 女 ❶ 化粧水, ローション, 洗浄

液: ~ capilar ヘアローション. ~ para después de afeitarse (del afeitado) アフターシェイビングローション. ❷ [主に 旧 医薬品・化粧品を使った] 洗浄, マッサージ: darse *lociones* de leche hidratante モイスチャークリームを塗り込む

lock-out [lokáut] 男《←英語》ロックアウト, 工場閉鎖

loco, ca [lóko, ka] 形《英 mad》[estar+] ❶ 気が変になる《↔cuerdo》;狂気じみた, 無分別な: i) Estás ~ si crees que vas a sacar diez puntos. 満点を取れると思うなんてどうかしているよ. amor ~ 盲目的な愛. risa *loca* ばか笑い, 大笑い. ii) [+de・con で] 気が変になりそうな: Estaba ~ *de* dolor de muelas. 私は歯痛で気が変になりそうだった. estar ~ *de* celos 嫉妬に狂っている. ponerse ~ *de* ira 怒りに我を忘れる, 逆上する. ~ *de* contento 狂喜した. ❷ [+por・con に] 夢中な: Está ~ *por* Concha. 彼はコンチャに夢中だ. Está *loca con su* nieto. 彼女は孫に夢中になっている. estar ~ *por* la música 音楽に熱中している. ❸ [+por+不定詞] …したくてたまらない: Estoy ~ *por* ir a España. 私はスペインに行きたくてうずうずしている. ❹ 目が回るほど忙しい;非常に楽しい: Llevo un día ~. あわただしい一日だ. ❺《口語》並外れた: precio ~ 法外な値段. hacer un negocio ~ すごい大もうけをする. Tiene una ilusión *loca* con hacer ese viaje. 彼はその旅行に夢をふくらませている. ❻《機械など》狂った: aguja *loca*《時計などで》狂った針. ❼《技術》polea *loca* 遊び車. rueda *loca* 空回りする車輪

a lo ~ 狂ったように;軽率に;行きあたりばったり

〔*a tontas y*〕*a locas* でたらめに: hablar *a tontas y a locas* 口から出まかせを言う

ni ~ 決して(…ない): No me pongo esta falda *ni loca*. 間違ってもこんなスカートをはくものですか

¡no seas ~! ばかなことをする(言う)な!

tener (*traer・volver*) *a*+人 ~ …を狂わせる;夢中にさせる: Los chicos me *tienen* ~ con sus gritos. 子供たちが騒々しくて私は頭が変になってしまう. A Josefa la *vuelven loca* las fresas. ホセーファはイチゴに目がない

volverse ~ 錯乱する, 気が変になる;[+por に] 夢中になる

◆ 名 気が変な人;狂気じみた人, 変人: como 〔un〕 ~ 狂ったように. ~ *de atar* (*de remate*) 手のつけられないほど気が変な人. Más sabe el ~ en su casa que el cuerdo en la ajena.《諺》餅は餅屋

hacer el ~ ばか騒ぎ(どんちゃん騒ぎ)をする

hacerse el ~ 気づかない(わからない)ふりをする

la loca de la casa 妄想, 空想

◆ 男《南米. 貝》アワビ

◆《軽蔑》i) 女役のホモ, ニューハーフ. ii)《中南米》すぐ男の誘いにのる女;売春婦

locomoción [lokomoθjón] 女 ❶ 移動, 輸送: gastos de ~ 輸送費. medios de ~ 輸送方法, 交通手段. ❷《生物》運動

locomotor, ra[1] [lokomotór, ra] 形 [女 locomotriz もある] 移動の；運動の：aparato ～ 運動器官

locomotora[2] [lokomotóra] 女 機関車：～ eléctrica (de diesel・de vapor) 電気(ディーゼル・蒸気)機関車．～ de maniobras [構内の] 入換え機関車

locomotriz [lokomotríθ] 形 [locomotor の女性形] ataxia ～ 《医学》[歩行性]運動失調症．fuerza ～ 原動力，推進力

locomóvil [lokomóβil] 形 女 [主に蒸気の] 移動可能な(動力機関)；[昔の] 蒸気自動車

locoto [lokóto] 男 [南米産の] トウガラシの一種 [猛烈に辛い]

locro [lókro] 男 《中南米》肉とジャガイモとトウモロコシの煮込み料理

locuaz [lokwáθ] 形 [複 ～ces] 多弁な, おしゃべりな

locuacidad 女 多弁, 饒舌

locución [lokuθjón] 女 《文法》言い回し, 句；熟語：～ adverbial 副詞句

locuelo, la [lokwélo, la] 形 名 《口語》向こう見ずな, そそっかしい [子]

locura [lokúra] 女 [←loco] ❶ 狂気, 精神錯乱；狂気じみたこと：¡Qué ～! ばかげている/どうかしている！Es una ～ salir a estas horas. こんな時間に出かけるなんてとんでもない．hacer (cometer) ～[s] ばかげたことをする．❷ 熱愛, 熱狂：tener ～ por... …に夢中になっている．❸ 並外れていること：gastar una ～ 莫大な出費をする
　con ～ 非常に：Le gusta el fútbol *con* ～. 彼は大変サッカーが好きだ
　de ～ 並外れた：Es una casa *de* ～. それは桁外れの豪邸だ

locutor, ra [lokutór, ra] 名 アナウンサー, [ニュース]キャスター

locutorio [lokutórjo] 男 ❶ [刑務所・修道院の] 面会室. ❷ 電話ボックス [cabina]. ❸ [ラジオ放送局の] スタジオ

lodazal [loðaθál] 男 ぬかるみ, 泥沼

loden [lóðen] 男 ローデン [撥水性のコート用布地]

lodo [lóðo] 男 ❶ [不可算] [雨による] 泥, ぬかるみ：estar cubierto de ～ 泥だらけである．❷ 不名誉, 悪評：arrastrar... por el ～/cubrir... de ～ 《比喩》…に泥を塗る

loes[s] [lóes] 男 《地質》黄土, レス

lofóforo [lofóforo] 男 《鳥》ニジキジ

logaritmo [logarítmo] 男 《数学》対数：tabla de ～s 対数表．～ decimal (vulgar) 常用対数．～ natural 自然対数

logarítmico, ca 形 対数の：tabla ～ca 対数表

logia [lóxja] 女 ❶ [フリーメーソンの] 支部, 集会[所]. ❷ 《建築》開廊, 外廊

lógica[1] [lóxika] 女 ❶ 論理学：～ formal (matemática) 形式(数理)論理学. ❷ 論理, 論法；論理性, 理にかなった推論：carecer de ～ 筋が通っていない．usar la ～ 論理的な考え方をする, 筋立てて考える

por ～ 理屈からいって, 当然なことに

lógicamente [lóxikaménte] 副 論理的に；明らかに, もちろん

lógico, ca[2] [lóxiko, ka] 形 《英 logical. ↔ ilógico》❶ 論理的な；[論理上] 当然の, 道理にかなった：i) consecuencia ～ca 論理的帰結, 当然の結果. Como es ～, no salió bien en el examen. 当然のことながら彼は試験に失敗した. ii) [ser ～ que+接続法] Es ～ que los estudiantes estudien mucho. 学生がよく勉強するのは当たり前だ. ❷ 論理学の：operación ～ca 論理学的操作. ❸ 《情報》circuito ～ 論理回路

◆ 名 論理学者

logística[1] [loxístika] 女 ❶ 《軍事》兵站(へいたん)学；兵站業務, 後方支援. ❷ 《経済》物流管理, ロジスティックス. ❸ 記号論理学

logístico, ca[2] 形 兵站[学]の

logo [lógo] 男 =logotipo

logogrifo [logogrífo] 男 語捜し謎 [与えられた単語の綴りを組み変えて別の語を作り出す言葉遊び]

logomaquia [logomákja] 女 言葉上の論争, 言葉じりのとらえ合い, 挙げ足取り

logopedia [logopéðja] 女 言語矯正法

logopeda 名 同矯正専門家

logos [lógos] 男 [単 のみ] ❶ 《哲学》理法, ロゴス. ❷ 《キリスト教》神の言葉；[L～. 三位一体の第二位としての] キリスト

logotipo [logotípo] 男 [企業・団体などの] ロゴ, シンボルマーク

logrado, da [lográðo, ða] 形 過分 [estar+] よく出来た

lograr [lográr] 他 《英 achieve, win》達成する, 成就する 『☞obtener 類義』：i) ～ la victoria 勝利を得る. ～ sus propósitos 目的を達す. ii) [+不定詞・que+接続法] Lograremos subir hasta la cima. 私たちは頂上まではたどり着けるだろう. He logrado que me hagan descuento. 私は値引きさせることができた

◆ ～se 完全に成功する：Se logró terminar el trabajo en la fecha prevista. 彼は期日に仕事を終えることができた. ❷ [子供が] 無事に生まれる

logrero, ra [logréro, ra] 形 名 金もうけで手段を選ばない[人]；《南米》ご都合主義の(主義者)

logro [lógro] 男 達成, 成就；利益, もうけ：El alunizaje fue un gran ～ para la humanidad. 月面着陸は人類にとって偉大な成果だった

logroñés, sa [logronés, sa] 形 名 《地名》ログローニョ Logroño の[人] [ラ・リオハ地方の首市]

LOGSE [lóxse] 女 《西. 略語》←Ley de Ordenación General del Sistema Educativa 普通教育制度整備法

loísmo [loísmo] 男 《文法》i) 間接目的人称代名詞 le[s] の代わりに lo[s] を不正に使うこと 『例 Lo pegué una bofetada. 私は彼に平手打ちを食らわした』. ii) [スペインで] 人が直接目的

の場合は, 直接目的人称代名詞として le〔s〕を使ってもよいのに, 本来の lo〔s〕を使うこと〖例Ayer lo visité. 私は昨日彼を訪ねた〗

loísta [形] [名] その傾向の(人)

lola [lóla] [女] ❶ 《南米. 戯語》[主に 複. 女性の] 乳房. ❷ 《女性名》[L~] ロラ〖Dolores の愛称〗

Lolita [lolíta] [女] 《女性名》ロリータ〖Dolores の愛称〗

Loma [lóma] [女] [長く続く] 丘

lomada [lomáða] [女] 《南米》[小さな] 丘

lombarda, da [lombárða, ða] [形] [名] 《地名》ロンバルディア Lombardia [女] の(人); 《歴史》= longobardo

◆ [女] ❶ 《植物》紫キャベツ. ❷ [昔の] 射石砲

lombriz [lombríθ] [女] 《複 ~ces》❶ 《動物》ミミズ〖~ de tierra〗. ❷ 回虫〖~ intestinal〗: ~ solitaria サナダムシ

lomear [lomeár] [自] [馬が乗り手を振り落とそうと] 背を丸める

lomera [loméra] [女] [本の] 背革, 背クロス; 《馬具》尻繋(しりがい)

lomo [lómo] [男] ❶ 《動物の》背: a ~〔s〕de un burro ロバの背に乗って(積んで). arquear el ~ 〖猫などが〗背を丸くする. ❷ [本・刃物の] 背; [紙などの] 折り目; 《農業》畝. ❸ 《料理》背肉, ヒレ肉; [それを使った] 生ハム〖~ embuchado〗: punta de ~ 薄い背肉〖☞carne カット〗. ❹ 《口語》[主に 複. 人の] 腰部: dolor de ~s 腰痛

doblar (agachar) el ~ 懸命に働く; 屈従する

hincharse el ~ 《南米》反逆する

partirse el ~ 懸命に働く

sacudir el ~ a+人 …をたたきのめす

sobar el ~ お世辞を言う, ごまをする

lona [lóna] [女] ❶ 帆布, キャンバス: bolso de ~ キャンバスバッグ. ❷ 《ボクシング・レスリングなど》マット

besar la ~ ノックアウトされる, マットに沈む; たたきのめされる, 敗北する

loncha [lóntʃa] [女] 薄切り〖lonja〗: cortar en ~s el jamón ハムを薄切りにする

lonche [lóntʃe] [男] ❶ 《中南米》[簡単な] 昼食. ❷ 《南米》パーティー; おやつ

lonchar [自] 昼食をとる

lonchera [女] 弁当(箱)

lonchería [女] 軽食堂

londinense [londinénse] [形] [名] 《地名》ロンドン Londres [男] の(人)

loneta [lonéta] [女] 《繊維》[lona より薄い] キャンバス地

longanimidad [loŋganimiðáð] [女] 《文語》寛大さ, 辛抱強さ

longánimo, ma 寛大な, 辛抱強い

longaniza [loŋganíθa] [女] 《料理》細長いソーセージの一種

atar los perros con ~ 《皮肉》金のなる木が植わっている〖主に否定で〗

haber más días que ~s たっぷり余裕がある, 急ぐ必要はない

longevo, va [loŋxéβo, βa] [形] 《文語》長寿(高齢)の

longevidad [女] 長寿, 長命

longitud [loŋxitúð] [女] ❶ [空間・時間の] 長さ: El puente tiene 70 metros de ~. その橋は長さが 70 メートルある. ❷ 縦〖長方形の長い方の辺. ↔anchura〗. ❸ 《地理》経度, 経線〖↔latitud〗: a 30 grados de ~ este (oeste) 東経(西経)30 度に

longitudinal [形] 縦の

longobardo, da [loŋgobárðo, ða] [形] [名] 《歴史》ランゴバルド族(の)

longui〔s〕 [lóŋgi〔s〕] [名] hacerse el ~ 《西. 口語》気づかない(知らない)ふりをする

lonja [lóŋxa] [女] ❶ [ハム・ソーセージの] 薄切り, 1 切れ: cortar en ~s el jamón ハムを薄切りにする. dos ~s de jamón ハム 2 切れ. ❷ 《西》[主に卸売りの] 市場, 取引所: ~ de pescado 魚市場. ❸ [公共建造物の入り口の高くなった] ホール. ❹ 《南米》生皮

lontananza [lontanánθa] [女] 《美術》遠景: difuminar la ~ で背景をぼかす

en ~ 《文語》遠くに

look [lúk] [男] 《複 ~s》《←英語》外見, 様子; [ファッションの] 型, 装い

looping [lúpin] [男] 《←英語》[アクロバット飛行やジェットコースターで] 宙返り

loor [loór] [男] 《文語》賞賛; 賛辞: en ~ de... …を讃えて

López [lópeθ] [男] 《人名》ロペス

ésos son otros ~ 人さまざまだ, 似て非なるものだ

lopista [lopísta] [形] [名] ロペ・デ・ベガ Lope de Vega の〖研究者〗〖スペインの劇作家. 1562-1635〗

loquear [lokeár] [自] 《←loco》ばかげたことをする(言う); どんちゃん騒ぎをする

loquero, ra [lokéro, ra] [名] 精神病患者の看護人

◆ [男] 精神病院〖manicomio〗

◆ [女] 《中南米》= locura

lora [lóra] [女] 《中南米》[主に雌の] オウム; おしゃべりな女

lord [lór〔ð〕] [男] 《複 lores》[英国貴族の敬称] 卿; 貴族, 上院議員: L~ Mayor ロンドン市長. primer ~ del Almirantazgo 第一海軍卿

lordosis [lorðósis] [女] [単複同形] 《医学》脊柱前彎症

Lorenzo [lorénθo] [男] 《男性名》ロレンソ〖英Laurence〗

loriga [loríɣa] [女] 鎖帷子(くさりかたびら); 馬甲(ばこう)

loro [lóro] [男] ❶ 《鳥》オウム: ~ del Brasil ベニコンゴウインコ. ❷ 《口語》醜い女, ブス; おしゃべりな人; ラジオ, ラジカセ; 泥棒の見張り役. ❸ 《中南米》オウム返しに言う人, 他人の受け売りをする人

al ~ [相手の注意を喚起] ほら, ねえ

estar al ~ 《西. 口語》[+de を] 知っている

lorquiano, na [lorkjáno, na] [形] フェデリコ・ガルシア・ロルカ Federico García Lorca の〖ス

ベインの詩人・劇作家. 1898-1936]

lorza [lórθa] 囡《裁縫》縫い込み, あげ

los [los] 冠《定冠詞男性複数形. ☞**el**》 árboles 木々

◆ 代《人称代名詞3人称複数男性形. ☞**lo**》 [直接目的] 彼らを, あなたがたを; [男性複数名詞をうけて] それらを: Ayer ~ vi en el cine. 昨日私は映画館で彼ら(あなたがた・それら)を見た. ¿Dónde están los libros? —L~ he dejado en casa. 本はどこにあるのですか—家に置いてきました

losa [lósa] 囡❶ 板石, 平石, 舗石, 敷石; [床用の] タイル: ~ radiante 床下暖房. ❷ 墓石《~ sepulcral》: Él ya está bajo la ~. 彼はもう死んでいる. ❸ Tengo una ~ encima. 私は気が重い. Es una ~. 彼は口が堅い

losar 他 …にタイル(敷石)を張る《enlosar》

loseta 囡 小板石, 小敷石

lote [lóte] 男❶ 分け前; 当たりくじ: De la herencia se han hecho cuatro ~s. 遺産は4人で分けられた. ❷ [商品などの] 一口, 一山, ロット: un ~ de libros 一山の本. en un ~ ひとまとめで, 一回の船積みで. ❸《南米》一区画の土地, 分譲地; ばか者

darse (pegarse・meterse) el ~《西. 口語》[+con+人] いちゃつく, 愛撫する

darse un ~ de comer たらふく食う

un ~ 大量に; [+de] たくさんの…

lotear [loteár] 他《南米》区画分けする

lotería [lotería] 囡❶ 宝くじ; その発売所: ~ nacional 国営宝くじ. ~ primitiva《西》6つの数字を合わせる国営くじ. echar (jugar) a la ~ 宝くじを買う. Se sacó la ~. 彼は宝くじを当てた. El matrimonio es una ~. 結婚には当たり外れがある. Ese puesto es una auténtica ~. その地位につくのは幸運中の幸運だ. ❷ ビンゴ《bingo》

caer (tocar) la ~ a+人 …に宝くじが当たる; 運がつく

lotero, ra [lotéro, ra] 名 宝くじの売り子

loto [lóto] 男《植物》スイレン(睡蓮), ハス(蓮)《美術》蓮花文

◆ 囡《西》＝**lotería** primitiva

lotiforme 形《建築》ロートス式の《柱頭に蓮の形をつける》

Lourdes [lúrðes] 囡❶《女性名》ルルデス. ❷《地名》[フランス南西部の町] ルルド: Virgen de ~ ルルドの聖母

loxodromia [lo(k)soðrómja] 囡 航程(斜航)線航法

loxodrómico, ca 形 航程線の, 斜航法の

loza [lóθa] 囡❶ 磁器;[匿名] 陶器類. ❷ 磁土

lozanía [loθanía] 囡 みずみずしさ; はつらつとしていること

lozano, na [loθáno, na] [estar+] 形❶ [人が] 元気な, 元気そうな: mujer ~na はつらつとした若い女性. ❷ [植物が] 青々とした, みずみずしい《↔marchito》

LRU 囡《西. 略語》←Ley para la Reforma Universitaria 大学改革法

LS.《略語》←locus sigilli 切手貼付場所《lugar del sello》

Ltda.《略語》←limitada 有限責任の

lubina [lubína] 囡《魚》ニシスズキ, スズキ

lubricar [lubrikár] 他《機械などに》潤滑油をさす, 注油する; 滑らかにする

lubricación 囡 注油; 滑らかにすること

lubricante 形 aceite ~ 潤滑油. ◆ 男 潤滑剤

lúbrico, ca [lúbriko, ka] 形❶《まれ》滑りやすい. ❷《文語》淫奔(淫乱)な: mirada ~ca みだらな目つき

lubricidad 囡 淫奔

lubrificar [lubrifikár] 他 ＝**lubricar**

lubrificante 形 男 ＝**lubricante**

luca [lúka] 囡《アルゼンチン・コロンビア・ウルグアイ》1千ペソ[紙幣];《ペルー》5千ペソ[紙幣];《ベネズエラ》500ボリーバル[紙幣]

Lucas [lúkas] 男《男性名》ルカス《英 Luke》;《聖書》ルカ《San ~》

lucense [luθénse] 形 名《地名》ルゴ Lugo の〔人〕《ガリシア地方の県・県都》

lucerna [luθérna] 囡 天窓

lucernario 男 ＝**lucerna**

lucero [luθéro] 男❶ 大きく輝く星, [特に] 金星: ~ de la mañana (del alba) 明けの明星. ~ de la tarde/~ vespertino 宵の明星. ❷ [馬・牛の] 額の星. ❸《文語》[美しく大きな] 目

al ~ del alba《口語》誰(何)にでも

lucha [lútʃa] 囡《英 fight》❶ 闘争, 戦い;[主に暴力・武器を使う] 争い, けんか: ~ de clases 階級闘争. ~ contra el frío 寒さとの戦い. ~ por el poder 権力闘争. ~ por la existencia (la vida) 生存競争. ~ interna 精神的な葛藤. ~ interior 内部抗争. ❷ レスリング: ~ libre フリースタイル; プロレス. ~ grecorromana グレコローマン. ~ americana プロレス. ❸ [格闘技の] 試合

luchador, ra [lutʃaðór, ra] 名❶ 闘士; 努力家. ❷ 格闘技の選手, レスラー

luchar [lutʃár] 自《英 fight》❶ [+contra・con と/+por のために] 戦う; けんかをする: ~ contra (con) obstáculos 障害と戦う. ~ con la muerte 死と戦う; 苦しい死に方をする. ~ por la libertad 自由のために闘う. ~ en el agua 水中でもがく. ❷ [格闘技の] 試合をする, レスリングをする

Lucía [luθía] 囡《女性名》ルシア《英 Lucy》

lucidez [luθiðéθ] 囡 明晰さ; 正気

lucido, da [luθíðo, ða] 形❶ 輝かしい, すばらしい: festejo ~ 華やかな宴. ❷《口語》[子供が] 元気のいい. ❸《皮肉》[estar+, 事物が] 出来の悪い; [人が] 失敗した, 間違えた

lúcido, da [lúθiðo, ða] 形❶ [ser+, 人が] 聡明な, 明敏な; [説明などが] 明快な: mente ~da 明晰な頭脳. palabras ~das 明解な言葉. ❷ [estar+, 人が] 正気の, 頭がはっきりしている: intervalo ~《医学》[正気に戻る] 覚醒期, 明瞭期

luciente [luθjénte] 形 輝く, ぎらぎら光る

luciérnaga [luθjérnaga] 囡《昆虫》[雄・雌

の] ホタル

lucifer [luθifér] 男 ❶ [L~] 反逆天使, 魔王. ❷ 意地悪ですぐ怒る人, 邪悪な人. ❸ 明けの明星 《lucífero》

luciferino, na 形 反逆天使の, 悪魔のような

lucífero, ra [luθífero, ra] 形 《詩語》輝く, 光る

◆ 男 明けの明星

lucífugo, ga [luθífugo, ga] 形 《生物》日光を避ける, 背日性の, 嫌光性の

lucimiento [luθimjénto] 男 輝き, 輝かしさ; 華美

lucio [lúθjo] 男 《魚》カワカマス

lución [luθjón] 男 《動物》アシナシトカゲ

lucir [luθír] 40 他 自 ❶ 輝く, 光る 《⟨➡brillar 頬義》: *Lucían* las estrellas. 星がきらめいていた. Esta bombilla *luce* más. この電球の方が明るい. Ahora *luce* el coche como si fuera nuevo. 新車みたいにピカピカになった. ❷ [努力などの] かいがある, 役に立つ: Este tipo de trabajos *luce* muy poco. この種の仕事はやりがいがない. Había estudiado mucho y en los exámenes no le *lució* en absoluto. 彼は一生懸命勉強したのに試験には全然成果が表われなかった. *Luce* mucho saber un idioma extranjero. 外国語ができると大変役に立つ. ❸ 《口語》[行為が, +a+人 にとって] 喜びである, 楽しい: ¡Le *luce* hacerte rabiar! 彼は君を怒らせて面白がっている! ❹ 目立つ, 際立つ: Entre las viejas damas su juventud *lucía* esplendorosamente. 年老いた女性たちの中にいると彼女の若々しさは輝いて見えた. ❺ 《中南米》外見がよい: ¡Qué bien *luces* esta mañana! 君, 今朝はきれいだね

◆ 他 ❶ 《文語》[これ見よがしに] 身につける, 見せびらかす: Ellas *lucían* sus mejores vestidos. 彼女たちはおしゃれして一番いいドレスを着ていた. ~ su ingenio 頭のよさをひけらかす. ❷ 漆喰を塗る

◆ ~**se** ❶ 見事に成功する; 抜きん出る, 目立つ: i) Se *lucirá* tocando la guitarra. 彼はギターをうまくひくだろう. ~*se* en el examen 試験で優秀な成績をとる. ii) 《皮肉》¡Pues se ha *lucido* con esa propuesta! 彼はあんな提案をして一人いい子ぶっている! ¡Me he *lucido*! Se me ha quemado el asado. 失敗した! 肉を焦がしてしまった. ❷ 着飾る, 自慢する: Para asistir a la fiesta se *lució* con sus mejores galas. 彼はパーティーに出るために一張羅を着込んだ

lucrar [lukrár] 他 手に入れる, 獲得する

◆ ~**se** [+de•con から] 利益をあげる

lucrativo, va [lukratíβo, βa] 形 ❶ もうけ(利潤)の多い: negocio ~ もうかる商売. ❷ 営利を目的とした

lucro [lúkro] 男 《主に軽蔑》もうけ, 利益: deseo demasiado de ~ 過度な営利欲. organización sin fines de ~ 非営利団体

luctuoso, sa [luktwóso, sa] 形 《文語》哀れな, 悲惨な: ~ accidente aéreo いたましい飛行機事故

lucubrar [lukubrár] 他 [夜間に] 刻苦して著

作(制作)する

lucubración 女 《主に軽蔑》労作, 苦心の作品

lúcuma [lúkuma] 女 《果実》[ペルー産の] サポジラの一種 《食用》

lúcumo [lúkumo] 男 その木

ludibrio [ludíβrjo] 男 《文語》嘲笑, 愚弄: hacer ~ de... …をあげる

lúdico, ca/lúdicro, cra [lúdiko, ka/-kro, kra] 形 遊びの, 遊びに関する

ludir [ludír] 他 [物で物を] こする

ludismo [ludísmo] 男 [18-19世紀, 打壊しなどの] 機械化反対運動

ludista 形 機械化反対の: movimiento ~ 機械化反対運動

ludopatía [ludopatía] 女 ギャンブル中毒

ludópata [ludópata] 名 ギャンブル中毒者

luego [lwéγo] 副 《英 later》❶ [時間] 後で, 後になって: Pasaré ~. 後で寄るよ. Primero aceptó, pero — dijo que no. 最初彼は承諾したが, 後になって断った. ❷ [順序] その後に, それから; [場所] その隣に: Primero está el banco y ~ el hotel. まず銀行があって, その次にホテルがある. ❸ 《中南米》すぐに: Muy ~ se ha arreglado el asunto. その件はただちに解決した. ❹ 《中米》時々; 近くに, そばに

◆ 接 《文語》したがって…: Pienso, ~ existo. 我思う, 故に我在り

con tres ~s 大急ぎで

de ~ a ~ 早速, すぐに

desde ~ 1) もちろん: ¿Tú vas?—*Desde ~* 〔que sí〕. 行くかい?—もちろん. Él, *desde ~*, está conforme. 彼はもちろん同意している. 2) すぐに. 3) すなわち. 4) [諦め•不愉快] まったくもう〔ひどい〕

~ de+不定詞 …した後で, …してから

luego luego 《主に中米》早速, すぐに

~ que (como)+直説法 …するとすぐに: *L~ que* escampó, nos pusimos en marcha. 雨が止むとすぐ私たちは出発した

〔**para**〕 **~ es tarde** [決心を促して] 早くしなさい

lueguito [lweγíto] 副 《中南米》すぐに; 近くに: hasta ~ 《挨拶》またあとで/また今度

luengo, ga [lwéŋgo, ga] 形 《文語》= **largo**: ~*gas* barbas 長いひげ. hace ~*s* años はるか昔に. de ~*gas* tierras はるかなる遠の地の

lúes [lúes] 女 《単複同形》《まれ》梅毒 《sífilis》

luético, ca 形 梅毒の

lugano [luγáno] 男 《鳥》マヒワ

lugar [luγár] 男 《英 place》❶ 場所, 所《題義 sitio よりも場所の限定性が強い》; 個所: Ponga el libro en su ~ habitual. 本をいつもの所に置きなさい. Aquí hay un ~ libre. ここに空いた場所がある. ~ del suceso [事件の] 現場. ~ religioso 墓. ~ santo 聖所 [寺院, 教会のこと]. los Santos L~*es* [キリストの] 聖跡, 聖地

❷ 土地, 地方: habitantes del ~ その土地の住民

❸ 位置：medir el 〜 de... …の位置を測定する

❹ 順位；地位，職：quedar en segundo 〜 第2位になる．ocupar un buen 〜 en la empresa 会社で相当な地位にある

❺ 便所〔〜 privado・inodoro〕

❻ [よい] 機会〔ocasión〕：Aún no encuentro 〜 para decírselo. 私はまだ彼にそれを伝えるチャンスがない．si se me da el 〜 私に機会があれば

❼《数学》軌跡〔〜 geométrico〕

❽《古語》[小さな] 町，村

cierto 〜《婉曲》便所

dar 〜 *a*... …の原因（動機・口実）になる：i) Lo que dije *dio* 〜 a muchas controversias. 私の言ったことが元で色々論争が起きた．ii) [+que+接続法] Así *darás* 〜 a que hablen mal de ti. そんなことをしたら悪口を言われるよ

en buen (*mal*) 〜 高い(低い)地位・信用・評価の

en 〜 *de...* 1) …の代わりに〔en vez de より文語的〕：He venido *en* 〜 de mi padre. 父の代わりに来ました．[+不定詞] Le alabé *en* 〜 de reprocharle al niño. 私はその子を叱るところか褒めてやった．2) …の立場に：Yo, *en tu* 〜, lo habría hecho. 私が君の立場だったらそれをしただろう．Pongámonos en su 〜. 彼の身にもなってやろう

en primer 〜 まず第一に：*En primer* 〜 tengo que despachar este problema. 私はまず最初にこの問題を片付けねばならない

en último 〜 最後に；最後の手段として：*En último* 〜, nos iremos a pie. いよいよとなれば歩いて行こう

estar (*puesto*) *en su* 〜 適切である，時宜を得ている：Tu discurso *estuvo* muy *en su* 〜. 君の演説はまったくタイミングがよかった

fuera de 〜 不適当な，場違いの：reprimenda *fuera de* 〜 見当外れの叱責

haber 〜 空き(機会)がある

hacer 〜 場所(通り道)を空ける

hacerse (*un*) 〜 位置につく；相当な地位(評価)を得る

〜 *común* 陳腐な話(考え)；決まり文句，常套句

no ha 〜《法律》[+a+不定詞 は] 却下する

no haber 〜 *a* (*para*)... …の余地・必要)はない：i) *No hay* 〜 *para* hacer tantas cosas. そんなにたくさんのことをする時間はない．*No habría* 〜 *para* preocupaciones. 心配するほどのことはないだろう．ii) [+que+接続法] *No hay* 〜 *a* quejarte (*para que* te quejes) porque lo quisiste tú mismo. 君自身が望んだのだから不平を言うのはおかしい

tener 〜 1)〔←仏語〕[事柄が主語] 起こる，催される：¿Dónde *tiene* 〜 la fiesta? パーティーはどこですか？2) [人が主語] 暇がある：Si *tengo* 〜 esta tarde, te haré lo que te prometí. 午後暇があれば君との約束を果たそう

lugareño, ña [luɣaréɲo, ɲa] 形 名 村の，村

人；《軽蔑》田舎者〔の〕

lugarteniente [luɣartenjénte] 男 副責任者，次席者

luge [lúx] 男《スポーツ》リュージュ

lúgubre [lúɣubre] 形 悲痛な，陰鬱な；死を思わせる：Está 〜. 彼は打ち沈んでいる．conversación 〜 悲しみに沈んだ会話

lugués, sa [luɣés, sa] 形 =lucense

luis [lwís] 男〔フランスの〕ルイ金貨；《男性名》[L〜] ルイ〔英 Lewis〕

luisa [lwísa] 女 ❶《植物》ボウシュウボク，コウスイボク〔hierba 〜〕．❷《女性名》[L〜] ルイサ〔英 Louise〕

lujar [luxár] 他《中南米》[靴の底を] きれいにする；[靴墨で] ピカピカに磨く

lujo [lúxo] 男《英 luxury》[時に 複] ぜいたく；豪華：Le gusta mucho el 〜. 彼は大変ぜいたく好きだ．Eso de veranear son demasiados 〜s. 避暑なんてぜいたくすぎる．¿A dónde vas con esos 〜s? そんなに着飾ってどこへ行くんだい？vivir con mucho 〜 ぜいたくな暮らしをする．impuesto de 〜 奢侈(たく)税

con (*todo・gran*) 〜 *de...* …すぎるくらい：explicar con 〜 de detalles くどいほど細かく説明する

darse (*permitirse*) *el* 〜 *de*+不定詞 1) …というぜいたくをする：No puedo *permitirme* *el* 〜 de levantarme tarde. 私には朝寝坊をするなどというぜいたくはできない．2) あえて(思い切って)…する：Vamos a *darnos* el 〜 de pedírselo. 思い切って彼にそれを頼んでみよう

de 〜 豪華な，デラックスな：artículos *de* 〜 ぜいたくな品，高級品．coche *de* 〜 高級車．edición de 〜 [本の] 豪華版

〜 *asiático*《時に戯語》極度なぜいたく：vivir con 〜 *asiático* ぜいたくざんまいに暮らす

lujoso, sa [luxóso, sa] 形〔ser〕ぜいたくな；豪華な：vestuario 〜 豪華な衣装

lujuria [luxúrja] 女 ❶《文語》邪淫(じゃ)，色欲《キリスト教の7つの大罪の一つ．〜castidad》：pecado 〜 色欲の罪．❷ 繁茂；過剰

lujuriante [luxurjánte] 形 [草木が] 繁茂した

lujurioso, sa [luxurjóso, sa] 形 淫乱な，好色な：mirada 〜sa いやらしい目つき

luliano, na [luljáno, na] 形 ライムンド・ルリオ Raimundo Lulio の《スペインの哲学者，1235-1316》

lulo [lúlo] 男 トマトに似た植物・果実

lulú [lulú] 名《犬》ポメラニアン，スピッツ

◆《女性名》[L〜] ルル〔Luisa の愛称〕

lumbago [lumbáɣo] 男 [激しい] 腰痛，ぎっくり腰

lumbalgia 女 =lumbago

lumbar [lumbár] 形《解剖》腰の，腰部の：vértebras 〜es 腰椎

lumbre [lúmbre] 女 ❶ [かまど・暖炉などの] 火：encender la 〜 火を燃やす．Aún queda 〜 en el fogón. かまどにはまだ残り火がある．❷《古語》[たばこをつける] 火〔fuego〕：¿Me da usted 〜?/¿Tiene 〜? 火を貸してくれませんか？ ❸〔複〕火打ち石(鉄)の道具一式．❹ 明かり，輝

き: ～ de los ojos 眼の輝き. ～ de agua 水面.
❺【建築】開口部〔ドア, 窓など〕
a la ～ 火にあてて(あたって): sentarse a la ～
火のそばに座る
a ～ de pajas またたく間に
echar ～s かんかんに怒る
ni por ～ 決して［…ない］
ser la ～ de los ojos de+人 …の非常に大
事にしているものである

lumbrera [lumbréra] 囡 ❶【口語】傑出した
人(指導者): Es una ～ en su especialidad.
彼はその分野の第一人者だ. ❷【建築】〔屋根の〕
明かり取り〔窓〕. ❸【技術】～ de admisión 吸
気口. ～ de escape 排気口
lumbreras 囡【単複同形】=lumbrera ❶

lumen [lúmen] 男【単複同形/圏 lúmenes】
【光学】ルーメン

luminaria [luminárja] 囡 ❶【主に圏】点灯
装飾, イルミネーション. ❷【教会の】灯明. ❸
【中南米】有名人, スター

lumínico, ca [lumíniko, ka] 厖《文語》光
の: fenómeno ～ 発光現象

luminiscencia [luminisθénθja] 囡《物理》
冷光, ルミネセンス
luminescente 厖 冷光を発する

luminosidad [luminosiðá(ð)] 囡 明るさ, 明
度, 光度

luminoso, sa [luminóso, sa] 厖 ❶ 光る;
光の: bomba ～sa 照明弾. cuerpo ～ 光体.
esfera ～sa 文字盤. fuente ～sa 光源; 照明噴水. letrero (anuncio·
cartel) ～ ネオンサイン. onda ～sa 光波.
pintura ～sa 夜光塗料. rayo ～ 光線.
〔日光で〕明るい: Esta habitación es ～sa. こ
の部屋は明るい. ❷ 明解な, 明晰な; 適確な:
explicaciones ～sas 明解な説明. Tiene una
idea ～sa. 彼にすばらしい考えがある. ❸【口語】
陽気な, 生き生きとした: sonrisa ～sa 輝くよう
な笑顔

luminotecnia [luminotéknja] 囡 照明技術
luminotécnico, ca 厖 囝 照明技術の(技術
者)

lumpen [lumpén] 厖 男【単複同形/圏 lúm-
penes】《←独語》ルンペン(の), ルンペンプロレタリ
アート〔の〕
lumpen-proletariado 男集名 ルンペンプロ
レタリアート

luna [lúna] 囡【英 moon】❶【主に la+.
天体の】月《天文学では主に L～》; 月,
衛星: Hay ～. 月が出ている/月夜である. Ha
salido la ～. 月が出た. La L～ es un satélite
de la Tierra. 月は地球の衛星である. ～ llena/
～ en lleno 満月. La ～ está llena. 満月だ.
～ nueva 新月. media ～ 半月. Media L～
イスラム諸国; ［特に〕 オスマン・トルコ. cara
visible (oculta) de la L～ 月の表(裏)側. ～
月光: La ～ entra por la ventana. 窓から月
の光が入ってくる. ❸ 月期〔lunación〕. ❹【シ
ョーウィンドーなどの】ガラス; [大型の] 鏡; フロン
トガラス〔parabrisas〕: armario de ～ 鏡付き

の洋服だんす, ドレッサー. ❺ むら気; 精神錯乱:
Le ha dado (la cogido) la ～. 彼の気まぐれ
が始まった. tener ～s 気まぐれである. ❻《解剖》
爪半月〔media ～〕. ❼【魚】pez ～ マンボウ.
❽【南米】不機嫌
cambiar la ～ ［すぐに〕気が変わる
dejar a+人 *(quedarse) a la ～ ［de Va-
lencia·南米] de Paita]* …をがっかりさせる
(がっかりする)
estar con la ～《中南米》不機嫌である
estar de buena (mala) ～ 機嫌がよい(悪
い)
estar (vivir) en la ～ うわのそらである; 現実
離れしている
ladrar a la ～ いたずらにわめき立てる
～ de miel ハネムーン, 蜜月時代; 新婚旅行:
ir de ～ de miel a... 新婚旅行で…に行く
pedir la ～ 不可能なことを願う

lunación [lunaθjón] 囡【天文】月期《新月か
ら次の新月まで》

lunar [lunár] 厖 ❶ 月の: superficie ～ 月面.
paisaje ～《月世界のような》荒涼たる景色. ❷
太陰の〔↔solar〕
◆ 男 ❶ ほくろ: tener un ～ en el rabillo del
ojo 目尻にほくろがある. ～ postizo 付けほくろ.
❷【主に圏】水玉模様: a (de) ～es 水玉模
様の. vestido de ～es rojos sobre fondo
blanco 白地に赤の水玉模様のワンピース. ❸
［主に圏〕欠点, きず. ❹【動物】斑毛

lunarejo, ja [lunaréxo, xa] 厖 囝《南米》顔
にほくろのある〔人〕

lunario, ria [lunárjo, rja] 厖 月期の
◆ 男 陰暦. ◆ 囡《植物》ゴンセンソウ, ルナリア

lunático, ca [lunátiko, ka] 厖 囝〔ser+〕
夢見がちな〔人〕, 現実離れした〔人〕; 気まぐれな
〔人〕; 変人, 奇人; 精神異常の〔者〕

lunch [lúntʃ/lántʃ] 男《←英語》❶【パーティーな
どで出す】軽食, スナック. ❷《中南米》昼食
lunchera 囡《中南米》ランチボックス, 弁当箱
[lúnes] 男【英 Monday. 単複同形】

lunes [lúnes] 男semana 参照】月曜日
cada ～ y cada martes 毎日のように; しつこ
く
hacer San L～/hacer ～ porteño《中南
米》月曜日に休む

luneta [lunéta] 囡 ❶【自動車】リアウィンドー
〔～ trasera〕: ～ térmica 熱線入りリアウィン
ドー, デフォッガー. ❷ 半月形の髪飾り; ＝
luneto. ❸《南米》〔潜水用の〕ゴーグル, フェー
スマスク; [劇場の〕1階前方の1階席や予席

luneto [lunéto] 男【ドアの上の】半円形の採光
窓

lunfardo, da [lunfárðo, ða] 厖 囝［ブエノス
アイレスの〕スラング(の), 隠語〔の〕;《南米》泥棒

lúnula [lúnula] 囡 ❶ 爪の根元の半月部分.
❷ 半月形

lupa [lúpa] 囡 拡大鏡, 虫めがね: leer el pe-
riódico con ～ 拡大鏡で新聞を読む
mirar con ～ 徹底的に調べる

lupanar [lupanár] 男《文語》売春宿: barrio
de ～es 売春地区

lúpino, na [lúpino, na] 形 泥棒の
◆ 男《植物》=**altramuz**

lúpulo [lúpulo] 男《植物》ホップ

lupus [lúpus] 男《単複同形》《医学》狼瘡($\frac{\%}{\%}$)

luquear [lukeár] 他《南米》見つめる

lusismo [lusísmo] 男 =**lusitanismo**

lusitano, na [lusitáno, na] 形 名 ❶《歴史・地名》ルシタニア Lusitania 女の〔人〕《現在のポルトガル中央部とエストレマドゥーラ》. ❷ ポルトガルの, ポルトガル人《português》

lusitanismo 男 ポルトガル語からの借用語, ポルトガル語風の表現

luso, sa [lúso, sa] 形 名 ポルトガルの, ポルトガル人《português》

lustrar [lustrár] 他《主に中南米》[靴を] 磨く; [磨いて] つやを出す
◆ ~**se** [自分の靴を] 磨く

lustrabotas 男《単複同形》靴磨き《limpiabotas》

lustrada 女 磨き, つや出し

lustrador 男 靴磨き《limpiabotas》

lustre [lústre] 男 ❶ つや, 光沢: sacar (dar) ~ a... …のつやを出す, 光沢を与える. ❷ 光輝, 名声; 華美. ❸ [人の] よい外見: ¡Qué ~ tiene ese niño! この子は何て〔健康そうで〕かわいいのだろう!
darse ~ 偉そうにする

lustrín [lustrín] 男《南米》靴磨きの箱(スタンド)

lustro [lústro] 男 5年間: Han pasado muchos ~s. 長い年月が過ぎた. dos ~s 10年間

lustroso, sa [lustróso, sa] 形 ❶《estar+》つや(光沢)のある: zapatos ~s ピカピカの靴. ❷ 健康そうな, 顔色のいい

lutecio [lutéθjo] 男《元素》ルテチウム

luterano, na [lutráno, na] 形 名《宗教》ルター Lutero 派の〔人〕: iglesia ~*na* ルーテル教会

luteranismo 男 ルター主義

luthier [lutjé] 男《←仏語》弦楽器製作者

luto [lúto] 男 ❶ 喪, 喪中; 喪服《vestido de ~》: estar de ~ 喪中である. decretar un día de ~ 服喪日の布告をする. llevar (ir de) ~ 喪服を着ている; 喪に服している. ponerse de ~ 喪服を着る. aliviar el ~ 略式の喪服を着る. ~ riguroso 本喪; 正式の喪服《黒色のみ》. medio (alivio de) ~ 半喪; 略式の喪服《黒を基調とした色》. ❷ 腕 喪章. ❸ 悲しみ, 悲痛

lux [lú(k)s] 男《単複同形》[照度の単位] ルクス

luxación [lu(k)saθjon] 女《医学》脱臼; 《格闘技》関節技

luxar 他 脱臼させる. ◆ ~**se** 脱臼する

luxemburgués, sa [lu(k)semburgés, sa] 形 名《国名》ルクセンブルク Luxemburgo 男〔人〕の; ルクセンブルク人

luz [lúθ] 女《複 luces》❶ 光; 明かり, 灯火: i) encender (dar) la ~ 明かりをつける. apagar la ~ 明かりを消す.

artificial 人工の光. ~ natural 自然光. ~ secundaria 反射光. ~ solar (del sol) 日光. ~ y sombra 光と影, 明暗. ~ y sonido 音と光の催し物. ~ de la razón/luces naturales 理性の光. primera ~ 夜明け. ii)《交通》~ de tráfico 交通信号. ~ roja (verde) 赤(青)信号. iii)《自動車》~ de carretera/~ larga ハイビーム. ~ corta/~ de cruce ロービーム. ~ de posición サイドマーカーランプ. ~ de freno (de frenado) ブレーキランプ
❷ 電灯 [~ eléctrica]; [一般的に] 電気: Esa bombilla da poca ~. その電球は暗い. Se ha fundido la ~. 電球が切れた. poner (cortar) la ~ 電灯のスイッチを入れる(切る). pagar la ~ 電気料金を払う
❸ 導く人, 模範
❹ 腕 知性, 教養: Siglo de las *Luces* 啓蒙の世紀《18世紀》. hombre de *luces* 教養人
❺《建築》[建物の] 採光部; [窓などの] 内径; [橋の] 開口部
❻《天文》~ ceniciencia 地球照
❼《女性名》[L~] ルス

a buena ~ 注意深く
a dos luces あいまいに
a la ~ *de...* …の光の下で; …に照らして〔判断して〕: estudiar *a la* ~ de la vela ろうそくの明かりで勉強する
a la ~ *del día* 白日のもとに
a media ~ 薄明り
a todas luces (toda ~*)* どこから見ても, 明らかに: Es *a todas luces* imposible. それはどう見ても不可能だ
arrojar (echar) ~ *sobre...* …に解明の光を投げる
claro como la ~ *del día* 明々白々な
con ~ まだ(もう)薄明るい: salir *con* ~ まだ暗いうちに出かける
corto de luces 薄暗い; 愚鈍な
dar a ~ 出産する; 出版する
dar ~ *verde a...* …の開始(着手)を許可する, ゴーサインを出す
en plena ~ 白昼に
entre dos luces 夕暮れ(明け方)に; ほろ酔い機嫌で: llegar *entre dos luces* 薄暗くなってから着く
hacer ~ *de gaz*《口語》困惑(混乱)させる
~ *mala*《南米》鬼火
quitar la ~ a+人 …の名声を奪う(汚す)
rayar la ~ 世が明ける
sacar a [la] ~ [秘密などを] 明るみに出す; 出版する
salir a [la] ~ 明るみに出る; 出版される
ser la ~ *de mis ojos* 私の愛する人である
tener pocas luces 頭が悪い, 愚鈍である
ver la ~ 生まれる; 出版される

luzca- ⊐**lucir** 40

lycra [líkra] 女《←商標. 繊維》ライクラ

M

m [éme] 囡 アルファベットの第 13 字
M 《略語》←metro 地下鉄
m. 《略語》←metro メートル；muy 非常に
M. 《略語》←Majestad 陛下
m/ 《略語》←mi(s) 当方の，私の；mes(es) 月
m² 《略語》←metro cuadrado 平方メートル
m³ 《略語》←metro cúbico 立方メートル
M-19 《略語》←Movimiento 19 de Abril [コロンビアの左翼ゲリラ] 4 月 19 日運動
maca [máka] 囡 [果実・布などの] 傷，傷み
macabro, bra [makábro, bra] 厖 不気味な：cuento ～ ぞっとするような話．danza ～bra 死の舞踏
macaco, ca [makáko, ka] 厖 匌 ❶ 《動物》マカク ❷ いたずらっ子；《親愛》[呼びかけ] 坊主，おちびさん．❸ 《軽蔑》ちび(の)；取るに足りない[やつ]．❹ 《西．俗語》ポン引き．❺ 《中南米．軽蔑》醜い[人]；中国人
macadam [makaðán] 匲 [榎 ～s] 砕石舗装
　macadán 匲 =macadam
macadamia [makaðámja] 囡 マカダミアナッツ
macagua [makágwa] 囡 [南米のジャングルにいる] ハヤブサの一種；[ベネズエラの] 大型の毒蛇の一種
macagüil [makagwíl] 匲 [細石刃を付けた，アステカ族の] 棍棒
macana [makána] 囡 ❶ 《中南米》警棒；[インディオが畑を耕す] 棒；[インディオの使った] 棍棒．❷ 《南米》嘘，でたらめ；冗談
　macanazo 匲 《中南米》棍棒による殴打
　macanear 固 《中米》棍棒で殴る；《南米》くだらないことを言う，ほらを吹く
macanudo, da [makanúðo, ða] 厖 《口語》驚くべき，すばらしい
macar [makár] 7 ～se [果実が] 傷み始める
macarra [makářa] 厖 匌 《西．軽蔑》[身なりの] けばけばしい[人]；ごろつき(の)，よた者(の)；ポン引き
macarrón [makařón] 匲 ❶ 《料理》[主に榎] マカロニ：macarrones al gratín (al horno) マカロニグラタン．❷ 《菓子》マカロン [～ de almendras]．❸ [電線の] ビニール被覆．❹ 《船舶》舷墻，ブルワーク
macarrónico, ca [makaróniko, ka] 厖 [語法] めちゃくちゃの，でたらめな，不正確な
macasar [makasár] 匲 [椅子の] 背カバー
macedonio, nia [maθeðónjo, nja] 厖 匌 《国名》マケドニアの Macedonia 囡 の(人)
　◆ 匲 マケドニア語
　◆ 囡 《料理》マセドニアサラダ；フルーツポンチ
　macedónico, ca 厖 =macedonio

macehual [maθewál] 匲 スペイン人による征服以前のメキシコの農奴
macelo [maθélo] 匲 畜殺所 《matadero》
m/a(cep). 《略語》←mi aceptación 当方の引受け
macerar [maθerár] 他 ❶ 《料理》i) [＋en に] 浸す，漬ける：～ un pollo en aceite y vinagre 鶏肉を酢油に漬ける．～ las cerezas en aguardiente サクランボを蒸留酒につける．ii) 叩いて柔くする；[ニンニクなどを] つぶす．❷ [苦行のために肉体を] 痛めつける
　◆ ～se 苦行する
　maceración 囡 浸すこと；苦行
macero [maθéro] 匲 職杖奉持者；職杖
maceta [maθéta] 囡 ❶ 植木ばち．❷ [石工などの] つち，ハンマー．❸ 《中米．口語》頭 《cabeza》
maceteado, da [maθeteáðo, ða] 厖 《中米》がんじょうな，たくましい
macetero [maθetéro] 匲 植木ばちホルダー；《南米》大型の植木ばち，プランター
macfarlán/macferlán [makfarlán/-fer-] 匲 《服飾》インバネス
mach [mátʃ] 匲 [音速の単位] マッハ：volar a dos ～ マッハ 2 で飛ぶ
macha [mátʃa] 囡 《貝》[南米の太平洋岸産の] アサリの一種 《食用》
machaca [matʃáka] 囡 ❶ 粉砕機．❷ 《中米．料理》乾燥ひき肉と卵・玉ねぎのいためもの
　◆ 匌 しつこい人
　◆ 匲 従兵，従卒 《machacante》
machacadera [matʃakaðéra] 囡 粉砕機
　machacadora 囡 =machacadera
machacante [matʃakánte] 匲 ❶ 《口語》5 ペセタ硬貨．❷ 従兵，従卒
machacar [matʃakár] 7 他 ❶ [叩いて] つぶす，叩きつぶす；[敵軍などを] やっつける：～ ajos ニンニクをつぶす．❷ 《西》しつこく(繰返し) 主張する，粘り強く研究する：No machaques ese asunto. その件はうるさく言う(蒸し返す)な．❸ [価格を] [大幅に] 切り下げる．❹ 《口語》疲労[困憊] させる；痛める．この靴は足が痛くなる．❺ 《バスケ》ダンクシュートする
　◆ 固 ❶ しつこくせがむ，うるさく言う．❷ [試験のために] 一夜漬けで勉強する，詰め込む
　◆ ～se 《口語》❶ [自分の身体の一部を] つぶす，する．❷ 《西》[飲食物を] きれいに平らげる；[仕事を] 手早く片付ける；[金を] ばらまく，乱費する
　machacársela 《卑語》自慰する
machacón, na [matʃakón, na] 厖 匌 しつこい[人]，うるさい[人]：Esa vendedora es muy machacona. あの売り子はとてもしつこい．Está

muy ~ últimamente con sus consejos. 彼は最近やたらと教えたがってうるさい

machaconería [matʃakoneɾía] 囡 しつこさ

machada [matʃáða] 囡 ❶《時に皮肉》勇敢な行為；愚行. ❷ 雄ヤギの群れ

machamartillo [matʃamartíʎo] 男 *a* ~ 〖*a macha martillo* とも書く〗 1) しっかりと；確信して：Esta casa está construida *a* ~. この家はがんじょうに作られている. Es cristiano *a* ~. 彼は骨の髄までクリスチャンだ. aprender *a* ~ しっかり学ぶ，確実に身につける. creer *a* ~ かたく信じる. 2) しつこく：repetir *a* ~ 何度も何度も繰返す

machango, ga [matʃáŋgo, ga] 形《中米》粗野な，下品な
◆ 男/囡《中南米》男のような女

machaqueo [matʃakéo] 男 〔叩き〕つぶすこと；しつこさ

machete[1] [matʃéte]
男 ❶ マチェテ〔i〕片刃で幅広の剣. ii）道を切り開いたりサトウキビを切り倒す山刀. ☞カット. ❷《南米》カンニングペーパー；《卑語》陰茎

machetazo 男 マチェテでの一撃

machetear 他 マチェテで一撃する；《中米》しつこく言い張る；《南米》愛撫する

machetero, ra 图 マチェテで道を切り開く（サトウキビを切り倒す）人

machete[2]**, ta** [matʃéte, ta] 形《南米》巨大な；けちな，締まり屋の

machihembrar [matʃiembɾár] 他《技術》ほぞ継ぎ（さねはぎ継ぎ・あり継ぎ）にする

machina [matʃína] 囡 〔港湾・造船所などの〕大型クレーン

machismo [matʃísmo] 男 男尊女卑，男らしさの誇示

machista [matʃísta] 形 图 男尊女卑の〔人〕，男らしさを誇示する〔人〕：sociedad ~ 男尊女卑の社会

macho [mátʃo] 形《↔hembra》❶ 雄の〖語尾形で雌雄を表わせない場合に使う〗；《植物》雄性の：una pantera ~ 雄豹. flor ~ 雄花. ❷ たくましい，男っぽい；《軽蔑》マッチョな. ❸《南米》すばらしい. ❹《技術》差し込む方の：enchufe ~ プラグ. ❺ 強い，がんじょうな：palo ~ 丈夫な棒. pelo ~ こわい毛. vino ~ 強いワイン
◆ 男 ❶ 雄；雄性植物. ❷ i）《口語》男〔の子〕；男らしい男，男っぽい男. ii）〔呼びかけで〕お前. ❸《技術》雄ねじ；〔ホックなどの〕雄爪. ❹《建築》バットレス，控え壁 〖machón〗. ❺《地質》岩脈. ❻《動物》ラバ 〖mulo〗. ❼〔闘牛士のズボンの〕房飾り
◆ 間 〔驚き・怒り〕うへっ，ちくしょう！
apretarse (atarse) los ~*s* 勇気を出す，ふんどしを締め直す
no apearse del ~ 自分の誤りを認めない；あ

きらめない

machón [matʃón] 男《建築》バットレス，控え壁

machona [matʃóna] 囡《南米》＝**machota**

machota [matʃóta] 囡《軽蔑》男のような女，おてんば娘

machote [matʃóte] 形 男《親愛. 時に軽蔑》男らしい〔男〕，たくましい〔男〕

machucar [matʃukár] 他 男 ❶〔果物などを〕傷める；〔指などを〕つぶす，打つ. ❷《中米》叩きつぶす

machucadura 囡〔果物などの〕傷み；打撲傷，あざ

machucho, cha [matʃútʃo, tʃa] 形《軽蔑》かなりの年齢の，年増の

macilento, ta [maθilénto, ta] 形 やつれた，やせ細った：rostro ~ やつれた表情. luz ~*ta* 乏しい明かり

macillo [maθíʎo] 男〔ピアノの〕ハンマー

macizo, za [maθíθo, θa] 形 ❶〔ser＋〕中まで同一物質の，めっきでない：de oro ~ 金むくの. mueble ~ がんじょうな家具. argumentos ~*s* すきのない議論. ❷《口語》〔estar＋. 人が〕頑健な，じょうぶな，たくましい；《西》性的魅力のある，グラマーな
◆ 男 ❶ 塊；《地理》山塊 〖~ montañoso・de montañas〗：M～ de las Guayanas ギアナ高地. ❷ 花壇〖~ de flores〗. ❸《建築》〔2つの vano 間の〕壁，窓間壁；建築群

macla [mákla] 囡《鉱物》双晶

macramé [makramé] 男《手芸》マクラメ

macro-〔接頭辞〕[大]〖↔micro-〗*macro・cosmos* 大宇宙

macrobiótico, ca [makɾobjótiko, ka] 形 長寿食の，精進料理の
◆ 囡 長寿法

macrocefalia [makɾoθefália] 囡《医学》大頭症

macrocéfalo, la 形 图 大頭症の〔人〕；頭でっかちの，上部が大きすぎる

macrocosmos [makɾokɔ́smos] 男〔単複同形〕《哲学》大宇宙

macrocosmo 男 ＝**macrocosmos**

macroeconomía [makɾoekonomía] 囡 マクロ経済学

macroeconómico, ca 形 マクロ経済〔学〕の.
◆ 囡 マクロ経済学

macrófago [makɾófaɣo] 男《生物》大食細胞，マクロファージ；大食生動物

macrofotografía [makɾofotoɣɾafía] 囡 拡大写真

macroinstrucción [makɾoinstruk θjón] 囡《情報》マクロ命令

macromolécula [makɾomolékula] 囡《化学》高分子，巨大分子

macroscópico, ca [makɾoskópiko, ka] 形 肉眼で見える

macsura [maksúra] 囡〔モスク内の〕教主・導師用の仕切席；修道僧の墓

macuco, ca [mákuko, ka] 形《南米》狡猾な，ずる賢い；〔若者が〕のっぽの，ばかでかい

mácula [mákula] 囡 ❶《文語》〔皮膚などの〕

しみ, 斑点〚mancha〛; 欺瞞; 〔経歴などの〕汚点. ❷《天文》〔太陽の〕黒点〚~s del sol〛

maculatura 囡 甅名 しみ;《印刷》刷り損じの紙

macuto [makúto] 男〚兵士の〛背囊(ﾊｲﾉｳ)

madalena [maðaléna] 囡《菓子》マドレーヌ〚magdalena〛

madama [maðáma] 囡〚←仏語〛売春宿の女主人;〚少し皮肉〛奥さん, ご婦人

madeira [maðéira] 囡 マデイラ島 Madeira 産のワイン

madeja [maðéxa] 囡〚糸の長さの単位〛かせ;〔毛髪の〕房
enredar (liar) la ~ 事をもつれさせる
◆ 男 怠け者, ぐうたら

madera [maðéra] 囡〚英 wood〛❶ 木材, 材木; 薪(ﾏｷ): aguar la ~〔輸送のために〕流木する. a media ~ そぎ継ぎの. caja (casa) de ~ 木箱(木造家屋). ~ anegadiza 川岸にひっかかった材木. ~ blanda (dura) 軟材(硬材). ~ de construcción 建築用材. ~ de hilo (en rollo) 角(丸太)材. ~ de raja へぎ材. en blanco 白木. -- plástica プラスチックウッド. ~ prensada (aglomerada・conglomerada) 樹脂合板. ~ serradiza (de sierra) ひき材. ❷ 素質, 才能: Tiene ~ de escritor. 彼は作家の素質がある. ❸《ゴルフ》ウッド. ❹《西. 俗語》警察〚policía〛. ❺ 榎《音楽》木管楽器部
tener (ser de) buena (mala) ~ 素質がある(ない)
tocar ~ 〚sin pata〛〔不吉なことに対して〕くわばらを唱える, 厄払いをする: Toquemos ~./ Habrá que tocar ~. くわばら, くわばら

maderable [maðeráble] 形 用材となる: bosque ~ 用材林

maderamen [maðerámen] 男 甅名〔一つの建築に使う〕用材全体, 木造部
maderaje 男 =maderamen

maderero, ra [maðéro, ra] 形 木材の, 製材の: industria ~*ra* 製材業, 木工業
◆ 名 材木商; いかだ師
maderería 囡 材木置き場, 木場

madero [maðéro] 男 ❶ 丸太, 角材. ❷《西. 俗語》警官

madona [maðóna] 囡 マドンナ〚聖母マリアの絵・像〛: hermosa como una ~ 息をのむほど美しい

madrás [maðrás] 男〔主に格子縞の〕薄手の木綿の布地, マドラス木綿

madrastra [maðrástra] 囡 まま母, 継母;《軽蔑》子供をいじめる母親

madraza [maðráθa] 囡《親愛》子供を甘やかす(子供一筋の)母親

madre [máðre] 囡〚英 mother. ↔padre〛❶ 母, 母親:i) Es ~ de dos hijos. 彼女は2児の母だ. día de la ~ 母の日. M ~ de Dios/M ~ Pía 聖母マリア. ~ de familia 家庭の主婦, 一家の母親. ~ de leche 乳母. ~ futura/futura ~ 妊婦. ~ naturaleza 母なる大地. ~ suplente (de alquiler)

〚医学〛代理母. ii)〔形容詞的〕zorra ~ 母狐. barco ~ 母船. aguas ~*s* 母液. ~ patria 本国, 母国〚中南米では主にスペインを指す〛. iii)〔親しみの呼びかけ〕おばさん. iv)《俗語》〔相手の母親に言及して強い侮辱〕¡Tu ~! こんちくしょう!
❷〔女子修道院の〕マザー: ~ abadesa (superiora) 女子修道院長
❸ 源泉: Grecia es la ~ de la cultura occidental. ギリシアは西欧文化の発祥地である. ~ de los vicios 悪徳の根源. ~ de vinagre 酢母
❹《戯語》〔+con に〕優しすぎる人, 親切すぎる人
❺ 下水の本管; 用水路の本流〚acequia ~〛
❻ 河床, 川床
❼〔ワイン・酢の〕沈澱物, おり
❽《医学》~ de niños てんかんの一種
ciento y la ~《口語》大勢の人: Éramos ciento y la ~. 私たちは数えきれない位大勢だった
como su ~ lo echó al mundo (lo parió) 丸裸の
la ~ que te parió《俗語》〔不快・怒り〕ちくしょう, 親の顔が見たいものだ;〔賞賛〕すごい, よくやった
¡~ mía!/¡mi ~! さあ, 困った/〔驚き〕おやまあ!
mentar (a) la ~ a+人《婉曲》〔母親に言及して〕…を侮辱する
nombrar (mentar) a la ~ 〔+a+人 を〕侮辱する
pasar por encima del cadáver de su ~ とんでもなくひどいやつである
sacar de ~ a+人 …を不安にさせる; 勘忍袋の緒を切らせる
salir [se] de ~ 〔川が〕氾濫する;限度を越える
◆ 形《南米》ひどい, すごい

madreperla [maðrepérla] 囡 真珠貝

madrépora [maðrépora] 囡《動物》イシサンゴ

madreselva [maðresélba] 囡《植物》スイカズラ

Madrid [maðrí(d)] 男《地名》マドリード〚スペインの首都, 自治州(正式名称 Comunidad de ~)〛

madrigal [maðrigál] 男 叙情短詩;《音楽》マドリガル
madrigalesco, ca 形 叙情短詩(マドリガル)風の;〔愛情表現が〕繊細な, 情感豊かな
madrigalista 名 マドリガルの作曲者(歌い手)

madriguera [maðrigéra] 囡〔ウサギなどの〕穴;〔悪者たちの〕巣窟

madrileño, ña [maðriléɲo, ɲa] 形 名 マドリード Madrid の〔人〕

Madriles [maðríles] 男 榎〚los+. 市の各地域をまとめて〛マドリード

madrina [maðrína] 囡 ❶《カトリック》代母, 《プロテスタント》教母〚↔padrino〛: ~ de guerra 戦時代母〚前線の兵士に慰問品を贈る〛.

❷ 名付け親；[進水式の] 命名者 〖～ en la botadura〗；[結婚式の] 介添え人 〖～ de boda〗. **❸** 後見人, 後援者. **❹** 群れを率いる雌馬. **❺**《中米》護送車

madrinazgo 男 代母(教母)の役目；後援
madroño [maðróɲo] 男《植物・果実》マドローニャ；その果実に似た房飾り
madroñal/**madroñera** 女 マドローニャ畑
madrugada [maðruɣáða] 女 **❶** 夜明け, 明け方. **❷** 真夜中から明け方までの時間：volver a casa a las dos de la ～ 午前2時に帰宅する. **❸** ＝**madrugón**
de ～ 夜明けに：Era ya *de* ～. もう夜明けだった. salir *de* ～ 夜明けとともに出発する
madrugador, ra [maðruɣaðór, ra] 形 [習慣として] 早起きする(人)
madrugar [maðruɣár] 自動 **❶** 早起きする：A quien *madruga* Dios le ayuda.《諺》早起きは三文の得. No por mucho ～ amanece más temprano.《諺》先立っても何も得られない/何事にも時機というものがある. **❷** 先を越す, 先んじる
madrugón [maðruɣón] 男 早起き：darse (pegarse) un [gran] ～ [とても] 朝早く起きる
madurar [maðurár] 他動 **❶** 成熟させる：El sol *madura* la fruta. 日光が果実を熟させる. **❷** [計画などを] 練る：～ más la idea 考えをもっと練り上げる
◆ 自動 成熟する：Este año han madurado bien las uvas. 今年のブドウはよく熟している. *Maduró* con los años. 彼は年とともに人間ができた
◆ ～**se** 熟す
maduración 女 成熟；円熟
madurativo, va 形 熟成する, 熟成用の
madurez [maðuréθ] 女 **❶** 成熟：Este melón está en su punto de ～. このメロンは食べごろだ. **❷** 円熟(期)；壮年期：Está en plena ～. 彼は男(分別)盛りだ
maduro, ra [maðúro, ra] 形《英 ripe》**❶** [estar+] i) [果実などが] 熟した：uvas ～*ras* 熟したブドウ. El trigo está ～. 小麦が実っている. absceso ～ 膿み切った(はれ)物. ii) 機の熟した：Este proyecto ya está ～. この計画はすでに機が熟している. **❷** [ser+. 人が] 成熟した, 円熟した：hombre ～ 壮年の男. mujer ～*ra* 成熟した女. artista ～ 円熟した芸術家. [計画などが] 念入りな, 慎重な：idea ～*ra* よく練られた考え. persona de ～ juicio 思慮深い人. después de ～ consideración 熟慮の末に
estar a las duras (las verdes) y a las ～*ras*/*tomar las duras con (por) las* ～*ras* 幸運も不運も合わせ迎える, よい目にも悪い目にも会う
maese [maése] 男 **❶**《古語》[+男性名. 尊称] 親方. **❷**《中米》親友；先生
maestral [maestrál] 男 ＝**mistral**
maestranza [maestránθa] 女 **❶** 軍需工場；[集合] その工員. **❷** [昔の] 騎士養成学校
maestre [maéstre] 男 騎士団長, 騎士修道会会長：～ de campo [昔の] 連隊長

maestrazgo 男 その地位(管轄区)
maestresala [maestresála] 男 給仕長
maestrescuela [maestreskwéla] 男 [昔の教会の] 神学教師
maestría [maestría] 女 **❶** 巧みさ, 名人芸：Con gran ～ maneja la lanza. 彼は槍さばきが非常に巧みだ. **❷** maestro の称号；修士課程 〖curso de ～〗
maestrillo/maestrito [maestríʎo/-to] 男 Cada *maestrillo* tiene su librillo./Cada *maestrito* tiene su librito.《諺》誰にもそれぞれのやり方がある

maestro, tra [maéstro, tra] 《英 teacher, master》**❶** [小・中学校の] 先生, 教諭 〖～ de escuela〗；[習い事などの] 師匠：～ de piano ピアノの先生. ～ de armas (de esgrima) 剣術の教師. Mi hermano era mi ～ en picardías. 兄は悪いことを色々私に教えてくれた. La experiencia es la mejor ～*tra*. 経験は最高の師である
❷ 大芸術家, 巨匠；名人：～ de la escultura 彫刻の大家. Es un ～ en el arte de Karate. 彼は空手の名人だ
❸ [敬称. +名前] 作曲者, 演奏者：el ～ Falla マエストロ・ファリャ
❹ [職人の] 親方；[工事などの] 請負者：～ carpintero 棟梁. ～ sastre 仕立屋の主人. ～ de obras 施工者. ～ aguañón 水道工事の施工者
❺ ～ de ceremonias [儀式の] 司会者；儀典長. ～ en artes《古語》文学士
❻《闘牛》＝**matador**
❼《チェス》マスター
◆ 形 **❶** すぐれた, 完璧な：obra ～*tra* 傑作, 名作. golpe ～ すばらしい腕前, すごいひらめき. **❷** 主要な：llave ～*tra* マスターキー, 親鍵. pared ～*tra* 主壁. **❸**《まれ》[動物が] 訓練された：perro ～ 芸を仕込まれた犬
◆《南米. 戯謔》[親愛の呼びかけ] やあ, おい
ser [un] ～ *consumado en...* …に熟達している：Es un ～ *consumado en* el arte del disfraz. 彼は変装の名人だ
mafia [máfja] 女 [主に M～] マフィア；[一般に] 暴力団, 犯罪組織：M～ siciliana シチリアマフィア
mafioso, sa 形 名 マフィアの(構成員)
magazine [maɣaθín] 男《magacín とも表記》《←英語》写真(イラスト)入りの雑誌；《テレビ》ワイドショー
magdalena [maɣðaléna] 女 **❶**《菓子》マドレーヌ. **❷**《女性名》[M～] マグダレーナ《英 Magdalene》；《聖書》悔悟した罪女：Santa María M～ マグダラのマリア
llorar como una ～/*estar hecha una* ～ さめざめと泣く
no estar la M～ *para tafetanes* 不機嫌である
magdaleniense [maɣðalenjénse] 形《考古》マドレーヌ期の
magenta [maxénta] 形 男《←伊語》マゼンタ

色〔の〕, 紫紅色〔の〕

magia [máxja] 囡 ❶ 魔法；魔力：〜 blanca (natural) 白魔術. 〜 negra 黒魔術. [como] por arte de 〜 まるで魔法のように. ❷ [不思議な] 魅力

magiar [maxjár] 厖 图 《地名》マジャール〔人・語〕の；マジャール人
◆ 男 マジャール語

mágico, ca [máxiko, ka] 厖 ❶ 魔法の, 魔術の；poder 〜 魔力. alfombra 〜ca 魔法のじゅうたん. ❷ 魅惑的な
◆ 图 魔術師〔mago〕
◆ 囡 魔法〔magia〕

magín [maxín] 男 《西. 口語》＝imaginación

magisterio [maxistérjo] 男 ❶ 教員の仕事, 教職. ❷ 匿宝 [一地域の]小学校の] 教員

magistrado, da [maxistráðo, ða] 图 司法官〔判事, 検事など〕；行政官〔領事, 市長など〕

magistral [maxistrál] 厖 ❶ 先生の, 教師としての：con tono 〜 教師然とした口調で. clase 〜 一流音楽家の指導, マスタークラス. ❷ 見事な, 名人芸の：obra 〜 すばらしい作品. ❸ reloj 〜 基本時計

magistratura [maxistratúra] 囡 司法官〔行政官〕の職務〔権能・任期〕；匿宝 [一国の] 司法官, 行政官：M〜 de Trabajo 《西》[労使紛争を調停する] 労働委員会

magma [máɣma] 男 《地質》岩漿, マグマ：〜 eruptivo 溶岩
magmático, ca 厖 roca 〜ca 火成岩

magnánimo, ma [maɣnánimo, ma] 厖 寛容な, 心の広い：Es 〜 con sus enemigos. 彼は敵に寛大だ
magnanimidad 囡 寛容, 寛大

magnate [maɣnáte] 男 ❶ 大物, 実力者：〜 de las finanzas 財界の大立物. 〜 petrolero 石油王. ❷ [中世初期の] 大貴族

magnesio [maɣnésjo] 男 《元素》マグネシウム：luz de 〜 マグネシウム光
magnesia 囡 《化学》マグネシア：〜 hidratada 水酸化マグネシウム. 〜 blanca 炭酸マグネシウム. leche de 〜 《薬学》マグネシア乳
magnésico, ca 厖 マグネシウムを含んだ
magnesita 囡 《鉱物》マグネサイト

magnético, ca [maɣnétiko, ka] 厖 磁気の, 磁気を帯びた：atracción 〜ca 磁力. cinta 〜ca 磁気テープ. tempestad 〜ca 磁気嵐

magnetismo [maɣnetísmo] 男 ❶ 磁気, 磁力；磁気学：〜 terrestre 地磁気. ❷ 魅力, 影響力：〜 de España スペインの魅力. ejercer un 〜 sobre+人 …を魅了する. ❸ 動物磁気〔による催眠術〕：〜 animal

magnetita [maɣnetíta] 囡 《鉱物》磁鉄鉱

magnetizar [maɣnetiθár] 囮 他 ❶ 磁化する. ❷ …に催眠術をかける；魅惑する
magnetización 囡 磁化

magneto [maɣnéto] 囡/男 《主にスペインでは 囡, 中南米では 男》マグネト発電機

magnetófono [maɣnetófono] 男 テープレコーダー
magnetofón 男 ＝magnetófono

magnetofónico, ca 厖 テープレコーダーの：cinta 〜ca 録音テープ

magnetoscopio [maɣnetoskópjo] 男 《文語》ビデオレコーダー

magnetosfera [maɣnetosféra] 囡 [地球の] 磁気圏

magnetrón [maɣnetrón] 男 《電気》磁電管, マグネトロン

magnicidio [maɣniθíðjo] 男 《文語》国家元首などに対する殺人
magnicida 图 その殺人者

magnificar [maɣnifikár] 囮 他 賛美する, 称揚する；誇張する
◆ 〜se 自賛する

magníficat [maɣnífika(t)] 男 《聖書》[晩課に歌われる] 聖母マリアの頌歌

magnificencia [maɣnifiθénθja] 囡 ❶ 壮麗, 豪華：recibir a+人 con 〜 …を豪勢にもてなす. ❷ 寛大さ, 気前のよさ
magnificente 厖 気前のよい

magnífico, ca [maɣnífiko, ka] 厖 《英 magnificent》❶ 壮大な, 豪華な：palacio 〜 目を見張るような宮殿. sala 〜ca 豪華な広間. ❷ [非常に] すばらしい, 見事な；立派な：tiempo 〜 すばらしい好天. panorama 〜 絶景, 雄大な景観. 〜 corredor すごく早いランナー. ❸ [主に M〜. 学長に対する敬称] M〜 [Señor] Rector/Rector M〜 学長殿

magnitud [maɣnitú(ð)] 囡 ❶ 大きさ [長さ, 重さ, 速度など]；重要性：Hoy día la 〜 del problema del paro es muy grande. 今日失業は大変重要な問題である. ❷ [地震の規模の単位] マグニチュード. ❸ 《天文》[星の] 光度, 等級：estrella de primera 〜 1等星. ❹ 《数学》大きさ：〜 escalar (vectorial) スカラー(ベクトル)量

magno, na [máɣno, na] 厖 《文語》重要な；偉大な：〜 acontecimiento 重大事件

magnolia [maɣnólja] 囡 《植物》モクレン〔の木・花〕
magnolio 男 モクレン〔の木〕
magnoliáceas 囡 複 モクレン科

mago, ga [máɣo, ɣa] 图 ❶ 《魔術師, 魔法使い；手品師. ❷ すご腕の持ち主, 奇才. ❸ ゾロアスター教の司祭

magrear [maɣreár] 他 《西. 俗語》愛撫する 〔sobar〕
magreo 男 愛撫, ペッティング

magrebí [maɣreβí] 厖 图 《複 〜[e]s》《地名》[アフリカ北西部の] マグレブ Magreb 男 の〔人〕
magrebino, na 厖 图 ＝magrebí

magro, gra [máɣro, ɣra] 厖 《料理》[肉が] 脂身のない(少ない)；《文語》[人・土地が] やせた
◆ 男 《西》赤身の肉〔carne 〜gra〕
◆ 囡 《料理》スライスハム
magrez/magrura 囡 脂身のない(少ない)こと

maguey [maɣéi] 男 《中南米》リュウゼツラン〔agave〕

magullar [maɣuʎár] 他 [体に] 打撲傷(あざ)をつける；[果物・野菜などを] 傷める

◆ **~se** [自分の体に] Se magulló [en] la pierna. 彼は脚に打撲傷を負った

magulladura 囡/**magullamiento** 囲 打撲傷, あざ；[果物などの] 傷み

magullón 囲《中南米》=**magulladura**

maharajá [maaraxá] 囲 [インドの] 大王, マハラジャ

maharaní 囡 maharajá の妻

mahatma [maxáðma] 囲 [敬称. インドの] 聖者, 大聖：~ Gandhi マハトマ・ガンジー

mahometano, na [maometáno, na] 厖 マホメット Mahoma の；イスラム教の
◆ 囵 イスラム教徒 [musulmán]

mahometismo 囲 イスラム教

mahón [maón] 囲《中南米》ナンキン木綿

mahonés, sa [maonés] 厖 囵《地名》 [メノルカ島の] マオン Mahón の [人]
◆ 囡《植物》ヒメアラセイトウ；《料理》マヨネーズ [mayonesa]

maicena [majθéna] 囡《←商標. 料理》コーンスターチ

maicero, ra [majθéro, ra] 厖《中南米》トウモロコシの

maillot [majʎó(t)] 囲《←仏語》❶ [主に自転車競走の選手が着る] ジャージ：~ amarillo [ツールドフランスの] マイヨジョーヌ. ❷ [主に女性用の] ワンピース水着；レオタード

mainel [majnél] 囲《建築》縦仕切り, 中方(͜ʷ)立て

Maite [májte] 囡《女性名》マイテ『María Teresa の愛称』

maitines [majtínes] 囲 圈《カトリック》朝課『夜明け前の祈り』：tocar a ~ 朝課の鐘を鳴らす

maître [métre] 囲《←仏語》[レストランの] 給仕長

maíz [mafθ] 囲《植物》トウモロコシ；その粒 [粉用, 飼料用. そのまま焼いたりゆでたりしたものを食べるのは中南米のみ]：rosetas de ~ ポップコーン [palomita]. ~ de Guinea/~ morocho モロコシ

maizal 囲 トウモロコシ畑

maja¹ [máxa] 囡 乳棒, すりこぎ；☞**majo**

majada [maxáða] 囡 牧舎；《南米》[羊・山羊の] 群れ

majaderear [maxaðereár] 個《中南米》邪魔する；うるさく言う, からむ

majadero, ra [maxaðéro, ra] 厖 囵《軽蔑》愚かな [人], くだらない [人]
◆ 囲 すりこぎ；[編み物用の] 糸巻き

majadería 囡 愚かさ, ばかげたこと：decir ~s たわごとを言う

majar [maxár] 個 すりつぶす, 碾(ʷ)く：~ las almendras アーモンドを細かく砕く

majador, ra 厖 すりつぶす. ◆ 囲/囡 その道具

majadura 囡/**majamiento** 囲 すりつぶすこと

majareta [maxaréta] 厖 囵《西. 口語》頭が少しおかしい [人]：Es de ~s bañarse con este tiempo. こんな天気に泳ぐなんて狂ってる

majara 厖 囵 =**majareta**

majarete [maxaréte] 囲《南米. 菓子》トウモロコシ・ココナッツミルクのプディング

majestad [maxestáð] 囡 ❶ [国王などに対する敬称. Su・Vuestra M~] su M~ el Rey de España スペイン国王陛下. sus M~es 陛下ご夫妻. ¡Su M~ [Real]!/¡Su Real ~! 陛下! Su Divina M~ [キリスト教の] 神. ❷ 威厳：~ de su rostro (su porte) 彼の威厳のある顔つき (態度). ~ del monte 山の威容. ❸《美術》en ~ [キリスト・聖母が] 栄光の座についている

majestuoso, sa [maxestwóso, sa] 厖 威厳のある：porte ~ 堂々としたふるまい. paisaje ~ 壮大な景観

majestuosidad 囡 威厳

majeza [maxéθa] 囡 粋, 格好よさ

majo, ja² [máxo, xa]《西》厖 囵 ❶ [口語] [人・物が] 感じのいい, 魅力的な：Es un chico muy ~. 彼はいいやつだ／とってもすてきな子. ❷ 粋(ˌ)な, 伊達(ˑ)な；格好のいい, 着飾った ¡qué ~s! [時に皮肉] かっこいいことだ!
◆ 囵 ❶ 粋な人；美男, 美女：¡Anda maja! やあ, べっぴんさん! ❷ 18-19 世紀マドリードの伊達を気どった下層民：Maja desnuda (vestida) 『裸(着衣)のマハ』『Goya の作品』

majorero, ra [maxoréro, ra] 厖 囵《地名》 [カナリア諸島の] フエルテベントゥーラ島 Isla de Fuerteventura の [人]

majorette [majorét] 囡《←仏語》バトンガール

majuelo [maxwélo] 囲《植物》[セイヨウ] サンザシ

mal

mal [mál] 圓 ☞**malo**
◆ 圓《英 badly. ↔bien. 比較級 peor》
❶ 悪く i) 不正に：Se portó ~. 彼は行ないが悪かった. Vive ~. 彼はよくない生き方をしている. dinero ~ adquirido 不正な金. ii) 不適切に, 不都合に；下手に：Lo he hecho muy ~. それはひどい失敗でした. Este dibujo no está ~. この絵はなかなかいい. Habla ~ el japonés. 彼は日本語があぶないとだしい. puerta ~ hecha たてつけの悪い戸. iii) [体調・気分が] 悪く：Estoy ~. 私は体の具合が悪い(病気だ). Me siento ~. 私は気分が悪い

❷ 不十分に, よく…できない：Te oigo ~. 君の言うことがよく聞こえない. Mal podrás aprobar si no estudias mucho. よく勉強しないと合格できないよ

❸ 不快に：oler ~ いやな臭いがする

❹ [間投詞的. 否定] だめだ, へたくそ!

bien que ~ =~ que bien

estar ~ que+接続法 …するのはよくない：Aunque esté ~ que lo diga yo… こう言っては何ですが…

~ que+接続法 …とはいえ『aunque』

~ que pese a+人 …にとっていやでも：Mal que te pese, tienes que aceptarlo. 君はつらくてもそれを受け入れなければならない

~ que bien [色々あったが] どうにかこうにか：Mal que bien, lo terminé. 何とか終わった

menos ~ 1) ああ, 助かった／不幸中の幸いだ. 2) [+que+直説法 なので] ¡Menos ~ que no lleuve hoy! やれやれ今日雨が降らなくてよかった!

◆ 男『英 evil, harm』❶ 悪；悪事，悪行：el bien y el ～ 善悪．Le hice mucho ～. 私はずいぶん彼に悪いことをした．Es incalculable el ～ que hizo a todo el mundo. 彼はどれだけみんなに迷惑をかけたか知れない

❷ 不幸，害悪：i) alegrarse del ～ ajeno 他人の不幸を喜ぶ．Trajo el ～ a mi casa. それは私の家に災いをもたらした．ii)《諺・成句》Del ～, el menos. 不幸中の幸いだった/悪は最小限にとどめよ．No hay ～ que por bien no venga. 禍福はあざなえる縄のごとし．Quien canta, sus ～es espanta. いやなことを忘れるには楽しみを捜すのがよい

❸ 不都合：El ～ está en que ninguno sabe conducir. 具合の悪いことに誰も運転ができない ❹ 病気，痛み；精神的打撃：i)《文語》Ese ～ se puede curar hoy día. 今日ではその病気は治すことができる．tener ～ de mar 船酔いする．～ de amores 恋わずらい，恋の病．ii)《医学》～ de Alzheimer アルツハイマー病．～ de Bright ブライト病，腎炎．～ de Chagas アメリカトリパノソース症，シャガス病〔眠り病の一種〕．～ de San Lázaro 象皮病．iii) てんかんの発作 ❺ ～ de la piedra〔湿気・大気汚染などによる〕石材の風化（崩壊）

a ～ 敵対して；怒って

dar ～ a＋人 …を苦しめる：Nos *ha dado ～* con su egoísmo. 私たちは彼のわがままには泣かされてきた

darse ～〔＋a＋人 にとって〕不得意である：*Se me dan ～ las matemáticas.* 私は数学が苦手だ

de ～ en peor ますます悪く：Las circunstancias fueron *de ～ en peor.* 状況はどんどん悪化した

estar a ～ con＋人 …と仲が悪い；…のことを怒っている

hacer ～ en＋不定詞 …するのは正しくない

llevar a ～... …が耐えがたい，手に負えない

～ menor〔二者択一で〕少ない方の悪：Eso fue un ～ *menor.* それは不幸中の幸いだった/まだしもだった

parar〔en〕～〔最後には〕ひどい目に会う，不幸に終わる；病気になる

poner〔a〕～ a＋人 *con*＋人 …と…を敵対（仲違い）させる

ponerse a ～ con＋人 …と仲違いする

tener a ～... …を非難する，とがめる：Si rechazara su invitación, me lo *tendrían a ～.* 彼らの招待を断ったら私は悪く言われるだろう

tomar a ～... …を曲解する，悪意にとる：*Ha tomado a ～* mis palabras. 彼は私の言葉を悪くとった

traer a ～ a＋人 …をつらい目に会わせる

mala¹ [mála] 囡 ❶ [la+] 逆境：aguantar la ～ 逆境に耐える．❷ ＝malilla．❸ 郵袋

malabar [malaβár] 形 名 ❶ juegos ～es〔お手玉のような〕軽業，曲芸，ジャグリング．❷《地名》〔インド南西部海岸の〕マラバル Malabar の

〔人〕

malabarismo 男 軽業：hacer ～s en política 政治的曲芸をやってのける

malabarista 名 軽業師，ジャグラー

malacate [malakáte] 男 巻上げ機〖torno〗；《中米》紡錘〖huso〗

malacia [maláθja] 囡《医学》異物嗜好症

malacitano, na [malaθitáno, na] 形 名 ＝malagueño

malacología [malakoloxía] 囡 軟体動物学

malaconsejado, da [malakɔnsɛxáðo, da] 形〔estar＋〕無分別な，思慮のない

malacostumbrar [malakɔstumbrár] 他 甘やかしてだめにする

malacrianza [malakrjánθa] 囡《中南米》無作法，粗野

málaga [málaga] 男 マラガ Málaga 産のワイン：～ vírgen 上質のマラガワイン

malagana [malagána] 囡《口語》気力の衰え，無気力

malage [maláxe] 名 ＝malajc

malagradecido, da [malagraðeθíðo, da] 形 恩知らずな

malagueño, ña [malagéɲo, ɲa] 形 名《地名》マラガ Málaga 囡 の〔人〕〖アンダルシア地方の県・県都〗

◆ 囡 マラゲーニャ〖マラガの民謡・舞踊．フラメンコの一つ〗；カナリア諸島の民謡

malaisio, sia [maláisjo, sja] 形 名 ＝malasio

malaje [maláxe] 名《西》おもしろみのない人，退屈な人；邪悪な人，悪人

malamadre [malamáðre] 囡《植物》ムラサキツユクサ

malambo [malámbo] 男 マランボ〖サパテアードに似たガウチョの民俗舞踊〗；《植物》パシクルモン

malamente [málaménte] 副 ❶〔主に経済・健康状態が〕悪く：Estoy ～ de salud. 私は健康が思わしくない．La empresa está ～ de financiación. 会社は資金繰りが苦しい．❷ 不足した（乏しい）状態で：Tenemos dinero ～ para comprar una casa. 私たちは家を買うだけの金がない

malandanza [malandánθa] 囡《古語》不幸，不運

malandante 形 不幸な，不運な

malandrín, na [malandrín, na] 形 名《戯語》ろくでなし〔の〕，《古語》悪党〔の〕，悪者〔の〕

malapata [malapáta] 名《西》〔動作の〕鈍い人；不運な人

malaquita [malakíta] 囡《鉱物》くじゃく石，マラカイト：verde ～ マラカイトグリーン

malar [malár] 形《解剖》頬の

malaria [malárja] 囡《医学》マラリア〖paludismo〗

malasio, sia [malásjo, sja] 形 名《国名》マレーシア Malasia 囡〔人〕の；マレーシア人

malasombra [malasómbra] 名 うるさい人，しつこい人；面白味のない人

malauiano, na [malawjáno, na] 形《国名》マラウィ Malaui 男 の(人)

malaventurado, da [malabenturáðo, ða] 形《文語》不運な, 不幸な
　malaventura 女 不運

malayo, ya [malájo, ja] 形《地名》マレー半島 península de Malaca の; マレー人(語)の; マレー人
　◆ 男 マレー語

malbaratar [malbaratár] 他 ❶ 安く売り払う, 投げ売りする. ❷ 浪費する: ～ la herencia 遺産を蕩尽する

malcarado, da [malkaráðo, ða] 形 名 人相の悪い(人); いつも不機嫌な顔をしている(人)

malcasar [malkasár] 自/～se 符号して, 一致する; 《まれ》身分違いの結婚をする
　◆ 他《まれ》身分違いの結婚をさせる

malcomer [malkomér] 自 [量的・質的に]貧弱な食事をする; いやいや食べる

malcriar [malkrjár] 他 甘やかして(しつけもせずに)育てる
　malcriado, da 形 名 過分 甘やかされた(子), しつけの悪い(子)

maldad [maldá(d)] 女 ❶ 悪さ: ～ del tiempo 天候の悪さ. ❷ 悪事, 悪行: Es una ～ imperdonable. それは許しがたい悪事だ. cometer ～es 悪事を働く

maldecir [maldeθír] 他《過去分詞と直説法未来・過去未来, 命令法単数は規則変化. 過分 maldiciendo》呪う; 恨む: ¡Te maldigo! お前を呪ってやる! ～ la guerra 戦争を呪う
　◆ 自 [+de] 悪く言う, けなす, 中傷する; 嘆く: Maldice de todo el mundo. 彼は誰彼となく悪口を言う. ～ de su juventud 青春時代のことを嘆く

maldiciente [maldiθjénte] 形 名 悪口ばかり言う(人), 中傷する(人); 口汚い

maldición [maldiθjón] 女 呪い; 悪口, 中傷: soltar una ～ 呪いの言葉を吐く; 悪口を言う haber caído a+人 (sobre+人・物) una ～ …に不幸(悪いこと)が続く
　¡～! [不快・怒り] ちくしょう!

maldispuesto, ta [maldispwésto, ta] 形 やる気のない; 気分のすぐれない

maldito, ta [maldíto, ta] 形 ❶《口語》[+名詞] いやな, 不快な; 性悪な, 邪悪な: Este ～ gato me ha vuelto a arañar. このいまいましい猫がまた私をひっかいた. ❷ [+冠詞+名詞] 少しも…ない: M～ta la gana que tengo de salir. 全然出かけたくない. M～ta la falta que me hace todo aquello. 私にはそんな必要はまったくない. ❸ 呪われた; 天罰を受けた: tierra ～ta de Dios 神から呪われた土地. ❹《文語》[主に芸術家が社会・権力から] 排斥(非難)された. ❺《南米》利己主義の, あさましい
　¡～ta sea! 《口語》[不快・不同意] ちくしょうめ!
　◆ 名 ❶ 意地の悪い人; 悪人, 悪党. ❷ 呪われた人; 天罰を受けた人
　◆ 男《演劇》エキストラ

maleable [maleáble] 形 ❶ [金属が] 可鍛

性の, 展性のある. ❷ [人が] 従順な, 他人に影響されやすい
　maleabilidad 女 可鍛性; 従順さ

maleante [maleánte] 名 ごろつき(の), ならず者(の)

malear [maleár] 他 [人を] 堕落させる; …に害を与える, だめにする
　◆ ～se [人が] 悪くなる, 堕落する; だめになる

malecón [malekón] 男 ❶ 堤防, 防波堤; 桟橋. ❷ [鉄道線路の] 土手

maledicencia [maleðiθénθja] 女 悪口(を言うこと), 中傷(すること)

maleducado, da [maleðukáðo, ða] 形 過分 しつけの悪い(人), 行儀の悪い(人)
　maleducar 他 …の育て方を間違える《過保護, 甘やかすなど》

maleficio [maleffíθjo] 男 たたり; 呪い
　maléfico, ca 形 たたりのある; 呪いをかける

malentendido [malentendíðo] 男 誤解
　malentender 他 誤解する

malestar [malestár] 男 [肉体的・精神的な]不快: Sus palabras causaron ～ entre nosotros. 彼の言葉に私たちは不快感をおぼえた. sentir ～ 気持ちが悪くなる, 体の調子が悪い

maleta [maléta] 女《英 suitcase》❶ スーツケース: hacer la(s) ～(s) 荷物をスーツケースに詰める, 旅行の支度をする; 退職する, 現役を引退する. deshacer la ～ 荷物をスーツケースから取り出す. ❷《中南米》衣類の包み;《南米》[車の] トランク [maletero]
　◆ 男《西. 軽蔑》[主に闘牛士・スポーツ選手が] 下手な, 無能な; 下手くそ

maletera [maletéra] 女《南米》[車の] トランク [maletero]

maletero [maletéro] 男 ❶ [駅などの] 赤帽, ポーター. ❷ [車の] トランク. ❸ [スーツケースなどを置く] クロゼット

maletilla [maletíʎa] 名 闘牛士志望の若者

maletín [maletín] 男 ブリーフケース, アタッシェケース; 小型のスーツケース, 手さげかばん

malevo, va [malébo, ba] 形 名《南米. 古語》悪人(の)
　malevaje 男《集名》悪い連中

malevolencia [malebolénθja] 女 悪意; 憎悪: con ～ 悪意で; 憎々しげに
　malevolente 形 悪意(敵意)のこもった

malévolo, la [malébolo, la] 形 悪意のある(人), 邪悪な(人)[↔benévolo]: mirada ～la 敵意のこもったまなざし. pensamiento ～ 邪心

maleza [maléθa] 女 ❶《集名》雑草: Creció ～ en el jardín. 庭に雑草が生えた. ❷ [灌木・草の] 茂み

malformación [malformaθjón] 女《医学》奇形

malgache [malgátʃe] 形 名《国名》マダガスカル Madagascar 男 の(人)
　malgacho, cha 名 =malgache

malgastar [malgastár] 他 無駄づかいする, 浪費する: ～ su tiempo 時間を浪費する. ～ el dinero en tonterías つまらないことに金を使って

しまう. ～ su mejor ocasión 絶好の機会をみす
みす逃す. ～ la salud 健康を損ねる

malgastador, ra 形 名 無駄づかいする〔人〕

malgeniado, da [malxenjáðo, ða] 形 名 《南米》怒りっぽい

malhablado, da [malaßláðo, ða] 形 名
言葉づかいのよくない〔人〕, 下品な言葉を使う
〔人〕

malhadado, da [malaðáðo, ða] 形 《文語》
運の悪い

malhaya [maláʎa] 形 《中米》¡M～ sea! くそ
っ, ちくしょう!

malhechor, ra [maletʃór, ra] 形 名 [常習
的に] 悪事をはたらく〔人〕, 悪人, 犯罪者

malherir [malerír] 他 33 他 [過分 malhirien-
do] ひどく傷つける, 重傷を負わせる: Está mal-
herido. 彼はひどいけがをしている

malhumor [malumór] 男 不機嫌 〖mal
humor〗

malhumorado, da [malumoráðo, ða] 形
❶ [ser+] 怒りっぽい; [態度が] 不機嫌
な: responder con tono ～ ぶっきらぼうに答え
る. ❷ [estar+. 人が] 不機嫌な

malí [malí] 形 名 《圏》 ～[e]s 《国名》=
maliense

malicia [malíθja] 女 ❶ 悪意, 下心: con ～
悪意で, 下心があって. ❷ 性悪さ; 悪賢さ; 才知
さ: tener mucha ～ とても悪賢い; 〔いい意味
で〕才能がある. persona sin ～ 純朴な人. ❸
[時に 圏] 曲解; 邪推: i) Eso es una ～ tuya.
それはひねくれた考え方だよ. ii) [+de que+接続
法] Tiene sus ～s de que no haga lo que me
ha mandado. 言いつけられたことを私がやらないの
ではないかと彼は疑っている. ❹ [性的な] 経験,
知識: Aquella chica no tiene ninguna ～. あ
れはうぶな娘だ

maliciar [maliθjár] ⑩ 他／～se ❶ [悪意をも
って] 疑う, 邪推する: Se malicia con el juego.
彼は疑心暗鬼でゲームをする. Me malicio que
me ocultan algo. 私は何か隠し事をされているよ
うな気がする. ❷ =malear

malicioso, sa [maliθjóso, sa] 形 名 悪意
〔下心〕のある〔人〕: echar ～sas miradas いわ
くありげな目つきをする. interpretación ～sa ひ
ねくれた解釈

málico, ca [máliko, ka] 形 《生化》ácido ～
リンゴ酸

maliense [maljénse] 形 名 《国名》マリ Malí
男 の〔人〕

malignidad [maliɣniðáð] 女 悪性; 悪意
〔下心〕のあること

maligno, na [malíɣno, na] 形 ❶ [病気が]
悪性の 〖↔benigno〗: tumor ～ 悪性の腫瘍.
gripe ～na 悪性の感冒. ❷ 《文語的》[ser+.
人が] 悪意のある 〖malicioso〗
◆ 男 《婉曲》[主に el M～] 悪魔 〖demonio〗

malilla [malíʎa] 女 《トランプ》2 番目に強い札;
[ゲームの一種] マニラ

malinchista [malintʃísta] 形 《中米》外国好
きの

malintencionado, da [malintenθjoná-

ðo, ða] 形 名 悪意のある〔人〕; 邪推する〔人〕

malinterpretar [malinterpretár] 他 誤解す
る

malla [máʎa] 女 ❶ [網などの] 目, 網目; メッ
シュ: de ～ fina (gruesa) 目の細かい(粗い).
❷ 《服飾》i) レオタード. ii) タイツ, スパッツ;
レッグウォーマー. ❸ 鎖かたびら 〖armadura カ
ット〗. ❹ 《中南米》[ワンピースの] 水着
caer en las ～s de ……の網にかかる, えじきに
なる

mallar [maʎár] 自 網状になる; 網にかかる

mallo [máʎo] 男 槌(ݩ); ペルメル球戯

mallorquín, na [maʎorkín, na] 形 《地
名》[バレアレス諸島の] マジョルカ島 Mallorca
女 の〔人〕
◆ 男 マジョルカ方言

malmandado, da [malmandáðo, ða] 形
反抗的な〔人〕, なかなか言うことを聞かない
〔人〕

malmaridada [malmariðáða] 形 女 《文語》
不幸な結婚をした〔女〕

malmeter [malmetér] 他 ❶ 仲たがいさせる;
軽蔑されるようにする. ❷ [+a 悪事などに] 誘い
込む

malmirado, da [malmiráðo, ða] 形 [他人
から] 悪く思われる; [ser+] 低く見られる

malnacido, da [malnaθíðo, ða] 形 名 見
下げはてた〔やつ〕, 下劣な〔人〕

malnutrido, da [malnutríðo, ða] 形 栄養
不良(失調)の

malnutrición 女 栄養不良(失調)

malo, la² [málo, la] 形 《英 bad. ↔
bueno. 男性単数名詞の前
で **mal** となる. 比較級: peor; 道徳的な意味で通
常 más malo. 絶対最上級:《文語》pésimo,《口
語》malísimo〉[主に +名詞] ❶ [ser+] 悪い:
i) El resultado es ～. 結果はよくない. pasar
una *mala* juventud 不幸な青春時代を送る.
mala noticia 悪い知らせ. *mala* postura 悪い
姿勢. ii) [+para に] 不適切な, 都合の悪い:
Beber mucho es ～ *para* la salud. 酒の飲み
すぎは体に悪い. Ahora es un *mal* momento
para pedírselo. 今彼にそれを頼むのは時期が悪
い. *mala* explicación へたな(間違った)説明.
iii) 粗悪な; 下手な, 無能な: Este rubí es ～.
このルビーはいけない(模造品だ). vino ～ 品質の
悪いワイン. *mal* bailador 下手なダンサー.
alumno ～ 出来の悪い生徒. en un *mal*
español 下手なスペイン語で: iv) 不快な: *mal*
olor 悪臭. *mal* sabor いやな味

❷ 《口語》性悪な; 不道徳な: Es una *mala*
mujer. その女は身持ちが悪い(売春婦だ). ¡Qué
～ eres! お前は何て悪いやつだ(意地が悪いんだ)!
No seas ～. 意地の悪いことを言う(する)もんじゃ
ありません. mal amigo 悪友. *malas* costum-
bres 悪習. tipo ～ 悪いやつ. niño ～ 悪い子,
言うことをきかない子

❸ [estar+] 病気の; [物が] 傷んだ: i) Mi
padre está ～. 父は病気だ. La leche está
mala. その牛乳は腐っている. Esta chaqueta
no está tan *mala*. この上着はそれほど着古して

はいない. ii)《西. 戯語》[女性が] 生理中の: estar (ponerse) *mala* 生理中である(生理になる)

❹ [ser+. +de+不定詞 するのが] 難しい: lengua *mala* de dominar 習得するのが難しい言語
❺ [間投詞的] そいつはよくない(ひどい), ついてない!

a malas 仲違いして, 敵対して: ponerse *a malas* con+人 …に敵意を見せる, けんか腰になる. estar (andar) *a malas* con+人 …と反目している, 仲が悪い

a una mala 万一の場合でも

de mala[s] 1) 調子の悪い, 不運な; 機嫌の悪い: Hoy estás *de malas*. 今日の君はどうかしている. 2) [+con に対して] 気乗りしない; 怒っている: Estoy *de malas con* el estudio. 私は勉強する気が起こらない

lo ～ es que+直説法 ただし…ではあるが/残念なことに…: Está bueno. *Lo ～ es que* está poco salado. おいしいが, ただ少し塩味が足りない. *Lo ～ es que* no tengo dinero. まずいことに金がないんだ

～ es que+接続法《古語》*M～ es que* no gane cien mil pesetas. 彼は少なくとも10万ペセタは稼ぐだろう

～ será si no… …でないはずはない, きっと…だ

ni un ～+名詞 [否定の強調] …さえも […ない]: No me invitaron *ni una mala* cerveza. 私はビール1杯おごってもらえなかった

no decir ～ ni bueno 返答しない; 意見を言わない

poner ～+人《口語》…を不快にする, いらいらさせる

ponerse ～ 病気になる; 傷む

por las malas 1) 無理にでも: Tráele *por las malas*. 力ずくでも彼を引っぱって来い. 2) 怒って; やむを得ず, いやいや

ser ～ [para] con… 1) …と仲が悪い: Es *～ con* su familia. 彼は家族と折り合いが悪い. 2) …が苦手である: Soy muy *～ con* las matemáticas. 私は数学が大の苦手だ

ser más ～ que arrancado《口語》[子供が] 根性が腐っている

◆ 图 悪いやつ, 悪者

maloca [malóka] 囡 インディオの村に対する襲撃(掠奪); インディオの襲撃

malograr [malograr] 他 [機会などを] 逸する: ～ su vida entre juegos 賭け事で人生を台なしにする

◆ ～se [計画などが] 挫折する; [願望などが] 達せられない: Se han malogrado todos sus esfuerzos. 彼の努力はすべて無駄になった. Se malogró el segundo hijo. 第2子は流産した

malogrado, da 圀圀《南米》壊れた; [芸術家などが] 若くして死んだ

maloliente [maloljénte] 圈 悪臭を放つ

malón [malón] 團 ❶ インディオの襲撃; 不意打ち. ❷《南米》数人で友人などの家に不意に押しかけること; 非行グループ

maloquear [malokeár] 圁 急襲する

malparado, da [malparáðo, ða] 圈 ひどい目にあった: Ha salido ～ del negocio. 彼は商売で痛手をこうむった

malparido, da [malparíðo, ða] 图 過分《南米. 俗語》[侮辱] ちくしょう

malparir 圁 流産する [abortar]

malpensado, da [malpensáðo, ða] 圈 图 他人を信用しない(人), ひねくれた(人)

malqueda [malkéða] 图《口語》約束を守らない人, いいかげんな人

malquerencia [malkerénθja] 囡 悪感情, 敵意

malquerer 他 嫌う

malquistar [malkistár] 他 [+con と] 仲違いさせる, 反目させる

◆ ～se 不和になる

malquisto, ta 圈 [人が] 疎外されている, よく思われていない

malsano, na [malsáno, na] 圈 [ser+] 健康に悪い; 不健全な, 病的な: vida ～na 不健康な生活. ideas ～nas 退廃的な思想

malsonante [malsonánte] 圈 耳ざわりな; 聞くに耐えない; 下品な: ruido ～ 耳ざわりな音. palabra ～ 卑猥な言葉

malta [málta] 囡 ❶ 麦芽, モルト; 麦芽飲料. ❷《国名》[M～] マルタ; マルタ島: orden de M～ マルタ騎士団. ❸《医学》fiebre de ～/ fiebres ～s マルタ熱

maltasa 囡《生化》マルターゼ

malteada 囡《南米. 飲料》ミルクシェイク [leche ～]

malteado 團/**maltería** 囡 麦芽製造

maltear 他 麦芽にする

maltés, sa 图 マルタ[島]の(人). ◆ 團 マルタ語

maltosa 囡《生化》マルトース, 麦芽糖

maltraer [maltraér] 他 —

traer (llevar・tener)+人 a ～ 常に…を不快にさせる: Este niño me *tiene* a ～. 私はこの子にはいつもひどい目に会わされている

maltraído, da [maltraíðo, ða] 圈 過分《南米》服装がだらしない

maltratar [maltratár] 他 ❶ むごく扱う, 虐待する; こきおろす: No debes ～ a los animales. 動物をいじめてはいけないよ. ～ a su mujer 妻に暴力をふるう. ～ de obra 殴る. ～ de palabra 侮辱する. ❷ 損害を与える, 損う: edificio maltratado por el terremoto 地震で被害を受けた建物

maltrato [maltráto] 團 虐待: ～ a los niños/～ infantil 児童虐待

maltrecho, cha [maltrétʃo, tʃa] 圈 [estar+] みじめな状態に: edificio ～ ぼろぼろの建物

maltusianismo [maltusjanísmo] 團《経済》マルサス Malthus 主義

maltusiano, na 圈 图 マルサス主義の(主義者)

malucho, cha [malútʃo, tʃa] 圈《口語》少し病気の(痛んだ)

malva [málba] 囡《植物》アオイ(葵): ～ real

M

(loca) タチアオイ

estar criando ~s 《口語》既に死んで〔埋葬されて〕いる

ser (estar) como una ~ 非常におとなしい

◆ 形 男 薄紫色〔の〕

malvado, da [malbáðo, ða] 形 名 悪事を働く, 凶悪な〔人〕; 悪者, 悪人

malvarrosa [malbarːósa] 女 《植物》タチアオイ

malvasía [malbasía] 女 ❶〔ギリシア原産の〕甘く大粒のブドウ; それから作るワイン. ❷《鳥》アヒルの一種

malvisco [malbabísko] 男 《植物》ウスベニタチアオイ

malvender [malbendér] 他 投げ売りする, 見切り売りする

malversar [malbersár] 他 〔公務員が〕横領する, 着服する: ~ fondos públicos 公金を横領する

malversación 女 公金横領〔罪〕〖~ de fondos〗

malversador, ra 名 公金横領者

malvinense [malbinénse] 形 《地名》フォークランド諸島 las Malvinas の〔人〕

malvinero, ra 形 名 =malvinense

malvís [malbís] 男 《鳥》ワキアカツグミ

malvivir [malbibír] 自 〔主に不定詞で〕ひどく貧しい生活をする; 大変よくない生活をする

malvón [malbón] 男 《中南米. 植物》ゼラニウムの一種

mama [máma] 女 ❶ 乳房: cáncer de ~ 乳癌. ❷ =mamá

mamá [mamá] 女 〔複 ~s〕《親愛》〔主に無冠詞で 家庭内でのみ〕ママ, お母さん〔↔ papá〕: Hoy es el cumpleaños de ~. 今日はお母さんの誕生日だ. ❷《中南米》母親〖madre が侮辱の表現で使われるのでその代用〗: ~ grande 祖母

mamacona [mamakóna] 女 インカの太陽神に仕えた巫女(ᵑᵗ)

mamada¹ [mamáða] 女 ❶ 乳を飲むこと; 〔一回に飲む〕乳の量. ❷《俗語》酔い; 《卑語》フェラチオ〖felación〗; 《南米》ぼろもうけ, ぼろい仕事

mamadera [mamaðéra] 女 ❶〔母乳の〕搾乳器. ❷《中南米》哺乳瓶; 《中米》その乳首

mamado, da² [mamáðo, ða] 形 《俗語》〔estar+〕酔っぱらった; 《南米》疲れた

mamagrande [mamagránde] 女 《中南米》祖母〖abuela〗

mamandurria [mamandúr̃ja] 女 《南米》ぼろもうけ; 楽な仕事

mamar [mamár] 他 ❶〔乳房から〕乳を吸う: ~ la leche 乳を飲む. ❷〔主に過去時制で, 幼少のころから習慣などを〕身につけている: Ha mamado la honradez. 彼は生まれながらにして誠実だ. ❸《卑語》フェラチオをする

◆ 自 ❶ 乳を飲む: dar de ~ a un niño 赤ん坊に乳を飲ませる. ❷〔習慣的に〕酒を飲む

◆ ~se ❶ 苦労せずして手に入れる: Se ha mamado un buen cargo. 彼は簡単に出世した.

❷《俗語》酔っぱらう

mamario, ria [mamárjo, rja] 形 乳房の; 〔男・雄の〕乳首の: glándula ~ria 《解剖》乳腺. cáncer ~ 《医学》乳癌

mamarracho [mamar̃átʃo] 男 《口語》❶ 何ら尊敬に値しない人, くだらないやつ; 〔外見・態度が〕風変わりな人: Iba hecha un ~. 彼女はきてれつな格好をしていた. ❷《軽蔑》おかしなもの, 出来損い; わけのわからない絵: Ese ~ de cuadro se ha cotizado muy alto. そのへんてこな絵に高い値が付けられた

mamarrachada 女 奇妙な行為〔人・物〕, 出来損い

mamba [mámba] 女 《動物》マンバ〖アフリカ産の毒蛇〗

mambí bisa [mambí bísa] 名 1868 年キューバ独立運動の闘士

mambo [mámbo] 男 《音楽・舞踊》マンボ

mamboretá [mamboretá] 男 《南米. 昆虫》カマキリ

mamella [maméʎa] 女 〔雄山羊の〕首の下の突起

mameluco, ca [mamelúko, ka] 名 愚か者, 阿呆(ᵃʰᵒ)

◆ 男 ❶《歴史》〔イスラム教国の〕奴隷傭兵. ❷《中南米. 服飾》〔主に子供用の〕ロンパース; オーバーオール

mamerto, ta [mamérto, ta] 名 《南米》間抜け, ぐうたら

mamey [maméi] 男 《植物》〔熱帯アメリカ産の〕オトギリソウ科の大木〖果実は食用〗

mamífero, ra [mamífero, ra] 形 哺乳類の: animal ~ 哺乳動物

◆ 男 複 《動物》哺乳類

mamilar [mamilár] 形 =mamario

mamitis [mamítis] 女 〔単複同形〕《医学》乳腺炎

mamografía [mamografía] 女 《医学》乳房X 線撮影

mamola [mamóla] 女 *hacer la ~ a+人*〔子供の〕あごをくすぐって笑わせる; …のあごを指ではじいてからかう

mamón, na [mamón, na] 形 名 ❶《軽蔑・時に親愛》どうしようもない〔やつ〕, まぬけ; だまされやすい, いいカモ. ❷ 乳離れしていない〔子〕; よく乳を飲む〔子〕; 乳飲み児

◆ 男 ❶《農業》吸い枝〖果樹で実をつけない枝〗. ❷《植物》メリコッカノキ; その果実〖果肉は食用〗

mamoncillo [mamonθíʎo] 男 《植物》南米産ムクジロ科の高木, アキー

mamotreto [mamotréto] 男 《軽蔑》分厚い本; ばかでかい物

mampara [mampára] 女 ❶ ついたて, スクリーン: dividir una habitación con ~ ついたてで部屋を仕切る. ❷〔消音のための〕クッション付きドア

mamparo [mampáro] 男 《船舶》隔壁: ~ estanco 水密隔壁. ~ estanco de presión 《航空》圧力隔壁

mamporro [mampór̃o] 男 《西》殴打; 打ち

身：dar a+人 un 〜 …を殴る．Me di (Me pegué) un 〜 contra la puerta. 私はドアにぶつかった

mampostería [mamposteɾía] 囡《建築》荒石積み：〜 en seco 漆喰(セメント)で固めない荒石積み

mampostero, ra 图 荒石積み職人

mampuesto 男《基礎工事用の》荒石, 粗石

mamúa [mamúa] 囡《南米》酔い

mamut [mamút] 男《複 〜s》《古生物》マンモス

maná [maná] 男❶《聖書》マナ《神から奇跡的に与えられた食物》；天の恵み．❷《甘い》樹液，マンナ

manada [manáða] 囡❶ 群れ：una 〜 de búfalos 水牛の一群．entrar en 〜 まとまって(一団となって)入場する．❷《刈り取った草・麦の》ひと握り

manager [mánaʝer] 男《複 〜s》《←英語》《企業の》経営者；《スポーツチーム・芸能人などの》マネージャー；《野球》監督

managüense [managwénse] 形 图《地名》マナグア Managua 囡 の《人》《ニカラグアの首都》

manantial [manantjál] 男❶ 泉：agua (de) 〜 わき水．❷ 源, 起源：〜 de información 情報源

◆ 形 湧き出る

manar [manár] 目❶《+de から》湧き出る；吹き出る：El agua mana de las rocas. 岩の間から水が湧き出ている．Manaban esas palabras de su boca. その言葉が彼の口からすらすら出てきた．❷《文語》豊富にある：Felipe mana en la abundancia. フェリーペはまったくありふれた名前だ

◆ 吹き出す：La herida mana sangre. 傷口から血が出ている

manatí [manatí] 男《複 〜[e]s》《動物》マナティー

manaza [manáθa] 囡 汚い手

manazas 图《単複同形》《口語》不器用な人：¡Eres un 〜! このぶきっちょめ！

mancar [mankár] 〜se《主に馬に》びっこになる；《南米》見込み違いをする

mancebo, ba [manθéβo, βa]《古語》形 若い

◆ 男 若者, 独身者；《主に薬局の》店員

◆ 囡 情婦, めかけ

mancebía 囡 売春宿；若者らしさ, 若者の放縦

mancera [manθéɾa] 囡 犂(すき)の柄

mancha [mántʃa] 囡❶《英 stain》しみ, 汚れ：Llevas una 〜 en la falda. スカートにしみがついているよ．Ojo, 〜.《表示》ペンキ塗りたて注意．❷ 斑点(はん), まだら；《肌の》しみ, あざ：perro blanco con 〜s negras 白と黒のぶち犬．tener unas 〜s rojas en el brazo 腕に赤いあざがある．〜 amarilla《解剖》《網膜の》黄斑．〜 de hielo 薄水．〜 de petróleo《水面の》油膜．〜 solar《太陽の》黒点．❸《文語》汚点, 欠点：Es una 〜 para la familia. それは家の

恥だ．conducta sin 〜 非のうち所のないふるまい．❹《レントゲン写真の》陰の部分．❺《美術》粗描画《の暗い部分》．❻《美術》M〜 ラ・マンチャ《スペイン中央部の地方．☞Castilla 参考》

cundir como 〜 de aceite [知らせなどが] あっという間に知れ渡る

manchado, da [mantʃáðo, ða] 形 過分《動物の毛色などが》斑点のある, ぶちの

◆ 男/囡 コーヒーをほんの少し入れたカフェオレ《café 〜》

manchar [mantʃár] 他❶《+de・con・en の》しみをつける, 汚す；斑点をつける 類義 manchar は少し汚す, ensuciar はひどく汚す・抽象的に汚す：No vayas 〜 el libro de tinta (de barro・en aceite). 本をインク(泥・油)で汚すな．El vino manchó el mantel. ワインでテーブルクロスにしみがついた．❷《名声などを》けがす：〜 el honor de+人 …の面目を失わせる．❸《液体に, 色が変わるくらい》ほんの少量入れる．❹《美術》マッスにする

◆ 〜se 自分の服にしみをつける；汚れる：Mis manos se mancharon de la pintura. 私はペンキで手を汚してしまった

manchego, ga [mantʃéɡo, ɡa] 形 图《地名》ラ・マンチャ La Mancha の《人》

◆ 男 ラ・マンチャ産の山羊乳チーズ《queso 〜》

mancheta [mantʃéta] 囡《船舶》橋頭, マストヘッド

manchú [mantʃú] 形 图《複 〜[e]s》《歴史・地名》満州 Manchuria の《人》

◆ 男 満州語

mancilla [manθíʎa] 囡《文語》汚点, 不名誉

mancillar [manθiʎár] 他《文語》《評判などを》傷つける, 汚点を残す：〜 el honor 名誉を汚す

manco, ca [mánko, ka] 形 图❶《時に軽蔑》《+de 手・腕が》不具の《人》：Es 〜 de la mano izquierda. 彼は左手がない(不自由だ)．el 〜 de Lepanto《セルバンテスの異名．レパントの海戦で左手の自由を失った》．❷《estar+》不完全な：obra 〜ca 出来損いの作品

no ser 〜 para (en)...《皮肉》…に巧みである；平気で…を横取りする

mancomún [mankomún] *de 〜* 協力して, 一致して

mancomunar [mankomunár] 他❶《文語》《1 つの目的のために, 人・力・資金などを》集める, 団結させる：〜 sus esfuerzos 努力を結集する．〜 su dinero 金を持ち寄る．❷《法律》連帯責任を負わせる

◆ 〜se《+con と》協力する

mancomunadamente 副 協力して

mancomunidad [mankomuniðá(ð)] 囡❶ 協力, 協同．❷ 連盟, 連邦：M〜 Británica de Naciones イギリス連邦．❸《歴史》《カタルーニャ地方の》自治団体連合．❹ 連帯責任

mancorna [mankóɾna] 囡《南米》=**mancuerna**❸

mancuerna [mankwéɾna] 囡❶《牛の》ペア, 一組．❷《スポーツ》ダンベル；ウェート．❸《中米》《主に 複》カフスボタン．❹《中米》《刑事

の）一組、チーム

manda [mánda] 囡《古語》遺産；贈与

mandadero, ra [mandaðéro, ra] 图《主に
南米》[会社の] 使い走りの子、お使いさん

mandado, da [mandáðo, ða] 過分《主に
西》部下
◆ 圐 ❶《主に中南米》用事、使い [recado]：ir
a un ～ お使いに行く。❷ 命令 [mandato]

mandamás [mandamás] 圏 图 [単複同形/
圏 ～máses] ボス、お偉方；＝**mandón**

mandamiento [mandamjénto] 圐 ❶ [当
局の] 命令：～ judicial [執達吏の] 令状、執
達書。❷ [神・教会の] 掟(ᵒᵏᵗ)、戒律：los diez
～s《聖書》十戒

mandanga [mandáŋga] 囡 ❶《口語》肝っ
玉が座っていること、冷静さ。❷《主に圈》冗談、
ばかなこと：No me vengas con ～s. くだらない
話はやめろ。❸《俗語》マリファナ

mandante [mandánte] 图《法律》委託者、
委任者 [↔mandatario]

mandar
[mandár] 囮《英 command,
send》❶ [+a+人 に] 命令す
る、命じる [↔obedecer]：[+不定詞] *Mandó
a* sus subordinados abrir fuego. 彼は部下に
発砲を命じた。*Mandé* hacer un traje. 私は背
広を注文した。[+que+接続法] Le *mandé* que
volviese pronto. 私は彼にすぐ戻るよう命じた。
❷ 発送する：Le *he mandado* un paquete
por correo. 私は彼に郵便小包を送った。*Mán-
denme* a mi casa. 家まで配達してください。
Mandaré el coche para que lo reparen. 車
を修理に出そう
❸ 出向かせる；派遣する：i) [+a に] *Man-
daron* al botones *a* la habitación para
recoger las maletas. ボーイはスーツケースを取り
に部屋に行くように言われた。Los *mandé a*
buscar al perro. 私は犬を捜しに彼らをやった。
Me *mandaron* en busca del policía. 私は警
官を呼びに行かされた。～ a su hijo *al* colegio
息子を小学校に送り出す。～ a uno *como* dele-
gado …を代表として派遣する。ii) [+por で迎
え・取りに・買いに] La *mandé por* el médi-
co. 私は医者を迎えに彼女をやった。Lo *mandé
por* pan. 私は彼にパンを買いに行かせた。iii)《主
に中南米》[+con+人 のところへ] Le *mandé
con* el enfermo. 私は彼を病人の家に行かせた。
❹ 追い出す、解雇する：Me *mandaron* de la
fábrica. 私は工場を首になった
❺ [薬を] 処方する [recetar]
❻ 寄贈する
❼《南米》投げる；[殴打を] 与える
a ～《古語的.丁寧·皮肉》かしこまりました、承知
しました
lo que usted mande [使用人などが] 何なり
とお言いつけください《時に冗談で》
¡mande! はい [何なりとお言いつけください] [←
lo que usted mande]
¿mande? 1) [質問・依頼に対する懐疑] 何で
しょうか？ 2)《主に中米》[聞き返し] すみません、
もう一度おっしゃってください/[返事] はい、何で
しょう？

ni me lo mande Dios そんなこといやです/お
断わりします [←そんなこと神がお命じになりませ
んように]

para lo que guste usted ～《古語》[紹介
の時、自分の名前の後に述べて] どうぞよろしく
◆ 圓 ❶ [+en で] 指揮をする、支配する：En
este país *mandan* los comunistas. この国は
共産主義者が支配している。El odio *mandaba
en* su corazón. 憎しみが彼の心を支配していた。
❷《軽蔑》いばりちらす、親分風を吹かせる。❸ [+
por+人 を] 迎えにやる：*Mandé* por el médi-
co. 私は医者を迎えにやった
◆ ～**se** [まれ] [病人などが] 自分で自分の面
倒を見る、自分のことは自分でする。❷ …をがつが
つ食べる〈ぐいぐい飲む〉。❸《南米》…してくださる
[servirse]：*Mándese* usted pasar. どうぞお通
りください
～**se cambiar**（**mudar**）《南米》立ち去る：
¡*Mándese* mudar! 出て行け！

mandarín, na [mandarín, na] 圏 標準中国
語の
◆ 圐 ❶ 標準中国語、北京語。❷ 中国清朝の
大官 [文官、軍官]；大物、有力者
◆ 囡 ❶《果実》マンダリンオレンジ、ミカン。❷ ＝
圐 ❶

mandarino/mandarinero 圐《植物》ミカン
[の木]

mandatario, ria [mandatárjo, rja] 图 ❶
《法律》受任者、受託者。❷ país (estado) ～
委任統治国。primer ～ 国家元首

mandato [mandáto] 圐 ❶ 命令 [orden]；
命令の言葉、命令書：por ～ de la superiori-
dad 当局の命令により。～ divino 神の掟。No
soy más que un ～. 私は命令に従うだけ/責
任者ではない。❷《キリスト教》[聖木曜日の] 洗
足式。❸ [議員などの] 任期。❹《法律》委任、
委託。❺《歴史》委任統治 [～ interna-
cional]：territorio bajo ～ 委任統治領

mande ⏩**mandar**

mandíbula [mandíbula] 囡 ❶ あご；《解剖》
下顎(ᵏᵃ)骨。❷ [鳥類の] くちばし；[昆虫の]
吻(ᵏᵘ)

mandibular 圏 あごの；くちばしの

mandil [mandíl] 圐 [皮·丈夫な布地製の、胸
からひざまでの] 前掛け

mandilón 圐 長い前掛け；《口語》臆病者

mandinga [mandíŋga] 圏 图《アフリカの》マ
ンディンゴ族[の]；《中南米》黒人の
◆ 圐 ❶ マンディンゴ語。❷《中南米》悪魔；い
たずらっ子

mandioca [mandjóka] 囡《植物》キャッサバ、
マンジョーカ《その根からタピオカ tapioca をとる》

mando [mándo] 圐 ❶ 指揮[権]；支配：
Tiene el ～ de (Tiene bajo su ～) una
compañía. 彼は中隊の指揮をとっている。asu-
mir el ～ 指揮をとる。estar al ～ de+人 …の
指揮下にある。❷ [議員などの] 任期。
❸《圈/圏》支配者、幹部：alto ～ de un
ejército 部隊の最高司令部。～ medio 中間
管理職。❹ 操縦（制御）装置：～ a distancia

リモートコントロール(遠隔操縦)装置

mandoble [mandóble] 男 ❶ 平手打ち, びんた. ❷ [両手で持つ] 大剣; その一撃

mandolina [mandolína] 囡 《楽器》マンドリン

mandón, na [mandón, na] 厖 图 《軽蔑》いばりちらす〔人〕, 権威を振り回す〔人〕

mandorla [mandórla] 囡 《美術》キリストなどの全身を包む〕アーモンド形の光輪

mandrágora [mandrágora] 囡 《植物》マンドラゴ〔根は催眠剤や惚れ薬に使われた〕

mandria [mándrja] 厖 图 《軽蔑》とんま〔な〕, ばか〔な〕; やる気のない

mandril [mandríl] 男 ❶ 《動物》マンドリル. ❷ 《機械》心棒, マンドレル: ～ del embrague スプライン軸

manducar [mandukár] 7 他 圓/～**se** 《口語》食べる 〖comer〗

　　manduca/manducatoria 囡 《西》食べ物, 料理

mandurria [mandúrja] 囡 =**bandurria**

manear [maneár] ～**se** 《南米》もつれる

manecilla [manéθiʎa] 囡 ❶ [時計・計器の]針: ～ grande (pequeña) 長針(短針). ❷ [本などの]留め金. ❸ 《印刷》インデックス 〖☞〗

manejable [manεxáble] 厖 扱いやすい, 操縦しやすい; 御しやすい: coche ～ 操縦性のよい車

　　manejabilidad 囡 扱いやすさ

manejar [manεxár] 他 《英 manage》❶ [手で] 操る, 扱う; 操作する, 操縦する: Maneja bien los palillos. 彼は上手にはしを使う. ～ bien la espada 剣の達人である. ～ el volante ハンドルを操作する. ❷ 管理する, 運用する: ～ gran cantidad de dinero 大金を取り扱う. ❸ [人・言葉などを] 操る: ～ las masas 大衆を動かす. ～ a su marido 夫を操縦する. ～ algo de inglés 英語がいくらか操れる. ～ cifras 数字を操る. ❹ [馬を] 乗りこなす; 《中南米》[車を] 運転する 〖conducir〗

◆ 圓 《中南米》車を運転する

◆ ～**se** [どうにか] 処理する, やっていく; [病後などに] 体の機能を回復する: Sé ～**me** solo en el trabajo. 私は一人で仕事ができる

　　manejárselas 《口語》何とか手に入れる, うまく切り抜ける: Él sabe cómo *manejárselas*, déjale solo. ちゃんとやり方を心得ているから, 彼一人に任せておけ

manejo [manέxo] 男 ❶ 取扱い; 操作, 操縦: Tiene poco ～ con el coche todavía. 彼はまだ車の運転がうまくない. Tiene mucho ～ con los clientes. 彼は客の扱いが上手だ. cámara de fácil ～ 使いやすいカメラ. ❷ [主に 圈] 術策, 小細工: ～s turbios 策略, 陰謀. ❸ 自在に操れること, 手際のよさ. ❹《中南米》[車の] 運転

manera [manéra] 囡 《英 way》❶ 仕方, 方法: No me gusta su ～ de cantar. 私は彼の歌い方が気に入らない. ～ de actuar (obrar) ふるまい, 行状. ～ de hacer やり方, 方法. ～ de pensar 考え方, 意見. ～ de ser あり方; 性格. ～ de ver las

cosas 物の見方. ❷ 手法, 作風: pintor de distintas ～s 様々な手法(作風)を持つ画家. ❸ 圈 態度, 行儀(作法): con buenas ～s 礼儀正しく; 親切に. con malas ～s 無作法に, 乱暴に. ❹《文語》[…の] 一種; […に] 似たもの: El ojio es una ～ de amor. 憎悪は一種の愛情である

a la ～+形容詞 (*de*+名詞) …風の・に, …に似せて: jardín *a la* ～ francesa フランス式庭園. ataviarse *a la* ～ de princesa 王女様みたいに着飾る

a ～ *de...* …のような・に: llevar algo *a* ～ *de* una pistola ピストルのように持っている. utilizar el cuchillo *a* ～ *de* abrelatas ナイフを缶切りのように使う

a su ～ …の〔好きな・特有の〕やり方で: Hazlo *a tu* ～. 君なりのやり方でやれ. *a mi* ～ de ver 私の意見では, 言わせてもらえば

de alguna ～ 何らかの方法で

de cualquier ～ 1) いい加減に, ぞんざいに: Trata la máquina *de cualquier* ～. 彼は機械の扱いが乱暴だ. 2) 特別の注意を払わなくても: Esta chaqueta se lava *de cualquier* ～. この上着は簡単に洗える. 3) 何がどうあろうと, ともかく: *De cualquier* ～, tenemos que ir. 何としても我々は行かなくてはならない

de esta (*esa*) ～ こうなら, そうなら, そんな風であれば: *De esta* ～, no tendrás éxito. そんなことをしていると失敗するよ. *De esa* ～, no voy. それなら私は行かない

de igual (*la misma*) ～ 1) [+que と] 同じように: Haré todo *de igual* ～ que tú. すべて君のやり方でやろう. 2) 同様にまた: *De igual* ～, se peleó conmigo. 同様に彼は私ともめんかした

de la ～ *que sea* 何がどうあろうと

de mala ～ 無礼なやり方で, 乱暴に: Me lo dijo *de mala* ～. 彼は失敬な口調で私に言った. El negocio acabó *de mala* ～. 交渉は決裂した

de ～+形容詞 [副詞化] Habla *de* ～ lenta. 彼はゆっくり話す 〖=lentamente〗

de ～ *que...* 1) [結果. +直説法] だから…: Tenía que estar con mi familia, *de* ～ *que* no pude ir a buscarte. 家族と一緒にいなければならなかったので私は君を迎えに行けなかった. 2) [様態. +接続法] …するように: Salí de casa *de* ～ *que* no me viera mamá. 私はお母さんに見つからないように家を出た

de ninguna ～ 決して […ない] 《英 by no means》: No te quiero hacer daño a ti *de ninguna* ～. 君を傷つけるつもりはまったくない. ¿Quieres a Elena?—*De ninguna* ～. エレナが好きかい?—まさか(とんでもない)

de otra ～ 1) もしそうでなければ: Todavía no habrá salido el tren, *de otra* ～ tendremos que ir en autobús. まだ列車は出ていないだろうが, もし発車していたらバスで行くしかない. 2) 別のやり方で: Me gusta que las cosas sean *de otra* ～. 違った事態であってほしい. No podría ser *de otra* ～. どうしてもそういうことになる

M

de tal ～ que+直説法 それほどなので…: Se sorprendió *de tal ～ que* no pudo decir nada. 彼は驚きのあまり何も言えなかった

de todas ～s とにかく, いずれにしても: *De todas ～s* pienso salir. どっちにしても私は出かけるつもりだ. Ya estará en casa; *de todas ～s* llama por teléfono para confirmarlo. 彼はもう家にいるだろうが, 一応電話で確かめてくれ

de una ～… [感嘆文中で] 強烈に; あるやり方で: ¡Está lloviendo *de una ～…*! すごい雨だなあ! ¡Me habló *de una ～…*! 彼は私に話したんだ. いわくありげにね…

de una ～ u (*o de*) *otra* 何がどうあろうと: *De una ～ u otra*, los dos se casaron. 2 人は何としても結婚するだろう

en cierta ～ ある程度は: En cierta ～ lo aprecio. ある意味では私はそれを評価している

en gran ～ 非常に: La tecnología se desarrolló *en gran ～*. 科学技術は大変進歩した

en ～ alguna =de ninguna ～

no haber ～ [+de は] 不可能である, どうしようもない: *No hay ～ de* reconciliarlos. 彼らを仲直りさせるのは無理だ

por ～ que+直説法 =de ～ que… 1)

¡qué (*vaya una*) *～ de…!* 何と…だ!: ¡Qué ～ de nevar! 何てすごい雪だ! ¡Qué ～ de hablar! 何て[無礼な]口のきき方だ

si, de la misma ～ que+直説法, +接続法 もしも…する代わりに…していたら: Si, de la misma ～ que llovió, hubiese nevado, hubieran paralizado los trenes. 雨でなく雪が降っていたとしたら鉄道は麻痺しただろう

sobre ～ [sobremanera]

manes [mánes] 男 複 《古代ローマ》死者の魂; 祖霊

manga [máŋga] 女 ❶《服装》袖: Súbete las ～s. 袖をまくりなさい. en ～s de camisa ワイシャツ姿で, 上着を脱いで. sin ～s ノースリーブの. de ～ larga (corta) 長袖(半袖)の. de media ～ (de ～ tres cuartos) 五分(七分)袖の. ～ dolman ドルマンスリーブ. ～ japonesa (murciélago) バットウィングスリーブ. ～ perdida (caída) =raglán (ranglan) ラグラン袖. ❷ ホース: ～ de incendio 消火ホース. ～ de riego 水まき用ホース. ❸ 通風筒, 通風管 [～ de ventilación]. ❹ [競技で] …回戦, …本目: i) ganar la primera (segunda) ～ 第 1(2)本目を取る. ii) 《トランプ》[ブリッジの] トリック. ❺ 海峡 [estrecho]. ❻《船舶》船幅 [↔ eslora]. ❼ 吹き流し [～ de viento]. ❽《料理》[クリームなどの] 絞り袋; [布製の] 濾し袋. ❾《登山》ナップザック. ❿《釣り》たも. ⓫ 竜巻 [tromba]: ～ de agua 水上の竜巻. ⓬《中南米》i) [柵にはさまれた] 家畜の通路. ii) 多数, 大群: ～ de langostas イナゴの大群. ⓭《南米. 軽蔑》よくない連中

estirar más el brazo que la ～ 自分の能力以上のことをしたがる, 背伸びする

hacer ～s y capirotes en… [思いつきで] 自分勝手に…をする

ir (*andar・estar*) *～ por hombro* ほったらかし(乱雑なまま)になっている

～ ancha 《口語》[自分・他人の過ちに対する] 寛容: El padre tiene ～ ancha con sus hijos. その父親は自分の子供に甘い

sacarse… de la ～ [驚くような解答などを] 取り出して見せる; 発明する

tener (*llevar・guardar*) *algo en la ～* 《口語》[人を驚かせるような] 何かを隠している

mangana [maŋgána] 女 [牛・馬の前脚にからませて捕える] 投げ縄; 《中米》人を失脚させる策略: echar ～ a+人 …を罠にかけて失脚させる

manganeso [maŋganéso] 男 マンガン

manganeta [maŋganéta] 女 《中南米》べてん, 策略

mangangá [maŋgaŋgá] 男 《昆虫》《南米》クマバチの一種. ◆ 形 《南米》しつこい, うるさい

mangante [maŋgánte] 形 名 《軽蔑》泥棒 〔の〕; たかり屋〔の〕, 他人の金で生活する〔人〕

manganzón, na [maŋganθón, na] 形 名 《南米. 軽蔑》怠け者〔の〕

mangar [maŋgár] 他 《西. 俗語》盗む

mangle [máŋgle] 男 《植物》マングローブ

manglar 男 マングローブの林(密林)

mango [máŋgo] 男 ❶ [ナイフ・傘などの] 柄 (え), 取っ手: ～ de escoba ほうきの柄; 《機》操縦桿. ❷《植物・果実》マンゴー. ❸《南米. 俗語》1 ペソ貨: andar sin un ～ 一文なしである

tener la sartén por el ～ 勝手に取り仕切っている, の主導権を握る, 牛耳っている

mangonear [maŋgoneár] 自 他 《口語》[+en を] 勝手に取り仕切る; 口出しする, 介入する: Ni yo me meto en sus vidas ni les voy a dejar ～ [en] la mía. 私は彼らの生き方に口出ししないし, 彼らに私の生き方を指図されるつもりもない. ❷ 怠ける, のらくらする. ❸《中南米》[地位・権限を] 悪用(濫用)する

mangoneador, ra 形 名 勝手に仕切る〔人〕

mangoneo 男 勝手に取り仕切ること

mangosta [maŋgósta] 女 《動物》マングース

mangostán [maŋgostán] 男 《植物・果実》マンゴスチン

manguear [maŋgeár] 他 《南米》[家畜を] 囲いに入れる

manguera [maŋgéra] 女 ❶ [撒水・消防用の] ホース. ❷ 袖用のアイロン台, 馬

manguero 男 散水作業員

mangueta [maŋgéta] 女 つなぎ梁, 斜柱

mangui [máŋgi] 名 《俗語》こそ泥, すり

manguito [maŋgíto] 男 ❶《服飾》マフ; [事務用の] 袖カバー. ❷《機械》[管]継ぎ手

maní [maní] 男 複 ～es/《誤用》manises] 《主に南米》ピーナッツ, 落花生 [cacahuete]: mantequilla de ～ ピーナッツバター

manía [manía] 女 ❶《医学》躁病: Tiene la ～ de que la leche le sienta mal. 彼は牛乳が体質に合わないと思い込んでいる. ～ de grandezas 誇大妄想. ～ persecutoria/ ～ de persecución 迫害(被害)妄想. ❷ 奇癖; 偏愛, 熱中: tener la ～ de morderse las uñas 爪をかむ癖がある. tener la ～ del béisbol 野球狂である. ❸ 毛嫌い: No sé por qué, pero me ha cogido (mucha) ~. 彼はなぜか私を目の敵にしている

maniaco, ca/maníaco, ca [manjáko, ka/-nfa-] 形 ❶ 躁病の(患者);《口語》偏執的な(人) 〖maniático〗: ~ sexual 色情狂の人

maniacodepresivo, va 形 名 躁鬱病の(患者)

maniatar [manjatár] 他 …の手を縛る, 手錠をかける

maniático, ca [manjátiko, ka] 形 名 偏執的な(人);マニア(的な): ~ de la velocidad スピード狂(の)

manicero, ra [maniθéro, ra] 名《中米》[街頭の]ピーナッツ売り

manicomio [manikómjo] 男《軽蔑》精神病院;《口語》騒がしい所

manicura [manikúra] 女 爪(手)の手入れ;マニュキュア: hacerse la ~ 爪の手入れをする;マニキュアをする

manicuro, ra/manicurista 名 マニキュア師

manido, da [manfðo, ða] 形 ❶《文語》[estar+] 陳腐な, 新鮮味のない. ❷ 使い古した;[食べ物が] 腐りかけた

manierismo [manjerísmo] 男《美術》マニエリズム

manierista 形 名 マニエリズムの(芸術家)

manifestación [manifestaθjón] 女 ❶ [感情・意志の] 表明, 表われ: ~ de alegría 喜びの表現. ❷ デモ, 示威行進(集会): hacer una ~ para la reivindicación salarial 賃上げ要求のデモをする. organizar una ~ contra la guerra 戦争反対のデモを組織する. ~ naval 海軍の示威行動. ❸《文語》声明

manifestante [manifestánte] 名 デモの参加者;[複] デモ隊

manifestar [manifestár] 23 他 ❶ 表明する, 明示する: Manifestaba su propósito de dimisión. 彼は辞任の意志を表明している. ~ el odio 憎しみを露わにする. ❷《キリスト教》~ el Santísimo 聖体を顕示する

◆ ~se ❶ 現れる, 明らかになる: Se manifestaba la pena en sus ojos. 彼の目には悲しみの色が浮かんでいた. ❷ 自分の立場(態度)を明らかにする: Se ha manifestado siempre en la política. 彼は常に自分の政治姿勢を鮮明に打ち出してきた. ~se simpatizante del partido その政党のシンパであることを表明する. ❸ デモをする: ~se en contra de la congelación de salarios 賃金凍結に反対してデモ行進する

manifiesto, ta [manifjésto, ta] 形《文語》明らかな, 公表された: verdad ~ta 明白な事実. opinión ~ta 明らかにされた意見

◆ 男 ❶ 声明文, 宣言書: M~ del Partido Comunista 共産党宣言. ❷《商業》積荷目録. ❸《キリスト教》聖体の顕示

poner... de ~ …を明らかにする: Esas palabras ponen de ~ sus intenciones. その言葉で彼の意図は明らかだ

manigua [manfgwa] 女 [アンティーリャス諸島などの] ジャングル

manija [manfxa] 女《主に中南米》[工具などの] 柄(²), 取っ手

manila [manfla] 男 ❶ フィリピン産の葉巻. ❷ papel ~ マニラ紙

manilargo, ga [manilárgo, ga] 形 すぐ済む, 手の早い;気前のよい, 寛大な

manileño, ña/manilense [maniléɲo, ɲa/-lénse] 形 名《地名》マニラ Manila 女 の(人) 〖フィリピンの首都〗

manilla [manfʎa] 女 ❶ [ドア・窓の錠を動かす] ノブ, ハンドル. ❷ 手かせ 〖esposas〗;腕輪 〖brazalete〗: poner ~ a+人 …の手に手かせをはめる. ❸ [時計の] 針 〖manecilla〗

manillar [maniʎár] 男《主に西》[自転車・オートバイの] ハンドル

maniobra [manjóbra] 女 ❶ 操作, 運転;操船;[複]《鉄道》操車. ❷ 術策, かけひき: conseguir su fin por ~s あの手この手を使って目的を達する. ~ política 政略. ❸[複] 軍事演習. ❹[海《船舶》索具

maniobrar [manjobrár] 自 ❶ 操作する, 操縦(運転)する: ~ para sacar el coche del garaje 車をガレージから出すための操作をする. ❷ 軍事演習をする

maniobrabilidad 女 操作性

maniobrable 形 操作しやすい

maniobrero, ra 形 指揮する;操作(指揮)の巧みな;演習用の: comandante ~ 名指揮官

manipulación [manipulaθjón] 女 ❶ 取扱い, 操作: ~ de medicinas 薬の取扱い. ~ biogenética 遺伝子操作. ❷ [怪しげな・不法の] 工作: ~ de precios 価格操作. ~ de los políticos 政治工作

manipular [manipulár] 他 ❶ [薬などを] 取扱う; ~ explosivos 爆発物を取扱う. ~ la fortuna 財産を管理する. ❷ [人などを] 操る, 工作する: ~ la información 情報を操作する

◆ 自/~se [+en·con] 取扱う;操作する

manipulador, ra 形 名 マニピュレーター 〖~ remoto〗;取扱う(人). ◆ 男 電信機のキー

manípulo [manfpulo] 男 ❶ マニプルス 〖ミサで司祭が左腕につける飾り帯. 〗. ❷《古代ローマ》歩兵中隊(隊旗)

maniqueísmo [manikeísmo] 男 マニ教;[善悪の] 二元論

maniqueo, a 形 名 マニ教の, マニ教徒の;二元論の

maniquí [manikí] ❶ [複 ~(e)s] 男 マネキン人形;ドレスフォーム. ❷ 他人の言いなりになる人. ❸ 身なりのきちんとした人

◆ 名 ファッションモデル

ir hecho un ~ すきのないおしゃれをしている

manirroto, ta [manirʃóto, ta] 形 名 浪費家(の)

manisero, ra [maniséro, ra] 名《中南米》ピーナッツ売り

manita¹ [maníta] 囡 *dar* (*echar*) *una* ~ *a*+人 《南米》…に手を貸す

hacer ~*s* 《西》[こっそりと] 愛撫する、ペッティングする

manitas 厖 图 〖単複同形〗 手先の器用な〔人〕: ~ de oro (de plata) [ギタリストなど手先の技術が] 非常に熟達した人

manito, ta² [maníto, ta] 图《中米》[庶民階級での呼称] 君 〖*hermanito* の省略形〗: Ven acá, ~. 君、こっちへおいで

◆ 男 [子供用の] 下剤

manitú [manitú] 男 [北米インディアンの] 神; 超自然的な力

manivela [manibéla] 囡《機械》クランク、クランクハンドル

manjar [maŋxár] 男 [主においしい・豪華な] 料理、食物: ~ exquisito ごちそう。 ~ espiritual 心の糧。 ~ blanco《南米. 菓子》ブランマンジュ

~ *de dioses* すばらしい料理 (食べ物)

mano¹ [máno] 囡 《英 hand》 **❶** 手: i) La tomé (cogí) por la ~. 私は彼女の手を取った。 alzar (levantar) la ~ 手を上げる、挙手する; [+a·contra に] 拳を振り上げる 〖脅す、殴る〗。 M~*s* blancas no ofenden. 《諺》 女性に侮辱されても男の名誉は傷つかない。 ii) [主に 剤. 所有・管轄] El título de campeón se le ha ido de las ~*s*. チャンピオンのタイトルは彼の手を離れた。 llegar a 〔las〕 ~*s* de+人 …の手元に届く。 abandonar (dejar) en ~*s* de+人 …の手にゆだねる。 dar ~ a+人 para la negociación …に交渉の権限を与える。 iii) [行為] Veo la ~ de su amigo en lo que hace él. 彼のすることの背後に友人の手 (介入) があることが私にはわかる。 obra que salió de las ~*s* de+人 …の手になる作品

❷ 腕前: tener ~ para la administración 経営手腕がある

❸ 阇 人手: Faltan ~*s*./Hay escasez de ~*s*. 人手が足りない。 No faltan 〔las〕 ~*s*./Hay ~*s*. 手は足りている

❹ 《動物》前脚;《料理》その腿から下 〖☞carne カット〗;《鳥》脚: ~ de cerdo 豚足

❺ [女性や両親による] 結婚の承諾: Pidió la ~ de María a sus padres. 彼はマリアの両親に結婚の申し込みをした。 petición de [男性や両親からの] 求婚;その式、婚約披露

❻ 片側: A ~ izquierda ven ustedes el palacio. 左手に王宮が見えます。 A esta ~ está el río y a la otra la ciudad. こちら側は川で、向こう側に町がある。 ir por su ~ [道の] 決められた (いつもの) 側を行く

❼ 塗り;洗い;拭き: dar otra ~ de pintura a…. …を塗り直す。 dar varias ~*s* al suelo sucio 汚れた床を何度も拭く

❽ 叱責、罰: Te espera buena ~ de tu padre. お父さんに大目玉を食らうぞ

❾ 《トランプ》i) 手、手札: tener un as en la ~ 手にエースを持っている。 tener una buena ~ 手がよい。 ii) [1回ごと・全体としての] 勝負: echar una ~ 1ゲームする。 ganar la primera

~ 1回目を勝つ。 Al final de la ~ perdí. 私は結局負けてしまった。 iii) [順に] 親、先手: Ahora yo soy ~. 今度は私が親だ

❿ 《口語》[主に感嘆文で] 大量: ¡Qué ~ de comer nos hemos dado! すごい量の料理だ！ dar a+人 una ~ de puñetazos …をボカボカ殴る

⓫ [紙 1 帖《=25 枚》]

⓬ すりこぎ、乳棒 〖~ de almirez〗; きね 〖~ del mortero〗

⓭ 《印刷》インデックス 〖manecilla〗

⓮ 《サッカー》ハンドリング

⓯ 《法律》~*s* muertas [教会財産の] 死手譲渡; 永久土地所有

⓰ 《中南米》[バナナの] 1 房; トラブル、不慮の出来事

a dos ~*s* 熱心に

a la ~ 1) 手近な所に、手元に: Lo tiene *a la* ~. 彼はそれを手元に置いている。 ¡Obras *a la* ~! 仕事にとりかかろう (かかれ)！ ¡Eso está *a la* ~! それははっきりしている！ 2) 自身で、本人が: escribir *a la* ~ 自分で手紙を書く

a ~ 1) [機械でなく] 手で 《↔a máquina》: escribir *a* ~ 手書きする。 jersey hecho *a* ~ 手編みのセーター。 2) 手元に: ¿Tienes *a* ~ algo para leer? 何か読む物を持っているか? tema (que está) *a* ~ 身近な話題

a ~ *alzada* [投票で] 挙手による; [線描が] フリーハンドで

a ~ *suelta* 平手打ちで

a ~*s de*+人 …の手によって; …に迎えられて: Murió *a* ~*s de* unos ladrones. 彼は盗賊たちの手にかかって死んだ。 Llegó a las diez de la noche *a nuestras* ~*s*. 彼は夜 10 時に到着し、私たちが出迎えた

a ~*s llenas* 気前よく: gastar el dinero *a* ~*s* llenas 惜し気なく金を使う

abandonarse en ~*s de…* …に身をゆだねる: Se abandonó en ~*s del* vicio. 彼は悪に染まった

abrir la ~ 《口語》[制限などを] 緩和する; [湯水のように] 費消する: *abrir la* ~ en el régimen 食餌制限を緩める

asentar la ~ *a*+人 …を殴る; 厳しく扱う

atar las ~*s* =atar de pies y manos a+人

bajo ~ ひそかに、隠れて

buena(*s*) ~(*s*) 器用、上手: Tiene *buena* ~ para la paella (para conducir el coche). 彼はパエーリャを作るのが (車の運転が) うまい。 tener *buena* ~ con los negocios 商売上手である、やり手である

caer a ~ 近くにいる; 都合がよい: Te llevo en coche, me *cae a* ~. 車で送ってあげる。 どうせ近くだから

caer en ~*s de*+人 …の手に渡る (落ちる)

caerse a+人 *de las* ~*s* 1) …を退屈させる: Ese libro *se me cae de las* ~*s*. その本にはうんざりだ。 2) [no+] …の手から離れない

cambiar de ~*s* 所有者が変わる

cargar la ~ 《口語》[+de・con・en を] 過度にする: Es contraproducente *cargar la* ~ a *de* castigo. 罰が厳しすぎると逆効果になる.

cargar la ~ en (*con*) la sal 塩を入れすぎる

cerrar la ~ [自分の] 手を握りしめる；[制版などを] 厳しくする；[出費を] 抑える

comerse las ~s 非常に空腹である

con las ~s 汗水たらして，額に汗して

con las ~s cruzadas 腕組みをして，手をこまねいて：quedarse *con las ~s cruzadas* 傍観する

con las ~s en la mesa《口語》[主に悪いことに] 最中に；犯行中に，現行犯で

con una atrás (*detrás*) **y otra delante**《口語》無一文で；得るところなく

con una sola ~《婉曲》マスタベーションしながら

cruzar las ~s 腕組みをする；手をこまねく

dar de ~ 仕事を切り上げる；[漆喰などを] 仕上げに塗る

dar de ~s [地面・床に] 手をついて倒れる

dar en ~s de+人 =caer en ~s de+人

dar la ~ [+a+人 に] 1) 手を差し出す〖握手〗：*¡Da la ~!* [犬に向かって] お手! 2) [婚約の式で女性が] 結婚を承諾する. 3) 手を引かれる：El niño le *da la ~ a* su madre. 子供が母親に手を引かれている. 3) 手を貸す；助ける：*dar la ~ al* ciego para cruzar la calle. 私は目の不自由な人に手を貸して，通りを渡らせてあげた

dar la primera ~ a... 最初の一塗り(一拭き)をする；…を始める；…の素案を作る

dar la última ~ a... …に最後の手を加える，仕上げをする

dar una ~ por... [過去未来形で] …を強く望む：*Daría una ~ por* saber lo que pasó. 何があったのかすごく知りたいのだが

darse la ~ 1) 互いに握手する：Los dos *se dieron la ~*. 2 人は握手を交した. 2) [物が] 互いによく似ている；すぐ近くにある

darse las ~s [主語は 圈] 和解する，仲直りする

de la ~ 1) 手をつないで：Los dos iban *de la ~*. 2 人は手をつないでいた. 2) [+de+人 に] 手を引かれて；…の手になる；…の指導(支配)下で：carta escrita *de su ~* 彼の自筆の手紙. dibujo *de la ~ de* Picasso ピカソが描いたデッサン

de ~ 手で運ぶ(動かす)：carretón *de ~* 手押し車

de ~ derecha (*izquierda*) [ドアが] 右(左)開きの

de ~ en ~ 手から手へ，人から人へ：La carta fue *de ~ en ~*. 手紙は回し読みされた. La fiesta ha llegado *de ~ en ~* hasta nosotros. その祭りは我々まで代々受け継がれてきた

de ~ [s] *a boca* 不意に，思いがけず

de primera ~ 新品の；直接の；オリジナルの：información *de primera ~* 直接得た情報

de segunda ~ 間接の；中古の：coche *de segunda ~* 中古車

dejado de la ~ de Dios《口語》神に見放さ

れた，救いようのない；荒れ果てた；世の中から置き去りにされた

echar [la] **~ a...** [+人] …をつかまえる；[+物] …を手に取る，つかむ：*Echó la ~ a* la espada. 彼は剣に手をかけた

echar ~s a... [取る・つかむために] …に手を伸ばす

echar ~ de+人・物 …を使う，利用する

echar una ~ a+人 手を貸す，助ける

en buenas ~s しかるべき人の手に：Los huérfanos están *en buenas ~s*. 孤児たちはしかるべき人に預けられている

en [las] **~s de+人** …の手にゆだねられた：La limpieza de casa se puso *en ~s de* la hija. 家の掃除は娘の役目になった

en ~ 1) 直接本人に：entregar el paquete *en ~* 荷物を手渡する. 2)《商業》dinero *en ~* 手元現金

en su ~ 直接本人に，手渡しで

escaparse a+人 la ~ =irse a+人 la ~

estar dejado de la ~ de Dios 罪(過ち)を繰返す；不運ばかりする. 役立たずである；次々と不幸な目に会う，運が悪い

ganar a+人 por la ~《口語》…の機先を制する(先手を打つ)，出し抜く

hacer lo que está en su ~ 手を尽くす

ir a la ~ a+人 …を制止する，抑える

irse a+人 la ~ …が自制できない；[+en・con の] 度を過ごす：Se me *fue la ~* y le golpeé. 私は我慢できなくなって彼を殴ってしまった. No *se te vaya la ~ en* la sal. 塩を入れすぎないようにしろ

largo de ~s《口語》手の早い，すぐ殴る；盗癖のある

lavarse las ~s 1) 手を洗う；《婉曲》トイレに行く. 2) 手を引く，関り合いにならない；責任をとらない

levantar la ~ a+人 …のために労を取る，助けようとする

llegar a las ~s《口語》[口論がとうとう] 殴り合いになる

llevar a+人 de (*por*) **la ~** …の手を引く；指導する：La madre *llevaba de la ~ a* su niño. 母親は子供の手を引いていた. Necesito alguien que me *lleve de la ~ en* este campo. この分野について教えてくれる人が私には必要だ

llevar a+人 la ~ 手を取って教える：Déjame que te *lleve la ~ para* hacer el dibujo. 手を取って絵の描き方を教えてあげよう

llevar entre ~s 1) 策略(計画)を練る. 2) no saber lo que *lleva entre ~s* 理解力がない

llevarse las ~s a la cabeza [驚いて] 頭に手をやる，びっくりする；[困って] 頭をかかえる

mala [s] **~** [s] 不器用，下手：Tiene *mala ~* para dibujar. 彼は絵が下手だ

~ a ~ 1)《口語》一緒に，親しげに；対等に：Anoche cené *~ a ~* con mi novia. 私は昨晩恋人と夕食を共にした. 2) [圈 i] 2 人 [の話し合い・対戦]：decidir en un *~ a ~* 二者会談

で決定する. ii)《闘牛》2 人のマタドールによる闘牛〖通常は 3 人〗

~ blanda 寛容

~ de hierro =**~ dura**

~ de obra 人手, 労働力: necesitar ~ *de obra* barata 安い労働力を必要とする

~ derecha 1) 右手;《比喩》右腕, 片腕: Es la ~ *derecha* del Presidente. 彼は大統領の右腕だ. 2) no saber cuál es (dónde tiene) su ~ *derecha* 理解力がない, のみこみが悪い

~ dura [人に対する] 厳格さ

~ izquierda 1) 左手. 2) [問題解決の] 巧妙さ, ずるさ: Ese político tiene ~ *izquierda*. その大臣は根回しが上手で

~ oculta 陰の力〖人〗

~ sobre ~ 《口語》何もしないで: Está todo el día ~ *sobre* ~. 彼は一日中ぼけっとしている

~(s) larga(s) 《口語》けんか早い (すぐ殴る) 人;手癖の悪い人

~s libres 自由裁量〖権〗, フリーハンド: dar a+人 ~*s* *libres* …の自由裁量に任す. tener las ~*s* *libres* 制約されていない, 自由に行動できる

~(s) lista(s) 《口語》=**~(s) larga(s)**

¡~s quietas! 手を触れるな, 手を出すな;[前脚をかけようとする犬に対して] お座り!

meter la ~ en... …を盗む

meter ~ (las ~s) en (a)... 《口語》1) …に手を出す, 介入する; …に手をつける, 始める. 2) 触る;殴る

meter ~ a+人《口語》…に[取調べの]手を伸ばす;《俗語》=**magrear**

mudar de ~s =**cambiar de ~s**

no tener [tantas] ~s para... 一時にそれほど多くの…はできない: No tengo ~*s* *para* tanto trabajo. それだけの仕事を私一人では無理だ

pasar la ~ por el lomo (el cerro) a+人 …にお追従 (お世辞) を言う, ごまをする

perder la ~ 腕が鈍る (落ちる)

poner... en [las] ~s de+人 …に…の便宜をはかる; …に…を任せる: Pongo en tus ~*s* la dirección de la fábrica. 工場の管理を君の手にゆだねよう

poner [la] ~ (las ~s) en (a)... =**meter la ~ en...**

poner la ~ sobre (a·encima de)+人 …を殴る

poner ~s a la obra 着手する

ponerse de ~s [動物が] 後脚で立つ

ponerse en ~s de+人 …に自分のことを任せる, …の世話になる

por debajo de ~ =**bajo ~**

por su (propia) ~ 自分自身で: Se cortó la muñeca *por su* ~. 彼は自分で自分の手首を切った

prestar una ~ a+人 =**echar una ~** a+人

quitar a+人 *de las* ~*s* [商品が] …の買い気をそそる

quitarse... de las ~s …を奪い合う

sentar la ~ a+人 …を厳しく罰する; …から

高い料金をとる

ser largo (listo) de ~s けんか早い; 手癖が悪い

si a ~ viene/si viene a ~ ひょっとして, もしかすると;都合よく

sobre las ~s 逆立ちして: andar *sobre las* ~*s* 逆立ちして歩く

soltar la ~ en... …が上手になる

tender una ~ (la[s] ~[s]) a+人 [握手のために] 手を差し出す; …に手を貸す; …に助けを求める: Dios nos *tendió* la ~. 神は我々に救いの手を差しのべられた

tener... al alcance de la ~ …をほぼ手中にしている

tener... en sus ~s …を自由にできる;ほぼ手中にしている: *Tiene* mi vida *en sus* ~*s*. 私の命は彼の手の中にある

tener entre ~s =**llevar entre ~s**

tener ~ en+事 (con+人) …に影響力がある, 顔がきく

tener mucha ~ 手腕がある, 上手である;やり手である

tocar... con la ~ =**tener... al alcance de la ~**

tomar a+人 *de la* ~ …の手を取る

tomar... *en sus* ~*s* …を引き受ける

traer a la ~ [猟犬が獲物を] 取ってくる

traer entre ~s 《口語》1) =**llevar entre ~s**. 2) …に従事している, …に取りかかっている

venir a las ~s =**llegar a las ~s**

venir a+人 *a la[s]* ~[s] たなぼた式に…の手に入る

venir a+人 *a* ~ …にとって都合がよい (ついでがある): Compro en esta tienda, porque me *viene* muy *a* ~. ついでがあるので, この店で買い物をします

venir con sus ~s lavadas 全部終わった後で利益だけかすめ取りに来る

vivir de (por) sus ~s 自活する

mano², **na** [máno, na] 名《hermano の省略語》《中南米》[親愛の呼びかけ] やあ

manojo [man5xo] 男 ひと握り, 1 束: i) un ~ de espárragos 1 束のアスパラガス. ~ de llaves 鍵束. ii) 《口語》[人について] un ~ de torpes ひと握りの愚か者

a ~*s* 豊富に, たくさん

estar hecho un ~ *de nervios/ser un* ~ *de nervios* 非常に神経質になっている

manoletina [manoletína] 女《主に 複》闘牛士の靴に似た》女性用のヒールのない靴;《闘牛》ムレータを背後に構えるパス

Manoli [manóli] 女《女性名》マノリ〖Manuela の愛称〗

manolo, **la** [manólo, la] 名《古語》マドリードの下町っ子

◆ 男《男性名》[M~] マノロ〖Manuel の愛称〗

◆ 女《女性名》[M~] マノラ〖Manuela の愛称〗

Manolito [manolíto] 男《男性名》マノリート〖Manuel の愛称〗.

manómetro [manómetro] 男《物理》マノメーター, 圧力計

manopla [manópla] 囡 ❶《服飾》ミトン, 親指だけ分かれた手袋；[よろいの] 籠手(ξ). ❷ [体を洗う] タオル, 手袋

manosear [manoseár] 他 ❶ いじくり回す: No *manosees* las flores. 花をいじくるな. ❷ 繰返し利用する(取り組む): ～ el diccionario 辞書を何度も引く. ❸《中南米》愛撫する

manoseado, da 形 過分 使い古した: El tema está muy ～. そのテーマは手垢がついている

manoseador, ra 形 いじくり回す〔のが好きな〕

manoseo 男 いじくり回すこと；愛撫

manotada [manotáða] 囡 ＝manotazo

manotazo [manotáθo] 男 平手打ち『bofetada』

　quitar... a+人 de un ～ …〔の手〕から…をひったくる

manotear [manoteár] 自 [大げさな] 手振りをする

◆ 他 両手で打つ；《中南米》盗む

manoteo 男 手振り

manquedad [maŋkeðá(d)] 囡 [手・腕の] 不具

manquera 囡 ＝manquedad

mansalva [mansálba] 囡 *a ～* 1) 安全に, 無事に；確実に: disparar *a ～* contra el enemigo 安全な場所から敵を撃つ. 2)《西. 口語》たくさん〔の〕: ganar dinero *a ～* 大金を稼ぐ

mansarda [mansárða] 囡《建築》マンサード屋根；屋根裏[部屋]

mansedumbre [manseðúmbre] 囡 [←manso] ❶ おとなしさ；我慢強さ: Envejecido, aumentó su ～. 彼は年をとって角が取れてきた. ❷ ゆっくりした動き

mansión [mansjón] 囡 ❶ 邸宅, 豪邸, 館: ～ señorial 大邸宅. ～ de los bienaventurados (los justos) 天国. ❷ 滞在: hacer ～ en... …に滞在する

manso, sa [mánso, sa] 形 [↔bravo] ❶ [動物が] おとなしい: perro ～ おとなしい犬. ❷《文語》i) [人が. ser+] 温和な；[estar+] おとなしいふりをしている: Es una persona ～*sa* que no se pelea con nadie. 彼はおとなしい人で, 誰とも争わない. Ahora está ～. 彼は今はおとなしくしている. ii) [水・空気が. ser+] ゆっくり動く: ～ río ゆるやかに流れる川. ❸《闘牛》[牛が] 臆病な

◆ 男 [主に闘牛で] 群れを先導する牛(家畜)

mansurrón, na [mansurón, na] 形《軽蔑》おとなしすぎる, 意気地のない

manta [mánta] 囡《英 blanket》❶ 毛布: dormir tapado con (envuelto en) la ～ 毛布をかけて(にくるまって)寝る. ～ de viaje ひざかけ毛布, 旅行用の携帯毛布. ～ eléctrica 電気毛布. Este jersey es una ～. このセーターは暖かい. ❷《服飾》ゆったりとした服, ポンチョ: ～ real [高位聖職者用の] ケープ. ❸ 殴打: dar una ～ de palos (de azotes) 棒(鞭)で打つ.

❹《魚》イトマキエイ, マンタ

◆ 图《西. 口語》役立たず, 怠け者

　a ～〔s〕《西》豊富に；一面に: Llueve *a ～*. たくさん雨が降る. regar *a ～* まんべんなく水をまく

　liarse la ～ a la cabeza《西》一か八かやってみる

　tirar de la ～《口語》[秘密を] あばく

mantear [manteár] 他 ❶ [遊びで・からかって] 毛布で胴上げする『口カット』. ❷《中南米》寄ってたかって殴る

manteamiento 男 胴上げ

manteca [mantéka] 囡 ❶ [動物の] 脂肪；[特に] ラード〔～ de cerdo〕: untar ～ ラード(バター)を塗る. color ～ 黄色味がかった白. ❷ 乳脂；バター『mantequilla. ～ de vaca』. ❸ [植物の] 脂肪質: ～ de cacao カカオバター. ～ de cacahuete ピーナッツバター. ❹《西. 俗語》お金. ❺ 閥《主に戯語》[人の] 贅肉: tener buenas ～s ぶくぶく太っている

　como〔una〕～ 非常に柔らかい；おとなしい, 従順な

　eso no se le ocurre ni al que así la ～ それは愚の骨頂だ

　ser más tonto que el que así la ～ ひどいばかである

mantecada [mantekáða] 囡 砂糖・バターつきのパン；[四角い] マドレーヌ状の菓子

mantecado [mantekáðo] 男《西》[ラードを使ったクリスマス用の] パン菓子；[カスタードに似た] アイスクリーム

mantecoso, sa [mantekóso, sa] 形 脂肪〔分〕の多い；脂肪のような

mantel [mantél] 男 ❶ テーブルクロス: ～ individual 一人ずつのテーブルマット. ❷《宗教》祭壇布. ❸《南米》山にかかった厚い雲

　comer a ～es [レストランなどで] ごちそうを食べる

　levantar (alzar) los ～es [食事の後で] テーブルの上を片付ける

mantelería [mantelería] 囡 テーブルクロスとナプキンのひとそろい

manteleta [manteléta] 囡《服飾》[婦人用の] 短いケープ

mantención [mantenθjón] 囡 維持

mantenedor, ra [manteneðór, ra] 图 文学コンクールの主催者(審査員)

mantener [mantenér] 58 他《英 maintain. ☞tener 活用表》❶ 維持する；[経済的に] 支える: i) ～ una casa de campo 別荘を維持する. ～ una máquina 機械を保守する. ～ la economía casera 家計を守る. Él *mantiene* a sus hermanos. 彼が弟たちを養っ

M

ている。 La casa *mantiene* su antigua distribución. その家は昔の間取りのままだ. tradición *mantenida* a lo largo de los siglos 何世紀も続いてきた伝統. ii)［+en の状態に］~ la mano *en* alto 手を高くあげたままにする. ~ a+人 *en* el poder …を権力の座にとどめる. iii)［+目的格補語］~ constante la temperatura 温度を一定に保つ. ¡*Mantenga* limpia España!《標語》キープ・スペイン・クリーン！ ❷［行為を］続ける: ~ una conversación 会話を続ける. ~ correspondencia 文通を続ける. ❸［意見などを］固持する: *Mantuvo* su declaración. 彼は意見を変えなかった. ~ su promesa 約束を守る. ❹ 支える，固定する: Estos pilares *mantienen* el edificio. これらの柱が建物を支えている. ❺［選手権などを］保持する. ❻ 栄養（食物）を与える

◆ **~se** ❶ 持ちこたえる: La torre *se mantiene* en pie de milagro. 塔は奇跡的に倒れないでいる. ❷ 姿勢・態度を保つ: *Se mantiene* firme en su idea. 彼は自分の考えを変えない. ❸ 自分を養う，食べる: ~*se* con poco alimento 食うや食わずである

mantenido, da [mantenído, đa] 图 過去分詞 妾，男妾，ひも; 寄食者

mantenimiento [mantenimjénto] 男 ❶ 維持，保持: ~ de una empresa 会社の維持. ~ de una relación 関係の継続. clase de ~［健康のための］体操教室，フィットネスクラス. ❷ 整備，メンテナンス; 維持費〖gastos de ~〗. ❸ 養育，扶養

manteo [mantéo] 男 ❶ 《服飾》［聖職者の］長マント; ［農婦の］前合わせスカート. ❷ = manteamiento

mantequera [mantekéra] 囡［食卓用の］バター入れ; ［バター製造用の］チャーン，撹拌器

mantequería [mantekería] 囡 乳製品の販売店（工場）; 食料品店

mantequilla [mantekíʎa] 囡 〖英 butter〗 ❶［食卓用に小さく切った］バター: untar pan con ~ パンにバターを塗る. pan con ~ バターつきパン. ~ salada (sin sal) 加塩(無塩)バター. ~ fresca フレッシュバター. ~ de ~ バタークリーム

mano de ~ (de Soria) 不器用さ

mantequillera [mantekiʎéra] 《中南米》＝mantequera

mantilla [mantíʎa]

囡 ❶《服飾》マンティーリャ〖スペイン婦人が頭・肩を覆う黒い薄絹. ロカット〗: ir a la iglesia con la ~ マンティーリャをつけて教会に行く. ~ española［晴れ着用の］大きなマンティーリャ. ❷ 複［乳児用の］おくるみ: niño de ~s 乳飲み児

estar de ~(s) ［口語］初期の段階にある；［人が］うぶ(無知)である: El proyecto *está en* ~s. 計画はまだ始まったばかりだ

mantillo [mantíʎo] 男 腐植土; 堆肥

mantis [mántis] 囡〖単複同形〗《昆虫》カマキリ

peineta

〖~ religiosa〗

mantisa [mantísa] 囡《数学》［常用対数の］仮数

manto [mánto] 男 ❶《服飾》［頭・肩から足まで届く］マント: ~ capitular［騎士修道会の］会議用マント. ❷ 保護: acoger (coger) a los necesitados bajo su ~ 困っている人々を助ける. ❸ 覆い隠すもの: Un ~ de nieve cubre el suelo. 一面の雪だ. La noche ocultó todo con su ~. 夜のとばりがすべてを覆い隠した. ❹［聖母マリア像の］マント. ❺ 暖炉の上の横木，マントルピース〖~ de chimenea〗. ❻《地質》《鉱物》［薄い］地層: ~ freático 帯水層, ~ petrolífero 含油層. ❼《解剖》羊膜，《動物》外套膜

mantón [mantón] 男《服飾》ショール，肩掛け: ~ de Manila［華やかな刺繍がしてあり，まわりにフリンジのついた］大型の絹のショール

mantra [mántra] 囡《宗教》マントラ

manual [manwál] 形 ❶ 手を使う，肉体労働の: Ese japonés tiene habilidad ~. その日本人は手が器用だ. trabajo ~ 手仕事，手作業. obrero ~ 肉体労働者

◆ 男 手引書，便覧，マニュアル: ~ de historia 歴史の参考書

manualidad 囡［主に 複］手工芸，手仕事

manubrio [manúbrjo] 男 ❶《機械》クランク［ハンドル］. ❷《中南米》［自転車の］ハンドル

Manuel [manwél] 男《男性名》マヌエル〖英 Emmanuel〗

manuela [manwéla] 囡 ❶［20世紀初頭のマドリードの］貸し馬車. ❷《女性名》[M~] マヌエラ〖英 Emma〗

manuelino [manwelíno] 形 マヌエル Manuel 1世の［建築・装飾様式］〖ポルトガルの王. 1469-1521〗

manufactura [manufaktúra] 囡 ❶［手工業］製品; 製造工業品: ~ de fibra 繊維製品. ❷ 工場: ~ de papel 製紙工場

manufacturado 形 製造（加工）する: producto *manufacturado* 工業製品

manufacturar 他 製造（加工）する: producto *manufacturado* 工業製品

manufacturero, ra 形 製造［業］の: industria ~ra 製造業. clase ~ra 工場主階級

◆ 图［主に中南米］製造業者，工場主

manumitir [manumitír] 他《文語》［奴隷を］解放する

manumisión [奴隷の] 解放

manumiso, sa 形 解放された

manuscrito, ta [manuskríto, ta] 形 手書きの〖en letra ~ta〗: carta ~ta 直筆の手紙

◆ 男 手稿本，手写本; ［手書きの］原稿

manutención [manutenθjón] 囡〖←mantener〗❶ 養うこと，食べること: ~ de su familia 家族の扶養（生活費）. ❷ 維持［費］，保全. ❸［工場内など短距離の］運搬，移送

manyar [manjár] 他《中南米》食べる

manzana [manθána] 囡 ❶《果実》リンゴ: pastel de ~ アップルパイ. ~ asperiega シードル用のリンゴ. ~ de la discordia 争いの種〖トロヤ戦争の

発端となった黄金のリンゴ〕. **❷** 街区, ブロック: *Vaya dos* 〜*s.* 2 街区先へいらっしゃい. **❸** 〔剣の〕柄頭(⌒); [ステッキの] 丸い握り; [階段などの柱の] 飾り玉. **❹** 《中南米》のどぼとけ [〜 *de Adán, nuez*]

estar sano como (*más sano que*) *una* 〜 大変健康である, ぴんぴんしている

manzanal [manθanál] 男 リンゴ畑; リンゴの木

manzanar [manθanár] 男 リンゴ畑

manzanilla [manθaníʎa] 囡 **❶** 《植物》カミツレ [〜 *común*]; 《飲料》カミツレ茶, マンサニージャ. **❷** マンサニージャ《サンルーカル・デ・バラメーダ産の辛口の白ワイン》. **❸** 小オリーブ. **❹** [柱の] 飾り玉

manzanillo 男 《植物》小オリーブの木

manzano [manθáno] 男 《植物》リンゴ〔の木〕

maña[1] [máɲa] 囡 **❶** 器用さ, 巧みさ: tener 〜 *para*+不定詞 うまみに…する, …することつのみこんでいる. *Más vale* 〜 *que fuerza.* 《諺》柔よく剛を制す. **❷** [主に 複] 抜け目のなさ, ずる賢さ; 術策: emplear sus 〜*s* 策 (計略) を用いる. **❸** [主に 複. ちょっとした] 悪癖; 気まぐれ: Le han quedado las 〜*s.* 彼は悪い癖がついてしまった

darse 〜 策を思いつく; 巧みである: *Me di buena* 〜 *en convencerle.* 私は彼を説得するいい手を思いついた. *Se da mucha* 〜 *con el trabajo.* 彼は仕事をうまくやってのける

mañana
[maɲána] 囡 《英 morning. ↔tarde》朝《スペインでは夜明けから 3 時まで》; 午前: Esta 〜 me levanté a las seis. 私は今朝 6 時に起きた. Me visitó por la 〜. 彼は午前中に訪ねて来た. Da un paseo por las 〜*s.* 彼はいつも散歩する. Hace una 〜 muy clara. よく晴れた朝だ. desde por la 〜 朝のうちから. desde la 〜 hasta la noche 朝から晩まで. ayer [por la] 〜 昨日の午前中(朝). el lunes por la 〜 月曜日の午前中. una 〜 ある朝. todas las 〜*s* 毎朝. a la (de) 〜 《主に南米》朝に, 午前中に

a media 〜 午前 10 時ごろに

de la 〜 [時刻に] 午前の: El avión llega a las dos *de la* 〜. 飛行機は午前 2 時に着く

hacer (*tomar*) *la* 〜 《中南米》朝食前に酒を飲む

[*muy*] *de* 〜 朝早く, 早朝に

◆ 男 未来: Nunca piensa en el 〜. 彼はまったく将来のことを考えない

◆ 副 《英 tomorrow. ↔ayer》**❶** 明日, あした: Tengo clase 〜. 明日私は授業がある. Saldré 〜 a las nueve. 私は明日の 9 時に出発するつもりです. M〜 es domingo. 明日は日曜日だ. 〜 por la mañana 明日の午前中. 〜 [por la] noche 明晩. *pasado* 〜 明後日, あさって. *después de pasado* 〜 しあさって. *de* 〜 *en ocho días* 明日から 1 週間後に, 来週の明日. a *partir de* 〜 明日から. de la 〜 a la 〜. M〜 será otro día./M〜 Dios dirá. 明日は明日の風が吹く. No dejes para 〜 lo que puedas hacer hoy. 今日できることを明日のばすな. Antes hoy que 〜. 早ければ早いほどよい. **❷** [近

い] 将来: Hoy está de moda, 〜 ya no se llevará. それは今はやっているが, もうすぐ下火になるだろう. **❸** [間投詞的. 否定] まさか!

mañanear [maɲaneár] 自 《口語》早起きする [madrugar]

mañanero, ra [maɲanéro, ra] 形 **❶** 早起きの: Es 〜. 彼は早起きだ. **❷** 朝の: fresco aire 〜 朝のすがすがしい空気

mañanita [maɲaníta] 囡 **❶** 《服飾》[女性の] ベッドジャケット. **❷** [誕生日などに歌われる] メキシコの短い民謡

de 〜 早朝に, 朝早く

maño, ña[2] [máɲo, ɲa] 名 《西. 口語》アラゴン人 [aragonés]; [アラゴンで親愛の呼びかけ] やあ君, おまえ

mañoso, sa [maɲóso, sa] 形 **❶** 器用な, 巧みな. **❷** 抜け目のない, ずる賢い; 気まぐれな

maoísmo [maoísmo] 男 毛沢東 Mao Ze Dong 主義

maoísta 形 名 毛沢東主義の(主義者)

maorí [maorí] 形 名 《複 〜[e]s》マオリ族の 〔ニュージーランドの先住民〕

mapa [mápa] 男 《英 map》地図 《市街地図は plano, 地図帳は atlas》: 〜 celeste 星座表, 星図. 〜 de carreteras (de rutas) ドライブ・マップ. 〜 del tiempo 天気図. 〜 en relieve 起伏図. 〜 físico 地勢図. 〜 mudo 白地図. 〜 mural 掛け地図. 〜 político 〔政治〕境界線図

borrar del 〜 《口語》消し去る, 抹殺する

no estar en el 〜 通常でない

perderse (*desaparecer*) *del* 〜 《口語》[意図して・意図図せず] 消える: Cuando él venga desaparezco del 〜. 彼が来る時は私はどっかへ行っている

◆ 囡 抜群, 卓越: Cuba es la 〜 de cigarros. キューバは葉巻の名産地だ

llevarse la 〜 抜群である

mapache [mapátʃe] 男 《動物》アライグマ

mapamundi [mapamúndi] 男 《球形平面図による》世界地図

mapanare [mapanáre] 囡 《動物》フェルドランス 《中南米産の大型の毒蛇》

mapaná 囡 =mapanare

mapuche [mapútʃe] 形 名 マプーチェ族 [の] 〔チリのアラウコ族〕

maqueta [makéta] 囡 **❶** 模型, ひな型; プラモデル: 〜 de una ciudad futurista 未来都市の模型. montar una 〜 模型 (プラモデル) を組立てる君. **❷** 《印刷》束(⌒)見本; 割付け, レイアウト

maquetación 囡 ページレイアウト

maquetista 名 模型製作者; 割付け(レイアウト)をする人;《映画》装置家

maqui [máki] 男 名 《複 〜s》=maquis

maquiavélico, ca [makiaβéliko, ka] 形 マキャベリ Maquiavelo 〔主義〕の 〔イタリアの政治家〕; 権謀術数を弄する

maquiavelismo 男 マキャベリズム

maquiavelista 名 マキャベリスト

maquila [makíla] 囡《中米》保税加工〔の工場〕

maquiladora [makiladóra] 囡《中米》[主に海外の・下請けの] 組立工場

maquillaje [makiʎáxe] 男 ❶ 化粧，メイキャップ．❷ 化粧品《cosmético》: ～ de fondo ファウンデーション

　maquillador, ra 名 メイキャップ係(師)

　maquillar [makiʎár] …にメイキャップをする；[悪い点などを] 隠す．◆ ～se メイキャップする

máquina [mákina] 囡 〖英 machine〗❶ 機械: civilización de ～s 機械文明．sala de ～s 機関室．～ de afeitar 電気(安全)かみそり《maquinilla》．～ de calcular／～ calculadora 計算機．～ de guerra〔大規模な〕兵器．～ de vapor 蒸気機関車．～ del tiempo タイムマシン．～ eléctrica 電気機械．～ herramienta 工作機械．～ humana 人体．❷ タイプライター《～ de escribir》．❸ ミシン《～ de coser》: coser a ～ ミシンで縫う．❹ 自動販売機《～ expendedora》: ～ de tabaco たばこの自動販売機．❺〔オートバイ・カー・レースなどの〕マシーン．❻《自動車・船舶》エンジン；《鉄道》機関車《～ del tren》．❼ カメラ《cámara. ～ fotográfica》．❽ 組織，機構《～ del Estado 国家機構．～ electoral 選挙機構マシーン》．❾《演劇》[場面転換の] 仕掛け．❿《プエルトリコ・キューバ・ベネズエラ》自動車《coche》: manejar una ↔ 車を運転する．a ～ 機械で，機械によって《↔a mano》: Se puede lavar a ～. 洗濯機で洗えます．pasar una carta a ～ 手紙をタイプする

　a toda ～ 全速力で

　como una ～ [人が] 機械のような・に〔速い，正確な；人間味のない，冷たい〕

maquinación [makinaθjón] 囡 陰謀，奸策

maquinador, ra [makinaðór, ra] 形 名 陰謀家〔の〕，策士〔の〕

maquinal [makinál] 形 機械的な: gesto ～ 機械的な仕草

　maquinalmente 副 機械的に

maquinar [makinár] 他 [陰謀などを] たくらむ

maquinaria [makinárja] 囡 ❶ 集合 機械類，機械装置(設備): Japón produce ～ electrónica. 日本は電子機器を生産している．～ agrícola 農業機械．❷ メカニズム，機構

maquinilla [makiníʎa] 囡 ❶ 電気かみそり《～ eléctrica》；安全かみそり．❷ バリカン《～ para cortar el pelo》．❸ 小型機械

maquinismo [makinísmo] 男 [手作業に対して] 機械の使用

maquinista [makinísta] 名 ❶ [機械の] 操作係；《鉄道》運転士；《船舶》機関士．❷《演劇》舞台係，裏方；《映画》撮影助手

maquinizar [makiniθár] 他 機械化する

　maquinización 囡 機械化

maquis [mákis] 名 [単複同形]《歴史》マキ〖第2次大戦時フランスの反独ゲリラ；スペインの反フランコゲリラ〗

　◆ 名 その隊員

---

mar [már] 男〖抽象的な意味の場合は囡. 英 sea〗❶ 海: i) El ～ está agitado. 海は荒れている．agua del ～ 海水．hombre de ～ 海の男．productos del ～ 海の幸．viaje por el ～ 船旅．El que no se aventura no pasa la ～.《諺》虎穴に入らずんば虎児を得ず．Hay un ～ de esto a eso. それとこれとは大違いだ．ii) [特定の] M～ Amarillo 黄海．M～ Caspio カスピ海．M～ del Japón 日本海．M～ del Norte 北海．M～ Negro 黒海．los Siete *Mares* 七つの海〖南・北太平洋，南・北大西洋，インド洋，南氷洋，北極海〗

❷ 湖《lago》: M～ Muerto 死海．M～ de Galilea ガリラヤ湖

❸ 大洋《océano》: M～ Atlántico 大西洋

❹《天文》[月などの] 海

❺ 大波，うねり《～ montañosa》: Hay demasiada ～ para zarpar. 船を出すにはうねりが高すぎる．Se picó (Se levantó el (la) ～. 海が荒れ始めた／うねりが出始めた．～ arbolada [波高6m以上の] 荒海．～ gruesa [波高6m以下の] 荒海．～ picada [mar gruesa と mar rizada の中間の] 荒海．～ rizada [さざ波程度の] 少し荒い海

a ～es《口語》たくさん: llover a ～es 大雨が降る．llorar a ～es 大泣きする．sudar a ～es 大汗をかく

alta ～ 外洋，遠洋；公海: en (a) alta ～ 遠洋で

echar agua en el ～ 無駄なことをする

hablar de la ～ 絵空事(夢みたいなこと)を言う

hacerse a la ～ 船を出す

la ～ de…《口語》=un ～ de…: la ～ de trabajo (gente) たくさんの仕事(大勢の人)．la ～ de bien きわめて上手に．la ～ de divertido とても楽しんで

～ de fondo 1) 大きなうねり．2) [内部の] 潜在的な不満(不安)；深い事情: provocar una ～ de fondo 不満を醸成する．Detrás de ese antagonismo hay ～ de fondo. その対立は根が深い

no hallar agua en el ～ 非常に簡単なことさえできない

un ～ de… 大量の…: Estoy en un ～ de confusiones. 私は頭がこんがらがっている．estar hecho un ～ de lágrimas 大泣きする．ser la ～ de amigos 大変親しい．tener un (la) ～ de sueños 夢が一杯ある．un ～ de sangre 血の海

mar.《略語》←martes 火曜日；marzo 3月

marabú [marabú] 男《鳥》[複]～[e]s ❶《鳥》ハゲコウ；その羽毛，マラブー．❷《服飾》マラブー糸

marabunta [marabúnta] 囡 ❶ [通り道にあるものを食べ尽くす] アリの集団移動．❷《口語》大騒ぎしている群衆

maraca [maráka] 囡《楽器》[主に 複] マラカス

maracure [marakúre] 男《植物》カズラの一種《クラーレ curare がとれる》

maracuyá [marakujá] 男《植物》=**pasio-**

naria

maragato, ta [maragáto, ta] 形 名《地名》マラガテリーア Maragatería の〔人〕〖レオン県の一部で地形が険しい〗

marajá [maraxá] 男 =**maharajá**

maraña [maráɲa] 女 ❶ 茂み〖meleza〗. ❷［糸などの］もつれ；ぼさぼさの髪. ❸ 紛糾：meterse en una ～ ごたごたに巻き込まれる. ❹《口語》¡Qué ～! めちゃくちゃじゃないか! Hay una ～ de garabatos en la pared. 壁は落書きだらけだ. ～ legal ごちゃごちゃした法律. una ～ de mentiras 嘘のかたまり. ❺ 絹糸のくず〔で作った織物〕. ❻《植物》ケルメスナラ〖coscoja〗

marañón [maraɲɔ́n] 男《植物》［中米産の］カシュウの一種〖実は食用〗

maraquero, ra [marakéro, ra] 名《中南米》マラカス奏者

marasmo [marásmo] 男 ❶ 衰弱, 憔悴；《医学》［特に幼児の］消耗症：sumirse en un ～ letárgico 昏睡状態に陥る. ～ de los negocios 事業の不振. ❷ 大混乱, 紛糾：un ～ de voces 喧々囂々(けんけんごうごう), 騒然

maratón [maratɔ́n] 女 マラソン〔競走〕：correr una ～ マラソンをする

◆ 男 耐久競争；長時間の活動：asistir al ～ de baile マラソンダンスに参加する

maratoniano, na 形 名 マラソンの〔ランナー〕；非常に疲れる, しんどい

maravedí [maraƀeđí] 男〖複 ～〔e〕s/maravedises〗スペインの昔の貨幣

maravilla [maraƀíʎa] 女 ❶ 驚異, 驚嘆〔すべきもの〕：Su interpretación fue una verdadera ～. 彼の演奏は本当にすばらしかった. ¡Qué ～! すごーい! llevar una ～ de sortija すばらしい指輪をはめている. causar ～ a+人 …を驚嘆させる. ～*s* de la naturaleza 大自然の驚異. las siete ～*s* del mundo 世界の七不思議〖Pirámides de Egipto エジプトのピラミッド, Faro de Alejandría アレクサンドリアの灯明台, Jardines y murallas de Babilonia バビロンの吊り庭, Templo de Diana エフェソスのディアナ神殿, Júpiter Olímpico オリンピアのゼウス神像, Sepulcro de Mansolo マウソロスの霊廟, Coloso de Rodas ロードスのヘリオスの巨像〗. la octava ～ del mundo［ほめ言葉で］8番目の不思議. Alicia en el país de las ～*s*『不思議の国のアリス』. No diga ～ sin ver Sevilla./Quien no ha visto a Sevilla no ha visto ～. 日光見ずして結構と言うなかれ. ❷《料理》［スープに入れる］パスタの一種. ❸《植物》オシロイバナ〖～ del Perú〗；キンセンカ

a las mil ～s 非常によく：Sus negocios andan *a las mil* ～*s*. 彼の商売は非常にうまくいっている

contar* (*decir·hablar*) *～s de... …を絶讃する

de ～ すばらしく, よく：Este pastel ha salido *de* ～. このケーキはとてもおいしかった

hacer ～s すばらしいことをやってのける：*Hace* ～*s* con las flores. 彼は花作りがとても上手だ

maravillar [maraƀiʎár] 他 驚嘆させる：Sus obras *maravillaron* a mucha gente. 彼の作品に多くの人が驚いた(感嘆した)

◆ **～se**［+de·con に］驚嘆する

maravilloso, sa [maraƀiʎóso, sa] 形〖英 marvelous〗**驚異的な,**〔非常に〕すばらしい：paisaje ～ 絶景. un día ～ すばらしい一日. chica ～*sa* すてきな女の子. Aladino y su lámpara ～*sa* アラジンと魔法のランプ

marbellí [marƀeʎí] 形 名〖複 ～〔e〕s〗《地名》マルベジャ Marbella の〔人〕〖アンダルシア地方, 地中海岸の保養地〗

marbete [marƀéte] 男 ❶ ラベル, 値札, 荷札〖etiqueta〗. ❷ 縁

marca [márka] 女〖英 mark〗❶［識別用の］印, 符号, マーク：poner una ～ a un pañuelo ハンカチに目印をつける. poner su ～ en los novillos 若牛に焼き印を押す. ～ de agua［紙の］透かし；量水標, 水位標. papel de ～ 透かし入りの紙. ～ de ley［金などの］純分認証極印. ❷ **商標**〖～ de fábrica〗；銘柄：～ registrada 登録商標. ¿De qué ～ es tu coche? 君の車はどこのメーカーのですか? artículo de ～ 銘柄品, ブランドもの. ～ de prestigio 有名ブランド. ❸ 跡, 痕跡：El cuadro ha dejado una ～ en la pared. 絵を掛けていた跡が壁に残っている. seguir las ～*s* de un fugitivo 逃亡者を追跡する. ❹ 明らかな特徴：Esa música tiene la ～ de los años cincuenta. その音楽は50年代の特色が出ている. ❺《スポーツ》〔最高〕記録：tener la mejor ～ en... …の最高記録を持っている. batir (superar) una ～ 記録を破る. ❻ 辺境, 境界：*M*～ Hispánica《歴史》スペイン辺境領

de ～ 〔***mayor***〕/***de más ～*** 《口語》桁外れの：idiota *de* ～ mayor ひどい愚か者. personaje *de* ～ 傑物

marcación [markaθjɔ́n] 女《船舶》方位〔測定〕；《南米》=**marcaje**

marcado, da [markáđo, đa] 形 過分《←仏語》顕著な；あからさまな：～ contraste 強いコントラスト

◆ 男［髪の］セット；［家畜の］焼き印押し

marcador [markađɔ́r] 男 ❶《スポーツ》i) 得点標示板, スコアボード；電光掲示板〖～ electrónico〗：¿Cómo va el ～? スコアはどうなっている? ～ simultáneo 他の試合の結果. ii) abrir (inaugurar) el ～ 初得点を入れる. adelantarse (ponerse por delante·ir por delante) en el ～ 相手の得点を上回る, リードする. igualar el ～ 同点にする. ❷［本の］しおり〖～ de página〗. ❸《南米. 文房具》マーカー〖rotulador〗

marcaje [markáxe] 男［相手選手への］マーク：～ individual (al hombre) マンツーマンディフェンス. ～ por zonas ゾーンディフェンス

marcapasos [markapásɔs] 男〖単複同形〗《医学》ペースメーカー

marcar [markár] ⑦ 他〖英 mark. ☞活用表〗❶ …に印をつける, 印で示す：～ una servilleta ナプキンにマークを入れる. ～... con un círculo …に丸をつける. ～ a fuego/～ con

M

hierro [家畜に] 焼き印を押す. ❷ 表示する；[得点などを] 記録する: El reloj *marca* nueve. 時計は9時を指している. Su obra *marca* el comienzo de un nuevo estilo. 彼の作品は新しい様式の出発点となっている. *Marcó* un tiempo de 2:07:43. 彼は2時間7分43秒の記録を出した. ～ 50 grados bajo cero 零下50度を記録する. ❸ …に痕跡をとどめる: La caída le *marcó* la cara. 彼は転んで顔に傷跡が残った. Ese acontecimiento *marcó* mi vida. その出来事が私の人生に大きな影響を与えた. ❹ 目立たせる, 際立たせる: Este vestido *marca* las cadenas. このドレスは腰の線が強調される. ❺ [商品に] 定価を表示する: *Marcó* las manzanas a 70 el kilo. 彼はリンゴを1キロ70ペセタの値段で店頭に並べた. ❻ [電話番号を] 回す, 押す: ～ un número equivocado 間違った番号を押す. ❼ [髪を] セットする: Quiero sólo lavar y ～. 洗ってセットだけしてください. ❽ 《スポーツ》[シュートなどを] 入れる, 得点する；[相手を] マークする. ❾ 《音楽》[拍子を] とる ◆ 値 ❶《スポーツ》得点する；得点をつける. ❷ ダイヤルする ◆ ～se ❶ [自分の髪を] セットする(してもらう). ❷ 際立つ, 目立つ. ❸ 《口語》[勝利などを] 獲得する: Me he *marcado* un tango con una guapa. 私は美人とタンゴを一曲踊ることができた. ❹《口語》…をする(行なう)；…を言う: ～se un baile ダンスをする. ❺ 《船舶》方位を測定する

marcar 直説法点過去	接続法現在
mar*qué*	mar*que*
marcaste	mar*que*s
marcó	mar*que*
marcamos	mar*que*mos
marcasteis	mar*qué*is
marcaron	mar*que*n

marcasita [markasíta] 囡 《鉱物》白鉄鉱
marcear [marθeár] 値 《←marzo》[単人称] 3月のような気候である
marceño, ña [marθéɲo, ɲa] 厖 3月の
marcescente [marθesθénte] 厖 《植物》[葉·花などが] 落ちずに枯れる(しおれる), 枯凋(凋萎)する
marcha [mártʃa] 囡 《英 march》❶ 進むこと, 歩行；行進, 行軍: Su ～ es lenta. 彼の歩き方はのろい. hacer una ～ forzada 強行軍をする. ¡En ～! ¡号令》前に進め! ❷ 去る(向かう)こと；出発: su ～ a otro equipo 彼が他のチームに移ること. ¿A qué hora es su ～? ご出発は何時ですか? ❸ [乗り物·事態の] 進行；経過: dirección de la ～ de un tren 列車の進行方向. acelerar la ～ del coche 車の速度を上げる. Es peligrosa la ～ que ha tomado el asunto. 事件のたどった経過は危険である. La vida continúa su ～. いつも変わらない生活が続く. Tiene un buen negocio en ～. 彼の商売は順調だ. ～ del tiempo 時の流れ, 時代の歩み

❹《音楽》行進曲: ～ nupcial (fúnebre) 結婚(葬送)行進曲. ～ militar 軍隊行進曲. ～ real スペインの国歌 ❺《自動車·自転車》atrás バック[ギヤ]. la primera (segunda·tercera·cuarta) ～ ロー(セカンド·サード·フォース). ～ directa トップ. cambiar la ～ ギヤを入れる. cambiar de ～ ギヤチェンジをする. tener cinco ～s 5段変速である ❻《スポーツ》競歩 [～ atlética·de competición] ❼《西》お祭り騒ぎ；[夜の盛り場などの] 活気, にぎわい: A los jóvenes les va la ～. 若い人はどんちゃん騒ぎが好きだ
a largas ～s/a ～s forzadas/a toda ～ 大急ぎで, 全速力で: ir a toda ～ con el coche 車を全速力で走らす
abrir la ～ 先頭に立つ, 先頭を行く
coger la ～ 《西》[+de の] 扱い方(こつ)がわかる
dar (hacer) ～ atrás [車が] バックする；[熟慮の上, +a を] 変更する: A última hora *dio* ～ *atrás*. 彼は最後になって心変わりした. Han dado ～ atrás al proyecto. 計画は後退させられた
en ～ 進行(走行)中の；作動している: subir al autobús en ～ 走っているバスに飛び乗る
meter la ～ atrás ギアをバックに入れる, 車をバックさせる
poner en ～ 始動(作動)させる: poner el coche en ～ 車を発進させる. poner en ～ el dispositivo de seguridad 安全装置をかける. poner en ～ un negocio 商売を始める, 創業する
ponerse en ～ 動き出す
puesta en ～ 始動, 作動
romper la ～ ＝abrir la ～
sobre la ～ 必要に応じて, 途中で
tener mucha (poca) ～ 遊び好きである(ない)；遊ぶ元気がある(ない)
marchador, ra [martʃadór, ra] 图 競歩の選手
marchamo [martʃámo] 男 ❶ 特徴[づけるもの]. ❷ [税関·食肉などの] 検査済の印
marchamar 他 …に検査済の印を押す
marchante [martʃánte] 图 美術商；《中南米》常連客

marchar [martʃár] 値 《英 march》❶ 進む, 行く；歩く[～ a pie]；行進する, 行軍する[～ en fila]: Me gusta ～ un rato por la tarde. 私は午後散歩するのが好きだ. ～ a través de bosques 森を抜けていく. ¡Marchen! ¡号令》進め! ❷ [機械などが] 動く；[乗物が] 走る: Este reloj *marcha* atrasado. この時計は遅れている. El coche *marcha* a 90 kilómetros por hora. 車は時速90キロで走っている ❸ [物事が] うまく運ぶ, 進展する: Los negocios *marchan*, aunque no muy bien. 商売は非常に好調とまではいかないが, まずまずだ. ¿Cómo le *marcha* su negocio? 景気はいかがですか

か? No *marcha* bien en los estudios. 彼は学校の成績が落ちている
❹《文語》去る〖*marcharse*〗
❺〖bar で. 注文品が〗出て行く: Dos hamburguesas.—¡*Marchando!* ハンバーガー 2 個下さい.—はい, ただいま
❻〖軍隊が, +sobre に向かって〗進軍する
ir marchando どうにか苦境を脱する
~ a una 同時に進行する
◆ ~se《英 go away》《主に西》〖+de を〗去る, 出かける;〖+a に〗向かう: Se *marcha* de Tokio esta tarde. 彼は今晩東京を立つ. ¿Ya se *marcha* usted? もうお出かけになりますか? Tengo que ~*me* en seguida. 私はすぐ帰らねばならない. ~*se a* Roma ローマに向かう. ~*se* de vacaciones 休暇で出かける

marchitar [martʃitár] 他 しなびさせる.《文語》やつれさせる
◆ ~se しなびる, しおれる;《文語》やつれる: Se han *marchitado* las hojas. 葉がしおれた(枯れた)
marchitamiento 男 しなびる(やつれる)こと
marchito, ta [martʃíto, ta] 形〖estar+. 植物が〗しなびた, しおれた〖↔lozano〗;《文語》〖人が〗やつれた: flor ~*ta* しおれた花. hojas ~*tas* 枯れ葉. rostro ~ やつれた顔
marchoso, sa [martʃóso, sa] 形 名《西. 口語》活発な〖人〗, 遊び好きな〖人〗

marcial [marθjál] 形 **❶** 戦争の, 軍隊の: proclamar (quitar) la ley ~ 戒厳令をしく(解除する). disciplina ~ 軍隊式の規律. artes ~*es*〖東洋の〗武道, 武術, 格闘技, マーシャルアーツ. **❷** 断固とした; さっそうとした
marcialidad 女 軍隊調, 好戦性

marciano, na [marθjáno, na] 形 名 火星の;火星人
Marte の, 火星人

marco [márko] 男〖英 frame〗**❶** 枠;額縁: ~ de la ventana 窓枠. quedarse en el ~ de la puerta かまちの所で立ち止まる. poner un cuadro en un ~ 絵を額に入れる. **❷** 環境;〖問題の〗枠組み: El ~ político del país no nos permite considerar sobre el futuro. 我が国は将来のことを考えられるような政治情勢ではない. dar un ~ encantador a una reunión 集まりを楽しいものにする. ~ jurídico 法的枠組み. ~ de referencia 構想の枠組み. acuerdo ~ 大枠の合意. **❸**〖ドイツなどの貨幣単位〗マルク. **❹**《スポーツ》ゴールポスト

Marcos [márkos] 男〖男性名〗マルコス〖英 Mark〗;〖聖書〗聖マルコ〖San ~〗

marea [maréa] 女 **❶** 潮(½)〖の干満〗, 潮汐: Sube (Baja) la ~. 潮が満ちる(引く). ~ creciente (menguante) 上げ(下げ)潮. ~ alta 満潮〖時〗〖☞pleamar 題義〗. ~ baja 干潮〖時〗〖☞bajamar 題義〗. ~ viva (muerta) 大潮(小潮). ~ negra 海に流出した重油. ~ roja 赤潮. ~ humana 人波. ~ de amas de casa 大勢の主婦. **❷** 海風, 潮風. **❸**〖一回の〗漁獲量, 水揚げ
mareaje [maréaxe] 男 航海術;〖船の〗針路
mareante [mareánte] 形 うんざりさせる

◆ 名 船乗り〖marino〗

marear [mareár] 他 **❶** 乗物酔いさせる, 気分を悪くさせる: El coche me *marea*. 私は車に酔う. **❷** めまいを起こさせる;〖役所などで, あちこち行かせて〗へとへとにさせる. **❸**《口語》うんざりさせる: Tu charla me *marea*. 君のおしゃべりにはうんざりだ. **❹**《口語》少し酔わせる. **❺**〖船を〗操縦する
◆ 自 **❶** うるさい, うんざりさせる;目を回させる. **❷**《古語》航海する
◆ ~se **❶** 乗物酔いする, 気分が悪くなる;〖酒で〗軽く酔う: Se *marea* fácilmente en el barco. 彼はすぐ船に酔う. **❷** めまいがする. **❸** くよくよ考える〖主に否定文で〗: No te *marees* sobre lo de mañana. 明日のことを思いわずらうな. **❹**〖船荷が〗海損を受ける

marejada [marexáða] 女 **❶**〖海の〗うねり. **❷**〖人心の〗動揺, 不満: ~ de protestas 抗議の高まり
marejadilla 女 小さなうねり

maremagno/maremágnum [maremágno/-nun] 男 たくさんのもの(人);混乱〖mare mágnum とも表記する〗: Su escritorio es un ~ de papeles. 彼の机は書類の山だ

maremoto [maremóto] 男〖一般の用語として〗津波

maremotor, triz [maremotór, triθ] 形 潮力の: central ~*triz* 潮力発電所

marengo [maréngo] 形 ☞gris marengo

mareo [maréo] 男 **❶**〖乗物などによる〗酔い, 気分が悪くなること: producir a+人 ~ …に乗物酔いを起こさせる. **❷** めまい;頭がぼんやりすること: Me dio un ~. 私は頭がくらくらした. **❸** やっかい, 面倒なもの

mareógrafo [mareóɣrafo] 男 検潮器
mareomotriz [mareomotríθ] 形 energía ~ 波力, 潮力

marfil [marfíl] 男 **❶** 象牙(²⁵):estatua de ~ 象牙製の彫像. negro de ~〖顔料の〗アイボリーブラック. Costa de M~ コート・ジボアール. torre de ~ 象牙の塔. **❷** 象牙色〖color ~. 黄色みがかった白色〗. **❸**〖歯の〗象牙質. **❹** ~ vegetal 植物象牙, アイボリーナット〖ゾウゲヤシ tagua の実〗
marfilense 形 名 コート・ジボアールの(人)
marfileño, ña 形 象牙〖質・色〗の

marga [márga] 女 泥灰土(岩);〖袋物などの〗粗布

margarina [margarína] 女《料理》マーガリン
margarita [margaríta] 女 **❶**《植物》デージー, ヒナギク;マーガレット: deshojar la ~ 花びらをむしって恋占いをする. ~ europea〖EU の〗エコマーク. **❷**《国名》真珠;〖貝〗タカラガイ, コヤスガイ: echar ~*s* a los puercos〖諺〗豚に真珠. **❸**〖女性名〗〖M~〗マルガリータ〖英 Margaret〗
◆ 男〖カクテルの〗マルガリータ

margen [márxen] 男〖複 márgenes〗**I ❶**《商業》マージン, 利鞘(¾½);〖~ de beneficio・de ganancias〗;利幅, スプレッド: La venta apenas deja ~ alguno. 売ってももうけはほとん

どない. vender con mucho ～ もうけを大きくとって売る. ❷［時間・行動などの］余裕, 幅；許容範囲：Tienes un ～ de quince días para terminar el trabajo. 仕事を終わらせるのに2週間の余裕をあげる. Han ganado por escaso (estrecho) ～. 彼らは僅少差で勝った. ～ de error 誤りの発生する余地. ～ de tolerancia 許容範囲；［品質管理上の］公差, 許容差. ❸ 機会

II ［時に 囡］❶ 河岸, 岸辺；道端；周辺部：～ derecho (derecha) del río 川の右岸. ❷［本などの］余白, 縁：～ superior (inferior) 上(下)の余白. dejar ～ 余白を残す. ❸ 欄外の書き込み, 傍注：Vea el ～. 傍注参照

al ～ 欄外に；らち外に：firmar *al* ～ 欄外に署名する. vivir *al* ～ de la sociedad 世間と絶縁した生活をする；社会からのけ者にされて暮らす. mantenerse *al* ～ 部外者の立場でいる, 傍観する. dejar a+人 *al* ～ …をのけ者にする

andarse por las márgenes 遠回しな言い方をする

marginación [marxinaθjón] 囡 のけ者にすること, 差別

marginado, da [marxináðo, da] 形 名 過分 社会からのけ者にされた〔人〕, 疎外された, 落伍者, 落ちこぼれ；アウトサイダー

marginador, ra [marxinaðór, ra] 形 名 疎外する〔人〕

◆ 男［タイプライターの］マージンストッパー

marginal [marxinál] 形 ❶ 縁の, 周辺の；欄外の, 余白の. ❷ 二義的な, 副次的な：problema ～ あまり重要でない問題. ❸［社会から］のけ者にされた. ❹［経済］utilidad ～ 限界効用. ajustes ～es 限界調整

marginar [marxinár] 他 ❶ 余白をあける；傍注をつける. ❷［社会から］のけ者にする, 疎外する, 周辺に追いやる. ❸ 無視する, 取り合わない

margrave [margráβe] 男［歴史］（神聖ローマ帝国の）侯爵；［ドイツの］辺境伯

maría [maría] 囡［女性名］［M～］マリア［英 Mary］；聖母マリア［Santa M～］. ❷《軽蔑》［及第の楽な］課目；［掃除ばかりしている］人はいが愚純な女性. ❸《俗語》マリファナ

mariachi [marjátʃi] 男 マリアッチ［メキシコの民俗音楽・舞踊. その楽団〔員〕］

mariachis 男［単複同形］＝mariachi

marialuisa [marjalwísa] 囡 ボール紙製の簡単な写真立て

mariano, na [marjáno, na] 形《キリスト教》聖母マリアの〔信仰〕の：teología ～na マリア神学. devoción ～na 聖母マリア信仰

marianista 形 名 マリア会 Compañía de María de Burdeos の〔会員〕

Maribel [mariβél] 囡《女性名》マリベル［María Isabel の愛称］

marica [maríka] 形 男《軽蔑》女みたいな〔男〕；ホモ〔の〕, 男色家〔の〕

◆ 囡《鳥》カササギ

Maricastaña [marikastáɲa] 囡 *el año de* ～ 昔々の昔

en tiempos de ～ 大昔に

maricón, na [marikón, na]《軽蔑》形 ❶ ホモの, 男色家の. ❷ 下劣な：No seas ～. いやらしいことしないで. ❸《中南米》弱虫の, いくじのない

◆ 男 女みたいな男；ホモ, 男色家［marica］

◆ 囡 レスビアン

mariconada 囡 1) 女っぽさ, ホモっぽさ. 2) 卑劣な行為；無意味な(愚かな)行為

mariconera 囡［男性用の］セカンドバッグ, ポーチ

mariconería 囡 女っぽさ, ホモっぽさ

maridaje [mariðáxe] 男 ❶ 組み合わせ, 調和：～ entre la ciencia y el arte 科学と芸術の結合(調和). ❷ 夫婦生活, 所帯；同棲, 内縁の生活

maridar [mariðár] 他 組み合わせる, 調和させる

◆ 自 結婚する

marido [maríðo] 男《英 husband. ↔ mujer. ☞esposo 類義》夫：Ya no somos ～ y mujer. 私たちはもう夫婦ではない. tomar ～［女性が］結婚する. tomar a+人 por ～ …を夫にする

marihuana／mariguana／marijuana [mariwána/-gwána/-xwána] 囡 マリファナ

marihuanero, ra／marijuanero, ra 形 名 マリファナ常用者の〔人〕

marimacho [marimátʃo] 男／囡 ❶《軽蔑》男のような女：Es un ～. 彼女は男みたいな女だ. ❷《俗語》レスビアン

marimandón, na [marimandón, na] 名《西》横柄な人, 権柄づくの人；がみがみと口うるさい人

marimba [marímba] 囡 ❶《楽器》マリンバ；［アフリカで］太鼓の一種. ❷《南米》殴打, めった打ち

marimorena [marimoréna] 囡《口語》［主に 囲］けんか：Se armó la ～ entre los dos. 2人の間でけんかがおっぱじまった

marina¹ [marína] 囡 ❶［一国全体の］船舶：～ mercante 商船隊, 海運力. ❷ 海軍［～ de guerra］：Ministerio de M～ 海軍省. oficial de ～ 海軍士官. ❸ 航海術, 海事. ❹ 海岸, 海辺［costa］. ❺《美術》海洋画

marinar [marinár] 他《料理》マリネにする

marine [maríne] 男《←英語》［米国などの］海兵隊員；復 海兵隊

marinear [marineár] 自 船員として働く

marinería [marinería] 囡 船乗りの職業；匯名 船員, 乗組員

marinero, ra [marinéro, ra] 形 ❶ 船舶(海運・航海)の：disciplina ～ra 海の掟. ❷［船が］耐航性のある, 操船しやすい. ❸ 船員服の；セーラー服の

◆ 男 ❶ 船乗り, 船員：sindicato de ～s 船員組合. traje de ～ 船員服. ～ de agua dulce 素人同然の船乗り. ～ de primera (segunda) 熟練した(あまり熟練していない)船員. ～ de cubierta 甲板部乗組員, 甲板員. ❷ 水兵：～ distinguido 一等水兵

◆ 囡 ❶《服飾》船員服；セーラー服［blusa ～ra］. ❷《舞踊・音楽》マリネーラ［チリ・ペルー・

エクアドルの民俗舞踊』
a la ~ra《料理》マリネーにした

marinismo [marinísmo] 男 イタリアの詩人マリーニ Marini 風の文体, 虚飾体

marino, na[2] [maríno, na] 形 海の: animal ~ 海生動物. planta ~*na* 海生植物, 海藻. productos ~*s* 海産物. guardia ~*na* 海軍士官候補生
◆ 男 [主に士官クラスの] 船乗り: buen ~ 腕ききの船乗り. ~ mercante 商船員

Mario [márjo] 男《男性名》マリオ

mariología [marjolɔxía] 女〔聖母〕マリア学

marioneta [marjonéta] 女 マリオネット, あやつり人形《比喩的にも》; 複 その人形芝居: régimen ~ 傀儡政権

mariposa [maripósa] 女 ❶《昆虫》チョウ (蝶)〔~ diurna〕; ガ(蛾)〔~ nocturna・de la luz〕: ~ monarca オオカバマダラ. ❷ 浮かし灯明《ロカット》. ❸《服飾》蝶ネクタイ;《技術》蝶ナット〔tuerca ~〕. ❹《水泳》バタフライ. ❺《口語》ホモ《marica》. ❻《鳥》[中米の鳴き声のよい] フィンチの一種
a otra cosa, ~ 何かほかのことをしよう《mariposa は単なる語呂合わせ》
correr tras las ~s [くだらないことで] 暇つぶしをする
~ nocturna《比喩》売春婦

mariposear [mariposeár] 自 ❶ よく気が変わる; [男が] 浮気(移り気)である. ❷ しつこく付きまとう

mariposón [mariposón] 男《口語》移り気な男, 戯れに恋する男;《軽蔑》ホモ, ゲイ

mariquita [marikíta] 女 ❶《昆虫》テントウムシ; カメムシ. ❷《鳥》インコ《perico》
◆ 男《軽蔑》[女言葉を使うなど] 女みたいな男, おかま《maricón》

Marisa [marísa] 女《女性名》マリサ《María Luisa の愛称》

marisabidillo, lla [marisabiðíʎo, ʎa] 名《西. 軽蔑》知ったかぶりをする人《特に女性》; おしゃまな女の子; 才女

mariscal [mariskál] 男《陸軍》元帥: ~ de campo 少将

marisco [marísko] 男《料理》[主に 複. 時に 集名] 海の幸《貝, エビ, カニ. 時にタコ, イカ. まれに魚も含まれる》: sopa de ~s 魚貝類のスープ
mariscada 女 海の幸料理, シーフード
mariscar 7 自他 [貝・エビなどを] 捕る, 採取する

marisma [marísma] 女 [主に 複] 海岸近くの沼地: Las *M~s* グワダルキビル川下流の湿地《米作地帯》
marismeño, ña 形 その沼地の

Marisol [marisɔ́l] 女《女性名》 マリソル《María de la Soledad の愛称》

marisquería [mariskería] 女 シーフードレストラン, 海鮮料理店

marisquero, ra [mariskéro, ra] 名 海の幸

marisco を獲る(売る)人

marista [marísta] 形 名《宗教》マリスト会 Instituto de Hermanos Maristas の〔会員〕

marital [maritál] 形 ❶《文語》結婚の: vida ~ 夫婦生活. relaciones ~*es* 夫婦関係. ❷ 夫の: autorización ~ 夫権

marítimo, ma [marítimo, ma] 形 ❶ 海上の: bloqueo ~ 海上封鎖. derecho ~ 海商法. nación ~*ma* 海洋国. poder ~ 海軍力. seguro ~ 海上保険. ❷ 海に面した: zona ~*ma* 沿岸部. paseo ~ 海沿いの遊歩道

maritornes [maritɔ́rnes] 女《単複同形》粗野で醜い宿屋の女中《←『ドン・キホーテ』の登場人物》

marjal [marxál] 男 低地, 湿地

marjoleto [marxoléto] 男《植物》セイヨウサンザシ

marketing [márketiŋ] 男《単複同形》《←英語》マーケティング(リサーチ)

marlo [márlo] 男《南米》[粒を除いた後の] トウモロコシの穂軸

marmita [marmíta] 女 ❶ [金属製で蓋付きの] 鍋(⁇); 圧力鍋. ❷《軍事》野営用の食器. ❸《地質》~ de gigante 甌穴(⁇), ポットホール

marmitako [marmitáko] 男 [バスク地方の] カツオとジャガイモの煮込み料理

marmitón, na [marmitón, na] 名 見習いコック, 皿洗い

mármol [mármol] 男 大理石; その作品(製品): estatua de ~ 大理石像
de ~ 冷酷な, 冷たい
quedarse de ~ びっくり仰天する

marmolería [marmolería] 女 ❶ 大理石加工工場; 集名 大理石の作品: ~ funeraria《表示》墓石屋

marmolillo [marmolíʎo] 男《軽蔑》うすのろ, とんま

marmolista [marmolísta] 名 大理石工; 〔大理石の〕墓石業者

marmóreo, a [marmóreo, a] 形《文語》大理石の(ような): frialdad ~*a* 大理石のような冷たさ

marmota [marmóta] 女 ❶《動物》マーモット. ❷《口語》よく眠る(寝坊をする)人; うすのろ, まぬけ;《軽蔑》家政婦
dormir como una ~ ぐっすり眠る

maro [máro] 男《植物》イヌハッカ

marojo [maróxo] 男《植物》ヤドリギの一種; コナラ

maroma [maróma] 女 ❶《主に船舶》太綱, ケーブル. ❷《南米》[主に 複] 綱渡り, 曲芸;《中米》宙返り. ❸《中南米》変節, 日和見
maromear 自《南米》綱渡りを演じる;《中南米》日和見する
maromero 男《中南米》曲芸師; 巧みに渡り歩く政治家

maromo [marómo] 男《西. 口語》[誰だか知らない・言いたくない] 男, やつ;《時に軽蔑》愛人, 恋人

maronita [maroníta] 形 名《宗教》マロン派〔の〕《レバノンなどのキリスト教徒》

M

marqués [markés] 男 侯爵：M〜 de Santillana サンティリャーナ侯爵

marquesa 女 女侯爵；侯爵夫人

marquesado 男 侯爵位；侯爵領

marquesina [markesína] 女 [入り口・ホームの] ひさし，張り出し

marquesita [markesíta] 女《鉱物》白鉄鉱

marquetería [marketería] 女 寄せ木（はめこみ）細工，象眼；螺鈿（ﾞ）：mesa de 〜 寄せ木細工のテーブル

marra [mářa] 女 ❶ [列などの] 切れ目；欠落，欠如．❷ げんのう《almádena》

marrajo, ja [mářáxo, xa] 形《闘牛》[牛が] 癖の悪い，危険な；[人が] ずる賢い
◆ 男《魚》アオザメ

marramao / marramau / marramiau [mařamáo/-máu/-mjáu] 男 [主に発情期の猫の鳴き声] ニャーニャー

marranada [mařanáða] 女 汚らしさ，乱雑；卑劣な行為：cuarto hecho una 〜 汚し（散らかし）放題の部屋

marranear [mařaneár]《主に南米》他 汚す
◆ 自 汚い（卑劣な）ことをする

marranería [mařanería] 女 ＝marranada

marrano, na [mařáno, na] 形 ❶ [豚のように] 汚い，不潔な：niño 〜 汚らしい子供．❷ 卑劣な：Es tan 〜 que puede que traicione a su padre. 彼は汚い男で父親さえ裏切りかねない
◆ 名 ❶ 豚《cerdo》．❷《歴史》非改宗ユダヤ教徒《強制的にキリスト教に改宗させられたが秘かにユダヤ教を信仰し続けたユダヤ人》

joder (jorobar) la 〜na《卑語》ひどく不快にする
◆ 男 [水車などの] 軸，心棒

marrar [mařár] 自 [狙いが] 外れる；失敗する：Ha marrado el rosal que plantamos. 私たちの植えたバラはうまくいかなかった
◆ 他 …に失敗する：〜 el tiro 命中しない，的を外す．〜 el golpe de estado クーデターに失敗する

marras [mářas] ❶ de 〜《軽蔑・親愛》例の，ご存知の：asunto de 〜 例の件．cuento de 〜 いつもの話．❷《南米》長い時の経過：Hace 〜 que no veo a Pepe. ペペには長い間会っていない

marrasquino [mařaskíno] 男《酒》マラスキーノ《サクランボの一種から作るリキュール》

marro [mářo] 男 ❶《遊戯》陣取り遊び《2チームに分かれてつかまえ合う》；ピン当て《地面に刺したピンに向かって石を投げる》．❷ 間違い，失敗．❸《中米》槍

marrón [mařón] 形 茶色の，栗色の
◆ 男 ❶ 茶色，栗色（の髪の人）．❷ [ピン当てで marro で投げる] 平たい丸石．❸《←仏語・菓子》〜 glacé マロングラッセ《castaña confitada》．❹《口語》いやなこと，やっかい

comerse un 〜 洗いざらい白状する

meter un 〜 a+人 …を罰する

pillar de 〜 a+人《俗語》…の不意をつく；…を現行犯で捕まえる

marronazo [mařonáθo] 男《闘牛》[ピカドールの] 槍の刺し損じ

marroquí [mařokí] 形 名《複 〜[e]s》《国名》モロッコ Marruecos《人》の；モロッコ人

marroquín 男 モロッコ革

marroquinería 女 皮革の加工（業）；皮革製品（の工場・販売店）

marrubio [mařúbjo] 男《植物》マルビウム

Marruecos [mařwékɔs] 男《国名》モロッコ．❷ スペイン領モロッコ《地方の一つで，セウタ Ceuta・メリーリャ Merilla などから成る》

marrullería [mařuʎería] 女 甘言，おだて：Con mil 〜s consiguió que yo invirtiera el dinero. 彼の口車に乗せられて私は投資してしまった

marrullero, ra 形 名 口のうまい〔人〕

marsala [marsála] 男 シチリア島産のワイン

marsellés, sa [marseʎés, sa] 形 名《地名》マルセイユ Marsella の〔人〕
◆ 男 [La M〜] ラ・マルセイエーズ《フランス国歌》

marsopa/marsopla [marsópa/-pla] 女《動物》ネズミイルカ

marsupial [marsupjál] 形《動物》有袋類の：bolsa 〜 育児嚢（ﾞ）
◆ 男 複 有袋類

marsupio 男 育児嚢

mart.《略語》←martes 火曜日

marta [márta] 女 ❶《動物》テン；その毛皮：〜 cebellina (cibelina) クロテン．❷《女性名》[M〜] マルタ《英 Martha》

Marte [márte] 男《天文》火星；《神話》マールス《軍（ﾞﾞ）の神》

martellina [marteʎína] 女 石工用ハンマー

martes [mártes] 男《英 Tuesday. 単複同形．☞semana 参考》火曜日：〜 de carnaval 謝肉の火曜日《謝肉祭の最終日》．En 〜, ni te cases ni te embarques.《諺》火曜日には結婚も船出もするな《スペインでは火曜日が不吉な日とされている》．〜 y trece 13日の火曜日《二重に不吉な日》

martill[e]ar [martiʎ[e]ár] 他 [ハンマーなどで繰返し] 打つ；悩ます，さいなむ
◆ 自 ハンマーで打つ

martillazo 男 槌打ち

martilleo 男 槌打ち；その音

martillero, ra 名《南米》競売人

martillo [martíʎo] 男 ❶ かなづち，ハンマー；槌（ﾞ）：golpear un clavo con el 〜 かなづちで釘を打つ．a 〜 かなづちで．de orejas 釘抜きハンマー．〜 de remachar リベットハンマー．〜 neumático 空気ハンマー．〜 perforador ハンマードリル．〜 pilón [鍛造機の] 打ち金．〜 de herejías 邪教を打ち砕く人．pez 〜《魚》シュモクザメ．❷ [ピアノの] ハンマー；《解剖》[中耳の] 槌骨

a macha 〜 ☞machamartillo

martín [martín] 男 ❶《男性名》[M〜] マルティン《英 Martin》．❷ San M〜 聖マルタン《フランスの守護聖人，316-397》；豚を殺す時期《参考 Día de San M〜（11月11日）のころに豚を殺してハムやチョリーソを作り，冬の食糧とし

た]. llegar (venir) a+人 su San *M*～《口語》
…に盛者必滅の時が訪れる. A cada cerdo (co-
chino•puerco) le llega su San *M*～《諺》誰
も罰を逃れることはできない. ❸〔鳥〕～ del río
ゴイサギ. ～ pescador カワセミ

martineta [martinéta] 囡〔鳥〕シギダチョウ
martinete [martinéte] 男 ❶〔鳥〕ゴイサギ;
その冠羽. ❷ 杭打ちハンマー, パイルドライバー;
〔鍛造用の〕ドロップハンマー. ❸〔ピアノの〕ハン
マー. ❹〔銃の〕打ち金, 撃鉄. ❺《フラメンコ》マ
ルティネーテ〔無伴奏で歌われるカンテの一つ〕
Martínez [martíneθ]《人名》マルティネス
martingala [martingála] 囡〔口語〕トリッ
ク, 仕掛け. ❷ 倍賭け. ❸ 圏〔よろいの下に着
る〕半ズボン
mártir [mártir] 图 ❶ 殉教者: capilla de
～*es* 殉教者教会. ～ de una revolución 革
命のために命を捧げた人. ❷〔病気などの〕犠牲
者; 諦観者: Soy un ～ de la neuralgia. 私は
神経痛で難儀している. ～ de su familia 家のた
めに犠牲になった人. complejo de ～ 被害者意
識
   dárselas de ～ 被害者ぶる
   hacerse el ～《軽蔑》犠牲者ぶる, さも苦しそう
な顔をする
martirio [martírjo] 男 ❶ 殉教, 殉死; 受難.
❷〔誇張して〕苦痛, 苦難: Estos zapatos son
un ～. この靴は拷問みたいだ
martirizar [martiriθár] 他 迫害する, 苦し
める; 殉死させる: Este corsé me *martiriza*. こ
のコルセットは苦しい
  ◆ ～*se* 苦しむ
martirizador, ra 形 图 責めさいなむ〔人〕
martirologio [martirolóxjo] 男 殉教者名
簿, 聖人列伝;〔訴訟の〕犠牲者リスト
maruja [marúxa] 囡〔軽蔑•戯語〕〔専業〕
主婦; おばちゃん, オバタリアン〔家事に熱心だが,
社会性がなく, ゴシップ好きなど〕. ❷《女性名》
[*M*～] マルーハ〔María の愛称〕
marxismo [mar(k)sísmo] 男 マルクス Marx
主義: ～-leninismo マルクス=レーニン主義
  marxista [mar(k)sísta] 形 图 マルクス主義の, マルクス主義
者: ～-leninista マルクス-レーニン主義の(主
義者)
marzas [márθas] 囡 圈 サンタンデールの民謡
marzante 男 上の歌手
marzo [márθo] 男〔英 March. ☞mes〕
《参考》3 月: Cuando ～ mayea,
mayo marcea.《諺》3 月が5 月の天候だと5
月は3 月の天候になる
mas [mas] 接《文語》しかし〔pero〕: No me lo
ha dicho, ～ lo he adivinado. 彼はそれを言わ
なかったが, 私は感づいた
más [más]〔英 more. mucho の比較級. ↔
menos〕副 ❶ もっと; より多く: i)〔+
形容詞•副詞〕Se pone cada día ～ cansado.
彼は日増しに疲れてくる. Habla ～ despacio.
もっとゆっくり話しなさい. ii)〔動詞+〕Déme ～.
もっとください. Ya no puedo ～. もうこれ以上は
だめだ. Me gustaría ～ que te quedaras
conmigo. 私はむしろ君に一緒にいてもらいたい.

iii)〔名詞+〕Pregúntaselo una vez ～. 彼に
もう一度尋ねてごらん. Me quedaré aquí dos
días ～. あと2 日ここに留まろう. iv)〔不定代名
詞+〕もっとほかに: ¿Quiere usted algo ～?―
No, nada ～. 他に何かいりますか?―いいえ, もう
何も. v)〔否定文で〕もう〔…ない〕: No pude
avanzar ～. 私はもう〔それ以上〕前進できなかっ
た. No te daré ni un céntimo ～. もう一文だ
ってやらないよ
❷〔数量•程度の比較. +de〕…以上〔年齢と時
間を除き, de+数詞の数を含まない〕: Viene
aquí ～ de dos veces al día. 彼は1 日に3 回
以上ここへ来る. Aquí caben ～ de cinco mil
personas. ここには5千人以上入れる. En Es-
paña votan los que tienen ～ de 18 años.
スペインでは18 歳以上が投票権を持つ. Aquí
no llueve ～ de una semana. ここでは1 週間
以上雨が降らない. Hablas ～ de lo necesa-
rio. 君は必要以上にしゃべる. Parecía ～ jo-
ven de lo que era. 彼は実際よりも若く見えた
❸〔優等比較級. +que より〕もっと…: i) Hoy
ha llovido ～ que ayer. 今日は昨日よりたくさ
ん雨が降った. Ana estudia ～ que nadie. アナ
は誰よりも勉強する. ii)〔形容詞•副詞の比較〕
José es〔dos centímetros〕～ alto que
Pedro. ホセはペドロより〔2センチ〕背が高い.
Ahora me pareces mucho ～ guapa que cuando
te vi por primera vez. 今君は私が初めて会っ
た時よりずっときれいに見える. Hoy he llegado
media hora ～ temprano que de cos-
tumbre. 今日私はいつもより30 分早く着いた.
iii)〔…というよりは〕むしろ: Es ～ temerario
que valiente. 彼は勇敢というよりむしろ無謀だ.
Eso depende de su ánimo ～ que de las
circunstancias. それは状況次第というより彼の
やる気次第だ. *Más* quiero mi desgracia que
la tuya. 君が不幸になるくらいなら私が不幸になっ
た方がいい. Es una provocación ～ que otra
cosa. それは挑発以外の何物でもない. iv) 特に,
とりわけ: Quiero este color, y ～ si lo has
elegido. 私はこの色が好きだ, 君が選んだのなら
おさらだ
❹〔優等最上級. +de•en•entre の中で〕最も
〔形容詞の最上級以外は文脈から判断するか,
ser+定冠詞+que+直説法の構文で表現する〕:
i) El otoño es *la* estación que me gusta ～.
秋は私の一番好きな季節だ. ii)〔形容詞の最上
級. 定冠詞•所有形容詞+〕El Biwako es *el*
lago ～ grande *de*l Japón. 琵琶湖は日本で一
番大きい湖である. El español es una de *las*
lenguas ～ hermosas *de*l mundo. スペイン語
は世界で最も美しい言葉の一つだ. Carmen es
la ～ amable *entre* sus hermanas. カルメンは
姉妹の中で一番親切だ. Le expreso *mi* ～
cordial agradecimiento.〔手紙〕心から感謝
申し上げます. iii)〔副詞の最上級〕En el sols-
ticio de verano el sol se pone ～ tarde *en*
el año. 夏至には一年中で最も遅く太陽が沈む.
Juana es *la que* corre ～ rápidamente *de* la
clase. フワナはクラスで一番走るのが速い
❺〔感嘆文で〕とても〔tan〕: ¡Qué día ～

espléndido! 何とすばらしい日だろう！
❻《数学》プラスして【発音は [mas]】: Cinco ～ tres son ocho. 5足す3は8

a cual (cuál) ～ いずれ劣らない: Eran *a cuál* ～ bella. 彼女たちはいずれ劣らぬ美人ぞろいだった

a lo ～ 多くても，せいぜい；全部で: Tendrá *a lo* ～ 200 páginas. それは多くて200ページだろう

a ～ 1) その上〖además〗；[+de] …に加えて: Es amable y *a* ～ guapa. 彼女は親切な上に美人だ. Tiene mucho dinero *a* ～ de terrenos. 彼は土地のほかにたくさんの金を持っている. 2) [+不定詞] 最大限…して: *a* ～ correr 全速力で. *a* ～ tardar どんなに遅くても. 3) [比較語の相関] …であればあるほど: *A* ～ gente, menos trabajo. 人が多ければ多いほど仕事は減る. *A* ～ estudios, [tantas] más posibilidades. 勉強すればするほど可能性が多くなる

a ～ y mejor 多量に: Llovió *a* ～ *y mejor*. すごい大雨が降った

aún ～ 1) =～ **aún**. 2) [比較の強調] なお一層: Te quiero *aún* ～ que antes. 僕は前よりずっと君が好きだ. El incendio se extendió *aún* ～. 火事はますます広がった

como el que ～ 人並みすぐれて: Sabe español *como el que* ～. 彼はスペイン語がとてもよくできる

cuál ～, cuál menos 多かれ少なかれ: Todos contribuyeron, *cuál* ～, *cuál menos*, al buen resultado. 全員が多かれ少なかれ好結果に貢献した

cuando ～ 多くても〖a lo ～〗: *Cuando* ～, no tardará seis días en terminarlo. 彼がそれを終えるのに長くても6日はかかるまい

cuanto ～… 〖tanto〗+比較語 ☞**cuanto**

de lo ～ とても: Este libro es *de lo* ～ interesante. この本は非常におもしろい

de ～ 余分に〖de sobra〗; 何もせずに, 失業している: Me han dado cien pesetas *de* ～. 私は100ペセタ余計にもらった. Las últimas palabras han estado *de* ～. その最後の言葉は余計だった. Estoy aquí *de* ～. 私はここでははみ出し者だ（働き口がない）

de ～ en ～ 次第に: Se hacía *de* ～ *en* ～ hábil. 彼はだんだん上手になった

de poco ～ o menos つまらない, 平凡な: Es un médico *de poco* ～ *o menos*. 彼は凡庸な医者だ

el no va ～ 《口語》1) 最良のもの: Este aparato es *el no va* ～ en vídeo. ビデオだったらこの機械が最高だ. 2) Es *el no va* ～. それはあんまりだ

el que ～ y el que menos 誰でも〖多かれ少なかれ〗: *El que* ～ *y el que menos* tiene sus puntos flacos. 人にはみな弱点がある

en ～ 1) [評価] より以上に: Aprecio mi virtud *en* ～ que mi vida. 私は命より徳義を重んじる. 2) 余分に: Hay en la cuenta un error de cien pesetas *en* ～. 間違って勘定

書に100ペセタ多くつけられている

es ～ [強調] さらに言えば；それだけでなく: Hay que hacerlo, *es* ～, tenemos la obligación de hacerlo. そうしなければならない. もっと言えば私たちはそうする義務がある. Les dio de comer y alojamiento ; *es* ～, les buscó trabajo. 彼はその人たちに食べ物と寝場所を与えたが, それだけではなく, 仕事まで捜してやった

hasta no ～ この上なく: mujer tímida *hasta no* ～ この上なく内気な女

ir a ～ 《西》前進する, 向上する

lo ～+形容詞 この上など…な: i) río *lo* ～ limpio この上なく澄んだ川. ii) [名詞化] Apareció en *lo* ～ alto de la escalera. 彼女は階段の一番上に現われた

lo ～+形容詞・副詞+posible (que poder) できる限り…な・に: Estas torres deben ser *lo* ～ fuertes *posible*. これらの塔はできるだけがんじょうでなければならない. Te lo avisaré *lo* ～ pronto *posible*. できるだけ早く知らせるよ. Averiguamos el local *lo* ～ detalladamente *que pudimos*. 私たちはそこをできるだけ詳しく調査した

lo ～ antes できるだけ早く: Volveré *lo* ～ *antes*. できるだけ早く帰ります

lo ～ posible (que poder) できる限り〖as as possible〗: Deja jugar a los niños *lo* ～ *posible*. 子供たちをできるだけ遊ばせておきなさい. Gritó *lo* ～ *que podía*. 彼は声を限りに叫んだ

lo ～ tarde いくら遅くても〖a más tardar〗: Vuelve a casa *lo* ～ *tarde* para las ocho. 遅くとも8時までには帰宅しなさい

lo que ～ さらにその上

～ aún 1) まして, なおさら: No vendrá hoy, ～ *aún* si está lloviendo. 彼は今日は来るまい. 雨が降っていればなおさらだ. 2) =**es** ～

～ bien むしろ: Devora ～ *bien* que come. 彼は食べるというよりむさぼっている. Está cansado ～ *bien* que enfermo. 彼は病気というより, むしろ疲れている. No sonríe ; está ～ *bien* triste. 彼はにこりともしない. それどころか悲しんでいる

～ eres tú [けんかで] 悪いのはお前だ

¡～ lo eres tú! お前こそそうだ！

～ o menos 多かれ少なかれ〖英 more or less〗; [+数詞] およそ: Esos rumores tienen ～ *o menos* verdad. それはまったく根も葉もない噂とは言えない. Marcha ～ *o menos* bien. まずまずうまくいっている. Se reunieron ～ *o menos* cincuenta personas. 約50人集まった. a las seis en punto ～ *o menos* 6時前後に

～ que+接続法 [譲歩] …するとしても: Irás a verle ～ *que* te pese. つらくても彼に会いに行きなさい

～ tarde o ～ temprano 遅かれ早かれ, いつかは: Esa pareja se separará ～ *tarde o* ～ *temprano*. あのカップルはいつか別れるだろう

～ y ～ ますます: Voy teniendo ～ *y* ～ grasa. 私はますます太っていく

ni ～ ni menos 1) まさに: Eso es *ni* ～ *ni*

menos lo que quería decir yo. それこそまさに私の言いたかったことだ. Tenemos que aguantarnos.—*Ni* ～ *ni menos*. 我々は我慢しなければならない.—まさにその通りだ. 2) [強調] Se ha hecho alcalde *ni* ～ *ni menos*. 彼は何と市長になった. Perdió *ni* ～ *ni menos* que un millón de yenes. 彼は 100 万円もの大金をなくした

no ～ 1) 単に, わずかに: Me dio mil pesetas *no* ～. 彼が私にくれたのはたった千ペセタだった. Me dijo *no* ～ que era un negado. 彼は私のことを役立たずとあっさり言っていった. 2) …するとすぐ: *No* ～ lo hubo dicho se arrepintió. 彼はそう言ってから, すぐ後悔した. 3) …はもうたくさんだ: ¡*No* ～ barullo! ごたごたはもう結構だ. ¡*No* (Nunca) ～ Hiroshima! ノーモア·ヒロシマ! 4) どうぞ: Siéntese *no* ～. どうぞお座りください. 5)《南米》[強意] Hable *no* ～. とにかくお話しください. allí *no* ～ まさにあそこで

no ～ *de...* 多くても…の: Se encontraban *no* ～ *de* diez casas. せいぜい 10 軒ほどの家しかなかった

no ～ *que...* …だけ: En el coche *no* caben ～ *que* cinco personas. 車には 5 人しか乗れない. Tiene ～ *que* diez años. 彼はわずか 10 歳だ. *No* es ～ *que* una suposición. それは推測にすぎない. *No* hace ～ *que* quejarse. 彼は文句ばかり言っている

no va ～ [賭博で] そこまで/締め切りです

no-va-～ 最高の: Este hotel es el *no-va-* ～ en servicios. このホテルはサービスが最高だ

poco ～ *o menos* およそ: Se tardará veinte minutos *poco* ～ *o menos*. ほぼ 20 分かかるだろう

por lo ～ =a lo ～

por ～ *que...* ☞por ❿

¿qué ～? ほかに何か〔あるか·必要か〕?

¿qué ～ *da?* どうせ同じではないか/そんなことでもいいじゃないか?

¿quién ～? ほかに誰か?

quien ～ *quien menos* =el que ～ el que menos

sin ～ [*ni* ～] 理由もなく; いきなり: Me han echado del cine *sin* ～ *ni* ～. 私はいきなり映画館からつまみ出された

sobre poco ～ *o menos* =poco ～ o menos

tanto ～ *cuanto que* (*porque*)＋直説法 …であるだけに一層: Me alegro *tanto* ～ *cuanto que* se trata de un amigo mío. 友人のことだけに私はなおさらうれしい

tanto ～ *si*＋直説法 …であるなら一層: Tienes que trabajar *tanto* ～ *cuanto* si te examinarte. 受験するならなおさら勉強しなければいけない

todavía ～ =aún ～ 2)

◆ [形] [性数無変化] ❶ [＋不可算名詞/＋可算名詞複数形] もっと多くの: i) ¿Quieres ～ agua? もっと水がいりますか? De aquí nos visitará con ～ frecuencia. 彼はこれからもっとひんぱんに訪ねて来てくれるだろう. Lee {muchos} ～ libros que yo. 彼は私より(はるかに)たくさんの本

を読んでいる. ii) [否定文で] …しか[ない]: No veo ～ solución que esa. これしか解決策が見当らない. ❷ [口語] もっと優れた: Ésta es ～ casa que la mía. この家はうちよりすごい. Sois ～ equipo que nosotros. 君たちのチームは僕らより強い. ❸ [不定冠詞＋名詞で] ごく普通の: Soy un alumno ～ de la clase. 僕はクラスの一生徒にすぎない

ser ～ *que...* …より社会的地位が高い: Le gusta *ser* ～ *que* los demás. 彼は出世したがっている

◆ [代] [定冠詞＋] 大多数, 大部分: Los ～ piensan así. たいていの人はそう考える. Los ～ de aquellos hombres lo saben. あの連中の大半はそれを知っている. Los ～ de los días viene aquí. 彼はたいていの日ここに来る. La ～ de las veces no sabe qué hacer. 彼はたいていの場合何をしていいかわからない. Lo ～ del tiempo lo pasaron en casa. 彼らはほとんどいつも家で過ごしていた. ❷ [無冠詞] もっと多数; これ(それ)以上: Hay muchos ～ si incluimos a los niños. 子供を含めればもっと大勢いる. ¿Vienen ～? もっと大勢来ますか? No hay sitio para ～. これ以上, 余地はない

◆ [男] [数学] プラス〔記号〕

el ～ *y el menos* 損得, 利益, 利害; 長所と短所

sus ～ *y sus menos* ごたごた, やっかいな問題: El mundo de los negocios tiene *sus* ～ *y sus menos*. ビジネスの世界には何かと苦労がある

masa [mása] [女] [英 mass] ❶ [料理] [パンの] 生地: ～ de hojaldre パフペースト. ～ frita 揚げ菓子. ❷ [物の] 塊: ～ de hierro 鉄の塊. ～ de aire frío [気象] 寒気団. ❸ 総体; 総量: Desde lejos se ve la ～ del castillo. 遠くから城の全容が見える. Esto es la ～ de mi fortuna. これが私の全財産だ. ～ salarial [社会保険料なども含めた企業] 賃金総額. ❹ 大量, 多量: Una ～ de escombros obstaculizaba la entrada. 大量の瓦礫が入り口をふさいでいた. una ～ ruidosa 騒々しい一団. ❺ [定冠詞＋. 主に [複]] 大衆: política para la[s] ～[s] 民衆(庶民)のための政策. psicología de ～s 群集心理. ❻ [物理] 質量: número de ～ 質量数. ～ atómica 原子質量. ～ crítica 臨界質量. ❼ [美術] マッス. ❽ [電気] アース, 接地 [tierra]. ❾ 性格 [carácter]: Este chico es de buena ～. この子は性格がいい. ❿ [南米] [小型の] ケーキ

con las manos en la ～ [犯罪などの] 現場で: coger a＋人 *con las manos en la* ～ …を現行犯でとらえる

en ～ まとめて, 全体として; 群れをなして: plantear *en* ～ los problemas 問題を一度に提起する. viajar *en* ～ 団体で旅行する. Todos vinieron *en* ～. みんな大挙してやって来た. suicidio *en* ～ 集団自殺

la gran ～ 大多数: *La gran* ～ de la exportación la constituyen los productos agrícolas. 輸出の中心は農産物だ

masacre [masákre] [女] [←仏語] 大量虐殺,

殺戮

masacrar 他《大量》虐殺する

masada [masáða] 囡 =**masía**

masai [masái] 厖 圀《単複同形》[アフリカの] マサイ族(の)

masaje [masáxe] 男 マッサージ, 按摩(ﾏｯ): dar a+人 ~s (un ~) a (en) la pierna …の 足をマッサージする

masajear 他 マッサージする

masajista 图 マッサージ師；トレーナー

masato [masáto] 男《南米》[トウモロコシ・バナ ナ・ユッカ・米などを] 発酵させて作る酒(飲み物)

mascar [maskár] 他 ❶ かみ砕く, かむ [masticar]; もぐもぐ言う [mascullar]. ❷ 《口語》わかりやすくする: ~ las lecciones 学課 を懇切丁寧に(かみ砕いて)説明する. Hay que dárselo todo *mascado*. 彼には何でも丁寧に説 明して(段取りをつけて)やらなければならない

◆ ~se [緊急事態などが] 予感される: *Se mascaba* la revolución. 革命の気配があった

mascadura 囡 咀嚼(ﾞ).

máscara [máskara] 囡 ❶ 仮面, マスク: ponerse una ~ 仮面をかぶる；マスクをつける. quitar[se] la ~ 仮面をとる；正体を現わす. quitar a+人 la ~ …の仮面をはぐ；正体をあば く. baile de ~ 仮面舞踏会. ~ antigás (de gas) 防毒マスク. ~ de oxígeno 酸素マスク. ~ facial 美顔用パック. ❷ 仮装 [traje de ~];圀 仮装パーティー(行列) [mascarada]. ❸ 見せかけ: Lleva una ~ para disimular su debilidad. 彼は自分の弱さを隠すため に仮面をかぶっている

◆ 圀 [カーニバルなどで] 仮面をつけた人

mascarada [maskaráða] 囡 仮装パーティー, 仮装行列；まやかし, 偽り

mascarilla [maskaríʎa] 囡 ❶ [鼻と口を覆 う;麻酔用などの] マスク. ❷ [美顔用の] パック [~ de belleza]: ~ capilar ヘアパック. ❸ デ スマスク

mascarón [maskarón] 男 [装飾用の] 奇怪 な面: ~ de proa 船首像

mascletá [maskletá] 囡 [バレンシアの祭りで 鳴らされる] 爆竹

mascota [maskóta] 囡 ❶ [幸運を呼ぶ] お守 り. ❷ マスコット: ~ de los juegos olímpicos オリンピックのマスコット. ❸ ペット [animal doméstico]

masculinidad [maskulinidá(ð)] 囡 ❶ 男 らしさ. ❷ 男性；《生物》雄性

masculinizar [maskuliniθár] 他 男性的 にする

masculino, na [maskulíno, na] 厖 [英 masculine. ↔feminino] ❶ 男の, 男らしい; 《生物》雄の: actitud ~na 男らしい態度. aparato reproductor ~ 男性生殖器. colonia muy ~na 男性的な香りのオーデコロン. ropa ~na 紳士服. salto de longitud ~ 男 子走り幅跳び. ❷《文法》男性の: nombre ~ 男性名詞

◆ 男《文法》男性[形][género ~]

mascullar [maskuʎár] 他 もぐもぐ言う；つぶ

やく: ~ un insulto ぶつぶつと侮辱の言葉を言う

masera [maséra] 囡《料理》[パン生地の] 練 り桶

masetero [masetéro] 男《解剖》咬(ﾞ)筋

masía [masía] 囡 [カタルーニャ・アラゴン地方の, 畑・牧場に囲まれた] 農家

masificar [masifikár] 他 ❶ [人々を] マス化 する, 個性をなくさせる；[場所を] 人で一杯にす る；[施設・機関などを] 大衆化する, 大勢の人が 使うようにする: sociedad *masificada* 大衆化 社会

◆ ~se マス化する, 大衆化する

masificación 囡 [人の] 過密化；大衆化, 普 及

masificador, ra 厖 大衆化させる

masilla [masíʎa] 囡 [窓ガラスなどを固定するた め] パテ

masita [masíta] 囡 ❶《軍事》[兵士の給料か ら差し引かれる] 被服代. ❷《中南米》菓子, ケー キ

masivo, va [masíbo, ba] 厖 大量の, 大勢 の: dosis ~*va* de tranquilizante 鎮静剤の大 量投与(服用). producción ~*va* 大量生産. armas de destrucción ~*va* 大量破壊兵器. manifestación ~*va* 大規模なデモ. a escala ~*va* 大規模に

maslo [máslo] 男《動物》尾根

masoca [masóka] 图《俗語》=**masoquista**

masonería [masonería] 囡 フリーメーソン [国際的な秘密結社]

masón, na 厖 图 フリーメーソンの[会員]

masónico, ca 厖 フリーメーソンの

masoquismo [masokísmo] 男 マゾヒズム, 被虐趣味

masoquista 厖 图 マゾヒズムの；マゾヒスト

massai [masái] 厖 图 =**masai**

mastaba [mastába] 囡 [古代エジプトの] 墳 墓, マスタバ

mastectomía [mastektomía] 囡《医学》乳 房切除[術]

mastelero [masteléro] 男《船舶》トップマス ト, 中檣

mastelerillo 男 トゲルンマスト, 上檣

master/máster [máster] 男 [圀 ~s] 《← 英語》❶ 修士号；修士課程. ❷ マスターテープ. ❸ 圀《ゴルフ》マスターズトーナメント

masticar [mastikár] 他 ❶ かみ砕く, かむ: Come *masticando* bien. よくかんで食べなさい. ~ chicle チューインガムをかむ. ❷ …について思 案する: ~ su derrota 敗北の味をかみしめる

masticación 囡 咀嚼(ﾞ)

masticador, ra 厖 男 咀嚼の；咀嚼器官(を 持つ)

mástil [mástil] 男 ❶《船舶》マスト, 帆柱. ❷ 支柱；[弦楽器の] 棹(ﾞ);[植物の] 茎；[羽毛 の] 軸

mastín [mastín] 男《犬》マスティフ [perro ~]: ~ danés グレートデーン

mástique [mástike] 男《建築》マスチック

mastitis [mastítis] 囡《単複同形》《医学》乳 腺炎

mastodonte [mastoðónte] 男《古生物》マストドン；《口語》大男，巨人
　mastodóntico, ca 形 巨大な

mastoides [mastóiðes] 女《単複同形》《医学》乳様突起
　mastoideo, a 形 乳様突起の

mastranzo [mastránθo] 男《植物》野生のハッカの一種
　mastranto 男 ＝mastranzo

mastuerzo, za [mastwérθo, θa] 名 のろま，とんま
　◆ 男《植物》コショウソウ

masturbación [masturßaθjón] 女 マスターベーション，自慰
　masturbar 他［他人に］手淫をする．◆ ～se 自慰をする

mata [máta] 女 ❶ 小灌木；草：～ parda ヒイラギガシ．～ rubia ケルメスナラ．❷［主に 複］茂み；草むら：esconderse en unas ～s 茂みに隠れる．～ de pelo 長く豊かな髪

matacaballo [matakaßáʎo] 男 a ～ 大急ぎで，大あわてで

matacán [matakán] 男 ❶《城塞の》石落とし，出し狭間 [☞castillo カット]．❷ 犬殺しの毒薬

matacandelas [matakandélas] 男《単複同形》［長い柄の付いた］ろうそく消し

matacandil [matakandíl] 男《植物》ニオイアラセイトウ

matacandiles [matakandíles] 男《単複同形》《植物》［乾燥地に生える］ユリ科の一種

matachín [matatʃín] 男 ❶ ＝matarife．❷《口語》けんか早い男．❸［伝統的な舞踊の］踊り手

matadero [mataðéro] 男 ❶ 畜殺場．❷ ひどく骨の折れる仕事
　ir al ～ 死地（戦場）におもむく
　llevar a＋人 **al ～** …を死地（戦場）に送り込む

matado, da [matáðo, ða] 名 過分《中米》仕事の虫；ガリ勉家

matador, ra [mataðór, ra] 形《口語》❶ 骨の折れる，ひどく疲れさせる．❷ 不格好な，趣味の悪い：Este color es ～. これはひどい色だ
　◆ 名《闘牛》マタドール『牛にとどめを刺す闘牛士．☞カット』：～ de toros (de novillos) ［成牛（若牛）と闘う］正（見習い）マタドール 『☞alternativa』

capote　　　　　muleta

pase

estoque

estocada

matadura [mataðúra] 女 小さな傷，かすり傷；鞍ずれ傷

matafuego [matafwéɣo] 男《銃の》消炎器

matalahúga/matalahúba [matalaúɣa/-ßa] 女《植物》アニス『anís』

mátalas callando [mátalas kaʃándo] 男《単複同形》《聖書》羊の皮を着た狼

matalón, na [matalón, na] 形 名 やせて傷だらけの［馬］

matalotaje [matalotáxe] 男 集名［一隻の船の］食糧，貯蔵品

matalote [matalóte] 男［船列の］僚船

matámbre [matámbre] 男《南米》牛のあばら肉；それで野菜などを巻いた料理

matamoscas [matamóskas] 男《単複同形》はえ叩き，はえ取り器；はえ取り紙『papel ～』：aerosol (spray) ～ 殺虫スプレー

matanza [matánθa] 女 ❶《人・動物の》［大量］虐殺，殺戮(ႆ)：～ de ratones 殺鼠(ႆ)．❷［豚の］畜殺；その時期『11 月 11 日ごろ．☞Martín 参照』．❸ 集名《西》［ハム・ソーセージなどの］豚肉製品

matapiojos [matapjóxos] 男《単複同形》《南米．昆虫》トンボ

matar [matár] 他《英 kill》❶［人・動物を］殺す：Ha matado a su padre. 彼は父親を殺害した．Mató un gallo para la cena. 彼は夕食用に鶏をつぶした．Entre todos la mataron y ella sola se murió.《諺》一人に責任を負わせて，あとは知らんぷりをする．❷ 苦しめる；へとへとにする：Este asunto me está matando. この件にはまいってしまう．Estos niños me matan a disgustos. この子供たちは心配ばかりかけて寿命が縮まる．El trabajo le mata. 彼は仕事でくたくただ．～ a＋人 a preguntas …を質問攻めにする．❸《口語》［渇き・飢えを］いやす：Vamos a ～ el hambre con unos bocadillos. サンドイッチで空腹をもたせよう．❹ …の輝きを奪う：El color rojo mata al negro. 赤色は黒を沈ませる（くすませる）．❺《口語》［思いがけないことで］失望させる，驚かす．❻［非物質的なものを］壊す，消す：～ la ilusión de uno 希望を打ち砕く．❼［輪郭に］丸みをつける，角を落とす．❽《トランプ》［強いカードを出して相手のカードを］取る
　◆ 自《人》人を殺す：No matarás.《聖書》なんじ殺すなかれ．❷《南米》［服装が］悩殺的である
　entrar a ～［闘牛士が］牛にとどめを刺すための位置につく
　estar a ～ con＋人 …と険悪な関係にある
　matarlas callando 羊の皮を着た狼のようにひそかに悪いことをする
　llevarse a ～ 非常に仲が悪い
　que me maten si＋直説法《口語》…ならば死んでもかまわない／誓って…でない：¡Que me maten si no lo consigo! 絶対にそれを手に入れるぞ！
　◆ ～se ❶ 自殺する；［事故で］死ぬ：～se tirándose al vacío 飛び降り自殺をする．～se con el coche 自動車事故で死ぬ．❷ 健康を害する；熱心に（休まずに）働く；［+por を］ほしがる：Se mata trabajando (a trabajar). 彼は仕事のしすぎだ．Se mata por los amigos (los caramelos). 彼は友人をほしがっている（キャンディーに目がない）

matarife [matarífe] 男 畜殺業者（職人）

matarratas [matarátas] 男《単複同形》❶

ネズミ取り器；猫いらず. ❷《口語》質が悪く強い蒸留酒

matasanos [matasános] 名《単複同形》《軽蔑・戯語》医者, やぶ医者

matasellos [mataséʎos] 男《単複同形》消し印；スタンプ, 押印器

matasiete [matasjéte] 男《軽蔑》からいばりする人, ほら吹き

matasuegras [mataswéɣras] 男《単複同形》《玩具》紙へび《吹くと伸びて音を出す》

match [mátʃ] 男《←英語》試合：~ race マッチレース

mate [máte] 形 ❶ くすんだ, 艶消しの：plata ~ いぶし銀. fotografía ~ 絹目の写真. ❷［音が］こもった：sonido ~ 鈍い音
◆ 男 ❶《チェス》詰み, メイト：dar ~ al rey 王を詰ます. ❷ マテ茶〖葉, 飲み物〗；《植物》マテチャノキ；［マテ茶をいれる］ひょうたん〖型〗の器《ロカット》：cebar el ~ マテ茶をいれる. barajar el ~ マテ茶を回し飲む. ❸《バレーボール》アタック；《バスケ》ダンクシュート；《テニス》スマッシュ

dar ~ *a+人* …をからかう, 嘲笑する

matear [mateár] 自《中南米》マテ茶を飲む

mateada [mateáða] 女 マテ茶を飲むこと《集まり》

matemática[1] [matemátika] 女〖英 mathematics〗［主に 複〗数学：~ s 数学の勉強をする. ~ s aplicadas 応用数学
si las ~ *s no fallan*《戯語》計算に従えば, 計算違いでなければ

matemático, ca[2] [matemátiko, ka] 形 ❶ 数学の：estadística ~*ca* 数理統計学. ❷ 正確な, 厳密な：con puntualidad ~*ca* ぴったりの時間に. Mañana llueve ~.《口語》明日は必ず雨が降る
◆ 名 数学者

Mateo [matéo] 男《男性名》マテオ〖英 Mathew〗；《聖書》聖マタイ〖San ~〗

materia [matérja] 女 ❶ 物質, 物体：la ~ y el espíritu 物質と精神. apegarse a la ~ 物質的なものに執着する. huir de la ~ 物質的な世界から逃れる. ~ pegajosa 粘着物. ~ prima/primera ~ 原料. ❷ 材料, 素材；《美術》マチエール：¿Con qué ~ se ha fabricado este aparato? この器具の材質は何ですか？ ❸ 事柄；［作品などの］題材, 題目；分野：Tengo una ~ interesante para el artículo. 私は面白い記事の材料をもっている. Eso es otra ~. それは別問題だ. ~ de Estado 国事. ❹ 教科, 科目：Tiene (Estudia) diez ~s. 彼は10科目とっている. ~ obligatoria 必修科目. ❺《哲学》質料〖↔ forma〗
en ~ *de...* …に関して：En ~ de toros, pregúntale a él. 闘牛のことなら彼に聞け
entrar en ~《話し》本題に入る
~ *gris*〖脳の〗灰白質；知能

material [materjál] 形〖←espiritual〗❶ 物質の；物質的な, 物的な：ayuda ~ 物質的な(経済)援助. civilización ~ 物質文明. prueba ~ 物的証拠. Es demasiado ~ su modo de pensar. 彼の考え方は即物的すぎる. ❷ 肉体の；物質主義的な：goce ~ 肉体的な快楽. persona muy ~ 物欲の強い人. ❸ 具体的な, 実際上の：autor ~ de un accidente 事故を起こした張本人. resultado ~ 具体的(実質的)な成果. no tener el tiempo ~ para hacer... …をする時間が実際にない
◆ 男 ❶［時に 複］材料, 素材：Este edificio es de buen ~. この建物はいい材料を使っている. ~es de construcción 建築資材. ❷［作品・研究などの］資料, 素材：reunir los ~es para una encuesta 調査のための資料を集める. ~ informativo 情報(資料). ❸〖医〗器材(用具)一式：~ agrícola 農耕機械. ~ de guerra 軍需品. ~ de laboratorio 実験室の設備(機材). ~ de oficina 事務用品. ~ didáctico 教材. ~ móvil (rodante)〔鉄道〕車両. ~ quirúrgico 手術器具. ❹ なめし革〖cuero curtido〗
de ~《南米》堅material structure煉瓦造りの

materialmente 副 物質的に, 肉体的に；具体的に, 実質的に：Es ~ imposible. それは実際上は(物理的に)不可能だ

materialidad [materjaliðáð] 女 ❶ 物質性, 具体性；［事実の］重要性, 実在性. ❷ 外見, 外面：No leas sólo la ~ de las palabras. 字面を読むだけではいかない

materialismo [materjalísmo] 男 物質主義, 実利主義；唯物論：~ histórico 史的唯物論

materialista [materjalísta] 形 名 ❶ 物質(実利)主義の(主義者)；唯物論の(論者)：civilización ~ 物質文明. ❷《中米》トラック運転手；建設業者：camión ~ 建設資材を運ぶトラック

materializar [materjaliθár] 他 ❶ 具象化する：~ un esquema en la pizarra 略図を黒板に描く. ❷ 実現(遂行)する；物質化する
◆ ~*se* ❶ 実現される：Se ha materializado su proyecto. 彼の計画が実現した. ❷ 物質(実利)主義的になる

materialización 女 実現, 具体化；物質化；物質(実利)主義者になること

maternal [maternál] 形 母の, 母親らしい〖= materno〗：instinto ~ 母性本能. cariño (amor) ~ 母としての愛情, 母性愛

maternidad [materniðáð] 女 ❶ 母親であること；母性：La prueba bien la ~. 彼女は根っからの母親だ. protección de la ~ 母性保護. ❷ 産院〖casa de ~〗

materno, na [matérno, na] 形〖←madre〗❶ 母の, 母親らしい〖=maternal〗：leche ~*na* 母乳. papel ~ 母の役割. amor ~ 母性愛. ❷ 母系の, 母方の：abuelo ~ 外祖父

maternizar 自 形 leche *maternizada* 母乳と同じ成分にしたミルク

matero, ra [matéro, ra] 形《南米》マテ茶好きの

matete [matéte] 男《南米》混乱；ぐちゃぐちゃ

mates [mátes] 女 複《口語》数学

matierismo [matjerísmo] 男《美術》盛り上げ画法

Matilde [matílde] 女《女性名》マティルデ〖英 Matilda〗

matinal [matinál] 形 朝の：luz ～ 朝の光 ◆ 女 午前の興行〖sesión ～〗

matinée [matiné] 女《←仏語》昼興行；昼の集まり

matiz [matíθ] 男 複 ～ces ❶〔同色間の〕色合い，濃淡；〔調和のとれた〕配色：vestido con varios *matices* de verde 緑の色調でまとめたドレス. ❷ ニュアンス；〔表現などの〕微妙な趣：captar los *matices* ニュアンスをつかむ. tener un cierto ～ enigmático 何やら謎めいたところがある. ～ de las palabras 言葉のあや

matizar [matiθár] 自 他 ❶〔+de·con の〕色合い(濃淡)をつける；〔色を〕組み合わせる：～ el dormitorio *de* (*con*) azul 寝室を青色でまとめる. ❷ 微妙な変化(差異)をつける，含みをもたせる：～ un sonido 音に変化をつける. ～ sus palabras *de* (*con*) ironía 言葉にかすかな皮肉を込める

matización 女 色調；配色

matojo [matóxo] 男 ❶〔生い茂った〕やぶ，草むら. ❷《植物》オカヒジキ，アカザの一種. ❸《中米》〔剪定後に出てくる〕新芽

matón, na [matón, na] 形 名 けんか早い〔人〕，気性の荒い〔人〕；ガキ大将，いじめっ子；やくざ，ちんぴら；《軽蔑》殺し屋，用心棒

matonería 女/**matonismo** 男〔乱暴な〕いじめ；殺し

matorral [matorál] 男 小灌木の茂み

matraca [matráka] 女 ❶《玩具》がらがら〖ロボット〗；=**carraca** ❸. ❷《口語》〔話題・主張の〕しつこさ：dar la ～《口語》しつこく言う. ❸ 複《俗語》数学. ❹《中米》ぼろ自動車 ◆ 名 しつこい人，うるさい人

dar a+人〔*la*·*una*〕～ しつこく…に主張する
ser 〔*un*·*una*〕～〔人が〕しつこい

matraquear [matrakeár] 自 ❶ がらがらを鳴らす；カラカラ(ガタガタ)と音を立てる. ❷《口語》しつこく言う

matraqueo 男 その音

matraz [matráθ] 男《化学》長首フラスコ

matrero, ra [matréro, ra] 形 名 ❶ ずるい，油断のならない；疑い深い，猜疑心の強い. ❷《南米》逃亡中の；逃亡者

matrería 女 ずる賢さ，抜け目なさ；疑い，不信

matriarca [matrjárka] 女 女家長，女族長〖↔patriarca〗

matriarcado 男 女家長制，女権制

matriarcal 形 女家長制の

matricaria [matrikárja] 女《植物》シカギク，ナツシロギク

matricería [matriθería] 女〔型を使う〕浮き出し加工

matricial [matriθjál] 形《印刷》ドット式の

matricida [matriθíða] 形 名 母親殺しの〔犯人〕

matricidio 男 母親殺し

matrícula [matríkula] 女 ❶ 登録簿，名簿；登録；入学手続き：～ de estudiantes 学籍簿. puerto de ～ 船籍港. ～ de enseñanza 指導要録. ～ gratuita 授業料免除. ～ de honor 授業料免除つきの優等賞；〔評点〕秀. ❷ 登録者数. ❸〔車の〕ナンバー〔プレート〕

matricular [matrikulár] 他〔+en に〕登録する，名簿に載せる：～ a su hijo *en* un curso de natación 息子に水泳の講習を受けさせる. ～ el coche 車を登録する ◆ ～se 登録する，入学手続きをする：～*se en* una universidad 大学に籍を置く，大学生になる. ～*se de* oyente 聴講生になる

matriculación 女 登録；入学手続き

matrilineal [matrilineál] 形〔相続などが〕母系の

matrimonial [matrimonjál] 形 結婚の：contrato ～ 結婚前契約. vida ～ 結婚生活

matrimonialista 形 結婚(離婚)問題の

matrimoniar [matrimonjár] 自 結婚する ◆ ～se《中南米》結婚する

matrimonio [matrimónjo] 男〖英 marriage〗❶ 結婚，婚姻；結婚式〖bodas〗：pedir a+人 en ～ …にプロポーズする. dar palabra de ～ 結婚の約束をする. llevar vida de ～ 結婚生活をする. fuera del ～ 庶出の. partida de ～ 婚姻証明書. petición de ～ 求婚. ～ civil〔市役所などで手続きをする〕民法上の結婚〖↔～ religioso〗. ～ clandestino/～ de yuras 秘密結婚. ～ rato 性関係のない結婚. ～ de conveniencia/～ de interés 打算的な結婚，政略結婚. ～ in artículo mortis/～ in extremis 臨終結婚. ～ mixto〔異なった宗教・種族間の〕雑婚. ～ por detrás de la iglesia 内縁関係. ～ religioso (eclesiástico·por la iglesia) 教会結婚〖↔～ civil〗. ❷ 夫婦：Asistió el ～ Pérez. ペレス夫妻が出席した

matrioska [matrjóska] 女《←露語》マトリョーシカ，入れ子式の人形

matritense [matriténse] 形 名《文語》=**madrileño**

matriz [matríθ] 女 複 ～ces ❶《解剖》子宮；《比喩》母胎. ❷ 本社；《宗教》本山. ❸ 原簿，台帳. ❹〔小切手帳などの〕控え，割り符. ❺《数学》マトリックス，行列：～ inversa 逆行列. ❻《技術》型，鋳込み型；〔書類などの〕オリジナル；〔活字の〕母型；〔レコードなどの〕原盤，原型. ❼《印刷》〔スペースも含めた〕文字数. ❽《情報》マトリックス. ❾ 雌ねじ〖tuerca〗 ◆ 形 casa ～ 本社，本店，本部；親会社

matrona [matróna] 女 ❶《威厳のある》年配の婦人；《軽蔑》太った中年女. ❷〔税関・刑務所などで〕女性の身体検査係. ❸〔法的な資格のある〕助産婦

matufia [matúfja] 女《南米》闇取引；詐欺

matungo, ga [matúngo, ga] 名《南米》やせ馬，老いぼれ馬

maturrango, ga [matuřáŋgo, ga] 形《南米》乗馬の下手な；[太って] 動きの鈍い
◆ 男 [複] 計略，策略

matusalén [matusalén] 男《主に軽蔑》非常に高齢な人；《聖書》[M—] メトセラ
ser más viejo que M—《主に軽蔑》ひどく年老いている

matute [matúte] 男 密輸入 [品]：de ～ 密輸の，禁制の；不法に
matutear 他 密輸入する

matutino, na [matutíno, na] 形 朝の『↔ vespertino』：sesión ～*na* 午前中の公演
◆ 男 朝刊『periódico ～』

mau [máu] 男 =**miau**

maula [máula]《軽蔑》形 名 ❶ 役立たず [の]，いらいらさせる [人]，ぺてん師．❷《南米》臆病な，卑劣な
◆ 女 役に立たないもの，がらくた；ぺてん，欺瞞

maullar [mauʎár] 16 自 [猫が] ニャオと鳴く
maullador, ra 形 [猫が] よく鳴く
maullido [mauʎído] 男 [猫の] 鳴き声

mauriciano, na [mauriθjáno, na] 形 名《国名》モーリシャス Mauricio の (人)

mauritano, na [mauritáno, na] 形 名《国名》モーリタニア Mauritania の (人)

máuser [máusɛr] 男 [複] ～ [e]s モーゼル銃

mausoleo [mausoléo] 男 霊廟 (れいびょう)

maxifalda [ma(k)sifálda] 女《服飾》マキシスカート

maxilar [ma(k)silár] 形《解剖》顎 (あご) の
◆ 男 顎骨 [hueso ～]：～ inferior 下顎骨
maxilofacial 形 顎顔面の

máxima¹ [má(k)sima] 女 ❶ 格言，金言．❷ 規範，モットー：～*s* de buen bibliotecario よい司書になるための手引．Su ～ es no confiar en nadie. 彼は誰も信用しない主義だ．❸ 最高気温

maximalismo [ma(k)simalísmo] 男 最大限綱領主義，極左主義
maximalista 形 名 最大限綱領主義の (主義者)

máxime [má(k)sime] 副 まして：Tal vez estarán fuera；～ siendo domingo. たぶん彼らは外出中だ．とくに日曜だから

maximizar [ma(k)simiθár] 9 他 極限まで増加 (拡大) させる

máximo, ma² [má(k)simo, ma] 形 [量・程度が] 最大の，最高の『↔mínimo. 数・大きさは el mayor・el más grande』：temperatura ～*ma* 最高気温．Es uno de los pintores ～*s* del mundo. 彼は世界で最も偉大な画家の一人だ．Éste es el límite ～ de concesión. これが譲歩できる最大限だ
◆ 男 最大 [限]，最高 [点]，極限：He aguantado al ～. 私は極限まで耐えた．El carnaval llegó a su ～. カーニバルは最高潮に達した．Estaba cansado hasta el ～. 私はくたくたに疲れていた
como ～ 最大限；せいぜい，できる限り：*Como ～*, aquí se aparcan mil coches. ここは最高千台の駐車が可能だ．Los invitados serán

como ～, siete u ocho. 客は多くても7，8人だろう
hacer el ～ 全力を尽くす
máximamente 副 まして，とりわけ

máximum [má(k)simun] 男 =**máximo**
al ～ =como máximo

maxisencillo [ma(k)sisenθíλo] 男 EP レコード

maxisengle =**maxisencillo**

maxverio [masbérjo] 男《物理》マクスウェル

may.《略語》←mayo 5月

maya [mája] 形 名 マヤ [人・語] の；マヤ人：civilización ～ マヤ文明
◆ 男 マヤ語；圏 マヤ族
◆ 女 ❶《植物》ヒナギク．❷ 5月の祭りの歌 (女王)

mayal [majál] 男 殻竿 (からさお)

mayar [majár] 自 =**maullar**
mayador, ra 形 =**maullador**

mayear [majeár] 自 [単人称] 5月のような気候である

mayestático, ca [majestátiko, ka] 形 陛下 majestad の：plural ～《文法》国王や君主が自分をさすのに用いる複数形『例 Nos, el rey … 国王たる余は…』

mayéutica [majéutika] 女《哲学》[ソクラテスの] 産婆術

mayido [majído] 男 =**maullido**

mayo [májo] 男《英 May. ⌂*mes* 参照》❶ 5月：flores de ～ 聖母月『5月のこと』．Hasta el cuarenta de ～ no te quites el sayo.《諺》5月が終わるまではコートを脱ぐな．Agua de ～, pan para todo el año.《諺》5月に雨が降れば1年分のパンができる．❷ メイポール『5月に広場などに立てられる飾り付きの柱』
como [el] agua de ～《西》乾天の慈雨のように；必ず：esperar *como el agua de ～* 首を長くして待つ

mayólica [majólika] 女 マジョリカ焼『陶器の一種．⌂写真』

mayonesa [majonésa] 女《料理》マヨネーズ [ソース]『*salsa* ～』

mayor [majór] 『英 greater, major. grande の比較級．↔menor』形 ❶ [+que より] もっと大きい『形状の大きさを比較する場合は主に más grande』：i) He puesto a ～ volumen la radio. 私はラジオの音量を上げた．Esta isla es ～ (más grande) *que* la de allá. この島はあっちの島より大きい．La cosecha es un seis por ciento ～ *que* la anterior. 収穫は前年度の6%増である．Esperemos que no haya males ～*es*. 大きな不幸が起こらないことを祈りましょう．ii) [最上級．限定詞+. +*de* の中で] Es la ～ dinamo *de* todo el mundo. それは世界最大の発電機だ．Su ～ enemiga es la pereza. 彼の最大の敵は怠惰である
❷ 年上の：Mi padre es [dos años] ～ *que* mi madre. 私の父は母より [2歳] 年上だ．Es la ～ *de* los hijos. 彼女が長女 (一番上の子) だ
❸ 成人の，大人の；《婉曲》年老いた『*viejo*』

Ya es 〜 de edad. 彼はもう成人だ. De 〜 quiero ser piloto. 僕は大人になったらパイロットになりたい. Quiero ser 〜 pronto. 私は早く大人になりたい. persona 〜 大人；年配の人
❹ 主要な
❺《音楽》長調の：en sol 〜 ト長調の
❻《数字》a es 〜 *que* b. a は b より大きい『a> b』

al por 〜《商業》卸の・で；大量の・に：venta *al por* 〜 卸売り
ir a 〜es =pasar a 〜
la 〜 parte de... 大部分の…：La 〜 *parte de* la gente sale de vacaciones en agosto. 大部分の人は 8 月にバカンスに出かける
pasar a 〜es〔事柄が〕大ごと(重大)になる
ser de 〜 大人になる
◆ 图 ❶ 年上(目上)の人, 先輩：Los menores deben respetar a los 〜es. 年上の人は敬わなければいけない. 〜es de setenta años 70 歳以上の人. ❷ 成人, 大人『〜 de edad』《婉曲》[主に ya を伴って] 老人：Los niños se callan cuando hablan los 〜es. 大人たちが話している時は子供たちは黙っている. Ya es 〜. 彼はもうかなり年配だ. ❸ 圈 先祖, 祖先：herencia de nuestros 〜es 先祖の遺産
◆ 阳 〔組織の〕長, 主任；[イギリスなどの陸軍の] 少佐
◆ 囡《論理》[三段論法の] 大名辞；大前提〔premisa 〜〕

mayoral [majorál] 阳 ❶ 牧童頭；[農場の] 監督；[闘牛] 飼育場場の監督人. ❷ 現場主任, 職工長. ❸ [駅馬車の] 御者；《南米》[電車の] 運転手

mayorazgo [majoráθgo] 阳 長子相続制度, 限嗣相続制；世襲財産〔相続する長子〕

mayordomo [majordómo] 阳 執事, 家令：〜 mayor [スペイン王室の] 内大臣

mayoreo [majoréo] 阳《南米》卸売り：medio 〜《表示》大口割引き

mayoría [majoría] 囡集合『英 majority. ↔ minoría』❶ [+de+冠詞+名詞 の] 大部分, 大半：La 〜 *del* pueblo está cubierta (cubierto) de nieve. 村の大部分は雪に覆われている. La 〜 *de* los habitantes son cristianos. 住民の大多数はキリスト教徒だ. en la 〜 *de* los casos 多くの場合. la 〜 *de* las veces ほとんどいつも
❷ 大半の人：La 〜 prefiere que salgamos. 大勢が出かけたがっている. 〜 silenciosa 声なき声, 物言わぬ大衆
❸ [投票による] 過半数『〜 de votos』；多数派：obtener la 〜 過半数を得る. tener una 〜 過半数を得ている. aprobarse por 〜 過半数を得て承認される. decisión por 〜 多数決. un voto de 〜 1 票差の優勢. 〜 absoluta 絶対過半数. 〜 relativa 相対多数. 〜 simple 単純多数

〜 de edad 成年〔スペインでは 18 歳〕：llegar a la 〜 *de edad* 成年に達する
en su 〜 その大半は

mayorista [majorísta] 形 阳 卸しの；卸売

商, 問屋

mayoritario, ria [majorités, rja] 形 阳 多数派の[人]：partido 〜 多数党

mayormente [majorménte] 副 特に：Conozco bien México, 〜 Yucatán. メキシコはよく知っています. 特にユカタン半島は

mayúscula[1] [majúskula] 囡 大文字〔letra 〜. ↔minúscula』：escribir la inicial con 〜 頭文字を大文字で書き〜る
con 〜 非常な：amistad (celos) *con 〜* 厚い友情(激しい嫉妬)

mayúsculo, la[2] 形 1) 大文字の. 2) 巨大な, 途方もない：disparate 〜 とんでもないためり. susto 〜 びっくり仰天

maza [máθa] ❶ [武器の] 棍棒『『マット』；[主に 圈. 新体操の] 棍棒. ❷《料理》肉叩き. ❸ 大槌, かけや. ❹ [麻などを打つ] ブレーカ. ❺ [大太鼓の] ばち『mazo』. ❻ [玉突きの] キュー尻. ❼ 職杖 macero の頭部

mazacote [maθakóte] 阳 ❶《料理》[出来損ない] かちかちの固まり. ❷ [不格好な] 出来損い, 失敗作. ❸ コンクリート『hormigón』. ❹《中南米》砂糖の精製かすから作ったクッキー

mazamorra [maθamóɾa] 囡 ❶ パン(ビスケット)のくず(かけら). ❷《南米》i)《料理》トウモロコシのプディング；トウモロコシ粉の粥(紀). ii) 雑多な寄せ集め

mazapán [maθapán] 阳《菓子》マジパン『アーモンド粉などを固めたもので, 特にクリスマスに食べる』

mazazo [maθáθo] 阳 棍棒 maza・大槌 mazo による一撃；衝撃

mazdeísmo [maθdeísmo] 阳 マズダ教, ゾロアスター教

mazdeísta 形 阳 マズダ教の(教徒)

mazmorra [maθmóɾa] 囡 地下牢, 土牢

mazo [máθo] 阳 ❶ 大槌, かけや；[大太鼓の] ばち：A Dios rogando y con el 〜 dando. 《諺》天は自ら助ける者を助ける/人事を尽くして天命を待つ. ❷ 束：〜 de billetes (de llaves) 札束(鍵束). un 〜 de naipes 1 組のトランプ. ❸ うるさい(しつこい)人

mazorca [maθóɾka] 囡 ❶ トウモロコシの穂；カカオ豆；1 錘分の糸. ❷《中米》口『boca』：pelar la 〜 ニッコと(顔中で)笑う. ❸ アルゼンチンの Rosas (1793-1877) の独裁時代の秘密警察

mazorral [maθorál] 形 粗野な；粗末な

mazurca [maθúɾka] 囡《音楽・舞踊》マズルカ

m/c.《略語》←mi cargo 当方の債務；mi cuenta 当方の勘定；moneda corriente 流通貨幣

MCCA 阳《略語》←Mercado Común Centroamericano 中米共同市場

me [me]《人称代名詞 1 人称単数》❶ [直接目的] 私を：¿Me llamabas? 僕を呼んだ? Espére*me*. 待っててください.
❷ [間接目的] 私に：No 〜 dio permiso. 彼は私に許可をくれなかった. Me robaron el

monedero. 私は財布を盗まれた．Esta camisa ～ duró mucho. このシャツは長持ちしてくれた．❸ [再帰代名詞] ☞se: Me levanto a las siete. 私は7時に起きる

m/e《略語》←mi entrega 当方の引渡し

mea culpa [méa kúlpa]《←ラテン語》わが過ちによりて［祈りの一節．唱えながら自分の胸を叩く］
entonar el ～ 自分の過ちを認める

meada [meáða] 囡《俗語》小便；その跡：
echar una ～ 小便をする
meadero 男 小便所
meados 男 小便

meandro [meándro] 男 [川・道の] 蛇行；《建築》雷紋

meapilas [meapílas] 图 [単複同形]《俗語. 軽蔑》信心ぶった人，信仰に凝り固まった人

mear [meár] 自 小便をする；《口語》[恐怖で] ちびりそうになる
◆ 他 小便でぬらす
◆ ～se ❶ 小便をもらす．❷《口語》大笑いする〖～se de risa〗

meato [meáto] 男《解剖》道：～ auditivo 耳道．～s nasales 鼻道．～ urinario 尿管

meca¹ [méka] 囡《地名》[M～] メッカ〖イスラム教徒の聖地〗：～ del cine 映画のメッカ

mecachis [mekátʃis] 間《西》[不機嫌] ちくしょう!

mecagüen [mekágwen] 間《←Me cago en...》《俗語》[不機嫌] ちくしょうめ!

mecánico, ca [mekániko, ka] 形 ❶ 機械の，機械による：civilización ～ca 機械文明．rendimiento ～ 機械効率．❷ 力学の，力学的な：leyes ～cas 力学の法則．❸ 機械的な，無意識的な：saludo ～ 通りいっぺんのあいさつ．reacción ～ca 無意識の反応．
◆ 图 [機械の] 修理工；[自動車の] 整備士：～ de vuelo 航空機関士．～ dental (dentista) 歯科技工士
◆ 囡 ❶ 力学：～ca celeste 天体力学．❷ 仕組み〖mecanismo〗
mecánicamente 副 機械的に
mecanicismo 男《哲学》機械論；[あらゆる人間活動に機械を導入する] 機械化主義
mecanicista 形 图 機会論の（論者）

mecanismo [mekanísmo] 男《英 mechanism》❶ 装置，仕掛け，メカニズム：～ de disparo 発射装置．～ de un juguete おもちゃの仕組み．❷ 構造，機構，手順：～ de defensa《生理》防衛機構，《心理》防衛機制．～ de la vida 生命のメカニズム．～ del préstamo de libros 本の貸出し法．❸《音楽》技巧，テクニック

mecanizar [mekaniθár] 他 ❶ 機械化する；《軍事》機甲化する：～ la agricultura 農業を機械化する．tropa mecanizada 機械化部隊．❷ [行為を] 機械的に繰返す：～ el saludo 機械的にあいさつする
mecanización 囡 機械化

mecano [mekáno] 男《←商標. 玩具》金属製の組立てブロック

mecanografía [mekanografía] 囡 タイプ技術
mecanografiar 他 タイプライターで打つ
mecanográfico, ca 形 タイプライターの
mecanógrafo, fa 图 タイピスト

mecanoterapia [mekanoterápja] 囡《医学》機械的療法

mecapal [mekapál] 男《中米》[額に掛けて荷物を背負う] 革紐

mecate [mekáte] 男《中南米》[リュウゼツランの繊維などの] ロープ，綱

mecedor, ra [meθeðór, ra] 形 撹拌(ﺘ)する
◆ 男 [ワイン桶の] 撹拌棒
◆ 囡 ロッキングチェアー，揺り椅子

mecenas [meθénas] 男 [単複同形] 文芸（学術）の庇護者，メセナ
mecenazgo 男 文芸（学術）の庇護；メセナ，文化活動への企業の支援

mecer [meθér] ❶ 揺る；撹拌する：La madre mece al bebé en sus brazos. 母親が赤ん坊を抱いて揺すっている
◆ ～se ❶ [ロッキングチェアを] 揺する，[ブランコを] こぐ．❷ 揺れる；[風に] そよぐ：La flor se mecía con el viento. 花は風にそよいでいた

mecha [métʃa] 囡 ❶ [ろうそく・ランプの] 灯心；導火線，信管．❷《料理》ラーディング用の背脂．❸ 圏 [髪の] 部分染め，メッシュ：hacerse ～s メッシュにする．❹《中南米》[乱雑に垂れ下がる] 髪の房．❺《南米》ドリルの先端，ビット；冗談，からかい
a toda ～《口語》全速力で
aguantar [la] ～《口語》耐え忍ぶ

mechar [metʃár] 他《料理》[肉に] 背脂を刺し込む，ラーディングする：aguja de ～ ラーディング用の刺し針

mechera¹ [metʃéra] 囡《料理》ラーディング用の刺し針

mechero¹ [metʃéro] 男 ❶《西》[携帯用の] ライター：～ de gas ガスライター；ガスバーナー．❷ バーナー：～ (de) Bunsen ブンゼンバーナー

mechero², ra [metʃéro, ra] 图《西》万引き

mechinal [metʃinál] 男 足場用の棒を差し込まれる穴；非常に狭い部屋

mechón [metʃón] 男 [髪・毛の] 房；圏 [髪の] メッシュ〖mechas〗
mechonear 他《南米》…の髪を引っ張る

mechudo, da [metʃúðo, ða] 形《中南米》髪がぼさぼさの
◆ 男《中米》モップ

meco, ca² [méko, ka] 形 图《中米》粗野な，教養のない；野蛮で反抗的な〖インディオ〗

meconio [mekónjo] 男《医学》[新生児の] 胎便

medalla [meðáʎa] 囡 [主に首からかける] メダル，賞牌，勲章：～ de oro (plata・bronce) 金 (銀・銅) メダル．Le han concedido la ～ al mérito militar. 彼は戦功章を授与された
ponerse ～s/sacar lustre a las ～s 偉そうにする
◆ 图 メダル受賞者：Él fue ～ de oro en las

Olimpiadas de 1992. 彼は1992年オリンピックのゴールドメダリストだった

medallero [meðaʎéro] 男 メダル獲得数〔の表〕

medallista [meðaʎísta] 名 メダル製作家；メダル受賞者，メダリスト

medallón [meðaʎón] 男 ❶ メダイヨン，大型メダル；円形の台に描かれた絵画・彫刻；《建築》円形浮き彫り装飾．❷《装身具の》ロケット．❸《料理》〔肉・魚などの〕輪切り，メダイヨン

médano [méðano] 男 砂丘〖duna〗；砂州〖banco de arena〗

media¹ [méðja] 名 ❶《服飾》[主に 複] i)《西》ストッキング，長靴下〖英 stocking〗：ponerse (calzarse) las ~s 靴下をはく． ~ de punto 〔毛糸の〕タイツ. ii)《主に中南米》パンティーストッキング〖~s bombachas〗. iii)《南米》ソックス〖calcetín〗. iv) ハイソックス

❷《手芸》メリヤス編み：hacer ~ メリヤス編みをする． aguja de ~ 編み棒

❸〔…時〕30分：Son las seis y ~. 6時半だ. a la ~ en punto 半ちょうどに． dar (tocar) la ~ 半を打つ

❹《数学》平均〖promedio〗：~ mundial 世界平均． ~ aritmética 算術(加算)平均. ~ simple (ponderada) 単純(加重)平均． ~ móvil 移動平均． ~ proporcional 比例中項. ~ diferencial 等差中項． ~ geométrica 等比中項；相乗平均

❺《スポーツ》ハーフバック

❻ 複《トランプ》[mus で] スリーカード

a ~s 1) 半々に，折半して：pagar *a ~s* 割勘で払う． comprar *a ~s* 共同購入する． propiedad *a ~s* 共同所有． verdad *a ~s* 半面の真理． 2) 中途半端に；うまくなく不完全な：Hace todo *a ~s*. 彼は何でも中途半端だ． dormir *a ~s* 居眠りする． levantarse *a ~s* 中腰になる． escritor *a ~s* 三文作家． medidas *a ~s* その場しのぎ〔の手段〕. 3) [過去分詞+] …途中の，…しかけの：Está escrito *a ~s*. それは書きかけだ

coger los puntos (las carreras) a las ~s 編み目をほどく，かがり直す

de ~ 平均して：Hemos hecho *de ~* sólo 20 km por hora. 私たちは平均で時速20キロでしか進まなかった

entre ~s その中に〔混ざって〕：Allí veo a los alumnos, y *entre ~s* al maestro. あそこに生徒たちと，その間に先生が見える

una ~ de... 平均…：Cuesta *una ~ de* mil pesetas el kilo. それは1キログラム平均千ペセタする

mediacaña [meðjakáɲa] 名 ❶《建築》凹面刳形(⌒). ❷《技術》丸のみ；半円やすり

mediación [meðjaθjón] 名 仲裁，調停：por ~ de... …の仲介で． ~ de otra nación 第三国の斡旋

mediado, da [meðjáðo, ða] 形 過分 [estar+] 半分満ちた：El aula está ~da. 講堂は〔席が〕半分埋まっている． Llevo ~ el trabajo.

私は仕事を半分終えた． radioactividad ~da 半減期の放射能． ~ el camino 途中で． ~da la noche 夜中で

a (hacia) ~s de... [時間] …の中頃に：*a ~s del* mes que viene 来月中旬に． *a ~s del* siglo XV 15世紀中頃に

mediador, ra [meðjaðór, ra] 形 間に入る，仲介の，調停する

◆ 名 仲裁人，調停者；《宗教》[神と人との] 仲介者：Un profesor actuó de ~ entre los dos partidos. 一人の教授が両党間の橋渡しをつとめた

mediagua [meðjáǥwa] 名《南米》掘立小屋

medial [meðjál] 形《言語》[子音が] 語中の

medialuna [meðjalúna] 名 複 medias-lunas ❶ 半月形のもの；イスラム半月：~ roja イスラム教国での赤十字に相当する印． ❷《主に中南米》クロワッサン

mediana¹ [meðjána] 名 ❶《道路の》中央分離帯． ❷《数学》中線．❸《ビリヤード》通常より長いキュー

medianamente [meðjánaménte] 副 ほどほどに，割と良くなく：¿Salió bien en el examen?—No, ~. 試験はうまくいった？—いや，あまり良くなかった

medianejo, ja [meðjanéxo, xa] 形《軽蔑》並以下の

medianero, ra [meðjanéro, ra] 形 境界の：pared ~ra 境界壁

◆ 名 仲裁人〖mediador〗

◆ 名 境界壁〖medianería〗

medianería [meðjanería] 名 1) 境界壁：pozo de ~ [境界共用の] 共有井戸． 2)《中南米》分益小作

medianía [meðjanía] 名《軽蔑》凡庸，平凡さ：~ de las actuaciones 演技の平凡さ． ❷ 凡庸(無能)な人：Es una ~. 彼はほんくらだ． ❸ 中くらい

medianil [meðjaníl] 男 [道路の] 中央分離帯

mediano, na² [meðjáno, na] 形 ❶ [+de・en が] 中くらいの；並の，良くも悪くもない：coche de medida ~na 中型車． persona de ~na estatura 中背の人． plato ~ まあまあの料理． ❷ [+名詞] 凡庸な，中位より悪い：~na inteligencia 凡才． ~na nota あまり良くない成績． ❸ [肉の焼き方が] ミディアムの

medianoche [meðjanótʃe] 名 ❶ 真夜中(ごろ)；午前零時 〖↔mediodía〗：Volvió a casa pasada la ~. 彼は午前様をした． Es la una de la ~. 午前1時だ． a ~ 真夜中に． ❷《料理》サンドイッチ用のプチパン

mediante¹ [meðjánte] 前 …を通じて，…によって：Lo compré ~ José. 私はホセの仲介でそれを買った． ~ M~ la discusión se llegó a un acuerdo. 議論の後に合意が成立した． forzar la puerta ~ una palanca バールでドアをこじ開ける

mediante² [meðjánte] 名《音楽》中音

mediar [meðjár] 自 ❶ 半ばに達する：Mediaba el mes de julio y el calor era sofocante. 7月中旬になると暑さは耐えがたかった.

Mediaron la botella entre los dos. 彼らは2人でボトルを半分あけた. ❷ [+en に] 介入する; [+por・en favor de のために] 仲介に入る: *No medies* en el asunto de otro. 他人のことに口をはさむな. Mi hermano *medió en mi favor para que mi padre me perdonara.* 父が私を許してくれるように兄がとりなしてくれた. ❸ [+entre の間に] 起こる, ある; [事情などが] 介在する: *Mediaba entre* ellos una violenta discusión. 彼らの間で激論があった. *Media* un abismo *entre* padre e hijo. 親子の間には断絶がある. ¿Qué diferencia *media entre...?* …の間にどんな違いがあるか《大差ない》. Quiso hacer algo extraordinario, pero *mediaba* su escasa imaginación. 彼は何かすばらしいことをしたかったのだが, それだけの想像力がなかった. Iba a salir, cuando *medió* su llamada. 私が出かけようとしていたら彼から電話が入った. *Media* el hecho de que+直説法・接続法 …という事実がある. ❹ [2つの事柄の間に] 時が経つ: Desde que le había escrito hasta recibir su respuesta, *mediaron* dos meses. 私が彼に手紙を出してから返事をもらうまでに2か月かかった. Entre los dos accidentes no *medió* ni un minuto. 2つの事故はものの1分とたたないうちに起きた

mediastino [meðjastíno] 男《解剖》縦隔 (じゅうかく)

mediatizar [meðjatiθár] 9 他 [人・組織の自由を束縛する形で] 影響を及ぼす, 間接支配する, 邪魔する: El ejército *mediatiza* la política. 軍部が陰で政治を動かしている
　　mediatización 女 間接支配

mediato, ta [meðjáto, ta] 形 間接的な: Tengo comunicación con él, aunque de manera 〜*ta.* 間接的にではあるが, 私は彼と連絡をとっている

mediatriz [meðjatríθ] 女《数学》垂直二等分

medicable [meðikáble] 形《文語》[病気が] 治療可能な

medicación [meðikaθjón] 女《文語》医療行為, 投薬; 医 医薬品

medicamento [meðikaménto] 男《文語》薬剤, 医薬 [medicina]
　　medicamentar 他 = medicar
　　medicamentoso, sa 形 薬剤の; 薬効のある: alergía 〜*sa* 薬剤アレルギー. vino 〜 薬用酒

medicar [meðikár] 7 他《文語》…に薬を飲ませる, 投薬する; 治療する
　　◆〜se [+con que と] 飲む

medicastro [meðikástro] 男《軽蔑》やぶ医者

medicina [meðiθína] 女《英 medicine》❶ 医学; 医療: ejercer la 〜 医業を営む; 医療行為をする. estudiar 〜 医学を勉強する. doctor en 〜 医学博士. 〜 alternativa 代替医療. 〜 deportiva スポーツ医学. 〜 general 一般医学. 〜 interna 内科学. 〜 legal (forense) 法医学. 〜 tropical 熱帯医学. ❷ 薬, 薬品: tomar 〜

薬を飲む. 〜 para el estómago 胃の薬. 〜 contra la gripe 風邪薬. 〜 de uso interno (externo) 内服(外用)薬. ❸ 解決法

medicinal [meðiθinál] 形 ❶ [ser+] 薬用の, 医療用の: agua 〜 薬用鉱泉水. planta 〜 薬用植物. ❷《スポーツ》balón 〜 メディシンボール
　　medicinalmente 副 薬で, 医学的に
　　medicinar [meðiθinár] 他 = medicar

medición [meðiθjón] 女《←medir》測定

médico, ca [méðiko, ka] 形《英 medical》❶ 医学の, 医療の: cuidados 〜s 治療. reconocimiento (examen) 〜 健康診断. revista 〜*ca* 医学雑誌. ❷《歴史》= medo: guerras 〜*cas* ペルシア戦争
　　◆ 名《英 doctor》医者, 医師: consultar al 〜 医者にかかる(みてもらう). enviar a buscar al 〜/mandar por el 〜 医者を呼びにやる. ir al 〜 医者(病院)に行く. llamar al 〜 医者を呼ぶ. 〜 consultor (de consulta・de apelación) 立会い医師. 〜 de la familia ホームドクター. 〜 general 一般医, 内科医. 〜 militar (castrense) 軍医. 〜 particular 保険医療をしない医師. 〜 rural 村医者
　　visita de 〜 ごく短時間の訪問
　　◆ 名 医者の妻

medicucho [meðikútʃo] 男《軽蔑》= medicastro

medida[1] [meðíða] 女《英 measure》❶ 大きさ, 寸法: tomar las 〜s de... …の寸法をはかる. 〜 de un traje 服のサイズ. ❷ 度量の単位; 尺度: añadir dos 〜s de agua y una de aceite 水2油1の割合で加える. pesos y 〜s 度量衡[器]. ❸ 測定, 計量: realizar la 〜 de un terreno 土地の測量をする. ❹ [主に 複] 措置, 対策: tomar las 〜s necesarias para evitar la crisis 危機を回避するために必要な措置をとる. 〜s de seguridad 安全措置. ❺ 節度, 適度: actuar con 〜 慎み深くふるまう. ❻ 程度, 範囲; 限度: ¿En qué 〜 puede afectarnos? それは我々にどの程度の影響を与えるだろうか? ❼《詩法》韻律[の単位]
　　a la 〜 1) = a 〜: traje *a la* 〜 オーダーメイドの服. 2) [+de に] 釣り合った, 相応の: Encontró una ocupación *a su* 〜. 彼はお誂え向きの職についた. El castigo fue *a la* 〜 *de la falta.* その罰はその罪にふさわしかった. *a la* 〜 *de su capacidad* 能力に見合った. piso *a la* 〜 手頃な大きさのマンション. novio *a la* 〜 似合いの恋人
　　a (la) 〜 *de su deseo* 望みどおりの, 気に入って: Tu peinado está *a* 〜 *de mi deseo.* 君の髪型は私の好みに合っている
　　a 〜《服飾》寸法に合わせて: hacer un traje *a* 〜 服を誂える
　　a 〜 *que*+直説法 …するのに応じて; …につれて: Me gusta más el español *a* 〜 *que* pasa el tiempo. 時間がたつにつれて私はますますスペイン語が好きになる. resolver los problemas *a* 〜 *que se van presentando* 問題が生じるたびに

１つずつ解決する

colmar[se] (llenar[se]) la ～ 度が過ぎ
る：*Ha colmado la ～ con sus insultos.* 彼
は侮辱の度が過ぎた．*Eso colma la ～.* それは
あんまりだ

en (hasta) cierta ～ ある程度は

en gran ～ たくさん，とても：*Respeta en gran
～ a su maestro.* 彼は先生を大変尊敬してい
る

en la ～ de lo posible できるだけ

sin ～ 度を越して：*Come sin ～.* 彼はひどい大
食漢だ

medidor, ra [medidór, ra] 形 計量用の
◆ 男 測定器，計量器；《中南米》〖水道・電気な
どの〗メーター〖contador〗

mediero, ra [medjéro, ra] 名 分益小作人

medieval [medjebál] 形 中世(風)の：*his-
toria ～* 中世史

medievalismo 男 中世研究；中世趣味

medievalista 名 中世研究家

medievo [medjébo] 男 中世〖Edad Media〗

medina [medína] 女 〖北アフリカの都市の〗旧
市街，イスラム教徒居住地区

medio¹ [médjo] 男 〖英 middle,
means〗 ❶ 真ん中，中間：en
〔el〕 ～ de una mesa テーブルの中央に．en
〔el〕 ～ de la calle 通りの真ん中で．empezar
por el ～ 途中から始める

❷〖主に 複〗手段，方策：No hay ～ de
localizarlo. 彼の居場所をつきとめる方法がない．
tomar los ～s necesarios 必要な手段をとる．
por ～s pacíficos 平和的手段で．corto de
～s 手の打ちようのない．～s audiovisuales 視
聴覚教具．～s de comunicación (de difu-
sión・informativos de información) メディ
ア，情報伝達媒体(手段)〖単数では新聞社・テ
レビ局などの一社〗．～s de comunicación de
masas マスメディア，マスコミ．～s de produc-
ción 生産手段．～s de transporte 輸送手段，
交通機関．～s de vida 生活手段．～s
económicos 経済力，資産；経済界

❸ 環境：En su ～ no está bien visto que las
chicas salgan por la noche. 彼女のまわりでは
女の子が夜出かけるのはよく思われない．Los pe-
ces viven en un ～ acuoso. 魚は水の中で生活
する．～ de acción 彼の活動分野．～s
intelectuales インテ
リ層．～s políticos 政界．～s rurales 農村

❹ ～ 半分，2分の1〖mitad〗：Déme ～ kilo gramo：
Déme ～ de queso. チーズ500グラムください
〖参考〗*Déme medio queso.* チーズ半分ください〕

❺ 複 資産：hombre de 〔muchos〕～s 〔大〕
資産家．No tengo ～s. 私は金がない

❻ 中指〖dedo ～〗

❼《ボクシング》ミドル級〖peso ～〗

❽〖闘牛場を3分割した〗中央部

❾ 霊媒〖médium〗

de ～ a ～ 完全に：*Te equivocas de ～ a
～.* 君は完全に間違っている

de por ～ ＝por ～

en los ～s allegados a... …に関係する人々

の間では

en ～ 〔+de の〕間に；中央に：*Iban lado a
lado los padres, y al hijo lo llevaban en
～.* 両親が並んで歩き，2人の間に子供を連れて
いた．*¡Hay un bulto en ～ de la pista!* 滑
走路に何かあるぞ!

en ～ de todo それにもかかわらず

en su ～ 自分の本領内で：*Los miembros
del equipo parecen encontrarse en su ～.*
そのチームの連中はのびのびしているようだ

estar de por ～ 仲介(介在)している

***no ahorrar (economizar・excusar・per-
donar) ～s*** 〔+para+不定詞〕…するために少
しも労を惜しまない

poner 〔todos〕los ～s para... …に全力を
尽くす，あらゆる手段を用いる

ponerse por ～ 邪魔する，妨げる

por en ～ 半分ずつに；乱雑に；邪魔(障害)に
なって〖por en ～ del país. 山脈が国の中央を走っている．
Estando su niño por en ～ no podía pen-
sar en irse de la casa.* 彼女は子供がいるので
家を出ることなど考えられなかった

por ～ 1) 半分ずつに：*cortar una sandía
por ～* スイカを真二つにする．2) 乱雑に：*Por
reformas de la tienda, tenemos todo por
～.* 店内改装のため取りちらかしております．3)
邪魔(障害)になって；立ちはだかって，道をふさい
で．4)《中南米》mes (semana) por ～ 隔月
(隔週)に．día por ～ 一日おきに

por ～ de... …を仲介して：*vender por ～ de
las agencias* 代理店を通じて売る．*conseguir
el trabajo por ～ de su amigo* 友人のつてで
職を得る

por todos los ～s あらゆる手段を用いて

quitar de en ～ 〔+a 邪魔者を〕排除する，殺
す；自殺する

quitarse de en ～ 〔邪魔にならないように〕姿
を消す：*¡Quítate de en ～!* 邪魔だ，どけ!

medio² [médjo] 副 ❶ 半ば，中途半端に：
Está ～ muerto. 彼は死にかけている．Lo digo
～ en broma ～ en serio. 私は半分冗談に，半
ばまじめにそう言った．estar ～ borracho 半分
酔っている．～ loco 半狂乱の．❷《中南米》か
なり〖bastante〗

a ～+不定詞 …途中の，…しかけに：i) *Tengo
el trabajo a ～ hacer.* 私は仕事をやりかけにし
ている．*plato a ～ comer* 食べかけの料理．ii)
〔estar+〕 *Esta pared está a ～ pintar.* この
壁はまだ塗りかけだ

ni ～〖口語〗少しも〔…ない〕：*Ni ～ estoy
bien./No estoy ni ～ bien.* 全然元気じゃな
いよ

medio³, dia² [médjo, dja] 形 〖英
half, middle〗 ❶
〔主に +名詞〕半分の：i) *Compré media
docena de huevos.* 私は卵を半ダース買った．
Media botella de vino, por favor. ワインの小
瓶をください．*～ litro de leche* 牛乳0.5リット
ル．ii)〔名詞の省略〕*un vaso y ～ de agua* コ
ップ1杯半の水． *tres millones y ～ de*

habitantes 350 万の人口. una hora y *media* 1 時間半〖↪**media**¹〗. Déme kilo y ～ de uvas. ブドウを 1.5 キロください〖↪**medio**¹ ❹〗. iii) 中途半端な: *media* sonrisa 薄笑い. ～ perfil ぼんやりした輪郭. iv)《誇張》多数の, 大量の: Vino a verme ～ Madrid. 大勢のマドリード市民が私に会いに来た

❷ 中間の: línea *media* 中間線の;《スポーツ》ハーフライン. ～ tiempo《スポーツ》ハーフタイム

❸ 平均の; 中くらいの; 普通の, 並の: estatura *media* 平均身長. a un ritmo ～ anual de… 年平均…のペースで. de tamaño ～ 中くらいの大きさの. español ～ 平均的なスペイン人

a ～＋名詞 半分の…の: manga *a* ～ brazo 五分袖

punto ～ 普通, 中庸: Las cosas llegan a su *punto* ～. 普通の状態になる／バランスが取れる

◆ 图《スポーツ》ハーフ(バック): ～ derecho ライトハーフ

medioambiental [meðjoambjentál] 厖 環境の: deterioro ～ 環境破壊. política ～ 環境政策

medioambiente [meðjoambjénte] 男 回賀 自然環境, 環境〖medio ambiente〗

mediocre [meðjókre] 厖 图 ❶ 凡庸な(人), ぼんくら(な): estudiante ～ できの悪い生徒. obra ～ つまらない作品. ❷ 中程度の, 並の〖mediano〗: ～ cosecha 平年作

mediocridad [meðjokriðáð] 图 凡庸

mediodía [meðjoðía] 男 ❶ 正午, 午後零時〖↔medianoche〗: Es el ～. 正午だ. antes del ～ 正午前に. a(1) ～ 正午に; 昼食時に. ❷ 昼食時〖午後零時から 2 時, 3 時ごろまで〗: Es la una del ～. 午後 1 時だ. comer a ～ 昼食をとる. ❸〖北半球から見て〗南〖sur〗: La casa mira al ～. 家は南向きだ

medioeval [meðjoebál] 厖 ＝**medieval**

medioevo [meðjoébo] 男 ＝**medievo**

mediometraje [meðjometráxe] 男 [55 分前後の] 中編映画

mediopensionista [meðjopensjonísta] 厖 图 2 食付きの下宿人(の); 昼食を学校で給される(通学生)

medir [meðír] 35 他〖英 measure. ↩活用表. 現分 midiendo〗 ❶ 測る, 測定する: Medí a mis hijos. 私は息子たちの身長を測った. ～ una habitación con el metro 部屋の寸法をメートル尺で測る. ～ un terreno 土地を測量する. ～ la temperatura 温度を測る. ～ la inteligencia 知能を測る. ～ sus fuerzas con＋人 …と力比べをする. ❷ 推しはかる: ～ las consecuencias 結果を推測する. ～ las ventajas y los inconvenientes de……の得失を考える. ❸ [言動を] 控え目にする. ❹《詩法》韻律を調べる(整える);《音楽》拍数の配分をする

～ *con la mirada* (*los ojos*) *a*＋人 [とがめるように] …を頭のてっぺんから爪先まで見る

◆ 圓 寸法(身長)がある: Su finca *mide* cinco hectáreas. 彼の土地は 5 ヘクタールある. ¿Cuánto *mide* usted? 身長はどのくらいですか?

◆ ～*se* ❶ [＋con と] 力を競う, 戦う; 雌雄を

決する: ～*se con* el equipo A A チームと対戦する. ❷ 言動を控え目にする: ～*se al* hablar 言葉を慎しむ

medir

直説法現在	直説法点過去
mido	medí
mides	mediste
mide	midió
medimos	medimos
medís	medisteis
miden	midieron

接続法現在	接続法過去
mida	midiera, -se
midas	midieras, -ses
mida	midiera, -se
midamos	midiéramos, -semos
midáis	midierais, -seis
midan	midieran, -sen

meditabundo, da [meðitaβúndo, da] 厖 《時に戯画》物思いにふける, 考え込んだ: en actitud ～*da* 考え込んでいる様子で

meditación [meðitaθjón] 图 瞑想, 黙想: absorberse (sumergirse) en la ～ 瞑想にふける, 沈思黙考する. ～ trascendental 超越瞑想法

meditar [meðitár] 圓 思索にふける, 瞑想する; [+sobre…について] 思いを巡らす: ponerse a ～ 黙想に入る. Voy a ～ *sobre* este asunto. この件についてはよく考えてみよう

◆ 他 …について熟考する

meditativo, va [meðitatíβo, βa] 厖 考え込みがちな; 瞑想にふける

mediterráneo, a [meðiteřáneo, a] 厖《地名》地中海の Mar Mediterráneo〔沿岸〕

médium [méðjum] 男〔単複同形/⑱〜s〕霊媒

medo, da [méðo, ða] 厖 图《歴史・地名》メディア Media の(人)

medrar [meðrár] 圓 成長する; 繁栄(出世)する: El niño *ha medrado* mucho. 子供はずいぶん大きくなった. *Han medrado* los que salieron del pueblo. 町を出た連中は出世した

medrados estamos 困ったことになる; [間投詞的] これは困った: Si sigue la sequía, *medrados estamos*. 日照りが続いたら大変なことになる

medro [méðro] 男 成長, 繁栄, 出世

medroso, sa [meðróso, sa] 厖《文語》❶ [ser+] 怖がりの, 臆病な; [estar+] 怖がっている. ❷ 恐ろしい

◆ 图 臆病者

médula [méðula] 图 ❶《解剖》髄; 脊髄〖～espinal〗: ～ oblongada (oblonga) 延髄. ～ ósea 骨髄. ❷《植物》髄. ❸ 真髄, 本質: llegar a la ～ de las cosas 事態の本質に触れる

hasta la ～ すっかり, 徹底的に: Sus palabras me han llegado *hasta la* ～. 彼の言葉は私の骨身にしみた. mojarse *hasta la* ～ ずぶ

ぬれになる

médula 囡 =**médula**

medular 厖 髄の, 髄様の; 本質的な

medusa [meðúsa] 囡 ❶《動物》クラゲ. ❷《神話》[M～] メドゥーサ

mefistofélico, ca [mefistoféliko, ka] 厖 メフィストフェレス Mefistófeles のような, 悪魔的な『←ファウスト伝説』

mefítico, ca [mefítiko, ka] 厖 毒気(悪臭)のある

mega-《接頭辞》❶［大］*megá*fono メガホン. ❷［10^6］*mega*ciclo メガサイクル

megabyte [megabájt] 男《情報》メガバイト

megaciclo [megaθíklo] 男《物理》メガサイクル

megafonía [megafonía] 囡 音響技術; 音響装置

megáfono [megáfono] 男 メガホン, 拡声器

megahercio [megaɛ̃rθjo] 男《物理》メガヘルツ

megahertzio 男 =**megahercio**

megalito [megalíto] 男《考古》巨石, メガリス

megalítico, ca 厖 巨石の: monumento ～ 巨石建造物

megaloblasto [megaɓlásto] 男《生物》巨赤芽球

megalomanía [megalomanía] 囡《医学》誇大妄想

megalómano, na 厖 名 誇大妄想の[人]

megalópolis [megalópolis] 囡『単複同形』❶［M～. 古代ギリシアの］メガロポリス. ❷超巨大都市

megarón [megarón] 男《建築》メガロン『古代ギリシアの大邸宅の主要な部屋・建物』

megaterio [megatérjo] 男《古生物》オオナマケモノ, メガテリウム

megatón [megatón] 男《核兵器の爆発力の単位》メガトン

megavatio [megaɓátjo] 男《電気》メガワット

megavoltio [megaɓóltjo] 男《電気》メガボルト

meigo, ga [méigo, ga] 名 魔法使い『brujo』

meiosis [mejósis] 囡『単複同形』《生物》減数分裂

mejana [mexána] 囡《川の中の》小島, 中州

mejer [mexér] 囮《液体がまざるように》揺らす

mejicano, na [mexikáno, na] 厖 名 =**mexicano**

Méjico [méxiko] 男 =**México**

mejido, da [mexíðo, ða] 厖 過分《料理》[卵を]かきまぜた

mejilla [mexíʎa] 囡『英 cheek』頬 [ほほ]『目の下から顎までの横顔全体』: besar en la ～ mejilla キスをする. con las ～s ruborizadas 頬を赤らめて

mejillón [mexiʎón] 男《貝》ムラサキイガイ, ムール貝

mejillonero, ra 厖 名 ムール貝を養殖する[人]

mejor [mexór]『英 better. bueno・bien の比較級. →peor』厖［+que より］

もっと良い 『道徳的な善さを比較する場合は más bueno も使う』: i) Hoy hace ～ tiempo que ayer. 今日は昨日より天気がいい. Es ～ (más bueno) que su hermano. 彼は兄よりいい人だ. ii)［最上級. 限定詞+. +de の中で］Es *la* ～ alumna de toda la clase. 彼女がクラスで一番よくできる生徒だ. Es una de *sus* ～es obras. それは彼の最高傑作の一つだ. Hice lo ～ que pude. 私は最善を尽くした.

◆ 剾 ❶ もっと良く: El enfermo está cada día ～. 病人は日ましによくなっている. Aquí se está ～ que en la casa. 家の中よりここの方が居心地がいい. José trabaja ～ que nadie. ホセは誰よりもいい仕事をする. ❷［間投詞的. 満足・承認］He decidido no ir al cine.—¡(Mucho・Tanto) M～! 映画に行かないことにした.—それは[大変]結構だ. ❸［挿入句で］もっと正確に言えば『～ dicho』.

a lo ～［主に+直説法現在. 危惧・期待］もしかすると; たぶん: A lo ～ no lo sabe. もしかすると彼は知らないのかもしれない. ¿Crees que vendrá?—A lo ～. 彼は来ると思うか?—おそらく

así es ～/*así/eso está* ～［満足・承認］それがいい

de lo ～ 非常にすばらしく

en el ～ *de los casos* よくても, せいぜい

lo ～ *de lo* ～ 最高(極上)のもの

～ *o peor* いいにしろ悪いにしろ: M～ *o peor*, terminará el trabajo algún día. ともかく[どっちみち]仕事はいつか終りになる

～ *que* ～ 大変によい: Si él no viene, ～ *que* ～. 彼が来ないなら, 非常に結構だ

ser ～ *+不定詞*/[*ser*] ～ *que+接続法* …する方がよい: Es ～ salir a su encuentro que esperarle aquí. ここで彼を待つより迎えに行った方がいい. [Será] ～ *que te vayas*. 帰った方がいいよ. ¿A quién *es* ～ *que* pregunte? 誰に相談したらいいだろう? Tanto ～ *que* no se haya enterado. あなたはむしろ知らない方がよかった

mejora [mexóra] 囡 ❶ 改良, 改善; 劂 改修, 修繕: ～ del suelo 土地改良. ～ de salarios 給与の改善. hacer ～s en el piso マンションを修繕する. ❷［競売での］競り上げ『puja』. ❸《法律》法定相続分を上回る遺贈

mejorable [mexoráɓle] 厖 改良(改善)できる

mejoramiento [mexoramjénto] 男 改良, 改善: ～ de un enfermo 病人の回復. ～ de las condiciones de trabajo 労働条件の改善

mejorana [mexorána] 囡《植物》ハナハッカ, マヨラナ

mejorar [mexorár] 囮 ❶ もっと良くする, 改良する, 改善する: ～ el camino 道路をよくする. ～ el rendimiento 能率を上げる. ～ el campo 農地を改良する. ～ el sistema 機構を改善する. ～ la salud 健康を増進する. ❷［病人を]快方に向かわせる. ❸［競売で値を]競り上げる

◆ 圓 ❶［+a より］上になる, 勝る: El hijo mejora *al* padre. 息子が父親を乗り越える. ❷［+de 病状・天候などが］よくなる, 回復する: Ha *mejorado* mucho. 彼は大分よくなった. *Ha mejorado de* aspecto. 彼は顔色がよくなった. ❸ [地位・経済状態などが] 向上する: Los obreros *mejoran de* posición. 労働者の社会的地位が向上する

◆ ~se [病状・天候・地位などが] よくなる: *Se ha mejorado* el día. 天気がよくなった. *Que se mejore* pronto. 早くよくなられますように/お大事に

mejoría [mexoría] 囡 ❶ [病状の] 回復: experimentar una ligera ~ 少し病状がよくなる. ❷ [天候の] 回復; [条件などの] 改善

mejunje [mexúnxe] 男 《軽蔑》[飲料・薬・化粧用の怪しげな] 調合物

melado, da [meláðo, ða] 形 過分 蜜のような; 黄金色の, 金色の

melamina [melamína] 囡 《化学》メラミン

melancolía [melaŋkolía] 囡 憂鬱(ﾕﾂ), 憂愁; 《医学》[抑]鬱症: Le invadió la ~. 彼は寂しく[憂鬱に]なった. sentir ~ 気分が沈む

melancólico, ca [melaŋkóliko, ka] 形 気を滅入らせる, わびしい; 憂鬱な; [抑]鬱病の: Hoy estoy ~. 私は今日は憂鬱だ. mirada ~ca 物憂げな眼差し. música ~ca 物悲しい音楽

◆ 名 [抑]鬱症患者

melanesio, sia [melanésjo, sja] 形 名 《地名》メラネシア Melanesia の 囡 の[人]

melanina [melanína] 囡 《生化》メラニン
　melanismo 男 《動物》黒化, メラニン沈着
　melanocito 男 《生物》メラノサイト, メラニン形成細胞
　melanoma 男 《医学》黒色腫
　melanosis 囡 《単複同形》《医学》黒色症

melar [melár] 自 [←miel] [蜜蜂が] 蜜を作る; 糖蜜を煮つめる
◆ 形 [果物などが] 蜜のように甘い

melaza [meláθa] 囡 糖蜜 [製糖の副産物で, 蒸留するとラム酒ができる]

melcocha [melkótʃa] 囡 あめ状にした蜂蜜; その菓子

melé [melé] 囡/男 《ラグビー》スクラム 〖~ organizada〗: ラック, モール 〖~ libre〗

melena [meléna] 囡 ❶ まとめずに長く伸ばした髪, ロングヘア: apartar su ~ de la cara 髪をかき上げる. ❷ 《軽蔑》乱れた髪: Arréglate esas ~s. 髪をきちんととかしなさい. ❸ [ライオンの] たてがみ. ❹ 《医学》下血, メレーナ
　soltarse la ~ 《口語》思い切って(あけすけに)話す
　melenas 男 〖単複同形〗長髪の若者
　melenita 囡 《髪型》ボブ
　melenudo, da 形 名 長髪の[若者], ふさふさとした髪の

melero, ra [meléro, ra] 囡 蜂蜜販売人
◆ 男 蜂蜜貯蔵庫

meliáceas [meljáθeas] 囡 覆 《植物》センダン科

melífero, ra [melífero, ra] 形 《詩語》蜜の入った, 蜜を含んだ

melificar [melifikár] 囮 自 [蜂が] 蜜を集め

る, 蜂蜜をつくる

melifluo, flua [melíflwo, flwa] 形 [話し方・態度が] 甘美な, 甘ったるい: voz ~*flua* 甘い声
　melifluidad 囡 甘美さ

melillense [melilénse] 形 名 《地名》メリリャ Melilla の[人] [モロッコ内のスペイン領]

melindre [melíndre] 男 ❶ 《料理》蜂蜜のかかった揚げパン(フリッター). ❷ [主に 覆] 度を過ごした気配り(気どり): hacer (afectar) ~s 気どる, 上品ぶる. Gasta muchos ~s. 彼は気どり屋だ
　melindrear 自 気どる, 上品ぶる
　melindrería 囡 =melindre
　melindroso, sa 形 気どった, 上品ぶった

melisa [melísa] 囡 《植物》[セイヨウ]ヤマハッカ, コウスイハッカ, レモンバーム

mella [méʎa] 囡 ❶ [刃の] こぼれ; [縁の] 欠け: Este cuchillo tiene varias ~s. この包丁は刃こぼれしている. ❷ [歯の] 抜け跡: Tiene varias ~s en los dientes. 彼は歯が何本かない. ❸ 損害, 痛手: ~ de los bienes 財産の減少
　hacer ~ a (en)+人 …に印象づける, 衝撃を与える; 損う: Le *hizo* ~ el consejo. 彼への忠告は効いた

mellar [meʎár] 囮 ❶ [刃・縁を] 欠く: ~ la espada 剣を刃こぼれさせる. ~ un plato 皿の縁を欠けさせる. ❷ 傷つける, 悪化させる: ~ la salud 健康をむしばむ. ~ el crédito 信用を失わせる
◆ ~se [刃が] こぼれる; 縁が欠ける
　mellado, da 形 過分 1) 刃こぼれした; 歯の抜けた: boca ~*da* 歯の欠けた口. 2) 《南米》口唇裂の
　melladura 囡 刃こぼれ, 傷 〖mella〗

mellizo, za [meʎíθo, θa] 形 名 双生児[の] 〖gemelo〗: Nacieron ~s. 彼らはふたごに生まれた

melocotón [melokotón] 男 《果実》i) 《主に西》モモ(桃) [ただし白桃ではなく黄桃]. ii) 《中米》ゴレンシ
　melocotonar 男 桃畑
　melocotonero 男 《植物》モモ[の木]

melodía [melodía] 囡 《音楽》メロディー, 旋律; [快い] 調べ: dulce ~ del canto de los pájaros 鳥のさえずりの甘い調べ
　melódico, ca 形 旋律の, 旋律的な
　melodioso, sa 形 美しい調べの, 音楽的な: voz ~*sa* 美しい声, まるで音楽を聞いているような声. instrumento ~ 旋律楽器

melodrama [melodráma] 男 メロドラマ; 《演劇》[17世紀の] 音楽劇
　melodramático, ca 形 メロドラマ[調]の

melomanía [melomanía] 囡 音楽マニア, 音楽愛好
　melómano, na 形 名 音楽愛好家[の]

melón [melón] 男 ❶ 《植物・果実》メロン: ~ de agua スイカ 〖sandía〗. ❷ 《戯語》頭, 頭部. ❸ 覆 《俗語》乳房
◆ 名 《軽蔑》能なし, ばか者

melonada 囡 ばかげたこと

melonar 男 メロン畑

melonero, ra 图 メロン売り(栽培家)

meloncillo [melon̟θíʎo] 男《動物》エジプトマングース

melopea [melopéa] 囡 ❶《西.口語》酔い: coger (agarrar) una ～ 酔っぱらう. ❷ 単調で繰返しの多い歌. ❸《口語》[しつこい] 苦情, 要請, 話

meloso, sa [melóso, sa] 厖 ❶ 蜂蜜の[ような]: color ～ 蜂蜜色, 琥珀(沈)色. ❷ 柔らかい; 甘ったるい: carne ～sa 柔らかい肉. voz ～sa 柔らかく美しい声. persona ～sa やさしそうな人

melosidad 囡 柔らかさ; 甘さ

melva [mélba] 囡《魚》ヒラソウダガツオ

membrana [membrána] 囡 ❶《生物》膜: ～ celular 細胞膜. ～ mucosa 粘膜. ❷ 薄い膜(板): ～ semipermeable 半透膜

membranoso, sa 厖 膜質の: alas ～sas 膜翅

membrete [membréte] 男 レターヘッド〖便箋の上部に印刷した社名・住所など〗

membrillo [membríʎo] 男《植物・果実》マルメロ, カリン〔の一種〕;《菓子》マルメロのゼリー〖carne de ～〗

membrillar 男 マルメロ林

membrillero 男 マルメロの木

membrudo, da [membrúðo, ða] 厖〔筋骨〕たくましい

memento [meménto] 男《カトリック》メメント, 記念誦〖「主よ, お覚えください…」の形式で, ミサ典文の後半に生ける者と死せる者のために捧げる祈り〗

memo, ma [mémo, ma] 厖 图 愚かな[人], ばかな: Es tan ～ que no se da cuenta de que está molestando a otros. 彼は鈍い奴で人に迷惑をかけているのに気づかない

memez 囡〖複 ～ces〗愚かさ, 愚行: decir *memeces* くだらないことを言う

memorable [memoráble] 厖 記憶すべき; 忘れ難い: hecho ～ 記念すべき(忘れられない)出来事

memorándum [memorándun] 男〖複 memoranda/～s〗 ❶《外交》覚書;《商業》注文書. ❷ メモ; メモ帳. ❸《南米》〔銀行の〕預金証書

memorando 男 =**memorándum**

memorar [memorár] 他《詩語》思い出させる

memoria [memórja] 囡〖英 memory〗❶ 記憶, 思い出; 記憶力: Si la ～ no me falla… 私の記憶違いでなければ…/確か…. No me queda (No tengo) ～ del accidente. 私は事故のことを覚えていない. Le falla la ～. 彼は物覚えが悪くなっている. tener buena ～ 記憶力がよい. tener claro en la ～ 鮮明に記憶している. de buena (grata・feliz) ～ 良い思い出の. de mala (ingrata・infausta) ～ 悪い思い出の. libro de ～/ayuda ～ 備忘録. ～ colectiva 集団記憶. ❷〔遺贈による〕記念財団. ❸ 報告書, リスト: ～ anual 年次報告書, 年報. ～

del material de laboratorio 実験室の備品目録. ❹ 研究報告, 論文〖tesina, tesis〗: presentar una ～ de la asignatura 小論文を提出する. ～ de licenciatura 学士論文. ❺〖複〗回想録, 手記: escribir sus ～s 回想録を書く. ❻《情報》記憶装置, メモリー: ～ interna (externa) 内部(外部)記憶装置. ～ muerta 読み出し専用メモリー, ROM. ～ no volátil フラッシュメモリー. ～ virtual 仮想記憶. ～ viva ランダムアクセスメモリー, RAM. ❼〖複〗《古語的》よろしく〔との挨拶〕〖recuerdos〗: Déle a su madre muchas ～s de mi parte. お母様によろしくお伝えください. *M*～s a tu tío. 君の叔父さんによろしく

a la ～ de… …の記念に: levantar un monumento *a la ～ de* los caídos 戦没者の慰霊碑を建てる

acudir a la ～ de+人 …に思い出される: *Acudió a su ～* el recuerdo de su infancia. 彼に幼い日の思い出がよみがえった

borrarse (caerse) de la ～ 記憶から消える: Se borraron de su ～ las recomendaciones. 彼は忠告を忘れてしまった

conservar la ～ de… …を覚えている, 忘れない

de ～ そらんじて: Se sabe *de ～* todos los elementos químicos. 彼はすべての元素をそらで言える. tocar *de ～* 暗譜で演奏する. Más vale acostumbrarse que aprender *de ～*.《諺》習うより慣れよ

en ～ de… …の記念に; …をしのんで

encomendar a la ～ 暗記する

flaco de ～ 忘れっぽい: Eres *flaco de ～* cuando te conviene. 君は都合のいい時に物忘れする

hablar (decir) de ～ うろ覚えで話す, 出任せを言う

hacer ～ 思い出そうとする

manchar la ～ [+de 故人の] 悪口を言う, けなす

～ de elefante 抜群の記憶力

～ fotográfica 鮮明な記憶

perder la ～ de+事 …を忘れる

profanar la ～ =*manchar la ～*

refrescar (renovar) la ～ de… …の記憶を新たにする; 思い出させる; [自然と] 思い出される

tener una ～ de elefante 非常に記憶力がよい

traer… a+人 *a la ～* …に…を思い出させる: La miserable comida me *trajo a la ～* mi niñez. 粗末な食事で私は子供のころのことを思い出した

venir a+人 *a la ～* …に思い出される: Me *ha venido a la ～* la muerte de mi padre. 私は父の死のことを思い出した

memorial [memorjál] 男 ❶ 請願書, 建白書: presentar el ～ de la beca en secretaría 奨学金の申込書を事務局に提出する. ❷ メモ帳, 備忘録. ❸ 記念行事

memorión, na [memorjón, na] 厖 图 非常

に記憶力のよい〔人〕;《軽蔑》記憶魔〔の〕

◆ 圐 驚異的な記憶力

memorioso, sa/memorista [memo-rjóso, sa/-rísta] 形 名《主に中南米》記憶力のよい〔人〕

memorístico, ca [memorístiko, ka] 形［教育方法・知識が］暗記主義の, 暗記による
　memorismo 圐 暗記主義

memorizar [memoriθár] 他他〔丸〕暗記する
　memorización 囡〔丸〕暗記

mena [ména] 囡 ❶《主に鉄の》原鉱. ❷《魚》[地中海産の] イワシの一種

ménade [ménaðe] 囡 ❶《神話》[M～] 酒神バッカスの供の女. ❷《文語》狂乱の女, 怒り狂った女: Está hecha una ～. 彼女は狂乱している

ménage à trois [menáθ a trwá]《←仏語》3 人でする性交, 3 P

menaje [menáxe] 圐 集名 ❶［一つの家の］家具, 調度; 家庭用品: ～ de cocina 台所用品. ❷ 士官の会食用制服

menarquía [menarkía] 囡《医学》初潮, 初経

menchevique [mentʃeβíke] 圐《歴史》メンシェヴィキ

Menchu [méntʃu] 囡《女性名》メンチュ〔Car-menchu の省略語〕

mención [menθjón] 囡 言及; 記載: hacer ～ de... …に言及する. hecho digno de ～ 話す(取り上げる)価値のある出来事
　～ honorífica (de honor) 選外佳作

mencionar [menθjonár] 他 …に言及する; 記載する: Mencionó un nombre varias veces en la conferencia. 彼は講演で何度かある名前に触れた. anteriormente mencionado 上述の
　sin ～ a... …は言うまでもなく, もちろん

menda [ménda] 代《←ジプシー語》❶《戯語》[3 人称扱い》 冠詞・所有形容詞・指示形容詞+］私〔自身〕: [El] M～ no piensa irse de aquí. 私は出て行くつもりはない. ❷《軽蔑》[不定代名詞〕 誰か: Me lo dijo un ～ que yo no conocía. 私の知らないどっかのやつがそう言った
　～ lerenda 私自身: Esto se lo comerá mi ～ lerenda. これは私が食べてしまおう

mendas 代 =**menda** ❶: El ～ no dice nada. 私は何も言わない

mendaz [mendáθ] 形 名《軽蔑》嘘つきの〔の〕〔mentiroso〕
　mendacidad 囡 虚言癖; 厚かましい嘘

mendelevio [mendeléβjo] 圐《元素》メンデレビウム

mendeliano, na [mendeljáno, na] 形 メンデル Mendel の〔法則〕の〔『遺伝学者』
　mendelismo 圐 メンデルの遺伝法則

mendicante [mendikánte] 形 名 物乞い〔の〕: órdenes ～s《宗教》托鉢(たくはつ)修道会

mendicidad [mendiθiðá(ð)] 囡 物乞い, 乞食の境遇: vivir de la ～ 物乞いをして暮らしを立てる. En este barrio hay mucha ～. この

たりは乞食が多い

mendigar [mendiγár] 8 他《施しを》乞う, 懇願する: ～ una comida 食べ物をねだる. ～ el amor de+人 …の愛を求める
　◆ 圓 物乞いをする

mendigo, ga [mendíγo, ga] 名 乞食(こじき): Hay ～s a la entrada del metro. 地下鉄の入り口に乞食たちがいる

mendocino, na [mendoθíno, na] 形 名《地名》メンドサ Mendoza の〔人〕〔アルゼンチン中西部の州・州都〕

mendrugo [mendrúγo] 圐 ❶ 固くなったパンのかけら〔～ de pan〕. ❷《西. 軽蔑・時に親愛》鈍感な人, 頭の悪い人

menear [meneár] 他 ❶ 動かす, 振る; [状態・位置を] 変える; そわそわする: El perro menea la cola. 犬が尾を振る. ❷《官能的に》腰を振って歩く. ❸《口語》[問題などを解決するために] 積極的に手を打つ: Debes ～ tu solicitud. 君は申請手続きを積極的に進めるべきだ
　◆ **～se** ❶ 動く. ❷《口語》i)［しばしば命令で] 急ぐ; ¡Menéate, que ya no hay tiempo! もう時間がないから急ぎなさい! ii) 何とかする: Si no te meneas, será difícil que se solucione el asunto. 君が何とかしなければ問題の解決は困難だろう
　de [los de] no te menees《西. 口語》すごい, 重大な, ひどい: Dieron una fiesta de no te menees. 大変盛大なパーティーが開かれた. problema de los de no te menees 大変な問題. dar a+人 una paliza de las de no te menees …を叩きのめす

meneo [menéo] 圐 ❶［急に・激しく] 動く(動かす)こと: dar un ～ a la mesa テーブルを揺らす. ❷《口語》[激しい] 殴打, 叱責: Si vuelve a llegar tarde le voy a dar un ～. 今度彼が遅刻したらひどい目に会わせてやるぞ

menester [menestér] 圐 ❶《文語》[主に圈] 職, 仕事; 活動: He querido ocuparme en ～es como éstos. 私はこんな仕事がしたかった. ❷ 圈《口語》道具, 用具. ❸ 必要性. ❹ 圈 生理的欲求: hacer sus ～es 用便をする
　haber [de] ～〔+de を置く〕必要とする: ayudar a los que han [de] ～ de ello 援助が必要な人を援助する
　ser ～+不定詞・**que**+接続法《文語》…することが必要である: Sería ～ darse prisa. 急がねばならないようだ. No es ～ que nos reunamos mañana. 明日我々が集まる必要はない

menesteroso, sa [menesteróso, sa] 形 名 貧窮している〔人〕

menestra [menéstra] 囡《料理》ミネストローネ; ミックス野菜

menestral, la [menestrál, la] 名《歴史》職人, 手工業者

mengano, na [mengáno, na] 名 ☞**fulano**: M～ y Zutano 誰かと誰か

mengua [méngwa] 囡《文語》❶ 減る(減らす)こと: ～ de los bienes 財産の減少. ❷ 不足, 不十分: ～ de cualidades 資質に欠けること. ❸ 信用の下落, 不名誉: constituir una ～

para+人 …にとって不名誉となる. ir en ～ del prestigio de+人 …の威信を失墜させる

sin ～ 完全な, 完璧な: honradez *sin* ～ 誠実そのもの

sin ～ de... …を減らさずに(傷つけずに): *sin* ～ *de* sus actividades normales 通常の活動を妨げずに

menguado, da [meŋgwáðo, ða] 形 過分 《文語》意気地のない, 臆病な; 愚かな, 分別のない; けちな, しみったれた

◆ 男 [編み物の] 減らし目

menguante [meŋgwánte] 形 減少する: luna ～ 下弦の月. cuarto ～ 《天文》下弦
◆ 女 ❶ [川の] 渇水, 減水: estar en la ～ 渇水している. ❷ 引き潮 [aguas de ～]

menguar [meŋgwár] 自 13 ❶ 《文語》減少する: Cada año *mengua* el número de alumnos. 毎年生徒数は減っている. ❷ [月が] 欠ける. ❸ [編み物で] 減らし目をする
◆ 他 《文語》減らす: ～ un punto cada dos vueltas [編み物で] 2段ごとに1目減らす

mengue [méŋge] 男 ←ジプシー語. 口語》悪魔, 魔物

menhir [menír] 男 《考古》メンヒル

meninge [menínxe] 女 《解剖》[脳脊]髄膜
meníngeo, a 形 髄膜の
meningítico, ca 形 [脳脊]髄膜炎の
meningitis 女 [単複同形]《医学》[脳脊]髄膜炎
meningococo 男 《医学》髄膜炎菌

menino, na [meníno, na] 名 《歴史》[スペイン宮廷で女王・王子付きの] 小姓, [特に] 若い女官

menisco [menísko] 男 ❶ 《解剖》[関節内の]半月板. ❷ 《光学》凹凸レンズ; 《物理》メニスカス

menopausia [menopáusja] 女 《医学》閉経, 更年期
menopáusico, ca 形 更年期の

menor [menór] 〖英 smaller, minor. pequeño の比較級. ↔mayor〗
形 ❶ [+de より] もっと小さい 〖形状の大きさを比較する場合は主に más pequeño〗: i) Mi habitación es ～ en espacio *que* la suya. 私の部屋は彼のより狭い. ii) [最上級. 限定詞+/+ de の中で] El mes de febrero es el ～ de los doce meses. 2月は12か月の中で最も短い
❷ [定冠詞+] ごくわずかな: Al ～ descuido se me escapa. ちょっとでも油断すると彼は逃げてしまう. No le doy la ～ importancia a sus palabras. 私は彼の言葉には少しも重きを置かない
❸ 年下の: i) Es ～ *que* yo. 彼は私より年下だ. Es la ～ de las hermanas. 彼女は一番下の妹だ. ii) [+de より] niños ～es de cinco años 5歳未満の子供たち
❹ [法的に] 未成年の
❺ 主要でない: gastos ～es 雑費
❻ 《音楽》短調の: en do ～ ハ短調の
❼ 《数学》a es ～ que b. a は b より小さい 〖a< b〗

al por ～ 1) 《商業》小売りの・で: precio *al por* ～ 小売り価格. 2) **=por ～**

por ～ 詳細に: informar *por* ～ *de...* …について事細かに報告する

sin el ～ まったく…ない

◆ 名 下の人, 後輩. ❷ 未成年者 [～ de edad. スペインでは18歳未満]: película no apta (recomendada) para ～es 成人映画. tribunal de ～es 少年裁判所
◆ 男 《宗教》フランシスコ会の修道士
◆ 女 《論理》[三段論法の] 小名辞 〖proposición ～〗; 小前提 〖premisa ～〗

menoría [menoría] 女 *a* ～ 《中南米》小売りで [al por menor]

menorquín, na [menorkín, na] 形 名 《地名》[バレアレス諸島の] メノルカ島 Menorca 男 の〔人〕

menorragia [menoráxja] 女 《医学》月経過多

menos [ménos] 〖英 less. poco の比較級. ↔más〗 副 ❶ より少なく: Estaba ～ cansado. 私はそれほど(思っていたほど)疲れていなかった. Este año llueve ～. 今年は雨が少ない
❷ [数量・程度の比較. +de] …以下 〖de+数詞の数を含まない〗: a ～ de mil pesetas 千ペセタより少なく. Llegó con ～ de una hora. 彼は1時間足らずで着いた. Vinieron ～ de doscientas personas a la exposición. 展示会に来たのは200人足らずだった. Me contestó ～ incomodado *de* lo que yo suponía. 彼は私が思っていたほど怒らずに答えてくれた
❸ [劣等比較級. +que] …より少なく, …ほど…ない: i) Los jóvenes saben ～ *que* los viejos. 若者は老人ほど知識が多くない. *M*～ quiero perder la honra *que* perder el caudal. 私は名誉を失うより財産を失った方がいい. ii) [形容詞・副詞の比較] Esta flor es ～ hermosa *que* aquélla. この花はあの花ほど美しくはない. Le veo a ～ a menudo *que* le veía. 私は以前ほどひんぱんには彼に会わない. iii) [否定文で] Este chico es no ～ aplicado *que* José. この子はホセに劣らず勤勉だ
❹ [劣等最上級. +de・en・entre の中で] 最も少なく: i) Juana es la que trabaja ～. フワナが一番働かない. ii) [形容詞の最上級. 限定詞+] Es, *entre* nosotros, el ～ indicado para la misión. 私たちの中で彼が一番その役目に不向きだ. iii) [副詞の最上級] Es *el que* corre ～ aprisa *de* todos. みんなの中で彼が一番走るのが遅い
❺ [前置詞的] …以外, …を除いて: Han llegado todos ～ tres. 3人を除いて全員到着した. Hay cuatro sillas, ～ una que está en la cocina. 椅子は4脚あって, あと台所に1脚ある
❻ [時刻] …分前: Son las dos ～ cinco. 2時5分前だ
❼ 《数学》マイナスして 〖発音は [menos]〗: Siete ～ tres son cuatro. 7引く3は4

a lo ～ =al ～

a ～ que+接続法 [限定条件] …するのでない限

り : No vendré hoy, *a ～ que* me necesitéis. 私に用がなければ今日は行かない

al ～ 〖英 at least〗少なくとも；せめて : *Al ～* tenía cinco o seis gatos. 彼は少なくとも 5, 6 匹猫を飼っていた. No viene nadie, *al ～* es lo que me han dicho. 誰も来ない. 少なくとも 私はそう聞いている. Permitidme *al ～* decir mi opinión. せめて私に意見を言わせてくれ. *Al ～ podía* haber avisado. 予告ぐらいできたはずだ. 〖+que+接続法〗No ha venido nadie, *al ～ que* yo sepa. 私の知る限り, 誰も来なかった

aún ～ 〖否定の強調〗なおさら…ない : ¿No vienes?—Si tengo que pagar yo, *aún ～*. 来ないのか?—僕が払うのだったら, なおさら行かないよ

cuando ～ ＝al ～

cuando ～ se piensa 思いがけず : *Cuando ～ se piensa* ocurren estos accidentes. 思いがけずこのような事故が起きてしまった

cuanto ～ 〖*tanto*〗+比較語 ☞cuanto

de ～ 不足して : Me han dado cien gramos *de ～*. 私にくれたのは 100 グラム足りなかった. Tome una copa *de ～*. 飲むのを 1 杯減らしなさい

echar de ～ 〖英 miss〗…がないのを寂しく（物足りなく）思う；…がないのに気づく : *Echo de ～* a mi familia (el aire puro). 私は家族に会いたい(新鮮な空気が欲しい)

en ～ より少なく : Aprecia su vida *en ～ que* su virtud. 彼は命を徳義より軽く見ている

en ～ de nada 〖口語〗あっという間に, たちまち : La casa se cayó *en ～ de nada*. 家はあっという間に倒壊した

hacer ([de]) ～ =a+人 …を軽視する, 無視する

hacerse ～ 卑下する, 卑屈になる

ir a ～ 〖地位・重要度などが〗下がる : Esa familia ha ido *a ～*. その一族は落ちぶれた

lo de ～ 〖ser+〗重要でないこと, ささいなこと : Tener dinero es *lo de ～*. 金があるかないかなど, 大した問題ではない

lo ～ 〖口語〗=al ～

lo ～ 〖+形容詞・副詞〗*possible* できるだけ少なく…: Intentamos molestarle *lo ～ possible*. 私たちはできるだけ彼に迷惑をかけないようにする

～ aún =aún ～

mientras ～… 〖*tanto*〗+比較語 ☞mientras

no ser para ～ 1) それもそのはずである, 無理もない. 2) 〖強調〗それはすごいものである : Se enfadó mucho, pero no es para ～. 彼はひどく怒ったが, それはむやみやたらな怒り方ではなかった

ni mucho ～ 〖否定の強調〗とんでもない : i) ¿Estás contento?—¡*Ni mucho ～*! 満足した?—とんでもない! ii) 〖+que+接続法〗No quiero que lo veas y *ni mucho ～ que* hables con él. 君を彼に会わせたくないし, まして話をするなどとんでもない

pero ～ 〖戯語〗それほどでもない : Es un nuevo Freud… *pero ～*. 彼は第二のフロイト…というほどではありませんが…

por lo ～ =al ～

¿qué ～? 〖それ以下ではふさわしくないことを表わす〗Muchas gracias por este regalo tan magnífico.—¿*Qué ～?*, puedo hacerlo./Para ti, ¿*qué ～?* こんなにすばらしい贈り物をありがとうございます.—いいえ, 大したことはありません(当然のことです)

qué ～ que+接続法 せめて…であればよいのに : *Qué ～ que* hubiera avisado si no iba a venir. 来ないつもりだったら, せめて連絡してくれたらよかったのに

tener a ～ さげすむ, 軽んじる

¡todo ～ eso! それだけは勘弁してください

venir a ～ ＝ir a ～

y ～ 〖*aún*〗〖否定の強調〗ましてや〖…ない〗: No quiero que me ayude *y ～* que me compadezca. 助けeven欲しくないし, まして同情なんかしてほしくない

◆ 〖形〗〖単複同形〗❶ より少ない : Quiero ～ comida. 私はこんなにたくさん食べたくない. Hace ～ calor en junio *que* en julio. 6 月は 7 月ほど暑くない. La mujer tenía muchos ～ años *que* su marido. 妻は夫よりはるかに年下だった. Llegó ～ gente de la que necesitábamos. 来たのは私たちが必要としていたより少ない人数だった. Tengo no ～ libros *que* tú. 私は君と同じ位たくさん本を持っている. Ana es la *que* ～ culpa tiene. 一番罪が軽いのはアナだ. ❷ 〖口語〗より劣った : Ésta es ～ montaña *que* la que subimos ayer. この山は昨日登ったのに比べれば大したことはない. ❸ ～ uno (dos) 地下 1 階(2 階)

ser ～ que+人 …より社会的地位が低い

◆ 〖代〗〖定冠詞+〗ごく少数, 一部 : Son *los ～* los que están descontentos. 不満を持つ人はごく少数だ. Esto es *lo ～* que puedo hacer para ella. これが彼女のためにしてやれる精一杯だ. Quedó en pie *lo ～* del edificio. 建物のごく一部が崩れないで残った

◆ 〖男〗❶ 〖数学〗マイナス〔記号〕. ❷ 〖複〗[los+] 少数派

menoscabar [menɔskaβár] 〖他〗減らす, 損なう : ～ su prestigio 権威を失墜する. ～ la fama de+人 …の名誉を傷つける. ～ su belleza 美しさを損なう. ～ su hacienda 財産を減らす

◆ ～se 減る, 損なわれる

menoscabo [男] 減少, 低下；損傷 : sufrir un ～ 損害をこうむる. ir en ～ de+人 …の損害につながる. sin ～ 〖+de を〗損なわずに

menospreciar [menɔspreθjár] 〖他〗❶ 軽視する, あなどる；低く評価する : No hay que ～ su fuerza. 彼の力を甘く見てはいけない. ❷ 軽蔑する, 見下げる

menospreciable 〖形〗軽蔑すべき；取るに足りない : acción ～ 卑劣な行為. Su capacidad no es nada ～. 彼の能力は決してあなどるべきでない

menospreciativo, va 〖形〗軽蔑的な, さげすみの；傲慢な

menosprecio [menɔspréθjo] 〖男〗[+por へ の] 軽視, 過小評価；軽蔑

mensáfono [mensáfono] 男 ポケベル

mensaje [mensáxe] 男 ❶ 伝言, ことづけ 〖recado〗: Hay un ～ para usted. あなたあての伝言があります. dejar un ～ a+人 …に伝言を残す. ❷ メッセージ: enviar un ～ al ministro expresando su protesta 大臣に抗議文を渡す. ～ de la corona 〖国王の〗議会開会（閉会）の言葉. ～ del rey 国王の親書. ～ del presidente 大統領の教書. ～ general (especial) 一般（特別）教書. ～ divino 神のお告げ. ❸〖芸術作品などの〗意図. ❹〖情報〗メッセージ: ～ de error エラーメッセージ

mensajería [mensaxería] 女 運輸会社；輸送（配達）業: ～ marítima 郵船会社

mensajero, ra [mensaxéro, ra] 形 伝言する；到着を告げる: RNA ～〖生物〗伝令 RNA ◆ 名 ❶ 使者；先ぶれ: enviar un ～ a+人 …に使者を送る. enviar a+人 de ～ …を使者に立てる. ～ de la paz 平和の使者. las golondrinas, ～ras de la primavera 春を告げるツバメ. ❷〖バイク便などの〗メッセンジャー ◆ 男《生化》伝達子

menso, sa [ménso, sa] 形《中南米. 軽蔑》知能程度の低い, ばかな

menstruación [menstrwaθjón] 女《医学》月経〔周期〕；その出血（分泌物）

menstrual 形 月経の: dolores ～es 生理痛

menstruar 自 月経（生理）がある

menstruo 男 =menstruación

mensual [menswál] 形 月 1 回の, 毎月の, 月ぎめの；1 か月の: 50,000 pesetas ～es 月に5万ペセタ. reunión ～ 月例会議. gastos ～es 月々の出費

mensualmente 副 月ごとに, 毎月

mensualidad [menswalidá(d)] 女 ❶ 月給. ❷ 月々支払う金；月賦〔金〗: ～ del alquiler 家賃. ～ del colegio 学校の月謝

mensuario [menswárjo] 男《中南米》月刊誌

ménsula [ménsula] 女《建築》持ち送り, コンソール

mensura [mensúra] 女 測定, 測量

mensurable [mensuráble] 形 測定（測量）可能な

mensurar 他 測定（測量）する

menta [ménta] 女 ❶《植物》ハッカ: caramelos de ～ ハッカあめ. licor de ～《酒》ペパーミント. ～ verde (romana) オランダハッカ；ドリハッカ；《香料》スペアミント. ❷《南米》評判, 名声；圏 噂話

mentado, da [mentádo, da] 形 過分 ❶ 上述の, 問題の. ❷ 有名な: muy ～ escritor 非常に有名な作家 ◆ 男《中南米》〖母親に言及した〗侮辱: hacer una ～da a+人 …を侮辱する

mental [mentál] 形《英 mental》❶ 精神の: estado ～ 精神状態. enfermedad ～ 心の病い. ❷ 知的能力の: edad ～ 精神年齢. fuerza ～ 精神力. prueba ～ メンタルテスト. ❸ 頭の中で行なう: cálculo ～ 暗算

mentalidad [mentalidá(d)] 女〖個人・集団の〗考え方, 精神状態, 気質: Tiene ～ infantil. 彼の考え方は子供っぽい. ～ japonesa 日本人の精神構造. ～ primitiva 未開人の思考様式. ～ exportadora《経済》輸出マインド

mentalizar [mentaliθár] 他 ❶ [+de+名詞・que+直説法 を] …に納得（自覚）させる: ～ a la gente de la necesidad de… 人々に…の必要性を理解させる. ❷ [+para+名詞・que+接続法 を] 覚悟させる ◆ ～se ❶ 納得する, 悟る. ❷ [+para の] 覚悟を決める: ～se para lo peor 最悪の事態を覚悟する

mentalización 女 自覚；覚悟, 心の準備

mentalmente [mentálmente] 副 精神的に；頭の中で: ～ atrasado 知恵遅れの. calcular (hacer la cuenta) ～ 暗算をする

mentar [mentár] 23 他 …の名前をあげる, …に言及する

mente [ménte] 女 ❶ [合理的に思考する能力としての〗頭脳, 知性, 精神: poderes de la ～ humana 人間の知的能力. ❷ 考え；意図: No estaba en mi ～ enojarte. 君を怒らせるつもりはなかった. ❸ 考え方: Tiene una ～ abierta. 彼は度量が大きい. Tiene una ～ lógica. 彼は論理的だ
▸ *irse de la ～* [うっかり] 失念する: *Se me ha ido de la ～ su nombre.* 私は彼の名前を忘れてしまった
▸ *tener en ～* …を心に留める；…を意図する: *Tengo en ～ un proyecto fabuloso.* 私はすばらしい計画を思いついた
▸ *traer a la ～* 想起させる: *Esta foto me trae a la ～ felices días.* この写真を見ると幸福だった日々が思い出される
▸ *venir a la ～* 心に浮かぶ, ひらめく

-mente《接尾辞》[形容詞に付けて副詞化 ☞文法概要 7] clara*mente* 明らかに ←claro 明らかな

mentecato, ta [mentekáto, ta] 形 名《軽蔑・時に親愛》愚かな〔人〕, ばか〔な〕

mentecatez 女 愚かさ

mentidero [mentidéro] 男《口語》[バルなど〗いつも集まって雑談をする場所

mentido, da [mentído, da] 形 過分《文語》嘘の, 偽りの, うわべだけの

mentir [mentír] 33 自《英 lie. ☞活用表. 現分 m*i*ntiendo》嘘をつく, 欺く: Siempre me *miente*. 彼はいつも私に嘘をつく. Me *mintió* al decirme que se quedaba en casa. 彼は家にいると言って私をだました. Las palabras *mentían* respecto a la realidad que él había visto. 彼の言葉は見たままの事実をそのとおり伝えたものではなかった
▸ *～ más que habla* 嘘つきの常習犯である
▸ *¡miento!* [自分の誤りに気づいて] 間違えました!
◆ 他 ❶ [約束を] 破る: *Ha mentido la promesa de pagarme.* 彼は払うと言ったのに約束を破った. ❷《文語》[欺いて存在を] 信じ込ませる: *El deseo me mintió el rumor de un manantial.* 渇きのあまり私は空耳で泉の音を聞いた

mentir	
直説法現在	直説法点過去
m**ie**nto	mentí
m**ie**ntes	mentiste
m**ie**nte	m**i**ntió
mentimos	mentimos
mentís	mentisteis
m**ie**nten	m**i**ntieron
接続法現在	接続法過去
m**ie**nta	m**i**ntiera, -se
m**ie**ntas	m**i**ntieras, -ses
m**ie**nta	m**i**ntiera, -se
m**i**ntamos	m**i**ntiéramos, -semos
m**i**ntáis	m**i**ntierais, -seis
m**ie**ntan	m**i**ntieran, -sen

mentira [mentíra] 囡 〖英 lie〗 ❶ 嘘, 虚言；虚偽：Sólo dice (cuenta) ~s. 彼は嘘ばかりつく. Es ~. それは嘘だ. ~ oficiosa 方便による嘘. ~ como una casa 《口語》真っ赤な嘘. ❷ 《口語》[爪に出る] 白斑

aunque parezca ~ 信じられないかもしれないが

coger a+人 en ~ …の嘘を見破る

de ~ 《口語》=de mentirijillas

parece ~ [驚き・非難．+que+接続法] 嘘のようだ, 信じられない：Parece ~ que haya llegado tan pronto. まさかこんなに早く着くとは. Parece ~ que seas así. 君がそういう人間だったとはね

ser ~ que+直説法・接続法 …は嘘である：Es ~ que yo quiero (quiera) marcharme. 私が帰りたがっているというのは嘘だ

mentirijilla [mentirixíʎa] 囡 複 **de ~s**《口語》[だましたのは] 冗談のつもりで；遊びで：Te lo he dicho de ~s. それは冗談だよ. La partida iba de ~s. ゲームは本番ではなかった

mentiroso, sa [mentiróso, sa] 形 图 嘘つき(の)：Es un gran ~. 彼は大嘘つきだ. Más presto se coge al ~ que al cojo. 《諺》嘘はすぐばれるものだ

mentís [mentís] 囲 〖単複同形〗《文語》否認, 打ち消し：dar un ~ rotundo a los rumores 噂をきっぱりと否定する

-mento 〖接尾辞〗[動詞+. 名詞化. 動作・結果] funda**mento** 基礎

mentol [mentól] 囲 〖化学〗ハッカ脳, メントール

mentolado, da 形 メントール入りの, ハッカ味の：caramelo ~ ハッカあめ. cigarrillo ~ メントールたばこ

mentón [mentón] 囲 〖下〗顎(ぅ)(の側面)〖barbilla〗

mentor [mentór] 囲 《文語》[よい] 助言者, 指導者；教育掛, 家庭教師

menú [menú] 囲 〖復 ~s〗 ❶ [レストランの] メニュー；献立, 食事：El ~, por favor. メニューを見せて下さい. ~ del día [日替わりの] コース料理, 定食. ~ de la casa [当店の] おすすめ定食. ~ de degustación 店の得意料理を少しずつ盛り合わせた定食. ❷ 〖情報〗メニュー

menudamente [menúdaménte] 副 細かく,

詳細に

menudear [menudeár] 他 ❶ しばしば繰返す：~ la visita たびたび訪問する. ❷《中南米》小売りする

◆ 自 ❶ しばしば起こる：Desde hace una semana *menudean* los terremotos. 1週間前から地震が頻発している. ❷ [つまらないことを] 詳細に語る. ❸《中南米》増加する

menudencia [menudénθja] 囡 ささいなこと, つまらないもの：Ganó cien millones de pesetas.—Para él eso es una ~. 彼は1億もうけたよ.一彼にとっては大したことではないさ

menudeo [menudéo] 囲 頻繁な繰返し, 頻発；《中南米》小売り

menudillo [menudíʎo] 囲 ❶ 複 [家禽の] 肉以外の部分〖臓物, 頭, 脚など〗. ❷ [馬などの] 球節

menudo, da [menúdo, ða] 形 ❶ 非常に小さい, 微小な：Sus manos son ~das. 彼の手はほっそりしている. lluvia ~da 霧雨. gente ~da 子供たち. niño ~ ちっちゃな子. ❷ 少額の：ahorro ~ わずかな貯え. moneda ~da 小銭. ❸ 些細な, 重要でない：detalles ~s 詳細. pelea ~da つまらない争い. trabajo ~ つまらない仕事. estado ~ ちっぽけな存在；平民〖plebeyo〗. ❹ [細部まで] 正確な：hacer una ~da relación del material 備品を細々と報告する. ❺ [間投詞的・+名詞] ひどい；すごい：i) ¡M ~ lío has armado! ひどい騒ぎを起こしたな! ¡M ~da película! Es buenísima. すごい映画だ! 最高だ. ¡M ~ negocio has hecho! 君はうまいことをした! ¡M ~s son tus nervios! 何て気の弱さだ! ii) [意味의ない la を伴って] ¡M ~da la han hecho! ひどいことになったものだ! iii)《まれ》[女性形で肯定の返答・驚嘆] Creo que tiene mucho dinero.—¡M ~da! 彼は大金持ちだろう.一いやまったく! ¿Todas estas tierras son suyas? ¡M ~da! この土地はすべて彼のだって? すごい!

a la ~da 1) 詳細に：explicar a la ~da こまごまと説明する. 2)《商業》小売りで〖al por menor〗

a ~ 〖英 often〗しばしば：Voy muy a ~ al teatro. 私はしょっちゅう芝居を見に行く

por ~ =a la ~da

◆ 囲 ❶ 小銭〖suelto〗：No tengo ~. 私は細かいのがない. ❷ 複 [食用獣の] 肉以外の部分〖臓物, 頭, 足など〗；その煮込み料理

meñique [meɲíke] 囲 小指〖dedo〗

meódromo [meóðromo] 囲 《俗語. 戯語》小便所〖urinario〗

meollo [meóʎo] 囲 ❶ 実質, 真髄：Éste es el ~ de la cuestión. これが問題の肝心かなめの所(核心)だ. ❷《解剖》髄. ❸ パンの柔らかい中身. ❹ 知性, 理解力

meón, na [meón, na] 形 图 ❶ よくおしっこを漏らす〖子供〗；赤ん坊. ❷ lluvia ~na 霧雨

mequetrefe [meketréfe] 囲 《軽蔑》思慮に欠けた信用できない男

meramente [méraménte] 形 単に

merc. 《略語》←mercancía 商品

mercachifle [mɛrkatʃífle] 男《軽蔑》❶ 悪徳商人，もうけ主義の人． ❷ 小商人；[安物売りの]行商人

mercadear [mɛrkaðeár] 自 商売(取引)をする
◆ 他 売る；値切る
mercadeo 男 売買，マーケティング

mercader, ra [mɛrkaðér, ra] 名《古語》商人《comerciante》：El ~ de Venecia『ベニスの商人』
hacer oídos (orejas) de ~ 聞こえないふりをする

mercadería [mɛrkaðería] 女《主に南米》商品《mercancía》

mercadillo [mɛrkaðíʎo] 男 [衣類・装身具・古物などを売る，主に露天の]小さな市場，のみの市

mercado [mɛrkáðo] 男『英 market』❶ 市(½)，市場(½⁵)：El domingo hay ~ en esta plaza. 日曜にはこの広場に市が立つ． ir al ~/hacer el ~ 市場へ買い物に行く． ~ de abastos [生鮮]食料品市場． ~ viejo 古物市
❷ 市場(½ょ)：Estados Unidos es un gran ~ para automóviles. 米国は車の大きな市場である． salir al ~ 市場に出回る． estudio (investigación) de ~s 市場調査，マーケットリサーチ． ~ de capital(es) [国際]資本市場． ~ de trabajo [= laboral 労働]市場． ~ de valores 証券市場． ~ libre 自由市場． ~ monetario (de dinero) 金融市場． ~ secundario [証券の]流通(2次)市場． ~ europeo ヨーロッパ市場
❸ 売買，市況：El ~ de oro ha aumentado considerablemente. 金市場はかなり活発だった． ~ activo 賈気市況． ~ alcista (bajista) 強気(弱気)相場． ~ en calma 横ばい市況． ~ sostenido 堅調な市況

mercadotecnia [mɛrkaðotéknja] 女 市場調査，マーケティング
mercadotécnico, ca 形 市場調査の，マーケティングの

mercancía [mɛrkanθía] 女 [時に複]商品：Este año la ~ ha sido muy buena. 今年は品物が大変よい
◆ [男 複] 貨物列車《tren de ~s》

mercante [mɛrkánte] 形 海運の
◆ 商船，貨物船

mercantil [mɛrkantíl] 形 商業の：actividad ~ 商業活動． asociación ~ 商店会． derecho ~ 商法． espíritu ~ 金もうけ主義
mercantilismo 男 重商主義；金もうけ主義
mercantilista 形 名 重商主義の(主義者)；商法の専門家
mercantilizar 他 [主に否定的な意味で] 商売にする，金もうけに使う

mercaptano [mɛrkaptáno] 男《化学》メルカプタン

mercar [mɛrkár] 他《時に戯語》買う《comprar》
◆ ~se 自分のために買う

merced [mɛrθé(ð)] 女 ❶ 厚意，恩恵：Me ha hecho la ~ de concederme una entrevista. ありがたいことに彼は私との会見を承諾してくれた [皮肉の意味でも]． pedir la ~ a la Virgen マリア様にご加護を祈る． ❷《古語》[間投詞的] ありがとう《gracias》：M~ por recibirme en su casa. お邪魔させていただきありがとうございます． ❸《宗教》[M~]メルセス会
a ~ de... …のなすがままに：estar a ~ de su amo 主人の意のままになっている． flotar a ~ de las olas 波のまにまに漂う
~ a... …のおかげで《gracias a》：Lo hicimos ~ a su colaboración. ご協力のおかげで終えることができました
muchas ~es どうもありがとうございます《muchas gracias》
vuestra (su·vuesa) ~《古語》あなた《usted》：Entre vuestra ~ y acomódese como más le plazca. お入りになっておくつろぎください

mercedario, ria [mɛrθeðárjo, rja] 形 名《宗教》メルセス会の[会員]

Mercedes [mɛrθéðes] 固《女性名》メルセデス

mercenario, ria [mɛrθenárjo, rja] 形 名 傭兵[soldado ~]；《軽蔑》報酬目当ての[人]，金で雇われた[人]

mercería [mɛrθería] 女 手芸(裁縫)材料店，小間物店；[医名]手芸材料，小間物
mercero, ra 名 手芸材料商，小間物商

mercerizar [mɛrθeriθár] 他 [綿糸・綿布を]シルケット加工する
mercerización 女 シルケット加工

Merche [mértʃe] 女《女性名》メルチェ《Mercedes の愛称》

M

mercromina [mɛrkromína] 女《←商標》マーキュロクロム，赤チン

mercurio [mɛrkúrjo] 男 ❶《元素》水銀：luz de ~ 水銀灯，太陽灯． ❷《神話》[M~]マーキュリー；《天文》水星
mercurial 形 水銀の，水銀を含む；マーキュリーの：pomada ~ 水銀軟膏． ◆ 女《植物》ヤマアイ

mercúrico, ca 形 [特に二価の]水銀の

mercurocromo [mɛrkurokrómo] 男 ＝ mercromina：~ transparente 白チン

merdoso, sa [mɛrðóso, sa] 形 ひどく汚れた，胸のむかつくような

merecedor, ra [mereθeðór, ra] 形 功績のある，賞賛(表彰)に値する，感心な；[+de に]値する

merecer [mereθér] 39 他『英 deserve, merit. ☞活用表』❶ …に値する，当然…を受けるべきである：i) *Merece* respeto de nuestra parte. 彼は尊敬に値する． Su conducta *mereció* un castigo. 彼の行動は罰せられて当然だった(当然処罰されるべきだった)． No *merece* respuesta. 返事するには及ばない． ii) [+不定詞・que+接続法] Su idea *merece* ser considerada mejor. 彼の考えはもっと評価されるべきだ． *Merece que* le den el premio. 彼は受賞にふさわしい． ❷ 獲得する：Tuvo que luchar para ~ a la chica. 彼はその娘を手に入

れるために戦わねばならなかった. **❸** [目的語なし
で] 自分の真価を発揮する『hacer méritos』
◆ **～se** [+直接目的が, 自分に] 値する, ふさわし
い: Te *mereces* un cachete. 君は殴られて当然
だ
estar en edad de ～ 年ごろである, 結婚適齢
期である
～ bien de+人 …の信頼を得る
¡te lo mereces! それは正に君にふさわしい/いい
気味だ!

直説法現在	接続法現在
merezco	merezca
mereces	merezcas
merece	merezca
merecemos	merezcamos
merecéis	merezcáis
merecen	merezcan

merecido, da [mereθíđo, đa] 形 過分
Tiene el castigo bien ～. 彼は当然の罰を受け
ている
lo tienes ～ いい気味だ
◆ 男 当然の罰: recibir su ～ 当然の罰(報い)
を受ける

merecimiento [mereθimjénto] 男 値するこ
と; 功績

merendar [merendár] 23 自 おやつ(弁当)
merienda を食べる: salir a ～ al campo 野原
にピクニックに出かける
◆ 他 おやつ(間食)に…を食べる: Los chicos
meriendan pan y chocolate. 子供たちはパンと
ココアのおやつをとる
◆ **～se ❶** 《口語》[競争などで, +a+人 を] 打ち
負かす. **❷** 《口語》さっさと終わらせる: *Se me-*
rendó la novela en una hora. 彼はその小説を
1 時間で読み終えた. **❸** 手に入れる

merendero [merendéro] 男 [観光地などにあ
る] 休憩所, 茶店

merendola [merendóla] 女 《西. 口語》たっぷ
りの間食(弁当); 野外パーティー
merendona 女 = merendola

merengar [merengár] 8 他 **❶** 《料理》[撹
拌して] メレンゲ状にする: leche *merengada* ミ
ルクセーキ. **❷** 《口語》迷惑をかける, 台なしにする

merengue [merénge] 男 **❶** 《料理》メレンゲ:
punto de ～ 卵白を泡立てて最も固くなった状
態. **❷** メレンゲ 『カリブ海諸国・ベネズエラなどの
民俗舞踊』; 《南米》騒ぎ
◆ 名 《口語》虚弱な人, ひ弱な人
armarse un ～ 《南米》激しく議論(けんか)する

meretriz [meretríθ] 女 [複 ～ces] 《文語》売
春婦: casa de *meretrices* 売春宿
merezc- ⇨ **merecer** 39

mergánsar/mergo [mɛrɡánsar/mɛrɡo] 男
《鳥》アイサ

meridiano, na [meridjáno, na] 形 名 **❶** 正午
の: a la hora ～*na* 正午に, 真昼に. **❷** きわめ
て明白な: verdad ～*na* 明々白々な事実
◆ 男 **❶** 《天文・地理》子午線, 経線 『línea

～*na*]: ～ de cero/～ de Greenwich グリニッ
ジ子午線. **❷** [指圧などの] 経絡

meridional [meridjonál] 形 名 南の 『↔
septentrional』; 南部の人: Europa ～ 南欧

merienda [merjénda] 女 **❶** [午後の] おやつ,
間食: A las seis nos sirvieron la ～. 6 時に
軽い食事が出た. ～*-cena* 早めの軽い夕食. **❷**
[ピクニックなどの] 弁当: ～ campestre ピクニッ
ク, 野外パーティー. ir de ～ ピクニックに行く.
llevar de ～ a+人 …をピクニックに連れて行く
～ de negros 《口語》大騒ぎ, 大混乱; いいかげ
んな分配, 不当な配分

merino, na [meríno, na] 形 名 メリノ種の
〔羊〕; メリノ羊毛製の
◆ 男 メリノ羊毛;《歴史》[中世スペインの] 代官
merindad 女 代官の管区 『レオン・カスティーリ
ャ王国は 5 つの管区に分かれていた』

meristema [meristéma] 男 《植物》分裂組
織

mérito [mérito] 男 《英 merit》 **❶** 賞賛に値
する点, 価値: Él trabaja hasta las cinco y
después estudia en la universidad. Tiene
mucho ～. 彼は 5 時まで働き, その後大学で勉
強して, とても偉い. El ～ de este trabajo está
en la copiosa información que aporta. この
レポートのいい点は情報をたくさん提供してくれてい
ることだ. concurso de ～s 一定の基準を満たせ
ば合格する試験 『↔concurso de oposición』.
❷ 功績, 手柄: atribuirse el ～ de… …を自
分の手柄にする. **❸** 功労章, 勲章: ～ militar
(civil) 軍事(市民)功労章. ～s de guerra 勲
功者としての書類への記載. **❹** 功績
de ～ 目ざましい, 大変価値のある: Es un es-
critor *de ～*. 彼はすばらしい作家だ
hacer ～s いいところを見せる, 自分の真価を示
す

meritocracia [meritokráθja] 女 能力主義
〔社会〕

meritorio, ria [meritórjo, rja] 形 《ser+》
賞賛に値する: acción ～*ria* 手柄. labor ～
立派な仕事. servicio ～ 功労
◆ 名 [無給の] 研修生, 実習生, 見習い社員

merlo [mɛrlo] 男 《魚》クロダcra.

merlón [mɛrlón] 男 《城の》凸壁

merluza[1] [mɛrlúθa] 女 **❶** 《魚》メルルーサ; セ
ース 『タラの一種』. **❷** 《西. 口語》酔い: coger
una (buena) ～ 〔ひどく〕酔う
merluzo, za[2] 形 名 《軽蔑》ばかな〔人〕, ぼんく
ら〔な〕

merma [mérma] 女 **❶** 《文語》減少: ～ de
los bienes 財産の減少. ～ de la salud 健康
が損なわれること. **❷** 《商業》[製造・輸送中の商
品の] 目減り, 損耗

mermar [mɛrmár] 《文語》自/～se [+en が]
減る: ～ *en* peso 重さが減る. Empieza a ～
la luz. 暗くなり始める
◆ 他 [分量を] 減らす: ～ la paga (la ra-
ción) 給料(配給)を減らす. El sol *merma* el
agua del estanque. 太陽は水槽の水を減らす

mermelada [mɛrmeláđa] 女 《料理》ジャム,
マーマレード

mero, ra [méro, ra] 形 ❶ [+名詞] 単なる、まったくの: Era una *mera* casualidad. それは単なる(まったくの)偶然だった. por el ～ hecho de… だた単に…という事実だけで. *mera* verdad 真実そのもの. ❷《中米》[強調] 紛れもない、まさにその: Ese hombre es el ～ malo. その男は悪そのものだ

◆ 副《中米》ほとんど、まもなく；[強調] まったく、まさに

◆ 男《魚》メロ、銀ムツ

merodear [merodeár] 自 ❶ [目的があって、+por を] うろつく: Tres individuos andan *merodeando* por la plaza. 3 人の人物が広場のあたりをうろついている. ❷《古語》[兵士が隊列を離れて] 略奪に行く

merodeador, ra 形 名 徘徊する[人]；略奪する、略奪者

merodeo 男 徘徊；略奪

merovingio, gia [merobíŋxjo, xja] 形《歴史》メロビング王朝の

◆ 男 履 メロビング王家

mes [més] 男《英 month》❶ 月, 1 か月: ¿En qué ～ empieza el año escolar? 学年度は何月から始まりますか？ Hace seis ～es que estudio español. 私はスペイン語の勉強を始めて6か月になる. el ～ de abril 4 月に. niño de ～es ゼロ歳児. este ～ 今月. el ～ pasado 先月. el ～ que viene/el ～ próximo 来月. ～ de María《キリスト教》5 月. ～ mayor (menor) 大(小)の月. ～ solar (lunar) 太陽(太陰)月. 《参考》enero 1 月, febrero 2 月, marzo 3 月, abril 4 月, mayo 5 月, junio 6 月, julio 7 月, agosto 8 月, septiembre 9 月, octubre 10 月, noviembre 11 月, diciembre 12 月 (すべて男性名詞)：En España el año escolar empieza en *octubre*. スペインでは学校は 10 月から始まる. Hoy es [el] 7 de *mayo*. 今日は 5 月 7 日だ. Nació el 12 de *agosto*. 彼は 8 月 12 日生まれだ. De todo el año, *agosto* es el mes más caluroso. 一年中で 8 月が一番暑い ❷ 月給《mensualidad》: pagar (cobrar) el ～ 月給を払う(もらう) ❸ [el+] 月経《menstruación》: tener el ～ 生理がある. llevar retraso en el ～ 生理が遅れている. ～ mayor 臨月 ❹《商業》30 日間

al (por) ～ 1 か月に、月に；月ぎめで: una vez *al* ～ 月に 1 度. alquilar una habitación *por* ～ 月ぎめで部屋を借りる

mesa [mésa] 女《英 table》❶ テーブル、食卓；机、事務机《～ de trabajo》: Hay un florero en la ～. テーブルの上に花瓶がある. pagar derecho de ～ テーブルチャージを払う. saber comportarse en la ～ テーブルマナーを心得ている. ～ auxiliar サイドテーブル. ～ de centro センター(ロー)テーブル. ～ de noche ナイトテーブル. ～ extensible 伸縮自在式テーブル. ～ nido [テーブルの下にもう一つ組み込まれている] 2 段式テーブル. ～ plegable (de tijera) 折畳式テーブル. ～ redonda 円卓、円形テーブル；[上下の区別のない] 円卓会議、パネルディスカッション. ～ rodante [お茶用の] ワゴン ❷ 台：～ de juego《賭博の》ゲーム台. ～ de billar ビリヤード台. ～ de operaciones 手術台. ～ de batalla [郵便物の] 仕分け台. ～ de diablo ドルメン《dolmen》 ❸ 食事、料理: La ～ está dispuesta. 食事の用意ができた. En su casa siempre hay buena ～. 彼の家にはいつもごちそうがある. Su ～ es muy pobre. 彼の家は大変貧しい ❹《医学》食卓を囲む人；執行部、事務局: presidente de ～ 上座の人. ～ de congreso《西》議会の委員会. ～ directiva 重役会. ～ electoral 選挙管理委員会 ❺ [宝石の] テーブル ❻ [弦楽器の] 表板、共鳴板《～ de armonía》 ❼《地理》テーブルロック、テーブルマウンテン

¡*a la* ～! 食卓につきなさい/ご飯ですよ！

a ～ *puesta* 安楽に: vivir *a* ～ *puesta* 左うちわで暮らす

alzar la ～ =*quitar la* ～

de ～ 卓上用の；食卓用の: calendario *de* ～ 卓上カレンダー. vino *de* ～ テーブルワイン

estar a ～ *y mantel en casa de*+人 …に寄食する

～ *revuelta* ごちゃごちゃ、めちゃくちゃ

levantar la ～ =*quitar la* ～

levantarse de la ～ 食卓を離れる

poner la ～/*preparar* ～ 食卓の用意をする、食器を並べる

quitar la ～ 食卓を片付ける；閉会する

sentar a su ～+人 …に食事と泊まる所を提供する

sentarse a la ～ 食卓につく

sentarse a la ～ *de negociaciones* (*la* ～ *negociadora*) 交渉の席につく

servir [*a*] *la* ～ 給仕をする

tender la ～《中南米》=*poner la* ～

tener 人 *a* ～ *y mantel* …を養っている、十分に面倒を見ている

tener ～ *franca* 1) [その場にいる人を] 誰でもなしに供応する. 2) Cuando quieras *tienes* ～ *franca* en mi casa. いつでも食事において

mesada [mesáða] 女 =**mensualidad**；《南米》調理台

mesalina [mesalína] 女 [高位の] 放縦な(気ままな生活を送る)女性

mesana [mesána] 女《船舶》ミズンマスト[の帆]

mesar [mesár] 他 [侮辱の印に相手の髪・ひげを] 引っ張る

◆ ～se [絶望・怒りなどで自分の髪・ひげを] かきむしる、引き抜く

mescalero, ra [meskaléro, ra] 形 名 メスカレロ族(の)《米国南部に住むインディアン》

mescalina [meskalína] 女《薬学》メスカリン

mescolanza [meskolánθa] 女 =**mezcolanza**

mesencéfalo [mesenθéfalo] 男《解剖》中脳

mesenterio [mesentérjo] 男《解剖》腸間膜

mesero, ra [meséro, ra] 图《中米》ウェイター, ウェイトレス〖camarero〗

meseta [meséta] 囡 ❶《地理》台地, 高原；[スペイン中央部の] 高原台地. ❷ [階段の] 踊り場〖descansillo〗. ❸ ~ del toril《闘牛》chiquero の上の席

mesetario, ria 厖 高原の：ciudad ~ria 高原都市

mesías [mesías] 男 [ユダヤ教の] 救世主, メシア；[El M~] イエス・キリスト

mesiánico, ca 厖 メシアの；メシア思想の

mesianismo 男 メシア思想, 救世主待望論

mesilla [mesíʎa] 囡 ❶ ~ de noche ナイトテーブル〖~ de noche〗；踊り場〖descansillo〗

mesmerismo [mesmerísmo] 男 メスメリズム, 動物磁気説〖←ドイツの医師 Mésmer〗

mesnada [mesnáða] 囡 後稀 [主に複. 王侯の] 親衛隊；取り巻き

mesnadero 男 [中世後期, カスティーリャの] 親衛隊員

mesoamericano, na [mesoamerikáno, na] 厖 图《地名》メソアメリカ Mesoamérica の〔人〕〖メキシコ, 中米, アンティリャス諸島〗

mesocarpio [mesokárpjo] 男《植物》中果皮

mesocéfalo, la [mesoθéfalo, la] 厖《人類学》中頭の；《解剖》中脳の

mesocracia [mesokráθja] 囡 中産階級による政府；中産階級〖burguesía〗

mesocrático, ca 厖 中産階級〔政府〕の

mesodermo [mesoðérmo] 男《生物》中胚葉

mesolítico, ca [mesolítiko, ka] 厖 中石器時代〔の〕

mesón [mesón] 男 ❶ [古風な] 居酒屋, 料理屋；《古語》宿屋：estar como ~ みんなが長逗留する（よく客人が集まる）. ❷《物理》中間子. ❸《南米》[店などの] カウンター

mesonero, ra 图 旅館（料理屋）の主人；《南米》ウェイター, ウェイトレス

mesopausa [mesopáusa] 囡《気象》中間止面, メソポーズ

mesopotámico, ca [mesopotámiko, ka] 厖 图《地名》メソポタミア Mesopotamia の〔人〕〖チグリス川・ユーフラテス川流域；パラナ川・ウルグアイ川流域〗

mesosfera [mesosféra] 囡《気象》中間圏

mesotelio [mesotéljo] 男《解剖》体腔上覆, 中皮

mesotórax [mesotóra(k)s] 男《単複同形》《動物》[昆虫の] 中胸

mesozoico, ca [mesoθóiko, ka] 厖 图《地質》中生代〔の〕

mesta [mésta] 囡 ❶《歴史》[M~] 牧場主組合, 移動牧羊組合会議. ❷ 躑 河の合流〔点〕

mester [mestér] 男 ❶ ~ de clerecía 教養派詩文芸〖Gonzalo de Berceo に代表される聖職者が韻律の調子で書いた詩・物語集〗. ~ de juglaría 遍歴芸人の文芸〖『わがシッドの歌』など民衆的な叙事詩・武勲詩〗. ❷《古語》手仕事〔の職業〕

mestizo, za [mestíθo, θa] 厖 图 ❶ [特に白人とインディオとの] 混血の〔人〕, メスティーソ. ❷《生物》交配の, 雑種の

mestizaje 男 混血；匯名 混血の人

mestizar 囮 混血（交配）させる

mesura [mesúra] 囡 節度, 慎しみ：Nos habló con ~ a pesar de su enfado. 彼は内心の怒りを抑えて我々に話した. beber con ~ ほどほどに飲む

mesurar [mesurár] 囮 控え目にする：~ las palabras 言葉を慎しむ
◆ ~se [後] 控え目にする：~se en las acciones 行ないを慎しむ

mesuradamente 圖 節度をもって, 控え目に

mesurado, da 厖 過分 節度のある

meta [méta] 囡 ❶《競技・球技》ゴール；《野球》本塁：alcanzar (llegar a) la ~ ゴールに入る. ganar la ~ 決勝点をあげる. línea (área) de ~ ゴールライン（エリア）. ❷ 目的, 目標：La ~ de su vida es adquirir fama. 彼の人生の目標は名声を得ることだ. ❸《ゲーム》上がり：llegar (alcanzar) la ~ ~上がる. ❹《古代ローマ》円形競技場の中仕切りの柱
◆ 男《西. スポーツ》ゴールキーパー

meta- [接頭] ❶《変化》《後・変化》*meta*morfosis 変容, *metá*fora 隠喩

metábasis [metábasis] 囡《単複同形》《修辞》主題転移

metabolismo [metabolísmo] 男《生理》〔物質〕代謝, 新陳代謝：~ basal 基礎代謝

metabólico, ca 厖 代謝の

metabolizar 囮 新陳代謝させる

metacarpo [metakárpo] 男《解剖》中手〔骨〕

metacarpiano, na 厖 中手骨の

metacentro [metaθéntro] 男《物理》傾きの中心, メタセンター

metacrilato [metakriláto] 男《化学》メタクリル酸塩；メタクリル樹脂

metacrílico, ca 厖 ácido ~ メタクリル酸

metadona [metadóna] 囡《薬学》メタドン

metafase [metafáse] 囡《生物》[有系分裂の] 中期

metafísico, ca [metafísiko, ka] 厖 ❶ 形而上学的な. ❷ 抽象的な, 観念的な；ひどくわかりにくい
◆ 图 形而上学者
◆ 囡 形而上学, 思弁哲学；抽象的論議

metafita [metafíta] 囡《植物》多細胞植物

metafonía [metafonía] 囡《言語》母音変異〖隣接母音の影響による母音の音色の変化〗

metáfora [metáfora] 囡《修辞》隠喩, 暗喩, メタファー〖例 las perlas del rocío, la primavera de la vida〗

metafórico, ca 厖 隠喩の；比喩的な

metagoge [metagóxe] 囡《修辞》擬人法

metal [metál] 男〖英 metal〗 ❶ 金属：placa de ~ 金属プレート. ~ blanco ホワイトメタル. ~ ligero (pesado) 軽(重)金属. ~ noble《化学》貴金属. ~ precioso 貴金属. ~ es básicos 金属地金. 〜*es* no ferrosos 非鉄金属. ❷ お金 『vil 〜』. ❸ [声の金属的な] 音色：tener una voz de 〜 estridente 甲高い声をしている. ❹《音楽》[時に 復] 金管楽器. ❺ 真鍮『latón』

metalenguaje [metaleŋgwáxe] 男《言語》記述用言語, メタ言語

metálico, ca [metáliko, ka] 形 金属(性)の；[色が] メタリックの：tela 〜*ca* 金網. voz 〜*ca* 甲高い声；[ロボットのような] 合成した声
◆ 男[(冠)で] 現金：pagar en 〜 現金で支払う

metalífero, ra [metalífero, ra] 形 金属を含む

metalingüístico, ca [metaliŋgwístiko, ka] 形 メタ言語の

metalizar [metaliθár] 他《他》金属化させる, 金属をかぶせる；メタリック塗装する
◆ 〜*se* 金属化する；お金に執着する
metalización 女 金属化, 金属被覆；メタリック塗装

metalmecánico, ca [metalmekániko, ka] 形《南米》industria 〜*ca* 金属機械工業

metalografía [metalografía] 女 金属組織学；《美術》金属版印刷

metaloide [metalójde] 男《化学》メタロイド, 半金属

metalurgia [metalúrxja] 女 冶金(ぞ), 金属工業；冶金学
metalúrgico, ca 形 名 冶金の；冶金工

metámero [metámero] 男《動物》体節

metamórfico, ca [metamórfiko, ka] 形《地質》変成の：roca 〜*ca* 変成岩
metamorfismo 男 変成〔作用〕

metamorfosis/metamórfosis [metamorfósis/-mórfo-] 女《単複同形》❶ 変身, 変形, 変貌：La desgracia ha operado en él una 〜. 不幸のせいで彼は人が変わった. ❷《生物》変態
metamorfosear 他 [形態などを] 変化させる

metano [metáno] 男《化学》メタン〔ガス〕

metanol [metanól] 男《化学》メタノール

metaplasmo [metaplásmo] 男《言語》語音(語形)変異

metapsíquico, ca [metapsíkiko, ka] 形 女 心霊(超心理)現象〔の〕；心霊研究〔の〕

metástasis [metástasis] 女《単複同形》《医学》転移

metatarso [metatárso] 男《解剖》中足〔骨〕
metatarsiano, na 形 中足骨の

metate [metáte] 男《中米》トウモロコシをひくための平らな石

metátesis [metátesis] 女《単複同形》《言語》音位転換 〔例 cocodrilo←crocodilo〕

metatórax [metatóra(k)s] 男《単複同形》《昆虫》後胸部

metazoo [metaθóo] 男 後生動物

meteco, ca [metéko, ka] 形 名《古代ギリシア》居留外国人〔の〕

metedura [meteðúra] 女 入れること

〜 *de pata* とんでもない(失礼な)間違い, 失態, 失言

metempsicosis [metensikósis] 女《単複同形》《宗教》輪廻(がん), 転生；霊魂移体

meteórico, ca [meteóriko, ka] 形 ❶ 大気〔現象〕の. ❷ 流星の；流星のような, つかの間の〔光芒を放って消える〕

meteorismo [meteorísmo] 男《医学》鼓腸
meteorito [meteoríto] 男《天文》隕石『aerolito』

meteorizar [meteoriθár] 他 鼓腸を起こさせる
◆ 〜*se* [大地が] 気象の影響を受ける
meteorización 女 [気象による] 風化(変質)作用

meteoro/metéoro [metéoro/-téo-] 男 大気現象〔雨, 風, 嵐など〕

meteorología [meteoroloxía] 女 気象学；天気予報

meteorológico, ca [meteorolóxiko, ka] 形 気象〔学〕の, 大気現象の：mapa 〜/carta 〜*ca* 天気図. informe (boletín) 〜 気象通報. observación 〜*ca* 気象観測

meteorólogo, ga [meteorólogo, ga] 名 気象学者；〔天気〕予報官

metepatas [metepátas] 形 名《単複同形》《口語》どじな〔人〕, 間の悪い〔人〕

meter [metér] 他《英 put》❶ [+en の中に] 入れる〔↔sacar. 類義 meter は中の方に入れる. echar は投げ(注ぎ・振り)入れる. poner は両者にまたがる〕：〜 los calcetines *en* el cajón 靴下を引き出しにしまう. 〜 el vino *en* una botella ワインを瓶に詰める. 〜 el coche *en* el garaje 車をガレージに入れる. 〜 un millón de pesetas *en* el banco (*en* inversiones) 100万ペセタを銀行に預金する(投資する)

❷ [人を, +en 場所・状況に] 置く：i) 〜 a+人 *en* la cárcel …を投獄する. 〜 a su hijo *en* el negocio 息子に商売を手伝わせる. No la *metas en* tus asuntos. 君の問題に彼女を巻き込むな. ii) [+a+不定詞/+de+名詞. 非難の意味で] …させる：Sus padres le *metieron a* trabajar (*de* recadero) desde niño. 両親は小さいうちから彼を働かせた(メッセンジャーボーイとして働かせた)

❸ [+a+人に] i) [感情などを] 引き起こす：Me *metió* el miedo *en* el cuerpo con esas historias. 彼はそんなお話をして私を怖がらせた. *Méte*le *en* la cabeza que saldrá perjudicado. 損するぞと彼に教えてやりたまえ. 〜 a+人 los conceptos básicos …に基本概念を与える. ii)《口語》[やっかい事などを] 押しつける；だます：¿Quieres 〜*nos* más mentiras? 君はさらに我々に嘘をつくつもりか？ iii)《口語》[殴打を] 加える：〜 a+人 un par de tortas …にビンタを2発食わす

❹ [器具などを] 動かす：〜 las tijeras *en* el traje 服にはさみを入れる

❺《裁縫》[縫い込んで] 詰める：〜 un vestido un poco de la cintura ドレスの腰回りを少し詰

める. ～ el falso a los pantalones ズボンのすそを上げる

a todo ～《口語》全力で, 全速力で: estudiar (ir) a todo ～ 一所懸命勉強する(大急ぎで行く)

◆ **～se ❶**〔自分の, +en に〕…を入れる: ～se dinero (la mano) en el bolsillo ポケットに金(手)を入れる. **❷** 入る: i) Se me ha metido una china en el zapato. 靴に石が入った. ii)〔人が場所などに〕Lo vi ～se en un cine. 私は彼が映画館に入るところを見た. ～se dentro del coche 車に乗り込む. ～se entre la muchedumbre 群集の中に紛れ込む. ～se en la junta directiva 重役陣に加わる. **❸** 介入する: No te metas en asuntos ajenos. 他人の事に口を出すな. **❹**〔+職業・身分〕…になる: i) ～se fraile (monja) 修道士(修道女)になる. ii)〔+a・de. 大した準備や心構えもなく〕Ahora se ha metido a poeta. 彼は今度は柄にもなく詩人になってしまった. **❺**〔主に完了時制で, ある場所・状態に〕至る: ¿Dónde se habrá metido él? 彼はどこへ行ってしまったのだろう? **❻**〔+con+人と〕もめる, 邪魔(挑発)する: Siempre se mete conmigo. 彼はいつも私にちょっかいを出す. **❼**《口語》〔考えが, +a+人 の〕頭にこびりつく: Se le ha metido que tengo que ir con él. 彼は何にも一緒に来いと言ってきかない. **❽**〔+a+不定詞. 準備なしに〕…に取りかかる. **❾**《口語》〔麻薬を〕使用する. **❿**《南米》〔服を〕着る

～se donde no lo llaman (**donde no le importa・en lo que ni le va ni le viene**) 他人事に首をつっこむ, でしゃばる

～se en sí mismo 没頭する; 世間との交渉を断つ: Se metía en sí mismo con el libro. 彼は読書に熱中していた

～se en todo おせっかいである

～se por medio 介入する, 干渉する

no ～se en nada 何にも参加しない

¡que se lo meta ahí mismo!/¡que se lo meta por dónde quepa! 〔怒り・拒絶〕さっさと引っこめ, もうたくさんだ!

meterete [meteréte] 形 名《南米》=**meticón**

metete [metéte] 形 名《中南米》=**meticón**

metiche [metítʃe] 形 名《南米》=**meticón**

meticón, na [metikón, na] 形 名《口語》おせっかいな〔人〕, でしゃばな〔人〕

meticuloso, sa [metikulóso, sa] 形〔ser+. 人・行為・成果が〕細心の, 細かい: trabajo ～ 丹念な仕事

◆ 名 小心な人

meticulosidad 女 細心さ

metido, da [metíðo, ða] 過分 **❶** echar a correr con el miedo ～ en el cuerpo 怖くなって走り出す. andar ～ en negocios poco claros うさん臭い商売に手を染めている. letra ～da 詰めて書かれた文字. **❷**〔+en〕多い: mujer ～da en años 年増の女. **❸**《南米》〔ser+〕おせっかいな, でしゃばりな; 〔estar+. +con+人 に〕ほれ込んだ

estar muy ～ con+人 …と大変仲がよい, つな

がりが深い: Está muy ～ con el ministro. 彼は大臣とコネがある

estar muy ～ en+事 …に深く関わっている; とても忙しい: Está muy ～ en el asunto de drogas (en su trabajo). 彼は麻薬事件に深い関わりがある(仕事で大変忙しい)

～ para adentro《口語》〔人が〕内向的な

◆ 男/女 **❶** 激しい非難(攻撃), 厳しい叱責. **❷** 破損: El coche le ha dado un buen ～ a la valla. 車がぶつかって柵をぶち壊した. **❸** 進捗: Tengo que darle una buena ～da al estudio. 私は研究をはかどらせなくてはならない. **❹**《口語》殴打. **❺**《裁縫》縫い込み部分

metileno [metiléno] 男《化学》メチレン〔基〕

metilo [metílo] 男《化学》メチル〔基〕

metílico, ca 形 メチルの

metisaca [metisáka] 女《闘牛》とどめの剣を牛に刺して, 手を離さずそのまま抜く失敗技

metódico, ca [metóðiko, ka] 形〔ser+〕一定の方法に従った; 秩序立った, 体系的な: trabajo ～ 系統立った仕事. persona ～ca きちょうめんな人

metodismo [metoðísmo] 男《宗教》メソジスト派〔の教義〕

metodista 形 名 メソジスト教徒〔の〕

metodizar [metoðiθár] 他《仕事などを》順序(組織)立てる

método [métoðo] 男《英 method》 **❶**〔体系的な〕方法, 方式; 手順; 〔思考の〕筋道: Tiene un ～ de enseñanza anticuado. 彼の教授法は時代遅れだ. seguir un ～ あるやり方に従う. ～ audiovisual 視聴覚方式. ～ de lectura 読書法. ～ de trabajo 作業手順. ～ deductivo (inductivo) 演繹(帰納)法. **❷**《音楽》教則本: ～ de piano ピアノの教則本

con ～ 一定の方法に従って; 組織立って, 手順よく: Explíquelo con ～. 筋道を立てて説明してください

metodología [metoðoloxía] 女 方法学, 方法論; 教育方法論

metodológico, ca 形 方法論の

metomentodo [metomentóðo] 名〔単複同形. ←métome en todo《軽蔑》〕いらぬおせっかいをする人, でしゃばり

metonimia [metonímja] 女《修辞》換喩〔例 las canas「白髪」で la vejez「老年」を表わす〕

metonímico, ca 形 換喩の

metopa [metópa] 女《建築》メトープ

metoposcopia [metoposkópja] 女 人相見

metraje [metráxe] 男〔映画の〕長さ: largo (corto) ～ 長(短)編映画

metralla [metráʎa] 女 **❶** 散弾. **❷** 集名 無駄なもの, 廃品

metrallazo 男 散弾の発射; 散弾による傷

metralleta [metraʎéta] 女《←仏語》軽機関銃, 自動小銃

métrica¹ [métrika] 女 韻律論; 詩法

métrico, ca² [métriko, ka] 形 **❶** メートル〔法〕の: sistema ～ メートル法. **❷** 韻律の

metrificar [metrifikár] 自 韻文を作る, 詩

作する

metrificación 囡 韻文で書くこと, 詩作

metritis [metrítis] 囡『単複同形』《医学》子宮筋層炎

metro [métro] 團『英 meter, subway』
❶ [長さの単位] メートル: La parada está a cien 〜s de aquí. 停留所はここから100メートルのところにある. Él tiene 1,80 〜 de altura. 彼の身長は1メートル80センチだ『un metro ochenta と読む』. comprar cinco 〜s de una tela ある布を5メートル買う. por 〜s メートル単位で売る. 〜 cuadrado 平方メートル. Este terreno vale a diez mil pesetas el 〜 [cuadrado]. この土地は1平方メートル1万ペセタする. 〜 cúbico 立方メートル
❷ メートル尺: 〜 de carpintero/〜 plegable 折り尺. 〜 en cinta 巻き尺
❸《詩法》韻律, 格調
❹ 地下鉄, 高架鉄道『metropolitano の省略語』: ir en 〜 地下鉄で行く. tomar el 〜 地下鉄に乗る. boca (entrada) de 〜 地下鉄の入り口

metrología [metroloxía] 囡 度量衡学

metrónomo [metrónomo] 團《音楽》メトロノーム

metrópoli [metrópoli] 囡 ❶ 大都市, 主要都市; 首都『capital』. ❷ [植民地に対して] 本国, 内地. ❸《カトリック》大司教座, 首都司教座

metrópolis 囡『単複同形』＝**metrópoli**

metropolitano, na [metropolitáno, na] 厖 大都市の, 首都の; 本国の;《カトリック》大司教の: área 〜na 首都圏, 大都市圏. iglesia 〜na 大司教座聖堂
◆ 團 ❶ 地下鉄, 高架鉄道『metro』. ❷ [尊称] 大司教, 首都司教

metrorragia [metrořáxja] 囡《医学》子宮出血

mexica [mexíka] 厖 囝 メシカ族〔の〕『アステカ王国を築いたメキシコの先住民』

mexicano, na [mexikáno, na] 厖 囝 メキシコ México〔人〕の; メキシコ人

mexicanismo [mexikanísmo] 團 メキシコ特有の言い回し

México [méxiko] 團《国名》メキシコ『正式名称 Estados Unidos de 〜 メキシコ合衆国』;〔その首都〕メキシコシティー《Ciudad de 〜》

meyosis [mejósis] 囡 ＝**meiosis**

mezanine [meθaníne] 團《南米》中二階

mezcal [meθkál] 團《植物》リュウゼツランの一種;《酒》テキーラの一種

mezcla [méθkla] 囡 ❶ 混合〔物〕: Esta 〜 de colores es horrible. この色の組み合わせはひどい. 〜 explosiva (detonante) 爆発性混合物;《口語》とんでもない〔人目を引く〕取り合わせ. ❷ [主に 復. 録音の] ミキシング. ❸《繊維》交織. ❹ モルタル, 漆喰『algamasa』

mezclador, ra [meθklaðór, ra] 厖 囝《放送》ミキシングをする; 録音技師, ミキサー
◆ 囡/團《工業用の》撹拌(ボ)機, ミキサー

mezclar [meθklár] 他『英 mix』❶ [+con に] 混合する, まぜる: 〜 la leche y la harina

牛乳と小麦粉をまぜる. 〜 vino con agua ワインを水で割る. ❷ まぜこぜにする, もつれさす: 〜 las fichas カードをごちゃまぜにする(よくまぜ合わせる). ❸ [+en に] 巻き込む: No mezcles a nadie en este asunto. 誰もこの事件に巻き込んではいけない
◆ 〜se ❶ まざり合う; もつれる: No se mezclan el agua y el aceite. 水と油はまじらない. Se mezclaron informaciones contradictorias. 互いに矛盾する情報が入り乱れた. Se mezcló entre los espectadores. 彼は観客にまざった(まぎれ込んだ). ❷ [+en に] 介入する; [+con と] 交際する: 〜se en una discusión 議論に口を出す. 〜se con gente indeseable よくない連中とつき合う. ❸ [家系同士が] 縁戚関係になる

mezclilla [meθklíʎa] 囡 [軽い] 交織(混紡)の織物

mezcolanza [meθkolánθa] 囡《軽蔑》[雑多な] 寄せ集め: hablar una 〜 ininteligible わけのわからないチャンポン語を話す

mezquindad [meθkindá(ð)] 囡 ❶ けち, 狭量な態度(行為); さもしさ: cometer una 〜 けちくさい(こせこせした)ことをする. ❷ 不十分, 貧弱さ: 〜 de la vivienda 住居内のみすぼらしさ

mezquino, na [meθkíno, na] 〔ser+〕❶ けちな, しみったれた; 狭量な; 卑俗な, さもしい: No seas 〜. けちけちするな. actitud 〜na こせこせした態度. ❷ 取るに足りない; 不十分な: una cantidad 〜na de dinero わずかな金
◆ 囝 けちん坊; 貧乏人
◆ 團 いぼ『verruga』

mezquita [meθkíta] 囡 イスラム教寺院, モスク

mezzanine [metsaníne/- θa-] 團/囝《←伊語. 中南米》中2階

mezzo-soprano [meθosopráno] 囡《←伊語. 音楽》メゾソプラノ

m/f《略語》←meses fecha 日付後…月払い

m/fac.《略語》←mi factura 当方の送り状

mi [mi] 厖《英 my. 所有形容詞1人称単数短縮形. 数変化のみ. ☞su》[+名詞]
❶ 私の: 〜 coche 私の車. mis padres 私の両親. ❷ [強調] Yo tengo mi mérito. 私にも私なりのいい点がある. ❸ [呼びかけ] mi capitán 大尉殿

mi² [mi] 團《音楽》[音階の] ミ, ホ音

mí [mi] 代《英 me. 前置詞格の人称代名詞 1人称単数. con+ は conmigo となる》私、i) Habla mal de mí. 彼は私の悪口を言っている. Lo he hecho para mí. 私は自分のためにそれをした. ii) [a+. 目的代名詞と重複させて強調] A mí me gusta la música. 私は音楽が好きだ
¡a mí! 助けて!
¡a mí con ésas! 偉ぶるのはやめたまえ!
a mí qué 私には関係ない
para mí《que》+直説法《口語》私には…と思える: Para mí que va a llover. 雨が降りそうな感じだ
por mí《口語》私としては: Por mí no hay

inconveniente. 私には不都合はない

miaja [mjáxa] 囡《口語》＝migaja

mialgia [mjálxja] 囡《医学》筋痛症, 筋肉痛

miasma [mjásma] 團 瘴気(しょうき)
　miasmático, ca 形 瘴気を含む(発散させる) ; 瘴気から起こる : fiebre ～ca 瘴気(マラリア)熱

miau [mjáu] 間 ❶《猫の鳴き声》ニャオ. ❷《俗語》[不信・からかい]¡M～, qué bonito! ほう, これはすばらしい! Ahora mismo me vas a pagar.—¡M～! 今すぐ払ってくれ.—いやだあ!

mica¹ [míka] 囡 ❶《鉱物》雲母. ❷《中米》酔い「borrachera」: ponerse una ～ 酔っ払う
　micáceo, a 形 雲母を含む, 雲母状の
　micacita 囡 雲母片岩

Micaela [mikaéla]《女性名》ミカエラ

micción [mi(k)θjón] 囡《医学》排尿

micelio [miθéljo] 團《植物》菌糸(体)

micénico, ca [miθéniko, ka] 形 名《歴史・地名》ミケーネ Micenas の〔人〕

micetología [miθetolɔxía] 囡＝micología

michelín [mitʃelín] 團《口語》[主に 複]. 腹などの〕皮下脂肪, ぜい肉

michino, na [mitʃíno, na] 名《口語》猫〖gato〗

michoacano, na [mitʃoakáno, na] 形 名《地名》ミチョアカン Michoacán の〔人〕〖メキシコの州〗

mico, ca² [míko, ka] 名《動物》オナガザル
　◆ 團 ❶《親愛》[子供・背の低い男への呼称]ちび. ❷《軽蔑》醜男. 男《中米. 卑語》女性の性器
　dar el ～ だます, 約束を違える ; 予想を裏切る
　dejar (quedarse) hecho un ～ 物笑いの種にする(なる)
　volverse ～《口語》[＋現在分詞 して い て/＋para＋不定詞 するので]おもしろすぎて(熱中しすぎて)わけがわからなくなる, お手上げになる

micobacteria [mikobaktérja] 囡《生物》ミコバクテリア

micología [mikolɔxía] 囡 菌学
　micólogo, ga 名 菌学者

micorriza [mikorríθa] 囡《植物》菌根

micosis [mikósis] 囡《単複同形》《医学》菌症

micotrófico, ca [mikotrófiko, ka] 形《植物》菌根によって栄養を得る〔植物〕

micra [míkra] 囡［長さの単位］ミクロン

micro [míkro] 團 ❶ マイクロフォン〖micrófono の省略語〗 ; マイクロバス〖microbús の省略語〗 ; マイクロコンピュータ〖microordenador の省略語〗. ❷《アルゼンチン》長距離バス〖autocar〗 ;《チリ》バス〖autobús〗

micro-《接頭辞》[小]〔↔macro-〕microscopio 顕微鏡. microordenador マイクロコンピュータ

microamperio [mikroampérjo] 團《電気》マイクロアンペア

microbicida [mikrobiθíða] 形 名 殺菌の ; 殺菌剤

microbio [mikróbjo] 團 ❶ [病原としての] 微生物, 病原菌 ; ばい菌 : ～ tuberculoso 結核菌. ❷《戯語》背の低い人 ; 子供

microbiano, na [mikrobjáno, na] 形 微生物の ; ばい菌の

microbiología 囡 微生物学
　microbiológico, ca 形 微生物学の

microbús [mikrobús] 團 マイクロバス

microcéfalo, la [mikroθéfalo, la] 形 名 小頭の ; 小頭症の人
　microcefalia 囡《医学》小頭症

microchip [mikrotʃíp] 團〔複 ～s〕《情報》マイクロチップ

microcirugía [mikroθiruxía] 囡 顕微手術

microclima [mikroklíma] 團 小(微)気候

micrococo [mikrokóko] 團《生物》単球菌

microcopia [mikrokópja] 囡 縮小複写, マイクロコピー

microcosmos [mikrokósmos] 團〔単複同形〕小宇宙, 小世界 ;《哲学》[宇宙の縮小体としての] 人間
　microcosmo 團＝microcosmos

microeconomía [mikroekonomía] 囡 ミクロ経済
　microeconómico, ca 形 囡 ミクロ経済の ; ミクロ経済学(の)

microelectrónico, ca [mikroelektróniko, ka] 形 囡 マイクロエレクトロニクス(の)

micrófago [mikrófaɣo] 團《生物》小食細胞, ミクロファージ ; 食微生動物

microfaradio [mikrofaráðjo] 團《静電気》容量の単位］マイクロファラッド

microficha [mikrofítʃa] 囡 [図書館の] マイクロフィッシュ

microfilm [mikrofílm] 團〔複 ～[e]s〕マイクロフィルム
　microfilmar 他 マイクロフィルムに撮る
　microfilme 團＝microfilm

microfísica [mikrofísika] 囡 微視的物理学

micrófono [mikrófono] 團 マイクロフォン

microfotografía [mikrofotoɣrafía] 囡 マイクロ写真 ; 顕微鏡写真 : ～ electrónica 電子顕微鏡写真

micrografía [mikroɣrafía] 囡 顕微鏡写真 ; ミクロ組織検査法

microhmio [mikrómjo] 團《電気》マイクロオーム

microlentilla [mikrolentíʎa] 囡＝lentilla

micrómetro [mikrómetro] 團 マイクロメーター
　micrométrico, ca 形 マイクロメーターの

micrón [mikrón] 團＝micra

micronesio, sia [mikronésjo, sja] 形 名《地名》ミクロネシア Micronesia の〔人〕

microonda [mikroónda] 囡 マイクロ波

microondas [mikroóndas] 團〔単複同形〕電子レンジ〖horno ～〗

microordenador [mikroorðenaðór] 團 マイクロコンピューター, マイコン

microorganismo [mikroorɣanísmo] 團 微生物〖microbio〗

microprocesador [mikroproθesaðór] 團《情報》マイクロプロセッサー

microprograma [mikroproɣráma] 團《情

報〗マイクロプログラム

microprogramación 囡 マイクロプログラミング

microscopía [mikrɔskopía] 囡 顕微鏡使用〔法〕；顕微鏡検査

microscópico, ca [mikrɔskópiko, ka] 厖 ❶ 顕微鏡の(による)：observación ～ca 顕微鏡観察．❷ 非常に小さい，微小な

microscopio [mikrɔskópio] 男 顕微鏡：examinar a ～ 顕微鏡で検査する．～ electrónico 電子顕微鏡

microsegundo [mikrosegúndo] 男 [時間の単位] マイクロセカンド

microsurco [mikrosúrko] 男 微細溝(のレコード)，LP レコード

microtecnología [mikrotɛknolɔxía] 囡 顕微鏡技術

micrótomo [mikrótomo] 男 ミクロトーム〖顕微鏡用切片を作る器具〗

mida- ☞**medir** ㉟

Midas [mídas] 《神話》ミダス：¿Crees que soy el rey ～? ぼくを金の生る木とでも思っているのか?

midriasis [miðrjásis] 囡 〖単複同形〗《医学》瞳孔散大，散瞳

miedica [mjeðíka] 厖 图 《西. 口語》臆病な〔人〕，怖がり〔の〕

mieditis [mjeðítis] 囡 《軽蔑》 =**miedo**：tener (sentir) ～ 怖がる

miedo [mjéðo] 男 〖英 fear〗 [+a・de・por の現実・可能性への] 恐怖，おびえ；心配：i) Tengo ～ a la oscuridad. 私は暗闇が怖い．Tenemos ～ de morirnos. 私たちは死ぬのが怖い．Ha sido mayor el ～ que el daño./He tenido más ～ que otra cosa. 何よりも恐怖感が先立った．tener ～ por un posible castigo 処罰されるのではないかと恐れている．sentir ～ おじけづく，びくびくする．película de ～ ホラー映画．El ～ guarda la viña. 《諺》刑罰への恐怖が秩序を保つ．mucho ～ y poca vergüenza [悪事がばれて取り乱している人に向かって言う言葉] 怖がり屋の恥知らず．ii) [+de que+接続法] Tiene ～ de que lo suspendan. 彼は落第するのではないかと恐れている．〖類義〗恐怖の程度：temor<miedo<espanto・pavor・terror<pánico〗

caerse de ～ いいようのない恐怖に襲われる

cagarse (ciscarse) de ～ 《卑語》ひどく怖がる

dar ～ a+人 …を怖がらせる：No le dé ～. 彼を怖がらせるな

de ～ 《主に西. 口語》すごい，すばらしい：Con ese vestido estás de ～. そのドレスを着るととってもきれいだ．Ese coche corre de ～. その車はすごく走る

meter ～ a+人 …を怖がらせる

pasar mucho ～ ひどく怖い思いをする

por ～ a... …を恐れて

sin ～ y sin tacha 完全無欠の・に

temblar de ～ 恐怖に震える，恐れおののく

tener más ～ que vergüenza (que once

viejas) 恥も外聞もなく怖がる

miedoso, sa [mjeðóso, sa] 厖 图 [ser+] 臆病な，怖がりの〔の〕；[estar+] おじけづいた

miel [mjél] 囡 〖英 honey〗 ❶ 蜂蜜(はち)，蜜：i) dulce como la ～ 蜜のように甘い．～ de caña/～ negra 糖蜜．～ de maís コーンシロップ．～ virgen 巣から自然に流れ出る蜂蜜．ii) 《諺》No hay ～ sin hiel. 楽あれば苦あり．Más moscas se cogen con ～ que no con hiel. 厳しいやり方(言葉)より優しくした方が効果がある．No se hizo (No es) la ～ para la boca del asno. 猫に小判/豚に真珠．❷ 图 満足感：saborear las ～es del triunfo 勝利の喜びをかみしめる

dejar a+人 con la ～ en los labios …が享受する寸前で興をそぐ

hacerse de ～ a+人 …に優しくしすぎる

～ sobre hojuelas ますます結構

mielga [mjélga] 囡 《魚》ホシザメ；《植物》ウマゴヤシ

mielina [mjelína] 囡 《解剖》ミエリン

mielitis [mjelítis] 囡 〖単複同形〗《医学》脊髄炎

mieloma [mjelóma] 囡 《医学》骨髄腫

miembro [mjémbro] 男 〖英 member〗 ❶ i) 一員，会員：Se negaron todos los ～s de la familia. 家族全員が反対した．Es ～ de un partido político. 彼はある政党の党員だ．ii) [形容詞的] estado ～ de una federación 連邦内の一国．país ～ 加盟国．❷ i) 肢，手足：cuatro ～s 四肢，手足．～ superior (inferior) 上(下)肢．ii) 《婉曲》陰茎〔～ viril〕．❸ [全体の]一部：～ de una oración 文の一部．❹《数学》[方程式の]辺．❺《建築》部材，構材

mient- ☞**mentir** ㉝

miente [mjénte] 囡《文語》[主に 複]思考〖pensamiento〗：pasar por las ～s 思い浮かぶ．caer en (las) ～s すぐ思い出す，すぐ気づく．parar (poner) ～s en... …のことを考えてみる

ni por ～s 絶対に…ない

mientras [mjéntras] 接 〖英 while〗

❶ [同時継続．時に +que] …している間：i) M～ estudio no escucho la radio. 私は勉強している間はラジオを聞かない．ii) [+接続法．限定条件] …している限り：M～ 〔que〕viva yo, no me olvidaré de usted. 私は一生あなたのことを忘れません．iii) [前置詞的] …の間：Alegres charlaban ～ la cena. 食事の間彼らは楽しくおしゃべりをした

❷ [対立] …している間に一方で：i) M～ 〔que・tanto〕unos velaban, otros dormían. ある者たちは徹夜していたのに，一方では眠っている連中がいた．ii) そのうち一方…：Te amo, ～ tú me aborreces. 僕は君を愛しているのに，君は僕を嫌っている

❸《主に中南米》[比例比較．+比較語...[tanto]+比較語] …すればするほど〖cuanto〗：M～ más viajes *tantas* más experiencias recogerás. 旅行すればするほど多くの経験が得られるよ

M

y ~ 〔対立の強調〕…なのに一方で: *Y* ~ sus padres están preocupados por él, él se está divirtiendo. 両親が彼のことを心配しているというのに, 彼の方は遊んでいる

◆ 〔副〕〔時に +tanto. 先行文の後に休止を置いて, 発音は〔mjéntras〕となる〕その間〖entretanto〗: Voy a traer el agua; ~ *tanto*, tú enciendes el fuego. 僕は水を汲んでくるから, その間に君は火をおこしなさいよ. Todos estaban discutiendo. *M*~ él leía el periódico. みんなは議論していた. その間彼は新聞を読んでいた

miera [mjéra] 囡 杜松(油); 松やに

mierc. 〔略語〕←miércoles 水曜日

miércoles [mjérkoles] 男 〔英 Wednesday. 単複同形. ☞semana 参照〕水曜日: ~ de ceniza (cervillo) 灰の水曜日〖復活祭前 46 日目の水曜日〗

◆ 〔間〕《中南米》〔怒り・驚き〕くそっ, 何てこった!

mierda [mjérða] 《俗語》囡 ❶ 糞(ホ). ❷ 汚れ: La casa es una verdadera ~. その家は汚れほうだいだ. ❸《軽蔑》くだらないもの, クズ: La película es una ~. その映画はひどい出来だ. ❹ 大麻. ❺《西》酔い: agarrar (pillar) una ~ 酔っぱらう

◆ 名《軽蔑》見下げはてた人, くず

◆ 〔間〕〔憤慨・落胆〕くそっ, ちぇっ!

¡a la ~! =¡vete (vaya) a la ~!

estar hecho una ~ ひどく疲れている, 打ちのめされている

irse a la ~ 〔事物が〕めちゃくちゃになる

llenarse de ~ *hasta la nuca* 悪事にどっぷりとつかる

mandar (enviar) a la ~ 〔人を〕追い払う

¡vete (vaya) a la ~! 〔人に対して〕くそでも食らえ!

¡(y) una ~! 〔排斥・不同意・否定〕くそっ, とんでもない!

mies [mjés] 囡 ❶ 熟した穀類; 収穫期: segar la ~ (las ~es) 〔麦の〕取り入れをする. ❷ 〔複〕畑: Las ~es están maduras. 畑〔の麦〕は熟している

miga [míɣa] 囡 ❶ パンの柔らかい中身. ❷ 〔しばしば 複〕パンくず; 〔ビスケットなどの〕小さなかけら; 〔魚などの〕身をほぐしたもの. ❸ 実質, 内容: El discurso tenía mucha ~. 内容の濃い演説だった. La cosa tiene ~. これは裏に何かある. ❹ 困難. ❺ 〔複〕《料理》パンくずを湿らせ揚げたもの

hacer buenas (malas) ~*s con*+人 …とうまが合う(合わない)

hacer ~*s a...* …を打ちのめす; めちゃめちゃにする

hacerse ~*s* 〔物が〕めちゃめちゃになる

hecho ~*s* さんざんな目にあった; 《口語》痛めつけられた

ni una ~ 全然, これっぽっちも

migaja [miɣáxa] 囡 ❶ 〔複〕〔パン・菓子などの〕かけら, くず. ❷ 〔複〕つまらない物; 余り物: ~s de su pasado 彼が昔使ったがらくた. ❸ 少量: Dame una ~ más de pan. パンをもう少しください. Hay una ~ de luz. かすかな光がさしている. No tiene ni una ~ de paciencia. 彼には忍耐心のかけらもない

migajón 男 〔大きめの〕パンのかけら

migala [miɣála] 囡 《動物》トリクイグモ

migar [miɣár] 他 〔パンなどを〕細かくちぎる: 細かくちぎって…に浸す: ~ el pan en la leche/ ~ la leche パンを〔ちぎって〕ミルクに浸して食べる

migración [miɣraθjón] 囡 〔民族などの〕移動, 移住; 〔鳥・魚などの〕渡り, 回遊: ~ de la población hacia los centros urbanos 都会への人口移動

migraña [miɣráɲa] 囡 片頭痛, 激しい頭痛

migrar [miɣrár] 自 移動(移住)する

migratorio, ria [miɣratórjo] 形 移動の, 移住の: ave ~*ria* 渡り鳥. movimiento ~ de aves 鳥の渡り

Miguel [miɣél] 男《男性名》ミゲル〖英 Michael〗

miguelete [miɣeléte] 男〔17-19 世紀カタルーニャ地方の〕山岳ゲリラ兵;〖ギプスコアの〗民兵

mihrab [miráb] 男《複 ~s》ミフラブ〖イスラム教寺院でメッカの方向を示す壁面のくぼみ〗

mijo[1] [míxo] 男《植物》キビ; その種子

mijo[2]**, ja** [míxo, xa] 名《中米》〔夫婦・恋人・友人間の呼びかけ〕あなた, ねえ

mijito, ta 名 =mijo[2]

mikado [mikáðo] 男〔←日本語〕帝

mil [míl] 形 男〔英 thousand〕❶ 〔単複同形〕1000(の); 千番目の: dos ~ pesetas 2 千ペセタ. diez ~ 1 万. cien ~ 10 万. ~ uno 1001. ~ novecientos 1900. el año ~ 西暦 1000 年〖世界の終末が来るとされた〗. ❷ 多数の, 数限りない: (~es de) veces 何度も何度も, しばしば. ❸ 数千: ~es de pájaros 数千羽の鳥. varios ~es de millones 数十億

a las ~ *y quinientas (y una · y monas)* とんでもない時刻に, ひどく遅く

a ~*es* たくさん

cien (~ *millones)*《口語》数限りない

~es y ~*es* 数多く; [+de] 多数の, 数千もの

por ~ 千分の, パーミル: el tres *por* ~ de la población 人口千人につき 3 人

milagrear [milaɣreár] 自 奇跡を行なう

milagrería [milaɣrería] 囡《軽蔑》何でも奇跡と考えたがる傾向, 奇跡信仰; 奇跡話

milagrero, ra 形 名 1) 何でも奇跡と考えたがる〔人〕. 2)《口語》奇跡を起こす〔人〕, 霊験あらたかな; 偽りの奇跡を行なう〔人〕

milagro [miláɣro] 男〔英 miracle〕奇跡; 驚異: ~s de la Virgen 聖母マリアの奇跡. hacer un ~ 奇跡を起こす. Hágase el ~ y hágalo el diablo.《諺》実現してならば誰の手であっても構わぬ/目的は手段を正当化する

[ser un ~ *que*+接続法〕Es un ~ *que* hayas ganado un premio. 君が賞を取るなんて驚きだ

de ~ 奇跡的に: Se salvó *de* ~ del accidente. 彼は事故で奇跡的にも助かった

hacer ～*s* 驚異的な成果を上げる

la vida y ～*s de*+人 …のこまごまとした経歴：Conozco toda *su vida y* ～*s*. 私は彼のことなら何でも知っている

～〔*sería*〕*que*+接続法 …とは不思議だ

¡*qué* ～! 何と珍しい!

vivir de ～〔貧しくて〕どうにか生きている

milagroso, sa [milaɣróso, sa] 形 ❶ 奇跡の, 奇跡による；驚くべき：curación ～*sa* 奇跡による治癒. aguas ～*sas* 霊水. [ser ＝ que＋接続法] Es ～ *que* no se haya matado yendo a esa velocidad. あんなスピードを出して死ななかったなんて不思議だ. ❷ 奇跡を起こす [milagrero]

milamores [milamóres] 女《植物》ベニカノコソウ

milanés, sa [milanés, sa] 形 名《地名》ミラノ Milán の〔人〕

◆ 男《料理》ミラノ風カツレツ〔escalope a la *milanesa*〕

milano [miláno] 男《鳥》トビ(鳶)

mildíu [mildíu]《農業》べと病

mildeu 男 = **mildíu**

milenario, ria [milenárjo, rja] 形 ❶ 千の. ❷ 千年〔以上〕の：cultura ～*ria* 非常に古い文化. ～*ria* Roma 古都ローマ

◆ 男 千年；千年祭

milenarismo 男《キリスト教》至福千年説；世界終末説

milenarista 形 至福千年説の

milenio [milénjo] 男 千年間, 千年期：hace muchos ～*s* 大昔に. el tercer ～ 紀元 2000 年代

milenrama [milenřáma] 女《植物》= **milhojas**

milésimo, ma [milésimo, ma] 形 男 千番目の；千分の1〔の〕

milesio, sia [milésjo, sja] 形 名 ❶《歴史・地名》ミレトス Mileto の〔人〕. ❷ fábula ～*sia* 猥談

milhojas [mil5xas] 男《単複同形》《植物》セイヨウノコギリソウ

◆ 男/女《菓子》ミルフィーユ

mili [míli] 女《milicia の省略語》《西. 口語》軍隊；兵役《servicio militar》：hacer la ～ 兵役をつとめる. ir a la ～ 軍隊に行く

tener mucha ～ 経験が豊富である

mili-《接頭辞》〔千分の1〕*mili*metro ミリメートル

miliamperio [miljampérjo] 男《電流の単位》ミリアンペア

miliamperímetro 男 ミリアンペア計

miliar [miljár] 女《医学》粟粒(ぞくりゅう)疹(熱), あせも〔fiebre ～〕

◆ 形 マイル milla の：columna ～ マイル標, 里程標. piedra ～ マイル標石；画期的な出来事

miliario, ria 形 マイルの

milibar[o] [milibár[o]] 男《気圧の単位》ミリバール

milicia [milíθja] 女 ❶ 兵役：～ universitaria 学生兵役. ❷〔主に 複〕民兵〔部隊〕〔～s populares〕, 義勇軍：～*s* concejiles 市民軍. ～ nacional/～ urbana 国民軍〔時代によって名称が異なる〕. ❸ 兵学, 兵法

miliciano, na [miliθjáno, na] 名 民兵；〔スペイン内戦で共和国政府側の〕義勇兵

milico [milíko] 男《南米. 軽蔑》兵士, 軍人；警官

miligramo [miliɣrámo] 男《重さの単位》ミリグラム

mililitro [mililítro] 男《容積の単位》ミリリットル

milímetro [milímetro] 男《長さの単位》ミリメートル

al ～ きわめて精密に：Los entrenamientos están programado *al* ～. 練習の予定は分きざみで決められている

milimetrado, da 形 ミリメートル単位の

milimétrico, ca 形 ミリメートル〔単位〕の；非常に精密な

milisegundo [miliseɣúndo] 男《時間の単位》ミリセカンド

militante [militánte] 形 戦闘的な, 行動的な

◆ 名 闘士, 活動家, 党員：～ de base 平党員

militancia 女 好戦性；活動家(党員)であること

militar [militár] 形《英 military. ↔civil》軍隊の, 軍人の：arte ～ 戦術. avión ～ 軍用機. código ～ 軍法. gobierno ～ 軍政. industria ～ 軍需産業. objetivo ～ 軍事目標. ruta ～ 軍用道路. tribunal ～ 軍事法廷

◆ 名〔職業的な〕軍人

◆ 自 ❶ [＋en] 兵役をつとめる；〔党員などとして〕活動する, 闘う：～ en infantería 歩兵部隊に入る. ～ en el partido socialista 社会党員として活動する. ❷〔証拠などが〕作用する：Su testimonio militó en favor del acusado. 彼の証言が被告に有利に働いた

militarada [militaráða] 女《軽蔑》軍部によるクーデター

militarismo [militarísmo] 男 軍国主義；軍部の支配, 軍事優先

militarista 形 軍国主義の；軍国主義者

militarizar [militariθár] 他 軍国化する；〔兵士を〕訓練する, 軍人精神をたたき込む；軍隊を置く

militarización 女 軍国化

militroncho [militrón͡tʃo] 男《西. 軽蔑・戯語》兵士, 軍人

militronche 男 = **militroncho**

milivoltio [milibóltjo] 男《電気》ミリボルト

milla [míʎa] 女《長さの単位》マイル〔＝1609 m〕；海里〔～ náutica・marina. ＝1852 m〕

millar [miʎár] 男 複数 千(のまとまり)：un ～ de coches 約 1 千台の車, たくさんの車.〔varios〕～*es* de personas 数千人. piedra ～ マイル標石

a ～*es* 何千となく, 無数に

millarada [miʎaráða] 女 ❶ 約 1 千. ❷ a ～*s* 大量に

millo [míʎo] 男《方言》トウモロコシ〔maís〕；

millón

《中南米》キビ〖mijo〗

millón [miʎón] 男 〖英 million〗 ❶ 100万：un ～ de pesetas 100万ペセタ．cien *millones* 1億．1,5 *millones* de yenes 150万円．ganar medio ～ 50万ペセタかせぐ．partes por ～ 〖微量な物質の単位〗 ppm．❷ 無数，多数：Un ～ de gracias．本当にどうもありがとう．❸ 圏 非常な大金：tener *millones* 億万長者である．❹ 〖16世紀，議会 cortes から王に納められた〗貢納金

millonada [miʎonáða] 女 非常な大金：costar una ～ 目の玉が飛び出るほど高い

millonario, ria [miʎonárjo, rja] 形 ❶ 億万長者(の)，大金持ち(の)：Es (Se hizo) ～．彼は億万長者だ(になった)．❷ 大金の：contrato ～ 高額の契約

millonésimo, ma [miʎonésimo, ma]、男 100万番目の；100万分の1(の)

milmillonésimo, ma [milmiʎonésimo, ma] 形 10億番目の；10億分の1(の)

miloca [milóka] 女 〖鳥〗ミミズクの一種

milonga [milóŋga] 女 ❶ ミロンガ 〖アルゼンチン・ボリビア・ウルグアイの民俗舞踊・音楽〗．❷ 《口語》べてん，嘘．❸《南米》パーティー

milonguear 自 ミロンガを歌う(踊る)

milonguero, ra 名 ミロンガ好きの人；《南米》飲んで騒ぐ人

milord [milór] 男 〖複 milor*es*〗〖←英語〗〖英国貴族への敬称〗閣下

milpa [mílpa] 女 《中米》トウモロコシ畑

milpear [トウモロコシを]栽培する．◆ 自 トウモロコシ畑を耕す；[トウモロコシが]芽を出す

milpiés [milpjés] 男 〖単複同形〗〖動物〗ワラジムシ

milrayas [milřájas] 男 〖単複同形〗ピンストライプ(細かい縞柄)の布地(服)

miltomate [miltomáte] 男《中米》果実が白っぽく小型のトマトに似た植物；その果実

mimado, da [mimáðo, ða] 形 過分 甘やかされてだめにした，だだっ子の；お気に入りの

mimar [mimár] 他 ❶ 甘やかす，ちやほやする，ひいきする：Ha *mimado* demasiado a su hijo．彼は自分の息子を甘やかしすぎた．❷ パントマイム(身ぶり)で表現する：～ su canción 歌に振りをつける．❸ 大切に扱う：～ la ropa 服を大事に着る

mimbre [mímbre] 男/女 ❶ [編む材料としての]柳の枝，籐：silla de ～ 籐椅子．❷ [川岸などの]柳の林(並木)

mimbrear 他 [柳の枝のように]揺らす．◆ 自/～se なよなよと揺れる，柔らかくしなう

mimbrera 女 [川岸などの]柳の林(並木)；[総称]ヤナギ(柳)

mimbreral 男 柳の林(並木)

mimeógrafo [mimeógrafo] 男 謄写版(の器械)

mimeografía 女 謄写版印刷；その印刷物

mimeografiar 他 謄写版で刷る

mímesis [mímesis] 女 〖単複同形〗❶ 〖詩法・修辞〗模倣．❷ [人をからかう]物まね

mimesis 女 =**mímesis**

mimetismo [mimetísmo] 男 ❶ 《生物》擬態．❷ [表情・意見・態度の]真似，物まね[無意識の]模倣

mimético, ca 擬態の；物まね(模倣)をする

mímica¹ [mímika] 女 身ぶり[による]表現，ジェスチャー

mímico, ca² 身ぶりによる；パントマイムの

mimo [mímo] 男 ❶ [主に圏] 甘やかし，過保護；甘言，うまいしぐさ：El niño se ha convertido en un malcriado con tanto ～．その子は甘やかされてわがままになった．dar ～s a+人 …を甘やかす，ちやほやする．❷《口語》繊細さ：realizar su trabajo con ～ 入念に仕事をする．❸ パントマイム[劇]

◆ 名 パントマイム俳優；[面白おかしく]他人の物まねをする人

mimoso, sa [mimóso, sa] 形 ❶ [ser+] 甘やかす；甘ったれた：pequeñín ～ 甘えん坊．❷ [estar+] 甘えている

◆ 女《植物》ミモザ

mina [mína] 女 ❶ 鉱山；坑道，採掘坑：～ de carbón～ hullera 炭鉱．denunciar una ～ 鉱山の所有権を登記する．❷《比喩》宝庫，宝の山〖～ de oro〗：Ese hombre es una ～ [oro]．あの男はドル箱だ．❸《軍事》i) 地雷；機雷〖～ submarina〗：sembrar (fondear) ～s 地雷(機雷)を敷設する．～ magnética 磁気機雷．ii) 坑道．❹ [鉛筆の]芯(しん)．❺《南米》情婦，愛人；娼婦；[軽蔑]若い娘

minar [minár] 他 ❶ …に地雷(機雷)を敷設する．❷ 徐々に破壊する：Tiene la salud *minada*．彼は健康が衰えてきた．～ el prestigio 権威を少しずつ崩す．❸ 坑道を掘る

minador, ra 形《古語》工兵．◆ 男 機雷敷設艦〖buque ～〗

minarete [minaréte] 男 ミナレット 〖イスラム教寺院の尖塔〗

mineral [minerál] 形 男 鉱物(の)，鉱石；無機物(の)：～ de hierro 鉄鉱石

mineralero [mineraléro] 男 鉱石運搬船

mineralizar [mineraliθár] 他 [金属などを]鉱石化させる

◆ ～se 鉱石化する，鉱物状になる；[水が]鉱物質を含む

mineralización 女 鉱物化；鉱水化

mineralogía [mineraloxía] 女 鉱物学

mineralógico, ca 形 鉱物学の

mineralogista 名 鉱物学者

minería [minería] 女 ❶ 鉱業，採掘．❷ 匯名 [一国・一地方の]鉱山

minero, ra [minéro, ra] 形 鉱業の，採掘の：compañía ～ra 鉱山会社．explotación ～ra 鉱山開発

◆ 名 鉱山労働者，鉱夫，坑夫

mineromedicinal [mineromeðiθinál] agua ～ 薬効のある鉱水

minerva [minérβa] 女 ❶《神話》[M～] ミネルバ．❷ 小型印刷機

de propia ～ 自分の知識で，自分で考えて

minestrone [minestróne] 女〖←伊語．料理〗ミネストローネ

minga [mínga] 囡 ❶《西.卑語》陰茎〔pene〕.
❷《南米》〔農作業などの〕相互の手助け, 結
(ゆい);お礼に食事を出す共同作業

mingitorio, ria [miŋxitórjo, rja] 形 排尿の
◆ 囡 男子用共同小便所

mingo [míŋgo] 男〔ビリヤードの〕赤玉
más galán que M~〔ひどく〕めかし込んだ
poner el ~ 目立つ

mini [míni] 囡 ミニスカート〔minifalda〕
◆ 男〔ビールなどの〕1リットル入りジョッキ;＝
minicomputadora

mini-《接頭辞》〔小〕*mini*moto ミニバイク

miniatura [minjatúra] 囡 ❶ ミニチュア, 模
型:avión en ~ 模型飛行機. Este cuarto es
una ~. この部屋はすごく狭い. ❷ 細密画〔法〕.
❸《文学·音楽》小品

miniaturista 图 細密画家

miniaturización 囡 小型化

miniaturizar ⑨ 他 小型化する

minibásket [minibásket] 男《←英語》ミニバ
スケットボール

minibús [minibús] 男＝**microbús**

minicámara [minikámara] 囡 小型カメラ

minicomputadora [minikɔmputaðóra]
囡 小型コンピュータ

minifalda [minifálda] 囡《服飾》ミニスカート

minifundio [minifúndjo] 男 零細農地, 小農
場〔↔latifundio〕

minifundismo 男 小農制度

minifundista 图 小農, 小規模自作農

minigolf [miniɡólf] 男《←英語》ミニゴルフ, パ
ターゴルフ

minimalismo [minimalísmo] 男《美術》ミ
ニマルアート;ミニマリズム

minimalista [歴史] 最小限綱領主義者;
《美術》ミニマルアート(ミニマリズム)の芸術家

minimizar [minimiθár] ⑨ 他 過小評価する,
見くびる:~ el efecto del paro 解雇の影響を
軽視する

mínimo, ma [mínimo, ma] 形 ❶〔量·程度
が〕最小の, 最低の〔↔máximo. 数·大きさは el
menor・el más pequeño〕: i) salario (suel-
do) ~ 最低賃金. con el ~ esfuerzo 最小の
努力で. ii)〔否定文で〕少しの〔…もない〕: No
ha hecho el ~ caso de mis palabras. 彼は私
の発言をまったく無視した. ❷ 非常に小さい:
casa de proporciones ~*mas* ごく小さな家.
❸《宗教》ミニモ会の
en lo más ~ たとえ少しでも
lo más ~《口語》〔否定文で〕少しも〔…ない〕:
¿Te duele?—No, ni *lo más ~*. 痛い?—ちっ
とも
◆ 图 ミニモ会の修道士·修道女
◆ 男 最小, 最低〔限〕: El rendimiento no
llega al ~ exigido. 性能値が必要最低レベル
に達しなかった. el ~ de precipitaciones
mensuales 最少月別降水量. método de ~*s*
cuadrados《数学》最小二乗法
como ~ 最小限, 少なくとも: Costará mil
pesetas *como ~*. 少なくとも千ペセタはかかるだ

ろう
◆ 囡 最低気温〔temperatura ~*ma*〕

minimosca [minimóska] 囡《ボクシング》ライ
トフライ級〔peso ~〕

minimoto [minimóto] 囡〔複~s〕ミニバイク

mínimum [mínimum] 男＝**mínimo**

minino, na [miníno, na] 图《口語》猫〔ga-
to〕

minio [mínjo] 男《化学》酸化鉛, 鉛丹

miniordenador [minjorðenaðór] 男《西》
小型コンピュータ

minipímer [minipímer] 男/囡《西.←商標》
ハンドミキサー

minirrobot [miniřobó(t)] 男〔複~s〕小型
ロボット

miniserie [minisérje] 囡《放送》短期の連続
ドラマ

ministerial [ministerjál] 形 ❶ 大臣の, 閣僚
の;banco ~ 閣僚席. crisis ~ 内閣空
白期, 政変. ❷ 政府(側)の, 与党の
◆ 图 政府(与党)支持者;与党議員

ministerio [ministérjo] 男《英 ministry》❶
…省;庁:舎: M~ del Interior 内務省. M~
Público (Fiscal)〔最高〕検察庁. ❷ 大臣職,
大臣の任期;〔総称〕閣僚: ocupar el ~ de
Industria 通産大臣になる. Dimitió el ~ en
pleno. 内閣は総辞職した. ❸〔主に高貴な〕職
務, 職責: ~ sacerdotal 聖職, 司祭職.

ministrable [ministráble] 形 图 大臣候補の
〔人〕

ministrar [ministrár] 他 圓〔職務を〕果たす

ministro, tra [minístro, tra] 图《英 minis-
ter》❶ 大臣: primer ~ 首相, 総理大臣〔女
性の首相は la primera *ministra*/la primer
〔a〕 *ministro*〕. ~ de Asuntos Exteriores
外務大臣. ~ de Justicia 司法大臣. ~ de
Educación 文部大臣. ~ de Transporte 運
輸大臣. ❷ 公使: ~ plenipotenciario 特命
全権公使. ~ residente 弁理公使. ❸《キリス
ト教》神の僕(しもべ), 聖職者: ~ de Dios・de la
Iglesia・del Señor〕;修道院長;〔イエズス会
の〕教会などの経営責任者. ❹ ~ de Justicia
司法官

minisupermercado [minisupɛrmɛrkáðo] 男 コンビニ〔エンストア〕〔~ abierto 24
horas〕

minoico, ca [minójko, ka] 形《歴史》ミ
ノス(ミノア)の, Minos 文明の, 古代クレタ島の〔人〕

minoración [minoraθjón] 囡 減少

minorar 他 減少させる

minoría [minoría] 囡 ❶ 少数〔↔mayo-
ría〕;少数派, 非主流派: ~ parlamentaria
議会内少数派, 野党. ~ selecta 少数精鋭.
❷〔一国中の〕少数民族: ~*s* marginadas 被
差別民族. ❸ ~ de edad 未成年

minorista [minorísta] 形《商業》小売りの
◆ 图 小売り商;下級聖職者

minoritario, ria [minoritárjo, rja] 形 少数
派の: opinión ~*ria* 少数意見. partido ~ 少
数党, 野党

Minotauro [minotáuro] 男《神話》ミノタウロ

ス

mint- ☞**mentir** ③③

minucia [minúθja] 囡 ❶ ささいなこと, 小事: preocuparse por las 〜s つまらないことにこだわる. ❷ 詳細: con 〜 詳細に, 細部にわたって

minucioso, sa [minuθjóso, sa] [ser?] 綿密な, 細心の；細部にこだわる: trabajo 〜 綿密な仕事. No seas tan 〜. 細かいことをそんなに気にするな

  minuciosamente 圓 綿密に
  minuciosidad 囡 綿密さ, 細心

minué [minwé] 男 《音楽·舞踊》メヌエット

minuendo [minwéndo] 男 《数学》被減数

minueto [minwéto] 男 =**minué**

minúsculo, la [minúskulo, la] 形 ごく小さい, 微小の: casa 〜 la ウサギ小屋のような家
  ◆ 囡 小文字 [letra 〜la. ↔mayúscula]

minusvalía [minusβalía] 囡 ❶ 価値の減少, 価格の下落. ❷ 《身心の》障害

minusválido, da [minusβáliðo, ða] 形 名 身心に障害のある〔人〕, 身障者
  minusvalidez 囡 《身心の》障害

minusvalorar [minusβalorár] 他 過小評価する

minuta [minúta] 囡 ❶ 〔弁護士などの〕料金請求書. ❷ 《法律》〔契約書などの〕下書き, 草稿. ❸ 《古語》メニュー [menú]. ❹ 《南米》簡単に短時間でできる料理

minutar [minutár] 他 《放送》〔番組を〕分きざみで組む

minutero [minutéro] 男 ❶ 〔時計の〕分針. ❷ キッチンタイマー

M **minuto** [minúto] 男 〔英 minute〕❶ 〔時間の単位〕分 〔☞hora ②③③〕: Se tarda diez 〜s a la estación. 駅まで 10 分かかる. Espérame un 〜. ちょっと待ってくれ. ❷ 《角度·経緯度の単位》分: 9 grados 18 〜s 9 度 18 分
  al 〜 すぐに, ただちに
  dentro de un 〜 1 分以内に；すぐに
  〜 *a* 〜 刻一刻と
  no tardar un 〜 すぐに〔ただちに〕する
  sin perder un 〜 ただちに, すぐに

mío, a [mío, a] 〔英 my. 所有形容詞 1 人称単数完全形. ☞suyo〕 私の: i) 〔名詞+〕Esta cámara *mía* es muy cara. この私のカメラはとても高い. Me visitaron unos amigos 〜s. 私の友人が何人か訪ねてきた. 〔感情的表現で, 無冠詞名詞+〕¡Hijito 〜! 〔自分の子に〕坊や! ii) 〔主格補語〕Este bolso es 〜. このハンドバッグは私のです
  ¡ya es 〜*!* 〔喜び〕やったぞ!
  ◆ 代 〔英 mine〕〔定冠詞+〕私のそれ: Tu pluma no es igual a *la mía*. 君のペンは僕のと違う
  la mía 1) 私の家族. 2) 《口語》私の好機（言い分）: Ésta es *la mía*. 今が私のチャンスだ
  lo 〜 1) 私のこと（もの）: No te metas en *lo* 〜. 私のことに口を出すな. 2) 《口語》私の得意（本分）: Ese trabajo es *lo* 〜. その仕事は私はお手のものだ. 3) 私の言い分: Suelo meter

lo 〜 en los asuntos ajenos. 私はよく他人のことに口を出す. 4) 〔副詞的に〕かなり, とても: Aquí me aburro *lo* 〜. ここはとても退屈だ
  los 〜*s* 私の家族（仲間·味方）
  〔*una*〕*de las mías* 私のいつもの悪ふざけ（失敗）: He hecho otra *de las mías*. またへまをやってしまった

miocardio [mjokárðjo] 男 《解剖》心筋層
  miocarditis 囡 《単複同形》《医学》心筋炎

mioceno, na [mjoθéno, na] 形 《地質》中新世〔の〕

miografía [mjografía] 囡 《医学》筋運動記録法, ミオグラフィー

miología [mjoloxía] 囡 《医学》筋学

mioma [mjóma] 男 《医学》筋腫: 〜 del útero 子宮筋腫

miopatía [mjopatía] 囡 《医学》筋原性萎縮症, ミオパシー

miope [mjópe] 形 名 ❶ 近視の〔人〕, 近視の〔人〕. ❷ 近視眼的な, 視野の狭い: punto de vista 〜 近視眼的な物の見方

miopía 囡 《医学》近視, 近眼；視野の狭さ: 〜 falsa 仮性近視

miosis [mjósis] 囡 《単複同形》《医学》縮瞳, 瞳孔縮小

miosotis [mjosótis] 男 《単複同形》《←仏語·植物》ワスレナグサ
  miosota 囡 =**miosotis**

mir [mír] 男 《単複同形》《略語》←médico interno residente インターン
  ◆ 男 医師試験

mira [míra] 囡 ❶ 〔銃の〕照準器: línea de 〜 照準線. ❷ 《主に 複》狙い, 目標: No sé cuáles son sus 〜s en este asunto. 彼がこの件で何を狙っているのか私にはわからない. llevar (ir con) la 〜 de conseguir un puesto mejor 出世を狙っている. con 〜s desinteresadas 欲得を離れて. amplitud de 〜s 視野の広さ. estrechez de 〜s 視野の狭さ；狭量. ❸ 〔測量用の〕箱尺, 標尺. ❹ 《テレビ》テストパターン. ❺ 《船舶》〔昔の〕船首〔追撃〕砲
  a la 〜 〔なりゆきなどに〕注意深く見守って, 警戒して
  con la 〜 *puesta en...* …のことを考えて
  con 〜*s a...* …を目標にして
  poner la 〜 *en...* …を目標にする
  punto de 〜 標的, 目標: Fui el *punto de* 〜 de todos. 私は皆の注目の的になった

mirabel [miraβél] 男 《植物》アカザの一種；ヒマワリ〔girasol〕

mirada¹ [miráða] 囡 〔英 glance, gaze, look〕❶ 視線；注視, 注目: dirigir (encaminar) la 〜 hacia... …に視線を向ける, 見る. lanzar (echar) una 〜 a... …をちらっと見る, 一瞥する. fijar la 〜 a (en)... …をじっと見る, 凝視する. levantar (bajar) la 〜 視線を上げる（落とす）. sostener (resistir·aguantar) la 〜 見つめ返す, 視線をそらさない. ❷ 目つき, まなざし: Tiene una 〜 dulce. 彼は優しい目をしている. 〜 perdida/〜 vaga 遠くを見るような（うつろな）目つき. 〜 fija 注視, 凝視

mirar

mirado, da² [miráđo, đa] 形 過分 ❶ [es-
tar+. bien•mal+] よく•悪く見られた、思われた:
i) Está mal ～ en su pueblo natal. 彼は生ま
れ故郷では評判が悪い. ii) [+que+接続法] No
estaba bien ～ que las señoritas salieran
solas. 娘たちだけで出かけるのはよく思われなかっ
ていた. ❷ [ser+] i) 気配りのある: Es muy ～
con sus subordinados. 彼は部下に対してとても
よく気がつく人だ. ii) 《口語》[bien に] 注意深
い、慎重な: Es muy ～ en la limpieza. 彼は大
変きれい好きだ
bien ～ [前言の打ち消し] よく考えてみると:
Bien ～, no está muy mal. よく考えてみるとそ
れほど悪くない

mirador [miráđor] 男 ❶ [ビルの最上階など
の] 展望台; [山頂などの] 見晴らし台. ❷ ガラ
スのはまったバルコニー

miraguano [miragwáno] 男 《植物》カポック
ノキ

miramiento [miramjénto] 男 [主に 複]
考慮、配慮；思いやり『consideración』: No
andes con ～s con él: es como de la
familia. 彼には気をつかわないでくれ. 家族同然
だから. hablar con ～ 慎重に話す. ❷ 遠慮: No
tenga usted ～s. どうか遠慮なさらないでください
sin ～s 無慈悲に, 容赦なく；不注意に、軽はず
みに

mirar [mirár] 他《英 look》❶ [注意して]
見る、視線を向ける；[じっくり] 眺める
『☞ver 類義』: i) Me miró tranquilo. 彼は私
をじっと見つめた. Está mirando el paisaje (el
cuadro). 彼は景色(絵)を眺めている. Mira la
televisión. テレビを見てごらん. ～ el reloj 時計
に目をやる. ii) [ある態度•見方で] No me
mires así. そんな風に(じろじろ)見ないで. Me
miran bien en su casa. 私は彼の家では評判が
いい. iii) 調べる、点検する: En la frontera me
miraron todo lo que llevaba. 私は国境で荷
物を全部調べられた. ～ por rayos X X線で
調べる
❷ 考える: i) Tengo que ～ si vale la pena
tanto gasto. そんなに費用をかけるだけの価値があ
るか考えなければいけない. ～ el porvenir 未来を
見つめる、将来のことを考える. ii) 注意する、気を
つける: Él mira mucho el dinero. 彼は金に細
かい. Mira lo que haces. [警告•叱責]
自分が何をやっているかよく考えなさい. [+que+
接続法] Mira bien que no te engañen. だまさ
れないように十分気をつけなさい
❸ [命令文で] i) [注意の喚起] ほら: ¡Mira!,
ahí viene. ほら来た. ii) [会話のつぎ穂] Mira,
yo creo que es mejor que no te vayas. ねえ、
行かない方がいいと思うけどなあ. iii) [強調] Mi-
ra, mira, déjate de tonterías. おいおい、ばかな
ことは言うなよ
de mírame y no me toques [人•事物が]
繊細な、壊れやすい
¡mira! [驚き•落胆•奇異] おや!
mira a quién se lo cuentas (dices)/
mira a quién se lo vas a contar (de-
cir) 言うまでもないことだ/他人の事を言えたこ

とか
¡mira con…!/¡mira que+直説法! [驚き•
反論] ¡Mira con lo que nos sale! いやという
とだ! ¡Mira que es tonto! いや、彼はばかだ!
mira que… [脅し文句] 見てろよ!
mira que si+直説法•接続法 [期待•恐れ]
ならなあ/ひょっとして…: Mira que si aprobara. 彼が合格してくれ
たらなあ. ¡Mira que si es mentira! ひょっとし
て嘘かも知れないぞ!
¡mira quién habla! 口を慎め/よくも人を非
難できるものだ!
¡mira quién habló! [ひやかして] あんなこと
言って!
mira si… que… …であるのはまったく…であ
る: Mira si es vago que no quiere mover-
se. 動きたくないなんて、本当にあの人はぐうたらだ
mirándolo bien =si bien se mira
～ a ver si… 《口語》=～ si…
～ si… …を捜す: Voy a ～ si lo he dejado
ahí. そこに置いてなかったか捜してみます
no ～ nada 《口語》傍若無人のふるまいをする
quedarse mirando 茫然とする
◆ 自 ❶ [+a•hacia に] 見る、視線を向け
る: Miro al avión, pero no lo veo. 私は飛行
機の[音のする]方を見るが、見えない. ～ hacia
la torre 塔の方を見る. ～ a la cara de+人•
の顔をのぞき込む. ～ por el agujero 穴からのぞ
く. ❷ [+en を] 捜す: He mirado en todas
partes y no la encuentro. 私はあらゆる所を捜
したがそれは見つからなかった. ❸ [+a に] 面し
ている: La ventana mira al mar. 窓は海に面し
ている. Mi casa mira al sur. 私の家は南向き
だ. ❹ [+por に] 気を配る、大切にする: Mira
por tu hermana. 彼は君の妹のことを気にしてい
るよ. ～ por sus hijos 子供たちの面倒を見る.
～ por su salud 健康に気をつける. ❺ [+de+
不定詞 することを] 目的とする: Lo he decidido
así mirando de asegurar mi futuro. 私は将
来の安定のためにそう決心した
mira por donde… 意外な(驚いた)ことに結局
は…: No querías participar y, mira por
donde, llegaste el primero. 君は出たくないな
どと言ってたのに、何と1着になったじゃないか
mirando a (de)… …に向かって(…から見
て): La televisión está mirando de frente
a la derecha. テレビは正面から見て右手にある
mirando hacia… …に向かって: Ponte mi-
rando hacia mí. 私の方を向きなさい
～ atrás 過去を振り返る(思い出す)
◆ ～se ❶ 自分の姿(顔)を見る: Se miraba
en el espejo. 彼は鏡を見ていた. ❷ 熟慮する:
Me he mirado bien antes de decidirlo. 私は
決定する前によく考えた. ❸ [+en+人 を] 賞賛
する、ほれぼれする. ❹ [自分の持ち物などを] 捜
す: Mírate en los bolsillos. ポケットを捜してご
らん. ❺ 互いに見る: Los dos se miran ex-
trañados. 2人は不思議そうに見つめ合っている
～se [los] **unos a** [los] **otros** [困惑して]
顔を見合わす

se mire como (*por donde*) *se mire* どう考えてみても: *Se mire como se mire* este problema no tiene solución. どう考えてもこの問題は解決法がない

si bien se mira よく考えてみると: *Si bien se mira,* este trabajo no es tan simple. よく考えるとこの仕事はそれほど単純ではない

mirasol [mirasól] 男 ヒマワリ 〖girasol〗

miria- 〘接頭辞〙 [1万] *miria*gramo 1万グラム, *miria*litro 1万リットル, *miria*metro 1万メートル

miríada [miríaða] 女《文語》無数, 数え切れないほどの数: una ～ de estrellas おびただしい数の星

miriápodo [mirjápoðo] 男《動物》多足類

mirífico, ca [mirífiko, ka] 形《文語》すばらしい, 驚くべき

mirilla [miríʎa] 女 〔ドアなどの〕のぞき穴; 〔測定器などの〕視準穴

miriñaque [miriɲáke] 男《服飾》クリノリン〖スカートをふくらませておくためのペチコート, 腰枠〗

miriópodo [mirjópoðo] 男 = **miriápodo**

mirlo [mírlo] 男《鳥》クロウタドリ

ser un ～ blanco 毛色の違った(非常に珍しい)人物である

mirón, na [mirón, na] 形 名 ひどく好奇心の強い(人); 物見高い(人), やじ馬;《軽蔑》のぞき魔: ojos *mirones* 好奇の目

mirra [mírra] 女 ミルラ(樹脂), 没薬(もつやく)

mirto [mírto] 男《植物》ミルテ, ギンバイカ

mirtáceas 女《植物》フトモモ科

misa [mísa] 女 〖英 mass〗 ❶《カトリック》ミサ〖動詞の目的語として使われる場合は無冠詞〗: celebrar (decir) ～ ミサを行なう. oír ～ ミサにあずかる. ayudar a ～ 〔助祭などが〕ミサに仕える. cantar ～ 〔新任の司祭が〕初ミサを行なう. día de ～ ミサに行くべき日. libro de ～ ミサ典書. ～ cantada 歌ミサ. ～ de campaña/～ campal 〔軍隊などの〕屋外ミサ. ～ de cuerpo presente 葬式. ～ de difuntos (de réquiem) 死者のためのミサ. ～ del alba 早朝ミサ. ～ de(l) gallo 〔クリスマスイブの〕深夜ミサ. ～ mayor (solemne) 荘厳ミサ. ～ negra 黒ミサ. ～ pontifical 司教ミサ. ～ rezada 〔通常の〕読唱ミサ. ～s gregorianas 〔埋葬後の〕グレゴリオミサ. ❷《音楽》ミサ曲

como si dicen ～ 我関せずに, 何と言われても構わずに

estar como en ～ 静粛にしている

ir a ～ ミサに行く; 〔事柄が〕明らかである, 議論の余地がない

no saber de la ～ la media (*la mitad*) 《口語》無知である, 事情を知らない

que digan ～ = *como si dicen ～*

ser de ～ y olla 〔神父が〕無知(無学)である

ver en qué paran estas ～s いまにひどい目に会う

ya te dirán de ～s いまにしっぺ返しを食わされるぞ

misacantano [misakantáno] 男 初めてミサをとり行なう司祭

misal [misál] 男 ミサ典書, 祈祷書

misántropo, pa [misántropo, pa] 名 人間ぎらいの人, 厭世的な人

misantropía 女 人間ぎらい〔の性格〕; 厭世的気分

misantrópico, ca 形 人間ぎらいの, 厭世的な

miscelánea¹ [misθelánea] 女 ❶ 〔種々雑多なものの〕寄せ集め. ❷ 〔文学・科学関係の〕論叢(ろんそう), 雑録: ～ literaria 文学選集

misceláneo, a² 形 種々雑多な, 寄せ集めの

miscible [misθíble] 形 混合可能な, 混合しやすい

miserable [miseráble] 形 ❶ 極貧の; 哀れな, 悲惨な: casa (ropa) ～ みすぼらしい家(服). mujer ～ ひどく貧しい女; 哀れな女. mesa ～ 貧しい食事; 些少の: propina ～ わずかなチップ. ❷ 下劣な, 情けない; けちな, 欲ばりの. ❸《まれ》不幸な: ¡M～ de mí! かわいそうな私!
◆ 名 下劣な人; けちん坊: Eres un ～. 下司なやつめ

miserere [miserére] 男《聖書》ミゼレーレ〖「主よ我を哀れみたまえ」で始まる詩編; その楽曲〗

miseria [misérja] 女 ❶ 貧窮, 極貧: vivir en la ～ ひどく貧しい暮らしをする. ❷ 〔主に複〕悲惨, 不幸な出来事: Después de la guerra no quedó más que ～. 戦争の後には悲惨さしか残らなかった. contar sus ～s y problemas ぐちをこぼす. ❸ けち: Su ～ es notoria. 彼のけちは有名だ. Aquí no hay ～. けちけちするのはよそう. ❹ わずかばかりのもの: Me dió una ～. 彼ははしたない金しかくれなかった. regalar una ～ 安物を贈る. trabajar por una ～ わずかな金のために働く

misericordia [miserikórðja] 女 ❶ 慈悲, 憐憫(れんびん); 情け〔許しを乞う. ～: pedir ～ 情け(許し)を乞う. ❷ 〔大聖堂の聖歌隊席にある〕畳み込み式の座席

misericordioso, sa [miserikorðjóso, sa] 形 〔ser+. +con・para に〕慈悲深い(人), 哀れみ深い(人): Es ～ con los pobres. 彼は貧しい人たちに情け深い

misero, ra [mísero, ra] 形《口語》ミサ〔に行くのが〕好きな

mísero, ra [mísero, ra] 形 〖絶対最上級 mis**érrimo**〗貧しい, 哀れな 〖miserable〗

misia/misiá [mísja/misjá] 女《南米. 敬称》…奥様, …様

misil [misíl] 男 ミサイル: ～ antibalístico 対弾道弾ミサイル. ～ (de) crucero 巡航ミサイル

misión [misjón] 女 ❶ 使命, 任務: Le han enviado con una ～ especial. 彼は特別任務で派遣された. ～ diplomática 外交任務(使節団); 在外公館. ❷ 〔果たすべき〕役割, 天職: ～ como abogado 弁護士としての使命. cumplir con su ～ de estudiante 学生としての本分を尽くす. ❸ 〔主に複〕布教, 伝道; 伝道館, 伝道村: i) estar en las *misiones* de África アフリカへの布教に参加している. ii)《歴史》ミシオネス〖*misiones* jesuíticas del Paraguay. 16世紀, パラグアイに作られたイエズス会の布教集落〗. ❹ 使節団, 代表団; 派遣隊: ～ econó mica 経済使節団. ～ **médica** 医療班. ❺〔研究・開発のための〕科学調査団〖～ *científica*〗

misional 形 布教の, 伝道の

misionario, ria 形 =**misionero**; 使者

misionero, ra [misjonéro, ra] 形 图 ❶ 布教の, 伝道の. ❷〔海外への〕伝道師: irse de ～ a Extremo Oriente 宣教師として極東に赴く. ❸〖歴史〗ミシオネス misiones の〔住民〕

misiva[1] [misíßa] 图 《文語》書状, 手紙

misivo, va[2] 形 書状の

mismamente [mísmaménte] 副 ちょうど, きっかり

mismidad [mismidá(d)] 图 本人であること; 識別性, 身元

mismísimo, ma [mismísimo, ma] 形 〖mismo の絶対最上級〗まったく同じ: en ese ～ momento まさしくその瞬間に

mismo, ma [mísmo, ma] 形〖英 same, self, very〗
❶ [＋名詞. ＋que と] 同じ, 同一の; 同種の: Tiene muchos vestidos del ～ color. 彼女は同じ〔ような〕色のドレスをたくさん持っている. Tengo la ～ma edad *que* él. 私は彼と同い年だ. Tiene la ～ma cara *que* su padre. 彼は顔が父親そっくりだ. Somos de una ～ma opinión. 私たちは同じ意見だ. con respecto al ～ mes del año anterior 前年同月と比べて
❷ [強調. ＋名詞/名詞＋] まさにその, …そのもの: Desde el ～ momento en que nos vemos empieza la separación. 会ったその時から別れが始まる. Era la felicidad ～ma. 彼は幸せそのものだった. Esto ～ lo esperaba yo. これこそ私の待っていたものだ. Su ～ma esposa no sabe su talento. 彼の妻でさえ彼の才能を知らない
❸ [人称代名詞＋] …自身: Hazlo tú ～. 自分でやりなさい. ¿Te lo dices a ～? ひとりごとを言っているのか? Quiero ver a ella ～ma. 彼女本人に会いたい
❹ [例示・無関心] Vamos a investigarlo en la biblioteca ～ma. 図書館ででも調べよう
◆ 副 ❶ [強調. 副詞＋] まさに…, …でさえ: Ayer ～ me dijo que no se quería ir, y hoy se ha ido. 今日彼は行ってしまった. つい昨日行きたくないと言ったのに. ¿Dónde está?—Aquí ～. それはどこですか?—ちょうどここです. Lo vi desde el balcón ～. バルコニーからでさえそれは見えた. en España ～ まさにスペインにおいて. Déjalo así ～. そのままにしておけ. ❷ [例示・無関心] Ven cuando quieras: mañana ～. いつでも来たまえ. 明日だっていいよ
◆ 代〖定冠詞＋〗同じもの: i) Esta película es la ～ma *que* vi ayer. この映画は昨日見たのと同じだ. Yo no soy el ～ *que* antes. 私は以前の私とは違う. La vida es la ～ma. 生活はあいかわらずだ. ii) [lo＋] 同じこと; 同じ物; 同量: Dice todos los días lo ～. 彼は毎日同じことを言っている. ¿Toma algo?—Sí, lo ～ *que* usted. 何か召し上がりますか?—はい, あなたと同じものを. Gano lo ～ *que* mi padre. 私は父と同じだけかせぐ. iii) [強調] まさにそれ: ¿Te refie-

res al asunto de ayer?—¡Al ～! 昨日のことを言っているのか?—まさにそれだ!

dar lo ～ 同じことである, かまわない: Me *da lo* ～. 私にすれば同じことだ

el ～ *que viste y calza* まさしく本人

estar (hallarse) en las ～*mas* あいかわらずである

lo ～ *que*… …と同様に; 同じくまた…: i) Él canta bien *lo* ～ *que* usted. 彼はあなたと同様に歌がうまい. Eso es *lo* ～ *que* decirme que yo muera. それは私に死ねというのも同然だ. Eso no es *lo* ～ *que* viajar unos días. それと一日二日の旅行とはわけが違う. A mí me gusta ir al teatro, *lo* ～ *que* a Felipe. 私は芝居を見に行くのが好きで, フェリーペもそうなのだ. ii) [＋si＋接続法] Te quiere *lo* ～ *que si* fueras su hijo. 彼は君を我が子のように愛している

lo ～ *si*＋直説法 *que (como・o) si*＋直説法 [譲歩] …も…も同様に: Llévate el abrigo *lo* ～ *si* llueve *que si* hace sol. 雨が降っても日が照ってもオーバーは着なさい. *Lo* ～ *si* viene *que si* no viene, no me importa. 彼が来ようと来るまいと私にはどうでもいい

lo ～ *uno que otro* いずれも, どちらも

o lo que es lo ～ つまり〔…ということだ〕: Tomará alguna medida apropiada, *o lo que es lo* ～, ahora no se enfrenta. 彼は善処するだろう. すなわちさしあたっては何もしないだろう

por lo ～ まさにそれ故に: Te están esperando todos.—*Por lo* ～ no apareceró. 皆が君を待っている.—だから顔を出したくないんだ

por sí ～ 独力で; それ自体で: Me preparo la comida *por mí* ～. 私は自分で食事を作る

ser el ～ *que viste y calza* 彼は紛れもない本人その人だ

ser lo ～ =*dar lo* ～

si, lo ～ *que*＋直説法, ＋接続法 もしも…する代わりに…していたら: *Si, lo* ～ *que* fui a París hubiera ido a Madrid, habría podido verle a usted パリに行かずにマドリードへ行っていたら, あなたに会えたのに

venir a ser lo ～ 同じことである/かまわない: Eso *viene a ser lo* ～. それは〔結局〕同じことになる

volver a las ～*mas* 元通りになる

misofobia [misofóßja] 图 不潔恐怖症

misógamo, ma [misógamo, ma] 形 图 結婚ぎらいの〔人〕

misógino, na [misóxino, na] 形 图 女ぎらいの〔人〕

misoginia 图 女ぎらい

misoneísmo [misoneísmo] 男 新しいもの嫌い

misoneísta 形 图 新しいもの嫌いの〔人〕

mispiquel [mispikél] 男〖鉱物〗硫砒鉄鉱

misquito, ta [miskíto, ta] 形 ミスキート族〔の〕〖ニカラグアとホンジュラスの大西洋岸に住むインディオ〗

miss [mís] 图〖複 mis(s)es〗《←英語》[美人

コンクールなどでの] ミス…: M～ España ミスス
ペイン. M～ Mundo ミスワールド. M～ Uni-
verso ミスユニバース

mistela [mistéla] 囡 蒸留酒・水・砂糖・シナモ
ンで作った飲み物; ミステル〖発酵させないブドウ
果汁にアルコールを添加した甘味ワイン〗

míster [míster] 男〖←英語〗❶《スポーツ》監督,
コーチ. ❷ 男性美コンテストの優勝者. ❸〖非ス
ペイン語圏の男性への呼びかけ〗ミスター

mistérico, ca [mistériko, ka] 形 秘儀の,
密儀の; 秘教的な: religión ～ca 秘教

misterio [mistérjo] 男〖英 mystery〗❶ 神
秘, 不可解〔なこと〕; なぞ: ～ del universo 宇
宙の神秘. Es un ～ cómo los hace a los
clientes querer comprar. 彼がいかにして客を
買う気にさせるか不思議だ. ❷ 隠し事, 秘密:
llevar el asunto con mucho ～ 秘密裏にこと
を運ぶ. contar con gran ～ こっそり話す. ❸
[キリスト教の] 玄義; 圖〖古代宗教の〗秘儀,
密儀: ～ de la Trinidad 三位一体の玄義. ～
キリストの生涯の一場面〖生誕・受難・死などを
瞑想する〗;〖演劇〗聖史劇

misterioso, sa [misterjóso, sa] 形 不〔可〕
思議な, 神秘的な; なぞの, 不可解な: mundo ～
神秘の世界. sonrisa ～sa なぞの微笑. per-
sona ～sa なぞの人物. decir unas palabras
～sas 思わせぶりなことを言う

　misteriosamente 副 不思議なことに; 神秘
　的に

místico, ca [místiko, ka] 形 图 神秘主義の
(主義者); 神秘文学の作家
　◆ 囡 ❶ 霊性神学, 神秘神学. ❷ 神秘文学
　〖16 世紀スペイン. フライ・ルイス・デ・グラナダ, サン
　タ・テレサ, サン・フワン・デ・ラ・クルスなどに代表され
　る〗

　misticismo 男 神秘主義, 神秘思想

mistificar [mistifikár] 他〖事実などを〗ゆ
がめる, 偽る: Con sus palabras mistificó el
mensaje. 彼の口から伝言は歪曲されて伝わった.
～ la doctrina 主義主張を曲げる

　mistificación 囡 歪曲

mistol [mistól] 男 ナツメの木

mistral [mistrál] 男 ミストラル〖フランス地中
海沿岸の冷たく乾いた北西風〗

mita [míta] 囡〖植民地時代にインディオに課せ
られた〗強制労役

mitaca [mitáka] 囡《南米》収穫, 取り入れ

mitad [mitá(d)] 囡〖英 half〗❶ 半分:
Todavía queda la ～ del whiski.
まだウイスキーが半分残っている. La ～ de los
estudiantes están ausentes. 半数の学生が欠
席している. la primera (segunda) ～ del año
一年の前半(後半). ❷ 中間〔点〕; 中央: a la
～ del camino 中間地点で. en la ～ del
camino 道の真ん中に
　a ～ de... 中間で: a ～ de precio 半値で, 半
　額で. a ～ de invierno 真冬に
　cara ～ 夫, 妻: Mi cara ～ es demasiado
　habladora. うちの女房は口数が多すぎる
　en ～ de... …の中程に; …の最中に: en ～
　de la cuesta 坂の途中に. En ～ de la

ducha se cortó el agua. シャワーの途中で断
水した
　～ por ～ ちょうど真ん中で, 真二つに
　～...〔y〕～... 半分は…で半分は…: La ban-
　dera es ～ blanca y ～ roja. その旗は半分が
　白で半分は赤だ. ～ caballo y ～ hombre 半
　人半馬〖ケンタウロスのこと〗
　～ y ～《口語》半々に: repartir el pastel ～
　y ～ ケーキを半分に分ける. ¿Parece que va a
　llover?—M～ y ～. 雨が降りそうか?—どっち
　とも言えない
　partir a+人 por la ～ …に大迷惑をかける
　por 〔la〕 ～ 中間で, 真ん中あたりで: dividir
　una tarta por 〔la〕 ～ ケーキを半分位に切る.
　El autocar iba por ～ de la línea Méx-
　ico=Acapulco. バスはメキシコ=アカプルコ線の
　中程を走っていた
　por ～es 半分ずつ: repartir (mezclar) por
　～es 半分ずつ分ける (混ぜる)

mitayo [mitáθo] 男 強制労役 mita につくイン
ディオ

miticultura [mitikultúra] 囡 ＝mitilicultu-
ra

mítico, ca [mítiko, ka] 形 神話の; 神話的
な: edad ～ca 神話時代, 神代. personaje ～
架空の人物

mitificar [mitifikár] 他 神話化する; 偶像
視する
　mitificación 囡 神話化; 偶像視

mitigar [mitigár] 他〖苦しみ・刑罰などを〗
軽減する, 和らげる: ～ el dolor 痛みを和らげる.
～ la sed 渇きをいやす. ～ una pena 刑を軽く
する. ～ la luz 光を和らげす
　◆ ～se 軽減される
　mitigación 囡《文語》緩和, 軽減
　mitigador, ra 形 軽減する, 緩和する

mitilicultura [mitilikultúra] 囡 ムール貝の
養殖

mitin [mítin] 男〖複 mítines〗《←英語》❶
[主に政治的な] 集会. ❷〖体操などの〗競技
会. ❸ 小言, お説教〖sermón〗
　dar un ～ 弁舌を振るう, アジる

mitín [mitín]《中南米》＝mitin

mito [míto] 男 ❶ 神話, 伝説; 伝説的な人物
(事物): ～ de Prometeo プロメテウス神話. ～
de Fausto ファウスト伝説. ～ de la grandeza
del imperio 帝国は偉大であるという神話.
convertirse en un ～ 伝説化する. ❷ 架空の
こと, 作り話: ¡Me regalarás una de las villas
que tienes! ¡Es un ～! 私に別荘を1つくれるだ
なんて, そんなのは作り話だ!

mitocondria [mitokóndrja] 囡《生物》ミトコ
ンドリア

mitografía [mitografía] 囡〖記述〗神話学

mitología [mitolóxía] 囡 ❶ 医図 [一民族・
一文化の] 神話, 伝説: ～ griega ギリシア神話.
❷ 神話学
　mitológico, ca 形 神話の
　mitologista 图 神話学者; 神話作家

mitomanía [mitomanía] 囡《医学》虚言症,
虚言癖

mitómano, na 名 虚言症の患者；虚言癖の人

mitón [mitón] 男《服飾》ミット［指先のない手袋］

mitosis [mitósis] 女［単複同形］《生物》有糸分裂, 間接［核］分裂

mitote [mitóte] 男《中米》❶ アステカ族の踊り；［家庭での］ダンスパーティー. ❷《口語》もめごと, 口論

mitra [mítra] 女 ❶ 司教冠［☞カット］. ❷ 司教・大司教の位（職務）

ínfulas

mitrado, da 形 司教位を授かった. ◆ 高位の聖職者

mitral [mitrál] 形《解剖》僧帽弁の《válvula ~》

miura [mjúra] 男 ❶ ミウラ牛［闘牛用の勇猛な牛］；獰猛な牛. ❷《口語》乱暴者, 悪党

mixomatosis [mi(k)somatósis] 女［単複同形］《ウサギの》粘液腫症

mixomicetes [mi(k)somiθétes] 男複《植物》変形菌類, 粘菌類

mixomicetos 男複 =mixomicetes

mixteco, ca [mistéko, ka] 形 名 ミステフ族（の）［メキシコに住んでいたインディオ］

mixtela [mi(k)stéla] 女 =mistela

mixtificar [mi(k)stifikár] 他 =mistificar

mixtificación 女 =mistificación

mixtilíneo, a [mi(k)stilíneo, a] 形《数学》直線と曲線で構成された

mixto, ta [mí(k)sto, ta] 形 ❶ 混成の, 混合の：i) comisión ~ta 合同委員会. ensalada ~ta ミックスサラダ. ii) 男女共学の. colegio ~ 男女共学の学校. ❷《スポーツ》混合の. ❸［動植物が］雑種の, 異種交配の. ❹［相場が］高値安値が混ざった, 動きがまちまちの ◆ 男 ❶ 貨客混成列車《tren ~》；ミックスサンドイッチ《sandwich ~》. ❷《古語》マッチ《cerilla》. ❸《軍事》火薬

mixtolobo [mi(k)stolóbo] 男 オオカミ犬

mixtura [mi(k)stúra] 女 ❶《文語》混合物《mezcla》. ❷《古語. 薬学》混合薬

míscalo [míθkalo] 男《植物》ハツタケ

mm.《略語》←milímetro ミリメートル

m/m《略語》←más o menos 約…

mn.《略語》←minuto 分

m/n.《略語》←moneda nacional 自国通貨

mnemotecnia [nemotéknja] 女 記憶術《nemotecnia》

mnemónico, ca 形 女 =mnemotécnico

mnemotécnico, ca 形 女 記憶を助ける, 記憶術（の）

m/o.《略語》←mi orden 当方の注文

moab[d]ita [moab(d)íta] 形 名《歴史・聖名》モアブ Moab の（人）. ◆ 男 モアブ語

moai [móai] 男［複 moáis］［イースター島の］モアイ像

moaré [moaré] 男 =muaré

moaxaja [moaθáxa] 女《詩法》モアシャッハ［アラビア語またはヘブライ語の詩で最後の部分がモサラベ方言で書かれている］

mobil [móbil] 男 携帯電話

mobiliario[1] [mobiljárjo] 集名［一軒の家の］家具, 調度：renovar el ~ del salón 広間の調度を新しくする. ~ de cocina ［レンジ・流し台などの］台所セット. ~ urbano ［ベンチ・街灯などの］街路備品

mobiliario[2], ria 形 1) 動産の；［有価証券が］譲渡可能な. 2) 家具の

moblaje [mobláxe] 男 =mobiliario

moca [móka] 男［コーヒーの］モカ

mocárabe [mokárabe] 男 アラブ建築で丸天井やアーチの先細の角柱を下向きにはめ込んで並べた装飾［☞写真］

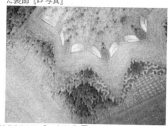

mocarra [mokářa] 名《口語》小生意気な子供《mocoso》

mocarro [mokářo] 男《←moco》たれた洟

mocasín [mokasín] 男 ❶《←英語. 服飾》モカシン. ❷《動物》ヌママムシに似た毒蛇：~ acuático ヌママムシ

mocear [moθeár] 自 若い者ぶる, 若者のようにふるまう

mocedad [moθeðá(d)] 女［←mozo］《文語》青年期, 青春時代；若さ：en su ~ 彼の若い時に

mocejón [moθexón] 男《貝》ムール貝の一種

moceril [moθeríl] 形 若者らしい, 若々しい；青年期の

mocerío [moθerío] 男 集名 若者, 若い連中

mocetón, na [moθetón, na] 名 肥満体の（体の大きな）若者

mochales [motʃáles] 形［単複同形］*estar ~ por (con)* …《西. 口語》…で頭がおかしくなっている

mochar [motʃár] 他《主に中南米》切り落とす

moche [mótʃe] *a troche y ~* でたらめに, めちゃくちゃに あわてふためいて：derrochar toda su fortuna *a troche y ~* 全財産をばあっと使い果たす

mocheta [motʃéta] 女［刃物の］峰；《建築》水切り縁

mochila [motʃíla] 女 リュックサック；ランドセル；《軍事》背嚢 [拿]：cargarse una ~ リュックをかつぐ. con una ~ a hombros リュックを背負って

mochilero, ra 名 バックパッカー

mocho, cha [mótʃo, tʃa] 形 角（２）のない；先

M

の丸くなった: vaca ~*cha* 角のない雌牛. cuerno ~ 先を丸くした角. torre ~*cha* 先端の丸い塔

◆ 男 ❶ [長い器具の] 太い部分: ~ de la escopeta 銃床. ❷《中米》保守派, 反動家

mochuelo [motʃwélo] 男 ❶《鳥》[ユーラシアに住む] フクロウ, コキンメンフクロウ: Cada ~ a su olivo.《諺》餅は餅屋. ❷《口語》i) やっかいな仕事, 面倒事: cargar con el ~ やっかい事を背負い込む. sacudirse el ~ やっかい事を避ける. caer a+人 el ~ …に面倒な事が持ち込まれる. ii) [誰もとりたがらない] 責任

moción [moθjón] 女 ❶ 動議, 発議: Han presentado una ~ de censura contra el gobierno. 内閣不信任案が提出された. ❷《言語》[名詞の男性形から女性形への] 変化(屈折)語尾; その語尾付加

mocionar 他《中南米》動議を提出する

mocito, ta [moθíto, ta] 形 名《時に軽蔑》[思春期にさしかかった] 少年〔の〕, 少女〔の〕: La niña se ha convertido en una ~*ta*. 少女は娘になった

moco [móko] 男 ❶ 洟(½), 鼻汁. Se le caen (Le cuelgan) al niño los ~s. その子は洟をたらしている. ❷ 粘液; [ろうそくの] 溶けたろう. ❸《技術》鉱滓(½°), スラグ. ❹ ~ de pavo 七面鳥のとさか.《植物》ケイトウ

limpiar a+人 *los* ~s …を殴る

llorar a ~ *tendido*《口語》わあわあ(派手に)泣く

no ser ~ *de pavo*《口語》かなりのものである: Diez mil pesetas *no son* ~ *de pavo*. 1万ペセタといえばわずかな金ではない

tirarse el ~《西. 俗語》いばる, ほらを吹く

mocoso, sa [mokóso, sa] 形 ❶ [estar+] 鼻水が出る: Estoy ~: debo haberme resfriado. 洟が出る. 私は風邪をひいたに違いない. ❷ [ser+] 小生意気な

◆ 名 小生意気な子供, 青二才: ¿Has visto las cosas que dice este ~? この洟の出た小僧の言いぐさはどうだい?

moda [móda] 女《英 mode, fashion》❶ 流行, モード, ファッション: ~ de este año 今年の流行. revista de ~s ファッション雑誌. tienda de ~s ブティック. corbata a la ~ de Milán ミラノ・ファッションのネクタイ. ❷ ファッション業界. ❸《統計》並数, 最頻値

a la ~ 流行の, 流行している: ir *a la* ~ 流行のスタイルをする

a la última ~ 最新流行の

de ~ 流行の: color *de* ~ 流行色

entrar en la ~ 流行し始める

entrar en ~s 流行に染まる

estar de ~ 流行している: La minifalda *estaba muy de* ~. ミニスカートが大はやりだった

pasado de ~ 流行遅れの, すたれた

pasarse de ~ 流行遅れになる, すたれる

poner... de ~ …を流行させる

ponerse a la ~ 流行についていく

ponerse de ~ = entrar en la ~

modal [modál] 形 ❶ 様式の. ❷《文法》叙法

の: verbo ~ 法動詞, 法助動詞〖poder, deber など〗

◆ 男 複 行儀[作法], マナー, 物腰: tener [buenos] ~es 行儀が良い. tener malos ~es 行儀が悪い. con buenos ~es 丁重に, 礼儀正しく. ~es comunes 無作法. ~es finos 上品なマナー

¡*vaya* ~*es*! 何という無作法だ!

modalidad [modaliðá(ð)] 女 ❶ 様式, 方式: nueva ~ de coche 車の新型車. ~ del juego de naipes トランプの遊びの種類. ❷《重量挙げ》~ de arrancada スナッチ. ~ de dos tiempos ジャーク. ❸《法律》[実施条件・期限などの] 態様; 限定条項. ❹《言語》叙法, 法範疇

modelar [modelár] 他 [+en 粘土・蠟などで] …の形を作る, 造形する: ~ una estatua en barro 粘土で像を作る. ~ el carácter de sus discípulos 弟子の個性を伸ばす. ~ su conducta según la de sus padres 両親の行ないをまねする

◆ 自 造形する;《南米》[美術・ファッションの] モデルをする

modelado 男 造形, 塑像術;《美術》[彫塑などの] 肉づけ

modelaje 男 型作り;《化粧》スタイリング

modélico, ca [modéliko, ka] 形 模範となるような

modelista [modelísta] 名 服飾デザイナー; [機械などの] 模型製作者

modelismo 男 模型製作

modelo [modélo] 男《英 model》❶ 模範, 手本; 典型: i) tomar... como ~ …を手本(モデル)にする. servir de ~ 手本になる. según el ~ 手本に従って. ~ de corrección 模範解答. Es un ~ de andaluz (de belleza). 彼はアンダルシア人の典型だ(彼女は典型的な美人だ). ii) [形容詞的. 名詞+] alumno ~ 模範的な生徒. Es una madre ~. 彼女は母親の鑑(㌍)だ. ❷ [製品などの] 型, 型式; 機種: nuevo ~ de coche 新型車. ❸ 模式[的な仮説]; [数学的な] モデル: ~ económico 経済モデル. ❹ ひな型; [彫刻などの] 原型; 鋳型: ~ de madera 木型. ❺ [縮小した] 模型〖~ reducido, ~ a escala〗. ❻《服飾》[有名デザイナーの] オリジナル作品, 一点物

◆ 名 [作品などの] モデル, 題材; [美術・ファッションの] モデル: Ella trabaja de ~. 彼女はモデルとして働いている. tomar a+人 como ~ …をモデルにする. ~ de desnudo ヌードモデル. ~ de portada カバーガール

módem [móden] 男 《複~s》《情報》モデム, 変復調装置

moderación [moderaθjón] 女 ❶ 節度, 穏健: obrar con ~ 節度をもって行動する. beber con ~ 飲酒をほどほどにする. ❷ 軽減, 緩和: ~ de la velocidad 減速

moderado, da [moderáðo, ða] 形 過分 ❶ 中庸の, 節度ある; 穏健派の: actitud ~*da* 控え目な態度. partido ~ 中道政党. ❷ 手ごろな, 適度の: marcha ~*da*《表示》スピード落と

せ. precio ～ 手ごろな値段. temperatura ～da 適温, 暑くも寒くもない気温
◆ 图 穏健な考えの人, 穏健派
◆ 圃〈音楽〉モデラート

moderadamente 圃 控え目に；適度に

moderador, ra [moðeraðór, ra] 圃 調節 (調停)する；緩和する：hacer un papel ～ 調停役を果たす. poder ～ [元首の] 支配力
◆ 图 [ニュース番組の] 総合司会者, キャスター；[討論会などの] 司会, まとめ役
◆ 團〈物理〉減速材

moderantismo [moðerantísmo] 團 穏健思想, 中道主義

moderar [moðerár] 他 ❶ 控え目にする；和らげる, 静める：～ la fuerza al abrir la puerta 力を加減してドアを開ける. ～ el tono de su voz 声を抑える. ～ sus ganas 欲望を抑える. ❷ 司会(まとめ役)をつとめる
◆ ～se ❶ 自制する：～se en las palabras 言葉を慎む, 丁寧に話す. ❷ 和らぐ：Se ha moderado el tiempo. 天候が穏やかになった

moderato [moðeráto] 圃〈←伊語. 音楽〉モデラート

modernamente [moðérnaménte] 圃 最近では

modernidad [moðerniðá(ð)] 图 現代性, 近代性；現代

modernismo [moðernísmo] 團 ❶ 当世風, モダン好み. ❷〈美術・文学〉モダニズム, 近代主義

modernista 圃 图 モダン好みの〔人〕；近代主義の(主義者)

modernizar [moðerniθár] 図 他 近代化(現代化)させる：～ la tienda 店をモダンに改装する
◆ ～se 近代的になる

modernización 图 近代化

moderno, na [moðérno, na] 圃〖英 modern. ↔ antiguo〗 ❶ 現代の, 現代的な；最新の：Mi padre se afana por parecer ～. 私の父は現代的な人間に見られたがっている. ciencia ～na 現代科学. maquinaria ～na 最新機器. modo de vivir a la ～na 現代的な生活様式
❷ 近代の：historia ～na 近代史. literatura ～na 近代文学
❸ [学校・クラブなどで] 新入りの
❹ 最新流行の, 流行を追いかける
◆ 图 流行をいく人
◆ 團 圈 現代人

modes[s] [moðés] 團〖単複同形〗《←商標. 南米》生理用ナプキン

modestamente [moðéstaménte] 圃 謙虚に；質素に

modestia [moðéstja] 图 ❶ 謙遜, 謙譲；控え目, 慎み深さ：con una falsa ～ うわべだけ謙遜して. ❷ 質素；みすぼらしさ：vivir con ～ つつましく暮らす. vestir con ～ 地味な(みすぼらしい)服装をする. ❸ 乏しさ：～ de recursos económicos 資金不足. ❹《古語的》しとやかさ〖recato〗
～ aparte 自慢ではないが

modesto, ta [moðésto, ta] 圃〖英 modest〗

[ser+] ❶ 謙虚な, 慎み深い：Es hombre ～, a pesar de su valor. 彼は勇敢なのに控え目だ. Sus pretensiones son ～s. 彼の望みはささやかだ. ❷ 質素な, つつましい；うらぶれた：casa ～ 質素な(みすぼらしい)家. sueldo ～ 薄給. vida ～ta つつましい(うらぶれた)暮らし. ❸ [経済的・社会的な地位が] 低い：Era un hombre de origen ～. 彼は低い身分の生まれだった. ❹《古語》[女性が] しとやかな, 貞淑な
◆ 图 謙虚な人, 控え目な人

módico, ca [móðiko, ka] 圃 [金額が] まずまずの；低い, 安い：～ precio 妥当な(低い)価格. ～ margen de ganancias わずかな利ざや

modicidad 图 安さ

modificable [moðifikáble] 圃 修正(変更)可能な

modificación [moðifikaθjón] 图 ❶ 修正, 変更：～ de órbita 軌道修正. ～ de una carta de crédito 信用状の条件変更. ～ en la casa 改築. ❷《文法》修飾

modificador [moðifikaðór] 團《文法》修飾語

modificar [moðifikár] 切 他 ❶ 修正する, 変更する：～ un plan 計画を変更する. ～ el horario de los trenes 列車ダイヤを改正する. ～ la ley electoral 選挙法を改正する. ～ la decoración de un salón 広間の内装を変える. ～ la conducta 行ないを改める. presupuesto (capitalismo) modificado 修正予算(資本主義). ❷《文法》修飾する, 限定する
◆ ～se 変わる, 変化する

modillón [moðiʎón] 團《建築》[コリント様式で軒蛇腹の下の] S字形の飾り持ち送り

modismo [moðísmo] 團《文法》熟語, 慣用句

modista [moðísta] 图 ドレスメーカー, 婦人服デザイナー

modistilla 图《口語》その助手, 見習い；未熟(下手)なドレスメーカー

modisto 團 [男性の] ドレスメーカー, 婦人服デザイナー

modo [móðo] 團〖英 mode, way〗 ❶ やり方, 方法；様式〖=manera〗：No me gustó el ～ en que me habló. 私は彼の言い方が気にくわなかった. Habla de otro ～. 別の言い方をしたまえ. ～ de vivir 生活様式；生き方. ～ de ser あり方；人となり. ～ de empleo (de uso) 使用法. ～ de pensar 考え方, 意見. [+que+接続法] Hazlo del ～ que quieras. 好きなようにやりたまえ
❷《文法》i) [動詞の] 法, 叙法：～ indicativo (subjuntivo・imperativo) 直説(接続・命令)法. ii) adverbio de ～ 様態(方法)の副詞
❸《音楽》音階；旋法：～ mayor (menor) 長(短)音階
❹ 圈 行儀：tener buenos (malos) ～s 行儀がよい(悪い). con buenos (malos) ～s 行儀よく(無作法に). tratar a los inferiores con malos ～s 目下の者に横柄である. aprender ～s 行儀作法を学ぶ
❺ 節度, 自制：comer sin ～ むやみに食べる

M

❻《論理》様式, 論式

a ～ de... …のように；…に似た: usar el paraguas *a ～ de* espada 傘を剣のように使う. mechero *a ～ de* pistola ピストルの形をしたライター

a su ～ 自己流で, 自分のやり方で: Hazlo *a tu ～*. 君なりのやり方でしなさい. *a mi ～ de* ver 私の意見では, 言わせてもらえば

al ～ de... …と同じやり方で: encender la lumbre *al ～ de* los primitivos 原始人のやり方で火をおこす

con esos (aquellos) ～s〔そんな〕よくないやり方で

con ～s よいやり方で

de cualquier ～ どうにかして, 何がどうあろうとも；無造作に: Acabaré de escribir la tesis *de cualquier ～*. 私は何とかして論文を書き終えるつもりだ. Yo te quiero *de cualquier ～*. どんなことがあっても君を愛しているよ. El abrigo estaba colgado de un clavo *de cualquier ～*. オーバーが無造作に釘に掛けられていた

de este ～ こうして

de igual ～ =del mismo ～

de ～〔副詞的〕Habla *de ～* rápido. 彼は早口だ《=rápidamente》

de ～ que... 1)〔結果. +直説法〕だから…: Aparece el frente ; *de ～ que* se esperan lluvias. 前線が近づいているので雨が降るだろう. *De ～ que* ya lo sabe usted. これでもうおわかりでしょう. 2)《まれ》〔様態. +接続法〕…するように: Ponte las gafas *de ～ que* veas bien. よく見えるように眼鏡をかけなさい

de ningún ～ 決して〔…ない〕: *De ningún ～* puede serlo. そんなことは絶対にありえない

de otro ～ さもなければ: Llamo a mi casa ; *de otro ～*, no me dejan entrar. 私は家に電話する. でないと入れてくれないから

de tal (un) ～ que+直説法 あまり…なので…: Estaba muy cansado, *de tal ～ que* falté a la clase. 私はとても疲れていたので授業を欠席した. *De tal ～* llovía, que me volví a casa. あまり雨が降っていたので私は家に戻った

de todos ～s それでも, とにかく: No creo que salga bien, *de todos ～s* volveré a intentarlo. 成功しないだろうけど, もう一度やってみよう

de un ～...〔わざと絶句して聞き手に想像させる〕¡Él me miraba *de un ～*...! 彼が私を見ていたその目つきといったら…!

de un ～+形容詞 =de ～+形容詞

de un ～ o de otro 何とかして；それでも

del mismo ～ 〔+que と〕同様に: Lo expulsaron *del mismo ～ que* él expulsó a los demás. 彼は自分が他の連中を追い出したのと同じやり方で追い出された. Ayer denunciábamos su hipocresía ; *del mismo ～*, hoy no dudamos en alabar su pericia. 昨日我々は彼の偽善を非難しておきながら, 今日は彼の疑問も持たずに彼の巧妙さをほめたたえるとは…

en cierto ～ ある程度は；ある意味では: *En cierto ～* le servirá como experiencia. それ

は少しは彼の経験に役立つだろう

en ～ alguno〔+動詞〕決して…ない: *En ～ alguno* desistiré de este proyecto. 決してこの計画をあきらめないぞ

grosso ～ =grossomodo

ni ～《中米》仕方がない: Si no me quieres, *ni ～*. 僕のことを愛してくれないのなら, 仕方がない

¡qué ～ de...! 何という…のしようだ!: ¡Qué ～ de llover! 何てひどい雨だ!

sobre ～ とても, 大変: He esperado *sobre ～* este viaje. 私はこの旅行をとても楽しみにしていた

modorra[1] [moðóřa] 囡 ❶《口語》ひどい眠け: Me entra (invade) ～ con el calor. 私は暑さのせいでひどく眠い. ❷〔羊など〕旋回病

modorro, rra[2] 睡魔に襲われた；《口語》〔estar+〕ぼけっとした

modoso, sa [moðóso, sa] 厖 礼儀正しい, 分別のある；〔女性が〕しとやかな, 慎み深い

modosidad 囡 礼儀, 分別

modulación [moðula0jón] 囡 ❶ 変化, 抑揚. ❷《音楽・美術》転調. ❸《ラジオ》変調: ～ de frecuencia 周波数変調, FM〔放送〕. ～ de amplitud 振幅変調

modular [moðulár] 他 ❶〔声などに〕抑揚をつける, 調子を変える: ～ la dicción 話し方に変化をつける. ❷《ラジオ》変調する
　◆ 圓《音楽》転調する
　◆ 厖 módulo の: mueble ～ ユニット家具
modulador, ra 厖 男 変調器〔の〕. ◆ 囡 変調管

módulo [móðulo] 男 ❶《建築》モジュール, 基準寸法；〔プレハブ住宅の〕基本タイプ. ❷〔家具などの〕組立てユニット. ❸〔宇宙船の〕モジュール: ～ de maniobra y mando 司令船. ～ lunar 月着陸船. ❹〔服装の〕パターン, タイプ: teatro de ～ clásico 古典風の芝居. ❺《教育》学習単位. ❻《物理》係数, 率；〔流水測定の単位〕モジュール. ❼《情報》モジュール

modus operandi [móðus operándi] 男《←ラテン語》〔仕事の〕やり方, 手続き；〔犯行の〕手口

modus vivendi [móðus biβéndi] 男《←ラテン語》暫定協定, 一時的妥協；生き方, 生活態度

mofa [mófa] 囡〔敬意を払うべきもの・人に対する〕愚弄, からかい: hacer ～ de la religión 宗教をちゃかす

mofar～se〔+de+物・人 を〕からかう

mofeta [moféta] 囡 ❶《動物》スカンク. ❷〔鉱山・火山などの〕有毒ガス

moflete [mofléte] 男《口語》丸々とした頬
mofletudo, da 厖 頬のふくれた, 下ぶくれの

mogate [mogáte] *de medio ～*《口語》無造作に, ぞんざいに

mogol, la [mogól, la] 厖 名 =mongol《歴史》ムガール帝国の〔人〕: gran ～ ムガール帝国皇帝

mogólico, ca 厖 名 =mongólico

mogollón [mogoʎón] 男《西. 俗語》❶ 大量,

多数: Había [un] ～ de invitados. 客がいっ
ぱい来た. **❷** 大混雑; 騒ぎ, もめごと
de ～ 無料で; たやすく

mogón, na [moɣ5n, na] 形 [牛が] 角の折れ
た, 一本しか角のない

mogote [moɣóte] 男 [海岸近くの] 丘, 小山;
石の塚; [麦束などの] 山積み; [鹿の] 若角

mogrebí [moɣreβí] 形 =**magrebí**

mohair [moér] 男 [←英語. 繊維] モヘア

mohicano, na [mojkáno, na] 形 名 モヒカ
ン族[の] [北米インディアン]

mohín [moín] 男 [主に唇をゆがめて, 怒り・不快
を表わす] しかめっ面: Hizo un ～ de desa-
grado. 彼は不快そうに顔をゆがめた

mohíno, na [moíno, na] 形 [*estar*+. 寝起
きなどで] 物憂げな, 不機嫌な
◆ 名 いらだち, 不快感; 意気消沈

moho [móo] 男 **❶** かび: Al pan le ha salido
～. パンにかびが生えた. ～ かび臭い. **❷**
錆(ᓂ) [orín]; 緑青. **❸** [休み後の] 怠け心, 労
働不能
no [dejar] criar ～ *a...* …を絶えず使い続
ける; [金などを] すぐに使ってしまう

mohoso, sa [moóso, sa] 形 **❶** かびの生え
た: El pan se ha puesto ～. パンにかびが生えた.
Los zapatos están ～*s*. 靴にかびが生えている.
❷ さびた; 緑青の出た

moisés [mojsés] 男 [単複同形] **❶** [幌付きの]
赤ん坊を寝かせるかご; 赤ん坊用の携帯寝台.
❷ [*M*～] [男性名] モイセス; [聖書] モーゼ

mojadedo [moxaðéðo] *disparar a* ～ 至
近距離から発射する

mojado, da [moxáðo, ða] 形 過分 **❶** ぬれた,
湿った [↔*seco*]: La calle estaba ～*da*. 通り
はぬれていた. **❷** [言語] 湿音の
◆ 名 [口語] 米国に不法入国するメキシコ人
◆ 名 ぬれること; 刺し傷

mojador, ra [moxaðór, ra] 形 ぬらす
◆ 男 [事務用品の] 指・切手ぬらし用のスポンジ
(海綿)

mojadura [moxaðúra] 女 ぬらす(ぬれる)こと

mojama [moxáma] 女 [料理] 塩干ししたマグ
ロ [バルのおつまみ]

mojar [moxár] 他 **❶** ぬらす, 湿らす: ～ un
pañuelo con agua ハンカチを水でぬらす. ～ la
cama [口語] 寝小便をする. **❷** [パンなどを, +en
スープなどに] 浸す: Me gusta ～ una mag-
dalena *en* el café. 私はマドレーヌをコーヒーにつ
けて食べるのが好きだ. **❸** [口語] [酒をおごって]
祝う: Esto hay que ～lo. これは祝杯をあげなく
てはならない. **❹** [中南米. 俗語]性行為をする
◆ 自 [口語] [+en に] 介入する, 参加する
◆ ～*se* **❶** ぬれる, 湿る; 自分の体をぬらす: Se
ha mojado el abrigo con la lluvia. オーバーが
雨でぬれた. No *te* mojes en los charcos. 水た
まりに入っちゃいけない. ～*se con* la colonia オ
ーデコロンをたっぷりふりかける. **❷** 寝小便をする.
❸ [口語] 掛かり合いになる [comprometerse]

mojarra [moxárra] 女 **❶** [魚] [中南米産の]
クロサギ科の魚[の総称]. **❷** [中米] 太身のナイフ

moje [móxe] 男 [肉料理などの] 汁, ソース

mojicón [moxik5n] 男 **❶** [菓子] 小さく切って
糖衣をかけたスポンジケーキ [ココアに浸して食べ
る] 棒状のクッキー. **❷** [口語] 顔への殴打:
pegar a+人 un ～ …の顔を殴りつける

mojiganga [moxiɣáŋga] 女 **❶** 道化寸劇;
[人をからかう] 茶番劇. **❷** 動物に仮装したお祭
り騒ぎ

mojigato, ta [moxiɣáto, ta] 形 名 **❶** [軽
蔑] 道徳に凝り固まった[人], 篤信家ぶった
[人]; 上品ぶった[人]; 偽善的[な], 偽善者.
❷ 猫かぶりの[人], わざとへりくだる[人], 臆病なふり
をする[人]
mojigatería 女 取りすまし, 偽善; 猫かぶり, 偽
りの卑下 [臆病さ]

mojinete [moxinéte] 男 [建築] [屋根の] 棟;
[塀の] 笠石

mojo [móxo] 男 =**moje**

mojón [mox5n] 男 道標; 境界標

moka [móka] 女 =**moca**

mol [m5l] 男 [化学] モル; グラム分子 [molécu-
la gramo]

mola [móla] 女 **❶** [医学] 胞状奇胎. **❷** 丸い
山塊

molar [molár] 形 **❶** [←muela] ひき臼の; [大]
臼歯の: piedras ～*es* ひき臼. **❷** [化学] モルの
◆ 男 [解剖] [大]臼歯, 奥歯 [diente ～]
◆ 自 [西. 俗語] **❶** [+a+人 の] 気に入る: i)
Me *mola* tu peinado. 君のヘアスタイル最高だ
ね. ii) [否定文で] 耐えがたい: No me *molan*
los ruidos. 騒音には我慢できない. **❷** 見栄えが
する, かっこいい; 気どる: Con esa moto *molas*
un montón. そんなバイクに乗ってたらすごくかっ
いいよ

molaridad [molariðá(ð)] 女 [化学] モル濃
度

molasa [molása] 女 [地質] [石灰質の] 砂岩

molcajete [molkaxéte] 男 [中米] ひき臼

moldavo, va [moldáβo, ba] 形 [国名] モ
ルドバ Moldavia・Moldova 女 の(人)
◆ 男 モルドバ語

molde [m5lde] 男 **❶** [成型用の] 型, 金型;
鋳型. **❷** [ケーキなどを作る] 型, 抜き型: ～
savarín (chimenea・de corona) リング型. **❸**
跡: dejar el ～ de su bota en la tierra 地面
に長靴の跡を残す. **❹** 規範, 規準: escapar a
～*s* 決まり事 [既成概念] にとらわれない. **❺** [印
刷] 版. **❻** [中南米. 服飾] パターン, 型紙
de ～/*como de* ～/*(que) ni de* ～ 大変適
切に(都合よく): Ese sombrero te está *de*
～. その帽子は君にぴったりだ(とても似合う)

moldeable [moldeáble] 形 型に入れて作るこ
とができる; [人が] 扱いやすい: carácter ～ 素
直な性格

moldeado [moldeáðo] 男 **❶** 鋳造, 型に取る
こと. **❷** [西. 美容] ソフトパーマ, スタイリング

moldear [moldeár] 他 **❶** 鋳造する, 型に入れ
て作る: ～ una estatua 像を鋳造する. ～ la
cabeza de un muerto デスマスクを取る. **❷** [性
格を] 形づくる; [人格を] 陶治する: El am-
biente doméstico *moldea* el carácter de un
niño. 家庭環境が子供の性格形成に影響する.

moldura

❸ [髪に] ソフトパーマをかける, スタイリングする. ❹ ⇒**moldurar**

moldura [moldúra] 囡 ❶ [建物・家具の] 刳(`)り形. ❷ [装飾を施した] 額縁

　moldurar 他 刳り形装飾を施す

mole [móle] 囡 ❶ 大きな塊; 巨体: una ～ de piedra 大きな石塊. Esa mujer es una ～. あの女はでかい図体をしている

　◆ 男 [中米. 料理] トウガラシ・チョコレートを入れた肉の煮込み; チリソース: ～ poblano 鶏肉にチリソースをかけたもの. ～ verde 青トウガラシのチリソース

molécula [molékula] 囡 《化学》分子: ～ gramo グラム分子

　molecular 形 分子の: fórmula ～ 分子式. atracción ～ 分子引力. biología ～ 分子生物学

moledor, ra [moledór, ra] 形 名 ❶ 砕く. ❷ [口語] うるさい(人), うんざりさせる(人)

　◆ 男 [サトウキビ・オリーブなどの] 圧搾機

moledura [moledúra] 囡 =**molienda**; 《口語》迷惑, 面倒

moler [molér] 24 他 ❶ 碾(`)く, 細かく砕く; 粉にする: ～ [el] trigo 小麦を碾く, 小麦粉にする. ❷ 《口語》ひどく疲れさせる: Me ha molido el partido de fútbol. 私はサッカーの試合でくたくただ. ❸ 《口語》ひどい目に会わせる: ～ a+人 a golpes (a palos) …をボカボカ殴る. ❹ [+con で] しつこく悩ます, うるさがらせる: Me muele con ruegos. 彼は私に色々せがんでうるさい

molestar [molestár] 他 《英 bother》❶ 邪魔する, 迷惑をかける: i) Los niños siempre le molestan en la siesta. 昼寝をじゃまされるとき子供がいつも邪魔をする. Las mangas me molestan para trabajar. 仕事をするのに袖が邪魔だ. Perdóneme que le moleste. ご面倒をおかけして(お邪魔して)すみません. ¿Le puedo ～ para pedirle un fósforo? おそれいりますがマッチをお貸しくださいませんか? No ～. [ホテルの部屋のドアに掛ける札] 邪魔しないでください. ii) [不定詞・que+接続法が主語]¿Le molesta venir aquí? こちらに来ていただけませんか?

❷ 不快にする, 憤らせ, 立腹させる [⇒enfadar 参考]: i) La molestaba el gas de escape. 彼女は排気ガスで気分が悪くなった. Me molestan los caracteres chinos. 私は漢字がわずらわしい. La ropa tendida en el balcón molesta a la vista. 洗濯物をバルコニーに干すのは美観上よくない(目障りだ). ii) Me molesta tener que andar bajo la lluvia. 雨の中を歩かねばならないのはいやだ. ¿No le molesta que yo fume? たばこを吸ってもかまいませんか? Le molestó que le exigieran recibo. 領収書をくれと言われて彼はむっとした

❸ 軽い痛み(違和感)を与える: Me molestan estos zapatos nuevos. この新しい靴は痛い. Los días de lluvia le molesta la antigua herida. 雨降りの日は彼の古傷が痛む

　◆ ～se ❶ [+en+不定詞] わざわざ…する: No te molestes en venir a verme. わざわざ会いに来るには及ばない. Agradezco que se haya

molestado en avisármelo. わざわざ知らせてくださってありがとうございます. No se moleste usted. どうぞそのままで/お構いなく. ❷ [+por に] 気をつかう, 心配する: No esperes su ayuda: no se molesta por nadie. 彼の援助はあてにするな. 彼は自分のことしか考えないから. ❸ [+por+事/+con+人 に] 腹を立てる: Se ha molestado por mis palabras. 彼は私の言葉に気分を害した

molestia [moléstja] 囡 ❶ 迷惑, 障害: Tu genio te acarreará muchas ～s. 君の性格では始終面倒事に巻き込まれるだろう. Es una ～ tener que salir a comer cada día. 毎日外食しなければならないのはわずらわしい. ¿Le causo ～? ちょっといいですか? Si no es una ～, me gustaría que me acompañaras. 迷惑でなければ一緒に来てくれるとありがたいのだが. Rogamos disculpen las ～s ocasionadas por el retraso. [列車などが] 遅れてご迷惑をおかけしたことをおわび申し上げます. ❷ [主に 複] 軽い痛み, 違和感: Tengo ～s en el estómago. 私は胃が少し痛い(胃の具合が悪い)

　tomarse la ～ de+不定詞 わざわざ…する: Gracias por *haberse tomado la ～ de* venir. わざわざ来ていただきありがとうございます

molesto, ta [molésto, ta] 形 ❶ [ser+] 迷惑な, わずらわしい: Es ～ para mí la visita de las amigas de mi mujer. 妻の友人たちの訪問は迷惑だ. ～ las moscas うるさい蠅. vecinos ～s 近所迷惑な人たち. ❷ [estar+. 人が] 迷惑(不快)に思う; 体調が悪い: i) Estaba muy ～ contigo por tus palabras. 君の言ったことで大変気分を害していた. El enfermo está ～ a causa de la fiebre. 患者は熱でかげんが悪い. ii) [副詞的] Se levantó ～ del sillón. 彼は大儀そうにソファから立ち上がった

　molestoso, sa 形 《中南米》=**molesto**

molibdeno [molibdéno] 男 《元素》モリブデン

molicie [molíθje] 囡 ❶ 《文語》柔らかさ [blandura]. ❷ 過度な安楽さ(華美), 逸楽: vivir en la ～ 享楽的な生活を送る

molido, da [molído, ða] 形 過分 ❶ 《口語》[estar+. 人が] 疲れ果てた, くたくたの: dejar a+人 ～ …をくたくた(グロッキー)にする. ❷ 打ちのめされた, 痛い目に会った

molienda [moljénda] 囡 [↑**moler**] [麦などを] 碾(`)くこと, 製粉; その時期; 碾き質; 一回に碾く粉の量

molificar [molifikár] 7 他 柔らかくする

molinero, ra [molinéro, ra] 形 名 製粉の; 粉屋, 製粉業者: industria ～ra 製粉業

　molinería 囡 製粉業

molinete [molinéte] 男 ❶ ベンチレーター, 換気扇(装置). ❷ [玩具] 風車(ピンピン). ❸ 《南米》[改札口の] 回転ドア. ❹ [闘牛] 牛と逆方向に体を回転させるパセ. ❺ [体操] 鉄棒 ─ 大車輪

molinillo [moliníʎo] 男 ❶ [小型の] 碾(`)く器具: ～ de café コーヒーミル. ～ de pimienta こしょうひき. ～ de carne 肉ひき器. ❷ [ココアなどを攪拌し溶かす] ギザギザのある棒. ❸ 風車(ピンピン) [molinete]

molinismo [molinísmo] 男 モリナ主義〖16世紀, イエズス会士 Luis Molina の提唱した自由と神の恩恵に関する考え. ドミニコ会との論争になった〗

molino [molíno] 男 ❶ 風車, 風車小屋〖～ de viento〗: ～ de papel 風車(紙製). ❷ 水車, 水車小屋〖～ de agua〗: Agua pasada, no mueve ～.《諺》覆水盆にかえらず. ❸〔穀物などを〕碾(ひ)く機械; 製粉機〖～ harinero〗: ～ arrocero 精米機. ～ aceitero (de aceite) 搾油機. ❹ 製粉所
llevar el agua a su ～ 自分の利益になることを言う(する), 我田引水である
luchar contra ～*s de viento* 一人相撲をとる

molla [móʎa] 女 ❶〔体の〕肉づきがよくて柔らかい部分;〔肉·果物·パンなどの〕一番食べやすい(柔らかい)部分, 中身: ～ de la sandía スイカの身の部分.〔西. 口語〕ふくらはぎの筋肉;〔に 複〕贅肉

mollar [moʎár] 形 ❶〔果実が〕柔らかい, 皮がむきやすい: almendra ～ 殻が柔らかいアーモンド. ❷《西. 口語》〔女性が〕セクシーな

molle [móʎe] 男〔植物〕コショウボク

molledo [moʎéðo] 男 パンの中身〖miga〗; 手足の肉

molleja [moʎéxa] 女 ❶〔鳥類などの〕砂嚢(のう), 砂袋. ❷〔料理〕〔主に 複. 子牛·子羊の〕胸腺. ❸《南米》厚顔無恥, ずうずうしさ
criar ～《口語》ぐうたらに育つ

mollera [moʎéra] 女 ❶ 頭頂部;〔解剖〕〔新生児の〕泉門, ひよめき. ❷〔口語〕知性, 知能: No cabe a+人 en la ～ que+接続法 …など…の思いも及ばない
cerrarse la ～ ひよめきが閉まる; 物心のつく年齢になる
meterse a+人 en la ～〔考えが〕…の頭に浮かぶ
secar la ～ ばか(狂人)になる
ser cerrado (duro) de ～《口語》愚鈍である, ものわかりが悪い
tener ya cerrada la ～ もう物を覚えられる年齢ではない

móllera [móʎera] 女〔スペイン近海産の〕タラに似た魚

mollete [moʎéte] 男 ❶《料理》ロールパン. ❷ 贅肉

molón, na [molón, na] 形 ❶《西. 俗語》すてきな, しゃれた, かっこいい; 楽しい, 面白い. ❷《中米》わずらわしい, しつこい

molturar [molturár] 他〔穀物を〕碾(ひ)く
molturación 女 碾くこと, 製粉

molusco [molúsko] 男 ❶ 軟体動物. ❷〔主に 複〕《料理》タコ·イカや貝の中身〕など
molusquicida 男 ナメクジ(軟体動物)駆除剤

momentáneo, a [momentáneo, a] 形 ❶ 一時的な, つかの間の: Se encontraba en un apuro ～ de dinero. 彼は一時的に金に困っていた. placer ～ つかの間の快楽. solución ～a 暫定的な解決. ❷ 即時の, 即座の
momentáneamente 副 1)〔動詞+〕しばら

くの間, 一時的に: La iglesia se iluminó ～. 教会が少しの間照らされた.〔por el momento〕: M～, todo va bien. 今のところすべてうまくいっている

momento [momento] 男〔英 moment〕❶〔un+. 副詞的〕一瞬, 短時間: Espere usted un ～, por favor. ちょっと待ってください. Dejó de hablar un ～. 彼は一瞬話を止めた
❷〔時に 複〕時間, 時期: Fueron unos ～s divertidos. それは楽しいひとときだった. Ahora ese cantante está en buen ～. その歌手は今油が乗っている. en el ～ de más esplendor de la civilización 文明の最盛期に
❸ 現在〔の状況〕: ～ internacional 現在の国際情勢
❹ 時機, 機会; 好機: No es ～ para discutir. 今は議論している時ではない. Éste es nuestro ～. 今がチャンスだ. Ha pasado su ～. 彼の〔全盛〕時代は終わった. ～ crucial 重大な時機, 危機. ～ propicio (fatídico) よい(悪い)時期.〔+de+不定詞·que+接続法〕Ha llegado el ～ de tomar (de que tomemos) una decisión. 決定を下すべき時が来た
❺ 要因: ～ psicológico 心理的要因; 絶好の機会
❻《物理》モーメント: ～ de inercia 慣性のモーメント
〔a〕 *cada* ～ 非常にしばしば: A cada ～ cambia de parecer. 彼はしょっちゅう気が変わる
a cualquier ～ いつでも, どんな時にも
a partir de ese ～ =desde ese ～
al ～ すぐに: Lo haré al ～. すぐやります. ¡Voy al ～! いま行くよ!
de ～ 1) 目下, 今は: De ～, tengo suficiente dinero. さしあたり金は十分ある. Déjalo aquí de ～. とりあえずここに置いておきなさい. 2) 一時的な: dificultad de ～ 一時的な困難
de poco ～〔事柄が〕あまり重要でない
de un ～ *a otro* すぐに, 今にも: Llegará de un ～ a otro; no puede tardar. 彼はもう到着するだろう. 間もなくなはずだ
del ～ 現在の; 当時の: música del ～ 今〔はやり〕の音楽. Es el hombre del ～. 彼は時の人だ
dentro de un ～ じきに: Llegará dentro de un ～. 彼はじきに着くだろう
desde el ～ *en que*+直説法 …した時から: Desde el ～ en que me llamó pensé que había ocurrido algo grave. 彼から電話があった時から, 私は何かただならぬことが起きたと思っていた
desde ese ～ その時から: Desde ese ～ no se volvió a saber nada del barco. それ以来船の行方はようとして知れなかった
en cualquier ～ 1) すぐに, 今にも. 2) 思いがけない時に: En cualquier ～ puede derrumbarse la pared. いつ何時壁が崩れるかわからない. 3)〔+que+接続法 するのが〕いつであっても: En cualquier ～ que vengas, estaré

M

preparado. いつ来ても用意はできているよ

en el mejor ～ 最盛期に

en el ～ actual (presente) 今この時に

en el ～ menos pensado 思いがけない時に: *En el ～ menos pensado puede estallar la guerra.* 思いもよらない時に戦争が勃発することがある

en el (un) primer ～ 初期には: *En el primer ～ creíamos que era un simple catarro.* はじめは単なる風邪だと思っていた

en este ～ 1) たった今: *En este ～ ha salido. Él se fue hace un ～.* 彼は今しがた出かけたところだ. 2) *En este ～ no tiene colocación.* 彼は今のところ無職だ

en estos ～s/en los ～s actuales (presentes) 現在: *En estos ～s de inseguridad...* この不安定な現在において…

en mal ～ 折悪しく, 都合の悪い時に

en todo ～ 絶えず

en un ～ たちまち, 一瞬の間に: *Te preparo la cena en un ～.* 今すぐ夕食を作ってあげるよ

hace un ～ ほんの少し前に: *Te han llamado hace un ～.* たった今電話があったよ

hasta el último ～ 死ぬまで, 最期まで

no tener un ～ libre 非常に忙しい

para el ～ 仮に, 臨時に: *Han hecho un arreglo para el ～.* 暫定的な合意がなされた

por el ～ 目下, 今は: *Por el ～ no necesito el libro.* 私は今のところその本を必要としていない

por ～s 刻々と, 次第に: *El dolor aumentó por ～s.* 痛みが刻々と増した

sin perder un ～ 一刻も無駄にせずに, 直ちに

¡un ～! ちょっと待って!

momia [mómja] 囡 ミイラ; ミイラのようにやせこけた人: *La vieja estaba hecha una ～.* 老女はミイラのようにやせ細っていた

momificar [momifikár] 他 ミイラにする
◆ **～se** ミイラになる

momificación 囡 ミイラ化

momio [mómjo] 男 もうけもの, ぼろもうけ

momo [mómo] 男 ❶ おどけた表情(仕草). ❷ [M～] カーニバル 〚carnaval〛: *reinado del M～* カーニバルのたけなわの時

mona¹ [móna] 囡 ❶ ☞**mono**²: *Aunque se ～ se vista de seda, ～ se queda.* 《諺》どんなに着飾ってもお里は知れるものだ. 《口語》酔い 〚borrachera〛: *coger (pillar) una ～* 酔っぱらう. ❸ 〚トランプ〛ばばのカード. ❹ 〚西〛 〚復活祭に焼く〛真ん中にゆで卵を入れた甘いパン 〚～ de Pascua〛

a freír ～s 《口語》 [拒絶・無関心] *mandar (enviar) a+人 a freír ～s* …を追い払う. 〔*Vete・Anda*〕 *A freír ～s.* 向こうへ行ってろ/とっとと消え失せろ

dormir la ～ 《口語》眠って酔いをさます

estar como una ～ 酔っぱらっている

hecho (corrido como) una ～ 《口語》赤面した, 恥じ入った

monacal [monakál] 形 修道士・修道女の: *vida ～* 修道生活

monacato [monakáto] 男 修道士の身分(生活); 修道院制度

monada [monáða] 囡 ❶ [主に 复] 猿の〔おどけた〕身ぶり, ふざけ回ること, ふざけた(おかしな)身ぶり; [子供の] かわいらしい仕草(行為); 気どった仕草, 媚態, 甘言: *Deja de hacer ～s y toma la comida.* ふざけないで, ご飯を食べなさい. ❷ 美しい(かわいい)もの: *Este vestido es una ～.* このドレスはきれいだ. *Es una ～ de chica.* 彼女はとてもかわいい
¡qué ～ [de...]! 何て美しい〔…だ〕!

mónada [mónaða] 囡 〚哲学〛単子, モナド

monaguillo [monaɣíʎo] 男 [ミサで] 司祭を手伝う少年, 侍祭, 侍者

monago [monáɣo] 男 《口語》=monaguillo

monaquismo [monakísmo] 男 修道(出家)生活

monarca [monárka] 男 ❶ 君主, 帝王. ❷ 《昆虫》オオカバマダラ 〚メキシコからカナダまで渡りをする蝶〛

monarquía [monarkía] 囡 ❶ 君主制, 王政; 君主政治: *～ absoluta* 絶対君主制. *～ constitucional* 立憲君主制. ❷ 君主国, 王国; 君主制時代

monárquico, ca [monárkiko, ka] 形 君主制の, 王政の; 君主制擁護の: *régimen ～* 君主政体, 王政. *instituciones ～cas* 君主制. *ideas ～cas* 王党派の思想
◆ 图 君主制擁護者

monarquismo 男 君主制(王政)主義

monasterio [monastério] 男 修道院, 僧院. 〚願義〛主に *monasterio* は創設初期の古い修道会の修道院. 自給自足的な生活をおくり, 大きく, 人里離れた所にある. *convento* は托鉢修道会の修道院で都市部にある〛

monasterial 形 修道院の

monástico, ca [monástiko, ka] 形 修道士(修道女)の; 修道院の: *vida ～ca* 修道生活. *orden ～ca* 修道会

Moncho [móntʃo] 男 《男性名》モンチョ 〚Ramón の愛称〛.

monda¹ [mónda] 囡 ❶ 皮むき; 复 むいた皮: *～s de patatas* ジャガイモの皮. ❷ 剪定〔の時期〕〚poda〛
ser la ～ 《西. 口語》とても楽しい; [良くも悪くも] 並外れている: *Estos bailes son la ～.* このダンスパーティーはすごいや. *Estos tíos son la ～.* この連中にはいやはや参ったね

mondadientes [mondaðjéntes] 男 〚単複同形〛つまようじ 〚palillo〛

mondar [mondár] 他 ❶ [果物などの] 皮をむく: *～ una manzana* リンゴの皮をむく. *～ guisantes* エンドウマメのさやをとる. ❷ 剪定する 〚podar〛. ❸ [溝などを] 浚(さら)う: *～ un pozo* 井戸の水がえをする
◆ **～se** ❶ [+con のことを] 大笑いする 〚～se de risa〛. ❷ *～se los dientes* 歯をほじくる, ようじを使う

mondadura 囡 皮むき; 复 むいた皮

mondo, da² [móndo, da] 形 ❶ 余分なもののない, すっきりした: *paraje ～ de vegetación* 草

一本生えていない場所. ❷ [estar+. いつもあるものが]一時的にない; 文無しの : Me han dejado la cabeza ～da. 私は頭を丸坊主にされた. Se ha quedado ～ después de pagar la deuda. 借金を返すと彼は一銭もなくなった. ❸ ちょうどの, ぎりぎりの : No tiene más que mil pesetas ～das. 彼は千ペセタぽっきりしか持っていない

～ y lirondo [口語] きれいさっぱりとした : La cartera quedó ～da y lironda. 財布の中はすっからかんになった. Digo la verdad ～da y lironda. 嘘いつわりは申しません

mondongo [mondóŋgo] 男 ❶ [特に豚の]臓物; 《戯謔》[人間の] 内臓. ❷ ハム, ソーセージ. ❸《南米》臓物の煮込み

moneda [monéða] 女 《英 coin, money》貨幣, 硬貨; 通貨 〖～ corriente〗: ¿Tiene ～ suelta? 小銭をお持ちですか? La mala ～ desplaza la buena. 悪貨は良貨を駆逐する. emitir una ～ nueva 新しい貨幣を発行する. acuñar (batir・labrar) ～ 貨幣を鋳造する. Casa de la M～ 造幣局. ～ blanda (dura) 軟貨幣(ハードカレンシー) 〖ドルと自由に交換できる(できない)通貨〗. ～ de cuenta/～ imaginaria 計算貨幣. ～ (de curso) legal/～ de ley 法貨. ～ falsa 贋造貨幣, 偽金. ～ de oro (plata・cobre) 金(銀・銅)貨. ～ de papel/papel ～ 紙幣. ～ de reserva 準備通貨. ～ de vellón [昔の] 銅貨 〖銀を含有したものもある〗. ～ española スペインの通貨. ～ fiduciaria 信用貨幣

pagar a+人 en buena ～ …〔の労苦〕に十分報いる

pagar a+人 en (con) la misma ～ …にお返しをする, 復讐する

ser ～ corriente よくあることである

monedero, ra [moneðéro, ra] 名 ～ falso 贋金造り

◆ 男 小銭入れ, 財布

monegasco, ca [monegásko, ka] 形 名 《国名》モナコ Mónaco 男 の(人)

monema [monéma] 男《言語》記号素

mónera [mónera] 女《生物》モネラ

monería [monería] 女 ❶ 猿の(おどける)身ぶり; ふざけ回ること, ふざけた(おかしな)身ぶり; 気どった仕草, 媚態, 甘言; 美しい(かわいい)もの〖monada〗

monetario, ria [monetárjo, rja] 形 貨幣の, 通貨の : valor ～ 貨幣価値. crisis ～ria 通貨危機, 金融危機. política ～ria 通貨政策. sistema ～ europeo 欧州貨幣制度

◆ 男 コインのコレクション

monetarismo 男《経済》マネタリズム

monetizar [monetiθár] 他 通貨と定める, 法貨にする

mongol, la [moŋgól, la] 形 名《国名》モンゴル Mongolia 女〖人・語〗の; モンゴル人

◆ 男 モンゴル語

mongólico, ca 形 名 1)《誤用》ダウン症候群の〔患者〕. 2) =mongol; mongoloide

mongolismo 男《誤用》ダウン症候群〖síndrome de Down〗, 蒙古症

mongoloide 形 名《人種》モンゴロイド〔の〕

moni [móni] 男《←英語. 中南米》[主に 複] お金〖dinero〗

monicaco, ca [monikáko, ka] 名《軽蔑》つまらない人, 影の薄い人;《親愛》[年齢・身長の低い] 小さい子

monición [moniθjón] 女《宗教》戒告状

monigote [monigóte] 男 ❶ グロテスクな人形; ～ de nieve 雪だるま. ❷ いたずらがき; 漫画; 下手な絵. ❸《口語》個性のない人, 繰り人形

monipodio [monipóðjo] 男《悪党たちの》相談, 密談 〖←セルバンテスの小説の登場人物〗

monís/monis [monís/mónis] 男《←英語. 口語》[主に 複] お金〖dinero〗: tener moníses 金持ちである

monismo [monísmo] 男《哲学》一元論

monista 形 名 一元論の(論者)

monitor, ra [monitór, ra] 男 [水泳・スキー・絵画教室や自動車教習所などの] コーチ, 指導員, 先生

◆ 男 モニター装置; モニターテレビ

monitorear/monitorizar 他 モニターする

monitorio, ria [monitórjo, rja] 形 警告を与える

monja [móŋxa] 女 修道女 〖↝monje〗: meterse a (de) ～ 修道女になる

ir a las ～s 女子修道会経営の学校に通う

monje [móŋxe] 男 ❶ [ベネディクト会・シトー会などの] 修道士 〖monasterio をかく・している〗; [仏教などの] 僧. ❷《まれ》世捨て人, 隠者. ❸《鳥》シジュウカラ, ヒガラ

monjil [moŋxíl] 形 修道女の〔ような〕: llevar una vida ～ 修道女のような生活を送る. ❷《軽蔑》[女性が] いやにお堅い, やけにとりました

mono¹ [móno] 男 ❶《服飾》オーバーオール, つなぎの服; ～ de trabajo 作業服. ❷ [主に愛情表現の] 身ぶり, 合図 : hacer ～s a+人 …に合図を送る. ❸《口語》[人・動物の] 戯画, 漫画 : pintar ～s en la pared 壁に漫画をかく. ❹ 欲求, 必要性 : tener ～ de... …が欲しい. ❺《トランプ》ジョーカー〖comodín〗. ❻《俗語》i) [麻薬中毒の] 禁断症状 : tener (estar con) el ～ 禁断症状にある. ii)《軽蔑》警官, でか. ❼《音響》en ～ モノラルの・で. ❽《中米》レオタード

¿tengo ～s en la cara? [口語] [ぶしつけな視線に抗議して] 私の顔に何かついてるのか?

mono², na² [móno, na] 名《英 monkey》❶《動物》サル(猿) : ～ araña クモザル. ～ aullador ホエザル. ～ capuchino (negro) ノドジロオマキザル. ～ nudo 裸のサル 〖人間のこと〗. ～ sabio =monosabio. ❷ 他人のまね(猿まね)をする人; ～ de imitación・repetición 身ぶり手ぶりの激しい人. ❸ 醜い人; 知性のない気どった若者. ❹《親愛・時に軽蔑》[子供への呼びかけ] ¡Oye, mona, ve a hacer tus gracias a otra parte! おい, お前, 別の所で芸をおやり!

estar de ～s [恋人同士などが] 仲たがいしている

ser el último ～ 一番下っ端である, ほとんど力がない

M

◆ 形 ❶ 《口語》きれいな，かわいい；すてきな：¡Qué muchacha más *mona*! 何てきれいな女の子だ！ muchacho muy ～ かわいらしい男の子．llevar un traje ～ すてきな服を着ている． ❷ 《音響》モノラルの
¡qué ～! 何てきれいな(かわいい)のだろう！《皮肉》何とすごい(ひどい)！

mono- 《接頭辞》[単一] *monó*tono 単調な，*mono*polio 独占の

monoaural [monoauɾál] 形 《音響》モノラルの

monobásico, ca [monoβásiko, ka] 形 《化学》[酸が] 一塩基の

monobloque [monoβlóke] 形 一体鋳造の
◆ 男 《南米》[団地の同じ形の] 住宅棟

monocameralismo [monokameɾalísmo] 男 《議会の》一院制
monocameral 形 一院制の

monocarril [monokaríl] 形 (の)

monocasco [monokásko] 男 単胴船

monociclo [monoθíklo] 男 一輪車

monocito [monoθíto] 男 《生物》単球，単核細胞

monoclinal [monoklinál] 形 《地質》単斜の

monocolor [monokolóɾ] 形 ❶ 単色の，モノクロームの． ❷ 《政権が》単一一政党の

monocorde [monokóɾðe] 形 同じ調子の，単調な；《音楽》一弦の
monocordio [monokóɾðjo] 男 《楽器》モノコード，一弦琴

monocotiledóneas [monokotiledóneas] 女 複 単子葉植物

monocromo, ma [monokrómo, ma] 形 単色の，モノクロの，白黒の
monocromático, ca [monokɾomátiko, ka] 形 ＝monocromo

monóculo [monókulo] 男 単眼鏡，モノクル；[片目の] 眼帯
monocular 形 単眼用の(器具)

monocultivo [monokultíβo] 男 単一栽培，単式農法

monodia [monóðja] 女 《音楽》モノディ，単声歌． **monódico, ca** 形 モノディの

monoexportador, ra [monoε(k)spoɾtaðóɾ, ɾa] 形 país ～ 単一輸出品国

monófago, ga [monófaɣo, ɣa] 形 《生物》単食の

monofásico, ca [monofásiko, ka] 形 《電気》単相(交流)の

monofisismo [monofisísmo] 男 《神学》キリスト単性説 [神性しかないとする]

monogamia [monoɣámja] 女 ❶ 一夫一婦制，単婚制． ❷ 《動物》一雌一雄；《植物》雌雄異株
monógamo, ma 形 名 一夫一婦(主義)の(主義者)；一雌一雄の；雌雄異株の

monogenismo [monoxenísmo] 男 人類同一祖先説，人類一元説

monografía [monoɣɾafía] 女 モノグラフ 《限定された問題についての詳細な研究・専攻論文》
monográfico, ca 形 モノグラフの(的な)：estudio ～ 特殊専門研究

monograma [monoɣɾáma] 男 モノグラム，組

み合わせ文字；書き判，落款(らっかん)

monoico, ca [monóiko, ka] 形 《植物》雌雄同株の

monokini [monokíni] 男 ＝monoquini

monolingüe [monolíŋgwe] 形 単一言語の

monolito [monolíto] 男 《建築》モノリス
monolítico, ca 形 モノリスの；一個だけの石でできている；[政党などが] 一枚岩的な

monólogo [monóloɣo] 男 《文学》モノローグ，独白；一人芝居：～ interior 内的独白． ❷ 独りごと
monologar 自 独白する；独りごとを言う

monomando [monomándo] 形 《単複同形》grifería ～ ワンレバーの水栓具

monomanía [monomanía] 女 《心理》偏執狂，部分的狂気；一つのことへの執着(熱中)
monomaniaco, ca/monomaníaco, ca/monomaniático, ca 形 名 偏執狂の(人)；偏執狂的な，極度に凝り性の(人)

monometalismo [monometalísmo] 男 《経済》単本位制

monomio [monómjo] 男 《数学》単項式

mononuclear [mononukleáɾ] 形 《生物》一核性の，単核の
mononucleosis 女 《単複同形》《医学》単球増加症：～ infecciosa 伝染性単球増加症

monoparental [monopaɾentál] 形 《文語》片親の

monopartidismo [monopaɾtiðísmo] 男 一党独裁(制)
monopartidista 形 一党独裁の

monopatín [monopatín] 男 《スポーツ》スケートボード

monopétalo, la [monopétalo, la] 形 《植物》単花弁の，単弁の

monoplano [monopláno] 男 《航空》単葉機 《avión ～》

monoplaza [monopláθa] 男 一人乗りの，単座の
◆ 男 《航空》単座機 《avión ～》；一人乗りのレーシングカー 《～ de carreras》

monopolio [monopóljo] 男 ❶ 独占，専売：～ del tabaco たばこの専売．～ del Estado 国家独占；専売． ❷ 占有，一人占め：atribuirse el ～ de la verdad 自分一人が正しいと思い込む
monopolista 形 独占の：capital (capitalismo) ～ 独占資本(資本主義)

monopolizar [monopoliθáɾ] 他 ❶ 独占する，専売する：～ la venta 販売を独占する．precio *monopolizado* 独占価格． ❷ 一人占めする：～ el coche 車を一人だけで使う．～ la atención (la mirada) 注目を一身に集める．～ el favor ひいきされる
monopolización 女 独占化；占有化

monóptero [monóptero] 男 《建築》円形堂，トロス

monoquini [monokíni] 男 《服飾》トップレス水着

monorraíl [monorraíl] 形 《西》モノレール(の)． **monorriel** 男 《中南米》モノレール

monorrimo, ma [monoř̃imo, ma] 形《詩法》単韻の，各行同韻の

monosabio [monosáβjo] 男《サーカスなどの》訓練されたサル；［大人のことに口を出す］生意気な子；ピカドールなどの介添え

monosacáridos [monosakáriðos] 男 複《化学》単糖類

monosépalo, la [monosépalo, la] 形《植物》単一萼片の

monosílabo, ba [monosílaβo, βa] 形《言語》単音節の；単音節語
　contestar (responder) con ～s [sí•no だけが] そっけない返事をする
　monosilábico, ca 形 単音節の；［返事などが］非常に短い，そっけない

monoteísmo [monoteísmo] 男 一神教，一神論
　monoteísta 形 名 一神教の〔信者〕

monotemático, ca [monotemátiko, ka] 形 話題が一つしかない；単一の主題の

monotipo [monotípo] 男《印刷》モノタイプ，自動鋳造植字機

monotonía [monotonía] 女 単調さ，平板さ，一本調子：No soporto la ～ del trabajo. 私は仕事の単調さには耐えられない

monótono, na [monótono, na] 形 ❶ 単調な，抑揚のない：melodía ～na 単調なメロディー．❷ 変化に乏しい：vida ～na 単調(退屈)な生活．paisaje ～ 変化に乏しい景色

monotrema [monotréma] 男《動物》単孔類

monousuario, ria [monoуswárjo, rja] 形 一回限り使用の

monovalente [monoβalénte] 形《化学》一価の

monovolumen [monoβolúmen] 男《自動車》ワンボックスカー

monóxido [mons(k)siðo] 男《化学》一酸化物：～ de carbono 一酸化炭素

Mons.《略語》←monseñor 猊下，閣下

monseñor [monseɲór] 男 高位聖職者に対する敬称］猊下(げいか)

monserga [monsérɡa] 女《西. 口語》［主に 圏］不快な要請；長ったらしい話：Me colocó la ～ de siempre. 私は例によって彼の長話を聞かされた。No me vengas con ～s. しつこく言うな。Todo aquello no son más que ～s. それは単なるお話に過ぎない
　dar la ～ a+人 ～をわずらわせる
　¡qué ～! 困ったことだ，うるさいなあ!

monstruo [mónstrwo] 男《英 monster》❶ ［神話・伝説上の］怪物，化け物；怪獣．❷《軽蔑》［肉体的な醜悪さ]化け物のような人：Es un ～ de maldad. 彼は悪の権化だ．❸ ［時に形容詞的］並外れた人(物・事)：Es un ～ del toreo. 彼は桁外れの闘牛士だ．Ésta es una cena ～. これはすばらしい夕食だ

monstruosidad [monstrwosiðá(ð)] 女 ❶ 醜悪(奇怪)さ；残虐さ．❷ 醜悪な事物；非道な行為：cometer ～es ひどい悪事をはたらく

monstruoso, sa [monstrwóso, sa] 形 ❶

《時に戯語》怪物のような，奇形の：mujer ～sa ひどく醜い女．❷ 巨大な，途方もない：edificio ～ 巨大なビル．gasto ～ 巨額の出費．❸ 恐るべき，極悪非道の；非理性(道徳)的な：crimen ～ 恐るべき犯罪．［ser ～＋不定詞・que＋接続法］Es ～ que le hagan a uno levantarse a las cinco. 5 時に起こすなんてひどい

monta [mónta] 女 ❶ 合計；価値，重要性．❷《馬》乗馬．❸ ［動物の］交配
　de poca ～ 取るに足りない：negocio de poca ～ ちっぽけな取引き．libro (persona) de poca ～ つまらない本(人物)

montacargas [montakárɡas] 男《単複同形》貨物用エレベーター

montadero [montaðéro] 男 ［馬にまたがる時の］踏み段

montado, da [montáðo, ða] 形 過分 ❶ 馬に乗った；［兵士・警官が］騎乗の：ir ～ en un caballo 馬に乗って行く．policía ～da 騎馬警官隊．❷ 必要なものを備えた；［器具などが］セットされた，据えつけられた：Tiene la tienda ～da con mucho lujo. 彼の店は豪華な内装だ．casa ～da 家具付きの家．máquina ～da 組み立て済みの機械．❸ ［馬が］鞍をつけた，乗る用意のできた
　estar ～ ［en el dólar・en pasta］《西. 口語》裕福である，たくさん金がある
　◆ 男《西. 料理》小型のサブマリンサンドイッチ：～ de lomo ローストポークをはさんだホットサンド

montador, ra [montaðór, ra] 名 ❶ ［機械などの］組立工：～ mecánico electricista 電気配線工．❷《映画》フィルム編集係．❸《演劇》～ de escena 舞台装置家
　◆ 男 ＝montadero

montaje [montáxe] 男 ❶ 組立て；据付け：～ de un reloj 時計の組立て．～ de las mangas de un traje 上着の袖付け．❷《映画》フィルムの編集；《写真》モンタージュ(写真)：［～ fotográfico］．❸ ［作品の］舞台化，上演．❹《口語》でっち上げ，陰謀：Todo fue un ～. すべてでっち上げだった．❺《電気》～ en serie (en paralelo) 直列(並列)

montanero, ra [montanéro, ra] 名 山番；牧草地の番人

montano, na [montáno, na] 形 山の；山に住む

montante [montánte] 男 ❶ ［機械・枠組の］支柱，縦材．❷ 合計，総額．❸ ［ドア上部の］明かり取り窓

montaña [montáɲa] 女《英 mountain》❶ 山：i) ir de ～ 山登りをする．mal de ～s 山酔病，高山病．Si la ～ no viene a Mahoma, Mahoma va a la ～. 先方が来ないならこちらから出かけて行かねばならない/情勢によっては方針を転換しなければならない．ii) 山岳地方，山地：ir[se] a la ～ 山に行く．pasar sus vacaciones en la ～ 山で夏休みを過ごす．iii)《西》［La M～］サンタンデール地方
　❷ 園 山脈，山地：las M～s Rocosas (Rocallosas) ロッキー山脈

❸ 堆積；山ほどの量, 多量：～ de papeles 書類の山. una ～ de problemas 山積した問題
❹ 困難, 難問
hacer una ～ de un grano de arena/*hacer una ～ de todo una ～* 針小棒大に言う
～ rusa ジェットコースター：montar en la ～ *rusa* ジェットコースターに乗る

montañero, ra [montaɲéro, ra] 图 山登りをする人, 登山家；登山家：escuela de ～s 登山学校
◆ 形 山の；登山用の

montañés, sa [montaɲés, sa] 形 图 山地に住む〔人〕；《西》サンタンデール地方の〔人〕

montañismo [montaɲísmo] 男 山登り, 登山 〖alpinismo ほど高度でない〗：practicar el ～ 登山をする. técnica del ～ 登山技術

montañoso, sa [montaɲóso, sa] 形 山の多い：clima ～ 山岳性気候. terreno ～ 山岳地域

montaplatos [montaplátos] 男 〖単複同形〗配膳用昇降リフト

montar [montár] 自 〖英 ride〗 ❶ ［+en に］乗り物に〕乗る：i) *Montó* en la bicicleta y salió corriendo. 彼は自転車に乗って走り去った. ii) ～ en tren (un avión) 列車(飛行機)に乗り込む. ii) 乗って行く：Me gusta ～ en avión (en coche). 私は飛行機に乗る(ドライブする)のが好きだ
❷ 馬に乗る(乗って行く), 乗馬をする 〖～ a caballo〗：～ a la inglesa 片鞍乗りする. ～ a pelo 裸馬に乗る. ～ sobre un caballo 馬にまたがる. ［+en+特定の馬］*Él montó* en el caballo de su padre. 彼は父親の馬に乗った
❸ ［+sobre の上に］重なる：El abrigo *monta* mucho (poco). そのオーバーは打ち合わせが深い(浅い). Tiene un diente que le *monta* sobre otro. 彼は八重歯だ
❹ ［金額・数量に, +a に］達する：La cuenta *montó* a mil pesetas. 勘定は千ペセタにもなった. Los perjuicios *montan* a más de un millón de pesetas. 損害は100万ペセタを越える
❺ 重要である：Este negocio *monta* poco. この商売は小さい. Que le guste o no, poco *monta*. 彼の気に入ろうと入るまいと大したことではない
◆ 他 ❶ ［馬に］乗る；乗って行く：*Montaba* su mejor caballo. 彼は一番いい馬に乗っていた.
❷ ［+sobre の上に］載せる, 載せる：～ a un niño en el burro (en la baranda) 子供をロバに乗せる(手すりにまたがらせる). ❸ 組立てる, 作り上げる：～ un ordenador コンピュータをセットアップする. ～ una rueda en su eje 車輪を取り付ける. ～ las mangas en el vestido ドレスの袖付けをする. ～ un decorado 〔舞台の〕背景をセットする. ～ una película 映画を編集する. ～ un muelle ぜんまいを巻く. ❹ ［調度品などを］…にそろえる；［店などを］設置する：～ una casa 住めるように家の準備をする. ～ una tienda 店をオープンする. ～ una empresa 会社を設立する. ❺ ［宝石を］台にはめ込む；［銃の］打ち金を起こす. ❻ 《西・料理》〔卵白などを〕泡立てる. ❼ ［金額・数量に］達する：La venta

monta un millón de pesetas. 売り上げは100万ペセタにのぼった. ❽ ［銃の］撃鉄を起こす. ❾ ［劇で］上演する. ❿ ［電気］～ pilas en serie (en paralelo) 電池を直列(並列)につなぐ. ⓫ ［雄が雌に］乗りかかる, 交尾する；《俗語》［人が］…と性交する
◆ ～se ❶ ［+en に］乗る：Los niños *se montaron en* las atracciones del parque. 子供たちは遊園地の乗り物に乗った. ❷ 準備される
montárselo 《口語》うまくやる：Ganó mucho dinero porque *se lo montó* muy bien en el negocio. 彼は非常にうまく商売をして大金を稼いだ

montaraz [montaráθ] 形 〖複 ～ces〗 ❶ 野生の；［動物が］山に棲息する. ❷ ［人が］山家育ちの, 山出しの；粗野な, 野蛮で社交的でない, 人見知りする
◆ 男 山番

montazgo [montáθgo] 男 〖中世の〗家畜の山林通行料

monte [mónte] 男 〖英 mount〗 ❶ 〖主に固有名詞として〗山 〖montaña〗：i) M～ Blanco モンブラン. M～ Fuji 富士山. ～s altos 高い山々. ii) 〖複〗山脈：los ～s Pirineos ピレネー山脈. ❷ 山林, 森林：administración de ～s 営林署. escuela de ～s 林業高校. ～ alto 森林. ～ bajo 灌木地. ❸ 《口語》障害, 困難：Todo se le hace un ～. 彼にはすべてがうまくいかなかった. ❹ 《トランプ》配り残りの札, 場札；［ゲームの一種〕モンテ. ❺ 《手相》宮(ᵏᵘ)：～ de Júpiter 木星宮
batir el ～ 狩猟(山狩り)をする
echarse (tirarse) al ～ 〔盗賊・ゲリラが〕山(法の手の及ばない所)に逃げ込む；過激な手段を取る
～ de piedad 〔低利の〕公益質店
～ de Venus 《文語》恥丘 〖pubis〗
～ pío =～ de piedad；montepío

montear [monteár] 他 〔獲物を〕狩りたてる, 山狩りをする

montenegrino, na [montenegríno, na] 形 图 《地名》モンテネグロ Montenegro 男 の〔人〕

montepío [montepío] 男 互助資金；それによる年金；互助会

montera¹ [montéra] 女 〔闘牛士のかぶる〕布製の帽子 〖☞torero カット〗
ponerse el mundo por ～ 世評を気にかけない, 世の中に対して挑戦的である

montería [montería] 女 〔鹿・猪など大物の〕狩猟；その技術(規則)

monterilla [monteríʎa] 女 《軽蔑》〔小農・粗野な〕村長 〖alcalde de ～〗

montero, ra² [montéro, ra] 图 〔狩りの〕勢子(ᵏᵒ)：～ mayor 勢子頭

Montes [móntes] 《人名》モンテス

montés [montés] 形 〔他種のものと区別して〕野生の：gato ～ 山猫. cabra ～ 野生の山羊

Montesa [montésa] 《歴史》モンテサ騎士団 〖Orden de ～〗

M

montevideano, na [montebiðeáno, na] 形 名 《地名》モンテビデオ Montevideo 男 の〔人〕『ウルグアイの首都』

montgolfier [moŋgolfjér] 男 熱気球

montgomery [moŋgoméri] 男 《南米. 服飾》ダッフルコート

montículo [montíkulo] 男 [自然・人工の] 小山, 丘陵；《野球》マウンド：M～ de Montjuic [バルセロナの] モンジュイックの丘

montilla [montíʎa] 男 モンティーリャ Montilla 産のワイン『スペインのコルドバ県の町』；シェリーの一種

monto [mónto] 男 総額 『monta』

montón [montón] 男 ❶ 集名 山積み：～ de tierra 泥の山. ～ de libros 本の山. ❷《口語》大量：Hay un ～ de gente. 人がたくさんいる. tener *montones* de dinero 大金持ちである
a montones《口語》多量に：hacer promesas *a montones* 約束をやたらに並べたてる
del ～《口語》平凡な, ありふれた, 特に優れた点のない
en (*a・de*) ～ 乱雑に集められて, いっしょくたにされて；ごちゃごちゃ集まって
salirse del ～ 抜きん出る, 傑出する

montonera[1] [montonéra] 女 ❶ 大量, 山積み『montón』. ❷《南米. 歴史》反乱騎馬隊, 騎馬のゲリラ部隊

montonero, ra[2] 名 《南米》騎馬のゲリラ兵

montubio, bia [montúbjo, bja] 形 名 《南米》[海岸地方の] 田舎者〔の〕

montuno, na [montúno, na] 形 山の；《中南米》粗野な, 田舎じみた

montuoso, sa [montwóso, sa] 形 山地の, 山の多い 『montañoso』

montura [montúra] 女 ❶ 乗用の動物 [馬, ロバ, ラクダなど]. ❷ 馬具；[特に] 鞍. ❸ [眼鏡の] 縁, フレーム；[宝石の] 台座, 支えるもの

monumental [monumentál] 形 ❶ 記念建造物の；記念碑的な, 不朽の：inscripción ～ 碑銘. ❷《口語》巨大な；[良くも悪くも] 途方もない：edificio ～ 巨大な建物. error ～ ひどい間違い. Ella tiene un cuerpo ～. 彼女は見事なプロポーションをしている
monumentalidad 女 記念碑的なこと, 不朽性

monumento [monuménto] 男 ❶ 記念建造物 [碑, 像など]：～ a los Caídos 戦没者の慰霊碑. ～ funerario 墓碑, 慰霊碑. ❷ [歴史的・芸術的価値のある] 建造物：～ nacional 国の文化財. ～s prehistóricos 先史時代の遺跡. ❸ 不巧の業績："El Quijote" es el mayor ～ de la literatura española.『ドン・キホーテ』はスペイン文学最大の金字塔である. ❹《口語》プロポーションのよい美人(美男子). ❺《宗教》仮祭壇『聖体行列の時に臨時に聖体を安置する』

monzón [monθón] 男 《気象》モンスーン, 季節風

monzónico, ca 形 モンスーンの

moña [móɲa] 女 ❶ [髪・服につける] リボン飾り：El vestido lleva una ～ en el pecho. その

ドレスは胸のところにリボンがついている. ❷《闘牛》i) [牧場を示す] 牛の首の色リボン. ii) [闘牛士の弁髪を留める] 黒リボン. ❸《西. 口語》酔い『borrachera』：coger una ～ 酔っぱらう. ❹ 頭の横にまとめて巻いた髪. ❺ [はぎれで作った] 人形

moño [móɲo] 男 ❶ アップにしてまとめた髪型, 束ねて巻いた髪, シニョン. ❷《口語》[くしなどに] からんだ髪. ❸ [鳥の] 冠毛. ❹ リボン飾り. ❺《中南米》尊大さ
agarrarse del ～ [女性が] つかみ合いのけんかをする
estar hasta el ～《口語》うんざりである
ponerse a+人 en el ～《口語》[考えが] …の頭にこびりつく：Se le *ha puesto en el* ～ salir. 彼女はどうしても出かけたくなった
ponerse ～s 高慢になる, お高くとまる

moñudo, da [moɲúðo, ða] 形 [鳥が] 冠毛のある

mopa [mópa] 女 [からぶき用の] モップ

moquear [mokeár] 自 [←moco] [風邪などで] 鼻水が出る：No paro de ～. 私は洟が止まらない
moqueo 男 鼻水が出ること
moquero 男《口語》洟ふき用のハンカチ

moqueta [mokéta] 女 《西》[敷き込み式の] じゅうたん；《繊維》モケット

moquete [mokéte] 男《口語》[顔への] 殴打

moquillo [mokíʎo] 男《医学》ジステンパー；[飼い鳥の] 舌の病変

mor [mór] *por* ～ *de…* [原因・理由] …のために, …を考えて

mora[1] [móra] 女 ❶ クワの実；キイチゴの実. ❷《法律・経済》遅延, 延滞；[債務の] 不履行：crédito en ～ こげつき債権

morabito [morabíto] 男《イスラム教》隠者, 聖者；その住居

moráceo, a [moráθeo, a] 形 《植物》クワ科の

morada[1] [moráða] 女《文語》住居；滞在, 逗留：el Olimpo, ～ de los dioses 神々のすみかオリンポス山. hacer ～ en… …に滞在する. última ～ 墓《文語》墓

morado, da[2] [moráðo, ða] 形 過分 ❶ 紫色(の), 暗紫色(の)：ojo ～ [打撲による] 目のまわりの赤黒いあざ. ❷ =**moratón**. ❸ [estar+] 酔っぱらった
pasarlas ～*das*《口語》ひどい目に会う
ponerse ～ [+de を] 腹いっぱい食べる(飲む)：Se pusieron ～ de vino. 彼らはワインをがぶ飲みした

morador, ra [moraðór, ra] 名《文語》住人, 居住者

moradura 女 青あざ 『cardenal』

moral [morál] 形《英 moral》❶ 道徳の, 倫理の；道徳的な：valores ～es 価値観, 価値規準. principio ～ 道徳律. ii) 道徳にかなった：No tengo la obligación, pero sí el deber ～ de ayudarle. 私は彼を助ける義務はないが道義的にはそうしなければならない. conducta ～ 道義にかなった行ない. iii) [男女関係について]

M

Esta película no es ～. この映画は良俗に反する. ❷ [肉体・物質に対して] 心の, 精神の: facultades ～es 精神的能力. certidumbre ～ 心証, 心的確信. ❸ [知的に対して] 人格的な. ◆ 囡 《英 ethics》 ❶ 道徳, 倫理: faltar a la ～ 道徳に反する, 不道徳なことをする. velar por la ～ de las costumbres [教会・政府が] 風俗が乱れないように監視する. ～ relajada 厳格でなくなった道徳. ～ en la política (de los políticos) 政治倫理. ❷ 倫理学, 道徳論. ❸ 気力, 士気; 勤労意欲: La ～ del equipo es excelente. チームの士気は高い. levantar (elevar) a＋la ～ …の士気を高める. tener la ～ baja/estar bajo de ～ 意気消沈している. *tener más ～ que el Alcoyano* 《皮肉》ひどく楽観的である, やる気だけは大いにある

◆ 男 《植物》クワ(桑), クロミグワ《果実は食用》

moraleda [moraléða] 囡 桑畑

moraleja [moraléxa] 囡 [物語などの] 教訓

moralidad [moraliðá(d)] 囡 道徳性, 徳性, 徳義; 品行, 品位

moralina [moralína] 囡 《軽蔑》うわべだけの道徳心

moralismo [moralísmo] 男 倫理主義

moralista [moralísta] 名 ❶ モラリスト, 人間探究家. ❷ 道学者, 道徳家

moralizar [moraliθár] 自 他 ❶ [道徳的に] 説く, 教化する; 道徳的にする: ～ un espectáculo 芝居を良俗に反しないものにする

◆ 自 道徳的教訓をたれる, 説教する

moralización 囡 説教; 教化, 徳化

moralmente [morálmente] 副 道徳的に; 道徳的に見て; 精神的に

morapio [morápjo] 男 《西. 戯語》[大衆向けの] 赤ワイン

morar [morár] 自 《文語》[+en に] 住む 《habitar》: ～ en la mansión de los justos 天国に住む, あの世にいる

moratón [moratón] 男 [打撲による] あざ

moratoria [moratórja] 囡 《法律》モラトリアム, 支払い猶予[令]

moravo, va [moráßo, ßa] 形 名 [地名] [チェコの] モラビア Moravia 囡 の(人)

mórbido, da [mórßiðo, ða] 形 ❶ 《文語》[特に女性の肉づきが] 繊細な, 柔らかな: pecho ～ 柔らかな乳房. ❷ 病的な, 疾患性の. ❸ 身の毛のよだつ, 陰惨な

morbidez 囡 繊細さ, 柔らかさ; 虚弱さ

morbilidad [morßiliðá(d)] 囡 罹病(疾病)率

morbo [mórßo] 男 ❶ 不健全な魅力: Esta película tiene mucho ～. この映画には退廃的な魅力がある. ❷ 《古語》病気 《enfermedad》: ～ comicial てんかん. ～ regio 黄疸

morboso, sa [morßóso, sa] 形 ❶ 病気にかかっている, 病気の. ❷ 病気を起こす: clima ～ 健康に悪い気候. ❸ 病的な, 不健全な: placer ～ 不健全な快楽

morbosidad 囡 罹病率; 病的であること

morcilla [morθíʎa] 囡 ❶ 《料理》[血・玉ねぎ・

スパイス入りの黒い] 腸詰め, ソーセージ: ～ de arroz (de cebolla) 米(玉ネギ)入りの腸詰め. ❷ 《演劇》アドリブ. ❸ 《口語》ぶっかっこうなもの, 出来損い

¡que te den ～! 《西》くたばれ!

morcillo [morθíʎo] 男 《料理》すね肉 〖～ de-lantero. ☞carne カット〗: ～ posterior もも肉

morcón [morkón] 男 [腸詰め用の] 太い腸 〖morcilla より〗 太い腸詰め

mordaz [morðáθ] 形 《複—ces》辛辣な, 痛烈な: crítica ～ 手厳しい批評. *mordaces artículos políticos* 政治に関する痛烈な記事

mordacidad 囡 辛辣さ

mordazmente 副 辛辣に

mordaza [morðáθa] 囡 ❶ 猿ぐつわ; [犬・馬などの] 口籠(ご): poner una ～ a＋人 …に猿ぐつわをかませる. ❷ 挟み工具, やっとこ

mordedor, ra [morðeðór, ra] 形 ❶ [犬が] 噛む癖のある. ❷ 口の悪い, 毒舌家の

mordedura [morðeðúra] 囡 噛むこと; 噛まれた跡, 噛み傷

mordente [morðénte] 男 媒染剤 〖mor-diente〗; 《音楽》モルデント

morder [morðér] 他 ❶ 噛(か)む, かじる: Me *ha mordido* un perro. 私は犬に噛まれた. ～ una manzana リンゴをかじる. ～ su fortuna 財産を食いつぶす. ❷ [道具などが] 挟む(締め)つける: La rueda dentada me *mordió* un dedo. 私は歯車に指を挟まれた. ❸ [やすりなどで] 削る, すり減らす; [徐々に] 侵す: Esta tabla está *mordida* en los bordes. この板は縁がすり減っている. ❹ 非難攻撃する: No puede hablar sin ～. 彼は口を開くと人の悪口を言う. ❺ 《中南米》だます 《estafar》

estar que muerde ひどく怒っている

◆ ～se 自分の…を噛む; ～se las uñas 爪を噛む

～se las manos [好機を逃して] くやしがる

mordida [morðíða] 囡 噛まれた跡《中南米》わいろ

mordiente [morðjénte] 男 箔下ワニス, 印刷ワニス; 媒染剤; [エッチングの] 腐食剤

mordiscar [morðiskár] 他 [繰返し軽く] 噛む, かじる: ～ un lápiz 鉛筆を噛む. ～ una manzana リンゴをかじる

mordisco [morðísko] 男 ❶ 噛む(かじる)こと: arrancar... de un ～ …を噛み(食い)ちぎる. dar un ～ a una manzana リンゴをかじる. deshacer (matar)... a ～s …を噛み砕く(殺す). ❷ 一片, ひと口: un ～ de pan パン1切れ. Sólo ha tomado un ～. 彼はひと口食べただけだった. ❸ [取引による] 利益, 分け前. ❹ 《西. 口語》ディープキス

mordisquear [morðiskeár] 他 ＝mordis-car

morena¹ [moréna] 囡 ❶ 《魚》ウツボ. ❷ 《地質》堆石, モレーン

moreno, na² [moréno, na] 形 名 ❶ 《ser＋. 白人種について, 肌が] 浅黒い(人), [髪・肌が] 暗色の(人), ブルネット(の): Es ～na, pero de piel blanca. 彼女は髪が黒くて肌は白い. ❷

[estar+] 日焼けした: Ha estado en la playa y está muy 〜. 彼は海岸にいたのでよく日焼けしている. ❸ [主に中米. 蜘曲] 黒人 『negro』. ❹ [同種の他のものより] 濃色の: pan 〜 [全粒の] ブラウンブレッド

morenez 囡 浅黒さ

morera [moréra] 囡 《植物》カラグワ, クワ(桑) 『養蚕用』

morería [morería] 囡 [中世の] モーロ人街 (居住地域)

moretón [moretón] 團 青あざ 『cardenal』

morfa [mórfa] 囡 オレンジやレモンの木に寄生して傷めるキノコの一種

morfar [morfár] 他/自 《南米》食べる

morfema [morféma] 團 《言語》形態素 『文法関係を示す構成要素』

Morfeo [morféo] 團 《神話》夢の神, 眠りの神: en brazos de 〜 眠り込んで

morfina [morfína] 囡 《化学・薬学》モルヒネ
　　morfinismo 團 モルヒネ常用
　　morfinomanía 囡 モルヒネ常用(中毒)
　　morfinómano, na 厖 囝 モルヒネ常用(中毒)者〔の〕

morfo [mórfo] 團 《言語》形態 『形態素 morfema の具体的な表われ』

morfología [morfoloxía] 囡 《生物》形態学, 《言語》形態論, 語形論
　　morfológico, ca 厖 形態学の; 形態論の, 語形論の
　　morfosintaxis 囡 [単複同形] 《言語》形態統語論

morganático, ca [morganátiko, ka] 厖 [結婚が] 身分違いの; [人が] 貴賤結婚をする: matrimonio 〜 貴賤相婚

morgue [mórge] 團 [身元不明者の] 死体保管所

moribundo, da [moribúndo, da] 厖 囝 [estar+] 危篤の〔人〕, 死に瀕した〔人〕: cisne 〜 瀕死の白鳥

morigerar [morixerár] 他 [欲望などを] 抑える, 節制する: vida morigerada きちんとした生活
　　◆ 〜se 自制する
　　morigeración 囡 節制する: 〜 en las bebidas 節酒

moriles [moríles] 團 [単複同形] コルドバ産の軽いワイン

morilla [moríʎa] 囡 《植物》アミガサタケ

morillo [moríʎo] 團 [暖炉の] たきぎ台; 《闘牛》[牛の首周辺の] 盛り上がった筋肉

morir [morír] 34 自 [英 die. ↔nacer. ⬚活用表. 過分 muerto, 現分 muriendo] ❶ [+de 〜] 死ぬ; 枯れる: No sabemos de qué murió 彼が何で死んだかわかっていない. Murió en un accidente. 彼は事故で死んだ. Las flores han muerto. 花が枯れた. 〜 de pulmonía 肺炎で死ぬ. 〜 de un ataque al corazón 心臓麻痺で死ぬ. 〜 de viejo 老衰で死ぬ. 〜 en la guerra 戦死する. 〜 por la patria 祖国のために命を落とす. 〜 a manos del enemigo 敵の手にかかって死ぬ. 〜 aho-

gado (helado) 溺死(凍死)する. 〜 joven (anciano) 若くして(年老いてから)死ぬ
❷ [誇張] 〜 de amor 死ぬほど恋い焦がれる
❸ [文語] 終わる, 消滅する: Muere el día. 日暮れになる. Muere una luz. 明かりが消える. El río Orinoco muere en el Atlántico. オリノコ川は最後に大西洋に注ぐ. La virtud nunca muere. 美徳は不滅である
❹ [すごろくで] 振り出しに戻る
ayudar a bien 〜 《宗教》臨終の秘跡をさずける; [臨終の床にある人を] 祈りなどで慰める
¡muera! くたばれ!: ¡Muera el dictador! 独裁者を倒せ!
　　◆ 〜se ❶ 死ぬ, 死んでしまう: i) Su padre se murió a los 70 años. 彼の父は70歳で亡くなった. [+a+人 にとって] Se le murió su mujer. 彼は妻に死なれた. ii) [誇張] Esta rama se está muriendo. この枝は枯れかけている. Me muero de aburrimiento (de miedo). 私は死ぬほど退屈だ (怖くてたまらない). ❷ [+por+] 欲しくて(好きで)たまらない: Se muere por el vídeo (esa chica). 彼はビデオが欲しくてたまらない(その娘に熱を上げている)

morir	
直説法現在	点過去
m**ue**ro	morí
m**ue**res	moriste
m**ue**re	m**u**rió
morimos	morimos
morís	moristeis
m**ue**ren	m**u**rieron
接続法現在	接続法過去
m**ue**ra	m**u**riera, -ses
m**ue**ras	m**u**rieras, -ses
m**ue**ra	m**u**riera, -ses
m**u**ramos	m**u**riéramos, -semos
m**u**ráis	m**u**rierais, -seis
m**ue**ran	m**u**rieran, -sen

morisco, ca [morísko, ka] 厖 囝 モリスコ〔の〕『国土回復戦争後スペインに残って改宗したモーロ人』; 《建築》モーロ式の: novela 〜ca モーロ小説 『16世紀前半のスペインでモーロ人の勇敢な騎士たちを主人公とした小説のジャンル』

morisma [morísma] 囡 集合 《軽蔑》モーロ人〔の群衆〕

morisqueta [moriskéta] 囡 べてん; 《南米》妙な顔, しかめ面

morito [moríto] 團 《鳥》トキの一種

morlaco [morláko] 團 《闘牛》大きな牛

mormonismo [mormonísmo] 團 モルモン教
　　mormón, na 厖 囝 モルモン教の(教徒)
　　mormónico, ca 厖 モルモン教の(教徒)の

moro, ra² [móro, ra] 厖 囝 ❶ モーロ人〔の〕, ムーア人〔の〕 『モロッコ・アルジェリア・チュニジア・モーリタニアなど北西アフリカのイスラム教徒』; 《口語》イスラム教徒〔の〕. ❷ モロ族〔の〕 『フィリピンのミンダナオ島などの原住民』. ❸ [馬が] 額に白毛のある. ❹ 《軽蔑》[男性優位主義・嫉妬心から] 妻・恋人を自分の思いどおりにしようとする

〔男〕

bajar (ir・viajar) al ~《俗語》モロッコ・北アフリカに麻薬を買いに行く

hay ~s en la costa 近くに危険な人物がいる

hubo ~s y cristianos 一悶着あった

o todos o todos cristianos 人種差別をしてはならない

morocho, cha [morótʃo, tʃa] 形 名 ❶《中南米》体格のがっしりした〔人〕. ❷《南米》ブルネットの〔人〕, 色の浅黒い〔人〕〖moreno〗; 名 双生児〔の〕

◆ 男《中南米》トウモロコシの一種

morondanga [morondáŋga] 女 [がらくたなどの] 雑多な積み重ね

morondo, da [moróndo, da] 形 [髪・草などが] 短く刈られた

moroso, sa [moróso, sa] 形 名 ❶ 金払いの悪い〔人〕, 返済の遅れがちな; 返済遅滞者: deudas ~sas 不良債権. ❷《文語》[動作が]ゆっくりした, 悠長な

morosidad 女 支払いの遅れ; 悠長

morrada [moráða] 女 頭突き; 平手打ち

morral [morál] 男 ❶ [馬の首に掛ける] 秣(まぐ)袋. ❷ [主に猟師が食糧などを入れる布製の] 肩掛けかばん. ❸ 粗野な男, うすのろ

morralla [moráʎa] 女《料理》小魚, 雑魚: ~ frita 小魚のフライ. ❷ 烏合の衆; がらくたの寄せ集め. ❸《中米》小銭

morrear [moreár] 自/他《西. 俗語》濃厚なキスをする, ネッキングする

morreo 男 濃厚なキス, ネッキング

morrena [moréna] 女《地質》[氷]堆石, モレーン

morrillo [moríʎo] 男 [牛などの, 時に人の] 太い首(うなじ)

morriña [moríɲa] 女 ❶ 郷愁, 憂愁: sufrir [de] ~/tener ~ ホームシックにかかる. Me entró ~. 私はホームシックになった. ❷ [家畜の] 水腫の一種

morrión [morjón] 男 モリオン 〖16-17世紀の帽子型かぶと〗; [円筒形でひさし付きの] 軍帽

morro [móro] 男 ❶ [時に 複] i) [動物の] 鼻面(はなづら)《料理》その肉〖☞carne カット〗. ii)《西. 口語》[人間の, 特にぶ厚い] 唇. ❷ [鼻面のように] 突き出たもの; [機首などの] 先端: ~ de la pistola ピストルの銃口. ❸《航海者の目印になる, 海岸の] 小さな岩山, 丘. ❹《西. 口語》厚かましさ, 恥知らず: tener mucho ~ ひどく厚かましい(図々しい)

beber a ~《西. 口語》ラッパ飲みをする

caer de ~s《西. 口語》頭から飛び込む

de ~[s]《西. 口語》機嫌の悪い; [+con+人に] 腹を立てた

echar ~ a+人 …に厚かましい(恥知らず)ことをする

hacer ~[s]《西. 口語》機嫌が悪い, 腹を立てている

partir a+人 los ~s (el ~) =romper a+人 los ~s

poner ~s =torcer el ~

por el ~《西. 口語》代金を払わずに

romper a+人 los ~s (el ~) [時に脅し文句で] …の鼻をひどく殴る

torcer el ~《口語》しかめ面をする

morrocotudo, da [morokotúðo, ða] 形《口語》[あらゆる意味で] すごい: susto ~ びっくり仰天. disgusto ~ 大嫌い. ❷《南米》金持ちの

morrón [morón] 男 ❶《西. 口語》[思いがけない] 強打: Resbaló y se dio un ~. 彼は滑ってばったり倒れた. ❷ 赤ピーマン

morrongo, ga [moróŋgo, ga] 名 子猫, 猫

morrudo, da [morúðo, ða] 形 唇の厚い;《南米》たくましい

morsa [mórsa] 女《動物》セイウチ

morse [mórse] 女 モールス式電信方式; モールス符号〖alfabeto ~〗

mortadela [mortaðéla] 女《料理》大型のソーセージ

mortaja [mortáxa] 女 ❶ [埋葬用の] 白布, 経帷子(きょうかたびら). ❷《技術》ほぞ穴. ❸《中南米》たばこを巻く紙

mortal [mortál] 形 〖ser+〗 ❶ 死すべき: Todo ser vivo es ~. 生きものはすべて死を免れない. vida ~ 限りある命. ❷ 致命的な, 命にかかわる: accidente ~ 死亡事故. enfermedad ~ 死に至る病, 死病. golpe ~ 致命的な一撃, 壊滅的な打撃. heridas ~es 致命傷. veneno ~ 劇毒. ❸ [死ぬほど] ひどい, 耐えがたい; ひどく退屈な: La subida fue ~. 登りは死ぬほどきつかった. Esperamos dos horas ~es. 私たちは2時間も待たされてうんざりした. aburrimiento ~ 死ぬほどの退屈さ. dolor ~ 猛烈な痛み. ❹ 死人のような. ❺《宗教》永遠の死を招く

quedarse ~ 神経が高ぶる, 動悸が高まる

◆ 名 [主に 複] 人間;《皮肉》[有名人などと比べて] ただの人: Somos simples ~es. 私たちは[弱い]人間にすぎない. ~ feliz 幸運な人. pobre ~ 哀れな人

mortalmente 副 死ぬほど, ひどく: herir ~ 致命傷を負わす. odiar ~ 殺したいほど憎む

mortalidad [mortaliðá(ð)] 女 ❶ 死すべき運命. ❷ 死亡率 〖índice・tasa de ~. ↔natalidad〗; 死亡者数: ~ infantil 乳幼児死亡率

mortandad [mortandá(ð)] 女 [戦争・疫病などによる] 多数の死亡者: producir (causar) gran ~ 多数の死者を出す

mortecino, na [mortetʃíno, na] 形 [光・火などが] 消えかかった, 弱々しい: luz ~na del atardecer 夕方の暮れてゆく光. color ~ 地味な色

mortero [mortéro] 男 ❶《建築》モルタル. ❷ 乳鉢. ❸ [つく] 臼(うす). ❹《軍事》臼砲; 迫撃砲. ❺ 花火打ち上げ装置

mortífero, ra [mortífero, ra] 形 殺人〔用〕の; 命取りの: arma ~ra 凶器; 大量殺人兵器. enfermedad ~ra 死に至る病

mortificar [mortifikár] 他 [肉体的・精神的に] 苦しめる, さいなむ; 屈辱を与える: ~ su cuerpo [苦行・禁欲で] 肉体を痛めつける. Le mortificaba no poder viajar como los otros. 他の人たちのように旅行できないので彼はゆ

じめだった

◆ 〜**se** 苦行する；自分を痛めつける(責める)；[+con で] 心を傷つけられる

mortificación 図 禁欲，苦行；屈辱

mortuorio, ria [mortwórjo, rja] 厖 死(者)の；葬式の：cámara 〜*ria* 遺体安置室. casa 〜*ria* 最近死亡者のあった家，喪中の家. paño 〜 柩を覆う黒布

morueco [morwéko] 男 種羊

mórula [mórula] 囡 《生物》桑実胚(₍ₛₒ̃ᵘₗᵉ)

moruno, na [morúno, na] 厖 モーロ人〔式〕の

mosaico¹ [mosáiko] 男 ❶ モザイク(模様)；寄せ木細工. ❷ 寄せ集め：un 〜 de culturas 寄せ集め的な文化，諸文化のるつぼ

mosaico², ca [mosáiko, ka] 厖 ❶ 《宗教》モーゼの：ley 〜*ca* モーゼの律法. ❷ モザイク風の

mosaísmo [mosaísmo] 男 モーゼの教え(律法)

mosca [móska] 囡 《英 fly》❶ 《昆虫》ハエ(蝿)：〜 azul アオバエ. 〜 de la carne ニクバエ. 〜 de la fruta ショウジョウバエ. 〜 doméstica イエバエ. 〜 tse-tsé ツェツェバエ. No se oye el vuelo de una 〜. とても静かだ. ❷ 口語 金 《dinero》. ❸ うるさい人, しつこい人. ❹ 口語 口の下の 小さなひげ 〔☞barba カット〕. ❺ 口の下の 小さなひげ 〔☞barba カット〕. ❻ 《釣り》毛針, フライ：pescar a 〜 フライフィッシングをする. ❼ 《ボクシング》フライ級 《peso 〜》

aflojar la 〜 =soltar la 〜

¡buen (vaya un) puñado de 〜*s!* すずめの涙ほど〔わずか〕だ!

caer como 〜*s* ばたばたと(大勢)死ぬ

cazar 〜*s* 無益なことにかかずらう

〜 *muerta* =mosquita muerta

papar 〜*s* 口をポカンと開けて空を見ている；ぼんやりと時を過ごす

picar la 〜 *a+人* 口語 …が不安になる，疑い始める；怒る

por si las 〜*s (pican)* 口語 万が一

¿qué 〜 *te ha picado?* どうしたんだ/何が神経にさわったんだい?

sacudirse las 〜*s* 問題(障害)を取り除く

soltar la 〜 口語 〔頼まれて〕金を出す：No hay quien le haga *soltar la* 〜 彼は財布の紐がひどく固い

tener 〜 *(estar con) la* 〜 *en (detrás de) la oreja* 口語 心配(警戒)している

tener 〜 *a+人* 口語 …の心配(疑惑)の種になる

◆ 厖 《西. 口語》 〔estar+〕 心配(用心)している；怒った，いらだった

moscada [moskáða] 囡 《植物》ナツメグ, にくずく 《nuez 〜》

moscarda [moskárða] 囡 《昆虫》クロバエ, アオバエ

moscardón [moskarðón] 男 ❶ 《昆虫》ウマバエ. ❷ 口語 うるさい(しつこい)人

moscareta [moskaréta] 囡 《鳥》ハシグロヒタキ

moscatel [moskatél] 厖 男 マスカット〔の〕《ブ

ドウ・ワインの一品種》

mosco [mósko] 男 口語 ハエ 《mosca》；蚊 《mosquito》. ❷ 《釣り》フライ 《mosca》

moscón [moskón] 男 《昆虫》アオバエ, ニクバエ；うるさい人, しつこい人

mosconear 他 …にしつこく付きまとう, うるさくせがむ

moscovita [moskoβíta] 厖 名 《地名》モスクワ Moscú の ◆ 囡 《鉱物》白雲母

mosén [mosén] 男 《古語》[アラゴンの貴族・聖職者への尊称] …様, …殿

mosquear [moskeár] 他 不審を抱かせる；いらだたせる, うるさがらせる

◆ 〜**se** 不審を抱く, 怪しむ；[すぐに] いらだつ, むっとする

mosqueo 男 不審；いらだち

mosquerío [moskerío] 男 蚊の大群, 蚊柱

mosquete [moskéte] 男 [昔の] マスケット銃

mosquetería 囡 マスケット銃兵隊

mosquetero 男 1) マスケット銃兵, 近衛騎兵：Los tres 〜*s* 『三銃士』. 2) [昔の劇場の] 平土間の立見客

mosquetón 男 短身の大口径銃；《登山》カラビナ

mosquita [moskíta] 囡 《鳥》ズグロムシクイ 〜 *muerta* 油断のならない人, 腹黒い人, 偽善者

mosquitero [moskitéro] 男 蚊帳(₍ₐ̃ᵒ)；網戸

mosquitera 囡 =mosquitero

mosquito [moskíto] 男 《英 mosquito》《昆虫》カ(蚊)：Me han picado los 〜*s*. 私は蚊に刺された

mostacera [mostaθéra] 囡 [食卓に置く] カラシ入れ

mostacero 男 =mostacera

mostacho [mostátʃo] 男 [時に 複] 口ひげ 《bigote》；[口のまわりなどの] 汚れ

mostajo [mostáxo] 男 《植物》ナナカマドの一種 《実は食用》

mostaza [mostáθa] 囡 《植物・料理》カラシ：polvo (pasta) de 〜 カラシ粉(練りカラシ). gas 〜 マスタード(イペリット)ガス

subirse 〜*+人 la* 〜 *a las narices* 《俗語》…が腹を立てる

mostellar [mosteʎár] 男 =mostajo

mosto [mósto] 男 [発酵前の] ブドウ搾り汁；[酒造用の] 果汁：〜 agustín 《菓子》フルーツケーキ

mostrador [mostraðór] 男 ❶ [バル・受付の] カウンター；[商品の] 陳列台(ケース). ❷ [時計などの] 文字盤

mostrar [mostrár] ㉘ 他 《英 show. ☞活用表》❶ 見せる, 示す：i) Me *mostró* sus últimas obras. 彼は最近の作品を見せてくれた. ¿Me podría 〜 las telas más finas? もっと上等の布を見せてくれませんか? ii) [提示] 〜 su carné al policía 警官に身分証明書を見せる. iii) [教示] *Muéstra*me cómo funciona la máquina. 機械の動かし方を見せてくれ. Quiere 〜me su habilidad. 彼は

M

上手なところを私に見せたがっている
❷ [感情などを] 表わす: *Mostraron* una gran alegría a vernos. 彼らは私たちに会って大喜びした. Sus facciones *muestran* cansancio. 彼の表情には疲労の色が表われている
◆ ~**se** ❶ 姿を見せる: El presidente *se mostró* a la muchedumbre. 大統領は群衆の前に現れた. ❷ [+主格補語. 態度などを] 見せる: *Se muestra* muy atento. 彼は行き届いた心づかいを示す. *Muéstrate* amable con ella. 彼女に親切にしてあげなさい. No *se muestra* muy inteligente. 彼はあまり知的でない

mostrar	
直説法現在	接続法現在
m*u*estro	m*u*estre
m*u*estras	m*u*estres
m*u*estra	m*u*estre
mostramos	mostremos
mostráis	mostréis
m*u*estran	m*u*estren

mostrenco, ca [mostréŋko, ka] 形 名 ❶ 《法律》bienes ~s 所有者のない(不明の)財産. ❷ 《軽蔑》愚鈍な〔人〕. ❸ 非常に太っている〔人〕

mota [móta] 女 ❶ [糸・布の] 節玉, 織りむら. ❷ ごく小さな破片(汚れ): Se me ha metido una ~ de polvo en el ojo. 目にほこりが入った. ❸ [主に 複] 水玉模様 [lunares]. ❹ ささいな欠陥(間違い). ❺ [平原にある, 自然・人工の] 小丘. ❻ [否定文で] 全然(…ない): No hace [ni] una ~ de aire. 風がまったくない. ❼ 《中南米》短い縮れ毛. 《中米》マリファナ

mote [móte] 男 ❶ あだ名 [apodo]: poner a+人 ~ …にあだ名をつける. ❷ 標語, モットー. ❸ [騎士の用いた] 標章, 盾の文言. ❹ 《南米. 料理》塩ゆでしたトウモロコシ

moteado, da [moteáðo, ða] 形 過分 [布が] まだらの(模様の); [皮膚が] 斑点のある

motear 他 《文語》まだらにする

motejar [motexár] 他 [+de と] 非難する, …呼ばわりする: Le *motejaron de* ingrato. 彼は恩知らずと決めつけられた

motel [motél] 男 《←英語》モーテル

motete [motéte] 男 《音楽》モテット 〖聖書を歌詞にした無伴奏の声楽曲〗

motilidad [motiliðáð] 女 《生理》固有運動性, 能動性

motilón, na [motilón, na] 形 名 ❶ 丸坊主の〔人〕, くりくり頭の〔人〕. ❷ 《軽蔑》修道士. ❸ indio ~ モティロネス族 〖コロンビアとベネズエラに住むインディオ〗

motín [motín] 男 [限られた範囲・地域での] 暴動, 騒動: ~ a bordo 船内の反乱

motivación [motiβaxjón] 女 動機, 動機づけ: No tiene ~ para estudiar. 彼には勉学の動機がない

motivar [motiβár] 他 ❶ …の動機(理由)になる; 口実を与える: i) Su tardanza en escribir *motiva* mi inquietud. 彼からの便りが遅いので

私は心配している. ii) [+a+不定詞] No hay nada que le *motive a* aceptarlo. 君がそれを受け入れる理由はまったくない. ❷ やる気を起こさせる, 発奮させる. ❸ 動機(理由)を説明する

motivo [motíβo] 男 《英 motive》❶ 動機, 理由, 目的; 口実: ¿Cuál es el ~ del viaje? 旅行の目的は何ですか? Tiene ~s para estar orgulloso de usted. 彼があなたのことを自慢するだけのことはある. No le des ~s para que te falte al respeto. 彼につけ込まれるような原因を作らないことだ. ser ~ de risa 物笑いの種になる. por ~s de salud 健康上の理由で. ❷ 《音楽・美術》主題, モチーフ; 絵柄 [~ decorativo・ornamental]; [広く] 題材: variaciones sobre un ~ de una conocida ópera 有名なオペラを主題にした変奏曲. tapices con ~s alegóricos 寓意的な絵柄のタペストリー. Fotografié todos los ~s que pude. 私は〔題材として〕おもしろそうなものはすべて写真に撮った

con ~ *de...* 1) …のために: Fuimos a Viena *con* ~ *de* un congreso. 私たちは会議に出席するためウィーンに行った. celebrar una fiesta *con* ~ *del* décimo aniversario 10周年を記念してパーティーを開く. 2) …の機会に: Se encontraron *con* ~ *de* una reunión. 彼らはある集会で会った

..., ~ *por el cual.../..., por cuyo* ~... …, それ故に: No pusimos póliza, ~ *por el cual* no nos admitieron la instancia. 我々は証紙を貼らなかったので, 誓願書を受理してもらえなかった

tener sus ~*s para...* …にはそれなりの理由がある: *Tengo mis* ~*s para* no ir. 私が行かないのはそれなりの訳があるからだ

moto [móto] 女 オートバイ 〖motocicleta の省略語〗: montar en la ~ オートバイに乗る. ir en ~ オートバイで行く. ~ acuática (náutica) ジェットスキー. ~ de nieve スノーモービル

como una ~ 《西. 口語》いらいら(そわそわ)した; 頭が変な, 興奮した; 性的に興奮した

moto- [接頭辞] [動力] *moto*cicleta オートバイ

motobomba [motoβómba] 女 消防車

motocarro [motokárro] 男 三輪トラック

motocicleta [motoθikléta] 女 オートバイ

motociclismo [motoθiklísmo] 男 オートバイ競技

motociclista 名 オートバイ運転者, ライダー

motociclo [motoθíklo] 男 [総称] 自動二輪車

motocross [motokrós] 男 モトクロス

motocultivo [motokultíβo] 男 機械化農業

motocultor 男 [小型の] 耕耘(ﾖﾗﾝ)機

motón [motón] 男 《船舶》滑車 [polea]

motonáutico, ca [motonáutiko, ka] 女 モーターボートレース(の); ジェットスキー

motonave [motonáβe] 女 [ディーゼルエンジン付きの] モーターナーブ

motoneta [motonéta] 女 《南米》スクーター, 原付二輪

motonieve [motonjéβe] 女 スノーモービル

motoniveladora [motoniβelaðóra] 女 ブ

ルドーザー, 地ならし機

motor[1] [motór] 男 〖英 motor〗❶ モーター, エンジン: poner el ～ en marcha エンジンをかける, モーターを回す. barco a ～ モーターボート. ～ de (de) reacción/～ 〔de propulsión〕 a chorro ジェットエンジン. ～ de explosión/～ de combustión 〔interna〕内燃機関. ～ eléctrico 電動機. ❷《比喩》原動力: ～ impulsor 推進力. el primer ～《哲学》第一動者, 神

motor[2] **, ra** [motór, ra] 形《女性形 motriz もある》発動の, 動力する 《女性形 motriz》原動力, 推進力. nervios ～*es* 運動神経. freno ～ エンジンブレーキ
◆ 女 モーターボート 〖lancha ～*ra*〗

motorbote [motorbóte] 男 モーターボート 〖motora〗

motorismo [motorísmo] 男 自動車レース; [特に]オートバイレース
　motorista 名 オートバイの運転者(レーサー); オートバイ警官〖～ de policía〗;《南米》〔自動車の〕運転手
　motorístico, ca 形 自動車(オートバイ)レースの

motorizar [motoriθár] 他 ❶ …に自動車を備える; 機械化する 〖mecanizar〗: tropa *motorizada* 機械化部隊. ❷〔機械・車に〕モーター(エンジン)を装備する
◆ ～se 自動車を保有する
　motorización 女 モータリゼーション; 機械化;《西》エンジンの仕様

motosegadora [motoseɣaðóra] 女 電動芝刈機

motosierra [motosjér̄a] 女 チェーンソー, 電動鋸

motoso, sa [motóso, sa] 形《南米》[髪が]カールした; [セーターに]毛玉ができた

motovelero [motobeléro] 男 エンジン付き帆船, 機帆船; 離陸用のエンジン付きグライダー

motricidad [motriθiðá(d)] 女 ❶《生理》運動機能; [運動時の]器官機能. ❷ 動力

motriz [motríθ] 形 motor の女性形

motu proprio [mótu própjo]《←ラテン語》自発的に, 「わが意思のもとに」と書かれた教皇親書

mousse [mús] 女《←仏語. 料理・化粧》ムース

mouton [mutón] 男《←仏語. 服飾》ムートン

movedizo, za [mobeðíθo, θa] 形 ❶ 可動の: paneles ～*s* 移動可能なパネル. ❷ 不安定な: arenas ～*s* 流砂. ❸ 気が変わりやすい; [子供が]じっとしていない

mover [mobér] 29 他 〖英 move. ☞ 活用表〗❶ 動かす: El vapor *mueve* la turbina. 蒸気がタービンを動かす. He *movido* de sitio el jarrón. 私は花瓶の位置を動かした. Tus palabras me *movieron* el corazón. 君の言葉に私は心を動かされた ❷ …の気持ちを動かす, かり立てる: i) Lo único que le *mueve* es el dinero. 彼を何かしようという気にさせるのはお金だけだ. ii) [+a に] Su desgraciada vida me *movió* a compasión. 彼の不幸な人生を思って私はつい同情してしまっ

た. ～+人 a lágrimas (a risa) …の涙(笑い)を誘う. [+a+不定詞] La pequeñez del sueldo le *moverá* a buscar otro empleo. 給料が安いので彼はほかの仕事を捜す気になるだろう ❸ [騒ぎなどを]引き起こす: ～ una guerra 戦争を引き起こす. ～ la curiosidad del vecindario 近所の人たちの好奇心をかき立てる. ～ un pleito contra+人 …に対して訴訟を起こす ❹ [事態を]進展させる, 展開を早める ❺《チェス》[駒を]動かす
◆ 自 ❶《チェス》駒を動かす, 一手指す. ❷ [+a に]かり立てる: ～ a compasión 同情を呼ぶ. ❸ [植物が]芽を出す. ❹《口語》[立ち去る]用意をする
◆ ～se ❶ 動く: Se *mueven* las hojas de los árboles. 木の葉が揺れている. Aquí no *se mueve* nadie sin mi permiso. 私の許可なしに誰もここを動いてはならない. ❷ 奔走(努力)する: Si no *te mueves*, la plaza será para otro. 君が手をこまねいていたら, そのポストは他の人に回されてしまうよ. ❸《口語》[主に命令形で]急ぐ: ¡*Muévete*! 急ぎなさい. ❹ [ある環境下で]何とかやっていく; しばしば出入りする: *Se mueve* muy bien entre la alta sociedad. 彼は上流社会で如才なくふるまっている. ❺ [気持ちが, +por に]動かされる: Él *se movía por* el dinero. 彼は金で動いていた. ❻ [海が]荒れ始める; [風が]強くなる

mover	
直説法現在	接続法現在
m*ue*vo	m*ue*va
m*ue*ves	m*ue*vas
m*ue*ve	m*ue*va
movemos	movamos
movéis	mováis
m*ue*ven	m*ue*van

movible [mobíble] 形 ❶ 動かせる, 可動性の; 移動できる. ❷ 不安定な, 変わりやすい: carácter ～ 移り気な性格

movida[1] [mobíða] 女 ❶《西. 口語》[無秩序で]活気ある[遊び, おもしろさ];[文化的な]活動;[事件などによる]騒ぎ, 混乱: En provincias no hay mucha ～. 田舎にはおもしろいことがあまりない. ～ electoral 選挙騒ぎ. ❸《チェス》駒を動かすこと, 手

movido, da[2] [mobíðo, ða] 過分 ❶ 動かされた: ～ de (por) piedad 慈悲心にかられて. ❷ 活発な, 落ち着きのない: niño muy ～ じっとしていない子供. ❸ 忙しい: He tenido una mañana muy ～*da*. せわしない朝だった. ❹ [海などが]荒れ模様の. ❺ [場面などが]にぎやかな, あわただしい. ❻《写真》ぶれた, ピンぼけの

móvil [móbil] 形 ❶ 動く, 移動(可動)性の; 機動性のある: biblioteca ～ 移動図書館. contacto ～《電気》可動接触子. carga ～ 移動荷重. ❷ [estar+]不安定な, 変わりやすい 〖movible〗: precio ～ 不安定な価格
◆ 男 ❶《文語》[+de 犯罪など]動機, 理由; 原動力: ¿Cuál fue el ～ del crimen? 犯行の

動機は何だったのか? ～ oculto 秘められた動機. ❷ 印紙, 証紙 〖timbre ～〗. ❸ 携帯電話. ❹ 《美術》モビール

movilidad [moβiliðá(ð)] 囡 ❶ 運動性, 可動性: perder la ～ de ambas piernas 両脚が動かなくなる. ❷ 変わりやすさ: No puedo soportar su ～ de los sentimientos. 彼のお天気屋的なところが私は我慢できない

movilizar [moβiliθár] 囮 他 〖軍隊などを〗動員する; 〖兵を〗召集する: ～ a los reservistas 予備役を召集する. ～ todas sus influencias para… …のために全影響力を使う

◆ ～se 奔走する, 努力する

movilización 囡 動員: ～ general 総動員

movimiento [moβimjénto] 男 〖英 movement〗 ❶ 動き. i) 〖物体の〗運動: ～ continuo (perpetuo) 永久運動. ～ de olas 波の動き. ～ de tierras/～ sísmico 地震. ～ de traslación 天体の運行. ii) 〖体の〗動き, 動作: Es excesivo el ～ de sus caderas al andar. 彼女は歩く時お尻を振りすぎる. ser torpe en sus ～s 動作が鈍い. iii) 〖感情の〗動き; 動揺, 衝動: Nunca he observado en él el ～ de compasión. 彼が人に同情するのを私は一度も見たことがない. ～ del ánimo 心の動揺. iv) 変動, 変化: ～ de una cuenta corriente 当座預金の動き. ❷ 移動; 往来: ～ de capital (de la población) 資本(人口)の移動. ～ del personal 人事異動. Hay mucho ～ en las calles. 通りは大変な人出だ. Esta estación (tienda) tiene mucho ～. この駅は乗降客が多い(この店は客が取引繁し). ～ de un puerto 港の出入り(貨物取扱量). ～ en un hotel ホテルの利用客(の多さ). ～ máximo 交通量のピーク. ❸ 〖社会的・芸術的な〗運動: i) ～ revolucionario 革命運動. ～ militar 軍部の反乱. ～ literario 文学運動. ii) 〖M～〗国民運動 〖フランコ体制下の単一政党. M～ Nacional〗. ❹ 〖主に商品などの〗勢い, 活気. ❺ 〖音楽〗進行; テンポ; 楽章: 1er ～ 第 1 楽章. ❻ 〖美術〗動き, 動的効果. ❼ 〖チェス〗手. ❽ 〖建築〗〖基礎部分の〗ゆがみ, ずれ. ❾ 〖植物〗運動: ～ nástico 傾性運動

estar en ～ 動いて(活動している): Está en ～ toda la policía. 警官全員が出動している

poner… en ～ …を動かす

ponerse en ～ 奔走する, 努力する; 動き出す

moviola [moβjóla] 囡 《商標》ムービオラ 〖編集用の映写装置〗; 《テレビ》即時再生, リプレイ

moxa [m5(k)sa] 囡 灸(⁰⁹); もぐさ

moxibustión 囡 灸療法

moxte [m5(k)ste] 男 ☞sin decir **oxte** ni **moxte**

moyuelo [mojwélo] 男 〖粉状の〗ふすま, 穀粉

mozalbete [moθalβéte] 男 子供; 《軽蔑》がき

mozambiqueño, ña [moθambikéɲo, ɲa] 形 名 《国名》モザンビークの(人)

mozárabe [moθárabe] 形 名 《歴史》モサラベ(の) 〖国土回復運動の時代にイスラム教徒の治下に混住したキリスト教徒〗: cultura ～ モサラベ文化 〖☞写真〗. ◆ 男 モサラベ語

mozo, za [móθo, θa] 形 若い; 独身の: en sus años ～s 若いころに

◆ 名 ❶ 青年, 若者, 少女 〖chico, muchacho〗: buen (real) ～ 立派な若者 〖背が高く健康そうな若者〗. guapo ～ (guapa *moza*) 〖健康美の〗美青年(少女) 〖繊細な・洗練された美ではない〗. ❷ 下級の使用人: ～ de almacén 倉庫番. ～ de carga 〖市場などの〗荷おろし人夫. ～ de cordel (de cuerda・de esquina) ポーター, 人足. ～ de escuadra 〖カタルーニャの〗警官. ～ de cuadra (de espuela) 馬丁, 厩務員. ～ de estación 赤帽. ～ de estoques 〖闘牛〗マタドールの付き人. ～ de labranza 農場労働者, 作男. *moza* de cántaro 水汲み女; 粗野な女. ❸ 〖主に南米〗ボーイ, メード, ウエーター, ウエートレス 〖camarero〗. ❹ 《西》新兵

mozzarella [motsaréla] 囡 《←伊語》モッツァレラチーズ

M.S. 《略語》←manuscrito 写本

mstr. 《略語》←muestra 見本

mu [mú] 圓 〖牛の鳴き声〗モー

no decir ni ～ 《口語》うんともすんとも言わない

mua [mwá] 圓 〖キスの音〗チュッ

muaré [mwaré] 男 〖繊維〗モアレ, 波文織り

mucamo, ma [mukámo, ma] 名 《中南米》召使, 家政婦 〖sirviente〗; 〖ホテルの〗メード

muceta
roquete

muceta [muθéta] 囡 〖高位聖職者などが着る〗小ケープ 〖☞カット〗

muchachada [mutʃatʃáða] 囡 子供っぽい言動; 集合 子供たち

muchacho, cha [mutʃátʃo, tʃa] 名 〖英 boy, girl〗少年, 少女 〖主に 18 歳まで. 時に幼児・乳児を指す〗; 青年, 若者 〖時に 30 歳位まで使われる〗: i) No quise estudiar de ～. 私は少年時代は勉強が嫌いだった. Es un gran ～. 彼は立派な若者だ. ii) 〖ｷﾞに呼びかけて, かなりの年齢の人まで〗 ¡Adelante, ～s! 諸君, 前進!

◆ 名 お手伝いさん 〖～ de servicio〗

muchedumbre [mutʃeðúmbre] 囡 集合 〖英 crowd〗 ❶ 群衆; 人混み, 雑踏: En la estación esperaba su llegada una gran ～. 駅では大群衆が彼の到着を待っていた. Hay una ～ en los almacenes. デパートはすごい人出だ. ❷

多数：una ～ de pájaros (árboles) たくさんの鳥(木)

mucho, cha [mútʃo, tʃa] 形 〖英 much, many. poco〗[＋名詞] i) たくさんの, 多くの：Aquí se bebe *mucha* cerveza. ここではビールがたくさん飲まれる〖副詞的に訳すことが多い. 副詞を使って Aquí se bebe cerveza *mucho*./Aquí se bebe *mucho* cerveza. とは通常言わない〗. A causa de mis *muchas* tareas no pude llamarte. 私は用事が色々あったので君に電話できなかった. Las víctimas eran *muchas*. 犠牲者は多数だった〖ser＋ではあまり使われない. 普通は Hubo *muchas* víctimas.〗. Es ～ lo que hay que preparar para la fiesta. 祭りのために準備しなければならないことがたくさんある. *M*～s pocos hacen un mucho.《諺》塵(ちり)も積もれば山となる. ii) [否定文で] あまり(それほど)(…ない)：No tiene ～ trabajo. 彼はあまり仕事がない. iii) [no＋] ごくわずかの：No ～ días después del terremoto se restauró el servicio del metro. 地震が起きてわずか数日で地下鉄は復旧した. iv)《口語》[＋単数名詞. 主にいやなものについて] Aquí hay ～ turista. 観光客がうようよしている

❷ [程度] 大変な, 大きい；すばらしい：Hace ～ calor. 非常に暑い(寒い). *M*～ deporte puede resultar peligroso. 激しい運動は危険なことがある. Es *mucha* su responsabilidad en este asunto. この件でのあなたの責任は重大です. Ésta es *mucha* casa para usted. この家はあなたには大きすぎる. Es *mucha* mujer para él. 彼女は彼にはもったいない. Es ～ papá su papá! いいお父さんだね, 彼のお父さんは! ¡Es *mucha* mujer! 何という女だ!

～ es que＋接続法 …なんておかしい, …なんてありえない

no es ～ decir que＋直説法 …と言っても言い過ぎではない

ser ～ 重要人物である；桁外れである

si no es ～ pedir… もし無理なお願いでなければ…

◆ 代 〖不定代名詞〗多くの人(物)：*M*～s de los presentes estaban conformes. 出席者の多くが賛成していた. *M*～s quieren vivir aquí. 大勢の人がここに住みたがっている. Tengo ～ de eso. 私はそれをたくさん持っている. Todavía me queda ～ por hacer. まだ私にはやらなければならない事がたくさん残っている

tener ～ de aquí [頭を指しながら] 頭がいい

◆ 副 ❶ 多く；大変, 非常に：i) ¿Te gustó?—Sí ～. 気に入ったかい?—ええ, とても. ¿Vas al fútbol? サッカーはよく見に行きますか? comer ～ たくさん食べる. correr ～ 速く走る. trabajar ～ 一所懸命働く. ～ antes ずっと以前に. ～ después ずっと後に. ii) [否定文で] あまり(それほど)(…ない)：No trabajó ～. 彼はあまり働かなかった

❷ 長い間, 久しく：Hace ～ que no la veo. 私は彼女に長い間会っていない. quedarse ～ 長時間とどまる

❸ [＋比較級] はるかに, ずっと〖☞muy 参考〗：Hoy hace ～ más frío que ayer. 今日は昨日よりはるかに寒い. Estas casas son ～ más nuevas que ésa. これらの家はそれよりずっと新しい. ～ menos ずっと少ない. ～ mejor ずっといい. ～ peor ずっと悪い. 〖参考〗mucho が más･menos＋名詞 に先行する場合, mucho はその名詞の性数に一致して形態的に形容詞になる：Tiene *muchos* más libros que yo. 彼は私よりずっとたくさんの本を持っている. mayor･menor･mejor･peor＋名詞 の前では mucho は副詞として語尾変化しない：Miramos hacia el futuro con *mucho* mayor cautela que antes. 私たちは以前よりはるかに用心深く未来を見る〗

como ～ 多くても, せいぜい：Ganaré *como* ～ diez mil pesetas. 私はせいぜい1万ペセタ稼ぐだけだろう

con ～ [他と比べて] はるかに, ずっと；余裕をもって, 楽々と：Es *con* ～ la más simpática. 彼女は抜群にすてきな人だ

cuando ～ ＝como ～

en ～ 大幅に, はるかに

los ～s que＋直説法 …する人はみんな

¡～!/¡～, ～!/¡～ que sí! そのとおり／ごもっとも!：Le voy a reprender.—¡*M*～! ¡～! 彼を叱ってやろう. —そうだ, そうだ!

muy《口語》[mucho の強調] Te guardarás *muy* ～ de salir sin mi permiso. 私の許可なしに絶対外へ出てはいけない

ni con ～ それどころではない, とても…どころではない：No es, *ni con* ～, tan generoso como su hermana. 彼はお姉さんのように寛大というわけではまったくない

ni ～ menos それどころではない, 正反対だ：No es pobre, *ni* ～ *menos*. 彼は貧乏ではない. それどころかまったった逆だ

ni ～ ni poco/ni poco ni ～ いささかも(…ない)

no es para ～ [値うちが] 大したことはない

por ～ que＋接続法 ☞por

tener… en ～ …を高く評価する, 尊敬する

mucílago [muθílaɣo] 男 [植物性の] 粘着物, 粘液

mucilaginoso, sa 形 粘液質の, 粘着性の

mucílago 男 ＝mucílago

mucosidad [mukosiðá(ð)] 女 [粘膜から分泌する] 粘液；[特に] 鼻粘液, 鼻汁

mucoso, sa [mukóso, sa] 形 粘液(性)の；粘液を分泌する

◆ 女 粘膜 [membrana ～*sa*]：～sas nasales 鼻の粘膜

múcura [múkura] 女《南米》素焼きの水つぼ

muda[1] [múða] 女 ❶ [羽毛の] 抜け替わり；脱皮；抜け殻. ❷ 声変わり [～ de la voz]. ❸ 替えの下着[ひとそろい]：llevarse dos ～s para el viaje 下着の替えを2回分旅行に持って行く

mudable [muðáβle] 形 変わりやすい：tiempo ～ 変わりやすい天気. carácter ～ 気の変わりやすい性格

mudada [muðáða] 囡《中南米》=**muda** ❸

mudanza [muðánθa] 囡 ❶ 引っ越し: hacer la ~/estar de ~ 引っ越しする. camión de ~s 引っ越し用トラック. casa de ~s 引っ越し業者. ❷［羽毛の］抜け替わり; 脱皮〖muda〗. ❸［ダンスの］一連の動作, フィギュア. ❹ 圏 移り気, 心変わり

mudar [muðár] 他 ❶ 変える〖cambiar〗: i) ~ el color de las paredes 壁の色を変える. ~ la cama シーツを取り替える. El chico ya *ha mudado* la voz. 少年はもう声変わりした. ii)［+de］Las desgracias le *han mudado* de carácter. 不幸が重なって彼の性格は変わった. iii) 着替えさせる: Al nene le *mudan*〔de vestido〕varias veces al día. 赤ん坊は日に何回も着替えさせてもらう. iv)［動物が］~ la piel 脱皮する. ~ las plumas 羽が生え変わる. ❷［+a に］移動させる: ~ a+人 a otra sección …をほかの課へ転属させる. Le *mudaron* de oficina. 彼は転勤させられた.

◆ 圓［+de が］変わる: Su cara *mudó de* color al ver la foto. 写真を見て彼の顔色が変わった. ~ de gustos 趣味が変わる. ~ de opinión 意見が変わる. ~ de pluma 羽毛が抜け替わる. ~ de piel 脱皮する. ~ de hoja 新しい葉に変える. ~ de domicilio 移転する. ~ de asiento 別の席に移る

◆ ~**se** ❶［+en に］変わる: *Se ha mudado* la alegría en tristeza. 喜びが悲しみに変わった. ❷ 着替える. ❸ 移動する: ~*se* de casa 引っ越す. ~*se* a un piso más grande もっと広いマンションに引っ越す. ❹ 声変わりする

mudéjar [muðéxar] 形 囷《歴史》ムデハル(の)〖国土回復運動の時代にキリスト教徒の支配下になった土地に住んだイスラム教徒〗: arte ~ ムデハル美術

mudez [muðéθ] 囡 ❶ 口が不自由なこと;《医学》無言症. ❷ 無言, 沈黙: persistir en su ~ 無言のままでいる; 黙秘する

mudo, da² [múðo, ða] 形 ❶［ser+］口の不自由な: Era ~ de nacimiento. 彼は生まれつき口がきけなかった. ❷［estar+］無言の: Permaneció ~ durante la reunión. 彼は会議の間じゅう黙っていた. quedarse ~ de asombro 驚きのあまり声が出ない. ~ como un muerto (una tumba) 押し黙った. ❸ personaje ~〔せりふのない〕端役; だんまり役. escena *muda* 無言劇. letra *muda*《文法》無音文字〖スペイン語では h, qu の u〗

◆ 图 口が不自由な人

mueblaje [mweßláxe] 囷 =**mobiliario**

mueble [mwéßle] 囷《英 furniture》［動かすことのできる］家具, 調度, 備品: habitación con ~s de alquiler 家具付きの貸し間. ~ bar［可動式の］サイドボード. ~ cama ユニット式折畳みベッド

◆ 形《法律》可動の: bienes ~s 動産

mueblería [mweßlería] 囡 家具店(工場)

mueblista [mweßlísta] 图 家具商(製造者)

mueca [mwéka] 囡［からかったりする］おどけ顔; しかめ面(％), 渋面: hacer ~s a... …にお

どけて見せる; しかめ面をする. Hizo una ~ de dolor. 彼は痛みで顔をゆがめた

muecín [mweθín] 囷［イスラム教寺院の］祈禱時刻を知らせる僧

muela [mwéla] 囡 ❶ 歯;［特に］臼歯, 奥歯: Tengo dolor de ~s. 私は歯が痛い. A mi niño le están saliendo las ~s./Mi niño está echando las ~s. 私の子は歯が生えかけている. ~ del juicio(~ cordal 親しらず. ~ postiza 義歯, 入れ歯. ❷ 碾石(⅟₋); 砥石(⅟₋). ❸［回転式の］砥石(⅟₋). ❹［頂上が平らな］切り立った丘

estar que echa las ~s 激怒している

no hay ni para una ~ ほとんど食べるものがない

rebajar a la ~ 虐げる, 圧迫する

muellaje [mweʎáxe] 囷 桟橋使用料

muelle [mwéʎe] 形 ❶ 柔らかい, ふわふわした: asiento ~ 柔らかい座席. ❷ 快適な, 安楽な: llevar una vida ~ 恵まれた(何の苦労もない)生活を送る

◆ 囷 ❶ ばね, スプリング; ぜんまい: colchón de ~s スプリングマットレス. ~ antagonista (de retorno) 引き戻しばね. ~ real 時計のぜんまい. ❷ 桟橋, 埠頭; 波止場: arrimar el barco al ~ 船を桟橋につける. en el ~《商業》岸壁渡し. ❸［貨物用の］プラットホーム. ❹《服飾》sombrero de ~s オペラハット

muenda [mwénda] 囡《南米》殴打; 鞭打ち

muer- ☞ **morir** ③④

muérdago [mwérðaɣo] 囷《植物》〔オウシュウ〕ヤドリギ〖クリスマス飾りに用いられる〗

muerdo [mwérðo] 囷 ひと口〖mordisco〗;《戯語》キス〖beso〗

muérgano/muergo [mwérɣano/-ɣo] 囷《貝》マテガイ

muermo [mwérmo] 囷 ❶［馬などの病気〗鼻疽(⅟₋). ❷《西. 口語》沈滞, 退屈;［麻薬の効果に似た］眠気, だるさ: ¡Qué ~ de fiesta! 何てつまらないパーティーだ!

muerte [mwérte] 囡〖英 death. ↔ vida〗 ❶ 死: estar entre la vida y la ~ 生死の境をさまよう. ser una cuestión de vida o ~ 死活問題である. morir de ~ natural 自然死を遂げる. ~ cerebral 脳死. ~ civil 公民剥奪. ~ clínica 臨床死. ~ de cuna 揺りかご死. ~ dulce 苦しくない死. ~ por exceso de trabajo 過労死. ~ súbita《文語》急死, 突然死;《サッカー》Vゴール;《テニス》タイブレーク;《ゴルフ》サドンデス. ~ violenta［殺人・事故などによる］変死, 非業の死 ❷ 破滅, 終焉(⅟₋): ~ de un amor 愛の破局. ~ de un imperio 帝国の滅亡. ~ de un traje 服の寿命が切れること ❸［主に la M~］死神: tener sobre sí la mano de la ~ 死神に取りつかれている ❹ 殺人〖homicidio〗: hacer una ~ 殺す. acusar de tres ~s 3件の殺人罪で起訴する *a* ~ 死ぬまで; 死ぬほど, ひどく: desafiar *a* ~ 決死の覚悟をする. luchar *a* ~ 死闘する, とことん戦う. combate (guerra) *a* ~ 死闘, 死闘.

golpear *a* 〜 殴り殺す. odiar *a* 〜 ひどく毛嫌いする

a vida o 〜/a 〜 o vida 生きるか死ぬかの: operación *a vida o* 〜 生死をかけた手術

dar 〔*la*〕 〜 *a*+人 …を殺す

de mala 〜《軽蔑》取るに足りない, 程度の落ちる: restaurante (sueldo) *de mala* 〜 ひどい安食堂(低賃金). pueblo *de mala* 〜 どうということのない(将来性のない)田舎町

de 〜《口語》非常に大きい: Me llevé un susto *de* 〜. 私は腰を抜かすほどびっくりした

debatirse (luchar) con la 〜 断末魔の苦悶に長く耐える

estar a 〔*las puertas de*〕 *la* 〜 今にも死にそうである, 死にかけている

hasta la 〜 死ぬまで, いつまでも

herir de 〜 致命傷を負わせる

ser una 〜〔事柄が〕つらい, 重荷(面倒)である: Para ella las faenas domésticas *eran una* 〜. 彼女にとって家事は苦痛だった

tomarse la 〜 *por su mano* 自殺する

muerto, ta [mwɛ́rto, ta] 形 過分 〖英 dead. ↔vivo. →morir〗

❶ [estar+] 死んだ;〔植物が〕枯れた: Han encontrado en el bosque un hombre 〜. 森の中で男の死体が見つかった. dar por 〜 *a*+人 …を死んだものと思う(見なす). cuerpo 〜 死体;《船舶》係留ブイ. nacido 〜 死産の. árbol 〜 枯れ木

❷ 生気のない, 死んだような; 活動していない: ciudad 〜*ta* さびれた町. color 〜 くすんだ色

❸〔誇張. +de で〕死にそうな;《口語》疲れ果てた, くたくたの: estar 〜 *de* sed (*de* risa) 喉がからからである(おかしくてたまらない). Trasnochar me deja 〜. 徹夜して私はくたくただ

❹ [+por が] 欲しくて(好きで)たまらない

❺《文語》[人が] 殺される: Los narcos fueron 〜s a tiros. 麻薬密売人たちが射殺された

◆ 名 死者, 故人: En el accidente hubo siete 〜s. 事故で死者が7人いた. resucitar de entre los 〜s 死者のうちから蘇る. El 〜 al hoyo y el vivo al bollo.《諺》故人のことをいつまで思い出しても仕方がない/遺された者はせいぜい人生を楽しむべきだ

◆ 男 ❶《口語》やっかい(不愉快)な仕事, 貧乏くじ: tocar a+人 el 〜/echar a+人 el 〜 …というような役目が…に回ってくる. ❷ 圏〔ある人の〕死んだ家族(仲間)たち: Lo juro por mis 〜s. 死んだ家族にかけて誓うよ. ❸《トランプ》ダミー

caer 〜 死ぬ

callarse como un 〜〔貝のように〕黙り込む; 秘密を漏らさない: Cuando se enfada *se calla como un* 〜. 彼は怒ると一言もしゃべらなくなる

cargar a+人 〔*con*〕 *el* 〜/echar a+人 *el* 〜《口語》…にぬれぎぬを着せる; 貧乏くじを引かせる, いやな役目を押しつける

doblar a 〜 弔鐘が鳴る

endosar los 〜s *a*+人 …にうまく売りつける

estar (quedarse) más 〜 *que vivo*〔恐怖で〕生きた心地がしない

hacer el 〜 水面にあお向けに浮く

hacerse el 〜 死んだふりをする

levantar un 〜《口語》賭け金をくすねる

medio 〜《時に誇張》今にも死にそうな; 疲れ果てた: dejar *a*+人 *medio* 〜 *de una paliza* …を殴って半殺しの目に会わせる. estar *medio* 〜 *de hambre* 腹べこで死にそうである

〜 *de hambre*《軽蔑》飢餓線上の, 極貧の〔人〕; 哀れな〔やつ〕

ni 〜 死んでも〔…しない〕

ni 〜 *ni vivo*〔捜しても〕どこにも〔…ない〕: No aparece *ni* 〜 *ni vivo*. 彼はまったく行方がわからない

no tener donde caerse 〜《口語》素寒貧で貧しい

punto 〜 1)《機械》死点;《自動車》ニュートラル. 2)〔交渉の〕行きづまり, デッドロック: Las negociaciones han llegado a un *punto* 〜. 会談は行きづまっている

quedarse como un 〜 何も言わない, 反論しようとしない

quedarse 〜 呆然とする

tus 〜s《俗語》〔不快・怒りの返答〕とんでもない, 冗談じゃない

muesca [mwéska] 女 ❶〔端の〕切り込み;《技術》柄穴〔溝〕: 〜 de flecha 矢筈. ❷ 割れ目, 傷: 〜 en la tabla 板のひび

muestra [mwéstra] 女〖←mostrar〗❶ [商品などの] 見本, サンプル; [習字・手芸などの] 手本: La casa le manda las 〜s de sus productos. 当社製品の見本をお送りいたします. feria de 〜s 見本市. 〜 del punto 編み物のお手本. piso de 〜 モデルルーム. ❷ 少量: Póngame muy poco pastel, sólo una 〜. ケーキは少しだけにしてください. ほんの少しで結構です. ❸ 証拠, あかし; [感情などの] 表われ: Eso es〔la·una〕〜 de que no tenía ganas de venir. それが彼が来たくなかった証拠だ. Mis palabras son una 〜 de apoyo. 私の言葉は支持の態度を表明するものである. Quiere dar al mundo una 〜 de su poder. 彼は世の中に自分の力を示そうとしている. hacer un regalo como una 〜 de cariño 愛の印として贈り物をする. ❹ [店の入り口の] 看板〔☞写真〕. ❺ 生(⁹)り始めの果実: Hay mucha 〜 de uva. ブドウがたくさん実を付け始めている. ❻〔検査用の〕試料;《統計》標本, サンプル. ❼ [メーカー名などの入った] 布地の耳, 織り端. ❽ 展示会, フェア. ❾ 猟犬が獲物を発見して立ち止まること

dar 〜s *de…* …を表わす: No *daba* 〜s *de cansancio*. 彼は疲れの色を見せなかった

muestrario [mwestrárjo] 男 ❶ 集名 見本；～ de colores 色見本. ～ de telas 生地見本. 〔戯画〕まちまちなもの: Pusieron en la mesa un ～ de vasos. ありあわせの様々なコップがテーブルにずらりと並べられた

muestreo [mwestréo] 男 《統計》サンプリング, 標本抽出: método de ～ サンプリング法

mueva-, mueve- ☞mover 29

MUFACE [mufáθe] 女 《西. 略語》←Mutualidad General de Funcionarios Civiles del Estado 国家公務員共済組合

mufla [múfla] 女 《窯の中の》間接加熱室；〔加熱用の〕土皿

muflón [mufl5n] 男 《動物》ムフロン『野生のヒツジの一種』

muftí [muftí] 男 《イスラム教》ムフティ『戒律・教義上の問題を裁く法学者』

mugir [muxír] 4 自 ❶ 〔牛が〕鳴く. ❷ 〔牛のように〕怒号する: Muge el viento. 風がゴーゴーとうなり声を立てている. ～ de dolor 苦痛にうめく

mugido 男 牛の鳴き声；怒号

mugre [múgre] 女 〔脂ぎみた〕垢(_{あか})；〔衣服の〕汚れ；〔台所などの〕油汚れ: piel llena de ～ 垢だらけの皮膚

mugriento, ta [mugrjénto, ta] 形 垢だらけの, ひどく汚れた

mugrón [mugrón] 男 〔ブドウの〕取り木する枝；〔一般に〕新芽

mugroso, sa [mugróso, sa] 形 《南米》＝mugriento

muguete [mugéte] 男 《植物》スズラン

muguet 男 《南米》＝muguete

mui [mwí] 口 《boca》
irse de la ～ 話す

mujer [muxér] 女 《英 woman, wife》❶ 〔主に成人 (18 歳以上) の〕女, 女性 〔↔hombre〕: i) Es una ～ muy simpática. 彼女はとても感じのいい女性だ. vestido de ～es 婦人服. ii) 〔+固名格詞〕～ orquesta 〔仕事も家事もこなす〕超人的な女性. ～ policía 婦人警官. ～ taxista 女性タクシー運転手. iii) ～ trabajadora 女性労働者. iii) ～ de bandera (de tronío) 魅惑的な女. ～ de la vida/～ de vida airada (alegre) 〔婉曲〕売春婦. ～ de mala vida (de mal vivir・de mala nota・del punto・mundana・perdida) 売春婦. ～ de su casa 家事の好きな女. ～ galante 尻軽女, 身持ちの悪い女. ～ pública 《古語》売春婦. iv) 《諺》La ～ honrada, la pierna quebrada y en casa. 貞淑な女性は外を出歩いたりしないものだ. M～ enferma, eterna. いつも病気を訴える女は長生きする ❷ 成人した, 一人前の女: Las ～es de los pueblos llevan todavía pañuelo en la cabeza. 村の婦人たちはいまだにスカーフをかぶっている. Está hecha una ～. 彼女は一人前の女性になった

tu ～. 昨日君の奥さんに会ったよ. mi futura ～ 私の将来の妻. tomar ～ 〔男が〕結婚する. tomar a+人 por ～ …を妻にする. ～ golpeada (maltratada) 夫からしばしば暴力を受ける妻 ❹ 下働きの女: ～ de la limpieza 掃除婦. ～ de gobierno 家政婦 ❺ 《主に西》〔間投詞的. 女性に対する呼びかけ・驚きなど〕¡M～, no llores tanto! ねえ, そんなに泣かないで

de ～ a ～ 女同士が対等の立場で
～ objeto 物〔性的対象〕としての女性: Aquéllas son ～es objeto. あの女たちは性を売り物にしている

◆ 形 ❶ 女らしい；グラマーな: Es muy ～. 彼女はいかにも女性らしい. ❷ 〔ser+〕初潮を迎えた；成人した: Tiene dos hijas ya ～es. 彼には もう大きい娘が2人いる

mujerero [muxeréro] 男 《中南米》女好きな男 『mujeriego』

mujeriego, ga [muxerjégo, ga] 形 〔女好きな〕男, 漁色家〔の〕
a ～gas/a la ～ga 《馬術》横座りで

mujeril [muxeríl] 形 〔主に欠点について〕女性〔特有の〕: habladurías ～es 女たちのおしゃべり

mujerío [muxerío] 男 集名 《時に軽蔑》女たち: ¡Qué ～ aquí! ここには何と大勢の女性がいるのだろう!

mujerona [muxeróna] 女 〔中年の〕たくましい(太った) 女性

mujer-rana [muxér r̃ana] 女 女性ダイバー

mujerzuela [muxerθwéla] 女 《軽蔑》あま, 女；売春婦

mujik [muxík] 男 〔帝政ロシアの貧しい〕農民

mújol [múxol] 男 《魚》ボラ

mula [múla] 女 ❶ 雌のラバ: ～ de paso 乗用のラバ. ❷ 〔ローマ教皇の〕白いスリッパ. ❸ 《中南米》フォークリフト；《中米》売れない商品
devolver la ～ 《中米》仕返しをする, 復讐する
en la ～ de San Francisco 徒歩で
hacer la ～ 《口語》仕事に不平を鳴らす
irse a+人 la ～ …がうっかり口をすべらせる
ser la ～ de carga 他人の仕事で背負い込む
ser terco (tozudo) como una ～ ひどく頑固である
ser una ～ 《口語》ひどく間抜け(頑固)である

muladar [muladár] 男 《比喩》ごみため, むさ苦しい場所

muladí [muladí] 形 名 《複》～[e]s 《歴史》ムラディー〔の〕『国土回復運動の時代にイスラム教に改宗したスペイン人』

mular [mulár] 形 ❶ ラバの. ❷ 《魚》pez ～ ネズミイルカ

mulato, ta [muláto, ta] 形 名 黒人と白人の混血の〔人〕, ムラート；〔皮膚の〕浅黒い
◆ 男 《中南米》〔暗黒色の〕銀鉱石

mulero[1] [muléro] 男 〔ラバの〕馬子引き

mulero[2], ra [muléro, ra] 形 名 《南米》嘘つき

muleta [muléta] 女 ❶ 松葉杖: andar con ～s 松葉杖を突いて歩く. ❷ 〔主に〕複 支え, 助

け: No sabe hacer nada sin ～s. 手伝ってもらわないと彼は何もできない。 ❸《闘牛》ムレータ〖棒に赤い布をつけたもの。☞matador カット〗
muletazo 男 ムレータさばき
muletear 他 ムレータであしらう

muletilla [muletʎa] 女 ❶ 口癖〖合いの手の、意味のない〗はさみ言葉, 冗語。 ❷《服飾》トッグルボタン〖ダッフルコートなどに用いられる棒状のボタン〗。 ❸ 撞木(しゅもく?)形握りの杖。 ❹[昔の闘牛の] 小型のムレータ

muletón [muletón] 男《織維》メルトン

mulillas [mulíʎas] 女 複《闘牛》死んだ牛馬を引くラバ

mulita [mulíta] 女《南米》アルマジロ; ミズスマシ

mullido, da [muʎíðo, ða] 形 過分 柔らかい: ～da hierba 柔らかい草
◆ 男[ふとん・ソファーなどの] 詰め物
◆ 女[家畜の] 寝わら

mullir [muʎír] 21 他《既分 mullendo》柔らかくする: ～ la lana de un colchón ふとんの打ち直しをする。 ～ la tierra 土をほぐす。 ～ los campos con la azada 鍬で畑を耕す

mulo [múlo] 男 ❶《動物》ラバ。 ❷ 辛抱強い人; よく働く人; 頑健な人. ❸ 粗野な人, けだものような人.
estar hecho un ～《西》非常に力が強い
trabajar como un ～ わき目もふらずに働く

mulso, sa [múlso, sa] 形 蜂蜜(砂糖)を混ぜた

multa [múlta] 女 罰金(刑); 交通違反の切符(ステッカー): Me pusieron una ～ de tres mil pesetas porque mi coche estaba mal aparcado. 私は駐車違反で3千ペセタの罰金に処せられた. pagar una ～ 罰金を払う

multar [multár] 他 …に罰金を科する: ～ a+人〔en•con〕mil pesetas …に千ペセタの罰金を科する

multi- 〈接頭辞〉[多] *multi*nacional 多国籍の, *multi*color 多彩色の

multiacceso [multja(k)θéso] 男《情報》マルチアクセスの

multiarea [multjárea] 女《情報》マルチタスキング

multicanal [multikanál] 形《放送》マルチチャンネルの

multicapa [multikápa] 形 多層の

multicelular [multiθelulár] 形《生物》多細胞の

multicine [multiθíne] 男 マルチスクリーンの映画

multicolor [multikolór] 形 多色の; 多彩な配色の

multicopista [multikopísta] 女 複写機, コピー機〖(foto)copiadora〗
multicopiar 10 他 コピーする

multicultural [multikulturál] 形 多文化的な

multidimensional [multiðimensjonál] 形 多次元の

multidireccional [multiðirε(k)θjonál] 形

多角的な

multidisciplinario, ria / multidisciplinar [multiðisθiplinárjo, rja/-nár] 形 多くの専門分野に渡る, 学際的な

multifacético, ca [multifaθétiko, ka] 形 多くの側面を持つ

multifamiliar [multifamiljár] 形 複数家族の

multiforme [multifórme] 形 多形の; 多〔方〕面の

multifuncional [multifunθjonál] 形 多機能の

multigrado, da [multigráðo, ða] 形《自動車》aceite ～ マルチグレードオイル

multilaminar [multilaminár] 形 madera ～ 合板

multilateral [multilaterál] 形 多面的な, 多角的な;《政治》多数の国が参加する: acuerdo ～ 多国間協定
multilateralizar 9 他 多面化(多角化)する; 多国化する

multilingüe [multilíŋgwe] 形 多言語の, 多言語を話す

multimedia [multiméðja] 男《←英語》マルチメディア

multimillonario, ria [multimiʎonárjo, rja] 形 億万長者(の), 大金持(の)

multimodal [multimoðál] 形 複数方式の: sistema de transporte ～ 複数の輸送手段で構成される輸送システム

multinacional [multinaθjonál] 形 多くの国に関係的ある
◆ 女 多国籍企業

multípara [multípara] 形 一度に多くの子を産む, 多重産の; 出産経験のある
◆ 女 経産婦

multipartidario, ria [multipartiðárjo, rja] 形 多政党の
multipartidismo 形 多政党制の

múltiple [múltiple] 形 ❶[複数名詞と共に] 多数の, さまざまの: Tiene ～s actividades. 彼は多様な活動をしている。 ❷[単数名詞と共に] 複式の, 多重の, 多極の: dibujo ～ 多重模様. eco ～ 多重反響. error ～ 複合ミス

multiplicar [multiplikár] 7 他 ❶[数・量を] 増やす; 繁殖させる: ～ los ingresos 収入を増やす. ～ las posibilidades 可能性を増大させる。 ❷《数学》掛ける: ～ tres por cuatro 3に4を掛ける〖3×4〗. Cinco〔multiplicado〕por siete son〔igual〕treinta y cinco. 5掛ける7は35〖5×7=35〗
◆ ～se ❶ 増加する, 増大する; 繁殖する: Se multiplican las dificultades. 困難さが増す。 ❷ 身を粉にする; 他人の分まで働く

multiplicable 形 増加できる;《数学》掛けられる

multiplicación 女 増加; 繁殖;《数学》乗法, 掛け算

multiplicador, ra 形 男 増加(増大)させる;《数学》乗数

multiplicando 男《数学》被乗数

multiplicativo, va 形 倍加する；《文法》倍数詞

multiplicidad [multipliθiðá(ð)] 囡 多数；多様性，複雑さ

múltiplo, pla [múltiplo, pla] 形 男《数学》倍数〔の〕：Ocho es ～ de dos. 8 は 2 の倍数である．mínimo común ～ 最小公倍数

multiproceso [multiproθéso] 男《情報》マルチプロセシング

multipropiedad [multipropjeðá(ð)] 囡 [休暇施設など，交代で利用する] 共同所有〔物〕

multirracial [multirraθjál] 形 多民族の

multitud [multitú(ð)] 囡 医名 群衆，[一般] 大衆：aplausos de la ～ 群衆の喝采 ～ de... 多数の／～ una ～ de libros 多数の本．tener ～ de ocupaciones 用事がたくさんある

multitudinario, ria [multitudinárjo, rja] 形 群衆の，大衆の：manifestación ～ria 大きなデモ

multiuso [multjúso] 形 多目的の

multiusuario, ria [multjuswárjo, rja] 形《情報》マルチユーザーの

multiviaje [multibjáxe] 形 billete ～ 定期券

mundanal [mundanál] 形《文語》世俗の〔mundano〕：huir (lejos) del ～ ruido 俗塵を逃れる(離れて)

mundano, na [mundáno, na] 形 ❶ この世の，世俗的な：placeres ～s 世俗の喜び．❷ 社交[界]の；社交界好きの：fiesta ～na 有名人のパーティー．llevar una vida muy ～na 積極的な社交生活を送る

mundial [mundjál] 形 全世界の，世界的な：organización ～ 世界的な組織．fama ～ 世界的名声 ◆ 男 世界選手権[大会]〔campeonato ～〕
mundialmente 副 世界的に：～ famoso 世界的に有名な

mundillo [mundíλo] 男 ❶ [個人を取り巻く] …界，…仲間：～ periodístico 新聞記者仲間，ジャーナリズム界．～ teatral 芝居仲間，演劇界．❷《手芸》[ボビンレース用の円筒形の] 編み台．❸《植物》カンボク(肝木)

mundo [múndo] 男《英 world》❶ 世界；地球(儀)：i) Es la torre más alta del ～ それは世界中で一番高い塔だ．El ～ es de los audaces. 運命は勇者に味方する．a la vuelta al ～ 世界一周をする．correr (rodar・ver・recorrer) ～ 世界を駆け巡る(旅する)．mapa del ～ 世界地図．ii) [特定の] ～ antiguo/viejo 旧世界『ヨーロッパ，アジア，アフリカ』．Nuevo M～ 新世界『アメリカ』．tercer ～ 第三世界．～ hispánico スペイン語圏．～ moderno (antiguo) 近代(古代)社会．…界：～ de los negocios 実業界．～ físico (espiritual) 物質(精神)界．～ animal 動物界．～ de las ideas 観念の世界．～ de recuerdos 思い出の世界．～ externo 外界

❷ 世の中，世間；社会：No es fácil vivir en este ～. 住みにくい世の中だ．¡Qué pequeño (chico) es el ～! 世間は狭い！Así va el ～. 世の中とはこうしたものだ．El ～ está (anda) al revés. めちゃくちゃだ/非常識だ．No conoce nada del ～. 彼は世間知らずだ．salir al ～ 社会に出る．ancho ～ 広い(可能性が色々ある)世の中．gran ～ 上流社会

❸ 現世，俗界；俗世：en este [bajo] ～/en este ～ de Dios この世で．abandonar el ～ 世を捨てる；修道院に入る．volver al ～ 俗世間に戻る，修道院を出る

❹ 莫大(広大)なもの：Hay un ～ entre las dos versiones. 2 つの解釈の間には大きな相違がある

❺ 大型トランク『baúl ～』

al fin del ～ 地の果てに

caerse a+人 el ～ encima《口語》=**venirse a+人 el ～ encima**

dar un ～ por... …のためにはいかなる犠牲もいとわない

de ～ 世慣れた：Es un hombre *de ～*. 彼は世慣れている

desde que el ～ es ～ 天地開闢(かいびゃく)以来ずっと

echar a+人 al ～ …を産む

echarse al ～ 売春婦になる；自堕落な生活に身を投じる

el otro ～ あの世：Las angustias le van a llevar al *otro ～*. 彼は思いわずらった末に死んでしまうだろう．irse al *otro ～* あの世へ行く，死ぬ．mandar (enviar) al *otro ～* 殺す

en el fin del ～ =**al fin del ～**

en el ～ entero 世界中で

entrar en el ～ 社交界にデビューする

estar todavía en el ～ de los vivos まだ生きている

este ～ この世の中；現世：En este ～ hay de todo. 世の中には色々なことがある．dejar este ～/irse (salir) de este ～ この世を去る，死ぬ．en este ～ traidor このままならぬ浮世で

este ～ y el otro《皮肉》大げさなこと：Me ha prometido *este ～ y el otro*. 彼はとんでもないことを私に約束した．Nos habló de *este ～ y el otro*. 彼は私たちにあることないことを話した

este pícaro ～《戯語》娑婆(しゃば)，この悪い世の中

hacer un ～ de... …を重視しすぎる

hacerse un ～ a+人 …にあまりに重視される：Cualquier pequeño contratiempo *se le hace un ～*. 彼はささいな障害でも大げさに考えてしまう

hundirse el ～ [+a+人 に] 重大なことが起きる；破滅する：No se va a *hundir el ～* por eso. [失恋・失敗した人への慰め] そんなことくらいでこの世が終わってしまうわけじゃない．*Se le hundió el ～*. 彼に破局が訪れた．aunque *se hunda el ～* たとえ何が起ころうと

lejos del ～ 俗世間から離れて，俗塵を逃れて

medio ～ 大勢の人；広範囲：Ha rodado *medio ～*. 彼はあちこち放浪して回った．He

visto *medio* ~. 私はたくさん旅をした

meterse en su ~ 自分の世界に入り込む

ni por todo el oro del ~ =*por todo el oro del* ~

no acabarse el ~ この世の終わりというわけではない, 悲観することはない

no ser cosa del otro ~ 他人事ではない

no ser de este ~ 仏様のような人である, 大変慈悲深い(立派である)

no ser el fin del ~ =*no acabarse el* ~

no ser [*nada*] *del otro* ~《口語》普通(ありきたり)のものである: Esa película tan comentada *no es nada del otro* ~. その映画はあんなに騒がれているが大したことはない

otros ~s 地球以外の星

por el ~s *de Dios* 色々な所で, あちらこちらを: Va tocando la guitarra *por esos* ~s *de Dios*. 彼はギターをひきながら各地を回っている

por el ~ *entero* =*en el* ~ *entero*

por nada del (*en el*) ~/*por todo el oro del* ~ [否定の強調. 過去未来＋] どんなことがあっても: No cedería mi puesto *por nada en el* ~. 絶対に私の地位は譲らないぞ

reírse del ~ 世評を気にしない, 世間の人の言うことをばかにする

sacar a＋人 *de su* ~ …を自分の世界(仲間)から引き離す

ser de ~ =*tener* ~

tener ~ 世慣れしている: *Tienes* todavía poco ~. 君はまだ人生経験が浅い

todo el ~ 1) 世界中〖英 all over the world〗: La noticia se divulgó por *todo el* ~. そのニュースは世界中に伝わった 2) すべての人, みんな〖英 everybody. 話し手・聞き手は含まないことが多い〗: Ya ha avisado a *todo el* ~. 彼はもうみんなに知らせた. Habla mal de *todo el* ~. 彼は誰についても悪く言う

traer a＋人 *al* ~ =*echar a*＋人 *al* ~

un ~ 大勢の人: Había *un* ~ en el acto de apertura. 開会式の時は人が大勢いた

valer un ~ 大変価値がある: El carácter tan alegre que tiene él *vale un* ~. 彼の陽気な性格はとても貴重だ

venir al ~ 生まれる

venirse a＋人 *el* ~ *encima*《口語》…が破滅する;《中南米》悲嘆にくれる, 絶望する

vivir en el otro ~ 地の果て(とても遠く)に住む

vivir en otro ~《口語》浮き世離れしている, 世情うとい

mundología [mundolɔxía] 囡《口語》世故, 処世術

munición [muniθjón] 囡 ❶〔主に 複〕軍需品: *municiones* de boca 糧食. ❷ 弾薬: Se ha quedado sin *municiones*. 彼は弾がなくなった. 〔disparar con〕~ de fogueo 空包〔を撃つ〕. ~ menuda 散弾

de ~〔私物でなく〕軍が支給する: botas *de* ~ 軍靴. ropa *de* ~ 軍用衣類. pan *de* ~ 軍隊のパン

municionamiento 男 軍需品の補給(調達)

municipal [muniθipál] 圏 市(町・村)の: concejo ~ 市(町・村)議会. elecciones ~es 地方選挙. hospital ~ 市立病院. régimen ~ 市(町・村)制. fuera del término ~ 市(町・村)域外で

◆ 囲《西》[市警察の] 警官

municipalidad [muniθipalidá(d)] 囡 地方自治体, 市(町・村)当局;《南米》市役所〖ayuntamiento〗

municipalizar [muniθipaliθár] 他 市(町・村)営化する: ~ la recogida de basuras ごみの収集を市営化する

municipalización 囡 市(町・村)営化

múnicipe [muníθipe] 囮〔自治体の〕住民

municipio [muniθípjo] 男〔地域としての〕市, 町, 村; 集合 その住民: El ~ está muy sensibilizado por ese problema. 市民はその問題に神経をとがらせている. ❷ 市(町・村)当局, 市役所, 町(村)役場

munificencia [munifiθénθja] 囡 気前のよさ, 寛大さ: por la ~ de＋人 …のご好意により

munífico, ca 圏 気前のよい, 出し惜しみしない

muniqués, sa [munikés, sa] 圏《地名》ミュンヘン Munich の〔人〕

muñeca[1] [muɲéka] 囡 ❶ 手首: Se ha roto la ~. 彼は手首の骨を折った. llevar el reloj en la ~ izquierda 時計を左手首にはめている. ❷〔塗布用の〕タンポン, ばれん: barnizar una mesa a ~ タンポンでテーブルにワニスを塗る. ❸〔人形のような〕頭の〔からっぽ〕美少女, かわいこちゃん. ❹《南米》i) コネ, 縁故: tener ~ コネがある. ii) 互助組織

muñeco, ca[2] [muɲéko, ka] 囡〖英 doll〗❶ 人形: comprar un ~ y una ~ca 男の子の人形と女の子の人形を買う. jugar a las ~cas お人形遊びをする. ~ de pepel〔いたずらで他人の背中に付ける〕紙人形. ~ de trapo 縫いぐるみの人形. ~ca hinchable ダッチワイフ. ~ca rusa マトリョーシカ『ロシアの入れ子式の人形』. Esa niña parece una ~ca. その子はお人形さんみたいにかわいい. ❷ マネキン人形

◆ 囲 ❶ 人間の形をしたもの; かかし: ~ de nieve 雪だるま. ❷《口語》他人の言いなりになる人: Ése es un ~〔del pim pam pun〕. あいつは意志薄弱だ

muñeira [muɲéira] 囡 ガリシアとアストゥリアス地方の民俗舞踊(音楽)

muñequear [muɲekeár]《南米》他 …に影響力がある

◆ ~se びくびくする, おじけづく

muñequera [muɲekéra] 囡 リストバンド

muñequilla [muɲekíʎa] 囡〔ワニス塗布用などの〕タンポン, ばれん

muñir [muɲír] 21 他 操作する, 裏工作する

muñón [muɲón] 男 ❶ 切断された四肢の残り部分; 萎縮したままの四肢. ❷〖軍〗砲耳

muráis, muramos ☞ **morir** 34

mural [murál] 圏 壁の, 壁上の: pintura ~ 壁画. decoración ~ 壁面装飾. planta ~ 壁面植物

◆ 男 壁画
muralismo 男 壁画芸術；壁画法
　　muralista 共 壁画家
muralla [muráʎa] 囡 城壁，防壁 『☞muro 類義』：Las ～s rodean la ciudad. 城壁が町を囲んでいる．～s de Ávila アビラの城壁．Gran M～/M～ China 万里の長城
murar [murár] 他 壁で囲う(ふさぐ)，塀を巡らす
Murcia [múrθja] 囡《地名》ムルシア 『スペイン東南部の自治州(正式名称 Región de ～)，その首市』
　　murcianismo 男 ムルシア方言；ムルシア地方主義
　　murciano, na 形 名 ムルシアの〔人〕
murciélago [murθjélago] 男《動物》コウモリ
murena [muréna] 囡《魚》ウツボ [morena]
murga [múrga] 囡 ❶ 流しの音楽隊．❷《西．口語》うるさいこと，面倒：dar (la) ～ a+人 …をうるさがらせる，困らせる．¡Qué ～! うるさいなあ!
murgón [murgón] 男 鮭の稚魚
múrice [múriθe] 男《貝》ホネガイ
murie-, murió ☞morir 34
murmullo [murmúʎo] 男 ざわめき：i) Se oyen ～s en el pasillo. 廊下でささやき声が(ひそひそ話をしているのが)聞こえる．ii)《文語》[風などの] ～ de las hojas 葉のそよぐ音．～ del río 川のせせらぎ
murmuración [murmuraθjón] 囡 [主に 圏] 陰口，中傷：Son murmuraciones para desacreditarlo. それは彼を貶(おと)める中傷だ
murmurador, ra [murmuraðór, ra] 形 名 陰口を言う；陰口屋，中傷家
murmurar [murmurár] 他 ぶつぶつ〔不平を〕言う：¿Qué murmuras? 君は何をぶつくさ言っているのだ?
◆ 自 ❶ ひそかに話す；ぶつぶつ〔不平を〕言う：Siempre murmura cuando le ordeno algo. 私が何か命令すると彼はいつもぼそぼそ文句を言う．❷ [+de の] 陰口を言う，中傷する：Murmura de todo el mundo. 彼は誰彼なく陰口を言う．❸《文語》[風・水などが] サワサワ音を立てる：Un suave viento murmuraba entre las ramas. 木の枝が風にそよいでサラサラ鳴っていた
murmurón, na [murmurón, na] 形 名《中米》=murmurador
muro [múro] 男 『英 wall』❶ 塀(へい)，壁 類義 muro は土地の周囲にめぐらした石塀などの厚い塀，tapia は土塀・板塀・囲い．pared は建物の壁，muralla は城壁：～ de cerramiento カーテンウォール．～ de contención 擁壁，土留め壁．～ de defensa 堤防．～ de revestimiento 土塀．～ del sonido/～ (super)sónico 音速の壁．～ de Berlín ベルリンの壁．～ de las Lamentaciones (los Lamentos) 〔エルサレムの〕嘆きの壁．❷ [主に 圏] 城壁，防壁 『muralla』
murria[1] [múrja] 囡 意気消沈，憂鬱；不機嫌：tener ～ 気分が晴れない
　　murrio, rria[2] 形 [estar+] 意気消沈した，憂鬱な
murta [múrta] 囡《植物》ギンバイカ 『arrayán』

murtilla/murtina [murtíʎa/- na] 囡《植物》スノキ〔の一種〕『その実から同名のリキュールを作る』
mus [mús] 男《西式トランプ》ムス 『札を捨てる時に mus と言うゲーム』
　　no hay ～ おあいにくさま!
　　sin decir tus (chus) ni ～ うんともすんとも言わないで
musa [músa] 囡 ❶《神話》[主に M～s] ミューズ．❷ 詩神, 詩的霊感；詩 [poesía]；圏 詩作活動：soplar a+人 la ～ …に詩想が湧く．dedicarse a las ～s 詩作に専念する
musáceas [musáθeas] 囡 圏《植物》バショウ(芭蕉)科
musaka [musáka] 囡《料理》ムサカ
musaraña [musaráɲa] 囡 ❶《動物》トガリネズミ．❷《医学》[眼の] 飛蚊(ひぶん)症
　　mirar a (pensar en) las ～s《口語》ぼんやり〔と考え事を〕している
musculación [muskulaθjón] 囡 筋肉の強化
muscular [muskulár] 形 筋肉の：agotamiento ～ 筋肉疲労．contracción ～ 筋収縮．desarrollo ～ 筋肉の発達．dolor ～ 筋肉痛
musculatura [muskulatúra] 囡 匿名 筋肉，筋組織；筋肉のつき具合い：tener una gran ～ 筋肉隆々としている
músculo [múskulo] 男 『英 muscle』筋肉；筋力：i) hacer ～s/desarrollar (reforzar) los ～s 筋肉を鍛える．sacar ～s 筋肉を誇示する．tener ～s 腕力がある，力が強い．hombre de ～s 腕っぷしの強い男．ii)《解剖》～ dorsal 背筋．～ glúteo 臀筋．～ recto 大腿直筋．～ sartorio (del sastre) 縫工筋
musculoso, sa [muskulóso, sa] 形 筋組織の；筋骨たくましい：órgano ～ 筋肉質の器官．hombre ～ 筋骨たくましい男
museístico, ca [musefstiko, ka] 形《文語》博物館の，美術館の
muselina [muselína] 囡《繊維》モスリン，メリンス

museo [muséo] 男 『英 museum』博物館，美術館：visitar un ～ 博物館(美術館)を見学する．M～ de Antropología 人類学博物館．Su casa es un ～. 彼の家はまるで美術館のようだ(すばらしい美術品がある)
museografía [museografía] 囡 博物館誌
museología [museolɔxía] 囡 博物館学
muserola [museróla] 囡《馬具の》鼻革
musgaño [musgáɲo] 男《動物》トガリネズミの一種
musgo [músgo] 男《植物》コケ(苔)；圏 コケ類：cubierto de ～ 苔むした．～ marino サンゴモ．verde ～ モスグリーン
　　musgoso, sa 形 苔の生えた，苔に覆われた
music-hall [músikxɔl] 男《←英語》バラエティーショー；演芸劇場，ミュージックホール
música[1] [músika] 囡 『英 music』❶ 音楽；[時に 匿名] 楽曲，音楽作品；作曲：escuchar ～ 音楽を聞く．hacer

〜 演奏する, 歌う. estudiar 〜 音楽の勉強をする. 〜 contemporánea 現代音楽. 〜 española スペイン音楽. 〜 sacra 宗教音楽. ❷ 曲; 楽譜: escribir 〜 作曲する. poner 〜 a un poema 詩に曲をつける. saber leer 〜 楽譜が読める. papel de 〜 五線紙. 〜 y letra 曲と歌詞. ❸ 軍団: 〜 del regimiento 軍楽隊. 〜 de la Capilla Real 王室礼拝堂音楽隊. ❹ 《皮肉》騒音: ¡Vaya 〜 que tiene el niño! あの子は何でうるさいんだ!. ❺ 瀏 長ったらしい話: No estoy para 〜s. たわごとは聞きたくない

irse (marcharse) con la 〜 a otra par-te 《戯語》[不快・怒り] 逃げ出す: *Vámonos con la 〜 a otra parte*, puesto que aquí no nos hacen caso. ここでは相手にされないから退散しよう

mandar a+人 con la 〜 a otra parte … を追い払う, やっかい払いする

〜 *celestial* 空(ﾆ)念仏, 誰も聞き入れない言葉: Estas explicaciones me suenan a 〜 *celestial*. この説明は私にはちんぷんかんぷんだ

siempre la misma 〜 あいかわらず同じ話だ

venir con 〜s でたらめを言う

musical [musikál] 形 ❶ 音楽の; 音楽的な: programa 〜 音楽番組. velada 〜 音楽の夕べ. ❷ ミュージカルの
◆ 男 ミュージカル 〚comedia 〜〛

musicalidad 女 音楽性

musicar [musikár] 他 〚詩に〛 曲をつける

músico, ca² [músiko, ka] 形 ❶ 音楽の: instrumento 〜 楽器. ❷ 《中米》ずる賢い
◆ 名 音楽家: Es un gran 〜. 彼は大音楽家だ

musicógrafo, fa [musikóɣrafo, fa] 名 音楽解説(評論)家; 音楽史家

musicología [musikoloxía] 女 音楽学, 楽理

musicólogo, ga 名 音楽学研究家

musicómano, na [musikómano, na] 名 音楽愛好家 [melómano]

musicomanía 女 =melomanía

musiquero, ra [musikéro, ra] 形 音楽の: cafetín 〜 ナイトクラブ
◆ 男 楽譜棚

musiquilla [musikíʎa] 女 口調, 語気; 《軽蔑・親愛》単純な(覚えやすい)音楽

musitar [musitár] 自 ささやく, つぶやく: 〜 algo al oído de+人 …の耳に何事かささやく. *Musitó* una oración. 彼はお祈りの文句をつぶやいた

muslamen [muslámen] 男 《西. 口語》[女性の]たくましい] 腿

muslera [musléra] 女 [腿用の] サポーター

muslime [muslíme] 形 名 =musulmán

muslo [múslo] 男 ❶ 《解剖》腿(ﾓﾓ), 大腿部. ❷ 《料理》腿肉: 〜 de pollo 鶏の腿肉

musmón [musmón] 男 《動物》=muflón

mustango [mustáŋɡo] 男 《動物》ムスタング 〚メキシコなどの半野生馬〛

mustela [mustéla] 女 《魚》ホシザメ; 《動物》イタチ 〚comadreja〛

mustélidos [mustélidos] 男 複 《動物》イタチ科

musteriense [musterjénse] 形 名 《考古》ムスティエ文化期の

mustio, tia [místjo, tja] 形 ❶ [estar+. 草花が] しおれた: Los claveles están 〜s. カーネーションがしおれている. cutis 〜 張りのない膚. ❷ 意気消沈した: Al saberlo se puso 〜. 彼はそれを知ってしょげてしまった

mustiar [mustjár] 他 しおれさせる; 意気消沈させる.
◆ 〜se しおれる

musulmán, na [musulmán, na] 形 名 イスラム教の; イスラム教徒, ムスリム

mutable [mutáble] 形 変わりやすい, よく変わる

mutabilidad 女 変わりやすさ; 無常

mutación [mutaθjón] 女 [←mudar] ❶ 《生物》突然変異 〚〜 de genes〛 ❷ 《演劇》〜 de los decorados 〚幕間での〛 舞台装置の転換. ❸ 変化

mutagene 男 突然変異源

mutante 形 名 突然変異の; 突然変異体, 変種, ミュータント

mutar [mutár] 他 突然変異させる; 変化させる. ◆ 自/ 〜se 突然変異する; 変化する

mutilación [mutilaθjón] 女 ❶ 〚四肢などの〛 切断. ❷ 破損, 損壊; 削除, 改竄

mutilado, da [mutiláðo, ða] 名 過分 [事故・戦争などで] 手足を失った人: 〜 de guerra 傷痍(ﾕﾗ)軍人

mutilar [mutilár] 他 ❶ [手足などを] 切断する: Le *mutilaron* el brazo. 彼は片腕を切断された. ❷ [美術品などを] 破損する; [原文を] 削除する, 改竄(ｴﾝ)する: La película quedó bastante *mutilada* por la censura. 映画は検閲によってかなりカットされた. 〜 el texto テキストを改竄する
◆ 〜se 手足を失う

mutis [mútis] 男 〚単複同形〛《演劇》退場: medio 〜 退場とみせて再登場すること
hacer 〜 黙る; 退場する
hacer 〜 *por el foro* [気づかれないように] そっと立ち去る
◆ 間 黙れ, しっ!

mutisia [mutísja] 女 南米産のつる植物の一種

mutismo [mutísmo] 男 《自発的な》沈黙, 無言

mutual [mutwál] 女 《南米》相互扶助組織, 共済組合

mutualidad [mutwaliðá(d)] 女 ❶ 相互関係; 相互扶助. ❷ 相互扶助組織, 共済組合: 〜 de funcionarios 公務員共済組合

mutualismo [mutwalísmo] 男 《生物》相利共生

mutualista [mutwalísta] 形 相互扶助の, 相互主義の: sociedad 〜 共済組合
◆ 名 共済組合員

mutuamente [mútwaménte] 副 相互に

mutulo [mútulo] 男 《建築》[ドーリア式の] 飾り枠持ち送り

mutuo, tua [mútwo, twa] 形 〚英 mutual〛 相互の, 相互関係の: Se tienen *mutua* admiración. 彼らは互いに賞賛し合っている. por

〜 consentimiento 双方の合意に基づいて. amor 〜 相思相愛. odio 〜 反目. seguro 〜 相互保険

◆ 囡 共済組合〖asociación de socorros 〜s〗；相互保険会社〖compañía *mutua* de seguros〗: hacerse socio de una *mutua* médica 医療保険に加入する

muy [mwf] 副〖英 very〗非常に, とても, 大変: i) [+形容詞・副詞] Llegó 〜 tarde. 彼は大変遅く着いた. Es 〜, 〜 bonita. 彼女はとってもとってもかわいい. seguir 〜 de cerca すぐ後ろからついていく. tener 〜 en cuenta 強く心にとめる. hombre 〜 alto 大変背が高い男. 〜 conocido 広く(よく)知られた. *M* 〜 buenos días. [丁寧な挨拶] おはようございます. ii) [否定文で] あまり〔…ない〕: No es 〜 inteligente. 彼はあまり賢くない. iii) [+de+名詞] 〜 de noche 夜遅くに. 〜 de nuestro tiempo きわめて現代的な. iv) [定冠詞+〜+名詞] el 〜 ladrón 大泥棒. la 〜 coqueta 大変色っぽい女. v) [+無冠詞名詞など] 〜 amigo 親友. Es 〜 hombre. 彼はとても男らしい. La realidad es 〜 otra. 実際はまったく違う. 〜 señor mío《手紙》拝啓. 〖参考 +比較語 は muy ではなく mucho : *mucho* mayor はるかに大きい, *mucho* peor はるかに劣った. ただし, 例外もある: *muy* superior (inferior) きわめて優れた(劣った), *muy* exterior (interior) ずっと外側(内側)の, *muy* mayor ずっと年上の〗

¡定冠詞+〜+名詞...!《軽蔑》何という…！: ¡La 〜 graciosa me ha dejado plantado! 私をすっぽかすなんて相当な女だ！

〜 *poco* ごくわずかな・わずかに: Él viene 〜 poco a clase. 彼はめったに授業に出て来ない

por 〜+形容詞・副詞 *que...* ☞ **por** ❿

ser 〜 *de...* きわめて…らしい: Eso *es* 〜 *de* él. それはいかにも彼らしい

my [mf] 囡《ギリシア文字》ミュー〖M, μ〗

N

n [éne] 囡 ❶ アルファベットの第 14 字. ❷ [大文字で未知・不定の固有名詞] la señora *N* 某夫人. la ciudad *N* 某市. ❸《数学》不定整数: 8ⁿ 8 の n 乗【ocho a la potencia *N*】

n.《略語》←nacido …生まれの

N.《略語》←norte 北

n/.《略語》←nuestro 弊社の, 我々の

N.A.《略語》←Norte América 北アメリカ

naba¹ [nába] 囡《植物》ダイコン(大根), カブ【食用】

nabab [nabáb] 男《歴史》[インドの] 太守, ナワーブ

nabi [nábi] 厖 男《美術》ナビ派(の)

nabí [nabí] 男《宗》[ヘブライの] 預言者

nabina [nabína] 囡 菜種

nabiza [nabíθa] 囡 [主に 覆] カブの若葉【食用】

nabo¹ [nábo] 男 ❶《植物》カブ【食用】: ~ gallego セイヨウアブラナ. ~ sueco [根が黄色の] スウェーデンカブ. Cada cosa en su tiempo y los ~s en Adviento.《諺》果報は寝て待て/何事にも潮時がある. ❷《建築》[らせん階段などの] 支柱. ❸《俗語》ペニス
de chicha y ~ 何の値うちもない, 取るに足りない

nabo², ba² [nábo, ba] 厖 囡《南米》愚かな, ばかな〔人〕

naborí [naborí] 图 [覆 ~es] =naboría

naboría [naboría] 囡《歴史》[自由な身分の] インディオの召使い
◆ 囡 その割当て【人数】

nácar [nákar] 男 [アコヤ貝などの] 真珠層

nacarado, da [nakaráðo, da] 厖 真珠(のような)光沢のある: cajita ~da 螺鈿(ﾗﾃﾝ)をはめ込んだ小箱

nacarino, na [nakaríno, na] 厖 真珠層の; 真珠のような光沢の: cutis ~ 玉のような肌

nacatamal [nakatamál] 男《中米. 料理》豚肉入りのちまき tamal

nacer [naθér] ㊲ 圁《英 be born. ↔ morir》❶ 生まれる: i) Picasso *nació* en Málaga en 1881. ピカソは 1881 年にマラガで生まれた. nene que acaba de ~ 生まれたばかりの赤ん坊. ~ de padres japoneses 日本人の両親のもとに生まれる. ~ en buena familia 上流家庭に生まれる. ~ a la felicidad (con fortuna) 幸運の星の下に生まれる. ~ con mala suerte 不運な星の下に生まれる. ii) [+主格補語] *Nació* listo y se hizo tonto. 彼は生まれた時は利口だったが愚か者になった. Su hijo *ha nacido* artista. 彼の息子は生まれつきの芸術家だ. Las crías de las ballenas *nacen* vivas. 鯨は胎生である. iii) [+間接目的語に]

Nos *ha nacido* un varón. 私たちの所に男の子が生まれた. iv)《諺・成句》No con quien *naces*, sino con quien *paces*. 氏より育ち. Nadie *nace* enseñado. 誰でも生まれた時は何も知らない【学ぶことが必要だ】. No le pesa *haber nacido*. 彼はこの世に生を受けたことを苦にしていない【うぬぼれが強い】. No *nací* ayer. 私はそれほど子ども(世間知らず)ではない

❷ 生じる, 現れる; [植物が] 芽を出す, 開花する: El río *nace* en las montañas andinas. その川はアンデス山脈に源を発する. El sol *nace* a las cinco en punto. 日の出は 5 時ちょうどだ. *Nació* una sospecha en mi mente. 私の心に疑惑が生じた. *Ha nacido* la rivalidad entre ellos. 彼らの間に競争心が芽ばえた. El vicio *nace* de la ociosidad. 悪徳は怠惰から生じる. El confucianismo *nació* en China. 儒教は中国で生まれた. Ya *nacieron* las cebollas. タマネギがもう芽を出した. Me *nace* la barba muy pronto. 私はひげがすぐ伸びる

❸ [+a] 生まれつき…である: El gaucho *ha nacido* a la libertad. ガウチョは生まれついての自由人である. ~ a la poesía 生まれながらの詩人である

❹ [+para に] 生まれつく; …の素質がある: La pobre *ha nacido* para sufrir. かわいそうに彼女は苦労するために生まれてきたようなものだ. *Ha nacido* para ser maestro. 彼は生まれつき教師に向いている. ~ para la iglesia 聖職者になるために生まれつく

haber nacido tarde 未熟(未経験)である
~ a la vida [+en に] 生まれる: *Nació* a la vida en Granada. 彼はグラナダに生まれた. ~ a la vida literaria 文壇に登場する
~ al amor 恋に目覚める
volver a ~《口語》九死に一生を得る
◆ ~se 芽を出す, 茎が伸びる; [縫い目が] ほころびる

nacer	
直説法現在	接続法現在
na**z**co	na**z**ca
naces	na**z**cas
nace	na**z**ca
nacemos	na**z**camos
nacéis	na**z**cáis
nacen	na**z**can

Nacho [nátʃo] 男《男性名》ナチョ【Ignacio の愛称】

nacido, da [naθíðo, da] 厖 過形 生まれた: Es la señora de López, ~da García. 彼女はロペス夫人で, 本姓はガルシーアである

N

bien ~ 高潔な；高貴な生まれの
mal ~ 卑劣な；卑しい生まれの
◆ 图 [主に 夜] 生まれた人：Todos los ~*s* tienen que morir. 人は誰でも死なねばならない. los ~*s* el 29 de febrero 2月29日生まれの人. recién ~ [生後3週間までの] 新生児

naciente [naθjénte] 形 ❶ 生まれかけの；現われ始めの：sol ~ 朝日, 日の出；日の丸〔の旗〕. el país del sol ~ 日出ずる所の国, 日本. día ~ 黎明(ホェ), 夜明け. ~ interés 最近高まってきた関心. 《化学》発生期の
◆ 男 [el+] 《文語》東 [oriente. ↔poniente]
図 男 《南米》水源

nacimiento [naθimjénto] 男 《英 birth》 ❶ 誕生, 出生：fecha de ~ 生年月日. lugar de ~ 出生地. ~ de nuevo 更生, 再生. ❷ 生まれ, 出自：Es de noble (humilde) ~. 彼は高貴な(卑しい)生まれだ. ❸ 始まり, 出現：~ de una nación 新国家の誕生. ~ del amor 愛の芽生え. ❹ 水源 [~ de agua]. ❺ [身体部分の] 付け根：~ del pelo 髪の生え際. ~ de la uña 爪の付け根. ❻ 馬槽(ホャ) [belén]
dar ~ a.... ···を引き起こす
de ~ 生まれつきの：Esta mancha es *de* ~. このあざは生まれつきだ. Es tonto *de* ~. 彼は救いようのない愚か者だ

nación [naθjón] 图 《英 nation》 ❶ 医匿 国民：~ española スペイン国民. voz de la ~ 国民の声, 世論 ❷ 国家, 国 [匿匿 nación は制度・政治体制および言語など文化の固有性を共有する人間の一団としての国. país は主に地理的・経済的領域としての国. estado は政治的観点からの国・政府]：gran ~ 偉大な国. crisis de la ~ 国家の危機. ~ minera 鉱業国. [Organización de las] *Naciones* Unidas 国際連合. Sociedad de *Naciones* 国際連盟 ❸ [文化的共同体としての] 民族：~ judía ユダヤ民族
... de ~ ···国籍の：Es alemán *de* ~. 彼はドイツ人だ
◆ 图 《南米》 [スペイン語系でない] 外国人

nacional [naθjonál] 形 《英 national》 ❶ 国家の, 国の：colores ~*es* 国のシンボルカラー. territorio ~ 国土. hospital ~ 国立病院 ❷ 国民の, 国民的な：carácter ~ 国民性. sentimiento ~ 国民感情 ❸ 国内の, 自国の；地元の：industria (mercado) ~ 国内産業(市場). productos ~*es* 国産品；地元の製品. vuelo ~ 国内航空 ❹ 民族の：guerra de liberación ~ 民族解放戦争 ❺ [スペイン内戦時の] 国民戦線派の：zona ~ 国民戦線派占領地域
◆ 图 《中南米》国民
図 男 [主に 夜] 国民戦線派, 国民戦線軍

nacionalidad [naθjonaliðá(ð)] 图 ❶ 国籍；船籍：Es paquistaní de ~ británica. 彼はイギリス国籍のパキスタン人だ. tener ~ chilena チリ国籍を持っている. adquirir (obtener) la ~ española スペイン国籍を取得する. de ~ desconocida 国籍不明の. doble ~ 二重国籍. ❷ 国民性, 国民的感情. ❸ [国家を形成するに至らない] 民族

nacionalismo [naθjonalísmo] 男 ナショナリズム, 民族主義 [国家主義]

nacionalista [naθjonalísta] 形 图 民族主義の(主義者)；国家主義の(主義者)

nacionalización [naθjonaliθaθjón] 图 ❶ 国営化, 国有化：~ de la enseñanza 教育の国家管理. ❷ 帰化：obtener su ~ 国籍を取得する. carta de ~ 帰化承認状. ❸ 《歴史》国民形成

nacionalizar [naθjonaliθár] 囲 他 ❶ 国営化する, 国有化する；《経済》民族資本化する：~ el transporte 運輸業を国営化する. empresa *nacionalizada* 国有企業. ❷ 帰化させる：~ a su hijo en Francia 息子をフランス国籍にする. ❸ [外国の文化などを] 自国に定着させる, 取り入れる：~ un término [外国の] 言葉を国語化する. ❹ 《歴史》国民を形成する
◆ ~*se* 国 ❶ 国営になる. ❷ 帰化する [naturalizarse]：*Se ha nacionalizado* española. 彼女はスペイン国籍を取得した

nacionalsindicalismo [naθjonalsindikalísmo] 男 [ファランヘ党の] 国家主義的サンディカリズム

nacionalsindicalista 形 图 国家主義的サンディカリスト

nacionalsocialismo [naθjonalsoθjalísmo] 男 国家社会主義

nacionalsocialista 形 图 国家社会主義の(主義者)

nacismo [naθísmo] 男 =nazismo
nacista 图 ナチス [nazi]

naco, ca [náko, ka] 形 《中米》趣味の悪い, 野暮ったい人；臆病者
◆ 男 《南米》噛みたばこ；マッシュポテト

nada [náda] 代 《英 nothing》 ❶ [否定の不定代名詞] 何も[…ない] [[+動詞] では no は不要. ☞ninguno 匿匿]：i) ¿Quieres algo?—No quiero ~./N~ quiero. 何か欲しい？—何も欲しくない. No veo ~ anormal en eso. そのことに何も異常は見当らない. ¿No tienes ~ que contarme? 私に話すことは何もないのか？ Más vale algo que ~./Peor es ~. わずかでも何もないよりはましだ. ii) [+que+接続法] No hay ~ *que* me interese. おもしろいものは何もない. iii) [+de+形容詞・名詞・不定冠] No hay ~ *de* nuevo. 何も変わったことはない. No tiene ~ *de* importancia. それは全然重要でない. No quiso ~ *de* comer. 彼は何も食べたくなどしがらなかった. iv) [比較文で] Eso me gusta más que ~. 私はそれが何よりも好きだ. v) [主節などの否定語と間接的に関わって] Hoy no estoy de humor para hacer ~. 今日は何もする気がしない. No quiero que pierdas ~. 私は君に何も失わせたくない ❷ [肯定文で] 何でもないこと, わずかなもの：i) Con ~ queda satisfecho. 彼はわずかなもので満足する. ii) 《まれ》[un+] Un ~ la aflige. 彼女

はちょっとのことで悲しがる

❸〔反語的疑問文で〕何か: ¿Tiene eso *que ver con lo que yo he dicho?* それは私が言ったことと何の関係があるんだ？ ¿Has oído ~ *semejante?* そんなことがあるかね

◆ 圓 まったく〔…ない〕: i) ¿Está algo mejor? —N~ *bueno.* 少しはよくなりましたか—全然よくない. No ha nevado ~ en todo el invierno. 冬中まったく雪が降らなかった. ii)〔間投詞的〕¿Te has divertido?—¡N~! 楽しかった？—全然! N~, tú te vienes conmigo. だめだめ，君は僕と一緒に来るんだ

◆ 囡 無；虚無: reducir a la ~ 無に帰する. crear de la ~ 無から創造する

a cada ~《中南米》たえず，しょっちゅう

¡ahí es ~**!**《口語》重要(立派)だ！: ¡Ahí es ~! Ha ganado el primer premio. 大したものだ！彼は1等賞をとった

aunque ~ *más sea...* せめて…だけでも: Espera *aunque* ~ *más sea* una semana. せめて1週間待ってくれ

como si ~ 問題にせずに，何事もなかったように: Cargó un saco *como si* ~. 彼はやすやすと袋を背負った

con ~ 1) 何でもないことで: Sin apoyo se caerá *con* ~. 支えがないとそれはすぐ倒れる. 2) 何も〔…ない〕〖de ~〗

de eso ~ =~ **de eso**

de ~ 1) 無価値の，重要でない: Tiene un empleíllo *de* ~. 彼はつまらない職についている. maestro de todo, oficial *de* ~ 能書きばかりで実際の役に立たない人. 2)〔感謝・謝罪に対して〕どういたしまして〔英 you are welcome. 題霙 no hay de qué は感謝に対してだけの，やや固い表現. 普通は nada de）: Muchas gracias.—De ~. どうもありがとう.—どういたしまして. Perdóneme.—De ~. ごめんなさい.—いや，何でもありません. 3) 何も〔…ない〕: No he comido *de* ~. 私は全然食べなかった

dejar *a+人 sin* ~ を無一文にする: El incendio le *ha dejado sin* ~. 火事で彼は無一文になった

dentro de ~ すぐに: Bajaré *dentro de* ~. いま降りていきます

estar *en* ~ *que*+接続法《口語》もう少しで…するところである: *Estuvo en* ~ *que cayera*. 彼はあやうく倒れるところだった

~ *como...* …ほどのものはない: N~ *como* el vino para animarse. 元気をつけるには酒が一番だ

¡ ~ *de...***!** …してはいけない！: ¡N~ *de* excusas! 弁解無用だ！ ¡N~ *de* abusar del vino! 酒を飲みすぎてはいけない

~ *de eso*〔否定の強調〕¿No quiere verte ella?—¡N~ *de eso!* 彼女は君に会おうとしないのか—¡N~ *de eso!* ただでくれるの？—とんでもない!

~ *de* ~ 全然〔…ない〕

~ *malo* 良い: No es ~ *malo* tomar una copa. 一杯やるのはちっとも悪いことではない

~ *más* 1) …だけ: Tengo cien pesetas ~ *más./No tengo* ~ *más que cien pesetas.* 私はたった 100 ペセタしか持っていない. ¿Algo *más?*—No, ~ *más.* ほかに何か？—いや，それだけだ. ¿N~ *más?*〔もう…たった〕これだけ？ 2)〔+不定詞〕…するとすぐ: N~ *más* doblar la esquina usted encontrará el edificio. 角を曲がるとすぐにその建物があります. N~ *más* decírselo, prorrumpió en sollozos. それを言うか言わないうちに，彼女はすすり泣きし始めた

~ *más que* (*sino*)... …のほかに何も〔…ない〕: No tengo ~ *más que* cien pesetas. 私，はたった 100 ペセタしか持っていない. No se ve ~ *más que* una persona. 1 人しか見えない

~ *más y* ~ *menos*〔+que より〕以上でも以下でもなく: Es un hombre sincero, ~ *más y* ~ *menos./Es* un hombre sincero, ~ *más* y ~ *menos.* 彼は誠実そのものだ. Me prestó ~ *más y* ~ *menos que* mil pesetas. 彼はきっかり千ペセタ貸してくれた

~ *mejor que...* =~ *como...*

~ *menos*〔*que*...〕まさしく〔…そのもの〕；…まで: Ese señor era el gobernador, ~ *menos./Era* ~ *menos que* el gobernador. 何とその人物こそ知事その人だった. Le tocó ~ *menos que* cien millones de yenes. 彼は 1 億円もの賞金が当たった. Tiene diez niños ~ *menos.* 彼は 10 人も子供がいる

¡ (*ni*)... *ni* ~**!** …も何も〔…ない〕！: ¡El nene no toma (*ni*) leche *ni* ~! 赤ん坊がミルクも何も飲まない!

ni ~《皮肉》…ない: No sabe leer *ni* ~. 彼は字も読めないなら何もできないはだ

no hay ~ *como...* …ほどのものはない，…が一番である

no ser ~ 何でもない；取るに足りない: ¡Que *no sea* ~! 大したことではないといいのだが！

no tener ~ 仕事も財産もない

no tener ~ *que hacer* 何もできない: En Madrid *no tienes* ~ *que hacer.* マドリードではお前なんかお呼びじゃない

no tener ~ *que ver* 1)〔+con と/+en に〕何も関係がない: Ese asunto *no tiene* ~ *que ver conmigo.* その件は私とまったく無関係だ. *No tengo* ~ *que ver con esto.* 私はこのことと何の関わりもない. 2)〔+en を〕奇妙だと感じる

no tener ~ *suyo* 寛大である，気前がよい

para ~ 1) 無駄に: Se esforzó *para* ~. 彼は努力したが無駄だった. 2)〔no+〕少しも…ない: *No* sirve *para* ~. それは何の役にも立たない

poco más de ~ ごくわずか，ほとんど〔…ない〕

por menos de ~ =**por nada** 2)

por ~ 1) 決して〔…ない〕: No se permite *por* ~ fumar aquí. ここでは絶対にたばこを吸ってはいけない. 2) 何でもないことで: enfadarse *por* ~ ささいなことで腹を立てる. 3) 無料で，ただ同然で: Obtendrá *por* ~ este cuadro si compra un televisor. テレビを買えばこの絵がただで手に入ります. vender su casa *por* ~ 家を二束三文で売り払う. 4)《南米》どういたしまし

pues ～ ― [間投詞的] 1) よろしい, 構わない: *Pues* ; lo dejamos como estaba. いいですよ. そのままにしておきます. 2) [特に意味なく] *Pues* ～, adiós. じゃあ, さようなら. 3) 何に[何もない] ¿Qué haces?—*Pues* ～. 何やってんだ?―別に

¡pues no es ～…! …は立派だ!: ¡*Pues no es* ～ su éxito! 彼の成功は大したものだ!

sin venir a ～ 根拠なく

tener… en ～ …を軽視する: Tenían en ～ el asunto. 彼らはその件を軽く考えていた

nadador, ra [naðaðór, ra] 形 [鳥などが] 泳ぐ, 遊泳性の
◆ 名 泳ぐ人, 泳ぎ手; 水泳選手: Es (un) buen ～ 彼は水泳がうまい. El mejor ～ se ahoga. 《諺》河童の川流れ

nadar [naðár] 自 [英 swim] ❶ [+en で] 泳ぐ: ¿Sabe usted ～? あなたは泳げますか? *Nada* muy bien. 彼は泳ぎが上手だ. ～ *en* la piscina (el lago・el mar) プール (湖・海) で泳ぐ. ❷ 浮かぶ; つかる: El corcho *nada* sobre el agua. コルクは水に浮く. Las patatas *nadan en* el caldo. ジャガイモがスープにつかっている. ❸ [人が主語. 衣服などが] 大きすぎる: En estas botas voy *nadando*. この長靴は私にはぶかぶかだ. ❹ [+en で] たくさんある: *Nadan en* dinero (*en* la abundancia). 彼らは金があり余っている/ぜいたく三昧に暮らしている
～ *en sudor* 汗びっしょりである

nadería [naðería] 女 何でもない (ささいな) こと: enfadarse por ～s つまらないことで腹を立てる

nadie [náðje] 代 [英 nobody, no one. 否定の不定代名詞. ↔alguien] ❶ 誰も[…ない] [+動詞では no は不要. ↔ninguno 類義]: i) ¿Esperas a alguien?—No espero a ～./A ～ espero. 誰かを待っているの?―誰も待っていません. No lo sabía ～/N ～ lo sabía. 誰もそれを知らなかった. ii) [+que+接続法] No había ～ *que* hablara inglés. 英語を話せる人は誰もいなかった. iii) [比較文で] Estudia más que ～. 彼は誰よりもよく勉強する. Lo vi antes que ～. 私は誰よりも先にそれを見た. iv) [主節などの否定語と間接的に関わって] Nunca he permitido que se propasara ～ con ella. 私は彼女に対しては誰にもけしからぬふるまいをさせなかった. Se marchó sin que le viera ～. 彼は誰にも見られずに立ち去った ❷ 取るに足りない人, 無能な人: i) No somos ～. 私たち人間は取るに足りない存在である. ii) [時に un+] Lo dijo un ～. 誰かつまらない奴がそう言った ❸ [反語的疑問文で] 誰か: ¿Habrá ～ tan desgraciado? これほど不幸な人が誰かいるだろうか?

como ～ 誰よりも上手に: Canta *como* ～. 歌にかけては彼ほどの人はいない

～ *más* 誰もほかに[…ない]: Ya no cabe ～ *más*. もう誰もはいれない

nadir [naðír] 男 [天文] 天底

nadita [naðíta] 女 《中南米》ほんの少し [muy poco]

nado [náðo] 男 **a** ～ 泳いで: atravesar el río **a** ～ 泳いで川を渡る

nafta [náfta] 女 ❶ [化学] ナフサ. ❷ 《中南米》ガソリン: cargar (tomar) ～ 給油する

naftalina [naftalína] 女 [化学] ナフタリン

nagual [naɣwál] 《中米》男 魔法使い, まじない師; [インディオの伝統で各人の] 人生の友となる動物, 守護動物
◆ 女 嘘
◆ 形 野蛮な

náhuatl [náwatl] 形 ナワトル語の; ナワ族の [中米に住むインディオの一種族, その言語]
◆ 男 ナワトル語
◆ 名 ナワ族の人
nahuas 男 複 ナワ族
nahuatlato, ta 形 ナワトル語を話す

naiboa [najβóa] 女 《南米. 料理》砂糖・チーズ入りのキャッサバのパン

naif [náif] 形 男 [美術] 素朴芸術, 素朴派[の]

nailon [náilon] 男 ナイロン [nylon]

naipe [náipe] 男 [トランプ・タロットの] カード; 複 トランプ [主にスペイン式の. ☞写真]: una baraja de ～s 一組のトランプ
tener buen (mal) ～ [ゲームで] ついている (いない)

naja [náxa] 女 [動物] コブラの一種
salir (darse) de ～ 《西. 俗語》逃げる
najar～se 《西. 俗語》逃げる

nalga [nálɣa] 女 尻 (½) の (片側); 複 臀部 (½ᴬ): poner a+人 una inyección en la ～ …のお尻に注射する. dar una palmada a su hijo en las ～s 息子のお尻を叩く

namibio, bia [namíβjo, βja] 形 名 [国名] ナミビア Namibia 女 の (人)

nana¹ [nána] 女 ❶ 子守歌 [canción de cuna]. ❷ おくるみ, 寝袋状の防寒着. ❸ [口語] おばあさん [abuela]. ❹ 《中南米》子守女. ❺ 《南米. 幼児語》痛み, けが: hacer ～ 痛くする, けがする
el año de la ～ 大昔, 昔々その昔

nanay [nanái] 間 副 [口語] [否定の強調] とんでもない

nanita [naníta] 女 **el año de la ～** =el año de la **nana¹**

nano, na² [náno, na] 名 《西. 口語》少年, 少女

nanómetro [nanómetro] 男 [長さの単位] ナ

ノメーター〖100 万分の１ミリ〗

nanosegundo [nanoseɣúndo] 男 [時間の単位] ナノ秒〖10 億分の１秒〗

nansa [nánsa] 囡 =**nasa**; 生け簀

nansú [nansú] 囡 《織物》ネーンスック, 薄地の綿布

nao [náo] 囡 《古語》船〖nave〗

naos [náos] 男 〖単複同形〗《考古》ナオス〖古代ギリシアの神殿〗

napa [nápa] 囡 ❶ 光沢をつけた羊皮; 模造皮革. ❷ 《地質》帯水層; ガス層

napalm [napál(n)] 男 〖←英語〗bomba de ～ ナパーム弾

napia [nápja] 囡 《軽蔑》[主に 複. 大きな] 鼻

napiforme [napifórme] 形 カブ nabo の形の

napoleónico, ca [napoleóniko, ka] 形 ナポレオン Napoleón の: código ～ ナポレオン法典. guerras ～cas ナポレオン戦争

napolitano, na [napolitáno, na] 形 《地名》ナポリ Nápoles の〖～の〗人: canción ～na ナポリ民謡

◆ 囡 《料理》[四角い] クリームパン

naranja [naráŋxa] 囡 〖英 orange〗《果実》オレンジ: ～ agria ダイダイ. ～ amarga (cajel) サワーオレンジ. ～ dulce アマダイダイ. ～ mandarina (tangerina) マンダリンオレンジ. ～ nável ネーブル
¡～s〖de la China〗! 《口語》[不信・拒絶] まさか, とんでもない!
◆ 形 男 ❶ オレンジ色〖の〗: unos manteles ～ 数枚のオレンジ色のテーブルクロス. ❷ [信号] 黄色
◆ 囡 media ～ 《戯語》[理想的な] 伴侶, 夫, 妻: María es mi media ～. マリアは私の妻です. Todavía ella no ha encontrado a su media ～. 彼女はまだいい伴侶を見つけていない

naranjada¹ [naraŋxáða] 囡 《飲料》オレンジエード

naranjado, da² [naraŋxáðo, ða] 形 オレンジ色の

naranjal [naraŋxál] 男 オレンジ畑

naranjero, ra [naraŋxéro, ra] 形 ❶ オレンジの. ❷ 《技術》内径が 8-10 センチの
◆ 囡 オレンジ売り (栽培者)
◆ 男 オレンジの木〖naranjo〗; 《西. 俗語》[昔の] 軽機関銃

naranjo [naráŋxo] 男 《植物》オレンジ〖の木〗

narcisismo [narθisísmo] 男 《心理》ナルシシズム, 自己陶酔症

narcisista [narθisísta] 形 ナルシシズムの; ナルシシスト

narciso [narθíso] 男 ❶ 《植物》スイセン. ❷ ナルシシスト; おしゃれな男

narco [nárko] 名 =**narcotraficante**

narcoanálisis [narkoanálisis] 男 〖単複同形〗《医学》麻酔分析

narcolepsia [narkolépsja] 囡 《医学》睡眠発作

narcosis [narkósis] 囡 〖単複同形〗《医学》麻酔状態

narcótico, ca [narkótiko, ka] 形 [薬品が] 麻酔性の; 麻酔状態の

◆ 麻酔剤 (薬), 麻薬

narcotismo 男 麻酔状態; 麻薬中毒

narcotizar ⑨ 他 …に麻酔をかける, 麻酔薬を打つ

narcotraficante [narkotrafikánte] 名 麻薬密売人

narcotráfico [narkotráfiko] 男 麻薬取引

nardo [nárðo] 男 《植物》カンショウコウ (甘松香)
tirarse el ～ de+事物《西. 口語》…を自慢する

narguile [narɣíle] 男 水ぎせる

narigón, na [nariɣón, na] 形 名 《戯語・軽蔑》鼻の大きな〖人〗

narigudo, da [nariɣúðo, ða] 形 名 《軽蔑》=**narigón**

nariguera [nariɣéra] 囡 鼻輪

narina [narína] 囡 鼻孔

nariz [naríθ] 囡 〖英 nose. 複 ～ces〗 ❶
複/複 鼻: hablar con (por) las narices (la ～) 鼻声で話す. tener la ～ tapada (taponada) 鼻が詰まっている. ～ aguileña (aquilina) わし鼻. ～ caída 下向きに突き出た鼻. ～ chata 低い鼻, 鼻ぺちゃ. ～ grande 大きな(高い)鼻. ～ griega [横から見て額から鼻筋まで一直線になった] ギリシア鼻; 《口語》perfilada (correcta) 形のよい鼻, 端正な鼻. ～ pronunciada 長い鼻. ～ respingona (respingada・remangada) 上を向いた鼻
❷ 嗅覚: tener buena ～ 鼻がきく
❸ 鼻先: delante de las narices de+人 …の鼻先に, すぐ目の前に. caerse de narices つんのめる, ころぶ; [飛行機が] 垂直降下する
❹ 船首, 機首
❺ [道具などの] 突出部, 先端; [折り目などの] 盛り上がり: Esa costura hace una ～. その縫い目は厚ぼったい
❻ 複 《口語》気力, 勇気

asomar la ～ よく顔を出す, 常連である

asomar las narices [+en に] 詮索する, かぎ回る; 鼻を突っ込む

dar a+人 en la ～ …ににおう; [疑惑] 思われる: Me da en la ～ un olor repugnante. いやなにおいが鼻をつく. Me da en la ～ que no saldrá. 彼はどうも出かけない感じだ

dar a+人 en las narices 1) …を鼻の先であしらう, 軽視する. 2) 《口語》…をあっと言わせる, 見せびらかす: Quería darnos en las narices con su nuevo coche. 彼は新車を私たちに見せびらかすつもりだった

darse de narices 1) うつぶせに倒れる. 2) [+con・contra に] 顔をぶつける; ばったり出会う: Se dio de narices con el poste. 彼は電柱にぶつかった. 3) [+en 困難などに] ぶつかる

de las narices 《西》いやな, 不快な: Otra vez está sonando el timbre de las narices. またあのいやなベルが鳴っている

de〖tres pares de〗narices 《口語》すごい: película de narices 大変面白い映画

en sus〖mismas・propias〗narices 目の前

N

で: Me acusó, *en mis propias narices*, de haber cometido el hurto. 彼は私が万引きしたと面と向かって私を非難した

estar hasta las narices de...《口語》…にあきあき(うんざり)している

hacer lo que le sale de (por) las narices《口語》好きなことをする

hinchar las narices [怒って] つんとする

hincharse a+人 las narices《西. 口語》…がひどく腹を立てる: *Se me hincharon las narices.* 私は頭にきた

meter las narices en... [好奇心で] …に首を突っ込む

¡narices! [否定・怒り・抗議] とんでもない、くだらない、ばかな!

¡(ni...) ni narices!《西》[怒った拒絶・否定]*¡Ni postre ni narices!* デザートなんからいらないよ!

no haber (tener) más narices《口語》他に方法がない、しかたがない

no ver más allá de sus narices《口語》目先のことしか考えない、表面的にしか見ない

pasar... a+人 por las narices =*restregar... a+人 por las narices*

por narices《西. 口語》無理やり、何としても; やむを得ず、仕方なく

¡qué narices!《口語》[怒り・抗議] ばかな、まさか!: No pienso ser su criado, *¡qué narices!* とんでもない! 私は彼の召使いになる気なんか毛頭ない

restregar (refregar・refrotar)... a+人 por las narices《口語》[嫌がらせで] …を…にしつこく言う、見せつける

romper las narices a+人 [脅し文句] …の鼻をへし折る、ひどい目に会わせる

salir a+人 de las narices《口語》…がしたい気持ちになる

tener a+人 agarrado por las narices …を牛耳る、意のままにする

tener a+人 montado en las narices …にいつもわずらわされる、我慢がならない

tener narices《西. 口語》勇気がある、大胆である; 驚きである; 腹立たしい

tocar a+人 las narices《口語》=*hinchar a+人 las narices*

tocarse las narices《軽蔑》怠ける、ぶらぶらする

narizotas [nariθótas] 图《単複同形》《軽蔑》鼻の大きな人. **narizota** 囡 大きな鼻

narración [naraθjón] 囡 ❶ 物語、語り; 叙述: No me gustan las *narraciones* largas. 私は長話は嫌いだ. La ~ de hoy será sobre la amistad. 今日のスピーチは友情についてです. ❷ 地の文《↔coloquio 会話の文》

narrador, ra [naraðór, ra] 图 語り手、ナレーター; 話者

narrar [narár] 他《文語》物語る、話す《contar》: El capitán *narró* sus aventuras. 船長は冒険談をした

narrativo, va [narratíbo, ba] 厖 物語風(体)の、叙述的な

◆ 囡 ❶《集複》物語、小説. ❷ 話術、叙述力

nártex [nárte[k]s] 男《単複同形》《建築》ナルテックス《古代の教会堂の本堂前の広間》

narval [narßál] 男《動物》イッカク(一角)

nasa [nása] 囡 魚をとるためのかご; 魚籠

nasal [nasál] 厖 ❶ 鼻の: cavidad ~ 鼻腔(こう). ❷ 鼻にかかった;《言語》鼻音の: voz ~ 鼻にかかった声. consonante ~ 鼻子音

◆ 囡 鼻音《sonido ~》

nasalidad 囡 声が鼻にかかること; 鼻音性

nasalización 囡 鼻音化

nasalizar 他 鼻音化する; 鼻にかけて発音する

násico [násiko] 男《動物》テングザル

nasofaringe [nasofarínxe] 囡《解剖》鼻咽腔

nata¹ [náta] 囡 ❶《料理》i)《西》乳脂、生クリーム《crema》: ~ batida 泡立てた生クリーム. ~ líquida 脂肪分の少ない生クリーム. ~ montada 固くなるまで泡立てた生クリーム. ii) ~ de coco ナタデココ. ❷ [液体の表面にできる] 上皮; 乳皮. ❸ えり抜き、精髄《crema・flor y》: ~ de la sociedad 名士、社交界の花形. ❹《中米. 冶金》鉱滓《escoria》

natación [nataθjón] 囡《↔nadar》水泳; 競泳: practicar la ~ 水泳(の練習)をする

natal [natál] 厖 生まれた所の、出生の: ciudad (pueblo) ~ 〔生まれ〕故郷. país ~ 故国、生国. suelo (tierra) ~ 生地

Natalia [natálja] 囡《女性名》ナタリア《英 Nathalie》

natalicio, cia [natalíθjo, θja] 厖 誕生日の: fiesta ~*cia* 誕生生パーティー

◆ 男《文語》誕生〔日〕: celebrar el ~ de+人 …の誕生〔日〕を祝う

natalidad [nataliðá[d]] 囡 出生率《índice・tasa de ~. ↔mortalidad》: La ~ disminuye mucho. 出生率は著く低下している. control (restricción) de ~ 産児制限

natalista [natalísta] 厖 出生率増加を支持する

natatorio, ria [natatórjo, rja] 厖 水泳の: aleta ~*ria*〔潜水用の〕足ひれ、フィン. artículos ~s 水泳用品. vejiga ~*ria*〔魚の〕うきぶくろ

Nati [náti] 囡《女性名》ナティ《Natalia の愛称》

natillas [natíʎas] 囡《複》カスタードクリーム

natío, a [natío, a] 厖《金属》天然の《nativo》

natividad [natißiðá[d]] 囡 [特にキリスト・聖母マリア・洗礼者ヨハネの] 誕生《祭》《それぞれ 12 月 25 日、9 月 8 日、6 月 24 日》; [N~] クリスマス《Navidad》

nativo, va [natíßo, ßa] 厖 ❶ 生まれた所の: suelo (país) ~ 生まれ故郷. lengua ~*va* 母〔国〕語. hablante (parlante) ~ ケチュア語を母語とする人. profesor ~ ネイティブの先生. ❷《金属》天然の: oro ~ 自然金

◆ 图 現地の人; [+de] …生まれの人: Los

~s de esta región no comen la carne de
vaca. この地方の人々は牛肉を食べない.

nato, ta² [náto, ta] 形 ❶ 生まれつきの, 生来
の：Es un actor ~. 彼は天性の役者だ. ❷ [地
位・職務が] 職権上兼務する：El ministro es
presidente ~ de esta junta. 大臣は職権上こ
の会議の議長を兼務する

natura [natúra] 囡 《古語》〖無冠詞〗＝**natu-raleza**
　contra ~ 1) 自然に反する, 不自然な：peca-
do contra ~ 自然律に反する罪；性的倒錯.
2) 非常に奇妙な, 思いがけない

naturaca [naturáka] 副 《俗語》もちろん, 当然

natural [naturál] 形 〖英 natural〗
[ser~] ❶ 自然の, 天然の 〖↔
artificial〗：El amor es ~ entre padres e
hijos. 親子の愛は自然なものである. belleza ~
自然の(人の手を加えていない)美しさ. café ~ ブ
ラックコーヒー. día ~ 自然日〖日の出から日没
まで〗. flores ~es 〖造花に対して〗本物の花.
luz ~ 自然光. perla ~ 天然真珠. vida ~
自然のままの生活, 自然に囲まれた生活
❷ 《文語》 [+de] 自然は ~ de
Fuentedos. ゴヤはフエンデトドスの生まれである
❸ [+en・a に] 生来備わった, 本来の：La
modestia es ~ en él. 謙虚なのは彼の生まれつ
きだ. La enfermedad es ~ al hombre. 人間
ならば病気をするのが当たり前である. La dureza
es ~ en la piedra. 硬いのは石の特質だ.
Tiene una inteligencia ~. 彼は生まれつき頭が
いい. bondad ~ 持って生まれた善良さ
❹ 当然の, もっともな：Esas cosas son tan ~es
como que el sol asome cada mañana. それは
太陽が毎日昇るくらい当たり前のことだ. Es ~ el
frío en esta época. この時期に寒いのは当然だ.
[ser ~ que+接続法] Es ~ que quieras volver
a tu país. 君が帰国したがるのも無理はない
❺ ありのままの, 気取らない：Habla de forma
~. 彼は自然な話し方をしている
❻ 本能的な：parpadeo ~ 本能的なまばたき
❼ 庶出の：hijo ~ 庶子, 私生児
❽ 《法律》derecho ~ 自然法, 自然権
❾ 《音楽》本位の
　como es ~ 当然, もちろん：Como es ~, ven-
drás mañana también. 当然のことだが, 明日
も来るように
　¡es ~! 当然だ, もちろんだ！
　ser lo más ~ del mundo きわめて当然(もっ
とも)なことだ
◆ 名 現地の住民：Quiero hablar con los
~es de los países que visito. 私は訪れた国の
人々と話をしたい
◆ 男 ❶ 生来の性格(気質)：Tiene un (Es
de) ~ apacible. 彼は生まれつき穏やかな性格だ.
❷ 《闘牛》ムレータを使う基本的なパス〖pase
~〗
　al ~ 自然のままの；《料理》調味していない, 水
煮の：Es más guapa al ~ que maquillada.
彼女は化粧した時より素顔の方が美しい. lata
de tomates al ~ トマトの水煮の缶詰
　del ~ 実物どおりの：pintar (copiar) del ~

写生する

naturaleza [naturáleθa] 囡 〖英
nature〗 ❶ 自然；自然界：
del ~ の風物：La ~ es variada en los países
tropicales. 熱帯の国々の自然は変化に富んでい
る. En invierno la ~ está triste y silen-
ciosa. 冬の自然は寂しく静かだ. La ~ le ha
dotado espléndidamente. 天は彼にすばらしい
資質を与えた. vivir en plena ~ 自然の中で暮
らす, まったくの田舎に住む. estado de ~ 自然
状態. leyes de la ~ 自然の法則, 自然律.
vuelta a la ~ 自然への回帰
❷ 本性；性質, 気質：~ del hombre 人間の
本性. ~ del terreno 土質. trabajo de ~
delicada 細かい〔性質〕の仕事. enfermedad
de ~ desconocida 正体不明の病気. ser de
~ fría (enfermiza). 彼は冷たい人(病弱な体
質)だ. ~ divina 神性. ~ humana 人性, 人
間性；人類
❸ 《古語》 [帰化した人の] 国籍：alcanzar la
~ (adquirir carta de ~) del país その国の
国籍を取る. carta de ~ 帰化承認状
❹ [ある土地で] 生まれたこと：Era ruso de ~.
彼はロシア生まれだった
❺ [特に女性の] 生殖器：despertarse a+人
la ~ …が性に目覚める. romper la ~ 初潮を
みる
❻ 《美術》~ muerta 静物〔画〕〖bodegón〗
　contra la ~ 自然の摂理に背いた
　dejar obrar a la ~ 自然の力(治癒力)に任
せる
　forzar la ~ 無理をする
　pagar tributo a la ~ 死ぬ
　por ~ 生まれつき；本来：Es generoso por
~. 彼は生まれつき寛大だ. Los jóvenes son,
por ~, irreflexivos. 若者はそもそも軽率なも
のだ

naturalidad [naturaliðáð] 囡 自然さ；率
直さ：estar (encontrarse) con ~ 自然にふる
まう；平然としている. hablar con ~ 率直に言
う. con la mayor ~ (del mundo)／con
mucha (toda) ~ ごく自然に；いかにも当然のよ
うに, 平然と. no tener ~ ぎこちない

naturalismo [naturalísmo] 男 《文学・美術》
自然主義

naturalista 形 名 自然主義の(主義者)；博
物学者

naturalizar [naturaliθár] 他 ❶ [人・動
植物を] 帰化させる. ❷ [外国の言語・風俗など
を] 移入する, 定着させる；国語化する：~ una
voz inglesa ある英単語を取り入れる
◆ ~se 帰化する；定着する：Se ha naturali-
zado francesa. 彼女はフランスに帰化した
naturalización 囡 帰化；移入, 定着
naturalmente [naturálménte] 副 ❶ 当然：
N~ aceptó la invitación. もちろん彼は招待に
応じた. Se empeña en ir a pie；~, llegará
cansado. 彼は歩いて行こうとしている. きっと着い
た時には↑へとへとだろう. Le habrás dado las
gracias.—¡N~! ちゃんとお礼を言っただろうね.
—もちろん. ❷ 自然に, ひとりでに：Eso se ex-

plica ~. それは自明の理だ. ❸ 生まれつき：Ella es ~ amable. 彼女は生まれつき優しい. ❹ 飾り気なしに：Habla ~. 彼は率直にものを言う

naturismo [naturísmo] 男 自然志向, 自然回帰主義；裸体主義
　naturista 形 名 自然志向の〔人〕, 自然回帰主義の(主義者)；自然療法の(療法者)；裸体主義の(主義者), ヌーディスト

naturopatía [naturopatía] 女 自然療法
　naturópata 名 自然療法医

naufragar [naufragár] 自 ❶ 難破する；〔人が〕難破する：barco *naufragado* 難破船. ❷ 失敗する；破産する：Ha *naufragado* el negocio. 商売は失敗した

naufragio [naufráxjo] 男 ❶ 難船, 難破；海難〔事故〕. ❷ 失敗；破産

náufrago, ga [náufrago, ga] 形 名 難船した〔人〕, 難破した：buque ~ 難破船
　◆ 男 サメ〔tiburón〕

nauruano, na [naurwáno, na] 形 《国名》ナウル Nauro の〔人〕

náusea [náusea] 女 〔主に 複〕 ❶ 吐き気, むかつき：tener (sentir) ~s 吐き気がする. dar a+人 ~s …に吐き気を催させる. ❷ 嫌悪感, 不快感：Su descaro me da ~s. 彼の厚かましさには胸が悪くなる

nauseabundo, da [nauseabúndo, da] 形 吐き気(嫌悪感)を催させる：hedor ~ むかつくような悪臭. comportamiento ~ 胸くその悪くなるような態度

nauta [náuta] 男 《文語》船乗り〔navegante〕

náutico, ca [náutiko, ka] 形 ❶ 航海に関する. ❷ 水上の：club ~ ヨットクラブ. deporte ~ 〔ボートを含む〕水上スポーツ
　◆ 女 航海術

nautilo [náutilo] 男 《動物》オウムガイ

nava [nába] 女 〔山間の, 時に沼地状の〕低地, 盆地

navaja¹ [nabáxa] 女 ❶ 〔折畳み式の〕ナイフ, 小刀, ポケットナイフ, ジャックナイフ：~ de afeitar (~ barbera)：~ automática (de botón・de muelle・de resorte) 飛び出しナイフ. ~ de cabritera 皮はぎナイフ. ~ suiza アーミーナイフ, 万能ナイフ. cortar el pelo a (la) ~ レザーカットする. ❷ 《貝》マテガイ. ❸ 毒舌, 悪口. ❹ 〔イノシシなどの〕牙(きば)
　afilar sus ~s 手ぐすねを引く

navajada [nabaxáða] 女 ＝navajazo

navajazo [nabaxáθo] 男 ナイフの一刺し；ナイフによる傷

navajero, ra [nabaxéro, ra] 名 ナイフで武装した強盗
　◆ 男 かみそりケース；かみそりを拭く布(ゴムの器)

navajo, ja² [nabáxo, xa] 形 名 ナバホ族〔の〕〔北米インディアン〕

navajudo, da [nabaxúðo, ða] 形 《中米》口のうまい, 甘言で釣る

naval [nabál] 形 ❶ 船の, 航海の：ingeniería (ingeniero) ~ 造船学(技師). ❷ 海軍の：agregado ~ 大使館付き海軍武官. combate ~ 海戦. Escuela N~ 海軍兵学校

navarca [nabárka] 男 《古代ギリシア》艦隊司令官；《古代ローマ》艦長

Navarra [nabářa] 女 《地名》ナバラ〔スペイン北部の自治州. 正式名称 Comunidad Foral de ~〕
　navarro, rra 形 名 ナバラの〔人〕
　navarroaragonés, sa 形 名 ナバラとアラゴンの〔人〕

nave [nábe] 女 ❶ 《古語》船. ❷ 〔教会堂の〕外陣〔☞iglesia カット〕；〔特に中央の〕身廊〔~ principal〕：~ lateral (colateral) 側廊. ~ de crucero 翼廊. ❸ 〔工場・倉庫の〕建物〔~ industrial〕；〔建物内の壁などで仕切られた〕スペース, 部屋：construir dos ~s más 2棟増築する. ❹ 宇宙船〔~ espacial・~ del espacio〕
　N~ de San Pedro カトリック教会
　quemar las ~s 背水の陣をしく

navegable [nabeɣáβle] 形 〔川などが〕航行可能の：río ~ 航行可能河川
　navegabilidad 女 航行可能性；〔船の〕耐航性

navegación [nabeɣaθjón] 女 ❶ 航行；航海〔~ marítima〕；航空〔~ aérea〕：abierto a la ~ 航行可能な. línea de ~ 航路. ~ de altura 遠洋航海. ~ de cabotaje/~ costera 沿岸航海. ~ fluvial 河川航行. ~ submarina 潜航. sistema de ~ para automóvil カーナビゲーションシステム. ❷ 航海術〔náutica〕

navegador, ra [nabeɣaðór, ra] 名 《古語》船乗り

navegante [nabeɣánte] 形 船乗りの；船上(機上)勤務の
　◆ 名 ❶ 《古語》船乗り. ❷ 《自動車》ナビゲーター；《航空》航空士

navegar [nabeɣár] 自 ❶ 航行する, 航海する：Su barco *navegaba* por el Mediterráneo. 彼の船は地中海を航行していた. ❷ 船(飛行機)を操縦する
　◆ 他 《文語》〔海を〕航行する

naveta [nabéta] 女 ❶ 《考古》舟を逆さまにした形の墳墓. ❷ 《カトリック》香をつぎ足すための容器. ❸ 引き出し〔gaveta〕

navidad [nabiðá(ð)] 女 〔英 Christmas〕 ❶ 降誕〔キリストの〕. ❷ 〔N~〕クリスマス, キリスト降誕祭〔Pascua de N~〕；複 〔公現祭1月6日までの〕クリスマス〔と新年の〕シーズン, クリスマス休暇：¡Feliz N~!/¡Felices N~es! メリークリスマス! pasar las N~es en su casa クリスマス〔休暇〕を家で過ごす. felicitar las N~es クリスマスを祝う. N~ クリスマスに. árbol de N~ クリスマスツリー. tarjeta (de felicitación) de N~ クリスマスカード. ❸ 複 年齢：Tengo ya muchas ~es. もう私はずいぶん年をとっている. No alabes ni desalabes hasta siete ~es. 《諺》性急な判断は間違いの元

navideño, ña [nabiðéɲo, ɲa] 形 クリスマスの：fiestas ~ñas クリスマスの祝日

naviero, ra [nabjéro, ra] 形 船の, 航海の：

compañía (empresa) ～ra 海運会社

◆ 图 船主；艤装(ぎ)業者

◆ 图 海運会社, 船会社

navío [naβío] 圐 [大型の] 船；[特に] 軍艦 『～ de guerra』：～ de transporte 輸送船. ～ de carga 貨物船. ～ mercante 商船

náyade [nájaðe] 囡 《神話》泉や川の精, ナイアス

nayarita [najaríta] 厖 图 《地名》ナヤリット Nayarit の〔人〕『メキシコ東部の都市』

nazareno, na [naθaréno, na] 厖 图 ❶ 〔地名〕ナザレ Nazaret 圐 の〔人〕『イスラエルの町』：el N～ ナザレ人〔ユダヤ人によるキリストの呼称〕. Divino N～ イエス・キリスト. ❷ ナザレ教徒, 初期キリスト教徒

◆ 圐 ❶ [聖週間の行列で] 受難者の仮装をした人. ❷ 《美術》ナザレ派. ❸ 《植物》クロウメモドキの一種

nazarí [naθarí] 厖 图 《複 ～[e]s》《歴史》[グラナダの] ナスリ王朝の〔人〕

nazca [náθka] cultura ～ ナスカ文化『1-8 世紀にペルー南部で栄えた』. líneas de N～ ナスカの地上絵

nazca-, nazco ☞**nacer** 39

nazi [náθi] 厖 图 《複 ～s》ナチス〔の〕, 国家社会主義ドイツ労働者党の〔党員〕：Alemania ～ ナチスドイツ

nazismo 圐 ナチズム, 国家社会主義

N.B. 《略語》←nota bene 注意せよ

n/c. 《略語》←nuestro cargo 弊社債務

n/c(ta). 《略語》←nuestra cuenta 弊社勘定

NE 《略語》←nordeste 北東

nearca [neárka] 圐 =**navarca**

nébeda [néβeða] 囡 《植物》イヌハッカ

nebí [neβí] 圐 《複 ～[e]s》=**neblí**

nebladura [neβlaðúra] 囡 《農作物の》霧による被害；[羊などの] 旋回病

neblí [neβlí] 圐 《複 ～[e]s》《鳥》ハヤブサの一種

neblina [neβlína] 囡 ❶ かすみ, もや；スモッグ：Hay una capa de ～. 少しもやがかかっている. ❷ ガス(煙)の充満した空気；ミスト

neblinear 圁 《南米》[単人称] 霧雨が降る

neblinoso, sa 厖 かすみのかかった

neblumo [neβlúmo] 圐 《気象》スモッグ

nebrina [neβrína] 囡 ネズミサシ enebro の漿果(しょう)

nebulizador [neβuliθaðór] 圐 [医療用の] 噴霧器

nebulosa¹ [neβulósa] 囡 《天文》星雲：la gran ～ Andrómeda アンドロメダ大星雲. ～ en espiral 渦状星雲. ～ gaseosa ガス状星雲. ～ oscura 暗黒星雲

nebuloso, sa² [neβulóso, sa] 厖 ❶ 曇った, 霧のかかった：cielo ～ どんよりした空. ❷ 不明確な, あいまいな：idea ～sa ぼんやりした考え. ❸ 白濁した

nebulosidad 囡 曇り〔具合い〕；不明瞭さ

necedad [neθeðá(ð)] 囡 《←necio》愚かさ；愚行, 愚かな言葉：decir ～es/soltar una ～ ばかげたことを言う. hacer una ～ 愚行を演じる

necesariamente [neθesárjaménte] 剾 どうしても, ぜひとも；必ず, きっと 『主に tener que, hay que, haber que と共に』：i) Tienes que ir ～. 君はどうしても行かなければならない. El negocio ha de ser ～ un éxito. 事業はきっと成功間違いなしだ. Tal como andaba, estaba ～ borracho. あの歩き方では彼は酔っぱらっていたに違いない. ii) [否定文で] 必ずしも〔…でない〕：Ganar la guerra no significa ～ aniquilar al enemigo. 戦争の勝利は必ずしも敵の全滅を意味しない. Lo caro no es ～ bueno. 高いものがいいものとは限らない

necesario, ria 厖 『英 necessary』[ser+] ❶ [+para・a に] 必要な：i) El agua es ～ria para la vida humana. 水は人間の生活になくてはならない. Para entrar en el cine es ～ria una entrada. 映画館に入るには入場券が必要だ. Le es ～ el café. 彼はコーヒーなしではいられない. considerar… como un mal ～ …を必要悪と考える. ～ a la salud 健康に必要な. gastos ～s 必要経費. ii) [ser ～+不定詞・que+接続法] …することが必要である, …しなければならない：Es ～ tomar un rato de descanso. 少し休憩することが必要だ. Es ～ que lleguemos a las diez para cenar. 夕食を食べるためには 10 時に着かなくてはならない. No es ～ que vayas si no quieres. いやなら行かなくてもいい. si es ～ もし必要なら

❷ 必然的な, 避け難い：consecuencia ～ria 必然的帰結. La lucha es ～ria. 戦いは避け難い. La justicia es ～ria. 正義は必ず存在する ❸ 有益な, 好都合の：Es ～ que te distraigas de vez en cuando. たまには気晴らしをした方がいいよ

hacer… …を必要とする：El estado del enfermo *hizo* ～ria una transfusión de sangre. 患者の病状は輸血を必要とした

todo es ～ どんなことでも必要である：Gano con eso unas pesetas.—*Todo es* ～. 私はそれで わずかな金を得る.―それも必要です

neceser [neθesér] 圐 《←仏語》[旅行用の] 洗面道具入れ

necesidad [neθesiðá(ð)] 囡 『英 necessity』❶ 必要性：i) Este año hay ～ de las restricciones de agua. 今年は給水制限が必要だ. Esto cumple (llena・satisface・cubre) nuestras ～es por el momento. これは私たちのさしあたっての必要を満たしてくれる. ～ mental 精神的な満足 『↔～es materiales 衣食住の物質的な充足』. La ～ aguza el ingenio. 《諺》必要は発明の母. La ～ carece de ley. 《諺》背に腹は代えられぬ. ii) [+de+不定詞・que+接続法] No siento (la) ～ de salir al extranjero. 私は外国に出かける必要性を感じない. Hay ～ de que nos hablemos más francamente. 私たちはもっと率直に話し合わねばならない

❷ 必然性, 不可避性：Se encuentra (Se ve) en la ～ de elegir entre ambos. 彼は二者択一を迫られている. ～ lógica 論理的必然. estado de ～ 《法律》緊急避難

N

❸〖主に 複〗必需品；緊要事：Gana bastante para satisfacer sus ~. 彼は生活するのに十分な稼ぎがある. Hoy en día el teléfono es una ~. 今日では電話は必需品だ. Puedes recurrir a mí en cualquier ~. 困った時には私のところへおいで. ~es básicas 最低必需品
❹〖時に 複〗窮乏, 飢餓；苦難：quedar en la mayor ~ ひどく貧乏になる. cometer el robo impulsado por la ~ 貧困から盗みを働く. morir de ~ 餓死する. pasar ~es 苦難を味わう
❺《婉曲》〖主に 複〗生理的欲求〖~ fisiológica〗：hacer sus ~es 〖大小便の〗用を足す. ~es mayores (menores) 大便(小便)

de 〔*primera*〕 ~ 必要不可欠な：artículos *de primera* ~ 生活必需品
en caso de ~ やむを得ない場合は
hacer de la ~ *virtud* 〖当然しなければならないことなの〗進んでするようなふりをする；いやなことでも必要とあらば進んでする
mortal de ~ 〖けが・病気が〗致命的な
obedecer a la ~〔+de の〕状況に応じる
por ~ やむなく；経済的必要性から, 貧困のせいで

necesitado, da [neθesitáðo, ða] 形 過分
❶〖estar+, +de を〗必要とする：El niño está ~ de cariño. その子には愛情が必要だ. Ando un poco ~ de dinero. 私は少々金が足りない.
❷貧窮している：familia ~da 貧困家庭
◆ 名 貧乏人

necesitar [neθesitár] 他〖英 need〗必要とする：i) *Necesitamos* dinero (tu ayuda). 私たちにはお金(君の助け)が必要だ. Esta masa *necesita* más agua. このパン生地にはもっと水が必要だ. ii)〔+不定詞〕…する必要がある：*Necesito* hablarle mañana. 私は明日彼と話さなければならない. iii)〔+que+接続法〕*Necesito que me digas* la verdad. 真実を言ってもらわなければ困るよ
◆ 自〖文語〗〔+de を〕必要とする
◆ ~*se* **❶** *Se necesita* secretaria. 秘書募集中. **❷**《口語》〔+不定詞. 強調〕…に違いない：*Se necesita* ser imbécil para creerse eso. それを信じるなんてよっぽどのばかだ ¡*se necesita!* 〖驚き・拒絶〗まさか, ばかばかしい!

necio, cia [néθjo, θja] 形 名〖ser+〗**❶**〖知識・分別・理性・論理性のない〗愚かな〔人〕, ばかな〔人〕〖tonto, majadero などより上品な表現〗：Es un ~. 彼は愚か者だ. Es cosa de ~s admirar a los astros del cine. 映画スターにあこがれるなどばかげたことだ. **❷**《中南米》気難しい〔人〕, 怒りっぽい〔人〕

nécora [nékora] 女《動物》カニの一種〖スペイン産. 食用〗

necrófago, ga [nekrófaɣo, ɣa] 形《動物》死肉を食べる
necrofagia 女 死肉を食べること

necrofilia [nekrofílja] 女《医学》死体性愛, 屍姦
necrófilo, la 形 名 死体性愛の(性愛者)

necrofobia [nekrofóbja] 女 死亡(死体)恐怖症

necrología [nekroloxía] 女 故人の略歴；〔新聞の〕死亡広告, 死亡記事
necrológico, ca 形 故人略歴の；死亡広告の

necromancia [nekrománθja] 女 =**nigromancia**

necrópolis [nekrópolis] 女〖単複同形〗〖古代の大規模な〕墳墓；巨大墓地；〖廃墟となった〕死の町

necrosis [nekrósis] 女〖単複同形〗《生物・医学》壊死(え)
necrótico, ca 壊死性の

néctar [néktar] 男 **❶**《神話》不老不死の酒, ネクタル；〖一般に〗美酒. **❷**〖花の〗蜜(つ)

nectarina [nektarína] 女《果実》ネクタリン

necton [nɛkton] 男 遊泳動物

neerlandés, sa [neerlandés, sa] 形 名《国名》オランダ〔人・語〕の, ネーデルランドの；オランダ人
◆ 男 オランダ語
neerlandófono, na 形 名 オランダ語を話す〔人〕

nefando, da [nefándo, da] 形《文語》〖口にするのも〗汚らわしい：crimen ~ いまわしい犯罪. pecado ~ 汚らわしい罪〖男色のこと〗

nefasto, ta [nefásto, ta] 形 **❶**災いをもたらす；不吉な：época ~ta 不幸な(受難の)時代. síntoma ~ 不吉な兆候. **❷**《口語》ひどい, 最悪の, 目も当てられない；ひどく下手な

nefelio [neféljo] 男《医学》角膜片雲

nefridio [nefríðjo] 男《動物》腎管

nefrítico, ca [nefrítiko, ka] 形《医学》腎臓の；腎炎の：cólico ~ 腎疝痛
◆ 名 腎炎患者

nefritis [nefrítis] 女〖単複同形〗《医学》腎炎：~ aguda (crónica) 急性(慢性)腎炎
nefrología 女 腎臓(病)学

nefrosis [nefrósis] 女〖単複同形〗《医学》ネフローゼ

neg.〖略語〗←**negocio** 取引

negación [neɣaθjón] 女 **❶**否定, 否認；拒否：~ de los derechos humanos 人権無視. **❷**無, 欠如, 非存在：Es la ~ de la inteligencia. 彼はお世辞にも頭がいいとは言えない. **❸**《軽蔑》無能, 役に立たないこと：Es una ~ en matemáticas. 彼は数学ができない. **❹**《文法》否定(語・表現)〔↔afirmación〕：adverbio de ~ 否定の副詞

negado, da [neɣáðo, ða] 形 名 過分〖ser+, +para に〗無能な〔人〕：Ese empleado es muy ~. その職員は役立たずだ. Es un ~ *para* las matemáticas. 彼は数学ができない

negar [neɣár] 他 23〖☞活用表〗他〖英 deny〗**❶**否定する, 否認する〖↔afirmar〗：i) *Niega* su intervención en el asunto. 彼はその件に関与していないと言っている. Ha negado su presencia en casa. 彼は居留守を使った. ¿A qué ~lo? 何を隠すことがあろうか. ii)〔+不定詞〕*Negó* haberlo hecho. 彼はそんなことをした覚えはないと言った. iii)〔+que+接続法〕*Niega* que haya tales documentos. 彼はそのような文書の存在を否定している。　No *niego que* eso sea cierto. 私はそれが確かでないとは言わない。[従属節の内容が事実とわかっている時。+直説法］No me *negará* usted *que* esto es verdad. これが事実でないとは言わせませんよ。　iv)［目的語なしで］～ con la cabeza 首を横に振る　❷［+a+人 に］拒否する，拒絶する: Le *negaron* el aumento de sueldo. 彼は給料の増額を断られた。　～ a+人 el saludo (la mano) …と挨拶（握手）するのを拒む．　～ la entrada al país 入国を禁じる　❸［自分との関係を］否認する: San Pedro *negó* a Jesús. 聖ペテロはイエスを知らぬと言った。～ a su hijo 息子を勘当する

◆ ~se ［+a を］拒否する: i) *Se negó* al trato (*a pagar*). 彼は交際（支払い）を断った。~se a la razón 道理に背を向ける。~se a la evidencia 自明の理を認めない。~se a sí mismo 禁欲（精進）して神に仕える。　ii)［+a que+接続法］*Se niega a que* empiecen a construir. 彼は建築を始めさせまいとしている

negar		
直説法現在	点過去	接続法現在
niego	negué	niegue
niegas	negaste	niegues
niega	negó	niegue
negamos	negamos	neguemos
negáis	negasteis	neguéis
niegan	negaron	nieguen

negativa[1] [negatíßa] 囡 否定の返事，拒否: recibir una ～ 断られる。～ a colaborar 協力を断ること。～ absoluta (rotunda) 断固とした拒絶。～ categórica《法律》妨訴抗争

negativismo [negatibísmo] 男 否定的な思考傾向

negativo, va[2] [negatíßo, ßa] 形 ❶ 否定の，拒否の『↔afirmativo』: hacer una señal ~va 手を横に振る，否定の身ぶりをする。respuesta ~va 否定（断り）の返事。oración ~va 否定文。partícula ~va 否定辞。proposición ~va 否定命題。❷『↔positivo』i) 否定的な，消極的な: comentario ～ 否定的な見解。crítica ~va 非建設的な批評。actitud ~va 消極的な態度。No he hecho nada malo. Es ～, pero no destructivo. 私，何も悪いことはしていない。プラスになることはしていないが，ぶち壊しにしたわけでもない。ii)［人が］物事を否定的な側面でのみとらえる，マイナス思考の: No seas ～. 悲観的になるな。iii)《数学・物理》負の，マイナスの: número ～ 負の数。cantidad ~va 負の量。carga ~va 陰電荷。electrón ～〔陰〕電子。iv)《医学》陰性の: Mi reacción ha sido ～va. 私は陰性（反応）だった。Rh ~va［血液型の］Rh マイナス。v)《写真》陰画の，ネガの

◆《写真》陰画，ネガ『prueba・placa ~va』

negativamente 副 否定的に；消極的に: Todos respondieron (contestaron) ～. 全

員いやだと答えた

negligé [neglijé] 男『←仏語．服飾』［薄手で大胆な］部屋着，化粧着

negligencia [neglixénθja] 囡 怠慢，不注意，無頓着『↔diligencia』《法律》過失: Se nota cierta ～ en lo que hace. 彼のすることにはどこか投げやりなところが目につく。　～ en el cumplimiento de su deber 職務遂行上の怠慢。～ culpable 不注意による過失。～ médica 医療ミス。～ temeraria 重過失

negligente [neglixénte] 形 ❶［+en に］怠慢な〔人〕，不注意な〔人〕；だらしない〔人〕: Es ～ *en* los estudios. 彼は怠けて勉強しない。postura ～ 投げやりな態度。vestimenta ～ だらしない服装

negligentemente 副 いい加減に，無造作に

negligir [neglixír] 佪 他 おろそかにする，怠る: ～ sus obligaciones 義務を怠る

negociable [negoθjáble] 形『手形・証券などが』譲渡できる: título ～ 流通証券

negociabilidad 囡 市場性，流通性

negociación [negoθjaθjón] 囡 ❶ 交渉，折衝；商談: Las *negociaciones* para el tratado de paz son muy trabajosas. 講和条約の交渉は大変難しい。entablar las *negociaciones* 交渉を開始する。en ～ 交渉中の》に。poder de ～ 交渉力。～ entre patronos y obreros 労使間の交渉。～ diplomática 外交交渉。❷『手形・証券の』譲渡，流通，売買: perder mucho dinero en la ～ de las acciones 株の売買で大損する

negociado [negoθjáðo] 男 ❶［会社などの］部局: Trabaja en el ～ de asuntos extranjeros. 彼は国際部門で働いている。❷《南米》違法な商売，不正取引

negociador, ra [negoθjaðór, ra] 图 交渉委員；仲介者

negociante [negoθjánte] 形 商売をする；〔軽蔑〕利益ばかり追求する，守銭奴の

◆ 图 ❶［+en を扱う］商人，ビジネスマン: ～ al por mayor 卸売商。～ *en* coches 自動車のディーラー。❷〔軽蔑〕商売人，守銭奴: Ese médico es un ～. その医者は商売人だ

negociar [negoθjár] 佪 自［+en・con の/+con と］商売（取引）をする: ～ *en* (*con*) arroz 米を商売する。～ *con* España スペインと貿易をする。～ *con* los terroristas テロリストと交渉する

◆ 佪 ❶ …の交渉をする: ～ un tratado comercial 通商条約の交渉を行なう。❷『手形・証券を』譲渡する: ～ una letra 手形を譲渡する。❸［最短距離を通って］曲がる: ～ una puerta《スキー》旗門を通過する

negocio [negóθjo] 男 ❶ 事業，取引；〔縮〕商売: i) Su ～ va muy bien. 彼の事業は大変順調だ。Ha puesto un ～ de vinos. 彼はワインの店（取引）を始めた。tener ～s propios 自営業を営んでいる。hablar de ～s 仕事（商売・専門）の話をする。comida de ～s ビジネスランチ。hombre (mujer) de ～s ビジネスマン（ウーマン）；実業家。viaje de ～s 出張，商用の旅行『↔viaje

de placer》. ii) 有利な取引：Es un ～ comprar este edificio. このビルはいい買い物だ. ¡Vaya un ～! 《皮肉》それは安い!
❷ 営業所，支社；《中南米》商店：Tiene su ～ en Madrid. その会社はマドリードに支店がある
❸《軽蔑》[主に圏] 用件，問題：¿En qué ～s te ocupas? 何にかかずらっているんだ? Eso no es ～ tuyo. それは君の知ったことではない
❹《中南米》事実：El ～ es que no quiere venir. 実は彼は来たくないのだ
  buen (mal) ～ 有利(不利)な取引：He hecho un buen (mal) ～ contándoselo todo. 私は彼に全部話してよかった(損した). Piensa casarse e irse a vivir con los suegros.—¡Mal ～! 彼女は結婚して相手の両親と同居するつもりだ. そいつはやっかいだ(割に合わないね)
  hacer ～ 大もうけする：Hizo ～ con la venta de las acciones. 彼は株を売って大もうけした
  hacer su ～ 自分の利益になるようにはからう；自分の利益のみを追求する

negra¹ [négra] 囡 ❶《音楽》4分音符. ❷ 圐《チェス》黒の駒(の持ち手)《↔blancas》：tener las ～s 黒を持つ

negrear [negreár] 固《文語》黒くなる，黒ずむ；黒く見える
  ◆ 他《中南米》[奴隷のように] こき使う；のけ者にする

negrero, ra [negréro, ra] 圐 囡 ❶ 黒人奴隷売買の；奴隷商人：barco ～ 奴隷船. ❷《口語》人をこき使う雇用主(上司)
  negrería 囡 匥函 [特にペルーの農園の] 黒人

negrilla [negríʎa] 囡 =**negrita**
negrillo [negríʎo]《植物》ニレ《olmo》
negrita¹ [negríta] 囡《印刷》太字体，ゴシック体《～ mayor》

negrito, ta² [negríto, ta] 圐 ❶ 太字体の，ゴシック体の. ❷ [ニューギニア・マレーシア・フィリピンの密林の] 小柄な黒人の
  ◆ 囡《中南米》[子供に対して・兄弟同士で・夫婦間で親愛の呼びかけ] あなた，おまえ
  ◆ 圐 [サメの一種] フジクジラ；[キューバの] カナリアに似た鳴き声の黒い小鳥

negritud [negritú(d)] 囡 黒人文化の特質(価値)

negro, gra² [négro, gra] 圐 《英》black. 絶対最上級：《文語》nigérrimo，《口語》negrísimo》❶ 黒い：i) Tiene el cabello ～. 彼の髪は黒い. vestido ～ 黒服. luz negra 不可視光線. ii) 暗黒の，暗い：El cielo se está poniendo ～. 空が暗くなってきた. iii) 黒っぽい，暗色の：cerveza negra 黒ビール. iv) [たばこが] 香り・味の強い，きつい《↔rubio》. v) 黒人の：música negra 黒人音楽. vi) 日焼けした
❷ 不正な，邪悪な：mercado ～ 闇市，ブラックマーケット
❸ 悪魔の，魔力の
❹ [estar+] 汚れた，汚い：aguas negras 汚水，下水
❺ 陰気な，不吉な；悲惨な：futuro ～ 暗い将来. un día ～ 悲惨な一日

❻《口語》[estar+] 腹を立てた，不快に思う：Este coche me tiene (pone) ～. この車にはうんざりだ. Estoy ～ con el nuevo sistema. 今度のシステムは頭にくる
❼《文学・映画など》残虐でグロテスクな：cine ～ フィルムノワール. novela ～*gra* 暗黒小説
  pasarlas negras《口語》困難にぶつかる，悲惨なめに会う
  punto ～ [道路の] 危険個所，事故多発地点；毛穴の黒ずみ
  tener la negra《口語》非常に運が悪い
  verse ～ *(vérselas negras) para*+不定詞《口語》…するのに苦労する
  ◆ 图 ❶《時に軽蔑》黒人《hombre de color》. ❷ 代筆者，ゴーストライター. ❸《中南米》=**negrito**
  trabajar como un ～《軽蔑》[黒人奴隷のように] ばかみたいに(あくせく)働く
  ◆ 圐 ❶ 黒，黒色《color ～》：～ de la uña 爪の汚れ. ～ de humo カーボンブラック. en ～ [写真・テレビなどが] 白黒の《↔en color》. ❷ [香り・味の] きついたばこ《tabaco ～. ↔rubio》

negroide [negrójde] 圐《時に軽蔑》ネグロイド(の)，黒色人種に似た(人)
negrura [negrúra] 囡 黒さ
negruzco, ca [negrúθko, ka] 圐 黒っぽい，黒みがかった
negus [negús] 圐《単複同形》[称号] エチオピア皇帝
neis [néjs] 圐 =**gneis**
nematelmintos [nematɛlmíntos] 圐 匥《動物》線形動物門
nematodos [nematóðos] 圐 匥《動物》線虫類
nemertinos [nemɛrtínos] 圐 匥《動物》紐形動物門
nemoroso, sa [nemoróso, sa] 圐《文語》森の；森に覆われた：susurro ～ 森のささやき
  ◆ 囡《植物》ヤブイチゲ
nemotecnia [nemotéknja] 囡 記憶力増進法，記憶術
  nemotécnico, ca 圐 囡 記憶術(の)
nene, na [néne, na] 图 ❶《口語》赤ん坊. ❷《俗語》[定冠詞+. 動詞は3人称単数] ぼく，あたし：El ～ mañana no piensa dar golpe. おれ，明日何も仕事しないよ
  ◆ 囡 [妻・恋人・娘に対する親愛の呼びかけ] Nena, ven aquí. ねえ，こっちへおいで
nenúfar [nenúfar] 圐《植物》スイレン
neo-《接頭辞》[新] neoclasicismo 新古典主義
neocapitalismo [neokapitalísmo] 圐 新資本主義
neocatolicismo [neokatoliθísmo] 圐 新カトリック主義
  neocatólico, ca 圐 图 新カトリック主義の(主義者)；《軽蔑》反動主義者
neocelandés, sa [neoθelandés, sa] 圐 图《国名》ニュージーランド Nueva Zelanda 囡 (人)の；ニュージーランド人
neoclasicismo [neoklasiθísmo] 圐 新

典主義

neoclásico, ca [形][名] 新古典主義の〔人〕

neocolonialismo [neokolonjalísmo] [男]
新植民地主義

neodarvinismo [neoðarbinísmo] [男] 新ダ
ーウィン主義

neodimio [neoðímjo] [男]《元素》ネオジム

neoescolasticismo [neoeskolastiθísmo]
[男] 新スコラ哲学

neofascista [neofasθísta] [形][名] ネオファシズ
ムの；ネオファシスト

neófito, ta [neófito, ta] [名] ❶ 改宗者, 新信
徒. ❷《文語》[教団・政党などの] 新加入者；
新入生, 初心者

neógeno, na [neóxeno, na] [形][男]《地質》
新第三紀〔の〕

neogoticismo [neogotiθísmo] [男]《建築》
新ゴシック傾向

neogótico, ca [形] 新ゴシック様式の

neoimpresionismo [neoimpresjonísmo]
[男]《美術》新印象主義

neolatino, na [neolatíno, na] [形] 新ラテン
語の：lenguas ~nas 新ラテン諸語, ロマンス諸
語

neoliberalismo [neoliberalísmo] [男]《経
済》新自由主義

neoliberal [形][名] 新自由主義の(主義者)

neolítico, ca [neolítiko, ka] [形][男] 新石器
時代〔の〕

neologismo [neoloxísmo] [男] 新語[法], 新
語の使用

neomicina [neomiθína] [女]《薬学》ネオマイシ
ン

neón [neón] [男] ❶《元素》ネオン. ❷ ネオンサイ
ン〔anuncio・letrero de ~〕

neonato, ta [neonáto, ta] [名] [生後1か月
以内の] 新生児

neonatal [形] 新生児の

neonazi [neonáθi] [形][名] [[複] ~s] ネオナチ
〔の〕

neonazismo [男] ネオナチズム

neoplasma [neoplásma] [男]《医学》新生物,
腫瘍

neoplasia [女] 新生物(腫瘍)形成

neoplatonismo [neoplatonísmo] [男] 新プ
ラトン主義

neopreno [neopréno] [男] ネオプレン〔合成ゴム
の一種〕

neorama [neoráma] [女] ネオラマ〔建物の中を
見せるパノラマ〕

neorrealismo [neor̃ealísmo] [男]《映画・文
学》ネオリアリズム

neoyorquino, na [neojorkíno, na] [形][名]
《地名》ニューヨーク Nueva York [女] の〔人〕

neozelandés, sa [neoθelandés, sa] [形]
[名] = **neocelandés**

neozoico, ca [neoθóiko, ka] [形][男]《地質》
新生代〔の〕

nepalés, sa [nepalés, sa] [形][名]《国名》ネパ
ール Nepal [男] 〔人・語〕の；ネパール人
　◆ [男] ネパール語

nepente [nepénte] [男]《ギリシア神話》[苦痛や
憂きを忘れさせる飲物] ネペンテス；《植物》ウツボ
カズラ

neperiano, na [neperjáno, na] [形]《数学》
ネービアの：logaritmo ~ ネービア対数, 自然対
数

nepotismo [nepotísmo] [男]《軽蔑》身内びい
き, 縁者の優遇

neptunio [neptúnjo] [男]《元素》ネプツニウム

Neptuno [neptúno] [天文》海王星；《神話》ネ
プチューン

nereida [nereíða] [女]《神話》海の精, ネレイダ

nerita [neríta] [女]《貝》アマオブネ

nerítico, ca [nerítiko, ka] [形]《地質》浅海の

neroli [neróli] [男] ネロリ油, 橙花油

nerón [nerón] [男] 残忍な男〔←ローマの皇帝ネ
ロ Nerón〕

neroniano, na [形] 皇帝ネロの；残忍な

nerudiano, na [nerudjáno, na] [形]《人名》
ネルーダ Neruda の〔チリの詩人, 1904-73〕

nervadura [nerbaðúra] [女][集名]《植物》葉
脈；《昆虫》翅脈；《建築》リブ, 肋骨

nervado, da [形] 葉脈(翅脈)のある

nervatura [女] = **nervadura**

nerviación [女][集名] 葉脈；翅脈

nervio [nérbjo] [男]《英 nerve》❶《解剖》神
経：matar los ~s de una muela picada 虫
歯の神経を抜く. ~ vago (neumogástrico)
迷走神経. ~ vasomotor 血管運動神経. ❷
[喩] 神経の興奮, 神経過敏：tener muchos ~s
神経が非常に高ぶっている. calmar (tranqui-
lizar) los ~s 神経(気)を鎮める. fatigarse
los ~s 神経がすり減らす. tener los ~s frá-
giles 神経が細かい. ❸ 腱(けん)〔tendón〕；すじ：
Esta carne tiene demasiados ~s. この肉はす
じが多すぎる. ❹ 活力, 元気：Él es el ~ de
nuestra sociedad. 彼が我が社の原動力だ.
tener ~ 元気(馬力)がある. con mucho ~ 元
気よく. ~ de la guerra 軍資金, 活力源. ❺
[本・ノートの背の] 綴じ糸(緒)；《植物》葉脈；
《昆虫》翅脈；《建築》リブ, 肋骨

alterar a+人 *los ~s* …の神経を高ぶらせる；
怒らせる

atacar (*crispar*) a+人 *los ~s/poner* a+
人 *los ~s de punta/poner* a+人 *de los
~s*《口語》…の神経をビリビリさせる, いらだたせ
る

estar de los ~s 心理療法が必要である；神
経質になっている

perder los ~s 興奮する, 冷静でなくなる

ser un puro ~ 非常に神経質である

tener los ~s de punta ひどくいらだっている

tener ~s de acero 豪胆である

nerviosidad [nerbjosiðá(ð)] [女] 神経の興
奮, 神経過敏

nerviosismo [nerbjosísmo] [男]《医学》神経
症, 神経質；ストレス；興奮：quitar a+人 el ~
…の神経を落ち着かせる

nervioso, sa [nerbjóso, sa] [形]《英 ner-
vous》❶ 神経の；神経性の：gas ~ 神経ガス.
depresión ~sa 神経衰弱, 鬱(うつ)状態. ❷

[ser+] 神経質な, 興奮しやすい; [estar+] いら
いらした, うろたえた, あがった, 不安な:
Es muy ～. 彼はとても神経質だ. ¡No te pon-
gas ～! 落ち着きなさい! poner ～ a+人 …をい
らいらさせる. ❸ 元気のある, 力強い

nervudo, da [nɛrβúðo, ða] 形 ❶ [やせて]
筋肉や血管が浮き出た; 筋肉質の, すじばった.
❷ 活力のある, 力強い, 頑健な

nervura [nɛrβúra] 囡 [本の] 綴じ糸

nesga [nésɣa] 囡 《裁縫》[脇の下などの]三角形
の] マチ

　　nesgar 8 囮 マチを入れる; バイアスに裁断する

nestorianismo [nestorjanísmo] 男 ネストリ
ウス主義, 景教〖5世紀, 異端とされた〗

　　nestoriano, na 形 名 ネストリウス派[の]

neto, ta [néto, ta] 形 ❶ [線などが] はっきりし
た, 明瞭な: perfil ～ はっきりした輪郭. lengua-
je ～ 明確な言葉. verdad ～ta 明白な事実,
真実そのもの. ❷ [価格・重量などが] 正味の:
precio ～ 正価. peso ～ 正味重量. benefi-
cio (ganancia) ～ 純益. sueldo ～ 基本給;
手取りの給料. en ～ 正味で, ネットで
　　◆ 男 《建築》[柱の] 台石
　　netamente 副 明瞭に, 明白に

neuma [néuma] 男 《音楽》ネウマ

neumático, ca [neumátiko, ka] 形 空気
の, 気体の; 圧搾空気による: bomba ～ca 真空
ポンプ. lancha ～ca ゴムボート. máquina ～ca
排気ポンプ. tubo ～ 気送管
　　◆ 男 《主に西》タイヤ: ～ contra pinchazos ノ
ーパンクタイヤ

neumococo [neumokóko] 男 《医学》肺炎
双球菌

neumología [neumoloxía] 囡 《医学》呼吸
器病学

neumonía [neumonía] 囡 肺炎 [pulmonía]

neumotórax [neumotóra(k)s] 男 〖単複同
形〗《医学》気胸: ～ artificial (espontáneo)
人工(自然)気胸

neura [néura] 《口語》形 名 神経質(神経過
敏)な[人], ヒステリックな[人]
　　◆ 囡 偏執; 神経衰弱, 神経過敏: entrar a+
人 la ～ por... …が…に凝り出す

neural [neurál] 形 神経[系]の

neuralgia [neurálxja] 囡 《医学》神経痛: ～
facial (ciática) 顔面(座骨)神経痛
　　neurálgico, ca 形 1) 神経痛の. 2) [問題
が] 重要な, 微妙な, 難しい: Las negociacio-
nes están en un punto ～. 交渉は微妙なとこ
ろに来ている

neurastenia [neurasténja] 囡 《医学》神経
衰弱; 憂鬱
　　neurasténico, ca 形 名 神経衰弱の[人]

neurisma [neurísma] 男 《医学》動脈瘤

neurita [neuríta] 囡 《解剖》神経突起

neuritis [neurítis] 囡 〖単複同形〗《医学》神経
炎

neurocirugía [neuroθiruxía] 囡 《医学》神
経外科

neuroeje [neuroéxe] 男 神経中枢

neurología [neuroloxía] 囡 神経学, 神経内

科

neurológico, ca [neurolóxiko, ka] 形 神経学の, 神経科の

neurólogo, ga [名 神経科医, 神経学者

neurona [neuróna] 囡 《生物》ニューロン, ノ
イ
ロン
　　patinar las ～s a+人《俗語》…の神経がいか
れる

neuropatía [neuropatía] 囡 神経病

neurópata 形 名 神経病の[患者]

neuropatología [neuropatoloxía] 囡 神
経病理学

neuropsicología [neurosikoloxía] 囡 神
経心理病

neuropsiquiatría [neurosikjatría] 囡 神
経精神病学

neurosis [neurósis] 囡 〖単複同形〗《医学》神
経症, ノイローゼ: ～ bélica 戦争神経症

neurótico, ca [neurótiko, ka] 形 名 ❶ ノイ
ローゼの[患者]. ❷ 《口語》ノイローゼ気味の
[人]. ❸ 神経過敏な, 神経の高ぶった

neurotóxico, ca [neurotó(k)siko, ka] 形
gas ～ 神経ガス

neurotransmisor [neurotransmisór] 男
《生化》神経伝達物質

neurovegetativo, va [neuroβexetatíβo,
ba] 形 植物神経系の, 自律神経の

neutral [neutrál] 形 名 中立の, 中立的な
[人]: mantenerse ～ 中立を保つ. país ～ 中
立国. territorio ～ 中立地帯. actitud ～ 中
立的な態度

neutralidad [neutralíðað] 囡 ❶ 中立[的
態度・立場], 不偏不党: guardar ～ 中立を守
る. ～ permanente 永世中立. ❷ 《化学》中性

neutralismo [neutralísmo] 男 中立主義
　　neutralista 形 名 中立主義の(主義者)

neutralizar [neutraliθár] 9 囮 ❶ 中立化す
る: ～ un territorio ある地帯を中立化する. ❷
[効果などを, +con で] 弱める, 無力化(相殺)す
る: ～ el dolor con un calmante 鎮静剤で痛
みを抑える. ～ el ataque 攻撃を制圧する. ❸
《化学》中和する, 中性化する: ～ un ácido 酸を
中和する. ❹ 《スポーツ》無効にする, 最終結果に
含めない
　　◆ ～se 中立化される; 無力化(相殺)される
　　neutralización 囡 中立化; 無力化, 相殺;
中和; 無効にすること
　　neutralizador, ra 形 名 中和する; 中和剤
(液)

neutrino [neutríno] 男 《物理》ニュートリノ

neutro, tra [néutro, tra] 形 ❶ 中間的な, 非
個性的な: color ～ 中間色. sabor ～ どっちつ
かずの味. ❷ 感情を表面に出さない: trans-
mitir la noticia con voz ～tra. ニュースを淡々
と伝える. despedida ～tra そっけない別れ. ❸
[政治的に] 中立の. ❹ 《化学・物理》中性の:
detergente ～ 中性洗剤. ❺ 《生物》中性の,
無性の. ❻ 《言語》中性の[中性指示代名詞
esto・eso・aquello, 中性定冠詞 lo, 中性人称
代名詞 ello など]
　　◆ 《言語》中性; 中性名詞

neutrófilo [neutrófilo] 男 《医学》好中球

neutrón [neɣtrɔ́n] 男《物理》中性子, ニュートロン: bomba de *neutrones* 中性子爆弾

nevada[1] [neβáða] 女 降雪, 積雪〔行為, 結果〕: Ésta es la ～ más grande que hemos tenido en los últimos diez años. これは10年来の大雪だ. copiosa (fuerte) ～ 大雪, 豪雪

nevado, da[2] [neβáðo, da] 形 過分 ❶ 雪で覆われた: La calle está ～*da*. 道路には雪が積もっている. montañas ～*das* ～*das* 2) 《文語》[雪のように]白い: cabeza ～*da* 白髪の頭
◆ 他 白くする
◆ 男《中南米》万年雪をいただいた山

nevar [neβár] 23 自《英 snow》[単人称] 雪が降る: *Nieva* mucho este año. 今年は雪が多い. Está *nevando*. 今雪が降っている

nevar	
直説法現在	接続法現在
n**ie**va	n**ie**ve

nevasca [neβáska] 女 吹雪

nevazón [neβaθɔ́n] 男《南米》[強風を伴った] 大雪, 雪嵐

nevera [neβéra] 女〔電気〕冷蔵庫〔frigorífico〕; 氷室, アイスボックス, クーラー〔～ de hielo〕: Tengo la ～ hasta los topes. 冷蔵庫は一杯だ. Este cuarto es una ～. この部屋はまるで冷蔵庫のように寒い. ～ congeladora 冷凍冷蔵庫

nevería [neβería] 女《中南米》氷屋; アイスクリーム店

nevero [neβéro] 男 [万年雪の] 雪原, 雪渓

nevisca [neβíska] 女 小雪

neviscar [7] 自 [単人称] 小雪が降る(舞う)

nevoso, sa [neβóso, sa] 形 [土地・天候が] 雪の多い

newton [njúton] 男 [力の単位] ニュートン

nexo [né(k)so] 男 ❶ つながり: ～ con el exterior 外部とのきずな. ～ entre los dos países 2国間のかけ橋. ❷《文法》連結辞〔語〕; 関係表現

n/f 《略語》←nuestra factura 弊社インボイス

n/fr. 《略語》←nuestro favor 弊社にあてた

n/g 《略語》←nuestro giro 弊社(荷)為替

ni [ni] 接《英 neither. 否定の並列. +動詞では no は不要. →y》…も…ない: No tengo 〔ni〕padre ni madre./Ni padre ni madre tengo. 私には父も母もいない. No ha venido ni ha llamado por teléfono. 彼は来なかったし, 電話もかけてこなかった. Ni fuma ni bebe. 彼はたばこも吸わないし, 酒も飲まない. Ni él ni ella lo saben. 彼も彼女もそれを知らない. Ningún hombre ni ninguna mujer ha venido hoy. 今日は男も女も一人として来なかった. Ni hoy ni mañana vendrá. 彼は今日も明日も来ないだろう. Este sombrero es ～〔ni〕bueno ni barato. この帽子は上等でもないし安くもない
◆ 副 [否定の強調]…さえ[…ない]: i) No tengo tiempo ni para comer. 私は食事の時間すらない. Ni él lo sabe. 彼でさえそれを知らない. No quiero ni verlo. 彼の顔を見るのもいや

だ. Se marchó sin decir ni una palabra. 彼は一言も言わずに立ち去った. Aunque la llamé, ni se volvió fingiendo no oír. 呼んだのに, 彼女は聞こえないふりをして振り向きさえしなかった. Aquí no hace frío ni aun en pleno invierno. ここは真冬でさえも寒くない. ii) [動詞を省略] ¡Ni un céntimo! びた一文ない!

ni que+接続法 **ni que+接続法** …したとしても …したとても
¡ni que+接続法過去! …ではあるまいに!: ¡Ni que fuese tonto! 私だってばかではあるまいに!
ni uno ni otro どちらも…ない: No compré ni uno ni otro. 私はそのどちらも買わなかった
sin... ni... …も…なしで: Salió sin saludar ni volverse. 彼は挨拶もせず振り返りもせずに出て行った

niacina [njaθína] 女《生化》ナイアシン

nicaragua [nikaráɣwa] 男 ❶《国名》[N～] ニカラグア. ❷《植物》ホウセンカ〔balsamina〕
nicaragüense/nicaragüeño, ña 形 名 ニカラグア〔人〕の; ニカラグア人

nicho [nítʃo] 男 ❶ 壁龕(がん), ニッチ; [遺体・骨壷を納めるための] 壁のくぼみ. ❷《生物》～ ecológico 生態的位置

Nicolás [nikolás] 男《男性名》ニコラス〔英 Nicholas〕

nicotina [nikotína] 女《化学》ニコチン
nicoti(ni)smo ニコチン中毒

nicromo [nikrómo] 男《金属》ニクロム

nictalopía [niktalopía] 女《医学》昼盲症

nidada [niðáða] 女 匿名 一巣の卵, ひと孵(ぷ)りのひな

nidal [niðál] 男 [鶏などの] 産卵用のかご

nidícola [niðíkola] 形《鳥》孵化後しばらく巣にいる, 留巣性の〔↔nidífugo〕

nidificar [niðifikár] [7] 自 巣を作る
nidificación 営巣

nidífugo, ga [niðífugo, ga] 形《鳥》孵化後すぐ巣を離れる, 離巣性の〔↔nidícola〕

nido [níðo] 男《英 nest》❶ 巣: Los pájaros hacen su ～ en el árbol. 鳥は木の上に巣を作る. En los ～s de antaño, no hay pájaros hogaño. 《諺》過ぎたことは過ぎたことだ. No hallar ～s donde se piensa hallar pájaros. 《諺》ひどい当て外れである. ❷ ねぐら, 住居; 巣窟: volver al ～ 帰宅する. tener su ～ de amor 愛の巣を営む. ～ de víboras 悪党の巣窟. ～ de ladrones 泥棒たちの隠れ家. ～ de discordias 不和を生む温床. ～ de polvo ほこりのたまる所. ❸ 隠し場所: ～ de ametralladoras 隠蔽した機関銃陣地. ❹ =nidada; =nidal. ❺ [病院の] 新生児室. ❻ ～ de abeja 《技術》蜂の巣形, ハニカム形;《手芸》ハニコームステッチ

caerse del (de un) ～/parecer que se ha caído del ～ ぼうである, 世慣れている
patear a+人 el ～ 《南米》…の計画をぶち壊す, 邪魔だてする

niebla [njéβla] 女 ❶ 霧; もや: La ciudad está cubierta de ～. 町は霧に包まれている.

Hay ～. 霧がかかっている. tarde de ～ 霧の午後. ～ meona こぬか雨, 霧雨. ❷ 朦朧(翁); 混沌: perderse en la ～ del tiempo 時間と共に不明確になる. ❸ =añublo

niel [njél] 男 ニエロ(黒金)象眼細工
　nielar [njelár] 他 …にニエロ象眼細工を施す

nietastro, tra [njetástro, tra] 名 継子の子

nieto, ta [njéto, ta] 名 〖英 grandson, granddaughter〗孫: Tiene ocho ～s. 彼は孫が8人いる. hasta la generación de los hijos y ～s 孫の代まで. ～ segundo (tercero) 4(5)代目

nieve [njébe] 名 〖英 snow〗❶ 不可算 雪: i) Ha caído la ～ esta mañana. 今朝雪が降った. Hay mucha ～. 雪がたくさん積もっている. deslizarse sobre ～ 雪の上を滑る. agua ～ みぞれ. agua de ～ 雪どけ水. restos de ～ 残雪. punto de ～ 〖料理〗[卵白を泡立てる時の固さ] 8(9)分立て. ～ carbónica ドライアイス. ～ fuerte 大雪. ii) 〖主に 褒〗降雪〖nevada〗: primeras ～s 初雪. tiempo de ～s 降雪期. ～s eternas (perpetuas) 万年雪. Año de ～s, año de bienes. 〖諺〗雪の多い年は豊作である. abominable hombre de las ～s 〖ヒマラヤの〗雪男. ❷ 《文語》[雪のような] 白さ: ～ de sus sienes 両鬢の白髪. ❸ 《俗語》コカイン. ❹ [画面の] ちらつき. ❺ flor de ～ 《植物》エーデルワイス. avecilla de las ～s 《鳥》セキレイ. ❻ 《中米》シャーベット; みぞれ, アイスキャンデー

Nieves [njébes] 女《女性名》ニエベス

NIF [nif] 女《西. 略語》←Número de Identificación Fiscal 納税者番号

nife [nífe] 男《地質》[地球の中心核の] ニフェ

nigeriano, na [nixerjáno, na] 形 名《国名》ナイジェリア Nigeria 女 の(人)

nigerino, na [nixeríno, na] 形 名《国名》ニジェール Níger 女 の(人)

nigérrimo, ma [nixérimo, ma] 形 negro の絶対最上級

nigromancia [nigrománθja] 女 黒魔術; 交霊術
　nigromancía 女 =nigromancia
　nigromante 名 黒魔術師; 交霊術師
　nigromántico, ca 形 黒魔術の; 交霊術師の

nigua [nígwa] 女《昆虫》ハマトビムシ, スナノミ

nihilismo [niilísmo] 男 ニヒリズム, 虚無主義
　nihilista 形 ニヒリズムの; ニヒリスト

nihil obstat [níil oɓstát] 《←ラテン語》[書物の] 無害証明, 出版許可

niki [níki] 男《褒 ～s》《西》=niqui

nilgan [nílgan] 男《動物》ニルガイ
　nilgó 名 =nilgan

nilón [nilón] 男 ナイロン〖nylon〗

nilótico, ca [nilótiko, ka] 形 名《地名》ナイル川 el Nilo [流域]の; ニロート族(の)

nimbo [nímbo] 男 ❶《美術》光輪, 後光. ❷ 光の輪, 暈(穀): luna con su ～ 暈をかぶった月. ❸《気象》乱雲; 雨雲
　nimbar 他 …に光輪をつける; 暈をかぶらせる
　nimboestrato 男《気象》乱層雲

nimiedad [nimjeðá(d)] 女 1) [una+] 重要性のないこと: reñir por una ～ ささいなことで争う. 2) 過度の細心: con ～ [あまりに]こまごまと; くどくどと

nimio, mia [nímjo, mja] 形 ❶ 重要でない: detalles ～s 取るに足りない細部, 枝葉末節. ❷ 細かいことを気にする: cuidado ～ うるさいほどの世話. Es ～ en detalles. 彼は細かいことを気にしすぎる

ninfa [nínfa] 女 ❶《神話》ニンフ. ❷《戯語》美少女, 美女; 売春婦. ❸《昆虫》若虫; さなぎ. ❹《解剖》小陰唇

ninfea [ninféa] 男《植物》=nenúfar

ninfomanía [ninfomanía] 女《医学》ニンフォマニア; [雌の] 異常発情
　ninfómana [ninfómana] 女 ニンフォマニアの女

ningún [niŋgún] 形 ☞ninguno

ningunear [niŋguneár] 他《中南米》[人を] 粗末に扱う, 軽視する

ninguno, na [niŋgúno, na] 〖英 not any〗. 否定の不定形容詞・代名詞. +anim. では no は不要. [+形容詞]+男性単数名詞 では ningún. ↔alguno〗形 ❶ 一つ(一人)の…も[…ない], どんな…も[…ない]: i) [+名詞] No tengo ningún libro. 私は一冊の本も持っていない. Él sirve más que ningún otro hombre. 彼はほかのどんな男より役に立つ. En eso no percibo ～na importancia. 私はそのことに何らの重要性も見い出せない. Es lo más absurdo que ningún hombre puede hacer. それは誰もしないようなばかげたことだ. ii) [名詞+. 強調] No tengo libro ～. 私は本など一冊も持っていない. iii) [まれに 褒] Dame los billetes.—No tengo ～s billetes. そのお札を渡しなさい.—お札なんか一枚も持ってないよ. iv) [主節などの否定語と間接的に関わって] No está en mi mente hacerte ningún daño. 私は君に危害を加えるつもりはまったくない. ❷ [否定の強調] No soy ningún niño. 私は子供なんかではない(もう大人だ). No era ～na sorpresa. それは驚くほどのことではなかった.
　◆ 代 誰(何)も[…ない]〖願望 ninguno はある範囲内で, nadie・nada は範囲が意識されていない〗: i) No ha venido ～./Ha venido ～. [来るはずの人が] 誰も来ていない. ¿Qué perfumes usas?—No ～. どんな香水を使ってるの?—[香水なんて]何も. ii) [+de・entre] N～ de los presentes lo sabía (sabían). 出席者のうち誰一人としてそれを知らなかった. N～na de las pinturas que he visto me ha impresionado. 今までに見た絵のどれ一つとして私は感銘を受けなかった

ninivita [ninibíta] 形 名《歴史・地名》ニネベ Nínive の(人)

ninja [nínxa] 名《←日本語》忍者

ninot [ninót] 男《←カタルニャ語》[バレンシアの火祭りの] 大人形 〖☞falla〗

niña¹ [nína] 女 瞳(瘍); 〖～ del ojo. pupila〗 *querer como (más que) a las ～s de sus ojos* 目に入れても痛くないほどかわいがる *ser para+人 las ～s de sus ojos* …にとって

目に入れても痛くないほどかわいい

niñada [niɲáða] 囡 =**niñería**

niñato, ta [niɲáto, ta] 厖 囡《軽蔑》青二才
〔の〕, 生意気な〔小僧〕, 軽薄で思い上がった〔若者〕

niñería [niɲería] 囡《軽蔑》子供っぽい言動；
愚にもつかないこと, 児戯: No te preocupes
por esas ～s. そんなくだらないことでくよくよするな

niñero, ra [niɲéro, ra] 厖 [ser+] 子供好き
な
◆ 囡 ベビーシッター〖canguro〗: estar de ～
子守をしている

niñez [niɲéθ] 囡 幼年時代, 幼年期: recuer-
dos de su ～ 子供のころの思い出. en (desde)
su ～ 子供のころに(から). volver a la ～ 幼い
ころ〔の気持〕に戻る；もうろくする, ぼける. segun-
da ～ 耄碌(もうろく)

niño, ña² [níɲo, ɲa] 囡〖英 child〗❶
子供, 児童〖生まれてから思春
期まで, 主に12歳まで〗: Se ha distinguido
desde ～. 彼は子供の時から傑出している. Ju-
gábamos a ～ al escondite. 私たちは子供の
ころ隠れんぼをして遊んだものだ. No me trates
como a un ～. 私を子供扱いしないでくれ. Pa-
rece un ～. 彼はまるで子供のようだ. cuidar
～s ベビーシッターをする. ropa de ～ 子供服.
literatura para ～s 児童文学. ～ zango-
lotino いたずらっ子. ～ s y los locos
dicen la〔s〕 verdad〔es〕.《諺》子供は正直だ.
Quien con ～s se acuesta, meado se
levanta (cagado amanece).《諺》不向きな人
に仕事を任せると失敗する
❷ 赤ん坊〖～ recién nacido〗: ～ de pecho
(de pañales・de teta)／～ pequeño 乳飲み子.
Dio a luz a un ～. 彼女は赤ん坊を生んだ
❸〔親に対して〕子: Va a tener un ～. 彼には
もうすぐ子供ができる. hacer un ～ a una chica
女の子を妊娠させる
❹ 若い人: ～ bitongo まだ子供のように見える
(ふるまう) 若者；ばか. ～ bien／《西》～ bonito
(pera・pijo) きざな若者, しゃれ者；うぬぼれ屋；
金持ちのお坊ちゃま(お嬢さま). niña buena 良い
女. ～ mimado de+人〔年齢に関わらず〕…の
お気に入り
❺〔料理〕～s envueltos 野菜の牛肉巻き, ロー
ルキャベツ
❻《親愛・時に軽蔑》〔若い人に注意を促す呼びか
け〕君: Mira, ～, a ver si te callas. おい君, い
い加減黙ったらどうかね
❼《中南米》〔尊敬の呼びかけ〕お坊っちゃま, お嬢
さま
el N～《古語》幼子イエス；《気象》エルニーニョ
〖ペルー沖の海水表面温度が異常に高くなる現
象. 逆に低くなる現象は ラ・ニーニャ la Niña〗
¡ni qué ～ muerto!《口語》〔反論〕くだらな
い, ばかな!: ¡Qué guapa ni qué ～ muerto！
美人もへちまもあるか!《そんなことは問題ではな
い》
niña bonita〔くじびきなどで〕15〔の数〕
no comerse los ～s crudos 子供を取って食

うような恐い人ではない
¡no seas ～!〔愛情をこめた非難〕ばかなまねは
よしなさい／〔子供のように無邪気で〕おばかさんだ
ね!
◆ 厖 幼い: Es aún muy ～ para ir solo. 彼
は一人で行くにはまだ小さすぎる. rey ～ 幼少の
王. N～ Jesús (Dios) 幼子イエス

niobio [njóβjo] 囲《元素》ニオブ

nipón, na [nipón, na] 厖 囡 =**japonés**

níquel [níkel] 囲《元素》ニッケル；《中南米》ニ
ッケル貨
　niquelado 囲 ニッケルめっき
　niquelar 囲 ニッケルめっきをする

niqui [níki] 囲 [複 ～s]《西. 服飾》〔ニットで,
半袖・襟なしの〕シャツ

nirvana [nirβána] 囲《仏教》涅槃(ねはん)；解脱
　estar en el ～《口語》楽しい, 快い

níscalo [nískalo] 囲《植物》チチタケ

níspero [níspero] 囲《植物・果実》ビワ〔～ del
Japón〕；セイヨウカリン；《中南米》サポジラ
　níspera《口語》ビワ(セイヨウカリン)の実
　níspola 囡 カリンの実

nítido, da [nítido, ða] 厖 ❶ 清らかな, 清潔
な；透明な: atmósfera ～da 澄みきった大気.
cristal ～ 透き通ったガラス. ❷ 明確な, はっきり
した: fotografía ～da 鮮明な写真. imagen
～da はっきりしたイメージ. palabras ～da 明
晰な言葉. ❸ 公明正大な: conducta ～da 非
の打ちどころのない行動
　nitidez 囡 清らかさ；明確さ

nitrato [nitráto] 囲《化学》硝酸塩；硝酸塩類
肥料: ～ de sodio 硝酸ナトリウム. ～ de
potasio 硝酸カリ〔nitro〕. ～ de Chile チリ硝
石
　nítrico, ca 厖 窒素の；硝石の: ácido ～ 硝
酸
　nitrificación 囡 窒素化合, 硝化
　nitrito 囲 亜硝酸塩

nitro [nítro] 囲《化学》硝酸カリウム；〔特に天然
の〕硝石

nitrobenceno [nitroβenθéno] 囲《化学》ニ
トロベンゼン

nitrocelulosa [nitroθelulósa] 囡 ニトロセル
ロース: algodón de ～ 綿火薬

nitrógeno [nitróxeno] 囲《元素》窒素
　nitrogenado, da 厖 窒素を含んだ: abono
～ 窒素肥料

nitroglicerina [nitrogliθerína] 囡《化学》ニ
トログリセリン

nitroso, sa [nitróso, sa] 厖《化学》〔3価の〕
窒素の；亜硝酸の: óxido ～ 一酸化二窒素,
亜酸化窒素. ácido ～ 亜硝酸

nitruro [nitrúro] 囲《化学》窒化物

nivación [niβaθjón] 囡《地質》雪食(せっしょく)

nival [niβál] 厖 雪の

nivel [niβél] 囲〖英 level〗❶〔ある基準点から
の〕高さ；水位: La Paz está a 3.700 metros
sobre el ～ del mar. ラパスは海抜3,700メート
ルにある. El cuadro está colgado al ～ de mi
cabeza. 絵は私の頭の高さに掛けてある. La
nieve alcanza un ～ de dos metros. 雪は深

さ2メートルに達している. Ha subido el ～ del embalse (de presión del gas). 貯水池の水位 (ガス圧)が上昇した. ❷ 水準, 程度: El ～ de la cultura es muy alto en este país. この国の文化程度は大変高い. ～ de vida 生活水準. conferencia de alto ～ 高水準の講演. ❸ 階, 層, 層: Su ～ económico es bajo. 彼の経済的な地位は低い. ❹ 水準器: ～ de burbuja (de aire) 気泡水準器. ～ de agua 通水管式水準器. ～ del albañil 下げ振り. ❺〖地理〗curva (línea) de ～ 等高線

a ～ 1) 同じ高さの・に; 水平に: colgar todos los cuadros *a* ～ 絵を全部同じ高さに掛ける. 2) …のレベルで・の: *a* ～ de país 国家レベル. reunión *a* ～ de ministros 閣僚級会談

al ～ *de*... …の高さ(水準)の; …に匹敵した: *al* ～ *del* mar 海抜ゼロメートルの. Su preparación está *al* ～ de lo exigido. 彼の予習は要求されたレベルに達している

de ～ 高級な: piso *de* mucho ～ 超高級マンション

nivelación [niβelaθjón]〖女〗水平化; 均等化, 均衡化

nivelador, ra [niβelaðór, ra]〖形〗水平(均等)化する

◆〖女〗地ならし機, グレーダー

nivelar [niβelár]〖他〗❶ 平らにする: ～ un terreno 地ならしをする. ❷ 均等(平等)にする, 均衡化させる; [+con と]同程度にする: ～ los provechos 利益を均等化する. ～ el desequilibrio de la balanza comercial 貿易収支の不均衡を是正する. ～ los gastos *con* los ingresos 収入に見合った支出をする. ❸ 水準器で測る, 水準測量をする

◆～se 平らになる; 均等になる: Se nivelan las fortunas. 富が均等化される. Pronto *se* nivelará con el resto de la clase. 彼はじきに他の生徒に追いつくでしょう

níveo, a [níβeo, a]〖形〗《文語》雪の〔ように白い〕: piel ～*a* 雪のように白い膚

nivopluvial [niβoplubjál]〖形〗〖地理〗régimen ～ 融雪と降水量による河川の水量変化

nixtamal [ni(k)stamál]〖男〗《中米》石灰水でゆでたトウモロコシ〔トルティージャを作る〕

nízcalo [níθkalo]〖男〗=níscalo

n/L. 《略語》←nuestra letra 弊社手形

NNE 《略語》←nornordeste 北北東

NNO 《略語》←nornoroeste 北北西

no [nó]〖副〗〖否定〗I〖英 no. 応答. ↔sí〗❶ いいえ: i) ¿Estás cansado?—No〔, no lo estoy). 疲れてるの?—いや〔, 疲れていない). ¿Llueve?—Creo que no. 雨かな?—違うだろう. ii) [拒絶] いやだ: Ayúdame.—No. 手伝ってくれ. いやだ. Perros ～ 犬お断わり. No a las pruebas nucleares. 核実験反対. iii) [驚き] まさか: Ha partido.—¡No! 彼は出発したよ.—そんな! ❷ [否定疑問・否定命令に対して] はい: ¿No irá mañana?—No, no quiero ir. 明日行かないのですか?—ええ, 行きたくありません. No lo digas a nadie.—No, no lo diré. 誰にも言うな

よ.—はい, 言いません ❸ [付加疑問] そうでしょう?: Te has casado, ¿no? 君は結婚したのだろう〔違うかい〕?

II〖英 not. 否定文を作る〗…ない: ❶ [動詞の否定] i) No es español. 彼はスペイン人ではない. No vinieron ayer. 彼らは昨日来なかった. ii) [否定疑問] ¿Todavía no ha recibido el paquete? まだ小包みを受け取っていないのですか? iii) [反語] ¿No me crees? 君の言うことを信じないのか?《信じるべきだ》 ¿No lo has dicho? そう言わなかったって?〔言ったではないか〕 iv) [否定命令] No vaya usted. 行かないでください/行ってはいけません

❷ [語句の否定] i) Es un hombre no muy inteligente. 彼はあまり賢くない. No pocas personas lo saben. 少なからぬ人が知っている. Él puede no volver. 彼は帰らないかもしれない. 〖参考〗Él no puede volver. 彼は帰れない〗 la no humanidad 非人間性. los países no alineados 非同盟諸国. ahora ～ 今ではなく; 今は結構, まだだめ. ii) [部分否定] No siempre son felices los ricos. 金持ちだからといって必ずしも幸福とは限らない. No todos los japoneses trabajan mucho. 日本人がみんな働き者というわけではない. No por eso perdió la esperanza. そうだからといって彼が希望を失うことはなかった

❸ [接続詞+. 肯定と否定の対照] El sol sale por el este, y no por el oeste. 太陽は東から出るのであって, 西からではない. Será mejor que comas algo, pero no mucho. 君は何か食べた方がいいが, たくさんはいけない. Necesito ayuda, que no crítica. 私は援助が必要なのであって, 批判はいらない

❹ [虚辞] i) 《口語》[比較の que の後] Es mejor darnos un paseo al aire libre que no quedarnos en casa. 家に閉じこもっているより外で散歩した方がいい. Es que más sosiego hay en obedecer que no en mandar. 命令するより従う方が気楽なものだ. Prefiero ir a pie que no esperar en la nieve. 私は雪の中で待つより歩いて行く方がいい. ii) 《古語》[意味上の最上級] Allí vivió la mujer más preciosa que no he visto nunca. そこには私が見たこともないほどのすばらしい女が住んでいた. iii) [否定文中の従属節句] Es que nada podemos hacer que no sea engañarle. 彼をだます以外に我々には方法がないのだ. No te escribiremos hasta que no recibamos (hasta no recibir) carta tuya. 君の手紙を受け取るまでは我々の方からは書かない. No voy a menos que no vayas. 君が行かないのなら私は行かない. iv) 《古語》[危惧の表現で que・de que の省略] Temo (Tengo miedo) no llegue tarde a la clase. 私は彼が授業に遅刻するのではないかと心配している. Temo no venga antes de que hayamos terminado. 我々が済まないうちに彼が来るると困る. v) [感嘆文で] ¡Cuál no sería su asombro! 彼の驚きはどんなだったでしょう! vi) 《口語》[que の連続を避けて] Es mejor decírselo, que no que te calles. 黙っているよりは彼に言え

を言った方がいいよ

◆ 男〔複 ～es〕否定(拒絶)の答え，反対：contestar con un *no* 否定(拒絶)の返事をする．Hubo 21 síes y 8 *noes*. 賛成 21 票反対 8 票だった

a que no [否定・拒絶の強調] i) ¡*A que no* me ganas! 僕に勝てないってば！¡*A que no* te atreves a declararte a ella? とても君には彼女に告白する勇気などないだろう？ ii) [単独で] まさか，とんでもない：Tú la has acompañado. ¡*A que sí*!—¡*A que no*! 彼女と一緒に行ったな．そうだな！—とんでもない！ No te dijo la verdad. ¡*A que no*!—¡*A que no*! 彼は君に本当のことを言わなかった，そうだな！—そうだとも！

decir que no 否定(拒絶)する

estar de que no 反対(拒否)ばかりしている

no creer (***pensar***) 接続法+*que*+直説法 …と思われないように：Yo en la fiesta no comeré, *no crean que* soy un muerto de hambre. 私はパーティーで食べないでおこう．貧乏な奴だと思われないように

no decir 接続法+*que*+直説法 …と言われないように：Procura llegar temprano, *no digan que* eres un informal. だらしない奴と言われないように早く来るようにしなさい

que no 違うし／とんでもない／絶対にいやだ

¡y (no) que no...!/¡no, sino no...! まったく…だ！：¡*Y que no* estás guapa hoy! 今日は本当にきれいだね！

NO《略語》←noroeste 北西

n°; N°《略語》←número 番号

n/o《略語》←nuestra orden 弊社注文(指図)

Nobel [nóβél] 男〔単複同形〕ノーベル賞〖Premio ～〗
◆ 名 ノーベル賞受賞者：la ～ de la Paz San Suu Kyi ノーベル平和賞受賞者サンスーチー

nobelio [noβéljo] 男《元素》ノーベリウム

nobiliario, ria [noβiljárjo, rja] 形 貴族の：título ～ 爵位．◆ 男 貴族名鑑

nobilísimo, ma [noβilísimo, ma] 形 noble の絶対最上級

noble [nóβle] 形 名《英 noble. 絶対最上級 nob*il*ísimo》[ser+] ● 貴族(の)：ser ～ de cuna (por su linaje) 貴族の出である．❷ 高貴な，気高い；威厳のある：espíritu ～ 高貴な精神．aspecto ～ 気品のある外見．actitud ～ 高潔な行ない．persona ～ 立派な人．No es ～ hacer tal cosa. そんなことをするのは立派な事ではない(感心しない)．❸ 貴重な；高級な：madera ～ 高級な木材．❹ [動物が人間に] 忠実な．❺《化学》不活性の

nobleza [noβléθa] 女 ● 貴族の身分；[集合]貴族[階級]：tener sus títulos de ～ 爵位を持っている．～ de toga 法官貴族．～ obliga 位高ければ徳高かるべし／上の者は下の者をいつくしむ義務を負う．❷ 高貴，気品；威厳：tener una gran ～ 大変気品のある

noblote, ta [noβlóte, ta] 形《親愛》[気品があって，しかも] 気さくな，おうような

nocaut [nokáut] 男〔複 ～s〕《中南米. ボクシング》ノックアウト：～ técnico テクニカルノックアウ

ト

noceda [noθéða] 女 =nogueral

nocedal [noθeðál] 男 =nogueral

noche

[nótʃe] 女《英 night. ↔día》● 夜〖スペインでは午後9時から真夜中の12時〗；[夜の] 闇：Vino la ～. 夜が来た．Ahora es de ～ en Madrid. マドリードはいま夜だ．Era de ～. それは夜だった．He dormido bien esta ～. 私は昨晩よく眠った．¿Puedo quedarme en tu casa esta ～? 今晩泊めてくれないか？ Estuve jugando toda la ～. 私は一晩中遊んでいた．Le asusta el ser niño la ～. この子は夜(の暗さ)が怖い．trabajar hasta muy tarde por (en) la ～ 夜遅くまで働く．pasar la ～ de juerga 歓楽の一夜を過ごす．N～ Buena =**nochebuena**/～ nupcial 〔新婚〕初夜．～ de bodas/～ de estreno 初日〔舞台〕．～ toledana《口語》寝苦しい夜，眠れない夜．N～ Vieja =**nochevieja**/～, chichirimoche, y a la mañana, chichirinada.《諺》夜言ったことが翌朝にはもう違っている/朝令暮改

❷ 暗闇；憂鬱(ゆう)，悲しみ：No veo más que ～ a mi alrededor. お先真っ暗だ．Todo era ～ en su pensamiento. 彼はすっかり落ち込んでいた．～ de los tiempos 大昔．～s oscuras del alma 心の闇

a la ～ 日暮れに；《主に南米》=**por la ～**：*A la ～* refresca mucho. 日が暮れるとひどく冷える

a media ～ 真夜中に，夜の12時〔ごろ〕に

al caer la ～ 日暮れに，夕方に

al cerrar la ～ 日がとっぷり暮れて；真夜中に

de la ～ [時刻の] 夜の：Son las once *de la ～*. 夜の11時だ

de la ～ a la mañana 突然，思いがけず；たちまち：Se encontró rico *de la ～ a la mañana*. 彼は一夜にして金持ちになった

de ～ 1) 夜間に：Vino *de ～*. 彼は夜来た．2) [衣服が] 夜用の，[興行が] 夜の《↔de tarde》：vestido *de ～* 夜会服，イブニングドレス．función *de ～* 夜の興行

en la ～ 《主に中南米》=**por la noche**

hacer de la ～ día 昼夜逆の生活をする

hacer ～ en... …で夜を過ごす：*hacer ～ en* el campo 野宿する

hacerse la ～ [単人称] 夜になる，日が暮れる〖anochecer〗

pasar buena (***mala***) ***～/pasar bien*** (***mal***) ***la ～*** [特に病人が] 夜ぐっすり眠る(眠れない)

por la ～ 夜(の間)に：Le dio un ataque *por la ～*. 彼は夜中に発作を起こした

nochebuena [notʃeβwéna] 女 [主に N～] クリスマスイブ：celebrar la N～ en familia 家族でクリスマスイブを祝う

nochecita [notʃeθíta] 女《南米》夕方，夕暮れ：Vendré a la ～. 夕方ごろまいります

nocherniego, ga [notʃernjéɣo, ɣa] 形 名 夜遊びする〔人〕

nochero, ra [notʃéro, ra] 名《中南米》夜警；

夜の見張り

nochevieja [noʧjebjéxa] 囡 [主に N～] 大晦日(おおみそか)の夜: En *N*～ los madrileños comen doce uvas al son de las campanadas de la medianoche. おおみそかにはマドリードの人たちは12時の鐘と共に12粒のブドウを食べる

noción [noθjón] 囡 ❶ 観念, 概念 [漠然性が少しある]: No tengo la menor ～ de lo que quiere él. 彼が何を望んでいるのか私にはまったく見当がつかない. No tiene ～ del tiempo. 彼は時間の観念がない. ❷ [主に 種] 基礎知識: Tiene algunas *nociones* de español. 彼はある程度スペイン語がわかる. enseñar *nociones* de astronomía 天文学の初歩を教える

nocional [noθjonál] 厖 概念としての: conocimiento ～ 観念上の知識

nocivo, va [noθíßo, ba] 厖 [ser+] 有毒な, 有害な: La droga es ～*va* para la salud. 麻薬は健康に有害である. gas ～ 有毒ガス. insecto ～ 害虫. influencia ～*va* 悪影響

nocividad 囡 有毒(有害)性

noctámbulo, la [nɔktámbulo, la] 厖 ❶ 生活が夜型の(人), 夜遊びする(人), 夜歩きする(人). ❷ 《動物》夜行性の

noctambulismo 男 夜型の生活, 夜遊び, 夜歩き

noctiluca [nɔktilúka] 囡 《動物》ヤコウチュウ(夜光虫)

noctívago, ga [nɔktíßago, ga] 厖 《動物》夜行性の; [人が]夜歩きする(人)

nocturno, na [nɔktúrno, na] 厖 ❶ 夜の, 夜間の: cielo ～ 夜空. curso ～ 夜学, 夜間講座. ataque ～ 夜襲. tren ～ 夜行列車. vida ～*na* 夜遊び. ❷ 《動物》夜行性の; 《植物》[花が] 夜開く

◆ 男 ❶ 《音楽》夜想曲, ノクターン; [18世紀の]セレナード. ❷ 《宗教》宵課, 夜課

nocturnidad [法律] [犯罪が]夜行なわれたこと

nodal [nodál] 厖 こぶのような

nodo [nóðo] 男 ❶ 《天文》交点; 《物理》節(ふし): ～ ascendente (descendente) 昇交(降交)点. ❷ 《医学》結節. ❸ [フランコ時代の]ニュース映画; 大げさなこと, でたらめ, 宣伝臭の強いこと [noticiario documental の省略語. No-Do とも表記]

nodriza [noðríθa] 囡 ❶ 乳母. ❷ barco (buque•nave)～ 母船, 補給船. avión ～ 空中給油機

nódulo [nóðulo] 男 《地質》ノジュール, 団塊; 《医学》小結節: ～ radical 根粒, 根こぶ

nogal [nogál] 男 《植物》クルミ(の木); クルミ材, ウォールナット

nogalina 囡 くるみ染料

noguera 囡 =**nogal**

nogueral 男 クルミ林

nom. [略語] ←nominal 名目の, 額面の

nómada [nómaða] 厖 遊牧の; 放浪(流浪)の: pueblo (gente) ～ 遊牧民. tribu ～ 遊牧民族. vida ～ 遊牧生活; 放浪(定住しない)生活

◆ 名 遊牧民; 放浪者; たえず住所を変える人: Es un ～ de nacimiento. 彼は生まれつきの風来坊だ

nómade 厖 《南米》=**nómada**

nomadismo 男 遊牧(放浪)生活

nomás [nomás] 副 《中南米》そのまま; まさに; たった

nombradía [nombraðía] 囡 名声, 高名: de gran ～ 大変評判の高い

nombrado, da [nombráðo, ða] 過分 ❶ 名を呼ばれた; 任命された: ～ más adelante 先に名を挙げた. ❷ [ser+] 有名な, 名高い: Es muy ～ en el mundo de la canción. 彼は歌の世界では大変有名だ

nombramiento 男 任命, 指名; 辞令

nombrar [nombrár] 他 [英 nominate] ❶ …の名を言う, 名前を挙げる: No te han nombrado al pasar lista. 出席をとる時君の名は呼ばれなかった. Ha nombrado todos los árboles del jardín. 彼は庭の木の名前を全部言えた. ❷ [+目的格補語•para に] 任命する, 指名する: Le han nombrado rector de la Universidad. 彼は学長に任命された. ～ a+人 para un puesto importante …を要職につける. ～ a+人 su heredero …を相続人に指定する

nombre [nómbre] 男 [英 name] ❶ 名, 名前; 名称: i) ¿Cuál es su ～?—Mi ～ es Juan Herrera. お名前は?—私の名前はフワン•エレーラです. En el país vecino, el río toma distinto ～. 隣の国ではその川は別の名前になる. poner ～ a un perro (un amigo) 犬に名を(友人にあだ名を)つける. decir el ～ de sus cómplices 共犯者の名をあかす. prestar su ～ a... …に名前を貸す. ～ comercial 商号, 屋号, 社名. ～ de familia 姓, 名字. ～ de lugar 地名. ～ de persona 人名. ～ de una calle 通りの名. ～ gentilicio (de naturaleza) 国名. ii) [姓に対して] 名, 洗礼名 [=～ de pila. ☞本項]: Mis padres me pusieron por (de) ～ Lázaro. 両親は私をラサロと名付けた. Tomó el ～ de Augusto. 彼はアウグストという名をとった. ～ y apellido(s) 姓名, 氏名. ～ compuesto 複合名 [Juan Carlos や Ana María など]. [参考] 例えば氏名 Juana MARTÍNEZ GARCÍA で, Juana は名前 nombre de pila, MARTÍNEZ は父方の姓 apellido paterno, GARCÍA は母方の姓 apellido materno である. 簡略化する場合は Juana MARTÍNEZ でよい. Juana が Ramón LÓPEZ PÉREZ と結婚すると, Juana MARTÍNEZ de LÓPEZ という名になる. この夫婦に Rafael という子供が生まれると, その名は Rafael LÓPEZ MARTÍNEZ となる]. iii) ～ artístico 芸名. ～ civil [戸籍上の] 本名, 実名. ～ de guerra [敵に本名を知られないためにつける] 戦時名; 偽名. ～ de pluma ペンネーム. ～ de religión 修道名. ～ hipocorístico 愛称 [例 Pepe←José, Lola←Dolores]. ～ postizo 別名

❷ 名声 [buen ～]: hacerse un ～ 名をなす,

名を上げる. tener un gran ～ 大変有名である. tener ～ en el mundo entero 世界中で名声を博している

❸《文法》名詞 [～ sustantivo]: ～ común (propio) 普通(固有)名詞. ～ concreto (abstracto) 具象(抽象)名詞. ～ colectivo 集合名詞. ～ contable (numerable) 可算名詞. ～ animado 有生名詞

a ～ de... …の名前(名義)で: i) Lo envié *a ～ de* mi hijo. 私は息子の名前でそれを送った. ii) [予約] ¿*A ～ de* quién (A qué nombre)?—*A ～ del* señor López. お名前は?—ロペスです

caer en el ～ de+人 …の名を思い出す

dar su ～ 1) 名を告げる, 名乗る. 2) [+a+人・人] 子として認知する; 養子にする

de ～ 1) 名前だけの, 名目上の: rey *de ～* 名目だけの王. 2) …という名の: un muchacho *de ～* Miguel/un muchacho, Miguel *de ～* ミゲルという名の少年. 3) 有名な: abogado *de ～* 著名な弁護士

en ～ de... …の名において, …を代表して: *en ～ de* la ley 法の名において. Te escribo *en ～ de* toda la familia. 家族を代表して君に手紙を書きます. *En ～ de* nuestra vieja amistad, te pido que me prestes algún dinero. 昔からの友人のよしみで少し金を貸してくれ

¡en [el] ～ de Dios! [否定の嘆願] お願いだから! ¡*En ～ de* Dios, no me hables así! 後生だから, そんな言い方はやめて!

en el ～ del Padre y del Hijo y del Espíritu Santo 父と子と聖霊の御名によりて 『十字を切る時に唱える』

lo firmaré en mi ～ [確言] 絶対に確かです

llamar (decir) las cosas por su ～ 遠慮なく言う, 歯に衣を着せない

no tener ～ 《口語》[何とも言いようがなく] 腹立たしい

por mal ～ あだ名で: Tiene *por mal ～* el... 彼は…というあだ名だ

responder al ～ [ペットなどが, +de 自分の名を] 呼ばれて反応する

sin ～ 名づけようのない, 形容しがたい

nomenclátor/nomenclador [nomeŋklátor/-kladór] 男 [市町村名・人名などの] 一覧表, リスト; [専門的な] 語彙集

nomenclatura [nomeŋklatúra] 囡 医系 専門語, 術語[集]: ～ química 化学用語[集]

nomeolvides [nomeolßídes] 男 [←no me olvides. 単複同形]《植物》ワスレナグサ [miosota]; ネームプレート付きのチェーンブレスレット

nómina [nómina] 囡 ❶ 給料, 月給: cobrar la ～ 給与を受け取る. ❷ 従業員名簿, 賃金台帳 [～ de salarios]; 医系 [一社の] 正社員: estar en ～ 一社員の一員である. ❸ 給与明細書. ❹ 名簿, 一覧表

nominación [nomina田jón] 囡 指名, ノミネーション

nominal [nominál] 形 ❶ 名目上の, 名だけの: presidente ～ 名目だけの大統領. sueldo ～

名目賃金. valor ～ 額面価格, 名目価格. acciones de 500 pesetas ～es 額面 500 ペセタの株券. ❷ 名前の: lista ～ 名簿. ❸《文法》名詞的な: predicado ～ 名詞述部

nominalmente 副 名詞で, 名指しで; 名目上

nominalismo [nominalísmo] 男《哲学》唯名論, 名目論

nominalista 形 名 唯名論者の(論者)

nominalización [nominali田a田jón] 囡《言語》名詞化

nominalizar [nominali田ár] 他 名詞化する

nominar [nominár] 他 ❶ 指名する: ～ a+人 candidato para la elección …を選挙の候補者に指名する. ❷ [+para 賞に] ノミネートする: películas *nominadas para* el óscar アカデミー賞候補作品. ❸ 命名する

nominativo, va [nominatíßo, ßa] 形 ❶ 主格の. ❷《商業》記名式の: acción ～*va* 記名株. cheque ～ al Sr.Gómez ゴメス氏宛記名式振出小切手

◆ 男《文法》主格: ～ absoluto [独立分詞構文の] 絶対(独立)主格

nomo [nómo] 男 =**gnomo**

nomon [nomón] 男 =**gnomon**

nomvos《略語》=**nominativos** 記名の

non [nón] 形 奇数の [↔par]

◆ 男 ❶ 奇数 [número ～]: acera de los ～es [街路の] 奇数番号の側. jugar (echar) a pares y ～es 丁半の賭けをする. ❷ 阅《口語》[繰返しの・断固とした] 拒否, 拒絶: ¡Nones! [絶対に]だめ! decir que ～es 絶対いやだと言う, きっぱりと断わる. estar de ～es 不機嫌である

de ～ [対・ペアの] 片方しかない: Hay un zapato *de ～*. 靴が片方だけある. Quedé *de ～*. [相手がいなくて] 私はあぶれてしまった

nona[1] [nóna] 囡《古代ローマ》[現在の午後3時ごろから始まる] 1日を4分割した最後の時間帯;《カトリック》[午後3時ごろに祈る] 9時課

nonada [nonáða] 囡 わずかな物(量); ささいなこと: No te preocupes, es una ～. 心配するな. 大したことではないさ

nonagenario, ria [nonaxenárjo, rja] 形 名 90歳台の[人]

nonagésimo, ma [nonaxésimo, ma] 形 男 90番目の; 90分の1(の)

nonato, ta [nonáto, ta] 形 ❶ 帝王切開で生まれた; 死んだ母体から生まれた. ❷ まだ存在していない

noningentésimo, ma [noniŋxentésimo, ma] 形 男 900番目の; 900分の1(の)

nonio [nónjo] 男 副尺, バーニヤ

nono, na[2] [nóno, na] 形 =**noveno**

nónuplo, pla [nónuplo, pla] 形 男 9倍(の)

noosfera [noosféra] 囡《生態学》人智圏

nopal [nopál] 男《植物》ノパルサボテン

non plus ultra [nón plus últra] 男《←ラテン語》究極, 極み

noquear [nokeár] 他《←英語. ボクシング》ノックアウトする

noqueada 囡 ノックアウト

nora tal [nora tál] 囡 =**enhoramala**

norabuena [noraβwéna] 囡 剾 〔enhorabuena の省略語〕enviar a+人 → …を追い出す

noramala [noramála] 剾 〔enhoramala の省略語〕enviar a+人 → …を追い出す

noray [norái] 男 《船舶》〔桟橋などの〕繋船柱

norcoreano, na [norkoreáno, na] 厖 《国名》北朝鮮 Corea del Norte 〔人〕の；北朝鮮人

nor[d]este [nor[d]éste] 男 北東；北東部，北東風

nórdico, ca [nórðiko, ka] 厖 名 北の，北部の〔人〕；北欧の〔人〕：viento ~ 北風. pruebas ~*cas* 《スキー》ノルディック種目
◆ 男 北欧諸語

nordista [norðísta] 厖 名 〔米国南北戦争の〕北軍〔の〕

noria [nórja] 囡 水くみ水車〔のある井戸〕；〔遊園地の〕観覧車
dar vueltas a la ~ 日々の決まりきった仕事をする；堂々めぐりの議論をする

norirlandés, sa [norirlandés, sa] 厖 名 《地名》北アイルランドの〔人〕

norma [nórma] 囡 ❶ 規範，規準；規則，規程：seguir las ~*s* sociales 社会的規範に従う. tener por ~+不定詞〔自身に課して〕…することにしている. ~ de circulación 交通法規. ~ de conducta 行動規範. ~ de seguridad 安全規準(規則). ❷ 《技術》規格，標準：~ industrial 工業規格. ~ PAL 《テレビ》パル方式. ❸ 《言語》規範 〖~ lingüística〗

normal [normál] 厖 〔英 normal〕❶ 正常な，普通の；通常の：i) Los trenes han vuelto al horario ~. 列車ダイヤは正常に戻った. Hoy he tenido un día ~. 今日はいつもどおりの一日だった. más de lo ~ 普通以上に. temperatura ~ 平熱；常温. ii) 〔ser ~ que+接続法〕No es ~ que se retrase. 彼が遅れるのは珍しい. Es muy ~ que ella tenga miedo. 彼女が怖がるのは当たり前だ. ❷ 《数学》línea ~ 法線. plano ~ 法平面.
◆ 囡 師範学校 〖escuela ~. 現在は Escuela del Profesorado de Educación General Básica〗

normalidad [normaliðá(d)] 囡 正常，常態：Se ha restablecido la ~ en el país. 国内に平静が戻った

normalista [normalísta] 名 《南米》〔小中学校の〕教員

normalizar [normaliθár] 他 自 ❶ 正常化する：~ el servicio 勤務を平常に戻す. ~ la situación 事態を正常化する. ❷ 規格化する，標準化する：artículo *normalizado* 規格品. ~ la lengua catalana 標準カタルーニャ語を定める
◆ *~se* 正常になる(戻る)
normalización 囡 正常化；規格(標準)化

normalmente [normálménte] 剾 普通に；いつもは，たいてい

normando, da [normándo, da] 厖 《地名》ノルマンディー地方 Normandía の〔人〕；《歴史》ノルマン人〔の〕：invasiones ~*das* ノルマン人の侵略

normativo, va [normatíβo, βa] 厖 規範的な；規準を確立する
◆ 囡 《医学》規範：~*va* de la empresa 会社の就業規則

nornordeste [nornorðéste] 男 北北東〔の風〕

nornoroeste [nornoroéste] 男 北北西〔の風〕

noroeste [noroéste] 男 北西；北西部，北西風

norte [nórte] 男 〔英 north. ↔sur〕❶ 北；北部：Europa del ~ 北ヨーロッパ. barrio del ~ de Madrid マドリードの北部地区. Ecuador está al ~ de Perú. エクアドルはペルーの北にある. problemas del ~-sur 南北問題. ~ magnético 北磁極. ❷ 北風 〖viento (de) ~〗. ❸ 指針；目的，目標：servir de ~ 指針(手引き)として役立つ. perder el ~ 目標を失う. mirada sin ~ 定まらない視線，ぼんやりした目つき

norteafricano, na [norteafrikáno, na] 厖 名 北アフリカの〔人〕

Norteamérica [norteamérika] 囡 《地名》北アメリカ；《西. 誤用》米国

norteamericano, na [norteamerikáno, na] 厖 名 北アメリカの；《西》米国の，米国人〔の〕

norteño, ña [nortéño, ña] 厖 名 〔主にスペインの〕北の，北部の〔人〕〔↔sureño〕

noruego, ga [norwéɣo, ɣa] 厖 名 《国名》ノルウェー Noruega 〔人・語〕の；ノルウェー人
◆ 男 ノルウェー語

nos [nos] 代 〔英 us. 人称代名詞 1 人称複数〕❶ 〔直接目的〕私たちを：Nos invitaron a su casa. 我々は彼らの家に招かれた. ❷ 〔間接目的〕私たちに：Nos prestó ayuda. 彼は私たちを助けてくれた. ❸ 〔再帰代名詞 se：Nos veremos mañana. 明日会いましょう. 〖再帰動詞の肯定命令では -monos（←-mos+nos）となる：Levantémo*nos* ya. もう起きよう〗 ❹ 〔威厳を表わす複数形. 高位聖職者が用いる 1 人称単数主語. 動詞は 1 人称複数〕余：Nos, el obispo, proclamamos… 司教たる余は宣言する…

noseología [noseoloxía] 囡 =**gnoseología**

nosis [nósis] 囡 =**gnosis**

nosocomio [nosokómjo] 男 《主に中南米》病院

nosología [nosoloxía] 囡 《医学》疾病分類学

nosotros, tras [nosótros, tras] 代 〔英 we. 人称代名詞 1 人称複数〕❶ 私たち，我々：i) 〔主語〕〔N~〕No hemos dicho nada. 我々は何も言わなかった. 〔N~tras〕Somos estudiantes. 私たちは女子大生です. ii) 〔前置詞格〕Viene él hacia ~. 彼が私たちの方にやって来る.

[a+. 目的代名詞と重複させて強調] *A* ~ nos interesa la historia. 私たちは歴史に興味がある

❷ 小社, 弊社; 当団体:〔*N*~〕Agradecemos mucho su amable pedido. 貴社文ありがとうございます

❸ [筆者・講演者が謙遜して] 私, *N*~ queremos proponérselo. 私は皆さんにそれを提案したい

❹《親愛・皮肉》君, あなた〖ただし nosotros は省略され動詞が1人称複数形〗: ¿Cómo *estamos*? ごきげんいかがですか? ¿Cómo *vamos* de salud? 具合はどう?

entre ~ ここだけの話だが, 内密に
por ~ 私たちとしては

nostalgia [nostálxja] 囡 [+de・por への] 郷愁, ホームシック; 懐旧の情; 心残り: ~ *de* la patria 望郷の念. sentir ~ *por* la juventud 青春時代を懐かしむ

nostálgico, ca [nostálxiko, ka] 形 郷愁に満ちた; 懐旧の: sentimiento ~ 望郷の念; 懐旧の情

◆ 男 過去賛美者

nosticismo [nostiθísmo] 男 **=gnosticismo**

nóstico, ca 形 名 **=gnóstico**

nota [nóta] 囡 〖英 note〗 ❶ メモ, ノート, 控え: tomar ~s (en) una conferencia 講義のノートを取る. dejar a+人 una ~ en la portería 戸口に…へのメモを残しておく. ~s de sociedad [新聞の] 社交欄

❷ 注, 注解: ~ al margen/~ marginal 傍注. ~ de pie de página (de texto) 脚注

❸ [通達] 文書, 覚え書: ~ de prensa 新聞発表, プレスリリース. ~ diplomática 外交文書. ~ oficiosa 公式文書

❹ [学業などの] 成績, 評点〖10点満点で表わされる〗; 窗 成績表: Han subido sus ~s. 彼は成績が上がった. sacar buenas (malas) ~s en el examen 試験でよい(悪い)点を取る. poner las ~s de los exámenes 試験の点の採点をする

❺ 勘定書, 伝票: La ~, por favor. お勘定をお願いします

❻ [特徴を表わす] 点, 側面; [話し方・態度などの] 調子, 感じ: ~ de distinción 相違点. ~ de humor ユーモラスな感じ

❼《音楽》音符〔~ musical〕; [その表わす] 音: ~ de negro 4分音符. ~ de mi ミの音
dar la ~《口語》[場違いに・変なことで] 目立つ
de mala ~ 評判の悪い; 品の悪い: sitios *de mala* ~ かんばしくない場所, 悪所
de ~ 有名な: autor *de* ~ 有名な作家
ir para (*por*) ~ 良い成績を取るためにがんばる
~ *discordante* 調子外れの音; 調和を乱すもの
~ *dominante* 属和音の第5音; 主調, 基調
tomar [*buena*] ~ *de...* …を〔よく〕心得ている

notabilidad [notabilidá(d)] 囡 著名, 高名;

著名人

notable [notáble] 形 〖英 notable. 絶対最上級 notab*ilí*simo〗 [ser+] ❶ [主に良い意味で] 注目に値する; 顕著な; 有名な 〖☞famoso 類義〗: Es un trabajo ~. それは注目すべき研究だ. progreso ~ 著しい進歩. ❷ 恥ずかしくない 〖digno より良い〗: resultado ~ 恥ずかしくない成績

◆ 男 ❶ [評点で] 良 〖☞calificación 参考〗. ❷ 窗 有力者, 名士: ~s del pueblo 町の名士

notablemente [notábleménte] 副 目立って, 著しく

notación [notaθjón] 囡 ❶ 記号表記〔法〕, 記号体系: ~ química 化学記号〔法〕. ❷《音楽》記譜〔法〕〔~ musical〕

notar [notár] 他 〖英 notice〗 ❶ …に気づく: i) No *hemos notado* su presencia. 私たちは彼がいることに気づかなかった. No *noto* el calor. 私は暑さが気にならない. ii) [+que+直説法] El maestro *notó que* estaba copiando. 先生は彼がカンニングしているのに気づいた. iii) [+目的格補語] Te *noto* cambiado. 君は変わったね. ❷ [+de と] 評価する: ~ a+人 *de* poca inteligencia …を頭が悪いと思う
hacer ~ 指摘する, 強調する
hacerse ~《俗に軽蔑》自分を目立たせる: En la fiesta *se hizo* ~ con sus impertinencias. 彼はパーティーで無作法なことをして目立ってしまった

◆ ~*se* ❶ [+主格補語] 自分が…であると感じる: Me *noto* extraño entre esa gente. あの連中といると私はよそ者のように感じる. ❷ [無人称] 感じられる, 見てとれる: Por su aspecto *se nota* que está de mal humor. 彼の顔つきから機嫌が悪いとわかる. ❸ 目立つ

notario, ria [notárjo, rja] 名 ❶ 公証人: testamento realizado en presencia del ~ 公証人立会いで作成された遺言書. ❷ 目撃証人

notaría 囡 公証人の職務; 公証人事務所
notariado, da 形 公正証書化された. ◆ 男 公証人の職務; 公証人会
notarial 形 公証人の; 公証化された

noticia [notíθja] 囡 〖英 news〗 ❶ ニュース; 知らせ, 通知: Los periódicos dieron la ~ del asesinato. 新聞は殺人のニュースをのせていた. Tengo que darle a usted una ~ importante. 大事なことをお知らせしなければなりません. ❷ 窗 ニュース番組; ニュースレター: ver ~s en televisión テレビでニュース番組を見る. ❸ 窗 消息: No tenemos ~s suyas. 彼の消息がわからない
no tener [*la menor*] ~ *de...* …について〔少しも〕知らない
tener ~[s] *de...* …について〔何か〕知っている

noticiable [notiθjáble] 形 報道に値する, ニュースバリューのある

noticiario [notiθjárjo] 男 《放送》ニュース〔番組〕; ニュース映画: ~ deportivo スポーツニュース

noticiero, ra [notiθjéro, ra] 形 報道する

N

◆ 男 ❶［新聞の］ニュース欄．❷《中南米》ニュース番組；ニュース映画
notición [notiθjón] 男 ビッグニュース
noticioso, sa [notiθjóso, sa] 形 ❶《まれ》［+de を］知った．❷《中南米》ニュースの：agencia ～sa 通信社
◆ 男《中南米》ニュース〔番組〕
notificar [notifikár] ⑦ 他《文語》通知する，通告する：Me han notificado por teléfono que el dólar va a dar un bajón. 私はドルが大幅に下落するだろうと電話で知らされた．～ a+人 el cese …に解雇を通告する
  notificación 女 通告〔書〕，通達〔書〕
notocordio [notokórdjo] 男《動物》脊索(せきさく)
notoriedad [notorjeðá(d)] 女 ❶ 著名：alcanzar ～ 有名になる．❷ 明白さ；周知〔の事実〕
notorio, ria [notórjo, rja] 形［ser+］❶ 明らかな：Es ～ria su importancia. その重要性は明らかだ．❷ 周知の：Es ～ que se quieren. 彼らが愛し合っていることはみんな知っている．❸ 有名な〔☞famoso 類語欄〕
  notoriamente 副 明らかに
nov.〔略語〕←noviembre 11月
nova [nóba] 女《天文》新星
noval [nobál]［土地が］初めて開墾される，新開の；［作物が］初収穫の
novatada [nobatáða] 女 ❶ 新入り・新入生に対するいじめ(からかい)：dar (hacer) ～ 新人いびりをする．❷［経験不足による］困難，失敗；五月病：pagar la ～ 未熟なせいで痛い目に会う；五月病にかかる
novato, ta [nobáto, ta] 名［ser+］未経験の，新前の，新入りの；未経験者，新前：Es ～ conduciendo. 彼は新前ドライバーだ．～ del colegio 新入生
novecentismo [nobeθentísmo] 男 1900年から1930年ごろのスペインの文学運動〔Ortega y Gasset に代表される〕
  novecentista 形 その文学運動の〔人〕
novecientos, tas [nobeθjéntos, tas] 形 男 900〔の〕；900番目の
novedad [nobeðá(d)] 女［英 novelty. ← nuevo〕❶ 新しさ；新しいもの(こと)，変化：Es aficionado a las ～es. 彼は新しがり屋だ．Esta Navidad no presenta grandes ～es. 今年のクリスマスも大して変わり映えしない．No hay ～ en el estado de salud del paciente. 病状に変化はない．introducir ～es en... ...に新機軸を導入する．～ de la idea 着想の斬新さ．❷ 新たな出来事；ニュース：～es de la semana 今週の出来事．Este asunto constituye una ～. この事件はニュースバリューがある．❸ 商 新作，新製品：las últimas ～es editoriales 新刊書．**sin ～** 新しい(変わった)ことのない：sin ～ en el frente『西部戦線異状なし』〔比喩的にも〕
novedoso, sa [nobeðóso, sa] 形［ser+］新しい，斬新な
novel [nobél] 形 初心者の，未熟な：pintor ～ 駆け出しの画家

novela [nobéla] 女［英 novel〕❶ 小説；〔特に〕長編小説〔☞cuento〕：Me interesan las ～s latinoamericanas. 私は中南米の小説に興味がある．～ contemporánea 現代小説．❷ 嘘，作り話：No me cuentes esa ～. そんな作り話はよしてくれ．❸《放送》連続メロドラマ
novelar [nobelár] 他 小説化する
◆ 自 小説を書く
novelería [nobelería] 女 ❶ 夢想，虚構．❷ 新奇なもの，新案物；新しいもの好き
novelero, ra [nobeléro, ra] 形 名 ❶ 小説好きの〔人〕．❷《軽蔑》夢想家〔の〕，夢みがちな〔人〕．❸ 新しいもの好きな〔人〕
novelesco, ca [nobelésko, ka] 形 ❶ 小説の：género ～ 小説ジャンル．❷ 小説のような：aventura ～ca 波乱万丈の冒険
novelista [nobelísta] 名 小説家
novelístico, ca [nobelístiko, ka] 形 ❶ 小説の：obra ～ca 小説作品
◆ 女［文学ジャンルとしての］小説；小説研究，小説論
novelón [nobelón] 男《軽蔑》波乱万丈の一大長編小説
novena¹ [nobéna] 女 ❶《キリスト教》9日間の祈り：andar (frecuentar) ～ 9日間の祈りに欠かさず通う．❷ 野球チーム，ナイン
  novenario 男 死後9日間の喪；死後9日目のミサ
noveno, na² [nobéno, na] 形 男［英 ninth〕9番目の；9分の1〔の〕
noventa [nobénta] 形 男［英 ninety〕❶ 90〔の〕；90番目の．❷［los+］1990年代；90歳台
  noventavo, va 形 名 ＝nonagésimo
  noventayochista 形 名《文学・歴史》98年世代の〔人〕〔☞generación del 98〕
  noventón, na 形 名 90歳台の〔人〕
noviazgo [nobjáθgo] 男［←novio〕婚約期間；恋人(婚約者)の関係
novicio, cia [nobíθjo, θja] 形 名 ❶《カトリック》［修道誓願を立てる前の］修道修練者〔の〕，修練士(女)，見習い修道士(修道女)．❷ 初心者〔の〕，新前〔の〕；うぶな〔人〕，謙虚な〔人〕：Es ～ en este oficio. 彼はこの仕事では新前だ
  noviciado 男 1) 修練期；修練所(院)；修練〔制度〕，医名 修練者．2)［一般に］見習い期間

noviembre [nobjémbre] 男［英 November. ☞mes 参考〕11月
noviero, ra [nobjéro, ra] 形《中米》ほれっぽい，恋したがりの
novillo, lla [nobíʎo, ʎa] 名［2-3歳の］若牛
◆ 男《口語》妻を寝取られた夫
  hacer ～s《口語》［主に学校を〕ずる休みする
  novillada 女 1) 医名 若牛．2) 見習い闘牛士のする闘牛
  novillero, ra 形 名 1) 見習い闘牛士；若牛の世話をする人．2)《口語》よくずる休みする〔人〕
novilunio [nobilúnjo] 男 新月
novio, via [nóbjo, bja] 名 ❶［将来の結婚相

手としての〕恋人；婚約者：Se ha echado una *novia*. 彼に恋人ができた。Los dos se hicieron 〜*s*. 2 人は恋仲になった。Los dos son 〜*s*. 2 人は恋人同士だ。Su hija ya tiene 〜 formal. 彼の娘には〔正式な〕婚約者がいる。**②** 新郎，新婿；**囲** 新婚夫婦：traje (vestido) de *novia* ウエディングドレス。viaje de 〜*s* 新婚旅行

quedarse compuesta y sin 〜《口語》結婚式直前に気を変える；せっかくの準備が無駄になる

novísimo, ma [noβísimo, ma] **形** 〖nuevo の絶対最上級〗大変新しい，最新の
◆ **男**《カトリック》四終 postrimería の一つ

novocaína [noβokaína] **囡**《薬学》ノボカイン

novohispano, na [noβoispáno, na] **形** ヌエバ・エスパーニャ Nueva España 生まれの；メキシコ人の

n/p(ag). 《略語》←nuestro pagaré 弊社約束手形

N.P.I. 《略語. 俗語》←ni puta idea さっぱりわからない：No tengo *N.P.I.* まったく見当もつかない

n/r 《略語》←nuestra remesa 弊社送金

n(t)ro. 《略語》←nuestro 弊社の，我々の

nubarrón [nuβarón] **男** 大きな黒雲〔比喩的にも〕：Veo *nubarrones* en su futuro. 彼の前途には暗雲がたちこめているように私は思う

nube [núβe] **囡** 〖英 cloud〗**❶** **可算** 雲：El cielo está cubierto de 〜*s*. 空は雲に覆われている。cielo sin 〜*s* 雲一つない空，かげりのない未来。mar de 〜*s* 雲海。〜*s* y claros [天気予報で] 晴れたり曇ったり。〜 de lluvia 雨雲。〜 de tormenta あらし雲。〜 atómica 原子雲，きのこ雲。**②** 《雲状のもの》：levantar una 〜 de polvo 土煙を上げる。Por las ventanas salían 〜*s* de humo. 窓から煙がもうもうと出ていた。〜 de moscas ハエの大群，〜 de fotógrafos 大勢のカメラマン。**❸** 〔視力・知性の〕曇り：tener una 〜 en el ojo derecho 右眼がかすむ。**④** 暗雲，暗色，変色：Una 〜 sombría cubrió su rostro. 彼の顔に暗いかげがさした。**❺** 〖宝石〗曇り，きず

andar en (por) las 〜*s/estar en las* 〜*s* 《口語》うわのそらである，夢想にふける；重大な出来事に無知である：No *anda por las* 〜*s*. 彼は大地にしっかり足をつけている

bajar de las 〜*s* 現実に戻る

como caído de las 〜*s* あっという間に；思いがけず

descargar una 〜 雨が降る

ir a las 〜*s* 高く(高値)になる

〜 *de verano* 夕立ち；一時的な怒り

poner... en (por) las 〜*s/levantar (subir)*... *hasta (por) las* 〜*s*《口語》…を激賞する，ほめちぎる

por las 〜*s*《口語》非常な高値で：Los alquileres están ahora *por las* 〜*s*. 家賃が今ものすごく高い

vivir en las 〜*s* 夢想にふける，現実を見ない

núbil [núβil] **形**《文語》[主に女性に] 結婚適齢期の：muchacha 〜 年ごろの娘

nubilidad **囡** 結婚適齢期

nublado, da [nuβláðo, ða] **形** **過分** [estar +] 曇った：Está 〜 hoy. 今日は曇りだ。cielo 〜 曇り空
◆ **男 ❶** 曇り〔の状態〕；暗雲：N〜，después claro. 曇りのち晴。**②** どしゃ降り；嵐

descargar el 〜 どしゃ降りの雨が降る；怒りが爆発する

levantarse el 〜 空が晴れる

pasar el 〜 空が晴れる；怒り(危険)が去る

nublar [nuβlár] **他** [主に比喩的に] 曇らせる：La ira 〜ó mis ojos. 私は怒りのあまり何もわからなくなった。Sus palabras *nublaron* la alegría. 彼の言葉で喜びにかげりがさした
◆ 〜**se**〔まれに単人称〕曇る：[El cielo] *Se está nublando*. 曇ってきている。*Se nublaron* sus ojos. 彼は目がかすんだ。*Se le nubló* la razón. 彼は分別を失った

nuboso, sa [nuβóso, sa] **形** 薄曇りの：cielo 〜 薄曇りの空

nubosidad **囡** 薄曇り

nuca [núka] **囡** 後頭部，えり足 [cerviz の上部]

nuclear [nukleár] **形 ❶**《物理》核の，原子核の：armas 〜*es* 核兵器。energía 〜 核エネルギー，原子力。guerra 〜 核戦争。reacción 〜 核反応。zona 〜 非核地帯。**②**《生物》核の：membrana 〜 核膜
◆ **囡** 原子力発電所〖central 〜〗

nucleado, da [nukleáðo, ða] **形** 集まった；〔細胞が〕核のある

nuclearización **囡** 核エネルギー化；核武装化

nuclearizar **⑨ 他** [エネルギーを] 原子力化する，核エネルギー化する；[場所に] 原子力発電所を作る；[国を] 核武装化する，核兵器を保有させる(持ち込む)

nucleico, ca [nukléjko, ka] **形**《生物》ácido 〜 核酸

núcleo [núkleo] **男 ❶** 〔桃・サクランボなどの〕核，種。**②**《物理》核，原子核〖〜 atómico〗。**❸**《生物》核，細胞核〖〜 de la célula〗。**④**《天文》〔天体の〕核，中心部分〖コイルの〕鉄心；〔原子炉の〕炉心。**❻** 〔集団などの〕中核，中心；〔事の〕核心：〜 de resistencia enemiga 敵の抵抗の核。〜 de las conversaciones de paz 和平交渉のかなめ。**❼** 〔人口の〕中心地〖〜 de población〗：〜 de miseria 貧困地帯。**❽**《言語》核

nucléolo [nukléolo] **男**《生物》仁(じん)，核小体

nucleón [nukleón] **男**《物理》核子

nucleótido [nukleótiðo] **男**《生化》ヌクレオチド

nudillo [nuðíʎo] **男** [主に **複**] 指の付け根の関節：golpear la puerta con los 〜*s* ドアをノックする。soplar en los 〜*s* 指笛を鳴らす。comerse (morderse) los 〜*s* [心配で] いらいらする

nudismo [nuðísmo] **男** 裸体主義，ヌーディスム

nudista **形 囡** 裸体主義の，ヌーディスト〔の〕

nudo [núðo] **男 ❶** 結び目：hacer un 〜 堅結びにする。aflojar el 〜 de la corbata ネクタイ

nudoso, sa

〔の結び目〕を緩める. empalmar la cuerda rota con un 〜 切れた綱を結び合わせる. hacer un 〜 en el pañuelo 〔何かを忘れないために〕ハンカチに結び目を作る. 〜 de rizo／〜 marinero 本結び, こま結び. 〜 gordiano ゴルディアス Gordio の結び目, 難問. ❷ 絆(ぎ), 縁：〜 de la amistad (del matrimonio) 友情(夫婦)の絆. ❸〔木・竹などの〕節(ふ), こぶ：Esta madera tiene muchos 〜s. この材木は節が多い. ❹ 合流点, 要所；〔幹線道路の〕ジャンクション：〜 de montañas 山脈の交わる点. 〜 de comunicaciones 交通の要所. ❺〔問題の〕要点, 核心. ❻〔芝居などの〕山場. ❼〔速度の単位〕ノット：Este buque va a 15 〜s. この船は15ノットで走る. ❽《医学》結節

hacerse (atravesarse) un 〜 en la garganta a (de)+人 〔感動などで〕…の喉が詰まる：Se me hizo un 〜 en la garganta. 私は喉に熱いものがこみ上げてきた

nudoso, sa [nudóso, sa] 形 節(ふ)の多い：manos 〜sas 節くれだった手

nudosidad 女 節の多さ；《医学》結節(症)

nuégado [nwéɣaðo] 男《菓子》ヌガー；コンクリート

nuera [nwéra] 女 息子の妻, 嫁〔↔yerno〕

nuestro, tra [nwéstro, tra] 形《英 our》所有形容詞 1 人称複数. ☞su, suyo ❶ 私たちの, 我々の：i)〔+名詞. 発音は [nwestro] となる〕Aquélla es 〜tra casa. あれが我々の家だ. Visitaremos a uno de 〜s amigos. 我々の友人の一人を訪ねよう. 〜tra salida 私たちの出発. 〜 pedido 当社(弊社)の注文. 〜s problemas económicos 我が国の経済問題. ii)〔名詞+〕Esa casa 〜tra ya está arruinada. その私たちの家はもう壊れている. Unos amigos 〜s se quejan de ello. 我々の友人の中にはそれに不満を抱く者も何人かいる. condición tan 〜tra de individualistas y poco solidarios 個人主義者であまり連帯心ないというとても私たちらしい性質. iii)〔主格補語〕Esos libros son 〜s. それらの本は私たちのです. ❷〔強調〕Tenemos 〜tras penas. 我々には我々なりの苦しみがある. ❸ 私の：i)〔筆者・講演者が謙遜して〕〜tras opiniones 小生の見解. ii)〔国王などが〕〜tras proposiciones 余の提案

¡ya es 〜! もうこっちのものだ／でかした！

◆ 代《英 ours》〔定冠詞+〕私たちのそれ：Su hijo es mayor que el 〜. 彼の子供はうちの子より年上だ

ésta es la 〜tra 私たちのチャンスだ, 希望がかなうぞ

la 〜tra 1) 私たちの好機(都合のいい時)：Ahora es la 〜tra. 今がチャンスだ. 2) 私たちの言い分：decir la 〜tra 当方の言い分を述べる

lo 〜 1) 私たちのこと(もの)：Lo 〜 lo resolvemos nosotros mismos. 自分たちの事は自分たちで解決します. Vayamos a lo 〜. 本題に入ろう. 2) 私たちの得意(本分)：Lo 〜 es la natación. 我々の得意は水泳だ. 3) 私たち

の言い分. 4)〔副詞的〕かなり, とても：Hemos influido lo 〜 en la marcha de las cosas. 我々は事態の進展に相当な影響を与えている

hacer [una] de las 〜tras 私たちのいつもの悪ふざけ(いたずら)をする

los 〜s 私たちの家族(仲間・味方)

poner de lo 〜 最善を尽くす

nueva[1] [nwéßa] 女《古語の》〔主に複〕知らせ, ニュース〔noticia〕：¿Tienes 〜s de tu padre? お父さんのことで何かわかった？ la buena 〜《キリスト教》よき知らせ, 福音. Las malas 〜s siempre son verdaderas.《諺》悪い知らせは決まって本当だ

coger (pillar) a+人 de 〜[s] …の不意を突く

hacerse de 〜s 驚いた(何も知らなかった)ふりをする

nuevamente [nwéßaménte] 副 もう一度, 再び〔de nuevo〕

nueve [nwéße] 形 男《英 nine》9〔の〕；9番目の

nuevo, va[2] [nwéßo, ßa] 形《英 new. ↔antiguo, viejo. 絶対最上級《文語》novísimo,《口語》nuevísimo》新しい. ❶〔ser+. 名詞+〕最新の；〔+en〕初めての：El coche 〜 es más caro que el de segunda mano. 新車は中古車より高い. Soy 〜 en estas músicas. このような音楽を聞くのは初めてだ. Todo es 〜 para mí. 私にとって初めてのことばかりだ. Este cuadro me da una impresión 〜va. この絵は新鮮な印象を与えてくれる. palabra 〜va 新語. brote 〜 新芽. patatas 〜vas 新ジャガ ❷〔ser+. 名詞+〕新規の, 新たな；別の：Ya ha estropeado el 〜 coche. 彼は新しい(買い換えた)車をもう壊してしまった. Toma esta medicina, y mañana amanecerás (como) 〜. その薬をのみなさい. 明日にはすっかりよくなっていますよ. hacer un 〜 proyecto もう一つ計画を立てる. 〜 aeropuerto 新空港. 〜 comienzo en la vida 人生の再出発. un 〜 día 新たな一日. 〜va edición 新版. 〜 país industrial 新興工業国 ❸〔ser+〕成りたての, 新前の：¿Eres 〜 en el oficio? 君は新前だな？ miembro 〜 新しいメンバー. 〜 profesor 新任の先生 ❹〔estar+〕新品同様の：Esta bicicleta está 〜va aunque tiene ya varios años. この自転車は2, 3年乗っているがまだ新品みたいだ ❺《口語》〔estar+. 人が〕疲れが取れた, 生気を取り戻した：La ducha me ha dejado 〜. 私はシャワーを浴びて生き返ったみたいだ

coger a+人 de 〜 …の不意を突く〔coger a+人 de nuevas〕

de 〜 1) 再び, もう一度：Cometió de 〜 el mismo error. 彼はまた同じ間違いを犯した. 2)〔旧状への復帰〕Quiere ir de 〜 a su patria. 彼は祖国へ帰りたがっている

¿qué hay de 〜? 何か変わったことはありませんか／近ごろどうですか？

◆ 名 新入り, 新入生

nuez [nwéθ] 囡〖榎 ~ces〗❶《果実》クルミ：
~ ferreña 小粒で固いクルミ．~ moscada ナ
ツメグ．~ vómica マチンシ．Mucho ruido y
pocas *nueces*.《諺》大山鳴動してネズミ一匹．
❷ クルミ大の量：una ~ de manteca クルミ大
のラード 1 かたまり．❸《解剖》のどぼとけ：reba-
nar a+人 la ~《口語》…の喉をかき切る．❹
〔弦楽器の〕ナット

nueza [nwéθa] 囡《植物》ブリオニア

nulidad [nuliðá(ð)] 囡 ❶《法律》無効：~
del matrimonio 結婚の無効性．❷ 無能な人，
役立たず：Es una ~ para los estudios. 彼は
勉強がまったくだめだ

nulo, la [núlo, la] 厖〖ser+〗❶《法律》無効
の：Este testamento es ~. この遺言書は無効
だ．considerar ~ y sin valor 無効とみなす．
voto ~ 無効投票．póliza *nula* 失効の保険証
書．❷ 無能な：Soy ~ para los deportes. 私
はスポーツがまったく苦手だ．❸〔試合で〕無効の，
無効の．❹〔非存在〕ない；無価値な：Su
valor es casi ~. その価値はほとんどゼロに等し
い．❺《野球》アウトの；ファールの
◆ 團《野球》アウト

Núm.〖略語〗←número 番号

numantino, na [numantíno, na] 厖囵《歴
史・地名》ヌマンシア Numancia の(人)〖カスティ
ーリャ=レオン地方の Soria 近くの昔の町〗〔そ
の住民がローマの侵攻に対し英雄的に抵抗したこ
とから〕勇敢な，断固とした

numen [númen] 團〖榎 númenes〗❶《ローマ
神話》神霊，守護神；〔キリスト教から見て〕異教
の神．❷《芸術家の》霊感，インスピレーション：
~ poético 詩的感興

numeración [numeraθjón] 囡 数えること，数
え方；記数法〖sistema de ~〗：~ decimal
(binaria) 10(2)進法．~ arábiga (roma-
na) アラビア(ローマ)数字〖方式〗

numerador [numeraðór] 團 ナンバリング〖器
械〗；《数学》分子

numeral [numerál] 厖 数を表わす：adjetivo
~ 数形容詞．letra ~ 数字
◆ 團《文法》数詞

numerar [numerár] 他 …に番号をつける：~
las páginas ページにノンブルを打つ
◆ ~se〖整列して〗番号を唱える

numerario, ria [numerárjo, rja] 厖囵 正
規雇用の，正規雇用者；正会員(の)：profesor
~ 正教員．profesor no ~ 非常勤講師〖現
在は廃止されている〗
◆ 團 正金，正貨；《文語》現金

numérico, ca [numériko, ka] 厖 数の，数
値の：cálculo ~ 数値計算法．objetivo ~ 数
値目標

numerito [numeríto] 團 *montar el ~*《軽
蔑》みっともないことをする

número [número] 團〖英 number〗❶
数，数量：i) ~ de personas 人
数．~ de páginas ページ数．El ~ está
completo. 数がそろった．aplastar por el ~ 数
で圧倒する．ii)《数学》~ entero 整数．~
decimal 小数．~ fraccionario (quebrado)

分数．~ mixto 混数．~ perfecto 完数，完
全数．iii)《数学》~ arábigo (romano) アラビ
ア(ローマ)数字．iv)《文法》~ singular (plu-
ral) 単数(複数)．concordancia en ~ 数の
一致
❷ 番号，ナンバー；番地〖~ de la casa〗：¿Qué
~ tiene su coche? あなたの自動車のナンバーは?
Se ha equivocado de ~.《電話》番号違いです．
¿En qué ~ vive usted? 何番地にお住まいです
か? habitación ~ cinco 5号室．~ atómi-
co 原子番号
❸〔雑誌などの〕号：Sigue en el ~ próximo.
次号に続く．último ~ 最新号．~ especial
特別号．~ atrasado バックナンバー
❹〔靴・手袋などの〕サイズ：¿Qué ~ calza
(gasta) usted? あなたの靴のサイズはいくつです
か?
❺〔興行の〕出し物，演目：El próximo ~ es
cómico. 次の出し物は喜劇だ
❻〔くじの〕券：comprar un ~ 宝くじを1枚
買う．~ premiado 当たりくじ
❼〔一流の〕部類：No figura (entra) en el
~ de los más dotados. 彼など天才のうちには
入らない
❽ おはこ，十八番：Venga, venga 〔haz〕 tu
~. さあさあ君の出し物を
❾〔予約などの〕順番：pedir ~ para… …の
予約をとる
❿《聖書》〖N~s〗民数記
⓫《西》〔治安警備隊・警察の〕平隊員，平警官
de ~ 正規〔雇用〕の：catedrático *de ~* 正教
授．miembro *de ~* 正会員
el mayor ~ de… 最多の…
en ~ de… …の数の：Han venido los turis-
tas *en ~ de* un millón. 100 万人もの観光客
がやって来た
gran ~ 多数：Los turistas vinieron en
gran ~. 観光客がたくさん来た．En la fiesta
había *gran ~* de personas. パーティーには大
勢の人がいた
hacer ~ 頭数をふやす：Sólo venimos aquí a
hacer ~. 私たちはただ頭数をそろえるために来て
いる
hacer ~s〔費用などを〕計算する
montar un (el) ~《西．軽蔑》みっともないこと
をする
~ uno トップ，ナンバーワン：ser el ~ *uno*
de… …のトップ(ナンバーワン)である
~s rojos (negros) 赤字(黒字)：Esa em-
presa está (ha entrado) en *~s rojos*. その
会社は赤字だ(になった)．
sin ~〖名詞+〗無数の，数限りない：mentiras
sin ~ 数えきれないほどの嘘，嘘八百
un buen ~ 多数
un pequeño ~ de… 少数の…

numeroso, sa [numeróso, sa] 厖 ❶〔集合
名詞+〕多数からなる：un grupo ~ de espec-
tadores 大勢の観客．❷ 匤〔+名詞〕多くの，た
くさんの：~sas personas 大勢の人．~s li-
bros たくさんの本

numerus clausus [númerus kláusus] 團

《←ラテン語》〔入学などの〕狭き門

númida [númiða] 形 图《歴史・地名》ヌミディアの〔人〕『アフリカ北部の古王国. 現在のアルジェリア』

numismático, ca [numismátiko, ka] 形 图 古銭（メダル）の〔研究家〕
◆ 图 古銭学；古銭（貨幣）の収集

nunca [núŋka] 副《英 never》❶ 決して〔…ない〕, 一度も（二度と）…ない〔+動詞 では no は不要〕: i) No he estado ～ (N～ he estado) en España. 私は一度もスペインへ行ったことがない. N～ haré tal cosa. 二度とそんなことはしません. ii) [比較文で] Tengo las ideas más claras que ～. 私はかつてないほど考えがはっきりしている. Allí vive la mujer más preciosa que ～ he visto. そこには私が今までに会ったことがないほどの（かつて会った中で一番）すてきな女性が住んでいる
❷ i) [反語的疑問文で] ¿Has visto ～ cosa igual? 今までにこんな物を見たことがあるか? ii) [疑わしさを表わす間接疑問文で] ¿Tú sabes si ～ nos volveremos a ver? いつかまた会えるかどうかわかりませんね? No me acuerdo de si he leído ～ esta novela. 私はこの小説を読んだことがあるかどうか覚えていない
como ～ 今までになく: Venía hermosa *como* ～. 彼女はいつになく着飾っていた. Se admiró *como* ～. 彼女は今さらのように驚いた
～ *jamás* [nunca の強調] 決して〔…ない〕: No he mentido ～ *jamás*. 私は一度だって嘘をついたことはない. No cometeré tal error ～ *jamás*. こんな誤りは二度と再び犯しません
～ *más* 決して（二度と）…ない: No me fiaré de él ～ *más*. 私はこんりんざい彼を信用しない

nuncio [núnθjo] 男 ❶ 教皇大使 [～ apostólico]. ❷《文語》使者；前兆: las golondrinas, ～s de la primavera 春の訪れを告げるツバメたち

nunciatura 图 教皇大使の職務(任期・公邸)；[スペインのカトリックの] 最高法院

nupcial [nupθjál] 形《文語》婚礼の, 結婚の: banquete ～ 結婚披露宴. galas ～es 婚礼衣裳

nupcialidad 图 婚姻件数: tasa de ～ 婚姻率

nupcias [núpθjas] 图 匔《文語》結婚 [boda]: [casarse en] segundas ～ 再婚[する]

nurse[1] [núrse] 图《←英語》[主に外国人の] 子守り女 [niñera]

nurse[2] [nɛrs/núrs] 图《←英語. 南米》主任看護婦

nutación [nutaθjón] 图《天文》章動；《植物》成長運動

nutria [nútrja] 图《動物》カワウソ: ～ marina (de mar) ラッコ

nutrición [nutriθjón] 图 栄養[摂取]: perturbación de la ～ 栄養障害. mala ～ 栄養不良

nutricionista 图 栄養学者

nutrido, da 形 過分 ❶ 食事（栄養）を与えられた: niño bien (mal) ～ 栄養のよい（悪い）子. ❷《文語》豊富な, 多い: i) [+名詞] ～*da* asistencia 大勢の出席. ii) [+de の] tesis ～*da de* citas 引用の多い論文

nutriente [nutrjénte] 图 栄養素, 養分

nutriólogo, ga [nutrjóloɣo, ɣa] 图 栄養学者

nutrir [nutrír] 他 ❶ …に食物（栄養）を与える: ～ al hijo con su leche 子供に授乳する. La tierra *nutre* las plantas. 大地は植物を生育する. Dos acequias *nutren* el estanque. 2本の用水路が貯水池に水を供給する. ❷《文語》はぐくむ, 助長する: La virtud *nutre* al alma. 徳行は心の糧になる. Esos recuerdos *nutren* su odio. その思い出は彼の憎しみをかき立てる
◆ ～**se** [+con・de を] 摂取する: Los japoneses *se nutren con* arroz. 日本人は米を食べる. ～*se de* sabiduría 知識を養う. Este movimiento *se nutre de* desarraigados. この運動には祖国喪失者たちが参加している

nutritivo, va [nutritíβo, ba] 形 ❶ 栄養になる: Esta sopa es muy ～*va*. このスープはとても栄養がある. ❷ 栄養に関する: valor ～ 栄養価

ny [nf] 图《ギリシア文字》ニュー 『N, ν』

nylon [najlón] 男《←英語. 繊維》ナイロン: medias de ～ ナイロンのストッキング

N

Ñ

ñ [éɲe] 囡 アルファベットの第15字

ñacaniná [nakaniná] 囡 《動物》[チャコ平原の] 大型の毒蛇

ñácate [nákate] 囲 《南米》[衝撃音] バシッ, ガシャン, ザーッ

ñacurutú [nakurutú] 囲 《鳥》[南米産の] フクロウの一種

ñagaza [nagáθa] 囡 鳥を捕えるおとり

ñala [nála] 囡 《動物》アンティロープの一種

ñam ñam [nán nán] 囲 [おいしさ] ムシャムシャ, パクパク

ñame [náme] 囲 《植物》ヤマノイモ

ñandú [nandú] 囲 《複 ～[e]s》《鳥》レア 〖南米産の走鳥〗

ñandubay [nandubái] 囲 《植物》[南米産の] 太くて赤く硬い木

ñandutí [nandutí] 囲 《複 ～[e]s》[南米の] クモの巣のように繊細なレース編み

ñanga¹ [nánga] 《中米》囡 沼沢地, 湿地
◆ 剾 無駄に

ñango, ga² [nángo, ga] 厖 《中南米》ぶかっこうな, ひょろひょろした;《中米》無駄な

ñaña [nána] 囡 《南米》姉;乳母

ñañaca [nanáka] 囡 《南米》がらくた

ñapa [nápa] 囡 《中南米》景品, おまけ;ボーナス;チップ
de ~ その上

ñapango, ga [napángo, ga] 厖 《南米》= mestizo, mulato

ñapindá [napindá] 囡 《植物》[南米産の] ミモザの一種

ñato, ta [náto, ta] 《中南米》厖 囝 鼻べちゃの〔人〕〖chato〗
◆ 囡 鼻 〖nariz〗

ñaupa [náupa] *en tiempos de ~/del año de ~* ひどく昔の

ñeque [néke] 《中南米》厖 力強い
◆ 囲 力強さ

ñiquiñaque [nikiɲáke] 囲 軽蔑すべき奴〔物〕

ño, ña [nó, ná] 囝 《中南米》〖señor・señoraの省略語. 洗礼名の前につける敬称〗 *ño* Antonio アントニオおじさん. *ña* María マリアおばさん

ñoclo [nóklo] 囲 小麦粉・砂糖・バター・卵・ワイン・アニスで作った菓子

ñoco, ca [nóko, ka] 《南米》厖 指(手)を欠いた
◆ 囲 腕をまっすぐ伸ばした殴打

ñoño, ña [nóɲo, ɲa] 厖 囝 《口語》堅苦しい〔人〕, 乙に澄ました〔人〕;面白みのない〔人〕, 趣味の悪い〔人〕;不平屋〔の〕;《中南米》ぼけた, もうろくした:vestido ~ 野暮ったい服
◆ 囡 《南米》[間投詞的] ちくしょう!

ñoñería [noɲería] 囡 そっけなさ;野暮:ambiente de ~ 冷たい(味気ない)雰囲気

ñoñez [noɲéθ] 囡 =ñoñería: no decir más que *ñoñeces* つまらないことしか言わない

ñoqui [nóki] 囲 ❶《←伊語. 料理》[主に 複] ニョッキ, ジャガイモのパスタ. ❷《南米. 戯語》顔への殴打

ñora [nóra] 囡 《植物》ひどく辛いトウガラシ;水くみ水車

ñorbo [nórbo] 囲 《南米. 植物》=pasionaria

ñorda/ñórdiga [nórda/-diga] 囡 《俗語》= mierda

ñu [nú] 囲 《動物》ヌー

ñudo [núðo] 囲 =nudo

ñudoso, sa [nuðóso, sa] 厖 =nudoso

o

o¹ [ó] 女 〖複 ～[e]s〗 アルファベットの第 16 字；その名称：tener forma de *o* *O* の字型である *no saber hacer la o con un canuto* 《軽蔑》[人が] 役立たずである

o² [o] 接 《英 or. o-•ho- で始まる語の前では u：siete *u* ocho días 7 日ないし 8 日間. ayer *u* hoy 昨日か今日. アラビア数字をつなぐ時は ó：20 *ó* 30 か 30 人》 ❶ または：i) Llegará mañana *o* pasado mañana. 彼は明日か明後日に着くだろう. ¿Vas a la montaña *o* a la playa? 山へ行くの, それとも海へ行くの？ No sé si dice la verdad *o* no. 彼が本当のことを言っているのかどうか, 私にはわからない. Tú *o* yo tendremos que ir. 君か私が行かなければなるまい.『主語に 1 人称がある場合, 動詞は 1 人称複数形』Tú *o* él tenéis que ir. 君か彼が行かねばなるまい.『主語に 2 人称がある場合, 動詞は 2 人称複数形』El tiempo *o* la muerte lo resolverá (resolverán). 時か死か, どちらかがそれを解決するだろう.『主語がどちらも 3 人称の場合, 動詞は 3 人称の単数でも複数でもよい』ii) 〔命令文＋〕Ábreme la puerta *o* me meto por la ventana. ドアを開けろ. さもないと窓から入るぞ. iii) 〔繰返して強調〕*O* no lo sabe *o* no lo quiere decir. 彼はそれを知らないか, または言いたくないのだ. *O* te callas *o* me marcho. 君が黙るか, さもなければ私が出ていく. iv) …や, どちらでも〖y〗：Hablamos de muchas cosas, ligeras *o* pesadas. 私たちはささいなことや深刻なことなど色々話した. Este traje se puede llevar en primavera *o* en otoño. その服は春でも秋でも着れる ❷ 言いかえれば, つまり：el protagonista *o* el personaje principal de la obra 主人公すなわち作品の主要人物

… o lo que sea …か何か

o sea 1) 言いかえれば：las perras chicas, *o sea* las monedas de cinco céntimos 小さい方の銅貨, つまり 5 センティモ貨. 2)《口語》〖＋que〗＋直説法〗だから…：Las clases se reanudan el día 6, *o sea* 〖*que*〗habrá diez días de vacaciones. 授業は 6 日から再開する. だから休みが 10 日間ある

o, si no そうでなければ：Vete pronto, *o, si no*, mejor te quedas a dormir (se te hará de noche). 早く出ろ. そうでなければ残って泊る方がまだましだ (さもないと夜になってしまうぞ)

接続法＋o no〖＋接続法〗〖譲歩〗…すると…しないとにかかわらず：Pueda *o no* pueda, tengo que ir. どんなことがあっても私は行かねばならない. sea verdad *o no* 事実であろうとなかろうと

ó [ó] 接 ☞ o²

o- 《接頭辞》〖反対〗*o*posición 反対

-o 《接尾辞》❶ [名詞化. 動作・結果] cost*o* 費用, desembarc*o* 上陸. ❷ [地名形容詞化] húngar*o* ハンガリーの

O. 《略語》← oeste 西

o/. 《略語》← orden 注文, 指図〖書〗

OACI [oáθi] 女 《略語》← Organización de Aviación Civil Internacional 国際民間航空機構

oasis [oásis] 男 〖単複同形〗オアシス；憩いの場：El parque constituye un ～ dentro de la ciudad. 公園は都会のオアシスである

oaxaqueño, ña [oaxakéɲo, ɲa] 形 《地名》オアハカ Oaxaca の〔人〕《メキシコ南部の州・州都》

ob- 《接頭辞》〖反対〗*ob*stáculo 障害

obcecación [oβθekaθjón] 女 一途な思い込み：no salir de su ～ かたくなになっている

obcecar [oβθekár] 7 他 〖感情・観念が〗…の理性を失わせる：La *obceca* el amor que siente por él. 彼に対する愛情は彼女を盲目にしている

◆ ～se 理性を失う；〖＋con•en に〗固執する, 凝り固まる：Se *obcecaba en* encontrar el tesoro. 彼は宝を発見できると思い込んでいた

ob. cit. 《略語》← obra citada 前掲(引用)書中に

obedecer [oβeðeθér] 39 他 〖英 obey. ☞ 活用表〗〖英 obey. ☞ 活用表〗...に従う：Este niño *obedece* a sus padres. この子は両親の言うことをよく聞く. ～〔las〕órdenes 命令に従う. ～ la ley 法に従う

◆ 自 ❶ 〖動物・機械などが, ＋a に〗よく反応する：El volante no *obedecía al* impulso. ハンドルがきかなかった. Su enfermedad no *obedece a* ningún tratamiento. 彼の病気はまったく治療の効果がない. ❷ 《文語》…に起因する：La obesidad *obedece a* una mala alimentación. 肥満は栄養の偏りによる

obedecer	
直説法現在	接続法現在
obedezco	obedezca
obedeces	obedezcas
obedece	obedezca
obedecemos	obedezcamos
obedecéis	obedezcáis
obedecen	obedezcan

obediencia [oβeðjénθja] 女 ❶ 服従, 従属：jurar ～ a＋人 …に服従を誓う. ～ ciega 盲目的服従. ❷ 《宗教》[長上者に対する] 服従

obediente [oβeðjénte] 形 従順な, 素直な：niño ～ よく言うことを聞く子

obelisco [obelísko] 男 ❶ オベリスク, 方尖柱；《印刷》短剣符, ダガー〖†〗. ❷《中米. 俗称》ハイビスカス〖hibisco〗

obenque [obéŋke] 男《船舶》シュラウド

obertura [obertúra] 囡《音楽》序曲: tocar la 〜 de "Guillermo Tell" 『ウィリアム・テル』序曲を演奏する

obeso, sa [obéso, sa] 形 图 太りすぎの〔人〕, 肥満症の〔人〕

obesidad 囡 太りすぎ, 肥満〔症〕

óbice [óbiθe] 男《文語》〔主に否定文で, 〜 para への〕不都合, 障害: Esto no es 〜 para que se casen. このことは彼らが結婚する妨げにはならない

obispado [obispáðo] 男 司教(主教・監督)職；司教区；司教館

obispal [obispál] 形 司教(主教・監督)の

obispillo [obispíʎo] 男《料理》太いモルシーリャ morcilla；〔鳥の〕尾の付け根

obispo [obíspo] 男 ❶《カトリック》司教〖ロ゠カット〗: 〜 auxiliar 補佐司教. 〜 ordinario 教区司教. ❷《ギリシャ正教会・聖公会など》主教；《プロテスタント》監督. ❸《魚》エイの一種. ❹ 太いモルシーリャ〖obispillo〗

trabajar para el 〜 ただ働きをする

mitra
amito
báculo
pectoral
estola
casulla
dalmática
alba

óbito [óbito] 男《法律・宗教》死亡

obituario 男〔教会の〕死者名簿, 過去帳；〔新聞の〕死亡欄(記事)

objeción [obxeθjón] 囡〔+a への〕反対, 異論；非難: ¿Alguien tiene alguna 〜? 誰も何も異議ありませんか？ Hizo (Puso) *objeciones a* la reforma. 彼は改革に反対した

〜 de conciencia 良心的兵役(参戦)忌避

objetante [obxetánte] 图 反対する人；[政治集会で] 野次をとばす人

objetar [obxetár] 他〔+a に対する〕反対の…を表明する, 異議を唱える: i) Parece que tiene algo a 〜 al propuesta. 彼は何かその提案に異議があるらしい. No tengo nada que 〜. 私は何も異論はない. ii) 〔+que+直説法を理由に〕Me *objetaron que* sería difícil. それは困難であろうと言って彼らは私に反対した

◆ 自 良心的兵役(参戦)忌避をする

objetivar [obxetiβár] 他 客観(客体)化する

objetivación 囡 客観化

objetividad [obxetiβiðáð] 囡 客観性: considerar con 〜 客観的に考える, 公平な目で見る

objetivismo [obxetiβísmo] 男 客観主義

objetivo¹ [obxetíβo] 男 ❶ 目的, 目標；的

(⑬): i) conseguir su 〜 目的を達成する. tener como principal 〜+不定詞 …することを主な目的としている. 〜 del viaje 旅行の目的. 〜s militares 軍事目標. ii) [形容詞的] la empresa 〜 対象とする会社. ❷《光学》対物レンズ；[カメラの] レンズ: 〜 de ángulo extendido 広角レンズ

objetivo², va [obxetíβo, βa] 形 ❶ [ser+] 客観的な〖↔subjetivo〗；公平な, 偏見のない: análisis 〜 客観分析. existencia 〜va 客観的実在. Es una persona 〜va. 彼は公正な人だ. ❷ 目的の；対象の

objetivamente 副 客観的に；公平に

objeto [obxéto] 男《英 object》❶〔あまり大きくない〕物体, 事物；圆 品物, 道具: La silla es un 〜. 椅子は物である. 〜 de arte 美術工芸品. 〜s de regalo 贈答品. 〜s de uso personal 私物, 身の回り品. 〜s perdidos《表示》遺失物取扱所. 〜s robados 盗難品. 〜 volante no identificado《西》/〜 volador no identificado《中南米》未確認飛行物体, UFO ❷ [行為・感情の] 対象, 的(⑬): Tú eres el 〜 de nuestra admiración. 君は私たちのあこがれの的だ. 〜 del estudio 研究対象 ❸ 目的, 目標: ¿Con qué lo haces? 何のためにそんなことをするの？ conseguir (lograr) su 〜 目的を達する. 〜 de la reunión 集会の目的. 〜 de la visita 訪問の用件 ❹《文法》目的語: 〜 directo (indirecto) 直接(間接)目的語 ❺《哲学》客観, 客体, 対象

al 〜 de.../con [el] 〜 de... [+不定詞・que+接続法] …のために: Fue a España *al 〜 de* estudiar bellas artes. 彼は美術の勉強をしにスペインへ行った

hacer... 〜 de... …を…の対象にする: Me *hacen 〜 de* sus burlas. 私は嘲笑の的だ

no tener 〜 [+que+接続法 することは] 意味がない: No tiene 〜 que sigas insistiendo. 主張し続けてもむだだよ

sin 〜 あてもなく；むだに: Anduve *sin 〜 por* las calles. 私はあてどもなく街を歩いた. Se molesta *sin 〜*. 彼はむだ骨を折っている

tener+名詞・不定詞 por 〜 …を目的とする: Este programa *tiene por 〜* la lucha contra el cáncer. この計画は癌との戦いを目的にしている

objetor, ra [obxetór, ra] 图 異議申立人；[信仰・信条による] 良心的兵役(参戦)忌避者〖〜 de conciencia〗

oblación [oblaθjón] 囡《神への》奉納, 供物

oblada [obláða] 囡《魚》黒い筋のあるタイ

oblata¹ [obláta] 囡《カトリック》[ミサ用の] パンとぶどう酒

oblato, ta² [obláto, ta] 形 图 オブレート(献身)修道会の〔修道士・修道女〕

oblea [obléa] 囡 ❶《hostia 用の》薄いこね物；《料理》クレープ. ❷ オブラート；封緘(⑬)紙. ❸《口語》薄いもの: una 〜 de jamón 薄っぺらなハム1枚. ❹《情報》ウエハー. ❺《南米》郵便切手〖sello〗

quedarse como una ~ がりがりにやせ細る

oblicuo, cua [oblíkwo, kwa] 〖形〗**❶** [ser+]
斜めの: línea ~*cua* 斜線. echar una mirada
~*cua* ちらっと横目で見る. **❷** [estar+. まっすぐ
だったのが] 傾いた: El poste está ~. その電柱
は傾いている
◆ 〖男〗《解剖》斜筋
◆ 〖女〗《数学》斜線
oblicuángulo 〖男〗《数学》斜角
oblicuidad 〖女〗傾斜〖度・角〗

obligación [obligaθjón] 〖女〗〖英 obligation〗
❶〖法律・契約・道徳上の〗義務, 責務: i) Es
mi ~ ayudarle. 彼を助けるのは私の義務だ.
faltar a su ~ 義務を怠る. ~ profesional 職
務. Si mis *obligaciones* me lo permiten,
mañana saldré con usted. 都合がつけば、明日
ご一緒します. Primero es la ~ que la de-
voción.《諺》遊ぶよりまず仕事. ii) [+de+不定
詞·que+接続法] Tenemos la ~ de pagar
impuestos. 私たちには税金を払う義務がある.
Se encontró en la ~ de emigrar. 彼は移住
を余儀なくされた. iii) 〖西〗[主に 飛]家族を養
うための] 務め: Está cargado de *obligacio-
nes*. 彼は家族を養う義務を抱えている. **❷** 恩
義: Tengo cierta ~ hacia él. 私は彼に義理
がある. **❸**《商業》債券, 社債, 飛負債: emitir
obligaciones 債券を発行する. *obligaciones
municipales (del estado)* 市債(国債)
por ~ 義務として, 義務的に
obligacionista [obligaθjonísta] 〖名〗債券所
有者
obligado, da [obligádo, da] 〖形〗過分 **❶**
[estar+] i) [+a+人 に] 恩義を受けた: Le
estoy (quedo) muy ~. 大変感謝しております.
ii) [+a を] しなければならない: Si no quieres
decir, no estás ~ a ello. 言いたくなければ言わ
なくていいよ. Me vi ~ a quedarme en casa
debido a un asunto. 私はよんどころない用事が
あって家に残った. **❷** [ser+. 社会的慣習·規範
として] しなければならない: En esta empresa es
~ llevar algún obsequio a su jefe. この会社
では何がしか上司に付け届けしなければならない
obligar [obligár] 〖8〗〖他〗〖英 oblige. ☞活用表〗
❶ [使役]…に強いる, …に強制する: i) [+a+不定
詞 することを] La profesión me *obliga a*
viajar mucho. 私は仕事柄よく出張を余儀な
くされる. Le *obligaron* a poner el cuarto en
orden. 彼は部屋を整頓するように命じられた. La
reunión terminó tarde, lo que me *obligó a*
tomar un taxi. 会議の終わるのが遅かったので私
はタクシーに乗らざるを得なかった. ii) [+a que+
接続法] Yo le *obligaré a que* se case con-
tigo. 彼がおまえと結婚するようにさせよう. iii)
Puedo ponerme estos zapatos, pero *obli-
gándo*los. この靴は履けることは履けるが、無理や
り押し込んでのことだ. **❷** …に義務を負わせる:
La ley *obliga a* todos los ciudadanos. 法律
はすべての市民を拘束する
◆ ~**se** **❶** 自分に強いる. **❷** 義務を負う: Me
obligo a pagarlo en caso de pérdida. 紛失し
た場合は私が弁償する約束になっている

obligar

直説法点過去	接続法現在
obligué	obligue
obligaste	obligues
obligó	obligue
obligamos	obliguemos
obligasteis	obliguéis
obligaron	obliguen

obligatoriedad [obligatorjeðá(d)] 〖女〗義
務(強制的)であること
obligatorio, ria [obligatórjo, rja] 〖形〗
[ser+] 義務的な, 強制的な: Es ~ llevar pues-
to el cinturón de seguridad. 安全ベルトを締め
ることが義務づけられている. enseñanza ~*ria*
義務教育. ejercicios ~*s*《体操》規定問題
obliterar [obliterár] 〖他〗《医学》閉塞させる
oblongo, ga [oblóngo, ga] 〖形〗細長い, 縦長
の
obnubilar [obnubilár] 〖他〗…の意識をもうろう
とさせる; 目(判断力)を曇らせる; 夢中にさせる
◆ ~**se** [+con に] もうろうとする; 夢中になる
obnubilación 〖女〗 1)《医学》意識混濁. 2)
夢中, 魅了
oboe [obóe] 〖男〗《楽器》オーボエ; その奏者
óbolo [óbolo] 〖男〗少額の寄付金; [古代ギリシア
の銀貨] オボロス

obra [óbra] 〖女〗〖英 work〗 **❶** 作品; 著書,
著作: Este autor tiene muchas
~*s* importantes. この作家には重要な作品がた
くさんある. gran ~ 大作. ~*s* de arte 芸術作
品, 美術品. ~ de cobre 銅細工. ~*s* de
Falla ファリャの作品. ~ dramática
(teatral·de teatro) 戯曲; 演劇[作品]. ~*s*
literaria 選集. ~ literaria 文学作品
❷ [主に 飛]. 土木·建築·増改築·修繕の] 工
事; 工事現場: Estamos de ~[*s*] en la
oficina. 事務所が工事(改築)中です. En este
lugar hay muchas ~*s*. ここはたくさん修繕が
ある. Prohibido entrar en la ~. 工事現場
への立入禁止. Peligro: ~*s*.《表示》工事中危
険. realizar ~*s* en la casa 自宅を改築す
る. Ministerio de O~*s* Públicas 建設省.
~*s* portuarias 港湾施設[の工事]. ~ pú-
blica 公共土木工事, 公共事業
❸ [木造に対して] 石造り
❹ 仕事, 活動; 成果, 業績: ¡Manos a la ~!
仕事にかかろう. Esta joya tiene mucha ~. こ
の宝飾品は非常に手がかかっている. Su ~ per-
durará. 彼の業績は後世に残る. ~ de mano
手仕事, 細工. ~ de un físico ある物理学者の
業績. ~ de romanos (moros·chinos) 骨の
折れる難しい仕事, 大事業. O~*s* son amores,
que no buenas razones.《諺》人の真価を示す
のはその言葉ではなく行為である
❺ [道徳·宗教的な] 行為; 慈善事業(団体)
〖~ benéfica·de beneficencia〗: i) buena
~/~ de caridad (misericordia) 慈善, 善
行. ~ social 社会事業. ~ pía 宗教施設; 慈
善団体. ii) [la O~] =**Opus Dei**

❻《船舶》~ viva 喫水部. ~ muerta 乾舷

de ~ 行為で，実際に 〖↔de palabra〗: maltratar *de* ~ 暴力を加えて虐待する

en ~*s* 工事(修理)中の: carretera *en* ~*s* 工事中の道路

hacer ~ 工事をする; 改修(修理)する

~ *de...* 約…，およそ…

poner... en ~ …を実行に移す，実施(着手)する

por ~ 〔*y gracia*〕 *de...* …のせいで(おかげで): Todo esto ha ocurrido *por* ~ *y gracia* de tus descuidos. すべては君の不注意から起こったことだ. *por* ~ *y gracia* del Espíritu Santo 聖霊の力と御恵みのおかげで; 魔法のように，奇跡的に; 努力なしに，自然に

ser ~ *de*+人 …のしわざである: Todo este desastre *es* ~ *suya*. こんなひどい有り様にしたのはすべて彼だ

obrador [obraðór] 男 ❶〖手仕事の〗仕事場，作業場: ~ de modista 婦人服仕立ての工房. ❷《南米》〖工事現場の〗事務所や資材置場

obraje [obráxe] 男《南米》伐採場 〖~ maderero〗

obrar [obrár] 自 ❶〖+状況補語〗行動する，ふるまう: Has *obrado* tontamente al gastarlo todo. 全部使ってしまうなんて愚かなことをしたな. *Obra* siempre con buena intención. 彼はいつも善意で行動する. ~ bien (mal) よい(ひどい)ことをする. Ahora es tiempo de ~. 今こそ行動すべき時である. ❷ 作用する，効く: Ya *ha obrado* la medicina. もう薬が効き始めた. ❸〖左官などで〗工事をする: Pensamos ~ mañana. 明日工事をします. ❹《婉曲》大便をする，通じがある

~ *en poder* (*en manos*) *de*+人《文語》…の場所で，手元にある: Su atenta del día 9 *obra en mi poder* (*mis manos*). 9日付けのお手紙落掌いたしました

◆ 他 ❶〖奇跡などを〗行なう，生じさせる: La fe *obra* milagros. 信仰が奇跡をもたらす. ❷ 作る; 建てる

obrerismo [obrerísmo] 男 医安 労働運動〖理論〗; 労働者階級

obrerista 形 名 労働運動の(活動家)

obrero, ra [obréro, ra] 名〖英 laborer〗労働者，工員 〖↔trabajador 題義〗: ~ industrial (agrícola) 工場(農業)の工員. ~ portuario 港湾労働者，沖仲仕

◆ 形 労働者の

◆ 名 働き蟻 〖hormiga ~ra〗; 働き蜂 〖abeja ~ra〗

obscenidad [ɔ(b)sθeniðá(ð)] 女 わいせつ〔な言動〕: decir ~*es* 卑猥なことを言う

obsceno, na [ɔ(b)sθéno, na] 形 わいせつな，みだらな: hacer cosas ~*nas* みだらなことをする

obscurantismo [ɔbskurantísmo] 男 = oscurantismo

obscurecer [ɔbskureθér] 39 他 自 = oscurecer

obscuridad [ɔbskuriðá(ð)] 女 = oscuridad

obscuro, ra [ɔbskúro, ra] 形 = oscuro

obsequiar [ɔbsekjár] 10 他《文語》〖+con を〗…に贈る，贈呈する; 歓待する: La *obsequié con* flores. 私は彼女に花を贈った. ~ *a*+人 *con* una fiesta …の歓迎パーティーを開く

obsequio [ɔbsékjo] 男《文語》贈り物; 歓待，もてなし: comprar un pequeño ~ *para*+人 …のためにちょっとしたプレゼントを買う. ~ de la casa 店からのサービス(おごり). ~ *para* médicos 医者への試供品

en ~ *a*+人 …への贈り物として

en ~ *de*+人 …に敬意を表して

obsequioso, sa [ɔbsekjóso, sa] 形 ❶〖+con・para+人 に〗愛想のよい，親切な: Es muy ~ *con* sus invitados. 彼はお客を大変よくもてなす. ❷ こびへつらう

obsequiosamente 副 歓待して; こびへつらって

obsequiosidad 副 愛想のよさ，親切さ

observación [ɔbserβaθjón] 女〖英 observation〗❶ 観察，観測: ~ de las hormigas アリの観察. hacer *observaciones* astronómicas 天体観測をする. tener una gran capacidad de ~ 観察力が鋭い. ❷ 所見，批評; 意見: El entrenador le hizo algunas *observaciones* sobre su jugada. コーチは彼のプレーについていくつか注意を与えた. No hay ~ especial que hacer. 特に所見なし. ❸〖テキストの間違いなどに関する〗注記，書き込み. ❹〖規則などの〗遵守

observador, ra [ɔbserβaðór, ra] 形 ❶ 観察眼のある. ❷ 観察する: cámara ~*ra* 監視カメラ

◆ 名 ❶ 観察者，観測者: ~ político 政治評論家. ❷〖会議の〗オブザーバー: ~ del país en la ONU 国連へのその国からのオブザーバー

observancia [ɔbserβánθja] 女〖規律などを〗守ること，遵守: dentro de la estricta ~ de las leyes 法律を厳格に守って

observar [ɔbserβár] 他〖英 observe〗❶ 観察する，観測する: ~ las estrellas 星を観察する. ❷〖観察の結果〗気づく，〖+que+直説法 であると〗評する，指摘する: He *observado* la presencia de un desconocido. 私は見知らぬ男がいることに気づいた. *Observó* que sería conveniente llevar linterna. 彼は懐中電灯を持って行った方がいいと言った. ❸〖規則などを〗守る，遵守する: ~ el código de la circulación 交通規則を守る

hacer ~*...* *a*+人 …に…をわからせる，注意を与える: Le *hice* ~ que prefería no volver a verlo. 私は二度と彼には会いたくない気持ちでいることを彼にわからせた

observatorio [ɔbserβatórjo] 男 ❶ 天文台 〖~ astronómico〗; 観測所，気象台 〖~ meteorológico〗. ❷ 展望台; 見晴らしのよい場所

obsesión [ɔbsesjón] 女 妄想，執念，強迫観念; 偏執状態: Tiene la ~ de que alguien le vigila. 彼は誰かに見張られているという妄想に取りつかれている

obsesionar [ɔbsesjonár] 他〖妄想・強迫観念が〗…に取りつく，付きまとう: Los amargos recuerdos le *obsesionaban*. にがい思い出が彼の心から離れなかった

◆ **~se** [+con・por 妄想に] 取りつかれる

obsesivo, va [ɔ(b)sesíβo, βa] 形 图 ❶ 強迫的な：neurosis ~*va* 強迫神経症. Tenía una idea ~*va* de que muriese. 彼は死ぬのではないかという強迫観念に取りつかれていた. ❷ 妄想に取りつかれやすい〔人〕

obseso, sa [ɔ(b)séso, sa] 形 图 妄想（強迫観念）に取りつかれた〔人〕

obsidiana [ɔ(b)sidjána] 图 《鉱物》黒曜石

obsoleto, ta [ɔ(b)soléto, ta] 形 もう使われない、すたれた

obsolescencia 图 陳腐化，旧式化

obstaculizar [ɔ(b)stakuliθár] 9 他 妨害する，障害物を置く：*Obstaculizaron* la entrada con mesas y sillas. 彼らはテーブルや椅子で入り口をふさいだ

obstáculo [ɔ(b)stákulo] 男 《英 obstacle》 ❶ 障害物：El barro del camino es un ~ para andar. 泥道は歩きにくい. 3000 metros ~*s* 《スポーツ》3 千メートル障害. ❷ 邪魔，障害：Este sistema tributario constituye un ~ para el desarrollo industrial. この税制が工業発展の妨げになっている. poner ~*s* 妨害する. superar los ~*s* 障害を克服する
erizado de ~*s* 障害の多い：Mi camino estuvo *erizado de* ~*s*. 私の歩んできた道は山あり谷だった

obstante [ɔ(b)stánte] *no* ~ 1) [ただし書き] とはいえ，それにもかかわらず：Estoy muy ocupado；*no* ~, te dedicaré un rato. 私は多忙だ. しかし君のために時間を割こう. 2) [前置詞的] …にもかかわらず《a pesar de》：*No* ~ el frío reinante, mucha gente acudió a ver la carrera. 寒い盛りだったが，大勢の人がレースを見につめかけた.   Siguió trabajando *no* ~ que estaba enfermo. 彼は病気だったのに働き続けた

obstar [ɔ(b)stár] 自 《文語》[3人称・否定形でのみ使用，+para que+接続法 することの] 妨げになる：Eso no *obsta para que* la película tenga un gran éxito. それでもその映画は大ヒットした

obstetricia [ɔ(b)stetríθja] 图 《医学》産科学

obstétrico, ca 形 图 産科の；産科医

obstinación [ɔ(b)stinaθjón] 图 頑迷，強情：con gran ~ かたくなに，粘り強く

obstinado, da [ɔ(b)stináðo, ða] 形 過分 [けなして] 頑固な，強情な《☞terco 頑固》；執拗（じつ）な：No seas ~. 強情を張るな. niño ~ 聞き分けのない子. corazón ~ かたくなな心. ~*da* resolución 固い決意

obstinadamente 副 頑固に，執拗に

obstinar [ɔ(b)stinár] **~se** [間違っていることに，+en+不定詞・que+直説法 することに] 強情を張る，意地になる：*Se obstina* en llevarme la contraria. 彼は意地になって私に反対する. *Se obstinó* en que había que partir cuanto antes. 彼は大至急出発しなければならないと言い

張った

obstrucción [ɔ(b)stru(k)θjón] 图 ❶ 詰まること；妨害，障害：~ de la línea férrea 鉄道の不通. ~ intestinal 《医学》腸閉塞. ❷ 議事妨害. ❸ 《スポーツ》妨害，オブストラクション

obstruccionismo 男 《軽蔑》議事妨害（引き延ばし）

obstruccionista 形 图 《軽蔑》議事妨害の（をする人）

obstructor, ra [ɔ(b)struktór, ra] 形 图 妨害する〔人〕

obstruir [ɔ(b)strwír] 48 他 《現分 obstruyendo》 ❶ ふさぐ，詰まらせる：El hollín *obstruye* una chimenea. すすは煙突を詰まらせる. ~ la calle con barricadas 通りをバリケードで封鎖する. ~ el paso de la luz 光を遮断する. ❷ 妨害する：La oposición *obstruye* la aprobación de los presupuestos. 野党は予算の承認を妨害している

◆ **~se** 詰まる：*Se ha obstruido* el desagüe. 排水管が詰まった

obtención [ɔbtenθjón] 图 取得，獲得：~ del carné de conducir 運転免許の取得

obtenible [ɔbteníβle] 形 獲得しうる

obtener [ɔbtenér] 58 他 《英 obtain. ☞tener 活用型》 ❶ 得る，獲得（取得・入手）する 《類語 adquirir は良い意味でも悪い意味でも得る，conseguir は努力の末に得る，lograr は努力の結果ようやく得る，obtener は良い意味で得る》：Ha *obtenido* el primer premio. 彼は 1 等賞を取った. Los dos científicos *obtuvieron* el mismo resultado. 2 人の科学者は同じ結果を得た. ~ un permiso 許可を得る. ~ la independencia 独立を獲得する. ~ fondos 資金調達を行なう. ❷ [+de から] 作り（取り・引き）出す

◆ **~se** 得られる；作り出される：El mercurio *se obtiene de*l cinabrio. 水銀は辰砂からできる

obturación [ɔbturaθjón] 图 velocidad de ~ シャッタースピード

obturador [ɔbturaðór] 男 ❶ 《光学》[カメラの] シャッター 《シャッターボタンは disparador》. ❷ 《自動車》チョーク；《技術》栓

obturar [ɔbturár] 他 [穴・管を] ふさぐ

obtusángulo, la [ɔbtusáŋgulo, la] 形 《数学》鈍角の《↔acutángulo》：triángulo ~ 鈍角三角形

obtuso, sa [ɔbtúso, sa] 形 ❶ [先が] 丸い：tijeras de punta ~*sa* 刃先の丸いはさみ. ❷ [人が] 鈍い，理解が遅い. ❸ 《数学》鈍角の：ángulo ~ 鈍角

obús [oβús] 男 ❶ 曲射砲；その砲弾. ❷ [タイヤの] 円錐閉鎖プラグ

obviar [ɔbjár] 10 他 ❶ [障害などを] 避ける：~ el inconveniente 不都合がないようにする. ❷ [自明・周知のこととして] 言及しない

obvio, via [5(b)βjo, βja] 形 明らかな，わかりきった：Es ~ que lo sabe todo. 彼がすべて知っているのは明らかだ

obviamente 副 明らかに

OC 《略語》←onda corta 短波

oca [óka] 囡 ❶《鳥》ガチョウ：paso de la ～ 上げ足歩調 『ドイツ陸軍などの膝を曲げない行進』. ❷《植物》[南米産の] カタバミの一種. ❸《遊戯》すごろく 『juego de la ～』

ocapi [okápi] 男《動物》オカピ

ocarina [okarína] 囡《楽器》オカリナ

ocasión [okasjón] 囡『英 occasion』❶ 場合 『caso』；[特定の] 時(き)：Se necesita la paciencia en todas las ～. どんな場合でも忍耐が必要だ. Volveré en otra ～. いずれまた来ることにしよう. En aquella ～ te portaste como un valiente. あの時君は勇敢に行動した. en cierta ～ ある時. en (algunas) *ocasiones* 色々な折りに, 時々

❷ 機会, 好機 『buena ～』：Ahora que está solo es la ～ de hablarle. 一人でいる今こそ彼に話しかけるチャンスだ. Es la ～ de mi vida. 絶好のチャンスだ. La ～ se presenta. チャンスが来る. No hay ～. 機会(口実)がない. aprovechar (perder) una ～ 機会を利用する(失う). tomar la ～ 機会をとらえる, 便乗する. en una buena (mala) ～ 折りよく(悪く)

❸ 動機, 原因；契機：La bebida fue la ～ de la pelea. 酒が元でけんかになった

❹ 危機[な状況]：quitar la ～ 危機を避ける

❺ 買い物の品；中古品：¡O～! 《掲示》特価品

con ～ de… …の機会を利用して：Le conocí *con ～ de* un congreso. 私はある会議で彼と知り合った

dar [*la*] ～ *a+*人 …に動機(口実)を与える；機会を与える：Me *ha dado* [*la*] ～ *para* que lo desprecie. 私に軽蔑されるようなことを彼はしてしまった. Te *darán la* ～ de conocer mucha gente. 君は多くの人と知り合いになる機会を得るだろう. No me *da* nunca ～ *para* quejarme. 彼はまったく文句の申し分がない

de ～ 特売品の, 安売りの；中古の：coche *de* ～ 中古車. librería *de* ～ 古本屋

dejar escapar la ～/*desperdiciar la* ～ 機会を逃す：Has desperdiciado la ～ de tu vida. 君は絶好のチャンスを逃した

*escaparse a+*人 *la* (*una*) ～ …から機会がなくなる：*Se me* ha escapado la ～ de ir al cine con ella. 私は彼女と映画を見に行く機会を逃した

no tener ～ *de+*不定詞 …する機会(動機・口実)がない：*No tengo* ～ de visitarle. 彼を訪ねる機会がない

ocasional [okasjonál] 形 ❶ 偶然の, 偶発的な；臨時の：encuentro ～ 偶然の出会い. ingreso ～ 臨時収入. trabajo ～ 臨時の仕事. ❷ その場限りの：dar una respuesta ～ 当座しのぎの返事をする. Son unas palabras ～*es*. それは逃げ口上だ

ocasionalmente 副 時々, たまに；臨時に

ocasionar [okasjonár] 他 ❶ 引き起こす, …の原因となる：Su gesto *ocasionó* la risa de los presentes. 彼の表情は居合わせた人の笑いを誘った. ～ una desgracia 不幸をもたらす. ❷《古語》危うくする

ocaso [okáso] 男《文語》❶ 日の入り, 落日.

❷ 衰退[期], 末期：～ del imperio romano ローマ帝国の衰退. en el ～ de la vida 晩年に

occidental [ɔ(k)θiðentál] 形 『↔oriental』 ❶ 西の：Europa ～ 西ヨーロッパ. ❷ 西洋の：civilización ～ 西洋文明. ❸ 西欧の；西側の：países ～*es* 西欧(西側)諸国

◆ 图 西洋人

occidente [ɔ(k)θiðénte] 男 『↔oriente』 ❶ [主に O～] 西 『oeste』：a ～ 西の方に. ❷ [O～] 西洋, 西欧；西側[諸国]

occiduo, dua [ɔ(k)θíðwo, ðwa] 形 落日の；衰退期の

occipital [ɔ(k)θipitál] 形 後頭[部]の

◆ 男 後頭骨 『hueso ～』

occipucio [ɔ(k)θipúθjo] 男《解剖》後頭

occiso, sa [ɔ(k)θíso, sa] 形 图《文語・法律》殺された[人]

occitano, na [ɔ(k)θitáno, na] 形 图《歴史・地名》[南フランスの] オック地方 Occitania の[人]

◆ 男 オック語

OCDE 图《略語》←Organización de Cooperación y Desarrollo Económico 経済協力開発機構, OECD

oceánico, ca [oθeániko, ka] 形 图 ❶ 大洋の, 海洋の：dorsal ～*ca* 海嶺. ❷《地名》オセアニア Oceanía 图 の[人], 大洋州の

océano [oθéano] 男『英 ocean』大洋, 大海；海洋：i) O～ Atlántico 大西洋. O～ Boreal (Austral) 北(南)氷洋. ii)《比喩》Nos separa un ～ en esa cuestión. その問題について私たちの意見は大きへだたりがある. un ～ de dificultades 無数の困難

oceanografía [oθeanografía] 囡 海洋学

oceanográfico, ca [oθeanográfiko, ka] 形 海洋学の

ocelo [oθélo] 男《動物》単眼；眼状斑

ocelote [oθelóte] 男《動物》オセロット

ocena [oθéna] 囡《医学》臭鼻症, オツェーナ

ochava [otʃáβa] 囡《建築》面取り：esquina en ～ 面取りした角

ochavado, da [otʃaβáðo, ða] 形 八角形の

ochavo [otʃáβo] 男 ❶ [15-19 世紀の] 銅貨の俗称. ❷ [否定文で] お金：no tener un ～ 一文なしである

ochenta [otʃénta] 形 男『英 eighty』❶ 80 の[の]；80 番目の. ❷ [los+] 1980 年代；80 歳台

ochentavo, va 形 男 80 分の1[の]

ochentón, na 形 图《口語》80 歳台の[人]

ocho [ótʃo] 形 男『英 eight』❶ 8 の[の]；8 番目の：en forma de ～ 8 の字形の. hace ～ días 先週の今日, 1 週間前に. de hoy a ～ días 来週の今日, 今日から 1 週間後に. ❷《手芸》縄編み

dar igual ～ *que ochenta*《口語》[+a にとって] 大した違いはない

ser (*estar*) *más torcido que un* ～《口語》非常にひねくれている

ochocientos, tas [otʃoθjéntos, tas] 形 男 800 の[の]；800 番目の

ocio [óθjo] 男 ❶ 余暇, レジャー, 仕事休み；暇つぶし: En sus ratos (horas) de ~ toca el violín. 彼は余暇にバイオリンを弾く. ocupar (llenar) su ~ leyendo 読書をして余暇を過ごす. ❷ 無為, 怠惰: vivir en el ~ のらくらと暮らす

ociosidad [oθjosiðá(d)] 女 怠惰, 安逸: La ~ es madre de [todos] los vicios. 《諺》無為は悪徳のもと/小人閑居して不善をなす

ocioso, sa [oθjóso, sa] 形 ❶ [estar+] 何もしない, 無為の, 暇な；怠惰な: Ha estado ~ todo el día. 彼は一日中ぶらぶらしている. Las máquinas están ~sas. 機械が遊休している. llevar una vida ~sa 無為徒食する. ❷ [ser+] 無益な, むだな；ささいな: discusión ~sa 無益な議論. trabajo ~ むだ働き. [ser ~ que+接続法] Es ~ que sigas hablando, nadie te escucha. 話してもむだだ. 誰も聞いていない
◆ 名 暇人, 怠惰な人；有閑階級の人

ociosamente 副 何もしないで, 無為に

oclusión [oklusjón] 女 ❶ 《医学》閉塞: ~ intestinal 腸閉塞. ❷ 《言語》閉鎖

ocluir 48 他 《現在分詞 ocluyendo》《医学》[管などを] 閉じる, ふさぐ. ◆ ~se 閉じる, 詰まる

oclusivo, va 形 女 《医学》閉塞の；《言語》閉鎖音の: consonante ~va 閉鎖子音

ocote [okóte] 男 《植物》[メキシコ産の] マツの一種 [多脂性で薬用]

ocre [ókre] 男 《鉱物》オークル, 黄土: color ~ 黄土色, オークル. ~ rojo 赤黄色, 代赭(たいしゃ)色
◆ 形 黄土色の

oct. 《略語》←octubre 10月

octacordio [oktakórðjo] 男 《古代ギリシアの》8弦琴；1オクターブ音階

octaedro [oktaéðro] 男 《数学》八面体

octaédrico, ca 形 八面体の

octágono, na [oktágono, na] 形 男 《数学》八角形[の]

octagonal 形 八角形の

octano [oktáno] 男 《化学》オクタン: número de ~s オクタン価

octanaje 男 オクタン価: de alto ~ ハイオクタンの

octanol 男 オクタノール

octante [oktánte] 男 《船舶・航空》八分儀；《数学》八分円, 八分空間；《天文》離角45度の位置

octava¹ [oktáβa] 女 ❶ 《音楽》オクターブ: elevar (bajar) una ~ 1オクターブ上げる(下げる). ❷ 《カトリック》[大祝日の最初の日を数えて] 8日間, 8日目. ❸ 《詩法》8行詩: ~ real 11音節8行詩

octavilla [oktaβíʎa] 女 ❶ 《印刷》8つ折り判[の本]；[その大きさの] 紙, わら半紙. ❷ [政治宣伝用の] びら, パンフレット. ❸ 《詩法》各行8音節11の8行詩

octavo, va² [oktáβo, βa] 形 男 《英 eighth》❶ 8番目の；8分の1[の]. ❷ 《印刷》en ~ 8つ折り判の. ❸ 《スポーツ》~s de final [準々決勝の前の] ベスト16[による8試合]

octeto [oktéto] 男 《音楽》八重奏(唱)[曲・団]

octingentésimo, ma [oktiŋxentésimo, ma] 形 800番目の；800分の1[の]

octogenario, ria [oktoxenárjo, rja] 形 名 80歳台の[人]

octogésimo, ma [oktoxésimo, ma] 形 名 80番目の；80分の1[の]

octógono, na [októgono, na] 形 男 =octágono

octogonal 形 =octagonal

octópodos [októpoðos] 男 複 《動物》8腕類

octosílabo, ba / octosilábico, ca [oktosílaβo, βa/-silábiko, ka] 形 8音節の

octubre [oktúβre] 男 《英 October》10月 〖☞mes 参考〗

óctuple [óktuple] 形 男 8倍[の]

óctuplo, pla 形 男 =óctuple

OCU [óku] 女 《西. 略語》←Organización de Consumidores y Usuarios 消費者連盟

ocular [okulár] 形 目の: infección ~ 眼病. investigación ~ 目で見ただけの調査
◆ 男 《光学》接眼レンズ

oculista [okulísta] 名 眼科医 〖médico ~〗

óculo [ókulo] 男 《建築》小円窓

ocultación [okultaθjón] 女 ❶ 覆い隠すこと, 隠蔽(いんぺい): ~ de bienes 財産の隠匿. ❷ 《天文》掩蔽, 星食

ocultar [okultár] 他 《英 hide》覆い隠す, 隠蔽する: i) Ha ocultado el dinero en una cueva. 彼は金を洞窟に隠した. ~ su nombre 名前を隠す. ii) [+a に対して/+de から] A su compañero le ocultó su verdadera intención. 彼は自分の仲間にも本心を明かさなかった. No te oculto que aún tengo esperanzas. 本当は私はまだ希望を失ってはいないのだ
◆ ~se 自分の…を隠す；姿(身)を隠す, 隠れる: ~se la cara con las manos 手で顔を隠す. ~se de la policía 警察から身を隠す

ocultismo [okultísmo] 男 神秘学, オカルティズム；オカルト

ocultista 形 名 オカルトの[研究家]

oculto, ta [okúlto, ta] 形 《英 hidden》❶ [estar+] 隠れた: Estaba ~ debajo de la cama. 彼はベッドの下に隠れていた. cámara ~ta 隠しカメラ. ❷ 秘密の, 隠された: En este asunto hay algo ~. この事件には何かが隠されている

ocupa [okúpa] 名 《西. 口語》[空き家の] 不法居住者

ocupación [okupaθjón] 女 ❶ 仕事, 活動；職業 〖☞profesión 類義〗: Mis ocupaciones no me dejan tiempo libre. 私は仕事で暇がとれない. no tener ~ 職がない. nivel de ~ 就業率. ❷ 占有；占拠, 占領: ~ de la nueva vivienda 新しい家への入居. ~ de la fábrica 工場占拠. ~ militar [軍事]占領. ejército de ~ 占領軍. Los trenes han registrado una ~ media del 80 por 100. 平均乗車率が80パーセントを記録した

ocupacional [okupaθjonál] 形 職業[上]の,

職業による: situación ～ 雇用情勢. terapia ～ 作業療法

ocupado, da [okupáđo, đa] 形 過去 〖英 busy. ↔libre〗[estar+] ❶ 忙しい: Está (Anda) ～ con el trabajo. 彼は仕事で忙しい. Estoy ～ esta noche. 私は今晩用がある. Tengo las manos ～das. 私は今手がふさがっている. ●使用中の: Esta silla está ～da. この椅子はふさがっている. ¿Tiene habitaciones? ―No, está todo ～. 部屋ありますか―いいえ, 満室です. O～. 〈表示〉〖化粧室など〗使用中/〖ノックに答えて〗入っています. ❸ 占拠(占領)された: zona ～da 占領地帯
◆ 图 就業者

ocupante [okupánte] 形 图 居住(占有)している〔人〕; 乗客: tropa ～s 兵隊軍. Los ～s del automóvil salieron ilesos. 車に乗っていた人たちは無事だった

ocupar [okupár] 他 ❶〔場所を〕占める, 占有する; 住む; 占領する, 占拠する: El armario *ocupa* toda la pared. そのたんすは壁面全部をふさいでしょう. ¿Quién *ocupa* esta habitación? この部屋には誰が住んでいるのですか? El ejército *ocupó* el pueblo. 部隊は町を占領した. ❷〔地位・職に〕就く: *Ocupaba* la presidencia de la Cámara de Diputados. 彼は下院の議長をしていた. ❸〔時を〕費やす: i)〔事柄が主語〕El estudio del español me *ocupa* mucho tiempo. 私はスペイン語の勉強にたくさん時間をとられる. Me *ocupó* toda la mañana escribir la carta. 私は手紙を書くのに午前中一杯かかった. Volvamos a lo que nos *ocupa*. 私たちの問題に話を戻しましょう. ii)〔人が主語〕*Ocupo* mis ratos libres en cuidar el jardín. 私は余暇を庭いじりをして過ごす. ❹ 専念させる, 忙殺する: Este asunto me *ocupa* demasiado. この件で私は頭が一杯だ. ❺〔人を〕雇う: Esta fábrica *ocupa* a cien personas. この工場は人を100人使っている
◆ ～se [+de に] 従事する, 役割を果たす; 相手になる: Me *ocuparé* de buscar tu empleo. 私が彼の職捜しを引き受けましょう. Este libro se *ocupa* de la historia de España. この本はスペイン史を扱っている. *Se ocupa* de su hermano. 彼は弟の面倒をみている. *Se ocupa* en tonterías. 彼はばかげたことにかかずらっている

ocurrencia [okurrénθja] 图〔突然の〕思いつき; 機知: Tuve la ～ de irme de viaje. 私はふと旅に出ようという気になった. Tuvo una ～ muy graciosa. 彼はおもしろいことを思いついた. Eso es una buena ～. それはいい考えだ. ❷〔まれ〕出来事〖suceso〗
¡*qué* ～! 突 ! 突拍子もない, ばかげてる!

ocurrente [okurrénte] 形〔人が〕機知に富んだ, 面白い;〔軽蔑〕突拍子もないことを言い出す

ocurrir [okurrír] 自〖英 occur. 3人称でのみ使用〗❶〔事件などが〕起こる: i) *Ha ocurrido* un accidente (una desgracia). 事故(不幸な出来事)が起きた. Esta historia *ocurrió* realmente hace muchos años. これはずっと昔実際にあった話だ. ¿Qué *ocurre*? 何が起こったのか?/

〔挑戦的に〕それがどうした? No *ocurrió* nada. 何も起こらない/何事もなかった. ii)〔+a+人 に〕¿Te *ocurre* algo? 何かあったの? ❷〔+a+人 の〕頭に浮かぶ〖～se〗
lo que ocurre es que+直説法/*ocurre que*+直説法〔説明の導入〕実のところ…: Podría hacerlo; *lo que ocurre es que*, por ahora, no tengo dinero. できればするのだが, 実は今は金がないのだ
por lo que pueda ～ 念のため, 用心に: Es mejor llevar algo de dinero, *por lo que pueda* ～. 念のためお金を少し持って行った方がいい
◆ ～se ❶〔+a+人 の〕頭に浮かぶ: i) *Se me ocurrió* una buena idea. 名案を思いついた. ii)〔不定詞・que+直説法が主語〕*Se le ocurrió* ir en bicicleta. 彼は自転車で行く気になった. *Se me ocurrió que* podía venir él. 彼が来るかもしれないと私はふと思った. ❷《中米》参加する

oda [óđa] 图 頌歌(しょうか), オード

odalisca [ođalíska] 图〔ハーレムの〕女奴隷, 女官; 妖艶(セクシー)な女性

ODECA [ođéka] 图〔略語〕←Organización de los Estados Centroamericanos 中米機構, OCAS

odeón [ođeón] 图 オペラ劇場;《古代ギリシア》音楽堂, 劇場

odiar [ođjár] 他 ❶ 憎む, 嫌悪する: *Odiamos* la injusticia. 我々は不正を憎む. *Odia* mortalmente (a muerte) a su suegra. 彼は義母を殺したいほど憎んでいる. 〔+不定詞・que+接続法〕*Odio* lavar los platos. 私は皿洗いが大嫌いだ. ❷《南米》不快にする〖fastidiar〗

odio [óđjo] 图〖英 hatred. ↔amor〗[+a・por への〕憎悪. 嫌悪: Le tengo ～ a aquel hombre. 私はあの男が大嫌いだ. Siente ～ por los trabajos de contabilidad. 彼は経理の仕事がいやでたまらない. cobrar (tomar) ～ a … …に憎しみを抱く. ～ de clase 階級的憎悪. ～ mortal 殺したいほどの憎悪

odioso, sa [ođjóso, sa] 形 ❶ ひどくいやな, 不愉快な: ¡Eres ～! あんたなんか大嫌い! El trabajo se hace ～. 仕事がいやになる. tiempo ～ いやな天気. ❷ 憎らしい, 嫌悪すべき: Los rumores son mentiras ～sas. その噂は嫌悪すべき偽りだ. ❸《南米》不快な; うるさい

odiosamente 副 憎悪をこめて, 憎々しげに
odiosidad 图 憎らしさ, いまわしさ

odisea [ođiséa] 图 冒険旅行, 一連の冒険; 大変な苦労〖←O～ ホメロスの『オデュッセイア』〗

odómetro [ođómetro] 男《自動車》走行距離計

odonatos [ođonátos] 男 複《昆虫》トンボ類
odontología [ođontoloxía] 图 口腔外科, 歯科学

odontológico, ca 形 口腔外科の, 歯科学の
odontólogo, ga 图 口腔外科医, 歯科医

odorífero, ra [ođorífero, ra] 形 芳香を発散する

odorífico, ca 形 =odorífero

odre [óđre] 男〔酒・オリーブ油を入れる〕皮袋

〖ロカット〗: Nadie echa vino nuevo en ～s viejos.《聖書》新しい酒は新しい皮袋に *estar como un ～* すっかり酔っ払っている

OEA 囡《略語》←Organización de los Estados Americanos 米州機構, OAS

OECE 囡《略語》←Organización Europea de Cooperación Económica ヨーロッパ経済協力機構

oerstedio [oɛ(r)stéðjo] 男 [磁場の強さの CGS 電磁単位] エールステッド

oeste [oéste] 男 〖英 west. ↔este〗 ❶ 西；西部：al ～ 西の方に. ❷ 西風 [viento (del) ～]. ❸〔～〕i) [米国の] 西部：película del O～《映画》西部劇. ii)《政治》西側：países del O～ 西側諸国

oesnoroeste/oesnorueste 男 西北西〔の風〕

oes[s]udoeste/oesuroeste/oesurueste 男 西南西〔の風〕

ofender [ofendér] 他 侮辱する；〔…の感情を〕傷つける：Tu actitud la *ofendió* profundamente. 君の行為で彼女はひどく気分を害した. ～ la memoria 思い出を傷つける. ❷ …に不快感を与える：i) ～ los oídos 耳障りである. ii) [時に +a] ～ a la vista 目障りである. ～ al olfato いやな臭いである

◆ ～se [+con・por に] 腹を立てる，気を悪くする：Se ha ofendido con mis palabras. 彼女は私の言葉に気を悪くした

darse por ofendido 腹を立てる，気を悪くする

ofensa [ofénsa] 囡 ❶ 侮辱，無礼：Lo hemos tomado como una ～. 私たちはそれを侮辱と受け取った. ❷《法律》犯罪，違法

ofensiva[1] [ofensíba] 囡 攻勢，攻撃：tomar la ～ 攻勢をとる，攻撃する. pasar a la ～ 攻勢に転じる. ～ de paz 平和攻勢

ofensivo, va[2] [ofensíbo, ba] 形 ❶〔相手の〕感情を傷つけるような，侮辱的な：palabras ～vas 人を不快にさせる言葉. ❷ 攻撃用の：arma ～va 攻撃用兵器

ofensor, ra [ofensór, ra] 形 囡 侮辱する〔人〕，無礼な〔人〕

oferente [oferénte] 形 囡 神に祈りを捧げる（約束する）〔人〕

oferta [oférta] 囡 〖←ofrecer〗 ❶ 申し出：Vengo según su ～. 申し出により参りました. Le han hecho muchas ～s, pero no se ha casado. 彼女は何度もプロポーズされたが結婚しなかった. aceptar una ～ 申し出を受け入れる. ～s de trabajo〔表示〕求人. ❷《経済》供給 [↔demanda]；オファー〔価格〕，付け値，見積り〔書〕：Tenemos grandes ～s en estos artículos. 当社のこの製品には引き合いが多い（高値のオファーが来ている）. ～ pública hostil [株式の] 敵対的公開買付け. ❸ お買い得品；特別価格；特売，バーゲン [～ económica・

especial・barata〕：En esta tienda están de (en) ～s. この店はバーゲン中だ. ❹ 約束 [promesa]

ofertar [ofertár] 他 ❶ 特売する. ❷《主に中南米》オファーする，売り込む

ofertorio [ofertórjo]《カトリック》[パンとぶどう酒の] 奉献；奉献文(唱)

off [5f] 〖←英語〗 *en* ～《演劇》舞台の袖(陰)の・で；《映画・テレビ》画面の外・で

office [ófis] 男 〖←仏語〗ユーティリティールーム，配膳室

offset [5fsɛt] 男 〖←英語〗オフセット：impreso en ～ オフセット印刷の

offside [5fsai̯ð] 男 〖←英語. スポーツ〗オフサイド 〖fuera de juego〗

off the record [5f ðe rékɔr] 《←英語》オフレコの・で

oficial[1] [ofiθjál] 形 〖英 official〗 ❶ 公式の，政府筋の [↔oficioso]；公定の；公認の，公的な：disposición ～ 公的措置. documento ～ 公文書. lengua ～ 公用語. partido ～ 公式試合. pasaporte ～ 公用旅券. precio ～ 公定価格. visita ～ 公式訪問. Es el animador ～ de nuestras fiestas. 彼は自他共に認めるパーティーの盛り上げ役だ. ❷ 公立の：escuela ～ 公立学校

◆ 男 〖英 officer〗 ❶ 士官，将校：～ de artillería 砲兵士官. primer ～ 一等航海士. ❷ 役人，吏員 〖高官 jefe と属僚 auxiliar の中間の存在〗：～ de extensión agrícola 農業改良普及員. ❸ 警部補. ❹ 役員

oficial[2], **la** [ofiθjál, la] 囡 職人 〖親方 maestro と徒弟 aprendiz との中間の存在〗

oficialía [ofiθjalía] 囡 役人(士官・職人) oficial の職務(階級)

oficialidad [ofiθjaliðáð] 囡 ❶ 公式であること，公的性格. 医疏 将校団

oficialismo [ofiθjalísmo] 男 医疏 ❶ 党政策に忠実な人. ❷《中南米》政府関係者，官僚；与党資質，与党勢力

oficialista [ofiθjalísta] 形 党政策に忠実な〔人〕；《中南米》与党の〔議員〕

oficializar [ofiθjaliθár] 他 公認する

oficialmente [ofiθjálménte] 副 ❶ 公式に，公的に，公務上. ❷ 当局の発表では，表向きは 〖↔realmente 本当は〗

oficiante [ofiθjánte] 形 男《宗教》[ミサなどの] 司式者(の)

oficiar [ofiθjár] 自 ❶《宗教》司式する. ❷ [+de の役を] 務める：～ de juez 審判を務める. ～ de chivato 密告する

◆ 他 司式する

oficina [ofiθína] 囡 〖英 office〗 ❶ 事務所；仕事場：ir a la ～ 出勤する，仕事に行く. empleado de ～〔事務系の〕会社員，サラリーマン. horas de ～ 営業(執務)時間，〔企業の〕面談時間. ❷ 取扱所；役所：～ de cambio 両替所，外貨交換所. ～ de colocación 職業安定所. ～ de farmacia 調剤室. ～ pública 官庁. ❸ 研究室

oficinal [ofiθinál] 形 〖植物が〕薬用の；薬局

方による，調剤済みの

oficinesco, ca [ofiθinésko, ka] 形 《軽蔑》お役所的な，事務的な

oficinista [ofiθinísta] 名 事務員，会社員

oficio [ofíθjo] 男 〖英 job〗 ❶ 仕事〖主に手仕事，肉体労働〗；職務，役目：Mi ～ es repartir paquetes. 私の仕事は小包の配達だ。tener un ～ 手に職がある。tener mucho ～ 熟練している。aprender un ～ 仕事を覚える。～ de pintor (de relojero) ペンキ屋〔時計職人〕の職。viejo ～ 売春。No hay ～ malo. 職業に貴賎なし。Las columnas tienen el ～ de sostén. 柱の役目は支えることだ。 ❷ 〖公式の〗通達，文書：despachar (enviar) un ～ 文書を送付する。 ❸ 〖宗教〗〖主に複〗祭式，典礼；聖務日課〖～ divino〗 ～ de difuntos 死者のための祭式。～s de Semana Santa 聖週間の祭式

buenos ～s 調停；あっせん，仲介：Se solucionó gracias a sus *buenos ～s*. 彼の仲裁で問題は解決した

de ～ 国費で；裁判所の判断(指名)による：enterrar *de ～* 公費(無料)で埋葬する。abogado *de ～* 国選弁護人。turno *de ～* 国選弁護人の輪番制

Santo O～ 異端審問所〖Inquisición〗

ser del ～ 《婉曲》売春をする

sin ～ ni beneficio 無職の；脈絡なしに

oficioso, sa [ofiθjóso, sa] 形 ❶〖情報が〗非公式の：según fuentes ～*sas* 非公式な筋からの情報によれば。 ❷ 公的でない〖↔oficial〗：La marca es todavía ～. その記録は未公認だ。 ❸〖新聞〗政府系の。 ❹《口語》差し出がましい，おせっかいな

oficiosamente 副 非公式に；おせっかいに

oficiosidad 女 非公式であること

ofidios [ofíðjos] 男《動物》ヘビ類

ofimático, ca [ofimátiko, ka] 形 女 オフィスオートメーション(の)，OA(の)

ofiura [ofjúra] 女《動物》クモヒトデ

ofiuros [ofjúros] 男 蛇尾類，クモヒトデ類

ofrecer [ofreθér] 図 他 〖英 offer. □ 活用表〗［+a に］❶ 提供する，差し出す，申し出る：Nos *ofreció* su casa. 彼は自宅を私たちに使わせてくれた。La empresa les *ofrece* la oportunidad de ascender. 会社は彼らに昇進の機会を与える。¿Qué se le *ofrece*?/¿Se le *ofrece* algo? 〔店員が客に〕何かご用でしょうか？ ～ *a*+人 el brazo …に腕を貸す。～ la mano 〔握手のために〕手を差し出す。～ la ayuda 援助を申し出る。～ *a*+人 una fiesta de despedida …の送別会を催す。～ dinero como premio 賞金を出す

❷［条件付きで］約束する：Mi padre me *ha ofrecido* una cámara si apruebo todo. 全科目合格したらカメラを買ってくれると父が言った

❸［神に］ささげる，供える：～ una víctima a una divinidad 神にいけにえをささげる。～ los padecimientos *a* Dios［贖罪として］神に自らの苦難をささげる

❹［+por に］…の売り値・買い値をつける：Le *ofrezco* un millón *por* el coche. 私はその車に

100 万ペセタ出します。precio *ofrecido* 付け値 ❺ 示す，見せる：La casa *ofrecía* un aspecto desolador. 家は荒れ果てた感じだった ❻［住所などを］知らせる

◆ ～se ❶ 身をささげる；［+a・para+不定詞 を］申し出る：～*se* de camarero 給仕役を買って出る。*Se ofreció a* acompañarme. 彼は私に同行すると申し出てくれた。 ❷［+a+人 に］思い浮かぶ：No *se me ofreció* nada. 私は何も思い浮かばなかった。 ❸［事件などが］起こる；［光景・景色が］広がる；［機会などが］与えられる，到来する：¿Qué *se ofrece*? 何が起こったんだ？ ❹《丁寧》〖主に否定文・疑問文で〗¿Se le *ofrece* algo? 何かさしあげましょうか/お持ちしましょうか？

ofrecer	
直説法現在	接続法現在
ofre**zco**	ofre**zca**
ofreces	ofre**zcas**
ofrece	ofre**zca**
ofrecemos	ofre**zcamos**
ofrecéis	ofre**zcáis**
ofrecen	ofre**zcan**

ofrecimiento [ofreθimjénto] 男 提供，申し出：Le agradezco su ～ de ayudarme. 援助のお申し出をいただきありがとうございます

ofrenda [ofrénda] 女〖神などへの〗奉納〔物〕，寄付，贈物：a San Antonio 聖アントニオへの奉納。～ de flores 花の贈物

ofrendar [ofrendár] 他［+a・por に］奉納する，ささげる：～ un manto *a* la Virgen 聖母マリアにマントを奉納する。～ su vida *por* la justicia 正義のために命をささげる

oftalmia [oftalmía] 女《医学》眼炎

  oftalmía 女 ＝oftalmia

  oftálmico, ca 形 目の；眼炎の：nervio ～ 眼神経

oftalmología [oftalmoloxía] 女 眼炎学

  oftalmológico, ca 形 眼科の

  oftalmólogo, ga 名 眼科医

oftalmoscopio [oftalmoskópjo] 男 検眼鏡

  oftalmoscopia 女 眼底検査

ofuscar [ofuskár] 7 他 ❶ …の目をくらませる：Me *ofuscó* el sol. 日光で私は目がくらんだ。 ❷［思考などを］曇らせる，迷わせる：La ira *ofuscaba* su mente. 彼は怒りに我を忘れていた

◆ ～se 目がくらむ；［+con に］取りつかれる，判断力を失う：Se *ofuscó con* el afán de la ganancia. 彼は利益に目がくらんだ

  ofuscación 女/**ofuscamiento** 男 目がくらむこと，眩惑；逆上

ogámica [ogámika] 女 ＝ogham

ogham [ogán] 男〖ケルト語の〗オガム文字

ogino [oxíno] 男〖←日本語〗〖時に O～. 避妊の〗オギノ式〖método ～〗

ogro¹ [ógro] 男〖おとぎ話の〗食人鬼

  ogro², ogresa 名《〖英 ogra も〗《軽蔑》ひどく残酷な人，悪党

oh [ó] 間〖英 oh〗 ❶［驚き・賛嘆・恐怖・苦痛・

喜] おや、まあ、ああ〖女性がよく用いる〗：¡Oh, qué alegría! *Oh*, sí. ええ、うれしい！ ❷〖肯定・否定の強調〗*Oh*, sí. ああ、そう

ohmio [ómjo] 男〖電気抵抗の単位〗オーム

oí ☞**oír** 47

oíble [oíßle] 形 聞こえる、聞きとれる

oída [oíða] *de (por) ~s* [conocer・saber＋] 噂で、伝聞で：*Sé de ~s que Juan va a París.* フワンがパリに行くことは風の便りに聞いている。No hablo *de ~s.* また聞きではありません

oídio [oíðjo] 男〖農業〗分裂子；オイディウム属の菌；うどん粉病

oído [oíðo] 男〖英 ear〗❶ 耳〖☞**oreja** 類義〗：limpiarse los *~s* 耳垢を取る。❷ 聴覚：Tiene un *~* muy fino. 彼は耳がともtoo. perder el *~* 耳が遠くなる。 音感〖buen・musical〗：tener [un] [mucho] *~* 音感がよい。tener mal *~* 音痴である。*~* absoluto 絶対音感

aguzar (alargar) el ~ (los ~s) 耳を澄ます

al ~ 耳もとで；内緒で：Ella le dijo una cosa *al ~*. 彼女はあることを彼に耳打ちした(ささやいた)。Se dice muchas cosas de él *al ~* en el pueblo. 村では彼について色々なことが陰で言われている

aplicar el ~ 耳を傾ける

aprender de ~ 聞いただけで覚えてしまう

cerrar los ~s [＋a 言い分などに] 耳を貸さない

corto de ~ ＝*duro de ~*

dar ~s a… ＝*prestar ~s a…*

de ~ 音を聞き覚えで：tocar *de ~* [楽器を] 聞き覚えで弾く

duro de ~ 耳の遠い；音感が悪い

entrar a＋人 por un ~ y salir por el otro [事柄が] …にとって馬耳東風である：Aun la reprensión le *entró a* ese chico por un *~ y le salió por el otro.* 叱ってもその子には馬の耳に念仏だった

llegar a ~s de＋人 …の耳に入る：*Ha llegado a mis ~s que se ha divorciado.* 私、彼が離婚したという話を聞いた

llenar los ~s [言葉が] 響きがよい

¡~ a la caja (al parche)! 〖口語〗[注意の喚起] 話を聞け！

oír con sus propios ~s [又聞きでなく] 自分の耳で聞く

pegarse al ~ [音楽・歌などが] 覚えやすい：Aquella canción se me *ha pegado al ~*. 私はあの歌をすぐに覚えてしまった

prestar ~s a… …に耳を貸す：No *prestes ~s a* esas calumnias. そんな悪口に耳を貸してはいけない

regalar el ~ (los ~s) a＋人 …にお世辞を言う、おべっかを使う

ser todo ~s 熱心に耳を傾ける：Dímelo ahora, *soy todo ~s.* さあ言ってごらん。聞いているから

silbar a＋人 los ~s ＝*zumbar a＋人 los ~s*

tardo de ~ ＝*duro de ~*

tener un ~ enfrente del otro 音痴である

zumbar a＋人 los ~s [自分が悪く言われていることに] …に気づく：¡Cómo deben de estarle *zumbando los ~s!* 彼はさぞ耳が痛いはずだ！

oidor [oiðór] 男〖16 世紀に置かれた〗聴訴官

oiga, oigo ☞**oír** 47

oír [oír] 47 他〖英 hear. ☞活用表. 過分 oído、現分 oyendo〗❶ …が聞こえる〖☞**escuchar** 類義〗：i) *He oído* una voz de mujer a mi espalda. 背後で女性の声がした。¿Me *oye* usted?—Sí, le *oigo* bien. [私の声が]聞こえますか？—はい、よく聞こえます。ii) [＋直接目的＋不定詞・現在分詞] *Oímos* gritar a alguien en la calle. 誰かが通りで叫んでいるのが聞こえた。*Oí a* los niños cantando. 子供たちが歌っているのが聞こえた。iii) [＋a＋人 から] No le *oigo* esas cosas *a* él. 私はそんなことは彼から聞いていない

❷ [相手の言葉に] 注意を払う；理解する：i) ¿Me *oyes*? 私の言っていること聞いてる？ Yo preparaba la comida *oyendo* la radio. 私はラジオを聞きながら食事の仕度をしていた。Hoy día los jóvenes no *oyen* a sus padres. 近ごろ若い者は親の言うことに耳を貸さない。¿*Oyes* lo que te estoy diciendo? 私が何を言っているかわかったか？ ii) [疑問文で、前言の強調・注意の喚起] No estoy dispuesto a consentirlo, ¿me *oye* usted? いいですか、私はそれを承諾するつもりはないのですよ

❸ 聞き入れる、聞き届ける：Dios *oyó* mi súplica. 神は私の願いを聞き入れた

❹ 聴講する：*~* filosofía 哲学の講義を聴講する

❺ 《法律》[裁判官が双方の] 申し立てを聞く

❻ [命令形で間投詞的] i) [相手の注意を喚起する] もしもし、ちょっと：¡*Oye*, Pepe, espera un momento! おい、ペペ、少し待ってくれ！ ¡*Oiga*, señora, que se le ha caído una cosa! ちょっと、奥さん、何か落としましたよ！ ii) [驚き・警戒・非難] *Oye, oye*, ¡qué manera de hablar es ésa? おいおい、その口のきき方は何だ！ *Oiga*, señora, ¿usted qué se ha creído? ちょっと奥さん、あんたは一体何様だと思っているんだ？ iii) [電話をかけた方が] もしもし：¡*Oiga*! ¿Está Antonio? もしもし、アントニオはいますか？

como lo (que) oyes (oye usted)/como me oyes (oye usted) [自分の確信を相手に念押し] 本当ですよ：¡*Como oye usted*! Tuvo la desfachatez de echarme la culpa. ご存知でしょう！ 彼は図々しくも私に罪をなすりつけたのですよ

¡dios le oiga! そうであればいいが！：Seguro que apruebas el examen.—¡*Dios te oiga*! きっと合格するよ。—そうだといいが！

¿me (lo) oyes? [念押し] いいかい／わかる？

lo que hay que ~/tengo que ~ [驚くべきことなどに対して] これは驚きだ

~, ver y callar 傍観する、介入しない

◆ *~se* [音が主語] 聞こえる：*Se oyó* un tiro. 銃声が 1 発聞こえた。No *se oye* bien. [電話で]よく聞こえません。No *se oye* hablar más que de eso. その話でもちきりだ

oír	
直説法現在	直説法点過去
oigo	oí
oyes	oíste
oye	oyó
oímos	oímos
oís	oísteis
oyen	oyeron
接続法現在	接続法過去
oiga	oyera, -se
oigas	oyeras, -ses
oiga	oyera, -ses
oigamos	oyéramos, -semos
oigáis	oyerais, -seis
oigan	oyeran, -sen

OIT 囡《略語》←Organización Internacional del Trabajo 国際労働機関, ILO

ojal [ɔxál] 男《服飾》ボタン穴, ボタンホール；裂け目, 破れ目

ojalá [ɔxalá] 闘《英 I wish》〔強い願望〕❶ [+接続法] i) 〔現在・未来〕どうか…しますように！: ¡O~ venga (viniera) mañana！どうか明日彼が来ますように！ ii) 〔過去〕…であればよかったのだが！: ¡O~ lloviera (hubiera llovido) ayer！昨日雨が降ればよかったのに！ iii) 〔口語〕[+que+接続法] ¡O~ que no lleva！どうぞ雨が降りませんように！ ❷ 〔単独で〕そうなりますように！: Puede que haga buen tiempo.—¡O~！晴れるかもしれない.—そうだといいですね！

OJD 囡《西. 略語》←Oficina de Justificación de la Difusión 新聞普及審査委員会

ojeada [ɔxeáða] 囡 一瞥, 一目: echar (dar) una ~ a... …にざっと目を通す；ちらりと見る

ojeador, ra [ɔxeaðór, ra] 图《狩りの》勢子(ミ)

ojear [ɔxeár] 囮 ❶ …に目を通す, ちらっと見る: Voy a ~ la despensa. 食料庫をちょっと見てきます. ❷ 〔獲物を〕狩り出す, 追いたてる

ojén [ɔxén] 男《酒》アニゼット

ojeo [ɔxéo] 男《獲物の》狩り立て

ojera [ɔxéra] 囡 ❶ 〔主に 複〕目のまわりの〕隈(ま), あざ: tener ~s 隈ができている. ❷《古語》=**lavaojos**

ojeriza [ɔxeríθa] 囡〔人への〕反感, 悪意: Le tengo ~. 私は彼に反感を抱いている. tomar ~ a+人 …に反感を抱く

ojeroso, sa [ɔxeróso, sa] 厖 [estar+. 目のまわりに]隈のできている；疲れた, やつれた

ojete [ɔxéte] 男 ❶ 紐通し穴, 鳩目；《手芸》アイレットステッチ. ❷《俗語》肛門『ano』；《卑語》女性の性器

ojímetro [ɔxímetro] 男 a ~《口語》目分量で, 大ざっぱに

ojito [ɔxíto] 男 de ~《南米》無料で, ただで hacer ~s a+人 …に色目を使う

ojiva [ɔxíβa] 囡 ❶《建築》オジーブ『ロカット』；尖頭アーチ. ❷〔ミサイルの〕弾頭: ~ atómica 核弾頭

ojival 厖 オジーブ構造の；ゴシック式の: ventana ~ オジーブ様式の窓. estilo ~ ゴシック様式

ojo [5xo] 男《英 eye》❶ 目, 眼；眼球: i) Tiene los ~s negros (claros). 彼の目は黒い(明るい色をしている). Tenía (Estaba con) los ~s hinchados de llorar. 彼は目を泣きはらしていた. mirar con sus propios ~s 自分の目で見る. hablar con los ~s 目で話す. ii)《諺・成句》Cuatro ~s ven más que dos. 1人より2人の目の方が確かだ. Ojo por ~. 目には目を. Ojos que no ven, corazón no siente (llora・quiebra). 去る者は日々に疎し. El ~ del amo engorda el caballo. 財産は〔他人任せにせず〕自分で管理した方がよい

❷ 視線, 目つき, まなざし 『mirada』: apartar los ~s de... …から目を離す, 視線をそらす. poner ~s de enfado 怒った目つきをする. tener los ~s tristes 悲しげな目をする

❸ 観察眼, 鑑識眼；注意力: Tiene 〔buen〕 ~ para elegir personal. 彼はスタッフを選ぶ目をもっている

❹ 〔間投詞的〕 i) 〔注意・警告・脅迫〕気をつけろ！: 〔Mucho〕 Ojo cuando crucéis la carretera. 道路を渡る時は〔よく〕気をつけなさい. [+con で] ¡Ojo con la curva！カーブに注意！ [+con+不定詞 しないように] ¡Ojo con caerte！落ちないように気をつけて！ ii) 〔号令〕気をつけ！ iii) 〔会話中に聞き手の注意をひく〕 ねえ: Lo que importa, ¡~！, es observar que... 重要な点はだね！…を認識することなんだよ

❺ 〔各種の穴〕 i) 〔針などの〕目, めど；鍵穴；〔台風の〕目；〔b・d などの活字の〕字面の穴. ii) 〔網の〕目；〔パン・チーズなどの〕ガス孔

❻ 〔クジャクの尾羽の〕眼状斑；〔スープに浮いた〕脂の輪；〔石けんの〕一塗り

❼《建築》~ de puente 〔増水時用の〕橋台の穴. ~ de patio 〔ビルの〕中庭. ~ de la escalera 階段の吹き抜け

❽ 〔平地にある〕泉, 湧水地

❾ ~ de gallo (de pollo) 〔足の〕たこ, 魚の目

❿《鉱物》~ de gato 猫目石, キャッツアイ. ~ de tigre 虎目石

⓫ ~ de pez《写真》魚眼レンズ. ~ mágico《電気》マジックアイ；《中南米》のぞき穴 『mirilla』

a [los] ~s de+人 …の目から見て

a ~ [de buen cubero] ざっと, 大まかに；当て推量で: calcular *a ~* 概算する

a ~s cerrados/a cierra ~s 目をつぶって；やみくもに；頭から信用して: tomar su decisión *a ~s cerrados* よく考えもせず決断を下す. seguir los consejos *a ~s cerrados* 黙って忠告に従う

a ~s vista[s] 顕著に, 目に見えて: Las ventas han aumentado *a ~s vista*. 売上げがみるみるうちに伸びた

abrir el ~ (***los ~s***)《口語》用心する, 油断なく目を光らす; 誤りから覚める, 蒙(もう)を開く
abrir los ~s a+人 …の蒙を開く, 目を覚まさせる
aguzar los ~s しっかりと見る
alegrarse a+人 ***los ~s*** …の目に喜びの色が浮かぶ: *Se* le *alegraron los ~s*. 彼の目が喜びに輝いた
alzar los ~s al cielo 視線を上げる; [祈りのために] 天を仰ぐ
andar con ~ (***con cien ~s***) 用心している, しっかり目を開けている
arrasarse a+人 ***los ~s de*** (***en***) ***agua*** (***lágrimas***) …の目に涙が一杯浮かぶ
asomar a los ~s una lágrima 泣き出す
bailar a+人 ***los ~s*** …の目が喜びに輝く; 陽気な性格である
bajar los ~s 視線を下げる; [恥ずかしさなどで] うつむく
cerrar los ~s 1) 目を閉じる; 眠りに落ちる; 死ぬ: No *he cerrado los ~s* en toda la noche. 私は一晩中まんじりともしなかった. 2) 思い切ってする, 断行する; [頑固で・問題を避けるために, +a に] 目をつぶる, 見て見ぬふりをする: *cerrar los ~s a* la verdad 真実を見ようとしない
comer con los ~s [おいしそうなので] 食べきれないほど自分の皿に取ってしまう; 外見にまどわされる
comerse con los ~s a... …を物欲しげに見る, ほれぼれとながめる; にらみつける
como los ~s de su cara とても大事に, 目に入れても痛くないほど
con buenos ~s 喜んで, 好意的に
con los ~s abiertos 用心して; [無邪気・好奇心で] 目を丸くして
con los ~s bajos 目を伏せて, うつむいて
con los ~s cerrados =**a los ~s cerrados**
con malos ~s 怒って, 反感をもって
costar a+人 ***un ~*** (***los ~s***) ***de la cara***《口語》…の目の玉が飛び出るほど高価である
cuatro ~s 名《軽蔑》眼鏡をかけている人: Es un *cuatro ~s*. 彼は眼鏡をかけている
dar en los ~s 明白である; [+con で/+a+人 を] 怒らせる, 悩ます
dar un ~ de la cara por... [過去未来形で] 是非とも…したいものだ: *Daría un ~ de la cara por* irme de aquí. 何とかここから逃げたいものだ
delante de los ~s de+人 …のいる所で, 見ている前で: Se lo diré *delante de sus ~s*. 彼に面と向かって言ってやろう
devorar con los ~s a... =**comerse con los ~s a...**
¡dichosos los ~s 〔***que te ven***〕***!*** やあ久しぶりだなあ, 会えてうれしいよ!
¡dónde llevas los ~s! どこに目をつけているんだ!
dormir con los ~s abiertos (***con un ~ abierto***) ひどく用心している, 気を抜かない
echar el ~ a...《口語》…を物欲しそうに見る; 見張る, 気をつける
echar un ~ a... [見張って, 時々] …をちらっと見る
en los ~s de+人 …のいる所で, 見ている前で
en un abrir 〔***y cerrar***〕 ***de ~s/en un volver de ~s*** 一瞬のうちに, あっという間に
entrar a+人 ***por el ~*** (***los ~s***) …の気に入る
estar con cien ~s 用心する, しっかり目を開けている
estar hasta los ~s [+en 事件などに] どっぷりはまり込んでいる; [金などの] 問題を抱えている; あきあきしている
ir con ~ (***con cien ~s***) =**andar con ~** (**con cien ~s**)
irse a+人 ***los ~s por*** (***tras***)***...*** …が…を渇望する(物欲しげに見る)
levantar los ~s al cielo =**alzar los ~s al cielo**
llevar (***tener***) ***los ~s clavados en el suelo*** =**no levantar los ~s**
mal de ~ 邪眼: echar *mal de ~* 呪いをかける
meter... por los ~s a+人 [しつこくほめて] …に…を気に入らせる: Esta dependienta sabe *meter* los artículos *por los ~s a* los clientes. この店員は客に品物を買わせるのがうまい
meterse por el ~ とても好ましい: Esta tarta *se mete por el ~*. このケーキはすごくおいしそうだ
meterse por el ~ de una aguja 非常に頭がよい, 抜け目がない
meterse por los ~s 気に入る
mirar con ~s de... …の目(見方)で見る: Le *miras con ~s de* abuela. 君は彼をおばあさんのような目で見ている
mirar con otros ~s 違った目で見る, 見方(態度)を変える
¡mucho ~! 気をつけなさい!
no levantar los ~s うつむいている, 恥じ入っている; 仕事に専念している
no pegar 〔***el***〕 ***~*** (***los ~s***) 一晩中眠れない, 一睡もできない: *No he pegado los ~s* esta noche. 私は昨晩はまんじりともしなかった
no quitar de... los ~s 〔***de encima***〕《口語》…をじっと見つめる, 注意して見る
no quitar ~ a... …から目を離さない
no saber dónde tiene los ~s 右も左もわからない, まったくの初心者である
no tener ~s en la cara 目が節穴同然である
no tener ~s más que para... …のことしか考えない
~ clínico (***médico***) 1)《時に皮肉》医師としての適性: tener *~ clínico* 診察が確かである. 2) 炯眼(けいがん): Tiene *~ clínico* para este tipo de asunto. 彼はこの種の事には目はしが気く
~ del huracán (***del ciclón***)《比喩》台風の目 『論争・争いの中心』

O

parecerse en el blanco de los ~s [2人
が] 似ても似つかない, まったく共通点がない

pasar los ~s por (a)... …をちらっと見る,
ざっと目を通す

poner... delante de los ~s de+人 …に…
を明白に示す, 納得させる

poner el ~ a... =echar el ~ a...

poner los ~s (el ~) en... …に目をつける,
選ぶ; 好意を持つ: *Puso los ~s en mi
hermana.* 彼は私の妹に目をつけた

*poner los ~s en blanco delante de+人・
物/poner los ~s de bolilla ante+物* …
に目がない; …をほめちぎる

*rasarse a+人 los ~s de (en) agua (lá-
grimas) =arrasarse a+人 los ~s de agua*

revolver los ~s [激怒して] 目をむく, 目を
ぎょろつかせる

sacarse los ~s 激しく争う

salir a+人 a los ~s [感情などが] …の表情
に表われる

*salir a+人 por un ~ de la cara =costar
a+人 los ~s de la cara*

saltar a los ~s 非常に明白である, 火を見る
より明らかである

saltar a+人 un ~ (los ~s) …の目を傷つけ
る, 失明させる; [脅し文句で] 目をくり抜く

saltarse a+人 los ~s …が物欲しげに見る

ser el ~ derecho de+人 …のお気に入り(右
腕)である

ser todo ~s 目を皿のようにする, 何一つ見落
さないようにする

tener entre ~s (sobre ~) a+人 …を嫌悪
する

tener los ~s en... …をじっと見つめる

tener los ~s puestos en... …が欲しい:
Tengo los ~s puestos en aquel coche. 私
はあの車に目をつけている

tener [mucho] ~ [+con に] 気をつける; 目
がきく: *Ten ~ con lo que dices.* 言葉に気を
つけなさい. *Tiene mucho ~ con los clien-
tes.* 彼は客扱いがうまい

tener ~s para... …をもっぱら気にかける

torcer los ~s 目をそらす(そむける)

*tragarse con los ~s a... =comerse con
los ~s a...*

valer un ~ de la cara 《口語》非常に高価
である

volver los ~s 1) 見返す; ふりむく. 2) [+a+
人 に] 関心を持つ; 助けを求める: *No tengo a
quien (a donde) volver los ~s.* 私には頼れ
る人がいない

ojito [oxíto] 男 *ser el ~ derecho de+人 =
ser el ojo derecho de+人*

ojota [oxóta] 女 《南米. 服飾》サンダル; ビーチサ
ンダル

OK [ɔ̞ukéi] 間 《←英語》オーケー

okapi [okápi] 男 *=ocapi*

okupa [okúpa] 名 *=ocupa*

ola [óla] 女 《英 wave》[主に大きな] 波, うねり:
i) levantar ~s 波を立てる. Se enfurecen las
~s. 波が荒い. ii) 《比喩》Hay una ~ de

gripe. 風邪がはやっている. ~ de frío (de
calor) 《気象》寒波(熱波). la ~ de gente 人波.
~ de inflación インフレ傾向. ~s del tiempo
時代の波. nueva ~ 《映画》ヌーベルバーグ
hacer ~s 波風を立てる, 平穏を乱す

OLADE 女 《略語》←Organización Latino-
americana de Energía ラテンアメリカエネルギー
機構

ole/olé [óle/olé] 間 ❶ [激励, 闘牛・フラメン
コの掛け声] オーレ. ❷ [歓喜] ばんざい: *¡Ole
con ~!* ばんざい, ばんざい!

◆ 男 アンダルシアの民俗舞踊(音楽)の一種

oleáceas [oleáθeas] 女 複 《植物》モクセイ科

oleada [oleáða] 女 ❶ 大波; 波の衝撃. ❷ 大
群, 人波; 流行: Llegaban nuevas ~s de
jóvenes. 若者の一団が次々と到着した.

oleaginoso, sa [oleaxinóso, sa] 形 油性
の; 油を含む: sustancia ~sa 油性物質.
planta ~sa 採油用植物

oleaje [oleáxe] 男 医系 波, うねり: Hay
mucho (poco) ~ hoy. 今日はうねりが高い(波
がない)

oleicultura [oleikultúra] 女 オリーブ栽培; オ
リーブ油製造

oleícola 形 オリーブ栽培の; オリーブ油製造の

oleicultor, ra 名 オリーブ栽培者; オリーブ油
製造業者

oleífero, ra [oleíffero, ra] 形 油を出す, 含油
の; planta ~ra 採油用植物

óleo [óleo] 男 ❶ 《美術》油絵 [pintura al
~]: pintar al ~ 油絵を描く. ❷ 《宗教》[主
に 複》聖油 [santos ~s]

oleoducto [oleoðúkto] 男 石油パイプライン

oleómetro [oleómetro] 男 油比重計

oleoso, sa [oleóso, sa] 形 油質の, 油性の,
油状の, 油っこい

oleosoluble [oleosolúble] 形 油に溶ける, 油
溶性の

oler [olér] 他 《英 smell. ☞活用表》他 ❶ …の
においを嗅ぐ(ʰ)ぐ: *Huele esta flor.* この花の香
りを嗅いでごらん. ❷ 詮索する: *Siempre está
oliendo lo que hacemos.* 彼はいつも私たちの
していることを嗅ぎ回っている. ❸ 気づく: *Ha olido
nuestro engaño.* 彼は私たちのいんちきを嗅ぎつけ
た

◆ 自 におう: i) El jazmín *huele* bien. ジャス
ミンはいい香りがする. Este pescado me *huele*
mal. この魚はいやなにおいがするよ. ii) [+a+無冠
詞名詞 の] においがする: Esta esencia *huele a*
rosa. この香水はバラの香りがする. ¿No *hueles
a* pescado? 君は魚くさくないか? iii) 《口語》
Ese hombre *olía a* policía. その男は警官くさ
かった. ~ *a mentira* 嘘っぽくさい. iv) [単人
称的に主語なしで] *Huele a* quemado. 何かこげ
くさい

~ *mal/no ~ bien* 怪しい, 疑問に思われる:
Este asunto no *huele bien.* この事件はきなく
さい(どこかおかしい)

~ *que apesta* ひどい悪臭がする

◆ ~*se* …ではないかと思う, 疑う: *Me huelo
que no va a pagar.* 彼は払いそうもないように思

われる

oler	
直説法現在	接続法現在
*hue*lo	*hue*la
*hue*les	*hue*las
*hue*le	*hue*la
olemos	olamos
oléis	oláis
*hue*len	*hue*lan

olfa [ɔ́lfa] 名《南米》おべっか使い

olfatear [ɔlfateár] 他 ❶ [熱心に・しつこく] …のにおいを嗅(か)ぐ, 嗅ぎつける;《口語》詮索する, 探る: ～ el complot 陰謀のにおいを嗅ぎつける. ～ a los vecinos 近所の人のことを嗅ぎ回る. ❷《南米》[上役に] へつらう
◆ 自 鼻をくんくんさせる;《口語》[+en を] 探る: ～ *en* el asunto 事件に鼻をつっこむ
olfateo 男 くんくん嗅ぐこと; 詮索

olfato [ɔlfáto] 男 嗅覚(きゅうかく); 直観力: tener 〔buen〕～ para... …に鼻がきく. Es una persona con ～ para los negocios. 彼は商売に鼻がきく
olfativo, va 形 嗅覚の

olico, ca [olíko, ka] 形《化学》ácido ～ オレイン酸

oligarquía [oligarkía] 女 寡頭政治; 少数の権力者集団: ～ financiera 金融寡頭制; その集団
oligarca 名 寡頭支配者の一員
oligárquico, ca 形 寡頭政治の: gobierno ～ 少数独裁政治(政府)

oligisto [olixísto] 男《鉱物》赤鉄鉱

oligoceno, na [oligoθéno, na] 形 男《地質》漸新世〔の〕

oligoclasa [oligoklása] 女《鉱物》灰曹長石

oligoelemento [oligoeleménto] 男《生化》微量(痕跡)元素

oligofrenia [oligofrénja] 女《医学》重度の知的障害
oligofrénico, ca 形 名 重度の知的障害の(障害者)

oligopolio [oligopóljo] 男《経済》売り手寡占
oligopólico, ca 形 売り手寡占の

oligopsonio [oligɔpsónjo] 男《経済》買い手(需要)寡占

oligoquetos [oligokétɔs] 男 複《動物》貧毛類

oligotrófico, ca [oligotrófiko, ka] 形 [湖・川が] 貧栄養の

olimpiada [olimpjáđa] 女 ❶ [主に *O*～. 主に 複] オリンピック〔競技〕大会: las *O*～*s* de Barcelona バルセロナオリンピック. ～ de invierno/～ blanca 冬季オリンピック. ❷《古代ギリシア》オリンピア Olimpia 競技祭; オリンピア紀〖その競技祭ごとの 4 年間〗
olimpíada 女 ＝**olimpiada**

olímpico, ca [olímpiko, ka] 形 ❶ オリンピックの; オリンピックに出場した: atleta ～ オリンピック選手. Comité *O*～ Internacional 国際オリンピック委員会. juegos ～*s* オリンピック大会. récord ～ オリンピック新記録. villa ～*ca* オリンピック村. ❷《神話》オリンポス Olimpo の山(神々)の: Júpiter ～ オリンポスの神ジュピター. ❸ 人を見下すような, 尊大な: actitud ～*ca* 横柄な態度. desprecio ～ 高慢なさげすみ
olímpicamente 副《口語》横柄に; まったく, 完全に

olimpismo [olimpísmo] 男 オリンピック精神

olimpo [olímpo] 男 集名 [主に *O*～] オリンポス山 monte Olimpo に住む神々

oliscar [oliskár] ⑦ 他 ＝**olisquear**

olisquear [oliskeár] 他 くんくん嗅ぐ〖olfatear〗;《軽蔑》嗅ぎ回る, 詮索する

oliva [olíba] 女 オリーブの実〖aceituna〗: aceite de ～ オリーブ油. verde ～ オリーブ色
oliváceo, a 形 オリーブ色の
olivar 男 オリーブ畑

olivarda [olibárđa] 女《鳥》ハヤブサの一種;《植物》ムカシヨモギ

olivarero, ra [olibaréro, ra] 形 オリーブ〔生産〕の: región ～*ra* オリーブ地帯. industria ～*ra* オリーブ〔油〕産業
◆ 名 オリーブ栽培者, オリーブ油業者

olivero [olibéro] 男 オリーブの実の貯蔵所

olivicultura [olibikultúra] 女 オリーブ栽培
olivícola 形 オリーブ栽培(生産)の
olivicultor, ra 名 オリーブ栽培者

olivino [olibíno] 男《鉱物》橄欖(かんらん)石

olivo [olíbo] 男《植物》オリーブ〔の木〕: ～ silvestre 野生のオリーブ. Monte de los *O*～*s*《聖書》オリーブの山, ゲッセマネの園
***coger* (*tomar*) *el* ～**《口語》[闘牛士が] 柵の中に逃げ込む; [囚人などが] 逃げ出す
***dar el* ～ *a*+人**《南米》追い出す, 首にする

olla [óʎa] 女 ❶ 鍋(なべ): cocer en la ～ 鍋で煮る. ～ a presión/～ exprés 圧力鍋. cabeza de ～ 鍋から最初にとったスープ, 一番出し. ❷ [肉・野菜などの] 煮込み(スープ)料理, シチュー: hacer ～ シチューを作る. ～ podrida 肉やハム・ソーセージをたっぷり入れたシチュー

olmeca [ɔlméka] 形 名 オルメカ族〔の〕〖メキシコに住んでいたインディオ〗

olmo [ɔ́lmo] 男《植物》ニレ(楡)
olma 女 ニレの大樹
olmeda 女/**olmedo** 男 ニレ林(並木)

ológrafo [ológrafo] 男《法律》自筆の遺言〖testamento ～〗

olor [olɔ́r] 男〖英 smell〗[+a+無冠詞名詞 の] におい, 香り: Este plato tiene buen (mal) ～. この料理はいい(いやな)においがする. Hay ～ *a* limón. レモンの香りがしている
al* ～ *de... …に引きつけられて: Vienen todos *al* ～ *del* dinero. みんな金につられてやって来る
dar a*+人 *el* ～ *de... …に…の疑いをもたせる: Me *dio el* ～ *de* que quería estafar. 彼は詐欺を働くつもりらしかった
en* ～ *de multitudes 群衆の歓呼に迎えられて
estar al* ～ *de... …を待ち受ける
～ *de santidad* 聖人の芳香; 完全なる徳:

morir en ～ *de santidad* 高徳の誉れを残して
死ぬ

oloroso, sa [oloróso, sa] 形 香りのよい：
flores ～*sas* いい香りのする花
◆ ヘレス *Jerez* 産のシェリー酒の一種

olote [olóte] 男《中米》[粒をとった]トウモロコ
シの穂軸

OLP 女《略語》←Organización para la
Liberación de Palestina パレスチナ解放機構，
PLO

olvidadizo, za [ɔlbiðaðíθo, θa] 形 忘れっぽ
い，健忘症の：hacerse el ～ 忘れたふりをする

olvidado, da [ɔlbiðáðo, ða] 形過分 見捨て
られた；隠遁した；忘れっぽい；恩知らずな

olvidar [ɔlbiðár] 他 [忘却・失念] 忘れる：i) *He olvidado* su nom-
bre. 私は彼の名前を忘れた． No puedo ～*la*.
私は彼女のことが忘れられない． ～ el paso del
tiempo 時間のたつのを忘れる． ～ el dolor 痛み
を忘れる． ～ a su familia 家庭を忘れる(顧みな
い)． ii) [+不定詞] *Olvidé* cerrar el gas. 私
はガスを消し忘れた． iii) 置き忘れる：*Ha ol-
vidado* el paraguas en la escuela. 彼は学校
に傘を置き忘れた． iv) 許す：*He olvidado* tu
falta. 君の過ちは過ぎたことだ
◆ ～se [強調．+de を] 忘れてしまう：*Me
he olvidado de* su nombre. 私は彼の名前を忘
れてしまった． Jamás *me olvidaré de* usted. あ
なたのことは一生忘れません． *Se olvidó de* apa-
gar la luz. 彼は明かりを消し忘れた． ～*se de sí
mismo* 自分を捨てて顧みない． ❷ [+a＋人 に]
忘れられる 『忘れたことに対して責任を持てられな
い]：*Se me ha olvidado* su nombre. 私は彼の
名前を忘れてしまった． *Se le olvidó* comprar
la carne. 彼は[うっかりして]肉を買うのを忘れた．
Antes de que *se me olvide*… 忘れないうちに言
っておくが…
eso no debe ～se そのことを忘れてはならない
¡olvídame! 私に構うな/放っておいてくれ!

olvido [ɔlbíðo] 男 ❶ 忘れること，忘却：Me
duele tu ～. 君に忘れられてつらい． caer (es-
tar) en el ～ 忘れられる(忘れられている)． ～ de
sí mismo 忘我，無私の心． ～ momentáneo
度忘れ． ❷ 失念，怠り：Fue un ～: dejé la
puerta abierta. うっかりしてドアを開けっ放しに
してしまいました
dar (echar)… en el (al) ～ …を忘れる：
Echó en el ～ mis consejos. 彼は私の忠告な
ど忘れてしまった
enterrar (hundir・sepultar)… en el ～
[わざと・努めて] …を忘れる：Quiso *sepultar
en el ～* su pasado. 彼は過去を忘れたかった
por ～ うっかりして，つい忘れて
relegar… al ～ [わざと] …を忘れる

OM《略語》←onda media 中波

omaní [omaní] 形 图《国名》オマーン Omán
男 の(人)

ombligo [ɔmblíɣo] 男 ❶《解剖》へそ． ❷ 中
心：～ del mundo financiero 金融界の中心
地． ❸《植物》～ de Venus イワレンゲ
arrugarse (encogerse) a＋人 el ～ …がお

じけづく：*Se me encoge el ～* de pensar en
ese viaje. その旅行のことを考えると私はびびって
しまう

ombliguero 男 新生児のへそを保護する当て
布

ombú [ɔmbú] 男《複 ～[e]s》《植物》オンブー
《南米産の大樹》

ombudsman [ɔmbusman] 男《単複同形》
《←スウェーデン語》オンブズマン

omega [oméɣa] 女《ギリシア文字》オメガ 《Ω,
ω》

omeya [oméja] 形 [イスラム王朝の一つ] ウ
マイヤ朝(の)

ómicron [ɔmikrɔn] 女《ギリシア文字》オミクロ
ン 《Ο, ο》

ominoso, sa [ominóso, sa] 形《文語》嫌悪
すべき：crimen ～ 憎むべき犯罪． Década
O～*sa*《歴史》忌むべき10年間 [1823-33年,
フェルナンド7世の第2次絶対主義政治時代]

omisible [omisíble] 形 省略し得る

omisión [omisjón] 女 省略，言い(書き)落と
し；怠慢：～ de acento アクセント記号の付け落
とし． Una pequeña ～ conduce a un desas-
tre. 小さな手抜かりが大事を招く

omiso *cf* hacer **caso** omiso

omitir [omitír] 他 ❶ 省略する；言い(書き)落
とす：*Omito* detalles innecesarios. 不要な細
部は省きます． *Omitió* unos nombres al hacer
la lista. 名簿を作る時，彼は何人かの名前を抜か
してしまった． *Omitiré* esto hasta que termine
la investigación. 調査がすむまでこれは伏せてお
きます． ❷ …し忘れる；…しないでおく：i) *Omi-
tió* la presentación. 彼は紹介を忘れた(紹介しな
かった)． ii)《文語》[+不定詞] *Omitió* ce-
rrar la puerta. 彼はドアを閉め忘れた(閉めない
でおいた)

omni-《接頭辞》[全] *omni*potencia 全能

ómnibus [ɔmnibus] 男《単複同形/～es》❶
《アルゼンチン》長距離バス；《ペルー・ウルグアイ》市内
バス． ❷《西》[各駅停車の] 普通列車 《tren
～》

omnidireccional [ɔmnidirekθjonál] 形 全
方向性の：antena ～ 全方向性アンテナ

omnímodo, da [ɔmnímoðo, ða] 形《文語》
すべてを包括した：poder ～ 大権

omnipotente [ɔmnipoténte] 形 [ser+] 全
能の；絶対的な権力を有する：La ley no es ～.
法律は万能ではない． el *O*～/Dios ～ 全能の神
omnipotencia [ɔmnipoténθja] 女 1) 全能：～ de Dios 神
の全能． 2) 絶対的な権力

omnipresente [ɔmnipresénte] 形 ❶ 同時
に色々なところにいる(ある)，遍在する：Dios es
～. 神はどこにでもいる． ❷ いつもいる(ある)：Es
～ en cualquier reunión. 彼はどんな集まりにも
必ず顔を出す
omnipresencia 女 遍在：～ divina 神の遍
在

omnisapiente [ɔmnisapjénte] 形 ＝**om-
nisciente**；博識の

omnisciencia [ɔmnisθjénθja] 女《文語》全
知

omnisciente 形 [ser+] 全知の

ómnium [ɔ́mnjun] 男《自転車》数種の競技を組み合わせたトラックのレース;《競馬》馬の年齢を問わないレース

omnívoro, ra [ɔmníβoro, ra] 形 男 雑食性の〔動物〕

omóplato/omoplato [omóplato/omopláto] 男《解剖》肩甲骨

OMS [óms] 女《略語》←Organización Mundial de la Salud 世界保健機構, WHO

-ón 《接尾辞》❶ [動詞+. 品質形容詞化] preguntón 質問好きな. ❷《示大》mujerona 大女, facilón 大変容易な

ona [óna] 形 名 オナ族〔の〔フエゴ島に住んでいたインディオ〕

onagra [onáɣra] 女《植物》マツヨイグサ

onagro [onáɣro] 男《動物》アジアロバ

onanismo [onanísmo] 男 ❶ オナニー, 自慰. ❷〔膣外射精のための〕中絶性交

onanista 形 名 自慰の;自慰をする〔人〕

once[1] [ónθe] 形 男 《英 eleven》 ❶ 11(の);11番目の.《サッカー》イレブン. ❷《南米》[las+] 軽食, 間食〔←aguardiente の11文字からか?〕: tomar (hacer) las ～〔s〕軽食をとる

tener la cabeza a las ～ 頭がからっぽである, ぼんやりしている

ONCE [ónθe] 女《略語》←Organización Nacional de Ciegos Españoles 国立スペイン盲人協会

onceavo, va [onθeáβo, βa] 形 男 11分の1(の)

onceno, na [onθéno, na] 形 11番目の〔undécimo〕

oncogén [oŋkoxén] 男《医学》腫瘍を起こす遺伝子

oncología [oŋkoloxía] 女《医学》腫瘍学 **oncológico, ca** 形 腫瘍学の

onda [ónda] 女 ❶〔水面の〕波〔ola〕. ❷《物理》波, 波動: longitud de ～ 波長. ～ amortiguada 減衰波. ～ corta (media・larga) 短(中・長)波. ～ ultracorta 超短波. ～ sonora 音波. ～ ultrasónica 超音波. ～s hertzianas ヘルツ波;〔放送の〕電波. ❸ 波打つもの:～s del pelo 髪のウエーブ. formar ～s 波打つ, ウエーブする. ❹《服飾》スカラップ

coger (captar・pillar)〔la〕～《口語》〔それとなく言われたことの〕真意をつかむ

estar en la misma ～ [2人に] 趣味(意見)が同じである

estar en la ～《口語》[+de 話題] 何のことかわかっている; [流行に] 遅れないでいる

¿qué ～?《中南米. 俗語》元気かい?

ondear [ondeár] 自 ❶ 波打つ; はためく: La bandera *ondea* en el mástil. マストに旗が翻っている. Sus cabellos *ondean* al viento. 彼女の髪が風になびいている. ❷ 波形である, うねっている

ondina [ondína] 女《神話》水の精, オンディーヌ **ondulación** [ondulaθjón] 女 波動; 起伏:～ del pelo 髪のウエーブ

ondulado, da [onduláðo, ða] 形 過分 波打った; 波状の: hierro ～ 波形鉄板. cartón ～ 段ボール

ondulante [ondulánte] 形 =**ondulado**

ondular [ondulár] 自《文語》波打つ, うねる
◆ 他〔主に髪を〕波打たせる; 縮れさせる:a+人 el cabello …の髪にウエーブをつける. El viento *ondulaba* el trigo. 小麦畑が風にそよいでいた
◆ ～se 波打つ, うねる: Ella *se ondula* al andar. 彼女は腰を振って歩く

ondulatorio, ria [ondulatórjo, rja] 形 波状の, 波動の: movimiento ～ 波状運動. mecánica ～ria 波動力学

oneroso, sa [oneróso, sa] 形 ❶《文語》[+a・para に] 重荷となる, やっかいな; 費用のかかる: Estas reuniones me resultan muy ～sas. こういう集まりはわずらわしい. Ese proyecto es muy ～ al (para el) municipio. その計画は市にとって大変な負担になる. impuesto ～ 重税. interés ～ 高利. ❷《法律》有償の: ayuda ～sa 有償援助

ONG 女〔単複同形/複 ONG's〕《略語》←Organización no gubernamental 非政府機関, NGO

ónice [óniθe]《時に 女》《鉱物》縞めのう, オニックス, オニキス

onicofagia [onikofáxia] 女《医学》爪をかむ癖, 咬爪症

onírico, ca [oníriko, ka] 形 夢の; 夢のような: escena ～ca 夢の中の情景

oniromancia [onirománθja] 女 夢占い

ónix [óniks] 男〔単複同形〕 =**ónice**

ONO《略語》←oestenoroeste 西北西

onomancia [onománθja] 女 姓名判断 **onomancía** 女 =**onomancia**

onomasiología [onomasjoloxía] 女《言語》名義論, 名称論

onomástico, ca [onomástiko, ka] 形 人名の, 固有名詞の: índice ～ 人名索引
◆ 女 霊名の祝日〔洗礼名の同じ聖人の祝日. fiesta ～ca〕; 固有名詞研究

onomatopeya [onomatopéja] 女 擬声語, 擬音語

onomatopéyico, ca 形 擬声語の

onoquiles [onokíles] 女〔単複同形〕《植物》アルカンナ

óntico, ca [óntiko, ka] 形《哲学》〔本質的〕存在の, 実体的な

ontogenia [ontoxénja] 女《生物》個体発生 **ontogénico, ca** 形 個体発生の

ontología [ontoloxía] 女《哲学》存在論 **ontológico, ca** 形 存在論的な: argumento ～〔神の存在に関する〕存在(本体)論的証明 **ontologismo** 男 本体論主義

ONU [ónu] 女《略語》←Organización de las Naciones Unidas 国際連合

onubense [onuβénse] 形 名《地名》ウエルバの〔人〕〔←Onuba (Huelva の古称)〕

onz.《略語》=**oz.**

onza [ónθa] 女 ❶ [重量の単位] オンス. ❷

[昔に] 1 オンス金貨〖～ de oro〗: media ～ 半オンス貨. ❸〖チョコレートの〗一かけら. ❹《動物》ユキヒョウ〖guepardo〗

onzavo, va [ɔnθábo, ba] 形 男 =**onceavo**

oogénesis [ooxénesis] 女 =**ovogénesis**

oogonia [oogónja] 女《生物》卵原細胞

oogonio [oogónjo] 男《植物》生卵器

oolito [oolíto] 男《鉱物》オーライト

oosfera [oosféra] 女《植物》卵球

OP《略語》←ordenador personal パソコン, PC

opa [ópa] 形 女《南米．軽蔑》愚かな〔人〕
◆ 間《中南米》〖呼びかけ〗やあ!〖hola〗

OPA [ópa] 女《略語》 ←Oferta Pública de Adquisición 公開買付け

opacar [opakár] 他《南米》不透明にする; さえなくする

opacidad [opaθiðá(ð)] 女 不透明[度], 不透過性;《哲学・言語》不透明性, あいまいさ

opaco, ca [opáko, ka] 形 ❶ 不透明な, 光を通さない〖↔transparente〗; [+a に] 不透過性の: cristal ～ 曇りガラス. pantalla ～ca a los rayos X エックス線を通さないスクリーン. ❷ 輝きのない, くすんだ: luz ～ca 鈍い光. persona ～ca さえない人, どことって取り柄のない人. fiesta ～ca わびしいパーティー. con voz ～ca 表情のない声で, ぼそぼそと

opado, da [opáðo, ða] 形 誇張した, 大げさな

opal [opál] 男《繊維》絹に似た薄い綿布

ópalo [ópalo] 男《鉱物》オパール: ～ noble (de fuego) ノーブル(ファイア)オパール

opalescente 形 オパールのような光彩を放つ

opalino, na [opalíno, na] 形 オパール色の, 〔青みがかった〕乳白色の. ◆ 男 乳白ガラス

opción [ɔpθjón] 女〖←optar〗 ❶ 選択〔の自由〕: Tienes la ～ de ir o no ir. 君は行っても行かなくてもどちらでもいい. ❷ [+a 地位・特典などを得る] 権利, 資格: Tengo ～ al ascenso. 私は昇進する資格がある. Como empleado tiene ～ a viajar a un precio reducido. 彼は社員なので割引で旅行できる. La entrada da ～ a la consumición. 入場料には飲食代も入っている. ❸《法律》選択権, 自由裁量権;《商業》選択売買, オプション. ❹《軍事》～ cero ゼロオプション. ❺ 圏 選択肢〔´〕

opcional [ɔpθjonál] 形 選択できる: asignatura ～ 選択科目. viaje (excursión) ～ オプショナルツアー.

op. cit.《ラテン語．略語》前掲(引用)書中に

open [ópen] 男《←英語．スポーツ》オープンゲーム〔の〕: torneo ～ オープントーナメント. ～ de tenis オープンテニス

OPEP [opép] 女《略語》 ←Organización de Países Exportadores de Petróleo 石油輸出国機構, OPEC

ópera [ópera] 女 ❶ 歌劇, オペラ: ～ bufa 軽喜歌劇. ～ cómica せりふを交えた歌劇. gran ～ グランドオペラ. ❷ オペラ劇場

operable [operáble] 形 手術可能な;《文語》実現可能な, 実行できる

operación [operaθjón] 女〖英 operation〗 ❶ 手術〖～ quirúrgica〗: hacer una grave

～ del cerebro 脳の大手術をする. ❷ 操作; 働き, 作用: El transporte de la nitroglicerina es una ～ delicada. ニトログリセリンの輸送は難しい作業だ. ～ automática オートメーション. ～ retorno《西》[休暇からの] U ターンラッシュ. ❸《軍事》[主に 圏] 作戦, 作戦行動〖～ bélica〗: ～ [de] limpieza 掃討作戦; 大掃除. ❹《商業》取引, 売買〖～ comercial・mercantil〗 ～ bursátil 株式取引. operaciones de compra 買いオペレーション. ❺《数学》演算〖～ aritmética・matemática〗

operacional [operaθjonál] 形 作戦[行動]の; 演算の

operador, ra [operaðór, ra] 名 ❶ [手術の] 執刀者. ❷《映画・テレビ》撮影技師, カメラマン; 映写技師. ❸ [機械の] 操作者, オペレーター. ❹ 無線通信士; 電話交換手. ❺《商業》ディーラー
◆ 男《数学》演算子

operando [operándo] 男《数学》演算数

ópera prima [ópera príma]《ラテン語》処女作, 第一作

operar [operár] 他 ❶ [+a に, +de+部位・病名 の/+a+人 に, +部位 の] 手術をする: Lo operaron del corazón (de apendicitis). 彼は心臓(盲腸)の手術をした. ❷《文語》[ある結果を] もたらす: La radio ha operado grandes cambios en los últimos tiempos. ラジオは近代にある変化をもたらす. ～ una curación 治療を行なう. ～ un milagro 奇跡をもたらす
◆ 自 ❶ 手術をする. ❷《文語》i) 作用する: La medicina empezó a ～. 薬が効き始めた. ii) 行動する; 作業する, 働く;《軍事》軍事行動をする: Tenemos que ～ sin suficiente conocimiento del asunto. 我々はその件について十分知らないまま行動しなければならない. iii) 商取引をする: Siempre operan con grandes sumas de dinero. 彼らはいつも大金を動かしている. ❸《数学》演算をする
◆ ～se ❶ 手術を受ける: Mi abuela se operó [de] las cataratas. 祖母は白内障の手術をした. ❷《文語》行なわれる, 起こる: Se ha operado un cambio favorable en el enfermo. 病人に良い変化が現われた

operario, ria [operárjo, rja] 名《文語》工員, 作業員

operativo, va [operatíbo, ba] 形 ❶ [ser+] 効果のある, 効果的な: medida ～va 有効な手段. ❷ [estar+] 作業(操作)の: investigación ～va オペレーションズリサーチ. velocidad ～va《情報》処理速度. ❸ 活動(作動)中の
◆ 男《南米》作戦行動

operatividad 女 有効性; 作業能力, 操作性

operatorio, ria [operatórjo, rja] 形 手術の
◆《主に中南米》作業員

opérculo [opérkulo] 男 [巻き貝の] ふた; [魚の] えらぶた

opereta [operéta] 女 オペレッタ, 軽歌劇 de ～ 悪い

operístico, ca [operístiko, ka] 形 オペラの

opiáceo, a [opjáθeo, a] 形 男 アヘンの；アヘン剤

opimo, ma [opímo, ma] 形 《古語》豊富な 『abundante』

opinable [opináble] 形 議論の余地のある

opinar [opinár] 自 [+que+直説法] …という意見である：*Opina que se debe promover el plan.* 彼は計画を推進すべきだという意見である． *¿Qué opina usted de este asunto?* この件についてどう思いますか？
◆ 自 [+sobre·de について] 意見を言う，意見を持つ：*Opina mal de tu hermano.* 君は君の弟のことを悪く言っている． *Yo no opino en política.* 私は政治についての意見は差控える

opinión [opinjón] 女 『英 opinion』意見，見解，評判：*¿Qué ~ tiene usted sobre esto?* これについてご意見はいかがですか？ *dar (decir·emitir) su ~* 意見を述べる． *cambiar de ~* 意見を変える． *~ ajena* 他人の意見． *~ general* 一般の考え． *~ pública (común)* 世論
abundar en la misma ~ 同意する，同意見である
en ~ de+人 …の意見によれば：*En mi ~ está equivocado.* 私の意見では彼は間違っているよう
gozar (disfrutar) de buena (mala) ~ 評判がよい(悪い)：*No goza de buena ~ entre sus compañeros.* 彼は仲間内でいい評価を受けていない
tener buena (mala) ~ de... …をよく(悪く)思う

opio [ópjo] 男 アヘン(阿片)：*guerra del ~* アヘン戦争

opíparo, ra [opíparo, ra] 形 [食事が]豪華でふんだんにある

opistódomo/opistodomo [opistódomo/-toðó-] 男 《考古》オピストドモス 『古代ギリシア神殿後部の宝物庫』

oploteca [oplotéka] 女 [主に昔の]武器の収集

oponente [oponénte] 形 男 [+a に]対抗する(人)，相手：*su ~ en el debate* 彼の論敵

oponer [oponér] 他 《過分 opuesto》 [+a に対抗して]置く，対置する：*A las armas modernas del enemigo ellos sólo podían ~ sus armas anticuadas.* 敵の近代的な兵器に対して彼らは時代遅れの武器しか持っていなかった． *~ obstáculos* 妨害する． *~ resistencia* 抵抗する． *~ un muro contra la nieve* 防雪壁を設ける
◆ -se 『英 oppose』❶ [+a に]反対する；妨げる：i) *Se opone a la boda de su hija.* 彼は娘の結婚に反対している． *El oleaje se oponía al avance de la barca.* 波の抵抗を受けてボートが進まなかった． ii) [+a+不定詞·que+接続法] *Me opongo a pensar así.* 私はそのように考えることに反対だ． *La madre se opone a que su hijo aprenda karate.* 母親は息子が空手を習うのに反対している． ❷ [互いに]対立する：*Las dos fuerzas se oponen.* 2つの勢力が対立してい

る． ❸ 反対である：*Su opinión se opone a la mía.* 彼の意見は私と正反対だ． *Se oponen sus caracteres.* 彼らの性格はまるで違う． ❹ =**opositar**

oporto [opórto] 男 ポートワイン 『ポルトガル産』

oportunidad [opor̃tuniðá(ð)] 女 『英 opportunity』❶ 好機，好都合：*No he tenido todavía ~ de visitar España.* 私はまだスペインを訪れる機会がない． *Aprovechó la ~ para marcharse.* 彼はチャンスをとらえて逃げ出した． ❷ [時に 複] 安売り，バーゲン：*O~es* 《中南米・表示》安売り． *comprar... en ~* バーゲンで…を買う． *precio de ~* 安売り価格． *sección de ~es* 安売り会場． ❸ 《中南米》場合，時 『ocasión』

oportunismo [opor̃tunísmo] 男 日和見主義，ご都合主義

oportunista [opor̃tunísta] 形 日和見主義の(主義者)，オポチュニスト

oportuno, na [opor̃túno, na] 形 『英 opportune』❶ [ser+. 行為·出来事が]タイムリーな，都合のよい：i) *Es una lluvia muy ~na.* 干天の慈雨だ． *Llegó en el momento ~.* 彼はちょうどいい時に来た． *Venga cuando le sea ~.* 都合のいい時においでください． *advertencias ~nas* タイミングのよい注意． *respuesta ~na* 適切な返事． ii) [ser+不定詞·que+接続法] *Sería ~ partir mañana.* 明日出発するのがいいでしょう． *Es ~ que telefonees antes.* 前もって電話する方がいいでしょう． ❷ [人が応答で]機知に富んだ，当意即妙の答えをする：*Estuvo muy ~ en sus respuestas.* 彼は実にうまい受け答えをした

oposición [oposiθjón] 女 ❶ 反対；対立，対抗：*No pudo presentar ~ alguna a los padres.* 彼は両親に何も反対できなかった． *El proyecto de ley ha encontrado una fuerte ~ popular.* 法案は民衆の強い反対に会った． *Hay una ~ entre buenos y malos.* 善と悪が対立している． ❷ [政] 野党の人，反対派：*La ~ votó en contra.* 野党は反対票を投じた． ❸ 《西》[主に 複] 競争試験 『concurso (deportivo) ~. ↔concurso de méritos』；[+a 公務員の採用など] 就職試験：*aprobar las oposiciones a notario* 公証人の採用試験に合格する． ❹ 《天文》衝(しょう)

opositar [opositár] 自 [+a·para の]競争試験を受ける：*~ a la cátedra de latín* ラテン語の教師の採用試験を受ける

opositor, ra [oposito̞r, ra] 名 ❶ [競争試験の]志願者，受験者． ❷ 対立者：*candidato ~* 対立(相手)候補

oposum [oposún] 男 《動物》オポッサム，フクロネズミ

opresión [opresjón] 女 ❶ 抑えつけること；抑圧，圧制：*sufrir bajo la ~* 圧制に苦しむ． ❷ 圧迫感，息苦しさ：*Siento ~ en el pecho.* 私は胸苦しい

opresivo, va [opresíβo, βa] 形 ❶ 抑圧の；

gobierno 〜 抑圧的な政府. régimen 〜 圧制. ❷ 重苦しい：clima 〜 うっとうしい気候

opresor, ra [opres5r, ra] 形 名 抑圧する〔人〕, 圧制者

oprimir [oprimír] 他 ❶《文語》締めつける《apretar》；[ボタンを] 押す《presionar》：Este cinturón me *oprime* mucho. このベルトはときもきつい. ❷ 抑圧する：〜 la libertad 自由を抑圧する. 〜 a los débiles 弱者を虐げる. los *oprimidos* 被抑圧者たち. ❸ 重苦しい気分にする, 不安にさせる：*Oprimieron* su corazón aquellos recuerdos. その思い出が彼の心に重くのしかかっていた

oprobio [opróbjo] 男《文語》恥辱, 汚名：cubrir de 〜 el renombre 名声に泥を塗る. (y) para mayor 〜 さらに恥ずかしいことに

oprobioso, sa 形 恥ずべき, 不名誉な

OPS 女《略語》←Organización Panamericana de Salud 汎米衛生機構

optar [optár] 自 ❶ [+por を/+entre の中から] 選択する：〜 *por* una medida conciliadora 懐柔策をとることにする. 〜 *por* callar 黙っていることにする. 〜 *entre* varias obras (varios candidatos) いくつかの作品(数人の候補者)から選ぶ. ❷ [+a・por 地位などを] 志望する：Con sus antecedentes podrá 〜 *a* un puesto de jefe de sección. それだけの経歴があれば課長になれますよ

optativo, va [optatíbo, ba] 形 ❶ 選択できる：clase 〜*va* 選択クラス. ❷ 希求の
◆ 男《言語》希求法《modo 〜》
◆ 女 選択科目《asignatura 〜*va*》

óptica¹ [5ptika] 女 ❶ 光学；眼鏡の製造技術：〜 electrónica 電子光学. ❷ 眼鏡店；光学機械店. ❸ 視点, 観点《punto de vista》

óptico, ca² [5ptiko, ka] 形 ❶ 目の, 視覚の：nervio 〜 《解剖》視神経. ❷ 光学〔用〕の：instrumento 〜 光学器械. (tele)comunicación 〜*ca* 光通信
◆ 名 眼鏡屋；光学器械業者

optimar [optimár] 他《文語》=optimizar

optimación 女 =optimización

optimate [optimáte] 男 名士, 大人物

optimismo [optimísmo] 男 楽天主義, 楽観〔論〕《↔pesimismo》：ver... con 〜 …を楽観する

optimista [optimísta] 形 ❶ 《ser+》楽天的な, 楽観論的な《↔pesimista》. ❷ 《estar+》強気になっている, 楽観している
◆ 名 楽天家

optimizar [optimiθár] 他《文語》最善のものにする, 最も効果的にする；《情報》最適化する

optimización 女 最善のものにすること；最適化

óptimo, ma [5ptimo, ma] 形《bueno の絶対最上級. ↔pésimo》大変良い：Esta máquina tiene un rendimiento 〜. この機械は非常に効率がいい

optoelectrónica [optoelektrónika] 女 電子光学

optometría [optometría] 女 検眼, 視力検査

optómetro 男 眼計測計, 視力検査器

opuesto, ta [opwésto, ta] 形 過分《←oponer》❶ [+a に] 反対する, 敵対する：Él es 〜 a toda reforma. 彼はあらゆる改革に反対だ. bando 〜 対立派. ❷ 対照的な, 反対の：Hay dos versiones 〜*tas* de lo ocurrido. その出来事について対立する2つの見解がある. en sentido 〜 逆の意味では. ❸ 向かい合った, 反対側の：Él y yo vivimos en las orillas 〜*tas* del río. 彼と私は川をはさんで住んでいる. acera 〜*ta* 向こう側の歩道. ❹《植物》hojas 〜*tas* 双生葉

opugnar [opugnár] 他《文語》攻撃する；反論する《contradecir》

opulencia [opulénθja] 女 ❶ [肉体的な] 豊満さ. ❷ 豊かさ；富裕さ：vivir en la 〜 豪勢な生活をする

opulento, ta [opulénto, ta] 形 ❶ 豊満な：pecho 〜 豊満な胸. ❷ 豊かな；富裕な：vegetación 〜*ta* 緑豊かな草木. vida 〜*ta* 豪奢な暮らし

opus [5pus] 男《単複同形》《←ラテン語. 音楽》作品(番号)：O〜 68 Sinfonía pastoral 作品68『田園』

opúsculo [opúskulo] 男 小論文, 小品；パンフレット《folleto》

Opus Dei [5pus dei] 男《←ラテン語》オプス・デイ《スペインを中心としたカトリックの宗教団体》

oquedad [okeða(ð)] 女《文語》空洞, 穴

oquedal [okeðál] 男 [雑草・灌木のない] 木ばかりの山

oquis [5kis] *de* 〜《中米》無料で, ただで

-or《接尾辞》[形容詞+. 名詞化. 性状] amar*gor* 苦味

ora [5ra] 接《←ahora》《文語》[繰返して] 時には…また時には…, あるいは…またあるいは…：*Ora* andando, 〜 descansando, llegó al fin a esa aldea. 歩いたり休んだりしながら, 彼はついにその村に着いた

oración [oraθjón] 女 ❶ 祈り〔の文句〕, 祈禱(きとう)：rezar sus *oraciones* お祈りをする. vivir entregado a la penitencia y a la 〜 苦行と祈りの生活を送る. toque de *oraciones* 晩のお告げ(アンジェラス)の鐘, 晩鐘. ❷《文法》文；節《proposición》：〜 principal 主節. 〜 subordinada 従属節. 〜 simple (independiente) 単文. 〜 compleja (compuesta) 複文. 〜 interrogativa 疑問文. parte de la 〜 品詞. ❸ 演説, 式辞《discurso》：pronunciar una 〜 fúnebre 弔辞を述べる
romper las oraciones 話の腰を折る

oracional [oraθjonál] 形 文の；節の：complemento 〜 補語節

oráculo [orákulo] 男 ❶ 神託, 託宣, 神託所：〜 de Delfos デルフォイの神託〔所〕. ❷《時に皮肉》権威者. ❸《植物》〜 del campo カミツレ《manzanilla》

orador, ra [orad5r, ra] 名 演説者, 弁士；雄弁家：〜 sagrado 説教家

oral [orál] 形 ❶ 口頭の, 口伝えの：promesa

～ 口約束. examen ～ 口頭試問, 口述試験.
lección ～ [実技に対して] 講義. literatura
～ 口承文学. ❷ 口の；経口の: por vía ～ 経
口で. anticonceptivo ～ 経口避妊薬. ❸《言
語》[鼻音に対して] 口音の

oralmente 圖 口頭で；経口的に

orangután [oraŋgután] 男《動物》オランウー
タン

orar [orár] 圓《文語》❶ [+por·en favor de
のために] 祈る, 祈りを捧げる: ～ por los muer-
tos 死者のために祈る. ❷ 話す〖hablar〗

　　orante 祈りの姿勢の. ◆ 名《美術》[立像
の] 祈禱像

orate [oráte] 名《狂暴な》狂人: casa de ～s
精神病院

oratorio, ria [oratórjo, rja] 形 雄弁術の；
弁論の, 演説の；雄弁家の: tono ～ 演説口調
◆ 男 ❶ 祈禱室, 小礼拝堂. ❷《宗教》[O～]
オラトリオ会. ❷《音楽》オラトリオ
◆ 女 雄弁術；誇張的な文体, 修辞: concurso
de ～ria 弁論大会

orbe [órbe] 男 ❶ 球, 円；天体；地球. ❷《文
語》世界: en todo el ～ 世界中に. ❸《魚》ハ
リセンボン

　　orbicular 形《解剖》músculo ～ 輪筋

órbita [órbita] 女《天文》軌道: describir
una ～ redonda alrededor de la tierra 地球
の回りに円軌道を描く. poner un satélite en
～ 衛星を軌道に乗せる(打ち上げる). ❷ [活
動·影響などの] 範囲: ～ de actuación 活動
範囲. ～ de influencia 勢力(管轄)範囲. ❸
《解剖》眼窩(がんか): Se le iban a salir los ojos
de las ～s. [驚き·恐れ·怒り·苦痛などで] 彼の
目の玉は飛び出るほどだった(目をむいて見開いた).
❹《物理》電子軌道

　　orbitador 男 オービター〖スペースシャトルの本
体〗

　　orbital 形 軌道の；眼窩の: vuelo ～ 軌道飛
行

　　orbitar 圓 軌道に乗る, 軌道を描く

orca [órka] 女《動物》シャチ

orco [órko] 男《古代ローマ》冥界, 黄泉の国

ord. 《略記》←orden 注文, 指図

órdago [órdaɣo] 男 [mus のゲームで, 賭けの]
上乗せ金
de ～ 《口語》[大きさ·美しさなどが] すごい, 桁外
れの: finca de ～ すごく広い地所

ordalía [ordalía] 女 [くがたちのような中世の]
神盟裁判, 試罪法

orden [órden] [英 order. 複 órdenes]
男 ❶ [主に 男] 順序, 順番: Los
libros están en ～ alfabético. 本はアルファベ
ット順に並んでいる. No se ha observado ～
particular alguno. 順不同. fijar el ～ 順番
を決める. ～ de palabras 語順. ～ del día
医名 議事日程, 審議事項
❷ [主に 男] 秩序, 正常な状態；整頓: man-
tener (perturbar) el ～ 秩序を保つ(乱す).
～ establecido 既成秩序. ～ natural (de la
naturaleza) 自然の理法. ～ público 治安.
～ social 社会秩序. ¡O～ en la sala! [裁判

長の言葉] 法廷では秩序を保つように
❸《文語》[事物の] 性質；分野, 領域: asun-
tos de ～ económico 経済(的な)問題. en
otro ～ de cosas 話は変わって, 一方
❹ 序列: de primer ～ 一流の
❺《軍事》隊形: estar en ～ de batalla 戦闘
隊形にある
❻《生物》[分類上の] 目(もく)
❼《建築》オーダー: ～ dórico (jónico·corin-
tio) ドーリア(イオニア·コリント)式オーダー. ～
compuesto イオニア式とコリント式の複合オーダ
ー
❽《カトリック》品級(叙階)の秘跡〖～ sacerdo-
tal·sagrado〗
❾《数学》次数
❿ [昔の] 階級, 身分: ～ senatorial《古代ロー
マ》元老院議員階級
de ～ 保守的な, 体制的な
del ～ *de...*《文語》およそ…の: Serían del ～
de doscientos invitados. 招待客は 200 人位
だろう
en ～ きちんと, 整然と；必要なものがそろってい
る: salir *en* ～ de la clase 整然と教室を出る.
La casa está *en* ～. その家は整頓が行き届い
ている. Llevo la documentación *en* ～. 私,
の書類はそろっている
en ～ *a...*〖←英語〗…のために；…に関して:
Debe hacerse *en* ～ *a* nuestra tranquili-
dad. そうすることは我々の安泰のために必要であ
る. Es lo apropiado *en* ～ *a* nuestra si-
tuación. 我々の立場からすればそれが適切である
en ～ *de... =por* ～ *de...*
llamar al ～ *a*+人 [規則を守るように] …を
叱責する
poner... en ～ …を整理(整頓)する: poner
en ～ el cuarto (los papeles) 部屋を片付け
る(書類をきちんと並べる)
por ～ 順序どおりに, 順序よく: contar los
hechos *por* ～ 出来事を順を追って話す
por ～ *de...* …の順序で: colocarse *por* ～
de aparición 来た順に並ぶ. *por* ～ *de* edad
年齢順に
por su ～ 順に従って: Todas las cosas
vendrán *por su* ～. すべてのことはしかるべき順
序を追って起こるだろう
◆ 女 ❶ 命令, 指令；指図；注文: i) seguir
la ～ (órdenes) 命令に従う. ～ de búsqueda (de busca) y captura 手配書. ～ de detención (de
arresto) 逮捕状. ～ judicial 裁判所命令.
～ ministerial 省令. ii) [+de+不定詞/+
[de] que+接続法] Hemos recibido la ～ de
dispersarnos. 私たちは解散するようにという命
令を受けた. El jefe nos ha dado la ～ de que
acabemos pronto. 上司は早く終えるように私
たちに命じた. iii)《商業》En espera de vuestras
órdenes, ご注文をお待ちつつ. ～ de com-
pra 買い注文；注文書. ～ de pago 支払い指
図書. ～ permanente de pago 銀行に対する
定期的支払い命令, 自動振替. iv)《軍事》～
del día 日々命令. v)《情報》指令
❷《キリスト教》i) 修道会〖～ religiosa〗: ～

del carmelo カルメル会. ～ benedictina ベネディクト会. ii)〔時に 複〕. 主に 宗. 聖職者の〕品級〖～ sagrada. 参考 現在においては diácono, presbítero, sacerdote の3つ. かつては *órdenes mayores* 上級聖品（叙階）（下から subdiácono, diácono, presbítero の3つ）, *órdenes menores* 下級聖品（叙階）（下から portero, lector, exorcista, acólito の4つ）に分かれていた〗 **❸** 勲位, 勲等；勲章：～ civil (military) 文官（軍人）の勲位. ～ de Carlos III カルロス3世勲章 **❹**《歴史》騎士団〖～ militar・de caballería〗 *¡a la ～!* かしこまりました!/《軍事》はい, 了解しました〖英 yes, sir〗 *a sus órdenes* 何なりとご用命ください/〔初対面の挨拶 名乗ってから〕どうぞよろしく/《軍事》はい, 了解しました *de ～ de...* …の命令（指示）により *estar a la ～ del día* 頻繁（時代の風潮）である：Los accidentes de tráfico *están a la ～ del día*. 交通事故は日常茶飯事である *por ～ de+人* …の命令で

ordenación [ɔrðenaθjón] 囡 **❶**〔司祭の〕叙階〔式〕. **❷** 配置, 配列：～ de los libros 本の並べ方. ～ del suelo／ urbana 用途地域. plan de ～ del territorio 国土計画. **❸**〔絵などの〕構成. **❹**《情報》ソート. **❺** ～ de pagos〔官庁の〕支払い命令を出す部局

ordenado, da [ɔrðenáðo, ða] 厖 過分 **❶** [estar+] 整理された, 秩序ある：habitación ～*da* きちんと片付いた部屋. **❷** [ser+] きちょうめんな
◆ 图〔叙階を受けた〕聖職者
◆ 囡《数学》縦座標〖↔abscisa〗

ordenador¹ [ɔrðenaðór] 圐《西》コンピュータ：～ de (sobre)mesa デスクトップコンピュータ. ～ personal パソコン

ordenador², ra [ɔrðenaðór, ra] 厖 图 秩序づける；整理好きの〔人〕；命令する〔人〕

ordenamiento [ɔrðenamjénto] 圐 集合 **❶** 法令：～ escolar 学校教育法. O～ de Alcalá アルカラ法令集〖1348 年〗. **❷** =**ordenación ❷**

ordenancismo [ɔrðenanθísmo] 圐 規則厳守主義
ordenancista 厖 图〔命令・規則について〕厳しい〔人〕, 厳守する（させる）

ordenando [ɔrðenándo] 圐《キリスト教》受階者

ordenanza [ɔrðenánθa] 图〔会社の〕お使いさん, 使い走りの人. ◆ 圐《軍事》当番兵, 従卒
◆ 囡〔主に 集合的に〕法規, 法令：～*s municipales* 市条例

ordenar [ɔrðenár] 他〖英 arrange, order〗 **❶** 整理する, 秩序（順序）立てる：～ un armario たんすの中を整理する **❷** 命じる：i) El médico me *ordenó* reposo completo. 医者は私に絶対安静を命じた. ii) [+不定詞／+que+接続法 するように] Me *ordenó* salir inmediatamente de ahí. 彼は私にそこから直ちに立ち

去るように命じた. El maestro le *ordenó que* preparara la siguiente lección. 先生は彼に次の課を予習するように命じた. **❸** [+a・hacia 目的に向かって] 方向づける：*Ordené* todos mis esfuerzos *a* buscar una solución. 私は解決法を捜すためにあらゆる努力を傾けた. **❹**《キリスト教》叙階する, 品級を授ける. **❺**《中南米》〔食堂などで〕注文する
〖de〗 *ordeno y mando* [命令を下すのは私だというような] いばりくさった態度〔の〕
◆ ～*se* **❶** 整列と並ぶ, 配置される：Los soldados *se ordenaron* en dos filas. 兵士たちは2列に並んだ. **❷** [+de] 叙階される：Se ha *ordenado de* sacerdote. 彼は司祭に叙階された

ordeñar [ɔrðeɲár] 他 **❶** …の乳を搾る：～ [a] una vaca 牛の乳を搾る. **❷**〔実・葉を取るために…の枝を〕しごく：～ los olivos オリーブの実をしごいて取る
ordeñador, ra [ɔrðeɲaðór, ra] 厖 图 乳を搾る〔人〕. ◆ 囡 搾乳器〖máquina ～*ra*〗

ordeño [ɔrðéɲo] 圐《西》搾乳；しごくこと：hacer (realizar) el ～ 搾乳をする. a ～ 搾る（しごく）ように

órdiga [ɔ́rðiga] 囡 *¡[anda] la ～!*《俗語》〔驚嘆〕これはすごい（驚いた）！

ordinal [ɔrðinál] 厖 順序の：adjetivo numeral ～ 序数形容詞
◆ 圐 序数〖número ～〗

ordinariamente [ɔrðinárjamente] 剾 **❶** 通常は：La cena es ～ a las ocho. 夕食はいつも8時だ. **❷** 粗野に

ordinariez [ɔrðinárjeθ] 囡 平凡さ；粗野な言動, 不作法

ordinario, ria [ɔrðinárjo, rja] 厖〖英 ordinary〗 **❶** 普通の, 通常の；日常の, いつもの：coche ～ 普通乗用車. correo ～ 普通郵便. tarifa ～*ria* 普通料金. lenguas ～*rias* 日常語. gastos ～*s* 日々の支出. comité ～ 常任委員会. **❷** 平凡な, ありふれた；下等な：tela ～*ria* ありふれた布, 品質の悪い布. **❸** 粗野な, 下品な：La dueña era una mujer ～*ria*. 店主はがさつな女だった
〖de〗 ～ いつもは, 普通：De ～ voy al trabajo a pie. 私はふだん歩いて仕事に行く. como de ～ いつものとおり
◆ 图 粗野な人, 下品な人
◆ 圐 使い走り（荷物運び）の男

ordinograma [ɔrðinográma] 圐《情報》フローチャート

ordovícico, ca [ɔrðoβíθiko, ka] 厖 圐《地質》オルドビス紀〔の〕

oréade [oréaðe] 囡《神話》〔主に 複〕オレイア〖山の精〗

orear [oreár] 他 風に当てる；…に風を入れる：～ las sábanas シーツを風に当てる（外で干す）. ～ el cuarto 部屋の換気をする. ～ las pieles〔人が〕外気に当たる
◆ ～*se*〔戸外の〕空気を吸う, 外気に当たる：salir a ～*se* 風に当たりに（気分転換しに）外へ出る

orégano [orégano] 圐《植物・香辛料》ハナハッ

カ, マヨナラ, オレガノ

no todo el monte es ~ 人生すべて順風満帆とはいわない

oreja [oréxa] 囡《英 ear》❶ 耳, 耳殻, 耳介《願義 oreja は外耳, oído は聴覚器官全体》; 耳朶(❀): tirar de las ~s a+人〔罰として〕…の耳をひっぱる. ❷ 圈《両手付きのカップの》取っ手. ❸ 圈《ソファの背上部の両側に突き出た》袖: sillón de ~s 袖椅子, ウイングチェアー

◆ 图《中米》密告者; 盗み聞きする人

agachar las ~s〔議論で〕かぶとを脱ぐ, 脱帽する

aguzar las ~s 聞き耳を立てる, 耳を澄ます

apearse por las ~s へまをする, やりそこねる

aplastar la ~ =planchar la ~

asomar la ~ =enseñar la ~

bajar las ~s =agachar las ~s

calentar las ~s a+人 …を叱責する, 殴る; …の神経にさわる

con las ~s gachas (caídas) 《口語》落胆して, 打ちしおれて; 恥じ入って

de ~ a ~ 入口を開けて

enseñar (descubrir) la ~ 正体(本心)をいま見せる, しっぽを出す

mojar la ~ a+人 …にけんかをふっかける, 挑発する; …をしのぐ, 上回る

~ de burro 本のページの隅の折れ

~s de burro 両耳の横で手をヒラヒラさせる侮辱を表わす仕草《➡カット》

~s de soplillo 立った耳; 大きい耳

parar la ~ 《中南米》耳をそば立てる

planchar la ~ 《口語》寝る

poner ~s coloradas a+人《口語》…に恥をかかせる, 面目をつぶす

ser un ~s 耳が大きい

tirar de+人 de las ~s 〔祝福のために〕…の耳を引っ張る; …を叱りつける

verse la ~ a+人《口語》…の正体を見る, しっぽをつかむ

orejear [orexeár] 圓〔動物が〕耳を動かす

orejera [orexéra] 囡《服飾》耳覆い, 耳当て

orejón, na [orexón, na] 厖 大きな耳をした;《中南米》粗野な, 野暮ったい〔orejudo〕

◆ 圐 ❶〔罰として〕耳をひっぱること. ❷《桃・アンズなどの》乾燥果実

orejudo, da [orexúðo, ða] 厖《軽蔑》長い(大きな)耳をした

◆ 圐《動物》ウサギコウモリ

orejuela [orexwéla] 囡《両手鍋などの》取っ手, 耳

orensano, na [orensáno, na] 厖 图《地名》オレンセ Orense の〔人〕《ガリシア地方の県・県都》

oreo [oréo] 圐《←orear》❶ 外気にさらすこと; 通風, 換気. ❷ 気分転換の散歩

oretano, na [oretáno, na] 厖 图《歴史・地名》オレタニ Oretania の〔人〕《現在の Ciu-

dad Real 県, Toledo 県, Jaén 県》

orfanato [orfanáto] 圐 孤児院

orfandad [orfandá(ð)] 囡 ❶ 孤児という境遇; 孤児への手当. ❷ 見捨てられた(援助や保護のない)状態

orfebrería [orfebrería] 囡 金銀細工〔品〕

orfebre 图 金銀細工師(商)

orfelinato [orfelináto] 圐《←仏語. 主に南米》=orfanato

orfeón [orfeón] 圐 合唱団

orfeonista 图 合唱団員

orfismo [orfísmo] 圐《古代ギリシア》オルペウス教

orfo [órfo] 圐《魚》タイの一種

organdí [organdí] 圐 圈 ~[e]s《繊維》オーガンジー

organicismo [organiθísmo] 圐 社会有機体説;《医学》器官説

orgánico, ca [orgániko, ka] 厖 ❶ 器官の: lesión ~ca 器質的な損傷. ❷ 有機体の; 有機的な: materia ~ca 有機物. compuesto ~ 有機化合物. establecer una relación ~ca 有機的な関係を作り上げる

organigrama [organigráma] 圐《企業などの》組織図;《情報》フローチャート

organillo [organíʎo] 圐《楽器》手回しオルガン

organillero, ra 图 その奏者

organismo [organísmo] 圐 ❶《生物》有機体, 生物; 人体: Su ~ está desgastado. 彼の体は消耗している. ❷ 機関, 機構: ~s de gobierno 政府機関. ~s internacionales 国際機関

organista [organísta] 图〔パイプ〕オルガン奏者

organización [organiθaθjón] 囡《英 organization》❶ 組織, 組織化: organismo: O~ Mundial de la Salud 世界保健機構, WHO. ❷ 組織化, 編成, 構成: ~ de una excursión 遠足の企画. ~ de los papeles 書類の準備. facultad de ~ 組織力. gastos de ~ 創業費

organizado, da [organiθáðo, ða] 厖 過分 ❶ 組織化された; 整然とした: obreros ~s 組織労働者. sociedad ~da 組織された社会. campeonato ~ por... …主催の選手権試合. fichero ~ きちんと整理されたファイル. ❷ [ser+. 人が] てきぱきした

organizador, ra [organiθaðór, ra] 厖 組織する: comité ~ 組織委員会. país ~ 主催国

◆ 图 組織者, まとめ役; 主催者

organizar [organiθár] 他 ❶ 組織する, 編成する; 設立する; 主催する: ~ una manifestación デモを組織する. ~ una empresa 会社を作る. ❷ 計画する, 準備する: *Organizaré las vacaciones.* 休暇の予定を立てよう. ~ una fiesta パーティーの準備をする. ~ el trabajo 仕事の段取りをする

◆ ~se ❶ 自分の仕事(時間)をきちんと組織する: Tienes que ~te. 手際よくしなければいけないよ. ❷〔組織を〕自発的に作る: *Se organizó una colecta.* 彼は募金運動を始めた. ❸《西》

[騒動などが] 起きる

órgano [ɔ́rɡano] 男 ❶ 《解剖》器官〖aparato の一部〗: i) trasplante de ~s 臓器移植. ii) 《婉曲》陰茎〖pene〗. ❷ [機械の一部の] 装置; ~ de transmisión 伝動装置. ❸ 機関, 機構: ~ administrativo 行政機関; 執行部. ~ de investigación 研究機関. ❹ [政党など の] 機関紙. ❺ 《楽器》パイプオルガン; オルガン: ~ electrónico 電子オルガン. ❻ 《植物》巨大な サボテンの一種

organogénesis [ɔrɡanɔxénesis] 女 〖単複 同形〗器官形成

organogenia [ɔrɡanɔxénja] 女 器官形成 学

organografía [ɔrɡanɔɡrafía] 女 器官学

organología [ɔrɡanɔlɔxía] 女 器官研究, 臓器学

orgánulo [ɔrɡánulo] 男 《生理》感覚終末器

organza [ɔrɡánθa] 女 = **organdí**

orgasmo [ɔrɡásmo] 男 《生理》オルガスム, 絶 頂感: llegar al ~ オルガスムに達する.　tener un ~ オルガスムを感じる

　orgásmico, ca 形 オルガスムの

orgía [ɔrxía] 女 ❶ [古代ローマで行われたよう な] 酒池肉林の宴会; 乱交パーティー. ❷ 過度 の熱中, 耽溺

　orgiástico, ca 形 乱痴気騒ぎの

org[nl]. 《略語》← original 原本

orgullo [ɔrɡúʎo] 男 〖英 pride〗 ❶ 自尊心, 誇 り: Tiene un gran ~ por su obra. 彼は自分 の作品を大変誇りに思っている.　Sentimos ~ de su valentía. 私たちは彼の勇気を誇りに思う. Los hijos son mi ~. 子供たちは私の自慢だ. con ~ 満足げに, 誇らしげに. ❷ 思い上がり, 傲 慢(ホミン): tener mucho ~ 大変思い上がっている

orgulloso, sa [ɔrɡuʎóso, sa] 形 [ser+. 良い意味で] 自尊心の強い, 誇り高い: Es de- masiado ~ para reconocer su error. 自分 の誤りを認めるには彼の自尊心が許さない. ❷ [estar+. +de・con 名] 自慢する: Los padres se sintieron ~s de su hija. 両親は娘を誇りに 思った. Está muy ~ con su coche nuevo. 彼 は新車に乗って鼻高々だ. ❸ [estar+] 高慢な, 傲慢な

orgullosamente 副 誇らしげに; いばって

orientación [ɔrjentaθjón] 女 ❶ 方位(位 置)の決定: perder la ~ 方角がわからなくなる. tener sentido de la ~ 方向感覚が鋭い. ❷ [建物などの] 向き; [進路などの] 方角, 傾向: ~ de la fachada 正面が向いている方角. Seguí la ~ que me indicaron. 私は指示され た方向をたどった. Es manifiesta su ~ hacia las letras. 彼が文学に向いていることは明らかだ. ❸ 方向づけ, 指導, オリエンテーション, ガイダンス: ~ profesional 就職指導. ❹ 《スポーツ》オリエ ンテーリング

orientador, ra [ɔrjentaðór, ra] 形 指導する

oriental [ɔrjentál] 形 〖↔occidental〗 ❶ 東 の: vertiente ~ de un valle 谷の東斜面. hemisferio ~ 東半球. ❷ 東洋の; 近東の: historia ~ 東洋史. baile ~ ベリーダンス. ❸

《南米》ウルグアイの

◆ 图 東洋人;《南米》ウルグアイ人

orientalismo 男 東洋学; 東洋趣味

orientalista 图 東洋学者

orientar [ɔrjentár] 他 ❶ [+a・hacia に] …の 向きを決める, 向ける: ~ la casa hacia el norte 北向きに家を建てる. ~ el espejo hacia el sol 鏡を太陽に向ける. ❷ [進路・方針などを] 指導する, 助言する; 道を教える: Su padre lo orientó hacia la medicina. 父は彼を医者にし ようとした. ~ a un novato sobre el fichero 新人にファイルのことを教える. ~ al público a la salida 観客を出口に誘導する. ❸ 《船舶》 [風受けのいいように帆を] 調節する

◆ ~**se** 再 ❶ [自分の] 方向(位置)を定める: i) No puedo ~me por esta parte. 私はこのあた りは見当がつかない. Se orienta con facilidad en ciudades que no conoce. 彼は知らない町で もすぐ道がわかる. Ahora empiezo a ~me en el trabajo. 私はやっと仕事に慣れてきた. ii) [+ por に従って] ~se por las estrellas 星で方角 を知る. ❷ 向かう; 進路を見いだす: Las plan- tas se orientan hacia la luz. 植物は光に向か って伸びる. Se orientó hacia las ciencias. 彼 は理科系に進もうとした

orientativo, va [ɔrjentatíbo, ba] 形 規準 となる, 誘導する

oriente [ɔrjénte] 男 〖↔occidente〗 ❶ 《文 語》[主に ~] 東, 東方〖este〗; 東風. ❷ [O~] 東洋; [特に] 近東諸国: Imperio de O~ 東ローマ帝国. Medio O~/O~ Medio 中東. Cercano O~/O~ Próximo 近東. Extremo (Lejano) O~ 極東. ❸ 真珠の光 沢. ❹ フリーメイソンの支部(集会所): Gran O~ フリーメイソンの本部

orificar [orifikár] 他 《医学》[歯に] 金を詰 める

orífice [orífiθe] 男 金細工師

orificio [orifíθjo] 男 《文語》開口部, 穴: abrir un ~ en la pared 壁に穴を開ける. ~s de la nariz 《解剖》鼻孔

oriflama [oriflámа] 女 軍旗; 旗, 幟(のぼり)

origami [oriɡámi] 男 〖←日本語〗折り紙

origen [oríxen] 男 〖英 origin. 複 orígenes〗 ❶ 起源, 源: Esta palabra tiene ~ árabe. こ の語の語源はアラビア語だ. ~ de la vida 生命の 起源. ~ del río 川の水源. ❷ 原因: Ese escándalo tuvo su ~ en su imprudencia. そ の騒ぎはそもそも彼の不注意から起こった. ❸ 産 地: vino español de ~ スペイン産のワイン. lugar de ~ 原産地. país de ~ 原産国; 出 身国. ❹ 素性, 家柄; 出身: Es de ~ noble. 彼は貴族の出だ. ser de ~ alemán ドイツ生ま れである. ❺《数学》原点

dar ~ a... …を引き起こす, もたらす: Sus palabras dieron ~ a la disputa. 彼の発言 が原因で口論になった

de ~ 元は, 元々は: estar escrito en la len- gua de ~ 原語で書かれている

original [orixinál] 形 ❶ 原初の, 本源の: recobrar la forma ~ 原形を回復する. ❷ 本

来の, 生来の: Esta obra no muestra su talento 〜. この作品には彼女の才能が表われていない. ser 〜 de América del Sur 南米原産(出身)である. ❸ 独創的な, 独自の; 風変わりな: idea 〜 独創的な考え, 創意, comportamiento 〜 奇矯なふるまい. ❹ [文献・作品が] もとの, オリジナルの: cuadro 〜 [模作 copia に対して] 原画. autor 〜 原作者

◆ 图 変人, 風変わりな人

◆ 男 ❶ 原文, 原書《texto 〜》; 原画; 原作, 原典《obra 〜》: leer a Cervantes en el 〜 セルバンテスを原文で読む. 〜 de imprenta《印刷》原稿. ❷ [絵画・写真の] 本人, モデル, 実物: parecerse mucho al 〜 実物そっくりである. ❸《法律》原本《documento 〜》

originalmente 副 最初は, 元来; 独創的に

originalidad [orixinaliðá(ð)] 图 ❶ 独創性, 新鮮味: Esta obra carece de 〜. この作品はオリジナリティに欠けている. ❷ 風変わりな言動, 奇行

originar [orixinár] 他 引き起こす, もたらす: Su intervención *originó* la pelea. 彼の口出しがもとでけんかになった

◆ 〜**se** 原因となる: El incendio *se originó* en la cocina. 火元は台所だった

originario, ria [orixinárjo, rja] 形 ❶ [ser+. +de] 出身の; 産地の: ser 〜 *del* sur de Asia 南アジア出身(原産)である. país 〜 出身地; 原産国. ❷ もともとの, 最初の; 原因となる: razón 〜*ria* そもそもの原因

originariamente 副 最初は, もともとは

orilla [oríʎa] 图《英 shore》❶ [海・川などの] 岸, 沿岸地域: pasear por la 〜 (a 〜) del río 川のほとりを散歩する. Su villa está en (a) la 〜 del mar. 彼の別荘は海辺にある. ❷ 縁(ふ), へり: 〜 de la mesa テーブルの縁. andar por la 〜 de la calle 道の端を歩く. ❸圏《中南米》町外れ(のスラム)

〜 *de...* …の近くに: Vamos 〜 *de* tu casa. 君の家の方に行こう. estar a la 〜 de la muerte 死にかけている

orillar [oriʎár] 他 ❶ [障害物・困難を] 避ける, よける: 〜 el problema 問題を避ける. ❷《裁縫》[布に] 縁をつける, [ほつれ止めに] 縁かがりをする. ❸《中南米》[車を] 道のわきに寄せる;《中米》[人を, +a で] 導く, 仕向ける

◆ 〜**se**《中南米》席を詰める, 端に寄る

orillero, ra [oriʎéro, ra] 形 图《中南米》町外れ(スラム)の(住民)

orillo [oríʎo] 男《織物の》へり, 耳

orín [orín] 男 ❶ 不可算 鉄さび: Se ha formado 〜 en el cuchillo./Se ha llenado de 〜 el cuchillo. 包丁がさびている. quitar el 〜 a... …のさびを落とす. preservar... del 〜 …のさびを止める. ❷ 複 =**orina**: hacer *orines* 小便をする

orina [orína] 图 尿, 小便: expeler la 〜 排尿する

orinal [orinál] 男 おまる, 室内用便器

orinar [orinár] 自 排尿する

◆ 他 〜 sangre 血尿が出る

◆ 〜**se** 失禁する: 〜*se* en la cama 寝小便をする

oriolano, na [orjoláno, na] 形 图《地名》オリウエラ Orihuela の(人)『バレンシア地方 Alicante 県の古い町』

Orión [orjón] 男《天文》オリオン座.

oriundo, da [orjúndo, da] 形 图 ❶ [+de] …生まれ(出身)の(人); 原産の: guitarrista 〜 de Asturias アストゥリアス出身のギタリスト. El tomate es 〜 de México. トマトはメキシコが原産である. ❷ [片親がスペイン人なので, 外国籍だが] スペイン人としての扱いを受けられる(サッカー選手)

órix [óri(k)s] 男《単複同形》《動物》オリックス

orla [órla] 图 ❶ [写真・服などの] 縁飾り, 縁取り. ❷《西》《同級生・先生の入った》記念写真; 卒業写真

orlar [orlár] 他 …の周囲を飾る: 〜 el altar con flores 祭壇の回りを花で飾る

orlón [orlón] 男《←商標, 繊維》オーロン

ormesí [ormesí] 男《複 〜{e}s》《繊維》光沢のある丈夫な絹織物

orn. 《略語》←orden 注文, 指図〔書〕

ornamentación [ornamentaθjón] 图 装飾, 飾り付け: exceso de 〜 装飾過剰

ornamental [ornamentál] 形 ❶ 装飾(用)の: motivo 〜 装飾モチーフ. objetos 〜*es* de Navidad クリスマスの飾り物. planta 〜 観葉植物. ❷ 飾り物の: cargo 〜 名目だけの地位

ornamentar [ornamentár] 他《文語》飾る, …に装飾を施す: 〜 la calle con bombillas de color 色電球で通りを飾る

ornamento [ornaménto] 男 ❶《文語》装飾品, 飾り《adorno》. ❷ 喻名 美徳. ❸《宗教》祭服

ornar [ornár] 他《文語》飾る: 〜 el lenguaje 飾り立てた言葉を使う

ornato [ornáto] 男 喻名《文語》装飾品: 〜 del estilo de lenguaje 文飾

ornitología [ornitoloxía] 图 鳥類学

ornitológico, ca 形 鳥類学の

ornitólogo, ga 图 鳥類学者

ornitomancia/ornitomancía [ornitománθja/-manθía] 图 [飛び方・鳴き声による] 鳥占い

ornitorrinco [ornitoříŋko] 男《動物》カモノハシ

oro [óro] 男《英 gold》❶ 不可算 金, 黄金;《元素》金: reloj de 〜 金時計. 〜 bajo 純度の低い金. 〜 batido 金箔. 〜 blanco ホワイトゴールド. 〜 nativo 自然金, 砂金. 〜 puro 純金. siglo(s) de 〜 [スペイン文学史上の] 黄金世紀『16-17 世紀』. Dorar sobre 〜.《諺》屋上屋を架す. No es 〜 todo lo que reluce.《諺》人生はそう甘くない/きらびやかな外観の裏には苦労がある. ❷ 喻名 お金; 金貨; 財力, 富. ❸《西式トランプ》金. ❹ 金細工, 金の装飾品. ❺ 金色: 〜 viejo 古金色. ❻《紋章》黄金色, 黄色

a peso de 〜 高い値段で

a precio de 〜 非常に高価な

como ~ *en paño* 大切に, 後生大事に

de ~ すばらしい, 最高の: triunfo *de* ~ すばらしい勝利

el ~ *y el moro*《口語》[誇張して] すごく値打ちのあるもの: Cree que va a ganar *el* ~ *y el moro.* 彼はほしい物をごっそり手に入れるつもりでいる

hacerse de ~《口語》金持ちになる

~ *del que cagó el moro*《俗語》ろくでもないもの, くだらないもの

~ *molido* 金粉; 貴重な人(物)

~ *negro* 石油

poner de ~ *y azul a*+人 …を侮辱(叱責)する

tener... como los chorros del ~《口語》…をピカピカに磨いてある

valer tanto ~ *como pesa* 大変値打ちがある (すばらしい)

orobanca [oroβánka] 囡《植物》ハマウツボ

orogénesis [oroxénesis] 囡《単複同形》《地質》造山運動

orogenia 囡 造山運動学; 造山運動

orogénico, ca 厖 造山運動の

orografía [orografía] 囡 山地地形学; 山の起伏

orográfico, ca 厖 山地地形[学]の

orometría [orometría] 囡 山岳測量

orondo, da [oróndo, da] 厖 ❶ [容器が] 中央部のふくらんだ; 丸々と太った. ❷ [estar+] 自己満足した, 思い上がった: estar ~ con su coche nuevo 新車に乗っていばっている

orónimo [orónimo] 男 山・山脈などの名前

oronimia 囡 山に関する地名学

oronja [orónxa] 囡《植物》テングダケ

oropel [oropél] 男 ❶ [金に似せた] 真鍮(しんちゅう)の薄片. ❷《軽蔑》安物で金ぴかの服(飾り); 見かけだけの華やかさ, 虚飾

oropéndola [oropéndola] 囡《鳥》コウライウグイス

oropimiente [oropimjénte] 男《鉱物》雄黄, 石黄

orozuz [oroθúθ] 男《植物》カンゾウ〖regaliz〗

orquesta [orkésta] 囡 ❶ オーケストラ, 管弦楽団; 楽団: ~ sinfónica 交響(管弦)楽団. ~ de cámara 室内管弦楽団. ~ de jazz ジャズバンド. concierto para piano y ~ ピアノ協奏曲. hombre ~ いくつもの楽器を一人で演奏する人. ❷《劇場の》オーケストラボックス

orquestación 囡 管弦楽法; 管弦楽用編曲

orquestal 厖 管弦楽の(ための); 交響楽風の: música ~ 管弦楽

orquestar 他 管弦楽用に編曲する; [宣伝キャンペーンなどを] 大々的に組織する

orquestina 囡 小編成の楽団

orquídea [orkídea] 囡《植物》ラン(蘭); [特に] オーキッド, 洋蘭

orquidáceas 囡《複》ラン科

orquitis [orkítis] 囡《単複同形》《医学》睾丸炎

-orro《軽蔑接尾辞》vent*orro* 安宿

orsay [órsai] 男《←英語. スポーツ》オフサイド

---

en ~《口語》うわの空の, ぼんやりして

ortega [ortéɣa] 囡《鳥》ライチョウ(雷鳥);《人名》[O~] オルテガ

ortiga [ortíɣa] 囡《植物》イラクサ

ortigal 男 イラクサの茂った土地

orto [órto] 男 ❶ [太陽など天体の] 出 〖↔ocaso〗. ❷《南米. 俗語》尻, 肛門

ortocentro [ortoθéntro] 男《数学》垂心

ortoclasa [ortoklása] 囡 =**ortosa**

ortodoncia [ortoδónθja] 囡《医学》歯列矯正[学]

ortodoxia [ortoδó(k)θja] 囡 ❶ 正統[性]: Su situación está dentro de la ~. 彼の立場は正統派だ. ❷ [ギリシア・ロシア]正教

ortodoxo, xa [ortoδó(k)so, sa] 厖 ❶ 正統的な, オーソドックスな: Esa solución es poco ~*xa*, pero práctica. その解き方はあまり正統的ではないが実際的だ. ❷《宗教》公認の教義に合致した, 正統の; [東方]正教会の: teología ~*xa* 正統神学. cristianismo ~ griego ギリシア正教. Iglesia O~*xa* Griega ギリシア正教会

◆ 囲 正教会の信者

ortodromia [ortoδrómja] 囡 大圏航路

ortodrómico, ca 厖 大圏に沿った

ortofonía [ortofonía] 囡《医学》発音矯正

ortogénesis [ortoxénesis] 囡《単複同形》《生物》定向進化

ortogonal [ortoɣonál] 厖《数学》直交する

ortografía [ortografía] 囡 綴り, スペル;《文法》正書法: cometer una falta de ~ 綴りを間違える

ortografiar 他 [正書法に従って] 綴る

ortográfico, ca [ortográfiko, ka] 厖 綴りの; 正書法の: signo ~ 綴り字記号. regla ~*ca* 正書法上の規則

ortología [ortoloxía] 囡《言語》正書法, 正音学

ortológico, ca 厖 正音法の

ortométrico, ca [ortométriko, ka] 厖 山岳測量の

ortopedia [ortopéδja] 囡 整形外科[学]

ortopédico, ca 厖 整形外科の(外科医): aparato ~ 人工補整器, 義肢

ortópteros [ortópteros] 男《複》《昆虫》直翅目

ortosa [ortósa] 囡《鉱物》正長石

oruga [orúɣa] 囡 ❶ 毛虫, 青虫. ❷ 無限軌道, キャタピラー. ❸《植物》キバナスズシロ

orujo [orúxo] 男 [ブドウ・オリーブなどの] 搾りかす; [ブドウの搾りかすから作る] 蒸留酒

orvallo [orβáʎo] 男 [長く降り続く] 霧雨, こぬか雨

orza [órθa] 囡 ❶ [背が高く取っ手のない貯蔵用の] つぼ. ❷《船舶》ラフをすること; センターボード

orzaga [orθáɣa] 囡《植物》ハマアカザ

orzar [orθár] 自《船舶》船首を風上に向ける, ラフする

orzuelo [orθwélo] 男《医学》麦粒腫, ものもらい

os [os] 代 〖英 you. 人称代名詞 2 人称複数〗 ❶ [直接目的] 君たちを: Os invito a una copa. 君たちに一杯おごるよ. ❷［間接目的］君たちに: Os doy las gracias. 君たちに礼を言うよ. ❸［再帰代名詞］‹se: Os respetáis mutuamente. 君たちは尊敬し合っている. 〖再帰動詞の肯定命令では -aos‧-eos‧-fos (←-ad‧-ed‧-id+os) となる: Sentaos. 座れ. Dormíos. 眠りなさい. ただし irse は Idos. 出て行け〗

O.S. 《略語》←oro sellado 金貨

osadía [osaðía] 囡 ❶《文語》大胆さ, 果敢さ: con gran ~ 非常に大胆に. ❷ 厚かましさ, 恥知らず

osado, da [osáðo, ða] 厖 過分 ❶《文語》大胆な, 果敢な. ❷ ずうずうしい, 厚かましい

osamenta [osaménta] 囡 骨格, 骸骨〖esqueleto〗

osar [osár] 他《文語》［+不定詞］大胆にも…する; 思い切って…する《atreverse a》: Osó invitar a la hija del jefe. 彼は大胆にも上司の娘を誘った. No osé interrumpirle. 私はあえて彼の話を遮らなかった.

osario [osárjo] 男 納骨堂; 骨を埋めた所

óscar [5skar] 男《単複同形/圈 ~s》〔←英語. 映画〕オスカー, アカデミー賞

oscense [osθénse] 厖《地名》ウエスカ Huesca の〔人〕〖アラゴン地方の県・県都〗

oscilación [osθilaθjón] 囡 ❶ 揺れ, 変動;《物理》振動: ~ climática 気候の変動. ❷ ためらい

oscilador [osθilaðór] 男 発振器;《物理》振動子

oscilante [osθilánte] 厖 揺れ動く; 動揺する

oscilar [osθilár] 自 ❶［振り子などが］揺れ動く, 振動する: La lámpara está oscilando. ランプが揺れている. ❷［+entre で幅で］変動する: Las temperaturas oscilan entre 18 y 24 grados. 気温は18度から24度の間で上下している. ❸［気持ち‧意見が］動揺する, 変わる; ためらう

oscilatorio, ria [osθilatórjo, rja] 厖 振動の; movimiento ~ 振動運動

oscilógrafo [osθilóγrafo] 男 オシログラフ

osciloscopio [osθiloskópjo] 男 オシロスコープ

osco, ca [5sko, ka] 厖 图《歴史‧地名》〔古代イタリアの〕オスカン人〔の〕. ◆ 男 オスカン語

ósculo [5skulo] 男《文語》接吻〖beso〗

oscuramente [oskúraménte] 副 目立たずに; 漠然と

oscurantismo [oskurantísmo] 男 反啓蒙主義; 非明晰主義

oscurantista [厖 反啓蒙主義の(主義者)

oscurecer [oskureθér] 活 他 ❶ 暗くする, 黒ずませる: ~ la habitación 部屋を暗くする. ❷［判断力などを］鈍らせる: ~ el pensamiento 思考を鈍らせる. ❸ 不明瞭にする, あいまいにする; 難解にする: ~ las ideas 考えをわかりにくくする. ❹ 見劣りさせる: Con su inteligencia oscureció a sus compañeros. 彼は頭がよくて他の連中の影が薄くなった.

◆ 自 ❶［単人称］日が暮れる: Cuando llegó, ya empezaba a ~. 彼が着いた時にはもう暗くな

りかかっていた. ❷［空が］曇る

◆ ~se ❶ 暗くなる; 曇くなる: El cielo se oscureció pronto. 空はすぐ雲がかかった. ❷［判断力などが］鈍る: Se me oscureció la mente. 私は頭がぼんやりした

oscurecida [oskureθíða] 囡 日暮れ時, たそがれ時

oscurecimiento [oskureθimjénto] 男 暗くする(なる)こと, かげり: ~ de la perspectiva económica 景気のかげり

oscuridad [oskuriðáð] 囡 ❶ 暗さ, 闇: No veo nada, hay mucha ~. 真っ暗で何も見えない. ❷ 難解さ; 不明瞭さ. ❸ 無名, 世に知られないこと: vivir en la ~ 世に埋もれて暮らす. ❹ 身分の低さ; 無教養, 暗愚

oscuro, ra [oskúro, ra] 厖《英 dark. ↔ claro》❶ 暗い, 薄暗い; 黒っぽい: Entonces era (estaba) ~ ya. その時はもう暗くなっていた. cuarto completamente ~ 真っ暗な部屋. noche ~ra 暗い夜. color ~ 暗色. gris ~ ダークグレー. rojo ~ 暗赤色. azul ~ 紺色. ❷［どんより］曇った: El cielo está ~. 空はどんより曇っている. ❸ 難解な, わけのわからない; 漠然とした: razonamiento ~ はっきりしない理由づけ. ❹［見通しが］不確かな: porvenir ~ 暗い将来. ❺ 疑わしい, 隠された: intenciones ~ras 後ろ暗い意図. ❻ 無名の, 世に知られない; 身分の低い: llevar una vida ~ra 世に埋もれた人生を送る. orígenes ~s 卑しい出身

a ~ras 暗闇の中に〖比喩的にも〗: Ahora estamos a ~ras. 今私たちは真っ暗な中にいる. El hecho se queda a ~ras. 事実は闇の中だ

◆ 男《美術》影;《演劇》暗転

oseína [oseína] 囡《生化》骨質

óseo, a [5seo, a] 厖《←hueso》《解剖》骨の; 骨のような: tejido ~ 骨組織

osera [oséra] 囡 クマの住むほら穴

osezno [oséθno] 男 子熊

osificar [osifikár] 他 ~se［軟骨などが］骨になる, 骨化する

osificación 囡 骨化

osmio [5smjo] 男《元素》オスミウム

ósmosis [5smosis] 囡《単複同形》❶《化学》浸透. ❷ 相互に影響し合うこと: ~ entre ambas civilizaciones 2つの文明の相互浸透

osmosis 囡 =ósmosis

osmótico, ca 厖 浸透[性]の: presión ~ca 浸透圧

oso, sa [5so, sa] 图《動物》クマ(熊): ~ blanco (marítimo) 白熊. ~ hormiguero 〔オ〕アリクイ. ~ lavador アライグマ. ~ marino オットセイ. ~ marsupial コアラ. ~ pardo ヒグマ. ~ polar 北極熊. Osa Mayor (Menor)《星座》大(小)熊座. abrazo del ~ 力強い抱擁;《レスリング》ベアハグ. El hombre y el ~, cuanto más feos más hermosos.《諺》男は不細工でいい〖男らしさが第一だ〗

¡anda la osa!《西. 口語》〔驚き‧賛嘆〕おやまあ!

hacer el ~《軽蔑》ふざける, 笑いものになる; 人

の見ている前で女に言い寄る

-oso 《接尾辞》[名詞+. 品質形容詞化] ambici*oso* 野心的な, mentir*oso* 嘘つきの

ososo, sa [osóso, sa] 形 骨の; 骨質の

ossobuco [osobúko] 男《←伊語. 料理》オッソブーコ

oste [óste] 間 =**oxte**

ostealgia [osteálxja] 囡《医学》骨痛

osteíctios [osteíktjos] 男複《動》硬骨魚類

osteína [osteína] 囡 =**oseína**

osteítis [osteítis] 囡〖単複同形〗《医学》骨炎

ostensible [ostensíβle] 形 ❶ 明らかな: deterioro ～ 顕著な悪化. ❷ これ見よがしの, わざとらしい: Me tienen una ～ antipatía. 彼らは私に対してあからさまな反感を抱いている. hacer ～ su desacuerdo 露骨に反対する. actitud ～ これ見よがしの態度. ❸ 見せても差し支えのない

ostensiblemente 副 これ見よがしに, 露骨に

ostensivo, va [ostensíβo, βa] 形 [+de を] 露骨に示す, あからさまな: gesto ～ de desprecio あからさまに軽蔑を示す身ぶり

ostensorio [ostensórjo] 男《カトリック》[聖体]顕示台

ostentación [ostentaθjón] 囡 [富などの] 誇示, 見せびらかし; 虚飾: hacer ～ de… …を誇示する, 見せびらかす. con ～ これ見よがしに

ostentar [ostentár] 他 ❶ 誇示する, 見せびらかす: ～ sus riquezas 富を誇示する. ～ sus decoraciones 勲章を自慢げに見せる. ❷《文語》[しかるべき称号・権利などを] 持っている: *Ostenta* el título de doctor en derecho. 彼はちゃんと法学博士の称号を持っている. *Ostenta* poderes de su marido para vender la casa. 彼女には夫の代理で家を売る権利が[立派に]ある

ostentoso, sa [ostentóso, sa] 形 ❶ 華美な, 派手な: fiesta ～*sa* 豪華なパーティー. coche ～ 派手な車. ❷ これ見よがしの: Le trataban con un desprecio ～. 彼は露骨に軽んじられた

osteoartritis [osteoartrítis] 囡〖単複同形〗《医学》骨関節症(炎)

osteoblasto [osteoβlásto] 男《解剖》骨芽(造骨)細胞

osteocito [osteoθíto] 男《解剖》骨細胞

osteoclastia [osteoklástja] 囡《医学》骨砕き術, 砕骨術

osteogénesis [osteoxénesis] 囡〖単複同形〗《生理》骨生成(形成)

osteointegrado, da [osteointegráðo, ða] 形《医学》骨補填の

osteología [osteoloxía] 囡《解剖》骨学
  osteólogo, ga 图 骨学者

osteoma [osteóma] 男《医学》骨腫

osteomalacia [osteomalάθja] 囡《医学》骨軟化[症]

osteomielitis [osteomjelítis] 囡〖単複同形〗《医学》骨髄炎

osteopatía [osteopatía] 囡《医学》骨障害, 骨症; 整骨療法
  osteópata 图 整骨療法家

osteoporosis [osteoporósis] 囡〖単複同形〗《医学》骨粗鬆(ﾁﾌﾟ)症

osteosarcoma [osteosarkóma] 男《医学》骨肉腫

osteosíntesis [osteosíntesis] 囡〖単複同形〗《医学》骨接合

osteosis [osteósis] 囡〖単複同形〗《医学》非炎症性の骨症

ostión [ostjón] 男《西. 貝》大型のカキ

ostra [óstra] 囡《貝》カキ: ～ perlífera 真珠貝
  aburrirse como una ～ ひどく退屈する
  ¡~s!《西》[驚き・不機嫌] まさか, まあ/何を言うんだ!

ostracismo [ostraθísmo] 男 ❶《歴史》貝殻(陶片)追放. ❷ [政治的役職からの] 辞任, 解任; 冷遇; 孤立, 孤独

ostrero, ra [ostréro, ra] 形 图 カキの; カキを売る[人]
  ◆ 男 ❶ カキ(真珠)養殖場. ❷《鳥》ミヤコドリ
  ◆ 囡 カキ(真珠)養殖場 [ostrero]

ostricultura [ostrikultúra] 囡 カキの養殖

ostrífero, ra [ostrífero, ra] 形 [場所が] カキを育てる, カキが豊富な

ostrogodo, da [ostrogóðo, ða] 形 图《歴史》東ゴート族[の]; 圏 東ゴート族

osuno, na [osúno, na] 形〖←**oso**〗熊の[ような]

otalgia [otálxja] 囡《医学》耳痛

OTAN [ótan] 囡《略語》←Organización del Tratado [del] Atlántico [del] Norte 北大西洋条約機構, NATO

otario, ria [otárjo, rja] 形 图《南米》だまされやすい[人]

OTASE 囡《略語》←Organización del Tratado del Sudeste Asiático 東南アジア条約機構, SEATO

otate [otáte] 男《中米》=**guadua**

-ote ❶《示小接尾辞》isl*ote* 小島. ❷《示大接尾辞》mang*ote* 広い袖, cabez*ota* 大頭

otear [oteár] 他 [高い所から遠くを] 見る; [注意深く] 観察する: ～ el horizonte desde la cima 山頂から地平線を眺める

otero [otéro] 男 [平原に孤立した] 丘

OTI [óti] 囡《略語》←Organización de Televisiones Iberoamericanas イベロアメリカ・テレビ機構

otitis [otítis] 囡〖単複同形〗《医学》耳炎: ～ media (externa) 中(外)耳炎

otología [otoloxía] 囡《医学》耳学

otomán [otomán] 男《繊維》オットマン

otomana[1] [otomána] 囡 トルコ・アラブ風の長いす, オットマン [ロカット]

otomano, na[2] [otománo, na] 形 图《歴史》オスマントルコ族[の]

otoñada [otoɲáða] 囡 秋季; 秋の牧草地

otoñal [otoɲál] 形 秋の(ような): temperatura ～ 秋のような気温. edad ～《文語》初老

期

otoñar [otoɲár] 圓 秋を過ごす；[単人称] 秋に草が生える

◆ ～**se** [土地が] 秋に種まきに適する

otoño [otóɲo] 男 〖英 autumn. ☞ estación 参考〗秋：en [el] ～ 秋に. ～ de la vida 人生の秋

otorgar [otoɾɣár] 8 他 ❶《文語》許諾する；与える，授ける：Le *otorgamos* el apoyo (el perdón). 我々は彼に援助(許し)を与えた. ～ el premio 賞を与える. ～ una ley 法令を出す. ❷《法律》[公証人の立合いで証書を]作成する：～ testamento 遺言状を作成する

otorgamiento 男 許諾, 授与；証書〔の作成〕

otorragia [otoráxja] 女《医学》耳出血

otorrinolaringología [otorífinolaringoloxía] 女 耳鼻咽喉科〔学〕

otorrino, na 名《口語》=**otorrinolaringólogo**

otorrinolaringólogo, ga 名 耳鼻咽喉科医

otoscopio [otoskópjo] 男《医学》耳鏡, オトスコープ

otro, tra [ótro, tra] 〖英 other, another. 不定形容詞・代名詞〗

形 [＋名詞] ❶ ほかの, 別の：i) [無冠詞. 非限定] Vamos a ver *otra* película. [どれか]ほかの映画を見ましょう. Presénteme a alguna *otra* persona. 誰かほかの人を紹介してください. [＋品質形容詞＋名詞] Tropezamos con *otra* nueva dificultad. 私たちはまた別の新しい困難にぶつかった. ii) [定冠詞・所有形容詞・指示形容詞＋, 限定] ¿No quieres leer las *otras* novelas? それ以外の小説は読まないのか？ Pero mis ～s amigos se ofrecieron a ayudarme. しかしそのほかの友人が援助を申し出てくれた. Este vino es superior a ese ～. このワインはそれより上等だ. iii) [＋que とともに] Tengo ー parecer *que* él. 私は彼と意見が違う. No he hecho *otra* cosa *que* pensar en ti. 私は君のことを考えてばかりいた. iv) [ser＋] Sus intenciones era muy *otras*. 彼の意図は全然別物だった

❷ [無冠詞] さらに1つ(いくつか)の, 次の：¿Quiere usted *otra* taza de café? コーヒーのおかわりはいかがですか？ Quiero *otras* dos hojas de papel. あと2枚紙がほしい. Tiene *otra* hermana. 彼にはもう1人妹がいる. ¿Quieres ser ～ don Quijote? 第二のドン・キホーテになるつもりか？

❸ [uno と対照させて] *Unas* veces va al parque y *otras* [veces] al campo. 彼はある時は公園に行き, またある時は田舎に行く. *Una* cosa es criticar y *otra* es despreciar. 批判することと軽蔑することとは別である. por *unas* u *otras* causas 何らかの理由で.

❹ [主格補語・目的格補語] 変わった：Los tiempos ya son ～s. 時代はもうすっかり変わっている. Hoy la encuentro *otra*. 彼女は今日は別人のようだ

◆ 代 ❶ ほかの人(物・事)：i) [無冠詞] No me gusta esta película. Vamos a ver *otra*. この映画は嫌いだ. ほかのを見よう. El proyecto ha sido propuesto por Sánchez y ～s. その計画はサンチェスたちが提案した. Su novia se fugó con ～. 彼の恋人は別の男と駆け落ちした. mediar en el asunto de ～ 他人のことに口をはさむ. ii) [定冠詞＋. 残り全部] No he estado en Granada, pero los ～s han estado allí antes. 私はグラナダに行ったことがないが, ほかの連中は前に行ったことがある. Los ～s pueden ser huevos hueros. 残りは無精卵かもしれない. Lo ～ no me interesa. そのほかのことには私は関心がない

❷ [無冠詞] もう1人(1つ), 次の人(物・事)：Te doy un lápiz y ～ para tu hermanito. 君に鉛筆を1本あげて, もう1本は君の弟にあげる. Ésta es *otra* de mis hijas. これが私のもう1人の娘です. ¿～? もう1つ？

❸ [uno と対照させて] Hablan dos mujeres：*una* es vieja y la *otra* joven. 2人の女が話している. 1人は年を取っていて, もう1人は若い. No lo sabían ni el *uno* ni el ～. 両者ともそれを知らなかった. *un* año sí y ～ no 1年おきに. *uno* al lado de ～ [横に] 並んで

entre otras [cosas] とりわけ, なかんづく

ésa es otra それは困ったことだ

¡*hasta otra*! [別れの挨拶] いずれまた/また今度！

los ～s 他人：No hay que contar con los ～s. 他人を当てにしてはならない

no ser ～ *que...* …にほかならない：El que me denunció *no era* ～ *que* mi íntimo amigo. 私を告発したのはほかでもない私の親友だった

～ *que* [*no fuera*]*.../cualquier* ～ *que...* …以外ならば：O～ *que* [*no fuera*] tú te habrías mostrado pesimista. 君でなかったら誰だって弱音をはいただろう

¡*otra*! 1) もう一度, アンコール！ 2) [驚き・反感] またか！

¡～ *que tal*! 《口語》しつこいぞ/話のむし返しだ！

por otra 他方では, その上〖por otra parte〗

otrora [otróra] 圓《文語》以前に, かつて

otrosí [otrosí] 男《法律》訴状の追加的な項目〖El otrosí... で始まる〗

◆ 圓《古語》そのうえ, おまけに〖además〗

OUA 女《略語》←Organización para la Unidad Africana アフリカ統一機構

ouija [ɔuíxa] 女《心霊術の》こっくり板

out [áu(t)] 形 [単複同形]《←英語》[estar＋] 流行にうとい；流行遅れの, 野暮ったい, さえない

◆《テニス》アウト

output [áu(t)put] 男《←英語》❶《経済》産出, 生産高. ❷《情報》アウトプット, 出力

outsider [autsájder] 男《←英語》ダークホース〔的存在〕

ova [óba] 女 ❶《植物》アオサ. ❷ 複 魚卵

ovación [obaθjón] 女《文語》[集団による] 喝采, 熱烈な歓迎：acoger a ～ con una ～ calurosa 盛大な拍手喝采で…を迎える. ～ en (de) pie スタンディングオベーション

ovacionar 圓 喝采する

ovado, da [obáðo, ða] 形 =**oval**

oval [oβál] 形 卵形の, 楕円形の: cara ～ 卵形の顔
ovalado, da 形 ＝oval
ovalar 他 卵形(楕円形)にする
óvalo [óβalo] 男 楕円形
ovario [oβárjo] 男《解剖》卵巣;《植物》子房
ovárico, ca 形 卵巣の; 子房の
ovaritis 女《単複同形》《医学》卵巣炎
oveja [oβéxa] 女 ❶ 雌羊〔↔carnero〕; [一般に] 羊《羊肉・羊皮は carnero》: i) ～ renil 不妊化した雌羊. ii) 《諺》Cada ～ con su pareja. 類は友を呼ぶ. O～ que bala, bocado que pierde. 不言実行. Reunión de pastores, ～ muerta. 上の者が集まると下の者に何かが起こる. ❷《南米. 動物》リャマ〔llama〕
encomendar las ～s al lobo 悪いやつにしたい放題させる
～ descarriada《聖書》迷える羊
～ negra [家族・集団の] はみ出し者
ser un lobo con piel de ～ 羊の皮をかぶった狼である
ovejería [oβexería] 女《南米》羊牧〔場〕
ovejero, ra [oβexéro, ra] 形 男 羊番〔の〕, 羊飼い(の): perro ～ 牧羊犬
ovejo [oβéxo] 男《南米》雄羊
overbooking [oβerbúkin] 男《←英語》オーバーブッキング
overo, ra [oβéro, ra] 形 [馬などが] まだらの, ぶちの
◆ 女《鳥の》卵巣
overol [oβeról] 男《←英語. 中南米》胸当て付きの作業ズボン, オーバーオール, サロペット
ovetense [oβeténse] 形 名《地名》オビエド Oviedo の(人)《アストゥリアス地方の首市・県》
ovicultura [oβikultúra] 女 羊牧
oviducto [oβiðúkto] 男《解剖》〔輸〕卵管
oviforme [oβifórme] 形 卵形の, 楕円形の
ovillar [oβiʎár] 他 巻いて玉にする
◆ ～se [手足を縮めて] 丸くなる, 縮こまる
ovillo [oβíʎo] 男 [毛糸・紐などの] 玉: ～ de lana 毛糸玉
en ～ 一体を丸くして
hacerse un ～ 1) 体を丸くする: dormir *hecho un ～* 丸くなって寝る. 2) 頭が混乱する, まごつく
ovino, na [oβíno, na] 形 男 羊(の); 男 複《動物》ヒツジ亜科
ovíparo, ra [oβíparo, ra] 形 男 卵生の(動物)
ovni/OVNI [óβni] 男《複～s》《略語》← objeto volante (volador) no identificado 未確認飛行物体, UFO
ovocito [oβoθíto] 男《生物》卵母細胞
ovogénesis [oβoxénesis] 女《単複同形》《生物》卵形成
ovoide [oβóiðe] 形 男 卵形(の): rostro ～ 卵形の顔
ovoideo, a 形 男 ＝ovoide
óvolo [óβolo] 男《建築》卵状繰形(らんじょう), 饅頭繰形

ovovivíparo, ra [oβoβiβíparo, ra] 形《動物》卵胎生の
ovulación [oβulaθjón] 女《生理》排卵
ovular [oβulár] 自《生理》排卵する
◆《生物》卵子の
óvulo [óβulo] 男 ❶《生物》卵(子), 卵細胞;《植物》胚珠. ❷《医学》卵形腟座薬
ox [(k)s] 間《家禽を追う》トートッ
oxácido [ɔ(k)sáθiðo] 男《化学》酸素酸, オキソ酸
oxálico, ca [ɔ(k)sáliko, ka] 形《化学》ácido ～《化学》
oxalato 男 シュウ酸塩
oxiacanta [ɔ(k)sjakánta] 女《植物》サンザシ〔espino〕
oxiacetilénico, ca [ɔ(k)sjaθetiléniko, ka] 形 酸素アセチレンの
oxiácido [ɔ(k)sjáθiðo] 男 ＝oxácido
oxidar [ɔ(k)siðár] 他《化学》❶ 酸化させる; さびつかせる. ❷ 動かなくする, 動きを鈍らせる
◆ ～se 酸化する; さびる
oxidable 形 酸化性の; さびやすい
oxidación 女 酸化; さびつき
oxidante 形 男 酸化させる; 酸化剤, オキシダント
óxido [ɔ(k)síðo] 男 ❶《化学》酸化物: ～ de hierro 酸化鉄. ❷ さび
oxigenar [ɔ(k)sixenár] 他 ❶ 酸素を添加する, 酸素と化合させる: agua *oxigenada* 過酸化水素水, オキシドール. ❷ [髪をオキシドールで] 脱色する. ❸ 新鮮な空気を入れる, 換気する
◆ ～se きれいな空気を吸う: Salí al jardín para ～*me*. 私はいい空気を吸いに庭へ出た
oxigenación 女 酸素処理; 換気; [血液への] 酸素供給
oxigenado, da 形 過分 酸素を含む; [髪が] 脱色された
oxígeno [ɔ(k)síxeno] 男《元素》酸素: inhalación de ～ 酸素吸入
oxítono, na [ɔ(k)sítono, na] 形《文法》アクセントが語末にある〔agudo〕
oxiuro [ɔ(k)sjúro] 男《動物》ギョウチュウ(蟯虫)
oxoácido [ɔ(k)soáθiðo] 男 ＝oxácido
oxte [(k)ste] 間 *sin decir ～ ni moste*《口語》何も言わずに: Se marchó *sin decir ～ ni moste*. 彼は黙って行ってしまった
oye, oye- ☞oír 47
oyente [ojénte] 形 名〔←oír〕❶ 聞く(人), 聞き手. ❷ 聴講生〔～ libre〕; 見学者. ❸ 複 聴衆; [ラジオの] 聴取者
oyó ☞oír 47
oz.《略語》←onzas オンス
ozono [oθóno] 男《化学》オゾン: capa de ～ オゾン層
ozonido 男 オゾニド
ozonizador 男 オゾン発生器
ozonizar 9 他 オゾン化する; オゾンで殺菌処理する
ozonosfera 女《気象》オゾン層

O

P

p [pé] 囡 アルファベットの第 17 字

P. 《略語》←padre 神父；Papa 教皇, ローマ法王；por …の代わりに, …に対して, …によって

p/. 《略語》←plaza 広場

p/a 《略語》←por autorización 許可(権)により

pabellón [paβeʎón] 男 ❶ [円錐形の] テント；[聖壇・ベッドなどの] 天蓋. ❷ [庭園などの] 小亭：～ de caza 狩り小屋. ❸ 別棟, 翼館；[博物会場などの] パビリオン；病棟〖～ de hospital〗：P～ de México メキシコ館. ～ de infecciosos 隔離病棟. ❹ 《文語》国旗〖～ nacional〗；船籍：izar el ～ de su país 自国の国旗を揚げる. barco de ～ panameño パナマの船. ～ de conveniencia 便宜置籍国の国旗. El ～ cubre la mercancía.《法律》中立国の船の積載物は戦争中でも保護される/名目の船が効果を上げる. ❺ [吹奏楽器の] 朝顔口. ❻ 《解剖》～ auricular (de la oreja) 耳殻, 耳介. ❼ 《南米》ガウチョの踊り

dejar alto el ～ [組織が] 高い地位につく

quedar alto el ～ [組織の] 地位が上がる

pábilo [páβilo] 男 [ろうそくなどの] 芯, 灯心；その炭化した部分

pabilo =pábilo

Pablo [páβlo] 男《男性名》パブロ〖英 Paul〗

pábulo [páβulo] 男《文語》活動を支える(盛んにする)もの：Fue ～ de las llamas. それは火に油を与えるようなものだった/激しく燃え上がっていた

dar ～ a... …にきっかけを与える, …の種をまく：Su comportamiento *dará ～ a* las críticas. 彼のふるまいは非難をあおりたてることになるだろう

ser ～ de... …のきっかけとなる

paca[1] [páka] 囡 ❶ [羊毛・原綿などの] 包み, 荷. ❷《動物》バカ. ❸《女性名》[P～] パカ〖Francisca の愛称〗

pacana [pakána] 囡《植物・果実》ペカン

pacato, ta [pakáto, ta] 形 名 ❶ おとなしい〔人〕, 気の弱い〔人〕. ❷ 何にでも大騒ぎする〔人〕

pacay [pakái] 男 [複 ～es/pace*e*s]《南米》=**guamo**

pacaya [pakája] 囡《植物》[中米産の] ヤシの一種

pacense [paθénse] 形 名《地名》バダホスBadajoz の〔人〕〖エストレマドゥラ地方の県・県都〗

paceño, ña [paθéɲo, ɲa] 形 名《地名》ラパス La Paz 囡 の〔人〕〖ボリビアの首都〗

pacer [paθéɾ] 自他 ❶ [家畜が] 草を食べる：Las vacas *pacen* en el prado. 牛が牧場で草を食んでいる

◆ 他 [草を] 食べる

pachá [patʃá] 男 =**bajá**

vivir como un ～ 安逸で豪奢な生活を送る, 左うちわで暮らす

pachaco, ca [patʃáko, ka] 形《中米》病弱な；役立たずの

pachamanca [patʃamáŋka] 囡《南米. 料理》[焼いた石を使った] 肉とイモの蒸し焼き

pachanga [patʃáŋga] 囡 ❶《中南米》馬鹿騒ぎ. ❷ キューバ起源の踊り

pachanguero, ra 形 1)《中南米》馬鹿騒ぎ好きの. 2)《軽蔑》[音楽などが] 低俗な；やかましい, 耳障りな

pacharán [patʃarán] 男 [ナバラ産の] リンボクの実のリキュール

pacho, cha [pátʃo, tʃa] ❶ 怠惰な, 無気力な. ❷《中米》ずんぐりした；平たい

pachocha [patʃótʃa] 囡《中南米》無気力な, ものぐさ；《米》お金, 現金

pachón, na [patʃón, na] 形 名 ❶ [ナバラ原産の] バセット犬の一種. ❷ [過度に] 悠静な〔人〕, 悠長な〔人〕. ❸《中南米》毛深い, 毛の長い

◆ 名《中米》[ヤシの葉で作った] インディオの外套

pachorra [patʃóra] 囡《口語》悠長さ, のんき；愚図：tener ～ 悠長である；のろくさい

pachucho, cha [patʃútʃo, tʃa] 形《西. 口語》[estar+] ❶ [果物などが熟れすぎて] ぶよぶよした；[花などが] しおれた, しなびた. ❷ [人が肉体的・精神的に] 元気のない, たるんだ；ふけこんだ：¿Cómo estás?—Estoy ～. 調子どう？—ぐったりだ

pachuco, ca [patʃúko, ka] 形 名《中米. 軽蔑》[服装がアメリカかぶれして] けばけばしい〔人〕, 趣味の悪い〔人〕

pachulí [patʃulí] 男 [複 ～{e}s]《植物》パチョリ；それから作る香料

paciencia [paθjénθja] 囡〖英 patience〗❶ 忍耐, 我慢；忍耐力, 根気：Tiene mucha ～ para tratar con los niños. 彼女は実に辛抱強く〔気長に〕子供の相手をする. Estoy perdiendo la ～. もう我慢できない. tomar su desgracia con ～ 不幸にじっと耐える. trabajo de ～ 根気のいる仕事. La ～ es la madre de la ciencia.《諺》根気は科学の母. Con ～ se gana el cielo.《諺》待てば海路の日和あり. ❷ [間投詞的の] 我慢しなさい！ ❸ 悠長さ, 過度の遅さ. ❹ 円形で小型のクッキー

acabar con la ～ de+人 …の堪忍袋の緒を切らす

acabarse (consumir・gastar) a+人 la ～ …の堪忍袋の緒が切れる

armarse（***cargarse・revestirse***）***de*** ~ 忍
耐強く構える

con santa ~ 忍耐強く，じっと我慢して

~ ***y barajar*** 七転び八起き

probar（***tentar***）***la*** ~ ***de***（***a***）＋人［忍耐の
限度まで］…をいらだたせる：Me estás *tentan-
do la* ~ con tus impertinencias. お前の無
礼さには堪忍袋の緒も切れかかっている

tener más ~ ***que Job*** 非常に辛抱強い，大き
な苦しみにも耐える

paciente [paθjénte] 形 ❶ 忍耐強い：Es
muy ~ con los alumnos. 彼は生徒に対して
とても我慢強い. ❷《文法》受動の［*pasivo*］
◆ 名 患者：El médico atiende bien a sus
~*s*. その医者は見立てがうまい
◆ 男《文法》受け身の主語，被動作主［*sujeto*
~］

pacientemente 副 辛抱強く，根気よく

pacienzudo, da [paθjenθúðo, ða] 形 忍耐
強い

pacificar [paθifikár] ⑦ 他 ❶ …に平和をもた
らす，平定する；仲裁(調停)する，和解させる. ❷
［心を］平静に戻す
◆ 自/~**se**［海・風など］静まる：Se ha paci-
ficado el viento. 風がおさまった

pacificación 女 平和をもたらすこと；仲裁；平
定

pacificador, ra 形 名 平和をもたらす〔人〕；
仲裁する，仲裁者

pacífico, ca [paθífiko, ka] 形 平和な，平穏
な；平和を好む：fines ~*s* 平和目的. hombre
~ 穏やかな男. revolución ~*ca* 無血革命
◆ 男［*P*~］太平洋［Océano *P*~］：*P*~
Norte (Sur) 北(南)太平洋. Guerra del
P~《歴史》スペイン対ペルー・チリ戦争［1864-
66］；チリ対ペルー戦争［1879-83］

pacifismo [paθifísmo] 男 平和主義，穏健主
義

pacifista 形 名 平和主義の；平和主義者

pack [pák] 男［複 ~*s*］［←英語］［同種の物一
そろいの］パック：Se vende en un ~ de seis
latas. 6 缶 1 パックで売っている

paco[1] [páko] 男《動物》バカ[paca]；［北アフ
リカの旧スペイン領での紛争における］モーロ人の
狙撃兵；《男性名》［*P*~］パコ［Francisco の
愛称］

paco[2]**, ca**[2] [páko, ka] 形 名《南米》［アルパカ
のような］赤褐色の；《口語》警官

pacota [pakóta] 女《中米》＝**pacotilla**；取る
に足りない物

pacotilla [pakotíʎa] 女［昔，船員が船に無料
で積み込んできた］個人取引用商品
de ~ 価値のない，粗悪な：artista *de* ~ 三流
の画家. mueble *de* ~ 安物の家具

hacer su ~ 少しずつ利殖する，小金をためる

pactar [paktár] ⑥ 他 ❶ 取り決める，…に合意す
る：~ una tregua navideña クリスマス休戦を
結ぶ. ❷［当局・権力側が］…について譲歩する
◆ 自［＋con で］協定する；［権力者などと］妥
協する，手を結ぶ：~ *con* el enemigo 敵と協定
を結ぶ

pactismo [paktísmo] 男［協定を結んで解決
を図ろうとする］協調主義

pacto [pákto] 男 協定，契約；［主に軍事的な］
条約：i) firmar (hacer) un ~ con… …と協
定を結ぶ. hacer un ~ con el diablo 悪魔と
契約する，魂を売り渡す. ~ social 社会契約.
ii)《歴史》*P*~ de Familia 家族協定［1733-
88. 3 度にわたり仏西間で結ばれた同盟］. *P*~
de Varsovia ワルシャワ条約［1955-91］. *P*~
Tripartito 三国同盟［日独伊. 1940 年］

paddock [páðok] 男［←英語: 競馬］パドック

padecer [paðeθér] ㊴ 他 ❶［精神的・肉体
的に］…に苦しむ；患(わずら)う：*Padece* una en-
fermedad. 彼は患っている. ~ frecuentes
dolores de muelas しばしば歯痛に悩まされる.
~ una desgracia 不幸な目に会う. ~ una
ofensa 侮辱を受ける. ❷ …の被害を受ける：
Estamos *padeciendo* una gran sequía. 我々
は旱魃(かんばつ)に苦しんでいる. ❸《誤り》~ error
間違っている. ~ engaño だまされている
◆ 自 ❶［＋de・con・por で］苦しむ；患う：
Padecimos mucho durante la guerra. 戦時
中私たちは非常に苦しんだ. *Padeció por* (con)
las infidelidades de su marido. 彼女は夫の
浮気に悩まされた. ~ *de* los nervios (los
ojos) 神経(目)を患う. ❷ 名誉を受ける：*Pa-
deció* en su honra. 彼は名誉を傷つけられた. ❸
耐え忍ぶ：Hemos de ~. 私たちは耐えねばならな
い

padecimiento [paðeθimjénto] 男［心身
の］苦痛，苦しみ；罹病(りびょう)：Tiene un ~ del
hígado. 彼は肝臓を患っている

padilla [paðíʎa] 女 小形のフライパン；パン焼き
窯

padrastro [paðrástro] 男 ❶ 継父［↔ma-
drastra, hijastro］；《軽蔑》［子供に対して］意
地悪な父親：Siempre fue un ~ para sus
hijos. 彼は子供たちにいつもつらく当たった. ❷
［爪の付け根の］ささくれ

padrazo [paðráθo] 男［子供に対して］甘い父
親：Es demasiado ~ con los chicos. 彼は子
供たちを甘やかしすぎる

padre [páðre] 男〖英 father. ↔madre,
hijo〗 ❶ 父，父親：i) Es el ~ de
tres niños. 彼は 3 児の父親だ. caballo ~ 種
馬. Cual es el ~, tal es el hijo.《諺》カエル
の子はカエル/あの親にしてこの子あり. No lo en-
tiende ni su ~. それはまったく訳がわからない.
ii) ~ conscripto《古代ローマ》元老院議員. ~
de almas 聖職者. ~ de familia 家長. ~ de
la patria《歴史》国父；《皮肉》国会議員. ~
nuestro ＝**padrenuestro**

❷ 複 i)〖英 parents〗両親：Vivo con mis
~*s*. 私は両親と住んでいる. ii) 祖先：historia
de nuestros ~*s* 我々の祖先の歴史. nuestros
primeros ~*s* アダムとイブ

❸ 創始(発明・発見)者：Esquilo es el ~ de
la tragedia. アイスキュロスは悲劇の創始者だ

❹《宗教》i) 神父：el ~ Antonio アントニオ神
父. Unos profesores son ~*s*. 何人かの先生
は神父だ. ~ espiritual 告解を聴く神父，聴罪

P

師. *P*～ Santo/～ de la Iglesia〔初期教会の〕教父. Santo *P*～〔初期教会の〕教父;ローマ教皇. Beatísimo *P*～ ローマ教皇. ii)〔*P*～〕神:Dios *P*～/*P*～ Eterno 父なる神 ❺《口語》〔形容詞的〕途方もない, すごい:llevarse un susto ～ びっくり仰天する. pegarse (darse) la vida ～ 気楽に遊び暮らす

cada uno de su ～ y de su madre ちぐはぐな

de ～ y muy señor mío 大変な, ひどい:Tuve un dolor de muelas *de ～ y muy señor mío*. 私は大変ひどく痛かった

¡mi ～!〔驚き〕おやまあ!

no casarse ni con su ～ 義務と思ったことに例外を設けない

¡que lo haga su ～! とんでもない!

sin ～ ni madre〔, ni perro que le ladre〕 天涯孤独の

¡su (tu) ～!〔怒り〕ちくしょうめ!

tener el ～ alcalde コネがある

padrear [padreár] 🔲〔雄が〕交尾する

padrenuestro [padrenwéstro] 🔲《キリスト教》主の祈り

padrinazgo [padrináθgo] 🔲 ❶ 代父(教父)の役目;付添い役;〔船の〕命名式. ❷ 後援, 庇護

padrino [padríno] 🔲 ❶《カトリック》〔洗礼に立会う〕代父,《プロテスタント》教父〔↔madrina〕;❪🔲❫代父母, 教父母〔結婚式・決闘などの〕付添い人, 介添え人, 立会人;〔新造船の〕命名者. ❸ 後援者, 庇護者者;❪🔲❫その影響力:Tiene un buen ～. 彼にはいいパトロンがついている. Tiene buenos ～s. 彼にはいいコネがある

padrísimo, ma [padrísimo, ma] 🔲《中米》途方もない, すごい

padrón [padrón] 🔲 ❶ 住民名簿:inscribirse en el ～ 住民登録をする. hacer el ～ 国勢調査をする. ❷ 汚点, 不名誉〔～ de ignominia〕. ❸《中南米》種畜

padrote [padróte] 🔲《中南米》種付け用の雄;《中米》ぼん引き

paella [paéʎa] 🔲《料理》パエーリャ〔野菜・サフランと肉または魚介類 marisco 入りの炊込みご飯. ～ valenciana〕:～ marinera 魚介類のパエーリャ. ～ mixta 肉と魚介類入りのパエーリャ

paellera [paél] 🔲 パエーリャ用鍋

paf [páf]〔落ちる音・叩く音など〕ドスン, バタ, バン, パチン, ピシャ

pág.〔❪🔲❫ ～s〕〔略語〕←página ページ

paga¹ [pága] 🔲 ❶ 給料:Ya hemos cobrado la ～ de este mes. 私たちはもう今月分の給料を受け取った. ～ extra(ordinaria)〔主に年2回の〕ボーナス. ～ de Navidad クリスマス手当. ❷ 支払い〔pago〕;罰, 償い:Fue la ～ por su culpa. それは彼が過ちを犯した罰だ/自業自得だ. ❸ こづかい

en tres ～s 金払いの悪い

pagable [pagáble] 🔲 支払える, 報いられる:Sus amabilidades no son ～s con palabras. 彼の親切にはお礼の言葉もない

pagadero, ra [pagaðéro, ra] 🔲 ❶《商業》…で支払われるべき:coche ～ a seis meses 6か月の分割払いの車. letra ～ra a noventa días 90日払いの手形. ❷ en efectivo 現金払いの. ❸ あまり高くない, 手が届く値段の

pagado, da [pagáðo, ða] 🔲過分 ❶ 支払い済みの:～《表示》支払済. ❷〔+de に〕満足した, 得意になった:Es muy ～ de sí mismo. 彼はうぬぼれ屋だ

pagador, ra [pagaðór, ra] 🔲 🔲 金を支払う〔人〕, 支払人;〔部局部〕支払い担当の:ser buen (mal) ～ 金払いがよい(悪い)

pagaduría [pagaðuría] 🔲 経理部(課), 財政局

págalo [págalo] 🔲《鳥》〔オ〕トウゾクカモメ

paganini [paganíni] 🔲 ❶《戯語》〔会食などで〕いつも勘定を払わされる人. ❷《中南米. 俗語》異教徒

paganismo [paganísmo] 🔲 異教;❪集名❫ 異教徒

paganizar [paganiθár] 🔲 🔲 異教徒化する

pagano, na [pagáno, na] 🔲 🔲 ❶〔キリスト教以外の・特に多神教の〕異教徒〔の〕:mundo ～ 異教世界. rito ～ 異教の儀式:evangelizar a los ～s 異教徒にキリストの教えを説く. ❷《西. 戯語》〔会食などでいつも勘定を〕払わされる〔人〕:Siempre me toca a mí ser el ～. いつも私が払わされる. amigo ～ 金づる. ❸《口語》他人の罪を着る〔人〕:El hermano mayor ha sido el ～ de los errores del pequeño. 兄が弟の〔過ちの〕尻ぬぐいをした

pagar [pagár] 🔲 🔲《英 pay. ☞活用表》❶〔金を〕払う:i) *Pago* de habitación diez mil pesetas al mes. 私は月1万ペセタの部屋代を払っている. cuenta por ～ 買掛金(勘定). ii)〔…の代金を〕Estoy *pagando* el televisor a plazos. 私はテレビの代金を分割払いにしている. ～ la universidad 大学の授業料を払う. Mi vecino *pagó* nuestro recibo de gas. 隣の家の人がガス代を払ってくれた. iii)〔～ a+人 の代わりに〕Le *pagó* los estudios su hermano. 兄が彼の学費を出してやった. ❷ …に報いる:Jamás podré ～le a usted las atenciones que está teniendo conmigo. ご恩返しのしようもありません. ❸ …の報いを受ける:*Pagó* con su salud esos excesos. 彼はあんなに無茶をして体を壊した. ～ el mal 悪業の報いを受ける. ～ su crimen 罪をあがなう

～ la/～ las〔todas juntas〕《口語》報いを受ける:Las ha pagado con creces. 彼はたっぷりと罰が当たった. Me ha causado mucho daño, pero un día me *las pagará*. 彼にはひどい目に会わされたが, いつかそのつけを払わせてやる

～ la doble 前に処罰から逃げたために, 今度は一層重く罰せられる

◆ 🔲 金を払う:～ a los trabajadores 労働者に賃金を払う. ¿Te *pagan* bien? 君のところは給料がいいかい?

～ mal ひどい仕打ちをする

◆ *～se*〔+de con に〕得意になる, 満足である:Se paga de su erudición. 彼は博識を鼻に

かけている

pagar	
直説法点過去	接続法現在
pagué	pague
pagaste	pagues
pagó	pague
pagamos	paguemos
pagasteis	paguéis
pagaron	paguen

pagaré [pagaré] 男《圏~s》約束手形《~ a la orden》；~ bancario 銀行手形；~ no pagado 不渡り手形. ~ del tesoro 国債

pagel [paxél] 男《魚》スズキの一種

página [páxina] 囡《英 page》❶ ペー ジ：Lea usted la primera ~. 第1ページを読んで下さい《普通は1ページ目のみ 序数》. Hoy estamos en la ~ 46. 今日は46 ページです. abrir el libro por la ~ cinco 本 の5ページ目を開く. pasar la ~ ページをめくる. en la ~ anterior (siguiente) 前(次)のページ に. doble ~ 見開き2ページ《の広告》. ~s de cortesía 遊び紙. La novela tiene unas ~s flojas. その小説には冗長な部分がある. Ha pasado la ~ más gloriosa de su vida. 彼の 生涯の最も輝かしい1ページが過ぎた. ❷《情報》 ページ：~ de Internet/~ web ホームページ **~s amarillas**《電話帳の》職業別欄

paginar [paxinár] 他《原稿などに》ページを付 ける

paginación 囡 ページ付け；ページ数；《情報》 ページング

pago[1] [págo] 男 ❶ 支払い〔金〕：hacer (efectuar) un ~ 支払う. días de ~ 支払い 日；給料日. ~ contra entrega 代金引換払 い. ❷ 払い戻し, 返済《devolución》. ❸ お返 し, 報い：¿Éste es el ~ que me das? これが 〔世話をしてやった〕返礼か/恩を仇で返すのか? ❹《主にブドウ・オリーブが植わっている》地所, 農 園. ❺ 小さな村, 集落. ❻《圏》故郷, 住み慣れ た土地；場所, 町, 地方：Últimamente no le vemos por estos ~s. 最近このあたりで彼を見 かけない

dar mal ~ a+人 …の恩を仇で返す

de ~ 有料の《~ de...》：aparcamiento de ~ 有料駐車 場. colegio de ~ 私立学校

en ~ de... …のお返しとして：En ~ de tus atenciones, te llevaré de viaje. 世話になった お礼に旅行に連れていってあげよう

pago[2]**, ga**[2] [págo, ga] 形 ❶《estar+. 勘定 が》支払い済みの：Ya está usted ~. 〔バルなど で〕あなたの分はもう〔他の人から〕いただきましたよ. ❷《南米》雇われた

pagoda [pagóda] 囡 仏塔, パゴダ

pagro [págro] 男《魚》ヨーロッパマダイ

paguro [pagúro] 男《動物》ヤドカリ

paiche [pátʃe] 男 =arapaima

paidofilia [paiðofílja] 囡 =pedofilia

paidología [paiðoloxía] 囡《生理学・心理 学的見地からの》小児〔科〕学

paila [pái̯la] 囡《広く浅い》平鍋；《中南米》フ ライパン

pailebote [pai̯leβóte] 男《←英語. 船舶》小型 スクーナー

paipay [pái̯pai̯] 男《圏 paipáis》《西》《シュロ の葉などで作った》うちわ

paipái/paipai 男 =paipay

pairo [pái̯ro] 男《帆を広げたままの》一時停船： al ~ 一時停船して；行動(決断)せずに

país [país] 男《英 country》❶ 国《☞ nación 顕》；地方《región》：¿De qué ~ es usted? お国(ご出身)はどちらですか? ~ independiente 独立国. ~es europeos ヨ ーロッパ諸国. P~es Bajos《国名》オランダ. ¡Qué ~! 何という〔ひどい〕国だ!. ❷ 国民；〔地 方の〕住民：alertar al ~ 国民に警戒を呼びか ける. ❸《扇の》地紙, 地布

del ~ 1) 自国の, 国産の：producto del ~ 国産品. 2) 地元産の. vino del ~ 地酒

paisa [pái̯sa] 囡《中南米》同国人, 同郷人 《paisano》

paisaje [pai̯sáxe] 男《英 landscape》❶ 風 景, 眺め, 景観：Se extiende un ~ maravi- lloso. すばらしい風景が広がっている. ~ interior 内的風景, 心象風景. ~ natural 自然の風景. ❷ 風景画. ❸ =país ❸

paisajista [pai̯saxísta] 囡 風景画家；造園 家, 庭師

paisajismo 男 風景画；造園術(法)

paisajístico, ca [pai̯saxístiko, ka] 形 風 景の：belleza ~ca 景色の美しさ

paisanada [pai̯sanáða] 囡《南米》田舎 の人, 農民

paisanaje [pai̯sanáxe] 男 ❶ 同国人(同郷 人)であること. ❷《圏》民間人, 一般市民

paisano, na [pai̯sáno, na] 形 囡 ❶ 同郷の 〔人〕, 同国の〔人〕：Es un ~ mío. 彼は私と出 舎が同じだ. ❷ 田舎の人, 農民. ❸《軍人に対 して》民間人, 一般市民：traje (vestido) de ~ 〔軍服・僧服に対して〕平服. ir de ~ 平服 を着ている. policía de ~ 私服刑事

◆ 囡《料理》ジャガイモのほかにピーマン・ハムなどの 入ったオムレツ《tortilla ~na》

paja [páxa] 囡 ❶《時に 囮》麦わら, わら；ス トロー：La ~ se utiliza como alimento del ganado. わらは飼料になる. sombrero de ~ 麦 わら帽子. sorber el jugo con una ~ ストロー でジュースを飲む. Vemos la ~ en el ojo ajeno y no vemos la viga en el nuestro.《諺》他人 の小さな欠点には気づいても自分の大きな欠点には 気づかないものだ. ❷〔形容詞的〕麦わら色の, 薄 黄色の. ❸ 不用なもの(こと)；駄弁. ❹《卑語》 マスターベーション：hacerse una ~ マスターベー ションをする. ❺《中米》蛇口. ❻《植物》~ brava ワラクサ. ~ camello (de esquenanto・ de Meca) ラクダグサ

buscar la ~ en el oído 言いがかりの種を捜 す

echar ~s わらのくじを引く《短いのが当たり》

en quitame allá esas ~s あっという間に

hombre de ~ 傀儡《⑲》；名義人, ダミー

P

no dormirse en las ~s 好機を待ち構える

no importar (montar) una ~ 何の価値もない

por un quítame allá esas ~s《口語》つまらないことが原因で

todo eso son ~s まったくナンセンスだ

pajar [paxár] 男 わら置き場

pájara[1] [páxara] 女《口語》❶ 突然のスタミナ切れ: Le entró una ~ cuando estaba cerca de la meta. 彼はゴール近くなって突然スタミナが切れた. ❷ 紙飛行機. ❸ ~ pinta 罰金遊び

pajarear [paxareár] ~*se*《南米》へまをする

pajarel [paxarél] 男《鳥》ムネアカヒワ《pardillo》

pajarera[1] [paxaréra] 女 鳥小屋, 鳥かご

pajarería [paxarería] 女 ❶ 小鳥店, ペットショップ. ❷ 鳥の群れ

pajarero, ra[2] [paxaréro, ra] 形 鳥の; ふざけ好きの, 冗談ばかり言う; けばけばしい, 人目を引く;《中南米》[馬が] 臆病な, 用心深い
◆ 图 鳥を狩る(育てる・売る)人: Enrique I el P~ 鳥猟家エンリケ1世《ドイツ皇帝. 876-936》

pajarita [paxaríta] 女 ❶ 折り紙(の鳥)《~ de papel》. ❷《西. 服飾》蝶ネクタイ《corbata de ~》. ❸《鳥》~ de las nieves セキレイ

pajarito [paxaríto] 男 ❶《pájaro の示小語》Mira el ~./Mira, que va a salir un ~. [写真を撮る時] カメラを見て, 鳩が出るよ. ❷ 小男

comer como un ~ ひどく少食である

me lo dijo un ~ [出所を隠して] ある人から聞いたのだ

morirse (quedarse) como un ~ 安らかに息を引き取る

pájaro[1] [páxaro] 男《英 bird》鳥, 小鳥《ræave 顕義》: i) matar dos ~s de un tiro 一石二鳥である. El ~ voló. 獲物(機会)が逃げてしまった. Más vale ~ en mano que ciento (buitre) volando.《諺》明日の百より今日の五十. ii) ~ azul ブルーバード. ~ bobo (niño) ペンギン. ~ campana 鐘つき鳥《南米産の小鳥》. ~ carpintero キツツキ. ~ diablo ウミツバメ. ~ mosca (resucitado) [体長 7 cm 位の] ハチドリ. ~ perdigón おとり用の雄ウズラ

a vista de ~ 1) 高い所から見た: perspectiva *a vista de ~* 鳥瞰図. 2) 表面的に見て

llenar la cabeza de ~s はかない期待を抱かせる

tener algo más que ~s en la cabeza ちゃんとばかではない

tener la cabeza a (llena de) ~s/tener ~s en la cabeza 現実離れしたことばかり考えている, うわのそらでいる

pájaro[2]**, ra**[2] [páxaro, ra] 图 人, やつ; [特に] ずる賢い人, いかがわしいやつ: Es un buen ~. したたかなやつだ. ~ de cuenta 油断のならない人物. ~ de mal agüero 不吉な男. ~ gordo 大物, 重要人物

pajarraco, ca [paxarráko, ka] 图《軽蔑》抜け目のないやつ, 怪しいやつ

◆ 男 大きく不格好な鳥, 怪鳥

paje [páxe] 男 ❶ [王侯貴族に仕えた] 小姓, 近習. ❷《髪型》ページボーイカット. ❸ 結婚式で花嫁花婿に付添う男の子《↔damita》

pajel [paxél] 男 =**pagel**

pajero, ra [paxéro, ra] 图 わら売り
◆ 男《卑語》マスターベーションの常習者

pajita/pajilla [paxíta/-ʎa] 女 ストロー《paja》

pajizo, za [paxíθo, θa] 形 わらの〔ような〕; わらで出来た(覆われた); 麦わら色の: techo ~ わらぶき屋根

pajolero, ra [paxoléro, ra] 形 图《主に西》❶ [+名詞] いまいましい, 気にくわない: No ha trabajado en su ~ra vida. いまいましいことに彼は全然働いたことがない. ❷ ひどい〔人〕, いやな〔やつ〕

no tener ni ~ra idea まったくわからない

pajón [paxón] 男《中南米》❶《植物》イネ科の雑草, ワラクサ. ❷ 固い縮れ毛. ❸ 粗野な馬

pajonal 男 ワラクサで覆われた土地

pajuela [paxwéla] 女 ❶ [硫黄を塗った] 付け木. ❷《南米》つまようじ; 黄燐マッチ; [マンドリン用の] 爪

ser del tiempo de la ~《南米》大昔のことである

pajuerano, na [paxweráno, na] 形 图《南米》[都会に出て来た] 田舎者, おのぼりさん

pakistaní [pakistaní] 形 图 =**paquistaní**

pala [pála] 女 ❶ スコップ: una ~ de arena スコップ1杯分の砂. remover la tierra con la ~ スコップで土をすくう. ~ mecánica パワーシャベル. ❷《料理》ケーキサーバ; パンを窯に入れる道具《~ de panadero》; [主人が食卓で切り分ける] 魚用ナイフ. ❸ [オールの先の] 水かき. ❹ ラケット《raqueta》. ❺ [プロペラ・スクリューの] 羽: hélice de tres ~s 3枚羽のプロペラ(スクリュー). ❻《服飾》i) 靴の甲. ii) corbata de ~ ancha 太いネクタイ. ❼ じゅうたん叩き. ❽ [主に歯] 上部門歯

a punta (de) ~《西. 口語》大量に, どっさり

tener buena ~《口語》上手(巧み)である

palabra [palábra] 女 ❶《英 word》❶ 単語: i) ¿Cómo se escribe esa ~? その単語はどう綴るのですか? Esta ~ viene del francés. この語はフランス語から来た. escribir una composición de (con) más de mil ~s 千語以上の作文を書く. ~ fea (fuerte・gorda・gruesa・malsonante) 汚い言葉, 卑語. ~ funcional (vacía) 機能語. ii) [no entender・saber+] No entiendo ~. 私は一言もわからない

❷ [主に 图. 言った・書かれた] 言葉, 発言; 発言権: i) Me faltan (No tengo) ~s para expresar mi agradecimiento. お礼の言葉もありません. cambiar unas ~s con+人 …と言葉を交す. decir unas ~s 別れの挨拶をする. según las ~s de Aristóteles アリストテレスの言葉によれば. libertad de ~〔s〕言論の自由. ii)《諺》A ~s necias, oídos sordos. 愚かな言葉には聞く耳をもたない. A buen entendedor pocas 〜s bastan. 賢者には一言にして足る. iii) [文語] [式典・集会で] pronunciar 〜s de felicitación 祝辞を述べる. dar (conceder) la 〜 a+人 …に発言を許す, 発言権を与える. pedir la 〜 発言〔の許可〕を求める ❸ 約束 : Es hombre de 〜. 彼は約束を守る男だ. cumplir su 〜 約束を果たす. faltar a su 〜 約束を破る. guardar (mantener) la 〜 約束を守る. no tener 〜 しばしば約束を破る. 〜 de matrimonio (de casamiento) 結婚の約束, 婚約 ❹ 雄弁 : Es un político de 〜 fácil. その政治家は易しい言葉を使って, 説得力がある ❺ 《言語》 言語能力 ❻ 《宗教》 i) 〜 de Dios/〜 divina 福音〔書〕, 聖書. las siete 〜s [十字架上のキリストの] 7つの言葉. ii) [P〜] キリスト ❼ 圈 i) 空疎な言葉, むだ口 : Sus amenazas no son más que 〜s. 彼の脅しは口先だけだ. ii) 厳しい(攻撃的な)表現

a la primera 〜 話し始めるとすぐに

agarrar la 〜 a+人/**agarrarse a la 〜 de+人** =coger la 〜 a+人

ahorrar 〜s 無駄口をきかない; 言葉が足りない

bajo la 〜 de+人 …の口約束だけで

bajo 〜 : libre bajo 〜 仮釈放中の. libertad bajo 〜 仮釈放; [捕虜の] 宣誓釈放

bajo su 〜 名誉にかけて

beber[se] las 〜s de+人 …の言うことを傾聴する

buenas 〜s [中味・実行の伴わない] 聞こえのいい言葉

coger la 〜 話す

coger la 〜 a+人/**cogerse a la 〜 de+人** …の言質をとる

comerse las 〜s 発音(語尾)がはっきりしない; [あわてたために] 言い落とす, 書き落とす

cortar la 〜 言葉を遮る

cruzarse de 〜s 口論する

dar [su] 〜 約束する : Te doy mi 〜. 約束するよ

de 〜 口頭で 〔↔por escrito 文書で〕; 口先だけで 〔↔de hecho 実際に〕: acordar... de 〜 …を口頭で取り決める

de pocas 〜s 口数の少ない : Mi padre es de pocas 〜s. 私の父は口数が少ない

dejar a+人 con la 〜 en la boca …の話を全然(最後まで)聞かずに立ち去る

dirigir la 〜 a+人 …に言葉をかける, 話しかける

empeñar la (su) 〜 誓う

en cuatro (dos・pocas・unas) 〜s 非常に簡潔に : En cuatro 〜s explicó el asunto. 彼はごく手短かに用件を説明した

en otras 〜s 言いかえれば

en una 〜 一言で言えば

enzarzarse de 〜s =trabarse de 〜s

estar colgado de las 〜s de+人 …の言うことを傾聴している

faltar de 〜 a+人 …を侮辱する

gastar 〜s [en vano] 言ってもむだなことを言う

llevar la 〜 代表して話す

mala 〜 《主に中南米》無作法な(汚い)言葉

maltratar a+人 de 〜 …をののしる

medias 〜s 不十分な言い方 : Lo dijo con medias 〜s. 彼はそれについて言葉を濁した. comprender a medias 〜s 一を聞いて十を知る

medir las (sus) 〜s [言葉を選んで] 慎重(丁重)に話す

ni 〜/ni media 〜 全然[知らない・わからない]

no dejar escapar 〜 =no soltar 〜

no perder 〜 地獄耳である

no soltar 〜 発言をひかえる

¡〜! 1) 誓います; きっとだぞ, 約束したよ! 〖¡P〜 de hombre!〗 2) はっきり言って/本当なんだから!

〜 por 〜 一語ずつ; 逐語的に : Me repitió 〜 por 〜 lo que le dijiste. 彼は君に言われたことを一語一句そのまま私に言った. traducir 〜 por 〜 直訳する

〜s buenas =〜s mayores

〜s mayores 重大な結果を及ぼす言葉; 侮辱, 人を傷つける言葉

perder la 〜 言葉に詰まる; 言語能力を失う

remojar la 〜 一杯やる

¡santa 〜! 《皮肉》 うれしいね!

sin hablar 〜 一言も口をきかずに, 何も言わずに

sobre la 〜 de+人 =bajo la 〜 de+人

sorber[se] las 〜s de+人 =beber[se] las 〜s de+人

tener la 〜 [主語に] 話す番である : Ahora el presidente tiene la 〜. 今から社長の挨拶があります

tener [unas] 〜s con+人 …と口論(論争)をする

tomar la 〜 1) [会議などで] 話し始める. 2) [+a+人 の] 言質を取る

torcer las 〜s 言いまぎらす

trabarse de 〜s ののしり合う

palabrear [palabreár] 圓 《南米》口約束をする; [女性が] 結婚の約束をする; 侮辱する

palabreja [palabréxa] 囡 《軽蔑》 [あまり使わない] 難しい(おかしな)言葉

palabrería [palabrería] 囡 駄弁, 意味のないおしゃべり

palabrero, ra [palabréro, ra] 厖 囡 むだ口の多い[人], 口先だけの[人]

palabrita [palabríta] 囡 含みのある言葉 : Te diré cuatro 〜s. いいことを教えてやろう

palabro [palábro] 男 [間違えて作った] 変な言葉

palabrota [palabróta] 囡 野卑な言葉; ののしり: decir (soltar) 〜s 汚い言葉を吐く; 悪態をつく

palacete [palaθéte] 男 小宮殿, 小城; 《口語》邸宅

palaciego, ga [palaθjégo, ga] 厖 宮殿の,

王宮の. ◆ 图 廷臣, 宮廷人

palacio [paláθjo] 男 〖英 palace〗❶ 宮殿, 城館; 大邸宅: ～ episcopal 司教館. ～ presidencial 大統領官邸. ～ real 王宮 〖P～ Real マドリードの王宮. 🖙写真〗. ❷ 〔公共の記念碑的な建物〕: ～ de bellas artes 美術館. ～ de comunicaciones 郵便電信局. P～ de Congreso(s) 国会議事堂. P～ de Justicia 裁判所. Las cosas de ～ van despacio. お役所仕事だ〖処理が遅い〗

palada [paláða] 女 スコップ 1 杯の量; オールの 1 漕ぎ, ストローク

paladar [palaðár] 男 ❶ 《解剖》口蓋: ～ duro 硬口蓋. velo del ～ 軟口蓋. ❷ 味覚: tener buen ～ 味覚が鋭い. bueno al ～ 口当たりのよい. ❸ 〔芸術的な〕センス, 美的感覚: Tengo poco ～ para la ópera. 私にはオペラはよくわからない

paladear [palaðeár] 他 ゆっくり味わう; 〔主に芸術作品を〕ゆっくり楽しむ, 享受する: ～ el buen coñac 上等のコニャックを賞味する. ～ la poesía 詩を味わう
　paladeo 男 賞味

paladín [palaðín] 男 ❶ 〔昔の〕勇士. ❷ 擁護者: ～ de la democracia 民主主義の擁護者

paladino, na [palaðíno, na] 形 公然の, 包み隠しのない: demostración ～na de la sensibilidad artística 芸術的感受性の明らかな証明

paladio [paláðjo] 男 《元素》パラジウム

paladión [palaðjón] 男 〔国などの〕守り, 守護

palafito [palafíto] 男 湖上住居

palafrén [palafrén] 男 〔中世の女性用などの〕おとなしい馬, 儀仗馬
　palafrenero 男 その馬丁, 口取り

palamenta [palaménta] 女 躾名 〔一隻の船の〕オール全体

palanca [palánka] 女 ❶ てこ; かなてこ, バール: hacer ～ てこを使う, てこで動かす; こじ開ける. levantar... con la ～ てこで…を持ち上げる. ～ de primer (segundo・tercer) género ＝(二・三) 元てこ. ❷ レバー; ハンドル: ～ de cambios (de velocidades) 変速レバー. ～ de mando 操縦桿. ❸ 《主に中南米》影響力, コネ 〖enchufe〗: Tiene una buena ～ en el gobierno. 彼は政府に顔がきく. mover ～s コネを使う. ❹ 〔荷物運搬用の〕天秤棒. ❺ 《水泳》飛び込み台; 高飛び込み. ❻ 〔格闘

技〕関節技

palangana [palaŋgána] 女 《古語》洗面器 〖jofaina〗
◆ 图 《南米》ほら吹き; ばか

palanganear 自 《南米》ほらを吹く

palanganero 男 洗面器台 〖🖙カット〗

palangre [palángre] 男 《漁業》はえなわ
　palangrero 男 はえなわ漁船 (漁師)

palanquear [palankeár] 他 《南米》〔+a+人に〕コネを使って…を与える

palanqueta [palankéta] 女 〔扉をこじ開けるのに使う〕かなてこ; 《中南米》〔重量挙げの〕バーベル; 《主に中米. 菓子》豆板

palanquín [palankín] 男 ❶ 〔東洋の〕駕籠 (かご), 輿 (こし). ❷ ポーター, 人足. ❸ 《船舶》帆脚索, クリューガーネット

p'alante [palánte] 《口語》＝para adelante: tirar ～ まっすぐ行く; うまくいっている; がんばる

pala pala [pala pála] 男 タカのけんかをまねたアルゼンチンの民俗舞踊

palastro [palástro] 男 錠縁; 鉄板, 鋼板

palatable [palatáble] 形 味のよい, 口に合う
　palatabilidad 女 口に合うこと, 嗜好性

palatal [palatál] 形 〖←paladar〗口蓋の; 《言語》硬口蓋調音の: vocal ～ 硬口蓋母音
◆ 女 硬口蓋音
　palatalización 女 〔硬〕口蓋音化
　palatalizar 9 他 自 〔硬〕口蓋音化する

palatino, na [palatíno, na] 形 ❶ 〖←palacio〗宮殿の; 宮仕えの: costumbre ～na 宮廷のしきたり. ❷ 〖←paladar〗口蓋の; 上顎骨の
◆ 男 《歴史》宮中伯, 選帝侯; 《解剖》上顎骨
　palatinado 男 宮中伯の身分 (領地)

palco [pálko] 男 ❶ 〔劇場などの〕ボックス席 〖🖙teatro カット〗: ～ de autoridades (de honor) ロイヤルボックス. ～ de platea 1 階ボックス席. primer ～ 2 階ボックス席. ～ de proscenio 舞台わきのボックス席. ～ presidencial 《闘牛》主宰者席. ❷ ～ escénico 舞台 〔の床面〕

palenque [palénke] 男 ❶ 囲い, 柵; 〔催し物などをする〕その内部, 構内. ❷ 《南米》〔動物をつないでおくための〕柱

palentino, na [palentíno, na] 形 图 《地名》バレンシア Palencia の〔人〕〖カスティーリャ＝レオン地方の県・県都〗

paleo- 〔接頭辞〕〔旧・古〕paleografía 古文書学

paleoantropología [paleoantropoloxía] 女 古人類学

paleobotánica [paleobotánika] 女 古植物学

paleoceno, na [paleoθéno, na] 形 男 《地質》暁新世の〔層〕

paleocristiano, na [paleokristjáno, na] 形 〔6 世紀までの〕初期キリスト教〔徒〕の

paleofitología [paleofitoloxía] 女 ＝paleobotánica

paleógeno, na [pale5xeno, na] 形 男《地質》古第三紀〔の〕

paleografía [paleografía] 囡 古文書学
　paleográfico, ca 形 古文書学の
　paleógrafo, fa 囲 古文書学者

paleolítico, ca [paleolítiko, ka] 形 男〔男 としては時に P～〕旧石器時代〔の〕：P～ inferior (medio・superior) 旧石器時代前期(中期・後期)

paleología [paleoloxía] 囡 古代語研究
　paleólogo, ga 囲 古代語研究者

paleontografía [paleontografía] 囡 古生物誌, 記述化石学
　paleontográfico, ca 形 記述化石学の

paleontología [paleontoloxía] 囡 古生物学
　paleontológico, ca 形 古生物学の
　paleontólogo, ga 囲 古生物学者

paleozoico, ca [paleoθójko, ka] 形 男《地質》古生代〔の〕

palestino, na [palestíno, na] 形 囹《地名》パレスチナ Palestina の〔人〕：refugiados ～s パレスチナ難民

palestra [paléstra] 囡《古代ギリシア・ローマ》体育場, レスリング場；〔文学などの〕論争をする場所
　salir a la ～ 闘争(論争)に加わる
　saltar a la ～ 有名になる, 世間の注目を集める

paleta[1] [paléta] 囡 ❶《美術》パレット；〔画家独自の〕絵の具の配合, 色彩. ❷〔左官の〕こて；小さなシャベル. ❸《料理》フライがえし；肩肉. ❹〔スクリュー・プロペラの〕羽根：barco de ～ 外輪船. ❺〔卓球〕ラケット. ❻ 前歯, 上部門歯. ❼〔闘牛〕〔牛の角の〕先端部の外側. ❽《中米》アイスキャンディー

paletada [paletáða] 囡 ❶ こて(シャベル) 1 杯の量；こての一塗り；シャベルでの一撃. ❷ 粗野な(田舎者の)ふるまい

paletilla [paletíʎa] 囡 肩甲骨《omóplato》；《料理》〔豚の〕肩肉
　levantar a+人 la ～ …をひどく悲しませる, 不愉快なことを言う

paleto, ta[2] [paléto, ta] 形 囹《軽蔑》田舎者〔の〕, お上りさん；粗野な〔人〕：vestido ～ 野暮ったい服装
　◆ 囲《動物》ダマシカ《gamo》

paletó [paletó] 囲《複 ～toes》《仏語. 服飾》パルト〔昔のハーフコート〕

paletón [paletón] 囲 鍵の耳, 鍵爪(淀)

pali [páli] 囲 パーリ語

palia [pálja] 囡《カトリック》聖杯布；聖壇布

paliar [paljár] 他/自 ❶〔病気などを〕一時的に抑える, 緩和する：～ el dolor 痛みを抑える. ～ la pena 悲しみを紛らす. ❷ …の言い訳をする, 取り繕う：～ sus fechorías 悪事を正当化する
　paliación 囡 一時的な抑制；弁解
　paliativo, va [paljatíβo, βa] 形 ❶〔末期患者に対して〕痛みなどを一時的に抑える, ターミナ

ルケアの. ❷ 一時しのぎの
　◆ 囲 ❶ ターミナルケア《cuidados ～s》；緩和薬《remedio ～》：unidad de ～s ホスピス, 末期患者専門病棟. ❷ 弁解, 取り繕い：sin ～s 言い訳せずに

palidecer [paliðeθér] 自 ❶〔顔が〕青ざめる. ❷〔色が〕薄くなる；〔光が〕弱まる；色あせる：La luna *palidece* al salir el sol. 太陽が昇ると月の光が弱まる. ❸《文語》生彩を失う；〔勢力など〕衰える：Su popularidad está *palideciendo*. 彼の人気は落ち目だ

palidez [paliðéθ] 囡 ❶ 蒼白. ❷《文語》薄明かり, 色あせ

pálido, da [páliðo, ða] 形《英 pale》❶〔顔色が〕青白い：Al oír la noticia, se puso ～. 彼は知らせを聞くと血の気を失った. tener la cara ～da 顔色が悪い, 青ざめている. ❷〔色が〕薄い；〔光が〕弱い；色あせた：vestido azul ～ 淡いブルーの服. luz ～da ほの明かり. ❸〔+名詞〕生彩を欠いた, さえない：La traducción es ～da al lado del texto original. 原文に比べて翻訳の方はぱっとしない. no tener la más ～da idea さっぱり見当がつかない

paliducho, cha [paliðútʃo, tʃa] 形〔顔色が〕少し青ざめた

palier [paljé(r)] 囲《仏語》軸受け, ベアリング《cojinete》

palillero [paliʎéro] 囲 つまようじ入れ；ペン軸《portaplumas》

palillo [palíʎo] 囲 ❶ つまようじ《～ de dientes》. ❷《口語》やせ細った人：estar hecho un ～ 骨と皮ばかりにやせている. ❸〔太鼓の〕ばち, スティック. ❹《複》《フラメンコ》カスタネット. ❺《複》箸(誌)：comer con ～s 箸で食べる. ❻《口語. 闘牛》バンデリーリャ《banderilla》. ❼〔レース編み用の〕糸巻き, ボビン. ❽〔塑像用の〕へら. ❾～ de barquillero/～ de suplicaciones ルーレットに似た遊び道具
　tocar (mover) todos los ～s《口語》手段を尽くす

palimpsesto [palimpsésto] 囲 文字を消した跡の残っている羊皮紙；〔昔の〕重ね書きできる書字板

palíndromo [palíndromo] 囲 回文《例 dábale arroz a la zorra el abad》

palingenesia [palinxenésja] 囡 再生, 蘇生

palinodia [palinóðja] 囡 前言を取り消すこと
　cantar la ～ 前言を取り消す；議論に負けたと認める

palio [páljo] 囲 ❶ 移動天蓋. ❷《古代ギリシア・ローマ. 服飾》外衣. ❸〔教皇・大司教などがつける〕Y字形肩帯《パカット》
　recibir bajo ～ 盛大な歓迎をする

palique [palíke] 囲《西. 口語》雑談, おしゃべり：dar (estar de) ～ おしゃべりをする(している)

palisandro [palisándro] 囲 紫壇材

palista [palísta] 囡 カヌー愛好者

palito [palíto] 囲 アルゼンチンのパンパの民俗舞

踊
pisar el ～ 罠にはまる

palitroque [palitróke] 男 [短い] 棒切れ；《闘牛》=**banderilla**；《ゲーム》スキトルズ〔用のピン・場所〕

estar de ～ 《口語》雑談している

paliza [palíθa] 女 ❶ [人を] 強くぶつこと：pegar (dar・sacudir) a+人 una ～ …をひっぱたく．❷ [努力による] 消耗：¡Qué ～ me he pegado limpiando el suelo! 床磨きでくたくただ！❸ 完敗：Al equipo le dieron una ～ de 6 a 1. チームは6対1で惨敗した

arrear (cascar) una ～ a+人 めちゃくちゃにやっつける《比喩的にも》

dar la ～ a+人 …をうんざりさせる

darse la ～ 《口語》身を粉にして働く，懸命に勉強する；《俗語》いちゃつき合う

¡vaya (una) ～! ああ大変だ／ひどい負け方だ！

◆ 名 《西. 口語》うるさい人，うっとうしい人：Es un ～. 彼はしつこい

palizas 名 [単複同形] =**paliza** 名

palizada [paliθáða] 女 [柵・杭による] 川の護岸施設，《南米》區名 川に流された木材

pallador [paʎaðór] 男 =**payador**

pallar [paʎár] 《南米》自 =**payar**

◆ 男 《植物》ライマメ；耳たぶ

palloza [paʎóθa] 女 [ガリシアとレオンの山間部特有の] わらぶきで石造りの丸い小屋 《⇒写真》

palma [pálma] 女 ❶ 手のひら〔～ de la mano〕：leer la ～ de la mano 手相を見る．❷ 《植物》シュロ，ヤシ；その葉：～ brava 扇葉ヤシ．～ datilera ナツメヤシ．～ indiana ココヤシ．～ real 大王ヤシ．aceite de ～ パームオイル，ヤシ油．❸ 栄光，勝利：～ de la victoria 勝利の栄光．～ del martirio 殉教者の栄誉．alcanzar (llevar) la ～ 最も優位にある．❹ [馬の] 蹄の底．❺ [潜水用の] 足ひれ，フィン．❻ 《複》拍手；《フラメンコなど》手拍子：dar (batir) ～s 手を叩く；手拍子をうつ．～s de tango ゆっくりとした拍手《不快などの表現》

andar en ～s みんなに賞賛されている

como la ～ de la mano 1) [主に土地が] 平らな．2) 容易な；[人の性格が] 単純な：Conoce la ciudad *como la ～ de la mano*. 彼はその町のことなら自分の庭のようによく知っている

llevar (traer・tener) a+人 *en ～s* …に細かく気を配る，かわいがる

llevarse la ～ 《時に軽蔑》勝つ，目立つ

palmada¹ [palmáða] 女 手のひらで打つこと：dar ～s 手を叩く，手拍子をうつ．dar ～s a+人 en la espalda [親愛の表現として] …の背中をポンポンと叩く；[故意に] なれなれしくする．darse una ～ en la frente [思い出そうと・思い出して] 額を手で打つ

palmado, da² [palmáðo, ða] 形 過分《中米》一文なしの；《南米》疲れ果てた

palmar [palmár] 他 ～*la* 《西・中米. 口語》死ぬ：Se cortó las venas, y no *la palmó* de milagro. 彼は血管を切ったのに奇跡的に死ななかった

◆ 自 《西・中米. 口語》死ぬ

◆ 男 ヤシ林

◆ 形 ヤシ製の；手のひらの

palmarés [palmarés] 男 ❶ [競技会の] 勝者のリスト，成績表：Tuvo un buen ～ deportivo. 彼はスポーツでいい記録を出した．❷ 経歴〔historial〕

palmario, ria [palmárjo, rja] 形 明白な：～ria inferioridad numérica 数の上での明らかな劣勢．hecho ～ 明白な事実

palmatoria [palmatórja] 女 干燭，簡易燭台

palmeado, da [palmeáðo, ða] 過分 シュロの枝(葉)をかたどった；《植物》掌状の；《動物》みずかきのついた

palmear [palmeár] 自 =**palmotear**

◆ 他 ❶ [親愛の表現で，…の背中を] 手のひらで叩く．❷ 《バスケ》[リバウンドしたボールを] ゴールに押し込む．❸ [船をロープで] たぐり寄せる

palmense [palménse] 形 名《地名》ラス・パルマス Las Palmas [de Gran Canaria] の(人)《カナリア諸島の県．グラン・カナリア島にあるその県都》

palmeo [palméo] 男 ❶ 拍手，手拍子．❷ 《バスケ》リバウンドしたボールをゴールに押し込むこと

palmer [palmér] 男 《機械》測微カリパス

palmera¹ [palméra] 女 ❶ 《植物》ヤシ：～ de dátiles ナツメヤシ．❷ [ハート型の] パイ菓子

palmeral 男 ヤシ林

palmero, ra² [palméro, ra] 形 名 ❶ 《地名》ラ・パルマ La Palma の(人)《カナリア諸島西部の島の一つ》．❷ ヤシの栽培者．❸ 《フラメンコ》手拍子を打つ人

palmesano, na [palmesáno, na] 形 名《地名》パルマ Palma の(人)《バレアレス諸島の首市．マジョルカ島にある》

palmeta [palméta] 女 ❶ [昔，罰として生徒の手を打つのに使った] へら．❷ 《建築》パルメット，棕櫚葉文〔柱頭などの装飾〕

palmetazo 男 へらで打つこと；厳しい叱責

palmiche [palmítʃe] 男 《植物》ダイオウヤシ

palmípedo, da [palmípeðo, ða] 形 [鳥が] みずかきのある

◆ 女 《複》《動物》游禽(ゆうきん)類

palmista [palmísta] 名 手相見 〔quiromántico〕

palmita [palmíta] 女 *llevar (traer・tener) a*+人 *en ～s* 《西》…にかいがいしい，大切にする，かわいがる

palmito [palmíto] 男 ❶ 《植物》キャベツヤシ，アブラヤシ；その幹の芯部〖食用になる〗. ❷ 《西. 口語》[女性の] かわいらしさ

palmo [pálmo] 男 ❶ [長さの単位] 親指と小指を張った長さ；4分の1バーラ vara 〖=約21cm（時代・地域によって異なる）〗: ～ menor 〖=約7.5cm〗. ❷ 大変小さい（大きい）もの: un ～ de tierra 猫の額ほどの土地. tener una nariz de ～ 鼻が非常に大きい

　con un ～ de lengua 〔fuera〕 疲れ果てて，息切れして

　crecer a ～s あっという間に成長する

　dejar a+人 con un ～ de narices 《口語》…の期待を裏切る，がっかりさせる

　no adelantar (ganar) un ～ de terreno ほとんど前進しない

　～ a ～ 徐々に；詳細に: progresar ～ a ～ en sus estudios だんだん勉強ができるようになる. Conoce esta ciudad ～ a ～. 彼はこの町のことならすみからすみまで知っている. disputar el terreno ～ a ～ 寸土を争う

　quedarse con un ～ (dos ～s) de narices 《口語》期待を裏切られる，拍子抜けする

palmotear [palmoteár] 自 [喜んで・歓迎して] 盛大に拍手する；手のひらで叩く
◆ 他 [親愛の表現で，…の] 背中を叩く
　palmoteo 男 盛大な拍手

palo [pálo] 男 ❶ [主に木製の] 棒: i) ～ de una escoba ほうきの柄. ～ de amasar《南米》めん棒. ii)《口語》木材: pata de ～ 木の義足. cuchara de ～ 木のスプーン. ❷《船舶》帆柱，マスト: barco de tres ～s 三檣帆船. ～ mayor (macho) メインマスト. ❸ やせ細った手足；細くなったもの. ❹ 棒による殴打；《口語》痛手，打撃: dar ～s a… …を棒で打つ. matar a ～s 棒で殴り殺す. ❺《印刷》[文字 b, d, p, q の突き出た] 縦線，縦棒: ～ bastón サンセリフ. ❻《トランプ》組札〖⇒carta 差絵〗: seguir el ～ 最初に出されたのと同じ組の札を出す. ❼《野球》バット；《ホッケー・ゴルフ》クラブ；《サッカーなど》ゴールバー，ゴールポスト〖～ de la portería〗. ❽ シェリー酒 jerez の一種 [バレアレス諸島産の] ワイン quina の酒. ❾《中南米》[材木・薪・食用になる] 木，灌木: ～ blanco ニガキ科の高木. ～ borracho バンヤ科の高木. ～ cajá [キューバ産の] ムクロジ科の木. ～ dulce カンゾウ. ～ santo ユソウボク，グアヤク. ❿《南米》飲酒. ⓫圏《馬術》馬場柵

　a ～ seco まじりけなしの，そのものだけで: beber alcohol a ～ seco 酒を生で飲む. despedirse a ～ seco あっさりと（何も言わずに）別れる

　andar a ～s しばしばけんかする

　dar a ～+人+不定詞 …するのは…にとって恥ずかしい；気が進まない

　dar ～s de ciego 相手構わず（手当たり次第に）殴る；よく考えずに行動する，出たとこ勝負をする；勝手なことを言う（する）

　dar un ～ a+人 …を叱る；…にとって高くつく

　echar a ～s ほうり出す，追い出す

　más tieso que un ～《軽蔑》ひどく思い上がっ

た（いばった）

　meter un ～ a+人 …を罰する

　moler a ～s 叩きのめす

　no dar un ～ al agua《口語》怠ける，働かない

　que cada ～ aguante su vela [結論として] 各自の義務に忠実でなければならない

paloduz [palodúθ] 男 [干した] カンゾウの根，甘草根〖食用〗

paloma [palóma] 女 ❶《鳥》ハト（鳩）: ～ de la paz 平和のハト〖オリーブの小枝をくわえた平和のシンボル〗. ～ duenda 飼いバト. ～ bravía (silvestre) 野バト. ～ mensajera 伝書バト. ～ torcaz モリバト，ヤマバト. inocente como una ～ 悪いことを知らない，無邪気な. ❷ おとなしい人；ハト派. ❸ [女性への親愛の呼びかけ] mi ～ 私のいとしい人

palomar [palomár] 男 鳩舎
　alborotar el ～ 大騒ぎを引き起こす

palometa [palométa] 女 ❶《魚》マアジの一種〖食用〗；ピラニア〖piraña〗. ❷ 蝶ネジ〖palomilla〗

palomilla [palomíλa] 女 ❶《昆虫》コクガ（穀蛾）；[小型の] ガ；さなぎ〖crisálida〗. ❷ [棚などを支える] 腕木，ブラケット；蝶ネジ. ❸《中米. 俗語》遊び仲間；一緒に住んでいる連中
◆ 他《南米》いたずらを，抜け目ない人
　palomillada 女《南米》ちょっとしたいたずら（悪ふざけ）

palomina [palomína] 女 ❶ [肥料に使う] ハトの糞（ふん）. ❷ 黒ブドウの一種

palomino [palomíno] 男 ハトのひな；=palomo¹ ❷；《西. 口語》[下着に付いた] 糞便の汚れ

palomita [palomíta] 女 ❶《菓子》[主に複数] ポップコーン〖～s de maíz〗. ❷ アニス酒の水割り. ❸ [女性への親愛の呼びかけ] 愛する人. ❹《スポーツ》[ゴールキーパーの] 横跳び

palomo¹ [palómo] 男 ❶ 雄のハト；モリバト〖paloma torcaz〗. ❷ 体が金色でたてがみと尾が銀色の馬

palomo², ma [palómo, ma] 図 男 ❶ ～ ladrón 鳩泥棒. ❷ [だまされやすい] お人好し，カモ

palotada [palotáda] 女 [スティックなどで] 叩くこと
　no dar ～ 的外れなことばかり言う（する）；不適任である，まったく仕事ができない

palote [palóte] 男 ❶ [字の練習で罫線紙に書く] 線: hacer ～s 字を書く練習をする. ❷《南米》麺棒〖rodillo〗

palotear [paloteár] 自 棒を打ち合わせて音を出す；ガヤガヤと議論する

palpable [palpáble] 形 ❶ 触れることのできる，触知できる；実体のある: bulto ～ さわってわかる腫れ物. ❷ 明白な: Es algo ～ que él es el criminal. 彼が犯人であることはまず明らかだ

palpación [palpaθjón] 女 触診；触れること

palpador [palpaðór] 男《技術》パス，カリパス

palpar [palpár] 他 ❶ 触れてみる，手さぐりする《医学》触診する: ～ la tela 布にさわってみる. ～ el vientre a+人 …の腹部を触診する. ❷ 確かめる: Para creerlo tengo que ～lo. それを確

P

かめるまでは信じられない. ❸ 感じ取る

◆ ~se 感じ取れる: Se palpa la antipatía hacia el profesor. 教師に対する反発が感じられる

palpebral [palpeβrál] 形《解剖》眼瞼(ネミ)の

palpitación [palpitaθjón] 囡 鼓動, 膨《医学》動悸(ﾄﾞ): con *palpitaciones* en el corazón 胸をドキドキさせて. sufrir *palpitaciones* 動悸がする

palpitante [palpitánte] 形 ❶ 動悸がする; ビクビクする: Estaba ~ de miedo. 彼は怖くてドキドキしていた. con ~ corazón 胸をドキドキさせて. ❷ [事柄が] 今日的で興味深い, ホットな: Es de ~ interés. それは非常に興味深い. ❸ [光が] 点いたり消えたりする

palpitar [palpitár] 圓 ❶ [心臓が] 鼓動する; [胸などが] ドキドキする, 胸を打つ; かすかに震える: Aún *palpitaba*. 彼はまだ心臓が動いていた. Mi corazón *palpitaba* al ver aquella escena. 私はあの光景を見て胸がドキドキした. No se puede seguir el partido de fútbol sin ~. サッカーの試合を見ているとゾクゾクするものだ. Me *palpita* la frente. 額がズキズキと痛む. Las estrellas *palpitan* en el cielo. 星が空にまたたいている. ❷ [感情が] 脈打つ, はっきり表われる: *Palpita* la ira en su mirada. 彼の目には怒りの色が表われている

pálpito [pálpito] 男 予感, 虫の知らせ: Me da el ~ de que él no es el culpable. 私は彼が犯人ではないような気がする. tener el ~ de que+直説法 …という予感がする

palpo [pálpo] 男 [節足動物などの] 触鬚(ｼｮｸ), ひげ

palta [pálta] 囡《南米.果実》アボカド〖aguacate〗;へま, 心配事

　　palto 男 アボカドの木

palúdico, ca [palúðiko, ka] 形 ❶ 沼沢性の: terreno ~ 沼沢地, 湿地. ❷《医学》マラリアの: fiebres ~cas マラリア, 泥沼熱, 瘴気(ｼｮｳ)熱

◆ 名 マラリア患者

　　paludismo 男 マラリア

palurdo, da [palúrðo, ða] 形 名《軽蔑》田舎者の〔人〕

palustre [palústre] 形 沼の: zona ~ 沼沢地帯

◆ 男 [左官の] こて

pamela [paméla] 囡《服飾》[女性用の] つば広の〖麦わら〗帽子

pamema [paméma] 囡《西》[主に膨] ❶ 無意味な(重要でない)こと: No me importunes con ~s. つまらないことでわずらわさないでくれ. ❷ お世辞, お追従: venir a+人 con ~s …にお世辞を言う, ぺこぺこする. ❸ 過度の気配り(嫌悪), 大騒ぎ: hacer ~s 大げさに表現する

pampa [pámpa] 囡 パンパ〖アルゼンチンの大草原〗: ~ húmeda (seca) 湿潤(乾燥)性パンパ. ~ salitrera チリ北部の硝石産出地帯

pámpano [pámpano] 男 ❶ ブドウの葉(新芽). ❷《魚》クロダイの一種;《中南米》アジの一種

　　pámpana 囡 1) ブドウの葉. 2) tocar la ~

a+人 …を殴る

pampeano, na [pampeáno, na] 形 名 = pampero

pampear [pampeár] 圓《南米》パンパ pampa を歩き回る

pampero, ra [pampéro, ra] 形 名 パンパ pampa の〔住民〕

◆ 男 アンデス山脈からパンパに吹き下ろす冷たい西風

pampino, na [pampíno, na] 名 pampa salitrera の住人

pampirolada [pampiroláða] 囡 ❶《料理》パンとニンニクで作ったソース. ❷ 取るに足りないこと

pamplina [pamplína] 囡 ❶ [主に膨] i) 取るに足りないばかげたこと: ¡P~s! ばかばかしい! ii) お世辞, お追従(ﾂｲ): No me vengas con ~s. お世辞を言うな. iii) 過度の気配り(嫌悪), 大騒ぎ. ❷《植物》ルリハコベ

　　pamplinero, ra 形 ばかげたことばかり言う(る);お世辞を言われるのが好きな

pamplonés, sa/pamplonica [pamplonés, sa/-níka] 形《地名》パンプローナ Pamplona の〔人〕〖ナバラ地方の首市〗

pamporcino [pamporθíno] 男 シクラメン〖ciclamen〗

pamue [pámwe] 形《赤道ギニアとコンゴ北部に住む》パムエ族の

pan [pán] 男 ❶《料理》パン《菓子パンを除く》: i) comer ~ con mermelada パンにジャムをつけて食べる. un pedazo (trozo) de ~ パン1切れ. comprar dos ~es パンを2本買う. ~ blanco 白パン. ~ negro (moreno) 黒パン. ~ de barra 棒状のパン, バゲット. ~ de Cádiz [カディス特産の] マジパンに似た菓子. ~ de molde/~ inglés パン・デ・ビエナ 小型のロールパン. ~ francés フランスパン〖原料は小麦粉.棒状で中が非常に柔らかい〗. ~ rallado パン粉. ii)《諺.成句》Dame ~ y dime (llámame) tonto (perro). [利益のためには] ばかにされて腹を立てない/名を捨てて実を取る. Con ~ y vino se anda el camino. 腹が減っては戦ができぬ. Pan con ~, comida de tontos. 似たようなものだけでは面白味に欠ける〖パーティーなどで異性がいないと味気ない〗. Quien da ~ a perro ajeno, pierde ~ y perro. 見知らぬ人への(余計な)親切はかえって仇になる

❷《キリスト教》パン〖ウエハース状のもの〗: ~ de los ángeles (de vida•del cielo•de los fuertes)/~ eucarístico 聖体

❸ 薄片: ~ de oro 金箔

❹ 食糧, 生活の糧: Él se gana el ~ con mucho trabajo. 彼は一所懸命働いて生活費を稼いでいる. ~ de cada día 日々の糧

❺ [パンに似た] 塊: ~ de azúcar 円錐形の氷砂糖. ~ de carne ミートローフ. ~ de higo〔s〕 [アーモンドをはさんだ] 乾しイチジク. ~ de jabón 固形の石けん

❻ 小麦〖trigo〗: Los campos llevan mucho ~ este año. 今年の小麦は豊作だ

❼《植物》～ y quesillo ナズナ, ペンペングサ
❽《神話》[Pan] パン, 牧神

a ～ *y agua* [罰として] パンと水だけ

al ～, ～ *y al vino, vino* [結論づけて] 率直に(はっきりと)言うべきだ

coger a+人 el ～ *bajo el brazo* …を味方につける

comer el ～ *de+人* [家族・従業員として] …に養われる

con su ～ *se lo coma* [結論づけて] 本人が何とかすべきだ/私の知ったことではない

el ～ *[nuestro] de cada día* 日常茶飯事: Su queja es *el* ～ *nuestro de cada día.* 彼の不平はいつものことだ

engañar el ～ パンと一緒に好きなものを食べる

hacer un ～ *como unas hostias* 大失敗をする

más largo que un día sin ～ いやになるほど[時間が]長い

no pedir ～ [もう役には立たないが] 邪魔にはならない

～ *bendito* 1)《キリスト教》御聖パン, 祝別されたパン. 2) ありがたいもの: Las lluvias fueron ～ *bendito* para los campos. 畑には恵みの雨だった

ser más bueno que el ～/*ser bueno como el* ～/*ser un pedazo* (*trozo・cacho*) *de* ～ とてもいい人である；お人好しである

ser ～ *comido* たやすい, 朝めし前である

pan-《接頭辞》[総・汎] *pan*americano 汎米の, *pan*teísmo 汎神論

pana [pána] 囡 ❶《繊維》コーデュロイ, コールテン：～ lisa ベルベット. ❷《自動車の突然の》故障

panacea [panaθéa] 囡 万能薬 〖～ universal〗: Esto no es la ～ de todos los problemas. これはあらゆる問題の特効薬というわけではない

panaché [panatʃé] 囮 [←仏語. 料理] まぜ合わせたもの；[特に] ミックスサラダ

panadería [panadería] 囡 パン店；製パン業

panadero, ra [panaðéro, ra] 图 パンを作る(売る)人
◆ 囡《口語》めった打ち：pegar a+人 una ～*ra* …を袋だたきにする

panadizo [panadíθo] 囮《医学》ひょう疽

panafricanismo [panafrikanísmo] 囮 汎(㌼)アフリカ主義

panal [panál] 囮 [蜂の巣の] 巣房；蜂の巣状のもの, 蜂の巣構造

panamá [panamá] 囮 ❶《国名》[P～] パナマ；その首都：Canal de P～ パナマ運河. ❷《服飾》パナマ帽；《繊維》パナマ [刺繍用などの粗い綿布]

panameño, ña 囮 图 パナマ[人]の；パナマ人

panamericanismo, na [panamerikáno, na] 囮 汎(㌼)アメリカの, 北米・中米・南米を含めた
◆ 囡 [la P～*na*] パンアメリカン・ハイウエー 〖carretera ～*na*〗

panamericanismo 囮 汎アメリカ主義

panarabismo [panaraβísmo] 囮 汎(㌼)アラ

ブ主義

panarra [panára] 图《軽蔑》お人好し, 意志の弱い人

panavisión [panaβisjón] 囡《映画》パナビジョン

pancarta [paŋkárta] 囡 プラカード：llevar una ～ プラカードをかかげている

panceta [panθéta] 囡《料理》i)《西》[豚の] 腹肉 〖☞carne カット〗. ii)《南米》ベーコン 〖tocino〗

panchito [pantʃíto] 囮《口語》揚げピーナッツ

pancho, cha [pántʃo, tʃa] 囮 おとなしい, 無気力な：quedarse tan ～ 平然としている；ぼけっとしている
◆ 囮 ❶《男性名》[P～] パンチョ 〖Francisco の愛称〗. ❷ タイの幼魚. ❸《南米》ホットドッグ

pancismo [panθísmo] 囮《軽蔑》日和見主義

pancista [panθísta] 图 日和見主義の；日和見主義者

pancracio [paŋkráθjo] 囮 [古代ギリシアの格闘技] パンクラティオン

páncreas [páŋkreas] 囮 [単複同形]《解剖》膵臓(㌰)

pancr[e]ático, ca 囮 膵臓の

pancreatina [paŋkreatína] 囡《生化》パンクレアチン

pancreatitis [paŋkreatítis] 囡 [単複同形]《医学》膵[臓]炎

pancromático, ca [paŋkromátiko, ka] 囮《物理・写真》全色性の, パンクロの

panda[1] [pánda] 囮 囡《動物》パンダ 〖oso ～〗: ジャイアントパンダ 〖～ gigante〗: ～ menor レッサーパンダ
◆ 囡 =pandilla

pandear [pandeár] 自/～se [梁などが] たわむ；[壁などが] 反(㌘)る

pandectas [pandéktas] 囡 覆 パンデクテン 〖P～ de Justiniano. ユスティニアヌス1世が集めたローマ法の法令集〗

pandemia [pandémja] 囡 汎(㌼)流行病

pandemonio/pandemónium [pandemónjo/-njun] 囮 悪の巣窟, 伏魔殿；《口語》大混乱の場所

pandeo [pandéo] 囮 たわみ；反り

pandereta [panderéta] 囡《楽器》タンバリン 〖羽根突き juego de la ～ にも使う〗: la España de ～ [フラメンコや闘牛などのイメージによる] 皮相的スペイン観

panderete [panderéte] 囮 薄い仕切り壁

pandero [pandéro] 囮 タンバリン 〖pandereta〗；囮《戯謔》尻(㌗)

pandilla [pandíʎa] 囡 遊び仲間；《軽蔑》[悪者の] 一味, 徒党

pandit [pandí(t)] 囮 インドの賢者

pando, da[2] [pándo, da] 囮 [板などが] 反(㌘)った；[動きが] 遅い, ゆっくりした；《口語》[底の] 浅い

Pandora [pandóra] 囡《神話》caja de ～ パンドラの箱

pandorga [pandórga] 囡 太った女；凧(㌤) 〖cometa〗

panecillo [paneθíʎo] 囮《西. 料理》小型のフ

ランスバン, プチパン

panegírico, ca [panexfríko, ka] 形 名 賞賛の演説, 賛辞(の); [人を] 礼賛した文章: hacer un ～ de+人 …をほめたたえる
　　panegirista 名 賞賛の演説を書く人, 賛賛者

panel [panél] 男 ❶ 《建築》ボード, パネル, 羽目板; [ドアの] 鏡板; ～ acústico 音響パネル. ～ de iluminación 照明パネル. ～ solar ソーラーパネル. ❷ [標識・広告などの] 表示板: ～ de información de vuelos 発着便案内板. ～ electrónico 電光標示板. ❸ 計器盤 〖～ de instrumentos〗: ～ de control コントロールパネル. ～ de mandos 操縦パネル. ❹ 医名《←英語》[パネルディスカッションの] パネラー; 《中米》[コンクールなどの] 審査員

panela [panéla] 名 《中南米》赤砂糖の塊

panelista [panelísta] 名 パネラー; 視聴率の調査対象者

panero, ra [panéro, ra] 形 パン[食]が好きな
　　◆ 男 [焼きたてのパンを入れる] 大きなかご
　　◆ 名 [食卓に置く] パンかご; パンケース

paneslavismo [paneslaβísmo] 男 汎(はん)スラブ主義, スラブ民族統一主義

pánfilo, la [pánfilo, la] 形 名 無気力な[人], のろま[な]; お人好し[の]

panfleto [panfléto] 男 [政治的・思想的な] 宣伝用パンフレット, ビラ; 誹謗(ひぼう)文書
　　panfletario, ria 形 政治宣伝パンフレットの
　　panfletista 名 パンフレットの書き手

pangelín [paŋxelín] 男 《植物》[ブラジル産の] 巨木の一種

pangermanismo [paŋxermanísmo] 男 汎(全)ゲルマン主義

pangolín [paŋgolín] 男 《動物》センザンコウ

panhelenismo [panelenísmo] 男 汎ギリシア主義

paniaguado, da [panjaɣwáðo, ða] 形 名 《軽蔑》コネのある[人], ひいきされている[人]

pánico¹ [pániko] 男 恐慌, パニック 〖☞miedo〗 顯爾: El ～ invadió a la muchedumbre. 群衆はパニックに陥った. gente presa del ～ 恐慌をきたした人々
　　sembrar el ～ パニックを引き起こす

pánico², ca [pániko, ka] 形 パニックの; 《神話》パン Pan の

panícula [paníkula] 女 《植物》円錐花序

panículo [paníkulo] 男 《解剖》皮下脂肪層

paniego, ga [panjéɣo, ga] 形 パンをよく食べる; [土地が] 小麦を産する

panificar [panifikár] 他 [小麦粉などを] パンに加工する; [土地を] 穀物畑にする
　　panificable 形 [穀物が] パンにできる
　　panificación 名 パン作り
　　panificadora 名 パン焼き場, 製パン所

panilla [paníʎa] 女 [油の容量単位] ＝4分の1リットル

panislamismo [panislamísmo] 男 汎イスラム主義

panizo [paníθo] 男 《植物》キビ(黍)

panocha¹/panoja [panótʃa/-nóxa] 女 雌穂; [麦などの] 穂

panocho, cha² [panótʃo, tʃa] 形 名 [ムルシアの] 灌漑農地 huerta の[人]
　　◆ 男 そこの方言

panoli [panóli] 形 名 《口語》愚かな[人]
　　panolis 名 [単複同形] ＝panoli

panoplia [panóplja] 女 [騎士の装飾用の] 武具一式, よろいかぶと 〖☞カット〗; [盾形の] 武具飾り; 武具の収集(研究)

panóptico, ca [panóptiko, ka] 形 全体が見渡せる, パノラマ的な

panorama [panoráma] 男 ❶ 全景, 展望; [問題などの] 概観: ～ de la economía 経済展望. ❷ パノラマ, 回転画

panorámico, ca [panorámiko, ka] 形 ❶ 全景の: vista ～ca de una ciudad 町の全景. coche ～ 展望車
　　◆ 女 ❶ 《映画・テレビ》パノラミックショット, パン 〖toma ～ca〗. ❷ 展望, 概観 〖vista ～ca〗

panormitano, na [panormitáno, na] 形 名 《地名》[シチリア島の] パレルモ Palermo の[人]

panqué [paŋké] 男 《中米》＝panquete

panqueque [paŋkéke] 男 《中南米. 料理》クレープ

pantagruélico, ca [pantagrwéliko, ka] 形 《←ラブレーの小説の登場人物 Pantagruel》すべてを呑み尽くす; [宴会について] 食べ物が大量の, 豪華な

pantalán [pantalán] 男 [小船用の] 桟橋

pantaletas [pantalétas] 女 複 《中南米》パンティ 〖braga〗

pantalla [pantáʎa] 女 ❶ 映写幕, スクリーン; [テレビなどの] 画面, ディスプレー: llevar una novela a la ～ 小説を映画化する. pequeña ～ テレビジョン. ～ grande 映画, 映画館. ～ de radar レーダースクリーン. ～ plana フラットスクリーン. ～ táctil タッチスクリーン. ❷ 《口語》映画界, テレビ界 〖mundo de la ～〗. ❸ [電灯の] 笠, シェード. ❹ 遮蔽物; シールド: hacer ～ con la mano 顔を手で覆う. ～ acústica バッフル. ～ protectora 防護スクリーン. ❺ 隠れみの 〖～ de humo〗: hacer de ～ para... …の隠れみのになる. ❻ [暖炉用の] ついたて. ❼ 《中南米》うちわ 〖abanico〗; イヤリング 〖pendiente〗

pantalón [pantalón] 男 《英 pants》❶ 《服飾》[主に 複] ズボン, パンツ 〖～ largo〗: ズボンをはく(はいている). ～ corto 半ズボン. ～ de esquí スキーパンツ. ～ pesquero つんつるてんのズボン. ❷ 《口語》男
　　bajada de pantalones 《俗語》屈辱的な譲歩(屈服)
　　bajarse los pantalones 《俗語》屈辱的に譲歩する(屈服する・誤りを認める)
　　llevar (ponerse) los pantalones 《戯語》[家庭内の] 主導権を握っている; [特に] かかあ天下である

pantalonero, ra [pantalonéro, ra] 名 ズボ

ン作り

pantana [pantána] 囡 《植物》[カナリア諸島産の] ズッキーニ

pantanal [pantanál] 男 沼地

pantano [pántano] 男 ❶ 沼, 泥沼 《比喩的にも》: caerse (hundirse) en un ～ 泥沼にはまり込む. salir del ～ 泥沼から抜け出す. ❷ [ダムの] 貯水池

pantanoso, sa [pantanóso, sa] 形 ❶ 沼地の, 湿地の: terreno ～ 沼沢地. ❷ 泥沼のような, 障害だらけの

panteísmo [panteísmo] 男 汎神論
　　panteísta 形 囝 汎神論(者)
　　panteístico, ca 汎神論の

panteón [panteón] 男 ❶ パンテオン 《古代ギリシアの神殿》. ❷ [家族を合祀する] 霊廟(れいびょう); 《中南米》墓地

pantera [pantéra] 囡 《動物》クロヒョウ(黒豹); 《中米》ジャガー 〖jaguar〗

panti [pánti] 男 《複 ～s》[←英語. 服飾] [主に 複] パンティストッキング

pantimedias [pantimédjas] 囡 複 《中米》パンティストッキング 〖panti〗

pantocrátor [pantokrátor] 男 [←ゼウスZeus の別称]《美術》[ビザンチン・ロマネスク絵画の] 座した全能の神; [ユダヤ教・キリスト教の] 神

pantógrafo [pantóɣrafo] 男 ❶ [伸縮]写図器, パントグラフ. ❷ [電車の] パンタグラフ

pantómetro [pantómetro] 男 程角測器, 万測器, パントメーター

pantomima[1] [pantomíma] 囡 ❶ パントマイム; 無言劇, 黙劇: representar una ～ パントマイムを演じる. ❷ 身ぶり, 手まね; 誇張した動作: Su risa fue una ～. 彼の笑いはポーズだった (わざとらしかった)
　　pantomimo, ma[2] 囝 パントマイムの俳優

pantoque [pantóke] 男 《船舶》ビルジ

pantorrilla [pantoříʎa] 囡 ふくらはぎ

pantufla [pantúfla] 囡 《主に中南米》[主に 複] スリッパ, 室内ばき 〖zapatilla〗
　　pantuflo =**pantufla**

panty [pánti] 男 《複 ～s》=**panti**

panza [pánθa] 囡 ❶ 《口語》ふくらんだ腹, 太鼓腹: echar ～ 腹が出る. P～ llena, corazón contento. 腹が一杯なら幸せも一杯. ❷ [容器・手すりなどの] ふくらんだ部分. ❸ [反芻動物の] 第1胃

panzada [panθáða] 囡 ❶ 大きな腹による打撃 (圧迫). ❷ 《口語》満腹: darse una ～ de mariscos (de reír) 魚貝類を腹一杯食べる(腹をかかえて笑う)
　　panzazo 男 =**panzada**

panzón [panθón] 男 darse un ～ de+不定詞 飽きるほど…する, ひどく…する

panzudo, da [panθúðo, ða] 形 腹の出た, 太鼓腹の

pañal [paɲál] 男 ❶ [主に 複] おむつ, おしめ: llevar ～es おむつをしている. poner el ～ (los ～es) a+人 …におむつをさせる. cambiar el ～ (los ～es) a+人 …のおむつを取り替える. cubierta de ～es おむつカバー. ～es descha-bles (descartables) 紙おむつ. ❷ 複 出自, 出身; 家柄
　　en ～es ごく初期の, 揺籃期の; 初心者の, 未熟な: En matemáticas estoy *en ～es*. 私は数学はほとんどわからない
　　ser de ～es 生まれて間もない

pañería [paɲería] 囡 布地店; [総称的に] 布地, 服地
　　pañero, ra 布地商

pañete [paɲéte] 男 ❶ 質の悪い薄いラシャ. ❷ 《南米》薄い化粧しっくい塗装

pañito [paɲíto] 男 [テーブル・ソファなど用のレースの] 掛け布, カバー

paño [páɲo] 男 ❶ 《繊維》ラシャ: confeccionar una americana con el mejor ～ 最上のラシャ地で上着を仕立てる. ❷ タオル; ふきん 〖～ de cocina〗; ぞうきん: secarse con el ～ タオルで体をふく. secar los platos con el ～ ふきんで皿をふく. ～ higiénico 生理用ナプキン. ❸ [つなぎ合わせるものの] …枚分: Esta falda tiene seis ～s. このスカートは6枚はぎだ. puerta de tres ～s 3枚扉. ❹ 壁面の一画. ❺ タペストリー 〖tapiz〗. ❻ [ガラス・鏡などの] 汚れ, 曇り; [肌, 特に顔の] しみ, ほくろ. ❼ 複 [絵画・彫刻に表わされる服や幕の] ゆるやかなひだ, ドレープ
　　al ～ 《演劇》舞台の袖に
　　conocer el ～ 事情に通じている, 人物をよく知っている
　　en ～s menores 下着姿で; 事情を知らずに
　　haber ～ [de] que cortar =haber **tela** [de] que cortar
　　～s calientes 《口語》一時しのぎの方策; 効果のない手段: No me vengas con ～s *calientes*. その場だけ取り繕うのはやめてくれ
　　poner el ～ al púlpito [もったいをつけて] 長々と話す
　　ser del mismo ～ que... …と変わり映えしない, 同じような手合いである
　　ser el ～ de lágrimas de+人 …の慰め役 (相談相手)である

pañol [paɲól] 男 《船舶》[食糧・弾薬用などの] 船倉; ～ de municiones 弾薬庫

pañoleta [paɲoléta] 囡 《服飾》[女性の三角形で防寒・飾り用の] 肩掛け, スカーフ; [闘牛士の] ネクタイ

pañolón [paɲolón] 男 ショール 〖mantón〗

pañosa [paɲósa] 囡 ラシャ地のマント; 《闘牛》=**muleta**

pañuelo [paɲwélo] 男 [英 handkerchief] ❶ ハンカチ 〖～ de mano. 第一の用途は涙をかむこと〗: sonarse con un ～ ハンカチで涙をかむ. ～ de bolsillo ポケットチーフ. ❷ [ポケット]ティッシュ 〖～ de papel〗. ❸ スカーフ, ネッカチーフ 〖～ de cuello〗: ponerse un ～ en la cabeza 頭にスカーフをかぶる. llevar un ～ al cuello 首にスカーフを巻いている
　　este (el) mundo es un ～ [思いがけない人に会って] 世間は狭いね

papa [pápa] 男 ❶ 《カトリック》[主に P～] 教皇, ローマ法王: El P～ Juan Pablo II visitó

Japón. ローマ法王ヨハネ・パウロ２世は日本を訪れた. **❷** =**papá**

ni ~ 《口語》まったく〔…ない〕: No entendí *ni* ~ de lo que explicó el profesor. 私は先生の説明を全然理解できなかった

◆ 囡 **❶** 《主に中南米》ジャガイモ 〖patata〗. **❷** [主に複] 粥 〖papilla〗; スープ, ポタージュ

papá [papá] 男《複 ~s》《口語》[主に無冠詞で, 家族内でのみ] パパ, お父さん ; ~= mamá〗. パパとママ : Son las gafas de ~. それはお父さんの眼鏡だ. hijo de ~ 《軽蔑》[金持ちの] お坊ちゃん, どら息子. ~ grande《中米》祖父. *P~ Noel* ＝《-仏語》サンタクロース 〖San Nicolás〗. *enseñar a su ~ a ser hijo* 《口語》細心の注意を払う

papable [papáβle] 厖 [枢機卿が] 教皇候補の

papacho [papátʃo] 男《中米》[主に子供を] なでること, 愛撫

papachar 他 なでる, 愛撫する

papada [papáða] 囡 [肉のつきすぎた] 二重顎 ; [牛・七面鳥などの喉下の] 肉垂

papadilla [〖牛など〗の] 肉垂

papado [papáðo] 男 教皇位(職・在位期間) ; 教皇制 ; 医囡 歴代の教皇

papagayo [papaɣájo] 男 **❶** 《鳥》オウム ;《比喩》[内容のないことを] よくしゃべる人, 他人の話を受け売りする人. **❷** 《植物》ハゲイトウ ; ニシキイモ. **❸** 《魚》ブダイ. **❹** 《動物》緑色の毒蛇の一種. **❺** 《南米》凧 〖cometa〗

como un (*el*) ~ 1) ぺちゃくちゃと, よくしゃべる. 2) おうむ返しに : contestar *como un* ~ おうむ返しに答える. aprender *como un* ~ わけもわからずに覚え込み, 丸暗記する

hablar más que un ~ ぺちゃくちゃとよくしゃべる

papal [papál] 厖 教皇の : sello ~ 教皇印

papalina [papalína] 囡《服飾》耳覆い付きの帽子 ; [婦人用の] ナイトキャップ

papalote [papalóte] 男《中米》凧(ﾀｺ) 〖cometa〗: ハンググライダー 〖ala delta〗

papalotear 自《中米》ぼんやりする, 白昼夢にふける

papamoscas [papamóskas] 男《単複同形》《鳥》ヒタキ

◆ 囝 =**papanatas**

papamóvil [papamóβil] 男《口語》[装甲した白色の] 教皇専用車

papanatas [papanátas] 囝《単複同形》《口語》[何でも真に受ける] 愚か者, 単純でだまされやすい人

papanatismo 男 愚かさ, だまされやすさ

papar [papár] 他 [柔らかいものを噛まずに] 飲む, 飲み込む

¡pápate ésa! それ見たことか!

paparazzi [paparátsi] 男《複》パパラッチ 〖有名人を追い回すフリーカメラマン〗

paparrucha[**da**] [paparútʃa/-ɾutʃáða] 囡《口語》でたらめ, ばかげたこと ; 作り話, 虚報

papaveráceas [papaβeráθeas] 囡《複》《植物》ケシ科

papaverina [papaβerína] 囡《化学》パパベリン

papaya [papája] 囡《果実》パパイヤ

papayo 男《植物》パパイヤ〔の木〕

papear [papeár] 自《口語》食べる

papel [papél] 男《英 paper》**❶** 《可算・不可算》紙 : i) un ~/una hoja de ~ 1枚の紙. envolver en ~ 紙で包む. escribir en un ~ 紙に書く. avión de ~ 紙飛行機. ~ biblia インディア紙. ~ carbón カーボン紙. ~ cebolla オニオンスキン紙. ~ charol 光沢紙. ~ crepé (crêpe) [造花用などの] クレープペーパー. ~ cuadriculado (milimetrado) 方眼紙, グラフ用紙. ~ de arroz ライスペーパー. ~ de barba [公文書用の] 端を断裁していない紙. ~ de calco (de calcar)/~ vegetal トレーシングペーパー. ~ de carta 便箋. ~ de cera パラフィン紙. ~ de envolver/~ de embalaje (de embalar) 包装紙. ~ de fumar たばこの巻き紙. ~ de goma 裏に糊の付いた紙. ~ de oficio [印紙を貼った] 公式な書類. ~ de periódico (de diario) 新聞紙, 新聞用紙. ~ de regalo 贈答用包装紙. ~ de seda 薄葉紙. ~ guarro [水彩画用の] 丈夫でざらざらした紙. ~ higiénico (sanitario) トイレットペーパー. ~ maché コンクリ紙, 紙粘土[細工]. ~ pinocho《西》クレープペーパーの一種. ~ secante 吸い取り紙. ~ sulfurizado 硫酸紙. ~ verjurado 簀(ｽ)の目紙. ~ vitela 模造皮紙. ii) [書かれた・印刷された紙] Aquí tengo los ~es de la conferencia. これが講演の原稿です

❷ [紙状のもの] ~ de aluminio アルミ箔(ホイル). ~ de plata (de estaño) 銀紙. ~ de esmeril (de lija・de vidrio) 紙やすり

❸ 紙切れ 〖trozo de ~〗: No tirar ~es al suelo. 紙くずを床に捨てるな

❹ [主に複. 身分証明などの] 書類 : Tiene los ~es en regla. 彼は正規の証明書を持っている. ~ sellado (timbrado) 印紙貼付書類

❺ 新聞 〖periódico〗: salir en los ~es 新聞に載る

❻ 紙幣 〖~ moneda〗: Déme 5.000 pesetas en ~. お札で5千ペセタください

❼ 医囡《商業》[el+] 有価証券 ; 手形 : ~ del Estado 国債. ~ de pagos [al Estado] 印紙, 証紙

❾ [演劇] 役 : hacer (representar) el ~ de malo 悪役を演じる. dar un ~ a+人 …に役をつける. ~ principal 主役. ~ secundario 脇役

❾ 役割, 役目 : Se puso en su ~ de director. 彼は指揮者をつとめた

de ~ 書類上[だけ]の : compañía *de* ~ ペーパーカンパニー, ダミー会社

embadurnar (*embarrar・emborronar・manchar*) ~ 無意味なことを書きつける, 落書きする

hacer buen (*mal*) ~ うまく(下手に)やる, 立派に務めを果たす(果たさない): ¡Qué *buen* ~ *hiciste* ayer! 昨日は見事にやってのけたね! Estos pantalones todavía *hacen muy buen*

〜. このズボンはまだはける

hacer los 〜 ［＋de の］まねをする：*hacer el* 〜 *de tonto* ばかのふりをする

hacer su 〜 役目を果たす；役に立つ：El cuchillo me *hizo su* 〜. そのナイフは役に立った

〜 *mojado* 役に立たない書類，反故(㋪)書類；空約束：Sus palabras fueron 〜 *mojado*. 彼は約束を反故にした

perder los 〜*es* ［口語］［興奮などで］取り乱す；調子を落とす

quemar los 〜*es* ［その件は］終わったものとして処理する

sobre el 〜 理論(統計)上は，紙の上では

papela [papéla] 囡 ［口語］身分証明書

papelear [papeleár] 圁 ［捜し物をして］書類をかき回す

papeleo [papeléo] 男 煩雑な書類手続き，官僚的形式主義，お役所仕事

papelera[1] [papeléra] 囡 ❶ くずかご，ごみ箱［屋内用，屋外用］：tirar... a la 〜 …をくずかごに捨てる．❷ 机［escritorio］．❸ 製紙工場

papelería [papelería] 囡 ❶ 紙店；文房具店．❷ 書類の山

papelero, ra[2] [papeléro, ra] 形 名 紙の；製紙業者，紙販売業者：industria 〜*ra* 製紙業

papeleta [papeléta] 囡 ❶ 紙片，用紙；投票用紙［〜 de votación］：〜 de citación 召喚状．〜 de examen テストの受験・採点票．〜 de rifa 宝くじの券．〜 en blanco 白票．❷ 難しい用件(状況)：Me tocó la 〜. やっかいな役目が私に回ってきた．❸ 円錐形の紙袋［cucurucho］

papelillo [papelíʎo] 男 一回分の粉薬の袋（包み）

papelina [papelína] 囡 《俗語》一回分の麻薬の包み

papelón [papelón] 男 物笑いの種：hacer un 〜 笑い者になる

papelorio [papelórjo] 男 《軽蔑》［主に 复］紙くずの山

papelote [papelóte] 男 ❶ 《軽蔑》役に立たない書類．❷ 紙くず，古紙

papeo [papéo] 男 ［口語］食事［comida］

paperas [papéras] 囡 复 《医学》流行性耳下腺炎，おたふく風邪

papi [pápi] 男 ［口語］パパ［papá］

papiamento [papjaménto] 男 キュラソー島の言語［ポルトガル語・スペイン語・オランダ語・アフリカ語の混淆語］

papila [papíla] 囡 《解剖》乳頭：〜*s* gustativas 味蕾(㋮)．〜 óptica 視神経乳頭．〜 lingual 舌乳頭

papilar 形 乳頭[状]の

papilionáceas [papiljonáθeas] 囡 复 《植物》マメ科

papilla [papíʎa] 囡 《料理》［赤ん坊などに与える］粥(㋷)；《医学》［透視用に飲ませる］造影剤

echar (arrojar) la primera 〜 激しく嘔吐する

hacer 〜 *a* ＋人 ［口語］…をひどい目に会わせる

hecho 〜 《口語》さんざんな目に会った，疲れ切っ

た；ポンコツの

papiloma [papilóma] 男 《医学》乳頭腫

papión [papjón] 男 《動物》ヒヒ

papiro [papíro] 男 《植物》パピルス；古文書

pápiro [pápiro] 男 《西．口語》千ペセタ札

papiroflexia [papirofléɣsja] 囡 折り紙［工芸］

papirología [papiroloxía] 囡 パピルス学

papirotada [papirotáða] 囡 ＝**papirotazo**

papirotazo [papirotáθo] 男 ［鼻などを］指ではじくこと：dar 〜*s* a un alumno ［罰として］生徒の鼻を指ではじく

papisa [papísa] 囡 女教皇 ［la 〜 Juana と呼ばれた伝説上の人物］

papista [papísta] 形 名 ローマカトリックの［信者］［プロテスタントからの呼び方］；《軽蔑》教皇絶対主義の(主義者)

ser más 〜 *que el papa* 当事者以上に熱心である．

papismo 男 《軽蔑》教皇絶対主義

papo [pápo] 男 ❶ ［動物の］喉；［鳥の］そ嚢．❷ ［口語］甲状腺腫［bocio］．❸ 厚かましさ，恥知らず；悠長，平然．❹ アザミの花．❺ 《俗語》女性の外部生殖器

hablar de 〜 生意気な口をきく

paporreta [paporéta] 囡 《南米》*saber de* 〜 わけもわからずに覚え込む

páprika [páprika] 囡 《←ハンガリー語．香辛料》パプリカ

papúa [papúa] 形 名 《国名》パプア・ニューギニア Papuasia-Nueva Guinea の(人)

papú 形 名 ［複 〜{e}s] ＝**papúa**

pápula [pápula] 囡 丘疹

paquebote [pakebóte] 男 《古語》［郵便物と乗客を運ぶ］定期船；大西洋横断定期船

paquete[1] [pakéte] 男 《英 package》❶ 小包，小荷物；包み：enviar por 〜 小包にして送る．hacer 〜*s* de... …を包みにする，荷作りする．〜 postal 郵便小包．〜 bomba 小包爆弾．❷ パッケージ；［紙など］束：un 〜 de cigarrillos たばこ 1 箱．❸ 匿名 一まとまり：presentar al congreso un 〜 de proyectos de ley 法案を議会に一括提出する．〜 de acciones 一人の名義人に属する全株式．〜 de medidas económicas 一連の経済措置．❹ パッケージツアー，セット旅行［〜 turístico］．❺ ［スポーツなどの］才能のない人．❻ 《自転車》選手の一団．❼ ［印刷］組み版．❽ 《情報》パケット，パッケージ［〜 informático・de programas］．❾ 《俗語》男性性器(のふくらみ)．❿ 《中米》やっかいな問題

hacer el 〜 《南米》だます

ir de 〜 バイク(自転車)の後ろに乗っていく，2人乗りする

meter un 〜 *a* ＋人 ［口語］…を叱る，罰する；逮捕する

paquete[2], **ta** [paketeár] 形 名 《中南米》おしゃれした，めかし込んだ

paquetear 圁 《南米》おしゃれをする，めかし込む

paquetería [paketería] 囡 ［小さいので］パッケージにした商品；その販売店

paquidermo [pakiðérmo] 形 男 厚皮動物

〔の〕

paquistaní [pakistaní] 形《国名》パキスタン Pakistán 男〔人〕の; パキスタン人

Paquita [pakíta] 女《女性名》パキータ〖Francisca の愛称〗

Paquito [pakíto] 男《男性名》パキート〖Francisco の愛称〗

par [pár] 形 ❶ 偶数の〖↔impar, non〗: número ~ 偶数. día ~ 偶数日. ❷ 同等の〖igual〗. ❸ 《解剖》〖器官が〗左右相称の

◆ 男〖英 pair〗❶〖同じ種類のもの〗2 つ: un ~ de huevos 卵 2 個. un ~ de duros 2 ドゥーロ. ❷ 1 対 (つ)〖男女・雌雄は pareja〗: un ~ de zapatos (de guantes) 靴 1 足 (手袋 1 組). ~ ordenado 《数学》順序対. ❸ 同等のもの, 比肩するもの: Como cirujano, no tiene ~. 外科医として彼に並ぶ者はいない. ❹ いくつか: Vamos a tomar un ~ de copas. ちょっと飲みに行こう. Sólo fumo un ~ de cigarrillos al día. 私は日に 2, 3 本吸うだけだ. ❺ 《歴史》大貴族, 重臣. ❻ 《ゴルフ》パー: cinco golpes sobre (bajo) ~ ファイブオーバー (アンダー). ❼ 《物理》偶力: ~ de fuerzas 偶力. ~ de torsión トルク. ❽ 《建築》上弦材

a ~/al ~ =a la ~

a ~es 2 つずつ

de ~ en ~ 〖ドア・窓が〗一杯に開いて: La puerta estaba abierta *de* ~ *en* ~. 扉は大きく開いていた

no tener ~ 比類がない

sin ~ 比類のない: conseguir un éxito *sin* ~ たぐいまれな成功を収める

◆ 女 ❶《経済》平価, 比価: estar por encima (por debajo) de la ~ 額面以上 (以下) である. ❷ 胎盤〖placenta〗

a la ~ 1)〖+de・que と同じ〗同時に: Estudia y *a la* ~ ve la televisión. 彼らはテレビを見ながら勉強している. 2) 一緒に, 共に; 区別せず. 3)〖+de の〗近くに. 4)《経済》額面で: estar a la ~ 額面である

ir a la ~ 〖もうけを〗平等に分ける, 山分けする

para [para] 前〖英 for, in order to〗❶〖目的〗…のために, …のための: i) ¿*P*~ qué trabajas tanto? 何のためにそんなに働くの? Me dieron todas las facilidades ~ la investigación. 彼らは研究のためのあらゆる便宜をはかってくれた. He conseguido permiso ~ salir mañana. 私は明日の外出許可を得た. ii)〖対象〗…に対して〖a よりも目的が具体的〗: Hay cuatro candidatos ~ una plaza. 空席 1 つに対して候補者が 4 人いる. Traigo una carta ~ tu madre. 私は君のお母さんあての手紙を持って来た. Esto es ~ usted. これはあなた〖あて〗のです. No es ~ ponerse así. それほどまでの態度をとることはないだろう. iii)〖関与〗…にとって: El viaje fue muy agradable ~ ella. 旅行は彼女には大変楽しかった. *P*~ mí es un gran problema. 私にとってはこれは大問題だ. Es importante levantarse temprano ~ la salud. 早起きは健康のために大切だ. Yo soy ~ la música, lo que el pez es ~ el agua. 私

にとって音楽は魚にとっての水のようなものだ. iv)〖用途〗… : caña ~ pescar 釣り竿. tela ~ camisas ワイシャツ地. ropa ~ mujeres 婦人服. jarabe ~ la tos 咳止めシロップ. Esa cama es ~ mi hijo. そのベッドは私の子供用だ. Esta agua no es buena ~ beber. この水は飲料水には適していない. Está dotado ~ la enseñanza. 彼は教師に向いている. v)〖分量〗…分の: ascensor ~ doce personas 定員 12 名のエレベーター. No hay espacio ~ tanta gente. そんなに大勢の人が入れるスペースはない. Hay pan ~ dos días. 2 日分の食べ物がある. *P*~ una vez que me ayudas, yo te ayudo cien. 1 回手伝ってくれたら 100 回手伝ってあげるよ. vi)〖+不定詞/+**que**+接続法〗…するために, …するように: Vamos pronto ~ no llegar tarde. 遅刻しないように早く行こう. Lo traigo ~ *que* lo veas. 私はそれを君に見せるために持って来た. La madre rezó ~ *que* él volviera sin novedad. 母は彼が無事に戻って来るように祈った. ¿Qué sucede ~ *que* te extrañes así? どうしたんだ, そんなに驚いた顔をして?

❷〖方向〗…に向かって〖↔a ❶, 類義〗: i) Tráelo ~ acá. こっちへ持って来い. En frente de la casa miraba ~ el interior. 彼は家の前に立って中をのぞきこんでいた. ii) Mañana partimos ~ México. 明日私たちはメキシコに出発する. tren ~ Bilbao ビルバオ行きの列車. iii)〖+sf mismo〗自分自身に向かって, 内心で: Lo dije ~ mí. 私はそうひとりごとを言った. Tenía algo ~ sf. 彼は何か心に思っている. Lo leía ~ sf. 彼はそれを黙読していた

❸〖比較〗…にしては: Este niño es bajo ~ su edad. この子は年齢の割には背が低い. Hacía buen tiempo ~ la estación. この季節にしては天気がよかった. Me pagan poco ~ lo que trabajo. 仕事の割には私の給料は少ない. *P*~ ser forastero, conoce bien estos sitios. 彼はよそ者にしてはこの辺に詳しい

❹〖時間〗i)〖期限〗…まで〖↔hasta, antes de 類義〗: Lo aplazaron ~ el miércoles. それは水曜日まで延期された. Faltan dos semanas ~ la fiesta. 祭りまであと 2 週間だ. ii)〖予定日・時刻〗La boda estaba anunciada ~ mañana. 結婚式は明日だという通知だった. Nos citamos ~ dos horas después (dentro de dos horas). 私たちは 2 時間後に会う約束をした. iii)〖期間〗…の間〖durante, por〗: ~ toda la vida 全生涯にわたって. prestar... ~ una semana …を 1 週間貸す. Va ~ dos años que se murió él. 彼が死んで 2 年になる

❺〖文語〗〖結果. +不定詞〗Se detuvo ~ encender un cigarrillo. 彼は立ち止まってたばこに火をつけた (火をつけるために立ち止まった). Aprovechamos esta ocasión ~ expresarle nuestra gratitud. この場をお借りして謝意を表明します

❻〖口語〗…に値する: Lo que hizo es ~ despreciarle. 彼はあんなことをしたのだから軽蔑されて当然だ

❼ [estar など+. +複数名詞. 不都合・不適当] …する立場でない, …の余裕などない: No estamos ～ gastos. 無駄使いなどできません. Estoy ～ pocos ajetreos. 私は物事を進んでする気になれない〔物憂い気分だ〕

❽《時に皮肉》[ser+. +不定詞. 地位などが不適当] ¿Quién es él ～ darnos órdenes? 我々に命令するなんて彼は何様のつもりだ

estar ～+不定詞 ☞estar

～ con... +不定詞. …に対する・対して: deberes ～ *con* la patria 祖国に対する義務. Es buena ～ *con* los vecinos. 彼女は近所の人に親切だ. ¿Quién eres ～ *conmigo*? お前は私とどんな関わりがあるのだ?

～ lo que +直説法 …するわけじゃなし

...que ～ qué《口語》[強調] まったくの…: Tengo un hambre *que ～ qué*. 私は腹がペコペコだ. Su hijo es un gandul *que ～ qué*. 彼の息子は本当に怠け者だ

parabellum [paraßélun] 男 [旧ドイツ軍の使用した] 自動小銃

parabién [paraßjén] 男 [主に 複. dar・expresar+. 成功に対する] 祝辞: Le doy mis *parabienes* por su éxito. ご成功おめでとうございます

parábola [paráßola] 女 ❶ [教訓的な] たとえ話, 寓話.❷《数学》放物線

parabólico, ca [paraßóliko, ka] 形 放物線を描く: espejo ～ 放物面鏡

◆ 女 パラボラアンテナ

paraboloide [paraßolóiðe] 男《数学》放物面

parabolizar [paraßoliθár] 自 他 たとえる, たとえ話をする

parabrisas [paraßrísas] 男《単複同形》[自動車などの] フロントガラス, 風防

paraca [paráka] 女 [ペルーなどで] 太平洋から吹く強い西風

◆ 图《俗 ～s》落下傘兵 [paracaidista]

paracaídas [parakaíðas] 男《単複同形》落下傘, パラシュート: salto con ～ パラシュート降下. lanzarse (tirarse) en ～ パラシュートで降下する

paracaidismo [parakaiðísmo] 男 パラシュート降下技術; スカイダイビング 《～ deportivo》

　paracaidista 图 1) 落下傘兵; スカイダイバー: división de ～s 空挺部隊. 2)《南米》招待されていないのにパーティーに来る人

paracentesis [paraθentésis] 女《単複同形》《医学》穿刺, 穿開

parachispas [paratʃíspas] 男《単複同形》[煙突などに付ける] 火の粉止め

parachoques [paratʃókes] 男《単複同形》《自動車》バンパー;《鉄道・機械》緩衝器

paráclito/paracleto [paráklito/-raklé-] 男《カトリック》聖霊 [Espíritu Santo]

parada¹ [paráða] 女 ❶ 止まる(止める)こと, 停止;[特に] 停車: ～ brusca 急停車. ～ de tres minutos 3分停車. ❷ [バス・市電の] 停

留所: Bajo en la próxima ～. 私は次の停留所で降ります. ～ de taxis (de coches) タクシー乗り場. ❸ パレード, 閲兵〔式〕: ～ militar 軍事パレード. ❹《サッカー》セービング. ❺ [牛・馬の] 種付け場. ❻《動物》～ nupcial 求愛行動. ❼《南米》露天のマーケット

paradera [paraðéra] 女 [水車の] 放水口;《漁業》定置網

paradero [paraðéro] 男 ❶ 居所, 住所 [主に否定文で]: No sé el ～ de algunos de mis compañeros. 仲間の何人かは居所がわからない. estar en ～ desconocido 行方知れずである. ❷ 最後, 行く末: Con la vida que llevas tendrás mal ～. そんな生活をしていると将来ろくなことにならないぞ. ❸《南米》バス停

paradigma [paraðíɣma] 男 ❶ 代表例, 典型; 理論的枠組, パラダイム;《文法》変化系列, 語形変化表

　paradigmático, ca 形 代表例の, 代表的な; 語形変化の

paradina [paraðína] 女 [放牧地になっている] 低い山

paradisíaco, ca／paradisiaco, ca [paraðisíako, ka/-sjá-] 形 [←paraíso] 天国の〔ような〕, 楽園の

parado, da² [paráðo, ða] 形 過分 ❶ [estar+] 止まった, 停止した: El reloj está ～. 時計が止まっている. Los trámites están ～s. 手続きがストップしている. La fábrica está ～da. 工場は操業を停止している. No puedo estar ～. うかうかしてはいられない. ❷《西》i) 失業した: Ella tiene al marido ～. 彼女は夫が失業中だ. ii) 内気な, 意欲に欠ける: Es un chico un poco ～. あの子は少し気が弱い. ❸ [quedarse+] 当惑した, 呆然とした: Me quedé ～ sin saber qué hacer. 私はどうしたらいいかわからず呆然としていた. ❹ [salir・resultar など結果を表わす動詞+. bien・mal などを伴って] …になる: El país ha salido mejor ～ con el cambio del régimen. 体制の変化はこの国にとってプラスになった. No ha salido bien ～ de ese negocio. 彼のその商売はうまくいかなかった. ❺《中南米》[estar+] 立った

◆ 图《西》失業者

paradoja [paraðóxa] 女 逆説, パラドックス; 不条理

　paradójico, ca 形 逆説的な; 逆説好きの

parador [paraðór] 男 [スペインの] 国営観光ホテル [正式名称は ～ nacional de turismo];《古語》旅籠(はたご)

paraestatal [paraestatál] 形 準国営の, 半官半民の: empresa ～ 準国営企業. entidad ～ 準政府機関

parafernales [parafernáles] 形《法律》bienes ～ [夫の自由にならない] 嫁資外財産

parafernalia [parafernálja] 女《文語》[行事などの] 派手さ, 仰々しさ; その装具

parafina [parafína] 女《化学》パラフィン: aceite de ～ パラフィン油

　parafinar 他 …にパラフィンを塗る(しみ込ませる)

paráfrasis [paráfrasis] 囡［単複同形］〔わかりやすい・説明的な〕言い換え，敷衍(たん)；〔詩の〕翻案，意訳
　parafrasear 他 言い換えて説明する

paragoge [paragóxe] 囡《言語》語尾音添加〔例 infelice←infeliz〕
　paragógico, ca 形 語尾音添加の

paragolpes [paragólpes] 男［単複同形］《南米》=**parachoques**

parágrafo [parágrafo] 男 パラグラフ〔=**párrafo**〕

paraguas [parágwas] 男《英 umbrella. 単複同形》傘(かさ)：abrir (cerrar) el ～ 傘をさす（すぼめる）．～ plegable 折畳み傘

Paraguay [paragwái] 男《国名》パラグアイ
　paraguayo, ya 形 パラグアイ〔人〕の；パラグアイ人．◆ 囡《果実》桃の一種

paragüero [paragwéro] 男 傘立て

parahúso [parahúso] 男《技術》舞い錐(ぎり)，弓錐

paraíso [paraíso] 男《英 paradise. ↔infierno》❶ 天国：i) ir al ～ 天国に行く．～ perdido 失楽園．ii)《地上》楽園，桃源郷：～ de los pescadores 釣人の天国．～ fiscal (tributario)《経済》タックスヘブン．❷《演劇》天井桟敷

paraje [paráxe] 男 ❶［主に遠い・孤絶した〕所，場所：Me encontré en un ～ desconocido. 私は知らない所に来ていた．❷ 状態：estar en un ～ ― ひどい状態にある

paral [parál] 男《建築》［足場用の〕横木

paralaje [paráxe] 囡《光学・天文》視差

paralela[1] [paraléla] 囡 ❶《幾何》平行線〔línea ～〕：trazar una ～ a una línea 1本の直線に対して平行線を引く．❷ 圍《体操》平行棒〔barras ～s〕：～s asimétricas 段違い平行棒

paralelepípedo [paralelepípeðo] 男《数学》平行六面体

paralelinervio, via [paralelinérbjo, bja] 形《植物》〔葉が〕平行脈の

paralelismo [paralelísmo] 男 平行関係(状態)；対応，類似；《詩法》対句法

paralelo, la[2] [paralélo, la] 形 ❶［+a に〕平行な：La muralla es ―la al río. 城壁は川と平行している．❷ 対応した；類似の：financiación ―la 平行融資．Nuestras vidas han seguido caminos ―s. 私たちは同じような生き方をしてきた．❸ 同時進行の
　◆ 男 ❶ 対比，照合：establecer un ～ entre dos hechos 2つの事実を対比してみる．❷《地理》緯線：～ 38 38 度線
　en ～ 1)［+a に〕平行に．2)《電気》並列の・に〔=**en serie**〕
　paralelamente 副［+a と〕平行に

paralelogramo [paralelógramo] 男《数学》平行四辺形

paralimpiada [paralimpjáða] 囡［主に P～s〕パラリンピック
　paralímpico, ca 形 パラリンピックの

paralís [paralís] 男［単複同形］《口語》=

parálisis [parálisis] 囡［単複同形］麻痺；中風：i) sufrir ～ de medio cuerpo derecho 右半身不随になる．～ de cintura para abajo 下半身不随．～ completa 全身不随．～ infantil 小児麻痺．ii)《比喩》～ de la circulación 交通の麻痺状態．～ en la industria del automóvil 自動車産業の生産停止

paralítico, ca [paralítiko, ka] 形 图《時に軽蔑》身体が麻痺した〔患者〕

paralizar [paraliθár] 他 麻痺させる：El frío me paraliza los miembros. 私は寒さで手足がかじかんでいる．Le paralizó el miedo. 彼は恐怖で身がすくんだ
　◆ ～se 麻痺する
　paralización 囡 麻痺；機能停止
　paralizante 形 麻痺作用のある

paralogismo [paraloxísmo] 男 偽推理，反理

paramagnetismo [paramagnetísmo] 男《物理》常磁性

paramecio [paraméθjo] 男《動物》ゾウリムシ

paramento [paraménto] 男 ❶〔物を覆う〕飾り，装飾品：～s sacerdotales〔司祭の〕祭服；祭壇飾り．❷《建築》〔壁などの〕外装面；〔切石の〕面

parámetro [parámetro] 男《数学》助変数，パラメーター；《統計》母数

paramilitar [paramilitár] 形 軍隊をまねた，軍隊式の；軍用の：formaciones ～es 軍隊式編成

paramnesia [paramnésja] 囡《医学》記憶錯誤；既視感，デジャヴュ

páramo [páramo] 男 ❶ 荒野，荒れ地；吹きさらしで岩だらけの高地．❷《南米》霧雨

parangón [parangón] 男 比較，対照：sin ～ en la historia 歴史上かつてない

parangonar 他《文語》［+con と〕比較する

paranieves [paranjébes] 男［単複同形］防雪柵，防雪林

paraninfo [paranínfo] 男［大学などの〕講堂

paranoia [paranója] 囡《医学》パラノイア，偏執病
　paranoico, ca 形 图 パラノイアの〔患者〕，偏執狂的な

paranormal [paranormál] 形 科学的な説明できない：fenómeno ～ 超常現象

paranza [paránθa] 囡《猟師の》隠れ場，待ち伏せ場

paraolimpiada [paraolimpjáða] 囡 =**paralimpiada**
　paraolímpico, ca 形 =**paralímpico**

parapente [parapénte] 男《←英語》パラグライダー〔行為，道具〕

parapetar [parapetár] 他 胸壁などで隠す，保護する
　◆ ～se 〔胸壁の後ろなどに〕身を隠す，立てこもる：～se tras la barricada バリケードに立てこもる．Siempre se parapeta en el hecho de que es joven. 彼はいつも若さを口実にする

parapeto [parapéto] 男 ❶《軍事》胸壁，胸

墙〔🔛castillo カット〕. ❷ 欄干, 手すり

paraplejia [paraplɛxja] 囡 〖医学〗〔下肢の〕対⒧麻痺, 両麻痺
　paraplejía 囡 =paraplejia
　parapléjico, ca 厖 対麻痺の〔患者〕
parapolicial [parapoliθjál] 厖 擬似警察的な
parapsicología [parasikoloxía] 囡 =parasicología
　parapsicológico, ca 厖 =parasicológico
　parapsicólogo, ga 厖 =parasicólogo
parar [parár] 〖英 stop〗 冝 ❶ 止まる, 停止する; 中断する: Pare aquí. 〔タクシーで〕ここで止めて下さい. ¡Para! 止まって/待って! El tren para en todas las estaciones. 列車は各駅停車だ. Para el viento (la lluvia). 風(雨)がやむ. ❷ 宿泊する: Suelo ~ en este hotel. 私, よくこのホテルに泊まる. ❸ 〔結果が〕…になる; 〔最終的に, +en に〕到る: La joya ha parado en (a las) manos de su hija. 宝石は彼の娘の手に渡った. Este tren para en Barcelona. この列車はバルセロナ止まりだ. ¡Mira en qué ha venido a ~! ほら, 言わないこっちゃない! ❹ 〔継続している活動の中断. +de+不定詞 するのを〕やめる: Ella no paraba de llorar. 彼女は泣きやまなかった. ❺ ストライキをする
　¿a dónde habrá ido a ~…? …はどこに行ったのやら?: ¿A dónde habrán ido a ~ mis gafas? 私の眼鏡はどこに行ったのだろう?
　¿a dónde quieres ir a ~? おまえは何を言いたいのだ?
　¡dónde va a ~! 〔2つのうち〕文句なくこちらだ, 比べるまでもない!
　ir a ~ 1) 〖口語〗〔結果〕Le dieron un empujón tan grande que fue a ~ contra la pared. 彼はひどく突きとばされて, 〔そのため〕壁にぶつかった. 2) =venir a ~ 2)
　no ~ 〔仕事が一杯で〕忙しくしている; せっかちである, せわせわしている: Yo no paro en todo el día. 私は一日中働きづめだ
　no ~ en bien 悪い結果に終わる: Este matrimonio no parará en bien. この夫婦はうまくいかないだろう
　no ~ hasta… …するまでやめない: No paró hasta que lo consiguió. 彼はそれを獲得するまであきらめなかった
　no poder ~ 非常に不安である
　~ 〔en〕 mal よくない状態になる: Este muchacho parará mal por este camino. この少年はこのままいくと駄目になるだろう
　sin ~ 続けて; 頻繁に: Él trabaja sin ~. 彼は休まず働く. Me llamaba sin ~. 彼はひっきりなしに電話をかけてきた
　venir a ~ 1) 〔+a に〕たどりつく: La pelota vino a ~ a un riachuelo. ボールは小川までころがっていった. Por fin, vino a ~ a lo que yo decía. 結局, 私の言っていたとおりになった. 2) 〔+en で〕終わる: ¡Tanto trabajo para venir a ~ en esto! さんざん働いたあげくがこれだ!
　◆ 他 ❶ 止める: ~ el motor エンジンを止める.

~ su coche 〔運転者が〕車を止める. La policía paró el tráfico. 警察は交通を遮断した. La lluvia paró las obras. 雨で工事は中断された. ❷ 食い止める; 〔相手の剣などを〕受け止める, 受け流す: ~ el balón 〔ゴールキーパーが〕ボールを受け止める. ~ el ataque del enemigo 敵の攻撃を食い止める. ❸ 賭ける. ❹ 《闘牛》〔牛の突進を〕止める
　◆ ~se 冝 ❶ 止まる; 立ち止まる: El reloj se ha parado. 時計が止まってしまった. No se me para la sangre. 私は血が止まらない. Se paró ante las muchas dudas. 彼は疑問がたくさんわいてきて途中でやめた. ❷ 《中南米》立つ, 立ち上がる 〖levantarse〗; 金持ちになる. ❸ 《南米》ストライキをする
　no ~se en… …に注意を払わない, 気にしない
　~se a pensar 熟考する: Se decidió a casarse sin ~se a pensar. 彼はよく考えもせずに結婚を決意した

pararrayos [pararájos] 男 〖単複同形〗避雷針
paraselene [paraseléne] 囡 《気象・天文》幻月
parasicología [parasikoloxía] 囡 超心理学
　parasicológico, ca 厖 超心理学の(的な)
　parasicólogo, ga 图 超心理学者
parasimpático, ca [parasimpátiko, ka] 厖 《解剖》副交感神経〔の〕
parasíntesis [parasíntesis] 囡 〖単複同形〗《言語》併置総合, 複接派生 〖例 enardecer←en-+ardor+-ecer〗
　parasintético, ca 厖 併置総合の, 複接派生の
parásito, ta [parásito, ta] 厖 寄生する: insecto ~ 寄生虫. planta ~ta 寄生植物
　◆ 男 ❶ 寄生生物. ❷ 寄食者, 居候: Es un ~ de la sociedad. 彼は社会の寄生虫だ. ❸ 圈 《放送》雑音, ノイズ: producir ~s 雑音を出す
parasitar 他 …に寄生する. ◆ 冝 〔+en に〕寄生する
parasitario, ria 厖 寄生生物の: enfermedad ~ria 寄生虫病
parasiticida 囡 寄生虫駆除薬
parasitismo 男 寄生〔状態〕
parasitología 囡 寄生虫学
parasitosis 囡 〖単複同形〗寄生虫症
parasol [parasól] 男 パラソル 〖sombrilla〗; 《自動車》サンバイザー; 《写真》レンズフード
parástade [parástađe] 男 《建築》〔扉の〕立て枠材
parata [paráta] 囡 段々畑 〖bancales〗
parataxis [paratá(k)sis] 囡 〖単複同形〗《言語》並置, 並列
paratifus [paratífus] 囡 《医学》パラチフス
paratiroideo, a [paratiroiđeo, a] 厖 《解剖》上皮小体の, 副甲状腺の: hormona ~a 副甲状腺ホルモン
paraxial [para(k)sjál] 厖 《光学》近軸の
parca[1] [párka] 囡 ❶ 《ローマ神話》運命の三女神. ❷ 《詩語》〔la+〕死神

P

parcela [parθéla] 囡 ❶ [土地の] 区画；分譲地《～ de explotación》: ～ de cultivo 区分された農地. ❷ ほんの一部分: ～ del conocimiento 知識の断片

parcelación 囡 区分

parcelar 他 区分する, 分譲する

parcelario, ria 形 区画の；分譲地の

parcelero, ra 名 [小規模な] 自作農

parchar [partʃár] 他 《中南米》=**parchear**

parche [pártʃe] 男 ❶ [穴などに] 貼るもの；[衣類などの] 継ぎ[布], パッチ: poner un ～ a los pantalones ズボンに継ぎ当てをする. ❷ 膏薬(ミミ). ❸ 眼帯, アイパッチ. ❹ [絵画などの下手な] 修正, 手直し；一時しのぎの手段: poner un ～ en la economía 金づまりを一時的に解決する. ❺ [太鼓の] 革；太鼓. ❻ 《情報》パッチ
¡*ojo* (*oído*) *al* ～! 《俗語》気をつけて!
pegar un ～ *a+*人 …をペテンにかける

parchear [partʃeár] 他 [parche を] …に貼る

parcheo [partʃéo] 男 [parche を] 貼ること: política de ～ 一時しのぎの政策

parchís [partʃís] 男 《遊戯》すごろくの一種 《ロ カット》

parcial [parθjál] 形 ❶ 部分的な, 一部分の；不完全な: No es más que un éxito ～. それは部分的な成功にすぎない. **negación** ～ 部分否定. ❷ 不公平な, 偏った, えこひいきする
◆ 男 中間試験《examen ～》；《スポーツ》中間スコア
◆ 囡 [主に 政] 補欠選挙《elección ～》

parcialidad [parθjalidá(d)] 囡 ❶ 不公平, えこひいき. ❷ 党派: ～ carlista カルロス支持派

parco, ca² [párko, ka] 形 ❶ [+en が] 控えめな, 少ない: Es ～ en palabras. 彼は口数が少ない. ～ en la bebida 酒を少ししか飲まない. ❷ わずかの: ～ sueldo ごく少ない給料

parcómetro [parkómetro] 男 =**parquímetro**

pardal [pardál] 男 《鳥》スズメ《gorrión》；ムネアカヒワ《pardillo》

pardear [pardeár] 自 褐色になる

pardela [pardéla] 囡 《鳥》灰色カモメ

pardete [pardéte] 男 《魚》ボラの一種

pardiez [pardjéθ] 間 《古語的. 婉曲》[驚き] いやはや!《←por Dios》: ¡P～ que es muy atrevido su proyecto! 何と彼の計画は無謀なことか!

pardillo, lla [pardíʎo, ʎa] 形 名 《西》[だまされやすい] えい人好しの；田舎者[の]
◆ 男 《鳥》ムネアカヒワ

pardo, da [párdo, ða] 形 男 ❶ 褐色[の]: ojos ～s 茶色の眼. ❷ [空が] 暗い, 曇った. ❸ 《動物》ヒョウ《leopardo》
◆ 名 《南米. 軽蔑》白人と黒人との混血の人

pardusco, ca 形 褐色がかった

parear [pareár] 他 《←par》❶ 対(?)にする；[+a に] 合わせる. ❷ 《闘牛》バンデリーリャを突

き刺す《一度に2本ずつ刺す》

pareado, da [pareáðo] 形 男 過分 《詩な》平韻[の]

parecer [pareθér] 図 自 《英 seem, appear. ☞活用表》❶ …のうに見える, …らしい: i) [+主格補語] Esa película *parece* interesante. その映画は面白そうだ. *Parece* bien. 結構です/いいだろう. Es mucho más amable de lo que *parece*. 彼は見かけよりずっと優しい. ii) [+不定詞] *Parece* ser un hombre responsable. 彼は責任感のある人のように見える. No *parece* tener la edad que tiene. 彼はそんな年には見えない. iii) [3人称単数. +que+直説法] *Parece* que va a llover. 雨が降りそうだ. [否定など疑念が強い時. +接続法] No *parece* que llueva. 雨は降りそうにない. iv) [+a+人 にとって] ¿Qué le *parece* Tokio? 東京はいかがですか? ¿Qué te *parece*? 君はどう思う? Estos zapatos le *parecieron* pasados de moda. この靴は流行遅れのように彼には思えた. Me *parece* que ya no viene. もう彼は来ないと思う. Me *parece* estúpido hacer eso. それをするのはばからげていると思う. v) [～ bien の省略] Hazlo como te *parezca*. 適当にやってくれ. vi) [疑問文. 勧誘] Vamos al cine, ¿te *parece*? 映画に行こう, どう? vii) [非難の語調緩和] Me *parece que* no has hecho bien. 君はまずいことをしたようだ
❷ …に似ている: Tú *pareces* española con ese traje. 君はその服を着るとスペイン人みたいだ. Tienen una casa que *parece* un palacio. 彼らは宮殿のような家を持っている. Procura que *parezca* un libro. 彼はそれを本に見せかけようとしている
❸ 《古語》現れる《aparecer》；顔を見せる, やって来る

a lo que parece =**según parece**

aunque no lo parezca そうは見えないが: *Aunque no lo parezca*, es muy rico. 彼は見かけによらず金持ちだ

*¿le parece [bien]+que+*接続法? [勧誘] …しませんか?: ¿*Te parece que* cambiemos de coche? 車を代えたらどうかな

¿no le parece? そう思いませんか/そうじゃないですか?

parece que quiere… …の徴候がある: *Parece que quiere* despertarse. 彼は目を覚ましそうだ

*parece ser que+*直説法 [推量して理由づけ・弁明] …のようである: *Parece ser que* él no murió de muerte natural. 彼は自然死ではないようだ

por lo que parece =**según parece**

*¿qué le parece+*不定詞? [選択して提案する勧誘] …するのはどうですか?: ¿*Qué te parece* ir al cine el domingo? 日曜日に映画を見に行くのはどう?

*¿qué le parece si+*直説法1人称複数? [思いついて提案する勧誘] …しませんか?: ¿*Qué te parece si* vamos de paseo? どう, 散歩に行かないか?

según parece… …のようである, たぶん…: *Se-*

gún parece, va a subir el precio de petró-leo. どうも石油が値上がりしそうな気配だ

si le parece... ［勧誘］よければ［…しましょう］: *Si te parece*, quedamos para mañana a las dos. よければ明日の 2 時にしよう

◆ **~se** ［+a に/互いに］似ている: *No se parece* nada *a* su madre. 彼女は母親にまったく似ていない. *Vosotros dos os parecéis* mucho (en algo) 君たち二人は瓜二つだ（どこか似ている）

◆ 男 ❶ 意見, 見方: Soy del mismo ~ que él. 私は彼と同じ意見だ. Mi ~ es que debemos marcharnos ya. 私たちはもう出発すべきだと私は思います. ❷ ［古語］［主に buen･mal＋］顔だち, 外見: No es muy guapa, pero sí de buen ~. 彼女は大して美人ではないが, 見た感じはとてもいい

a mi ~ 私の考えでは: *A mi ~* volverá a su país. 彼は帰国するだろうと私は思う

al ~ 見たところでは: *Al ~* está mejor. 外見では彼は快方に向かっている. *Al ~* los dos no están en buenas relaciones. 2 人はうまくいってないようだ

por el bien (buen) ~ 世間体を繕って
tomar ~ de+人 …に相談する

parecer	
直説法現在	接続法現在
parezco	parezca
pareces	parezcas
parece	parezca
parecemos	parezcamos
parecéis	parezcáis
parecen	parezcan

parecido, da [pareθído, ða] 形 過分 ［+a に/+en が］似ている: niño muy ~ *a* su padre 父親とよく似た子. El padre y el hijo son muy ~s ［en carácter･en los ojos］. その親子は〔性格・目が〕よく似ている

bien (mal) ~ 《古語》容姿（顔立ち）のよい（悪い）

¡habrá cosa ~da! ［驚き・不快］こんなことってあるな/ひどい!

◆ 男 似ていること, 類似: Tiene un gran ~ con su hermana. 彼女は姉とよく似ている. Guarda cierto ~ con su tío. 彼にはどこか叔父の面影がある

pared [paré(δ)] 囡 ［英 wall］ ❶ 壁, 塀 ［⇔類義 muro］: El maestro le castigó de pie a la ~. 先生は罰として壁に向かって立っていなさいと彼に命じた. La gente ha formado una ~. 群集は人垣を作った. colgar un cuadro en la ~ 壁に絵を掛ける. ~ de cerramiento《建築》カーテンウォール. ~ maestra《建築》大壁. ~ medianera 境界壁. Las ~es oyen.《諺》壁に耳あり. ❷ ［器官・容器の］内壁: ~ abdominal (del estómago) 胃壁. ~ celular 細胞壁. ~ de una caja 箱の内面. ❸ ［山の］壁面: ~ norte del Eiger アイガー北壁. ❹《サッカー》壁パス

arrimarse a las ~es 酔っぱらっている

caerse a+人 las ~es encima …にとってひどく居心地が悪い

como si hablara a+人 a la ~ …にしゃべるのは壁に向かって話すようなものである, …はまったく聞く耳を持たない

darse contra (por) las ~es/darse con la cabeza (de cabezadas) contra la ~ 成功の見込みのないことを企てる

darse contra una ~/subirse por las ~es 怒り狂う, 怒りに我を忘れる

de ~ 壁掛け用の: calendario de ~ 壁掛けカレンダー

entre cuatro ~es 引きこもって

hasta la ~ de enfrente 決然と, ためらわずに

~ en (por) medio 隣り合って, 壁を隔てて

pegado a la ~ 恥じ入った, 当惑した

poner a+人 contra la ~《口語》決断せざるを得ない状況で…を追い込む

subirse por las ~es《口語》［怒って］かんかんになる, 頭にくる

paredaño, ña [pareðáɲo, ɲa] 形 すぐ隣の, 壁一つ隔てた

paredón [pareðón] 男 ❶ 銃殺用の壁; 廃墟の壁. ❷ 岩壁; 厚い壁

¡al ~! ［con＋人］!「…を]銃殺しにしろ!

llevar a+人 al ~ …を銃殺にする

pareja[1] [paréxa] 囡 ❶ ［人間の］ペア, カップル; ［動物の］対（?）, つがい: Hacen muy buena ~. 彼らはお似合いのカップルだ. en ~ ペアになって, カップルで. una ~ de ases《トランプ》エースのペア. una ~ de bueyes 2 頭つなぎの牛. una ~ de palomas つがいの鳩. ❷ ペア(対)の片方: Las chicas querían ser su ~ de baile. 少女たちは彼と踊りたがった. He perdido la ~ del calcetín. 私は靴下を片方なくした. ❸ 恋人, パートナー. ❹ ［警官・治安警備隊の］2 人組, コンビ

correr ~s ［主語は複数］同時に起こる, 似ている

formar ~ con... …とペア(対)になる: Este guante no forma ~ con este otro. この手袋とこっちの手袋は対でない

por ~s 2つ(2人)ずつ

vivir en ~ 同棲する

parejero, ra [parexéro, ra] 形 男 ❶ 同時に起こる. ❷《中南米》足の速い〔馬〕; 競走馬, 名馬. ❸ 高慢な, 虚栄心の強い

parejo, ja[2] [paréxo, xa] 形 ❶ 同じ〔ような〕: jersey ~ ペアのセーター. ❷《主に中南米》平坦な

◆ 副《中南米》同時に: Llegamos ~. 私たちは同時に着いた

a tajo ~ 見境なしに, 誰彼の区別なく

por (un) ~ 同様に

paremia [parémja] 囡 ことわざ, 格言

paremiología [paremjoloxía] 囡 諺研究

parénquima [paréŋkima] 男《解剖》［器官・腺の］実質;《植物》柔組織

parentela [parentéla] 囡 集合名《軽蔑・親愛》親類縁者

parenteral [parenterál] 形《医学》腸管外の, 非経口の

parentesco [parentésko] 男 ❶ 血縁関係, 親戚関係: ~ directo (en línea directa) 直系の血縁. ~ colateral 姻戚関係. contraer ~ 親戚になる. ❷ 関連. ❸ [洗礼・堅信式で代父・聖職者と結ばれる] 精神的きずな 〖~ espiritual〗

paréntesis [paréntesis] 男 〖単複同形〗 ❶《文法》挿入句. ❷ かっこ; [特に] 丸かっこ( ) 〖~ curvo〗: poner... entre ~ …をかっこに入れる. ~ cuadrado 角かっこ〔 〕. ❸ 中断: Hicieron un ~ en la reunión. 集会は休憩に入った
abrir (cerrar) un ~ かっこを開く(閉じる); 休憩に入る(を終わる), 中断(再開)する
entre ~ ついでながら, 余談として

pareo [paréo] 男 ❶《服飾》[熱帯地方風の] 腰巻き, パレオ. ❷ parear すること

paresia [parésja] 女《医学》不全麻痺

parestesia [parestésja] 女《医学》感覚(知覚)異常症

pargo [párgo] 男《魚》マダイ(真鯛)

parhelio [paréljo] 男《気象・天文》幻日

paria [párja] 名 ❶ [インドの] 不可触賎民; [一般に] のけ者. ❷ 複 [タイファ王国での] 租税

parida [paríða] 形 女 ❶《西. 口語》愚かなこと: decir ~s ばかなことを言う. ❷ 産後の, お産直後の; 産婦

paridad [paríða(d)] 女 ❶ 同一性, 同等性: ~ de fuerzas entre los dos equipos 2つのチームの力が同じであること. ❷《経済》[為替レートの] 等価, パリティー: ~ de cambio 為替平価. ~ del poder adquisitivo 購買力平価

paridera [parídéra] 形 [雌が] 繁殖力のある

pariente¹ [parjénte] 名《英 relative》親戚, 親類: Ese chico es un ~ mío. その少年は私の親戚だ. ~ cercano 近い親戚. ~ lejano/medio ~ 遠い親戚, 遠縁. ~ mayor 一族の当主
◆ 形 親戚の; 《口語》類似の, 似た

pariente², ta [parjénte, ta]《西. 戯語》夫, 妻: Antes de decidir siempre consulta con su ~ta. 彼は決定を下す前にいつも妻に相談する

parietal [parjetál] 形《解剖》頭頂の
◆ 男 頭頂骨 〖hueso ~〗

parietaria [parjetárja] 女《植物》ヒカゲミズ

parigual [parigwál] 形《俗語的》同じ(ような)

parihuela [pariwéla] 女 [主に 複] 担架 〖camilla〗; 担架状の運搬具

paripé [paripé] 男《西. 軽蔑》*hacer el ~* [+ a+人 に] 優しいふりをする; 見せかける, ごまかす

paripinnado, da [paripinnáðo, ða] 形《植物》[葉が] 相対(偶数)羽状の

parir [parír] 自/他 ❶ [動物が子を] 産む: La gata *parió* tres crías. 猫が3匹子を産んだ. ❷《俗語. 医学》[人が] 出産する. ❸ [作品などを] 産み出す: ~ una novela 小説を書く. ~ un plan 計画を立てる. ❹ [隠れていたものを] 表

わす
no ~ ふに落ちない
~ a medias [難しい仕事に] 手を貸す
~la《俗語》[解決困難な] 間違いを犯す
poner a+人 a ~《口語》…のことをひどく悪く言う

parisiense [parisjénse] 形 名《地名》パリ Paris の(人); パリっ子

parisién 名 形 =**parisiense**

parisílabo, ba [parisílabo, ba] 形《言語》[単語・詩句が] 同数音節の

parisino, na [parisíno, na] 形 名 =**parisiense**: moda ~na パリモード

paritario, ria [paritárjo, rja] 形《労使など》同数の代表で構成される: comité ~ 労使調停委員会, 経営協議会

paritorio [paritórjo] 男《西》分娩室

parka [párka] 女《服飾》毛皮フード付きのショートコート, パーカ

parking [párkiŋ] 男 複 ~s《←英語》駐車; [主に有料の] 駐車場

párkinson [párkinson] 男《医学》パーキンソン病

parla [párla] 女 饒舌, 能弁

parlamentar [parlamentár] 自 [休戦などの] 交渉をする, 折衝する

parlamentario, ria [parlamentárjo, rja] 形 議会(制)の: régimen ~ 議会制度. democracia ~ria 議会制民主主義. debates ~s 国会討論
◆ 名 ❶ 国会議員. ❷ 休戦交渉使節, 軍使

parlamentarismo [parlamentarísmo] 男 議会主義(制度・政治)

parlamento [parlaménto] 男 ❶ 議会, 国会; 国会議事堂: El ~ rechazó el presupuesto. 国会は予算案を否決した. P~ Europeo 欧州議会. ❷ [休戦などの] 交渉. ❸《演劇》長ぜりふ

parlanchín, na [parlantʃín, na] 形 名《口語》[黙っているべき時に] おしゃべりな(人); 口の軽い(人): Teresa, tú eres demasiado *parlanchina*. テレサ, きみはおしゃべりが過ぎますよ. No debes confiar en él: es muy ~. あの男を信用してはいけない. ひどく口が軽いから

parlante [parlánte] 形 話をする, しゃべる
◆ 男《中南米》ラウドスピーカー; [システムコンポの] スピーカー

parlar [parlár] 自/他 ❶《軽蔑》[くだらないことなどを] よくしゃべる; [黙っているべきことを] ばらしてしまう. ❷ すらすら話す; [オウムなどが] 話す

parlero, ra 形 おしゃべりな, 口の軽い

parleta [parléta] 女 おしゃべり, 雑談

parlotear [parloteár] 自《口語》おしゃべりをする, むだ話をする: En cuanto se encuentran, siempre se ponen a ~. 彼らは会えばいつもぺちゃくちゃしゃべる

parloteo 男 おしゃべり, むだ話

parmesano, na [parmesáno, na] 形 名《地名》パルマ Parma の(人): ducado ~《歴史》パルマ公国. ◆ 男《料理》パルメザンチーズ

parnasianismo [parnasjanísmo] 男《文

学》高踏派

parnasiano, na 形 名 高踏派の〔詩人〕

parnaso [parnáso] 男 ❶《神話》[P～] パルナッソス山. ❷ 匪名 [一地域・一時代の] 詩人たち, 詩壇 ; その詩集

parné [parné]《西. 俗語》お金《dinero》

paro [páro] 男 ❶ 止める(止まる)こと : ～ automático オートストップ. ～ cardíaco 心臓停止. ❷《主に西》失業《～ forzoso》: Ha aumentado el ～. 失業が増大した. estar en ～ 失業している. obrero en ～ 失業者. coyuntural 周期的の失業. ～ encubierto 潜在的失業. ～ estacional 季節的の失業. ～ tecnológico 技術的の失業. ❸ 失業保険給付金 : cobrar el ～ 失業手当をもらう. ❹ 操業停止 ; 工場閉鎖, ロックアウト ;《主に中南米》ストライキ《～ laboral》: Hay ～ en la industria. 工場は操業を停止している. ❺《鳥》シジュウカラ : ～ carbonero ヒガラ

parodia [paróđja] 女 もじり, パロディー ; 模倣

parodiar [10] 他 もじる, パロディー化する

paródico, ca 形 パロディーの

parónimo, ma [parónimo, ma] 形 名《言語》類音語(の) ;〖例 acechar と asechar, diferencia と deferencia〗

paronimia 女 語音類似

paronomasia [paronomásja] 女《修辞》類音畳畳法 ; 地口, 語呂合わせ

parótida [parótiđa] 女《解剖》耳下腺

parotiditis 女《単複同形》《医学》耳下腺炎

paroxismo [paro(k)sísmo] 男 ❶《感情・感覚の》絶頂, 激発 : en el ～ de los celos ひどく嫉妬して, 嫉妬のあまり. ❷《病気の》発作, 最悪期

paroxístico, ca 形 絶頂の ; 最悪期の

paroxítono, na [paro(k)sítono, na] 形《時に 女》《文法》最後から2番目の音節にアクセントのある〔語〕

parpadear [parpađeár] 自 ❶ まばたきする : mirar sin ～ まばたきせずに見つめる. ❷《星などが》またたく

parpadeo 男 まばたき

párpado [párpađo] 男 まぶた, 眼瞼(がん) : Siento los ～s pesados. 私はまぶたが重い

parpar [parpár] 自 〔アヒルが〕ガアガア鳴く

parque [párke] 男《英 park》❶ 公園 : pasear(se) por el ～ 公園を散歩する. P～ del Retiro レティーロ公園 [☞写真]. ～ de atracciones [乗り物などのある] 遊園地. ～ infantil 子供の遊び場. ～ nacional 国立公園. ～ natural 自然保護区. ～ tecnológico テクノパーク. ～ temático テーマパーク. ～ zoológico 動物園. ❷ [公共の機材などの] 置き場, 集結場所 : ～ de artillería 砲廠. ～ de bomberos《西》消防署. ～ de estacionamiento 駐車場. ❸ [国土・都市開発で] …地区. ～ de viviendas 住宅団地. ～ empresarial ビジネス地区. ～ eólico 風力発電地帯. ～ industrial 工業団地. ❹ 匪名 móvil 公用車. ～ automovilístico español スペインの全車両(自動車保有

台数). ❺ ベビーサークル《～ de niño》

parqué [parké] 男 寄せ木張りの床 ;〔取引所の〕立会場

parquear [parkeár] 他《中南米》[車を路上・駐車場に] とめる

parqueadero 男 駐車場

parquedad [parkeđá(đ)] 女〖←parco〗 ❶ 節度, 慎み : hablar con ～ 言葉数が少ない. ❷ 少なさ, 乏しさ

parquet [parké] 男 ＝parqué

parquímetro [parkímetro] 男 パーキングメーター

parra [pářa] 女 ❶ ブドウ棚, 棚作りのブドウ. ❷《植物》つる植物の一種〖飲用など〗樹液をしたたらせる〗. ii) ～ virgen アメリカヅタ *subirse a la ～*《口語》真っ赤になって怒る ; いい気になる, うぬぼれる : No *te subas a la ～*. つけ上がるな

parrafada [pařafáđa] 女 [打ちとけた] おしゃべり, 雑談 ;《軽蔑》[一方的に話す] 長話, 長談義 : echar una ～ おしゃべりをする ; 長話をする

párrafo [pářafo] 男 ❶ パラグラフ, 段落, 節 ;《印刷》その記号〖§〗: dividir en ～s 段落をつける. ❷《法律》項. ❸ 複 演説《discurso》 *echar un ～ con+人* …とちょっとおしゃべりをする

parral [pařál] 男 ブドウ棚 ; ブドウ園

parranda [pářanda] 女《口語》[音楽入りの] 浮かれ騒ぎ : ir de ～ 出かけて浮かれ騒ぐ

parrandear 自 [出かけて] 浮かれ騒ぐ

parrandeo 男 浮かれ騒ぐこと

parricidio [pařiθíđjo] 男 近親者殺人《特に父母, 配偶者》

parricida 形 名 その殺人犯(の)

parrilla [páříʎa] 女 ❶《料理》網焼き : carne a la ～ 網焼きの肉. ❷ [客の前で焼く] 網焼きのレストラン. ❸ [カーレースの] スタートポジション《～ de salida》. ❹《中南米. 自動車》ルーフラック

parrillada 女 網焼き

párroco [pářoko] 男《カトリック》[小教区 parroquia をあずかる] 主任司祭

parroquia [pařókja] 女 ❶《カトリック》〔小〕教区 ;〔小〕教区教会 ; 匪名 そこに所属する信者. ❷ 匪名 顧客《clientela》: Tiene una tienda con mucha ～. 彼の店はお得意さんが多い. Se hizo de una gran ～. 彼はたくさんお客をつかんだ

parroquial [pařokjál] 形〔小〕教区の : hoja

～ 教区だより

parroquiano, na [pařokjáno, na] 形 名 ❶ 小教区の(信者). ❷ 顧客, 常連 〖cliente〗

parsec [parsɛ́k] 男 〖天体の距離の単位〗パーセク

parsimonia [parsimónja] 女 ❶ 穏和, 平静 ; のろさ : con mucha ～ 大変穏やかに ; ゆっくりと. ❷ 節約

parsimonioso, sa 形 穏和な ; ゆっくりした

parte [párte] 名 〖英 part〗❶ 部分 : i) Ya han venido ～ de los invitados. 客の何人かはもうやって来た. Una ～ del edificio no ha sido destruida. ビルの一部は崩壊を免れた. dividir en dos ～s 二分する. la primera ～ de una novela 小説の正篇. ～ superior (inferior) de una organización 組織の上(下)部. ～s de una máquina 機械の部品(パーツ). ii) 〖諺・成句〗Segundas ～s nunca fueron buenas. 柳の下にいつもドジョウはいない. Quien parte y reparte, se lleva la mejor ～. 分配する人(支配者)のお手盛り ❷ 〖分数・割合〗una cuarta ～ 4分の1. dos terceras ～s de la clase クラスの3分の2. diluir en ～ de zumo en cinco de agua ジュースを水で5倍に薄める ❸ 分け前 ; 分担 : Ya cobró ～ del botín. 彼は戦利品の分け前にあずかった ❹ 場所 : ¿De qué ～ de Andalucía es usted? ご出身はアンダルシアのどちらですか? La policía ha estado en todas ～s. 警官はどこにでもいた. ¿Piensas viajar a alguna ～ durante las vacaciones? 休暇中にどこかへ旅行するつもりかい? No encuentro mis gafas por ninguna ～. 眼鏡がどこにも見当らない ❺ 〖党派などの〗側 ; 〖当事者の〗一方 : Ambas ～s llegaron a un acuerdo. 両者とも合意に達した. dar oídos sólo a lo que dice una ～ 一方の言い分だけを聞く. por ～ de los que compramos 我々買い手側としては. ～ obrera 労働者側. ～ actora 原告側 ❻ 〖家系の〗側 : primo por (de) ～ de madre 母方の従兄弟 ❼ 〖演劇・音楽〗役, パート ❽ 〖婉曲〗〖主に男性の〗生殖器, 局所 〖～s pudendas・pudientes・vergonzosas・naturales〗

a ～s iguales 均等割りで : contribuir al gasto a ～s iguales 費用を平等に負担する

dar ～ a+人 en... …を…に参加させる, 利益配分にあずからせる

de... a esta ～ …から今まで, …以来 : de un tiempo a esta ～ 最近. de primeros de año a esta ～ 今年の初め以来

de ～ a ～ 通して, 貫いて : La bala le atravesó la pierna de ～ a ～. 弾丸は彼の脚を貫通した

de ～ de+人 1) …から, …としては : De tu ～ jamás recibí ninguna queja. 君からは一度も不平を聞いたことがなかった. De mi ～ no hay ningún inconveniente. 私としては何ら不都合はありません. 2) …の代理で, …のために ; 味方

して : Dale recuerdos de mi ～.—De su ～, muchas gracias. 彼によろしく伝えてください. —はい, 伝えます. La razón está de tu ～. 君に理がある. Todos los espectadores estaban de ～ del aspirante. 観客はみんな挑戦者・訪問者に〗どちら様ですか?

desde... a esta ～ =de... a esta ～

echar... a buena (mala) ～ =tomar... a buena (mala) ～

en gran ～ 大部分は, 主に

en ～ 部分的には : Es correcto en ～, pero en conjunto no lo es. それは部分的には正しいが全体としては間違っている. Es en ～ de hierro y en ～ de madera. それは一部は鉄で, また一部は木でできている

formar ～ de... …の一部をなす ; 一員となる : España forma ～ de Europa. スペインはヨーロッパに属する

hacer de su ～ 努力する ; 務めを果たす

hacer las ～s 〖+de を〗分割する

llevar la mejor (peor) ～ 〖戦い・議論などで〗優位に立つ(劣勢である)

llevarse la mejor (peor) ～ 分け前を多く(少なく)とる

no ir a ninguna ～ 〖口語〗〖重要とされたものが〗何の価値もない

no llevar (conducir) a ninguna ～ 何の役にも立たない, 何ももたらさない

no parar en ninguna ～ 〖住所・職などがよく変わって〗尻が落ち着かない

no tener ～ en... …に関わりがない

～ por ～ 全部, 省略せずに : explicar ～ por ～ 逐一説明する

～s del mundo 世界各地 〖各大陸〗

poner de su ～ =hacer de su ～

ponerse de ～ de+人 …の味方につく : Póngase de nuestra ～. 我々の側につきなさい

por otra ～ 他方では ; その上

por ～ de+人 …〖の立場〗としては

**por ～ de 徐々に, 一項一項 : Vamos (Vayamos) por ～s. 〖口語〗一つずつ処理しよう/順序よく話そう

por su ～ =por ～ de+人

por una ～ 一方では

saber de buena ～ 確かな筋からの情報で知っている

salva sea la ～ 〖婉曲〗お尻 〖culo〗

tener de su ～ a+人 …を味方にできる : Sabes que me tienes de tu ～. 大船に乗った気でいたまえ

tener ～ en... =tomar ～ en...

tomar... a buena (mala) ～ …をよい(悪い)意味に解釈する

tomar ～ en... …に参加(関与)する : tomar ～ en una manifestación デモに参加する

◆ 男 ❶ 〖公的な〗報告書 : enviar dos ～s al jefe 報告書を2通作って2通送る. ～ de defunción 〖医師が書く〗死亡証明書. ～ médico (facultativo) 診断書. ❷ 〖放送〗ニュース〖番組〗: ～ meteorológico 天気予報.

de guerra 戦況ニュース

dar ~ a... …に報告する: *dar ~ a* la policía 警察に通報する

parteluz [parteluθ] 男《建築》中方立(なかほうだて), マリオン

partenaire [partenɛr] 名《←仏語》[主に芸術活動で]パートナー

partenogénesis [partenoxénesis] 女《単複同形》《生物》単為生殖(発生)

Partenón [partenón] 男 パルテノン神殿

partero, ra [partéro, ra] 名《主に中南米》産婆(さんば), 助産婦

parterre [partɛ́r] 男《西》(公園の) 花壇, 芝生

partesana [partesána] 女 矛(ほこ)の一種

partición [partiθjón] 女 ❶《文語》(遺産などの) 分配. ❷《数学》(集合の) 分割;《情報》パーティション

participación [partiθipaθjón] 女 ❶ [+en への] 参加, 関与;[出資などの] 分担: ~ *en* una reunión 集会への参加. ~ *en* un complot 陰謀への加担. tener ~ *en...* …に参加する. ❷ [結婚などの] 通知, 挨拶状. ❸《経済》i) (市場)占有率: tener una ~ elevada *en...* …に高いシェアを持つ. ❷ 資本参加: ~ obrera 経営参加. ❹《まれ》(宝くじで) = *décimo*

participacionismo 男 経営参加〔主義〕

participante [partiθipánte] 形 参加する: país ~ 参加国. atletas ~s 参加選手
◆ 名 [+en への] 参加者: ~s *en* un concurso (una manifestación) コンクールの応募者 (デモの参加者)

participar [partiθipár] 自 ❶ [+en に] 参加する, 関与する: ~ *en* un congreso 学会に出席する. ~ *en* la dirección 経営に参加する. ~ *en* la alegría 喜びをともにする. ❷《文語》[+de を] 共有する: *Participan de* las mismas ideas. 行かないことを私は彼に知らせる. ~ *de (en)* las ganancias 利益配分にあずかる
◆ 他 ❶《文語》知らせる: Le *participo* que no iré. 行かないことを私は彼に知らせる. ❷《経済》…に資本参加する

participativo, va [partiθipatíßo, ßa] 形《口語》しばしば参加する

partícipe [partíθipe] 形 名 参加する〔人〕: Todos se sentían ~s del gran éxito. 全員がその成功を自分のことのように感じた
hacer ~ de... a+人 …に…を知らせる;…と…を分かち合う

participio [partiθipjo] 男《文法》分詞: ~ (de) pasado 過去分詞. ~ (de) presente 現在分詞. ~ pasivo (activo) 受動(能動)分詞. ~ absoluto 独立(絶対)分詞

partícula [partíkula] 女 ❶ 微粒子;《物理》粒子: ~ elemental 素粒子. ❷《文法》小辞 [接辞・前置詞・接続詞などの不変化語]

particular [partikulár] 形《英 particular》❶ 独特の, [+de に] 特有の: Cada persona tiene un carácter ~. 誰もが個性をもっている. costumbre ~ *de* los gitanos ジプシー独特の

習慣. ❷ 特別の, 通常と違った: Tiene unas circunstancias ~es. 彼には特別な事情がある. ❸ 個人的な, 私的な: interés ~ 個人的利益. profesor ~ 家庭教師. clase ~ 個人教授. bienes ~es 私有財産. correspondencia ~ 私信. domicilio ~ 私邸. camino ~ 私道. ❹ 個々の, 個別の《↔general》: caso ~ 個々の場合;具体的なケース
de ~ 特別の: [No hay] Nada *de ~*. 別に変わったことはありません
en ~ 特に, とりわけ: Este verano *en ~* llueve poco. 今年の夏は特に雨が少ない. No hay nada que añadir *en ~*. 特に付け加えることはない
sin otro ~/sin nada de ~ [手紙の結語] まずは要用のみ
ver de ~ en... …を特別の目で見る
◆ 名 一個人, 私人;[資格・肩書きなどのない] 一般人: Vengo aquí como un ~. 私は単なる個人として来ました. En este lugar no pueden entrar los ~es. 《表示》一般の方(関係者以外)は入場できません
◆ 男《文語》問題, 事柄: No tengo nada que decir sobre el ~. その件に関しては何も言うことはありません

particularidad [partikulariðáð] 女 ❶ 独自性, 特殊性;特徴: tener la ~ *de*+不定詞・*que*+直説法 …という特徴がある. no tener ~ notable これといった特徴がない. tener sus ~es. 彼は個性的だ. ❷ [主に圏. 重要でない] 細部: sin entrar en ~es 細部に触れずに, 大まかに

particularismo [partikularísmo] 男 [個人の利益を優先しすぎる] 個人主義

particularizar [partikulariθár] 他 ❶ [他のものと区別して] 特徴づける: Los colores azules *particularizan* la obra del Greco. 青がグレコの絵を特色あるものにしている. ❷ […の特徴などを] 詳細に述べる. ❸ えこひいきする
◆ 自 個々のものに言及する: No *particularices* en nadie, todos tienen la culpa. 特定の個人名をあげてはいけない. 全員に責任があるのだ
◆ *~se* [+por で] 特徴づけられる;目立つ: Este coche *se particulariza por* su maniobrabilidad. この車の特徴は操作性のよさにある. ❷ [+con+人 と] 特別懇意になる

particularmente [partikulármente] 副 特に;個別に

partida [partida] 名《英 departure. ↔ llegada》❶《文語》出発《salida》: La ~ será a las ocho. 出発は8時ということになっている. fijar la fecha de ~ 出発の日を決める. ❷ [発送・注文などの] 一定量, 口. ❸ [人の] 群れ, グループ;《登山》パーティー: una ~ de turistas 観光客の一団. ~ de caza 狩猟パーティー. ~ de reconocimiento 偵察隊. ❹ [教会・役所の] 戸籍(抄本・勝本): ~ de nacimiento 出生証明書, 戸籍勝本. ~ de bautismo (de defunción) 洗礼(死亡)証明書. ❺ [チェス・トランプ・ゴルフ・ビリヤードなどの] 試合, 対局: Vamos a jugar una ~. 一局(一勝負)

P

やろう. ❻［帳簿・予算の］項目, 勘定科目：~ asignada a educación 教育費.［contabilidad por］~ doble 複式簿記. ❼［口語］方法, やり方. ❽ las Siete P~s［アルフォンソ 10 世による］七部法典

andar (recorrer) las siete ~s［色々な所を］歩き回る

ganar la ~ a+人 …から勝ち取る

jugar una mala ~ a+人 …に対して悪いことをする

por ~ doble 2 倍の・で；2 回

partidario, ria［partiđárjo, rja］形［+de を］支持(信奉)する：Es ~ *del* feminismo. 彼は女性解放に賛成だ

◆ 图 支持者, 信奉者；味方：~ *de* la medicina china 漢方の支持者

partidismo［partiđísmo］男［過度の］党派心, セクト主義

partidista 形 党派心の強い［人］, セクト主義の(主義者)；ひいきをする［人］

partido［partíđo］男『英 party, game』❶ 政党：~ *político*　党派：~ comunista 共産党. ~ del gobierno 与党.［primer］~ de la oposición 野党［第一党］. ~ único 一党独裁, 単一政党制. turno de ~［歴史］［19 世紀の終わりに Cánovas と Sagasta 間で繰返された］政権の交代(たらい回し) ❷［主に球技の］試合：Hoy hay ~ de fútbol. 今日サッカーの試合がある. jugar un ~ de tenis テニスの試合をする. jugar en el ~ 試合に出る. bola de ~/punto para ~ マッチポイント. ~ de homenaje チャリティ試合 ❸［対戦する］チーム：~ contrario 相手チーム ❹［地位・家柄で選ぶ］結婚相手：Ha encontrado un buen ~ para su hija. 彼女は娘に似合いの結婚相手を見つけた ❺ 管轄区：~ judicial《西》地方裁判所の管轄区. cabeza de ~ 県庁(郡役所)所在地

formar ~ 党派を作る

sacar ~ ［+a・de から］利益を得る：sacar ~ *de* la crisis 危機を利用してもうける

tener ~ 支持(賛同)を得る；成功する：Sus canciones *han tenido* mucho ~ entre la juventud. 彼の歌は若者の間で大受けした

tomar ~ 1)決定を下す, 決心する；態度を明らかにする：Hay que *tomar* otro ~. 別の手をうつ必要がある. 2)［+por の方に］味方する：*Tomó ~ por* su madre. 彼は母親の味方をした

partiquino, na［partikíno, na］图［オペラの］端役

partir［partír］自『英 depart. ↔llegar』❶《文語》［+de から］出発する：i) *Partimos para* Madrid (*de* España). 私たちはマドリードに向けて出発した(スペインをたった). ii)［推論］~ *de* un supuesto falso 間違った仮定から出発する

a ~ de... …から『desde』：*A ~ de* hoy estamos en las vacaciones de verano. 今日から夏休みだ. *a ~ de ahí* その時から. *a ~ del* supuesto その仮定に立てば

◆ 他『英 split』❶ 分割する, 分ける；［+entre の間で］分配する：~ un papel en dos 紙を 2 枚に切る. escudo *partido* 縦 2 分割の盾形紋章. ~ un pastel *entre* los niños ケーキを子供たちに分ける. ~ su fortuna con los pobres 財産を貧しい人に分け与える. ❷ 切り割り込む；［殻などを］割る：~ un huevo 卵を割る. ❸《口語》…に損害(迷惑)を与える. ❹《トランプ》［カードを］カットする

◆ ~se ❶ ひびが入る；割れる：*Se me ha partido* un diente. 私は歯が折れた.　Parece que *se* me va a ~ la cabeza. 頭が割れるように痛い. ❷《口語》大笑いする

partisano, na［partisáno, na］图 パルチザン, 遊撃兵

partitivo, va［partitíβo, βa］形《文法》部分を表わす

◆ 男 部分詞, 部分表現；部分数詞［numeral ~］

partitura［partitúra］女《音楽》総譜, 楽譜

parto¹［párto］男『←parir』❶ 出産, 分娩(べん)：entrar en trabajo de ~ 陣痛が始まる. estar de ~ (en trabajo de ~) 陣痛が始まっている, 分娩中である. morir de (en el) ~ お産で死ぬ. ~ normal 正常分娩. buen ~ 安産. ~ difícil (laborioso·doloroso) 難産. ~ sin dolor 無痛分娩. ❷ 創作：Esta obra ha sido un difícil ~. これは苦心の作だ

el ~ de los montes 大言壮語して期待を裏切ること

venir el ~ derecho 期待どおりに事が運ぶ

parto², ta［párto, ta］形 图［地名］古代ペルシアの［パルティア Partia の(人)］

parturienta［parturjénta］女 形 分娩中の［女］, 臨産婦；出産の終わったばかりの［女］

parva¹［párβa］女［麦打ち場に置かれた］麦束

salirse de ~ 本筋から離れる

parvo, va²［párβo, βa］形 ごく少ない, わずかな

parvedad［párβo］女 少なさ

párvulo, la［párβulo, la］形 图 幼い, 幼少の, 幼稚な；幼児, 幼稚園児：escuela (colegio) de ~s 幼稚園

parvulario［párβulo］男 幼稚園 医名 幼稚園児

parvulista 图 幼稚園の先生

pasa¹［pása］女 干しブドウ：~ gorrón 大粒の干しブドウ. ~ de Corinto 菓子用の小粒の種なし干しブドウ. ~ de Esmirna スルタナ産の黄色い種なし干しブドウ

estar (quedarse) hecho (como) una ~《口語》［人が］やせ細っている, しわだらけである

pasable［pasáβle］形 ❶ まあまあの：El hotel fue ~. ホテルはまあまあだった. ❷《中南米》［川が］歩いて渡れる

pasacalle［pasakáλe］男《音楽》パッサカリア『スペイン起源の軽快な舞踊曲』

pasada¹［pasáđa］女 ❶［拭く・塗るなど, 表面への］作業, ひとこすり；軽いアイロンがけ：dar al suelo otra ~ con la bayeta 雑布で床をもう一度拭く. dar dos ~s de jabón a la ropa［洗濯で］二度洗いする. ❷ 仕上げ：dar otra ~ a las hojas 書類をもう一度見直す. ❸《裁縫》し

つけ縫い. ❹ 通過: hacer varias ～s por delante de+人 …の前を何度も通る. ❺ 勝負, 試合『partida』. ❻ [ある場所の上空での] 飛行. ❼《西. 俗語》いきすぎ, やりすぎ; 荒稼ぎ, ぼろもうけ

dar ～ 通らせる; 目をつぶる

dar una ～ *a+人*《中南米》…を叱りつける

de ～ ざっと, 急いで; ついでに: leer un libro *de* ～ 本を斜め読みする. Voy *de* ～. ちょっと行ってみるよ. *De* ～ te digo que me encontré con ese tío. そういえば私はあの男に会ったよ. Ya estamos aquí, *de* ～ vamos a ver a Pedro. ここまで来たのだから, ついでにペドロに会いに行こう

mala ～ ひどい仕打ち; 汚い手段: hacer (jugar) una *mala* ～ *a+人* を〕ひどい目に会わせる; 汚い手を使う

ser una ～《口語》すごい, すばらしい; ひどい: Lo que has hecho *es una* ～. 君のしたことは最低だ

pasadera[1] [pasaðéra] 囡 ❶ [川を渡る] 飛び石, 渡し板. ❷《南米》他の政党への鞍替え;《中米》獣道

pasadero, ra[2] [pasaðéro, ra] 厖 まあまあの, 我慢できる『pasable』; 通り(渡り)やすい

pasadizo [pasaðíθo] 男 抜け道, 裏道『比喩的にも』

pasado[1] [pasáðo] 男 [英 past] ❶ 過去, 昔; 過去の出来事(生活): En el ～ se vivía peor. 昔はもっとひどい生活だった. Tu ～ no me importa. 君の過去は私にとって問題ではない. ❷ [敵側についた] 脱走兵, 投降兵. ❸ 覆 先祖, 祖先. ❹《文法》過去『pretérito』.

pasado[2], **da**[2] [pasáðo, ða] 厖 過分 ❶ 過去の, 過ぎ去った: días ～s 過ぎ行く日々. vida ～da 過去の生活. Olvidemos lo ～. 過去のことは忘れよう

❷ [時の名詞と共に] i) La salida fue el martes ～ a las tres. 出発はこの前の(先週の)火曜日だった. a partir del ～ mes de abril 去る4月以来. por estos diez años ～s この10年間, el mes ～ 先月. la noche ～da 昨日の夜. hasta ～da la medianoche 真夜中すぎまで. Ya eran ～das las cinco de la tarde. もう午後5時を過ぎていた. ii) [分詞構文] *P*～das dos o tres semanas él volvió. 2, 3週間たって彼は戻ってきた. *P*～das las dos podemos partir. 2時以降なら私たちは出発できる ❸ [estar+] i) [布が古くて] 破れやすくなっている: Mi jersey ya está ～. 私のセーターはもう擦り切れてきている. ii) [花が] 盛りを過ぎた; [食べ物などが] 煮(焼き)過ぎた; [肉が] 傷んだ: Esta carne está un poco ～da. この肉は少しいたんでいる. Este melón está ～. このメロンは熟れすぎだ

lo ～, ～ 過ぎたことは仕方がない

ser agua ～da 過ぎたことである

pasador [pasaðór] 男 ❶ [女性が帽子や髪をとめる・飾り用の] ピン, 髪留め; [制服に勲章をとめる] 安全ピン; ネクタイピン; カフスボタン『ge-

melo』. ❷ [ドアなどの] 掛け金; [ちょうつがいの] 心棒. ❸《料理》濾(こ)し器

pasaje [pasáxe] 男 ❶《主に中南米》i) [乗り物の] 切符: comprar dos ～s de avión 飛行機の切符を2枚買う. ii) 匣桑《文語》[船・飛行機の] 乗客. ❷ 通路; [2つの通りをつなぐ] 横丁, 抜け道; アーケード街. ❸ [文学・音楽作品の] 一節: un ～ de los Evangelios 福音書の一節. ❹《古語》通行『paso』; 旅行. ❺ ベネズエラの民俗舞踊(音楽)

pasajero, ra [pasaxéro, ra] 厖 ❶ つかの間の, 移ろいゆく: amor ～ 一時の愛, はかない恋. dolor ～ 一時的な苦痛. ❷ 人通りの多い. ❸ [鳥が] 渡りをする

◆ 名 [英 passenger] [車・列車・船・飛行機などの] 乗客, 旅客: ¡Señores ～s, al tren! どうぞご乗車ください! Muchos ～s utilizan esta línea de autobuses. このバス路線は利用客が多い. tren (avión) de ～s 旅客列車(旅客機)

pasamanería [pasamanería] 囡 [衣服・カーテンなどの] 飾りひも, ブレード; 匣桑 その飾り; その製造所(販売店)

pasamanos [pasamános] 男 [単複同形] ❶ 手すり『barandilla』; [手すり代わりの] 網;《南米》[乗り物の] 吊り革. ❷ = **pasamanería**

pasamano [pasamáno] 男 = **pasamanos**

pasamontañas [pasamontáɲas] 男 [単複同形]《服飾》目出し帽『目だけ出す覆面型の防寒帽』

pasante [pasánte] 名 見習い弁護士『～ de abogado』; 実習生, 研修生

pasantía 囡 見習い弁護士の職

pasaportar [pasaportár] 他《俗語》ぶっ殺す

pasaporte [pasapórte] 男 [英 passport] パスポート, 旅券: sacar el ～ パスポートを取る

dar [*el*] ～ *a+人*《口語》…を追い出す; 解雇する; 殺す

pasapurés [pasapurés] 男 [単複同形]《料理》裏ごし器, マッシャー

pasar [pasár] [英 pass] 自 ❶ [+por を] 通る, 通過する; 立ち寄る: i) Los coches *pasan* por la carretera. 車が国道を走っている. Este tren *pasa* por Burgos. この列車はブルゴスを通る. El hilo no *pasa* por el ojo de la aguja. 糸が針の穴に通らない. El piano no *pasará* por la puerta. ピアノはドアから入らないだろう. Pregunté el camino a una señora que *pasaba*. 私は通りすがりの女性に道を尋ねた. Déjeme ～, por favor. 通してください. *Pase* usted *por* aquí. こちらへどうぞ. Pasaré *por* tu casa esta noche. 今晩君の家へ寄るよ. ii)《比喩》La propuesta *pasó* sin dificultad. 議案はすんなり通った. El país *ha pasado por* momentos difíciles. その国は苦しい時期をくぐり抜けた

❷ [+a に, +de から] 移る, 移動する; 変化する: Pasemos *al* salón (a la clase siguiente). 客間(次の課)に移りましょう. Hágalo ～ *a* mi despacho. 彼を私のオフィスに通してください. *Pasa a* la página siguiente. 次ページに続く. *Pasó de* la riqueza *a* la pobreza. 彼は金持ち

から貧乏人になった. La gripe *ha pasado de
hijo a* padre. 風邪は子供から親にうつった

❸ [3 人称単数形のみ] 起こる: i) Si *pasa algo*,
avísame. 何か起きたら知らせてくれ. Cuéntame
lo que *pasó*. 何があったのか話してくれ. ¿Qué *ha
pasado* con tu coche? 君の車がどうしたというの
だ? ii) [+a+人 に] ¿Qué te *pasa*? どうしたの?
Doctor, ¿qué me *pasa*? 先生, 私はどこが悪いの
でしょう?

❹ [時が] 過ぎる; 消える, 終わる: ¡Cómo *pasa*
el tiempo! 時のたつのは何と早いことか! *Han
pasado* dos años desde que se fue. 彼が行っ
てから 2 年が過ぎた. Ya *ha pasado* mucho
tiempo desde las diez. もう 10 時をだいぶ回っ
た. Ya *pasó* el invierno. もう冬が去った. *Pa-
san* las fiebres. 熱が下がる

❺ 暮らしてゆく: *Paso* con poco dinero. 私はわ
ずかな金で暮らしている. No podemos ~ sin
coche. 車なしではやっていけない

❻ 使える, 通用する: i) El vestido aún puede
~ este invierno. その服は今年の冬もまだ着け
る. ii) [人が主語] Puedes ~ tranquilamen-
te con este vestido. この服でだいじょうぶだ

❼ 伝わる; 受け継がれる: La noticia *pasó de*
uno *a* otro. ニュースは人から人へ伝わった. To-
dos sus bienes *pasarán a* su hijo. 彼の全財
産は息子の手に渡るだろう

❽ [実際と違って, +por として] 通る, みなされ
る: *Pasa por* tonto, pero es muy listo. 彼は
ばかのように思われているが, 実際はとても抜け目が
ない

❾ [+a+不定詞] …し始める: Después de ex-
plicar las razones, *pasó a* decir su determi-
nación. 彼はまずその理由を説明してから, 結
論に入った

❿ [+de を] 越える, 超過する: El número de
víctimas *pasó de* mil. 犠牲者は千人を超えた.
Desde hoy *paso de* estos problemas. 今日か
ら私はこの問題から解放される

⓫ 《トランプ》パスをする; 降りる, 賭けない

⓬ [西. 口語] [誘い・機会などに対して] 乗らない,
我慢する; 関わらない: i) ¿Vas a tomar otra
taza?—No, *paso*. お代わりは?—いや, 私はパ
スだ. ii) [+de を] Para llegar a la élite hay
que ~ *de* copas. 一流になるためには酒は控えな
ければならない. Yo *paso de* religión. 宗教なん
てどうでもいいさ

como si no hubiera pasado nada 何事も
なかったかのように; 平気で, 臆面もなく

dejar ~... 1) …を通す: El cristal *deja* ~
la luz. ガラスは光を通す. 2) …を大目に見る;
逃す: Le *dejas* ~ todo. 君は彼に甘すぎる.
No *dejes* ~ los momentos felices. チャンスを
逃してはいけないよ

ir pasando 何とか暮らしている: Por ahora
vamos pasando. 今のところどうにか暮らしてい
ます

lo que pasa es que+直説法 [説明の前置上]
実を言うと…; つまり: *Lo que pasa es que*
ella no le quería desde el principio. 実のと
ころ彼女は初めから彼を好きではなかったのだよ

no ~ de ser... …であるにすぎない

~ adelante [話の] 先を続ける

~ por encima [+障害を] 乗り越える: ~
por encima de diferencias de lenguas 言
語の相違を乗り越える. Si quiere usted dete-
nerle, tendrá que ~ *por encima de* mi
cadáver. 彼を捕まえようとするなら私を殺してか
らにしろ

pase lo que pase 何が起きようと, ともかく:
Pase lo que pase, iré contigo. 何があろうと君
と一緒に行くよ

que pase lo que pase (quiera) ともかく, 思
い切って: Mandaremos la protesta y *que
pase lo que quiera*. ともかく抗議文を送ろう.
後は後のことだ

¿qué va a pasar? 一体何事だ?

¿qué pasa? 何か変わったことは?; [説明を求
めて] どうしたんだ, 何事だ?; [挨拶] やあどうだ
い?

¿qué pasa contigo [*tío·colega·tron-
co*]*?* [挨拶] やあどうだい?; [説明を求めて] ど
うしたんだ?

¡qué va a ~! どうしたもこうしたもない!

un buen ~ かなりの安楽: disfrutar *un buen
~* ゆとりのある生活を送る

◆ [他] ❶ 越える, 通り過ぎる: i) ~ los Piri-
neos ピレネー山脈を越える. ~ el río nadando
泳いで川を渡る. Ya *hemos pasado* la esta-
ción de Ávila. もう列車はアビラ駅を過ぎた. No
pases el semáforo en rojo. 赤信号の時は渡っ
てはいけない. Ya *ha pasado* los treinta. 彼は
もう 30 過ぎだ

❷ 浸透する: La grasa *pasa* el papel. 油は紙
を通る. La humedad *pasa* los huesos. 湿気は
骨にこたえる

❸ 合格する: ~ el examen 試験に受かる

❹ [+en で] 上回る: Es muy guapa, pero su
hermana le *pasa*. 彼女は美人だが, 姉には負け
る. Te *pasa en* edad. 彼は君より年上だ

❺ [時を] 過ごす: ~ las vacaciones en
Alicante. 彼は休暇をアリカンテで過ごした. ii)
[+bien·mal 楽しい·いやな時を] Esta semana
la *he pasado* bien (*mal*). 今週は楽しかった(さ
んざんだった)

❻ 移す, 動かす; 渡す: ~ un armario *de* una
habitación *a* otra たんすを別の部屋に移す.
Pásame la sal, por favor. 塩を取ってください.
¿Quiere ~ esta llamada *a* mi cuarto? この
電話を私の部屋に回してください. ~ la bandeja
(el plato·la gorra) 盆(皿·帽子)を回して金を
集める. ~ *a*+人 el poder …に権力を渡す. ~
un recado メッセージを伝える. ~ *a*+人 el
balón …にボールをパスする

❼ [穴などに] 入れる: ~ la tarjeta *por* la
ranura 葉書をポストの口に入れる. ~ el hilo
por el ojo de la aguja 糸を針の穴に通す

❽ 濾過する, こす; ふるう: ~ la tierra *por* un
colador お茶をこす. ~ la tierra *por* un
tamiz 土をふるいにかける

❾ 耐える, 忍ぶ; 何とかやっていく: i) *Pasó* to-
das las humillaciones que le hicieron. 彼は

屈辱を受けてもすべてそれに耐えた. 〜 hambre 飢える, ひもじい思いをする. 〜 el mes con cien mil pesetas 一か月 10 万ペセタで暮らす. ii)《中南米》No puedo 〜 a ese hombre. あの男は気にくわない

❿ 見落とす; 省く; 見過ごす, 大目に見る: 〜 los detalles importantes 重要な細部を見落とす. 〜 un capítulo 1 章とばす. Le *pasé* sus faltas. 私は彼の失敗に気づかないふりをした

⓫ 読む: 〜 varios libros 数冊の本に目を通す. 〜 las oraciones 祈りの文句を唱える

⓬ …でなでる: 〜 la mano *por* la cabeza 頭をなでる. 〜 el peine (el cepillo) くし(ブラシ)をかける. 〜 la maquinilla *por* la cara シェーバーでひげをそる. 〜 la aspiradora 掃除機をかける

⓭ 通関させる; 密輸する: Se puede 〜 tres botellas de vino. ワインは 3 本持ち込める

⓮ [病気・習慣を] うつす, 伝染させる

⓯ 展示する; 上映する; [ページを] めくる

〜 *por encima* [障害を] 乗り越える

〜*lo* 暮らしていく, やっていく, 過ごす: ¿Cómo *lo pasas*? 調子はどうだい?

〜*lo bien* 楽しく過ごす: *Lo pasé* muy *bien* anoche. 夕べはとても楽しかった. Que *lo pase bien./Pásalo bien.* どうぞお楽しみください/[別れの挨拶]お元気で

〜*lo en grande (de maravilla)* 大いに楽しく過ごす

〜*lo mal* ひどい目に会う

◆ 〜*se* ❶ 通る, 移動する: El dolor *se ha pasado a* la pierna izquierda. 痛みは左脚に移った. La humedad *se pasaba por* la pared. 湿気が壁ににじみ出た. *Se ha pasado* el plazo. 期限が過ぎた. ❷ 時を過ごす: *Se ha pasado* toda la tarde leyendo. 彼は午後中読書をして過ごした. ❸ 飲み込む: No puedo 〜*me* la pastilla. 私は錠剤が飲めない. ❹ 耐え忍ぶ: Es una ofensa demasiado grave para *pasár-sela.* それは許すにはひどすぎて彼には我慢できない. ❺ [+de+形容詞/+con en+名詞・不定詞] …すぎる: *Se pasa* de generoso. 彼は寛大すぎる. 〜*se con* el colorete 頰紅をつけすぎる. No *te pases* en mostrar agradecimiento. そんなにお礼を言う必要はない. ❻ [自分の体を] …でなでる: *Se pasó* la mano *por* la frente para quitarse el sudor. 彼は額の汗を手でぬぐった. ❼ [+a 敵・反対陣営に] 寝返る: Ese político *se pasó a* los socialistas. あの政治家は社会党に寝返った. ❽ [+a+人 に] 忘れられる: Se me *pasó* advertírselo. 私は彼にそのことを注意するのを忘れた. ❾ 変質する, 傷む: Esta carne *se está pasando.* この肉は悪くなりかけている. ❿ [機会などが, +a+人 を] 去る: Se le *pasó* el turno. 彼は順番を抜かされた. ⓫ [錠前・ねじなどが] ゆるむ

pasárselo bien 楽しく過ごす 《pasarlo bien》

◆ 〜*se* 暮らし向き

pasarela [pasaréla] 囡 ❶ 歩道橋: 〜 de embarque [空港の] ローディングブリッジ. ❷ [ファッションショーの] 前に突き出たステージ, 張

出し舞台. ❸ [高所の] 作業用通路, キャットウォーク;《船舶》舷側通路

pasatiempo [pasatjémpo] 男 ❶ [時に 複] 気晴らし, 暇つぶし: pintar como 〜 趣味として絵をかく. ❷ 複 [新聞などの] パズル欄: hacer los 〜*s* パズルをする

pasavante [pasabánte] 男 [敵国の船に与える] 航行許可証;[拿捕船に与える] 仮船籍

pasavolante [pasabolánte] 男 軽はずみ, 軽い気持ちでした行動

pascal [paskál] 男 [圧力の単位] パスカル

pascana [paskána] 囡 《南米》一日分の行程;[人里離れた所にある] 宿屋

pascua [páskwa] 囡 [英 Easter] [主に P〜] ❶《キリスト教》i) 復活祭, イースター《キリストの復活を祝う日. 春分後の最初の満月の次の日曜日》. ii) クリスマス《〜 de Navidad》, 復活祭《〜 florida/〜 de Resurrección》, 聖霊降臨祭《〜 de Pentecostés》; [時に] クリスマスから 1 月 6 日の公現の祝日 día de los Reyes Magos までの期間: ¡Felices *P*〜*s* y próspero Año Nuevo! メリークリスマスそして謹賀新年. ❷《ユダヤ教》過越(ﾊﾞ)の祭り《出エジプトの記念》. ❸ [地名] Isla de P〜 イースター島

cara de P〜 にこやかな顔

dar las 〜*s* クリスマスを祝う

de 〜*s a ramos* 《口語》時たま, ごくまれに

estar como una 〜 (*unas* 〜*s*) 《口語》ひどく陽気である

hacer la 〜 *a*+人《口語》…をうるさがらせる, うんざりさせる

más contento que unas 〜*s* 大変満足して

y santas 《口語》それで一件落着である: Tú me pagas *y santas* 〜*s*. 君が払ってくれればそれで片が付く

pascual [paskwál] 形 復活祭の; 過越の祭りの: cirio 〜 復活祭の大ろうそく. cordero 〜 過越の小羊

pascuense [paskwénse] 形 図《地名》イースター島 Pascua の〔人〕

pascuilla [paskwíʎa] 囡 白衣の主日《復活祭後の第 1 日曜日》

pase [páse] 男 ❶ [輸送・通行] 許可証, パス; 無料入場(乗車)券, 定期券: 〜 [de] pernocta 《軍事》外泊許可証. ❷ 通過, 通行 [paso]. ❸ 上映《〜 de la película》. ❹ ファッションショー《〜 de modelos》. ❺《スポーツ》[ボールの] パス: dar 〜 パスを送る. 〜 largo ロングパス. ❻《闘牛》パセ《〜 de muleta. ムレータを使って牛の突きをかわす技. ☞matador カット》: 〜 de pecho ムレータが胸の高さのパセ. 〜 por alto ムレータの位置が高いパセ. ❼《フェンシング》フェイント. ❽ [催眠術師の] 手の動き《〜 magnético》. ❾《中南米》旅券 [pasaporte]

dar el 〜 *a*+人 …を追い出す, 解雇する

tener un 〜 《口語》あまりよくない, どうにか我慢できる; 酔いつぶれている

paseandero, ra [paseandéro, ra] 形《南米》散歩好きの

paseante [paseánte] 图 散歩する人; 何もす

るこ とのない人, ひま人
~ en corte 怠け者

pasear [paseár] 圓 ❶ 散歩する: Todas las mañanas mi abuelo *paseaba* por el parque. 毎朝祖父は公園を散歩していた. ❷ ドライブをする〔~ en coche〕; ツーリングをする〔~ en moto〕; サイクリングをする〔~ en bicicleta〕. ❸〔馬が〕並足で歩く
◆ 他 散歩させる, 連れて歩く: ~ al perro 犬を散歩させる
◆ ~se ❶ 散歩する. ❷〔考えなどが, +a+人の〕頭に浮かぶ: *Se me paseaban* miles de ideas. さまざまな考えがとりとめもなく私の頭に浮かんだ. ❸ のらくらする

paseíllo [paseíʎo] 男 闘牛士の入場行進

paseo [paséo] 男〔英 walk〕❶ 散歩する〔~ [+por+場所を]〕散歩する. ir de ~ 散歩に行く. dar un ~ en coche (en barca) ドライブする(ボートに乗る). ~ de vigilancia 巡回, パトロール. ~ cívico《中南米》パレード. ❷ 散歩道, 遊歩道: ~ marítimo 海岸遊歩道. ❸ 短い距離: De aquí a la Universidad no hay más que un ~. ここから大学まで歩いて少しだ. ❹ 簡単(容易)なこと. ❺ ＝paseíllo
¡anda (vete) a ~!《口語》出て行け/もう縁切りだ!
dar el ~ a+人〔スペイン内戦時〕村外れに連れて行って殺す
mandar (echar・enviar) a+人 **a ~**《口語》…を追い出す, 手を切る

paseriformes [paserifórmes] 男 複《鳥》燕雀目

pasiego, ga [pasjéɣo, ɣa] 形 名《地名》パス渓谷 valle del Pas の〔人〕《カンタブリア地方》

pasillo [pasíʎo] 男 ❶ 廊下, 通路: No corráis por ~. 廊下を走るな. ~ rodante 動く歩道. política de ~ 根回し, 裏工作. ❷ コロンビアの軽快な民俗舞踊・音楽

pasión [pasjón] 囡〔英 passion〕❶ 情熱, 情念; 強い恋心; dejarse llevar por la ~ 熱情にかられる. La quería con ~. 私は熱烈に(ひたむきに)彼女を愛していた. bajas *pasiones* 獣欲. ❷ 熱狂, 熱中: Tiene ~ por la música. 彼は音楽マニアだ. ❸〔P~〕キリストの受難: *P~* según San Mateo マタイ受難曲

pasional [pasjonál] 形 ❶《詭弁》激情による: crimen ~ 情痴犯罪, 痴情殺人. en un arrebato ~ 激情に駆られて

pasionaria [pasjonárja] 囡《植物》トケイソウ〔果実は granadilla〕

pasito [pasíto] 副 静かに, 小声で

pasividad [pasiβiðá(ð)] 囡 受動性, 消極性

pasivo, va [pasíβo, βa] 形《英 passive. ↔activo〕❶ 受け身の, 消極的な: Seguirá ~*va* si no la animas. 仕向けなければ彼女は自分からは何もしないよ. tomar una actitud ~*va* 消極的な態度をとる. ❷ haberes (derechos) ~s〔退職者〕年金, 恩給. clase ~*va* 年金生活者層. población ~*va* 非労働力人口. ❸《西. 文語》〔+de を〕免れない. ❹《文法》受動の: oración ~*va* 受身文

◆ 男《商業》負債, 債務〔↔activo 資産〕
◆ 囡《文法》受動態〔voz ~*va*〕: ~*va* refleja 再帰受身

pasma [pásma] 囡《西. 俗語》警察, サツ
◆ 名 警官

pasmado, da [pasmáðo, ða] 形《過分》1) 仰天した; ぼけっとしている〔人〕. 2)《中南米》〔果実が〕熟す前に枯れた;〔人が〕病気の

pasmar [pasmár] 他 仰天させる, 啞然(ぁ^ん)とさせる: Me *pasmó* su descaro. 私は彼の厚かましさに開いた口がふさがらなかった
◆ ~se ❶〔+de に〕仰天する: *Se pasmó de* lo que acababa de oír. 彼は聞いたことに耳を疑った. ❷《中南米》〔傷口が〕腫れ上がる

pasmarote [pasmaróte] 名《口語》間抜け, うすのろ

pasmo [pásmo] 男 ❶ 驚き, 仰天: Su belleza fue el ~ de los visitantes. その美しさに見物客は驚くばかりだった. ❷ 風邪〔による関節痛・寒けなどの症状〕: dar un ~ a+人 …が風邪を引く

pasmoso, sa [pasmóso, sa] 形 驚くべき: Es ~ lo que has adelantado en pocos días. 君の短期間での上達ぶりには驚くべきものがある

paso¹ [páso] 男〔英 pass, step〕❶ i) 通過, 通行: ~ del desfiladero 山峡の道の通過. ~ del Ecuador 赤道通過祭り; 大学の課程の前半を終えた祝いの催し. ~ del tiempo 時間の推移. ii)〔道路標識〕Ceda el ~. 讓れ. Prohibido el ~ de los vehículos. 車両通行止め. iii)〔間投詞的〕道をあけろ! ❷ 歩(ほ), 歩み: i) adelantarse un ~ 1歩前に出る. dar un ~ adelante (atrás) 1歩進む(下がる). ir un ~ por delante del público 大衆の一歩先を行く. ¡Un ~ al frente!〔号令〕1歩前に出ろ! ii) 〔主に複〕足音;〔点々と残る〕足跡: Se oyen ~s. 足音が聞こえる. con ~s furtivos (sonoros) 足音を忍ばせて(足音高く). Quedaron los ~s del lobo sobre la nieve. 雪の上に狼の足跡が残っていた. iii) 歩幅: andar a grandes ~s (con ~s menuditos) 大またで(ちょこちょこ)歩く. Hay diez ~s míos. 私の歩幅で10歩の長さがある. ~ geométrico〔長さの単位〕＝5 pies〔1.393 m〕. iv) 歩きぶり, 歩調: A pesar de su edad, anda todavía con ~ firme. 彼は年をとっても足はまだしっかりしている. con ~ rápido 早足で. ¡P~ ligero! ¡En marcha! 駆け足, 進め! bailar a ~ de tango (vals) タンゴ(ワルツ)のステップで踊る
❸ 通路, 通り道: i) cerrar el ~ 通路をふさぐ.;〔+a+人 の〕行く手をさえぎる. No hay ~. 〔表示〕通り抜けできません. ~ a nivel 平面交差, 踏切. ~ a desnivel 立体交差. ~ de peatones 横断歩道. ~ elevado 跨線橋, 陸橋. ~ subterráneo 地下道. ii) 獣道. ~《中南米》浅瀬
❹ 峠: ~ de Susa スーサの峠
❺ 海峡〔estrecho〕: ~ de Calais カレー海峡〔ドーバー海峡のこと〕
❻ 複 手段, 行動; 手続き: Dio todos los ~s

necesarios para conseguir el puesto. 彼はそ
の職を手に入れるために必要なことはすべてした.
Eso me costó muchos ～s. それには面倒な手
続きが必要だった
❼ 進歩, 前進: dar un ～ importante en...
…において重要な一歩をしるす. Ha dado gran
～ en sus estudios. 彼は学業成績が大変上が
った
❽ 危機, 難局: Nadie le tendió la mano en
aquel ～. ああして彼が困っていたのに誰も救いの
手を差しのべなかった
❾ [人生の] 重大な局面(出来事・エピソード)
❿ [電話の] 1通話
⓫ キリストの受難の出来事(エピソード); それを
表わす像(彫刻); それを載せた神輿(みこし)・山車
(だし) 『聖週間の行列に参加する. ⇨写真』

⓬ 《文学》一節, エピソード; 《演劇》小喜劇の一
種
⓭ 《技術》[ねじなどの] ピッチ: de ～ variable
可変ピッチの
⓮ [鳥などの] 渡り
⓯ 〖スポ〗《バスケ・ハンドボール》トラベリング

a buen ～ 早足で; 急いで: Están haciendo
la obra *a buen* ～. 工事は急ピッチで進められ
ている
a cada ～ しょっちゅう, 頻繁に
a dos (cuatro・pocos・unos) ～s de... =
a un ～ de... 2): La guardería está *a dos*
～s de la casa. 保育園は家からすぐの所にある
a ese (este) ～ そんな調子では: A *ese* ～ no
vas a llegar nunca. そんな調子では君は絶対
たどり着けないよ
a ～ largo 大またで, 急いで
a ～ ligero 軽やかに; 急いで
a ～ tirado 急いで
a un ～ de... 1) ...まであと一歩のところに:
Estamos *a un ～ de* la solución. 解決まで
あと一歩だ. 2) ...のすぐ近くに, ...から目と鼻の
先に
abrir[se] ～ 道を切り開く: *abrir* ～ con un
machete en la jungla 山刀でジャングルを切り
進む. La verdad *se abre* ～ al fin. 真理は最
後には勝つ
al ～ 1) [venir・coger・caer・pillar など+]
通りがかり(ついで)の場所に: Echaré la carta,
ya que me cae *al* ～. [ポストが]通りがかりにあ
るから投函してあげるよ. 2) 《馬術》並み足で
al ～ **que**+直説法 …しながら, …と同時に: *Al*
～ *que* escuchaba, iba tomando notas. 彼

は聞きながらノートをとっていた
alargar (apretar) el ～ 急ぐ
andar en malos ～s 不行跡な生活をする
asentar el ～ 平穏な生活をする, 賢明な生き
方をする
ceder el ～ 道を譲る
coger a+人 el ～ …の話をさえぎる
coger de ～ =**pillar de**
coger los ～s 通路をふさぐ
con ese (este) ～ =**a ese (este)** ～
con sus ～s contados 着実に, きっちり
dar el primer ～ (**los primeros ～s**) 開
始する, 第一歩を踏み出す
dar ～ **a+人** …に道をあける
dar un ～ **en falso** (**un mal** ～) 足を踏み
外す; へまをする: *Dio un* ～ *en falso y se*
cayó por la escalera. 彼は階段から足を踏み
外した
de ～ ついでに; 行きがけに: *Te acompañaré y*
de ～ *te ayudaré a llevar los paquetes.* つ
いて行ってあげよう. そしてついでに荷物も運んであ
げよう. *Estaba de* ～ *en Londres.* 私はちょっ
とロンドンに寄っただけだ. *aludir a... de* ～ 話
のついでに…に触れる
dejar el ～ =**ceder el** ～
hacer el ～ 笑いものになる
llevar buen ～ 早足で行く
llevar el ～ [音楽に] 歩調を合わせる
marcar el ～ 《軍事》足踏みする
no dar ～ 何も手段をとらない
～ a (ante) ～ 一歩一歩, ゆっくりと
～ por ～ 少しずつ; 細かく
pillar de ～ [+a+人 にとって] 途中にある
salir al ～ [+a+人 を] 待ち構える, 立ちはだか
る; [+de+事 の] 流れを止める: *salir al* ～ *de*
una calumnia 中傷に対して反論する
salir del ～ 《口語》何とか切り抜ける: *salir*
del ～ *sin gran daño* 大した被害もなくてすむ
seguir los ～ [+a+人 を] 監視する; [+de+
人 を] 模範とする, 真似る
◆ 〖副〗静かに, 小声で; そっと; ゆっくり

paso², sa² [páso, sa] 〖形〗[果実を] 干した:
uva ～*sa* 干しブドウ. higo ～ 干しイチジク
pasodoble [pasoðóble] 〖男〗パソドブレ『スペイ
ンの軽快な舞踊[曲]』
pasota [pasóta] 〖形〗〖名〗《西. 主に軽蔑》[伝統・
社会規範に背を向けて] すべてに無関心な態度を
とる[人], しらけた[人]
pasotismo [pasotísmo] 〖男〗その風潮(生き方)
pasote [pasóte] 〖男〗《西. 俗語》いきすぎ, やりすぎ
paspadura [paspaðúra] 〖女〗《南米》[皮膚の]
ひび割れ, あかぎれ
paspar～se ひび割れ(あかぎれ)ができる
paspartú [paspartú] 〖男〗〖絵〗(～s)『←仏語』
厚紙(布)製の額縁
pasquín [paskín] 〖男〗『公共の場所に貼られた』
風刺文, 落首; 《主に中南米》三流紙
pássim [pásin] 〖副〗『←ラテン語』『引用文献など
の』あちこちに, 諸所に
pasta [pásta] 〖女〗❶ [料理] i) 〖不可算〗生地, 種:
～ de hojaldre 折り込みパイ生地. ii) [総称]

パスタ. iii)《西》クッキー〖～ dura〗: ～*s* de té [朝食用などの] 甘味の少ない素朴なビスケット. ❷ ペースト状のもの；パルプ〖～ de papel〗: ～ de arcilla 粘土. ～ dentífrica (dental・de dientes) 練り歯磨き. ～ de pegar 接着剤. ❸《西. 口語》お金；大金：Nunca tiene ～. 彼はいつもピーピーしている. costar una ～ 高価である. ❹ [本の] 布装, 革装. ❺《口語》才能, 資質

aflojar (***soltar***) ***la*** ～ お金をあげる

buena (***mala***) ～ よい(悪い)性格：tener *buena* (*mala*) ～ 好人物である(気立てがよくない). de *buena* ～ 人柄のよい

～ ***gansa***《西》大金

pastaflora [pastaflóra] 女《料理》[砂糖・卵を加えた] 上質の生地

pastafrola [pastafróla] 女《南米. 菓子》マルメロ入りのケーキ

pastaje [pastáxe] 男《主に中南米》牧草地, 放牧場

pastar [pastár] 自 [家畜が] 牧場の草を食べる

pastel [pastél] 男 ❶《料理》i) ケーキ〖☞ tarta 類義〗: ～ de queso チーズケーキ. ii) [果物・肉の] パイ：～ de carne ミートパイ. ❷《美術》パステル；パステル画〖pintura al ～〗: tono ～ パステルカラー. ❸《化粧》パステル. ❹《口語》いかさま, 不正；陰謀；やっつけ仕事：hacer el ～ 不正を働く；いい加減な仕事をする. ❺《婉曲》[子供の] うんち〖caca〗; 不快なもの

descubrirse el ～ 秘密をかぎつけられる

pastelear [pasteleár] 自 人(時勢)に迎合する；陰謀を企む；《口語》汚職に手を染める

pasteleo 男 迎合

pastelería [pastelería] 女 ケーキ店；ケーキの製造；集名 ケーキ類

pastelero, ra [pasteléro, ra] 名 ケーキ製造(販売)人；迎合する人, 八方美人

◆ 形 ケーキ作り用の

no tener ni ～***ra idea*** まったくわからない

pastelón [pastelón] 男《料理》ミートパイ

pastenco, ca [pasténko, ka] 形 名 乳離れして牧草を食べ始めた〔子牛〕

paste〔u〕rización [pasteriθaθjón/-teu-] 女 [牛乳などの] 低温殺菌法

paste〔u〕rizar ⑨ 他 低温殺菌する：leche *pasterizada* 低温殺菌乳

pastiche [pastítʃe] 男《←仏語》❶ [実物と大きさを変えたりして別個の作品に見せかける] 模作, 模倣〔画〕. ❷《主に軽蔑》乱雑な寄せ集め, ごたまぜ

pastilla [pastíʎa] 女 ❶ [薬の] 錠剤：i) tomar una ～ contra el dolor 痛み止めの薬を飲む. ～ para la tos 咳止めトローチ. ii)《西. 俗語》[la+] ピル〖píldora〗; エクスタシー〖幻覚剤〗. ❷《菓子》トローチ風のキャンデー；[板チョコの] 一かけら. ❸ [エレキギターの] ピックアップ. ❹《電気》チップ：～ de memoria メモリーチップ. ～ de silicio シリコンチップ. ❺《自動車》～ de freno ブレーキシュー(ブロック)

a toda ～《西. 口語》大急ぎで

gastar ～***s de boca*** 空(から)約束をする

pastinaka [pastináka] 女《魚》アカエイ

pastís [pastís] 男《酒》パスティス〖アニスの香りの酒〗

pastizal [pastiθál] 男 [馬の] 牧草地, 牧場

pasto [pásto] 男 ❶ 牧草〔を与えること〕, 飼料；[主に 複] 牧草地. ❷《比喩》糧(かて)；餌食(えじき)：～ espiritual 心の糧〖宗教教育のこと〗. ～ de la murmuración 噂の種. Su casa fue ～ de las llamas. 彼の家は炎に包まれた. ❸《南米》芝生

a 〔***todo***〕 ～《口語》ふんだんに：ofrecer bebidas *a todo* ～ 酒をふんだんに出す. hablar *a todo* ～ しゃべりまくる

pastón [pastón] 男《口語》大金：valer un ～ 高価である

pastor, ra [pastór, ra] 名 羊飼い, 牧者：el Buen *P*～ よき牧者〖キリストのこと〗

◆ 男 ❶《プロテスタント》牧師. ❷《カトリック》～ sumo (universal) 教皇. ❸《犬》～ alemán ドイツシェパード. perro ～ 牧羊犬

pastoral [pastorál] 形 ❶《キリスト教》司牧の；《カトリック》司教の；《プロテスタント》牧師の：ministerio ～ 牧師職. ❷ 田園生活(牧歌的恋愛)を描いた；牧歌的な, 素朴な：poesía ～ 田園詩, 牧歌. Sinfonía ～『田園交響曲』

◆ 女 ❶ [主に恋愛を描いた] 牧歌. ❷ 司教教書〖carta ～〗

pastorear [pastoreár] 他 ❶ [家畜を] 牧草地へ連れて行く, 牧養する. ❷《中南米》待ち伏せする

pastoreo 男 牧養

pastorela [pastoréla] 女 [騎士と羊飼いの女の恋をテーマとした] 田園詩；牧人歌, 牧歌

pastoril [pastoríl] 形 牧人の, 羊飼いの：novela ～ 牧人小説. vida ～ 遊牧民的な生活

pastoso, sa [pastóso, sa] 形 ❶ [パン生地のように] 柔らかい. ❷ ねばねばした：tener la boca ～*sa* 口の中がねばねばしている. lengua ～*sa* こけ舌. ❸ [声がキンキンしてなくて] 耳に快い. ❹《中南米》よい牧草の生えている. ❺ [人が] 話がまどろこしい(しつこい)

pastosidad 女 柔らかさ

pastueño [pastwéɲo] 形 男《闘牛》[猛然と突進する] 勇敢な〔牛〕

pastura [pastúra] 女 牧草〔地〕; 一回分の飼料

pasturaje [pasturáxe] 男 共同牧草地；その使用料

pata[1] [páta] 女 ❶ 脚, 肢(あし)：i) [動物の] ponerse en dos ～*s* [犬が] ちんちんをする. andar sobre las ～*s* traseras 後脚で立って歩く. herirse en la ～ delantera izquierda 左の前脚をけがする. ii) [机・グラスなどの] mesa de cuatro ～*s* 4本脚のテーブル. iii)《口語》[人間の] tener unas ～*s* muy largas 脚が大変長い. andar a 〔cuatro〕 ～*s* 四つんばいで歩く. ❷《料理》[牛などの] もも肉〖☞carne カット〗. ❸《技術》～ de cabra かなてこ

a la ～ 〔***la***〕 ***llana/a*** ～ ***llana*** 気どらずに, 儀式ばらずに

a ～ 歩いて, 徒歩で〖a pie〗

buena **～**《口語》幸運：tener *buena* ～ ついている

comer **～**《南米》黙り込む

creerse descendiente de la ～ del Cid 一人でいい気になっている，全能の神にでもなったつもりでいる

echar (***tirar***) ***las ～s por alto***《口語》かっとなる，気色ばむ，むくれる

en cada ～《戯語》［主に年齢について］まさか/嘘をつけ

estirar la ～《戯語》死ぬ

mala ～《口語》1) 不運：por *mala* ～ 運悪く．2) 面白味のなさ，タイミングの悪さ：Tiene *mala* ～ hablando. 彼の話はつまらない

meter la ～《口語》へまをする，ドジなことをする

～ chula［人の］不自由な脚

～ de gallo 1) 複 目尻のしわ，カラスの足跡：tener ～*s de gallo* 目尻にしわができている．2)《植物》ウマノアシガタ；複 その模様の布，《服飾》千鳥格子

～s arriba《口語》あおむけにひっくり返って；ひどく乱雑に：Toda la casa está ～*s arriba.* 家中ひっくり返したような騒ぎだ

poner a+人 ***de ～s en la calle*** …を追い出す；解雇する

salir (***irse***) ***por ～s***［危険・困難から］逃げ出す

◆ 男《南米》親友

pataca [patáka] 女 キクイモ〖aguaturma〗；その塊根

patache [patátʃe] 男 小型商船；［昔の］連絡艇，哨戒艇

patacón [patakɔ́n] 男 ❶［昔の］銀貨；少額の銅貨．❷ 複《南米．料理》バナナチップス

patada [patáđa] 女 ❶ 蹴とばし，蹴り：dar una ～ al balón ボールをキックする．～ de inicio キックオフ．～ fija プレースキック．～ voladora《レスリング》ドロップキック．❷ 複《口語》［目標への］一歩，措置：El lograrlo me ha costado muchas ～*s*. それを達成するために私は苦労した．❸《中南米》［銃の］反動；［感電の］ショック

a las ～s《南米》急いで

a ～s《口語》おびただしく；冷たく，思いやりなしに：Aquí hay moscas *a* ～*s*. ここはハエだらけだ．tratar *a* ～*s* a sus subordinados 部下を酷使する

caer (***sentar***) ***a***+人 ***como una ～ en los cojones*** (***los huevos***)《俗語》［事柄が］…を困らせる；［飲食物が］…に害になる

dar cien ～s〔***en el estómago･en la barriga***〕***a***+人《口語》ひどく…の気に入らない，うんざりさせる

dar la ～ a+人《口語》…を解雇する，仕事をやめさせる

patagón, na [patagɔ́n, na] 形 名《地名》パタゴニア Patagonia 女 の〔人〕

patagónico, ca 形 パタゴニアの：Andes ～*s* パタゴニア・アンデス

patalear [pataleár] 自 ❶［攻撃して・痛みをこらえて］足をバタバタさせる．❷［怒って・抗議して］足を踏み鳴らす；激怒する：～ de despecho じだんだを踏んでくやしがる

pataleo [pataléo] 男 足踏み，じだんだ

derecho al (***de***) ***～***《口語》ぼやき；じたばた，むだな抵抗

pataleta [pataléta] 女《口語》大げさな不満の表明，わざとらしいヒステリー：armar ～ だだをこねる，キーキー言う

dar una ～ ひきつけを起こす

patán [patán] 形 男《口語》田舎者〔の〕，粗野な〔男〕

pataplaf [pataplá̃f] 間［衝突音］ガチャン，ガタン

patata [patáta] 女〖英 potato〗❶《西．植物》ジャガイモ〖中南米では papa〗：～ amasada マッシュポテト．～ dulce サツマイモ〖batata〗．～ temprana (nueva) 新ジャガ．～*s* bravas 辛いソースをかけたポテトフライ．～*s* fritas フライドポテト；ポテトチップス〖～*s* fritas a la inglesa〗．❷［集合写真を撮る時のかけ声］はいチーズ〖Di ～〗

ni ～《口語》まったく〔…ない〕

～ caliente《文語》［誰も手をつけたがらない］いやな(危ない・やっかいな)問題

ser una ～《西．口語》不良品である，質が悪い

patatal/patatar [patatál/-tár] 男 ジャガイモ畑

patatero, ra [patatéro, ra] 形 ジャガイモの；ジャガイモを主食とする；［士官が］一兵卒上がりの

◆ 名 ジャガイモ栽培(販売)者

patatín [patatín] ***que*** 〔***si***〕 ***～, que*** 〔***si***〕 ***patatán***［長いおしゃべりについて］ペチャクチャと，何やかやと，ああでもないこうでもないと

patatús [patatús] 男《口語》〖単複同形〗気絶，失神：dar (producir) a+人 un ～ …を気絶させる；ひどい目に合わせる

paté [paté] 男《←仏語．料理》パテ

patear [pateár] 他 ❶ 蹴る，蹴とばす；踏みにじる：El caballo le *pateó* la cabeza. 彼は馬に頭を蹴られた．～ las flores 花を踏みにじる．❷《口語》さげすむ，ばかにする．❸《西．口語》［何かを得るために］…を歩き回る：*Pateé* la oficina hasta dar con el documento. 私は書類を見つけるまで会社中を捜し回った

◆ 自 ❶［怒って・抗議して］足を踏み鳴らす，じだんだを踏む．❷《口語》［捜して・手続きのために］歩き回る：He estado durante toda la tarde *pateando* y no lo he encontrado. 私は午後ずっと捜し回ったが彼は見つからなかった．❸《南米》［食べ物が，+a+人 の］口に合わない

pateadura 女 蹴ること，蹴とばし

patena [patḗna] 女《宗教》聖体皿，パテナ〖☞カット〗

limpio como una ～/más limpio que una ～《西》大変清潔である；ピカピカに磨いてある

patentar [patentár] 他 …のパテント(特許)を

取得する：～ una idea 新案登録する．artículo patentado 特許品

patente [paténte] 形 明らかな：En su rostro era ～ el sufrimiento. 彼の表情には苦悩の色がありありと浮かんでいた．Aquel error hizo ～ la mala organización. そのミスで組織の欠陥が明るみに出た

◆ 囡 ❶ パテント，特許〔権〕，許可書：tener la ～ de una máquina 機械の特許を持っている．conseguir la ～ 特許を取る．derechos de ～ 特許権使用料．P～ presente 《表示》特許出願中．～ de navegación 船籍証明書．❷ 名声，評判：Tiene ～ de generoso. 彼は寛大だという評判だ．❸ 《南米》〔車の〕ナンバープレート

◆ 副 《南米》明らかに

patentización [patentiθaθjón] 囡 《金属》テンテング

patentizar [patentiθár] 他 《文語》明らかにする：～ su adhesión a+人 …への支持を表明する

pateo [patéo] 男 足踏み，じだんだ

páter [páter] 男 《口語》〔複 のみ〕従軍司祭〔牧師〕

patera [patéra] 囡 《西》〔吃水の浅い〕小舟

paterfamilias [paterfamíljas] 男 〔単複同形〕《古代ローマ》家長

paternal [paternál] 形 〔←padre〕父親の〔ような〕；温情に満ちた：regresar a la casa ～ 親元に帰る．con ～ cariño 寛大に，親身になって．cariño ～ 父性愛

paternalismo [paternalísmo] 男 家父長主義，〔温情的な〕家族主義

paternalista 形 名 家父長主義的な〔人〕；温情主義的な〔人〕

paternidad [paterniðá(d)] 囡 ❶ 父親であること，父性；《法律》父子関係：investigación (prueba) de la ～ 実父確定検査．❷ = autoría. ❸ su (vuestra) ～ 〔上級司祭への呼称〕司祭様

paterno, na [patérno, na] 形 父親の；両親の：abuelo ～ 父方の祖父．casa ～na 実家．figura ～na 父親代わりの人，父親のような人

pateta [patéta] 男 《口語》悪魔；足〔脚〕が不自由な人
llevárselo P～ 死ぬ

patético, ca [patétiko, ka] 形 悲壮な，悲痛な：～ca mirada 悲痛なまなざし
patetismo 男 悲哀，悲壮感

patí [patí] 男 《魚》パティ〔南米パラグアイ川・パラナ川の巨大な魚．食用〕

patiabierto, ta [patjaβjérto, ta] 形 がに股の

patibulario, ria [patiβulárjo, rja] 形 ❶ 〔顔つきなどが〕恐ろしげな，悪党らしい．❷ 死刑場の

patíbulo [patíβulo] 男 死刑場，断頭〔絞首〕台

paticojo, ja [patikóxo, xa] 形 名 脚が不自由な〔人〕

patidifuso, sa [patiðifúso, sa] 形 《口語》[estar+] 啞然とした：dejar a+人 …を啞然とさせる，あきれさせる

patilla [patíʎa] 囡 ❶ 頬ひげ，もみあげ：Tiene las ～s largas. 彼はもみあげを長く伸ばしている．～s de boca de hacha ラムチョップ形の（上部が細く下部が広い）頬ひげ．❷ 〔眼鏡の〕つる．❸ 《技術》〔はめ合わせの〕接ぎ口，柄〔柎〕；[IC ブなどの] ピン．❹ 腹 《口語》悪魔．❺ 《南米》スイカ《sandía》；挿し穂《esqueje》

patilludo, da 形 《軽蔑》頬ひげが長く濃い

patín [patín] 男 ❶ 主に 腹 《アイススケート》靴〔～ de cuchilla〕：andar sobre patines スケートで滑って行く．～ de ruedas ローラースケート．❷ 〔そりの〕滑走部．❸ カタマラン型のヨット〔～ de vela〕《西》ペダルボート〔～ de pedal, ～ playero〕．❹ 《航空》～ de cola 尾橇〔辷り〕．❺ = patinete．❻ 《鳥》ウミツバメ

pátina [pátina] 囡 ❶ 緑青《ょう》．❷ 〔絵画などの〕古色〔～ de tiempo〕

patinador, ra [patinaðór, ra] 形 名 スケートをする〔人〕，スケーター：paso del ～ 《スキー》スケーティング

patinaje [patináxe] 男 スケート：〔pruebas de〕～ artístico フィギュアスケート〔の競技会〕．～ de velocidad en pista corta スピードスケート〔のショートトラック〕

patinar [patinár] 自 ❶ スケートをする〔で滑る〕：pista de ～ スケート場〔リンク〕．～ sobre hielo (sobre ruedas) アイス(ローラー)スケートをする．❷ 〔車輪などが〕から回りする，スリップする：Al frenar se le *patinó* el coche. ブレーキをかけたら彼の車はスリップした．❸ 《口語》とちる，へまをする；口をすべらせる．❹ 《西》[+a+人 にとって] 気にならない，カエルの面に水である

patinazo [patináθo] 男 ❶ 〔車輪の〕から回り，スリップ：dar (pegar) un ～ スリップする．❷ 《口語》とちり，へま：tener un ～ へまをする

patinete [patinéte] 男 《玩具》〔片足で地面をけって進む〕スクーター

patio [pátjo] 男 〔英 courtyard〕❶ 〔スペインの家屋の〕中庭，パティオ〔☞写真〕：i) En el centro del ～ andaluz hay una fuente. アンダルシア式のパティオには真ん中に噴水がある．ii) ～ de armas 閲兵場，練兵場．～ de caballos 〔闘牛場のピカドールの馬の〕馬房．～ de escuela (de recreo・de juego) 校庭，運動場．～ de luces (de luz) 〔明かり取りの〕吹き抜け．～ de operaciones 〔取引所の〕立会場〔parqué〕．❷ 《西》〔劇場・映画館の〕1 階，平土間：～ de butacas 舞台前の特等席〔☞teatro カット〕

¡cómo está el ～!《西．口語》ちょっと見てみろ

patitieso, sa [patitjéso, sa] 形［口語］[estar+] **❶**［寒さなどで］足が動かない. **❷** びっくり仰天した: Al ver la escena se quedó ～. 彼はその光景を見て呆然とした. **❸**［歩き方が］もったいぶった, しゃちこばった

patito, ta [patíto, ta] 名 子ガモ, アヒルのひな

patituerto, ta [patitwérto, ta] 形 足の曲がった；［家具の］脚の長さが不ぞろいな

patizambo, ba [patiθámbo, ba] 形 名 X脚の[人]

pato, ta² [páto, ta] 名 **❶**［鳥］アヒル: ～ de flojel ケワタガモ. ～ mareado《西.口語》七面鳥. ～ real マガモ. ～ salvaje (silvestre) 野生のカモ, マガモ. **❷**《西》面白味のない人, 退屈な人；どじな人, 鈍い人

◆ 男《西》面白味のないこと, 退屈なこと. **❷**《スポーツ》ポロに似た競技. **❸**《中南米》溲瓶

al agua ～s さあ水に入りなさい

hacerse ～《中米》知らないふりをする, とぼける；怠ける

hecho un ～ ずぶぬれの

pagar el ～ 責任をかぶせられる, 尻ぬぐいさせられる

patochada [patotʃáða] 名［無作法な］失言：へま, とちり: salir con ～s 失言する；へまをする

patógeno, na [patóxeno, na] 形［医学］病因となる: gérmenes ～s 病原菌

◆ 男 病原体

patogenia [patoxénja] 名 病原[論], 病因[論]

patojo, ja [patóxo, xa] 形［軽蔑］[アヒルのように］がに股で体を左右に揺すって歩く, よちよち歩く

patología [patolɔxía] 名 病理学, 医学 病気

patológico, ca 形 病理学の；病的な: Es un caso ～.《俗語》あきれたやつだ

patólogo, ga 名 病理学者

patoso, sa [patóso, sa]《西》**❶**［動きの］鈍い, ぎこちない. **❷**［人を面白がらせようとするが］つまらない[人], 退屈な[人]. **❸** 不用意な言動をする[人]

patota [patóta] 名《南米》[若者の] 暴力的な集団

patraña [patrána] 名［まったくの］作り話, 大嘘

patria¹ [pátrja] 名《英 native land, home town》 **❶** 祖国: volver a la ～ 祖国へ帰る. ～ celestial 天国. **❷** 故郷［～ chica］: la segunda ～ 第二の故郷. **❸**［法律］～ potestad 親権

hacer ～ 祖国に貢献する；《戯語》自分の利益を追求する

patriarca [patrjárka] 男 **❶** 長老, 古老；家長, 族長［↔matriarca］. **❷**［聖書］族長, 祖. **❸**《カトリック》首座座, 総大司教；《ギリシア正教》総大主教

como un ～ 安楽に

patriarcado 男 総大司教の位(在職期間・管区)；家父長制

patriarcal 形 家父長的な；家族主義的な

patricio, cia [patríθjo, θja] 形 名 **❶**《古代ローマ》血統貴族[の]；貴族[の]. **❷**［代々の］金持ち, 有力者

◆《女性名》[P～cia] パトリシア

patrilineal [patrilineál] 形［相続などが］父系の

patrimonial [patrimonjál] 形 世襲の, 父祖伝来の: mar ～ [200 海里の] 経済水域

patrimonio [patrimónjo] 男 世襲財産；［社会的な］遺産: ～ nacional 国有財産. ～ real 王室財産. ～ cultural 文化遺産, 文化財. P～ de la Humanidad [ユネスコの] 世界遺産. ～ histórico-artístico 国宝

patrio, tria² [pátrjo, trja] 形《文語》祖国の: deber ～ 祖国への務め

patriota [patrjóta] 形 名 愛国者[の], 国を愛する[人]

patriotero, ra [patrjotéro, ra] 形 名［極端な］愛国主義の(主義者)

patriotería 名 愛国主義

patriótico, ca [patrjótiko, ka] 形 愛国の, 愛国心による

patriotismo [patrjotísmo] 男 愛国心, 祖国愛

patrístico, ca [patrístiko, ka] 形 名 教父学[の], 教父に関する

patrocinador, ra [patroθinaðór, ra] 形 名 後援者, 庇護する[人]: empresa ～ra スポンサー

patrocinar [patroθinár] 他 **❶** 後援する, 庇護する: exposición _patrocinada_ por la Embajada de España スペイン大使館後援の展覧会. Lo _patrocina_ un ministro. ある大臣が彼の後押しをしている. **❷**［番組などを］提供する

patrocinio [patroθínjo] 男 後援, 助成；助力: con (bajo el) ～ de... …後援(協賛)の. ～ de Nuestra Señora (de San José) 聖母マリア(聖ヨセフ)の御加護

patrología [patrolɔxía] 名 教父学, 教父研究；教父著作集

patrón¹ [patrón] 男 **❶**［服の］型紙, パターン. **❷** 型；原型: ～ de la economía 経済モデル. quilo ～ キログラム原器. **❸**《経済》[貨幣の] 本位制: ～ oro 金本位制. **❹**［接ぎ木の］台木

cortados por el mismo ～ 互いによく似た

patrón², na [patrón, na] **❶** 経営者；《古語》親方, 雇い主: Donde hay ～ no manda marinero.《諺》上司の命令は絶対である. **❷**［主に 名. 下宿屋の］主人. **❸**［国・都市・同業組合などの］守護聖人［santo ～］: San Isidro es el ～ de Madrid. 聖イシドロはマドリードの守護聖人である. **❹**［漁船などの］船長. **❺** 後援者, 庇護者

patronal [patronál] 形 **❶** 経営者の: interés ～ 経営者側の利益. sindicato ～ 雇用者組合. **❷** 守護聖人の: fiesta ～ 守護聖人の祝日

◆ 名 医学 経営陣［clase ～］；経営者団体, 財界: ～ bancaria 銀行家協会

patronato [patronáto] 男 **❶** 経営者団体；

資本家の権力. ❷［文化的・慈善的な］財団；その理事会：~ deportivo スポーツ振興財団. ❸《西. 競馬》~ de apuestas mutuas 賭け率（配当金）表示機. ❹《歴史》real 国王教会保護権〖1493-1570 の文書でローマ教皇がカスティーリャ王にアメリカ大陸の教会問題の管轄権を与えた〗

patronazgo [patronáθgo] 男 後援(庇護)者の権限

patronear [patroneár] 他 ［漁船などの］船長をつとめる

patronímico, ca [patronímiko, ka] 形 男 父称(の)〖例 Fernando の子孫に Fernández の名が与えられた〗

patrono, na [patróno, na] 名 ❶ 経営者〖patrón〗: conflicto entre ~s y obreros 労使間の紛争. ❷《主に中南米》守護聖人〖santo ~〗

patrulla [patrúʎa] 女 パトロール［隊］；《軍事》哨戒［部隊］, 哨戒機(艇)：andar de ~ パトロールする. coche ~ パトロールカー. policía ~ パトロール警官. ~ de rescate 救助隊. ~ costera 沿岸警備隊

patrullar [patruʎár] 自/他 パトロールをする；哨戒する

patrullero, ra [patruʎéro, ra] 形 哨戒の：avión ~ 哨戒機
◆ 女/男 巡視艇, 哨戒艇〖lancha ~/barco ~〗

patuco [patúko] 男 《西》［ニットの］乳児用靴；寝る時に履くソックス

patudo [patúdo] 男 ［カナリア諸島近海産の］マグロに似た魚

patulea [patuléa] 女 医学《口語》［いつも騒ぎを起こす］ごろつきたち；悪ガキたち

patuleco, ca [patuléko, ka] 形 《南米》がにまたの

paúl [paúl] 男 形 ❶ 湿原. ❷《宗教》ラザリスト会（ヴィンセンチオ会）の［会員］〖lazarista〗

paular [paulár] 男 = pantano

paulatino, na [paulatíno, na] 形 ゆっくりした, 徐々の：mejoría ~na ゆっくりした回復
paulatinamente 副 少しずつ, ゆっくり

paulista [paulísta] 形 《地名》サンパウロ São Paulo 男 の［人］

paulonia [pauulónja] 女 《植物》キリ(桐)

pauperismo [pauperísmo] 男 《文語》恒久的窮乏

pauperizar [pauperiθár] 9 他 《文語》窮乏化させる
pauperización 女 窮乏化

paupérrimo, ma [paupérrimo, ma] 形 〖pobre の絶対最上級〗極度に貧しい

pausa [páusa] 女 ❶［仕事など］中断；休憩, 休止：Tras una breve ~ continuó su trabajo. 彼は少し休んでから仕事を続けた. hacer ~［朗読などで］ポーズを置く. ❷《音楽》全休止
a ~s 間をおいて：Se oía el ruido *a ~s*. 物音は途切れ途切れに聞こえた
con ~ ゆっくりと：hablar *con ~* ゆっくり話す.

trabajar *con* ~ だらだらと働く

pausado, da [pausádo, da] 形 ゆっくりとした, のんびりした：~ golpeteo de las gotas de lluvia 雨だれのポツポツいう音. respiración ~da 穏やかな呼吸
◆ 副 ゆっくりと
pausadamente 副 ゆっくりと

pauta [páuta] 女 ❶ 規準, 指針：seguir la ~ de conducta errónea 間違った行動規範に従う. ❷ 医学 罫. ❸《西》しおり〖~ de libro〗

pautado, da [pautádo, da] 形 過去分 線を引いた：papel ~ 罫のある紙
◆ 男《音楽》五線紙

pautar [pautár] 他 …に規準を設ける

pava¹ [páβa] 女 ❶ 雌の〘たばこの〙吸いがら, 吸いさし. ❷《南米》やかん；つば広の麦わら帽
hacerse la ~ 《南米》学校をずる休みする
pelar la ~ 《口語》［恋人同士が］愛の語らいをする, いちゃつく

pavada [paβáda] 女 《南米》ばかなこと；ささいなこと；きわめて容易なこと；面白味のなさ, 野暮

pavana [paβána] 女 《音楽・舞踊》パヴァーヌ

pavear [paβeár] 他 《南米》ふざけ回る；騒ぎ立てる

pavero, ra [paβéro, ra] 形 名 見栄っぱりの［人］；うぬぼれの強い［人］
◆ 男 ［アンダルシアで使われる］つば広の帽子

pavés [paβés] 男 ❶［全身を守る］大盾；《建築》田舎の敷き石舗装
alzar (levantar) a+人 sobre el ~ …を高い地位につける；絶賛する

pavesa [paβésa] 女 ［灰になる］燃えくず, 火の粉
estar hecho una ~ 衰弱しきっている

pavía [paβía] 女 《植物・果実》モモの一種
echar por las de P ~ 居丈高になる

pavimentar [paβimentár] 他 舗装する：camino *pavimentado* 舗装道路
pavimentación 女 舗装［すること］

pavimento [paβiménto] 男 ［タイル・敷石などによる］舗装；舗床〖用材〗

pavisoso, sa [paβisóso, sa] 形 ［人が］面白味のない, 野暮な；間抜けな

pavito, ta [paβíto, ta] 名 《中南米》青年, 若者；ちんぴら

pavo, va² [páβo, βa] 名 形 ❶《鳥》七面鳥：~ real クジャク. ❷《口語》愛嬌(面白味)のない［人］；間抜け〔な〕
comer como un ~ 大急ぎで食べる
comer el ~ 1)［ダンスパーティーで］壁の花になる. 2)《南米》恥じ入る；《中米》幻滅する
hincharse como un ~ 尊大な態度をとる
subirse a+人 el ~ 《西. 口語》…の顔が真っ赤になる
tener el ~ ［思春期で］人見知りする, 扱いが難しい
◆ 男《西. 口語》❶ ドゥーロ〖duro〗. ❷ 物怖じ, 人見知り；愛嬌(面白味)のなさ, 野暮

pavón [paβón] 男 ❶《鳥》クジャク；《昆虫》クジャクチョウ. ❷《金属》鋼鉄の表面の青い酸化被膜

pavonado 男 青の酸化被膜づけ，青焼

pavonar 他 青い酸化被膜をつける

pavonear [paβoneár] ～se [+de を] 誇る：～se de su éxito 成功していい気になる（思い上がる）

pavoneo 男 思い上がり，うぬぼれ

pavor [paβór] 男 [激しい] 恐怖 『☞miedo 類義』：Aquella visión le llenó de ～. その光景に彼はぞっとした

pavoroso, sa 形 ぞっとする（身の毛もよだつ）ような

payador [pajaðór] 男 ❶ パヤドール 『チリ・アルゼンチン・ウルグアイの民俗音楽 payada を歌うガウチョ．～ gaucho』．❷ [南米産の] 口ばしの曲がった鳥

paya¹ 女 パヤドールの即興的な歌詞

payada 女 パヤドールの歌，パヤーダ

payar 自 即興的に歌う

payaso, sa [pajáso, sa] 形 名 ❶ 道化師，ピエロ．❷ 《親愛》おどけ者[の]；《軽蔑》いい加減な[人]

payasada 女 道化，おどけ；場違いな行為

payés, sa [pajés, sa] 名 [カタルーニャ地方・バレアレス諸島で] 田舎者

payo, ya² [pájo, ja] 形 名 [西] [ジプシーにとって] よそ者[の]，非ジプシー[人]

paz [paθ] 女 [英 peace. 複 paces. ↔guerra] ❶ 平和；講和条約 [tratado de ～]：mantener (romper) la ～ 平和を維持する（破る）. firmar la ～ 講和条約に調印する. en tiempo de ～ 平時には．～ universal 世界平和．～ octaviana 長期の平和．la P～ de Dios 《歴史》神の平和 [10 世紀末以来の，人や財産は侵害されないという西欧貴族間の誓約]．❷ [家族などの] 和合，和解；[心の] 安らぎ，平安：vivir en ～ 仲よく暮らす．hacer las paces con+人 …と和解する．disfrutar de la ～ del campo 田舎ののんびりした生活を楽しむ

a la ～ de Dios 《挨拶》こんにちは/さようなら

aquí ～ y después gloria [結論づけて] これで決定（解決）だ

dar la ～ [ミサで] 平和の接吻（抱擁・握手）をする

dejar... en ～ …をそっとしておく：*Déjame en ～*. 放っておいて（ひとりにして）くれ．*Los mosquitos no me dejan en ～*, 蚊がひどくうるさい．*Deja en ～ la puerta*. ドアを開けるな（そのままにしておけ）

descansar (reposar) en ～ 《婉曲》死ぬ

dormir en ～ すやすや眠る

estar (quedar) en ～ [主語は複数] 1) 同点である；[賭け事で] 勝ってもいないし負けてもいない．2) 借金がない；恩義を返す，仕返しをする：Con esto *quedamos en ～*. これで貸し借りなしだ

poner ～ entre+人 …を和解させる

[que] en ～ descanse [故人に言及した時に付け加えて] 死者の霊が安らかに憩わんことを，故…：Mi marido, *que en ～ descanse*, me dejó esta casa. 亡くなった主人がこの家を残してくれました

venir de ～ 友好的な目的で来訪する

¡vete (vaya) en ～ [con la ～ de Dios]! さようなら/とっとと失せろ！

y en ～ [結論づけて] それで一件落着である

pazguato, ta [paθǥwáto, ta] 形 名 [ささいなことにも大騒ぎする] 馬鹿な[人]，お人好し[人]

pazguatería 女 愚直

pazo [páθo] 男 [ガリシア地方の] 城館，大邸宅 『☞写真』

PB. 《略語》←Planta Baja 1 階

PBI 《略語》←producto bruto interno 国内総生産

PCE [peθé] 男 《略語》←Partido Comunista Español スペイン共産党

pche/pchs [psss] 間 ＝psss

P/cta. 《略語》←por cuenta 計算による

PD. 《略語》←posdata (post data) 追伸

P.D. 《略語》←por delegación 委任を受けて，代理として

pdo. 《略語》←pasado 前の，前…，先…

pe [pé] 女 文字 p の名称

de ～ a pa [口語] すっかり，始めから終わりまで：contar el asunto *de ～ a pa* 一部始終話す

p.e. 《略語》←peso específico 比重；por ejemplo 例えば；por encargo 注文で

pea [péa] 女 [西. 口語] 泥酔

PEA 女 《略語》←población económicamente activa 経済活動人口

peaje [peáxe] 男 [道路・橋などの] 通行料；その徴収所，料金所：carretera (autopista) de ～ 有料道路

peal [peál] 男 ❶ 《服飾》ストッキングの足先部分；[裾に足掛けひもの付いた] タイツ．❷ 《中南米》投げ縄

peana [peána] 女 ❶ [彫像などの] 台座，台．❷ 《西》足 [pie]

peatón, na [peatón, na] 名 歩行者：Ceda el paso a *peatones*. 歩行者優先

peatonal [peatonál] 形 歩行者の：calle ～ 歩行者用道路．zona ～ 歩行者天国

◆ 男 《南米》横断歩道

peatonalizar 他 [道路を] 歩行者専用にする

pebete, ta [peβéte, ta] 名 《南米》子供，少年，少女

◆ 男 線香

pebetero [peβetéro] 男 香炉；[オリンピックの] 聖火台

pebre [péβre] 男 《料理》コショウ・パセリ・ニンニク・玉ネギのドレッシング；コショウ 『pimienta』

peca [péka] 女 [主に 複] そばかす：Tiene ～s en las mejillas. 彼は頬にそばかすがある．lleno

P

de ～s そばかすだらけの

pecado [pekáðo] 男 〖英 sin〗 ❶ 〖宗教·道徳上の〗罪, 過ち; 欠点: confesar sus ～s 罪を告解する. pagar [por] sus ～s 罪をあがなう. los siete ～s capitales 7つの大罪(罪源)〖soberbia 高慢, envidia ねたみ, avaricia 貪欲, lujuria 色欲, gula 貪食, ira 憤怒, pereza 怠惰〗. ～ de omisión 怠慢罪. ～ mortal (grave) 大罪. ～ venial 小罪. ～ original 原罪. Quien quita la ocasión, quita el ～. 《諺》君子危きに近寄らず. ❷ 嘆かわしい(残念な・もったいない)こと: Sería un ～ no aprovechar este día tan hermoso para pasear. こんないい日に散歩しないのは罪というものだ. ❸ 悪魔〖demonio〗.

de mis ～s! [人名·事物名+. いらだち] Julito de mis ～s, ¿cuántas veces tengo que decirte esto? フリートったら, 何回このことを言わせるの

de ～ 〈口語〉おいしい; きれいな, かっこいい

estar en ～ 怒っている

llevar en el ～ la penitencia 自業自得である

por sus ～s 自分のせいで

pecador, ra [pekaðór, ra] 形 罪の
con sus ～ras manos 自分自身の手で
◆ 图 罪人〖꽤〗
〔el〕*yo ～* 告白の祈り: Entonó el yo ～. 彼は罪を自白した
¡～ de mí! [自分の過ちを表現して] これはいかん/我ながら困ったもんだ!
◆ 女 売春婦; 浮気女

pecaminoso, sa [pekaminóso, sa] 形 罪深い, 不道徳な

pecar [pekár] 自 自 ❶ [+por の] 罪を犯す, 過ちをする: ¿En qué he pecado? 私がどんな過ちをしたというのか? ～ por omisión 怠慢の罪を犯す. ～ por goloso 甘いものに目がない. ～ contra la ley 法に背く. ～ de ignorancia 無知が原因で罪を犯す ❷ [+de の] 度を過ごす: ～ de generoso 寛大すぎる

pecarí [pekarí] 男 〖複〗 ～[e]s 〖動物〗ペッカリー

pecblenda [pɛkblénda] 女 ＝**pechblenda**

peccata minuta [pekáta minúta] 《←ラテン語》軽い過ち

pecera [peθéra] 女 [魚を飼育する] 水槽, 金魚鉢

pechar [petʃár] 自 [+con の責任·義務を] 引き受ける: Debo ～ con el aumento de los alquileres. 家賃の上がった分を私が払わなければならない
◆ 他 ❶《中南米》突き飛ばす; 《南米》[金を] せびる, たかる. ❷ [中世で, 税金を] 納める
pechada 女 《中南米》胸や肩でぶつかる(押す)こと

pechblenda [pɛkblénda] 女 〖鉱物〗瀝青ウラン鉱, ピッチブレンド

pechera [petʃéra] 女 ❶《服飾》[ワイシャツなどの]胸部; 胸飾り, ひだ飾り: ～ postiza ワイシャツの仮胸. ❷《戯語》[女性の豊かな] 乳房:

tener una buena ～ バストが大きい

pechero [petʃéro] 男 ❶《服飾》胸当て, プラストロン; よだれ掛け〖bebero〗. ❷ 財産税 pecho を納める人, 平民

pechina [petʃína] 女 ❶《建築》穹隅(きゅう), ペンデンティブ. ❷ [ホタテガイなどの] 貝殻

pecho [pétʃo] 男 〖英 chest, breast〗 ❶ 胸, 胸(部): i) [外部] Tiene el ～ amplio. 彼は広い胸をしている. ii) 呼吸器, 肺: Me aprieta el ～. 私は胸が苦しい. enfermo de ～ 肺病. iii) [女性の] 胸, 乳房〖片方または両方〗: tener los ～s muy desarrollados (abultados) 豊かな胸をしている. tener muy poco ～/no tener ～ バストが大変小さい. iv) 心, 意識: Guardo sus palabras en mi ～. 彼の言葉が私の胸に残っている. hombre de ～ 寛大な人, 優しい人. v) 〖料理〗胸肉, ブリスケ〖ロ carne カット〗. ❷ 急坂. ❸《歴史》[王·領主に納めた] 財産税; 租税

a lo hecho, ～ すんだことはすんだことだ

a ～ descubierto 無防備で; 堂々と; 包み隠さずに

abrir su ～+人 …に胸の内を打ち明ける

dar el ～ 1) [+a 赤ん坊に] 乳房を含ませる, おっぱいをあげる. 2) 堂々と立ち向かう, きちんと責任をとる

de ～s 腕(胸)を寄りかからせて: Estuvo todo el día de ～s en la ventana. 彼は一日中窓から外を眺めていた

echar el ～+事 …に断固として当たる

echarse (meterse)... entre ～ y espalda 〈口語〉[強意] …を飲んで(食べて)しまう: Se echó entre ～ y espalda dos jarras de cerveza. 彼はビールをジョッキ2杯も流し込んだ

no caber a+人 en el ～ …の胸におさめきれない, つい言葉に出してしまう: No me cabía en el ～ la alegría. 私はうれしくてたまらなかった

partirse el ～ por... …のために心を砕く, 苦しする

¡～ a tierra! 伏せろ!

¡～ al agua! 勇気を出して!

～s y hombros caídos 肩を落として, 気落ちして

sacar ～ 背筋を伸ばす〖堂々とする, 弱みを見せない〗

tomar el ～ [赤ん坊が] 乳房を含む, おっぱいを飲む

tomar[se]... a ～ …に執心する; …に腹を立てる: No tomes a ～ esa broma. そんな冗談は気にするな

pechuga [petʃúga] 女 ❶《料理》[鶏の] 胸肉, ささ身. ❷《口語》[主に女性の襟もとからのぞく] 胸, 胸もと

pechugón, na [petʃuɣón, na] 形 名 ❶《戯語》胸の大きな〔女性〕. ❷《中南米》厚かましい〔人〕, 破廉恥な〔人〕

pecina [peθína] 女 [池沼などの底の] 軟泥

pecio [péθjo] 男 難破船の残骸(漂着物)

peciolo [peθjólo] 男 〖植物〗葉柄
pecíolo 男 ＝**peciolo**

pécora [pékora] 女 ❶《軽蔑》性悪女〖mala

〜]；売春婦. ❷《南米》足の臭いにおい

pecoso, sa [pekóso, sa] 形 [←**peca**] そばか すだらけの

pectina [pektína] 女《生化》ペクチン
péctico, ca 形 ペクチンの

pectíneo [pektíneo] 形《解剖》櫛状筋 [mus-lo 〜]

pectiniforme [pektinifórme] 形 櫛状の

pectoral [pektorál] 形 [←**pecho**] ❶ 胸の，胸部の：aletas 〜*es* [魚の] 胸びれ. ❷ 呼吸器疾患に効く：jarabe 〜 咳止めシロップ. pasta 〜 胸用の塗擦剤
◆ 男 ❶《解剖》胸筋：〜 mayor 大胸筋. ❷《薬学》咳止めシロップ. ❸ [司祭などの] 佩用(はい)十字架

pectosa [pektósa] 女《生化》プロトペクチン，ペクトーゼ

pecuario, ria [pekwárjo, rja] 形 牧畜の：industria 〜*ria* 牧畜業

peculiar [pekuljár] 形 ❶ 独特の，特有の：La solemnidad es el rasgo 〜 de sus músicas. 荘重さは彼の音楽の特徴だ. ❷ 奇妙な，変わった
peculiaridad 女 独自性；特徴

peculio [pekúljo] 男 [こつこつ貯めた] 貯金，財産：Lo he comprado con mi 〜. 私はそれをへそくりで買った

pecuniario, ria [pekunjárjo, rja] 形 金銭の：cuestión 〜*ria* 金銭問題

ped.《略語》←**pedido** 注文

pedagogía [peðaɣoxía] 女 教育学，教育法
pedagógico, ca 形 1) 教育学(教育法)の；教育的な. 2) [教え方が] わかりやすい；学びやすい
pedagogo, ga 名 教育家；教育学者

pedal [peðál] 男 ❶ ペダル：〜 de freno (de frenado) ブレーキペダル. 〜 de arranque [オートバイの] キックスターター. 〜 de bicicleta 自転車のペダル. ❷《音楽》ペダル；ペダル音，保続音：〜 de sordina ダンパーペダル. ❸《西. 口語》酔い：coger un 〜 酔っ払う

pedalada [peðaláða] 女 ペダルを踏むこと

pedalear [peðaleár] 自 ペダルを踏む；[特に] 自転車をこぐ：〜 en agua 立ち泳ぎをする
pedaleo 男 自転車をこぐこと

pedáneo, a [peðáneo, a] 形 [市町村内の] 地区の：alcalde 〜 [地区を担当する] 助役，区長
pedanía 女 地区

pedante [peðánte] 形 名 学者ぶった[人]，ペダンチックな，衒(げん)学者；知ったかぶりの
pedantería 女《軽蔑》衒学的な態度，学者気どり

pedazo [peðáθo] 男 [英 piece] ❶ 一片，ひとかけら：un 〜 de queso チーズ1切れ. partir la carne en 〜*s* 肉を切り分ける. 〜 de papel 紙片. 〜 de alcornoque (de animal・de bruto) 愚か者，ばか. 〜 de mi alma (mi corazón・mis entrañas) 愛する人. 〜 de pan 好人物，お人好し；わずかな金. 〜 de carne 不人情ぶり
caerse a 〜*s*《口語》疲れ果てる；ぼろぼろになる

hecho 〜*s*《口語》疲れ果てた；ぼろぼろの，壊れた

hacer 〜*s* 細かくする，砕く [比喩的にも]：*hacer* 〜*s* la carta 手紙をびりびりに破く. El divorcio *hizo* 〜*s* su carrera política. 離婚問題が彼の政治家としての経歴をずたずたにしてしまった

romper en mil 〜*s* 粉々に壊す；ビリビリに破く

saltar en [mil] 〜*s* 爆発する，粉々になる

peder [peðér] 〜**se** おならをする，放屁する

pederasta [peðerásta] 男 [特に少年愛の] 男色家，ホモ
pederastia 女 少年愛；男色

pedernal [peðernál] 男《鉱物》火打ち石
corazón duro como un 〜 非情な心

pedestal [peðestál] 男 ❶ [円柱・彫刻などの] 台石，台座 [☞columna カット]. ❷《比喩》基礎，よりどころ
estar (*poner・tener・hallarse*) a+人 *en un* 〜《口語》…のことを大変よく思っている

pedestre [peðéstre] 形 ❶《競技》歩きや走りの. ❷ 通俗の，日常の：lenguaje 〜 俗語
pedestrismo 男 [主にロードの] 歩きや走りの競技；ウォーキング

pediatría [pedjatría] 女 小児科，小児医学
pediatra 名 小児科医
pediátrico, ca 形 小児科の，小児医学の

pedicelo [pediθélo] 男 [キノコの] 石突き

pedículo [pedíkulo] 男《植物》小花柄，小果柄

pediculosis [pedikulósis] 女《単複同形》《医学》シラミ [寄生] 症

pedicura[1] [pedikúra] 女《化粧》ペディキュア：hacerse la 〜 ペディキュアをする

pedicuro, ra[2] [pedikúro, ra] 名 [足の皮膚病などが専門の] 足治療医

pedida [pedíða] 女《西》求婚 [petición de mano]

pedido[1] [pedíðo] 男 ❶ 注文：Nos satisface haber recibido hoy su 〜. 本日貴注文をいただきありがたく存じます. hacer (colocar) un 〜 発注する. anular el 〜 注文を取り消す. servir (despachar・cumplir) un 〜 注文を処理する. tomar el 〜 注文を取る. a 〜 請求(注文)のありしだい. hoja de 〜 注文票. ❷ 頼み，願い [petición]：a 〜 de+人 …の依頼により

pedido[2], **da** [pedíðo, ða] 形過分 求められた：favores no 〜*s* よけいなお世話. don 〜 おあつらえ向きの性格

pedigrí [pediɣrí] 男 [複 〜[e]s] [←英語] [犬・猫などの] 血統 [書]：perro de (con) 〜 血統書つきの犬. tener 〜 血統がよい

pedigüeño, ña [pediɣwéño, ña] 形 名 懇願する[人]；物ないの[の]

pediluvio [pedilúβjo] 男 [主に複] 足湯 [足を熱い塩湯に浸す治療法]

pedimento [pediménto] 男 申請[書]；《法律》請願[書]

pedinche [pedínʧe] 形 名《中米》しつこくせがむ[人]；物ないい

P

pedipalpo [peðipálpo] 男《昆虫》脚鬚(ぎく)

pedir [peðír] 逐《英 ask for, beg. ☞活用法. 現分 pidiendo》❶ [+a+人 に] 頼む；願う，求める: i) Los niños me *piden* más pastel. 子供たちはもっとケーキを私にせがむ. Para su santo *pedía* un collar de perlas. 彼女は霊名の祝日のお祝いに真珠の首飾りをほしがっていた. Quería ~le un favor. お願いがあるのですが. Le *piden* cinco años de cárcel. 彼は懲役5年を求刑された. No *pidas* a quien *pidió*, ni sirvas a quien sirvió.《諺》成り上がり者はけちで意地が悪い. Contra el vicio de ~ hay la virtud de no dar. いつも物をねだる人には与えないことも美徳になる. ii) [+不定詞/+que+接続法] Le *pedí* llamar (*que* llamara) al médico. 私は医者を呼んでくれるように彼に頼んだ

❷ 注文する: *Pidió* un café al camarero. 彼はボーイにコーヒーを頼んだ. *Pidamos* un taxi. タクシーを呼ぼう

❸ 借りる: Le *pedí* la cámara para el viaje. 私は旅行用にカメラを借りた

❹ [時間などを] 予約する: Quisiera ~ hora (vez) para una consulta. 診察の時間を予約したいのですが

❺ [+por に] 値を付ける: *Piden* por este piso diez millones de pesetas. このマンションは1千万ペセタの値が付けられている. *Pedimos* mil pesetas por la bebida. 飲物代として千ペセタいただきます. ¿Cuánto *pide* por hacerme la obra? 工事にいくらかかりますか

❻ [恋人の両親に] 結婚の承諾を求める〖~ la mano〗: Fue a ~ a su novia. 彼は恋人の両親に結婚の申し込みをしに行った

❼ 必要とする: La tierra *pide* agua. 土地は水を求めている. Esta camisa *pide* una corbata azul. このワイシャツには青いネクタイが合う

❽《法律》[判事に権利・差し止めなどを] 訴える，請求する

❾《トランプ》[カードを] 要求する

no hay más que ~ この上ない，最上である: Tenemos vino que *no hay más que* ~. とっておきのワインがございます

no se puede ~ *más* こんなうまい話はない/これは最高だ

~ *por Dios/*~ *por todos los santos/*~ *por todo lo que más quiera* 切実に望む/後生だから…してほしい

◆ 自 ❶ 物乞いをする. ❷ [神に祈って，+por 救いなどを] 求める

◆ ~se *Se piden* voluntarios. 志願者募集中

pedir	
直説法現在	直説法点過去
p*i*do	pedí
p*i*des	pediste
p*i*de	p*i*dió
pedimos	pedimos
pedís	pedisteis
p*i*den	p*i*dieron

接続法現在	接続法過去
p*i*da	p*i*diera, -se
p*i*das	p*i*dieras, -ses
p*i*da	p*i*diera, -se
pidamos	p*i*diéramos, -semos
p*i*dáis	p*i*dierais, -seis
p*i*dan	p*i*dieran, -sen

pedo [péðo] 男 ❶《口語》屁(へ)，おなら: tirar-[se] (echar[se]) un ~ 屁をひる. ❷《俗語》[酒・麻薬による] 酔い: tener un ~ 酔っている；ラリっている

al ~《南米. 俗語》無駄に: Trabajas *al* ~. 君は無駄働きしている

◆ 形《西・中米. 口語》[estar+. 酒・麻薬で] 酔っている，ラリっている

pedofilia [peðofílja] 女 [子供を性愛対象とする] 小児性愛，少年愛

pedofilo [peðófilo] 男 小児性愛者

pedología [peðoloxía] 女 土壌学 [edafología]

pedorrero, ra [peðorréro, ra]《口語》形 しょっちゅう(傍若無人に)おならをする

◆ 女 [音のする] 続けざまのおなら

pedorrear [peðorreár] 自 立て続けにおならをする

pedorreo [peðorréo] 男 続けざまのおなら

pedorreta [peðorréta] 女 [相手をからかう] 放屁の口まね

pedorro, rra [peðórro, rra] 形 名《軽蔑》[結果的に] ばかなことをする(人]，不愉快な(人]，はた迷惑な(人]

pedrada [peðráða] 女 [←piedra] ❶ 投石；その打撃(の跡): Rompió el cristal de una ~. 彼は石を投げてガラスを割った. ahuyentar a un perro a ~s 石を投げて犬を追い払う. ❷《口語》あてこすり: lanzar a+人 una ~. …にあてこすりを言う

pedrea [peðréa] 女 ❶《医学《西》[宝くじの] 下位の賞: Me ha caído en la ~. [大当たりは逃したが] 何等かは当たった. ❷ 投石のけんか，石合戦. ❸ [農作物に被害を与える] たくさんの雹(ひょう)(あられ)が降ること

pedregal [peðreɣál] 男 石ころだらけの土地

pedregoso, sa 形 石ころだらけの: camino ~ 石だらけの道

pedregullo [peðreɣúʎo] 男《南米》[コンクリートなどに使う] 砂利

pedrera [peðréra] 女 採石場

pedrería [peðrería] 女 [集合] 宝石

pedrero [peðréro] 男 [昔の] 石弾砲

pedrisco [peðrísko] 男 大粒の雹(ひょう)

Pedro [péðro] 男《男性名》ペドロ [英 Peter]

como ~ *por su casa* 我が物顔で，勝手知ったる他人の家のように

pedrusco [peðrúsko] 男 [彫っていない] 原石，[西. 戯言] 宝石

pedúnculo [peðúŋkulo] 男《植物》花柄，花梗；《動物》肉茎，肉柄

pedunculado, da 形 花柄(肉茎)のある

peeling [pílin] 男 [←英語. 美容] ピーリング

peer [peér] 自/~se《口語》おならをする，放屁す

る

pega [péga] 囡 ❶ 接着剤, 糊 [pegamento]. ❷《西. 口語》障害, 問題: En cuanto se trata de montar una tienda, todo son ~s. いざ店を出すとなると障害だらけだ. ❸《口語》難問, 奇問: ¿No habrá ninguna ~? 何も問題はないでしょうか? ❹《南米》仕事
de ~《口語》偽の: billete de ~ 偽札. erudito de ~ えせ学者
poner ~s あらを捜す
saber a la ~ しつけの悪さ(友達の悪さ)が感じられる
ser de la ~ 悪い連中の仲間である

pegada[1] [pegáda] 囡《中南米》❶ パンチ; キック力. ❷《好運な》的中, 成功

pegadizo, za [pegadíθo, ða] 形 ❶ くっつきやすい, ベトベトした [pegajoso]. ❷ 覚えやすい: música ~za 覚えやすい曲. ❸ 感染する, うつりやすい

pegado, da[2] [pegáðo, ða] 形 過分 [estar+] ❶ [+a に] 近い; くっついた, まとわりついた: Siempre anda ~ a mí. 彼はいつも私のそばを離れない. Permanecen ~s a la radio. 彼らはラジオに釘づけた. ❷ [+a が] 好きな: Está ~ al helado. 彼はアイスクリームに目がない. ❸《口語》ひどく驚いた, びっくりした: dejar a+人 ~ …をひどく驚かす. ❹ [+en に] うとい, よく知らない;《学生語》落第(留年)した

pegajoso, sa [pegaxóso, sa] 形 ❶ くっつきやすい, ベトベト(ネバネバ)した: Tengo las manos ~sas de la comida. 私は手が料理でベタベタしている. ❷ 感染しやすい. ❸《口語》[人が] ベタベタした, 優しすぎる;《愛撫・マークなどが》しつこい

pegamento [pegaménto] 男 接着剤, 糊
pegamoide [pegamɔ́iðe] 男 模造皮革
pegamoscas [pegamɔ́skas] 囡《単複同形》《植物》ムシトリナデシコ

pegar [pegár] ⑧ 他《英 stick.ư 活用表》❶ 《糊などで,+en に》くっつける, 貼り付ける: i) ~ un sello en un sobre 封筒に切手を貼る. ~ un cartel en (sobre) la pared 壁にポスターを貼る. ii) 縫い付ける: ~ un botón a la chaqueta 上着にボタンを付ける. iii) 寄せる: ~ el armario a la pared 壁にたんすをぴったり寄せる. ~ el oído a la puerta ドアに耳をつける. ❷ 感染させる: Él me pegó la gripe. 彼は私に風邪をうつした. ❸ 殴る; [打撃を] 加える: Me pegó en la cara. 私は彼に顔を殴られた. ~ un bofetón (un puntapié) a+人 …に平手打ちを食らわす(蹴とばす). ~ un triple 三塁打を打つ. ❹ [行為を] 行なう: ~ un grito 叫び声をあげる. ~ un salto 飛び上がる. ~ un tiro 発射する. ❺ [火を] つける: ~ fuego al papel 紙に火をつける. ❻《情報》ペーストする
~la 1) [+con+人 を] 非難する, ののしる; 口論する. 2) [+con+人 を] だます; [+con+人 を] 浮気をする: A José no hay quien se la pegue. ホセをだませるやつはいない. Mi mujer me la pegó con Luis. 私の妻はルイスと浮気した

◆ 自 ❶ [+en・a に] 接する: La mesa pega en la pared. テーブルは壁についている. La planta ha pegado a la tapia. 植物が塀にからんだ. El edificio pega a mi casa. その建物は私の家と隣り合っている. La carga pegó en el puerto. 貨物は港に到着した. ❷ [+con に] ふさわしい: Estas razones no pegan. これらの理由は互いに矛盾する. Esa corbata no pega con el traje. そのネクタイは服と合わない. ❸ 打つ; [+contra・con に] La rama del árbol pegan en los cristales. 木の枝が窓ガラスを叩く. El coche pegó contra un poste. 車は電柱にぶつかった. El sol pega fuerte. 日ざしがきつい. Sus palabras pegan bien. 彼の言葉は印象深かった. ❹《口語》韻を踏む. ❺《口語》i) 流行する: Esta canción está pegando. この歌は今はやっている. ii) [+a+事物 を] 非常に好む: ¡Cómo le pegan a la cerveza! 本当に彼らはビール好きだ!
hale (dale) que te pego [意欲があって] ものともせずに, 必死になって: Su madre le dijo que se acostara, pero él, hale que te pego, no lo dejó hasta que terminó. お母さんは寝るように言ったのに, 彼はどこ吹く風で, 終わるまでやめなかった
~ fuerte《口語》大成功する; [+a に] 熱中する

◆ **~se** ❶ くっつく: Se ha pegado la venda a la herida. 包帯が傷口にくっついてしまった. Se le ha pegado fuego a la cortina. カーテンに火がついた. ❷ 焦げつく: Se me ha pegado el arroz. 私はご飯を焦がしてしまった. ❸ [+a に] まとわりつく; 押しかける: Se le pegó un hombre para que le invitase a beber. 1人の男が一杯おごれと彼にせがんだ. Se ha pegado a la fiesta. 彼は呼ばれもしないのにパーティーにやって来た. ❹ 感染する: Se le pega el acento rural. 彼は田舎なまりになっている. ❺ [+a+人 に] 覚えやすい. ❻《西》[+日時 を] 過ごす. ❼ 熱中する, 傾倒する. ❽ [+contra・con に] ぶつかる: Me pegué con la silla en el pie. 私は椅子に足をぶつけた. ❾ 殴り合いをする
pegársela《西. 口語》1) [+a+人 を] だます. 2) 事故にあう, 転倒(衝突)する: Me la pegué con la bicicleta. 私は自転車でころんだ

pegar	
直説法点過去	接続法現在
pegué	pegue
pegaste	pegues
pegó	pegue
pegamos	peguemos
pegasteis	peguéis
pegaron	peguen

Pegaso [pegáso] 男《神話》[メドゥーサから生まれたという] 天馬;《天文》ペガスス座
pegatina [pegatína] 囡《西》[宣伝用の, 糊付きの] シール, ステッカー
pegmatita [pegmatíta] 囡《鉱物》巨晶花崗岩, ペグマタイト

pego [péɣo] 男《トランプ》2枚重ねて1枚に見せかけるトリック

dar el ~《西. 口語》[+a+人] だます: Con esa manera de hablar *da el ~ a* cualquiera. あの話し方だと誰でも一杯食わされるよ. No es de plata, pero *da el ~*. それは銀ではないが, 一見それらしく見える

pegón, na [peɣón, na] 形 名《口語》すぐに殴る[子供]

pegote [peɣóte] 男《口語》❶ ベタベタ(ネバネバ)したもの;《料理》煮込み [guisado]. ❷ 出来損ない, 失敗例; 余計な(調和しない)付け足し: En la sala este cuadro es un ~. 広間にはこの絵は余計だ. ❸ [不格好な] 貼ったもの; 継ぎ当て. ❹ 嘘; はったり, ほら. ❺ [利益・便宜などを得ようと] つきまとって離れない人, しつこい人

tirarse ~s《西》嘘をつく; ほらを吹く

pegotear [peɣoteár] 自《~se [呼ばれもしないのに] 食事時に現れる, 食事をたかりに訪れる

pegujal [peɣuxál] 男 少しの資産, 狭い地所

pegujón [peɣuxón] 男 毛玉, 毛の塊

peinada¹ [peináða] 女 髪をとかすこと: darse una ~ 髪をとかす

peinado¹ [peináðo] 男 ❶ 髪形, ヘアスタイル: Lleva un ~ muy bonito. 彼女の髪形はとてもすてきだ. ❷ 整髪, セット: lavado y ~ シャンプーとセット. ~ al viento ブロー. ❸《文語》[地域内の] 一斉捜査

peinado², da² [peináðo, ða] 形 過分 ❶ bien ~ 髪の美しい. mal ~ ほさぼさ頭の. ❷《繊維》lana ~da 梳毛織物, ウーステッド

peinador, ra [peinaðór, ra] 名《中南米》理容師, 美容師
◆ 男 [整髪・ひげそりで] 肩から掛ける布, 化粧ケープ;《中南米》鏡台, 化粧台

peinar [peinár] 他 ❶ 櫛でとく, くしけずる; 髪を整える: ~ a su hija el cabello 娘の髪をとかす(セットする). ❷ [羊毛を] 梳く. ❸《文語》[地域内の] 一斉捜査をする
◆ ~se [自分の] 髪をとかす

peinazo [peináθo] 男《建築》まぐさ[石]

peine [péine] 男 ❶ 櫛(くし): arreglarse el pelo con el ~ 櫛で髪を整える. ❷ [羊毛などの] 梳毛櫛. ❸《機械》櫛形バイト, チェーサー [~ de roscar]. ❹ 弾倉, クリップ

¡se va a enterar de lo que vale un ~!《西》[脅し文句] 今に見ていろ

peineta [peinéta] 女 [髪飾り用の] 櫛: ~ de teja [マンティーリャ mantilla をかぶる時の台にする] 大形の櫛 [ロカット]

peinilla [peiníʎa] 女《南米》長く幅の広い櫛

p.ej.《略語》←por ejemplo 例えば

peje [péxe] 男《魚》~ ángel カスザメ. ~ araña 大型のハチミシマ

pejerrey [pexeréi] 男《魚》トウゴロイワシの一種

pejesapo [pexesápo] 男《魚》アンコウ

〖rape〗

pejiguero, ra [pexiɣéro, ra]《西. 口語》形 名 文句ばかり言う[人], やっかいな[人]
◆ 女 いやなこと, 不都合

pekinés, sa [pekinés, sa] 形 名 =**pequinés**

pela [péla] 女 ❶《西. 口語》[主に 複] ペセタ 〖peseta〗: ganar muchas ~s 大金を稼ぐ. ❷《中南米》激しい殴打

tener ~ larga 金持ちである

pelada¹ [peláða] 女 ❶《中南米》散髪. ❷《南米》はげ, はげ頭, スキンヘッド

peladero [peláðéro] 男《南米》何も生えていない土地

peladilla [pelaðíʎa] 女 ❶《菓子》シュガーアーモンド. ❷ 小石 〖guijarro〗

pelado, da² [peláðo, ða] 形 過分 ❶ 草木のない; むき出しの: campo ~ 何も生えていない畑. montaña ~da はげ山. paredes ~das 壁紙の貼ってない壁. tener la cabeza ~da 頭がはげ上がっている. ❷ ほかに何もない: Yo vivo de mi sueldo ~. 私は給料だけで生活している. ❸ 端数のない: Tengo mil pesetas ~das. 私はきっかり千ペセタ持っている. el cincuenta ~ 50 ちょうど. ❹ [学校の成績が] 及第ぎりぎりの. ❺《口語》[estar+] 文なしの, 貧乏な
◆ 名 ❶《口語》文なしの人: Es un ~. 彼はかんぴんだ. ❷《中米》最下層の人; 口汚い人. ❸《南米》はげ頭の人 〖calvo〗
◆ 男 ❶《西. 戯謔》散髪, 剃髪. ❷ [男性の] 髪形 〖peinado〗

peladura [pelaðúra] 女 [野菜などの] 皮むき; 複 むいた皮

pelafustán, na [pelafustán, na] 名 役立たず, ごくつぶし

pelagatos [pelaɣátos] 名《単複同形》《軽蔑》[地位も財産もない] ただの人, 取るに足りない人

pelagianismo [pelaxjanísmo] 男《キリスト教》ペラギウス説 〖原罪を否定し, 異端とされた5世紀の Pelagio の説〗

pelágico, ca [peláxiko, ka] 形 海洋の; [大陸棚より沖の] 遠洋に住む, 外洋性の;《生物》[底性に対して] 漂泳の

pelagra [peláɣra] 女《医学》ペラグラ 〖ビタミンB などの欠乏による皮膚病の一種〗

pelaire [peláire] 男 [羊毛の] 梳毛職人

pelaje [peláxe] 男 ❶ [動物のふさふさした] 毛並み, 毛;《軽蔑》[人の] ぼさぼさの毛. ❷《軽蔑》[人・物のよくない] 外見, 様子: No me gusta el ~ de ese hombre. 私はあの男の格好が気にくわない. ❸ 社会的地位

pelambre [pelámbre] 女 [時に 男] ❶《軽蔑》[人の] ぼさぼさ(もじゃもじゃ)の毛: Le viene el ~ a la cara. 彼はひげもじゃだ. ❷ 切られた(刈られた)毛
◆ 男《南米》陰口, うわさ話

pelambrera [pelambréra] 女 長い毛, 豊かな髪; 濃い毛: Tiene una ~ que le llega hasta los hombros. 彼女は肩まで届く長い髪をしている

pelamen [pelámen] 男《口語》=**pelambrera**

pelanas [pelánas] 图〖単複同形〗《口語》＝
pelagatos

pelandusca [pelandúska] 囡《西. 軽蔑》売
春婦

pelar [pelár] 他 ❶ 髪を短く刈る, 丸坊主にす
る；髪を剃る；《西》散髪する. ❷［鳥の］毛をむ
しる；［動物の］皮をはぐ. ❸［野菜などの］皮を
むく，殻を取る：～ un árbol 木の皮をはぐ. ～
una manzana リンゴの皮をむく. ❹ すっかり一
文なしにする, 身ぐるみはぐ：Anoche le *pelaron*
unos mozalbetes. 昨晩彼はちんぴらたちに有り
金残らずとられた. ❺《口語》…の陰口を言う

duro (malo) de ～《口語》難しい；［特に］説
得が困難な

hacer un frío (un calor) que pela 身を
切るような寒さ（焼けつくような暑さ）である

◆ **～se** ❶［自分の］髪を短く刈る；散髪しても
らう：Voy a ～*me*. 髪を短くしよう. ❷［日焼け
で］皮膚がむける：Se me *han pelado* los hom-
bros. 私は肩の皮がむけた

～se de frío 身を切るように寒い：Esta noche
me he pelado de frío. 今晩は凍えるほど寒い

pelárselas《口語》懸命になる：Corre que *se
las pela*. 彼は一目散に走っている

pelargonio [pelargónjo] 團《植物》テンジクア
オイ

peldaño [peldáɲo] 團［階段の］段, ステップ：
subir de dos en dos ～s la escalera 階段を
2段ずつ上がる. bajar unos ～s 2, 3段下りる.
detenerse en el último ～ de la escalera 階
段の一番上で立ち止まる. escalera de ～s al-
tos (dóciles) 急な(緩い)階段. ～ de arran-
que 1段目

pelea [peléa] 囡《英 quarrel》❶［殴り合い・
取っ組み合いの］けんか；戦い；［格闘技の］試
合：armar ～ a＋人 …とけんかをする(始める).
buscar ～ けんかを売る. ～ de gallos 闘鶏. ❷
口論. ❸ 努力, 奮闘

peleado, da [peleáðo, ða] 厖 過分［es-
tar＋. ＋con と］仲が悪い

pelear [peleár] 圁 ❶［主に殴り合い・戦闘. ＋
con と］けんかする, 戦う：i) Peleó a brazo
partido con su hermano. 彼は兄と取っ組み合
いのけんかをした. Los ejércitos *pelearon* du-
ramente. 両軍は激しく戦った. ～ contra el
apetito 欲望と戦う. ii)［＋por を求めて］Ca-
da uno *pelea por* ser el líder. 各人に主導権
争いをしている. ❷ 口論する. ❸ 努力する, 奮闘
する：En la posguerra mis padres *pelearon*
mucho para darnos de comer. 戦後両親は
私たちに食べさせようと大変苦労した. El profe-
sor *pelea* mucho con nosotros. 先生は私たち
にわからせようと必死だ. ❹［格闘技の］試合をす
る

◆ **～se**［互いに/＋con と］けんかする；仲たがい
する：Se ha peleado con su novia. 彼は恋人
とけんかした

pelecaniformes [pelekanifórmes] 囡 [複]
《鳥》ペリカン類

pelechar [peletʃár] 圁 毛(羽毛)が抜ける(生
え変わる)

pelele [peléle] 團 ❶ 毛布で胴上げをする
mantear 遊びに使う人形〖☞mantear カット〗.
❷《口語》他人に操られている人：Es un ～ en
manos de su familia. 彼は家族の言いなりだ.
❸《服飾》ロンパース

peleón, na [peleón, na] 厖 ❶ けんか好きな,
けんか早い. ❷［ワインが］まずい, 質の悪い
◆ 囡《口語》けんか, 言い争い

peletería [peletería] 囡 ❶ 毛皮の加工(取
引)；毛皮店；[医名] 毛皮. ❷《中米》靴店

peletero, ra 厖 图 毛皮加工(取引)の〔業
者〕；皮革職人

peli [péli] 囡《西. 口語》映画〖película の省略
語〗

peliagudo, da [peljagúðo, ða] 厖 ❶《口
語》[理解・解決が]困難な：problema ～ やっ
かいな問題. ❷［動物が］細くて長い毛の

pelícano [pelíkano] 團《鳥》ペリカン

pelicano [pelikáno] 團＝pelícano

pelicorto, ta [pelikórto, ta] 厖《口語》髪の
短い, ショートヘアの

película [pelíkula] 囡《英 film》❶ 映
画〖☞cine 図解〗：He visto
una buena ～. 私はいい映画を見た. ¿Quién
trabaja en la ～? その映画には誰が出ているので
すか? hacer la ～ 映画を作る；映画に出演す
る. pasar la ～ 映画をうつす. ～ española ス
ペイン映画. ～ X 成人映画. ❷ フィルム：～
cinematográfica 映画用フィルム. ～ de 16
mm 16ミリフィルム(映画). ❸ 薄い膜(層)：
～ de aceite 油膜

allá ～s《口語》[相手が忠告などに従わなかった
とき]それなら勝手にしろ

de ～ 1) 大変よい, すばらしい；豪華な. 2) 大
変よく

peliculero, ra [pelikuléro, ra] 厖 图《口語》
映画好きの[人]；夢想家[の]

peliculón [pelikulón] 團《口語》非常にいい映
画, 名画

peligrar [peligrár] 圁 危険な状態にある：Si
no llueve, *peligra* la cosecha. 雨が降らないと
収穫が危うい. Donde hay injusticia *peligra*
la paz. 不正があるところ平和は脅かされる

peligro [pelíɡro] 團《英 danger》危険,
危難：i) Su vida está en ～. 彼
の命があぶない(危ぶまれている). No hay ～ de
su vida. 彼は命に別条ない. El delincuente es
un ～ para la sociedad. 犯罪者は社会にとって
危険である. poner... en ～ …を危険に陥れる.
ponerse en ～ 危険に陥る. escapar de un ～
危険を逃れる. zona de ～ 危険区域. ～ de
muerte《表示》危険. ii)《諺》Quien ama
(busca) el ～, en él perece. 危ないことばかりし
ていると, それで身を滅ぼす. El ～ pasado, el
voto olvidado. 喉もと過ぎれば暑さを忘れる.
iii)［＋de＋不定詞・que＋接続法］El barco está
en ～ de zozobrar. その船は沈没する危険があ
る. Hay ～ de que fracase la empresa.
彼が事業に失敗する危険性がある

correr ～ 危険である；危険を冒す：i) Aquí
corremos ～. ここは危険だ. ii)［＋de＋不定

詞］*Corre* ~ *de perder todo el dinero.* 彼は金をすべて失うおそれがある

fuera de ~ 危険を脱した；［病人が］峠を越した

peligrosidad [peliɣrosiðá(d)] 囡［犯罪行為に及ぶ］危険性

peligroso, sa [peliɣróso, sa] 厖『英 dangerous. ↔seguro』❶ 危険な あぶない：*Es* ~ *jugar con las cerillas.* マッチをもてあそぶのは危険である． *juguete* ~ 危険なおもちゃ． *enfermedad* ~*sa* 命にかかわる病気． *ideas* ~*sas* 危険思想． ❷［人が］他人に危害を加えかねない：*Es un sujeto* ~. あれは危険人物だ

pelillo [pelíʎo] 男［主に 囮. けんかなどの］ささいな原因

~*s a la mar*《西》和解, 仲直り：*echar* ~*s a la mar* ［互いに］争いを水に流す

pelín [pelín] 男 *un* ~《西. 口語》ほんの少し

pelirrojo, ja [peliřóxo, xa] 厖 囝 赤毛の〔人〕：*Es* ~*ja*. 彼女は赤毛だ

pelita [pelíta] 囡《地質》泥質岩

pelitre [pelítre] 男《植物》ジョチュウギク(除虫菊)

pella [péʎa] 囡 ❶ 玉, 球形のもの：~ *de manteca* バターの塊． ~ *de nieve* 雪玉． ❷［カリフラワー・アーティチョークなどの］球『食用にする部分』． ❸《料理》豚の皮下脂肪

hacer ~*s*《西. 口語》［学校などを］サボる, ずる休みする

pellada [peʎáða] 囡 こての一すくい分

pelleja [peʎéxa] 囡 ❶ 毛皮［pellejo］；［毛の付いた］羊皮． ❷《口語》生命：*jugarse la* ~ 危険な目に会う． *salvar la* ~ 命拾いする． ❸ 売春婦

pellejería [peʎexería] 囡 ❶ 皮革業． ❷《南米》苦境, 困難

pellejero, ra [peʎexéro, ra] 囝 皮なめし職人；皮革商

pellejo [peʎéxo] 男 ❶ 毛皮, 皮革, ［人間の］皮膚, ［ブドウなどの］皮［piel］． ❷《口語》［el+］生命：*arriesgar (jugarse) el* ~ 命を危険にさらす． *salvar el* ~ 命拾いする． ❸ ブドウ酒を入れる皮袋． ❹《口語》酔っ払い；売春婦

arriesgarse (jugarse) el ~ 首を賭ける, 命がけでする

asomar el ~ よく顔を出す, 常連である

estar (hallarse) en el ~ *de*+人《口語》…の立場になる：*No quisiera yo estar en su* ~. 私は彼のようにはなりたくない

mudar el ~ 生活様式を一新する

no caber en el ~ 非常に満足している

quedarse en el ~ *(en los* ~*s)* やせこける

quitar a+人 *el* ~ …の陰口を言う；…から盗む

pellet [pelét] 男『囮 ~s』《技術》小球, 粒, ペレット

pellica [peʎíka] 囡《服飾》［羊飼いの着る］毛皮のチョッキ

pellico 男 =pellica

pelliza [peʎíθa] 囡 毛皮(ライナー)付きのコート

pellizcar [peʎiθkár] 他 他 ❶ つねる, つまむ：~ *el brazo de*+人 …の腕をつねる． *Al cerrar*

la puerta le pellizcó los dedos. 彼は閉める時ドアに指をはさんでしまった． ❷ ほんの少し食べる：*No pellizques la torta.* ケーキをつまみ食いしちゃだめだよ

◆ ~*se* 自分の…をつねる(つまむ)：~*se la nariz* 鼻をつまむ

pellizco [peʎíθko] 男 ❶ つねること；つねった跡：*dar un* ~ a+人 …をつねる． ❷ 1 つまみ〔の量〕；少量：*un* ~ *de sal* 塩 1 つまみ． *un* ~ *de tierra* 猫の額ほどの土地

un buen ~《口語》大金

pellón [peʎón] 男《中南米》［鞍に置く, 主に羊皮の］皮敷き

pelluzgón [peʎuθɣón] 男［毛髪などの］房

pelma [pélma] 厖囝 理屈っぽい〔人〕, しつこい〔人〕；のろま〔な〕：*Es un* ~; *no para de hablar*. しつこいやつだ. 全然話をやめない

dar la ~ a+人［同じ事を繰返して］…をうんざりさせる

pelmazo, za [pelmáθo, θa] 厖囝 =pelma

pelo [pélo] 男『英 hair』〔❶~❹ は 不可算/可算〕❶［人間・動物の］毛, 体毛：*Le ha apuntado (ha salido) el* ~ *en el pecho.* 彼は胸毛が生えてきた． *Este perro tiene el* ~ *largo.* この犬は毛が長い． *He encontrado un* ~ *en el plato.* 料理の中に毛が一本入っていた． *de* ~ *duro (suave)* 毛の固い(柔らかい)． ~ *de la axila* わき毛． ~ *fino* うぶ毛

❷ 髪, 頭の毛：*El viento me despeina el* ~. 風で髪が乱れる． *cortar el* ~ a+人 …の髪を切る． *Me he cortado el* ~. 私は髪を切った(切ってもらった)． *cortar el* ~ *al cero* 丸坊主にする． *trenzarse el* ~ 髪を編む． *tener el* ~ *difícil* 癖毛である． *tener poco* ~ 髪が薄い

❸《口語》［植物・果実の］毛；［鳥の］羽毛

❹［布地の］毛, けば

❺《口語》ほんの少し：*Faltó un* ~ *para que la bala le alcanzase.* もう少しで弾が彼に届くところだった． *Por un* ~ *no llegué a coger el tren.* 私はほんのわずかの差で列車に乗り遅れた． *De tonto no tengo un* ~. 頭の働きはまったく正常だよ

❻［寄せ木細工用の］糸のこ；その刃

❼《中南米》*sombrero de* ~ シルクハット

a contra ~ 1) 毛並みに逆らって. 2) 無理やり；時宜をわきまえず：*Sus intervenciones son siempre a contra* ~. 彼はいつも時宜をわきまえず口をはさんでくる

a ~ 1)［乗馬で］鞍なしで：*montar a* ~ 裸馬に乗る. 2)《口語》何の準備もなく：*presentarse a un examen a* ~ ぶっつけ本番で試験に臨む

agarrarse a un ~ わらをもつかむ

al ~《口語》都合よく：*Este trabajo me ha venido al* ~. ちょうどいい時にこの仕事が舞い込んできた

así lucir el ~ a+人 …がひどい状態にある

buscar el ~ *al huevo* けんかを吹っかける, 言いがかりをつける

caérse a+人 *el* ~《口語》［悪事がばれて］具合が悪いことになる；叱られる, 罰せられる

colgado de un ～ 不確実な: Es una decisión *colgada de un* ～. その決定はいつでも変わる可能性がある

con ～*s y señales* 《口語》すべて詳細に: contar *con* ～*s y señales* 何から何まで事細かに話す

dar para el ～ *a+人*〔脅し文句で〕…を鞭で叩く

de medio ～《軽蔑》取るに足りない, ありきたりの: gente *de medio* ～ つまらない連中. mueble *de medio* ～ 安物の家具

de ～ *en pecho*《口語》強く勇敢な

echar ～*s a la mar*《互いに》争いを水に流す

en un ～《中南米》ほんのわずかの差で

estar hasta [*la punta de*] *los* ～*s de...* …に閉口している

no tener [*ni*] *un* ～ *de tonto*〔少しも〕ばかではない

no ver (*verse*) *a+人 el* ～《口語》〔いるべき所・よく来る所で〕…を見かけない(…が姿を見せない): Desde hace una semana *no se le ha visto el* ～ en la oficina. 彼はこの1週間会社に来ていない

～ *de la dehesa* 田舎者らしさ, 粗野: Todavía se le nota el ～ *de la dehesa.* 彼はまだ垢抜けない

～ *de rata*《軽蔑》[うぶ毛のような] 薄い髪

poner (*ponerse*) *a+人 los* ～*s de punta*《口語》〔恐怖で〕…の毛を逆立たせる(毛が逆立つ): *Se me pusieron los* ～*s de punta.* 私は身の毛がよだった

por los ～*s/por un* ～ きわどいところで, 好機を逃さず: agarrar (asir・coger) *por los* ～*s* un empleo かろうじて職にありつく. librarse *por los* ～*s* 間一髪で逃れる

relucir a+人 el ～ …に肉がついて元気そうになる

soltarse el ～ 自身の抑制をなくす: Su mujer *se ha soltado el* ～ desde que trabaja. 彼の妻は働き始めると奔放になった

tener ～*s* 難しい

tirarse de los ～*s*《口語》〔絶望して〕髪の毛をかきむしる

tomar a+人 el ～ …をからかう

traído por los ～*s* こじつけの, ありそうもない

venir al ～ *a+人* …に都合がいい

pelón, na [pelón, na] 形 名 ❶ 禿(4)げた〔人〕, 髪の毛の薄い〔人〕. ❷《口語》文なしの〔人〕

名《中南米》死

pelota [peláta] 名〖英 ball〗❶〔小さい〕ボール, 球(\$) 〔☞balón 類義〕: jugar con una ～ ボール遊びをする. lanzar una ～ ボールを投げる. ～ *de goma* ゴムボール. ❷ 球戯; ボール遊び: jugar a la ～ 球技をする. ❸〔柔らかいものを丸めた〕球. ❹ ペロータ〔球または vasca. 球を壁に当て, 跳ね返る球を素手または手袋型ラケットで打ち返すバスク地方の球技. ☞カット〕. ❺ 腹《俗語》睾丸〖*testículos*〗

dejar a+人 en ～[*s*]《俗語》…を身ぐるみはぐ, 金を巻き上げる

devolver la ～ *a+人* …にきっちり仕返しをする; ぴしゃりと言い返す

echar (*tirarse*) *la* ～ 罪(責任)をのがれる

en ～*s/en* ～ *picada* (*viva*)《俗語》裸で; 無一文で

estar hasta las ～*s*《口語》[+*de* に] うんざりしている

estar la ～ *en el tejado* 未解決のままである, 成功するかどうか分からない

hacer la ～《口語》[+*a+人* に] おべっかを使う, ゴマをする

hacerse una ～ [寒さ・苦痛などで] 体を丸くする; [頭の中が] 混乱する, わけがわからなくなる

pasarse la ～《口語》責任をなすり合う

rechazar (*volver*) *la* ～ *a+人* …に言い返す

tener más faltas que un juego de ～ 大して値打ちがない

tocarse las ～*s*《俗語》ぼんやりと過ごす

◆ 形 名《西》おべっか使い〔の〕〖pelotillero〗

cesta

pelotari [pelotári] 名《バスク語》ペロータ pelota vasca をする人

pelotazo [pelotáθo] 男 ❶ ボールの一撃: romper el cristal de un ～ ボールをぶつけてガラスを割る. ❷《西. 口語》〔酒の〕一杯

pelote [peláte] 男〔じゅうたん・詰め物などに使われる〕ヤギの毛

pelotear [peloteár] 自 ❶〔練習で〕ボールを蹴る(打つ・投げる). ❷ [+*con*] 投げつける: ～ con las almohadas 枕の投げっこをする. ❸ けんかする. ❹《口語》おべっかを使う, ごまをする

◆ 他 〔勘定を〕調べ直す, もう一度つき合わす

peloteo [peloteo] 男 ボールを蹴る(打つ・投げる)こと; ごますり

pelotera[1] [pelotéra] 女《口語》〔激しい〕口論, 言い争い: armar una ～ 言い争う

pelotero, ra[2] [pelotéro, ra] 名《中南米》サッカー選手; 野球選手

pelotilla [pelotíλa] 女《口語》❶〔主に 服. 糸などの〕もつれた小さな塊, 毛玉. ❷ 鼻くそ

◆ 形 名《西》おべっか使い〔の〕

estar en ～*s*《俗語》裸でいる

gastar (*hacer*) *la* ～ *a+人* …におべっかを使う, ごまをする

pelotillero, ra [pelotilléro, ra] 形 名 おべっか使い〔の〕

pelotón [pelotón] 男 ❶《軍事》〔軍曹が指揮する〕分隊, 班: ～ *de fusilamiento* (*de ejecución*) 銃殺班. ❷ 一団の人;《スポーツ》〔競走中の〕選手の一団: Se originó un ～ en el lugar del accidente. 事故現場に人だかりができた. escapar *del* ～ *en cabeza* 先頭集団を抜け出す. ❸〔毛・糸などの〕もつれた塊

el ～ *de los torpes* 落ちこぼれの集団

pelotudo, da [pelotúðo, ða] 形 《南米. 俗語》ばか〔な〕；怠け者〔の〕，ぐうたら〔な〕

peltre [péltre] 男 亜鉛・鉛・錫の合金

peluca [pelúka] 女 かつら：ponerse la ～ かつらをかぶる．llevar ～ かつらをかぶっている

peluche [pelútʃe] 男 **1** 《繊維》プラッシュ，フラシ天．**2** 《主に動物の》ぬいぐるみ

pelucón, na [pelukón, na] 形 毛深い；長髪の

peludo, da [pelúðo, ða] 形 名 毛深い〔人〕，毛むくじゃらの〔人〕：brazos ～s 毛深い腕
◆ 男 **1** 丸いマット．**2** 《南米》泥酔．**3** 《動物》アルマジロの一種

peluquear [pelukeár] ～se 《中南米》髪を切って（セットして）もらう

peluquería [pelukería] 女 **1** 理髪店；美容院 《～ de señoras》：ir a la ～ 床屋へ行く．alta ～ 高級美容院．**2** 理髪業；理容術：academia de ～ 理容学校

peluquero, ra [pelukéro, ra] 名 理髪師，美容師

peluquín [pelukín] 男 **1** 部分かつら，ヘアピース．**2** 《昔の》カールした（粉飾にした）かつら
ni hablar del ～ 《西》[否定の強調] とんでもない：De irte, ni hablar del ～. 君が行ってしまう話なんてとんでもない

pelusa [pelúsa] 女 **1** 《布地の》毛，けば：soltar ～ けば立つ．**2** うぶ毛，《植物の》毛．**3** 《西》《子供の》嫉妬

peluso [pelúso] 男 《西. 俗語》新兵

pelvis [pélbis] 男《単複同形》《解剖》骨盤：renal 腎盂，腎臓
pélvico, ca/pelviano, na 形 骨盤の

pemex [pémɛ(k)s] 男 《略語》←petróleos mexicanos メキシコ石油

pena [péna] 女 《英 pain, penalty》**1** 苦悩，悲嘆：Tuve ～ por su muerte. 彼の死に私の心は痛んだ．¡Qué ～! ああ，残念/いやだな！¡Qué ～ separarnos! お別れするのは悲しい！
2 [主に 複] 苦労，労力，困難：La ～ no me ha resultado en vano. 私は苦労したかいがあった．Pasamos muchas ～s en el viaje. 旅行は大変だった
3 《法律》罰，刑罰：Le impusieron (infligieron) una ～ de diez años de cárcel. 彼は懲役10年に処せられた．condenar a+人 a una ～ rigurosa …を厳罰に処する．pronunciar una ～ 刑を宣告する．～ capital (de muerte) 極刑，死刑
4 《宗教》las ～s eternas 永遠の罰 〔地獄に落ちること〕
5 《スポーツ》máxima ペナルティ
6 《中南米》羞恥，気おくれ
a duras ～s 苦労して：A duras ～s logré que se callara. 私はようやく彼を黙らせた
ahogar las ～s 心の痛みを紛らす：beber para ahogar las ～s 憂さを晴らすために酒を飲む
avivar la ～ 苦悩をかきたてる
bajo ～ de... 〔違反すれば〕…の罰を受ける条件で：No pegar carteles bajo ～ de multa.

《表示》貼紙禁止．違反者は罰金に処する
dar ～+不定詞・que+接続法 …するのはつらい思いをさせる：Me ～ decírtelo. 君にそれを言うのはつらい．Da ～ que no estudies. 君が勉強しないのは残念なことだ
de ～ 《口語》非常に悪い，ひどい：Va vestida de ～. 彼女はひどいみなりをしている
hecho una ～ 《口語》[肉体的・精神的に] ひどい状態で
merecer la ～+不定詞 =valer la ～+不定詞
¡qué ～ que+接続法! …とは何とつらい（残念な・気の毒な）ことか！
ser una ～ que+接続法 …とはつらい（残念だ・気の毒だ）
sin ～ ni gloria 凡庸で，可もなく不可もなく
so ～ de...=bajo ～ de...；[+que+接続法] …でなければ：¡Esta solución no es posible, so ～ de que todos la acepten! 全員の賛成がなければ，この解決法は不可能だ!
valer la ～+不定詞[英 it is worth] …するだけの価値がある：No vale la ～ ver esa película. その映画は見るに値しない．Vale la ～ esforzarse mucho para evitar la contaminación. 公害を防ぐための努力を傾けることは非常に大切なことである

penacho [penátʃo] 男 [鳥の] 冠羽，羽冠；[頭・帽子などにつける] 羽根飾り

penado, da [penáðo, ða] 名 過分 《文語》受刑者，囚人

penal [penál] 形 刑罰の；刑事法上の：derecho ～ 刑法．responsabilidad ～ 刑事責任．cláusula ～ 違約条項．acción ～ 犯罪行為
◆ 男 **1** [重罪犯罪の] 刑務所．**2** 《主に中南米. スポーツ》反則 〔penalty〕

penalidad [penaliðá(ð)] 女 **1** [主に 複] 労苦，困難：pasar muchas ～es 苦労する．**2** 《法律》刑罰

penalista [penalísta] 形 名 刑法専門の；刑事法学者：abogado ～ 刑事弁護士

penalizar [penaliθár] 他 **1** …に罰則を課する．**2** 《スポーツ》ペナルティを課する：～ a+人 con la expulsión del campo …に退場を命じる
penalización 女 刑則（ペナルティ）を課すること

penalty [penálti/pénalti] 男 《複 ～s》《←英語. スポーツ》ペナルティ，反則；ペナルティキック 〔tiro de ～〕：área de ～ ペナルティエリア．gol de ～ ペナルティゴール．ronda de ～ 《サッカー》PK戦
casarse de ～ 《西. 戯語》妊娠したために結婚する
penalti 男 《複 ～s》《西》=penalty

penar [penár] 他 **1** …に苦しむ；～ sus cuitas de amor 恋に悩む．**2** …に刑罰を課する；[法律が行為を] 罰する：Le penaron cinco años. 彼は懲役5年を課せられた
◆ 自 **1** 《文語》つらい思いをする，苦しむ：Su jefe le hace ～ mucho. 上司は彼をこき使っている．**2** [+por を] 強く望む，欲しがる

penates [penátes] 男 複 《古代ローマ》家の守り神

penca¹ [péŋka] 囡 [野菜の] 厚みのある葉, 芯
(し).
◆ 形《南米》ひどい, 不快な

pencar [peŋkár] 固《口語》せっせと働く；我慢
して受け入れる

penco¹ [péŋko] 男 駄馬, やせ馬；怠け者, 役立
たず

penco², **ca**² [péŋko, ka] 形 名《中米》ばか
〔な〕

pendejo, ja [pendéxo, xa] 形 名 ❶《軽蔑》
生活の乱れた〔人〕, だらしない〔人〕；小心(臆病)
な〔人〕. ❷《中南米》愚かな〔人〕, ばかな〔人〕
◆ 男 ❶《俗語》恥毛, 陰毛. ❷ 侮辱

pendejada 囡《中南米》愚かさ, ばかなこと
pendejear 固《中南米》ばかなことをする(言う)

pendencia [pendénθja] 囡 口論, けんか：
armar una ~ けんかをする
pendenciero, ra 形 けんか早い

pendentif [pendentíf] 男《←仏語》ペンダント,
首飾り

pender [pendér] 固 ❶《文語》[+de から] たれ
る, ぶら下がる：Las manzanas *penden* de las
ramas. リンゴが枝から下がっている. El cuadro
pende de la pared. 絵は壁に掛かっている. ~
en la cruz 十字架に掛かる. ❷ 懸案(係争)中
である, 未解決である：Su caso todavía *pende*
ante el juez. 彼の訴訟はまだ裁判中. ❸[危
険などが, +sobre に] 降りかかる：*Pende sobre*
él una maldición. 彼に呪いがかけられている. ❹
《まれ》[+de] …次第である〔depender〕

pendiente [pendjénte] 形 ❶[estar+. +de
を] 待つ：Estamos ~*s* de sus nuevos pedi-
dos. またのご注文をお待ちしております. [+不定
詞•que+接続法] Estoy ~ de que me llame
mi padre. 私は父から電話がかかってくるのを待っ
ている. ❷[estar+. 問題が] 未解決の：Eso
está ~ de resolución. それは決定待ちだ.
asignatura ~ 追試を受けなければならない(再履
修)課目；未解決の事柄. asunto ~ 懸案事
項. deuda ~ 未払いの借金. ❸[estar+. +
de+人•事物 に] 大変注意を払う：Está ~ de
lo que dice el profesor. 彼は先生の話に耳を
傾けている. estar ~ del reloj 時間を気にする.
❹ 傾いた：terreno ~ 傾斜地. ❺ たれ下がっ
た：araña ~ del techo 天井から下がっているシャ
ンデリア
◆ 男《西. 服飾》耳飾り, イヤリング, ピアス《スペ
インではピアス式が多い》；鼻飾り
◆ 囡 ❶ 坂, 勾配；傾斜度：fuerte ~/~
muy pronunciada (inclinada) 急坂, 急勾配.
~ máxima 最大斜度. ❷《建築》屋根の勾配

péndola [péndola] 囡 ❶《建築》[橋の] 吊り
索；クイーンポスト. ❷ 羽ペン. ❸ 振り子
〔péndulo〕；振り子時計

pendón [pendón] 男 ❶[騎士•部隊の, 小さ
な] 旗, 軍旗：~ del Ayuntamiento de
Madrid マドリード市の市旗. seguir el ~ de+
人 …の旗の下に結集する. ❷[囡 pendona もあ
る]《西. 軽蔑》生活の不規則な(乱れた)人；[特
に女性] 身持ちの悪い人, 遊び好きの人；売春婦
alzar ~ (*pendones*) 指導者(首謀者)にな

る；決起する

pendonear [pendoneár] 固《西. 軽蔑》働か
ないで) 街をうろつき回る, 遊び回る

péndulo [péndulo] 男 振り子：reloj de ~ 振
り子時計. ~ simple (compuesto) 単一(複
合)振り子
pendular 形 振り子の〔ような〕：movimiento
~ 振り子運動

pene [péne] 男《解剖》[主に人間の] 陰茎, ペニ
ス

penene [penéne] 名 非常勤講師〖←profe-
sor no numerario の略語. 現在は廃止〗

penetrable [penetráble] 形 ❶ 侵入可能な,
透過性のある：materia difícilmente ~ al
agua 水を通しにくい物質. ❷ 把握できる, 理解
し得る
penetrabilidad 囡 透過性；理解可能なこと

penetración [penetraθjón] 囡 ❶ 入り込むこ
と, 侵入；浸透, 透過：~ en el espacio terri-
torial 領空侵犯. ~ de una bala 弾丸の食い
込み. ❷ 理解；洞察力, 明敏さ：tema de
difícil ~ わかりにくいテーマ. Tiene gran ~.
彼は洞察力が大変すぐれている. ❸[性交の] 挿
入

penetrante [penetránte] 形 ❶ しみ通る, 深
く入り込む：dolor ~ 刺すような痛み. frío ~
身にしみる寒さ. olor ~ 鼻につんとくるにおい. ❷
[音などが] 鋭い：sonido ~ 耳をつんざく音. ❸
[感覚などが] 鋭敏な：mirada ~ 鋭い眼光.
análisis ~ 洞察力に富んだ分析. ❹ 辛辣な.
❺[傷が] 貫通性の

penetrar [penetrár] 固《英 penetrate》❶
[+en に] 入り込む, 侵入する：El
tren *penetró* en el túnel. 列車はトンネルに入っ
た. El ladrón *penetró* por la ventana. 泥棒
は窓から侵入した. La humedad *penetra* en la
pared. 湿気が壁にしみ込む. El frío me *pene-
tró* en los huesos. 寒さが骨身にしみた. Tu
ingratitud *penetró* hondamente *en* su co-
razón. 君の忘恩が彼の心に深い傷を残した. ~
en el estudio 研究を深める. ❷ 深く理解する：
Penetra en mi espíritu. 彼は私の考えがよくわ
かっている. ❸[性交で] 挿入する
◆ 他 貫く, 刺す；見抜く：ruidos que *pene-
tran* la noche 夜の静寂を破る騒音. ~ unas
intenciones 意図を見破る
◆ ~**se**[+de を] 深く理解する：Se ha *pene-
trado de*l sentido de la misión. 彼は使命の意
味をよく飲み込んでいる

pénfigo [pénfigo] 男《医学》天疱瘡(ぽう).

penibético, ca [penibétiko, ka] 形《地名》
ペニベティカ山系 Cordillera Penibética の〖ス
ペイン南部, シエラネバダの北側の山地〗

penicilina [peniθilína] 囡《薬学》ペニシリン

penillanura [penikanúra] 囡《地質》準平原

península [península] 囡 半島：P~ Ibé-
rica イベリア半島. P~ de los Balcanes バル
カン半島

peninsular [peninsulár] 形 名 半島の, 半島
地方の〔人〕；[特にバレアレス諸島•カナリア諸
島•スペイン領モロッコに対して] 本土(イベリア半

島)の〔人〕: hora 〜 スペインの本土時間

penique [peníke] 閉 [英国の貨幣単位] ペニー
penitencia [peniténθja] 囡 ❶《キリスト教》i)
悔悛(かいしゅん), 悔い改め; 悔悛(告解)の秘跡〖sa-
cramento de la 〜〗. ii)〔贖罪のため聴罪司祭
が告解者に課する〕償い; 〔贖罪のための〕苦行:
hacer 〜 罪を償う; 苦行をする. rezar tres
rosarios como 〜 償いとしてロザリオの祈りを3
回唱える. ❷〔一般に〕罰; 苦行: Menuda 〜
me ha tocado: tengo que limpiar los pla-
tos durante una semana. 1週間も皿洗いをし
なければならないなんて, ひどいことになった

penitencial [peniténθjal] 厖 悔悛の, 悔い改
めの

penitenciario, ria [penitenθjárjo, rja] 厖
悔悛の, 償いの; 刑務所の: régimen 〜 刑務所
制度, 刑務所の管理規則
◆ 閉《カトリック》〔留保の罪を許す〕特別聴罪師
penitenciaría 囡 1) 刑務所. 2) 特別聴罪
師の職; 〔教皇庁の〕内赦院

penitente [peniténte] 图《キリスト教》告解者,
悔悛者; 〔聖週間に〕悔悛の証しとして行列に加
わる人

penol [pen5l] 閉《船舶》三角帆の帆桁の上端;
〔鳥の翼の〕風切り羽, 尾羽

penoso, sa [pen5so, sa] 厖 ❶ つら
い思いをさせる: Su estado es 〜. 彼の様子は痛
ましい. recuerdo 〜 つらい思い出. ❷ 骨の折れ
る: viaje 〜 苦難に満ちた旅. ❸ つらく思う: Su
cara es 〜sa. 彼の顔は悲しそうだ. ❹《中南米》
臆病な

pensado, da [pensáðo, ða] 厖 過分 考えられ
た: Este plan está poco 〜. この計画はあまりよ
く練られていない
　bien 〜 熟慮された; よく考えると
　de 〜 故意に, たくらんで
　mal 〜 =malpensado
　tener 〜... …を決意している: Tengo 〜 ir
　allí el mes que viene. 私は来月そこに行くつも
　りだ
　menos 〜 思いがけない: El día menos 〜
　estallará. それは忘れたころに起こるだろう

pensador, ra [pensað5r, ra] 厖 思想家, 思
索する人
pensamiento [pensamjénto] 閉 〖英
thought〗❶ 思考, 考え, 意図; 思考力: Siem-
pre lo llevo en el 〜. 私はいつもそのことを考え
ている. Mi 〜 es estar de vuelta pasado
mañana. 私は明後日には帰っているつもりだ.
tener malos 〜s 悪い考えを抱く. 〜 lateral
水平思考. ❷ 集合〔一人・一集団の〕思想:
historia del 〜 思想史. control del 〜 思想
統制. ❸ 箴言(しんげん), 格言. ❹〔作品などに示さ
れた著者の〕考え, 作品内容. ❺《俗称, 植物》パ
ンジー〖trinitaria〗
　beber a+人 los 〜s …の意図を察する
　como el 〜 あっという間に, さっと
　en un 〜 かいつまんで, 一言で
　encontrarse con (en) los 〜s 互いに 偶
　　然同じことを考える
　ni por 〜 思っても見ない

pasar a+人 por el 〜 …の頭に浮かぶ, 思いつ
く
poniendo el 〜 en... …を考えて(目的として)
pensante [pensánte] 厖 思考する
pensar [pensár] 23《英 think.》 ☞活用
表❶ 自 ❶ 考える, 思う: i) Pien-
so, luego existo. 我思う, ゆえに我あり. ii)〔+
en 心に留めている事柄を〕〔よく〕考える:
¿En qué piensas tú?—Pienso en el exa-
men. 何を考えているの?—僕は〔気になっている〕
試験のことを考えているんだ. Contemplaba el
mar sin 〜 en nada. 彼はぼんやりと海を眺めて
いた. iii)〔+不定詞〕考慮する, 頭に浮かぶ:
No pensé en decirte que vinieras conmigo.
私は一緒に来るように君に言うことを思いつかなか
った.〔+que+直説法〕Quiero 〜 en que todo
saldrá bien. すべてうまくいくと私は考えたい. iv)
〔+sobre について〕熟考する: Tengo que 〜
sobre el asunto antes de dar una contes-
tación. 答を出す前にこの件についてよくよく考え
なければならない. v)〔+de〕¿Qué piensas de
Manolo? マノロについてどう思う? ❷〔+en を〕
望む: Él ya piensa en una cátedra. 彼はもう
教授の椅子を狙っている
　〜 bien (mal) よく(悪く)思う: Piensa mal
　y acertarás.《諺》何事も悪いふうにとっておけば
　間違いない
　〜 para sí/〜 consigo 心の中で考える
　sin 〜 思わず, あわてて, よく考えずに
◆ 他 ❶ …と考える, 思う: i)〔判断. +que+直
説法〕Pienso que ahora no es el momento
oportuno. 今は適当な時期ではないと思う. Pen-
saba que eras más joven que yo. 君は僕より
若いと思っていた. ii)〔意図. +不定詞〕Pienso
salir por la tarde. 私は午後外出するつもりだ.
No pienses hacer novillos. 授業をサボろうなど
と考えてはいけないよ. iii)〔+que+接続法〕考え
が浮かぶ, 想像する: Hemos pensado que tú
seas nuestro portavoz. 君をスポークスマンに
しようと私たちは考えている. ❷ 熟考する: Pien-
sa lo que vas a hacer. 自分が今何をしようとし
ているか考えてみなさい. ❸ 考えつく: Ese plan
lo pensó él. その計画は彼が考えたものだ
　cuando menos lo piensa (se piensa) 思
　いがけない時に
　dar en 〜 思い込む: Dio en 〜 que su ma-
　rido le engañaba. 彼女は夫が裏切っていると
　思い込んだ
　dar que 〜 〔事柄が主語〕懸念させる: Me da
　que 〜 que aún no haya entregado los
　documentos. 彼がまだ書類を提出していないの
　ではないかと私は心配だ
　ni 〜lo/ni lo piense《口語》〔否定の強調〕
　とんでもない: ¿Quieres que te ayude?—Ni
　〜lo. 手伝おうか?—まっぴらだ
　pensándolo bien よく考えると
　ser para 〜lo〔事柄が主語〕考慮すべきであ
　る: Las consecuencias de esto son para
　〜las. この結果は重大である
　sin 〜lo 思いがけず: Se encontró sin 〜lo
　con que la finca no era suya. 彼はその地所

P

が自分のものではなくなっていることをたまたま知った

¡y ~ que+直説法！［考えてみると］…だんて！: ¡Y ~ que antiguamente este lugar era el mar! 昔はここが海だったなんて！

◆ ~se ［一般に］…と考えられている: Se piensa que es necesario un cambio. 変革が必要だと考えられている

si bien se piensa よく考えると

pensar	
直説法現在	接続法現在
pienso	piense
piensas	pienses
piensa	piense
pensamos	pensemos
pensáis	penséis
piensan	piensen

pensativo, va [pensatíbo, ba] 形 ［estar+］物思いにふける，考え込んだ: Antes de contestar permanecío unos minutos ~. 彼は答える前に数分考え込んだ

pensil/pénsil [pensíl/pénsil] 男 《文語》美しい庭園

pensión [pensjón] 女 ❶ 年金: cobrar una ~ 年金を受け取る. ~ alimenticia ［離婚後の］扶養手当. ~ de invalidez 廃疾給付. ~ de jubilación (de retiro) 退職年金. ~ de vejez 老齢年金. ~ de viudedad (de viudez) 寡婦年金. ❷ ［食事付きの］下宿屋［願題 pensión は 2 食または 3 食付き，食事が付かないのは casa de huéspedes］; ［宿泊用の］寄宿舎; ［長期滞在用家族的な］小ホテル，民宿［☞ hotel 願題］. ❸ 食事付き宿泊料: hospedarse con ~ completa ［宿泊で］昼食付き，朝夕 2 食付き; ［学校が］昼の給食付き. ❹ ［教師・学生への］奨学金，研究助成金. ❺ 《南米》苦悩，心痛

pensionado, da [pensjonáðo, ða] 名 年金 (奨学金・研究助成金) の受給者

◆ 男 《西》寄宿学校; 《南米》寄宿舎

pensionar [pensjonár] 他 年金 (奨学金・研究助成金) を支給する; 《南米》…に迷惑 (心配) をかける

pensionista [pensjonísta] 名 ❶ 年金生活者. ❷ 寄宿生, 下宿人: medio ~ 学校で昼の給食をとる自宅通学生

pentadáctilo, la [pentaðáktilo, la] 形 《動物》5 指の

pentaedro [pentaéðro] 男 《数学》5 面体

pentágono [pentáɣono] 男 ❶ 《数学》5 角形. ❷ [el P~] 《米国の》ペンタゴン, 国防総省; 米軍司令部. ❸ 《中米. 野球》本塁
　pentagonal 形 五角形の

pentagrama/pentágrama [pentaɣráma/-táɣra-] 男 《音楽》五線, 譜表

pentámero, ra [pentámero, ra] 形 5 部分に分かれた (から成る)

pentámetro [pentámetro] 男 《詩法》五歩格

pentano [pentáno] 男 《化学》ペンタン

pentasílabo, ba [pentasílabo, ba] 形 男 《詩法》5 音節の(詩)

Pentateuco [pentatéuko] 男 《聖書》モーゼの五書

pentatlón [pentatlón] 男 《スポーツ》5 種競技: ~ moderno 近代 5 種
　pentatleta 名 5 種競技の選手

pentavalente [pentaβalénte] 形 《化学》5 価の

Pentecostés [pentekostés] 男 《キリスト教》聖霊降臨祭 [Pascua de ~. 復活祭後の第 7 日曜日]

pentotal [pentotál] 男 《薬学》ペントサル

penúltimo, ma [penúltimo, ma] 形 名 終わりから 2 番目の〔人〕: ~ma sílaba 《文法》第 2 尾音節

◆ 女 《戯語》お別れの乾杯，店を出る前の最後の一杯

penumbra [penúmbra] 女 薄明かり，微光; 《物理》半暗部: en la ~ 薄暗がりで

penuria [penúrja] 女 ［生活必需品などの］不足，欠乏; 貧窮: vivir en la ~ 物のない生活をする; 貧乏暮らしをする. ir con ~ de medios 手の打ちようがない. ~ de petróleo 石油不足

peña [péɲa] 女 ❶ 岩; ［小さな］岩山: escalar ~s arriba 岩山をよじ登る. ❷ 集まり; ［主に文化的な］サークル: ~ de aficionados a las bellas artes 美術同好会

peñaranda [peɲaránda] 女 《西. 戯語》質店

peñasco [peɲásko] 男 ❶ 大きな岩, そそり立った岩. ❷ 《解剖》［側頭骨］錐体
　peñascal 男 岩だらけの土地
　peñascoso, sa 形 大きな岩に覆われた, 岩山でできた: monte ~ 岩山

peñazo [peɲáθo] 男 《西. 口語》退屈な人 (こと), うんざりさせる人(こと)

peñón [peɲón] 男 岩山, 岩壁: ~ de Gibraltar ジブラルタルの岩山 [スペイン南端近くの岬にある]

peón [peón] 男 ❶ ［単純作業の］労働者, 作業員: ~ caminero 道路工事作業員. ~ [de] albañil 煉瓦積み職人の助手. ❷ 《チェス》ポーン; 《チェッカー》駒. ❸ 《口語》目的地のための手段として使われる人, 手先. ❹ 《玩具》［ひもで回す］こま [trompo]. ❺ 《闘牛》闘牛士の助手 [~ de brega]. ❻ 《古語》歩兵. ❼ 《中南米》 [hacienda の] 農業労働者

peonada [peonáða] 女 ［農業労働者などの］一日分の仕事(労働); 《主に中南米》＝**peonaje**

peonaje [peonáxe] 男 集合 ［一工事で働く］労務者

peonía [peonía] 女 《植物》ボタン, シャクヤク

peonza [peónθa] 女
❶ 《玩具》［ひも・むちで回す］こま [☞カット].
❷ 《口語》小柄で騒々しい人

bailar como una ~ 軽やかに踊る

peor [peór] ［英 worse. malo・mal の比較級. ↔mejor］ 形 ［+que より］ さらに悪い: i)

Esta pluma es ～ *que* la mía. このペンは私のより品質が劣る. P～ es menearlo (meneallo). 〔諺〕触らぬ神にたたりなし. ii)〔最上級. 限定詞+〕Es *el* ～ de todos. 彼はみんなの中で一番〔性格・行ないが〕悪い. prepararse para *lo* ～ 最悪の事態に備える

en el ～ *de los casos* 最悪の場合は：En el ～ *de los casos* fracasará el proyecto completamente. 下手をすると計画は完全に失敗する

～ *que* ～ 事態をもっと(かえって)悪くする

ponerse en lo ～ 最悪の場合を考える

tanto ～ ＝～ *que* ～

◆ 圖 さらに悪く：Hoy estoy ～ *que* ayer. 私は今日は昨日より体の具合が悪い

Pepa [pépa] 囡《女性名》〖Josefa の愛称〗
¡Viva la ～! 〖安心・歓喜〗Por mí..., ¡viva la ～! 私のことなら大丈夫だ! ¡Viva la ～!, ¡que la ～! 万歳! うかったぞ!

pepe [pépe] 男 ❶《男性名》〖P～〗ペペ〖José の愛称〗. ❷《南米》おしゃれ, 伊達男
ponerse como un ～《口語》たらふく食べる

pepenador, ra [pepenadór, ra] 图《中米》ごみ拾いで生活している人
pepenar 他《中米》〖ごみを〗拾う, あさる；《南米》拾い上げる

pepinazo [pepináθo] 男《口語》強打, 炸裂；《スポーツ》強烈なシュート

pepinillo [pepiníʎo] 男 小キュウリ〔のピクルス〕

pepino [pepíno] 男《植物》キュウリ
(*no*) *importar* a+人 *un* ～《口語》[+que+接続法 することは]…にとって問題ではない：Me importa *un* ～ que te vayas o no. 君が去ろうと去るまいと私にはどうでもいい

pepita [pepíta] 囡 ❶《果実の》種. ❷《金属の》天然の塊；塊金. ❸家禽の舌病. ❹《口語. 女性名》〖P～〗ペピータ〖Pepa の愛称〗. ❺《中米》カボチャの乾した種

pepito [pepíto] 男 ❶《西. 料理》肉入りのサンドイッチ bocadillo；クリームパン. ❷《口語. 男性名》〖P～〗ペピート〖Pepe の愛称〗

pepitoria [pepitórja] 囡《料理》鶏の黄身ソース煮込み〖gallina en ～〗

pepla [pépla] 囡《口語》[手間がかかって] わずらわしいもの(人)
ir (*venir*) *con* ～*s* やっかいなことを持ち込む

peplo [péplo] 男《古代ギリシア. 服飾》〖女性用の〗肩でとめる外衣

pepón [pepón] 男 スイカ〖sandía〗

pepona [pepóna] 囡《ボール紙製の》大きな人形；〖健康そうな〗大女

pepónide [pepónide] 囡《植物》瓜状果

pepsina [pepsína] 囡《生化》ペプシン
péptico, ca 形《生化》消化を助ける；ペプシンの
péptido 男《生化》ペプチド

peptona [peptóna] 囡《生化》ペプトン

peque [péke] 囡《口語》少年, 少女

pequeñajo, ja [pekeɲáxo, xa] 形 图《親愛》小さな(子)：¡Los ～*s* a la cama! 坊やたちは寝なさい!

pequeñez [pekeɲéθ] 囡〖閥 ～*ces*〗 ❶ 小さ

さ, 少なさ：～ de la figura 体の小ささ. ～ del sueldo 給料の少なさ. ❷ 取るに足りないこと：reñir por *pequeñeces* ささいなことでけんかする. ❸ 狭量な行為, けちくささ

pequeño, ña

[pekéɲo, na] 形《英 small, little. ↔ grande》❶ 小さい：i) Este sombrero se me ha quedado ～. この帽子は私には小さくなった. coche ～ 小型車. habitación ～ña 狭い部屋. letra ～ña 細かい字. lápiz ～ 短い鉛筆. ratón ～ 小さなネズミ. ii)〔身長が〕低い：Mi hermano es más ～ que yo. 兄は私より背が低い. hombre ～ 小柄な男. iii)〔年齢的に〕Todavía es ～ mi hijo. 私の息子はまだ小さい. niño ～ 幼い子. iv)〔数量的に〕Mis ingresos son ～s. 私の収入は少ない. Las probabilidades son ～ñas. 可能性は少ない. países de número ～ 少数の国々. suma ～ña de dinero 少額の金. ❷ ささいな, 取るに足りない：～ negocio 小さな取引き. ～ regalo ささやかな贈り物. ❸ 早しい, 身分の低い

◆ 名 ❶ 子供：Cogió al ～ entre sus brazos. 彼は子供を抱きかかえた. de ～ 子供の時に. des de ～ 子供のころから. ❷ 末っ子

en ～ 〔複製品の・よく似た〕小型版の, ミニチュアの

pequeñoburgués, sa [pekeɲoburgés, sa] 形 图 プチブル〔的な〕, 小市民〔的な〕；偏見(先入観)のある〔人〕

pequinés, sa [pekinés, sa] 形 图《地名》ペキン(北京) Pekín の〔人〕
◆ 男《犬》ペキニーズ〖perro ～〗

per-《接頭辞》〔強調〕*per*seguir 追求する

pera [péra] 囡《果実》洋梨：～ de agua〔とろけるような〕柔らかい梨. ～ limonera レモンに似た形の梨. ❷ 山羊ひげ. ❸ 浣腸(ɤ灯ɤ)器；〔香水吹き・スポイトなどの〕ゴムの握り部分；梨形スイッチ. ❹《ボクシング》パンチングボール
el año de la ～ 昔々その昔
estar como ～ 甘やかされている
partir ～*s con*+人 〔怒って〕…と仲違いする
pedir ～*s al olmo* (*al alcornoque*)《口語》不可能事を願う, ないものねだりをする
～ *en dulce* すばらしい人(もの)
poner a+人 *las* ～*s a cuarto*《口語》…をひどく叱る
ser la ～ ひどい, すごい
◆ 形 囡《口語》〔金持ちの〕お坊ちゃん〔の〕, お嬢様〔の〕：Este chico es un ～. この子はお坊ちゃまだ

perada [peráda] 囡 ナシのジャム(リキュール)

peral [perál] 男《植物》ナシ〔の木〕

peralte [perálte] 男 ❶《建築》〔アーチ・ドームの〕高半円式, 高半球式；〔鉄道・道路の〕片勾配, カント；〔競輪場などの〕バンク
peraltar 他 高半円(高半球)式にする；片勾配にする, カーブの外側を高くする

perborato [perboráto] 男《化学》過ホウ酸塩

perca [pérka] 囡《魚》パーチ〖スズキ類の淡水魚. 食用〗

percal [perkál] 男《繊維》ペルカル；《闘牛》muleta

conocer el ~《口語》事情を知っている，やり方を心得ている

percalina 囡《繊維》ペルカリン

percance [perkánθe] 男［ちょっとした］支障，不都合：Tuvimos el ~ de perder la documentación. 書類をなくすというトラブルがあった. *sin* ~*s* 無事に

per cápita [per kápita]《←ラテン語》一人あたり：renta ~ 一人あたり所得. pagar mil pesetas ~ 一人千ペセタ支払う

percatar [perkatár] ~*se* [+de に] 気づく，理解する：Por fin *me he percatado de* la gravedad de sus palabras. 私はやっと彼の発言の重大性がわかった

percebe [perθéβe] 男 ❶《貝》エボシガイ『食用』. ❷《軽蔑》ばか者，間抜け，無知な人

percentil [perθentíl] 男《統計》百分順位，百分位数

percepción [perθepθjón] 囡［←percibir］❶ 知覚，感知；認識. ❷《経済》受領

perceptible [perθeptíβle] 形 ❶ 知覚（認識・理解）し得る. ❷［報酬として］受け取れる

perceptibilidad 囡 知覚可能性

perceptivo, va [perθeptíβo, ba] 形 知覚の

perceptor, ra [perθeptór, ra] 形 図 ❶ 知覚する. ❷ 徴収（受領）する〔人〕：oficina ~*ra* de impuestos 収税事務所. ~ del premio 賞金の受取者

percha [pértʃa] 囡 洋服掛け，ハンガー；帽子掛け：poner el abrigo en la ~ オーバーをハンガーに掛ける. ❷［鳥の］止まり木. ❸《船舶》円材. ❹《口語》［人の］容姿，スタイル：tener buena ~ スタイルがよい

perchero 男 コート掛け

percherón, na [pertʃerón, na] 形 图 ペルシュロン種の（馬），ペルシュ馬

percibir [perθiβír] 他 ❶ 知覚する，感知する；感じ取る：He percibido una luz (un ruido). 明かりが見えた（物音に気づいた）. ❷ 認識する，理解する：Debes ~ que los tiempos han cambiado. 時代が変わったことを認識しなければいけないよ. ❸《文語》［給料・年金などを］受け取る：~ cien mil pesetas al mes de viudedad 寡婦年金として月に10万ペセタもらう. ~ un sueldo del Estado 国から給与を得ている

perciformes [perθifórmes] 男 複《魚》スズキ類

perclorato [perkloráto] 男《化学》過塩素酸塩

percudir [perkuðír] ~*se* 汚れが染みつく（染み込む）

percusión [perkusjón] 囡 ❶ 打楽器〔instrumento de ~〕. ❷《医学》打診〔法〕. ❸［繰返しの］衝撃，衝突

percusionista 图 打楽器奏者

percusor [perkusór] 男 =percutor

percutir [perkutír] 他《医学》打診する

percutor [perkutór] 男《火器の》撃鉄，撃針

perdedor, ra [perðeðór, ra] 形 图 敗けた〔人〕，敗者；失った〔人〕：Es un mal ~. 彼は敗けぎわが悪い

perder [perðér] 24 他《英 lose. ↔ ganar.》【→活用表】❶ 失う：i) *Perdí* un pendiente. 私はイヤリングを片方なくした. ~ toda su fortuna 全財産を失う. ~ dinero 金をなくす 《参考》el dinero 金をすべて失う』. ~ su posición (sus derechos) 地位（権利）を失う. ~ la confianza 信頼を失う. ~ tres quilos 3キロやせる. ~ una mano 片手をなくす. ~ mucho 多くを失う，大変損をする. ii)［性質・態度・感覚などを］~ la costumbre de pasear 散歩の習慣を失う. ~ el apetito 食欲をなくす. ~ la esperanza 希望をなくす. iii)［人を］~ a su madre 母親を亡くす. iv)［漏失］Este neumático *pierde* aire. このタイヤは空気がもれる. ~ agua 水もれがする ❷［時間・労力などを］無駄にする；［機会を］逃す：No *pierdas* más palabras con él. 彼とこれ以上話しても無駄だよ. Si llegamos tarde, *perdemos* las entradas. 遅れると切符が無駄になる. ~ la buena ocasión 好機を逃す ❸ 乗り遅れる：*Perdí* el avión por minutos. 私はちょっとのところで飛行機に乗り遅れた ❹ 損害を与える：La sequía *ha perdido* la cosecha. 日照りで収穫が台なしになった. La droga le *perdió*. 麻薬が彼をだめにした. Me *pierden* los dulces. 私は甘いものに目がない ❺［戦いなどに］負ける：Ayer *perdimos* el partido. 昨日私たちは試合に負けた

◆ 自 ❶［状況などが，+con で］悪化する：Vais a ~ *con* el cambio de gobierno. 政権が変わったら君の立場は悪くなるよ. *Con* esta decisión *ha perdido* mucho. この決定で彼は評判を落とした. Era guapísima pero *ha perdido* mucho. 彼女はとても美しかったのに，大変〔容色が〕衰えた. ~ en salud 健康が衰える. ❷ 負ける：*Perdimos*〔por〕3 a 1. 我々は3対1で負けた. En cualquier momento el equipo que *pierde* puede dar la vuelta al partido. 負けているチームもいつでも逆転できる. ❸［布が］色あせる，色が落ちる. ❹《容器が》もる

echar a ~ 悪くする，腐らせる：Esta mantequilla está *echada a* ~. このバターは腐っている. El amor ciego de la madre lo *echó a* ~. 母親の盲愛が彼をだめにした

llevar (*tener*) *las de* ~《口語》失敗（敗北）しそうである

saber ~ 負けっぷりがよい，いさぎよく負ける

sin ~ ［+時の名詞］…を無駄にせずに：*sin* ~ un día その日のうちに

tener buen (*mal*) ~ 負け方がいさぎよい（いさぎよくない）

tener... que ~ ［財産・名声など］守るべき…がある：Ahora no *tengo* nada *que* ~. もう少しもためらうことはない／思い切ってやれ

◆ ~*se* ❶［+a+人 から］失われる：*Se me han perdido* las gafas. 私は眼鏡をなくした. ❷ 見えなくなる，消える：El cohete *se perdió* en el cielo. ロケットは空高く消えて行った. ¡*Piérdete*! 行ってしまえ，消えろ！ ❸［+en で］道に迷う；まごつく，途方に暮れる，こんがらがる：Los niños *se perdieron en* el monte. 子供たちは山で道に迷

った. *Se ha perdido en* la clase de matemáticas. 彼は数学の授業についていけなかった. ❹ [精神的・肉体的・金銭的に, +por で] 破滅する: *Se perdió por* culpa de una mujer. 彼は女のために身を持ちくずした. *No se perderá*. 彼は抜け目ない. ❺ 無駄になる; 腐る: construir una presa para que no *se pierda* el agua 水が無駄にならないようにダムを作る. No *se pierde* nada con probarlo. それは試してみても損にはならない. ❻ [有用なものを] 利用(享受)しない. ❼ [+por+人 に] 夢中になる, ほれ込む

*no haberse perdido nada a+*人 …には居る理由はない: *A mí no se me ha perdido nada* allí. 私がそこに行く必要はまったくない

perdérselo 損する: Si no vienes de excursión, tú *te lo pierdes*. 遠足に来ないと損するよ

perder	
直説法現在	接続法現在
p**i**erdo	p**i**erda
p**i**erdes	p**i**erdas
p**i**erde	p**i**erda
perdemos	perdamos
perdéis	perdáis
p**i**erden	p**i**erdan

perdición [perdiθjón] 囡 ❶ 堕落, 破滅; その原因: El vino le llevó a la ~. 酒で彼は身を持ちくずした. Esa mujer fue su ~. その女が彼の破滅のもとだった. lugar de ~ いかがわしい場所, 悪所. ❷《宗教》[魂の]永遠の滅び

pérdida [pérdida] 囡 ❶ 失うこと, 紛失; 喪失: ~ de un reloj 時計の紛失. ~ de la vista 失明. ~ de la memoria 記憶喪失. ~ de su madre 母の死. ~ de velocidad《航空》失速. ❷ 無駄, 浪費: Es una ~ de tiempo. それは時間の無駄だ. ❸ 漏出: Hay una ~ de gas. ガス漏れがしている. ❹ 売春婦. ❺圏 損失, 損害《↔ganancias》: ~s de la cosecha 農作物の被害. ~s humanas (materiales) 人的(物的)被害. ~s y ganancias 損益. ❻圏《医学》[子宮からの異常な]出血, おりもの

no tiene ~ それは見つからやすい

vender con ~ 買値(元値)より安く売る

perdido, da [perdído, da] 厖 過形 [estar+] ❶ 失われた; 紛失した: objeto ~ 遺失物. tiempo ~ 空費した時間. ❷ 迷った; 途方に暮れた; 行方不明の: niño ~ 迷子. tres montañeros ~s 行方不明の3名の登山者. documento ~ どこにいったかわからなくなった書類. ❸ 隔絶した: isla ~da en pleno mar 絶海の孤島. ❹ [+por に] 夢中な: Está ~ por el juego. 彼は賭け事にうつつを抜かしている. ❺ 絶望的な, 手の施しようのない: Estoy ~. 私はもうだめだ/立ち直れない. ❻ [人が] 堕落した, 身持ちの悪い. ❼《西. 口語》[+de で] 非常に汚れた: Se puso ~ de barro. 彼は泥だらけになった. ❽ [形容詞+. 副詞的に強調] すっかり: Está loca ~da por él. 彼女は彼にのぼせ上がっている. ❾《印刷》mano ~da 余分刷り

¡de ~s al río!《口語》仕方がないから最後までやろう!

cosa ~da《軽蔑》どうしようもないやつ〖責任感がない, 何も期待できない〗

◆ 图《軽蔑》堕落した人, 身持ちの悪い人

perdidamente 副 1) 非常に激しく, 激しすぎるほど: estar ~ enamorado de+人 …を救いようもないほど愛している. 2) 無駄に, 無益に

perdigar [perdiɣár] 他《料理》[ウズラなどを保存のために]軽く焼く; [バターなどで]軽く焦げ目をつける

perdigón [perdiɣón] 男 ❶ 散弾. ❷ ヤマウズラのひな(幼鳥). ❸《口語》話す時に飛ばす唾

perdigonada 囡 散弾の射撃; その傷

perdiguero, ra [perdiɣéro, ra] 图《犬》ポインター《perro ~》

perdis [pérdis] 男《単複同形》ならず者, 放蕩者

perdiz [perdíθ] 囡《複 ~ces》《鳥》ヤマウズラ, イワシャコ: ~ nival (blanca) ライチョウ(雷鳥). con las *perdices* casi en la mano 獲物(勝利)をほとんど手中にして

perdón [perdón] 男《英 pardon》❶ [+por 罪などの] 許し, 容赦: pedir a+人 ~ por… …に…の許しを求める. Te pido ~ por haberte hecho esperar tanto. 待たせて悪かった. No tengo ~ [de Dios]. 弁解の言葉もありません. No cabe ~. 弁解の余地はない. No hay falta sin ~./Toda falta merece ~.《諺》どんな過ちも許される. ❷ [間投詞的] i) [謝罪] 失礼, すみません! ii) [聞き返し] 何とおっしゃいましたか?

con ~ [悪い言葉などを使う時] こう言っては何ですが, [謝罪] すみません

perdonable [perdonáble] 厖 許せる, 許されるべき: Conociendo su débil estado de salud, su ausencia es ~. 彼の健康状態からすれば欠席は仕方がない

perdonar [perdonár] 他《英 excuse》❶ […の罪などを] 許す: i) *Perdóna*me. 許してくれ/ごめん. ii) [+por のことを] *Perdóne*me usted por haberle causado tanta molestia. 大変ご迷惑をおかけし申し訳ありません. ❷ [義務などを, +a+人 から] 免除する: Le *perdonaron* los últimos seis meses de cárcel. 彼は刑期を6か月短くしてもらった. [+que+接続法] Te *perdono que* vengas mañana a trabajar. 明日は仕事を休んでいいよ. ❸ [否定文で. 機会などを] 最大限利用する: No *perdonó* esfuerzo hasta batir el récord. 彼は新記録を出すまで精一杯努力した. Me lo contó sin ~ ni un pormenor del asunto. 彼は一部始終話してくれた

está usted perdonado [謝罪への返答] かまいません

perdona, pero... [丁重な反論] お言葉を返すようですが…/失礼ですが…

~ un hecho y por hacer 寛大すぎる

perdonavidas [perdonabídas] 图《単複同形》《口語》からいばりする人, 虚勢を張る人

perdulario, ria [perdulárjo, rja] 厖 图《文語》[服装・財産などに] 無頓着な(人), 投げやりな; [どうしようもない] 放蕩者(の), ならず者(の)

perdurable [perðuráble] 形 永遠の；長く続く：vida ~ 永遠の生命. ~s obras de reparación いつ終わるともなく続く修復工事
　perdurabilidad 女 永遠性

perdurar [perðurár] 自 長続きする：Su recuerdo *perdurará* en la memoria de la gente. 彼のことは長く人々の記憶に残るだろう. La sequía *perdura*. 日照りは長く続いている
　perduración 女 長く続くこと

perecedero, ra [pereθeðéro, ra] 形 滅ぶべき；[食物が] 長持ちしない：esta vida ~*ra* はかないこの命. alimentos ~s 腐りやすい食品
　◆ 男《口語》貧窮

perecer [pereθér] 39 自 ❶《文語》[事故などで] 死ぬ，死滅する：Muchos *perecieron* en la inundación. 洪水で多くの人が死んだ. ~ de hambre 飢え死にする. ❷ 消滅する；破滅する. ❸ 壊れる，割れる
　◆ ~se ❶ [+por を] 渇望する：Se perece *por* venir conmigo. 彼は私と一緒に来たがっている. Se perece *por* ti. 彼は君にほれ込んでいる. ❷ ~se de risa 笑い死にしそうになる

peregrinación [pereɣrinaθjón] 女 巡礼：[hacer una・ir en] ~ a Lourdes ルルドへの巡礼 [をする・に行く]

peregrinaje [pereɣrináxe] 男 =peregrinación

peregrinar [pereɣrinár] 自 ❶ [+a 聖地へ] 巡礼に行く：~ a La Meca メッカへ巡礼に行く. ❷ [+por 外国へ] 旅行する；[目的実現のために] 東奔西走する：Para que le aceptaran la instancia, *peregrinó por* los ministerios. 彼は陳情のため各省を回って歩いた

peregrino, na [pereɣríno, na] 形 名 ❶ 巡礼者 [の]：~ a Santiago サンティアゴ・デ・コンポステーラへの巡礼者 [『ホタット』]. ❷ [外国を] 旅行する；[鳥が] 渡りをする. ❸《軽蔑》風変わりな；脈絡のない：Su proyecto es ~. 彼の計画はとっぴだ. ❹ 並外れてすばらしい：hombre de inteligencia ~*na* まれに見る知性の持ち主

venera
esclavina
bordón

perejil [perexíl] 男 ❶《植物》パセリ. ❷《口語》[主に 圏] ごてごてした装身具
　poner a+人 *como hoja de* ~ …をひどく非難する，けなす

perendengue [perendéŋge] 男 [女性用の] 安物の装身具

perengano, na [pereŋgáno, na] 名 [主に fulano・mengano・zutano の次に用いて] 誰それさん，某

perenne [perénne] 形《←ラテン語》❶ 永遠の，永続的な：vida ~ 永遠の生命. ~ afluir de gente いつまでも続く人々の流れ. ❷《植物》planta ~ 多年生植物
　perennidad 女 不滅性，持続性
　perennifolio, lia《植物》常緑樹の〖↔ caducifolio〗

perentorio, ria [perentórjo, rja] 形 [命令などが] 緊急の，遅滞を許さない；延長（変更）の余地のない，決定的な：pago ~ 急を要する支払い. plazo ~ 最終期限. fallo judicial ~ 最終判決
　perentoriedad 女 緊急性

perestroika [perestrójka] 女《←露語》ペレストロイカ，民主化

Pérez [péreθ] 男《人名》ペレス

pereza [peréθa] 女 怠惰，不精 〖↔diligencia〗；[動作などの] 遅さ：Tengo ~. 私は気だるい/やる気がない. ~ para escribir./Me da ~ escribir. 私は筆不精だ. sacudir [se] la ~ 無気力を払いのける. ~ mental 頭の働きの鈍さ

perezoso, sa [pereθóso, sa] 形 名《主に西》怠惰な [人]，不精な [人]；[特に] 寝起きの悪い [人]：No seas ~ y vístete de una vez. ぐずぐずしていないで（さっさと起きて）服を着なさい
　◆ 男《動物》ナマケモノ
　perezosamente 副 怠惰に；ぐずぐずと

perfección [perfɛ(k)θjón] 女 ❶ 完全，完璧；完成 [度]：pretender la ~ 完璧を期する. ~ formal 形式面での完璧さ. ❷《主に 圏》長所：hallar *perfecciones* en... …のいい所を見いだす
　a la ~ 完璧に：hablar el castellano *a la* ~ 完璧なスペイン語を話す

perfeccionamiento [perfɛ(k)θjonamjénto] 男 完成；改良：~ de inglés 英語の上達

perfeccionar [perfɛ(k)θjonár] 他 完全にする，完成させる；改良する：~ su obra dándole una capa de barniz ニスを塗って作品を仕上げる. ~ su técnica 技術に磨きをかける
　◆ ~se 完成する：Quiero ~me en la conversación española. 私はスペイン語会話を上達させたい. La vida se perfecciona en la muerte. 生は死によって完結する

perfeccionismo [perfɛ(k)θjonísmo] 男 完璧主義，完全主義
　perfeccionista 形 名 完璧主義の（主義者）

perfectamente [perfɛktaménte] 副 ❶ 完全に，すばらしく：Lo entiendo ~. よくわかった. ❷ [間投詞的] よくわかった!/とても元気です：¿Cómo estás?—P~, gracias. お元気？—元気です，ありがとう

perfectible [perfɛktíble] 形 完全になり得る，改良できる

perfectivo, va [perfɛktíbo, ba] 形《文法》[動詞が] 完了相の：tiempo ~ 完了時制

perfecto, ta [perfékto, ta] 形《英 perfect》❶ 完全な，完璧な，申し分のない：éxito ~ 完全な成功. crimen ~ 完全犯罪. Es ~ta su

representación. 彼の演技は非の打ち所がない.
Está en ～ estado de salud. 彼の健康状態は
申し分ない. ❷ [＋名詞] まったくの：Es un ～
imbécil. 彼はよくものばかだ. ❸ [間投詞的に]
よろしい, 結構だ！ ❹《文法》tiempo ～ 完了
[時制]

pérfido, da [pérfiðo, ða] 形 名《文語》不実
の[人], 裏切り者[の]
　perfidia 女 不実, 背信

perfil [perfíl] 男 ❶ [人の] 横顔, プロフィール：
Tiene un ～ griego. 彼の横顔はギリシア人的だ.
～es de España スペインの横顔. ～ psicológi-
co 心理学的適性(特徴), 人物像. ❷ [物の]
外形, 輪郭：Se dibujan nítidamente los
～es del monte Fuji. 富士山の姿がくっきりと
見える. ❸ 側面図, 縦断面図：～ transversal
横断面図. ❹ [文字の] 線の細い部分.《金属》
形鋼(ﾂ), 形材. ❻图 仕上げ；最後の加筆
de ～ 横から[見て]；横顔で：dibujar a＋人 de
～ …の横顔をかく

perfilado, da [perfiláðo, ða] 形 過分 ❶ 横
顔が細長い；形のよい, スマートな. ❷ [estar＋]
よく出来る. ❸ 特徴のはっきり表われた：carác-
ter ～ 個性的な性格

perfilador [perfilaðór] 男《化粧》リップペンシ
ル

perfilar [perfilár] 他 ❶ …の輪郭を[くっきり
と]示す；横顔(側面図)をかく：～ las imáge-
nes de fondo 背景の人物たちをかく. 人物
像を描く. ❷ 入念に仕上げる：～ mucho su
estilo 文体に凝る
◆ ～se ❶ 横顔を見せる, 横向きになる：¡Qué
bien se perfila ella! 彼女の横顔は何てきれいな
んだ！ ❷ 形をとり始める, 具体的になる：Una
isla se perfila en el horizonte. 島が水平線に
くっきり見える. ❸ En su hijo se perfila un de-
portista. 彼の息子はスポーツマンらしくなってきた.
❸《中南米》やせ細る

perforación [perforaθjón] 女 ❶ 穴をあける
(穴があく)こと, 穿孔(ﾂ)；削岩：～ de estó-
mago《医学》胃穿孔. ❷ ミシン目

perforador, ra [perforaðór, ra] 形 穴をあけ
る
◆图 キーパンチャー
◆ 女 穿孔機；削岩機[～ra de rocas]：～ra
de percusión ハンマードリル

perforar [perforár] 他 ❶ …に穴をあける；ミシ
ン目を入れる：～ un billete 切符にはさみを入れ
る. tarjeta perforada パンチカード. Una bala
le perforó el pecho. 弾丸は彼の胸を貫通した.
❷ 削岩する

performance [performánθ] 女《←英語》パ
フォーマンス

perfumador, ra [perfumaðór, ra] 形 名 香
水製造業の[人]
◆ 男 香水吹き, アトマイザー

perfumar [perfumár] 他 ❶ 香気で満たす, …
の香りで包む：Las flores perfuman el cuar-
to. 花が部屋に芳香をただよわせている. ❷ 香水を
つける：～ el pañuelo ハンカチに香水をしみ込ま

せる
◆ 自 香る：Esta colonia perfuma inten-
samente. このオーデコロンは香りがきつい
◆ ～se [自分の体に] …に香水をつける：～se
las muñecas y las sienes 手首とこめかみに香
水をつける

perfume [perfúme] 男《英 perfume》❶ 香
水：Ella lleva un ～ pegajoso. 彼女は香りの
きつい香水をつけている. ～ de rosas バラの香水.
❷ 芳香, 香り：Su pelo despedía un ～ en-
cantador. 彼女の髪はいい匂いがした
¡qué ～! いやな匂いだ！/いい香りだ！

perfumería [perfumería] 女 ❶ 化粧品店.
❷ 香水製造[所]；香水店；医薬 香水類.

perfumista [perfumísta] 名 香料商, 香料製
造業者；調香師

perfusión [perfusjón] 女《医学》[局所]灌流

pergamino [pergamíno] 男 ❶ 羊皮紙；[羊
皮紙に書かれた] 古文書：P～s de Mar Muer-
to《聖書》死海の書. ❷ 貴族の称号：fa-
milia de ～s 貴族の家系

pergeñar [perxeɲár] 他《口語》[計画などを]
応急の作る：Ya he pergeñado el plan de
vacaciones. 私はもう休みの計画はだいたい立て
てある

pérgola [pérgola] 女 パーゴラ, つる棚；[屋上
の] テラス

perianal [perjanál] 形 肛門周辺の

periantio [perjántjo] 男《植物》花被(ﾂ)

pericardio [perikárðjo] 男《解剖》心膜, 心
囊(ﾂ)
　pericarditis 女 [単複同形]《医学》心膜炎

pericarp[i]o [perikárpjo/-po] 男《植物》果
皮

pericia [períθja] 女 熟達, 巧みさ：conductor
con mucha ～ 非常に上手なドライバー

pericial [periθjál] 形 専門家の：prueba ～
鑑定書. valoración ～ de la finca 土地の評
価(鑑定)

periclitar [periklitár] 自《文語》衰える, 破滅
に向かう, 危機に陥る

perico [períko] 男 ❶《鳥》インコ[periquito].
❷《植物》大アスパラガス. ❸《船舶》[後檣の] ト
ゲルンスル. ❹ 室内用便器[bacín]. ❺《俗語》
コカイン. ❻《南米》カフェオレ
P～ [el] de los palotes《口語》ある人, 某氏
～ entre ellas《口語》女性にまとわりつく(ちや
ほやする)人

pericón [perikón] 男 [ウルグアイ・アルゼンチン
の] 軽快な民俗舞踊

pericote [perikóte] 男《南米. 動物》大型のネ
ズミ

pericráneo [perikráneo] 形《解剖》頭蓋骨
膜

peridoto [periðóto] 男《鉱物》ペリドット, かん
らん石

perieco, ca [perjéko, ka] 形 名 [同緯度で]
地球の反対側の[住人]

periferia [periférja] 女 ❶ [円・楕円などの]
周囲. ❷ [都市の] 周辺部, 近郊：en la ～ de
Madrid マドリード近郊で. ❸《情報》周辺機器

（装置）

periférico, ca [perifériko, ka] 形 周辺の：
nervio ～《解剖》末梢神経
◆ 男 複《情報》周辺機器(装置)

perifollo [perifóʎo] 男 ❶《植物・香辛料》チャービル. ❷ 複《軽蔑》[女性用の] 安物の装身具

perífrasis [perffrasis] 女《単複同形》❶ [1語で置き換えられるような] 遠回しの(回りくどい)表現《例 el país del sol naciente [＝Japón, la lengua de Cervantes＝el castellano]》. ❷《文法》迂言(ぅん)形式, 迂言法『文法範疇・統語関係を数語の組み合わせで表わす. 例 poder ir, tener alquilado』
perifrástico, ca 形 遠回しの, 回りくどい：estilo ～ 迂言体, 回りくどい表現

perigallo [perigáʎo] 男 [老齢などによる] のどの袋状のたるみ

perigeo [perixéo] 男《天文》近地点

periglaciar [periglaθjár] 形 氷河周辺の, 周氷河の

perigonio [perigónjo] 男 ＝**periantio**

perihelio [periéljo] 男《天文》近日点

perilla [períʎa] 女 ❶ 山羊ひげ《☞barba カット》. ❷ [鞍の] 前橋(ぜんきょぅ). ❸ 耳たぶ [(lóbulo)].
venir de ～[s]《口語》非常に都合のよい：Ese trabajo me *viene de* ～s. その仕事は願ったりかなったりだ

perillán, na [periʎán, na] 形 名《古語. 親愛》いたずらっ子(の), いけない(子)

perímetro [perímetro] 男 ❶ 境界線：dentro del ～ urbano 都市の境界内で. ❷《数学》周囲(の長さ)：～ de la circunferencia 円周. La isla tiene diez kilómetros de ～. 島は周囲 10 キロだ

perinatal [perinatál] 形《医学》周産期の, 周生期の

perindola [perindóla] 女 ＝**perinola**

perineo [perinéo] 男《解剖》会陰(えいん)部
periné 男 ＝**perineo**
perineal [perineál] 形 会陰の

perinola [perinóla] 女 [指で回す] 小さなこま

periodicidad [perjoðiθiðá(d)] 女 定期性, 周期性

periódico[1] [perjóðiko] 男《英 newspaper》新聞, 日刊紙；定期刊行物：Dicen los ～s que ～直説話 新聞によれば…とのことだ. leer el ～ 新聞を読む. ～ de la mañana 朝刊. ～ de la tarde 夕刊. ～ dominical (del domingo) 日曜紙

periódico[2]**, ca** [perjóðiko, ka] 形 定期的な, 周期的な：inundaciones ～cas del Nilo ナイル川の定期的氾濫. entrevista ～ca 定例会見. fracción ～ca《数学》循環小数. línea ～ca 定期航路. revisión ～ca 定期(点検)検診. sistema ～ (tabla ～ca) [元素の] 周期系(表)
periódicamente 副 定期的に, 周期的に

periodismo [perjoðísmo] 男 ❶ ジャーナリズム：～ amarillo イエロージャーナリズム『低俗・扇情的で当てにならない報道』. ～ gráfico フォトジャーナリズム. ❷ [大学の] 新聞学科

periodista [perjoðísta] 名 ジャーナリスト, 新聞記者：～ deportivo スポーツ記者. ～ gráfico 報道カメラマン

periodístico, ca [perjoðístiko, ka] 形 新聞[記者]の, ジャーナリスティックな：anuncio ～ 新聞広告. equipo ～ 記者団. estilo ～ ジャーナリスティックな文体. ser tema de un artículo ～ 新聞種になる

periodo/período [perjóðo/-rfo-] 男《英 period》❶ 期間, 時期：Estamos en el ～ de exámenes. 私たちは試験期間中だ.　En el mismo ～ del año anterior fueron 62 el número de incendios forestales. 前年同期には山火事の数は 62 件だった. ～ de celo 発情期. ～ de incubación [病気の] 潜伏期間. ～ electoral 選挙運動期間. ～ ventana [HIV 感染の] ウインドウズ・ピリオド. ❷ 周期：～ del péndulo 振り子の周期. ～ de la tierra 地球の公転周期. ❸ 月経期 [～ mensual]：retraso en el ～ 月経の遅れ. tener el ～ 生理がある(来る). ❹《地質》…紀：～ jurásico ジュラ紀. ❺《修辞》複合文, 総合文

periodonto [perjoðónto] 男《解剖》歯周組織
periodoncia 女 歯膜学, 歯周病学
periodontal 形 歯周の
periodontitis 女《単複同形》《医学》歯周炎

periostio [perjóstjo] 男《解剖》骨膜
periostitis 女《単複同形》《医学》骨膜炎

peripatético, ca [peripatétiko, ka] 形 ❶《口語》おかしな, 常軌を逸した. ❷《哲学》逍遥学派の, アリストテレス学派の

peripecia [peripéθja] 女 ❶ [単調さを破る] 予期せぬ出来事, 波乱：Fue una excursión repleta de ～s. その遠足では思いがけないことが一杯あった. ❷ [劇などの] 筋の急転回

periplo [periplo] 男 ❶《大航海古》《歴史》周航記. ❷《文語》長期の旅行, 多くの国を巡る旅行

períptero, ra [perfptero, ra] 形《建築》周柱式の：templo ～ 周柱式神殿

peripuesto, ta [peripwésto, ta] 形《戯語》ひどく飾り立てた, めかし込んだ

periquear [perikeár] 自《女性が》あまりに放縦である《主に現在分詞で》：Siempre anda *periqueando*. 彼女はいつも遊び歩いている

periquete [perikéte] 男 *en un ～*《口語》あっという間に：Escribió la protesta *en un ～*. 彼はさっと抗議文を書き上げた

periquito[1] [perikíto] 男《鳥》インコ
periquito[2]**, ta**《口語》青年, 少女

periscio, cia [perísθjo, θja] 形 名 白夜の地方に住む(人)

periscopio [periskópjo] 男 潜望鏡

perisodáctilos [perisoðáktilos] 男 複《動物》奇蹄目

perista [perísta] 名《西. 口語》故買屋, 盗品商

peristáltico, ca [peristáltiko, ka] 形《生理》蠕動(ぜんどう)の：movimiento ～ 蠕動運動
peristaltismo 男 蠕動

peristilo [peristílo] 男《建築》列柱(回廊)

P

perita[1] [períta] 囡 〖pera の示小語〗 ～ **en dulce** すばらしい人(もの)

peritación [peritaθjón] 囡 =**peritaje**

peritaje [peritáxe] 男 ❶ 〖専門家による〗査定, 鑑定；その報告書. ❷ 技手 perito の資格；それを得るための勉強

peritar [peritár] 他 査定する；その報告書を出す

perito, ta[2] [períto, ta] 形 囡 精通した〔人〕, 熟達した〔人〕: Es un ～ en leyes. 彼は法律に詳しい

◆ 囡 ❶ 専門家, エキスパート；《法律》鑑定人；《法律》清算人: El ～ evalúa los gastos del accidente. 専門家が事故の被害額を査定する. ❷ i) 技手 ingeniero técnico の昔の名称: ～ agrónomo 農業技手. ii) ～ mercantil 計理士〖商業学校 escuela de comercio の卒業者〗

peritoneo [peritonéo] 男 《解剖》腹膜

peritonitis [単複同形] 《医学》腹膜炎

perjudicar [perxudikár] 7 他 ❶ 〖間接的・部分的に〗…に損害を与える: El tabaco *perjudica* la salud. たばこは健康に害がある. ～ la imagen de+人 …のイメージを傷つける. ❷ 《中南米. 娩曲》殺す〖matar〗

perjudicado, da 形 囡 過分 《法律・商業》損害を受けた〔人〕, 被害者

perjudicial [perxudiθjál] 形 〖+a・para に〗害をもたらす, 有害な: La lluvia fuerte es ～ *para* las cosechas. 大雨は作物によくない

perjuicio [perxwíθjo] 男 損害, 迷惑: La subida de los valores del yen nos ha causado ～*s* económicos. 円高で私たちは経済的損害を受けた

sin ～ de+不定詞・**que**+接続法 …するのは別として: Te escribiré, *sin* ～ *de que* te llame por teléfono. 電話するほかに手紙も書けう

perjurar [perxurár] 自 誓いを破る, 宣誓に違反する；《法律》偽証する

◆ 他 繰り返し誓う: jurar y ～ 堅く〔厳粛に〕誓う

perjurio [perxúrjo] 男 偽証(罪), 偽誓；誓いを破ること

perjuro, ra [perxúro, ra] 形 囡 偽証する〔人〕；誓いを破る〔人〕

perla [pérla] 囡 ❶ 真珠: ～ cultivada (de cultivo) 養殖真珠. ～ verdadera (natural) 真正真珠. concha de ～ 真珠層, 真珠母. pescador de ～ 真珠採り. ～*s* del rocío 露の玉. ❷ 《比喩》宝: Es una ～ de nuestra compañía. 彼は我が社の宝だ. ❸ 《皮肉》〖内容・言い回しが〗おかしな(こっけいな)言葉

◆ 囡 《口語》〖才能などが〗すばらしい人, 立派な人

de ～*s* 完璧に, 具合よく: Este regalo me viene (cae) *de* ～*s*. このプレゼントは私にぴったりです

hablar de ～*s* 名言を吐く

una ～ en un muladar はきだめに鶴

perlado, da [perláðo, ða] 形 過分 〖色・形が〗真珠のような；真珠をちりばめた: Tenía la

---

frente ～*da* de sudor. 彼は額に玉のような汗を浮かべていた

perlar 他 《詩語》[+de 水滴などで]覆う

perlé [perlé] 男 〖←仏語. 繊維〗刺繍(レース編み)用の木綿糸

perlesía [perlesía] 囡 《医学》震えを伴う麻痺

permafrost [permafróst] 男 永久凍土層

permanecer [permaneθér] 39 自 [英 stay, remain. 〖活用表〗] 〖+en に〗とどまる, 居残る: *Permanecerá en* Tokio todo el mes de agosto. 彼は8月一杯東京に滞在しているだろう. ❷ [+主格補語] …のままでいる: La situación *permanece* indecisa. 状況は流動的だ. Sonó el despertador, pero *permaneció* dormida. 目覚し時計が鳴ったのに, 彼女は起きなかった

permanecer	
直説法現在	接続法現在
permane**z**co	permane**z**ca
permaneces	permane**z**cas
permanece	permane**z**ca
permanecemos	permane**z**camos
permanecéis	permane**z**cáis
permanecen	permane**z**can

permanencia [permanénθja] 囡 ❶ [+en に]とどまること；恒久性, 永続性: durante su ～ *en* Madrid 彼のマドリード滞在中に. ～ de las leyes 法則の恒久性. ❷ [授業時間以外の教員の]業務時間；その手当

permanente [permanénte] 形 〖英 permanent〗❶ 永久的な, 永続する: movimiento ～ 永久運動. diente ～ 永久歯. nieve ～ 万年雪. ❷ 常設の, 常任の: ejército ～ 常備軍. comisión ～ 常任委員会. guardia ～ 24時間警備. miembro (no) ～ 〖国連安保理事会の〗(非)常任理事国

◆ 囡 [組合・政党の]専従員

◆ 囡 パーマネント(ウェーブ): Se hizo la ～. 彼女はパーマをかけた

permanentemente [permanénteménte] 副 永続的に

permanganato [permanganáto] 男 《化学》過マンガン酸塩: ～ potásico 過マンガン酸カリウム

permeable [permeáble] 形 ❶ 〖液体・光線などを〗通す, 透過性のある: terreno ～ よく水を吸う土. ❷ [他人の意見などに]すぐに心を動かされる

permeabilidad 囡 透過(浸透)性

pérmico, ca [pérmiko, ka] 形 《地質》ペルム紀, 二畳紀

permisible [permisíble] 形 許され得る

permisivo, va [permisíβo, ba] 形 ❶ 黙認している. ❷ [社会が道徳的に]寛大な, 容認する

permisividad 囡 寛大さ

permiso [permíso] 男 〖英 permission. ↔ prohibición〗❶ [+de・para をする]許可: Tengo ～ del profesor *para* usar este

seminario. このゼミ室を使用する許可を先生か
らもらってあります. dar 〜 許可する. pedir a+
人 el 〜 de pesca 釣りをする許可を…に求める.
〜 de conducir (de conducción) 運転免許
〔証〕. 〜 de residencia (de trabajo) 滞在
(労働)許可. ❷［労働・兵役の短期の］休暇,
休職：He venido con dos días de 〜. 私は休
みを2日もらってやって来た. tomarse el 〜 休
暇をとる. coger el 〜 maternal 産休をとる.
estar de 〜 休暇中である. solicitud de 〜 休
暇願い. 〜 por enfermedad 病気休暇. ❸
［貨幣の］公差

con ［*su*］〜 〖英 excuse me〗 ちょっと失礼
〖su を入れた方が丁寧〗：Con su 〜.—Usted
lo tiene. ちょっと失礼します.—どうぞ

con 〜 de usted, le diré que+直説法 こう
言ってよければ…

sin 〜 許可なく, 無断で

permitir [pɛrmitír] 他 〖英 permit〗❶ ［主に
公的機関・上司・先生などが］許す, 許可する：
i) El gobierno no *permite* la exportación
de armas. 政府は武器の輸出を許可しない. ii)
［+不定詞/+que+接続法］No está *permitido*
fijar carteles aquí. ここにポスターを貼ることは
許可されていない. iii) ［非難・反論・丁寧表現
で］Si me lo *permites*, te daré un consejo. あ
えて君に忠告しよう. *Permíta*me que le diga
lo siguiente. 次のことを言わせていただきたい.
*Permíta*me que le presente al Sr. Tanaka.
田中さんを御紹介させていただきます. ¿Me *per-
mite* usted hacerle una pregunta? 質問して
もよろしいでしょうか? ❷ 容認する. ❸ 可能にす
る：Su fortuna le *permite* permanecer así
en el hospital. 財産があるから彼はこうして病院
暮らしができるのだ

¿usted permite? ［相席・喫煙などの許しを求
めて］いいですか, かまいませんか?

◆ 〜*se* ❶ ［一般に］許される；容認される：No
se *permite* fumar en el estudio. スタジオ内禁
煙. No se puede 〜 *que* echen basuras
aquí. ここにごみを捨ててはならない. ❷ あえて…す
る, 失礼ながら…する；…させていただく：Me
permito dudarlo. 失礼ながら私はそうは思いませ
ん. Me *permito* ［la libertad de］escribirle.
失礼ながら一筆さし上げます. Me *permito* acom-
pañarle hasta ahí. そこまでご一緒させていただき
ます

si se me permite… …が許されるなら：Si se
me *permite* la expresión, le diré que es un
hombre incapaz. こんな言い方が許されるなら,
あれは無能な男ですよ

permuta [pɛrmúta] 囡 ❶ ［物と物との］交換.
❷ 交代／［特に2人の公務員の間の］配置転換.

permutación [pɛrmutaθjón] 囡 交換, 交
代／〈数学〉順列

permutar [pɛrmutár] 他 ❶ ［+con+人 と/+
por を］交換する：He *permutado* los sellos
con Miguel. 私はミゲルと切手の交換をした.
Hemos *permutado* mi libro por su disco. 私
は本と彼のレコードを交換した. ❷ ［職務などを］
交代する. ❸ 入れ替える, 並べ替える：〜 la

colocación de las sillas 椅子を並べ替える

pernada [pɛrnáða] 囡 〈船舶〉脚, 索. ❷
《歴史》derecho de 〜 初夜権；理不尽な権利

pernear [pɛrneár] 自 足を激しく動かす：El
nene *perneaba* en la cuna. 赤ん坊が揺りかごで
足をバタバタさせていた

pernera [pɛrnéra] 囡 ［ズボンの］脚

pernicioso, sa [pɛrniθjóso, sa] 形 ［+para
に］有害な：El tabaco es 〜 *para* la salud. た
ばこは体に悪い. doctrina 〜*sa* 危険な教え

pernil [pɛrníl] 男 ［主に豚の］腿(も)；［ズボン
の］脚《pernera》

pernio [pérnjo] 男 〈技術〉帯ちょうつがい

perniquebrar [pɛrnikebrár] 他 脚を折る

perno [pérno] 男 〈技術〉ボルト, 雄ねじ

pernoctar [pɛrnoktár] 自 《文語》外(自宅以
外の場所)で夜を過ごす, 外泊する

pero [pero] 接 〖英 but〗❶ ［対立］しかし,
ところが：i) Dijo que vendría, 〜 no
ha venido. 彼は来ると言ったのに来なかった. Es
una casa pequeña, 〜 cómoda. それは小さいが
住み心地のいい家だ. ii) ［制限］Hacedlo si
queréis；〜 no contéis con mi ayuda. やりた
ければやれ. だが私の援助を当てにするな. ［+que+
接続法］Dame un café, 〜 *que* no esté
caliente. コーヒーをくれ, ただし熱くないのを.
iii) ［反論］P〜 él ya lo sabía. だけど彼はもう
知っていたのですよ. iv) ［直説法未来+］Será
amable, 〜 no me gusta. 彼は親切かもしれない
が, 私は嫌いだ

❷ ［同一形容詞を繰返して強調］Tiene unas
manos muy frías, 〜 muy frías. 彼は冷たい,
いやまったく冷たい手をしている. ［+que/+lo que
se dice］Es listo el chaval, 〜 *que* muy
listo. その若者は賢い, 実に賢い. Es precioso,
〜 *lo que se dice* precioso. それはすばらしい, ま
ったくもってすばらしい

❸ ［文頭で強調・驚き・非難］¡P〜 claro! もち
ろんですとも! P〜, ¿tú por aquí? おや, こんなと
ころで会うとは. P〜, ¿qué haces aquí a tal
hora? 一体こんな時間にここで何をしているのだ?

〜 bueno ［驚き・反対］一体全体；とんでもない

〜 que muy…《口語》［+形容詞・副詞. 強調］
まったく…である：¡P〜 *que* muy guapa! いや
まったく美人だ!

〜 si+直説法 本当に(確かに)…である：i) ［強
調］P〜 *si* está más cansada que nunca.
彼女はまったく, いつになく疲れている. ¡Anda,
〜 *si* eres tú! 誰かと思ったら君じゃないか! ii)
［反論］No ha venido José, porque está
enfermo.—¡P〜 *si* le vi anoche! ホセは病気
で来ませんでした.—だって私は昨晩彼に会ったの
ですよ!

◆ 男 《口語》［主に 圏］欠点, 難点；反対；弁
解：Este cuadro no tiene 〜. この絵は非の打
ちどころがない. No admite 〜*s*. 彼は異論を認め
ない

¡no hay 〜 que valga! 弁解は無用だ

poner (encontrar) 〜[s] a… …に難癖
(文句)をつける, 反対する

sin un 〜 申し分のない

perogrullada [peroɡruʎáða] 女《口語》[言うまでもない] 自明の理，わかりきったこと
perogrullesco, ca 形 自明の，わかりきった
Perogrullo 男 ser [una verdad] de ~ 自明の理である，わかりきっている

perol [peról] 男[底の丸い] シチュー鍋
perola 女 小型の perol，ソースパン

peroné [peroné] 男《解剖》腓骨(ひこ)

peronismo [peronísmo] 男 [アルゼンチンの] ペロン主義〖←Juan Domingo Perón, 1895-1974〗
peronista 形 名 ペロン主義の(主義者)

perorata [peroráta] 女《軽蔑》[空疎な] 長広舌，退屈な話(演説)
peroración 女 長広舌，退屈な話
perorar 自 長広舌をふるう；演説をする

peróxido [peró(k)sido] 男《化学》過酸化物：~ de hidrógeno 過酸化水素

perpendicular [perpendikulár] 形 垂直の；[+a と] 直角に交わる：Esta calle es ~ a la Gran Vía. この通りはグラン・ビアと直角に交叉している
◆ 女《数学》垂線〖línea ~〗
perpendicularidad 女 垂直
perpendicularmente 副 垂直に；直角に

perpetrar [perpetrár] 他 [犯罪を] 遂行する
◆ ~se [犯罪が] 遂行される，犯される：Aquélla es la casa donde se ha perpetrado un famoso homicidio. あれが有名な殺人事件のあった家だ
perpetración 女 [犯罪の] 遂行

perpetuar [perpetwár] 12 他 永続させる，不滅にする：~ el recuerdo de+人 …の思い出を永遠に残す
◆ ~se [+en の中に] 永続する：Se perpetúa en su obra. 彼は自分の作品の中に生き続ける
perpetuidad 女 永続：~ de las especies 種(しゅ)の保存

perpetuidad [perpetwiðá(ð)] 女 永続性
a ~ 永久に；終身の：estable a ~ 永久に揺るがない. presidente a ~ 終身大統領

perpetuo, tua [perpétwo, twa] 形 [時に誇張して] 永久の，永続的な：paz ~tua 恒久平和. encarcelamiento ~ 終身刑. en ~tua inquietud 不安の連続で，はらはらしどおしで
◆ 女《植物》永久花

perpiaño [perpjáɲo]《建築》形 arco ~ 横断アーチ
◆ 男 つなぎ石，突抜(つきぬ)石

perplejidad [perplexiðá(ð)] 女 当惑，困惑
perplejo, ja [perpléxo, xa] 形 [estar+. 驚いて] 当惑した，途方にくれた：Sus palabras me han dejado ~. 彼の言葉に私は困惑した(どぎまぎした・恐縮した)

perra¹ [péřa] 女《西. 口語》〖⇒perro〗❶ 固定観念，しつこい欲求：Está con ~ de una casa grande. 彼はどうしても大邸宅に住みたいという欲望を捨て切れない. tener una ~ con+不定詞 …したくてたまらない. ❷[主に子供の] 大泣き，憤慨：coger una ~ 泣きわめく；だらける. ❸[昔の少額の] 銅貨；転 お金：~ gorda

(grande) 10 センティモ貨. ~ chica 5 センティモ貨. estar sin (no tener ni) una ~ 一文なしである. tener muchas ~s 金持ちである. ❹《南米》酔い
dos (tres·cuatro) ~s わずかな金
¡para ti la ~ gorda! [強情な相手に対して議論を打切る時] 勝手にしろ！

perrada [peřáða] 女《主に中南米》卑劣な手段(やり方)
perramente [peřáménte] 副《俗語》ひどく悪く
perrería [peřería] 女《口語》卑劣な手段；侮辱の言葉：hacer una ~ a+人 …に対して汚い手を使う
perrero, ra [peřéro, ra] 名 野犬捕獲員；猟犬の世話係
◆ 女 犬小屋；野犬の捕獲車(収容施設)；[列車の] 犬用区画
perrillo [peříʎo] 男[銃の] 撃鉄，打ち金
perrito [peříto] 男 ❶ 子犬：nadar estilo ~ 犬かきをする. ❷《料理》caliente ホットドッグ

perro, rra² [péřo, řa] 名《英 dog》❶ 犬：i) Tengo un ~. 私は犬を飼っている. Lleva el ~. 彼は犬を連れている. ~ callejero (vagabundo·sin dueño) のら犬. ~ cobrador (tomador) [獲物を持ってくる] 猟犬. ~ corredor (rastreador·rastrero) [獲物を追跡する] 猟犬. ~ faldero 愛玩犬，抱き犬；《軽蔑》他人の後ばかりついて回る人. ~ guardián 番犬. ~ policía 警察犬. ii)《諺》A ~ flaco todo son pulgas./Al ~ flaco todo se le vuelven pulgas. 泣き面に蜂. Muerto el ~ se acabó la rabia. 悪の元凶がなくなれば悪も自然に消滅する. El ~ del hortelano, que ni come ni deja comer al amo. 自分ができないことを他人にも禁じる. P~ ladrador, poco (nunca buen) mordedor. 言葉数の多い人は，実行が伴わない. Por dinero baila el ~. ただでは何も得られない. iii)[種類] ~ danés グレートデーン. ~ de aguas スパニエル. ~ de lanas プードル. ~ [de] San Bernardo セントバーナード. ~ de Terranova ニューファンドランド犬. ~ galgo グレーハウンド. ~ lebrel ホイペット. ~ raposero フォックスハウンド
❷ [ユダヤ人・イスラム教徒に対する蔑称/忠実な部下/考え・行動が一定している人/早い・いやなやつ] Él es un ~ fiel. 彼は忠実な番犬だ. ¡Qué ~ eres! 犬畜生にも劣るやつだ！ ~ sarnoso 嫌われ者
❸ ~ marino《魚》サメ. ~ mudo《動物》アライグマ. cabeza de ~《植物》クサノオウ，キツネノボタン
❹《料理》~ caliente =**perrito** caliente
a espeta (capeta) ~s 突然に
¡a otro ~ con ese hueso! [結論づけて] そんなこと信じられるものか
cara de ~ 怖い顔，不機嫌(無愛想)な顔
como ~ del hortelano 自分には使わないのにそれを他人に使わせるのをいやがる，大けちな
como [el] ~ y [el] gato 絶えず反目し合っ

て: andar (llevarse) *como* 〜 *y gato* 犬猿の仲である

dar 〜 *a*＋人 …に待ちぼうけを食わせる

darse de 〜*s* 激怒する

de 〜*s*《口語》ひどく悪い: Hemos tenido un día *de* 〜*s*. さんざんな一日だった. llevar una vida *de* 〜*s* 悲惨な暮らしをする. regresar con un humor *de* 〜*s* ぷんぷん怒って戻って来る. tiempo *de* 〜*s* ひどい悪天候

de rabia mató la perra 罪のない者に当たりちらす

echar... a 〜*s* …を無駄づかいする

echar (soltar) los 〜*s a*＋人 …をがみがみと叱る

hacer tanta falta como los 〜*s en misa* 不要である; 妨げになる

hinchar el 〜 大げさなことを言う(する)

morir como un 〜 終油の秘蹟を受けずに死ぬ; 野たれ死にする

〜 *viejo*《口語》ベテラン; 古だぬき, 老獪な人, 海千山千の人

tratar a＋人 *como* [*a*] *un* 〜 …を情け容赦なく扱う

◆ 形《口語》ひどく悪い; 卑しい: llevar una vida 〜 悲惨な生活をおくる

perruno, na [perrúno, na] 形《軽蔑》犬の
◆ 女 犬用ビスケット

persa [pérsa] 形 名《歴史・国名》ペルシアの; Persia ペルシア(人・語)の; ペルシア人: mercado 〜《南米》市(いち), バザール
◆ 男 ペルシア語

per saecula saeculorum [per saekula saekulórun]《←ラテン語》未来永劫に, 永久に

per se [per sé]《←ラテン語》それ自体が, 本質的に

persecución [persekuθjón] 女『←perseguir』❶ 追跡, 捜索: salir en 〜 de＋人 …を追跡し始める. antena de 〜 追跡アンテナ. ❷ 追求, 探求: 〜 de la felicidad 幸福の追求. ❸ 迫害: 〜 de los cristianos キリスト教徒迫害. ❹《自転車》追い抜き《種目》

persecutorio, ria [persekutórjo, rja] 形 追跡(追求)の; 迫害の: trato 〜 執拗な責め立て

perseguidor, ra [persegidór, ra] 名 追跡者; 迫害者

perseguimiento [persegimjénto] 男 = **persecución**

perseguir [persegír] 5 35『←seguir 活用表. 現分 persiguiendo』他 ❶ 追いかける, 追跡する; つきまとう: La policía *persigue* al fugitivo. 警察は逃亡者を追っている. Le *persiguen* los acreedores. 彼は借金取りに追い回されている. Le *ha perseguido* la mala suerte. 彼は不運につきまとわれた. ❷ 追い求める: 〜 una plaza de profesor 教授の職を求める. 〜 la ganancia 利益を追求する. 〜 a una chica 娘の尻を追い回す. ❸ 責め立てる, 迫害する: Me *persigue* mi jefe hasta las noches. 私の上司は夜まで私を働かせようとする. 〜 a los cristianos キリスト教徒を迫害する. Le *persi-*

guen los remordimientos. 彼は後悔の念にさいなまれている. ❹《法律》訴追(起訴)する

perseverancia [perseberánθja] 女 根気, 固執: 〜 en el estudio 勉強での根気

perseverante [perseberánte] 形 辛抱強い, 根気のよい

perseverar [perseberár] 自 [＋en を] 根気よく続ける; 固執する: 〜 *en* las buenas intenciones 善意を持ち続ける. 〜 *en* su insolencia 無礼な態度を取り続ける

persiana [persjána] 女 よろい戸, ブラインド: subir (bajar) la 〜 ブラインドを上げる(下げる). 〜 veneciana (de lamas) ベネティアンブラインド

enrollarse más que una 〜《西. 口語》ひどくおしゃべりである

persianista 名 よろい戸(ブラインド)取付業者

pérsico, ca [pérsiko, ka] 形《地名》= **persa**: Golfo P〜 ペルシア湾
◆ 男《植物・果実》モモ(桃)の一種

persignar [persignár] 自 〜**se**《カトリック》十字を切る

persistencia [persisténθja] 女 頑固, 執拗; 持続: con 〜 執拗に. 〜 de la crisis económica 経済危機が続くこと

persistente [persisténte] 形 執拗な, しつこい; 持続する: odio 〜 しつこい憎悪. árbol de hojas 〜s 常緑樹

persistir [persistír] 自 [＋en に] 固執する: *Persiste en* sus ideas. 彼は頑として考えを変えない. *Persiste en* [la idea de] marcharse. 彼はあくまで立ち去るつもりだ. ❷ 持続する, 長引く: *Persiste* el temor a la guerra. 戦争への恐怖感が根強い. *Persiste* la gravedad. 重態が続いている

persona [persóna] 女『英 person』❶ 人, 人物; 人間: Unas diez 〜s la esperan en la sala. 10 人位の人が広間で彼女を待っている. No hay ninguna 〜 que hable mal de él. 彼のことを悪く言う人は誰もいない. Es una 〜 muy simpática. 彼女はとても感じのいい人だ. Como 〜 no me gusta. 彼は人間として好きになれない. ser buena 〜 いい人である《温厚, 親切など》. retratar a una 〜 人物(人間)を描く

❷ [名前を知らない・言いたくない] ある人: ¿Quién era?—No sé, una 〜. 誰だった?—知らない人だった

❸ [分別のある] 一人前の人: A ver cuándo te haces 〜. そろそろ大人になってもらいたいものだ

❹ 重要人物; 登場人物『personaje』

❺《法律》〜 física (natural) 個人. 〜 jurídica (social・colectiva) 法人

❻《文法》人称: pronombre de primera 〜 1 人称の代名詞. utilizar la segunda (tercera) 〜 verbal 動詞の 3(2) 人称形を使う

❼《キリスト教》ペルソナ, 位格『el padre, el Hijo, el Espíritu Santo』

de 〜 *a* 〜 一対一で, 第三者を交えずに: Arreglemos este asunto *de* 〜 *a* 〜. この件は 2 人だけで解決しましょう

en la ~ de... …という人格において；…その代理者として

en ~/por su ~ 1) 自身で，自ら：El ministro *en ~* ha asistido a la fiesta. 大臣自らがパーティーに出席した． 2) 実物で，じかに：Me encantaría conocer a esa actriz *en ~*. あの女優とじかに会えたらなあ

gran ~ 大人物

por ~ 一人あたり〖por cabeza〗

ser muy ~ とても人間らしい〖理性的で思いやりがある〗

personaje [personáxe] 男〖英 personage〗
❶〖社会的に重要な〗人物，要人：Hablé con un ~ del mundo político. 私は政界のある人物と話した． Es un ~. 彼はひとかどの人物だ． ~ influyente 有力者． ~ distinguido 名士． ~ histórico 歴史上の人物． ❷〖小説などの〗登場人物，作中人物；〖劇の〗配役：descripción de un ~ 人物描写． ~ real 実在の人物． ❸〖絵画などに描かれた〗人物

personal [personál] 形〖英 personal〗❶ 個人の，私的な：de uso ~ 個人用の． por razones ~es 一身上の都合で． asuntos ~es 個人的な事，私事，私用． ataque ~ 個人(人身)攻撃． carta (correspondencia) ~ 私信． derecho ~ 個人の権利． intereses ~es 個人的な利害，私利． opinión ~ 個人的な意見． prendas de vestir ~es 私服． ❷ 直接の，第三者を交えない：encuentro ~ 2人だけの会談． ❸ 主観的な：valoración ~ 主観的(個人的)な評価． ❹《文法》人称の：pronombre ~ 人称代名詞． forma [no] ~〖非〗人称形．〖手紙〗親展
❶ 男〖軍隊〗❶〖一つの会社などの〗職員，人員；人事：~ de un hotel ホテルの従業員． ~ profesional 専門スタッフ． ~ de tierra (de vuelo)《航空》地上整備員(運航乗員)． gastos de ~ 人件費． departamento de ~ 人事部． ❷ 人々：i) En la playa hay demasiado ~. 海岸は人が多すぎる． ii)《戯語》〖直接指して〗¿Qué toma el ~? 諸君，何を食べる(飲む)？
◆ 女《バスケ》パーソナルファウル

personalidad [personalidáð] 女〖英 personality〗❶ 人格：formar la ~ 人格を形成する． doble ~/~ desdoblada 二重人格． ❷ 個性：tener ~ 個性がある． tener una fuerte ~ 個性が強い． desarrollar su ~ 個性を伸ばす． pintor con ~ 個性的な画家． ❸ 重要人物，名士：Es una ~ de las letras. 彼は文学界の大物だ． culto a la ~ 個人崇拝． ❹《法律》法的能力：acreditar su ~ 人物(本人であること)を証明する

personalismo [personalísmo] 男 ❶ えこひいき，個人的な引き立て；《哲学》人格主義． ❷ 閣個人攻撃
　personalista [〜] 形 名 個人的な，利己的な；人格主義の(主義者)

personalizar [personalizár] 自 他 ❶ …の個人名をあげる，個人に言及する：No quiero ~, pero alguno de ellos ha sido responsable de vigilar. 名前は出したくないが，彼らの誰か

が見張りの責任者だった． ❷ 個人用に特殊化する：plan *personalizado* de ahorro 個人別貯蓄プラン

personalmente [personálmente] 副 ❶ 自身で，自ら：El alcalde cortó la cinta ~. 市長自らの手でテープが切られた． ❷ 個人的に，直接，親しく：Conozco al actor ~. 私はその俳優を個人的に知っている

personar [personár] ~se《文語》姿を現わす；《西. 法律》出頭する：Se personaron los dos en la oficina para firmar. 2人は調印のため会社に現われた． ~se ante el juez 出廷する

personero, ra [personéro, ra] 名《中南米》〖政府の〗代表者，高官

personificación [personifikaθjón] 女 擬人化，典型，化身：Hamlet es la ~ de la duda. ハムレットは懐疑の化身である

personificar [personifikár] 自 他〖+en に〗擬人化する：la primavera *en* los rasgos de una muchacha 春を少女の姿に託して描く． ❷ 具現する：Ella *personifica* la honradez. 彼女は誠実そのものだ
◆ ~se 擬人化される：La astucia *se personifica en* el ratón. ネズミで狡猾が象徴される

personilla [personíʎa] 女 ❶《親愛》子供，小さい子；愛する人． ❷ 小人物，つまらないやつ

perspectiva [perspektíβa] 女 ❶ 眺望，見晴らし：Desde aquí se divisa una ~ magnífica. ここからの眺めは雄大だ． ❷〖主に 複〗見通し，見込み：~ del porvenir 将来の展望． La economía tiene buenas ~s. 経済の見通しは明るい． ❸《口語》視野，観点；対象との距離：~ histórica 歴史的観点． Todavía nos falta ~ para hablar de la paz. 平和について語るにはまだ早すぎる． ❹《美術》遠近法；透視図，投影図：~ aérea 空気遠近法． ~ caballera 斜投影図〖法〗

perspicacia [perspikáθja] 女 鋭い洞察力，炯眼(けいがん)

perspicaz [perspikáθ] 形〖複 ~ces〗❶〖ほめて〗抜け目がない，洞察力のある：Es tan ~ que resulta difícil engañarle. 彼は鋭い人でだますのは難しい． crítica ~ 鋭い批判． ❷ 遠くまで見える，眼のよい

perspicuo, cua [perspíkwo, kwa] 形《文語》透明な；明快な

persuadir [perswaðír] 他〖+de を〗…に説得する，納得させる：i) ~ a los miembros *de* la necesidad de reformar la sociedad 協会改革の必要性を会員に理解させる． ii)〖+de que+直説法 することを/+para que+接続法 するように〗Le *he persuadido de* que lo mejor es esperar. 一番いいのは待つことだと私は彼に言い聞かせた． Les persuadí *para que* regresasen. 私は彼らに帰るように説得した
◆ ~se 確信する：Me *he persuadido de* su bondad. 私は彼の善良さを信じた

persuasión [perswasjón] 女 ❶ 説得：tener dotes de ~ 人を説得する才能がある． ❷ 確信，納得：Tiene la ~ de que ese problema se solucionará. その問題は解決すると

彼は確信している

persuasivo, va [perswasíβo, βa] 形 説得力のある, 納得させる: dotes 〜vas 人を説得する才能. palabras 〜vas 説得力のある言葉. explicación 〜va 納得のいく説明
　persuasividad 女 説得力

pertenecer [peɾteneθéɾ] 自39 [活用表] ⇨活用表] [英 belong. ⇨活用表] 属する: i) [所有] Este terreno *pertenece a* la ciudad. この土地は市の所有である. ii) [所属・帰属] Esta pieza *pertenece al* reloj. これは時計の部品だ. Este pueblo *pertenece a* otra provincia. この村は別の県に属する. iii) [役目・義務] Hoy le *pertenece* cocinar *a* él. 今日の料理当番は彼だ. iv) [関係] Los preparativos *pertenecen a* la primera fase. 準備するのは第1段階である

pertenecer	
直説法現在	接続法現在
pertenezco	pertenezca
perteneces	pertenezcas
pertenece	pertenezca
pertenecemos	pertenezcamos
pertenecéis	pertenezcáis
pertenecen	pertenezcan

perteneciente [peɾteneθjénte] 形 [+a に] 属する: dinero 〜 *a* la mutua 共済組合の金

pertenencia [peɾtenénθja] 女 ❶ [+a への] 所属, 帰属: Es evidente su 〜 *a* la organización terrorista. 彼がテロ組織の一員であることは明らかだ. ❷ [所有] 所有物; 付属物: ¿Cuáles son tus 〜s? 君のはどれだ? finca con todas sus 〜s あらゆる付属物を含めた地所 *de su* 〜 《文語》自分の所有する: Se llevó todas las cosas *de su* 〜. 彼は自分のものは全部持っていった

pértiga [péɾtiga] 女 長い棒, 竿;《スポーツ》棒高跳び用のポール: saltar con 〜 棒高跳びをする
　pertiguista 名 棒高跳びの選手

pertinaz [peɾtináθ] 形 [圈 〜ces]《文語》❶ [ser+] 長く続く: 〜 sequía 長期の旱魃. 〜 esfuerzo 粘り強い努力. padecer eczemas *pertinaces* 頑固な水虫に悩まされる. ❷ [けなして] 執拗な, 頑固な [⇨terco 類義]: ser 〜 de carácter 強情な性格である. No seas 〜. 我を張るな
　pertinacia 女 永続; 執拗さ

pertinente [peɾtinénte] 形 ❶ [時期的に・目的にとって] 適切な, 妥当な [しばしば否定文で]: No es 〜 reprenderle ahora. 今彼をとがめるのは適切でない. pronunciar unas palabras 〜s 適切な発言をする. ❷ [+a に] 関連する, 属する: En lo 〜 *al* precio estamos de acuerdo. 価格面で我々は了解に達している. ❸《言語》関係的な, 意味を弁別する
　pertinencia 女 適切さ, 妥当性

pertrechar [peɾtɾetʃáɾ] 他 ❶ [+de 武器弾薬などを] …に補給する: 〜 *de* armamento a los terroristas テロリストに武器を供給する. ❷ [必要なものを] 整える, 準備する

◆ 〜**se** [+de・con を] 補給される: Nos hemos *pertrechado de* agua (*de* los datos). 私たちは水の補給を受けた (データを渡された)

pertrecho [peɾtɾétʃo] 男 [主に 圈] ❶ 武器弾薬・糧食など [の装備]. ❷ [一般に] 装備, 用具: 〜s para las excavaciones 掘削用の機械装置

perturbación [peɾtuɾβaθjón] 女 ❶ 混乱; 攪乱, 妨害: La reunión causó gran 〜. その集会は大変混乱した. 〜 del orden público 治安妨害. 〜 del tráfico 交通妨害. 〜 atmosférica 気圧の変動, 嵐. ❷ 錯乱, 狂気 [〜 mental]

perturbado, da [peɾtuɾβáðo, ða] 形 名 [過分] 精神的に動揺した; [婉曲] 頭のおかしい [人], 精神錯乱者

perturbador, ra [peɾtuɾβaðóɾ, ɾa] 形 名 [人心・秩序などを] 乱す; 攪乱者, 妨害者
◆ 男《軍事》レーダー攪乱装置

perturbar [peɾtuɾβáɾ] 他 ❶ 混乱させる, 妨害する: La huelga *perturbó* el tráfico. ストライキのため交通が乱れた. El ruido de los coches *perturba* el sueño de los ciudadanos. 車の騒音で市民は安眠できない. ❷ 精神的に動揺させる. ❸ 錯乱させる: La muerte de su marido *perturbó* su mente. 夫の死で彼女は気を取り乱した
◆ 〜**se** 混乱する; 精神的に動揺する; 錯乱する, 頭がおかしくなる

Perú [peɾú]《国名》ペルー: Alto 〜 アルトペルー《1825 年に独立するまでのボリビアの旧称》 *valer un* 〜 一財産の価値がある

peruano, na [peɾwáno, na] 形 名 ペルー Perú [人] の; ペルー人
　peruanismo 男 ペルー特有の言い回し

perversidad [peɾβeɾsiðá(d)] 女 邪悪さ, 悪辣(あくらつ)さ

perversión [peɾβeɾsjón] 女 ❶ 退廃, 堕落: antro de 〜 悪徳の巣窟. camino a la 〜 堕落に至る道. ❷《医学》〜 sexual 性的倒錯, 変態性欲

perverso, sa [peɾβéɾso, sa] 形 名 ❶ 邪悪な [人], 悪辣な [人]: acción 〜*sa* よこしまな行為. ❷ 性的倒錯者, 変態

pervertir [peɾβeɾtíɾ] 他33 他 [現分 pervirtiendo] 堕落させる, 退廃させる: *Pervirtieron al* muchacho con las malas compañías. 悪い仲間がその少年を堕落させた
◆ 〜**se** 堕落 (退廃) する
　pervertido, da 形 名 [過分] 倒錯した; 倒錯者, 変質者

pervivir [peɾβiβíɾ] 自 [時・障害を越えて] 存続する, 残存する
　pervivencia 女 存続, 残存

pesa [pésa] 女 ❶ [秤・時計の] おもり, 分銅: reloj de 〜s おもり時計. 〜s y medidas 度量衡. ❷ 圈《スポーツ》バーベル, ウェイト: alzar 〜s ウェイトを持ち上げる. hacer 〜s / entrenar con 〜s ウェイトトレーニングをする. levantamiento de 〜s 重量挙げ, ウェイトリフティング

pesabebés [pesabeβés] 男《単複同形》乳児用体重計

P

pesacartas [pesakártas] 男 〖単複同形〗手紙秤(ばかり)

pesada¹ [pesáda] 女 ❶ 計量；重さ：Es corto de 〜 y largo de precio. それは目方が少なくて値段は高い. ❷ 〖一度に計る〗分量

pesadamente [pesaðáménte] 副 ❶ 重く：apoyarse 〜 en... ...に重たく寄りかかる. caer 〜 ドスンと倒れる. ❷ 鈍重に：caminar 〜 のその(のそ)と歩く. ❸ 執拗に：insistir 〜 しつこく主張する

pesadez [pesaðéθ] 女 ❶ 重たいこと. ❷ 重苦しさ：Siento 〜 de estómago (en todo el cuerpo). 私は胃がもたれる(体がだるい). Hay 〜 en el aire. 天気がうっとうしい. ❸ 不快さ, 重荷：Es una 〜 tener que trabajar el domingo. 日曜日に働かなければならないなんてうんざりだ. librarse de la 〜 重荷から解放される

pesadilla [pesaðíʎa] 女 ❶ 悪夢：Esta noche he tenido una 〜. 私は昨晩いやな夢を見た(うなされた). ❷ 非常に気がかりなこと；ひどくいやなもの：Su única 〜 era acabar con ese odioso trabajo. 彼女のただいやな仕事を終わらせることしか頭になかった. Su vida matrimonial se convirtió en una 〜. 彼の結婚生活は悪夢に変わった

pesado, da² [pesáðo, ða] 形 過分 〖英 heavy. ↔ligero〗
❶ 重い：i) Este paquete es muy 〜. この荷物は大変重い. puerta 〜da 重い扉. sentir 〜s los pies 足が重たい. paso 〜 重い足取り. tanque 〜 重戦車. industria 〜da 重工業. agua 〜da 〖化学〗重水. ii) [estar＋頭・胃などが] Tengo (Siento・Se me pone) 〜da la cabeza. 私は頭が重い(ぼんやりしている). iii) 重荷となる：impuesto 〜 重税. carga 〜da 重い負担
❷ 骨の折れる, つらい：Es 〜 hacer un diccionario. 辞書を作るのはしんどい. Es 〜 tener que aguantar sus impertinencias. 彼の横柄さを我慢するのは大変だ
❸ 重苦しい, うっとうしい；[装飾などが] ごてごてした：atmósfera 〜da 重苦しい雰囲気. dibujo 〜 ごてごてした絵. plato 〜 しつこい料理
❹ 理屈っぽい, しつこい；退屈な：No te pongas 〜. しつこくしないでくれ. No seas 〜./¡Qué 〜 eres! しつこい(うるさい・くどい)ぞ. La película me resultaba muy 〜da. 映画は非常に退屈だった
❺ 人を傷つける(怒らせる)：broma 〜da えげつない冗談
❻ [天気が] 暑苦しい, 気温と湿度が高い：tiempo 〜 うっとうしい天気
❼ のろい, 鈍重な
❽ [眠りが] 深い
◆ 名 うるさい(しつこい)人, わずらわしい人；のろま, 愚図
◆ 男 《ボクシング》ヘビー級 〖peso 〜〗

pesador, ra [pesaðór, ra] 形 名 計量する〔人〕

pesadumbre [pesaðúmbre] 女 不快な思い, 重苦しさ；悲しみ：ocasionar 〜 a＋人 ...にいやな思いをさせる. horas de 〜 悲しみの時

pesaje [pesáxe] 男 計量〖法〗：〜 de un púgil ボクサーの計量

pésame [pésame] 男 お悔やみ, 弔意：Reciba mi más sincero (sentido) 〜 por la muerte de su padre. お父様の御不幸を心からお悔やみいたします. dar el 〜 a＋人 ...に哀悼の意を表する, お悔やみを述べる. carta de 〜 お悔やみ状. telegrama de 〜 弔電

pesar [pesár] 自 〖英 weigh〗❶ 重さがある：¡Cómo [me] pesa este paquete! 何てこの荷物は重いのだろう！ 〜 mucho (poco) 重い(軽い). ❷ [＋a＋人 に] i) 重くのしかかる, 気を重くさせる：Me pesa tener que trabajar tantas horas. そんなに長時間働かなければならないのはきつい(いやだ). Le pesa la responsabilidad. 責任感が彼の重荷になっている. El yugo romano pesó sobre toda Europa. ローマの圧制がヨーロッパ全土にのしかかっていた. ii) 悔やまれる：Me pesa haberle dicho aquello. あの事を彼に言ったことが悔やまれる. ❸ [税金などが, ＋sobre に] かかる：Una hipoteca pesa sobre la finca. 地所は抵当に入っている. ❹ [＋en に] 重要性を持つ, 影響力がある：Su presencia pesa mucho. 彼の存在は大きい. En mi decisión no han pesado mis intereses. その決定は私の利害に影響していない

aunque pese a＋人 ...にとってどうであれ：Aunque me pese, no dejaré mi empeño. いかなることがあっても私はやるぞ

mal que pese a＋人 ...の意志にかかわらず：Mal que pese, tienes que hacerlo. 君はいやでもそれをしなければいけない

pese a＋名詞・不定詞/*pese a que*＋直説法・接続法 [譲歩] ...にもかかわらず：Se conserva muy bien pese a sus años. 彼女は年をとっているのにスタイルが崩れていない. Le ayudaré, pese a que no me cae bien. 彼は虫が好かないが, 助けてやろう

pese a quien pese [未来形で] 万難を排して：Lo conseguiré, pese a quien pese. 何としてもやりとげたい

¡ya se pesará a＋人*!* ...は後悔するぞ！

◆ 他 ❶ ...の重さがある：¿Cuánto pesas tú？—Peso sesenta kilos. 体重はどのくらいですか？—60 キロです. ❷ ...の重さを計る, 計量する：〜 la carne 肉をはかりにかける. ❸ [慎重に] 検討する：〜 las ventajas y desventajas de... ...の得失をよく考える. 〜 sus palabras 言葉を選んで話す

◆ 〜se 自分の体重をはかる

◆ 男 ❶ 悲しみ, 苦悩：La derrota causó gran 〜 en nosotros. 負けて私たちは大変悲しんだ. 〜 por la muerte de su hijo 息子を失った悲しみ. ❷ 後悔：Tengo 〜 por haberle tratado así. 私は彼をあんなふうに扱ったことを悔やんでいる

a 〜 *de...* 〖英 in spite of〗 ...にもかかわらず：Se marchó a 〜 de sus padres (de la lluvia). 両親の反対をものともせず(雨が降っているのに)彼は行ってしまった. Pinta bien a 〜 de ser muy pequeño. 彼はほんの子供なのに絵がうまい．*A ～ de sus palabras de usted, no puedo avenir-me a esa opinión.* お言葉ですが、その意見には同意しかねます．*a ～ de su sonrisita* 表面は笑っているが

a ～ de los ―es 《口語》どんなことがあっても
a ～ de que... [+直説法] …ではあるが；[+接続法. 譲歩] …しても: Se casará *a ～ de que se opongan sus amigos.* 友人たちが反対しようが彼は結婚するだろう

a ～ de todo 結局それでも、どんなことがあっても: Me lo han prohibido, pero le escribiré *a ～ de todo.* 私は禁じられているが、何としても彼に手紙を書きます

a su ～/a ～ suyo …の意志に反して: Lo hizo *a ～ suyo.* 彼はいやいやながらそれをした．*Me iré a ～ tuyo.* 君が反対しても(君には気の毒だが)僕は行く．*Se lo he dicho bien a mi ～.* 私は大変心苦しかったが彼にそれを言った

pesario [pesárjo] 男《医学》ペッサリー

pesaroso, sa [pesaróso, sa] 形《estar+》心配している；[悪いことをして] つらく(悲しく)思う: Está ～ al no haber recibido noticias. 知らせがないので彼は心配している．Estoy ～ por haberle reñido tanto. 私は彼をあんなに叱って少し後悔している

pesca [péska] 女 ❶ 釣り [～ con caña]；漁、漁業: ir de ～ al río 川へ釣りに行く．arte de ～ 釣り用具．barco de ～ 漁船．convención de ～ 漁業条約． ～ con red 網漁． ～ de altura (de bajura) 遠洋(近海)漁業． ～ submarina 潜水漁法, スピアフィッシング． 医名 とれた魚；漁獲高: Hoy la ～ ha sido abundante./Hoy ha habido buena ～. 今日は大漁だった

...y toda la ～ 《口語》…等々、…など

pescada [peskáða] 女《魚》タラの一種；メルルーサ

pescadería [peskaðería] 女 魚屋, 魚店
　pescadero, ra 名 魚売り

pescadilla [peskaðíʎa] 女《魚》メルラン、メルルーサの幼魚

pescadito [peskaðíto] 男《魚》メルルーサの幼魚 [pescadilla よりも小さい]

pescado [peskáðo] 男《英 fish》[食品としての] 魚, 魚肉 [泳いでいる魚は pez]: Los japoneses comen mucho ～. 日本人は魚をよく食べる． ～ frito 魚のフライ． ～ blanco (azul) 白身の魚(青魚). día de ～ 《キリスト教》肉抜きの日 [金曜日]

ahumarse a+人 el ～ …が腹を立てる

pescador, ra [peskaðór, ra] 名 漁師、漁民；釣り人 [～ de caña]: pueblo de ～es 漁村． ～es de hombres《聖書》人をすなどる者、福音伝道者

pescaito [peskáito] 男 =pescadito

pescante [peskánte] 男 ❶ 御者台；[昔の車の] 運転席． ❷ [腕木状の] 支柱；[クレーンの] 腕；[船舶][救命ボートを下ろすための] ダビット、鉤柱． ❸《演劇》迫り出し

pescar [peskár] 他 ⑬ ❶ [魚を] 釣る、とる、釣

り上げる；漁をする: ～ una trucha マスを釣る． ～ cangrejos カニをとる． ～ una ballena クジラをとる． ❷《口語》i)[病気に] かかる: ～ un resfriado 風邪をひく. ii)[抜け目なく] 手に入れる: ～ beneficios もうける． ～ novio ボーイハントする. iii)[意図などを] 見抜く；[しゃれなどが] わかる: Con una ojeada *pescó* todo. 彼女は一目ですべてを察知した． No *pescas* ni una. しゃれがわからないね． iv)[悪いことをしている人を] 不意討ちする: El policía le *pescó* entrando por la ventana. 警官は彼が窓から入ろうとしているところをつかまえた

◆ 自 釣り(漁)をする: ～ en el mar (al río) 海(川)釣りをする． ir a ～ 釣りに行く

no saber lo que se pesca《口語》何をしているのか自分でもわからない

pescozón [peskoθón] 男 [首すじへの] 殴打、平手打ち

pescuezo [peskwéθo] 男 [主に動物の] 首
　retorcer (apretar・estirar・torcer) el ～ a+人 [脅し文句・冗談で] …を殺す
　sacar el ～ うぬぼれる, 得意になる

pese a ☞pesar

pesebre [pesébre] 男 ❶ 秣(まぐさ)棚；給餌機． ❷《キリスト教》馬槽(うまぶね) [belén]

pesero [peséro] 男《中米》[一定区画定額料金の] 乗合タクシー

peseta [peséta] 女 ❶ [スペインの貨幣単位] ペセタ: Cobra de mil doscientas mil [～s] al mes. 彼は月給20万ペセタ．[ペセタとわかる場合は省略されることがある]． ❷ 複《口語》お金 [dinero]
　cambiar la ～《口語》[船酔い・酒酔いで] 嘔吐する
　mirar la ～《口語》倹約する, 節約する
　no tener una ～/estar sin una ～ 一文なしである

pesetero, ra [pesetéro, ra] 形 名《西. 時に軽蔑》金に執着する[人], けち[な]: Ese vendedor es muy ～. あの売り手は金に汚い

pesimismo [pesimísmo] 男 悲観論, 悲観主義 [↔optimismo]

pesimista [pesimísta] 形《ser+》悲観的な, 弱気な；《estar+》弱気になっている, 落ち込んでいる

◆ 名 ペシミスト、弱気な人

pésimo, ma [pésimo, ma] 形 [malo の絶対最上級. ↔óptimo] ひどく悪い: Es un ～ estudiante. その学生は(勉強が)全然できない． gusto ～ 最低の趣味
　pésimamente 副 ひどく悪く

peso [péso] 男《英 weight》❶ 重さ, 重量；体重: ¿Cuál es el ～ de este libro? この本の重さはどれ位ですか? El ～ de este niño es de cuatro kilos. この子の重さは4キロだ． Quiero perder ～. 私は体重を減らしたい． medir el ～ de... …の重さをはかる． vender... a ～ …をはかり売りする． ～ muerto 死(荷)重；[列車などの] 自重

❷ 重圧, 重荷: sufrir el ～ de contribuciones 税金の重圧に苦しむ． sentir el ～ de la res-

ponsabilidad 責任の重さを感じる. ～ económico de una finca 地所の所有にかかる経済的負担
❸ [体の] 重苦しさ, 疲労感: Siento ～ en las piernas. 私は足が重い(疲れた・だるい)
❹ 重要性; 影響力: ～ de un título académico 学位の重み. ～ de un ministro 大臣の影響力. Este argumento sí tiene ～. この説は確かに説得力がある
❺ [多くの中南米諸国, フィリピン, ギニア・ビサウの貨幣単位] ペソ
❻ 秤(‹);おもり〖pesa〗
❼ [精神的な] 負担, 疲労
❽《スポーツ》i) 砲丸・円盤・ハンマーの総称. ii) 体重別階級: ～ ligero 軽量級, ライト級. ～ pesado 重量級, ヘビー級. iii)〖複〗バーベル, ウェイト〖pesas〗
❾《物理》～ atómico (molecular) 原子(分子)量
a ～ de oro (plata) 高い金を払って, 非常に高値で
caer[se] de su ～/caer[se] por su propio ～《口語》明白(当然)である
de ～ 1) 賢明な, 分別のある; 影響力のある. 2) [理由が] 決定的な, 重大な: Tiene razones de ～ para cambiar de opinión. 彼の気が変わったのにはもっともなわけがある
en ～ 空中に[吊り上げて]; すっかり, 全部: levantar al niño en ～ 子供に高い高いをしてやる. Se dirigió allí la familia en ～. 家族全員でそこに向かった
hacer caer el ～ de la justicia 罪を犯したので罰する
llevar... en ～ …を持ち上げる; [責任などを] 一人で引き受ける
quitar+人 un ～ de encima …の心の重荷を取り除く
tomar... a ～ …を手に持って重さを計る; 吟味する
valer su ～ en oro 非常に高価である

pésol [pésol]〖男〗《植物》エンドウ〖guisante〗

pespunte [pespúnte]〖男〗《裁縫》返し縫い: medio ～ 半返し縫い
pespuntear〖他〗返し縫いする

pesquería [peskería]〖女〗漁業; 漁場: problemas de ～ 漁業問題

pesquero, ra [peskéro, ra]〖形〗❶ 漁業の: industria ～ra 漁業. país ～ 漁業国. ❷《服飾》pantalones ～s くるぶしまで達しないズボン
◆〖男〗漁船〖barco ～〗
◆〖女〗❶ 漁場. ❷ 漁獲高: Ayer nos fue bien la ～ra. 昨日は大漁だった

pesquis [péskis]〖男〗《口語》洞察力, 頭のよさ: tener ～ 洞察力がある. de poco ～ 頭の悪い

pesquisa [peskísa]〖女〗[主に〖複〗] 捜査: hacer ～s 捜査する

pestaña [pestáɲa]〖女〗❶ まつげ: Tiene las ～s largas. 彼女はまつげが長い. ～s falsas (postizas) 付けまつげ. ❷《印刷》バンド;《手芸》笹縁(ǎ);《鉄道》[車輪の] 輪縁. ❸《動物》～ vibrátil 繊毛

no mover ～ 注意を集中させている: Durante mi explicación no movieron ～. 私が説明している間, 彼らはじっと聞いていた
no pegar ～ 一睡もできない
quemarse las ～s《口語》[夜中に] 猛勉強する

pestañear [pestaɲeár]〖自〗まばたきする: repetidas veces ～ 目をしばたたく
no ～ 注意力を集中する; 眉一つ動かさない, 平然としている
sin ～《文語》注意力を集中して, じっと; 平然と; てきぱきと

pestañeo [pestaɲéo]〖男〗まばたき
pestazo [pestáθo]〖男〗悪臭
peste [péste]〖女〗❶《医学》ペスト; [死者を多く出す] 疫病: ～ bovina 牛疫. ～ bubónica (leventina) 腺ペスト. ～ negra 黒死病〖14世紀中頃にヨーロッパ全域で流行したペスト〗. ～ porcina 豚ペスト. ❷ 悪臭: echar mucha ～ ひどい悪臭を放つ. ❸ [大量の] いやなもの; 有害な人(物・事): El consumo de droga es una ～. 麻薬の使用は社会にとって害毒である
decir (echar・hablar) ～s de... …について不平を言う, ひどく悪く言う; 毒舌を吐く

pesticida [pestiθíða]〖形〗〖男〗殺虫剤(の), 農薬(の)

pestífero, ra [pestífero, ra]〖形〗ひどい悪臭のする; ひどく有害な

pestilencia [pestilénθja]〖女〗悪臭; 疫病
pestilente〖形〗悪臭のする

pestillo [pestíʎo]〖男〗[扉の] 掛けがね; [錠の] 舌, ボルト

pestiño [pestíɲo]〖男〗❶《菓子》蜂蜜をかけた揚げ菓子. ❷《西・口語》退屈(うんざり)させるもの

pesuño [pesúɲo]〖男〗=pezuña

peta [péta]〖男〗《西・俗語》マリファナ煙草

petaca [petáka]〖女〗❶ たばこ入れ. ❷ [携帯用の] 平たい酒瓶. ❸《中米》背中のこぶ; スーツケース, 革製のトランク. ❹《南米》背が低くて太った人
◆〖形〗《南米》怠惰な, 鈍い
hacer la ～《口語》[いたずらで] シーツを2つ折りにして足を伸ばせないようにする

pétalo [pétalo]〖男〗《植物》花弁, 花びら

petanca [petáŋka]〖女〗《遊び》ペタンク〖☞写真〗

petar [petár]〖他〗《口語》…の気に入る〖agradar〗: No le peta trabajar en esa oficina. 彼

はその会社で働くのをいやがっている

petardear [petarðeár] 他 ［爆竹のような］うるさい音を出す；［エンジンが］バックファイアを起こす

petardeo 男 大音響；バックファイア

petardo [petárðo] 男 ❶ 爆竹，かんしゃく玉，《軍事》爆破装置: hacer estallar 〜s 爆竹を鳴らす. ❷《口語》醜いもの；退屈なもの. ❸《西.俗語》マリファナたばこ
pegar 〜s《口語》［返さないつもりで］金を借りる
◆ 图《口語》醜い人；退屈な人: Esa moza es un 〜. その子はブスだ

petate [petáte] 男 ❶ ［船員・兵士などの］丸めた寝具（寝袋）；背嚢. ❷《口語》旅行用の荷物. ❸《中南米》［ヤシの葉で作った］敷き物，ござ
liar el 〜 荷物をまとめる；そそくさと出かける（逃げ出す）；死ぬ

petatear [petateár] 〜se《中米》死ぬ，くたばる

petenera [petenéra] 囡 ［8音節4行詩の］アンダルシア民謡の一種
salir（*se*）（*descolgarse*）*por* 〜s《口語》思いがけない（関係ない）ことを言う（する）

peteribí [peteriβí] 男《植物》カキバチシャノキの一種

petición [petiθjón] 囡 ［←pedir］❶ 願い，申請，嘆願；申請書，嘆願書 〜《escrita》: El presidente accedió a la 〜 del pueblo. 大統領は民衆の願いを聞き入れた. 〜 de divorcio 離婚請求. 〜 de donativos 募金. ❷《論理》〜 de principio 不当前提. ❸《法律》請願書，訴状
a 〜 *de...* …の要求（リクエスト）に答えて: Repitió la canción a 〜 del público. 彼は聴衆の求めに応じてその歌を繰り返し歌った

peticionar [petiθjonár] 他《中南米》申請（嘆願）する

peticionario, ria [petiθjonárjo, rja] 形 申請の；图 申請者

petifoque [petifóke] 男《船舶》フライングジブ

petigrís [petiɣrís] 男 ［単複同形］《動物》灰色リス；その毛皮

petimetre, tra [petimétre, tra] 图《古語.軽蔑》おしゃれな人，めかし屋

petiribí [petiriβí] 男 ＝**peteribí**

petirrojo [petiřoxo] 男《鳥》ロビン，ヨーロッパコマドリ

petiso, sa [petíso, sa] 形 图《南米》＝**petizo**

petisú [petisú] 男 ［複 〜（e）s］《菓子》シュークリーム

petit comité [petí komité] ［←仏語］*en* 〜 少人数だけで

petitorio, ria [petitórjo, rja] 形 願いの，請願の: mesa 〜*ria* 募金運動

petizo, za [petíθo, θa] 形 图《南米》背の低い〔人〕. ◆ 男 小馬

peto [péto] 男 ❶《服飾》胸当て部分；サロペッ

ト 〖pantalones con 〜〗. ❷ ［鎧の］胸当て 〖☞armadura カット〗；［亀の］腹甲. ❸《闘牛》［ピカドールの馬の］胸当て 〖☞picador カット〗. ❹ ［キューバの］背の青い海魚 〖食用〗

petrel [petrél] 男《鳥》ウミツバメ；シロハラミズナギドリ

pétreo, a [pétreo, a] 形 ［←piedra］❶ 石の（ような）；固い: masa 〜*a* 石のかたまり. 〜*a* resistencia 強固な抵抗. ❷ 石だらけの

petrificar [petrifikár] 他 ❶ 石化させる: hoja *petrificada* 葉の化石. ❷ 身動きできなくする，呆然とさせる: La noticia *petrificó* a los habitantes. その知らせを聞いて住民たちは啞然とした
◆ 〜se 石化する；硬直する: Se le ha *petrificado* el cerebro. 彼は頭が固くなった. Me quedé *petrificado* de terror. 私は恐ろしさに体がすくんだ

petrificación 囡 石化

petro- 《接頭辞》［石］*petróleo* 石油

petrodólar [petroðólar] 男《経済》オイルダラー

petrogénesis [petroxénesis] 囡 ［単複同形］《地質》岩石生成

petroglifo [petroɣlífo] 男 ［有史前の］岩面陰刻

petrografía [petroɣrafía] 囡 記載岩石学

petrolear [petroleár] 他 石油で洗う；石油を噴霧する. ◆ 自 ［船が燃料の］石油を積む

petróleo [petróleo] 男 石油: estufa de 〜 石油ストーブ. campo de 〜 油田. 〜 lampante 灯油

petrolero, ra [petroléro, ra] 形 石油の: crisis 〜*ra* 石油危機. compañía 〜*ra* 石油会社. ◆ 图 石油小売り業者
◆ 男 石油タンカー

petrolífero, ra [petrolífero, ra] 形 石油を含む（産する）: campo 〜 油田

petrología [petroloxía] 囡 岩石学

petroquímico, ca [petrokímiko, ka] 形 囡 石油化学（の）

petulante [petulánte] 形 图《軽蔑》傲慢不遜な〔人〕，物知りぶった〔人〕

petulancia 囡 傲慢不遜；衒学的な態度

petunia [petúnja] 囡《植物》ペチュニア

peuco [péuko] 男《鳥》アメリカケアシノスリ

peúco [peúko] 男《服飾》［赤ん坊用の・寝る時に履く］短靴下

peyorativo, va [pejoratíβo, βa] 形 ［語義が］軽蔑的な: No la he llamado chata en sentido 〜. 私は軽蔑的な意味で彼女を chata と呼んだのではない

peyote [pejóte] 男《植物》ペヨートル 〖メキシコ産のサボテン. 幻覚作用がある〗

pez [péθ] 男 ［英 fish. 複 peces］❶ 魚；複 魚類: i) Hay muchos *peces* en este río. この川には魚がたくさんいる. 〜 de colores／〜 dorado キンギョ（金魚）. 〜 de San Pedro ニシマトウダイ. 〜 dípneo (pulmonado) 肺魚. 〜 mujer《動物》マナティー. ii) ［主に複］食用としての川魚. iii)《諺・成句》Quien quiera *peces* que se moje el culo. 虎穴に入らずんば虎児を得ず. El ~ grande se come al chico. 弱肉強食. ❷《口語. 比喩》獲物：Ya ha caído el ~. もう成功したも同然だ. ❸ ずるい男, いい加減な男『buen ~』: ¡Con buen ~ habéis trabado amistad! とんでもないやつと友達になったものだな!

como [*el*] ~ *en el agua*《口語》水を得た魚のように, 生き生きと

como [*el*] ~ *fuera del agua*《口語》おかに上がった河童のように

estar ~ *en...* …にまったく無知である：*Estaba* ~ *en* matemáticas. 彼は数学が全然わからなかった

reírse de los peces de colores 大したことではない, 別に驚かない

~ *chico* 餌食

~ *gordo*《口語》[主に悪い意味で] 大物, 重要人物: Es un ~ *gordo* del mundo político. 彼は政界の大物だ

picar el ~ 獲物が餌に食いつく: *El* ~ *picó* en los planes que ellos hicieron. 彼らの立てた計画に獲物がかかった

¡que te folle un ~!《俗語》[不快・怒り] 言うことにすることが大違いじゃないか!

salga ~ *o salga rana* どんな結果になろうとも: *Salga* ~ *o salga rana* lo aceptaremos. 結果がどうであれ, それを受け入れよう

◆ 囡 木(き)タールピッチ: ~ *griega* コロホニウム

pezón [peθón] 團 ❶《女性の・雌の動物の》乳首. ❷《植物の》葉柄；花柄, 花梗. ❸《機械》接管, ニップル

pezonera [peθonéra] 囡《技術》車知(しゃ),コッタピン

pezuña [peθúɲa] 囡 ❶《動物》ひづめ. ❷《軽蔑》《人の》足: ¡Quítate tus ~s! 足をどけろ! ❸《中南米》足の悪臭

pf [pf] 間 ❶《嫌悪》やれやれ. ❷《擬音》[ガス漏れなど] シュー

phi [fi] 囡 =fi

photofinish [fotofínis] 囡《←英語》[ゴールの] 写真判定

pi [pi] 囡《ギリシア文字》ピー『Π, π』;《数学》[円周率の] パイ『π』

piadoso, sa [pjaðóso, sa] 厖 ❶ 信心深い, 敬虔(けいけん)な: Era una mujer muy ~sa. 彼女はとても信心深かった. ❷ 慈悲深い, 情け深い: mostrarse ~ con+人 …に同情する. mentira ~sa 思いやりあの嘘

piafar [pjafár] 圁《馬がじれて》前脚で地面をける(かく)

pial [pjál] 團《中南米》投げ縄

piamadre/piamáter [pjamáðre/- tɛr] 囡《解剖》軟膜, 柔膜

piamontés, sa [pjamontés, sa] 厖 囝《地名》ピアモンテ Piamonte 團 の『人』

pian [pján] 團《医学》いちご腫
~, *piano/*~, *pianito/*~, *《←伊語. 口語》少しずつ, そっと

pianísimo [pjanísimo] 剾《音楽》ピアニシモ

pianista [pjanísta] 囝 ピアニスト

piano [pjáno] 團《英 piano》《楽器》ピアノ: ~ de cola グランドピアノ. ~ de media cola 小型グランドピアノ. ~ recto (vertical) アップライトピアノ. ~ de manubrio 手回しオルガン, 自動ピアノ. ~ mecánico 自動ピアノ. alambre de ~ ピアノ線

tocar el ~ ピアノをひく；食器を洗う；指紋をとられる

◆ 剾《音楽》弱音で, 弱く；小声で

pianoforte [pjanofórte] 剾 =piano

pianola [pjanóla] 囡 ピアノラ, 自動ピアノ

piante [pjánte] 厖 囝《口語》不平を言う『人』

piar [pjár] 囸 個 ❶『鳥が』ピヨピヨ pío pío と鳴く, さえずる. ❷ [+por を] 懇願する: El niño *pía por* tener el juguete. おもちゃがほしいと子供がせがんでいる
~ *las*《口語》不平を言う

piara [pjára] 囡《主に豚の》群れ

piastra [pjástra] 囡《中近東諸国などの貨幣単位》ピアストル

PIB 團《略語》←producto interno (interior) bruto 国内総生産

pibe, ba [píbe, ba] 囝《南米》了供, じゃり『niño』

pica [píka] 囡 ❶ 槍, 長槍；《闘牛》[ピカドールが使う] 槍『☞picador カット』. ❷《トランプ》スペード『☞carta 参照』

calar la ~ 槍を構える

pasar por las ~s 困難にぶつかる

poner una ~ *en Flandes*《口語》見事に(苦労して) 目的を達成する

ser a ~ *seca* むだな骨折りである

picacho [pikátʃo] 團 とがった山頂, ピーク

picada¹ [pikáða] 囡 ❶『鳥の』ついばみ；[魚の] 食い；刺し傷；突き. ❷《南米》[おいしい] 軽食, おつまみ；森の中の小道

picadero [pikaðéro] 團 ❶ 乗馬学校；馬場. ❷《西》[秘密の] 情事の場所, 密会所

picadillo [pikaðíʎo] 團 ❶《料理》[ソーセージ用の] 豚のひき肉；[野菜の] みじん切り；ひき肉・ベーコン・野菜・とき卵をいためて煮込んだ料理. ❷ 掛け合いの歌『coplas・jotas de ~』

estar (*venir*) *de* ~ 腹を立てている, 恨んでいる: Está ~ porque no la invitaron. 彼女は招待されなかったのでむくれている

estar hecho ~ 疲れ切る；精神的に打ちのめされる

hacer ~ a+人 [脅し文句で] …をひどくやっつける

picado¹ [pikáðo] 團 ❶《西》[飛行機・鳥の] 急降下: bajar en ~ 急降下する. bombardeo en ~ 急降下爆撃. caída en ~ de la peseta ペセタの急落. Las ventas cayeron en ~. 売上げが激減した. ❷《料理》みじん切り, ミンチ. ❸《音楽》スタッカート. ❹《映画》俯瞰, ハイアングル

picado², da² [pikáðo, ða] 厖 過分 ❶ 刺された, 虫に刺された: diente ~/muela ~da 虫歯. ❷ 飾り穴のある: zapato ~ ブローグ. ❸《口語》[estar+] 怒っている. ❹《海が》荒れた, 波立っている『☞mar ❷』. ❺ [ワインが] 酸っぱくなった. ❻《料理》みじん切りの: carne ~da ひき肉,

ミンチ. ❼《中米》ほろ酔い機嫌の

picador, ra [pikaðór] 图 [馬を] 飼い慣らす人
◆ 男 ❶ [闘牛] ピカドール〖馬に乗って槍で牛の首筋を突く闘牛士. ⇨カット〗. ❷ [鉱山の] 切羽作業員

◆ 囡《料理》フードプロセッサー, みじん切り用のカッター; 肉ひき器

picadura [pikaðúra] 囡 ❶ [虫・鳥・蛇などが] 刺す (つつく・かむ) こと, …の跡, かみ傷: Las ～ de mosquito son molestas. 蚊に食われたところがかゆい. morirse por una ～ de serpiente 蛇にかまれて死ぬ. ～ de polilla [衣服の] 虫食い. ❷ 虫歯の穴; 錆びによる穴. ❸ 刻みたばこ

picaflor [pikaflór] 男《中南米》ハチドリ [colibrí]

picahielos [pikajélos] 男 [単複同形] アイスピック

picajoso, sa [pikaxóso, sa] 图《口語》怒りっぽい(人)
    picajón, na 形 图 =picajoso

picamaderos [pikamaðéros] 男 [単複同形] キツツキ [pájaro carpintero]

picana [pikána] 囡《南米》[牛を追う] 突き棒, 牛追い棒; 高電圧の棒 [による拷問]
    picanear 他 突き棒で追う; 高電圧の棒で拷問する; [言葉で] 挑発する, 怒らせる

picante [pikánte] 形 ❶ 舌を刺す; 鼻につんとくる: comida ～ ピリッと辛い料理. ❷ [冗談など] きわどい; 辛辣な: historia ～ 色っぽい話, 猥談. Sus palabras son ～s. 彼の言葉にはとげがある
◆ 男 ❶ [辛い] 香辛料; ピリッとする味: Me gusta el ～ del ajo. 私はニンニクの辛みが好きだ ❷ [冗談などの] きわどさ; 辛辣さ. ❸《南米》トウガラシ入りの臓物の煮込み; ピリッと辛いソース [salsa ～]
    picantería 囡《南米》辛い料理の専門店

picapedrero, ra [pikapeðréro, ra] 图 石工

picapica [pikapíka] 囡《玩具》バラの実〖チクチクする. いたずら用〗

picapleitos [pikapléitos] 图 [単複同形]《軽蔑》へっぽこ弁護士 [abogadete]

picaporte [pikapórte] 男 ❶ [両開き窓などの] 自動的に落ちる掛けがね. ❷ [ドアの] ノッカー [aldaba]

picar [pikár] 他 囮 ❶ [針などで] 刺す, 穴を開ける: i) Me *picó* un mosquito (un avispón). 私は蚊に食われた(蜂に刺された). ～ al caballo 馬に拍車をあてる. ～ un billete 切符を切る(入鋏する). ii) [+en 体の一部を] Una culebra le *picó en* el pie. 彼は蛇に足をかまれた. iii) [闘牛] [ピカドールが馬上から牛の首筋を] 槍で突く. ❷ i) [魚・鳥が餌を] つつく, ついばむ: Con

este cebo *pican* mucho los peces. この餌だと食いがよく立つ. ii) [人が料理を] つまむ: Antes de comer quiero ～ algo. 食事の前に何かつまみたい. ❸《料理》細かく刻む; [肉を] ひく: ～ una cebolla 玉ねぎをみじん切りにする. ❹ [装飾などのために] 細かい穴をいくつもあける; [紙に] ミシン目を入れる. ❺ チクチクする; ピリピリさせる, 刺激する: Este jersey me *pica* mucho. このセーターはチクチクする. El chile *pica* la lengua. トウガラシは舌をヒリヒリさせる. ～ la curiosidad 好奇心をそそる. ～ el amor propio 自尊心をくすぐる. El vendaval *picó* aquellas aguas. 嵐でその海は波立っていた. ❻ [錆で] 虫歯になる; [錆で] 穴を開ける: El azúcar *pica* los dientes. 砂糖は虫歯をつくる. ❼《口語》むかっとさせる, 怒らせる: ～ a+人 con sus bromas 冗談を言って…を怒らす. ❽ [馬を] 飼い慣らす. ❾《音楽》[音を] スタッカートで演奏する. ❿《スポーツ》ワンバウンドでパスする. ⓫ [ビリヤード] ～ la bola マッセする
◆ 自 ❶ [虫などが] 刺す; チクチク(ヒリヒリ)する; むずがゆい: El vodka *pica*. ウォッカを飲むと口の中が焼ける. Me gustan las comidas que *pican*. 私は辛い物が好きだ. Me *pica* la espalda. 背中がかゆい. ❷ [太陽が] 照りつける: Este sol *pica* mucho. 今日は日ざしがきつい. ❸ 少しだけ食べる, つまみ食いをする. ❹《口語》[+en に] 好奇心を示す [だけである]: Ha *picado en* muchas cosas pero no sabe bien ninguna. 彼は色々なことをかじるが何ものにじゃっていない. ❺ [+en の] 傾向がある: Su acción *pica en* locura. 彼の行為はどうかしている. ❻ まどわされる; [+en 罠・計略に] はまる, ひっかかる; [魚が 餌に] 食らいつく: Has *picado*. しまった, だまされたぞ. ～ se dónde estuviste ayer. ほろを出したな. 君が昨日どこにいたかわかったよ. ❼ [冗談を本気にして] むかっとする. ❽ [鳥・飛行機が] 急降下する
～ [más・muy] alto《口語》高望みする: Este alumno *pica* alto [en sus aspiraciones]. この生徒は背伸びしすぎている
◆ **～se** ❶ [自分を] 刺す: Me he *picado en* el dedo con una aguja. 私は指に針を刺してしまった. ❷ [布が古くなって・虫が食われて] 穴があく: Se ha *picado* todo el ajuar. 衣裳が穴だらけになった. ❸ 虫歯になる: Se le ha *picado* la dentadura de tanto comer chocolates. 彼はチョコレートを食べすぎて虫歯だらけだ. ❹ [ワインが] 酸っぱくなる; [リンゴが] 腐る, 痛む: El vino se *picó* con el tiempo. 古くなってワインが酸っぱくなった. ❺ [海が] 荒れる. ❻《口語》[+con・por に] 気分を害する: Se habrá *picado* porque no hemos ido a despedirle. 私たちが見送りに行かなかったので彼はむかっとしたようだ. ❼ [+con・por を] 強く望む, 欲しがる; 感動する: Se ha *picado con* la excursión. 彼は遠足にひどく行きたがった. Los niños se *pican con* los campeones del tenis. 子供たちはテニスのチャンピオンに興奮して自分をもりたてている. ❽ [+con 誘惑などに] 引っかかる: ～se con la droga 麻薬に手を出す(溺れる). ❾ [+de を] 鼻にかける, …ぶる: Él se *pica de* caballero. 彼

は紳士気どりだ. ❿《俗語》麻薬を注射する

picardear [pikarðeár] 他 …に悪いこと(いたずら)を教える
◆ 自 悪いことをする
◆ ~se 堕落する, 非行に走る

picardía [pikarðía] 女 ❶ 悪意, 意地悪さ；悪行, 非行：Tantas ~s me están perjudicando el negocio. あんないやがらせをされて私の商売はあがったりだ. sin ~. 無邪気な. ❷ いたずら：Este niño no hace más que ~s. この子はいたずらばかりする. ❸ 抜け目なさ：tener ~ para ganar dinero 金もうけに目はしがきく. preguntar con ~ 巧みに質問する
picardías [pikarðías] 男《単複同形》《西.服飾》テディ, ベビードール

picaresco, ca [pikarésko, ka] 形 悪漢の, やくざな：novela ~ca 悪漢小説, ピカレスク小説《16世紀にスペインで生まれた小説のジャンル》
◆ 女 やくざ稼業, やくざな生き方；ピカレスク〔文学〕, 悪漢文学

pícaro, ra [píkaro, ra] 形 名 ❶ [ピカレスク小説の主人公の]ならず者(の)；悪党(の), ずる賢い〔子供・人〕：Es un negocio de ~. それはやくざな商売だ. Los ~s nunca guardan cola. あのろくでなし連中は行列の順番を全然守らない. ¡Estos ~s mosquitos! このいやな蚊め！ ❷ 悪意のある, 辛辣な；[特に]性関係を意味悪く見たがる；[表現が]あからさまな, きわどい. ❸ 抜け目のない, 要領のいい. ❹《親愛》いたずらっ子の

picarón, na [pikarón, na] 形 名 ❶《戯語》抜け目のない〔人〕, ずる賢い〔人〕
◆ 男《中南米.料理》[主に 複] カボチャとサツマイモをすりつぶしてドーナツ形に揚げたもの

picatoste [pikatóste] 男《料理》[主に 複] クルトン；《西》ココアに浸して食べる揚げパン

picaza [pikáθa] 女《鳥》カササギ《urraca》
picazón [pikaθón] 女 ❶ チクチクする感じ：Este jersey me produce ~. このセーターはチクチクする. ❷ [不適切な言行をした] 気のとがめ

picea [píθea] 女《植物》トウヒ
picha [pítʃa] 女《西.卑語》陰茎《pene》
pichanga [pitʃáŋga] 女《南米》[仲間内での] 草サッカー

pichel [pitʃél] 男 水差し, ピッチャー
pichi [pítʃi] 男 ❶《西.服飾》ジャンパースカート. ❷ 白い花の咲くナス科の植物《利尿剤として使われる》
pichí [pitʃí] 男《南米.幼児語》おしっこ
pichichi [pitʃítʃi] 男《西.サッカー》[その年の] 得点王
pichin [pitʃín] 男 ＝pidgin
pichincha [pitʃíntʃa] 女《南米.口語》掘出物, もうけもの
pichón, na [pitʃón, na] 名 ❶[親愛の呼びかけ] Oye, ~ mío. ねえ, あなた
◆ 男 鳩のひな(幼鳥)：tiro de ~ トラップ射撃
pichula [pitʃúla] 女《南米.俗語》陰茎《pene》
pichulear [pitʃuleár] 自《南米》細々と(けちけちと)商売をする
picio [píθjo] 男 más feo (tonto) que P~《口語》ひどい醜男(ばか者)の

picnic [píknik] 男《複 ~s》《←英語》野外の食事(パーティー), ピクニック
pícnico, ca [píkniko, ka] 形 名 [手足が短く] 肥満体の〔人〕

pico [píko] 男 ❶ [鳥の] くちばし. ❷ [器物の] 口, 先端：~ del botijo 水さしの注ぎ口. sombrero de tres ~s 三角帽子《tricornio》. Me di un golpe con el ~ de la mesa. 私はテーブルの角にぶつかった. ❸ つるはし；[ピッケルの] ピック. ❹ [尖った] 山頂；[グラフの] ピーク. ❺ [un+] 大金：Este piso nos ha costado un buen ~. このマンションはいい値段だった. ❻ [el+. 端数の] 小銭, 釣り銭. ❼《軽蔑》[人の] 口：No abras el ~. 黙ってなさい. ❽ 能弁, 弁舌：Tiene muy buen ~. 彼は非常に弁が立つ. ❾《俗語》麻薬注射の薬. ❿《鳥》キツツキ《~ carpintero》. ⓫ [甲殻類の] はさみ；[半翅目の] 吸汁器, 口吻. ⓬《中南米》キス《beso》；《南米》陰茎《pene》
a ~ de jarro 口飲みで：beber de la tetera a ~ de jarro やかんから口飲みする
andar (ir[se]) de ~s pardos《口語》浮かれ騒ぐ, どんちゃん騒ぎをする
cerrar (callar) el ~ 口をつぐむ, 黙る
cortado a ~ 垂直な, 切り立った
darle al ~《軽蔑》しゃべりまくる
darse el ~ [主語は複数. 唇に] キスをする
_de ~_ 口先だけの：Todo eso es de ~. それはすべて口先だけだ
de ~s pardos《口語》[andar・irse+] お祭り騒ぎで
hincar el ~ 死ぬ；屈服する
no abrir el ~ 話さない
perderse por el ~ 口が元で禍を招く
salir a+人 por un ~ …にとって大変高価である：Este coche le ha salido por un ~ 彼のこの車は大変高かった
ser (tener) un ~ de oro 能弁家である
tener mucho ~ おしゃべりする, 口が軽い
trabajar de ~ y pala 奴隷のように働く
数詞+y ~ [端数] …と少し：Son las tres y ~. 3時ちょっと過ぎだ. Quedan trescientos y ~ de ejemplares sin vender. 300部あまり売れ残っている

picón, na [pikón, na] 形 ❶ [馬などが] 出っ歯の《そのため草がうまくかみ切れない》. ❷《南米》[からかい・批判に] 敏感な, 短気な
◆ 男 ❶ 小塊炭. ❷《魚》白い斑点のあるエイ

picor [pikór] 男 ❶ かゆみ, むずがゆさ：Tengo un ~ irresistible. かゆくてたまらない. ❷ [辛いものを食べた後の口・舌の] ヒリヒリする感じ

picota [pikóta] 女 ❶《歴史》さらし首柱；さらし台. ❷《口語》鼻《nariz》. ❸《植物》ビガロー種のサクランボ
estar en la ~ 危うい状態にある
poner en la ~ a+人 …を物笑いの種にする

picotazo [pikotáθo] 男 くちばしによる打撃：defenderse a ~s de su enemigo くちばしでつついて敵から身を守る
picotada 女 ＝picotazo
picotear [pikoteár] 他 ❶ くちばしでつついばむ：

Las gallinas *picotean* las migas caídas. 鶏
が落ちているパンくずをついばむ. ❷［人が食べ物
を］つまむ

◆ 圓［食間に］食べ物をつまむ

◆ ～se《口語》［女同士が］口げんかする, ののし
り合う

picoteo 男 ついばむこと；つまみ食い

pícrico [píkriko] 男《化学》ピクリン酸［*ácido*
～］

pictograma [piktográma] 男 絵文字；絵グ
ラフ

pictografía 女 絵文字法

pictórico, ca [piktóriko, ka] 形 絵の, 絵画
的な：habilidad ～*ca* 絵のうまさ. vista ～*ca*
絵になる景色

picudo, da [pikúðo, ða] ❶［鼻が］とがっ
た；［鳥が］口ばしの長い. ❷《中米》[＋para に]
傑出した, 上手な

pidgin [píʧin] 男《←英語》混合語, ピジン；ピ
ジン英語［英語と中国語などの混合語］

pídola [píðola] 女《西. 遊戯》馬跳び

pie [pjé] 男 ❶［主に人間の］足
［足首から下をさす］. 脚全体は pierna］：
i) saltar con los ～*s* juntos 両足跳びをする.
huellas de los ～*s* de un oso 熊の足跡. ～
cavo 甲高な足. ～ equino 内反足. ～ plano
扁平足. ii)［歩行］Tiene los ～*s* rápidos.
彼は足が速い. ser lento de ～*s* 足が遅い. iii)
［家具・器物の］脚, 台：～ de una mesa テーブ
ルの脚. ～ de una lámpara 電気スタンドの下
部. iv) 復 足もと：El perro retozaba a mis
～*s*. 犬が私の足もとでじゃれていた. v)［靴下・長
靴などの］足の部分：Estos calcetines tienen
un agujero en la punta del ～. この靴下はつま
先に穴があいている. limpiarse los ～*s* antes
de entrar en la sala 広間に入る前に靴をぬぐう
❷［植物の］根も, 幹, 茎；［建物などの］下
部；［山の］ふもと, 山すそ：al ～ de la mon-
taña 山のふもとに. al ～ de la escalera 階段
の下で
❸［書類などの］下部［日付・署名などを書く部
分］；［ページの下部の］余白：El ～ de esta
instancia debe ser más claro. この申込書の
下部はもっとスペースがあってなければならない. a
～ de página ページの下に
❹［写真・図版の］説明文, キャプション, ネーム
❺［長さの単位］フィート
❻《詩法》脚(⁈)：～ quebrado 4 音節行と5
音節以上の行が交互する詩型
❼《演劇》［相手に受け渡しする］きっかけのせりふ
❽[＋de の] 状態：Algún día estaremos en
～ *de* igualdad. いつかは平等な世の中になるだろ
う. estar en ～ *de* guerra 戦争状態にある
❾［印刷］～ *de* imprenta 奥付け［ただし本の
最初に置かれる］
❿［技術］～ *de* biela ［連接棒の］小端. ～ *de*
rey スライドノギス
⓫［医学］～ *de* atleta ［足の］水虫
⓬ 復 平面上で足にあたる部分［↔cabecera］：
i) a los ～*s* de la cama ベッドの足もとに. ii)
［教会の］入口部分［☞iglesia カット］

⓭ ～*s* negros ［北米インディアンの］ブラックフ
ト族

a cuatro ～*s* 這って, 四つん這いで

a los ～*s de*＋人《丁寧》…に対し謹んで：Me
pongo *a sus* ～*s*. 何なりとお申しつけ下さい

a ～ *enjuto* 足をぬらさずに；安全に, 楽々と

a ～ *firme* その場から動かずに；忍耐強く：
aguantar *a* ～ *firme* la racha de mala
suerte 不運の連続にもじっと耐える

a ～ *juntillas* 両足をそろえて；確信して,
少しも疑わずに

a ～ *llano* 同一平面に；容易に, 何の障害もな
く：Todas las habitaciones de la casa
están *a* ～ *llano*. この家の寝室はすべて同じ階
にある

andar muy a ～ *en*＋事物《南米》…に関して
無知である

arrastrarse (arrojarse) a los ～*s de*…
…に屈服する

asentar el ～ 慎重に行動する

atar de ～*s y manos a*＋人 …の自由を奪う,
身動きできなくする

besar a usted los ～*s a*＋人［男性の女性に対するうや
うやしい挨拶］Beso *a* usted *los* ～*s*, señora.
何なりとご用をお言いつけください

caer de ～[*s*]《口語》［困難を］無事に切り抜
ける, 運がよい

cojear del mismo ～《軽蔑》[＋que＋人 と]
同じ欠点を持っている

con buen ～/*con* [*el*] ～ *derecho* ［出だし
が］好調である：Te deseo que comiences tus
negocios *con buen* ～. 商売の出足が順調に
いくことを願っているよ

con los ～*s*《軽蔑》大変悪く(下手に)：Este
escrito está redactado *con los* ～*s*. この文
書はひどい出来だ

con los ～*s por (para) delante*《口語. 婉
曲》棺桶に入って, 死んで：De aquí me saca-
rán *con los* ～*s por delante*. 殺されてもここ
を離れないぞ

con mal ～/*con* [*el*] ～ *izquierdo* ［出だし
が］まずく, 不調に：Hoy me he levantado
con el ～ *izquierdo*. 今日は朝からついてない

con [*s*] *de plomo* 《口語》慎重に, 用心して

con un ～ *en el aire* 不安定で

con un ～ *en el estribo* 出かける寸前に

con un ～ *en el hoyo (el sepulcro・la*
sepultura)《口語》棺桶に片足つっこんで, 死
にかけて

dar a＋人 *el* ～ *y tomarse la mano*《口
語》…にひさしを貸して母屋を取られる

dar el ～ *a*＋人 *y se toma la mano* …に
情けをかけたらつけ上がる：Os *di el* ～ *y os*
tomasteis la mano. ちょっと親切にしてやったら
君たちは図に乗った

dar ～ [＋a＋事 に] きっかけを与える；[＋a＋人
に, ＋para の] 口実を与える

de a ～ 1)［騎馬に対して］徒歩の：soldado

de a ～ 歩兵. 2) 普通の〔市民の〕: En electrónica soy un ciudadano *de a* ～. エレクトロニクスについては私は門外漢だ
de la cabeza a los ～*s* =*de los* ～*s a la cabeza*
de los ～*s a la cabeza*／*de* ～*s a cabeza* 足の先から頭のてっぺんまで; 完全に: Estoy sudando *de* ～*s a cabeza*. 私は全身汗びっしょりだ. Es un corredor *de* ～*s a cabeza*. 彼は完璧なランナーだ
de ～《中米》常勤の
de ～(*s*) 立って; 寝ないで: estar *de* ～ 立っている. hablar *de* ～ con+人 …と立ち話をする. Pasé el resfriado *de* ～. 私は風邪でも休まなかった
echar ～ *a tierra* 馬から降りる; 〔乗り物から〕降りる
echar ～ *atrás* 前言を取り消す: En lo referente al viaje, *eché* ～ *atrás*. 旅行の話なら私は降りるよ
echar los ～*s por alto* ひどく機嫌が悪くなる
echarse a los ～*s de*+人 ひざまずいて(身を屈して)…に頼む
en ～ 1) =*de* ～. 2) 未解決の; 有効な: La pregunta (Mi compromiso) sigue *en* ～. 質問の答えはまだ出ていない(私の約束はまだ有効だ). Quedó *en* ～ el problema. 問題は懸案になった
en ～ *de guerra* [軍隊で] 戦時編成の, 臨戦態勢の
en ～ [*un*] ～ *de igualdad* 対等の資格で, 五分と五分で
estar a los ～*s de*+人 =*besar los* ～ *a*+人
hacer ～ [水中で] 背が立つ: Me he bañado en un lugar donde *hago* ～. 私は足が立つ所で泳いだ
irse los ～*s a*+人 …の足が滑る; うっかり間違える: Se le *fueron los* ～*s*. 彼は足を滑らせた
irse por ～*s* すばやく逃げる
meter el ～ 足を踏み入れる, 行く
nacer de ～(*s*)《口語》幸運の星の下に生まれる
no caber de ～*s* 足の踏み場もない, ひどく狭い
no poder tenerse en ～《口語》疲れ切っている
no poner los ～*s en*... …に行かない: Desde que nos disgustamos, *no pongo los* ～*s en* su casa. けんか別れしてから, 私は彼の家には足を踏み入れていない
no poner los ～*s en el suelo* 大急ぎで走る
no tener [*ni*] ～ *ni cabeza*《口語》でたらめである, 支離滅裂である
no tenerse en (*de*) ～ ひどく疲れて(弱って)いる; 根拠がない
parar a+人 *los* ～*s*《口語》…を制止する, ストップをかける
perder ～ [水中で] 背が立たない
～ *ante* ～／～ *tras otro* =a
～ *de banco* 的外れ: razón de ～ *de banco* ばかばかしい理由, 不合理な話
～*s, ¿para qué os quiero?* さあ, さっさと逃げ出そう

poner... de ～ …を立たせる: *poner de* ～ la botella que se ha caído 倒れた瓶を立てる
poner el ～ *encima* (*sobre*)... …を征服する
poner los ～*s en*... …へ足を踏み入れる: *poner los* ～*s en* Toledo トレドの町に入る. *poner los* ～*s en* el suelo 起床する
poner [*los*] ～*s en polvorosa*《口語》すたこら逃げ出す
ponerse de (*en*) ～ 立ち上がる; 病気が治る
por ～*s* [逃げるのが] とても速く, 逃げ足速く
por su ～ 自分の足で, 歩いて
saber de qué ～ *cojea*《口語》弱点をよく知っている: *Sé de qué* ～ *cojeas*. 私は君の弱点をよく知っている
sacar a+人 *con los* ～*s por delante* …を埋葬する
sacar los ～*s del plato* (*de las alforjas*・*del tiesto*)《口語》[臆病と思われていた人が] 大胆になる, 勇気を出す
salir por ～*s* =*irse por* ～*s*
ser a ～ *y manos de*+人《口語》…を立派に助ける, …の右腕である
sin ～*s ni cabeza*《口語》でたらめに, 支離滅裂に
tener buenos (*muchos*) ～*s* 足が達者である
tener los ～*s sobre la tierra* 地に足がついている, 非常に現実的である
tenerse en (*de*) ～ 立ったままでいる
tomar ～ *de*... …を口実にする
vestirse por los ～ 男性である
volver ～ *atrás* 後退する, 後戻りする

piedad [pjeða(đ)] 囡 ❶ 哀れみ, 同情: lleno de ～ 哀れみ深い. tener (sentir) ～ de+人 …を哀れに思う. ❷ 信仰心, 敬虔さ: con ～ 信心深く. ❸《美術》悲しみの聖母[像・図], ピエタ

piedemonte [pjeđemɔ́nte] 男《地理》山麓〔沖積面〕

piedra [pjéðra] 囡 〖英 stone〗 ❶ 可算 石, 岩石: i) Hay una gran ～ en el jardín. 庭に大きな石がある. pantalón vaquero lavado a la ～ ストーンウォッシュのジーンズ. ～ negra 黒石〖イスラム教の聖地で崇められた隕石〗. ii) 石ころ: lanzar una ～ 石を投げる. iii)〔道具など〕～ de mechero ライターの石. ～ de molino [風車の] 挽き臼. ～ de toque 試金石. iv)《比喩》pan tan duro como una ～ 石のように固いパン. corazón de ～ 石のように冷たい心〔の持ち主〕. ❷ 不可算 石材: La casa es de ～. その家は石造りだ. camino de ～ 石畳の道. estatua de ～ 石像. primera ～ 礎石. ～ ollar《技術》凍石. ❸〔宝石の〕原石: ～ de cumpleaños 誕生石. ～ preciosa 貴石〖ダイヤ, ルビー, サファイア, エメラルド〗. ～ fina (semipreciosa) 半貴石, 準宝石. ～ artificial 人工宝石. ❹ 雹(ひょう), あられ〖granizo〗: Cayó ～ en el campo. 畑に雹が降った

❺《医学》結石〖mal de ～〗

ablandar las ～s 〖石のような心にさえ〗哀れみを催させる

cerrar a ～ y lodo 密閉する, きっちり閉じる

de ～ 〖口語〗〖驚きのあまり〗体が動かなくなって: quedarse (dejarse) ～ 身がすくむ

levantarse hasta las ～s contra+人 …に対して広汎に決起する

menos de una ～ 《口語》ないよりはましである

niño de la ～ 捨て子

no dejar ～ por mover あらゆる手を打つ

no dejar (quedar) ～ sobre ～ 完全に破壊する(される)

no ser de ～ 〖人が〗人間らしい心を持っている, 情を知っている

pasar por la ～ 服従を余儀なくされる; 〖+a+人 に〗強制する

poner la primera ～ 〖工事で〗礎石を置く, 起工式を行う; 〖事業などの〗礎を築く

sacar agua de las ～s 不利なことからでも利益を引き出す

tirar la ～ y esconder la mano《口語》…を間接的に(陰険なやり方で)攻撃する

tirar ～s a su propio tejado《口語》自分の不利になることを言う(する)

piel [pjél] 囡 〖英 skin〗❶ 〖人間の〗皮膚, 肌 〖顔は piel が一般的に皮膚. cutis は主に化粧関係で, 特に顔の皮膚. tez は顔の皮膚の主に色について〗: Tiene la ～ bonita. 彼女は肌が美しい. No le quedan más que huesos y ～. 彼は骨と皮ばかりにやせている. ❷ 〖動物の, 自然な表面を残した〗皮, なめし皮; 毛皮: ～ de cocodrilo ワニ皮. abrigo de ～〖es〗毛皮のコート. soltar la ～ 脱皮する. ❸ 〖果実の〗皮: quitar la ～ de un melocotón モモの皮をむく. comer una manzana con ～ リンゴを皮ごと食べる. ～ de naranja オレンジビール

dejarse (jugarse) la ～《口語》〖+en 危険などに〗命をさらす; 全力を出す

estar en la ～ de+人 …の立場に立つ〖主に否定文で〗

perder la ～ 命を落とす, 死ぬ

～ de toro 〖el+. 形の類似から〗イベリア半島

～ roja《軽蔑》アメリカインディアン

quitar la ～ a+人 …の悪口を言う

salvar la ～ 命が助かる; 困難を乗り越える

ser [de] la ～ del diablo (del demonio·de Barrabás·de Satanás)《口語》いたずらっ子である; 陰で悪事をたくらむ

tener sensibilidad a flor de ～ 〖人が〗ひねくれている

vender cara la ～ 多くの敵を殺してから死ぬ

piélago [pjélaɣo] 阅 ❶《詩語》沖合, 海, 大洋. ❷ 大量: un ～ de problemas 山ほどの問題

pielitis [pjelítis] 囡 〖単複同形〗《医学》腎盂(じん)炎

pienso¹ ☞pensar 23

¡ni por ～! 絶対にありえない/まさか!

pienso² [pjénso] 阅 〖家畜の, 主に乾燥した〗飼料: ～ compuesto 配合飼料

---

piercing [pírθiŋ] 阅《←英語》ピアスすること

pierd- ☞perder 24

pierna [pjérna] 囡 〖英 leg〗❶ 〖人間の〗脚 〖厳密に言えば膝から足首までだが, 普通は腿 muslo 以下の下肢全体を指す〗: Tiene las ～s largas. 彼女は脚が長い. tener las ～s gordas 足が太い. tener buenas (malas) ～s 脚力がある(足が弱い). ～s curvadas hacia fuera O 脚. El vestido le llega a media ～. そのドレスの丈は彼女の膝下まである ❷《料理》腿肉: ～ de pollo (de cordero) 鶏(子羊)の腿肉

a ～ suelta (tendida) すっかり安心して: dormir a ～ suelta 枕を高くして眠る〖ことができる〗

con las ～s cruzadas 足を組んで

estirar (extender) las ～s《口語》〖座り疲れを取るために〗足を伸ばす, 歩く

hacer ～s 歩く

por ～s 走って, 大急ぎで

piernas [pjérnas] 阅 〖単複同形〗《西》un ～ 無名の人, 取るに足りない人

pierrot [pjeɾɾót] 阅《←仏語》ピエロ, 道化役者

pietismo [pjetísmo] 阅〖歴史·宗教〗敬虔主義, 敬虔派

pieza [pjéθa] 囡 〖英 piece〗❶ 部品, 全体を構成する1つ: A esta máquina le falta una ～. この機械は部品が1個足りない. juego de 24 ～s 24 点セット

❷ 〖単位としての〗1個「1本 1つ」: i) comprar dos ～s de pan パンを2個買う. vender el jabón por ～s 石けんをばらで売る. ii) 〖コレクション·家具などの〗1点: Esta ～ es valiosísima. この1点は非常に高価だ. iii) 〖紙·布の〗1折り, 1巻き: Esta ～ mide sólo dos metros de ancho. この布は幅が2メートルしかない. iv) 〖漁·猟の〗獲物: Como eran muy pequeñas, devolvió al mar las ～s pescadas. 釣れたのは大変小さかったので彼は海へ戻した. Hoy he cazado tres ～s. 私は今日3匹仕止めた. v) 物, 品物: Aquello parece una ～ de metal. あれは金属みたいだ. vi) 〖時間〗Hemos recorrido una buena ～ hasta aquí. ここへ来るまでにかなりの時間がかかった

❸ 〖家の構成要素としての〗部屋 《中南米》寝室〖habitación〗: Hay cinco ～s en su casa. 彼の家は5部屋ある. ～ de alojados 客用の寝室

❹ 硬貨, 貨幣: ～ de 50 pesetas 50 ペセタ硬貨. ～s sueltas 小銭. Me entregaron cien pesetas en varias ～s. 私は硬貨数枚で100 ペセタ渡された

❺ 芸術作品; 〖特に1幕物の〗劇作品, 戯曲〖～ teatral〗; 音楽作品, 曲〖～ musical〗: representar una ～ de Casona カソーナの作品を上演する. escuchar dos ～s 2曲聞く. ～ de museo 博物館(美術館)の収蔵品. ～ oratoria 演説, 講演

❻《軽蔑》人, やつ

❼〖服飾〗i) traje de tres ～s スリーピースのスーツ. dos ～s ツーピース; アンサンブル. bañador de dos ~s セパレーツの水着. ii) 当て布, 継ぎ: Lleva una ~ en los pantalones. 彼のズボンには継ぎが当ててある. poner una ~ a... …に継ぎを当てる

❽《チェス・チェッカー》駒: mover las ~s 駒を動かす. elegir las ~s negras (rojas) 黒(赤)の駒を持つ

❾《ジグソーパズルの》ピース: puzzle de mil ~s 千ピースのパズルをする

❿《昆虫》~ bucal 口肢

⓫《軍事》... ~s de artillería 大砲…門

buena (gentil・linda) ~ 悪者, ずるい(ひどい)やつ: Estás hecho una *buena* ~. すっかり悪くなったものだ

de una (sola) ~《口語》呆然とした: Me quedé de una ~. 私はびっくり仰天した

~ *de autos* 証拠書類, 証拠品

ser de una sola ~《中南米》真っ正直である

piezoelectricidad [pjeθoelεktriθiðá(d)] 囡《物理》圧電気

piezoeléctrico, ca 形 圧電の

piezometría [pjeθometría] 囡《物理》圧縮率測定

piezómetro 男 ピエゾメーター

pífano [pífano] 男《楽器》ファイフ

pifia [pífja] 囡 ❶《口語》へま, 失敗: cometer una ~. へまをする. enmendar su ~ 失敗を取り繕う. ¡Vaya ~! いけね! ❷《ビリヤード》突き損じ. ❸《南米》口笛によるからかい(抗議), ブーイング

pifiar 圁 圁/他 へまをする, 失敗する

pigargo [pigárgo] 男《鳥》オジロワシ

pigmento [pigménto] 男 ❶《生化》色素. 顔料

pigmentación 囡 色素の沈着(形成); 着色

pigmentar 他《顔料で》着色する

pigmeo, a [pigméo, a] 形 图 ピグミー族〔の〕

pignorar [piŋorár] 他 抵当に入れる

pigre [pígre] 形 怠け者の

pigricia [pigríθja] 囡《南米》*una ~ de...* ごくわずかな…

pijada [pixáða] 囡《西. 口語》ささいなこと; 下らない(ばかげた)こと

pijama [pixáma] 男 ❶《服飾》パジャマ. ❷《菓子》プリンアラモード

pijo, ja [píxo, xa] 形 图《西. 軽蔑》[上流階級・金持ちの子弟で] 優雅(スマート)な[若者]; 上流気どりの[人], お上品ぶった[人]

◆ 男《卑語》陰茎〖pene〗

un ~ ほとんど[…ない], まったく[…ない]

y un ~ [強い否定] まったく違う

pijería 囡 上流気どり

pijerío 男 匼图 上流気どりの(お上品ぶった)連中

pijota [pixóta] 囡《魚》メルラン〖pescadilla〗

pijotada [pixotáða] 囡 ＝**pijada**

pijotería [pixotería] 囡 [本人の言い分に反して] ささいなこと, どうでもいいようなこと

pijotero, ra [pixotéro, ra] 形 图《西. 軽蔑》やっかいな, わずらわしい; やっかい者, 困り者

pila [píla] 囡 ❶ 電池, 乾電池 〖~ seca〗: Se

ha agotado la ~. 電池が切れた. Este motor funciona con ~. 電池が切れた. このモーターは電池で動く. muñeca a ~s 電池で動く人形. ~ alcalina アルカリ電池. ~ atómica 原子炉. ~ baja バッテリー[切れ]の警告. ~ botón ボタン電池. ~ reversible 蓄電池. ~ solar 太陽電池. ❷ 堆積, 山: ~ de leña 薪の山. ❸ [流し台・洗面台の] 槽, シンク: meter los platos en la ~ 皿を流しに置く. ❹ [公園などの] 噴水盤. ❺《宗教》i) 洗礼盤 〖~ bautismal〗: padre de ~ [洗礼式の] 代父. sacar de ~ 代父となって名づけ親となる. ii) ~ de agua bendita 聖水盤. ❻《情報》スタック. ❼《建築》橋脚

una ~ *de...*《主に中南米》大量の…

pilada [piláða] 囡 大量のもの; [一度にこねた] しっくいの塊

pilar [pilár] 男 ❶《建築》支柱, 柱 〖☞columna カット〗: ~ de hierro 鉄柱. ~ del velo del paladar 〔解剖〕口蓋弓. ❷《比喩》支え, 大黒柱: La familia es el ~ de la sociedad. 家族が社会を支えている

◆ 囡《女性名》[P~] ピラール

◆ 囡《ラグビー》プロップ

pilastra [pilástra] 囡《建築》柱形(點為), 付け柱

pilchas [píltʃas] 囡 匼《南米. 口語》ぼろ着, 古着; 衣服

píldora [píldora] 囡 ❶ 丸薬: tomar una ~ 薬を飲む. ❷ [la+] 経口避妊薬, ピル 〖~ anticonceptiva〗: ~ del día siguiente 事後に服用するピル

dorar la ~《口語》[悪い知らせなどのショックを和らげるために] 穏やかな言い方をする

tragarse la ~《口語》[言われたことなどを] 信じ込む

pileta [piléta] 囡《南米》[台所・洗面台の] 流し; プール 〖piscina〗; [家畜の] 水飲み場

Pili [píli] 囡《女性名》ピリ 〖Pilar の愛称〗

pilífero, ra [pilífero, ra] 形《植物》毛の生えた

pilila [pilíla] 囡《西. 口語》陰茎 〖pene〗

pillaje [piʎáxe] 男 [主に敵兵による] 略奪

pillar [piʎár] 他 ❶ 捕える, つかまえる; …に追いつく: i) El policía *ha pillado* al ladrón. 警官は泥棒をつかまえた. ~ el tren 列車に間に合う. Aquí te *pillo*, aquí te *mato*. 〈診〉好機はすかさずねらうべし. ii) …の不意をつく [sorprender]: Lo *hemos pillado* durmiendo. 私たちは彼の寝込みを襲った/私たちが行くと彼は眠っていた. ❷ 得る, 獲得する: i) ~ una ganga 掘り出し物を手に入れる. ~ un buen empleo いい仕事にありつく. ~ una idea ある考えを思いつく. ii) [ある病気・精神状態に] なる: ~ un resfriado 風邪を引く. ❸《西》[車が] はねる, ひく: Al cruzar la calle le *pilló* un coche. 彼は通りを渡っていて車にはねられた. ❹ [ドアが手などを] はさむ: La puerta me *pilló* la mano. 私はドアに手をはさまれた. ❺ 理解する, 気づく: He *pillado* lo que dices. 君の言っていることがわかった. ❻ 盗む, 略奪する

◆ 圁 [人・物から見て…に] 位置する: La ofi-

cina me *pilla* cerca. 会社は私の家から近い
◆ ~se [自分の体・衣服などの一部を] はさむ

pillastre [piʎástre] 名《口語》ずる賢いやつ, ぺてん師

pillear [piʎeár] 自 詐欺(悪事)を働く

pillería [piʎería] 女 詐欺, ぺてん；[集合]ごろつき

pillín, na [piʎín, na] 名 悪賢い子, 悪がき

pillo, lla [píʎo, ʎa] 名《口語》❶ ずる賢い〔人〕〔特に子供〕；ぺてん師. ❷ 悪党, やくざ

pilo [pílo] 名《植物》エンジュの一種〔湿地に育ち, 樹皮は吐剤〕

pilón [pilón] 男 ❶ [噴水の] 家畜用水飲み場, 洗濯場. ❷ [大きな] 柱；=**pilono**. ❸ [吊橋の] 塔. ❹《料理》砂糖の塊. ❺《中米》[買い物で余分にくれる] おまけ；《南米》大量の(のもの)
beber del ~《口語》噂話を何でも信じる

piloncillo [pilonθíʎo] 男《中米》円錐形の赤砂糖

pilono [pilóno] 男 [古代エジプト神殿入り口の] 塔門

píloro [píloro] 男《解剖》幽門

piloso, sa [pilóso, sa] 形 毛の；毛深い〔peludo〕

pilotaje [pilotáxe] 男 ❶ 操縦〔術〕：realizar un buen ~ うまい操縦をする. ~ sin visibilidad 計器飛行. ~ automático 自動操縦. ❷ 水先案内；その料金. ❸《文語》[車・バイクの] 運転

pilotar [pilotár] 他 ❶ 操縦する：~ una nave (un avión) 船(飛行機)を操縦する. ❷ [船の] 水先案内をする. ❸《文語》[車・バイクを] 運転する：~ el coche de carreras レーシングカーを運転する. ❹ [国・会社などの] かじ取りをする

pilote [pilóte] 男《建築》[基礎用の] 杭(く), パイル：~ de hormigón armado コンクリートパイル

piloto [pilóto] 名 ❶ 操縦士, パイロット：~ de pruebas テストパイロット；テストドライバー. ~ de línea 定期航空路線のパイロット. ~ automático 自動操縦装置. ❷《船舶》航海士；水先案内人：~ de altura 操舵員. barco-~ 水先船. ❸《文語》レーサー〔~ de carreras〕：~ de fórmula uno Ｆ１レーサー
◆ 男 パイロットランプ〔lámpara ~〕；《自動車》テールランプ；[ガス器具などの] 口火, 種火〔llama ~〕
◆ 形《単複同形》[名詞+] ❶ 実験的な：experiencia (programa) ~ 実験計画. granja (planta) ~ パイロットファーム(プラント). piso ~ モデルルーム. ❷《船舶》[誘導]：luz ~ 側灯, 停泊灯. ❸《魚》pez ~ パイロットフィッシュ

piltra [píltra] 女《西. 俗語》ベッド〔cama〕：irse a la ~ 寝る

piltrafa [piltráfa] 女 ❶ [主に 複]食べ物のくず, 残飯. ❷ [時に 複]くず, ぼろ：Con la droga está hecho una ~ humana. 彼は麻薬でぼろぼろになっている. ❸《南米》掘出物；好運

pilucho, cha [pilútʃo, tʃa] 形《南米》裸の
◆ 男《服飾》ロンパース

pimental [pimentál] 男 ピーマン畑；トウガラシ畑

pimentero [pimentéro] 男 ❶ コショウ入れ. ❷《植物》コショウ(胡椒)

pimentón [pimentón] 男 ❶《香辛料》パプリカ〔~ dulce〕；カイエンヌ〔~ picante〕. ❷《植物》大型のピーマン, パプリカ

pimienta [pimjénta] 女 ❶《香辛料》コショウ：~ inglesa オールスパイス. ~ negra (blanca) 黒(白)コショウ
comer ~ 怒る, 腹を立てる

pimiento [pimjénto] 男《植物・香辛料》トウガラシ；ピーマン：~ morrón 赤ピーマン；赤トウガラシ. ~ rojo (verde) 赤(青)トウガラシ
importar un ~ *a*+人〔+que+接続法することに〕…の関心を引かない：Me *importa un* ~ *que se vaya.* 彼が行ってしまおうが私にはどうでもいい
ponerse como un ~ 真っ赤になる, 赤面する
un ~《口語》ほとんど(…ない), まったく(…ない)：Me importa *un* ~. それは私にはどうでもいい
¡y un ~! とんでもない!

pimpampum [pimpampúm] 男《西》[祭りの小屋などで, 球をぶつける] 人形倒し

pimpante [pimpánte] 形《口語》❶ さっそうとした, 満足した, 自慢している. ❷ 平然とした, 気にしない

pimpinela [pimpinéla] 女《植物》ワレモコウ

pimplar [pimplár]《西. 口語》自 大酒を飲む
◆ 他/~se [大量の酒を] 飲む

pimpollo [pimpóʎo] 男 ❶ つぼみ；新芽, 若い枝；若木. ❷ [開きかけの] バラのつぼみ. ❸《口語》若く美しい人；かわいい子；若く見える人：Está hecha un ~. 彼女は美人になった/すっかりおめかししている

pimpón [pimpón] 男 =**ping pong**

pin [pín] 男《複》~s《←英語》ピンバッチ；《電気》[接続部の] ピン

pinabete [pinabéte] 男《植物》モミ〔abeto〕

pinacate [pinakáte] 男《中米》[湿った所にいる] 黒色で臭い昆虫

pináceas [pináθeas] 女《複》《植物》マツ科

pinacle [pinákle] 男〔トランプ〕ビナクル

pinacoteca [pinakotéka] 女 絵画専門の美術館；画廊

pináculo [pinákulo] 男 ❶ [建造物の] 最上部；[ゴシック建築の] 小尖塔. ❷ 全盛期, 頂点：hallarse en el ~ de la fama 人気の絶頂にある

pinar [pinár] 男〔←**pino**〕松林

pinariego, ga [pinarjégo, ga] 形 松の

pinaza [pináθa] 女 [地面を覆っている] 松葉

pincel [pinθél] 男 ❶ 筆, 絵筆：pintar con el ~ 筆で描く. dejar correr su ~ 筆を振るう. ~ fino (grueso) 細(太)筆, 画法：Su ~ es muy real. 彼の絵は大変リアルだ

pincelada [pinθeláða] 女 ❶ 筆づかい：cuadro de ~s seguras 確かな筆づかいの絵. ❷ 言葉づかい：expresar con cuatro ~s (en dos ~s) わずかな言葉で表現する
dar la última ~ [+a 作品を] 仕上げる

pinchadiscos [pintʃaðískos] 名《単複同形》

〈西. 口語〉ディスクジョッキー

pinchar [pintʃár] 他 ❶ [尖ったもので] 突く, 突き刺す; 刺してとめる: Me *ha pinchado* un clavo del zapato en la planta del pie. 私の足の裏に靴の釘が刺さった. ～ una aceituna con el tenedor フォークで[刺して]オリーブをとる. ❷ [+para que+接続法 するように] そそのかす: Me *pincha para que* compre ese coche. 彼はその車を買うように私をたきつける. ❸ 怒らせる: No *pinches* a tu hermanito. 弟を挑発するな. ❹ 〈口語〉レコードをかける. ❺ 〈口語〉注射する 《inyectar》

◆ 自 ❶ タイヤがパンクする: Hemos *pinchado* en la autopista. 高速道路で私たちの車がパンクした. ❷ 失敗する: No podemos ～ de nuevo. 二度と失敗は許されない. ❸ 刺す, ちくちくする. ❹ 〈文語〉敗れる

ni ～ ni cortar 〈口語〉何の役にも立たない, まったく力がない

◆ ～se ❶ [自分の体に] 刺す: Me he *pinchado* con las espinas. 私はとげを刺した. ❷ 〈俗語〉[自分に] 麻薬の注射をする. ❸ [タイヤが] パンクする; [風船が] 破裂する

pinchaúvas [pintʃaúβas] 男 [単複同形]《口語》ろくでなし, 下劣なやつ

pinchazo [pintʃáθo] 男 ❶ 刺すこと; 刺し傷, 刺した跡: dar un ～ 一突きする. llevar el brazo lleno de ～s 腕に注射の跡が一杯ある. El ～ me duele. 刺された所が痛い. ❷ パンク: Tuvieron un ～. 彼らの車がパンクした. ❸ 鋭い痛み. ❹ 〈俗語〉1回の麻薬注射

pinche [pintʃe] 名 見習いコック, 皿洗い: trabajar de ～ en un restaurante レストランで下働きをする

◆ 形 《中米. 口語》[+名詞] ろくでもない, 下劣な

◆ 男 《西》賭け金, 場代

haber sido ～ antes de cocinero 精通している, 裏の裏まで知っている

pinchito [pintʃíto] 男《西. 口語. 料理》串焼き: ～ moruno シシカバブに似た料理

pincho[1] [pintʃo] 男 ❶ 針, とげ: Esta planta tiene ～s. この植物はとげがある. alambre de ～ 鉄条網, 有刺鉄線. ❷ [先の尖った] 細長い棒. ❸ i)《料理》つまみ 《tapa》: un ～ de tortilla [ración より小さい, 一口で食べられる位の大きさに切った] トルティーリャの小1皿. ii)《西》=**pinchito**

pincho[2], **cha** [pintʃo, tʃa] 形 おめかしした; [強い相手にも] ひるまない, 気が強い

pindonga [pindóŋga] 女《軽蔑》遊び歩く女; 街娼

pindonguear [pindoŋgeár] 自《軽蔑》街をうろつく

pineal [pineál] 形《解剖》松果体の

pineda [pinéða] 女 松林 《pinar》

ping pong [pímpoŋ] 男《スポーツ》ピンポン, 卓球 《tenis de mesa》

pinga [píŋga] 女 天秤棒, 担い棒

pingajo [piŋgáxo] 男《西. 口語》ぼろ布; ぼろぼろのもの: hecho un ～ ぼろぼろになった; 疲れ果てた

pingar [piŋgár] 自 ❶ ぶら下がる, たれ下がる. ❷ [ぬれて] 水滴をたらす

poner pingando a+人《口語》…の悪口を言う, こきおろす

pingo [píŋgo] 男 ❶《西. 口語》ぼろ服; ぼろ切れ 《pingajo》: No tengo un mal ～ para cambiarme. 私は着替えようにもぼろ服一枚持っていない. ❷《口語》生活の乱れた人, 身持ちの悪い人; 売春婦. ❸《中米》[el+] 悪魔;《南米》馬 《caballo》

ir de ～ 街をうろつき回る

poner a+人 como un ～《西. 口語》…のことをけなす, ひどい悪口を言う

pingonear [piŋgoneár] 自《口語》[仕事などをしないで] 街をうろつき回る

pingorota [piŋgoróta] 女 [山などの] てっぺん, 頂

pingüe [píŋgwe] 形 [主に熟語的. 利益などが] 莫大な: negocio ～ もうかる商売. obtener ～s beneficios 莫大な利益を得る

pingüino [piŋgwíno] 男《鳥》オオウミガラス 《既に絶滅》; ペンギン 《pájaro bobo》: ～ emperador エンペラーペンギン

pinífero, ra [pinífero, ra] 形 松の多い, 松の茂った

pinillo [piníʎo] 男《植物》キランソウ, ヒラギナウ

pininos [pinínos] 男 複《主に中南米》=**pinitos**

pinitos [pinítos] 男 複 [hacer+] ❶ よちよち歩き: El niño ya hace sus primeros ～s. その子はもうよちよち歩きを始めた. ❷ [病人の] 回復; [職業などを始めた] 第一歩: El enfermo ha empezado a hacer ～s. 患者はようやく回復し始めた. hacer sus ～s como escritor 作家としての第一歩を踏み出す. hacer ～s en informática 情報処理の勉強を始める

pinnado, da [pinnáðo, ða] 形《植物》[葉が] 羽状の

pinnípedos [pinnípeðos] 男 複《動物》ひれ足類

pino[1] [píno] 男《植物》マツ(松): ～ marítimo カイガンショウ. ～ piñonero カサマツ. ～ tea テーダマツ

en el quinto ～《西》はるか遠くに

en ～ 立って, 直立して

hacer el ～《西. 口語》さか立ちをする

hacer ～s よちよち歩きを始める

pino[2], **na** [píno, na] 形 [傾斜が] 急な; 直立した: cuesta muy *pina* 急な坂道

pinocha [pinótʃa] 女《植物》松葉

pinol [pinól] 男《中米》=**pinole**

pinolate [pinoláte] 男《中米》ピノラテ 《トウモロコシ粉・砂糖入りの飲料》

pinole [pinóle] 男《中米》=**pinolate**; それに溶かしたトウモロコシ粉

pinrel [pinrél] 男《西. 戯語》[主に 複. 人の] 足

pinsapo [pinsápo] 男《植物》[ロンダの山中に自生する] モミの一種

pinta[1] [pínta] 女 ❶ 斑点, まだら; 水玉模様 《lunar》: vestido con ～s rojas 赤の水玉模様の服. ❷ [特徴を表わす] 外見, 様子; 印;

Con esa ～ no te harán caso en ningún sitio. そんな格好ではどこでも相手にされないよ. tener la ～ de los Blesa ブレサ家特有の顔だちをしている. sacar (descubrir)… por la ～ 目印で…を見つける. ⓮ 〖トランプ〗勝ちの組札. ⓯ 〖医学〗チフス 〖tifus〗. ⓰ 〖イギリスなどの液量の単位〗パイント：una ～ de cerveza 1 パイントのビール. ⓱〖中米〗落書き；学校をサボること *a*～*s* 水玉模様の：corbata *a*～*s* verdes 緑の水玉模様のネクタイ

tener buena (mala) ～ 見た感じがよい(悪い)：Ese señor *tiene muy buena* ～. あの方は押し出しがよい. Esta comida *tiene muy buena* ～. この料理はとてもおいしそうだ

tener ～ *de…*《口語》[見た感じが] …のようである：*Tiene* ～ *de inteligente* (*de torero*). 彼は賢そうだ(いかにも闘牛士らしい雰囲気がある)

◆ 図《西. 口語》悪人, 恥知らず：¡Cuidado con ese hombre, que es un ～! あの男は悪いやつだから用心しろ!

pintada[1] [pintáða] 囡 ❶ [スローガンなどを]壁に書くこと；そのスローガン, 落書き. ❷《鳥》ホロホロチョウ

pintadera [pintaðéra] 囡《料理》パンなどに飾りを施す道具

pintado, da[2] [pintáðo, ða] 圈 過去 ❶ 色を塗った, 彩色した：Recién ～. ペンキ塗りたて. banco ～ de blanco 白く塗られたベンチ. papel ～ 壁紙. ❷ 多彩色の：斑点(まだら)のある：pajarillo 極彩色の小鳥. vaca ～*da* ぶちの牛. ❸ 化粧をした：Está muy ～*da*. 彼女は厚化粧をしている. ❹《口語》大変似ている：Miguel es su padre ～. ミゲルは父親に生き写しだ

el más ～《口語》誰でも：Le puede pasar *al más* ～. それは誰にでも起こりかねない

no poder ver a+人 *ni* ～ …には我慢できない, 顔も見たくない

que ni ～/*como* ～《口語》ぴったりの, 適切な：El mote le está *que ni* ～. そのあだ名は彼にぴったりだ. Eso viene *como* ～. それはおあつらえ向きだ

pintalabios [pintaláβjos] 男《単複同形》《口語》口紅

pintamonas [pintamónas] 图《単複同形》《西》《軽蔑》へぼ画家. ❷ [不定冠詞+] 取るに足りない人

pintar [pintár] 他 〖英 paint〗 ❶ [ペンキで, +de de] 塗る：～ la pared de (en) azul 壁を青く塗る. ❷ [絵を]描く〖願源 pintar は線と色で描く, dibujar は線だけで描く〗：～ un retrato 肖像画を描く. ～ una flor [al óleo] [油絵で]花を描く. Picasso *pintó* el Guernica. ピカソは『ゲルニカ』を描いた. No *pintes* en la pared. 壁に落書きするな. ❸ [言葉・映像で]描写する：La novela *lo pinta* como un tipo desagradable. 小説では彼はいやなタイプに描かれている. Nos *ha pintado* el futuro muy favorable. 彼は我々の将来をバラ色に描いて見せた. Todo *lo pinta* demasiado. 彼は何でも大げさに言う. ❹《料理》[パンなどに]飾りを施す.

❺ ～ una tilde en la Ñ Ñのティルデを書く ～*la* もったいぶる；格好をつける：Es amiga de ～*la*. 彼女は気どり屋だ

◆ 国 ❶ 塗る：Ojo, *pinta*.《表示》ペンキ塗り立て注意. ❷ [果実が]色づく：Ya empiezan a ～ las uvas. もうブドウが色づき始めている. ❸ 色が出る：Este carboncillo no *pinta*. この木炭は書けない. ❹《口語》重要性を持つ：Él no *pinta* nada aquí. 彼はここではなんの影響も薄い(用がない). ¿Qué *pintas* aquí? お前なんかお呼びでない. ❺ 〖トランプ〗[切り札が] …である：*Pintan* tréboles./*Pinta* en tréboles. 切り札はクラブだ ～ *bien* (*mal*)《口語》よく(悪く)示される：El asunto *pinta* muy *mal*. この件の見通しは暗い. El clima del mar te *pinta bien*. 海の気候は君の体にいい

◆ ～*se* ❶ [ペンキなどで]自分の…を汚す：Me he *pintado* todo el vestido con las acuarelas. 水彩絵の具で服をじゅう汚してしまった. ❷ 化粧をする：i) Te *pintas* demasiado. 君は化粧が濃すぎる/厚化粧だ. ii) […に] ～*se* los labios 口紅を塗る. ～*se* los ojos アイシャドーをする. ～*se* las uñas マニキュアをする. ❸ [果実などが]色づく：En otoño las hojas *se pintan* de varias tonalidades. 秋には様々な色に紅葉する. ❹ [表情に]表われる：La felicidad *se pinta* en su rostro. 彼は幸せそうな顔だ

～*se* (*pintárselas*) *solo para…* …に堪能である：*Se pinta* sola para hacer pasteles. パイ作りにかけては彼女はとても上手だ

pintarrajear [pintařaxeár] 他 [はみ出したり] …に雑に塗る, 塗りたくる；落書きする

◆ ～*se*《軽蔑》厚化粧する

pintarrajar 他 =pintarrajear

pintarrajo 男 下手な絵

pintarroja [pintařóxa] 囡《魚》トラザメ 〖lija〗

pintauñas [pintaúɲas] 男《単複同形》《化粧》マニキュア液

pintiparado, da [pintiparáðo, ða] 圈《西. 口語》おあつらえ向きの：Esta lluvia viene como ～*da* para el campo. これは畑にとって恵みの雨だ

pinto, ta[2] [pínto, ta] 圈 まだらのある：caballo ～ [灰色で]斑点のある馬

entre P～ *y Valdemoro* どっちつかずの；ほろ酔いの：En salud ando *entre P*～ *y Valdemoro*. 私の健康状態はよくも悪くもない

pintor, ra [pintór, ra] 图 ❶ 画家：Es buen ～. 彼は絵がうまい. ❷ ペンキ屋：～ decorador [塗装専門の]室内装飾家. ～ escenográfico 《演劇》書き割りを描く人

pintoresco, ca [pintorésko, ka] 圈 ❶《主に軽蔑》一風変わった, 変てこな：traje ～ おかしな服. ❷ 絵になる, 趣のある：paisaje ～ 絵になる(美しい)風景. ❸ [表現が]精彩に富んだ：Pérez Galdós tiene novelas muy ～*cas*. ベレス・ガルドスの小説はとても生き生きとしている

pintura [pintúra] 囡 〖英 painting〗❶ 絵, 絵画〖願源 pintura は一般的に絵, 色彩のある絵

cuadro は画家の個々の作品, 額入りの絵. 線だけの絵は dibujo】; 絵は pintura】 ～. Goya fue un maestro de la ～. ゴヤは絵の大家だった. La ～ de Miró es única. ミロの絵(画法)はユニークだ. colección de ～〔s〕 abstracta〔s〕 抽象画のコレクション ～ de aceite 油性ペイント. ～ al agua 水性塗料. ❸ [言葉による] 描写: hacer la ～ de las costumbres de un país ある国の風習を描く

no poder ver... ni en ～ 〔口語〕…をひどく嫌う, …の顔も見たくない

pinturero, ra [pinturéro, ra] 形 名 《西. 口語》ひどくおしゃれな〔人〕, 気どり屋〔の〕

pinyin [pínjin] 男 ピンイン 〖中国語の発音表記〗

pinza [pínθa] 女 ❶ はさみ道具; クリップ: ～ para tender la ropa 洗濯ばさみ. ❷ 複 ペンチ, 釘抜き; ピンセット, 鉗子; 毛抜き 〖～s de depilar〗; 〖水を止める〗トング: coger con las ～s ピンセットでつまむ. ～s de azúcar 角砂糖ばさみ. ❸ [エビ・カニの] はさみ. ❹ 《裁縫》ダーツ

coger (agarrar) con ～s 〔ひどく汚いので〕指でつまむ; 〔人を〕腫れ物に触るようにする

sacar a＋人 con ～s [情報などを] …から引き出す, どうにかして言わせる

pinzamiento [pinθamjénto] 男 はさむ(つまむ)こと

pinzar 9 他 [ピンセット・指などで] はさむ, つまむ

pinzón [pinθón] 男《鳥》アトリ: ～ real シメ

piña [pína] 女 ❶ 松かさ; 松かさの形をしたもの. ❷ パイナップル 〖ananá〗: ～ colada ピニャコラーダ 〖パイナップルジュース・ココナッツ・ラムのカクテル〗. ❸ 《西》i) 団結した(まとまりのよい)小集団: Sus hijos son una ～. 彼の子供たちは仲が良くてまとまりがいい. ii) 〔物の〕集まり: una ～ de latas ひとまとめにした缶. ❹ [小さな] 集落. ❺ 《中南米》殴打

dar〔se〕 una ～ 〔口語〕交通事故に会う

piñata [pináta] 女 くす玉〔割り〕《中にお菓子が入っていて, 目隠しした人が棒で叩き割る遊び. カーニバルの最初の日曜日 domingo de piñata の仮装舞踏で行なわれる》

piño [píno] 男 ❶ 《西. 俗語》〖主に 複〗歯 〖diente〗. ❷ 《南米》[牛などの] 群れ

piñón [pinón] 男 ❶ 松の実, カサマツの種《菓子などに使われる》. ❷ 小歯車, ピニオン; 《自転車》鎖歯車: ～ libre フリーホイール. ❸ [銃の] 撃鉄

estar a partir un ～ 《西. 口語》〔主語は複数〕非常に親密な仲である

piñuela [pinwéla] 女 イトスギの実

pío, a [pío, a] 形 ❶ 信心深い, 敬虔な《絶対最上級 pío 古 piísimo》. ❷ [馬・牛が] 白と黒(茶)のまだらの

◆ 男 [鳥の鳴き声] ピヨピヨ

no decir ni ～ 〔口語〕うんともすんとも言わない

piocha [pjótʃa] 女 つるはし 〖piqueta〗

piógeno, na [pjóxeno, na] 形《医学》化膿〔性〕の

piojo [pjóxo] 男《昆虫》シラミ: Tiene muchos ～s. 彼はシラミだらけだ. cubierto de ～s シラミのたかった

como ～〔s〕 en costura 《口語》すし詰めの: En el metro estábamos *como ～s en costura.* 地下鉄はぎゅうぎゅう詰めだった

～ resucitado 成り上がり者, 成金

piojoso, sa [pjoxóso, sa] 形 名《軽蔑》シラミのたかった〔人〕; うす汚い〔人〕: けちな〔人〕, 欲ばりの〔人〕

piola [pjóla] 女《中南米》女 縄

dar ～ a＋人 …の話を聞く, 注目する

◆ 形 ずる賢い

piolet [pjolé(t)] 男《登》～s 〖←英語. 登山〗〔アイス〕ピッケル

piolín [pjolín] 男《南米》〔麻・木綿などの〕細ひも

pión [pjón] 男《物理》パイオン, π 中間子

pionero, ra [pjonéro, ra] 名 開拓者, パイオニア; 先駆者: ～ en el estudio de la astronomía 天文学の先駆者

piorrea [pjoréa] 女《医学》膿漏〔症〕: ～ alveolar 歯槽膿漏

pipa [pípa] 女 ❶ [きざみたばこ用の] パイプ: fumar〔en〕～ パイプを吸う. cargar (encender) la ～ パイプにたばこを詰める(火をつける). ❷ [オリーブ油・ワインを保存する] 木樽. ❸ 《口語》ピストル 〖pistola〗. ❹《西》[主にヒマワリ・カボチャの, 塩煎りした食用の] 種. ❺《音楽》リード 〖lengüeta〗

◆ 副《口語》楽しく, すばらしく

pasarlo ～ 《西. 口語》とても楽しく過ごす

pipeño [pipéno] 男 チリの白ワイン

pipermín [pipermín] 男《酒》ペパーミントリキュール

pipero, ra [pipéro, ra] 名 [街頭の] パイプ売り 〖菓子も売る〗

pipeta [pipéta] 女《化学》ピペット

pipi [pípi] 男《口語》シラミ 〖piojo〗; ＝**pipiolo**

pipí [pipí] 男《婉曲・幼児語》おしっこ 〖orina〗: hacer ～ おしっこをする. hacerse ～ en la cama おねしょをする. ❷《俗語》子供のおちんちん

pipiolo, la [pipjólo, la] 名《軽蔑》若造, 新前

pipirigallo [pipirigáʎo] 男《植物》イワオウギ

pipirrana [pipirána] 女《料理》[アンダルシア地方の] トマト・玉ネギ・ゆで卵などを細かく切ってまぜたサラダ

pipo [pípo] 男 [果実の] 種;《口語》おしゃべり

pipón, na [pipón, na] 形《中南米. 軽蔑》腹の出た, 太鼓腹の; 満腹の

◆ 名《中米》少年, 少女

pipudo, da [pipúdo, ða] 形《口語》すばらしい, 見事な

pique [píke] 男 ❶ 不和, いさかい: Andan (Están) de ～. 彼らは仲がたがいしている. ❷ ライバル意識, 競争心: Tiene ～ de las buenas notas de su amigo. 彼は友人がいい成績を取ったので競争心を燃やしている

a ～ ほとんど

echar... a ～ …を沈没させる; 失敗させる

irse a ～ 沈没する；倒産する：Su negocio *se ha ido a* ～. 彼の商売は失敗した

piqué [piké] 男《繊維》ピケ『太い畝織り綿布；2枚の布地をはぎ合わせて刺し縫いした綿布』

piquera [pikéra] 女 ❶ [蜂の巣の] 出入り口；[樽・蒸留器の] 口；[溶鉱炉の] 出銑口. ❷《中米》安食堂

piqueta [pikéta] 女 [片側が尖った] 石工用のハンマー；[短い] 杭
estar condenado a la ～ [建物が] 取り壊されることになっている

piquete [pikéte] 男 ❶ [短い] 杭(🜨)：～s de la tienda テントの杭. ❷《軍事》[特別任務の] 小部隊：～ de ejecución 処刑部隊. ❸ [ストライキなどの] ピケット、ピケ：instalar ～s ピケを張る. ～ móvil/volante 移動ピケ隊. ～ secundario 2次ピケ. ❹《中米》虫刺され；刺し傷；[コーヒーに入れる] 少量の酒

piquituerto [pikitwérto] 男《鳥》イスカ

pira [píra] 女 [火葬用などの] 薪の山：～ funeraria [昔の] 火葬、茶毘(🜨). ser quemado vivo en una ～ 火あぶりの刑にされる
irse de ～《俗語》授業をサボる

pirado, da [piráðo, da] 形 名《西・中米. 口語》頭のおかしい〔人〕, 狂った〔人〕

piragua [piráɣwa] 女《アメリカ・オセアニアの原住民が使う》大型のカヌー(丸木舟)；《スポーツ》カヌー
piragüismo 男《スポーツ》カヌー競技
piragüista 名 その選手、漕ぎ手

piramidal [piramiðál] 形 ❶ ピラミッド〔形〕の, 角錐状の：venta ～ ネズミ講式販売. ❷《解剖》hueso ～ [手首の] 三稜骨. músculo ～ 錐体筋

pirámide [pirámiðe] 女 ❶ ピラミッド『メキシコにもある。ロ写真』. ❷ ピラミッド状のもの：～ de población 人口ピラミッド. ～ invertida 逆ピラミッド. ❸《数学》角錐：～ truncada 角錐台

piramidón [piramiðón] 男《薬学》ピラミドン
piraña [piráɲa] 女《魚》ピラニア
◆ 名 強欲(因業)な人

pirar [pirár] ～*se*《西. 口語》❶ [+de から] 逃げ出す；…をサボる. ❷ 頭がおかしくなる、のぼせ上がる
pirárselas 逃げ出す, サボる

pirarucú [pirarukú] 男《魚》ピラルク『アマゾン川の巨大魚, 食用』

pirata [piráta] 形 海賊の；非合法の：barco ～ 海賊船. edición ～ 海賊出版. emisora ～ 海賊放送局
◆ 名 ❶ 海賊：～ aéreo ハイジャック犯. ～ informático (del ordenador)《情報》ハッカー. ❷《口語》残酷な人

piratear [pirateár] 自 海賊を働く, 海賊の行為をする；《情報》[システムに] 侵入する

piratería [piratería] 女 ❶ 海賊(的)行為：～ aérea ハイジャック. ❷ [住居への] 不法侵入『破壊, 窃盗など』；《情報》システムへの侵入

pirca [pírka] 女《南米》[モルタルを使わない] 石積みの壁

pirenaico, ca [pirenáiko, ka] 形 名《地名》ピレネー山脈 los Pirineos の〔住民〕

pirético, ca [pirétiko, ka] 形《医学》発熱の
piretro [pirétro] 男 =**pelitre**

pírex [píreks] 男〔単複同形〕《←商標》パイレックス, 耐熱ガラス

pirexia [piréksja] 女《医学》発熱；熱病
piriforme [pirifórme] 形 梨の形の
pirineo, a [pirinéo, a] 形 =**pirenaico**
◆ 男 ピレネー山脈の一部：el ～ catalán カタルーニャ地方のピレネー

piripi [pirípi] 形《西. 口語》[estar+] ほろ酔い機嫌の

pirita [piríta] 女《鉱物》黄鉄鉱

piro [píro] 男 *darse el* ～《西. 俗語》逃げ出す, サボる

piroclástico, ca [piroklástiko, ka] 形《地学》火砕性の

piróforo [piróforo] 男《化学》自然発火性物質

pirógeno, na [pirɔ́xeno, na] 形 熱を生じる；《医学》発熱性の
◆ 男 発熱物質

pirograbado [piroɣraβáðo] 男 焼き絵〔術〕
pirólisis [pirólisis] 女〔単複同形〕《化学》熱分解

pirología [pirolɔxía] 女 熱処理学；熱分析
pirolusita [pirolusíta] 女《鉱物》軟マンガン鉱, パイロルーサイト

piromancia [pirománθja] 女 火占い
pirómano, na [pirómano, na] 形 名 放火狂〔の〕
piromanía 女 放火癖

pirómetro [pirómetro] 男 高温計, パイロメーター

piropear [piropeár] 他 …にピロポ piropo を投げかける

piropo [pirópo] 男 ❶ ピロポ『街頭で男性が女性に投げかけるほめ言葉, 誘い文句. まれに冷やかし』：echar ～s a una chica 女の子にほめ言葉を投げかける. ❷《鉱物》紅ざくろ石, パイロープ

pirosis [pirósis] 女〔単複同形〕《医学》胸焼け
pirotecnia [pirotéknja] 女 花火製造術
pirotécnico, ca 形 名 花火製造術の；花火師

piroxeno [pirɔ́kséno] 男《鉱物》輝石
piroxena 女 =**piroxeno**

pirrar [pirár] 自《口語》[+a+人を] 夢中にさせる, ほれ込ませる：El cine me *pirra*. 私は映画が

大好きだ
◆ ～se [+por に] 夢中になる, ほれ込む: La juventud *se pirraba por* los Beatles. 若者たちはビートルズに夢中だった

pírrico, ca [pírriko, ka] 形 名 《古代ギリシア》 ❶ ピュロス Pirro 王の; triunfo ～/victoria ～ca ピュロスの勝利〘非常に大きな犠牲を払って得た勝利, 引き合わない勝利〙. ❷ 戦いの舞い〔の〕

pirueta [pirwéta] 女 ❶ [片足を軸とする] 旋回;《舞踊》つま先旋回, ピルエット. ❷ 跳躍; とんぼ返り. ❸《口語》はぐらかし, 逃げ口上. ❹《馬術》後肢[で立った]旋回
piruetear 自 つま先で回る

pirula [pirúla] 女 ❶《西. 軽蔑》汚い手口: hacer la ～ a+人 …をひっかける, だます. ❷ 興奮剤
montar una ～ ひどく腹を立てる

piruleta [piruléta] 女《←商標. 菓子》[薄い円形の] 棒付きキャンデー

pirulí [pirulí] 男《複 ～[e]s》《菓子》[円錐形の] 棒付きキャンデー;《*P*～. その形をしたマドリードの》テレビ塔

pis [pís] 男《婉曲・幼児語》おしっこ [orina]: hacer ～ おしっこをする. hacerse ～ en la cama 寝小便をする

pisa [písa] 女 ❶ 踏みつぶすこと: ～ de uva ブドウの破砕

pisada [pisáða] 女 ❶ 足音; 足跡: Se oyen sus ～s. 彼の足音が聞こえる. La policía conoció las ～s de su calzado. 警察はその靴跡が彼のものだと知った. con ～s suaves 忍び足で. ❷ 踏むこと
seguir las ～s de (a)+人 …をまねる

pisano, na [pisáno, na] 形 名《地名》ピサ Pisa の〔人〕

pisapapeles [pisapapéles] 男《単複同形》文鎮

pisar [pisár] 他 ❶ 踏む, 踏みつける: i) ～ el freno ブレーキを踏む. ii) [～の]足を! ¡Me *has pisado*! 足を踏まないで! ❷ 踏みつぶす; 踏み固める: ～ las uvas (un insecto) ブドウ(虫)を踏みつぶす. ～ la tierra 土を踏み固める. ❸ …に入り込む, 現われる [主に否定文で]: ¡No *pises* el césped! 芝生に入るな! No volveré a ～ más esa casa. あの家には二度と足を踏み入れません. ❹ [一部に] 重なる, のる: El libro *pisa* una esquina del papel. 紙の隅に本がのっている. ❺ [人を] 不当に扱う: ¡A mí no me *pisa* nadie! 誰にも踏みつけにされたりはしないぞ! ❻《口語》…の先を越す; 盗む: Me *han pisado* la idea (el puesto). 私はアイデアを横取りされて(職を先に取られて)しまった. ❼ [雄が] つがう, 交尾する. ❽《音楽》[弦を] はじく; [鍵盤を] 叩く
◆ 自 ❶ 歩く: ～ seguro しっかりした足取りである. ❷ すぐ真上の階にある
no dejarse ～ 自分の領分を侵させない
～ fuerte 自信がある; うまくいっている

pisaverde [pisabérðe] 男《古語. 軽蔑》きざな男, しゃれ者

pisca [píska] 女 =pizca;《中米》[トウモロコシの] 取り入れ

piscatorio, ria [piskatórjo, rja] 形 釣り(釣り人)の; 漁業(漁民)の

piscicultura [pisθikultúra] 女 養魚[法], 養殖
piscícola 形 養魚[法]の
piscicultor, ra 名 養魚家

piscifactoría [pisθifaktoría] 女 養殖場

pisciforme [pisθifórme] 形 魚の形をした

piscina [pisθína] 女 ❶《主に西》プール: bañarse en la ～ プールで泳ぐ. ～ olímpica オリンピックプール, 50 メートルプール. ❷ [魚などの] 養殖場. ❸ ～ de motor 駐車場. ～ probática [古代エルサレム神殿の近くにあって犠牲の動物を清めた] 羊の池

piscis [písθis] 男《占星》うお座 〖☞zodíaco 参〗

piscívoro, ra [pisθíboro, ra] 形 [動物が] 魚を捕食する

pisco [písko] 男《南米》[ペルーの Pisco 産の] ブランデー;[その輸出用の] 壺: ～ sauer (sour) レモン・卵の白身・砂糖を入れた pisco のカクテル

piscolabis [piskolábis] 男《単複同形》《西. 口語》軽食, スナック〘主に食前酒とおつまみ pinchos〙

piso [píso] 男〖英 floor, apartment〗 ❶ [建物の] 階: Esta casa tiene cinco ～s. この家は 5 階建てだ. edificio de 60 ～s 60 階建てのビル. Vivo en el cuarto ～. 私は 5 階に住んでいる. en el (un) ～ alto 最上階(上の階)に. ～ bajo 1 階, 階下. primer ～/～ principal 2 階. segundo ～ 3 階. ❷ 層: tarta de tres ～s 3 段のケーキ. autobús de dos ～s 2 階バス. ～ geológico 地層. ～ de vegetación 植物の垂直的な分布層. ❸《主に西》[階の個々の] マンション: Vive en un ～ grande. 彼は広いマンションに住んでいる. ～ de cinco habitaciones con cocina y baño バス付きの 5 K. ～ tutelado ケアハウス, 有料老人ホーム. ❹《主に中南米》i) 床, 床面; 舗床: El ～ es de madera. 床は木でできている. ii) [靴の] 底, 裏: Estos zapatos tienen el ～ de goma. この靴はゴム底だ. ❺《南米》テーブルセンター; マット

pisón [pisón] 男 [地面などを突き固める] たこ, 突き棒

pisotear [pisoteár] 他 ❶ 踏みつける: ¡No *pisotees* las flores! 花を踏んづけないで! ❷ 不当に扱う: Los dictadores *pisotean* a sus pueblos. 独裁者たちが国民を踏みつけにしている. ～ la dignidad humana 人間の尊厳を踏みにじる. ❸ [法律などを] 無視する, 破る: ～ el plan de urbanización 都市計画に違反する

pisoteo [pisotéo] 男 踏みつけ, 踏みにじること

pisotón [pisotón] 男 ❶ 他人の足を踏むこと: Me dio un ～ una señora gorda. 私は太った婦人に足を踏まれた. ❷《西. 口語》スクープ

pispajo [pispáxo] 男《口語》小さくて快活な人

P

（子供）

pisp[e]ar [pisp[e]ár] 他 《南米》スパイする, 見張る

pista [písta] 女 ❶ ［動物などの通った］跡, 足跡；［犯罪捜査などの］手がかり；［解答への］ヒント：La policía tiene una ～ del criminal. 警察は犯人の手がかりを得ている. dar una ～ a+人 para hallar... …を見つけるためのヒントを…に与える. ❸《スポーツ》i) ［競走の］トラック；［主に円形の］競技場：～ de hielo スケートリンク. ii)《スキー》ゲレンデ. iii)《西. テニス》コート：～ de hierba ローンコート. ～ de tierra batida クレイコート. ～ dura ハードコート. iv)《ボーリング》レーン. 《サーカスの》舞台, リング；［ダンスなどの］フロア. ❺《航空》滑走路 ［～ de aterrizaje]：～ de rodaje (de rodadura) 誘導路. ～ de estacionamiento エプロン, 駐機場. ❻［仮設の］道路；高速道路. ❼《音響》録音帯, トラック

estar sobre la ～ 手がかりをつかんでいる；［推論などが］正しい

seguir la ～ a+人 …の足取りを追う, 跡をつける

pistacho [pistátʃo] 男《果実》ピスタチオ

pistache 男 ピスタチオの菓子(アイスクリーム)；《中米》=pistacho

pistachero 男《植物》ピスタチオ

pistilo [pistílo] 男《植物》雌蕊(しずい), めしべ 〖↔estambre〗

pisto [písto] 男 ❶《西. 料理》肉汁, グレービー；野菜の煮込み. ❷《中南米》お金〖dinero〗；《中米》〖蒸留酒の〗ひとつ

darse ～《西. 口語》［+de 名〕自慢する：Se da mucho ～ de dinero. 彼は金持ちなのを鼻にかけている

pistola [pistóla] 女 ❶ ピストル, 拳銃：disparar la ～ ピストルを撃つ. ～ automática 自動拳銃. ～ de fogueo スターティングピストル. ❷ 吹き付け器, スプレーガン ［～ rociadora・pulverizadora]：pintar... a ～ …に吹き付け塗装をする. ～ de engrase グリースガン. ❸《マドリード》棒状のパン, バゲット ［barra]

poner a+人 *una* ～ *en el pecho* …がそうせざるを得ないようにする

pistolero, ra [pistoléro, ra] 名 ピストル強盗；殺し屋 ［～ a sueldo]

◆ 女 ホルスター：calzarse la ～ra ガンベルトをつける

pistolerismo 男 ピストルの使用

pistoletazo [pistoletáθo] 男 ［スタートの合図などの］ピストルの発射

～ *de salida* 号砲；［行事などの］開始：dar el ～ de salida a... 号砲一発…の開始を告げる

pistolín [pistolín] 男《料理》細目のバゲット

pistolón [pistolón] 男 大型の拳銃

pistón [pistón] 男 ピストン 〖émbolo〗；［銃の］雷管；［管楽器の］音栓, ピストンバルブ

pistonudo, da [pistonúðo, ða] 形《西. 口語》とてもよい：Ha sido un partido ～. すばら

しい試合だった

pita [píta] 女 ❶《植物》リュウゼツラン(竜舌蘭)；その繊維. ❷［鶏を呼ぶ声］トーットッ；［やじの］口笛：dar ～ a+人 …に対してピーピーとやじる

pitada [pitáða] 女 ❶ 呼び子の音 〖pitido]；［やじの］口笛. ❷《南米》［たばこの］一吹き

pitagórico, ca [pitaɣóriko, ka] 形 名 ピタゴラス Pitágoras のピタゴラス学派の人：principios ～s ピタゴラスの定理

pitagorismo 男 ピタゴラスの学説

pitanza [pitánθa] 女 ❶ ［貧しい人への・修道院の］割当て食. ❷《古語的》［日々の］糧(かて), 食事

pitar [pitár] 自 ❶ 笛(ホイッスル)を吹く, 警笛を鳴らす；［やじの］口笛を吹く：Un policía pitó en el cruce. 警官が交差点で笛を吹いた. El público pitó al torero por su mala faena. 観衆は闘牛士の技が下手なのでピーピーとやじった. ❷《口語》影響力がある：En el grupo el que pita es él. グループでリーダーシップを取っているのは彼だ. ❸《口語》うまくいく：Este sistema no pita. このシステムはうまく働かない. ❹《南米》たばこを吸う

ir que pita《口語》十分である：Con mil pesetas *va que pita*. それは千ペセタで十分足りる

irse (marcharse・salir) pitando《西. 口語》［+de から］大急ぎで立ち去る

◆ 他 ❶ …に対して笛を吹く；やじる：El árbitro pitó falta. 審判は反則に対してホイッスルを吹いた. ❷ ［試合の］審判をする. ❸《南米》［たばこを］吸う

pitazo [pitáθo] 男《中南米》ホイッスルを吹くこと

pítcher [pítʃer] 名〖←英語. 野球〗ピッチャー

pitecántropo [pitekántropo] 男《人類》ピテカントロプス

pítico, ca [pítiko, ka] 形《古代ギリシア》アポロ神の：juegos ～s ピューティア祭 〖デルフォイで行なわれた4年ごとの競技祭〗

pitido [pitíðo] 男 呼び子(汽笛・警笛)の音：～ enérgico de un policía 警官の強く吹き鳴らす笛の音. Se oyen los ～s del tren. 列車の汽笛が聞こえる

pitijaña [pitixáɲa] 女《植物》サボテンの一種

pitillo [pitíʎo] 男 紙巻きたばこ ［cigarrillo]

pitillera 女 たばこケース；たばこ作りの女工

pítima [pítima] 女 酔い 〖borrachera]：coger una ～ 酔っ払う

pitiminí [pitiminí] 男 〖複 ～[e]s〗《植物》花の小さいツルバラ 〖rosal de ～〗

de ～《口語》小さな；繊細な；ささいな

pitio, tia [pítjo, tja] 形 =pítico

pito [píto] 男 ❶ 呼び子, ホイッスル；汽笛, 警笛；その音：tocar el ～ 笛を吹く. hacer sonar el ～ 汽笛を鳴らす. Cuando ～s, cuando flautas, cuando flautas, cuando ～s.《諺》予期せぬ結果になるものだ. ❷ 鋭く大きな音(声). ❸ 指をパチンと鳴らすこと, 指パッチン 〖castañeta]. ❹《口語》［車の］クラクション. ❺《口語》たばこ

〚cigarrillo〛. ❻《俗語》陰茎〚pene〛
por ~8 o por flautas《口語》何やかやと理
由をつけて
tomar a+人 por el ~ del sereno《口語》
…の好意につけ込む
un ~［no なしでも否定文を作り〕ほとんど…な
い, まったく…ない: importar (darse) *a+人*
un ~ de+事物 …は…にとってどうでもよい.
valer *un ~* ほとんど価値がない

pitoche [pitótʃe] 男 *no valer un ~* ほとんど
価値がない

pitón [pitón] 女/男《動物》ニシキヘビ〚ser-
piente ~〛
◆ 男 ❶［水差しなどに取り付ける〕注ぎ口. ❷
［動物の〕生え始めの角(2); ［闘牛の〕角〔の先
端〕: toro de *pitones* recortados 角の先を切
り落とした闘牛. ❸《登山》ピトン. ❹《俗語》
［女性の〕乳房. ❺《中南米》［ホースの〕ノズル

pitonisa [pitonísa] 女 女占い師;《古代ギリシ
ア》女予言者

pitopausia [pitopáusja] 女《口語》男性の更
年期〔障害〕

pitorrear [pitořeár] ~se《西. 口語》［面と向
かって, +de を〕ばかにする, あざ笑う: *Se pitorreó*
del pobre infeliz. 彼はそのかわいそうな男を笑い
者にした

pitorreo [pitořéo] 男《西. 口語》ばかにすること,
からかい; 悪ふざけ: estar de ~ ばかにしている.
traerse un con... ~ を...をばかにする. tomarlo
todo a ~ 何でも茶化してしまう

pitorro [pitóřo] 男 ❶［水入れの〕飲み口〚ロ
botijo カット〛. ❷ それに似た管

pitote [pitóte] 男《西. 口語》騒ぎ, 混乱:
armarse un ~ 騒ぎ〔どよめき〕が起こる

pitpit [pitpí(t)] 男《鳥》タヒバリ

pituco, ca [pitúko, ka] 形 名《南米. 軽蔑》き
ざな〔人〕

pitufo, fa [pitúfo, fa] 形《口語》［童話の小人
のような〕小さな子, 背の低い人

pituita [pitwíta] 女《医学》粘液
 pituitario, ria 形 glándula ~*ria* 下垂体.
 líquido ~ 粘液. membrana ~*ria* 鼻咽喉
 粘膜

pituso, sa [pitúso, sa] 形 名《親愛》かわいら
しい〔子〕

pívot/pivot [píβot/piβót] 名《〖籠〗~s》《バス
ケ・ハンドボール》ポストプレーヤー, センター

pivot[e]ar [piβot[e]ár] 自［軸を中心に〕回
転する;《バスケ》ピボット〔ターン〕をする: *Pivotea*
un radar. レーダーが回っている

pivotante [piβotánte] 形《植物》raíz ~ 直
根

pivote [piβóte] 男 ❶《技術》軸架, 旋回軸.
 ❷［駐車防止用の〕柱, ポール. ❸ =**pí-
vot**

piyama [pijáma] 男/女《中南米》=**pijama**

pizarra [piθářa] 女 ❶ 黒板: escribir en la
~ 黒板に書く. salir a la ~［生徒が〕黒板の
前に行く. ❷［字などを書くための〕石板. ❸ 粘
板岩, スレート: techo de ~ スレート屋根

pizarral [piθařál] 男 スレート採掘場

pizarrín [piθařín] 男 石筆

pizarrón [piθařón] 男《中南米》黒板

pizarroso, sa [piθařóso, sa] 形 粘板岩質
の, スレート状の

pizca [píθka] 女 ❶ 小片, 少量: poner una
~ de sal 塩をひとつまみ入れる. comer una ~
de pan パンの薄切りを1枚食べる. Con una ~
de suerte habría ganado yo. もう少しつきがあ
ったら私が勝ったのに. ❷《中米》取り入れ
*ni [una] ~ 少しも〔…ない〕: No me hace ni
~ de gracia. それはこれっぽっち面白くない
una ~ ほんの少し: Se parece *una* ~ a su
primo. 彼は従兄弟にちょっぴり似ている

pizpireta [piθpiréta] 形《親愛》［女性が〕快
活な;［男性に対して〕積極的な

pizza [píʦa/píθa] 女《←伊語. 料理》ピザ
 pizzería 女 ピザレストラン, ピザハウス

pizzicato [piʦikáto] 男《←伊語. 音楽》ピチカ
ート

pl. 《略語》←plaza 広場; plazo 期間; plural
複数

placa [pláka] 女 ❶［木・金属などの〕板, 板
金: suelo revestido de ~s de madera 板張
りの床. ~ de horno オーブンのトレイ. ~ de
yeso プラスターボード. ~ solar ソーラーパネル.
En el camino se han formado ~s de hielo.
道は〔ところどころ〕氷が張っていた. ❷［通りの
名・影像の説明などの〕表示板, プレート〚ロ写
真〛; 名札, 表札〚~ con el nombre〛: ~
conmemorativa 記念プレート. ❸ ナンバープレ
ート〚~ de matrícula〛. ❹《警官などの》バッ
ジ, 記章. ❺ 勲章〚~ de Isabel la Católica
イサベル1世勲章〛. ❻《文語》レコード, ディスク.
❼《写真》感光板. ❽ i)《電気》陽極; 極板.
ii)《情報》~ base 基板. ~ de circuitos
impresos プリント基板. ~ madre マザーボード.
❾《解剖》~ dental 歯垢, プラーク. ❿［台所
の〕電気レンジ台. ⓫《地質》プレート〚~ tec-
tónica〛: ~ eurasiática ユーラシアプレート

placar [plakár] 他《ラグビー》タックルする;
《アメフト》ブロックする
 placaje 男 タックル; ブロック

placé [plaθé] 男《競馬》複勝式〚apuesta a
~〛: llegar ~ 2着以内に入る

placebo [plaθéβo] 男《薬学》プラシーボ, 偽薬

pláceme [pláθeme] 男［主に 複〕お祝い, 祝
詞〚felicitación〛: Recibe mis ~s por tu
ascenso. 昇進おめでとう. dar *a+人* el ~
por... …に…のお祝いを言う

placenta [plaθénta] 囡 《解剖》胎盤
placentario, ria [plaθentárjo, rja] 厖 胎盤の. ◆ 男 [複] 《動物》有胎盤類

placentero, ra [plaθentéro, ra] 厖 楽しい, 快い: vida ～*ra* en el campo 田舎の楽しい暮らし. jardín ～ 気持ちのよい庭

placer [plaθér] 男 《英 pleasure》❶ 喜び, 楽しみ; 満足: i)《時に 複》Es un ～ trabajar con usted. あなたと一緒に仕事をするのは楽しい(仕事ができて光栄です). ～ de la poesía 詩の喜び. ～*es* de la vida 生の喜び. ii) 娯楽, 気晴らし; 快楽: buscar los ～*es* carnales 肉体的快楽を追い求める. entregarse a los ～*es* 歓楽におぼれる. principio de ～《心理》快感原則. viaje de ～ 観光目的の旅行, 行楽 [↔ viaje de negocios]. iii)《挨拶》Es un (mi) ～. [感謝に対する返答] どういたしまして. Ha sido un gran ～ conocerle a usted. [初対面の人との別れの挨拶] お知り合いになれてうれしうございました. Será un ～ para mí. 光栄です. Le acompañaré con sumo ～. 喜んでお供します. ❷ [貴金属を含む] 砂鉱. ❸《船舶》砂堆, 砂洲. ❹ [中南米の] 真珠採取場

a ～ 勝手に, 好きなだけ; 快い: Jugad *a* ～. 勝手に遊んでおいで. Pueden comer *a* ～. 好きなだけお召し上がりください. mentir *a* ～ さし障りのない(嘘のための)嘘をつく. poner la temperatura *a* ～ 快適な温度にする. baño *a* ～ 楽しみの入浴

◆ 29 間 [3人称のみ. +a+人 の] 気に入る, 喜びである: Me *place* escuchar la música. 私は音楽を聞くのが好きだ. Puedes hacer lo que te *plazca*. 好きなことをしていいよ. [+que+接続法] Me *place* mucho *que* se acuerde de mí. 覚えていてくださってうれしく思います

placero, ra [plaθéro, ra] 男 露天商
plácet [pláθe(t)] 男 《←ラテン語》承認; [外国から派遣されてきた大使などに政府が与える]信認, アグレマン
plácido, da [pláθido, da] 厖 穏やかな, 温和な; 心楽しい: carácter ～ 温和な性格. niño ～ おとなしい子供. tarde ～*da* 静かな(のどかな)午後. sueño ～ 楽しい夢
plácidamente 副 穏やかに, のんびりと
placidez 囡 穏やかさ, 温和さ
plaf [pláf] 男 《擬音》[平手打ち] バシッ; [転倒] バタッ; [水中落下] ドボン
plafón [plafón] 男 《建築》[直接天井に固定した]天井灯; [天井中央の]装飾; [水切り下部の]装飾板
plaga [pláγa] 囡 ❶ [人々を襲う]災厄, 災禍; [作物を襲う]疫病, 害虫: La sequía es una ～ frecuente en España. 旱魃はスペインに多い災害である. las ～*s* de Egipto 《聖書》エジプトの災い. ❷《軽蔑》[害をもたらす・不快な]大量のもの: una ～ de langostas 雲霞のようなイナゴの大群. una ～ de impuestos 重くのしかかる税金
plagar [plaγár] 8 他 [+de 害悪で] 満たす: Han *plagado* los cines de películas pornográficas. 映画館にはポルノが氾濫している

◆ ～*se* 満たされる: La cocina *se plagó* de cucarachas. 台所はゴキブリの巣になった
plagado, da 過分 [estar+. +de で] 一杯の
plagiar [plaxjár] 4 他 ❶ [文学作品などを]剽窃(ひょうせつ)する, 盗作する. ❷《中南米》[営利目的に]誘拐する
plagiario, ria 厖 名 剽窃する(人)
plagio 男 剽窃, 盗作
plagioclasa [plaxjoklása] 囡 《鉱物》斜長石
plaguicida [plaγiθíða] 厖 男 農薬〔の〕[pesticida]

plan [plán] 男 《英 plan》❶ 計画, 予定; 企画: Tengo un ～ estupendo. 私にいい計画がある. Mi ～ es recorrer toda España. 私はスペインを一周するつもりだ(計画)だ. hacer (trazar) el ～ para las vacaciones de verano 夏休みの計画を立てる. ～ de acción 行動計画. ～ de estudios 研究計画, カリキュラム. ～ de vuelos フライトプラン, 飛行計画. ～ maestro 基本計画, マスタープラン. ❷ 食餌療法, ダイエット. ❸《口語》ナンパ, 一時的な恋愛関係; その相手

a todo ～《口語》ぜいたくに, 豪勢に
en ～+形容詞 (*de*+名詞)《口語》…の態度で; …のつもりで: Estuvo *en* ～ simpático. 彼は親切だった. Llegó *en* ～ *de* guerra. 彼はけんか腰でやって来た. *en* ～ político 政治的に; 口先だけで
no ser (*hacer*) ～《西. 口語》[+que+接続法することは] 役に立たない; おもしろくない: *No es* ～ *que* nos pasemos todo el día viajando. 一日中乗り物に乗っているのはつまらない

plana¹ [plána] 囡 ❶ [新聞の] …面; [雑誌などの] ページ: salir en primera ～ 第1面に載る. ❷《教育》字を書く練習, 習字. ❸ [国の]平野部. ❹ [左官の] こての一種

a doble ～ ページを開いて
a ～ *y renglón* 原文と一字一句違わない; おあつらえ向きの: Este libro me viene *a* ～ *y renglón*. この本は私にちょうどいい
a toda ～ [新聞の] 一面全部に
cerrar la ～ 結論づける, 終了させる
corregir (*enmendar*) *la* ～ *a*+人 …がしたことの欠点を直させる, …に注意を与える
～ *mayor*《軍事》参謀, 幕僚;《口語》[会社などの]首脳部

planaria [planárja] 囡 《動物》プラナリア
plancha [plántʃa] 囡 ❶ アイロンかけ; 集 アイロンかけをする(のすんだ)洗濯物: ～ de vapor スチームアイロン. día de ～ アイロンかけをする日. habitación de la ～ アイロン部屋. ❷ [主に金属の]板: ～ de hierro 鉄板. ～ de blindaje 装甲板. ～ de agua [船の修理用の]筏. ❸《料理》鉄板, グリドル: carne a la ～ 肉の鉄板焼き. ❹《印刷》版, 図版; [～ de madera grabada] 版木. ❺ [船と岸の間に渡す]歩み板. ❻《スポーツ》i) 腕立て伏せ: realizar diez ～*s* 腕立て伏せを10回やる. ii)《水泳》浮き身 : hacer la ～ 浮き身をする. iii)《サッカー》ダイビング. iv)《ウインドサーフィン》～ de vela セ

ールボード. v)《プロレス》ボディープレス. ❼《口語》へま, 失言: meter (tirarse) una 〜 へまをやらかす

poner una 〜《サッカー》トリッピングする.

planchado, da [plantʃáðo, ða] 形 過分《南米》疲れ切った；一文なしの

dejar 〜 *a*+人《口語》びっくり仰天させる

◆ 男 アイロンかけ: dar un 〜 a… …にアイロンをかける

◆ 女《中南米》アイロンかけ〚planchado〛

planchador, ra [plantʃaðór, ra] 名 アイロンをかける人

◆ 男 アイロン部屋. ◆ 女 プレッサー

planchar [plantʃár] 他 …にアイロンをかける, しわを伸ばす；《比喩》ぺしゃんこにする: 〜 los pantalones ズボンにアイロンをかける

◆ 自 [パーティーで] ダンスの誘いがない

planchazo [plantʃáθo] 男 ❶ へま, 失言: cometer (tirarse) un 〜 失敗をやらかす. ❷ [水に飛び込んだ時の] 腹部などへの衝撃

dar un 〜 [ざっと・手早く] アイロンをかける

plancheta [plantʃéta] 女《測量》平板, 三脚付き製図板

echarla de 〜 強がる, 虚勢を張る

planchistería [plantʃistería] 女 プレス加工業. **planchista** 名 プレス加工をする人

plancton [pláŋkton] 男 集合《生物》プランクトン

planeador [planeaðór] 男《航空》グライダー

planeadora [planeaðóra] 女《船舶》高速モーターボート；《技術》プレーナー

planear [planeár] 他 …の計画を立てる: 〜 el itinerario 旅程を組む. [不定詞] Planeaba irse de vacaciones a Acapulco. 彼は休暇でアカプルコに行く計画だった

◆ 自 滑空する；[高速モーターボートなどが浮き上がって] 滑水する

planeamiento 男 1) 立案, プランニング. 2) 滑空；滑水

planeo 男 滑空；浮上

planeta [planéta] 男《天文》惑星: nuestro 〜 地球. único e insustituible 〜 かけがえのない地球. 〜s superiores (exteriores) 外惑星. 〜s inferiores (interiores) 内惑星. 〜 pequeño 小惑星. 〜 rojo《俗称》火星

planetario, ria [planetárjo, rja] 形 ❶ 惑星の: sistema 〜 太陽系惑星群. ❷ 全世界的な

◆ 男 プラネタリウム

planetarium [planetarjún] 男 =**planetario**

planetoide [planetóiðe] 男 小惑星 [asteroide]

planetología [planetoloxía] 女 惑星学

planicie [planíθje] 女 大平原, 平野

planificar [planifikár] 他 計画化する: economía *planificada* 計画経済

planificación 女 計画化: 〜 familiar 家族計画. 〜 urbana 都市計画

planificador, ra 形 名 立案する；立案者, プランナー

planilla [planíʎa] 女 ❶ [役所に提出する] 書き込み用紙, 申請書. ❷《中南米》給料支払い台帳〚nómina〛

planimetría [planimetría] 女 面積測定, 測面法

planímetro 男 面積計, プラニメーター

planisferio [planisférjo] 男 星座早見図；平面天球(地球)図

planning [plánin] 男《腹 〜s》《←英語》生産計画, 作業計画

plano¹ [pláno] 男 ❶ 平面, 面. 〜 horizontal (vertical) 水平(垂直)面. 〜 inclinado 斜面；[荷の上げ下ろし用の] 傾斜面. 〜s paralelos《数学》平行平面. 〜 de cola《航空》水平尾翼. ❷ [概観的な] 図面；[市街地の] 地図: dibujar (trazar) el 〜 de la ciudad (del edificio) 市街図(建物の見取図)を書く. 〜 acotado 等高線地図. ❸ [問題などの] 面, 側面: estudiar desde el 〜 teórico 理論的側面から検討する. ❹《美術・演劇》景；《映画》ショット: en el primer 〜 クローズアップで；前景に. segundo 〜 後景. 〜 americano クロースショット. 〜 corto クローズアップ. 〜 de fondo/último 〜 遠景, 背景；舞台奥. 〜 general (largo・de conjunto) ロングショット. ❺ 高さ: Estas capas están trazadas (situadas) en un mismo 〜. これらの地層は同じ高さにある. ❻ 地位, 身分: Él y yo estamos en un 〜 social diferente. 彼と私とでは社会的地位が違う. ser de un 〜 social inferior 身分が低い. ❼ [剣の] ひら

cantar de 〜 洗いざらい白状する

dar de 〜 *a*+人 …を刀のひらで叩く；平手打ちする

de 〜 完全に；明確に: El sol da *de* 〜 en la terraza. 日光がテラス一杯に当たっている. rechazar *de* 〜 un proyecto 計画をきっぱりとはねつける. caer *de* 〜 ばったり倒れる

levantar un 〜 図面を引く

plano², na² [pláno, na] 形 平らな〚llano〛；平面状の: espejo 〜 平面鏡

planta [plánta] 女《英 plant》❶ 植物, 草〚↔animal〛；[木に対して] 草: Las 〜s y los árboles de este jardín están bien cuidados. この庭の草木はよく手入れされている. de adorno 観葉植物. 〜 de interior 室内の鉢植えの草花. ❷ [建物などの] 平図面, 配置図〚↔alzado〛: 〜 de la casa 家の設計(見取)図. ❸ 階〚piso〛: Su oficina está en la 〜. 彼のオフィスは1階にある. primera 〜 2階. casa de una sola 〜 平屋. ❹ プラント, 工場〔と機械設備〕〚industrial〛: 〜 productora de urea 尿素製造プラント. 〜 siderúrgica 製鉄所. ❺ 足の裏: Me he clavado una chincheta en la 〜 del pie. 私は足の裏に画鋲を刺してしまった. ❻ 実行計画(方法). ❼ [人の] 外見, 容姿: Este chico tiene buena 〜. この少年はスタイルがいい. ❽ [従業員の] スタッフ. ❾《フラメンコ》かかとを浮かして足裏で床を打つける技

buena 〜 よい外見(体格)

de 〔nueva〕 ~ 土台から建て直した：cons-
truir la casa *de* ~ 家を新しく建て直す
echar ~s つっぱる、強がって見せる
fijar las ~s 意見を変えない

plantación [plantaθjón] 囡 ❶ [単一栽培
の] 大農園、プランテーション、医名 その作物：~
de café コーヒー農園． ❷ 植え付け、植樹

plantado, da [plantáðo, ða] 囲過分 植え付
けられた；立てられた：campo ~ de trigo 小麦
の植わっている畑．Un hombre se quedó ~ a
la puerta. 男が戸口に立ちはだかった
bien ~ 外見（スタイル・体格）のよい
dejar ~ a+人 …を見捨てる、縁を切る；待ちう
けを食わせる；…に任せて逃げる

plantador, ra [plantaðór, ra] 囝 大農園主
　─ 團〔種まき・植付け用の〕穴掘り器

plantar [plantár] 他 ❶ [植物を、+en に] 植
える；[+de を] …に植えつける：~ un rosal *en*
el jardín 庭にバラの木を植える．~ el solar *de*
árboles frutales 空き地に果樹を植える． ❷ ま
っすぐ立てる；[テントなどを] 張る：~ un poste
de la luz 街灯を立てる． ❸ [あるべき場所に] 置
く：~ la silla delante de la mesa 椅子を机
の前に置く． ❹ 《口語》[キスを] する；[意見を]
はっきり言う；[殴打・侮辱などを] 与える：Me
ha plantado un puñetazo en la cara. 私は顔
を拳骨で殴られた．Le *han plantado* unas ga-
fas terribles. 彼はへんてこな眼鏡を掛けさせられ
た．*Plantó* los papeles sobre la mesa y se
fue sin decir una palabra. 彼は机に書類をた
たきつけて何も言わずに行ってしまった． ❺ 《口語》
[人を、+en に] ほうり込む：~ a+人 *en* la calle
(la cárcel) …を外へ追い出す（刑務所へぶち込
む）． ❻ …に待ちぼうけを食わせる、約束をすっぽか
す：Le estuve esperando durante una hora
y me *plantó*. 私は彼を1時間も待ったが彼は来
なかった． ❼ 《口語》[恋人などを] 捨てる、ふる：
Ha plantado a María por una mujer rica.
彼は金持ちの女のためにマリアを捨てた． ~ el
trabajo para irse a una expedición 探険に
行くために仕事を捨てる． ❽ …に任せて逃げる：
Nos *ha plantado* en el proyecto. 彼は計画を
私たちに押しつけて辞任した
◆ **~se** ❶ 《口語》じっと立つ：*Se plantó* ante
el coronel. 彼は大佐の前で気を付けの姿勢をし
た（立ちはだかった）．El burro *se plantó* en la
calle. ロバが通りで動こうとしなくなった． ❷ 《口
語》抵抗する；固執する：*Se plantó* ante lo
que le mandaba su maestro. 彼は先生に命じ
られたことをしなかった． ❸ 《口語》[すぐに] 到着す
る：En cinco horas *se plantó* en Roma. 彼は
5時間後にはもうローマに着いた． ❹ [衣服など
を] 身につける：~*se* un sombrerillo 小さな帽
子を頭にのせる． ❺ 《トランプ》手札を変えない
plante [plánte] 團 ❶ [争議戦術として] 仕事
の手を止めること、就業拒否． ❷ 《口語》待ちぼう
けを食わせること、会う約束をすっぽかすこと

planteamiento [planteamjénto] 團 問題
提起；立案

plantear [planteár] 他 ❶ [問題などを] 提起
する：~ la discusión 議題を提出する．*Plan-*

teó mal el problema desde el principio. 彼
は始めから問題の立て方が間違っていた． ❷ [問
題などを] 引き起こす：~ una dificultad やっか
いを起こす． ❸ 計画する、着手する：~ de nuevo
el negocio 商売の計画を立て直す． ~ la refor-
ma 改革に手をつける． ❹ 現実化する、成し遂げ
る：~ un buen partido うまい試合運びをする
◆ **~se** ❶ [問題・可能性などについて] 考える、
熟考する． ❷ [問題・可能性などが] 生じる

plantel [plantél] 團 ❶ [有能・優秀な] スタッ
フ、メンバー． ❷ 《農業》苗床

planteo [plantéo] 團 =planteamiento

plantificar [plantifikár] 他 《口語》❶ [キ
スを] する；[殴打・侮辱などを] 与える：~ a+人
un puñetazo …を拳骨で殴る． ❷ [+en に] 無
理やり入れる；[不適切な所に] 置く：~ a su
hijo *en* el baño 息子を風呂場に押し込める
◆ **~se** ❶ [すぐに] 到着する：En diez minu-
tos me *plantifiqué* en el hotel. 私は10分でホ
テルに着いてしまった． ❷ [奇妙な衣服などを] 身に
つける

plantígrado, da [plantígraðo, ða] 囲 《動
物》蹠行（しょこう）性の

plantilla [plantíʎa] 囡 ❶ ひな型、原型、縮図．
❷ [靴の] 底敷き、敷き革；靴の内底． ❸ [試験
の] 正解表． ❹ 《西》医名 i) [正規雇用の] 従
業員、正社員、正職員；従業員名簿；[部門別
の] 職場の概要：Es de (Está en) ~. 彼は正
社員だ．En la ~ no hay técnicos. 社員に技
術者はいない．regulación de ~ 雇用調整、人
員整理．reducción de ~ 人員削減． ii) チー
ム〖＝equipo 類義〗． ❺ 強がり、虚勢：tener ~
強がっている． ❻ [同じ形を切る・彫る時の] 元と
なる型；[製図用の] 雲形定規、テンプレート

plantillar [plantiʎár] 他 [靴に] 革を敷く

plantillazo [plantiʎáso] 團 《サッカー》乱暴に
相手のボールを奪い取ろうとすること

plantío [plantío] 團 [植え付けをしたばかりの]
畑、苗床

plantón [plantón] 團 ❶ 《口語》待ちぼうけ、約
束のすっぽかし：Me ha dado un ~ de una
hora. 彼は私を1時間も待たせた． ❷ 苗、苗木
estar (quedarse) de ~ 長い間待つ、立ち続
ける

plántula [plántula] 囡 《植物》実生（みしょう）

plañidero, ra [plaɲiðéro, ra] 囲 嘆くような、
悲しげな：voz ~*ra* 哀れっぽい声
◆ 囡 [昔の、葬式に雇われる] 泣き女

plañir [plaɲír] 20 圓 [大声で] 泣く、嘆く
　─ 他 嘆き悲しむ：Todos *plañían* la pérdida
de su madre. 母の死をみんな嘆き悲しんだ
◆ **~se** [+de を] 嘆く：~*se de* su mala
suerte 不運を嘆く
plañido 團 嘆き声、泣き声

plaqué [plakée] 團 《←仏語》金（銀）めっき

plaqueta [plakéta] 囡 ❶ 《解剖》血小板． ❷
小タイル；[胸につける] 名札

plasma [plásma] 團 ❶ 《生物》血漿（けっしょう）、プ
ラズマ；リンパ漿． ❷ 《物理》プラズマ

plasmar [plasmár] 他 [+en に] …の形を与え
る、形作る：El escultor *plasmó* maravillo-

samente la alegría *en* la figura. 彫刻家は見事にその像の中に喜びを表現した

◆ **~se**《文語》形作られる，具体化する：El desencanto popular *se plasmó en* una sublevación. 民衆の不満は暴動となって表われた
  plasmación 囡 具体化
plasmodio [plasmóðjo] 團《生物》変形体；《動物》マラリア病原虫
plasta [plásta] 囡 ❶《軽蔑》どろどろ（ねばねば）したもの；押しつぶされたもの：Esta sopa es una ~. このスープはどろどろだ（濃すぎる）． El pastel ha quedado hecho una ~. ケーキはぺちゃんこにつぶれた． ❷ 失敗作：¡Vaya una ~ de reunión! めちゃくちゃな集まりだ！ ❸《軟らかい》糞 *dar la ~ a*+人 …を困らせる，うんざりさせる

◆ 圈 囲《西. 軽蔑》話がしつこい（人），わずらわしい（人）
plaste [pláste] 團 [塗装の前に穴をふさぐ] 詰め物
  plastecer 39 囲 …に詰め物をする
plastelina [plastelína] 囡 色粘土
plastia [plástja] 囡《医学》形成術
plástica[1] [plástika] 囡 造形〔術〕
plasticidad [plastiθiðá(d)] 囡 可塑性；柔軟性；豊かな表現性
plástico[1] [plástiko] 團《英 plastic》❶ プラスティック，合成樹脂：cubo de ~ ポリバケツ． ❷ プラスティック爆弾 [bomba de ~]． ❸《西. 口語》レコード [disco]
plástico[2]**, ca**[2] [plástiko, ka] 圈 ❶ プラスティック（製）の，合成樹脂の：materiales ~s プラスティック材． ❷ 可塑的な，柔軟な；[記述が]生々しい，具体的な． ❸ 造形の：artes ~cas 造形芸術 [絵画，彫刻，建築]． imagen ~ca 塑像． ❹《医学》cirugía ~ca 形成外科；その手術 *de ~* 人工的な；巧妙な
plastificar [plastifikár] 7 囲 可塑化する；プラスティック加工する，プラスティック（ビニール）で覆う；[身分証などを] ラミネート加工する
  plastificación 囡 可塑化；プラスティック加工；ラミネート加工
  plastificado 團 =**plastificación**
  plastificante 團 可塑剤
plastillina [plastiʎína] 囡 =**plastelina**
plasto [plásto] 團《植物》色素体
plastrón [plastrón] 團 ❶《服飾》[婦人服の] 胸飾り；[男子用シャツの] いか胸． ❷《フェンシング》胸当て，皮胴
plata [pláta] 囡《英 silver》❶ 銀《元素》：anillo de ~ 銀の指輪． ~ alemana 洋銀． ~ baja 低級の銀． ~ córnea 角銀鉱． ~ dulce 甘い銀；pagar en ~ 銀貨で払う． ❸〚医薬〛銀器，銀製品 [~ laborada]． ❹《競技会の》銀メダル． ❺《地名》el [Río de la] P~ ラ・プラタ川． ❻《主に中南米. 口語》[一般に] お金：tener mucha ~ 大金を持っている． llenarse de ~ 大金持ちになる

◆ 圈 銀色の
como una ~ ピカピカに磨いた，清潔な
en ~ 歯に衣を着せずに，はっきり（一言で）言って

manos (manitas) de ~ 有能な人，やり手
ser ~ 価値（意義）がある
platabanda [plataβánda] 囡 花壇
plataforma [platafórma] 囡 ❶ 台，高い所：~ de lanzamiento [ロケットなどの] 発射台． ~ espacial 宇宙ステーション． ~ petrolífera (petrolera) [石油の] 海洋掘削プラットホーム． ❷ [列車・バスの] 出入口付近，デッキ；貨車 [プラットホーム 〚andén〛]． ❸ 大陸棚 [~ continental]． ❹ [目的達成のための] 踏み台，足がかり． ❺ 匝名《政党・組合などの》綱領，基本方針：~ electoral 選挙綱領． ~ reivindicativa [労働組合の] 要求． ❻ 組織母体，組織化団体． ❼ [コルクなどの] 台状の靴底：zapato de ~ プラットホームシューズ
plátano [plátano] 團 ❶《植物・果実》バナナ． ❷《植物》プラタナス，スズカケノキ 〚~ de sombra, ~ de los paseos〛
  platanal/platanar 團 バナナ園
  platanero, ra 囡 バナナ栽培業者． ◆ 團《中米》viento ~ バナナの木を倒すほどの強風． ◆ 團《植物》バナナ〔の木〕． ◆ 囡 バナナ農園（会社）
platea [platéa] 囡 [劇場・映画館の] 平土間 〚☞teatro カット〛：~ alta 2 階正面席，ドレスサークル
platear [plateár] 囲 …に銀めっきする
  plateado, da 過分 銀めっきの；銀色の． ◆ 團 銀めっき
platelmintos [platelmíntos] 團 覆《動物》扁形動物門
platense [platénse] 圈 囡《地名》ラ・プラタ川 el Río de la Plata [流域] の〔人〕；ラ・プラタ La Plata の〔人〕〚ブエノスアイレスの南にある大学都市〛
plateresco, ca [platerésko, ka] 圈 團《建築》プラテレスコ様式（の）〚16 世紀スペイン・ルネサンス様式. 細かい浮彫りの壁面が特徴. ☞写真〛

platero, ra [platéro, ra] 囡 銀細工師；宝石商
  platería 囡 銀細工業（術）；宝石店
plática [plátika] 囡 ❶《中米. 他の国では古語的》会話 [conversación]：estar de (sostener・mantener) una ~ おしゃべりをする． ❷ [短く固苦しくない] 説教
  platicar 7 圓 おしゃべりをする；[契約などのために] 交渉する
platija [platíxa] 囡《魚》ツノガレイ，アカガレイ
platillo [platíʎo] 團 ❶ 小皿 〚☞plato 類義〛；

[カップの] 受け皿；[天秤の] 皿. ❷ 〖楽器〗シンバル. ❸ 〜 volante 《西》／〜 volador 《中南米》空飛ぶ円盤. ❹ 話題，噂話の種：hacer (ser) el 〜 de la conversación 話の種になる (である). ❺ 〖射撃〗クレー [ビジョン]. ❻ 《中米》料理 〖plato〗.

pasar el 〜 募金をする，寄付金を集める

platina [platína] 囡 ❶ [顕微鏡の] ステージ. ❷ 〖音響〗デッキ [pletina]：〜 a cassette カセットデッキ．doble 〜 ダブルカセット．❸ [印刷機の] 圧盤；[平削り盤などの] テーブル．❹ [時計の] 地板．

platino [platíno] 男 ❶ 〖元素〗プラチナ，白金：anillo de 〜 プラチナの指輪．❷ 〖複〗《自動車》ブレーカー接点

platinado 男 白金めっき
　platinar 他 白金めっきする

platirrinos [platiȓínos] 男 〖複〗《動物》広鼻猿類

plato [pláto] 男 〖英 plate, dish〗
❶ 皿 〖類義 plato は fuente から取り分ける1人用の皿，fuente は取り分け用の大皿，platillo は plato より小さい皿〗：El camarero me ha servido la carne en el 〜. ボーイが皿に肉を切り分けてくれた．〜 llano (liso・trinchero・pando) 平皿．〜 hondo／〜 sopero スープ皿．❷ 《主に西》[皿に盛った] 料理 〖中南米では comida, guiso〗：〜 español スペイン料理．〜 de pescado 魚料理．primer 〜 メーンディッシュの前に出る料理 〖前菜，サラダ，スープなど〗．〜 segundo メーンディッシュ 〖肉・魚料理〗．〜 del día 今日の定食．〜 combinado 《西》[盛り合わせの] 定食．〜 compuesto アントルメ ❸ 扶養：dar a+人 〜 y cama 食べる物と寝る所を…に与える ❹ 〖天秤の〗 ❺ [プレーヤーの] ターンテーブル ❻ 〖射撃〗クレー，標的の皿：tiro al 〜 クレー射撃．❼ 〖野球〗ホームプレート

comer en un mismo 〜 《口語》大変仲がよい
con los ojos como 〜s [驚き・賞賛で] 目を丸くして
hacer el 〜 a+人 …を養う，食べさせてやる
hacer 〜 料理をよそう，給仕をする
nada entre dos 〜s [見かけと違って] 何の重要性もない
no haber roto (quebrado) un 〜 [en su vida] 《口語》一度も悪いことをしたことがない
no ser 〜 del gusto de+人 …に嫌われている
pagar los 〜s rotos 《口語》ぬれぎぬを着せられる；一人で責任を取らされる
〜 fuerte メーンディッシュ；[催し物の] メーンイベント，呼びもの，目玉
ser 〜 de segunda [mano・mesa] 《口語》軽く見られている；爪はじきされている

plató [plató] 男 《←仏語 映画・テレビ》[スタジオの] セット

platónico, ca [platóniko, ka] 形 ❶ プラトン Platón [学派・哲学] の．❷ 《口語》純精神的な，無欲の；理想的な：amor 〜 プラトニックラブ

platonismo 男 プラトン哲学

platudo, da [platúdo, ða] 形 名 《南米》金持ち[の] 〖rico〗

plausible [plausíble] 形 ❶ もっともらしい，納得(是認)できる：decir cosas que parecen 〜s もっともらしいことを言う．no tener razones 〜s 納得させるに足る理由がない．❷ 賞賛すべき：gesto 〜 賞賛すべき行ない

plausibilidad 囡 もっともらしさ

playa¹ [plája] 囡 〖英 beach〗❶ 砂浜，浜辺；海岸；海水浴場：Vamos a dar un paseo por la 〜. 海辺を散歩しよう．ir [a bañarse] a la 〜 海水浴に行く．pasar las vacaciones en la 〜 休暇を海で過ごす．〜s andaluzas アンダルシア地方の海水浴場．traje de 〜 ビーチウェア．❷ 《南米》[輸送関係などに使われる] 広いスペース：〜 de estacionamiento 駐車場．〜 de maniobras 〖鉄道〗操車場．〜 de juegos 運動場

play-back [pléjbak] 男 《←英語 テレビ・映画》あてレコ；テープによる伴奏

play-boy [pléjboj] 男 〖複〗〜s 《←英語》プレイボーイ

playero, ra [plajéro, ra] 形 〖服飾〗海岸用の；《中南米》海の近くに住む；非常に貧しい
　◆ 男 《南米》港湾労働者
　◆ 囡 ❶ 〖複〗[砂浜用の] ズック靴；ビーチサンダル．❷ 《中米》Tシャツ

playo, ya² [plájo, ja] 形 《中南米》浅い，緩やかに傾斜した

play-off [pléjɔf] 男 《←英語 スポーツ》プレーオフ

plaza [pláθa] 囡 〖英 square, place〗
❶ 広場：En el centro de la 〜 hay una fuente. 広場の真ん中に噴水がある．P〜 de España スペイン広場．〜 mayor 《主に西》[町の] 中央広場．〜 circular ロータリー．〜 de aparcamiento (de garaje) 駐車場 ❷ [食料品の] 市場 〖mercado〗：〜 de abastos 卸売市場 ❸ 席，座席；スペース：Hay una 〜 libre. 空席が1つある．El avión tiene 300 〜s. その飛行機は300人乗りだ．Quiero un 〜s. 2人乗りの車 (スポーツカー) が欲しい．El curso es de 〜s limitadas. 講習会は定員制だ．sofá [de] tres 〜s 3人掛けのソファ．parking de 500 〜s 500台収容の駐車場．déficit de 〜s hospitalarias 病院のベッド数不足 ❹ 職，地位：Le han dado una 〜 de mecanógrafa. 彼女はタイピストの仕事をもらった．Se han convocado las 〜s de profesor. 教授採用試験の公示が出ている ❺ 闘牛場 〖〜 de toros. ⇨カット〗 ❻ 〖軍事〗i) 要塞，防塞を巡らした都市 〖fuerte〗. ii) 〜 de armas 練兵場 ❼ 〖商業文〗地区，市，町：nuestro representante en la 〜 当社の所在地区 ❽ 《主に中南米》市場(いち)：esa 〜 貴市場
hacer la 〜 [市場で日々の] 買い物をする
hacer 〜 [市場で] 小売りする，品物を売る
sacar... a la 〜 …を世間に言い触らす

P

sacar ～ [自力で] 就職する

sentar ～ 兵役に志願する

sentar ～ *valiente* (*de listo*)《口語》名声を得る, 名をあげる

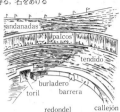

andanadas
palcos
tendido
burladero
toril
barrera
redondel
callejón

plazo [pláθo] 男 ❶ 期限, 期間: Hay cinco días de ～ para terminar la obra. 工事を終えるのに期間は5日ある. Se ha terminado (Ha expirado) el ～. 期限は切れた. poner el ～ 期間を置く. dar un ～ de quince días para+不定詞 …する期間として2週間与える. prorrogar el ～ 期限を延ばす. fijar un ～ 期限を定める. ❷ [分割払いの] 支払い: Me quedan dos ～s. 私はローンの支払いが2回残っている

a ～*s* 分割払いで: Tengo el dinero a ～ fijo. 私はその金を定期預金にしている. dinero a largo (corto) ～ 長期(短期)資金. compra a ～《商業》先物買い

a ～*s* 分割払いで, ローンで [↔al contado]: comprar el piso *a* ～*s* ローンでマンションを購入する. venta *a* ～*s* 割賦販売

en breve ～ まもなく, 近いうちに

plazoleta/plazuela [plaθoléta/ θwéla] 女 [公園などの中にある] 小広場

pleamar [pleamár] 女 満潮[時] 〖語源〗pleamar は潮が最も上げた時. その前後を含めてmarea alta. ↔bajamar

plebe [plébe] 女 〖医叙〗《古代ローマ》平民;《軽蔑》下層民

plebeyo, ya [plebéjo, ja] 形 名 ❶ 平民〔の〕; 庶民〔の〕. ❷《軽蔑》卑俗な

plebiscito [plebisθíto] 男 国民投票, 住民投票: someter... a ～ …を国民投票にかける

plebiscitar 他 国民投票にかける

plebiscitario, ria 形 国民投票による

pleca [pléka] 女 《情報》バックスラッシュ

plectro [pléktro] 男 《音楽》弦楽器を弾くばち

plegable [pleɣáble] 形 折畳みできる: silla ～ 折畳み椅子

plegadera [pleɣaðéra] 女 ペーパーナイフ 〖abrecartas〗

plegadizo, za [pleɣaðíθo, θa] 形 =plegable

plegado, da [pleɣáðo, ða] 形 過同 ひだのある ◆ 男 折畳むこと;《印刷》折り

plegadora [pleɣaðóra] 女 折り機, 折り畳み機

plegamiento [pleɣamjénto] 男 《地質》褶曲; [トレーラートラックが] 直角に近く折れ曲がったようになること

plegar [pleɣár] 他 23 〖☞negar 活用表〗他 ❶ [布·紙などを] 折る, 折畳む: ～ una servilleta (una camisa) ナプキン(ワイシャツ)を畳む. ～ una silla 椅子を畳む. ❷ …にひだをつける: ～ una falda スカートにプリーツをつける ◆ 自《西. 口語》[+de 仕事などを] 終わらせる: Ayer *plegué del* trabajo a las tres. 昨日は3時に仕事をやめた ◆ ～*se* 屈服する; 譲歩する: Tuve que ～*me* a (ante) sus deseos. 私は彼の望みをおまねからなかった

plegaria [pleɣárja] 女 [神·聖母マリア·諸聖人への] 熱心な祈り

pleistoceno, na [pleistoθéno, na] 形 男《地質》更新世(の)

pleita [pléita] 女 [アフリカハネガヤ·シュロなどの, 帽子·ござなどを編むための] 組みひも

pleitear [pleiteár] 自 [+contra に対して/+con と組んで] 訴訟を起こす;[弁護士が, +por のために] 弁論する

pleiteador, ra 形 名 訴訟好きな〔人〕

pleitesía [pleitesía] 女 敬意, 尊敬: rendir ～s a+人 …に敬意(崇拝の念)を表する

pleitista [pleitísta] 形 名 =pleiteador

pleito [pléito] 男 ❶ 訴訟: poner ～ a+人/entablar ～ contra+人 …に対して訴訟を起こす. ganar (perder) el ～ 勝訴(敗訴)する. dar el ～ por concluso 結審する. ～ civil (criminal) 民事(刑事)訴訟. ❷ けんか, 争い: armar un ～ けんかを起こす

poner... a ～ …に無理やり(理由もなしに)反対する

ver el ～ *mal parado* 危険(誤り)に気づく

plenamar [plenamár] 女 =pleamar

plenario, ria [plenárjo, rja] 形 完全な, 全部の: sesión ～ria 全員出席の会議, 総会

plenilunio [plenilúnjo] 男《文語》満月

plenipotencia [plenipoténθja] 女 全権: dar ～ a un embajador 大使に全権を与える

plenipotenciario, ria 形 全権を有する; 全権使節, 全権委員

plenitud [plenitú(ð)] 女 ❶ 完全さ: tener ～ de poderes 権力のすべてを保持している. ❷ 絶頂期: estar en la ～ de la vida 人生の盛りにある

pleno, na [pléno, na] 形 ❶ [+名詞] 完全な; 中心の 〖叙述補語としては使われない〗: i) ～ empleo 完全雇用. ～s poderes 全権. ii) [en ～+無冠詞名詞] poner la máquina *en* ～ funcionamiento 機械をフルに動かす. estar en ～ invierno 真冬である. *en* ～*na* calle (～ campo) 通り(野原)の真ん中で. Recibió el golpe *en* ～*na* cara. 彼は顔をもろに殴られた. ❷《文語》[+de で] 一杯の, 満ちた 〖lleno〗: vida ～*na* 充実した人生

◆ 男 ❶ 総会: ～ de accionistas 株主総会. ❷ [ボーリング] ストライク. ❸ [quiniera などのくじで] 全部を当てること

de ～ 完全に, すっかり

en ～ 全員で: Se retiró el equipo *en* ～. チーム全員が退場した

plenamente 圖 一杯に；完全に

pleonasmo [pleonásmo] 男 ❶《修辞》冗語法. ❷《文法》重複強意法〔例 Yo *se* la presento *a usted*. あなたに彼女を紹介します〕

pleonástico, ca 形 冗語〔法〕の；重複強意法の

plepa [plépa] 囡 持病だらけの人(動物)

plesiosaur[i]o [plesjosáur[j]o] 男《古生物》首長竜

pletina [pletína] 囡 ❶〔金属の四角い〕小片. ❷《音響》デッキ：doble ~ de cassette ダブルカセット

plétora [plétora] 囡 ❶《文語》過剰：Una ~ de manjares cubría la mesa. 山のような料理がテーブルを埋めていた. ❷《医学》多血〔症〕；過多, 過度

pletórico, ca [pletóriko, ka] 形 ❶ [estar+. +de いいものが] 過剰の：Estaba ~ *de* juventud. 彼は若さにあふれていた. ❷ 楽観的な. ❸ 多血〔症〕の

pleura [pléura] 囡《解剖》胸膜

pleural 形 胸膜の

pleuresía [pleuresía] 囡 =pleuritis：~ falsa《医学》胸〔膜〕病, 側胸病

pleurítico, ca 形 名 胸膜炎の〔患者〕

pleuritis [pleurítis] 囡《単複同形》《医学》胸膜炎, 肋膜炎

pleurodinia [pleuroðínja] 囡《医学》胸〔膜〕痛, 側胸痛

pleuronectiformes [pleuronektifórmes] 男 複《魚》カレイ目

plexiglás [pleksiglás] 男《単複同形》《←商標》プレキシグラス, 安全ガラス

plexo [plé(k)so] 男《神経・静脈の》叢(ᵉᵘ)：~ sacro 仙骨神経叢. ~ solar 太陽神経叢

pléyade [pléjaðe] 囡 ❶ 名名《文語》[すぐれた] 人物の集団：una ~ de… きら星のごとく…. ❷《天文》[P~s] プレアデス〔星団〕, 昴(ᵘ꜀ᵘᵇᵒ)

plica [plíka] 囡《西》封緘文書

pliego [pljéɣo] 男 ❶ [折った] 紙；用紙：~ común 大判用紙. ❷ 封書；[封緘された] 文書. ❸ [ある種の] 書類：~ de cargos《法律》告訴箇条. ~ de descargo 答弁書, 抗弁書. ~ de condiciones 入札心得書, 仕様書. ❹《印刷》折り本：~ de prensa 一部抜き

pliegue [pljéɣe] 男 ❶ 折り目；[紙・服の] しわ. ❷ 複 ひだ；《服飾》プリーツ：~s de una cortina カーテンのひだ. ❸ [肘・膝など] 手足の曲がる所. ❹《地質》褶曲

plin [plín] 男《西. 擬音》[弾丸の] ビューン ¡a mi ~!《口語》気にしないよ, どうだっていいよ!

plinto [plínto] 男 ❶《建築》[柱の] 四角い台座. ❷《体操》飛び箱

plioceno, na [pljoθéno, na] 形 男《地質》鮮新世(の)

plisar [plisár] 他《服飾》[細かい] ひだ(プリーツ)をつける：falda *plisada* プリーツスカート

plomada [plomáða] 囡《建築・測量》下げ振り；《船舶》測鉛；《釣糸・漁網の》おもり

plomazo [plomáθo] 男《軽蔑》退屈なもの(人), うんざりさせるもの(人)：¡Qué ~! 退屈だ,

つまらない!

plomería [plomería] 囡《中南米》[ガス・水道の] 配管〔工事〕

plomero, ra 名 配管工〔fontanero〕

plomífero, ra [plomífero, ra] 形 鉛を含んだ；退屈な, つまらない

plomizo, za [plomíθo, θa] 形 鉛色の：cielo ~ 鉛色の空. un día ~ 重苦しい一日

plomo [plómo] 男 ❶ 鉛；《元素》鉛：tubo de ~ 鉛管. ~ argentífero (de obra) 銀鉛鉱石. ~ blanco 白鉛鉱. ~ rojo 鉛丹. ❷《釣糸などの》おもり. ❸《西》[主に 複] ヒューズ〔fusible〕：Se han fundido los ~s. ヒューズが飛んだ. ❹《口語》退屈な人(もの)：Este libro es un ~. この本はつまらない. ❺《俗語》銃弾：llenar a+人 el cuerpo de ~ …の体に弾を撃ち込む

a ~ 垂直に

caer a ~《口語》ドサッと倒れる

pluma [plúma] 囡《英 feather, pen》❶ [時に 医名] 羽, 羽毛：almohada de ~[s] 羽根枕. sombrero con ~s 羽根飾りの付いた帽子. ~ viva 生きている鳥から抜いた羽〔寝具に使う〕. Él es una ~. 彼は羽のように身が軽い. Esta manta es una ~. この毛布は羽のように軽い(ふわふわの)

❷ ペン, ペン先；《主に中米》ボールペン〔~ atómica〕：escribir con una ~ ペンで書く. tomar la ~ ペンをとる, 書き始める. ~ estilográfica/《中南米》~ fuente 万年筆. ~ de ganso 鵞(ᵍᵃ)ペン. vivir de la ~ 文筆で身を立てる

❸ 書体；文体, 作風；作家：Su ~ es fácil de leer. 彼の字は読みやすい. ~ ágil 軽快な文体. Fue la mejor ~ de la época. 彼は当代随一の作家だった

❹ [クレーンの] ジブ, 腕；[ワイパーの] 羽根, ブレード

❺ [男の] 女っぽさ：tener ~ オカマっぽい

❻《俗語》展；=peseta

❼ ~ de agua 流水量の単位

◆ 男《ボクシング》フェザー級〔peso ~〕. ☞ **plumas**

a ~ ペン書きの・で：dibujo a ~ ペン画

a vuela ~ 筆(インスピレーション)の赴くままに

adornarse con ~s ajenas《口語》他人の手柄を横取りする

dejar correr la ~/escribir al correr de la ~ 筆(インスピレーション)の赴くままに書く

hacer a ~ y a pelo どんな仕事も上手にこなす

poner la ~ bien (mal) 上手(下手)に表現する

venir a+人 a los puntos de la ~ [言葉などが] 書いているうちに…の頭に浮かんでくる

plumado, da [plumáðo, ða] 形 羽の生えた
◆ 囡 一筆(書くこと)；[ひと筆の] 飾り文字

plumafuente [plumafwénte] 囡《中南米》万年筆〔estilográfica〕

plumaje [plumáxe] 男 医名 羽毛；羽根飾り

plumas [plúmas] 男 〖単複同形〗《口語. 服飾》ダウンジャケット

plumazo [plumáθo] 男 ❶ ひと筆: firmar con un ~ ひと筆書きでサインする. ❷ [フェザーの] 羽毛ふとん
de un ~ 〖終了・廃止などの方法について〗有無を言わさず: *De un ~ han suprimido los tranvías de la ciudad.* 市電はあっさり廃止された

plumbemia [plumbémja] 女 《医学》鉛中毒

plúmbeo, a [plúmbeo, a] 形 ❶《戯語》退屈な, うんざりするような: película ~*a* 眠くなるような退屈な映画. ❷ 鉛の: tubería ~*a* 鉛管. ❸ [鉛のように] ひどく重い

plúmbico, ca [plúmbiko, ka] 形 《化学》鉛の

plumcake [pluŋkéjk] 男 《←英語. 料理》フルーツケーキ

plumear [plumeár] 自 《製図》けば付け(ハッチング)する
plumeado 男 けば付け

plumero [pluméro] 男 ❶ 羽根ぼうき, 羽根製のはたき; 羽根飾り. ❷ 筆箱. ❸ ペン軸
verse (mostrar) a+人 el ~ 《口語》…に本心をかいま見せる, しっぽを出す: *Se te ve el ~.* 君の考えていることは顔に書いてある

plumier [plumjér] 男 《←仏語》筆箱 〖plumero〗

plumífero, ra [plumífero, ra] 形 羽の生えた(ついた)
◆ 名 《軽蔑》文筆家, 新聞記者
◆ 男 《服飾》ダウンジャケット

plumilla [plumíʎa] 女 ❶ ペン先. ❷ [ワイパーの] 羽根, ブレード;《音楽》[ドラムの] ブラシ;《バドミントン》シャトルコック. ❸ 幼芽 〖plúmula〗

plumín [plumín] 男 〖万年筆の〗ペン先

plumón [plumón] 男 ❶ [鳥の] 綿毛, ダウン. ❷ 羽毛ふとん 〖edredón〗. ❸《中南米》サインペン, フェルトペン

plumoso, sa [plumóso, sa] 形 羽の生えた; 羽のような

plúmula [plúmula] 女 《植物》幼芽

plural [plurál] 形 ❶《文法》複数(形)の 〖↔singular〗: sustantivo ~ 複数名詞. primera persona (del) ~ 1人称複数. ❷ 多様な 〖múltiple〗
◆ 男 複数形: poner un adjetivo en ~ 形容詞を複数形にする. usarse en ~ 複数形で使われる. ~ de modestia 謙譲の複数 〖例 *Decíamos* un poco antes que... 先ほど私は…と申しました〗

pluralidad [pluralidá(d)] 女 ❶ 多様さ: ~ de opiniones 意見がばらばらなこと. ❷ 多元性, 複数性 〖↔unidad〗
a ~ de votos 過半数を得て

pluralismo [pluralísmo] 男 多元論, 多元性
pluralista 形 多元論の, 多元性の: sociedad ~ [複数の人種から成る] 複合社会

pluralizar [pluraliθár] 他 ❶ 複数化する: No *pluralices,* aquí sólo hay un culpable. 複数形で言うな. 悪いのはたった1人なんだから.

❷《文法》[本来単数形しかない語を] 複数形にする 〖例 *Los Antonios,* que vengan. アントニオたち, 来なさい〗

pluri- 〖接頭辞〗[複] *pluri*empleo 兼職

pluricelular [pluriθelulár] 形 《生物》多細胞の

pluriempleo [plurjempléo] 男 兼任, 兼職: acabar con el ~ 兼職をなくす
pluriempleado, da 形 名 兼職をしている〔人〕

plurilingüe [plurilíŋgwe] 形 多言語併用の: diccionario ~ 数か国語辞典

pluripartidismo [pluripartidísmo] 男《政治》多党分立, 多党制
pluripartidista 形 多政党の; 多党制の支持者

plurivalente [pluriβalénte] 形 価値が多面的な; 用途の広い
plurivalencia 女 多面的価値; 使用目的の多様性

plus [plús] 男 [基本給以外の] 手当, 割増賃金; 超過料金: ~ de hijos 家族手当. ~ de peligrosidad 危険手当

pluscuamperfecto [pluskwampɛrfɛkto] 男《文法》過去完了 〖pretérito〗

plusmarca [plusmárka] 女《スポーツ》[最高]記録 〖marca〗
plusmarquista 名 記録保持者

plus ultra [plús últra] 〖←ラテン語〗もっと向こうへ 〖más allá〗

plusvalía [plusbalía] 女 ❶ 値上がり: ~ de los terrenos 地価の上昇. ❷《経済》剰余価値; 資本利得, キャピタルゲイン. ❸ 不動産の売買利得税

plutocracia [plutokráθja] 女 金権政治, 金権支配; [政治を動かす] 富豪階級, 財閥
plutócrata 名 金権政治家; 富豪
plutocrático, ca 形 金権政治の

Plutón [plutón] 男 《神話》プルトン;《天文》冥王星

plutónico, ca [plutóniko, ka] 形 《地質》地下深くできてた: roca ~*ca* 深成岩
plutonismo 男 深成論, 火成論

plutonio [plutónjo] 男《元素》プルトニウム

pluvial [pluβjál] 形 雨の;《地質》雨水作用による: regímenes ~*es* 降雨による河川の流量変化
◆ 男《鳥》ナイルチドリ

pluviómetro [pluβjómetro] 男 雨量計
pluviometría 女 雨量学

pluviosidad [pluβjosidá(d)] 女 降水量, 雨量

pluvioso, sa 形《詩語》雨の多い 〖lluvioso〗

pluvisilva [pluβisílβa] 女 熱帯多雨林

PM 名《西. 略語》←policía militar 憲兵, MP

p.m. 《略語》←post meridiem 午後

PMM 男《西. 略語》←parque móvil de ministerios 区名 政府公用車

pmo. 《略語》←próximo 次の, 来…

p.n. 《略語》←peso neto 正味重量

PNB 男《略語》←producto nacional bruto

国民総生産, GNP

P.N.D. 男《略語》←personal no docente 事務職員

PNN 名《西. 略語》←profesor no numerario 非常勤講師

PNUD [penú(d)] 男《略語》←Programa de las Naciones Unidas para el Desarrollo 国連開発計画

PNV 男《略語》←Partido Nacionalista Vasco バスク民族主義党

Pº.《略語》←Paseo …通り

p.o.《略語》←por orden 指図(注文)により

poblacho [poblátʃo] 男《軽蔑》寒村, 貧しい村

población [poβlaθjón] 名 **❶** 居住地域, 集落；[総称的に] 町, 村：Hay una plaza en el centro de cada ～. どの町や村にも中心部に広場がある. **❷** 集合 住民：El alcalde es respetado por toda la ～. 市長は全市民から尊敬されている. **❸** 人口：España tiene una ～ de 39 millones de habitantes. スペインの人口は3,900万人である. crecimiento (baja) de la ～ 人口の増加(減少). ～ agrícola 農業人口. ～ de derecho 常住人口. **❹** 入植, 植民. **❺**《統計》母集団；《生態学》[ある地域内の] 個体群, 個体数. **❻**《チリ》スラム街 [～ callampa]

poblado, da [poβláðo, ða] 形 過去分 i) zona muy ～da 人口密集地域. hombre de ～da barba ひげの濃い男, ひげもじゃの男. ii) [+de] jardín ～ de rosas バラの植わった庭. casa ～da de ratas ネズミのいる家

◆ 男 集落群, 村落群 [población]：～ de indios インディオの集落

poblador, ra [poβlaðór, ra] 名 入植者；《チリ》スラム街の住民

poblamiento [poβlamjénto] 男 入植, 植民；定住化

poblano, na [poβláno, na] 形 名《中南米》田舎の(人)

poblar [poβlár] 他 **❶** [ある土地に, +con+人 を] 住まわせる：～ una isla con colonos 島に植民する. **❷** [+de·con 植物·動物を] 植える, 増やす：～ de pinos el monte 山に松を植林する. ～ el río de peces 川に魚を放流する. **❸** …に住む；満たす

◆ ～se [住民などで] 一杯になる：El valle se pobló rápidamente. 谷は急速に人口が増えた. El cielo se pobló de globos en un instante. 空はあっという間に風船で埋まった

pobo [póβo] 男《植物》ギンドロ, ハクヨウ

pobre 最上級《文語》paupérrimo, 《口語》pobrísimo] **❶** [名詞+/主格補語に] i) 貧しい, 貧乏な：Es muy ～. 彼は大変貧乏だ. labrador ～ 貧しい農民. país (familia) ～ 貧しい国(家族). ii) みすぼらしい：traje ～ みすぼらしい服. casa ～ ほろ家, 安っぽい家. iii) [+en·de に] 乏しい：Es ～ de vocabulario. 彼は語彙が貧弱だ. diccionario ～ en ejemplos 用例の少ない辞書. iv) つつましやかな：Le invito a comer, pero a lo ～. ささやかではございますが, 食事にお招きいたしたく存じます **❷** [+名詞] 気の毒な, 哀れな：i) Aquel ～ niño siempre está solo. かわいそうにあの子はいつも一人ぼっちだ. ～ hombre 哀れな男；気の弱い男, 小心者；取るに足りない男, 小人物. ～ mujer かわいそうな女. ii) [間投詞的. 同情] かわいそうに！：¡P～ José (mamá)! かわいそうなホセ(お母さん)！

¡～ de...! 1) [脅し·警告] ¡P～s de vosotros como hagáis eso! そんなことをしたら承知しない(後悔する)ぞ！ ¡P～ de quien confíe en los políticos! 政治家なんか信用するとろくなことはないぞ！ 2) [嘆息] ¡P～ de mí! ああ情けない/かわいそうな俺！

◆ 名 **❶** 貧しい人, 貧乏人：Los ～s viven de su trabajo；los ricos, del trabajo de aquéllos. 貧乏人は自分で働いて暮らしを立て, 金持ちは貧乏人の労働で暮らす. ～ de espíritu 《聖書》心貧しき人. **❷** 乞食 [mendigo]. **❸** かわいそうな人：El ～ no tenía otro traje. かわいそうにその男は着替えを持っていなかった

de ～s 貧しい, 粗末な

hacer[se] el ～ 金のないふりをする

pobremente [poβremménte] 副 貧しく, みすぼらしく：Vive ～. 彼は貧しい暮らしをしている

pobrería [poβrería] 名 =**pobretería**

pobrecito, ta [poβreθíto, ta] 名 ¡P～! いそうに！

pobrete, ta [poβréte, ta] 形 名《皮肉·戯語》かわいそうな(人)

pobretería [poβretería] 名 **❶** 集合 [一地域の] 貧しい人, 貧窮者. **❷** けち, 吝嗇(りんしょく)

pobretón, na [poβretón, na] 形 ひどく貧しい人

pobreza [poβréθa] 名 **❶** 貧困, 貧乏：vivir en ～ 貧しく暮らす. P～ no es vileza.《諺》貧乏は恥ではない. **❷** [+de の] 欠乏, 不足：～ de inteligencia 知性の低さ. ～ de espíritu 精神の貧困さ；[良い·宗教的な意味で] 心の清貧さ

pocero, ra [poθéro, ra] 名 [←pozo] 井戸掘り業者；[井戸·下水の] 清掃業者

pocha¹ [pótʃa] 名 早生(わせ)の白インゲンマメ；《トランプ》ゲームの一種

pocho, cha² [pótʃo, tʃa] 形 名 **❶** [estar+. 果物などが] 腐りかけた. manzana ～cha 傷んだリンゴ. **❷** [顔色が] 青白い. **❸** 元気がない, 体調がかんばしくない：Recientemente anda algo ～. 最近彼は元気がない. **❹**《中米》英語が十分に話せない[メキシコ系アメリカ人]；アメリカ文化に染まった[メキシコ人]

◆ 男《中米》英語混じりのスペイン語

pocholo, la [potʃólo, la] 形《主に西. 親愛》きれいな, かわいい [bonito]：sombrero ～ かわいい帽子

pocholada 名 きれいなもの(人)

pocilga [poθílga] 名 **❶** 豚小屋, 汚い場所. **❷**《口語》汚い(臭い)場所：Esta habitación está hecha una ～. この部屋はごみ箱同然だ

pocillo [poθíʎo] 男 **❶** [地中に埋めブドウ·オリ

－ブなどの搾汁を受ける〕かめ. ❷《中南米》［ココ
ア・コーヒー用の〕小カップ

pócima [póθima] 囡 ❶ 青汁, 野菜のミックス
ジュース. ❷〔植物を煎じた〕煎じ茶, 水薬 ;《口
語》奇妙なまずい飲み物

poción [poθjón] [póko, ka] 囡〔甘味をつけた〕水薬, 霊薬

poco, ca　不定形容詞・代名詞・副詞.
[póko, ka] 厖《英 little, few.
↔mucho. 絶対最上級 poquísimo》[+名詞.
ser+]❶ [否定的に] わずかな, きわめて少な
い: i) [量的に] En la botella quedó ~ vino.
瓶の中には少ししかワインが残らなかった. Es de
poca lluvia este mes. 今月は雨はほとんどない.
ii) 囲 [数的に] Tiene ~s amigos. 彼には友
達がほとんどいない. Son *pocas* las posibilida-
des. 可能性はごくわずかだ. Somos ~s en
número. 私たちは少人数だ
❷ [unos+. 数的に] 少しの: Unos ~s alum-
nos están ausentes. 欠席の生徒が少しいる
❸ [lo+] No puedes imaginar *lo* ~ que le
quiero. 僕がどれほど彼を嫌っているか君にはわかる
まい. *Lo* ~ agrada, y *lo* mucho enfada.《諺》
過ぎたるは及ばざるがごとし
no ~ [数的・量的に] かなり多い: *No pocas*
personas lo sabían. 少なからぬ人がそのことを
知っていた. Hemos gastado *no poca* gaso-
lina. 私たちはかなりガソリンを使った
por si fuera (*era*) ~ さらに悪いことに: Me
dolían la cabeza, los brazos, las piernas y
por si fuera ~, tenía fiebre. 私は頭や腕や脚
が痛かったし, おまけに熱まであった
◆ 囮 [否定的に] わずかな人(物): *P*~*s* de
los asistentes lo han entendido. 出席者のうち
ちごくわずかな人しかそれを理解できなかった. Hay
pocas, como ella. 彼女ほどの人はめったにいない.
Ya me queda ~ por hacer. やらなければならな
いことはもうほとんど残っていない
a ~ [過去について] すぐ, ほんの少したってから:
Salió de la casa y *a* ~ volvió. 彼は家を出
て, すぐに戻ってきた
a ~ *de*+不定詞 …してからすぐに: *A* ~ *de irte*
tú, te llamó por teléfono. 君が出かけた直後
に彼から電話があった
a (*por･con*) ~ *que*+接続法 ほんの少し…しさ
えすれば: *Por* ~ *que corras* llegas a tiem-
po. ちょっと走れば間に合うよ. *A* ~ *que pue-*
da intentaré venir. できれば来たいのだが
como hay ~s [強意] un médico *como hay*
~s すばらしい名医. una casa *como hay*
pocas 非常に立派な家
como ~ 少なくとも
de a ~ 《南米》少しずつ
de ~ [*más o menos*] 取るに足りない, ほとん
ど重要性はない: Es cuestión *de* ~. それはささ
いな問題だ
dentro de ~ すぐに, 間もなく ; 近いうちに:
Dentro de ~ llegará el autobús. バスはすぐ
来るだろう. Voy a visitarte *dentro de* ~.
近々お訪ねします. Hasta *dentro de* ~. [別れ
の挨拶] また近いうちに
entre ~ すぐに: *Entre* ~ acabamos. もう少

しで終わります
estar en ~ [*de*+不定詞 する] 寸前であ
る: *Estuvo en* ~ *de perder el juicio*. 彼は
もう少しで理性を失うところだった. 2) [+que+
接続法 することが] 始まりかける: *En* ~ *estuvo*
que se pegaran. もう少しで殴り合いが始まると
ころだった
hace ~ ちょっと前に: *Hace* ~ *lo he visto*. 私
はさっき彼に会った. desde *hace* ~ 少し前から,
さっきから
~ *a* ~ 《英 little by little》少しずつ ; ゆっく
り: Se acostumbra al trabajo ~ *a* ~. 彼は
だんだん仕事に慣れてきている. ¡*P*~ *a* ~, no
corras tanto! ゆっくり! そんなに走るな
por ~ 1) [+動詞の現在形] もう少しで…しそ
うになった): *Por* ~ *se cae*. 彼は危うく転ぶと
ころだった. 2) [+que+接続法] 3) ささいなこと
続法. 3) ささいなことで: Se enfadó *por* ~. 彼
はささいなことに腹を立てた
por si fuera ~ さらにその上
ser para ~ [人が肉体的・精神的に] ひ弱であ
る
tener... en ~ …を軽視する: El jefe le *tiene*
en ~. 上司は彼を買っていない
un ~ 《英 a little》 [肯定的に] 少し: i)
¡Espera *un* ~! ちょっと待ってくれ! Está *un*
~ enfermo. 彼はちょっと病気だ. Déme *un*
~. 少しください. Por *un* ~ no pasa nada.
少しなら大丈夫だ. hablar *de un* ~ … あ
れこれと話す. ii) [+de+不可算名詞] 少しの
…: Quiero tomar *un* ~ *de vino*. 少しワイン
を飲みたい. Habla *un* ~ *de japonés*. 彼は日
本語が少し話せる. iii) [+más] もう少し…:
Quiero descansar *un* ~ *más*. もう少し休憩
したい. [+de+不可算名詞] Dame *un* ~ *más*
de leche. ミルクをもう少しください
una poca de+女性名詞《俗用》少しの…《正し
くは un poco de》
◆ 圖《英 little》 [否定的に] 少し, ほとんど…な
い: i) Come ~ そ彼はほとんど食べない. Va ~
de compras. 彼はあまり買い物に行かない. Es
~ amable. 彼はあまり優しくない. ii) [時間的
に] Tardé ~ en llegar. 私はすぐ着いた.
P~ después de salir él, llegué yo. 彼が出か
けた直後に私が着いた. ~ antes 直前に
cuando ~ 少なくとも [*al menos*]

poda [póða] 囡 剪定(の時期)

podadera [poðaðéra] 囡 剪定ばさみ, 鉈(なた)

podagra [poðáɣra] 囡《医学》足部痛風

podar [poðár] 囮 …の枝を切り落とす, 剪定
(せんてい)する

podenco [poðéŋko] 男《犬》ハウンド

poder　[poðér] 囧 囮《英 can. 現分 pudiendo》[主に +不定詞]
❶ [能力] …できる《題義 poder はある具体的な
状況下で…できる, saber は学習・訓練によって
…できる》: ¿*Sabes nadar?* —Sí, *sé*, pero hoy
no *puedo*. 泳げますか? —はい, 泳げます. でも今日
は泳げません): i) [本能, 体力・知力] El hom-
bre *puede* hablar. 人間は話すことができる. *Pue-*
do mover esta piedra. 私はこの石を動かせる.

[過去未来形で婉曲] Tú *podrías* estudiar más. 君ならもっと勉強できるはずだが. ii) [権力・資力, 権利・資格] Un dictador *puede* imponer su voluntad al pueblo. 独裁者は自分の意志を国民に押しつけることができる. Soy mayor de edad. *Puedo* casarme, aunque mi padre no quiera. 私は成人だ. たとえ父がだめだと言っても結婚できる. iii) [事情・論理性・倫理性による可能] ¿*Puedes* venir mañana? 明日は来れるか? No *puedo* abandonarle. 私は彼を見捨てるわけにはいかない. iv) [許可] …してよい: *Puedes* hacer lo que se te ocurra. 思いついたことを何でもしていいよ. ¿[No] *Puedo* sentarme a su lado? 隣に座ってもいいですか? [否定文で禁止] No *puede* entrar sin la invitación. 招待されていないのに入ってはいけない. v) [疑問文で丁寧な依頼] …してくれませんか: ¿*Puede* usted abrir la ventana? 窓を開けてくれませんか? [時に命令] ¿*Puedes* alcanzarme la goma? 消しゴムを取ってくれ. [過去未来形でさらに丁寧な依頼] ¿*Podría* decirme la hora? 時間を教えてくださいませんか? vi) [主に線過去で, 軽い非難] …してもよさそうなものだ: Bien *podías* habérmelo dicho. 私に言ってくれてもよかったのに. vii) [点過去・現在完了で, 達成] 点過去で *pude* encontrar. それは私が見つけることのできたすべてだ. viii) [不定詞の省略] Estoy dispuesto a hacer cuanto *pueda*. できるだけのことはするつもりです. Metió toda la ropa que *pudo* en la maleta. 彼はできるだけたくさんの服をスーツケースに詰め込んだ. ix) [不定詞+〜+不定詞] Estudiar *puede* estudiar en el comedor. 勉強しようと思えば食堂でも勉強できる ❷ [可能性] …することがある, …するかもしれない: i) Una persona culta *puede* cometer un delito. 教養のある人でも罪を犯すことがある. *Puede* estallar la guerra. 戦争が勃発するかもしれない. *Puede* (*Podía*) no estar en casa. 彼は家にいない(いなかった)かもしれない. *Puede* (*Podía*) haber llegado. 彼はもう着いた(着いていた)かもしれない. ii) [否定文・疑問文で強意] No *puede* ser verdad. それが本当であるはずがない. No *puede* ser que se haya muerto. 彼が死んだなんてはずはない. No *puede* haber ido lejos. 彼は遠くへ行ったはずはない. ¿Qué *puedo* hacer? 私は一体どうしたらいいの? iii) [比較文で仮定. 仮定の度合いが強い時は +接続法] He visto tanto como tú *puedes* (*puedas*) haber visto tú. 私は君が経験した(たぶん経験した)のと同じくらい経験した ❸ …より力がある: Tú eres más alto que yo, pero yo te *puedo*. 背は僕より背が高いが, 僕の方が力は強いぞ. A valiente no hay quien le *pueda*. 勇気にかけては私にまさる人はいない ・ **a** (**hasta**) **más no 〜** 限度一杯に: Comió *a más no 〜*. 彼は腹一杯食べた. Eres tonto *a más no 〜*. 君はばかもいいところだ ・ **como** (**cuanto**) **〜** 精一杯, 一所懸命 ・ **de 〜+不定詞** もし…なら: *De 〜* ir, irfa. 行けたら行くよ. *De 〜* venir, será ya tarde. 来

れるとしても遅くなるだろう. *De 〜* ser, hazlo pronto. それなら, さっさとしよう ・ **muy bien puede** (**podía・podría**) +不定詞 [数量で] …くらいは…だろう: *Muy bien puede* haber aquí tres mil gallinas. ここには優に 3 千羽の雌鶏がいるだろう ・ **no 〜 con+事物・人** …には我慢できない; 手の施しようがない: *No puedo con* su hipocresía (este niño travieso). 私は彼の偽善ぶり(このやんちゃ坊主)には我慢ならない(このやんちゃ坊主は手に負えない) ・ **no 〜 consigo mismo** むしゃくしゃする, 不機嫌である; 疲れ果てている ・ **no 〜 llegar a más, ni a menos** [役職に]ふさわしくない, 無能である: Como ministro, *no puede llegar a más, ni a menos*. 彼は大臣として失格だ ・ **no 〜 más** [体力などの]限界である, ひどく疲れている(飽き飽きしている); [生理的欲求などを]我慢できない: Ya *no puedo más*. もうだめ(へとへと)だ/もう[おなかは]一杯だ. *No podía más* de hambre. 私は空腹でたまらなかった ・ **no 〜 [por] menos de (que)** +不定詞 …せざるを得ない: *No pude menos de* decirle que sí. 私は彼に承諾の返事をせざるを得なかった ・ **no puede ser** [返答] そんなはずはない, 無理だ ・ **〜 con+事物・人** …を持ち上げられる; …に対応できる [[**no 〜 con+事物・人**]]: ¿*Puedes con* esta maleta? このスーツケースを持ち上げられる? ・ **〜 poco si** [自信] きっと: *Poco podría si* antes de una semana no te he proporcionado lo que deseas. 望みの物を 1 週間以内にきっと手に入れてあげるよ ・ **podría/pudiera** →**puede** [ser] ・ **puede que**+接続法 …するかも知れない: *Puede que* no vengan. 彼らは来ないかも知れない ・ **puede** [ser] [返答] そうかも知れない/あり得ることだ: ¿Crees que nevará?—¡*Puede*! 雪が降るだろうか?—降るかもしれないよ ◆ **〜se** [一般性] No *se puede* entrar sin permiso. 無断で立入ることを禁ずる ・ **¿se puede?** [ノックしながら] 入ってもいいですか?

◆ 團 《英 power》 ❶ 力, 能力, 力量: Tiene 〜 para ayudarnos. 彼には私たちを助ける力がある. La máquina tiene el 〜 (para) pulverizar las piedras. その機械には石を砕く能力がある. No está en mi 〜 comprar un coche nuevo. 新車を買う余裕など私にはない. El dinero da 〜. 金は力なり. 〜 de reflexión 思考力. 〜 adquisitivo (de compra) 購買力. 〜 absorbente 《物理》吸収能. 〜 oxidante 《化学》酸化力 ❷ 影響力, 支配力: El 〜 de España fue muy amplio. スペインの勢力圏は広大だった. Es un hombre que tiene mucho 〜 en su pueblo. 彼は地元の有力者だ ❸ 権力, 権限: Tiene 〜es amplios para dirigir la empresa. 彼はその会社を動かす広範

な権限を持っている. El partido conservador ocupaba entonces el ～. 当時保守党が政権を握っていた. obtener el ～ 権力を握る. ejercer el ～ 権力を行使する. llegar al ～ 権力の座につく. estar en el ～ 権力(政権)の座にある. miembro con plenos ～es 正会員. ～ legislativo (ejecutivo・judicial) 立法(行政・司法)権

❹ 所有, 所持: pasar a ～ de+人 …の所有に移る, …の手に入る

❺ [主に [複]] 委任(状), 代理権 [～es notariales]: Me dio ～es para vender la casa. 彼は代理人として家を売る権限を私に与えた

bajo el ～ (debajo del ～) de+人 …の支配下で: Está *bajo el ～ de* su padre. 彼は父親の意のままだ

de ～ a ～ 対等に: La lucha fue *de ～ a ～*. 戦いは五分と五分だった

en ～ de+人 …の手中(手元)に; …の力の範囲内に: Las cartas están *en ～ del* abogado. 手紙は弁護士が保管している. Lo haré si está *en mi ～*. 私にできることならやりましょう

hacer un ～ 一努力する

por ～(es) 代理で, 代理人をもって: casarse *por ～* 代理結婚をする

poder	
直説法現在	点過去
puedo	pude
puedes	pudiste
puede	pudo
podemos	pudimos
podéis	pudisteis
pueden	pudieron
直説法未来	過去未来
podré	podría
podrás	podrías
podrá	podría
podremos	podríamos
podréis	podríais
podrán	podrían
接続法現在	接続法過去
pueda	pudiera, -se
puedas	pudieras, -ses
pueda	pudiera, -se
podamos	pudiéramos, -semos
podáis	pudierais, -seis
puedan	pudieran, -sen

poderdante [poðɛrðánte] 图 《法律》委託者, 委任者

poderhabiente [poðerabjénte] 图 《法律》代理人, [法人の]代表者

poderío [poðerío] 男 ❶ 力, 勢力, 権力: ～ en los mares 制海権. ejercer su ～ 権力をふるう. ❷ 地所; 富

poderoso, sa [poðeróso, sa] 形 ❶ 権力のある, 有力な: nación ～sa 強大国. familia ～sa 勢力の強い一家. ❷ 強大な, 効能のある: máquina ～sa 強力な機械. calmante ～ よく効く鎮痛剤. ❸ [理由などが] しっかりした:

Tienen motivos ～s para no venir aquí. 彼らがここへ来ないのも無理はない. ❹ 財力のある, 富裕な

◆ 图 権力者, 有力者

poderosamente 副 力強く, 強力に: influir ～ en la gente 人々に強い影響を及ぼす

podiátra [poðjátra] 男 《中南米》=podólogo

podio [póðjo] 男 ❶ 表彰台: subir al ～ 表彰台にのぼる. ❷ 《水泳》～ de salida スタート台. ❸ 《音楽》指揮台. ❹ 《建築》列柱台石

pódium 男 [[複] ～s] =podio

podólogo, ga [poðólogo, ga] 图 《医学》足学の[医師] [まめの治療や爪切りなどをする]

podología 图 足学

podómetro [poðómetro] 男 万歩計, 歩数計

podón [poðón] 男 大型の剪定ばさみ; 鉈(なた)

podredumbre [poðreðúmbre] 图 ❶ 腐敗; 腐ったもの: olor a ～ 腐敗臭. ❷ [人間・社会の] 腐敗, 堕落: ～ del mundo político 政界の腐敗

podrido, da [poðríðo, ða] 形 過分 腐った: manzana ～da 腐ったリンゴ. frecuentar un ambiente ～ いかがわしい場所に出入りする. El gobierno está ～. 政府は腐敗している

estar ～ de+事物 …が有り余るほどある

podrir [poðrír] 他/～se [不定詞・過去分詞としてのみ] =pudrir

poema [poéma] 男 [[英 poem]] 詩 [題義 主に poema は個々の作品, poesía はジャンルとしての詩]; 散文詩 [～ en prosa]: recitar un ～ 詩を朗唱する. componer un ～ 詩を作る. ～ sinfónico 《音楽》交響詩

ser (todo) un ～ 《口語》驚くべきものである, 現実離れしている

poemario [poemárjo] 男 詩集

poesía [poesía] 图 [[英 poetry]] ❶ 詩 [☞ poema 題義]; 詩風: ～ lírica (épica) 叙情(叙事)詩. ❷ 詩作; [匿名 [一時代・国・詩人の] 詩, 詩集: ～ española contemporánea 現代スペイン詩. ❸ [1編の] 詩 [☞poema]: leer una ～ de Machado マチャードの詩を読む(朗唱する). ❹ 詩情, 詩趣: El paisaje tiene mucha ～. この風景は詩情にあふれている. ～ de la vida 人生の喜び

poeta [poéta] 图 [[英 poet. 女 は poetisa が主]] 詩人: El ～ nace, pero no se hace. 詩人は生まれるもので作られるものではない

poetastro [poetástro] 男 《軽蔑》へぼ詩人

poético, ca [poétiko, ka] 形 詩の; 詩的な, 詩情豊かな: obra ～ca 詩作品. arte ～ 詩法. ～ca música 詩情あふれる曲

◆ 图 詩学, 詩法

poetisa [poetísa] 图 女流詩人

poetizar [poetiθár] 自 他 詩にする, 詩的に表現する

◆ 自 詩作する

pogromo [pogrómo] 男 [被圧迫少数民族に対する] 虐殺; [帝政ロシア時代の] ユダヤ人虐殺

pógrom 男 [[複] ～s] =pogromo

poinsettia [poinsétja] 图 《植物》ポインセチア

pointer [pɔjntɛr] 名 【複 ～s】《←英語. 犬》ポインター

poiquilotermo, ma [pojkilotɛrmo, ma] 形 男 変温の(動物)
　poiquilotermia 女 変温性

póker/poker [pókɛr/pokɛr] 男 ＝**póquer**

polaco, ca [poláko, ka] 形 名《国名》ポーランド Polonia 名〔人・語〕の；ポーランド人
　◆ 男 ポーランド語

polaina [polájna] 女 ゲートル

polar [polár] 形 極地の：regiones ～es 極地
　palaridad 女《物理》極性

polarizar [polariθár] 他 ❶〔注意などを〕集中する；自分に集中させる：～ sus esfuerzos en＋不定詞 …することに努力を集中する. ～ la mirada de todos 皆の視線を一身に集める. ❷ 極性を与える, 分極する；偏光させる
　◆ ～se ❶ 集中する. ❷ 極性をもつ；偏光する
　polarímetro 男 偏光計
　polariscopio 男 偏光器
　polarización 女 1) 集中. 2) 分極；偏光
　polarizador, ra 形 偏光させる：filtro ～ 偏光フィルター

polca [pólka] 女《舞踊・音楽》ポルカ
　el año de la ～ 昔々その昔

pólder [póldɛr] 男 【複 ～s】《←オランダ語》干拓地

polea [poléa] 女 滑車：elevar con ～ 滑車で持ち上げる. ～ fija (móvil) 定(動)滑車. ～ combinada 複滑車

poleada [poleáða] 女《料理》牛乳で炊いたおかゆ

polémica[1] [polémika] 女〔雑誌などによる〕論争, 論戦
　polémico, ca[2] 形 1) 論争の；論争を引き起こす：artículo ～ 物議をかもしそうな記事. obra ～ca 問題作. 2) zona ～ 軍事施設地帯
　polemista 名 論争者；論客
　polemizar 自〔＋sobre について, ＋con と〕論争する

polen [pólen] 男 集合《植物》花粉

polenta [polénta] 女《←伊語. 料理》ポレンタ〔トウモロコシ粉のかゆ〕

poleo [poléo] 男 ❶《植物》プリヨハッカ；その干した葉, その煎じ茶. ❷ 冷たい強風

poli [póli] 名《口語》警察, 警官〔policía の省略語〕

poli-〔接頭辞〕〔多〕*poli*gamia 一夫多妻制

poliamida [poljamíða] 女《化学》ポリアミド

poliandria [poljándrja] 女 一妻多夫；《植物》多雄蕊〜

poliarquía [poljarkía] 女 多頭政治

polibán [polibán] 男 座浴用の浴槽

polichinela [politʃinéla] 男《←伊語》〔人形劇の〕滑稽役, 道化役；人形劇

policía [políθia] 女《英 police》警察：llamar a la ～ 警察を呼ぶ. avisar a la ～ 警察に通報する. ～ de tráfico 交通警察, ハイウェーパトロール. ～ gubernativa 政府の政策を執行する警察. ～ judi-

cial 裁判官・裁判所の命令を執行する警察. ～ militar 憲兵, MP. ～ municipal〔主に交通整理に当たる〕市警察, 地方自治体警察. ～ nacional 内務省管轄で都市の治安に携わる警察, 国家警察. ～ secreta〔私服の〕刑事. ～ urbana 都市警察. 【参考】スペインには警察が3つある：policía nacional, guardia civil, policía municipal〕
　◆〔英 policeman. 女 は mujer ～ も〕警察官：Ahí viene el ～. 警官が来るぞ. Voy a buscar al ～. 私が警察を呼んでこよう. ～s y ladrones《遊戯》警官ごっこ

policiaco, ca/policíaco, ca [poliθjáko, ka/-θia-] ❶ 警察の：investigaciones ～cas 警察の捜査. ～ 警察国家. ❷〔小説・映画などが〕刑事ものの, 探偵ものの：novela ～ca 推理(探偵)小説

policial [poliθjál] 形《主に南米》警察の〔policíaco〕

policlínica [policlínika] 女 総合病院

policromo, ma / polícromo, ma [polikrómo, ma/-líkro-] 形 多色〔彩飾〕の：imagen ～ma 彩色像
　policromar 他 多色装飾する
　policromía 女 多色装飾

policultivo [polikultíbo] 男〔各種の作物の〕同時栽培

polideportivo, va [polideportíbo, ba] 形 男 総合運動場の, スポーツセンター〔の〕

poliedro [poljéðro] 男《数学》多面体：～ regular 正多面体
　poliédrico, ca 形 多面体の

poliéster [poljéster] 男《化学》ポリエステル

poliestireno [poljestiréno] 男《化学》ポリスチレン〔＝ expandible〕

polietileno [poljetiléno] 男《化学》ポリエチレン

polifacético, ca [polifaθétiko, ka] 形 多面的な；多才な：estudio ～ 多面的な研究. artista ～ 多方面の活動をする芸術家, マルチ芸術家

polífago, ga [políffago, ga] 形 雑食の；大食の
　polifagia 女 雑食；大食

polifásico, ca [polifásiko, ka] 形《電気》多相の：corriente ～ca 多相交流

polifonía [polifonía] 女《音楽》ポリフォニー, 対位法
　polifónico, ca 形 多声の, 対位法の

polígala [políɡala] 女《植物》ヒメハギ

poligamia [poliɡámja] 女 一夫多妻〔制〕, 複婚；《植物》雌雄混株；《動物》多婚性
　polígamo, ma 形 一夫多妻の〔人〕, 複婚の；雌雄混株の；多婚の

poligenismo [polixenísmo] 男 人類多源発生説

poliginia [polixínja] 女 一夫多妻

poligloto, ta/polígloto, ta [poliɡlóto, ta/-líɡlo-] 形 名 数か国語を話す〔人〕；数か国語で書かれた：diccionario ～ 数か国語対訳辞典

La P~ta 数か国語対訳聖書

poligonáceas [poliɣonáθeas] 囡 俊 《植物》タデ科

polígono [políɣono] 男 ❶ 《数学》多角形, 多辺形: ~ regular 正多角形. ❷ 《西》[特定用途の] 地区: ~ industrial 工業団地. ~ residencial 住宅団地. ~ de tiro 射撃練習 (訓練)場

poligonal 厖 多角形の

poligrafía [poliɣrafía] 囡 暗号通信法

polígrafo, fa 图 暗号通信者

poliinsaturado, da [poliinsaturáðo, ða] 厖 《化学》ポリ不飽和の

polilla [políʎa] 囡 《昆虫》[総称的に, 布などを食い荒らす] イガ(衣蛾) ; ガ(蛾): ~ de la madera 木食い虫. La ~ del odio fue atacando su corazón. 憎しみの虫が彼の心を食い荒らしていった

polímero [polímero] 男 《化学》重合体, ポリマー

polimerización 囡 重合

polimerizar 9 他 重合させる

poli-mili [poli míli] 图 [ETA の] 政治軍事部門のメンバー

polimorfismo [polimorfísmo] 男 《生物・化学》多形性 ; 《結晶》同質異像

polimorfo, fa 厖 多形を持つ, 多形性の

polinesio, sia [polinésjo, sja] 厖 图 《地名》ポリネシア Polinesia の〔人〕

◆ 图 ポリネシア語

polinésico, ca 厖 图 =polinesio

polínico, ca [políniko, ka] 厖 花粉の

polinización [poliniθaθjón] 囡 《植物》受粉

polinizar 9 他 受粉させる

polinomio [polinómjo] 男 《数学》多項式

polinosis [polinósis] 囡 『単複同形』《医学》花粉症

polinuclear [polinukleár] 厖 《物理・生物》多核の

poliomielitis [poljomjelítis] 囡 『単複同形』《医学》ポリオ, [脊髄性]小児麻痺

polio 囡 《口語》=poliomielitis

poliomielítico, ca 厖 图 小児麻痺の[患者]

polipasto [polipásto] 男 組合わせ滑車

polipero [polipéro] 男 サンゴ礁

polipétalo, la [polipétalo, la] 厖 《植物》多弁の

polipiel [polipjél] 囡 人工皮革

pólipo [pólipo] 男 《動物》ポリプ ; 《医学》ポリープ

polipoideo, a 厖 ポリプ(ポリープ)の: formación ~a ポリプ(ポリープ)の形成

polipodio [polipóðjo] 男 《植物》エゾデンダ

políptico [políptiko] 男 《美術》ポリプティック 〔多パネルの祭壇画〕

poliquetos [polikétos] 男 俊 《動物》多毛類

polis [pólis] 囡 『単複同形』《歴史》都市国家, ポリス

polisacáridos [polisakáriðos] 男 俊 《生化》多糖類

polisarcia [polisárθja] 囡 《医学》多肉性, 肥満症

polisario [polisárjo] 男 《略語》←[Frente] Político de Liberación del Sáhara y Río de Oro ポリサリオ戦線 〔西サハラ独立を目ざすゲリラ組織〕

polisemia [polisémja] 囡 《言語》多義[性]

polisémico, ca 厖 多義の

polisépalo, la [polisépalo, la] 厖 《植物》萼片の分離した, 多萼片の

polisílabo, ba [polisílabo, ba] 厖 男 《文法》多音節の ; 他 多音節語

polisíndeton [polisíndeton] 男 《修辞》連結辞畳用 〔接続詞の多用. ↔asíndeton〕

polisíntesis [polisíntesis] 囡 『単複同形』《言語》多総合性

polisintético, ca 厖 《言語が》多総合的な

polisón [polisón] 男 《服飾》〔スカートの後ろの部分をふくらませるための〕腰当て, バッスル

polispasto [polispásto] 男 =polipasto

polista [polísta] 图 《スポーツ》ポロの〔選手〕

polistilo, la [polistílo, la] 厖 《建築》多柱式の

politburó [politburó] 男 〔旧ソ連共産党などの〕政治局

politécnico, ca [politékniko, ka] 厖 universidad ~ca 工科(工業)大学. instituto ~ 高等理工科学院

politeísmo [politeísmo] 男 多神教

politeísta 厖 图 多神教の(教徒)

política[1] [polítika] 囡 《英 politics》 ❶ 政治 ; 政治活動 ; 政治学: hablar de ~ 政治を論じる. ocuparse en ~ 政治にかかわる. ❷ 政策: ~ económica 経済政策. ~ liberal 自由化政策. ❸ 駆け引き[の巧みさ] ; 方便, やり方: obrar con mucha ~ うまく立ち回る. No es buena ~. それはうまいやり方ではない

politicastro [politikástro] 男 《軽蔑》政治屋

político, ca[2] [polítiko, ka] 厖 《英 political》 ❶ 政治の ; 政治的な: asamblea ~ca 政治集会. derecho ~ 憲法学. lucha ~ca 政治闘争. régimen ~ 政治体制. ❷ 打算的な, 冷静な ; やり手の, 駆け引きの上手な: Es muy ~ con la gente. 彼は人あしらいがうまい. ❸ [家族関係の] 義理の: hijo ~ 娘の夫, 婿, 女婿. hija ~ 息子の妻, 嫁. padre ~ 義父, 舅(しゅうと). madre ~ca 義母, 姑(しゅうとめ). hermano ~ 義兄, 義弟. hermana ~ca 義姉, 義妹. familia ~ca 妻の実家

◆ 图 政治家 ; 駆け引きの上手な人: Es buen ~. 彼は政治的手腕にたけている

politicón, na [politikón, na] 厖 图 政治好きの〔人〕

politiquear [politikeár] 圓 《軽蔑》政治に鼻を突っ込む ; 政治を論じる

politiqueo 男 政治をやること ; 政治談義

politizar [politiθár] 9 他 …に政治色を与える

◆ ~se 政治化する

politología [politoloxía] 囡 政治学
　politólogo, ga 囝 政治学者

politonalidad [politonaliðá(d)] 囡 《音楽》
多調性

poliuretano [poljuretáno] 團 《化学》ポリウレ
タン

polivalente [poliβalénte] 肥 多目的〔使用〕
の；《化学・生化》多価の：vacuna 〜 多価ワクチ
ン
　polivalencia 囡 多目的性

polivinilo [poliβinílo] 團 《化学》ポリビニル

póliza [póliθa] 囡 ❶《主に西》収入印紙：
poner una 〜 en... …に収入印紙を貼る．❷
[保険などの]証書，保険証券 [〜 de seguros]

polizón [poliθón] 團 密航者：viajar de 〜 密
航する

polizonte [poliθónte] 囝 《戯語》おまわり，デカ

polla [póʎa] 囡 ❶ 雌のひな鶏；《口語》若い娘．
❷《鳥》〜 de agua バン．❸《西．卑語》陰茎
[pene]．
　ni 〜s [en vinagre] 《俗語》全然…ない

pollada [poʎáða] 囡 医麗 一腹(一かえり)のひ
な

pollastre [poʎástre] 團 《口語》大人気どりの
少年

pollear [poʎeár] 囵 異性に関心を示し始める，
求愛し始める

pollera[1] [poʎéra] 囡 ❶ 養鶏場．❷ 鶏かご；
[幼児用の]歩行補助器．❸《南米》スカート
[falda]．

pollería [poʎería] 囡 鶏肉店，鳥肉店

pollero, ra[2] [poʎéro, ra] 囝 鶏肉(鳥肉)商；
養鶏家

pollino, na [poʎíno, na] 囝 [まだ飼い慣らさ
れていない]若いロバ；《軽蔑》無知な人，頑固者

pollito, ta [poʎíto, ta] 囝 ひよこ，ひな鶏；《口
語》若者，少年，少女

pollo [póʎo] 團 〖英 chicken〗❶ ひな鶏，若
鶏；ひよこ；ひな鳥：sacar 〜s ひなをかえす．
asado ローストチキン．〜 tomatero《西》フライ
用若鶏肉．❷《口語》若者，少年：chicas y
〜s 若い娘と男たち．〜 pera かっこつけた(きざ
な)若者．❸《俗語》ずる賢い男．❹《俗語》つば，
痰
　sudar como un 〜 汗びっしょりになっている

polo [pólo] 團 ❶ [地球などの]極；極地：〜
ártico (boreal・norte) 北極．〜 antártico
(austral・sur) 南極．〜 magnético 地磁気
極．pasar por el *P*〜 Norte [飛行機が]北
極回りで行く．❷ 電極，磁極：〜 positivo 陽
極，正極．〜 negativo 陰極，負極．❸ 対極，
正反対：Lo que piensa él es el 〜 opuesto
de lo que pienso yo. 彼の考えは私と正反対だ．
Los 〜s opuestos se atraen. 極端な者は反っ
てひかれ合う．❹ [関心などの]中心：El 〜 de
atención de la asamblea era el nuevo
ministro. 議会の関心の的は新大臣だった．〜
de desarrollo (de promoción・industrial)
開発促進地域．❺《主に西．菓子》アイスクリーム
バー，アイスキャンデー．❻《スポーツ》ポロ：〜
acuático 水球．❼《服飾》[長袖の]ポロシャツ

de 〜 a 〜 端から端まで；両極端の

pololear [pololeár] 囵 《南米》[男女が]交際
している；デートする

pololo[1] [pololó] 團 ❶《服飾》[主に 圏．子供
用の]ニッカーボッカー風の半ズボン；[それに似た
婦人用の]下ばき．❷《南米》アルバイト

pololo, la[2] [pololó, la] 囝 《南米》恋人

polonesa [polonésa] 囡 《舞踊・音楽》ポロネー
ズ

polonio [polónjo] 團 《元素》ポロニウム

poltergeist [poltergáis(t)] 團 ポルターガイス
ト

poltrón, na [poltrón, na] 肥 怠け者の，ぐうた
らな
　◆ 囡 大型の安楽椅子 [silla *poltrona*]；[高
級官僚などの]安楽なポスト
　poltronería 囡 怠惰，仕事ぎらい

polución [poluθjón] 囡 ❶ 汚染，公害：〜
atmosférica 大気汚染．❷《医学》遺精：〜
nocturna 夢精

poluto, ta [polúto, ta] 肥 汚い，汚れた

polvareda [polβaréða] 囡 ❶ 土煙；砂塵：
levantar una gran 〜 もうもうと土煙を立てる
(砂ぼこりを舞い上げる)．❷ [ニュースなどが引き
起こす]大騒ぎ，センセーション

polvera [polβéra] 囡 《化粧》コンパクト

polvete [polβéte] 團 《卑語》性交：echar un
〜 性交する

polvillo [polβíʎo] 團 《中南米》[穀物の]胴枯
れ病

polvo [pólbo] 團 〖英 dust〗❶ 不可算 ほこり，ち
り：La casa se ha llenado de 〜. 家じゅうほこ
りだらけだ．Se me ha metido 〜 en el ojo. ご
みが目に入った．levantar 〜 ほこりを立てる．
recoger 〜 ほこりがつく．limpiar el 〜 ほこりを
払う，はたきをかける．Aquellos 〜s traen estos
lodos./De aquellos 〜s vienen estos lodos.
《諺》因果応報/蟻の穴から堤も崩れる．❷ 不可算
微粒子；粉：café en 〜 インスタントコーヒー．
oro en 〜 砂金；金粉．〜 cósmico 宇宙塵．
〜 de ángel《俗語》合成ヘロイン．〜[s] de
hornear ベーキングパウダー．〜s de la Madre
Celestina[昔，香具師が売った]いんちき万能
薬．〜[de] pica pica《西・卑語》[いたずら用の]かゆみ
粉．❸ 麗《化粧》おしろい [〜s compactos]；
髪粉：ponerse 〜s おしろいをつける．〜s de
arroz [米の粉の]おしろい．❹ ひとつまみ(の
量)：echar un 〜 de pimentón パプリカをひと
つまみ入れる．❺《植物》〜 de tierra トクサ．❻
《卑語》性交

echar (pegar・tirar) un 〜 《卑語》性交す
る

estar hecho 〜 [人が肉体的・精神的に]ほろ
ほろになっている，打ちのめされている：Lleva dos
días sin dormir y *está hecha* 〜. 彼女は2
日間寝ていないのでくたくただ

hacer morder el 〜 a+人 《口語》[けんか・議
論で]…をたたきのめす

hacer 〜《口語》粉にする；粉砕する：*hacer* 〜
un libro 本をびりびりに破く．La noticia la
dejó *hecha* 〜. その知らせを聞いて彼女はすっか

P

り打ちのめされた

limpio de ~ y paja 正味で；《口語》まったく
罪(責任)のない：un millón *limpio de ~ y
paja* 正味で100万ペセタ. Estoy *limpio de
~ y paja.* 私は清廉潔白だ

morder el ~ 敗北を喫する；屈辱を受ける

sacudir el ~ a+人 《口語》…を叩く；叱りつ
ける

pólvora [pólbora] 囡 ❶ 火薬：~ negra (de
cañón) 黒色火薬. ~ de algodón/algodón
~ 綿火薬. ~ detonante (fulminante) 雷酸
水銀. ❷ [医名][祭りで使われる] 花火

correr la ~ 騎馬芸をする『モーロ人が走る馬
から鉄砲を撃つ』

**gastar la ~ en chimangos (en galli-
nazos)** 《南米》=gastar la ~ en salvas

gastar la ~ en salvas ぬかに釘である，徒労
に終わる

no haber inventado la ~ あまり利口でない

oler a ~ きなくさい，もめそうである

ser como la ~ 非常に活発である，すばやい

tirar con ~ ajena 他人の金を使う

polvorera [polboréra] 囡 →**pólvora**

polvoriento, ta [polborjénto, ta] 厖 ほこり
だらけの：hombre ~ ほこりまみれの男

polvorilla [polboríʎa] 男 Él es una ~.《口
語》彼はひどく衝動的だ(怒りっぽい)

polvorín [polborín]男 火薬庫『比喩的にも』；
粉火薬；[昔の，洋梨形の] 粉火薬入れ

polvorón [polborón]男《菓子》ポルボロン『落
雁に似てくずれやすいので，口に入れて溶けないうち
に polvorón を3回唱えられたらよいことがあると
言われる』

poma [póma] 囡《果実》小型の青リンゴ

pomada [pomáda] 囡 軟膏：ponerse
(echarse・aplicarse) ~ en la mano 手に軟
膏を塗る

pomar [pomár] 男 果樹園；[特に]リンゴ園

pomarada 囡 リンゴ畑，リンゴ園

pomarrosa [pomarrósa] 囡《果実》フトモモ
『木は yambo. 小さなリンゴに似ている』

pomelo [pomélo] 男《主に西. 植物・果実》グレ
ープフルーツ

pomerano, na [pomeráno, na] 厖 名《地
名》[東欧の] ポメラニア Pomerania の〔人〕；
《犬》ポメラニアン

pómez [pómeθ] 囡 軽石『piedra ~』

pomo [pómo] 男 ❶ [ドアの] ノブ；[引き出し
の] 引き手，つまみ. ❷ [刀剣の] 柄頭(5か). ❸
香水瓶. ❹《植物》ナシ状果，仁果

pompa [pómpa] 囡 ❶ 泡，あぶく：hacer
~s de jabón シャボン玉を作る(飛ばす). ❷ [衣
服などの] ふくらみ. ❸ [華美・厳粛な] お供，随
員. ❹ 盛大，豪華；見かけ倒しの華美(荘重さ)，
虚飾：celebrar con gran ~ 盛大に祝う.
Tienen la casa puesta con mucha ~. その家
はごてごてと飾り立てられている. ❺ [荘厳な] 行
列：~s fúnebres 葬儀；葬儀屋

pompeyano, na [pompejáno, na] 厖 名
《地名・歴史》ポンペイ Pompeya 囡 の〔人〕

pompis [pómpis] 男『単複同形』《西. 婉曲》尻

『culo』

pompi =**pompis**

pompón [pompón] 男《仏語. 服飾》ポンポン，
玉房；[軍帽につける] 飾り房

pomposo, sa [pompóso, sa] 厖 ❶ 盛大な，
華美な；けばけばしい：sombrero ~ ひどく派手
な帽子. banquete ~ 盛大な大宴会. ❷ [口調・
文体などが] 仰々しい，大げさな：~sa conferen-
cia もったいぶった調子の講演

pomposidad 囡 華麗；仰々しさ

pómulo [pómulo] 男《解剖》頬骨；頬の上部：
tener los ~s salientes 頬骨が出ている. tener
los ~s sonrosados バラ色の頬をしている

pon ☞**poner** 60

ponchada [pontʃáda] 囡《南米》*una ~
de...* 大量(たくさん)の…

ponchar [pontʃár] 他《中米》パンクさせる

◆ **~se** パンクする

ponche [póntʃe] 男 ❶《飲料》パンチ：~ de
huevo エッグノッグ. ❷《野球》三振

ponchar 他《野球》三振させる

ponchera 囡 パンチボール

poncho [póntʃo] 男《服飾》ポンチョ

donde el diablo perdió el ~《南米》ひどく
もの寂しい(人里離れた)場所で

ponchura [pontʃúra] 囡《南米》洗面器

ponderar [ponderár] 他 ❶ [人・事物を] 激
賞する，ほめ讃える. ❷ [+de+形容詞 であると]
慎重(公平)に判断する. ❸ [数値などを] 調節
する，加重する

ponderable 厖 絶賛に値する；かなりの

ponderación 囡 ❶ 激賞. ❷ 穏健さ，慎重さ

ponderado, da 過分 穏健な，公平な，慎重
な：discurso ~ 冷静な謹言述べ演説

ponderativo, va 厖 ほめ過ぎの；加重の

ponedero [ponedéro] 男 [鶏の] 産卵場所

ponedor, ra [ponedór, ra] 厖 [鶏が] 卵を生
む(よく生む)

ponencia [ponénθja] 囡 ❶ [会議などに提出
される] 報告；研究発表：hacer una ~ 報告
(研究発表)をする. ❷ 報告者 ponente の職；
調査委員会

ponente [ponénte] 名 ❶ [調査・研究の] 報
告者，発表者. ❷《法律》宣誓供述人

poner [ponér] 60 他《英 put. ☞活用表.
過分 puesto》❶ [+en に] 置く：i)
Pon el vaso sobre la mesa. コップをテーブルの
上に置きなさい. ~ los libros *en* el estante 本
を棚にのせる. ¿Dónde *habré puesto*...?…をど
こに置き忘れたのだろう？ ii) 入れる『☞meter
[類義]』：~ la leche *en* la nevera 牛乳を冷蔵庫
にしまう. ~ azúcar *en* el café コーヒーに砂糖
を入れる. ~ sal *en* la carne 肉に塩を振る.
iii)〔人を〕：~ a su hijo *en* un internado 息
子を寄宿舎に入れる
❷ もたらす，生じさせる *Puso* orden *en* la sala.
彼は会場を静粛にした(整頓した). ~ una re-
clamación *en* 異議申し立てをする，抗議する
❸《西》給仕する：¿Qué te *pongo*？[バルなどで]
何にしますか？ *Ponme* otra caña. ビールもう一
杯ください

❹ [+a に] つける；[服などを] 着せる：～ un corchete a la camisa ブラウスにスナップをつける．～ una coma コンマを打つ．～ un profesor particular a su niño 子供に家庭教師をつける．¿Qué pondré a mi niño esta noche? 今晩は子供にどの服を着せようかしら？

❺ [+目的格補語] i) …にする：Esta medicina la ha puesto buena. この薬で彼女はよくなった．～ la mesa un poco ladeada テーブルを少し傾ける．ii) [名前・あだ名を, +a に] つける, 名づける：Pusimos al perrito "Bonito". 私たちは小犬を「ボニート」と名づけた．iii) [+de] La noticia le puso de mal humor. その知らせで彼は不機嫌になった．Sus padres la han puesto de enfermera. 両親は彼女を看護婦にした．iv) [+de] …呼ばわりする：Le pusieron de sinvergüenza. 彼は恥知らずと言われた．v) [+como と] 見なす：Me han puesto como ignorante. 彼らは私を無知だと決めてかかっている．vi) [+bien・mal よく・悪く] 評価する, ほめる・けなす：Pusieron mal al jefe. 彼らは上司をけなした．

❻ [機械・器具などを] 動かす, 作動させる；調整する：～ el televisor テレビをつける．～ la calefacción 暖房を入れる．～ el despertador 目覚しをセットする．Puse el reloj en las ocho. 私は時計を8時に合わせた．

❼ [+a+不定詞] …に…させる：Quieren ～ a su hijo a estudiar en la universidad. 彼らは息子に大学で勉強させたがっている．He puesto el agua a calentar. 私はお湯を沸かした．

❽ 《主に西》書き入れる, 書く；書いてある：Ponga su dirección en este espacio. この欄に住所を書いてください．Lo puse en francés. 私はそれをフランス語で書いた．～ la carta a máquina 手紙をタイプで打つ．En el periódico pone que+直説法 新聞に…と書いてある

❾ 《主に西》上演する, 上映する：Hoy ponen "La verdad sospechosa". 今日は『疑わしき真実』が上演されている．A ver si ponen alguna película interesante. 何か面白い映画をやっているかな

❿ [資金・労力などを] つぎ込む；貢献する：～ mucho dinero en la lotería 宝くじに大金をつぎ込む．～ todo su poder al servicio 仕事に全力を投入する．Vosotros ponéis el vino y nosotros la comida. 君たちがワインの金を払え. 僕たちは食事代を出すから．Ha puesto mucho para mantener la paz. 彼は平和を維持するために大いに働いた

⓫ 設置する；設立(開業)する；用意(支度)する：～ el contador de gas ガスのメーターを取り付ける．～ la olla 鍋を火にかける．～ una tienda de comestibles 食料品店を開く

⓬ [+a の] 価格をつける：Han puesto la gasolina a…pesetas el litro. ガソリンは1リットル…ペセタになった

⓭ 見積もる：Pongo tres semanas para terminar este trabajo. 私はこの仕事を終えるのに3週間かかると見ている．Pondremos una hora en llegar allí. そこに着くのに1時間は見ておこう

⓮ [命令文・分詞構文で. +que+直説法・接続法と] 仮定する《suponer》：Pon que estamos en verano. 今夏だと仮定しよう．Pongamos que hayas leído cien libros. 君の読んだ本が100冊だったとしよう．Poniendo que llueva mañana… 明日雨だと仮定して…．Puesto que yo esté enfermo… たとい私が病気であっても…

⓯ [刑罰などを] 課する《imponer》：Nos han puesto una hora más de clase. 今日は補習が1時間あった

⓰ [+por・como として] 提示(表明)する；示す, 利用する：Puso como testigo a Pablo. 彼は証人としてパブロの名を挙げた

⓱ [物語などに自分の創作を] 付け加える

⓲ [卵を] 産む

⓳ [+a に] さらす：～… al sol …を日に当てる．～ a un desaire a+人 …を軽蔑の目にさらす

⓴ 《自動車》～ la primera (la segunda・la tercera・la cuarta) ギアをロー(セカンド・サード・フォース)に入れる

㉑ 《西. 電話》[+con に] つなぐ：Póngame con el número 429-24-44. 429-24-44番をお願いします．¿Me puede ～ con Miguel, por favor? ミゲルを電話に出していただけますか？

㉒ [電報・ファックスなどを] 送る

㉓ [重さが] ふえる：He puesto dos kilos en un mes. 私は1か月で2キロ太った

◆ 直 ❶ [鶏などが] 卵を生む：Esta gallina ya no pone. この鶏はもう卵を生まない．❷ 賭ける；金を出す

poner	
直説法現在	点過去
pongo	puse
pones	pusiste
pone	puso
ponemos	pusimos
ponéis	pusisteis
ponen	pusieron
直説法未来	過去未来
pondré	pondría
pondrás	pondrías
pondrá	pondría
pondremos	pondríamos
pondréis	pondríais
pondrán	pondrían
接続法現在	接続法過去
ponga	pusiera, -se
pongas	pusieras, -ses
ponga	pusiera, -se
pongamos	pusiéramos, -semos
pongáis	pusierais, -seis
pongan	pusieran, -sen

◆ ～se 再 ❶ [+a 位置に] つく；[姿勢を] とる：Me puse al lado de la puerta. 私はドアのそばに立った．Se puso de espaldas. 彼は壁に背中を向けた．Se puso al sol. 彼は日ざしを浴びた．❷ [+主格補語. 一時的で非意図的な変化. 目に見えて] …になる：Se puso rojo de ira. 彼は怒

って真っ赤になった. ❸［主に人が, +a+不定詞］…し始める；従事する: *Se pusieron a* cantar. 彼らは歌い始めた. *Se puso a* llover. 雨が降り出した. ～*se a* servir 召使になる. ❹［衣服などを］身につける, 着る: *Póngase* el sombrero, que hace sol. 日が照っているから帽子をかぶりなさい. ❺［+de で］一杯になる, …だらけになる: *Me puse de* barro hasta la cintura. 私は腰まで泥だらけになった. *Se ha puesto de* paella a más no poder. 彼はいやというほどパエーリャを食べた. ❻［太陽・月が］沈む: El sol *se pone* por Occidente. 太陽は西に沈む. ❼《西. 口語》［短時間で］着く: *Se puso en* Sevilla en tres horas. 彼はたった3時間でセビーリャに着いた. ❽［口語］言う. ❾［+con］i) …に手をつける, 始める: *Me pondré con* el latín. 私はラテン語に挑戦するつもりだ. ii) …に立ち向かう: *Se puso con* su padre. 彼は父親にたてついた. iii)《南米》金を出す. ❿《西. 口語》電話に出る: Llama a casa, pero no *se pone* nadie. 彼は家に電話するが誰も出ない

～ *de*+不定詞 *a...* …に…するものを与える: ～ *de* comer (bcbcr) *al* caballo 馬にえさ(水)をやる

poney [póni] 男［複 ～s］《←英語》［体の小さい品種の］小馬, ポニー

pongo¹ ☞**poner** 60

pongo² [póngo] 男《南米》❶ インディオの召使い(小作人). ❷［川の］狭くて危険な箇所, 難所

poni [póni] 男 =**poney**

poniente [ponjénte] 男 ❶ 西［occidente. ↔levante］；西風: a ～ 西の方に, 西側に. ❷ sol ～ 夕日, 落日

pontaje [pontáxe] 男 =**pontazgo**

pontazgo [pontáθgo] 男［橋の］通行税, 通行料金

pontevedrés, sa [pontebeðrés, sa] 形 名《地名》ポンテベドラ Pontevedra の〔人〕『ガリシア地方の県・県都』

póntico, ca [póntiko, ka] 形 名《歴史・地名》ポントス Ponto の『小アジアの古代国家』

pontificado [pontifikáðo] 男《カトリック》教皇位(職・在位期間)

pontifical [pontifikál] 形 =**pontificio**
◆ 男［主に 複. 集合的に］司教の祭服
estar (*ponerse*) *de* ～ 式服(礼服)を着ている(着る)

pontificar [pontifikár] 7 自 ❶ 御託宣を垂れる者, 大御所ぶる. ❷《カトリック》司教聖式を行なう

pontífice [pontífiθe] 男 ❶《カトリック》高位聖職者『司教, 枢機卿など』；教皇『P～ Romano, Sumo P～』. ❷《古代ローマ》大神官

pontificio, cia 形《教皇の；高位聖職者の》カトリックの

ponto [pónto] 男《詩語》海『mar』

pontón [pontón] 男 ❶ ポンツーン, 浮き桟橋. ❷ 舟橋『puente de *pontones*, ～ flotante』；［板を渡しただけの］橋

pontonero 男《軍事》架橋兵

ponzoña [ponθóɲa] 女 ❶［動植物などの］毒（液）. ❷［精神・社会に］有害なもの, 害悪: El odio es una ～. 憎しみは一種の毒である

ponzoñoso, sa [ponθoɲóso, sa] 形 ❶ 有毒な；有害な: agua ～*sa* 毒水；体によくない水. idea ～ 害になす思想；よくない考え. ❷ 悪意のある: palabras ～*sas* 毒を含んだ言葉

pool [púl] 男［複 ～s]《←英語》❶ 企業連合, カルテル；共同施設；要員. ❷［賭けの］玉突き（場）

pop [pɔp] 形《←英語》大衆的な；ポップスの: cultura ～ 大衆文化
◆ 男 ポップス, ポップミュージック『música ～』；ポップアート『～-art』

popa [pópa] 女《船舶》船尾［↔proa］
viento en ～ 追い風を受けて；順調に: Los negocios van *viento en* ～. 商売はうまくいっている/景気がいい

popar [popár] 他［子供などを］愛撫する, かわいがる

pope [pópe] 男 ❶《ギリシア正教》司祭. ❷ 実力者, 幹部

popelín [popelín] 男《主に西. 繊維》ポプリン

popelina 女《中南米》=**popelín**

poplíteo, a [poplíteo, a] 形《解剖》膝窩（ひざ）部の: músculo ～ 膝窩筋

popó [popó] 男《幼児語》うんち: hacer ～ うんちをする

popote [popóte] 男《中米》ストロー『paja, pajita』

populachero, ra [populatʃéro, ra] 形《軽蔑》❶ 下層民の, 庶民の: barrio ～ 下町. ❷ 大衆的な, 通俗的な；俗受けを狙う: candidato ～ 庶民的な〔イメージの〕候補者

populachería 女［大衆的な］人気, 俗受け

populacho [populátʃo] 男 軽蔑《軽蔑》下層民, 庶民

popular [populár] 形《英 popular》❶ 民衆の, 大衆の；人民の: clase ～ 庶民階級. democracia ～ 人民民主主義. gobierno ～ 人民政府. partido ～《西》国民党. voz ～ 民衆(人民)の声. ❷ 民間に広く普及した: cuento ～ 民間説話. lenguaje ～ 俗語. ❸ 大衆的な, 通俗的な［↔culto］: canción ～ 流行歌；民謡. novela ～ 大衆小説. objetos de arte ～ 民芸品. ❹ 人気のある: El tenis es poco ～ en España. テニスはスペインではあまり人気がない. Este chico es muy ～ entre sus compañeros de clase. この少年はクラスの人気者だ. actor ～ 人気俳優
◆ 名《西》国民党員

popularidad [populariðá(ð)] 女 人気, 評判: Ha aumentado (disminuido) la ～ de ese político. その政治家の人気が高まった(下がった). ganar (adquirir) ～ 人気を呼ぶ, 人気が出る

popularizar [populariθár] 9 他 ❶ 一般に普及させる；人気を高める: ～ un nuevo producto 新製品を普及させる. ～ el precio みんなが買える値段にする. Su última novela le *ha popularizado* mucho. 彼は新作の小説で大変

人気が出た. ❷ 通俗的にする

◆ 〜se 普及する，人気が出る

popularización 囡 普及，人気が出ること；通俗化

populista [populísta] 形 名 ❶《歴史》人民主義の(主義者)，人民党員：partido 〜 人民党. ❷ 大衆受けを狙う

populismo 男 人民主義；《軽蔑》大衆受けを狙った政策

populoso, sa [populóso, sa] 形《庶民的で》人口の多い，人口稠密な

popurrí [popurrí] 男《複 〜s》《←仏語》❶《音楽》ポプリ，メドレー：cantar un 〜 de sus éxitos ヒット曲をメドレーで歌う. ❷《芳香を楽しむ》ポプリ. ❸ 雑多な取り合わせ：llevar un conjunto con un llamativo 〜 de colores カラフルなアンサンブルを着ている

poquedad [pokeðá(ð)] 囡《←poco》❶ 気の小ささこと，臆病. ❷ ささいなこと，取るに足りないこと. ❸ 少なさ；貧困

póquer [póker] 男《←英語》❶《トランプ》ポーカー：[ポーカーの] フォアカード：[poner] cara de 〜 ポーカーフェース[をする]. ❷ ポーカーダイス〖〜 de dados〗

poquísimo, ma [pokísimo, ma] 形 poco の絶対最上級

poquitín [pokitín] 副 男 poquito の示小語

poquito, ta [pokíto, ta] 形 副 男 poco の示小語

a 〜 少しずつ

¡ a 〜*!* ゆっくり!

〜 *ta cosa* 小男；小人物，小心者；ささいなもの

por [por]《英 for, by》❶《原因・理由》…で，…のゆえに …《願望 de が直接の原因を表わすのに対し，por は間接的な原因を表わす》：i) Lo vi 〜 un negocio. 私は仕事で彼に会った. suspender 〜 el mal tiempo 悪天候のために中止する. ii)《動機》…のために：morir 〜 la patria 祖国のために死ぬ. 〜 dinero 金のために. Digo esto 〜 ti. 君のためを思ってこう言っているのだ. ¡Por tu salud! 君の健康を祈って〔乾杯〕! iii)《賛成》votar 〜 la reforma 改革に賛成の票を投じる. votar 〜 un candidato honrado 清廉な候補者に投票する. iv)《移動の動詞+.目的》…を求めて：Iba 〜 los comestibles a la calle. 私は食料品を買いに街へ行ったものだ. bajar 〜 agua a la cueva 地下へ水を汲みに泉へ降りていく. salir 〜 el médico 医者を迎えに行く. v)《感情の対象》…に：sentir tierno afecto 〜 una niña 一人の少女に愛情を感じる. No ocultó su miedo 〜 los perros. 彼は犬に対する恐怖心を隠さなかった. vi)…に関しては：Por mí puedes dejar el trabajo. 私は君が仕事をやめても構わないよ

❷《手段・方法》…で，…によって：i) Me lo avisó 〜 facsímil. 彼はファクシミリでそれを知らせてくれた. revolución 〜 la violencia 暴力革命. ii)《行為の動作主》Fue detenido 〜 la policía. 彼は警察に逮捕された. Los árboles fueron derribados 〜 el viento. 風で木々が倒れた. Se firmó el contrato 〜 los inte-

resados. 契約は関係者たちによって調印された. el Quijote [escrito] 〜 Cervantes セルバンテス作のドン・キホーテ. ser doctor honoris causa 〜… …大学名誉博士である

❸《代替》…の代わりに：i) Por ti asistiré al comité. 君の代わりに私が委員会に出席しよう. Tiene a sus maestros 〜 padres. 彼は先生たちを親代わりにしている. Los niños, 〜 toda respuesta, escaparon. 子供たちは返事をするところか逃げてしまった. ii)《代価》…で：Lo compré 〜 mil pesetas. 私はそれを千ペセタで買った. cheque 〜 suma de 70 dólares 金 70 ドルの小切手

❹《評価・資格》…として：En la mili le dieron 〜 inútil. 軍隊では彼は役立たずと評価された. recibir a+人 〜 esposa …を妻として迎える

❺《時間》…の間：guardar cama 〜 muchos días 何日も床につく. Adelantaron la llegada [〜] seis horas. 到着が 6 時間早まった. ii) …のころ：Volveré 〜 el verano. 私は夏ごろにまた来ます. iii)《西》《機会》regalar… 〜 su cumpleaños 誕生日に…を贈る. ir a… 〜 la Navidad クリスマス休暇に…に行く

❻《空間》i) …のあたりに：Eso está 〜 Pamplona. それはパンプローナのあたりにある. Los papeles están esparcidos 〜 todo el suelo. 紙が床いっぱいに散らばっている. ii)《通過》…を通って：entrar 〜 la ventana 窓から入る. Por aquí, por favor. こちらへ[から]どうぞ. Voy 〜 el primer problema. 最初の問題から手がけよう. iii) …をずっと：Viajé 〜 Europa. 私はヨーロッパを旅行した. iv)《部位》…のところを：Me cogió 〜 la mano. 彼は私の手を取った. Le agarré 〜 la cintura. 私は彼の腰にしがみついた

❼《単位》…につき，…当たり：a una velocidad de 200 kilómetros 〜 hora 時速 200 キロで. a razón de 3 cucharadas de harina 〜 [cada] una de azúcar 小麦粉大さじ 3 に対して砂糖 1 の割合で. Por cada chico hay tres chicas en esta clase. このクラスは男子 1 人に対して女子 3 人の割合だ. ii)《掛け算》Dos 〜 tres, seis. 2 掛ける 3 は 6. cinco 〜 un medio 5 掛ける½. La sala tiene 8 metros 〜 16. 広間〔の面積〕は 8×16 メートルだ. iii)《名詞+por+同一名詞》…ずつ：examinar cosa 〜 cosa 一件ずつ検討する

❽《+不定詞》i)《原因・理由》…するので：No salgo hoy 〜 estar resfriado. 私は風邪をひいているので今日は外出をしない. ii)《目的》…するように：Me levanté temprano 〜 no llegar tarde. 私は遅刻しないように早起きした. 〖参考〗 Me levanté temprano *para llegar* a tiempo. 私は時間どおりに着くために早起きした〗 Esfuérzate 〜 aprenderlo. それを覚えるように努力したまえ. iii)《開始》まず…する：Empezaré 〜 abrir todas las ventanas. 最初に窓を全部開けよう. iv)《結果》最後は…することになる：Los dos acabaron 〜 reñir. 2 人は結局けんかになった. muebles vendidos y 〜 vender

売れた家具とまだ売れていない家具. v) [強調] *Por* leer, se leía hasta los anuncios. 彼は読むとなると広告まで読んだものだ

❾ [+que+接続法. 目的] …するように 〖para〗: Hago votos ～ *que* tenga éxitos. ご成功なさるようにお祈りします

❿ [+muy+形容詞·副詞/+más·mucho+名詞/+más·mucho+mucho] i) [+que+接続法. 仮定的譲歩] どんなに…しても〔…だろう〕: *Por muy* inteligente *que* seas, tienes que esforzarte. 君がどれほど頭がよくても, 努力は必要だよ. *Por más que* estudie, no aprobará. どんなに勉強しても彼は合格するまい. ii) [+que+直説法] 大変に…だが: *Por mucha* ropa *que* se pone, siempre tiene frío. 彼は大変厚着だが, いつも寒がる

a ～ 《西. 口語》…を求めて 〖❶ iv〗と同じ〗: Bajó *a ～* vino. 彼はワインを取りに降りた. Fui a su casa *a ～* él. 私は彼を呼びに家へ行った. Va *a ～* una oportunidad. 彼はチャンスを狙っている

estar ～... ⇨ estar

¿*Por...?* 《口語》なぜ？: Me falta sueño.—¿*Por...?* 私は寝不足だ.—なぜ？

～ entre …の間から, …の中を通って: espiar a+人 desde *～ entre* los árboles 木々の間から…の様子をうかがう. andar *～ entre* la nieve 雪の降る中を歩く

¡*～ éstas...!* 誓って… 〖cruces「十字架」の省略〗

～ lo que pueda ser 万一のために

～ qué ⇨ qué

～ si+直説法 …かも知れないので 〖疑念が強い時は +接続法〗: Lleva paraguas *～ si* llueve. 雨が降るといけないから, かさを持って行きなさい

si no es (fuera) por... …がいなかったら, なかったら

por-〈接頭辞〉[強調] *por*fiar しつこくする

porcelana [porθelána] 囡 ❶ 磁器；磁器製品：～ china 中国製磁器. ❷ 青磁色

porcentaje [porθentáxe] 團 パーセンテージ, 百分率；利率, 歩合：¿Cuál es el ～ de analfabetismo?—Un diez por ciento. 文盲率はどの位ですか?—10％です. Un gran ～ de parados son menores de treinta años. 失業者の大部分は 30 歳以下だ

porcentual 厖 パーセンテージの：cálculo ～ 百分率計算

porche [pórtʃe] 團 《建築》ポーチ；ポルチコ, 柱廊：tomar el fresco sentado en el ～ ポーチに座って涼む

porcicultura [porθikultúra] 囡 養豚

porcino, na [porθíno, na] 厖 〖←puerco〗豚の

◆ 團 子豚；豚

porción [porθjón] 囡 ❶ 部分：Se comió sólo una ～ de la pizza. 彼はピザをほんの少し食べただけだ. ❷ 分け前, 取り分：exigir su ～ 自分の分け前を要求する. ❸ [割れ目の入った板チョコの] 各部分. ❹ かなりの数：Hemos tenido una ～ de dificultades. 我々はいくつもの

困難にぶつかっている

porcuno, na [porkúno, na] 厖 〖←puerco〗豚の：crianza ～na 養豚

pordiosear [pordjoseár] 自 物乞いをする；懇願する

pordiosero, ra 厖 名 物乞いをする〔人〕, 乞食 〖mendigo〗

porfa [pórfa] 間 どうぞ 〖por favor の省略語〗

porfía [porfía] 囡 ❶ 〖執拗な〗口論, けんか. ❷ 固執, 強情

a ～ 競って, 我先に：Estudian *a ～* por conseguir el número uno. 彼らは 1 番を取ろうと競って勉強している

porfiar [porfiár] 自 ❶ 〖執拗に〗口論する, けんかする：*Porfiaron* sobre quién tenía razón. 彼らはどちらが正しいか, しつこく言い争った. ❷ [+en で] 固執する, 強情を張る；執拗にせまる：*Porfiaba en salir.* 彼は出かけると言ってきかなかった. ❸ [困難なのに] 執拗に続ける

◆ 他 [+que+直説法 であると] 執拗に主張する

porfiado, da 厖 週週 [けなして] しつこい, 強情な 〖⇨terco 類義〗

pórfido [pórfido] 團 《鉱物》斑岩

porfirismo [porfirísmo] 團 《医学》ポルフィリン症

porfolio [porfóljo] 團 写真集, アルバム

poríferos [poríferos] 團 (複) 《動物》海綿動物門

pormenor [pormenór] 團 [主に (複)] 詳細, 細目；[重要でない] 細部：explicar los ～es 細部にわたって説明する

pormenorizar 他 詳述する, 細目にわたる

porno [pórno] 厖 團 ポルノ(の) 〖pornográfico·pornografía の省略語〗：cine ～ ポルノ映画

pornografía [pornografía] 囡 ポルノ〔グラフィー〕；猥褻さ

pornográfico, ca 厖 ポルノの

poro [póro] 團 [皮膚などの] 毛穴, 細孔，《植物》気孔；[鉱物などの] 小孔

porongo [poróŋgo] 團 《植物》[南米の] ヒョウタンの一種；それで作ったマテ茶用の容器

pororó [pororó] 團 《南米》ポップコーン 〖rosetas〗

poroso, sa [poróso, sa] 厖 小孔のある, 多孔質の

porosidad 囡 多孔質

poroto [poróto] 團 《植物》[南米産の] インゲンマメの一種；《南米. スポーツ》得点

porque [pórke] 腰 〖英 because. 原因·理由〗 ❶ 〖¿por qué? に対する答〗なぜなら：¿Por qué has llegado tarde?—*P～* dormí demasiado. なぜ遅刻したの?—寝坊したからだ. ¿Por qué lo dijo?—*P～* sí. どうして言ったんだ?—どうしても. ¿Por qué no vas?—*P～* no. どうして行かないんだ?—どうしても

❷ [通常は主節の後で] …なので：Voy a beber algo ～ tengo mucha sed. 喉がかわいたので何か飲もう

❸ [主に文頭で否定の主節を従え, +接続法] …

だからといって〔…でない〕: *P~ tenga miedo, no voy a callarme.* 私は怖いからといって黙ってはいないぞ

❹〔まれ〕〔目的. +接続法〕…するために 〖para que〗

no... ~+接続法, sino ~... …だからではなく…なので: *No lo hago ~ ella me lo diga, sino ~ yo quiero.* 彼女がそう言うからではなくて, 私がそうしたいからするのだ

porqué [porké] 男 〖圏~s〗原因, 理由, 動機: *Me gustaría saber el ~ de su negativa.* 拒絶なさる理由が知りたいのですが

porquería [porkería] 囡〔口語〕❶ 汚さ; ごみ: *La calle está llena de ~.* 通りはごみだらけだ. ❷ 卑劣なやり口; 無礼, 失礼: *hacer la ~ de+不定詞* 卑劣にも…する. *Me han hecho una ~ al dejarme atrás.* 彼らは汚い(無礼な)ことに私を置き去りにした. ❸〔時に 圏〕無価値なもの; がらくた, おんぼろ. ❹ 栄養のない(消化に悪い)食べ物

estar hecho una ~ ひどく汚れている

porqueriza[1] [porkeríθa] 囡 養豚場

   porquerizo, za[2] 图〔古語的〕**=porquero**

   porquero, ra 图 養豚業者, 豚飼い

porra [pórra] 囡 ❶〔先に向かって太くなる〕棒, 棍棒; 警棒: *los de la ~*〔俗語〕警官. ❷〔料理〕〔棒状の〕ドーナツ 〖☞*churro*〗. ❸〔口語〕ナンバー賭博. ❹〔間投詞的〕i)〔怒り・不快〕ちぇっ, くそっ! ii)〔拒絶など〕*¿Qué ~s esperas que haga yo?* 君は一体おれに何をやらせたいのかね! ❺〔南米〕〔額に垂れた〕ぼさぼさ髪

en la quinta ~ はるか遠くに

irse a la ~ 〔口語〕失敗する

mandar (enviar) a la ~ a+人〔口語〕…を追い払う, たたき出す; 解雇する

¡vete a la ~! とっとと出て行け!

porrada [porráða] 囡 ❶〔西. 口語〕大量: *contar una ~ de tonterías* ばかばかしい話をさんざん聞かせる. ❷ ばかなこと, くだらないこと

porrazo [porráθo] 男 ❶〔棍棒・警棒などの〕一撃: *dar a+人 un ~ con el palo en la cabeza* …の頭を棒でゴツンと叩く. ❷〔転倒による〕強打: *Me he dado un ~ al resbalar en el corredor.* 私は廊下で滑って打撲傷を負った

porreta [porréta] 囡 *en ~〔s〕*〔西. 口語〕素っ裸で

porrillo [porríʎo] 男 *a ~〔s〕*〔西. 口語〕大量に: *gastar dinero a ~* 湯水のように金を使う

porro [pórro] 男《俗語》マリファナたばこ, 大麻たばこ

porrón [porrón] 男
ポロン〖ワインの回し飲みなどに使うガラス製の容器. ☞カット〗
un ~ de...《西. 口語》大量

porsiacaso [porsiakáso] 男《南米》〔旅行用の小さな〕食糧袋

porta [pórta] 囡 ❶《船舶》舷窓; 砲門. ❷《解剖》門静脈〖*vena ~*〗

portaaviones [portaabjónes] 男〔単複同形〕航空母艦, 空母

portabandera [portabandéra] 囡〔皮袋状の〕軍旗立て

portabebés [portabebés] 男〔単複同形〕〔赤ん坊用の〕携帯ベッド

portacontenedores [portakontenedóres] 男〔単複同形〕コンテナ船

portada [portáða] 囡 ❶〔建築〕〔装飾を施した〕玄関, 建物の正面. ❷〔書物の〕扉;〔新聞の〕第1面;〔雑誌の〕表紙, 第1ページ: *falsa ~* 仮扉

   portadilla 囡 仮扉

portadocumentos [portaðokuméntos] 男〔単複同形〕《中南米》ブリーフケース; セカンドバッグ

portador, ra [portaðór, ra] 形 運搬する

◆ 图 ❶ 運搬する人: *~ del mensaje* メッセンジャー. ❷ 所持者;《商業》持参人: *~ del paquete* 荷物の所持者. *pagadero al ~* 持参人払いの. *acción al ~* 無記名株. ❸〔医学〕保菌者〖*~ de gérmenes*〗: *~ de SIDA* エイズ・キャリア

◆ 囡《放送》搬送波

portaequipajes [portaekipáxes] 男〔単複同形〕〔車の〕ルーフラック〖*baca*〗, トランク〖*maletero*〗;〔列車などの〕網だな

   portaequipaje 男 **=portaequipajes**

portaestandarte [portaestandárte] 男〔昔の連隊などの〕旗手

portafolios [portafóljos] 男〔単複同形〕書類かばん, ブリーフケース

   portafolio 男 **=portafolios**

portafotos [portafótos] 男〔単複同形〕写真立て

portafusil [portafusíl] 男 小銃を肩に掛ける負い革

portahelicópteros [portaelikópteros] 男〔単複同形〕ヘリ空母

portal [portál] 男 ❶ 玄関〔の外側〕;〔入り口の〕アーチ. ❷〔商業〕アーケード. ❸ キリスト生誕場面の模型〖*belén*〗

   portalada [portaláða] 囡〔大邸宅の中庭に通じる〕勝手口, くぐり戸

portalámparas [portalámparas] 男〔単複同形〕〔電気〕ソケット

   portalámpara 男 **=portalámparas**

portalápiz [portalápiθ] 男〔圏~*ces*〕短くなった鉛筆の補助軸

portalibros [portalíbros] 男〔単複同形〕〔教科書・ノートの携帯用の〕ブックバンド

portaligas [portalígas] 男〔単複同形〕《南米》ガーターベルト〖*liguero*〗

portalón [portalón] 男〔宮殿などの〕大門;《船舶》舷門

portamaletas [portamalétas] 男〔単複同形〕〔飛行機・列車の座席上部の〕荷物入れ, 網棚

portamantas [portamántas] 男〔単複同形〕〔旅行用毛布などを縛る〕革ひも, バンド

portaminas [portamínas] 男〔単複同形〕シャープペンシル

portamonedas [portamonéðas] 男 『単複同形』小銭入れ, 財布

portante [portánte] 形 『馬術』側対歩[の] *tomar*（*coger・agarrar*）*el* ～《西. 口語》あわただしく立ち去る

portantillo [portantíʎo] 男 [子ロバなどが] トコトコ走ること

portañuela [portaɲwéla] 女 『服飾』［ズボンの］比翼

portaobjetos [portaoβxétos] 男 『単複同形』［顕微鏡の］スライドガラス

portaobjeto 男 ＝portaobjetos

portaplumas [portaplúmas] 男 『単複同形』ペン軸

portar [portár] 他 ❶ 『文語』携帯する, 着用する［llevar, traer］. ❷ [猟犬が獲物を] 持ってくる
◆ ～**se** 再 [＋主格補語] ふるまう: Ella *se ha portado* como una niña. 彼女は子供みたいにふるまった. ❷ 見事に成功する；よい印象を残す: ¡Nuestro equipo *se ha portado*! 我がチームはすばらしい活躍だ!
～*se bien・mal* 1) 行ないがよい（悪い）: Hoy los niños *se han portado* bien. 子供たちは今日はいい子にしていた. 2)［＋con＋人 に］よい待遇（ひどい仕打ち）をする: La empresa *se ha portado* bien con nosotros. 会社は私たちによくしてくれた

portarretratos [portařetrátos] 男 『単複同形』写真立て

portarretrato 男 ＝portarretratos

portarrollos [portařóʎos] 男 『単複同形』［壁に固定したトイレットペーパーなどの］ホールダー

portarrollo 男 ＝portarrollos

portátil [portátil] 形 ❶ 携帯用の, 持ち運びに便利な: televisión ～ ポータブルテレビ. ❷ 運搬（移動）できる

portaviones [portaβjónes] 男 『単複同形』＝portaaviones

portavoz [portaβóθ] 名 『複』～*ces* スポークスマン；代弁者の: ～ del partido 党のスポークスマン
◆ 男 ❶ [政党などの] 機関紙. ❷ 《船舶》伝声管

portazgo [portáθɣo] 男 [中世の] 通行税

portazo [portáθo] 男 大きな音を立ててドアがしまること；扉のたたきつけ: La puerta dio un ～ con el viento. 風でドアがバタンとしまった

porte [pórte] 男 ❶ 立ち居ふるまい［conducta］；外見, 風采: Tiene un ～ distinguido. 彼はかっぷくがいい. edificio de ～ señorial 堂々たるビル. ❷ 種類, 部類. ❸ [建物・車・船などの] 大きさ: barco de gran (mucho) ～ でっかい船. ❹ [主に 商] i) 運搬, 運送［transporte］: carta de ～s 船荷証券［conocimiento］. ii) 運送料, 運賃: Los ～s los paga el destinatario. 送料は受取人が支払うこと. a ～ debido 代金引換え渡しで. a ～ pagado 送料発送人払いで

portear [porteár] 他 運ぶ, 運送する
◆ ～**se** 再 [鳥などが] 渡る

porteador, ra 名 運送業者；ポーター

portento [porténto] 男 驚くべき出来事, 驚異；非凡人, 奇才: Esta niña es un ～. この少女は天才だ

portentoso, sa 形 驚異的な, 非凡な

porteño, ña [portéɲo, ɲa] 形 《地名》ブエノス・アイレス Buenos Aires 男 の［人］；［チリの］バルパライソ Valparaíso の［人］

portería [portería] 女 ❶ 管理人室, 守衛室, 門番小屋；管理人（守衛）の職務: Lleva veinte años en la ～. 彼は20年間守衛をやっている. ❷《スポーツ》［サッカー・ホッケーなどの］ゴール

portero, ra [portéro, ra] 名 ❶ [建物の] 管理人, 守衛；ドアマン: ～ de casa grande 横柄な使用人. ～ de estrados [裁判所の] 廷丁. ～ de vara 執達吏の下僚. ～ automático (eléctrico) [インターホンと接続して] ドアを開閉する装置. ❷《スポーツ》ゴールキーパー. ❸《カトリック》守門［☞órden 2 参照］

portezuela [porteθwéla] 女 [乗り物の] 扉

pórtico [pórtiko] 男 『建築』ポルチコ, 柱廊；ポーチ

porticado, da 形 柱廊のある；ポーチの付いた

portilla [portíʎa] 女 『船舶』舷窓

portillo [portíʎo] 男 ❶ [塀・囲いの] 小さな出入り口；[大扉にある] くぐり戸. ❷ [壁などの] 割れ目, 穴；[陶器などの] 欠けたところ. ❸ [問題解決などの] 突破口: buscar el ～ de la crisis 危機を解決する突破口を捜す

portón [portón] 男 [主に田舎風の大きな] 門, 玄関［の扉］

portor [portór] 男 [軽業芸で] 下で支える（受け止める）人

portorriqueño, ña [portoříkéɲo, ɲa] 形 名 ＝puertorriqueño

portuario, ria [portwárjo, rja] 形 [←puerto] 港の: instalaciones ～rias 港湾施設

Portugal [portuɣál] 男 『国名』ポルトガル

portugués, sa [portuɣés, sa] 形 名 ポルトガル Portugal ［人・語］の；ポルトガル人
◆ 男 ポルトガル語

portuguesismo [portuɣesísmo] 男 ポルトガル語特有の語法

portulano [portuláno] 男 港湾の海図帳

porvenir [porβenír] 男 [英 future] 将来, 未来: hacer planes para el ～ 将来の計画を立てる. estudiar en previsión del ～ 将来に備えて勉強する. tener [un gran] ～ [大変]将来性がある（有望である）. hombre de ～ 将来性のある人. sin ～ 見込みのない. Tiene el ～ asegurado. 彼は将来を約束されている. ¡Quién conoce el ～! 将来のことは［誰にも］わからない
en el ～ 今後は, これからは

porvida [porβíða] 他 [呪い・怒り] こん畜生め!

pos [pós] 男 《西. 幼児語》うんち［caca］
◆ 接 《主に中南米》＝pues
en ～ *de...* …の後から, …に続いて；…を希求して: ir *en* ～ *de* su amo 主人の後について行く. *en* ～ *de* la libertad 自由を求めて

pos- [接頭辞] [後] *pos*guerra 戦後

posada [posáða] 女 ❶ 『古語』［街道脇の小さ

な] ホテル, 旅館. **❷** 宿泊；宿泊料：dar ～ al peregrino 巡礼に宿を提供する. ～ franca 無料宿泊. **❸**《中米》ポサーダ『クリスマス前 9 日間の祭り. 子供たちが菓子入りのくす玉 piñata を割って楽しむ』

posaderas [posaðéras] 囡 複《口語》尻 『nalgas』：sentarse sobre las ～ べたりと座る

posadero, ra [posaðéro, ra] 图 旅館の主人

posar [posár] 圓[モデルが] ポーズをとる：～ ante el fotógrafo (para el pintor) 写真家の前で(画家のために)ポーズをとる

◆ 他 **❶**[手などを] そっと置く：*Posé* mi mano sobre su cabeza. 私は彼の頭にそっと手を置いた. **❷**[荷物などを] 置く, おろす. **❸**[視線を] 走らせる：～ la mirada sobre los muebles 家具を見回す

◆ ～se **❶**[鳥・蝶などが] とまる；[飛行機が] 着陸する：Un gorrión *se posó* en (sobre) la rama. スズメが枝にとまった. **❷** 沈殿する；[埃などが] 積もる：*Se ha posado* mucho lodo en el lecho del río. 河床に泥が大量にたまった

posavasos [posaßásos] 男《単複同形》[コップの下に敷く] コースター

posbélico, ca [posßéliko, ka] 形 戦後の

posconciliar [poskonθiljár] 形 第 2 バチカン公会議 Concilio Vaticano II の

posdata [posðáta] 囡《手紙》追伸：agregar una ～ 追伸を書く

posdoctoral [posðoktorál] 形 博士課程修了後の

pose [póse] 囡 **❶** ポーズ, 姿勢：Tiene una ～ cómica en la fotografía. 彼は愉快な格好で写真に写っている. retratar a+人 en una ～ ポーズをとっている…を描く(撮る). **❷**《軽蔑》気どり：No es nada más que una ～. それはポーズにすぎない. adoptar una ～ de superioridad お高くとまる

poseedor, ra [pose(e)ðór, ra] 形 [+de を] 所有している

◆ 图《文語》所有者：～es de acciones 株式所有者. ～ de grandes riquezas 大金持ち. ～ del récord mundial 世界記録保持者. ～ del título 選手権保持者, チャンピオン

poseer [poseér] 他《過去 poseído, 現分 poseyendo』 **❶** 所有する, 持っている『tener』：*Posee* una finca en Sevilla. 彼はセビーリャに土地を持っている. **❷**[外国語などを] マスターしている. **❸**[女性と] 性的な関係を持つ. **❹**《文語》[感情などを] 抑える

poseído, da [poseíðo, ða] 形《過去←poseer』 **❶**[+de に] 取りつかれた：Está ～ del afán de fama. 彼は名誉欲のとりこになっている. ～ de ira 怒りにかられた. **❷** 自負している：Está muy ～*da* de su belleza. 彼女は自分の美しさにうぬぼれている

◆ 图[悪魔などに] 取りつかれた人, 悪魔つき：gritar como un ～ 狂ったように叫ぶ

poselectoral [poselektorál] 形 選挙後の

posesión [posesjón] 囡 **❶** 所有：El cuadro está en ～ del Sr. González. その絵はゴンサレス氏が所有している. entrar en ～ de+人 …の

所有となる. tener... en su ～ …を所有している. derecho de ～ 所有権. Está en ～ de una imaginación fuera de lo normal. 彼は異常な想像力に取りつかれている. **❷**[主に 複]所有物, [特に田舎の] 地所：Tiene grandes *posesiones* en Andalucía. 彼はアンダルシアに広大な地所を持っている. **❸** 属領：*posesiones* inglesas en África アフリカのイギリス領植民地. **❹**《法律》占有. **❺**《歴史》草地永代利用権. **❻**[悪霊などに] 取りつかれること, つきもの, 憑依(ひょうい)

dar ～ *a*+人 …の任命(就任)式を行なう

tomar ～ [+de を] 獲得する；就任する：*Tomó* ～ de la herencia. 彼は遺産を手に入れた. *tomar* ～ de su cargo de ministro de Hacienda 大蔵大臣に就任する

posesional [posesjonál] 形《法律》占有を示す：acto ～ 占有証書

posesionar [posesjonár]《文語》他 [+de を] …に譲渡する

◆ ～se **❶**[+de を] 手に入れる, [特に] 不当に入手する：*Se ha posesionado* de mi casa. 彼は私の家を乗っ取った. **❷** 就任する

posesivo, va [posesíßo, ßa] 形 **❶** 独占欲の強い：madre ～*va* [子供に対する] 独占欲の強い母親. **❷**《文法》所有を示す

◆ 男 所有権

poseso, sa [poséso, sa] 形 悪霊に取りつかれた〔人〕：liberar a un ～ 悪魔ばらいをする

posesorio, ria [posesórjo, rja] 形《法律》占有に関する

posfranquista [posfrankísta] 形 フランコ〔の死去〕以降の『1975 年-』

posglacial [posglaθjál] 形 氷河期後の

posgrado [posgráðo] 男 大学院[課程]『curso de ～』：hacer un ～ 大学院で勉強する

posgraduado, da [posgraðwáðo, ða] 形 图 大学院の；大学院生

posguerra [posgéra] 囡 戦後, [特に] 第 2 次大戦後：en la ～ 戦後に, 戦争直後に

posibilidad [posibiliðá(ð)] 囡 **❶**[+de の] 可能性, 見込み：i) Las ～es de medalla son muchas. メダルの可能性は高い. ii) [+de+不定詞] Tiene ～es de llegar a ser un gran político. 彼は大政治家になるかも知れない. iii) [+de que+接続法] Hay una ～ de que él gane la carrera. 彼がレースに勝ちそうだ. **❷** 可能なこと：Sólo me queda una ～ para sobrevivir. 生き残るために私にできることは 1 つしか残っていない. **❸**[複]手段：～es económicas 経済力. vivir por encima de sus ～es 身分不相応な暮らしをする

estar dentro de sus ～*es* …にとって可能である

posibilismo [posibilísmo] 男 現実的改革主義

posibilitar [posibilitár] 他 可能にする：La postura del gobierno *ha posibilitado* las conversaciones con las guerrillas. 政府の姿勢がゲリラとの会談を可能にした

P

posible [posíble] 形 〖英 possible. ↔ imposible〗 ❶ [ser+] 可能な，ありうる: i) La obra es ~. 工事は可能だ. Venga hoy si es ~. できれば今日来てください. No es ~ repararlo. それを修理するのは不可能だ. ii) [+不定詞/+que+接続法] Me es ~ terminarlo hoy. それは今日終えられます. Ya se ha hecho ~ que el hombre viaje hasta otro planeta. 人間が他の惑星へ行くのも夢ではなくなった. iii) [+名詞] Hay que evitar un ~ error. 起こり得るミスは避けなければならない ❷ できるだけの，可能な限りの: Quiero leer todos los libros ~s. 私はできるだけたくさんの本を読みたい

a ser ~ もし可能なら

¿cómo es ~? [驚き] まさか!

dentro de lo ~/en [la medida de] lo ~ 可能な範囲で，できるだけ: Indíqueme un hotel económico en lo ~. できるだけ安いホテルを教えてください. Lo intentaré dentro de lo ~. できるだけやってみましょう. El plan está dentro de lo ~. その計画は実現可能だ

es ~ [断定を避けて] たぶん: ¿Vendrás mañana?—Es ~ (muy ~). 明日来るかい? —たぶんよ(おそらく)

¿es ~? [驚き] まさか!: Ha ganado Jorge.—¿Es ~? ホルヘが勝ったよ.—まさか!

hacer lo mejor ~ 最善を尽くす

hacer [todo] lo ~ できるだけのことをする: Hice todo lo ~ para ayudarle. 私は彼を助けるためにできる限りのことはした

lo más... ~ ☞más

¡no es ~! まさか〔そんなことはありえない〕/無理だ!

ser ~ que+接続法 …かも知れない; …はありうる: Es ~ que ya haya salido. 彼はもう出かけたかも知れない. No es ~que salga el sol por el oeste. 太陽が西から昇ることはありえない

◆ 男 圏 富，財産: Es un hombre de ~s. 彼は金持ちだ

posiblemente [posíbleménte] 副 [時に + 接続法] おそらく，たぶん: P~ llegará (llegue) mañana. 彼は明日着くだろう

posición [posiθjón] 囡 〖英 position〗 ❶ 位置: señalar la ~ de las Islas Malvinas en un mapa 地図でフォークランド諸島の位置を示す. ❷ 姿勢，ポーズ: Me han retratado en distintas posiciones. 私は色々なポーズで写真を撮ってもらった. estar en ~ de descanso (de firmes) 休め(気を付け)の姿勢をしている. ❸ 立場，状況; 見解: estar en una ~ ventajosa 有利な立場にある. Mi ~ ante ese asunto es invariable. その件に関する私の見解は変らない. Estoy en una ~ distinta de la suya. 私と彼とでは立場が違う. No está en ~ de poder decidirlo. 彼はそれを決定できる立場にない. ~ económica 経済状態. buena ~ 裕福. ❹ [主に高い] 地位，身分; 順位: Con sus esfuerzos se ha creado una ~. 彼は努力して出世した. abusar de su ~ 地位を悪用する. elevada/elevada ~ 高位，上位. ~ social 社会的地位. Entró en la línea de meta en cuarta ~. 彼は4着でゴールインした. ❺ 《軍事》[戦略上の] 要地，拠点: defender una ~ 拠点を守る. ❻ 《商業》[証券・外国為替などの] 持ち高: ~ de reserva del FMI 対IMFポジション. ❼ 《フェンシング》構え: tomar una ~ de golpe recto 突きの構えをする. ❽ 《レスリング》erguida (en el tapiz) スタンド(バルテール)ポジション. ❾ 《バレエ》ポジション〖脚の位置などによる5つの基本姿勢〗. ❿ 《音楽》ポジション〖弦楽器の指板上の左指の位置〗

en ~ 正しい位置に

tomar posiciones 位置につく; 《軍事》陣取る: tomar posiciones en la línea de salida スタートラインにつく

posicionar [posiθjonár] ~se 《文語》立場をとる，姿勢を明確にする

posicionamiento 男 立場(をとること)，姿勢

positivado [positiβáðo] 男 《写真》焼き付け

positivar 他 焼き付けをする，プリントする

positivismo [positiβísmo] 男 実証主義; 実利主義，現実主義

positivista 形 実証主義の(主義者); 現実主義の(主義者)

positivo, va [positíβo, βa] 形 〖↔negativo〗 ❶ 肯定的な; 有益な: Los análisis son ~s. 分析結果は肯定的だ(よい). ❷ 積極的な，建設的な; プラス思考をする: Es un hombre de bondad ~va. 彼は進んで人に親切にする. tomar una actitud ~va 前向きの態度をとる. ❸ 確実な，明確な; 実証的な，事実(経験)に基づいた; 現実主義的な，実際的な. ❹ 《数学》正の数の: número ~. 正数. saldo ~ プラス決算，黒字. ❺ 陽の，陽性の: carga ~va 正(陽)電荷. reacción ~va 《医学》陽性反応. ❻ 《言語》[形容詞が] 原級の. ❼ 《法律》ley ~va 実定法

◆ 男 ❶ 《写真》陽画，ポジ〖prueba ~va〗. ❷ 《言語》原級

positivamente 副 積極的に，前向きに; 明確に，はっきりと

pósito [pósito] 男 ❶ 共同穀倉. ❷ 協同組合，共済組合: ~ de pescadores 漁業協同組合

positrón [positrón] 男 《物理》陽電子

posma [pósma] 囡 のろさ，鈍重さ

◆ 形 [人の] のろまな(人); 退屈な(人)

posmeridiano, na [posmeridjáno, na] 形 午後の，午後に行われる

posmoderno, na [posmoðérno, na] 形 ポストモダンの，脱近代の

posmodernidad 囡 ポストモダン

posmodernismo 男 ポストモダニズム

posnatal [posnatál] 形 出生後の

posnominal [posnominál] 形 《言語》名詞・形容詞から派生した

poso [póso] 男 ❶ 沈殿物，おり: ~ del café コーヒーをいれたかす. formar ~ 沈殿する，かすがたまる. ❷ [精神的な] 痕跡: Su ingratitud dejó en mi alma un ~ de amargura. 彼の亡恩は私の心に不快な思い出を残した

posología [posoloxía] 囡《医学》薬量学；投薬量，服用量

posoperatorio, ria [posoperatórjo, rja] 形 男 =postoperatorio

pospalatal [pospalatál] 形 =postpalatal

posparto [pospárto] 男 産褥(さんじょく)期；産後の衰弱

posponer [posponér] 60 他 〖過分 pospuesto〗 ❶ [+a の] 下位に置く；後回しにする：~ el interés personal al general 個人的利益より全体的利益を優先させる. ❷ 延期する〖diferir〗：Han pospuesto el partido para mañana. 試合は明日に延期された. ❸《言語》[+a の] 後に置く

posposición 囡 後回し；延期；《言語》後置
pospositivo, va 形 男 後置の；《言語》後置詞

post-〖接頭辞〗[後] postnatal 出生後の

posta [pósta] 囡 ❶ 〖集合〗《古語》駅馬：silla de ~ 駅馬車. ❷ 宿駅〖casa de ~s〗；宿場. ❸ 散弾. ❹《中南米》リレー競走
　a ~《西. 口語》故意に，わざと〖aposta〗：Lo ha hecho *a* ~. 彼はわざとやったのだ

postal [postál] 形 郵便の：servicio ~ 郵便業務. tarifa ~ 郵税. tren ~ 郵便列車
◆ 囡 絵葉書〖tarjeta ~. 日本のような官製葉書はない〗

postdata [postðáta] 囡 =posdata

postdiluviano, na [postðiluβjáno, na] 形 ノアの洪水後の

postdorsal [posðorsál] 形 《言語》後部舌背音の

poste [póste] 男 ❶ 柱〖家などの支柱は pilar〗：~ de alta tensión 高圧線の鉄塔. ~ eléctrico 電柱. ~ indicador 道路標識. ❷《スポーツ》ゴールポスト：~ de llegada（競馬）決勝標. ❸《中南米》~ restante 局留め〖lista de correos〗
　dar ~ *a*+人 …に待ちぼうけを食わせる
　ir（*caminar*・*andar*）*más tieso que un* ~ いばりくさって（とりすまして）歩く
　oler el ~ 危険を察知する
　ser un ~ のろまである；《俗語》耳が聞こえない

postema [postéma] 囡《医学》膿瘍

postemilla [postemíʎa] 囡《中南米》=postema

póster [póstεr] 男 〖複 ~[e]s〗《←英語》ポスター〖cartel〗

postergar [postεrgár] 8 他 ❶《主に中南米》遅らせる，後回しにする：La ejecución del plan ha quedado *postergada* a causa de la falta de fondos. 資金不足のため計画の実施は遅れている. ❷ [不当に] 下位に置く，格下げにする：*Posterga* a la familia por el trabajo. 仕事第一で家庭がないがしろにされている
postergación 囡 延期；軽視

posteridad [posteriðá[d]] 囡 ❶ 後裔(こうえい)，子孫；後の世代：La ~ le reconocerá sus méritos. 後世の人が彼の功績を認めるだろう. ❷ 未来：en la ~ 将来には. ❸ 死後の名声

posterior [posterjór] 形 〖↔anterior〗 ❶ [+a より] 後の：i) [時間] Mi cumpleaños es un mes ~ al suyo. 私の誕生日は彼より1か月後だ. ii) [空間] 後部の：Se sentó en el asiento ~ al mío. 彼は私より後ろの席に座った. vagón ~ 後部車両. luz ~ [車などの] 尾灯. ❷《言語》後舌の：vocal ~ 後舌母音

posteriormente 副 [+a より] 後に，以後に

posterioridad [posterjoriðá[d]] 囡 [時間的に] 後であること：con ~ 後になってから；[+a より] 後に

postgrado [postgráðo] 男 =posgrado
postgraduado, da 名 =posgraduado

postigo [postíɣo] 男 ❶ [大きな門に付けられた] くぐり戸，小門. ❷ [明かりを通さないための] 雨戸，シャッター. ❸ [簡素な] 一枚扉

postilla [postíʎa] 囡《医学》かさぶた，痂皮(かひ)：Se me ha formado una ~ en la herida. 傷口にかさぶたができた

postillón [postiʎón] 男 [馬車の前方の馬に乗った] 騎乗御者

postimpresionista [postimpresjonísta] 形 後期印象派の

postín [postín] 男《西》❶《軽蔑》気どり，虚飾：hablar con gran ~ de sus riquezas 自分の富を大いに自慢する. ❷ 金持ち(貴族)の生き方
　darse（*gastar*）~《軽蔑》もったいぶる，偉そうにする
　de ~ ぜいたくな，豪華な：casa *de* ~ 豪邸
postinero 形 気どった，これみよがしの

postizo, za [postíθo, θa] 形 ❶ 人工の；見せかけの，虚偽の：barba ~*za* 付けひげ. actitud ~*za* 偽り(うわべだけ)の態度. ❷ 取り外し(付け替え)のできる；付け足しの：cuello ~《服飾》付けえり. adorno ~ 余計な装飾
◆ 男 部分かつら，かもじ，ヘアピース

postmeridiano, na [postmeriðjáno, na] 形 =posmeridiano

post meridiem [post merídjen]《←ラテン語. 主に中南米》午後：Son las ocho ~. 午後8時だ

post mortem [post mórten]《←ラテン語》死後〔の〕

postnatal [postnatál] 形 =posnatal

postónico, ca [postóniko, ka] 形《言語》[母音・音節が] 強勢の後の

postoperatorio, ria [postoperatórjo, rja] 形 男《医学》術後〔の〕：choque ~ 術後のショック

postor, ra [postór, ra] 名《競売の》競り手：el mejor（mayor）~ 最高の値をつけた人

postpalatal [postpalatál] 形《言語》後部硬口蓋音の

postrar [postrár] 他 [肉体的・精神的に] 衰弱させる：La enfermedad le *postró* durante tres semanas. 彼は病気で3週間寝込んだ. La noticia le dejó *postrado*. その知らせに彼はがっくりきた
◆ ~*se*《文語》[+a・ante の前に] ひざまずく；跪拝(きはい)する：Se *postró* ante su señor y le pidió perdón. 彼は主人の前にひざまずいて許しを請うた. ~*se ante* el altar 祭壇の前にひざまず

P

く

postración 囡 虚脱(脱力)状態；跪拝

postre [póstre] 男《料理》デザート：Tomé helado de ～. 私はデザートにアイスクリームを食べた

a la ～/al ～ 最後には，結局：*A la* ～, todos somos hermanos. つまるところ，私たちは皆兄弟なのだ

a los ～*s* 食事がデザートになった(終わりかけた)ころに

para ～ その上〔悪いことに〕：*Para* ～ se nos estropeó la estufa. おまけにストーブまで壊れてしまった

postrer [postrér] ⤷**postrero**

postrero, ra [postréro, ra] 形 图〔男性単数名詞の前では **postrer** となる〕最後の〔人〕：su *postrer* deseo 彼の最後の願い. en los días ～s del mes 月末に. llegar el ～ a... …に最後に着く

postrimería [postrimería] 囡〔主に 複〕❶〔人生などの〕終わり：en las ～s del siglo pasado 前世紀の末に. en sus ～s 死期間際になって. ❷《カトリック》四終《『人間の終末の状態：muerte 死, juicio 最後の審判, infierno 地獄, gloria 天国』》

postrimero, ra [postriméro, ra] 形 最後の

postseparación [pɔstseparaθjón] 囡 離婚後

postulación [postulaθjón] 囡〔街頭〕募金

postulado [postuláðo] 男 ❶ 基礎条件；《数学》公準. ❷〔擁護する〕思想，主義

postulante, ta [postulánte, ta] 图 募金者；《宗教》聖職志願者

postular [postulár] 圓 ❶《西》〔主に街頭で. +para のために〕募金をする：～ *para* la Cruz Roja 赤十字の街頭募金をする. ❷《宗教》聖職志願者になる

◆ 他 ❶ 目ざす；〔解決を〕求める：～ un cambio en la directiva 役員の交代を要求する. ❷ 擁護する. ❸《文語》仮定する. ❹《中南米》候補者に立てる；〔役職に〕推薦する

póstumo, ma [pÓstumo, ma] 形〔父・作家の〕死後の：hijo ～ 父の死後生まれた子. obra ～*ma* 死後出版作品，遺作

postura [postúra] 囡 ❶ 姿勢，格好；ポーズ：i) Tiene la ～ de estar buscando algo. 彼は何か探しているような格好をしている. tomar (ponerse) una ～ cómoda 楽な姿勢をとる. ～ de loto 結跏趺坐(けっかふざ)，蓮華坐. ii)〔性交の〕体位：～ del misionero 正常位. ❷ 態度，スタンス；意見：adoptar una ～ de indiferencia 無関心な態度をとる. ❸〔競売の〕付け値：hacer ～ 値段を付ける. la mayor ～ 最高の付け値. ❹ 賭け金. ❺ ～ del sol 日没，入り日. ❻《俗語》ギター〕コード

pos[t]venta [pos[t]bénta] 囡 販売直後：servicio (asistencia) ～ アフターサービス

pos[t]verbal [pos[t]berbál] 形 ＝dever-bal

potable [potáble] 形 ❶〔水が〕飲用に適した，飲んで害のない. ❷《口語》まずまずの：La nove-

la era bastante ～. その小説はどうにか読める程度の出来だった

potabilidad 囡 飲用に適していること

potabilizador, ra 形 飲用水に変える

potabilizar 回 他 飲用できるようにする

potaje [potáxe] 男 ❶《料理》〔豆類を主にした〕シチュー；スープ，ブイヨン〔caldo〕. ❷〔色々な成分の入った〕強い酒. ❸《口語》混乱，騒ぎ

potasio [potásjo] 男《化学》カリウム：hidró-xido de ～ 苛性カリ

potasa 囡《化学》カリ化合物：～ cáustica 苛性カリ

potásico, ca 形 カリ化合物の：sal ～*ca* カリ塩. abono ～ カリ肥料

pote [póte] 男 ❶ 壷：echar la merme-lada en un ～ ジャムを壷に入れる. ❷ 植木鉢. ❸〔鉄製で三脚のある〕鍋；〔それで作ったアストゥリアス・ガリシア地方の〕ボトフに似た料理. ❹《西》〔ワインなどの〕1 杯

a ～ たくさん，大量に：beber *a* ～ 大酒を飲む

darse ～《西. 口語》はったりをかける，見栄をはる

potear [poteár] 圓《西. 口語》〔酒を〕一杯引っかける

potencia [poténθja] 囡 ❶ 力，能力：Tiene una gran ～ muscular. 彼は筋力が大変強い. Este camión tiene una gran ～. このトラックは非常に馬力が強い. no tener ～ visual 目が見えない. ～ al freno ブレーキ馬力. ～ hidráulica 水力. ❷ 権勢，支配力：Ha men-guado la ～ del gobierno. 政府の権力は衰えた. ～ naval 海軍力. ～ económica 経済力；経済大国. ❸ 強国，大国：Estados Unidos es una gran ～. アメリカは大国である. ～ militar 軍事大国. ～ nuclear 核保有国. ❹《物理》i) 出力，仕事率：～ nominal 公称出力. ～ eléctrica 電力. ii)〔てこの〕力点. ❺《数学》累乗，冪(べき)〔elevación a ～s〕：quin-ta ～/～ de quinto grado 5 乗. elevar a seis ～s 6 乗する. Tres a la cuarta ～ son 81. 3 の 4 乗は 81

en ～ 潜在的な・に

potenciación [potenθjaθjón] 囡《文語》強化，育成：～ de la industria 工業の発展強化

potencial [potenθjál] 形 ❶ 潜在的な，可能性を秘めた：habilidades ～*es* 潜在能力. energía ～《物理》ポテンシャルエネルギー. medida ～ 仕事量の単位. ❷《文法》可能法の

◆ 男 ❶ 潜在力，可能性；力：～ militar 軍事力. ～ humano 人的資源. ～ para el futuro 未来への可能性. ❷《物理・数学》ポテンシャル：～ eléctrico 電位. ❸《文法》可能法〔modo ～. ＝直説法過去未来・過去未来完了〕

potencialidad [potenθjaliðá[ð]] 囡〔潜在的〕可能性

potenciar [potenθjár] 他 他《文語》可能(強力)にする，育成する

potenciómetro [potenθjómetro] 男 電位差計；音質・音量調整つまみ

potentado, da [potentáðo, ða] 图《軽蔑》大物，金と権力のある人

potente [poténte] 形 ❶ 力強い；強大な：máquina ~ 強力な機械. nación ~ 強国, 大国. alarido ~ 力強い叫び声. ❷ [男性が] 生殖能力のある

◆ 男 [ローマ時代末期, ヒスパニアの] 権勢家

poterna [potérna] 囡 [城の] 小扉

potestad [potestá(d)] 囡 ❶ 権力, 権限：El director tiene ~ para echar a los alumnos. 校長には生徒を退学させる権限がある. tener ~ sobre... …を支配下に置いている. ~ legislativa, ejecutiva y judicial 立法・行政・司法権. ~ marital [妻とその財産に対する] 夫権. patria 〈法律〉親権. ❷ 囡〈キリスト教〉能天使 [🖙 ángel 参照]

potestativo, va [potestatíbo, ba] 形 随意の：La asistencia es ~va. 参加は強制的でない

potingue [potíŋge] 男〈軽蔑〉❶ まずそうな食べ物(飲み物). ❷ [わけのわからない, クリーム状の] 薬, 化粧品

potito [potíto] 男 [瓶入りの] ベビーフード

poto [póto] 男 ❶〈植物〉ポトス. ❷〈南米〉尻；後部

potosí [potosí] 〖←P~ ボリビアの銀山〗 *valer un* ~ 大変価値がある, すばらしい

potra¹ [pótra] 囡 ❶〈口語〉幸運：tener ~ ついている. ❷ [主に鼠径部の] ヘルニア

potrada [potráða] 囡 匡豊 一緒に飼育されている子馬

potranco, ca [potráŋko, ka] 图 [3歳以下の] 子馬

potrero [potréro] 男〈中南米〉[柵などで囲われた] 農場, 牧場；〈南米〉荒れ地

potrillo, lla [potríʎo, ʎa] 图 [3歳以下の] 子馬

potro, tra² [pótro, tra] 图 [4歳半以下の] 子馬, 若駒

◆ 男 ❶ [蹄鉄を打つ時などに使う] 馬を抑える木枠. ❷ 拷問用の木馬. ❸〈遊戯〉馬跳び. ❹〈体操〉跳馬

poyato [pojáto] 男 段々畑

poyo [pójo] 男 [別荘などの壁に作られた] ベンチ, 腰掛け

poyete 男 =**poyo**

poza [póθa] 囡 ❶ 水たまり. ❷ [川の] 深み, 淵

pozal [poθál] 男 ❶ [井戸から水を汲み上げる] 桶. ❷ バケツ

pozo [póθo] 男 ❶ 井戸：hacer (perforar) un ~ 井戸を掘る. sacar agua del ~ 井戸から水を汲む. ~ artesiano 掘抜井戸. ❷ [鉱山の] 立坑(たてこう) [~ de mina]. ~ petrolífero (de petróleo) 油井. ❸ [深い] 穴：~ airón 深い穴. ~ de lobo 落とし穴. ~ negro (ciego·séptico) [下水処理の] 腐敗槽. ❹ [川の] 深み, 淵. ❺ 底の知れない人：Es un ~ de sabiduría (de ciencia). 彼は博識家だ. ser un ~ de maldad 極悪人である. ❻〈南米〉[道路の] くぼみ

caer en un ~ 忘れ去られる

~ *sin fondo*〈比喩〉底なし井戸：Esta empresa es un ~ *sin fondo*: siempre estoy invirtiendo. この事業は底なし井戸のようなものだ. 私はひっきりなしに金を注ぎ込んでいる. Su ambición es un ~ *sin fondo*. 彼の野望はとどまる所を知らない

tirarse de cabeza a un ~ 無分別なことをする

pozol [poθól] 男〈中米〉ポソル〖トウモロコシ粉の飲料〗

pozole [poθóle] 男〈中米〉ポソレ〖トウモロコシ・トウガラシ・豚肉の煮込み〗；=**pozol**

PP 男〈西. 略語〗←partido popular 国民党

pp.〈略語〗←páginas ページ

P.P.〈略語〗←por poder 代理で；porte pagado 郵税別納, 運賃先払い(支払済)

p/p.〈略語〗←pronto pago 直払い

ppdo.〈略語〗←próximo pasado すぐ前の：el mes ~ 先月

pqte.〈略語〗←paquete 小包

práctica¹ [práktika] 囡〖英 practice〗❶ 実行, 実践：la teoría y la ~ 理論と実践. ❷ [技術などを] 実際に行なうこと, 実施；[主に 囻] 訓練, 練習, 実習, 教習：~ del deporte スポーツをすること. ~ de la medicina 医療(行為). hacer ~s de química (de tiro) 化学の実験(射撃訓練)をする. ❸ 経験, 熟練：Tiene mucha ~ en la enseñanza. 彼は教育経験が長い. Le falta ~. 彼は経験が足りない. ❹ 習慣, 慣行：El carnaval es una ~ pagana. カーニバルは異教の習慣である

en la ~ 実際には, 現実には：Dictan leyes que *en la* ~ nadie cumple. 法律はできたが, 実際には誰も守らない

llevar a la ~/*poner en* ~ [計画などを] 実行に移す

practicable [praktikáble] 形 ❶ 実行可能な, 実現できる：idea difícilmente ~ とても実行できそうにない考え. ❷ [道が] 通行可能な. ❸ [舞台装置の扉・窓が] 実際に開閉できる

prácticamente [práktikaménte] 副 実際的に；ほとんど：La obra está ~ acabada. 工事は終わったも同然だ

practicante [praktikánte] 形 图 ❶〈宗教〉[掟を実践する(人)]：católico ~ 掟を守るカトリック教徒〖日曜には教会に行くなど〗. ❷ [+ de を] 行なっている(人)：~ de algún deporte 何かスポーツをしている人. ❸ [医師 médico の補佐として注射などの簡単な治療だけをする] 准医師, 看護士. ❹ 教育実習生

practicanta 囡〈口語〉女性の准医師

practicar [praktikár] 〔7〕 他 ❶ 行なう：i) [修得したことを] P~ el yoga es muy saludable. ヨガは大変健康にいい. Practico mucho el inglés en mi trabajo. 私は仕事で英語を使うことが多い. ii) [職業を] ~ la abogacía 弁護士を営む.《文語》実施する, 遂行する：Le han practicado una operación de garganta. 彼は喉の手術を受けた. ~ a+人 [熱心に・しばしば] 練習する：¡Practiquemos el español! スペイン語の練習をしましょう！ ❹ [信仰などを] 実践する：Practican el catolicismo. 彼らはま

じめなカトリックだ. 〜 la virtud 徳を実践する.
❺［穴を開けて, 窓・通路を］作る
◆ 圓 訓練を受ける, 実習する : 〜 con un
profesor 先生について練習する. 〜 en un
hospital 病院で実習する

práctico, ca² [práktiko, ka] 脳《英 practi-
cal》❶ 実践的な, 実用的な『↔teórico』; 実
地の : conocimientos 〜s 実践的な知識. uso
〜 実用. utilidad 〜ca 実用性. El paraguas
es muy 〜 en los días de lluvia. 傘は雨の日
には大変役に立つ. clase 〜ca 実習. ❷［人が,
ser+］実際的な, 実利的な : hombre 〜 実際
的な人. ❸［人が, +en に］精通した, 経験の深
い : Es 〜 en pintura. 彼は絵に詳しい. ser
muy 〜 en poner inyecciones 注射が上手で
ある
◆ 圀 水先案内人 ; 水先案内船

pradera [pradéra] 囡 ❶［広大な］牧場, 牧草
地. ❷ 草地, 原っぱ ; 草原 ;［北米の］プレー
リー : perro (perrillo) de las 〜s《動物》プレー
リードッグ

prado [prádo] 圀 ❶［小さい］牧場, 牧草地.
❷ 散歩道, 遊歩道

pragmático, ca [pragmátiko, ka] 脳 プラ
グマチックな, 実用主義の ;《言語》語用論的な
◆ 囡 実際家
◆ 囡 ❶ 勅諚(诠论) : P〜ca Sanción《歴史》
国本勅諚『1830 年フェルナンド7世によって出さ
れ女子にも王位継承権が復活した』. ❷《言語》
語用論

pragmatismo [pragmatísmo] 圀 プラグマチ
ズム, 実用主義

praguense [pragénse] 脳 囡《地名》プラハ
Praga 囡 の〈人〉

praliné [praliné] 圀《←仏語. 菓子》プラリーヌ
『アーモンドなどに糖液をからめたもの』; チョコレー
トボンボン

praseodimio [praseodímjo] 圀《元素》プラ
セオジム

praviana [prabjána] 囡 アストゥリアス地方の
民謡の一つ

praxis [prá(k)sis] 囡《単複同形》実践『prác-
tica』

pre-《接頭辞》［前］prehistoria 有史以前

preacuerdo [preakwérdo] 圀 予備協定

prealerta [prealérta] 囡 予備警報, 注意報

preámbulo [preámbulo] 圀［本・演説など
の］序, 前置き ;［法律・条約などの］前文 ;圀
回りくどさ : Se entretiene en el 〜. 彼は前置き
が長い. No andes con 〜s. 前置きはいらない.
sin 〜s 前置きなしに, いきなり

preaviso [preabíso] 圀［契約解除などの］予
告 : despedir sin 〜 予告なしに解雇する

prebenda [prebénda] 囡 ❶《宗教》［司教座
聖堂会員などの］聖職禄(?). ❷ 実入りのいい
公職(閑職). ❸［恣意的に与えられる］援助金,
補助金

preboste [prebóste] 圀 ❶《宗教》主席司祭,
聖堂参事会長. ❷《軽蔑》実力者, 権力者

precalentamiento [prekalentamjénto]
圀 ❶《スポーツ》ウォーミングアップ. ❷《機械》予

熱 ;［エンジンなどの］暖機

precalentar 圓 ウォーミングアップする. ◆ 囮
予熱(暖機)する

precámbrico, ca [prekámbriko, ka] 脳
圀《地質》先カンブリア時代(の)

precampaña [prekampáɲa] 囡 前もってのキ
ャンペーン : 〜 electoral 選挙の事前運動

precario, ria [prekárjo, rja] 脳 ❶ 不安定
な, 乏しい, 一時的な : 〜ria salud (situación
económica) 不安定な健康状態(経済状態).
❷《法律》仮の占有の : bienes 〜s 仮の占有財
産
de 〜 [estar+] 暫定的な : Estoy de 〜 en la
dirección. 私は暫定的に社長の地位にある

precariedad 囡 不安定さ, 不足, 一時性

precaución [prekauθjón] 囡 ❶ 用心, 予防 :
Me llevaré el abrigo por (para) 〜. 私は念
のためオーバーを着て行こう. tomar (adoptar)
precauciones 予防措置をとる. andar (ir)
con 〜/tener 〜 用心する, 警戒する. con-
ducir con 〜 慎重に運転する. ❷［取り扱い上
の］注意. ❸圀 避難

precautorio, ria [prekautórjo, rja] 脳 予
防に役立つ : Todas las medidas 〜rias son
pocas. 用心に越したことはない

precaver 圀 予防する, 用心する :
La ONU se fundó para 〜 una tercera
guerra mundial. 国連は第3次世界大戦を防
ぐために創られた
◆ 〜se [+de・contra を] 予防する, 警戒する :
〜se de la infección 感染しないように予防する.
〜se contra los envidiosos ねたみ深い連中に
用心する

precavido, da [prekabído, da] 脳 圀分 用
心深い, 慎重な : andar 〜 用心する. ser 〜 慎
重〔な性格〕である

precedencia [preθeðénθja] 囡 ❶ [+sobre
に対する] 優先 ; 優位, 上位 : dar 〜 a la
práctica sobre la gramática 文法よりも実用
を優先させる. ❷［座席・儀式などでの］優先権 ;
上座 : dar 〜 a los ancianos 老人に席を譲る

precedente [preθeðénte] 脳 前の『ante-
rior』: el día 〜 前日. el año 〜 前年
◆ 囡 前任者『predecesor』
◆ 圀 ❶ 先例, 前例 : No hay tal 〜. そんな前
例はない. sentar 〜s ([un] 〜s)［主に悪い意
味で］先例を作る. servir de 〜 先例となる.
sin 〜 異例の, 前代未聞の. ❷《法律》前科 :
tener varios 〜s 前科がある
sin que sirva de 〜 今度だけ特別に

preceder [preθeðér] 圓 ❶［時間的・空間的
に, +a に］先行する, …の前にある : El artículo
precede al nombre. 冠詞は名詞の前に置かれ
る. El saludo del presidente precedía a la
fiesta. パーティーに先立って会長の挨拶があった.
❷ [+a より] 上位である : Mi padre le prece-
día en categoría. 私の父は彼より役職が上だっ
た

preceptista [preθeptísta] 脳 囡 規則を重ん
じる〈人〉, 枠にはまった ; 文学上の約束事を説く
人

preceptivo, va [preθeptíβo, βa] 形 義務的な, おきまりの
◆ 安 医名 規則, きまり事 : ～*va literaria* 文学上の約束事

precepto [preθépto] 男 ❶ [宗教上の] 戒律, 掟 : día (fiesta) de ～ ミサに行かなければいけない日《クリスマスなど》. cumplir con el ～ 教会の掟に従う. ❷ 規則, 約束事 : ～*s* básicos de las obras teatrales 戯曲の基本的な約束事. ～*s del juego* ゲームのルール. ❸ 命令, 指令 : ～*s gubernativos* 行政命令

preceptor, ra [preθeptór, ra] 名 [主に住み込みの] 家庭教師

preceptuar [preθeptwár] 14 他《文語》指示する, とりきめる : ～*va literaria*

preces [préθes] 安 複《文語》願い, 請願 ; [神への] 祈り : Dios oyó mis ～. 神は私の願いを聞き届けてくださった

preciado, da [preθjáðo, ða] 形 過分 大切な, すばらしい ; 価値のある

preciar [preθjár] 10 ～*se* [+de を] 誇る, 自慢する : Se precia de su poder. 彼は権力を鼻にかけている

precinto [preθínto] 男 ❶ [商品貨物などの] 封印 [印, 行為] ; [犯行現場などの] 封鎖, 立入禁止 : quitar (arrancar) ～ 封印を取る. ～ en la botella de whisky ウイスキーの瓶の封印. ❷ [荷造り用の] 粘着テープ

precintado 男 封印 [行為]

precintar 他 …に封印する ; 封鎖する

precio [préθjo] 男《英 price》❶ 値段, 価格 ; 料金 : ¿Cuál es el ～ de este libro? この本はいくらですか? comprar a bajo ～ 安く買う. por un ～ de nada とびきり安く, 只同然で. reducir el ～ 値引きする. alzar (aumentar) el ～ 値上げする. rebajar (disminuir) el ～ 値下げする. a ～ de mercado 市場価格ベースで. ～ con IVA 付加価値税の入った値段. ～ de diario 貸出歩合, 延滞日歩. ～ sombra シャドープライス. ～ indicativo 標準価格. ～*s corrientes (constantes)* 当年(固定)価格, カレント(コンスタント)プライス. ❷ 腰 物価 : ～*s al consumidor (al por mayor・al por menor)* 消費者(卸売り・小売り)物価. nivel de los ～*s* 物価水準. ❸ 報い, 代価 : Tuvo que pagar un ～ muy alto para conseguir la victoria. 彼は勝利を得るために大きな犠牲を払わなければならなかった. ❹ 評価, 長所 : Es mujer de gran ～. 彼女は大切な人だ

a cualquier ～ 何としても : Llegaré hasta el final *a cualquier* ～. 絶対に最後まで行きつくぞ

al ～ *de...* …と引き換えに : Lo ha conseguido todo, pero *al* ～ *de* la libertad. 彼はすべてを手に入れたが, その代わり自由を失った

no tener ～ 値のつけようがない, 非常に高価(大切)である

poner ～ *a...* …に値をつける : Han puesto ～ *a* su cabeza. 彼の首に賞金が掛けられた

preciosidad [preθjosiðá(ð)] 安 ❶ 高価さ ; 美しさ. ❷ すばらしいもの : Estos pendientes son una ～. このイヤリングはとてもすばらしい

preciosismo [preθjosísmo] 男 [17世紀フランスの] 表現の洗練をめざす文学傾向 ; [表現の] 凝りすぎ

preciosista 形 名 その傾向の〔文学者〕

precioso, sa [preθjóso, sa] 形《英 precious》❶ 貴重な, 高価な ; 価値の高い : Son ～*s todos los minutos*. 一分一秒が大切だ. consejo ～ ありがたい忠告. ❷ かわいい, 美しい ; すばらしい : bebé ～ かわいい赤ん坊. mesa ～*sa* 美しいテーブル. ❸ [親愛の呼びかけ] Rosa, ～*sa, ¿quieres ir conmigo?* ねえ, ロサ, 私と一緒に行ってくれない?

preciosura [preθjosúra] 安《中南米》= **preciosidad**

precipicio [preθipíθjo] 男 ❶ 断崖, 絶壁. ❷ [精神的・物質的な] 破滅, その危険状態 : caer en un hondo ～ 破滅に陥る. Estamos al borde de un ～. 私たちは窮地に立たされている

precipitación [preθipitaθjón] 安 ❶ 大急ぎ ; 性急 : con ～ あわてて, あわただしく. Las precipitaciones nunca son buenas. せいては事をし損じる. ❷《気象》降水 ; 腰 降水量 : En marzo hay muchas precipitaciones. 3月は雨が多い. ❸《化学》沈殿

precipitado, da [preθipitáðo, ða] 形 過分 あわただしい, 性急な : El fin de año es la época de días ～*s para toda la gente*. 年末は誰にとっても忙しい. convocatoria ～*da* 急な召集. decisión ～*da* 性急な決定. con paso ～ 急ぎ足で
◆ 男《化学》沈殿物 : ～ blanco (rojo) 白(赤)降水 (沈)

precipitadamente 副 あわただしく, 大急ぎで ; 軽率に : Sonó ～ el timbre. ベルがけたたましく鳴った

precipitar [preθipitár] 他 ❶ [高い所から] 投げ落とす : Lo precipitaron desde el balcón. 彼はバルコニーから突き落とされた. Su política precipitará al país en la miseria. 彼の政策はその国を悲惨な状態に陥れるだろう. ❷ 急がせる, せき立てる : Esa noticia precipitó su muerte. その知らせは彼の死期を早めた. ～ el paso 足を速める. ～ la huida 急いで逃げる. ❸《化学》沈殿させる
◆ 自《化学》沈殿する
◆ ～*se* ❶ 飛び込む, 落ちる : Se precipitó por la ventana. 彼は窓から身を投げた. ～*se al (en el) vacío* 宙に身を躍らせる. ❷ 急いで行く, 突進する : La gente se precipitó a la salida. 人々は出口へ殺到した. El toro se precipitó contra la barrera. 牛は柵に向かって突進した. ～*se sobre el enemigo* 敵に襲いかかる. ❸ [+a+不定詞] 大急ぎで…する ; 早まって…してしまう : Se precipitó a contar lo que le había ocurrido. 彼はあわてて自分の身に起きたことを話した. ❹ [事柄が] 急速に起こる : Se precipitaron los acontecimientos. 事件が次々と起こっ

P

た

precisamente [preθísaménte] 副 ❶ 明確に, 正確に. ❷ ちょうど, まさしく: La industrialización constituye ～ un problema. 工業化こそがまさしく問題なのだ. ❸ [間投詞的. 同意] そのとおり!

precisar [preθisár] 他 ❶ 明確にする, はっきりさせる: ～ la fecha 日取りをはっきり決める. ～ la idea 考えを明確にする. ❷ [+a+不定詞・que+接続法 することを] …に強いる: Le *precisé a que* dijera la verdad. 本当のことを言うように私は彼に命じた. ❸ 必要とする 〖necesitar〗: *Preciso* dinero. 私は金が要る
◆ 自 [+de を] 必要とする: *Precisa de* tu ayuda. 彼には君の助けがいる

precisado, da 形 過分《主に中南米》[+a+不定詞 を] 強いられた: Se vieron ～s a volver a casa. 彼らは帰宅しなければならなくなった

precisión [preθisjón] 女 ❶ 明確さ, 正確さ: Conozco este barrio con ～. 私はこの界隈は詳しく知っている. dicho con más ～ もっと正確に言えば. ❷ 必要性: Tuve ～ de su ayuda. 私は彼の援助が必要だ. Me vi en la ～ de coger un taxi. 私はタクシーをつかまえなければならなかった
de ～ [機械などが] 正確な: instrumentos *de* ～ 精密機器. trabajo de gran ～ 大変精密さの要求される仕事

preciso, sa [preθíso, sa] 形 〖英 precise〗〖ser+〗 ❶ 明確な, 正確な: Conozco el lugar ～ en donde van a construir el ayuntamiento. 私は市役所の建設予定地をはっきりと知っている. órdenes ～*sas* 明確な指示. mapa ～ 正確な地図. En aquel ～ momento vino él. まさにその時彼がやって来た. ❷ 的確な; 簡潔な: respuesta ～ 的確な返答. estilo ～ 簡潔な文体. ❸《文語》[目的のために] 必要な: Es ～ poseer más datos. もっとデータが必要だ. [+que+接続法] Es ～ *que* me llames. 君は私に電話してくれなければならない

preclaro, ra [prekláro, ra] 形《文語》有名な, 尊敬すべき: Es una familia de ～ abolengo. それは由緒ある家柄だ. hijo ～ de la patria 祖国の名誉ある息子

precocidad [prekoθiðá(ð)] 女 〖←precoz〗 早さ; 早熟: ～ de las heladas 早霜

precocinado, da [prekoθináðo, ða] 形 男 調理済みの〔食品〕, 温めるだけの

precognición [prekoɡniθjón] 女 予知, 前知

precolombino, na [prekolombíno, na] 形 コロンブスのアメリカ大陸到着以前の

preconcebido, da [prekonθeβíðo, ða] 形 あらかじめ考えられた, 予断された: plan ～ 前もって打合せられた計画. ideas ～*das* 先入観
preconcebir 35 他 前もって考える, …について先入観をもつ

preconciliar [prekonθiljár] 形 バチカン公会議(1962-65)以前の; 保守主義の

precondición [prekondiθjón] 女 前提条件

preconizar [prekoniθár] 他 ❶《文語》

[広い観点から] 推奨する: Ese político *preconiza* un gobierno de coalición. その政治家は連立内閣を主唱している. ❷ [教皇が新司教を] 指名する

precontrato [prekontráto] 男 先約

precordial [prekorðjál] 形《解剖》心臓の前の, 前胸部の

precoz [prekóθ] 形 〖複 ～ces〗 ❶ [果実が] 早熟の(⚥)の; 早咲きの: manzana ～ 早生のリンゴ. ❷ 早熟な: Es un niño ～ para su edad. この子は年のわりに早熟だ(ませている). ❸ [時期的に] 早い: Es ～ este invierno. 今年は冬が早い. heladas *precoces* 早霜. matrimonio ～ 早婚. diagnóstico ～ de un cáncer 癌の早期発見

precursor, ra [prekursór, ra] 形 前ぶれの; 草分けの: signo ～ de la crisis 危機の前兆. síntoma ～ de un ataque 発作の前駆症状
◆ 名 先駆者, 草分け的存在
◆ 名《生化》先駆(前駆)物質

predatorio, ria [preðatórjo, rja] 形《動物》捕食性の

predador, ra 形 名《動物》捕食する; 捕食者

predecesor, ra [preðeθesór, ra] 名 ❶ 前任者, 先任者: Es mi ～ en la dirección de esta escuela. 彼は私の前にこの学校の校長だった人だ. ❷ [主に複]先人; 祖先: Nuestros ～*es* eran muy pobres. 私たちの祖先は大変貧しかった

predecir [preðeθír] 64 他 〖過分 pred*icho*, 現分 pred*iciendo*. 命令法単数は規則変化〗 [論理的・科学的な根拠があって] 予言する, 予知する: Una gitana le *predijo* su destino. ジプシーの女が彼の運命を予言した. ～ un terremoto 地震を予知する

predecible 形 予言(予知)し得る

predestinación [preðestinaθjón] 女《キリスト教》予定(説), 教霊予定説

predestinado, da [preðestináðo, ða] 形 過分 〖estar+. +a に〗 ❶ 予定された: dinero ～ a gastos extraordinarios 臨時支出用の金. ❷ 運命づけられた: Con este coche estás ～ a quedarte en medio de la carretera. こんな車に乗ったら途中でエンコするのは目に見えてるよ
◆ 名《キリスト教》教霊予定者

predestinar [preðestinár] 他 ❶ [ある目的に] あらかじめ予定する: He *predestinado* ese dinero para comprar un coche. 私は車の購入にその金を当てることに決めてある. ❷ [+a を] 運命づける. ❸《キリスト教》[神が救霊を] 予定する

predeterminar [preðeterminár] 他 [+a に] あらかじめ決定(限定)する
predeterminación 女 前もっての限定; [神による人間の意志・行為の] 予定, 宿命: con ～ あらかじめ決めたとおりに

predial [preðjál] 形 所有地の: servidumbre ～ 地役権

prédica [préðika] 女 ❶ [主にプロテスタントの説教師の] 説教. ❷ 教訓話; 熱弁, 長広舌

predicable [preðikáβle] 形 男 属性として述

定し得る〔もの〕, 属性；《論理》賓位語, 客位語

predicación [preðikaθjón] 囡 説教
術, 弁舌の才

predicaderas [preðikaðéras] 囡 腹 説教
術, 弁舌の才

predicado [preðikáðo] 男 ❶《文法》述部,
述語：nominal 名詞述部〔繋辞動詞＋名詞・
形容詞〕. ～ verbal 動詞述部. ❷《論理》述
語, 賓辞

predicador, ra [preðikaðór, ra] 形 图《宗
教》説教する；説教師

predicamento [preðikaménto] 男 ❶ 権
威, 影響力；名声：Goza de ～ en el partido.
彼は党の有力者だ. Este profesor tiene gran
～ entre sus alumnos. この先生は生徒たちに大
変評判がいい. alcanzar ～ 権威を手にする. ❷
《論理》賓位語, 範疇

predicar [preðikár] 丁 他 ❶《宗教》説教す
る；諭す, いさめる：～ la honestidad 正直であれ
と説く. [＋que＋接続法] Le *prediqué que* no
fume. 私は彼にたばこを吸うなと意見した. ❷ 公
表する, 明示する. ❸《文法》[主語について] 叙
述する. ❹《論理》賓述する
◆ 固 ❶《宗教》説教をする：～ con el ejem-
plo 身をもって教える, 自らの教えを実践する. ❷
苦言を呈する

predicativo, va [preðikatíβo, βa] 形《文
法》述語の：adjetivo ～ 叙述形容詞
◆ 男 述語, 叙述補語〖complemento ～〗

predicción [preðikθjón] 囡 〖←**predecir**〗
予言, 予知：Se realizó (Falló) su ～. 彼の予
言が当った（外れた）. ～ del tiempo 天気予報

predictivo, va [preðiktíβo, βa] 形《写真》
動体予測方式の

predilección [preðilε[k]θjón] 囡 偏愛, ひい
き：Siento una ～ por las novelas histór-
icas. 私は歴史小説が特に好きだ

predilecto, ta [preðilέkto, ta] 形 特に好か
れる, ひいきされる：Es la niña ～*ta* de su pa-
dre. その娘は父親のお気に入りだ

predio [préðjo] 男《主に中南米》地所, 不動産
〖finca〗；農場：～ rústico 農地. ～ urbano
〔上物付きの〕宅地

predisponer [preði[k]θjón] 60 他 〖過分
predis*puesto*〗…に影響する；[人を病気に] か
かりやすくする：Su aspecto predispone a la
gente contra sí. 顔つきのせいで人々は彼に反感
を持ってしまう

predisposición [preðisposiθjón] 囡 傾向,
素質；《医学》疾病素質：tener una ～ para
la pintura 絵の素質がある. ～ alérgica アレル
ギー体質

predispuesto, ta [preðispwésto, ta] 形
〖過分〗[＋a・hacia の] 傾向がある：Es muy ～ *a*
coger la gripe. 彼は風邪をひきやすい体質だ.
Nunca he estado ～ contra él. 私は決して初
めから彼に反感を持っていた訳ではない

predominante [preðominánte] 形 優勢な,
支配的な：tendencia ～ 支配的傾向

predominantemente 副 優勢に

predominar [preðominár] 固 [＋sobre に対
して] 支配的である, 優位を占めている：Las

ideas conservadoras *predominan sobre* las
reformadoras. 保守的な思想が革新的な思想
を圧倒している. En el cuadro *predomina* el
color azul. その絵では青色が際立っている. Este
edificio *predomina sobre* (a) aquél. この
ビルはあのビルよりも高い

predominio [preðomínjo] 男 [＋sobre に対
する] 優越, 優位：～ de la razón *sobre* la
pasión 感情に対する理性の優位

predorsal [preðorsál] 形《言語》前部舌背音
の

preelectoral [preelektorál] 形 選挙前の

preeminencia [preeminénθja] 囡 優位, 上
位：dar ～ a… …に高い地位を与える；最優先
させる

preeminente [preeminénte] 形 卓越した,
上位の：España ocupa un lugar ～ en la
fabricación de calzado. スペインは靴の生産で
上位を占めている

preencogido, da [preenkoxíðo, ða] 形
《繊維》防縮加工した

preescolar [preeskolár] 形 就学前の：edu-
cación ～ 就学前教育
◆ 男 保育園, 幼稚園

preestablecido, da [preestableθíðo, ða]
形 〖過分〗前もって制定（設立）した

preestablecer 39 他 前もって制定（設立）する

preestreno [preestréno] 男 試写〔会〕, 試演

preexistir [pree[k]sistír] 固 以前に存在す
る：Eso les *ha excitado* el odio que pre-
existía ya entre ellos. それは彼らの前々からの
憎しみを一層かき立てた

preexistencia [preeksisténθja] 囡 以前に存在したこと；《哲
学》先在, 前存

preexistente 形 以前あった：gobierno ～
前政府

prefabricado, da [prefaβrikáðo, ða] 形
〖過分〗《建築》プレハブ式の：vivienda ～*da* プレハ
ブ住宅

prefabricar 丁 他 [部分ごとに] 前もって作る

prefacio [prefáθjo] 男 序文, 序言；《カトリッ
ク》序唱

prefecto [prefékto] 男 ❶ [教会組織の] 長：
～ apostólico 知牧〔［＼］〕. ❷ 監督者：～ de
estudios 学監, 生徒監. ❸ [フランスの政府機
関の] 県官. ❹《歴史》de pretorio [実質
的には皇帝に次ぐ, ローマ帝国の] 最高執政官

prefectura [prefektúra] 囡 ❶ prefecto の
職（権限・任期・管轄区）. ❷《南米》水上警察
〖～ naval〗

preferencia [preferénθja] 囡 ❶ [時に 腹]
偏愛, えこひいき：Goza de la ～ del jefe. 彼は
上司にえこひいきされている. mostrar ～ por＋人 …
をえこひいきする. tratamiento de ～ 差別待遇.
❷ 優先〔権〕；優位：Los ancianos tienen ～
para ocupar estos asientos. この席は老人の
優先座席だ. Tienen ～ los menores en esta
prueba. この種目では年少者が有利だ. ❸ [競
技場などの] 特別観覧席, 指定席 〖localidad
de ～〗. ❹《交通》先行権. ❺《経済》特恵：～
comercial 貿易上の特恵

P

de ~ 優先的に；どちらかと言えば，むしろ〖preferentemente〗

preferencial [preferénθjal] 形 tasa ~ プライムレート

preferente [preferénte] 形 ❶ [地位などが] よりよい: Ocupa un puesto ~ por su edad. 彼は年の割には高いポストについている． puesto ~ en la mesa テーブルの上座．clase ~ 《航空》エグゼクティブクラス．❷ 優先的な: sentir una inclinación ~ por... …を特に好む． tratamiento ~ 特別待遇．tarifa ~ 特恵関税(税率)．acción ~ 《商業》優先株

preferentemente [preferéntemente] 副 優先的に；どちらかと言えば，むしろ: Para este puesto eligen ~ a gente del país. この地位には自国の人が優先的に選ばれる． Éste es un país ~ agrícola. この国はどちらかと言えば農業国だ

preferible [preferíble] 形 [ser+. +a より] 望ましい，都合がよい: i) El agua fría es ~ *a* la caliente para la salud. 健康には湯より水の方がいい．ii) [ser ~ +不定詞・que+接続法] *Es* ~ no hablar a decir tonterías. ばかなことを言うよりは黙っているべきだ． *Es* ~ *que* me llame usted mañana. 明日お電話いただければ幸いです

preferido, da [preferído, ða] 形 過分 お気に入りの[人]: Es el ~ de su padre. 彼は父親のお気に入りだ． acción ~da《商業》優先株

preferir [preferír] 他 [英 prefer. ☞活用表． 現分 prefiriendo] [+a よりも] …の方を好む，むしろ…を選ぶ: i) *Prefiero* el verano *al* invierno. 私は冬より夏の方が好きだ． *Prefiero* éste entre todos los vestidos. 全部のドレスの中で私はこれがいい． ¿Qué *prefieres*, vino o cerveza? ワインとビールとどちらがいい？ Su padre siempre *prefiere a* la hija menor. 父親はいつも末娘をひいきする． Eso es lo que menos *prefiero*. そんなことはごめんだ． ii) [+不定詞] *Preferí* no decepcionarle. 私は君を失望させたくなかった． *Preferiría* morir a casarme con ése. あんな男と結婚するくらいなら死んだ方がましだわ．iii) [+que+接続法] *Prefiero que* ese hombre se quede aquí. その男にはむしろここに残ってもらいたい

preferir	
直説法現在	直説法点過去
prefiero	preferí
prefieres	preferiste
prefiere	prefirió
preferimos	preferimos
preferís	preferisteis
prefieren	prefirieron
接続法現在	接続法過去
prefiera	prefiriera, -se
prefieras	prefirieras, -ses
prefiera	prefiriera, -se
prefiramos	prefiriéramos, -semos
prefiráis	prefirierais, -seis
prefieran	prefirieran, -sen

prefigurar [prefigurár] 他 前もって形(型)で表わす

◆ ~se 前もって頭に描く

prefijar [prefixár] 他 ❶ [条件などを] あらかじめ定める: Antes de seguir adelante con el negocio quisiéramos ~ las condiciones de pago. 商談を進める前に支払い条件を定めておきたいのですが．❷ 《文法》[語幹に] 接頭辞をつける

prefijación 女 接頭辞を用いての新語形成

prefijo¹ [prefíxo] 男 ❶ 《電話》市外局番．❷ 《文法》接頭辞

prefijo², ja 形 《文法》接頭辞の；あらかじめ定められた

pregón [pregón] 男 ❶ 《歴史》告示，公示: ~ del alcalde 市長からの通達．❷ 売り歩く声: ~ de vendedor ambulante 呼び売りの声．❸ [祝賀行事の] 開会宣言，開会のスピーチ

pregonar [pregonár] 他 ❶ 呼び売りする．❷ [秘密などを] 世間に知らせる，暴露する；[公に] ほめ讃える．❸ 告示する

pregonero, ra [pregonéro, ra] 形 名 ❶ 《歴史》御触れ役人〖役所の告示を大声で触れ回る下級役人〗．❷ 呼び売りの商人，開会宣言をする人；口の軽い[人]

pregrabado, da [pregraváðo, ða] 形 《放送》前もって録音(録画)された

pregunta [pregúnta] 女 〖英 question〗 ❶ 質問，問い: ¿Tiene usted alguna ~? 何か質問がありますか？ hacer (formular) una ~ a+人 …に質問する，尋ねる．~s y respuestas 質疑応答．❷ 格 試験問題；質問書(状)；尋問，取り調べ: Conteste [a] las ~s siguientes. 次の問いに答えよ

absolver las ~s《法律》宣誓して答える

estar (andar·quedar) a la cuarta (última)《西．口語》一文なしである，一文なしに近い；[話題などが] ピントがずれている

estrechar a ~s a+人 …を質問攻めにする，問い詰める

preguntar [preguntár] 〖英 ask〗 他 [+a+人 に] 尋ねる，問う: Me *preguntó* la edad. 彼は私に年齢を尋ねた． Le *preguntaron* si sabía nadar. 彼は泳げるか尋ねられた

◆ 自 [+por·sobre+事物 について] 尋ねる，質問する；[+por+人 を] 訪ねて来る: El profesor *pregunta a* sus alumnos *sobre* la lección de ayer. 先生が生徒たちに昨日勉強したことについて質問している． José me *ha preguntado por* ti. ホセは君はどうしているかと言っていたよ． *Preguntan por* ti en el teléfono. 君に電話がかかっているよ

◆ ~se 自問する，疑問に思う: Me *pregunto* si es verdad lo que ha dicho él. 彼の言ったことは本当かなあ

preguntón, na [preguntón, na] 形 名 《軽蔑》根掘り葉掘り尋ねる[人]，ぶしつけな質問をする[人]

prehelénico, ca [preelénico, ka] 形 《歴史》前ギリシア時代の

prehispánico, ca [preispániko, ka] 形 =

precolombino

prehistoria [preistórja] 囡 ❶ 先史〔時代〕；先史学。❷ 起源，初期段階
　prehistórico, ca 厖 1) 有史前の：tiempo ～ 先史時代。2)《軽蔑》時代遅れの，古ぼけた
prehomínido, da [preomínido, da] 厖 图 先行人類〔の〕
preignición [preigniθjón] 囡 ［エンジンの］過早点火
preinca/preincaico, ca [preínka/-inkáiko, ka] 厖《考古》プレ・インカの
preinforme [preinfórme] 男 報告書の草稿
preinscripción [preinskripθjón] 囡 ［課目などの］仮登録，仮申し込み
preislámico, ca [preislámiko, ka] 厖 前イスラム時代の
prejudicial [prexuðjál] 厖《法律》cuestión ～［裁判での］先決問題
prejuicio [prexwíθjo] 男 偏見，先入観；予断：tener ～s contra... …に偏見を抱く。mirar con ～ 偏見の目(色眼鏡)で見る
　prejuiciado, da 厖《中南米》偏見をもった
prejuzgar [prexuθɣár] 8 他 予断する，決めてかかる
prelacía [prelaθía] 囡 ＝prelatura
prelación [prelaθjón] 囡 優先〔順位〕：～ de los intereses particulares sobre los generales 個人的な利益を全体的な利益よりも優先すること
prelado [preláðo] 男 ❶ 高位聖職者『大司教，司教，大修道院長など』。❷ ～ doméstico 教皇侍従
　prelaticio, cia 厖 高位聖職者の
　prelatura 囡 その地位；［教皇庁の］高官団
prelavado [prelaβáðo] 男 ［洗濯機での］予洗い
preliminar [preliminár] 厖 ❶ 前提の，前置きの：negociación ～ 予備交渉。acuerdo ～ 予備協定。hacer las observaciones ～es 前置きする。❷《スポーツ》予選の
　◆ 男/囡《中南米》予選
　◆ 男 覆［主に文書による］予備交渉(折衝)
preludiar [preluðjár] 10 他 …の前兆となる，下準備をする：Estas nubes *preludian* tormenta. この雲は嵐の前ぶれだ
　◆ 自《音楽》［本番の演奏前に］楽器や声を調整する，チューニングする
preludio [prelúðjo] 男 ❶ 前ぶれ，前兆；序幕，序章：Ese asesinato fue el ～ de la guerra. その暗殺は戦争の前兆だった。❷《音楽》［演奏前の］楽器や声の調整；前奏曲，プレリュード
premamá [premamá] 厖 図 妊婦〔の〕：vestido [de] ～ マタニティドレス
prematrimonial [prematrimonjál] 厖 結婚前の：cursillo ～［カトリック教会で行なわれる］結婚講座『司祭が新郎新婦に結婚への心構え・子供の教育法などを教える』。relaciones ～es 婚前交渉
prematuro, ra [prematúro, ra] 厖 ❶ 時期尚早の，早すぎる：Has tomado decisiones ～ras. 君は早まった決定をした。calvicie ～ra

若はげ。muerte ～ra 早死に，夭折(⅍)。parto ～ 早産。vejez ～ra 早老。❷ 早産の，未熟児の
　◆ 图 早産児，未熟児『niño ～』
　prematuramente 剾 時期尚早に，早まって：hacer cosas ～ 先走ったことをする。morir ～ 若死にする
　prematuridad 囡 早産
premeditar [premeðitár] 他 あらかじめ熟考する，入念に準備する：～ los pros y los contras 利害得失をよく考える。asesinato *premeditado* 謀殺。crimen *premeditado* 計画的な犯罪
　premeditación 囡 あらかじめ熟考すること；《法律》予謀
premenstrual [premenstrwál] 厖 月経〔期〕前の
premiar [premjár] 10 他 ［+con の賞・ほうびを，人・行為に対して］授与する，表彰する；ほめ讃える：*Fue premiado* en el Nobel de Física. 彼はノーベル物理学賞を与えられた
　premiado, da 厖 图 過分 入賞(受賞)した；入賞者，受賞者
premier [premjér] 图《覆 ～s》［英国などの］首相
premio [prémjo] 男《英 prize》❶ 賞，賞金，ほうび《↔castigo》：i) dar a+人 el ～ por el valor …の勇気を表彰する。obtener (ganar) el primer ～ en el concurso コンクールで1等賞をとる。Tu buen comportamiento merece un ～. お行儀がいいからごほうびをあげよう。～ de honor 優等賞。Gran P～ de España スペイングランプリ。P～ Cervantes de literatura セルバンテス文学賞。ii)［+人 への］～ a la mejor película 最優秀映画賞。❷ 受賞者：Es ～ Nobel de física. 彼はノーベル物理学賞の受賞者だ。❸［宝くじの］当たりくじ：Le tocó un ～ en el sorteo. 彼は宝くじが当たった。❹《商業》プレミアム
　～ *extraordinario* 最優秀賞：～ *extraordinario* fin de carrera 大学卒業生の優等賞
premioso, sa [premjóso, sa] 厖 ❶ へまな，のろまな。❷［文体などが］込み入った，なめらかでない。❸ 至急の：orden ～sa 緊急の命令
　premiosidad 囡 手際の悪さ；錯綜
premisa [premísa] 囡 ❶《論理》前提：partir de una falsa ～ 間違った前提から出発する。～ mayor (menor) 大(小)前提。❷ 覆［交渉などの］前提条件：Establecidas (Sentadas) estas ～s, podemos llegar a un acuerdo. これらの前提が満たされれば合意に到達することができる
premolar [premolár] 男 前臼歯，小臼歯『diente ～』
premonición [premoniθjón] 囡 ［根拠のない］予感，虫の知らせ；《医学》前駆症状：tener una ～ de... …の予感がする，虫が知らせる
premonitorio, ria [premonitórjo, rja] 厖 ❶ 前兆の，予感的な。❷《医学》前駆性の：síntomas ～s 前駆症状
premura [premúra] 囡 ❶ 緊急性：con ～

急いで, 至急に. ～ [時間・スペースの] 少なさ: con ～ de tiempo 時間に追われて. debido a ～ de espacio スペースが足りなくて

prenatal [prenatál] 形 出生前の

prenda [prénda] 女 ❶ 衣類, 衣服 〖～ de vestir〗: en ～s interiores 下着姿で. ～ íntima 下着. ～s de cama シーツやベッドカバー. ❷ 抵当, 質草: dar (entregar)… en ～〖s〗 …を抵当に入れる. tomar… en ～ …を抵当にとる. ❸ 証し, 証拠: como ～ de la amistad 友情のしるしとして. ❹ [精神的・肉体的] 長所, 美点 〖buena ～〗: ensalzar las ～s de+人 …のいい所をほめ讃える. ❺ [主に家族間での親愛の呼びかけ] ¡No hagas eso, ～! 君, そんなことをしてはだめよ! ❻ [罰金遊びの] 罰金; 〖遊〗罰金遊び〖juego de las ～s〗. ❼《中南米》宝飾品, 宝石

en ～ de… …の抵当として; …の証拠として

no doler ～s a+人 1) …は義務に忠実である. …費用(努力)を惜しまない: Con tal de conseguir tu amor no le *duelen* ～s. 彼は何としても君の愛を勝ち取ろうとしている. Al buen pagador no le *duelen* ～s.《諺》余裕のある人はどんな約束でも平気である. 2) 相手の優位(自分の誤り)を認めるのにやぶさかでない

no soltar ～《口語》関わり合いになりそうなことは言わない, 沈黙を守る

prendar [prendár] 他 …の心を捕える

◆ **～se** [+de に] 心を奪われる: Se prendó de la muchacha. 彼はその少女に夢中になった

prendedor [prendedór] 男《主に中南米》ピン, 止め針; ブローチ

prender [prendér] 他 〖過分 prendido/preso〗 ❶ 捕える; つかむ: El policía *prendió* al ladrón. 警官は泥棒を取り押さえた. Me *prendió* del brazo. 彼は私の腕をつかんだ. ❷ [ピンなどで, +en に] とめる, 引っかける: ～ un calendario *en* la pared カレンダーを壁にとめる. ～ la chapa *a* (*en*) la blusa 作業服に名札をつける. ❸ [火・明かりを] つける; ともす: ～ la lumbre 火を燃やす. ～ fuego *a*… …に火をつける, 放火する. ～ una cocinilla こんろに火をつける

◆ 自 ❶ 引っかかる: El ancla *prendió en* el fondo. 錨が海底にかかった. ❷ [植物が] 根を下ろす, 根づく: Esta planta no *ha prendido*. この植物は根づかなかった. ❸ [火が] つく: Las llamas *prendieron en* las pajas. わらに炎がついた. ❹ 広がる: El fuego *prendió* por toda la montaña. 火事は山全体に広がった. Sus ideas *prendieron en* la juventud. 彼の思想は若い人たちの心をとらえた. ❺ [種痘が] つく

◆ **～se** ❶ [自分のものを] とめる; 引っかける 〖engancharse〗: Se *ha prendido* el pelo con unas horquillas. 彼女は髪をヘアピンでとめた. ❷ 火がつく: Se le *prendió* el vestido *en* la estufa. ストーブの火が彼の服に燃え移った

prendería [prendería] 女 古着屋店, 古道具店

prendero, ra 名 古着商, 古道具商

prendido, da [prendído, da] 形 〖過分〗 ❶ [quedar+] 引っかかった; 捕えられた: El sombrero quedó ～ entre las ramas. 帽子が枝に

引っかかった. Me quedé ～ de su belleza. 私, 彼女の美しさのとりこになった. ❷《中南米》[明かりなどが] ついた

◆ 男《服飾》[ピンでとめる] 飾り; [特に] 髪飾り; ～ de flores 花飾り. ～ de novia 花嫁のベールを留めるキャップ(バンド)

prendimiento [prendimjénto] 男 ❶ 捕われのキリスト; その絵(像). ❷ 捕縛

prensa [prénsa] 女 ❶《文語》[一般に] 新聞, 雑誌: No lee la ～. 彼女は新聞を読まない. Eso está en la ～. それは新聞に出ている. ～ amarilla 扇情的な大衆紙; イエロージャーナリズム. ～ del corazón [女性向け] ゴシップ雑誌. ❷ 報道機関; 〖医〗記者団, 報道関係者. trabajar en la ～ ジャーナリズム界で働く. campaña de ～ プレスキャンペーン. centro de ～ プレスセンター. club de ～ 記者クラブ. libertad de ～ 報道の自由. ❸ 印刷機; 印刷: libros recién salidos de la ～ 新刊書, できたばかりの本. ～ rotativa 輪転機. ❹ 圧搾機, 圧縮機, プレス: ～ hidráulica 水圧機, 油圧プレス. ～ plancha-pantalones ズボンプレッサー

dar a la ～ 出版する

en ～ 印刷中の; 近刊の: meter *en* ～ [原稿を] 印刷に回す

sudar la ～ 休みなく印刷する

tener buena (mala) ～ [世間の] 評判がよい(悪い): Últimamente el alcalde *tiene* muy *mala* ～ entre los vecinos. 最近市長の評判は住民の間でがた落ちだ

prensar [prensár] 他 圧縮する, 締めつける; 搾る: ～ la aceituna オリーブを搾る

prensado, da 形 〖過分〗圧縮(圧搾)加工した.

◆ 男 圧縮(圧搾)加工, プレス加工

prensil [prensíl] 形《動物》[尾などが] 物をつかむことができる, つかむのに適した

prensoras [prensóras] 女 複《鳥》対指足類

prenupcial [prenupθjál] 形 結婚前の, 婚前の

preñado, da [preñádo, da] 形 〖過分〗 ❶ [estar+. 主に動物が] 妊娠した, 受胎した: Esta gata está ～da. この猫はおなかが大きい. ❷《文語》[+de で] 満ちた: nubes ～das de amenazas 一荒れ来そうな雲. camino ～ de dificultades 苦難の道

◆ 男 妊娠(期間); 胎児

preñar 他 1) 妊娠させる 〖empreñar〗. 2) [+de で] 満たす: ～ el ambiente *de* tensión まわりを緊張させる

preñez [preñéθ] 女 妊娠, 受胎; 妊娠期間

preocupación [preokupaθjón] 女 ❶ 心配, 気がかり; [主に病] 心配事: Su única ～ es la salud de su madre. 彼の唯一の気がかりは母親の健康だ. Tiene grandes *preocupaciones*. 彼には大きな心配事がある. ～ por el porvenir del país 国の未来に対する憂い. ❷ 偏見 〖prejuicio〗

preocupado, da [preokupádo, da] 形 名 〖過分〗 ❶ [estar+. +por・de を] 心配している: Está ～ *por* lo del examen. 彼は試験のことを

心配している．Está ～*da por* conservar la belleza．彼女は美しさを保とうと気をつかっている．**❷**［ser+］心配性の〔人〕：Es un ～．彼は心配性だ

preocupante [preokupánte]〔形〕気がかりな，気のもめる

preocupar [preokupár]〔他〕［事柄が主語］心配させる；［悩みなどで］…の頭を一杯にさせる：Me *preocupa* mucho la enfermedad de mi hijo．息子の病気がとても気がかりだ．Me *preocupa* lo que piensa ella de mí．彼女が私をどう思っているか気になる．Nos *preocupa* cómo comunicarle la pérdida．彼に損害をどう伝えるか私たちは頭を抱えている

◆ ～se〔英 worry〕［+de·por を］心配する，危惧する；［仕事などを］引き受ける：*Preocúpate de* tus asuntos．自分のことを心配しなさい．～*se por* nada つまらないことを気にする．Siempre *se preocupa de* arreglar mi escritorio．彼女はいつも私の机をきれいにしてくれる

preolímpico [preolímpiko]〔形〕オリンピック予選会

preoperatorio, ria [preoperatórjo, rja]〔形〕《医学》手術前の，術前の

prepalatal [prepalatál]〔形〕《言語》前部硬口蓋音の

preparación [preparaθjón]〔女〕**❶** 準備〔すること〕：～ de la fiesta パーティーの用意．**❷** 予習，下調べ：～ para el examen 試験勉強．**❸** 学識，知識：Tiene una buena ～ de (en) literatura．彼は文学に詳しい．Para este trabajo se necesita mucha ～ matemática．この仕事には数学の素養が要求される．**❹**［顕微鏡の］プレパラート．**❺** 調剤

preparado¹ [preparáðo]〔男〕調合薬，売薬；製品

preparado², da [preparáðo, ða]〔形〕〔過分〕**❶**［estar+. +para に］準備された：Ya está ～*da* la comida．もう食事の支度ができている．Estoy ～ *para* cualquier cosa．私はいかなる事態にも心構えができている．¡P～s!《スポーツ》位置について！ comida ～*da* 調理済み食品．**❷**［ser+］熟練〔精通〕した：Es el ～ instructor．彼はベテランのインストラクターだ

preparador, ra [preparaðór, ra]〔名〕**❶** 準備する人，［実験室などの］助手．**❷**《スポーツ》トレーナー〖=～ físico〗：～ del púgil《ボクシング》セコンド．**❸**《競馬》調教師

preparar [preparár]〔他〕〔英 prepare〕**❶** 準備する，用意する：～ la comida 食事の支度をする．～ las maletas 旅行の用意をする．～ la habitación para+人 …のために部屋を用意する．～ una trampa 罠を仕掛ける．**❷** 予習する：～ la lección de inglés 英語の予習をする．～ su ingreso en la universidad 大学の受験準備をする．**❸** 教える；トレーニングさせる，訓練する：El profesor les *prepara* en (de) matemáticas．その先生は彼らに数学を教える．**❹** 心構えさせる，覚悟を決めさせる．**❺**［薬などを］調合（調整）する．**❻**《料理》下ごしらえする

◆ ～se **❶**［+para の］準備をする：Me *pre-*

paraba para (a) salir, cuando empezó a llover．私が出かけようとした時，雨が降り始めた．*Prepárate* en cinco minutos．5 分で身支度しなさい．～*se para* el examen 試験に備える，受験勉強をする．**❷** トレーニングする：Se *preparó* para las Olimpiadas．彼はオリンピックに向けて練習した．**❸** 心構えをする：*Prepárate* a recibir malas noticias．悪い知らせを覚悟しなさい．**❹** 前兆がある：Se está *preparando* una nueva tormenta．また一荒れ来そうだ

preparativo [preparatíβo]〔男〕［主に 複］準備，用意，支度：hacer los ～s del viaje 旅行の支度をする

preparatorio, ria [preparatórjo, rja]〔形〕**❶** 準備の，予備の：conversaciones ～*rias* 予備会談．ejercicios ～*s* 準備運動．**❷** 準備（予備教育）の：curso ～ para enfermeras 看護婦養成講座

◆〔男〕大学準備コース

◆〔女〕《中米》高校

prepo [prépo]〔←prepotencia〕*de (a)* ～ 無理やり，力ずくで

preponderar [preponderár]〔自〕支配的役割を果たす，主導する：En esta sociedad *prepondera* la opinión del presidente．この協会では会長の発言力が強い

preponderancia〔女〕優越性，主導性；覇権：tener ～ sobre… …に支配力（覇権）を及ぼしている

preponderante〔形〕卓越した，支配的な

preposición [preposiθjón]〔女〕《文法》前置詞

preposicional〔形〕前置詞の；前置詞を含む：pronombre personal ～ 前置詞格人称代名詞．locución ～ 前置詞的慣用句

prepositivo, va〔形〕前置詞の

prepósito [prepósito]〔男〕《宗教》教団（修道会）の長

prepotente [prepoténte]〔形〕〔名〕絶大な権力を持つ〔人〕

prepotencia〔女〕絶対的権力

prepucio [prepúθjo]〔男〕《解剖》包皮

prerrafaelismo [prerafaelísmo]〔男〕《美術》ラファエロ Rafael 前派主義

prerrogativa [prerɔɣatíβa]〔女〕特権，特典；国家の最高権力，大権：～ de inmunidad parlamentaria 議員特権

prerromance [prerɔmánθe]〔男〕前ロマンス語時代，ラテン語導入以前

prerrománico, ca [prerɔmániko, ka]〔形〕〔男〕《美術》前ロマネスク様式〔の〕

prerromano, na [prerɔmáno, na]〔形〕《歴史》前ローマ時代の，ローマ人による支配以前の

prerromanticismo [prerɔmantiθísmo]〔男〕《文学》前ロマン主義

prerromántico, ca〔形〕〔名〕前ロマン主義の〔作家〕

presa¹ [présa]〔女〕**❶** 獲物：El perro no quiere soltar la ～．犬は獲物を放そうとしない．buscar la ～ 獲物を捜す．capturar la ～ 獲

物をつかまえる. divisar la ～ 獲物が見える. ❷
ダム, 堰(*): ～ de Asunán アスワンダム. ～ de
bóveda アーチダム. ～ de gravedad 重力ダム.
～ de tierra アースダム. ❸ 用水路; 水車を回
す水流

caer a la ～ [鷹狩りの訓練で鷹が]獲物を目
がけて降下する

hacer ～ en... …を捕まえる: El fuego hizo
～ en la cortina. 火がカーテンに燃え移った.
El pánico hizo ～ en él. 彼はパニックに襲われ
た

perro de ～ 猟犬

ser ～ de... …の餌食となる

presagiar [presaxjár] ⑩ [主に科学的に]
…の前兆を示す; 予言する: Este viento *pre-
sagia* el tifón. この風は台風の前ぶれだ

presagio [presáxjo] 男 ❶ 前兆, 予兆: La
desaparición de las aves es un ～ siniestro.
鳥がいなくなるのは不吉な前兆だ. creer en ～s
予兆を信じる. buen (mal) ～ 吉兆(凶兆). ❷
予感

presbicia [presβíθja] 囡『医学』老眼: estar
atectado de ～ 老眼である

présbita/présbite 形 图 老眼の〔人〕: ga-
fas de ～ 老眼鏡

presbiteriano, na [presβiterjáno, na] 形
图 《プロテスタント》 長老派の(教徒): iglesia
～*na* 長老派教会

presbiterianismo 男 長老主義

presbiterio [presβi-
térjo] 男 [教会の]
祭壇の付近 [しばしば
柵で囲まれている. ～カ
ット]; [司教の臨席す
る]司祭集会

presbítero [presβí-
tero] 男 《カトリック》
[ミサを行なうことのでき
る]司祭 [☞órden
②. ❷ 参照]; [他の宗派の]聖職者

presciencia [presθjénθja] 囡 [神の]前知;
予知[能力], 予見

prescindir [presθindír] ⾃ [+de を]なしです
ませる; 切り捨てる: Ha tenido que ～ *del*
coche. 彼は車なしでやっていかねばならなかった.
Han formado un equipo *prescindiendo del*
jugador más destacado. スタープレーヤー抜き
でチームが結成された. Aquel día *prescindió de*
su acostumbrado paseo, porque llovía mu-
cho. その日は雨がひどかったので, 彼はいつもの散
歩をしなかった. ～ *de* los detalles 細部を省略
する. ～ *de* un empleado 1 人解雇する

prescindible 形 なくても(いなくても)すむ, 省
略できる

prescribir [preskriβír] ⑩ 〖過分 prescri[p]-
to〗 ❶ 指示する; [医者が]処方する: El mé-
dico le *prescribió* un cambio de aires. 医者
は彼に転地療法を勧めた. ❷ 《法律》時効にかけ
る: delito ya prescrito 時効になった罪
◆ ⾃ 時効になる: La pena de muerte *pres-
cribe* a los 35 años. 死刑は 35 年で時効になる

prescripción [preskripθjón] 囡 ❶ 指示;
処方: por ～ facultativa (médica) 医師の処
方に従って. ❷ 時効

preselección [preseleᵏθjón] 囡 ❶ 《スポー
ツ》シード. ❷ [最終選考のための]選抜候補者
リスト

preseleccionar ⑩ シードする; 選抜候補者リ
ストに入れる

presencia [presénθja] 囡 〖英 presence〗 ❶
存在; 参加, 出席: Tu ～ me inspira con-
fianza. 君がいてくれるので心強い. Le agrade-
cería que nos honrase con su ～. ご出席い
ただければ幸いです. ❷ 立ち会い: requerir la ～
del testigo 証人の立ち会いを求める. ❸ 《婉曲》
[人の] 外見, 容姿: tener buena ～. 彼は立
派な風采をしている(貫禄がある). Se requiere
buena ～. 《広告》要容姿端麗

en (a) ～ de+人 …のいる前で: Se celebró la
inauguración *en* ～ *del* ministro. 大臣臨席
のもとに開会式が行なわれた. Lo dijo *en* mi
～. 彼は私のいる前でそう言った

perder la ～ de espíritu うろたえる, 気が動
転する

～ de ánimo 平静, 沈着: tener ～ *de áni-
mo* 平静を保つ

presencial [presenθjál] 形 [ある場所に] い
る, ある: testigo ～ 目撃者(証人)

presenciar [presenθjár] ⑩ ⑩ ❶ …に居合
わせる; 参加する: ～ el accidente 事故を目撃
する. ～ un partido de fútbol サッカーの試合
を見る. ～ las regatas ヨットレースに参加する.
❷ …に立ち会う; 出席(列席)する

presentable [presentáβle] 形 人前に出せる,
見苦しくない: Sin afeitar no estás ～. ひげを
剃らないとみっともないよ. Este informe no es
～. この報告書は出来はよくない

presentación [presentaθjón] 囡 ❶ 紹介;
自己紹介: mediar una ～ 紹介をする. carta
de ～ 紹介状. ～ en sociedad 社交界へのデビ
ュー. ❷ 提示, 提出: ～ del pasaporte パスポ
ートの提示. ～ de una condición 条件の提示.
～ de cartas credenciales 信任状の提出. ❸
展示, 陳列[方法]; [作品などの] 発表, 公開:
～ de una obra 新作の発表[会]. ❹ [物の]
外見, 見かけ: Este plato tiene una ～ inme-
jorable. この料理はとても見栄えがよさそうだ. ❺ [番組
の] 司会, 解説. ❻ 候補者を立てること; 推薦.
❼ 《医学》胎位: ～ de nalgas 逆子(*) 〖↔
～ de cara〗. ❽ P～ de la Virgen 聖母マリ
アの奉献の祝日 〖11 月 21 日〗

hacer su ～ en... …に初めて現れる: *hacer
su* ～ *en* la oficina 初出社する

presentado, da [presentáðo, ða] 形 〖過分〗
応募した: obra ～*da* 応募作品

bien (mal) ～ 出来のよい(悪い), 体裁のよい
(悪い)

presentador, ra [presentaðór, ra] 图 [番
組の] キャスター, 司会・解説者

presentar [presentár] ⑩ 〖英 present〗 ❶
[+a+人 に] 紹介する: Tengo el gusto de
～le *a* usted a la Srta. Martínez. マルティネ

ス嬢をご紹介いたします. Les *presentó* [a] su mujer *a* sus amigos. 彼は友人たちに妻を紹介した

❷ [候補者などを] 立てる, 出す; 推薦する: El partido *presenta* a un candidato. 党が候補者を立てた. ～ a+人 como su representante …を代表に立てる. ～ el libro en la feria 本を見本市に出品する

❸ 差し出す, 勧める: Me *presentaba* la mano para que la besara. 彼女は接吻するように私に手を差し出した. ～ a+人 una bandeja de dulces お盆にのせた菓子を…に差し出す

❹ 提示する, 見せる: ～ su billete *al* revisor 検札係に切符を見せる. ～ una condición 条件を提示する. ～ respetos (disculpas) 敬意(謝意)を表する

❺ 展示する, 陳列する

❻ [作品などを初めて] 発表する, 公開する; 上演(放送·放映)する: ～ sus colecciones de primavera-verano 春·夏物コレクションを発表する

❼ 提出する: ～ las pruebas 証拠を提出する. ～ una instancia 請願書を出す. ～ una denuncia 告訴する. ～ la tesis doctoral 博士論文を提出する

❽ [様相を] 呈する: La ciudad *presenta* un aspecto desolador. 町は惨憺たる状況を呈している. El problema *presenta* difícil solución. 問題の解決は困難なようだ

❾ 表現する: *Presentan* el coche como el futuro modelo. その車は未来の車として描かれている

❿ 《放送》[番組の] キャスター(司会·解説者)をつとめる

◆ ～se ❶ 自己紹介する: Permítame usted que me *presente* yo mismo. 自己紹介させていただきます. ❷ [+a に] 志願(応募)する, 立候補する; 出頭する: ～se a una audición オーディションを受ける. ～se como candidato para la presidencia 大統領に立候補する. ❸ [突然·思いがけず] 生じる; 姿を現わす: si *se* me *presenta* la oportunidad もし機会があれば. *Se presentó* en casa cuando estábamos cenando. 私たちが夕食を食べている時に彼がやって来た. ❹ [+como の] ふり(格好)をする: ～se como agente de policía 警官の格好をする

presente [presénte] 形 [英 present]

❶ [人の存在. estar+. +en に] いる, 出席している 《↔ausente》: i) Está ～ en la reunión. 彼は会議に出席している. Estaba ～ yo cuando ocurrió la pelea. けんかが起きた時, 私はその場に居合わせた. ii) 《古語的》[点呼] ¿Señor Álvarez?—¡P～! アルバレスさん.─はい

❷ 現在の, 今の 《↔pasado, futuro》: en las circunstancias ～s 現状において, このような事情で. tiempo ～ 《文法》現在時制

❸ この: el ～ escrito 《法律》本書類

aquí ～ [その場にいる第三者を指して] El señor *aquí* ～ es el nuevo profesor. こちらの方が新任の先生です

hacer ～… a+人 …を…に通知する

mejorando lo ～ [第三者をほめる時の聞き手に対する丁寧語] ここにおられる方は格別として: Le considero una persona muy inteligente, *mejorando lo* ～. あなたはもちろんとして, あの人もとても頭がいいと思う

tener ～… …が心に残る; …を考慮する: *Tengo* aún ～ la imagen de mi abuela. 祖母の姿が今なお目に浮かぶ. *Ten* ～ lo que te he aconsejado. 私の忠告を忘れないように

◆ 图 出席者, そこにいる人: La policía detuvo a todos los ～s en la fiesta. 警察はパーティーの出席者全員を逮捕した

◆ 男 ❶ 現在, 今: Olvídate del pasado y disfruta el ～. 過去のことは忘れて今を楽しみなさい. ❷ 《文法》現在[形]: ～ de indicativo (subjuntivo) 直説法(接続法)現在. ～ histórico 歴史的現在. ❸ 贈り物, プレゼント 《regalo》: Me trae un ～. 彼は私に贈り物(おみやげ)をくれた

al (*de*) ～ 今, 現在は: *Al* ～ este puesto está vacante. 今のところそのポストは空いている

hasta el ～ 今まで, 現在まで

por el ～ 今のところは, さしあたり

◆ 囡 [la+. 主に公用文で] 本状, この手紙: Por la ～ deseo comunicarle mi consentimiento. 本状にて私の承諾をお知らせします

◆ 副 《中南米. 手紙》[相手が自分と同じ土地にいることの表示] Sr. López. *P*～. ロペス様, 市内

presentimiento [presentimjénto] 男 予感, 予知: Tengo el ～ de que su enfermedad es grave. 彼の病気は重いような気がする. Generalmente se cumplen sus ～s. 彼の予想はよく当たる

presentir [presentír] 33 他 《現分 presintiendo》 予感(予知)する: El cielo está rojizo; *presiento* que mañana hará un día de mucho calor. 夕焼けだから, 明日はとても暑くなると思う

preservar [preserβár] 他/自 [+contra·de から] 予防する, 保護する 《proteger》: La vitamina C *preserva contra* el resfriado. ビタミンCは風邪の予防になる. ～ el medio ambiente 環境を守る

◆ ～se 身を守る: Me *preservé* de*l* chubasco debajo de un árbol. 私は木の下で夕立を避けた

preservación 囡 予防, 保護

preservante 男 自然環境保護官

preservativo, va [preserβatíβo, ba] 形 予防の: medicamento ～ 予防薬

◆ 男 ❶ 予防. ❷ 避妊用具, コンドーム

presidencia [presiðénθja] 囡 ❶ 大統領(会長·議長)の職(任期·事務所): candidato a la ～ 大統領候補. ～ del gobierno 大統領(首相)官邸. Ministerio de *P*～ 内閣官房(官房長官). ❷ [会議などの] 主宰, 司会; 議長団: bajo la ～ de+人 …の司会で. ❸ 《歴史》[副王領] virreinato 内の] 長官領

presidenciable [presiðenθjáβle] 形 图 《中

P

南米》大統領候補〔の〕

presidencial [presiðenθjál] 形 大統領(会長・議長)の): avión ～ 大統領専用機. elecciones ～es 大統領選挙. silla ～ 大統領の椅子(地位)

presidencialismo [presiðenθjalísmo] 男 大統領制

　presidencialista 形 名 大統領制の〔支持者〕

president [presiðént] 名 カタルーニャ自治州政府の首相

presidente, ta 名 〖英 president〗 ❶ 会長, 総裁；議長, 委員長：～ de empresa 会社の会長(社長). ～ de la Cámara de Diputados 下院議長. ～ de mesa 投票点検員の代表. ～ del tribunal 裁判長. ❷ 大統領；[スペインなどの] 首相〖～ del gobierno〗. ～ de la república 共和国大統領. ❸《闘牛》主宰者. ❹《歴史》[植民地の] audiencia の長官

presidiario, ria [presiðjárjo, rja] 名 受刑者；徒刑囚

presidio [presíðjo] 男 ❶ 刑務所, 牢屋；徒刑場, 流刑地. ❷ 懲役刑；徒刑, 労役刑. ❸ 匦 懲役囚；徒刑囚

presidir [presiðír] 他 ❶ …の議長を務める, 司会する：～ una asamblea 会議の議長をする. ～ el tribunal 裁判長を務める. ❷ 主宰する, 取り仕切る：～ el banquete 宴会の幹事(ホスト)を務める. ～ el duelo 喪主を務める. La tristeza *presidió* la velada. 通夜の席は悲しみに包まれている. La bondad *preside* todos sus actos. 彼の行為はすべて善意によるものだ. ❸ …の一番よい(目立つ)場所にある：Su retrato *presidía* el despacho. 彼の肖像画が執務室にどんと掲げられている

presidium [presíðjun] 男 [旧ソ連などでの] 最高幹部会議, 常任幹部会

presilla [presíʎa] 女《裁縫》ループ；ボタン穴かがり

presintonía [presintonía] 女《放送》プリセット；その装置

presión [presjón] 女 ❶ 圧力：i) de alta (baja) ～ 高圧(低圧)の. ～ de aire [タイヤの] 空気圧. ～ del agua 水圧. ii) 気圧〖～ atmosférica・barométrica〗：altas (bajas) *presiones* 高(低)気圧. iii) 血圧〖～ sanguínea・arterial〗. iv) [精神的] 圧迫, プレッシャー：hablar bajo ～ 圧力をかけられて話す. aceptar *presiones* de+人 …から圧力をかけられる. grupo de ～ 圧力団体. ～ fiscal 税の重圧. v)《経済》*presiones* inflacionarias インフレ圧力. ❷ 圧する(押す・締めつける)こと. ❸《スポーツ》執拗なマーク

　a ～ 押して, 圧迫して；与圧(加圧)した：El gas está *a ～* en la botella. ガスは加圧されてボンベに入れられている

　hacer ～ 押す；[人に] 圧力をかける

presionar [presjonár] 他 ❶ 押す：～ el timbre ベルを押す. ❷ [人に] 圧力をかける：Le

están *presionando* para que cambie de opinión. 彼は意見を変えるように圧力をかけられている. sentirse *presionado* プレッシャーを感じる. ❸《スポーツ》執拗にマークする

preso, sa² [préso, sa] 形 過分《←prender》捕えられた：estar ～ en la cárcel 投獄されている. ～ del miedo 恐怖に駆られて

　◆ 名 ❶ 捕虜. ❷ 囚人, 受刑者：tomar ～ a+人 …を逮捕する. llevar ～ …を連行する. ～ político 政治犯. ～ de conciencia 国事犯

presocrático, ca [presokrátiko, ka] 形 名 ソクラテス前の〔哲学者〕

pressing [présiŋ] 男《←英語.スポーツ》執拗なマーク

prestación [prestaθjón] 女 ❶ 奉仕, 援助；サービスの提供：～ social sustitutoria [兵役拒否者が兵役の代わりに課せられる] 社会奉仕. ❷ [主に 匦 社会保険などの] 給付：*prestaciones* sociales 社会保障給付. ～ por maternidad 出産手当. ❸ [町・村の] 夫役〖～・personal〗. ❹《機械などの》特性；匦 性能, 機能：altas *prestaciones* y bajo costo 《広告》高性能, 低コスト. ❺《法律》～ de juramento 宣誓

prestado, da [prestáðo, ða] 形 過分 貸した, 借り物の：El Estado les da ～*da* la residencia. 国が彼らに住居を貸与している. Le di 200 pesetas ～*das*. 私は彼に200ペセタ貸した. Voy a devolverte el dinero que recibí ～ el otro día. 先日借りた金を返そう. Vino a pedirme dinero ～. 彼は借金をしに来た. Pedí ～*das* dos revistas en la biblioteca. 私は図書館で雑誌を2冊借りた

　de ～ 1) 借りて：Lo tengo *de ～*. それは借り物です. Vive *de ～* en casa de un amigo. 彼は友人の家に間借りしている. comer *de ～* en casa de+人 …の家でごちそうになる. 2) [職などが] 仮の, 臨時の

prestador, ra [prestaðór, ra] 名 貸し主

prestamista [prestamísta] 名 ❶ 金貸し, 高利貸し；貸し手, 債権者. ❷ 手配師

préstamo [préstamo] 男 ❶ 貸すこと, 貸付け；貸与したもの(金)：solicitar un ～ al banco 銀行にローンを申し込む. recibir un ～ de… …から借金をする. devolver un ～ 借金を返す. casa de ～s 質屋. ～ puente つなぎ融資. ❷《言語》借用語

prestancia [prestánθja] 女 ❶ すばらしさ, 優秀さ. ❷ 堂々とした風貌, 貫禄：actuar con gran ～ 堂々とふるまう

prestar [prestár] 他《英 loan, lend》❶ [+a に] 貸す：i) Le *presté* a Antonio esa grabación. 私はアントニオにそのレコードを貸した. ¿Me *prestas* diez mil pesetas hasta el final del mes? 月末まで1万ペセタ貸してくれないか？ ii)《比喩》～ su colaboración 協力する. La juventud *prestó* alegría *a* la fiesta. 若者たちのおかげでパーティーは盛り上がった. ❷《中南米》借りる：Quise ～ de él unos pesos. 私は彼から何ペソか借りようとした

◆ 自 ❶ 役に立つ: Este paño *presta* para un terno. この布は三つぞろいを作るだけの大きさがある. Esta comida no *presta*. この料理は食べられない. ❷ 〔布などが〕伸びる: Estos zapatos me aprietan, pero pronto *prestarán*. この靴はきついが, そのうち足になじむだろう

◆ ~**se** 〔親切に, +a+不定詞〕…してくれる: Se *prestó* a ayudarme a cambiar los muebles. 彼は家具を動かすのを手伝ってくれた. ❷ 同意する: Se ha *prestado* a hacerlo fuera de su horario de trabajo. 彼は勤務時間外にそれをすることを承知した. ❸ 〔+a を〕引き起こす危険性がある: Sus palabras se *prestan* a malas interpretaciones. 彼の発言は悪くとられかねない. ❹ 〔+para に〕適している

prestatario, ria [prestatárjo, rja] 名 〔主に金の〕借り主, 借り手；債務者

preste [préste] 男 ❶ 《古語》ミサのとき助祭がつく司祭. ❷ El ~ Juan [de las Indias] 中世の伝説上の修道士でアビシニアの王

presteza [prestéθa] 囡 《文語》すばやさ, 機敏さ: contestar con ~ さっと答える

prestidigitación [prestidixitaθjón] 囡 手品, 奇術

prestidigitador, ra 名 手品師, 奇術師

prestigio [prestíxjo] 男 地位・業績などに伴う）名声, 威信: guardar su ~ 威信を保つ. comprometer el ~ de+人 …の威信を傷つける. disfrutar de gran ~/tener mucho ~ 名声を博する, 評判が高い; 信望が厚い. por el ~ del país 国の威信にかけて

prestigiar 他 …の威信(名声)を高める

prestigioso, sa 形 威信のある；名高い

presto, ta [présto, ta] 形 ❶ 《文語》[estar+, +a・para の] 用意の整った: Ya estoy ~ a ajustar las cuentas. 私はもうけりをつける用意ができている. ❷ すばやい, 機敏な, 敏捷な: Siempre es ~ en la respuesta. 彼はいつも返事が早い. ~*ta* respuesta 即答

◆ 副 ❶《詩語》すみやかに, 直ちに. ❷《音楽》きわめて速く, プレストに

◆ 男《情報》プロンプト

presumible [presumíble] 形 [+que+接続法] 推測できる: Era ~ que no funcionara esto, una vez vistos los informes. 報告書を検討してみると, これが機能しなかったのもなるほどとうなずける

presumído, da [presumíðo, ða] 形名過分 ❶ うぬぼれの強い〔人〕, 思い上がった〔人〕. ❷ もったいぶった〔人〕, 気どった〔人〕；おしゃれな〔人〕: Es un chico muy ~, siempre se está peinando. きざなやつだ. しょっちゅう髪をなでつけ

presumir [presumír] 他 ❶ 推測する, 推定する; [+que+直説法] …と思う: *Presumo que* no será capaz de terminarlo dentro de esta semana. 彼は今週中には終えられないと私は思う. ❷《南米》[女性に] 言い寄る
es de ~ que+直説法 おそらく…だろう
según cabe ~ 推測するに

自 ❶ [+de を] 自慢する, うぬぼれる: Pre-

sume de guapa. 彼女は美人を鼻にかけている. ❷ ひどめかしこむ

presunción [presunθjón] 囡 ❶ 推測；《法律》推定: No es más que una ~ tuya. それは君の臆測にすぎない. ❷ うぬぼれ, 思い上がり

presunto, ta [presúnto, ta] 形 [+名詞] 推定された: ~ heredero 《法律》推定相続人. ~ autor/~ criminal 容疑者. ❷ …の容疑の: ~ homicida 殺人の容疑者. ~ atracador 強盗の容疑者. denunciar a+人 por ~ cohecho 買収容疑で…を起訴する

presuntamente 副《文語》推定上, おそらく

presuntuoso, sa [presuntwóso, sa] 形名 うぬぼれの強い〔人〕；これ見よがしの: El decorado es muy ~. その装飾はやたらと派手だ

presuntuosidad 囡 うぬぼれ, 虚栄心

presuponer [presuponér] 60 他 過分 pre-sup*uesto*〕 あらかじめ想定する；前提とする: Este plan *presupone* la aprobación del proyecto de ley. この計画は法案の通過を前提としている

presuposición 囡 想定；前提

presupuestar [presupwestár] 他 …の予算を立てる；〔費用を, +en で〕見積もる: *Hemos presupuestado* el viaje *en* cincuenta mil yenes. 私たちは旅行を5万円見積もった

◆ ~**se** Se *presupuesta* la cifra global de cien millones de pesetas. 総額1億ペセタの予算が組まれる

presupuestario, ria [presupwestárjo, rja] 形 予算の: año ~ 会計年度. medidas ~*rias* 予算措置

presupuesto[1] [presupwésto] 男 ❶ 予算；見積もり: hacer un ~ de... …の予算を立てる；見積り書を作る. pedir ~ a+人 …に見積もりを頼む. ~ familiar 家計. ~ general 一般会計予算. ~ nacional/~ del Estado 国家予算. En estos días aun el gasto de transporte supone un ~. 近ごろは交通費もばかにはならない. ❷ 理由, 言い訳；想定: partir de un ~ falso 間違った仮定から出発する

presupuesto[2]**, ta** [presupwésto, ta] 形 過分《←presuponer》前提とされた: partir de una base ~*ta* falsa 間違った前提から出発する

presura [presúra] 囡《歴史》地主なしの土地占拠制 〖9-10世紀のドゥエロ川流域の植民方式〗

presurizar [presuriθár] 他 [機内などを] 通常の気圧に保つ, 与圧(加圧)する

presuroso, sa [presuróso, sa] 形《文語》急いでいる, 緊急な: con paso ~ 急ぎ足で

prêt à porter [pretaportê] 形《←仏語. 服飾》プレタポルテの

pretemporada [pretempoáða] 囡 シーズン前

pretencioso, sa [pretenθjóso, sa] 形 うぬぼれの強い；気どった, きざな: Es un tipo muy ~. 彼はひどいうぬぼれ屋だ. corbata ~*sa* きざなネクタイ

pretender [pretendér] 他 ❶ [手段を尽くして] …しようとする, 目指す: i) *Pretende* el puesto de director general. 彼は社長の椅子を狙っている. ii) [＋不定詞] *Pretende enga-ñarnos*. 彼は私たちを騙そうとしている. *Preten-do no molestar a nadie*. 私は誰にも迷惑をかけるつもりはない. iii) [＋que＋接続法] …させようとする: *¿No pretenderás que me levante yo?* 私を立たせようとしてはいないか? ❷ [疑わしいことを] 主張する; 見せかける: *Pretende haber visto un OVNI*. 彼は UFO を見たと言い張っている. *Pretende estar estudiando*. 彼は勉強しているふりをしている. ❸ [職などを] 志望 (志願)する: *Sólo hay dos plazas y las pretenden* veinte personas. ポストは 2 つしかないのに志願者は 20 人もいる. *A todo puedes* ～. 君は何でも望むことができる. ❹《古語》求婚(求愛)する

◆ ～se 自分は…であると主張する, 自称する: *Se pretende un Romeo*. 彼はロミオ気どりだ

pretendido, da [pretendído, da] 形 過分 ❶ [＋名詞] いわゆる, …と言われる: el ～ conde あの自称伯爵

pretendiente, ta [pretendiénte, ta] 形 名 [＋a を] 志望(志願)する〈人〉: Todos son ～s a ese cargo. 全員がその職の志望者だ

◆ 男 ❶ 求婚者: Ha traído a casa a su ～. 彼女は求婚者を家へ連れて来た. ❷ 王位継承を要求する王子

pretensión [pretensjón] 女 ❶ 目標, 狙い: Mi única ～ es aprobar el examen. 私は試験に受かりさえすればそれでいい. No consiguió su ～ de entrar en la empresa. 彼はその会社に入るという望みを達せられなかった. ❷ [権利などの] 要求, 主張: renunciar a toda ～ sobre su herencia すべての相続財産請求権を放棄する. Tiene la ～ de haber merecido él el premio. [実際は疑わしいが] 彼は受賞の資格があると主張している. ❸ 複 野望: Con tantas *pretensiones* nunca triunfarás. そんな多くのことに欲を出すと絶対失敗するよ. Sus *pretensiones* eran muy elevadas. 彼の望みはとても高かった. ❹ 複 うぬぼれ, 自負: tener *pretensiones* de inteligente インテリをもって自任する. sin *pretensiones* 気どらない, 控えめな

tener muchas pretensiones 高望みする, 欲ばる

tener pocas pretensiones 欲がない: Tiene *pocas pretensiones* y se conforma con un sueldo modesto. 彼は欲のない人で, ささやかな給料で満足している

preterición [preteriθjón] 女《修辞》暗示的看過法, 逆言法

preterir [preterír] 33 他 〖語尾に i の残る活用形のみ →abolir〗❶ 看過する, 考慮に入れない. ❷《法律》〖遺言で相続人を〗記載しない

pretérito, ta [pretérito, ta] 形《文語》過去の

◆ 男《文法》過去〖形〗: ～ anterior 直前過去〖完了〗. ～ imperfecto 不完了過去〖＝線過去〗. ～ indefinido／～ perfecto simple 不定過去〖＝点過去〗. ～ perfecto 完了過去〖＝現在完了〗. ～ pluscuamperfecto 大過去

〖＝過去完了〗

preternatural [pretɛrnaturál] 形 超自然的な, 不可思議な

pretextar [pretɛ(k)stár] 他 [＋名詞・不定詞・que＋直説法 を] 口実にする

pretexto [pretɛ(k)sto] 男 口実, 言いわけ: buscar un ～ para no asistir a clase 授業をサボる口実を探す. tomar... por ～ …を口実にする. so (bajo・con・a) ～ de una enfer-medad 病気を口実にして

bajo ningún ～ 決して…ない

con el ～ *de que*＋直説法 …を口実にして

pretil [pretíl] 男 [橋の] 手すり, 欄干; [転落防止の] 柵, ガードレール

pretina [pretína] 男《服飾》[締め金付きの] 帯, ベルト

pretónico, ca [pretóniko, ka] 形《言語》強勢のある音節の前の

pretor [pretór] 男《古代ローマ》執政官, 法務官; 地方長官

pretorianismo 男 軍部の政治介入

pretoriano, na 形 男 執政官の; 地方長官の;《時に皮肉》親衛隊〔の〕〖guardia ～na〗

pretorio [pretorio] 男 pretor の) 公邸; 法廷

pretura 女 pretor の職

preu [préu] 男《口語》preuniversitario の省略語

preuniversitario [preunibersitárjo] 男 大学準備コース〖COU の旧名〗

prevalecer [prebaleθér] 39 自 ❶ [＋sobre に／＋entre の中で] 勝る, 優位に立つ: *Prevale-ció* su plan sobre los otros. 彼の案が他の案に勝った. ❷ 存続する, 長続きする. ❸ [植物が] 根を張る: Esta planta no *prevalece* aquí. この植物はここでは育たない

prevaleciente 形 優勢な, 支配的な; 普及している: opinión ～ 一般的な意見, 通説

prevaler [prebalér] 61 自 ＝prevalecer

◆ ～se [＋de を] 利用する: *Se prevalió de* su puesto para conseguir la entrada. 彼は入場券を手に入れるために自分の地位を利用した

prevaricar [prebarikár] 7 自《法律》不正(背任)行為をする

prevaricación 女 不正, 背任

prevención [prebenθjón] 女 ❶ 予防, 用心: ～ de las enfermedades 病気の予防. ❷ 集合 [予防の] 手段, 準備: Ya están tomadas todas las *prevenciones* para evitar acci-dentes. 事故防止のためにあらゆる措置が取られている. ❸ 不信感, 反感; 偏見〖prejuicio〗: Tiene mucha ～ contra los extranjeros. 彼は外国人に対してひどく反感を抱いている. ❹ [留置所のある] 警察署. ❺《軍事》衛兵所

de ～ 万一のための: víveres *de* ～ 予備の食糧

en ～ *de...* …に備えて

prevenido, da [prebenído, da] 形 過分 ❶ [estar＋] 用意のできた; 一杯になった: Ya está ～. 彼はもう仕度がすんでいる(用心している). jarro ～ de agua 水が一杯はいっている水さし. ❷ [ser＋] 用心のよい

prevenir [prebenír] 59 他 〖現分 previniendo〗❶ 予防する，用心する：～ la infección 伝染をあらかじめ防ぐ．*Más vale* ～ *que curar.*〖諺〗転ばぬ先の杖．❷ 警告する：i)〔+que+接続法〕*Le prevengo* a usted *que* no vuelva a hacerlo. 二度とそんなことをしないように．ii)〔+de 危険〕知らせる：*Le previne del peligro que le amenazaba.* 私は彼に危険が待ち受けていることを知らせた．iii)〔+contra への用心〕*Me ha prevenido contra* el nuevo jefe. 新任の上司には用心するようにと彼は私に警告した．❸ あらかじめ用意する：*Prevén* los alojamientos para ese viaje. その旅行のために前もって泊まる所の手配をしておいてくれ．❹〔+en contra・a favor に批判的・好意的な〕予備知識を与える：*Me han prevenido a favor del nuevo jefe.* 今度の上司はいい人だと私は聞いている

◆ ～se ❶〔+contra に〕用心する：Hay que ～se contra un accidente de tráfico. 交通事故を起こさないよう用心しなければいけない．❷〔+con を〕準備する：¿*Te has prevenido con* todo lo necesario? 必要なものはすべて用意したか？

preventivo, va [preβentíβo, βa] 形 予防の，防止する：tomar medidas ～vas contra...…に対する予防策を講じる．inyección ～va 予防注射．medicina ～va 予防医学．arresto ～/prisión ～va 予防拘禁

preventorio [preβentórjo] 男〔結核〕予防診療所

prever [preβér] 50 他〖過分 previsto〗❶ 予見する，予知する：*Ha previsto* el buen éxito del teatro. 彼はその芝居が成功することを見抜いていた．Ya lo *preveía*. やっぱりそうだった．❷〔あらかじめ〕準備する，備える：El gobierno *prevé* el plan de refugio. 政府は避難計画を立ててある

previo, via [préβjo, βja] 形 前もっての：i) autorización ～via あらかじめ与えられた許可．condición ～via 前提条件．conocimiento ～ 予備知識．cuestión ～via〔議会の〕先決問題．～ acuerdo de los otros 事前に他の連中の合意を得て．ii)〖文語〗Se podrá entrar, ～via presentación del pasaporte. パスポートを提示すれば入国できる．iii)〔+a に〕先立つ：celebrar una comisión ～via a la asamblea general 総会に先立つて委員会を開く

previamente 副 あらかじめ：informarse ～ 予備知識を持つ

previsible [preβisíβle] 形〔+que+接続法〕予想（予測）できる：Si no han tomado ninguna medida, es ～ *que* estalle una sublevación. 何の措置もとられなければ，暴動が起きるのは目に見えている

previsiblemente 副 予想できることとして，ありそうなことだが

previsión [preβisjón] 女 予想，予測；予防〔対策〕：～ del futuro 未来予測．～ del tiempo 天気予報

en ～ *de*... …を見越して，…に備えて：guardar víveres *en* ～ *de* la llegada del tifón

台風に備えて食糧を蓄える

previsor, ra [preβisór, ra] 形 名〖ser+〗先見の明のある〔人〕，用意周到な〔人〕

previsto, ta [preβísto, ta] 形 過分〖←prever〗〖estar+〗予想された，予知された；あらかじめ準備された：Estaba ～ su triunfo. 彼の勝利は予想されていた．Hace el tiempo ～. 予報どおりの天候だ．Todo está ～. すっかりお膳立てはできている．fecha ～ta 予定の日

prez [preθ] 男〖文語〗栄光，栄誉：para gloria (honra) y ～ de...…の名誉と栄光のために

PRI 男〖略語〗←Partido Revolucionario Institucional〔メキシコの〕制度的革命党

priapismo [prjapísmo] 男〖医学〗持続勃起，陰茎強直症

prieto, ta [prjéto, ta] 形〖文語的〗❶ 窮屈な，きつい，固い：pantalón ～ びっちりしたズボン．❷ 濃褐色の

priísta [priísta] 形 名〔メキシコの〕制度的革命党 PRI の〔党員〕

prima¹ [príma] 女 ❶ 報奨金，奨励金；賞金：El director da una ～ a la puntualidad. 部長は無遅刻者に報奨金を出す．～ de peligrosidad 危険手当．❷〖商業〗〔株式の〕プレミアム，打步（だぶ）；〔保険の〕掛け金，保険料〔～ de seguro〕．❸〖音楽〗〔弦楽器の〕最高弦．❹〖古代ローマ〗〔一日を4分割した〕1番目の時間，〖宗教〗〔聖務日課の〕一時課，早朝の勤行

prima ballerina [príma baʎerína] 女〖←伊語〗プリマバレリーナ

primacía [primaθía] 女 ❶ 優位，優越；首位：El problema del paro tiene ～ sobre los demás. 失業問題が何よりも重要である．Es indiscutible su ～ en el tenis mundial. 彼が世界のテニス界の第一人者であることは議論の余地がない．❷ 首座大司教の位

primada¹ [primáða] 女〖俗語〗愚かさ；愚かな間違い

primado¹ [primáðo] 男〖カトリック〗首座大司教〖総大司教に次ぐ名誉称号〗：～ de España トレド大司教

primado², da² 形 過分〔名詞+の〕首座大司教の：iglesia ～da 首座大司教座聖堂．silla ～da 首座大司教座教座

prima donna [príma dónna] 女〖←伊語〗プリマドンナ〔primadon(n)a とも表記する〕

primar [primár] 自〖スポーツ〗〔選手に〕報奨金を出す

◆ 他〔+sobre より〕優位にある，優先する：*Prima* lo espiritual *sobre* lo material. 物質的なものより精神的なものが重要だ

primario, ria [primárjo, rja] 形 ❶ 主要な，第一の：objetivo ～ 主要な（第一の）目的．escuela ～ria 小学校．❷ 基本的な：conocimientos ～s 初歩的な知識．necesidades ～rias 基本的な欲求；生活必需品．❸ 原始の，未開の〖primitivo〗：instintos ～s 野生的な本能．❹〖地質〗始原の，古生代以前の．❺〖電気〗1次の：arrollamiento ～ 1次コイル

◆ 女 ❶ 初等教育〖enseñanza ～ria〗．❷

primate 1104

[米国などの] 予備選挙

primate [primáte] 形 男 ❶《動物》霊長類の〔動物〕；[複] 霊長類. ❷《まれ》大立者, 重要人物

primavera [primaβéra] 囡《英 spring》❶ 春 〖《英 estación 参照》〗. ❷ 青春, 盛時: en la ～ de su vida 人生の春(盛り)に, 青春時代に. ❸ [複] [主に十代の女性について] …歳: Contaba quince ～s. 彼女は花の 15 歳だった. ❹《植物》サクラソウ

◆ 形 名 間抜けな, お人好し〔の〕

primaveral [primaβerál] 形 春の(ような): tiempo ～ 春めいた陽気

primer [primér] 形 ☞**primero**

primera [priméra] 囡 ☞**primero**

primeramente [priméraménte] 副 まず第一に

primerísimo, ma [primerísimo, ma] 形《絶対最上級》超一流(最新)の

primerizo, za [primeríθo, θa] 形 名 ❶ 初心者(の), 新前(の): esquiador ～ スキーの初心者. ❷ 初産の

◆ 囡 初産婦；初産の雌

primero, ra[2] [priméro, ra] 形《英 first. +男性単数名詞の前で **primer** となる》❶ 最初の, 第 1 の: i) Ésta es la ～ra película que vi. これは私が見た初めての映画だ. *primer* amor 初恋. ～*ra* impresión 第一印象. *primer* número de una revista 雑誌の創刊号. ～s años cuarenta 1940 年代初頭. Juan Carlos ～ (I) フワン·カルロス 1 世 〖…世は I, II…と綴る〗. ii) [位置·等級] Los recibos están en el *primer* cajón. 領収書は一番上の引き出しの中にある. asiento de la ～ra fila 最前列の席. *primer* secretario 第一書記. quedar entre la ～ra derecha (los 10 ～s) 上位 10 位以内に入る. ❷ 根本の, 基本的な；非常に重要な: cubrir las ～ras necesidades 必需品をまかなう. Lo ～ es el trabajo. 一番大切なのは労働だ

a lo ～ de todo 最初は

a ～s 月初めに: *a ～s* de mayo 5 月初めに

de ～《まれ》最初は

lo ～ es lo ～ 他の何よりも大切である

◆ 名 ❶ [+de で] 最初の人；首席: Siempre es la ～*ra de* la clase. 彼女はいつもクラスで一番だ. Allí está el ～ en la cola. 行列の先頭はあそこだ. Llegó el ～. 彼は一番に着いた. situarse entre los ～s 上位にある；上位入賞する. quedar entre los 10 ～s 上位 10 位以内に入る. ❷ 前者 〖aquél〗: Están ausentes Ana y Lola: la ～ra está enferma. アナとローラが欠席で, 前者は病気だ

no ser el ～ [弁解など] 誰だって: *No soy el ～ al* que han robado en vacaciones. 休暇中に盗みに入られたのは私が最初という訳ではない

ser el ～ en+不定詞 真っ先に…する: Carmen *fue la ～ en* cantar. カルメンが一番先に歌い出した

◆ 副 ❶ 何よりも, 第一番目に: i) *P~* dale

las gracias. 何よりもまず彼にお礼を言いなさい. Quien da ～ da dos veces.《諺》頼まれたことを早くすると得をする. ii) [estar+. 順序·重要度が] 先に: Estás tú ～. 君が先だ(一番大切だ). ❷ [que より] むしろ: *P~* no comería *que* pedir limosna. 施しを求めるくらいなら食べない方がましだ

◆ 男 ❶ 1 日(?ち): ～ de marzo 3 月 1 日. ～ de enero 1 月 1 日, 元旦. ❷ [+男性名詞の省略] ¿Qué hay de ～? メーンディッシュには何がありますか? 〖=*primer* plato〗 Él estudia ～. 彼は 1 年生だ 〖=*primer* curso〗

◆ 囡 [+女性名詞の省略] i)《自動車》ロー, 第 1 速 〖=～*ra* velocidad〗: arrancar en ～*ra* ローで発進する. meter ～*ra* ローに入れる. ii) [乗り物] 一等, ファーストクラス 〖=～*ra* clase〗: billete de ～*ra* 一等の切符. viajar en ～*ra* 一等に乗る

a las ～ras 初対面で, いきなり

de ～ra《口語》一流の, 極上の: hotel *de ～ra* 一流ホテル. carne *de ～ra* 極上肉. El coche va *de ～ra*. その車は最高にすばらしい

venir de ～ra《口語》とても都合がよい

primicia [primíθja] 囡 ❶ [主に複] 初物 (はつ): ～s de la huerta 最初の収穫物, 初穂. ❷ スクープ 〖～ informativa〗: La televisión dio la noticia como ～. テレビがそのニュースを最新の情報として報道した

primigenio, nia [primixénjo, nja] 形《文語》初めの, 初期の: destino ～ del plan 計画の当初の目的

primípara [primípara] 囡 形 初産の(雌): 初産婦

primitivismo [primitiβísmo] 男 ❶ 未開性, 原始性；粗野, 素朴. ❷《美術》プリミティブ主義, 原始主義

primitivo, va [primitíβo, βa] 形《英 primitive》❶ 原始的な, 原始時代の；未開の: sociedad ～*va* 原始(未開)社会. religión ～*va* 原始宗教. utensilio ～ 原始的な道具. ❷ 最初の, もとの 〖original〗: ～*vas* murallas de la ciudad 町の最初の城壁. texto ～ 原文. ❸ 粗野な；素朴な: costumbre ～*va* 野蛮な習慣. ❹《文法》sentido ～ 原義. palabra ～*va* [派生語に対して] 語根語. ❺《美術》arte ～ 原始美術, プリミティブアート；ルネッサンス以前のキリスト教美術

◆ 名 未開人, 原始人 〖hombre ～〗；ルネサンス以前の画家

◆ 囡 =**lotería** primitiva

primo, ma[2] [prímo, ma] 名《英 cousin》❶ いとこ, 従兄弟(姉妹): ～ hermano (carnal) 本いとこ 〖血のつながっているおじ·おばの子〗. ～ segundo またいとこ, はとこ. ❷《古語》[国王の大公に対する呼びかけ] 卿. ❸《西. 口語》間抜け, お人好し

hacer el ～《西. 口語》簡単にだまされる

ser ～ hermano [物が, +de と] よく似ている

◆ 形 ❶《西. 口語》間抜けな, お人好しの. ❷ 原料のままの. ❸《数学》número ～ 素数

primogénito, ta [primoxénito, ta] 形 名

長子〔の〕
primogenitura 囡 長子の身分〔権利〕

primor [primór] 團 ❶ 精巧〔に作られたもの〕，繊細さ: La miniatura está trabajada con gran ～. その模型はとても精密に作られている. Estos bordados son un ～. この刺繡はすばらしい作品だ. ❷ 立派な人；かわいらしい子供
…*que es un* ～ 〔強調〕Cose *que es un* ～. 彼女は裁縫が大変上手だ. Nevaba *que era un* ～. たくさん雪が降っていた

primordial [primordjál] 圏 最も重要な，第一義的な；基本的な: fin ～ 第一の目標. necesidad ～ 是非とも必要なこと. ser ～+不定詞 …することが何より大切なことである

primoroso, sa [primoróso, sa] 圏 ❶ 繊細な，優雅な: labor ～*sa* 精巧な刺繡. labios ～*s* 美しい唇. ❷ 熟達した: ～*sa* mano 見事な腕前

prímula [prímula] 囡 《植物》サクラソウ(桜草)，プリムラ

primuláceas 囡 覆 サクラソウ科

prínceps [prínθeps] 圏 《単複同形》《←ラテン語》《古典などについて》初版の: edición ～ 初版

princesa [prinθésa] 囡 《英 princess. ↔ príncipe》 ❶ 王女；皇太子妃. ❷ 大公妃

principado [prinθipáðo] 團 ❶ 王族(大公)の位. ❷ 公国: ～ de Mónaco モナコ公国. ❸ 覆 《キリスト教》権天使 《☞ángel 参照》

principal [prinθipál] 圏 《英 principal》 ❶ 最も重要な，主要な: Éste es uno de los problemas ～*es*. これは主要な問題の一つである. Lo ～ es tener buena salud. 一番大切なのは健康だ. motivo ～ 最大の理由. cuarenta ～*es* トップ40, ヒットチャート. ❷ 正面の，客用の〔↔de servicio〕: puerta ～ 正門, 正面入口. ❸ 有名な；高貴な
◆ 團 ❶ 2 階の(部屋) 〔piso ～〕；〔劇場の〕2 階〔より上の〕正面席〔特等席である〕. ❷ 責任者，中心人物. ❸ 《商業》元本

principalmente [prinθipálmente] 副 主として，主に

príncipe [prínθipe] 團 《英 prince. ↔princesa》 ❶ 王子，〔特に〕皇太子〔～ heredero〕；王族: ～ de Asturias アストゥリアス公 《スペイン皇太子》. ～ de Gales プリンス・オブ・ウェールズ 《英国皇太子》. ❷ 大公. ❸ 第一人者: A Cervantes se le conoce como el ～ de los ingenios. セルバンテスは才人たちの王と呼ばれている. el ～ de las tinieblas 〔悪魔の首領の〕サタン. ～ de la Iglesia 枢機卿・大司教・司教
～ *azul* (*encantado*) 〔おとぎ話の〕王子様；〔女性にとっての〕理想の男性
◆ 圏 =prínceps

principesco, ca [prinθipésko, ka] 圏 《軽蔑》王侯のような；ぜいたくな

principiante [prinθipjánte] 圏 图 〔囡 principianta もある〕初心者(の): conductor ～ 新米ドライバー. el español para los ～*s* 『スペイン語の入門』

principiar [prinθipjár] 囮 《文語》 囮 開始する，始める 〔empezar〕: *Principiaron* la construcción de la presa el año pasado. ダムの建設は昨年始められた
◆ 圓 始まる: La representación *principió* con unas palabras del autor. 作者の挨拶から上演が始まった. *Ha principiado* el calor. 暑くなり始めた. *Ha principiado* a nevar. 雪が降り始めた

principio [prinθipjo] 團 《英 beginning, principle》 ❶ 始まり，開始〔↔fin〕；初め〔の部分〕: Los ～*s* son difíciles. 初めが難しい. Empieza la historia por el ～. 話を最初から始めてくれ. Volví a poner el disco desde el ～. 私はレコードを初めからかけ直した. ～ de pulmonía 初期の肺炎. ～ del fin 終わりの始まり. *P*～ quieren las cosas. 《諺》何事にも始まりがある
❷ 根源，根本原因: La pereza es el ～ de todos sus males. 怠惰が彼のあらゆる不幸の原因だ
❸ 原理，原則: ～ de Arquímedes アルキメデスの原理. ～ de la conservación de la energía エネルギー保存の法則. ～ de contradicción 《論理》矛盾律
❹ 〔主に 覆〕行動原理，主義: Nunca cede en sus ～*s*. 彼は絶対に主義主張を曲げない. no tener ～*s* 無節操である. ～*s* liberales 自由主義的信条
❺ 〔主に 覆〕初歩，基礎知識: estudiar los ～*s* de la filosofía 哲学の初歩を学ぶ. estudiar la biología desde el ～ 生物学の初歩から学ぶ
❻ 《料理》メインディッシュ
❼ 〔物質の〕要素，成分: ～ activo 有効成分
a ～〔*s*〕〔+de 週・月などの〕初めに: *A* ～*s de* marzo salimos de viaje. 3 月の初めに私たちは旅行に出かける
al ～ 最初のうちは: *Al* ～ trabajaba mucho, pero ahora es un desastre. 彼は最初はよく働いたが，今ではひどいものだ. *al* ～ de la guerra 開戦時には
dar ～ *a…* …を始める: *dar* ～ *a* su conferencia 講演を始める
de ～*s* 礼儀正しい；道義を守る: persona *de* ～*s* 節操のある人
desde el ～ *hasta el final / de*〔*l*〕～ *a*〔*l*〕*fin* 初めから終わりまで，すべて
en ～ 原則として；仮に: *En* ～ estoy de acuerdo con tu plan. 私は原則として君の案に賛成だ. *En* ～ decidimos vernos el sábado, pero hemos de confirmarlo. 私たちは一応土曜日に会うことにしてあるが，確認をとらなければならない
en un ～ =al ～
por ～ 原則として；主義として
sin ～ 無礼な，粗野な

pringado, da [pringáðo, ða] 圏 图 過分 《西・口語》〔だまされたりいじめられたりする〕哀れなやつ
◆ 囡 《料理》脂 pringue やソースに浸したパン

pringar [pringár] ⑧〔口語〕 囮 ❶ 脂(油)で汚

P

す：～ los platos 皿を油でべとべとにする. ❷ 脂
pringue につける；［パンを］ソースにつける. ❸［人
を, +en 悪事などに］引き込む, 巻き込む. ❹
《西》［淋病に］かかる

～la 1)《口語》へまをする, 台なしにする. 2)《俗
［賭で］負ける

◆ 圓 ❶ ［不当に］他の人より多く働かされる, き
つい(報われない)仕事をする. ❷ 罪をかぶる：
Pringó por tu culpa. 彼は君の罪をかぶった. ❸
《中米》［単人称］小雨が降り出す

◆ **～se** ❶ 汚れる：*Se ha pringado* de arriba
abajo arreglando el motor. 彼はエンジンを直
していて全身油まみれになった. ❷《口語》[悪事な
どに］手を出す；巻き込まれる. ❸ 横領する, 猫ば
ばする；うまい汁を吸う

pringoso, sa [priŋgóso, sa] 形 ［脂などで］
ひどく汚れた, べとべとの：Tiene la boca ～*sa*
de caramelos. 彼の口の回りはキャラメルでべとべ
としている

pringue [príŋge] 男/女《口語》❶ ［肉を焼いた
時などに出る］脂, 油. ❷ 脂(油)汚れ
es un ～ tener que+不定詞 …しなければならな
いのはやっかいだ

prior, ra [prjór, ra] 名 小修道院長《abad の
下位》；大修道院の副院長, 修道会副長
priorato [prjoráto] 男 1) 小修道院長の職務. 2)
［タラゴナ県の］プリオラート産のワイン

prioridad [prjoriðá(đ)] 女 ❶ 優先(順位)；
［時間的・空間的］先行：Al venir por mi
derecha tiene ～. 私の右から来る車に優先権が
ある. dar ～ a... …を優先させる. en orden de
～ 先着順に. ❷［主に 圓］優先事項, 急務：
Disminuir el paro es una de las ～*es* del
gobierno. 失業を減らすことは政府の優先課題
の一つだ. ❸《交通》先行権《～ de paso》

prioritario, ria [prjoritárjo, rja] 形 優先権
を持つ
　prioritariamente 副 優先的に

prisa [prísa] 女 ❶ 迅速；緊急性. ❷《レスリン
グ》技, 攻め手
　a ～ 早く, 急いで：Vino *a* ～ para comu-
nicarme la buena noticia. 私にいい知らせを
伝えようと彼は急いでやって来た
　a toda ～/*con mucha* ～ 大急ぎで：Co-
míamos *con mucha* ～. 私たちは大急ぎで食
事をした
　correr (dar) ～ 急を要する：Este trabajo
corre ～. これは急ぎの仕事だ
　dar (meter) ～ a+人 …をせかせる：Si le
metes ～, lo hará mal. 彼をせかすと失敗する
ぞ
　darse ～ 〖英 hurry up〗急ぐ：¡*Date* ～! 急
げ!
　de ～ 早く, 急いで：Voy muy *de* ～. 私は大急
ぎで行く
　de ～ *y corriendo* あわてて
　estar de ～ =［s］=*tener* ～
　tener ～/*llevar* ～ 急いでいる：Hoy no
tengo ～. 私は今日は急いでいない
　vivir de ～ 働きすぎる, 無理をして体を壊す

priscilianismo [prisθiljanísmo] 男 プリスシ

リヤーノ教〖4 世紀の人 Prisciliano に始まるとさ
れる, ガリシア地方に続いた宗派〗

prisión [prisjón] 女 ❶ 刑務所：reducir a+人
a ～ …を投獄する. estar en ～ 入獄している.
～ de estado 国事犯刑務所. ❷《法律》禁固
〖reclusión と arresto の中間の刑〗：conde-
nar a un año de ～ 禁固1年に処す. ～
mayor 長期刑〖6-12 年〗. ～ menor 短期刑
〖6ヵ月-6 年〗. ❸ 牢獄のような場所で：～ del
amor 愛の牢獄

prisionero, ra [prisjonéro, ra] 名 ［思想犯
などの］囚人〖普通の犯罪による囚人は preso,
recluso〗；捕虜〖～ de guerra〗：～ de con-
ciencia/～ político 政治犯. ～ de estado 国
事犯. Es un ～ de sus prejuicios. 彼は偏見
にとらわれる

prisma [prísma] 男 ❶ 《数学》角柱. ❷《鉱物》
［結晶体の］柱：～ triangular 三角柱. ❷ ～
recto (oblicuo) 直(斜)角柱. ❷《光学》プリズ
ム. ❸ 視点：mirar desde el ～ de... …の観
点から見る

prismático, ca [prismátiko, ka] 形 角柱
の；プリズムの：cristal ～ 角柱形結晶
◆ 男 圏［プリズム］双眼鏡

prístino, na [prístino, na] 形 ❶《文語》昔な
がらの, 元々の：su ～*na* blancura 元の白さ
を保って. ❷ 俗塵に汚されていない

priva [príba] 女《西. 俗語》［強い］酒

privacidad [pribaθiðá(đ)] 女 プライバシー

privación [pribaθjón] 女 ❶ 剥奪；喪失：～
de libertad 自由の剥奪. ～ del oído 聴力の
喪失. ～ voluntaria del placer 禁欲. ❷［主
に 圏］欠乏, 窮乏：En la expedición pasa-
ron (sufrieron) muchas *privaciones*. その遠
征で彼らは色々不自由した

privadamente [pribáđaménte] 副 私的に；
非公式に

privado, da [pribáđo, đa] 形 過分《英 pri-
vate. ↔público》❶ 私的な：bienes ～*s* 私有
財産. carta ～*da* 私信. vida ～*da* 私生活.
❷ 非公式の；内々の：reunión ～*da* 非公式の
会議. fiesta ～*da* 内輪だけのパーティー. ❸ 私
営の, 民間の：empresa ～*da* 私企業. escuela
～*da* 私立学校. ❹［+de を］奪われた, 失った：
～ de vista 視力を失った. ❺［estar+. +por
に］夢中の：Está ～ *por* tu hermana. 彼は君
の妹にほれ込んでいる
◆ 男 寵臣, 側近
　en ～ 非公式に；内々で：Quiero hablarle *en*
～. 内々でお話したい
◆ 女《中米》私道

privanza [pribánθa] 女 寵愛：Gozaba de la
～ del rey. 彼は王の側近だった/彼女は王の寵
愛を受けていた

privar [pribár] 他 ❶ ［+de を］…から奪う, 取
り上げる；禁止する：Las autoridades querían
～nos de la libertad. 当局は我々から自由を奪
おうとした. El frío le *privó d*el sentido. 寒さ
で彼は感覚がなくなった. Le *privaron d*e la
secretaría. 彼女は秘書を首になった. Como
castigo *me han privado d*e salir a la calle.

罰として私は外出禁止になった. ❷ 非常に…の気に入る『gustar mucho』: Le *privan* las colorines. 彼女は派手な色が大好きだ. ❸《まれ》気を失わせる

◆ 圓 ❶ [+con の] 寵愛を受ける: Ella *privaba con* el rey. 彼女は王の寵愛を受けていた. ❷《西》流行している, 人気がある: Este año *privan* las minifaldas. 今年はミニスカートが流行している. ❸《口語》[+a+人 の] 気に入る: Le *privan* los dulces. 彼は甘い物に目がない. ❹《口語》酒を飲む

◆ **~se** ❶ [+de 好物などを] 断つ;なしですませる: Se *privó* de fumar. 彼はたばこをやめた. No podemos ~*nos* de la estufa con este frío. この寒さではストーブなしではやっていけない. ❷《口語》[+por で] 切望する. ❸《主に中南米》気を失う

privativo, va [priβatíβo, βa] 形 ❶ [ser+] 固有の, 特有の: Esta facultad es ~*va* del gobierno. この権能は政府に固有のものである. ❷ [+de を] 奪う;禁止する: pena ~*va de* libertad 自由を奪う刑罰

privatización [priβatiθaθjón] 囡 私企業化, 民営(民有)化;[民間への] 払い下げ
privatizar 9 他 民営化する;払い下げる

privilegiado, da [priβilexjáðo, ða] 形 過分 ❶ 特権を受けた[人], 特別扱いの: clase ~*da* 特権階級. acción ~*da*《商業》優先株. ❷ 特に恵まれた[人];天賦の才に恵まれた: ~*s* de la fortuna 幸運な人々. balcón ~ de los Pirineos ピレネーを見渡す景勝の地. Tiene una memoria ~*da*. 彼は天才的な記憶力の持ち主だ
privilegiar 10 他《文語》…に特権(特典)を与える;優遇する

privilegio [priβiléxjo] 男 ❶ [良い意味で] 特権, 特典;その認可証: otorgar (conceder) un ~ a+人 …に特権を与える. gozar (disfrutar) un ~ 特権を持っている. ❷ 喜び(満足)を与えるもの: Es un ~ ser invitado a su casa. お宅にご招待いただき光栄です
con ~ 正当にも
tengo el ~ **de**+不定詞 …するのを光栄に思います

pro[1] [pro] 前 …のための『en favor de』: asociación ~ África アフリカ友好協会
pro[2] [pró] 男 利益, 利点『ventaja』
buena ~ 1) たっぷり召し上がれ/乾杯『buen provecho』. 2) [契約書の最後で] 効力を発
de ~《古語》[人が] 誠実な;役に立つ
los ~s y los contras/el ~ y el contra 賛否;[良い点と悪い点]
en ~ de... …のために;…に賛成して: luchar *en* ~ de la libertad 自由のために戦う

pro-《接頭辞》[代理・前・好意] *pro*nombre 代名詞, *pro*ceder 出る, *pro*americano 親米的な

proa [próa] 囡 船首, へさき『↔popa』;機首: a ~/en la ~ 船首(機首)で
poner la ~ 何としても成功しようとする;[+a

に] 立ち向かう

poner ~ **a** (**hacia**)+場所 …に向かう: El barco *puso* ~ *hacia* el puerto. 船は港に向かった

probabilidad [proβaβiliðá(ð)] 囡 ❶ ありそうなこと;[+de+不定詞・que+接続法 する] 見込み: Tiene alguna ~ de ganar. 彼にもいくらか勝ち目はある. Hay muchas (grandes) ~*es* de abrir una ruta aérea. 航空路が開設される公算が大きい. La ~ de su restablecimiento era cada día mayor. 彼が回復する可能性は日ごとに高くなった. ❷《数学》確率: cálculo de ~*es* 確率計算. teoría de las ~*es* 確率論. ~*es* de vida 平均余命. ❸《哲学》蓋然性
según toda ~ たぶん, おそらく

probabilismo [proβaβilísmo] 男《哲学》蓋然論;《カトリック》蓋然説

probable
[proβáble] 形『英 probable』
❶ ありそうな, 公算の高い『posible より確実度が高い』: i) opinión muy ~ 実際に起こりそうな予測. ii) [ser ~ que+接続法] Hace mucho frío; es ~ *que* nieve. ひどく寒い. おそらく雪が降るだろう. Es poco ~ *que* haga buen tiempo mañana. 明日は晴れそうにない. ❷ 立証できる

probablemente [proβáblemente] 副《時に +接続法》おそらく, たぶん: *P*~ no vendrá (venga). 彼はたぶん来ないだろう

probado, da [proβáðo, ða] 形 過分 ❶ [estar+] 証明ずみの: Su paciencia está bien ~*da*. 彼の忍耐強さは十分に証明されている. medicamento de ~*da* eficacia 効き目の確かな薬. ❷《法律》証明(立証)された

probador [proβaðór] 男 試着室
probanzas [proβánθas] 囡 複《法律》証拠
probar [proβár] 28 他『英 test, try. ☞活用表』❶ [性質・性能などを] 試す, テストする: Antes de comprarlo *prueba* a ver si funciona. 買う前に動くかどうか試しなさい. ~ el valor de+人 …の勇気をためす. ~ la resistencia del acero 鋼鉄の耐久度試験をする. ❷ [+a+人 に] 試着させる: ~ *a* su hijo unos zapatos 息子に靴をはかせてみる. ❸ [試食(試飲)する;食べた(飲んだ)経験がある] *Pruebe* usted este vino. このワインを飲んでみてください. No he *probado* la carne de jabalí. 私は猪の肉は食べたことがない. Se pasa muchos días sin ~ bocado. 彼は何日も食べ物を口にしないで過ごす. ❹ 証明する, 証拠立てる;示す: ~ la inocencia de+人 …の無実を証明する. No ha venido, y esto *prueba* que no tiene interés por el plan. 彼は来なかった. このことは彼が計画に興味を持っていないことを示している

◆ 圓 ❶ [+a+不定詞 しようと] 試みる, やってみる: He *probado* a levantar la piedra, pero no puedo. 私は石を持ち上げようとしたが無理だった. ❷《古語》[+bien・mal] 適合する・しない: No me *prueba* [bien] el clima aquí. ここの気候は私には合わない

◆ **~se** …を試着する, 仮縫いをする: Me *probé* varios abrigos. 私はオーバーを何着か着てみた

P

probar	
直説法現在	接続法現在
pr*uebo*	pr*uebe*
pr*uebas*	pr*uebes*
pr*ueba*	pr*uebe*
probamos	probemos
probáis	probéis
pr*ueban*	pr*ueben*

probatorio, ria [proβatórjo, rja] 厖 証拠となる

probatura [proβatúra] 囡 ＝**prueba**

probeta [proβéta] 囡 試験管；～ graduada メートルグラス. bebé ～/niño ～ 試験管ベビー

probidad [proβiðá(d)] 囡《文語》誠実, 真実

problema [probléma] 男 『英 problem』 問題, 課題：i) [解明・解決すべき] に問題を出す. resolver un ～ de matemáticas 数学の問題を解く. plantear un ～ 問題を提起する. enfrentarse con un ～ 問題に取り組む. ～ filosófico 哲学の問題. ii) [解決困難な状況, 目的達成の障害] ～ económico 経済問題；お金の問題. ～ del paro 失業問題. iii) やっかい, 悩み事：Tiene ante sí muchos ～s. 彼は色々な問題を抱えている. Ha surgido un ～. 困ったことが起きた. ¡Qué ～! 困ったなあ! causar ～s 問題(もめごと)を起こす. iv) 故障, 不調：～s con el motor エンジントラブル

no tener ～s para＋不定詞 容易に…する

problemático, ca [problemátiko, ka] 厖 [解決などが] 疑わしい, 不確かな；問題のある(原因となる)：Su futuro se presenta ～. 彼の未来には問題がある. Es un chico muy ～. この子は問題児だ. préstamos ～s 不良債権

◆ 囡 [複名 [一つの科学・領域に属する] 問題：～ca política de nuestro país 我が国の政治問題

probo, ba [próβo, βa] 厖《文語》誠実な, 実直な：funcionario ～ 誠実な役人

proboscide [proβósθiðe] 囡 [象などの] 長い鼻. **proboscídeos** 男 覆《動物》長鼻目

procaz [prokáθ] 厖 [覆 ～ces] [主に性道徳的に見て] 恥知らずな, 下品な

procacidad [prokaθiðá(d)] 囡 恥知らずな言動, 破廉恥

procedencia [proθeðénθja] 囡 ❶ 起源, 出身『origen』：Es de ～ andaluza (oscura). 彼はアンダルシアの出身だ(素性がはっきりしない). ❷ 出所(ᵈᵉᶜᵒ), 発送(出発)地：No se sabe la ～ de la carta. その手紙がどこから来たのかわからない. contenedores de ～ japonesa 日本から来たコンテナ. ❸ [法的・道徳的] 根拠：admitir la ～ de una reclamación 正当な要求だと認める. [＋de que＋接続法] No hay ～ de que nos hagan tal exigencia. 当方にはそんなことを要求されるいわれはありません

procedente [proθeðénte] 厖 ❶ [＋de から] 来た, 生じた：tren ～ de Lisboa con destino a Madrid リスボン発マドリード行きの列車. re-

galo ～ de un desconocido 知らない人からの贈り物. palabra ～ de*l* latín ラテン語源の言葉. ❷ [法的・道徳的] 根拠のある, 妥当な, 適切な：demanda ～ 妥当な要求

proceder [proθeðér] 男《文語》ふるまい, 行動：Su ～ es un egoísmo absoluto. 彼の行為は利己主義そのものだ. Tu ～ merece alabanza. 君の行ないは賞賛に値する

◆ 值 ❶ [＋de から] 来る, 生じる；由来する：Estos pulpos proceden de España. これらのタコはスペイン産だ. El plástico procede de*l* petróleo. プラスチックは石油から作られる. Este barco procede de Mallorca. この船はマジョルカ島から来る. *Procede de una familia pobre.* 彼は貧しい家の出である. Toda su fortuna procede de negocios sucios. 彼の財産はすべて不正な商売で得たものだ. ❷ ふるまう, 行動する：～ injustamente con＋人 …にひどい仕打ちをする. ～ precipitadamente 性急に行動する. ❸《文語》[＋a 行動に] 取りかかる, 処置をとる：～ al embargo 差押えの処置をとる. ～ a abonar 払い込みの手続きをとる. ❹ 妥当である, 適切である：En caso de urgencia procede abreviar los trámites. 緊急の場合は手続きを簡略化してよい. Su instancia no procede. 彼の請求は根拠がない. ❺ [＋contra に対して] 訴訟を起こす

◆ ～se 行動する：*Se procedió* en justicia. 彼の行ないは正しかった

procedimental [proθeðimentál] 厖 方法上の, 手続き上の

procedimiento [proθeðimjénto] 男 ❶ 方法, 手段；[一連の] 処置：Es un ～ seguro para quitar las manchas de tinta. これはインクの染みを取る確実な方法だ. Con este ～ ha salido bien la prueba. この方法で彼は実験に成功した. ～ de producción 生産工程. ❷ [法的・行政上の] 手続き, 訴訟：～ civil (penal) 民事(刑事)訴訟. ❸《情報》手続き

proceloso, sa [proθelóso, sa] 厖《文語》嵐の, 荒れた：el ～ mar 荒海

prócer [próθer] 男 [地位の高い, 影響力のある] 名士, 大立者；[独立戦争などでの] 国民的英雄

◆ 厖 高い；堂々とした：～es palmeras 高いヤシの木々

procesado, da [proθesáðo, ða] 厖 囝 過分 告訴(起訴)された[人], 被告；処理された

procesador [proθesaðór] 男 ❶《情報》処理装置, プロセッサー：～ de datos データ処理装置. ❷ ワードプロセッサー『～ de textos・palabras』：escribir con ～ ワープロを打つ

procesal [proθesál] 厖《法律》訴訟の, 訴訟に関する：costas ～es 訴訟費用. derecho ～ 訴訟法

procesamiento [proθesamjénto] 男 ❶《法律》起訴；告発, 告訴. ❷ 加工, 処理：i) ～ de la leche 牛乳の加工. ii)《情報》～ de datos データ処理. ～ de textos/～ de palabras 文書作成

procesar [proθesár] 個 ❶ [＋por のかどで] 起訴する, 裁判にかける：Le *procesaron por* corrupción. 彼は汚職で告発された. ❷ 処理す

procesión [proθesjón] 囡 [主に宗教上の]
行列: i) Las niñas abrían la ～ del Corpus.
少女たちは聖体の行列を始めた. ～ de Semana
Santa 聖週間の行列. ii)《口語》[一般に] ～
de hormigas アリの列. lenta ～ de los días
日々のゆっくりした歩み. No se puede repicar
y estar en la ～.《諺》一度に 2 つのことはできな
い

andar (ir・llevar) la ～ por dentro《口
語》内心は穏やかでない: Permaneció in-
mutable, aunque *la ～ iba por dentro*. 彼
は平然としていたが, 内心はびくびくしていた(怒っ
ていた)

procesionaria [proθesjonárja] 囡《昆虫》
行列毛虫

proceso [proθéso] 男『英 process』❶ 過程,
経過;進展: El ～ hacia la democracia está
en marcha. 民主化が進行中だ. En un ～ de
un mes solucionaré este problema. 1 か月の
間にこの問題を解決します. ～ de la enfer-
medad 病状の推移. ～ de fabricación 製造
工程. ～ químico 化学処理. ～ en infinito
際限のないこと. ❷ 裁判, 訴訟;その一件書類:
Han abierto un ～ contra él por posible
estafa. 詐欺のかどで彼に対する裁判が開かれた.
～ civil 民事訴訟. ❸《情報》～ de datos デ
ータ処理. ～ de textos 文書作成. ❹《解剖》
突起;～ ciliar 毛様突起. ～《歴史》[el P～.
アルゼンチンの (1976-83), ウルグアイの (1973-
85)] 軍部の独裁

proclama [prokláma] 囡 ❶ 布告, 公示;
[特に教会の行なう] 結婚(叙品)の公示. ❷
[王・大統領などの] 即位(就任)演説;[兵士な
どへの] 激励演説

proclamación [proklamaθjón] 囡 宣言, 声
明;公表: ～ de la república 共和国宣言.
～ de una ley 法律の発布. ～ del rey 国王の
即位式. hacer la ～ de candidatos [政党が]
候補者を発表する

proclamar [proklamár] 他 ❶ 宣言する, 公
表(布告)する: i) ～ el estado de emergen-
cia 非常事態を宣言する. ～ el resultado de
las elecciones generales 総選挙の結果を公
表する. ～ la constitución 憲法を発布する.
ii) [+目的格補語] *La proclamaron* reina del
país. 彼女は自国の王妃に宣せられた. Le *pro-
clamaron* premio Nobel de Literatura. 彼
のノーベル文学賞受賞が発表された. ❷ 明示す
る: El silencio *proclama* su consentimiento.
沈黙は彼の同意の印である. ❸《まれ》歓呼する
『aclamar』

◆ ～se 自分が…であると宣言する, 自称する: El
coronel *se proclamó* jefe del Estado. 大佐は
自ら国家元首と称した

proclítico, ca [proklítiko, ka] 形《文法》後
接の『単音節語で, 発音が次の語と結びつく: 冠
詞, 所有形容詞前置形, 前置詞』

proclive [proklíβe] 形 ❶ [+a 主に悪いこと
の] 傾向のある: naturaleza ～ *a* las enfer-

medades 病気がちな体質. ❷ 前傾した
proclividad 囡 [悪い] 傾向, 性癖

procomún [prokomún] 男 公益, 公共の利便
procomunal 形 男 公益の[の]

procónsul [prokónsul] 男《古代ローマ》属州
の総督

procrear [prokreár] 他 [子を] 生む;[子孫
を] 作る
procreación 囡 出産;生殖

procuración [prokuraθjón] 囡〔代理〕委任
状

procurador, ra [prokuraðór, ra] 图 ❶ 検
事, 検察官;[～ público]: ～ general 検事総
長. ❷《法律》代理人. ❸ [修道会の] 会計係,
管財人. ❹ [一部の国で] 行政監察官, オンブズ
マン. ❺ 《歴史》en (a) Cortes 国会議員;《歴史》
[国会に派遣された各都市の] 代議員
procuraduría 囡 procurador の任務(執務
室)

procurar [prokurár] 他『英 try』❶ [+不定
詞/+que+接続法] …に努める, …しようとする:
Procuraré terminarlo mañana. 明日終えるよ
う努力しましょう. *Procura* que no te vean. 姿
を見られないように気をつけなさい. ❷《文語》[+
a+人 に] 提供する: Le *procuraré* un trabajo.
彼に仕事を世話しよう

◆ ～se《文語》…を手に入れる

prode [próðe] 男《アルゼンチン》スポーツくじ

prodigalidad [proðigaliðáð] 囡 気前のよ
さ, 大盤振舞い;放濫;豊富さ, 多量: ～ de
adornos 装飾過剰

prodigar [proðigár] 图 他《文語》❶ 惜しげな
く(気前よく)与える, 浪費(濫費)する: Me *pro-
diga* demasiadas atenciones. 彼はいやに私に
親切だ. ❷ [しつこく・繰返し賛辞を] ふりまく

◆ ～se [+en に] 骨身を惜しまない: Ella *se
prodigó en* atenciones con los chicos. 彼女
はかいがいしく子供たちの面倒を見た. ❷ 自分を
見せびらかす: Se *prodiga* tanto *en* la confe-
rencia que ya nadie lo escucha. あんまり会議
で目立ちたがるので誰も彼の話を聞かない

prodigio [proðíxjo] 男 ❶ 驚くべき出来事, 驚
異: los ～s de Moisés モーゼの奇跡. [ser un
～+不定詞・que+接続法] Fue un ～ *que* él no
sufriera ni un rasguño. 彼がかすり傷一つ負わ
なかったのは奇跡的だ. ❷ 非凡な人, 奇才: niño
～ 天才児, 神童. Esta chica es un ～ de
amabilidad. この娘は驚くほど心が優しい. ❸ 奇
跡『～ divino, milagro』: realizar un ～ 奇
跡を行なう

prodigioso, sa [proðixjóso, sa] 形 ❶ 奇
跡的な, 不思議な. ❷ 驚くべき, すばらしい: ve-
locidad ～sa (éxito ～) 驚異的なスピード(成
功)

pródigo, ga [próðigo, ga] 形 囷 ❶ 多作な;
多産な: poeta ～ 多作な詩人. ～ga natura-
leza 実り豊かな自然. ❷ [+con に] 気前のよ
い;[+en に] 富んだ: Es ～ [*para*] *con los
demás*. 彼は他人にとても気前がいい. ❸ 浪費家
〔の〕, 濫費する: Hijo P～《聖書》帰郷した放濫
息子, 悔い改めた罪人

pródromo [pródromo] 男《医学》前駆症状
prodrómico, ca 形 前駆症状の

producción [produ(k)θjón] 囡〖英 production〗❶ 生産, 製造；[粗生産量・額としての] 生産高：~ de arroz 米の生産〔高〕. ~ nacional de acero 鉄鋼の国内生産〔高〕. medios de ~ 生産手段. ~ japonesa 日本製, 日本産. ❷ 生産物, 製品〖producto〗：producciones naturales 自然の産物. producciones industriales 工業製品. ❸ [映画などの] 制作；映画作品；テレビ(ラジオ)番組：una ~ cinematográfica española あるスペイン映画. ❹ 医《作品》：~ literaria 文学作品. ❺《法律》提出, 提示

producir [produθír] 囮 他〖英 produce. ☞活用表〗❶ 生産する, 産出する：Andalucía produce mucho vino. アンダルシアはワインをたくさん産出している. Esta fábrica produce electrodomésticos. この工場では家電品を製造している. España ha producido muchos artistas geniales. スペインは多くの天才芸術家を産んでいる. ❷ [結果などを, +en・a に] 生む, もたらす：La guerra produce siempre muchos estragos. 戦争は常に多くの災禍を招く. Su actitud fría me produjo un gran desengaño. 彼の冷たい態度に私はひどくがっかりした. Ese descubrimiento produjo una revolución en la vida humana. その発見は人類の生活に革命をもたらした. ❸ [利益を] もたらす：El depósito en el banco producirá el cinco por ciento de interés. 銀行預金は5%の利息を生むだろう. El autobús en esta línea ya no produce. このバス路線はもう採算がとれない. ❹ [作品を] 創作する；[映画・番組を] 制作する：~ una novela 小説を書く. ~ una película 映画を作る. ❺《法律》提出する, 提示する：~ una prueba en el juicio 法廷に証拠を提出する
◆ **~se** ❶ [事が] 生じる, 起こる：Se produjo la revolución. 革命が起きた. Se ha producido un malentendido. 誤解が生じた. ❷ 自分の意見を述べる, 所信を表明する. ❸《文語》[傷などが] 自身に生じる

producir	
直説法現在	直説法点過去
produzco	produje
produces	produjiste
produce	produjo
producimos	produjimos
producís	produjisteis
producen	produjeron
接続法現在	接続法過去
produzca	produjera, -se
produzcas	produjeras, -ses
produzca	produjera, -se
produzcamos	produjéramos, semos
produzcáis	produjerais, -seis
produzcan	produjeran, -sen

productividad [produktiβidá(d)] 囡 生産性, 生産力：aumentar la ~ 生産性を向上させる

productivo, va [produktíβo, βa] 形 生産的な, 生産力のある：actividad ~va 生産活動. fuerzas ~vas 生産(諸)力. personal ~ 生産部門の人員. negocio muy ~ 大変もうかる(実入りのいい)仕事. tierra ~va 肥沃な土地. discusión no muy ~va 非生産的な議論

producto [produkto] 男〖英 product〗❶ 生産物, 製品：~ agrícola (agrario) 農産物. ~ alimenticio 食料品. ~ financiero 金融商品. ~ químico 化学製品. ~ básico (primario) 一次産品. ~ accesorio 副産物. ~ elaborado 加工品. ~ acabado (terminado) 完成品. ~ semiacabado (semiterminado・semimanufacturado) 半製品. ❷ [知的活動などの] 産物, 所産：~ de la época 時代の産物. ❸ 収益, 利益；[付加価値としての] 生産高：~ de las ventas de ayer 昨日の売上高. ~ bruto 総売上高, 総収入. ~ nacional bruto 国民総生産, GNP. ~ interior (interno) bruto/~ bruto interno 国内総生産. ~ per cápita/~ por habitante 一人当たり生産高. ~ de su terreno 土地からの収入. ❹《数学》積：~ de x por y x と y の積

productor, ra [produktór, ra] 形 ❶ 生産する, 作り出す：capacidad ~ra 生産能力. país ~ de petróleo 産油国. ❷《映画・テレビ》制作の
◆ 名 ❶ 生産者, 製造業者：venta directa del ~ al consumidor 産地直売. precio al ~ 生産者価格. ❷ [映画・テレビ] 制作者, プロデューサー
◆ 囡《映画・テレビ》制作会社〖compañía ~ra〗

proel [proél] 形 男 船首部の；艇首の漕ぎ手, バウマン

proemio [proémjo] 男 [芝居などの] 序詞, 前口上；序文, 序言〖prólogo〗

proeza [proéθa] 囡 偉業, 手柄：~ guerrera (bélica) 武勲

profanar [profanár] 他 冒瀆する, 不敬を働く；けがす：~ la casa de Dios 教会を冒瀆する. ~ la memoria de+人 …の思い出をけがす
profanación 囡 冒瀆, 不敬：~ de tumbas 墓あばき
profanador, ra 形 囡 冒瀆の；冒瀆者

profano, na [profáno, na] 形 ❶ 世俗の, 俗界の：música ~na 世俗の音楽〖↔música religiosa〗. ❷ 無宗教の；反宗教的な：rito ~ 無宗教の儀式. ❸ 卑俗な：palabras ~nas 下品な言葉. ❹ [+en に] 門外漢の：Soy ~ en arte contemporáneo. 私は現代美術には素人だ
◆ 名 門外漢, 素人

profe [prófe] 名《口語》=profesor

profecía [profeθía] 囡 ❶ 予言能力, 予言の賜物〖don・espíritu de ~〗. ❷ 予言, 神託：hacer una ~ 予言をする. ~ de la venida de Cristo al mundo 救世主出現の予言. ❸ 予知, 予測

proferir [proferír] ③③ 他 〖現分 prof*i*riendo〗 [声高に] 言う：〜 insultos ののしりの言葉を吐く．〜 gritos 叫び声を上げる

profesar [profesár] 他 ❶ [信仰・思想などを] 表明する，信奉する：〜 la religión protestante プロテスタントを信奉している． 〜 una gran admiración a+人 …を熱烈に賛美している． ❷ …を〔専門の〕職業とする：〜 la medicina を営む．❸《文語》[中等教育以上で] 教える：〜 las matemáticas en la escuela 学校で数学を教える．❹《古語》[感情を] 抱く ◆ 自 [+en] 修道会(修道院)に入る，修道誓願を立てる

profesión [profesjón] 囡 〖英 profession〗 ❶ 職業〖願義 profesión は主に弁護士・医師など特定の資格を必要とする専門的な職業，ocupación は特別な資格・肩書きを必要としない運転士・大工・小学校の教師など専門性の強くない職業〗：¿Qué 〜 tiene usted? ご職業は何ですか？ Es zapatero de 〜. 彼は靴屋だ． 〜 liberal 自由業．❷ [申込書類などの] 職業欄．❸ [宗教・信条などの] 表明：〜 religiosa [修道誓願の] 立願[式]．〜 de fe 信仰告白[宣言]

hacer 〜 *de...* …を自慢する場
hacer 〜 *de fe* 思想的立場を明らかにする

profesional [profesjonál] 形 〖英 professional〗 ❶ 職業の：enseñanza 〜 職業教育．enfermedad 〜 職業病．❷ 本職の，玄人の〖↔aficionado〗：carpintero 〜 本職の大工．esquiador 〜 プロスキーヤー
◆ 名 ❶ 本職の人，玄人．❷ [弁護士・医師など] 専門職の人．❸ 常習者(犯)：〜 de la droga 麻薬常習者

profesionalidad [profesjonaliðá(d)] 囡 職業性(意識)；=**profesionalismo**

profesionalismo [profesjonalísmo] 男 プロ精神(意識)

profesionalizar [profesjonaliθár] ⑨ 他 [活動・人を] プロ化させる
◆ 〜se プロ化する

profesionalización 囡 プロ化

profesionalmente [profesjonálménte] 副 職業(プロ)として，専門的に

profesionista [profesjonísta] 名《中米》本職の人，プロ〖profesional〗

profeso, sa [proféso, sa] 形 名《宗教》立願の；立願修道士(修道女)；*☞* **ex profeso**

profesor, ra [profesór, ra] 名 〖英 professor〗 ❶ [中等教育以上の，ある科目を専門に教える] 教師，先生；教授：Trabaja (Está) de 〜 en una universidad. 彼は大学で教師をしている． Buenos días, 〜. 先生，おはようございます！ El 〜 Ruiz descansa. ルイス先生はお休みです． hacerse 〜 de español スペイン語の先生になる． sala de 〜es 職員室．〜 titular [大学の] 助教授
❷《西》〜 mercantil 公認会計士

profesorado [profesoráðo] 男 ❶ 匜名 教授団，先生たち：El 〜 de esta escuela es muy

bueno. この学校の先生(教授陣)はとてもいい． sindicato de 〜 教員組合．❷ 教授職，教職：ejercer el 〜 教職にある

profeta [proféta] 男《キリスト教》予言者，預言者：Nadie es 〜 en su tierra.《諺》予言者，故郷に入れられず

　　profético, ca 形 予言[者]の，預言[者]の：texto 〜 予言書
　　profetisa 囡 女予言者
　　profetizar ⑨ 他 予言する

profiláctico, ca [profiláktiko, ka]《文語》形 病気予防の
◆ 男 コンドーム〖preservativo〗
◆ 囡 予防医学

profilaxis [profilá(k)sis] 囡 [単複同形] [病気の] 予防[法]

pro forma [pro fórma]《ラテン語》形式上の
prófugo, ga [prófugo, ga] 形 名 ❶ 逃亡した〔人〕，逃亡者：esclavo 〜 逃亡奴隷
◆ 男 [単なる嫌悪・恐怖などによる] 徴兵忌避者

profundamente [profúndaménte] 副 深く
profundidad [profundidá(d)] 囡 ❶ 深さ：Esta piscina tiene dos metros de 〜. このプールの深さは2メートルだ． Este río tiene poca 〜. この川は浅い．❷ 副 深い所，深部；[las 〜es] 深海〖las 〜es del océano〗．❸ 奥行き：Este armario tiene 50 centímetros de 〜. このたんすは奥行きが50センチある．❹ [精神的な] 深み，深さ；[内容の] 深遠さ：〜 de los sentimientos de+人 …の気持ちの深さ．en la 〜 de su alma 心の奥底では．tema de gran 〜 大変深遠なテーマ．❺《光学》〜 de foco (de campo) 焦点(被写界)深度

en 〜 深く，徹底的な・に：examinar *en* 〜 掘り下げて検討する

profundímetro [profundímetro] 男 深さゲージ

profundizar [profundiθár] ⑨ 他 深くする，掘り下げる：〜 el pozo 井戸をもっと深くする，〜 el tema テーマを掘り下げる
◆ 自 [+en を] 掘り下げる：〜 más *en* el asunto 事件をもっと深く追求する

profundo, da [profúndo, da] 形 〖英 deep, profound〗 [ser+] ❶ 深い：i) El lago es poco 〜 en esta parte. 湖のこの辺は浅い．las aguas 〜das 深海に．pozo poco 〜 浅い井戸．herida 〜da 深い傷．arruga 〜da 深いしわ．raíces 〜das 地中深く張った根．hacer una 〜da reverencia 深々と辞儀をする．ii) [奥行きが] cueva 〜da 深い洞穴．cajón 〜 奥行きのある引き出し．selva 〜da 深いジャングル．❷ 心の底からの：ojos 〜s 深みのあるまなざし．❸ [音が] 深みのある：voz 〜da 重々しい声，深みのある声．❹ 深遠な，難解な；深層の，内奥の：discurso 〜 深遠な内容の講演．pensamiento 〜 深い考え．psicología (estructura) 〜da 深層心理学(構造)．❺ [度合いが] 強い，大きい：〜 amor 深い愛．〜da diferencia はっきりとした違い．〜 dolor 激痛．

❻ ［眠りが］深い；［ため息が］深い

desde lo más ～ 心の奥底から

◆ 圐 深み，奥，底

profusión [profusjón] 囡 過剰，過多：ex-
plicar con ～ de detalles こまごまと説明しすぎ
る．tener ～ de sellos おびただしい数の切手を
集めている

profuso, sa [profúso, sa] 厖 おびただしい：
libro con ～*sas* citas 引用だらけの本．dar a＋
人 ～*sas* muestras de cariño …を溺愛する

progenie [prɔxénje] 囡《文語》［主に高貴な・
直系の］血統，家系；子孫

progenitor, ra [prɔxenitór, ra] 图 **❶** ［直
系の］先祖．**❷**《文語・時に戯謔》父，母；圈 両親
：Sus ～*es* le dejaron mucho dinero. 両親
は彼に大金を残した

progesterona [prɔxesteróna] 囡《生化》プ
ロゲステロン

progestina 囡《生化》プロゲスチン

prognato, ta [prɔgnáto, ta] 厖《人類》顎の
突き出た，突顎（ネネ）の

prognatismo 圐 突顎，上顎前突（症）

programa [prɔgráma] 圐《英 pro-
gram》**❶** プログラム；番
組，演目：i) Esta noche hay un ～ intere-
sante en ese emisora. 今晩その放送局で面白
い番組をやる．ver (escuchar) un ～ 番組を見
る(聞く)．intervenir en un ～ 番組に出る．ii)
匯图［一放送局の］番組全体．iii) 上演(上映)
パンフレット：comprar un ～ パンフレットを買う．
～ de mano 通りで配る上演パンフ．iv)［儀式
の］式次第．**❷**《政治》政策綱領：～ elec-
toral 選挙綱領．**❸**《教育》カリキュラム，授業計
画：～ de [la asignatura de] matemáticas
数学の授業計画．**❹** 計画，予定：¿Qué ～
tenemos para este fin de semana? 今度の週
末は何をしようか？**❺**《音楽》música de ～ 標
題音楽.**❻**《情報》プログラム：～ Basic ベーシ
ック

programación [programaθjón] 囡 **❶** 番組
編成；計画作成，計画化，綱領作成.匯图
［放送の］番組全体：～ de hoy 今日の番組．
❸《情報》プログラミング：lenguaje de ～ プログ
ラミング言語．～ lineal リニアプログラミング

programador, ra [programaðór, ra] 图
《情報》プログラマー

◆ 圐［電気器具の］予約などの機能・装置

programar [programár] 他 **❶** 番組を組む；
計画を立てる：～ el curso 講義のカリキュラムを
立てる．～ las vacaciones 休暇の計画を立て
る．**❷**［電気器具などを］セットする．**❸**
《情報》プログラムを組む

programático, ca [programátiko, ka] 厖
政策綱領の

progre [prɔ́gre] 厖 图《口語》進歩的な〔人〕
《progresista》

progresar [progresár] 圁 **❶** ［+en で］進歩
する，向上する：La humanidad *progresa* sin
cesar. 人類は絶えず進歩している．No *progresa*
nada *en* sus estudios. 彼は少しも勉強ができる
ようにならない．La miope *ha progresado*.

私は近視が進んだ．**❷** ［+hacia に向かって］前
進する

progresía [progresía] 囡 匯图《時に軽蔑》進
歩的な人；流行の先端を行く人

progresión [progresjón] 囡 **❶** 進展，進行：
La infección se ～ en. 化膿が進んでいる．
《数学》級数，数列：～ aritmética 算術(等
差)級数．～ geométrica 幾何(等比)級数．
❸《音楽》進行

progresista [progresísta] 厖 图 進歩主義の
（主義者），進歩的な〔人〕；流行の先端を行く
〔人〕

progresismo 圐 進歩主義

progresivo, va [progresíbo, ba] 厖 **❶** ［数
量の増大・質の向上において］前進的な，漸進的
な：aumento ～ del paro 失業者が徐々に増え
ていること．política ～*va* de industrializa-
ción 段階的な工業化政策．imposición ～*va*
累進課税．parálisis ～*va* 進行性麻痺．**❷**
《文法》進行を表わす，進行形の

progresivamente 圓 徐々に，段階的に

progreso [progréso] 圐《英 progress. ↔
atraso》**❶** 進歩：Él hace ～*s*
rápidos (lentos) en español. 彼のスペイン語は
急速に上達している(なかなかうまくならない)．～*s*
de la industria 産業の発展．**❷** 進展，進行；
ir en ～ 進展する．**❸**《敵陣への》前進

prohibición [proiβiθjón] 囡 ［公的な］禁止，
禁制［↔permiso］；禁輸：～ de caza (pes-
ca) 禁猟(禁漁)．～ de importación de
armas 武器の禁輸．levantar la ～ 禁止を解
除する

prohibicionista 厖 图 禁止論の（論者）

prohibido, da [proiβíðo, ða] 厖 過分
［estar+］禁止された：Está ～ llevar pis-
tolas. ピストルの携行は禁止されている．*P～* la
entrada. 立入禁止．dirección ～*da*
進入禁止．～ el paso/circulación ～*da* 通行
禁止

prohibir [proiβír] 他 禁止する：i) ～ la
droga 麻薬を禁止する．Se *prohíbe* la en-
trada.《表示》立入禁止．ii) ［+不定詞/+que
+接続法］El jefe nos *prohibió* fumar en la
oficina. 部長は社内での喫煙を禁じた．*Pro-
híbe* a su hija *que* salga después de obs-
curecer. 彼は娘が暗くなってから出かけるのを禁じ
ている

prohibitivo, va [proiβitíbo, ba] 厖 **❶** ［価
格が］手が出ないほど高い：El azafrán se ha
puesto a un precio ～. サフランは手が届かない
値段になった．**❷** 禁止の：ley ～*va* 禁止令

prohibitorio, ria [proiβitórjo, rja] 厖 ＝
prohibitivo

prohijar [proixár] 他 養子にする；［他人の
意見を自分のものとして］取り入れる，採用する

prohijamiento 圐 養子縁組

prohombre [proómbre] 圐 権威者，大家

prójimo, ma [prɔ́ximo, ma] 图《古語・軽蔑》
誰だか知らない(言いたくない)人：Menudo ～
tenemos de vecino. ひどいやつを隣人に持ったも
のだ

◆ 團 同胞, 人間同士；他人：Amar al ~ como a sí mismo.《聖書》汝の隣人を汝自身のごとく愛せよ. No le preocupa el ~, sólo su propia persona. 彼はほかの人のことなど頭にない, あるのは自分だけだ

◆ 囡《古語》ふしだらな女

prolapso [prolápso] 團《医学》[器官の] 脱, 脱出症

prole [próle] 囡 ❶ 子, 子孫：Es padre de numerosa ~. 彼は子だくさんだ. ❷《口語》[何か共通点をもつ] 大勢の人

prolegómeno [prolegómeno] 團 [主に 圈] 概説を含む] 序論, 序説；[話の長い] 前置き

prolepsis [prolépsis] 囡《修辞》予弁法

proletariado [proletarjáðo] 團 匯図 プロレタリアート, 労働者階級：dictadura del ~ プロレタリア独裁

proletario, ria [proletárjo, rja] 服 图 ❶ プロレタリア[の]：revolución ~ria プロレタリア革命. ❷《戯語》庶民；《古代ローマ》最下層民.

proliferación [proliferaθjón] 囡《生物》増殖, 繁殖；[一般に] 急増：~ de bacterias バクテリアの増殖. ~ de crímenes 犯罪の激増. Tratado de No P~ Nuclear 核拡散防止条約

proliferar 倁 増殖(繁殖)する；急増する

prolífico, ca [prolífiko, ka] 服 繁殖力のある, 多産な：Las ratas son muy ~cas. ネズミは繁殖力が旺盛である. escritor ~ 多作な作家

prolijo, ja [prolíxo, xa] 服 ❶ 細々とした；冗漫な, 冗長な；退屈な：carta ~ja くどい手紙. discurso ~ 長たらしいスピーチ. ❷《南米》整然とした, 入念な；[人が] きちょうめんな

　prolijidad 囡 冗漫, 冗長

prólogo [prólogo] 團 ❶ 序文, 序言, プロローグ. ❷ 発端, 前兆：Un buen jerez es el mejor ~ a una buena cena. おいしいシェリー酒はおいしい夕食の最高の幕開けである

prologar 倁 …の序文を書く

prologuista 图 [他人の作品の] 序文を書く人

prolongable [prolongáble] 服 延長可能な：contrato ~ por un año 1 年間延長可能な契約

prolongación [prolongaθjón] 囡 ❶ [時間的・空間的な] 延長；[一般に] 延長期間：~ de la sesión por diez días 会期の 10 日間延長. ~ del metro 地下鉄の延長. ~ del contrato 契約の延長. ❷ 延長部分

prolongamiento [prolongamjénto] 團 = **prolongación**

prolongar [prolongár] 倁 延ばす, 延長する：i) [時間的に] ~ la tregua una semana 1 週間休戦を延長する. ~ las negociaciones 交渉を引き延ばす. ~ el sueño もう少し(長く)眠る. ii) [空間的に] ~ la carretera diez kilómetros 道路を 10 キロ延長する

◆ **~se** ❶ 長引く：La reunión *se ha prolongado* más de lo previsto. 会議は予定より長引いた. ❷ [空間的に] 延びる：El bosque *se prolonga* más allá de las montañas. 森は

山々のずっと向こうまで続いている

promediar [promeðjár] 倁 倁 …の平均を出す；[おおよそで] 2 つに分ける

◆ 倁 [時間的に] 半ばに達する：*Promediaba* el mes cuando se decidió el plan. 月の半ばになってやっと計画が決まった

promedio [promeðjo] 團 平均：El ~ de su ausencia es de tres por mes. 彼の欠席は月平均 3 回だ. Corre un ~ de 10 kilómetros al día. 彼は一日平均 10 キロ走る. más arriba (abajo) del ~ 平均以上(以下)の. como ~ 平均で

promesa [promésa] 囡《英 promise》

❶ 約束：hacer una ~ 約束をする. Me hizo la ~ de pagarme hoy. 彼は今日払うと私に約束した. cumplir (incumplir) la ~ 約束を守る(守らない). ~ vana/~ de borracho 空約束. ~ de cortesano 甘言, 美辞麗句. ~ matrimonial (de matrimonio) 婚約. ~ de compra-venta 売買の予備契約. P~s no ayudan a pagar.《南米》約束の言葉だけでは実際の役に立たない. ❷ [良い結果の] 見込み：Es tiempo es ~ de buena cosecha. この天候なら豊作になりそうだ. ❸ 有望な人, ホープ. ❹《宗教》誓願

promesero, ra [proméséro, ra] 图《南米》巡礼者《peregrino》

prometedor, ra [prometeðór, ra] 服 有望な, 見込みのある, 先が楽しみな：El tiempo es ~. 天候はよくなりつつある. hacer un estreno ~ 幸先のよいデビューを飾る. joven muy ~ 前途有望な青年

prometeo [prometéo] 團 ❶ = **prometio**. ❷《神話》[P~] プロメテウス

prometer [prometér] 倁《英 promise》❶ [+a+ に] 約束する：i) Me *prometió* un reloj con ocasión de mi graduación. 彼は卒業祝いに時計をくれると私に約束した. [+不定詞] Le *prometí* visitarle hoy. 私は彼に今日訪ねると約束した. [+que +直説法未来・過去未来] *Prometo que* hará (*Prometió que* haría) todo lo posible. 彼は最善を尽くすと約束している(約束した). ii) [確言. +que +直説法] Le *prometo que* digo la verdad. 私は本当のことを言っているのです. iii) [任務などの] 遂行を誓う. ❷ [主によいことを] 予告する：El cielo estrellado *promete* un buen tiempo de mañana. 星空は明日の好天を告げている. Este año la cosecha *promete* ser buena. 今年は豊作らしい

◆ 倁 期待させる, 見込みがある；先が思いやられる：Es un investigador joven que *promete*. 彼は前途有望な若手研究者だ. *Promete* mucho su negocio. 彼の商売は大変将来性がある. ¡Este chico *promete*! この子は末おそろしい！

◆ **~se** ❶ [相互] 婚約する. ❷ [根拠なしに, 旅行・休日などに] 期待を抱く：*Me prometía* una tarde divertida. 私は楽しい午後を過ごせると思っていた

prometérselas [muy] felices《西》[+con に] 根拠のない期待を抱く

P

prometido, da [prometíđo, đa] 形 過分 ❶ [estar+. +con を] 婚約している. ❷ 約束された : Te traigo el regalo ~. 約束のプレゼントを持ってきたよ. Lo ~ es deuda. 約束は約束だ ◆ 图 婚約者

prometio [prometjo] 男 《元素》 プロメチウム

prominencia [prominénθja] 囡 突起, 高くなっている所 ; 傑出

prominente [prominénte] 形 ❶ 突き出ている : nariz ~ 高い鼻. ❷ 傑出した : ~ científico すぐれた科学者

promiscuo, cua [promískwo, kwa] 形 ❶ [人が] 見境なく性的関係を結ぶ. ❷ 雑多な, ごたまぜの

promiscuidad 囡 見境のない性交渉 ; 雑多, ごたまぜ

promisión [promisjón] 囡 約束 《promesa》

promisorio, ria [promisórjo, rja] 形 将来有望な ; 《商業》支払いを約束する

promoción [promoθjón] 囡 ❶ 販売促進 《~ de ventas》: vídeo para (de) ~ プロモーションビデオ. ❷ 促進, 振興 : ~ de las exportaciones 輸出促進. ❸ 昇進, 進級. ❹ 医学 同期昇進 (任官) 者, 同期生 : Todos los de mi ~ han encontrado trabajo. 私の同期生は全員就職できた. ❺ 《スポーツ》 [上位リーグとの] 入れ替え戦. ❻ 《南米》 サービスランチ *en* ~ 販売推進中の, 宣伝中の

promocionar [promoθjonár] 他 ❶ [販売などを] 促進する : ~ un nuevo producto 新製品を売り込む. ❷ [引き立てて] 昇進させる, 抜擢(ばってき)する ◆ 自 《スポーツ》 入れ替え戦をする ◆ ~**se** 昇進する

promontorio [promontórjo] 男 ❶ 高台, 丘 ; 《地理》岬. ❷ 高くなっている所 : Tiene un ~ de papeles sobre la mesa. 彼の机の上は書類の山だ

promotor, ra [promotór, ra] 形 促進する ◆ 图 ❶ 発案者, 発起人 ; 主唱者 : ~ de una reforma 改革の主導者. ~ de los desórdenes públicos 暴動の首謀者. ❷ 促進者 : ~ de ventas 販売促進員, 宣伝販売員. ~ inmobiliario 宅地開発業者. ❸ 興行師 ; プロモーター. ❹ 《カトリック》 ~ de la fe 列聖調査審問検事 ◆ 图 宅地開発会社 《~-ra inmobiliaria》

promover [promobér] 他 他 ❶ 促進する, 振興する : ~ la venta 販売促進をする. ~ el ahorro 貯蓄を奨励する. ❷ 《口語》引き起こす : Su artículo *promovió* un escándalo en todo el país. 彼の記事で国じゅうが大騒ぎになった. ❸ [+a に] 昇進 [昇格] させる : Le *promovieron* a coronel. 彼は大佐に昇格した. ❹ [宅地を] 開発する. ❺ 《法律》 [訴訟を] 起こす

promulgar [promulgár] 图 他 ❶ [法律を] 公布 [発布] する. ❷ [厳かに] 発表する
promulgación 囡 公布, 発布

pronador [pronadór] 男 《解剖》回内筋 《músculo ~》

pronaos [pronáos] 囡 《建築》前廊, プロナオス 《古代ギリシアの神殿前の柱廊》

pronogradismo [pronograđísmo] 男 《動物》体を地面と平行にする歩行.

pronombre [pronómbre] 男 《文法》代名詞 : ~ demostrativo (posesivo) 指示 (所有) 代名詞

pronominal [pronominál] 形 代名詞的な : verbo ~ 代名動詞 [再帰動詞のこと]

pronosticar [pronostikár] 他 他 [論理的・科学的根拠で] 予想する, 予測する : Los meteorólogos *pronostican* lluvias. 天気予報官は雨が降ると言っている. Los periódicos *pronosticaron* que ganaría el campeón. 新聞はチャンピオンの勝利を予測した

pronóstico [pronóstiko] 男 ❶ [論理的・科学的根拠からの] 予想, 予測 : ~ del tiempo 天気予報. ❷ 前兆 : Es un buen ~ que haya bajado la fiebre. 彼の熱が下がったのはいい兆候だ. ❸ 《医学》予後, 病状の見通し : de ~ reservado 要検査の

prontito [prontíto] 副 《口語》すぐに ; 《西》早く 《temprano》

prontitud [prontitú(đ)] 囡 迅速 : Agradeceré la ~ de su respuesta. すぐお返事をいただければ幸いです. En esta tienda se atiende a los clientes con ~. この店では客の応対がてきぱきしている

pronto, ta [prónto, ta] 形 ❶ すばやい, 即座の : Le deseo una ~*ta* mejoría de sus dolencias. すみやかなご回復をお祈りします. ❷ [estar+. +para で] 用意のできた : Siempre está ~ *para* salir. 彼はいつもさっと出かける. El enfermo está ~ *para* dejarse operar. 患者はいつでも手術を受ける気になっている. La comida está ~*ta*. 食事は用意できている ◆ 图 《感情》 激発, 衝動 : tener ~s de enojo かんしゃく持ちである. tener un ~ de difícil 見分けは怒りっぽい ◆ 副 《英 soon, quickly》 ❶ すぐに, 間もなく : Ven ~, que te necesito. すぐ来い. 用があるから. Mi padre volverá ~. 父は間もなく帰って来ます. ❷ 《西》 [いい意味で, 時刻・時間が] 早く : Hoy he terminado ~. 今日は早く終わった *al* ~ 最初は, すぐには : Has cambiado tanto que *al* ~ no te reconocí. あんより変わっていたので最初は君だとわからなかったよ *de* ~ 突然, いきなり : Estaba tranquilo y *de* ~ se puso a llorar. 彼は落ち着いていたが突然泣き出した 《*más*》 ~ *o* 《*más*》 *tarde* 遅かれ早かれ *por de* ~/*por lo* ~ 今のところ, さしあたって ; まず : No necesito tu ayuda *por de* ~. 今のところ助けはいらない. *Por lo* ~ tráigame el vino ; luego la comida. まずワインを持ってきてください. 料理はそれからにします *¡~!* 急げ, 早く! *tan* ~ *como+直説法* …するとすぐ 《未来のことについては +接続法》: *Tan* ~ *como* llegue a Tokio, pasaré por su despacho. 東京に着いたら, すぐオフィスにうかがいます

tan ~..., tan ~.../tan ~... como...
[繰返し] あるいは…まjust あるいは…: *Tan ~* gritó, *tan ~* rió, *tan ~* lloró. 彼はわめくかと思うと笑い出し、はたまた泣き出した

prontuario [prontwárjo] 男 [簡単な] 手引書, 便覧

pronunciación [pronunθjaθjón] 女 【英 pronunciation】 ❶ 発音: Su ~ española es fatal. 彼のスペイン語の発音はひどい。 ❷ [賛成・反対の] 意志表示。 ❸ 【法律】 ~ de la sentencia 判決の言い渡し

pronunciado, da [pronunθjáðo, ða] 形 過分 はっきりした, 際立った: ~ *das* facciones 目鼻立ちのはっきりした顔。 nariz ~*da* 高い鼻

pronunciamiento [pronunθjamjénto] 男 軍部の蜂起, 軍事クーデター; 【法律】 [判決の個々の] 宣告

pronunciar [pronunθjár] 10 他 【英 pronounce】 ❶ 発音する: *Pronuncia* bien (mal) el español. 彼はスペイン語の発音がよい(悪い)。 ~ *una palabra correctamente* 語を正確に発音する。 ❷ [言葉を] 発する, 述べる: *No ha pronunciado* ni una palabra. 彼は一言も発言しなかった。 ~ *un discurso* スピーチをする。 ❸ [判決を] 宣告する, 言い渡す: ~ *su veredicto* 裁定を下す。 ❹ 強調する, 目立たせる: *El vestido ajustado pronuncia más sus curvas.* ぴったりしたドレスを着ると体の線が一層くっきりする
◆ ~**se** ❶ [賛成・反対の] 意志表示をする: ~*se por la huelga* ストライキに賛意を示す。 ❷ 目立つ, 際立つ: *Se pronunciaban más las diferencias entre ellos.* 彼らの違いがさらにはっきりした。 ❸ [軍隊が] 蜂起する, クーデターを起こす

pronuncio [pronúnθjo] 男 《カトリック》 代理教皇大使

propagación [propaɣaθjón] 女 伝播(ぷん), 普及: velocidad de ~ de la luz 光の伝達速度。 ~ de las llamas 延焼。 ~ de la fe 信仰の普及

propagador, ra [propaɣaðór, ra] 名 宣伝者: ~ del bulo デマを流す人

propaganda [propaɣánda] 女 ❶ 宣伝: hacer la ~ de un artículo por televisión テレビで商品の宣伝をする。 ~ política 政治宣伝。 ❷ [宣伝の] ビラ, ちらし, ポスター: repartir ~ ビラ配りをする
hacer ~ de... 人前で…をほめたたえる; 宣伝する

propagandista [propaɣandísta] 名 [主に政治的な] 宣伝者

propagandístico, ca [propaɣandístiko, ka] 形 宣伝の〔ための〕: campaña ~*ca* 宣伝キャンペーン

propagar [propaɣár] 8 他 ❶ 繁殖(増殖)させる: ~ *la especie de...* …の品種を繁殖させる。 ❷ 広める, 普及(伝播)させる: ~ *infundios* 根も葉もないことを言いふらす。 ~ *la fe* 信仰を広める
◆ ~**se** 広まる: *El fuego se propagó a las*

casas vecinas. 火が近所に燃え広がった。 *La noticia se propagó por todo el pueblo.* ニュースは町じゅうに伝わった

propágulo [propáɣulo] 男 《植物》 胎芽

propalar [propalár] 他 [秘密などを] 暴露する, 漏らす: *La prensa propaló un secreto militar.* 新聞が軍事機密をすっぱ抜いた

propalador, ra [形] 名 暴露する〔人〕

propano [propáno] 男 《化学》 プロパン: gas 〔de〕 ~ プロパンガス

proparoxítono, na [proparo〔k〕sítono, na] 形 終わりから3音節目にアクセントのある 《esdrújulo》

propasar [propasár] 他 [限度などを] 越える
◆ ~**se** ❶ [特に男が, +con 女に対して] 無礼なことをする(言う), けしからぬふるまいをする。 ❷ [+con について] 度を越す: ~*se con la comida* 食べすぎる。 ~*se en la confianza* 親しいのをいいことに図に乗る, なれなれしすぎる

propedéutica [propeðéutika] 女 予備(準備)教育

propelente [propelénte] 男 =**propergol**

propender [propendér] 自 [+a への] 傾向(性癖)がある: *Su cuerpo propende a la gordura.* 彼は太りやすい体質だ

propensión [propensjón] 女 [+a への] 傾向, 性癖: tener ~ *al vino* 酒好きである。 ~ *al ahorro* (*al consumo*) 《経済》 貯蓄(消費)性向。 [+不定詞] Tiene gran ~ *a resfriarse.* 彼は大変風邪を引きやすい

propenso, sa [propénso, sa] 形 [+a の] 傾向がある, …しやすい: carácter ~ *a enojarse* 怒りっぽい性格。 Soy ~ *a acatarrarme.* 私は風邪をひきやすい

propergol [propɛrɣól] 男 [ロケットの] 推進薬, 推薬

propiamente [própjaménte] 副 本来ならば, 正確には: ~ *dicho* 本来の意味では

propiciar [propiθjár] 10 他 ❶ 有利(好都合)にする: *La crisis económica propicia un fortalecimiento de las tendencias nacionalistas.* 経済危機は民族主義的傾向を助長する。 ❷ [好意などを] 得る: ~ *la voluntad de sus padres* 何とか親の同意を得る。 ❸ 《南米》 後押しする, 支援する
◆ ~**se** [好意などを] 得る

propiciatorio, ria [propiθjatórjo, rja] 形 《宗教》 贖罪(しょく)の: víctima ~*ria* 贖罪のためのいけにえ

propicio, cia [propíθjo, θja] 形 [ser+] ❶ 優しい, 恵み深い: Esperemos que el destino nos sea ~. 運命が我々に好意的でありますように。 ❷ [+a・para に] 好都合な, 適した: La llanura es un lugar ~ *a los pensamientos.* 平原は考え事をするのにふさわしい場所だ

propiedad [propjeðá〔d〕] 女 【英 property】 ❶ 所有権: vivir en un piso de su ~ [賃貸でなく] 自分のマンションに住んでいる。 finca de ~ privada 私有地。 ~ horizontal 分譲マンション〔の所有権〕。 ~ industrial 工業所有権 〔特許権, 商標権, 実用新案権など〕。 ~ intelectual 知的所有権. ～ literaria 著作権. 版権. ～ mineral 鉱業権. nuda ～『法律』裸の所有権, 虚有権. ❷ 所有物; [特に] 所有地, 不動産『～ inmobiliaria』: Éstas son las ～es de un marqués. これらの土地はある侯爵のものだ. ～ particular 私有財産; 私有地. ～ privada (pública) 私有(公有)財産. ❸ 特性, 属性: El imán tiene la ～ de atraer el hierro. 磁石は鉄を引きつける特性がある. ❹ [言葉の] 的確さ: emplear la palabra con ～ 言葉を正確に用いる. ❺ [本物と偽造品などの間の] 類似性

de ～ de... …の所有している: Este terreno es *de ～ del* ayuntamiento. この土地は市のものだ

en ～ 所有物として; [役職が臨時・代理でなく] 正式の, 専任の: Como herencia me dejó *en ～* la casa en que vivía. 彼は自分の住んでいた家を遺産として私にくれた. Tiene la cátedra *en ～*. 彼は正教授だ

propietario, ria [propjetárjo, rja] 形 名 ❶ 所有者(の); [特に] 家主, 地主: el ～ del restaurante レストランのオーナー. ❷ [役職が] 正式な(人): Es de suplente del titular ～. 彼は正式な人の代理だ

propileno [propiléno] 男 《化学》 プロピレン

propileo [propiléo] 男 《古代ギリシア》列柱門

propina [propína] 女 《英 tip》 ❶ チップ, 心づけ: dar una (buena) ～ a un camarero ボーイに(たっぷり)チップを渡す. ❷ アンコールの曲

de ～ さらに, その上

propinar [propinár] 他 ❶ [いやなものを] 与える: ～ una serie de golpes a+人 …をボカボカ殴る. ～ disgustos a+人 …を不快にする. ❷ …にチップを与える

propincuo, cua [propíŋkwo, kwa] 形 《文語》隣接した, 近くの

propio, pia [própjo, pja] 形 《英 proper, own》 [ser+] ❶ 固有の, 本来の; [+de に] 特有の: Los líquidos no tienen forma ～pia. 液体はそれ自体の形を持たない. En la foto has salido muy ～. その写真はとても君らしく写っているよ. Eso es ～ de su edad. それは彼の年配に特有だ(ふさわしい). en el ～ sentido de la palabra 語の本来の意味での. fruta ～pia del tiempo 季節の果物. frecuencia ～pia 固有振動数 ❷ [所有を強めて] 自分自身の: Vivo en casa ～pia. 私は持ち家に住んでいる. Lo he visto con mis ～s ojos. 私はそれをこの目で見た. Tuvo que decírselo a su ～ hijo. 彼は我が子にそれを言わなければならなかった. de fabricación (producción) ～pia 自社一貫製品の, 純正の. según su ～ criterio 独自の判断で. coche ～ マイカー. defensa ～pia 自己防衛 ❸ [+名詞] …本人の, …自身の; …自体の: El ～ interesado debe firmar. 当事者本人が署名しなければならない. El ～ Ortega aparece en el zaguán. オルテガ本人が玄関に現れる. el ～ día que se presentó al tribunal. 彼が法廷に出頭したまさにその当日

❹ 自然の, 人工でない: pelo ～ 地毛(ぢ) ❺ [+para に] 適した: Ese vestido no es ～ *para* ir a la fiesta. その服はパーティーには向かない ❻ 同じ: Lo ～ aconteció con el nacionalismo. 同じことが民族主義にも起こった

◆ 男《西》使者, メッセンジャー『mensajero』: Te mandaré un ～ con la noticia. 君に知らせに使いをやるよ

◆ 副《中米》もちろんいいよ(結構だ)

de ～ わざわざ: Me desplacé *de ～* a su casa para hablar con él. 私は彼と話すためにわざわざ家まで行った

lo ～ 同じこと

～s y extraños [主に悪い意味で, 無関係なものまで含めて] 様々な人(事物)

propóleos [propóleos] 男 《単複同形》蜂蝋

proponer [proponér] 60 他 《英 propose. 過分 propu*esto*》 ❶ [+a に] 提案する, 申し出る: i) ～ la ayuda a+人 …に援助を申し出る. ii) [+不定詞·+que+接続法] Le *propuse* ir de picnic. 私はピクニックに行こうと彼に言った. Te *propongo* que vayamos al cine. 映画を見に行きませんか. ❷ [+para に適した人物として] 推薦する: Los obreros le *proponían* a Miguel *para* gerente. 労働者たちはミゲルを支配人に推した. ❸ [問題を] 提出する, 提起する: El hombre *propone* y Dios dispone [y el diablo lo descompone]. 人が計画し神がその成否を決する[そして悪魔がぶち壊す]

◆ ～se [+名詞·不定詞·que+接続法. 意志·意図] …することにする: i) *Se propone* cambiar de domicilio. 彼は引っ越すつもりだ. ii) 《皮肉》Tú *te has propuesto* matarme (*que* llegue tarde). 俺を殺す(遅刻させる)つもりだな

proporción [proporθjón] 女 《英 proportion》 ❶ 均整, 釣合い: La anchura no guarda ～ con la longitud. 横と縦の均整がとれていない. ❷ 比率, 割合; 《数学》比(率)(式): ～ aritmética (geométrica) 算術(幾何)比. en ～ con (de)... …に(正)比例して. en la misma ～ [+que と] 同じ比率で. ❸ 園 大きさ, 規模《dimensión》; 重要度, 激しさ: edificio de *proporciones* gigantescas 巨大なビル. El incendio ha adquirido grandes *proporciones*. 火災は猛烈に激しくなった. ❹ 機会, 好機《oportunidad》: Todavía no he tenido ～ para verle. 私はまだ彼に会う機会がない

proporcionado, da [proporθjonáðo, ða] 形 過分 ❶ 均整のとれた: Es una mujer bien ～da. 彼女はすばらしいプロポーションだ. hombre de estatura ～da 背のすらっとした男. ❷ [+a と] 釣合いのとれた: sueldo ～ *al* trabajo 仕事に見合った給料

proporcional [proporθjonál] 形 [+a に] 比例した; 釣合いのとれた: reparto ～ 比例配分. expresión ～ 《数学》比例式

proporcionalidad 女 釣合い

proporcionalmente 副 比例して

proporcionar [proporθjonár] 他 [+a に] ❶ 釣合わせる; 比例させる: Hay que ～ su

trabajo y su estado de salud. 健康状態に見合った仕事量(健康に適した仕事)にしなければいけない. ～ las aspiraciones *a* sus fuerzas 自分の力量に見合った志望をする. ❷ 提供する, 与える: Le *he proporcionado* trabajo. 私は彼に仕事を世話した. ～ una entrevista *a*+人 …に会見の機会を与える. ❸ [感情を] 引き起こす: La lectura me *proporciona* una gran alegría. 読書は私に大きな喜びを与えてくれる
◆ ～se 手に入れる, 獲得する: Tengo que ～*me* un piso. 私はマンションを入手する必要がある. ～*se* dinero 金を得る

proposición [proposiθjón] 囡 《←proponer》 ❶ 提案, 申し出; 申し込み: aceptar (rechazar) una ～ 提案を受け入れる(拒否する). hacer a+人 una ～ de matrimonio …に結婚の申し込みをする. ～ de la paz 和平提案. ～ deshonesta 性行為への誘いかけ. ❷ 論題, 議題; ～ de ley [議員提出の] 法案. ～ no de ley 動議. ❸ [職務への] 推薦, 提示. ❹《論理・数学》命題, 定理. ❺《文法》節: ～ principal (subordinada) 主節(従属節)

propósito [propósito] 阳 《英 purpose》目的, 意図: Tengo el ～ de pedir la mano mañana. 私は明日結婚を申し込むつもりだ. realizar su ～ 目的を遂げる
a ～ 1) 適した, 都合のよい: No encuentro ningún piso *a* ～ para nosotros. 私たちに合ったマンションが見つからない. Me gusta dar un paseo, pero éste no es el momento *a* ～. 散歩は好きだが今はまずい. 2) わざと, 故意に: No lo hice *a* ～. わざとしたのではありません. 3) そういえば; ところで, それはそうと: *A* ～ de animales, ¿cómo está su perro? 動物といえば, 君の犬は元気かい?
a ～ *de*... …に関して: No decía nada *a* ～ *del* plan. 彼は計画について何も言わなかった
de ～ わざと 《a propósito》
fuera de ～ 時宜を得ない; 不都合な: Su intervención fue *fuera de* ～. 彼の口出しは場違いだった
hacer ～ *de*... …を決意する

propuesta[1] [propwésta] 囡 ❶ [取引などの] 申し出, 見積り《書》: hacer a+人 una ～ tentadora …に魅力的な申し出をする. ～ de matrimonio 結婚の申し込み. ❷ [職務への] 推薦. ❸ [政府・上司などへの] 提案: El consejo va a examinar su ～. 重役会は彼の提案を検討するだろう. a ～ de+人 …の提案で. ❹ 論題, 議題: ～ de ley 法案

propuesto, ta[2] [propwésto, ta] proponer の過分

propugnar [propuɡnár] 他《文語》[学説などを] 擁護する, 支持する
propugnación 囡 擁護, 支持

propulsar [propulsár] 他 推進する; 前進させる: ～ un cohete ロケットを推進する. ～ el desarrollo de la agricultura 農業開発を押し進める

propulsión [propulsjón] 囡 推進: ～ por hélice プロペラ推進. ～ a chorro/～ a (de・

por) reacción ジェット推進
propulsor, ra [propulsór, ra] 形 囷 推進する[人]: sistema ～ 推進装置. ser un ～ de la industrialización 工業化の推進者である
◆ 阳 推薬, 推進剤

prorrata [prorráta] 囡 [比例配分した] 分け前; [支払いの] 割当て
a ～ 比例配分で
prorratear 他 比例配分する, 割り当てる
prorrateo 阳 比例配分

prórroga [prórroɡa] 囡 ❶ [期限・期間の] 延長, 延期: dar ～ 支払い期日を延長する. ～ de las negociaciones 交渉期間の延長. ❷《スポーツ》延長戦: ganar el partido en la ～ 延長で試合に勝つ. ❸《軍事》徴兵猶予

prorrogar [prorroɡár] 他 [期限・期間などを] 延長する, 延期する: Este año *prorrogan* el curso una semana. 今年は学年度が1週間延長される. ～ la reunión media hora más 集まりを30分遅らせる. ～ el día del pago 支払い期日を延長する
prorrogable 形 延長(延期)可能な

prorrumpir [prorrumpír] 自 [+en+名詞. 感情的に] 突然…し始める: Nada más decírmelo, *prorrumpió en* sollozos. 私にそれを告げるやいなや彼は突然泣き出した. ～ *en* gritos (*en* suspiros) 急に叫び出す(ため息をつく)

prosa [prósa] 囡 ❶ 散文, 散文体(の文章): escribir en ～ 散文で書く. poema en ～ 散文詩. escritor de ～ cuidada 言葉を慎重に選ぶ作家. ❷ [重要でないことの] 多弁: No utilices tanta ～ y vete al grano. 余計なことを言わないで本題に入れ. ❸ 凡俗: ～ de la vida 人生の味気なさ

prosaico, ca [prosáiko, ka] 形 散文的な, 詩情に欠ける; 平板な, 凡俗な: Él es ～. 彼は無粋な(退屈な男)だ. tema ～ 平凡なテーマ. vida ～*ca* 味気ない生活
prosaísmo 阳 平板, 凡俗; 味気なさ

prosapia [prosápja] 囡《文語. 時に軽蔑》[貴族・名門などの] 家系, 血筋

proscenio [prosθénjo] 阳《演劇》緞帳(どんちょう)前, 前舞台 ⟨▷teatro カット⟩

proscribir [proskribír] 他《過分 proscri(*p*)・to》追放する《expulsar》; 禁止する《prohibir》; [本を] 発禁にする
proscripción 囡 追放; 禁止; 発禁
proscri(p)to, ta 形 囷 過分 追放された[人]

prosecución [prosekuθjón] 囡 継続, 続行

proseguir [proseɡír] 他 55 《☞seguir 活用表. 現分 prosi*guiendo*》《文語》継続する, 続行する: ～ sus estudios 勉強を続ける
◆ 自 ❶ [+con・en を] 継続する: Prosigue *en* su actitud evasiva (su mutismo). 彼はあいまいな態度(黙秘)を続けている. ❷ 続く: i) La lluvia *proseguía* sin cesar. 雨は小やみなく降り続いていた. ii) [+現在分詞] …し続ける: Los precios *prosiguieron* elevándose violentamente. 物価はどんどん上昇し続けた

prosélito, ta [prosélito, ta] 囷 [宗派・政党などへの] 新加入者

P

proselitismo [男] 熱心な勧誘

proselitista [形] [名] 勧誘する; 勧誘者

prosificar [prosifikár] [⑦] 散文にする, 散文化する

prosista [prosísta] [名] 散文作家

prosístico, ca [prosístiko, ka] [形] 散文〔体〕の

prosodia [prosódja] [女] 音韻論, 発音法; 韻律学; 詩形論

prosódico, ca [形] 音韻論の; 韻律的な

prosopopeya [prosopopéja] [女] ❶ 《修辞》擬人法, 活喩法. ❷ もったいぶった話し方(様子)

prospección [prospe(k)θjón] [女] ❶ 〔地下の〕探査; 探鉱: ～ geológica 地質調査. ～ petrolífera 石油探査. ❷ 〔将来性などの〕調査: ～ de mercado 市場調査

prospectiva¹ [prospektíba] [女] 未来研究, 未来学

prospectivo, va² [形] 未来の, 将来の

prospecto [prospékto] [男] ❶ 〔宣伝の〕ちらし, ビラ: repartir ～s en la calle 街頭でビラを配る. ❷ 〔主に薬などの使用法の〕説明書; 内容見本. ❸ 〔設立などの〕趣意書

prosperar [prosperár] [自] ❶ 繁栄する, 栄える: La industria automovilística *prospera* mucho. 自動車産業は大変好況である. ❷ 〔意見などが〕受け入れられる: No *ha prosperado* la idea de ir a esquiar. スキーに行く案は受け入れられなかった

prosperidad [prosperiðá(ð)] [女] ❶ 繁栄, 好況: Goza de ～ la industria de la construcción. 建築業界は好景気だ. ❷ 〔個人の〕繁盛, 盛運: Le deseo ～ en sus negocios. ご商売の繁盛をお祈りします

próspero, ra [próspero, ra] [形] 繁栄する, 富裕な; 繁栄する, 盛運の: estar en estado ～ 好況である. industria ～ra 成長産業. ¡P～ Año Nuevo! 謹賀新年

prostaglandina [prostaɣlandína] [女] 《生化》プロスタグランジン

próstata [próstata] [女] 《解剖》前立腺

prostático, ca [形] 前立腺の

prostatitis [女] 〔単複同形〕《医学》前立腺炎

prosternar [prosternár] ~se 《文語》ひれ伏す, ぬかずく: Se *prosternó* a los pies del rey y le suplicó perdón. 彼は国王の足もとに平身低頭して許しを請うた

prostíbulo [prostíbulo] [男] 売春宿

próstilo [próstilo] [形] 《建築》前柱式の

prostitución [prostituθjón] [女] ❶ 売春: ley contra la ～ 売春禁止法. ❷ 変節, 堕落

prostituir [prostitwír] [48] [他] [原分 prostituyendo] ❶ …に売春をさせる. ❷ 〔名誉・才能などを〕金・悪い目的のために売る
◆ ~se 売春をする, 売春婦になる; 変節(堕落)する

prostituta [prostitúta] [女] 売春婦

prostituto [男] 男娼

protactinio [protaktínjo] [男] 《元素》プロトアクチニウム

protagonista [protaɣonísta] [名] ❶ 主人公;《映画・演劇》主役. ❷ 中心人物, 立て役者

protagonismo [男] 1) 主役に必要な才能・力量; 目立つこと, 傑出. 2) 主役(中心人物)であること;《軽蔑》「力量もないのに」中心人物になりたがること

protagonizar [⑨] [他] …の主役を演じる

prótalo [prótalo] [男] 《植物》前葉体

prótasis [prótasis] [女] 〔単複同形〕《文法》条件節, 前提節 〖↔apódosis〗;《論理》大前提;《演劇》導入部

proteasa [proteása] [女] 《生化》プロテアーゼ, たん白質分解酵素

protección [prote(k)θjón] [女] ❶ 保護, 庇護: solicitar la ～ de la policía 警察の保護を求める. ponerse bajo la ～ de… …の庇護下に入る. ～ divina (de Dios) 神のご加護. ～ del medio ambiente 環境保護. ❷ 防止, 防備: ～ contra el fuego 防火. ～ civil 民間防衛組織, 自警団

proteccionismo [prote(k)θjonísmo] [男] 保護貿易主義 〖↔librecambismo〗

proteccionista [形] [名] 保護貿易主義の(主義者): tarifa ～ 保護関税

protector, ra [protektór, ra] [形] 保護する: derechos aduaneros ～es 保護関税. sociedad ～ra de animales 動物愛護協会
◆ [名] 保護者, 庇護者: ～ de las artes 芸術の擁護者
◆ [男] ❶ 《スポーツ》プロテクター, 防具;《ボクシング》マウスピース. ❷ ～ labial リップクリーム

protectorado [protektoráðo] [男] 保護領〔制〕, 保護国

proteger [protexér] [③] [他] 保護する, 庇護する: i) ～ sus intereses 自分の利益を守る. ～ la producción nacional 国内産業を保護する. ii) 〔+de・contra から〕～ a los niños *de* los accidentes de tráfico 子供を交通事故から守る. ～ a・＋*de* las iras del jefe 上司の怒りから…をかばう
◆ ~se 身を守る: ～se *del* frío 寒さから身を守る

protegido, da [protexíðo, ða] [形] [過分] ❶ 保護された: ave ～da 保護鳥. comercio ～ 保護貿易. ❷ 《情報》書き込み禁止の
◆ [名] お気に入り: ～ del jefe 上司のお気に入り
◆ [女] 《婉曲》愛人

proteico, ca [protéiko, ka] [形] ❶ 《文語》〔形・考えなど〕変わる. ❷ たん白質の

proteído [protéiðo] [男] 《生化》複合たん白質

proteína [protéina] [女] 《生化》たん白質: rico en ～s cárnicolas 動物性たん白質に富んだ

proteínico, ca [形] たん白質の

protervo, va [protérβo, βa] [形] 悪意のある, 意地の悪い

prótesis [prótesis] [女] 〔単複同形〕 ❶ 〔義足などの〕人工装具(器官); 補綴〔術〕: ～ dental 義歯. ❷ 《言語》語頭音添加 〖例 arrebañar ←rebañar〗

protésico, ca [形] [名] 補綴の; 歯科技工士 〖～ dental〗

protesta [protésta] 囡 抗議, 異議; 抗議デモ (集会); 抗議文: Han hecho ～s a la policía contra la opresión. 彼らは警察の弾圧に対して抗議行動を行なった. grito de ～ 抗議の叫び

hacer ～s de... …について抗議する; [態度などを]とり続ける: *Hizo ～s de* su inocencia. 彼は無実を主張した

protestante [protestánte] 形 名 プロテスタント(の), 新教の: religión ～ 新教(の信仰)

protestantismo [protestantísmo] 男 新教, プロテスタンティズム

protestar [protestár] 自 [英 protest] ❶ [+ contra・de・por に] 抗議する, 反対する: La gente *protestó contra* la guerra de agresión. 人々は侵略戦争に抗議した. ¡*Protesto*, Su Señoría!—No ha lugar. 裁判長, 意義あり!—却下します. ❷ 不平を言う: ～ *de* los precios de la carne 肉の値段に文句を言う ◆ 他 ❶ [手形の支払いを]拒絶する. ❷ [信仰などを]宣言する: ～ su cristianismo キリスト教への信仰を公言する. ❸ …に抗議する; 申し立てる

protesto [protésto] 男 《法律》拒絶証書: hacer el ～ por falta de pago 手形の支払いを拒絶する

protestón, na [protestón, na] 形 名《軽蔑》不平の多い(人), 気むずかし屋(の)

protético, ca [protétiko, ka] 形《言語》語頭音添加 prótesis の

prótido [prótido] 男 たん白質 [proteína]

protistas [protístas] 男 複《生物》原生生物

proto-〈接頭辞〉[主な・原始] prototipo 原型, protoplasma 原形質

protoactinio [protoaktínjo] 男 ＝**protactinio**

protocolario, ria [protokolárjo, rja] 形 ❶ 儀礼の, 公式儀礼による: visita ～ria 儀礼(表敬)訪問. carta ～ria 挨拶状. ❷ 儀礼的な: Su visita fue puramente ～ria. 彼の訪問はまったく儀礼的なものだった

protocolo [protokólo] 男 ❶ 集名《公式の》儀礼, 儀典書: Según el ～, la reina ha de estar a la izquierda del rey. 公式儀礼によれば王妃は国王の左側に立たなければならない. ❷ 礼儀作法, 作法: de ～ 礼儀作法に従った. ❸《外交》議定書. ❹《法律》登録簿, 登記簿. ❺《情報》プロトコル

protocolizar 他 議定書(登録簿)に記録する

protocordados [protokordáðos] 男 複《動物》原索動物

protohistoria [protojstórja] 囡 原史

protomártir [protomártir] 男 最初の殉教者《聖ステファノ San Esteban》

protón [protón] 男《物理》陽子, プロトン

protónico, ca 形 陽子の, プロトンの

protonotario [protonotárjo] 男《カトリック》～ apostólico 使徒座書記官

protoplasma [protoplásma] 男《生物》原形質

protoplasmático, ca 形 原形質の

protórax [protóra(k)s] 男《単複同形》《昆虫》前胸, 第一胸節

prototipo [prototípo] 男 ❶《工業製品の》試作品: ～ de coche 試作車. ❷ 原型, プロタイプ; 典型; 模範: Dicen que Don Quijote es el ～ del español. ドン・キホーテはスペイン人の典型だと言われる

prototípico, ca 形 典型的な

protóxido [prot5(k)sido] 男《化学》第一酸化物

protozoo [protoθóo] 男《動物》原生動物〔の〕

protráctil [protráktil] 形 [トカゲなどの舌について] 伸縮自在の

protuberancia [protuberánθja] 囡 ❶《解剖》隆起, 突起, こぶ; [一般に] 突起物: ～ anular (cerebral) 脳橋. ❷《天文》[太陽の] 紅炎, プロミネンス 〖～ solar〗

protuberante 形 隆起した, 突き出た

provecho [probétʃo] 男 ❶ 利益, 利潤 〖ganancia〗: obtener ～ 利益をあげる, もうける. sin ～ alguno 全然何も利益がなく, むだに. ❷ [hacer+. 飲食物による] 益: Si comes tan a prisa, no te hará ～. そんなに急いで食べると栄養にならないよ. ❸ [精神的な] 進歩: estudiar con ～ 身につく勉強をする, 勉強ができるようになる

¡buen ～! [食事をする人への挨拶] ゆっくり召し上がれ!

de ～ 役に立つ: persona *de ～* 役に立つ人

en ～ de... …のために

en ～ propio 自分自身のために

sacar ～ de... …から利益を得る; 利用する; 進歩する: *sacar ～ de* las oportunidades 機会を利用する. Tienes que *sacar* más ～ *de* tus estudios. もっと勉強ができるようにならなければいけないよ

provechoso, sa [probetʃóso, sa] 形 利益になる; ためになる, 有益な: No hace nada ～. 彼は役に立つことは何もしていない. Te resultará más ～ preguntarle. 彼に尋ねた方がいいよ

provechosamente 副 有益に

provecto, ta [probékto, ta] 形《文語》中年の, 壮年の: hombre de edad ～ta 中年の男

proveedor, ra [probe(e)dór, ra] 名 行きつけの店の主人; 出入りの商人, 納入業者; [軍隊の]御用商人: ～ de buques 船用品商

proveer [probe(é)r] 22 他 [過分 provisto, 現分 proveyendo] 他 ❶ [必要なものを]準備する; [+de を] …に備えつける: ～ lo más indispensable 必要最低限のものをそろえる. ～ *de* víveres la despensa 貯蔵庫に食糧を入れておく. ～ a las necesidades de los huérfanos 孤児たちの面倒を見る 〖a は統語関係を明示するため〗. ❷ …に供給(支給)する, 納入する: Esa empresa *provee* al ejército *de* medicamentos. その会社が軍隊に医薬品を納めている. ❸ [役職を]提供する, 求人する. ❹ [事件などを]処理する, 扱う: ～ una cuestión en justicia 問題を法廷に持ち込む. ❺ [法廷が決定を]申

し渡す: ~ la causa 判決理由を述べる

◆ 圁《聖書》Dios *proveerá*. 神は養いを与えた［もう悪は将来必ず正される］

◆ **~se** 備える, 用意する: Todavía no *me he provisto* de ropa para este invierno. 私はまだこの冬の衣類をそろえていない

proveniencia [proβenjénθja] 囡 出所, 原因

proveniente [proβenjénte] 厖 来る〖procedente〗

provenir [proβenír] 59 圁《既分 proviniendo》[+de から] 来る, 生じる: Su enemistad *proviene* de una cosa insignificante. 彼の敵意はささいなことに端を発している

provenzal [proβenθál] 厖 阁《地名》プロバンス地方 Provenza 囡 の〔人〕; プロバンス語の

◆ 男 プロバンス語

provenzalismo 男 プロバンス語からの借用語, プロバンス語特有の表現

proverbial [proβerβjál] 厖 ❶ 諺の, 格言風の: frase ~ 諺, 格言風言い回し. ❷ 周知の: ~ simpatía de los andaluces 有名なアンダルシア人の人当たりのよさ

proverbio [proβérβjo] 男 ❶ 諺, 格言: como dice (va) el ~ 諺にもあるように. ❷ 阁《聖書》箴言 (しん)

providencia [proβiðénθja] 囡 ❶《宗教》摂理, 神慮; [P~. 世界を支配する] 神: Divina P~ 神の摂理. ❷《法律》〔審理の進め方などに関する〕裁定. ❸ pl 阁. 予防的処置

providencial [proβiðenθjál] 厖 ❶ 摂理による, 天佑の. ❷ 思いがけない, 運のいい: encuentro ~ 思いがけない幸運な出会い

providencialismo 男 万象摂理説

providente [proβiðénte] 厖 =**próvido**

próvido, da [próβiðo, ða] 厖《文語》恵み深い: ~da naturaleza 豊かな自然

provincia [proβínθja] 囡《英 province》❶ [日本・スペイン・チリなどの] 県; [カナダなどの] 州; [中国などの] 省: España está dividida en 56 ~s. スペインは 56 の県に分かれている. ~ de Jaén ハエン県. ❷ [時に 阁. 首都に対して] 地方, 田舎: Vive en una ~ (en ~s). 彼は地方に住んでいる. ciudad (pueblo) de ~〔s〕地方都市 (田舎町). vida en ~ 田舎暮らし. ❸ [修道会の] 管区〖~ religiosa〗. ❹《古代ローマ》属州

provincial[1] [proβinθjál] 厖 県の; 地方の: acento ~ 地方なまり

provincial[2], **la** 阁 [修道会の] 管区長

provincialismo 男 地方第一主義; 方言, 田舎弁

provinciano, na [proβinθjáno, na] 厖 阁 ❶《軽蔑》田舎の〔人〕; paz ~na 田舎ののどかな生活. ❷《軽蔑》田舎者〔の〕, 野暮ったい〔人〕; 偏狭な: Con esa ropa, pareces un ~. そんな服を着ると田舎者に見えるよ

provincianismo 男《軽蔑》[偏狭な] 地方気質, 田舎くささ

provisión [proβisjón] 囡 ❶ 貯蔵, 蓄え: ~ de vino ワインの蓄え. ~ de fondos 準備金, 引

当金. hacer ~ de su energía エネルギーを蓄えておく. ❷ [主に 阁 食糧〔の蓄え〕: Tenemos *provisiones* para el invierno. 冬用の食糧の蓄えがある. ❸ 供給, 支給. ❹ [事柄の] 処理, 決済. ❺ 求人. ❻《法律》[判事・法廷の] 決定の申し渡し

provisional [proβisjonál] 厖 仮の, 一時的な: arreglo ~ 一時しのぎ, 応急修理. contrato ~ 仮契約. gobierno ~ 臨時政府. IRA ~ IRA 暫定派. oficina ~ 仮事務所. presupuesto ~ 暫定予算. trabajador ~ 臨時労働者

provisionalidad 囡 仮であること

provisionalmente 副 仮に, 一時的に

provisor [proβisór] 男《カトリック》司教総代理, 教区法務者

provisorio, ria [proβisórjo, rja] 厖《主に南米》=**provisional**

provisto, ta [proβísto, ta] 厖 過分 〖←proveer〗[+de を] 備えた: Estamos ~s de carbón para todo el invierno. 私たちは冬用の石炭の蓄えがある. animal ~ de cuernos 角のある動物

provocación [proβokaθjón] 囡 挑発, 扇動

provocador, ra [proβokaðór, ra] 厖 阁 挑発する〔人〕, 扇動者; 破壊分子

provocar [proβokár] 7 他 ❶ [+a するように] 挑発する, そそのかす; わざと怒らせる: ~ a las masas a sublevarse 大衆を扇動して反乱を起こさせる. Nos pegamos porque él me *provocó*. 私たちがけんかをしたのは彼が私を挑発したからだ. ❷ [主に女性が] 欲情をそそる. ❸ 誘発する, 生じさせる: Un cortocircuito *provocó* el incendio. 電気のショートで火事になった. ~ a+人 a lástima …の憐れみを誘う. ❹《中南米》…の欲望をそそる: Me *provoca* comprar este disco. 私はこのレコードが欲しい

provocativo, va [proβokatíβo, βa] 厖 挑発的な, 挑戦的な; 扇情的な: actitud ~va 挑戦的な態度. vestido ~ 色っぽいドレス

proxeneta [proɣ(k)senéta] 阁 売春あっせん業者, ほん引き, 女衒 (ぜげん)

proxenetismo 男 売春のあっせん

próximamente [pró(k)simaménte] 副 すでに, 間もなく

proximidad [pro(k)simiðá(ð)] 囡 ❶ 近いこと, 近接: ~ de la estación 駅に近いこと. Ante la ~ de la visita del ministro están muy atareados. 大臣の訪問を間近に控えて彼らは大変忙しい. ❷ [主に pl.] 近所, 周辺: vivir en las ~es de una gran ciudad 大都市の近くに住む

próximo, ma [pró(k)simo, ma] 厖《英 near, next》❶ [estar+. 空間的・時間的に, +a に] 近い: Este hotel está ~ a la playa. このホテルは浜辺のそばにある. Está ~ a amanecer. 明け方に近い. La primavera ya está ~ma. 春はもう間近だ. futuro ~ 近い将来

❷ 次の: Bajo en la ~ma parada. 次の停留所で降ります. Vamos de picnic el ~ domin-

go. 今度の日曜日にピクニックに行こう. el año
～ 来年

proyección [proϳε(k)θϳón] 囡 ❶ 発射, 射
出；噴出[物]，放出[物]：ángulo de ～ 発射
角. ～ de un volcán 火山の噴出物. ❷ 映写：
cabina de ～ 映写室. irse a media ～ 上映
中に席を立つ. ❸《数学》射影, 投影；[地図の]
図法：～ ortogonal 正射影；正投象法. ～
oblicua 斜投象法. ～ cónica 円錐図法. ❹
普及, 影響；重要性：figura de ～ inter-
nacional 国際的名士. ❺《心理》投影

proyeccionista [proϳε(k)θϳonísta] 图 映
写技師

proyectar [proϳektár] 囮 ❶ 発射(射出)す
る；噴出(放出)する：El foco *proyectaba* luz
al artista. スポットライトが俳優に当てられていた.
El volcán *proyectó* la lava. 火山が溶岩を噴
出した. ❷ 投影する；映写する：Los árboles
proyectan su sombra sobre la calle. 木々が
通りに影を落としている. ¿Qué película *proyec-
tan* esta semana en este cine? この映画館で
は今週はどんな映画をやっていますか？　～ diapo-
sitivas en la pantalla スクリーンにスライドを映
写する. máquina de ～ sonora トーキー映写
機. ❸ [＋名詞・不定詞] 計画する：*Proyecta-
mos* dar la vuelta a la isla. 私たちは島を一周
する計画を立てている. ❹ 設計する：～ el
puente 橋を設計する. ❺ [感情などを] 生き生
きと伝える. ❻《数学》射影(投影)する，《心理》
投影する
◆ ～se 影を投げかける：La silueta de la to-
rre *se proyecta* sobre la plaza. 塔が広場に影
を落としている

proyectil [proϳektíl] 男 発射物, 放射物；弾
丸, 砲弾：～ balístico 弾道弾. ～ telediri-
gido 無線誘導弾

proyectista [proϳektísta] 图 製図家, 設計
家, デザイナー〚diseñador〛

proyecto [proϳékto] 男《英 project》❶ 計
画, 企画, プロジェクト：Tiene un ～ de visitar
cinco países. 彼は5か国を訪問する予定である.
organizar un ～ para un nuevo diccionario
新辞典の企画を立てる. hacer un ～ de la
vida 生活設計をする. ❷ 草案, 草稿：～ de
ley [政府提出の] 法案. ～ de resolución 決
議案. ❸ [全体的な] 設計[図]
en ～ 計画中の：¿Tienes algo *en* ～ este fin
de semana? 週末は何か予定がある？

proyector [proϳektór] 男 ❶ 映写機《～ de
cine》：～ de diapositivas (de transparen-
cias) スライド映写機. ❷ 投光器, プロジェクタ
ー；探照灯, サーチライト

proyectura [proϳektúra] 囡《建築》出っ張
り, 突起

prudencia [pruðénθϳa] 囡 ❶ 慎重, 用心：
conducir con ～ 安全運転をする. como
medida de ～ 万一の為に. Le falta ～. 彼は
慎重さに欠ける. ❷ 賢明：saber conducirse
con ～ 分別がある

prudencial [pruðenθϳál] 厖 分別のある：
Compra una cantidad ～ de leche. 牛乳を買

いすぎないようにしなさい

prudente [pruðénte] 厖 慎重な, 用心深い：
respuesta (actitud) ～ 慎重な返事(態度).
Sé ～ con la bebida. 酒はほどほどにしなさい.
Considero ～ no conducir ahora. 今は車を運
転しない方が賢明だと思う

prueba [prwéβa] 囡《英 proof. ←probar》
❶ 証拠；証明：Es la ～ de su complicidad
en el robo. それは彼が盗みの共犯である証拠だ.
Está nervioso. La ～ es que le tiemblan las
manos. 彼はあがっている. その証拠に手が震えて
いる. aportar (ofrecer) una ～ 証拠を示す.
dar ～s de devoción (de valor) 信仰のあかし
を立てる(勇気のあることを証明する). demos-
trar con ～s 証拠をあげて証明する. peso
(carga) de la ～ 立証責任. ～ absoluta 確
証. ～ de indicios/~ indiciaria 状況証拠.
～ semiplena 不完全な証拠
❷ 試用：hacer una ～ con una medicina 薬
をためしに使ってみる. pedido de ～ 試し注文.
período de ～ 試用期間
❸ [個々の] 試験：Hoy tenemos la ～ de
latín. 今日はラテン語のテストがある. ～ teórica
学科試験. ～ práctica 実技の試験. ～ de
nivel [新入生の実力をみる] クラス分け試験
❹《服節》試着
❺ 実験, 試験：Ya ha pasado la ～. それはも
う実験ずみだ. mesa de ～ 実験台. piloto de
～ テストパイロット. ～ nuclear 核実験. ～
patrón (de referencia) ベンチマークテスト
❻《医学》検査：～ del alcohol (de la al-
coholemia) 酒気帯び検査. ～ del embarazo
妊娠テスト
❼《数学》検算：hacer ～ de la operación 計
算の検算をする. ～ del nueve 九去法
❽《スポーツ》i) 競技, 種目：Fue el campeón
en la ～ de salto de altura. 彼が走り高跳びの
優勝者だった. ～ preliminar 予選. ～s
mixtas《スキー》複合競技. ～ de ruta ロードレ
ース. ii) 練習：hacer una ～ del peso 重量
挙げの練習をする
❾ [つらい] 試練
❿《印刷》[主に 圈] 校正刷り, ゲラ刷り〚～s
de galera・imprenta 圈〛：primera (segunda)
～ 初校(再校). corregir ～s 校正をする. ～
de artista [版画の] 初刷り
⓫《写真》焼き付け, プリント：～ negativa ネガ,
陰画. ～ positiva ポジ, 陽画. sacar ～s por
ampliación 引き伸ばしをする
⓬《論理》～ del absurdo 背理法
⓭ 圈《中南米》アクロバット, 曲芸
a ～ ためしに, 試験的に：Se lo dejamos *a* ～.
試供品として置いていきます
a ～ *de...* …に耐えられる：caja *a* ～ *de* fuego
耐火性の金庫. *a* ～ *de* golpes 耐衝撃性の,
バラショックの
a ～ *de bomba* (*de agua*)/*a toda* ～ ひど
く頑丈な, 堅牢な：salud *a* ～ *de bomba* びく
ともしない健康体
en ～ *de...* …の証拠として
pasar (*sufrir*) *duras* ～*s de la vida* 人

生の辛酸をなめる

poner (*someter*) *a* ～+物 (+*a*+人) …をためす

～ *de fuego* [+*para* にとっての] 試金石; [最終的な] 厳しい試練, 正念場

ser ～ *de...* …を証明している: *Es* ～ *de que te encuentras mejor.* それは君が治った証拠だ

pruna [prúna] 囡 《果実》プラム, スモモ 〖ciruela〗

pruno 男 プラム(スモモ)の木 〖ciruelo〗

prurigo [prurígo] 男 《医学》痒疹(ようしん)

prurito [pruríto] 男 ❶ 《医学》かゆみ, そう痒. ❷ [主に完全主義の, 過度の] 欲望: Tiene el ～ de ser el más hábil. 彼は一番上手になりたいという欲望を持っている. ～ de orden y limpieza 極度のきれい好き

prusiano, na [prusjáno, na] 形 名 《歴史・国名》プロシア Prusia の(人)

prusiato [prusjáto] 男 《化学》シアン化物

prúsico, ca 形 《化学》ácido ～ 青酸

ps [ps] 囲 =**pss**

P.S. 《略語》←post scriptum 追伸

psché [pstʃé] 囲 [よくない評価の留保] まあ: ¡*P*～, menos da una piedra! まあ, ないよりずっていうだけですよ!

pse [ps] 囲 =**psss**

pseudo- 《接頭辞》=**seudo-**

psi [psi] 男 《ギリシア文字》プシー 〖Ψ, ψ〗

psicastenia [sikasténja] 囡 《医学》精神衰弱

psico- 《接頭辞》[精神] *psico*análisis 精神分析

psicoanálisis [sikoanálisis] 男 《単複同形》精神分析, 心理分析

psicoanalista 名 精神分析医

psicoanalítico, ca 形 精神分析の

psicoanalizar 9 個 精神分析をする. ◆ ～se 精神分析を受ける

psicodélico, ca [sikoðéliko, ka] 形 ❶ 《医学》幻覚剤による; 幻覚を起こさせる. ❷ サイケデリックな: música ～*ca* サイケ調の音楽

psicodinámica [sikoðinámika] 囡 精神力学

psicodrama [sikoðráma] 男 サイコドラマ, 心理劇

psicofisiología [sikofisjoloxía] 囡 精神生理学

psicofármaco [sikofármako] 男 向精神薬

psicogénico, ca / psicógeno, na [sikoxéniko, ka/sikóxeno, na] 形 心因性の

psicokinesis [sikokinésis] 囡 《単複同形》念動, サイコキネシス

psicolingüística [sikoliŋgwística] 囡 心理言語学, 言語心理学

psicología [sikoloxía] 囡 ❶ 心理学: ～ del trabajo 職業心理学. ～ experimental (social) 実験(社会)心理学. ～ industrial 産業心理学. ～ infantil 児童心理学. ❷ 心理, 心理状態; [他人の] 心理の把握

psicológicamente 副 心理〔学〕的に

psicológico, ca 形 心理学の; 心理的な:

drama ～ 心理劇. guerra ～*ca* 心理戦

psicólogo, ga 名 心理学者; 人間心理の洞察者

psicometría [sikometría] 囡 精神測定学

psicomotricidad [sikomotriθiða(ð)] 囡 精神運動〔性〕

psicomotor, ra/psicomotriz 形 精神運動性の

psiconeurosis [sikoneurósis] 囡 《単複同形》精神神経症

psicopatía [sikopatía] 囡 《医学》精神病質

psicópata 名 精神病質者

psicopático, ca 形 精神病質の

psicopatología [sikopatoloxía] 囡 精神病理学

psicosis [sikósis] 囡 《単複同形》《医学》精神病: ～ maniacodepresiva 躁鬱病

psicosomático, ca [sikosomátiko, ka] 形 心身(相関)の, 精神身体の

psicotecnia [sikotéknja] 囡 精神工学

psicoterapia [sikoterápja] 囡 精神療法, 心理療法

psicoterapeuta 名 精神療法医

psicótico, ca [sikótiko, ka] 形 名 精神病の〔患者〕, 精神異常の(異常者)

psicotrópico, ca [sikotrópiko, ka] 形 [薬物などが] 精神に作用する, 向精神性の

psicótropo, pa 形 =**psicotrópico**

psicrómetro [sikrómetro] 男 乾湿球湿度計

psique [síke] 囡 ❶ [人間の] 心, 精神. ❷ 《神話》[*P*～] プシュケー

psiquiatra [sikjátra] 名 精神科医

psiquiatría [sikjatría] 囡 精神医学, 精神病学

psiquiátrico, ca 形 精神病学の. ◆ 男 精神病院

psíquico, ca [síkiko, ka] 形 精神の, 心的な

psiquis [síkis] 囡 《単複同形》=〔**p**〕**sique**

psiquismo [sikísmo] 男 心理(心霊)現象

psitácidas [sitáθiðas] 囡 複 《鳥》オウム科

psitacismo 男 言葉の意味を考えない機械的な反覆

psitacosis [sitakósis] 囡 《単複同形》《医学》オウム病

PSOE [pesóe] 男 《略語》←Partido Socialista Obrero Español スペイン社会主義労働者党

psoma [sóma] 男 肉体

psoriasis [sorjásis] 囡 《単複同形》《医学》乾癬(かんせん), 疥(かい)

PSS 《略語》←prestación social sustitutoria 社会奉仕

pss〔s〕/pst [ps] 囲 ❶ [無関心・疑い] ふん, ふうむ! ❷ [ウェイターなどを呼ぶ時] ちょっと, おい!〖横柄・失礼な感じを与える. また猫を呼ぶ時にも使われる〗

Pta. 《略語》←Punta 岬

pta〔s〕 《略語》←peseta〔s〕ペセタ

Pte. 《略語》←presente 本書, 本状, 今…

pteridofitas [teriðofítas] 囡 複 《植物》シダ

植物

pterodáctilo [terođáktilo] 男《古生物》翼手竜

ptialina [tjalína] 囡 =tialina

pto.《略語》←puerto 港

ptolemaico, ca [tolemájko, ka] 形《人名》プトレマイオス（P)Tolomeo の: i) [2世紀ごろの天文学者] universo ～ プトレマイオス体系『天動説』. ii) [エジプトの王. プトレマイオス1世・2世など. プトレマイオス王朝を開いた]

ptosis [tósis] 囡《単複同形》《医学》[内臓の] 下垂症: ～ gástrica 胃下垂

pts.《略語》←ptas

púa [púa] 囡 ❶ とがったもの；[こまの] 先端；[ヤマアラシ・ハリネズミなどの] 針: Me he clavado una ～ en el dedo. 指にとげが刺さった. ❷ [くしの] 歯；[ブラシの] 毛. ❸ [マンドリン・ギターなどを弾く時の] 爪, ピック. ❹ [接ぎ木用の] 若枝. ❺《西. 俗語》[主に 複] ベセタ
saber cuántas ～s tiene un peine 利口である, 抜け目ない

pub [páb/púb] 男《複》〜[e]s《←英語》パブ

púber [púßer] 形 名 思春期の[少年・少女], 年ごろの

pubertad [pußertá[đ]] 囡 [性徴が始まる] 思春期, 年ごろ: en la ～ 思春期に

pubis [púßis] 男《単複同形》《解剖》恥丘；恥骨；vello del ～ 陰毛
púbico, ca/pubiano, na 形 陰部の, 恥骨の: vello ～ 陰毛

publicable [pußlikáßle] 形 発表(出版)できる

publicación [pußlikaθjón] 囡 ❶ 出版, 刊行: ～ de un diccionario 辞典の刊行. fecha de ～ 刊行年月日. ❷ 公表, 発表: Se ha prohibido la ～ de la noticia referida a este asunto. この事件の報道は禁止された. ～ de información 情報公開. ❸ 出版物: Sus *publicaciones* son muchas. 彼の著作は多い. catálogo de ～ 出版目録. ～ periódica 定期刊行物, 雑誌

públicamente [púßlikaménte] 副 公に, 公然と

publicano [pußlikáno] 男《古代ローマ》収税吏

publicar [pußlikár] 〔7〕 他 ❶ 出版する, 刊行する: Esta editorial *publica* novelas policíacas. この出版社は推理小説を出している. Este autor *ha publicado* muchos libros. この作家は本をたくさん書いている. ❷ 公表する: Los periódicos *publican* hoy grandes noticias sobre la guerra. 今日の各紙は戦争のニュースを大々的に報じている. ❸ [新聞がちらしなどを] はさみ込む

publicidad [pußliθiđá[đ]] 囡 ❶ 広告, 宣伝, コマーシャル；ちらし: medios de ～ 宣伝媒体. película de ～ コマーシャルフィルム. sección de ～ [企業の] 宣伝部, 広報部. repartir ～ 宣伝ビラを配る. ❷ 公開[性]: Se le ha dado mucha ～ al asunto. その件は表ざたになった

dar ～ *a...* …を知らせる: dar ～ a un producto nuevo por la televisión テレビで新製品の宣伝をする

publicista [pußliθísta] 名 広告業者, 宣伝マン；政治記者；公法研究家

publicitario, ria [pußliθitárjo, rja] 形 宣伝の, 広告の: canción ～ria コマーシャルソング. empresa ～ria 広告会社. tarifa ～ria 広告料
◆ 名 広告業者, 宣伝マン『publicista』

público, ca [púßliko, ka]《英 public》形 ❶ 公の, 公共の, 公有の『←privado』；公衆の: bienes ～s 公共財, 国有財産. enseñanza ～ca 公(国民)教育. escuela ～ca 公立学校. vida ～ca 公的生活. ❷ 公開の, 一般のための: hacer ～ un documento 文書を公開する. cursillo ～ 公開講座. jardín ～ 公園. transporte ～ 公共の輸送手段. vía ～ca 公道. mujer ～ca 娼婦. ❸ 公務の, 官公の: hombre (personaje) ～ 公人, 政府要人. poder ～ 公権力. poderes ～s/organizaciones ～cas 官公庁, 公的機関. ❹ 公然の, 周知の: escándalo ～ 誰でも知っているスキャンダル
◆ 男《集》❶ 公衆, 大衆: El puente se abrirá al ～ el mes que viene. 橋は来月一般公開される. aviso al ～ 公示, お知らせ. ～ infantil 子供たち. ❷ 観客, 聴衆；[店の] 客: El ～ aplaudió al jugador. 観客は選手に拍手をおくった. Este teatro siempre tiene ～. この劇場はいつも客が入っている. precio de venta al ～ 希望小売価格. ❸ 読者: Este autor tiene un ～ muy adicto. この作家には熱心な読者がついている
el gran ～ 一般大衆: interesar al *gran* ～ 一般大衆の関心をひく
en ～ 公衆の面前で, 公然と: discutir *en* ～ 人前で言い争う
sacar al ～ [世間に] 公表する

pucará [pukará] 男 [インカ帝国時代の] 小砦

pucha [pútʃa] 間《中南米》[驚き・不快・怒り] すごい, 何てことだ, ひどい!

pucherazo [putʃeráßo] 男《軽蔑》[得票を水増しするなどの] 不正選挙: dar ～ 投票結果をごまかす

puchero [putʃéro] 男 ❶ 土鍋, 煮込み用の鍋；煮込み料理. ❷ [日々の最低限の] 食事: Su sueldo no da ni para el ～. 彼の給料では満足な食事もできない. Ven a comer el ～ conmigo. 食事をしにいらっしゃい. ❸ [主に 複] 泣きそうな顔: hacer ～s 今にも泣きそうな顔をする

puches [pútʃes] 名囡 =gachas

pucho [pútʃo] 男《南米》残り物, 切れ端；[たばこの] 吸い殻
a ～*s* ほんの少し；少しずつ
no valer un ～ 何の役にも立たない
sobre el ～ すぐに, 即座に

pud- ☞**poder** 56

pudding [pudín] 男《←英語》=budín

pudendo, da [pudéndo, da] 形 partes ～das 陰部, 恥部
◆ 男 陰茎『pene』

pudibundo, da [puðibúndo, da] 形 ひどく
恥ずかしがる；お上品ぶった
　pudibundez 女 ひどく恥ずかしがること

púdico, ca [púðiko, ka] 形 羞恥心のある，つ
つましやかな；はにかみ屋の；〔衣服が〕あまり肌を
露出しない

pudiente [puðjénte] 形 名 金持ちの〔人〕；有力
者〔の〕

pudín/pudin [puðín/púðin] 男 ＝**budín**

pudinga [puðíŋga] 女〔地質〕礫岩

pudor [puðór] 男 ❶〔性的なことに対する〕羞
恥心，恥じらい：tener ～ 羞恥心がある．por ～
羞恥心から．atentado contra el ～ 強制猥褻
罪．❷ 慎み，恥ずかしさ：sin ～ 恥知らずな，恥
ずかしげもなく

pudoroso, sa [puðoróso, sa] 形 羞恥心のあ
る，はにかみ屋の〔**púdico**〕

pudrición [puðriθjón] 女 腐敗：～ seca〔木
材の〕むれ腐り；〔根・塊茎などの〕乾燥病

pudridero [puðriðéro] 男 ごみを投げ入れて腐
敗させる場所；〔合祠する前に遺体を置いておく〕
仮安置所

pudrir [puðrír] 他〔過分 podrido〕❶ 腐敗させ
る：El calor *pudre* el pescado. 暑さは魚を腐
らす．❷ いらいらさせる，怒らせる：Su manía me
pudre. 彼の癖にはいらいらさせられる．〔que+接続
法が主語〕Me *pudre que* llegue tan tarde a
la cita. 彼は約束の時間にあまり遅れるので私しい
やになる

◆ ～se ❶ 腐る：Se *pudrían* las cosechas
por la lluvia continua. 長雨で作物が腐ってい
た．❷ いらいらする，怒る
　así (ojalá) te pudras くたばってしまえ
　¡que se pudra! ざまあみろ！

pueblerino, na [pweβleríno, na] 形 名 ❶
村の，村人〔の〕：costumbre ～*na* 村の風習．
❷〔軽蔑〕田舎者〔の〕

pueblero, ra [pweβléro, ra] 形 名《南米》
都会の〔住民〕，町の〔住民〕；田舎のことを知らな
い

pueblo [pwéβlo] 男《英 people; vil-
lage, town》❶ 集名 民族；国
民；〔国家に対して〕人民：～ español スペイン
国民，スペイン人．～ judío ユダヤ民族．inde-
pendencia del ～ 民族の独立．soberanía del
～ 主権在民，人民主権
❷ 集名〔下層の〕民衆，大衆，庶民：Los ricos
debían su fortuna al sudor del ～. 金持ちは
庶民の汗によって富を築いた
❸ 村；〔小さな〕町：Él es de ～. 彼は田舎の人
だ．La juventud abandona el ～ para ir a
trabajar a la ciudad. 若者たちは村を捨てて，
都会へ働きに行く．～ de mala muerte〔へんて
つもない〕田舎町．～ fantasma（desierto・
abandonado）ゴーストタウン．tonto del ～ 間
抜け，田吾作
❹〔米国南部の〕インディアン集落，圏 プエブロ
族

pueblotel [pweβlotél] 男 リゾート村《villa
turística》

pued- ☞**poder** 56

puelche [pwéltʃe] 形 名 プエルチェ族〔の〕《南
米パンパのインディオ》
◆ 男 アンデスからチリに吹き下ろす寒風

puente [pwénte] 男《英 bridge》❶ 橋：
i) Hay un ～ sobre el río. 川
に橋がかかっている．cruzar（pasar）el ～ 橋を
渡る．construir un ～ sobre el estrecho 海
峡に橋をかける．～ aéreo〔航空〕シャトル便；ピ
ストン空輸；〔空港の〕ローディングブリッジ．～
colgante つり橋．～ de barcas 船橋（笠），浮
き橋．～ metálico 鉄橋．～ peatonal 歩道
橋，人道橋．ii)《比喩》〔離れた・対立する二者を
結ぶ〕
❷ 飛び石連休の間の日を休日に変えてつなげるこ
と；〔その制度による〕連休《día ～》：El vier-
nes hacemos ～.〔木曜と土曜が休日なので〕
金曜日は連休だ．Este ～ me voy a la
montaña. 今度の連休に私は山に行く
❸《船舶》i) 船橋，ブリッジ《～ de mando》：
dirigir desde el ～ ブリッジから指揮をとる．ii)
甲板，デッキ：～ principal メインデッキ．～ alto
上甲板．～ de botes ボートデッキ
❹《電気》電橋，ブリッジ：hacer un ～ 回路を
〔直接〕つなぐ
❺〔弦楽器の〕駒．❻〔眼鏡の〕ブリッジ．❼
《医学》〔歯の〕ブリッジ．❽《解剖》～ de Va-
rolio パローリオ橋，脳橋．❾〔足の〕土踏まず．
❿《レスリング》ブリッジ．⓫《服飾》ベルト通し
　hacer（tender）un ～ de plata a+人 …
のためにすべての障害を取り除いてやる
　tender un ～ 橋渡し役を務める

puentear [pwenteár] 他 …の回路をつなぐ；
…の頭越しに交渉する

puentismo [pwentísmo] 男《スポーツ》バンジ
ージャンプ

puerco, ca [pwérko, ka] 形 名 ❶ ブタ〔豚〕
《cerdo》〔～ montés（salvaje），
jabalí〕：～ espín（espino）ヤマアラシ．❷〔軽
蔑〕汚い〔人〕，不潔な〔人〕；卑劣な〔人〕；下品
な〔人〕

puericia [pweríθja] 女 少年期〔7-14歳〕

puericultor, ra [pwerikultór, ra] 名〔保育
免許を持つ〕保母，保父

puericultura [pwerikultúra] 女 育児学

pueril [pweríl] 形 ❶ 子供じみた，幼稚な；愚か
な：En él hay algo de ～. 彼には少し子供っぽ
いところがある．dibujo ～ 稚拙な絵．❷ 取るに
足りない，ささいな

puerilidad [pweriliðá(ð)] 女 子供っぽさ，幼
稚さ；愚かさ

puérpera [pwérpera] 女〔出産したばかりの〕
産婦

puerperio [pwerpérjo] 男《医学》産褥（ã ﾋﾞ）
期
　puerperal 形 産褥〔期〕の：fiebre ～ 産褥熱

puerro [pwéro] 男《植物》ポロネギ，リーキ《ajo
～》；長ネギ

puerta [pwérta] 女《英 door》❶ 扉，ド
ア，門，入り口，ゲート：abrir（ce-
rrar）una ～ ドア〔門〕を開ける（閉める）．en-
trar por la ～ 戸口から入る．coche de dos

~s ツードアカー. ～ cochera ［車の出入りでき
る］大門, 馬車門. ～ de arrastre《闘牛》死ん
だ牛を場外へ引き出す門. ～ de entrada 入り
口〔のドア〕；正面入り口. ～ de la calle 玄関；
正面入り口, 正門. ～ de la nevera 冷蔵庫の
ドア. ～ principal 正面玄関(入り口). ～
regular 正門. ～ ventana フランス戸. ～
vidriera　ガラス扉. バルコニーに通じるドア.
Cuando una ～ se cierra, otra se abren.
《諺》捨てる神あれば拾う神あり. Casa con dos
~s, mala es de guardar.《諺》戸口が2つある
と用心だ

❷［町・村の］入り口；［中世都市の］城門：
P~ del Sol 太陽の門

❸《比喩》門戸, 可能性：abrir (cerrar) la
a... …に門戸を開く(閉ざす)；…への道を開く
(閉ざす). cerrarse a+人 todas las ~s に
対してすべての門戸が閉ざされる. dejar (reser-
var) una ～ abierta 可能性を残しておく. ～
abierta 門戸解放(体制). ～ de la fama 名
声への扉

❹ 家《casa》；建物《edificio》

❺《ホッケー・サッカーなど》ゴール：chutar a ～
vacía 無人のゴールにシュートする

❻《スキー》旗門. ❼《情報》ポート. ❽［主に圏.
町に入るための］通行料；関税. ❾ sublime ～
サルタン時代のトルコ［国家・政府］

a la ~　1）戸口で：Tocan a la ～. 誰かがド
アをノックしている. Te espero a la ～. 入り口
の所で待ってるよ. 2）すぐ近くに：La prima-
vera está a la ～. 春がすぐそこまで来ている

a las ~s さし迫って；［+de の］寸前に：
Tenemos la guerra a las ～s. 戦争は目前に
いる. estar a las ～s de la muerte (de un
conflicto) 瀕死の状態(紛争の寸前)である
¡a otra ~! お断りだ！よそへ行ってくれ！

a ～ cerrada 非公開で, ひそかに：El juicio se
celebra a ～ cerrada. 裁判は非公開で行なわ
れる

coger la ~《口語》突然出発する(立ち去る)

**dar a+人 con (cerrar a+人) la ～ en la
cara (las narices・el hocico)**《口語》…
を門前払いする

de ～ a ～ 一軒ごとに, ドアツードアで
de ～ en ～ 一軒一軒；戸口から戸口へ
de ~s adentro 秘密で, 内々に：El conflicto
acabó arreglándose de ~s adentro. 争いは
内々で処理された

de ~s afuera 人前で, 公の場で
echar la[s] ～[s] abajo 戸口で大声で呼ぶ
en ~ 順番が来て：Estoy (Quedo) en ～
para ascender. 次は私が昇進する番だ

en ~s さし迫って：Con los exámenes en ~s
tengo que estudiar. 試験が近いので私は勉強
しなければならない

enseñar a+人 la ～ …を追い出す
entrar a+人 por las ~s［思いがけないこと
が］…に起こる：Le ha entrado la suerte
por las ~s. 幸運が思いがけず彼に舞い込んだ
**escuchar detrás de la[s] ～[s]/escu-
char tras la ~** 盗み聞き(立ち聞き)する

estar en ~s de... …を獲得しかけている
franquear las ~s a+人《口語》…を迎え入
れる

ir de ～ en ～ 家々を物乞いして回る, 人々に
頼んで回る

llamar a la[s] ～[s] de+人 …に援助を求
める

llamar a+人 a la ～ …の前に現われる, 訪れ
る

poner a+人 en la ～ [de la calle]《口語》
…を追い出す；首にする

por la ～ grande［裏口からではなく］正々
堂々と：entrar en Hollywood por la ～
grande 実力でハリウッドスターになる

~ a ~ 一軒一軒；［輸送が］戸口から戸口へ
~ con ～ すぐ近くに
~ falsa (excusada・escusada) 隠し扉：
ingresar en la escuela por la ～ falsa 裏口
入学する

quedar en ~s de... ＝estar en ~s de...
[querer] poner ~s al campo 不可能なの
にくいとめようとする

tener ～ abierta［人が］自由に出入りできる,
歓迎される

tomar la ～ ＝coger la ～

puertaventana　[pwɛrtabentána]　女 ＝
contraventana

puerto　[pwérto]　男《英 port》❶ 港, 港
湾[地区]：entrar a ～ 入港する. derechos
de ～ 入港税. ～ aéreo 空港《aeropuerto》.
～ comercial 貿易港. ～ de amarre (de
matrícula) 船籍港. ～ de arribada (de
escala) 寄航港. ～ de carga 船積港. ～ de
salvación 避難港. ～ deportivo マリーナ,
ヨットハーバー. ～ fluvial (marítimo) 河港
(海港). ～ franco (libre) 自由港. ～ naval
(militar) 軍港. ～ pesquero 漁港. ～ seco
税関のある国境. ❷《文語》避難所；庇護者. ❸
峠［～ de montaña］；峠道：P~ de Ibañeta
イバニェタ峠. atravesar el ～ 峠を越える. ❹
《情報》ポート《puerta》

llegar a [buen] ～ 港に着く；困難を克服す
る

naufragar en el ～ 成功を目前にしてつまず
く

~ de arrebatacapas 吹きさらし；盗賊の巣；
客に法外な値段をふっかける店

tocar ～ en... …に寄港する
tomar ～ 入港する；安全な場所に逃げこむ

puertorriqueño, ña　[pwertoříkeɲo, ɲa]
形 名《国名》プエルトリコ Puerto Rico 男〔人〕
の；プエルトリコ人

puertorriqueñismo　男 プエルトリコ方言

pues　[pwes]　圏《英 since, then》❶《文
語》［原因・理由］…なので［por-
que》：No quiero salir, ～ no estoy bien. 私
は体の調子がよくないので出かけたくない

❷［条件］…ならば：P~ quieres comprar
un coche, ahorra desde este momento. 車を
買いたかったら, 今すぐ貯金を始めなさい

❸［主に文頭で, 結果・引き継ぎ］それで…, それ

ならば…: i) *P*～, ya sabes lo que pienso. これで, 私の言わんとしていることはわかったね. Tengo sueño.—*P*～ acuéstate. 眠いよ.—それなら寝なさい. ¿No quieres estudiar?, ～ no te quejes si después te suspenden. 勉強したくないって? だったら落第しても泣き言を言うなよ. Te repito, ～, que no tengo tiempo. 僕は時間がないんだ. もう一回言うよ. ii) [肯定的に文をつなげて] それなんで, わかりました

❹ なぜ?: Hoy no puedo ir a la oficina.—¿*P*～? 今日は会社へ行けません.—なぜ?

❺ [言いよどみ・語調緩和] えーと: ¿Quién crees que ganará?—*P*～... no sé. 誰が勝つと思う?—そうね…わからない. *P*～, ¡hombre! ¿qué quieres que te diga? さてさて, 私は何と言えばいいのだろう?

❻ [感嘆文の導入] まったく: ¡*P*～ será tonto el tipo ese! まったくあいつときたらばかなやつだ

～ *mira* (*mire*) あのね, ところで

～ *que*+直説法 [理由] …だから

¡～ *qué*! [怒り・非難] 何だと!

puesta¹ [pwésta] 囡 ❶ [機械などの] 作動, 調整, チューンアップ. ❷ [日・月の] 入り: ～ de(l) sol 日の入り, 日没. ❸ 産卵 [医][一度に] 産まれた卵: época de ～. 産卵期. ❹ 賭け金: Las ～s son fuertes. 強気の賭けに出ている

puestero, ra [pwestéro, ra] 囡 ❶ [中南米] 露天商. ❷ [南米] 牧場管理人; 牧童

puesto¹ [pwésto] 男 ❶ [人・物が占める] 場所; 部署; 席: i) Devuélvelo a su ～. それを元あった場所に戻しなさい. Cada soldado ocupaba (estaba en) su ～. 兵士たちは各自の部署についている. He cedido mi ～ al anciano. 私は老人に席を譲った. En esta clase cada alumno tiene un ～ fijo. この教室では各生徒の席は決まっている. ～ de socorro 救護所. ～ del piloto 操縦席. ii) [警察・治安警備隊などの] 詰め所: ～ de policía 交番. ～ fronterizo 国境検問所. iii) [軍事] ～ avanzado 前哨. ～ de mando 司令部, 指揮所. ～ de observación 監視哨; 着弾観測所

❷ 順位: Llegó a la meta en el ～ segundo. 彼は2着でゴールインした

❸ 屋台, 露店 [～ [de venta] callejero・ambulante]: Compré las flores en un ～. 私は屋台で花を買った. ～ de helado 屋台のアイスクリーム店. ～ de periódicos 新聞スタンド

❹ 職 [～ de trabajo]; 地位: Consiguió un ～ de conductor en una empresa. 彼はある会社の運転手の職についた. tener un ～ dirigente 重役の地位にある. quitar a+人 el ～ …の職(地位)を奪う

❺ [狩猟] 待ち伏せの場所

❻ [情報] ～ de trabajo ワークステーション

❼ [南米] puestero の牧場(家)

en el ～ *de*+人 …の立場に; …の代わりに: Si yo estuviera *en tu* ～, diría la verdad. 私が君の立場だったら本当のことを言うよ. Iré *en tu* ～. 君の代わりに行ってあげよう

estar en (*mantener・guardar*) *su* ～ 自

分の分を守っている, 分をわきまえている

～ *a*+不定詞 [条件] …するような場合には: *P*～ *a* deber, mejor te defiendes debiendo mucho que poco. 金を借りる時は少し借りるよりたくさん借りた方がよい

～ *a*+不定詞 …しようと思えば

～ *que*+直説法 [文語] [理由] …だから, …である以上: *P*～ *que* lo sabes, no te lo digo. 君は知っているから, 私は言わない. No puede estar enfermo, ～ *que* le he visto jugar al tenis. 彼がテニスをしているところを見たのだから, 病気のはずはない

puesto², ta² [pwésto, ta] 厖 過分 [←poner] ❶ 置かれた: La mesa está ～ta. もう食卓の用意は整っている. ❷ [服を] 着た; [+bien・muy・todo] 着飾った, おしゃれをした: Siga con su abrigo ～. オーバーは着たままでどうぞ. Entró una señora muy bien ～ta. 着飾った婦人が入ってきた. ❸ [西] [estar+, 人が, +en に] 大変詳しい

con lo ～ 着のみ着のままで

tener los bien ～*s* 男らしい, 勇気がある

puf [púf] 男 [複 ～s] [←英語] 腰掛け式クッション, クッションスツール

◆ 間 [嫌悪] ああいやだ/うえええ!: ¡*P*～! ¡Qué calor hace! ふう, 何て暑いんだ!

pufo [púfo] 男 [口語] 詐欺, かたり; [客から] 踏み倒すこと: dar el ～ a+人 …をぺてんにかける

púgil [púxil] 男 [文語] ボクサー [boxeador]; [古代ローマ] 拳闘士

pugilato 男 ボクシング; 激しい争い

pugilismo 男 ボクシング

pugilista 男 ボクサー

pugilístico, ca 厖 ボクシングの

pugna [púgna] 囡 [文語] 戦い, けんか; 対立: ～ entre los partidos 政党間の争い

pugnacidad [pugnaθiðá(d)] 囡 [文語] 好戦性, けんか早さ

pugnar [pugnár] 自 [文語] 戦う, 争う; [+por+不定詞 しようと] 努力する: Ella *pugnaba por* no llorar. 彼女は泣きたいのを我慢していた

pugnaz [pugnáθ] 厖 [複 ～ces] [文語] 好戦的な, けんか早い

puja [púxa] 囡 ❶ [西] 競(せ)り上げること; 競り値: reñida ～ 激しい競り合い. ❷ [+por+不定詞 しようと] 争い; ～ por situarse 出世争い. ❸ [分娩時の] 息み

sacar de la ～ *a*+人 [力・術策が] …にまさる, うわてである

pujante [puxánte] 厖 勢いのよい: ～ industria 成長産業

pujanza [puxánθa] 囡 勢い, 活力: tomar gran ～ 勢いづく; 大きく成長する

pujar [puxár] 他 ❶ [西] 高い競(せ)り値をつける, 競り上げる. ❷ [+por+不定詞 するために] 努力する: Las lágrimas *pujaban por* salir. 涙があふれそうだった. ～ *para* situarse en la vida 出世競争をする. ❸ 言いよどむ, 言葉に詰まる; ためらう; 泣き出しそうな顔をする. ❹ [分娩時に] 息む

pujo [púxo] 男 ❶ [医学] しぶり, 裏急後重

（りきゅう）: ～ de sangre 血便. ❷［主に圏］i) 志望: con ～s de gran artista 大芸術家を志している. ii)［突然の抑えがたい］欲求: Sintió un ～ de reírse. 彼は笑い出しそうになった. ❸［分娩時の］息み

pularda [puláɾða] 囡［食用に特に太らせた］雌鶏

pulcro, cra [púlkro, kra] 厖『絶対最上級 pulquérrimo』清潔な, きちんとした; 念入りな: Siempre va ～. 彼はいつも小ざっぱりとした格好をしている. trabajo ～ 丹精込めた仕事
　pulcritud 囡 清潔さ

pulga [púlɣa] 囡 ❶《昆虫》ノミ（蚤）: Este perro tiene ～s. この犬はノミがいる. ser picado por una ～ ノミに食われる. mercado de (las) ～s のみの市. ❷《口語》丸くて小型の bocadillo. ❸《玩具》小さなこま. ❹《動物》～ acuática (de agua) ミジンコ. ～ de mar ハマトビムシ. ❺《情報》バグ; シリコンチップ
　buscar las ～s a+人《口語》…を挑発する, 怒らせる
　sacudirse las ～s やっかい事を避ける, 逃げ腰である
　tener (gastar) malas ～s《口語》気難しい, 怒りっぽい

pulgada [pulɣáða] 囡［長さの単位］インチ: televisor de veinte ～s 20 インチのテレビ

pulgar [pulɣár] 圐［主に手の］親指［dedo ～］
　por sus ～es 自分の手で, 他人の力を借りずに
　pulgarada 囡 1)親指ではじくこと. 2)一つまみ［の量］: una ～ de sal 一つまみの塩

pulgón [pulɣón] 圐《昆虫》アブラムシ, アリマキ

pulgoso, sa [pulɣóso, sa] 厖 ノミのたかった, ノミだらけの〔人〕

pulguillas [pulɣíʎas] 图『単複同形』《口語》気難しい人, すぐ怒る人

pulido, da [pulíðo, ða] 厖過分 ❶ 磨き上げられた; 手入れの行き届いた: uñas ～das よく手入れされた爪. ❷ 入念な: trabajo ～ 丹精込めた仕事. ❸ 洗練された
　◆ 磨くこと, 研磨; つや出し

pulidor, ra [pulíðór, ra] 图 研磨工
　◆ 圐 研磨器; 磨き粉
　◆ 囡 研磨機

pulimento [puliménto] 圐 磨き, 研磨; つや出し: dar ～ a los muebles 家具を磨く（つやを出す）

pulimentado [pulimentáðo] 圐 ＝pulido
　pulimentar 囲 …のつやを出す

pulir [pulír] 囲 ❶［表面を］磨く: ～ el suelo 床磨きをする. ～ las uñas 爪を磨く. ～ un diamante ダイヤモンドを研磨する. ❷［文章などを］磨く, 推敲（すいこう）する: ～ su discurso 演説原稿を練り上げる. ❸［教養などを］磨く, 洗練させる. ❹《口語》［金を］使い果たす; くすねる, こっそり盗む
　◆ ～se《口語》［金を］使い果たす: *Se pulió* la herencia en una semana. 彼は遺産を1週間で使い果たした

pulla [púʎa] 囡 ❶ あてこすり; 冗談, からかい;

卑猥な言葉. ❷《鳥》カツオドリ

pullman [púlman] 圐《←英語. 中南米》寝台車; 長距離バス

pullover [pulóβer] 圐 ＝pulóver

pulmón [pulmón] 圐 ❶《解剖》肺, 肺臓: respirar el aire a pleno ～ 空気を胸一杯吸う. ～ de acero/～ artificial《医学》鉄の肺. ❷《口語》［時に圏］声量; 持久力: gritar con todas las fuerzas de los *pulmones* 声を限りに叫ぶ. tener ～/tener [buenos] *pulmones* 声量(持久力)がある. ～ del equipo《スポーツ》［持久力的な］チームの要. ❸［大気汚染のひどい地域内の］新鮮な空気を作り出す場所, 緑地帯. ❹《動物》～ marino クラゲ
　a ～ libre 素潜りで

pulmonar [pulmonár] 厖 肺の: enfermedades ～es 肺疾患
　pulmonado, da 厖 图 有肺の〔動物〕

pulmonaria [pulmonárja] 囡《植物》ヒメムラサキ; ヨロイゴケの一種

pulmonía [pulmonía] 囡《医学》肺炎: ～ doble 両側肺炎

pulóver [pulóβer] 圐『[複]～s』《←英語》［頭からかぶって着る］セーター;《まれ》チョッキ『chaleco』

pulpa [púlpa] 囡 ❶ 肉の柔らかい部分, 骨なしの肉. ❷［果実の］果肉: Estas cerezas tienen mucho hueso y poca ～. このサクランボは種ばかり大きくて食べる所が少ない. ❸［甜菜などの］搾りかす. ❹［製紙の］パルプ『pasta de papel』. ❺《解剖》髄: ～ dentaria 歯髄
　pulpación 囡 パルプ化

pulpejo [pulpéxo] 圐［人体の先端部の］肉の柔かい部分;［特に］親指の付け根: ～ de la oreja 耳たぶ

pulpería [pulpería] 囡《南米》食料雑貨店

pulpeta [pulpéta] 囡《料理》［柔かい］薄切り肉

púlpito [púlpito] 圐 説教台(壇); 説教師の地位(職)

pulpo [púlpo] 圐 ❶《動物》タコ（蛸）. ❷《軽蔑》［女性を］しつこく触る人, 触り魔, 痴漢. ❸ 圏 両端にフックが付いている伸縮性ストラップ
　poner a+人 como un ～ …をたたきのめす

pulque [púlke] 圐 プルケ『リュウゼツランの発酵酒』: ～ curado 果汁(野菜ジュース)を混ぜたプルケ
　pulquear 囲 プルケを飲む. ◆ ～se プルケで酔う
　pulquería 囡《中米》飲み屋, 居酒屋

pulquérrimo, ma [pulkérrimo, ma] 厖 大変清潔な(きちんとした)

pulsación [pulsaθjón] 囡 ❶《生理》［主に圏］脈拍, 鼓動;［電流などの］脈動: Han aumentado las *pulsaciones*. 脈が上がった. ❷［ピアノ・ギター・タイプライターなどの］タッチ: dar (hacer) doscientas *pulsaciones* por minuto 1分間に200字打つ

pulsador [pulsaðór] 圐 押しボタン, スイッチ: dar al ～ ボタン(スイッチ)を押す. ～ del timbre 呼び鈴

P

pulsar [pulsár] 他 ❶ 指で押す(触る・叩く): ～ el timbre ベルを鳴らす. ～ las cuerdas [ギターなどの] 弦をはじく. ～ las teclas [ピアノ・タイプライターなどの] キーを叩く. ❷ …の脈をとる; [意向などを] 探る
◆ 自 脈を打つ

púlsar [púlsar] 男《天文》パルサー

pulsátil [pulsátil] 形 脈打つ, 鼓動する: sentir un dolor ～ en las sienes こめかみがズキズキと痛む

pulsatila [pulsatíla] 女《植物》オキナグサ

pulsear [pulseár] 自 腕ずもうをとる 〖echar un pulso〗

　pulseada 女《南米》腕ずもう: hacer una ～ 腕ずもうをする

pulsera [pulséra] 女 ❶ 腕輪, ブレスレット 〖類義 pulsera は主に鎖状で, 手首にのみはめる. brazalete は輪状で, 腕のどこにでもはめられる〗: ～ de pedida 婚約腕輪. ～ de tobillo アンクレット. ❷ [腕時計の] バンド. ❸ [幼児の] 手首(足首)のくびれ

pulsímetro [pulsímetro] 男 脈拍計

pulsión [pulsjón] 女《心理》動機, 動因: ～ de muerte 死の願望

pulso [púlso] 男 ❶《生理》脈, 脈所: A ver el ～. 脈を拝見しましょう. tener alterado el ～ 脈が乱れている. frecuencia de ～ 脈拍数. ～ capricante (capizante・irregular) 不整脈. ～ sentado (normal) 正常脈, 平脈. ❷ [手先の] 技術の確かさ: tener buen ～ 腕がいい. ❸ 慎重さ, 用心深さ: obrar con ～ 慎重に行なう. ❹ 対立, 拮抗: ～ entre patronal y sindicatos 労使の対立. ❺《中米》ブレスレット 〖pulsera〗
　a ～ 腕を伸ばして, 腕の力だけで; 独力で; 手描きの
　de ～ [人が] 慎重な, 周到な
　echar un ～ [+con と] 腕ずもうをする; 勢力争いをする, 対立する
　sacar... a ～ 困難を乗り越えて…を達成する
　tomar... a ～ 手に持って重さを測る; 検討(吟味)する
　tomar el ～ *a*+人 …の脈をとる; …の意見を探る, 打診する: Necesitamos tomarle el ～ primero. まず先に当たってみる必要がある

pulsómetro [pulsómetro] 男 脈拍計

pulsorreactor [pulsoṛeaktór] 男 パルスジェットエンジン

pulular [pululár] 自 [+por に] うようよしている, やたらにたくさんいる(ある); 繁殖する: Pululan los mosquitos. 蚊がうようよしている. La gente pulula por la plaza. 広場は人でぎっしり埋まっている

pulverizable [pulβeriθáble] 形 粉末(粉状)にできる

pulverización [pulβeriθaθjón] 女 ❶ 霧状にすること, 霧吹き, 噴霧; 吹き付け塗装 [pintura a ～]: ～ nasal 鼻孔吸入[療法]. ❷ 粉化, 粉砕

pulverizador [pulβeriθaðór] 男 噴霧器, スプレー; 薬品散布器; [香水の] アトマイザー;

[気化器の] 噴出口; 微粉砕機

pulverizar [pulβeriθár] 他 [←polvo] ❶ 粉末にする, 粉砕する: ～ una roca 岩を粉々にする. ❷ 霧状にする, 霧吹きする; 散布する: insecticida por el jardín 庭に殺虫剤をまく. ❸ 壊滅する, やっつける: El bombardeo *pulverizó* al enemigo. 爆撃で敵はこっぱみじんになった. ～ la opinión de+人 …の意見を粉砕する

pulverulento, ta [pulβerulénto, ta] 形 粉末状の; ほこりだらけの 〖polvoriento〗

pum [pún] 間 [銃声・爆発音] バン
　ni ～ 《口語》少しも…ない

puma [púma] 男《動物》ピューマ, クーガー

pumba [púmba] 間 [落下音] ドスン

pumita [pumíta] 女《鉱物》軽石 [piedra pómez]

puna [púna] 女《地理》[ペルー・ボリビアなどの] 寒冷な高原;《南米》高山病

punch [púntʃ] 男 [←英語. 中南米] パンチ[力]

punching[-ball] [puntʃin/puntʃimból] 《英語. ボクシング》パンチボール

punción [punθjón] 女《医学》穿刺(せん): ～ lumbar 腰椎穿刺

puncionar 他 穿刺する

pundonor [pundonór] 男 自尊心, 誇り: Su ～ profesional le impedía dejarse sobornar. 彼は職業に対する誇りがあるので買収されなかった

pundonoroso, sa 形 名 自尊心のある[人]

punga [púnga] 女《南米》[生活手段としての] 盗み. ◆ 名 泥棒, すり

　punguista 名《俗語》すり

pungir [punxír] 自 他 刺す

punible [puníble] 形《文語》[法的に] 罰すべき, 処罰に値する

　punibilidad 女 処罰すべきこと

púnico, ca [púniko, ka] 形 名《歴史・地名》ポエニ人[の], カルタゴの(人): guerras ～cas ポエニ戦争

punir [punír] 他《文語》処罰する

punitivo, va [punitíβo, ba] 形《文語》処罰の

punk [páŋk/púŋk] 形 名 [複]～s [←英語] パンク[の]. ◆《美術》エッチング用の彫刻針. ❻ [家畜の大きな集団から離れた] 小さな群れ;《中南米》[人の] 集団: ～ de ovejas 羊の群れ. ～ de amigos 友人のグループ. ❼ [+de] 少し: Tiene una ～ de loco. 彼はちょっとおかしいとこ

punki [páŋki/púŋki] 形 名《口語》=punk

punta [púnta] 女 〖英 point〗 ❶ i) 先端: ～ de la espada 剣の先, 刃先. ～ del pie つま先. ii) [四角いものの] 端, 角: ～ de la mesa テーブルの角. con la ～ doblada ページの端を折った. iii) [鼻の] 頭. iv) [髪の] 毛先: cortar las ～s 毛先を切る [髪型を変えないで分を刈る]. ❷ 岬: El barco dobló la ～. 船は岬を回った. ～ de Tarifa タリファ岬 [ヨーロッパ最南端]. ❸ 釘 [clavo]: colocar unas ～s en la pared 壁に釘を打つ. ～ de París 五寸釘. ❹ [葉巻の] 吸いがら: dejar ～s en el cenicero 灰皿に吸いがらを残す. ❺《美術》[エッチング用の] 彫刻針: ～ seca ドライポイント用鉄筆. ❻

ろがある. tener sus ～s de poeta ちょっと詩人
ぽいところする. ❽《サッカー》フォワード, ストライ
カー『ポジション』. ❾ 圈《服飾》レース飾り『～s
de encaje』. ❿ 圈 つま先;《舞踊》トーダンス
『baile de ～s』; トウシューズ: bailar de ～s つ
ま先で踊る. ⓫ 圈 川の源. ⓬ ～ de diamante
[ガラスを切る]ダイヤモンドポイント;《建築》ネール
ヘッド. ⓭《中米》上質たばこの小さな葉

a ～ de...《中南米》…の力で: a ～ de sú-
plicas 懇願によって

acabar (terminar) en ～ [計画などが] 予
定(期待)どおりの結果にならない

andar de ～{s} [+con と] 争う, 口論する

de ～ 1) 垂直の・に;[髪を]固く逆立てた. 2)
つま先立ちで: andar de ～ つま先で(抜き足差
し足で)歩く. 3) 苦境下の: ponerse (estar)
de ～ 苦境に陥る(ある). 4) 対立している:
Están de ～ desde entonces. その時以来彼
らは反目し合っている

de ～ a ～ (a cabo) 端から端まで; 始めから終
わりまで: atravesar la ciudad de ～ a ～ 町
の端から端まで横切る. Es mentira de ～ a
cabo. それは真っ赤な嘘だ

de ～ en blanco《口語》めかしこんで

otra ～ 反対側, 反対の端: Su casa está en
la otra ～ de la ciudad. 彼の家は町の反対側
にある

por la otra ～《俗語》正反対に, 逆に

～s y ribetes 少しの素質: Tiene sus ～s y
ribetes de filósofo. 彼にはいくらか哲学者の素
質がある

sacar ～ a... 1) …をとがらせる: sacar ～ al
lápiz 鉛筆を削る. 2) …のあらを探す, …に要点を
とる; 事を荒立てる: Siempre saca ～ a lo
que digo. 彼はいつも私の言うことを悪くとる.
3) 酷使する; 乱用する

ser de ～ 抜きん出ている, ひときわすぐれている

tener de ～ a+人 …の反感を買っている

◆ 圀《サッカー》フォワード, ストライカー

puntada [puntáða] 圀 ❶ 縫い目: coser a
～s largas (cortas) 粗く(細かく)縫う. hacer
las ～s pequeñas 縫い目を細かくする. dar
unas ～s 数針縫う, ざっと縫う. ❷ 刺すような痛
み. ❸《西》あてこすり: soltar (tirar) una
(～s) 皮肉を言う. ❹《中米》うまい言い方, 気の利
を得た表現

no dar ～《口語》1) 何もしない, 働かない: No
da ～ en todo el día. 彼は一日中何もしない.
2) [知らないので] でたらめを言う

puntal [puntál] 圀 ❶ つっかい棒, 支柱;[精神
的な]支え: El hijo mayor es el ～ de la
familia. 長男が一家の大黒柱だ. ❷《中南米》
軽い食事, おやつ『refrigerio』

puntapié [puntapjé] 圀 つま先による一撃, 蹴
り: pegar (dar) un ～ a una piedra (a la
puerta) 石を蹴りとばす(ドアを蹴る)

a ～s 軽視して; 乱暴に: tratar a+人 a
～s …をばかにする. Me sacó del despacho a
～s. 彼は私をオフィスから追い出した

mandar a+人 a ～s …より優勢である

puntazo [puntáθo] 圀《闘牛》角(つの)による突き

[傷];刃物による突き[傷]

ser ～ この上もない, 最高である

puntear [punteár] 他 ❶ …に点をつける; 印を
付ける, チェックする; 点検する: ～ el balance
収支勘定をチェックする. ❷《美術》点描する;
《音楽》つま弾きする: ～ la guitarra ギターをつま
弾く. ❸《フラメンコ》つま先で床を叩く. ❹ [種ま
きのために畑を]すきで耕す

◆ 自《南米》先導(引率)する

punteado 圀 点描; つま弾き『punteo』; 点
線

punteo 圀 1) 点描, つま弾き. 2) 点検, チェ
ック

puntera¹ [puntéra] 圀 [靴・靴下の]つま先;
[靴の]当て革: chutar la pelota con la ～ つ
ま先でボールをシュートする

puntería [puntería] 圀 ❶ 狙い[をつけること],
照準; ～ en alcance 射程距離. dirigir
(poner) la ～ (hacia)... …に狙いをつける
『比喩的にも』. afinar (corregir) la ～ 慎重
に狙いをつける; 特別の注意を払う. enmendar
(rectificar) la ～ 照準を訂正する. ❷ 射撃の
腕前: tener buena (mala) ～ 射撃が上手(下
手)である

puntero, ra² [puntéro, ra] 形 圀 ❶ [+en
で] 抜きん出た[人], 首位の: alumno ～ ずば抜
けてよくできる生徒. ❷ 狙いの確かな. ❸《サッカ
ー》ウイング. ❹《中南米》[行列・群れなどを] 先
導する

◆ 圀 ❶ [黒板などを指す] むち, 棒. ❷ 石のみ,
たがね. ❸《スポーツ》首位のチーム. ❹《中南米》
[時計の] 針

puntiagudo, da [puntjaɣúðo, ða] 形 先の
とがった: zapatos ～s つま先のとがった靴

puntillazo [puntiʎáθo] 圀《闘牛》とどめ

puntilla [puntíʎa] 圀 ❶《手芸》[幅の狭い] 縁
取り用のレース: ～s de bolillo ボビンレース. ❷
小刀; [闘牛士の] 短剣. ❸ ペン先. ❹ 岬

dar la ～ a... …にとどめを刺す; 致命的な打
撃を与える

de ～s つま先立ちで: andar de ～s つま先で
(抜き足差し足で)歩く. ponerse (estar) de
～s つま先で立つ(立っている)

ponerse de (en) ～ 自分の意見に固執する

puntillero, ra [puntiʎéro, ra] 圀 とどめを刺
す闘牛士

puntillismo [puntiʎísmo] 圀《美術》点描画
法

puntillista 形 圀 点描画法の(画家)

puntillo [puntíʎo] 圀 ❶ 過度の自尊心: por
～ 自尊心が強すぎて. ❷《音楽》[音符の] 付点

puntilloso, sa [puntiʎóso, sa] 形 口やかま
しい, 気難しい, 怒りっぽい

punto [púnto] 圀『英 point』❶ 点: i)
～s y líneas 点と線. línea de ～s
点線. letra de ～s 点字. ～ medio (cen-
tral) 中心点. ～ de intersección 交点. ～
de equilibrio 損益分岐点. ii) 点, 箇所; 程
度, 段階: No sé en qué ～ estoy. 私はどの地
点にいるのかわからない. echar el ～ [地図に] 現
在位置を記入する. ～ de partida (llegada)

出発(到達)点. 〜 de reunión 集合地点(場所). 〜 estratégico 戦略拠点. La enfermedad está en un 〜 crítico. 病状は危険な段階だ. iii) 問題点〖〜 en cuestión〗；要点〖〜 esencial・importante〗：En este 〜 no estamos de acuerdo. この点で私たちは意見が合わない. Ahí está el 〜. そこに問題点がある. Ése es el 〜 de este problema. それがこの問題の核心だ. 〜 de contacto 類似点；接点. 〜 débil (flaco) 弱点. 〜 psicológico 心理的側面

❷ 時点, 瞬間：En el 〜 en que me levanté de la silla, entró él. 私が椅子から立ち上がった瞬間, 彼が入ってきた

❸ ［スポーツ・試験・トランプなどの］得点, 点数：contar los 〜s 得点を数える. sacar diez 〜s 満点を取る. obtener (perder) 〜s 得点(失点)する. ganar por un solo 〜 de diferencia 1点差で勝つ. victoria por 〜s 判定勝ち. 〜 de penalty 《サッカー》ペナルティゴール(による得点)

❹ ［タクシーの］乗り場：¿Dónde tienen su 〜 los taxis? タクシー乗り場はどこですか?

❺ 《口語》この上ない幸い：Sería un 〜 que aprobáramos todos. 私たち全員が合格したら最高だ

❻ 《口語》軽い酔い

❼ 方位：〜s cardinales 基本方位, 東西南北

❽ 《服飾》i) 縫い目, ステッチ；編み目：Se me ha escapado un 〜. 1目落とした. Le dieron unos 〜s. ［手術で］彼は数針縫われた. coger los 〜s 編み目を拾う. 〜 atrás 返し針. 〜 cadena チェーンステッチ. 〜 cruzado (escapulario) ヘリンボーンステッチ. 〜〔de〕 cruz/〜 de marca クロスステッチ. 〜 de derecho 平編み. 〜 de dobladillo まつり縫い(ぐけ). 〜 de ojal ボタンの穴かがり. 〜 del revés パール編み, ガーター編み. 〜 elástico ゴム編み. 〜 por encima 縁かがり. 〜 tunecino かぎ針編みの一種. ii) 編み物, ニット；レース：hacer 〜 《西》編み物をする. labores de 〜 編み物. 〜 de media メリヤス編み. tejido (vestido) de 〜 ニットの布(服). 〜 de tafetán タフタに似せた織り物. iii) ［ストッキングなどがほつれた］穴

❾ ［靴などの］サイズ；［活字の］ポイント：calzar 36 〜 サイズ 36 の靴をはく. carácter de ocho 〜s 8ポイント活字

❿ 《料理》出来具合, 加減：comprobar el 〜 de sal 塩加減を見る

⓫ ［主に ㊄］ペン先の先端

⓬ ならず者；詐欺師：buen 〜 抜け目のないやつ

⓭ 《経済》［相場の単位］ポイント

⓮ 《数学》乗の記号〖3・5 3 掛ける 5〗：dos 〜s 除(比例)の記号〖3：5 3 割る 5〗

⓯ ［印刷］i) ［句読記号の］ピリオド〖〜 final〗：〜 y coma セミコロン〖；〗. dos 〜s コロン〖：〗. 〜 suspensivos スリードット, 省略符〖…〗. ii) ［文字の］i や j の上の点

⓰ 《音楽》スタッカート記号；音の高さ, ピッチ

⓱ 《彫刻》meter en 〜s 粗削りする. sacar de

〜 ［他の材料を使って］コピーを作る

⓲ 《物理・化学》限界点〖〜 máximo〗：〜 de saturación 飽和点

⓳ 《軍事》i) 照準点, 標的. ii) ［銃の］照星〖〜 de mira〗

⓴ 《フラメンコ》つま先で床を叩く技

a 〜 1) 用意のできた：La comida ya está a 〜. 食事はもう仕度ができている. 2) ちょうどよい時に；時間どおりに：llegar a〔buen〕 〜 ちょうどいい時に着く；間に合う. 3) ［+de+不定詞］ちょうど…する時に：Llegué al andén a 〜 de entrar el tren en la estación. ちょうど列車が駅に入ってきた時に私はホームに着いた

a 〜 fijo 正確に：No lo sé a 〜 fijo. 私はそれを正確には知らない

a este 〜 そこで, この点で

a tal 〜 その程度で

al 〜 1) 《西》ただちに, すぐに. 2) 《料理》ミディアムで

al 〜 de... ちょうど…時に：Llegué al 〜 de las cuatro. 私はちょうど4時に着いた

al 〜 que+直説法 …するやいなや〖未来のことについては +接続法〗：Al 〜 que supo el accidente, se marchó. 彼はその事故を知るとすぐに出て行った

bajar de 〜 低下(減少)する

calzar muchos (pocos) 〜s 利口である(ない), 役に立つ(立たない)：Me parece que ese chico no calza muchos 〜s. その子はあまり利口ではなさそうだ

con 〜s y comas 《口語》詳細に

dar el 〜 a+物 …を最高の状態に仕上げる

dar en el 〜 うまく当てる, 的中させる

de todo 〜 まったく：Eso es de todo 〜 imposible. それはまったく不可能だ

diez 〜s 申し分ないこと〖←10 点満点〗：Este pastel se merece diez 〜s. このケーキは満点だ

en buen 〜 折よく, 好機を逃さず

en 〜 ちょうど, きっかり；折よく：Son las cinco en 〜. ちょうど5時だ. Llegas en 〜. 君はいい時に来た

en 〜 a... …に関しては

estar a (en) 〜 de+不定詞 まさに…しようとしている：Cuando llegué, él estaba a 〜 de marcharse. 私が着いた時, 彼はちょうど出かけるところだった. Estuvo a 〜 de deslizarse. 彼は滑りそうになった

estar en su 〜 ちょうどよい時期にある, 申し分ない状態にある：El arroz está en su 〜. ごはんはちょうどいい炊き加減だ

ganar 〜s 評判を取る, 名を上げる

hacer 〜 de... …を体面上の問題と考える

hasta cierto 〜 ある点(程度)までは, まずまず：Tienes razón hasta cierto 〜. 君の言うことにも一理ある. Está bien hasta cierto 〜, pero todavía no puede salir de casa. 彼はまあまあ元気になったが, まだ外出はできない

hasta el 〜 de... …の点(程度)まで：No soy curioso hasta el 〜 de hacerlo. 私はそんなことをするほど物好きではない

hasta tal ~ que+直説法 あまりに…なので…である: Estaba enfadado *hasta tal ~ que* no podía hablar. 私は怒りのあまり口もきけないほどだった

muy puesto en su ~ 時期に適した: medida *muy puesta en su ~* タイミングのいい対策

no perder ~ 入念に行なう, いい加減にやらない

no poder pasar por otro ~ 避けられない

perder [muchos] ~s 評判を落とす

poner a ~ [最高の状態にするため機械などを] 調整する, チューンアップする

poner en su ~ 完全な状態にする; 正当に評価する

poner los ~s a (en)... …に狙いをつける: Él le *ha puesto los ~s a* María. 彼はマリアに目をつけている. Él *pone los ~s* en el puesto de director. 彼は部長のポストを狙っている

poner [un] ~ final a+事 …に終止符を打つ, 終わらせる

~ menos que... ほとんど…: ~ *menos que* imposible ほとんど不可能な

~ por ~ 詳細に: explicar ~ *por ~* こと細かに説明する

~ y seguido ピリオドを打って, さらに行を続ける

sin faltar ~ ni coma =con ~s *y comas*; 正確に

subir de ~ [感情が] 高まる

un ~ de... 少量の…

y ~ 《口語》[議論の荒っぽい結論] それでおしまい/それだけだ

puntuable [puntwáble] 形 [競技会が, +para の大会出場資格の] 記録として認められる

puntuación [puntwaθjón] 囡 ❶ 句読点[を打つこと], 句読法: signo de ~ 句読記号. ❷ [試験などの] 成績, 得点;《スポーツ》ポイント, 得点

puntual [puntwál] 形 ❶ 時間を正確に守る, きちょうめんな; [任務に] 忠実な: Es muy ~. 彼はとても時間に正確だ. Hoy has llegado ~. 君は今日は時間びったりに着いたね. ❷ [説明などが] 綿密(正確)な: informe ~ 詳細な報告書. ❸ 適切な: título ~ ぴったりの題名. ❹ 点の(ような)

◆ 副 時間どおりに: He llegado ~ a la cita. 私は待ち合わせの時間に遅れなかった

puntualmente 副 時間を守って; 綿密に: llegar ~ 時間どおりに着く. pagar ~ 期日にきちんと支払う. Me contó ~ lo que había visto. 彼は見てきたことを私に詳しく話した

puntualidad [puntwaliðáð] 囡 時間を守ること, 時間を守ること; 綿密さ: Se exige la máxima ~. 時間厳守が要求される. falto de ~ 時間にルーズな. cumplir con ~ sus deberes 義務を忠実に遂行する. ~ inglesa 時間厳守

puntualizar [puntwaliθár] 他 ❶ 明確にする, はっきりさせる: ~ el lugar y la hora de la cita 待ち合わせの場所と時間を決める. ❷ 詳細

に述べる; [細部まで] 仕上げる. ❸ 記憶に刻み込む

puntualización 囡 明確な説明, 明確化

puntuar [puntwár] 14 他 ❶ …に句読点を打つ. ❷ [試験などで] 点をつける, 採点する

◆ 自 ❶《スポーツ》得点する; [+para の大会出場資格の] 標準記録として認められる. ❷ 成績をつける: Ese profesor *puntúa* muy bajo. その先生はとても点が辛い

punzada [punθáða] 囡 ❶ [主に 複] 刺すような(鋭い)痛み: Me da ~s el dedo. 指がズキズキ痛む. Tengo ~s en el costado. 横腹がさしこむように痛い. ❷ 心の痛み 《~s que 《…の corazón》: Siento ~s de remordimiento. 私は後悔で胸が痛む. ❸ [小さくて浅い] 突き刺し; 刺し傷: Me he dado una ~ con la aguja. 私は針を刺してしまった

punzante [punθánte] 形 ❶ [痛みが] 刺すような: dolor ~ 鋭い(ズキズキする)痛み. ❷ [刃物などが] 鋭い: arma ~ 鋭利な刃物. herida ~ 刺し傷. broma ~ 悪どい冗談

punzar [punθár] 9 他 ❶ [チクリと] 刺す; …に穴を開ける: Me *punzó* la mano con un alfiler. 彼は私の手をピンで刺した. ❷ …に刺すような痛みを与える; 心を傷める: Sus palabras frías me *punzaron* [en] el corazón. 彼の冷たい言葉は私の心を傷つけた. ❸《医学》穿刺する

punzón [punθón] 男 千枚通し;《技術》センターポンチ; [コインの] 刻印器; [彫刻用の] のみ

puñada [puñáða] 囡《口語》=**puñetazo**

puñado [puñáðo] 男 *a ~s* たくさん: gastar dinero *a ~s* 湯水のように金を使う

un ~ わずかに《口語》たくさん

un ~ de... 1) 一握りの…; わずかな…: *un ~ de* arena (de gente) 一握りの砂(人々). 2) 《口語》たくさんの…

puñal [puñál] 男 [刃渡り 20-30 センチの] 短剣

poner a+人 *el ~ en el pecho* …を脅して言うことを聞かせる

puñalada [puñaláða] 囡 ❶ [短剣などによる] 突き刺し; 刺し傷: Murió de una ~. 彼は刺し殺された. ❷ 心の激しい痛み: La noticia fue una ~ para mí. その知らせは私にとって大きな打撃だった

coser a ~s a+人《口語》…をめった突きにする

~ trapera/~ por la espalda 裏切り, 背信: dar una ~ *trapera a*+人 …を裏切る

ser ~ de pícaro《口語》急を要する: Este asunto no es ~ *de pícaro*. この問題は急ぐ必要はない

puñeta [puñéta] 囡 ❶《西. 口語》i) [結果として] 困難な(やっかいな・わずらわしい)こと; [主に 複] ばかな(無意味な)こと. ii) [間投詞的に, 腹立ち] ちくしょうめ! ❷《服飾》[長衣 toga の] 刺繍した袖口

de la ~ (las ~s)《口語》猛烈な, ひどい

hacer la ~ a+人《口語》…を不快にさせる, うんざりさせる

irse a hacer ~s《口語》失敗に終わる

mandar (*enviar*) a+人 *a hacer* ～*s* …に冷淡な返事をする，…をはねつける

¡no me vengas con ～*s!* 〔やるべきことをやって〕文句（泣きごと）を言うな

¡～*s!* 〔怒り・拒絶〕ちくしょう，くそっ！

¡qué ～〔*s*〕! 〔決意・前に言ったことの強調〕絶対に！

puñetazo [puɲetáθo] 男 〔こぶしによる〕殴打：De un ～ lo tiré al suelo. パンチ1発で彼を倒した．dar (pegar) un ～ a+人 en la cara げんこつで…の顔を殴る．dar a+人 de ～*s* …をボカボカ殴る．dar ～*s* en la puerta ドアをドンドン叩く．darse [de] ～*s*/pelearse a ～*s* 殴り合いのけんかをする

a ～ *limpio* 《口語》バシバシ殴って

puñetero, ra [puɲetéro, ra] 形 名 《口語》
❶ 困難な，やっかいな：examen ～ 難しいテスト．
❷ [+名詞．強調] Vete de una ～*ra* vez. とっとと出ていけ．
❸ [ser+] 不快な〔人〕，わずらわしい〔人〕：意地悪な〔人〕：Es muy ～, siempre está protestando. あいつはいつも文句ばかり言って本当にいやなやつだ

puñetería 女 不快さ；不快なもの

puño [púɲo] 男 **❶** こぶし，げんこつ：cerrar el ～ こぶしを握る．a ～ cerrado こぶしを握りしめて．enseñar el ～ こぶしを突きつける．apretar el ～ [剣の] つか；[傘・ハンドルなどの] 握り，グリップ；[容器の] 取っ手．**❸** [ワイシャツなどの] 袖口．**❹** 腕 力，体力：Se lo ganó con sus ～*s*. 彼は自力でそれを獲得した．hombre de ～*s* 勇敢な男；威圧的な男．**❺** 《中南米》こぶしによる殴打

a fuerza de ～*s* 腕力で；自力で：lavar la ropa *a fuerza de* ～*s* 服をごしごし洗う．tener éxito *a fuerza de* ～*s* 腕一本で成功する

apretar los ～*s* 全力をつくす，懸命に努力する

caber en un ～ ごく小さい

comerse los ～*s* [貧乏で] 飢えている

como el (*un*) ～ 1) こぶしほどの大きさの；ごく小さな：huevo *como el* ～ こぶし大の卵．casa *como el* ～ ちっぽけな家．2) [抽象名詞+] 非常に大きな：embuste *como un* ～ 真っ赤な嘘

como ～*s* [抽象名詞+] 非常に大きな：mentiras *como* ～*s* 真っ赤な嘘

de (*con*) *su* ～ (*y letra*) 自筆で・の：carta *de su* ～ *y letra* 自筆の手紙

meter a+人 *en un* ～ 完全に支配している，手中にある

morderse los ～*s* 自責する

por [*sus*] ～*s* 自力で，独力で

tener a+人 *en un* ～ …を支配下に置いている：Los *tiene en un* ～. 連中は彼にあごで使われている

un ～ *de…* ごく小さな：Tiene *un* ～ *de* casa. 彼はちっぽけな家を持っている

pupa [púpa] 女 **❶** 《医学》口辺ヘルペス．**❷** 《西．幼児語》痛み，けが：Al caerse el nene se ha hecho ～. 坊やは転んで痛くした

ser un ～*s* 《西．口語》しょっちゅうけがをする；いつも運が悪い

pupila[1] [pupíla] 女 **❶** 〔解剖〕瞳孔（），ひとみ．**❷** 《戯語》鋭敏さ，抜け目のなさ：Tiene mucha (buena) ～ para los negocios. 彼女は商売に目はしがきく．**❸** 《口語》売春婦

pupilar 形 瞳孔の；被後見人の

pupilaje [pupiláxe] 男 **❶** 駐車場の使用契約；その料金．**❷** 被後見人の身分（期間）．**❸** 《古語》下宿屋；下宿代，部屋代

pupilo, la[2] [pupílo, la] 名 **❶** 〔法律〕〔未成年の〕被後見人．**❷** [先生から見て] 生徒，弟子；[コーチから見て] 選手．**❸** 《古語》下宿人．**❹** 《南米》寄宿生：medio ～ 昼食を学校で給される通学生

pupitre [pupítre] 男 **❶** [傾斜をつけた] 机；[特に] 学習机．**❷** 譜面台．**❸** [コンピュータなどの] 制御卓，コンソール．**❹** [酒倉の] 澱（）下げ台

pupo [púpo] 男 《南米》へそ，下腹部

puquío [pukío] 男 《南米》泉，水源

puramente [púraménte] 副 純粋に；単に，まったく：Lo he dicho ～ por cortesía. 私は儀礼的にそう言っただけだ

purasangre [purasáŋgre] 形 名 〔競走馬の〕サラブレッド〔の〕

puré [puré] 男 《←仏語．料理》〔野菜の〕うらごし，ピューレ；[それを薄めた] ポタージュ：～ de patatas マッシュポテト

estar hecho ～ 《口語》疲れ果てている

purera [puréra] 女 葉巻き入れ（ケース）

pureta [puréta] 女 《西．俗語》老いぼれ，保守的な老人

pureza [puréθa] 女 純粋（清浄）さ；純潔：～ de sangre 血統（家柄）の純正

purga [púrga] 女 **❶** 下剤；下剤をかけること：administrar una ～ a+人 …に下剤をかける．**❷** 粛清，パージ

～ *de Benito* [効果が疑わしい] 万能薬；即効薬

purgar [purgár] 他 再 **❶** [人に] 下剤をかける．**❷** …の一部（有害・不要なもの）を取り除く，清める：～ un peral 梨を摘果する．**❸** 粛清する，追放する．**❹** [刑に服して罪を] 償う：～ su culpa 罪をあがなう．**❺** 排水する；…のガス抜きをする：～ un radiador ラジエーターの排水をする

purgación 女 [主に 複] 下剤をかけること；《口語》淋病 [blenorragia]

purgante 男 形 下剤〔の〕；浄化する

purgatorio [purgatórjo] 男 **❶** 《カトリック》[主に P～] 煉獄：pasar un ～ 煉獄の苦しみをなめる．**❷** [罪滅ぼしの] 苦行（試練）の場；苦難

puridad [puriðá(d)] 女 《文語》en ～ 率直に（はっきり）言って；実際に，本当に

purificación [purifikaθjón] 女 **❶** 浄化，純化，精錬．**❷** [P～] 聖母マリアの御清めの祝日〖2月2日〗；聖杯の清めの儀式

purificador, ra [purifikaðor, ra] 形 清める，浄化する；精錬する

◆ 男 **❶** 浄化装置，浄化槽；浄水器〔～ de agua〕．**❷** [聖杯の清めに使う] 清浄巾，聖杯布巾

◆ 囡 ~*ra* de agua 浄水場

purificar [purifikár] ⑦ 他 ❶ …の汚れを取り除く, 清浄する; 純化する: ~ el aire 空気を浄化する. ~ la sangre 血をきれいにする. ❷ …の汚(穢)れを清める: ~ su alma 魂を清める. ❸ 《金属》精錬する

◆ ~**se** 身を清める

Purísima [purísima] 囡 《キリスト教》〔聖母の〕無原罪のお宿り 〔← Concepción〕;《美術》[ムリリョの描く] 聖母像

purismo [purísmo] 男 《芸術・思想》純粋主義;《言語》純正主義, 国語純正論

purista 形 图 純粋(純正)主義の(主義者)

puritanismo [puritanísmo] 男 ピューリタニズム, 清教;《軽蔑》[道徳上の過度の]厳格主義

puritano, na [puritáno, na] 形 图 清教徒〔の〕, ピューリタン;《軽蔑》[道徳について過度に]厳格な〔人〕

puro¹ [púro] 男 ❶ 葉巻 〔cigarro ~〕: fumar un ~ 葉巻を吸う. ❷《西. 口語》罰, 制裁

puro², **ra** [púro, ra] 形 《英 pure》❶ 純粋な, 混ざり物のない: blanco ~ 純白. vino ~ 生(*き*)の(水で薄めていない)ワイン. ciencia *pura* 理論(純粋)科学〔↔ciencia aplicada 応用科学〕. hablar ~ castellano 生っ粋の(なまりのない)カスティーリャ語を話す

❷ 清浄な, 汚れのない; 純潔な: aire ~ 清らかな空気. una joven *pura* 清純な乙女. de corazón ~ 心の清らかな

❸ [美的に] 整った, 完璧な: rostro ~ 整った顔だち

❹ [+名詞] 単なる; まったくの, 純然たる: por *pura* casualidad 単なる(まったくの)偶然で. por ~ capricho ほんの気まぐれで. Es la *pura* verdad. それは正真正銘の事実だ

❺ 《中南米》[+名詞] …だけ; [+a に] よく似た *a* ~ …の力で, …によって: El enfermo se sostiene a puras inyecciones. 病人は注射でもっている

de ~ あまり…なので: De ~ fatigado, no podía andar. 彼は疲れて歩けなかった

◆ 副 《中南米》単に〔solamente〕

púrpura [púrpura] 囡 形 ❶ 紫がかった赤色〔の〕, 赤紫〔の〕. ❷ 枢機卿の位〔← 赤紫色の僧衣を着る. ~ cardenalicia, sagrada ~〕; 皇帝の位〔~ imperial〕; 王位〔~ real〕. ❸《医学》紫斑病. ❹《貝》アクキガイ

◆ 男 赤紫色

purpurado 男 枢機卿 〔cardenal〕

purpúreo, a 形 赤紫色の

purpurina [purpurína] 囡 《美術》[金色に使う] 青銅の粉末,〔銀色に使う〕ホワイトメタルの粉末; それを使った絵

purrela [pur̃éla] 囡 《軽蔑》くず, かす

purrete [pur̃éte] 男 《南米》子供

purrusalda [pur̃usálda] 囡 《←バスク語. 料理》タラ・ジャガイモ・ポロネギの煮込み

purulento, ta [purulénto, ta] 形 《医学》膿状の, 化膿した: herida ~*ta* うんでいる傷

purulencia 囡 化膿

pus [pús] 男 《医学》膿, うみ: La herida ha formado [un] ~. 傷口がうみだした

pusilánime [pusilánime] 形 臆病な, 小心な; 意気地のない: ¡No seas ~! がんばれ, びびるな!

◆ 图 臆病者; 意気地なし

pusilanimidad 囡 臆病, 小心

pústula [pústula] 囡 《医学》プステル, 膿疱(のうほう)

pustuloso, sa 形 膿疱〔性〕の

put [pút] 男 《← 英語. ゴルフ》パット

puta¹ [púta] 囡 《俗語. 軽蔑》❶ 売春婦: casa de ~ 売春宿〔好き勝手なことをしている〕無秩序な場所. ❷ 性格の悪い女; 誰とでも寝る女. ❸《トランプ》ジャック 〔valet〕

como ~ por rastrojo 非常に困って(困った)

de ~ madre 非常に良く

de ~ pena 非常に悪く

*ir de ~*s 買春する

me cago en la ~ [失敗して] ちくしょうめ

¡ni ~ idea! とんでもない, そんなこと考えもしない

*pasarlas ~*s 苦しい目に会う

ser más ~ que las gallinas 尻軽女(浮気女)である

putada [putáða] 囡 《俗語》意地悪な行為, いやがらせ

putañear [putaɲeár] 自 《古風. 俗語》[しばしば] 女を買う

putañero 形 しばしば女を買う

putativo, va [putatíßo, ßa] 形 [父親・兄弟について] 推定の; [実際にはそうではない] 仮の, たてまえ上の: padre ~ 推定上の父

puteada [puteáða] 囡 《南米》ののしり雑言, 悪態

putear [puteár]《俗語》自 ❶ 売春する; [しばしば] 女を買う. ❷《中南米》汚い言葉を吐く, 侮辱する

◆ 他 不快にさせる, 困らせる, こき使う

puterío 男 売春; 医 売春婦

putero 形 しばしば女を買う

puticlub [putiklúb] 男 〔複 ~[e]s〕《西. 俗語》[主に売春目的の] ホステスのいるバー

puto, ta² [púto, ta] 形 《西. 俗語》❶ 不快な, うんざりさせる; 困難な, やっかいな; 下劣な: ¡Qué ~ es! 何ていまいましい(いやな)奴なんだ! examen ~ 難しい試験. ❷ [+名詞. 否定文で] まったく(…ない): No tengo ni un ~ día libre. 私は暇な日が一日もない. ❸ [女が] ふしだらな; [男が] ホモの

de ~ta madre 《西. 俗語》すばらしい, 最高の

de ~ta pena 《西. 俗語》ひどい, 最悪の

ni ~ta idea 《西. 俗語》さっぱりわからない

◆ 男 《軽蔑》男娼

putón [putón] 男/囡 《俗語》売春婦; 尻軽女, 浮気女 〔~ verbenero〕

putona 囡 =**putón**

putrefacción [putrefa(k)θjón] 囡 〔←putredir〕腐敗

putrefacto, ta [putrefákto, ta] 形 腐った 〔podrido〕

putrescente [putresθénte] 形 腐りかけた

P

pútrido, da [pútrido, da] 形 腐った〖podrido〗

putsch [pútʃ] 男〖単複同形〗《←独語》反乱, 一揆

putter [páta] 男《←英語. ゴルフ》パター

pututo [putúto] 男《南米》ラッパ

puya [púʎa] 囡 ❶《闘牛》[槍 vara・garrocha の] 短い穂先. ❷ 嫌味, 皮肉
echar (*tirar*) *una* ～ あてこすりを言う
　puyar 他《中南米》刺す, 突く
　　puyazo 男 puya による一撃(傷)；嫌味：soltar (tirar・lanzar・echar) un ～ 嫌味(あ
てこすり)を言う

puyo [púʎo] 囡《南米. 服飾》大きなポンチョ

puzzle [púθle] 男《←英語》ジグソーパズル：hacer un ～ パズルをする

PVP 男《西. 略語》←precio de venta al público 希望小売価格

pxmo.《略語》←próximo 次の, 来…

pyme [píme] 囡《略語》←pequeña y mediana empresa 中小企業

pyrex [pirɛks] 男 =**pírex**

pza[s]《略語》←pieza[s] …個

Q

q [kú] 囡 アルファベットの第 18 字

q. 《略語》←quintal キンタール

qasida [kasíða] 囡 《詩法》カシーダ 『アラブ・ペルシアの単韻詩』

qatarí [katarí] 形 图 《国名》カタール Qatar 男 の(人)

q.b.s.m. 《略語》←que besa[n] su mano 敬具

q.D.g. 《略語》←que Dios guarde 神の御加護がありますように

q.e.p.d. 《略語》←que en paz descanse 死者の霊が安らかに憩わんことを 『墓碑に刻まれる文句』

q.e.s.m. 《略語》←que estrechan su mano 敬具

qm. 《略語》←quintal métrico 100 キログラム

quanto [kwánto] 男 《物理》＝cuanto

quántum [kwántun] 男 《←ラテン語》量

quark [kwárk] 男 《複 ～s》《物理》クォーク: ～ cima トップクォーク

quásar [kwásar] 男 《天文》クエーサー

que 代 《関係代名詞. 先行詞は人・物・事》…するところの. **I** 《性数無変化》❶ [主語] i) [限定用法] ¿Conoce usted al señor ～ está allí? あそこにいる人をご存知ですか? La casa se quemó no estaba asegurada. 焼けた家は保険に入っていなかった. ii) [説明用法] Tengo un hermano, ～ tiene quince años. 私には弟が 1 人いて, その子は 15 歳だ. Las señoras, ～ deseaban descansar, se retiraron. ご婦人たちは休憩したくて引き上げた

❷ [直接目的] i) Éste es el libro ～ compré ayer. これが昨日私が買った本だ. No conozco al señor ～ busca usted. お探しの人を私は知りません. 『人が直接目的でも a をつけない』 ii) [+不定詞] …すべき: Tengo muchas cosas ～ hacer. 私はしなければならないことがたくさんある

❸ [前置詞 a・con・de・en+. 先行詞は主に事物. de・en+ では時に人] Éste es el libro con ～ estudio. これが私の勉強している本です. Aquélla es la mujer de ～ te hablé ayer. あれが昨日君に話した女性だ. Ésta es la casa en ～ nació Goya. これがゴヤの生まれた家です. El año en ～ murió Pablo Casals nací yo. パブロ・カザルスの死んだ年に私は生まれた. 『時の状況補語の場合は一般に前置詞を省く: Nevaba mucho el día ～ llegué a Madrid. 私がマドリードに着いた日は大雪だった』

❹ [相手も了解している先行詞の強調] Tú ～ vives en París, ¿conoces algún hotel económico? 君はパリに住んでいるのだから, どこか安いホテルを知りませんか? Talento ～ tiene este actor... この俳優の才能といったら…〔とてもすごい〕

❺ 《口語》[前置詞の先行] Dime a la hora ～ tengo que llamarte. 何時に君に電話すべきか言ってくれ 〖←… la hora a la ～…〗. Observo con el tesón ～ trabaja. 彼ががんばって働いているその熱意を私は見守っている 〖←… el tesón con ～…〗

❻ [独立用法] i) [前置詞+] Te daré con ～ vivas. お前が食べていけるだけのものはくれてやろう. ii) [+不定詞. アクセント符号をつけることがある] Me pidió ～ ⟨qué⟩ comer. 彼は何か食べ物がほしいと私に言った. No tienes de qué quejarte. 君が文句を言う筋合いはない. No tengo por qué hacerlo. 私がそれをする理由(根拠)はない

II ❶ [定冠詞+] i) [説明用法で先行詞を明示] El profesor nos contó unas anécdotas, las ～ nos divirtieron mucho. 先生がお話をしてくれたが, それはとても面白かった. ii) [前置詞+] No es ésa la persona a la ～ me refiero. 私の言っているのはその人のことではない. Ésta es la razón por la ～ no he podido asistir. これが私が出席できなかった理由です. iii) [独立用法] La ～ baila allí es mi hermana. あそこで踊っているのは私の妹だ. El ～ esperar puede, alcanza lo que quiere. 《諺》待つことができる人は望みを達成することができる

❷ [lo+] i) [前文全体が先行詞] Dijo que no lo sabe, lo ～ no es verdad. 彼は知らないと言ったが, それは本当ではない. Él se mató, lo ～ nos sorprendió mucho. 彼が自殺したので, 私は大変驚いた. ii) [独立用法. 抽象概念] No adivino lo ～ quieres decir. 君が何を言おうとしているのか私には見当がつかない. No puedes comprender lo ～ he sufrido. 私がどれほど苦しんだか君にはわからないよ. Sin su ayuda no sería yo lo ～ soy. 彼の助けがなかったら今日の私はない. iii) [lo+形容詞・副詞+] …であること; どんなに…か: Ana se parece a la madre en lo ～ alta ～ es. アナは背が高いところが母親似だ. No sabes lo difícil ～ es. それがどんなに難しいか君にはわかっていない. Ignoraba lo ～ cerca ～ vives. 君がこんな近くに住んでいたとは知らなかった. Con lo estudioso ～ es, tendrá mucho éxito. 彼は勉強家だから出世するだろう. iv) [lo ～ es...] …に関しては: Lo ～ es las otras heridas no presentan tantos riesgos. ほかの傷は大して危険なものではないようだ. Lo ～ es entender, entiendo. わかるといえばまあわかるよ. Lo ～ es responder respondí, pero... 答えには答えたんだが…. Lo ～ es mi marido, no dice más que tonterías. うちの主人ときたらば

かなことばかり言って．¡Lo ～ son las cosas! まったくもう! v) [接続法+lo ～+同一接続法] いかに…しようとも: ocurra lo ～ ocurra 何が起ころうとも，digas lo ～ digas 君が何と言おうと ❸ [前置詞の先行] Esos problemas son de los ～ trata mi libro. それらこそ私の本が扱っている問題だ．Eso es en lo ～ pienso. それこそ私が考えていることだ

A es a B lo ～ C es a D B に対する A は D に対する C と同じである

a la (lo) ～+直説法《口語》…する時〖cuando〗: A la ～ yo llegué ya había acabado todo. 私が着いた時はもうすべて終わっていた．

en lo ～+直説法 …している間に〖mientras〗

en lo ～ va (llevamos) de+時の名詞《文語》 …に入ってから[今まで]: Es el tercer incendio en lo ～ va de mes. 今月に入ってから3度目の火事だ

◆ 腰 ❶ [従属節を導く．主節が意志・疑惑・蓋然性・否定・価値判断・感情・条件などでは +接続法] …ということ: i) [直接目的] Creo ～ volverá mañana. 彼は明日帰ると思います．No creo (Dudo) ～ vuelva mañana. 明日帰るとは思わない(帰るか疑わしい)．Le dije ～ viniera a verme. 会いに来なさいと私は彼に言った．Les agradeceré ～ me envíen pronto. 《商業文》 早急にお送りくだされば幸いに存じます．ii) [主語] No conviene ～ se publique eso. それが表ざたになると都合が悪い．¿De qué sirve ～ lo grites? 君がわめき立てて何の役に立つというのだ．[ser・estar+形容詞+] Está claro ～ hemos triunfado. 我々が勝ったことは明らかだ．Es cierto ～ te va a ayudar. きっと彼は君を助けてくれるよ．Es importante ～ apoye el proyecto. 彼が計画を支持することが重要だ．[定冠詞+] El ～ yo le ayude es muy natural. 私が彼を助けるのはきわめて当然なことだ．iii) [主格補語] Mi esperanza es ～ él se corrija. 私の望みは彼が行ないを改めてくれることだ．iv) [前置詞+] Estoy seguro de ～ mi ideal se realizará algún día. 私の理想がいつか実現することを私は確信している．Esperamos a ～ sea de noche. 私たちは夜になるのを待っている．〖その他，para que・tanto… que などの接続詞句を構成する〗 v) [疑問文中で] ¿Qué piensas ～ me dijo él? 彼が私に何と言ったと思う? ¿A qué hora ha dicho ese hombre ～ volverá? その男は何時に戻ってくると言ったか?

❷ [様々な接続詞[句]の代用] i) [並列・配分] Justicia pido, ～ no gracia. 私が求めているのは正義であって慈悲ではない〖=y〗．Cállate, ～ te mato. 黙れ，さもないと殺すぞ〖=o〗．ii) [様態] Corre ～ vuela. 彼は飛ぶように走る〖=como〗．iii) [目的] Abre la ventana, ～ entre aire fresco. 新鮮な空気が入るように窓を開けなさい〖=para que〗．iv) [原因・理由] No quiero salir, ～ estoy cansado. 私は疲れているので出かけたくない〖=porque〗．[命令文+] ¡Date prisa, ～ es tarde! 急ぎなさい，遅いのだよ! v) [制限．+接続法] …する限り: Que yo sepa, éste es el mejor. 私

の知る限りではこれが最上だ〖en cuanto〗．vi) 《口語》[仮定] Que no puedes venir, me avisas. 来られない場合は知らせてくれ〖=si〗 ❸ [会話の文頭で．主動詞の省略] i) [反問] Pues, me dirá…—Que le diga, ¿qué? では私に言ってください…—言えって，何を? ¿Para qué tanta prisa? なぜそんなに急ぐの? ¿Qué querías?, ¿～ te lo dijera delante de él? 彼の前で彼のことを言えとでもいうのか? ¿Que qué? [ぞんざい] 何だって? ii) [反問への答え] ¿Me dejas meter?—¿Qué?—Que si me dejas meter en la bañera. 入ってもいい?—何?—浴槽に入ってもいいってきいてるの．¿Qué te preguntaron?—dijo su madre.—¿Que de dónde éramos? 何てきかれたの，と母親は言った．—どこから来たのかって尋ねられたの．iii) [切り出し] ¿Que quiere usted pagar el piso? そのう…，家賃を払っていただきたいのですが．iv) [強調] ¡Que no viene! 彼なんか来るはずないっ! v) [sí・no の強調] Sí, ～ lo haré. うん，そうするとも．No, ～ no lo haré. いや，そんなことはしないぞ

❹ [文頭で，+接続法] i) [間接命令] ¡Que espere un momento! 少し待たせなさい! ii) [命令の強調] ¡Que vengas! 来いといったら来い．Isabel y María, ～ vengan. イザベルとマリア，来なさい．[命令の反復] Cállate, ～ te calles. 静かに，静かにして．iii) [現在・現在完了で，願望] ¡Que haga buen tiempo mañana! 明日晴れますように! 〖参考〗¡Ojalá [～] haga buen tiempo mañana! 明日晴れるといいが!〗 ¡Que se haya mejorado ya! もう良くなっていますように! iv) [繰返し，譲歩] Que llueva, ～ no llueva, iremos hoy. 雨が降ろうと降るまいと今日行きます．Que ría o ～ llore, me tiene sin cuidado. 彼が泣こうと笑おうと私は少しも構わない．v) …する限り: ～ yo sepa 私の知る限り．～ yo vea 見える限り

❺ [同一語+～+同一語．強調] Carlos sigue terco ～ terco. カルロスは頑固一徹だ．Mientras el agua me cae encima, yo estoy canta ～ canta. 私はシャワーを浴びながら歌いに歌う

❻ [比較級+] …より: Él gasta más ～ gana. 彼はかせぐより多く使ってしまう．Prefiero pasear un rato ～ ir al cine. 私は映画より少し散歩したい

❼ [同一・相違・範囲] …と: Ese mechero es igual ～ el mío. そのライターは私のと同じだ．Tengo otra opinión ～ tú. 私は君と違う意見だ．No hay otro remedio ～ huir. 逃げる以外方法はない

❽ [意味のない que] i) [感嘆文中で] ¡Qué bien ～ se está aquí! ここは何て居心地がいいのだろう．ii) [従属節中で] Dijo que como era ya muy tarde para ir a clase, ～ no le esperaran. 講義にもうかなり遅れてしまったので，みんな待たなくていいと彼は言った．iii) [間接疑問で] Le preguntaron ～ si tenía equipaje. 彼は荷物を持っているかどうか尋ねられた

❾ [主語と動詞の間に挿入して逆接] ¡Y yo ～ tenía ganas de salir! 外出したかったのに!

❿〔que の省略. 文脈から明らかな場合, 特に従属節が接続法の場合〕Él mismo dijo〔～〕tomaba como modelo a su padre. 父をモデルにしたと彼自身が言った. Les agradeceré〔～〕me lo envíen. それをお送り下されば幸いに存じます

a ～+直説法 きっと…; もしかしたら…: ¿*A* ～ no tiene reglas esa comedia? その芝居はどうせ型破りなんだろう. ¡*A* ～ llego más pronto que tú! 僕の方が君より早く着くぞ! ¡*A* ～ no le encontramos en casa! もしかすると彼は家にいないかもしれないよ!

～ *si...* ～ *si...* …とか…とか: Siempre dice ～ *si* no tiene trabajo, ～ *si* no tiene dinero. 彼はいつも仕事がないとか, 金がないとか言っている

y ～ *sea lo que sea* (*quiera*) さて後はどうなることか

qué 〔ké〕〖英 what. 疑問代名詞・形容詞. 性数無変化〗代 ❶ 何: i) ¿*Qué* te pasa? どうしたんだ? ¿*Qué* busca usted? 何をお探しですか? ¿*Qué* es eso? これは何ですか?〔驚き・怒り〕これはどうしたことだ! ¡*Qué* será eso? それはおかしい(妙だ). ¿A ～ vienes aquí? ここに何をしに来たの? ii) 〔間接疑問〕Dime quieres beber. 何が飲みたいのか言ってごらん. iii) 〔+不定詞〕何を…すべきか〔☞que 代 I ❻ ii)〕: No sé ～ decir. 何と言ったらいいかわかりません. iv) 〔感嘆〕¡*Qué* voy a estar tranquilo! 私が平静でいられるものか! v) 〔問い返し〕¿*Qué* es ～? 何って何? 〔一部が聞き取れなかったとき. 定冠詞+〕¿*Qué* es para ti la ciencia? —¿*La* ciencia. 君にとって学問とは何?―何だって?―学問だよ

❷《口語》i) =**cuánto**: ¿*Qué* te costó esa chaqueta? その上着はいくらだった? ii) どう?: ¿*Qué*? ¿Pican? どう?〔魚の〕あたりはありますか? *por* ～〖英 why〗なぜ: ¿*Por* ～ no viniste? —Porque estuve enfermo. なぜ来なかったの?―病気だったからです

¿*Por* ～ *no?* もちろんですよ

¿*Por* ～ *no...?*〔上昇調で発音. ごく親しい間柄での勧誘, 少し命令口調〕¿*Por* ～ no vienes a comer con nosotros? 家に食事に来ないか?

¡～! わからない/いやだ!

¡～ *de...*! 何とたくさんの…だろう! ¡*Qué* de gente hay en la plaza! 広場には何と大勢の人がいることか! ¡*Qué* de cambios! 何という変わりようだ!

¿*y* ～? それから?/それがどうしたのだ?

◆ 形 〔+名詞〕何…, どんな: i) ¿*Qué* preocupaciones tiene usted? どんな心配事がおありですか? ¿De ～ color es este lápiz? この鉛筆は何色ですか? No sé ～ gente es ésa. それがどんな連中か私は知らない. ii) 〔感嘆〕¡*Qué* gozo tendrá cuando lo sepa! 彼がそれを知ったらどんなに喜ぶだろう! ¡*Qué* alegría! ああ, うれしい! 〔+名詞+*más・tan*+形容詞〕¡*Qué* niña *más* (*tan*) guapa! 何てかわいい女の子だ! iii) 〔反語〕¡*Qué* manera es ésta de recibir a nadie! こんな迎えの仕方ってありますか!

a ～ ... たとえ…でも: *a* ～ horas たとえ何時でも

◆ 副〔感嘆〕何と; ¡*Qué* cansado estoy! ああ疲れた! ¡*Qué* poco conoces! 君は何て物事を知らないのだろう! ¡*Qué* buen café! 何ておいしいコーヒーだろう!

quebracho〔kebrátʃo〕男《植物》ケブラチョ〖南米産の高木〗

quebrada[1]〔kebráða〕女 ❶ 峡谷; 山間の細い道. ❷《中南米》小川, 渓流

quebradero〔kebraðéro〕男 ～〔*s*〕*de cabeza* 悩みの種: Tiene muchos ～*s de cabeza*. 彼は頭痛の種を一杯抱えてる

quebradizo, za〔kebraðíθo, θa〕形 ❶ 割れやすい, 壊れやすい: El cristal es ～. ガラスは割れやすい. ❷〔体・意志が〕弱い: salud ～*za* 虚弱. ❸《音楽》voz ～*za* 〖装飾音 quiebro を歌う〗軽快な震え声

quebrado, da[2]〔kebráðo, ða〕形 過分 ❶ 割れた, 壊れた: vaso ～ 割れたコップ. Tiene la pierna ～*da*. 彼は脚を骨折している. Tenía el color ～. 彼は顔色が悪かった(生気がなかった). ❷ 破産した. ❸〔線が〕折れ曲がった; 〔estar+. 土地が〕凸凹のある. ❹〔声が〕震えた, 途切れ途切れの

◆ 破産者

◆ 男 ❶ 分数《número ～》: ～ decimal 小数. ❷ 破産《quiebra》: ～〔no〕rehabilitado〔非〕免責破産

quebradura〔kebraðúra〕女 割れ目, 裂け目; 峡谷《quebrada》; ヘルニア《hernia》

quebrantahuesos〔kebrantawésos〕男〖単複同形〗《鳥》ヒゲワシ

quebrantamiento〔kebrantamjénto〕男 侵害, 違反

quebrantar〔kebrantár〕他《文語》❶ 侵害する: ～ los reglamentos 規則を破る. ❷《主に中南米》壊す, 割る《romper》. ❸〔活力・抵抗などを〕弱める: ～ la moral 士気を弱める. ～ los cimientos 土台を揺るがす. ❹ こじ開ける: ～ los sellos de las urnas 投票箱の封印を破る

◆ ～*se* ❶《まれ》壊れる, 割れる. ❷ 弱まる: Su salud *se ha quebrantado* en estos últimos años. 彼の健康はここ数年衰えた. ～*se* de angustia 苦悩に打ちのめされる

quebrantado, da 形 過分 Tiene la salud muy ～*da*. 彼は健康をひどく害している

quebranto〔kebránto〕男 ❶《文語》i) 損失, 損害: sufrir un ～ económico 経済的な打撃を受ける. ii) 悲痛, 気落ち; 衰弱. ❷ =**quebrantamiento**

quebrar〔kebrár〕23 自 ❶ 破産する, 倒産する: *Quebró* la empresa. 会社は倒産した. ❷〔+con+人 と〕仲違いする

antes ～ *que doblar* 屈服するより死を選ぶ

◆ 他《主に中南米》割る, 壊す, 折る《romper》: ～ la amistad 友情を壊す. ❷ 妨害する, 中断させる. ❸〔体を〕折る, 曲げる. ❹〔顔色を〕悪くさせる.

◆ ～*se* ❶〔乱暴などによって〕割れる, 壊れる;

Q

[自分の] …を折る: El plato cayó al suelo y *se quebró*. 皿が床に落ちて割れた. ❷ [顔色が] 悪くなる. ❸ [声が] かん高くなる, 上ずる. ❹ [地形が] 険しくなる. ❺ ヘルニアになる 《herniarse》

quebrazón [kebraθ5n] 男《中南米》砕ける (壊れる)こと

queche [kétʃe] 男 [北洋で使われた] 2檣の小型帆船

quechemarín [ketʃemarín] 男 2檣帆船, ヨール

quechua [kétʃwa] 形 名 ケチュア族[の]《ペルーなどアンデス諸国に住むインディオの一種族》
◆ 男 ケチュア語

queda[1] [kéda] 囡 [修道院などでの] 消灯時刻; [戒厳令下の] 夜間外出禁止; その合図[の鐘・警報]《toque de ～》

quedado, da [kedádo, da] 形 過分《西. 口語》《estar+, +con+人 に》ほれ込んだ, 夢中の
◆ 囡《中南米》婚期を過ぎた未婚女性

quedar [kedár] 自 《英 remain, stay》
❶ 残る, 残存(存続)する: i) [+a+人 に] ¿Hay azúcar?—Sí, todavía *queda* un poco. 砂糖はあるか?—うん, まだ少し残っている. A Miguel sólo le *quedaron* cien pesetas. ミゲルの手元には100ペセタしか残らなかった. Nos *queda* aún una semana de vacaciones. 休暇はまだ1週間残っている. ii) [+en+場所 に] とどまる《～se》: El chico *quedó en* casa. その子は家に残った
❷ [+主格補語・状況補語] i) [主に悪い結果. …の状態に] なる: *Quedó* viuda siendo aún joven. 彼女は若いのに未亡人になった. Ha quedado en ridículo ante todos. 彼はみんなの前で恥をかいた. *Quedó* con la cabeza baja. 彼はうつむいてしまった. ii) [+過去分詞. 助動詞的. 受動行為の完了の結果] Ya *quedan* construidos allá los edificios. あそこにはもうビルが建っている. *Queda* usted invitado. あなたを招待します. iii) …のままである: La casa *quedó* sin pintar. 家はまだ塗装されていなかった. *Quedo* a la espera de su carta. おたよりをお待ちします. iv) [+bien・mal. +con と] うまくいく・いかない; [+a に] 似合う・似合わない: No quiero ～ mal *con* ella haciendo eso. 私はそんなことをして彼女とまずくなりたくない. No te *queda* bien esa chaqueta. その上着は君に似合っていない. v) [+como のように] 見える, …風になる: El vestido *ha quedado como* un nuevo. ドレスは新品のようになった
❸ 取り決める: i) [+en に] 決める: No hemos *quedado en* nada concreto. 私たちは具体的なことは何も決めなかった. Pues, *quedemos en* eso. では, そうしましょう. [+en+不定詞] *Quedaron en* reunirse de nuevo al día siguiente. 彼らは翌日再び集まることになった. [+en que+直説法未来・過去未来] *Quedé con* mi marido *en que* nos encontraríamos aquí. 私は夫とここで落ち合うことに決めた. ii) [会う時間・場所などを] ¿Qué día *quedamos*? —*Quedamos* el día 8 (el lunes). 何日(曜日)

に会おうか?—8日(月曜日)にしよう. ¿Dónde *quedamos*? どこで落ち合おうか? ¿No quieres ir al cine?—Me gustaría, pero *he quedado* con Pedro. 映画に行かないか?—行きたいけどペドロと約束してしまった
❹ [おおよその位置が] …にある: i) Barcelona *queda* cerca de Francia. バルセロナはフランスに近い. El trabajo me *queda* lejos de casa. 仕事場は私の家から遠い. El chalet *queda* fuera del pueblo. 別荘は町の外にある. ii) [+por・hacia のあたりに] Creo que esa calle *queda por* el barrio del puerto. その通りは港湾地区の方にあると思う
❺ [時間・距離が, +para 到達点までに] ある: Ya sólo *quedan* cinco días *para* Navidad. クリスマスまであとわずか5日だ. Nos *quedan* aún ocho kilómetros *para* el pueblo. 村までまだ8キロある. [+不定詞] Aún *quedan* diez días *para* terminarse el plazo. 期限切れまだ10日ある
❻ [+por] i) [+不定詞 すべきことが] 残っている: Todavía *queda por* barrer la sala y la cocina. まだ居間と台所の掃除が残っている. *Queda* mucho *por* hacer. やるべきことがたくさん残っている. ii) …と思われる, 判断される: *Quedó por* un cobarde. 彼は臆病者と思われた
❼ 終わる, 中止される: Empezó a llover y ahí *quedó* la fiesta. 雨が降ってきたので, パーティーはお開きになった

¿en qué quedamos? どうしようか/[相手の矛盾を指摘して] 一体どっちなんだ/[優柔不断を突いて] さあどうするんだ

por... que no quede/que por... no quede《西. 口語》[反対を留保して] …に関しては問題はない: *Por mí que no quede*. 私の方は反対しないよ. *Por intentarlo que no quede*. やるだけはやってみよう

～ a deber 支払いを猶予してもらう: No llevo suficiente dinero; te *quedaré a deber* mil pesetas. 金が足りないので, 千ペセタ借りにしておいてくれ

～ atrás 1) [困難が] 過ぎ去る: *Quedaban atrás* los días difíciles. 苦難の日々は過去のことだ. 2) [競争・勉強などで] 遅れる: *Quedó atrás* y terminó por abandonar. 彼は落伍して結局は棄権した
◆ 他《まれ》残す《dejar》: No *quedes* el libro ahí. そこに本を置いておくな
◆ ～se ❶ [+en+場所 に] とどまる, 居残る: Me han dicho que me *quede en* casa. 私は留守番するように言われた. Aún *se queda* en la oficina. 彼はまだ会社にいる. ¡*Quédate* donde estás! そこにいろ
❷《口語》死ぬ: ～*se en* el campo de batalla 戦死する
❸《西》[+主格補語. 変化の結果. 主に損失など悪い状態] すっかり…の状態になる: i) *Se quedó* cojo. 彼は足が不自由になった. ii) [+a+人 にとって] Este pantalón se me *ha quedado* corto. このズボンは私には短くなった
❹ [+con+事物 を] 自分のものにする: i) *Se*

quedó con mi libro. 彼は私の本を返してくれない. *Se quedó con* todas mis cosas. 彼は私の持っているものをすべて奪った. *Quédese con* la vuelta. 釣銭はとっておいてください. La policía *se quedó con* las pruebas. 警察は証拠物件を押収した. ii)《口語》[con なしで] *Quédate*lo. もらっておけよ/いいよ, いらないよ. iii) 記憶にとどめる：~*se con* el número de teléfono 電話番号を覚える

❺ [+sin+事物 を] なくす：*Me quedé sin* dinero. 私は一文なしになった

❻ [+con+人 を] i) だます；ばかにする, からかう：Me parece que *te estás quedando conmigo.* 君は私をたぶらかそうとしている（からかっている）ようだ. ii) 好きになる：Estoy *quedado con* Ramón. 私はラモンが好きになった

❼ [+現在分詞] …し続ける：*Se quedó* mirándome cuando se lo dije. 私がそう言うと彼はじっと私を見つめた

~*se atrás* =quedar atrás

~*se en nada* ほとんどなくなる：Hice un pastel, pero lo tuve tanto tiempo en el horno que *se me quedó* en nada. 私はパイを作ったが, 長くオーブンに入れすぎて, ほとんどだめにした

~*se sin nada* 全財産をなくす

quedo, da² [kéðo, da] 形 静かな《quieto》：con pasos ~*s* 音を立てないような歩き方で. con voz ~*da* 低い声で, 小声で

◆ 副 静かに；音を立てずに, そっと：Habla ~. 小さな声で話せ

quehacer [keaθér] 男 ❶ 用事, するべきこと：No tengo ningún ~. 私は何も用事がない. ~ cotidiano 日課. ❷ [時に 複] 仕事；家事《~*es* domésticos・de la casa》：dar ~ 仕事（職）を与える. ir a sus ~*es* 仕事に行く；用事を片づける. agobiado (ahogado) de ~ 仕事に疲れた

queimada [keimáða] 女 ケイマダ《蒸留酒 orujo に砂糖・レモンなどを加えたガリシア地方の温かい飲み物》

queja [kéxa] 女 ❶ [苦痛・悲痛の] うめき声, 嘆き声：Cuando murió su marido, se oían sus ~*s* desde la calle. 夫が死んだ時, 彼女の悲嘆の声が外からでも聞こえた. ❷ 苦情, 不平：Dio ~*s* por la decisión. 彼はその決定に不平を言った. tener ~ de… …に不満がある. presentar una ~ a… …に苦情を訴える

quejar [kexár] ~*se* [英 complain, moan] [+de について] 嘆く；不平を言う：i) ~*se de* la corrupción del mundo político 政界の腐敗を嘆く. No tengo nada *de qué* ~*me*. 私には何も不満はない. El enfermo *se queja de* dolor de cabeza. 病人は頭痛を訴えている. ~*se* por nada ささいなことで文句を言う. ~*se* a la dirección 上層部に苦情を申し入れる. ii) [+que+直説法（仮定形では +接続法）] *Se queja de que* no gana bastante. 彼はもうけが少ないと嘆いている. El ministro *se queja de que* su país sea uno de los peces chicos de inversores extranjeros. 大臣は自国が外国投資家の餌食

になるのではないかと嘆いている

quejica [kexíka] 形《西. 口語》不平屋（の）；すぐめそめそする〔人〕：Hazlo y no seas tan ~. ぶつぶつ文句ばかり言ってないでそれをやれ

quejicoso, sa 形 不平ばかり言う；ぐずる

quejido [kexíðo] 男 [苦痛・悲痛の] うめき声：dar ~*s* うめく

quejigo [kexíɣo] 男《植物》フユナラ

quejón, na [kexón, na] 形 不平屋（の）

quejoso, sa [kexóso, sa] 形 [estar+. +de に] 不満のある：Está ~ de la administración del personal. 彼は人事に不満を持っている

quejumbroso, sa [kexumbróso, sa] 形 ❶ [声などが] 嘆くような, うめくような：voz ~*sa* 哀れっぽい声. tono ~ 訴えるような調子. ❷ 不平たらたらの, 愚痴っぽい

quejumbrar 自 しょっちゅう不平を言う, 愚痴ばかりこぼす

quelícero [kelíθero] 男《動物》鋏角（きょうかく）

quelite [kelíte] 男《植物》アオゲイトウやアカザの類《中米で食用》

queloide [kelóide] 男《医学》ケロイド

quelonio [kelónjo] 形 男《動物》カメ目（の）

quelpo [kélpo] 男《植物》ケルプ

queltehue [keltéwe] 男 [チリの] ツノメドリに似た鳥

quema [kéma] 女 ❶ 焼却, 焼き払うこと；火災：~ de iglesias 教会の焼き打ち. ❷《南米》ごみ捨て場, ごみ焼却場

huir de la ~ 危険から逃げる

quemadero [kemaðéro] 男 焼却場：~ de basuras ごみ焼却場

quemado, da [kemáðo, da] 形 名 過分 [estar+] ❶ 焼けた, 焦げた；[ひどく] やけどした〔人〕：~ por el sol 日焼けした. morir ~ 焼死する. ❷《口語》焼き疲れた, 時代遅れの, 過去のものとなった：síndrome del ~ 燃え尽き症候群. ❸《口語》怒っている, いら立っている. ❹《中南米》[人が] 色黒の

◆ 男 焦げた部分

quemador [kemaðór] 男 バーナー, 燃焼器

quemadura [kemaðúra] 女 ❶ やけど, 火傷；やけどの跡：Sufrió ~*s* en las manos. 彼は手にやけどを負った. Tiene ~*s* en el brazo. 彼は腕にやけどの跡がある. ~*s* del sol [ひどい] 日焼け. ❷ 焼け焦げ：Se ha hecho una ~ en la chaqueta. 彼は上着に焼け焦げを作った

quemar [kemár] 他 [英 burn] ❶ 焼く, 燃やす：~ las cartas en la chimenea 暖炉で手紙を燃やす. ~ carbón mineral 石炭を燃やす. ❷ 焼き焦がす：*Quemé* la mesa con un cigarrillo. 私はたばこの火で机に焼け焦げを作ってしまった. ~ el asado 焼き肉を焦がす. ❸ やけどさせる；日焼けさせる：El agua hirviente le *quemó* en un pie. 彼は熱湯で足にやけどを負った. El sol me *quemó* el rostro. 私は顔が日に焼けた. ❹ [熱くて・辛くて] やけどするような感じを与える, ひりひりさせる：El whisky me *quemaba* el gaznate. ウイスキーが喉にしみた. ❺ 傷める, 損なう：Las heladas tardías *han quemado* las flores. 晩霜で花がやられた. El exceso de lejía *quema* la ropa. 漂白剤を入れすぎると洗濯物が傷む. Las permanencias largas en el poder *queman* a los políticos. 政治家が権力の座に長く座りすぎるとイメージを悪くする. ❻ 浪費する: ～ toda su fortuna 財産を使い果たす. ❼ 《口語》怒らせる; うんざりさせる: Tu desprecio le *ha quemado*. 君にばかにされたので彼はかんかんに怒っている

◆ [自]【物が】ひどく熱い; ひりひりさせる: Esta sopa está *quemando*. このスープはやけどしそうなほど熱い. Quema el sol. 焼けつくような太陽だ

◆ ～se ❶ 焼ける, 燃える; 焼け焦げる: Se le *quemó* la casa. 彼の家が焼けた. Se me *quemó* el arroz. 私はご飯を焦がしてしまった. El motor de la lavadora *se ha quemado*. 洗濯機のモーターが焼け切れた. ❷ [自分の身体の(一部)を]焼く, やけどする: Me quemé la espalda al sol. 私は日光浴で背中を焼いた. Se *quemó* [en] el dedo con la sartén. 彼はフライパンで指をやけどした. ¡Que me quemo! ああ熱い! ❸《口語》[+por で]怒る, いや気がさす; 体を壊す: Se *quemó por* lo que dije. 私の言ったことで彼はひどく腹を立てた. ❹《情勢などで》燃え立つ. ❺ [なぞなぞの正解や捜し物の場所に]あと一歩の所である[《caliente よりも近い》]: ¡Que te quemas! もう一息だ! Antes *te quemabas*, pero cada vez estás más frío. もう一歩だったのに, だんだん正解から離れていくぞ

quemarropa [kemar⁵pa] *a* ～ 1) [発砲が] 至近距離から[の]. 2) [発言が] いきなり[の], 出し抜けに・に; 単刀直入の・に

quemazón [kema05n] 囡 ❶ 極度の熱さ(暑さ): Sentía [una] ～ en la garganta. 彼は喉が焼けつくようだった(ひりひりした). ❷《中南米》火事; 投げ売り

quena [kéna] 囡 ケーナ《インディオの葦製の縦笛》

quepa- ☞caber 54

quepis [képis] 男《単複同形》《←仏語》ひさしのついた円筒形の軍帽

queque [kéke] 男《←英語. 中南米》ケーキ

queratina [keratína] 囡《生化》ケラチン, 角質

querella [keré⁵a] 囡 ❶《法律》告訴(状), 告発(状)《～ criminal》. ❷ 不和, 争い

querellado, da 图 過分 被告(側)
querellante 形 告訴する(人), 原告(側)
querellar ～se [+contra を] 告訴する

querencia [kerénθja] 囡 ❶《動物の》帰巣本能. ❷《闘牛》[牛の]縄張り. ❷《文語》家, 故郷

querendón, na [kerendón, na] 形《南米》[人が] かわいらしい

querer [kerér] 57 他《英 want. love. ☞活用表》❶《願望》欲する; 望む, 願う《顧義》querer は desear より強い願望. tener ganas de... は気分的だが, querer は論理的: ×Quiero llorar./○ Tengo ganas de llorar. 私は泣きたい》 i) Quiero una bicicleta. 自転車がほしい(買いたい). ¿Cuánto *quiere* por esta joya? この宝石をいくらで買い(売り)たいのですか? ¿Qué *quiere* usted? 一体

何の用ですか? ii)《諺》Quien más tiene, más *quiere*. 人の欲望には限りがない. Quien todo lo *quiere*, todo lo pierde. 二兎を追うものは一兎をも得ず. Quien bien te *quiere*, te hará llorar. 愛の鞭. Q～ es poder. 精神一到何事か成らざらん/成せば成る. iii) [+不定詞] …したい; [意志] …しようとする: *Quiero* saber la verdad. 私は真実を知りたい. No *quería* contestarme. 彼は私に答えようとしなかった. Este chico no *quiere* estudiar. この子は勉強嫌いだ. No sé si *quiere* quedarse. 彼が残るつもりなのかどうかはわからない. Le pedí que me dejara salir pero no *quiso*. 私は出かけさせてくれるよう彼に頼んだが断られた. iv) [+que+接続法] *Quiero que* vengas. 君に来てほしい. La cortesía *quiere que* no se haga en esta forma. 礼儀からいってそんなふうにすべきでない. Éste *quiere que* le rompa la cara. [脅し句] 頭をぶち割られたいのか? v) [疑問法で勧誘・丁寧な依頼] ¿Quieres otra taza de café? コーヒーをもう一杯いかが? ¿Quiere usted abrir la ventana, señor? 窓を開けてくれませんか? ¿Quieres que se lleve a la estación? 駅まで乗せていってあげようか? [否定疑問で. 上昇調で発音] ¿No quieres venir al cine conmigo? 私と映画に行きませんか?『下降調では「行きたくないの?」』 [時に命令] ¿Quieres callarte de una vez? ちょっと黙ってくれないか? [命令文+] Coge ese teléfono, ¿quieres? その電話をとってくれ, わかった(いいね)? vi) [接続法過去-ra形・直説法過去未来で婉曲] *Quisiera* ver a su padre. お父さまにお会いしたいのですが. ¿Querría usted avisármelo? 私にそれを知らせていただけますか? [+que+接続法過去] *Querría que* hiciera buen tiempo mañana. 明日晴れるといいのだが. *Quisiera que* estuvieses a mi lado. 君がそばにいてくれればなあ. vii) [+直接目的+過去分詞] *Quiero* este traje planchado. この服にアイロンをかけてもらいたい

❷ 愛する, 好む: Te *quiero*. 僕は君が好きだ《男女間の愛情表現では mucho などの修飾語は加えない》. *Quería* mucho a su patria. 彼は祖国をとても愛していた. Quien bien te *quiere* (*quiera*), te hará llorar. 《諺》愛すればこその鞭(ఓ)/かわいい子には旅をさせる

❸《必要》[=requerir]: Estas plantas *quieren* más agua. この植物にはもっと水がいる

❹《文語》[近い未来. 主に自然現象] *Quería* amanecer. 夜が明けようとしていた

❺ [現在分詞で] 故意に: Lo ha roto *queriendo*. 彼はわざとそれを壊した

❻《トランプ》[相手の賭け高に]応じる

◆ ～se 愛し合う: Los dos *se querían* mucho. 2人は深く愛し合っていた

◆ 男 愛: cosas del ～ 愛情問題

[así] *como quien no quiere la cosa* 何食わぬ顔をして

como quieras 好きなように(しなさい): ¿Puedo salir esta noche?—Si quieres, *como quieras*. 今晩外出してもいい?—したければ, 好きにしなさい

dejarse ～ [愛情・親切を] 受け入れる, 拒まないい, ちやほやされるがままになる

¡está como quiere!《西・中米. 口語》[人が] 美しい, すてきだ/ついている!

lo que quieras 1) =**como quieras**. 2) [量について] 好きなだけ: ¿Puedo tomar otra copa?—*Lo que quieras.* もう1杯飲んでもいいですか?—飲みたいだけ飲んでください

¡por lo que más quieras! どうか〔お願いだから〕!

que quieras que no =**quieras que no**.

¡qué si quieres! [困難・不可能] だめだ, どうしようもない/[拒絶] しつこいぞ, うるさいぞ!

¿qué más quieres? ぜいたくなことを言うな!: ¿*Qué más quieres* Saldomero, joven, guapo y con dinero? 若くて, 美男子で, 金があって, その上何の不満があるんだ.〖Saldomero は単なる言葉の遊び〗

¡qué quieres (que le haga (hagamos))! 1)《時に皮肉》これでいい. 2) 仕方がない, やむをえない!

～ *bien (mal)* …に好意(悪意)を持つ: Te hablo así porque te *quiero bien.* こう言うのも君がかわいいからだよ

～ *decir* 意味する: ¿Qué *quiere decir* esta palabra? この語の意味は何ですか? ¿*Qué quiere decir* eso? その言い方は何だ/何だと? 〖もう一度言ってみろ〗

quien quiera =**quienquiera**

quieras o no [*quieras*] 好むと好まざるとにかかわらず

quieras que no 1) 好むと好まざるとにかかわらず, 無理やり: *Quieras que no,* tendrá que ir. 彼はいやでも行かなくてはなるまい. 2) こうは見えても, 誰が何と言おうと: *Quieras que no,* yo soy el que mando aquí. こう見えてもここで一番偉いのはおれだ

si quieres (quiere usted) [妥協] ともかく: *Si quieres,* quedamos para mañana. とにかく明日会おう

sin ～ 思わず, 無意識に: Me eché a reír *sin* ～. 私は思わず笑ってしまった. Perdóname, ha sido *sin* ～. ごめん, 悪気はなかったんだ. El diablo inventó la sierra *sin* ～lo. 悪魔は偶然のこぎりを発明した

querer

直説法現在	点過去
qui*e*ro	qui*se*
qui*e*res	qui*siste*
qui*e*re	qui*so*
queremos	qui*simos*
queréis	qui*sisteis*
qui*e*ren	qui*sieron*
直説法未来	過去未来
quer*ré*	quer*ría*
quer*rás*	quer*rías*
quer*rá*	quer*ría*
quer*remos*	quer*ríamos*
quer*réis*	quer*ríais*
quer*rán*	quer*rían*

接続法現在	接続法過去
qui*e*ra	qui*siera, -se*
qui*e*ras	qui*sieras, -ses*
qui*e*ra	qui*siera, -se*
queramos	qui*siéramos, -semos*
queráis	qui*sierais, -seis*
qui*e*ran	qui*sieran, -sen*

querido, da [kerído, ða] 形 過分 ❶ 望ましい: situación no ～*da* 好ましくない状況. ❷ 親愛な: Mi ～ amigo《手紙》拝啓. *Q*～*s padres*《手紙》拝啓, お父さん, お母さん. ❸《南米》[人が] 感じのいい
◆ 名 ❶《軽蔑》[夫・妻以外の] 愛人. ❷ [親愛の呼びかけ] Por favor, ～, ¿quieres traérmelo? ねえ, すまない, 持って来てくれない?

quermes [kérmes] 男 [単複同形]《昆虫》タマカイガラムシ, エンジムシ; [それからとる染料] ケルメス

quermés [kermés] 女 野外パーティー(慈善バザー)

queroseno [keroséno] 男 灯油, ケロシン
querosén 男《中南米》=**queroseno**

querr- ⇨**querer** ⑤⑦

querubín [kerubín] 男 ❶《キリスト教》智天使, ケルビム[⇨**ángel** 参考]. ❷ [天使のような] かわいい子
querube 男《文語》=**querubín**

quesadilla [kesaðíʎa] 女《料理》チーズケーキ;《中米》溶けるチーズをはさんだトルティージャ

quesería [kesería] 女 チーズ製造所(販売店)

quesero, ra [keséro, ra] 形 チーズの; チーズ好きの
◆ 名 チーズ製造業者(商人)
◆ 女 チーズボード『覆い付きの容器』; 粉チーズ入れ

quesito [kesíto] 男 三角形のチーズ

queso [késo] 男《英 cheese》❶ チーズ: i) ～ azul ブルーチーズ. ～ crema クリームチーズ. ～ de bola エダムチーズ. ～ de Brie 白カビチーズ. ～ de Burgos [ブルゴス産の] 羊乳のチーズ. ～ de Cabrales [アストゥリアス地方の] Cabrales で作られる] ブルーチーズの一種. ～ de Camembert カマンベールチーズ. ～ (de) Roquefort ロックフォールチーズ. ～ fresco [まだ熟成していない] 生チーズ. ～ fundido プロセスチーズ. ～ Gallego [総称] ガリシア産のチーズ. ～ manchego [香りの強い] ラ・マンチャ産のチーズ. ～ para untar チーズスプレッド. ～ Parmesano パルメザンチーズ. ～ rallado 粉チーズ. calcetines con olor a ～ 臭い靴下. ii) ～ de cerdo《料理》豚の頭肉のゼリー寄せ. ～ de soja 豆腐. ～ helado《菓子》ボンブ型アイスクリーム. medio ～《服飾》[袖用の] アイロン台, うま. ❷《戯語》[人の] 足〖pie〗
dársela (darla) con ～ *a*+人《西》…をだます: *A mí* no *me la das con* ～. おれをだまそうったって

quetzal [ketsál] 男《鳥》ケツァール; [グアテマラの貨幣単位] ケツァル〖=100 centavos〗

Quetzalcóatl [ketsalkóatl]《アステカ神話》ケツァルコアトル『創造と文明の神』

quevedos [keβé-ðos] 男 複 鼻眼鏡〖←スペインの風刺作家 Francisco de Quevedo が愛用した. ☞カット〗

quia/quiá [kjá] 間 [強い否定・不信] とんでもない/ばかばかしい!

quianti [kjánti] 男 キャンティ〖イタリア産の赤ワイン〗

quiasma [kjásma] 男《解剖》交差;《生物》染色体交差

quiasmo [kjásmo] 男《修辞》交差対句法〖例 Pedro vive en Madrid, en Paris vive María.〗

quibey [kiβéj] 男《植物》サワギキョウ

quibutz [kiβútθ] 男 =**kib[b]utz**

quiche [kítʃ] 女《料理》キシュ

quiché [kitʃé] 形 名 キチェ族〔の〕〖グアテマラのマヤ族の一種族〗
◆ 男 キチェ語

quichua [kítʃwa] 形 名 =**quechua**

quicial [kiθjál] 男《建築》抱き, 側柱

quicio [kíθjo] 男 [扉・窓の] ちょうつがい側の側柱. ❷ 開いた扉・窓と壁の間: acurrucarse en el ~ de la puerta ドアのかげにうずくまる

fuera de ~ 我を忘れて; [機械などが] 調子が狂って: Todo parece estar *fuera de ~*. 何もかもおかしくなっているようだ

sacar... de ~ …の自制心を失わせる, 激怒させる〖☞enfadar 類〗; …の重要性を誇張する: No *saques* las cosas *de ~*. 事実を歪めるな

salir de ~ 自制心を失う, かっとする

quico [kíko] 男 ❶《菓子》ジャイアントコーン〖塩味の揚げたトウモロコシ粒〗. ❷《男性名》[Q~] キコ〖Enrique の愛称〗
ponerse como el Q~ 《西. 口語》食べ過ぎる

quid [kíð] 男 [el+] 要点, 核心; 難点: el ~ de la cuestión 問題の要点. ¡Ahí está el ~! そこが難しい点だ
dar en el ~ 当てる, 成功する

quídam [kíðan] 男《軽蔑》ある人, 誰かさん; 取るに足りない人物

quid pro quo [kwíð pro kwó] 《←ラテン語》思い違い, 誤解

quiebra [kjéβra] 女 ❶ 破産: declararse en ~ 破産[宣告]する. ~ voluntaria 自己破産. ❷ 破綻(たん), 失敗: ~ de los valores humanos 人類の価値観の崩壊. Este asunto no tiene ~. この取引は必ず成功する. ❸ 裂け目, 割れ目, 亀裂; 土砂崩れの跡

quiebro [kjéβro] 男 ❶ 体をそらす(曲げる)こと;《闘牛》[上半身をひねる] かわし;《サッカー》ドリブル: dar un ~ 身をかわす / ドリブルする. ❷《音楽》装飾音; ルラード〖gorgorito〗

quien [kjen] 代《英 who. 人の関係代名詞. 数変化のみ】 i) [主語. 説明用法の人を] Ramón, ~ lo dijo, está equivocado. ラモンはそう言ったが, 彼は間違っている. Vi ayer a tus amigos, ~es me lo avisaron. 私は昨日君の友人たちに会って, それを

知らされた. ii) [直接・間接目的. a+] No ha venido la persona a ~ quiero ver. 私の会いたい人は来なかった. Respeto a mis padres, a ~es debo lo que soy. 私は両親を尊敬する. 今日私があるのは両親のおかげだ. iii) [状況補語. con・de・por など] El hombre *con ~* bailabas es mi vecino. 君が踊っていた相手は私の隣人だ. ¿Éstas son las chicas *de ~* es me hablabas? この人たちが君の話していたお嬢さんたちか? iv) [独立用法] *Q~* quiera venir, que venga. 来たい人は来なさい. Doblan las campanas por ~es han muerto. 亡くなった人々を悼む鐘が鳴っている. v) [+不定詞] Tiene una población de sobrinos a ~es ayudar. 彼には世話をしてやらなければいけない大勢の甥や姪がいる. [独立用法ではアクセント符号を付けることがある] No tengo en ~ (*quién*) confiar. 私には信頼できる人がいない. vi) [ser との強調構文] Fue él ~ se enteró primero de ello. そのことを最初に知ったのは彼だった. No es a ti a ~ llamo yo. 私が呼んでいるのは君ではない

como ~... まるで…のように: Preguntaba *como ~* no entendía nada. 彼はまるで何もわからない人のように質問していた

no ser ~ para... …に適さない, …の資格がない: No eres ~ para regañarme. Has hecho lo mismo que yo. 君は私を叱る立場にない. 私と同じことをしたのだから

~ más, ~ menos 誰でも多かれ少なかれ: *Q~ más, ~ menos* tiene sus defectos. 誰にでも欠点はある

sea ~ sea 誰であろうと: Sea ~ sea, no lo aceptará. 誰だってそんなことは引き受けないだろう

ser ~ es 変節しない(考えを貫く)人である

quién [kjén] 代《英 who. 人の疑問代名詞. 数変化のみ】 誰: i) [主語] ¿*Q~* está ahí? そこにいるのは誰? ii) [直接・間接目的. a+] ¿*A* ~ buscas? 誰を捜しているの? ¿*A* ~ escribe usted? 誰に手紙をお書きですか? iii) [状況補語] ¿Por ~ pregunta usted? 誰をお訪ねですか? iv) [主格補語] どんな人: ¿*Q~* es usted?—Soy Jaime, sobrino de su vecino./Soy un médico. どなたですか?—ハイメといって, あなたの隣人の甥です./私は医者です. ¿*Q~* eres tú para (decir) tal cosa? [非難] そんなやり方(言い方)はないじゃないか. v) [de+] 誰の: ¿*De* ~ son estos libros? これらの本は誰のですか? ¿*De* ~ es hija? 彼女は誰の娘ですか? vi) [間接疑問] Dime con ~ saliste. 誰と出かけたのか言いたまえ. vii) [+不定詞] No sabía a ~ dirigirme. 私は誰に言ったらいいのかわからなかった. viii) [反語] ¿*Q~* sabe? さあ?/誰にもわからないよ. ix) [時に +接続法過去(完了)] ¡*Q~* lo creyera! 誰がそんなことを信じるだろう? iv) [願望・詠嘆. +接続法過去(完了)] ¡*Q~* pudiera volar como un pájaro! 小鳥のように飛べたらなあ! ¡*Q~* tuviera ahora veinte años! 今20歳だったらなあ!

no ser ～ *para*+不定詞 …する権限(資格)を
持っていない

¿Q～ es Q～? 紳士録

quién... quién... ある人は…또한ある人は…：
Q～ aconseja la retirada, ～ muere
peleando. 退却した方がいいと言う者もいれば、
戦って死んでいく者もいる

～ *quita* さあ?/たぶん

¿ ～ *va (vive)?* [誰何して] 誰か?：*¿Q～*
vive?—Gente de paz. 誰か?—味方だ

quienquiera [kjeŋkjéra] 代 (履) quienes-
quiera. 人の不定代名詞) 《スペインでは古語的》
[譲歩.+que+接続法] …する人は誰でも：Q～
que lo vea, se admirará. それを見れば誰だって
感心するだろう

quier- ☞**querer** 57

quietismo [kjetísmo] 男 《神学》静寂主義；
平穏, 静寂

quietista 形 名 静寂主義の(主義者)

quieto, ta [kjéto, ta] 形 [estar+] ❶ 動かな
い：No puede tener las manos ～*tas*. 彼は手
を休めていられない. ¡Estáte ～! じっとしていろ.
¡Q～! 動くな/[犬に] おすわり/[馬に] どうどう!
❷ 進展しない：El asunto está ～. 商談は進ま
ない. ❸ 穏やかな, 静かな：El mar está ～. 海
が穏やかだ. Durante la función, el niño se
estuvo ～. 上演中, 子供はおとなしくしていた

quietud [kjetú(d)] 女 ❶ 動かないこと. ❷ 平
穏, 静けさ：alterar (perturbar·turbar) la
～ 静けさを乱す. El médico le recomendó ～
y reposo. 医者は彼に安静を勧めた. Al volver
a su pueblo experimentó una gran ～ de
espíritu. 彼は帰郷して心の平和を満喫した

quif [kíf] 男 =**kif**

quijada [kixáða] 女 《解剖》あごの骨；キハーダ
《ロバの下あごの骨で作ったキューバの打楽器》

quijote [kixóte] 男 ❶ ドン・キホーテ Don
Quijote のような[非現実的・理想主義的な]人；
生真面目な人, 気難しい人. ❷ El Q～『ドン・キ
ホーテ』：正題は El Ingenioso Hidalgo Don
Quijote de la Mancha. セルバンテス Miguel
de Cervantes Saavedra の小説. 前編 1605
年, 後編 1615 年刊]. ❸ [鎧の] 腿当て [☞
armadura カット]；[主に (履). 馬の] 尻

a lo ～ ドン・キホーテ的な：sueños *a lo* ～ と
てつもなく大きな夢

quijotada 女 ドン・キホーテ的行動, 常軌を逸
した言動

quijotería 女 ドン・キホーテ的(非現実的)な発
想(言動)

quijotesco, ca 形 ドン・キホーテ的な, 非現実
的な：aventuras ～*cas* ドン・キホーテ的な冒険

quijotismo 男 ドン・キホーテ的な性格(発想·
言動)：～ hispano スペイン人のドン・キホーテ
的性格

quila [kíla] 女 《植物》[チリ南部に多い] 竹の一
種

quilate [kiláte] 男 ❶ [金の純度・宝石の重さ
の単位] カラット：oro [de] 18 ～*s* 18 金.
diamante de dos ～*s* 2 カラットのダイヤ. ❷
完成度：Tiene una honradez de muchos

～*s.* 彼の誠実さは貴重だ. No tiene dos ～*s*
de juicio. 彼にはまったく分別がない

quilífero, ra [kilífero, ra] 形 《解剖》vaso
～ 乳糜(ﾆゅう)管

quilificar [kilifikár] 他 自 乳糜にする

quilla [kíʎa] 女 ❶ 《船舶》キール, 竜骨：～ de
balance ビルジキール. dar de ～ a un barco 船
を転覆させる. pasar por la ～ [刑罰として, +
a+人を] 船底をくぐらせる. ❷ [鳥の] 竜骨

quillango [kiʎáŋgo] 男 《南米》[インディオの
使う] 毛布

quillay [kiʎái] 男 《植物》キラヤ, セッケンボク
(石鹸木) 《樹皮が石鹸の代用になる》

quilo [kílo] 男 ❶ =**kilo[gramo]**. ❷ 《生理》
乳糜(ﾆゅう). ❸ 《植物》南米産で甘い果実のなる
灌木

sudar el ～ 《口語》血の汗を流す, 大変苦労す
る

quilogramo [kilográmo] 男 =**kilogramo**

quilombo [kilómbo] 男 《南米》❶ 小屋, あば
らや；売春宿. ❷ 混乱, 無秩序：¡Qué ～! 何
て騒ぎだ!

quilómetro [kilómetro] 男 =**kilómetro**

quilovatio [kilobátjo] 男 =**kilovatio**

quiltro [kíltro] 男 《南米》雑種の犬, のら犬

quimbambas [kimbámbas] 女 複 《戯語》
どこか遠い所

quimera [kiméra] 女 ❶ 幻想, 妄想；[根拠
のない] 考え, 疑い：acariciar ～*s* 妄想を抱く.
vivir de ～*s* 夢想にふけって生きる. Tiene la
cabeza llena de ～*s*. 彼はばかなことばかり考え
ている. tener la ～ de que+接続法 誤って…と
思ってしまう. ❷ (まれ) 不和, 口論：buscar ～
争いを求める. ❸ 《神話》キマイラ. ❹ 《生物》キ
メラ, 混合染色体

quimérico, ca 形 空想的な, 実在しない

química[1] [kímika] 女 化学：～ orgánica 有
機化学. ～ mineral (inorgánica) 無機化学

químico, ca[2] 化学の, 化学的な：produc-
to ～ 化学製品. ◆ 名 化学者

quimioautótrofo, fa 《生物》栄養を化学
合成する

quimiosíntesis 女 [単複同形] 《生物》化学
合成

quimiotaxis 女 [単複同形] 《生物》走化性,
化学走性

quimioterapia 女 《医学》化学療法

quimiotropismo 男 =**quimiotaxis**

quimo [kímo] 男 《生理》糜汁(ﾆゅう)

quimificar 他 糜汁にする

quimono [kimóno] 男 《←日本語》きもの；部
屋着；柔道着, 空手着

quina [kína] 女 ❶ 《植物》キナ[の樹皮]；それか
ら作る飲み物；《薬学》キニーネ：～ de la tierra
アゲディータ樹. ❷ (履) ポルトガルの紋章. ❸ [ナン
バーくじで] 5 つの番号を当てること；その番号

más malo que la ～ 《西. 口語》不快感を与
える, 実にいやな

tragar ～ 《西. 口語》恥を忍ぶ

quinado, da [kináðo, ða] 形 [ワインなどが]
キナ[入り]の

quinario, ria [kinárjo, rja] 形 5 つのまとまりからなる: sistema ～　5 進法

quincalla [kiŋkáʎa] 囡《古語》[はさみ・指抜きなど] 安物の金物; 模造の宝石類
　quincallería 囡 匡冠 安物の金物; その販売店
　quincallero, ra 名 その製造(販売)業者

quince [kínθe] 形 男《英 fifteen》15(の); 15 番目の: hace ～ días 2 週間前に, 半月前に
　quinceañero, ra 形 名 ティーンエイジャー(の); 15 歳の〔人〕
　quinceavo, va 形 男 15 分の 1(の)

quincena [kinθéna] 囡 15 日, 2 週間; 2 週間分の給料; 15 日間の拘留: en la primera (segunda) ～ de octubre 10 月前半(後半)に
　quincenal 形 15 日の, 2 週間〔ごと〕の, 月 2 回の: publicación ～ 隔週刊行

quincha [kíntʃa] 囡《南米》[わらの屋根などを強化する] 編んだイグサ; [アシの上に泥を塗った] 泥壁

quinchihue [kintʃíhwe] 男《植物》マリーゴールドの一種

quincho [kíntʃo] 男《南米》泥壁の小屋: asado 料理のあずまや

quinchoncho [kintʃóntʃo] 男《植物》キマメの一種〔豆は食用〕

quincuagenario, ria [kiŋkwaxenárjo, rja] 形 名 50 歳台の〔人〕; 50 を単位とする

quincuagésimo, ma [kiŋkwaxésimo, ma] 形 男 50 番目の; 50 分の 1〔の〕
　◆ 男《キリスト教》五旬節の主日〔復活祭の 50 日前〕

quindécimo, ma [kindéθimo, ma] 形 男 = quinceavo

quinesiología [kinesjoloxía] 囡 = kinesiterapia

quingentésimo, ma [kiŋxentésimo, ma] 形 男 500 番目の; 500 分の 1〔の〕

quiniela [kinjéla] 囡 ❶《西》[時に 匯] キニエラ《サッカーなどのスポーツくじ》; その応募券: ～ hípica 馬券. ❷《南米》宝くじの一種
　quinielista 名 キニエラに賭ける人
　quinielístico, ca 形 キニエラの

quinientos, tas [kinjéntos, tas] 形 男 500〔の〕; 500 番目の
　llegar a las ～tas ひどく遅刻をする

quinina [kinína] 囡《薬学》キニーネ

quino [kíno] 男《植物》キナ(ノキ)

quinoto [kinóto] 男《植物・果実》キンカン

quinqué [kiŋké] 男〔匯 ～s〕[ガラス筒のある] 石油ランプ; [その形の] 電灯
　tener mucho ～ 非常にさとい, 抜け目がない

quinquefolio [kiŋkefóljo] 男《植物》キジムシロ〔の一種〕;《建築》五弁飾り, 梅鉢形装飾

quinquenal [kiŋkenál] 形 5 年〔間・ごと〕の: plan ～ de desarrollo económico 経済発展 5 か年計画. padrón ～ de habitantes 5 年ごとの住民調査

quinquenio [kiŋkénjo] 男 ❶ 5 年間: La industria se ha desarrollado durante el último ～. 最近の 5 年間に工業が発達した. ❷ 5 年勤続者に与えられる昇給

quinqui [kíŋki] 名《歴史》こそ泥〔窃盗グループを形成している〕

quinta¹ [kínta] 囡 ❶《西》i) 匯冠 同年兵: ～ del veintisiete 27 年兵. ii)《口語》同じ年齢の人: Es de mi ～. 彼は私と同い年だ. ❷ 別荘〔とその地所〕;《南米》農場. ❸《音楽》5 度

quintacolumnista [kintakolumnísta] 形 名《歴史》第五列〔の〕〖☞quinta columna〗

quintada [kintáða] 囡 [新入りに対する] 悪ふざけ, いたずら

quintaesencia [kintaesénθja] 囡 精髄, 真髄, 典型;《哲学》第五元素
　quintaesenciar 100 他 極度に洗練(純化)する

quintal [kintál] 男 キンタル〔昔の重量単位. 地方差があり, カスティーリャでは ＝100 ポンド, 46 kg〕; ～ métrico 100 kg
　pesa un ～ ひどく重い

quintar [kintár] 他《西》入隊のくじを引く〔兵役年齢に達した 5 人の中から 1 人をくじで決める〕; [くじで] 5 つから 1 つを引く

quintero, ra [kintéro, ra] 名 小作人

quinteto [kintéto] 男《音楽》五重奏(唱), クインテット; 五重奏(唱)曲; 五重奏(唱)団

quintilla [kintíʎa] 囡《詩法》[8 音節の] 5 行詩

quintillizo, za [kintiʎíθo, θa] 形 名〔匯 で〕五つ子〔の〕

Quintín [kintín] armar[se] la de San ～ 大騒ぎになる, もめごとが起きる

quinto, ta² [kínto, ta] 形 名《英 fifth》5 番目の; 5 分の 1 の
　◆ 男 ❶ 5 分の 1; [5 分の 1 リットル入りの] ビールの小瓶. ❷《西》《現役入隊の》新兵

quíntuple [kíntuple] 形 男 5 倍(の)〖quíntuplo〗

quíntuplo, pla [kíntuplo, pla] 形 男 5 倍〔の〕
　quintuplicar 7 他 5 倍にする

quinua [kínwa] 囡《植物》キノア

quinzavo, va [kinθáßo, ßa] 形 男 5 分の 1(の)

quiñazo [kiɲáθo] 男《南米》衝突

quiñón [kiɲón] 男 分割地, 1 人分の耕作地

quiosco [kjósko] 男 ❶ [街頭・駅などの] 売店. ❷ [公園の] あずまや; 野外音楽堂〔～ de la música〕
　quiosquero, ra 名 売店の主人(店員)

quipu/quipo [kípu/-po] 男 [主に 匯] キープ〔インカの結び縄文字. ☞カット〕

Quique [kíke] 男《男性名》キケ『Enrique の愛称』

quiqui [kíki] 男 =**quiquiriquí** ❷

quiquiriquí [kikirikí] 男〖複〗～s ❶ [雄鶏の鳴き声] コケコッコー. ❷《西. 口語》頭頂で結わえた髪型

quiragra [kiráɣra] 女《医学》指痛風

quirguiz [kirɣíθ] 形 名 キルギス族(の) ◆ 男 キルギス語

quirie [kírje] 男 =**kirie**

quirófano [kirófano] 男 手術室

quirología [kirolóxia] 女 手話法

quiromancia/quiromancía [kiro-mánθja/-manθía] 女 手相占い

　quiromántico, ca 形 名 手相の; 手相占い師

quiromasaje [kiromasáxe] 男 [手だけによる] マッサージ

quiropráctica [kiropráktika] 女《医学》カイロプラクティック.

　quiropráctico, ca 名 その療法士

quirópteros [kirópteros] 男 複《動物》翼手類

quirquincho [kirkíntʃo] 男《動物》小型のアルマジロ『charango を作る』

quirúrgico, ca [kirúrxiko, ka] 形 〖←cirugía〗外科の

quis- ☞**querer** ⑤⑦

quisco [kísko] 男《植物》[赤い花をつける] 太いサボテン

quisicosa [kisikósa] 女《口語》なぞなぞ, パズル

quisque/quisqui [kíske/-ki] 男《西. 口語》*cada* ～ 各々, めいめい『cada uno』*todo* ～ みんな, 全員『todo el mundo』

quisquilla [kiskíʎa] 女 ❶《動物》[3 cm 位の] 小エビ『camarón』: color ～ 淡い桃色, サーモンピンク. ❷ 小さな(ささいな)こと

quisquilloso, sa [kiskiʎóso, sa] 形 名 ささいなことを気にする(人); 気難しい(人), 怒りっぽい(人): No seas tan ～. そんなにうるさく言うな

quiste [kíste] 男 ❶《医学》嚢胞(ᵔᵕ). ❷《生物》包嚢; [原生動物などの] 被覆体

　quístico, ca 形 嚢胞性の; 嚢胞の: fibrosis ～*ca* 嚢胞性繊維症

quisto, ta [kísto, ta] 形『querer の昔の過去分詞』bien (mal) ～ 評判のよい(悪い)

quita[1] [kíta] 女 [借金の] 帳消し, 一部免除

quitaesmalte [kitaesmálte] 男 マニキュアの除光液

quitaipón [kitaipón] 男 取り外し部品: de ～ 取り外しのできる『☞**quitar**. de quita y pon』

quitamanchas [kitamántʃas] 男〖単複同形〗しみ抜き剤

quitamiedos [kitamjéðos] 男〖単複同形〗[防護用の] 手すり, ロープ; ガードレール

quitanieves [kitanjéβes] 男〖単複同形〗除雪機, 除雪車

quitanza [kitánθa] 女 [借金の] 清算書, 領収書

quitapenas [kitapénas] 男〖単複同形〗《口語》リキュール; ナイフ, ピストル

quitapiedras [kitapjéðras] 男〖単複同形〗《鉄道》排障器

quitapón [kitapón] 男 [ラバなどの首につける] 毛糸玉の飾り

quitar [kitár] 他《英 remove》❶ [+名 か ら] 取り除く, 取り去る: ～ la piel *a* la manzana リンゴの皮をむく. ～ el cartel que hay en la pared 壁のポスターをはがす. ～ las manchas de tinta インクのしみを抜く. ¿Quieres ～ esa maleta? そのスーツケースをどかしてくれない? Le *quitó* los zapatos. 彼は彼の靴を脱がしてやった. *Quítame* las manos de encima. 私に触らないで. ❷ 奪う; 盗む: Alguien me *ha quitado* mi bicicleta. 誰かが私の自転車をとった. Me *quitaron* el libro que estaba leyendo. 私は読んでいた本を取り上げられた. ❸ 禁じる, 妨げる: i) ～ a+人 el ir a paseo …に散歩を禁じる. ii) [+de から] Le *quitaron* de beber. 彼は禁酒を命じられた. iii) [+que+接続法] Pero eso no *quita* que yo te ayude. だからといって私が君を助けられないわけではない. ❹《口語》[現在分詞で] …を除いて, …を例外として: *Quitando* el postre comieron bien. デザートを除けば彼らはよく食べた

　de quita y pon 分解できる, 取り外しできる: mesa *de quita y pon* 組立て式テーブル. no-tas *de quita y pon* 剥がせる付箋

　¡quita!《西》❶ 出て行け; それを捨てろ, [禁止] だめだ, やめろ!

　¡quita allá! どけ, どけ; [拒絶] 放っておいてくれ; [不信用] まさか!

　～ *de delante* (*encima*)/～ *de en medio* [邪魔ものを] 取り除く: ～ a un testigo *de en medio* 証人を消す(殺す)

　sin ～ ni poner 手を加えずに, 文字どおりに, 忠実に

◆ ～*se*《英 take off》❶ [服などを] 脱ぐ; [自分から] 取り除く: *Quítate* la chaqueta (el sombrero). 上着を脱ぎなさい(帽子を取りなさい). No consigo ～*me* el dolor. 痛みが取れない. ❷ [+de から] 立ち去る: *Quítate* de ahí, que estorbas. 邪魔だから, そこをどけ. ❸ やめる: *Quítate* de monsergas. お説教はよしてくれ. ～*se de*l tabaco たばこをやめる, 禁煙する

　～*se de en medio* 立ち去る, 手を引く; 自殺する

　～*se de encima* (*delante*) [+名 面倒などが] 解放される, やっかい払いする

quitasol [kitasól] 男 ❶ パラソル『sombrilla』. ❷ ～ de brujas キノコ

quitasueño [kitaswéɲo] 男 心配事, 悩み事

quite [kíte] 男 ❶《闘牛》[capa で気を引いて] 負傷した闘牛士や馬から牛を引き離すこと. ❷《フェンシング》払い, パラード

　estar al ～ [危険に] 用意をしてある

　ir (*salir*) *al* ～ 助けにかけつける

quiteño, ña [kitéɲo, ɲa] 形 名《地名》キト Quito 男 の(人)『エクアドルの首都』

quitina [kitína] 女《化学》キチン

Q

quitinoso, sa 形 キチン質の

quito, ta² [kíto, ta] 形 ［義務・責任を］免除された, 自由な：dar por ～ a+人 …を自由の身にする

quitón [kitón] 男 ヒザラガイ《chitón》

quivi [kíbi] 男 =kiwi

quizá〔s〕 [kiθá〔s〕] 副 《英 perhaps》たぶん, おそらく. i) ［+直説法］ Q～ hará buen tiempo mañana. 明日はたぶん晴れるだろう. ¿Vendrá él?—Q～. 彼は来るだろうか?—たぶんね. Q～s hice mal en avisárselo. 彼にそれを伝えたのは私の誤りだったかもしれない. ii) ［+接続法. 疑念が強い］ Q～ no lo creas, pero es cierto. 君は信じないかもしれないが, それは本当だ

～ y sin ～ 確かに：Quizá venga.—Q～ y sin ～. 彼はおそらく来るだろう.—きっと来る

quórum [kwórun] 男 《単複同形/複 ～s》《←ラテン語》定足数：constituir el ～ 定足数に達する. falta de ～ 定足数に達しないこと

Q

R

r [ére/ɛ́ɾɛ] 囡 アルファベットの第 19 字

raba [řába] 囡《釣り》餌用のタラコ

rabadán [řabaðán] 男 羊飼いの親方

rabadilla [řabaðíʎa] 囡《解剖》尾骨；［鳥の］尻. ❷《料理》［牛の］背肉

rábano [řábano] 男《植物》ハツカダイコン, ラディッシュ：～ picante ホースラディッシュ. ～ silvestre ワサビダイコン

　coger (tomar・agarrar) el ～ por las hojas 誤解(曲解)する

　importar a+人 un ～《口語》[+que+接続法 することが] …にとって少しも重要でない：Me importa un ～ que te vayas o no. 君が行ってしまおうがどうしようが私は少しもかまわない

　¡[y] un ～!《口語》[拒絶] お断りだ！

rabanero, ra 形［軽蔑］1) 粗野(無作法)な〔人〕. 2) ラディッシュを売る人

rabanillo 男 野生の毒カブ

rabaniza 囡 ハツカダイコンの種；《植物》ノハラガラシの一種

rabdomancia/rabdomancía [řabðománθja/-manθía] 囡《水脈・鉱脈を探る》棒占い

rabear [řabeár] 圓 尾を振る

rabel [řabέl] 男 ラベル『バイオリンの祖型のような古楽器』

rabí [řabí] 男〚宗〛～[e]s] ＝rabino

rabia [řábja] 囡 ❶ いらだち, 怒り；激怒. ❷ 嫌悪, 反感：El profesor le tiene ～. 先生は彼に反感を持っている. Ella me ha tomado (ha cogido) ～. 彼女は私を嫌うようになった. ❸［間投詞的］強い不満・嫌悪：¡aa—あ！：R～, rabieta (～), rabiña. ああ, いやだ, いやだ. ¡Qué ～! ちぇっ, 畜生！ ❹《医学》狂犬病

　con ～ 怒り狂って；激しく

　dar ～ a+人 [+不定詞・que+接続法 することが] …を怒らせる, 嫌悪させる：Me da ～ oír tales mentiras. こんな嘘を聞くとまったく頭にくる. Me da ～ que siempre hable mal de mí. 彼はいつも私の悪口を言って本当にいやになる

　donde (cuando・el que) más ～ te dé どこ(いつ・どれ)でも君の好きな

rabiar [řabjár] 圓《古》❶ [+contra に] 激怒する：Rabia contra la decisión del jefe. 彼は上司の決定にひどく腹を立てている. No me hagas ～. 私を怒らせるな. ❷ [+de に] ひどく苦しむ：～ de hambre 空腹にさいなまれる. Está rabiando de dolor de muelas. 彼は歯痛に悩まされている. ❸ [+por で] 切望 (熱望) する：Rabia por casarse. 彼はとても結婚したがっている. para que rabies 君がうらやむように. ❹ 度を越している：Esta sopa quema (pica) que rabia. このスープはひどく熱い(辛い)

a ～《口語》熱烈な；非常に：republicano a ～ 熱烈な共和主義者. aplaudir a ～ 熱狂的に喝采する. Me gusta el fútbol a ～. 私はサッカーが好きでたまらない

estar a ～《口語》[+con+人 と] 憎み合っている, 敵対している

estar que rabia 怒り狂っている

rabicorto, ta [řabikɔ́rto, ta] 形 尾の短い

rábida [řábiða] 囡［イスラム教国の国境地帯の］要塞を兼ねた僧院

rabieta [řabjéta] 囡［一時的な, ささいなことへの］怒り；［子供の］激しい泣きじゃくり：Al niño le entró una ～. 子供がかんしゃくを起こした

　rabietas 名 怒りんぼう

rabihorcado [řabjɔrkáðo] 男《鳥》グンカンドリ(軍艦鳥)

rabilargo, ga [řabilárgo, ga] 形 尾の長い ◆ 男《鳥》青色のカササギの一種

rabillo [řabíʎo] 男 ❶ 先端. ❷《服飾》[チョッキの背・ズボンのウエストなどの] ストラップ. ❸《植物》葉柄, 軸；＝cizaña；[黒穂病の] 黒い斑点

　～ del ojo 目尻：mirar... con (por) el ～ del ojo …を横目で見る, こっそり盗み見る；…に偏見をもつ

rabino [řabíno] 男《ユダヤ教》ラビ, ユダヤの律法学士：gran ～ 大長老

rabínico, ca 形 ラビの

rabión [řabjón] 男 急流

rabioso, sa [řabjóso, sa] 形 ❶ 激怒している：Estoy ～ con ella. 私は彼女に大変腹を立てている. Se puso ～ de ira. 彼は激怒した. con tono ～ 怒った調子(口調)で. ❷ [ser+. 感覚・色・味などが] 激しい, 強烈な：El dolor se hace más ～. 痛みがもっと激しくなる. Tiene deseos ～s de salir. 彼は外出したくてむずむずしている. color ～ けばけばしい色. ❸ [estar+] 狂犬病にかかった

rabiosamente 副 激怒して；激しく

rabiza [řabíθa] 囡 ❶ 釣竿の先端；《船舶》短いロープ. ❷《文語》売春婦

rabo [řábo] 男 ❶《動物》尾：～ de un perro 犬のしっぽ. ❷［尾に似たもの］～ de gallo《気象》巻雲. ～ de junco《鳥》ネッタイチョウ. ～ de zorra《植物》キツネガヤ. ～ de la letra 字の縦の棒.《植物》～ del ojo 目尻. ～ de la cortina カーテンのフリンジ(房飾り). estrella de ～ 彗星〚cometa〛. ❸《料理》テール. ❹《植物》葉柄, 果柄, 軸. ❺《俗語》陰茎〚pene〛

　asir por el ～ 逃げようとしても逃がさない

　con el ～ entre [las] piernas (patas) しっぽを巻いて；しょげて

　faltar (quedar) el ～ por desollar 最後

の難関が残っている

rabón, na [ɼaβón, na] 形 ❶ [動物が] 尾のない, 尾の短い. ❷《中南米》普通より丈が短い: camisa *rabona* 寸足らずのワイシャツ

hacer [se] rabona《口語》学校をサボる

rabonear 自 ・〜se《南米》学校をサボる

rabotada [ɼaβotáda] 囡 粗野, 不作法: contestar con 〜s そんざいな口調で答える

rábula [ɼáβula] 男《軽蔑》[よくしゃべる] へっぽこ弁護士

racamento [ɼakaménto] 男《船舶》パーレル

rácano, na [ɼákano, na] 形 名《軽蔑》けちな[人]《tacaño》; 怠け者[の人]; 不機嫌な[人]

racaneo 男/**racanería** 囡 けち; サボり

racanear 自 けちる, けちけちする; 怠ける, サボる

RACE 男《略語》＝Real Automóvil Club de España スペイン自動車クラブ

racha [ɼátʃa] 囡 ❶ 一陣の風, 突風: El viento sopla a 〜s. 風が繰返し激しく吹きつける. ❷《口語》一続き: una 〜 de éxitos 一連の成功

a 〜s 発作的に, 時々思い出したように

estar de 〜 幸運に恵まれ続けている

tener (pasar) una buena (mala) 〜 幸運(不運)続きである

racheado, da 形 一時的に強く吹く: viento 〜 突風

racial [ɼaθjál] 形《←raza》人種[上]の: problema 〜 人種問題. orgullo 〜 民族の誇り

racimo [ɼaθímo] 男《植物》房; 《植物の果実》〜 de uvas (plátanos) ブドウ(バナナ)の房. 〜 de glicina 藤の房. un 〜 de ciruelas 1 枝のプラムの実. 《房状のもの》un 〜 de casas ひとかたまりの家々

raciocinar [ɼaθjoθinár] 自 理性を働かせる, 筋道立てて考える

raciocinio 男 分別; 推理, 推論

ración [ɼaθjón] 囡 ❶ [各人に] 配分される量, 配給量: Tú ya has comido tu 〜 de helado. 君はもう自分の分のアイスクリームを食べてしまった. terminar la 〜 de trabajo de hoy 今日の仕事を終える. 〜 de hambre 食うにもことかく低い給料, 飢餓賃金. ❷ 1 人前; 1 皿, 1 盛り《plato と tapa の中間の量》: una 〜 de tortilla [4 分の 1 位に切った] トルティーリャ1 皿. una 〜 de gambas 1 盛りの芝エビ. ❸《軍事》[1 日分の] 糧食

a media 〜 つつましく, けちけちと

a 〜 きちんきちんと, 規則正しく

tener su 〜 de... …を十二分に持っている

racional [ɼaθjonál] 形 形《←razón. ↔ irracional》❶ 理性的な: pensamiento 〜 理性的思考. un ser 〜 理性的な存在, 人間. ❷ 合理的な《↔absurdo》: método 〜 合理的な方法. organización 〜 del trabajo 労働の合理化. Tiene motivo 〜 para hacerlo. 彼には当然そうする理由がある. ❸ 推論の, 理論的な: convicción 〜 理論的確信. ❹《数学》有理の: número 〜 有理数

racionalmente 副 理性的に, 合理的に

racionalidad [ɼaθjonalidá(d)] 囡 合理性:

con 〜 合理的に; 理性的に

racionalismo [ɼaθjonalísmo] 男 合理主義;《哲学》理性論

racionalista 形 名 合理主義的な(主義者)

racionalizar [ɼaθjonaliθár] 他 ❶ 合理化する; 理性にかなったものにする: 〜 la administración 経営を合理化する. ❷《数学》有理化する

racionalización 囡 1) 合理化: 〜 de la industria 産業合理化. 2) 有理化

racionamiento [ɼaθjonamjénto] 男 配給〔制度〕;[消費量の] 制限: cartilla de 〜 配給手帳

racionar [ɼaθjonár] 他 ❶ [各人に] 配分する, 配給する: 〜 el pan パンを配給する. ❷ [消費量を] 制限する

racionista [ɼaθjonísta] 名 へぼ俳優, 大根役者

racismo [ɼaθísmo] 男《←raza》❶ 人種主義. ❷ 人種差別, 人種優劣説

racista 形 名 人種差別の(主義者)

rácor [ɼákɔr] 男《技術》継ぎ手

rada [ɼáda] 囡《船舶》錨地(びょうち), 泊地

radar [ɼadár] 男《←英語》レーダー: 〜 meteorológico 気象レーダー. pantalla (red) de 〜 レーダースクリーン(網)

radiación [ɼadjaθjón] 囡 ❶《物理》放射〔線〕, 輻射: El uranio emite *radiaciones*. ウラニウムは放射線を出す. 〜 cósmica 宇宙放射. 〜 ionizante 電離放射線. 〜 nuclear 核放射線. 〜 solar 太陽輻射, 日射. ❷《数学》放射状配列

radiactividad [ɼadjaktiβidá(d)] 囡 放射能: Se detectó una fuerte 〜 en la lluvia. 雨から強い放射能が検出された

radiactivo, va [ɼadjaktíβo, ba] 形 放射性の: contaminación 〜va 放射能汚染. desechos 〜s 放射性廃棄物. elemento 〜 放射性元素. lluvia 〜va 放射能雨. material 〜 放射性物質

radiado, da [ɼadjádo, da] 形 過去《植物》周辺花をもつ;《生物》放射相称の

radiador [ɼadjadɔr] 男 ❶ [輻射]暖房器, 放熱器, ヒーター: 〜 eléctrico 電気ヒーター. 〜 infrarrojo 赤外線ヒーター. ❷ 冷却器, ラジエーター

radial [ɼadjál] 形 ❶ 放射状の: carretera 〜 放射道路. neumáticos 〜es ラジアルタイヤ. ❷ 半径の. ❸《南米》ラジオ放送の

radián [ɼadján] 男《数学》ラジアン, 弧度

radiante [ɼadjánte] 形 ❶ 放射の, 輻射の: calor 〜 輻射熱. ❷ 輝く; [estar+. 喜び・幸せに] 輝いている, すごくうれしい: rostro 〜 de alegría 喜びに輝いている顔

radiar [ɼadjár] 自 他 ❶ 放射する;《医学》X 線を照射する: 〜 luz y calor 光と熱を放射する. ❷ [ラジオで] 放送する: teatro *radiado* ラジオドラマ. 〜 un partido de fútbol サッカーの試合を放送する. ❸《南米》[グループから] 追放する, 仲間外れにする;[機械などを] お払い箱にする

radicación [r̃aðikaθjón] 囡 ❶ 定着, 定住. ❷《文学》開法

radical [r̃aðikál] 圏 ❶ 根本的な: de forma ～ 根本的に, 徹底的に. reformas ～es 抜本的な改革. cambio ～ 根本からの(急激な)変化. ❷ 急進的な, 過激な: idea ～ 急進思想. estudiantes ～es 過激派の学生. ❸《植物》根の, 根生な: hojas ～es 根葉. yema ～ 芽. ❹《言語》語基の
◆ 圐 急進主義者, 過激派: ～ de izquierdas 左翼過激派
◆ 男《数学》根号;《化学》基;《言語》語基〖語根 raíz が具体的にとる形〗. ❷《解剖》～ anterior 橈側手根屈筋
　radicalmente 圖 根本的に, 徹底的に

radicalismo [r̃aðikalísmo] 囡 急進主義, 過激論: ～ político 政治的急進主義

radicalizar [r̃aðikaliθár] ⑨ 他 急進的にする
◆ ～se 過激になる, 先鋭化する
　radicalización 囡 急進化, 先鋭化

radicando [r̃aðikándo] 男《数学》被開法数

radicar [r̃aðikár] ⑦ 自 ❶ [+en に] 存在する; 由来する: su finca que *radica en* la provincia de Málaga マラガ県にある彼の地所. La dificultad *radica en* la falta de fondos. 問題は資金不足にある. ❷ [植物が] 根付く
◆ ～se 定住する

radicheta [r̃aðitʃéta] 囡《植物》[南米産の]チシャの一種〖食用〗

radicícola [r̃aðiθíkola] 圏《生物》根に寄生する

radícula [r̃aðíkula] 囡《植物》幼根

radiestesia [r̃aðjestésja] 囡 水脈・金鉱などを探し当てる能力

radio [r̃áðjo] 囡《英 radio》ラジオ〔の受信機〕〖aparato de ～〗; ラジオ放送〖radiodifusión の省略語〗; ラジオ放送局: poner (apagar) la ～ ラジオをつける(消す). escuchar (oír) la ～ ラジオを聞く. escuchar música por ～ ラジオで音楽を聞く. ～ casete ラジカセ. ～ macuto《戯語》[根拠のない]噂. ～ minuto 音楽と短いニュースばかり流しているラジオ局. ～ Pekín 北京放送. ～ taxi ＝**radiotaxi**
◆ 男 ❶《数学》半径: en un ～ de diez kilómetros 半径 10 キロの範囲で. ～ de población 町の外境から 1.6 キロの周辺圏. ❷ [車輪の] 輻(°), スポーク. ❸《元素》ラジウム. ❹《解剖》橈骨(㌻). ❺ 無線電報〖radiotelegrama の省略語〗. ❻《中南米》ラジオ
～ de acción 行動半径; 航続(射程)距離: extender su ～ de acción 行動半径を広げる
◆ 圐 無線通信士〖radiotelegrafista の省略語〗

radio-《接頭辞》[放射・無線] *radio*logía 放射線科, *radio*yente ラジオ聴取者

radioactividad [r̃aðjoaktiβiðá(ð)] 囡 ＝**radiactividad**
　radioactivo, va 圏 ＝**radiactivo**

radioaficionado, da [r̃aðjoafiθjonáðo, ða] 圐 アマチュア無線家

radioastronomía [r̃aðjoastronomía] 囡 電波天文学

radiobaliza [r̃aðjoβalíθa] 囡 ラジオビーコン, 無線標識

radiobiologia [r̃aðjoβjolɔxía] 囡 放射線生物学

radiocas[s]et[t]e [r̃aðjokasɛ́t(e)] 男 ラジカセ

radiocomunicación [r̃aðjokomunikaθjón] 囡 無線通信

radiodespertador [r̃aðjoðespɛrtaðór] 男 目覚まし付きラジオ

radiodiagnóstico [r̃aðjoðjagnɔ́stiko] 男《医学》放射線(X 線)診断

radiodifusión [r̃aðjoðifusjón] 囡 ラジオ放送: estación de ～ 放送局
　radiodifundir 他 ラジオで放送する

radioeléctrico, ca [r̃aðjoelɛ́ktriko, ka] 圏 電波の, 無線の
　radioelectricidad 囡 無線工学; 電波技術

radioemisora [r̃aðjoemisóra] 囡 ラジオ局

radioenlace [r̃aðjoenláθe] 男 無線リンク

radioescucha [r̃aðjoeskútʃa] 圐 [ラジオの] 聴取者

radiofaro [r̃aðjofáro] 男 無線標識

radiofonía [r̃aðjofonía] 囡 ＝**radiotelefonía**

radiofónico, ca [r̃aðjofóniko, ka] 圏 ラジオ放送の: novela ～*ca* 連続ラジオドラマ

radiofrecuencia [r̃aðjofrekwénθja] 囡 無線周波数

radiogoniómetro [r̃aðjogonjómetro] 男 [無線]方向探知器, 方位測定器

radiografía [r̃aðjografía] 囡 放射線(レントゲン)写真術; [una+] レントゲン写真, X 線写真: hacer (sacar) a+una ～ de la pierna …の脚のレントゲン写真を撮る
　radiografiar 他 …のレントゲン写真を撮る
　radiográfico, ca 圏 放射線写真(術)の

radiograma [r̃aðjográma] 男 無線電報

radioisótopo [r̃aðjoisótopo] 男 放射性同位元素

radiolario [r̃aðjolárjo] 男《動物》放散虫

radiología [r̃aðjolɔxía] 囡 放射線医学
　radiológico, ca 圏 放射線医学の
　radiólogo, ga 圐 放射線学者; レントゲン技師

radiometría [r̃aðjometría] 囡《物理》放射測定
　radiómetro 男 放射計, ラジオメーター

radionovela [r̃aðjonoβéla] 囡 連続ラジオ小説

radiopatrulla [r̃aðjopatrúʎa] 囡 無線パトカー

radiorreceptor [r̃aðjor̃eθeptór] 男 ラジオ〔受信機〕

radioscopia [r̃aðjoskópja] 囡 放射線(X 線)透視: hacer una ～ de los pulmones 肺の X 線(レントゲン)検査を行なう
　radioscópico, ca 圏 放射線透視の: examen ～ X 線検査

R

radiosonda [r̃aðjosónda] 囡《気象》ラジオゾンデ

radiotaxi [r̃aðjotá(k)si] 男 無線タクシー

radiotecnia [r̃aðjotéknja] 囡 無線工学
　radiotécnico, ca 形 無線工学の

radiotelecomunicación [r̃aðjotelekomunikaθjón] 囡 無線（電波）通信

radiotelefonía [r̃aðjotelefonía] 囡 無線電話
　radiotelefónico, ca 形 無線電話の
　radioteléfono 男 無線電話機

radiotelegrafía [r̃aðjotelegrafía] 囡 無線通信
　radiotelegráfico, ca 形 無線通信の：despacho ～ 無線電報
　radiotelegrafista 名 無線通信士
　radiotelégrafo 男 無線電信機

radiotelegrama [r̃aðjotelegráma] 男 無線電報

radiotelescopio [r̃aðjoteleskópjo] 男 電波望遠鏡

radiotelevisión [r̃aðjotelebisjón] 囡 テレビ・ラジオ放送
　radiotelevisar 他 テレビやラジオで放送する：dirigir un mensaje *radiotelevisado* テレビやラジオで声明を発表する

radioterapia [r̃aðjoterápja] 囡《医学》放射線療法

radiotransmisor [r̃aðjotransmisór] 男 無線送信機

radioyente [r̃aðjojénte] 名 ［ラジオの］聴取者

radón [r̃aðón] 男《元素》ラドン

rádula [r̃áðula] 囡《軟体動物の》歯舌(ぜつ)

RAE [r̃áe] 囡《略語》←Real Academia Española スペイン王立学士院

raer [r̃aér] 44 他《過分 raído, 現分 rayendo》
　❶ ［表面を］削り取る，こそげる．❷ ［服を］すり切れさせる
　raedera 囡 かき取る（かきならす）道具，スクレーパー
　raedura 囡 1) 削り取ること；［主に 複］その跡(屑)．2) ［服の］つぎはぎ；すり切れ

Rafa [r̃áfa] 男《男性名》ラファ〖Rafael の愛称〗

Rafael [r̃afaél] 男《男性名》ラファエル〖英 Raphael〗

ráfaga [r̃áfaga] 囡 ❶《風・音・光などの》突発：Una ～ de viento apagó la vela. 風がさっと吹いてろうそくの火が消えた．una ～ de luz 一条の光，閃光(せん)．～ de disparos de ametralladora 機銃掃射．La lluvia llegaba en ～s. 雨が時おり叩きつけるように降った．❷《南米》［賭け事で］同じ結果（勝ち・負け）が続くこと

rafia [r̃áfja] 囡《植物》ラフィアヤシ；その繊維

rafting [r̃áftiŋ] 男《←英語》ラフティング〖ゴムボートによる急流下り〗

raglán [r̃aglán] 形《服飾》ラグランの

ragú [r̃agú] 男《複 ～[e]s《←仏語．料理》シチュー

raicilla [r̃aiθíʎa] 囡《植物》小さな根，幼根

raid [r̃áid] 男《←英語》❶《文語》急襲：～ aéreo 空襲；長距離飛行．❷《中南米》自動車旅行：pedir ～ ヒッチハイクをする

raído, da [r̃aíðo, ða] 形《過分》〖←raer〗［服が］すり切れた，ぼろぼろの

raigambre [r̃aigámbre] 囡 ❶ 伝統［の古さ］：familia de mucha ～ en la región その地方の旧家（由緒ある一族）．institución de ～ medieval 中世から続いている制度．❷《植物》強くからみ合った根

raigón [r̃aigón] 男 太い根；［歯の］残根

raíl [r̃aíl] 男《←英語．西》レール，線路〖riel〗：～ guía カーテンレール

raíz [r̃aíθ] 囡《英 root.複 ～ces》❶《草木など》根：La ～ de nabo es comestible. 蕪の根は食べられる．～ del diente 歯根．～ del pelo 毛根．～ pivotante 直根．❷ 根もと，付け根．❸ 根源：La ～ de la discordia está en su intransigencia. 不和の根本的な原因は彼の非妥協性にある．～ del mal 悪の根源．❹ 祖先，故郷：Las *raíces* tiran. ルーツは強い．❺《数学》根：～ cuadrada (cúbica) 平方（立方）根．La ～ cuadrada de 16 es 4. 16 の平方根は 4. extraer la ～ de una ecuación 方程式の根を求める．❻《言語》語根〖それ以上細分化できない基底要素〗．❼《植物》大戟(だいげき)：～ del moro オオグルマ

a ～ de... …の結果として：*A ～ de* un accidente quedó cojo. 彼は事故のせいで足が不自由になった
de ～ 根もとから；根本的に：sacar las malas hierbas *de ～* 雑草を引き抜く．arrancar (cortar) el mal *de ～* 悪の根を断つ，悪を根絶する
echar raíces 根を張る；定着（定住）する：El tallo *ha echado raíces*. 茎から根が生えた．Después de vagar por varias partes, *echó raíces* aquí. 彼は各地を放浪したあげく，ここに腰を落ち着けた
tener raíces 根をはっている；定着している：El patriotismo fue *teniendo raíces* profundas en su corazón. 愛国心が彼の心に深く根づいていった

raja [r̃áxa] 囡 ❶ 1 切れ，薄切り：una ～ de limón (salchichón・queso・melón) 1 切れのレモン（ソーセージ・チーズ・メロン）．❷ 裂け目，割れ目：～ del plato 皿のひび．Se ha abierto una ～ en el techo. 天井にひび割れができている．❸《服飾》スリット
hacer ～[s] 分配する，分ける
hacerse ～[s] 粉々（ずたずた）になる
sacar ～ 利益をあげる，もうける

rajá [r̃axá] 男《複 rajaes》インドの王（王族）
vivir como un ～《口語》何不自由のない暮らしをする

rajado, da [r̃axáðo, ða] 形《過分》ひびの入った；《口語》臆病な，臆病者の

rajadura [r̃axaðúra] 囡 裂け目，割れ目〖raja〗

rajar [r̃axár] 他 ❶ …に裂け目（割れ目）を作る，

El agua hirviente *ha rajado* el vaso. 熱湯でコップにひびが入った。 ❷ 薄切りにする、スライスする：〜 un melón メロンを切る。 ❸《口語》[刃物で人を] 傷つける。 ❹《南米》追い出す、お払い箱にする

◆ 圓 ❶《西. 口語》しゃべりまくる、ペチャクチャしゃべる：Ella se pasa el día *rajando* con las vecinas. 彼女は一日中井戸端会議をしている。 ❷《南米》逃げる；[+de+人 の] 悪口を言う

◆ 〜se ❶ 割れ目が入る：Se *ha rajado* la mesa. テーブルにひびが入った。 ❷《口語》手を引く、尻ごみする：Se *rajó* a última hora. 彼は土壇場になって手を引いた。 ❸《中南米》パーティーや贈り物に金をたくさん費す；約束を破る

rajatabla [raxatáβla] 囡 *a* 〜 どんな犠牲を払っても、厳しく：cumplir las órdenes *a* 〜 命令を断固遂行する。 guardar la hora *a* 〜 時間を厳守する

rajón, na [raxón, na] 形 囡《中米》ほら吹き(の)、からいばりする[人]

rajuela [raxwéla] 囡 [粗削りな] 平石

ralea [raléa] 囡《軽蔑》種類；血統：manzano de mala 〜 悪い品種のリンゴの木。 gente de baja 〜 卑しい連中。 Va siempre con su 〜. 彼はいつも自分と同じ[低い]身分の連中とつき合っている

ralear [raleár] 圓 まばらになる；薄くなる

ralentí [ralentí] 男 [←仏語] [エンジンの] 低速回転、アイドリング；《映画》スローモーション：dejar el motor (el coche) al 〜 エンジン(車)をアイドリングさせておく。 rodar al 〜 スローモーション撮影をする。 trabajar al 〜 ゆっくり(のんびり)働く

ralentizar 7 他 [動き・経過を] ゆっくりさせる

rallador [raʎaðór] 男《料理》おろし金

ralladura [raʎaðúra] 囡 [複] で] すりおろしたもの：〜s de queso 粉チーズ。 〜s de pan パン粉

rallar [raʎár] 他 ❶《料理》すりおろす：queso (zanahorias) チーズ(ニンジン)をおろす。 ❷《口語》うんざりさせる、困らせる

rallo [ráʎo] 男 =**rallador**；やすり

rally[e] [ráli] 男 [←英語] 《自動車》ラリー：〜 París-Dakar パリ=ダカールラリー

ralo, la [rálo, la] 形 [estar+. 草木などが] まばらな；[布などが] 薄い、目の粗い：hombre de barba *rala* あごひげの薄い男。 dientes 〜s すき間のあいた歯列

rama [ráma] 囡 [英 branch] ❶ 枝：extender sus 〜s 枝を伸ばす。 plantar de 〜 さし木する。 〜 de olivo オリーブの枝 [平和の象徴]。 ❷ 分枝したもの、分枝；分派：〜 de la familia 分家。 〜 de la raza semítica セム族から分かれた支族。 ❸ [sector をさらに分けた] 分野、小部門：Actualmente la electrónica es la 〜 más importante de la física. 電子工学は現在物理学の最も重要な分野である

asirse a las 〜*s* つまらない言い訳を並べ立てる

en 〜 1) 精製(加工)していない：algodón *en* 〜 原綿。 canela *en* 〜 シナモンスティック。 tabaco *en* 〜 葉たばこ。 2)《印刷》製本していない

no andarse (*irse*) *por las* 〜*s* 単刀直入に言う

ramada [ramáða] 囡《南米》枝で作った小屋

ramadán [ramaðán] 男 ラマダン『イスラム暦の第9月. 断食の月』

ramaje [ramáxe] 男 匡名 枝；枝の茂み

ramal [ramál] 男 ❶ 分岐線；枝道、支道；《鉄道》支線；《地理》支脈：De la nacional cuatro arranca un 〜 hacia Tomelloso. 国道4号線からトメリョーソまで支道が伸びている。 ❷ [綱・紐を構成する] より糸。 ❸《馬術》端綱

ramalazo [ramaláθo] 男 ❶ 突然の苦痛(病気・不運)：〜 de dolor 痛みの発作。 Parece que le ha dado un 〜 de locura. 彼は頭が変になったらしい。 Tiene un 〜 de tonto. 彼は少しばかなところがある。 ❷ [風雨の] 襲来；[感情の] 激発。 ❸《軽蔑》女っぽさ：tener un 〜 女っぽい

rambla [rámbla] 囡 ❶ 峡谷；《地質》雨溝。 ❷ [バルセロナなど一部の町で] 大通り [avenida]

rameado, da [rameáðo, ða] 形 [紙・布地などが] 花(枝葉)模様の

ramera [ramera] 囡《俗語》売春婦

ramificación [ramifikaθjón] 囡 ❶ 枝分かれ、分枝。 ❷ 影響、余波；[血管などの] 支脈、支流。 ❸ [情報] 分岐

ramificar [ramifikár] 7 〜se ❶ 枝分かれする、分枝する：Los nervios *se ramifican* por todo el cuerpo. 神経は体全体に枝分かれして広がっている。 ❷ [影響が] 各方面に及ぶ

ramilla [ramíʎa] 囡 小枝、細枝

ramillete [ramiʎéte] 男 ❶ 小さな花束《服飾》コサージュ：〜 de rosas [小さな] バラの花束。 ❷ 匡名 選ばれた(美しい)もの：〜 de máximas 格言集。 〜 de muchachas 美人の集団。 ❸《植物》〜 de Constantinopla ビジョナデシコ

ramilletero, ra 名 花売り

ramio [rámjo] 男《植物》ラミー、カラムシ

Ramírez [ramíreθ] 男 [人名] ラミレス

ramís [ramís] 男《南米》ハイヤー

ramo [rámo] 男 ❶ 花束 『〜 de flores』：un 〜 de rosas 1束のバラ。 ❷ [主に切り取った] 小枝：〜 de laurel 月桂樹の枝。 〜 de olivo オリーブの小枝 『平和の象徴』。 ❸ [玉ネギ・ニンニクなどの] 1つなぎ [ristra]。 ❹ 分野、部門 [rama]。 ❺《まれ》[何かよくわからない病気の] 徴候

ramito 男 小さな花束：〜 de violetas スミレの花束。 〜《料理》ブーケガルニ

ramón [ramón] 男 ❶ 匡名 [飼料にする・切り捨てた] 枝葉。 ❷ [男性名] 『R〜』ラモン 『英Raymond』

ramonear [ramoneár] 圓 枝先を剪定する；[動物が] 枝や葉を食べる

ramoso, sa [ramóso, sa] 形 枝の多い；枝分かれした

rampa [rámpa] 囡 ❶ [昇降口などの] スロープ、傾斜路；[高速道路の] ランプ：〜 de un almacén 倉庫の荷積み(降ろし)用勾配。 〜 de

lanzamiento カタパルト, 発射台. ❷ 傾斜地.
❸《西》けいれん〖calambre〗: Me ha dado
una 〜 en la pierna. 私は脚がつってしまった

rampante [r̃ampánte] 形《紋章》[ライオンが]
後脚で立った

ramplón, na [r̃amplón, na] 形《軽蔑》低俗
な: artículo 〜 悪趣味な記事. tipo 〜 どこに
でもいるタイプ. versos *ramplones* 退屈な詩

　ramplonería [r̃amplonería] 女 低俗[なもの]: Es una 〜 de
regalo. それはありふれた贈り物だ

rana [r̃ána] 女 ❶《動物》カエル: 〜 de zarzal
アマガエル〖rubeta〗. 〜 mugidora ウシガエル.
nadar a 〜 平泳ぎする. hombre 〜 フロッグ
マン, 潜水士. ❷ カエルの人形の口にコインを投げ
入れる遊び. ❸《魚》〜 marina (pescadora)
アンコウ〖rape〗. ❹《服飾》=**ranito**. ❺ 複
《医学》=**ránula**

　*cuando la(s)〜[s] críe(n) (tenga(n))
pelo[s]* 決してありえない

　no ser 〜[人が] 巧みである

　salir 〜《西. 口語》失敗する: El proyecto *ha
salido 〜*. 計画は失敗に終わった. Su hijo le
ha salido 〜 息子は彼の期待を裏切った

ranchería [r̃antʃería] 女 集名《南米》[粗末
な] 労働者住宅

rancherío [r̃antʃerío] 男《南米》[田舎で] 粗
末な家の集落; スラム街; =**ranchería**

ranchero, ra [r̃antʃéro, ra] 名 [軍隊などの]
炊事係;《中南米》牧場主, 牧童
　◆ 形《中南米》牧場の
　◆ 女 メキシコの田園風の民謡;アルゼンチンな
どの 1930 年代の舞曲. ❷《自動車》バン, ワゴン
車

rancho [r̃ántʃo] 男 ❶ [軍隊などの, 主に 1 品だ
けの] 食事, 給食. ❷ [ジプシー・牧童などの] キャ
ンプ. ❸《中米》牧場, 農場. ❹《南米》[田舎
の] 粗末な家;[都会の] バラック

　alborotar el 〜 混乱を引き起こす

　hacer 〜 場所を空ける

　hacer (formar) 〜 aparte 集団から離れる,
別行動をとる

rancio, cia [r̃ánθjo, θja] 形 ❶ [estar+. 食
物が] 古くなって嫌な臭い(味)のする: Esta
mantequilla está 〜*cia*. このバターは腐ったよ
うな臭いがする. ❷ [酒が] 熟成した: vino 〜 年
代ものの芳醇なワイン. ❸ [+名詞. 伝統などが]
古くからの: 〜*cia* nobleza 古い家系の貴族. ❹
《軽蔑》i) 古くさい, 流行遅れの: canción 〜*cia*
古い流行歌, ナツメロ. ii)[人が] 感じの悪い, 嫌
な
　◆ 男 腐臭: oler a 〜 腐ったような臭いがする

　ranciedad [r̃anθjeðáð] 女 古さ, 古めかしさ; 古びたもの

rand [r̃án(d)] 男 [南アフリカ共和国の通貨単
位] ランド

randa [r̃ánda] 女《手芸》レース[の縁飾り]
　◆ 名《軽蔑》悪知恵の働く子;すり〖ratero〗

ranger [r̃ánxer] 男 複 〜s《←英語. 軍事》レ
ンジャー

ranglán [r̃aŋglán] 形 =**raglán**

rango [r̃áŋgo] 男 ❶ [主に高い] 地位, 身分:
Tiene 〜 de coronel. 彼は大佐の位にある.

conservar su 〜 地位を保つ. de mucho
(alto) 〜 地位の高い. de 〜 superior 自分よ
り地位が上の. familia de 〜 上流階級の家柄.
❷《中南米》ぜいたく, 華やかさ

ranita [r̃aníta] 女 縮 〜 de san Antón
(de san Antonio) 木登りアマガエル

ranito [r̃aníto] 男《服飾》[乳児用の, 脚は覆え
ない] オーバーオール

ranking [r̃áŋkin] 男 複 〜s《←英語. スポー
ツ》ランキング: el primer lugar en el 〜
mundial 世界ランキング 1 位

ránula [r̃ánula] 女《医学》がま腫, ラヌラ

ranúnculo [r̃anúŋkulo] 男《植物》ウマノアシ
ガタ, キンポウゲ科

　ranunculáceas 女 複 キンポウゲ科

ranura [r̃anúra] 女 ❶ [木材・金属などに彫っ
た] 溝, 切り込み: a 〜 y lengüeta さね継ぎで.
❷ [自動販売機などの] 硬貨投入口: introdu-
cir dos fichas en la 〜 コインを2枚穴に入れる.
❸《情報》スロット: 〜 de expansión 拡張スロット

raña [r̃ápa] 女 [鉤のたくさん付いた] 蛸釣り用具

raño [r̃ápo] 男《魚》ヒメスズキ

rap [r̃áp] 男《←英語. 音楽・舞踊》ラップ

rapacidad [r̃apaθiðáð] 女《←rapaz》盗
癖;強欲, 貪欲

rapadura [r̃apaðúra] 女 ひげそり;坊主刈り,
いがぐり頭

rapapolvo [r̃apapólbo] 男《西》[厳しい] 叱
責: Mi padre me echó un 〜. 私は父から大目
玉を食らった

rapar [r̃apár] 他 ❶ [ひげを] そる, そり落とす.
❷ [髪を] 坊主刈りにする;[動物の毛を] 短く
刈る. ❸ [ひったくる, 奪い取る]

　rapador, ra [r̃apaðór, ra] 形 [動物の毛を] 刈る[人].
　◆ 男《口語》理髪師〖barbero〗

rapaz¹ [r̃apáθ] 形 複 〜ces ❶ ave 〜 猛
禽. ❷ 盗癖のある;強欲な
　◆ 女 複 猛禽類

rapaz², za [r̃apáθ, θa] 名 複 〜ces《男
語》[男の子の] 少年, 少女《←niño》

rape [r̃ápe] 男 ❶《魚》アンコウ. ❷ 坊主刈り:
cortar el pelo al 〜 坊主刈りにする

　dar un 〜 a+名…に大目玉を食わす

rapé [r̃apé] 男 かぎたばこ〖tabaco 〜〗

rápel [r̃ápel] 男《←仏語. 登山》懸垂下降, アブ
ザイレン

rápidamente [r̃ápiðaménte] 副 速く, 急い
で

rapidez [r̃apiðéθ] 女 速さ〖速度は veloci-
dad〗: 〜 del tiempo のつの速いこと. 〜
de (en) los movimientos 動きの速さ. tener
〜 mental 頭の回転が速い

rápido, da [r̃ápiðo, ða] 形《英 fast,
quick. ↔lento》〖ser+〗
❶ [動き・動作などが] 速い, 急速な; すばやい:
i) Tiene la cabeza 〜*da*. 彼は頭の回転が早い.
Tiene las manos 〜*da*. 彼は[女性に対して]
手が早い. Quiero que seas 〜 en hacer ese
trabajo. その仕事は手早くやってもらいたい. La
vida pasa 〜*da*. 人生は短い〖副詞 rápido の
方が普通〗. crecimiento 〜 急成長. meca-

nógrafa ~*da* 打つスピードが速いタイピスト. ii)
[+現在分詞] Es ~*da* cocinando. 彼女は料理
が手早い. iii) [+de+不定詞] Es muy ~ *de*
hacer. それはすぐできる. **2** [時間が] 短い, 時間
をかけない; 大ざっぱな: Hicimos una comida
~*da*. 私たちは簡単に食事をすませた. hacer
una limpieza ~*da* 急いでざっと掃除する.
viaje ~ 駆け足の旅行
◆ 圓 速く, 急いで: Corre muy ~. 彼はとても
足が速い. Este río corre ~. この川は流れが急
だ. ¡Venga, ~! 早くしてください! Vengan
ustedes ~. 早くいらっしゃい
◆ 男 **❶** 急行列車 〖tren ~〗;《野球》直球.
❷ 圐 急流, 早瀬

rapiña [r̃apíɲa] 囡 略奪, 強奪; 窃盗
　rapiñar [←] 他《あまり価値のない物を》盗む, くすねる
raponazo [r̃aponáθo] 男《南米》ひったくり
〖tirón〗
raposo, sa [r̃apóso, sa] 图 **❶** 〓 キツネ
〖zorro〗. **❷**《口語》ずる賢い人
rappel [r̃apél] 男《←仏語》**❶** =**rápel**. **❷**《商
業》一定以上の購入額に対する割引
rapsoda [r̃apsóða] 〓《古代ギリシア》吟遊詩
人;《文学》叙事詩人
rapsodia [r̃apsóðja] 囡 **❶**《音楽》狂詩曲, ラ
プソディー. **❷**《主にホメロスの》詩の一節
rapto [r̃ápto] 男 **❶** [主に性犯罪が目的の女
性・子供の] 誘拐. **❷** 衝動, 発作: en un ~ de
celos (de cólera) 嫉妬に駆られて(怒りに任せ
て). **❸** 恍惚. **❹**《医学》失神 〖~ mental〗.
❺《歴史・神話》強奪, 略奪
　raptar 他 誘拐する; 強奪(略奪)する
　raptor, ra 形 誘拐者, 誘拐犯
raque [r̃áke] 男 漂着物の取得(略奪)
　raquero, ra 形 图 漂着物を拾い集める人; 海
岸を荒し回る(海賊)
Raquel [r̃akél] 男《女性名》ラケル〖英 Ra-
chel〗
raqueta [r̃akéta] 囡 **❶**《スポーツ》ラケット. **❷**
[賭博台の] 賭け金集めの道具. **❸** [雪上用の]
かんじき. **❹**《交通》[半円形2つの] ロータリー:
hacer una ~ ロータリーを回る
raquis [r̃ákis] 男《単複同形》《解剖》脊柱
〖columna vertebral〗;《植物》花軸, 葉軸;
《動物》羽軸
　raquialgia 囡《医学》脊椎痛
　raquídeo, a 形《解剖》:bulbo ~ 延髄
　raquitis 囡《単複同形》=**raquitismo**
raquítico, ca [r̃akítiko, ka] 形 **❶**《医学》く
る病の. **❷** ひ弱な; 発育不全の: árbol ~ 弱々
しい木. **❸**《口語》非常に少ない, 不十分な:
sueldo ~ わずかな給料
◆ 图 くる病患者
raquitismo [r̃akitísmo] 男《医学》くる病;
《植物》発育不全
raramente [r̃áramente] 圓 **❶** めったに…し
ない: Viene aquí ~. 彼はここにはめったに来ない.
❷ 奇妙に: hombre ~ vestido 奇妙な服を着
た男
rarefacción [r̃arefa(k)θjón] 囡 希少化, 希
薄化

rareza [r̃aréθa] 囡 **❶** 希少性; 珍品. **❷** 奇
行: Tiene 〖sus〗 ~*s*. 彼は奇妙な考えを持って
いる《奇妙な行動をする》
rarificar [r̃arifikár] 他 希薄(希少)化する
◆ ~**se** 希薄になる; 数少なくなる: Las mater-
ias primas *se rarifican* en el mundo. その原
料は世界中で希少化している
raro, ra [r̃áro, ra] 形《英 rare》 **❶**
〖ser+. +名詞〗まれな, めったにな
い: Son *raras* las personas puntuales. 時間
を守る人はあまりいない. *rara* hermosura たぐい
まれな美しさ
❷ 奇妙な, 珍しい, 風変わりな, 見(聞き)慣れ
ない: i) fenómeno ~ 奇妙な現象. tejado ~ 変
わった屋根. ¡Qué cosa más *rara*! 何と不思議
なことだろう! Hoy estás ~. 今日は君おかしい
よ. ii) [+que+接続法] Es ~ *que* todavía no
haya llegado. 彼がまだ着いていないのはおかしい.
¡Qué ~ *que* haga tanto frío en esta época!
この時期にこんなに寒いなんて珍しい!
❸《物理・化学》希薄な: gas ~ 希ガス
sentirse (*encontrarse*) ~ 気分が悪い, 落ち
着かない: Hoy me siento ~. 今日はどうも気
分がよくない
◆ 图 変わり者, 変人
ras [r̃ás] 男 ぎりぎりの高さ: lleno al ~ 縁まで
一杯の
a〖*l*〗~ *de*... …と同じ高さで, すれすれに: Mi
ventana está *a* ~ *de* la tapia. 私の部屋の
窓は塀と同じ高さにある. volar *a* ~ *de* tierra
地面すれすれに飛ぶ. Sus ideales están *a* ~
de tierra. 彼の理想は低い
rasante [r̃asánte] 形 地面すれすれの: vuelo
~ 超低空飛行. tiro ~ 地上掃射
◆ 囡 [道の] 傾斜, 勾配: en un cambio de ~
坂の上(下)で
rasar [r̃asár] 他 **❶** かすめる, かすめて通る: La
bala pasó *rasando* la pared. 弾が壁をかすめ
た. ~ el suelo 超低空飛行をする. **❷** 一様に
平らにする, すりきりにする. **❸**《まれ》完全に破壊
する
◆ ~**se**《空が》晴れる
rasca [r̃áska] 形《南米. 軽蔑》平凡な, 低俗な;
みすぼらしい, 汚い
◆ 囡《西. 口語》厳寒;《中南米》酔い
rascacielos [r̃askaθjélos] 男《単複同形》摩
天楼, 超高層ビル
rascacio [r̃askáθjo] 男《魚》カサゴ
rascador [r̃askaðór] 男 孫の手
rascadura [r̃askaðúra] 囡 かく(かき削る)こ
と; かき傷
rascar [r̃askár] 他 圐 **❶** [爪などで] かく; 強く
こする; かき削る, こすり取る: ~ la mancha 汚
れを削り取る(こすり落とす). **❷**《弦楽器を》下
手に弾く: ~ el violín バイオリンをキーキーいわせ
る. **❸** [恩恵・利益を] 得る: Vamos a mar-
charnos, que aquí no hay nada que ~. ここ
は何もいいことがないからとっとと行こう. **❹** [皮膚
に] チクチクする. **❺**《酒が舌などを》刺す
◆ ~**se ❶** [自分の体を] かく: Deja de ~*te* la
cabeza. 頭をかくのをやめろ. ~*se* los bolsillos

［ポケットの］金をかき集める．A quien le pique que *se rasque*.《諺》過ちを改めるのにはばかることはない．❷《中南米》酔っ払う；《南米》のんびり過ごす

rascatripas [r̄askatrípas] 图《単複同形》《軽蔑》〔弦楽器の〕へぼ奏者，下手なバイオリン弾き

rascón [r̄askón] 男《鳥》クイナ

rasera [r̄aséra] 囡《料理》フライ返し；フライ用の網じゃくし

rasero [r̄aséro] 男 升かき〔升から盛り上がった穀物をかき落とす棒〕
medir (*llenar*) a+人 *por* (*con*) *el mismo* 〜 (*un* 〜) …を平等に扱う

rasgado, da [r̄azɣáðo, ða] 形 過分〔目・口などが〕横に長い：ojos 〜s 切れ長の目

rasgadura [r̄azɣaðúra] 囡 引き裂くこと；裂け目

rasgar [r̄azɣár] 他 ❶〔紙・布などを〕引き裂く，ちぎる：〜 el sobre y sacar la carta 封筒を破って手紙を取り出す．❷ かき鳴らす；書く〖rasguear〗
◆ 〜**se** 裂ける，破れる：Estos tejidos *se rasgan* con facilidad. これらの生地は破れやすい

rasgo [r̄ázɣo] 男 ❶ 顔つき，目鼻だち〖〜s físicos〗；表情：Su cara tiene unos (es de) 〜s viriles. 彼は男らしい顔をしている．❷ 性格を特徴づける一面：Ése es uno de sus 〜s característicos. それは彼の性格を特徴づける一面だ．Tiene 〜s de violencia. 彼は粗暴な性格だ．En este poema hay 〜s de tristeza. この詩は悲しい感じがある．❸ 立派な(ほざましい)行為：Ayudó a su amigo en un 〜 de generosidad. 彼は他人を思いやる立派な気持ちで友人を援助した．❹〔文字などの〕飾りの線；図〔字の書き方の〕特徴，筆跡：Tiene una escritura de 〜s enérgicos. 彼の筆跡は力強い
a grandes 〜**s** 大ざっぱに：contar *a grandes* 〜*s* 概略を(かいつまんで)話す

rasgón [r̄azɣón] 男〔布などの〕裂け目：Me hice un 〜 en el pantalón. 私はズボンにかぎ裂きを作った

rasguear [r̄azɣeár] 他 ❶〔ギターなどを〕かき鳴らす〔爪弾くは puntear〕：〜 la guitarra ギターを弾く．❷〔文字を〕書きつける
◆ 自 飾り字体で書く
rasgueo/rasgueado 男 かき鳴らすこと

rasguñar [r̄azɣuɲár] 他 ❶〔爪などで〕ひっかく，ひっかき傷をつける〖arañar〗．❷《美術》下絵を描く，スケッチする
◆ 〜**se** ひっかき傷を受ける

rasguño [r̄azɣúɲo] 男 ❶ ひっかき傷，かすり傷：sin un 〜 かすり傷一つ負わずに．❷《美術》下絵，素描

rasilla [r̄asíʎa] 囡 中空煉瓦；《繊維》サージ

raso, sa [r̄áso, sa] 形 ❶ なめらかな，すべすべした：superficie *rasa* なめらかな表面．❷ 〔llano〕：campo 〜〔木・家のない〕平坦地，平原．explanada *rasa* さえぎるもののない大地．❸〔空が〕晴れわたっている：La noche estaba *rasa*. 夜空は澄みわたっていた．❹〔椅子が〕背も

たれのない．❺〔地面に〕すれすれの：tirar una pelota *rasa* 低い球を投げる．vuelo 〜 低空飛行．❻《料理》すりきりの：una cuchara *rasa* de azúcar スプーンにすりきり1杯の砂糖．un vaso 〜 de vino コップになみなみと注がれたワイン．❼ 肩書のない：soldado 〜 一兵卒
a campo 〜 野外で
al 〜 戸外で：pasar la noche *al* 〜 野宿する
◆《繊維》サテン〖satén〗

raspa [r̄áspa] 囡 ❶〔魚の〕背骨；〔麦穂の〕芒(のぎ)；〔ブドウの房などの〕軸；〔トウモロコシの〕芯．❷《中米》叱責，匿名 下品な冗談を言ってわいわい騒ぐ連中
◆ 图《軽蔑》感じの悪い人，無愛想な人：Está hecho un 〜. 彼は感じが悪い

raspado [r̄aspáðo] 男 削り取ること，その跡；《医学》掻爬(そうは)〖〜 de matriz〗

raspador [r̄aspaðór] 男 スクレーパー，削り道具；字消しナイフ

raspadura [r̄aspaðúra] 囡 削り取る(消し去る)こと；その跡；削り取ったもの

raspar [r̄aspár] 他 ❶〔軽く〕削り取る，こすり取る；かく；なめらかにする：〜 la pintura de la pared 壁の絵を削り(消し)落とす．❷ かすめる：La bala *raspó* el árbol. 弾丸は木をかすめた．aprobar *raspando* すれすれで合格する．❸〔皮膚に〕チクチクする：Esta toalla *raspa* la cara. このタオルは顔にチクチクする．❹〔酒が舌などを〕刺す，ヒリヒリする．❺ 盗む．❻《中南米》叱りつける
◆ 自 ザラザラ(チクチク)する：Sus manos *raspan*. 彼の手はザラザラしている

raspilla [r̄aspíʎa] 囡《植物》ワスレナグサ〖miosota〗

rasponazo [r̄asponáθo] 男 すり傷
raspón 男《中南米》＝**rasponazo**

rasposo, sa [r̄aspóso, sa] 形 ❶〔手ざわり・舌ざわりが〕ザラザラした，チクチクする．❷《南米》〔服が〕ぼろぼろの；〔人が〕けちな．❸《南米》けちな

rasqueta [r̄askéta] 囡 削り(かき)道具；《中南米》馬ぐし

rasquetear [r̄asketeár] 他《南米》〔金属たわしなどで床を〕磨く，汚れをこそぎ取る

rasta [r̄ásta] 形 图 ＝**rastafari**

rastacuero [r̄astakwéro] 图《中南米》成り金，成り上がり者

rastafari/rastafariano, na [r̄astafári/-farjáno, na] 形 图 黒人回帰主義の(主義者)〖アフリカ復帰を唱えるジャマイカ黒人の運動〗

rastra [r̄ástra] 囡 ❶〔上に重い物をのせて〕引きずるための板(布)；〔捜索などのために〕水底を引きずるもの：pesca a la 〜 トロール漁業．❷〔玉ねぎ・乾燥果実などを〕数珠つなぎにしたもの：una 〜 de ajos 1つなぎのニンニク．❸〔ある行為の不愉快な〕結果．❹《農業》レーキ；ハロー，砕土機
a (*la*) 〜 ＝**a** 〜**s**
a 〜**s** 1) 引きずって：avance *a* 〜*s* 匍匐(ほふく)前進．llevar una silla *a* 〜*s* 椅子を引きず

て運ぶ. 2) いやいやながら；無理やり：Fue *a* ～s a trabajar. 彼はいやいや仕事に行った. Le han llevado *a* ～*s* al médico. 彼は無理やり医者に連れていかれた. 3) ずっと苦しんで：Lleva *a* ～*s* su enfermedad. 彼は長引く病気に苦しんでいる 4) まだ〔やるべきことがある〕：Llevo mucho trabajo *a* ～*s*. 私はまだ仕事がたくさん残っている

andar (*ir*) *a* ～*s* 苦労する, つらい目に会う：*Anda a* ～*s por la vida.* 彼は生活のために苦しい思いをしている

ir a ～ *de*+人 …に頼る

rastreador, ra [r̃astreaðór, ra] 〖形〗〖名〗 追跡(捜索)する〔人〕：barco ～ トロール漁船. ～ de minas 掃海艇

rastrear [r̃astreár] 〖他〗 ❶ …の跡を追う(たどる)：Los perros *rastrearon* la presa. 犬たちは獲物の跡を追った. ～ el origen de la familia 家のルーツを探る. ❷ 〔捜索などのために〕水の底をさらう, 掃海する；トロール漁をする. ❸ 〔人工衛星を〕追跡する

◆ 〖自〗 ❶ 聞きこみ捜査をする：El detective *rastreó* por todo el barrio. 刑事はその地区中を聞きこみして回った. ❷ 〔鳥・飛行機が〕地表すれすれに飛ぶ. ❸ 〖農業〗レーキでひく

rastreo [r̃astréo] 〖男〗 ❶ 水底の探索, 掃海；トロール漁. ❷ 捜査, 捜索

rastrero, ra [r̃astréro, ra] 〖形〗 ❶ 〔動物が〕這(は)う；〔植物が〕這い広がる：animal ～ 這う動物〖蛇など〗. planta de tallos ～s つる草. ❷ 地面すれすれの：vuelo ～ 超低空飛行. ❸ 〔服が〕すそを引きずる. ❹ 〔目上の人に〕ぺこぺこする, 卑屈な；卑劣な：ambiciones ～*ras* 卑しい野望. conducta ～*ra* さもしい行為

rastrillar [r̃astriʎár] 〖他〗 ❶ 熊手(レーキ)でかく；〔地面を〕ならす：～ el césped 熊手で芝生を掃除する. ～ la paja レーキでわらをかき集める. ❷ 〔麻・亜麻を〕すく. ❸ 〖南米〗〔銃の〕安全装置を外す, 発砲する；〔マッチを〕する

rastrillo [r̃astríʎo] 〖男〗 ❶ 熊手, レーキ；〔麻の〕すきぐし；〔城門や下水口などの〕鉄柵, 鉄格子〖☞castillo カット〗. ❷ 〔小規模な〕市, バザール

rastro [r̃ástro] 〖男〗 ❶ 跡, 痕跡；臭跡：Todavía quedan ～*s* del antiguo templo. その寺院の跡がまだ残っている. seguir (perder) el ～ de... …の跡をつける(見失う). desaparecer sin dejar ～ 跡形もなく消える. ❷ 熊手, レーキ：recoger hierba con un ～ 熊手で除草する. ❸ el *R*～ 〔マドリードの〕のみの市〖☞写真〗

ni ～ 何も〔…ない〕：No ha quedado *ni* ～ del pastel. ケーキは跡形もなかった

rastrojo [r̃astróxo] 〖男〗 ❶ 〔麦などの〕切り株；刈り取った後の畑：campo en ～ 切り株畑. ❷ 〖複〗〖中南米〗残り物, くず

sacar a+人 *de los* ～*s* …を窮地から救う

rastrojar 〖他〗〔畑から〕切り株を取り除く

rasurar [r̃asurár] 〖他〗 …のひげをそる〖afeitar〗

◆ ～se 〔自分の〕ひげをそる

rasurador 〖男〗/**rasuradora** 〖女〗〖中南米〗電気かみそり

rata [r̃áta] 〖女〗 ❶ 〖動物〗ネズミ〖英 rat〗；ハツカネズミ ratón の雌：～ blanca 白ネズミ. ～ de agua (campo) 野ネズミ. ～ de alcantarilla ドブネズミ. ～ del trigo ハムスター. ❷ 〖軽蔑〗卑しい人, さもしい人

más pobre que la[*s*] ～[*s*] 大変貧しい

pelo[*s*] *de* ～ 〖口語〗細くて少ない髪

～ *de biblioteca* =ratón *de biblioteca*

no hay ni una ～ 猫の子一匹いない

no se salvó ni una ～ 誰も助からなかった/誰がやっても同じことだった

◆ 〖形〗〖軽蔑〗けちな〖の〗

◆ 〖男〗こそどろ, すり〖ratero〗

ratafía [r̃atafía] 〖女〗 ラタフィア〖シナモン入りの果実酒〗

ratania [r̃atánja] 〖女〗〖植物〗ラタニア

rataplán [r̃ataplán] 〖男〗〔太鼓の音〕ドンドン

ratear [r̃ateár] 〖他〗 くすねる, する, 置引きする, 万引きする

◆ 〖自〗〔地面を〕這(は)う

ratel [r̃atél] 〖男〗〖動物〗ラテル

ratería [r̃atería] 〖女〗〖軽蔑〗 ❶ こそどろ, すり, ひったくり, 置引き, 万引き〖盗みの方法は問わず, 小規模な盗み〗：hacer ～s こそどろを働く. ❷ 卑しさ, さもしさ

ratero, ra [r̃atéro, ra] 〖形〗〖名〗〖軽蔑〗こそどろ〔の〕, すり〔の〕, 置引きをする〔人〕, 万引きをする〔人〕：plaga de ～s 万引きによる被害

raticida [r̃atiθíða] 〖男〗 猫いらず, 殺鼠(そ)剤

ratificación [r̃atifikaθjón] 〖女〗 批准, 認証：～ del tratado de paz 平和条約の批准. canje de ～ 批准書の交換

ratificar [r̃atifikár] 〖他〗 批准する, 認証する；追認する

◆ ～se 〔+en を〕有効と認める：Me ratifico *en* la promesa de ayer. 私の昨日の約束をもう一度確認します

ratio [r̃átjo] 〖女〗 比, 割合

rato [r̃áto] 〖男〗〖英 while〗 短時間：i) Pasamos un ～ agradable. 私たちは楽しいひとときを過ごした. Quiero estar otro ～ aquí. もう少しここにいたい. hace un ～ 少し前に. hace mucho ～ ずっと前に. ～s libres 暇〔な時〕. ii) 〔un+. 副詞的〕Quisiera hablar con usted un ～. ちょっとお話ししたいのですが

a cada ～ いつも, 絶えず

a ～*s* 時々〖a veces〗

a ～*s... y a* ～*s...* ある時は…またある時は…

a (*en los*) ～*s perdidos* 暇な時に, 暇を見つけて

a〔*l*〕 *poco* ~/*al* ~ [過去について] 少し後で：*Al poco* ~ apareció él. しばらくして彼が現れた

buen ~ 楽しいひととき；かなりの〔長〕時間；大量

darse (*llevarse*・*pasar*) *un buen* (*mal*) ~ 楽しい(不愉快な)時を過ごす：*Pasé un buen* ~ en su compañía. [別れの挨拶] おかげさまで(ご一緒できて)楽しいひとときでした. No te des mal ~ por eso. そんなことでくよくよするな

de a ~〔*s*〕 時々

de ~ *en* ~ 時々

¡*hasta cada* ~! 《中南米》=¡hasta otro ~!

¡*hasta otro* ~! [別れの挨拶] ではまた！

para ~ まだしばらく：Hay *para* ~ hasta que llegue el tren. 列車の到着までまだかなり時間がある

pasar el ~ 時間をつぶす：No hace más que *pasar el* ~. 彼は暇つぶしをしているだけだ(役立たずだ)

tener ~*s* 暇がある

un ~〔*largo*〕/*un buen* ~ 《西.口語》とても、たくさん〖*mucho*〗：Me gustó *un* ~ su poesía. 私は彼の詩がたいへん気に入った

ratón, na [ɾatón, na] 图❶《動物》ハツカネズミ〖英 mouse〗：~ de alcantarillas ドブネズミ. ~ de biblioteca (de archivo)《比喩》本の虫. ~ Pérez 子供の抜けた歯をお金に換えてくれる妖精

◆ 男《情報》マウス

tener ~《南米》二日酔いである

ratonera¹ [ɾatonéɾa] 囡❶ ネズミとり器；わな：caer en la ~ まんまとだまされる. ❷ ネズミ穴、ネズミの巣. ❸《軽蔑》ちっぽけな家、みすぼらしい家

ratonero, ra² [ɾatonéɾo, ɾa] 形❶ ネズミの：gato ~ ネズミをとる猫. ❷《軽蔑》música ~ 下手な音楽、耳ざわりな曲

raudal [ɾauðál] 男 急流、奔流；大量

a ~*es* 多量に：Ella tiene gracia *a* ~*es*. 彼女は愛嬌たっぷりだ

un ~ *de*.../~*es de*... あふれるばかりの…：*un* ~ *de* lágrimas あふれる涙. ~*es de luz* 光の洪水

raudo, da [ɾáuðo, ða] 形❶ 速い：Los caballos corrían ~*s*. 馬たちは疾走していた

Raúl [ɾaúl] 男《男性名》ラウル

ravioles/raviolis [ɾaβjóles/-lis] 男 複《←伊語. 料理》ラビオリ

raya [ɾája] 囡❶ 線〖⌐línea 類義〗：i) Echa una ~ y suma las dos cantidades. 線を引いて２つの数を足しなさい. ❷ de puntos 点線. leer las ~*s* de la mano 手相を見る. ii) 罫線. iii) [記号] ダッシュ〖—〗：punto y ~ ピリオド〔"「"ダッシュ〔で続ける. 等号〕. dos ~*s* 等号. 《スポーツ》ライン：La pelota cayó fuera de la ~. ボールはラインの外に落ちた. ❷ 筋：i) 〔n〕una ~ 筋をつける. ii) 縞(½)模様：~ 〔n〕ca ピンストライプ. a (de) ~*s* 縞模

様の. camisa a ~*s* ストライプのワイシャツ. El tigre tiene ~*s*. 虎は縞模様がある. iii) [ズボンの] 折り目：hacer la ~ en los pantalones ズボンに筋を分ける. ❸ [髪の] 分け目：hacerse la ~ 髪を分ける. Hágame ~ a la izquierda (al medio). 左(真ん中)分けにしてください. ❹ 境界線；限界. ❺《魚》エイ. ❻ [銃砲の施された] 条. ❼《俗語》[コカインなどの] 線状に盛った１服分. ❽《中米》賃金、日給

dar quince (*ciento*) *y* ~ *a*+人 …より優れている：Da quince y ~ a todos en inteligencia. 彼は頭のよさでは誰よりも上だ

hacer ~ きわだつ

mantener a ~ *a*+人 …を近づけない

pasar[*se*] *de* 〔*la*〕 ~ 度を過ごす；無礼なことを言う(する)：¡No te pases de la ~! やりすぎるな/その辺(それ位)でやめろ！

poner ~ *a*... …を抑制する

tener a ~ [+*a*+人 を] 抑えつける、支配する：La madre *tiene a* ~ al niño con sólo mirarlo. その母親はちらっと見ただけで子供をおとなしくさせる

❾ 線を引くこと

rayadillo [ɾajaðíʎo] 男《繊維》縞柄の綿布

rayado, da [ɾajáðo, ða] 形 過分❶ 線を引いた；縞模様の：papel ~ 罫紙. tela ~*da* 縞柄の布. ❷ 線の——ライフル銃身. ❸《南米》[estar+] 頭のおかしい、気のふれた

◆ 男 ❶ 匣画線、罫；筋、縞：El ~ al través me hace más gorda. 横縞は私を太って見せる.

❷ 線を引きつけること

rayano, na [ɾajáno, na] 形 ❶ [+*en* と] 紙一重の：Su conducta es ~*na en la locura. 彼の行動は狂気じみている. ❷ [+*con* と] 境を接した

rayar [ɾajáɾ] 他❶ …に線(罫)を引く、筋(縞模様)をつける；線で消す：~ el papel 紙に線を引く. *Rayad* lo que está equivocado. 間違った所を線で消しなさい. ❷ [固い表面に] 傷をつける：~ la mesa テーブルを傷つける. ❸ [銃砲に] 施条する

◆ 自❶ [+*con* と] 境を接する：Nuestro jardín *raya con* el suyo. うちの庭は彼の庭と隣り合わせだ. ❷ [+*en* と] 紙一重である、…にほとんど近い：Su comportamiento *raya en* lo grotesco. 彼のふるまいはほとんど異様だ. Mi tía *raya en* los cuarenta. 私の叔母はもうすぐ40歳台になる. ❸《文語》夜が明ける

◆ ~*se* 傷がつく. ❷《南米》正気(判断力)を失う

rayo [ɾájo] 男《英 ray》❶ 光線：i) ~*s del* sol 日光. ~ reflejado (refractado) 反射(屈折)光線. un ~ de luz 一条の光. ii)《比喩》un ~ de esperanza 一条の希望の光. ~ de razón 理性の光. ~ de luz 突然のひらめき《名案など》. iii)《物理》輻射線、放射線：~*s* caloríficos 熱線. ~*s* cósmicos 宇宙線. ~*s* X エックス線. ❷ [雷の打撃] 雷：caer fulminado por un ~ 雷に打たれて死ぬ. ser alcanzado por el ~ 雷に打たれる. caída de un ~ 落雷. ~*s de* Júpiter 稲妻〔の矢〕. ❸ 突然の不幸. ❹ すばやい人、活発(利発)な人：

Esta secretaria es un ～ escribiendo a
máquina. この秘書はタイプを打つのがとても速い.
Es un ～ en sus respuestas. 彼は打てば響くように答える. ❺《南米》スポーク[radio]
a ～s［口語］［味・臭いが］非常に悪い
caer como un ～ センセーションをまき起こす
con la velocidad del ～ 稲妻のように速く
*echar ～s［por los ojos］/echar ～s y
centellas* 烈火のごとく怒る
estar que echa ～s 激怒している
¡mal ～ me（te・le）parta!［悪口・ののしり］くたばっちまえ, こんちくしょう!
mal ～ me parta ひどい目に会うところだった
más vivo que un ～ 稲妻のようにすばやい
salir como un ～ 鉄砲玉のように飛び出す
temer a un ～ …を非常に恐れる
¡y a mí que me parta un ～! で私はどうなるのか!

rayón［r̄ajón］男《繊維》レーヨン, 人絹：
hilado スパンレーヨン

rayuela［r̄ajwéla］女 コイン(石)を線 raya に
向けて投げる遊び；《南米》石けり遊びの一種

raza［r̄áθa］『英 race』❶［身体の特徴で分けた］人種, 民族：～ aria アーリア人種. ～
latina ラテン民族. ～ blanca 白人種. ～
humana 人類. Día de la R～《中南米》民族
の日《新大陸発見の日のこと. 10月12日》❷
血筋〔のよさ〕：Su conducta desmiente su ～.
彼の行ないは血筋を裏切るものだ. ❸［動物の外
見で分けた］種, 類：oveja ～ merina メリノ種の羊
de ～［主に犬・馬が］純血種の, 血統のよい：
perro de ～ 血統書つきの犬

razia［r̄áθja］女 ❶ 急襲, ❷［警察の］一斉検挙, 手入れ[redada]

razón ［r̄aθón］女『英 reason』❶ 理性,
分別：juzgar con la ～ 理性で判断する. perder la ～ 分別(正気)を失う
❷ 道理：La ～ está de su parte. 彼の方が正しい(道理にかなっている). seguir（atenerse・avenirse）a la ～ 道理に従う. contrario a la ～ 道理に反した
❸［主に圏］論拠：Vamos a escuchar（oír）sus *razones*. 彼の言い分を聞こう
❹ 理由, 動機：¿Por qué ～ no quiere usted ir? なぜ行きたくないのですか? ¿Cuál es la ～ de su tardanza? 彼が遅れた原因は何ですか? Una mujer fue la ～ de su enemistad. 彼らの対立の原因は一人の女性にあった. ～ de Estado 国家的理由, 国是. ～ de ser 存在理由
❺ 情報, 説明：¿Podrías darme ～ de su dirección? 彼の住所を教えてくれないか
❻［+de・para que+接続法 するようにとの］伝言：llevar una ～ ことづてを伝える. Me mandó ～ de que le llamara. 彼に電話するようにとの伝言が私にあった
❼ 割合,《数学》比例：en ～ directa（inversa）a... …に正(反)比例して. ～ aritmética（geométrica）算術(幾何)比
❽《広告》問い合わせは…へ：Se dan clases de japonés. R～: 629354 日本語教えます. 電話

629354
a ～ de... …の割合で, …に応じて：*a ～ de*
seis a cuatro 6対4の割合で. Se paga *a ～
de* mil pesetas por día (del volumen de
trabajo). 一日千ペセタ(仕事の量に応じて)支払われる
asistir a+人 la ～ …の方に道理がある：Le
asiste la ～. 彼の方が正しい
atender（avenirse）a razones 道理に従う：Es muy terco; nunca *atiende a razones*. 彼はとても頑固で, 全然言うことを聞かない
cargarse de ～［決定を下すに足る］十分な根拠をもつ
con mayor ～ いわんや, まして
con mucha（toda la）～ 十分な理由があって, まったく正当に：Lo dijo *con mucha ～*. 彼がそう言ったのはもっともだ
con ～ 正当に, 当然に：Se queja *con ～*. 彼が嘆くのも無理はない/道理で彼が嘆くわけだ.
¡*Con ～* te pusiste enfermo; comiste demasiado! 病気になるのは当然だよ! 食べすぎるんだから
con ～ o sin ella 是非はともかく
con ～ que le sobra きわめて正当に
dar la ～ a+人 …が正しい(…の言うことはもっともだ)と認める
dar ～ de... …について情報を与える
dar ～ de sí 生きている印を示す
en ～ a（de）... …を理由として
entrar en ～ 道理を聞き分ける
fuera de ～ 道理に外れて, 理屈に合わない
llenarse de ～ =cargarse de ～
llevar ～ =tener ～：Llevas ～. 君は正しい
meter（poner）en ～ a+人 …に言うことをきかせる, 納得させる
no hay ～ que valga 理由にならない
ponerse en ～ 納得(妥協)する
por ～（razones）de... …の理由で：*por ～
de* los negocios 商用で. *por ～ de* espacios 紙面の都合で
por una ～ o por otra あれやこれやの理由で
puesto en ～ 道理にかなった：Eso está muy *puesto en ～*. それはしごくもっともだ
quitar la ～ a+人 …が間違っていると言う(証明する)
～ de más para+不定詞 …するのはなおさら当然：Llueve.—R～ *de más para* quedarte en casa. 雨だ.—なおさら君は家にいるべきだ
..., ～ por la cual.../..., por cuya ～... …, それ故に…
～ social 商号, 社名：La ～ *social* López y compañía ロペス商会
reducirse a la ～ 道理に服する
tener ～ 『英 be right』正しい, 正当(もっとも)である：i) Usted *tiene ～*. おっしゃるとおりです/ごもっともです. *Tengo ～, ¿verdad?* 私の言ったことは正しいでしょう? *tener* mucha（toda la）～ まったく正しい, 非常にもっともである. no *tener ～* 間違っている. Él siempre quiere *tener ～*. 彼は理屈っぽい. ii)［+par

en+不定詞] …するに足る理由がある: *Tiene suficiente ～ para marcharse.* 彼が出ていくのも無理からぬことだ

tomar ～ de... …を記入(記録)する

traer a+人 a razones …に誤りをわからせる

razonable [ɾaθonáble] 形《↔irrazonable》 ❶ 分別のある: *persona ～* 道理をわきまえた人. *Sé ～.* 聞き分けよくしなさい. ❷ 道理にかなった: *pretensión (excusa) ～* もっともな主張(言い訳). ❸ [納得できるほど] 十分な, 妥当な, かなりの: *Este reloj tiene un precio ～.* この時計はリーズナブルな値段だ

razonablemente 副 十分に, かなり

razonado, da [ɾaθonáðo, ða] 形過分 ❶ 道理に基づいた, 筋の通った: *decisión ～da* もっともな決定. ❷ [勘定が] 明細に記した

razonador, ra [ɾaθonaðór, ra] 形名 よく考える[人], 論理的な[人], 論証的な[人]

razonamiento [ɾaθonamjénto] 男 推論; 論法, 理屈: *～ fundado* 根拠のある推論. *No comprendo tu ～.* 君の理屈は理解できない

razonar [ɾaθonár] 自 ❶ 論理的に考える, 推論する: *Razona bien antes de decidirte.* 決心する前によく考えなさい. ❷ 理由を述べる. ❸ 道理を説く

◆ 他 [計算などを] 合わせる, 正しいと証明する; 説得する

razzia [ɾáθja] 女 [群盗の] 襲撃, 略奪;《南米》[警察の] 一斉手入れ

re [ɾé] 男《単複同形》《音楽》レ, ニ音

re-《接頭辞》 ❶ [再] *re*considerar 再考する, *re*forma 改革. ❷ [強調] *re*bueno すごくいい

reabastecer [ɾeaβsteθéɾ] 他 [+de 燃料・食糧を] …に補給する

◆ ～se 補給する

reabrir [ɾeaβɾíɾ] 他 過分 reabierto] 再び開ける; 再開させる

◆ ～se 再び開く; 再開する

reacción [ɾea(k)θjón] 女 ❶ 反応: *Su primera ～ fue negativa.* 彼は最初が否定的な態度だった. ❷ 反発, 反動(派): *provocar una ～* 反発を招く. *～ de los obreros contra la automatización* 自動化に対する労働者の反発. *A la revolución sigue la ～.* 革命の後には反動がある. ❸《物理・化学・生物》反応; 反作用, [薬の] 副作用: *～ de fusión* 核融合反応. *～ alérgica* アレルギー反応. *principio de la acción y de la ～* 作用・反作用の法則. *avión de (a) ～* ジェット機. *Esta medicina produce (causa) algo de ～.* この薬には何らかの副作用がある

en ～ a... …に対する反動で

reaccionar [ɾea(k)θjonár] 自 ❶ [+a に対して/+con によって] 反応する; [+contra に] 反発する: *La pupila reacciona a la luz.* ひとみは光に反応する. *El enfermo no reaccionó con ⌐ tratamiento.* 病人はその処置にも反応を示さった. *La oposición reaccionó contra la ⌐l del gobierno.* 野党は政府の態度に反 ⌐La bolsa ha empezado a ～.* 相場は⌐り始めた. ❷ 反作用を及ぼす. ❸

反撃する. ❹ 再び活発になる

reaccionario, ria [ɾea(k)θjonárjo, rja] 形名 反動的な[人]: *gobierno ～* 反動政府

reacio, cia [ɾeáθjo, θja] 形 [+a に] 反抗的な, 言うことをきかない, …したがらない: *Los mayores son ～s al nuevo sistema.* 年配者は新しい制度に抵抗を示すものだ. *Se muestra ～ al plan.* 彼はその計画に反対の姿勢を見せている. *Está ～ a marcharse.* 彼はどうしても行こうとしない

reacondicionar [ɾeakondiθjonár] 他 修理する, 改善する

reactancia [ɾeaktánθja] 女《電気》リアクタンス

reactivar [ɾeaktiβár] 他 再び活発にする: *～ la sección de negocios* 営業部にてこ入れする

reactivación 女 [景気などの] 回復

reactivo, va [ɾeaktíβo, βa] 形 反応する; 反作用のある

◆ 男《化学》反応体, 試薬

reactor [ɾeaktór] 男 ❶ ジェットエンジン, ジェット機. ❷ 反応装置, 反応炉; 原子炉《～ nuclear・atómico》: ～〔avanzado de gas〔改良型〕ガス冷却炉. ～〔de agua a presión (en ebullición) 加圧(沸騰)水型軽水炉. ～ regenerador rápido 高速増殖炉

readaptar [ɾeaðaptár] 他 [+a に] 再び適応(適合)させる

◆ ～se 再び適応(適合)する: *～se a la sociedad* 社会復帰する

readaptación 女 再適応, 再適合: *～ profesional* 職業再訓練. *～ social* 社会復帰

readmitir [ɾeaðmitír] 他 [以前所属していた団体などへの] 復帰を認める, 再入会させる, 復学させる, 再雇用する

readmisión 女 再復帰, 再雇用, 復学

readquirir [ɾeaðkirír] 27 他 取り戻す, 再取得する

reafirmar [ɾeafirmár] 他 再び確かなものにする

◆ ～se [+en を] 再確認(断言)する

reagrupar [ɾeaɣrupár] 他 編成し直す, 再編成する

reagrupación 女 再編成

reajustar [ɾeaxustár] 他 [再] 調整(修正)する: *～ el horario* 時間割を改正する. *～ los precios (los sueldos)* 物価(賃金)を調整する

reajuste [ɾeaxúste] 男 [再] 調整, 改変: *～ ministerial (de un gobierno)* 内閣改造. *～ salarial* 賃上げ, 賃金改定

real [ɾeál] 形《英 royal; real》 ❶ [名詞+] 国王の; 王立の: *estandartes ～es* 王旗. *familia ～* 王室, 王家; 皇族. *persona ～* 王族〔の一員〕. *poder ～* 王権. *R～ Conservatorio de Música* 王立音楽院 ❷ [名詞+] 現実の, 実在の《↔imaginario》: i) *hechos ～es* 事実, 実際に起こったこと. *necesidades ～es* 実際上の必要なもの. *vida ～* 現実の生活. *persona ～* 実在の人物. ii) 実質的な: *salario ～* 実質賃金. *tasa ～ de crecimiento* 実質成長率. iii)《数学》*número ～* 実数. *derecho ～* 実〔数〕直線. iv)《物

理》imagen 〜 実像

❸《口語》[+名詞] 巨大な；とてもよい，すばらしい：Lo que has dicho es una 〜 tontería. 君の言ったことは非常にばかばかしい．Éste es un 〜 coche. これはすてきな車だ

❹ 真実の，本当の；本物の：〜 placer 真の喜び

◆ 男 ❶ [スペインの古い貨幣] レアル〖=25センティモ〗: Esto vale diez 〜es. これは 10 レアル (2.5 ペセタ)する．❷《軍事》陣営，陣営地：alzar el 〜 (los 〜es) 野営を解いて出発する．asentar (sentar) los 〜es 陣営を敷く；腰を落ち着ける．❸ 〜 de la feria 市のたつ場所〖展示会・サーカスなども行なわれる〗

costar a+人 *dos* (*tres*) 〜es …にとって非常に安い

no tener un 〜 一銭もない

no valer un 〜 一銭にも値しない

por cuatro 〜es わずかな金で

realce [r̃ɛálθe] 男《←realzar》❶ 強調；重要性：Este traje da 〜 a tu figura. この服を着ると君のスタイルが引き立つ．dar 〜 con su presencia a… …に出席して華を添える．❷ 浮き彫り〔細工〕，浮き出し〔模様〕：bordado de (a) 〜 浮き上げ刺繍．❸ 〜《美術》ハイライト，最も明るい部分

poner de 〜 目立たせる，強調する

realengo, ga [r̃ealéngo, ga] 形 ❶ [村などが] 王室領の；[土地が] 国有の．❷《中南米》のらくらした，怠け者の；《中米》[家畜が] 所有者のいない

realero [r̃ɛaléro] 男《南米》タクシー運転手

realeza [r̃ɛaléθa] 女 ❶ 王権；王者の風格．❷ 豪華さ，立派さ．❸ 匪名 王家，王族

realidad [r̃ealiðá(ð)] 女《英 reality》❶ 真実〔性〕: Dudo la 〜 de su historia. 私は彼の話が本当かどうか疑っている．〜 es que estoy casado. 本当のところ私は結婚している．❷ 現実：huir de la 〜 現実〔の世界〕から逃避する．No vivir en la 〜. 彼は現実の中に生きていない〖夢の世界に生きている〗．principio de 〜《心理》現実原則

en 〜 本当は，実際に；現実的には；実質的には：*En* 〜, no lo comprendo. 実のところ私は彼が理解できない．*En* 〜 es imposible. 現実問題としてそれは不可能だ

en 〜 *de verdad* 本当に，確かに

tomar 〜 現実となる，現実性をおびる

realimentación [r̃ealimentaθjón] 女《電気・音響》フィードバック

realismo [r̃ealísmo] 男 ❶ 現実主義；《芸術》写実主義，リアリズム；《哲学》実在(実念)論：〜 mágico 魔術的リアリズム〖ガルシア・マルケスの『百年の孤独』に代表される〗．❷ 王制主義

realista [r̃ealísta] 形 女 ❶ 現実主義の，現実主義者の；写実派〔の〕: política 〜 現実〔主義〕的な政策．pintor 〜 写実派の画家．❷ 王党派〔の〕，王制主義の(主義者)

realizable [r̃ealiθáβle] 形 ❶ 実現できる，実際的な：plan 〜 実現可能な計画．❷ 換金できる：fortuna 〜 現金化できる財産

realización [r̃ealiθaθjón] 女 ❶ 実現，現実

化；実行：La 〜 de su plan costará mucho dinero. 彼の計画を実現(実行)するには金がたくさんかかるだろう．❷ 成果，所産；作品；《映画》cinematográfica 映画作品．❸ 作製；《映画》監督，演出；《テレビ》制作，プロデュース．❹ 換金，現金化．❺《哲学》実在性

realizador, ra [r̃ealiθaðór, ra] 名《映画》監督；《テレビ》プロデューサー

realizar [r̃ealiθár] 他 他 ❶ 実現する；実行する：〜 un sueño 夢を実現する．〜 un plan 計画を達成(実行)する．〜 un esfuerzo 努力する．〜 gestiones 交渉する．〜 un viaje 旅行する；旅行を実現する．❷ 作る；《映画》監督する；《テレビ》制作する．❸ 現金に換える，換金する．❹《哲学》実在化する

◆ 再 ❶ 実現する；実行される：Se han realizado sus predicciones. 彼の予言は現実のものとなった．❷ 自分の目標を達成する；自己を実現する

realmente [r̃ɛálmente] 副 ❶ 本当に，現実に：Estaba 〜 enamorada de él. 彼女は真実彼に恋していた．La casa estaba 〜 donde él decía. その家は本当に彼が言っていた場所にあった．❷ 本当のところ，実際は：Lo dije, pero 〜 no lo creía. 私はそう言ったが，本当はそう思ってはいなかった

realquilar [r̃ɛalkilár] 他 転貸する：〜 una habitación a+人 部屋を…にまた貸しする

realquilado, da 形 名 過分 また借りの；また借り人

realzar [r̃ɛalθár] 他 他 ❶ 際立たせる，強調する：Este color *realza* la blancura de tu piel. この色は君の肌の白さを際立たせる．Su presencia *realzaba* el brillo de la fiesta. 彼の出席でパーティーが一層華やかになった．❷ 浮き彫り細工を施す，浮き出し模様にする．❸《美術》ハイライトをつける

reanimar [r̃eanimár] 他 ❶ 生気を取り戻させる，活気(元気)づける；励ます：Un poco de coñac te *reanimará*. コニャックを少し飲めば元気が出るよ．Sus palabras han *reanimado* a los soldados. 彼の言葉で兵士たちは奮い立った．〜 a un ahogado con la respiración boca a boca 溺れた人を人工呼吸で蘇生させる

◆ 〜se 生気を取り戻す，活気づく：Me *reanimaré* si como un poco. 少し食べれば元気になります

reanimación 女 蘇生〔学〕：〜 respiratoria 呼吸蘇生，人工呼吸

reanudar [r̃eanuðár] 他 ❶《文語》再開する：Nos dejamos de charlas y *reanudamos* nuestro trabajo. 私たちは雑談をやめて，また仕事にとりかかった．❷《情報》リセットする

◆ 〜se 再開される：Un fortuito encuentro hizo que se *reanudara* su amistad. 思いがけない出会いが彼らの友情をよみがえらせた

reanudación 女 再開；リセット

reaparecer [r̃eapareθér] 自 自 再び現れる(起こる)；再登場する，カムバックする

reaparición 女 再現，再発；カムバック

reapertura [r̃eapertúra] 女 再開

R

rearmar [r̃earmár] 他 再軍備(武装)させる；
軍備を強化させる
◆ 〜**se** 再軍備(武装)する
　rearme 男 再軍備，再武装；軍備強化

reaseguro [r̃easeɣúro] 男 再保険
　reasegurador 男 再保険者
　reasegurar 他 …に再保険をつける

reasumir [r̃easumír] 他 ❶ [任務・責任など
を] 再び引き受ける：*Reasumió* el puesto
después de seis meses de enfermo. 彼は
病気で6か月休んだ後，復職した. ❷ [上級者が
下級者の職務・権限などを] 引き受ける

reata [r̃eáta] 囡 [つながれた] 馬(ラバ)の列；《中
米》[メキシカンハットの] ひも
　de (*en*) 〜 1列になって；一連の

reavivar [r̃eaβiβár] 他 再び盛んにする；さらに
活気づける
◆ 〜**se** 再び盛んになる；さらに活気づく

rebaba [r̃eβáβa] 囡 ぎざぎざの縁；《技術》ばり，
フラッシュ

rebaja [r̃eβáxa] 囡 ❶ 値引き[額]，割引き：
venta con 〜 安売り. Le haré una pequeña
〜 si se queda con las dos piezas. 2個お求
めなら少しお安くします. ❷ 閥 大安売り，バーゲン
セール；その時期：Enero suele ser época de
〜s. 1月は大安売りがよくある

rebajado, da [r̃eβaxáðo, ða] 形 過分 ❶ 値
引きした：Todos nuestros artículos están
〜s un veinte por ciento. 全品2割引きです.
❷ おとしめられた：Se siente 〜 por lo que le
dijeron. 彼は彼らに言われたことで屈辱を感じた.
❸ [estar+. +de 任務で] 免除された：Maña-
na estaré 〜 de servicio. 私は明日は非番だ
◆ 图 非番の兵士

rebajar [r̃eβaxár] 他 ❶ 下げる，低下させる：
〜 el terreno 土地を掘り下げる. ¿Le *rebajo*
las patillas? もみあげは長いままにしましょうか？
❷ 値下げする；値段から差し引く：No puedo
〜le nada. 値引きできません. Me *rebajaron* el
precio porque había comprado bastante
cantidad. 私はたくさん買い物をしたので値段を下
げてくれた. De la suma *rebaja* lo que te debo.
総額から借りている分を引いてくれ. ❸ 弱める；
[液を] 薄める：〜 el color 色を地味にする. 〜
la leche 牛乳を薄める. ❹ おとしめる，…に屈辱
を与える：Con sus palabras me ha *rebajado*
a los ojos de mis compañeros. 彼の言葉によ
って私は仲間のいる前で面目を失った. Lo *reba-
jó* nombrándole auxiliar. 彼は低く見られて助
手に任命された. Fregar los platos no me
rebaja. 私は皿洗いだって恥だと思わない. ❺ 《主
に軍事》[+de 任務などを] …に免除してやる：Al
obtener un destino en la comandancia le
rebajaron de todo servicio. 彼は司令部に配
属されると[通常の]全任務を解かれた
◆ 〜**se** ❶ [+ante …へ] へり下る；[+a+不定詞]
卑下して…する：No se *rebajó* ni *ante* el juez.
彼は法廷でも傲然としていた. No pienso 〜*me
a* pedirle perdón. 私は屈服して彼に許しを乞う
つもりはない. ❷ 免除される：Me *rebajo* hoy *de*
la marcha. 私は今日の行進には参加しなくてい

い

rebajo [r̃eβáxo] 男 《建築》切り込み，溝，さねは
ぎ

rebalaje [r̃eβaláxe] 男 [水の] 渦巻き；干潮；
[引き潮でできる] 砂の縞模様

rebalsar [r̃eβalsár] 他 あふれさせる
◆ 〜**se** あふれる

rebanada [r̃eβanáða] 囡 [主にパンの] 薄い
切れ：una 〜 de pan untada con mantequi-
lla バターを塗った1枚のパン

rebanado [r̃eβanáðo] 男 薄切り 『行為』

rebanar [r̃eβanár] 他 薄切りにする，スライスす
る；切り落とす：El accidente le *rebanó* un
dedo. 事故で彼は指を1本切り取った
◆ 〜**se** [自分の体の一部を] 切り落とす

rebañar [r̃eβanár] 他 ❶ かすも残さずに食べ
る：〜 la sopa スープを一滴も残さずに飲む. 〜
el plato con pan 皿をパンできれいにふいて食べる.
❷ 全部拾い集める(持ち去る)：〜 el trigo en
la era 脱穀場で麦を集める. *Rebañaron* todo
cuanto tenía valor. 彼らは金目のものはすべて
持ち去った

rebañadura 囡 [闡 で，鍋・皿に付いた] 食物
の残りかす

rebaño [r̃eβáno] 男 ❶ [羊などの] 群れ：un
〜 de ovejas (elefantes) 羊(象)の一群.
❷ 信徒，会衆；《軽蔑》[操られる] 人々

rebasar [r̃eβasár] 他 ❶ [限度などを] 越える：
Ya *rebasa* los cincuenta. 彼はもう50歳を越し
ている. El éxito *rebasó* sus pronósticos. 彼
らの予想を上回る成功だった. *Rebasamos* la
parte más difícil. 私たちは最大の難関を越え
た. 〜 los límites 限度を越える；大げさに言う.
❷ 追い越す，追い抜く

rebatiña [r̃eβatína] 囡 [子供たちが物を取り
合う] 争い
　a la 〜 奪い合って：andar *a la* 〜 奪い合いに
加わる，互いに奪い合う

rebatir [r̃eβatír] 他 反駁(ばく)する，反論する
　rebatible 形 反駁できる；《南米》[椅子が] 折
畳み式の
　rebatimiento 男 反駁，反論

rebato [r̃eβáto] 男 ❶ 警鐘，警報：tocar a
〜 警報を鳴らす，危急を告げる. ❷ 急襲，不意打ち

rebeca [r̃eβéka] 囡 《西.服飾》[主に女性用の，
薄い手の] カーディガン 『←ヒッチコックの映画『レベ
ッカ』』

rebeco [r̃eβéko] 男 《動物》シャモア 『gamu-
za』

rebelar [r̃eβelár] 〜**se** ❶ [+contra 権威・習
慣などに] 反乱を起こす，反逆(反抗)する：Se
rebelaron los esclavos. 奴隷たちは反乱を起こ
した. 〜*se contra* la mojigatería 偽善に対し
て反抗する. ❷ [口語] 扱いにくい，手に余る

rebelde [r̃eβélde] 形 ❶ 反乱の，反逆の；反抗
的な：tropa (ejército) 〜 反乱部隊. actitud
〜 反抗的な態度. espíritu 〜 反抗心. de-
clararse 〜 contra... …に反対の立場を表明
する. ❷ 扱いにくい，御しにくい：pelo 〜 くせ毛.
gripe 〜 しつこい風邪. ❸ 《法律》[裁判に] 欠
席した

◆ 图 ❶ 反逆者, 謀反人. ❷《法律》欠席者

rebeldía [r̃ebeldía] 囡 ❶ 反逆；反抗[的な態度] : estar en ~ 反乱を起こしている. ~ ante la injusticia 不正に対する抵抗. ❷《法律》[裁判への] 欠席, 不出頭 : juicio en ~ 欠席裁判. condenar (declarar) en ~ 欠席裁判をする

rebelión [r̃ebeljón] 囡 反乱, 反逆, 謀反『↔ sumisión』: ~ militar 軍部の反乱. La ~ de las masas『大衆の反逆』

rebenque [r̃ebénke] 男 [ガレー船漕役刑囚を打つ] 鞭；《中南米》[乗馬用の] 鞭

rebién [r̃ebjén] 副《主に中米》とてもすばらしく

rebinar [r̃ebinár] 他《農業》[鋤などで] 3度掘り返す

reblandecer [r̃eblandeθér] 39 他 柔らかくする : La humedad reblandece las galletas. しけるとビスケットは軟らかくなる. Los años le han reblandecido el cerebro. 年のせいで彼は頭がぼけてきた

◆ ~se 柔らかくなる : El terreno se ha reblandecido con los aguaceros. 豪雨で地盤が緩んだ

reblandecimiento 男 柔らかくする(なる)こと : ~ cerebral《医学》脳軟化症

rebobinar [r̃ebobinár] 他 [フィルムなどを] 巻き戻す

rebobinado 男 巻き戻し

rebollo [r̃ebóʎo] 男《植物》フユナラ

reborde [r̃ebórde] 男《縁(ふ)》；《裁縫》折り返し

rebosadero [r̃ebosaðéro] 男 [余り水の] 排水口, 流出口

rebosante [r̃ebosánte] 形 [estar+. ~ de で] あふれんばかりの : servir la copa ~ de vino グラスにワインをなみなみと注ぐ. ~ de entusiasmo 熱気にあふれた

rebosar [r̃ebosár] 自 [液体など] あふれる : i) El agua rebosa del vaso. 水がコップからあふれる. A este chico le rebosan las energías. この子は元気一杯だ. ii)《容器などが主語》La bañera rebosa. 風呂があふれている. iii)『~+en で』Los graderíos rebosaban (estaban hasta ~) de público. スタンドは観客であふれんばかりだった. El rebosa de alegría (de energía). 彼は喜びで一杯だ(元気一杯だ). ~ en dinero 大金持ちである

◆ 他 あふれさせる : Ella rebosa simpatía. 彼女は愛嬌たっぷりだ

rebotado, da [r̃ebotáðo, ða] 形 图 過分《口語》還俗した〔人〕

rebotar [r̃ebotár] 自 ❶ [~+en で] はね返る, はずむ : El balón rebotó en el suelo. ボールは床にバウンドした. Hacía ~ la pelota contra la pared. 私はボールを壁にぶつけていた. ❷ ぶつかる : Su cabeza rebotó en el armario. 彼はたんすに頭をぶつけた

◆ 他 ❶ はね返す, 反発する. ❷《口語》怒らせる

rebote [r̃ebóte] 男 ❶ はね返り, バウンド : dar un ~ en... ・・・ではね返る(バウンドする). ❷《口語》怒り, 不機嫌. ❸《バスケ》リバウンドボール〔を取ること〕

de ~ 1) はね返って, バウンドして. 2) 反動で；余波で, 間接的な結果で : Ella se casó con él de ~. 彼女は[他の男にふられて]反動で彼と結婚したのだ

rebotear [r̃eboteár] 自《バスケ》[ジャンプして] リバウンドボールを取る

reboteador, ra 图 リバウンドボールの扱いが上手な選手

rebotica [r̃ebotíka] 囡《古語》[薬局などの] 店の奥の部屋

rebozar [r̃eboθár] 9 他 ❶《料理》[フライなどの] 衣をつける : ~ croquetas コロッケに衣をつける. ❷ [衣服などで顔を] 覆う, 隠す : ~ la cara con la bufanda マフラーで顔を隠す. ❸ [+de で] ひどく汚す, 汚れだらけにする

rebozo [r̃eboθo] 男 ❶ はっきり言わないこと : No me vengas con ~s. 奥歯に物がはさまったような言い方をするな/とぼける. sin ~[s] 歯に衣を着せずに, 腹蔵なく. ❷《中南米. 服飾》ショール

de ~ こっそりと, 隠れて

rebrincar [r̃ebriŋkár] 7 [喜んで] 跳びはねる；《闘牛》[牛が暴れて] はね回る

rebrotar [r̃ebrotár] 自 再び芽が出る : En primavera rebrotan las plantas. 春には草木が再び芽をふく

rebufo [r̃ebúfo] 男 ❶ [砲弾発射時の砲口・砲尾の] 爆風. ❷《自転車など》後流, ドラフティング

rebujar [r̃ebuxár] 他 しわくちゃにする；くるむ

◆ ~se 自分の体を包む : Se rebujó con las mantas. 彼は毛布にくるまった

rebujo [r̃ebúxo] 男 ❶ 包んだ(くるんだ・まとめた)もの；くしゃくしゃに丸めたもの. ❷ [糸・紙などの] もつれたかたまり

rebullir [r̃ebuʎír] 21 自分 rebullendo 自/ ~se [静かだったのが] 動き始める, うごめく : Cuando entré, el niño rebulló en la cama. 私が入ると子供はベッドの中で体を動かした

rebusca [r̃ebúska] 囡 ❶ 捜索, 探索. ❷ [収穫後の] 摘み残し, 落ち穂；残りかす

rebuscado, da [r̃ebuskáðo, ða] 形 過分 [文体など] 凝った；気どった文体を書く : estilo ~ 気どった文体. escritor ~ 気どった文体の作家. argumento ~ ひねった筋書き

rebuscamiento [r̃ebuskamjénto] 男 気どり, わざとらしさ

rebuscar [r̃ebuskár] 7 他 [+en・entre から, 念入りに] 探す : i) ~ datos (los montones de basura) 資料(ごみの山)をあさる. ~ setas キノコ狩りをする. ~ racimos de uva ブドウの摘み残しを探す. ~ en su bolsillo unas monedas 小銭がないかポケットをさぐる. ii) [直接目的なしで] Rebusqué por toda la casa, pero no pude encontrarlo. 私は家中探し回ったが見つけることができなかった

rebusque [r̃ebúske] 男《南米》アルバイト, パート労働

rebuznar [r̃ebuθnár] 自 [ロバが] 鳴く

rebuzno 男 ロバの鳴き声

recabar [r̃ekabár] 他 ❶ [頼みこんで, +de から] 獲得する : Recabamos su ayuda moneta-

ria. 私たちはやっとのことで彼らの資金援助を得
た. ❷ [当然の権利として] 要求する, 主張する:
~ libertad (independencia) 自由(独立)を
要求する

recadero, ra [r̃ekaðéro, ra] 图 メッセンジャ
ーボーイ, お使いさん

recado [r̃ekáðo] 團 〖英 message〗❶ 伝言,
メッセージ; [第三者に託して送る] 荷物: ¿Quie-
re usted dejarle algún ~? 彼に何かことづけは
ありますか? Quiero darte un ~ de su parte.
彼からのことづけを君に伝えたいのだが. chico de
los ~s メッセンジャーボーイ. ❷ よろしくとの挨拶
〖recuerdos〗: Déle usted ~s (un ~) de mi
parte a su madre. お母さまによろしくお伝えくだ
さい. ❸ [時に. 外出する] 用事, 買い物:
Salgo a hacer unos ~s. ちょっと用足しに行って
きます. Julia vuelve de un ~. フリアは用事
から戻ってくる. ❹ 匿名 用具: ~ de escribir 筆
記用具. ❺《中南米》鞍と馬具
coger (*tomar*) *el* ~ 伝言を書きとめる: Si
viene alguien en mi ausencia, *coge*
(*toma*) *el* ~. 留守中に誰か来たら用件を聞い
ておいてください

recaer [r̃ekaér] 44 圓 〖過分 recaído, 現分
recayendo〗❶ 再び落ちる(倒れる). ❷ [+en
病気などに] 再び陥る: Ha recaído y está en
el hospital. 彼は病気が再発して入院中だ. Ha
recaído en la bebida. 彼はまた飲酒癖が戻った.
La conversación recayó en el mismo tema
que ayer. 話は昨日と同じ話題に戻った. ❸ [恩
恵・好運が, +en の] 手に入る: El premio *ha
recaído en* quien menos lo merecía. [結局]
一番ふさわしくない人が受賞した. ❹ [責任・効
力などが, +sobre の] 及ぶ: Las sospechas
recayeron sobre él. 疑いは彼に向けられた. El
nuevo sistema *recae sobre* los nuevos
miembros. 新制度は新会員に適用される. ❺
《まれ》[+a に] 面する. ❻ [アクセントが] かかる:
El acento *recae en* (*sobre*) la penúltima
sílaba. アクセントは終わりから2番目の音節にか
かる

recaída [r̃ekaíða] 囡 [病気などの] 再発:
tener una ~ 病気がぶり返す

recalar [r̃ekalár] 圓 ❶《航船》陸地を視認す
る. ❷ [人が] 姿を現わす; [風・潮が] 届く, 達す
る. ❸《中南米》行き着く, たどり着く

recalcar [r̃ekalkár] ❼ 佪 ❶ 押しつける; 詰め
込む. ❷ 強調する, 強く言う: i) ~ la impor-
tancia 重要性を強調する. ~ una frase (una
sílaba) ある句(音節)にアクセントを置く. ii) [+
que+接続法] Le *recalqué que* no faltara a
la clase. 私は彼に授業を休まないように念を押し
た
◆ 圓 [船が] 傾く
◆ ~se 言葉をかみしめるように言う

recalcitrante [r̃ekalθitránte] 厖 頑固な, 自
分の非を認めようとしない

recalentar [r̃ekalentár] 23 佪 ❶ 過熱させる;
[食物などを] 温め直す
◆ ~se ❶ 過熱する: Se recalentó el motor.
エンジンがオーバーヒートした. ❷《俗語》発情する

recalentamiento 團 過熱, オーバーヒート; 再
び熱めること; ~ global 地球温暖化

recalmón [r̃ekalmón] 團 突然の凪(ⁿ)ぎ

recalzar [r̃ekalθár] ⑨ 佪 [苗などに] 寄土(盛
土)をする; 補強する
recalzo 團《建築》支え, 補強

recamar [r̃ekamár] 佪 [金糸・銀糸・真珠など
で] 刺繍(ⁿⁿ)する, 縫い取りする: vestido
recamado en oro 金の縫い取りのあるドレス
recamado 團 刺繍, 縫い取り

recámara [r̃ekámara] 囡 ❶《古語》衣装部
屋, 納戸 〖vestidor〗. ❷ [銃の] 薬室. ❸ 用
心, 遠慮: obrar con ~ 慎重に行動する. tener
mucha ~ うちとけない, よそよそしい. hombre con ~ 下心のある男. ❹《中
南米》寝室, その家具 〖alcoba〗

recamarera [r̃ekamaréra] 囡《中米》客室
係, メード

recambiar [r̃ekambjár] ⑩ 佪 取り替える:
~ una pieza 部品を替える

recambio [r̃ekámbjo] 團 ❶ 取り替え, 交換:
rueda de ~ スペアタイヤ. ❷ 交換部品, スペア
〖piezas de ~〗; [ボールペンの] 替え芯: ~s de
automóvil 自動車の(予備)部品

recapacitar [r̃ekapaθitár] 佪 圓 熟考する:
Recapacita tu plan antes de ponerlo en
práctica. 計画を実行に移す前によく考えなさい

recapitular [r̃ekapitulár] 佪 圓 要点を繰返す;
要約する: Voy a ~ lo dicho en la clase
anterior. 前の授業で述べたことを要約します
recapitulación 囡 1) 要点の繰返し; 要約:
~ de una exposición 〖巻末につける〗論文の
概要. 2)《生物》生化学的反復

recarga [r̃ekárga] 囡 再び積み込むこと; 再装
填(充電): tiempo de ~ 充電時間

recargable [r̃ekargáβle] 厖 再充電できる

recargado, da [r̃ekargáðo, ða] 厖 過分 装
飾の多すぎる: estilo ~ 凝りすぎた文体

recargar [r̃ekargár] ⑧ 佪 ❶ …に再び荷積み
する; 再び詰める, 詰め替える: ~ un barco 船に
[再び]貨物を積み込む. ~ una pipa パイプにた
ばこを詰める. ~ un fusil 銃を装填する. ~ una
cámara カメラのフィルムを交換する. ❷ 荷を過積
載する: ~ un camión por encima del límite
制限重量以上にトラックに荷積みする. ❸ [刑・
義務などを] 重くする: Le *recargaron* el traba-
jo. 彼はさらに仕事を負わされた. ~ los impues-
tos 税を重くする. ❹ [+de を] 詰め(入れ)すぎ
る; 重荷を負わせる: El profesor nos *recarga*
de trabajos. 先生は私たちに大量の宿題を出す.
❺ 飾りすぎる: ~ una habitación 部屋をごてご
てと飾りたてる. ❻ …に課徴金(追徴金)を課す
る. ❼《電気》再充電する
◆ ~se ❶ 重荷を負う; 自分を飾りたてる: Ella
se recarga de joyas. 彼女はやたらに宝石で飾り
たてている. ❷《医学》[熱などが] さらに高くなる:
Se recargó de fiebre. 彼はまた熱が上がった.
❸《中米》[+contra に] 寄りかかる, もたれる

recargo [r̃ekárgo] 團 ❶ 追加の積み荷. ❷ 追
加料金, 課徴金; 重加算税, 延滞税, 追徴金:
envío a domicilio sin ~ 配達無料.

externo《保険》〔事務・証券発行〕手数料. ❸
《医学》高熱

recatar [r̄ekatár] 他 隠す
◆ **〜se ❶** [+de から] 隠れる：〜se de la
gente 人目を避ける. **❷** [自分の] …を隠す；慎
重になる, 遠慮する：〜se de sus virtudes 自分
の美点を表に出さない. Nunca se recata de
decir lo que piensa. 彼はいつも思っていることを
率直に言う. sin 〜 se 率直に, ためらわずに
recatado, da 形 過分 慎重な；[主に女性に]
慎み深い, 控えめな：mirada 〜da 伏し目がちな
視線

recato [r̄ekáto] 男 しとやかさ, 慎み；遠慮；慎
重さ：Las chicas paseaban con 〜. 娘たちは
しとやかに散歩していた. hablar sin 〜 包み隠さ
ず(ずけずけ)話す. guardar 〜 控えめにふるまう

recauchar [r̄ekautʃár] 他 ＝racauchutar

recauchutar [r̄ekautʃutár] 他 [タイヤに] 踏
み面をつけ直す：neumático recauchutado 再
生タイヤ
recauchutado 男 タイヤの再生

recaudación [r̄ekauðaθjón] 女 ❶ 集金
〔高〕, 徴収〔額〕；収入〔額〕：〜 de donativos
寄付金集め, 募金. 〜 de impuestos 収税,
税. 〜 por impuestos 租税収入. hacer una
buena 〜 かなりの収入を得る. ❷ 収税局, 収税
事務所

recaudar [r̄ekauðár] 他 [会費・寄付・税金な
どを] 集金する, 徴収する：〜 fondos benéficos
チャリティ募金をする. 〜 un millón de pesetas
por impuestos 税金として 100 万ペセタ取る
recaudador, ra 形 収税(集金)の. ◆ 名 収
税官〔〜 de impuestos〕；集金人

recaudo [r̄ekáuðo] 男 **poner (estar) a**
[buen] 〜 厳重に保管する(されている)

rección [r̄e(k)θjón] 女 [←regir]《言語》支
配

recebo [r̄eθéβo] 男 [道路の] 敷き砂, 砂利；
[目減りした樽に加える] 補充分
recebar 他 砂(小石)を敷く；[樽に] 補充する

recelar [r̄eθelár] 他 疑う, 信用しない
◆ 自 [+de を] 疑う, 信用しない：A pesar de
sus afirmaciones de monarquismo la dere-
cha recela de él. 彼は王政主義を表明している
にもかかわらず保守派から信用されていない

recelo [r̄eθélo] 男 疑い：mirar con 〜 疑いの
目で見る. Tengo 〜 de él. 私は彼を信用してい
ない
receloso, sa [r̄eθelóso, sa] 形 疑い深い：
Es un hombre 〜. 彼は猜疑心が強い. mirada
〜sa 疑惑のまなざし, さぐるような目つき

recensión [r̄eθensjón] 女《文学・科学に関す
る》新聞・雑誌の〕評論, 書評

recental [r̄eθentál] 形 乳離れしていない〔子
羊・子牛〕, 乳飲みの

recepción [r̄eθepθjón] 女《英 receipt, re-
ception》❶ 受け取ること：Acusamos 〜
de su envío.《手紙》貴便拝受いたしました. 〜
de donativos 寄付の受領. ❷ 歓迎〔会〕, レセ
プション：El rey dio una 〜 para los emba-
jadores. 国王は大使たちのレセプションを開いた.

❸ 入会〔式〕, 加入：〜 del nuevo académico
アカデミア新会員の入会式. ❹ [ホテル・会社など
の] 受付, フロント：Avisaré a 〜 para que nos
reserven una buena habitación. いい部屋をと
ってくれるようにフロントに連絡しよう. En 〜 no
hay nadie. 受付には誰もいない. dejar la llave
en 〜 フロントに鍵を預ける. preguntar en 〜
受付で尋ねる. ❺《放送》受信

recepcionista [r̄eθepθjonísta] 名 受付(フ
ロント)係, 接待係

receptáculo [r̄eθeptákulo] 男 ❶ 容器
〔recipiente〕；[集積する] 穴. ❷ シェルター, 避
難所. ❸《植物》花托(な)

receptivo, va [r̄eθeptíβo, ba] 形 [教育・文
化について] 受け入れる〔能力のある〕；感受性の
強い；影響されやすい：auditorio 〜 反応の早い
聴衆

receptividad 女 受容性, 理解力；感受性

receptor, ra [r̄eθeptór, ra] 形 受け取る：
comerciante 〜 de la mercancía robada 故
買屋. país 〜 受入国, 受益国
◆ 名 ❶《医学》[血液・臓器の] 被提供者：〜
universal 万能受血者. ❷《言語》受信者〔〜
emisor〕. ❸《アメフト》レシーバー；《野球》キャッ
チャー：〜 abierto ワイドレシーバー
◆ 男 受信機, レシーバ〔aparato 〜〕；ラジオ：〜
de ondas cortas 短波受信機. 〜 de toda
onda オールウェーブレシーバ. 〜 de cabeza ヘ
ッドホン

recesar [r̄eθesár] 自《中南米》[一時的に] 休
業(休会)する

recesión [r̄eθesjón] 女 ❶ 景気の後退, 不景
気〔〜 económica〕；[生産・販売などの] 落ち
込み. ❷ 後退；下降：〜 del glaciar 氷河の後
退. 〜 de la fiebre 熱が下がること

recesivo, va [r̄eθesíβo, ba] 形 ❶ 不況の,
景気を後退させる. ❷《生物》劣性の：herencia
〜va 劣性遺伝. carácter 〜 劣性形質

receso [r̄eθéso] 男 ❶《南米》休業；休会：
entrar en 〜 休業に入る, 休会に入る. ❷《天文》
〜 del sol 太陽が赤道から離れること

receta [r̄eθéta] 女 ❶〔薬の〕処方〔箋〕〔〜
médica〕：llevar una 〜 a la farmacia 処方
箋を薬局に持って行く. ❷ 調理(料理)法, レシ
ット, レシピ〔〜 de cocina〕；[一般に] やり方,
こつ：〜 para vivir feliz 幸福に暮らす秘訣

recetar [r̄eθetár] 他 処方する：El
médico me recetó esta medicina amarga.
医者がこのにがい薬を私に処方してくれた

recetario [r̄eθetárjo] 男 集名 処方；方法：〜
de cocina 料理書

rechace [r̄etʃáθe] 男《サッカー》リバウンド

rechazar [r̄etʃaθár] 他 ❶ [きっぱりと] 拒
絶る, 却下する：〜 la demanda 要求をはねつ
ける. 〜 una apelación 上告を棄却する. 〜
una tentación 誘惑を退ける. ❷ 撃退する, はね
返す：〜 al enemigo 敵を追い払う. Este
pavimento rechaza la pintura. この舗装はペ
ンキを受けつけない. ❸《医学》…に拒絶反応を示
す

rechazo [r̄etʃáθo] 男 拒絶；《医学》拒絶(拒

否)反応
de ～ はね返って；余波として，間接的に

rechifla [r̄etʃífla] 囡〖抗議・不満を表わす〗口
笛，やじ

rechiflar 砲 圓〖…に〗口笛を吹く；やじる．◆
～se〖…を〗からかう，冷やかす

rechinar [r̄etʃinár] 圓 ❶ きしむ：La puerta
rechina al abrirse. そのドアは開ける時きしむ．
Le *rechinan* los dientes cuando duerme. 彼
は眠っている時歯ぎしりする．❷〖口語〗不平を言
う
◆ 砲 きしませる
◆ **～se**〖中南米〗焦げつく

rechinamiento 男 きしむ音，キーキーいう音；
歯ぎしり

rechistar [r̄etʃistár] 圓 言葉にならない音を発
する，何かを言う〖主に否定文で〗：Obedece sin
～. ぶつぶつ言わずに従いなさい．Le insultaron,
pero no *rechistó*. 彼はののしられたが一言も言い
返さなかった

rechoncho, cha [r̄etʃóntʃo, tʃa] 形〖人・動
物が〗ずんぐりした，太って背の低い

rechupete [r̄etʃupéte] 囲〖口語〗とても良
い・良く，すばらしい：Esta comida está de ～.
この食事はとてもおいしい．Lo pasamos de ～.
私たちは大変楽しく過ごした．Todo le salió
de ～. すべて彼にとってうまくいった

reciario [r̄eθjárjo] 男〖古代ローマ〗網闘士

recibí [r̄eθibí] 男〖R～〗領収済み；〖受け取り
の〗サイン：poner el ～ en... …に受け取りの
サインをする

recibidor [r̄eθibiðór] 男 玄関ホール，ロビー；
控えの間

recibimiento [r̄eθibimjénto] 男 ❶ 応接，
面接；歓迎，接待：hacer (dispensar) a+人
un entusiasta ～ …を熱烈に歓迎する．❷ ＝
recibidor

recibir [r̄eθibír] 砲〖英 receive〗❶ 受け
取る，もらう；領収する〖↔dar〗：i) 受け
He recibido su carta. 私は彼から手紙をもらっ
た．*Recibimos/Recibido.*〖領収書で〗確かに
受け取りました．～ un regalo プレゼントをもらう．
～ ayuda 援助を受ける．～ un premio 受賞す
る．～ una clase 授業を受ける．ii) 〖受容〗
Este río *recibe* muchos afluentes. この川には
多くの支流が流れ込む．No *recibe* alimentos.
彼は食べ物を摂っていない（受けつけない）．iii)
〖評価〗Su propuesta fue mal *recibida*. 彼の
提案は悪くとられた（認められなかった）．iv)〖行
為の対象〗～ un bofetón 平手打ちを食らう．
Aquí la madera *recibe* una capa de barniz.
ここの木部にはニスが塗ってある
❷〖客〗迎え入れる，応接する：Nos *han
recibido* muy fríamente. 私たちはひどく冷たく
あしらわれた．La *recibieron* en casa de los
marqueses. 彼女は侯爵家に招かれた．El doc-
tor *recibe* todos los días. 先生は毎日診察して
くれる．～ a+人 en la cocina …を台所で応
待する
❸ 受諾する：*Recibimos* su invitación con
mucho gusto. 喜んでご招待をお受けします

❹ 迎えに行く：Voy a ～te a la estación. 駅
まで迎えに行く

❺〖攻撃・危険などを〗待ち構える，待ち受ける：
～ con palos 棒を持って待ち構える

❻ 受信する

❼〖建築〗固定する，受け止める：～ con yeso
un marco しっくいで枠を止める

❽〖音楽〗レシーブする

❾〖闘牛〗〖闘牛士が止めを刺すために牛を〗待ち
構える

◆ 圓 応接する，接客する：El médico no
recibe hoy. その医者は今日は休診だ

◆ **～se**〖中南米〗卒業する；〖+de 称号などを〗
受ける：Se *recibió de* abogado. 彼は弁護士の
免許をとった

recibo [r̄eθíbo] 男 ❶ 領収書，レシート：expe-
dir el ～ 領収書を出す．❷ 受け取ること，受領
acusar ～〖商業〗〖+de の〗受領を通知する：
Acusamos ～ de su atenta carta. 貴状拝受
しました．*Acusamos* ～ de la suma ...pe-
setas. …ペセタ確かに受け取りました
estar de ～〖人が主語．訪問を受ける時に〗
きちんとした服装をしている：Todavía no *estoy
de* ～. 私はまだ用意ができていない．2)〖物が主
語〗i)〖法的に・契約から見て〗受け入れられる：
Estas piezas, con tantas taras, no *están
de* ～. この部品は欠陥だらけで受け入れがたい．
ii) よさそうに見える：Ese pastel *está de* ～. そ
のケーキはおいしそうだ
ser de ～ ＝estar de ～ 2)

reciclaje [r̄eθikláxe] 男 ❶〖技術〗再生処理，
リサイクリング．❷〖技術者などの〗再教育，再訓
練

reciclable 形 再生（リサイクル）できる

reciclado/reciclamiento 男 ＝reciclaje

reciclar 砲 ❶〖…を〗再生処理（再利用）する：papel
reciclado 再生紙．2) 再教育する

recidiva [r̄eθiðíba] 囡〖医学〗〖回復後すぐの〗
病気の再発，ぶり返し

reciedumbre [r̄eθjeðúmbre] 囡〖←recio〗
強さ：～ de las convicciones 信念の強さ．～
de la voz 声の大きさ

recién [r̄eθjén] 副 ❶〖+過去分詞〗…したばか
りの：La sopa está ～ hecha. スープは出来たて
だ．edificio ～ construido 新築のビル．pan
～ sacado del horno オーブンから出したての
パン，焼きたてのパン．los ～ casados 新婚ほやほ
やの夫婦．los ～ llegados 新たに到着した
人々，新参者．❷〖中南米〗i) ちょっと前に：
R～ llegamos de viaje. 私たちは今旅行から帰っ
たところだ．ii) たった今：R～ salí, empezó a
llover. 私が出かけるとすぐ雨が降り出した．iii)
わずかに，ようやく：～ en 1936 1936年早々に．～
ayer ほんの昨日．～ aquí まさにここで

reciente [r̄eθjénte] 形〖絶対最上級：《文語》
recentísimo，《口語》recientísimo〗❶ 最近
の：noticia ～ 最新のニュース．suceso ～ 最近
の出来事．❷ 出来たての：pan ～ 焼きたてのパ
ン

recientemente 副 最近，近ごろ，少し前に：
Ha venido a Japón muy ～. 彼はつい最近日

本に来た

recinto [r̃eθínto] 男 周囲を囲まれた場所, 構内 : Había mucha gente en el ~ ferial. 見本市会場には大勢の人がいた. ~ de la universidad 大学キャンパス. ~ de un templo 寺院の境内. ~ amurallado (fortificado) 城内

recio, cia [r̃éθjo, θja] 形 ❶ [ser+.+de が] 頑丈な; 太い, 厚い : Es ~ de cuerpo. 彼はたくましい体をしている. hombre ~ たくましい(いかつい)男. árbol ~ 太い木. cuerda *recia* 太縄. pared *recia* 厚い壁. ❷ 激しい; 厳しい : dar una *recia* bofetada 強く平手打ちする. *recia* discusión 激論. pena *recia* 厳罰. ~ invierno 厳冬. ❸ [声が] 大きい : voz *recia* 大声 ◆ 副 ❶ 激しく : llover ~ 激しく雨が降る. pegar ~ ひどく殴る. luchar ~ 激しく戦う. ❷ 大声で : hablar ~ 大声で話す

recipiendario, ria [r̃eθipjendárjo, rja] 名 [儀式によって迎えられる] 新会員 : discurso de ingreso del ~ 入会挨拶のスピーチ

recipiente [r̃eθipjénte] 男 容器 : Déme algún ~ en que se pueda meter el pescado. 何か魚を入れる入れ物をください

reciprocar [r̃eθiprokár] 自 他《中南米》[受けた行為に対して] 同様のお返しをする

reciprocidad [r̃eθiproθiðáð] 女 相互性; 《経済》互恵主義 『~ comercial』: en ~ お返しに, お礼に

recíproco, ca [r̃eθíproko, ka] 形 ❶ 相互の : acción ~*ca* 相互作用. amistad ~*ca* 互いの友情. concesiones ~*cas* 互譲. verbo ~ 相互動詞『再帰動詞の用法の一つ』. ❷ 逆の, 相反する : sentimientos ~*s* 相反する感情. ❸《数学》逆数の ◆ 男《数学》逆数 *a la* ~ 逆に, 逆もまた同じに *estar a la* ~*ca* [受けた恩恵・友情に対して] 同じようにお返しをする用意がある

recirculación [r̃eθirkulaθjón] 女 [資本・資金の] リサイクル

recitación [r̃eθitaθjón] 女 暗誦, 朗唱

recitado [r̃eθitáðo] 男 ＝recitación ; recitativo

recital [r̃eθitál] 男 リサイタル, 独唱(独奏)会; [主に作詩者による詩の] 朗唱 : dar un ~ de piano ピアノのリサイタルを開く *dar un* ~ 実力(力の差)を見せつける

recitar [r̃eθitár] 他 ❶ 暗誦する; 朗唱する : ~ un poema 詩を朗唱する. ❷《音楽》[レチタティーヴォを] 歌う

recitativo 男《音楽》レチタティーヴォ, 叙唱

reclamación [r̃eklamaθjón] 女 ❶ [正当な権利の] 要求, 請求; 主張 : ~ salarial 賃上げ要求. ~ de una indemnización 損害賠償請求. ❷ 異議申し立て, 抗議; 苦情, クレーム : formular una ~ 異議(苦情)を申し立てる. libro (hoja) de *reclamaciones* [ホテルなどに備えつけられ, 客が当局に訴えるための] 苦情書き込み帳 (用紙)

reclamar [r̃eklamár] 他 ❶ [当然の権利として, +a に] 要求する, 請求する ; [権利などを] 主張する : ~ a+人 el pago de una deuda …に借金の返済を要求する. ~ su parte 分け前を要求する. ~ un billete 切符の提示を要請する. ❷《法律》[犯罪者の] 引渡しを求める; 召喚する. ❸ 必要とする : La herida *reclama* mucho cuidado de la enfermera. その傷の手当てには看護婦はとても注意がいる. ❹ [reclamo で鳥を] 呼ぶ, おびき寄せる ◆ 自 [+contra に] 抗議する, 異議を唱える ; 苦情を言う : ~ *contra* la injusticia 不正に抗議する. ~ *contra* una decisión 決定に異議を述べる. ~ ante los tribunales 裁判に訴える. Me han vendido un coche defectuoso ; iré a la tienda a ~. 私は欠陥車を買わされたので, 店に行って苦情を言うつもりだ

reclame [r̃eklámе] 男/女《←仏語. 南米》広告

reclamo [r̃eklámo] 男 ❶ [他の鳥を呼ぶ] 鳥の鳴き声; 《狩猟》[鳥をおびき寄せるための] 鳥笛 : caza al ~ 鳥笛を使った狩猟. ❷ 送り記号〖llamada〗. ❸《主に中南米》おとり : ~ publicitario [おとり]広告. ❹《南米》苦情, クレーム

reclinar [r̃eklinár] 他 [+sobre・contra に] 寄りかからせる, もたせかける : ~ la cabeza *sobre* el hombro de+人 …の肩に頭をもたせかける. ~ los maderos *contra* la pared 丸太を壁に立てかける ◆ ~se 寄りかかる : Se reclinó *sobre* el sofá. 彼はソファーの背にもたれかかった

reclinatorio [r̃eklinatórjo] 男 ❶ 祈禱台〖ロカット〗. ❷ 寝椅子, ソファ; もたれかかるもの

recluir [r̃eklwír] 他 [過分 recluyendo] [+en に] 閉じこめる : La *recluyeron en* el convento. 彼女は修道院に押しこめられた. La enfermedad me *recluyó en* casa. 私は病気で外出できなかった ◆ ~se 閉じこもる : Se *recluyó en* el campo. 彼は田舎に引きこもった

reclusión [r̃eklusjón] 女 ❶ 監禁, 幽閉; 隠遁(いん)〖生活〗. ❷ 監禁(隠遁)場所. ❸《法律》[prisión より厳しい] 懲役 : pena de ~ perpetua 無期懲役刑. ~ mayor 20年以上30年以下の懲役刑. ~ menor 12年以上20年以下の懲役刑

recluso, sa [r̃eklúso, sa] 名 監禁(幽閉)されている人; 囚人, 受刑者

recluta [r̃eklúta] 名 召集兵, 志願兵; 新兵 : ~ disponible 予備兵 ◆ 女 徴兵, 募兵〖reclutamiento〗; 募集

reclutamiento [r̃eklutamjénto] 男 ❶ 徴兵, 募兵; 医名 同年次兵. ❷ 募集 : ~ de técnicos 技術者の募集

reclutar [r̃eklutár] 他 ❶ 徴兵(徴募)する. ❷ 募集する : ~ aspirantes 志願者を募る

recobrar [r̃ekoβrár] 他 [失っていたものを] 取り戻す, 回復する : ~ la salud (el sentido・el honor) 健康(意識・名誉)を回復する. ~ el dinero 金を取り戻す

◆ **~se ❶** [+de 失ったものを] 取り戻す: *Se ha recobrado de*l robo. 彼は盗まれたものを取り戻した. **❷** 健康を回復する；正気を取り戻す: *Se recobró de*l todo. 彼はすっかり元気になった. *~se de* la muerte de su madre 母の死から立ち直る

recocer [r̃ekoθér] ① ㉙ 〘☞cocer 活用〙⑩ **❶** 《料理》再び煮る(炊く)；焼きすぎる, 煮すぎる. **❷** 《金属》焼きなおする

◆ **~se** [怒り・わだかまりなどに] 燃える: Está *recocido* por haber llegado el último. 彼はビリになったのでかっとなっている

recochineo [r̃ekotʃinéo] 男 《西. 口語》単で あざけり: Se rieron con ~ de mí. 彼らは私を嘲笑した

recochinear ~se [+de 事物を] あざける

recodo [r̃ekóðo] 男 [道・川の] 曲がり角: En un ~ del camino me crucé con un anciano. 道の角で私は老人とすれ違った

recogedor [r̃ekoxeðór] 男 ちりとり: amontonar la basura en el ~ ごみをちりとりに集める

recogemigas [r̃ekoxemíɣas] 男 〘単複同形〙卓上クリーナー

recogepelotas [r̃ekoxepelótas] 男 〘単複同形〙《テニス》ボールボーイ, 球拾い

recoger [r̃ekoxér] ③ 〖英 pick up, gather〗⑩ **❶** 拾う, 拾い集める: i) ~ el billete del suelo 床から切符を拾い上げる. ~ la basura ごみを拾う. ii) 〔自然に〕Esta chaqueta *recoge* mucho polvo. この上着はほこりがつきやすい. ~ humedad 湿気る

❷ [色々な所から] 集める，貯める；[主に金を] 少しずつ貯める: ~ dinero (prendas de vestir) para una campaña benéfica 慈善運動のために金(衣類)を集める. ~ datos データを集める. A los seis años de trabajar ya *había recogido* un buen caudal. 働き始めて6年で彼はもうかなりの資産を貯め込んでいた

❸ [預けた物などを] 引き取る: Ha venido a ~ la bicicleta que me encargó. 彼は私に預けた自転車を取りに来た. ~ una carta que hay en el buzón 郵便受けから手紙を取り出す. ~ la ropa 洗濯物を取り込む

❹ [約束の場所へ] 迎えに行く: Pasaré a ~te a las siete. 7時に迎えに寄るよ

❺ [果実を] 摘む: ~ aceitunas オリーブの実を取り入れる

❻ [成果を] 収める；[結果を] 被る: ~ el premio 〔授賞式に出席して〕賞を受ける. La nueva reglamentación *recogía* grandes mejoras para los trabajadores. 新しい規則では労働者にとって大幅な改善がなされた

❼ 丸める；折り畳む: ~ el mantel テーブルクロスを畳む. ~ la persiana ブラインドを上げる

❽ [道具などを] しまう, 片付ける: ~ los juguetes おもちゃを片付ける

❾ 泊める，面倒を見る；[+en に] 収容する: A la muerte de sus padres, le *recogió* su tío. 両親が死ぬと, 叔父が彼を引き取った. Le *recogieron en* un reformatorio. 彼は少年院に入れられた

❿ [服の] すそをたくし(まくり)上げる；短く詰める: ~ la falda varios centímetros スカートのたけを数センチ詰める

⓫ 考慮に入れる

⓬ [警察が刊行物を] 押収する

◆ 自 片付ける, 整頓する

◆ **~se ❶** [自分の服を] たくし(まくり)上げる；[自分の髪を] 短く詰める: *Se recogió* los pantalones. 彼はズボンのすそをたくし上げた. *Se recogió* el pelo en un moño. 彼女は髪をアップに結った. 〔睡眠・祈りなどのために〕寝室に引き込む, 帰宅する: En casa todos *nos recogemos* pronto. 私の家ではみんな夜が早い. **❸** [+en に] こもる: *~se en* un convento 修道院にこもる. *~se en* sus pensamientos 考えにふける

recogida[1] [r̃ekoxíða] 女 **❶** 集める(引き取る) こと；取り入れ: ~ de la basura ごみの収集. Hicimos una buena ~ de limones. レモンがたくさんとれた. ~ de equipaje 〔空港の〕手荷物受取(所). **❷** [休む・寝るため] 引きこもり, 退出: Ya es hora de ~. もう寝る時間だ

recogido, da[2] [r̃ekoxído, da] 形 過分 **❶** [場所が] 人目につかない；小ぢんまりとした, 居心地のよい. **❷** 引きこもった；[女性が] 修道院に入った: Lleva una vida muy *~da*. 彼女は隠遁生活を送っている. **❸** 詰められた: falda *~da* 短いスカート. pelo ~ ショートヘア, ショートカット

◆ 男 [柔らかい物の] 小さな積み重ね: un ~ de tela 布の山

recogimiento [r̃ekoximjénto] 男 **❶** [精神的な] 集中: rezar con ~ 一心に祈る. **❷** 隠遁, 隠棲: vivir en ~ 隠遁生活をする

recolección [r̃ekole(k)θjón] 女 **❶** 収穫 〔物・期〕, 取り入れ: ~ de la aceituna オリーブの摘み取り. **❷** 収集: ~ de informaciones 情報の収集

recolectar [r̃ekolektár] 他 **❶** 収穫する, 取り入れる: ~ el trigo 麦を刈り入れる. **❷** [金などを] 集める, 募金する

recolector, ra 形 名 収穫する〔人〕；集金人

recoleto, ta [r̃ekoléto, ta] 形 **❶** 辺鄙(♷)な, 人気(♳)のない. **❷** 隠遁者；修道士, 修道女

◆ 名 隠遁者；修道士, 修道女

recombinación [r̃ekombinaθjón] 女 《生物》遺伝子組み替え〔~ genética〕

recomendable [r̃ekomendáble] 形 推奨できる: hombre poco ~ あまり勧められない人物. [ser ~+不定詞・que+接続法] No es ~ *que* a estas horas de la noche salga sola. 夜こんな時間に女性が一人で外出するのは感心しない

recomendación [r̃ekomendaθjón] 女 推薦, 推奨；勧告, 忠告: por la ~ de+人 …の勧めによって. carta de ~ 推薦状, 紹介状. ~ del alma 《カトリック》〔臨終での〕救霊の祈り

recomendado, da [r̃ekomendáðo, da] 形 名 過分 **❶** 推薦された〔人〕；コネを持つ〔人〕. **❷** 《南米》書留の

recomendar [r̃ekomendár] ㉓ 他 **❶** 推薦する, 推奨する；勧告する, 忠告する: Le *he recomendado* mucho esa película. 私は彼にそ

の映画を強く勧めた. [+que+接続法 するように] Me recomendaron que me portara bien en su casa. 彼の家では行儀よくするように私は言われた. ❷ [保護を] 依頼する 〖encomendar〗. ❸ 推挙する: Le recomiendo este chico; es muy formal. この少年をお勧めします. とてもまじめな子です. Te he recomendado ante el jefe de personal. 君のことは人事部長によく言っておいたからね. ❹ [言動が] 価値を保証する: Tu puntualidad te recomienda. 時間に正確なところが君のとりえだ

recomenzar [r̃ekomenθár] ⑨ ㉓ 〖☞em-pe*zar* 活用表〗 圓 再び始める, 再開する

recomer [r̃ekomér] **~se** = reconcomerse

recompensa [r̃ekompénsa] 囡 褒賞(ほうしょう), ほうび: 報酬: buenas acciones dignas de ~ 褒賞に値する立派な行ない. en ~ de… …のごほうびとして. recibir la ~ 報いを受ける

recompensar [r̃ekompensár] 他 …に報いる, 褒賞(ほうび)を与える: Voy a ~ a quien encuentre mi maletín. 私のかばんを見つけてくれた人にはお礼をさしあげます. Estudia con perseverancia, y verás recompensados tus esfuerzos. 辛抱して勉強したまえ. そうすれば君の努力は報われるよ
◆ [+por に] 報いる

recomponer [r̃ekomponér] ⑥⓪ 他 〖過分 recomp*uesto*〗 ❶ 組み立て直す, 作り直す; 修繕する. ❷ 飾り立てる
◆ **~se** ❶ 盛装する, めかし込む. ❷ ~se el peinado 髪を直す

recompra [r̃ekómpra] 囡 買い戻し

reconcentrar [r̃ekonθentrár] 他 ❶ [+en に] 集中させる: ~ todos los vehículos en la plaza 全車両を広場に集結させる. ~ todos sus odios en+人 憎しみのすべてを…に向ける. ❷ [内に] 込める: ~ la pasión amorosa 愛情を内に秘める. ❸ 濃縮する
◆ **~se** [精神を] 集中する, 専心する: Se reconcentra en la lectura. 彼は読書に専念している

reconcentrado, da 形 過分 精神を集中した; 内にこもった, 内向的な

reconciliación [r̃ekonθiljaθjón] 囡 ❶ 和解, 仲直り: ~ nacional 国民的和解. ❷ 《宗教》〖遺聖された教会の〗復聖; [異端者・破門された人などの] 教会復帰, 赦免

reconciliar [r̃ekonθiljár] ⑩ 他 [+con と] 和解させる, 仲直りさせる: ~ al padre con su hijo 父と息子を和解させる
◆ **~se** 和解する: ~se con los enemigos 敵と和睦する

reconcomer [r̃ekoŋkomér] 他 不快にする, いらだたせる
◆ **~se** [+de 羨望などで] 悩む, 苦しむ: Se reconcomió de celos. 彼は嫉妬にかられた(身を焦がした)

reconcomio 男 執拗な欲求, 熱望

recóndito, ta [r̃ekóndito, ta] 形 〖奥深くに〗 隠された, 秘かな: lugar ~ 人目につかない場所. lo más ~ del asunto 問題の核心. en lo más

~ del alma 心の奥底で, 秘かに

recondítez 囡 隠された(知られていない)もの(こと), ミステリー; 奥深さ

reconducir [r̃ekonduθír] ㊶ 他 [賃借契約を] 更新する, 延長する
reconducción 囡 更新

reconfirmar [r̃ekonfirmár] 他 [予約を] 再確認する: Quiero ~ el billete. 切符の予約のリコンファメーションをしたいのです
reconfirmación 囡 予約の再確認

reconfortar [r̃ekonfortár] 他 [精神的・肉体的に] 元気づける, 励ます: Una taza de café me reconfortó. コーヒー1杯で私は元気が出た
reconfortante 元気づける: palabras ~s 励ましの言葉

reconocer [r̃ekonoθér] ㊴ 他 〖英 recognize, admit〗 ❶ [見覚え・聞き覚えのあるものを] それとわかる, 認識する: Estaba tan envejecido que me costó mucho ~lo. 大変年を取っていたので私はなかなか彼だとはわからなかった. ¿Me reconoce usted? 私のことを覚えていますか?
❷ [+por・en で] 見分ける, 識別する: Es difícil ~ a los gemelos. ふたごを見分けるのは難しい. La reconocí por sus andares (en el andar). 歩き方で私は彼女だとわかった. ~ la voz 声を聞き分ける. ~ el cadáver 遺体を確認する
❸ 認める, 承認する: i) Reconozco que él tiene razón. 彼が正しいことは認めます. ~ su error 自分の誤りを認める. ~ su firma 自分のサインだと認める. hijo reconocido 認知された子. nuevo gobierno reconocido en el extranjero 外国から承認された新政府. ii) [+por・como として] Te reconocerán como el mejor. 君が最高だと認められるさ. ~ a+人 por jefe …をボスと認める
❹ 調べる, 検査する; 《軍事》偵察する: ~ a un enfermo 病人を診察する. ~ toda la casa 家捜しする
❺ …に感謝する, 謝意を表わす: Reconoceré sus favores con largueza. 彼の親切には十分にお礼をするつもりだ
◆ **~se** ❶ [+por で] 識別される: Se le reconoce por su manera de andar. 歩き方で彼だとわかる. ❷ [+主格補語] 罪を認める: Se ha reconocido causante (culpable) de la rotura. 壊したのは自分だと認めた. ❸ 自分を…と認める: Manuel se reconoce como hombre inteligente. マヌエルは頭がいいと自認している. ❹ 自分の姿を認める: Se reconoce en su hijo. 彼は息子の中に自分を見る思いだ

reconocible [r̃ekonoθíble] 形 識別できる, それとわかる

reconocido, da [r̃ekonoθíðo, ða] 形 過分 《文語》[estar+] 感謝している 〖agradecido〗: Le estoy (quedo) muy ~ por… …を大変ありがとうございます

reconocimiento [r̃ekonoθimjénto] 男 ❶ 識別, 認識: ~ de la voz 《情報》音声認識. ❷ 承認, 認知. ❸ 調査, 探査; 偵察; [医学的

な] 検査: ir de 〜 検査(偵察)に行く. avión de 〜 偵察機. 〜 aéreo 空中査察. 〜 médico 診察. ❹《文語》感謝, 謝意: Mi 〜 durará mientras viva. ご恩は一生忘れません. en 〜 a.../como 〜 por... …の返礼に

reconquista [r̃ekoŋkísta] 囡 再征服, 奪還; [R〜] レコンキスタ《キリスト教徒によるアラビア人からのスペイン国土回復運動. 711-1492 年》

reconquistar [r̃ekoŋkistár] 他 再び征服する, 奪回する: 〜 una ciudad 町を奪回する. 〜 su popularidad 人気を取り戻す

reconsiderar [r̃ekonsiðerár] 他 考え直す, 再考する

reconstituir [r̃ekonstitwír] 48 他《既分 reconstituyendo》❶ 再構成する: 〜 el accidente 事故を再現する. 〜 la sociedad 会社を立て直す. 〜 el partido 党を再建する. ❷《医学》再生(回復)させる: 〜 los tejidos 組織を再生させる
◆ 〜se 再構成される; 再生する
reconstitución 囡 再構成

reconstituyente [r̃ekonstitwijénte] 男 強壮剤

reconstrucción [r̃ekonstru(k)θjón] 囡 再建, 復興

reconstruir [r̃ekonstrwír] 48 他《既分 reconstruyendo》再建する, 復興する; 作り直す, 復元する: 〜 la parte dañada del edificio ビルの壊れた箇所を作り直す. 〜 un aparato de radio ラジオを組み立て直す. 〜 la escena del crimen 犯行現場を再現する. 〜 los recuerdos 記憶をよみがえらせる

recontar [r̃ekontár] 28 他 ❶ 再び数える, 計算し直す; 注意深く数える(計算する): Contó y recontó el dinero. 彼は金を2度数えた. ❷ 再び語る

reconvenir [r̃ekombenír] 59 他《既分 reconviniendo》❶ [穏やかに] 叱る, いさめる, 諭す. ❷《法律》反訴する
reconvención 囡 いさめ, 諭し; 反訴

reconvertir [r̃ekombertír] 33 他《既分 reconvirtiendo》[産業・工場などを, +en に] 再転換する
reconversión 囡 再転換: 〜 industrial 産業再編成

recopa [r̃ekópa] 囡 チャンピオン大会

recopilación [r̃ekopilaθjón] 囡 ❶ 収集, 集大成: 〜 de los datos 資料集め. ❷ 選集: 〜 de fábulas 寓話集. 〜 de poemas españoles スペイン詩選. ❸ 法規集: 〜 de leyes》: R〜 フェリーペ2世の命令で作られた法規集《1567年》. Nueva R〜 新法規集《1775年》. Novísima [R〜] 最新法規集《1805年》. ❹ 要約
recopilar [r̃ekopilár] 他 ❶《資料などを》収集する; [一冊に] まとめる, 集大成する

recórcholis [r̃ekórtʃolis] 間 [奇異・驚嘆・怒り] 何てことだ, とんでもない!

récord [r̃ekor] 男《園 〜s》《←英語》[新]記録: alcanzar (establecer) un 〜 新記録を作る. batir un 〜 記録を破る. tener un 〜 記録を持っている. poseedor del 〜 mundial 世

界記録保持者. [同格的に, 名詞+] recaudación en [un] tiempo 〜 あっという間に

recordación [r̃ekorðaθjón] 囡《文語》想起: digno de 〜 記憶すべき

recordar [r̃ekorðár] 28 他《英 remember, remind. ↔olvidar. ☞活用表》❶ 思い出す: Recordaba con nostalgia mi niñez. 私は子供のころのことを懐しく思い出していた. No recuerdo su nombre de ninguna manera. どうしても彼の名前が思い出せない
❷ 覚えている, 覚えておく: ¿Me recuerda usted? 私を覚えていますか? Lo recuerdo como si hubiera sido ayer. それは昨日のことのように覚えている. Tienes que 〜 esta escena. 君はこの光景を覚えておかなければならない. [+que+直説法] Recuerdo que Ortega estimaba su actitud. オルテガが彼の態度を尊敬していたのを覚えている
❸ [+a+人 に] 思い出させる, 忘れないようにさせる: i) Recuérdame que mañana salimos temprano. 明日発つことを私を思い出させないように注意してくれ. ii) 連想させる: Su voz me recuerda a alguien. 彼の声を聞くと私は誰かのことを思い出す
❹ 注意を喚起する: La OMS, en un informe, recuerda que la enfermedad causa sufrimientos a millones de personas. WHOは報告書の中でその病気で数百万人が苦しんでいると警告している
❺《手紙》Mi (Muy) recordado amigo [旧友に] 拝啓
❻《中南米》レコードに吹き込む, 録音する
◆ 自/〜se《中南米》目を覚ます
desde que recuerdo 私が覚えている限りでは
si mal no recuerdo 私の記憶に間違いがなければ

recordar	
直説法現在	接続法現在
recuerdo	recuerde
recuerdas	recuerdes
recuerda	recuerde
recordamos	recordemos
recordáis	recordéis
recuerdan	recuerden

recordatorio, ria [r̃ekorðatórjo, rja] 形 思い出させる
◆ 男 ❶ 通知, 通告: mandar un 〜 antes de reclamar judicialmente la deuda 法的な借金返済請求をする前に通知状を送る. ❷ [初聖体拝領・死亡など, 主に宗教的な版画の] 記念カード, 思い出のしおり

récordman [r̃ekordman] 男《←英語》記録保持者《囡 は récordwoman》

recorrer [r̃ekor̃ér] 他《英 traverse》❶ [くまなく] 歩き回る; [距離を] 踏破する: 〜 las calles 街を歩き回る. 〜 Europa ヨーロッパを巡る. La policía recorrió toda la casa. 警察は家中くまなく捜索した. Ya he recorrido 3.000

km. 私は既に 3 千キロ走破した． ❷［全体を］見渡す；［本などに］ざっと目を通す，流し読みする：～ el periódico 新聞にざっと目を通す

recorrido [r̃ekor̃íðo]〔男〕❶ 歩き回ること，踏破． ❷ 行程，路程；経路，道筋：Este tren hace el ～ entre Madrid y París. この列車はマドリード＝パリ間を運行している． tren de largo ～ 長距離列車． ～ de un autobús バス路線． ～ turístico 観光ルート． Han alfombrado de flores todo el ～ de la procesión. 行列の通る道はすべて花が敷き詰められた． ❸［いくつかの点に関する］叱責． ❹《ゴルフ》ラウンド；《スキー》コース

recortable [r̃ekortáβle]〔男〕切り抜き絵

recortado, da [r̃ekortáðo, ða]〔形〕〔過分〕短く刈った：Lleva el pelo ～ por encima de las orejas. 彼は耳の上まで髪を刈り上げている． ❷ 鋸歯(きょし)状の，ぎざぎざになった：costas ～das 鋸歯状の海岸線
◆〔女〕銃身を短く切った散弾銃

recortar [r̃ekortár]〔他〕❶ 短く切る，刈る：Recórteme solamente el flequillo. 前髪だけ切ってください． ❷ 切り取る，切り抜く：～ del periódico un artículo 新聞から記事を切り抜く． ❸ 切り詰める：～ el jornal (el presupuesto) 日給(予算)をカットする． ❹《美術》…の輪郭を描く
◆ ～se《文語》[+sobre を背景に] 浮かび上がる

recorte [r̃ekórte]〔男〕❶ 切り抜くこと；[新聞などの] 切り抜き：hacer ～s スクラップする． álbum de ～s スクラップブック． Su libro está hecho de ～s. 彼の本はつぎはぎ細工(独創性がない)． ❷ 切り抜き絵〖recortable〗． ❸《経済》切り詰め：～ en el presupuesto 予算の削減． ～ de los impuestos 減税． ❹〔複〕裁ちくず；[金属などの] 削りくず． ❺《闘牛》牛の角から身をかわすこと

recoser [r̃ekosér]〔他〕ざっと繕う，かがる

recostar [r̃ekostár]〔28〕〔他〕[立った・座った状態で上半身を, +en に] もたせかける：Recostó la cabeza en la almohada. 彼は頭をクッションにうずめた
◆ ～se 寄りかかる，もたれる：Se recostó en un sillón. 彼は椅子に寄りかかるように座った

recova [r̃ekóβa]〔女〕❶ 鶏卵・鶏肉を売る屋台；《古語》屋根付きの市場；《南米》アーケード

recoveco [r̃ekoβéko]〔男〕❶ [道・川などの] 屈曲：pasillo con muchos ～s 曲がりくねった(迷路のような)小道． asunto con muchos ～s 入り組んだ(複雑な)事件． ❷ 隅，隠れた場所：conocer todos los ～s de la ciudad 町のすみずみまで知っている． ～ del alma 心の奥底(ひだ)． ❸［主に 複〕婉曲な言い方，遠回しなやり方：Tiene muchos ～s. 彼は持って回った言い方をする(態度を明確にしない)． sin ～s 率直に，ざっくばらんに

recrear [r̃ekreár]〔他〕❶ 再創造する，作り直す． ❷ 楽しませる，喜ばせる
◆ ～se [+en・con で] 楽しむ，気晴らしをする：～se con la música clásica クラシック音楽を

聞いて楽しむ． ～se en leer 本を読んで楽しむ
recreación〔女〕＝recreo

recreativo, va [r̃ekreatíβo, βa]〔形〕気晴らしの，娯楽の，レクリエーションの：función ～va 演芸会． salón ～ ゲームセンター
◆〔男〕ゲームセンター

recremento [r̃ekreménto]〔男〕《生理》再帰液

recreo [r̃ekréo]〔男〕❶ 気晴らし，娯楽，レクリエーション：Mi único ～ es dar un paseo con el perro. 私の唯一の気晴らしは犬との散歩だ． barco de ～ 遊覧船． lugar de ～ 行楽地． viaje de ～ 物見遊山，観光旅行． ❷［学校の] 休み時間〖hora de ～〗：durante el ～ 休み時間中に． ❸ 行楽地，遊び場所

recriar [r̃ekrjár]〔I〕〔他〕[新しい牧場などで] 飼育する
recría〔女〕飼育

recriminar [r̃ekriminár]〔他〕非難する：Me recriminó por mi falta de advertencia. 彼は私の不注意をとがめた
recriminación〔女〕非難

recristalización [r̃ekristaliθaθjón]〔女〕再結晶

recrudecer [r̃ekruðeθér]〔39〕〔他〕[悪いことを] 再激化させる，悪化させる
◆〔自〕／～se ぶり返す；悪化する：Recrudecía la criminalidad. 犯罪が再び凶悪化した． El frío (se) ha recrudecido. 寒さがぶり返した． Se recrudecerá el tiempo. 天候が悪化しそうだ
recrudecimiento〔男〕再激化；悪化：～ de la guerra 戦争の再燃． ～ de una enfermedad 病気のぶり返し

recta¹ [r̃ékta]〔女〕❶《数学》直線〖línea ～ta〗． ❷《スポーツ》直線コース：～ final 最後の直線コース；《比喩》終盤戦

rectal [r̃ektál]〔形〕《解剖》直腸の：temperatura ～ 肛門体温

rectamente [r̃éktaménte]〔副〕まっすぐに；正確に

rectangular [r̃ektaŋgulár]〔形〕❶ 直角の；[図形が] 直角を1つ以上持つ：triángulo ～ 直角三角形． ❷ 四角形の：mesa ～ 四角いテーブル

rectángulo, la [r̃ektáŋgulo, la]〔形〕[図形が] 直角を1つ以上持つ〖rectangular〗
◆〔男〕長方形，長方形

rectificar [r̃ektifikár]〔7〕〔他〕❶ まっすぐにする：～ una fila 列を正す． ❷ 訂正する：～ un cálculo 計算(間違い)を直す． ～ un error 誤りを正す． ～ una información 情報を訂正する． ～ un plan 計画を修正する． ❸［行ないなどを］正す；矯正する：Rectifica tu conducta. 態度を改めろ． ～ sus palabras 言葉づかいを改める． ❹ [+人 に] 反論する． ❺ [器具を] 調整する． ❻《化学》精留する． ❼《電気》整流する
◆ ～se [自分の言ったことを] 訂正する
rectificable〔形〕訂正できる
rectificación〔女〕訂正(したもの)；精留；整流
rectificador〔男〕《電気》整流器
rectilíneo, a [r̃ektilíneo, a]〔形〕❶ 直線の，

R

直線で形成された. ❷ [性格が] まっすぐな, 曲がったことが嫌いな

rectitud [r̃ektitú(đ)] 囡 まっすぐなこと；正しさ, 公正さ

recto, ta² [r̃ékto, ta] 厖 〖英 straight〗 ❶ まっすぐな, 直線の : camino ～ まっすぐな道；最善の手段. nariz ～ta 鼻すじの通った鼻. silla con el respaldo ～ 背のまっすぐな椅子. andar con la espalda ～ta 背筋を伸ばして歩く. [副詞的] Fui ～ hacia él. 私はまっすぐ彼の方に行った. ❷ [性格が] まっすぐな, 正直な；[意図などが] 正当な : funcionario ～ 清廉な役人. juez ～ 公正な裁判官. ❸ [語義が] 本来の, 文字どおりの〖↔figurado〗 : sentido ～ de esa palabra その単語の本来の意味. ❹ [解釈・翻訳などが] 正確な. ❺ [ページ・紙の] 右の, 表の〖↔verso〗

◆ 剾 まっすぐに : Siga esta calle todo ～. この通りをまっすぐ行きなさい

◆ 男 ❶ 右 (表) ページ. [解剖] 直腸. ❸ [ボクシング] ～ de izquierda (derecha) 左 (右) ストレート

rector, ra [r̃ektór, ra] 厖 指導 (支配) 的な；主要な : idea ～ra 大勢を占める意見. país ～ del mundo 世界の指導国. principio ～ 指導原理

◆ 囝 ❶ [大学の] 学長；[神学校の] 校長. ❷ 指導者；最高責任者

◆ 男 ❶ 教区司祭 (párroco). ❷ 主潮 : ～ del pensamiento 思想の主潮

rectorado 男 学長の職 (任期)；学長室
rectoral 厖 学長の. ◆ 囡 司祭館
rectoría 囡 司祭館；学長の職 (職務)

rectoscopia [r̃ektoskópja] 囡 《医学》直腸鏡検査

recua [r̃ékwa] 囡 ❶ [荷役用の] 馬 (ロバ) の一団. ❷ 《軽蔑》連続する人 (事物) : una ～ de problemas 次々と起こる問題

recuadro [r̃ekwáđro] 男 ❶ 四角い枠 : señalar con un ～ 四角で囲んで示す. ❷ [新聞などの] 囲み記事

recubrir [r̃ekubrír] 他 〖過分 recubierto〗 [+con・de 薄い層で] 全面的に覆う : El orín recubre la hoja de la navaja. さびがナイフの刃一面を覆っている. Recubrió su cuerpo con un aceite bronceador. 彼はサンオイルを体に塗った
recubrimiento 男 覆うこと；被覆

recuelo [r̃ekwélo] 男 二番煎じのコーヒー
recuento [r̃ekwénto] 男 〖←recontar〗 数え直し；一つ一つ数え上げること : hacer el ～ de votos 票を数え直す (集計する). ～ sanguíneo 《医学》血球数 [測定]

recuerdo [r̃ekwérđo] 男 〖←recordar〗 ❶ 思い出, 追憶 : 記憶 : Este cuadro me trae a la memoria ～s de mi juventud. この絵を見ると若いころのことが思い出される. Lo de hoy será un buen ～. 今日のことはよい思い出になるだろう. Su muerte aún está viva en nuestro ～. 彼の死はまだ私たちの記憶に新しい. dejar un buen ～ a (en) + 人 … によい思い出を残す. como ～ de... …の思い出として, 記念に. ❷ 思い出の品, 記念の品 : Este anillo es un ～ de mi madre. この指輪は母の形見だ. ❸ 土産品；それに書かれている絵や言葉 : comprar unos ～s del país en el aeropuerto 空港で土産物を買う. ❹ 圏 [第三者を介しての挨拶] Dale ～s a tu madre. お母さんによろしく. ¡Adiós! R～s a tu mujer. さようなら！奥さんによろしく

recular [r̃ekulár] 自 ❶ 後退する : hacer ～ un coche 車をバックさせる. ❷ 《口語》譲歩する；しりごみする
reculada 囡 後退, 譲歩
reculones [r̃ekulónes] a ～ 《口語》後ずさりして, 後ろへ

recuperable [r̃ekuperáble] 厖 ❶ 回復できる : envase no ～ 再利用不能の容器. ❷ [休んだ分の] 埋め合わせをすべき
recuperación [r̃ekuperaθjón] 囡 ❶ 回復 : ～ de la vista 視力の回復. ～ de un retraso 遅れの取り戻し. ～ de un país 国の復興. ❷ 再利用；回収 : ～ de los desechos 廃品再利用. ❸ 《経済》反騰；景気の回復 〖～ económica〗. ❹ 《西》examen de ～ 再 (追) 試験
recuperar [r̃ekuperár] 他 ❶ 回復する；取り戻す : ～ la salud (el conocimiento) 健康 (意識) を回復する. ～ la tierra perdida 失地を回復する. ～ la joya robada 盗まれた宝石を取り返す. ❷ 再利用する；回収する : ～ chatarra くず鉄を再利用する. ～ artículos defectuosos 不良品を回収する. ～ una astronave 宇宙船を回収する. ❸ …の埋め合わせをする : Tengo que trabajar el sábado para ～ el día que estuve enfermo. 私は病気した日の分を土曜日に働かなければならない. ❹ [再試・追試を] 受ける : ～ las dos asignaturas 2 科目追試を受ける

◆ ～se ❶ [+de から] 立ち直る : Se ha recuperado de su tristeza (su fracaso). 彼は悲しみ (失敗) から立ち直った. ❷ 健康 (元気・意識) を回復する

recurrente [r̃ekur̃énte] 厖 ❶ 再帰 (再現) する, 反復して発生する : fiebre ～ 回帰熱. ❸ 《解剖》[神経などが] 反回性の
◆ 囝 《法律》上訴人

recurrir [r̃ekur̃ír] 自 ❶ [+a に] 助けを求める, 頼る : ～ a los parientes 親戚に援助を求める. no tener a quien ～ 頼る人がない. ～ a la huelga ストライキに訴える. ❷ 《法律》上訴 (控訴・上告) する : ～ contra la sentencia 判決を不満として上告する. ～ al tribunal supremo 最高裁に控訴する

recursivo, va [r̃ekursíbo, ba] 厖 《南米》才能のある

recurso [r̃ekúrso] 男 ❶ 手段 : sin excluir ～ alguno 手段を選ばずに. como (en) último ～ 最後の手段として. No hay otro ～. ほかに手がない. Es hombre de ～s. 彼は敏腕家だ. ❷ 圏 資力；資源 : pobre en ～s 財産のない；資力の乏しい. ～s económicos お金, 資金. ～s externos 海外資金. ～s humanos 人的

資源. ～s hidráulicos (de agua) 水資源. ～s naturales 天然資源. ～s turísticos 観光資源. ❸ 〖法律〗上訴, 控訴, 上告 〖～ de apelación〗; 訴状: ～ contencioso administrativo 行政不服審判請求. ～ de amparo [憲法裁判所への] 保護申し立て. ～ de casación [最高裁による] 前判決の破棄. ～ de urgencia 急速審理(手続き), 行政処分

recusar [r̄ekusár] 他 ❶ [正当な権利として] 拒否する. ❷ 〖法律〗[陪審員などを] 忌避する
recusación 囡 拒否; 忌避〔申し立て〕

red [r̄é(d)] 囡 〖英 net〗 ❶ 網: i) pescar con ～ 網で漁をする. echar (tender) la ～ 網を打つ(張る). ～ de pesca 漁網. ～ de cerco 巻き網. ～ del aire かすみ網. ～ fija 定置網. ～ de alambre 鉄条網. ii) 網棚. iii) ヘアネット: Se ponía una ～ en el pelo. 彼女は髪にネットをかけていた. iv) 《スポーツ》ネット: La pelota ha dado (tropezado) en la ～. ボールがネットにひっかかった
❷ [交通・通信などの] 網状組織: ～ aérea 航空網. ～ de carreteras 〔幹線〕道路網. ～ 〔de emisoras〕 de televisión テレビのネットワーク. ～ de espionaje スパイ(諜報)網. ～ de supermercados スーパーマーケットのチェーン. ～ ferroviaria (de ferrocarriles) 鉄道網. ～ hidrográfica 水路網. ～ telefónica 電話網. ～ vascular 血管網. tender una ～ de pesquisas 捜査網を張る
❸ [電気・ガスなどの] 本線, 幹線; コンセント
❹ 図表, グラフ: ～ de estadísticas 統計グラフ
❺ a): He caído en sus ～es maliciosas. 私は彼の悪質なわなにかかった. tender una ～ a+人 …にわなを仕掛ける. coger a+人 en la(s) ～[es] …をわなにかける
❻ 《光学》格子
aprisionar a+人 en sus ～es …を恋の虜にする; だまして支配する

redacción [r̄eða(k)θjón] 囡 ❶ [文書などの] 作成, 起草. ❷ 編集〔部・室〕; [新聞社の] 整理部: mandar un artículo a la ～ 編集部に記事を送る. consejo de ～ 編集会議. ❸ [学校の] レポート, 作文

redactar [r̄eðaktár] 他 ❶ [文書などを] 作成する, 書く: ～ un artículo 記事を書く. ～ una instancia 請願書を書く. ～ un contrato 契約書を作成する. ❷ 編集する: ～ un diccionario 辞典を編集する
◆ 自 文章を書く, 作文する

redactor, ra [r̄eðaktór, ra] 圀 ❶ 書く人; [文書の] 作成者: ～ publicitario (de textos・de anuncios) コピーライター. ❷ 編集者, 編集部員; 整理部員: ～ jefe 編集長

redada [r̄eðáða] 囡 ❶ 《漁業》網を打つ(張る)こと; 〖集名〗網にかかったもの: coger una buena ～ de peces 大漁である. ❷ 一斉検挙, 手入れ; 〖集名〗それによる逮捕者: La policía hizo una ～ en esta casa. 警察がこの家を手入れした. La policía cogió una ～ de carteristas. 警察はすりの一団を捕えた

redaño [r̄eðáɲo] 圐 ❶ 《解剖》腸間膜 〖mesenterio〗. ❷ 圐 気力, 勇気: hombre de muchos ～s 肝が据わった男

redargüir [r̄eðarǥwír] 48 〖ü+y>uy. ☞ar-güir 活用表〗 他 [相手の論法を使って] 反論する

redecilla [r̄eðeθíʎa] 囡 ❶ ヘアネット; 買物網; 網棚. ❷ 《反芻動物の》第二胃

redecir [r̄eðeθír] 64 他 〖過分 redicho, 現分 rediciendo〗 再び言う; 念を押す: Se lo dije y se lo redije. 私は彼に何度も念を押した

rededor [r̄eðeðór] 圐 《古語》*en (al)* ～ [+de の] 周囲に 〖alrededor〗

redención [r̄eðenθjón] 囡 〖←redimir〗 ❶ [身代金の支払いによる] 解放. ❷ 救済; [キリストによる] 贖罪(ㄴㄥ), 罪の贖(ㄤㄲ)い

redentor, ra [r̄eðentór, ra] 圏 ❶ 救済の; 《キリスト教》贖罪の(人): el R～ 贖い主 〖イエス・キリストのこと〗. R～ del mundo 救い主〖イエス・キリストのこと〗
meterse a ～ 出しゃばる

redentorista [r̄eðentorísta] 图 レデンプトール修道会会員
◆ 圐 圏 レデンプトール修道会

redescubrir [r̄eðeskuβrír] 他 再発見する

redescuento [r̄eðeskwénto] 圐 《商業》再割引

redicho, cha [r̄eðítʃo, tʃa] 圏 圀 過分《軽蔑》気どった話し方をする(人)

rediez [r̄eðjéθ] 間 〖口語〗[奇異・驚嘆・怒り] 何てことだ! 〖rediós の婉曲的な言い換え〗

redil [r̄eðíl] 圐 [家畜の] 囲い場
volver al ～ [放蕩などから] 立ち直る, まともになる; 元の組織に戻る, 復帰する

redimir [r̄eðimír] 他 ❶ [+de から] 救い出す; [身代金などを払って] 解放させる: ～ a+人 de la ignorancia …を無知から救い出す. ～ cautivos 捕虜を請け出す. ❷《キリスト教》救済する: ～ el género humano 人類を贖(ㄤㄲ)う. ❸ [抵当などから] 請け戻す; 買い戻す: ～ una finca de una hipoteca 地所の抵当を外させる
◆ ～se [堕落などから] 立ち直る

redingote [r̄eðiŋgóte] 圐 〖服飾〗乗馬用コート; [18・19 世紀の] フロックコート

rediós [r̄eðjós] 間 〖口語〗[奇異・驚嘆・怒り] 何てことだ!

rediseñar [r̄eðiseɲár] 他 …のデザインを一新する

redistribuir [r̄eðistriβwír] 48 他 再配分する, 分配し直す

rédito [r̄éðito] 圐 [主に 圏] 利子, 利息; 収益: prestar dinero a ～ 利子付きで金を貸す

redituar 14 他《主に南米》[利子を] 生む; [収益を] あげる

redivivo, va [r̄eðiβíβo, βa] 圏《文語》生き返った; よみがえった: Esta muchacha es su madre ～va. この娘は〔死んだ〕母親の生き写しだ

redoblado, da [r̄eðoβláðo, ða] 圏 過分 ❶ [人が] 頑強な, たくましい. ❷ 強化された: paso ～《軍事》速足〔並足の 2 倍〕

redoblante [r̄eðoβlánte] 圐 [軍楽隊用の] 長太鼓

redoblar [r̃eðoßlár] 他 ❶ 強化する, 倍加させる: ~ sus esfuerzos 努力に努力を重ねる. ~ la vigilancia 警戒をさらに厳重にする. ~ sus gritos ひときわ声を張り上げる. ❷ [釘の頭・布の縁などを] 折り曲げる. ❸ 《トランプ》[ビッドに] ダブルをかける.
◆ 自 太鼓を打ち鳴らす

redoblamiento 男 強化; 激化

redoble [r̃eðoßle] 男 強化; 太鼓の連打; 《トランプ》ダブル

redoma [r̃eðoma] 女 《化学》レトルト, 蒸留器

redomado, da [r̃eðomáðo, ða] 形 札つきの, 抜け目のない: pillo ~ 名うての悪党

redomón, na [r̃eðomón, na] 形 《中南米》[馬などが] 完全には馴れていない

redonda[1] [r̃eðónda] 女 《印刷》[イタリックやボールドに対して] ロマン体 [letra ~da]; 《音楽》全音符
  a la ~ 周囲に: Conoce a todo el mundo a cien leguas *a la* ~. 彼はかなり遠くまで周辺の人たちをみんな知っている

redondamente [r̃eðóndaménte] 副 きっぱりと

redondear [r̃eðondeár] 他 ❶ 丸く (丸い形に) する. ❷ 完成する, 仕上げる: ~ el pacto 協定を成立させる. ❸ 端数を切り捨てる, 四捨五入する: *Redondea* el precio en un millón de pesetas. 値段を切りのいいところで100万ペセタにしたまえ. ❹ 《服飾》すその長さをそろえる
  ~ por defecto (exceso) 25センチモより小さい数を切り捨てる (大きい数を切り上げる)
◆ **~se** ❶ 丸くなる; 太る. ❷ 金持ちになる: *Se ha redondeado* especulando. 彼は投機で財を成した

redondeado, da 形 過分 [ほぼ] 丸い

redondel [r̃eðondél] 男 ❶ [口語] 円, 輪: hacer un ~ 円を描く. ~*es* de humo [たばこの] 煙の輪. ❷ [闘牛場の] 砂場 [☞ plaza カット]

redondela [r̃eðondéla] 女 《南米》= **redondel**

redondez [r̃eðondéθ] 女 ❶ 丸さ; 球面: ~ de la figura 体の丸み. ❷ 円壁さ; なめらかさ
  en toda la ~ de la tierra 世界中で

redondilla [r̃eðondíʎa] 女 《詩法》4行詩 [脚韻が ABBA]; 《印刷》ロマン体 [letra ~]

redondo, da[2] [r̃eðóndo, ða] 形 《英 round》
❶ 丸い, 円形の, 球形の: El estanque es casi ~. その池はほぼ円形だ. La Tierra es ~*da*. 地球は丸い. lápiz ~ 円柱形の鉛筆. mesa con las esquinas ~*das* 角の丸いテーブル. ❷ 完璧な; なめらかな, まろやかな: triunfo ~ 完全な勝利. sonido ~ 快い音. El negocio ha salido ~. ほろい商売だった. ❸ 端数のない: número ~ 切りのいい数, 概数. en números ~*s* 端数を切り捨てて (切り上げて), 概数で. suma ~*da* 端数を切り捨てた (切り上げた) 額. ❹ 明確な, 断定的な: un "no" ~ きっぱりした「否」. ❺ 《闘牛》[パセが] 回転しながらの
  caer [en] ~ 意識を失って倒れる
  en ~ 1) 円を描いて, 一回転して: Giró *en* ~.

彼はUターンした/ぐるりと一回転した. 2) きっぱりと: Se negó *en* ~ a asistir a la reunión. 彼は会合への出席をきっぱり断った. 3) 周囲に: El árbol tiene cinco metros *en* ~. その木は周囲が5メートルある
  punto ~ [議論の] 終止符, けり
◆ 男 ❶ 円形 (球形) のもの. ❷ 《西. 料理》[骨盤のくぼみの] もも肉 [☞ carne カット]

reducción [r̃eðuk(k)θjón] 女 ❶ 縮小 [↔ ampliación]; 削減, 減少; 割引き: ~ de la jornada laboral 労働時間の短縮. ❷ 制圧, 平定: ~ de los sublevados 反乱の鎮圧. ❸ 《数学》~ de una fracción 約分. ~ de quebrados a un común denominador 通分. ❹ 《医学》整復; 《化学》還元; 《写真》減力. ❺ 《自動車》低速ギアへの切り換え. ❻ 《歴史》レドゥクシオン, 先住民指定地 [植民地時代に聖職者たちがインディオへの伝道を目的に南米に建設した村]

reduccionismo [r̃eðuk(k)θjonísmo] 男 《生物・論理》還元主義

reducido, da [r̃eðuθíðo, ða] 形 過分 狭い, 小さな; 限られた: vivir en una casa muy ~*da* ごく小さな家で暮らす. espacio ~ 限られたスペース. precio ~ 廉価, 割引価格

reducidor, ra [r̃eðuθiðór, ra] 男 女 《南米》故買屋 [perista]

reducir [r̃eðuθír] 自 他 [英 reduce. ☞ 活用表] ❶ 縮小する; [+a にまで] 減らす, 削減する, 減少させる: ~ una fotografía 写真を縮小する. ~ la velocidad 速度を落とす. ~ los impuestos 減税する. ~ el equipaje *a la* mitad 荷物を半分に減らす. ~ los gastos en un (el) 10 por ciento 出費を10%減らす. ❷ 要約する: ~ la conferencia *a* diez minutos 講演 [の内容] を10分で要約する. ❸ [人を, +a の状態に] 追いやる; [+a que+接続法] 説得する: ~ a los indígenas *a* obediencia 原住民を服従させる. Lo *redujeron* a que se marchara. 彼は説得されて立ち去った. ❹ [物事を, +a に] 変える; 帰着させる, 単純化する; 換算する: El fuego *redujo* la casa *a* cenizas. 火事で家が灰になった. Este fallo *ha reducido* sus esfuerzos *a* la nada. この失敗で彼の努力は水泡に帰した. ~ la descripción del ambiente *a* unos cuantos trazos 状況の説明を数語で片付ける. ❺ [小さい単位に] 換算する; 《数学》約分 (通分) する: ~ kilogramos *a* gramos キログラムをグラムに直す. ~ los duros *a* pesetas ドゥーロ [硬貨] をペセタに換える. ❻ 制圧する, 平定する: El ejército *redujo* a los sublevados. 軍隊は暴徒を鎮圧した. ❼ 《医学》整復する. ❽ 《化学》還元する; [物質を構成要素に] 分解する: hierro *reducido* 還元鉄. ❾ 《写真》[陰画を] 減力する. ❿ 《南米》故買をする
◆ 自 ❶ 《自動車》ギアを下げる. ❷ 《料理》[ソースなどが] 煮つまる
◆ **~se** ❶ 生活を切り詰める: *Me reduje a* ir en bicicleta. 私は倹約して自転車を使うことにした. ❷ 帰着する; 結局は…だけのことになる: El

cristal *se redujo a* trizas. ガラスは粉々になった. Todo *se redujo a* un chisme de vecindad. すべて近所の噂話にすぎないことがわかった. ❸ [+a+不定詞] …するだけにとどめる: *Redúcete a* cumplir tu obligación. 自分の義務だけを果たしていればよいのだ. ❹ =⃝ ❷

reducir	
直説法現在	直説法点過去
reduzco	reduje
reduces	redujiste
reduce	redujo
reducimos	redujimos
reducís	redujisteis
reducen	redujeron
接続法現在	接続法過去
reduzca	redujera, -se
reduzcas	redujeras, -ses
reduzca	redujera, -se
reduzcamos	redujéramos, -semos
reduzcáis	redujerais, -seis
reduzcan	redujeran, -sen

reducto [r̄eðúkto] 男 ❶ 消えゆく文化などの残る場所(集団), 最後の砦〖el último 〜〗. ❷ [城塞の] 砦, 本丸. ❸ わび住まい〔の場所〕, 隠遁生活

reductor, ra [r̄eðuktór, ra] 形 《化学》還元する: llama 〜*ra* 還元炎 ◆ 男 ❶ 還元剤. ❷《自動車》〜 de velocidad 減速装置

redundancia [r̄eðundánθja] 女 冗長, 贅言(ﾍﾞﾝ);〔同じ表現の〕重複 **redundante** 形 冗長な;余分の: expresión 〜 冗長(余分)な表現

redundar [r̄eðundár] 自 ❶ [+en という] 結果になる: El pacto *redunda en* beneficio (perjuicio) de este país. 条約はこの国の利益(不利益)となる. ❷ 過剰になる

reduplicar [r̄eðuplikár] 他 ❶ 強化する, ぐんと増やす, 《まれ》2倍(2重)にする: 〜 el esfuerzo なお一層の努力をする. ❷《言語》[文字・音節を] 重ねる **reduplicación** 女 1) 強化. 2)《文法》重複〔形〕;加重音節

reedición [r̄eeðiθjón] 女 再版, 重版
reedificar [r̄eeðifikár] 他 ❶ 再建する. ❷ 回復する: 〜 la confianza en sí mismo 自信を取り戻す **reedificación** 女 再建;再興, 再起
reeditar [r̄eeðitár] 他 再版する, 重版する
reeducación [r̄eeðukaθjón] 女 機能回復指導, リハビリテーション;再教育 **reeducar** 他 …にリハビリテーションを施す;再教育する
reelegir [r̄eelexír] 4 他 〖☞regir 活用表. 現分 reeligiendo〗再選する **reelección** 女 再選
reembarcar [r̄eembarkár] 7 他 積み換える;再乗船させる **reembarque** 男 積み換え;再乗船

reembolsar [r̄eembolsár] 他 返済する;払い戻す, 償還する: *Reembolsaré* mañana todo lo que le debo. 借りている金は明日全額返します. 〜 un adelanto 前払い金を返す **reembolsable** 形 返済(償還)可能
reembolso [r̄eembólso] 男 返済〔金〕;払い戻し〔金〕, 償還: 〜 de obligaciones 社債の償還 *a* (*contra*) 〜 代金引換え払いで: entrega (envío) *contra* 〜 代金引換え渡し(送り), COD

reemplazar [r̄eemplaθár] 9 他 ❶ [+en で, +por によって] …に代わる, …の代理(代用)をする: Lo *he reemplazado en* el cargo de presidente. 私は彼の代わりに議長をつとめた. Me hice 〜 *por* el Sr. Blázquez *en* ese oficio. 私はその役目をモレノ氏に代わってもらった. ❷ 取り替える: 〜 una bombilla 電球を替える. 〜 la vieja lavadora 古くなった洗濯機を買い替える

reemplazo [r̄eemplá θo] 男 ❶ 代理;取り替え, 代替. ❷ 《軍事》召集兵, 同年兵
reemprender [r̄eemprendér] 他 《文語》再び取りかかる
reencarnación [r̄een̄karnaθjón] 女 人の死後霊魂が他の肉体に宿ること, 霊魂の再生;化身, 生まれ変わり **reencarnar** 〜se [+en に] 生まれ変わる, 転生する
reencontrar [r̄een̄kontrár] 28 他 再発見する;[失った性格・習慣などを] 取り戻す ◆ 〜se 再会する;仲直りする **reencuentro** 男 再発見;再会
reenganchar [r̄een̄gantár] 他 《西》[兵役終了後] 再召集する ◆ 〜se 再入隊する;再び行なう **reenganche** 男 再召集, 再入隊;再び行なうこと
reenviar [r̄eembjár] 11 他 =reexpedir **reenvío** 男 =reexpedición
reestrenar [r̄eestrenár] 他 再上映する;再演する
reestreno [r̄eestréno] 男 再演, 再上映, リバイバル
reestructurar [r̄eestrukturár] 他 再構成(再編成)する;改組(改編)する: 〜 un sector ある部門を組織し直す **reestructuración** 女 再構成;改組: 〜 industrial 産業合理化, 構造改革
reexaminar [r̄ee(k)saminár] 他 再試験する;再調査(検査・検討)する **reexaminación** 女 再試験;再調査
reexpedir [r̄ee(k)spedír] 35 他 〖現分 reexpidiendo〗送り返す, 転送する: Se ruega 〜 al destinatario. 名宛人に転送されたし **reexpedición** 女 返送;転送
reexportar [r̄ee(k)sportár] 他 [輸入品を] 再輸出する **reexportación** 女 再輸出
refacción [r̄efa(k)θjón] 女 ❶ 軽食, スナック. ❷《中南米》〔拡充・改善のための〕改修, 改装;

R

[農園などの] 維持費. ❸《中米》交換部品, スペア

refaccionar [ref̬aksjonár] 他《中南米》改修(改装)する

refajo [ref̬áxo] 男《服飾》[昔の農婦などの] 厚手のペチコート, スカート

refanfinflar [ref̬anfinflár] 他《西. 口語》¡Me la *refanfinfla*! 少しもかまわない!

refectorio [ref̬ektórjo] 男《修道院などの》食堂

referencia [ref̬erénθja] 女 ❶ 関連づけ, 言及; 報告: En su discurso hizo ~ a la corrupción de los políticos. 彼は演説の中で政界の腐敗について触れた. ~ del consejo 審議会報告. ❷ [本の] 参考(参照)個所; 出典指示: datos de ~ 参考資料. ~ cruzada 相互参照. ❸《商業》信用照会(先): ~ bancaria 銀行による信用調査(報告書). ❹ 閣[人物の性格・才能などについての] 情報, 報告; [就職に必要な] 人物紹介状, 身元保証書; [性能などの] 保証: Tenemos buenas ~s de él. 彼に関しては良い人物との報告を受けています. Le han pedido ~s. 彼は紹介状を要求された. Me han dado muy buenas ~s de esta película. この映画はすごく評判がいい. ❺《言語》指示, 指向. ❻《測量》línea de ~ 基準線
con ~ a... …に関して
punto de ~ 判断に不可欠な情報(事柄)

referendo [ref̬eréndo] 男 =**referéndum**

referéndum [ref̬eréndun] 男《圏 ~s》《←ラテン語》国民投票, 国民審査: En 1978 se convocó ~ para aprobar el proyecto de constitución española. 1978 年スペイン憲法草案を承認するかどうかの国民投票が実施された

referente [ref̬erénte] 形 [+a に] 関する: opinión ~ a política exterior 外交政策についての意見
◆ 男《言語》[記号の] 指示対象

referí [ref̬erí] 名《中南米. サッカー》審判

referir [ref̬erír] 33 他《⟹活用表. 現分 refi*riendo*》《文語》[事実・創作を問わず] 語る, 伝える: ~ anécdotas 逸話を語る. ~ experiencias 経験談をする. ❷ [読者に] 参照させる. ❸ [動機・起源などを, +a に] 帰する: El autor *refiere* ese acontecimiento *a*l siglo quinto. 著者はその事件を5世紀のこととしている. ❹ こじつける: Todo cuanto se dice lo *refiere* a su persona. 彼は人の話をすべて自分のことにこじつけてしまう. ❺ [他の単位に] 変換する: ~ la cantidad *a* pesetas 金額をペセタで表わす. Calculó el tiempo *referido a* meses. 彼は時間を月単位で計算した
◆ *~se*《英 refer》[はっきり・それとなく, +a に] 言及する, …に関して述べる: Con aquellas palabras no *me refería* a nadie en concreto. その言葉は具体的に誰かを指して言ったのではありません. Ese libro contiene varios capítulos que se *refieren* a la sintaxis. その本には統語論に関する章がいくつか入っている
en (por) lo que se refiere a... …に関しては: *Por lo que se refiere a* él, nunca incurre en tal error. 彼に関する限り, そんなミスはしない

referir	
直説法現在	直説法過去
refiero	referí
refieres	referiste
refiere	refirió
referimos	referimos
referís	referisteis
refieren	refirieron
接続法現在	接続法過去
refiera	refiriera, -se
refieras	refirieras, -ses
refiera	refiriera, -se
refiramos	refiriéramos,-semos
refiráis	refirierais, -seis
refieran	refirieran, -sen

refilón [ref̬ilón] *de ~* 斜めに; 軽く, かすめて; 通りすがりに, ふと: El sol daba en el cuarto *de ~*. 日が斜めから部屋にさし込んでいた. mirar *de ~* 横目で見る. oír *de ~* unos comentarios 評判を小耳にはさむ

refinación [ref̬inaθjón] 女 =**refinamiento**

refinado, da [ref̬ináðo, ða] 形 過分 ❶ 洗練された, 凝った: gustos ~s 凝った趣味. mujer ~*da* あか抜けした女. inteligencia ~*da* 鋭敏な知性. burla ~*da* 手の込んだ冗談. tortura ~*da* 残虐を極めた拷問. ❷ 精製(精練)された: aceite ~ 精油. azúcar ~ 精糖
◆ 男 精製

refinamiento [ref̬inamjénto] 男 ❶ 洗練, 凝ること: Hay mucho ~ en sus modales. 彼の物腰はとてもあか抜けている(きざだ). herir con cruel ~ 真綿で首を締める. ❷ 細かい工夫: En esta casa hay todos los ~s modernos. この家にはあらゆる現代的な設備が施してある. ❸ 精製

refinanciar [ref̬inanθjár] 他 債務を更新する
refinanciación 女 債務更新

refinar [ref̬inár] 他 精製する: ~ el petróleo (el azúcar) 石油(砂糖)を精製する. ❷ 洗練する: ~ su lenguaje 上品な言葉を使う

refinería [ref̬inería] 女 精製所; 精油所《~ de petróleo》

refino [ref̬íno] 男 精油, 原油の精製

refitolero, ra [ref̬itoléro, ra] 形 名 ❶ 気どった(人); おせっかいな(人). ❷ [食堂 refectorio の] 食事係(の)

reflación [reflaθjón] 女《経済》リフレーション, 通貨再膨張
reflacionar 再膨張させる

reflectar [reflektár] 自 [光・音・熱などが] 反射する
reflectante 形 反射する

reflector, ra [reflektór, ra] 形 反射させる: cuerpo ~ 反射体
◆ 男 ❶ 反射装置: ~ de antena アンテナの反射器. ❷ サーチライト《proyector》; スポットライト. ❸ 反射鏡《espejo ~》. ❹《映画》レフ

板

reflejar [ʀeflexár] 他 ❶ 反射する: El espejo *refleja* un rayo de sol. 鏡が太陽の光を反射している. ❷ 反映する: La obra *refleja* las costumbres de la época. その作品は時代の風俗を映し出している

◆ **～se** ❶ [+en に] 映る: *En el espejo se reflejó* un rostro cansado. 鏡には疲れた顔が映っていた. Una gran alegría *se reflejaba en* su mirada. 大きな喜びが彼の目に表われていた. ❷ [痛みなどが] 伝わる

reflejo¹ [ʀefléxo] 男 ❶ 反射光: ～*s* dorados del sol en la hermosa cabellera 美しい髪に反射する金色の日の光. ❷ [映し出された] 像, 影; 反映: ～ de las montañas en las aguas 水面に映る山の影. ❸《生理》反射運動, 反射作用 [acto ～]; 國 速やかに反応する能力: ～ condicionado 条件反射. No tiene ～*s*. 彼は運動神経がゼロだ. ❹ 一部脱色して染めた髪, メッシュ

reflejo², **ja** [ʀefléxo, xa] 形 ❶ 反射した: onda ～*ja* 反射波. ❷ [痛みなどが] 原因の場所とは違う所に出る

réflex [ʀeflé(k)s] 形《単複同形》《写真》レフレックス

reflexión [ʀefle(k)sjón] 囡 ❶ 熟考,《哲学》反省, 自省: No actúes sin previa ～. 事前によく考えずに行動してはいけないよ. ❷ [主に 國. 熟考上の] 意見, 忠告: Tus *reflexiones* me ayudaron. 君の忠告は役に立ったよ. ❸《物理》反射: ～ acústica 反響. ～ total 全反射.《文法》再帰

reflexionar [ʀefle(k)sjonár] 自 [+sobre について] 熟考する; 反省(自省)する: *Reflexiona* bien *sobre* lo que te he dicho. 私が言ったことについてよく考えなさい

reflexivo, va [ʀeflé(k)sโbo, ba] 形 ❶ 思慮深い. ❷《文法》verbo (pronombre) ～ 再帰動詞(代名詞)

reflorecer [ʀefloreθér] 39 自 [季節が巡って] 再び花が咲く; 再び栄える

reflotar [ʀeflotár] 他 [沈船・座礁船を] 引き揚げる, 再び浮き上がらせる; [業績の悪い会社・部門を] 立て直らせる; [失敗したことを] 再び始める

refluir [ʀeflwír] 48 自 國《現分 refluyendo》逆流する; [潮が] 引く

reflujo [ʀefluxo] 男 ❶ 干潮, 引き潮. ❷ 退潮, 衰退: ～ económico 景気後退. ❸《医学》[血液の] 退流

refocilar [ʀefoθilár] 他 …に下劣な(悪意のある)喜びを与える

◆ **～se** [他人の不幸などを] 喜ぶ: ¡Cómo *te refocilas* viendo mis apuros! 私が困っているのを見てよく笑っていられるね!

reforestar [ʀeforestár] 他 [+場所 に] 植林する

reforestación 囡 植林

reforma [ʀefórma] 囡《英 reform》❶ 改革, 改善: introducir algunas ～*s* en la red de distribución 販売網の一部を改善する. ～

agraria 農地改革. ～ del código penal 刑法改正. ～ política 政治改革. ❷ 改修, 改築;《服飾》仕立て直し. ❸《歴史》[主に R～] 宗教改革 [～ religiosa]. ❹《政治》[革命に対し] 改革

reformado, da [ʀeformáðo, ða] 形 名 過分《宗教》[ルター派に対して] カルヴァン派(の); 新教徒(の)

reformador, ra [ʀeformaðór, ra] 名 改革者, 改革派

reformar [ʀef⌀rmár] 他 改革する, 改める: ～ las instituciones políticas 政治制度を改革する. ～ su conducta 行ないを改める. ～ las costumbres 習慣を改める. ～ la tienda 店を改装する

◆ **～se** 行ないを正す

reformatorio, ria [ʀeformatórjo, rja] 形 改革する, 改める

◆ 男 少年院, 教護院

reformismo [ʀeformísmo] 男《政治》改良主義

reformista 形 名 改良主義の(主義者)

reforzar [ʀeforθár] 9 28《☞forzar 活用表》他 ❶ 強化する, 補強する; 増強する: ～ la guardia 警備を強化する. puerta *reforzada* 補強されたドア. ❷《写真》[ネガを] 補力する

reforzador 男《写真》増感剤

refracción [ʀefrak⊖jón] 囡《物理》屈折: doble ～ 複屈折

refractar 他 屈折させる. ◆ **～se** 屈折する

refractario, ria [ʀefraktárjo, rja] 形 ❶ [+a に] 逆らう: Los viejos son ～*s a* los cambios. 老人たちは変化を嫌う. Soy ～ *a* la gripe. 私は風邪をひかない. alumno ～ *a* las matemáticas 数学が不得意な生徒. ❷ 耐熱性の, 耐火性の: barro ～ 耐火粘土. vestiduras ～*rias* 耐火服. ❸《医学》[病気が] 難治(抵抗)性の;《生理》[刺激に] 不応の

◆ 男 耐熱材; 耐火材 [materia ～*ria*]

refractómetro [ʀefraktómetro] 男 屈折計

refrán [ʀefrán] 男 諺(ことわざ), 格言: según reza el ～ 諺にもあるように

tener muchos refranes/tener refranes para todo 何事にも言い逃れがましい

refranero [ʀefranéro] 男 諺集, 格言集

refranesco, ca [ʀefranésko, ka] 形 諺の, 格言めいた

refregar [ʀefregár] 8 23《☞negar 活用表》他 ❶ こする, 磨く: ～ la cacerola con un estropajo たわしで鍋を磨く. ❷ [+a+人 に] 意地悪く繰返し言う, くどく言う

refregón 男 こする(磨く)こと; その跡

refreír [ʀefreír] 36 他 國《過分 refrito (規則形 freído もあるが frito の方が一般的), 現分 refriendo》《料理》二度揚げする, 揚げ直す; 揚げすぎる

refrenar [ʀefrenár] 他 ❶ 抑える, 抑制する: ～ su cólera 怒りを抑える. ～ el alza de los precios 物価の上昇を抑制する. ❷ [馬の] 手綱を締める

◆ **～se** 自分(の感情)を抑える

refrenable [形] 抑制できる

refrenamiento [男] 抑制

refrendar [ref̮rendár] [他]《文語》[文書に]副署する：～ una certificación 証明書に副署する．～ un pasaporte 旅券に査証する ❷ 承認する：～ la constitución 憲法を承認する

refrendación [女] 副署[すること]

refrendo [男] 副署[すること]；承認

refrescante [ref̮reskánte] [形] すがすがしい，さわやかな

refrescar [ref̮reskár] [7] [他] ❶ 涼しくする，冷やす：El chubasco *ha refrescado* el aire. 夕立ちで涼しくなった．～ la cerveza ビールを冷やす．❷ [記憶を] よみがえらせる：～ sus conocimientos de contabilidad 帳簿のつけ方を思い出す

◆ [自] ❶ [単人称] 冷える，涼しくなる：Por la noche *refresca*. 夜になると涼しくなる．❷ 冷たいものを飲む：Están *refrescando* en el bar. 彼らはバルで一杯やっている．❸ 気分が爽快になる，元気が出る

◆ ～se 涼む；体を冷やす：Voy a ～*me* en el mar. 海に入って体を冷やしてこよう

refresco [ref̮résko] [男] ❶ [アルコールの入らない] 冷たい飲み物，清涼飲料水；炭酸飲料：～ de limón レモネード．❷ [軽食を出す] 小パーティー；その軽食，スナック

de ～ 増援の，新手の：tropas *de* ～ 増援部隊．jugadores *de* ～ 新人(補強)選手

refresquería [女]《中米》清涼飲料水スタンド

refriega [ref̮rjéɣa] [女] 激しいけんか；[軍の] 小ぜりあい：～ entre mafias 暴力団の抗争

refrigeración [ref̮rixeraθjón] [女] 冷却，冷房；その装置：Fue excesiva la ～ en el cine. 映画館は冷房がききすぎた．conservar... en ～ …を冷蔵する．～ por aire (por agua) 空冷(水冷)．agua de ～ 冷却水

refrigerador, ra [ref̮rixeraðór, ra] [形] 冷却(冷房)する：aparato ～ 冷房装置，クーラー

◆ [男]《主に中南米》冷蔵庫 [frigorífico]；[機械などの] 冷却器[装置]

refrigerante [ref̮rixeránte] [形] 冷却用の：mezcla ～ 寒剤

◆ [男] 冷却剤；冷却器

refrigerar [ref̮rixerár] [他] ❶ 冷却する；冷蔵する，冷凍する：carne *refrigerada* チルド肉．❷ 冷房する：～ la oficina 会社に冷房を入れる

refrigerio [ref̮rixérjo] [男]《文語》間食，軽食

refringir [ref̮riŋxír] [4] [他] =**refractar**

refrito, ta [ref̮ríto, ta] [形][←**refreír**] 二度揚げした，揚げすぎた；[作品が] 焼き直しの

◆ [男] ❶《料理》フライの盛り合わせ．❷《軽蔑》[作品の] 焼き直し，改作

refucilo [ref̮uθílo] [男]《中南米》稲妻 [relámpago]

refuerzo [ref̮wérθo] [男] ❶ 強化，補強，増強；補強材：poner un ～ a la pared (el pantalón) 壁に補強(ズボンに当て布)をする．❷《心理》強化．❸ [複] 増援，加勢：Han llegado los ～*s*. 増援部隊が到着した

refugiado, da [ref̮uxjáðo, ða] [形][名][過分]

避難(亡命)した[人]：campo de ～*s* 難民キャンプ．～ político 政治亡命者

refugiar [ref̮uxjár] [10] [他] かくまう

◆ ～se [+de から／+en に] 避難する，隠れる；亡命する：El niño *se refugió en* brazos de su madre. 子供は母親の腕に逃げ込んだ．～*se* de la lluvia bajo un árbol 木の下で雨宿りする

refugio [ref̮úxjo] [男] ❶ 避難所；隠れ場所：buscar ～ 避難場所を捜す，逃げ場を求める．dar ～ a+人 …を保護する，かくまう．ejercicios de ～ 避難訓練．～ antiaéreo 防空壕．～ [anti]atómico ([anti]nuclear) 核シェルター．～ de montaña／~ alpino [山の] 避難小屋．Él es un ～ para todos. 彼はみんなの頼みの綱だ．❷ [浮浪者などの] 救護施設．❸ [道路の] 安全地帯．❹ 頼りになる(慰安となる)もの

refulgir [ref̮ulxír] [4] [自]《文語》光り輝く，きらめく：En el cielo *refulgían* las estrellas. 空には星がまたたいていた

refulgencia [女] 輝き

refulgente [形] 光り輝く，まばゆいばかりの

refundir [ref̮undír] [他] ❶ [金属を] 溶かし直し，鋳直す；[貨幣を] 改鋳する：～ un cañón 大砲を鋳つぶす．❷ [作品などを] 作り直す，改作する：～ una comedia 芝居を書き直す．❸ 一つにまとめる，合体させる：～ en una sola varias oficinas いくつかの事務所を一個所に統合する．❹《中南米》[道に] 迷わせる，《中米》押し込める

◆ ～se《中南米》道に迷う

refundición [女] 鋳直し，改鋳；改作

refunfuñar [ref̮uɱfuɲár] [自] ぶつぶつ不平を言う，ぐちを言う：～ entre dientes 口の中でぶつくさ言う

refunfuñón, na [形] ぶつぶつ不平を言う[人]

refusilo [ref̮usílo] [男]《南米》稲妻 [relámpago]

refutar [ref̮utár] [他] 反駁(ば)する，論破する：～ una teoría ある理論を論駁する．～ con hechos 事実をあげて反証する

refutable [形] 反駁(反証)できる

refutación [女] 反駁，論破；反証

regadera [reɣaðéra] [女] ❶ じょうろ，撒水器：dispersar el agua con una ～ じょうろで水をまく．❷《南米》シャワー [ducha]

estar como una ～《西．口語》ちょっと頭がおかしい

regadío [reɣaðío] [男] 灌漑(がい)された農地；撒水：cultivo de ～ 灌漑農業．sistema de ～ スプリンクラー装置

regador [reɣaðór] [男]《南米》[芝生などの] スプリンクラー

regalado, da [reɣaláðo, ða] [形][過分] ❶ 心地よい，快適な：llevar una vida ～*da* 満ち足りた生活を送る．❷《口語》すごく安い：Este coche tiene un precio ～. この車はただみたいに安い．No lo quiero ni ～. そんなのはただでもらったっていやだ

regaladamente [副] 快適に：sentarse ～ en un sillón 椅子にゆったりと座る

regalar [r̃eɣalár] 他 ❶ [+a+人 に] 贈る：*A* mamá le *regalé* los guantes. 私は母に手袋を プレゼントした.   Me *regaló* toda clase de atenciones. 彼は私に本当によくしてくれた. ❷ 《文語》[+con・en で] 楽しませる, 喜ばせる：Nos *regaló* con la lectura de sus poemas. 彼は自 作の詩を朗読して私たちを楽しませてくれた. ❸ 《主に南米》大安売りする

◆ ～se 《中南米》[家畜の群れが] 散らばる

◆ ～se 互 ❶ 楽しむ：A menudo *nos regalamos con* la audición de un concierto. 私たちはしば しばコンサートを聞いて楽しむ

regalía [r̃eɣalía] 囡 ❶ 《歴史》国王特権. ❷ 圏 特許(商標・著作)権使用料, ロイヤルティ. ❸ 圏 臨時手当, ボーナス. ❹ derecho de ～ た ばこ輸入税

regalismo [r̃eɣalísmo] 男 [17-18 世紀カト リック諸国で, 国王に教会支配を認める] 帝王教 権説(主義)

regaliz [r̃eɣalíθ] 男 《植物》カンゾウ(甘草)；そ の根, 甘草エキス

regalo [r̃eɣálo] 男 《英 present》 ❶ 贈り 物, プレゼント：Quiero hacerte un ～ el día de tu cumpleaños. 君の誕生日に贈り 物をしたい.   tienda de ～s ギフトショップ. ～ de boda 結婚祝い. ～ de Navidad クリスマス プレゼント. ❷ おまけ, 景品. ❸ 楽しみ；[生活 の] 安楽, 快適：Es un ～ escuchar música. 音楽を聞くのは楽しい.   Lleva una existencia llena de ～. 彼は快適な生活を送っている. ❹ 《口語》格安 のもの, 掘り出し物

con ～ de… …のおまけ付きで

de ～ 無料の, おまけの：Con este café, viene una cuchara de ～. このコーヒーを買うとスプー ンが1本つく

regalón, na [r̃eɣalón, na] 形 名 [好きな物を 買ってもらえて] 甘やかされた[人], ぜいたく暮らし の[人]

regalonear 他 《南米》甘やかす

regañadientes [r̃eɣanadjéntes] *a* ～ いや いやながら 『a regaña dientes とも表記する』： Obedeció la orden *a* ～. 彼はしぶしぶ命令に 従った

regañar [r̃eɣanár] 自 《西》 ❶ 不平を言う： Hoy se ha pasado el día *regañando*. 彼は今 日一日中ぶつぶつ文句を言って過ごした. ❷ 言い 争う, 口論する；仲違いする：No *regañéis* más. もうけんかはよせ

◆ 他 《主に中南米》[がみがみ] 叱る, 小言を言う： La madre *regaña* a su hijo. 母親が子供を叱 りつけている

regañina [r̃eɣanína] 囡 《口語》❶ 叱責〔の言 葉・仕事〕：echar a+人 una ～ を叱りつける. ❷ 言い争い, 口論：tener una ～ 口げんかをする

regaño [r̃eɣáno] 男 《中南米》 = **regañina**

regañón, na [r̃eɣanón, na] 形 名 口やかまし い[人], 小言屋[の人]

regar [r̃eɣár] 他 23 [☞negar 活用表] 他 ❶ …に水をまく(かける), 撒水(ᵃᵃ)する：～ las flores 花に水をやる. ～ el jardín 庭に水をまく. ❷ 灌漑する：El río Manzanares *riega* los

campos de Madrid. マンサナーレス川がマドリー ド地方の農地に水を供給する. ❸ [+de・con を] …に撒き散らす：La bolsa se rompió y *regó* el suelo *de* monedas. 袋が破れて床に金がちらばっ た. ～ el pañuelo *con* (*de*) lágrimas ハンカ チを涙でぬらす. ❹ 《口語》料理と一緒に飲む

◆ ～se 《中南米》[家畜の群れが] 散らばる

regata [r̃eɣáta] 囡 ❶ [主に 圏] ヨットレース, ボートレース, レガッタ. ❷ [灌漑用の] 溝, 用水 路

regate [r̃eɣáte] 男 《西》 ❶ 《サッカーなど》相手 をかわすこと, よけること. ❷ [やっかい事からの] う まい逃げ道, 逃げ口上

regatear [r̃eɣateár] 他 ❶ [商品を] 値切る. ❷ 出し惜しむ 『主に否定文で』：no ～ esfuer- zos 努力を惜しまない. ❸ [フェイントなどで相手 を] かわす

◆ 自 ❶ 値切る：*Regateó* y lo compró más barato. 彼は値切ってそれを安く買った. ❷ ボー トレースをする

regateo 男 値切ること；相手をかわすこと

regatista [r̃eɣatísta] 名 ヨット・ボートレースの 競技者

regato [r̃eɣáto] 男 [ごく細い] 小川；水たまり

regatón, na [r̃eɣatón, na] 形 名 いつも値切 る[人]

◆ 男 [傘・杖などの] 石突き；《船舶》かぎざおの 先端

regazo [r̃eɣáθo] 男 《文語》❶ [座った時の] ス カートのひざのくぼみ；[座っている人の] ひざ. ❷ 安息の場, 避難所

regencia [r̃exénθja] 囡 ❶ 統治. ❷ 摂政政 治(期間・職)：estilo *R*～ [家具などの] 摂政 (レジャンス)様式

regenerar [r̃exenerár] 他 ❶ 再生する：cau- cho *regenerado* 再生ゴム. ❷ [悪から] 更生さ せる, 生まれ変わらせる

◆ ～se ❶ 更生する, 生まれ変わる：Desde que se casó *se ha regenerado*. 彼は結婚してから立 ち直った. ❷ 《生物》[器官などが] 再生する

regeneración 囡 再生；更生

regeneracionismo 男 [米西戦争の敗北 (1898)を契機にスペインで起こった] 再生(再 建)運動

regenta [r̃exénta] 囡 regente の妻

regentar [r̃exentár] 他 ❶ [臨時に・代理とし て職務を] 果たす, 遂行する. ❷ [商売を] 切り 回す, 経営する

regente [r̃exénte] 形 名 ❶ 支配(統治)する [人]：norma ～ 支配原理. Fue el notario el verdadero ～ del pueblo. 村の本当の実力 者は公証人だった. ❷ 摂政[の]：príncipe ～ 摂政の宮. ❸ 《文語》市長, 知事. ❹ 《古語》 [薬局・印刷所などの] 支配人；[地裁・高裁の] 裁判所長

reggae [r̃éɣwe] 男 《←英語 音楽》レゲエ

regicida [r̃exíθiða] 形 名 国王の殺害者[の], 弑逆(ᵃ)者[の]

regicidio 男 国王殺し, 弑逆[罪]

regidor, ra [r̃exiðór, ra] 名 ❶ 《映画・演劇》 助監督. ❷ [14 世紀カスティーリャで王が任命し

た』市会議員

régimen [ʀéximen] 男〖英 regime. 複 regímenes] ❶ 体制, 政体：Son partidarios del ～ establecido. 彼らは体制側だ. establecer un nuevo ～ 新体制を確立する. durante el ～ de Franco フランコ体制の時に. ～ capitalista 資本主義体制. ～ político 政治体制. antiguo ～ 旧体制, アンシャンレジーム. ❷ [管理上の] 制度, 規則：～ electoral 選挙制度. ～ de los hospitales 病院の管理規則. ❸ 食餌(じき)療法, ダイエット 〖～ alimenticio〗：estar (ponerse) a ～ 食餌療法をしている(始める). ❹ 様相：～ de vida 生き方, 生活様式. ～ de lluvias〖気象〗降水状況. ❺《地理》[河川の] 流量：río con ～ de marea 感潮河川. ❻《機械》[モーターの] 回転数：～ máximo 最大作動. ～ de crucero 経済速度運転. ❼《言語》被制辞〖他の語の支配を受ける要素. 例 動詞 referirse の被制辞は前置詞の a〗

en ～ de... …の形(方法)で：permanecer en un hotel en ～ de pensión completa 3食付きでホテルに滞在する. en ～ de sólo dormir 素泊まりで

regimiento [ʀeximjénto] 男 ❶《軍事》連隊：comandante de un ～ 連隊長. ❷《口語》大勢の人. ❸《歴史》[中世都市の行政を掌握していた] 参事会

regio, gia [ʀéxjo, xja] 形 ❶ 王の：su ～ padre 彼の父国王. ❷《主に南米》豪華(立派)な

regiomontano, na [ʀexjomontáno, na] 形《地名》モンテレー Monterrey の〔人〕〖メキシコ北東部 Nuevo León 州の州都〗

región [ʀexjón] 女〖英 region〗❶ 地方, 地域：～ andina アンデス地方. regiones árticas 北極地方. ～ industrial 工業地域. La ～ de La Rioja produce excelentes vinos. ラ・リオハ付近ではすばらしいワインが作られる. estudios generales de regiones 地域研究. ❷《軍事》軍管区〖～ militar〗：～ aérea 空軍軍管区. ❸《解剖》部位：～ pectoral 胸部. ～ lumbar 腰部. ❹《哲学・数学》領域. ❺ [チリの県より大きな行政単位] 地域

regional [ʀexjonál] 形 地方の, 地域的な：canto ～ 民謡. centro ～ 地方本部. consejo ～ 地方議会. explotación ～ 地域開発. periódico ～ 地方新聞. traje ～ 民族衣装

regionalismo [ʀexjonalísmo] 男 地方分権(分立)主義, 地方尊重；[文学上の] 地方趣味；一地方特有の言い回し(言葉)

regionalista [ʀexjonalísta] 形 地方分権主義の(主義者)；地方趣味の(作家)：Liga R～〖歴史〗地方主義連合〖20世紀初頭に設立された保守的カタルーニャの政党〗

regionalizar [ʀexjonaliθár] 他 地域に分ける

regir [ʀexír] 自 35〖☞活用表. 現分 rigiendo〗他 ❶ 支配する, 統治する；統御する, 制御する：～ los destinos de... …の運命を支配する. ～ los negocios 経営する. creencias que rigen la conducta humana 人間の行動を律する信

条. ❷《言語》[従属的要素として] とる：El verbo "depender" rige la preposición "de". 動詞 depender は前置詞 de をとる

◆ 自 ❶ [法律などが] 現在行なわれている, 効力がある：Ya rige la ley del divorcio. 離婚法は既に発効している. el mes (el año) que rige《中南米》今月(今年). ❷《西》正気である, 判断力がある：Es viejo y últimamente ya no rige muy bien. 彼は年を取っていて, 最近はほけが来ている

◆ ～se 導かれる, 支配される

regir	
直説法現在	直説法点過去
rijo	regí
riges	registe
rige	rigió
regimos	regimos
regís	registeis
rigen	rigieron
接続法現在	接続法過去
rija	rigiera, -ses
rijas	rigieras, -ses
rija	rigiera, -se
rijamos	rigiéramos, -semos
rijáis	rigierais, -seis
rijan	rigieran, -sen

registrado, da [ʀexistrádo, da] 形 過分 [estar+] 登録された, 記録された：marca ～da 登録商標

registrador, ra [ʀexistraðór, ra] 形 記録する；検査する：termómetro ～ 自記温度計. reloj ～ タイムレコーダー

◆ 名 登記士；検査係：～ de la propiedad 不動産登記士

◆ 男 記録計；録音機

◆ 女 金銭登録器, レジスター〖máquina・caja ～ra〗

registrar [ʀexistrár] 他〖英 register〗❶ 登録する, 登記する：～ un invento 発明を登録する. acción registrada 記名株. ❷ 記録する, 書き込む：～ en su libro de contabilidad las entradas y salidas del día その日の出金と入金を帳づける. ～ un dato データを記録する. ❸ …の身体(所持品)検査をする, 捜索する：～ a un hombre sospechoso 不審な男の所持品を調べる. ～ el equipaje en la aduana 税関で荷物を検査する. La policía registró toda la casa. 警察は家宅捜索した. ❹ 録音する：～ un disco レコードに吹き込む. ❺《中米》書留にする

¡a mí que me registren! [疑いをかけられて] 私じゃない よ／いくらでも調べてくれ！

◆ ～se ❶ [自分を] 登録する；学籍の登録をする：Se registró para tomar parte en el concurso. 彼はコンクールへの参加申し込みをした. ～se en un hotel ホテルにチェックインする. ❷ 記録される；起こる：Se han registrado algunos temblores. 数回の地震が記録された

registro [ʀexístro] 男 ❶ 登録, 記録；登

簿, 帳簿, 台帳〖libro de ~〗: ¿Has terminado el ~? 〔学籍・出版などの〕登録をすませましたか? poner... en el ~ …を帳簿に記入する. ~ civil 戸籍簿. ~ de actos de última voluntad 遺言状. ~ de antecedentes penales/~ de penados y rebeldes 前科の記録. ~ de hotel 宿帳. ~ de la propiedad 不動産登記(台帳). ~ de matrimonio 婚姻届け. ~ de nacimiento 出生記録簿. ~ electoral 選挙人名簿. ~ mercantil 商業登録(登記)簿. ~ genealógico 血統書. ~ parroquial 教区記録簿. ❸〔警察などの〕検査, 捜索: ~ domiciliario 家宅捜索. practicar un ~ en... …を捜索する. ❹ 検査孔, マンホール; 検査窓. ❺ 記録リスト. ❻〔本にはさむ〕しおり. ❼《言語》言語使用域. ❽《情報》〔情報の単位〕レコード. ❾《時計などの》速度調整針;〔オルガンの〕ストップ;〔ピアノの〕ペダル. ❿《音楽》音域, 声域: tener un ~ amplio 声域が広い. ~ grave (medio・agudo) 低(中・高)音域. ⓫ 側面, 様相

tocar muchos (todos los) ~s〖口語〗色々な(あらゆる)手段に訴える

regla [r̃egla] 囡〖英 rule〗❶ 定規, ものさし: trazar una línea con una ~ 定規で線を引く. medir con ~ ものさしで測る. ~ de cálculo 計算尺. ~〖en〗T T 定規

❷ 規則, 規律, 規定; 法則〖⇨ley 題義〗;《スポーツ》ルール: La ~ dice que no se debe fumar aquí. 規則ではここでたばこを吸ってはいけないことになっている. Es un pueblo la ~ pasear después de la cena. この村では夕食後に散歩する習慣がある. Es un fenómeno que no escapa a la ~. その現象も法則的に説明できる. observar (violar) una ~ 規則を守る(破る). ~ de oro 〖聖書〗黄金律. ~ de terreno (de campo)《スポーツ》グラウンドルール. ~s de convivencia 共同生活の規則. ~s de gramática 文法規則. ~s de juego ゲームのルール. ~s de urbanidad 礼儀作法. ~s para cocinar bien 料理上手の常識

❸〔修道会の〕会則, 宗規

❹《口語》月経, 生理: tener (estar con) la ~ 生理中である. venir a+人 la ~ …が生理になる. tener sus ~s 生理がある. la primera ~ 初潮

❺ 節度, 中庸: beber con ~ ほどほどに飲む

❻《数学》cuatro ~s 四則; 初歩, 基礎的知識. ~ de tres/~ de proporción 比例算, 三率法

en〖toda〗~ 規定に合った, 正規の: Su pasaporte no está *en* ~. あなたの旅券は規定どおりでない

no tener ~s 型破りである

poner... en ~ …を規定どおりに(きちんと)する

¿por qué ~ de tres...? 一体どういうわけで…?

por ~ general いつものように, 習慣として; 通常, 一般的に

salirse de la ~ やりすぎ(いきすぎ)である

reglaje [r̃egláxe] 男《技術》調整, 調節

reglamentar [r̃eglamentár] 他 規制する, 統制する: Este estatuto *reglamenta* las relaciones laborales. この規約は労使の関係について定めている. precio *reglamentado* 規定料金

reglamentación 囡 規制; 匧裹 規則

reglamentario, ria [r̃eglamentárjo, rja] 形 ❶ 規定に関する. ❷ 規定にかなう, 正規の: hora ~ria 規定の時間; 門限. uniforme ~ 規定どおりの制服. certificado ~ 正規の証明書. cumplir la edad ~ria 定年になる

reglamentista [r̃eglamentísta] 形 規則を厳守する

reglamento [r̃eglaménto] 男 匧裹 ❶ 規則: ~ de béisbol 野球のルール. ~ de la escuela 校則. ~ del tráfico 交通規則. ~ interno 内規. ❷《法律》法規, 条例

reglar [r̃eglár] 他 ❶ 規則に従わせる, 規制する: tema *reglado* 決められたテーマ. ❷〔主に定規を使って〕…に線を引く

◆ **~se**〖+a に〗模範にする;〖+por に〗支配される

regleta [r̃egléta] 囡《印刷》インテル

regocijar [r̃egoθixár] 他 大喜びさせる: El juego *regocijó* a los niños. その遊びは子供たちを大いに楽しませた

◆ **~se**〖+con・de・por に〗大喜びする: No debemos ~*nos con (de)* las desgracias ajenas. 他人の不幸を喜ぶべきではない

regocijo [r̃egoθíxo] 男 ❶ 歓喜: La noticia les causó ~ a todos. それを知ってみんな大喜びした. ❷《古語》祝い事. ~s públicos 祝典

regodear [r̃egoðeár] **~se** ❶〖+en・con 他人の不幸などを/+現在分詞 不道徳なことなどをして〕楽しむ, 喜ぶ: Se *regodeaba* hablando mal de sus amigos. 彼らは友達の悪口を言って楽しんでいる. ❷《南米》お上品ぶる, 気どる

regodeo 男 その楽しみ

regoldar [r̃egoldár] 団 圁《俗語》おくびを出す, げっぷをする〖eructar〗

regolfo [r̃ególfo] 男〖水・風の〕逆流, 方向転換;《地理》入り海, 小さな湾

regolfar 圁/**~se**〖水が〗よどむ;〔風が障害物に当たって〕向きを変える

regordete, ta [r̃egorðéte, ta] 形《口語》小太りの, 丸ぽちゃの: manos ~*tas* ぽってりした手

regresar [r̃egresár] 圁《英 return》〖+a 出発点に, +de から〕帰る, 戻る〖=volver〗: ~ a su país 帰国する. ~ a casa 帰宅する. *Regresó* de su viaje. 彼は旅行から戻ってきた

◆ 他《中米》戻す〖devolver〗: *Regrésa*me la plata. 金を返してくれ

◆ **~se**《南米》帰る: Nos *regresamos* hoy mismo. 今日帰ります

regresión [r̃egresjón] 囡 ❶ 後退;《歴史》退歩. ~ de las exportaciones 輸出の減少. ~ económica 景気の後退. epidemia en ~ 勢力の衰えた伝染病. ❷《生物》退化;《心理》退行;《数学》[曲線の] 回帰

regresivo, va [r̃egresíβo, βa] 形 後退する;

R

退行する；退行性の

regreso [r̄egréso] 男 ❶ 帰って(戻って)くること，帰り：A esa hora, ¿ya estarás de ~? その時間には帰っていますか？ emprender el [camino de] ~ 帰路につく，引き返す．de ~ a casa 帰宅してから；帰宅途中で．a mi ~ a casa 私が帰宅した時．viaje de ~ 帰路．❷《アメフト》リターン：~ de patada キックオフリターン

regüeldo [r̄egwéldo] 男《俗語》おくび，げっぷ〖eructo〗

reguera [r̄egéra] 女 灌漑用の水路

reguero [r̄egéro] 男 ❶ 細長い跡：Salía de su boca un ~ de sangre. 彼は口から一筋の血を流していた．~ de avión 飛行機雲．❷ 小川，流れ；灌漑用水路
como un ~ de pólvora 急速に：La noticia se difundió *como un ~ de pólvora*. ニュースはまたたく間に広がった

regulación [r̄egulaθjón] 女 制御，調節；~ de natalidad (de nacimiento) 産児制限，計画出産．~ automática de la temperatura 温度の自動制御．~ de empleo 雇用調整．~ del reloj 時計の調整．~ de los precios 物価統制

regulador, ra [r̄egulaðór, ra] 形 調整(調節)する：válvula ~ra 調整弁．existencias ~ras《商業》緩衝在庫
◆ 男 調節器，レギュレーター：~ de luz 調光器，ディマー．~ de tensión 電圧調整器

regular [r̄egulár] 形《英 regular. ↔irregular》❶ 規則正しい，一定の：Su respiración no es ~. 彼の呼吸は不規則だ．marcha ~ 一定速度の進み方．productos de calidad ~ 品質にむらのない製品
❷ 定期の，定期的な：asamblea general ~ 定期大会．línea ~ 定期航空路．servicio ~ 定期便
❸ 正規の，正式な：cursos ~es 正規の課程．tropas ~es 正規軍．procedimiento ~ 正式な訴訟手続き
❹ 規則正しい，きちょうめんな：llevar una vida ~ 規律正しい生活を送る．de costumbres ~es きちんとした習慣の
❺ 均整のとれた：edificio ~ 左右対称形のビル．poliedro ~《数学》正多面体
❻ 中位の，普通の；平凡な，まあまあの，あまりよくない：de estatura ~ 中背の．Es un jugador ~. 彼は凡百の選手だ
❼《文法》規則変化をする：verbo ~ 規則動詞
❽《宗教》修道会に属する：clero ~ 修道会所属聖職者
por lo ~ ふだんは，いつもは；一般に，普通は：*Por lo ~* estudia de noche. 彼はいつも夜勉強する
◆ 副 まあまあ，あまりよくなく：Ha hecho los exámen ~. 彼の試験の出来はまずまずといったところだ．Están ~ de salud. 彼らの健康状態は大してよくない．¿Qué tal?—R~. 元気かい？—まあね
◆ 名 修道会所属聖職者
◆ 男 ❶ [評価] 普通．❷ 複 [スペイン保護領

時代のモロッコの] 原住民部隊；[Ceuta・Melilla の] 歩兵隊
◆ 他 ❶ 調節する，調整する：~ el caudal de agua 水量を調整する．~ los gastos 出費を抑える．❷ 規則に従わせる，規制する：~ la circulación (la actividad comercial) 交通(商業活動)を規制する

regularidad [r̄egulariðá(ð)] 女 ❶ 規則正しさ；きちょうめんさ：asistir al curso con ~ きちんと講義に出席する．carrera de ~《自動車》ラリー．❷ 規律正しさ

regularizar [r̄egulariθár] 他 正規のものにする；正常化する：~ la situación económica 経済状態を正常化する
◆ ~se 正常になる

regularización 女 正規化；正常化

regularmente [r̄egulárménte] 副 規則正しく；定期的に

régulo [r̄égulo] 男 ❶ 弱小国の王．❷《天文》[R~] レグルス．❸《金属》レギュラス．❹《鳥》キクイタダキ

regurgitar [r̄egurxitár] 自《医学》[食べた物を] 吐出する
regurgitación 女 吐出

regusto [r̄egústo] 男 ❶ 後味：Me ha dejado un ~ desagradable. それは不快な味がした(後味が悪かった)．❷ [事後の，主に不快な・悲しい] 思い，感想：Este cuadro tiene un ~ decadente. この絵は退廃的な感じがする

rehabilitación [r̄eaβilitaθjón] 女 ❶ 名誉回復，復権．❷ 社会復帰，リハビリテーション〖~ social〗．❸ 改修工事
rehabilitar 他 …の名誉を回復させる，復権させる；社会復帰させる；改築(改修)する．◆ ~se 名誉を回復させる；社会復帰する

rehacer [r̄eaθér] 63 他《過分 rehecho》再びする；やり直す：~ el jersey セーターを編み直す．~ su (la) vida 人生をやり直す
◆ ~se [+de から] 回復する：Todavía no *se ha rehecho de* la muerte de su marido. 彼女は夫の死からまだ立ち直っていない

rehala [r̄eála] 女 [複数所有者で牧畜頭は1人の] 羊の群れ；[大物猟の] 猟犬の群れ

rehén [r̄eén] 男 ❶ 人質：tomar (tener) a+人 como (de) ~ …を人質にとる(とっている)．soltar a los *rehenes* 人質たちを解放する．❷ 保証(抵当)物件

rehervir [r̄e(é)rβír] 33 他《現分 rehirviendo》再び沸騰させる
◆ ~se [保存食品などが] 発酵する，酸っぱくなる

rehilar [r̄eilár] 17 自 [矢などが] 風を切って飛ぶ
rehilamiento 男《言語》[子音の調音で付随的に生じる] 震え音

rehilete [r̄eiléte] 男 ❶《バドミントン》シャトル；バドミントン．❷ 投げ矢，ダーツ．❸《闘牛》= banderilla

rehogar [r̄eoɣár] 8 他《料理》蒸し焼きにする，ソテーする

rehostia [r̄eóstja]《卑語》女 *ser la ~* …に

は我慢がならない

◆ 圓 くそっ

rehuir [ɾewír] ⑱ ⑱ 〖☞活用表. 過分 rehuyendo〗 他 [恐れて・疑って] 避ける: Le *rehúyen* los compañeros. 同僚たちは彼と付き合いたがらない. ～ un peligro 危険を避ける

rehuir	
直説法現在	直説法点過去
rehuyo	rehuí
rehuyes	rehuiste
rehuye	rehuyó
rehuimos	rehuimos
rehuís	rehuisteis
rehuyen	rehuyeron
接続法現在	接続法過去
rehuya	rehuyera, -se
rehuyas	rehuyeras, -ses
rehuya	rehuyera, -se
rehuyamos	rehuyéramos, -semos
rehuyáis	rehuyerais, -seis
rehuyan	rehuyeran, -sen

rehusar [ɾeusár] ⑱ ⑱ 他 断わる, 拒む: i) ～ una invitación (una petición) 招待 (要請) を断わる. ii) [+不定詞] *Rehusó* sentarse. 彼は座るのを断わった

◆ 圓 《馬術》 [馬が] 障害の前で立ち止まる

reidor, ra [ɾeiðór, ra] 形 よく笑う; 陽気な, 明るい: niño ～ よく笑う子. ojos ～*es* にこやかな目

reilón, na [ɾeilón, na] 形 《南米》 にこやかな

reimplantar [ɾeimplantár] 他 再導入 (設置) する; 《医学》 再移植する

reimportar [ɾeimportár] 他 [輸出したものを] 再輸入する, 逆輸入する

　　　reimportación 囡 再輸入

reimprimir [ɾeimprimír] 他 〖過分 reim*pre-so*〗 重版する

　　　reimpresión 囡 重版〔本〕

reina [ɾéina] 囡 〖英 queen〗 ❶ 女王; 王妃: la ～ Isabel イサベル女王. ～ madre 王太后 〖王の母〗. ～ viuda 皇太后 〖未亡人になった王妃〗. ～ de las rosas バラの花の女王. ～ de belleza 美の女王, 美人コンテストの優勝者. R～ de los ángeles 聖母マリア. ❷ 《チェス・トランプ》 クイーン. ❸ 《口語》 [女性への親愛の呼びかけ] ¿Qué deseas, ～? 何のご用? ❹ [形容詞的] 最高の: prueba ～ メーンイベント. ❺ 《遊戯》 mora 石けり. ❻ 《植物》 ～ claudia スモモ. ～ de los prados セイヨウナツユキソウ

reinado [ɾeináðo] 男 君臨; 治世: bajo el ～ de Carlos V カルロス 5 世の統治下に. ～ de la ley 法の支配. Estaban en el ～ del terror. それは恐怖の支配時代だった

reinante [ɾeinánte] 形 統治する, 支配的な

reinar [ɾeinár] 圓 ❶ [+en に] 君臨する: Entonces *reinaba* en (sobre) España Felipe IV. 当時フェリーペ 4 世がスペインを治めていた. Ella *reina* en la sociedad. 彼女は社交界に君臨している. El rey *reina* pero no gobierna.

王は君臨すれど統治せず. ❷ 支配的である: Entre el pueblo *reinaba* una opinión conservadora. 国民の間では保守的な意見が支配的だった. En la sala *reinaba* un silencio absoluto. 会場は静まりかえっていた

reincidir [ɾeinθiðír] 圓 [+en 同じ誤り・過ちなどを] 繰返す: Ha reincidido en el robo. 彼はまた盗みをはたらいた

　　　reincidencia 囡 《法律》 再犯, 累犯

　　　reincidente 形 名 再犯(累犯)の, 常習犯〔の〕

reincorporar [ɾeinkorporár] 他 [+a に] 再統治 (合併・編入) する

◆ ～se [休暇後などに, +a 仕事に] 戻る: ～*se a* la oficina 職場に復帰する

　　　reincorporación 囡 再統合

reineta [ɾeinéta] 囡 《果実》 青く香りの強いリンゴ

reingresar [ɾeingresár] 圓 [+en に] 復帰する: ～ *en* un partido 復党する

◆ 他 再入院させる

　　　reingreso 男 復帰

reiniciar [ɾeiniθjár] 他 《情報》 再起動する

reino [ɾéino] 男 ❶ 〖英 kingdom〗 王国: ～ de Granada グラナダ王国. R～ Unido 連合王国 〖イギリスの〗. 正式名称は R～ Unido de Gran Bretaña [e Irlanda del Norte]. ～ de los cielos/～ de Dios 天国. ❷ 分野: ～ animal (vegetal・mineral) 動物(植物・鉱物)界. ～ de la física 物理学の分野. ❸ 隆盛期: ～ de la informática 情報(科学)の時代

reinserción [ɾeinserθjón] 囡 社会復帰 [～ social]

　　　reinsertar 他 社会復帰させる. ◆ ～se 社会復帰する

reinstalar [ɾeinstalár] 他 再任する, 再設置する

reintegración [ɾeinteǥraθjón] 囡 ❶ 復帰, 復職; ～ a la vida social 社会生活への復帰. ❷ 《文語》 払い戻し, 償還

reintegrar [ɾeinteǥrár] 他 ❶ [+a・en に] 復帰させる, 復職させる: Le han reintegrado a su puesto anterior. 彼は元の地位に復帰した. ❷ 《文語》 返済する, 払い戻す; [+de を] …に返す: Le han reintegrado las cantidades que pagó indebidamente. 彼は誤って払った分を払い戻してもらった. Le reintegraré de los gastos suplidos por usted. 立て替えていただいた分はお返しします. ❸ 《西. 文語》 [書類などに, +con 印紙を] 貼る: ～ la solicitud con una póliza de veinte pesetas 願書に 20 ペセタの印紙を貼る

◆ ～se ❶ 復帰する, 戻る: Se reintegró a su trabajo después de las vacaciones. 彼は休暇後再び仕事に戻った. ～se a su patria 祖国に帰る. ❷ 取り戻す: Quiero ～me de lo que adelanté. 前払い金を払い戻してもらいたい

reintegro [ɾeinteǥro] 男 ❶ 復帰, 復職: ～ en el trabajo 職場復帰. ❷ 返済, 償還. ❸ [宝くじの] 残念賞, 末等 〖買った金額が払い戻

R

される』: No me tocó siquiera un ～. 私は残念賞すら当たらなかった. ❹ 印紙【～の】

reinvertir [r̄einbertír] 33 他 再投資する
　reinversión 女 再投資

reír [r̄eír] 36 自 [英 laugh. ↪活用表. 過分 reído, 現分 riendo. ↔llorar] 笑う: Todo el mundo *reía* y cantaba. みんな笑い, 歌っていた. Sus ojos *reían*. 彼の目は笑っていた(うれしそうだった). Sus chistes siempre hacen ～. 彼の冗談はいつも面白い. Eso me hace ～. お笑いぐさだ. Quien *ríe* el último, *ríe* mejor./Al freír será el ～. 《諺》最後に笑う者が勝つ. ～ como un bendito ひどく笑い立てる
◆ 他 笑う: *Rieron* mucho el chiste que les contó. 彼の言った冗談に人々は大笑いした. Le *reímos* las travesuras al niño. 私たちはその子のいたずらを笑ってすませた
◆ ～se ❶ 笑う: Las chicas *se ríen* por nada. 女の子たちは何でもないことですぐ笑う. ❷ [+de を] 嘲笑する, ばかにする: No *te ríes de* mis advertencias. 私の忠告をばかにしてはいけない. Los alumnos *se ríen* de su maestro. 生徒たちは先生のことをばかにしている

reír	
直説法現在	直説法点過去
río	reí
ríes	reíste
ríe	rió
reímos	reímos
reís	reísteis
ríen	rieron
接続法現在	接続法過去
ría	riera, -se
rías	rieras, -ses
ría	riera, -se
riamos	riéramos, -semos
riáis	rierais, -seis
rían	rieran, -sen

reiterar [r̄eiterár] 他《文語》繰返す, 反復する『repetir』: ～ su demanda 要求を繰返す
◆ ～se *Me reitero* de usted a.s.《手紙》敬具 [a.s. は atento servidor の略]
　reiteración 女 繰返し, 反復
　reiteradamente 副 繰返し, たびたび
　reiterado, da 形 繰返しの, 重ねての
　reiterativo, va 形 繰返しの, 重ねての: verbo ～《文法》反復の動詞 [例 visitear]

reivindicación [r̄eibindikaθjón] 女 ❶ [権利の] 要求; 復 要求事項: atender a las *reivindicaciones* de los obreros 労働者の要求に応じる. ～ laboral 労働者の経済要求. ❷ [名誉などの] 回復, 復権. ❸ [テロなどの] 犯行声明

reivindicar [r̄eibindikár] ⑦ 他 ❶ [権利として] 要求する: ～ su herencia 自己の相続分を要求する. ～ la libertad de expresión 表現の自由を要求する. ❷ [名誉などを] 取り戻す: ～ su buen nombre 名声を回復する. ❸ [テロなどの] 犯行声明を出す

reivindicatorio, ria/reivindicativo, va 形 要求の

reja [r̄éxa] 女 ❶ 鉄格子; 鉄柵. ❷ 鋤(すき)の刃: dar una ～ 畑をすく, 耕す
　entre ～s/tras las ～s《口語》獄中に・で

rejalgar [r̄exalgár] 男《鉱物》鶏冠石

rejego, ga [r̄exégo, ga] 形《中米》[動物が] 飼いならされない; [人が] 手に負えない, 反抗的な, 怒りっぽい

rejería [r̄exería] 女 格子(金網)製作;《集名》格子, 金網

rejilla [r̄exíʎa] 女 ❶ 格子; 金網: ventana de ～ 格子窓. ～ del radiador ラジエーターグリル. ❷ [ドアの] のぞき窓; ざんげ室の窓. ❸ [列車・バスの] 網棚 [～ para maletera]. ❹ [椅子の] 籐張りの部分: silla de ～ 籐椅子. ❺ [炉の] 火床用の網. ❻《電気》グリッド, 制御格子

rejo [r̄éxo] 男 ❶ 尖った鉄の棒; [蜂などの] 針;《植物》幼根. ❷《中南米》鞭. ❸《南米》搾乳;《集名》乳牛

rejón [r̄exón] 男 [先端に金具の付いた] 突き棒;《闘牛》槍

rejoneador, ra [r̄exoneaðór, ra] 名 レホネアドール『馬上から牛に槍 rejón を突き刺す闘牛士』
　rejonear 他 [槍で馬上から, 牛と] 闘う; [槍で突き刺して] 傷つける
　rejoneo 男 その技; 馬上での闘牛

rejuvenecer [r̄exubeneθér] 39 他 ❶ 若返らせる; 若く見せる: Este peinado te *rejuvenece*. この髪型にすると若く見えるよ. ❷ 現代的にする: ～ un centro de estudios 研究所の設備を一新する
◆ 自・～se 若返る

relación [r̄elaθjón] 女 [英 relation] ❶ 関係. i) [事物間の] 関連: Hay *relaciones* entre los dos homicidios. 2つの殺人は関連がある. ～ la causa y el efecto 因果関係. ii) [主に 復. 人間・組織間の] 交際, 交流: Se han enfriado las *relaciones* entre ellos. 彼らの関係は冷却した. tener (estar en) ～ con+人 …と接触がある, 交際している. estar en buenas (malas) *relaciones* con+人 …と仲がよい(悪い). ponerse en ～ 関係を結ぶ, 付き合いを始める. guardar ～ con+人 …との関係を保つ. *relaciones* amistosas 友好関係. *relaciones* comerciales 取引関係. *relaciones* de parentesco 血縁関係. *relaciones* diplomáticas 外交関係. *relaciones* humanas 人間関係. ❷ 復 恋愛関係, 肉体関係 [*relaciones* amorosas]: María rompió sus *relaciones*. マリアは 2 人の関係(婚約)を解消した. tener (estar en) *relaciones* con+人 …と肉体関係にある. *relaciones* formales 婚約; [一般的に] 正式な関係. *relaciones* ilícitas 不倫な関係. ❸ 復 知人, 交際している人; 縁故: invitar a sus *relaciones* a una fiesta 知人たちをパーティーに招く. tener [buenas] *relaciones* en… …に[いい]コネがある

❹［正式な］報告〔書〕；《法律》陳述：escribir una ～ detallada 詳細な報告書を書く. Tu ～ coincide con la suya. 君の話は彼のと一致する. ～ jurada 誓約書

❺ 表, リスト〔lista〕：～ de víctimas 犠牲者の名簿. ～ de los objetos robados 盗難品のリスト. ～ de gastos 出費明細書

❻ 比例, 比率〔razón〕：～ capital-producto (-trabajo) 資本産出(労働)比率. ～ de cambio 交換レート

con ～ a.../en ～ con... …に関して；…と比較して：Con ～ a su pedido, le informamos que... 貴注文に関して以下のとおりお知らせします…. Tu clase en ～ con la mía es pequeña. 君のクラスは私のクラスと比べて少人数だ

en ～ a... …に関しては

hacer ～ a... …に言及する

hacer una ～ de... …について話す：Hizo una ～ de su viaje. 彼は旅行談を語った

no guardar ～ alguna con... …との釣合いを完全に失っている

relaciones públicas 1) 宣伝活動, PR；渉外. 2) PR係〖ホテル・ディスコなどが主に客寄せのために雇う有名人〗

sacar a ～ 引用する

relacionado, da [r̃elaθjonáðo, ða] 形 過分 ［estar+. 互いに/+con+事・人 と］関係のある, 関連している：estar bien ～ よいコネを持っている. persona muy ～/da 知人の多い人, 顔の広い人. todo lo ～ a... …に関するすべて

relacionar [r̃elaθjonár] 他 ❶ ［+con と］関連づける：No hay que ～ la inflación *con* la subida de sueldo. インフレを賃金の上昇と結びつけて考えるべきではない. ❷ ［人に］接触をもたせる, 連絡させる. ❸ 表(リスト)にする. ❹《文語》報告する

◆ ～**se** ❶ 関係する；接触(交際)する：en lo que *se relaciona con...* …に関して. ❷ コネがある, 顔が広い：Es persona que *se relaciona*. 彼は顔がきく. saber ～*se* 交際術が巧みである, 人脈の作り方を心得ている

relacionista [r̃elaθjonísta] 图 宣伝マン, 広報担当者

relajación [r̃elaxaθjón] 囡 ❶ 緩み；リラックス：～ de los músculos 筋肉の弛緩(ゐ). ❷ 堕落；～ de las costumbres 風習の堕落. ❸《医学》弛緩法, リラクセーション

relajado, da [r̃elaxáðo, ða] 形 過分 緩んだ；リラックスした；《言語》[発音が] 弛緩した

relajamiento [r̃elaxamjénto] 男 ＝**relajación**；《言語》弛緩

relajante [r̃elaxánte] 形 ❶ 緩ませる；リラックスさせる：tónico ～ 精神安定剤.《南米》甘ったるい

relajar [r̃elaxár] 他 ❶ 緩める；リラックスさせる：Relajó la mano que tenía agarrada la espada. 彼は剣を握っていた手を緩めた. ～ los músculos 筋肉をほぐす. ～ la tensión 気(緊張)を緩める. ～ la disciplina 規律を緩める. ❷《南米》甘ったるくする

◆ ～**se** 緩む：Se ha relajado la inspección. 取締まりが緩和された. Se le *relajó* la tensión. 気が緩んだ. Se me *relajó* una pierna. 足の痛みが楽になった. ❷［精神的に］リラックスする：Voy de paseo para ～*me*. 気晴らしに散歩しようと思う. ❸ 堕落する：Se ha *relajado* desde que rompió con su familia. 彼は家族と絶縁してから自堕落になった

relajo [r̃eláxo] 男 ❶ 放縦, ルーズさ；堕落. ❷《主に西》息抜き, 穏やかさ. ❸《中南米》からかい, 悪ふざけ

relamer [r̃elamér] 他 なめ回す：～ el plato 皿をペロペロなめる

◆ ～**se** ❶ 舌なめずりする, 舌鼓を打つ. ❷ 満足そうにする：Se *relame* pensando en las vacaciones. 彼は休暇のことを考えて悦に入っている. ❸［+de を］自慢する：Se *relamía* de haber llegado el primero. 彼は1着になって得意そうだった

relamido, da [r̃elamíðo, ða] 形 過分《軽蔑》［主に物腰が］気どった, きざな；［作品などが］凝りすぎた

relámpago [r̃elámpaɣo] 男 ❶ 稲妻：rápido como un ～ 稲妻のように速い, 電光石火のごとく. Los días pasaron como un ～. 月日はあっという間に過ぎた. ❷ 閃光；［目などの］輝き；［考えなどの］ひらめき：～ de ingenio 才気のひらめき. ❸《菓子》エクレア. ❹［形容詞的］guerra ～ 電撃戦. luz (lámpara) ～《写真》フラッシュ〔flash〕. visita (viaje) ～ ごく短い訪問(旅行)

relampaguear [r̃elampaɣeár] 自 ❶［単人称］稲妻が光る：Relampagueó fuertemente. 鋭く稲妻が光った. ❷［光が］走る, きらめく：Sus ojos *relampagueaban* por la ira. 彼の目は怒りでギラギラ輝いていた

relampagueo [r̃elampaɣéo] 男［稲妻の］ひらめき；輝き

relanzar [r̃elanθár] 他 再び売り出す

relapso, sa [r̃elápso, sa] 形 图 再犯(累犯)の, 再犯(累犯)者；《宗教》再び異端に転向した〔人〕

◆ 形［病気の］再発

relatar [r̃elatár] 他 物語る；報告する：～ un cuento 物語を語る. ～ a sus padres los sucesos del día 両親にその日の出来事を話す

relatividad [r̃elatiβiðá(ð)] 囡 相対性, 相関性；《物理》相対性理論〔teoría de la ～〕：～ restringida (general) 特殊(一般)相対性理論

relativismo [r̃elatiβísmo] 男《哲学》相対主義

relativista 形 图 相対主義の(主義者)；相対性理論を支持する〔人〕

relativizar [r̃elatiβiθár] 他 相対的に考える, 相対化する

relativo, va [r̃elatíβo, βa] 形 ❶［+a に］関係のある：aviso ～ *al* nuevo horario 新しい時間割に関する知らせ. en lo ～ a... …に関して. ❷ 相対的な, …による〔↔absoluto〕：velocidad ～*va* 相対速度. El precio del coche es ～ *a* su calidad. 車の値段は性能によって異なる.

R

❸ ある程度の, あまり…でない : enfermedad de ~*va* importancia 比較的軽い病気. obtener un resultado ~ まずまずの成果をおさめる. Su talento es muy ~. 彼の才能はあまり大したことはない. ❹《文法》関係を示す : pronombre ~ 関係代名詞
◆《文法》関係詞

relativamente 圖 相対的に, 比較的に : Eso es ~ fácil. それはわりに易しい

relato [r̃eláto] 圐 物語ること ; 報告, 物語 : hacer el ~ de… …の話をする. libro de ~s del viaje 旅行記

relator, ra [r̃elatór, ra] 图 ❶《議会の》委員会報告者 ; [裁判所の] 報告評定官. ❷《南米》解説者, 評論家《comentarista》; 語り手, ナレーター《narrador》

relax [r̃eláks] 圐《単複同形》《←英語》❶ = **relajación** : hacer ~ くつろぐ, リラックスする. ❷《婉曲》[広告で] ホテル出張売春

relé [r̃elé] 圐《←仏語. 電気》継電気, リレー

releer [r̃eleér] 囮 読み返す, 再び読む

relegar [r̃elegár] 8 囮 [+a に] 遠ざける ; 格下げにする : ~ al olvido 忘れ去る. ~ al puesto de auxiliar 補佐役に落とす
relegación 图 格下げ

relente [r̃elénte] 圐 夜露, 夜の冷気

relevante [r̃elebánte] 囮 ❶ 傑出した, 特にすぐれた. ❷ 重要な, 意義のある
relevancia 图 傑出, 優秀性 ; 重要性

relevar [r̃elebár] 囮 ❶ …と交代する : Relevó a López como portero. 彼はロペスをゴールキーパーと交代した. Relevan la guardia a las cinco. 警備員の交代は5時だ. ❷ [+de 任務などから] 解放する, 放免する : Fue relevado del cargo. 彼は解任された. Quiero que me releven de los trabajos pesados. 私は重労働から解放されたい. ~ a+人 del compromiso …との約束はなかったことにする. ❸ 称揚する
◆ ~se《互いに》交代し合う

relevo [r̃elébo] 圐 ❶ 交代 ;《軍事》交代要員. ~ de la guardia en el palacio 王宮の衛兵交代. ❷ 圀《スポーツ》リレー : ~s de cuatro por cien metros/cuatrocientos metros ~s 400メートルリレー. cuatro por doscientos metros ~s libres《水泳》800メートル[フリー] リレー
relevista 图 リレーの選手

relicario [r̃elikárjo] 圐 ❶《宗教》聖遺物箱.
❷《服飾》[思い出の品などを入れる] ロケット

relieve [r̃eljébe] 圐 ❶《表面の》凹凸 ;《美術》浮彫り, レリーフ : letras en ~ 浮彫りにした文字. mapa en ~ 立体地図. La figura tiene unos dos centímetros de ~. 像の部分は約2センチ高くなっている. alto (bajo) ~ 高(浅)浮彫り. ~ acústico (sonoro) 音の立体感, 臨場感. ❷ [土地の] 起伏 ; 地形. ❸ [de+.人の] 重要性 : Fue uno de los políticos de mayor ~ de su época. 彼は当代最高の政治家の一人だった. ❹ 圈 食べ残し, 残飯
dar ~ a+事物 …に重要性を与える : La presencia del ministro *dio* ~ a la fiesta. 大

臣の出席でパーティーに箔がついた
poner… *de* ~ …を際立たせる : En su discurso *puso de* ~ la necesidad de reducir impuestos. 彼は演説の中で減税の必要性を強調した

religión [r̃elixjón] 图《英 religion》❶ 宗教 : guerras de ~ 宗教戦争. ~ budista (cristiana·mahometana) 仏教(キリスト教·イスラム教). ~ católica (reformada) カトリック(新教). ~ natural 自然宗教. ~ revelada 啓示宗教. ~ positiva [啓示·伝承に基づいた] 積極的宗教. ~ del Estado 国教. ❷ 信仰 : tener ~ 信仰をもつ. ~ de la patria 祖国礼讃. ❸《カトリック》修道生活 ; 教団 : entrar en ~ 修道院に入る. ❹ 信条

religiosamente [r̃elixjósaménte] 圖 信心深く ; きちょうめんに : pagar ~ sus deudas きちんと借金を返す. cumplir ~ con sus deberes 忠実に義務を果たす

religiosidad [r̃elixjosiða[d]] 图 ❶ 宗教心, 信心深さ : profunda ~ 信仰心をもった男. promover la ~ 宗教心を呼び起こす. ❷ きちょうめんさ : con toda ~ 非常にきちょうめんに

religioso, sa [r̃elixjóso, sa] 囮《英 religious》❶ 宗教[上]の : creencias ~sas 信仰. educación ~sa 宗教教育. música (pintura) ~sa 宗教音楽(画). propaganda ~sa 伝道. ❷ 信心深い, 敬虔(ﾟﾟ)な : mujer ~sa 信仰のあつい女. respeto ~ 尊崇. llevar una vida ~sa 信仰生活をおくる. ❸《カトリック》修道院の ; 修道会に属する : abandonar la vida ~sa 修道生活を放棄する. ❹《義務の遂行に》きちょうめんな
◆ 图 宗教家 ;《カトリック》修道士, 修道女

relimpio, pia [r̃elímpjo, pja] 囮《口語》大変清潔な, 真新しい

relincho [r̃elínt∫o] 圐 ❶《馬の》いななき : dar ~s いななく. ❷ 歓声
relinchar 圁《馬が》いななく

relinga [r̃elíŋga] 图 ❶《漁網の》ロープ ; [帆の縁の] 補強用ロープ

reliquia [r̃elíkja] 图 ❶ 聖遺物 ; [聖者などの] 遺品, 遺骨. ❷《比喩》前時代の遺物, 名残り. ❸ 思い出の品, 形見 : ~ de familia 先祖伝来の家宝. ❹ [病気·事故の] 後遺症

rellamada [r̃eλamáða] 图《電話》リダイアル

rellano [r̃eλáno] 圐 ❶ [階段の] 踊り場《descansillo》; [坂道などの途中にある] 平らな場所 ;《地理》岩棚, 肩

rellenar [r̃eλenár] 囮 ❶ …に再び満たす(詰める) : ~ una copa グラスに酒をつぎ足す ; グラスにたっぷりつぐ. ❷ [すきまがなくなるまで, +de·con を] …に一杯に満たす, 詰め込む : ~ la maleta スーツケースをぎゅうぎゅう詰めにする. ~ un bache *con* gravilla 砂利で穴を埋める. ❸ …に詰め物をする : ~ un sillón 椅子にパッキングを詰める. ~ un pollo 鶏に詰め物をする. ❹ [空欄などを] 埋める《llenar》: ~ un formulario 用紙に書き込む. contar unos chistes para ~ 話のつなぎに冗談を入れる. ❺ 腹一杯食べさせる

rellenito, ta [r̄ελeníto, ta] 形 [人が] 丸ぽちゃの

relleno, na [r̄eλéno, na] 形 ❶ [+de の] 詰め物をした: aceitunas ~*nas* [*de* anchoa] [アンチョビー入りの]スタッフドオリーブ. patatas ~*nas* ジャガイモのひき肉詰め. ❷《口語》[estar +. 人が] 小太りの: cara ~*na* 丸々とした顔
◆ 男 [料理・枕などの] 詰め物, スタッフィング; パッキング; [服飾] パッド; [装飾] 充填材
de ~ [話などの] 埋め草の, 付け足しの

reloj [r̄elɔ́x] 男《英 clock, watch》時計: Este ~ es exacto (está fuera de hora). この時計は合っている(合っていない). Este ~ está adelantado (atrasado) tres minutos. この時計は3分進んで(遅れて)いる. Se me ha parado el ~. 私の時計は止まっている. ¿Tiene usted ~? 時間を教えてくれませんか? Él es un ~. 彼は[時計のように]時間に正確だ. adelantar (atrasar) un ~ cinco minutos 時計を5分進める(遅らせる). poner el ~ 時計を合わせる. torre de ~ 時計台. ~ automático 自動巻き(オートマチック)時計. ~ biológico 生物(体内)時計. ~ de arena 砂時計. ~ de bolsillo 懐中時計. ~ de caja (de pie) グランドファーザー時計. ~ de detención/~ de segundos muertos ストップウオッチ. ~ de flora 花時計. ~ de pared 柱時計. ~ de pulsera 腕時計. ~ de sobremesa 置き時計. ~ de sol 日時計. ~ parlante 時報
como un ~ 時間に正確な, 規則正しい: Es puntual *como un* ~. 彼はとても時間にきちょうめんだ. estar (ir) *como un* ~ [機械などが] 正確に動く
contra ~ 1) 一秒を争って. 2)《スポーツ》carrera *contra* ~ タイムトライアルレース

relojear [r̄elɔxeár] 他《南米》監視する; 詮索する

relojería [r̄elɔxería] 囡 ❶ 時計店(工場). ❷ 時計の製造(修理)技術
de ~ 時計仕掛けの: bomba *de* ~ 時限爆弾

relojero, ra [r̄elɔxéro, ra] 名 時計商(職人)
◆ 男 懐中時計入れ

reluciente [r̄eluθjénte] 形 ❶ ピカピカ光っている, 輝くばかりの: cabello negro y ~ つやつやと輝く黒髪. zapatos ~*s* ピカピカの靴. uniforme nuevo y ~ 新品ピカピカの制服. ❷ [人が] 太って色艶のよい

relucir [r̄eluθír] 自 ❶ [光を受けて] 輝く, キラキラ光る: Sus zapatos *relucen*. 彼の靴はピカピカだ. ❷ 際立つ, 目立つ
sacar... a ~ [突然のように] …を言い出す, 暴露する
salir a ~ [突然のように] 表面化する, 暴露される

reluctante [r̄eluktánte] 形 [+a に] 気の進まない; 反抗的な《reacio》
reluctancia 囡《物理》磁気抵抗

relumbrar [r̄elumbrár] 自 光り輝く, ひときわ輝く

relumbrón [r̄elumbrɔ́n] 男 ❶ 閃光, ひらめき.

❷ けばけばしさ; 虚栄: vestirse de ~ 派手に着飾る
de ~ 見かけだけの: cargo *de* ~ 名誉職

rem [r̄ɛ́n] 男《物理》レム

rema [r̄éma] 男《言語》題述, 説述 『主題 tema について述べる内容. 述部』

remachar [r̄ematʃár] 他 ❶ [釘などを] さらに深く打ち込む; [釘の先を] 打ち曲げる; リベット締めにする, 鋲(びょう)打ちする. ❷ 強調する; くどくど言う: ~ sus palabras 一言一言念を押す

remachador, ra 名 リベット工. ◆ 囡 リベット打ち機
remache 男 リベット[締め], 鋲[打ち]; [服飾] 鋲

remada [r̄emáða] 囡 [ボートなどの] 一こぎ

remanente [r̄emanénte] 形 残存する: género ~ 売れ残りの[商品]
◆ 男 ❶ 残り物, 残存物. ❷《経済》剰余
remanencia 囡《物理》残留磁気

remangar [r̄emaŋgár] 他 [服] の袖(裾)をまくり上げる: con la camisa *remangada* ワイシャツの袖をたくし上げて
◆ 他 ❶ [自分の] *Se remangó* para lavar. 彼は洗い物をするために腕まくりした. Ella *se remangó* las faldas. 彼女はスカートをたくし上げた. ❷《口語》張り切って始める

remango [r̄emáŋgo] 男《口語》腕前, 能力

remanguillé [r̄emaŋgiλé] *a la* ~《口語》乱雑に, めちゃくちゃな状態で

remanso [r̄emánso] 男 [川の] よどみ, 流れの緩い場所. ~ *de paz* 静かな場所
remansar ~*se* [水が] よどむ, たまる: El río empieza a ~*se* al llegar al llano. 川は平野に達するとよどみ始める

remar [r̄emár] 自《←remo》❶ 漕ぐ: ~ en bote ボートを漕ぐ. ❷ 努力する, 苦労する

remarcable [r̄emarkáble] 形 注目すべき, 著しい《notable》

remarcar [r̄emarkár] 他 特に指摘する, 強調する

rematado, da [r̄ematáðo, ða] 形 過分 [愚かさ・狂気が] 完全な, 救いようのない: Es un imbécil ~. あれはどうしようもないばかだ
rematadamente 副 完全に

R

rematador, ra [r̄emataðɔ́r, ra] 名 ❶《サッカー》ストライカー. ❷《南米》競売人《subastador》

rematante [r̄ematánte] 名 落札者

rematar [r̄ematár] 他 ❶ 終える: ~ el negocio 取り引きを終了する. ❷ [死にかけている者を] 殺す, とどめを刺す. [闘牛で] 決定的な打撃を与える: Con la puntilla el torero *remató* al toro. 闘牛士は短剣で牛にとどめを刺した. Este nuevo fracaso le va a ~. 今度の失敗で彼は立ち直れないだろう. ❸ 使い果たす: ~ las provisiones 食糧を食べ尽くる. ❹ …の先端をなす: La muralla la *remataban* unos puntos. 城壁の上部はぎざぎざになっていた. ❺《裁縫》[一針縫って] ~ la costura 縫い止まりを返し縫いする(玉結びを作って止める). ❻《スポーツ》[ゴール・スパイク・スマッシュを] 決める. ❼《中南米》[競売で] せり落

とす；競売にかける；[残った商品を] 安売りする
◆ 自 ❶ [形が, +en で] 終わる：El cuchillo *remata* en punta. そのナイフは先が尖っている. ❷《スポーツ》[一連のプレーの後] ゴール(スパイク・スマッシュ)を決める：～ de cabeza ヘディングシュートを決める

remate [r̃emáte] 男 ❶ 終了. ❷《口語》とどめ, 決定的な打撃. ❸ 端, 先端：Los puños de la blusa llevan un ～ de blonda. そのブラウスの袖口にはブロンドレースがついている. ❹ i)《テニス》スマッシュ；《バレーボール》スパイク. ii)《サッカー》シュート：～ de cabeza ヘディングシュート. ❺ [建物や家具上部の] 装飾, 棟飾り；《裁縫》返し縫い. ❻ 安売り. ❼《中南米》競売；落札
dar ～ [+a を] 終える：Este mes *dan* ～ *al* edificio. 今月にはビルが完成する
como ～/por ～ 最後に
de ～ [愚かさ・狂気を] 完全な, 救いようのない
para ～ [悪いことの] その上, さらに加えて

rembolsar [r̃embolsár] 他 =reembolsar
rembolso 男 =reembolso

remedar [r̃emedár] 他 模倣する；[こっけいに] …の物真似をする：～ el modo de hablar del presidente 大統領の口真似をしてみせる

remediable [r̃emedjáble] 形 治療できる；救済できる

remediar [r̃emedjár] ⑩ 他 ❶ 治し, 治療(矯正)する：～ el despilfarro 浪費癖を治す. ❷ 救済(改善)する, 打開する：Llorando no *remedias* nada. 泣いたって何の解決にもならない. Siento no poder ～le a usted. お力になれなくて残念です. ～ un obstáculo 障害を取り除く. ～ el perjuicio 損害を償う. ～ sus necesidades 切実な問題を解決する
no poder ～+事 …を避けられない；思わず…をしてしまう：No pudo ～ el echarse a reír. 彼は思わず吹き出してしまった
sin poder ～+事 …をせずにはいられず；思わず

remedio [r̃emédjo] 男《英 remedy》❶ 対策, 救済手段：El trabajo es el mejor ～ contra la tristeza. 仕事は悲しみをいやす最良の薬だ. ～ heroico 荒療治, 非常手段. como último ～ 最後の手段で, せっぱつまって. ❷ 治療[法]：～ casero 素人療法, 民間薬. A grandes males, grandes ～s.《診》大病には荒療治. El ～ es peor que la enfermedad.《診》打った手の方がかえって危ない. ❸《主に中南米》薬 [preparado]
ni para un ～ まったく(…ない)：No se encuentra un taxi *ni para un ～*. タクシーが一台も見つからない. No tiene *ni para un ～*. 彼はまったくの一文なしだ
no haber ～ 方法がない：No había [más] ～.〔ほかに〕仕方がなかった
*no haber más (otro) ～ que+*不定詞 …するよりほか仕方がない：No hay más ～ que pedirle perdón. 彼にあやまるしかない
no tener ～ [改善・矯正などの] 手段がない：Él (La cosa) ya *no tiene* ～. 彼は処置なしだ(事態はもう手の施しようがない)
*no tener más (otro) ～ que+*不定詞 [人・

事物が] …するよりほか仕方がない：No tenía más ～ que decir que sí. 私は承知せざるをえなかった
poner ～ a+事 …を解決する：Hay que *poner* ～ *a* su vagabundería. 彼の放浪癖をやめさせる必要がある
¡qué ～! 仕方がない!
sin ～ どうしようもない；仕方なく：situación *sin* ～ お手上げの状況

remedo [r̃emédo] 男 物真似；《軽蔑》お粗末な模倣：hacer ～s de los profesores 先生たちの物真似をする

remembranza [r̃embránθa] 女《文語》思い出, 記憶 [recuerdo]

rememorar [r̃ememorár] 他《文語》思い出す [recordar]

remendar [r̃emendár] ㉓ 他 修理する；[特に衣服を] 繕う, 継ぎを当てる：～ la camiseta y los pantalones シャツやズボンの繕いものをする
remendado, da 形 過分 [estar+] 継ぎの当たった

remendón, na [r̃emendón, na] 形 名 靴直し [zapatero ～]；《時に軽蔑》繕いもの(修繕)をする

remensa [r̃eménsa] 女 [中世カタルーニャで農奴に近い生活を強いられていた] 農民

remero, ra [r̃eméro, ra] 名 漕ぎ人, 漕手(こぎて)
◆ 女 [鳥の] 風切り羽；《南米》Tシャツ

remesa [r̃emésa] 女 集合 [一回の] 送付分；送金《～ de dinero》：Se ha perdido la última ～ de libros. 最後に送った本が行方不明だ. ～ de utilidades 利潤送金
remesar 他 送付する, 送金する

remeter [r̃emetér] 他 ❶ [出てきた場所に] 戻す. ❷ [+en に] 押し込む：～ la ropa *en* la maleta 服をスーツケースに押し込む. ～ las mantas 毛布の縁をマットレスの下にはさむ

remezón [r̃emeθón] 男《中南米》軽度の地震；[重量物の通過による] 地響き

remiendo [r̃emjéndo] 男《←remendar》❶ 継ぎ布, 当て切れ. ❷ [応急的な] 修理, 修繕：No hay ～ que el del mismo paño.《診》自分でするのが一番だ. ❸ 継ぎ足し, 補充
a ～s 断続的に
ser ～ de otro paño 別のことである

rémige [r̃émixe] 女 [鳥の] 風切り羽

remilgo [r̃emílgo] 男 [過度の] お上品ぶり, きまじめぶり：Déjate de ～s. 小うるさいことを言うな. hacer ～s a... …を見下す
don (doña) R～s《戯語》偉そうにふるまう男(女)

remilgado, da 形 お上品ぶった, 偉ぶった

reminiscencia [r̃eminisθénθja] 女 おぼろげな記憶, 追憶；思い出させるもの；[主に 他. 文学などにおける] 無意識の借用, 影響

remirar [r̃emirár] 他 再び見る；よく見る：He mirado y *remirado* en la caja, pero allí no está la llave. 箱の中を何度も見たが鍵はない
remirado, da 形 過分 細かい点にうるさい

remise [r̃emís] 男/女《南米》ハイヤー

remisible [r̃emisíβle] 形 《法律》[罪が] 許し得る, 免除し得る

remisión [r̃emisjón] 女 ❶ 《文語》[+a 他の個所などへの] 参照, 送り. ❷ [病気・苦痛などの] 一時的鎮静, 小康状態: ~sa a ayudarme en las faenas de casa. 私の姉はいつも家事を手伝うのをいやがる

remite [r̃emíte] 男 《手紙》差出人の名前と住所[の表記]: carta sin ~ 差出人の名前のない手紙

remitente [r̃emiténte] 形 ❶ 《手紙》送り主の, 荷主の. ❷ 《医学》[熱が] 出たり引いたりする
◆ 名 差出人, 発送人, 荷主: Devuélvase al ~. [配達不能の場合は] 差出人にご返送ください
◆ 男 差出人の名前と住所 【remite】

remitido [r̃emitíðo] 男 《主に南米》新聞に有料で掲載してもらう] 記事, 通知

remitir [r̃emitír] 他 [+a に] ❶ 《文語》発送する, 送る: Adjunto le ~ los documentos. 書類を同封します. ❷ [本の中で他の個所を] 参照させる: El autor nos ~ a la primera página. 作者は読者に1ページ目に戻るよう指示している. ❸ 任せる: Remito a mi hermano el cumplimiento de la promesa. 私は約束の実行を兄に代わってもらう. ❹ [罰・義務などを] 免除する
◆ 自 ❶ [発熱などが] おさまる: Ha remitido la fiebre (la especulación del suelo). 熱が下がった (土地投機がおさまった). ❷ [+a を] 参照する
◆ ~se [+a に] とどまる; 基づく, 従う: A las pruebas me remito. おのずと明らかだ【←証拠だけで十分だ】

remo [r̃émo] 男 ❶ 櫂(かい), オール: a[l] ~ 漕いで, オールで. ❷ 《スポーツ》ボート競技, 漕艇. ❸ [主に 複. 動物の] 脚; [鳥の] 翼; 《戯語》[人の] 脚
a ~ y sin sueldo 徒労に
a ~ y vela 素早く, 敏速に
meter el ~ いらぬおせっかいをする

remoción [r̃emoθjón] 女 《文語》解任, 罷免

remodelar [r̃emoðelár] 他 …の形を作り変える; [組織を] 改造(改編)する; 《建築》外観(デザイン)を変える
remodelación 女 改造, 改編; 外観(デザイン)の変更: ~ del gobierno 内閣改造

remojar [r̃emoxár] 他 ❶ [主に水に] 浸す, ぬらす: ~ la ropa en agua antes de lavarla 洗う前に洗濯物を水につける. El chaparrón me remojó de arriba abajo. 夕立ちで私は全身びしょぬれになった. ❷ [+a 事に] 祝杯をあげる, 飲んで祝う

remojo [r̃emóxo] 男 ❶ [水に] 浸すこと. ❷ 《中南米》贈り物; チップ

echar... en ~ …の機が熟するのを待つ
en (a) ~ 水の中に: poner (dejar) *en ~* el bacalao [塩抜きのために] タラを水につける

remojón [r̃emoxón] 男 [水で] ぬれること: Voy a darme un ~. ちょっとシャワーを浴びて(風呂に入って・泳いで)くる

remolacha [r̃emolátʃa] 女 《植物》ビート, テンサイ(甜菜): ~ azucarera サトウダイコン, テンサイ. ~ forrajera カチクビート

remolcador, ra [r̃emolkaðór, ra] 形 曳航する; 牽引する
◆ 男 引き船, タグボート 【buque ~】; レッカー車

remolcar [r̃emolkár] 他 ❶ 曳航する; 牽引する: ~ el coche averiado 故障車を牽引する. Es siempre remolcado por su mujer. 彼はいつも女房に引きずられている. ❷ [+a+不定詞] 無理に…させる, …に引きずり込む

remoler [r̃emolér] 他 《中南米》悩ます, うんざりさせる
◆ 自 《南米》どんちゃん騒ぎをする, 浮かれ騒ぐ

remolienda [r̃emoljénda] 女 《南米》どんちゃん騒ぎ

remolino [r̃emolíno] 男 ❶ 渦巻: levantar ~s de polvo 埃を巻き上げる. ~ de aire つむじ風, 竜巻. ❷ [髪の] つむじ. ❸ 人波, 雑踏. ❹ 混乱, 無秩序: ~ de la gran ciudad 大都会のめまぐるしさ

remolón, na [r̃emolón, na] 形 名 [仕事などを] すぐにやめてしまう[人], 横着者(の): No seas ~. ぐずぐずするな
hacerse el ~ すべきことをしない: Paco *se hace el ~* para no pagar. [友人同士食事をしたりする時] パコはいつも自分は払わないですます

remolonear [r̃emolonear] 自 横着をきめこむ

remolque [r̃emólke] 男 ❶ 曳航, 牽引: camión de ~ レッカー車. ❷ トレーラー: camping キャンピングカー. casa ~ トレーラーハウス. ❸ 引き綱, 曳航索
a ~ 1) [+de の] 曳航(牽引)されて: Nos llevaron a ~ de su coche. 私たちは彼の車に引っ張ってもらった. 2) 引き回された, 言いなりの: Todo lo hace a ~ de sus amigos. 彼は何をするにも友人たちの言いなりだ

remonta [r̃emónta] 女 《軍事》[各部隊への] 新馬の補充; 新馬用厩舎

remontadora [r̃emontaðóra] 女 《南米》靴の修理店

remontar [r̃emontár] 他 ❶ [傾斜を] 登る; [船で・泳いで川を] さかのぼる. ❷ [空中を] 上昇させる: ~ el vuelo [鳥・飛行機などが] 高く上昇する. ~ una cometa 凧を上げる. ❸ [順位を] 上げる: El corredor iba *remontando* posiciones. 走者はどんどん順位を上げていった. ❹ [障害を] 克服する: ~ las desgracias familiares 家庭内の不幸を乗り越える
◆ ~se ❶ [鳥・飛行機などが] 高く上昇する. ❷ [+a 過去に] さかのぼる; 起源を持つ: El comienzo de esta fiesta *se remonta al* siglo XII. この祭りの起源は12世紀にさかのぼる. ❸

[+a+金額 に] 達する：Los gastos del viaje *se remontan a* un millón de pesetas. 旅行費用は 100 万ペセタにのぼる

remonte [ʀemónte] 男 ❶〔スキー場の〕昇降装置〖リフト，ロープウェイなど〗． ❷ 上昇，さかのぼること；克服

remoquete [ʀemokéte] 男 ❶〔口語〕あだ名，異名〖apodo〗：poner ～ a+人 …にあだ名をつける． ❷〔げんこつで〕殴打；痛烈な皮肉

rémora [ʀémora] 囡 ❶《魚》コバンザメ．❷《文語》妨げ，障害

remorder [ʀemorðér] ② 他 後悔させる：Me *remuerde* haber sido injusto con él. 私は彼に対してフェアでなかったと後悔している
◆ ～**se** [+de 羨望・嫉妬・屈辱感などで] 苦しむ

remordimiento [ʀemorðimjénto] 男 後悔；良心の呵責〖ǵɔ̀〗〖～ de conciencia〗：Siento (Tengo) ～. 私は後悔している

remostar [ʀemostár] 他〔ワインに〕ブドウの果汁 mosto を加える

remotidad [ʀemotiðá(ð)] 囡《中米》遠方，遠い所

remoto, ta [ʀemóto, ta] 形 ❶〔時間的・空間的に〕遠い，遠く離れた：en tiempos ～s ずっと昔には．país ～ 遠い国．en el ～ Polo Sur はるか遠くの南極に．en el ～ Imperio Persa はるか遠い昔のペルシア帝国の時代には．control ～ リモートコントロール〖システム，装置〗． ❷ ありそうにない：No existe la más ～*ta* esperanza de salir bien. 成功する見込みは万に一つもない． ❸ [estar+．人が] ほとんど覚えていない
¡ni por lo más ～! 決して…ない，とんでもない!
no tener ni la más ～ta idea まったくわからない

remotamente 副 1) ni ～ まったく…ない． 2) ぼんやりと，漠然と：Me acuerdo ～ de su cara. 私は彼の顔をうっすらと覚えている． 3) はるか昔に

remover [ʀemoβér] ② 他 ❶〔全体の一部を〕動かす，かき回す：～ bien la tierra de la maceta 植木鉢の土をよくかきまぜる．～ el café コーヒーをかき回す． ❷〔事件などを〕ひっかき回す，詮索する：Déjalo como está y no lo *remuevas*. それは詮索しないでそっとしておけ． ❸《文語》〔障害を〕取り除く． ❹《主に中南米》[+de から] 解任する
◆ 自 [+en を] 詮索する
◆ ～**se** 体を動かす：Se *removió* inquieto en su sillón. 彼は椅子に座って落ち着きなく体をもじもじさせた

remozar [ʀemoθár] ⑨ 他〔外観を〕新しくする：～ la tienda 店を改装する
remozamiento 男 新しくすること

remplazar [ʀemplaθár] ⑨ 他 ＝reemplazar

remplazo 男 ＝reemplazo

remuneración [ʀemuneraθjón] 囡 報酬，謝礼金：No lo hago con afán de ～. 謝礼目当てにしているのではありません

remunerar [ʀemunerár] 他 …に報酬(謝礼)

を与える，報いる：～ la colaboración 協力に対して謝礼をだす．trabajo mal *remunerado* もうからない仕事

remunerativo, va [ʀemuneratíβo, βa] 形 金になる，もうかる：trabajo muy ～ 大変もうかる仕事

renacentista [ʀenaθentísta] 形 图 ルネサンスの〔芸術家〕：Italia ～ ルネサンス時代のイタリア．estilo ～ ルネサンス様式の

renacer [ʀenaθér] ㊳ 自 再び生まれる；生き返る，よみがえる：Me siento ～. 私は生き返ったような心地だ

renaciente [ʀenaθjénte] 形 再生(復活)した，勢いを取り戻した

renacimiento [ʀenaθimjénto] 男 ❶ 再生，復活；再活性化：～ de la naturaleza 自然のよみがえり．～ de fe 信仰復興運動． ❷《歴史》[R～] ルネサンス，文芸復興

renacuajo [ʀenakwáxo] 男 ❶《動物》オタマジャクシ． ❷《親愛》[活発な・落ち着きのない]子供，がき

renal [ʀenál] 形《解剖》腎臓の：insuficiencia ～ 腎不全．litiasis ～ 腎臓結石

renano, na [ʀenáno, na] 形《地名》ライン川 el río Rin 流域の

rencilla [ʀenθíʎa] 囡〔主に 複. ちょっとした〕けんか，いさかい：～s familiares 家庭内のもめ事

renco, ca [ʀéŋko, ka] 形 图〔腰の障害で〕足の不自由な〔人〕

rencor [ʀeŋkór] 男 恨み，遺恨：Siento ～ contra él. 私は彼を恨んでいる．No le guardo ningún ～. 私は彼にまったく恨みを抱いていない

rencoroso, sa [ʀeŋkoróso, sa] 形 ❶ [ser+] 恨みっぽい，怒りっぽい：persona ～*sa* 根に持つ人．carácter ～ 執念深い性格． ❷ [estar+．+con・contra・hacia で] 恨んでいる：Está ～ *contra* su padre. 彼は父親を恨んでいる

rendajo [ʀendáxo] 男《鳥》カケス〖arrendajo〗

rendibú [ʀendibú] 男《西. 口語》おもねり：hacer ～ a+人 …にぺこぺこする，ご機嫌を取る

rendición [ʀendiθjón] 囡 ❶ 降伏，投降：～ incondicional 無条件降伏．～ de Breda『ブレダの開城』． ❷《法律》～ de cuentas 計算書の提示

rendido, da [ʀendíðo, ða] 形 過去分 [estar+] ❶ 疲れ切った，ぐったりした：Todos están ～s del calor. みんな暑さでばてている．Volví a casa ～ de fatiga. 私はへとへとになって帰宅した． ❷ 崇拝する；従順な；親切な〖galante〗：Soy tu más ～ admirador. 僕は君に首ったけだ
rendidamente 副 従順に；親切に

rendija [ʀendíxa] 囡〔細長い〕すき間：～s de la persiana ブラインドのすき間．～ de la puerta [蝶番側の] ドアのすき間〖ノブの側は abertura〗

rendimiento [ʀendimjénto] 男 ❶ 収益：～ de la inversión 投資収益，利回り．～s crecientes 収穫逓増．tasa de ～ 収益率． ❷ 効率；生産性；成績：Este motor es de gran

〜. このエンジンは性能がよい. a pleno 〜 フル回転〔操業〕で ❷ ~ personal 人的効率. ❸ 服従, 従属；従属さ, 敬意；おもねり

rendir [r̃endír] ㊱ ㊟ 〘現分 rindiendo〙 ❶ 打ち破る 〘vencer〙；征服する, 従属させる：El sueño la *rindió*. 彼女は睡魔に負けた. ❷ 引き渡す, 手放す：〜 la plaza 要塞を明け渡す. 〜 la voluntad 意志を曲げる. ❸ ひどく疲れさせる, ぐったりさせる：Este partido me ha *rendido*. この試合はくたびれた. ❹ 〔挨拶などを〕する；〔敬意などを〕捧げる：〜 gracias a... …に感謝する. ❺ 〔報告などを〕提出する, 説明する：〜 cuentas/〜 su informe 報告する. El examen fue *rendido* aceptablemente. 試験はまずまずの出来だった. ❻ 〔船旅などを〕終える：Mañana *rendimos* viaje. 明日で旅も終わりだ. ❼ 〔利益を〕あげる：Estas acciones *rinden* unos buenos intereses anuales. この株は毎年配当がいい. Estas tierras *rinden* abundantes cosechas de cereales. この土地は穀類がよくできる

◆ 圓 利益をあげる；よい利益をあげる：i) Esta empresa ya no *rinde*. この事業はもうもうからない. Este coche *rinde* mucho. この車は燃費がいい. ii) 〔人が〕Su sola presencia hace que los obreros *rindan* al máximo. 彼がいるだけで労働者たちは精一杯働く. Las niñas *rinden* más que los niños. 女の子の方が男の子よりよくできる

◆ 〜se ❶ 〔+de で〕ぐったりする：Se *rindió* de fatiga. 彼は疲労でぐったりした. ❷ 降伏する；〔+a に〕屈する, 従う：Se ha *rendido* el ejército enemigo. 敵軍は降伏した. Me *rindo*. 降参だ. No tardé en 〜me a sus encantos. 私たちはたちまち彼女の魅力のとりこになった. ❸ 認める, 受け入れる：〜se a la evidencia 明白な事実に屈する

renegado, da [r̃enegádo, ða] 形 名 過分 背教者〔の〕

renegar [r̃enegár] ⑧ ㉓ 〘☞negar 活用表〙 ㊀ 強く否認する：Negó y *renegó* su participación en la conspiración. 彼は陰謀への荷担を繰返し否定した

◆ 圓 〔+de〕❶ 〔信仰などを〕捨てる：〜 del Catolicismo カトリックを棄教する. ❷ 嫌う；〔家族として〕認めない：〜 de su hija 娘を勘当する. ❸ 〔ひとりごとのように〕不平を言う：〜 del frío 寒いとぶつぶつぼやく

renegociación [r̃enegoθjaθjón] 名 〔契約・契約の〕改定交渉

renegociar ⑩ ㊀ …の改定交渉をする, 再交渉する

renegón, na [r̃enegón, na] 形 名 〘口語〙不平屋〔の〕, ぶつぶつ文句ばかり言う〔人〕

renegrido, da [r̃enegríðo, ða] 形 黒ずんだ, どす黒い；〘中南米〙真っ黒な

RENFE [r̃énfe] 名 〘西. 略語〙←Red Nacional de Ferrocarriles Españoles 国鉄

renglón [r̃englón] 男 ❶ 〔文章の〕行；㊇ 〘口語〙短い手紙(印刷物)：Te has saltado un 〜. 1行とばして〔読んで〕いるよ. Le mandaré

(pondré) unos *renglones*. 彼に一筆書こう. 〜 doble ダブルスペース. ❷ 〔支出などの〕項目, 費目；品目：La compra de libros es un 〜 notable. 本代は目立つ方が多い. 〜 de las importaciones 輸入品目

a 〜 seguido 〔それなのに〕すぐ, 引き続いて：Volvió y, *a 〜 seguido*, dijo que quería salir. 彼は戻ってきて, またすぐ出かけたいと言った

dejar (quedarse) entre renglones なおざりにする(される)

entre renglones 言外に：leer *entre renglones* 行間を読む, 言外の意味を読み取る

rengo, ga [r̃éngo, ga] 形 名 =renco

renguear [r̃eŋgeár] 圓 〘中南米〙=renquear

reniego [r̃enjéɣo] 男 〘口語〙〔主に ㊌〕文句, 不平

renio [r̃énjo] 男 〘元素〙レニウム

reno [r̃éno] 男 〘動物〙トナカイ

renombrado, da [r̃enombráðo, ða] 形 名高い, 有名な：〜 bandolero 有名な盗賊

renombre [r̃enómbre] 男 名声, 評判：adquirir gran 〜 名声を博する. Su 〜 ha llegado hasta nuestro país. 彼の名声は我が国にまで伝わっている

de 〜 名高い, 有名な：médico *de 〜* 高名な医師

renovable [r̃enobáβle] 形 更新できる

renovación [r̃enoβaθjón] 名 新しくすること；入れ替え, 一新：〜 del contrato 契約更新. 〜 de los ataques 攻撃の再開. 〜 total de las existencias 在庫の一掃, 大棚ざらえ

renovar [r̃enobár] ⑫ ㊀ ❶ 新しくする；取り替える：〜 los muebles 家具を新しくする. 〜 los miembros メンバーを一新する. ❷ 更新する；再び始める：〜 el contrato 契約を更新する. 〜 sus ataques 攻撃を再開する. ❸ よみがえらせる：〜 una amistad 友情を復活させる. ❹ 繰返す, やり直す：〜 la serie de ejercicios 反復練習する. 〜 el llanto また泣き出す

◆ 〜se 新しくなる；繰返される：Cada vez que pienso en ti se *renueva* mi dolor. 君のことを思うたびに私の胸は痛む

renquear [r̃enkeár] 圓 ❶ 障害を負っている：Anda *renqueando* con su artrosis. 彼は関節の病気で苦しんでいる. Sus relaciones *renquean*. 彼らの関係にひびが入っている. ❷ 足を引きずって歩く 〘cojear〙

renqueo 男 足の障害

renta [r̃énta] 名 ❶ 定期的に入ってくる収入；金利収入, 年金：vivir de las 〜s 金利で暮す；過去の名声で食いつなぐ. 〜 gravable (imponible) 課税所得. ❷ 〘主に中南米〙借り賃, 賃貸料；地代. ❸ 公債, 国債. ❹ 〘経済〙〔総〕所得：〜 nacional 国民所得. 〜 per cápita/〜 por habitante 1人当たり国民所得. política de 〜s 所得政策

rentable [r̃entáβle] 形 収益性のある, 実入りのよい；有益な, 役に立つ

rentabilidad 名 収益性：tasa de 〜 収益率

R

rentabilizar ⑨ 他 [投資の] 元を取る

rentar [r̃entár] 他 ❶ [金利・収益を] もたらす. ❷ 《中南米》賃貸し(賃借り)する: *rento casa* 《表示》貸し家

rentado, da 形 過分 《南米》有給の

rentero, ra [r̃entéro, ra] 名 《主に中米》小作人

rentista [r̃entísta] 名 金利(年金)生活者

renuente [r̃enwénte] 形 《文語》いやいやながらの; [+a に] 反抗的な

renuencia 女 気がすすまないこと; 反抗

renuevo [r̃enwéβo] 男 [株・枝の切り口から出た] 新芽; 更新, 再生

renuncia [r̃enúnθja] 女 ❶ [+a の] 放棄, 断念: ~ *a*l uso de la fuerza 武力行使の放棄. ❷ 辞職; 辞表

renunciación [r̃enunθjaθjón] 女 =renuncia; 自己犠牲

renunciar [r̃enunθjár] ⑩ 自 [英 give up] ❶ [+a を] あきらめる, 断念する; [権利などを] 放棄する: i) No puedo ~ *a* ella. 私は彼女のことがあきらめられない. El presidente ha anunciado que *renunciará* por motivos de salud. 大統領は健康上の理由で辞任を表明した. ~ *a* un proyecto 計画を断念する. ~ *a* la herencia 相続権を放棄する. [+a+不定詞] ~ *a* volver a su país 帰国を断念する. Renuncio *a* oírle. 彼の言うことなんか聞きたくない. ❷ [好物を] 断つ: ~ *a*l tabaco たばこをやめる. ~ *a*l alcohol 禁酒する. ❸ 《宗教》~ *a*l mundo 世を捨てる. ~ *a* su fe 信仰を捨てる. ❹ 《西. トランプ》場札と異なる組の札を出す

~ *a la mano de Doña Leonor* 欲しいが手の届かないものについて悪口を言う

◆ ~se 《宗教》禁欲する [~se a sí mismo]

renuncio [r̃enúnθjo] 男 《西》❶ 《トランプ》場札と異なる組の札を出すこと. ❷ 《古語的》ごまかし, いんちき: pillar a+人 en un ~ …のいんちきを見つける

renvalso [r̃embálso] 男 [ドア・窓の厚み部分の] 面取り

reñidero [r̃eɲidéro] 男 闘鶏場

reñido, da [r̃eɲído, da] 形 過分 ❶ [estar +. +con と] i) 不仲の, 仲たがいした: Está ~ *con* su vecino. 彼は隣人と仲が悪い. ii) [考えなどが] 反対の, 両立しない: Nunca hace nada que esté ~ *con* sus principios. 彼は自分の主義に反することは一切しない. ❷ 接戦の, 緊迫した: partido ~ 白熱した試合, 互角の戦い

reñir [r̃eɲír] ⑳ ㉟ *riɲo* ⚐*te*ñir 活用表. 現分 riɲendo 自 《主に西》けんかする; [+con と] 不仲になる: Los dos siempre andan *riñendo*. 2人はいつもけんかしている. *Ha reñido con* su novio. 彼女は恋人と仲たがいした(けんか別れした)

◆ 他 ❶ 《西, 中米》叱責する: *Reñí* a mi hija porque llegó tarde a casa. 帰りが遅かったので私は娘に小言をいった. ❷ 《文語》[戦いなどを] 行なう

reo [r̃éo] 名 [rea 女 もある] ❶ 罪人; 《法律》被疑者, 被告: ~ de Estado 反逆者, 政治犯.

~ de muerte 死刑囚. ❷ 《南米》がさつな人

◆ 男 ❶ 番 [turno]; 回 [vez]. ❷ 《魚》ウミマス

reoca [r̃eóka] ser la ~ 《西. 口語》普通でない, 変わっている

reojo [r̃eóxo] 男 de ~ 横目で; 憎しみの目で; 用心深い目で: La gente mira *de* ~ a los delincuentes. 人々は犯罪者を敵意に満ちた目で見る

reorganizar [r̃eorganiθár] ⑨ 他 再編成する: ~ la empresa 企業を再編する. ~ el gobierno 内閣を改造する

reorganización 女 再編成

reorientar [r̃eorjentár] 他 再び方向づける; 転換する, 再調整する

reorientación 女 再方向づけ; 転換, 再調整

reóstato [r̃eóstato] 男 《電気》加減抵抗器, レオスタット

repajolero, ra [r̃epaxoléro, ra] 形 《口語》[+名詞] ひどい, 嫌な: No tiene ~*ra* gracia. それは全然おもしろくない

repámpanos [r̃epámpanos] 間 [驚き・怒り・快我] 何とまあ!

repanchigar [r̃epantʃigár] ⑧ ~se =repantingarse

repanocha [r̃epanótʃa] ser la ~ 《西. 口語》すごい; ひどい, あんまりである

repanti(n)gar [r̃epanti(ŋ)gár] ⑧ ~se [椅子に] ゆったりと座る: Se *repantigó* en el sofá. 彼はソファーに身を沈めた

reparación [r̃eparaθjón] 女 ❶ [時に 複] 修理, 修繕; 補修工事: estar en ~ 修理中である. efectuar *reparaciones* por ...…を修理する. taller de *reparaciones* de automóviles 自動車修理工場. ❷ 賠償, 補償; 償い: ~ del daño 損害賠償. exigir ~ de la ofensa 侮辱の償いを要求する

reparador, ra [r̃eparaðór, ra] 形 ❶ 体力を回復させる: medicina ~*ra* 疲労回復剤. ❷ 修理する

◆ 名 修理工 [mecánico]

reparar [r̃eparár] 他 《英 repair》❶ 修理する, 修繕する: ~ el tejado 屋根を直す. Tenemos que mandar el coche para que lo *reparen*. 車を修理に出さなければならない. ❷ 償う, 埋め合わせをする: ~ el daño 損害を弁償する. ~ su falta 過ちを償う. ❸ [体力を] 回復する: Con la siesta *reparo* fuerzas. 私は昼寝をして元気になった

◆ [+en に] 気づく; [実行する前に] 考える: ¿*Reparaste* en que estábamos esperándote? 私たちが君を待っているのを知っていたかい? No *repara* en gastos cuando se trata de ayudar a sus amigos. 彼は友人を助けるとなると費用のことは考えない

reparo [r̃epáro] 男 ❶ 不賛成, 異議: Siempre está poniendo ~ a cuanto hago. 彼は私のすることにいちいちけちをつける. ❷ [遠慮・恥ずかしさによる] ためらい, 気後れ: Tengo ~ en hablar con el profesor. 私は気後れがして先生と話せない. No le da ~*s* decir lo que piensa.

彼は思ったことを何でも口に出す. ❸《フェンシング》かわし，受け流し

sin ～〔**s**〕何もしんしゃくせずに，遠慮なく: hablar *sin* ～s ずけずけ話す

repartición [r̄eparti̯θi̯ón] 囡 ❶ 分配，配分，割り当て [reparto]. ❷《中南米》[行政の] 部，局

repartidor, ra [r̄epartiðór, ra] 囝 配達（配送）する人：～ del periódico 新聞配達員

repartija [r̄epartíxa] 囡《南米》[役職・盗品などの] 分配

repartimiento [r̄epartimi̯énto] 囝 ❶ 分配，配分 [reparto]；その証明書. ❷《歴史》レパルティミエント『中南米で入植者がインディオを強制労働に徴発できた制度』

repartir [r̄epartír] 他《英 distribute》❶ [+ entre の間に] 配る，分配する: *Repartió* los bienes *entre* los hijos. 彼は財産を子供たちに分けた. ～ beneficio a＋人 …に利益を配分する，ボーナスを出す. ～ justicia 賞罰を公平にする. ～ la comida 料理を取り分ける. ～ las cartas トランプを配る. ❷ 割り当てる: ～ los papeles 役を割りふる. ～ el impuesto 課税する. ❸ 配達する: ～ la leche 牛乳を配達する. ❹ 広げる；散らばす: ～ la crema por encima de un pastel クリームをケーキの上にのばす. ～ puñetazos あたりかまわずげんこつを食らわす

◆ ～se 分配し合う

reparto [r̄epárto] 囝 ❶ 分配，配分；配達: Había ～ de beneficios. ボーナスが出た. camioneta de ～〔郵便〕配達車. ～ de la leche 牛乳配達. ～ de beneficios《西》/～ de utilidades《中南米》利益分配〔制〕. ❷ 配役，キャスト『～ de papeles』: Ese actor figura en el ～. その俳優の名が配役表に出ている. hacer el ～ 配役を決める

repasador [r̄epasaðór] 囝《南米》布巾

repasar [r̄epasár] 他 ❶ 調べ直す；復習する，おさらいする: ～ el trabajo antes de entregarlo レポートを提出する前にもう一度目を通す. ～ las lecciones 学課の復習をする. ❷ 再び…を通す（通る）: ～ la fregona por el suelo 床にもう一度モップをかける. *Repasó* la habitación con la mirada, por si había olvidado algo. 何か忘れ物はないかと彼は部屋をもう一度見回した. ❸ ざっと読み直す. ❹《裁縫》繕う: ～ a la camisa un botón ワイシャツのボタンをつけ直す. ❺《中南米》ざっと掃除する，ほこりを払う

◆ 圓 再び通る: Pasó y *repasó* por delante de tu casa. 彼は君の家の前を行ったり来たりした

repaso [r̄epáso] 囝 ❶ 調べ直し；復習: dar un ～ a la lección 学課の復習をする. ❷ 繕い物『～ de la ropa』. ❸《機械の》点検: ～ general オーバーホール

dar un ～ a＋人《口語》[知識・技能で]…より優れていることを示す，目にもの見せる；…を叱責する

repatear [r̄epateár] 他《西. 口語》困らせる，不快にする

repatriar [r̄epatri̯ár] ⑩/⑪ 他 本国に送還する

る，帰国させる

◆ ～se 帰still

repatriación [r̄epatri̯aθi̯ón] 囡 本国送還，帰国

repatriado, da [r̄epatri̯áðo, ða] 囝 過分 送還された〔人〕，帰還した〔人〕

repe [r̄épe] 厖《西. 口語》2 つの，ダブった

repecho [r̄epétʃo] 囝 [かなり急で短い] 坂，傾斜: a ～ 坂の上へ

repeinar [r̄epei̯nár] 他 …の髪をとかし直す（念入りにとかす）

◆ ～se [自分の] 髪をとかし直す（念入りにとかす）

repelar [r̄epelár] 他 ❶ 毛をすっかり刈る，刈り上げる. ❷ 減らす，削減する. ❸《中米》けちをつける；叱る

repelente [r̄epelénte] 厖 ❶ 嫌悪感を起こさせる，不快な. ❷《軽蔑》[主に子供が優等生ぶって] 憎たらしい，いやらしい

◆ 囝 防虫剤，虫よけ

repeler [r̄epelér] 他 ❶ 押し戻す；追い返す『↔atraer』: ～ el ataque 攻撃を撃退する. Esta tela *repele* el agua. この布は水を通さない（はじく）. ❷ 拒絶する，却下する: ～ una doctrina 主義主張をいれない（はねつける）. ❸ 嫌悪感を与える，不快にする: Me *repele* su contacto. 彼にさわられるとぞっとする. Me *repele* tener que recurrir a él. 彼に頼らなければならないなんていやになる. ❹《物理》反発する

repelo [r̄epélo] 囝 ❶ [木の] とげ，[指の] ささくれ；[髪の] 逆毛. ❷ 嫌悪感

repelón [r̄epelón] 囝 髪の毛を引っぱること

repeluco [r̄epelúko] 囝 ＝**repelús**

repelús [r̄epelús] 囝 身震い；戦慄（ﾘﾂ）: Me da ～ de ver cómo te comes el limón. 君がレモンをかじっているところを見るとぞっとする

repeluzno [r̄epelúθno] 囝 ＝**repelús**

repensar [r̄epensár] ㉓ 他 再考する，考え直す；熟考する: pensar y ～ じっくり考える，思い巡らす

repente [r̄epénte] 囝《口語》突然の動作（心の動き）: A veces le dan unos ～s. 彼は時々かんしゃくを起こす. Me dio el ～ que iba a presentar su dimisión. 突然私は彼が辞表を提出するのではないかと感じた

de ～ 突然，いきなり: *De* ～ se levantó de la silla y se marchó. 突然彼は椅子から立ち上がり，出て行った

repentino, na [r̄epentíno, na] 厖 突然の，不意の: cambio ～ de tiempo 天候の急変. muerte ～na 急死

repentinamente 副 突然に，不意に

repentizar [r̄epentiθár] ⑨ 圓《音楽》初見で（即興的に）演奏する（歌う）

repera [r̄epéra] 囡 [～を強調の re-＋pera]《俗語》¡Es la ～! まったくひどい，ものすごい!

repercusión [r̄eperkusi̯ón] 囡 反響；影響: Su última obra ha tenido una gran ～ en los círculos literarios. 彼の最新作は文壇の大きな反響を呼んだ. de amplia (ancha) ～ 反響（影響）の大きい

repercutir [r̄eperkutír] 圓 ❶ 反響する: El

ruido de sus pasos *repercutía* por el corredor. 彼の足音が廊下に響いた. ❷ [+en に] 反映する: La subida de las tarifas del ferrocarril *repercute en* los precios. 鉄道運賃の値上がりが物価にはね返る

repertorio [r̃epertórjo] 男 ❶ [文献などの] 目録, 一覧表; 情報などを集めたもの: 〜 de aduanas 税関物品別課税表. 〜 de chistes 笑い話集. un 〜 de noticias 一連の情報. ❷ 《音楽・演劇》レパートリー: poner... en el 〜 …をレパートリーに含める. tener el 〜 vasto レパートリーが広い. compañía de 〜 レパートリー劇団

repesca [r̃epéska] 女 ❶ 《西. 口語》追試験 [examen de 〜]. ❷ 《スポーツ》敗者復活戦
　repescar [7] 他 1) 《西. 口語》[落第生を] 救済する. 2) [敗者を] 復活させる; [追放された人を] 元に戻す

repetición [r̃epetiθjón] 女 ❶ 繰返し, 反復: 〜 de los errores 過ちを繰返すこと. reloj de 〜 [15分や30分ごとに時を知らせる] 復打(ﾌｸﾀﾞ)時計. fusil de 〜 連発銃. texto lleno de *repeticiones* 繰返しの多い文章. ❷ 落第, 留年. ❸ 《美術》[製作者自身による] 複製 [réplica]. ❹ 《テレビ》リブレイ

repetido, da [r̃epetíðo, ða] 形 過分 [estar+] ❶ [同じものが] 2つ(以上)の: Este diccionario lo tengo 〜. この辞書は私は2冊持っている. ❷ [+名詞] 繰返された: 〜s intentos de suicidio 重畳な自殺未遂
　〜*das veces* 何度も, 繰返し: ¿No lo he dicho 〜*das veces*? 何度も言ったではないか
　repetidamente 副 繰返し, 何度も

repetidor, ra [r̃epetiðór, ra] 名 落第生, 留年生 [alumno 〜]
　◆ 男 《通信》中継器; 《放送》中継局

repetir [r̃epetír] 35 [英 repeat. ﾛ活用表. 現分 repitiendo] 他 ❶ 繰返す; 繰返し言う: i) Ella no *repite* un vestido. 彼女は二度と同じ服は着ない. *Repitan* conmigo las siguentes frases. 私の後について次の文を繰返して言いなさい. ¿Cuántas veces tengo que *repetír*telo? 何度言えばわかるのだ. 〜 la pregunta 質問を繰返す. 〜 el número telefónico 電話番号を [心の中で] 復唱する. ii) [+que+接続法 するように] Me *repitió que* me abrigara bien. しっかり着込みなさいと彼は私に何度も言った. iii) [他人の言動を] 真似る: Los monos *repiten* lo que ven hacer. 猿は見たことを真似る. No *repite* sino lo que ha oído de los demás. 彼はいつも他人の受け売りばかりする. ❷ [学生が落第して] 再履修する. ❸ [料理の] おかわりをする: ¿No quiere usted 〜 la sopa? スープのおかわりはいかがですか?
　◆ 自 ❶ 繰返し起こる: Le *repitió* el ataque. 彼にまた発作が起きた. ❷ 落第する, 留年する. ❸ [料理などの] 後味が残る: El ajo *repite*. ニンニクは後味が残る. ❹ おかわりする
　◆ 〜*se* 同じことを繰返す: Este comentarista *se repite* mucho. この解説者は繰返しが多い. ❷ 繰返される: La historia *se repite*. 歴史は繰返す

---

repetir

直説法現在	直説法点過去
rep*i*to	repetí
rep*i*tes	repetiste
rep*i*te	rep*i*tió
repetimos	repetimos
repetís	repetisteis
rep*i*ten	rep*i*tieron
接続法現在	接続法過去
rep*i*ta	rep*i*tiera
rep*i*tas	rep*i*tieras
rep*i*ta	rep*i*tiera
rep*i*tamos	rep*i*tiéramos
rep*i*táis	rep*i*tierais
rep*i*tan	rep*i*tieran

repetitivo, va [r̃epetitíβo, βa] 形 繰返される, 繰返しの多い

repicar [r̃epikár] [7] 他 [祭りなどの時, 鐘を] 繰返し鳴らす. ◆ 自 [鐘が] 繰返し鳴る
　◆ 〜*se* [+de に] 自慢する

repintar [r̃epintár] 他 再び塗る; 塗り替える
　◆ 〜*se* 厚化粧をする; [印刷された字が反対ページに] つく, うつる

repipi [r̃epípi] 形名 《西. 軽蔑》ませた [子], 知ったかぶりをする [人]

repique [r̃epíke] 男 [鐘を] 繰返し鳴らすこと

repiquetear [r̃epiketeár] 他 鐘を激しく連打する; [呼び鈴などを] やかましく鳴らす: Las gotas de lluvia *repiqueteaban* en los cristales de la ventana. 雨つぶが窓ガラスを激しく叩いていた

repiqueteo 男 うるさく鳴らすこと

repisa [r̃epísa] 女 [壁から突き出た] 棚; 《建築》持ち送り: 〜 de chimenea マントルピース, 炉棚. 〜 de ventana 窓の下枠

replantar [r̃eplantár] 他 ❶ [別のものを, +en+場所 に] 植え替える, 移植する; 再び植林する: 〜 un rosal en la maceta バラを植木鉢に移植する. ❷ [+de 別のものを, +場所 に] 植える: Este año voy a 〜 *de* tomates el huerto. 今年は畑にトマトを植えよう

replantear [r̃eplanteár] 他 [練り直して] 再提案する; [計画などを] 立て直す
　◆ 〜*se* …を考え直す

replay [r̃epléi] 男 [←英語. テレビ] リブレイ; 再生ボタン: dar... al 〜 del vídeo …をビデオで再生する. ver en el 〜 リブレイで見る

repleción [r̃epleθjón] 女 充満; 満腹状態

replegar [r̃eplegár] [8] [23] [ﾛnegar 活用表] 他 ❶ [翼を] 折り畳む; 《航空》[車輪を] 引っ込める. ❷ [軍] 後退させる
　◆ 〜*se* [整然と] 撤退する, 後退する. ❷ [人が] 自分の殻にとじこもる [〜*se* en sí mismo]

repleto, ta [r̃epléto, ta] 形 ❶ [estar+. +de で] 一杯の: La calle estaba 〜*ta* de gente. 通りは人で一杯だった. bolsa 〜*ta* ふくらんだ財布. ❷ 満腹の: Estoy 〜. 私はおなか一杯だ. ❸ 丸々と太った, ふくよかな

réplica [réplika] 囡 ❶《文語》反駁(냈), 言い返し. ❷《美術》[主に製作者自身による] 複製, レプリカ. ❸《法律》[被告弁に対する] 原告の第二の訴答

replicar [replikár] 他《文語》…と反駁する, 言い返す: Yo le *repliqué* que tenía pruebas. 証拠があるんだと私は彼にやり返した.
◆ 自 ❶ 口答えする: ¡No *repliques*!/¡Nada de ~! 口答えするな! ❷《法律》第二の訴答をする

repliegue [repljéɣe] 男《←replegar》❶《軍事》撤退, 後退. ❷[不規則な] ひだ, 折り返し; [皮膚の] しわ; [土地の] 起伏

repoblación [repoblaθjón] 囡 ❶ 植林《~ forestal》; [稚魚の] 放流. ❷ 再入植; [国土回復戦争時の] 征服したイスラム教徒領への入植

repoblar [repoblár] 図 他 ❶ [+de を, +場所に] 植林する; 放流する. ❷ …に[再]入植する
◆ ~se 再び住みつく

repollo [repóʎo] 男《植物》キャベツ: ~ colorado (morado)《南米》赤キャベツ

repolludo, da [repoʎúðo, ða] 形 小太りで背の低い

reponer [repónér] 60 他《過分 rep*uesto*》❶ [+de 元の場所に] 再び置く, 戻す《復職させる: Después de la procesión, *repusieron* la imagen *en* la capilla. 行列の後, 聖像は礼拝堂に戻された. *Han repuesto* a Jorge *en* su cargo. ホルヘは元の職務に戻された. ❷ [元の状態に] 戻す, 補充する: *Repondré* el dinero que ayer saqué de mi cuenta del banco. 昨日銀行からおろした金をまた預けよう. ~ la botella gastada 使った瓶に補充する. ~ el cristal roto 割れたガラスを直す(入れ換える). ❸ 答える, 返事する《直説法点過去でのみ》: Cuando le acusaron, *repuso* firmemente que él no era culpable. 彼は非難された時, きっぱりと自分が悪いことはないと言い返した. ❹ 再上演(再上映・再放送)する
◆ ~se ❶ [健康・体力を] 回復する: No tardó mucho en ~se después de la operación. 彼は手術後すぐ元気になった. ❷ 平静になる; [+ de から] 立ち直る: ~se *del* disgusto 不快感が消える. ~se de su enfermedad 病気が治る

reportaje [reportáxe] 男《←仏語》❶ ルポルタージュ, 報道記事: ~ gráfico 報道写真, カメラルポ. ❷《中南米》インタビュー《entrevista》

reportar [reportár] 他 ❶ [衝動・感情を] 抑える: ~ su indignación 怒りを抑える. ❷ [利益・損害を] もたらす: Aquel negocio me *reportará* los beneficios. その取引きはもうかるだろう. Vivir en la gran ciudad *reporta* disgustos. 大都会に住むと色々不快なことが多い. ❸《中南米》通報(報告)する
◆ 自 [+a+人 に] 報告units する
◆ ~se ❶ 気を静める, 自制する: *Repórtate* en público. 人前では我慢しなさい. ❷《中南米》姿を現わす, 出頭する

reporte [repórte] 男《主に中米》リポート, 報告

書; 記事

reportear [reportear] 他 取材する

reportero, ra [reportéro, ra] 图 報道記者, レポーター: ~ gráfico 報道カメラマン

reposabrazos [reposaβráθos] 男《単複同形》[椅子の] ひじ掛け

reposacabezas [reposakaβéθas] 男《単複同形》[椅子の] 頭ささえ, ヘッドレスト

reposado, da [reposáðo, ða] 形《過分[ser+] 落ち着いた, 平静な; [estar+] 十分休んだ, 疲れのとれた

reposapiés [reposapjés] 男《単複同形》《バイク》フットレスト

reposar [reposár] 自 ❶ 休む, 横になる; [主に昼食後に短時間] 眠る, 昼寝する: Quiero ~ a la sombra. 日陰で休みたい. ❷ 埋葬されている: Aquí *reposan* los restos de... の遺体がここに眠っている. ❸ dejar ~ [パン生地・ワインなどを] 静置する, ねかせる. ❹ [液体の] 浮遊物が沈殿する
◆ 他 ~ la comida《口語》[消化を助けるために] 食後に休む, 昼寝する
◆ ~se 休む: Todos los días *se reposa* un poco después de comer. 彼は毎日昼食後に少し寝る

reposera [reposéra] 囡《南米》[屋外用の] 長椅子, デッキチェアー

reposición [reposiθjón] 囡《←reponer》❶ 再び戻すこと; 復職. ❷ 再上演, 再上映, 再放送. ❸ 回復, 返事;《法律》抗弁

repositorio [repositórjo] 男 貯蔵所

reposo [repóso] 男《英 repose》❶ 休息, 休み《顛義 休む長さ: reposo>descanso>respiro》: No he tenido ni un instante en ~. 私は全然休む暇がなかった. dejar la masa en ~ パン生地を寝かせる. hacer ~ 安静にする. clínica de ~ 回復期療養保養所. día de ~《キリスト教》安息日. ~ absoluto 絶対安静. ❷ 平安, 安らぎ: turbar el ~ de+人 …の心を乱す. eterno ~ del alma《宗教》永遠の平安, 永眠. ❸ 静止, 停止: La máquina está en ~. 機械は止まっている. ~ absoluto (relativo) 絶対的(相対的)静止

repostar [repostár] 他/自 [食糧・燃料などを] 補給する: ~ gasolina [車に]ガソリンを入れる

repostería [repostería] 囡 ❶ 菓子作り[の技術]. ❷ ケーキ店, 菓子店《冷肉 fiambre なども売っている》

repostero, ra [repostéro, ra] 图 ケーキ職人, 菓子製造者.
◆ 男 1) [紋章で飾られた] 壁掛け. 2)《南米》食堂; 食料貯蔵室

repreguntar [repreɣuntár] 他 …に反対尋問をする

reprender [reprendér] 他 叱る: El maestro le *reprendió* por no haber hecho los deberes. 宿題を忘れたので先生は彼を叱った

reprensible [reprensíβle] 形 叱責されるべき

reprensión [reprensjón] 囡 叱責

represa [représa] 囡《南米》ダム《presa》; 貯水池

represalia [r̃epresália] 囡 [主に 複] 報復, 復讐: tomar ～s 報復措置をとる. como ～ por… …への報復措置として. por miedo a ～s 仕返しを恐れて. derechos de ～s 報復関税

represaliar ⑩ 他 [報復措置として] 処分する

represar [r̃epresár] 他 [水の流れを] せき止める

representación [r̃epresentaθjón] 囡 ❶ 表現, 表象, 表示; 図像: Estas letras son una ～ de los sonidos. これらの文字は音を表わしている. ～ del santo patrono 守護聖人の図像. ❷ 上演; 興行; 演技: primera ～ 初演. Es maravillosa su ～. 彼の演技はすばらしい. ❸ 医名 代表, 代表団: Tengo mucho gusto en recibir a una ～ de los vecinos. 喜んで住民の代表に会います. proporcional 《政治》比例代表制. ❹ 代理; 販売代理業(権): Tienen la ～ de la firma japonesa. 彼らがその日本企業の(販売)代理権を持っている. contrato de ～ 代理店契約. ❺ 権威, 影響力: persona de ～ 重要人物. gastos de ～ 機密費, 交際費. ❻《西. 文語》等級. ❼《文語》嘆願, 請願

  en ～ de… …を代表して: Hablo *en ～ del* gremio. 私は同業者を代表して話している
  por ～ 代表して; 代理で: firmar *por ～* 代理で署名する

representante [r̃epresentánte] 图 ❶ 代表者: Los diputados son ～s de su electorado. 議員は選挙民の利益代表である. Habla como ～ del profesorado. 彼は教授会の代表として話している. ～ 《文語》警察官. el Japón en la ONU 国連の日本代表部. ～ diplomático 外交代表. ❷ 代理人; 販売代理人(店): ～ de una firma alemana de maquinaria ドイツの機械メーカーの代理店. ❸ 俳優, 女優

  ◆ 厖 代表する

representar [r̃epresentár] 他《英 represent》❶ 表わす, 表現する: Este cuadro *representa* la Sagrada Familia. この絵は聖家族を描いている. El león *representa* la soberbia. ライオンは尊大さを象徴している. Este gráfico *representa* la estructura de la sociedad. この図は社会の構造を表わしている ❷ [人・事物が] …に見える: *Representa* unos cincuenta años. 彼は 50 歳位に見える ❸ 上演する; 演じる: ～ Ibsen イプセンを上演する. ～ el papel de Hamlet ハムレットの役を演じる ❹ [+para に] 意味する: Su esposo ya no *representa* nada *para* ella. 彼女にとってもはや夫は何の意味(重要性)も持たない. Obtener una colocación *representaría* el fin de sus problemas. 就職できれば彼の問題は解決するのだが. Esta victoria *representa* muchas horas de entrenamiento. この勝利は長い練習のたまものだ ❺ 代表する, 代理をする: El primer ministro *representa* al gobierno. 首相が政府を代表す

る. ～ al rey en los actos oficiales 公式行事で国王の代理を務める. Quiero que me *represente* un abogado. 私は弁護士に代理してもらいたい ❻ 思い起こさせる, 想像させる

  ◆ ～se 想像する, 思い浮かべる: *Represéntate* un partido de béisbol en la Luna. 月で野球をしているところを想像してみたまえ

representatividad [r̃epresentatibiðá(d)] 囡 代表(的)であること

representativo, va [r̃epresentatíbo, ba] 厖 ❶ 代表的な; 代表する: fabricante ～ de Japón 日本の代表的なメーカー. enseña ～va de la patria 国を表わす記章. Esto es ～ de su carácter. これは彼の性格を如実に表わすものだ. ❷ 代表する; 代表者の: No es ～ de toda la asociación. 彼は協会全体の代表ではない. cargo ～ 代表としての職務. democracia ～va 代議制(間接)民主主義

represión [r̃epresjón] 囡《←reprimir》❶ 鎮圧: ～ de la revuelta 暴動の鎮圧. ❷ 弾圧, 抑圧; 抑制: política de ～ 弾圧(抑圧)政策. ❸《心理》抑圧

represivo, va [r̃epresíbo, ba] 厖 抑圧的な: educación ～va 抑圧的な教育

represor, ra [r̃epresór, ra] 厖 图 抑圧する〔人〕

reprimenda [r̃epriménda] 囡 叱責: echar a+人 una ～ …を叱る

reprimir [r̃eprimír] 他 ❶ [衝動などを] 抑える, 抑制する: ～ la cólera (la risa) 怒り(笑い)をこらえる. ❷ 鎮圧する: La revuelta fue duramente *reprimida*. 反乱は厳しく制圧された. ❸ 弾圧する, 抑圧する. ❹《心理》抑圧する

  ◆ ～se 自分を抑える; [+de を] 我慢する: ～se de hablar 話したいのを我慢する

reprimido, da 厖 国分 抑圧された; 被抑圧者

reprise [r̃eprís] 囡《←仏語》❶ [エンジンの] 加速性能, 急加速: coche de gran ～ 出足の速い車. ❷《中南米》再上演, 再上映

reprobar [r̃eprobár] ㉘ 他 ❶ 非難する, 反対する: ～ la conducta de+人 …の行動をとがめる. ❷《中南米》不合格にする

reprobable 厖 非難されるべき

reprobación 囡 非難

reprobado, da 厖 图 国分 不合格の, 不合格者; ＝**réprobo**

réprobo, ba [r̃éprobo, ba] 厖 图 邪悪な, 非難されるべき; 共同体から追放された; 《カトリック》神に見放された〔人〕

reprocesar [r̃eproθesár] 他 再処理する: ～ el combustible consumido 使用済み核燃料を再処理する

reprochable [r̃eprotʃáble] 厖 非難すべき

reprochar [r̃eprotʃár] 他 非難する, とがめる: Le *reproché* su comportamiento. 私は彼のふるまいをとがめた. Le *reprochan* por su negligencia. 彼はだらしなさを責められている

  ◆ ～se 自分を責める

reproche [r̃eprótʃe] 图 非難, 叱責: no dar

lugar a ～s 非の打ちどころがない. con un tono de ～ とがめるような口調で

reproducción [r̃eprodu(k)θjón] 囡 ❶ 再現；[音·映像の] 再生. ❷ [主に芸術作品の] 複製, 模写：～ del cuadro de Miró ミロの絵の複製. hacer una ～ de... …の模写をする(複製を作る). Se prohíbe la ～. 禁転載/不許複製. ❸《生物》生殖, 繁殖：～ sexual (asexual) 有性(無性)生殖. ❹《経済》再生産

reproducir [r̃eproðuθír] ④ 個 ❶ [+en に] 再現する；[音·映像を] 再生する：～ en la película el ambiente de la época victoriana ビクトリア朝時代の雰囲気を映画に再現する. ～ cintas de vídeo ビデオテープで[映像を]再生する. ❷ [言葉を] 繰返す, もう一度言う：Sé ～ textualmente sus palabras. 私は彼の言葉をそっくりそのまま繰返して言える. ❸《まれ》模写する；復写する, 複製する. ❹《経済》再生産する
◆ ～se ❶ 再現される：El carácter amable de la madre *se ha reproducido* en la hija. 母の優しい性格は娘に受け継がれた. Hoy *se han reproducido* los combates. 今日も戦闘が繰返された. ❷ 生殖(繁殖)する

reproductivo, va [r̃eproðuktíβo, βa] 形 生殖の；再生産の

reproductor, ra [r̃eproðuktór, ra] 形 名 ❶ 再生用の；再現の. ❷ 生殖(繁殖)用の；繁殖用の家畜, 種畜：aparato ～ 生殖器
◆ 男 再生用機器

reprografía [r̃eprografía] 囡 [電子装置などによる] 複写

reprogramación [r̃eprogramaθjón] 囡 予定の立て直し；～ del servicio de la deuda 《経済》債務繰延べ, リスケ

reprogramar 他 繰延べる

reps [r̃eps] 男 [単複同形]《←仏語. 繊維》レップ

reptar [r̃eptár] 自 [爬虫類のように] 這う, 這って進む

reptil [r̃eptíl] 形 男 《動物》爬虫類(の)
fondo de ～es [贈賄用の] 秘密資金, 裏金

república [r̃epúβlika] 囡 名 [英 republic] 共和国；共和政治, 共和政体：La *R*～ Argentina アルゼンチン共和国. La *R*～ del Ecuador エクアドル共和国. ❷ ～ de las letras/～ literaria 文壇[の人々]

republicano, na [r̃epuβlikáno, na] 形 共和の, 共和制の；共和主義的な：gobierno ～ 共和政府. constitución ～*na* 共和国憲法. partido ～ 共和党
◆ 名 共和主義者, 共和党員

republicanismo 男 共和主義；共和政治

repudiar [r̃epuðjár] ⑩ 他 ❶ [倫理的·審美的観点から] 拒絶する, 非難する：～ la violencia 暴力を否定する. ❷ [中世などで掟に従って] 妻に離縁する

repudio 男/**repudiación** 囡 拒絶, 非難；離縁

repudrir [r̃epuðrír] 他 《過分 repodrido》ひどく腐らせる；むしばむ, 苦しめる
◆ ～se 心を悩ます, 嘆き暮らす

repuesto, ta [r̃epwésto, ta] 形 過分 《←

reponer] [estar+. +de 病気が] 回復した；立ち直った：Se encuentra ya ～ *de* su hepatitis. 彼はもう肝炎が治った
◆ 男 名 ❶ [食糧などの] 蓄え, 備蓄：Tengo un buen ～ de azúcar. 私は砂糖を買いだめしてある. ❷ [予備·交換用の] 部品
de ～ 予備の, 交換用の：rueda *de ～* スペアタイヤ

repugnancia [r̃epuɣnánθja] 囡 ❶ 吐き気：Me da ～ este olor. この臭いははむかする. ❷ 嫌悪[感], 反感：Siento ～ al ver a ese hombre. あの男を見ると虫ずが走る. Tiene ～ a (Siente ～ por) las sopas. 彼はスープが大嫌いだ. Lo hace con ～. 彼はいやいややっている. ❸《哲学》矛盾, 非両立性

repugnante [r̃epuɣnánte] 形 嫌悪を催させる, 不快な：olor ～ むかつくような悪臭. acción ～ いまわしい行為

repugnar [r̃epuɣnár] 他 [+a+人 に] 嫌悪を催させる：Me *repugna* la violencia. 私は暴力は大嫌いだ. Le *repugnaba* pedir perdón. 彼は謝るのがいやだった
◆ 自 嫌う：*Repugnaba* todo lo que yo decía. 彼は私が言ったことすべてが気にくわなかった
◆ ～se 対立する, 矛盾する：No *se repugnan* la belleza y la inteligencia. 美と知性は両立する

repujar [r̃epuxár] 他 [金属·皮革に] 打ち出し細工をする

repujado 男 打ち出し細工[品]

repulgo [r̃epúlɣo] 男 ❶《服飾》[布の] 折り返し部分, ヘム；《料理》[パイなどの] 縁飾り. ❷ [傷跡の] かさぶた；[木の切り口にできる] こぶ. ❸ 複《口語》ばかげた細心さ(気配り)

repulir [r̃epulír] 他 磨く, 磨き上げる；着飾らせる. ◆ ～se めかし込む

repulsa [r̃epúlsa] 囡 拒絶, 反発；叱責：echar una ～ a+人 …を叱りつける

repulsión [r̃epulsjón] 囡 [←repeler] ❶ 撃退, 拒絶, 反発：sentir ～ hacia... …に反発をおぼえる. ❷《物理》反発, 斥力

repulsivo, va [r̃epulsíβo, βa] 形 反感をもたせる, 不快な：comida ～*va* 胸の悪くなるような食べ物. hombre ～ 不愉快な男

repuntar [r̃epuntár] 自 ❶ [相場が] 反発する；[景気などが] 盛り返す；[潮が] 変わる. ❷《中南米》回復(向上)する；[人が] 現われる；[川が] 突然増水する
◆ ～se [人に] 少し腹を立てる；[ワインが] 酸っぱくなり始める

repunte 男 反発；回復

reputación [r̃eputaθjón] 囡 評判, 世評；名声, 好評《fama》：Este restaurante tiene mala ～. このレストランは評判が悪い. Esa conducta de su hijo dañó su ～ de hombre íntegro. 彼の息子のそのような行動が, 高潔な人という彼の評判に傷をつけた. adquirir buena ～ 名声を得る. perder la ～ 名声を失う

reputar [r̃eputár] 他 [+de·por と] みなす, 評価する：Lo *reputaban* por (de) inteligente. 彼は頭がいいと思われていた. *Reputo* en mucho su talento. 私は彼の才能を高く買っている

◆ 〜se …とみなされる: Se reputa bondadoso. 彼は親切だという評判だ

reputado, da 形 過分 評判のよい; 有名な

requebrar [r̃ekebrár] 23 他 《文語》[主に女性に] うれしがらせ(お世辞)を言う, 言い寄る

requemar [r̃ekemár] 他 ❶ 焦がす, 焼きすぎる: 〜 el arroz お焦げを作る. mantequilla *requemada* 焦がしバター. ❷ [口の中を] 焼けつかせる. ❸ [熱暑が植物を] 干からびさせる, 枯らせる. ❹ いら立たせる, 逆上させる

◆ 〜se ❶ 焦げる; 焼けつく: Se me ha *requemado* la garganta con el whisky. 私はウイスキーで喉がひりひりした. ❷ 干からびる, 枯れる. ❸ いら立つ, 逆上する

requerimiento [r̃ekerimjénto] 男 ❶ 要請, 要求: 〜 judicial 召喚. ❷《歴史》征服者がインディオにカスティーリャ王への臣従を要求した通告

requerir [r̃ekerír] 33 他 [既分 requiriendo] ❶ [主に当局が, +para que+接続法 を] …を要請する, 強く要求する: El juez le *requirió para que* pagara las deudas. 裁判官は彼に借金の返済を命じた. ❷ 必要とする: Este trabajo *requiere* paciencia. この仕事は忍耐がいる. ❸ [+a que+接続法 するように] 説得する. ❹ …に求愛する〔〜 de amores〕. ❺ 検査する

requesón [r̃ekesón] 男 凝乳, カード; カテッジチーズ

requeté [r̃eketé] 男《歴史》カルロス党 carlismo の義勇軍(兵)〔内戦ではフランコ派についた〕

requete- [接頭辞] [強調] *requete*bueno この上なく良い

requetebién [r̃eketebjén] 副《口語》大変よく《muy bien》: Has obrado muy 〜. すごくうまくやったね

requeterrentable [r̃eketer̃entáble] 形《主に中米》大変有利な

requeteserio, ria [r̃eketesérjo, rja] 形 大変まじめな, 大まじめな

requiebro [r̃ekjébro] 男《←requebrar》[女性に対する] ほめ言葉《piropo》

réquiem [r̃ékjen] 男 [複 〜s]《キリスト教》レクイエム《死者への,「彼らに永遠の安息を与えたまえ」の祈り》; 鎮魂曲

requiescat in pace [r̃ekjéskat im páke]《ラテン語》死者が安らかに憩わんことを

requinto [r̃ekínto] 男《楽器》小型のクラリネット;《南米》[10 弦の] 小型のギター

requisa [r̃ekísa] 囡 ❶ [員数・備品の] 点検, 検査. ❷ [軍隊による] 徴発, 徴用. ❸《南米》捜索

requisar [r̃ekisár] 他 徴発する, 徴用する;《南米》捜索する

requisición [r̃ekisiθjón] 囡 [軍隊による] 徴発, 徴用

requisito [r̃ekísito] 男 必要条件;《哲学》要件: cumplir (reunir) los 〜s para… …の必要条件をすべて満たす(備えている). 〜 previo 先行〔必要〕条件

requisitoria [r̃ekisitórja] 囡《法律》[裁判官が被告人に出す] 出廷命令, 出頭請求

res [r̃és] 囡 [四つ足の] 家畜《牛, 羊など》; 獣《猪, 鹿など》: 〜 vacuna (lanar) 牛(羊). 〜 de matadero 食肉用の家畜. 〜es bravas 闘牛の牛. unas mil 〜es de ganado lanar 約千頭の綿羊. carne de 〜《中南米》牛肉

resabiado, da [r̃esabjáðo, ða] 形 [estar+] ❶ [人が] 経験から学んだ; 抜け目のない, 悪ずれしている. ❷ [動物が] 癖が悪い;《闘牛》[牛が] カポーテでなく闘牛士を狙う

resabido, da [r̃esabíðo, ða] 形《口語》❶ tener+ sabido y 〜 …を熟知している. ser sabido y 〜 que+直説法 …はわかりきっている. ❷《軽蔑》知ったかぶりの, 利口ぶった

resabio [r̃esábjo] 男 ❶ [不快な] 後味: Este licor tiene un 〜 amargo. このリキュールは口の中にいやな味が残る. ❷ 悪習: Le quedan 〜s de su época de niño. 彼は子供時代の悪い習慣が残っている

resaca [r̃esáka] 囡 ❶ 引き波; 海岸に打ち寄せられた物: 〜 blanca [黒人の公民権運動に対する] 白人の反発. 〜 de la sociedad のくず. ❷ 二日酔い: Tengo 〜. 私は二日酔いだ. 〜 de vacaciones 休みボケ. ❸《商業》戻り〔為替〕手形. ❹《中米》最高級の蒸留酒

resacoso, sa 形 二日酔いの

resalado, da [r̃esaláðo, ða] 形《西. 親愛》[言動が] 魅力的な, かっこいい

resaltar [r̃esaltár] 自 目立つ, 際立つ: i) El diamante *resalta* por su dureza. ダイヤモンドは硬さで群を抜いている. ii) [hacer+. 色・重要性などが] El traje negro hace 〜 la blancura de su piel. 黒い服を着ると彼女の肌の白さが際立つ

◆ 他 目立たせる, 強調する

resalto [r̃esálto] 男 突出部, 出っ張り

resalte [r̃esálte] =resalto

resarcir [r̃esarθír] 2 他 [+de の] 損害賠償を…にする, 弁償する; 償う: Le han *resarcido* de los daños. 彼は被害の補償を受けた

◆ 〜se [+de+事 の] 汚名を晴らす, 雪辱する

resarcimiento 男 損害賠償, 弁償

resbalada [r̃esbaláða] 囡《中南米》滑ること, スリップ

resbaladizo, za [r̃esbaláðiθo, θa] 形 ❶ 滑りやすい: carretera 〜za 滑りやすい道路. memoria 〜za おぼつかない記憶. ❷ 扱いの難しい: asunto 〜 微妙な問題

resbalar [r̃esbalár] 自 ❶ 滑る; 車がスリップする: Al bajar las escaleras *resbaló*. 彼は階段を降りる時に足を滑らせた. 〜 sobre una superficie helada 氷の上でスリップする. 〜 con una cáscara de plátano バナナの皮で滑る. Las lágrimas *resbalaban* por sus mejillas. 涙が彼の頬をつたって落ちた. ❷ [床などが] 滑りやすい. ❸《口語》[+a+人 の] 関心を引かない, …にとってどうでもよい: A mí ese problema me *resbala*. その問題は私にはどうでもいい. ❹ 過ちを犯す: ¡Por poco *resbalo*! あやうく失敗するところだった!

◆ 〜se 滑る; 足を滑らす: Se me *resbaló*. 私

は手が滑った 〖物が主語で，自分に責任はない〗.
Se resbaló en la cuesta. 彼は坂で足を滑らせた

resbalón [r̄esβalón] 男 ❶ 滑ること；過ち，失
敗：dar[se] (pegar[se]) un ～ 足を滑らす；
へまをする． ❷ ばねで自動的にはまる錠前の舌

resbaloso, sa [r̄esβalóso, sa] 形 《中南米》
滑りやすい，《中米》女(男)たらしの

rescatar [r̄eskatár] 他 ❶ 取り戻す：～ un
coche robado 盗まれた車を取り戻す． ～ un
rehén 人質を救出する．～ su juventud 若さを
回復する，若いころに戻る． ❷ 買い戻す；[質か
ら] 請け戻す：～ una hipoteca 抵当を解除する
❸ [+de 危険・悲惨・抑圧などから] 救い出
す：～a+人 *de* su pobreza 貧しさから…を救う

rescate [r̄eskáte] 男 ❶ 取り戻すこと；救出：
～ del alpinista desaparecido 行方不明の登
山者の捜索． ❷ 身代金：exigir (imponer)
～ 身代金を要求する． ❸ 《保険》valor de ～
解約返還金額． ❹ 《遊戯》捕まった味方を救出
できる鬼ごっこ

rescindir [r̄esθindír] 他 《法律》[契約を] 取り
消す，無効を宣言する
  rescindible 形 取り消し可能な
  rescisión 女 取り消し，解除

rescoldo [r̄eskóldo] 男 ❶ [灰で囲われた] 燠
(ᵒᵏ)：arder en ～ くすぶる． ❷ 怒り(疑い・不
安)の念

rescripto [r̄eskrípto] 男 《カトリック》教皇答
書；《歴史》皇帝返書

resecar [r̄esekár] ⑦ 他 ❶ よく乾かす． ❷ 《医
学》…の一部を切除する
  ◆ ～**se** からからに乾く

resección [r̄eseθjón] 女 《医学》切除[術]

reseco, ca [r̄eséko, ka] 形 ❶ 乾きすぎた：
Este pan está ～. このパンはぱさぱさだ． Tengo
la garganta ～*ca*. 喉がからからだ． tener la
piel ～*ca* 肌荒れしている． ❷ [estar+. 干からび
て] やせうけた

resembrar [r̄esembrár] ㉓ 他 [失敗したの
で，+場所 に] 種をまき直す

resentido, da [r̄esentído, ða] 形 過分 ❶
[estar+. +con+人・+de+事・+de que+接続法
を] 傷ついている，怒っている：Está ～ *contigo*. 彼
は君のことを恨んでいる． Estoy ～ *de que* se
haya burlado de mí. 私は彼にからかわれたこと
を恨んでいる． ❷ 痛い
  ◆ 名 恨んでいる人，怒っている人

resentimiento [r̄esentimjénto] 男 恨み，怒
り：guardar ～ a+人 …に恨みを抱く

resentir [r̄esentír] ㉝ 他 [既分 res*i*ntiendo]
～**se** ❶ 壊れかけている，がたが来る；弱る：*Se
resintieron* los cimientos de la casa. 家の土
台が崩れかけた． ❷ [+de 古傷などの] 影響が残
る，痛む：Todavía me resiento de la herida.
私はまだ傷が痛む． ❸ [+por・+de+事 を] 恨む，
怒る：*Se resintió por* no haberle invitado.
彼は招待されなかったことを恨んだ

reseña [r̄eséɲa] 女 ❶ 身体的特徴，人相書き：
hacer ～ de un atracador 強盗の特徴を述べ
る． ❷ [新聞・雑誌の] 小さなニュース，短評；新
刊案内，書評：～ de un partido de fútbol サ

ッカーの試合の記事． ❸ 概要，概説[書]；手短
かな話(報告)

reseñar 他 ❶ …の特徴を知らせる(述べる)；小さ
いニュースを書く；新刊案内をする

reserva [r̄esérβa] 女 《英 reservation,
reserve》 ❶ 予約；指定券 〖billete de ～〗：
hacer la ～ de las plazas 席の予約をする．
tener ～ 予約してある． taquilla de ～s 指定
券売発売所
  ❷ 蓄え，予備；埋蔵量：Tengo aceite de ～.
私は油の買い置きをしてある． disco de ～ 《情報》
バックアップディスク． materiales de ～ 予備の
資材． víveres de ～ 非常食，保存食． ～s de
petróleo 石油の埋蔵量
  ❸ [話す時の] 慎重，遠慮：hablar con ～ 控
え目に話す，余計なことは言わない． conversar
sin ～ 腹蔵なく話し合う． Me recibieron con
～ en el grupo. 私は仲間に入れてもらったがまだ
打ち解けてはもらえなかった
  ❹ [条件付き] : aceptar con ～ 留保付きで承
諾する．～ mental 心裡(中)留保
  ❺ 《軍事》[la+] 予備役；予備軍：mandar
(pasar) a la ～ 予備役に編入する(される).
oficial de ～ 予備役将校
  ❻ 《スポーツ》二軍，補欠チーム
  ❼ 園 《経済》準備金，予備金，引当金，積立金：
requisitos de ～s legales contra depósitos
預金に対する支払い準備制度． ～s de oro 金
準備． ～s para imprevistos 偶発危険準備
金． ～s internacionales (de divisas) 外貨
準備[高]
  ❽ 《カトリック》ホスチアを病人・不参列者のために
残しておくこと 〖～ eucarística〗
  ❾ [北米インディアンの] 指定居住地 〖～ de
indios〗
  ❿ [動物の] 自然(鳥獣)保護区 〖～ natu-
ral〗: ～ nacional 国立公園
  ⓫ 園 [体内のエネルギー源の] 貯蔵物質

a ～ *de...* …の条件(留保)付きで
a ～ *de que*+接続法 [条件] …でなければ；[目
的] …するために：Mañana saldré, *a* ～ *de
que* no tenga visitas. お客が来ない限り明日
出かけます．金を受け取りに明日来ます
absoluta ～ 極秘：Se garantiza *absoluta*
～. 秘密厳守致します
con toda ～ 極秘のうちに
sin ～**s** 無条件で，全面的に；遠慮なく，率直
に：Puedo disponer de mi tiempo *sin* ～s.
私は[時間的に]完全にフリーだ． aceptar las
críticas *sin* ～s 批判を率直に受け入れる
  ◆ 名 《スポーツ》控え(補欠)の選手
  ◆ 男 3年以上寝かせた酒(ワイン)

reservado, da [r̄esérβáðo, ða] 形 過分 ❶
予約された：Tenemos cuartos ～s. 私たちは
部屋を予約してある． mesa ～*da* [レストランの]
予約席． ❷ 慎重な，遠慮がちな：～ pro-
nóstico ～ 控え目な(留保つきの)予測． perso-
na ～*da* 慎重な(遠慮深い)人． ❸ 内密の：
documentos ～s 機密書類． ❹ *R*～s todos
los derechos 《表示》著作権所有

◆ 男 ❶ 専用席, 優先席；[レストラン・車両の] 個室：~ para no fumadores 禁煙席. ❷《表示》予約席, 予約済み

reservadamente 副 内密に

reservar [ɾesɛrβár] 他《英 reserve》❶ 予約する：Quisiera ~ una habitación. 部屋を予約したいのですが. ❷ 取っておく, 蓄える：Te *reservaré* el pastel para mañana. 明日までケーキを取っておいてあげよう. *Reservé* la sorpresa para el final. 最後になって意外な出来事が待ち受けていた. Su hijo fue *reservado* de la milicia. 彼の息子は兵役を免除された. ~ sus energías 力を蓄えておく. ❸ 留保する, 控える：~ el derecho 権利を保留する

◆ ~se ❶ [自分のために] …を取っておく：Da todo el jornal a su madre y no *se reserva* dinero alguno. 彼は給料をすべて母親に渡して, 自分は一銭も取らない. ❷ …を自制する：Me *reservo* mi opinión. 個人的な意見は控えます

reservista [ɾesɛrβísta] 形 名 予備役の[兵]

reservorio [ɾesɛrβórjo] 男《解剖》槽；《医学》病original体保有者, 宿主

resfriado [ɾesfrjáðo] 男《主に西》風邪：coger (atrapar・pillar) un ~ 風邪をひく. ~ grave (leve) ひどい(軽い)風邪

resfriar [ɾesfrjár] 自 他 ❶ 風邪をひかせる. ❷ 冷やす《enfriar》：~ el café コーヒーを冷たくする

◆ ~se ❶ 風邪をひく：Ahora estoy muy (algo) *resfriado*. 私は今ひどい(少し)風邪をひいている. Se *resfría* fácilmente. 彼は風邪をひきやすい. ❷ [情熱などが] さめる：Se *resfría* la amistad. 友情が冷えた

resfrío [ɾesfrío] 男《主に南米》風邪《resfriado》

resguardar [ɾesgwarðár] 他 [+de から] 保護する, 防御する：El paraguas nos *resguarda de* la lluvia. 傘は雨から私たちを守ってくれる

◆ ~se 身を守る：~se *d*el frío 寒さをしのぐ

resguardo [ɾesgwárðo] 男 ❶ 保護(するもの)；防御：El delantal sirve de ~ para el vestido. エプロンはドレスを汚さないためのものだ. ❷ 受領証, 受取証；[入場券の] 半券；[荷物の] 預かり票, クレイムタッグ《~ de depósito》；保証書：~ de la carta certificada 書留郵便の預かり証

residencia [ɾesiðénθja] 女 ❶《文語》居住 [地]：fijar su ~ en Madrid マドリードに居を定める. ~ en familias ホームステイ. ❷《文語》居住権；居住許可《permiso de ~》：obtener la ~ en España スペインの居住権を得る. ❸ [主に高級な] 家, 邸宅；官邸, 公邸《~ oficial》：segunda ~ セカンドハウス. ❹ 学生寮《~ universitaria》；[老人・孤児などの] 収容施設；[修道会などの] 居住施設：~ de ancianos 老人ホーム. ~ de profesores 教員住宅. ~ canina ペットホテル. ❺[主に安い] 宿泊施設. ❻ [入院設備のある] 病院《~ sanitaria》. ❼《中南米》臨床研修期間

residencial [ɾesiðenθjál] 形 [地域が, 主に高級な] 住宅用の：zona ~ [高級]住宅地

◆ 男/女《主に南米》宿泊施設, 安ホテル

residenciar [ɾesiðenθjár] ⑩ 他 調査(研究)する

residente [ɾesiðénte] 形 名 ❶ 在住の[人], 外国人居留者；居住者：No está nacionalizado mexicano, sólo es ~. 彼はメキシコ国籍を持っているわけではなく, 単なる外国人居留者だ. japoneses ~s en España スペインの在留邦人. no ~ 非居住者. ❷ [専門医学の] 実習医

residir [ɾesiðír] 自 ❶ [+en に] 居住する：*Reside en* el extranjero desde hace muchos años. 彼は長年外国に住んでいる. ❷ …にある, 存する：La dificultad *reside en* esto. 困難はこの点にある. *En* el padre *reside* la seguridad. 父親には安全のイメージがある

residual [ɾesiðwál] 形 残りの；残留する；残留物の：aguas ~es 下水, 汚水；廃液. gas ~ 残留ガス. radiación ~ 残留放射線

residuo [ɾesíðwo] 男 ❶ かす, 残り物；《技術》[主に 複] 残滓(ざん), 残留物：~ de carbón 石炭の燃えかす. ~s nucleares (radiactivos・tóxicos) 核(放射性・有毒)廃棄物. ~ s sólidos 《法律》廃棄物. ❷《数学》[引き算の] 残り；[割り算の] 余り

resignación [ɾesignaθjón] 女 ❶ あきらめ, 諦観；甘受：tomar con ~ una desgracia 不幸を忍従する. ❷ [緊急時などの, 権力・任務の] 移譲

resignadamente [ɾesignáðamente] 副 あきらめて

resignar [ɾesignár] 他 [権力・任務などを, +en に] 引き渡す, 辞職する：~ su mando *en* el administrador 指揮権を行政官に引き渡す

◆ ~se [+con・a を] 甘受する, あきらめる：i) ~se *con* su miseria 貧乏を甘受する. ~se *a* morir 死を覚悟する. ii) [+a+不定詞] あきらめて…する：Me *resigné a* salir solo. 私はあきらめて一人で出かけた

resina [ɾesína] 女 樹脂；松やに《~ de pino》：~ sintética 合成樹脂. ~ epóxica (・) epoxídica エポキシ樹脂

resinar 他 [木から] 樹脂をとる

resinoso, sa 形 樹脂を分泌する；樹脂状の

resistencia [ɾesisténθja] 女《英 resistance》❶ [+a への] 抵抗, 反抗：Los soldados ofrecieron una gran ~ *al* enemigo. 兵士たちは敵に激しく抵抗した. ~ pasiva [産業などによる] 消極的抵抗. ❷ 抵抗力；耐久性：Muestra una gran ~ *a* la fatiga. 彼は大変持久力がある. hacer ejercicios de ~ [トレーニングで] 持久力を養う. carrera de ~ 耐久レース. ~ *al* fuego 耐火性. ❸《歴史》[la R~] レジスタンス, 地下抵抗運動. ❹《物理》i) 抵抗；強さ：~ *del* aire 空気抵抗. ~ de rozamiento 摩擦抵抗. ~ a la compresión 圧縮強さ. ii) [てこの] 作用点. ❺《電気》電気抵抗 [~ eléctrica]；抵抗器, 電熱線

resistente [ɾesisténte] 形 [+a に対して] 抵抗力(耐久性)のある：~ *al* agua 水を通さない, 防水の. muchacho poco ~ あまり丈夫でない少年. materia ~ 耐久性のある素材

◆ 图 レジスタンスのメンバー

resistir [r̃esistír]〖英 resist〗他 ❶ …に耐える：El dique *resistió* la riada. 堤防は洪水を食い止めた. ～ la enfermedad 病気に侵されない. ～ el calor 熱に耐える, 耐熱性がある. ～ el impulso 衝動をこらえる. ❷ 我慢する：No *resisto* a esas personas. 私はああいう人たちには我慢できない

◆ 自 ❶[+a に]抵抗する：Su tropa *ha resistido a*l ataque del enemigo. 彼の部隊は敵の攻撃を食い止めた. No puedo ～ *a* la tentación de comer otro dulce. 私はお菓子をもう一つ食べずにはいられない. ❷ 耐える, 持ちこたえる：Este chico no *resiste* nada. この子は全然持久力がない. Esta mesa no *resistirá* si me subo a ella. この机は私が乗ったら持ちこたえられないだろう. Este coche *resiste* todavía. この車はまだ走る

◆ ～**se** ❶ 抵抗する：～*se a*l invasor 侵略者に抵抗する. No hay hombre que *se le resista a* ella. 彼女の魅力にはどの男も参ってしまう. ❷[+a+不定詞/que+接続法]反対(拒絶)する：*Se resiste* a creernos. 彼は私たちを信じようとしない. *Me resisto* a creerlo. 私には信じがたい. *Se resistía* a que le encarcelasen. 彼は投獄されるのを拒んだ. ❸〖口語〗[+a+人 に]手を焼かせる, 手こずらせる：El ajedrez *se te resiste*. チェスは君には無理だ(向かない)

resistividad [r̃esistiβiðáð]图《電気》固有抵抗

resma [r̃ésma]图〖紙の〗1 連〖＝500 枚〗

resol [r̃esól]男 日光の反射, 照り返し

resolí/resolí [r̃esóli/-solí]男 ⦅復⦆～[-e]s〖クエンカ特産の〗甘口の薬草入りリキュール

resollar [r̃esoʎár]28 自 ❶ 呼吸する〖respirar〗；荒い息づかいをする：Llegó al último piso *resollando*. 彼はハーハーいいながら最上階に着いた. ❷〖口語〗[長い間黙っていた人が]口を開く, 沈黙を破る；[何も知らなかった人に]教える, 消息を伝える：Hace mucho tiempo que no *resuella* Ricardo. リカルドは長い間うんともすんとも言ってこない

resolución [r̃esoluθjón]图〖英 resolution. ←resolver〗❶ 決心, 決意, 覚悟；決定, 決議；措置：¿Qué ～ has tomado en este asunto? この件をどうするか決めたのか. Está firme en su ～. 決心が固い. ～ fatal 自殺の決意
❷ 決断力：hombre de gran ～ 決断力に富む人, 堅忍不抜の人. actuar (decir) con ～ 敢然と行動する(きっぱりと言う)
❸ 解決, 解明；解答：～ de un problema 問題の解決. ～ de la crisis 危機の解消
❹《法律》裁定〖～ judicial〗
❺《光学》分解能, 解像〖力・度〗：pantalla de alta ～ 高解像度のモニター
❻《医学》〖腫瘍・炎症などの〗溶解, 消散
en ～ 要約すれば, 手短に言えば；結局のところ

resolutivo, va [r̃esolutíβo, βa]形 男 ❶《法律》parte ～*va* 判決の主文. ❷《医学》溶解剤, 消散剤〖medicamento ～〗

resoluto, ta [r̃esolúto, ta]形 決断力のある, 意志の固い

resolutorio, ria [r̃esolutórjo, rja]形 解決する；決断する

resolver [r̃esolβér]29 他〖英 resolve. ⚐ 活用表. ⦅過分⦆res*uelto*〗❶ 解決する, 解消する；解く；決着させる：～ un problema (una ecuación) 問題(方程式)を解く. ～ un asunto 事件を解決する. ～ la duda 疑惑を晴らす. ❷ 決意する, 決心する：*Resolvieron* separarse. 彼らは別れることに決めた. ❸[腫瘍・炎症などを]散らす, 溶解させる；[物質を]分解する

◆ 自 決定を下す

◆ ～**se** ❶ 解決される, 解消する；決着する：La dificultad *se resolvió* por sí sola. 困難はおのずから解決した. ❷[+a+por に]決心する, 覚悟する：No *me resolví* a abandonar al perro. 私はどうしても犬を捨てる決心がつかなかった. ❸[+en 重要度の低いことに]変わる：Todo *se resolvió* en una pelea. 結局はけんかでおさまった

resolver	
直説法現在	接続法現在
res*ue*lvo	res*ue*lva
res*ue*lves	res*ue*lvas
res*ue*lve	res*ue*lva
resolvemos	resolvamos
resolvéis	resolváis
res*ue*lven	res*ue*lvan

resonador [r̃esonaðór]男 共鳴箱, 共鳴器

resonancia [r̃esonánθja]图 ❶ 響き, 反響：Su voz tiene unas deliciosas ～*s*. 彼女の声は響きが美しい. Sus declaraciones han tenido ～ internacional. 彼の声明は国際的な反響を呼んだ. ❷《物理》共鳴；《電気》共振：～ magnética 磁気共鳴. ～ magnética nuclear 核磁気共鳴〖断層撮影法〗

resonante [r̃esonánte]形 反響する, よく響く；顕著な：éxito ～ 大成功

resonar [r̃esonár]28 自 ❶ 鳴り響く, 反響する：i) Sus pasos *resonaban* por toda la casa. 彼の足音は家中に響いた. Sus gritos *resuenan* todavía en mis oídos. 彼の叫び声はまだ私の耳に残っている. Este nombramiento va a ～ en todo el país. この指名は国中の話題になるだろう. ii) [場所が主語. +con で]La sala *resonaba con* los aplausos. 会場は割れんばかりの拍手だった

resoplar [r̃esoplár]自 息を切らせる, あえぐ；鼻息を荒くする：Llegué a la cima *resoplando*. 私はあえぎながら頂上に着いた

resoplido [r̃esoplíðo]男 ❶ 息切れ, 荒い息づかい：dar ～*s* 息を切らせる, ハーハーいう. ～*s* de una máquina de vapor 蒸気機関のシュッシュッいう音. ❷ ぶっきらぼうな返事

resoplo 男 ＝resoplido

resorte [r̃esórte]男 ❶ ばね, スプリング；ぜんまい〖muelle〗：por ～ ばね(ぜんまい)仕掛けの. ❷ 手段, 策. ❸《中南米》関わり, 関係
conocer todos los ～*s de* …のあらゆる面

に精通している

tocar todos los ~*s* あらゆる手段を尽くす

respaldar [r̃espaldár] 他 保護する，援助する；保証する：Sus amigos le *respaldan* siempre. 友人たちがいつも彼を後押しした．Te *respaldaré* con mi voto. 君に一票入れるよ

◆ ~*se* ❶ [+*en* に] 助けてもらう，頼る：Siempre *se respalda en* su madre. 彼はいつも母親の背中に隠れる．❷ [椅子に] 寄りかかる：*Se respaldó en* su sillón. 彼は安楽椅子に背をもたせかけた

◆ 男 [椅子の] 背 〖respaldo〗

respaldo [r̃espáldo] 男 ❶ [椅子の] 背，背もたれ：echar atrás (adelante) el ~ シートを倒す(起こす)．❷ 援助，バックアップ：sin el ~ de... …の助けなしに．❸ [紙の] 裏側：anotar en el ~ de un folleto パンフレットの裏にメモする．❹ 《商業》裏書き，保証

respe [r̃éspe] 男 =**résped**

respectar [r̃espektár] 自 [3人称単数形のみ] 関わる

por (en) lo que respecta a... …に関しては

respective [r̃espektíβe] 副 =**respectivamente**

~ *a...* 〈口語〉=**respecto** a...

respectivo, va [r̃espektíβo, βa] 形 [主に 複.+名詞] それぞれの，おのおのの：Los embajadores asistieron al acto acompañados de sus ~*vas* esposas. 大使たちはそれぞれ夫人同伴で式典に列席した

en lo ~ *a...* 〈文語〉…と比べて

respectivamente 副 それぞれに，めいめい

respecto [r̃espékto] 男 *al* ~/*a este* ~ その点に関して：No sé nada *al* ~. その問題については私は何も知らない

[*con*] ~ *a.../~ de...* に関して；…と比べて：*R~ a* mí, no necesito tu ayuda. 私なら助けはいらない

résped[e] [r̃ésped[e]] 男 ❶ [ヘビの2つに分かれた] 舌．[昆虫] [ハチの] 針

respetable [r̃espetáβle] 形 ❶ 尊敬(尊重)すべき：persona ~ 尊敬に値する人．opinión ~ 耳を傾けるべき意見．❷〈口語〉かなりの，相当な：~ suma de dinero かなりの金額．genio muy ~ 相当すぐれた才能．a ~ distancia かなりの距離に

◆ 男 〈文語〉[el+] 観客，観衆

respetabilidad 女 威厳，貫禄；人格高潔

respetar [r̃espetár] 他 〖英 respect〗 ❶ 尊敬する，敬う：Es *respetado* por todos. 彼はみんなに尊敬されている．~ a los ancianos 老人を敬う．❷ 尊重する：~ los derechos humanos (la opinión ajena) 人権(他人の意見)を尊重する．~ el reglamento (el semáforo) 規則(信号)を守る．~ las plantas 植物を大切にする

hacerse ~ 自分の威厳を認めさせるようにする

respeto [r̃espéto] 男 〖英 respect〗 ❶ 尊敬，敬意：Hay que guardar el ~ a los mayores. 先輩を敬わなくてはいけない．Tengo ~ a mi padre. 私は父を尊敬している．¡Oiga! ¡Un

(Más) ~! おい，失礼じゃないか! con ~ 丁重に，敬意を込めて；うやうやしく．❷ 尊重，重視：~ a las leyes 法の遵守．❸ 恐れ 〖miedo〗：Me dan mucho ~ las serpientes. 私は蛇がとても怖い．❹ 複 挨拶：Presente mis ~*s* a sus padres. ご両親によろしくとお伝え下さい

campar por sus ~*s* 自由行動をとる：El hijo mayor ya *campa por sus* ~*s*. 長男はもう勝手気ままにやっている〖帰宅が遅いなど〗

de ~ 特別(用)の；予備の：habitación *de* ~ 予備の部屋

faltar al ~ *a*+人 …に敬意を払わない，なれなれしくする

~[*s*] *humano*[*s*] 世間体，世間への義理：No te dejes dominar por los ~*s humanos*. 世間体にとらわれてはいけない

respetuoso, sa [r̃espetwóso, sa] 形 [+*con* に] 敬意を抱いている，丁重な：Es muy ~ para *con* sus superiores. 彼は目上の人を大変敬う．ser ~ *con* la ley 法律を尊重する．hablar en tono ~ 丁重な口調で話す

respetuosamente 副 うやうやしく，《手紙》敬具

réspice [r̃éspiθe] 男 ぶっきらぼうな返事；[短く厳しい] 叱責

respingar [r̃espiŋgár] 自 ❶ [作り方・着こなしが悪くてスカート・上着のすそが] 持ち上がっている：La falda ~ *respinga* un poco por detrás. 君のスカートは後ろが少し上がっているよ．❷ [馬などが驚いて] 跳び上がる

respingo [r̃espíŋgo] 男 ❶ [馬などが驚いて] 跳び上がること：dar un ~ 跳び上がる，びっくりする．❷ 不快感の表明．[すそ丈が] 短くなっていること

respingón, na [r̃espiŋgón, na] 形 [鼻の先が] 上を向いた；[すそが] 持ち上がった

respiración [r̃espiraθjón] 女 ❶ 呼吸，息：Se le hizo (puso) penosa (difícil) la ~. 彼は呼吸困難になった．Se me cortó (Me faltó) la ~. 息が切れた．contener la ~ 息を止める．no poder aguantar la ~ 息が長く続かない．tener la ~ agitada 呼吸が荒い．~ artificial 人工呼吸．~ asistida 人工呼吸装置による呼吸．~ pulmonar (cutánea) 肺 (皮膚)呼吸．❷ [外気との] 直接の換気：cuarto sin ~ 窓のない部屋

cortar la ~ *a*+人 人を…をびっくり仰天させる

cortar la ~ 息を詰まらす，びっくりさせる

sin ~ [感動・驚きで] 息を飲んだ(殺した)；疲れ果てた：La escena nos dejó *sin* ~. その光景に私たちは息を飲んだ．Ayer acabé *sin* ~, con tantos clientes. 昨日はお客が多くて最後はへとへとになった

respiradero [r̃espiraðéro] 男 ❶ 換気口，通気口；[鉱山の] 通気用立坑；[煙突の] 煙道．❷ 安堵，慰め；休息

respirador, ra [r̃espiraðór, ra] 形 《解剖》呼吸器の：órgano ~ 呼吸器官

◆ 男 人工呼吸装置 〖~ artificial〗

respirar [r̃espirár] 自 ❶ 呼吸する，息をする：Aún *respira*. 彼はまだ息がある．~ con dificultad 苦しそうに息をする, あえぐ. 〜 fuerte (con fuerza・hondo・a fondo・profundamente) 深呼吸する. ❷ [大仕事・困難などの後に] 一息入れる, ほっとする: Al aterrizar el avión todos respiramos. 飛行機が着陸して, 私たちはみんなほっとした. Parece que empieza a 〜. 元気が出てきたようだね. ❸ 話す, 言葉を発する 〖主に否定文で〗: Viendo dibujos animados, los niños ni respiraron. 子供たちは息をみつめてアニメを見ていた. ❹ [いない人から] 音沙汰がある

no dejar 〜 a+人〘口語〙[小言をいうなど] …にうるさくつきまとう, 一時も休ませてやらない

no poder (ni) 〜〘口語〙疲れ果てている；[息をつく暇もないほど] 多忙である

sin 〜 1) 少しも休まずに: He trabajado sin 〜 todo el día. 私は一日中働きづめだった. 2) 熱中して: ver la película sin 〜 息を凝らして映画を見る

ver (saber) por dónde respira+人《西. 口語》…の考えを探る

◆ 他 [空気を] 吸う〖aspirar〗；[心の状態を] 印象づける, 表わす: Respira bondad por los poros. 彼は善良そのものだ. La noche respira paz. 夜は心をなごませてくれる

respiratorio, ria [r̃espiratórjo, rja] 形 呼吸の: aparato 〜 呼吸器. ejercicios 〜s 深呼吸. movimientos 〜s 呼吸運動

respiro [r̃espíro] 男 ❶ [仕事の] 休息, 休み〖⊅reposo 願義〗: En todo el día no he tenido ni un momento de 〜. 私は一日中息をつく暇もなかった. plazo de tres días 3日の猶予期間. ❷ [心配・苦痛からの] 安らぎ, 安堵；慰め: Con su marido enfermo, fue un 〜 para ella que el hijo consiguiera trabajo. 病気の夫をかかえた彼女は息子の就職が決まったので一安心だった. ❸ 呼吸 [respiración]: 〜 de alivio ため息, 吐息. dar el último 〜《文語》息を引き取る

resplandecer [r̃esplandeθér] 自動 自 ❶ [自身が・反射して] 輝く, きらめく: i) Las estrellas resplandecen en el cielo. 星が空に輝いている. Sus dorados cabellos resplandecían al sol. 彼女の金髪が日に輝いていた. ii)《比喩》[+de・por・en に] …を強く感じさせる: El día de su boda ella resplandecía de hermosura. 結婚式の日, 彼女は美しさに輝いていた. 〜 por la virtud 美徳に輝く. 〜 en sabiduría 学識が深い. ❷《文語》[喜びで] 顔を輝かす

resplandeciente [r̃esplandeθjénte] 形 光り輝いている: sol 〜 輝く太陽. rostro 〜 de felicidad 幸せに輝いた顔

resplandor [r̃esplandór] 男 [強い] 光, 輝き: 〜 del sol 日光. 〜 de los focos スポットライトの光. 〜 de los ojos 目の輝き. 〜 del suelo 床の光沢

responder [r̃espondér] 〖英 answer, respond〗他動 ❶ [質問・提案に] …に答える 返事をする〖=contestar〗: Respondí que sí (no). 私ははい(いいえ)と答えた. Respondió que eso era verdad (iría al día siguiente).

それは本当です(明日行きます)と彼は答えた. No supe qué 〜. 私はどう答えていいのかわからなかった. ❷ [ミサなどの] 答唱をする

◆ 自動 ❶ 返事をする: Responde rápido. さっさと答える. Respondía el eco. こだまが返ってきた

❷ [+a に] 応答する；応じる: i) Nadie responde al teléfono. 誰も電話に出ない. El profesor responde [a] las preguntas de los alumnos. 先生は生徒の質問に答える. 〜 al saludo 答礼する. 〜 al odio con el amor 憎しみに愛をもってこたえる. La policía respondió con gases lacrimógenos a las piedras de los manifestantes. デモ隊の投石に警官隊は催涙ガスで応じた. ii) [要望などに] こたえる, 応じる: José no responde a mis solicitudes. ホセは私の頼みに耳を貸そうとしない. 〜 a la esperanza de+人 …の期待にこたえる. El campo responde bien. その畑は作物がよくできる. iii) 感謝を示す: Ya puedes hacerle favores, que él nunca responde. 彼に親切にするのはいいが, 彼は絶対に礼を言わないよ. iv) 反応する: No responde a esta medicación. この治療に反応を示さない. Esta rabieta responde a una molestia que tiene el niño. この子がむずかっているのは何か不快なことがあるせいだ. v) 対応する: La situación de la casa responde a los datos que tenemos. この家の位置は私たちの持っている資料と一致する

❸ [+de について] 責任を持つ, 保証する: Respondo de él como si fuera mi propio hijo. 彼のことは我が子同様に面倒を見ます. Respondo del pago. 支払いは私が引き受けます. Si ocurre algo, yo no respondo. 何か起きても私は知らないよ

❹ [+por+人 の] 保証人になる

❺ [命令などに] 従わない, 反論する: No respondas y haz lo que te indica tu jefe. 口答えしないで, 上司に指示されたことをしろ

❻ [+a+名称] …と呼ばれる: Esa mujer respondía a Mariana. その女性はマリアナという名だった

respondón, na [r̃espondón, na] 形 名 口答えする〔人〕, 生意気な〔人〕

responsabilidad [r̃esponsabiliðá(ð)] 女 〖英 responsibility. ↔irresponsabilidad〗責任, 責務: i) [失敗などの] No me incumbe 〜 en ese fracaso. 私はその失敗には責任がない. ¿En quién recae la 〜 del accidente? この事故は誰の責任だ? ii) [仕事などの] Tiene la 〜 de toda la fábrica. 彼は工場全体の責任を負っている. Los padres tienen la 〜 de criar a sus hijos. 親には子供を養育する責任がある. cargo de mucha 〜 責任の重い地位. iii) 責任感〖sentido de 〜〗. iv)《法律》〜 limitada 有限責任. 〜 civil 民事責任. 〜 criminal (penal) 刑事責任

responsabilizar [r̃esponsabiliθár] 動 他 [+de の] 責任を…に負わせる: Le responsabilizaron del accidente. 彼は事故の責任をとらされた

R

◆ **～se** 責任を負う，責任がある：No *me responsabilizo de* lo que pueda ocurrir en el viaje. 旅行中何が起きても私の責任ではない

responsable [ɾesponsáble] 形 [ser+] ❶ [+de の] 責任がある，責任を負うべき：Cada cual es ～ *de* sus actos. 各人は自分の行動に責任がある．No soy ～ *de* la derrota. 私に敗北の責任はない．ser ～ *del* delito 犯人である．ser ～ *de* cocinar 食事係(調理担当)である．persona ～ 責任者．❷ 責任感のある，思慮のある：Es un chico muy ～ para su edad. この子は年齢のわりにしっかりしている．actitud ～ 責任ある態度

hacerse (salir) ～ de... …の責任を引き受ける：Una organización terrorista *se ha hecho* ～ *del* asesinato. あるテロ組織がその暗殺の犯行声明を出した

◆ 名 責任者：Quisiera hablar con el ～ de esta sección. この売り場の責任者と話したいのだが．～ *del* atentado 襲撃事件の犯人

responso [ɾespónso] 男 ❶ 《宗教》死者のための祈り．❷ 《口語》叱責

responsorio [ɾesponsóɾjo] 男 《宗教》答唱

respuesta [ɾespwésta] 女 〖英 answer. ← responder〗 ❶ [呼びかけ・質問・提案への] 返事，回答；応答：i) Llamé al timbre, pero no obtuve ～. ベルを押したが返事がなかった．Siempre tiene la ～ a punto. 彼の答えは常に適切だ．dar ～ a la pregunta 質問に答える．recibir una ～ de+人 …から返事をもらう．ii) [手紙の] 返信：～ pagada 返信料先払い．iii) 《法律》derecho de ～ 反論掲載権．❷ 《生理・心理》[刺激に対する] 反応

resquebrajadizo, za [ɾeskebɾaxadíθo, θa] 形 ひびの入りやすい

resquebrajadura [ɾeskebɾaxaðúɾa] 女 ひび，割れ目：El plato (La pared) tiene una ～. 皿(壁)にひびが入っている

resquebrajar [ɾeskebɾaxáɾ] 他 ひび割れを生じさせる：Un sol implacable *resquebrajaba* la tierra. 灼熱の太陽で大地はひび割れていた

◆ **～se** ひびが入る：Ya *se me ha resquebrajado* una taza nueva. 私の新品の茶碗にもうひびが入ってしまった

resquebrajamiento 男 ひびが入ること

resquebrar [ɾeskebɾáɾ] 自／他 ひび割れが入る

resquemor [ɾeskemóɾ] 男 [表に出ない] 怒り，恨み；心の痛み：No siento ～. 少しも怒ってはいません

resquicio [ɾeskíθjo] 男 ❶ [ドアとかまちの間の] すき間；[物を通す] 穴：acercar los ojos al ～ de la puerta ドアのすき間に目を近づける．mirar por el ～ de la cerradura 鍵穴からのぞく．～ legal 《文語》法律の抜け穴．❷ [わずかな] 機会，好機：Todavía queda un ～ de esperanza. まだ一縷の望みがある．❸ 《中南米》跡，名残り

resta [ɾésta] 女 《数学》引き算；[引き算の答えとしての] 差，余り：hacer ～s 引き算をする

restablecer [ɾestableθéɾ] 39 他 [元の状態に] 戻す，回復させる：～ el orden 秩序を回復

させる．～ las finanzas 財政を立て直す．～ las relaciones diplomáticas 国交を回復する

◆ **～se** 回復する：Pronto *se restablecerá*. 彼はすぐ健康を取り戻す(精神的に立ち直る)だろう．*Se restableció* el servicio del tren. 列車が運転を再開した

restablecimiento [ɾestableθimjénto] 男 回復；復興，復帰：～ del enfermo 病気が治ること．～ de la democracia 民主主義の回復

restallar [ɾestaʎáɾ] 他 [鞭などを] ヒュッ(バシッ)と鳴らす；[舌を] チッチッと鳴らす

◆ 自 ヒュッ(バシッ)と鳴る；[薪などが] パチパチいう

restallido 男 restallar する音

restante [ɾestánte] 形 残りの，残っている：pasar los ～s años de su vida en... 残りの人生を…で送る

lo ～ 残り：No es necesario que me cuentes *lo ～*. 最後まで私に言う必要はないよ

los ～ 残りのもの，残余

restañar [ɾestaɲáɾ] 他 [液体の] 流出(流入)を止める；[特に] 止血する：～ la herida para que no le sangre 血を止める．～ la herida infligida a su honor 傷つけられた名誉を回復する

～ las heridas いやなことを忘れる

◆ 自／～se 血が止まる

restaño 男 止血

restar [ɾestáɾ] 他 ❶ [数を, +de から] 差し引く：Cuando *restamos* dos de cinco quedan tres. 5 から 2 を引くと余りは 3．❷ [主に非物質的なものを, +a から] 取り去る：～ a+人 méritos …の功績を取り上げる．～ ánimo 元気をなくさせる．❸ 《テニスなど》[ボールを] リターンする

◆ 自 ❶ [引き算で] 余る：Diez entre cuatro son dos y *restan* dos. 10 割る 4 は 2 余り 2．❷ 《文語》存続する：Unos muros es todo lo que *resta* del edificio. その建物で残っているのはいくつかの壁だけだ．Ya no le *resta* nada de su antiguo valor. 彼の昔の勇気はもうまったく名残りをとどめないね．❸ 《文語》[+para までに] まだある：*Restan* aún siete días *para* las vacaciones. 休暇までまだ 1 週間ある．Sólo me *resta* darte las gracias por tus atenciones. 君の心遣いにはただ感謝するばかりだ．Sólo me *resta* fregar el suelo. あと私は床をふくだけである

en lo que resta de... …の現在から終わりまでの期間内に 〖↔en lo que va de...〗

restauración [ɾestauɾaθjón] 女 ❶ 修復，復元：Ese cuadro está en ～. その絵は修復中だ．❷ 再興，復活；《歴史》[R～] アルフォンソ 12 世による王政復古 〖1875-1902 年〗：～ de la monarquía 王政復古．R～ de Meiji 明治維新．❸ 《ホテル・列車などで》料理を出すこと

restaurador, ra [ɾestauɾaðóɾ, ɾa] 形 名 ❶ 復活させる[人]；美術品修復家．❷ 《文語》レストランの店主

restaurante [ɾestauɾánte] 男 〖英 restaurant〗 レストラン：comer en un ～ レストランで食事をする，外食する．ir a cenar a un ～ レストランに夕食に

行く

restaurar [r̃estaurár] 他 ❶ 〖古美術品など を〗修復する, 復元する：～ una estatua 彫像を修復する. ❷ 以前の状態に戻す；〖政治制度を〗復活させる：～ la ley y el orden 法と秩序を回復する. ～ una dinastía 王朝を復興する. ❸ 〖食事をして体力を〗取り戻す

restinga [r̃estíŋga] 女 暗礁, 岩礁

restitución [r̃estituθjón] 女 《文語》返却, 返還

restituir [r̃estitwír] 48 他 《過分 restituyen-do》❶ 〖不当に得たものなどを〗返却する, 返還する, 賠償する：～ lo robado 盗んだものを返す. El tiempo le *restituirá* las ganas de vivir. 時間がたつにつれて彼の生きる意欲も戻るだろう. ❷ 復元する：～ la ciudad a su aspecto anterior 町を昔の姿に戻す
◆ ～se [+出 出発点・元の職などに〗戻る：Al terminar las vacaciones *se restituyó a* su trabajo. 休暇が終わって彼は再び働き始めた

resto [r̃ésto] 男 《英 rest》❶ 残り, 余り；残額, 残金：Dejo el ～ de pastel para mañana. 私はケーキの残りを明日まで取っておく. Te contaré el ～ de la historia esta noche. 話の続きは今晩あげよう. pasar el ～ de la vida en ～ で余生をおくる. diez mil pesetas de ～ 残高1万ペセタ. ❷ 複 残飯, 残り物〖～s de comida〗：Sobre la mesa hay todavía ～s del banquete. テーブルの上には宴会の残り物がまだ並んでいる. ❸ 複 遺体, 遺骸：Sus ～s reposan en este cementerio. 彼のなきがらはこの墓地に眠っている. ❹ 複 廃墟, 残骸：En el pueblo perduran (se conservan) los ～s romanos. 村にはローマ時代の遺跡が残っている. ❺ 《数学》[引き算の] 残り；[割り算の] 余り：Queda un ～ al repartir cien pesetas entre los tres. 100ペセタを3人で分けると余りが出る. ❻ 《テニスなど》[ボールの] リターン
a ～ abierto 無限に, 無制限に
echar el ～ 《西. 口語》あらゆる手段を尽くす：Hemos *echado el* ～ para disuadirle. 彼に断念させるために私たちはあらゆる手を尽くした
para los ～s 《西》永久に, これを最後に
～s mortales 《文語》遺骸

restorán [r̃estorán] 男 《主に中南米》＝**restaurante**

restregar [r̃estregár] 8 23 《r̃ negar 活用表》他 こする：Un sillón *restregó* la pared. 椅子が壁をこすった. ～ el suelo 床を磨く. ～ una camisa シャツをごしごし洗う
◆ ～se [自分の体を〗こする：～se los ojos 目をこする

restregón [r̃estregón] 男 こすること

restricción [r̃estri(k)θjón] 女 ❶ 制限；〖食糧などの〗供給制限：tener *restricciones* de agua 給水制限を受ける. ～ de la producción 生産制限. ～ voluntaria de las exportaciones 輸出の自主規制. *restricciones* cambiarias 為替制限. *restricciones* de empleo para los extranjeros 外国人の雇用制限. ❷ 制約, 留保；遠慮：～ gramatical 文法上の制

約. ～ mental [あいまいな言葉で相手をごまかす] 中の留保, 良心の留保

restrictivo, va [r̃estriktíβo, βa] 形 制限する：medida ～*va* 規制措置

restringir [r̃estriŋxír] 4 他 ❶ 制限する：～ a+人 los créditos …への融資を抑える. ～ gastos 支出を切り詰める. ～ la libertad 自由を制約する. un número *restringido* de... 限られた数の…. ❷ 《生理》[筋肉を] 収縮する

restriñimiento [r̃estriɲimjénto] 男 便秘 〖estreñimiento〗

restriñir [r̃estriɲír] 20 他 《過分 restriñendo》便秘させる

resucitar [r̃esuθitár] 他 ❶ 生き返らせる；よみがえらせる：Jesucristo *resucitó* a Lázaro. イエスはラザロをよみがえらせた. ～ una fiesta ある祭りを復活させる. ❷ 《口語》元気づける：Un poco de bebida te *resucitará*. 一杯やれば元気がでるよ. ❸ 《医学》蘇生させる
◆ 自 生き返る；よみがえる, 復活する：Cristo *resucitó* al tercer día después de su muerte. イエスは死後3日目によみがえった

resucitación [r̃esuθitaθjón] 女 蘇生, 意識の回復：～ cardiopulmonar 心肺蘇生法

resuello [r̃eswéʎo] 男 〖←resollar〗❶ 荒い息づかい；体力, エネルギー. ❷ 《南米》[主に食後の] 休憩
meter el ～ en el cuerpo a+人 《口語》…をおどかす, びびらす
sin ～ 息を切らして, 息も絶え絶えに

resuelto, ta [r̃eswélto, ta] 形 《過分 ←resolver》❶ [ser+] 断固(決然)とした, 決意の固い：mujer ～*ta* 果敢な女性. ademán ～ 決然たる態度. ❷ [estar+. a+不定詞することを〗決心した, 覚悟した：Está ～ *a* retirarse. 彼は引退を決意している. ❸ 解決した：Ese asunto estará ～ dentro de un día. その件は1日で片付くだろう

resulta [r̃esúlta] 女 [主に 複] 欠員, 空席：Se cubrirán las ～s de modo interino. 欠員の補充は代行の形でなされるだろう
de (por・a) ～s de... [悪い状況で] …の結果として：*De ～s de* la enfermedad perdió vista. 病気のせいで彼は視力が衰えた

resultado [r̃esultáðo] 男 《英 result》結果, 成果：i) Este libro es el ～ de los esfuerzos de muchos años. この本は長年の努力の成果である. El ～ es que・直説法 結果は…だ. obtener excelentes ～s すばらしい結果を収める. dar buen ～ よい結果をもたらす. ～ de la operación 手術の結果. ii) [試験などの] 結果, 成績：anunciar el ～ del examen 試験の結果を発表する. ～ de un torneo トーナメントの結果. iii) [計算の] 結果
dar (tener)... por ～ …の結果になる
sin ～ 無益に, 甲斐なく

resultando [r̃esultándo] 男 《法律》[主に 複. 前文 considerando に続く, 判決の] 理由

resultante [r̃esultánte] 形 [+de から] 生じる
◆ 女 《物理》合力 〖fuerza ～〗

resultar [r̃esultár] 自 《英 result》❶ [+de の] 結果である, …から生じる：Del primer encuentro *resultó* una gran amistad. 初対面から深い友情が生まれた. ❷ [+主格補語] …の結果になる: Todos los esfuerzos *resultaron* vanos. すべては徒労に終わった. El apartamento nos *resulta* pequeño. アパートは私たちには手狭になった. La luz indirecta *resulta* muy bien. 間接照明はとても具合がいい. ❸ [一般的に] 結果がよい: Comprar en las liquidaciones siempre *resulta*. 安売りの品を買うといつも得をする. Esto no me *resulta*. これは気に入らない. ❹ [+不定詞 であることが] 判明する: *Resultó* ser la hermana de mi amigo. 彼女は私の友人の妹であることがわかった. ❺ [+a+金額] …かかる, …である: El terreno *resultó* a mil pesetas el metro. その土地は 1 平方メートル千ペセタだった. ❻ [3人称単数で, +que+直説法. 意外にも] …という結果になる, …であることがわかる: *Resultó que* no estaba en casa cuando yo llegué. [いると思って行ったのに] 私が着いた時には彼は家にいなかった. Ahora *resulta que* el dueño del piso no quiere alquilarlo. 今になって家主が家を貸したがらないということになった. ❼ [+en の] 結果をもたらす: El descuido *resultó en* un accidente grave. 不注意がもとで大事故が起きた. ❽《口語》[人が肉体的に] 魅力的である: No es guapa, pero *resulta*. 彼女は美人じゃないけど, いかしている

resultón, na [r̄esultón, na] 形《西. 口語》❶ [主に女性・車などが] 魅力的な, かっこいい. ❷ [人が] 口の減らない, かっこをつける

resumen [r̄esúmen] 男 ❶ 要約, 概要, レジュメ: ～ del contrato 契約の概要
en ～ 要約して; 要するに; explicar... *en ～* …の概要を説明する. *En ～*, que aceptaré la propuesta. 要するに私は提案を受け入れるつもりだということだ

resumidero [r̄esumiðéro] 男《南米》=**sumidero**

resumir [r̄esumír] 他 要約する, 概括する: ～ un discurso 講演を要約する. Voy a ～ lo acontecido. 起こったことをかいつまんで話します
resumiendo 一言で言えば, 要するに
◆ ～**se** ❶ [+en に] 要約される: *En su obra se resume* nuestra época. 彼の作品には現代が凝縮されている. ❷ [予期しない] 結果に終わる: ～ en un fracaso 失敗に帰す

resurgencia [r̄esurxénθja] 女《地理》[伏流の] 湧出

resurgir [r̄esurxír] 自 ❶ 出現する, 新たに生まれる. ❷ 再び盛んになる; [肉体的な・精神的に] 元気を取り戻す: Han *resurgido* las antiguas tradiciones. 古い伝統が復活した
resurgimiento 男 再び盛ん(元気)になること; 再起, 再生: ～ de la economía nacional 景気の回復

resurrección [r̄esur̄ek(θ)jón] 女 ❶ 復活, よみがえり: ～ del Señor キリストの復活. ～ de la carne [最後の審判での] 死者復活. ❷《キリスト教》[R～] 復活祭『Pascua de R～』

retablo [r̄etáβlo] 男 ❶ 祭壇背後の飾り壁(ついた

て); 祭壇画; 宗教劇
～ *de dolores* 不幸を一手に背負った人

retacear [r̄etaθeár] 他《←retazo》つぎはぎで作る: ～ una sábana パッチワークで掛け布を作る

retaco, ca [r̄etáko, ka] 形 名《軽蔑》小太りで背の低い〔人〕
◆ 男 [薬室を強化した] 短い銃

retador, ra [r̄etaðór, ra] 形 挑戦的な, 挑戦する. ◆ 名《スポーツ》挑戦者

retaguardia [r̄etaɣwárðja] 女 ❶《軍事》後衛『↔vanguardia』; [前線に対して] 後方の地域, 銃後; [一般に] 背後; atacar por la ～ 背後から攻撃する. ❷《口語》最後, 最終のもの
a ～/en la ～ [+de の] 後方に; …より遅れて: quedarse *a ～* しんがりを務める, 一番後に来る. La industria española estaba *en la ～ de* la europea. スペインの工業はヨーロッパの水準より立ち遅れていた

retahíla [r̄etaíla] 女 [事物の] 長い列: soltar una ～ de proverbios y refranes 諺や格言を次から次へと(しつこく)並べ立てる. ～ *de victoria* 一連の勝利. ～ *de desgracia* 不運続き

retal [r̄etál] 男《西》❶ [布・皮・紙などの] 切れ端, 余り: Se hace la falda con un ～ (a base de ～es). 彼女は余り切れで(パッチワークで)スカートを作った. ❷ [絵画用の膠などの] 切れ端

retaliación [r̄etaljaθjón] 女《南米》報復, 仕返し

retama [r̄etáma] 女《植物》エニシダ
retamo 男《南米》=**retama**

retar [r̄etár] 他 ❶ [+a 決闘などを] …に挑む: Nos *retaron a* un partido de fútbol. 彼らは我々にサッカーの試合を挑んできた. ❷《主に南米》がみがみ叱る; 非難する: ～ *de traidor* 裏切り者とののしる

retardado, da [r̄etarðáðo, ða] 形 過分 ❶ 遅れた; 延期された: estar ～ en el pago 支払いが遅れている. Eres *de efectos ～s*. 君は反応が遅い. caja fuerte de abertura ～*da* タイムロック式の金庫. ❷《軽蔑》知恵遅れの, 頭の悪い. ❸《物理》movimiento ～ 減速運動

retardar [r̄etarðár] 他 ❶ [妨害・障害が] 遅らせる, 遅延させる; 延期する: El mal tiempo *ha retardado* la partida. 悪天候で出発が遅れた
◆ ～**se** 遅れる, 延期される
retardador, ra 形 [女性形 retardatriz もある]《技術》動きを遅らす(抑える)

retardo [r̄etárðo] 男 遅延, 延期

retazo [r̄etáθo] 男 ❶ [布の] 切れ端, 端ぎれ. ❷ [話・文章などの] 断片: Sólo he podido escuchar un ～ de su conversación. 私は彼らの会話のほんの一部しか聞こえなかった. conferencia hecha a ～*s* つぎはぎだらけの講演

rete- [接頭辞][強調] *rete*bién とてもすばらしく, *rete*contento ひどく喜んだ

retel [r̄etél] 男《カニとり用の》袋網

retemblar [r̄etemblár] 自 繰返し揺れる

retén [r̄etén] 男 ❶ [出動・待機する] 班, 一団: un ～ de bomberos 消防士の一団. tener (estar de) ～《軍事》当番である. ❷ ～ de margin [タイプライターの] マージンストップ. ～ de víveres 備蓄食糧

retención [r̃eteŋθjón] 囡 ❶ [主に 圏] 交通渋滞. ❷ 保留, 保有 ; [金の] 差し引き, 天引き ; 源泉徴収. ❸ 《医学》停滞, 貯留, 分泌閉止 : ～ de orina 尿閉. ❹ 記憶すること ; [データの] 保存. ❺ 引き止めること ;《法律》留置.

retenedor [r̃etenéðor] 男 ドアチェーン

retener [r̃etenér] 他 引き止める, とどめる 〖detener〗: ～ a+人 para la cena …を夕食に引き止める. ～ los libros de la biblioteca 図書館の本を借りたまま返却しない. ❷ [金を] 差し引く, 天引きする : ～ un diez por ciento del sueldo en concepto de impuestos 税金として給料から 10 パーセント源泉徴収する. ❸ [感情を] 抑制する : ～ su vehemencia 気性の激しさを抑える. ❹ 記憶に留める : Hay que ～ muchas fechas y datos. たくさんの年代と事件を覚えなければならない. ❺ 留置する, 拘留する : ～ a+人 en la comisaría durante 48 horas …を警察署に 48 時間拘留する
◆ ～se [自分の衝動・感情を] 抑える

retenida [r̃etenída] 囡 張り綱, 支え線

retentiva[1] [r̃etentíβa] 囡 記憶力 : No tengo ～ para los números. 私は数字を覚えるのが苦手だ. tener buena (mala) ～ 物覚えがよい(悪い)

retentivo, va[2] [r̃etentíβo, βa] 形 保持力のある ; 記憶力のよい

RETEVISIÓN [r̃eteβioxjón] 囡《略語》← Red Técnica Española de Televisión スペインテレビ技術普及公社

reticencia [r̃etiθénθja] 囡 ❶ [主に悪意による] ほのめかし, あてこすり : Se miraron a los ojos con mutua ～. 彼らは意味ありげに目配せし合った. ❷ ためらい ; 抵抗 : aceptar con ～ しぶしぶ承知する

reticente [r̃etiθénte] 形 ❶ [主に悪意で人・言葉は] はっきり意見を言わない, 遠回しな, 腹に一物ある : Es ～ en demostrar lo que verdaderamente siente. 彼は本当の自分の気持ちを言わない. intervención ～ 裏がありそうな口出し. ❷ [+a に] 熱意のない ; [+a+不定詞] 不承不承…する : Se mostró ～ a aceptarlo. 彼はいやいやそれを受け入れた

rético, ca [r̃étiko, ka] 形《歴史・地名》ラエティア Retia の『現在のチロル, スイス東部』
◆ 男 レト・ロマン語

retícula [r̃etíkula] 囡《光学》網線

retículo [r̃etíkulo] 男《解剖》網状組織 ; 網胃『反芻動物の第二胃』; ＝**retícula**

reticular [r̃etikulár] 形 網状の, 網状組織

reticuloendotelial [r̃etikuloendoteljál] 形《解剖》sistema ～ 細網内皮系, 網内系

retina [r̃etína] 囡《解剖》網膜

retintín [r̃etintín] 男 ❶ [耳に残る鐘などの] 余韻, チリンチリンという音. ❷ [悪意の] 皮肉, あてこすり, いやみ : decir con ～ いやみで言う

retinto, ta [r̃etínto, ta] 形 [馬などが] 濃い栗色の ;《中南米》[人の肌・髪の色が] 黒っぽい

retirada[1] [r̃etiráða] 囡 ❶《軍事》退却, 撤退 : cortar la ～ al enemigo 敵の退路を断つ. toque de ～ 退却ラッパ. ❷ 引きあげること, 除去 ; [出資金などの] 回収 ; [提案・許可などの] 取り消し : ～ del carné de conducir 運転免許の取り消し(停止). ❸ [欠陥商品の] リコール. ❹ 引退 ; [競技などでの] 棄権
cubrirse la ～ [計画がうまくいかない時のために] 逃げ道を用意しておく

retirado, da[2] [r̃etiráðo, ða] 形 過分 [estar+] ❶ 引退した ; 引きこもった : Ya está ～. 彼はもう引退している. vivir una vida ～da 隠遁生活をおくる. oficial ～ 退役将校. ❷ 人里離れた, へんぴな : casa ～da へんぴな所にある家
◆ 男 引退(定年退職)した人

retiradamente 副 隠遁して, ひっそりと

retirar [r̃etirár] 他《英 withdraw》❶ 引きあげる, 除去する ; 撤退させる : i) [+de+場所 から] ～ los platos de la mesa テーブルの食器を片付ける. ～ sus ahorros del banco 銀行から預金をおろす. ～ los coches defectuosos de la circulación 欠陥車を回収する. Retiraron de la sala a los policías. 警官たちは会場から退出させられた. ii) [+a+人 から] ～ a+人 el carné de conducir …から運転免許証を取り上げる. ❷ 引退(退職)させる : A algunos funcionarios los *retiran* a los setenta años. 一部の公務員の定年は 70 歳である. Este sillón está ya muy viejo ; tengo que ～lo. この椅子はもう古すぎるので, 用済みにしなくてはならない. ❸ [前言などを] 撤回する : ～ la promesa 約束を取り消す. ～ el pleito 訴訟を取り下げる. ❹ [欠陥商品を] リコールする. ❺ 遠くへ置く, 人里離れた場所に設置する. ❻《売春婦を》身請けする. ❼《南米》引き取る, 受け取る
◆ ～se ❶ 退出する ; 帰宅する : El jurado *se retiró* a deliberar. 陪審員は協議のため退席した. Con vuestro permiso *me* voy a ～. ご用がなければ下がります. Puede usted ～*se*. もう下がっていい. ❷ 寝に行く : Tengo sueño. Voy a ～*me*. 私は眠い. 寝ることにしよう. ❸ 引退する, 定年退職する : Se ha *retirado* el catedrático. その教授は退官した. ～*se de* la política *se* retiró de la política 政治から身を引く. ❹ [+a に] 引きこもる : ～*se a* (en) un convento 修道院に隠遁する. ❺ 後退する ; 退却する, 撤退する : Se ha *retirado* el agua. 水が引いた. ❻《競走などで》棄権する. ❼《電話》切る : No *se* retire. 切らないでください

retiro [r̃etíro] 男 ❶ 引退, 退職 ; 隠居, 閑居 : edad de ～ 定年. ❷ 年金, 恩給〖pensión de ～〗. ❸ 人里離れた(へんぴな)場所. ❹ [預金の] 引き出し. ❺《宗教》[日常の仕事から一定期間離れて行なう] 黙想, 静修

reto [r̃éto] 男 ❶ 挑戦(の言葉) : aceptar el ～ de+人 …の挑戦を受ける. ❷《南米》叱責
echar ～*s* 脅す, 脅威を与える

retobar [r̃etoβár] 他《南米》[皮などで] 覆う
◆ 自《中米》口答えする
◆ ～se《南米》わがままなことを言う, だだをこねる

retobado, da 形 過分 不平屋の ; わがままな, 強情な

retobo 男 わがまま, 不平
retocar [r̄etokár] ⑦ 他 ❶ [絵画などを] 修正する, 手直しする: 〜 un cuadro 絵に加筆する. 〜 una fotografía 写真を修整する. 〜 el maquillaje a+人 …の化粧を直す. ❷ 仕上げの手を加える
◆ 〜se [自分の] 化粧を直す

retomar [r̄etomár] 他 再開する, 再び始める
retoñar [r̄etoɲár] 自 ❶ 芽が出る(生える), 再生される: Retoñaba en él el viejo rencor. 彼の心に昔の恨みがよみがえった
retoño [r̄etóɲo] 男 ❶ 芽, 新芽. ❷《口語》[小さな] 子供, 息子

retoque [r̄etóke] 男 [←retocar] ❶ 修正, 手直し; [既製服の] 寸法直し: darse un 〜 [自分の] 化粧を直す. ❷ [病気の] 徴候
retorcer [r̄etorθér] 他 ⑲ [☞torcer 活用表] 他 ❶ [強く] ねじる; [糸を] 撚(よ)り合わせる: 〜 la toalla muy bien タオルをよく絞る. 〜 a+人 el brazo …の腕をねじ上げる. ❷ [相手の論法で] 反論する: 〜 las razones de su oponente 相手の理屈を逆手にとる. ❸ [真意を] ねじ曲げる: La prensa ha retorcido sus palabras. 新聞は彼の発言を歪曲して報道した
◆ 〜se ❶ からみ合う. ❷ 体をねじ曲げる: Se retorcía de dolor. 彼は苦痛に身をよじった. 〜se de risa 腹を抱えて笑う

retorcido, da [r̄etorθído, ða] 形 過分 ねじれた, ゆがんだ; [文体などが] ひどく複雑な, 難解な;《軽蔑》[人が] ひねくれた, 悪意を秘めた
retorcijón [r̄etorθixón] 男《中南米》= retortijón
retorcimiento [r̄etorθimjénto] 男 ねじる(ねじれる)こと; ゆがみ; ひねくれ
retórica[1] [r̄etórika] 女 ❶ 修辞学; レトリック, 美辞麗句. ❷《軽蔑》空文句, 駄弁
retórico, ca[2] 形 修辞[学]の: interrogación 〜ca 修辞疑問, 反語. ❷ 男 修辞学者
retornable [r̄etornáβle] 形 返却できる, リターナブルの; [空き瓶などが] 返却金のもらえる
retornar [r̄etornár] 自《文語》[+a に] 戻る, 帰る
◆ 他 戻す, 返す: 〜 el jarrón a la sala 花瓶を広間に戻す. Retornó el dinero que le habían prestado. 彼は借りていた金を返した
retornelo [r̄etornélo] 男《音楽》リトルネロ
retorno [r̄etórno] 男《文語》戻る(帰る)こと: punto de no 〜《航空》最遠引き返し点. 〜 terrestre《電気》アース線. ❷ 返却; 払い戻し: venta con derecho a 〜 報奨金付き販売. ❸《情報》リターン [〜 de[l] carro]: 〜 de carro automático 自動行送り
retorrománico, ca [r̄etor̄omániko, ka] 形《言語》レト・ロマン語[の]
retorsión [r̄etorsjón] 女 [←retorcer] ねじること; 報復
retorta [r̄etórta] 女 [化学実験用の] レトルト, 蒸留器
retortero [r̄etortéro] 男《口語》andar (ir) al 〜 大変忙しい; [+de+事 を] 大変心配している; [+de+人 に] ほれ込んでいる

estar al 〜 大混乱である; ひどく雑然としている
llevar (traer) a+人 al 〜 1) …を夢中にさせる: Lleva al 〜 a todos los galanes del barrio. 近所の若者たちはみんな彼女に夢中だ. 2) …をこきつかう, 忙しくさせる; 裏切る
retortijón [r̄etortixón] 男《西》[時に 複] 急な腹痛 [〜 de tripas]
retozar [r̄etoθár] 自《文語》[子供などが] はしゃぎ回る, ふざける; [恋人同士が] いちゃつく
retozón, na 形 浮かれた, よくはしゃぐ
retracción [r̄etra(k)θjón] 女 [←retraer] 収縮; 減少
retractar [r̄etraktár] 他 撤回する, 取り消す
◆ 〜se [+de 前言を] 取り消す: Se retractó de lo dicho. 彼はそれを撤回した. ¡Me retracto! 前言は撤回だ!
retractable 形 取り消し可能な
retractación 女 撤回, 取り消し; [資金の] 回収
retráctil [r̄etráktil] 形 ❶《動物》[器官が] ひっこめられる, 収縮性の. ❷ [車輪などが] 格納式の
retracto [r̄etrákto] 男 取り消し: 〜 de autorización 認可取り消し. derecho de 〜 買い戻し権
retraer [r̄etraér] ㊺ 他 過分 retraído, 現分 retrayendo] ❶ [体の一部を] ひっこめる, 収縮させる: El gato retrae las uñas. 猫が爪をひっこめる. ❷ [+de que+接続法を] …に断念させる: 〜 a+人 de que se presente como candidato …に立候補を辞退させる
◆ 〜se ❶ [+en・a に] 隠遁する; [+de から] 引退する: 〜se en (a) su casa 自分の家に引きこもる. 〜se de la política 政界から退く. Para entender este caso hay que 〜se al siglo XVIII. この出来事を理解するためには18世紀の世界に身を置かなければならない. ❷ 引っ込み思案になる. ❸ [需要などが] 減少する, 落ち込む. ❹ [政党の活動などが] 不活発になる
retraído, da [r̄etraído, ða] 形 過分 隠遁した; 引っこみ思案の, 内気な
retraimiento [r̄etraimjénto] 男 ❶ ひっこめること; 断念. ❷ 隠遁, 引きこもり; 避難所, 隠れ家; 引っこみ思案, 内気. ❸ 不活発
retranca [r̄etráŋka] 女 ❶ [馬の] 尻帯. ❷《西. 口語》下心, 底意; 泥酔
retransmisión [r̄etransmisjón] 女 ❶ [ラジオ・テレビの] 中継放送: 〜 de un concierto en directo (en diferido) コンサートの生(録画)中継. 〜 vía satélite 衛星中継. ❷ 再放送
retransmisor [r̄etransmisór] 男 送信機, 発信機
retransmitir [r̄etransmitír] 他 ❶《西. 文語》中継放送する: 〜 un partido de fútbol サッカーの試合を中継する. ❷ 再放送する
retrasado, da [r̄etrasáðo, ða] 形 名 過分 ❶ [estar+] i) [成長が] 遅れている(子): Este chico va muy 〜 en matemáticas. この子は数学の勉強が大変遅れている. ii) [進行が] 遅れた: Mi reloj siempre va un poco 〜. 私の時

計はいつも少し遅れている。 **Voy dos minutos** ~. 私の時計は2分遅れている。 **reloj** ~ 遅れている時計. **tren** ~ 延着の列車。 **ideas** ~*das* 時代遅れの考え。 **país** ~ **en tecnología** 技術的に遅れている国。 ~ **de noticias** 時勢にうとい。 ❷《軽蔑》[ser+] 知恵遅れの〔人〕『～ **mental**』；ばか, うすのろ

retrasar [r̃etrasár] 他 遅らせる, 遅延させる；延期する：~ **la fecha de la boda** 結婚式を日延べする。 ~ **el reloj cinco minutos** 時計を5分遅らす

◆ [時計が] 遅れる：**Este reloj** *retrasa*. この時計は遅れている

◆ ~**se** ❶ 遅刻する, 遅れる：**Perdón por** *haberme retrasado*. 遅れて申し訳ありません。 *Se ha retrasado* **el tren**. 列車は遅れた。 **Mi reloj** *se retrasa* **un poco**. 私の時計は少し遅れる。 **Este chico** *se retrasa* **demasiado**. この子は勉強があまりにも遅れている。 **Me he retrasado en mi trabajo**. 私は仕事が遅れた。 ❷ 落伍する：**No** *te retrases*. ぐずぐずするな

retraso [r̃etráso] 男 《英 delay》遅れ, 遅延；遅刻：**con** ~ 遅れて。 **llegar con media hora de** ~ (**con un** ~ **de media hora**) 30分遅れて着く。 **El tren trae un** ~ **de una hora**. 列車は1時間の遅れを出している。 **El avión lleva** ~. 飛行機は遅れている。 **Llevo en mi trabajo un** ~ **de una semana**. 私は仕事が1週間遅れている。 **Este país va con** ~ (**lleva** ~). この国は遅れている。 ~[*s*] **en el pago** 支払いの遅れ；滞納。 **interés por** ~ 延滞利子. ~ **mental** 知恵遅れ

retratar [r̃etratár] 他 …の肖像を描く, 写真を撮る；正確に描写する：**hacerse** ~ 自画像を描く

◆ ~**se** 肖像画を描いてもらう, 写真を撮ってもらう

retratista [r̃etratísta] 名 肖像画家；肖像写真家

retrato [r̃etráto] 男 《英 portrait》❶ [1人の人物の] 肖像画；肖像写真：**hacer un** ~ **de tamaño natural** 実物大で肖像画を描く。 ~ **robot** 《西》《容疑者の》モンタージュ写真。 ❷ [言葉による] 描写：~ **de las costumbres del viejo Madrid** 昔のマドリードの風俗描写。 ❸ 生き写し：**Es el vivo** ~ **de su padre**. 彼は父親に瓜二つだ

retrechero, ra [r̃etretʃéro, ra] 形 《口語》[人が] 感じのいい, 魅力的な；ずるい, 悪賢い；《中南米》けちな

retrepar [r̃etrepár] ~**se** [+en 椅子に] そっくり返る

retreta [r̃etréta] 女 ❶《軍事》退却(帰営)のラッパ。 ❷《中南米》[軍楽隊の] 野外演奏；[一連の事柄の] 繰返し

retrete [r̃etréte] 男 便所『servicio』；便器

retribución [r̃etribuθjón] 女 報酬, 給料

retribuir [r̃etribwír] 48 他 《既分 retribuyendo》❶ …に給料を払う, 報酬を与える：~ **a los empleados** 従業員に給料を支払う。 **trabajo bien** *retribuido* 割のいい仕事。 ❷《中南米》…

retro [r̃étro] 形 《西. 口語》レトロな, 懐古調の

retro- 〔接頭辞〕《後退》 *retro*ceder 後退する, *retro*spección 回顧

retroacción [r̃etroa(k)θjón] 女 ＝**regresión, retroactividad**

retroactivo, va [r̃etroaktíbo, ba] 形 [効力が] さかのぼる, 遡及力のある, 遡及的な **efectos** ~*s* 遡及的効果：**El aumento salarial tiene** *efectos* ~*s* **desde primeros de año**. 賃上げは年初にさかのぼって実施される

retroactividad 女 遡及性

retroalimentación [r̃etroalimentaθjón] 女《生物・情報》フィードバック

retroarriendo [r̃etroar̃jéndo] 男 賃貸借契約付き売却

retrocarga [r̃etrokárga] 女 **de** ~ [銃が] 元込めの, 後装式の

retroceder [r̃etroθedér] 自 《↔avanzar, adelantar》❶ 後退する, 後ずさりする；退却する：~ **hasta la bifurcación** 三叉路まで後戻りする。 *Retroceda* **un paso, por favor**. 1歩下がってください。 **no** ~ 踏みとどまる。 ❷ しりごみする：~ **ante el primer fracaso** 最初の失敗でたじろぐ。 ~ **en su negativa** 反対の意向をひるがえす。 ❸《砲が》後座する

retroceso [r̃etroθéso] 男 ❶ 後退；退却, 敗走；退歩：~ **en la negociación** 交渉の後退。 ~ **en la economía** 景気の後退。 ~ **de la civilización** 文明の退歩。 ~ **de la enfermedad** 病状の悪化。 ❷ [銃砲の] 後座, 反動：**cañón sin** ~ 無反動砲

retrocohete [r̃etrokoéte] 男 逆噴射ロケット

retrógrado, da [r̃etrógrado, da] 名《軽蔑》復古的な人, 旧弊な〔人〕；反動的な〔人〕：**ideas** ~*das* 古くさい考え. **política** ~*da* 反動政治

retropropulsión [r̃etropropulsjón] 女 ジェット推進；[ロケットの] 逆噴射

retroproyector [r̃etroprojektór] 男 オーバーヘッドプロジェクター

retrospección [r̃etrospe(k)θjón] 女 回顧；過去の検討

retrospectivo, va [r̃etrospektíbo, ba] 形 過去にさかのぼる, 回顧的な：**echar una mirada** ~*va* **a su vida** 自分の人生を振り返ってみる。 **estudio** ~*vo* 回顧的研究. **narración** (**escena**) ~*va* 《文学・映画》フラッシュバック

retrotraer [r̃etrotraér] 45 他 《過分 retrotraído, 既分 retrotrayendo》[+a の時点まで] さかのぼらせる：*Retrotrajo* **su narración** *a* **los primeros años del siglo**. 彼は物語の舞台を今世紀初頭までさかのぼらせた

◆ ~**se** さかのぼる

retroventa [r̃etrobénta] 女 買い戻し：**pacto de** ~ 買い戻し約定

retrovender 他 買い戻す

retroversión [r̃etrobersjón] 女《医学》後傾

retrovirus [r̃etrobírus] 男 『単複同形』《生物》レトロウイルス

retrovisor [r̃etrobisór] 男 バックミラー『espe-

R

jo 〜』

retrucar [r̩etrukár] ⑦ 囲 《文語》言い返す；《南米》ぶっきらぼうな返事をする
◆ 反論する；《ビリヤード》キスする

retruécano [r̩etrwékano] 男 語順の倒置
『言葉遊びの一種．例 Más vale honra sin barcos que barcos sin honra. (フェリーペ２世の言葉)』

retruque [r̩etrúke] 男 言い返し；《南米》ぶっきらぼうな返事

retumbar [r̩etumbár] 囲 鳴り響く；[場所が]反響する：Su voz *retumbó* en el gimnasio. 彼の声が体育館に響き渡った． Un trueno *retumbaba* lejano. 雷が遠くで鳴っていた
retumbante 形 響き渡る；大げさな，仰々しい

reubicar [r̩euβikár] ⑦ 他《南米》再配置する

reumatismo [r̩eumatísmo] 男 《医学》リューマチ：〜 crónico 慢性リューマチ
reuma/reúma 男/女 =reumatismo：〜 en la sangre 《西．口語》リューマチ熱
reumático, ca 形 名 リューマチの[患者]：fiebre 〜*ca* リューマチ熱
reumatología 女 リューマチ[病]学
reumatólogo, ga 名 リューマチの専門医

reunificar [r̩eunifikár] ⑦ 他 再統一する
reunificación 女 再統一

reunión [r̩eunjón] 女 《英 meeting》❶ 集会，会合；会議，ミーティング：Los vecinos celebran esta noche una 〜. 今晩近所の集まりがある． Han sido muchos los participantes en la 〜. 集会の参加者は多かった． libertad de 〜 集会の自由． ❷ 医名 [集会の]参加者：La 〜 es muy selecta. その出席者は厳選されている． ❸ 集めること，結集；再会：punto de 〜 合流点

reunir [r̩eunír] ⑯ 他 《英 gather. ☞活用表》❶ 集める：i) [事物を１つに]まとめる：〜 los artículos en un libro 論文を１冊の本にまとめる． 〜 los datos データを集める． 〜 fondos 資金を集める． 〜 sus fuerzas 力を合わせる． ii) [人を]寄せ集める：*Reunió* a sus amigos en casa. 彼は友人たちを家に呼んだ． ❷ あわせ持つ，兼ね備える：〜 los requisitos 必要条件をすべて備えている． ❸ [分かれたものを]再び結びつける
◆ 〜se 《英 meet》集まる，合同する：i) Ayer *se reunieron* todos los socios para hablar de ese asunto. 昨日その件を話し合うために全会員が集まった． ii) [+con +人] *Me reuniré con* ella en París. 私はパリで彼女と落ち合うつもりだ

reunir	
直説法現在	接続法現在
reúno	reúna
reúnes	reúnas
reúne	reúna
reunimos	reunamos
reunís	reunáis
reúnen	reúnan

reutilización [r̩eutiliθaθjón] 女 再利用

reválida [r̩eβálida] 女 ❶《西》[高校修了の]検定試験，卒業試験． ❷ 再び有効にすること：〜 de sus derechos sucesorios 相続権の回復． ❸《南米》確認，認定

revalidar [r̩eβalidár] 他 ❶ [選手権を]防衛する；再び優勝する． ❷ 再び有効にする：〜 sus antiguos derechos a la corona 国王の旧権益を回復する． 〜 sus estudios en el extranjero 外国での学習を[国内と同様に]認めてもらう
◆ 〜se 検定(卒業)試験を受ける
revalidación 女 再び有効にすること

revalorizar [r̩eβaloriθár] 他 [価値を]再評価する；引き上げる，切り上げる
revaloración 女 =revalorización
revalorar 他 =revalorizar
revalorización 女 再評価，切り上げ：〜 de divisas 通貨切り上げ

revaluación [r̩eβalwaθjón] 女 再評価；[通貨の]切り上げ：〜 patrimonial 資産再評価
revaluar ⑭ 他 再評価する

revancha [r̩eβántʃa] 女 報復，復讐，仕返し；《スポーツ》雪辱戦，リターンマッチ：tomar[se] la 〜 de… …に負けた仕返しをする． dar la 〜 [敗者に]雪辱戦の機会を与える
revanchismo 男《軽蔑》復讐心

revelación [r̩eβelaθjón] 女 ❶ 暴露；[真理などの]啓示，天啓． ❷ [新人の]登場，デビュー． ❸ [形容詞的に]el coche 〜 de este año 今年のカー・オブ・ザ・イヤー

revelado [r̩eβeláðo] 男《写真》現像

revelador, ra [r̩eβelaðór, ra] 形 明かす，暴露する；[服が]肌を露出させる
◆ 男《写真》現像液

revelar [r̩eβelár] 他 《英 reveal》❶ [秘密などを]明かす，暴露する：〜 un plan a+人 …に計画を打ち明ける． 〜 un complot 陰謀を暴露する． ❷ [隠れた事実を]明らかにする，示す：〜 la causa de un hecho 事の原因を明らかにする． Este hecho *revela* que él robaba. この事実から彼が盗みを働いていたことは明らかだ． Sus facciones *revelaban* bondad. 彼の人相は人のよさを表わしていた． ❸ [神が]啓示する． ❹《写真》現像する
◆ 〜se ❶ 自分を現わす：*Se reveló* como un gran pintor. 彼は偉大な画家としての天分を示した． ❷ [+主格補語の]明らかにされる：Todos mis esfuerzos *se han revelado* inútiles. 私の努力はすべて無駄とわかった

revellón [r̩eβeʎón] 男 大晦日の夜のパーティー

revender [r̩eβendér] 他 再販売する，転売する；[ダフ屋が切符を]売る
revendedor, ra 名 小売商；ダフ屋

revenir [r̩eβenír] 59 《過分 revíniendo》〜se
❶ [少しずつ]収縮する． ❷ [保存食品や酒が]酸っぱくなる． ❸ [壁などが]水分を出す，汗をかく；[パンなどが]しける

reventa [r̩eβénta] 女 ❶ 再販，再売却，転売：[mantenimiento del] precio de 〜 再販価格[維持]． ❷ プレイガイド
◆ 名《口語》ダフ屋

reventado, da [rɛβentáðo, ða] 形 [estar+] 疲れ果てた

reventador, ra [rɛβentaðór, ra] 图 野次などで妨害する人

reventar [rɛβentár] 23 他 ❶ 破裂させる；叩き壊す：El exceso de aire *revienta* el globo. 空気を入れすぎると風船は破裂する. ～ la puerta ドアを押し破る. ❷《口語》ひどく不快にする：Me *revienta* pedirle un favor. 彼に頼み事をするのはいやだ. ❸《口語》[人に] 大打撃を与える：La quiebra nos *ha reventado* por completo. 倒産で私たちは完全に叩きのめされた. ❹《興行・集会》野次などで妨害する（ぶち壊す）. ❺ [馬・人を] 死ぬほど酷使する，こき使う

～ *los precios* (*el mercado*) 値くずれさせる，相場を暴落させる

◆ 自 ❶ 破裂（爆発）する；[波が] 砕ける；[服・腹が] はちきれる：Una ola *reventó* contra el muro. 波が岩壁に当たって砕けた. ❷ [+de が] i) 一杯ある：～ *de* flores 満開である. *Reventaba de* orgullo. 彼はひどく傲慢だった. ii)《口語》[感情が] 爆発する：*Reventó de* ira. 彼は激怒した. ～ *de* risa 爆笑する. ❸ [+por を] …したくてたまらない：Yo *reventaba por* hablar. 私は話したくてうずうずしていた. ❹《口語》死ぬ，くたばる，壊れる

por mí, que revienten 私には関係ない，どうでもいい

◆ ～se ❶ 破裂する：Se ha *reventado* el neumático. タイヤがパンクした. ❷ [仕事で] へとへとになる：Estoy *reventado*. 私はへとへとだ. *Se reventó* trabajando hasta lograr lo que quería. 彼は望みのものを手に入れるまで死ぬほど働いた

reventón[1] [rɛβentón] 男 ❶ 破裂；パンク：Comió tanto que le dio (pegó) un ～. 彼は食べすぎて動けなかった. ❷ 急な坂. ❸ 窮地；苦労，非常な努力：Me di un ～ para poder llegar a la hora. 私は時間に間に合うようにがんばった. ❹《南米》[鉱脈の] 露頭

reventón[2]**, na** 破裂しそうな：ojos *reventones* どんぐり眼

reverberar [rɛβerβerár] 自 ❶ 反射する；残響させる：El sol *reverberaba* sobre la superficie del lago. 日光が湖面に反射していた. ❷ [反射して] 光る，輝く

reverberación 女 [光・熱の] 反射，《物理》残響

reverbero 男 =reverberación；《中南米》携帯用こんろ

reverdecer [rɛβerðeθér] 39 自/～se 再び緑色になる；よみがえる：*Reverdecen* los campos en primavera. 春には草原が緑になる

◆ 他 よみがえらせる：～ la cocina tradicional 伝統的な料理を復活させる

reverencia [rɛβerénθja] 女 ❶ 尊敬，畏敬の念：con ～ うやうやしく. ❷ お辞儀：hacer una ～ お辞儀をする，一礼する. ❸ Su (Vuestra) R～ [聖職者への尊称] 尊師

reverenciar [rɛβerenθjár] 10 他 崇める，尊ぶ：～ a Dios 神をうやまう

reverendo, da [rɛβeréndo, da] 形 [+名詞] ❶ [手紙などでの聖職者への敬称] …師，…様：el ～ padre Simón シモン神父様. ❷ もったいぶった；重々しい. ❸《主に中南米》[強意] まったくの：una ～da tontería 大しくじり

◆ 尊師

reverendísimo, ma 形 [枢機卿・大司教などへの敬称] いとも尊き

reverente [rɛβerénte] 形 敬虔な，丁重な：maneras ～s うやうやしい態度

reversa [rɛβérsa] 女《中南米》逆転，逆進；[車の] 後退

reversible [rɛβersíβle] 形 ❶ 逆にできる；逆戻りできる. ❷《服飾》裏も使える：abrigo ～ リバーシブルのオーバー. ❸《化学・物理》可逆性の：reacción ～ 可逆反応. ❹ [命令・判決などが] 破棄できる

reversibilidad 女 可逆性；裏も使えること

reversión [rɛβersjón] 女 ❶ 元の状態に戻ること，逆戻り. ❷ [財産・権利などの] 復帰，返還；取戻し権. ❸《生物》先祖返り

reverso [rɛβérso] 男 [↔anverso] ❶ [紙・硬貨などの] 裏，裏側：firmar el cheque al ～ 小切手の裏にサインする. ❷ [本の] 裏（左）ページ. ❸ pez ～ コバンザメ〘rémora〙

el ～ *de la medalla* (*la moneda*) 正反対のもの；[物事の] 醜い面，裏面：Los dos hermanos son *el* ～ *de la medalla*. 兄弟2人は性格がまったく反対だ

revertir [rɛβertír] 33 自 〘現分 revirtiendo〙 ❶ [+a 元の状態に] 戻る，逆戻りする；[元の所有者などに] 返還される：*Revertimos a* la situación inicial. 私たちは最初の状態に戻ってしまった. Al cabo de cincuenta años el servicio de transportes *revertirá* al Estado. その輸送機関は50年後国有化される. ❷ [+en の] 結果になる：Este pacto *revertirá en* beneficio nuestro. この協定は結局我々の利益になるだろう

revés [rɛβés] 男 ❶ 裏〘reverso〙：～ de la tapa 表紙の裏. ～ de la mano 手の甲. ❷ 手の甲で殴ること，逆手打ち（切り）；《テニス・卓球》バックハンド〘↔derecho〙：dar a+人 un ～ …に逆手打ちをくらわす. ❸ 不運，逆境：reveses de fortuna 運命のつまづき. soportar los *reveses* 逆境に耐える

al ～ 反対に，逆に：i) ir al ～ 逆の（間違った）方向に行く. ponerse el jersey *al* ～ セーターを裏返し（後ろ前）に着る. entender las cosas *al* ～ 物事を曲解する. Todo le salió *al* ～. すべてが彼にとって裏目に出た（ついてなかった）. ii) [+de と] *al* ～ *de* lo que se espera 期待に反して. *al* ～ *de* lo corriente 通常と反対に

del ～ 反対に，逆に〘al ～〙：volver+物 *del* ～ …をひっくり返す

tomar+事 *de* ～ …を逆にとる，悪く解釈する

revestimiento [rɛβestimjénto] 男 外装，被覆：～ de cerámica タイル舗装

revestir [rɛβestír] 35 他 〘現分 revistiendo〙 ❶ [+de・con で] …の表面を覆う；外見を与え

る：～ *de* yeso una pared 壁にしっくいを塗る．～ su falta de talento *con* discreción 能力がないのを機知で隠そうとする．**②**《文語》[外観・性格などを]帯びる，呈する：Este acto *revistió* gran solemnidad. この行事は非常に厳粛なものだった

◆ ～**se ❶**[状況に応じた]態度をとる：～*se de* valor 勇気を奮い起こす．**❷**[聖職者が]司式用の服を着る

reviejo, ja [r̄eβjéxo, xa] 形 非常に年をとった

reventapisos [r̄eβjentapísos] 名[単複同形][住居に侵入する]強盗

revirar [r̄eβirár] 自 ～**se ❶** 方向転換する，旋回する；[道が]曲がる．**❷**《南米・口語》頭がおかしくなる

revisar [r̄eβisár] 他 **❶** 見直す，再検討する：～ un proyecto 計画を見直す．～ las cuentas 帳簿[の計算]を確かめる，会計監査をする．～ un proceso 訴訟を再審する．**❷** 点検[修理]する；オーバーホールする：～ un coche 車を点検する．**❸** 検札する．**❹** 校閲する

revisable 形 修正(訂正)できる

revisación 名《南米》＝revisión

revisada 名《中南米》＝revisión

revisión [r̄eβisjón] 名 **❶** 再検討，見直し：～ de cuentas/～ contable 帳簿調べ，会計監査．**❷** 点検[修理]；オーバーホール『～ general』：～ técnica (de vehículos) 車検．**❸** 検札．**❹** 検診『～ médica』．**❺** 校閲；《印刷》校正．**❻**《法律》再審；demanda de ～ 再審請求

revisionismo [r̄eβisjonísmo] 男《政治．時に軽蔑》修正主義

revisionista 形 名 修正主義の(主義者)

revisor, ra [r̄eβisór, ra] 名 **❶**《西》検札係．**❷** 校閲者；校正係．～ de cuentas 会計検査官

revista [r̄eβísta] 名 [英 magazine] **❶** 雑誌：～ semanal (mensual) 週刊(月刊)誌．～ del corazón ゴシップ雑誌．**❷** 点検，検討：～ de armamento y material《軍事》武器装備の点検．～ de libros [新聞の] 書評．**❸**《演劇》レビュー；時事風刺劇．**❹**《軍事》閲兵，観閲式

pasar ～ 1) 観兵(閲兵)する．2) [+a を] 点検(視察)する：*pasar ～ a* su vida 一生を振り返る

revistar [r̄eβistár] 他 閲兵する，点検する，視察する

revistero [r̄eβistéro] 男 マガジンラック

revitalizar [r̄eβitaliθár] 他 …の生気を回復させる，活性化する

revitalización 名 生気の回復；活性化

revitalizante 形 生気回復の

revival [r̄iβáiβal] 男《←英語》[芸術・社会運動などの]復活，復興；再流行

revivificar [r̄eβiβifikár] 他 生き返らせる，活力を取り戻させる

revivir [r̄eβiβír] 自 生き返る，よみがえる：Con esta brisa fresca me siento ～. この涼しい風で生き返ったような心地だ．*Revivió* en él el antiguo amor. 彼の中で昔の愛がよみがえった．

Reviven los problemas. 問題が再燃している

◆ 他 再度体験する：*Reviví* en mi imaginación aquellos trágicos acontecimientos. 私はあの悲惨な出来事を思い出した

revocar [r̄eβokár] 他 **❶**[法的行為を] 無効にする，取り消す：～ la sentencia del juzgado de primera instancia 一審判決を破棄する．～ una ley 法律を廃止する．～ una orden 命令を撤回する；注文をキャンセルする．**❷**[壁を] 塗り直す，塗り替える．**❸**[空気の流れなどを] 逆流させる

revocable 形 取り消し得る；取り消されるべき

revocación 名 取り消し，廃止

revocatoria 名《中南米》[判決の] 取り消し，[法律の] 廃止

revoco 男＝revoque

revolcar [r̄eβolkár] 他 [☞volcar 活用表] **❶**[人を] ひっくり返す，[特に牛が闘牛士を] 突き倒す，はね飛ばす．**❷**《口語》[議論などで相手に] やりこめる，言い負かす．**❸**《口語》[試験で] 落第させる

◆ ～**se ❶** [+en・por を／+de で] 転げ回る：～*se en* el lodo 泥の中を転げ回る．～*se de* dolor (*de* risa) 苦痛のたうち回る(笑い転げる)．**❷**《俗語》性交する

revolcón [r̄eβolkón] 男 **❶** 転倒；敗北；転げ回り：dar un ～ a algn …を転倒させる；…に勝つ．**❷**《俗語》性交

revolear [r̄eβoleár] 他《南米》[綱などを] ぐるぐる回す

revolotear [r̄eβoloteár] 自 [虫・鳥などが] 飛び回る，ヒラヒラ飛ぶ：Por el jardín *revolotea* un pájaro. 庭を1羽の鳥が飛び回っている．Las octavillas *revolotearon* por el aire. ビラが宙を舞った

revoloteo 男 ヒラヒラ飛ぶこと

revoltijo/revoltillo [r̄eβoltíxo/-λo] 男 **❶** 雑多な寄せ集め：un ～ de papeles 書類の山．**❷** 大混乱，大騒動．**❸**[料理・飲み物の] ミックス，混ぜ合わせ；《中南米》野菜の煮込みの一種

revoltón [r̄eβoltón] 男《建築》張り出し，返り

revoltoso, sa [r̄eβoltóso, sa] 形 **❶**[子供などが] よく騒ぐ，いたずらな．**❷** 手に負えない，御しがたい；反乱(暴動)を起こす

◆ 名 いたずらっ子，腕白小僧；反乱者，暴徒

revolución [r̄eβoluθjón] 名 [英 revolution] **❶** 革命；変革：Estalló una ～. 革命が起きた．provocar una ～ 革命を起こす．La ～ de 1917 en Rusia 1917年のロシア革命．La R～ francesa フランス革命．～ burguesa (socialista) ブルジョア(社会主義)革命．～ cultural 文化革命．～ de palacio 宮廷革命，無血クーデター．～ en las costumbres 風俗習慣における変革．～ industrial 産業革命．～ perpetua 永続革命．～ verde 緑の革命．**❷** 動揺，動転；異変．**❸**《機械》回転[数]；《数学》回転．**❹**《天文》公転『↔rotación』

revolucionar [r̄eβoluθjonár] 他 **❶** 動転(動揺)させる：Su llegada *revolucionó* a la población. 彼の到着で村中が大騒ぎになった．

❷ 変革する，…に革命を起こす．❸《機械》回転させる

revolucionario, ria [r̄eβoluθjonárjo, rja] 形 革命の；革命的な，革新的な: tropa ～*ria* 革命軍部隊．ideas ～*rias* 革命思想．descubrimiento ～ 大変革をもたらす発明
◆ 名 革命家

revolver [r̄eβolβér] 29 他《過分 revuelto》❶ かき混ぜる，かきまぜる；ごちゃごちゃにする: ～ las patatas que hay en la sartén フライパンの中のジャガイモをかきまぜる．～ el escritorio 机の中をひっかき回す．～ toda la casa 家中をごちゃごちゃにする．～ los ojos en las órbitas 目の玉をぐるぐる動かす．～ la sangre 頭に血がのぼる．❷ 怒らす；不安にする，動揺させる: Esa ley *ha revuelto* a la población. その法律は住民の間に混乱を生じさせた．❸ 熟考する，よく考える
◆ 自 [+en について] 調べ回る，詮索する
◆ ～**se** ❶ 動く，動き回る: Se revolvía en su lecho. 彼は寝床で何度も寝返りを打った．❷ [天候が] 崩れる，荒れる: Se ha revuelto el día. 荒れ模様になった．❸ ふり返る，向きを変える；[+contra に] 立ち向かう，刃向かう: ～se contra la injusticia 不正と戦う

revólver [r̄eβólβer] 男《←英語》回転弾倉式拳銃，リボルバー

revoque [r̄eβóke] 男《←revocar》[壁の] 塗り替え；化粧しっくい，スタッコ

revuelco [r̄eβwélko] 男 =**revolcón**

revuelo [r̄eβwélo] 男 ❶ 鳥が再び飛び立つこと；旋回；群れをなして飛ぶこと．❷ 動揺: La noticia causó gran ～. その知らせで大騒ぎになった
de ～ ついでに[言えば]

revuelta[1] [r̄eβwélta] 女 ❶ 反乱，暴動: ～ estudiantil 学園紛争．❷ [大勢の] けんか，乱闘．❸ [方向の] 変換点；方向変換: ～ del camino 曲がり角

revuelto, ta[2] [r̄eβwélto, ta] 形 過分《←revolver》[estar+] ❶ 混乱した；動揺した；複雑な，入り組んだ: cabellera ～*ta* 乱れ髪．casa toda ～*ta* 散らかり放題の家．época ～*ta* 無秩序な時代．Se encuentra ～*ta*. 彼女は取り乱している．El pueblo está ～. 村は騒然としている/国民は怒り狂っている．El asunto está ～. 事件は複雑だ．❷ [海が] 荒れた，波の高い；[天候が] 不安定な，変わりやすい．❸ [子供が] いたずらな，腕白な[revoltoso]．❹ [液体が] かき回されて] 濁った，混濁した．❺ [人が] 吐き気がする
◆ 男《料理》スクランブルエッグ[huevo ～]: ～ de espinacas ほうれん草のいり卵

revulsivo, va [r̄eβulsíβo, βa] 形《医学》[便通・嘔吐を] 誘発する
◆ 男 [強い，主に良い反応をすぐ引き起こす] 刺激；《薬学》誘導刺激薬

revulsión 女 誘導療法

rey [r̄éi] 男《英 king》❶ 王，国王: i) El ～ asistió a la asamblea. 王は国会に出席した．libro de los ～*es*《聖書》列王記．Cada uno es ～ en su casa. 誰でも我が家では王様だ．

Cada español es un ～. スペイン人は一人一人が王様だ．A ～ muerto, ～ puesto.《諺》空席はすぐ埋まる．Hablando del ～ de Roma [, por la puerta asoma].《諺》噂をすれば影．ii) 圏 国王と王妃: los *Reyes* Católicos カトリック両王 [カスティーリャのイサベル 1 世とアラゴンのフェルナンド 2 世]．los ～*es* de España スペイン国王夫妻．iii)《チェス・トランプ》キング．iv)《比喩》王者: ～ de los animales 百獣の王．～ del petróleo 石油王．❷ ～ de ～*es* 王中の王 [神，キリストなど]．～ de romanos ローマ人の王 [中世のドイツ皇帝]；後継者．～ de armas [→［en]［Reyes］] キリストの公現日 [Día de [los] Reyes [Magos]．1 月 6 日．この前夜に子供たちはプレゼントをもらう]．ii) [los Reyes [Magos]] 東方の三博士 [los Reyes Magos]．iii) キリストの公現日のプレゼント．❹《親愛》[子供への呼びかけ] いい子

a cuerpo de ～ 至れり尽くせりで，何不自由なく: tratar a+人 *a cuerpo de* ～ …を丁重に遇する；ちやほやする．vivir *a cuerpo de* ～ 王侯貴族のような暮らしをする
del tiempo del ～ *que rabió* 非常に古い
ni quito ni pongo ～ 私はどちらにも加担しない
ni ～ *ni roque* 何人(だれ)をも…ない: no temer *ni* ～ *ni roque* 何人をも恐れない
pedir los Reyes Magos キリストの公現日のプレゼントのお願いをする
servir al ～ 兵役につく
tener un ～ *en el cuerpo* 命令するのは好きだが服従するのは嫌いである

reyerta [r̄ejérta] 女 殴り合い，けんか，乱闘

reyezuelo [r̄ejeθwélo] 男 ❶《軽蔑》弱小国の王．❷《鳥》キクイタダキ

rezagar [r̄eθaɣár] 8 ～se 遅れる，取り残される
rezagado, da 形 過分 遅れた: Este país va (queda) ～ en tecnología. この国は技術面で立ち遅れている．❷ 遅れた人，脱落者: ～ en los estudios 落ちこぼれ

rezar [r̄eθár] 9 自 ❶ [+a に/+por のために] 祈る: ～ devotamente 敬虔な祈りを捧げる．～ en silencio 黙禱する．～ a San Francisco 聖フランシスコに祈る．～ por un amigo 友人のために祈る．❷《文語》[文書で] 述べる: La nota rezaba así: … メモには次のように書いてあった…．❸ [+con と] 関わる: Eso no *reza contigo*. それは君とは関係ない．❹ [+con+人 と] 気に入る
◆ 他 …に祈る: *Recé* a Dios para que se encontrara sano y salvo. 私は彼の無事を神に祈った．～ el [santo] rosario ロザリオの祈りを唱える

rezo [r̄éθo] 男 祈り，祈禱(いの)》[行為，言葉]
rezón [r̄eθón] 男《船舶》4 爪の小錨
rezongar [r̄eθoŋɡár] 8 自《軽蔑》[命令などに対して] ぶつぶつ不平を言う
rezongón, na 形 名 不平屋(の)
rezumar [r̄eθumár] 自 [液体が，+de から] し

R

み出る, にじみ出る: El vino *rezuma de*l tonel. ワインが樽からしみ出ている. Le *rezumaba* la alegría. 彼は喜びの表情をたたえていた

◆ 他 にじみ出させる: Las paredes *rezuman* humedad. 壁がじめじめしている. Su corazón *rezuma* orgullo. 彼は誇りを表に出す

◆ 〜**se** ❶ [容器・液体が主語] しみ出る: *Se rezuma* este cántaro. この壺は水が漏る. ❷ [まれ] 露見する, 明るみに出る

rho [ró] 囡 [ギリシア文字] ロー『P, ρ』

ría [ría] 囡 ❶ 〖地理〗溺れ谷, リアス 〖←Rías Altas (Bajas) ガリシア地方のフィニステレ岬より北(南)の海岸地帯〗; 河口の広がり: costa tipo 〜s リアス式海岸. ❷ 〖スポーツ〗[障害競技の] 水壕

riachuelo [řjatʃwélo] 男 小川

riada [řjáða] 囡 [川の] 増水; 洪水

rial [řjál] 男 [イランの貨幣単位] リアル

ribazo [řiβáθo] 男 土手; [急な] 斜面, 傾斜地

ribeiro [řiβéjro] 男 リベイロ 〖オレンセ地方産のワイン〗

ribera [řiβéra] 囡 川岸, 海岸; 流域 [の耕地]

ribereño, ña [řiβeréɲo, ɲa] 形 沿岸の; [住民]: países 〜s del Atlántico 大西洋沿岸の諸国

ribero [řiβéro] 男 [堤防の縁に作られる] 土手

ribete [řiβéte] 男 ❶ 〖手芸〗[装飾・補強用の] 縁取りテープ, バイピング. ❷ [話を面白くするための] 細かい付け足し: poner 〜s 言い足す. ❸ 複 特徴, 徴候: tener 〜s de adivino 占い師的なところがある

  ribeteado, da 形 過分 [目を] 赤くはらした

  ribetear [テープで] 〜に縁取りをする

riboflavina [řiβoflaβína] 囡 〖生化〗リボフラビン

ribonucleico, ca [řiβonukléjko, ka] 形 〖生物〗ácido 〜 リボ核酸

ribosoma [řiβosóma] 囡 〖生物〗リボソーム

ricacho, cha [řikátʃo, tʃa] 形 名〖軽蔑〗成金〖の人〗, 成り上がり者〖の人〗

ricachón, na [řikatʃón, na] 形 名〖軽蔑〗大金持ちの〖人〗

ricamente [říkaménte] 副 ❶ 豊かに; 裕福(豪華)に: vivir 〜 裕福に暮らす. ❷ 大変よく(うまく): He dormido muy 〜. 私はぐっすり眠った. Aquí estoy sentado muy 〜. ここはとても座り心地がいい

Ricardo [řikárðo] 男 〖男性名〗リカルド 〖英 Richard〗

ricino [říθino] 男 〖植物〗ヒマ, トウゴマ: aceite de 〜 ひまし油

rico, ca [říko, ka] 形 〖英 rich. ↔pobre. 絶対最上級 riquísimo〗❶ [+con・de で] 金持ちの, 裕福な: Su padre es muy 〜. 彼の父は大金持ちだ. Se ha hecho por (con) la herencia. 彼は遺産で金持ちになった. comerciante 〜 金持ちの商人. ❷ 豊富な; [+en・de で] 豊かな: Esta región es *rica* en cereales. この地方は穀物が豊かだ. alimento 〜 en grasas 脂肪分の多い食物. cosecha *rica* 豊作. persona *rica* en vir-

tudes 多くの美徳の持ち主. viaje 〜 *en* aventuras 冒険に富んだ旅

❸ [土地が] 肥えた: tierra *rica* 肥沃な土地

❹ [+名詞] 豪華な, 高価な; 見事な: 〜s tapices 豪華な掛け軸. 〜 collar de perlas すばらしい真珠の首飾り

❺ [estar+] 美味な: Este pastel está muy 〜. このケーキは大変おいしい

❻ [口語] i) [子供が] かわいい, 愛らしい: Yo reconozco que Nuria está muy *rica*. ヌリアがとてもかわいいことは認めます. ii) [人が] 感じのいい; [皮肉] ご立派な: ¡Qué 〜! [相手に対する] ご立派ですね!

◆ 名 ❶ 金持ち: nuevo 〜 成金. ❷ [親愛] [子供に対する呼びかけ] Ven conmigo, 〜. [かわいい]坊や, 一緒においで. ❸ [軽蔑] [呼びかけ] ¡Oye, 〜! おい, そいつ!

  de 〜*s* ぜいたくな

rictus [říktus] 男 [単複同形]〖文語〗引きつった笑い; 〖医学〗痙笑(けいしょう): 〜 de amargura にが笑い

ricura [říkúra] 囡 美味; 〖親愛〗かわいらしさ: El pastel que hace mi madre es una 〜. 母の作るケーキはおいしい. ¡Qué 〜 de niña! 何てかわいい子だろう!

ridi [řídi] [口語] 名 ばか, まぬけ

◆ 男 hacer el 〜 ばかなことをして物笑いの種になる

ridiculez [řiðikuléθ] 囡〖軽蔑〗❶ 滑稽な(ばかげた)こと: Es una 〜 hacerlo. そんなことをするのはばかげている. ❷ 取るに足りないこと: Los dos se han peleado por una 〜. 2人はごくささいなことで喧嘩した

ridiculizar [řiðikuliθár] 他 笑いものにする, からかう; ばかにする

ridículo, la [řiðíkulo, la] 形 〖英 ridiculous〗〖軽蔑〗❶ [+en·por が] 滑稽な, おかしな; ばかげた, 理屈に合わない: Es 〜 *en* su manera de hablar (por su traje). 彼は話し方が奇妙だ(服がおかしい). ser 〜 que+接続法 …とは滑稽である. decir cosas 〜*las* 滑稽な(ばかげた)ことを言う. gestos 〜*s* 滑稽な仕草. sombrero 〜 変てこな帽子. idea 〜 ばかげた考え. ❷ ごくわずかな: sueldo 〜 話にならないほど少ない給料

◆ 男 ばつの悪い(滑稽な)立場: caer en el 〜/quedar en 〜 ぶざまな立場におかれる, 物笑いの種になる. poner a+人 en 〜 …を笑いものにする, からかう

  correr un 〜 ばかげたことをする

  hacer el 〜 ばかなことをして物笑いの種になる

riego [řjéɣo] 男〖←regar〗❶ 水まき, 撒水: camión de 〜 撒水車. ❷ 灌漑; 灌漑用水. ❸ 〜 sanguíneo 血液の循環

riel [řjél] 男 ❶ 〖鉄道〗レール 〖raíl〗. ❷ 〖金属〗インゴット, 鋳塊

  andar sobre 〜 順調に進む

rielar [řjelár] 自〖文語〗[水面などが揺らめきながら] 光る, 輝く: La luna *rielaba* sobre el lago. 湖面の月がきらめいていた

rienda [řjénda] 囡 [主に 複] 手綱 〖比喩的に

も］: poner las ～s al caballo 馬に手綱をつける. tomar las ～s 手綱を握る; 実権を握る. tirar［de］la［s］～［s］a... 手綱を引いて…を止める;［+人］抑制（支配）する. aflojar las ～s 手綱（統制）を緩める; 一切を投げ出す

a ～ suelta/sin ～ 抑制なしに, 思う存分: En el campo los niños andan *a ～ suelta*. 子供たちは野原ではしゃぎ回っている

dar ～ suelta (soltar las ～s) *a...* …の好き（自由）にさせる: *dar ～ suelta a* su pasión 情熱のおもむくままに任せる

empuñar las ～s 支配権を握る

llevar (tener) *las ～s* 手綱を握っている; 実権を握っている: Ella *lleva las ～s* de la casa. 彼女が家を切り盛りしている

perder las ～s de... …の抑制を失う

volver [las] *～s* 引き返す

riesgo [r̃jésɣo] 男 [英 risk] 危険: i) Es un gran ～ conducir cuando uno tiene mucho sueño. 眠い時に運転するのは非常に危険だ. tener mucho ～ 危険が多い. capital [de] ～ 危険負担資本, ベンチャー資本. ii) 《保険》cubrir el ～ de... …の risk をカバーする. seguro contra (a) todo ～ 全災害保険. seguro de ～ de guerra 戦争保険

a (con) *～ de...* …の危険をおかして: *con ～ de la vida* 命がけで.［+que+接続法］No quiero decírselo *a ～ de que* se enfade. 怒るかもしれないので彼に言いたくない

correr [un•el] *～* 危険をおかす: No quiero *correr ～ de* arruinarme. 自滅するような危険はおかしたくない

por su cuenta y ～ 自分の責任において

riesgoso, sa [r̃jesɣóso, sa] 形 《中南米》危険な

rifa [r̃ífa] 女 福引き, くじ引き

rifar [r̃ifár] 他 …を賞品に福引き（くじ引き）する
◆ ～se 《口語》[+a+人 を] 奪い合う: Los dos *se rifan* su amor. 2 人は彼女の愛を得ようと争っている

rifirrafe [r̃ifir̃áfe] 男 《口語》小さな争い, ちょっとしたけんか

rifle [r̃ífle] 男 ライフル銃
riflero, ra 名 《南米》ライフル銃を持った兵士

rigidez [r̃ixiðéθ] 女 ❶ 硬さ; 硬直: ～ cadavérica 死後硬直. ❷ 厳格さ: Le educaron con mucha ～. 彼は厳しくしつけられた. ❸ 無表情

rígido, da [r̃íxiðo, ða] 形 ❶ 硬い, 硬くて曲がらない, 硬直した: barra de hierro ～*da* 硬い鉄の棒. pierna ～*da* こわばった脚. quedarse ～［寒さで］かじかむ;［死体が］硬直する. ❷ 厳格な: Es ～［para］con su familia. 彼は家族に厳しい. educación ～*da* 厳しいしつけ. moral ～*da* 厳格な道徳. ❸ 柔軟性のない, 頑固な: carácter ～ 融通のきかない性格. ❹ 無表情な: Su rostro siempre permanece ～. 彼はいつも感情を顔に出さない

rigodón [r̃iɣoðón] 男 リゴドン 『プロバンス地方起源の舞踊〔曲〕』

rigor [r̃iɣór] 男 ❶ 厳格さ; 厳正: castigar (educar) con ～ 厳罰に処する（厳しくしつける）. ❷ 厳しさ: soportar el ～ del invierno 厳しい冬をしのぐ. ❸ 厳密さ, 正確さ: ～ científico 科学的な厳密さ. ❹ 《医学》～ mortis 死後硬直

de ～ ［規則・習慣などによって］絶対必要とされる; お決まりの: Es *de ～* el traje de etiqueta. 礼服着用のこと. discurso *de ～* 型どおりのスピーチ. El dicharachero del grupo contó los chistes *de ～*. グループのおどけ者がいつものように冗談をとばした

en ～ 実際は, 事実は; 厳密に言うと: *En ～*, yo no debiera estar aquí. 本当は私はここにいるべきではないだろう

ser el ～ de las desdichas 不幸な星の下に生まれた（不幸のかたまりのような）人である

rigorismo [r̃iɣorísmo] 男 《軽蔑》厳格主義; 禁欲主義
rigorista 形 名 厳格な〔人〕; 厳格主義者

rigurosidad [r̃iɣurosiðá(ð)] 女 =rigor

riguroso, sa [r̃iɣuróso, sa] 形 ❶ 厳格な, 容赦ない: árbitro ～ 厳しい審判. aplicación ～*sa* del reglamento 法規の厳しい適用. castigo ～ 厳罰. neutralidad ～*sa* 厳正中立. ❷ ［気候などが］厳しい: invierno ～ 厳冬. hados ～ 苛酷な運命. ❸ 厳密な, 正確な: investigación ～*sa* 綿密な調査. examen ～ 精密検査. con ～*sa* puntualidad 時間にまったく正確に

rigurosamente 副 1) 厳しく: Se prohíbe ～ fumar. 喫煙は厳禁されている. observar ～ las reglas 規則を厳守する. 2) 絶対に, 完全に: cálculo ～ exacto 絶対正しい計算

rija [r̃íxa] 女 《医学》涙瘻（膋）

rijoso, sa [r̃ixóso, sa] 形 ❶ 《軽蔑》好色な, 淫蕩（膋）な. ❷ けんか早い
rijosidad 女 好色, 淫蕩
◆ ～se ［決意をひるがえして］しりごみする

rima [r̃íma] 女 ❶ 《詩法》韻, 脚韻: octava ～ 8 行詩体. sexta ～ 6 行詩体. tercia ～ 3 韻句法. ～ perfecta (imperfecta) 完全（不完全）韻. ～ consonante (asonante) 子音（母音）韻. ～ interna 中間韻. ❷ 複 韻文; 叙情詩

rimar [r̃imár] 自 [+con と] 韻を踏む; 韻文を作る. ◆ 他 韻を踏ませる

rimbombante [r̃imbombánte] 形 《軽蔑・皮肉》盛大な, 派手な;［文体などが］仰々しい, もったいぶった

rímel [r̃ímel] 男 《←商標. 化粧》マスカラ

rimero [r̃iméro] 男 積み重ね: ～ de libros 山積みの本

rin [r̃ín] 男 《中南米》ホイール, リム

rincón [r̃iŋkón] 男 [英 corner] ❶ 隅（膋）[⇒ esquina 囲み] 内隅（膋）: jugar en un ～ de la habitación 部屋の隅で遊ぶ. ❷ へんぴな場所, 片隅: ～ de la gran ciudad 大都会の片隅. guardar en un ～ de la memoria 頭の片隅にとめておく. ❸ 狭い土地（部屋）. ❹ 物を隠す（しま

R

う) 場所；納戸. ❺ 片隅にしまいこんだ(置き忘れられた) もの：sacar *rincones* 隅々まで掃除する.
❻《ボクシング》コーナー：〜 rojo (azul) 赤(青) コーナー. 〜 neutral ニュートラルコーナー

poner (*castigar*) *a*+人 *en el* 〜 [罰として]…を部屋の隅に立たせる

sin dejar rincones 隅から隅まで, くまなく

todos los rincones いたるところ：Vienen de *todos los rincones* del mundo. 彼らは世界中のいたるところから来ている

rinconada [r̃iŋkonáða] 囡 [通りなどの] 角, 隅

rinconera [r̃iŋkonéra] 囡 コーナー用の家具(ソファー)

ring [r̃iŋ] 男《複 〜s》《←英語. ボクシング・レスリング》リング；subir al 〜 リングにのぼる

ringla [r̃iŋgla] 囡《口語》列 [fila]

ringle [r̃iŋgle] /**ringlera** 囡 ＝ringla

ringlero [r̃iŋgléro] 男 [字の書き方を習う時の] 罫線

ringlete [r̃iŋgléte] 男《南米. 玩具》風車

ringorrango [r̃iŋgor̃áŋgo] 男 ❶ [文字の, 不用な] 飾りの線. ❷《軽蔑》[主に 圈] こてごてした飾り

rinitis [r̃inítis] 囡《単複同形》《医学》鼻炎：〜 alérgica アレルギー性鼻炎, 花粉症

rinoceronte [r̃inoθerónte] 男《動物》サイ(犀)

rinofaringe [r̃inofaríŋxe] 囡《解剖》鼻咽腔

rinología [r̃inoloxía] 囡 鼻科学

rinoplastia [r̃inoplástja] 囡《医学》鼻形成術

rinoscopia [r̃inoskópja] 囡《医学》鼻鏡検査

riña [r̃íɲa] 囡《←reñir》けんか；口論：〜 sangrienta 血まみれの殴り合い

riñón [r̃iɲón] 男 ❶《解剖》腎臓：〜 artificial 人工腎臓. 〜 flotante 浮遊腎. 〜 de vaca 《料理》キドニー. ❷ 中心；要点：vivir en el 〜 de Madrid マドリードの中心部に住む. 〜 del asunto 問題の核心. ❸《複》腰《≈cadera 圈》：Me duelen los *riñones*. 腰が痛い

con riñones 勇気を持って, 根性で

costar (*valer*) *un* 〜《西. 口語》高価につく

pegarse al 〜《口語》栄養価が高い：Las ensaladas no *se pegan al* 〜. サラダは栄養にならない

tener el [*bien*] *cubierto* 裕福である

tener riñones 根性がある, 胆がすわっている

riñonada [r̃iɲonáða] 囡《料理》腰肉；腎臓の煮込み

riñonera [r̃iɲonéra] 囡 ❶ [腰を保護する] コルセット. ❷ ウエストポーチ, ウエストバッグ. ❸《医学》腎盤

río [r̃ío] 男《英 river》川, 河川：el 〜 Guadalquivir グワダルキビル川. 〜 Amarillo 黄河. 〜 abajo (arriba) 川下(上)へ(向かって). 〜 deslizante ウォータースライダー, 水上滑り台. Cuando el 〜 suena, agua [o piedra] lleva.《諺》火のない所に煙は立たない

a 〜 *revuelto* 混乱状態で(に乗じて)：*A* 〜 *revuelto*, ganancia de pescadores.《諺》世の中が乱れると不正にもうけるやつが出てくる

pescar en 〜 *revuelto* 混乱に乗じて不正な利益を得る, 漁夫の利を占める

un 〜*...*/〜*s de...*［人・物の流れが］大勢の…, 大量の…：Pasa *un* 〜 *de* gente por la calle. 大勢の人が通りを行く. *un* 〜 *de* oro 大量の金. *un* 〜 *de* palabras 言葉の洪水

rioja [r̃jóxa] 男 ラ・リオハ La Rioja 産のワイン

riojano, na [r̃joxáno, na] 形《地名》ラ・リオハ La Rioja の(人)《スペイン北部の自治州／アルゼンチン北西部の州・州都》

rioplatense [r̃joplaténse] 形 名《地名》ラ・プラタ川 Río de la Plata [流域] の；その地方の住民

riostra [r̃jóstra] 囡《建築》すじかい

RIP《略語.←ラテン語》←requiescat in pace [墓碑銘] 安らかに憩わんことを

ripio [r̃ípjo] 男 ❶《文章の》埋め草, 付け足し. ❷《建築》裏込め, 埋材；《南米》砂利

no perder 〜《口語》一言も聞き漏らさない；細部もおろそかにしない

ripioso, sa [r̃ipjóso, sa] 形《特に詩》埋め草の多い；《中米》ぼろをまとった

riqueza [r̃ikéθa] 囡《英 wealth.←rico》❶ 富, 財産：Esta casucha es toda mi 〜. このぼろ家が私の全財産だ. 〜 de un país 一国の富. 〜 imponible 課税標準価額. ❷ [物質的・精神的な] 豊かさ：〜 de materias primas 資源の豊かさ. 〜 del suelo 土地の肥沃さ. 〜 de la imaginación 想像力の豊かさ. La fruta tiene 〜 vitamínica. 果物はビタミンが豊富だ. No lleva 〜s en el corazón. 彼は心が貧しい. ❸ 豪華さ；見事さ：〜 de la decoración 装飾の豪華さ. ❹ [主に 圈] 資源；大切なもの：〜s naturales 自然資源, 自然の富

risa [r̃ísa] 囡《英 laugh.←reír》❶ 笑い, 笑い声《圀圙reír・risa は声を出して笑う, sonreír・sonrisa は声に出さない》：No puede contener la 〜 de alegría. 彼はうれしくて笑いが止まらない. provocar la 〜 de+人 …の笑いを誘う. tener una 〜 fácil すぐに(よく)笑う. cara de 〜 笑顔. 〜 de conejo 作り笑い. 〜 nerviosa ひきつったような笑い. ❷《口語》笑わせるもの(こと)：ser la 〜 de todo el mundo 世間の物笑いになる

comerse de 〜 笑いをこらえる

de 〜 滑稽な；並外れた, 奇妙な

echar (*tomar*) *a* 〜 嘲笑する, ばかにする

mearse (*mondarse・partirse・troncharse*) *de* 〜 大笑いする

morirse (*caerse・descoserse・descoyuntarse・reventar*[*se*]) *de* 〜 大笑いする, 腹を抱えて笑う

muerto de 〜 何の役にも立たない：Tiene todos los libros *muertos de* 〜. 彼の本はすべて飾り物だ

¡qué 〜*!* 笑ってしまうよ/おもしろい！

risco [r̃ísko] 男 そそり立った岩山

risible [r̃isíβle] 形 笑うべき, おかしな

risibilidad 囡 笑う能力；すぐに笑う傾向

risión [r̃isjón] 囡 あざけり, 嘲笑〔的の〕

risorio [r̃isórjo] 男《解剖》笑筋［músculo ～］

risotada [r̃isotáða] 囡 哄笑, 爆笑

risotto [r̃isóto] 男《←伊語. 料理》リゾット

ríspido, da [r̃íspido, ða] 形《主に中南米》怒りっぽい, 荒々しい

ristra [r̃ístra] 囡 ❶［吊るすためにニンニク・タマネギなどを］ひとつなぎにしたもの. ❷《口語》一連のもの：una ～ de palabras sin sentido 無意味な言葉の羅列

ristre [r̃ístre] 男［鎧の胸の］槍受け　*en* ～［武器などを］構えて, 振りかざして：Llevaba la lanza *en* ～. 彼は槍を構えていた

ristrel [r̃istrέl] 男《建築》［ひさしなどの］板張りを支える横木

risueño, ña [r̃iswéɲo, ɲa] 形 にこやかな；心楽しませる；盛んな, 恵まれた：cara ～*ña* 笑顔. paisaje ～ 気持ちのよい景色. provenir ～ 明るい未来

rítmico, ca [r̃ítmiko, ka] 形 リズムのある, リズミカルな：movimientos ～*s* リズミカルな動き

ritmo [r̃ítmo] 男《英 rhythm》❶ リズム, 律動；拍子, 調子：Esta música tiene un ～ alegre. この音楽は陽気なリズムだ.　marcar el ～ リズムをとる.　～ respiratorio (ventricular) 呼吸（р运動）のリズム. ❷ ペース, 速度：La economía japonesa se ha desarrollado a un ～ acelerado. 日本経済は急ピッチで発展した. trabajar a ～ lento のんびり（だらだら）働く. ～ de la producción 生産の速度. ～ de trabajo 仕事のペース

rito [r̃íto] 男 ❶［宗教的な］儀式, 祭儀, 祭式：～*s* fúnebres 葬式. ～ católlicos カトリックの典礼. ～ de iniciación/～ iniciático 入門式；通過儀礼. ❷ 習わし, 慣習：Hacer el café después de la comida es para él un ～. 食後にコーヒーをいれるのが彼の習慣だ

ritornelo [r̃itornélo] 男《音楽》リトルネロ

ritual [r̃itwál] 形 ❶ 祭儀の：canto ～ 典礼歌. ❷ 習慣的な
◆ 男 ❶ 集団 祭式；典礼定式集. ❷《医学》［ノイローゼなどの］典型的な症状
de ～ 慣例になった：Me ofreció la copita *de* ～. 彼は私にいつものようにワインを出してくれた. ser *de* ～ 習慣（しきたり）である

ritualidad 囡 儀式尊重, 典礼遵守

ritualismo 男 儀式（典礼）偏重

rival [r̃iβál] 图 競争相手, 好敵手：vencer a su ～ ライバルに勝つ. ver a＋人 como un ～ …をライバル視する
◆ 形 競争する, 対抗する

rivalidad [r̃iβalíða(đ)] 囡 競争(対抗)関係

rivalizar [r̃iβaliθár] 自《+en で, +con と》競争する, 対抗する：Las dos *rivalizan en* belleza. 2人は美を競い合っている/2人の美しさは甲乙つけがたい. Todos *rivalizaban en* complacerla. みんな競って彼女のご機嫌をとろうとしていた. ～ *por* el liderazgo 主導権争いをする

rivera [r̃iβéra] 囡 小川［arroyo］

riyal [rijál] 男［サウジアラビア・カタールの貨幣単位］リヤル

---

rizador [r̃iθaðór] 男 ヘアアイロン, カーラー

rizar [r̃iθár] 他 ❶［髪を］カールする, 巻き毛にする：Tiene el pelo *rizado*. 彼女の髪はカールしている. ❷［風が］さざ波を立たせる. ❸《菓子》leche *rizada* ミルクフラッペ
◆ ～*se*［髪が］巻き毛になる；［自分の髪を］カールする；［海などが］さざ波を立てる, 波立つ

rizo [r̃íθo] 男 ❶ 巻き毛, カール：Tiene ～*s* en el pelo. 彼女は巻き毛だ. ❷《繊維》toalla de ～ パイル地のタオル. ❸ 宙返り飛行；《フィギュアスケート》ループ：hacer el ～ 宙返りをする. ❹《船舶》《帆の》縮帆部
rizar el ～ 1) 宙返りをする. 2)［物事を］一層やっかい(複雑)にする；［難しいことを］首尾よくやってのける

rizoma [r̃iθóma] 男《植物》根茎, 根状茎：un trozo de ～ de jengible ショウガ1かけ

rizópodos [r̃iθópoðos] 男 復《動物》根足虫綱

rizoso, sa [r̃iθóso, sa] 形《髪が》カールした, 巻き毛の《略》

RNE 囡《略語》←Radio Nacional de España スペイン国営ラジオ

ro [r̃ó]［繰返して. 赤ん坊を寝かしつける］よしよし

roano, na [r̃oáno, na] 形［馬が］葦毛(↑)の

robalo/róbalo [r̃oβálo/r̃oba-] 男《魚》ニシスズキ［lubina］

robar [r̃oβár] 他《英 rob, steal》❶《+a＋人 から》盗む, 泥棒する：i) Ese hombre le *robó a* María la cartera. その男がマリアから財布を盗んだ. Me *han robado* el reloj. 私は時計を盗まれた. ～ un coche 自動車泥棒をする. ～ un niño 子供を誘拐する. ii)《比喩》La belleza de la muchacha le *ha robado* el corazón. その娘の美しさに彼は心を奪われた.　El mar *ha robado* unos metros de playa, al subir las aguas. 高波で海岸線が数メートル削り取られた. Le *he robado* mucho tiempo. お時間をとらせました. ～ horas *al* sueño 睡眠時間を減らす. ❷《トランプなど》［積み札から札を］取る

Roberto [r̃oβérto] 男《男性名》ロベルト《英 Robert》

robinia [r̃oβínja] 囡《植物》イナゴマメ

robinsón [r̃oβinsón] 男 独立独歩の人《←Robinsón Crusoe ロビンソン・クルーソー》

roblar [r̃oβlár] 他［打ち抜いた釘などの］先を打ち曲げる

roble [r̃óβle] 男 ❶《植物》オーク《ナラに近いが, カシと訳されることが多い》：～ borne コナラ. ❷ 頑健な人；頑丈な物：más fuerte que un ～ 非常に堅い(強い)

robledal/robledo 男 オークの林

roblón [r̃oβlón] 男《技術》リベット

roblonar 他 …にリベットを打つ

robo [r̃óβo] 男 ❶ 盗み, 泥棒すること；強盗《～ a mano armada》. ❷ 盗品, 盗難品

robot [r̃oβó(t)] 男 復 ～*s*《←チェコ語》ロボット：～ industrial 産業用ロボット. ～ de cocina フードプロセッサー. Parece un ～. 彼はまるでロボットだ

robótica 囡 ロボット学(工学)

robotizar 囲 [工程などを] ロボット化する

robustecer [r̃obusteθér] 囲 [他] 頑丈(頑健)
にする: El deporte *robustece* el cuerpo. スポー
ツは体を鍛える
◆ **~se** 頑丈になる: Se han *robustecido* las
relaciones entre los dos países. 両国の関係
が強化された

robustecimiento 囲 頑丈にすること, 強化

robusto, ta [r̃obústo, ta] 圏 頑丈な, がっしり
した; 頑健な: árbol ~ がっしりした木. casa
~*ta* 頑丈な家. cuerpo (hombre) ~ たくまし
い体(男). niño ~ 丈夫な子供
robustez 囡 頑丈さ, たくましさ

roca [r̃óka] 囡 〖英 rock〗 ❶ 岩, 岩石; 岩礁:
pared de ~s 岩壁, 岩場. escalada de las
~s 岩登り. la R~ ジブラルタル海峡の東端に
突出している岩山〖ロ写真〗. ❷ きわめて固いも
の; 硬骨漢, 意志の固い人: ~ de hielo 氷の塊.
Es una ~ ante cualquier tentación. 彼はどん
な誘惑にも心を動かさない

rocada [r̃okáða] 囡 [糸巻き棒に絡みつける]
羊毛(亜麻)のかたまり

rocalla [r̃okáʎa] 囡 ❶ 匯刻 [岩で割った] 石こ
ろ, 砕石. ❷ 粗末なビーズ玉

rocambolesco, ca [r̃okambolésko, ka]
圏 奇想天外な, 途方もない

roce [r̃óθe] 囲 [←rozar] ❶ こする(こすれる)こ
と, 摩擦; その跡: gastar... por el ~ ~をすり
減らす. ~ de la plancha アイロンの跡. ~ del
zapato 靴ずれ. ❷ [人との頻繁な] つきあい, 交
際. ❸ [ちょっとした] いさかい, もめごと: Ayer
tuve un ~ con mi amigo. 昨日私は友人とち
ょっとけんかした

rociada [r̃oθjáða] 囡 ❶ 露 [rocío]; 撒水,
水やり. ❷ まき散らされた物, 雨あられと降りそそ
ぐ物. ❸ [一連の] 厳しい叱責: Me recibieron
con una ~ de improperios. 私は罵声を浴びせ
られた

rociadera [r̃oθjaðéra] 囡 [水まき用の] スプリ
ンクラー 〖regadera〗

rociador [r̃oθjaðór] 囲 [灌漑・消火用の] スプ
リンクラー; 霧吹き

rociar [r̃oθjár] 囝 [他] ~ …に振りかける: i) [水
を] ~ los campos 畑に水をまく. ~ la ropa
antes de plancharla アイロンをかける前に洗濯
物に霧をまく. ii) [+de を] ~ las calles *de*
confeti 通りに紙吹雪をまく. ❷ [料理に, +con
飲み物を] 添える: Tomaré un plato típico y
lo *rociaré con* un vino de la región. この地方
の代表的な料理を食べて, 地酒を飲もう

◆ 圓 [単人称] 霧が降りる; 少し霧雨が降る

rocín, na [r̃oθín, na] 名 《軽蔑》 粗野で無知な
人
◆ 囲 駄馬; 荷役馬

rocinante [r̃oθinánte] 囲 やせた老いぼれ馬
〖←Don Quijote の愛馬 Rocinante〗

rocío [r̃oθío] 囲 ❶ 露: mojado del ~
nocturno 夜露にぬれた. punto de ~ 《物理》
露点. ❷ [短時間の] 霧雨. ❸ [R~] i) 《女
性名》 ロシーオ. ii) [Huelva 県の el Rocío 村
のマリア像に向かう] 巡礼; その祭礼〖ロ写真〗

rock [r̃ók] 囲 《←英語. 音楽・舞踊》 ロック: ~
duro ハードロック
rockero, ra 圏 名 ロックの〖歌手・演奏家〗; ロ
ックファン〔の〕

rock and roll [r̃ókanr̃ól] 囲 《←英語. 音楽・
舞踊》 ロックンロール

rococó [r̃okokó] 囲 圏 《美術》 ロココ式(調)
〔の〕

rocoso, sa [r̃okóso, sa] 圏 岩だらけの:
montaña ~*sa* 岩山

rocoto/rocote [r̃okóto/-te] 囲 《植物・香辛
料》 [中南米産の辛くない] 大型のトウガラシ

roda [r̃óða] 囡 《船首の》 水切り, 船首材

rodaballo [r̃oðaβáʎo] 囲 《魚》 カレイ

rodada[1] [r̃oðáða] 囡 ❶ 《車輪の》, 車の跡:
marcar las ~s sobre la nieve 雪の上に轍を
残す. ❷ 《南米》 落馬

rodado, da[2] [r̃oðáðo, da] 過分 ❶ 車両
[交通]の; [流れが] スムーズな: tráfico ~ 車両
交通. ❷ [馬が] 濃い色のぶちのある. ❸ [鉱石
片が] 鉱脈から自然に転がり落ちた. ❹ canto
~ [丸い] 小石
venir ~ + a + 人 《口語》 [思いがけず] …に機会が
訪れる, うまくいきそうである
◆ 囲 《南米》 車両; 車崩れ, なだれ

rodador, ra [r̃oðaðór, ra] 名 《自転車》 平地
に強い選手

rodadura [r̃oðaðúra] 囡 [自動車の] 走行;
《航空》 タキシング

rodaja [r̃oðáxa] 囡 ❶ 輪切り[にしたもの]:
cebolla cortada en (a) ~s 輪切りのタマネギ.
❷ 《服飾》 ルーレット. ❸ [拍車の] 歯車の〜

rodaje [r̃oðáxe] 囲 ❶ 《映画》 撮影. ❷ [新車
などの] ならし運転; その期間: Mi coche está
en ~. 私の車はならし運転中だ. ❸ [本番前の]
調整. ❹ 《航空》 タキシング

rodal [roðál] 男 [まわりと色合いなどの違う] 丸い部分: La chaqueta tiene un ~ descolorido. 上着に色が薄くなった所がある

rodamiento [roðamjénto] 男《機械》軸受け, ベアリング: ~ de bolas 玉軸受け, ボールベアリング. ~ de rodillos ころ軸受け, ローラーベアリング

rodapié [roðapjé] 男 [ベッド・テーブルなどの脚を隠す] 覆い板 [壁の最下部の] 幅木 [ベランダの] 防護板 (柵)

rodar [roðár] 28 自 ❶ 転がる; 転がり落ちる: Rodó la pelota. ボールが転がった. ~ la escalera abajo 階段を転げ落ちる. ❷ [車が] 走る: Ruedan los coches por la autopista. 車が高速道路を走っている. Este viejo coche todavía rueda. この古い車はまだ走る. [人が, + con 車で] ~ con el monoplaza 一人乗りのレーシングカーで走る. ❸ 回転する: Ruedan las aspas del molino. 風車の翼が回っている. ❹ [当てもなく] 移動する, 転々とする: Rodó de oficina en oficina en busca de un certificado. 彼は証明書をもらいに行って, 役所でたらい回しにされた. Me he pasado todo el día rodando. 私は一日中忙しく歩き回っていた. ~ por el mundo 放浪する. ❺ 存在する: Antes rodaban más las enfermedades infecciosas. 以前は伝染病がもっと多かった. Vuelve a ~ esa música. その曲がまたはやっている. ❻ 続いて生じる: Detrás de la miseria rueda la delincuencia. 極貧からは犯罪が生まれる. ❼《航空》タキシングする

andar (*ir*) *rodando* [何かを求めて] あちこちに行く; 決まった住居がない

echar (*lo todo*) *a* ~《口語》[激情に駆られて] 台なしにしてしまう

~ *bien* (*mal*) 順調に進む (進まない)

◆ 他 ❶ 転がす: ~ una bola de nieve 雪玉を転がす. ❷ [車を] 運転する; [新車を] ならし運転をする. ❸《映画》撮影する: ~ la escena de... …の場面を撮る. ¡Silencio! ¡Se *rueda*! 用意! スタート! [映画に] 出演する

rodeabrazo [roðeaβráθo] *a* ~ 腕を振り回して

rodear [roðeár] 他 ❶ [+con で] 取り囲む, 取り巻く, 包囲する: Las altas montañas *rodean* el pueblo. 高い山々が村を取り巻いている. Le *rodeaba* la muchedumbre. 群集が彼を取り囲んでいた. Me *rodeó* el cuello con los brazos. 彼は私の首に抱きついた. ❷ 一周する, 迂回する: *Rodeó* el bosque para llegar al río. 彼は川へ出るのに森を迂回した. ~ el tema 本題に入らない, 回りくどい話し方をする. ❸ [+de を] …に与える. ❹《中南米》[散らばった家畜を] 集める

◆ 自 [+por を] 一周する; 迂回する

◆ ~*se* [+de に] 取り囲まれる: Se *rodeó* de muchas comodidades. 彼はいろいろ便利な設備に囲まれて暮らした. ~*se de* las amistades 友情に包まれる

rodela [roðéla] 女 円形の盾

rodeo [roðéo] 男 ❶ 迂回路, 回り道: dar un ~ 迂回する, 回り道をする. Tuvo que dar un largo ~ para ir al pueblo. 彼は村へ行くために大回りをしなければならなかった. ❷ [主に 複] 遠回しな言い方; 婉曲な言い回し: No des más ~s./No (te) andes con ~s. 持って回った言い方はやめなさい. rechazar con ~s 遠回しに断わる. hablar sin ~s 単刀直入に言う. ❸ [牛などの] 駆り集め; [頭数を数えたり売るための] 囲い. ❹ [カウボーイの技を競う] ロデオ

rodera [roðéra] 女 轍 (わだち) 〖rodada〗

rodete [roðéte] 男 ❶ [荷物を頭にのせる時に敷く] 当て布. ❷ [主に三つ編みを頭の両側で丸めた] 束髪. ❸ [タービンの] 羽根車

rodilla [roðíʎa] 女《英 knee》❶ 膝 (ひざ): sentar a un niño en las ~s 子供を膝の上にのせる. plegar las ~s 膝を曲げる. con la falda por encima de la ~ 膝上までのスカートをはいた. operación en la ~ 膝の手術. pantalones con ~s 膝の出たズボン. ❷ 雑巾; [特に頭をふく] 粗いタオル

de ~*s* ひざまずいて; へりくだって: ponerse *de* ~*s* ひざまずく. orar *de* ~*s* ひざまずいて祈る. caer *de* ~*s* 膝からくずれ落ちる. pedir... *de* ~*s* を懇願する

doblar (*hincar*) *la* ~ [尊敬を示すために] 片膝をつく, 膝を曲げておじぎをする (礼拝する); 屈服する

hincar las ~*s/hincarse de* ~*s* ひざまずく

rodillazo [roðiʎáθo] 男 ❶ 膝での一撃, 膝げり. ❷《闘牛》片膝をついてのパス pase

rodillera [roðiʎéra] 女 ❶ [鎧などの] 膝当て, 膝覆い 〖armadura カット〗; 膝用サポーター. ❷ [ズボンの] 膝のたるみ; 膝の継ぎ布. ❸《俗》《音楽》抑賄

rodillo [roðíʎo] 男 ❶ ローラー; ころ: pintar a ~ ローラーでペンキを塗る. ~ de guía《機械》案内ローラー. ~ de leva カムローラー. ~ tensor 張り車. ❷《料理》麺棒 (めんぼう) 〖~ de amasar〗. ❸《軽蔑》[与党・軍部による] 圧倒的な支配

rodio [róðjo] 男《元素》ロジウム

rodo [róðo] *a* ~ 大量に, たくさん

rododendro [roðoðéndro] 男《植物》シャクナゲ

Rodolfo [roðólfo] 男《男性名》ロドルフォ〖英 Rudolph〗

Rodrigo [roðríɣo] 男《男性名》ロドリゴ〖英 Roderick〗

rodrigón [roðriɣón] 男 ❶《農業》支柱, 添え木. ❷ [貴婦人に付添う年配の] 侍臣, 従者

Rodríguez [roðríɣeθ] 《人名》ロドリゲス

dejar de ~ *a*+人《西》[夫を] 一人放って出かける

estar (*quedarse*) *de* ~《西》[妻子が避暑などに出かけて一時的に] チョンガーである 〖家事ができなくて悲惨である〗

roedor, ra [roeðór, ra] 形 かじる

◆ 男 複《動物》齧歯 (げっし) 目

roedura [roeðúra] 女 かじること; かじった跡; かじり取った部分

roel [roél] 男《紋章》小円形

roentgen [róntjen] 男《物理》レントゲン

roer [roér] 46 他《過分 roído, 現分 royendo》

❶ かじる；かじり取る：Los ratones *roen* la madera. ネズミは木をかじる． ❷ 侵食する，むしばむ：El agua *roía* las rocas. 水が岩を侵食した． 〜 la fortuna 財産を少しずつ削り取る． 〜 la salud 健康をむしばむ． Le *roe* la conciencia. 彼は良心の呵責にさいなまれている

rogar [ɾoɣár] ⑧ ㉘ [英 beg. ☞活用表] ⑩ ❶ 懇願する，頼む：Dímelo, te lo *ruego*. お願いだから言ってくれ． [＋不定詞/＋que＋接続法] Se *ruega* no fumar. たばこはご遠慮ください． Le *rogué que* no hiciera tal cosa. そんなことをしないようにと私は彼に頼んだ． ❷ [神の恵みなどを] 祈る：*Rogaba* a la Virgen *que* se salvara su marido. 彼女は夫が助かるように聖母に祈っていた

◆ ⓔ 頼む；祈る

hacerse [*de*] 〜 [相手に] 懇願させる：Le gusta *hacerse de* 〜. 彼は懇願されないと動かない． Venga, hombre, canta. No *te hagas de* 〜. さあ，早く歌えよ．もったいぶるな

rogar		
直説法現在	点過去	接続法現在
r*ue*go	rogué	r*ue*gue
r*ue*gas	rogaste	r*ue*gues
r*ue*ga	rogó	r*ue*gue
rogamos	rogamos	roguemos
rogáis	rogasteis	roguéis
r*ue*gan	rogaron	r*ue*guen

rogativa [ɾoɣatíβa] 囡 [主に 圏. 豊作などの] 祈願：En todo el pueblo se hacen 〜s para que llueva. 村中総出で雨乞いのお祈りをしている

rogatoria [ɾoɣatórja] 囡 《中南米》[主に 圏] 祈願

rojear [ɾoxeár] ⓔ 赤みをおびる

rojez [ɾoxéθ] 囡 赤み

rojizo, za [ɾoxíθo, θa] 圏 赤みがかった

rojo, ja [ɾóxo, xa] 圏 ❶ 赤い：lápiz 〜 赤鉛筆． ❷ [髪が] 赤毛の． ❸ 左翼の：ejército 〜 赤軍. sindicato 〜 赤色組合． ❹ [スペイン内戦で] 共和国派の *números* 〜s 《口語》赤字：La cuenta está en *números* 〜s. 帳尻は赤字だ

poner 〜 a＋人 …を赤面させる

ponerse 〜 赤面する，赤くなる

◆ 图《軽蔑》左翼，共産主義者；[スペイン内戦の] 共和国派

◆ 團 赤，赤色の． 〜 de labios 口紅

al 〜 *blanco* 白熱の

al 〜 [*vivo*] 真っ赤な；ひどく興奮した，激高した；[状況が] 白熱した

rol [ɾól] 團 ❶ 役割 [papel]；機能． ❷ [演劇の] 役． ❸ 名簿，リスト；目録；《船舶》乗組員名簿． ❹ juego de 〜 ロールプレイングゲーム

rolar [ɾolár] ⓔ ❶ [風が] 向きを変える，《船舶》横揺れする． ❷ 《中米》ぶらつく，散歩する． ❸ 《南米》話す，語る；交際する

roldana [ɾoldána] 囡 [滑車の] 綱車，シーブ

roletazo [ɾoletáθo] 團 《野球》ゴロ

rollazo, za [ɾoʎáθo, θa] 圏 團《口語》ひどく退屈な [もの]

rollista [ɾoʎísta] 圏《西. 口語》おしゃべりな；嘘つきな

rollizo, za [ɾoʎíθo, θa] 圏 ぽってりした，むっくりした：niña 〜za 丸ぽちゃの女の子． brazo 〜 むっちりした腕

◆ 團 丸太材

rollo [ɾóʎo] 團 ❶ 円筒状に巻いたもの，ロール：un 〜 de papel higiénico トイレットペーパー1巻き． un 〜 de alambre 針金1巻き． ❷ [映画フィルムの] 1巻． ❸ ぜい肉：Tiene 〜s en la cintura. 腰におなかにぜい肉がついている． ❹ 《西. 口語》うんざりさせるもの(人)，退屈なこと(人)：Este programa es un 〜. この番組はつまらない． ¡Qué 〜! ああ，うんざりだ/何てつまらない！ ❺ 《西. 口語》事柄，件，用件：mal 〜 悪いこと(事態)． entrar en el 〜 用件に入る． ❻ 《西. 口語》情事；その相手：buscar 〜 ナンパする． ❼ 《西. 俗語》雰囲気 [ambiente]：tener buen 〜 雰囲気がいい． Había un buen 〜 entre nosotros. 私たちはうまくいっていた． ❽ [空疎な] 長話：soltar el 〜 a＋人 …に長広舌をふるう． ❾ 円筒形の道具；《西. 料理》麺棒 [〜 pastelero]． ❿ 巻き物，巻き軸

¡*corta de* 〜! 話はそのくらいにして/ぐだぐだ言うな！

〜 *patatero* いやな(うんざりさせる・我慢のならない)こと

tener 〜 つまらないことを長々と話す(書く)

rolo [ɾólo] 團《南米》[印刷機の] ローラー

pasar el 〜 *a...*《口語》…を拒絶する

ROM [ɾóm] 團《情報》読み出し専用記憶装置，ROM

Roma [ɾóma] 囡 ❶《地名》ローマ：〜 antigua 古代ローマ． Por todas partes se va a 〜./Todos los caminos llevan a 〜.《諺》すべての道はローマに通ず/やり方は色々ある．《諺》no se construyó en un día.《諺》ローマは一日にしてならず． ❷ ローマカトリック教会

revolver 〜 *con Santiago* 八方手を尽くす，あらゆる手段を尽くす

romadizo [ɾomadíθo] 團 鼻風邪

romaico, ca [ɾomájko. ka] 圏 團 現代ギリシア語の [の]

romana¹ [ɾomána] 囡 天秤(ぴん)，竿秤(ばかり)

romance [ɾománθe] 圏《言語》ローマ語の [románico]：lenguas 〜s ロマンス諸語

◆ 團 ❶ ロマンス語． ❷ [短期間の] 恋愛，ロマンス：Ha tenido un 〜 con una azafata. 彼はある客室乗務員と行きずりの恋をした． ❸《詩法》ロマンセ [中世のスペインで盛んだった8音節詩句の小叙事詩]． ❹ 圐 [長々とした] 言い訳

en buen 〜 [返答が] はっきりと

hablar en 〜 明確に(単刀直入に)話す

venir con 〜s くだらない話を持ち込む

romancero, ra [ɾomanθéro, ra] 图 ロマンセの詩人(歌い手)

◆ 團 ロマンセ集

romanche [ɾomántʃe] 團 [スイスの] ロマンシュ語

romancista [r̃omanθísta] 形 名 ロマンス語で書いた〔人〕

romanesco, ca [r̃omanésko, ka] 形 ＝románico；小説的な，小説のような

romaní [r̃omaní] 男 ロマニ語《ジプシーの言語の総称》

románico, ca [r̃omániko, ka] 形 ❶《美術・建築》ロマネスク様式の：arte ～ ロマネスク美術. ❷《言語》《ラテン語から派生した現代諸語》：lenguas ～cas ロマンス諸語
◆ 男 ロマネスク様式

romanismo [r̃omanísmo] 男 古代ローマの制度・文化

romanista [r̃omanísta] 形 ロマンス語学の
◆ 名 ロマンス語学者；ローマ法学者

romanística [r̃omanístika] 女 ローマ法研究；ロマンス語研究

romanizar [r̃omaniθár] 他 《言語・風俗・法律を》ローマ化する
romanización 女 ローマ化

romano, na[2] [r̃ománo, na] 形 名 ❶《地名》ローマ Roma の〔人〕；《歴史》古代ローマの；ローマ人. ❷ ローマカトリック教会の：Iglesia *R~na* ローマ教会
a la ~na《料理》フライにした

romanticismo [r̃omantiθísmo] 男 ❶ ロマン主義〔の時代〕. ロマン派的心情，ロマンチシズム

romántico, ca [r̃omántiko, ka] 形 名 ❶ ロマン主義の；ロマン派の〔芸術家〕：literatura ～*ca* ロマン主義文学．música ～*ca* ロマン派音楽；ロマンチックな音楽. ❷ ロマン派的な，ロマンチックな〔人〕，夢を追う〔人〕

romanza [r̃ománθa] 女 《音楽》ロマンセ

rombo [r̃ómbo] 男 《数学》菱形；《トランプ》ダイヤ《diamante》
rombal 形 菱形の
romboedro 斜方六面体，菱面体
romboidal/romboideo, a 形 偏菱形の
romboide 形 偏菱形，長斜方形

romeo [r̃oméo] 男 《戯語》恋人，恋する男《←シェークスピアの Romeo y Julieta》

romería [r̃omería] 女 ❶ 巡礼の旅《peregrinación》. ❷ 巡礼祭《町外れの教会堂の聖人像参拝をかねて大勢で繰り出し，歌や踊りを楽しむ》. ❸ 《集合》《場所を訪れる》大勢の人：Una ～ de gente visita el Museo del Prado. おびただしい人がプラド美術館を訪れる

romero, ra [r̃oméro, ra] 名 巡礼者《peregrino》；巡礼祭 romería に参加する人
◆ 男 《植物》マンネンロウ，ローズマリー

romo, ma [r̃ómo, ma] 形 ❶ 刃先が尖っていない：tijeras de punta *roma* 先の丸いはさみ. ❷《鼻が》低くて小さい，鼻ぺちゃの. ❸《注意力の》鈍い，間抜けな

rompecabezas [r̃ompekaβéθas] 男 《単複同形》❶《主に立方体の》パズル，ジグソーパズル：poner una pieza en el ～ パズルの一片をはめる《比喩的にも》. ❷ 難問，頭の痛い問題. ❸ 鉄球付きの棍棒

rompecorazones [r̃ompekoraθónes] 名

《単複同形》《主に失恋で》ひどく悲しませる人，無情な人

rompehielos [r̃ompejélos] 男 《単複同形》砕氷船

rompehuelgas [r̃ompewélgas] 名 《単複同形》スト破り《esquirol》

rompenueces [r̃ompenwéθes] 男 《単複同形》クルミ割り《cascanueces》

rompeolas [r̃ompeólas] 男 《単複同形》防波堤，波よけ

romper [r̃ompér] 他 《英 break. 過分 roto》❶ 壊す，ばらばらにする《類義 romper は形の破壊，estropear は器具の機能の破壊》；折る：He *roto* un plato. 私は皿を割ってしまった. ～ un cristal ガラスを割る. ～ un papel en mil pedazos 紙を細かくちぎる. ～ la puerta ドアを破る. ～ una rama 枝を折る. ～ la espesura del bosque 深い森を切り開く. ～ el silencio 静けさ《沈黙》を破る. ～ el equilibrio 均衡を破る. ～ la armonía 調和を乱す. Esta pared *rompe* el aire. この壁は風《外気》をさえぎる. ❷《衣服などを》すり減らす，破る：*Rompí* los zapatos por la suela. 靴の底がすり減って《底に穴があいて》しまった. ❸《関係などを，+con と》断つ，解消する，破棄する：～ las relaciones diplomáticas con un país ある国と国交を断絶する. ～ las negociaciones 交渉を打ち切る. ～ la promesa de matrimonio 婚約を解消する. ～ el contrato 契約を破棄する. ❹《軍事》《隊列などを》乱す，解く：¡*Rompan* filas! 解散!
de rompe y rasga《人が》大胆な，決然とした
◆ 自 ❶《+con と》縁を切る，絶交する：*Rompió con* su novio. 彼女は恋人と別れた. ❷《波が》砕ける：Las olas *rompían* en el muelle. 波が埠頭で砕けていた. ❸《+a＋不定詞/+en＋名詞. 突然に》…し始める《不定詞は llorar・hablar・gritar などに限られる》：El niño *rompió a* llorar. いきなりその子は泣き出した. ～ *en* lágrimas 急に泣き出す. ❹ 始まる：*Rompieron* las hostilidades. 戦争が始まった. ❺ 道を切り開く：La policía *rompió* entre la multitud. 警官隊は群衆を押し分けて進んだ. ❻《花が》開く：Ya *rompen* las rosas. もうバラが咲いている. ❼《口語》大いに成功する；《その結果》目立つ
◆ ～*se* ❶ 自分の…を壊す《折る》：Al caerse por las escaleras, *se rompió* la pierna. 彼は階段から落ちて脚を骨折した. 《*se le* rompió la pierna の用法》としても同じ意味になるが，けがの受け手であるという感じが強くなる》 ❷ 壊れる，折れる：*Se rompió* el hielo （la cuerda）. 氷が割れた《綱が切れた》. En el camino se nos *rompió* el coche. 途中で私たちの車が故障した. *Se te ha roto* el vestido. 君の服がほころびているよ. ❸《関係が》断たれる：*Se han roto* las negociaciones. 交渉は決裂した.

rompiente [r̃ompjénte] 男 《波が砕ける》岩礁，砕け波

rompimiento [r̃ompimjénto] 男 断絶；絶交，けんか別れ：～ de las relaciones entre los dos países 両国の国交断絶

rompope/rompopo [r̃ompópe/-po] 男
《中米》ロンポペ《ラム酒で作る冷たい卵酒》

ron [r̃ón] 男 ラム酒

roncal [r̃oŋkál] 男 ❶ [ナバーラ地方の] 羊乳チーズ. ❷《鳥》ナイチンゲール《ruiseñor》

roncar [r̃oŋkár] [7] 自 いびきをかく.《口語》眠る

roncador, ra 名 いびきをかく人

roncear [r̃onθeár] 他《中米》[重たい物をてこなどで] 動かす；見張る

roncha [r̃ónt∫a] 女 ❶ [皮膚の] 赤い腫れもの；[打ち身による] 青あざ. ❷ [薄い] 輪切り：una ～ de chorizo チョリーソ 1 枚

levantar ～*s* 傷つける, 苦しめる

ronchar […に赤い腫れ(青あざ)を作る；[食べ物を] カリカリ音をたててかむ

ronchón 男 赤い腫れ；青あざ

ronco, ca [r̃óŋko, ka] 形 ❶ [声の] かれた；しわがれた：Grité tanto que me he quedado ～. あんまり大声を出したので私は声がかれてしまった. voz ～*ca* しゃがれ声. ruido ～ del oleaje 海鳴り

ronda [r̃ónda] 女 ❶ [警備員・兵士などの, 主に夜の] 巡回, 見回り：hacer la ～ 巡回する, 見回る. ❷《西・中米》[青年たちが若い娘の家の前を] 歌い演奏して回ること.《西》[町の外周を構成する] 大通り, 環状線《～ de circunvalación》；[城壁の上などの] 巡視路, 塁壁《*ɾ*castillo カット》. ❸《西》[酒など] 1 回分の注文：Pidieron otra ～. 彼らはお代わりを頼んだ. Invitó a varias ～*s* a todos. 彼は全員に 2, 3 杯おごった. ❺《トランプ》組. ❻《自転車》ステージレース. ❼ [鳥などの] 旋回. ❽ 関税一括引き下げ交渉：～ Uruguay ウルグアイ・ラウンド. ❾《南米》子供たちが遊んで回る青年の一団

rondalla 女 歌い演奏して回る青年の一団

rondar [r̃ondár] 他 ❶ 巡回する, 見回る：La policía *ronda* todos los barrios. 警察がすべての地域を巡回している. ❷ …にまとわりつく：Los niños le *rondaban* para conseguir un caramelo. あめをもらおうと子供たちが彼にまとわりついていた. Esa idea no dejaba de ～me por la cabeza. その考えが私の頭から離れなかった. *Ronda* los cuarenta. 彼は 40 歳をこそこえだ. ❸ [女性に] 言い寄る, つきまとう. ❹ [病気などが] …に起こりそうである：Me *ronda* un resfriado (el sueño). 私は風邪をひきかけている(眠気がさしている)

◆ 自 ❶ [青年たちが若い娘の家の前を] 歌い演奏して回る；[夜に通りを] 散歩する；夜回りをする

rondel [r̃ondél] 男《詩法》ロンドー

rondeño, ña [r̃ondéɲo, ɲa] 形 名《地名》ロンダ Ronda の〔人〕『岩の上に築かれたアンダルシア地方南部の町』. ◆ 女 そこの民謡

rondín [r̃ondín] 男《南米》夜警

rondó [r̃ondó] 男《←仏語・音楽》ロンド, 回旋曲

rondón [r̃ondón] 男 *de* ～ 呼ばれもしないのに；許可なしに：colarse *de* ～ en las casas ajenas 他人の家に勝手に入り込む

ronquear [r̃oŋkeár] 自 声がかれている(しわがれ

ている)

ronquera 女 声のかすれ, しわがれ：tener ～ しわがれ声である

ronquido [r̃oŋkíðo] 男 『←roncar』[主に 複] いびき：dar unos ～ いびきをかく

ronronear [r̃onroneár] 自 ❶ [猫が] のどをゴロゴロ鳴らす；[エンジンが] ブルンブルンいう. ❷ [固定観念などが人を] 不安にする, さいなむ：Le *ronronea* la idea del suicidio. 彼は自殺の考えにとりつかれている

ronroneo 男 猫がゴロゴロいうこと；エンジンがブルンブルンいうこと

ronza [r̃ónθa] 女 a la ～《船舶》風下に

ronzal [r̃onθál] 男 [馬につける] 端綱《⁀》

ronzar [r̃onθár] [9] 自 [食べ物を] バリバリ(カリカリ)と音を立てる

roña [r̃óɲa] 女 ❶《軽蔑》[こびりついた] 汚れ, 垢, さび：lleno de ～ 垢だらけの. ❷ [綿羊類の] 疥癬《⁀》. ❸《軽蔑》けち《roñería》. ❹《中米》いらだち, 怒り

◆ 名《軽蔑》けちな人, 吝嗇《⁀》家

roñería 女《軽蔑》けちな行為, 吝嗇

roñica 女 けちな人

roñosería 女 けち, さもしさ

roñoso, sa 形 1) [estar+] 垢だらけの, 汚れた, さびた；疥癬にかかった. 2) [ser+] けちな

ropa [r̃ópa] 女《英 clothes》❶ [時に 集名] 衣服, 服 『布製で上着・下着用』；[シーツ・タオルなどを含めた] 衣類, 布類；洗濯物：Ese niño lleva la ～ sucia. その子は汚れた服を着ている. La ～ ya está seca. 洗濯物はもう乾いている. acostarse sin quitarse la ～ 服を着たまま寝る. ～ blanca シーツ・タオル類；[淡い色の] 下着. ～ de cama シーツ, ベッドカバー. ～ de mesa テーブルクロス・ナプキンなど. ～ interior 下着. ～ íntima 下着, 水着. La ～ sucia se lava en casa.《諺》内輪のもめ事は内輪で片づける方がよい. ❷《料理》～ vieja 残り物の肉を使った煮込み

a quema ～ =a quemarropa

[*nadar y*] *guardar la* ～ [自分は危険を避けて] 抜け目なく立ち回る

haber ～ *tendida* 口のきき方に気をつけなければいけない人がいる

no tocar a＋人 [*un hilo* (*pelo*) *de*] *la* ～ [脅し文句で] …に危害を加えない, 髪の毛 1 本傷つけない

tentarse la ～《口語》じっくり考える

ropaje [r̃opáxe] 男 ❶ [時に 複. 正装用の] 豪華な衣装；集名 衣服. ❷ 厚着. ❸ 表現法, 語調

ropavejero, ra [r̃opaβexéro, ra] 名 古着商

ropavejería 女 古着店

ropería [r̃opería] 女 [既製服の] 洋服店；[劇団などの] 衣装部屋

ropero, ra [r̃opéro, ra] 名 [劇団などの] 衣装係

◆ 男 ❶ 洋服だんす, クローゼット. ❷ 衣類を支給する慈善団体

ropón [r̃opón] 男 [他の服の上に着る] 長くゆっ

たりした服，ガウン；《南米》婦人用の乗馬服

roque [r̃óke] 男《チェス》ルーク『torre』
　estar (*quedarse*) ～《西. 口語》眠り込んでいる(眠り込む)

roqueda [r̃okéða] 女 ＝**roquedal**

roquedal [r̃okeðál] 男 岩だらけの土地

roquedo [r̃okéðo] 男《文語》岩，岩山

roquefort [r̃okefór] 男 ロックフォールチーズ

roqueño, ña [r̃okéɲo, ɲa] 形 岩だらけの；岩のように固い

roquero, ra [r̃okéro, ra] 形 名 ＝**rockero**

roquete [r̃okéte] 男
　『司教などの着る』短い白衣『☞カット』

rorcual [r̃orkwál]
　男《動物》ナガスクジラ：～ blanco シロナガスクジラ

rorro [r̃ór̃o] 男《幼児語》赤ちゃん

ros [r̃ós] 男《歩兵用の低い》筒形軍帽

rosa [r̃ósa] 女《英 rose》❶《植物》バラ；その花：ramo de ～s バラの花束．agua de ～ バラ水．el puño y la ～ バラを握ったこぶし『社会労働党のシンボルマーク』．❷《皮膚の》赤い血痕；丸い揚げ菓子．《建築》＝**rosetón**．❸ 花結び．❹《植物》＝albardera ボタン．～ de Jericó アンゲンジュ．～ del azafrán サフランの花．～ del Japón ツバキ『camelia』．palo de ～ シタン(紫壇)．❺《船舶》～ de los vientos/～ náutica 方位盤．❻《女性名》[R～] ロサ《英 Rose》
　como una ～ みずみずしく美しい；気持ちのよい：Tras el baño me quedé *como una* ～. 一風呂浴びて私はさっぱりした
　estar como las propias ～*s* 安楽に暮らす
　una ～ *en un estercolero* はきだめに鶴
　vivir en un lecho de ～*s* 甘美(安逸)な暮らしをする
　◆ 形 ピンク色〔の〕『形容詞では数変化しないことがある』：i) cortinas ～ vivo 鮮やかなピンク色のカーテン．～ coralino コーラルピンク．～ fosforito ショッキングピンク．～ viejo グレイッシュピンク．ii)《比喩》novela ～《軽蔑》甘ったるい恋愛小説．ver... de color de ～ …をばら色に見る，楽観する．vida de [color de] ～ ばら色の人生

rosáceo, a [r̃osáθeo, a] 形 ピンク色の
　◆ 女 複 バラ科植物

rosado, da [r̃osáðo, ða] 形 ピンク色の，ピンク色がかった：Casa ～*da* アルゼンチンの大統領官邸．novela ～*da* 甘ったるい恋愛小説
　◆ ピンク色〔の〕『ワインの』ロゼ『vino ～』
　◆ 女 霜『escarcha』

rosal [r̃osál] 男《植物》バラ(の木・茂み・生垣)：～ silvestre 野バラ
　rosaleda/rosalera 女 バラ園

Rosalía [r̃osalía] 女《女性名》ロサリア『英 Rosalie』

rosario [r̃osárjo] 男 ❶《宗教》ロザリオ，数珠『☞カット』；ロザリオの祈り：pasar las cuentas del ～ ロザリオをつまぐる．❷ 数珠つなぎ(一続き)のもの：un ～ de salchichas 1つなぎのソーセージ．un ～ de desdichas 相つぐ不幸．❸ 背骨『columna vertebral』

cuenta de los misterios

cuenta del Ave María

crucifijo

　acabar como el ～ *de la aurora*《口語》混乱のうちに(意見がまとまらないまま)終わる

rosbif [r̃osbíf] 男《←英語. 料理》ローストビーフ

rosca [r̃óska] 女 ❶ 円筒状のもの：～*s* de calamar イカの胴．～ de mazapán マジパン用の型．❷《身体の》肉の盛り上がった部分．❸《技術》ねじ山；螺旋，スパイラルスクリュー；栓の～ねじぶた．～ de Arquímedes アルキメデス渦巻線．❹《菓子》リング状のパウンドケーキ．❺《南米》派閥
　hacer la ～ a+人《西. 口語》[意図があって]…をおだてる
　hecerse una ～ [横たわる時に]体をくの字にする（丸める）
　no comerse una ～《西. 口語》[異性に]もてない
　pasarse de ～ [言動が]行き過ぎる；[ねじが]空回りする，しっかり締まらない
　pasarse una ～ すっかり消耗する

roscar [r̃oskár] 7 他《技術》ねじを切る(刻む)：cojinete de ～ ダイス

rosco [r̃ósko] 男 [rosquilla より大きい] リング状のパウンドケーキ．《学生語》0 点
　no comerse un ～ ＝no comerse una **rosca**

roscón [r̃oskón] 男 [rosco よりさらに大きい] リング状のパウンドケーキ：～ de Reyes 公現祭のパン《中に小さな人形などが入れてあり，それに当たると幸運》

rosedal [r̃oseðál] 男《南米》バラ園

roséola [r̃oséola] 女《医学》ばら疹(しん)

roseta [r̃oséta] 女 ❶ 頬の赤味．❷ 複 ポップコーン『～s de maíz』．❸ [じょうろなどの] 散水口．❹ 周囲に小さな石をあしらった宝石

rosetón [r̃osetón]
　男《建築》ばら窓；ばら形装飾『☞カット』

rosicler [r̃osiklér]
　男 朝焼けの薄いピンク色

rosillo, lla [r̃osíʎo, ʎa] 形 [馬が] 葦毛(あしげ)の

rosita [r̃osíta] 女 ❶ de ～s 楽々と，たやすく．❷《女性名》[R～] ロシータ『Rosa の愛称』

rosquete [r̃oskéte] 形 男《南米. 軽蔑》ホモ〔の〕

rosquilla [r̃oskíʎa] 女 リング状のパウンドケーキ；ドーナッツ
　no comerse una ～ ＝no comerse una **rosca**

rosticería [r̃ostiθería] 女《中米》焼き鳥屋

rostizado, da 形 焼いた：pollo ～ 焼き鳥

rostro [r̃óstro] 男『英 face』❶《人の》顔，表

情：Se puso serio su ～. 彼はまじめな表情になった. El rubor encendió mi ～. 私は顔を赤らめた. ❷ [鳥の] くちばし. ❸ 《口語》厚かましさ, 鉄面皮：tener mucho ～ ひどく厚かましい
echar en ～... a+人 …のことで…を非難する（…に恩を着せる）
echar ～ a+事物 《西. 口語》…である（…が自分のものである）かのような顔をする
～ pálido 《西》白人
tener un ～ que se lo pisa ひどく厚かましい
volver el ～ [歓迎して] 視線を向ける；[軽蔑して] 視線をそらす

rota¹ [r̄5ta] 囡 ❶ 《植物》籐(とう). ❷ [R～] ローマ教皇庁控訴院

rotación [r̄ota8jón] 囡 ❶ 回転, 旋回；回転. 《↔revolución》～ de una rueda 車輪の回転. ～ de la tierra 地球の自転. ❷ 交代；循環：ejercer la presidencia por ～ 交代で議長をつとめる. ～ de cultivo[s] 《農業》輪作. ～ de capital 資本の回転

rotacismo [r̄ota8ísmo] 團 《言語》[母音間の] s の震え音化, r 音化

rotar [r̄otár] 自 ❶ 回る, 回転する. ❷ 交代する, 輪番する
◆ 他 回す；交代で…をする

rotario, ria [r̄otárjo, rja] 形 囵 ロータリークラブ Club Rotario の[会員]

rotativo, va [r̄otatíβo, βa] 形 ❶ 回転する, 回転式の：horno ～ 回転炉. fondo ～ 交代資金. ❷ 交代(輪番)制の. ❸ 《印刷》輪転式の
◆ 團 《文語》新聞 《periódico》
◆ 囡 輪転機 《máquina ～va》

rotatorio, ria [r̄otatórjo, rja] 形 回転する：bomba ～ria 回転ポンプ. movimiento ～ 回転運動. puerta ～ria 回転ドア
◆ 形 囵 =rotario

rotíferos [r̄otíferos] 團 履 《動物》輪虫類

rotisería [r̄otisería] 囡 《南米》ハム・ソーセージと焼き鳥店

roto, ta² [r̄óto, ta] 形 過分 《←romper》[estar+] ❶ 壊れた, 破れた：reloj ～ 壊れた時計. cristal ～ 割れたガラス. brazo ～ 骨折した腕. lápiz de punta rota 先の折れた鉛筆. cuerda rota 切れたロープ. calcetín ～ por el talón かかとの破れた靴下. Iba todo ～. 彼はぼろぼろの服を着ていた. Su vida quedó rota. 彼の生活はめちゃくちゃになった(堕落した). ❷ 疲れ果てた
◆ 囵 《南米. 軽蔑》チリ人；[主にチリの] 下層民, 無学な人
◆ 團 《西》破れ目, 割れ目
haber un ～ para un descosido 割れなべにとじぶた
servir (valer) igual para un ～ que para un descosido [人・物が] どんなことにも役立つ

rotograbado [r̄otograβádo] 團 《印刷》輪転グラビア

rotonda [r̄otónda] 囡 ❶ 《交通》ロータリー. ❷ 円形(半円形)の建物(部屋・広場)

rotor [r̄otór] 團 ❶ 《電気》回転子：～ en jaula de ardilla かご形回転子. ❷ [ヘリコプターの] 回転翼

rotoso, sa [r̄otóso, sa] 形 《中南米》《服が》ぼろの；ぼろを着た

rótula [r̄ótula] 囡 《解剖》膝蓋(しつがい)骨, 膝がしら；《機械》玉継ぎ手

rotulación [r̄otulaθjón] 囡 rotular すること

rotulador, ra [r̄otulaðór, ra] 形 ラベル貼りの
◆ 團 レタリングのデザイナー；看板書き
◆ 團 ❶ 《西》フェルトペン, マーカー. ❷ =rotuladora
◆ 囡 ラベル貼り機

rotular [r̄otulár] 他 ❶ [瓶などに] ラベルを貼る. ❷ …に看板(表示板)をつける, 見出しをつける. ❸ [地図・図版の] 文字を書く；レタリングをする
◆ 形 《解剖》膝蓋(骨)の

rotulista [r̄otulísta] 囵 レタリングデザイナー

rótulo [r̄ótulo] 團 ❶ [瓶などの] ラベル. ❷ 看板, 表示板, 案内板：Hay un gran ～ a la entrada. 入り口に大きな看板が出ている. ～ luminoso ネオンサイン. ❸ 《記事など》見出し, キャプション：poner ～s sensacionalistas en los artículos 記事に派手な見出しをつける

rotundidad 囡 明確さ：con ～ はっきりと, きっぱりと

rotundo, da [r̄otúndo, da] 形 囵 《返答が》きっぱりとした, 断定的な：dar un ～ no a... …をはっきり断わる. ❷ 《言葉が》明確な, 表現力に富んだ. ❸ 《人体が》丸みを帯びた, 豊満な
de ～ きっぱりと, 断定的に

rotura [r̄otúra] 囡 《←romper》❶ 切断, 破壊；亀裂, ひび, 割れ目：i) ～ de ligamentos 靭帯の損傷. ～ de una tubería 配水管の切断. Llevo muchas ～s en los zapatos. 私の靴にはたくさんほころびが. ～ de una amistad 仲たがい, 絶交. ～ de las relaciones diplomáticas 国交の断絶. ii) 《物理》carga de ～ 破壊荷重. esfuerzo de ～ 破壊応力. límite de ～ 破壊点. ❷ 割れ目, 裂け目：～ de la cristalera ガラス扉のひび

roturar [r̄oturár] 他 耕す, すく；開墾する, 開拓する

roturación 囡 開墾

roturador 團 《←商標》回転耕耘機

rough [r̄áf] 團 《←英語》ゴルフ. ラフ

roulotte [r̄ulót(e)] 囡 《←仏語》トレーラーハウス

round [r̄áun] 團 《←英語》❶ 《ボクシング》回, ラウンド. ❷ 予選ラウンド：el segundo ～ 第 2 次予選. ❸ 《交渉の》段階：el primer ～ de las conversaciones sobre desarme 第 1 回軍縮交渉

roya [r̄5ja] 囡 《農業》銹(さび)病

royalty [r̄ojálti] 團 履 royalties 《←英語》ロイヤリティ, 権料

roza [r̄5θa] 囡 ❶ [壁・天井の] 配線(配管)用の穴. ❷ 焼き畑農業

rozadura [r̄oθaðúra] 囡 [人・物の] すり傷；こすれ：Tengo una ～ en el talón. 私はかかとに靴ずれができている. ～s de los puños de una camisa ワイシャツの袖口のすり切れ

rozagante [r̥oθaɣánte] 形 ❶ [服装が] 目立つ, 派手な. ❷ 満足した, 自慢げな

rozamiento [r̥oθamjénto] 男 ❶ こすれ; すり傷. ❷ [軽い] いさかい, あつれき. ❸ 《物理》摩擦: ～ por adherencia (de deslizamiento- de rodadura) 静止(滑り・転がり)摩擦

rozar [r̥oθár] 他 他 ❶ かすめる, こする; かすり傷をつける: Una bala le rozó el brazo. 弾が彼の腕をかすめた. El respaldo del sillón ha rozado la pared. 椅子の背でこすられて壁に傷がついた. ～ sus pantalones ズボンをすり切れさせる. Me rozan estos zapatos. この靴は靴ずれができる. ❷ …に近い, 似ている: Apenas roza los veinte años. 彼は20歳になるかならないだ. Su discurso roza la pedantería. 彼の演説はペダンチックとも言えるものだ. ❸ …の木を切り払う; 雑草を取り除く. ❹ [家畜が] 草を食べる. ❺ [壁・天井に電気などの配線・配管用の] 穴をあける

◆ 自 ❶ [+con と] 関係がある: Mi trabajo roza con el tuyo. 私の仕事は君との関連表ある. ❷ [+con・en に] 近い: Su manera de vestir roza en la cursilería. 彼の服装はきざすれすれ

◆ ～se ❶ こすれ合う; すり切れる: Dos coches pasaron casi rozándose. 2台の車がこすれ合わんばかりにすれ違った. La chaqueta se ha rozado por el codo. 上着の肘の所がすり切れた. ❷ すり傷がつき, 擦りむく; [馬などが] 脚と脚をぶつけて傷つく: Al caer se ha rozado las rodillas. 彼は転んで膝をすりむいた. ❸ 交際する, つき合う: Se roza con personas de la alta sociedad. 彼は上流社会の人とつき合いがある

rpm 《略語》←revoluciones por minuto 回毎分

rps 《略語》←revoluciones por segundo 回毎秒

RTVE 囡《略語》←Radiotelevisión Española スペイン放送協会

rúa [r̥úa] 囡 [主に固有名詞として] 通り《calle》

ruana¹ [r̥wána] 囡《服飾》[コロンビア・ベネズエラの] ポンチョに似た外衣

ruandés, sa [r̥wandés, sa] 形 名《国名》ワンダ Ruand 囡 の(人)

ruano, na¹ [r̥wáno, na] 形 =**roano**

rubefacción [r̥ubefa(k)θjón] 囡《医学》[炎症・刺激による] 発赤(ぱっせき)

rubéola/rubeola [r̥ubéola/-beó-] 囡《医学》風疹

rubeta [r̥ubéta] 囡《動物》アマガエル

rubí [r̥ubí] 男《複 ～[e]s》《鉱物》ルビー, 紅玉

rubia¹ [r̥úbja] 囡 ❶《口語》1ペセタ貨《金めっきしてある》: Me gustan las ～s. 私はお金が好きだ. ❷《古語. 自動車》[一部が木製の] ステーションワゴン. ❸《植物》アカネ(茜)

rubiáceas [r̥ubjáθeas] 囡 複《植物》アカネ科

rubiales [r̥ubjáles] 形 名 [単複同形]《親愛》金髪の〔人〕

rubial 形 [主に土地・植物が] 金色の; [主に少女が] 金髪の. ◆ 男 アカネ畑

Rubicón [r̥ubikón] 男《地名》pasar el ～ ルビコン川を渡る, 思い切ったことをする

rubicundo, da [r̥ubikúndo, da] 形 [健康そうで] 血色のよい, 赤ら顔の

rubidio [r̥ubíðjo] 男《元素》ルビジウム

rubiera 囡《中米》お祭り騒ぎ; 《南米》いたずら, 悪事

rubio, bia² [r̥úbjo, bja] 形 名 ❶ 金色の; 金髪の〔人〕: pelo ～ 金髪. chica rubia (platino) [プラチナ]ブロンドの髪の少女. rubia oxigenada (de bote) 髪を漂白した女. ❷ [たばこが] 香り・味の軽い《↔negro》

◆ 男 ❶《魚》ホウボウの類. ❷ 金色の ～ platino プラチナブロンド. ～ ceniza アッシュブロンド. ❸ 軽いたばこ

rubión [r̥ubjón] 男 ルビオン種の〔小麦〕

rublo [r̥úblo] 男 [ロシアなどの貨幣単位] ルーブル

rubor [r̥ubór] 男 ❶《文語》[恥ずかしさによる顔の] 紅潮, 赤面: Ante mis miradas el ～ encendió su rostro. 私に見つめられて彼女は顔を真っ赤にした. ❷ 恥ずかしさ, 羞恥(しゅうち): Me causa ～ oírle decir tonterías. 彼がばかなことを言っているのを聞くと私は恥ずかしくなる. sin el menor ～ まったく恥ずかしげもなく

ruborizar [r̥uboriθár] 他《恥ずかしさで》赤面させる: Me ruborizaba tener que confesarlo. 私はそのことを告白しなければならなくて顔が赤くなった

◆ ～se 顔を赤らめる: sin ～se 恥ずかしげもなく, 臆面もなく

ruboroso, sa [r̥ubороso, sa] 形 [ser+. すぐに] 赤面する; [estar+] 赤面した

rúbrica [r̥úbrika] 囡 ❶ 署名に添える飾り書き, 花押(かおう); 略署名. ❷ 見出し, 表題: bajo la ～ de... …の見出しで. ❸《文語》最後, 締めくくり

de ～ 決まりきった, 習慣的な

rubricar [r̥úða] 他 1) …に花押を記す; 略署名をする. 2) …に同意 [同調] する

rubro [r̥úbro] 男《主に中南米》領域, 題名, 見出し

ruca [r̥úka] 囡《南米》[インディオの] 小屋

rucio, cia [r̥úθjo, θja] 形 [動物の毛色が] 灰色の. ◆ 男《動物》ロバ《asno》

ruda [r̥úða] 囡《植物》ヘンルーダ

ruderal [r̥uðerál] 形《生物》人里植物の

rudeza [r̥uðéθa] 囡 粗野, 厳しさ; ざらざらしていること

rudimental [r̥uðimentál] 形 =**rudimentario**

rudimentario, ria [r̥uðimentárjo, rja] 形 ❶ 初歩的な, 基礎程度の: Apenas tiene ～s conocimientos de agricultura. 彼は農業について基本的なことすら知らない. ❷ [器官が] 未発達の; 痕跡的な

rudimento [r̥uðiménto] 男 ❶《生物》原基, 痕跡器官. ❷ 初歩, 基礎: aprender los ～s de la gramática 文法の基礎を学ぶ

rudo, da² [r̥úðo, ða] 形 ❶ 粗野な, 品のない. ❷ 厳しい; 骨の折れる: ～ golpe 強打; 手ひど

R

い打撃. palabras 〜*das* きつい言葉. entrena-
miento 〜 猛訓練. ❸ ざるざらの

◆ 名《プロレス》悪役, 悪玉《↔técnico》

rueca [r̃wéka] 囡 糸巻棒

rueda [r̃wéða] 囡 [英 wheel] ❶ [タイヤ部分
を含めて] 車輪: recambiar una 〜 タイヤを取
り換える. vehículo de dos 〜s 二輪車. 〜
libre フリーホイール. ❷ [各種装置の] 車: 〜
de fricción 摩擦車. 〜 de molino 水車の輪.
〜 de paletas/〜 de álabes 羽根車. 〜 del
timón 舵輪. 〜 dentada 歯車. 〜 hi-
dráulica 水車. vapor (buque) de 〜[s] 外
輪船. ❸ [人・物の] 輪: hacer una 〜 輪になる.
una 〜 de niños 子供たちの輪. una 〜 de
botellas 1 山の瓶. ❹ 輪切り: 〜 de limón レ
モンの輪切り. 〜 de bacalao タラの筒切り. ❺
一連の行為. ❻ [体操] 側転, 横転. ❼ 車状の
回転花火

¡ande la 〜! 乗りかかった船だ/なるようになれ!

*comulgar con (tragárselas como) 〜s
de molino* 《口語》まったくありそうもない話を
信じる, 簡単にだまされる

chupar la 〜 [自転車] [風圧を避けるため] 先
行車のすぐ後へつく;《口語》他人の努力を利用
する

hacer la 〜 [クジャクが] 尾羽を広げる; へつら
う, おだてる

〜 *de la fortuna* ルーレット [ruleta];[運命
の女神が回す] 運命の紡ぎ車; 運命[の転変],
栄枯盛衰

〜 *de prensa* 記者会見: celebrar (convo-
car) una 〜 *de prensa* 記者会見を開く

〜 *de presos/*〜 *de identificación* 面通し
のための容疑者の列

sobre 〜s 順調に, 支障なく

ruedecilla [r̃weðeθíʎa] 囡 [家具・スーツケー
スなどの] キャスター: mesa con 〜s キャスター付
きのテーブル

ruedita/ruedecita 囡 =ruedecilla

ruedo [r̃wéðo] 男 ❶ [闘牛場の] 砂場 [re-
dondel]. ❷ [小さな] 丸いござ, マット. ❸ [人
の] 輪: Se agrupó un 〜 de curiosos. やじう
まの輪ができた. ❹《主に中南米》[スカート・ズボン
などの] へり, 縁

echarse al 〜 [競技への参加などを] 決意する

ruego [r̃wéɣo] 男 [←rogar] 懇願, 頼み; 祈
り: No accede a mis 〜s. 彼は私の願いを聞き
入れない. elevar sus 〜s a la Virgen 聖母マ
リアに祈りを捧げる. accediendo a los 〜s de+
人 …の依頼にこたえて. 〜 por la paz 平和への
祈り. 〜s y preguntas [自由な] 質疑応答

*a 〜 de+*人 …に頼まれて

rufián [r̃ufján] 男 売春宿の主人, ひも; 詐欺師

rufianesco, ca 形 売春斡旋業の, ひもの. ◆
囡 [医]医生 よた者, やくざ

rufo, fa [r̃úfo, fa] 形 金髪の; 赤毛の; 縮れ毛
の

rugby [r̃úɣbi] 男 [←英語. スポーツ] ラグビー: 〜
sin contactos タッチラグビー

rugido [r̃uxíðo] 男 ❶ ほえ声, うなり: lanzar
un 〜 ほえる, うなる. 〜 del viento 風のゴーグ

いう音. ❷ [空腹で] おなかがグーグーいう音

rugir [r̃uxír] 自 ❶ [ライオン・虎などが] ほえ
る; [人が] うなり声 (叫び声) をあげる: 〜 de ira
怒号する, 怒鳴る. ❷ [空腹でおなかが] グーグー
鳴る. ❸《文語》[風・海が] 激しく鳴る, うなる

rugosidad [r̃uɣosiðá(ð)] 囡 しわ; ごつごつし
ていること: cara llena de 〜es しわだらけの顔.
〜 del terreno 地形の厳しさ

rugoso, sa [r̃uɣóso, sa] 形 しわのある; ごつご
つした, 荒い

ruibarbo [r̃wibárbo] 男《植物》ルバーブ, ダイオ
ウ(大黄)

ruido [r̃wíðo] 男 [英 noise] ❶ 騒音, 物音:
Su radio mete (hace) mucho 〜. 彼のラジオ
がうるさい. Hay mucho 〜 en la calle. 外がや
かましい. El motor emite un 〜 extraño. エ
ンジンの音が変だ. Se oye 〜 en la habitación.
部屋で物音がする. con 〜 音を立てて. sin
hacer (meter) 〜 音を立てずに. ❷ 騒ぎ, 騒
動; 風評, 噂. ❸ 雑音: 〜 blanco《物理》白
色騒音. 〜 de fondo 暗騒音

hacer (meter・armar) 〜 [事柄で] 噂 (大
騒ぎ) になる: Su declaración *ha armado*
mucho 〜. 彼の言明は物議をかもした

lejos de mundanal 〜《文語・戯語》世俗を
離れて

〜 *de sables* 武力による威嚇

ruidoso, sa [r̃wiðóso, sa] 形 ❶ 騒がしい,
騒々しい: Esta calle es muy 〜sa. この通りは
大変やかましい. Los chicos están muy 〜s.
子供たちはとても騒がしくしている. bar 〜 騒がし
いバー. ❷ 世間を騒がす: despido 〜 問題とな
る解雇

ruidosamente 副 大きな音 (声) を立てて,
騒々しく

ruin [r̃wín] 形 ❶ 下劣な, 情けない: Es 〜. 彼は
卑劣なやつだ. acción 〜 下劣な行為. ❷ けち
な, さもしい. ❸ 少しの, ちっぽけな: inteligencia
〜 ごくわずかな知性. niño 〜 ほんの小さな子供

ruina [r̃wína] 囡 [英 ruin] ❶ [建造物の] 崩
壊; [国などの] 破滅, 滅亡: Esta casa amen-
aza 〜. この家は今にも壊れそうだ. edificio en
〜 崩壊したビル. El escándalo llevó al
gobierno a la 〜. 醜聞事件で政府は倒れた. 〜
del Imperio Romano ローマ帝国の崩壊. ❷
破産, 倒産: Está en la 〜. 彼は破産している.
❸ 破滅(破産)の原因. ❹ 落ちぶれた人; ひどく
やつれた人: Su vida libertina le ha conver-
tido en una 〜. 放縦な生活が彼はうらぶれてしま
った. ❺ 複 廃墟, 瓦礫(がれき): 〜s de los
mayas マヤの遺跡

ruindad [r̃windá(ð)] 囡 下劣さ, 卑劣な行為;
さもしさ: cometer 〜es 下劣なことをする

ruinoso, sa [r̃winóso, sa] 形 ❶ 崩壊しかけ
た: edificio 〜 崩れかけた建物. ❷ 破産させる:
negocio 〜 ひどく危険な事業

ruiseñor [r̃wiseɲór] 男《鳥》ナイチンゲール

Ruiz [r̃wíθ] [人名] ルイス

rular [r̃ulár] 自 転がる, 回転する;《西. 口語》
[機械が] 動く, 作動する

◆ 他 転がす

rulero [ruléro] 男《南米》ヘアカーラー

ruleta [ruléta] 女《ゲーム》ルーレット：girar la ～ ルーレットを回す．～ rusa ロシアンルーレット

ruletear [ruleteár] 自《中米》タクシーの運転をする

ruletero, ra [ruletéro, ra] 名《中米》タクシー運転手

rulo [rúlo] 男 ❶《大型の》ローラー．❷《化粧》ヘアカーラー；カールした髪

rulot [rul5(t)] 女《←仏語》キャンピングカー

ruma [rúma] 女《南米》山積み，大量《←montón》：una ～ de periódicos atrasados 古新聞の山

rumano, na [rumáno, na] 形 名《国名》ルーマニア Rumania 女〔人・語〕の；ルーマニア人 ◆ 男 ルーマニア語

rumba [rúmba] 女《舞踊・音楽》ルンバ

rumbar [rumbár] 自《南米》=**rumbear**

rumbear [rumbeár] 自《中南米》進路を取る，向かう

rumbo [rúmbo] 男 ❶《船・飛行機などの》方向，針路；〔羅針盤で〕…点：El barco puso ～ al puerto. 船は港に向かった．navegar con ～ nornoroeste 北北西に針路をとっている．ir con ～ a.../seguir su ～ hacia... …に向かう．cambiar de ～ 方向転換をする．cambiar el ～ de su vida 人生の方向転換をする．perder el ～ 進路を外れる．tomar un ～ equivocado 間違った道を歩む．❷〔パーティーなどの〕豪華さ，歩きぶり；気前のよさ：vivir con mucho ～ ぜいたくに暮らす
sin ～ fijo あてどなく

rumboso, sa [rumbóso, sa] 形〔見栄・ぜいたくで〕気前のよい，ぜいたくな：Hoy me siento ～. 今日はパーッと〔豪勢に〕いこう．boda ～sa 豪華な結婚式

rumen [rúmen] 男《反芻動物の》第一胃，こぶ胃

rumiante [rumjánte] 形 名《動物》反芻動物

rumiar [rumjár] 他/自 ❶ 反芻（ᵏゅᵘ）する．❷《文語》繰返し考える，よく考える．❸《口語》ぶつぶつ不平を言う

rumor [rumór] 男 ❶ 噂，風聞：Circula el ～ de que ha muerto el presidente. 大統領が死んだという噂が流れている．difundir (hacer correr) un ～ 噂を流す．según el ～ que corre 噂によれば．❷ ざわめき；〔ぼんやりした〕物音：～ del mercado 市場のざわめき．～ de un río 川のせせらぎ

rumorear [rumoreár] ～**se**〔3人称のみ〕噂される：Se rumorea〔que habrá〕su dimisión. 彼の辞職の噂が流れている

rumoroso, sa [rumoróso, sa] 形《文語》物音を立てる：oleaje ～ 潮騒

runa [rúna] 女 ❶《古代スカンジナビアの》ルーン文字．❷《南米.軽蔑》インディオ

rúnico, ca [rúniko, ka] 形 ルーン文字の

runrún [runrún] 男 ざわめき；〔機械の〕うなり；=**rumor**

runrunear ～**se** =**rumorearse**

runruneo 男 =**rumor**

rupestre [rupéstre] 形 岩壁に描かれた（彫られた）：pintura ～ 洞窟壁画

rupia [rúpja] 女 ❶〔インド・パキスタン・インドネシアなどの貨幣単位〕ルビー，ルピア．❷《口語》ペセタ《peseta》

ruptor [ruptór] 男《電気》〔自動〕接触遮断器

ruptura [ruptúra] 女《←romper》❶ 切断，断絶，絶交，絶縁：～ de negociaciones 交渉決裂．～ de relaciones diplomáticas 国交断絶．～ del frente enemigo 敵陣の突破．sentir la ～ de generaciones 世代のギャップを感じる．❷《技術》破壊．❸《テニス》サービスブレーク

rural [rurál] 形 農村の，田舎の：vida ～ 田園生活．ciudad ～ 田園都市．maestro ～ 田舎教師

rusiente [rusjénte] 形 白熱した：hierro ～ 真っ赤に焼けた鉄

ruso, sa [rúso, sa] 形 名《国名》ロシア Rusia 女〔人・語〕の；ロシア人 ◆ 男 ロシア語

rusificar [rusifikár] 他 ロシア化する

rusticano, na [rustikáno, na] 形《植物が》野生の

rústico, ca [rústiko, ka] 形 名 田舎の〔人〕，田舎風の；《軽蔑》粗野な：finca ～ca 田舎にある地所．lenguaje ～ 田舎言葉．modales ～s あかぬけない物腰
en ～ca 仮綴じの：libro en ～ca 並装本

rusticidad 女 田舎風

ruta [rúta] 女《英 route》❶ 道；経路，道程：～ aérea 航空路．～ marítima 航路，シーレーン．～ montañosa 山道．～ nacional 国道．～ de servicio del autobús バスの運行経路．establecer la ～ del viaje 旅程を組む．❷ やり方，手順．❸《南米》幹線道路《carretera》；《キューバ》バス《autobús》

rutáceas [rutáθeas] 女 名《植物》ミカン科

rutenio [ruténjo] 男《元素》ルテニウム

rutero, ra [rutéro, ra] 形 道路の

rutilar [rutilár] 自《文語》強く輝く，きらめく

rutilante [rutilánte] 形 強く輝く

rutilo [rutílo] 男《鉱物》ルチル，金紅石

rutina [rutína] 女 ❶《考え・行動などの》決まり切った型，習慣的な行動：alojarse (apartarse・salirse) de la ～ diaria 日常性を離れる．por ～ 型どおりに．por mera ～ 単なるしきたりとして．inspección de ～ 型どおりの（いつもの）検査．❷《情報》ルーチン

rutinario, ria [rutinárjo, rja] 形 型にはまった：Es muy ～ dando clase. 彼は十年一日のごとき授業をする．procedimientos ～s 型どおりの手続き．trabajo ～ de la casa いつもどおりの家事労働

rutinero, ra [rutinéro, ra] 形 名 旧習にこだわる〔人〕，旧弊な〔人〕

R

S

s [ése] 囡 アルファベットの第 20 字

s. 《略語》←segundo 秒；siglo 世紀；siguiente 次の

S. 《略語》←sur 南；San 聖…〖男性〗

s/. 《略語》←sobre …を担保にして，…について，…に対して

S.A. 《略語》←Su Alteza 殿下；Sud América 南米；《西》Sociedad Anónima 株式会社

sáb. 《略語》←sábado 土曜日

sábado [sábaðo] 男 〖英 Saturday〗土曜日 〖☞semana 参考〗: ~ de Gloria/~ Santo 復活祭の土曜日 *hacer ~* [毎週土曜日に] 大掃除をする

sabadete [saβaðéte] 男 週末の夜のお楽しみ，ハナキン: Sábado, ~ [camisa limpia y polvete]. 週末は身ぎれいにしてデートする

sábalo [sábalo] 男 《魚》ニシンダマシ〖食用〗

sabana [saβána] 囡 《地理》サバンナ，熱帯草原 *estar (ponerse) en la ~* 《南米》財産などに恵まれている(思いがけず好運に出会う)

sábana [sábana] 囡 ❶ シーツ 〖上下 2 枚あり，その間で寝る〗: ~ bajera (de abajo) 下側のシーツ，敷布. ~ encimera (de arriba) 上側のシーツ. ~ ajustable (de cuatro picos) フィットシーツ. ❷ 《宗教》i) 祭壇の掛け布 〖~ del altar〗. ii) S~ Santa [キリストの] 聖骸布. ❸ 《西》[昔の大きな] 千ペセタ紙幣；[現在の] 千(5 千・1 万)ベセタ紙幣 *entre las ~s* ベッドで *estirar el pie fuera de la ~* 自分の能力以上のことをしたがる，背伸びをする *pegarse las ~s a+人* 《口語》…が朝寝をする，遅く起きる: Se me *han pegado las ~s* esta mañana. 今朝私は寝坊してしまった

~ de agua 豪雨

sabandija [saβandíxa] 囡 ❶ 小さな爬虫類，虫. ❷ 《西. 口語》見下げはてた(虫けらのような)やつ: Ese chico es una ~. その子は性悪だ. ❸ 《南米》悪い少年，ちんぴら

sabanear [saβaneár] 自 ❶ 《南米》[馬で] サバンナを移動する，牛追いをする. ❷ 《中米》捕える；お世辞を言う

sabanero, ra [saβanéro, ra] 形 名 サバンナの[人]

sabanilla [saβaníʎa] 囡 布切れ 〖タオル，ハンカチなど〗；《宗教》祭壇の掛け布

sabañón [saβaɲón] 男 しもやけ，凍瘡(とうそう): Me han salido *sabañones* en las manos. 私は手にしもやけができた *comer como un ~* 並外れてたくさん食べる

sabao [saβáo] 男 《西》小さなスポンジケーキ，マフィン

sabatario, ria [saβatárjo, rja] 形 [ユダヤ

人・キリスト教徒が] 安息日を守る

sabático, ca [saβátiko, ka] 形 ❶ 土曜日の. ❷ año ~ [大学教授などの] 休暇年度，サバティカル；[古代ユダヤ教の7年ごとの] 安息の年

sabatino, na [saβatíno, na] 形 土曜日の

sabayón [saβaʝón] 男 《料理》サバイヨン

sabedor, ra [saβeðór, ra] 形 [+de+事 を] 知っている

sabela [saβéla] 囡 《動物》ケヤリ

sabelotodo [saβelotóðo] 形 名 〖←sabe lo todo. 単複同形〗《口語》物知りぶった[人]

saber [saβér] 55 他 〖英 know. ☞活用表〗 ❶ 知っている，わかっている 〖類語〗saber は事態・事柄について知識や情報を持っている，conocer は見たり聞いたり・学習して体験して知っている〗: i) [+que+直説法] ¿*Sabes* que se ha marchado al extranjero? 彼が外国へ行ってしまったことを知っているかい？ No *sabía* que ya se había casado. 私は彼がもう結婚していたとは知らなかった. ii) [+間接疑問] No *sé* si es un hombre honrado. 彼が正直な人かどうかは，にはわからない. No *sabe* qué pienso yo. 彼は私が何を考えているか知らない. no ~ qué decir 何と言ったらいいかわからない. sin ~ qué hacer どうしたらいいかわからずに. iii) [+不定代名詞など] Ya lo *sabía* yo. そんなこととっくに知ってるよ. ¿*Has sabido* algo de Pedro? ペドロのことで何かわかったかい？ ¿*Sabes* [una cosa]?—No./ ¿*Sabes* lo que te digo?—¿Qué [me dices] あのね—何？ sin ~ nada de ello そうとはまったく知らずに. iv) [+名詞] Sé su nombre (cómo se llama). 私は彼の名前を知っている. ~ la dirección de+人 …の住所を知っている. ~ la noticia ニュースを知っている

❷ …できる 〖☞poder 類語〗: i) [+名詞] *Sabe* latín (un trabajo). 彼はラテン語ができる(仕事がよくできる). *Supe* casi todo en el examen. 私は試験でほとんどできた. ii) [+不定詞. 助動詞的. 技能・知恵・知識] ¿*Sabes* montar en bicicleta? 自転車に乗れますか？ No *sé* tocar la guitarra. 私はギターを弾けない. *Sabe* callar a tiempo. 彼は必要な時には沈黙するすべを心得ている. No *sé* ir a la clínica. 私は病院に行く道がわからない. No *sabe* volver a su casa. 彼は方向音痴だ

❸ 知る，わかる 〖enterarse〗: Lo *supe* por el telediario de las ocho. 私は 8 時のニュースでそれを知った

❹ 《南米》[+不定詞] …する習慣である，よく…する ¿*a que no* ~…? [決めつけて] …を知らないでしょう？

a ~ 1) すなわち，列挙するならば: Los novelistas de la generación del 98 fueron básicamente cinco; *a* 〜: Ganivet, Azorín, Baroja, Unamuno y Pérez de Ayala. 98年世代の主な小説家は5人いる. すなわち, ガニベット, アソリン, バロハ, ウナムーノ, そしてベレス・デ・アヤラである. 2) =**cualquiera sabe** : *A* 〜 dónde tiene ese dinero de que habla. 彼の言う金は一体どこにあるのやら

a 〜 *si* =**cualquiera sabe**

¡anda a 〜**!**《中南米》**¡vete a** 〜**!**

cualquiera sabe 〔疑い〕誰にもわからない: *Cualquiera sabe* dónde estará ahora el contrato. 契約書は一体今どこにあるのだろう

dejar 〜《中南米》=**hacer** 〜

es a 〜 すなわち, つまり

falta 〜 =**cualquiera sabe**

¡haberlo sabido! それを知っていたらなあ!

hacer 〜… *a*+人《文語》…に…を知らせる, 通知する: Por la presente les *hacemos* 〜 que+直説法. 本状にて…をお知らせいたします

¡lo que sabe…! 何と…はずる賢いのだろう!

no 〜 **dónde meterse** 〔恥ずかしくて〕穴があったら入りたい; 〔怖くて〕どこかへ逃げ込みたい

no 〜 **lo que hace** 何をしているのか自分でもわからない

no 〜 **lo que tiene** 莫大な財産を持っている; 大変幸運である: *No sabes lo que tienes* con ese jefe. そんな上司でとても幸せだね

no 〜 **por dónde anda** (*se anda・va*) 〔問題解決のための〕適切な処理ができない

no 〜 **por dónde cogerlo** すべてよくない, まったくひどい; 申し分ない, すばらしい

no sé 〔はっきりと答えられなくて〕さあ〔どうかな〕

no sé cuántos 〔人について〕私が覚えていない (わからない): Vino el señor *no sé cuántos*. 何とかという人が来ました

no sé qué 1) 〔物事について〕私が覚えていない; どう説明していいかわからない: Este libro ha ganado un premio *no sé qué*. この本は何とかいう賞をとった. Tengo *no sé qué* miedo. 私は何だか怖い. Aquí falta *un no sé qué* ambiente de familia. ここはどことなく家庭的な雰囲気がない. Decía que sabía inglés, francés, alemán y *no sé qué* más, pero no es de fiar. 彼は英語もフランス語もドイツ語もできるとか何とか言っていたけど当てにはならない. 2) 〔un+〕Tiene *un no sé qué* de distinción. 彼はどことなく気品がある. Le encuentro a esta leche *un no sé qué* que no me gusta. この牛乳は何とも言いようのないいやな味だ. Este cuadro tiene *un no sé qué* que me atrae. この絵にはどことなく私をひきつけるものがある

no sé qué te diga 〔意見をちゅうちょして〕どう言えばいいのだろう

para que lo sepas 〔念押し〕わかる?/念のため言っておくが

que yo sepa 私の知る限りでは

¡qué sé yo! 〔強調〕私が知るものか/わかるわけがないのだ

¡quién sabe! 〔疑い・恐れ・期待・無知など〕さあ〔どうだろう〕/そうかも知れない

quién sabe si+直説法 〔疑念〕…かどうか誰に

分かるものか: *Quién sabe si* es verdad. 本当かどうか分かったものじゃない

quién sabe 疑問詞+直説法未来 〔自問〕…だろうか?

〜 **lo que es bueno** 〔脅し文句で〕思い知る, 罰を受ける

¿se puede 〜**…?** 〔釈明を要求して〕…を教えてくれないか/一体…?

¡si lo saber 未来形**…!** …はよくわかっている!: ¡Si *sabré* yo lo que tengo que hacer! 私はしなければいけないことをちゃんと心得ている!

¿tú qué sabes? お前なんかに何がわかるものか!

¡vete a 〜**!/¡vaya usted a** 〜**!** 〔疑い・不信〕とうていわからない!: ¡*Vete a* 〜 quién lo habrá traído! どこの誰が持ってきたものやらわかったものじゃない

¡y qué sé yo! その他いろいろ

¡yo qué sé! =**¡qué sé yo!**

◆ 回 ❶〔+*a*+無冠詞名詞 *de*〕味がする: Este helado *sabe a* limón. このアイスクリームはレモン味だ. Este vino no *sabe* a nada. このワインはこくがない(まずい). ❷〔+*de* について〕知っている; 知る: No *sé de* él desde hace mucho tiempo. もう長いこと彼の便りを聞いていない. ❸ 利口(物知り)である

〜 **a poco** 〜…にとって物足りない: El tercer puesto nos *ha sabido a poco*. 私たちは3位ではまだ不満だ

〜 **bien** (**mal**) *a*+人 …の気に入る(気に入らない, 怒らせる): i) Me *sabe mal* andar de prisa. 私は早足で歩くのは好かない. ii)〔+*que*+接続法〕Le *sabe mal que* su hija llegue a casa tan tarde. 娘がそんなに遅く帰宅するのが彼は気にくわない. No le *supo bien que* saliéramos, porque ya era tarde. もう遅かったので私たちが外出するのは彼には気に入らなかった

〜 **más que Calepino** 大変物知りである

◆ 〜**se** ❶《学生語》…を覚える, わかる: Ningún día *se sabe* la lección. 彼は授業がさっぱりわからない. ❷〔+主格補語〕自分が…であると知る

sabérselas todas《口語》抜け目がない; 物知りである

sabérselo todo《時に皮肉》何でも知っている

se sabe que+直説法 …は知られている

saber	
直説法現在	直説法点過去
s*é*	s*u*pe
sabes	s*u*piste
sabe	s*u*po
sabemos	s*u*pimos
sabéis	s*u*pisteis
saben	s*u*pieron
直説法未来	直説法過去未来
sa*b*ré	sa*b*ría
sa*b*rás	sa*b*rías
sa*b*rá	sa*b*ría
sa*b*remos	sa*b*ríamos
sa*b*réis	sa*b*ríais
sa*b*rán	sa*b*rían

S

接続法現在	接続法過去
*se*pa	*su*piera, -se
*se*pas	*su*pieras, -ses
*se*pa	*su*piera, -se
*se*pamos	*su*piéramos, -semos
*se*páis	*su*pierais, -seis
*se*pan	*su*pieran, -se

◆ 男 知識, 学識: En la enciclopedia se recoge todo el 〜. 百科事典にはあらゆる知識が結集されている. El 〜 no ocupa lugar. 《諺》知識がありすぎて困ることはない
según mi (nuestro) leal 〜 y entender 私 (私たち) の理解では

sabicú [sabikú] 男 《植物》西インド諸島産のマメ科の大木

sabidillo, lla [sabiðíʎo, ʎa] 形 名 《軽蔑》物知りぶった(人)

sabido, da [sabíðo, ða] 形 過分 [ser+] ❶ [事柄が] よく知られた, おなじみの: ser 〜 que+直説法 …は衆知のことである. como es 〜 よく知られているように. ❷ 《皮肉》物知りの, 物覚えのよい

sabiduría [sabiðuría] 女 ❶ 学識, 知識: 〜 popular 民間伝承. ❷ 賢明さ, 思慮: actuar con gran 〜 思慮分別をもって行動する. Libro de la S〜 《聖書》知恵の書

sabiendas [sabjéndas] *a* 〜 わざと; [+de que+直説法 を] 知っていて: Se marchó *a* 〜 *de que* se enfadarías. 彼は君が怒るのを承知でわざと立ち去った

sabihondo, da [sabjóndo, da] 形 名 《軽蔑・皮肉》物知りぶった(人), 衒(ʑ)学者; 優等生(ぶった)

sabina¹ [sabína] 女 ❶ 《植物》ビャクシン. ❷ [吸音の単位] セービン

sabino, na² [sabíno, na] 形 名 [古代イタリアの] サビニ人(の)

sabio, bia [sábjo, bja] 形 ❶ 学識(学問)のある. ❷ 賢明な, 思慮のある: Has tomado una *sabia* determinación. 君は賢明な決断をした. 〜 consejo 分別ある忠告. ❸ [動物が] よく芸を仕込まれた: perro 〜 学者犬
◆ 名 ❶ 物知り, 学者. ❷ 思慮深い人, 賢者: De 〜s es mudar de opinión. 《諺》君子は豹変する. Alfonso X el 〜 賢王アルフォンソ10世 《1221-84》

sabiamente 副 賢明にも; 学者らしく

sabiondo, da [sabjóndo, da] 形 名 =**sabihondo**

sablazo [sabláθo] 男 ❶ 《口語》dar *a*+人 un 〜 …からうまく(厚かましく)金をせしめる. ❷ サーベルの一撃; 刀傷

sable¹ [sáble] 男 ❶ サーベル, 刀; 《フェンシング》サーベル. ❷ 《船舶》帆の縁の補強布. ❸ 《紋章》黒色

sablear [sableár] 他 《口語》…から金をせしめる, 金をたかる

saboneta [sabonéta] 女 開閉式の懐中時計

sabor [sabór] 男 《英 taste》❶ 味, 風味: El agua no tiene ni 〜 ni olor. 水は無味無臭で

ある. ser de buen 〜 味がよい, おいしい. poema de 〜 clásico 古典風の詩. [+a+無冠詞名詞の] helado con 〜 *a* fresa ストロベリーアイスクリーム. ❷ 味わい, おもしろみ: Esta película deja un gran 〜 a los aficionados a la historia. この映画は歴史好きな人にとっては大変おもしろい
dejar mal 〜 de boca a+人 [自分の言ったこと・したことが] …にとって気がかりである, 後味が悪い

saborear [saboreár] 他 ❶ 味わう: 〜 el vino ワインを味わって飲む. ❷ [ゆっくり] 楽しむ, 享受する: 〜 la belleza 美を鑑賞する. 〜 el triunfo 勝利の味をかみしめる

sabotaje [sabotáxe] 男 サボタージュ, 怠業; [機械・設備の] 破壊; [計画の] 妨害

saboteador, ra [sabot.eaðór, ra] 名 サボタージュする(人)

sabotear 他 サボタージュ(破壊・妨害)する

saboyano, na [sabojáno, na] 形 名 《地名》[南フランスの] サボイ Saboya の(人)

sabr-, sabría- ☞**saber** 55

sabroso, sa [sabróso, sa] 形 ❶ 風味のある, おいしい, 味のよい (bueno, rico). ❷ [金額的に] かなりの; [内容が] 充実した, 興味深い: gratificación 〜sa たっぷりの報酬. ❸ 悪意のある, 皮肉な話; 機知に富んだ: comentario muy 〜 皮肉のきいたコメント. ❹ [estar+] 少し塩辛い. ❺ 《中南米》よい, 心地よい. ❻ 《中米》vivir de 〜 只飯を食う

sabrosón, na [sabrosón, na] 形 《中南米》快い, 感じのよい, 楽しい; おいしい

sabuco [sabúko] 男 =**saúco**

sabueso, sa [saβwéso, sa] 男 《犬》ブラッドハウンド
◆ 名 《口語》刑事; 有能な調査員

saburra [sabúrra] 女 《医学》舌苔(ʑ); 食物残渣(ʑ)

saburroso, sa 形 舌苔のある: lengua 〜sa 苔舌

saca [sáka] 女 ❶ 取り出すこと. ❷ [丈夫な布製の深い] 大袋: 〜 de correo 郵袋. ❸ [公証された] 謄本, 副本
estar de 〜 売り出し中である; [女性が] 婚期を迎えている

sacabocados [sakaβokáðos] 男 『単複同形』押し抜き器, 打ち抜き器

sacabuche [sakaβútʃe] 男 サックバット 『トロンボーンに似た中世の楽器』

sacaclavos [sakaklábos] 男 『単複同形』釘抜き

sacacorchos [sakakórtʃos] 男 『単複同形』[ワインなどの] コルク抜き, コルクスクリュー
sacar... a+人 con 〜 《口語》[巧みに質問したりして] …の話を…から引き出す

sacacuartos [sakakwártos] 『単複同形』《西. 口語》男 がらくた, つまらないもの; [つい金を出してしまうような] たわいない見世物(ゲーム)
◆ 名 金をだまし取る人, いかさま師, ペテン師

sacadineros [sakaðinéros] 『単複同形』=**sacacuartos**

sacador, ra [sakaðór, ra] 名 《スポーツ》[バレ

　ーボールなどの〕サーバー

sacamanchas [sakamántʃas] 男 〖単複同形〗 =**quitamanchas**

sacamantecas [sakamantékas] 名 〖単複同形〗

❶《軽蔑》歯医者；〔昔の〕抜歯屋．**❷** おしゃべりな人：Habla más que un ～. 彼はひどいおしゃべりだ

sacaperras [sakapéřas] 男 名 〖単複同形〗 =**sacacuartos**

sacapuntas [sakapúntas] 男 〖単複同形〗 〔小型の〕鉛筆削り器

sacar [sakár] 他 《英 draw, take out. ↔meter. ☞活用表》[+de から] **❶** 引き出す，取り出す：～ un libro de la cartera かばんから本を取り出す．～ dinero del banco 銀行から金を引き出す．～ la basura ごみを外に出す．～ la pistola ピストルを抜く．～ una muela 抜歯する

❷ 連れ出す：No saca nunca a su mujer de casa. 彼は妻を全然外に連れ出さない．Saca al perro. 犬を散歩に出しなさい．～ un caballo del establo 馬をうまやから引き出す．～ a+人 de la pobreza …を貧困から救う．～ a+人 a bailar …をダンスに誘う

❸ 得る：i) 〔利益・情報などを〕Saqué poco dinero de la venta. 私は売ってもほとんどもうからなかった．Saca a su padre todo lo que quiere. 彼は欲しいものは何でも父親に買ってもらっている．Quiero ～le qué tipo de música le gusta. 彼はどんな音楽が好きなのか知りたい．Eso lo ha sacado de su madre. それは母親ゆずりだ．ii) 〔成績を〕He sacado tres notables. 私は良を3つとった．iii)《西》合格する：He sacado todos mis estudios. 私は全教科合格する

❹ 〔くじで〕引き当てる：～ el premio gordo (un millón de pesetas) de la lotería 宝くじで大当たり(100万ペセタ)を当てる

❺ 〔体の一部を〕とび出させる：～ la cabeza 頭を出す．～ la barbilla あごを突き出す(しゃくる)．～ (el) pecho 胸を張る(突き出す)．～ bíceps 力こぶを見せる

❻《裁縫》〔上げ・詰めを〕下ろす，伸ばす：～ la chaqueta un poco 上着の幅を出す

❼ 〔量を〕産出する；[+de から] 作り出す，製造する：Aquí sacan mil camiones al mes. ここではトラックが月に千台生産される．～ el vino de las uvas ブドウからワインを作る

❽ 〔新たに〕作り出す；流布させる：～ un nuevo modelo de coche 新車を発表する．～ a+人 motes …にあだ名をつける．～ el genio 才能を示す

❾ 〔問題などを〕解決する；推論する：～ la cuenta de... …を計算する．～ una ecuación 式を解く．Saqué que tenía problemas en casa. 彼は家庭に問題があることがわかった

❿ 〔くじ引き・投票で〕選ばれる：En la votación el partido ha sacado 50 diputados. 選挙でその政党は50議席を獲得した

⓫ 引用する，名前をあげる 〖citar〗：Ese pe-

dante saca todo cuanto sabe. あの知ったかぶりはあらゆる知識をひけらかす．～ el tema de... …の話題を持ち出す．～ las notas de un libro 本から注を引用する

⓬ 〔切符を〕買う：～ la entrada del cine 映画の入場券を買う

⓭ 〔写真を〕撮る：Te voy a ～ una foto. 写真をとってあげよう．～ una copia del escrito 文書をコピーする

⓮ [+a+人 を] …上回る：Le sacaba cien metros. 私は彼を100メートルリードしていた．Ella le saca la cabeza (cinco años) a su novio. 彼女は恋人より頭1つ背が高い(5歳年上だ)

⓯《スポーツ》〔ボールを〕キックする；打つ

⓰《西》i) [+a+人 の，欠点・失敗を] 見つけ出す，露わにする．ii) 〔あだ名を〕つける

⓱《口語》〔マスコミに〕登場させる：～ a+人 por la tele …をテレビに出す

⓲《主に中南米》[+a から] 取り除く；取り上げる

◆ 自 **❶**《サッカー》～ de banda スローインする．～ de puerta (esquina) ゴール(コーナー)キックをする．**❷**《テニス・バレーボールなど》サーブする

～ adelante 1) 〔子供を〕育てる：Tiene cinco hijos y le cuesta mucho ～los adelante. 彼は子供が5人もいて育てるのに大変金がかかる．2) 〔事業などを〕進展させる；危機から救う：Surgieron tantos inconvenientes que no pudieron ～ adelante su proyecto. あまりにもたくさんの問題が持ち上がって彼らは計画を進めることができなかった

～ de la nada a+人 …を引き立ててやる，昇進させる

～ de sí a+人 …を激怒させる：Cada vez que yo sacaba el tema del dinero, le sacaba de sí. 私が金の話を持ち出すと，きまって彼はひどく機嫌が悪くなる

◆ ～se ❶ 〔自分の…から〕取り出す：Se sacó el monedero del bolsillo. 彼はポケットから財布を取り出した．**❷** 取得する：Se sacó el carnet de conducir. 彼は運転免許を取った

sacar	
直説法点過去	接続法現在
saqué	saque
sacaste	saques
sacó	saque
sacamos	saquemos
sacasteis	saquéis
sacaron	saquen

sacarato [sakaráto] 男《化学》サッカラート

sacárido [sakáriðo] 男《化学》糖類，サッカライド

sacarífero, ra [sakarífero, ra] 形 糖を生じる(含む)

sacarificar [sakarifikár] 他《化学》糖に変える，糖化する

sacarimetría [sakarimetría] 女 検糖法
sacarímetro 男 検糖計，サッカリメーター

sacarina [sakarína] 女《化学》サッカリン

sacaroideo, a [sakaroiðéo, a] 形《鉱物》

〔砂〕糖状の

sacarolado [sakaroláðo] 男《薬学》含糖剤

sacarosa [sakarósa] 囡《生化》サッカロース, 蔗糖(ょとう)

sacaruro [sakarúro] 男《薬学》ドライシロップ, 含糖顆粒剤

sacatinta [sakatínta] 囡《植物》中米産の小灌木《葉から青紫の染料がとれる》

sacerdocio [saθerðóθjo] 男 ❶ 祭司職(位)：ejercer el ～ 司祭をつとめる. ❷ 聖職：considerar la enseñanza como un ～ 教育を聖職と考える

sacerdotal [saθerðotál] 形 司祭の；司祭の：casa ～ 司祭館

sacerdote [saθerðóte] 男 ❶ 聖職者, 僧侶, 神官, 祭司. ❷《カトリック》司祭 『☞órden 囡』 ❷ 参考』： ～ obrero 労働司祭

　sacerdotisa 囡 女祭司, 巫女(みこ)

sachar [satʃár] 他《雑草を》取り除く, 除草する

　sacho 男 草刈り鍬(くわ)

saciable [saθjáble] 形 すぐに満足する；食が細い

saciar [saθjár] 囮 他《空腹・渇きを》満たす；《欲望などを》満足させる：～ la sed 渇きをいやす. ～ su ambición 野望を満足させる. ◆ ～se [+de に/+con で] 堪能する：comer hasta ～se 腹一杯食べる『満足感を表している』. ～se de dulces お菓子に飽きる. ～se de poesía 詩を堪能する. Se sació con dos cucharadas. 彼は2さじしか食べられなかった

saciedad [saθjeðá(ð)] 囡 満足；満腹：Nunca alcanza la ～. 彼は決して満足しない（満腹にならない）. comer hasta la ～ 腹一杯食べる

　repetir hasta la ～ しつこく（口がすっぱくなるほど）言う

saco [sáko] 男 『英 sack』❶ 袋；1袋分：llenar un ～ de patatas 袋にジャガイモを一杯詰める. dos ～s de azúcar 砂糖2袋. carrera de ～s 両足を袋に入れた競走. ～ de arena《ボクシング》サンドバッグ；《軍事》砂嚢, 砂袋. ～ terreno 土嚢. ～ de dormir 『～ de dormir』だぶだぶの外套. ❹ 略奪《saqueo》：～ de Roma ローマの略奪『1527年』. ❺《解剖・生物》嚢：～ lacrimal 涙嚢. ❻《中南米》上着, ジャケット；カーディガン

　a ～《俗語》たくさん

　caer en ～ roto 問題にされない：Sus consejos *cayeron en ～ roto.* 彼の忠告は聞き入れられなかった

　entrar (meter) a ～ 略奪する：El ejército enemigo *entró a ～* en la ciudad. 敵軍は町を荒らし回った

　hombre del ～ Si te portas mal, va a venir el *hombre del ～*. いい子にしてないと《袋を持った》怖いおじさんが来るよ

　meter... en el mismo ～《口語》…を一まとめにする, いっしょくたにする

　no echar... en ～ roto …を覚えておく：No *eches en ～ roto* los consejos que te he

dado. 今までの忠告を忘れてはいけないよ

　ser un ～ de... …な人間である：*Es un ～ de sorpresas (de mentiras).* 彼にはいつもびっくりさせられる（彼は嘘のかたまりだ）

　tener en el ～ =tener en el bote

sacón [sakón] 男《南米》=chaquetón

sacralizar [sakraliθár] 他 神格化（神聖視）する

sacramento [sakraménto] 男《カトリック》秘跡『キリストが人間の霊魂の聖化のために定めた7つの儀式（7つの秘跡）：bautismo 洗礼, eucaristía 聖体, confirmación 堅信, penitencia 告解, extremaunción 終油, orden sacerdotal 叙階, matrimonio 婚姻』；《プロテスタント》聖礼『主に bautismo と eucaristía 聖餐』：administrar (recibir) los ～s 秘跡を授ける（受ける）. Santísimo S～ 聖体の秘跡. últimos ～s 臨終の秘跡. ～ del altar 聖体の秘跡

　sacramental 形 秘跡の, 秘跡にまつわる；由緒ある, 歴史的価値のある

　sacramentar 他《病人に》終油の秘跡を授ける；『パン・ブドウ酒を』聖別（祝別）する

sacrificador, ra [sakrifikaðór, ra] 名 供犠者；畜殺者

sacrificar [sakrifikár] 囮 他 ❶《犠牲として》供える, ささげる：～ un cordero a los dioses 羊をいけにえとして神々にささげる. ❷ [+por・a のために]犠牲にする：～ su vida *por* su patria 祖国のために命を投げ出す. ～ sus amigos *a* sus intereses 自分の利益のために友人を犠牲にする. Tendrás que ～ el coche si quieres comprar la casa. 家を買いたいのなら車を手放さなくてはいけない. ❸ 畜殺（屠畜）する

◆ ～se 犠牲になる；献身する, 自分を犠牲にする：～se a Dios 神に一身をささげる；聖職者になる. ～se por un amigo 友人のために自分を犠牲にする. Se sacrificó para salvar a su hijo. 彼は息子を救うために犠牲になった. Me sacrifico sin ir (no yendo) al cine para ahorrar. 私は貯金するために映画へ行くのを我慢している

sacrificio [sakrifíθjo] 男 『英 sacrifice』❶ 犠牲. i) 供犠, いけにえ：ofrecer... en ～ …をいけにえにささげる. ～ humano 人身御供(ひとみごくう). ～ del altar ミサにおける犠牲. ii) 犠牲的行為：hacer un ～ para... …のために犠牲を払う. espíritu de ～ 犠牲的精神. ～ de sí mismo 自己犠牲. ❷《カトリック》ミサ『misa』：celebrar el santo ～ ミサをささげる

sacrilegio [sakriléxjo] 男 瀆聖, 冒瀆；不敬

　sacrílego, ga 形 名 冒瀆的な, 不敬な；冒瀆者

sacristán, na [sakristán, na] 名 聖具納室係

　ser gran ～ 非常にずる賢い

　sacristanía 囡 聖具納室係の職務

sacristía [sakristía] 囡《教会の》聖具納室, 香部屋

sacro, cra [sákro, kra] 形 ❶ =sagrado：

arte ～ 宗教美術. S～ Imperio 〔Romano〕
神聖ローマ帝国. ❷ 〖解剖〗仙骨の: nervios
～s 仙骨神経.
◆ 圐 仙骨 〖hueso ～〗.

sacroilíaco, ca 圏 仙腸関節の.

sacrosanto, ta [sakrosánto, ta] 圏 至聖
の, 不可侵の.

sacudida [sakuđíđa] 囡 ❶ 振り動かすこと,
揺さぶり; 地震: La tierra dio una ～ muy
fuerte. 大地がグラッと揺れた. ❷ 電気ショック,
感電 〔～ eléctrica〕. ❸ 〖精神的な〗衝撃, シ
ョック.

sacudidor [sakuđiđór] 圐 ふとんたたき.

sacudir [sakuđír] 倔 ❶ 揺り動かす, 揺さぶる:
～ un árbol 木を揺する. ～ una alfombra じ
ゅうたんを振る. Despertó a su marido sacu-
diéndolo. 彼女は夫を揺り起こした. ❷ 殴る;打
撃を与える. ❸ 振り払う, 払い落とす: ～ a＋人
la nieve ～se の雪を払い落とす. Sacúdeme la
espalda, que la llevo llena de arena. 背中に
砂がついているので払い落としてくれ. ❹ 〖精神的
な〗衝撃を与える: Este suceso sacudió a
Europa entera. この事件は全ヨーロッパを揺がし
た. Una gran emoción sacudió a la fa-
milia. 一家は大きな感動に包まれた.
◆ ～se ❶ 〔自分の〕体を振る, 〔蝿·蚊を〕振り
払う: La vaca se sacudía las moscas con la
cola. 牛は尾で蝿を追い払った. ❷ …をやっかい
払いする: ～se la responsabilidad (a sus
vecinos) 責任(近所付きあい)から逃れる.

sacudón [sakuđón] 圐 〖中南米〗激しい揺さぶ
り.

sáculo [sákulo] 圐 〖解剖〗〔内耳の〕球形囊.

sádico, ca [sáđiko, ka] 圏 サディズムの; 残
酷な.
◆ 图 サディスト.

sadismo [sađísmo] 圐 ❶ 〖医学〗サディズム,
加虐性愛(趣味) 〔＝marqués de Sade サド侯
爵〕. ❷ 極度の残虐さ.

sadomasoquismo [sađomasokísmo] 圐
サドマゾヒズム.
sadomasoquista 圏 图 サドマゾの, SM の
〔愛好者〕.

saduceo, a [sađuθéo, a] 圏 图 〖宗教〗サドカ
イ派の〔人〕.

saeta [saéta] 囡 ❶ 矢 〔flecha〕; 〔時計·磁石
の〕針. ❷ 〖音楽〗サエタ 〔一般に聖週間の行列
に向かって歌われるアンダルシア地方の宗教歌〕.
echar ～s 怒りを露わにする.

saetera [saetéra] 囡 矢狭間(㲺) 〔☞castillo カット〕.

saetín [saetín] 圐 〔頭のない〕細釘; 〔水車に
水を導く〕導水溝.

safari [safári] 圐 ❶ 〔狩猟などの〕遠征旅行,
サファリ: ～ fotográfico 撮影旅行. ❷ 〔放し
飼いにしてある〕動物公園, サファリパーク.

safena [saféna] 圏 囡 〖解剖〗伏在の〔静脈〕
〔vena ～〕.

sáfico, ca [sáfiko, ka] 圏 〖詩法〗サッフォー·
Safo 詩体の.

s.afmo 《略語》←su afectísimo 親愛なる.

saga [sága] 囡 ❶ 〖文学〗サガ, 北欧伝説. ❷

家族史; 〔何代にもわたる〕家族, 家系: ～ de
los Alba アルバ公爵家の歴史.

sagaz [sagáθ] 圏 〔圐 ～ces〕 ❶ 慧眼(鵼)の,
聡明な: policía ～ 鼻のきく警官. ❷ 〔猟犬が〕
勘のよい.
sagacidad 囡 慧眼, 明敏さ.

sagita [saxíta] 囡 〖数学〗矢, 正矢.
sagital 圏 矢形の;〖解剖〗矢状縫合の.
sagitario 圐 〖占星〗〔主に S～〕射手座 〔☞
zodíaco 参考〕.

sagrado, da [sagráđo, đa] 圏 〖英 sacred.
絶対最上級 sacratísimo〕 ❶ 聖なる: fuego ～
聖火. religioso ～ 聖典. zona ～da/recinto
～ 聖域. S～ Corazón 聖心 〖キリストの心臓〗.
S～da Familia 聖家族 〖ヨセフ, マリア, キリス
ト〗. ❷ 畏敬すべき, 神聖不可侵の: La amis-
tad es algo ～ para nosotros. 私たちにとって
友情とは侵しがたいものだ.
acogerse a〔l〕 ～ 聖域に逃げ込む.

sagrario [sagrárjo] 圐 〖カトリック〗〔祭壇付近
の〕聖域 〔ホスチア hostia を納めてある〕聖櫃,
〔大聖堂内の〕小礼拝堂.

sagú [sagú] 圐 〖植物〗サゴヤシ.

saguaipé [sagwaipé] 圐 〖南米〗〔動物の肝臓
の〕寄生虫の一種.

saguntino, na [saguntíno, na] 圏 图 〖地
名〗サグント Sagunto の〔人〕〔ローマ時代の遺跡
で有名なバレンシア地方の都市〕.

sah [sá] 圐 〔←ペルシア語〕シャー, 国王.

saharaui [sa〔x〕aráwi] 图 〖地名〗西サハラ
Sahara Occidental の〔人〕〔旧スペイン領〕.

sahariano, na [sa〔x〕arjáno, na] 圏 图 〖地
名〗サハラ砂漠 〔desierto del〕 Sahara 圐 の
〔人〕.
◆ 囡 〖服飾〗サファリジャケット.

sahumar [saumár] ⑱ …に香をたき込める:
～ el altar 祭壇に香をたく.
sahumador 圐 香炉.
sahumerio 圐 香〔の煙〕.

S.A.I. 《略語》←Su Alteza Imperial 皇帝(皇
后)陛下.

saín [saín] 圐 獣脂.

sainete [sainéte] 圐 ❶ 〖演劇〗〔18 世紀スペイ
ンの〕一幕物の風俗喜劇. ❷ 〖比喩〗喜劇, こっ
けいな状況.
sainetero, ra/sainetista 图 その作者.

saíno [saíno] 圐 〖動物〗ペッカリー.

sajar [saxár] 倔 〖医学〗〔うみを出すためにはれも
のを〕切開する.

sajón, na [saxón, na] 圏 图 〖歴史〗サクソン
人〔の〕;〖地名〗〔ドイツの〕ザクセン地方 Sajonia
囡 の〔人〕.

sake/saki [sáke/-ki] 圐 〔←日本語〕酒, 日
本酒.

sal¹ ☞salir 62

sal² [sál] 囡 〖英 salt〗 ❶ 不可算 塩: sazonar
con ～ で味を調える. echar ～ a la ensa-
lada サラダに塩をかける. agua ～ 塩漬け用の塩
水. ～ común 塩, 食塩. ～ de ajo ガーリック
ソルト. ～ de cocina 食塩. ～ de mesa/～
fina 食卓塩. ～ gema 岩塩. ～ marina 海

塩. 〜 yodada ヨウ素添加食卓塩. ❷ おもしろみ, 機知；[人の] 生気, 屈託のなさ： de la vida 人生の（ぴりっとした）味わい. Tu hermana tiene mucha 〜. 君の妹ははつらつとして魅力たっぷりだ. ❸《化学》塩(えん)： 〜 de acederas シュウ酸カリ. 〜 infernal 硝酸銀. 〜 fumante 酸酸. 〜 de fruta[s] [家庭医学で使われる] 沸騰性の緩下剤の一種. ❹ 團 [気つけ用の] 芳香塩, かぎ薬 〖〜es aromáticas〗. ❺ 團 入浴剤 〖〜es de baño〗.

〜 **gorda** 粗塩；きわどい（下品な）冗談.

〜 **y pimienta** 《口語》生気, 活気；[悪意のある] 冗談

sala [sála] 囡《英 drawing room, hall》❶ 居間, リビングルーム 〖〜 de estar〗；[客を迎える] 広間, 応接間 〖〜 de visitas〗；その家具（セット）： introducir a+人 en la 〜 を応接間に通す. 〜 de estilo inglés 英国風の応接セット

❷ [公共施設などの] ホール, 会場： 〜 de conciertos コンサートホール. 〜 de conferencias 講堂, 講演会場；会議場, 会議室. 〜 de espera [病院・駅などの] 待合室. 〜 de fiestas ナイトクラブ. 〜 de juntas [取引所の] 立合場. 〜 de muestras (de exhibición) ショールーム. 〜 de reuniones 会議室

❸ [ホテル・空港の] ロビー, ラウンジ： 〜 de embarque (de salidas) 出発ロビー

❹ [病院の] 病棟, 大きな病室 〖〜 de hospital〗： 〜 de operaciones/〜 operatoria 手術室. 〜 de partos 分娩室. 〜 de urgencias 救急病棟（治療室）

❺ 劇場；映画館： 〜 de estreno 封切館. X 〜 ポルノ映画館

❻ 法廷；《医》裁判官： mandar desalojar la 〜 退廷を命じる. guardar 〜 法廷の秩序を守る. 〜 de lo civil 民事部. 〜 de lo penal (lo criminal) 刑事部

salabre [saláβre] 團《釣り》たも

salacidad [salaθiðá(ð)] 囡《文語》好色, 淫乱

salacot [salakó(t)] 團 〖圏〜s〗 [熱帯地方の日よけ用の] ヘルメット, 日よけ帽

saladar [salaðár] 團 塩性沼沢地, 塩湿地, 塩田

saladería [salaðería] 囡 塩漬け産業

saladero [salaðéro] 團 塩漬け場

saladillo, lla [salaðíʎo, ʎa] 厖 [豚の脂身・ナッツ類などが] 軽い塩味のついた
　◆ 囡《植物》[塩分の強い低地に生育する] アカザ科の灌木

salado, da [saláðo, ða] 厖 過分 ❶ [ser+] 塩分を含んだ, 塩けのある, 塩漬けの；[estar+] 塩けのききすぎた： ciruela 〜da 梅干し. Esta sopa está algo 〜da. このスープは少し塩辛い. ❷ [ser+] 愛嬌のある, 気のきいた；[冗談などが] ピリッとした, どぎつい. ❸《中南米》不幸な, 不運な. ❹《南米》[価格が] 高い： precios 〜s 高値

saladura [salaðúra] 囡 塩漬け： 〜 de las pieles [防腐のために] 生皮に塩をまぶすこと

salamanca [salamáŋka] 囡《南米》[岩山の] 洞窟；[インディオが悪霊と考えた] サンショウウオの一種

salamandra [salamándra] 囡 ❶《動物》サンショウウオ. ❷ [主に無煙炭を使う] サラマンダーストーブ 〖ロカット〗

salamanqués, sa[1] [salamaŋkés, sa] 厖 囝 =salmantino

salamanquesa[2] [salamaŋkésa] 囡《動物》ヤモリ： 〜 de agua イモリ

salami [salámi] 團《←伊語. 料理》サラミソーセージ

salame 團《南米》=salami

salar [salár] 働 ❶ [肉・魚などを] 塩漬けにする. ❷ [料理に] 塩を入れる；塩を入れすぎる. ❸《中南米》台なしにする；不運をもたらす
　◆ 〜se《中南米》台なしになる
　◆ 團《南米》岩塩坑, 塩田

salariado [salarjáðo] 團 賃金制度

salarial [salarjál] 厖 給与の, 賃金の： aumento 〜 賃上げ

salario [salárjo] 團 給与, 賃金, [特に] 日給 〖顕剛 salario は一般労働者の賃金で, sueldo は事務職員 empleados の給与〗： pagar (cobrar) el 〜 給料を払う（受け取る）： elevado 高賃金. 〜 mínimo 最低賃金. 〜 social [賃金以外の] 公的給付

salaz [saláθ] 厖 〖圏〜ces〗《文語》好色な, 淫乱な

salazón [salaθón] 囡 ❶ [保存食品の] 塩漬け；[主に 團] 塩漬け食品[加工業]. ❷《中米》不運

salcedo [salθéðo] 團 ヤナギの林（並木）

salchicha [saltʃítʃa] 囡 ❶《料理》ソーセージ 〖主に加熱用〗： 〜 de Francfort (de Viena) フランクフルト（ウインナー）ソーセージ. ❷《犬》perro 〜 ダックスフント

salchichería [saltʃitʃería] 囡 ソーセージ店

salchichón [saltʃitʃón] 團《料理》[サラミ風の] ソーセージ 〖主に生食用〗

saldar [saldár] 働 ❶ 決済する： 〜 la cuenta corriente 当座勘定をしめる. 〜 sus deudas 借金を清算する. ❷ [在庫を安値で] 見切り売りする： 〜 los artículos para cerrar el negocio 店じまいのためのバーゲンセールをする. ❸ 決着をつける： 〜 sus diferencias 意見のくい違いを解消する.
　◆ 〜se《文語》[+con 結果に] 終わる, 決着がつく

saldista [saldísta] 囲 在庫見切りセールをする人, 見切り品売買業者, バッタ屋

saldo [sáldo] 團 ❶ 決済, 清算；[貸借の] 差引残高： 〜 de una cuenta 勘定の清算（残高）. 〜 deudor (acreedor) 借越（貸越）額. 〜 comercial 貿易収支バランス. 〜 positivo (negativo) 黒字(赤字), プラス（マイナス）決算；[一般に] よい（悪い）結果. ❷ [主に 團] 見切り品, 特売品；安売り, 特売 〖venta de 〜s〗： La

ropa de invierno está de 〜. 冬物特売中. ❸
《文語》[事故・試合などの] 結果 : La pelea terminó con un 〜 de dos heridos. けんかで2人のけが人が出た

saldr-, saldría- ☞salir 62

saledizo, za [saleðíθo, θa] 形 突き出た : techo 〜 張り出している屋根
◆ 男 [建物の] 突き出した部分, 出っ張り

salep [salép] 男 サレップ 『ラン科植物の球根を乾したもの. 食用』

salero [saléro] 男 ❶ [食卓・台所用の] 塩入れ. ❷ 機知, 愛嬌 : La niña tiene mucho 〜. その娘は愛嬌たっぷりだ
saleroso, sa 気のきいた, 愛嬌のある

salesa [salésa] 女 《宗教》聖母訪問会 Visitación de María の〔修道女〕

salesiano, na [salesjáno, na] 形 名 《宗教》サレジオ会 congregación de San Francisco de Sales の〔会員〕

salga- ☞salir 62

salicáceas [salikáθeas] 女 複 《植物》ヤナギ科

salicaria [salikárja] 女 《植物》エゾミソハギ

salicilato [saliθiláto] 男 《化学》サリチル酸塩 (エステル)

salicílico, ca 形 ácido 〜 サリチル酸

salicina [saliθína] 女 《化学》サリシン

sálico, ca [sáliko, ka] 形 《歴史》サリ支族の : ley 〜ca サリ法〔典〕

salida¹ [salíða] 女 〖英 departure, exit. ↔llegada, entrada〗 ❶ 出ること, 外出 ; 出発, 発送 : El tren tiene su 〜 a las dos. 列車は2時に発車する. A la 〜 de clase fuimos a pasear. 放課後私たちは散歩に行った. hora de 〜 出発(発車)時刻. precio de 〜 [競売の] 開始価格, 最低売価. 〜 al mercado del nuevo modelo ニューモデルの発売. 〜 del campo de gravitación 重力圏からの離脱. 〜 del puerto 出港. 〜 del sol 日の出. 〜 del tren [列車の] 発車 ❷ 《スポーツ》スタート : El juez dio la 〜 a los corredores. 審判は走者たちにスタートの合図をした. tomar la 〜 スタートを切る. bloque (taco) de 〜 スターティングブロック. 〜 agachada (parada) クラウチング(スタンディング)スタート. 〜 nula (en falso) フライング ❸ 出口 : No encuentro la 〜. 出口が見つからない. Bolivia no tiene 〜 al mar. ボリビアには海への出口がない. calle sin 〜 行き止まりの通り. 〜 de emergencia (de socorro•de incendios) 非常口. 〜 del metro 地下鉄の出口 ❹ 旅行 ; 遠足, 散歩 : Voy a hacer alguna 〜 para conocer los alrededores de este lugar. この付近を知るためにちょっと一回りしてみよう ❺ i) [時に 複 将来への] 可能性 : La informática tiene muchas 〜s. 情報科学にはたくさんの可能性がある. ii) 売れ行き[の見込み] : Estos géneros tienen muy poca 〜. この商品は売れそうにない. iii) 複 [学生の] 就職口 ❻ 支出, 出金 : Las 〜s han sido muy ele-

vadas. 支出が大変多かった ❼ [困難を解決する] 手段 ; 口実, 言い訳 : No hay otra 〜. 他に解決法がない. buscar una 〜 言い訳を捜す ❽ 才気, 機知に富んだ言動 : Este chico tiene unas 〜s. この子はとても愉快なことを言ったりする ❾ 《演劇》退場 ❿ 《情報》出力, アウトプット : 〜 impresa ハードコピー ⓫ 《服飾》〜 de baño ビーチローブ ; バスローブ

salidizo [saliðíθo] 男 《建築》張り出し部分, コンソール

salido, da² [salíðo, ða] 形 過分 ❶ 突き出た, 出っ張った : dientes 〜s 出っ歯. ❷ [動物の雌が] 発情した 《軽蔑》[人が] 性的に興奮した : Anda 〜da la yegua. 雌馬はさかりがついている
◆ 男 《俗語》性的強迫観念, 色情狂

salidor, ra [salíðor, ra] 形 《南米》[夜遊びに] 出かけるのが好きな

saliente [saljénte] 形 ❶ 突き出た : pómulos 〜s 出っ張った頬骨. 腹が出ている. línea 〜 《建築》アリス, 稜線. ❷ 目立った. 際立った. ❸ 出ていく, やめていく : El director 〜 dio posesión al nuevo director. 前社長は新社長への引き継ぎの式を行った
◆ 男 ❶ 突出部 : darse un trompazo con el 〜 de la pared 壁の出っ張りに激突する. ❷ 《文語》[levante. 〜poniente]

salífero, ra [salífero, ra] 形 塩分を含んだ

salificar [salifikár] 他 《化学》塩化する
salificable 形 塩化し得る : base 〜 塩基
salificación 女 塩化

salina¹ [salína] 女 ❶ [時に 複] 塩田, 製塩所. ❷ 岩塩坑. ❸ [主に 複] 潮だまり ; 塩性沼沢地, 塩湿地

salinero, ra 塩の ; 塩田の, 製塩の. ◆ 塩田 〖salina〗

salino, na² [salíno, na] 形 塩分を含んだ ; 塩からい
salinidad 女 塩分, 塩け
salinizar 他 塩で処理する, 塩化する

salir [salír] 62 自 〖英 go out, come out. 〜entrar. ☞活用表〗 ❶ [+de から, +a に] 出る : i) Pronto saldrá de la habitación. 彼はもうすぐ部屋から出て来る. Vamos a 〜 al jardín. 庭へ出よう. 〜 de su país 国を離れる. No sale este tapón. この栓は抜けない. ii) 外出する : El enfermo no debe 〜 de casa. 病人は外出してはいけない. iii) [+de+動作の名詞に] 出かける : Vamos a 〜 de compras. 買い物に出かけよう. 〜 de viaje 旅行に行く. iv) [+a+不定詞するために] 〜 a pasear 散歩に出かける. v) 出発する : Ha salido de Madrid para Roma. 彼はマドリードを立ってローマへ向かった. El barco sale a mediodía. 船は正午に出航する. vi) [+con 異性と] 交際する, 付き合う : Esos dos siguen saliendo. その2人はずっとつき合っている. Hoy salgo con Josefa. 私は今日ホセーファとデートする ❷ [職務などから] 離れる ; [状態を] 脱する : 〜

de director 社長をやめる. ～ *de* la escuela 学校を卒業する. ～ *del* partido 脱党（離党）する. ～ *del* hospital 退院する. ～ *del* atolladero 窮地を脱する

❸ 現れる；表明される：i) El sol *sale* por Oriente. 太陽は東から昇る. Tarde o temprano tendrá que ～. 遅かれ早かれそれは見つかるはずだ. El disgusto le *salía* cuando hablaba. 不快な様子が彼の言葉のはしばしに現れていた. ii) 出版される；［レコードなどが］発売される：Esa revista *sale* los martes. その雑誌は毎週火曜日に出る. iii) ［+en 写真・テレビなどに］¿Quién es el que *sale en* esta foto? この写真に写っているのは誰ですか？ Yo *salí* bien *en* la foto. 私はよく写っている. La noticia *salió en* todos los periódicos. そのニュースは全部の新聞に載った. *En* la segunda cadena *sale* el teledeporte. 第2チャンネルではスポーツニュースをやっている

❹ 生じる；［芽などが］出る：Pronto van a ～ flores. もうすぐ花が咲きそうだ. Al bebé le *han salido* los dientes. 赤ん坊に歯が生えた. De las manzanas *sale* la sidra. リンゴからシードル酒はできる

❺ ［汚れが］消える：Este lamparón no *sale* con ningún quitamanchas. この油じみはどのしみ抜きでも落ちない

❻ 突き出ている，目立つ〖sobresalir〗：Aquel edificio *sale* más que el resto de la calle. あのビルは通りでひときわ高くそびえている

❼ ［+主格補語. 結果として］…になる：i) El viaje me *ha salido* barato (caro). その旅行は安く（高く）ついた. Hice la tortilla como me dijiste y *salió* riquísima. 君に教わった通りにトルティーリャを作ったらとてもおいしくできた. ii) ［計算などが］En esta división tiene que ～ once y no trece. この割り算の答は13でなく11になるはずだ. No le *salen* las cuentas. 彼は計算が合わない. iii) ［+a 一個・一人当たりの金額/+por 価格］Cada taza *sale a* cien pesetas. 茶碗一個当たり100ペセタになる. Salimos *a* cinco mil pesetas por cabeza. 一人当たり5千ペセタになる. Este coche le *salió por* un millón de pesetas. 彼はこの車に100万ペセタ出した

❽ ［+a+人 に］似る：Este niño *ha salido a* su madre. この子は母親に似てきた

❾ ［好機などが，+a+人 を］訪れる：Le *ha salido* un buen empleo. 彼にいい仕事の話が来た

❿ ［くじ・投票で］選ばれる：*Salió* secretario general por mayoría de votos. 彼は過半数の得票で書記長に選ばれた

⓫ ［+por で］保証する，請け合う；弁護する. 味方につく：El jefe *salió por* él. 上司が彼の保証人になった

⓬ ［道などが，+a に］通じる：Esta calle va a ～ *a* la plaza. この道を行くと広場に出る

⓭ ［+con 場違いな・思いがけないことを］言い出す，しでかす；［障害などを］克服する：*Salió con* que no era culpable. 彼は突然自分に責任はな

いと言い出した/彼は自分に責任はないとさ. Es capaz de ～ *con* todo su trabajo. 彼は仕事を全部やりとげることができる

⓮ ［口語］［+de+人 の］自発性による，…の考え出したことである

⓯ ［演劇］i) 退場する：*Sale* por la izquierda. 下手から退場. ii) ［+de の役で］出演する：*Salía de* Don Juan. 彼はドン・フワンの役で出ていた

⓰ ［ゲームで］最初にプレーをする：Te toca ～ a ti. 君からだ

⓱ ［鶏の卵が］孵（かえ）る

a lo que salga 《口語》当てずっぽうに，結果がどうなろうとも：Vamos *a lo que salga*. 出たとこ勝負でいこう

no me sale ahora ど忘れしてしまった

no ～ de+人 ［秘密が］…の口から漏れない

salga lo que salga =a lo que salga.

～ adelante 1) 困難（逆境）を克服する. 2) 好結果に終わる：El proyecto *salió adelante* a pesar de la oposición. 反対はあったが議案は通った

～ bien (mal) 成功（失敗）する：*Salió bien (mal)* del (en el) examen. 彼は試験に合格した（落ちた）. Parece que va a ～ *bien (mal)* este negocio. この取引はうまくいきそうだ（いきそうもない）

～ disparada a+不定詞 さっと（すばやく）…する

～ juntos ［主語は複数］交際する，つきあう

～ pitando (corriendo・disparado) 大急ぎで出かける，あわてて走り出す

～ por ahí 出歩く，遊び歩く

◆ *～se* ❶ 外に出る；抜け出す：El canario *se salió de* la jaula. カナリアがかごから逃げ出した. *Se salió* muy bien del compromiso. 彼はうまく窮地を逃れた. ❷ ［液体が］あふれる；［沸騰して］吹きこぼれる. ❸ ［制限・常態などを］外れる：El camión *se salió de* la calzada. トラックは車道から飛び出した. Su comportamiento *se sale de* lo normal. 彼のふるまいは常軌を逸している

salir	
直説法現在	直説法未来
sal*g*o	sal*dr*é
sales	sal*dr*ás
sale	sal*dr*á
salimos	sal*dr*emos
salís	sal*dr*éis
salen	sal*dr*án
直説法過去未来	接続法現在
sal*dr*ía	sal*g*a
sal*dr*ías	sal*g*as
sal*dr*ía	sal*g*a
sal*dr*íamos	sal*g*amos
sal*dr*íais	sal*g*áis
sal*dr*ían	sal*g*an

salitre [salítre] 男 《化学》硝石
salitral 形 硝石を含む. ◆ 男 硝石床

salitrero, ra [形][名] 硝石の；硝石業者. ◆ [女] 硝石床

salitroso, sa [形]〔土地が〕硝石を含む

saliva [salíβa] [女] 唾液，つば：tirar ～ a… …につばをかける. hablar despidiendo ～ つばをとばしながら話す
　　ahorrar ～ 余計な口出しを控える，無駄口をきかない
　　gastar ～〔*en balde*〕話して（説得しようとして）無益に終わる
　　tragar ～ 怒りを抑える

salivadera [saliβaðéra] [女]《南米》痰壺

salivajo [saliβáxo] [男] ＝**salivazo**

salival [saliβál] [形] 唾液の：glándulas ～*es*《解剖》唾液腺

salivar [saliβár] [自] 唾液を分泌する，つばが出る

　　salivación [女] 唾液分泌；《医学》流涎症

salivazo [saliβáso] [男]〔吐かれた〕つば

salivera [saliβéra] [女]〔主に（南米）〕馬銜（ばみ）に付ける玉

salmantino, na [salmantíno, na] [形][名]《地名》サラマンカ Salamanca [女]の〔人〕『カスティーリャ＝レオン地方の県・県都』

salmer [salmér] [男]《建築》〔アーチの〕迫り持ち受け：mover de ～〔アーチの〕迫り持ち受けに持たせる

salmo [sálmo] [男]〔旧約聖書の〕詩編〔全体はS～s〕：聖歌，賛美歌

　　salmista [男] 詩編作者；詩編朗唱者

salmodia [salmódja] [女] ❶ 詩編朗唱；聖歌（賛美歌）詠唱. ❷ 単調な朗読の仕方，単調な話し方（歌い方）；しつこい頼み（不平）

　　salmodiar [10][自] 詩編を唱える. ◆ [他] 一本調子で読む（話す・歌う）

salmón [salmón] [男]《魚》サケ（鮭）
　◆ [形] サーモンピンクの
　　salmonado, da [形] サケに似た；サーモンピンクの：trucha ～*da* de ～《魚》サケマス（紅鱒）
　　salmónidos [男] 《魚》サケ科

salmonella [salmonéla] [女] サルモネラ菌.
　　salmonelosis [女]『単複同形』《医学》サルモネラ感染症

salmonete [salmonéte] [男]《魚》ヒメジ

salmuera [salmwéra] [女] ❶《製塩の》鹹水（かん）. ❷《料理》〔塩漬け用の〕塩水，立て塩汁

salobral [saloβrál] [男] 塩性沼沢地

salobre [saloβre] [形] 塩味の；塩分を含んだ：agua ～ 塩けのある水
　　salobreño, ña [形]〔土地が〕塩分を含んだ
　　salobridad [女] 塩分

saloma [salóma] [女]〔錨上げなど力を合わせて働く時の〕はやし歌
　　salomar [自] はやし歌で威勢をつける

salomónico, ca [salomóniko, ka] [形]《聖書》ソロモン Salomón の：columna ～*ca*《建築》螺旋形の円柱. decisión (justicia) ～*ca* 賢明な決断（裁き）

salón [salón] [男]《英 saloon》❶〔公共の建物の〕大広間，ホール；会場『sala』：Se organizan partidas de cartas en el ～. 大広間ではカードゲームが行なわれている. ～ de actos 講堂. ～ de fiesta パーティー会場. ❷〔家の〕居間，応接間『sala』《両文》そこの家具，応接セット：～ comedor リビング・ダイニングルーム. ❸〔ホテルなどの〕ダイニングルーム. ❹〔年ごとの〕美術展：～ de mayo 5月展. ❺〔新製品などの〕展示会：～ de demostraciones ショールーム. ～ del automóvil モーターショー. ～ náutico 新型ヨット展示会. ❻…店：～ de té 喫茶店. ～ de masaje マッサージ店. ～ de baile ダンスホール. ～ recreativo ゲームセンター. ❼〔貴婦人が催した〕サロン，名士の集まり；上流社会：～ literario 文学サロン. ❽《中南米》教室〔～ de clase〕
　　de ～ 1)〔作家・作品などが〕通俗的な，軽薄な；空理空論の. 2) zapatos *de* ～〔女性用の〕ヒールのあるつっかけ風室内履き

saloncillo [salonθíʎo] [男]〔喫茶店の〕小部屋；〔劇場の〕休憩室

salpicadera [salpikaðéra] [女]《中米. 自動車》フェンダー

salpicadero [salpikaðéro] [男] ❶《西. 自動車》ダッシュボード，計器板. ❷〔馬車前部の〕泥よけ

salpicado, da [salpikáðo, ða] [形][過分]〔＋de が〕点々とある

salpicadura [salpikaðúra] [女] ❶ はね返ること；（南米）その汚れ：El coche está lleno de ～s de barro. 車は〔泥の〕はねだらけだ. ❷（南米）巻き添え：Le alcanzaron las ～s del complot. 彼は陰謀のとばっちりを受けた

salpicar [salpikár] [7][他] ❶〔＋de・con〕…にはねをかける：Un coche me *salpicó* los pantalones *de* agua. 私のズボンに車のはねがかかった. ❷〔はが〕…にかかる：El aceite de la sartén *salpica* la pared. フライパンの油が壁にはねる. ❸ …に散らばす（散らばる）：～ el papel *con* diferentes colores 紙に様々な色の絵の具をまき散らす. Las amapolas *salpicaban* los trigales. ヒナゲシ花が麦畑のあちこちに咲いていた. ❹〔悪評などが〕…に及ぶ：El escándalo *salpicó* al ministro. 汚職事件が大臣にまで及んだ. ❺ 話に，＋de・con で／…を，＋en 話に〕はさむ：～ la conversación *con* chistes／ ～ chistes *en* la conversación 話に冗談をはさむ

salpicón [salpikón] [男] ❶ ＝**salpicadura**. ❷《料理》サルマガンディー〔火を通したひき肉（たたいた魚）をドレッシングとみじん切りの野菜であえたサラダ〕

salpimentar [salpimentár] [23][他]〔←sal＋pimienta〕❶《料理》…に塩こしょうする. ❷〔冗談などを交えて話を〕楽しくする，おもしろくする

salpreso, sa [salpréso, sa] [形]《料理》〔重しをのせて〕塩漬けにした

salpullido [salpuʎíðo] [男] ＝**sarpullido**

salsa [sálsa] [女]《英 sauce》❶《料理》ソース；肉汁，グレービー；ドレッシング：preparar una ～ ソースを作る. acompañar la carne con una 〜 肉にソースをかける. 〜 bechamel (besamel) ベシャメルソース. 〜 blanca ホワイトソース. 〜 cóctel《西》カクテルソース. 〜 de tomate トマトソース；ケチャップ. 〜 golf《中南米》=〜 cóctail. 〜 mexicana［タコス tacos にかける］チリソース. 〜 rosa［ケチャップを加えた］ピンクマヨネーズソース. 〜 verde グリーンマヨネーズソース. 〜 vinagreta ビネグレットソース, フレンチドレッシング. 番を添えるもの：Esa película tiene 〜. その映画は味がある. ❸《音楽・舞踊》［カリブ海の］サルサ

en su［propia］ 〜［人が］生き生きとした, 水を得た魚のような

salsamentaría [salsamentaría]〔女〕《南米》おそうざい屋

salsera[1] [salséra]〔女〕ソース入れ

salsero, ra[2] [salséro, ra]〔形〕《音楽・舞踊》サルサの

salsifí [salsifí]〔男〕《植物》バラモンジン；西洋ゴボウ

saltador, ra [saltaðór, ra]〔名〕《スポーツ》ジャンプ競技の選手；〜 de altura (de longitud・de pértiga・de triple) 走り高跳び(幅跳び・棒高跳び・三段跳び)の選手. 〜 con esquí スキーのジャンパー

◆ 縄跳びの縄 [comba]

saltadura [saltaðúra]〔女〕石材の破損

saltamontes [saltamóntes]〔男〕《単複同形》《昆虫》バッタ, キリギリス, イナゴ

saltaojos [salta5xos]〔男〕《単複同形》《植物》［イベリア半島産の］ボタン(シャクヤク)の一種

saltar [saltár]〔自〕〖英 jump〗❶［+de から/+a に］跳ぶ, 飛び上がる：*Salta* la rana. カエルが跳ぶ. *Saltaban de* alegría los chicos. 子供たちはうれしくて跳びはねていた. 〜 de susto びっくりして飛び上がる. 〜 de la cama ベッドからはね起きる

❷ 飛び降りる；飛び込む(出す)：〜 por la ventana 窓から飛び降りる. 〜 del tren 列車から飛び降りる. 〜 a tierra 地面に飛び降りる. 〜 al agua 水に飛び込む. 〜 al terreno de juego グラウンドに飛び出す

❸［+sobre に］飛びかかる：El perro *saltó* sobre el ladrón. 犬は泥棒に飛びかかった

❹［液体が］吹き上がる；［栓・ボタンなどが］飛ぶ；破裂する：Al abrir la botella *saltó* el champán. 栓を抜くとシャンパンが吹き上げた. Me *ha saltado* un botón de la camisa. ワイシャツのボタンが取れた. *Saltó* la tapa (la bomba). ふたが飛んだ(爆弾が破裂した). El agua estaba tan caliente que el vaso *saltó*. お湯が熱すぎてコップが割れた. El edificio *saltó* por los aires (en pedazos). ビルが空中に(粉々に)吹き飛んだ

❺ 突然怒り出す

❻［+con 場違いな・思いがけないことを］言い出す：Me *saltó con* que no sabía nada. 彼は何も知らないなどと言い出した

❼ 解任される：Varios directores *saltarán de* sus cargos. 部長が何人かやめさせられるらしい

❽［話・思考が］飛躍する；［級などが］中間を飛び越えて上がる：*Salta* constantemente *de* un tema *a* otro. 彼は絶えず話が飛ぶ. *Ha saltado del* último lugar *al* segundo. 彼はいっぺんに最下位から2位に浮上した

❾［装置が］作動する

estar (andar) a la que salta《口語》［好機などと］待ち構えている

hacer 〜 a+ 〜を解任する；怒らせる

◆〔他〕❶ 飛び越える：〜 una cerca (una zanja) 囲い(溝)を飛び越える. *Salto* un metro cincuenta. 私は［高跳びで］150センチ跳べる. ❷ 省略する；抜かす：Al pasar lista, *saltó* mi nombre. 彼は出欠を取る時, 私の名前を抜かした

◆〜**se** ❶ 飛び越える：*Se saltó* una altura de dos metros. 彼は2メートル［の高さ］をクリアした. ❷ 抜かす：*Te has saltado* dos líneas. 2行抜かしたよ. ❸［規則などを］無視する：*Se ha saltado* dos semáforos en rojo. 彼は赤信号を2回無視した. ❹［ボタンなどが］飛ぶ, 外れる；［塗装などが］はがれる：*Se me ha saltado* un empaste. 歯の詰め物がとれてしまった

saltarín, na [saltarín, na]〔形・名〕❶ 落ち着きのない［人］, 活発な［人］. ❷ 気の変わりやすい［人］, 意見がよく変わる［人］

salteador, ra [salteaðór, ra]〔名〕山賊, 追いはぎ〜 de caminos〉

saltear [salteár]〔他〕❶《古語》［山賊・追いはぎが］襲う. ❷［順番を］飛ばす, 抜かす：〜 dos nombres 2人飛ばして指名する. ❸《料理》強火でいためる, ソテーにする

salteado, da〔形〕〔過分〕飛び飛びの

salterio [saltério]〔男〕❶［S〜. 旧約聖書の］詩編；詩編のみの合唱集. ❷《音楽》プサルテリウム〖チターに似た古代の弦楽器〗

saltimbanqui [saltimbáŋki]〔名〕［旅回りの］軽業師〖titiritero〗；常に動き回る人, 落ち着かない人

salto [sálto]〔男〕〖英 jump〗❶ 跳躍, ジャンプ：dar un 〜 跳ぶ. dar 〜s ピョンピョン跳ぶ. pegar 〜s de alegría 喜んで跳びはねる. 〜 de campana［闘牛士が牛に突き飛ばされて］空中で1回転すること. 〜 de carnero《馬術》［乗り手を振り落とそうとする］はね跳び. ❷《スポーツ》i) 〜 mortal 宙返り, とんぼ返り. 〜 de altura (de longitud) 高跳び(幅跳び). 〜 con (de) pértiga 棒高跳び. triple 〜 三段跳び〖primer 〜 ホップ, segundo 〜 ステップ, tercer 〜 ジャンプ〗；《スケート》トリプルサルト. ii)［跳躍の］距離；高さ. iii)《スキー》ジャンプ；［フリースタイルの］エアリアル. iv)《水泳》〜 de palanca (de trampolín) 高飛び込み(飛び板飛び込み). 〜 del ángel スワンダイブ. ❸ 墜落, 落下. ❹［突然の激しい］動悸：Al oír la noticia le dio un 〜 el corazón. その知らせを聞いて彼は心臓が飛び出しそうになった. ❺ 大きな進展, 躍進：Este descubrimiento supone un 〜 en la ciencia. この発見は科学の大きな前進を意味する. 〜 atrás［元の状況への］後退. ❻ 断絶, 不連続：Entre esos dos sucesos hay un 〜 de diez años. その2つの出来事の間には10年の

たりがある. ❼ 読み落とし；書き落とし. ❽ 落水，滝『〜 de agua』. ❾《服飾》〜 de cama［婦人用の］化粧着，ガウン. ❿〜 de lobo 大堀. ⓫《情報》飛び越し，ジャンプ

a 〜 de mata［逃げるように］急いで，こそこそと；［計画・生活設計がなく］行き当たりばったりに，その日暮らしに

a 〜sビョンビョン跳びながら；とびとびに：leer *a* 〜*s* 飛ばし読みする

en (de) un 〜 一跳びで；中間を飛び越えて，一躍：Se levantó de la cama *de un* 〜. 彼はベッドから払ね起きた. *De un* 〜, se plantó a la cabeza. 彼は一躍首位に立った. En caso de necesidad estaría aquí *en un* 〜. 必要になったら一跳びで来ます

saltón, na [saltón, na] 形 ❶［目・歯が］突き出た：ojos *saltones* 出目. ❷《南米》［料理が］生煮えの，生焼けの；用心深い

salubre [salúbre] 形 健康によい，健康的な；健康そうな：clima 〜 健康によい気候

salubridad 健康によいこと；［統計的に表わされた］衛生

salud [salú(d)] 因《英 health》（単 のみ）
健康；健康状態，体の具合い：Está bien de 〜./Goza de buena 〜. 彼は健康だ. Me preocupa su 〜. 私は彼の体が心配だ. conservar (mantener) la 〜 健康を保つ. perder la 〜 健康を損う. rebosar 〜 健康ではち切れんばかりである. tener poca 〜/tener una 〜 enfermiza 病弱である. hombre de mucha 〜 大変健康な人. Organización Mundial de la S〜 世界保健機構, WHO. 〜 de la economía nacional 経済の健全さ. 〜 mental 精神的健康. 〜 pública 公衆衛生

curarse en 〜 対策に万全を用意しておく

¡por la 〜 de...! …の命にかけて［誓います］！

◆ 間 ❶ 乾杯！：¡A tu 〜! 君の健康を祈って乾杯！ 〜 y suerte a todos! みんなの健康と幸運を祈って乾杯！ ❷（会った時・別れなどの挨拶）¡S〜 a ti y a la compaña! やあ（それじゃあ）みんな！ ❸《主に中南米》［くしゃみをした人に］お大事に！『Jesús』

¡〜, amor y pesetas! 《西》健康と愛と繁栄のために乾杯！

saluda [salúda] 因［無署名の形式的な］挨拶状

saludable [salúdáble] 形 ❶［心身に］よい：El ejercicio físico es 〜. 運動は健康にいい. clima 〜 健康によい気候. alimentación 〜 健康食品. ❷ 健康そうな：aspecto 〜 元気そうな顔. ❸ 有益な，ためになる

saludar [salúdar] 他 ❶［言葉・身振りで］…に挨拶する；《軍事》敬礼する［挙手，礼砲，捧げ銃など］：La *he saludado* con la mano. 私は彼女に手を振って挨拶した. Le *saluda muy* atentamente. 敬具. *Salúdale* de mi parte. 僕からよろしくと彼に伝えてくれ. ❷ 迎える，歓迎する：Los agricultores *saludaron* la nueva ley. 農民たちは新しい法律を歓迎した

no 〜 a+人《口語》怒り（敵意）をもって…に迎え

◆ **〜se** 挨拶を交す：Sólo *nos hemos saludado*. 私たちは挨拶の言葉を交しただけだった

saludo [salúdo] 男 挨拶［身振り・言葉］，会釈；敬礼『〜 militar』：i) dirigir a+人 un 〜 frío …にそっけない挨拶をする. devolver un 〜 a+人 …に挨拶を返す. hacer un 〜 a+人 …に敬礼する. ii) 複［手紙の結辞］S〜s a tu familia. お家の方々によろしく. Con mis mejores 〜s 敬具

dejar a+人 **con el 〜 en la boca/retirar (quitar) el 〜 a**+人 …に挨拶しない，無視する

salutación [salutaθjón] 因 ❶《文語》挨拶『saludo』：fórmulas de 〜 挨拶の決まり文句. ❷《聖》angélica 天使祝詞，アベマリア

salutífero, ra [salutífero, ra] 形 健康によい

salva[1] [sálba] 因［連続して撃つ］礼砲，祝砲：tirar una 〜 de 21 cañonazos 21 発の礼砲を打つ. 〜 de aplausos 鳴りやまぬ拍手喝采

hacer la 〜 発言の許可を求める

salvabarros [salbabáros] 男［単複同形］＝ guardabarros

salvable [salbáble] 形 救い得る

salvación [salbaθjón] 因 ❶ 救助『rescate』；安泰. ❷《宗教》救い：〜 eterna 永遠の救済. Ejército de S〜 救世軍

no tener 〜 救いようがない，どうしようもない

salvada [salbáda] 因《南米》救助

salvado [salbádo] 男［飼料などに使う］ふすま，ぬか

salvador, ra [salbaðór, ra] 形 救助する

◆ 救い主：el S〜 救世主《イエスキリスト》. El S〜《国名》エル・サルバドル. 〜 del país 祖国の救い主

salvadoreño, ña [salbaðoréɲo, ɲa] 形 名《国名》エル・サルバドル El Salvador 男〔人〕の；エル・サルバドル人

salvaguard[i]a [salbagwárð(j)a] 因 ❶ 通行許可証. ❷ 保護，庇護

salvaguardar 保護する，庇護する

salvajada [salbaxáda] 因 野蛮な言動；残酷さ

salvaje [salbáxe] 形 名 ❶［動植物が］野生の：animales 〜s 野生動物. plantas 〜s 自生植物. ❷［土地が］開拓されていない，荒涼とした. ❸《口語》i)［人が］野性的な，粗野な；乱暴な，残酷な. ii)［民族が］未開の，原始的な. ❹ 無統制の，不法な：edificación 〜 違法建築

◆ 名 乱暴者；未開人，原始人

salvajismo [salbaxísmo] 男 未開人の習俗；野蛮さ

salvamano [salbamáno] *a* 〜 安全（無事）に

salvamanteles [salbamantéles] 男［単複同形］［テーブルクロスが汚れないように敷く］ランチョンマット；鍋敷き

salvamento [salbaménto] 男 救助，救出；救済：〜 de los montañeros 登山者の救出. balsa de 〜 救命いかだ. lancha de 〜 海難救助船，サルベージ船. brigada de 〜 レスキュー隊

salvar [salbár] 他 〖英 save〗❶ 救う, 助ける: i) *Salvó* a un chico que estaba ahogándose. 彼は溺れかかっていた子を助けた. 〜 la vida a (de)+人 …の命を救う. ii) [+de から] 〜 el cuadro *del* incendio 絵を火事から救い出す. ❷ [危険・困難などを] 避ける: *Hemos salvado* el principal obstáculo del negocio. 私たちは交渉の主要な障害を回避することができた. ❸ 除外する: *Salvando* unos pequeños errores, el tema está bien analizado. いくつかの小さな誤りを除けば, 問題はよく解明されている. ❹ [障害を] 乗り越える, 克服する: 〜 el monte 山を越える. 〜 el desnivel 格差を克服する. ❺ [通常より短い時間で] 走破する: *Salvaron* esa distancia en un tiempo récord. 彼らはその距離を新記録のタイムで走り抜けた. ❻ [宗教] 救済する: 〜 al género humano 人類を救済する. 〜 su alma 己の魂を救う. ❼ …の上にそびえる ◆ 〜**se** 再 ❶ 助かる: A pesar del golpe recibido, *se salvó* el conductor. 衝突したがドライバーは無事だった. 〜*se de* un peligro 危険を逃れる. ❷ [宗教] 救済される, 救いを得る

salvavidas [salbaβíðas] 男 〖単複同形〗❶ 浮き袋, 浮き輪: 〜 de caucho ゴムの浮き袋. ❷ [形容詞的] balsa 〜 救命いかだ. bote 〜 救命ボート. chaleco (cinturón) 〜 救命胴衣

salve [sálbe] 間 [古めかしい挨拶] ごきげんよう! ◆ 女 〖カトリック〗聖母交唱

salvedad [salbeðá(d)] 女 制限, 留保: no hacer ninguna 〜 何ら例外を設けない. Prometió venir, pero con la 〜 de no haber reunión aquella noche. その晩集会がない限りは来ると彼は言ったのだが

salvia [sálbja] 女 〖植物〗アキギリ, サルビア; 〖南米〗クマツヅラ

salvífico, ca [salbífiko, ka] 形 健康(救い)をもたらす

salvo¹ [sálbo] 前 〖古語的〗…を除いて 〖excepto. +人称代名詞は主格: salvo *tú*〗: i) No está en casa 〜 los domingos. 日曜日以外は家にいない. 〜 excepción 例外を除けば. ii) [+que+直説法] No hay ninguna novedad, 〜 *que* llamó un señor. 男のかたから電話があったほかは何も変わったことはありません. iii) [条件. +que+接続法] Mañana saldré, 〜 *que* tenga mucho trabajo. 明日は外出するただし仕事が忙しくなければだが

salvo², va² [sálbo, βa] 形 無事な *a* 〜 無事に: Los papeles están *a* 〜. 書類は無事だ. sentirse *a* 〜 [助かったと] ほっとする, 胸をなでおろす 〜 *buen fin* 無事決済されたならば

salvoconducto [salbokondúkto] 男 [軍などの発行する] 通行許可証; [一般に] 自由・権利の承認

samán [samán] 男 〖植物〗[熱帯アメリカ産の] スギの一種

sámara [sámara] 女 〖植物〗翼果

samario [samárjo] 男 〖元素〗サマリウム

samaritano, na [samaritáno, na] 形 名 《歴史・地名》サマリア Samaria の(人); buen

〜 《聖書》よきサマリア人; 困っている人を助ける哀れみ深い人

samba¹ [sámba] 女 《舞踊・音楽》[ブラジルの] サンバ

sambenito [sambeníto] 男 ❶ [宗教裁判で悔い改めた者に着せた] 贖罪服; [火刑に処せられる異端者に着せた] 地獄服. ❷ 《軽蔑》悪名, 悪評 *colgar* (*poner*) *el* 〜 *a*+人 …に悪名を着せる

sambo, ba² [sámbo, ba] 名 黒人とインディオの混血の人

samoano, na [samoáno, na] 形 名 《国名》西サモア Samoa Occidental の(人)

samovar [samobár] 男 《←露語》サモワール, 紅茶用湯沸かし器

samoyedo, da [samojéðo, ða] 形 名 [シベリアなどの] サモイェード族〔の〕; サモイェード犬 ◆ 男 サモィェード語

sampablera [sampabléra] 女 《南米》騒ぎ; 口げんか

sampán [sampán] 男 《←中国語》サンパン〖小舟の一種〗

samuga [samúga] 女 =jamuga

samurai [samurái] 男 〖単複同形〗〖侮〗samurái〗《←日本語》侍, 武士

san [san] 形 《←santo》聖…: i) *San* José 聖ヨセフ. *San* Francisco 聖フランシスコ 《地名》サン・フランシスコ; 《西. 飲料》サンフランシスコ. ii) 《国名》*San* Marino サン・マリノ. *San* Vicente y las Granadinas セント・ビンセントおよびグレナディーン諸島. *San* Cristóbal y Nevis セントクリストファー・ネビス ◆ 形 《南米》無尽講の一種

sanamente [sánaménte] 副 健康(的)に; 健全に

sanano, na [sanáno, na] 形 《中米》[理解力の] 鈍い, ばかな

sanar [sanár] 自 [病気が] 治る: Si estás en cama, *sanarás* pronto. 寝てればすぐよくなるよ ◆ 他 治す

sanata [sanáta] 女 《南米》[いつもの] 退屈(無内容)な話

sanatorio [sanatórjo] 男 [結核などの] 療養所, 病院; サナトリウム

Sánchez [sántʃeθ] 固 《人名》サンチェス

sanchopancesco [santʃopanθésko] 形 無粋な, 卑俗な; サンチョ・パンサ Sancho Panza のような 〖『ドン・キホーテ』の登場人物〗

sanción [sanθjón] 女 ❶ 懲戒, 制裁: poner (imponer) una 〜 económica *a*…に経済制裁を加える. ❷ [慣行などの] 承認, 認可; 《法律》裁可: El nuevo ministro dará su 〜 al horario pactado. 新大臣は協定勤務時間を承認するだろう

sancionar [sanθjonár] 他 ❶ 罰する: 〜 *a*+人 con una multa …に罰金を科する. ❷ 承認(認可)する; 批准(裁可)する: La firma del presidente *sanciona* esta ley. 大統領の署名によってこの法律は認証される. 〜 un castigo 刑罰を裁可する

sanco [sáŋko] 男 《南米. 料理》トウモロコシ粉または卵でかためた粥

sancocho [saŋkótʃo] 男 《中南米》❶ 《料理》バナナ・キャッサバ・魚(鶏)のシチュー. ❷ 大騒ぎ, 大混乱

sancochar 他 《中南米》湯がく, 湯通しする

sanctasanctórum [saŋktasaŋktórun] 男 【単複同形】❶ 《ユダヤ教》[契約の櫃が安置されている] 至聖所. ❷ [建物の, 神秘的な] 深奥部; 中枢, 枢要 ; [人にとって] とりわけ大切なもの

sanctus [sáŋktus] 男 【単複同形】《キリスト教》三聖唱, サンクトゥス

sandalia [sandálja] 女 《服飾》サンダル 『ゴム草履からサンダルシューズまで』: calzarse las ～s サンダルをつっかける. salir en ～s サンダルばきで出かける

sándalo [sándalo] 男 《植物》ビャクダン(白檀) : ～ rojo シタン(紫檀)

sandez [sandéθ] 女 (複 ～ces. ←sandio) 愚直さ ; 愚かな言動: No dice más que *sandeces*. 彼はばかなことばかり言う. ser una ～ que+接続法 …するのは愚かである

sandía [sandía] 女 《植物・果実》スイカ(西瓜)
sandial/sandiar 男 スイカ畑

sandinista [sandinísta] 形 名 サンディニスタ〔の〕『1979 年 Somoza 政権を倒したニカラグアの民族解放戦線 Frente Sandinista de Liberación Nacional』

sandinismo 男 サンディニスモ『ニカラグアの革命家 Augusto César Sandino (1893-1934) の思想』

sandio, dia [sándjo, dja] 形 名 愚かな〔人〕, お人好しの

sánduche [sándutʃe] 男 《南米》サンドイッチ

sandunga [sandúŋga] 女 ❶ 《口語》[元々人に備わっている] 愛嬌, 魅力. ❷ サンドゥンガ『メキシコの民俗舞踊・音楽』. ❸ 《中南米》どんちゃん騒ぎ

sandunguero, ra 形 愛嬌のある, 魅力的な

sandwich [sáŋgwitʃ] 男 (複 ～[e]s ←英語. 料理》サンドイッチ『スペインではトーストした bocadillo, 中南米ではロールパンのサンドイッチの場合もある』

día ～ 《中南米》飛び石連休の間の日を休日に変えてつなげる, その休みの日

sanear [saneár] 他 ❶ 衛生的にする: ～ un edificio 建物の衛生設備を改善する. ❷ 健全化する: ～ la economía 経済を立て直す. ～ la moneda 通貨を安定させる. ❸ [土地を] 乾かす, 干拓する

saneado, da 過分 [estar+. 財産・収入が] 免税された ; [ser+. 財産などが] 健全な

saneamiento 男 ❶ 衛生的にすること ; 健全化: ～ financiero 財政の立て直し. ❷ 《西》下水設備: artículos de ～ バス・トイレ用品

sanedrín [sanedrín] 男 《歴史》[古代ユダヤ教, 特にエルサレムの] 衆議会, [高等]法院

sanfermines [sanfermínes] 男 複 サンフェルミン祭『牛追いで有名なパンプローナの祭り. 7 月 6-14 日』

sanforizado, da [sanforiθáðo, ða] 形 サン

フォライズ加工した

sanfrancisco [sanfranθísko] 男 《西. 飲料》黒スグリ・オレンジなどのミックスジュース

sangradera [saŋgraðéra] 女 ❶ 灌漑用水路 ; [あふれた水を流す] 水門. ❷ [瀉血の] 血受け皿

sangrado [saŋgráðo] 男 《印刷》字下がり ; 《情報》インデント

sangradura [saŋgraðúra] 女 瀉血 ;《農業》排水口

sangrante [saŋgránte] 形 血だらけの ; 血の出るような, 厳しい ; 生々しい

sangrar [saŋgrár] 自 ❶ 出血する: *Sangra* la herida. 傷口から血が出ている. *Sangra* por la nariz. 彼は鼻血を出している. ❷ [精神的に] 痛む, 傷つく: Cuando recuerdo las palabras, todavía *sangro*. その言葉を思い出すとまだ胸が痛む

◆ 他 ❶ 瀉血(刺絡)する. ❷ 痛ましい思いをさせる. ❸ 《口語》くすねる, ちょろまかす. ❹ 《金属》湯出し口をあける. ❺ 《印刷》字下がりにする ; 《情報》インデントする. ❻ [樹液を取るために樹皮に] 切り付けをする, 樹脂をとる

sangre [sáŋgre] 女 《英 blood》❶ 血, 血液 ; [無脊椎動物の] 体液: Sale ～ de la herida. 傷口から出血する. Corrió mucha ～. 流血の惨事があった. donar ～ 献血する. sacar (tomar) ～ 採血する. escasez de ～ 貧血『anemia』. animal de ～ caliente (fría) 温血(冷血)動物. ～ arterial (roja) 動脈血. ～ renosa (negra) 静脈血 ❷ 血筋, 血統: i) lazo de ～ 血縁, 血のきずな. los de su ～ 血縁者. hermano de la misma ～ 血を分けた兄弟. de buena ～ 血統のよい. de ～ real 王家の血を引く. pura ～ =pura-sangre. ii) 《歴史》limpio de ～ 純血の『ユダヤ・イスラムの血が入っていない. スペインでは貴族になる・公職につくためには 4 代にわたってキリスト教徒であることが要求された』; 人を傷つけたことがない. limpieza (impureza) de ～ 純血(混血) ❸ 流血, 殺傷: Hubo mucha ～. 大規模な流血事件があった. delito de ～ 殺傷事件 ❹ ～ de drago 龍の血『リュウケツジュからとる紅色染料』. ～ y leche 白い筋のある赤大理石

a primera ～ [決闘の決着の条件] 片方が負傷したら

a ～ *y fuego* 1) 敵を容赦しない: La batalla se hizo *a* ～ *y fuego*. 戦場は殺し合いの場と化した. 2) 激しく; 譲歩せずに: Los trabajadores defendieron sus derechos *a* ～ *y fuego*. 労働者は断固として自分たちの権利を守った

alterar (arrebatar) la ～ *a*+人 …を怒らす

arder a+人 *la* ～ =bullir a+人 la ～ [en las venas]

beber a+人 *la* ～ …をひどく憎む

buena ～ よい性格, 善意

bullir a+人 *la* ～ *[en las venas]* …の血が騒ぐ: Cuando veo una moto empieza a *bullirme la* ～. バイクを見ると私はうずうずして

くる

calentar la ～ a+人 …を怒らせる

chupar la ～ a+人《口語》…から少しずつ金を巻き上げる；徐々に破滅させる：Esta empresa está *chupando la ～ a* sus obreros. この会社は労働者の血をひどく搾取している

dar su (la) ～ por... …のために命をささげる

de ～ 動物の：tiro *de ～* 狩猟

encender (freír) la ～ a+人 …をいらだたせる

encenderse la ～ a+人 …がいらだつ：Se le enciende la ～ en cuanto alguien menciona la guerra civil. 彼は誰かが内戦のことを話題にしただけですぐ激高する

escribir con ～ 非常な犠牲を払って事を成し遂げる，筆者の非常な苦しみを込めて書く；手厳しいことを書く

estar que le hierve la ～ 興奮している，血が煮えたぎっている：Estoy que me hierve la ～. 私はかっかしている

hacer ～ a+人 [少し血が出るくらい]…をけがさせる；精神的に傷つける

hacerse ～ 血が出る：Me he hecho un poco de ～. 私はちょっと血が出ていた

helarse a+人 la ～ [en las venas] [恐怖・驚きで] 血が凍る

hervir la ～ = bullir a+人 la ～ [en las venas]

lavar con ～ [侮辱などを] 血でそそぐ

llevar... en [la masa de] la ～ …を生来…の素質(傾向)がある：Ella *ha llevado* siempre el baile *en la ～*. 彼女は踊るために生まれてきた

mala ～ 1) hacerse *mala ～* [避けられないことに] いら立つ，思い悩む　2) 意地悪な性格

no llegar la ～ al río [けんかなどが] 大事(だいじ)に至らない

no quedar ～ en el cuerpo (en las venas) [驚きで] 血の気がひく

no tener ～ en las venas = tener ～ de horchata

pedir ～《口語》復讐を求める

pudrir (quemar) la ～ a+人 = encender la ～ a+人

revolver la ～ a+人 = encender la ～ a+人

～ azul 高貴な血，貴族の血統：tener ～ *azul* 貴族の出である

～ caliente 熱血；興奮：tener (ser de) ～ *caliente* 熱血漢である，血の気が多い．tomar una decisión a ～ *caliente* かっとなって決断する

～ fría 冷静：ser de ～ *fría* 冷静である．a ～ *fría* 冷静に，沈着に．Ese hombre la mató a ～ *fría*. その男は平然と彼女を殺した

～ nueva《比喩》新しい血．

～, sudor y lágrimas 血のにじむような苦労

subirse a+人 la ～ a la cabeza …の頭に血がのぼる：Se le *subió* la ～ *a la cabeza*, y dio un golpe a su hijo. 彼はかっとなって，それで息子を殴ってしまった

sudar ～ 血のにじむような努力をする：Para po-

der publicar este libro hemos tenido que *sudar ～*. この本の刊行にこぎつけるまでに私たちは苦心惨憺した

tener ～ de horchata 感情的でない，感情に動かされない

tener... en [la masa de] la ～ = llevar... en [la masa de] la ～

sangría [saŋgría] 囡 ❶《酒》サングリア《赤ワインにレモン等の果物・砂糖・炭酸水などを加えたもの》. ❷ [大量の] 出血，流血. ❸ 瀉血(しゃけつ)，刺絡(しらく). ❹ [継続的な] 出費，損失：El mantenimiento de la casa es una ～ en la economía familiar. 家の維持は家計にとって大きな出費だ. ❺《金属》湯出し口をあけること；溶銑. ❻ [樹液をとるための樹皮への] 切り付け，切り口. ❼《印刷》字下げ(り)，インデント《情報》インデント

sangriento, ta [saŋgrjénto, ta] 厖 ❶ 血の出る；血にまみれた：herida ～*ta* 出血している傷口. ❷ 血を流させる：batalla ～*ta* 血みどろの戦い. ～ accidente ～ 流血の惨事. ❸ 残酷な：burla ～*ta* 聞くに耐えない冗談

sangrón, na [saŋgrón, na] 厖 图《南米》わずらわしい(人)，いやな(やつ)

sanguaraña [saŋgwaráɲa] 囡 ❶ [舞踊・音楽] [ペルーの] サングアラーニャ. ❷《闥》《南米》遠回しな言い方，回りくどい表現

sanguijuela [saŋgixwéla] 囡 ❶《動物》ヒル(蛭). ❷《口語》他人の金を横取りする人

sanguina [saŋgína] 囡 ❶《果実》ブラッドオレンジ，チミカン《naranja ～》. ❷《赤鉄鉱から作った》赤褐色のクレヨン(チョーク)；そのクレヨン画

sanguinario, ria [saŋginárjo, rja] 厖 [集団・動物の] 血を好む，獰猛(どうもう)な：pueblo ～ 残虐な民族

◆ 囡《鉱物》ブラッドストーン

sanguíneo, a [saŋgíneo, a] 厖 ❶ 血液の：vaso ～ 血管. grupo ～ 血液型. ❷ 多血質の，怒りっぽい. ❸ 血の色の：rojo ～ 濃紅色

sanguinolento, ta [saŋginolénto, ta] 厖 ❶ 出血している，血のまざった；血に染まった：herida ～*ta* 血だらけの傷口. mancha ～*ta* 血のしみ. ❷ [目が] 赤い，充血した，血走った

sanguinolencia [saŋginolénθja] 囡 出血，充血

sanguis [sáŋgis] 圐《単複同形》《キリスト教》ミサに使うワイン，聖血

sanidad [saniðáð] 囡 ❶ 健康さ；健全さ：carta de ～ 健康証明(診断)書. ～ de las costumbres 身持ちのよさ. ❷ 衛生[状態]：La ～ de este edificio es buena. この建物の衛生状態は良好である. cuerpo de ～ militar《軍事》衛生隊. inspector de ～ 衛生設備検査官. ❸ [行政サービスとしての] 保健，医療：servicio de ～ 保健・医療. Ministerio de S～ 厚生省. ～ pública 国民(地域住民)医療；公衆衛生

sanitario, ria [sanitárjo, rja] 厖 健康の，医療の；公衆(保健)衛生の：centro ～ 医療センター. ciudad ～*ria* 病院都市

◆ 图 保健職員；《軍事》衛生兵

◆ 圐 ❶《闥》衛生器具(設備)《便器，浴槽など》. ❷《南米》公衆便所

sanjacobo [saŋxakóbo] 圐《料理》チーズをはさんだトンカツ(ハムカツ)

sanjuanada [saŋxwanáða] 囡 聖ヨハネ San Juan の夜祭り〖6月24日〗

sanmartín [saŋmartín] 圐 豚を殺す時期〖San Martín. 11月11日ごろ. ☞martín 参考〗

sanmartiniano, na [saŋmartinjáno, na] 圐 サンマルティン San Martín の〖アルゼンチン生まれの南米独立運動指導者. 1778-1850〗

sanmiguelada [sammigeláða] 囡 9月30日〖聖ミゲル San Miguel の日の翌日. 賃貸借契約を結ぶことが多い〗

sano, na [sáno, na] 圏《英 healthy, sound》❶ [estar+] 健康な, 丈夫な〖↔enfermo〗: Juan era fuerte, estaba ～. フワンは強くて, 丈夫だった. Tiene los dientes ～s. 彼は丈夫な歯をしている. niño ～ 健やかな子. belleza *sana* 健康美. ❷ 健康によい, 健康的な: clima ～ 健康によい気候. ❸ [精神的に] 健全な; 正常な: diversiones *sanas* 健全な娯楽. ideas *sanas* 健全な思想. persona *sana* まじめな人. finanzas *sanas* 健全財政. Mira tu éxito con *sana* envidia. 彼は君の成功を素直にうらやましいと思っている. Alma (Mente) *sana* en cuerpo ～.《諺》健全な精神は健全な肉体に宿る. ❹ [estar+. 物の状態が] 良好な, 傷んでいない: Estas manzanas están todas *sanas*. これらのリンゴは一つも傷んでいない. taza *sana* 欠けていないカップ

cortar por lo ～ 大胆な(思い切った)処置をとる

～ *y salvo* 無事に

sánscrito, ta [sánskrito, ta] 圐 圐 サンスクリット語(の)

sanseacabó [sanseakaβó] 圙《口語》議論などに決着をつける. 主に y+] 以上/それでおしまい: Vas a tomar eso porque lo digo yo, y ～. つべこべ言わずにそれを飲みなさい

sansón [sansón] 圐 大力の男〖←旧約聖書のサムソン Sansón〗

santabárbara [santaβárbara] 囡 [昔の軍艦の] 火薬庫

santanderino, na [santanderíno, na] 圐 圐《地名》サンタンデール Santander の〖人〗〖カンタブリア地方の首市〗

santateresa [santaterésa] 囡《昆虫》カマキリ

santería [santería] 囡 ❶《軽蔑》信心(迷信)に凝り固まっていること. ❷《中南米》像教聖具店. ❸《中米》サンテリア〖アフリカ起源の宗教でカトリックの要素もある〗

santero, ra [santéro, ra] 圐《聖人像のご利益で治療する》祈禱師; 聖域(修道院)の番人(管理人); 聖人像を家から家へ運び歩いて施しを求める人; 聖人像を作る(売る)人

Santiago [santjáɣo] 圐《人名》サンティアゴ〖聖ヤコブ San Jacob のこと. スペインの守護聖人〗: ～ el Mayor (el Menor) 大(小)ヤコブ. ¡～ 〔y cierra España〕! 〖国土回復戦争時の鬨の声〗突撃!

camino de ～ 銀河; [主に el Camino de ～] サンティアゴ・デ・コンポステーラへの巡礼の道

santiagueño [santjaɣéɲo] 圐《植物》シシトウガラシ〖←サンティアゴの祭り(7月25日)ごろ取れる〗

santiagués, sa [santjaɣés, sa] 圐 圐《地名》サンティアゴ・デ・コンポステラ Santiago de Compostela の〖人〗〖ガリシア地方の首市. 聖ヤコブの聖堂がある〗

santiaguino, na [santjaɣíno, na] 圐 圐《地名》サンティアゴ Santiago の〖人〗〖チリの首都, キューバの都市 (Santiago de Cuba) など〗

santiamén [santjamén] 圐 *en un* ～ あっという間に: Se fueron todos *en un* ～. またたく間に誰もいなくなった.

santidad [santidá(ð)] 囡 ❶ 聖性, 神聖さ: vida de ～ 聖人のような暮らし. ❷ Su S～ 〖教皇の尊称〗聖下

santificar [santifikár] 他《宗教》神聖なものにする, 聖化(成聖)する; [聖なるものとして] あがめる: Dios le *ha santificado*. 彼には神の恩寵がある. Que Dios *santifique* esta casa y a los que en ella viven. この家とそこに住むものが清められますように. ～ la figura del mártir 殉教者の像をあがめる

santificable 圐 聖化され得る, 成聖の恩寵を受け得る; 神聖であるべき

santificación 囡 成聖, 聖化; [日曜・祭日を] 聖とすること

santificador, ra 圐 成聖する, 聖化する

santiguar [santiɣwár] 圀 他 ～に十字を切る ◆ ～*se* [自分に] 十字を切る,《口語》[驚いて] 十字を切る仕草をする

santimonia [santimónja] 囡《植物》シカギクの一種

santísimo, ma [santísimo, ma] 圐〖santo の絶対最上級〗la Virgen S～*ma* 聖母マリア. S～ Padre ローマ教皇

*hacer a+*人 *la* ～*ma*《口語》…をうんざりさせる, 不快にする

◆ 圐 [el S～] 聖体の秘跡

santo, ta [sánto, ta] 圐《英 holy, saint. 男性の固有名詞の前に置かれる時は san となる. ただし To-・Do- の前では santo のまま: Santo Tomás, Santo Domingo, Santo Toribio〗❶ 聖なる, 神聖な: i) año ～《カトリック》聖年〖25年ごとの大赦の年〗. San Lucas 聖ルカ. Santa Isabel 聖エリサベート. la isla de Santa Elena セントヘレナ島. ii)《地名》Santa Lucía セント・ルシア. S～ Tomé y Príncipe サントメ・プリンシペ. ❷ 聖人のような: llevar una vida ～*ta* 聖人のような生活を送る. ❸ よい結果をもたらす, 役に立つ: ～ consejo ありがたい忠告. ❹ [+名詞] i) 戒律にのっとった, 道徳にかなった. ii) [強調] Duerme en el ～ suelo. 彼は何と床の上で眠っている. iii)《皮肉・軽蔑》Siempre hace su ～*ta* voluntad. 彼はいつも好き勝手にやる. 〔Todo〕El ～ día lo pasa sin hacer nada. 彼は一日中何もしないで過ごす. día es bueno、～ día〔口語〕Todos los ～

◆ 圐 ❶ 聖者, 聖人; 聖像: día de Todos los S～*s* 諸聖人の祝日, 万聖節〖11月1日〗. ❷《時に皮肉・軽蔑》聖人君子, 模範的人物: Su madre es una ～*ta*. 彼のお母さんはまさに聖女だ

◆ 男 ❶ 《口語》[主に 複. 本の] 挿し絵：libro con 〜s 絵本. ❷ 《カトリック》霊名の祝日 《洗礼名の同じ聖人の祝日で、祝いごとをする》: Hoy es mi 〜. 今日は私の霊名の祝日だ

¿a 〜 de qué...?/¿a qué 〜...? [不承認・不都合] 一体どんな理由で…?：*¿A 〜 de qué tenemos que ayudarle?* 一体なぜ彼を助けなければならないんだ

alzarse (cargarse) con el 〜 y la limosna [他人の分まで] 一人占めする

comer[se] los 〜s 信心深い

dar el 〜 [聖人の名を] 合い言葉にする；合い言葉を言う

desnudar (quitar) a un 〜 para vestir a otro 《口語》一方を犠牲にして他方の利益をはかる

dormir como un 〜 ぐっすり眠る

hacer su 〜ta voluntad 自分の意志を押し通す

irse a+人 el 〜 al cielo 《口語》…が何を言おうと(しようと)していたのか忘れてしまう：No sé lo que quería decir, *se me ha ido el 〜 al cielo.* 何を言いたかったのか私はど忘れしてしまった

mano de 〜 効き目のあるもの，決め手：Este ungüento es *mano de 〜* para el grano. この塗り薬はニキビの特効薬だ

no ser 〜 de la devoción de+人 《口語》…に反感(不信感)を与える：El jefe *no es 〜 de mi devoción.* 私は上司が嫌いだ

¡por todos los 〜s!/¡por lo más 〜! [不当なことをやめさせようとして] お願いだから，後生だから！

quedarse para vestir 〜s 《口語》[女性が] ずっと独身のままでいる，売れ残る

〜 y seña 合い言葉

ser de madera de 〜 善良である

ser llegar y besar el 〜 非常に容易である

tener el 〜 de cara (de espaldas) 幸運(不運)である

[todo] el 〜 día [いやなことが] 一日中

santolio [santóljo] 男 聖油 《santo óleo》

santón [santón] 男 ❶ 《イスラム教など》修道僧，托鉢僧. ❷ 重要人物，大物. ❸ えせ聖人，偽善者

santónico [santóniko] 男 《植物》シナヨモギ

santonina [santonína] 女 《薬学》サントニン

santoral [santorál] 男 聖人伝；聖人暦，殉教録；聖人祭日表

santuario [santwárjo] 男 ❶ 聖地，巡礼地：viaje al 〜 de Lourdes 聖地ルルドへの旅. ❷ [主に古代宗教で] 神殿：〜 sintoísta 神社. ❸ 聖域，サンクチュアリ

santurrón, na [santurón, na] 形 名 《軽蔑》信心に凝り固まった[人]

santurronería 女 信心狂い

saña [sáɲa] 女 ❶ 《攻撃の》執拗さ，激烈さ：repetir la acusación con 〜 しつこく非難を繰り返す. golpear con 〜 猛烈に殴る. ❷ 《軽蔑》残忍さ

sapaneco, ca [sapanéko, ka] 形 《中米》

丸々と太った，丸ぽちゃの

sapear [sapeár] 他 《南米》密告(告発)する；こっそり見張る

sapelli [sapéʎi] 男 《植物》サベリ

sapenco [sapénko] 男 《動物》[灰色の縞のある] カタツムリ

sapiencia [sapjénθja] 女 《文語》知恵，英知 《sabiduría》

sapiencial 形 英知の：Libro S〜 《聖書》知恵の書

sapiente 形 英知を備えた

sapindáceas [sapindáθeas] 女 複 《植物》ムクロジ科

sapino [sapíno] 男 《植物》モミ 《abeto》

sapo [sápo] 男 ❶ 《動物》ヒキガエル. ❷ 《俗語》名前のわからない虫. ❸ 《南米》=rana

echar (soltar) [por la boca] 〜s y culebras 《口語》悪態をつく，ののしる

tragar 〜s 苦笑して我慢する

saponáceo, a [saponáθeo, a] 形 《化学》石けん性の

saponificar ⑦ 他 けん化させる

saponina [saponína] 女 《化学》サポニン

saporro, rra [sapóro, ra] 形 《主に中米》背が低く丸々と太った

saprobio, bia [sapróbjo, bja] 形 =saprófito

saprófago, ga [saprófago, ga] 形 《生物》腐敗物を栄養源とする，腐食の

saprofito, ta [saprofíto, ta] 形 《植物》腐生[植物]の；《医学》腐生菌の

saprógeno, na [sapróxeno, na] 形 腐敗を起こす

sapropel [sapropél] 男 《地質》腐泥

saque [sáke] 男 ❶ 《テニス・バレーボールなど》サーブ：hacer el 〜 サーブ(キックオフ)をする. romper el 〜 サーブをブレイクする. 〜 directo サービスエース. falta de 〜 サービスミス，フォールト. línea de 〜 サービスライン. ❷ 《サッカー》de banda/〜 lateral スローイン；《ラグビー》ラインアウト. 〜 de castigo ペナルティキック. 〜 de esquina コーナーキック. 〜 de puerta (de portería) ゴールキック. 〜 inicial キックオフ. 〜 libre フリーキック

tener buen 〜 《口語》大食である

saque- ➡ sacar ⑦

saquear [sakeár] 他 ❶ [兵士が占領地で] 略奪する：Los vikingos *saquearon* el pueblo. バイキングが村を荒らし回った. ❷ 大量に[手当たり次第] 盗む

saqueador, ra 形 名 略奪する；略奪者

saqueo 男 略奪；[美術館などの] 襲撃

saquería [sakería] 女 [←saco] 袋の製造；匿名 袋

saquito [sakíto] 男 小さな袋

SAR [sár] 《西. 略語》←Servicio Aéreo de Rescate 空軍レスキュー隊

S.A.R. 《略語》←Su Alteza Real 殿下

sarampión [sarampjón] 男 《医学》麻疹(ましん)，はしか：tener el 〜 はしかにかかっている. He pasado el 〜. 私ははしかをしたことがある

sarandí [sarandí] 男《南米. 植物》湿地に生えるトウダイグサ科の灌木

sarao [saráo] 男［ダンスや音楽を楽しむ］夜会；《口語》どんちゃん騒ぎ, 大騒ぎ

sarape [sarápe] 男《服飾》［メキシコ人などの着る］ポンチョ

sarapia [sarápja] 囡《植物》［南米産の］トンカマメ《建材用》

sarasa [sarása] 男《西. 軽蔑》ホモ, 女っぽい男

sarazo, za [saráθo, θa] 形《中南米》［トウモロコシなどが］熟れ始めた；［人が］ほろ酔い機嫌の

sarcasmo [sarkásmo] 男 痛烈な皮肉, いやみ

sarcástico, ca [sarkástiko, ka] 形 皮肉たっぷりの, いやみな：risa ～ca 皮肉な笑い. decir a＋人 palabras ～cas …にいやみを言う

sarcocarpio [sarkokárpjo] 男《植物》果肉

sarcófago [sarkófaɣo] 男《古代の》石棺, 柩(ひつぎ)

sarcoma [sarkóma] 男《医学》肉腫

sarcopto [sarkópto] 男《動物》ヒゼンダニ

sardana [sardána] 囡 サルダーナ《カタルーニャ地方の民族舞踊・音楽. ☞写真》

sardina¹ [sardína] 囡《魚》サーディン, イワシ
como ～s en lata ぎゅうぎゅう詰めになって

sardinel [sardinél] 男《建築》煉瓦小端立(ﾀﾃ)積み《最大側面を腹合わせにした積み方》

sardinel

sardinero, ra [sardinéro, ra] 形 サーディンの, イワシの：barco ～ イワシ漁船
◆ 男 イワシ売り

sardineta [sardinéta] 囡 ❶ 人さし指と中指で打つこと, しっぺ. ❷ 小型のイワシ

sardino, na² [sardíno, na] 形 名《南米》子供〔の〕

sardo, da [sárdo, da] 形 名《地名》サルジニア島 Cerdeña の〔人〕
◆ 男 ❶ サルジニア語. ❷《中米》兵士

sardonia [sardónja] 囡《植物》タガラシ

sardónico, ca [sardóniko, ka] 形 嘲笑的な, せせら笑いの：sonrisa ～ca 冷笑
◆ 囡《鉱物》紅縞めのう

sarga [sárɣa] 囡 ❶《繊維》サージ. ❷《植物》キヌヤナギ

sargadilla [sarɣadíʎa] 囡《植物》［イベリア半島産の］アカザの一種

sargazo [sarɣáθo] 男《植物》ホンダワラ：mar de los S～s サルガッソー海

sargento, ta [sarxénto, ta] 名 ❶《陸軍・空軍》軍曹；《海軍》兵曹：～ primero 一等軍曹《軍曹と曹長 brigada の間》. ❷ 巡査部長. ❸《軽蔑》鬼軍曹, やかまし屋

sargo [sárɣo] 男《魚》クロダイ(黒鯛), チヌ

sari [sári] 男［インド女性の着る］サリー

sariama [sarjáma] 囡《鳥》サリエマ

sarilla [saríʎa] 囡《植物》ハナハッカ, マヨラナ

sarín [sarín]《化学》サリン：gas ～ サリン〔ガス〕

sármata [sármata] 形 名《歴史・地名》サルマティア Sarmacia の〔人〕

sarmiento [sarmjénto] 男 ❶［ブドウなどの］つる, 茎. ❷ ～ cabezudo［挿し木用の］小枝
sarmentera 囡《薪用の》つる置き場
sarmentoso, sa 形 つるの〔ような〕

sarna [sárna]《医学》疥癬(かいせん)：S～ con gusto no pica.《諺》好きで選んだ道だ《責任や苦痛も引き受けなくてはいけない》
más viejo que la ～ ひどく年を取った(古い)
sarnoso, sa/sarniento, ta 形 名 疥癬にかかった〔人〕；《主に南米》〔人が〕汚い, 卑しむべき

sarong [sarón] 男《服飾》サロン, 腰布

sarpullido [sarpuʎído] 男《医学》細かい発疹, あせも；ノミに食われた跡

sarraceno, na [saraθéno, na] 形 名《歴史》セラセン人〔の〕《中世のイスラム教徒の呼び方》

sarracina [saraθína] 囡《猛烈な》けんか, 乱闘；大破壊

sarria [sárja] 囡［わらを運ぶのに使う］目の粗い網

sarro [sáro] 男 不可算 ❶ 酒石；湯あか. ❷ 歯石：quitar el ～ de los dientes 歯石を取る. ❸ 舌苔《saburra》

sarta [sárta] 囡 ❶ 数珠つなぎ〔のもの〕：una ～ de perlas 1 つなぎの真珠. ❷ 一連〔のこと〕：decir una ～ de tonterías 立て続けにばかなことを言う

sartal 男 一連〔のこと〕《sarta》

sartén [sartén] 囡《中南米では 男 も》フライパン：freír la carne en la ～ フライパンで肉を焼く. Dijo la ～ a la caldera: "Quítate allá, culinegra".《諺》目くそ鼻くそを笑う
sartenada 囡［一度に焼く］フライパン 1 つ分〔の量〕

sartenazo 男 殴打《golpe》

sartorio [sartórjo] 男《解剖》縫工筋《músculo ～》

sasánida [sasánida] 形《歴史》ササン朝《ペルシア》の. ◆ 男 複 ササン朝

sastre, tra [sástre, tra] 名《紳士服の》仕立屋, 洋服屋：～ remendón 仕立て直し職人. Entre ～s no se pagan hechuras.《諺》仲間内は相身互い
◆ 男《服飾》婦人物のスーツ《traje ～》
sastrería 囡 仕立て職；その仕事場

Satán [satán] 男 ＝satanás

Satanás [satanás] 男 サタン, 魔王
¡vive ～!《怒り》いやはや!

satánico, ca [satániko, ka] 形 悪魔の；悪魔的な, 悪魔のような：tentaciones ～cas 悪魔の誘惑. maldad ～ca 悪魔のような意地悪さ

S

satanismo 男 悪魔崇拝；悪魔的精神(行動)

satélite [satélite] 男 ❶《天文》衛星. ❷ 人工衛星〖～ artificial〗: lanzar un ～ 人工衛星を打ち上げる. emisión vía ～ 衛星放送. programa vía ～ 衛星放送番組. ～ de comunicación 通信衛星. ～ espía スパイ衛星. ～ geoestacionario 静止衛星. ～ meteorológico 気象衛星. ❸ 取り巻き, 食客. 《政治》衛星国〖país ～〗. ❺ ciudad ～ 衛星都市. ❻《機械》遊星歯車

satén [satén] 男《繊維》サテン〖raso より品質が劣る, 裏地用〗

satín [satín] 男《中南米》=**satén**

satinar [satinár] 他〖紙·布地に〗つやを与える
satinado, da 形 過分 つやのある: papel ～ 光沢紙. ◆ 男 つや出し, 光沢加工

sátira [sátira] 女 風刺；《文学》風刺詩: ～ contra la vida de los ricos 金持ちの生活に対する風刺

satiriasis [satirjásis] 女〖単複同形〗《医学》男子性欲亢進, 男子色情症〖↔ninfomanía〗

satírico, ca [satíriko, ka] 形 風刺の, 風刺的な: novela ～ca 風刺小説
◆ 名 風刺詩人(作家)

satirio [satírjo] 男《動物》ノネズミ

satirión [satirjón] 男《植物》[イベリア半島産の] ランの一種

satirizar [satiriθár] 9 他 風刺する: Ese escritor *satirizó* la vida de las gentes de iglesia. その作家は聖職者たちの生活を風刺した.

sátiro [sátiro] 男 ❶ 色魔, 好色家. ❷《神話》サテュロス

satisfacción [satisfa(k)θjón] 女〖英 satisfaction〗❶ 満足, 満足感: Es para mí una gran ～ recibir este premio. この賞を受けることは私にとって大きな喜びです. ～ de haber sido yo elegido 私が選ばれた満足感. expresar su ～ 〖+por に〗満足の意を表明する. con un aire de ～ 満足気に. a ～ de+人 …の満足のいくように. ❷〖欲望などを〗満たすこと, 充足: ～ de la necesidad 欲求の充足. ❸〖侮辱·損害などの〗償い: exigir a+人 una ～ por … …の償いを…に要求する

satisfacer [satisfaθér] 63 他〖英 satisfy. ☞活用表. 過分 satisf*echo*〗❶ 満足させる；喜ばせる: *Satisfizo* a sus padres con sus estudios. 彼はよく勉強して両親を喜ばせた. Su trabajo no me *satisface* en absoluto. 彼の仕事ぶりは私にはまったく気にいらない. ❷ i)〖欲望·条件などを〗満たす, 充足させる: *Satisfizo* su sed con el agua de la fuente. 彼は泉の水でのどの渇きを癒した. ～ los caprichos del chico 子供のわがままを許す. ～ la curiosidad 好奇心を満たす. ～ al estómago 食欲を満たす. ～ la duda 疑問に答える. ii)《文語》～ la deuda 借金を返す. ～ las condiciones requeridas 必要な条件を満たす. ❸〖侮辱·損害などの〗償いをする: ～ su culpa 罪を償う
◆ ～se ❶〖+con で〗満足する: No *se satisface con* esas explicaciones. 彼はその説明で

は満足しない. ❷〖+de の〗仕返しをする

satisfacer	
直説法現在	直説法過去
satisfa*go*	satisf*ice*
satisfaces	satisf*iciste*
satisface	satisf*izo*
satisfacemos	satisf*icimos*
satisfacéis	satisf*icisteis*
satisfacen	satisf*icieron*
直説法未来	直説法過去未来
satisfa*ré*	satisfa*ría*
satisfa*rás*	satisfa*rías*
satisfa*rá*	satisfa*ría*
satisfa*remos*	satisfa*ríamos*
satisfa*réis*	satisfa*ríais*
satisfa*rán*	satisfa*rían*
接続法現在	接続法過去
satisfa*ga*	satisf*iciera*
satisfa*gas*	satisf*icieras*
satisfa*ga*	satisf*iciera*
satisfa*gamos*	satisf*iciéramos*
satisfa*gáis*	satisf*icierais*
satisfa*gan*	satisf*icieran*

satisfactorio, ria [satisfaktórjo, rja] 形 満足のゆく, 申し分のない: Ha sido ～ el resultado del examen. 試験の結果は満足できるものだった/試験は好結果だった. posición ～*ria* 申し分のない(願いどおりの)地位

satisfecho, cha [satisfétʃo, tʃa] 形 過分 ❶〖+con·de に〗満足した〖☞contento 類義〗: i) No está muy ～ *con* su nuevo trabajo. 彼は今度の仕事にあまり満足していない. Sus deseos han quedado ～s. 彼の願いはかなえられた. ii)〖estar+. 満腹〗Estoy ～. もうおなか一杯です. ❷ 得意気な, うぬぼれた〖～ de sí mismo〗❸ 償われた: cantidad ～*cha* 賠償金の額
darse por ～ con+事物 …に満足する

sátrapa [sátrapa] 男《歴史》[古代ペルシアの州の] 太守. ❷ 豪奢な生活をしている人；《軽蔑》暴君
satrapía 女 太守の権威；州

satsuma [satsúma] 女《←日本語. 果実》ウンシュウミカン

saturación [s`**saturación**` [saturaθjón] 女 ❶ 過剰, 飽和: ～ del mercado 市場の飽和, 供給過剰. ❷《化学》飽和

saturado, da [saturádo, da] 形 過分〖+de で〗飽和した, 飽和状態の: aire ～ *de* vapor de agua 水蒸気を一杯含んだ空気. compuesto ～ 飽和化合物
◆ 男《化学》飽和溶液

saturar [saturár] 他〖+de で〗過剰にする, 飽和させる: ～ el mercado *de* productos japoneses 市場に日本製品をあふれさせる

saturnal [saturnál] 形 土星の；《神話》サトゥルヌスの
◆ 女 酒池肉林の宴会, 無礼講；複《古代ローマ》サトゥルヌスの祭り

saturnino, na [saturníno, na] 形 ❶ むっつ

りした，陰気な．❷ 鉛の；鉛中毒の

saturnismo [saturnísmo] 男《医学》鉛中毒，鉛毒

Saturno [satúrno] 男《神話》サトゥルヌス；《天文》土星

sauce [sáuθe] 男《植物》ヤナギ(柳)：～ blanco セイヨウシロヤナギ．～ llorón シダレヤナギ

sauceda 女/**saucedal** 男 柳林

saúco [saúko] 男《植物》ニワトコ

saudade [saudáðe] 女 郷愁: sentir ～ de su tierra 故郷を懐しく思う

saudí [sauðí] 形 名《俗》～[e]s《国名》サウジアラビア Arabia Saudí〔人〕の；サウジアラビア人

saudita 形 名 =**saudí**

sauna [sáuna] 女 サウナ《風呂, 浴場》

saurio [sáurjo] 男 恐竜，《動物》トカゲ類

sauvástica [sauβástika] 女 まんじ

savia [sáβja] 女 樹液；精気, 活力〔源〕

saxofón/saxófono [sa(k)sofón/-sófono] 男《楽器》サキソフォン

◆ 名 サキソフォン奏者

saxo 男 サックス《saxofón の省略語》：～ alto (tenor) アルト(テナー)サックス

saxofonista 名 サキソフォン奏者

saya [sája] 男《古語》スカート《falda》；ペチコート《enagua》

sayal [sajál] 男 粗紡毛織，粗布；その衣類

sayo [sájo] 男《服飾》スモック；だぶだぶの服

cortar a+人 un ～ …の陰口を言う

sayón [sajón] 男 ❶ [雇われて] 暴力をふるう人，[顔つきが] 恐ろしげな人．❷ [聖週間の行列で] 長いチュニックを着て歩く信徒．❸《植物》[イベリア半島の海岸部に生育する] アカザの一種．❹《古語》死刑執行人；[中世の] 法の執行吏

sazón [saθón] 女 ❶ 成熟〔した状態〕；完全: Los higos están en ～. イチジクは熟している． Las ostras ahora están en ～. カキは今がしゅんだ． ❷ 味，味付け〔の具合い〕: La ～ del guiso está en su punto justo. シチューの味加減はちょうどいい． ❸ 時機: buena ～ よい時期，好機

a la ～ 《文語》その時, 当時: *A la* ～ el pueblo era mucho menor que ahora. 当時の町は今よりはるかに小さかった．

en ～ 都合よく, よい時に

fuera de ～ 折悪しく, 悪い時に

sazonar [saθonár] 他 ❶ 味つけをする: ～ el pescado convenientemente 魚に適度な味つけをする． ❷ 完全な状態にする: ～ el campo con abonos 畑に肥料をやる

◆ ～**se** 完全な状態になる: Las tierras *se sazonaron* con las lluvias. 雨が降って土は〔種まきに〕ちょうどよくなった．

sazonado, da 形 過分 [+de で] 味つけした；[表現が] 気のきいた

sazonamiento 男 味つけ

S.C. 《略語》←Sociedad Civil 社団法人；Sociedad Colectiva 合名会社

s/c《略語》←su casa 貴社, 貴店

scalextric [e]skaléstrik] 男《玩具》鉄道模型． ❷《西. 交通》入り組んだインターチェンジ

scanner [e]skáner] 男《←英語》スキャナー

s/ch.《略語》←su cheque 貴小切手

scherzo [e]skértso] 男《←伊語. 音楽》スケルツォ

S.C.I.《略語》←Sociedad Comercial e Industrial 産業株式会社

scooter [e]skúter] 男《←英語》スクーター《escúter》

scotch [e]skótʃi] 男《←英語. 酒》スコッチウイスキー

scout [e]skáut] 形 名《←英語》ボーイ(ガール)スカウト〔の〕

script [e]skríp] 男《←英語. 映画》台本, スクリプト

◆ 名 記録係, 監督の秘書

s/cta.《略語》←su cuenta 貴勘定

S.D.《略語》←sin data 日付なしの；su despacho 貴発送

sdad.《略語》←sociedad 会社

S.[de]R.L[tda].《略語》←Sociedad de Responsabilidad Limitada 有限公社

sdo.《略語》←saldo 残高, 勘定尻

se [se] 代 **I**『再帰代名詞の３人称単数・複数形』自分, それ自身.『再帰動詞を構成する．❖活用表. 不定詞・現在分詞・肯定命令形では語尾に付ける: Quiero levantar*me*. 私は起きたい. Exclamó levantándo*se*. 彼は立ち上がって叫んだ. Levánta*te*. 起きなさい. 複合時制や他以外の過去分詞では再帰代名詞が消える: Ya está levantado. 彼はもう起きている』

❶ [直接再帰] 自分を: i) Elena *se* mira en el espejo. エレナは鏡〔の中の自分〕を見る. *Me* lavo en el baño. 私は風呂で体を洗う. *Se* cree guapa. 彼女は自分を美人だと思っている. ii) [他動詞の自動詞化] *Se* acercaron a la ventana. 彼らは窓に近寄った. *Me* he sentado en el sofá. 私はソファに座った

❷ [間接再帰] i) [所有] 自分の…を: *Me* lavo las manos. 私は手を洗う. *Se* quitó el abrigo. 彼はオーバーを脱いだ. ii) [利害] Ella *se* compró unas rosas. 彼女は自分のためにバラを買った.

❸ [本来的再帰] i) [再帰動詞としてのみ使われるもの] *Me* atrevo a aconsejarte. 私はあえて君に忠告する. *Se* arrepintió de su conducta. 彼は自分の行ないを後悔した. ii) [再帰動詞では意味が大きく変わるもの] No *me* acuerdo de su nombre. 私は彼の名前を思い出せない

❹ [相互再帰] 互いに: [直接再帰] *Se* quieren mucho. 彼らはとても愛し合っている. [間接再帰] *Nos* escribimos muy a menudo. 私たちはひんぱんに文通している

❺ [行為への移行・自発性・積極性・関心などのニュアンスや勢いを付加] i) [自動詞] *Me* voy porque ya son las diez. もう10時なのでおいとまします. *Se* le murió la mujer a José. ホセは妻に死なれてしまった. Sócrates *se* murió serenamente agotando la copa de verano. ソクラテスは毒杯を飲み干し従容として死んでいった. Mis niños *se* mueren de hambre. 子供たちは

S

空腹で死にそうだ. Miguel *se* durmió pronto. ミグルはすぐに寝ついた（寝入った）. Ayúdame, que *me* caigo. 助けてくれ. 落ちそうだ. Las chicas *se* ríen por nada. 女の子は何でもないことによく笑う. Mañana *me* marcharé del pueblo. 明日私は村から出て行く. ii)［他動詞］ *Me* bebí una botella de vino. 私はワインを1瓶飲んでしまった. De todo esto *me* tengo la culpa. このことはすべて私のせいです. *Se* cree todo lo que le dicen. 彼女は人に言われると何でも信じてしまう. *Me* lo sé muy bien. そのことは百も承知です. *Me* temo llegar tarde. 私は遅刻するのではないかと心配だ.
❻［再帰受身. 主語は事物・不特定の人］…される：i) *Se* produce mucha oliva en España. スペインではオリーブがたくさん作られる. En esta tienda *se* venden flores. この店では花が売られている. *Se* buscan dos mecanógrafas. タイピスト2名求む. ii)［能動と受動の中間］Este libro *se* vende bien. この本はよく売れる.
❼［不特定主語の se. 3人称のみ］人は：Cuando *se* viaja, *se* tiene apetito. 旅行すると腹が減るものだ. *Se* respeta a los ancianos. 人々は老人を尊敬している. En ese restaurante *se* come bien. そのレストランはおいしい. *Se* sube al monte por este lado. こちら側から山に登れる

再帰動詞	levantar*se*	
yo	*me*	levanto
tú	*te*	levantas
él	*se*	levanta
ella	*se*	levanta
usted	*se*	levanta
nosotros	*nos*	levantamos
vosotros	*os*	levantáis
ellos	*se*	levantan
ellas	*se*	levantan
ustedes	*se*	levantan

II〖間接目的代名詞の3人称単数・複数形. 直接目的と間接目的代名詞が併用され, どちらも3人称の場合〗Están los dulces de más. ¿*Se* los doy a ustedes? 菓子がまだあります. それらをあなた方にあげましょうか? Voy a preguntár*se*lo. 私はそれを彼に尋ねるつもりだ

SE《略語》←sureste 南東
S.E.《略語》←Su Excelencia 閣下
sé ☞saber ⑤, ser ⑤
sea ☞ser ⑤；o sea
SEAT [secc]《略語》←Sociedad Española de Automóviles de Turismo スペイン自動車会社
sebáceo, a [seβáθeo, a]〖形〗《生理》皮脂の：glándula ~*a* 皮脂腺. quiste ~ 皮脂嚢胞
Sebas [séβas]〖男〗《男性名》セバス〖Sebastián の愛称〗
Sebastián [seβastján]〖男〗《男性名》セバスティアン〖英 Sebastian〗
  sebastianismo〖男〗[1580年ポルトガルがスペイン王家に併合された時に起こった]王セバステ

ィアンを擁立する民族運動
sebo [séβo]〖男〗**❶**獣脂, 脂身；[人の]脂肪, 肥満. **❷**脂汚れ. **❸**《生理》皮脂
seborrea [seβoréa]〖女〗《医学》脂漏
  seborragia〖女〗=seborrea
  seborreico, ca〖形〗脂漏の
seboso, sa [seβóso, sa]〖形〗**❶**脂質の, 脂気のある；脂身の：carne muy ~*sa* 脂身の多い肉. **❷**脂で汚れた
seca¹ [séka]〖女〗《医学》[膿疱の]乾燥期；腺梗塞(こうそく)
secadero [sekaðéro]〖男〗乾燥室(場)
secado [sekáðo]〖男〗乾かすこと, 乾燥：~ de la ropa 洗濯物を干すこと
secador [sekaðór]〖男〗ヘアドライヤー〖~ de pelo〗
secadora [sekaðóra]〖女〗[衣類などの]乾燥機
secamente [sékaménte]〖副〗冷淡に：negar ~ すげなく断わる. contestar ~ そっけない返事をする
secano [sekáno]〖男〗灌漑設備のない農地：cultivo de ~ 非灌漑農業
secante [sekánte]〖形〗乾かす：aceite ~ 乾性油
  ◆〖男〗**❶**吸取紙〖papel ~〗：pasar el ~ sobre la firma 署名の上に吸取紙を当てる. **❷**［塗料の]乾燥剤
  ◆〖女〗《数学》割線〖línea ~〗；正割, セカント〖~ de un ángulo〗
secar [sekár]⑦〖他〗**❶**乾かす, 干す；拭く, ぬぐう：~ la ropa mojada al sol ぬれている洗濯物を日に干す. ~ las hierbas 草を干す. ~ los platos 皿を拭く. ~ a+人 las lágrimas …の涙を拭いてやる. **❷**枯らす
  ◆~se ❶乾く：No se ha secado todavía la pintura. ペンキはまだ乾いていない. **❷**[自分の体を]拭く：~*se* el cabello con la toalla タオルで髪を拭く. *Se* secaba la sangre de la herida. 彼は傷口の血をぬぐった. **❸**[川などが]干上がる：*Se* secó totalmente la fuente. 泉は完全に涸れた. **❹**[植物が]しおれる, 枯れる；[人が]無感動になる, 心が干からびる. **❺**[肌が]荒れる. **❻**《まれ》やせ細る, やつれる
sección [se(k)θjón]〖女〗《英 section》**❶**[会社などの]課；[デパートなどの]売り場：~ de contabilidad 経理課. ~ de comestibles 食品売り場. **❷**部分, 区画；[バスなどの]区間：una ~ del edificio ビルの一部. **❸**[本などの]節, 段；[新聞の]欄：~ de anuncios 広告欄. **❹**[オーケストラなどの]楽器部：~ de cuerdas 弦楽器のパート. **❺**[手術などの]切開, 切除：hacer una ~ en la piel 皮膚を切開する. **❻**断面[図], 切断面；横断面〖~ transversal〗：~ áurea 黄金分割. ~ cónica 円錐の断面. ~ del terreno 地層の断面図. ~ longitudinal 縦断面. **❼**《軍事》小隊
seccionar [se(k)θjonár]〖他〗切断する
secesión [seθesjón]〖女〗**❶**[国家からの]離脱：Guerra de S~〖米国史〗南北戦争. **❷**[政治組織・芸術運動などからの]分離, 離反

secesionismo 男 分離主義

secesionista 形 分離主義の(主義者)

seco, ca²

[séko, ka] 形 [英 dry] ❶ [estar+] 乾いた, 乾燥した 〔↔mojado〕: i) La ropa no está todavía *seca*. 洗濯物はまだ乾いていない. Tengo la boca *seca*. 私は口の中が渇いている. ii) [川・井戸などが] 干上がった: ～ de ideas アイディアが尽きた. iii) [植物が] しおれた, しなびた; 枯れた. iv) 〔口語〕喉がからからに渇いている ❷ [果実・魚などを] 干した, 干物にした: higos ～s 干しイチジク. bacalao ～ 干ダラ ❸ [気候が] i) [気候が] 乾燥した: tierra *seca* 乾燥した土地. ii) [皮膚・髪が] 脂気のない 〔↔graso〕: cutis ～ 乾燥肌. cabello ～ ぱさぱさの髪 ❹ [ser+. 酒が] 辛口の 〔↔dulce〕 ❺ [打撃・音が] 柔らかみのない: dar un golpe ～ ゴツンと(激しく)叩く. sonido ～ 高く乾いた音 ❻ 冷淡な, 無愛想な; 厳しい: respuesta *seca* つっけんどんな返事. contestar en tono ～ そっけない口調で答える. El nuevo jefe es muy ～. 今度の部長はとてもぶっきらぼうだ. sentencia *seca* 厳しい判決 ❼ 〔口語〕[人が] やせこけた, やせぎすの ❽ 不妊の ❾ 付加のない: cobrar el sueldo ～ 本給だけを受け取る

a secas 単独で, それだけで: tomar una cerveza *a secas* おつまみなしでビールを飲む. Le llaman Pepe *a secas*. 彼は単にペペと呼ばれている

dejar a+人 …を即死させる; 呆然とさせる: Un tiro le *dejó* ～. 彼は1発で即死した

en ～ 1) 陸に上がって; 乾いた所で. 2) 突然: El tren se paró *en* ～. 列車が急停車した. 3) limpieza *en* ～ ドライクリーニング. limpiar (lavar) *en* ～ ドライクリーニングをする. 3)《建築》piedra *en* ～ [モルタルを使わない] 石材空(から)積み

secoya [sekója] 女 =secuoya

secreción [sekreθjón] 女《生理》分泌〔物〕: ～ interna (externa) 内(外)分泌

secreta¹ [sekréta] 女《西. 口語》私服刑事 〔policía ～〕

◆ [ミサの] 密誦

secretamente [sekrétaménte] 副 ひそかに, そっと, 内緒で

secretar [sekretár] 他 分泌する

secretaría [sekretaría] 女 ❶ 秘書課, 事務局(室), 書記局 [場所, 組織]: telefonear a la ～ de la escuela 学校の事務室に電話する. ❷ 〔職名〕秘書, 書記. ❸ 秘書(書記・幹事)の職. ❹《西》～ de Estado 副大臣の職. ❺ [S～. メキシコなどの] 省

secretariado [sekretarjáðo] 男 ❶ 秘書学: estudiar ～ 秘書になる勉強をする. ❷ = secretaría ❶ ❷ ❸

secretario, ria [sekretárjo, rja] 女 [英 secretary] ❶ 秘書; 秘書官: Tiene una

～ria particular. 彼には〔個人〕秘書がいる. ❷ 書記, 幹事; [大使館の] 書記官: primer ～ 一等書記官; 第一書記. ～ de prensa 報道担当官. ～ general 書記長, 幹事長, 事務局長. ～ general de las Naciones Unidas 国連事務総長. ～ judicial 裁判所の書記. ❸ [メキシコなどで] 大臣, 長官. ❹ ～ de Estado [スペインの] 副大臣 〔ministro と subsecretario の間〕; [米国の] 国務長官

secretear [sekreteár] 自 ひそひそ話をする, ささやく

secreteo 男 ひそひそ話, 内緒話

secreter [sekretér] 男 書き物棚, ライティングテーブル

secretismo [sekretísmo] 男 秘密主義

secreto¹

[sekréto] [英 secret] 男 ❶ 秘密; 秘事; 機密: guardar un ～ 秘密を守る, 口外しない. divulgar (revelar) un ～ ajeno 他人の秘密を漏らす(ばく). con gran ～ こっそりと, ごく内々に. ～ de alcoba 閨房秘話. ～ de estado 国家機密. ～ de fabricación 企業秘密. ～ militar 軍事機密. ～ profesional 職業上の秘密. ～ sumarial (del sumario) 裁判事件を捜上話せないこと. ❷ 秘訣, 極意: ～ del éxito 成功の秘訣. ～ para que la tarta quede perfecta ケーキを上手に作るこつ. ❸ 神秘的なこと: ～s del universo 宇宙の神秘

en ～ こっそりと, 秘密裏に: hablar *en* ～ 内緒話をする. verse *en* ～ 逢いびきする. tener (guardar・llevar) *en* ～ 秘密にする.

～ a voces 公然の秘密: Ya es un ～ *a voces*. それはもう公然の秘密だ

secreto², ta² [sekréto, ta] [英 secret] 形 秘密の, 内密の; 秘密の: guardar el tesoro en un lugar ～ 宝を秘密の場所に隠す. unirse en matrimonio ～ こっそり結婚する. agente ～ 〔秘密〕諜報員. documento ～ 機密文書. envidia ～ta ひそかな羨望

secretor, ra [sekretór, ra] 形《生理》分泌の: glándula ～ 分泌腺

secta [sékta] 女 ❶ [分離した小さな] 党派, 分派; 宗派 [～ religiosa]; 学派: formar una ～ 一派を作る(立てる). ❷《軽蔑》[誤った・排他的な主義・宗教の] 一派, セクト

sectario, ria [sektárjo, rja] 形 ❶ 党派のメンバー; 信徒; 学徒: no ～ 無派閥の〔人〕, どの宗派にも属さない〔人〕, 無教会派の〔の〕. ❷ セクト的な〔人〕, 排他的な〔人〕, 不寛容な〔人〕

sectarismo 男《軽蔑》セクト主義, セクショナリズム

sector [sektór] 男 ❶ 部門, 分野: i) ～ externo 対外部門. ～ público (privado) 公共(民間)部門. ii) [産業] ～ agrario 農業; 農民. ～ de servicios サービス産業. ～ primario (secundario・terciario) 第1(2・3)次産業. ～ cuaternario 第4次産業 [レジャー産業]. iii)《社会学》～ informal インフォーマルセクター. ～ intermedio 中間層. ～ marginado (marginal) 貧困階層. ❷ 地区, 区域: en el ～ norte de la ciudad 町の北部地区では.

～ derecho del cine 映画館の右側の座席. ❸《数学》扇型〖～ circular〗: ～ esférico 球底円錐

sectorial [sektorjál] 形 部門ごとの, 部門に分かれた;《数学》扇型の

secuaz [sekwáθ] 名〖複 ～ces〗《軽蔑》〖熱心な〗信奉者;取巻き, 子分

secuela [sekwéla] 女 ❶ 影響, 結果: Su enfado es la ～ de la discusión de ayer. 彼は昨日の議論のことをまだ根に持っている. Esta enfermedad puede dejar ～. この病気は長引く(後遺症が残る)かもしれない

secuencia [sekwénθja] 女 ❶ 連続: El informe trata una amplia ～ de problemas sociales. その報告書は一連の広範な社会問題を扱っている. ❷《映画》シークェンス, 一続きのシーン; 《数学》列, 数列;《情報》シーケンス

secuencial 形 連続[要素・演算]の: acceso ～《情報》逐次呼出し, 順アクセス. sistema ～ 逐次システム

secuenciar 10 他 連続させる, 逐次配列する

secuestrar [sekwestrár] 他 ❶ 誘拐する: Secuestraron al niño y pidieron diez millones por su rescate. 子供が誘拐され, 身代金として1千万ペセタの要求があった. ❷ [飛行機・船を] 乗っ取る, ハイジャックする. ❸ [印刷物を] 発売禁止にする; [財産を] 押収(接収)する

secuestrador, ra 形 名 誘拐する; 誘拐犯
secuestro 男 誘拐; ハイジャック〖～ aéreo〗; 押収

sécula [sékula]《←ラテン語》*para in ～ seculórum* いつまでも, 永遠に

secular [sekulár] 形 ❶ 世俗の〖seglar〗; 在俗の, 修道院に属さない. ❷ 数世紀来の; 100年ごとの: ruinas ～es 古い遺跡
◆ 男 在俗司祭〖clero ～〗

secularizar [sekulariθár] 9 他 ❶ 還俗させる. ❷ 非宗教化する; [教会財産を] 国有(民有)化する: ～ la enseñanza 教育を宗教(教会)から切り離す ● ～se 還俗する
secularización 女 還俗; 非宗教化

secundar [sekundár] 他 支持する, 後に続く, 補佐する: ～ una teoría ある理論に賛成する. ～ a+人 en su propuesta …の提案を支持する

secundario, ria [sekundárjo, rja] 形 ❶ 2番目の: enseñanza ～ria 中等教育. corriente ～ria 二次電流. ❷ 副次的な, 付属的な: Para él lo más importante son los estudios, el deporte es ～. 彼にとって一番大切なのは勉強で, スポーツは二の次だ. factor ～ 副次的要因. efecto ～ 副作用, 副次的効果. ❸《地質》era ～ria 中生代

secundinas [sekundínas] 女 複 《医学》後産

secuoya [sekwója] 女 《植物》セコイア

sed [sé(d)] 女 [場所]〖主に 男〗❶ 〖喉の〗渇き: Tengo [mucha] ～. 私は〖ひどく〗喉が渇いた. apagar la ～ 渇きをいやす. La cosecha tiene ～. 作物は水が不足している. ❷ 渇望, 欲求: tener ～ de amor 愛情に飢えている

seda [séda] 女 絹; 絹糸〖hilo de ～〗; 絹織物〖tela de ～〗: blusa de ～ natural 本物の絹のブラウス. ruta de la ～《歴史》シルクロード. ～ artificial 人絹〖rayón〗. ～ cruda 生糸. ～ dental デンタルフロス
como una (*la*) ～ 1) 容易な, 障害のない: Este coche funciona *como una* ～. この車はなめらかな運転ができる. 2) [人が] おとなしい, 従順な
de ～ 繊細な, 手ざわりのよい: piel *de* ～ 絹のような肌, きめの細かい肌

sedal [sedál] 男 釣り糸; [手術の] 縫い糸

sedán [sedán] 男《自動車》セダン

sedante [sedánte] 形《医学》鎮静作用のある; 気持ちを静める: paisaje ～ ほっとさせるような景色
◆ 男 鎮静剤

sedar [sedár] 他 [気持ちを] 和らげる, 平静にする
sedativo, va [sedatíbo, ba] 形 鎮静する

sede [séde] 女 ❶ [機関・団体などの] 本部, 本拠[地]: La ～ de la ONU está en Nueva York. 国連本部はニューヨークにある. ～ del gobierno 政府の中枢機関. ～ social 本社. ❷ [競技会・会議の] 開催地: ～ olímpica (de la olimpiada) オリンピックの開催地. 《カトリック》i) 司教座〖～ episcopal〗; 司教区. ii) 教皇座〖～ apostólica〗, 教皇庁, バチカン〖Santa S～〗
con ～ en+場所 …に本部のある

sedentario, ria [sedentárjo, rja] 形 [職業・生活が] 座ったままの, 出歩かない; 定住性の: Lleva una vida ～ria. 彼はとじこもりがちの生活をしている. labor ～ 座ったままの仕事. tribu ～ria 定住部族
sedentarismo 男 長く座ったままの生活形態; 定住[性]
sedentarización 女 [遊牧民の] 定住化

sedente [sedénte] 形 座った: imagen ～ 座像

sedero, ra [sedéro, ra] 形 絹の: industria ～ra 絹織物業
◆ 名 絹製品製造(販売)者
sedería 女 養蚕業, 製糸業, 絹織物; 絹製品店; 医薬 絹製品

sedic(i)ente [sediθ(j)énte] 形 自称の: el ～ duque 自称公爵

sedición [sediθjón] 女 反乱, 蜂起, 暴動: ～ contra el gobierno 反政府暴動
sedicioso, sa 形 名 反乱を起こす; 反乱者, 暴徒

sediento, ta [sedjénto, ta] 形 名〖estar+〗❶ 喉が渇いた[人]; 水不足の: Volví ～ a casa. 私は喉がからからで帰宅した. terreno ～ 乾ききった土地. ❷ [+de を] 渇望した: ～ *de* gloria (*de* dinero) 名誉(金)に飢えた. estar ～ *de* venganza 復讐心に取りつかれている

sedimentar [sedimentár] 他 ❶ [かすなどを] 沈殿させる. ❷ [感情を] 静める
◆ 自 かすを沈殿させる: *Sedimenta* el vino. ワインの澱(ポ)が沈む

◆ **~se** 沈殿する；気持ちが静まる；[知識が]蓄積される，固まる

sedimentación 囡 沈殿，堆積

sedimentario, ria [seðimentárjo, rja] 脳 沈殿物の，堆積物の：roca ~ria 堆積岩

sedimento [seðiménto] 男 ❶ 沈殿物，堆積物．❷[心の中の]しこり：La discusión dejó ~ en su corazón. その言い争いは彼の心にわだかまりを残した

sedoso, sa [seðóso, sa] 脳 絹のような：pelo ~ つややかな髪

seducción [seðu(k)θjón] 囡 ❶[異性の]誘惑，魅惑：~ del título 題名の魅力

seducir [seðuθír] 41 他 ❶[性的に]誘惑する；[女を]たらし込む，口説き落とす：Seducía a las mujeres con sus encantos. 彼は男の魅力で女性を誘惑した．❷だます，ごまかす．❸[考えなどが]魅了する：Le seduce la idea de que nos vayamos de excursión. 一緒にハイキングに行く話に彼は乗り気だ

seductor, ra [seðuktór, ra] 脳 囵 誘惑する；魅力的な；誘惑者，女たらし

sefardí [sefarðí] 脳 囵〖複 ~(e)s〗《歴史》スペイン系ユダヤ人(の)〖1492 年の追放令によってスペインから追放された〗

◆ 囡 セファルディ語

sefardita 脳 囵 =sefardí

seg.（略語）←según …によれば

segador, ra [seɣaðór, ra] 囵 刈り取る人

◆〖昆虫〗ザトウムシ，メクラグモ

◆ 囡 刈り取り機，草刈り機：~ra-trilladora コンバイン

segar [seɣár] 8 23 〖☞negar 活用表〗他 ❶刈る：~ el trigo 麦を刈り入れる．❷[突き出ている部分を]切り取る：~ la cabeza 首を切り落とす．❸《文語》[成長などを]妨げる：~ la juventud a+人 …の青春を奪う．~ las esperanzas 望みを断つ

seglar [seɣlár] 脳 囵 非聖職者[の]，一般信徒[の]；世俗の

segmento [seɣménto] 男 ❶《数学》[線・図形などの]部分，切片：~ circular 弓形．~ esférico 球台．~ lineal (de recta) 線分．❷部門，分野《sector》：~ de edad 年齢集団．❸《動物》体節；〖環形動物の〗環．❹《言語》分節[要]素．❺《情報》セグメント．❻《機械》ピストンリング〖~ de émbolo〗

segmentación 囡 分割，分断化；《生物》卵割

segmentar 他 分割する，分裂させる

segoviano, na [seɣoβjáno, na] 脳 囵〖地名〗セゴビア Segovia の[人]〖カスティーリャ地方の県・県都〗

segregación [seɣreɣaθjón] 囡 ❶[人種的な]隔離，差別：~ racial 人種隔離(分離)．❷《生理》分泌〖secreción〗

segregacionismo 男 人種分離政策，アパルトヘイト

segregacionista 脳 囵 人種分離主義の(主義者)

segregar 8 他 隔離(分離)する；分泌する

segueta [seɣéta] 囡 糸鋸，ジグソー

seguida[1] [seɣíða] 囡 連続，列

a ~ 続けて；引き続いて

de ~ ただちに，続いて

en ~ すぐに〖☞enseguida〗

en ~ *de*+不定詞（*que*+直説法・接続法）…するとすぐに：*en* ~ *de* cenar 夕食後すぐに．*En* ~ *de que* llegue allí voy a llamarte. 向こうに着いたらすぐ君に電話するよ

tomar la ~ 続行する

seguidilla [seɣiðíʎa] 囡〖主に複〗セギディージャ〖スペインの 3 拍子で軽快な舞踊・音楽〗

seguido, da[2] [seɣíðo, ða] 脳 過分 ❶[時間的・空間的に]連続した，つながった：faltar a la oficina dos días ~s 2 日続けて欠勤する．Se bebió tres cañas ~das. 彼はビールを 3 杯立て続けに飲んだ．❷ 直線的：Tome esta calle ~da hasta el cruce. この通りをまっすぐ交差点まで行きなさい．❸ 長引く：enfermedad muy ~da 長患い

◆ 副 ❶すぐに，直後に：Iba delante el coche del rey y ~ los demás. 国王の車が先に行き，すぐ他の車が続いた．❷ まっすぐ：Vaya todo ~. まっすぐ行きなさい．Por aquí ~ se llega a la plaza. これをまっすぐ行けば広場に出ます．❸《中南米》しばしば

seguidamente 副 続けて；引き続き

seguidor, ra [seɣiðór, ra] 脳 囵 従う[人]；信奉者，愛好者；[チームなどの]ファン，サポーター

seguimiento [seɣimjénto] 男 ❶ 後についていくこと；追跡：estación de ~ [人工衛星の]追跡基地．comisión de ~ 監視委員会．❷《統計》フォローアップ

en ~ *de...* …を追いかけて：ir *en* ~ *de* la oportunidad 機会を追い求める

seguir [seɣír] 5 35 困〖英 follow．☞活用表．現分 siguiendo〗❶ …の後について行く；後を追う，追跡(尾行)する：i) Sígame, por favor. 私についてきてください．Siguieron al guía. 彼らはガイドの後について行った．Le sigue un policía a poca distancia. 彼のすぐ後を刑事が尾行している．~ el rastro (las huellas・los pasos) de+人 …の跡を追う，足取りを追う；模倣する．~ a+人 con la mirada …を目で追う．El que la sigue, la consigue./El que sigue la caza, ésta la mata./《諺》成せば成る．ii) [説明・考えなどに]ついて行く，理解する：¿Me sigues? [私の言っていること(が)]わかりますか

❷[道・経路を]進む，たどる：Siguió el camino hasta llegar al cruce. 彼は四つ角に出るまでその道を進んだ

❸ …を見習う；[規範・忠告などに]従う；引き継ぐ，続行する：Sigue a su padre en la administración. 彼の経営は父親を踏襲している．~ la opinión de la mayoría 多数意見に従う．~ la moda 流行を追う

❹[変化などを]注視する，注目し続ける：~ el partido 試合の流れを追う．~ el proceso 経過を見守る

S

❺ [講座などを] 取る；学び続ける：Está *siguiendo* un curso de japonés. 彼は日本語の講座を受けている. el estudio 研究を続ける. ~ la abogacía 弁護士の道を進む

◆ 圓 ❶ 続く：i) La fila de árboles *sigue* hasta el río. 並木は川まで続いている. ¡Siga! 続けなさい, どんどんやれ!/《中南米》お入り, どうぞこちらへ! ¡No *sigas*! そのへんにしときなさい! Me bajo en la parada que *sigue*. 私は次の停留所で下りる. la semana (el mes) que *sigue* 来週 (来月). ii) [+a に. 後続] *A* la tormenta *siguió* una gran calma. 嵐の後の静けさがやって来た. *A* este cuarto *sigue* otro mayor. この部屋続きにもっと大きい部屋がある. *sigue al* dorso《表示》裏 (次ページ) へ続く

❷ [+現在分詞・過去分詞・形容詞] ある時点における継続の強調] …し続ける, …であり続ける：i) *Sigue* lloviendo. 雨が降り続いている. *Siga* cantando, por favor. 歌い続けてください. *Sigue* rota la bicicleta. 自転車は壊れたままだ. Mis ojos *seguían* fijos en ella. 私の目は彼女に注がれたままだった. ii) [+前置詞] *Sigue* en Madrid (por Argentina). 彼はまだマドリードに(アルゼンチンに)いる. Pedro *sigue* con María. ペドロはまだマリアと[関係が]続いている

❸ [+por 道を] 続ける：*Sigue por* esta calle y a unos 300 metros encontrarás el hotel. この通りをずっと行きなさい. そうすれば 300 メートル位でそのホテルがあります

❹ [+con 職を] 継ぐ：*Sigue con* la panadería. 彼はパン屋を継ぐ

a ~ *bien* [別れの挨拶] ごきげんよう

~ *adelante con...* あくまで…を続ける：~ *adelante con* el trabajo (la idea) 仕事をやめない(考えに固執する)

~ *sin*+不定詞 依然として…ない：Sigo *sin* comprenderlo. 私はまだそれが理解できない

◆ ~*se* [+de から] 推論される：De esto *se sigue* que ha salido mal. このことから彼が失敗したことがわかる

seguir	
直説法現在	直説法点過去
*sig*o	seguí
*sig*ues	seguiste
*sig*ue	*sig*uió
seguimos	seguimos
seguís	seguisteis
*sig*uen	*sig*uieron
接続法現在	接続法過去
*sig*a	*sig*uiera, -se
*sig*as	*sig*uieras, -ses
*sig*a	*sig*uiera, -se
*sig*amos	*sig*uiéramos, -semos
*sig*áis	*sig*uierais, -seis
*sig*an	*sig*uieran, -sen

seguiriya [seghiríja] 囡 =**seguidilla**

según [según] 勔 [準拠. +人称代名詞 は主格：según *yo*] ❶ …に従って, …のとおりに：Actuó ~ lo que dijiste. 彼は君

の言ったとおりに行動した. Todo salió ~ su deseo. すべて彼の希望どおりになった. ~ la ley (el contrato) 法律に従って(契約どおりに). ~ el orden alfabético アルファベット順に

❷ …に応じて, …しだいで：Te pagaremos ~ tu trabajo. 君の仕事[量]に応じて払います. No sé si iré, ~ el trabajo que tenga. 私は行けるかどうかわからない. 仕事しだいだ. ~ las circunstancias 状況しだいで, 状況しだいで

❸ [見解・情報源] …によれば：S~ él el examen era fácil. 彼の話によると試験は易しかった. ~ el pronóstico del tiempo 天気予報によると

◆ 腰 [未来のこと・仮定は+接続法] ❶ …するとおりに：Lo hago ~ me han mandado. 私は命じられたとおりにしている. Todo queda ~ estaba. すべて元のままだ. ❷ …するのに応じて：S~ se encuentre mañana el enfermo, le dejaremos salir. 患者の明日の様子しだいでは外出を許そう. ~ vengan 2 ó 3 来るのが 2 人か 3 人かによって. ❸ …するのによれば：Estaba realmente satisfecho, ~ se sonreía al salir del cuarto. 部屋を出る時笑顔だったところを見ると, 彼は本当に満足したのだ. S~ supe después, era el famoso poeta. 後で知ったところによると, 彼は有名な詩人だった. ~ dicen 噂によれば. ❹ …するにつれて：S~ vayas estudiando, encontrarás más dificultad. 勉強するにつれて難しくなっていくのがわかるよ

◆ 勔《口語》 [単独で] 場合によって：Iré o me quedaré, ~. 私は行くかも知れないし残るかも知れない. 状況しだいだ. ¿Tomamos esto?—S~. これを食べるかい?—おいしいなら

~ *cómo*+接続法 どのように…するかによって：Te dejaré salir, ~ *cómo* te comportes. 君の行ないしだいでは外出を許そう

~ *que*+接続法 …するのに従って；…するのによれば：S~ *que* él vaya o no, decidiré ir o no. 彼が行くかどうかによって私は行くかどうか決める

~ *y como*... …するのに従って；…するのに応じて：Se lo diré ~ *y como* me lo dices. 君の言うとおりに彼に話そう. Actuaré ~ *y cómo* sea la situación. 私は状況に応じて態度を変えるつもりだ

~ *y conforme* 場合によって：Eso será ~ *y conforme*. それは場合によりけりだ

segunda[1] [segúnda] 囡 ❶ [ギアの] セカンド：reducir a ~ セカンドに減速する. ❷ [乗り物の] 2 等：vagón de ~ 2 等車. ir en ~ 2 等で行く. ❸ 腰 下心, 底意 [~ intención]：con ~*s* 下心があって, 本心を隠して

segundar [segundár] 囮 [終了直後に] 繰返す

segundero [segundéro] 男 [時計の] 秒針
segundo[1] [segúndo] 男《英 second》❶ [時間の単位] 秒：correr cien metros en 10 ~*s* 100 メートルを 10 秒で走る. velocidad por ~ 秒速. Él se detuvo un ~. 彼は一瞬立ち止まった. Espérame un ~. ちょっと待ってね. ❷ [角度の単位] 秒

en un ~ 直ちに

segundo², da² [segúndo, da] 形 〖英 second〗2 番目の, 第 2 の: doblar a la izquierda en la ～da esquina　2 番目の角を左折する **sin** ～ 比類のない

◆ 图 ❶ 2 番目の人. ❷ 助手, 補佐役; [艦船の] 副長;《ボクシング》セコンド

segundogénito, ta [segundoxénito, ta] 形 图 第二子(の)

segundón, na [segundón, na] 图《軽蔑》二番手, ナンバーツー

◆ 男《古語》[特に財産を相続する] 次男; 長男以外の息子

seguntino, na [seguntíno, na] 形 图《地名》シグエンサ Sigüenza の〔人〕〖大聖堂で有名なカスティーリャ=ラ・マンチャ地方北部の町〗

segur [segúr] 图 大斧, まさかり

seguramente [seguraménte] 副 ❶ [まれに +接続法] おそらく, たぶん: S～ saldré (salga) esta tarde. 今日の午後はおそらく出かけます. ¿Vendrás mañana?—S～. 明日来るかい?—たぶん. ❷ 確かに〖con certeza〗

seguridad [seguridá(d)] 图《英 security》❶ 安全(性);安全保障: sistema de ～ セキュリティシステム. Tratado de S～ 安全保障条約. ～ ciudadana 治安, 法と秩序. ～ individual 個人の安全. ❷ 確実さ, 間違いのなさ: método de una gran ～ 大変確実な方法. ～ de juicio (de la mano) 判断(腕前)の確かさ. ❸ [+en への] 確信; 自信〖～ en sí mismo〗: Tiene mucha ～ en sí mismo. 彼は大変な自信家だ. ❹ 保障: ～ social 社会保障; 国家医療. ❺ ～ real 担保物権

con ～ 1) 必ず, きっと: Pagaré la deuda con ～. 借金は必ず返します. Será elegido con (toda) ～. 彼はきっと当選するだろう. 2) 確信(自信)をもって: Habla con mucha ～. 彼の口ぶりは自信満々だ. 3) [+que+直説法] 確かに…である: Con ～ que todas las madres desean un ambiente de placidez. 確かに母親たちはみんな平穏な環境を望んでいる

de ～ 安全のための: coeficiente de ～ 安全係数. disco de ～《情報》バックアップディスク. distancia de ～《自動車》安全距離. lámpara (linterna) de ～ 非常灯, 予備灯

seguro, ra [seguro, ra] 形 〖英 secure, sure〗❶ 安全な, 危険のない: Este puente es ～. この橋は安全だ. El suelo no estaba ～. 床がしっかりしていなかった. Está ～ en su puesto. 彼は今の地位に安心している. refugiarse en un sitio ～ 安全な場所に避難する. inversión ～ra 安全な投資 ❷ [ser+] 確実な, 疑いのない;信頼できる: Es una persona muy ～ra. 彼は大変確かな人物だ. amigo ～ 信頼できる友人. información ～ra 確実な情報. prueba ～ra 確実な証拠. [ser ～ que+直説法] Es ～ que viene él. 彼が来るのは確かだ/間違いなく彼は来る ❸ [estar+. +de が] 確信した: Estoy ～ de que aprobará el examen. 彼は合格すると私は

確信している〖否定では +接続法: No estoy ～ de que él apruebe el examen. 彼が合格するとは断言できない〗. No estoy ～ de haber apagado el fuego o no. 私は火を消したかどうか自信がない. estar ～ de sí mismo 自分に自信がある. S～ra estoy de no poder vivir sin ti.《文語》本当に私はあなたなしには生きていけません **sentir más** ～ 自信をつける; ほっとする, 落ち着く

◆ 副 確かに, きっと: ¿Vendrás esta tarde?—S～. 今晩来るかい?—きっと行くよ. Antes de salir te llamaré ～. 出かける前に必ず電話するよ. No ha dicho ～ si vendrá. 彼は来るかどうかはっきりとは言わなかった

◆ 男《英 insurance》❶ 保険: Se ha hecho un ～ contra (de) incendios. 彼は火災保険に入った. Tengo un ～ contra robos (accidentes). 私は盗難(災害)保険に入っている. ～ ahorro 養老保険. ～ del coche 自動車保険. ～ de desempleo 失業保険. ～ de vida 生命保険. ～ multirriesgo 総合保険. ❷ [銃などの] 安全装置: La pistola lleva un ～. ピストルには安全装置がかかっている. Echó el ～ a las puertas de su coche. 彼は車のドアをロックした. ❸ [el+. 時に el S～. 公的な] 医療扶助〖制度, 機関〗. ❹ 保障: Hacer deporte es un ～ para mantenerse joven. スポーツをすると若さを保つことができる. ❺ 通行許可, 特別な許可. ❻ [ゲームで, 駒を取られない] 安全地帯, 島. ❼《中米》安全ピン

a buen ～/al ～ おそらく, たぶん: A buen ～ ahora está en casa. 彼はおそらく今は家にいるだろう

de ～ 確かに, きっと: Esta tarde llueve de ～. 午後は雨になるに違いない

～ que+直説法 確かだ: S～ que me lo dijiste. 確かに君は僕にそう言ったよ

sobre ～ 確実に, 安全に: Debemos hacer el experimento sobre ～. 実験は安全に行なわなくてはいけない

tener... por ～ [主に命令形で] …を確信する: Ten por ～ que se casarán. 彼らは絶対結婚するよ

seibo [séibo] 男《植物》セイボ〖アルゼンチンの国花〗

seis [séis] 形 男《英 six》6(の); 6 番目の

seisavo, va [seisábo, ba] 形 男 6 分の 1(の)

seiscientos, tas [seisθjéntos, tas] 形 男 ❶ 600(の); 600 番目の. ❷ 17 世紀の. ❸《西》600 cc の小型乗用車〖1960-70 年代に流行した〗

seise [séise] 男 [特定の祭日に] 大聖堂で歌舞を披露する 6 人の少年

seisillo [seisíʎo] 男《音楽》6 連符

seísmo [seísmo] 男《文語》地震〖terremoto〗

seismología 图 地震学

SELA [séla] 男《略語》←Sistema Económico Latinoamericano ラテンアメリカ経済機構

S

seláceos [seláθeos] 男 複 《魚》軟骨魚類

selección [sele(k)θjón] 女 ❶ 選択；選抜：hacer una ~ entre los participantes 応募者の中から選ぶ. ~ al azar《統計》ランダムサンプリング. ~ de las basuras ごみの分別. ~ multiple 多項選択肢. ~ natural (artificial) 自然(人為)淘汰. ❷ 集合 i) えりぬきのもの；選集：~ de cuentos populares 民話選集. ~ de Quevedo ケベード選集. ii)《スポーツ》[主に国の]代表選手，選抜チーム. ~ nacional ナショナルチーム. ~ española de fútbol サッカーのスペイン代表チーム

seleccionado [sele(k)θjonáðo] 男《南米》ナショナルチーム

seleccionador, ra [sele(k)θjonaðór, ra] 名《スポーツ》代表選手選考委員；[選抜チームの]監督：~ nacional ナショナルチームの監督
◆ 男 女 ＝selector

seleccionar [sele(k)θjonár] 他 選択(選抜・選別)する：Le han seleccionado para los Juegos Olímpicos. 彼はオリンピック代表選手に選ばれた

selectividad [sele(k)tibiðá(ð)] 女 ❶ 医学 選抜基準，選抜試験；《西》[COU を終えた人を対象とする]大学入学資格試験. ❷ [音波・信号などの]選択度

selectivo, va [selektíbo, ba] 形 選択の；選択する，選抜する：bombardeo ~ 限定爆撃
◆ 男 予備講座，最初の講義

selecto, ta [selékto, ta] 形 ❶ 精選された，えりぬきの：vino ~ 極上のワイン. ❷ 会員制の. ❸ 選択眼のある，目ききの

selector [selektór] 男 選別器；《電気・情報》セレクター：~ de canales《テレビ》チャンネルボタン

selénico, ca [seléniko, ka] 形 月 luna [の]運行の

selenio [selénjo] 男《元素》セレン，セレニウム

selenita [seleníta] 名 [昔，月に住むとされた]月人
◆ 女《鉱物》透明石膏

seleniuro [selenjúro] 男《化学》セレン化物

selenografía [selenoɣrafía] 女《天文》月面図学

selenología [selenoloxía] 女 月学

selenosis [selenósis] 女《単複同形》《医学》[爪に出る]白斑

seleúcida [seleúθiða] 形 名《歴史》[マケドニアの]セレウコス王朝の〔人〕

self-service [sel(f)sérbis] 男《←英語》セルフサービス〔の店〕《autoservicio》

sellar [seʎár] 他 ❶ …に印を押す；封緘(ふうかん)する，封印する：~ un escrito 書類に捺印する. ~ una carta 手紙に封をする. papel sellado 印紙貼付書類. ~ el rostro con las garras 顔にひっかき傷をつける. ❷ 確固としたものにする；終了したものとする：~ el pacto con un fuerte apretón de manos 握手をして協定を守ると約束する. ❸ 固く閉ざす，ふさぐ：~ los labios de+人 con un beso《文語》…の唇に接吻する. ❹《自動車》アンダーコーティングする

◆ 自《西》失業者として登録する

sellado 男 1) 捺印，押印；封印. 2) アンダーコーティング

sello [séʎo] 男《英 seal, stamp》❶ 印，証印；印鑑，判こ；スタンプ：estampar el ~ en un documento 書類に印を押す. ~s de prima 割引(商品引換)スタンプ. ~ de caucho (goma) ゴム印
❷《主に西》郵便切手〖~ de correo〗：poner un ~ de 25 pesetas en una carta 手紙に25ペセタの切手を貼る. matar el ~ 消し印を押す. álbum de ~s 切手帳. hoja de ~s 切手シート
❸ 証紙：~ fiscal 収入印紙
❹ [手紙などの]封印；封緘(ふうかん)紙，シール
❺ 印章(印鑑)付きの指輪
❻ [レコードの]ラベル〖~ discográfico〗
❼ [金の]極印
❽ [作品などに表われた]特徴，個性〖~ distintivo〗
❾ オブラートにはさんだ薬包
❿ ~ de Salomón ソロモンの封印《2つの正三角形を組み合わせた六星形》；《植物》アマドコロ，ナルコユリ
echar (poner) el ~ a... …を終える
no pegar ~ まったく〔ほとんど〕働かない

seltz [sélθ] 男《←独語》セルツァ水〖agua de S~. 発泡性ミネラルウォーター〗

selva [sélba] 女 ❶《主に熱帯の》森，密林，ジャングル：i) ~ virgen 原生林. S~ Negra [ドイツの]黒い森，シュヴァルツヴァルト. ii)《地理》セルバ，熱帯雨林〖~ tropical〗. iii) 弱肉強食の社会：~ urbana 都会のジャングル. ❷ 雑多な寄せ集め：~ de libros 本の山

selvático, ca 形 森の，ジャングルの；未開の

selvicultura [selbikultúra] 女 育林，植林，造林

selyúcida [selʝúθiða] 形 名《歴史》[西アジアの]セルジュク朝の〔人〕

sema [séma] 男《言語》意味素

semáforo [semáforo] 男 交通信号《3色 rojo・ámbar・verde のもの》；《船舶・鉄道》信号機：El ~ está en rojo. 信号は赤だ. obedecer el ~ (saltarse ~) 信号を守る(無視する)

semana [semána] 女《英 week》❶ 週；週の：El primer día de la ~ es el lunes. 週の第1日目は月曜日である〖週の始まりを日曜とする考えもあるが，月曜の方が一般的〗. ¿Qué día [de la ~] es hoy? 今日は何曜日ですか? esta ~ 今週. la ~ próxima (que viene) 来週. la ~ pasada 先週. fin de ~ ☞fin. 〖参考 曜日 (すべて男): lunes 月曜, martes 火曜, miércoles 水曜, jueves 木曜, viernes 金曜, sábado 土曜, domingo 日曜. i) [Hoy] Es jueves. [今日は]木曜日です. ii) [副詞的. 定冠詞などの限定詞+] Voy a misa el domingo (todos los domingos). 私は日曜日(毎週日曜日)にはミサに行く. Viene cada sábado. 彼は土曜ごとに来る. Nos veremos el lunes (que viene). [来週の]月曜日に会おう. iii) [曜日+日付] Hoy es miércoles 18 de

agosto de 1994. 今日は1994年8月18日水曜日です】
❷ 1週間, 7日間: Hoy hace una ～ del accidente. 今日で事故から1週間になる. quedarse una ～ en Madrid マドリードに1週間滞在する. hace (después de) una ～ 1週間前(後)に. en una ～ 1週間以内に. por varias ～s 何週間も. a las dos ～s de… …から2週間後に. tres veces a la (por) ～ 週に3回. ～ laboral de 40 horas 週40時間労働. ～ inglesa 土曜の午後と日曜は休む制度
❸ 週間: ～ de bondad 親切週間. S～ Santa 《キリスト教》聖週間【復活祭前の週. その祭り ⇨写真】. S～ Trágica 悲劇の1週間【1909年アフリカ派兵に反対してバルセロナで起こった暴動】
❹ 週給

entre ～ 週日(平日)に: ir al cine *entre ～* 平日に映画を見に行く. días *entre ～* 平日, ウィークデー
la ～ de tres jueves/la ～ que no tenga viernes 決してありえない

semanal [semanál] 形 1週間の; 毎週の: Trabajar cuarenta horas ～es. 彼女は週40時間働く. Tiene un día de descanso ～. 彼は週に1日休みがある. salario ～ 週給
semanalmente 副 週に1回
semanario, ria [semanárjo, rja] 形 =**semanal**
◆ 男 ❶ 週刊誌. ❷ [7つの部分で構成されたもの] ～ de pulseras 7つの環からなるブレスレット
semantema [semantéma] 男 《言語》意義素
semántica¹ [semántika] 女 《言語》意味論
semántico, ca² 形 意味論の: campo ～ 意味場
semantista 男 意味論学者
semasiología [semasjoloxía] 女 《言語》語義論, 意義論
semblante [semblánte] 男 《文語》❶ 顔つき, 表情: Tiene un ～ alegre. 彼は明るい顔をしている. con el ～ preocupado 心配そうな表情で. ❷ [物事のよい・悪い] 局面, 様相
semblantear [semblanteár] 他 《中南米》…の顔を見つめる
semblanza [semblánθa] 女 [個人の] 略歴: hacer una ～ de+人 …の略歴を紹介する
sembrado [sembráðo] 男 [種をまいた] 畑
sembrador, ra [sembraðór, ra] 男 女 種ま

く[人]. ◆ 女 種まき機
sembrar [sembrár] 23 他 ❶ [種を]まく; ばらまく: i) ～ el maíz en el campo 畑にトウモロコシをまく. Llevaba yo el paquete de sal roto e iba *sembrándola* por la calle. 私の持っていた塩の袋が破れていて, 歩きながら通りにまき散らしていた. ii) 《文語》～ el terror 人々を恐れおののかせる. ～ la discordia (el desconcierto・la división) en …に(の間に)不和の種をまく. ❷ [+de de] …にまく: ～ el camino *de* flores para la procesión de Corpus 聖体の祝日の行列のために道に花をまく
❸ [成果を産む] 下準備をする
semejante [semexánte] 形 《英 similar》❶ [+a に] 似た, 類似の: Tiene un carácter ～ *al* de su padre. 彼は父親と性格が似ている. Es muy ～ *a* ti en el color de los ojos. 彼は眼の色が君とそっくりだ. ❷ そのような; それほど大きな: i) Nunca he visto descaro (una manzana) ～. あんな恥知らず(大きなリンゴ)は見たことがない. ii) 《軽蔑》[+名詞] No quiero saber nada con ～ hombre. そんな男のことは知りたくもない. ❸ 《数学》相似の
◆ 男 [主に 複] 同胞, 同類: Hay que amar a nuestros ～s. 私たちの隣人を愛さなくてはいけない. Nunca hizo caso de lo que decían sus ～s. 彼は自分の仲間の言うことには耳を傾けなかった
semejanza [semexánθa] 女 類似性;《数学》相似;《修辞》直喩《símil》: Existe una clara ～ entre los dos. その2つは明らかに似ている
semejar [semexár] 自/～se [+a に, +en に] 似ている: Se semeja mucho *a* su madre. 彼女は大変母親似だ. Se semejan en la manera de hablar. 彼らは話し方が似ている
◆ 他 …に似ている: Por el ruido que hace *semeja* un avión. 音からするとそれは飛行機のようだ
semen [sémen] 男 ❶ 《生理》精液《esperma》. ❷ 《植物》=**semilla**
semental [sementál] 形 種付け用の[雄]: toro ～ 種牛
sementera [sementéra] 女 ❶ 種まき[の時期]; [種をまいた] 畑; 作付けされたもの. ❷ [不快なことの] 源, 原因
semestral [semestrál] 形 半年ごとの; 半年間の: examen ～ [6か月ごとの] 学期末試験. curso ～ [6か月間の] 半期講座
semestre [seméstre] 男 ❶ 半年, 6か月; [年2学期制の] 学期: primer ～ 前期, 上半期. segundo ～ 後期, 下半期. ❷ 半年ごとの受給(支払い). ❸ 《医》[新聞・雑誌などの] 半年分の号
semi- [接頭辞] [半] *semi*círculo 半円
semiautomático, ca [semiautomátiko, ka] 形 半自動の
semibreve [semibrébe] 男 《音楽》全音符
semicilindro [semiθilíndro] 男 《数学》半円筒
semicírculo [semiθírkulo] 男 半円: ～

S

graduado 分度器〘transportador〙
semicircular 形 半円〔形〕の：〔tres〕canales ～*es*《解剖》［耳の］〔三〕半規官
semicircunferencia [semiθirkunferénθja] 女《数学》半円周
semiconductor, ra [semikɔnduktɔ́r, ra] 形 男《電気》半導体〔の〕
semiconserva [semikɔnsέrƀa] 女 冷蔵庫で10日ほど日持ちする食品
semiconsonante [semikɔnsonánte] 形 女《言語》半子音〔の〕〘例 piedra [pjéđra] の j, huevo [wéƀo] の w〙
semicorchea [semikɔrtʃéa] 女《音楽》16分音符
semicualificado, da [semikwalifikáđo, đa] 女 半熟練の
semicultismo [semikultísmo] 男《言語》半教養語〘ラテン語の元の形を一部とどめている語〙
semidesértico, ca [semiđesέrtiko, ka] 形 半砂漠の
semidesierto, ta [semiđesjέrto, ta] 形 閑古鳥の鳴いている，さびれた
semidesintegración [semiđesintegraθjɔ́n] 女《物理》periodo de ～ 半減期
semidesnatado, da [semiđesnatáđo, đa] 形［牛乳が］低脂肪の
semidiámetro [semiđjámetro] 男《天文》天体の角半径
semidiós, sa [semidjɔ́s, sa] 名 半神；神人
semieje [semjέxe] 男《数学》半軸
semiesfera [semjesféra] 女《数学》半球
semifetal [semifetál] 形 en posición ～ 胎児のような姿勢で
semifinal [semifinál] 女 準決勝
semifinalista 形 名 準決勝出場の〔選手・チーム〕
semifondo [semifɔ́ndo] 男《スポーツ》中距離：carrera de ～ 中距離競走
semifusa [semifúsa] 女《音楽》64分音符
semigrupo [semigrúpo] 男《数学》半群，準群
semiinconsciente [semi〔i〕ŋkɔnsθjénte] 形 半ば意識のある
semilla [semíʎa] 女 ❶ 種子，種：sembrar las ～*s*［小麦・大麦以外の］種をまく．uvas sin ～*s* 種なしブドウ．❷ 原因：～ de la revolución 革命の火種
semillero [semiʎéro] 男 ❶ 苗床：planta de ～ 苗．❷ 源，発生地：～ de delincuencia 犯罪の温床
semilunar [semilunár] 形 半月状の，三日月形の
◆ 男《解剖》月状骨〘hueso ～〙
semimanufactura [semimanufaktúra] 女《商業》［複 で］半製品
semimedio [semiméđjo] 男《ボクシング》ウェルター級〘peso ～〙
semimetal [semimetál] 男 半金属
seminal [seminál] 形《生理》精液の；《植物》種の：vesícula ～《解剖》精嚢
seminario [seminárjo] 男 ❶ 神学校．❷ ゼミナール，セミナー；その教室
seminarista 男 神学生
seminífero, ra [seminífero, ra] 形《生理》精液を生じる(含む)；《植物》種子を生じる
seminívoro, ra [seminíƀoro, ra] 形《動物》種子食の
seminola [semínola] 形 名 セミノル族〔の〕〘北米インディアン〙
seminternado [semintεrnáđo] 男［通学生への］給食制度
semiología [semjolɔxía] 女 記号学；《医学》症候学
semiológico, ca 形 記号学の
semiólogo, ga 名 記号学者
semioruga [semjorúga] 男［前は車輪，後ろはキャタピラの］半無限軌道式車両
semioscuridad [semjoskuriđá〔đ〕] 女 薄暗がり
semiótico, ca [semjótiko, ka] 形 記号論の(的な)
◆ 女 記号論；《医学》症候学
semipermeable [semipεrmeáƀle] 形 半透性の
semipesado [semipesáđo] 男《ボクシング》ライトヘビー級〘peso ～〙
semiplano [semipláno] 男 半平面
semipleno [semipléno] 男《ボーリング》スペア
semiproducto [semiprođúkto] 男 半製品
semiprofesional [semiprofesjonál] 形 名 半職業的な，セミプロ〔の〕
semipúblico, ca [semipúƀliko, ka] 形 半公共的な，半官の：empresa ～*ca* 準公営企業
semirrecto, ta [semir̄έkto, ta] 形《数学》45度の
◆ 女《数学》半直線
semiseco, ca [semiséko, ka] 形［ワインなどが］やや辛口の
semisótano [semisótano] 男 半地下室
semisuma [semisúma] 女 合計の2分の1
semita [semíta] 形 名 セム族〔の〕；ユダヤ人〔の〕
semítico, ca 形 セム族の．◆ 男 セム語
semitono [semitóno] 男《音楽》半音：～ diatónico (mayor) 全音階的半音．～ comático (menor) 半音階的半音
semivocal [semiƀokál] 形 女《言語》半母音〔の〕
semi-industrializado, da [semi〔i〕ndustrjaliθáđo, đa] 形 país ～ 準工業国
sémola [sémola] 女《料理》［スープの浮き身用の］粒状のパスタ；［パスタ用の］セモリナ粉
semoviente [semoƀjénte] 形 男［資産としての］家畜〔の〕
sempiterno, na [sempitέrno, na] 形 ❶《文語》永遠に続く，終わりのない〘eterno〙．❷ いつもの
◆ 女 粗い毛織物
sen [sén] 男《植物》センナ
senado [senáđo] 男 ❶［主に *S*～］上院〘会議，建物〙．❷《古代ローマ》元老院

S

senador, ra 名 上院議員；元老院議員

senaduría 女 上院議員の権威(職)

senatorial 形 上院[議員]の

senario, ria [senárjo, rja] 形 6 つの要素から成る

S.en C. 女《略語》←Sociedad en Comandita 合資会社

sencillamente [senθiλaménte] 副 単に，あっさりと

sencillez [senθiλéθ] 女 単純さ；簡素；素朴

sencillo, lla [senθíλo, λa] 形『英 simple』 ❶ 単純な，簡単な：instrumento ～ 簡単な道具．examen (problema) ～ やさしい試験(問題)．explicar con palabras ～llas やさしい言葉で説明する． ❷ 簡素な，あっさりした：habitación de estilo ～ シンプルな部屋．vestido ～ [盛装に対して] 普段着． ❸ [布地などが] 薄手の． ❹ [人が] 素朴な；愚直な：Es un hombre muy ～. 彼は非常に純朴な男だ． ❺ 単一の：apostar doble contra ～ 2 対 1 の割合で賭ける． ❻《植物》[花が] 一重の． ❼《西・メキシコ》片道の
◆ 男 ❶ シングルレコード 『disco ～』． ❷《西・メキシコ》片道切符． ❸《中南米》小銭

senda [sénda] 女 ❶ [山・森などの] 小道，踏み分け道． ❷ 手段，方法：escoger una ～ fácil 安易な道を選ぶ．seguir una ～ del bien (del mal) 正道(悪の道)を歩む

senderismo [senderísmo] 男《スポーツ》ハイキング，トレッキング

senderista [senderísta] 名 Sendero Luminoso のメンバー

sendero [sendéro] 男 ❶ =**senda**. ❷ *S*～ Luminoso センデロ・ルミノソ 『ペルーの社会主義的ゲリラ組織』

sendos, das [séndos, das] 形 複 ❶ 各人(各個)に 1 つずつの：Se comieron ～das tortas. 各自ケーキを 1 つ食べた．con ～das peculiaridades 各自の独自性を発揮して． ❷《口語》途方もない：Recibió ～ disgustos. 彼はひどく不愉快な目にあった

senectud [senektú(d)] 女《文語》老年期：en su ～ 年をとってから

senegalés, sa [senegalés, sa] 形 名《国名》セネガル Senegal 男 の(人)

senequismo [senekísmo] 男 セネカ Séneca の説いた処世術 『コルドバ生まれの古代ローマの哲学者』

senequista 形 名 その理論の(支持者)

senescal [seneskál] 男 [昔の] 家老，重臣

senescalado 男 その管轄地；=**senescalía**

senescalía 女 その職(権威)

senescencia [senesθénθja] 女 老衰，老化現象

senescente 形 老衰の，老化した

senil [seníl] 形《文語》老人の，老年の；老衰した，ぼけた：fallecer por muerte ～ 老衰で死ぬ

senilidad 女 老衰，老化

sénior [sénjor] 形 名 [単複同形/複 ～s] ❶ [親子など同じ名前の人たちについて] 年上の方の『↔júnior』：Pablo Gómez ～ パブロ・ゴメス・シ

ニア． ❷《スポーツ》シニアの[選手] 『júnior より上で，主に 20・21 歳以上の最年長の級』

seno [séno] 男 ❶ [女性の] i) 乳房 『pecho』：mujer de opulentos ～s 豊かな胸の女． ii) ふところ：guardar en su ～ el medallón ふところ深くにロケットをしまっている． ❷ 子宮，胎内 『matriz』：llevar el hijo en el ～ おなかに子を宿している．～ materno 母胎． ❸ 穴，くぼみ． ❹ 避難場所：acoger a+人 en su ～ …をかくまう． ❺ 内奥，深奥：ser recogido en el ～ de la familia 家族のふところに迎えられる．～ de la tierra 大地の奥底．～ del mar 海の真っただ中． ❻ 入り江． ❼《解剖》[骨などの] 洞，[特に] 副鼻腔：～ frontal 前頭洞． ❽《建築》[連続したアーチの] 外輪の間の空間． ❾《数学》正弦，サイン

sensación [sensaθjón] 女『英 sensation』 ❶ [感覚 sentido による] 感じ，気分：producir una ～ agradable al oído 耳に快感を与える． ❷ 印象；予感：Tengo la ～ de que aquí estorbo. 私はここでは邪魔者のような気がする．～ de soledad 孤独感． ❸ 感覚 『sentido』：～ auditiva 聴覚．～ cutánea 皮膚感覚．～ de dolor 痛覚．～ térmica 風速冷却指数． ❹ 感動；驚き：Me causó una gran ～ ver ese cuadro. 私はその絵を見て深い感動を覚えた．Esa película causó ～ entre los críticos. その映画は批評家たちにセンセーションを巻き起こした

sensacional [sensaθjonál] 形 世間を驚かせる，大評判になる；《口語》すばらしい：obra ～ 人々をあっと言わせる作品．noticia ～ センセーショナルなニュース

sensacionalismo [sensaθjonalísmo] 男 [報道などの] 扇情主義

sensacionalista 形 名 扇情主義的な[人]

sensatez [sensatéθ] 女 良識，分別：obrar con mucha ～ 慎重に行動する

sensato, ta [sensáto, ta] 形 [人・行動などが] 良識(分別)のある人：persona ～ta 良識のある人．opinión ～ta 賢明な意見

sensibilidad [sensibiliðá(d)] 女 ❶ [繊細な] 感受性，感性：Es una actriz con una gran ～. 彼女は感性の豊かな女優だ．Tiene una ～ pasada de moda. 彼は感覚が古い．～ artística 芸術的感受性．～ para la música 音楽に対する感受性．Tiene ～ para las desgracias ajenas. 彼は他人の痛みがわかる． ❷ [刺激に対する] 感覚[能力]． ❸ [計器などの] 感度，精度；[写真] 感光度：Esta radio tiene gran ～. このラジオは高感度だ

sensibilizar [sensibiliθár] 動 他 ❶ 敏感にする，関心を持たせる：～ a la opinión pública sobre el problema de la defensa 防衛問題について世論を喚起する． ❷ [写真] 増感作用を高める，感光しやすくする． ❸ [医学] 抗原に対して敏感にする，感作する

sensibilización 女 敏感にすること；増感；感作

sensibilizado, da 形 過分 [問題などを] 意識した，敏感な

S

sensible [sensíble] 形 ❶ 感覚能力のある；[+a に] 敏感な, 感じやすい：Es muy ~ al frío. 彼は寒さにとても敏感だ. ❷ 感受性の鋭い；情にもろい, 思いやりのある：Es un chico muy ~. この子はとても感じやすい(多感だ). ser ~ a la poesía 詩趣を解する. ❸ [計器・フィルムなどが] 感度のよい, 高精度の：barómetro muy ~ 高感度のバロメーター. materia ~ a luz 光に反応する素材. ❹ はっきり感じられる, 顕著な：El enfermo ha experimentado una ~ mejoría. 病人は目立ってよくなってきた. ❺ つらい, 悲しむべき：Su muerte es una ~ pérdida. 彼の死は非常に残念だ. ❻ 感覚でとらえ得る：ser ~ a la vista 目に見える. mundo ~ 感覚界. ❼《音楽》nota ~ 導音

sensiblemente 副 はっきりと, 目に見えて：Con la venida del otoño la temperatura ha bajado ~. 秋の到来で気温がぐんと下がった

sensiblería [sensíblería] 囡《軽蔑》感傷癖, 過度のセンチメンタリズム

sensiblero, ra 形 [人・事柄が] 感情過多の

sensitivo, va [sensitíbo, ba] 形 ❶ 感覚の, 感覚を伝える；感覚の鋭い：órgano ~ 感覚器官. nervios ~s 感覚神経. ❷ 感受性を刺激する. ❸《文語》[人が] 感じやすい, 繊細な ◆ 囡《植物》オジギソウ, ネムリグサ

sensor [sensór] 男 センサー, 感知器：~es de humo 煙探知器

sensorial [sensorjál] 形《生理》感覚(器)の：órgano ~ 感覚器官

sensorio, ria [sensórjo, rja] 形 ＝**sensorial**

sensual [senswál] 形 ❶ 官能的な；官能的な：formas ~es 官能的な姿態. ❷ 享楽的な；淫蕩な

sensualidad 囡 官能的なこと；好色

sensualismo 男 快楽主義 〖↔ascetismo〗

sentada[1] [sentáda] 囡 座り込み：hacer una ~ ante la embajada 大使館の前で座り込みをする *de (en) una* ~ 一気に, 一度に：solucionar todos los problemas *de una* ~ すべての問題を一挙に解決する *tener una* ~ *sobre...* …についてじっくり検討(議論)する

sentadillas [sentadíλas] *a* ~《馬術》横座りに, 横乗りに

sentado, da[2] [sentádo, da] 形《過分》[es-tar+] ❶ 座った：Está ~ en la silla. 彼は椅子に座っている. ❷ 分別(良識)のある：hablar de una forma ~da 理性的な話し方をする *dar... por* ~ …を確実だと思う：Dio por ~ que conocíamos su nombre. 彼は私たちが当然自分の名前を知っているものと思っていた

sentador, ra [sentadór, ra] 形《南米》[服が] 似合う

sentar [sentár] 23 他《不活用表》❶ [手を貸して, +en に] 座らせる：La madre *sentó* al niño *en* el cochecito. 母親は子供を豆自動車に座らせた. ❷ [理論・関係などを] 築く, 基礎を固める：~ sus ideas sobre la base de... …の基礎の上に考えを構築する ◆ 自 [+a+は, +bien・mal] ❶ [食べ物が] 消化される・されない；[体に] よい・悪い：No me *sienta bien* lo seboso. 私は脂っこいものは胃にもたれてしまう. Me ha sentado *bien* el paseo. 私は散歩して元気になった. ❷ …に似合う・似合わない：i) Esta falda te *sienta mal*. このスカートは君には似合わない. ii) [主に女性同士のほめ言葉で bien の省略] 似合う：Te *sienta*. お似合いよ. ❸ [+que+接続法] …の気に入る・気に入らない：Le *sentó* muy mal *que no vinieras*. 彼は君が来ないのでご機嫌斜めだ. ❹《口語》安定する；[通常の状態に] 戻る：Quizás *siente* este tiempo. この天気も回復するかもしれない. ❺ 沈殿する ◆ ~se《英 sit down》❶ 座る, 腰かける 〖↔levantarse〗：i) *Siéntese*, por favor. おかけください. *Se sentó* a la mesa. 彼は食卓についた. ¡*Sentándose*! [劇場などで邪魔な人に] 座ってください！ ii) [+a+は] Los niños *se sentaron en* el sofá (el suelo). 子供たちはソファー(床)に座った. iii) [+a+不定詞] 座って…する：Los dos *se sentaron a* jugar al ajedrez. 2人は座ってチェスをした. ❷《口語》安定する, 落ち着く

sentar	
直説法現在	接続法現在
s*ie*nto	s*ie*nte
s*ie*ntas	s*ie*ntes
s*ie*nta	s*ie*nte
sentamos	sentemos
sentáis	sentéis
s*ie*ntan	s*ie*nten

sentencia [senténθja] 囡 ❶ 判決, 宣告；判定：pronunciar una ~ 判決を言い渡す. ~ capital (de muerte) 死刑の判決. ~ firme 確定判決. ❷ 格言, 警句 〖máxima〗. ❸《口語》[最終的な] 判断, 見解. ❹《文法》文〖oración〗. ❺《生化》センテンス

sentenciar [sentenθjár] 10 他 ❶ [+a 刑を] …に言い渡す：El tribunal le *sentenció a* diez años de cárcel. 法廷は彼に懲役10年を言い渡した. ❷ [格言を] 言う ◆ 自 意見を言う

sentencioso, sa [sentenθjóso, sa] 形 もったいぶった：voz ~sa もったいぶった声. con aire ~ しかつめらしい態度で

sentido[1] [sentído] 男《英 sense》❶ i) 感覚(機能), 知覚；認識能力, センス：cinco ~s 五感. sexto ~ 第六感, 直感. órgano de los ~s 感覚器官. ~ del olfato 嗅覚. ~ del equilibrio バランス感覚. no tener ~ de [la] orientación 方向音痴である. tener ~ del humor ユーモアのセンスがある. ii) 意識〖conocimiento〗：perder (recobrar) ~ 意識を失う(回復する) ❷ 分別, 判断力：Tiene mucho ~ práctico. 彼は大変実際的だ. persona con gran ~ del deber 責任感の強い人. ~ del deber 義務感 ❸ 意味：coger el ~ de una frase 文章の

味をつかむ. hablar con ～ irónico 皮肉の意味を込めて話す. en cierto (este) ～ ある(この)意味では. en un ～ restringido 狭い意味で. propio ～/～ original 本来の意味. de doble ～ 二重の(表と裏)の意味のある

❹ 見方, 観点 : tener un ～ muy estricto de... …について厳格な考えを持っている

❺ 意義, 存在理由 : vida con ～ 意義ある人生. ～ social 社会的意義

❻ 方向, 向き『(dirección)』: Sígase el ～ de las flechas. 矢印の方向に進みなさい. ir en ～ sentido contrario 逆の方向に行く. en ～ horizontal 水平方向に. cambio de ～ 方向変更, Uターン. calle de un solo ～ 一方通行の通り. circulación de ～ único 一方交通

buen ～ 1) 良識 ; 常識 : ir contra el *buen* ～ 良識に反する. 2) センスのよさ : conversación llena de *buen* ～ 気の利いた会話

con los (*sus*) *cinco* ～*s* 気をつけて, 注意深く

costar un ～ きわめて高価である

doble ～ 両義 : Decía esa palabra sin *doble* ～. 私のその言葉には裏の意味はなかった

hacer perder el ～ *a*+人 …の心を奪う, 魅了する

no tener ～ 意味をなさない, 非論理的である : Eso que dice *no tiene* mucho ～. 彼はそう言っているがあまり意味はない

poner los (*sus*) *cinco* ～*s en...* 細心の注意を払って, …

quitar el ～ *a*+人 =*hacer perder el* ～ *a*+人

～ *común* 常識, 良識 『人生経験による判断力, 世人共通の考え方・習慣』: Tiene muy poco ～ *común*. 彼はあまりに分別がない. juzgar según el ～ *común* 常識で判断する. decisión de ～ *común* 道理にかなった決定. *sin* ～ 意識を失って ; 分別のない ; 意味のない

sentido², da [sentído, ða] 形 過分 ❶ 感情のこもった : Le transmito mis más ～ pésame. 心からお悔やみ申し上げます. ❷ [ser+] 怒りっぽい ; [estar+] 感情を害した

sentimental [sentimentál] 形 ❶ 感傷的な, センチメンタルな : ponerse ～ 感傷的になる. serie ～ お涙ちょうだいの連続ドラマ. valor ～ [思い出などによる] 感情価値. ❷ 涙もろい[人], 感じやすい[人]. ❸ 恋愛の : relaciones ～*es* 恋愛関係

sentimentalismo 男 感傷主義, 感傷過多
sentimentaloide 形 ひどく甘美(感傷的)な

sentimiento [sentimjénto] 男 [英 sentiment] ❶ [愛憎・恐怖などの] 感情, 心理状態, 気持ち : i) Tenía un ～ de inquietud. 彼は不安な気持ちだった. cantar con mucho ～ 感情を込めて歌う. demostrar (disimular) su ～ 感情を表わす(隠す). ～ de culpa 罪悪感. ii) [主に 図] 理性に対して] La razón reinaba sobre el ～. 理性が感情を抑えていた. abandonarse a sus ～*s* 感情に走る ; 感情におぼれる. ❷ 思いやり ; [主に 図] 好意, 愛情 : confesar sus ～*s a*+人 …に思いのたけを打ち明ける. ❸

心痛 : Le acompaño en el ～ [por la muerte de...]. [(…の死を悼み]心からお悔やみ申し上げます

buenos ～*s* 親切(同情)心, 思いやり
malos ～*s* 悪感情, 憎しみ

sentina [sentína] 女 ❶ [(船舶)] ビルジ. ❷ 不潔で悪臭のする所 ; 悪徳の巣

sentir [sentír] 33 他 [英 feel, regret. ☞ 活用表. 現分 sintiendo] ❶ [視覚以外で] 感じる : i) *Sentí* el corazón latir. 私は心臓が高鳴るのを感じた. ～ la fatiga 疲れを感じる. ～ frío (calor) 寒さ(暑さ)を感じる. ii) 気づく, 意識する : ～ el peligro 危険を感じる. *Sentía* que no llegaría muy lejos tan cansado. こんなに疲れていてはあまり遠くへは行けないなと私は思った. iii) [感情] ～ tristeza (alegría) 悲しみ(喜び)を感じる. ～ ira 怒りを覚える. ～ la poesía 詩情を感じる. iv) 察知する, 予感する : *Siento* que ocurrirá algo desagradable. 何かいやなことが起こりそうな気がする. v) 聞く : *Sintió* que alguien entraba en la habitación. 彼は誰かが部屋に入ってくるのを感じた

❷ 残念に思う, 申し訳なく(悲しく)思う : i) *Siento* mucho el fracaso. その失敗は大変残念だ. ～ la muerte de+人 …の死を悼む. ii) [+不定詞 すること] *Siento* haberle hecho esperar tanto. 長い間お待たせしてすみません. *Sentimos* no poder aceptarlo. 遺憾ながらそれは受け入れられません. *Siento* mucho haberle dicho eso. 私は彼にそのことを言って後悔している. iii) [+que+接続法] *Siento* que se vaya él. 彼が行ってしまうのは悲しい

❸ 考える, 思う : No le hagas caso : no *siente* lo que dice. 彼の言うことは気にするな. 彼は考えて言っているのではないのだから

❹ [芸術などを] 味わう, 理解する : Le gusta mucho el fútbol y además lo *siente*. 彼はサッカーが大好きな上に, 感覚的にもそのよさがわかる

sentir	
直説法現在	直説法点過去
siento	sentí
sientes	sentiste
siente	sintió
sentimos	sentimos
sentís	sentisteis
sienten	sintieron
接続法現在	接続法過去
sienta	sintiera, -se
sientas	sintieras, -ses
sienta	sintiera, -se
sintamos	sintiéramos, -semos
sintáis	sintierais, -seis
sientan	sintieran, -sen

dejarse (*hacerse*) ～ [事柄が主語] 感じられるようになる

¡cuánto lo siento! =*¡lo siento mucho!*
¡lo siento mucho!/*¡lo siento muchísimo!* 『英 I'm very sorry』大変残念(遺憾)

S

です/申し訳ありません/お気の毒です

sin ~ 気づかずに: Se comió la caja de bombones *sin* ~. 彼は知らない間にチョコレート1箱食べてしまった. El tiempo pasa *sin* ~. 時はあっと言う間に過ぎる

◆ **~se** [+不定詞・主格補語] 自分が…だと感じる: *Me sentía* renacer cuando oía esa música. 私はその音楽を聞いた時生まれ変わったような気がした. ~*se* fatigado 疲れを覚える. ~*se* feliz 幸せに思う. ~*se* importante 自分をひとかどの人物だと思う ❷《まれ》[+de 体の一部に] 痛み(不快)を感じる. ❸《中南米》怒る; [+con+人 と] 不和になる ● 圐 意見, 見解: decir su ~ sobre... …について意見を述べる. en mi ~ 私の考えでは ~ popular 民意. ❷ 感情, 気持ち

senyera [seɲéra] 囡《←カタラン語》カタルーニャ(バレンシア)の州旗

seña [séɲa] 囡《英 sign》❶ [主に 圐] 合図, サイン, 身ぶり: Le hice ~*s* con la mano (para) que se callara. 黙るように私は手で彼に合図した. hablar por ~*s* 手まね(手話)で話す. ❷ [主に 圐] 判別するための] しるし, 特徴: Si me dieras más ~*s*, te podría decir quién es. もっとヒント(手がかり)を教えてくれれば, それが誰だか言えるのに. ~*s* personales 身体的特徴. ❸ 圐 住所《dirección》: Si quieres que te escriba, tendrás que darme tus ~*s*. 手紙がほしかったら私に住所を教えてくれなくてはいけない. libro de ~*s* 住所録

para (por) más さらに詳しく説明すると, もっと手がかりを言うと

~*s mortales* 自明の理, わかりきったこと

señal [seɲál] 囡《英 mark, sign》❶ しるし, 前兆: Eso es ~ de que está arrepentido. それは彼が後悔している証拠だ. Es una buena ~ que tenga apetito. 食欲があるのはよい兆候だ. ❷ 合図, 信号: i) A la ~ del árbitro se empezó el partido. 審判の合図で試合が始まった. Hice ~*es* de peligro. 私は危険だと合図した. dar la ~ de arrancar 出発の合図をする. hacer la ~ de la victoria Vサインを送る. ~*es* de humo のろし. ii)《野球など》サイン. iii)《道路・鉄道》信号, 標識《~ de tráfico・de circulación: ~ vertical 道路標識》. ❸ 記号, 符号《signo》: Hago una ~ en las cartas que tengo que contestar. 私は返事を出さなければならない手紙にはしるしをつける. ~ de luto 喪のしるし. ❹ 跡, 痕跡《huella》; 傷跡: En el suelo quedaron las ~*es* de las ruedas. 地面にタイヤの跡が残った. De resultas del accidente tiene una ~ en la cara. 事故の結果, 彼の顔には傷跡が残っている. ❺《電話・放送》信号音; 信号波: ~ para marcar 発信音. ~ de ocupado 話中音. ~ horaria 時報信号. ❻ 保証金, 手付金: Dejo diez mil pesetas como ~. 手付けとして1万ペセタ置いていきます. dar (dejar) ~ 手付けを打つ.

en ~ [+de の] しるしとして: Le regalé un libro *en* ~ *de* amistad. 私は友情のしるしとして彼に本を贈った

ni ~ [es] どこにも[…ない]: No quedan *ni* ~*es* de que allí hubo un castillo. 城の跡は何一つ残っていない. No hay *ni* ~ del autor del robo. 窃盗犯の手がかりはまったくない

señalado, da [seɲaláðo, ða] 厖 圙過❶ 示された; 指示された: día ~ 指定日, 当日. めざましい; 著名な: victoria ~*da* めざましい勝利. autor ~ 有名な作家

señaladamente 圖 特に, 非常に

señalador [seɲalaðór] 圐 [本の]しおり《~ de libros》

señalar [seɲalár] 他《英 mark, set》❶ …にしるしをつける: He señalado con una cruz las cajas que necesitamos. 私は必要な箱に×じるしをつけた. ❷ 指摘する, 言及する: Su libro *señala* la necesidad del cambio. 彼の本では変革の必要性が説かれている. ❸ 指し示す: *Señaló* con el dedo su maleta. 彼は自分のスーツケースを指さした. El sismómetro *señaló* 5 grados de intensidad. 地震計は震度5を指した. ❹ [時間・場所などを] 指定する: Han *señalado* el día de la reunión para el miércoles. 集会の日は水曜日と決められた. ❺ …のしるし(前兆)である: Las flores de los ciruelos *señalan* la llegada de la primavera. 梅の花は春の到来を告げる. ❻ [特に顔に] 傷をつける: Le *han señalado* la cara en la disputa. 彼はけんかで顔をけがした

◆ **~se** 傑出する: *Se ha señalado* como un físico. 彼は物理学者として頭角を現した

señalizar [seɲaliθár] 他 [道路などに] 標識(信号機)を設置する

señalización 囡 1) 標識の設置. 2) 圏名 標識, 信号システム: ~ vertical 道路標識

señero, ra [seɲéro, ra] 厖《文語》❶ 著名な, 傑出した: figura ~*ra* de las letras españolas スペイン文学の巨匠. ❷《グループから》孤立した. ● 囡 =**senyera**

señor, ra [seɲór, ra] 囡《英 Mr., Mrs. 略記 Sr., Sra.》❶ [señor は男性, señora は既婚女性(現代のスペインでは既婚・未婚を問わず成人女性)への敬称. 姓の前に置く. 呼びかけ以外では定冠詞が必要. señora の後には de を入れることが多い) i) …氏, …夫人, 圐 …氏夫妻: Buenos días, ~ García. こんにちは, ガルシアさん. Ésta es la ~*ra de* Pérez. こちらがペレス夫人です. Esta tarde vendrán los ~*es* Calvo. 今日の午後カルボ夫妻がやって来る. ii)《文語》[役職名などにつけて] …様, …殿: El ~ gobernador presidió la reunión. 知事閣下が会議の司会をなさった. la ~*ra* esposa 奥様. iii)《手紙》…様, 圐 …御中: Estimado *Sr.* López: 拝啓ロペス様. 拝啓, 奥様, *Sres.* Banco del Perú: ベルー銀行御中 ❷ [主に敬意を込めて] 男(女)の人: i) A la puerta un ~ pregunta por usted. 入り口で男の方があなたに会いたいと言っておられます. La ~*ra* del cuarto piso está haciendo obras. 5階の女性が修理工事をやっている. Los ~*es* no pueden entrar. 男の方は入れません. ~*ra* de la limpieza 掃除婦. ii) [強調・呼びかけ・丁寧] Está prohibido aparcar aquí, ~. ここは駐車禁止ですよ. ¡S~, un café, por favor! [ウェイターに] すみません, コーヒー1つ, お願いします. ¿Tiene usted algo que declarar?—Sí (No), ~. 申告品はお持ちですか—はい(いいえ). *S~ras* y ~*es* ご来場の皆さん

❸ 大人 : Tiene 15 años pero se viste muy de ~*ras*. 彼女は15歳だがとても大人っぽい服を着ている

❹ [教養のある] 紳士, 淑女 : Está hecho todo un ~. 彼はすっかり立派な紳士になった

❺ 持ち主 ; 主人, 雇い主 : i) ~ de tierras 地主. Ese criado sirve al ~ desde hace tiempo. その召使いは昔から主人に仕えている. Nadie puede servir a dos ~*es*. こちらを立てればあちらが立たず. ii) 〔歴史〕 ~ feudal 封建領主. ~ latifundista 荘園領主. ~ de la guerra 司令官, 将軍

❻ 〔宗教〕 el S~ 主 (しゅ) 〔神 ; イエス・キリスト〕. Nuestro *S~* 我らの主 〔イエス・キリスト〕. Nuestra *S~ra* 聖母マリア. día del *S~* 聖体の祝日 〔día de Corpus〕

de ~ras 女性用の 〔↔de caballero〕 : ropa *de ~ras* 婦人服

descansar en el S~ 死ぬ

recibir al S~ 聖体を拝領する

S~ras 〔表示〕 女性用

◆ 形 ❶ [人が] 高貴な, 堂々とした : El vecino es un ~ caballero. お隣は立派な紳士です. ❷ [事物が] 優雅な, 上品な : El bridge es un juego ~. ブリッジは上品なゲームである. ❸ 《口語》 [+名詞. 強調] Me dio un ~ susto. それにはびっくり仰天させられた. Le hice una ~*ra* herida. 私は彼にかなりのけがを負わせてしまった

◆ 男 《まれ》 夫 〔marido〕

◆ 女 ❶ 既婚婦人 : ¿Es usted ~*ra* o señorita? ミセスですか, ミスですか? ❷ 妻 〔主に中南米で自分の・他人の妻. ☞esposo 圏義〕: Mi ~*ra* no ha podido venir. 家内は来られません

señorear [señoreár] 他 [主人として] 支配する ; …の上に高くそびえる ; [感情を] 抑える

◆ *~se* 尊大 (我が物顔) にふるまう

señoría [señoría] 女 ❶ [su+. 裁判官・議員などへの敬称] 閣下. ❷ [中世イタリア都市国家の] 市会 ; その共和制都市国家

señorial [señorjál] 形 ❶ [領主の] 領主の. ❷ 堂々とした, 威厳のある : casa ~ 豪壮な家, 豪邸

señorío [señorío] 男 ❶ [領主の] 支配. ❷ 領地, 所領. ❸ [物腰・言葉づかいの] 優雅さ, 上品さ ; 威厳, 風格. ❹ 医義 《西》 上流人士

señorita [señoríta] 女 〔英 miss. 略語 Srta.〕 ❶ [未婚女性 (現代のスペインでは成人女性の女性形) への敬称] …嬢, 令嬢 : Permítame presentarle a la ~ Rivera. リベラさんをご紹介します. ¿Conoce usted a aquella ~? あのお嬢さんをご存知ですか? ❷ [領主・上流階級の] 娘, 令嬢 《古語》 [召使などが主人の娘に使う敬称] お嬢様 : La ~ todavía no se ha levantado. お嬢様はまだおやすみです. ❸ [相手が既婚かどうかわからない

時 señora の代わりに] …さん. ❹ [小学生の女性の先生 (未婚・既婚を問わない) に対する敬称] La ~ nos ha mandado deberes. 先生が僕たちに宿題を出した. ❺ 細く短い巻物

señoritingo, ga [señorítiŋgo, ga] 名 《軽蔑》 [金持ち・上流を鼻にかけた] お坊っちゃん, お嬢様

señoritismo [señorítismo] 男 《軽蔑》お坊っちゃん気どり

señorito [señoríto] 男 ❶ 領主 (上流階級) の息子. ❷ 《古語》 [召使などが若主人に使う敬称] お坊っちゃま : El ~ Miguel vendrá en seguida, señor. ミゲル坊っちゃまはすぐおいでになります. ❸ [金持ち・権力者の子で働かない] お坊っちゃん, 《軽蔑》 どら息子. ❹ [相手の身分がわからない時, señor の代わりに] …さん

señorón, na [señorón, na] 名 《軽蔑》金持ちの (紳士・婦人) ; 上流ぶっている人

señuelo [señwélo] 男 [鷹狩り用の] おとりの鳥 ; [鳥などをおびきつける] おとり

seo [séo] 女 [アラゴンなどの] 司教座聖堂 〔catedral〕

sépalo [sépalo] 男 〔植物〕萼片 (がくへん)

separable [separáble] 形 分離可能な

separación [separaθjón] 女 ❶ 分けること, 分離 : ~ de la religión y la política 政教分離. ~ de poderes 三権分立. ~ de bienes 《法律》夫婦財産の分離. ❷ 別離 ; [夫婦の] 別居 〔~ matrimonial・conyugal〕 : reunirse después de seis meses de ~ 半年後に再び集まる. ~ de cuerpos 《法律》裁判上の別居. ❸ 隔たり, 間隔. ❹ 罷免, 解任 〔~ del cargo〕

separado, da [separáðo, ða] 形 過分 ❶ 離れた, 別々の : tener los dientes muy ~*s* 歯と歯の隙間が広くあいている. llevar vidas ~*das* 別々の人生を歩む. ❷ 別居中の 〔夫・妻〕 *por* ~ 別々に : tratar dos problemas *por* ~ 2つの問題を切り離して論じる

separadamente 副 別々に

separador [separaðór] 男 分離機 ; 《情報》区切り文字

separar [separár] 他 〔英 separate〕 ❶ 分離する, 分ける ; 切り離す : i) [+de から] ~ a los niños de las niñas 男子と女子を別々にする. ~ un vagón *del* tren 列車から車両を切り離す. ii) [+en 部分に] ~ la palabra *en* sílabas 単語を音節に分ける. ~ 離別させる, 離間させる ; [けんかしている人を] 引き離す : ~ a los novios 恋人同士を引き裂く. ❸ 別にする, とっておく : ~ diez manzanas para regalárselas al vecino 隣の人にあげるためリンゴ10個を別にしておく. ❹ 区別して考える : ~ la teoría *de* la práctica 理論と実践を別に考える. ❺ 《文語》罷免 (免職) する 〔destituir〕 : ~ *del* servicio 《軍事》除隊させる

◆ *~se* ❶ 分かれる, 離れる : El papel de la pared se está separando. 壁紙がはがれている. *Se separó de* la mesa. 彼はテーブルを離れた. ❷ 離別する ; [夫婦が] 別居する : *Se separaron* sus padres. 彼の両親は別居した (別れた). ❸ [組織・関係から] 離脱する 《政治》分

離〔独立〕する: *Me separé de* mi socio. 私は脱会した

separata [separáta] 囡 《印刷》抜き刷り

separatismo [separatísmo] 團 《政治》分離主義

separatista 服 图 分離主義の(主義者)

sepa- ☞**saber** 55

sepelio [sepéljo] 團 《宗教儀式を伴う》埋葬

sepetecientos, tas [sepeteθjéntɔs, tas] 服 数百の

sepia [sépja] 囡 ❶ 《動物》コウイカ. ❷ [絵の具・塗料] セピア

◆ 服 セピア色〔の〕

sepiolita [sepjolíta] 囡 《鉱物》海泡石 〖espuma de mar〗

sepsis [sépsis] 囡 〔単複同形〕 =**septicemia**

sept. 《略記》←**septiembre** 9月

septembrino, na [septembríno, na] 服 9月の; [革命などが] 9月に起こった

septenario, ria [septenárjo, rja] 服 7つからなる

◆ 團 《宗教行事などが続く》7日間

septenio [septénjo] 團 7年間

septentrión [septentrjón] 團 《文語》i) 北 〖norte〗; 《星座》大熊座 〖Osa Mayor〗, 北斗七星. ii) [同格. 名詞+] viento ~ 北風

septentrional 服 图 北の 〖←**meridional**〗; 北部の住民

septeto [septéto] 團 《音楽》七重奏(唱)〔団・曲〕

septicemia [septiθémja] 囡 《医学》敗血症

septicémico, ca 服 敗血症の

séptico, ca [séptiko, ka] 服 腐敗を起こす; 敗血症の

septiembre [septjémbre] 團 《英 September. ☞**mes**〔参考〕》9月: Revolución de ~《歴史》[1868年スペインの] 9月革命

séptimo, ma [séptimo, ma] 服 團 《英 seventh》7番目の; 7分の1(の): ~ arte 第7芸術〔映画のこと〕

◆ 囡 《音楽》7度

septo [sépto] 團 《解剖》中隔, 隔壁

septuagenario, ria [septwaxenárjo, rja] 服 图 70歳台の〔人〕

septuagésimo, ma [septwaxésimo, ma] 服 70番目の

◆ 囡 《キリスト教》七旬節の主日

séptuplo, pla [séptuplo, pla] 服 图 7倍〔の〕

septuplicar 7 他 7倍にする

sepulcral [sepulkrál] 服 《文語》墓の: lápida ~ 墓碑. frío ~ 死人のような冷たさ

sepulcro [sepúlkro] 團 ❶ 墓, 墳墓: Santo S~[エルサレムにあるキリストの]聖墓. ❷ [聖遺物が納められている]祭壇のくぼみ

bajar al ~ 死ぬ

ser un ~ きわめて口が固い

sepultar [sepultár] 他 《文語》❶ (墓に)埋葬する: Ayer *sepultamos* el (al) difunto. 昨日私たちは死者を葬った. ❷ 隠す, 覆う: Las

aguas *sepultaron* el pueblo. 水は村を覆い隠した. ❸ 悲嘆の淵に沈ませる

◆ ~se 悲嘆に沈む

sepultura [sepultúra] 囡 ❶ 埋葬 〖entierro〗: dar ~ a+人 …を埋葬する. Genio (Natural) y figura hasta la ~.《諺》雀百まで踊り忘れず/三つ子の魂百まで. ❷ 墓; 墓穴

cavar su〔propia〕 ~ 自ら墓穴を掘る

sepulturero [sepulturéro] 團 墓掘り人

sequedad [sekeða(d)] 囡 〔←**seco**〕乾燥; 冷淡さ, 無愛想

sequía [sekía] 囡 旱魃(かん), 日照り: Todo el país atraviesa una larga ~. 全国的に日照り続きだ

séquito [sékito] 團 ❶ [王の] 随員, 従者; 一行; 取り巻き: el rey y su ~ 国王とそのお供. ~ de admiradores ファンの一団. ❷ 付随するもの: la guerra y su ~ de horrores 戦争とそれに付随した惨禍

ser [sɛr] 51 [自] 《英 be. ☞活用表》[主に性質を表わす] I [繫辞動詞] …である: ❶ [+形容詞] i) [+品質形容詞. 永続的な性質, 属性] Ella *es* muy alta. 彼女は大変背が高い. Eres tacaño. 君はけちんぼだ. El agua *es* transparente. 水は透明である. ii) [+限定形容詞] Mi opinión *es* otra. 私の意見は別だ. Ellos son muchos. 彼らは大勢だ. Somos tres. 私たちは3人だ. Este libro *es* mío. この本は私のだ ❷ [+名詞・代名詞] i) [身分・職業・国籍など. 名詞は原則として無冠詞. ただし修飾語がつくと冠詞をとる. ☞iii)] Soy estudiante. 私は学生だ. Su padre *es* inspector de policía. 彼の父は警部だ. Somos japoneses. 私たちは日本人だ. ii) [同一性・定義付けなど] Cervantes *es* el autor del "Quijote". セルバンテスは『ドン・キホーテ』の作者だ. ¿Qué *es* esto?—*Es* una calculadora. これは何ですか?—計算機です. ¿El señor Ortega?—Sí, soy yo. オルテガさんですか?—ええ, 私です. La ballena *es* un mamífero. 鯨は哺乳動物だ. Dos y tres son cinco. 2足す3は5. Un trato *es* un trato. 約束は約束だ. iii) [+不定冠詞+名詞+形容詞] *Es* una cantante muy popular. 彼女はとても人気のある歌手だ. *Es* un chico muy estudioso. その子は勉強家だ. iv) [+不定冠詞/+que+直説法・接続法] El saber *es* amar. 知は愛なり. La verdad *es* que yo lo sabía todo. 実はわたしはすべて知っていた. Mi deseo *es* que tú triunfes. 私の願いはお前が成功することだ. v) [時間. +女性定冠詞+数詞] *Es* la una. 1時だ. Son las dos y media. 2時半だ. vi) [曜日, 日付] Hoy *es* martes, 19 de abril. 今日は4月19日, 火曜日です. Mi cumpleaños *es* el quince de junio. 私の誕生日は6月15日です. vii) [価格] ¿Cuánto *es*?—Son mil pesetas. いくらですか?—千ペセタです. viii) [構成する・される] Matar *es* pecado. 殺人は罪になる. Todo *es* proponérselo. まずは彼に提案してみることだ. La cuestión *es* decidirlo. 問題はそれを決定することだ. ix) [原因] Encontrarle en ese momento *ha sido* mi salvación. その時彼に

出会ったので私は助かった

❸ ［属性の変化］…になる：i)［過去時制・未来時制で］*Será* algo grande en el futuro. 彼は将来は大物になるだろう。Al fin y al cabo *fue* él el perjudicado. 結局彼が被害者になってしまった。［接続法現在で］Cuando *seas* mayor, comprenderás lo que digo ahora. お前が大きくなったら，私が今言っていることがわかるだろう。［不定詞］Estudia para ～ médico. 彼は医者になるために勉強している。¿Qué quieres ～ cuando mayor? 大きくなったら何になりたいの？ Promete ～ un científico excelente. 彼は将来優れた科学者になるだろう。ii)［比較表現で］El tiempo *es* cada vez más frío. ますます寒くなる

❹ ［一部の形容詞・副詞を伴って動作的］…する：*Sed* buenos. いい子にしてなさい。¡Que *sea* así! そうあってほしいものだ!

❺ ［線過去で遊びの虚構］…の役をする：Yo *era* el malo y te mataba cuando venías a rescatar a la chica. 僕は悪漢で，君が女の子を救いに来たら殺すぞ

❻ ［不定詞，que+直説法・接続法が主語］*Es* necesario leer (*que* leamos) el periódico. 新聞を毎日読むのは必要なことだ。*Sería* interesante ir a la tertulia. サークルに行ったらおもしろいだろう

❼ ［+lo+形容詞］La amistad *es* lo mejor del mundo. 友情はこの世で最良のものである

❽ ［様態の副詞］La vida *es* así. 人生とはこうしたものだ。¿Cómo *es* Barcelona? バルセロナはどんなですか？

❾ ［関係詞を使った強調構文］*Era* a ti a quien yo buscaba. 君こそ私の捜していた人だった。No *es* esta muñeca la que he comprado. この人形は私が買ったのと違う。Aquí *es* donde nos conocimos. まさにここで私たちは知り合ったのだ

II ［一般動詞として］❶《文語》［単独で使用］存在する《existir》：Pienso, luego *soy*. 我思う故に我在り。Dios *es*. 神は存在する

❷ ［+場所・時・様態の副詞など，特定の行事・事件などが］ある，起こる：i) La ceremonia *es* hoy, a las once. 式は今日の11時からだ。La fiesta *es* en la casa de María. パーティーはマリアの家で行なわれる。La reconquista de Toledo *fue* en 1085. トレド奪回は1085年だった。La sesión *fue* a puerta cerrada. 会議は非公開で行なわれた。¿Cómo *fue* el accidente? 事故はどのようにして起きたのですか？ Eso no puede ～. そんなことはありえない。ii)［+de について］¿Qué *será* de nosotros? 我々はどうなるのだろう？ ¿Qué *ha sido* de él? 彼はどうなったのですか？

❸ ［+場所の副詞］ある，いる《estar は人・物が存在する場所を表わし，ser は具体的な位置を表わす》：He oído que por aquí cerca está la estación. Pero ¿dónde *es*? この近くに駅があると聞いたのですが，どこですか？《近くにあるのは知っているが具体的な位置が不明》 Aquí *es* tu papá. Quítate. ここは君のお父さんの席だ。どきたまえ《Aquí *está* tu papá. ここに君のお父さ

んがいる》

III ［+前置詞］❶［+de］i)［材料など］…でできている：Esta taza *es* de plástico. このカップはプラスチック製だ。*Es* de color azul. それは青色だ。ii)［所有・帰属］…のものである：Este terreno *es* de mi tío. この土地は私の叔父のだ。*Son* del partido conservador. 彼らは保守党〔員〕だ。iii)［出身・出所］…の出である：*Somos* de Osaka. 私たちは大阪出身だ。Estas naranjas *son* de Valencia. このオレンジはバレンシア産だ。No *soy* de aquí. 私はこの土地の者ではない〔ので地理に不案内だ〕。iv)［価格・年齢］*Es* de cien pesetas. それは100ペセタだ。*Es* de veinte años. 彼は20歳だ。v)［学年．+無冠詞の序数詞（+定冠詞+序数詞 は文語的）］*Soy* de primero. 私は1年生だ。vi)［相応・該当］*Es* muy de ella. それはいかにも彼女らしい〔やり方・言い方だ〕。vii)［部分］Ése *es* de los que están en huelga. そいつはストライキをやっている連中の一人だ。Ella *es* de las que nunca se quejan. 彼女は決して泣きごとを言わないタイプだ。viii)［+他動詞の不定詞］…されるべきである：Esto no *es* de olvidar. これは忘れてはならないことだ。［que 以下が主語］*Es* de notar que no hay alternativa. 他に手はないことに留意すべきだ。*Es* de esperar que se solucione el problema entre ellos. 彼らの間で問題を解決することが望ましい

❷ ［+para］i)［手紙などが］…あてである：Este paquete *es para* Juan. この小包はフワンあてだ。Este juguete *es para* mi nieto. このおもちゃは私の孫へのものだ。ii)［用途・適性など］Este cuchillo *es para* cortar pan. この包丁はパン切り用だ。Ese libro no *es para* niños. この本は子供向きではない。No *soy para* comerciante. 私は商売人には向いていない。Los lamentos no *son para* ti. 泣き事は君に似つかわしくない。El momento no *es para* bromas. 冗談を言っている場合ではない。No *es para* enfadarte. 君が怒るほどのことではない

❸ ［+con］i)…を具有した：*Es con* un ojo bizco. 彼は斜視だ。ii)［+人．1人称でのみ］…に賛成する；…の所に行く，用向きをきく：*Soy en* todo con usted. 私はすべてにあなたに賛成です。Ahora mismo *soy contigo*. すぐ行くよ

❹ ［+sin］…がない：Su sueño *era* tan profundo y *sin* afanes. 彼の眠りは深く安らかだった

IV ［時間．単人称動詞］…である：Todavía *es* temprano. まだ早い。Ya *es* tarde para pasear. 散歩するにはもう遅い時刻だ。*Era* una mañana hermosa. 美しい朝だった。*Es* de día (noche). 今は昼(夜)だ

◆ 団［受動態．+他動詞の過去分詞］Su abuelo *es* respetado de (por) todos. 彼の祖父はみんなから尊敬されている。La noticia *fue* difundida por la radio en todo el país. そのニュースはラジオで国中に流された

a no ～ por... …がなかったら，…でなければ：Es un hombre casi desconocido, *a no ～ por* su hermano. 兄がいなかったら彼はほとんど無名

の人だ

***a no ～ que*+接続法** [条件] …でなければ: Vendré mañana *a no ～ que* ocurra algo imprevisto. 何か不測の事態が起きない限りは明日来ます

a poder ～ できることなら: *A poder ～*, me gustaría ir en tren. できれば列車で行きたいのだが

aunque* 〔*nada más・sólo*〕*sea せめて…だけでも

como debe ～ [道義に従って] しかるべく, 立派に

como quien* (*el que・lo que*) *es その人らしく, 分相応に; 世評にたがわず

como sea 何とかして; それはともかく: Tengo que llegar hoy a Madrid *como sea*. 私は何としても今日中にマドリードに着かなければならない

¿*cómo es que*+直説法? [説明を求めて] …とは〔一体〕どういうことだ?: ¿*Cómo es que* no has venido en coche? 何でまた車で来なかったんだ?

¡*cómo ha de ～*! [同意・あきらめ] そうなんだ, 仕方ないよ!

con ～… …にもかかわらず: *Con ～* tan pequeña, ya trabaja ayudando a su madre. 彼女はあんなに小さいのにもう母親を助けて働いている

de no ～ por…* =*a no ～ por

érase que se era… [おとぎ話の冒頭] 昔々…

¿*es que*+直説法? [以下の平叙文を疑問文に変える] ¿*Es que* me vais a dejar solo? 僕を一人にしておくのか?

***no es que*+接続法** [理由の説明] …という訳ではない: *No es que* quiera quejarme. 不平を言いたい訳ではない

lo que sea 何でも〔よい〕: Dame de beber, agua *o lo que sea*. 飲み物なら, 水でも何でもいいから

***no es que no*+接続法** [二重否定] *No es que* yo no vaya. 私は行かないわけでは

no es* 〔*ya*〕*lo que era [物が] もはや以前とは違う, 衰えてしまっている

***no sea que*+接続法** …するといけないので: Lleva el paraguas *no sea que* llueva. 雨が降るといけないから傘を持っていきなさい

o somos o no somos ここが決心のしどころだ, 思い切ってやってみろ

¿*qué ～ de…*? …はどうなるのだろう?: ¿*Qué fue de* Lola? ロラはどうなったのだろう?

¡*sea*! [承認・許可] よし, そうしよう!

sea como sea 何とかして, 何が何でも; いずれにしろ

sea cual sea …がどのようであれ

sea…. sea… [分離・配分] …かあるいは…か: *Sea* preguntando, *sea* consultando el mapa, por fin llegamos a la frontera. 尋ねたり地図を見たりして, ついに私たちは国境に着いた

～ *de un*+形容詞+*que*+接続法 何とまあ…するような…である: *Es de un* sinvergonzón *que* pasme. 彼はあきれはてた恥知らずだ

～ *que*+直説法 [理由の説明, 言い訳] という

ことだ: *Es que* no tengo dinero. 実を言うと私はお金を持っていないのです

siendo así そういうことなので, そういうことなら

un* 〔*sí*〕*es no es ほんの少しの, ごくわずかの: La sopa estaba *un es no es* salada. スープはほんのちょっと塩辛かった

ser		
直説法現在	点過去	線過去
soy	fui	era
eres	fuiste	eras
es	fue	era
somos	fuimos	éramos
sois	fuisteis	erais
son	fueron	eran
接続法現在	接続法過去	
sea	fuera, -se	
seas	fueras, -ses	
sea	fuera, -se	
seamos	fuéramos, -semos	
seáis	fuerais, -seis	
sean	fueran, -sen	

◆ 男 ❶《哲学》存在: ciencia de ～ 存在論. el ～ y la nada 存在と無. ❷ 存在物; 人: ～ viviente〜vivo 生物. ～ humano 人間. un ～ querido 愛する人. ❸ 本質, 本性: desde lo más profundo de su ～ 心の底から

dar el ～ 生み出す, 産む

SER [sér] 《略語》←Sociedad Española de Radiodifusión スペインラジオ放送

sera [séra] 囡 [主に取っ手のない] 大かご

serafín [serafín] 男 ❶《聖書》セラフィム, 熾〔天〕使〔☞**ángel** 参照〕. ❷ [天使のように] かわいい子, 美しい女性

  seráfico, ca 形 1) セラフィムの;《時に軽蔑》天使のように優しい. 2) アッシジの聖フランシスコ San Francisco de Asís の, フランシスコ修道会の

serbal [serbál] 男《植物》ナナカマド

  serba 囡 ナナカマドの実〔食用〕

serbio, bia [sérbjo, bja] 形《国名》セルビア Serbia の〔人・語〕の; セルビア人. ◆ 男 セルビア語

serbocroata [serbokroáta] 形 囡 セルビアクロアチア〔人・語〕の; セルビアクロアチア人. ◆ 男 セルビアクロアチア語

serenar [serenár] 他 静める, 和らげる: ～ el ánimo 気持ちを静める. ◆ ～**se** 静まる: *Se serenó* el día. 穏やかな日和になった

serenata [serenáta] 囡 ❶《音楽》セレナード: dar 〔una〕 ～ セレナードを歌う(演奏する). ❷ しつこくうるさい音

dar la ～ しつこくする, うんざりさせる

serendipia [serendípja] 囡 思わぬ発見(をする能力)

serenidad [serenidá(d)] 囡 ❶ 平静, 冷静, 静けさ: afrontar los problemas con gran ～ 落ち着いて問題に対処する. ❷ [su・vuestra+. 王子への敬称] 殿下

serenísimo, ma [serenísimo, ma] 形 [王子・王女への尊称] Su Alteza 〜*ma* 殿下, 王女様
◆ 女《歴史》[la S〜*ma*] 静謐(ﾚｲ)この上なきベネチア共和国『la S〜*ma* República de Venecia』

sereno¹ [seréno] 男 ❶ 夜露 : mojado de 〜 夜露にぬれた. ❷ [街を見回る] 夜警, 夜回り『現在は廃止』
al 〜 [夜に] 野天で, 夜露にぬれて : dormir *al* 〜 野宿する

sereno², na [seréno, na] 形 ❶ [estar+] 晴天の : cielo 〜 晴れ渡った空. ❷ 穏やかな : Era una noche 〜*na*. 静かな夜だった. El día era 〜. 海は静かだった. La mar estaba 〜*na*. 海は静かだった. ❸ 落ち着き払った, 平静な : Es una persona muy 〜*na*. 彼は沈着冷静だ. La edad vuelve 〜*nas* a las personas. 人は年をとると落ち着いてくる. ❹ [estar+] しらふの, 酔っていない
serenamente 副 静かに : En el cielo volaba 〜 un águila. ワシがゆうゆうと空を舞っていた

serial [serjál] 形 ❶ 連続の, シリーズものの. ❷《音楽》十二音技法の : música 〜 十二音音楽
◆ 男《放送》[主にお涙ちょうだいの] 連続ドラマ; お涙ちょうだいの話(映画)
serialización 女 シリーズ化
serializar 9 他 =seriar

seriamente [sérjaménte] 副 まじめに, 本気で; ひどく

seriar [serjár] 10 他 一続きにする;《放送》連続ものにする

sericicultura [seriθikultúra] 女 =sericultura

sérico, ca [sériko, ka] 形 [←suero]《医学》血清の

sericultura [serikultúra] 女 養蚕[業]
sericultor, ra 名 養蚕家

serie [sérje] 女《英 series》❶ 一続き, 連続 : una 〜 de artículos 一連の記事. número de 〜 通し番号, シリアルナンバー. 〜 de billetes 回数券. ❷ [製品の] シリーズ : [切手・コインなどの] シリーズもの[の一組] : modelo de la 〜 98 98 シリーズの機種. 〜 Gemini [宇宙開発の] ジェミニ計画. ❸《放送》連続もの(番組・ドラマ). ❹《映画》〜 B B 級映画. 〜 negra フィルムノワール. ❺ 医名 [何かを共通に持つ] いくつかのもの(人) : recorrer una 〜 de tiendas 色々な店を見て回る. ❻《スポーツ》i) 予選 : quedar [el tercer] clasificado en la 〜 予選を[3 位で]通過する. ii) 〜 mundial《野球》ワールドシリーズ. ❼《数》級数 : 〜 aritmética (geométrica) 等差(等比)級数. ❽《情報》〜 cronológica タイムシリーズ. ❾《音楽》十二音の音列. ❿《化学》系, 列. ⓫《言語》系列
de 〜 標準装備の : aire acondicionado *de* 〜 [車の広告で] エアコン標準装備
en 〜 1) 大量生産の・で : fabricación *en* 〜 大量生産. 2) 続いた : asesino *en* 〜 連続殺人犯. 3)《電気》直列の [↔en paralelo] :

circuito *en* 〜 直列回路
fuera de 〜 1) 図抜けた, 抜群の ; 名『単複同形』図抜けた人. 彼は並外れた選手だ. 2) 手作りの, 大量生産でない : artículos *fuera de* 〜 特製(特注)品

seriedad [serjeðá(ð)] 女 真剣さ, 本気, 重大さ : carecer de 〜 不まじめである. ¡Un poco de 〜! さあ, 冗談は(ふざけるのは)そのくらいにしよう!

serigrafía [serigrafía] 女 シルク〔スクリーン〕印刷; その印刷物

serio, ria [sérjo, rja] 形《英 serious》❶ 真剣な, まじめな : i) Se quedó 〜 cuando le dieron el resultado del examen. 試験の結果を知らされて, 彼はまじめ(深刻)な表情になった. Es un chico muy 〜. この子はとても勤勉だ(しっかりしている). con una cara *seria*/con un aire 〜 まじめな顔をして. colocación *seria* 堅い職業. estudiante poco 〜 不まじめな学生. libro 〜 堅い本. promesas *serias* 誠実な約束. ii) [人が] 堅苦しい, 無愛想な, 陰気な : Eres demasiado 〜. 君はまじめすぎる
❷ 信頼できる, 堅実な : buscar un director 〜 しっかりした指導者を捜す
❸ 重大な, 憂慮すべき : pérdida *seria* 甚大な被害, 多大な損害. asunto 〜 重大な事件. enfermedad *seria* 重病. situación *seria* 深刻な(由々しい)事態
❹ [色などが] 落ち着いた : Este traje es demasiado 〜 para la fiesta. この服はパーティーには地味すぎる
❺ [ser 〜 que+接続法. ふるまいが] 威厳のある : No es 〜 *que* ande con los zapatos tan sucios. そんな汚れた靴をはいているのはだらしないですよ
en 〜 真剣に, まじめに, 本気で : Estoy hablando *en* 〜. 私はまじめに話しているのだ
ser (una) cosa seria《口語》[賞賛・強調] Cervantes escribió que es una cosa *seria*. セルバンテスはすばらしい作品を書いた
tomar... en 〜 …を本気で言う, 真に受ける : *Tomas* las cosas demasiado *en* 〜. 君は物事を深刻に考えすぎる

sermón [sermón] 男 ❶《主にカトリック》説教 : S〜 de la Montaña《聖書》山上の垂訓. ❷《軽蔑》小言, お説教 : Mi padre siempre me echa un 〜. 父はしょっちゅう私に説教する
sermonario 男 説教集
sermonear [sermoneár] 自《主にカトリック》説教をする
◆ 他《軽蔑》…にお説教をする, 小言を言う
sermoneador, ra 形 お説教好きの
sermoneo 男 お説教

serófilo, la [serófilo, la] 形《植物》乾燥地(砂地)に生える

serodiagnosis [seroðjagnósis] 女『単複同形』《医学》血清診断法

serología [seroloxía] 女 血清学

serón [serón] 男 [馬の背に置く] 縦長のかご
ser más fino (basto) que un 〜《西》ひどく行儀が悪い

seropositivo, va [seroposítißo, ßa] 形 名

S

《医学》[血清診断, 特にエイズの HIV 抗体検査で] 陽性反応の〔人〕
◆ 図 血清感染

serosidad [serosiðá(ð)] 囡 《生理》漿液 (しょうえき)

seroso, sa [seróso, sa] 形 〔←suero〕《生理》漿液〔性〕の, 血清の: hepatitis ~*sa* 血清肝炎
◆ 囡 《解剖》漿膜 〖membrana ~*sa*〗

seroterapia [seroterápja] 囡 血清療法

serpear [serpeár] 圓 =serpentear

serpentear [serpenteár] 圓 ❶ 曲がりくねる, 蛇行する: El río *serpentea* por entre la selva. 川はジャングルの中を蛇行している

serpenteo 男 蛇行

serpentín [serpentín] 男 らせん管, 蛇管

serpentina¹ [serpentína] 囡 ❶ [パレードなどで投げる] 紙テープ. ❷ lengua de ~ 毒舌〔家〕, 中傷〔家〕. ❸ 《鉱物》蛇紋岩
serpentino, na² 形 蛇の〔ような〕; 蛇行した

serpentón [serpentón] 男 《楽器》セルパン

serpiente [serpjénte] 囡 ❶ 《動物》ヘビ(蛇): ~ de anteojos コブラ. ~ {de} cascabel ガラガラヘビ. ~ de vidrio アシナシトカゲ. ❷ 悪魔, 悪への誘惑者〖←聖書でイブを誘惑した蛇〗
lengua de ~ 毒舌〔家〕, 中傷〔家〕
~ de verano [ニュースが少ない時の] 埋め草記事

serpol [serpól] 男 《植物》イブキジャコウソウ

sérpula [sérpula] 囡 《動物》セルプラ

serrado, da [seráðo, ða] 形 過分 鋸歯状の, ぎざぎざの. ◆ 男 のこぎりでひくこと

serraduras [seraðúras] 囡 複 おがくず 〖serrín〗

serrallo [será‿o] 男 《古語》=harén

serranía [serranía] 囡 山塊, 群山

serranilla [serraní‿a] 囡 田園詩の一種

serrano, na [seráno, na] 形 〔←sierra〕 ❶ 山地の. ❷ 《西. 口語》[体つきが] みずみずしく美しい
◆ 图 ❶ 山地に住む人. ❷ 《アンダルシア》ジプシー; 粋な人, いい男・女
◆ 囡 ロンダ山岳地方のフラメンコ歌謡

serrar [serár] 他 〔←sierra〕のこぎりでひく: ~ las tablas のこぎりでひいて板にする

serrato [seráto] 男 《解剖》鋸筋 〖músculo ~〗

serrería [serería] 囡 製材所

serreta [seréta] 囡 小型ののこぎり; 《馬術》鼻革, 鼻勒(びろく); 《鳥》[カワ]アイサ

serrín [serín] 男 おがくず; 切りくず

serrote [seróte] 男 《中米》=serrucho

serrucho [serútʃo] 男 [片手用の] のこぎり
serruchar 他 《中南米》のこぎりでひく

serventesio [serbentésjo] 男 《詩法》シルバント 〖中世プロバンス地方の風刺詩〗; 第1と第3および第2と第4行が押韻する4行詩

servible [serβíble] 形 役に立つ; まだ使える: Este coche aún es ~. この車はまだ乗れる

servicial [serβiθjál] 形 ❶ [ボーイなどが] 親切な, よく気のつく. ❷ [一般に, +con+人 に] 世

話好きの: vecino ~ 親切な隣人

servicio [serβíθjo] 男 〔英 service〕 ❶ サービス, 客あしらい; 営業; 給仕, 食事を出すこと: El ~ en este hotel es excelente. このホテルはサービスが行き届いている. ~ de reparaciones 修理サービス. ~ permanente (de 24 horas) 24時間営業. ~s mínimos [ストライキ中の] 必要最小限の営業〔勤務〕
❷ サービス料: el ~ incluido (inclusive) サービス料込みで. el ~ aparte サービス料は抜き〔別〕で. ~ e impuestos incluidos 《表示》税サービス料込み
❸ [主人に] 仕えること, 奉公; 医翻 家事使用人, 召使 〖~ doméstico〗: estar al ~ de+人 …に仕えている. estar en el ~ doméstico 召使をしている. cuarto (habitación) de ~ メード室. muchacha de ~ お手伝いさん, メード. puerta de ~ 勝手口, 通用門
❹ 公的業務; 公共機関: coche de ~ [バス・タクシー・救急車など] 公共用の車. tarifa de los ~s públicos 公共料金. ~ de bomberos 消防隊. ~ de correos 郵便業務. ~ diplomático 領事館. ~ público 公共企業体. ~ secreto 秘密情報部. ~s comunales 地域サービス. ~s sociales 社会福祉事業
❺ [主に公務員の] 勤務: i) Lleva treinta años de ~. 彼は勤続30年だ. años de ~ 勤続年数. morir en acto de ~ 勤務中に死亡する, 殉職する. calificación de ~ 勤務評価. hoja de ~ 職歴. ii) 当直: estar de ~ 当直である, 勤務中である. estar fuera de ~ 非番である. entrar (salir) de ~ 当直に入る(非番になる). persona de ~ 当直員. ~ nocturno (de noche) 夜勤. iii) 兵役 〖~ militar〗; 軍務: hacer su ~ 兵役を務める. ~ en tierra 陸上勤務. iv) 《宗教》礼拝, 勤行 〖~ religioso〗
❻ [乗り物の] 運行, 便: ¿Tienen ustedes ~ aéreo entre esta ciudad y Madrid? こことマドリード間に飛行便はありますか? entrar en ~ 営業を始める; 就航する. poner en ~ un nuevo avión 新しい飛行機を就航させる. vuelo de ~ 定期飛行便
❼ [商品などの] 配達, 配送 〖~ a domicilio〗
❽ [病院の] …科: jefe del ~ de cirugía 外科部長
❾ [時に 複. 無償の] 世話, 奉仕; 貢献, 功労: Me prestó (hizo) un gran ~ en aquella ocasión. 彼はそのおり私を大いに助けてくれた. ~s al Estado 国家への功労
❿ [物の] 役立ち: Estos guantes me hacen un buen ~. この手袋は大変役に立っている. ~ pesado 《機械》酷使に耐えるように作られていること
⓫ [食器などの] セット, 一式: i) ~ de té 紅茶セット. ~ de mesa [フォーク・テーブルクロスなど全部含む] 食器セット. ii) [その一人分] Aquí faltan dos ~s. ここに2人分足りない. vajilla de doce ~s 12ピース一組の食器セット
⓬ 《経済》i) 用役, サービス; 債務サービス 〖~

de deuda》: ～s sociales 社会サービス, 社会福祉. ii) 〖経〗 公益事業
❸ 《牧畜》種付け
❹ 《西》《時に 〖経〗》トイレ, 洗面所: ir al ～ トイレに行く. ¿Dónde está el ～ (están los ～s)? トイレはどこですか
❺ 便器 〖taza, retrete〗; 溲瓶(しびん); 浣腸器
❻ 《スポーツ》サーブ: Le falta ～. 彼はサーブが下手だ. Pasa el ～ al otro jugador. 相手選手にサーブ権が移る. línea de ～ サービスライン
a su ～ 承知しました
estoy (me tiene usted) a su ～ 何なりとお申しつけください
fuera de ～ 《掲示》故障中
hacer un flaco ～ a+人 〖悪気なしに·無意識のうちに〗…に迷惑をかける, 損害を与える
prestar ～s 世話をする; 役立つ: Este vestido *ha prestado* buenos ～s. この服はとても長持ちした

servidor, ra [serbiðór, ra] 名 ❶ 〖丁寧〗〖自分〗 i) ¿Quién quiere hacer esto?—(Un·Su) S～. 誰かこれをしてくれる者は?—はい〖私がします〗. ¿Quién es el último?—S～. 列の最後の人はどなたですか—私です. Le presento al Sr. López.—S～. ロペス氏をご紹介します.—初めまして, よろしくお願いいたします. ii) 《古語》名前を呼ばれて〗José.—(Un) S～. ホセ.—はい.
❷ 召使, 家事使用人; 〖武器·機械などの〗操作手
◆ 男 《情報》サーバー

servidumbre [serbiðúmbre] 女 ❶ 集名 〖一つの家の〗召使たち, 使用人たち. ❷ 隷属〔状態〕, 隷従; 束縛. ❸ 〖悪癖·感情などへの〗隷属, とりこになること. ❹ 《法律》地役権: ～ de acceso アクセス権. ～ de aguas 用水権, 水利権. ～ de luces 日照権. ～ de miras 眺望権. ～ de paso 通行権

servil [serbíl] 形 ❶ 奴隷の, 農奴の; 下僕(下婢)の. ❷ 《軽蔑》卑屈な, 隷属的な: Toma ante tu jefe una actitud ～. 彼は上司の前でべこべこする

servilismo 男 卑屈さ, 追従

servilleta [serbiʎéta] 女 〖テーブル用の〗ナプキン: ～ de papel 紙ナプキン

servilletero 男 ナプキンリング

servio, via [sérbjo, bja] 形 名 =**serbio**

servir [serbír] 35 自 《英 serve. ☞活用表.過分 sirviendo》❶ 〖+a に〗仕える; 〖+de 家事使用人として〗働く: *Servía a* un conde. 彼は伯爵に仕えていた. ～ *de* chófer en la familia… …家のお抱え運転手をする. ～ *a* su patria 祖国のために尽くす. ～ *a* Dios 神に仕える
❷ 助ける, 手伝う; 〖店員が客の〗相手をする: ¿Puedo ～le en algo?/¿En qué puedo ～le? 何かお手伝いしましょうか/何のご用でしょう/何をさしあげましょう? ¿Ya le *sirven a* usted? ご注文はうけたまわっておりますか?
❸ 給仕する, 食事を出す: En este restaurante *sirven* muy bien. このレストランは大変おいしい
❹ 役立つ: i) 〖+para のために〗Este diccionario *sirve* mucho *para* estudiar español. こ

の辞書はスペイン語を勉強するのにとても役に立つ. Ese hombre no *sirve para* nada. その男は何の役にも立たない. No *servía para* médico. 彼は医者には向かなかった. ii) 〖+de に·として〗Sus palabras no me *sirven de* consuelo. 彼の言葉は私の慰めにはならない
❺ 兵役を務める: ～ en infantería 歩兵として入隊する

ir servido 《口語》してやられる, 痛い目に会う; 思い違いをする; もてなしを受ける: *Vas servido si crees que ella está enamorada de ti.* 彼女が君に恋してると思ったら大間違いだ
no ～ de nada 〖+que+接続法 すること〗無駄である: *No sirve de nada que* hagas esa instancia. そんな要請をしても何の役にも立たない
para ～le (～ *a usted*) 何なりとお申しつけください/〖初対面の挨拶で名乗った後に続けて〗よろしく

◆ 他 ❶ 〖料理·飲み物を〗出す, 供する; 〖大皿から〗取り分ける: *Sírve*me un vaso de vino, por favor. ワインを1杯ください. ～ frío 冷やして出す. ❷ 〖商品を〗配達する: Le *serviremos* inmediatamente su pedido de papel. ご注文の紙をすぐお届けします. ❸ 《スポーツ》サーブする.

◆ ～*se* ❶ 《文語》〖+de を〗使う, 利用する: *Se servía de* su experiencia para resolver los problemas. 彼は経験を活かして問題を解決した. ❷ 〖料理を〗自分で取る, 〖飲み物を〗自分でつぐ: *Sírvase*, por favor. 〖大皿から〗どうぞ自由にお取りください. *Sírvete* el azúcar. 自分で砂糖を入れなさい. ❸ 《敬語》〖+不定詞〗…してくださる: *Sírvase* cerrar la puerta. どうかドアを閉めてください

servir	
直説法現在	直説法点過去
sirvo	serví
sirves	serviste
sirve	sirvió
servimos	servimos
servís	servisteis
sirven	sirvieron
接続法現在	接続法過去
sirva	sirviera, -se
sirvas	sirvieras, -se
sirva	sirviera, -se
sirvamos	sirviéramos, -semos
sirváis	sirvierais, -seis
sirvan	sirvieran, -sen

servo [sérbo] 男 servomecanismo·servomotor の省略語

servoasistido, da [serboasistíðo, ða] 形 《技術》サーボ制御の

servocroata [serbokroáta] 形 名 =**serbo-croata**

servodirección [serboðireⁿ(k)θjón] 女 《自動車》パワーステアリング

servofreno [serbofréno] 男 《技術》サーボブ

レーキ

servomecanismo [sɛrβomekanísmo] 男 《技術》サーボ機構

servomotor [sɛrβomotór] 男 《技術》サーボモーター

sesada [sesáða] 女 [動物の] 脳；《料理》脳みそのフライ

sésamo [sésamo] 男 ❶ 《植物》ゴマ；その種：aceite de ～ ゴマ油．[¡Ábrete ～! 開け，ゴマ！ ❷ 《料理》ゴマ・アーモンド・クルミ・松の実などの粉を練ったもの

sesear [seseár] 自 seseo で発音する

sesenta [sesénta] 形 男 《英 sixty》 ❶ 60[の]；60 番目の． ❷ [los+] 1960 年代；60 歳台
　sesentavo, va 形 60 分の 1[の]
　sesentón, na 形 名 《親愛・軽蔑》60 歳台の〔人〕

seseo [seséo] 男 《言語》se 音法，ce·ci·z を [s] で発音する傾向 《アンダルシア地方と中南米に多い》

sesera [seséra] 女 ❶ 《口語》[人の] 頭；知能：carecer de ～ 脳みそが足りない，頭が悪い． ❷ [動物の] 脳みそ

sesgo [sésɣo] 男 ❶ 《裁縫》バイアス：al ～ バイアスに；斜めに，傾いて． ❷ [事態の] 方向，展開；方針：～ de la conferencia 会談の雲行き
　sesgadura 女 バイアスに裁つこと
　sesgar [8] 他 1) 《服飾》バイアスに裁つ，斜めに切る．2) 傾ける，斜めに置く．3) …にある傾向を与える，歪曲する：información *sesgada* 客観性を欠いた情報

sésil [sésil] 形 《植物》無柄の；《動物》固着の，着生の

sesión [sesjón] 女 ❶ 会議，審議：El consejo directivo se reunió en ～ extraordinaria. 臨時役員会が開かれた．En estos momentos queda abierta la ～. これより開会いたします．abrir (celebrar) la ～ 開会する．estar en ～ 開会[開廷] 中である．levantar (clausurar · cerrar) la ～ 閉会する． ❷ 上映，上演：Iremos a la ～ de las diez de la noche. 夜 10 時の回を見に行こう．Muchos cines tienen tres *sesiones* al día. 一日 3 回上映の映画館が多い．～ continua (numerada) 各回入れ替えなし(入れ替え制)の上映． ❸ 集まり：～ de lectura de poesías 詩の朗読会．～ de espiritismo 降霊会． ❹ [治療などの] 1 回の時間；[モデルの] 1 回のポーズ時間：precio por ～ その料金

seso [séso] 男 ❶ 脳 《cerebro》；《腹》《料理》[食用獣の] 脳みそ：～s fritos/fritada de ～s 《料理》脳みそのフライ． ❷ 頭脳，知力：Tiene mucho ～. 彼はとても頭がいい．tener poco ～/no tener ～ 脳みそが足りない
　calentarse (devanarse) los ～s 《口語》知恵を絞る，頭を悩ます；《中米》でたらめを言う
　perder el ～ 逆上する，正気を失う
　sorber (beber) el ～ a+人 《軽蔑》…を夢中にさせる，とりこにする
　tener sorbido el ～ 《軽蔑》1) [+a+人 に]

強い影響力を及ぼす：El ansia de riquezas le *tiene sorbido el* ～ totalmente. 彼はすっかり金銭欲のとりこになっている． 2) [+por+人 に] ほれ込んでいる：Tiene el ～ *sorbido por* la compañera de clase. 彼はクラスの女の子に夢中だ

sesquióxido [seskjó(k)siðo] 男 《化学》三二酸化物

sestear [sesteár] 自 《←siesta》昼寝をする，休息をとる
　sesteo 男 =siesta

sestercio [sestɛ́rθjo] 男 《古代ローマ》セステルス銀貨

sesudo, da [sesúðo, ða] 形 《←seso》 ❶ [人・事が] 思慮深い，分別のある． ❷ 《皮肉》賢い，抜け目ない；物知りぶった

set [sɛt] 男 《複 ～s》《← 英語》 ❶ 《テニス・バレーボールなど》セット：ganar por tres ～s a uno セットカウント 3 対 1 で勝つ． ❷ 《映画》セット 《plató》． ❸ [器具の] 一式

seta [séta] 女 [主に食用の] キノコ：coger (cosechar) ～s キノコ狩りをする．tortilla con ～s キノコ入りオムレツ．～ venenosa 毒キノコ

setecientos, tas [seteθjéntos, tas] 形 男 700[の]；700 番目の

setenta [seténta] 形 男 《英 seventy》 ❶ 70[の]；70 番目の． ❷ [los+] 1970 年代；70 歳台
　setentavo, va 形 70 分の 1[の]
　setentón, na 形 名 《親愛・軽蔑》70 歳台の〔人〕

setiembre [setjémbre] 男 =**septiembre**

sétimo, ma [sétimo, ma] 形 名 =**séptimo**

seto [séto] 男 垣根；生け垣 [～ vivo]

setter [sɛ́ter] 名 《複 ～s》《← 英語. 犬》セッター：～ inglés イングリッシュセッター

seudo- [接頭辞] にせの，偽りの：*seudo*científico えせ科学者．*seudo*-racionalidad まやかしの論理

seudohermafrodita [seuðoermafroðíta] 形 名 偽半陰陽の(人)，偽雌雄同体の[動物)

seudónimo [seuðónimo] 男 ペンネーム；芸名：escribir con ～ ペンネームで書く

seudópodo [seuðópoðo] 男 [原生動物などの] 仮足，虚足

s.e.u.o. [略記] 《←salvo error u omisión 誤記脱漏はこの限りでない

severamente [seβéramɛ́nte] 副 厳しく

severidad [seβeriðá(d)] 女 厳しさ

severo, ra [seβéro, ra] 形 《英 severe》 ❶ [+con+人 に，+en で] 厳しい，厳格な：Es un profesor muy ～ [para] *con* los alumnos. その先生は生徒にとても厳しい．Siempre es ～ *en* sus juicios. 彼はいつも厳格なものの考え方をする．castigo ～ 厳罰．régimen ～ 厳しい食餌療法．semblante ～ 厳しい(険しい)表情．mirada ～ra 厳しい(きつい)眼差し．frío ～ 厳しい寒さ． ❷ 飾りのない，地味な：casa de aspecto ～ 簡素な外見の家． ❸ 深刻な，手痛い

sevicia [seβíθja] 女 《文語》残酷，過酷；虐待行為

sevillano, na [seβiʎáno, na] 形 名《地名》セビーリャ Sevilla 女 の〔人〕『アンダルシア地方の首市・県』

◆ 女 〔主に 複〕セビジャーヌス『そこの民俗舞踊・音楽』

sexagenario, ria [sɛ(k)saxenárjo, rja] 形 名 60 歳台の〔人〕

sexagesimal [sɛ(k)saxesimál] 形 60 を基本とする, 60 進法の: numeración ~ 60 進法

sexagésimo, ma [sɛ(k)saxésimo, ma] 形 名 60 番目の; 60 分の 1(の)

sex-appeal [sɛ(k)sapíl] 男《←英語》セックスアピール, 性的魅力

sexenio [sɛ(k)sénjo] 男 6 年間

sexismo [sɛ(k)sísmo] 男〔女性に対する〕性差別(主義).

  sexista 形 名 性差別主義の(主義者)

sexo [sɛ(k)so] 男『英 sex』❶ 性; 性別: sin distinción de ~ 男女を問わず. sin ~ 無性の; 性感情のない. igualdad de derechos entre los dos ~s 男女同権. ❷ 匿医 ~ masculino/ ~ fuerte/~ feo 男性. ~ femenino/~ débil/bello ~ 女性. ❸ 性器. ❹ 性行為『sexualidad』: ~ seguro〔性病を予防する〕安全なセックス

  hablar del ~ de los ángeles 無駄な議論をする

sexología [sɛ(k)soloxía] 女 性科学

  sexológico, ca 形 性科学の.

  sexólogo, ga 名 性科学者

sex-shop [sɛ(k)sʃóp] 男《←英語》ポルノショップ

sex-symbol [sɛ(k)símbɔl] 男《←英語》セックスシンボル

sexta¹ [sɛ(k)sta] 女 ❶《音楽》6 度: ~ mayor (menor) 長 (短) 6 度. ❷《古代ローマ》〔一日を 4 分した〕3 番目の時間区分;《宗教》〔聖務日課の〕6 時課

sextante [sɛ(k)sánte] 男《船舶》六分儀

sexteto [sɛ(k)stéto] 男 ❶《音楽》六重奏団; 六重奏(唱)曲. ❷《詩法》〔一行 8 音節以上の〕6 行詩

sextilla [sɛ(k)stíʎa] 女《詩法》〔一行 8 音節以下の〕6 行詩

sextina [sɛ(k)stína] 女 6 行詩の一種; その各詩節

sexto, ta¹ [sɛ(k)sto, ta] 形 男『英 sixth』6 番目の; 6 分の 1(の)

séxtuplo, pla [sɛ(k)stuplo, pla] 形 男 6 倍〔の〕

  sextuplicar ⑦ 他 6 倍にする

sexuado, da [sɛ(k)swáðo, ða] 形《生物》有性の: reproducción ~da 有性生殖

sexual [sɛ(k)swál] 形 性の, 性的な: acto ~ 性交. caracteres ~es primeros (secundarios) 第 1(2)次性徴. conducta ~ 性行為. moral ~ 性道徳. relaciones ~es 性的関係.

  sexualidad 女〔現象としての〕性; 性行為; 性欲

sexy [sɛ(k)si] 形《←英語》セクシーな: vestido ~ セクシーなドレス

◆ 男 セックスアピール『sex-appeal』

s/f.《略語》←su favor 貴方宛て

sfumato [e]sfumáto] 男《←伊語. 美術》スフマート

SGM《略語》←la Segunda Guerra Mundial 第 2 次世界大戦

sgte《略語》←siguiente 次の

sh [ʃ] 間 しーっ, 静かに!

sha [ʃá] 男 シャー『ペルシア(イラン)国王』

shantung [ʃantún] 男《←英語. 繊維》シャンタン

sheriff [ʃérif] 男《←英語》[英国の] 州長官; [米国の] 保安官, シェリフ

sherpa [ʃérpa] 形 名 シェルパ, シェルパ族の

sherry [ʃéri] 男《←英語. 酒》シェリー『jerez』

shetland [ʃétland] 男《←英語. 繊維》シェットランド

shií [ʃií] 名〔複 ~es〕《イスラム教》シーア派

shock [ʃɔk] 男〔単複同形/複 ~s〕《←英語》= **choque**

shogun [ʃógun] 男《←日本語》将軍

short [ʃɔr(t)] 男〔複 ~s〕《←英語. 服飾》[スポーツ用・夏用の] ショートパンツ: ~ de baño《南米》トランクス型の水着

shorts [ʃɔrs] 男 複 = **short**

show [ʃóu] 男〔複 ~s〕《←英語》ショー, 興行; 誇示, 見せびらかし

  montar el ~《軽蔑》人目を引く

showman 男〔複 ~s/showm*e*n〕ショーマン, 芸人

si¹ [si] 接『英 if. 仮定の接続詞』❶〔仮定・条件〕もし…なら: i)〔単なる仮定. +直説法 (ただし未来形は使わない)〕Si hace buen tiempo mañana, saldré. もし明日天気なら外出します. Llámame *si* tienes tiempo. 暇な時には電話をくれ. *Si* salió a las ocho, llegará dentro de poco. 8 時に出たのなら, 間もなく彼は到着するだろう. ii)〔現在の事実に反する仮定・実現性の乏しい仮定. +接続法過去. 帰結節は直説法過去未来〕Si tuviera trabajo, trabajaría. もし私, に仕事があるなら働くのだが. *Si* hiciera buen tiempo mañana, saldría. 明日もしかして天気がよければ外出するのだが. iii)〔過去の事実に反する仮定. +接続法過去完了. 帰結節は直説法過去未来完了または接続法過去完了 -ra 形〕*Si* hubiese hecho buen tiempo, habría (hubiera) salido. 天気がよければ私は出かけたのに. iv)〔帰結節の省略. 不安・願望〕¡*Si* no llegara a tiempo! 彼がもし間に合わなかったら〔どうしよう〕/間に合わないといいのに! ¡*Si* yo pudiera rejuvenecer! 若返ることができたらなあ! ¡*Si* yo hubiera estado presente allí! そこに私が居合わせていたなら!

❷《まれ》〔譲歩〕たとえ…しても《aunque. 法・時制は ❶ と同じ》: No lo haré *si* me matan. 私はたとえ殺されてもそんなことはしない. No sabrías entenderme, *si* te explicara mis acciones. 君に僕の行動を説明しても理解してくれまい

❸〔事実の提示・対立〕…ではあるが: *Si* ha salido, va a volver pronto. 彼は外出したが, す

S

ぐ帰ってくる. *Si* te dan todo lo que quieres, ¿de qué te quejas? 欲しい物は何でもあげているのに, 何が不満なのだ? Yo quiero vivir, *si* no rico, tranquilo. 裕福でなくても, とにかく平穏に暮らしたい. *Si* hay buenos, hay malos. 善人がいれば悪人もいる. Es atrevido, *si* los hay. 世の中には無鉄砲な奴がいるものだが, 彼がそうだ ❹ [間接疑問] …かどうか: i) Me han preguntado si soy soltero o casado. 私は独身か既婚か尋ねられた. No me acuerdo de *si* lo he visto. 私は彼に会ったことがあるかどうか覚えていない. ii) [+不定詞] …すべきかどうか: No sé *si* alegrarme o no. 私は喜んでいいのかどうかわからない. iii) [単独で自問] ¿*Si* será la verdad? それは本当なのだろうか?

❺ [抗議・強調. 時に pero+] ¿Por qué no me lo dijiste?—[Pero] *Si* no lo sabía. なぜ私に言わなかったのだ?—だってそんなことは知らなかったんだ! [Pero] Puede ser que nieve. 雪なんか降るはずはありませんとも

si+直説法 como si+直説法 たとえ…しても…しても: *Si* quiere *como si* no quiere, tendrá que trabajar. 好むと好まざるとにかかわらず彼は働かなければならないだろう

si es así もしそうなら, そういうことなら

si es que+直説法 1) …ということならば: *Si es que* no le gusta, dígamelo sin ningún reparo. お気に召さないようであれば, ご遠慮なくおっしゃってください. 2) [相手が知っていることを前提として説明] …だから: No tienes que renunciar a nada, ni ella a ti si *es que* te quiere. 君は何もあきらめる必要はないし, 彼女も君をあきらめる必要はない. [君も知ってのとおり] 彼女は君を愛しているのだから

si llegar a+不定詞 もし…していたら [直説法現在で接続法過去完了の代用]: *Si* no llego a escaparme, ¿qué sería de mí ahora? 逃げ出していなかったら, 私は今ごろどうなっていただろう?

si no [独立的に使われて] さもなければ: Date prisa, [o,] si no, llegarás tarde. 急ぎたまえ. さもないと遅れるよ. Te espero para las seis o, *si no*, para y cuarto. 6時か6時15分に待っているよ

un si es no es 少し, いくらか: Este tocino me parece *un si es no es* rancio. このベーコンは少し古くなっているようだ

¿**y si+直説法現在?** [勧誘] …しないか?: ¿*Y si* nos sentamos un ratito? ちょっと座らない?

si² [sí] 男《音楽》シ, ロ音

sí [sí] 代《再帰代名詞3人称 se の前置詞格. con+ では consigo となる》自分; それ自身: Nunca hablan de *sí* mismos. 彼らは決して自分たちのことは話さない. La felicidad lleva la desgracia *consigo*. 幸福はそれ自体不幸をはらんでいる. Se quería a *sí* misma. 彼女は我が身がかわいかった. Se lee la carta a *sí* mismo. 彼は一人で手紙を読んでいる

de [por] sí/en sí それ自体: El examen es bastante difícil *de sí*. その試験はもともとかな

り難しい. Ese asunto *en sí* no tiene importancia. その件自体は重要でない

entrar dentro de sí/entrar en sí mismo 自省する

estar en sí 意識ははっきりしている; 正気である, 平常心を失わないでいる: Habías bebido demasiado y no *estabas en ti*. 君は飲みすぎて正体を失っていた

por sí solo ひとりでに; 独力で: Se abrió la puerta *por sí sola*. ドアがひとりでに開いた

volver en ～ 意識を取り戻す, 我に返る

volver sobre ～ 断念する, 思いとどまる

◆ 副《英 yes. 肯定. ↔no》❶ [応答] はい: i) ¿Lo quieres?—*Sí*[, lo quiero]. それが欲しいか?—はい[, それが欲しい]. ¿Viene Juan?—Creo que *sí*. フアンは来るかな?—来ると思う. Dime *sí* o no. はいか, いいえか [承諾かどうか] 言いなさい. ii) [承諾] よろしい: Venga usted mañana.—*Sí*, con mucho gusto. 明日来てください.—はい, 喜んで. iii) [否定疑問・否定命令に対して] いいえ: ¿No le gusta la música?—*Sí*, mucho. 音楽はお嫌いですか?—いいえ, 大好きですよ. No lo digas a nadie.—*Sí*, lo diré a todo el mundo. 誰にも言うなよ.—いや, みんなに言ってやる. iv) [否定語句に続けて] Vino la señora no sé cuántos ; *sí*, esa rubia y dijo que volvería más tarde. 何とかいう女性が来ました. ああ, 金髪の方で, また後で来るそうです

❷ [出席をとるときの返事] はい: Santiago Fernández.—*Sí*. サンティアゴ・フェルナンデス.—はい

❸ [電話を受けて] もしもし, はい [長く伸ばして発音する]

❹ [肯定の強調] 本当に, もちろん: i) Conozco a tu amigo, *sí*. 私は確かに君の友人を知っているよ. Iré, *sí*, aunque pierda la vida. 行くとも. たとえ命を落としたって. Aquel hombre ya no te quiere, pero yo *sí*. あの男はもう君を愛していない. でも私は愛しているよ. ii) [不定詞+sí+活用形. 動詞の強調] Responder, *sí* [que] respondí, pero… 答えるには答えたんだが…. Gustarme, *sí* me gusta. それは好きとは言えば好きだ

¿**a que sí?** [念を押して] そうですね?: Has venido a verla. ¿*A que sí?* 君は彼女に会いに来たんだ, そうだろう?

¡**a que sí!** [肯定・承諾の強調] もちろん!: No puedes saltar, ¿a que no?—¡*A que sí!* 君には跳べないよね?—跳べるとも!

estar de que sí [何でも承諾するほど] 機嫌がよい: Pídeselo a José, ya que ahora *está de que sí*. ホセに頼みなさい. 今機嫌がいいから

por sí o por no いずれにしても: *Por sí o por no*, bueno será esperarle. いずれにせよ彼を待つ方がいいだろう

porque sí 1) [形容詞・副詞の強調] 実に: El carpintero trabaja bien *porque sí*. その大工は本当によく働く. 2) [説明を省略して, ぶっきらぼうに] どうしても: ¿Por qué tienes prisa?—*Porque sí*. なぜそんなに急ぐの?—急ぎたいから急ぐの!

¡**pues sí!** もちろん/[不快] いやだな!: No funciona el ascensor.—¡*Pues sí…!* エレベーター

は故障中です．—しょうがないなあ…!
¡pues sí que+直説法**!**〔反語で不快〕/¡Pues sí que estamos buenos! 本当にひどい/全然だめじゃないか!
que sí 1)〔しばしば繰返して〕そうだとも，もちろん． 2)〔否定疑問に対する肯定の返事 ☞❶ iii)〕No me escuchas.—Que sí te escucho. 僕の話を聞いてないね．—とんでもない．聞いてるよ
¿sí?〔軽い疑い〕そうですか?: Pensaba marcharme.—¿Sí? 私は出ていこうと思っていたんだ．—そう?
sí, pero menos それはそうだが，しかしそれほどでははない
sí que〔強調の挿入句〕確かに: Él sí que pasó el examen. 彼は合格したとも． Entonces sí que lo presentí. その時本当にそんな予感がしたんだ． ¡Eso sí que no! そんなことは絶対にない!
¡sí que+直説法**!**〔反語で不快〕…なんてとんでもない!: ¡Sí que estoy aquí para eso! そんなことのために来たんじゃない!
¡sí tal!〔まあ〕もちろん!
◆ 男〔⑫síes〕肯定(承諾)の答え，賛成: dar el sí 同意(承諾)する． una mayoría de síes 過半数の賛成． Tengo el sí del padre. 私は父の賛成を得ている
sial [sjál] 男《地質》シアル
sialismo [sjalísmo] 男《医学》流涎(りゅうぜん)症，唾液〔分泌〕過多
siamés, sa [sjamés, sa] 形 名 ❶《歴史・地名》シャム Siam の〔人〕． ❷ シャム双生児《gemelos・hermanos siameses》． ❸ シャム猫《gato 〜》
◆ 男 シャム語
sibarita [sibaríta] 形 名 ぜいたく好みの，享楽的な〔人〕 《←古代ギリシアの豪奢で有名な都市 Síbaris》
sibaritismo 男《軽蔑》享楽，奢侈
siberiano, na [siberjáno, na] 形 名《地名》シベリア Siberia の〔人〕
sibil [sibíl] 男〔地下り〕小さな食糧貯蔵室
sibila [sibíla] 女〔神託を告げた古代の〕巫女(ふ); 女占い師，女予言者
sibilante [sibilánte] 形 女 ❶〔呼吸などが〕笛のような音を出す，シューシューいう． ❷《言語》歯擦音〔の〕; 歯擦音文字《letra 〜》
sibilancia 女 笛のような音を出すこと
sibilino, na [sibilíno, na] 形 ❶ 巫女 sibila の． ❷《文語》予言的な; 〔神託のように〕謎めいた，わかりにくい
sibucao [sibukáo] 男《植物》スオウ(蘇芳)
sic [sík] 副《←ラテン語》〔引用などの注記で〕原文のまま，ママ
sicalipsis [sikalípsis] 女《単複同形》わいせつ，好色文学
sicalíptico, ca [sikalíptiko, ka] 形 下品な，きわどい
sicamor [sikamór] 男 =ciclamor
sicario, ria [sikárjo, rja] 名 殺し屋，刺客
sicastenia [sikasténja] 女《医学》精神衰弱
siciliano, na [siθiljáno, na] 形 名《地名》シ

チリア島 Sicilia 女 の〔人〕
◆ 男 シチリア方言
siclo [síklo] 男 シュケル《古代の重量単位，イスラエルの通貨単位》
sicoanálisis [sikoanálisis] 男 =psicoanálisis
sicodélico, ca [sikoðéliko, ka] 形 =psicodélico
sicodrama [sikoðráma] 男 =psicodrama
sicofármaco [sikofármako] 男 =psicofármaco
sicología [sikoloxía] 女 =psicología
sicómoro/sicomoro [sikómoro/ komóro] 男《植物》イチジクの一種
sicono [sikóno] 男《植物》いちじく果，隠花果
sicopatía [sikopatía] 女 =psicopatía
sicosis [sikósis] 女 =psicosis
sicosomático, ca [sikosomátiko, ka] 形 =psicosomático
sicoterapia [sikoterápja] 女 =psicoterapia
sida [síða] 男《略語. 医学》エイズ《←síndrome de inmunodeficiencia adquirida 後天性免疫不全症候群》: 〜 declarado 末期のエイズ
sidecar [siðekár] 男〔⑫〜[e]s〕《←英語》サイドカー
sideral [siðerál] 形《天文》恒星の: día (año) 〜 恒星日(年)
sidéreo, a [siðéreo, a] 形 =sideral
siderita [siðeríta] 女 =siderosa
siderolito [siðerolíto] 男 シデロライト，石鉄隕石
siderometalúrgico, ca [siðerometalúrxiko, ka] 形 鉄鋼の
siderosa [siðerósa] 女《鉱物》菱(りょう)鉄鉱
siderurgia [siðerúrxja] 女 製鉄〔業〕
siderúrgico, ca [siðerúrxiko, ka] 形 製鉄の
sidítico, ca [siðítiko, ka] 形 名 =sidoso
sidoso, sa [siðóso, sa] 形 名 エイズの〔患者〕
sidra [síðra] 女 リンゴ酒，シードル; 〔発酵させた〕果実酒
sidrería 女 リンゴ酒の販売店
siega [sjéɣa] 女《←segar》❶ 刈り入れ，草刈り; 収穫期《época de la 〜》: 〜 del trigo 麦刈り． ❷ 医 名 刈り取られた作物
siembra [sjémbra] 女《←sembrar》〔主に穀物の〕種まき; 播種(はしゅ)期: hacer la 〜 種まきをする． patata de 〜 ジャガイモの種イモ
siemens [sjémens] 男《電気》ジーメンス
siempre [sjémpre] 副《英 always》❶ いつも，常に: Sonríe 〜. 彼は笑みを絶やさない． Cenamos 〜 a las ocho. 私たちはいつも8時に夕食をとる． La cumbre 〜 está cubierta de nieve. 山頂は万年雪に覆われている． No está 〜 trabajando. 彼はいつも働いてるわけではない． Me acordaré 〜 de ti. 君のことはずっと忘れないよ
❷ ともかく，それでも: No sé si lo conseguiré, pero 〜 me quedará la satisfacción de haber intentado. 獲得できるかわからないが，ともかくやってみたという満足感は残るだろう

❸ [強調] S~ has de ser tú el que se queja. 君は小言幸兵衛ということで世間では通っている. S~ será más divertido si venís vosotros. 君たちが来ればもっと楽しくなること請け合いだ

❹ 《中南米》それにもかかわらず 〖a pesar de todo〗; まだ 〖todavía〗; 確かに, きっと 〖con seguridad〗

como ~ いつものように, あいかわらず: Está guapa *como* ~. 彼女はあいかわらずきれいだ

de ~ 1) いつもの: Te espero en el lugar (a la hora) *de* ~. いつもの場所で(時間に)待っているよ. 2) ずっと以前から〔の〕, 昔から〔の〕: amigo *de* ~ 昔からの友人

desde ~ ずっと以前から, 昔から: Nos conocemos *desde* ~. 私たちは昔からの知り合いだ

no ~ ···であるとは限らない 〖☞no ❷〗

para ~/*por* ~ 〖*jamás*〗永久に, 永遠に: Que dure *para* ~ esta felicidad. この幸福がいつまでも続きますように. *Por* ~ sea alabado y bendito. 永遠にたえように祝福されることを

~ *que...* 1) [+直説法] ···する時はいつも: Me trae dulces ~ *que* viene. 彼女は来る時は必ずお菓子を持ってきてくれる. 2) [+接続法] ···という条件で: Te llevaré al cine ~ *que* seas bueno. いい子にしてたら映画に連れて行ってあげよう

~ *y cuando*+接続法 ···という条件で

siempretieso [sjempretjéso] 圐《玩具》起き上がり小法師

siempreviva [sjemprebíβa] 囡《植物》永久花: ~ de las nieves エーデルワイス. ~ mayor ヤネバンダイソウ. ~ menor ベンケイソウの一種

sien [sjén] 囡 こめかみ; 鬢(忿)

siena [sjéna] 囡 赤茶色, シエナ色: ~ tostada 代赭(統)色, 赤土色

sienés, sa [sjenés, sa] 圐 图《地名》シエナ Siena の(人)

sienita [sjeníta] 囡《鉱物》閃長岩

sient- ☞sentar ㉓, sentir ㉝

sierpe [sjérpe] 囡 ❶ =serpiente. ❷ 怒りっぽい人; [顔つきの] 恐ろしげな人

sierra [sjérra] 囡 ❶ のこぎり: ~ circular 丸鋸(完). ~ continua/~ de cadena チェーンソー. ~ de calar [木工用の] 糸鋸. ~ de mano 手びき鋸. ~ de vaivén 糸鋸. ~ mecánica (eléctrica) 機械(電動)鋸. ❷ 山脈, 連峰 〖cordillera より小さい. またはその支脈〗: i) S~ de la Costa ラ・コスタ山脈〖ベネズエラ〗. ii) [S~. 特にマドリードで] グアダラマ Guadarrama 山脈; 市の北東部. ❸《近くにある》山, 高原: ir a la ~ 山〔歩き〕に行く. pasar las vacaciones en la ~ 山で休暇を過ごす. ❹《国名》S~ Leona シエラレオネ. ❺《魚》pez ~ ノコギリザメ

sierraleonés, sa [sjerraleonés, sa] 圐 图《国名》シエラレオネ Sierra Leona 囡 の(人)

siervo, va [sjérβo, βa] 圐 ❶《歴史》《封建時代の》農奴: i) ~ de la gleba [土地に縛られた] 世襲農奴. ii) 《比喩》奴隷(のように何でも言うことをきく人). ❷《宗教》~ de Dios 神の僕(¿). ❸《謙遜・丁寧》Mándame lo que

quieras, soy tu ~. この私に何なりとお申しつけください

sieso, sa [sjéso, sa] 图《西. 俗語》ばかやろう, ちくしょう

siesta [sjésta] 囡 ❶ [昼食後の] 昼寝, 休息; 食後の睡眠: dormir la ~/echar[se] una ~ 昼寝をする. ~ del carnero 《古語》食前の睡眠. ❷ [一番暑い] 真昼の時間

siete [sjéte] ◆ 圐 ❶ 7. ❷《口語》かぎ裂き: hacerse un ~ en la camisa ワイシャツにかぎ裂きを作ってしまう. ❸《トランプ》tres ~ 21. [las) ~ y media ブラックジャックに似たゲーム. ❹《中南米》肛門 〖ano〗

comer (*beber*) *más que* ~ 人並外れてたくさん食べる(飲む)

hablar más que ~ しゃべりまくる

¡la gran ~! 《南米》これは驚いた!

saber más que ~ 非常に抜け目がない

sietemesino, na [sjetemesíno, na] 圐 图 ❶ [主に 2 か月早い] 早産の, 未熟児〔の〕. ❷《軽蔑》大人ぶった〔子〕, 生意気な〔子〕; 発育不全の〔子〕, ひよわな〔子〕

sífilis [sífilis] 囡《単複同形》《医学》梅毒

sifilítico, ca 圐 图 梅毒の〔患者〕

sifón [sifón] 圐 ❶ サイホン, 吸い上げ管. ❷ [炭酸水を入れる] サイホン瓶: ~《西》炭酸水, ソーダ水: whisky con ~ ウイスキーソーダ, ハイボール. ❸ 防臭弁, トラップ; U字管. ❹《動物》水管

sifosis [sifósis] 囡《単複同形》=joroba

sifrino, na [sifríno, na] 圐 图《南米. 軽蔑》気どった, 外国かぶれの

sig 《略語》←siguiente 次の, 下記の, 続く

siga- ☞seguir ⑤ ㉟

sigilo [sixílo] 圐 ❶ 秘密 〖secreto〗: Este asunto se ha de llevar con ~. この件は内密で進めなければいけない. ~ profesional 職業上の秘密. ~ sacramental 《カトリック》告解の秘密. ❷ 静寂, 隠蔽: entrar con ~ こっそり入る, 忍び込む

sigilografía [sixilografía] 囡 [古文書の] 印章学

sigiloso, sa [sixilóso, sa] 圐 ❶ 秘密の; 静かな: con andar ~ 足音を忍ばせて. ❷《軽蔑》こそこそした

sigilosamente 圖 こっそり; こそこそと

sigla [sígla] 囡 [頭文字による] 略語, 略号 〖元の語が複数形の場合は頭文字をくり返す: EE. UU. ←Estados Unidos アメリカ合衆国〗: OTAN son las ~s de Organización del Tratado del Atlántico Norte. OTAN は北大西洋条約機構の略語である

siglo [síglo] 圐《英 century》❶ 世紀, 100 年 〖10世紀ごろまでは主に 序数+. それ以降は +基数. ローマ数字で表記する〗: Estamos en el ~ XX (veinte). 今は 20 世紀だ. Vivió en el ~ XII. 彼は 12 世紀の人だ. a comienzos (a fines) del ~ XVIII 18 世紀初頭(末)に. entrado en el ~ III (tercero) antes de Cristo 紀元前 3 世紀に入って.

medio ~ 半世紀. un cuarto de ~ 四半世紀. ~s medios 中世 〖Edad Media〗. ~ del átomo 原子力の世紀 〖20世紀のこと〗. fin (final) de ~ 世紀末. ❷ 長い間 : Hace ~s (un ~) que no le veo. 久しく彼に会っていません. ❸《文語》俗界, 浮世 : retirarse del ~ 聖職者になる

del ~ 一世紀に一度というほどに : el robo *del* ~ 世紀の大泥棒

en (por) los ~s de los ~s 永遠に, 永久に

sigma [síɣma] 囡《ギリシャ文字》シグマ 〖Σ, σ〗

sigmoideo, a [siɣmoiðéo, a] 厖 S字状の

signar [siɣnár] 囮《文語》❶ …に署名する 〖firmar〗. ❷ 汚点を残す ; 特徴づける

◆ ~se 十字を切る

signatario, ria [siɣnatárjo, rja] 厖 图《文語》署名者[の], 調印者[の]

signatura [siɣnatúra] 囡 ❶ 〖本・書類などを分類する〗記号, 符号. ❷《文語》署名, サイン. ❸《印刷》折り記号, 背丁

significación [siɣnifikaθjón] 囡 意味〔すること〕, 語義 ; 意義, 重要性 : Esta estadística no tiene ninguna ~. この統計は何の意味もない. Este descubrimiento tiene una gran ~. この発見は重大な意味を持つ

significado, da [siɣnifikáðo, ða] 厖 過分《文語》[+名詞] 重要な, 傑出した : Es uno de los más ~s políticos del país. 彼はその国の最も中心的な政治家の一人だ

◆ 團 ❶ comprender mal el ~ de una frase 文章の意味を取り違える. captar el ~ de una palabra 言葉の意味をとらえる. ❷《言語》所記, 記号内容 〖↔signicante〗. ❸ 意義, 重要性 〖significación〗

significante [siɣnifikánte] 團《言語》能記, 記号表現

◆ 厖《中南米》＝significativo

significar [siɣnifikár] 囮 囮 ❶ 意味する, 示す : El rojo *significa* peligro. 赤は危険を意味する. La adopción de esta medida *significaría* un desorden. この措置をとると混乱が起きるかも知れない. ❷《文語》表明する : Deseo ~ mi condolencia. 哀悼の意を表したいと思います. ❸《文語》[+como +人] 重要性を持つ : El dinero no *significa* nada *para* él. 金は彼にとって何の意味も持たない

◆ ~se《文語》❶ [+por 性質で・思想的に] 際立つ, 傑出する : No *se ha significado* nunca *por* su elegancia. 彼女はお世辞にも上品とは言えなかった. ❷ [+como +人] …と明言する : *Se significó como* un reformista. 彼は自分は改革派であると公表した

significativo, va [siɣnifikatíβo, βa] 厖 ❶ 特別な意味を持つ, 意味深長な : gesto ~ de desdén はっきり軽蔑とわかる仕草. ~ cambio 重大な変化. [ser ~ que+接続法] Es ~ que no haya venido a la fiesta. 彼がパーティーに来なかったのは象徴的だ〔意味ありげだ〕. ❷ 重要な, 意義のある

significativamente 副 意味ありげに

signo [síɣno] 團《英 sign》❶ しるし, 表われ ;

兆候 : i) Dar la mano es ~ de amistad. 握手するのは友情のしるしである. Ruborizarse es un ~ de timidez. 赤くなるのは内気な証拠である. ii)《文語》特徴, 性格 : Esta situación tiene un ~ negativo. この状況は否定的だ. ❷ 記号, 符号 ; 標章 : poner el ~ más (menos) en una cifra 数字にプラス(マイナス)記号をつける. poner los ~s de admiración 感嘆符をつける. ~ de la victoria Vサイン. ❸《数学》Esta cantidad es de ~ positivo (negativo). これはプラス(マイナス)の値だ. ❹《占星》…座 : ¿De qué ~ eres? 君は何座ですか? Su ~ es Aries. 彼は雄羊座だ. los que nacieron bajo el ~ de Virgo 乙女座生まれの人. predecir el trágico ~ 悲劇の運命を予言する. ❺《言語》記号 〖~ lingüístico〗

sigte《略語》←siguiente 次の

siguiente [siɣjénte] 厖《英 following, ↔anterior》次の, 次に続く. i) [場所・順序] Voy a bajar en la estación ~. 次の駅で降ります. Vive en la casa ~ a la mía. 彼は私の家の隣に住んでいる. la vez ~ 次回. los ~s condiciones 次のような条件で. Contestó lo ~ : 彼は次のように答えた. ii) [時間] 翌… : El día ~ era fiesta. 翌日は祝日だった. Al año ~ se marchó para Alemania. その翌年彼はドイツに旅立った. Dijo que saldría a la semana ~. 彼は「来週出発する」と言った

◆ 图 次の人 : Haz pasar al ~. 次の人を通しなさい

siguie-, seguió ☞seguir ⑤ ㉟

siguiriya [siɣirʎa] 囡 シギリーヤ 〖アンダルシア民謡の一種, フラメンコの一形式〗

sij [sfx] 厖 图《複 ~s》シーク教の(教徒)

sílaba [sílaba] 囡《言語》音節, シラブル : ~ aguda (átona) アクセントのある(ない)音節. ~ abierta (libre) 開音節, 母音で終わる音節. ~ cerrada (trabada) 閉音節, 子音で終わる音節. ~ fuerte (débil) アクセントのある(ない)音節. ~ larga (corta) 長(短)音節

silabación 囡 ＝silabeo

silabario 團 〖言葉が音節ごとに区切られている〗初級教本

silabear 圓 囮 音節を区切って発音する

silabeo 團 音節に分けること, 分節法 ; 音節ごとに発音すること

silábico, ca 厖 音節の ; 音節主音の

silba [sílba] 囡《やじの》口笛

silbante [silβánte] 厖 ビービー(ヒューヒュー)鳴る ;《言語》＝sibilante

silbar [silβár] 圓 ❶ [メロディーの] 口笛を吹く ;《やじに, 指を使って》ビービー口笛を吹く. ❷ [風が] ヒューヒュー吹く ; [空気が] 鋭い音を立てる : Sólo se oía ~ el viento. 風のうなりしか聞こえなかった. Las balas *silbaban* cerca de él. 彼のそばを弾かうなりを上げて飛んで行った. ❸ Me *silban* los oídos. 私は耳鳴りがする

◆ 囮 ❶ [曲を] 口笛で吹く : ~ una canción de moda 流行歌を口笛で吹く. ❷ 口笛を吹いて呼ぶ : ~ a una chica 女の子に口笛を吹く.

❸ 口笛を吹いてやじる

silbatina [silbatína] 囡 《南米》=**silba**

silbato [silbáto] 男 呼び子；汽笛，号笛；~ del tren 列車の汽笛（発車ベル）. ~ de alarma 警笛

silbido [silbíðo] 男 ❶ ［口笛・ホイッスル・汽笛などの］ ピーピーいう音；［風の］ ヒューヒューいう音；［空気を切る］ ヒュッという音：A su paso levantaba ~s de admiración. 彼女が通ると賛嘆の口笛が鳴った. ~ de oídos 耳鳴り. ~ de una serpiente 蛇のシューシューいう音. ~ del viento 風のうなり. ❷ 耳鳴り

silbo [sílbo] 男 《文語》=**silbido**

silenciador [silenθjaðór] 男 ［銃の］ 消音器，サイレンサー；［エンジンの］ マフラー

silenciar [silenθjár] 他 囲 ❶ …について沈黙を守る，言及しない：La prensa *silenció* el hecho. 新聞はその事実を伏せた. ❷ 《主に中南米》…に沈黙を強いる，口止めする. ❸ ［銃に］ サイレンサーをつける；［エンジンに］ マフラーをつける

silencio [silénθjo] 男 《英 silence》 ❶ 静けさ，静寂：Había un ~ sepulcral. 死んだように静まりかえっていた. ~ de la noche 夜のしじま
❷ 沈黙，無言：Hagan ~. 静かにして下さい. romper el ~ ［長い間の］ 沈黙を破る. guardar un minuto de ~ 1分間黙禱する. ~ administrativo ［請求などに対する］ 行政側の無回答. El ~ es oro. 《諺》沈黙は金
❸ 秘密《を守ること》，言及しないこと：El ministro guardó ~ sobre eso. 大臣はそれについて語ろうとしなかった. derecho al ~ 黙秘権
❹ 音信不通，音さたのないこと：Su ~ me preocupa. 彼らから連絡（便り）がないので心配だ
❺ 《音楽》休止
en ~ 1) 静かに：La casa estaba *en* ~. 家はしんとしていた. 2) 逆らわずに，不平を言わずに：Sufrió su desgracia *en* ~. 彼は黙々と不幸を耐え忍んだ
imponer ~ ［+a+人 を］ 黙らせる，静かにさせる；口止めする；抗議させない
pasar... en ~ …について口を閉ざす；触れずにおく
reducir al ~ a+人 ［突然に］ …を黙らせる
◆ 間 静かに／しいっ！

silenciosamente [silenθjósaménte] 副 無言で，ひそかに，ひっそりと

silencioso, sa [silenθjóso, sa] 形 《英 silent, quiet》 ❶ 無言の；無口な，寡黙な：Todos escuchaban ~s sus palabras. みんな彼の発言にじっと耳を傾けていた. Es un chico muy ~. その子は大変おとなしい（口数が少ない）. ❷ 静かな，ひっそりとした；音の静かな：calle ~a 静かな通り. motor ~ 静かなエンジン
◆ 男 =**silenciador**

silente [silénte] 形 静かな，静寂の

silepsis [silépsis] 囡 《単複同形》 ❶《言語》シレプシス，意義的一致法《性数・人称の一致を意味によって行うこと：*Acudieron* multitud de gentes. 大勢の人が駆けつけた》. ❷《修辞》兼用法，双叙法《語を同時にその本義と比喩的意味

とに使うこと：poner a uno más suave que un guante …を完全に手なずける（←手袋より柔らかくする）》

silesiano, na/silesio, sia [silesjáno, na/-lésjo, sja] 形 名 《地名》シレジア Silesia の〔人〕

sílex [síle(k)s] 男 《単複同形》《鉱物》火打ち石，燧石（ɸ**）

sílfide [sílfiðe] 囡 《ゲルマン神話》［女性の］ 空気の精；《文語》すらりとした優美な女性

silfo 男 空気の精

silgar [silgár] 自 艪（ǫ）で漕ぐ

silicato [silikáto] 男 《化学》ケイ酸塩

sílice [síliθe] 囡 《化学》シリカ，二酸化ケイ素

silíceo, a 二酸化ケイ素の（を含んだ）

silícico, ca 《化学》ácido ~ ケイ酸. anhídrido ~ 無水ケイ酸

silicio [silíθjo] 男 《元素》ケイ素，シリコン

silicona [silikóna] 囡 《化学》シリコン樹脂

silicosis [silikósis] 囡 《単複同形》《医学》珪肺（ɦ**）

silicua [silíkwa] 囡 《植物》長角果

silla [síʎa] 囡 《英 chair》 ❶ 椅子（ʔ）《背付きでひじ掛けのないもの》： sentarse en una ~ 椅子に腰かける. ofrecer una ~ a+人 …に椅子をすすめる. ［ir en〕 ~ de ruedas 車椅子《に乗る》. ~ alta 小児の食事用の椅子. ~ de la reina 〔2人で手を組み合わせて人を乗せる〕手車《ロ***カット》. ~ de manos 輿（ʔ）《ロ***カット》. ~ de niño ベビーバギー. ~ eléctrica ［死刑用の］ 電気椅子. ~ gestatoria ［教皇を座したままで運ぶ］ 輿（ʔ）

❷ 鞍（ʔ）《~ de montar》：caballo de ~ 乗用馬. ~ jineta 競馬用の鞍. Quien fue a Sevilla perdió su ~. 《諺》一度失った席はもう取り戻せない
❸ ［身障者のアイススケートで］ carreras de ~s sobre hielo アイススレッジスピードレース. hockey en ~ sobre hielo アイススレッジホッケー
❹ 《カトリック》 ~ arzobispal 大司教座. ~ episcopal (obispal) 司教座
❺ 《解剖》 ~ turca トルコ鞍
❻ 《料理》 ~ de cordero 羊の鞍下肉
pegarse la ~ a+人 …は長い間座っている；尻が長い

sillar [siʎár] 男 ❶《建築》切り石：~ de clave かなめ石. ❷《乗馬》馬の背

sillería [siʎería] 囡 ❶《家具》［一室の］椅子とソファーのひとそろい；聖歌隊席. ❷ 椅子店（工場）. ❸ 切り石建築

sillín [siʎín] 男 ［自転車・オートバイの］サドル

sillón [siʎón] 男 ひじ掛け椅子：Está sentado cómodamente en su ~. 彼はゆったり腰かけて

いる. 〜 de ruedas 車椅子

silo [sílo] 男 サイロ〖穀物・飼料やセメント・砂利などの貯蔵庫；地下のミサイル格納庫・発射台〗

silogismo [siloxísmo] 男《論理》三段論法
　silogizar [-] 自 三段論法で証明する

silueta [silwéta] 女 ❶ 体の線, 輪郭：tener una 〜 esbelta ほっそりした体つきをしている. ❷ 影絵；シルエット：proyectar 〜s 影絵を映す. Se dibujó en la pared una 〜 humana. 壁に人影が映った
　siluet[e]ar [-] 他 …のシルエット(輪郭)を描く

silúrico, ca/siluriano, na [silúriko, ka/silurjáno, na] 形《地質》シルル紀〔の〕

siluro [silúro] 男《魚》ナマズ

silva [sílba] 女 雑録, 文集；即興的な小詩

silvano [silbáno] 男《ローマ神話》森の神

silvestre [silbéstre] 形 ❶〖植物が〗野生の：plantas 〜s 野生植物. flor 〜 野の花. fresa 〜 野イチゴ. ❷ 未開の, 原始的な

silvicultura [silbikultúra] 女 植林〔学〕, 林学
　silvicultor, ra 名 植林者

silvina [silbína] 女《鉱物》シルビナイト

SIM 男《西. 略語》←Servicio de Inteligencia Militar 軍情報局

sima [síma] 女〖地面の〗深い穴(亀裂), 深淵
　◆ 男《地質》シマ

simbiosis [simbjósis] 女〖単複同形〗《生物》共生
　simbionte 形 男《生物》共生の；共生者
　simbiótico, ca 形 共生の

simbólico, ca [simbóliko, ka] 形 ❶ 象徴的な. significación 〜ca 象徴的な意味. ❷ 記号の：lógica 〜ca 記号論理学. ❸ 実質を伴わない：abrazo 〜 形ばかりの抱擁. cantidad 〜ca 形だけのわずかな額

simbolismo [simbolísmo] 男 ❶ 象徴性, 象徴的な意味. ❷ 象徴(記号)表示, 象徴体系：〜 matemático 数学記号体系. ❸《芸術》象徴主義, サンボリスム
　simbolista 形 名 象徴主義の；象徴派〔の〕

simbolizar [simboliθár] 他 象徴で表わす；象徴する：La paloma simboliza la paz. ハトは平和を象徴する

símbolo [símbolo] 男 ❶ 象徴, シンボル：La azucena es el 〜 de la pureza. 白ユリは純潔の象徴である. ❷《化学・数学》記号：〜 químico 化学記号. ❸《キリスト教》〜 de los Apóstoles/〜 de la fe 使徒信経
　simbología 女 象徴学；象徴体系 〖略名〗象徴

simetría [simetría] 女 ❶ 対称, シンメトリー：〜 bilateral 左右対称. 〜 radial《生物》放射相称. ❷《数学》対称：eje de 〜 対称軸
　simétrico, ca 形 左右対称の；対称の

simiente [simjénte] 女《文語》種, 種子〖semilla〗

simiesco, ca [simjésko, ka] 形 猿の〔ような〕

símil [símil] 男 ❶ 比較；類似：hacer un 〜 entre dos países 2つの国を比較する. ❷《修

辞》直喩

similar [similár] 形〖事物が, +a に〗類似した：Tenemos problemas 〜es a éste. 我々はこれと似た問題を抱えている. 〜 figura 〜《数学》相似形
　similitud 女 類似性；《数学》相似

similor [simílr] 男 模造金〖錫を混ぜた青銅〗：de 〜 外見だけの, 見かけ倒しの

simio, mia [símjo, mja] 名 猿〖mono〗, 〖特に〗類人猿

SIMM [sím] 男〖複 〜s〗〖←英語. 情報〗シム

simón [simón] 形 男 貸し馬車〔の〕

simonía [simonía] 女 聖職(聖物)売買, 沽聖（こせい）
　simoníaco, ca 形 名 聖職(聖物)売買の(売買者)

simpa [símpa] 女《南米》三つ編み

simpatía [simpatía] 女 ❶ 好感, 好意；感じのよさ, 魅力；共感, 同情：Le tengo mucha 〜 a Ana. 私はアナに大変好感を抱いている. Es una persona que tiene mucha 〜. 彼はとても感じのいい人だ. Este trabajo no me inspira ninguna 〜. この仕事は全然好きになれない. mostrar (sentir) 〜 por (hacia)… …に好感(共感)を示す(おぼえる). mirar con 〜 好意的な(同情の)目で見る. ganarse la 〜 de todos みんなの共感を得る. ❷《生理》交感, 共感；〖物理〗共鳴, 共振. ❸〖+por 政策などへの〗支持, 共鳴

simpático, ca [simpátiko, ka] 形〖英 nice〗❶〖人が〗感じのよい, 好ましい, 明るい；〖+con+人 に〗愛想のよい：Es muy 〜. 彼は大変好感の持てる人だ. Es muy 〜 conmigo. 彼は私にとても親切だ. Me es 〜ca su actitud resuelta. 私は彼の決然とした態度が気に入った. Él no me ha caído 〜. 私は彼が好きになれない. ❷《音楽》共鳴する. ❸《解剖》交感神経〔系〕の
　◆ 名 感じのいい人
　◆《解剖》gran 〜 交感神経〔系〕

simpaticón, na [simpatikón, na] 形 名 非常に感じのいい(人), とっつきのいい(人)

simpatizante [simpatiθánte] 形 共鳴(同情)する；同情的な
　◆ 名 共鳴者, シンパサイザー

simpatizar [simpatiθár] 自 ❶〖+con と／互いに〗気が合う, 共感(共鳴)する：Simpaticé con Juana enseguida. 私はすぐフワナと意気投合した(仲よくなった). ❷〖+con 思想などに〗共鳴する

simpátrico, ca [simpátriko, ka] 形《植物》同所〔性〕の

simple [símple] 形〖英 simple〗❶ 単純な, 簡単な：instalación 〜 単純(簡単)な装置. trabajo (procedimiento) 〜 簡単な仕事(手順). idea 〜 単純な考え. El examen ha sido muy 〜. 試験はとてもやさしかった. ❷〖+名詞〗単なる, ただの：Esto es un 〜 trámite. これは単なる形式にすぎない. Soy un 〜 oficinista. 私は一介の会社員だ. con una

S

~ palabra たった一言で. por ~ descuido まったくの不注意で

❸ 素朴な, 飾り気のない: habitación ~ 飾り気のない部屋. comida ~ 質素な食事

❹ 愚直な, お人好しの, ばかな: Es tan ~ que se cree todo lo que le dicen. 彼はとても単純で人の言うことを何でも信じてしまう

❺ 単一の: i) maquinilla de ~ hoja 一枚刃のかみそり. ojo ~《動物》単眼. ii)《化学》単一元素からなる: sustancia ~ 単体. iii)《文法》[複合語に対して] 単純語の;[複合時制に対して] 単純時制の;単文の

◆ 男 ❶ 単純[素朴]さ, お人好し, ばか

◆ 男 ❶《スポーツ》シングルス《↔doble》: jugar un ~ シングルスの試合をする. ❷ 薬草, 生薬

simplemente [símpleménte] 副 単純に;ただ単に: pura y ~ 掛け値なしに, まったく. Eso se arregla ~ dándole dinero. それは彼に金をやれば済むことだ

simpleza [simpléθa] 女 単純さ, 愚直さ;つまらないこと(もの): No digas más ~s. ばかな(つまらない)ことばかり言うな. Le regalaré cualquier ~. 何かちょっとした物を彼に贈ろう

simplicidad [simpliθiðáð] 女 単純さ;素朴さ: ~ en el manejo 取扱いの簡単さ. ~ de la vida 生活の簡素さ

simplificar [simplifikár] 他 単純(簡単)にする: ~ los trámites 手続きを簡略化する. ~ una fracción《数学》約分する

simplificación 女 単純化, 簡略化

simplista [simplísta] 形 名《物事を》単純化して考える(人), 一面しか見ない(人): solución ~ 一面的な解決法

simplismo 男 単純化傾向

simplón, na [simplón, na] 形 名 愚直な(人), おめでたい(人)

simposio/simposium [simpósjo/-siun] 男 シンポジウム: celebrar un ~ de historia latinoamericana ラテンアメリカ史についてのシンポジウムを開く

simulación [simulaθjón] 女 ❶ ふりをすること, 見せかけ: ~ de una enfermedad 仮病. ❷ シミュレーション, 模擬実験

simulacro [simulákro] 男 ❶《軍事など》[実戦さながらの] 演習, 模擬戦《~ de combate》: hacer un ~ de desembarco (de salvamento) 上陸演習(救助訓練)をする. ~ de incendio 火災訓練. ❷ 見せかけ: hacer el ~ de+不定詞 …するふりをする. Ese pleito no es más que un ~. その裁判は形だけの猿芝居だ

simulador [simulaðór] 男 シミュレーター: ~ de vuelo フライトシミュレーター

simular [simulár] 他 ❶ …のふりをする: ~ tristeza 悲しんでいるふりをする. ~ una enfermedad 仮病を使う. ~ el accidente 事故を装う. 《que+直説法》Manolo simula que trabaja. マノロは働いているふりをしている. ❷《情報》シミュレートする

simúlido [simúliðo] 男《動物》双翅目

simultanear [simultaneár] 他 [2つを/+con と] 同時に行なう: ~ los dos cargos 兼職

する, 二足のわらじをはく. ~ el trabajo con el estudio 仕事と勉強を両立させる

simultáneo, a [simultáneo, a] 形 [2つが/+con と] 同時の: Las dos conferencias eran ~as. 2つの講演は同じ時間に行なわれた. La explosión fue casi ~a con el despegue. 爆発が起こったのは離陸とほとんど同時だった

◆ 女《チェス》同時対局

simultáneamente 副 同時に

simultaneidad 女 同時性

simún [simún] 男 シムーン《サハラやアラビアの砂漠で吹く乾いた熱風》

sin [sin] 前 [英 without. ↔con] [欠如] ❶ …なしに;…のない: i) Está ~ empleo. 彼は失業中だ. Redacta con facilidad, ~ apenas tachaduras. 彼はすらすらと, ほとんど訂正せずに文章を書く. Apúrate o me marcho ~ ti. 急がないと置いて行くよ. café ~ leche ミルクなしのコーヒー. los ~ trabajo 失業者たち. ii) [+抽象名詞. 副詞句] ~ duda 疑いもなく《=indudablemente》. ~ mucha gana いやいや《=desganadamente》. iii) [+不定詞+que+接続法] …せずに: Salió ~ comer. 食事せずに出かけた. Llevo un mes ~ fumar. 私はこの1か月たばこを吸っていない. Se despertó ~ que le llamara nadie. 彼は誰にも起こされないのに目をさました. Llamó a la puerta ~ que le respondiesen. 彼はドアをノックしたが, 返事がなかった

❷ …のほかに, …を勘定に入れないで: Me costó tres mil pesetas ~ los portes. それは送料を別にして3千ペセタかかった. Llevo tanto en dinero, ~ las alhajas. 私は現金でそれだけ持っていて, それとは別に宝石がある

no ~ 1) かなりの: Lo hemos convencido no ~ dificultad. 彼を説得するのはかなり難しかった. No lo decía ~ misterio. 彼は内緒めかしてそう言った. 2) [+不定詞] 必ず…する: No pasa un día ~ aprender una cosa. 一日に必ず1つは学ぶものだ

no ~ antes+不定詞 [主動詞より] 以前に…する: Se fue, no ~ antes confesar su delito. 彼は立ち去ったが, その前に罪を自白した

~ qué ni para (por) qué 何の理由もなく

sin-《接頭辞》[無·混合] sinsabor 味気なさ, síntesis 総合

sinagoga [sinagóga] 女 シナゴーグ《ユダヤ教会堂》;[医集] [そこに集まった] ユダヤ教会衆

sinalefa [sinaléfa] 女 母音の融合(統合)《語末の母音と語頭の母音を縮約して, 1つの母音または二重母音のように発音する: 例 la alfombra [lalfómbra], su abuela [swaβwéla]》

sinalgia [sinálxja] 女《医学》交感疼痛, 遠隔痛

sinaloense [sinaloénse] 形 名《地名》[メキシコの] シナロア Sinaloa 州の(人)

sinántropo [sinántropo] 男《人類》北京原人, シナントロプス

sinapismo [sinapísmo] 男 ❶《医学》からし泥(療法). ❷《口語》いらいら(うんざり)させる人(事柄)

sinapsis [sinápsis] 囡 〖単複同形〗《解剖》シナプス

sinarquía [sinarkía] 囡 共同支配
　sinarca 图 共同支配者

sinartrosis [sinartrósis] 囡 〖単複同形〗《解剖》不動結合, 関節癒合症

sinceramente [sinθéramente] 圖 心から, 率直に: S～ (suyo),《手紙》敬具

sincerar [sinθerár] ～**se** 弁明する; [+con+人に] 心を開く: ～se ante el juez 裁判官の前で〔有罪を認めて〕弁明する. ～se con sus amigos 友人たちに胸襟を開く

sinceridad [sinθeriðáð] 囡 ❶ 誠実さ; 率直さ: Se lo digo con toda ～. 心からそう言っているのです. Carece de ～. 彼は誠意に欠けている

sincero, ra [sinθéro, ra] 厖 〖英 sincere〗 誠実な; 心からの, 率直な: persona ～ra 誠実な人. amistad ～ra 心からの友情
　para ser ～ 正直に言って

sinclinal [siŋklinál] 厖 《地質》向斜〔谷〕の〔↔anticlinal〕; 向斜谷

síncopa [síŋkopa] 囡 ❶ 《言語》語中音消失 〖例 Navidad←Natividad, hidalgo←hijo-dalgo〗. ❷ 《音楽》シンコペーション

sincopado, da 厖 過分 シンコペーションを用いた; ビートのきいた
　sincopar 他 語中音を消失させる;《音楽》シンコペートする

síncope [síŋkope] 男 ❶ 《医学》失神: dar a+人 un ～ …を失神させる. ～ cardíaco 心搏停止. ❷ 語中音消失 [síncopa]

sincretismo [siŋkretísmo] 男 ❶ 諸説(諸教)混合: ～ cultural 異文化の融合. ❷ 《言語》[語形・機能の] 融合
　sincrético, ca 厖 混合の; 融合の

sincronía [siŋkronía] 囡 同時性;《言語》共時態

sincrónico, ca 厖 1) 同時に起こる; 同周期の, 同速の. 2) 《言語》共時態の: lingüística ～ca 共時言語学

sincronismo 男 同時性; 同期, 同調

sincronizar [siŋkroniθár] 〔了〕他 ❶ [+con と] 同時に起こす(操作する); 同期化(同調)させる. ❷ [音声と映像を] シンクロナイズする, 同時録音する. ❸ 《スポーツ》natación *sincronizada* シンクロナイズドスイミング
　sincronización 囡 同期化, 同調

sincrotrón [siŋkrotrón] 男 《物理》シンクロトロン

sinéresis [sinéresis] 囡 〖単複同形〗 良識, 判断力

sindicación [sindikaθjón] 囡 ❶ 〖主に西〗 [労働者の] 組合加入. ❷ シンジケートの組織化

sindical [sindikál] 厖 労働組合の; シンジケートの: movimiento ～ 労働組合運動. organización ～ 組合組織

sindicalismo [sindikalísmo] 男 労働組合運動(活動); 労働組合主義, サンディカリズム
　sindicalista 厖 图 労働組合〔主義〕の, 組合の; 組合活動家

sindicar [sindikár] 〔了〕他 ❶ [労働者を] 組合に加入させる; 組合を組織する. ❷ 《南米》告発(告訴)する
　◆ ～se 労働組合に加盟する; シンジケートを組織する

sindicato [sindikáto] 男 ❶ 労働組合 〖～ laboral・obrero・de trabajadores〗: ～ horizontal (vertical) 職業(産業)別労働組合. ❷ シンジケート: ～ bancario [協同融資の] 銀行シンジケート. ～ de acreedores 債権者団体. ～ del crimen 犯罪シンジケート

sindicatura [sindikatúra] 囡 破産管財人の職 〖～ de quiebras〗

síndico [síndiko] 图 [住民の] 利益代表者, 共益委員; 破産管財人

síndrome [síndrome] 男 《医学》症候群: ～ de abstinencia 離脱(禁断)症候群. ～ de Down ダウン症候群. ～ de Estocolmo ストックホルム症候群 〖誘拐された人が誘拐犯に共感を抱く心理作用〗. ～ de fatiga crónica 慢性疲労症候群. ～ de inmunodeficiencia adquirida 後天性免疫不全症候群, エイズ. ～ premenstrual 月経前緊張

sinécdoque [sinékdoke] 囡 《修辞》提喩法 〖例 pantalones で hombres を表わす〗

sinecología [sinekoloxía] 囡 群(集)生態学

sinecura [sinekúra] 囡 楽で収入のよい仕事

sine die [sine ðie] 〔←ラテン語〕 無期限に: aplazarse ～ 無期延期になる

sine qua non [sine kwa nón] 〔←ラテン語〕 絶対不可欠の: condición ～ 必要不可欠の条件, 必須条件

sinéresis [sinéresis] 囡 〖単複同形〗 母音の縮約, 合音 〖別の音節に属する2母音を結合させ, 1音節のように発音する 〖例 pa-se-o>pa-seo, a-ho-ra>aho-ra〗

sinergia [sinérxja] 囡 相乗効果;《生理・薬学》[2つ以上の器官・薬の] 共力(協同)作用, 相乗作用
　sinergismo 男 相乗作用

sinestesia [sinestésja] 囡 ❶ 《生理》共感;《心理》共感覚. ❷ 《修辞》共感覚的の表現 〖例 voces blancas〗

sinfín [sinfín] 男 〖単 のみ〗 無数: un ～ de problemas 数知れない問題

sínfisis [sínfisis] 囡 〖単複同形〗《解剖》[線維軟骨]結合, 半関節

sinfonía [sinfonía] 囡 ❶ 《音楽》シンフォニー, 交響曲: la quinta ～『交響曲第五番』. ～ de las ranas カエルの合唱. ❷ [色彩などの] 調和: La puesta del sol era una ～ de colores. 日没はすばらしい色のハーモニーだった

sinfónico, ca [sinfóniko, ka] 厖 シンフォニーの, 交響曲の: orquesta ～ca 交響楽団. poema ～ 交響詩

sinfonista [sinfonísta] 图 シンフォニーの作曲家; 交響楽団員

singladura [siŋgladúra] 囡 ❶ 《船舶》[一日の] 航行距離, 航海日; 針路. ❷ 方針; 道のり
　singlar 自 [船が一定の針路で] 航行する

single [síŋgl] 厖 男 〔←英語〕《音楽》シング

S

ル盤〔の〕. ❷《スポーツ》シングルス〔の〕. ❸《鉄道》シングルの〖1等寝台の2人部屋を1人で使用すること〗. ❹《中南米》[部屋が] シングルの

singular [siŋgulár] 厖 [英 singular, single] ❶ [名詞+] ただ一つの；i) un ejemplar ～ 唯一の例，単独例. combate ～ 一対一の決闘，一騎打ち. ii)《文法》単数の〖↔plural〗: sustantivo ～ 単数名詞. tercera persona ～ 三人称単数. ❷ 特異な，独特な；奇抜な，風変わりな: carácter ～ ユニークな(変わった)性格. hombre ～ 風変わりな男. ～ coincidencia 奇妙な一致. ❸《文語》並外れた，まれに見る: dotes ～es 際立った才能

en ～ 特に，特別に；単数形で: No me refiero a nadie *en ～*. 私は特に誰と言っているのではない

◆ 厲《文法》単数: poner el adjetivo en ～ 形容詞を単数形にする

singularidad [siŋgularidá(d)] 囡 特異性；独自性: No ve la ～ de ese caso. 彼にはその事例の特殊性がわからない

singularizar [siŋgularið́ar] 囡 他 ❶《文語》区別する，目立たせる；特に言及する. ❷《文法》〖普通は複数形の語を〗単数形にする

◆ 圎 特別扱いする

◆ *～se*《文語》際立つ，傑出する

singularmente [siŋgulárménte] 副 別個に，特別に；特に，とりわけ；非常に: Tiene una risa ～ simpática. 彼女の笑顔はとても愛らしい

sinhueso [sinwéso] 囡《戯語》[la+] 舌，ベロ

siniestrado, da [sinjestrádo, ða] 厖《文語》罹災した

siniestralidad [sinjestralidá(d)] 囡 災害率〖índice de ～〗

siniestro, tra [sinjéstro, tra] 厖 ❶ 不吉な，忌わしい: día ～ 縁起の悪い日. casualidad ～*tra* 不運な偶然. ❷ 悪意のある: idea ～*tra* 腹黒い考え. mirada ～*tra* 陰険な目つき. ❸《文語》左の〖izquierdo. ↔diestro〗: lado ～ del altar 祭壇の左側

◆ 厲《文語》事故；[海難・火事など不可抗力による，主に保険の補償対象となる] 災害，災難: ～ marítimo 難破，海難. ～ total《保険》全損

◆ 囡《文語》左手〖mano ～*tra*〗

sinnúmero [sinnúmero] 厲 [厲 のみ] 無数: un ～ de personas おびただしい数の人

sino[1] [síno] 厲 [英 not... but... 背反] ❶ [no+] …ではなくて…である: i) No lo hizo Pedro, ～ José. それをしたのはペドロではなくてホセだ. No es militar ～ abogado. 彼は軍人でなくて弁護士だ. ii) [+que+直説法] No lo sabe ～ *que* lo aparenta. 彼は知っているのではなく，そう見せかけているのだ ❷ …のほかは〖…ない〗，ただ…しか〖…ない〗: Nadie lo sabe ～ él. 彼のほかは誰もそのことを知らない. No hay preceptos generales ～ en corto número. 広く通用する教訓なんてごくわずかだ. No hace ～ pedir. 彼は人に頼ってばかりいる. No te pido ～ que me oigas. 私の言うことを聞いてくれるだけでいい

❸ [疑問詞+. 反語] ¿Dónde ～ aquí puede ocurrir eso? ここ以外のどこでそんな事が起こりうるだろうか? ¿Quién puede hacerlo ～ tú? 君以外の誰がなしえようか?

❹ [+por el contrario など] むしろ，それどころか: No quiero que vuelva, ～ al contrario, que se vaya más lejos. 彼に戻ってもらいたいどころか，もっと遠くへ行ってしまって欲しい. No me desengaño, ～ que, antes bien me animo. 私は失望するどころか元気が出る

sino[2] [síno] 厲《文語》[占星術などに基づく] 運命，宿命: Su ～ era morir joven. 彼は若くして世を去る運命にあったのだ

sinocismo [sinoθ́ismo] 厲《古代ギリシア》都市合併

sínodo [sínoðo] 厲 ❶《宗教》会議: ～ diocesano 教区司祭会議. ～ episcopal 司教会議. ～ israelita イスラエル宗教会議. ❷《天文》[惑星の] 合

sinología [sinolox́ia] 囡 中国研究, 中国学

sinólogo, ga [名] 中国研究家

sinónimo, ma [sinónimo, ma] 厖 類義の, 同義の: palabras ～*mas* 類義語

◆ 厲 類義語: Grueso y obeso son ～s.「太った」と「肥満症の」は類義語である

sinonimia 囡 類義性, 同義性；類似語の畳用

sinopsis [sinópsis] 囡《単複同形》[問題などの, 整理された] 概要, 摘要；一覧表, 概要図: hacer una ～ de lo tratado en la reunión 会議の討論を要約する

sinóptico, ca 厖 概観的な, 要約する: cuadro ～ 一覧表

sinovia [sinóβja] 囡《生理》滑液

sinovial 滑液の: derrame ～ ＝**sinovitis**. membrana ～《解剖》滑液膜

sinovitis 囡《単複同形》《医学》滑膜炎: ～ del codo テニス肘

sinrazón [sinraθ́on] 囡 [権力の乱用による] 不正, 不当な行為: El director cometió toda clase de *sinrazones*. 部長はあらゆる不正を働いた

sinsabores [sinsaβóres] 厲 圎 不快, 悩み: proporcionar a+人 …を不快にさせる

sinsentido [sinsentíðo] 厲 理屈に合わないこと, ばかげたこと

sinsonte [sinsónte] 厲《鳥》マネシツグミ

sinsustancia [sinsustánθja] 名《口語》中身のない人, 軽薄な人

sintáctico, ca [sintáktiko, ka] 厖《言語》統語論の；統語上の

sintagma [sintáɡma] 厲《言語》連辞；句: ～ nominal (adjetival) 名詞(形容詞)句

sintagmático, ca 厖 連辞的な

sintasol [sintasól] 厲《←商標》ビニタイル

sintaxis [sintá(k)sis] 囡《単複同形》《言語》シンタクス, 統語論

síntesis [síntesis] 囡《単複同形》❶ 総合；総論, 概括；集大成: el análisis y la ～ 分析と総合. hacer una ～ del problema 問題を要約する. ❷《化学・生物》合成. ❸《哲学》総合,

S

ジンテーゼ. ❹《医学》接骨, 復位
en ~ 一言で言えば, 要するに

sintético, ca [sintétiko, ka] 形 ❶ 総合す
る, 総合的な: explicación **~ca** 概括的な説
明. lengua **~ca**《言語》総合的言語. ❷ 合成
の: goma **~ca** 合成ゴム. piel **~ca** 人工皮革

sintetizador [sintetiθaðór] 男 シンセサイザ
ー: **~ de voz**《情報》音声合成装置

sintetizar [sintetiθár] 自 他 ❶ 総合する; 集
大成する: **~ los informes** 情報を総合する. ❷
要約する, 概括する: **~ su pensamiento en
unas líneas** 考えを数行にまとめる. ❸《化学》合
成する

sintie- ☞**sentir** 33

sintoísmo/sinto [sintoísmo/sínto] 男《←
日本語》神道

sintoísta 形 图 神道の〔信者〕, 神道家

síntoma [síntoma] 男 ❶《医学》症状, 症候:
Su dolencia presenta **~s de cáncer**. 彼の苦
しみようは癌の徴候を示している. ❷ — subjetivo
(objetivos) 自覚(他覚)症状. ❷ 前兆, 兆候:
Hay **~s de una revolución en este país**. こ
の国には革命の兆しがある. Es un mal **~ que
huya de hablar con nosotros**. 彼が私たちとの
話し合いを避けているのは悪い兆候だ

sintomático, ca [sintomátiko, ka] 形 ❶ 1)
[病気の] 徴候を示す, 症候的な: terapéutica **~ca** 対症療法.
2) 前兆となる, 暗示的な

sintomatología 図 症候学; [ある病気の]
症候的所見

sintonía [sintonía] 図 ❶《物理・電気》同調.
❷《放送》[番組の] テーマ音楽. ❸ [主に人と人
との] 調和な: Está en perfecta **~ con su
novio**. 彼女は恋人とぴたりと波長が合っている

sintonizar [sintoniθár] 自 他 同調させる:
Sintonicé el receptor para escuchar el
curso de español. 私はスペイン語講座を聞くた
めにラジオの周波数を合わせた. **~ radio nacio-
nal** 国営放送に周波数を合わせる
◆ 自 ❶ [+con と/+en で] 調和する: **~ con
un ambiente nuevo** 新しい環境になれる. ❷
[+con と] 同調させる, 周波数を合わせる

sintonización 図 同調(調和)させること

sintonizador 男 同調器, チューナー

sinuoso, sa [sinwóso, sa] 形《文語》❶ 曲が
りくねった, 蛇行した: camino (río) **~** うねうね
した道(川). ❷ [真意を隠して] 回りくどい, 陰
険な

sinuosidad 図 曲折; 回りくどさ: **~ de la
costa del mar** 海岸線の曲がりくねり

sinusitis [sinusítis] 図《単複同形》《医学》副
鼻腔炎, 静脈洞炎, 蓄膿症

sinusoide [sinusóiðe] 図《数学》正弦曲線,
サインカーブ, シヌソイド

sinvergüenza [simbɛrɣwénθa] 形 图 ❶
恥知らずな〔人〕, 厚かましい〔人〕; よた者〔の〕:
Él es un **~**. 彼は厚かましいやつだ. ❷《戯語》いたず
ら(わんぱく)な〔子供〕

sinvergonzón, na 形 图 ひどく恥知らずな
〔人〕; ひどくわんぱくな〔子供〕

sinvergüencería 図 恥知らず

sinvivir [simbibír] 男《口語》[不安・緊張で]
生きた心地がしない状態; [恋愛などでの] 夢見
心地

Sión [sjón] 男 [エルサレムの] シオンの山; そこの
天堂; エルサレム; ユダヤ民族; 天国

-sión《接尾辞》[動詞+. 名詞化. 動作・結果]
compren*sión* 理解

sionismo [sjonísmo] 男 シオニズム
sionista 形 图 シオニズムの; シオニスト

sioux [sjú] 形 图《単複同形》= **siux**

sipia [sípja] 図 = **jibia**

sique [síke] 図 = **psique**

siquiatría [sikjatría] 図 = **psiquiatría**
siquiatra 图 = **psiquiatra**

síquico, ca [síkiko, ka] 形 = **psíquico**

siquiera[1] [sikjera] 接《+接続法》たとえ…でも
〘aunque〙: i) No dejes de llamarme, **~**
sean las doce. 12時になっても構わないから電話
ください. ii)《まれ》[繰返して] たとえ…にせよ
…にせよ

siquiera[2] [sikjéra] 副 ❶ 少なくとも 〘por lo
menos〙: Lávate **~** la cara. せめて顔ぐらい洗
え. ¡Si pudiera comer **~** hasta hartarme!
せめて腹一杯食べられたらなあ! ❷ [否定の強調]
…さえ(…ない): No dijo una palabra **~**. 彼は
ひとことも言わなかった. Se marchó sin volver-
se **~**. 彼は振り返りもせずに行ってしまった. ❸
[疑問文で反語] ¿Se le ha ocurrido **~** que
yo podía sentirme herida? 私の心が傷ついた
かもしれないなんて考えてみたでしょう?
ni ~ 1)〘英 not even〙…さえも…ない 〘❷ よ
りさらに強調〙: Ayer no pude salir **ni ~** un
momento. 私は昨日はちょっとの間も外出でき
なかった. No tengo tiempo **ni ~** para
comer. 私は食事をする暇さえもない. Ya no
viene nadie, **ni ~** mis íntimos amigos. も
う誰も, 私の親友さえも来ない. **Ni ~** me daba
cuenta de ello. 私はそんなことを意識すらしなか
った. No me dejan **ni ~** que hable. 私は話
すことも許されない. 2)《まれ》少しも…ない
ni tan ~ = **ni ~**
tan ~ 少なくとも: Dame **tan ~** las gracias.
せめてお礼ぐらい言いなさい

sirena [siréna] 図 ❶《神話》セイレン; 人魚.
❷ 警笛, サイレン: hacer sonar la **~** サイレンを
鳴らす. **~ de ambulancia** 救急車のサイレン.
~ de niebla/~ antiniebla 霧笛
canto de **~** [危険な] 誘惑の言葉

sirenios [sirénjos] 男 圈《動物》海牛(かいぎゅう)類

sirex [sirɛ́(k)s] 男《昆虫》キバチ

sirga [sírɣa] 図《網・船を引く》綱: camino
de **~** 引き船道路
sirgar 8 他《船を》綱で引く

siriaco, ca/siríaco, ca [sirjáko, ka/-
ría-] 形 图 = **sirio**

sirimiri [sirimíri] 男 霧雨, こぬか雨

siringa [sirínɣa] 図《文語》パンフルート 〘flau-
ta de Pan〙;《南米》ゴムの木の一種

siringe [sirínxe] 図《動物》[鳥の] 鳴管

sirio, ria [sírjo, rja] 形 图《国名》シリア Siria
図〔人〕の; シリア人

◆ 男 [S～] 《天文》シリウス

sirla [sírla] 女 《西. 口語》ナイフ，ナイフ 〖navaja〗；[ナイフを使っての] 強盗 《行為》

sirlero, ra [sirléro, ra] 名 強盗 《人》

siroco [siróko] 男 シロッコ 《サハラ砂漠から地中海に吹く熱く乾燥した風》

sirope [sirópe] 男 《←仏語. 料理》シロップ：～ de arce メープルシロップ

sirtaki [sirtáki] 男 [ギリシアの民族舞踊] シルターキ

sirte [sírte] 女 [海底の] 砂州

sirv-, sirvie- ☞servir 35

sirviente, ta [sirbjénte, ta] 名 家事使用人，召使，女中

sisa [sísa] 女 ❶ 《西》ちょろまかすこと． ❷ 《裁縫》切り込み，[特に] 袖ぐり

sisal [sisál] 男 《繊維》サイザル麻

sisar [sisár] 他 ❶ 《西》ちょろまかす：～ dinero de la compra a+人 …から買物の金をちょろまかす． ❷ 《裁縫》切り込みを入れる；袖ぐりを大きくする

sisear [siseár] 自 他 [不満を表明したり黙るように求めて] ちっちっ(しーっ)と言う

siseo 男 ちっちっ(しーっ)と言うこと

sisebuta [sisebúta] 形 名 《南米》口やかましい 《女》

sísmico, ca [sísmiko, ka] 形 地震の：observación ～ca 地震観測．zona ～ca 地震帯

sismicidad 女 地震活動の活発さ

sismo [sísmo] 男 =**seísmo**

sismógrafo/sismómetro 男 地震計

sismología 女 地震学

sisón, na [sisón, na] 形 名 ひどくちょろまかす 《人》． ◆ 男 《鳥》ヒメノガン

sistema [sistéma] 男 《英 system》 ❶ 体系，統一的理論：～ filosófico de Ortega オルテガの哲学体系．～ de Copérnico コペルニクスの体系

❷ 組織，制度；体制：～ económico capitalista 資本主義的経済制度．～ educativo español スペインの教育制度．～ feudal 封建制度．～ socialista 社会主義体制

❸ 方式，方法：Tiene un buen ～ para estudiar. 彼はうまい勉強のやり方を知っている． emplear un ～ nuevo de distribución 新しい供給方式を採用する．～ de señales 信号システム

❹ 系，系統：i) S～ Central [イベリア半島の] セントラル山地．～ cristalino (cristalográfico) 結晶系．～ de canales de riego 灌漑用水路系系．～ montañoso (de montañas) 山系，連峰．～ nervioso (central) 〔中枢〕神経系．～ respiratorio 呼吸器系．～ solar 太陽系． ii) 単位系，計量法：～ cegesimal(～ c.g.s. CGS単位．～ decimal 10進法．S～ Internacional 国際単位系．～ métrico [decimal] メートル法

❺ 装置，機構：～ de altavoces 拡声装置．～ óptico 光学装置，組合せレンズ．～ solar ソーラーシステム

❻ 《情報》システム：～ experto エキスパートシステム．～ operativo オペレーティングシステム，OS．apagar (un) ～ システムを終了する

por ～ [不当にも] いつも決まって：Me contradice *por* ～. 彼はいつも私に反論する

sistemático, ca [sistemátiko, ka] 形 ❶ 体系的な，組織的な；計画的な：estudio ～ 体系立った研究． ❷ [人が] 型にはまった，一徹な：Es muy ～ en sus comidas. 彼は食事の習慣を変えようとしない．

◆ 女 分類(系統)学；分類法

sistemáticamente 副 体系的に；一貫して

sistematizar [sistematiθár] 他 体系化する：～ los procedimientos 方法を組織的にする

sistematización 女 体系化，組織化

sistémico, ca [sistémiko, ka] 形 体系全体の；《生理》全身の

sístole [sístole] 女 《生理》[心] 収縮 〖↔diástole〗；《詩法》音節短縮

sistólico, ca 形 presión ～ca 最大血圧

sistro [sístro] 男 《楽器》システラム 〖ラカット〗

sitar [sitár] 男 《楽器》シタール

sitial [sitjál] 男 儀式用の椅子

sitiar [sitjár] 他 ❶ [城などを] 包囲する，攻囲する 〖☞asediar 参考〗：La ciudad estaba *sitiada* por el enemigo. 町は敵に包囲されていた． ❷ [人を] 追い詰める；窮地に追い込む

sitiador, ra 形 名 攻囲する；攻囲者；複 攻囲軍，寄せ手

sitio [sítjo] 男 《英 place, site》 ❶ 場所，ところ 〖☞lugar 類義〗：i) Idos a vuestros ～s. 自分の席へ行け．No he cogido un buen ～ para ver la película. 私は映画を見るのにいい席がとれなかった．Acapulco es un ～ precioso. アカプルコは美しい所だ．ii) [全体の中の一部] Hay una mancha en un ～ muy visible. とても目立つ所に汚れがある．No sé en qué ～ de México está. それがメキシコのどこにあるのか私は知らない．iii) 広さ，スペース：Habrá ～ de sobra. 場所は十分あるだろう．Hay ～ para más. まだ余裕がある．No hay ～ a eso. そんな場所はない．Esta mesa ocupa mucho ～. このテーブルはひどく場所をとる．iv) 《諺》Cada cosa en su ～ y un ～ para cada cosa. 適材適所

❷ 位置，地位：～ de una persona en la sociedad 社会におけるある人の位置．～ de la lingüística entre las ciencias 学問の中で言語学の占める位置

❸ Real S～/S～ Real 王家の休養地，離宮

❹ 《軍事》包囲 〔戦〕：levantar el ～ 包囲を解く．poner a ～ a la ciudad 町を包囲する．estado de ～ 戒厳状態

cambiar de ～ 場所を変える，動く；[+con と] 場所を入れかわる

dejar a+人 *en el* ～ 《口語》…を即死させる

dejar (*ceder*) *el* ～ 席(場所)を譲る；明け

渡す
en algún ～ どこかに
en cualquier ～ どこにでも
en todos los ～s どこにでも, 至る所に
hacer ～ [＋a＋人 のために] 場所をあける:
Nos apretamos para *hacer*te un ～. 君が座
れる(入れる)ように詰めます. Trataremos de
*hacer*le un ～ en el equipo. 彼がチームに入れ
るようにしよう
ir de un ～ a (en·para) otro 動き回る
poner a＋人 en su ～ 《口語》…に身の程を思
い知らせる, 立場をわからせる
quedarse en el (su) ～ 《口語》即死する
tener la cabeza en su ～ 分別がある, 足が
地に着いている

sito, ta [síto, ta] 形《文語》＝**situado**: casa
sita en el número doce de la calle… …通り
12番地に所在の家屋

situación [sitwaθjón] 女『英 situa-
tion』❶ 立場, 境遇;［人・
物の］状況, 状態: Está en una ～ difícil. 彼
は難しい立場にある. No estoy en ～ de hacer
un viaje. 私は旅行ができるような状況にない. ～
anímica (de ánimo) 精神状態. ～ ruinosa
de un edificio 建物の荒廃した状態
❷［国家・社会などの］情勢, 状況: juicio de la
～ 状況判断. ～ política 政治情勢, 政情. ～
internacional 国際情勢
❸［社会的な］地位, 職: conseguir (tener)
una ～ 安定した地位につく(ついている). crearse
una ～ 経済的に自立する. en ～ activa (pa-
siva)［公務員で］在職(休職)中の
❹［家・町などの］位置, 場所: Hemos com-
prado una casa con una excelente ～. 私た
ちは大変いい場所にある家を買った

situado, da [sitwáðo, da] 形 過分［estar＋］
❶ 位置した: ciudad ～*da* a orillas del mar
海沿いの都市. ❷ 立派な地位(職)についた［↔
marginado］: estar bien ～ よい職についている

situar [sitwár] 他 ⑭ ⑩ ❶［＋en＋場所］
位置づける: ～ unos vigilantes 見張りを置く.
～ a＋人 *en* una posición embarazosa …をや
っかいな立場に置く. *Sitúan* el pueblo de Ma-
condo *en* el Estado de Santa María, Co-
lombia. マコンドの町はコロンビアのサンタ・マリア
州にあると考えられている. ❷［資金を］…に割り
当てる, 充当する; 預金する: ～ parte de su
salario para los estudios de su hijo 給料の
一部を子供の学資に充てる. ～ su dinero *en*
un banco suizo スイスの銀行に金を預ける
◆ ～se ❶ 位置する: Por favor, en la es-
calera mecánica, *sitúense* a la derecha
para permitir el paso. エスカレーターではお急ぎ
の方のために右側にお寄り下さい. ～*se en* el
primer lugar 1位になる. ❷ 立派な地位(職)
につく, 出世する: Se ha *situado* muy bien. 彼
は大変出世した. ❸《文語》［数値が］…である:
La tasa de crecimiento *se sitúa* en un 10%.
成長率は約10%だ

siútico, ca [sjútiko, ka] 形《南米》気どった

siux [sjú] 形 名《単複同形》スー族［の］『北米イ
ンディアン』

siva [síßa] 《ヒンズー教》シバ神

ska [éska] 男《← 英語. 音楽》スカ

skay [éskái] 男《← 英語. 商標》模造皮革

sketch [éskét∫] 男《← 英語》寸劇

ski [éski] 男《← 英語》＝**esquí**

S.L. 女《西. 略語》←Sociedad Limitada 有限
会社

slalom [eslálon] 男 ［複 ～s］《スキー》回転
［～ especial］: ～ gigante 大回転. ～ super-
gigante スーパー大回転

slip [eslíp] 男 ［複 ～s］《← 英語. 服飾》ブリー
フ; 水泳パンツ

slogan [eslóɣan] 男《← 英語》＝**eslogan**

S.M. 《略語》←Su Majestad 陛下; sus ma-
nos あなたの手もと, 貴援助; ～**S.R.M.**

smash [esmá∫] 男《← 英語. テニス》スマッシュ

SME 男《略語》←Sistema Monetario Eu-
ropeo 欧州通貨制度

smithsonita [esmiθsoníta] 女《鉱物》菱
亜鉛鉱

smog [esmóɣ] 男《← 英語. 気象》スモッグ

smoking [esmókiŋ] 男 ［複 ～s］《← 英
語》＝**esmoquin**

s/n 《略語》←sin número 無番地

snack [esnák] 男《← 英語. 食》軽食, スナック
～ *bar* スナック, 軽食堂

snif [esníf] 間［泣きべそ］クスン

snob [esnɔ́b] 形 名《← 英語》＝**esnob**

snowboard [esnɔ́βɔrd] 男《← 英語. スポ
ーツ》スノーボード

so¹ [so] 間《古語》…の下で『bajo, debajo de』

so² [só] 間《馬を制して》どうどう!
dar mismo ～ que arre 両者に大した違いは
ない
◆ 名《軽蔑》［＋形容詞. 強調］¡So bruto! 何て
乱暴なやつだ!

SO 《略語》←suroeste 南西

so- 《接頭辞》［下］*so*terrar 埋める

S.O. 《略語》←su oficina 貴事務所

s/o 《略語》←su orden 貴注文, 貴指図

soasar [soasár] 他《料理》［強火で］さっと焼
く, 軽く焼く

soba [sóßa] 女《口語》連打, 強打: propinar
a＋人 una ～ …をポカポカ殴る

sobaco [soßáko] 男 脇の下, 腋窩(ﾔ): lle-
var la pistolera en el ～ 脇の下にホルスターを
つけている

sobadera [soßaðéra] 女《南米》いやなこと, 不
快

sobado, da [soßáðo, da] 形 過分 ❶［服が］
ぼろぼろの. ❷ 言い古された, 月並みな: excusa
～*da* 使い古された言い訳
◆ 男《西. 料理》［ラード・オリーブ油をたっぷり使
った］ロールパン

sobajar [soßaxár] 他 ❶ もみくちゃにする. ❷
《中南米》面目を失わせる, 屈辱を与える

sobao [soßáo] 男《西. 料理》＝**sobado**

sobaquera [soßakéra] 女 ❶《服飾》［腋の下
につける］汗よけ, ドレスシールド; 袖ぐり, アームホ
ール. ❷《口語》＝**sobaquina**. ❸《俗語》ショ

ルダーホルスター

sobaquillo [sobakíʎo] 男 *de* 1)《闘牛》[正面からでなく，牛を通過させてからのバンデリーリャの打ち込み方）牛の頭部の斜め後方から．2) [石の投げ方] バックハンドで

sobaquina [sobakína] 女 腋 (?) の下の汗；腋臭 (?) ；『Huele a ～』：腋臭がにおう

sobar [sobár] 他 ❶ もみくちゃ（しわくちゃ）にする：～ el vestido ドレスをもみくちゃにする．❷《軽蔑》[人を] なで回す，しつこく触る．❸ [パン生地を] こねる；[皮を] 打ちなめす．❹ [罰として] 殴る．❺ しつこく邪魔する，うるさくする．❻《南米》へつらう．❼《中南米》マッサージする；[折れた骨を] つぐ

◆ 自《西，口語》眠る

soberanía [soberanía] 女 ❶ 主権，統治権：ejercer su ～ sobre... …に対して主権を行使する．poner en peligro la ～ del país 国家の主権をおびやかす．violar la ～ 主権を侵犯する．～ nacional 主権在民．plaza de ～ 属領，植民地．❷ 最高である（この上ない）こと

soberano, na [soberáno, na] 形 ❶ 至上権を有する；主権を持つ：estado (país) ～ 主権国家．❷ 至高の，最高の：belleza ～na この上ない美しさ．poder ～ 至上権．❸ 極度の：Le dieron una ～na paliza. 彼はひどく殴られた

◆ 名 君主，国王，女王

◆ 男 [昔のイギリスの] ソブリン金貨

soberanamente 副 極度に，最高に

soberbia[1] [sobérbja] 女 ❶ [悪い意味で] 尊大，傲慢．❷ 立派さ，壮大さ．❸ [反対された時などの] 激怒

soberbio, bia[2] [sobérbjo, bja] 形 ❶ 尊大な，傲慢な『↔humilde』：Es ～ para (con) (hacia) los inferiores. 彼は目下の者に対して尊大だ．❷ 立派な，すばらしい：～ palacio 壮麗な宮殿．❸ 極度の：～bia paliza ひどい殴打．❹ 大きな，巨大な

soberbiamente 副 尊大に；壮麗に

sobetear [sobeteár] 他 [物に] しつこく触る，いじくり回す

sobo [sóbo] 男 もみくちゃにすること

sobón, na [sobón, na] 形 名《軽蔑》なで回す〔人〕，痴漢

de un ～《南米》一度で，いっぺんに

sobornar [soβornár] 他 買収する，贈賄する，わいろを贈る：*Sobornó* al vigilante para que le abriera la puerta. 彼は門を開けてもらうために警備員を買収した

sobornable 形 買収され得る

soborno [soβórno] 男 買収，贈[収]賄；わいろ：aceptar ～ 収賄する，わいろを受け取る．delito de ～ 贈賄(収)賄)罪

sobra [sóbra] 女 ❶ 過剰，超過：～ de producción 生産過剰．～ de una mercancía 商品の供給過剰．❷ [複] i) 余り，残り．ii) 食べ残し，残飯『～s de comida』

de ～[s] 1) 余分の；あり余るほどの，十二分な：Tengo dinero de ～. 私は余分なお金を持

っている／あり余るほど金がある．Tengo tiempo *de* ～. 私は時間を持て余している．Tengo motivos *de* ～ para negarle el saludo. 私は山ほど理由があって彼に挨拶しないのだ．Él lo sabe *de* ～. 彼はそのことは十分知っている．2) 必要のない；そぐわない：Estás de ～. お前は余計者だ/邪魔だ

sobradillo [soβraðíʎo] 男《建築》[窓・バルコニー上の] ひさし

sobrado, da [soβráðo, ða] 形 通過 ❶ あり余るほどの，余分な：i) Tenemos tiempo ～. 私たちには時間はあり余るほどある．Tienen ～s motivos de queja. 彼らが不平を言うのには十二分な理由がある．Tiene ～da razón. 彼はきわめて正しい．ii)[人が主語．estar +，+de が]十二分にある：Estamos ～s *de* amistades. 私たちは多くの友人に恵まれている．❷ 裕福な：Parece que no anda muy ～. 彼は金に困っているらしい．❸《南米》思い上がった，うぬぼれた

◆ 副 十二分に：Está ～ bien hecho para como te lo pagan. 君への謝礼金からすれば[君のこの仕事は]まったく申し分のない出来だ

◆ 男 屋根裏部屋 『desván』

sobradamente 副 十二分に，あり余るほど：Está ～ satisfecho. 彼は十二分に満足している

sobrador, ra [soβraðór, ra] 形《南米》思い上がった，うぬぼれた

sobrante [soβránte] 形 余りの；過剰な：Para los profesores hay sillas ～s. 先生用の椅子が余っている

◆ 男 残り，余分

sobrar [soβrár] 自 『英 remain, exceed』 ❶ 余る，残る：Aquí *sobra* comida para otra persona. ここに料理が1人前余っている．Diez entre tres son tres y *sobra* uno. 10割る3は3余り1．Le *sobra* dinero. 彼には金があり余るほどある．❷ 余分（余計）である：Tú *sobras* en esta fiesta. お前はこのパーティーの邪魔だ．*Sobrarán* lo detalles. 詳細は不要だろう

◆ 他《南米》見下す；[思い上がって] からかう

sobrasada [soβrasáða] 女《料理》[バレアレス諸島産の] 辛いソーセージ

sobre[1] [sóbre] 前 『英 on, upon, above；about』 ❶ …の上に：i) [接触] El libro está ～ la mesa. その本は机の上にある．La cabellera cae ～ sus espaldas. 髪が彼女の背中に垂れている．ii) [上方] volar ～ un pueblo 村の上を飛ぶ．El monte se yergue ～ las nubes. 山は雲の上にそびえている．iii) [表面] dibujar ～ el papel 紙の上に絵をかく．esculpir ～ mármol 大理石を刻む．iv) [基準] mil metros ～ el nivel del mar 海抜千メートル．El termómetro marca tres grados ～ cero. 温度計は3度を指している．v) [上位・優位] S～ él tiene un jefe. 彼には上役が1人いる．El bien común está ～ los intereses particulares. 共同の利益は個々の利益に優先する．triunfar ～ ese equipo そのチームに勝つ．vi) [付加・展開] dar 500 pesetas ～ lo estipulado 約束した額に500ペセタ上乗せして与

える．*S〜* su inteligencia tiene una gran memoria. 彼は理解力がある上に記憶力も抜群だ **❷**［近接］…に面して：La ciudad está 〜 el río. 町は川のほとりにある． Ya están 〜 Madrid. 彼らはもうマドリードの間近にいる **❸**［主題］…に関して：hablar 〜 política 政治について話す． revista 〜 modas モード雑誌 **❹**［西］［概数］約…：Vendrá 〜 las once. 彼は 11 時ごろ来るだろう． Mide 〜〔los〕150 centímetros de estatura. 彼の身長は 150 センチ位だ **❺**［攻撃］…に対して：Se abalanzó 〜 Arturo. 彼はアルトゥーロにとびかかった． La desgracia se abatió 〜 la familia. 不幸が一家を襲った． marchar 〜 una ciudad 町に向かって進軍する **❻**［時間］…の後に：〜 comida (mesa) 食後に． 〜 siesta 昼寝の後で． 〜 parto 産後に **❼**［監視］Sus padres siempre están 〜 los hijos. その両親はいつも子供たちから目を離さない **❽**［回転の中心］La rueda gira 〜 el eje. 車輪は軸を中心に回転する． Me di media vuelta 〜 el pie. 私は回れ右した **❾**［商業・経済］i）［為替振出し］…あてに；［決済］…で：Giramos la letra 〜 usted por el importe. 貴下あてにその金額で手形を振出しました． Sírvanse reembolsarse 〜 el Banco N por el importe. その金額を N 銀行で決済して下さい． ii）…を担保に：*S〜* esta joya, préstame cien mil pesetas. この宝石をかたに 10 万ペセタ貸してくれ． iii）［課税などの評価］…に対する：censo 〜 una casa 家屋に対する評価査定． iv）［基準］…に対して，…と比べて：bonificación de 10 por 100 〜 el montante 総額に対して 1 割の値引き． aumento del 5 por 100 〜 la matrícula del año pasado 昨年の登録者数と比べて 5 パーセントの増加． **❿**［分数・百分率］x 〜 y x 分の x, x/y. treinta 〜 cien 30 パーセント **⓫**［名詞＋〜＋同一名詞．繰返し・蓄積］Ha dicho tonterías 〜 tonterías. 彼はばかげたことを次々と言った **⓬**［口語］［準拠］…によって，…に従って〔según, por〕：〜 encargo 依頼によって． 〜 medida 寸法に合わせて． Le creo 〜 su palabra. 私は彼の言葉から彼を信じる

sobre² [sóbre]〔男〕**❶** 封筒：〜 aéreo/〜〔de〕vía aérea 航空便用の封筒． 〜 de paga 給料袋． 〜 de ventanilla 窓付き封筒． 〜 monedero 現金封筒． **❷** 小さな袋：〜 de sopa 袋入りの粉末スープ． 〜 de té ティーバッグ． un 〜 de azúcar 砂糖 1 袋． **❸**［俗語］ベッド〔cama〕：meterse en el 〜 寝る

sobre-［接頭辞］［上］*sobre*mesa テーブルクロス

sobreabundancia [sobreaβundánθja]〔女〕過多，過剰：〜 de alimentación 食べすぎ，栄養過多

sobreabundante〔形〕あり余るほどの

sobreabundar [sobreaβundár]〔自〕多すぎる，

あり余る；[+en を] 余るほど持っている：*Sobreabunda* las pruebas. 証拠はあり余るほどある． Este país *sobreabunda en* arroz. この国は米が余っている

sobreactuar [sobreaktwár]〔14〕〔自〕大げさに演じる，やりすぎる

sobreactuación〔女〕演技過剰；やりすぎ

sobreagudo, da [sobreaɣúðo, ða]〔形〕〔男〕〔音楽〕最高音域〔の〕

sobrealimentar [sobrealimentár]〔他〕**❶**…に過度の食物（栄養）を与える． **❷**［エンジンなどに］過給する，与圧する

sobrealimentación〔女〕過度の食物を与えること；〔医学〕高栄養療法

sobrealimentador〔男〕過給機

sobreañadir [sobreaɲaðír]〔他〕さらに付加する

sobrecalentar [sobrekalentár]〔他〕過熱させる

sobrecama [sobrekáma]〔女〕《主に中南米》ベッドカバー〔colcha〕

sobrecapacidad [sobrekapaθiðá(ð)]〔女〕〔経済〕設備過剰

sobrecarga [sobrekárɣa]〔女〕**❶**［荷の］積みすぎ，重量超過：Este camión lleva 〜. このトラックは積載超過だ． **❷**［人への］過度の負担（心配）：Mantener a mis padres es una 〜 para mí. 両親を養うことは私には重すぎる負担だ． **❸**〔電気〕過負荷；過充電． **❹**［切手の価格訂正などの］重ね刷り．**❺**〔商業〕追加料金，課徴金；追徴金：〜 de importación 輸入課徴金

sobrecargar [sobrekarɣár]〔8〕〔他〕**❶**…に荷を積みすぎる：〜 un coche 車に人を乗せすぎる． **❷**［人に，+de の］過度の負担をかける． **❸**〔電気〕負荷をかけすぎる；過充電する

sobrecargo [sobrekárɣo]〔男〕**❶**《航空》パーサー，客室乗務員〔のチーフ〕． **❷**《船舶》事務長，パーサー；上乗（₃₆）人

sobrecoger [sobrekoxér]〔3〕〔他〕怖がらせる，びっくりさせる：Esa casa tan grande y oscura la *sobrecogía*. その家はとても大きくて薄暗いので，彼女はおびえていた **◆ 〜se** 怖がる，恐怖にかられる

sobrecogedor, ra〔形〕怖い，恐ろしい

sobrecubierta [sobrekuβjérta]〔女〕［本などの］カバー；〔船舶〕上甲板

sobrecuello [sobrekwéʎo]〔男〕《服飾》〔聖職者用の〕ローマンカラー

sobredicho, cha [sobreðítʃo, tʃa]〔形〕〔名〕〔文語〕前記の〔者〕，前述の〔者〕

sobredorar [sobreðorár]〔他〕…に金めっきする

sobredosis [sobreðósis]〔女〕〔単複同形〕〔医学〕薬の飲みすぎ，服用過多；幻覚剤の乱用

sobreentender [sobre(e)ntendér]〔24〕〔他〕・〜se ＝sobrentender

sobresdrújulo, la [sobre(e)sðrúxulo, la]〔形〕＝sobresdrújulo

sobreestimar [sobre(e)stimár]〔他〕＝sobrestimar

sobreestrés [sobre(e)strés]〔男〕過度の緊張

S

sobreexceder [soβre(ε)(k)sθeðér] 他 = sobreexceder

sobreexcitar [soβre(ε)(k)sθitár] 他 極度に興奮させる；熱狂させる：No *sobreexcites* al crío. 赤ん坊を興奮させないでちょうだい
　◆ ～se ひどく興奮する
　sobreexcitación 囡 極度の興奮

sobreexposición [soβre(ε)(k)sposiθjón] 囡《写真》露出過度
　sobreexponer 60 他 露出過度にする

sobrefalda [soβrefálda] 囡《服飾》オーバースカート［飾りのためにスカートの上に重ねてはく短いスカート］

sobrefusión [soβrefusjón] 囡《化学》過融解

sobregiro [soβrexíro] 男《商業》超過振出し，過振(ⁿ)り
　sobregirar 他 過振りする

sobrehilado [soβreiláðo] 男《裁縫》[布のほつれ止めの］裁ち目かがり
　sobrehilar 17 他 裁ち目をかがる

sobrehumano, na [soβreumáno, na] 形 超人的な：esfuerzo ～ 超人的な努力

sobreimpresión [soβreimpresjón] 囡《映画》オーバーラップ；《写真》二重焼付け
　sobreimprimir [soβreimprimír] 他 〖過分 sobreimpre*so*〗刷り加える，重ね刷りする

sobrejuanete [soβrexwanéte] 男《船舶》ロイヤルスル

sobrellevar [soβreʎeβár] 他［苦境・不幸などに］耐える：～ el régimen 食餌療法に耐える

sobremanera [soβremanéra] 副《文語》きわめて，非常に：Me ha interesado el tema ～. 私はそのテーマに非常に興味をそそられた

sobremarcha [soβremártʃa] 囡《自動車》オーバードライブ

sobremesa [soβremésa] 囡 ❶［会話をしたりコーヒーを飲んだりなどの］食後のひととき：fumar un puro en la ～ 食後に葉巻を吸う．❷《文語》プログラミの ～ 午後の番組．❸ テーブルクロス〖mantel〗；デザート〖postre〗　*de* ～ 卓上用の，デスクトップの：encendedor *de* ～ 卓上用ライター
　hacer ～ 食後のおしゃべりを楽しむ

sobremodo [soβremóðo] 副《古語》＝sobremanera

sobrenadar [soβrenaðár] 自 表面に浮かぶ：*Sobrenada* el petróleo en el agua. 石油が水面に浮いている

sobrenatural [soβrenaturál] 形 ❶ 超自然的な：lo ～ 超自然のもの．fenómeno ～ 超自然現象．mundo ～ 超自然界．❷ 死後に存在する：vida ～ 死後の生活，来世

sobrenombre [soβrenómbre] 男 通り名，あだ名，異名：A Alfonso V le dieron el ～ de "El Magnánimo". アルフォンソ5世には「大帝」という異名がつけられていた．tener un ～ あだ名を持っている

sobrentender [soβrentendér] 24 他・～se 暗黙のうちに了解する，察する

sobrepaga [soβrepáɣa] 囡 賞与，特別手当

sobreparto [soβrepárto] 男 産後［の安静期］：Murió de ～. 彼女は産後の肥立ちが悪くて死んだ

sobrepasar [soβrepasár] 他 ❶ 上回る：Los gastos *sobrepasaron* en mucho lo previsto. 費用は予想をはるかに上回った．～ el límite de velocidad 制限速度を越える．❷［+ en で，人に］勝る：Me *sobrepasa en* altura. 彼は身長で私を上回る．❸《航空》[滑走路を］オーバーランする

sobrepelliz [soβrepeʎíθ] 囡《司教など の着る》短い白衣〖ロ゙カット〗

sobrepeso [soβrepéso] 男《主に中南米》重量超過；体重オーバー：pagar un plus por ～ de equipaje 荷物の重量超過料金を払う．El desafiador tenía un ～ de tres kilos. 挑戦者は3キロ体重オーバーしていた

sobrepoblación [soβrepoβlaθjón] 囡 人口過剰
　sobrepoblado, da 形 人口過剰の

sobreponer [soβreponér] 60 他〖過分 sobrepu*esto*〗❶ 重ねる；上に置く．❷ [+a より] 上位に置く：～ el interés general *a* los intereses particulares 個々の利益より全体の利益を優先する
　◆ ～se 自己を制御する；[+a を] 克服する：～se *a* las dificultades 困難を乗り越える

sobreprecio [soβrepréθjo] 男 割増価格

sobreprima [soβrepríma] 囡 追徴保険料

sobreproducción [soβreproðu(k)θjón] 囡 過剰生産，生産過剰

sobreprotección [soβreprote(ε)θjón] 囡 過保護
　sobreprotector, ra 形 過保護の
　sobreproteger 3 他 過保護にする

sobrepuerta [soβrepwérta] 囡《建築》扉上部の横木(飾り)

sobrepuesto [soβrepwésto] 男《手芸》アップリケ〖bordado ～〗

sobrepujar [soβrepuxár] 他 [+en で] …に勝る，しのぐ：Creo que les *sobrepuja* a todos *en* elegancia. 君はかっこよさでは誰にも負けない

sobrero, ra [soβréro, ra] 形 男《闘牛》予備の〖牛〗

sobrerrevelar [soβreřeβelár] 他《写真》現像しすぎる

sobresaliente [soβresaljénte] 形 傑出した，目立つ；《建築》突き出た，張り出した
　◆ 男 [評点] 優〖☞calificación 参考〗：conseguir un ～ 優をとる
　◆ 囡 sobresalienta もある》《闘牛・演劇など》[あらかじ訓練された] 代役[の俳優・闘牛士]，助手

sobresalir [soβresalír] 62 自 [+en・entre の中で，+por・de で] 際立つ，傑出する：*Por su estatura (su inteligencia) sobresale entre* todos los alumnos. 彼は身長（頭のよさ）では生徒たちの中で図抜けている． Un amplio alero *sobresale en* el techo. 広いひさしが屋根から突き出ている

sobresaltar [soβresaltár] 他 びっくりさせる；恐れさせる： *Sobresaltó* a los durmientes con sus gritos. 彼は大声で叫んで寝ている人たちをびっくりさせた

◆ **～se** びっくりする；恐れる： *Se sobresaltó* al oír pasos. 彼は足音を聞いてびくっとした

sobresalto [soβresálto] 男 驚き；[突然の] 恐怖： Tuve un ～ al verle llegar de repente. 私は彼が突然やって来たのを見てびっくりした

sobresanar [soβresanár] 自 《医学》うわべだけ治癒する

sobrescrito [soβreskríto] 男 [封筒の表・裏蓋の] 上書き

sobrescribir 他 上書きする

sobresdrújulo, la [soβresðrúxulo, la] 形 《言語》アクセントが最後から4番目の音節にある

sobreseer [soβreseér] 22 自 他 [過去分 sobreseído, 現分 sobreseyendo] 《法律》[予審で・審理を] 棄却する： ～ la causa por falta de pruebas 証拠不十分で告訴を却下する

sobreseimiento 男 棄却

sobrestadía [soβrestaðía] 女 《商業》滞船〔料〕；留置〔料〕

sobrestante [soβrestánte] 男 現場監督, 職長

sobrestimar [soβrestimár] 他 過大評価する

sobresueldo [soβreswéldo] 男 [副業などによる] 追加給, 副収入

sobretasa [soβretása] 女 追加料金, 課徴金；追徴金

sobretensión [soβretensjón] 女 《電気》過電圧

sobretodo [soβretóðo] 男 《主に中南米. 服飾》[薄手の] 外套, コート

sobrevaloración [soβreβaloraθjón] 女 ❶ 過大評価． ❷ 《商業》～ de exportaciones オーバーインボイス

sobrevalorar 他 過大に評価する： moneda *sobrevalorada* 過大に評価された通貨

sobrevaluado, da 形 過大に評価された

sobrevenir [soβreβenír] 59 自 [3人称のみ. 事故などが] 突然生じる： *Sobrevino* una tormenta. 嵐が急にやって来た． Han *sobrevenido* muchas desgracias al mismo tiempo. 多くの災難が一度に起きた

sobreveste [soβreβéste] 女 [昔の] 袖なしの上着

sobrevidriera [soβreβiðrjéra] 女 [窓の] 金網；二重窓

sobreviviente [soβreβiβjénte] 形 名 ＝superviviente

sobrevivir [soβreβiβír] 自 ❶ [+a を] 生きのびる, 死を免れる： Fueron pocos los que *sobrevivieron* a la epidemia. 疫病で生き残った人はわずかだった． ❷ [+a より] 長生きする： El

padre *sobrevivió a* sus hijos. その父親は息子たちに先立たれた． ❸ どうにか生活していく

sobrevolar [soβreβolár] 28 他 …の上空を飛ぶ： El avión *sobrevoló* la zona enemiga. 飛行機は敵地の上を飛んだ

sobrexceder [soβrε(k)sθeðér] 自 [+a を] 上回る： La realidad *sobrexcedió a* todas las previsiones. 現実はあらゆる予想を越えた

sobrexcitar [soβrε(k)sθitár] 他 ＝**sobreexcitar**

sobriedad [soβrjeðá(ð)] 女 ❶ [主に飲酒の] 節制, 節度： beber con ～ 酒をほどよくにする． ❷ 簡素, 地味： ～ en el vestir 控え目な服装

sobrino, na [soβríno, na] 名 《英 nephew, niece》 ❶ 甥(おい), 姪(めい) 《～ carnal》 ～ nieto 甥(姪)の子． ～*na* política 義理の姪． ❷ いとこの子 《～ segundo》： tercero またいとこの子

sobrio, bria [sóβrjo, βrja] 形 ❶ 《ser+. + en・de 主に飲酒を》節制した, 節度のある： Es ～ *en* la bebida. 彼はほとんど酒を飲まない． ～ *en* sus costumbres 生活習慣に節度のある． ～ *en* la manifestación de sus sentimientos 感情をあまり表に出さない． ～ *de* palabras 口数の少ない． ～ *de* ademanes 態度が控え目な． de sayuno ～ 軽い朝食． ❷ 《ser+》簡素な, あっさりとした： vestir de forma *sobria* 地味な服装をする． color ～ 地味な色． habitación *sobria* 飾り気のない部屋． estilo ～ 簡潔な文体． discurso ～ 短いスピーチ． ❸ 《estar+》しらふの 《ebrio》

soc. 《略語》←sociedad 会社, 会

socaire [sokáire] 男 風下の物陰： estar al ～ 風のあたらない側にいる；仕事を怠ける *al ～ de...* …に保護（庇護）されて

socaliña [sokálina] 女 [うまく手に入れるための] 術策, 手管

socapa [sokápa] *a* (*de*) ～ 《古語》こっそりと, 内緒で

socapar 他 《中南米》[他人の失敗を] 隠す, かばう

socarrar [sokařár] 他 [表面を] 焼く, 焦がす： ～ el guisado シチューを焦げつかせる． ～ la falda con la plancha アイロンでスカートに焼けこげを作る

◆ **～se** 焦げる

socarrén [sokařén] 男 《建築》のき, ひさし

socarrón, na [sokařón, na] 形 名 [まじめ・無邪気を装って] 陰でからかう〔人〕；陰険な〔人〕, ずる賢い〔人〕

socarronería 女 陰険；悪知恵

socavar [sokaβár] 他 …の下に穴をうがつ： Un torrente subterráneo *ha socavado* los cimientos del edificio. 地下水の流れでビルの土台の下がえぐられてしまった． ❷ [肉体的・精神的に] 弱める： Esos comentarios del presidente *socavaron* la moral del pueblo. 大統領のその発言で国民の士気が低下した

socavón [sokaβón] 男 地面の沈下, 陥没；くぼみ, 洞穴

sochantre [sotʃántre] 男 先唱者《chantre》

sociable [soθjáβle] 形 ❶ 社交的な, つきあいのよい; 愛想のよい: No es muy 〜. 彼はあまりつきあいがよくない. ❷ [動物が] 人間に慣れやすい

sociabilidad 女 社交性, 人づきあいのよさ

social [soθjál] 形《英 social》❶ 社会の, 社会的な: luchas 〜es 社会階級間の争い. seres 〜es 社会的存在. 〜 demócrata =**socialdemócrata**. ❷ 会社の, 法人の. ❸《動物》群居する;《植物》群生する: animal 〜 社会の動物
vida 〜 1) 社会生活: 2) 社交生活: No hace mucha *vida* 〜. 彼はつきあいが悪い
◆ 名《西》《警察の》秘密(おとり)捜査官
◆ 女 圏《教育》社会科学《ciencias 〜es》

socialcristiano, na [soθjalkristjáno, na] 形 キリスト教社会主義の

socialdemocracia [soθjaldemokráθja] 女
socialdemócrata 形 名 社会民主主義の(主義者), 社会民主党員: partido 〜 社会民主党

socialismo [soθjalísmo] 男 社会主義

socialista [soθjalísta] 形 社会主義の: partido 〜 社会党. realismo 〜 社会主義リアリズム
◆ 名 社会主義者; 社会党員

socializar [soθjaliθár] 自 他 社会主義化する; 共有化(国有化)する: 〜 los ferrocarriles 鉄道を国有化する
socialización 女 社会主義化

sociata [soθjáta] 名《俗語》=**socialista**

sociedad [soθjeðáð] 女《英 society》❶ 社会: vivir en 〜 社会生活を営む. buena (alta) 〜 上流社会. 〜 conyugal [民法上の] 夫婦. 〜 de consumo 消費社会. 〜 moderna 現代社会 ❷ 協会, 団体: 〜 de ahorro y crédito 貯蓄信用組合. 〜 de socorros mutuos 共済組合. 〜 deportiva スポーツクラブ. 〜 protectora de animales 動物愛護協会. 〜 secreta 地下組織, 秘密結社 ❸ 会社, 法人: fundar (montar) una 〜 会社を設立する. 〜 anónima (por acciones) 株式会社. 〜 anónima mixta 合弁会社. 〜 colectiva 合名会社. 〜 comanditaria (en comandita) 合資会社. 〜 de cartera・de control・de inversiones) 持株会社. 〜 [de responsabilidad] limitada 有限会社. 〜 mercantil (comercial) 商事会社 ❹ 交際, 社交: Le falta 〜. 彼は友人関係が狭い ❺ 社交界: entrar (presentarse) en 〜 社交界にデビューする

societario, ria [soθjetárjo, rja] 形 団体の; [特に] 労働組合の(に属する)

socio, cia [sóθjo, θja] 名 ❶ [クラブなどの] 会員: hacerse 〜 de un club de tenis テニスクラブの会員になる. ❷ [仕事の] 相棒, 同僚: i) Hay cinco 〜s en el negocio. 5 人で商売をしている. ii)《商業》共同出資(経営)者, 出資社員: 〜 accionista 出資者, 株主. 〜 capitalista 出資金だけで業務に関与しない社員. 〜 comanditario [合資会社の] 有限責任社員; 出資者. 〜 industrial 業務担当社員. ❸《口語》[遊びの] 仲間, 友人

sociobiología [soθjoβjoloxía] 女 社会生物学

sociocultural [soθjokulturál] 形 社会文化的な

socioeconómico, ca [soθjoekonómiko, ka] 形 社会経済の, 社会的経済的な

sociolingüístico, ca [soθjoliŋgwístiko, ka] 形 女 社会言語学(の)

sociología [soθjoloxía] 女 社会学
sociológico, ca 形 社会学の, 社会学的な
sociólogo, ga 名 社会学者

sociopolítico, ca [soθjopolítiko, ka] 形 社会政治的な

socolor [sokolór] 〜 *de...* …を口実にして

soconusco [sokonúsko] 男 [チョコレートに混ぜる] バニラなど粉末香料のミックス; [その香料入りの] ココア

socorrer [sokorér] 他 [困窮者などを] 援助する; [危険から] 救い出す: ¿No puede usted 〜 a un pobre? 貧しい者にお助けを!

socorrido, da [sokoríðo, ða] 過分 ❶ [口実・手段として] 便利な, 安易な. ❷ ありふれた, どこにでもある: un pueblo muy 〜 どこにでもあるような村

socorrismo [sokorísmo] 男《海岸などの》ライフセービング《salvamento y 〜》; 救急医療〔行為〕, 応急手当て
socorrista 名 ライフセーバー; 救急隊員, 救護班員

socorro [sokóro] 名 ❶ 救助, 救援: pedir 〜 助けを求める. ❷ [物質的な] 援助: enviar 〜(s) a los damnificados 被災者に救援物資を送る. ❸ 救援隊《equipo de 〜》; 援軍《tropa de 〜》
◆ 間 助けてくれ!

socoyol [sokojól] 男《植物》オキサリス

socrático, ca [sokrátiko, ka] 形 名 ソクラテス Sócrates の《門下》《古代ギリシアの哲学者》

soda [sóða] 女 ソーダ水《agua de 〜》;《化学》苛性ソーダ《〜 cáustica》

sodio [sóðjo] 男《元素》ナトリウム: luz de 〜 ナトリウム灯
sódico, ca 形 ナトリウムの: carbonato 〜 炭酸ナトリウム

sodomía [soðomía] 女 ソドミー《男色, 獣姦など》

sodomizar [soðomiθár] 自 他 …にソドミーを行なう

sodomita [soðomíta] 形 名 ソドミーをする〔人〕;《歴史・地名》ソドム Sodoma 男 の〔人〕

soez [soéθ] 形 圏《〜ces》下品な, 卑猥な: palabra 〜 野卑な言葉. gesto 〜 下品な仕草

sofá [sofá] 男 圏《〜s》ソファー: Los dos se sentaron en el 〜. 2 人はソファーに腰をおろした. 〜-cama 圏《〜s-cama》ソファーベッド

Sofía [sofía] 女《女性名》ソフィア《英 Sophia》

sofión [sofjón] 男 怒りの声；冷たい返事：contestar con un ～ 不機嫌に答える

sofisma [sofísma] 男 詭弁(ぎ𛀁)，こじつけ，へ理屈

sofista 図 詭弁家；《哲学》ソフィスト

sofisticación [sofistikaθjón] 図 ❶ ［知的な］洗練，素養；精巧化. ❷ 過度の技巧，ひどく凝ること

sofisticado, da [sofistikáðo, ða] 形 過分 ❶ 洗練された；精巧な，精密な，高性能の：tecnología ～da 高度な（精密化された）技術. ❷ 凝りすぎた，不自然な：lenguaje ～ 気どった言葉づかい

sofisticar [sofistikár] 🤝 他 ❶ 洗練する；［機械などを］複雑化する，精巧(高性能)にする. ❷ 偽造する：～ la realidad 現実を偽る. ❸ ［自然さを損うほど］ひどく凝る，手を加えすぎる：El exceso de maquillaje *sofistica* sus facciones. 厚化粧しすぎると逆効果だ

soflama [sofláma] 図 ［人々を行動に駆り立てるような］熱弁

soflamar [soflamár] 他 《料理》［軽く火で］あぶる

sofocación [sofokaθjón] 図 ❶ ［火などを］消すこと：～ del incendio 鎮火. ❷ 窒息；息苦しさ：El excesivo calor me produjo *sofocaciones*. あまりの暑さに私は息苦しくなった

sofocante [sofokánte] 形 窒息させる，息苦しい：calor ～ 蒸し暑さ. atmósfera ～ 重苦しい雰囲気

sofocar [sofokár] 🤝 他 ❶ 窒息させる；息苦しくさせる《ahogar》. ❷ ［火などを］消す：～ las llamas 火を消す. ～ la rebelión 反乱を鎮圧する. ❸ 赤面させる：Me *sofocan* tantas alabanzas inmerecidas. 過分のおほめをいただき赤面の至りです. ❹ うんざりさせる，不機嫌にさせる

◆ **～se** ❶ 窒息する，息が詰まる：Cuando hace ejercicio *se sofoca* en seguida. 彼は運動をするとすぐ息が切れる. ❷ 赤面する. ❸［+ por に］怒る；興奮する：No vale la pena ～*te por* tan poca cosa. そんなつまらないことで腹を立てても仕方ないよ

sofoco [sofóko] 男 ❶ 息苦しさ；暑苦しさ：dar a+人 un ～ …を息苦しくさせる. ❷ 怒り，不快. ❸《生理》［閉経期の］一過性熱感，ほてり

sofocón [sofokón] 男《口語》不快感；激怒：tomar *sofocones* por… …で〔大変〕腹を立てる

sofoquina [sofokína] 図《口語》ひどい息苦しさ(暑苦しさ)

sófora [sófora] 図《植物》エンジュ(槐)

sofreír [sofreír] 🤝 他 過分 sofr*i*to が規則形より一般的. 現分 sofr*i*endo 《料理》軽くいためる(焦げ目をつける)

sofrito 男 いためたトマトと玉ねぎをベースとした下ごしらえ

sofrenar [sofrenár] 他 ［感情を］抑制する

sofrología [sofroloxía] 図《医学》自律訓練法

software [sófwer] 男《←英語》ソフトウェア

soga [sóga] 図 縄，荒縄：atar… con una ～ …に縄をかける. No hay que mentar la ～ en casa del ahorcado.《諺》相手にさしさわりのある話題は禁物

a ～《建築》［煉瓦が］長手積みの《↔a tizón》

dar ～ *a*+人 1）…の気をひく，そそる；《みんなの好きな話題に》話を持っていく. 2）…をからかう，冷やかす

estar con la ～ *al cuello (en la garganta)* 破滅に瀕している

sogatira [sogatíra] 男 綱引き《soka-tira》

según [sogún] 男 ＝shogun

soirée [swaré] 図《←仏語》夜会，夜のパーティー；夜興行《↔matinée》

sois ☞ser 5⃣

soja [sóxa] 図《←日本語「しょう油」.植物・豆》ダイズ(大豆)：leche de ～ 豆乳. pasta de ～ 味噌. salsa de ～ しょう油. semilla de ～ 大豆マメ

sojuzgar [soxuθgár] 🤝 他《文語》征服する；［暴力で］支配する：Napoleón *sojuzgó* a Europa. ナポレオンはヨーロッパを征服した

soka-tira [sokatíra] 男［バスク地方の］綱引き

sol [sól] 男 〖英 sun, sunshine〗 ❶ 太陽《天文学では主に Sol》：i) La Tierra gira alrededor del *Sol*. 地球は太陽のまわりを回っている. El ～ sale por el este y se pone por el oeste. 太陽は東から昇って西に沈む. Hace ～. 日が出ている(照っている). Hace mucho ～. 日ざしが強い. ～ figurado 人の顔で表わされた太陽. ii)《諺・成句》No hay nada nuevo bajo el ～. 天(☀)の下に新しき事なし. Cuando el ～ sale, para todos sale. 太陽は万人のために輝く/誰でも自分の利益を享受する権利がある. Aún hay ～ en las bardas. まだ望みはある

❷ 日光，日照；晴天；日なた：Ya había ～ cuando nos despertamos. 私たちが目を覚ました時にはもう日が照っていた. terminar la faena con ～ 明るいうちに仕事を終える. una tarde de ～ ある晴れた午後. habitación donde entra el ～ 日当たりのよい部屋. Donde entra el ～, no entra el médico.《諺》日当たりのよい家は健康によい

❸ ［子供などに対する親愛の呼びかけ・賞賛］¡*Sol* de mi vida!/¡*Sol* mío! ねえ，坊や! ¡Qué ～ de niño! 何てかわいい子だ! Esta mujer es un ～. 彼女はとっても優しい人だ

❹《闘牛》日なた席《tendido de ～. ↔sombra》：～ y sombra 日向と日陰《日当たり)になる席；《酒》アニス酒とブランデーのカクテル

❺《音楽》ソ，ト音，G 音：clave de ～ ト音記号. sinfonía en ～ mayor ト長調の交響曲

❻《化学》ゾル

❼《植物》～ de las Indias ヒマワリ《girasol》

❽ Nuevo *Sol*［ペルーの貨幣単位］ヌエボ・ソル

al ～ 日の当たる場所に：sentarse *al* ～ 日なたに座る

al ～ *puesto* 日が沈んでから

arrimarse al ～ *que más calienta* 寄らば大樹の陰

S

bajo el ～ 日なたで

como el ～ que nos alumbra 火を見るより明らかな

dar el ～ [+a に] 日が当たる

de ～ a ～ 日の出から日の入りまで；一日じゅう

dejarse caer (sentir) el ～ ひどく暖める

más claro que el ～ きわめて明白な

no dejar a+人 ni a ～ ni a sombra …から片時も離れない，つきまとう

pegar (picar) el ～ 日ざしが強い

pegarse (sentarse) el ～ a+人 …が日焼けする

¡salga el ～ por donde quiera!/¡salga el ～ por Antequera〔y póngase por donde quiera〕! 何が起ころうとも／絶対に！

～ de justicia 強烈な日射し

tomar el ～ 日光浴をする，日に当たる．《船舶》〔六分儀で〕太陽の高度を計る

solado [soláðo] 男 床を張ること；床

solamente [sólaménte] 副 《英 only. = sólo》…だけ，ただ…；単に；もっぱら：*S～ invitó a sus amigos.* 彼は友人だけ招いた．*Vive ～ para el trabajo.* 彼は仕事のためだけに生きている

con ～ (～ con) que+接続法 …しさえすれば

no ～…, sino que… …であるだけでなく，…でもある：*No ～ no me pidió perdón, sino que me dijo una mentira.* 彼は私に謝まらないばかりか，嘘をついた

～ que… [+直説法. 制限] ただ…だけである；[+接続法. 条件] …しさえすれば：*Está muy agradecido, ～ que no sabe expresarlo.* 彼は大変感謝している．ただそれを表現できないだけだ．*S～ que hicieras un poco menos frío, saldría.* もう少し暖かかったら出かけるのだが

solana [solána] 女 日なた，日だまり；[強い] 日ざし：*en la ～.* 日なたで．*Ahora hay mucha ～.* 今，日が一杯照っている．❷ サンルーム

solanáceas [solanáθeas] 女 複《植物》ナス科

solanera [solanéra] 女《西》❶ 強い日ざしが当たる場所；サンルーム．❷ 日焼け；日射病

solano [soláno] 男 東風；《植物》イヌホウズキ

solapa [solápa] 女《服飾》折り返し；[特に背広の] 折り返しえり，ラペル：*llevar una flor en el ojal de la ～.* えりの穴に花を挿している．*bolsillo con ～.* ふた（フラップ）付きポケット．❷ [本のカバー・封筒などの] 折り返し

de ～ ひそかに，隠れて

solapado, da [solapáðo, ða] 形 過分 陰険な，腹黒い

solapar [solapár] 他 ❶ [悪意で・用心のため] 隠す：*～ sus malvados propósitos con falsas muestras de bondad* 親切に見せかけて邪悪な意図を隠す．❷ 一部分が重なり合うように置く：*～ una fila de libros sobre una mesa* テーブルの上に一列に本を重ね合わせて並べる

◆ 自 重なり合う：*Estas tejas apenas solapan.* この瓦は十分に重なり合っていない．*Esta chaqueta no solapa lo suficiente.* この上着は打合わせが浅い

◆ *～se* [+con と] 一致する

solar [solár] 形 ❶ 太陽の；太陽エネルギーで動く：*calor ～* 太陽熱．*lámpara ～* 太陽灯．*rayos ～es* 太陽光線．*reloj ～* ソーラーウォッチ．❷ 日光を防ぐ：*crema ～* 日焼け止めクリーム．❸ 太陽暦の《↔lunar》：*día ～* 太陽日．❹ 旧家の，名門の

◆ 男 ❶ 敷地，地所：*Compré un ～ para hacerme una casa.* 私は家を建てるために土地を買った．❷ [漠然と] 土地《suelo》：*～ de sus mayores* 父祖の地．*～ patrio*《文語》祖国の地．❸ 旧家，名門：*Su padre venía del ～ de Vegas.* 彼の父はベガス家の出だ

◆ 28 他 ❶ …に煉瓦（敷石）を敷く；床板を張る．❷ [靴の] 底をはり替える

solariego, ga [solarjéɣo, ɣa] 形 名 旧家の〔人〕，名門の〔人〕：*casa ～ga* 旧家

solario/solárium [solárjo/-rjun] 男 [プールサイドなどの] サンデッキ，テラス；[療養所などの] 日光浴室

solarizar [solariθár] 自 他 太陽光線にさらす；《写真》露光過度にする，ソラリゼーションを行なう

solarización 女 太陽光線にさらすこと；ソラリゼーション

solaz [soláθ] 男 ❶ [精神的・肉体的な] 休養，気晴らし．❷《文語》慰め：*buscar ～ en la bebida* 酒で自らを慰める

solazar 自 他 …の休養（気晴らし）になる；慰める．◆ *～se* 休養する；[+con で] 気晴らしをする

solazo [soláθo] 男《口語》かんかん照り

soldada [solðáða] 女《軍人などの》俸給

soldadera [solðaðéra] 女 [メキシコ革命で] 従軍する女

soldadesco, ca [solðaðésko, ka] 形 兵隊の

◆ 女 軍人の職，兵役；医役《軽蔑》規律の乱れた部隊

soldado [solðáðo] 名《英 soldier》❶ 軍人，兵士，兵隊：*～ cumplido* 退役軍人．*～ de plomo*《玩具》鉛の兵隊．*～ de primera (segunda) clase*《陸軍》一〔二〕等兵．*～ de primero*《空軍》一等兵．*～ desconocido* 無名戦士．*～ romano* [聖週間の行列の] ローマ軍兵士．*～ voluntario* 志願兵．❷ [主義主張などのために戦う] 戦士，闘士：*～ de su fe* 信仰の戦士

soldador, ra [solðaðór, ra] 溶接工；はんだ付け工．◆ 男 はんだごて．◆ 女 溶接機

soldadura [solðaðúra] 女 ❶ 溶接；はんだ付け：*～ al arco* アーク溶接．*～ por resistencia* 電気抵抗溶接．*～ por ultrasonidos* 超音波接合．❸ [溶接・はんだ付けの] 接合部分，継ぎ目；接合材料《錫など》．❹ はんだ，しろめ．❺《医学》骨つぎ

soldar [soldár] 33 他 ❶ 溶接する；はんだ付けする：*～ por puntos* 点溶接する．*soplete de ～* 溶接トーチ，ブローランプ．❷ 接合させる

◆ *～se* 接合する；骨がくっつく

soleá [soleá] 女 [複 *～ares*] [時に 複] ソレア

－『アンダルシア地方の民謡・踊り』: bailar por *soleares* ソレアーレを踊る

soleado, da [soleáðo, ða] 形 過分 晴れ渡った, 雲一つない

solear [soleár] 他 日に当てる: tender una sábana a ～ シーツを干す

soleamiento 男 日に当てること

solecismo [soleθísmo] 男 文法上の誤り, 破格語法

soledad [soleðá(ð)] 囡 [英 solitude] ❶ 孤独, 独居: sentir ～ 孤独を感じる. Le gusta la ～. 彼は孤独が好きだ. en la ～ de su retiro 引退生活の寂しさで. ❷ [主に 複] 寂しい(人けのない)場所: vivir en las ～*es* 人里離れて暮らす. ❸ =soleá

solemne [solémne] 形 ❶ 盛大な; 荘厳な: funeral ～ 盛大な葬儀. misa ～ 荘厳ミサ. ❷ 厳粛な, おごそかな: ambiente ～ 厳粛な雰囲気. ❸ もったいぶった, しかめつらしい; まじめな: hablar con tono ～ もったいぶった口調で話す. ❹ 《軽蔑》[+名詞. 強調] Esto es una ～ tontería. これはまったくばかげている. ～ error とんでもない間違い. ❺ 《法律》正式の

solemnemente 副 盛大に; おごそかに

solemnidad [solemniðá(ð)] 囡 ❶ 盛大さ, 荘厳さ; 厳粛さ: con ～ 盛大に; 厳粛に ❷ [盛大・厳粛な]儀式, 祭典, [唖 [その個々の]行事: La apertura de curso es una ～ académica. 始業式は学校の重要な行事である. ❸ 《法律》正規の手続き
pobre de ～ [外見からしても明らかに]一文無しの

solemnizar [solemniθár] 他 尊厳な雰囲気を与える; 盛大に祝う, 荘厳に行なう: ～ el centenario 百年祭を盛大に祝う

solenoide [solenóiðe] 男 《電気》ソレノイド

sóleo [sóleo] 男 《解剖》ヒラメ筋

soler [solér] 自 他 [口活用表] [+不定詞] 習慣的に(いつも)…する『直説法現在・線過去・現在完了でのみ』: i) *Suele* salir a trabajar a las siete todos los días. 彼は毎日決まって7時に仕事に出かける. Yo *solía* jugar al fútbol cuando era joven. 私は若い時よくサッカーをしたものだ. En invierno *suele* soplar el viento norte. 冬にはいつも北風が吹く. Los andaluces *suelen* ser morenos. アンダルシア人は普通浅黒い. ii) [no+] めったに…ない: No *suele* retrasarse. 彼はほとんど遅刻しない. La guerra no *suele* ser un buen medio para solventar conflictos. 戦争が紛争を解決するいい方法であるとは言えない

soler	
直説法現在	接続法現在
s*ue*lo	s*ue*la
s*ue*les	s*ue*las
s*ue*le	s*ue*la
solemos	solamos
soléis	soláis
s*ue*len	s*ue*lan

solera [soléra] 囡 ❶ 伝統, 格式: barrio con

mucha ～ 非常に古くからの町並み. familia con ～ 由緒ある家柄. ❷ [ワインの] 澱(おり): vino de ～ [ブレンド用の]年代物のワイン. ❸ 《建築》根太(ねだ), 梁(はり); [柱などを支える]土台石

soleta [soléta] *dar* ～ *a*+人 …を追い出す
tomar ～ 《皮肉》そそくさに逃げ出す

soletilla [soletíʎa] 囡 《西. 菓子》細長いスポンジケーキ

solfa [sólfa] 囡 ❶ 《音楽》ソルフェージュ. ❷ 《口語》殴打: dar *a*+人 una ～ …を殴る
estar en ～ [書かれたものが]判読できない
poner+事物 *en* ～ 《口語》…を順序よく並べる, 整理する; からかう

solfatara [solfatára] 囡 《地質》硫気孔

solfear [solfeár] 他 ❶ 《音楽》階名(ドレミファ)で歌う. ❷ 殴る; 厳しく叱る

solfeo 男 《音楽》ソルフェージュ 《solfa》

solicitación [soliθitaθjón] 囡 ❶ 申請, 申し込み; 懇願, 請願. ❷ 誘惑. ❸ 《商業》～ de fondos 払込み請求

solicitado, da [soliθitáðo, ða] 形 過分 人気のある, 引っ張りだこ: Manoli es una chica muy ～*da*. マノリは大変人気がある

solicitante/solicitador, ra [soliθitánte/-tadór, ra] 形 囲 申請する(人), 申込者; 懇願する(人), 請願者

solicitar [soliθitár] 他 ❶ 《文語》申請する, 申し込む; [熱心に・たえず] 懇願(請願)する: ～ una entrevista con el ministro 大臣との会見を求める. ～ un empleo 就職を希望する. ¡*Solicito* un momento de atención! ちょっと聞いてください! 刺激する. ～ la atención de la gente 人々の注意をひきつける(喚起する). ❸ 友人になってくれと頼む; 言い寄る: Le *solicitan* en todas las fiestas. 彼はあらゆるパーティーで引っ張りだこだ

solícito, ta [solíθito, ta] 形 [+con+人 に] 思いやりのある, よく気のつく: i) Es muy ～ *con* sus padres. 彼は親孝行だ. mostrarse ～ *con*+人 …にかいがいしく接する. ii) [副詞的] El mozo se acercó ～. ボーイがかいがいしく近づいて来た

solícitamente 副 まめまめしく

solicitud [soliθitú(ð)] 囡 ❶ 申請[書], 申し込み; 懇願, 請願[書]: dirigir una ～ 申請(懇願)する. presentar una ～ 申請(請願)書を出す, 請求する. atender la ～ 申請に応じる. ～ de exportación 輸出申請[書]. ～ de patente 特許出願. ❷ 思いやり, 心づかい: atender con ～ a un enfermo 心を尽くして病人の面倒を見る
a ～ 申し込みにより: Se enviarán muestras *a* ～. 御請求くだされば見本をお送りします

sólidamente [sóliðaménte] 副 しっかりと, 頑丈に, 強固に

solidaridad [soliðariðá(ð)] 囡 ❶ 連帯, 団結: ～ internacional entre los países latinoamericanos ラテンアメリカ諸国間の国際連帯. conciencia de ～ 連帯意識. fondo de ～ [労働組合などの]闘争資金. por ～ con... …

との連帯感から，…に共鳴して．❷《法律》連帯責任

solidario, ria [soliðárjo, rja] 形 ❶ [+de と] 連帯した: Nos hacemos ～s de su propuesta. 私たちは彼の提案を支持する．❷《法律》連帯責任を持つ: obligación ～ria 連帯債務

solidarizar [soliðariθár] 9 他 連帯させる；連帯責任を負わせる

◆ ～se [+con と] 連帯する: ～se con los huelguistas ストライキ参加者と連帯する

solideo [soliðéo] 男 [聖職者用の] 小帽子『ボレッタ』

solidez [soliðéθ] 囡 ❶ 堅固さ，丈夫さ: ～ de un mueble 家具の耐久性．～ de un color 変色（退色）しないこと．❷ 確固としていること: ～ de las creencias 信念の固さ

solidificar [soliðifikár] 7 他 凝固させる，固体化する

◆ ～se 凝固する，固体になる 《↔fundirse》: Se ha solidificado la leche. 牛乳が凝固した．

solidificación 囡 凝固，固体化: punto de ～ 凝固点

sólido, da [sóliðo, ða] 形 《英 solid》❶ 堅固な，丈夫な: Estos muros son ～s. この壁はしっかりしている．calzado ～ 長持ちする靴．cimiento ～ しっかりした土台．coche ～ 頑丈な車．color ～ 変色しない色，落ちない色．terreno ～ 固い土地．❷ 確固とした，確実な: argumento ～ しっかりした論拠．convicción ～da 固い信念．～da cultura 確かな教養．～da fortuna かなりの財産．❸ 固体の，固形の): alimento ～ 固形食．❹ [外形・海岸線が] 凹凸の少ない

◆ 男 ❶ 固体《cuerpo ～》；⃝固形食．❷《数学》立体

solifluxión [soliflu(k)sjón] 囡 《地質》土壌流，流土

soliloquio [solilókjo] 男 ひとりごと，独白；《演劇》独白

soliloquiar 自 ひとりごとを言う

solio [sóljo] 男 [天蓋つきの] 玉座，王座: ocupar el ～ real 王座につく．～ pontificio 教皇の座

solipsismo [solipsísmo] 男 《哲学》独我論，唯我論

solista [solísta] 图 《音楽》独奏（独唱）者，ソリスト

solitario, ria [solitárjo, rja] 形 《英 solitary》❶ 孤独な，単独の；孤独を好む: vida ～ria 孤独な（一人ぼっちの）生活．hombre ～ 孤独な男．Vive ～. 彼は一人で（孤独に）暮らしている．❷ 人けのない；人里離れた: La plaza estaba ～ria. 広場には人影はなかった．calle ～ria 人けのない通り

◆ 图 ❶ 孤独な生活を好む人，一人でいるのが好きな人，一人ぼっちの人．❷《キリスト教》隠者，独住修士

◆ 男 ❶《トランプ》一人遊び（占い），ソリテール．❷ [指輪の] 1 つはめダイヤモンド．❸《動物》ヤドカリ；[鳥]〔南米産の〕ヒトリツグミの一種

---

en ～ 単独で，一人で

solito, ta [solíto, ta] 形 一人ぼっちの

soliviantar [solißjantár] 他 ❶ 扇動する，反乱を起こさせる．❷ 怒らせる；動揺させる，不安にする，惑わす

◆ ～se 反乱を起こす

solla [sóʎa] 囡 《魚》カレイ

sollado [soʎáðo] 男 《船舶》最下甲板

sollo [sóʎo] 男 《魚》チョウザメ《esturión》

sollozar [soʎoθár] 9 自 すすり泣く，泣きじゃくる

sollozo [soʎóθo] 男 すすり泣き，嗚咽（ぉぇっ）: decir entre ～s すすり泣きしながら（しゃくり上げながら）言う

solo, la [sólo, la] 形 《英 only, alone》❶ ただ一つの，唯一の《único》: i) [+名詞．事物について] Tenía este ～ sombrero. 彼の所持品はこの帽子一つつだけだった．Hay una *sola* dificultad. ただ一つ困難な点がある．Su *sola* preocupación es divertirse. 彼の唯一の関心は楽しむことである． No dijo ni una *sola* crítica. 彼は文句一つ言わなかった．ii) [ser+] Ella es la *sola* hermana que tengo. 彼女は私のただ一人の姉です．ser ～ en su género 類がない

❷ [副詞的] i) [名詞+] ～だけ: Come pan ～. 彼はパンだけを食べる．Ella *sola* lo sabe. 彼女だけがそれを知っている．ii) 助力なしで，一人で；ひとりで: Lo haré yo ～. 私一人でします．Vive *sola*. 彼女は一人暮らしだ．Ese juguete se ha roto ～. そのおもちゃはひとりでに壊れた

❸ 孤独な，単独の: Es un hombre muy ～. 彼は大変孤独だ（一人ぼっちの）．vuelo ～ 単独飛行．sentirse ～ 孤独を感じる．Está *sola* en casa. 彼女は家に一人でいる．Se quedó ～ a los seis años. 彼は 6 歳の時孤児になった．❹《音楽》独奏（独唱）の，ソロの: violín ～ ソロバイオリン

❺ [コーヒーが] ブラックの

a solas 一人で，助力なしで: hablar *a solas* ひとりごとを言う．Déjale que lo resuelva él *a solas*. 彼が自力で解決するように放っておきなさい

a sus solas 孤独に，一人きり

de ～ a ～ 一対一で，さし向かいで

quedarse más ～ que la una まったくの一人ぼっちになる，孤立無援になる

quedarse ～《口語》かなり相手がいない，右に出るものはいない；一人でしゃべりまくる

◆ 男 ❶《音楽》独奏，独唱: ～ de piano ピアノ独奏．～ para soprano ソプラノ独唱．❷《舞踊》ソロ．❸《西》ブラックコーヒー．❹《トランプ》ソロ

sólo [sólo] 副 《英 only. 形容詞の solo と区別がつく場合はアクセント符号をつけなくてもよい》❶ …だけ，ただ…；単に；もっぱら: S～ su perro no le ha traicionado. 犬だけが彼を裏切らなかった．La conferencia duró ～ media hora. 講演は 30 分しかかからなかった．Trabaja ～ por las mañanas. 彼は午前中だけ働く．S～ a ti te diré la verdad. 君にだけ本当

のことを言おう. *S~* he venido a verte. 君に会うためにわざわざやって来たのだ. No ~ de pan vive el hombre. 人はパンのみにて生きるにあらず. Tan ~ quiero que me dejen en paz. ただ私をそっとしておいてほしいだけです. Venga usted aunque ~ sea un momento. ちょっとでいいですからいらしてください. ❷《まれ》[+不定詞]…するやいなや

con ~ **(~** *con***)**+不定詞 …するだけで: *Con* ~ decir esta palabra, le enojarás. この言葉を言っただけで, 彼を怒らせてしまうよ

con ~ **(~** *con***)** *que*+接続法 …しさえすれば, …するだけで: *Con* ~ *que* estudies un par de horas cada día, puedes dominar el español. 毎日 2 時間勉強しさえすればスペイン語をマスターできるよ. *S~ con que* falte una persona, no podemos hacer nada. 1 人が欠けただけでも私たちは何もできない

no ~**...** *antes***...** 単に…だけでなく, かえって…: *No* ~ no me contestó, *antes* me volvió la espalda. 彼は私に答えなかったばかりか, かえって背を向けた

no ~**...** *sino***...**〖英 not only... but also...〗…だけでなく…もまた: *No* ~ en las Américas *sino* en Áfrida hay países hispanohablantes. 南北アメリカだけでなくアフリカにもスペイン語を話す国がある. *No* ~ canta *sino* que también toca el piano. 彼は歌うだけでなくピアノもひく

~ *que*+直説法 ただし, しかし…: Me gustó la camisa, ~ *que* era demasiado pequeña. そのシャツは気に入ったけど, ただ小さすぎた

y no ~ *eso* それだけではなくて

solomillo [solomíλo]〖料理〗[牛の]腰肉, サーロイン

solsticio [solstíθjo]男〖天文〗至: ~ de verano (de invierno) 夏至(冬至)

soltar [soltár]⑱ ⑩〖英 release. ☞活用表〗❶〘解き, 放つ〙: i) No *sueltes* la cuerda. ロープを放すな. *Suélte*me la mano. 手を放してください. No *suelta* el abrigo ni aunque haga calor. 彼は暑くなってもオーバーを手放さない. No hay quien le haga ~ un duro. 誰が頼んでもあいつは一文だって出しはしない. ii) [解放]~ un pájaro 鳥を放す. ~ a un preso 囚人を釈放する. ❷ [殴打を]与える: ~ a+人 una bofetada …に平手打ちを食らわす. *Soltó* un puñetazo contra la mesa. 彼はこぶしでテーブルを叩いた. ❸ [声・言葉などを不用意に]発する: ~ una carcajada 高笑いする. ~ un estornudo くしゃみをする. *Soltó* esas palabras adrede. 彼はわざとそんなことを言ったのだ. No *sueltes* ni media palabra. 一言もしゃべるな. ❹ ほどく, 緩める; 外す. ❺ 放出する: ~ un terrible olor ひどい臭いを発する. La carne *ha soltado* mucho jugo. 肉から肉汁がたくさん出た. ❻ ~ el vientre a+人 …の便通をつける

◆ ~*se* ❶ [自分の…を]解く; 緩める: ~*se* el cabello [結った・束ねていた]髪を解く. ❷ [+*de* を]放してしまう: No *te sueltes de* mi mano. 私の手を放してはいけないよ. ❸ 自分を解

き放つ; 自制心を失う: Se *soltó* el perro. 犬が逃げた. Cuando bebe *se suelta*. 彼は飲むと自分を抑えられなくなる. ❹ [+*en* に]熟練する, 自在に操る: Ya empieza a ~*se en* inglés. 彼はもう英語がべらべらになってきた. ❺ [+*a*+不定詞]初めて…する; [+*a*+不定詞を]突然始める: A los diez meses el niño *se soltó a* andar. 10 か月でその子は歩き始めた. *Se soltó con* frases obscenas. 彼はいきなり汚らしい言葉を吐いた. ❻ ほどける, 緩む; 外れる: La cuerda *se soltó*. 綱がほどけた. ❼ *Se soltó* el vientre. 腹が下った

soltar	
直説法現在	接続法現在
s*ue*lto	s*ue*lte
s*ue*lts	s*ue*ltes
s*ue*lta	s*ue*lte
soltamos	soltemos
soltáis	soltéis
s*ue*ltan	s*ue*lten

soltería [soltería]囡 未婚であること, 独身生活

soltero, ra [soltéro, ra]形 独身の, 未婚の〖↔casado〗: Está todavía ~. 彼はまだ独身だ. Soy ~. 私は独身だ. madre ~*ra* 未婚の母. apellido (nombre) de ~*ra* [女性の]結婚前の姓, 本姓, 旧姓. la señora Gómez, de ~*ra* López ゴメス夫人, 本姓ロペス

◆ 图 独身者

solterón, na [solterón, na]图 图〚軽蔑〛年を取った独身者〔の〕

soltura [soltúra]囡 ❶ [動作などの]容易さ, 自在さ: hablar japonés con ~ 流暢に日本語を話す. ❷ 〘主に中米〙下痢〖~ de vientre・estómago〗

soluble [solúβle]形 ❶ 溶ける, 溶解性の: ~ en agua 水溶性の. café ~ インスタントコーヒー–. ❷ [問題が]解決され得る

solubilidad 囡 可溶性;〖化学〗溶解度

solución [soluθjón]囡〖英 solution〗❶ [問題・事件の]解決, 解答: hallar una ~ a la situación crítica 危機的状況の打開策を見つける. llegar a una ~ 解決する. No veo otra ~ que decir la verdad. 本当のことを言う以外に解決策は見当たらない. ❷ [映画・小説などの]結末, 大団円. ❸〖化学〗溶解; 溶液: ~ normal 規定液. ❹〖数学〗解; 解法

sin ~ *de continuidad* 切れ目なく, 連続して

solucionar [soluθjonár]⑩ 解決する, 答えを見つける: ~ el asunto 事件を解決する. ~ el problema 問題を解く

soluto [solúto]男〖化学〗溶質〖↔solvente〗

solutrense [solutrénse]形 ソリュートレ文化〔期〕の

solvencia [solβénθja]囡 ❶ [債務の]支払い能力, 信用力: Le falta ~. 彼には資金力がない. ❷ [職務を遂行する]能力: abogado de gran ~ profesional 大変有能な弁護士. ❸ [一般に]信頼性: según fuentes de toda ~ 信頼すべき筋の情報によれば

S

solventar [solbentár] 他 ❶ [困難を] 解決する: ~ conflictos 紛争を解決する. ❷ [債務を] 返済する

solvente [solbénte] 形 ❶ 債務のない: negocio ~ 無借金経営. ❷ [債務の] 支払い能力のある. ❸ [職務遂行について] 有能な; [一般に] 信頼できる: director ~ 有能な部長. según fuentes ~s 信頼すべき筋の情報によれば
◆ 男 《化学》溶媒 [↔soluto], 溶剤

soma [sóma] 男 《生物》体(だい)

somalí [somalí] 形 名 [複 ~(e)s] 《国名》ソマリア Somalia 女 の(人)
◆ 男 ソマリア語

somanta [sománta] 女 《西. 口語》[棒などによる] 殴打

somatar [somatár] 他 《中米》殴りつける, ひどく殴る
◆ ~se 死ぬ目に会う

somatén [somatén] 男 歴史 ❶ [歴史] [カタルーニャ地方の] 民兵, 自警団; その団員, 兵士. ❷ 《カタルーニャ》警報

somático, ca [somátiko, ka] 形 ❶ 肉体の, 身体の 『↔psíquico』. ❷ 《生物》体 soma の
somatizar [⑨] 他 [精神的な変調などを] 身体で表わす, 具体化する

somatología [somatoloxía] 女 自然人類学

sombra [sómbra] 女 《英 shadow, shade》❶ 陰, 日陰; 影 『↔luz』: Los árboles hacen ~. 木々が陰を作っている. El edificio da ~ a la plaza. ビルが広場に影を落とす. La lámpara proyectó mi ~ sobre la pared. 電灯の明かりで私の影が壁に写った. El rincón está en ~. 隅は陰になっている. sentarse a la ~ de un árbol 木陰に座る. Miguel se ha convertido en su ~. ミゲルは彼に影が付き添った(彼の腰巾着になった). ~s chinescas (invisibles) / teatro de ~s 影絵芝居
❷ [主に 複] 闇, 暗がり: Las ~s de la noche cayeron sobre el castillo lentamente. 城はゆっくりと宵闇に包まれていった
❸ [主に 複] 無知; 秘密; 後ろ暗いこと: Tengo muchas ~s. 私にはよくわからない点がたくさんある
❹ 不安, 懸念: No veo más que ~s alrededor de mí. 私のまわりは悲観的なこと(不安材料)ばかりだ
❺ 微量: Tiene una ~ de parecido con su primo. 彼はいとこと少し似たところがある
❻ 幻影, 亡霊: En la casa siento flotar en el ambiente la ~ de los antepasados. この家には先祖たちの霊がただよっているのが感じられる
❼ 欠陥: No veo una ~ en su carácter 彼の性格の欠点
❽ 《美術》陰影, 暗部
❾ アイシャドー 『~ de・para ojos. 化粧法, 化粧品』
❿ 黄色みがかった焦げ茶色, アンバー: ~ tostada 焦げ茶色
⓫ 《闘牛》日陰側の席 『↔sol』
⓬ 《天文》本影;《通信》電波の届かない場所(地域)

a la ~ 1) 日陰に・で: Ayer tuvimos 30 grados *a la ~*. 昨日は日陰で30度だった. 2) 刑務所に: poner *a la ~* 投獄する. estar *a la ~* 刑務所に入っている. 3) [+de の] 庇護を受けて; 陰に隠れて: Medró *a la ~ de su suegro*. 彼は義父の後ろ楯で出世した. Realizan sus manejos *a la ~ del* negocio de compraventa. 彼らは古物商を装って策略を巡らしている

buena ~ 1) 才気, 機知: Tiene muy *buena ~ para* contar chistes. 彼は冗談がとてもうまい. 2) 幸運: Le acompaña la *buena ~*. 彼はついている

mala ~ 1) 悪運: ¡Qué *mala ~*! 何て運が悪いんだ! 2) 悪意, 陰地悪

en la ~ 陰に・で: gobierno *en la ~* 陰の内閣. poder *en la ~* 陰の実力者, 黒幕. permanecer *en la ~* 人に知られないままでいる. trabajar *en la ~* よからぬ仕事をする

*hacer ~ a+*人 …に対して光をさえぎる; 目立たなくしてしまう: No te pongas delante que me *haces ~*. 前に立たないでくれ. 私が陰になってしまう. Pepita es muy guapa, pero su hermana le *hace ~*. ペピータも大変美人だが, 姉と比べると かすんでしまう

ni por ~ 少しも(決して)…ない: No sospeché de él *ni por ~*. 私はいささかも彼のことを疑っていなかった

no fiarse ni de su ~ きわめて用心深い, 誰も信用しない

no ser su ~/no ser ni ~ de lo que era 見る影もなくなっている: Cuando volvió del hospital, *no era ni ~ de lo que había sido*. 彼が退院した時には見る影もなくやつれていた

no tener (ni) ~ de… まったく…を欠いている: *No tiene ni ~ de talento*. 彼には才能のかけらもない

reírse (burlarse) de su ~ 自分のことまで茶化してしまう

temer su misma ~ =tener miedo hasta de su ~

tener buena ~ 面白い人である, 感じがよい; 好運をもたらす

tener mala ~ 悪意がある; つまらない, 感じが悪い; 悪運につきまとわれている; 周囲の人に悪影響を及ぼす

tener miedo hasta de su ~/temer su misma ~ 自分の影にもおびえる

sombrajo/sombraje [sombráxo/- xe] 男 [よしず張りのような] 日よけ
*caerse a+*人 *los palos del ~* …ががっかりする, がっくりくる
hacer ~s 人が] 陰を作る, 光をさえぎる

sombrear [sombreár] 他 ❶ 影を落とす: Los árboles *sombrean* la calle. 木々が通りに影を作っている. ❷ 《美術》陰影をつける
◆ ~se 《化粧》アイシャドーをする
sombreado 男 《美術》陰影
sombrerazo [sombreráθo] 男 帽子を取ってする大げさな身ぶりの挨拶

sombrerería [sombrerería] 囡 帽子店；帽子製造所

　sombrerero, ra 图 帽子製造(販売)業者.　◆ 囡 帽子の箱；《中南米》帽子掛け

sombrete [sombréte] 男 ❶ [キノコの]かさ [sombrerillo]. ❷《建築》煙突笠，煙突帽

sombrerillo [sombreríʎo] 男 [キノコの]かさ

sombrero [sombréro] [☞英 hat] 男 [つばのある] 帽子：Se ha puesto el ～. 彼は帽子をかぶった. Quítaos el ～. 帽子をとりなさい. tener un ～ puesto 帽子をかぶっている. clavarse el ～ 帽子を目深にかぶる. pasar el ～ [寄付などを集めるために] 帽子を回す. con el ～ puesto 帽子をかぶったままで. ～ apuntado [へりの両側を上に曲げた] 二角帽. ～ de canal (de canoa・de teja) [聖職者のかぶる] つばの反り上がった帽子. ～ nuclear 核のかさ. ❷ [説教台の] 天蓋. ❸ [キノコの]かさ [sombrerillo]

　quitarse el ～ ante... …に脱帽する, 敬服する

sombrilla [sombríʎa] 囡 ❶ 日がさ；〔ビーチ〕パラソル. ❷《南米》[女物の] 雨がさ

sombrío, a [sombrío, a] 形《文語》❶ 暗い, 薄暗い [oscuro と違って暗さや味悪さ・陰気さを伴っている]：bosque ～ 薄暗い森. El tiempo está ～. 曇っている. ❷ 陰気な, 陰気そうな：rostro ～ 暗い顔. carácter ～ 陰気な性格. porvenir ～ 暗澹(たん)たる未来

somero, ra [soméro, ra] 形 ❶ 表面に近い：aguas ～*ras* 水面近くの所, ごく浅い所. roca ～*ra* 浅い所にある岩. ❷ 表面的な；簡潔な：hacer una descripción ～*ra* ざっと述べる, 大まかな描写をする

someramente 副 表面的に, ざっと

someter [sometér] 他 ❶ 服従させる：～ a los rebeldes 反乱軍を降伏させる. ❷ [判断などを]委ねる, 合わせる：*Someto* mi voluntad *a* la tuya. 君の意志に従おう. ❸ [+a を] …に課する, 経験させる；[判断に] ゆだねる, 任せる：*Sometieron* al acusado *a* un hábil interrogatorio. 被告は巧みな尋問に会った. ～ a un enfermo *a* tratamiento 病人に治療を受けさせる. ～ una cuestión *a* votación 問題を票決に付する. ～ un proyecto *a* la comisión 計画を委員会に付託する

　◆ **～se** ❶ 服従する；降伏する. ❷ 従う：*Me someto a* lo que tú digas. 君の言うとおりにするよ. ～se a una ley 法律に従う. ❸ 自分をゆだねる：～se *a* una operación 手術を受ける

sometimiento [sometimjénto] 男 服従, 降伏；[行為を] 受けること

somier [somjér] 男 《園》～[e]s《←仏語》[ベッド下部の] マットレスを置く台

somnífero, ra [somnífero, ra] 形 催眠性の　◆ 睡眠薬, 催眠剤

somnolencia [somnolénθja] 囡 半睡状態, まどろみ；眠気〔によるだるさ〕：Me entra ～. 私は眠い

somnoliento, ta 形 眠い；眠気を催させる

somonte [somónte] 男 山麓の土地

　de ～ 粗野な, 不作法な

　somontano, na 形 ふもとの, 山麓の

somormujo [somormúxo] 男《鳥》アビ

　ser un ～ [人が, 何も言わないで] ずるい

somos ☞ser 51

son[1] ☞ser 51

son[2] [són] 男 ❶ [音楽的な・快い] 音：Se oía el ～ de la gaita. バグパイプの音が聞こえた. ❷ やり方, 流儀：estudiar a su ～ 自己流の勉強の仕方をする. ❸ 噂, 風聞：Corre el ～ de que+直説法 …という噂が流れている. ❹ ソン [キューバの民俗舞踊]

　¿a qué ～?/¿a ～ de qué? なぜ?

　al ～ de... …の音に合わせて：Cantábamos *al ～ del* piano. 私たちはピアノに合わせて歌った

　bailar al ～ que tocan 付和雷同する, 大勢に従う

　en ～ de... …の態度で；…の調子で：venir *en ～ de* paz 友好的に(けんか腰でなく)やって来る. decir *en ～ de* broma 冗談めかして言う

　sin ton ni ～/sin ～ 理由もなく：Se ha puesto a llorar *sin ton ni ～*. 彼女は訳もないのに泣き出した. hablar *sin ton ni ～* とりとめのない話をする

son-《接頭辞》[下] sonreír 微笑する

sonado, da [sonádo, ða] 形 過分 ❶ [ser+] 有名な, よく知られた：Es un pintor muy ～. 彼は大変有名な画家だ. ❷ [estar+]《ボクシング》パンチドランカーになった；《口語》頭のおかしい, 気が変な. ❸《俗語》壊れている

　hacer una [que sea] ～da 醜聞を引き起こす

sonaja [sonáxa] 囡《楽器》ハイハットシンバル；タンバリンの枠に付いている鈴；園 皮の張ってないタンバリン

sonajero [sonaxéro] 男《玩具》がらがら

sonambulismo [sonambulísmo] 男 夢遊病, 夢中歩行

sonámbulo, la 形 图 夢遊病の；夢遊病者

sonar [sonár] 図 [活用表] ❶ 鳴る, 鳴り響く；音を立てる：*Ha sonado* el timbre (el teléfono・el reloj). ベル(電話・時計)が鳴った. ❷ 言及される：Su nombre no *suena* en el mundo teatral. 彼の名前は演劇界では聞かれない. ❸《口語》[+a のように] 思われる：Eso *suena* a falso. 嘘みたい. ❹《口語》[漠然と, +a+人 の] 記憶に残っている：Su cara me *suena*. 彼の顔には見覚えがある. ❺ [+que +直説法 の] 噂が流れている：*Suena* que habrá cambio de director. 社長の交代があるだろうと言われている. ❻ [文字が] 発音される：La h, en español, no *suena*. スペイン語では h は発音されない, いやな目に会う. ❼《南米》死ぬ, 不治の病にかかる；失敗する, いやな目に会う

　[así・tal] como suena [奇異かもしれないが] 文字どおり：Dijo a su jefe que se largara, *así como suena*. 彼は上司に向かって出て行けと言ったんだ. 本当だよ

S

~ **bien** (**mal**) *a*+人 [言葉が] …の耳に心地よく (不快に) 響く

lo que sea (*fuere*) *sonará* そのうちわかるさ/いずれははっきりするよ

◆ 他 ❶ [美しい音で] 鳴らす： ~ la campanilla 鈴を鳴らす. ❷ …の鼻をかんでやる

◆ ~*se* 鼻をかむ [~*se* las narices]： Tengo un pañuelo para ~*me*. 鼻をかむためのハンカチを持っています

◆ 男 《軍事》ソナー

sonar	
直説法現在	接続法現在
s**ue**no	s**ue**ne
s**ue**nas	s**ue**nes
s**ue**na	s**ue**ne
sonamos	sonemos
sonáis	sonéis
s**ue**nan	s**ue**nen

sónar [sónar] 男 = sonar

sonata [sonáta] 女 《音楽》ソナタ, 奏鳴曲： ~ para piano ピアノソナタ

sonatina [sonatína] 女 ソナチネ

sonda [sónda] 女 ❶ 《船舶》測深機；測鉛. ❷ [鉱山などの] ボーリング；[気象用などの] 観測機, 探査機： cohete ~ 気象観測用ロケット. ~ espacial (astronáutica) 宇宙探査機. ❸ 《医学》ゾンデ, 消息子： ~ uretral 尿道ゾンデ

sondar [sondár] 他 ❶ 《船舶》測深する. ❷ [地下・海中を] 探査する. ❸ 《医学》[ゾンデなどで] 調べる

sondear [sondeár] 他 ❶ [地下・海中を] 探査する [sondar]. ❷ [意図・意見などを] 探る： ~ la opinión pública 世論調査をする. ~ el mercado 市場調査をする. ❸ 秘かに調べる，探りを入れる

sondeo [sondéo] 男 ❶ 探査, ボーリング. ❷ [意見などの] 調査： ~ de opinión 世論調査. ❸ 《船舶》測深

sonería [sonería] 女 [集合] [時計の] ベル仕掛け

soneto [sonéto] 男 《詩法》ソネット, 14行詩
  sonetillo 男 8行以下の詩

songo, ga [sóŋgo, ga] 形 《中米》ばかな, 愚かな

◆ 女 《中米》 [主に 複] 冗談, からかい

sónico, ca [sóniko, ka] 形 音速の；可聴音の

sonido [sonído] 男 [英 sound] ❶ 音, 音響： Desde aquí no se puede oír el ~ de las campanas. ここからでは鐘の音は聞こえない. ~ de un disparo 発射音. ~ estereofónico ステレオ音響. ~ musical 楽音. ❷ [集合] 音響機器： tienda de ~ オーディオ店. ❸ 《言語》音 ([音])

soniquete [sonikéte] 男 = sonsonete

sonista [sonísta] 图 音響(録音)技師

sonómetro [sonómetro] 男 《音楽》ソノメータ—

sonorense [sonorénse] 形 图 《地名》ソノーラ

Sonora の [人] 《メキシコ北西部の州》

sonoridad [sonoriðáð] 女 ❶ 音の響き, 響き具合い；《言語》有声性： Esta iglesia tiene buena ~. この教会は音響がいい

sonorizar [sonoriθár] 7 他 ❶ 《映画》音入れをする, 音響を入れる. ❷ 音響装置を設置する. ❸ 《言語》有声化する

sonorización 女 1) 《映画》音入れ. 2) 音響装置 [の設置]

sonoro, ra [sonóro, ra] 形 ❶ [名詞+] 音の；音の出る： onda ~*ra* 音波. efectos ~*s* 音響効果. ❷ [+名詞] 大きな音の： bofetada 大きな音の平手打ち. ~*ras* campanas よく響く鐘. ~*ra* voz よく通る声. ❸ 《言語》有声の [↔sordo]

◆ 女 《言語》有声 [子] 音 [consonante ~*ra*]
  sonoramente 副 響きよく： roncar ~ 大いびきをかく

sonotone [sonotóne] 男 《←商標》補聴器 [audífono]

sonreír [sonrɛír] 36 自 [英 smile. 過分 sonreído, 現分 sonriendo] ❶ 微笑する： Al recibir el premio, *sonrió* satisfecho. 受賞した時, 彼は会心の笑みを浮かべた. Sus ojos *sonreían* de felicidad. 彼女の眼は幸福に輝いていた. ❷ [+a+人 に] ほほ笑みかける；有利になる： La victoria nos *sonrió*. 勝利の女神が我々にほほ笑んだ. El futuro le *sonríe*. 彼の未来が開けてきた

◆ ~*se* 微笑する

sonriente [sonriénte] 形 微笑を浮かべた： semblante ~ にこやかな表情

sonrisa [sonrísa] 女 微笑, ほほ笑み： esbozar una ~ ほほえみを浮かべる. no perder la ~ 笑みを絶やさない. con una ~ ほほ笑みを浮かべて, 笑顔で, にこやかに

sonrojar [sonroxár] 他 赤面させる： Su mala educación me hace ~. 彼の無作法には恥ずかしくなる

◆ ~*se* 赤面する
  sonrojo 男 赤面；恥ずかしいこと

sonrosado, da [sonrosáðo, ða] 形 [子供・健康な人の肌などが] バラ色の

sonsacar [sonsakár] 7 他 ❶ [+a+人 から] 巻き上げる, せびり取る： Le *sonsaca a* su madre el dinero. 彼は母親から金をせびり取っている. ❷ 巧みに言わせる： Me *sonsacó* cuanto sabía sobre el asunto. 彼は私からその件について知っていることを全部聞き出した. ❸ [有能な人を] 引き抜く

sonso, sa [sónso, sa] 形 《南米》ばかな, 愚かな
  sonsear 自 ばかなことをする
  sonsera 女 ばかなこと, 愚行

sonsonete [sonsonéte] 男 ❶ [単調な連続の] トントン(コツコツ)という音；[聞き苦しい] 単調なイントネーション. ❷ 決まり文句, 口癖. ❸ 皮肉な調子

soñación [soɲaθjón] 女 *ni por* ~ まさか〔思ってもみないことだ〕

soñador, ra [soɲaðór, ra] 形 夢みがちな, 夢想にふける： con unos ojos ~*es* 夢みるような目

つきで
◆ 囲 夢想家, 空想家

soñar [soɲár] 28 囮 〖英 dream. ☞活用表〗❶
[+con・a の] 夢をみる: Me parece estar
soñando. 夢をみているようだ. Esta noche *he
soñado contigo*. ゆうべ君の夢をみたよ. ❷ 夢想
にふける; 夢みる: i) ～ con el éxito 成功を夢
みる. ii) [+con+不定詞・que+接続法] ～ con
ser estrella de cine 映画スターを夢みる.
Sueña con que su padre le regale un coche.
彼は父親に車を買ってもらいたがっている
◆ 囮 [+que+直説法線過去 するのを] 夢でみる:
Soñé que me caía por la escalera. 私は階段
から落ちる夢をみた
ni ～lo/ni lo sueñes《口語》まさか〔そんなこと
は夢でさえ起こらない〕: ¿Que te quiero? ¡*Ni
～lo!* 私があなたを愛してるって? とんでもない!
～ despierto 白昼夢にふける, 非現実的な夢を
描く

soñar	
直説法現在	接続法現在
sueño	sueñe
sueñas	sueñes
sueña	sueñe
soñamos	soñemos
soñáis	soñéis
sueñan	sueñen

soñarrera [soɲaréra] 囡《口語》❶ [強烈な]
眠気: Me ha dado una ～ terrible. 私はひど
い眠気に襲われた. ❷ 熟睡, 深い眠り
soñera [soɲéra] 囡 =**soñarrera** ❶
soñolencia [soɲolénθja] 囡 =**somnolen-
cia**
soñoliento, ta 囮 =**somnoliento**

sopa [sópa] 囡〖英 soup〗《料理》❶ 不可算
[薄切りパンや野菜などがたっぷり入っ
た] スープ: tomar la ～ スープを飲む. ～
boba [昔修道院などで貧者に供した] 慈善スー
プ. ～ con pasta パスタ入りのスープ. ～ de
fideos ヌードルスープ. ～ de leche ポタージュ.
～ juliana [実だくさんの] 野菜スープ. ～ de
seca 米とパスタ類. De la mano a la boca se
pierde la ～.《諺》何事も成就するまでは油断で
きない. ❷ 圏 コーヒーなどに浸したパン; [スープに
入れる] パンの薄切り; その料理: ～s de leche
ミルクに浸し砂糖・シナモンをかけたパン. ～s de
vino ワイン入りのスープにパンを浸したもの
andar (*estar*) *a la ～ boba/comer la ～
boba*《西. 口語》[働かないで] 寄食する, 居候
生活をする
como (*hecho*) *una ～*《口語》ずぶぬれになっ
て; 泥酔して
dar ～s con honda a+人《西. 口語》…より
はるかに勝る, 顔色をなくさせる
estar (*quedarse*) *～*《口語》眠っている; 酔っ
払っている
hasta en la ～《口語》隅々まで, いたる所に
ponerse ～《口語》びしょぬれになる
sopaipilla [sopaipíʎa] 囡《南米. 菓子》カボチ

ャのフリッター
sopapa [sopápa] 囡《南米》=**desatascador**
sopapo [sopápo] 圐《口語》平手打ち: arre-
ar a+人 un ～ …にびんたを食らわす
sopar [sopár] 囮 =**sopear**
sope [sópe] 圐《中米. 料理》揚げたトルティーリャ
に野菜をのせクリームソースをかけたもの
sopear [sopeár] 囮《中南米》[パンを, +en ミル
ク・ソースなどに] 浸す
sopero, ra [sopéro, ra] 囮 圐 ❶ スープ用の;
スープ好きの[人]. ❷《南米》知りたがりの
◆ 圐 スープ皿 [plato ～]
◆ 囡 [スープを取り分ける, ふた付きの] スープ鉢
sopesar [sopesár] 囮 手に持って重さをはかる;
[利害得失をあらかじめ] 検討する
sopetón [sopetón] 圐 [不意の] 平手打ち, び
んた
de ～ 不意に, 思いがけず: Le soltó la noticia
de la muerte de su madre *de ～*. 母が死ん
だ知らせを彼は突然聞かされた
sopicaldo [sopikáldo] 圐 具がほとんど入って
いないスープ
sopla [sópla] 囲《驚き・賞賛》おや, わあ!: ¡S～
con la niña! ¡Si ya es toda una mujer! わあ,
あの子はもうすっかり一人前の女性だ!
soplado [sopláðo] 圐 [ガラスの] 吹き込み成
形
soplagaitas [soplagáitas] 阁 〖単複同形〗
《軽蔑》ばか, 愚か者
soplamocos [soplamókos] 圐 〖単複同形〗
《口語》平手打ち
soplapollas [soplapóʎas] 囮 阁 〖単複同形〗
《単語. 軽蔑》ばか[な], とんまの
soplar [soplár] 圓 ❶ 息を強く吐く. ❷ [風が]
吹く: Sopla mucho el levante. 東風が強く吹
く. Soplaba un viento muy frío. 非常に冷た
い風が吹いていた. ❸《口語》酒を大量に飲む
◆ 囮 ❶ …に吹きかける; 吹き飛ばす: Sopló la
sopa porque estaba muy caliente. スープが熱
かったので彼はフーフー吹いた. ～ las velas de la
tarta ケーキのろうそくを吹き消す. ～ la ceniza
灰を吹きはらう. ～ el fuego con el fuelle ふい
ごで火をおこす. ❷ ふくらます: ～ un globo 風船
をふくらます. ～ el vidrio ガラスの吹き込み成形
をする. ❸《口語》[+a+人 から] 盗む, だまし取
る: Me *soplaron* la cartera en el metro. 私,
は地下鉄で財布をすられた. ❹ …に着想を与え
る, 入れ知恵する. ❺《口語》[+a+人 に, 試験に] 答
えをこっそり教える. ❻《俗語》告発する, 密告す
る: ～ a la policía el nombre del autor 犯人
の名前を警察に密告する. ❼ [殴打を] 与える:
～ a+人 una bofetada …にびんたを食らわす.
❽《チェッカー》[取れるのに取らなかったので逆に相
手の駒を] 取る. ❾《中米》[舞台裏で] 台詞を
言ってやる
◆ *～se* ❶ [自分の体に] 息を吹きかける: ～*se
las manos frías* こごえた手に息を吹きかける. ❷
《口語》…を大量に食べる(飲む): Se sopló seis
copas de coñac. 彼はコニャックを6杯も飲んだ
soplete [sopléte] 圐 吹管, トーチ: ～ oxia-
cetilénico アセチレンガスバーナー

S

soplido [soplído] 男 強い一吹き

soplillo [soplíʎo] 男 [火をかき立てるのに使うスパルトやシュロ製の] うちわ

tener las orejas de ~ 耳が立っている

soplo [sóplo] 男 ❶ 吹くこと: Apagó la cerilla de un ~. 彼は一吹きでマッチを消した. La despeinó un ~ de aire. 一陣の風に彼女の髪が乱れた. ❷《口語》密告: dar el ~ a la policía 警察に密告する. ❸ 一瞬, 短時間: Se me pasó el año como un ~. 私にとってその1年はあっという間だった. vestirse en un ~ またたく間に服を着る. ❹《医学》心雑音

soplón, na [soplón, na] 男 女《口語》密告屋[の], たれ込み屋[の]; [先生への] 告げ口屋[の]

soponcio [sopónθjo] 男《口語》失神, 気絶〖desmayo〗; 強い驚き; 激怒: Le dio un ~. 彼は気絶した

sopor [sopór] 男 ❶ 眠気: Después de comer me dio un agradable ~. 食後私は気持ちのよい眠気に襲われた. ❷《医学》[昏睡に近い] 深い睡眠

soporífero, ra [soporífero, ra] 形 催眠性の; 眠気を誘う: clase ~ra 退屈な授業
◆ 男 催眠剤, 睡眠薬

soporoso, sa [soporóso, sa] 形 深い睡眠の

soportable [soportáble] 形 我慢できる, 耐えられる

soportal [soportál] 男《建築》i) [主に 複] ポルチコ, アーケード. ii) [屋根付きの] 玄関口, ポーチ

soportar [soportár] 他 ❶ [荷重を] 支える: Estas columnas *soportan* todo el edificio. これらの柱が建物全体を支えている. ❷ [苦痛・逆境などに] 耐える, 耐え忍ぶ: No *soportaría* una caminata tan larga. 彼にはそんな長い距離は歩けないだろう. ~ su enfermedad con resignación あきらめて病気を耐え忍ぶ. [+que+接続法] No *soporto* que me griten. 私はギャーギャーわめかれるのには我慢できない

soporte [sopórte] 男 ❶ 台, 支え: ~s de una estantería 本棚の支柱. Su mujer era su ~. 妻が彼の支えだった. ❷《美術》[その上に描く] 素材, 材料. ❸《情報》記録媒体: ~ físico (lógico) ハード (ソフト) ウェア. ❹《紋章》盾を支える図案

soprano [sopráno] 男《音楽》ソプラノ
◆ 名 ソプラノ歌手: niño ~ ボーイソプラノ. ~ lírica リリックソプラノ

sor [sór] 女 [修道女の名の前に置く敬称] Sor Juana シスター・フワナ

sorber [sorβér] 他 ❶ 啜(す)る, ちびちび飲む: ~ una limonada レモネードを少しずつ飲む. ❷ 吸い込む〖absorber〗: La esponja *sorbe* el agua. スポンジは水を吸う. El remolino *sorbía* todo cuanto hallaba a su paso. 竜巻は行く手にあるものすべてを吸い込んだ. ❸ 熱心に聞く, 傾聴する: *Sorbían* las palabras del poeta. 彼は詩人の言葉に聞き入っていた
◆ ~se: ~se los mocos 鼻を啜る

sorbete [sorβéte] 男 ❶《菓子》シャーベット.

❷《中南米》ストロー;《中米》山高帽子

sorbitol [sorβitól] 男《化学》ソルビット, ソルビトール

sorbo [sórβo] 男 ❶ 啜(す)ること: Se lo bebió de un ~. 彼はそれを一口で飲み干した. ❷ 一度に啜る量; ごく少量: paladear el último ~ de café コーヒーの最後の一口を味わう. Sólo tomé un ~ de whisky. 私はウイスキーをほんの一口飲んだだけだ

a ~s 啜りながら: beber el coñac *a ~s* コニャックをちびちび飲む

sorchi/sorche [sórtʃi/-tʃe] 男《西.俗語》新兵

sorda¹ [sórða] 女《鳥》ジシギ

sordera [sorðéra] 女 耳が不自由なこと, 難聴

sórdido, da [sórðido, ða] 形 ❶ 汚れた, 貧しい: salir del ~ ambiente 悲惨な環境から抜け出す. ❷ 貪欲な, さもしい: Es muy ~. 彼はひどいけちん坊だ

sordidez 女 きたならしさ; あさましさ

sordina [sorðína] 女《音楽》弱音器, ミュート; [時計の] ベルが鳴る (時を打つ) のを止める装置

con (a la) ~ ひそかに, こっそりと

sordo, da² [sórðo, ða] 形 ❶ 耳の聞こえない, 耳の不自由な: ser algo (un poco) ~ 耳が遠い. Es ~ del oído izquierdo. 彼は左耳が聞こえない. ❷ [estar・+a・ante に] 耳を貸さない: Permaneció ~ a mis ruegos. 彼は私の頼みに耳を貸そうとしなかった. ❸ 静かな, 音のしない: con pasos ~s 足音を忍ばせて. ❹ [音・痛みなどが] 鈍い, こもった, かすかな〖↔agudo〗: Se oyó un golpe ~. ぶつかった鈍い音が聞こえた. dolor ~ 鈍痛. ❺ [感情が] 表面に表われない, 内にこもった: cólera ~da 内にこもった怒り. ❻ 隠れた, ひそかな: guerra ~da 宣戦布告なしの戦争. ❼《言語》無声の〖↔sonoro〗: consonante ~da 無声子音

a la ~da/a lo ~/a ~das ひそかに, こっそりと

◆ 名 耳の不自由な人: No hay peor ~ que el que no quiere oír.《諺》聞こうとしない人は聞こえない人よりも始末が悪い

hacerse el ~ 聞こえないふりをする; [+a 依頼・命令を] 無視する, 耳を貸そうとしない

sordamente 副 ひそかに, こっそりと

sordomudo, da [sorðomúðo, ða] 形 名 聾唖(²ゥ)の; 聾唖者

sordomudez 女 聾唖

sorete [soréte] 男《南米》[人間の] 糞

sorgo [sórgo] 男《植物》モロコシ

soriano, na [sorjáno, na] 形 名《地名》ソリア Soria の [人]〖カスティーリャ=レオン地方の県・県都〗

soriasis [sorjásis] 女 =psoriasis

sorna [sórna] 女 痛烈な皮肉, いやみ: decir con ~ いやみで言う

soro [sóro] 男《シダ植物の》胞子嚢(²)

soroche [sorótʃe] 男《南米》高山病; 方鉛鉱〖galena〗

sorochar ~se 高山病にかかる

sorprendente [sorprendénte] 形 驚くべき;

珍しい, 特別な

sorprender [sorprendér] 他 『英 surprise』
❶ 驚かす, 意表を突く: *Sorprendió* a todos con su singular sombrero. 彼女はその変わった帽子でみんなをびっくりさせた. **❷** …の不意をつく; 《軍事》奇襲する: Le *sorprendieron* copiando (robando la cartera). 彼はカンニングの現場を見つかった(すりの現行犯で捕まった). La *sorprendí* escondida. 私は彼女が隠れているのを見つけた. Me *sorprendió* un aguacero. 私はにわか雨にあった. **❸** [秘密などを] 見破る, かぎ当てる: *Sorprendió* el lugar donde guardaban el tesoro. 彼は財宝の隠し場所を見つけた

◆ 自 [que+接続法が主語. +a+人 にとって] 驚くべきことである: Me *sorprendió* mucho que hubiera llegado a esquiar tan bien. 彼があんなにスキーが上手になったなんて大変意外だ.

◆ ~se [英 be surprised] [+con・de に] 驚く: Me *sorprendí con* su éxito. 彼の成功に私はびっくりした. Me *sorprendí* al verle tan flaco. 彼がそんなにやせているのを見て私は驚いた

sorpresa [sorprésa] 女 『英 surprise』**❶** [意表を突かれた] 驚き: Me dio una ~ con su regalo. 彼女は思いがけないプレゼントを私にくれた. ¡Qué ~ encontrarme contigo aquí! ここで君に会うとは奇遇だ. ¡Vaya ~! わあ驚いた(うれしい)! para mi ~ 私にとって意外なことに. **❷** 思いがけない贈り物. **❸** 《玩具》caja de ~ びっくり箱. **❹** 奇襲, 不意打ち, 伏兵 『ataque ~』. **❺** [形容詞的] resultado ~ 思いがけない結果. visita ~ 不意の訪問

coger a+人 por (de) ~ …の不意をつく
por ~/de ~ 不意の・に, 意表をつく・ついて: Preguntaba *por* ~. 彼は思いもよらない質問をしたのだった

sorpresivo, va [sorpresíβo, βa] 形 《中南米》思いがけない

sorrostrada [sorrostráða] *dar* ~ 無礼な態度をとる

sortear [sorteár] 他 **❶** 抽籤(くじ)で決める: Hay varios premios para ~. くじを引くと色々な賞品が当たる. **❷** 《闘牛》牛と戦う. **❸** [危険・障害などを] 上手に回避する: ~ los coches 車をよける. ~ las preguntas 質問を巧みにかわす

sorteable 形 回避し得る, 回避されるべき

sorteo [sortéo] 男 抽籤(ちゅうせん), くじを引くこと: Le tocó el segundo premio en el ~ de la lotería. 彼は宝くじで2等賞が当たった. No ha salido en el ~. 彼は抽籤に外れた. decidir por ~ 抽籤で決める

sortija [sortíxa] 女 **❶** [主に宝石つきの] 指輪. **❷** 巻き毛, カール

sortilegio [sortiléxjo] 男 [迷信的な] 占い; 魔法, 妖術; 魔力; [抗しがたい] 魅力

sos- [接頭辞] [下] *sostener* 支える

SOS [ése ó ése/sós] 男 [単複同形] 遭難信号; 救助要請: lanzar un ~ [+a に] SOSを発信する

sosa¹ [sósa] 女 **❶** 《化学》ソーダ: ~ cáustica

苛性ソーダ. **❷** 《植物》オカヒジキ

sosaina [sosáina] [←soso] 《口語》面白味のない[人], 野暮な[人], さえない[人]

sosegado, da [soseγáðo, ða] 形 過去分 温和な, おとなしい

sosegar [soseγár] 8 23 [☞*negar* 活用表] 他 静める, 穏やかにする: Tu noticia me *ha sosegado*. 君の知らせで安心したよ

◆ 自 休息する

◆ ~se **❶** 静まる, 穏やかになる: Se *sosegó* el mar. 波がおさまった. Sosiégate, niño. 坊や, おとなしくしなさい. **❷** 休息する, 体を休める

sosegate [soseγáte] 男 《南米》[行ないを正すための] 叱責, 注意

soseras [soséras] 形 名 [単複同形]《口語》= sosaina

sosería [sosería] 女 [←soso] 面白味のなさ, 野暮; 味気なさ

sosia [sósja] 男 《文語》瓜(うり)二つの人: Es tu ~. 彼は君と瓜二つだ

sosias 男 [単複同形] = sosia

sosiego [sosjéγo] 男 平穏, 静寂: Me gusta el ~ del campo. 私は田舎の落ち着いた暮らしが好きだ. perder el ~ 平静を失う

soslayar [soslajár] 他 **❶** [困難などを] 回避する: ~ con astucia las preguntas ずる賢く質問をそらす. **❷** [狭い所を通れるように] 斜めにする: *Soslaya* los esquís para que puedan pasar por la puerta. 戸口を通れるようにスキーを傾けて持ちなさい

soslayo [soslájo] 男 *de* ~/*al* ~ 1) 斜めに, はすに: Si pones *al* ~ el cuadro, podrás meterlo en el coche. 絵を斜めにすれば車に入れられるよ. mirar *de* ~ 横目で見る. 2) 表面的に

soso, sa² [sóso, sa] 形 **❶** 味(風味)のない; [特に] 塩味の足りない: Esta sopa está ~. このスープは味が薄い(こくがない). **❷** 面白くない, 野暮な; [女性が] 愛嬌の(ない); 生気(精彩)のない: Es un hombre ~. 彼は退屈な男だ. Es guapa, pero *sosa*. 彼女は美人だが愛嬌がない. Su rostro es ~. 彼の顔は生気がない
¡no seas tan ~! そんなに水くさくなるな!

sospecha [sospétʃa] 女 疑惑, 嫌疑: La policía tiene vivas ~s de él. 警察は彼に強い嫌疑をかけている. infundir a+人 ~ …の疑惑を招く; disipar las ~ 疑いを晴らす. tener a+人 en ~ 《法律》…に嫌疑をかける. fuera (por encima) de toda ~ 疑いの余地のない

sospechar [sospetʃár] 他 『英 suspect』[兆候などを根拠に, +que+直説法] 推量する, 予測する; 疑う: i) Por la hora que es, *sospecho* que ya no vendrá el profesor. こんな時間だから先生はもう来ないだろう. *Sospecho* que él miente. 彼は嘘をついていると私は思う. El amo *sospechaba* la infidelidad de su criado. 主人は召使の忠誠心を疑った. ii) [軽い疑惑. +que+接続法] Todos *sospechan* que él pueda ser el autor. 彼が犯人かもしれないとみんな疑っている

◆ 自 [+de+人 に] 嫌疑をかける: La policía

sospecha de él como autor del robo. 警察は盗みの犯人として彼を疑っている. *Sospecha de su marido.* 彼女は夫に不信を抱いている

sospechoso, sa [sospetʃóso, sa] 形 疑わしい: Su comportamiento es muy ～. 彼の態度は実に怪しい. tipo ～ 怪しげなやつ
◆ 名 [+de の] 容疑者: Es el ～ del asesinato. 彼が殺人事件の容疑者だ
sospechosamente 副 疑いをもって

sostén [sostén] 男 ❶ 支え, 支柱: ～ del muro 塀の支柱. ～ del gobierno 政府の支持者. ～ moral 心の支え, 精神的な支柱. Es el ～ de su familia. 彼が一家の大黒柱だ. ❷ 食べる物: ganarse el ～ 食いぶちを稼ぐ. ❸ [主に複] ブラジャー 『水着ではなく下着』: ponerse (llevar) los *sostenes* ブラジャーをつける(つけている)

sostener [sostenér] 58 他 [英 sustain, support] ❶ 支える: i) Unas vigas *sostienen* el techo. 数本の梁が天井を支えている. *Sostenía al anciano por el brazo.* 彼は老人の腕を支えていた. ii) [扶養] ～ a la familia 一家の生計を支える. iii) [支援·支持] Su mujer era la única que lo *sostenía.* 妻だけが彼の支えだった. ～ a un candidato ある候補者を応援する. ❷ [考えなどを] 変えない, 主張し続ける, [意見を] 持つ: *Sostenía* que la Tierra era redonda. 彼は地球は丸いと主張していた. *Sostuvo su palabra hasta el último momento.* 彼は最後まで約束を守った. Yo no *sostengo* la misma opinión. 私の意見は違う. ❸ [行為·状態を] 続ける: *Sostuve* una larga conversación con él. 私と彼と長話をした. No podré ～ este tren de vida que llevo. 今のこんな生き方は続けられないだろう. ～ buenas relaciones 友好関係を保つ. ～ la vida 生命(健康)を維持する
◆ ～**se** ❶ 自分を支える, 立っている: No podía ～*se* de cansado que estaba. 彼は疲れていて立っていられなかった. El niño *se sostiene* de pie solo. その子は一人で立てる. La cometa *se sostiene* quieta en el aire. 凧が空中でじっと動かない. ❷ 生計を立てる; 生存する: *Se sostiene* por sus propios medios. 彼は自分で働いて生計を立てている/自立している. ～*se* con unos trozos de pan パン数切れでしのぐ. ❸ 続ける: El chico no puede ～*se* mucho rato quieto. 子供は長い間じっとしてはいられない. ～*se* en el poder 権力の座にとどまる. ～*se* en su negativa 拒否の姿勢を変えない

sostenido, da [sosteníðo, ða] 形 過分 [音楽] sol ～ 嬰(え)ト音. en fa ～ mayor 嬰へ長調の
◆ 男 嬰記号, シャープ: doble ～ ダブルシャープ

sostenimiento [sostenimjénto] 男 [+de を] 支える(続ける)こと: ～ de un chalet 別荘の維持. ～ de una empresa 企業経営. ～ de la familia 家族の扶養

sota [sóta] 女 [西式トランプの] 10番目の札 『絵柄は子供』

sotabanco [sotaβáŋko] 男 [建築] i) [蛇腹上の] 屋上階; 屋根裏部屋. ii) [アーチの] 迫

sotabarba [sotaβárβa] 女 ❶ 二重顎 [papada]. ❷ 顎ひげ [☞barba カット]

sotana [sotána] 女
❶ [カトリック] スータン 『聖職者の通常服. ☞カット』: colgar la ～ 還俗する. ❷ 殴打

sótano [sótano] 男 地下室, 地階: primer (segundo) ～ 地下 1 (2) 階

sotavento [sotaβénto] 男 《船舶》風下 [↔ barlovento]: de ～ 風下の. a ～ de... ⋯の風下に. virar a ～ 下手回しをする

sotechado [sotetʃáðo] 男 納屋, 掘立て小屋

soterrar [soteřár] 23 他 ❶ 埋める: ～ el tesoro en el bosque 宝物を森に埋める. ❷ [記憶·感情を] しまい込む, 隠す: ～ los tristes recuerdos 悲しい思い出を胸に秘める
soterrado, da 形 過分 密かな, 水面下の

soto [sóto] 男 [河岸の·低地の] 森; 《南米》節(ふし), こぶ

sotobosque [sotoβóske] 男 [森の中の] 下ばえ

soufflé [suflé] 男 [複 ～s] 《←仏語. 料理》スフレ

soul [súl] 形 [複 ～s] 《←英語. 音楽》ソウル(の)

soutien [sutjén] 男 《←仏語. 南米》=sostén

souvenir [suβenír] 男 [複 ～s] 《←仏語》[旅行の] 記念品, 土産物

soviet [sóβjet] 男 《←露語. 歴史》ソビエト, 労働者評議会: ～ supremo ソ連邦最高会議

soviético, ca 形 名 ソ連 Unión Soviética [人](の); ソ連人: Unión de Repúblicas Socialistas S～cas ソビエト社会主義共和国連邦

sovietizar 9 他 ソビエト化する; ソ連の影響化に置く

sovoz [sobθ] a ～ 小声で

soy ☞ser 51

soya [sója] 女 《中南米》=soja

s.p. 男 《略語》←servicio público 公共企業体

s/p 《略語》←su pagaré 貴約束手形

spaghetti [(e)spagéti] 男 [複 ～s] =espagueti: ～ western 《映画》マカロニウエスタン

spanglish [(e)spángliʃ] 男 《←英語》スペイン語なまりの英語

spaniel [(e)spanjél] 男 《犬》スパニエル

sparring [(e)spárin] 男 《←英語. ボクシング》スパーリングパートナー

speech [(e)spítʃ] 男 《←英語. 時に戯語·軽蔑》スピーチ

spi [(e)spí] 男 spinnaker の省略語

spin [(e)spín] 男 《←英語》[素粒子などの角運動量] スピン

spinnaker [(e)spinakér] 男 《←英語. 船舶》スピンネーカー

spleen [(e)splín] 男 《←英語. 文語》憂鬱(うつ)

spoiler [(e)spojlér] 男 [複 ～s] 《←英語. 船舶

空・自動車〕スポイラー

sponsor [(e)spons5r] 名《←英語》スポンサー

sponsorizar ⑨ 他 提供する

sport [(e)spɔ́rt] 形 男《←英語》＝**deporte**；deportivo

spot [(e)spɔ́t] 男《複 ～s》《←英語》❶〔映画・テレビ〕スポット広告〔～ publicitario〕. ❷〔商業〕～ precio スポット価格

spray [(e)sprái] 男《複 ～s》《←英語》スプレー：en ～ スプレー式の

spre.《略語》←siempre 常に

sprint [(e)sprín] 男《複 ～s》《←英語》短距離競走，スプリント；〔ラスト〕スパート：hacer un ～〔ラスト〕スパートする

sprintar 自 全力疾走する

sprinter 名《複 ～s》スプリンター，短距離選手

squash [(e)skwɔ́ʃ] 男《←英語. スポーツ》スカッシュ

squech [(e)skétʃ] 男《←英語. 演劇》寸劇

Sr.《略語》←señor〔男性〕様

Sra.《略語》←señora〔既婚女性〕様，…夫人

sre.《略語》←sobre …に関して，…に対して

Sres.《略語》←Señores 御中

S.R.M.《略語》←Su Real Majestad 陛下

Sres.／Srs.《略語》←Señores 御中

Srta.《略語》←Señorita〔未婚女性〕…様

S.S.《略語》←Su Santidad 教皇聖下；＝S.S.S.

SSE《略語》←sudsudeste 南南東

SS.MM.《略語》←Sus Majestades 陛下ご夫妻

SSMO.〔P.〕《略語》←Santísimo〔Padre〕教皇，ローマ法王

SSO《略語》←sudsudoeste 南南西

S.S.S.《略語. 古語》←su seguro servidor〔公用文で〕敬具〔現在では cordialmente など〕

S.s.s. que b.s.m.《略語》←Su seguro servidor que besa su mano〔公用文で〕敬具.

Ss.Ss.《略語》←seguros servidores〔発信人が会社・団体〕敬具

sta.《略語》←santa〔女性〕聖…

stabat [(e)stabá(t)] 男《←ラテン語》スタバトマーテル〔悲しみの聖母の賛美歌〕

staccato [(e)stakáto] 男《←伊語. 音楽》スタッカート

staff [(e)stáf] 男《←英語》スタッフ, 幹部グループ

stalinismo [(e)stalinísmo] 男 ＝**estalinismo**

stalinista 形 名 ＝**estalinista**

stand [(e)stán] 男《複 ～s》《←英語》〔博覧会などの〕展示場, スタンド

standar[d] [(e)stándar] 男《←英語》＝**estándar**

standing [(e)stándin] 男《←英語》〔経済的・社会的に高い〕地位：de alto ～ ハイクラスの

starter [(e)stárter] 男《←英語. 自動車〕チョーク

status [(e)státus] 男《単複同形》《←ラテン語》〔社会的な〕地位, ステータス

statu[s] quo [(e)státu(s) kwó]《←ラテン語. 主に外交》現状：mantener el ～ de… …の現状を維持する

stencil [(e)sténθil] 男《（技術）～s》《技術》ステンシル

sterilet [(e)sterilét] 男《←英語》避妊用子宮内リング〔DIU〕

steroide [(e)ster5iðe] 男《化学》ステロイド：～ anabólico（anabolizante）アナボリックステロイド

steroideo, a 形 ステロイド〔性〕の

sterol [(e)ster5l] 男《生化》ステロール

stick [(e)stík] 男《←英語. ホッケー》スティック

Sto.《略語》←santo〔男性〕聖…

stock [(e)st5k] 男《複 ～s》《←英語》在庫, ストック：un gran ～ de mercancía 大量の商品在庫

stop [(e)st5p] 男《←英語》❶〔交通標識の〕赤信号；〔自動車の〕ブレーキランプ. ❷〔電文を区切る〕ストップ, 段落

◆ 間 止まれ, やめろ!

strass [(e)strás] 男〔模造宝石用の〕鉛ガラス

stress [(e)strés] 男《←英語》ストレス；過労

strip-tease [(e)striptís] 男《単複同形》《←英語》ストリップショー

stupa [(e)stúpa] 男《仏教》ストゥーパ, 仏舎利塔

su [su] 形《英 his, her, its；their；your. 所有形容詞短縮形. 数変化のみ》〔＋名詞〕❶彼らの, 彼女〔ら〕の；それ〔ら〕の（＝ de él〔ら〕の）：i) Su casa es muy grande. 彼〔ら〕の〔彼女〔ら〕・あなた〔がた〕の〕家はとても大きい. Aquí vienen Carlos y sus hijos. カルロスとその息子たちがやって来る. España y su historia スペインとその歴史. ii)〔行為の主体・客体〕Mira su foto. 彼の〔写した・写っている〕写真を見てごらん. Debemos mucho a su estudio. 私たちは彼の〔した〕研究に負うところ大である. Necesitamos mucho su estudio. 私たちは大いにそれを研究する必要がある

❷自分の：Asegúrese con sus propios ojos. 自分の目で確かめなさい

❸いつもの, 例の：Ella lleva su delantal sucio. 彼女はいつもの汚れたエプロンをしている

❹《手紙》貴社の, 貴団体の：Mucho agradecemos su amable pedido. 貴社よりの御注文まことにありがたく存じます

❺〔尊称〕Sus Majestades 陛下御夫妻. Su Alteza〔Real〕殿下

❻〔招待〕Tengo el gusto de ofrecerle su nuevo domicilio en la calle de Mercedes, número 25. メルセデス通り25番地に新居を構えましたのでお知らせ申し上げます

❼〔概数〕Distará sus dos kilómetros. 距離はまず2キロ位だろう

❽〔強調〕自分なりの；かなりの：Cada uno tiene sus preocupaciones. 人にはそれぞれの心配事がある. El tiempo tiene su importancia. 時間はとても重要だ

suahili [swaxíli] 男 スワヒリ語

suasorio, ria [swas5rjo, rja] 形《文語》説

S

得の

suástica [swástika] 囡 かぎ十字

suave [swáβe] 厖〖英 soft, smooth〗❶ 手触りのよい，柔らかくなめらかな: cutis 〜 すべすべした肌，柔肌. 〜 como el terciopelo/〜 como la piel de un niño (de una manzana) 絹のようになめらかな. ❷［形状・動きなどが］柔らかい調子の，穏やかな: color 〜 柔らかい色，落ち着いた色. curva 〜 緩いカーブ. dirección 〜 スムーズな操縦性. palabras 〜s 優しい言葉. paso 〜 軽い足どり. pendiente 〜 なだらかな斜面. regla 〜 緩い規則. represión 〜 軽い叱責. sabor 〜 薄味. trabajo 〜 楽な仕事. viento 〜 心地よい風. voz 〜 ソフトな声. 〜 murmullo del arroyo 小川の軽やかなせせらぎ. La tarde era 〜. 穏やかな午後だった. ❸［estar+.人が］おとなしい，柔和な. ❹［ワインが］口当たりのよい，軽い. ❺［化粧品・医薬品などが］利き目が穏やかな，マイルドな. ❻《金属》acero 〜 軟鋼. ❼《中南米》すごい・paliza 〜 強烈な殴打

◆〜se 穏やかになる: Con los años se suavizó su carácter. 年をとるにつれて彼は性格が丸くなった

suavemente [swáβeménte] 副 心地よく；そっと

suavidad [swaβiðá(ð)] 囡 なめらかさ，柔らかさ；穏やかさ

suavizador [swaβiθaðór] 男［かみそりを研ぐ］革砥(⛏)

suavizante [swaβiθánte] 男［洗濯の］柔軟仕上げ剤；ヘアリンス

suavizar [swaβiθár] ⑨ 他 なめらかにする，柔らかくする，穏やかにする: 〜 la superficie 表面をなめらかにする. 〜 asperezas 事を丸く収める. La miel suaviza los catarros. 蜂蜜は風邪を和らげる

◆〜se 穏やかになる: Con los años se suavizó su carácter. 年をとるにつれて彼は性格が丸くなった

suazi [swáθi] 厖［アフリカ南東部の］スワジ族の

sub-〔接頭辞〕［下］submarino 潜水艦

suba [súβa] 囡《南米》価格の上昇

subacuático, ca [suβakwátiko, ka] 厖 水中の；《生物》半水性の

subafluente [suβaflwénte] 男［支流からさらに分かれる］支流

subalimentación [suβalimentaθjón] 囡 栄養不良，栄養失調
subalimentado, da 厖 栄養不良(失調)の

subalquilar [suβalkilár] 他 ＝**subarrendar**

subalpino, na [suβalpíno, na] 厖 アルプス山麓の

subalterno, na [suβaltérno, na] 厖 ❶［地位などが］下位の，下級の: personal 〜 下級職員. oficial 〜 下級将校，尉官. ❷ 二次的な，副次的な

◆ 图 ❶ 部下，下役. ❷《闘牛》マタドールの補佐〖banderillero など cuadrilla の一員〗

subálveo, a [suβálβeo, a] 厖 河床の下の

subarrendar [suβarɛndár] ㉓ 他 転貸貸する，又貸し(借り)する: Subarrienda la finca a otro. 彼は別の人に土地を又貸ししている
subarrendador, ra 囡 又貸し人

subarrendatario, ria 图 又借り人
subarriendo 男 転貸借，又貸し，又借り

subártico, ca [suβártiko, ka] 厖 北極圏に接する，亜北極の

subasta [suβásta] 囡 ❶ 競売，競り売り，オークション: poner un cuadro a 〜 絵を競売にかける. adquirir… en 〜 …を競り落とす. sala de 〜s 競売場. 〜 a la rebaja 競り下げ競売. ❷ 入札: sacar a 〜 el nuevo aeropuerto 新空港(工事)の入札を行なう. 〜 pública 公開入札. ❸《トランプ》賭け金の釣り上げ

subastar [suβastár] 他 ❶ 競売する；入札を行なう. ❷《トランプ》賭け金を釣り上げる
subastador, ra 图 競売人. ◆ 囡 競売所，オークション会社

subatómico, ca [suβatómiko, ka] 厖《物理》原子を構成する，原子より小さい(粒子の)

subcampeón, na [subkampeón, na] 图 準優勝者，2位の人

subcelular [subθelulár] 厖 細胞より小さい，亜細胞の

subclase [subkláse] 囡 下位区分；《生物》亜綱

subclavio, via [subkláβjo, βja] 厖《解剖》鎖骨下の
◆ 囡 鎖骨下静脈〖vena 〜via〗

subcomisión [subkomisjón] 囡 小委員会，分科会
subcomité 男 ＝**subcomisión**

subconjunto [subkonxúnto] 男《数学》部分集合

subconsciente [subkonsθjénte] 厖 潜在意識の，意識下の
◆ 男 潜在意識，下意識: en el 〜 潜在意識で
subconsciencia 囡 潜在意識，下意識

subconsumo [subkonsúmo] 男《経済》過少消費

subcontinente [subkontinénte] 男 亜大陸

subcontrato [subkontráto] 男 下請け
subcontratación 囡 ＝**subcontrato**
subcontratar 他 …と下請け契約をする
subcontratista 图 下請け業者

subcortical [subkortikál] 厖《解剖》皮質下の

subcostal [subkostál] 厖《解剖》肋骨下の

subcultura [subkultúra] 囡 下位文化，サブカルチャー

subcutáneo, a [subkutáneo, a] 厖《解剖》皮下の: inyección 〜a 皮下注射

subdelegado, da [subðeleɣáðo, ða] 图［被委任者の］代理人

subdérmico, ca [subðérmiko, ka] 厖 ＝**subcutáneo**

subdesarrollo [subðesaróʎo] 男［経済的・社会的な］後進性，低開発性
subdesarrollado, da 厖 後進的な，低開発の: país 〜 後進国

subdiácono [subðjákono] 男《カトリック》副助祭〖rorden 囡 ❷ 参列〗

subdirector, ra [subðirɛktór, ra] 图 副社長，副支配人，次長

subdirectorio [subðirektórjo] 男《情報》サブディレクトリー

subdistinguir [subðistiŋgír] ⑤ 他 さらに細かく区別する

súbdito, ta [súbðito, ta] 形 [+de の] 支配を受ける，従属している: Los vasallos eran ~s de los señores feudales. 封臣は封建領主に臣従していた
◆ 名 ❶ [封建制下の] 臣下，臣民. ❷ [ある国の] 所属民: ~ norteamericano 米国人

subdividir [subðiβiðír] 他 再区分する，再分割する
　　subdivisión 女 再分割，下位区分

subdominante [subðominánte] 女《音楽》下属音

subeibaja [subeiβáxa] 男《遊具》シーソー〖balancín〗

subempleo [subempléo] 男《経済》不完全就業；[資源などの] 利用不足
　　subempleado, da 形 不完全就業の；十分に活用されていない

súber [súβer] 男《植物》コルク組織，コルク質
　　suberificar ⑦ ~をコルク質化する
　　suberoso, sa 形 コルク質(状)の

subespecie [subespéθje] 女《生物》亜種

subestación [subestaθjón] 女 変電所〖~ de transformación〗；サブステーション

subestimar [subestimár] 他 過小評価する: ~ al enemigo 敵を見くびる

subexposición [subeksposiθjón] 女《写真》露出不足
　　subexponer ⑥ 他 露出不足にする

subfamilia [subfamílja] 女《生物》亜科

subfebril [subfeβríl] 形《医学》微熱性の

subfusil [subfusíl] 男 自動小銃

subgénero [subxénero] 男《生物》亜属

subgrupo [subɣrúpo] 男 下位集団，サブグループ；《数学》部分群

subibaja [subiβáxa] 男 =**subeibaja**

subida[1] [subíða] 女 [↔bajada] ❶ 登ること，上昇: ~ del (al) monte Fuji 富士登山. ~ de un avión 飛行機の上昇. ❷ [価値・量の] 上昇，増大: ~ de precios 物価の上昇. ~ de temperatura 温度の上昇. ❸ 坂，登り道. ❹ [パン生地の] ふくれ上がり
　　ir de ~ 上昇中である，上向きである: El calor va de ~. だんだん暑くなる

subido, da[2] [subíðo, ða] 形 過分 ❶ 高い: Piden por el piso un precio muy ~. そのマンションは大変高い値段がつけられている. ❷《西》極上の，最高級の: Esta noche tienes el guapo ~. 今晩はえらく男前だね/とびきりきれいね. ❸ [色・匂いなどが] 強烈な: corbata de color ~ 派手な色のネクタイ. rojo ~ 強烈な赤色. broma (película) ~da de tono きわどい冗談(どぎつい映画)

subíndice [subíndiθe] 男《数学》[副] 添え字

subinspector, ra [subinspektór, ra] 名 副検査官

subintendente [subintendénte] 名 主計官の部下，主計官代理

---

subir [subír] 〖英 climb, go up. ↔bajar〗
他 ❶ [+a に] 登る，上がる；上昇する: ~ a un monte (una torre・un árbol) 山(塔・木)に登る. ~ al quinto piso 6 階まで登る(に行く). ~ a (sobre) la mesa テーブルの上に乗る. ~ por la escalera 階段を登る(で上がる). *Sube* a dormir. 2 階に行って寝る. *Sube* el cohete. ロケットが上昇する
❷ [+a 乗り物に] 乗る，乗り込む: ~ al tren (al barco) 乗車(乗船)する. ~ a la bicicleta 自転車に乗る
❸ [水位・温度などが] 上がる: Ha subido el río. 川が増水した. La leche, al hervir, *sube*. 牛乳は沸騰すると吹き上がる. Le ha subido mucho la fiebre. 彼はひどく熱が出た
❹ [価格などが] 上がる: i) *Sube* la gasolina. ガソリンが値上がりする. El costo ha subido mucho. コストがひどく増加した. ii) [+a に] 達する: La deuda *sube* a cien millones de dólares. 負債は 1 億ドルにのぼる. ¿A cuánto *sube* la factura del teléfono? 電話料金はいくらになりますか?
❺ [+de が] 向上する，昇進する: Ha subido de categoría. 彼は昇格した. Este niño ha subido mucho este año. この子は今年とても成績が上がった
❻ [音・調子が] 高くなる: La discusión ha subido mucho de tono. 議論は白熱した. La voz *sube*. 声が高くなる
◆ 他 ❶ 登る，上る: Este coche *sube* bien las cuestas. この車は坂を楽々と登る. ❷ 持ち上げる，運び上げる: ~ a un niño en brazos 子供を高くさし上げる. ~ el equipaje al tren 荷物を列車にのせる. ~ un sillón viejo al desván 古い椅子を屋根裏に上げる. ❸ [位置を] 上げる，高くする: ~ la cabeza 頭を上げる(まっすぐにする). ~ la persiana ブラインドを上げる. ~ la muralla 城壁を高くする. ~ a+人 de categoría …を昇格させる. ❹ [価格などを] 上げる: El panadero ha subido el pan. パン屋はパンを値上げした. ~ el sueldo 給料を上げる，賃上げする. ❺ [音・調子などを] 上げる，強くする: ~ la voz (la televisión) 声(テレビの音)を大きくする
◆ **~se** ❶ =自: El gato [se] *subió* al árbol. 猫は木によじ登った. Vamos a ~[nos] a mi cuarto. 僕の部屋に上がろう. Nunca [se] ha subido a un caballo. 彼は一度も馬に乗ったことがない. ❷ [自分の…を] 高くする: *Súbete* los calcetines. 靴下を上げなさい. Te has subido medio tono. 半音上がったよ. ❸ [+a+人 を] 酔わせる；思い上がらせる: El éxito se le ha subido. 成功で彼はのぼせ上がった. ❹《口語》[+a+人 に] 大きな顔をする，無礼な態度をとる: Ten cuidado para que los alumnos no se te *suban*. 生徒たちにつけ上がられないよう気をつける. ❺ [パン生地が] 発酵してふくれる

súbito, ta [súβito, ta] 形 ❶ 突然の，急な: ~ cambio de tiempo 天候の急変. ❷ [性格的に] 激しい，直情的な
◆ 副 突然，急に: Se marchó ~. 彼は急に立

ち去った

de ～ 突然: Mientras hablábamos, _de ～_ rompió a llorar. 私たちが話をしていると, 彼が いきなり泣き出した

súbitamente 副 突然, 急に

subjefe, fa [subxéfe, fa] 名 次長, 副主任

subjetivo, va [subxetíβo, βa] 形 主観の, 主観的な; 個人的な〔↔objetivo〕: Los juicios estéticos son siempre ～ s. 美的な判断 は常に主観的である. punto de vista ～ 個人的 な観点

  subjetividad 名 主観性, 主体性

  subjetivismo 名 主観論, 主観主義

sub judice [sub júðiθe] 《←ラテン語. 法律》審 理中, 未決で

subjuntivo, va [subxuntíβo, βa] 形 《文法》 接続法の

  ◆ 男 接続法〔modo ～〕

sublevar [subleβár] 他 ❶ 反乱を起こさせる. ❷ 怒り(憤り)を感じさせる: Me _subleva_ su egoísmo. 彼の自分勝手には私は腹が立つ

  ◆ **～se** 反乱を起こす: _Se sublevó_ el pueblo. 民衆が蜂起した

  sublevación 名 反乱, 蜂起: ～ húngara 《歴史》ハンガリー動乱

sublimación [sublimaθjón] 名《化学・芸術》 昇華, 純化, 浄化; 賞揚, 理想化: ～ de una pasión 情念の昇華

sublimar [sublimár] 他 ❶ 昇華する, 純化す る; 賞揚(理想化)する. ❷ 《化学》昇華させる

  sublimado 男 昇華物; 昇汞(しょうこう), 塩化水 銀〔～ corrosivo〕

sublime [sublíme] 形〔行為・作品などが〕崇 高な, 気高い; 卓越した: abnegación ～ 崇高な 自己犠牲. espíritu ～ 崇高な精神. escritor ～ 卓越した作家. héroes ～ s 偉大な英雄たち. las ～ s palabras del Evangelio 福音の崇高 な言葉

subliminal [subliminál] 形《心理》識閾(しきいき) 下の, 意識下に働きかける: efecto ～ サブリミ ナル効果. publicidad ～ サブリミナル広告

sublingual [sublingwál] 形《解剖》舌下の

submarinismo [submarinísmo] 男 潜水, ダイビング; 海底開発

  submarinista 形 潜水の; 海底開発の. ◆ 名 ダイバー; 潜水艦の乗組員

submarino, na [submaríno, na] 形 海中 の, 海底の: cable ～ 海底ケーブル. fotografía ～na 水中撮影. fusil ～ 水中銃. túnel ～ 海 底トンネル. volcán ～ 海底火山. yacimiento ～ de petróleo 海底油田

  ◆ 男 ❶ 潜水艦: ～ atómico (nuclear) 原子 力潜水艦. ❷ 頭を水に漬ける拷問. ❸ 他の党 へ入り込んで内情を探る活動家

submaxilar [submaḵsilár] 形《解剖》下 顎の; 顎下腺の

submúltiplo, pla [submúltiplo, pla] 形 男 《数学》約数〔の〕

submundo [submúndo] 男 下層社会; 暗黒 街

subnormal [subnormál] 形 名〔知的発育

が〕異常(欠陥)のある〔人〕;《軽蔑》低能〔の〕

subnormalidad 名 発育異常; 知恵遅れ

subocupación [suboḵupaθjón] 名 ＝**subempleo**

suboficial [suboﬁθjál] 男《軍事》下士官

suborden [subórðen] 男《生物》亜目

subordinación [suborðinaθjón] 名 ❶ 従 属〔関係〕, 服従: ～ económica hacia la potencia 大国への経済的従属. ❷《文法》 〔文・節の〕従属, 従位

subordinado, da [suborðináðo, ða] 形 過分 ❶ 従属した; 下位の: personal ～ 下級職 員. ❷《文法》従属の

  ◆ 名 部下, 配下

  ◆ 名《文法》節, 従属節

subordinar [suborðinár] 他 ❶〔+a に〕従わ せる; 下位に置く: ～ los intereses particulares _al_ bien general 個人の利益より全体 の利益を優先させる. ❷《文法》従位の関係に置 く

  ◆ **～se** 従属する, 従う: ～_se a_ la autoridad 権威に従う

subpárrafo [subpář̆afo] 男〔文書の〕従属 (補足)的な段落

subpolar [subpolár] 形 極地に近い, 亜極の

subprefecto [subpreféḵto] 男〔prefecto の〕補佐役

subproducto [subproðúḵto] 男 副産物, 第 二次製品

subrayar [subr̆ayár] 他 ❶ …に下線を引く: _He subrayado_ las palabras que no sabía. 私 は知らない単語に下線を引いた. ❷ 強調する: En su discurso _subrayó_ la voluntad de sacrificio del pueblo. 彼は演説の中で国民の 犠牲精神を特に訴えた

  subrayado 男 下線部

subregión [subr̆exjón] 名〔下部的な〕準地 域

  subregional 形 準地域の

  subregionalización 名 準地域統合

subreino [subr̆éino] 男《生物》亜界

subrepticio, cia [subr̆eptíθjo, θja] 形 内 密の; 〔悪意を込めて〕密かに企図された

  subrepticiamente 副 密かに

subrogar [subr̆ogár/-ř̆o-] 8 他《法律》代位 させる

  subrogación 名 代位

subrutina [subr̆utína] 名《情報》サブルーチン

subsahariano, na [subsa(ḵs)arjáno, na] 形 サハラ砂漠以南の

subsanar [subsanár] 他 ❶〔まれ〕言い訳する, 弁解する〔disculpar〕. ❷ 償う, 埋め合わせをす る;〔不足を〕補う; 改善する. ❸〔困難に〕解 決(克服)できる

  subsanable 形 解決できる

subscribir [subskriβír] 他〔過分 subscri〔p〕to〕＝**suscribir**

  subscripción 名 ＝**suscripción**

  subscri〔p〕tor, ra 名 ＝**suscriptor**

subsecretario, ria [subsekretárjo, rja] 名 ❶ 書記局員(秘書官)補佐. ❷《西》〔各省

の] 次官

subsecretaría [女] 次官の職務

subsector [subsɛktɔ́r] [男] 小区分, 小部門；係, 班

subsecuente [subsekwénte] [形] その後の, 続いて起こる

subseguir [subsegír] [5] [35] [☞seguir 活用表] [自]／**〜se** [+a の] すぐ後に続く

subsidiar [subsiðjár] [10] [他] …に補助金(助成金)を給付する

subsidiario, ria [subsiðjárjo, rja] [形] ❶ 補助的な, 補足の：medida 〜*ria* 第二(代わり)の手段. ❷ 補助(助成)金の, 扶助の：empleo 〜 失業対策の特別雇用

◆ [女] 子会社：〜*ria* en propiedad absoluta 100 パーセント出資子会社

subsidio [subsíðjo] [男] [個人に対する公的な] 補助金, 助成金；公的扶助, 給付：dar un 〜 a la publicación 出版に助成金を出す. 〜 de desempleo (de paro) 失業保険給付, 失業手当. 〜 de vejez 老齢年金. 〜 familiar 家族手当

subsiguiente [subsigjénte] [形] [+a の] すぐ後に続く, 直後の

subsistencia [subsisténθja] [女] ❶ 生存：No tienen ni lo necesario para su 〜. 彼らは生きていくのに最低必要なものにも事欠いている. ❷ [主に 複] 食糧, 生活物資(必需品)：Ya no tenemos 〜*s*. もう食糧がない. encarecimiento de las 〜*s* 食糧難. ❸ 存続：En una dictadura es imposible la 〜 de las libertades individuales. 独裁制下では個人の自由は存在できない

subsistente [subsisténte] [形] 残存している

subsistir [subsistír] [自] ❶ 存続する：En el pueblo *subsisten* las costumbres. 村にはその風習が残っている. *Subsiste* el mal tiempo. 悪天候が続いている. ❷ 生存する, 生計を維持する：Los peces no pueden 〜 fuera del agua. 魚は水の外では生きられない. *Subsiste* con la ayuda de su amigo. 彼は友人の援助を受けて暮らしている

subsónico, ca [subsóniko, ka] [形] 亜音速の；可聴下周波の, 低周波の

substancia [substánθja] [女] =sustancia

substancial [形] =sustancial

substancioso, sa [形] =sustancioso

substantivo, va [substantíβo, ba] [形] [男] =sustantivo

substitución [substituθjón] [女] =sustitución

substituir [substitwír] [48] [他] =sustituir

substitutivo, va [形] =sustitutivo

substituto, ta [名] =sustituto

substraer [substraér] [45] [他] =sustraer

substracción [女] =sustracción

substrato [substráto] [男] =sustrato

subsuelo [subswélo] [男] 《地質》心土：recursos del 〜 地下資源

subsumir [subsumír] [他] 《論理》包摂する, 包含する

subte [súbte] [男] 《南米》地下鉄 〖subterráneo の省略語〗

subteniente [subtenjénte] [男] 《軍事》准尉

subtensa [subténsa] [女] 《数学》弦, 対辺

subtender [24] [他] [弦・辺が弧・角などに] 対する

subterfugio [subtɛrfúxjo] [男] 逃げ口上, 言い逃れ：inventar algún 〜 何か言い訳をでっち上げる

subterráneo, a [su(b)tɛrráneo, a] [形] 地下の：aguas 〜*as* 地下水. paso 〜 地下道. recursos 〜*s* 地下資源. tallo 〜 《植物》地下茎

◆ [男] ❶ 地下室, 穴倉；地下道. ❷ 《中南米》地下鉄 〖metro〗

subtipo [subtípo] [男] 亜類型, サブタイプ

subtítulo [subtítulo] [男] ❶ 副題, サブタイトル. ❷ 《映画》[主に 複] 字幕, スーパー[インポーズ]：proyectar con 〜*s* en castellano スペイン語の字幕つきで上映する

subtitular [他] …に副題をつける；字幕をつける

subtotal [subtotál] [男] 小計

subtropical [subtropikál] [形] 亜熱帯[性]の

suburbano, na [suburbáno, na] [形] ❶ [大都市の] 郊外の, 近郊の：áreas 〜*nas* 近郊地域, 郊外. ❷ [町外れの] スラムの

◆ [男] 郊外電車 〖tren 〜〗

suburbio [subúrbjo] [男] ❶ 郊外. ❷ [時に 複] 町外れ, スラム

suburbial [形] 郊外の；スラムの

subvalorar [su(b)balorár] [他] 過小評価する：moneda *subvalorada* 過小評価された通貨

subvaloración 《商業》〜 de exportaciones アンダーインボイス

subvaluado, da [su(b)balwáðo, da] [形] 《経済》moneda 〜*da* 過小評価された通貨

subvención [su(b)benθjón] [女] [主に公的な] 補助〔金〕, 助成〔金〕：〜 del estado 国からの助成金. 〜 de intereses 利子補給

subvencionar [他] …に補助金(助成金)を出す：〜 la investigación científica 科学研究を助成する

subvenir [su(b)benír] [59] [自] [現分 subvi*niendo*] [+a の] 費用を負担する；援助を与える：No gana lo suficiente para 〜 *al* mantenimiento de su familia. 彼の稼ぎでは家族を養いきれない. *Subviene a* la educación de su hermano. 彼は弟の学費を出してやっている

subvertir [su(b)bɛrtír] [33] [他] [現分 subvir*tiendo*] [体制・秩序を] 転覆する：〜 los valores tradicionales 伝統的な価値観を覆す

subversión [女] 転覆

subversivo, va [形] 反体制的な, 破壊的な：ideas 〜*vas* 破壊思想

subyacente [subjaθénte] [形] 下にある；隠れた, 表面に出ない：tejido 〜 《解剖》下部組織

subyacer [42] [自] [+en の] 下にある；[感情などが] 隠れている

subyugar [subjugár] [8] [他] ❶ 征服する, 支配する：Hitler *subyugó* a media Europa. ヒトラーはヨーロッパの半分を征服した. ❷ 魅了する：

Su voz *subyugó* a Carmen. 彼の声にカルメンは夢中になった

subyugación 囡 征服, 支配

succión [su(k)θjón] 囡 吸うこと, 吸引

succionar 他 吸う

sucedáneo, a [suθeðáneo, a] 圏 代用の
◆ 團 代用品，[質の悪い] 模造品: ～ del azúcar 砂糖の代用品. ～ de caviar キャビアのまがい物

suceder [suθeðér] 圓〖英 happen〗❶［3 人称のみ. 自然発生的に事件などが] 起こる: i) En esta calle *sucedió* un accidente. この通りで事故が起きた. *Suceda* lo que *suceda*, nunca te olvidaré. 何が起きようと, 私は君のことは忘れない. ¿Qué *sucede*?—Nada. どうしたの?—何でもない. A las mujeres nos *sucede* lo mismo. 私たち女性の場合にも同じことが言えます. ii)［+que+直説法］*Sucede* que necesitamos un empleado. たまたま雇い人を一人捜しているところです. *Sucedió* que llegamos más pronto de lo que pensábamos. 私たちは思ったより早く着いてしまった. ❷［空間的•時間的に, +a に］続く: A los campos *sucedían* los lagos. 畑の向こうには湖が連なっていた. Al invierno *sucede* la primavera. 冬の次には春が来る
lo que sucede es que+直説法［説明•弁明の導入〛実を言うと…: *Lo que sucede es que* nunca está en casa en esas horas. 彼はその時間帯には家にいたためしがないのでね
◆ 他 ❶［+人 の, +en 職務における] 跡を継ぐ, 後継者(後任)になる: *Sucedió* a su padre *en* la dirección de la empresa. 彼は父親の跡を継いで会社を経営した. ❷［+a+人 から, 遺産を］継ぐ

sucedido [suθeðíðo] 團［実際に起きた］出来事

sucesión [suθesjón] 囡 ❶ 後継, 継承: orden de ～ al trono 王位継承順位. Guerra de S～ de España スペイン王位継承戦争《1701-14》. ❷〖法律〗相続; 相続財産. ❸ 跡取り〖descendencia〗: morir sin ～ 跡つぎを残さずに死ぬ. ❹ 連続: Su vida era una ～ de días iguales y monótonos. 彼の生活は同じような単調な日々の連続だった. una ～ de hechos fortuitos 一連の偶然の出来事. ❺《植物》遷移

sucesivo, va [suθesíβo, βa] 圏 相次ぐ, 立て続けに起こる: acontecimientos ～s 続発する事件. en días ～s その後の数日間に
en lo ～ 今後は: Te comportarás mejor *en lo ～*. これからはもっと行儀よくしなさい

sucesivamente 圖 相次いで: Todo ha ido ocurriendo ～ en cuatro días. すべて 4 日間のあいだに続けて起きた. …y así ～ …以下同様

suceso [suθéso] 團〖英 event〗❶［主に重大な〕出来事: Ha ocurrido un ～ muy grave. 大変なことが起きた. sin ningún ～ digno de mención 取り立てて言うほどのこともなく. ❷［犯罪•事故などの］事件: sección (crónica) de ～s〖新聞の〗雑報欄, 三面記事. ❸《まれ》

成功

sucesor, ra [suθesór, ra] 圏 图［+en 職務の］後継の, 後継者, 後任の［人］; 相続者: Me nombró ～ *en* el puesto. 彼は後任に私を指名した. ～ al trono 王位継承者. No tiene ～es. 彼には跡継ぎがいない

sucesorio, ria [suθesórjo, rja] 圏 相続の: derecho ～ 相続権. impuesto ～/derechos ～s 相続税. ley ～/*ria* 相続法

suciedad [suθjeðá(ð)] 囡 ❶ 汚さ, 不潔; 汚いもの: vivir rodeado de ～ 不潔な所で暮らす. ❷ 卑劣さ, 卑劣な

sucinto, ta [suθínto, ta] 圏 ❶ 簡潔な, 要約した: relato ～ 短い話. ～*ta* exposición de los hechos 事実の簡単な説明. ❷［ビキニ水着などが] 小さい

sucio, cia [súθjo, θja] 圏〖英 dirty. ↔limpio〗I［estar+］❶ 汚い, よごれた; 不潔な: Tienes las manos *sucias*. 君の手はよごれている. Tiene muy *sucia* su habitación. 彼は部屋を大変不潔にしている. La camisa está *sucia*. ワイシャツがよごれている. ❷［色が］くすんだ, さえない: cielo de color ～ くすんだ色の空. ❸ 雑な, 粗(ぉ)な: bordado ～ 雑な刺繍. ❹［舌に］舌苔(ぜ)のついた: lengua *sucia* 白くなった舌
II［ser+］❶ よごれやすい: El blanco es un color muy ～. 白は大変よごれが目立つ. ❷ けがらわしい, 卑猥な; 下品な: tener una lengua *sucia* 口汚い. lenguaje ～ みだらな言葉. mente *sucia* けがれた心. ❸ 卑劣な: negocio ～ いかがわしい商売. juego ～ 汚いプレー. dinero ～ 不法に手に入れた金
en ～ 下書きで, 草稿で
◆ 圖 不正に, 違反して: jugar ～ フェアでないプレーをする

sucre [súkre] 團［エクアドルの貨幣単位］スクレ

súcubo [súkuβo] 圏 團 夢魔［の〕〖女の姿になって男と交わると信じられた〗

suculento, ta [sukulénto, ta] 圏 美味な, 滋味豊かな: ～*ta* comida おいしい料理. ～*ta* oferta おいしい話
◆ 囡《植物》多肉植物

sucumbir [sukumbír] 圓 ❶［+a に］降伏する, 負ける: ～ *al* asedio enemigo 敵の包囲を受けて降伏する. ～ *a* manos del enemigo 敵の手に落ちる. ～ *a* la tentación 誘惑に負ける. ❷［事故などで］死ぬ: A causa del terremoto *sucumbió* un tercio de la población. 地震で村人の 3 分の 1 が死んだ. ❸ 滅びる, 消えてなくなる

sucursal [sukursál] 圏 囡 支店(の), 支社［の］: La empresa tiene ～*es* en casi todos los países del mundo. その会社は世界中ほとんどの国に支店を置いている

sudaca [suðáka] 圏 图《西. 軽蔑》南米の［人〕

sudación [suðaθjón] 囡 発汗〖sudoración〗

sudadera [suðaðéra] 囡 ❶《服飾》スウェットシャツ, トレーナー. ❷《口語》大汗をかくこと. ❸ 汗ふき[の布〕;《馬術》鞍敷

sudafricano, na [suðafrikáno, na] 圏 图

《国名》南アフリカ共和国 República de Sudáfrica の〔人〕

Sudamérica [suðamérika] 囡《地名》南米

sudamericano, na [suðamerikáno, na] 厖 图 南米 Sudamérica の〔人〕

sudanés, sa [suðanés, sa] 厖 图《国名》スーダン Sudán の〔人〕

sudar [suðár] 固 ❶ 汗をかく: i) Si hago ejercicio, en seguida *sudo*. 私は運動をすると すぐ汗をかく. Está *sudando*. 彼は汗をかいてい る. Me *sudaron* las manos. 私は手に汗をかい た. ii) 〔物が〕Hay tanta humedad que *suda* la pared. 湿気が多くて壁が汗をかく. ❷ 〔植物 が〕汗〔樹液〕を出す. ❸《口語》懸命に働く; 苦 労する: Él *sudó* como un esclavo. 彼は真っ黒 になって〔汗水たらして〕働いた. Ha *sudado* mucho hasta llegar a esa posición. 彼は骨身を けずってようやくその地位を手に入れた

hacer ～ *a*+人 …を大いに働かせる, 酷使する: Me pagan bien, pero me *hacen* ～. 給料は いいが仕事はきつい

◆ 他 ❶ 汗でぬらす: Has *sudado* toda la camiseta. 君のシャツは汗でびっしょりだ. ❷《口 語》苦労して手に入れる: Ganó mucho, pero lo ha *sudado*. 彼は大金を稼いだが, それは汗水た らして得たものだ

sudario [suðárjo] 團 死者の顔を履う布; 屍衣 (し), 経かたびら;《キリスト教》聖骸布〔Santo *S*～〕

sudeste [suðéste] 團 南東〔の風〕: *S*～ asiático 東南アジア

sudista [suðísta] 厖 图《歴史》〔米国の南北 戦争における〕南部連合派〔の〕, 南軍の

sudoeste [suðoéste] 團 南西〔の風〕

sudor [suðór] 團〔英 sweat〕❶ 汗: Está bañada (empapado) en ～. 彼は汗びっしょり だ. Le chorrea el ～ por la frente. 彼の額に は汗が流れている. tener ～*es* fríos 冷や汗をか く. limpiar el ～ 汗を拭く. eliminación de ～ 発汗. ～ de una botella 瓶の表面の水滴. ～ del pino 松の樹液, 松やに. ❷《口語》〔主に 複〕i) 骨折り, 苦労: Le ha costado muchos ～*es* terminar la carrera. 彼は大学を卒業す るのにさんざん苦労した. ii) 不安: Hablar en público me produce ～*es*. 人前で話すのは冷や 汗ものだ

sudoración [suðoraθjón] 囡《文語》〔主に大 量の〕発汗: ～ fría 冷や汗〔行為, 状態〕

sudoriento, ta [suðorjénto, ta] 厖 汗でぬれ た

sudorífero, ra/sudorífico, ca [suðorífero, ra/-fiko, ka] 厖 發汗を促す; 発汗剤

sudoríparo, ra [suðoríparo, ra] 厖《生理》 汗分泌の: glándula ～*ra*《解剖》汗腺

sudoroso, sa [suðoróso, sa] 厖 ❶〔estar+〕汗びっしょりの: cara ～*sa* 汗ばんだ顔, 汗 だらけの顔. ❷〔ser+〕汗かきの, すぐ汗くくる

sudsudeste [suðsuðéste] 團 南南東〔の風〕

sudsudoeste [suðsuðoéste] 團 南南西〔の 風〕

sueco, ca [swéko, ka] 厖 图《国名》スウェー

デン Suecia 囡〔人・語〕の; スウェーデン人

◆ 團 スウェーデン語

hacerse el ～《軽蔑》聞こえない(見ていない・わ からない)ふりをする

suegro, gra [swégro, gra] 图 義父, 義母; 舅(しゅうと), 姑(しゅうとめ); 團 義父母, 舅と姑

suel- ☞**soler** 29

suela [swéla] 囡 ❶〔靴・サンダルなどの〕底, 靴 底: zapatos con ～ de goma ゴム底の靴. ❷ 〔靴底などに使う〕革: zapatos de ～ 革底の靴. ❸〔靴下の〕足裏. ❹〔蛇口の〕座金

de siete ～*s*〔悪人について〕札付きの

duro como la ～ *de un zapato*〔肉が〕靴 底のように固い

medias ～*s*〔靴の前部の〕半底; 一時しのぎ

no llegar a+人 *a la* ～ *del zapato* …の足 元にも及ばない

suelazo [swel[á]θo] 團《南米》転倒

sueldo [swéldo] 團 ❶ 給与, 賃金〔☞salario 顕覧〕: Cobra ～ cien mil pesetas al mes. 彼は月給 10 万ペセタだ. cobrar un buen ～ 高 い給料をとっている. pagar el ～ 給料を払う. aumento de ～ 賃上げ. matrimonio con dos ～*s* 共働きの夫婦. vacaciones con ～ 有給休 暇. ～ base 基本給. ～ mensual 月給. ❷ 〔昔の貨幣単位〕スウェルド〔国・時代によって価 値が異なる〕

a ～ 有給の, 雇われた: asesino *a* ～ 殺し屋. estar *a* ～ 給料をもらって働いている

suelo [swélo] 團〔英 ground, floor〕❶ 地 面: Los niños están jugando en el ～. 子供 たちは地べたの上で遊んでいる. caerse al ～ 地 面(床)に倒れる, 転ぶ. esparcirse por el ～ 地 面(床)に散らばる

❷ 床(ゆか): Este cuarto tiene el ～ de linóleo. この部屋の床はリノリウムだ. sentarse en el mismo ～ むき出しの床(床)に倒れる. ～ de tarima 床張り材, フローリング

❸ 土壌, 土質: ～ árido 乾燥して不毛な土壌. ～ fértil 肥沃な土壌

❹ 土地〔tierra〕: precio del ～ 土地価格. explotación del ～ 土地開発

❺ 地方, 国: ～ natal (patrio) 故郷, 母国. en ～ extranjero 異郷で

❻〔鍋・容器の〕底, 裏側

❼《体操》床運動〔prueba de ～〕

arrastrar... por el ～ (*los* ～*s*) …を屈服 させる, 恥をかかせる: *arrastrar* el nombre *por el* ～ 名前に泥を塗る

arrastrarse (echarse) por el ～ (*los* ～*s*) 卑下する, 屈服する

besar el ～《口語》うつぶせに倒れる

besar el ～ *donde (que) pisa*+人《口語》 …に敬意を払う

dar consigo (con los huesos) en el ～ 地 面に倒れる

dar en el ～ *con...* …を倒す; 壊す, だめにす る

echar... por los ～*s* (*el* ～)/*echar... al* ～ …を打倒する, 破壊する: *echar* su reputación *por los* ～*s* 自分の評判を台なしに

S

する

irse (caerse) al ~ だめになる，失敗する：Todas sus ilusiones *se han ido al ~*. 彼の望みはすべて露と消えてしまった

medir el ~ ［*con su cuerpo*］ばったりと倒れる，のびる

poner... por el ~ (los *~s*)《口語》…を屈服させる，恥をかかせる；…を酷評する

por el ~ (los *~s*)《口語》衰えて；非常に安く，底値で：Tiene la moral *por los ~s*./Él está *por los ~s*. 彼はまったく元気がない。Tiene la popularidad *por los ~s*. 彼の人気は低迷している。Las acciones están *por los ~s*. 株はひどく値下がりしている

~ mojado 厚い雲に覆われた空

tirar... por el ~ (los *~s*) =arrastrar... por el *~* (los *~s*)

venir*[se] *al ~ 倒れる；破滅する，崩壊する：Se vino al *~* su ilusión. 彼の夢は破れた

suelt- ☞soltar 28

suelta¹ [swélta] 囡 放すこと，自由：*~ de palomas* 鳩を放すこと。Cuando te cases no tendrás tanta *~*. 結婚したらこんな自由は持てないよ

dar ~ a... …を自由にさせる：Les *dieron ~ a los alumnos.* 生徒たちは解散になった。*dar ~ a sus lágrimas* 涙をはらはらと流す

sueltamente [swéltaménte] 圃 流暢に，上手に

suelto, ta² [swélto, ta] 圏 『英 free, loose. ←soltar』 ❶［estar+］解き放たれた；解けた：Las vacas están *~tas* en el prado. 牛が牧場で放し飼いにされている。Llevas *~s* los cordones de los zapatos. 靴のひもがほどけているよ。Lleva el pelo *~*. 彼女は髪を［束ねずに］垂らしている

❷［estar+］ゆるい，締まっていない：Este libro tiene varias hojas *~tas*. この本はページが取れかかっている。En una buena paella el arroz debe quedar *~*. おいしいパエーリャはご飯がばらばらにしなければならない。vestido *~* ゆったりしたドレス。malla *~ta* 粗い網目

❸［estar+］流暢な，上手な；［文体などが］平明で軽やかな：Está muy *~* en japonés. 彼は日本語がとても上手だ。Tiene la mano *~ta* para el dibujo. 彼は絵がうまい

❹ 奔放な，束縛されている：Es muy *~* de lengua. 彼は口から出任せばかり言う。mujer *~ta* 奔放な女。movimientos *~s* 自由な動き

❺ ばらの，まとまっていない：Estas tazas no se venden *~tas*. このカップはばら売りしない。Tengo algunos números *~s* de esa revista. 私はその雑誌のバックナンバーを何冊か持っている。pares *~s*《表示》半端物。zapato *~* 片方だけの靴。palabras *~tas* かたこと，片言隻語。un trozo *~ del Quijote*『ドン・キホーテ』のある一節。bailar *~* パートナーと離れて踊る

❻ 小銭の：¿Tienes cien pesetas *~tas*? 100ペセタくずれないか？

❼［estar+］《婉曲》下痢をしている『*~ de vientre*』

◆ 男 ❶ 小銭『*dinero ~*』：No llevo *~* para el autobús. 私はバスで払う小銭を持ちあわせていない。❷《まれ》［無署名の］小さな記事

sueño [swéɲo] 男『英 sleep, dream』❶ 睡眠，眠り：El niño me estorbó (impidió) el *~*. 子供がうるさくて私は眠れない。Me falta *~*./Tengo falta de *~*. 私は寝不足だ。sumirse en el *~* 眠りに入る。tener un *~* profundo (ligero) 眠りが深い（浅い）。coger un *~* profundo 熟睡する。enfermedad del *~*［熱帯アフリカの］睡眠病，眠り病。horas de *~* al día 一日の睡眠時間。con Rem/*~* paradójico レム（逆説）睡眠，急速眼球運動。*~* crepuscular《医学》半麻酔。*~* pesado［なかなか覚めない］深い眠り

❷ 眠気：Tengo mucho *~*. 私はひどく眠い。Me ha entrado (dado) *~*. 私は眠くなった。tomar café para quitar el *~* 眠気ざましにコーヒーを飲む

❸ 夢：i) Esta noche he tenido un mal *~*. 昨夜私はいやな夢(悪夢)をみた。tener un *~* agradable 楽しい夢をみる。Me parece un *~*. それは夢のようだ。La vida es *~*. 人生は夢だ(はかない)。*~ húmedo* 性夢。ii)［主に 圈］空想，幻想；あこがれ，理想：No es más que un *~*. それは夢にすぎない。Ha sido mi *~* ser piloto. パイロットになるのが私の夢だった。Se han deshecho sus *~s*. 彼の夢は破れた。realizar su *~* 夢を実現する。tener muchos *~s* 夢が多い。vivir de [sus] *~s* 夢ばかり追いかける，空想の世界に生きる。país de los *~s* 夢の世界。iii)《口語》すばらしいもの：palacio que es un *~* 夢のような宮殿。Fuimos a una isla de *~*. 私たちは夢のような島へ行った

caerse de ~/no ver de ~/tener un ~ que no ver ひどく眠い：Me estoy *cayendo de ~*./Tengo *un ~ que no veo*. 私は眠くてたまらない

coger el ~ 眠ってしまう：No le cuesta nada *coger el ~*. 彼は寝つきがいい。No puedo *coger el ~*. 私はどうも眠れない。tardar en *coger el ~* 寝つきが悪い，なかなか眠れない

conciliar el ~ 寝つく：Tiene que tomar somníferos para *conciliar el ~*. 彼は睡眠薬を飲まないと眠れない

descabezar un (el) ~/echarse un ~ 短時間眠る，一寝入りする，まどろむ，うとうとする；うたた寝する

dormir el ~ de los justos 安眠する

dormir el último ~ 永眠する

dulce ~ ［+de+人 の］愛する人

en ~s 夢の中で：Te he visto *en ~s*. 君の夢を見たよ

entre ~s 夢うつつで：Oí el ruido *entre ~s*. 私は夢うつつでその物音を聞いた

entregarse al ~ 眠気に負ける：Aquella paz invitaba a *entregarme al ~*. 眠気を誘うのどかさだった

ni en ~s/ni por ~ ［否定・拒否の強調］No vuelvo a prestarle mi libro *ni en ~s*. 彼には二度と本を貸すものか。No conseguirá ese puesto *ni por* ~. 彼は絶対そんな地位につけないだろう

perder el ~ por… …のことをひどく心配している；…で頭が一杯になる: No merece la pena que *pierdas el ~ por* ese hombre. あんな男のことで頭を悩ませることはないよ

quitar a+人 el ~ …をひどく心配させる: Le *quita el ~* el miedo a perder a su novia. 彼は恋人を失うのではないかと考えてよくよく悩んでいる

~ dorado バラ色の夢: El comprarse una casa ha sido siempre su ~ *dorado*. 自分の家を買うことが彼の長年の夢だった

~ eterno 《文語》永遠の眠り, 死: entrar en el ~ *eterno* 永遠の眠りにつく, 死ぬ

suero [swéro] 男 ❶《医学》i) 血清『~ sanguíneo』; 漿液(ょぅぇき): ~ antidiftérico 抗ジフテリア血清. ~ inmune 免疫血清. ii)〔栄養補給用など〕塩水: ~ fisiológico 生理的食塩水. ~ de la verdad 自白剤, ペントナール. ❷ 乳漿(にゅぅしょぅ), 乳清: ~ de la leche バターミルク

sueroterapia 囡 血清療法

suerte [swérte] 囡『英 fortune, luck』❶ 運命, 天命: Lo que la ~ dispone. それが運命だ. Mi ~ está decidida. 私の運命は決まっている. La ~ es ciega. 運命の神は盲目である. La ~ está echada. 運命の賽(さぃ)は投げられた. confiar… a la ~ …を運命に任せる

❷ 運, 幸運『buena ~. ↔desgracia』: tener 〔buena〕 ~ 運がよい, ついている. tener mala ~ 運が悪い. Tienes ~ de vivir con tu familia. 君は家族と暮らせて恵まれているよ. Tuvo 〔mucha〕 ~ y encontró unos buenos asientos. 彼は〔大変〕運よくいい席を見つけた. Tuve mala ~ en los temas que me salieron. あんな問題が出るとは私はついてなかった. Con un poco de ~ ganaremos. 少し運が向けば我々が勝つだろう. Te deseo buena ~. 幸運を祈るよ. ¡Que tenga 〔mucha〕 ~! うまくいきますように! ¡Qué ~! ついてる/うらやましいですね! confiar en la ~ 運に頼る. número de la ~ ラッキーナンバー. La ~ de la fea la guapa la desea.《諺》美人薄命/美から運が勝る

❸ 偶然, 成り行き: Dejaré a la ~ la fecha del viaje. 旅行の日取りはなりゆき任せです. Mi ~ me llevó al parque a esa hora. 私はたまたまその時間にその公園にいたのだ

❹ 境遇, 身の上: mejorar la ~ de los campesinos 農民の状態を改善する. Creo que ha mejorado de ~. 彼はやることなすことうまくいくようになったようだ. ¡Quién sabe la ~ que nos espera! 誰にも明日の我が身はわからない

❺ 抽籤(ちゅぅせん), くじ: elegir por (a) ~ くじ引きで選ぶ

❻ 種類, 部類: Tenemos toda ~ de licores. あらゆる種類の酒をとりそろえております. Conoce a toda ~ de personas. 彼は顔が広い

❼〔耕地の〕一区画

❽《闘牛》〔ケープ・バンデリーリャ・ムレータなどを使

った〕技, 演技: cambio de ~ 次の技に移ること. ~ supremo 最後の技

❾《古語》仕方, やり方『manera』: de otra ~ さもなければ

¡[buena] ~! 好運を祈ります!

caer (tocar) a+人 en ~ 1)〔くじで〕…に当たる: Me tocó en ~ una televisión. 私にテレビが当たった. 2) 偶然…に起こる: Le *ha caído en ~* nacer rico. 彼はたまたま金持ちに生まれついた

***de [tal] ~ que+直説法*《文語》** 1)〔結果〕それで…, 従って…: Te he tratado muy bien *de ~* que no tienes por qué quejarte. 私は君を優遇してきた. だから不平を言う理由はないはずだ. 2)〔様態〕…のように: Me lo mandó *de ~* que parecía que me lo rogaba. 彼は頼んでいるように見えて〔実は〕私に命令したのだ

desafiar a la ~ 〔無思慮に〕危険を冒す

echar (tirar)… a ~ [s] …をくじで決める: Echaron a ~ quién iba a salir con ella. 誰が彼女とデートするか彼らはくじで決めた

leer la ~ a+人 …の運勢を見る, 占う

¡mala ~! ついてないなあ!

por ~ 幸運なことに, 運よく: Por ~ no tuvo que hacer la mili. 彼は運よく兵役を免れた. *por ~* o desgracia 幸か不幸か

probar ~ 運をためす, くじを引く; 〔幸運を信じて〕思い切ってやってみる

~ que+直説法 幸運にも…である: S~ *que* no comí la carne. 私はその肉を食べなくてよかった

tener una ~ loca (de mil demonios) 非常に運がよい

tentar la ~ 運を試す, 向こう見ずなことをする

suertudo, da [swertúðo, ða] 形《中南米》運のよい『afortunado』

sueste [swéste] 男〔つば広の〕防水帽

suéter [swéter] 男『←英語. 主に中南米. 服飾』〔主に薄手の〕セーター

suevo, va [swébo, ba] 形 名《歴史》スエビ族〔の〕『イベリア半島に侵入したゲルマン民族の一つ』

sufí [sufí] 形 名〔複 ~[e]s〕スーフィー教　**sufismo** 囚《教徒》

suficiencia [sufiθjénθja] 囡 ❶ 適性, 能力: Los aspirantes deben mostrar su ~ ante los examinadores. 志願者は試験官の前で自分の能力を示さなければならない. prueba (examen) de ~ 適性検査. ❷ 独善, ひとりよがり, 自己満足. ❸ 十分, 足りること

suficiente [sufiθjénte] 形 名『英 sufficient』❶〔+para に〕十分な, 足りる: i) Siempre hace ~ comida. 彼女はいつもたっぷり料理を作る. Aquí no hay ~ vino *para* nosotros. ワインが足りません. No tengo dinero ~. 私はお金が足りない. explicación ~ 満足のいく説明. ii)〔+para+不定詞・que+接続法 するのに〕Tiene ~ inteligencia *para* comprender esto. 彼はこれを十分理解する力がある. iii)〔lo+〕Tenemos lo ~ *para* vivir. 私たちには暮らしていくだけのものは十分ある. Nunca se podrá lamentar lo ~ su muerte. 彼の死は惜しんでもあまりある. ❷

適性(能力)のある. ❸ 独善的な, ひとりよがりの ◆ 男[評点] 可

suficientemente [sufiθjénteménte] 副 十分に: He trabajado ～. 私は十分働いた. ～ amplio 十分に広い

sufijo, ja [suffxo, xa] 形 《言語》接尾辞〔の〕
　sufijación 女 接尾辞の付加による新語形成

sufismo [suffsmo] 男 スーフィー教 『イスラム教の神秘主義』

sufragáneo, a [sufragáneo, a] 形 付属の: obispo ～[大司教区の]付属教区長

sufragar [sufragár] 8 他 ❶ 《文語》…の費用を出す; 援助する, 応援する: Su tío le *sufraga* los estudios. 叔父が彼の学費を出している. Unos pocos *sufragan* su proyecto. ごく少数の人しか彼の計画を支持していない. ❷ 《中南米》[+por 候補者に]投票する

sufragio [sufráxjo] 男 ❶ 選挙[方法]: ～ censitario (restringido) 制限選挙. ～ universal 普通選挙. ～ directo (indirecto) 直接(間接)選挙. ～ femenino 婦人参政権. 《文語》投票, 票[voto]. ❸ 《カトリック》[死者のための]とりなしの祈り: aplicar una misa en ～ del alma de… …の冥福のためにミサを行なう

sufragismo [sufraxísmo] 男 [特に英国の]婦人参政権運動
　sufragista 形 男 婦人参政権論の(論者)

sufrido, da [suffrído, ða] 形 過分 ❶ perdonar la ofensa ～*da* 受けた侮辱を許す. ❷ 我慢(忍耐)強い: Es muy ～ en la adversidad. 彼は逆境に強い. ❸ [色が]落ちない, 汚れが目立たない: [布などが]丈夫な, 長持ちする

sufrimiento [sufrimjénto] 男 ❶ [心身の]苦痛, 苦悩. ❷ 忍耐, 辛抱

sufrir [suffrír] 自 他 [英 suffer] ❶ [心身が]苦しむ, 悩む: i) Durante la guerra *sufrimos* mucho. 戦争中私たちは大変な苦しみを味わった. Ha *sufrido* mucho por su mujer. 彼は妻にひどく苦労させられた. ii) [+de]…から害を受ける; …が痛む: *Sufre de* celos. 彼は嫉妬にさいなまれている. *Sufre del* corazón. 彼は心臓が悪い
　hacer ～ *a*+人 …を苦しめる: No me *hagas* ～. 私を苦しめないで. La ingratitud de sus amigos le *hizo* ～. 彼は友人たちの恩知らずに悩まされた
　◆ 他 ❶ [よくないことを]経験する: *Sufrió* una operación hace una semana. 彼は1週間前に手術を受けた. Ha *sufrido* un cambio grandísimo. 彼はすっかり変わってしまった. ～ un accidente 事故に会う. ～ una vergüenza terrible 大恥をかく. ～ hambre 飢えに苦しむ. ～ reveses de fortuna 逆境にいる. ❷ 耐え忍ぶ, 我慢する; 容認する: No puedo ～ a Juan. フワンには我慢ならない. No *sufre* la menor descortesía. 彼はどんなささいな不作法も許さない. Este eje *sufre* casi todo el peso del camión. この車軸はほぼトラックの全重量に耐えられる. ～ persecuciones 迫害に耐える. ～ los insultos 侮辱を耐え忍ぶ

sugerencia [suxerénθja] 女 提案, 勧め; 思いつき, 暗示: por ～ de 人 …の勧めで. admitir la ～ 提案を受け入れる

sugerente [suxerénte] 形 暗示に富んだ; [+ de を]連想させる: frase ～ 暗示的文章. estampa ～ de tiempos pasados 懐しい切手. blusa ～ 肌も露わな(すけすけの)ブラウス

sugeridor, ra [suxeriðór, ra] 形 ＝sugerente

sugerir [suxerír] 33 他 [現分 sug*iriendo*] ❶ 想起させる, 思いつかせる; 連想させる: El viaje por Italia le *sugirió* el tema de una novela. イタリアに旅行したことで彼は小説のテーマを思いついた. Esta música me *sugiere* el mar embravecido. この音楽は荒れ狂う海を思わせる. ❷ [+que+接続法 するように]示唆する, 遠回しに勧める: Le *sugerí* que fuera a ver a un abogado. 私は弁護士の所に行くように彼にそれとなく勧めた

sugestión [suxestjón] 女 ❶ 《心理》暗示: ～ hipnótica 催眠暗示. obedecer a una ～ 暗示にかかる. ❷ 示唆, 婉曲な勧め

sugestionar [suxestjonár] 他 [+a+人 に, +que+接続法 するように]暗示にかける; …の考え(判断)に影響を与える. 感化する
　◆ ～se [+con で]自己暗示にかかる; 固定観念にとらわれる
　sugestionable 形 暗示にかかりやすい; 影響(感化)されやすい

sugestivo, va [suxestíβo, βa] 形 ❶ 暗示にかけるような; 魅力的な; [服装などが]きわどい. ❷ [本・考えなどが]示唆に富んだ, 刺激的な

suich[e] [switʃ(e)] 男 [←英語. 中米][電灯などの]スイッチ

suicida [swiθíða] 名 自殺者
　◆ 形 自殺する, 向こう見ずな, 無謀な: Es ～ conducir a esa velocidad. そんなスピードを出すなんて自殺行為だ. avión ～ 特攻機. comando ～ 特攻隊, 決死隊

suicidar [swiθiðár] ～se 自殺する: Se *suicidó* arrojándose de la torre. 彼は塔から投身自殺した. ～se por amor 失恋自殺する

suicidio [swiθíðjo] 男 自殺: ～ doble 心中. ～ político 政治的自殺行為

sui generis [swi xenéris] 《←ラテン語》一風変わった, 他に類を見ないような, 独特の

suite [swit] 女 ❶ [←英語][ホテルの]スイートルーム, 続き部屋. ❷ 《←仏語. 音楽》組曲: ～ para piano ピアノ組曲

suizo, za [swíθo, θa] 形 《国名》スイス Suiza 女 [人]の; スイス人
　◆ 男 《西. 料理》甘い小型の丸パン

suje [súxe] 男 《西》ブラジャー 『sujetador の省略語』

sujeción [suxeθjón] 女 ❶ 隷属, 服従; 束縛: con ～ a la disciplina del partido 党の規律に縛られて. ❷ 締める(留める)もの

sujetador, ra [suxetaðór, ra] 形 締める, 留める
　◆ 男 ❶ 留めるもの: ～ para papeles 紙ばさみ, クリップ. ❷ [下着・水着の]ブラジャー: ～ con

(sin) aro ワイヤー入り(なし)のブラジャー

sujetalibros [suxetalíbros] 男《単複同形》本立て，ブックエンド

sujetapapeles [suxetapapéles] 男《単複同形》[紙をはさむ] クリップ

sujetar [suxetár] 他 ❶ 支配する；[+a に] 服従させる: Este muchacho necesita a alguien que lo *sujete*. この少年には誰か言うことを聞かせる人が必要だ. Los quehaceres de la casa la *sujetan*. 彼女は家事に縛られている.　~ al pueblo 民衆を支配する(抑えつける).　~ a los alumnos *al* reglamento 生徒たちを規則で縛る. ❷ 抑えつける，つかまえる: Los soldados lo *sujetaron* para que no se escapase. 兵士たちは逃げないように彼を取り押さえた. ❸ [落ちたり動いたりしないように] 固定する，留める: Unos corchetes le *sujetan* al niño la cubierta de pañales. その子のおむつカバーをホックで留める. ❹ [+a に] 適合させる
◆ ~se ❶ 自分の…を留める: *Sujétense* los cinturones. シートベルトをお締めください.　~se el pelo con unas horquillas 髪をピンで留める. ❷ 留まる: Sin cinturón este pantalón no *se sujeta*. ベルトがないとこのズボンはずり落ちる. ❸ [+a に] つかまる，しがみつく: Para no caer me *sujeté* al pasamano. 私は落ちないよう手すりにつかまる. ¡*Sujétese* bien! しっかりつかまってください. ❹ [+a 義務などに] 従う；適合する: ~se a la constitución 憲法を遵守する. No se sujeta a trabajar. 彼はおとなしく働かない. Se sujeta a su sueldo. 彼は給料に合わせた生活をしている

sujeto[1] [suxéto] 男 ❶《軽蔑的》[名前を挙げないで] 人，やつ: Ese ~ intentó seguirme. あいつは私のあとをつけようとした.　~ sospechoso 容疑者. ❷《古語》主題，テーマ〖tema〗. ❸《文法》主語，主部: ~ agente 動作主. ~ paciente 被動作主. ❹《哲学》主体，主観[↔ objeto]；《論理》主語，主辞

sujeto[2]**, ta** [suxéto, ta] 形 [estar+] ❶ 固定してある，縛ってある: Los muebles estaban bien ~s. 家具はしっかり固定してあった.　El cuadro está ~ de un clavo. 絵は釘で留めてある. El cordón está bien ~. ひもはしっかり結んである. ❷ [+a に] 拘束された，抑えつけられた: Está ~ *al* tiempo (*al* trabajo). 彼は時間に縛られている(仕事でがんじがらめになっている). Tiene a su hijo muy ~. 彼は息子を抑えつけている. ❸ [+a を] 免れない；…に従う: Este proyecto está ~ a modificaciones. この計画は必要があれば修正される. Todo está ~ a lo que me paguen. すべては報酬次第です.　~ a derechos arancelarios 関税がかかる.　~ a la aprobación de+人 …の承認が必要な

sula [súla] 女 [スペイン近海産の] 銀色の小魚

sulfamida [sulfamíða] 女《化学》スルホンアミド，スルファ剤

sulfatar [sulfatár] 他《農業》[ブドウの木などに] 硫酸銅溶液を噴霧する

sulfatado 男 硫酸銅溶液の噴霧剤

sulfato [sulfáto] 男《化学》硫酸塩；硫酸エス

テル: ~ amónico 硫酸アンモニウム，硫安.　~ de cobre 硫酸銅

sulfhídrico, ca [sulfíðriko, ka] 形《化学》ácido ~ 硫化水素

sulfito [sulfíto] 男《化学》亜硫酸塩

sulfonal [sulfonál] 男《化学》スルフォンメタン

sulfurar [sulfurár] 他 ❶ 怒らせる. ❷《化学》硫化する
◆ ~se 怒る: Se *sulfuró* mucho. 彼はかんかんに怒った

sulfúrico, ca [sulfúriko, ka] 形《化学》六価の硫黄を含む: ácido ~ 硫酸. ácido ~ humeante 発煙硫酸

sulfuro [sulfúro] 男《化学》硫化物: ~ de carbono 硫化炭素

sulfuroso, sa 形 硫黄質の；四価の硫黄を含む: fuente de aguas ~sas 硫黄泉. ácido ~ 亜硫酸

sulky [súlki] 男《←英語》[競走用の] 一人乗り一頭立て馬車

sulla [súʎa] 女《植物》イワオウギ

sultán [sultán] 男 スルタン 〖イスラム教国の君主，トルコ皇帝〗

sultana 女 スルタンの妃(側室)

sultanato 男 スルタンの位(治世・領土)

suma[1] [súma] 女《算 Sum》❶ 金額，総額: Le he prestado una ~ importante. 私は彼に大金を貸した. Necesito una buena ~ de dinero para comprar el piso. マンションを買うのに私はかなりの金が必要だ. La factura llegó a la ~ de cien mil pesetas. 請求書は計10万ペセタになった. Esto es la ~ de todo lo que he gastado. これが私の使った金の総額だ. ❷ 合計；《数学》和: La ~ de cuatro y cinco es nueve. 4足す5は9. hacer ~s 足し算をする. ~ vectorial ベクトルの和. ❸ [抽象的に] 総和: una ~ de perfecciones 完成の極致. la ~ y compendio de todas las virtudes あらゆる美徳を体現したもの. ❹ [ある分野に関する] 全書，大全: La S~ Teológica『神学大全』
en ~ 結局のところ，要するに: *En* ~, que no me conviene. つまり，私にとってはそれは都合がよくないのです

sumaca [sumáka] 女 [南米で使われた] 2本マストの沿岸航行船

sumadora [sumaðóra] 女 加算器，計算器

sumando [sumándo] 男《数学》[足し算の] 項

sumar [sumár] 他 ❶ 合計する，加える: ~ dos números 2つの数を足す. *Suma* todo lo que ha ganado. 稼いだ金を合計しなさい. ❷ 総計…に達する: Dos y tres *suman* cinco. 2足す3は5. Todos sus ingresos *suman* un millón de pesetas. 彼の総収入は100万ペセタになる
suma y sigue 1)《商業》次葉へ繰越し. 2) 連続，繰返し: Mi vida es un *suma y sigue* de fracasos y desgracias. 私の一生は失敗と不運の連続だ
◆ ~se [+a 集団などに] 加わる；[意見などに] 賛成する: ~se a la manifestación デモに加わ

る. *Se sumó a* nuestra idea. 彼は私たちの考えに同意した. Otras ventajas que *se suman* a la exactitud son la rapidez y la facilidad del manejo. 長所としては正確さのほかに速さと操作のしやすさがある

sumarial [sumarjál] 形 予審に関する

sumariar [sumarjár] 10 他 《法律》〔予審で〕起訴する

sumario, ria [sumárjo, rja] 形 ❶ 簡潔な, 短い: hacer una ~*ria* exposición del asunto 事件を簡単に説明する. ❷《法律》簡略の, 略式の: proceso ~ 略式の訴訟手続き. juicio ~ 略式(即決)裁判 ◆ 男 ❶ 概要, 要約: Hazme un ~ con los hechos más importantes. 一番重要な事柄だけ要約してください. ❷ 目次. ❸《法律》予審: instruir ~ contra... …に対する予審をする

sumariamente 副 簡潔に; 略式で: juzgar ~ 略式(即決)裁判をする

sumarísimo, ma [sumarísimo, ma] 形《法律》即決の,

sumergible [sumɛrxíβle] 形 潜水できる; 水中用の: reloj ~ 防水時計 ◆ 男 潜水艦〖buque ~〗

sumergir [sumɛrxír] 4 他〔+en に〕浸す: ~ la mano *en* el agua del baño 風呂の湯の中に手を入れる ◆ ~**se** ❶ 浸る; 潜る: El submarino *se sumergió* en seguida. 潜水艦はすぐ潜航した. ❷ 没入(没頭)する: ~*se en* la lectura 読書にふける. ~*se en* la contemplación 瞑想に浸る

sumerio, ria [sumérjo, rja] 形 名《歴史・地名》シュメール Sumer〔人・語〕の; シュメール人 ◆ 男 シュメール語

sumersión [sumɛrsjón] 女 水没; 潜水

sumidero [sumiðéro] 男 下水口; 下水道(渠)

sumiller [sumiʎér] 男 ❶〔レストランの〕ワイン係, ソムリエ. ❷〔王宮の〕執事, 侍従

suministrar [suministrár] 他《文語》〔+a に〕供給する, 支給する: La compañía *suministra* el gas *a* esta zona. その会社がこの地域にガスを供給している. ~ los datos データを提供する

suministrable 形 供給できる

suministrador, ra 形 名 供給する; 供給者

suministro [sumiínistro] 男 ❶ 供給, 支給: ~ de agua 給水. ❷ 供給品, 必需品. ❸圏《軍事》糧食, 兵糧

sumir [sumír] 他 ❶〔水に〕沈める; 〔土に〕埋める: La riada *sumió* el pueblo bajo las aguas. 洪水で村は水中に没した. ❷〔+en の状態に〕陥れる: ~ en la esclavitud ～を奴隷状態にする. Esas noticias me *sumieron en* confusiones. そのニュースで私はすっかり混乱してしまった ◆ ~**se** ❶ 沈む; 埋まる. ❷〔+en に〕没頭する: ~*se en* una meditación 瞑想にふける

sumisión [sumisjón] 女〖←someter〗❶ 服従〖↔rebelión〗; 降伏: ~ a las órdenes 命

令への服従. ❷ 従順さ

sumiso, sa [sumíso, sa] 形 従順な, おとなしい: niño ~ 言いつけをよくきく子供

sumista [sumísta] 男 要約者; へぼ神学者

súmmum [súmu(n)] 男〖el+〗最高度, 頂点: Me dieron una comida que era el ~. 彼らは私に最高のごちそうをしてくれた. el ~ de una civilización 文明の極致

sumo¹ [súmo] 男〖←日本語〗相撲; 相撲取り〖luchador de ~〗

sumo², **ma**² [súmo, ma] 形 ❶〔+名詞. 地位が〕最高の: el ~ sacerdote 最高位の聖職者. S~ Pontífice《文語》ローマ教皇. *suma* autoridad 最高権威. ❷ 至上の, 極度の: la *suma* felicidad 至福. con ~ cuidado 細心の注意を払って. con prudencia *suma* きわめて慎重に. de ~ interés とても興味深い. de *suma* importancia きわめて重要な *a lo* ~ せいぜい, 多くても: *A lo* ~ tendrá treinta años. 彼はせいぜい 30 歳位だろう. Por mucho que corra, estará aquí *a lo* ~ a las diez. どんなに走っても, 彼がここに着くのは早くて 10 時だろう *de* ~ まったく, 完全に

sumamente 副 きわめて: Le estoy ~ agradecido. あなたに大変感謝しています

sunna [súnna] 女《←アラビア語》スンナ〖モハメッドの口伝の律法〗

sun(n)í/sun(n)i 形《イスラム教》スンニ派の

sun(n)ita 名 スンニ派の教徒

suntuario, ria [suntwárjo, rja] 形 奢侈(しゃ)に関する: impuestos ~s 奢侈税. gasto ~ ぜいたくな出費

suntuoso, sa [suntwóso, sa] 形 ❶ 豪華な, 豪奢(ごうしゃ)な: fiesta ~*sa* 豪華なパーティー. ❷ 上品で威厳のある

suntuosidad 女 豪華さ

sup- ☞*saber* 55

supeditar [supeðitár] 他〔+a より〕下位に置く〖subordinar〗: ~ su tiempo libre *al* trabajo 余暇より仕事を大切にする ◆ ~**se**〔+a の意見などに〕従う, 服従する: ~*se a* la voluntad de sus padres 両親の意志に従う

supeditación 女 位従; 服従, 従属

súper [súpɛr]《口語》形 ❶ すばらしい: Tengo un bolígrafo ~. 僕はすごいボールペンを持ってるよ ◆ 副 すごく, とても, 非常に ◆ 男 スーパー〔マーケット〕〖supermercado の省略語〗 ◆ 女《自動車》ハイオク〖supercarburante の省略語〗

super-《接頭辞》❶〔大変な・すごい〕super- bueno 大変すばらしい. ❷〔上・超〕super- poner 重ねる, *super*nacional 超国家的な

superable [superáβle] 形 乗り越えられる

superabundante [superaβundánte] 形 きわめて多い; 多すぎる, あり余る

superabundancia 女 過多, 過剰

superabundar [superaβundár] 自 非常に多くなる; あり余る: *Superabundan* los robos.

盗難が非常に増えている

superación [superaθjón] 囡 克服：〜 de dificultades 困難に打ち勝つこと．〜 de uno mismo 自己を乗り越えること．afán de 〜 向上心

superaleación [superaleaθjón] 囡 超合金

superar [superár] 囼 [+a に] 勝る，しのぐ：El nuevo modelo *supera a*l anterior en economía. ニューモデルは経済性で旧型より優れている．Le *superó a*l campeón en el primer asalto. 彼は第 1 ラウンドでチャンピオンをリードした

◆ ❶ [障害などを] 乗り越える，上回る：Ya hemos *superado* lo más difícil. 私たちはすでに最大の難関を突破した．〜 una plusmarca 記録を破る．〜 la previsión 予想を上回る．estar *superado* 乗り越えられている，過去のものとなっている．❷《文語》[試験に] 合格する

◆**〜se** [+en で] 自己を乗り越える；向上する：Se ha *superado* en este examen. 彼は今度の試験で前よりいい成績をとった．intentar **〜**se 向上心を持つ

superautopista [superautopísta] 囡 〜s de la información 情報スーパーハイウェー

superávit [superábit] 囲 [単複同形/〜s. に 囲. ↔déficit] ❶ 黒字，剰余〔金〕：Este año la empresa ha cerrado con 〜. 会社は今年の決算で黒字を出した．〜 del balance de pagos 国際収支の黒字．〜 comercial 貿易黒字．❷ 過剰，超過

superbarato [superbaráto] 厖 激安の

superbueno, na [superbwéno, na] 厖 超すばらしい

supercarburante [superkarburánte] 囲《自動車》ハイオクタン〔価ガソリン〕

superchería [supertʃería] 囡 ぺてん，いんちき；迷信：〜 religiosa 宗教的まやかし

superciliar [superθiljár] 厖《解剖》眉の：arco 〜 眉弓

superclase [superkláse] 囡《生物》上綱；亜門

superconductividad [superkonduktibiðá(d)] 囡 超伝導

superconductor, ra 厖 超伝導の：aleación 〜ra 超伝導合金．◆ 囲 超伝導体

superdirecta [superðirékta] 囡《自動車》オーバードライブ

superdominante [superðominánte] 囡《音楽》下中音

superdotado, da [superðotáðo, ða] 厖 囝 きわめて優れた才能のある〔人〕

superego [superégo] 囲《心理》超自我

superestrato [superestráto] 囲《地質》上層；《言語》上層〔言語〕

superestrella [superestréʎa] 囡 スーパースター

superestructura [superestruktúra] 囡《建築・哲学》上部構造〖↔infraestructura〗

superfecundación [superfekundaθjón] 囡 過妊娠，複妊娠

superferolítico, ca [superferolítiko, ka] 厖 繊細（優雅）すぎる

superficial [superfiθjál] 厖 ❶ 表面の，表層の；浅い：aguas 〜*es* 地上水，地表水．herida 〜 浅い傷．❷《軽蔑》表面的な，うわべだけの；皮相な，浅薄な：Su amabilidad es 〜. 彼の親切はうわべだけだ．conversación 〜 内容のない会話．persona 〜 薄っぺらな人

superficialidad 囡 浅薄さ

superficialmente 副 表面だけを；浅薄に：Juzga las cosas sólo 〜. 彼は表面的にしかものを見ない

superficie [superfíθje] 囡〖英 surface〗❶ [主に 囲] 表面；地面：〜 de la mesa テーブルの表面．〜 de la tierra／〜 terrestre 地表．〜 del agua 水面．〜 de rodadura [タイヤの] 接地面．〜 de rozamiento 摩擦面．aflorar (salir) a la 〜 表面に現われる，表に（露出）する；[潜水艦が] 浮上する．❷ 面積：¿Cuál es la 〜 de esta finca? この場所の面積はどの位ですか？ La 〜 de este jardín es de seis mil metros cuadrados. この庭園の面積は 6 千平方メートルである．〜 de la esfera 球の表面積．❸ 外見，見かけ：Su elegancia es sólo de 〜. 彼女の優雅さはうわべだけだ．❹《数》面：〜 curva 曲面．〜 plana 平面．❺《軍事》misil 〜-aire 地（艦）対空ミサイル．misil 〜-〜 地対地（艦対艦）ミサイル

superfino, na [superfíno, na] 厖 極細の：bolígrafo con punta 〜*na* 極細のボールペン

superfluo, flua [supérflwo, flwa] 厖 余分な，不必要な：gastos 〜s 余分な出費．palabras 〜*fluas* 無駄口

superfluidad 囡 余分（不必要）なこと

superforofo, fa [superforófo, fa] 囝 超熱狂的なファン

superfosfato [superfosfáto] 囲《化学》過リン酸石灰

superhéroe [superéroe] 囝 スーパーヒーロー

superhombre [superómbre] 囲《哲学》超人

superíndice [superíndiθe] 囲《印刷》上付き文字（記号）

superintendente [superintendénte] 囝 [行政機関の] 本部長，監督

superintendencia 囡 その職

superior[1] [superjór] 厖〖英 superior．↔inferior〗[+a より] ❶ [位置が] 上の，上部（上方・上）の：Vive en el piso 〜 al mío. 彼は私より上の階に住んでいる．en el ángulo 〜 derecho de la tarjeta 葉書の右上の隅に．parte 〜 de una pared 壁の上部．Egipto S〜 エジプトのナイル川上流地方 ❷ [質が] 優れた，上質（上等）の：Es 〜 a su hermano en inteligencia. 彼は頭のよさでは兄にまさっている．Esta tela es 〜 a aquélla. この布はそれより上等だ．sentirse 〜 a+人 …に対して優越感を抱く．de calidad 〜 上質の ❸ [数が] 大きい，多い；上回る：los números 〜*es a* doce 12 より大きい数 ❹ 上級の，高位の；高等な：Fue dos años 〜 a mí en la universidad. 彼は大学で私より 2 年上級だった．Ocupa un cargo 〜 al nues-

tro. 彼は私たちより地位が上だ. curso ～ 上級
コース. enseñanza ～ 高等教育. animal ～
高等動物
◆ 男 上司, 上官; 先輩, 目上の人 : Él es mi
～. 彼は私の上司だ

superior², ra [superjór, ra] 名 修道院長
superioridad [superjoriðá(ð)] 女 ❶ [+
sobre に対する] 優越, 優位; 威厳 : Tiene una
～ manifiesta *sobre* el adversario. 彼は対戦
相手より明らかにまさっている. luchar con ～ 形
勢有利に戦う. hablar con unos aires de ～
いくらか見下すような調子で話す. sentimiento
de ～ 優越感. ❷《文語》当局, 官憲 : dirigir
una instancia a la ～ 当局に陳情する
superlativo, va [superlatíβo, βa] 形 ❶ 最
高の, 最上の : Era hermosa en grado ～. 彼
女は最高の美人だった. ❷ 最上級の
◆ 男《文法》最上級 『forma ～*va*』: ～
relativo de superioridad (inferioridad) 優
等(劣等)最上級. ～ absoluto 絶対最上級
superligero [superlixéro] 男《ボクシング》ライ
トウェルター級
superlujo [superlúxo] 男 超デラックス : co-
che de ～ 超デラックスな車
supermán [supermán] 男《←英語》スーパー
マン
supermercado [supermerkáðo] 男 スーパ
ーマーケット : hacer compras en un ～ スーパー
で買い物をする
supernova [supernóβa] 女《天文》超新星
supernumerario, ria [supernumerárjo,
rja] 形 定数(定員)外の, 余分な; 休職中の
◆ 名 定員外職員; [オブスディの] 平会員
superpesado [superpesáðo] 男《ボクシング》
スーパーヘビー級
superpetrolero [superpetroléro] 男 超大
型タンカー.
superpoblación [superpoβlaθjón] 女 過
剰人口, 人口過剰
superpoblado, da 形 過分 [estar+] 人口過
剰の : El Japón es un país ～. 日本は人口が
多すぎる
superpoblar 他 人口過剰にする. ◆ ～se 人
口過剰になる
superponer [superponér] 60 他 過分 su-
perp*uesto*』❶ [+a に] 重ねる, 積み重ねる : ～
las imágenes イメージを重ね合わせる. ❷ [+a に]
優先させる : ～ su trabajo *a* su familia 家
庭より仕事を大事にする
◆ ～se 重なる, 重ねられる; 優先される
superposición [superposiθjón] 女 重ねること, 重なり; 優先
superpotencia [superpoténθja] 女 超大国
superproducción [superproðu(k)θjón]
女 ❶ 生産過剰, 過剰生産. ❷《映画》超大作
superprotector, ra [superprotektór, ra]
形 過保護にする
super-rico, ca [super říko, ka] 形《口語》
大金持ち
supersecreto, ta [supersekréto, ta] 形 極
秘の
supersensible [supersensíβle] 形 超高感

度の
supersónico, ca [supersóniko, ka] 形 超
音速の : avión ～ 超音速機
superstición [supersti(θ)jón] 女 迷信, 縁起
をかつぐこと
supersticioso, sa 形 名 迷信的な, 縁起を
つぐ〔人〕
supérstite [supérstite] 形《文語》残存してい
る
superstrato [superstráto] 男《言語》上層
supertalla [supertáʎa] 女《服飾》特大サイズ
supervalorar [superβalorár] 他 過大評価
する
superventas [superβéntas] 形 男『単複同
形』ベストセラー〔の〕, ベストヒット〔の〕
supervigilar [superβixilár] 他《南米》厳し
く管理する
supervisar [superβisár] 他 [仕事を] 監督す
る
supervisión 女 監督 : bajo la ～ del jefe 上
司の監督下で
supervisor, ra 形 名 監督する; 監督者
supervivencia [superβiβénθja] 女 生き延
びること; 残存 : Gana lo justo para su ～. 彼
は生きていくのにやっとしか稼いでいない. lucha
por la ～ 夫に先立たれた妻, 未亡人. ～ del fuerte/～ del
apto/～ de los mejor adaptados 適者生存.
～ de las tradiciones 伝統の名残
superviviente [superβiβjénte] 形 名 ❶
[事故などで] 生き残った〔人〕, 生存者 : Fue el
único ～ del accidente. 彼が事故のただ一人の
生存者だ. ❷ [死別して] 後に残された〔人〕:
esposa ～ 夫に先立たれた妻, 未亡人
superwelter [superwélter] 男《ボクシング》ラ
イトミドル級
superyó [superjó] 男 ＝superego
supie- ☞saber 55
supinación [supinaθjón] 女 仰臥位; [手足
の] 回外
supinador [supinaðór] 男《解剖》回外筋
『músculo ～』: ～ largo 腕橈骨筋
supino, na [supíno, na] 形 ❶ ignorancia
～*na* 当然知っているべきことを知らないこと, 怠慢
による無知. ❷ あお向けの : en posición ～*na*
あお向けになって
◆ 男《ラテン語文法》動詞状名詞, 動名詞
suplantar [suplantár] 他 [不当に] …に取っ
て代わる, …になりすます : Alguien me *su-
plantó* y firmó el contrato. 誰かが私になりす
まして契約書に署名した
suplantación 女 取って代わること : ～ de
persona (de personalidad) 他人になりすます
こと
suplementario, ria [suplementárjo, rja]
形 追加の, 補足の : ángulo ～《数学》補角.
empleo (negocio) ～ 副業. lección ～*ria* 補
講, 補習. pedido ～ 追加注文. presupuesto
～ 追加予算. trabajo ～ 超過勤務. tren ～
[増発の] 臨時列車
suplemento [supleménto] 男 ❶ 追加, 補
足 : La máquina lleva varios ～s según los

usos. その機械には用途に応じて付属品がいくつかある. ～ de información 情報の補足. ❷ 割増金, 追加料金: pagar un ～ sobre... …のほかに割増金を払う. ～ de noche 夜間割増料金. ❸ 付録, 補遺; [新聞の] 特集版: La revista lleva un ～. その雑誌には別冊付録が付いている. ～ de un diccionario 辞書の補巻. ～ dominical 日曜版. ❹《文法》補完補語. 〖例〗Aspira *a rector*〗. 〖数学〗補角, 補弧

suplencia [suplénθja] 囡 代理, 代行; その期間: hacer el ～ a+人 …の代行をする

suplente [suplénte] 形 [役職などの] 代理の, 代行の: profesor ～ 代用教員. juez ～ 予備判事
◆ 图 ❶ 代理人, 代行人. ❷《スポーツ》控えの選手, 代え〖jugador ～〗

supletorio, ria [supletórjo, rja] 形 補足用の: cama ～*ria*〖付き添い用などの〗補助ベッド. mesa ～*ria* 袖机. juramento ～《法律》補足宣誓
◆ 男 ❶ 補足物. ❷ [親子電話の] 子機〖teléfono ～〗

súplica [súplika] 囡 懇願, 哀願; 請願〔書〕, 陳情〔書〕;《法律》[末尾の] 申し立て条項: a ～ de+人 …に懇願(要求)されて. elevar su ～ a la autoridad 当局に請願書を出す

suplicante [suplikánte] 形 懇願(哀願)する; 懇願者, 陳情者

suplicar [suplikár] 他 ❶ [へりくだって, +que+接続法 するように] 懇願する, 哀願する; 強く頼む: Te *suplico* que me dejes diez mil pesetas. お願いだから 1 万ペセタ貸してくれ. ❷《法律》上訴(控訴)する
◆ ～se Se *suplica* no fumar. たばこはご遠慮ください

suplicatorio, ria [suplikatórjo, rja] 形 懇願する, 哀願する: tono ～ 訴えるような調子
◆ 男 ❶《西》=suplicatoria. ❷ [議員に対する] 逮捕許諾請求
◆ 囡《法律》司法共助の依頼〔状〕, 裁判事務嘱託

suplicio [suplíθjo] 男 ❶ [激しい苦痛を伴う] 刑罰, 体刑; 死刑執行〖el último ～〗: someter a ～ a+人 …を処刑する. ❷ [肉体的・精神的な] 責め苦, 激しい苦痛: Trabajar con este calor es un ～. この暑さで働くのは地獄だ
～ de Tántalo 欲しいものが目の前にありながら手に入らない苦しみ

suplir [suplír] 他 ❶ […の欠除を, +por・conで] 補う, 代用する: *Suplió* el cuchillo *por* unas tijeras. 彼はナイフの代わりにはさみを使った. ～ el pan *con* patatas パンの代わりにジャガイモを食べる. ❷ …の代理を務める, 代行する: *Suplo* al gerente cuando está enfermo. 私は支配人が病気の時は代理をする. ❸ 立て替える: Yo *suplo* los gastos. 私が立て替えておきます

suponer [supon̄ér] 50 他〖英 suppose. 過分 sup*uesto*〗. ❶ 仮定する, 想定する: i) *Supongamos* un triángulo ABC. 三角形 ABC があるとしよう. ii) [+que+直説法 (疑念が強い時は接続法)] *Supongamos* (Vamos a ～) que lo

que dice él es verdad. 彼の言っていることが事実だとしよう. iii) [現在分詞で. +que+接続法] …であるとすれば: *Suponiendo* que haya salido a las cinco, antes de las ocho puede estar aquí. 彼が 5 時に出たとすれば 8 時前にここに来れるはずだが
❷ 推測する, 推定する〖顖顖 推測の根拠の強さの程度: conjeturar<imaginar<suponer〗: i) Le *supongo* profesor (treinta años largos). 私は彼を教師だ(30 歳は過ぎている)と思う. ii) [+que+直説法の未来時制・接続法] *Supongo que* no llegará (llegue) a la hora. 彼は時間どおりに来ないと思う(来ないかもしれない)
❸ 前提とする, 当然予想させる; 意味する: La libertad *supone* responsabilidad. 自由は責任を前提とする. La compra del coche *supone* el sueldo de seis meses. 車を買うには 6 か月分の給料がいる. Esto no me *supone* ninguna molestia. これは私にとって何も面倒ではないよ

como es de ～ 想像されるように.
ser de ～ que+直説法・接続法 …は考えられる, あり得る: Es de ～ que el número de muertos aumente (aumentará). 死者の数が増えそうだ
ser mucho ～ que+接続法 …とはとても考えられない
◆ 自 [+en で] 重きをなす: Su padre *supone* mucho en el mundo financiero. 彼の父親は財界の大物だ. Tu compañía *supone* mucho para mí. 君が一緒にいてくれることは私にとって大いに意味がある. Esta distancia no *supone* nada yendo en coche. 車で行けばこんな距離は何でもない
◆ 男 推測, 想像: Es un ～. それは推測だ

suposición [suposiθjón] 囡 推測, 憶測; 仮定: No es más que una ～. それは推測にすぎない. hacer *suposiciones* sobre.... …について憶測をめぐらす. ～ gratuita 根拠のない推測

supositorio [supositórjo] 男《医学》座薬
supra- [接頭辞] 〖超〗: ～sensible 超感覚的な

supranacional [supranaθjonál] 形 超国家の(的な), 一国の枠組を越えた

suprarrenal [suprar̄enál] 形《解剖》副腎の: glándura ～ 副腎. corteza ～ 副腎皮質

suprasensible [suprasensíble] 形 超感覚的な, 感覚を超えた

supremacía [supremaθía] 囡 至高, 最高位; 主権, 大権; 覇権: La ～ corresponde al pueblo. 主権は国民に属する. Esa empresa mantiene una ～ en la siderurgia. その会社が鉄鋼業界で支配的地位を占めている. Sus órdenes tienen ～ sobre las de los demás. 彼の命令は他の誰の命令よりも優先される

supremo, ma [suprémo, ma] 形〖↔ínfimo〗❶ 最高位の, 最高権威の: jefe ～ del ejército 軍の最高司令官. Ser S～ 至高存在, 神. autoridad ～*ma* 最高権威. ❷ 至上の, 最高度の: gozo ～ 無上の喜び. mujer de ～*ma* belleza とびきりの美女. ❸ [時の名詞+]

最後の；最も重要な：hora 〜ma《詩語》臨終,
死期. momento 〜 臨終；決定的瞬間. si-
tuación 〜ma 正念場

supresión [supresjón] 囡《←suprimir》❶
廃止；削除：〜 de una prerrogativa 特権の
廃止. supresiones en un texto テキストの一部
削除. ❷《電気》抑制

supresor [supresór] 男《電気》抑制器

suprimir [suprimír] 他 ❶ 廃止する：〜 un
impuesto 税を廃止する. ❷ 消滅させる：〜 al
que molesta 邪魔者を消す. 〜 la prueba 証
拠を隠滅する. 〜 la distancia 隔たりをなくす.
❸ 削除する, 省く：〜 unos versos del poema
詩のいくつかの節を削る. ❹《電気》抑制する

suprior, ra [suprjór, ra] 图《修道院の》副院
長

supuesto[1] [supwésto] 男 推測；仮定, 前提：
i) partir de un 〜 ある仮定から出発する. ii)
[+de que+接続法] Su teoría se basa en el
〜 de que no ocurra una depresión. 彼の理
論は不況が起きないことを前提にしている.   par-
tiendo del 〜 de que+接続法 …であると仮定し
たら
por 〜《英 of course》[同意] もちろん：
¿Vendrás a la fiesta?—¡Por 〜! パーティー
に来るかい？—もちろん.   Por 〜 que lo
primero es entender. もちろん一番大切なのは
理解することだ. dar por 〜 当然のことと考える
〜 que... 1) [+直説法] …であるから：S〜
que no quiere venir, iremos nosotros. 彼
は来たくないということなので, こちらから行こう.
2) [+接続法] …であると仮定したら：S〜 que
no viniera él, iríamos nosotros allí. 彼が来
ないのなら, 私たちの方から行くのだが

supuesto[2]**, ta** [supwésto, ta] 形 過分《←
suponer》❶ にせな：bajo un nombre 〜 偽名
を使って. ❷ [+名前] 想定上の：〜 culpable
容疑者. 〜 ladrón 窃盗の容疑者. ❸ 自称
…：〜 caballero 自称紳士

supuestamente 副 推定上, おそらく

supurar [supurár] 自 膿(うみ)が出る, 化膿する：
La herida le supura todavía. 彼の傷はまだ膿
んでいる

supuración 囡 化膿：〜 de la herida 傷口
の化膿

sur [súr] 男《英 south. ↔norte》❶ 南：
Europa del 〜 南ヨーロッパ. México
está al 〜 de los Estados Unidos. メキシコは
米国の南にある. La habitación está orienta-
da al 〜. 部屋は南向きだ. ❷ 南部. ❸ 南風
《viento del 〜》

sura [súra] 男《イスラム教》スーラ《コーランの章》

surafricano, na [surafrikáno, na] 形 =
sudafricano

suramericano, na [suramerikáno, na]
形 图 =sudamericano

surcar [surkár] 他《文語》❶ 波・風を切っ
て] 進む. ❷ …に畝溝をつける；筋をつける：〜
el campo con el arado 畑をすきで耕す. fren-
te surcada de arrugas しわの刻まれた額. Una
lágrima surcaba su mejilla. 一筋の涙が彼の

頬を伝った

surco [súrko] 男 ❶《畑の》畝(うね)溝：abrir
〜s en la tierra 地面に畝溝をつける. ❷ 溝,
筋：Las ruedas dejan 〜s en la tierra. 地面
にわだちが残る. El barco deja un 〜 en el
agua. 船が水面に航跡を残す. hacer 〜s en...
…に溝をつける. 〜 de disco レコードの溝.
[皮膚の] しわ《arruga》

surcoreano, na [surkoreáno, na] 形 图
《国名》韓国 Corea del Sur《人》の；韓国人

sureño, ña [suréɲo, ɲa] 形 图 南の, 南部の
《人》《↔norteño》

sureste [suréste] 男 =sudeste

surf [súrf] 男 =surfing

surfing [súrfin] 男《←英語》サーフィン：〜 a
vela ウィンドサーフィン

　surfear 自 サーフィンをする

　surfista 图 サーファー

surgir [surxír] 4 自 ❶ [+de から/+en に, 水
などが] わき出する：Del manantial surgía un
agua cristalina. 泉から透明な水がわき出ていた.
De repente surgió el petróleo. 突然石油が噴
出した. ❷ 高くそびえる：Surgen los rasca-
cielos. 超高層ビルがそびえている. ❸ [突然に]
現れる, 生じる：Ha surgido una situación
inesperada. 思いがけない事態が生じた. La
idea surgió de improviso en mi cabeza. 突
然その考えが私の頭に浮かんだ

surimi [surími] 男《←日本語》《魚の》すり身

Surinam [surinán]《国名》スリナム

suripanta [suripánta] 囡《まれ》売春婦；コー
ラスガール

surmenage [surmenáxe] 男《←仏語. 南米》
過度の精神的疲労

suroeste [suroéste] 男 =sudoeste

surrealismo [surealísmo] 男 シュールレアリ
スム, 超現実主義

　surrealista 形 图 シュールレアリスムの；シュール
レアリスト

sursuncorda [sursunkórða] 男《戯語》[不
特定な] お偉方：No lo haré, aunque me lo
mande el 〜. たとえお偉いさんの命令でも私はし
ない

surtidero [surtiðéro] 男 [池などの] 排水管；
噴水

surtido, da [surtíðo, ða] 形 過分 ❶ [es-
tar+] 商品が豊富な：Estamos bien 〜s de
géneros para invierno. 当店は冬向けの品を各
種とりそろえております. ❷ 取り合わせの：ga-
lletas 〜das ビスケットの詰め合わせ
◆ 男 ❶ [同種のものの] 取りそろえ：En esta
tienda tienen un gran (magnífico) 〜 de
sombreros. この店は色々な帽子を豊富に取りそ
ろえている. ❷ 仕入れ, 買い入れ

surtidor, ra [surtiðór, ra] 图 納入者；御用
商人
◆ 男 ❶ 噴水；水のほとばしり. ❷ ガソリンポン
プ, ガソリンスタンド《〜 de gasolina》

surtir [surtír] 他 ❶ [+de を] …に供給(納入)
する《proveer》. ❷ [効果を] もたらす：La
amenaza no surtió efecto. 脅しはきかなかった

◆ 圓《文語》わき出る

◆ ～se [+de を] 仕入れる

surto, ta [súrto, ta] 形 [船が, +en 港に] 停泊(投錨)している

sus¹ [sus] ☞**su**

sus² [sús] 間《犬などを追い払う時の》しっし!

sus-《接頭辞》[下] *sus*pender ぶら下げる

Susana [susána] 固《女性名》スサナ《英 Susan》

susceptible [susθeptíble] 形 ❶ [人が, +a に] 傷つきやすい, 落ち込みやすい; 怒りっぽい: Es muy ～ a las críticas. 彼は批判を大変気にする. No seas tan ～. そんなにくよくよ(かりかり)するな. ❷《文語》[+de の] 余地がある, 可能な: Este plan es ～ de modificaciones. この計画は修正を受け入れる余地がある

　susceptibilidad 女 疑い深さ

suscitar [susθitár] 他《文語》[感情・考えを] 呼び起こす, かき立てる: Su discurso *suscitó* una violenta reacción por parte del público. 彼の演説は民衆側の激しい反発を招いた. ～ el interés de+人 …の興味を引く

suscribir [suskriβír] 他《過分 suscri(p)to》 ❶ [+a 定期購読・入会などを] …のために申し込む: ¿Me *suscribes* a esa revista? その雑誌の定期購読を申し込んでくれますか? ❷ …に出資する: ～ acciones de una compañía ある会社の株を買う(株主になる). ❸《文語》[文書の末尾に] 署名する: ～ la carta 手紙の末尾に自分の名を書く. ～ una petición 請願書に署名する. El que *suscribe*+人名 下記に署名する…は. ❹《文語》…に同調(同意)する: *Suscribo* todo lo que él ha dicho. 私は彼の言ったことすべてに賛成である

◆ ～se ❶ [+a に] 申し込む, 応募する; 入会する: ～se a un periódico 新聞をとる. ～se a una asociación benéfica 慈善団体に加入する. ❷《手紙》Me *suscribo* de usted su atto. y s.s. 敬具

suscripción [suskripθjón] 女 ❶ [出版物の] 予約, 定期購読; 応募, 申し込み; 出資: Abre (Cierra) la ～. 購読(入会)申し込み期間が始まる(終わる). ～ en favor de los damnificados 被災者への寄付. derecho de ～ preferente sobre las nuevas acciones 新株優先引受権. ❷ 定期購読料: cobrar la ～ anual de la revista 雑誌の年間購読料を徴収する. ❸ 署名; 同意

suscri(p)to, ta [suskrí(p)to, ta] 名《過分》《←suscribir》《文語》[定冠詞+] 署名者

suscri(p)tor, ra [suskri(p)tór, ra] 名 定期購読者; 申込者; 出資者

Suso [súso] 固《男性名》スソ《Jesús の愛称》

susodicho, cha [susodítʃo, tʃa] 形《文語》[+名詞] 前記の, 前述の

suspender [suspendér] 他《英 suspend》❶ [+de から/+en に] つるす, かける, ぶら下げる: ～ una araña *del* techo 天井からシャンデリアを吊るす. ～ la jaula del pájaro *en* un árbol 鳥かごを木に吊るす. ❷ [予定していたことを] やめる; [いったん始まったことを] 途中でやめる, 中断する;

[再開を考えて] 一時停止する: Debido a la lluvia han *suspendido* el partido. 雨のため試合は取り止めになった(後日に延期された). 一時中断された). El servicio del barco quedó *suspendido*. 船は運休になった. ❸ 停職(停止)処分にする: Lo han *suspendido* de empleo y sueldo. 彼は停職処分になった. La revista *fue suspendida* por tres meses. その雑誌は3か月発行停止になった. ❹《西》落第させる; [学生が] …の単位を落とす: Lo han *suspendido* en matemáticas./*Suspendió* las matemáticas. 彼は数学を落とした. ❺ 夢中にさせる

◆ 圓《西》落第する

◆ ～se 中止(中断・一時停止)される: Se ha *suspendido* la reunión. 会議は中止された(途中で終わった)

suspense [suspénse] 男《←英語. 西》サスペンス: novela de ～ サスペンス小説

suspensión [suspensjón] 女 ❶ 中止, 中断, 一時停止: ～ de empleo y sueldo 停職. ～ de pagos [負債の] 支払い停止. ～ de las hostilidades 停戦. ～ de las pruebas nucleares 核実験の停止. ❷《車両の》サスペンション, 懸架[装置]: ～ hidráulica 液圧懸架装置. ～ independiente 独立懸架. ❸《化学》懸濁(汁)[状態・液];《物理》浮遊[状態]: en ～ 浮遊状態の. ❹《体操》～ invertida 懸垂倒立

suspenso, sa [suspénso, sa] 形 ❶《西》不可を取った, 落第した. ❷ びっくりした; 吊り下がった, 宙ぶらりんの

◆ 男 ❶《西》[評点] 不可, 落第《☞calificación 参考》: Me dieron dos ～s. 私は2科目落第した. ❷《中南米》サスペンス《suspense》 *en* ～ 延期(中断)された; 懸案の, 未決定の: dejar *en* ～ la decisión 決定を棚上げにする. El asunto está *en* ～. その件は懸案になっている

suspensores [suspensóres] 男 複《中南米. 服飾》ズボン吊り

suspensorio [suspensórjo] 男 [陰嚢用の] サポーター;《解剖》懸垂帯, 提挙帯

suspicacia [suspikáθja] 女 ❶ 疑い深さ, 猜疑(ぎ)心. ❷ 疑念, 不信; 警戒心

suspicaz [suspikáθ] 形《複 ～ces》猜疑心の強い, 人を信用しない

suspirar [suspirár] 圓 ❶ [苦しみ・切望・退屈・安堵などの] ため息をつく: ～ de amor 恋の病いでため息をつく. ❷ [+por を] 熱望(渇望)する: *Suspira por* [volver a] su tierra. 彼は望郷の思いにかられている. Hace años que *suspira por* ella. 彼は何年も前から彼女のことを思い焦がれている

suspirado, da 形《過分》熱望された

suspiro [suspíro] 男《英 sigh》❶ ため息: dejar escapar un ～ de satisfacción 満足のため息をもらす. dar un ～ de alivio ほっと一息つく, 安堵の胸をなで下ろす. ～ del viento 風の音. pesar menos que un ～ 羽のように軽い. ❷《口語》i)[がりがりに] やせた人. ii) 一瞬: en un ～ 一瞬のうちに. ❸ 小麦粉・砂糖・卵で作っ

た菓子. ❹《音楽》4 分休止〔符〕
dar (*exhalar*) *el último* ～ 死ぬ

sustancia [sustánθja] 囡〔英 substance〕
❶ 物質 : ¿De qué ～ está hecho? それはどんな
物質でできていますか？ ～ líquida 液体状の物
質. ～ pegajosa べとべとした物質. ❷ 実質,
要点 : Sus palabras tienen poca ～. 彼の話は
ほとんど内容がない. ❸ 滋養分 : ～ de carne 肉
のエキス. caldo sin ～ 栄養のないスープ. ❹《哲
学》実体, 本質. ❺《解剖》～ blanca (gris)
白 (灰白) 質
en ～ 要するに, 一言で言えば〔en resumen〕；
実質的に : *En* ～ estoy de acuerdo. 私は大
体賛成だ
sin ～《口語》判断力のない, 精神的に成熟して
いない；[話などが] 内容のない : Es un hombre
guapo, pero *sin* ～. 彼は美男子だが頭ばかり
っぽだ

sustancial [sustanθjál] 形 実質的な；本質
的な, 重要な : El ministro no dijo nada ～.
大臣は実質的なことは何も言わなかった. Esa
manera de hablar es ～ en él. それはいかにも
彼らしい話し方だ. reforma verdaderamente
～ 真に本質的な改革. punto ～ de un discur-
so 講演の要点. [ser ～ que+接続法] Es ～
que la chaqueta sea cómoda. 肝心なのは上
着の着心地だ

sustancialmente 副 実質的に；かなり

sustanciar [sustanθjár] 他 要約する；《法
律》審理する

sustancioso, sa [sustanθjóso, sa] 形 ❶
滋養に富む : comida ～sa 栄養たっぷりの食事.
❷ 内容の充実した : discurso ～ 中味の濃い講
演. contrato ～ 条件のよい契約. Ha sido un
día ～. 今日は充実した一日だった

sustantivo, va [sustantíβo, βa] 形 ❶ 本
質的な, 実質的な. ❷ 名詞の
◆ 男《文法》名詞, 実詞

sustantivar 他 名詞 (実詞) 化する : ～ un
adjetivo 形容詞を名詞化する

sustantivación 囡 名詞化

sustentable [sustentáβle] 形 支持 (弁護) で
きる

sustentación [sustentaθjón] 囡 支えること；
扶養；《航空》揚力〔fuerza de ～〕

sustentáculo [sustentákulo] 男 支え, 台座

sustentador, ra [sustentaðór, ra] 形 ❶
支える；支持者 : superficie ～ra《航空》翼面

sustentar [sustentár] 他 ❶ 支える〔soste-
ner〕. ❷ 扶養する, 食べさせる : ～ a su familia
家族の生計を支える. ❸ [意見・思想を] 支持す
る, 擁護する : Le faltan argumentos para ～
su teoría. 彼の理論には根拠がない. ❹ 維持する,
持続させる : ～ la moral del pueblo 国民の士
気が落ちないようにする
◆ ～se [+con・de 食物] 摂取する : Las va-
cas *se sustentan con* hierba 牛は草を食べる.
～*se de* esperanza 希望を支えに生きる

sustento [susténto] 男 ❶ 食物, 生活の糧 :
Con lo que gana tiene el ～ asegurado. 彼
の稼ぎで食べる物は確保されている. ❷ 支え : La

hija era su único ～. 娘だけが彼の支えだった

sustitución [sustituθjón] 囡 置き換え, 入
れ替え；代用, 代替 : ～ de una palabra por
otra ある語を他の語と取り替えること. ～ de
importaciones 輸入代替. ❷《法律》[相続人
の] 代襲. ❸《化学》置換.《数学》代入

sustituible [sustituíβle] 形 取り替えできる；
代替可能な

sustituir [sustituír] 48 他《既分 sustituyen-
do》❶ …の代わりをする, 取って代わる : i) En
casa mi hermano *sustituye* al padre. 私の家
では兄が父親代わりだ. No pienso ～ al actual
presidente. 現社長に取って代わるつもりはない.
ii) [統語上の +a] La república *sustituyó a*
la monarquía. 共和制が王制に取って代わった.
❷ [+por と] 置き換える, 入れ替える；代替す
る : ～ una rueda pinchada *por* la de recam-
bio パンクしたタイヤを予備のと交換する

sustitutivo, va [sustitutíβo, βa] 形《文
語》代用品〔の〕, 代替の (物) : usar margarina
como ～ de la mantequilla バターの代わりにマ
ーガリンを使う

sustituto, ta [sustitúto, ta] 囡 代理人, 代
行 : El profesor está ausente y dará la
clase el ～. 先生はお休みなので, 代講になります

sustitutorio, ria [sustitutórjo, rja] 形 ＝
sustitutivo

susto [sústo] 男 [恐怖を伴った] 驚き；恐れ :
La explosión me dio un ～. その爆発で私は肝
(ᵏⁱᵐᵒ)をつぶした (びっくりした). darse (llevarse・
pegarse) un ～ おびえる. ¡Qué ～ pasamos!
ああこわかった!
caerse de〔l〕～《口語》ひっくり返りそうになる
くらい驚く, 腰を抜かす
que da un ～ *al miedo* 醜悪な, 身の毛のよ
だつような

sustraer [sustraér] 45 他《過分 sustraído,
既分 sustrayendo》❶《文語》[+a+人 から] 掏
(ᵗ)る, 盗む : Me *sustrajeron* la cartera en el
metro. 私は地下鉄で財布を掏られた. ❷《まれ》
[+a+人 から, +de と] 引き離す. ❸ [+a から]
差し引く, 引き算をする : Si *sustraemos* tres *a*
cinco, quedan dos. 5 から 3 を引くと 2 残る
◆ ～se《文語》[+a 義務・面倒などから] 逃れる,
避ける : ～*se a* las preguntas de los periodis-
tas 新聞記者の質問をうまくかわす. ～*se a* la
tentación 誘惑を避ける

sustracción 囡 1)《文語》掏ること, 盗むこと.
2)《数学》引き算, 減法〔↔adición〕

sustraendo 男《数学》引く数, 減数〔↔mi-
nuendo〕

sustrato [sustráto] 男《哲学》実体；《地質》
下層土, 心土；《言語》基層〔言語〕〔↔supers-
trato〕；《生物》底質, 基底

susurrar [susurár] 他 ささやく : Me *susu-
rraba* al oído palabras galantes. 彼は私の耳
もとで口説き文句をささやいた
◆ 自 ささやく；《文語》軽やかな音を立てる : *Su-
surra* el viento. 風がサラサラ鳴っている

susurrante 形 ささやく : voz ～ ささやき声

susurro [susúro] 男 ❶ ささやき. ❷《文語》軽

やかな音：〜 de las hojas 葉のざわめき. 〜 del riachuelo 小川のせせらぎ. 〜 del viento 風のささやき.

sutil [sutíl] 形 ❶ 薄い, 細かい：〜 velo 薄いベール. filamento muy 〜 極細の繊維. ❷ 淡い；繊細な, 微妙な：color 〜 柔らかい(淡い)色. aroma 〜 ほのかな香り. sabor 〜 かすかな味. diferencia 〜 微妙な差異. ❸ 才気のある, 明敏な：persona 〜 鋭敏な人. palabras 〜es 巧妙な(遠回しな)言葉

sutileza [sutiléθa] 囡 薄さ, 繊細さ；巧緻さ, 凝った言い回し

sutilizar [sutiliθár] 自 他 遠回しに言う, ほのめかす

sutura [sutúra] 囡 ❶《医学》縫合：dar unos puntos de 〜 en la herida 傷口を数針縫う. ❷《解剖》〔頭蓋骨などの〕縫合線
suturar 他 縫合する

suyo, ya [sújo, ja] 形〖英 his, her, its；their；your. 所有形容詞完全形〗❶ 彼〔ら〕の, 彼女〔ら〕の；それ〔ら〕の；あなた〔がた〕の：i)〖名詞+〗Este coche 〜 es de muy buena calidad. この彼〔ら〕・あなた〔がた〕の車はとても性能がいい. 〖su よりも所有者が誰であるかを強調する：No es asunto 〜. 私の知ったことではない〗ii)〖主格補語〗Esa maleta es suya. そのスーツケースは彼(彼女・あなた)のだ. iii)…らしい：Las locuciones son muy suyas. その言い回しはいかにも彼(彼女・あなた)らしい. ❷ 自分〔たち〕の：Él engañó a un amigo 〜. 彼は自分の友人の一人をだました. ❸ 自己中心的な, 他人に左右されない：Es 〔un hombre〕 muy 〜. 彼は非常に自分中心の男だ. ❹《手紙》Atentamente (Sinceramente) 〜 敬具〖差出人が女性・団体の場合は suya・suyos〗
de 〜 それ自体：El asunto es de 〜 complicado. その事件自体が込み入っている
hacer 〜 〔考えなどを〕自分のものにする, 賛同する
hacer[se] 〜 a+人 …の心をひきつける：Se hace 〜s a sus compañeros. 彼は仲間の心をつかんだ
ser muy 〜 〔人が〕超然とした, 他人に左右されない；風変わりな
◆ 代〖英 his, hers, its；theirs；yours〗〖定冠

詞+〗❶ 彼〔ら〕(彼女〔ら〕・あなた〔がた〕)のそれ：Mis trajes son mejores que los 〜s. 私の服は彼〔ら〕(彼女〔ら〕・あなた〔がた〕)のより上等だ. ❷ 自分〔たち〕のそれ：usted confunde mis lápices con los 〜s. あなたは自分の鉛筆と私の鉛筆を間違えています
cada cual (cada uno) a lo 〜 いらぬおせっかいはすべきでない
hacer de las suyas いつものいたずら(悪ふざけ)をする, あいかわらずばかげたことをする
dar a+人 lo 〜《口語》…に当然の報いを与える
ir a lo 〜/ir a la suya 自分の利益(こと)だけを考える
la suya 彼〔ら〕(彼女〔ら〕・あなた〔がた〕)の言い分(意図・意志)
lo 〜 1) 彼〔ら〕(彼女〔ら〕・あなた〔がた〕)のこと(もの). 2) 彼〔ら〕(彼女〔ら〕・あなた〔がた〕)の得意(本分)：Está contenta, ahora trabaja en lo 〜. 今は自分に合った仕事をしているので彼女は満足している. El español es lo 〜. スペイン語は彼はお手の物だ. 3)〔副詞的〕かなり, とても：La sortija vale lo 〜. その指輪はとても高い
los 〜s 彼〔ら〕(彼女〔ら〕・あなた〔がた〕)の家族(仲間・味方)：Siempre está hablando de los 〜s. 彼女はいつも自分の家族のことを話している
salirse con la suya 〔最終的に〕望みをとげる；我を通す：Él se sale siempre con la suya. 彼はいつも言い分を通してしまう/いつも彼の思うつぼにはまってしまう
〖*una] de las suyas* [彼〔ら〕・彼女〔ら〕・あなた〔がた〕の] いつもの悪ふざけ(失敗)：Ya ha dicho (hecho) José una de las suyas. ホセがまたばかなことを言った(やった)
ver la suya 好機を見いだす

s.v.《略語》←su valor 貴方価格
s/v《略語》←sobre vagón 貨車渡しで
svástica [sbástika] 囡 ＝**esvástica**
swahili [swaíli] 男 スワヒリ語
swing [(e)swín] 男〔随 〜s〕〖←英語. ボクシング・ゴルフ・音楽〗スイング
switch [(e)swítʃ] 男〖←英語. 主に中南米〗〔電気の〕スイッチ

T

t [té] 囡 アルファベットの第 21 字：hierro (viga) de doble ～ Ｔ形鋼 (梁)

T 《略語》←tonelada トン

t/ 《略語》←talón 小切手帳

taba [tába] 囡 距骨 [astrágalo]；[時に 圈] お手玉に似た子供の遊び

tabacal [taβakál] 囲 タバコ畑

tabacalero, ra [taβakaléro, ra] 厖 囝 タバコ栽培の(栽培者)；たばこを製造(販売)する〔人〕
◆ 囡 たばこ工場；《西》たばこ[専売]公社

tabachín [taβatʃín] 囲 《植物》ジャケツイバラ

tabaco [taβáko] 囲 ❶ 《植物》タバコ．❷ 《主に西》[喫煙用の] たばこ：¿Tienes ～? たばこ持ってるかい？ hilar ～ 《中南米》嚙みたばこを紐状にする．tomar ～ 嗅ぎたばこを嗅ぐ．～ de mascar 嚙みたばこ．～ de pipa パイプ用たばこ．～ en polvo 嗅ぎたばこ．～ picado/～ al cuadrado 刻みたばこ
acabarse a+人 *el* ～《中南米》…が一文なしになる
ponerse de mal ～《中米》不機嫌になる

tabal [taβál] 囲 塩漬けの魚を保存する樽

tabalear [taβaleár] 囲 指でコツコツと叩く：～ encima de la mesa 指でテーブルをトントン叩く

tabanco [taβáŋko] 囲 ❶ [食料品を売る] 露店，屋台；《西》バル [bar]；《中米》屋根裏部屋

tábano [táβano] 囲 ❶ 《昆虫》アブ (虻)．❷ うるさい人，しつこい人

tabanque [taβáŋke] 囲 [足で回す製陶用の] ろくろ下部の輪

tabaquero, ra [taβakéro, ra] 厖 囝 = tabacalero
◆ 囡 刻みたばこ入れ

tabaquismo [taβakísmo] 囲 《医学》たばこ症，ニコチン中毒：～ pasivo 受動喫煙，自然喫煙

tabardillo [taβarðíʎo] 囲 《西. 古語》日射病 [insolación]；分別のない人，騒ぎ立てる人

tabardo [taβárðo] 囲 《服飾》袖なしの外套 [ロ ヵ ッ ト]；[昔の農民が着た] 粗末な布地のコート

tabarra [taβářa] 囡 《口語》しつこい人，うるさい人(物)
dar la ～ *a*+人 [同じ話題・要求を繰返して] …をうるさがらせる

tabarro [taβářo] 囲 アブ [tábano]；スズメバチ [avispa]

tabasco [taβásko] 囲 《料理》タバスコ [ソース]

tabasqueño, ña [taβaskéɲo, ɲa] 厖 囝 タ

バスコ州 Tabasco の〔人〕《メキシコ南東部の州》

taberna [taβérna] 囡 [料理も出す] 居酒屋，飲み屋

tabernáculo [taβernákulo] 囲 ❶ 《カトリック》[聖体のパンを納める] 聖櫃(ひつ) 《ロ ヵ ント》．❷ 《聖書》[ヘブライ人が契約の櫃を納めていた] 幕屋(ばく)

tabernario, ria [taβernárjo, rja] 厖 《軽蔑》[居酒屋特有の] 下品な：lenguaje ～ 品のない言葉

tabernero, ra [taβernéro, ra] 囝 居酒屋の主人(給仕)

tabica [taβíka] 囡 《建築》カバープレート；[階段の] 蹴込み

tabicar [taβikár] 囮 [壁 tabique で] ふさぐ：～ una entrada 入り口を壁でふさぐ
◆ ～**se** ❶ ふさがる，詰まる：*Se me han tabicado* las narices. 私は鼻が詰まった．❷ [自分の目・耳などを] ふさぐ

tabique [taβíke] 囲 ❶ [部屋などの薄い] 仕切り，壁：～ de panderete 煉瓦の仕切り壁．❷ 《解剖》～ nasal 鼻中隔

tabla [táβla] 囡 [英 board] ❶ [主に木の] 板：mesa con ～ de mármol 大理石の天板のテーブル．～ de dibujo 画板．～ de lavar 洗濯板．～ de pecho 胸板．～ de planchar アイロン台．～ de río 川の広い水面．～ para (de) picar まな板 ～ [普通の家庭ではまな板は使わない]．❷ 棚板，横板．❸ 表，一覧表：i) ～ de materias 目次．～ de precios 値段表．ii) 《数学》九九の表 《～ de multiplicar (de multiplicación・pitagórica)》．❹ 《服飾》[幅広の] ひだ，プリーツ：falda con (de) ～s プリーツスカート．❺ [一区画の] 畑；[長方形の] 野菜畑，花壇．❻ 《スポーツ》i) [水泳・水上スキー・サーフィンなどの] 板，ボード．❷ スキー板：hacer ～ [ウィンド] サーフィンをする．ii) サーキットトレーニング 《～ de gimnasia・ejercicios》．❼ [トイレの] 便座．❽ 《料理》[チーズなどの] カッティングボード．❾ 《美術》[祭壇] 板絵，タブロー．❿ 《音楽》～ armónica (de armonía) [弦楽器の] 胴，共鳴板．⓫ 《宝石》[ブリリアントカットなどの] テーブル．⓬ ～ redonda [アーサー王伝説の] 円卓．⓭ 圈 [闘牛場の] 木柵；その付近の砂場．⓮ 圈 i) 舞台：pisar las ～s 舞台を踏む，演じる．subir a las ～s ステージに立つ．ii) 舞台度胸：tener muchas ～s 舞台度胸がいい．⓯ 圈 《聖書》律法の石版，モーセの十戒 《～s de la ley》．⓰ 圈 《チェス》引分け；[交渉の] 物別れ：quedar en ～s 引分け(物別れ)し

終わる. **⑰** ~ de juego 賭博場. ~s reales バックギャモン

a raja 厳しく〖a rajatabla〗

escaparse (salvarse) en una 危ういところを逃れる, すんでのところで危険を免れる

hacer ~《古語》食事に招待する

~ *de salvación* 最後の手段, 頼みの綱

~ *rasa* 1)《哲学》白紙状態, タブララサ. 2) hacer ~ *rasa* de... …を白紙に戻す, 一から出直す

tener ~s 上手に(のびのびと)演じる

tablado [taβláðo] 男 **❶** [板張りの] 壇, 舞台; 観覧席: salir (subir) al ~ 舞台に上がる, 登場する. ~ para la ejecución 死刑台. **❷** = tablao

sacar al ~ 世間に言い触らす

tablao [taβláo] 男 タブラオ〖~ flamenco. フラメンコのショーをするレストラン〗

tablatura [taβlatúra] 囡《音楽》タブラチュア

tablazón [taβlaθón] 囡 匤图 [船の甲板などの] 板, 板材

tableado [taβleáðo] 男 匤图《服飾》プリーツ

tablear [taβleár] 他 **❶** [木材をひいて] 板にする. **❷** [畑・花壇を] 区画する. **❸**《服飾》プリーツをつける: falda *tableada* プリーツスカート

tablero [taβléro] 男 **❶** [板] 板: ~ de anuncios 掲示板. ~ de dibujo 画板. ~ de mármol 大理石盤. **❷** 黒板〖pizarra〗; パネル, ボード. **❸** ゲーム盤; チェス盤〖~ de ajedrez〗: ~ chino ダイヤモンドゲーム盤. **❹** ~ de gráficos《情報》[ペン入力の] タブレット. ~ de instrumentos/~ de mandos《自動車》ダッシュボード;《航空》計器板;[工場の] 制御盤. **❺**《バスケ》バックボード.

tableta [taβléta] 囡 **❶** 錠剤: una ~ para dolor de cabeza 頭痛薬 1 錠. **❷** 板チョコ〖~ de chocolate〗.

tabletear [taβleteár] 圁 [板などが] カチカチ (ガタガタ)と鳴る; [機関銃が] バラバラ(バリバリ)発射される

tableteo 男 その音

tablilla [taβlíʎa] 囡 **❶** 小さな板: ~s de San Lázaro [物乞いなどに使う] ささら板, 拍子木の一種. **❷**《医学》副木, 当て木

tabloide [taβlóiðe] 男《←英語. 中南米》タブロイド紙

tablón [taβlón] 男 **❶** [足場用などの] 厚板. **❷** 掲示板〖~ de anuncios〗. **❸**《口語》酔い: agarrar (coger) un ~ 酔っ払う. **❹**《服飾》箱ひだ, ボックスプリーツ. **❺**《中南米》農地の一区画

tabor [taβór] 男《歴史》[モロッコのスペイン軍の] 中隊, 小隊

tabú [taβú] 厖 图 圏 ~[e]s タブー(の), 禁忌: palabra ~ 忌み言葉, 禁句

tabuco [taβúko] 男 狭く見すぼらしい部屋

tabulador [taβulaðór] 男 [タイプライターの, 各行の端をそろえる] タビュレーター

tabuladora [taβulaðóra] 囡《情報》[リスト・表を打ち出す] タビュレーター

tabular [taβulár] 他 表(ひょう)で示す, 表にする;

《情報》タビュレーターに入れる

◆ 厖 平板状の; 表の

taburete [taβuréte] 男 [背のない] 腰掛け, スツール; 足台, 足の台

TAC [ták] 男《略語》←Tomografía Axial Computerizada CT スキャン

tacada [takáða] 囡《ビリヤード》[キューで] 玉を突くこと; 連続キャノン

de una ~ 一気に, 一度に

tacaño, ña [takáɲo, ɲa] 厖 图 けちな〔人〕, 欲ばりな〔人〕: No seas ~. けちはするな

tacañería [takaɲería] 囡 吝嗇(りんしょく), 強欲

tacatá/tacataca [takatá/-táka] 男《西》[幼児用などの] 歩行器

tacha [tátʃa] 囡 **❶** 汚点, 欠点: Es una persona sin ~[s]. 彼は非の打ち所がない. Siempre pone ~s a mi trabajo. 彼はいつも私の仕事にけちをつける. **❷** [大きな] 鋲(びょう), 留め鋲

tachadura [tatʃaðúra] 囡 線を引いて消すこと, 抹消: Este manuscrito está lleno de ~s. この原稿には消した跡が一杯ある

tachar [tatʃár] 他 **❶** [語などに線を引いて] 消す: *Tacha* estas palabras. これらの単語を消しなさい. **❷** [+de と] 非難する, とがめる: Le *tachan* de avaro. 彼はけちだと非難されている. **❸**《法律》[証言の] 信憑性に異議を申し立てる

tachero, ra [tatʃéro, ra] 图《南米》タクシー運転手〖taxista〗

tacho [tátʃo] 男《中南米》バケツ; 洗面器; ごみ箱

irse al ~ 失敗する

tachón [tatʃón] 男 抹消の線; 飾り鋲(びょう)

tachonar [tatʃonár] 他 **❶** …に飾り鋲を打つ. **❷** [+con・de と] ちりばめる: ~ con flores 花を点々と置く. cielo *tachonado* de estrellas 星をちりばめた空

tachonear 他 =tachonar

tachuela [tatʃwéla] 囡 平くぎ

tacita [taθíta] 囡 *ser una* ~ *de plata* [住居などがよく掃除されて] ピカピカである

~ *de Plata* カディス Cádiz のこと

tácito, ta [táθito, ta] 厖 暗黙の; 言外の: consentimiento ~ 暗黙の同意, 黙認. acuerdo ~ 黙契

taciturno, na [taθitúrno, na] 厖 **❶** [ser+] 口数の少ない, 無口な. **❷** [estar+] 悲しげな, 陰鬱な

taciturnidad 囡 無口, 寡黙(かもく)

taco [táko] 男 **❶**《技術》栓, ピン; くさび. **❷** [はぎ取りの] カレンダー, 日めくり〖almanaque de ~〗. **❸** 回数券. **❹**《西》i) 混乱, 混雑: Se produce un ~ en la circulación. 交通渋滞が起きる. ii) のしのし, 雑言; 野卑な言葉: soltar un ~ ののしりの言葉を吐く, 悪態をつく. iii) 圏《口語》年齢: Ya cumple 35 ~s. 彼はもう 35 歳になる. **❺**《料理》i)《西》さいの目に切ったもの: ~s de jamón (queso) ハム(チーズ)のおつまみ. ii)《中米》タコス〖ひき肉やチーズをトルティーリャで巻いたもの〗. **❻**《ビリヤード》キュー. **❼**《靴》i)《スポーツ》スパイク. ii)《中南米》かかと〖tacón〗. **❽**《中米》恐れ, 不安

armarse (*hacerse*) *un* ~ [言行が] 混乱する

dejar hecho (*hacer*) *un* ~ *a+人* …を混乱させる; 言い負かす

tacómetro [takómetro] 男 タコメーター, 回転速度計

tacón [takón] 男 ❶ [靴の] かかと, ヒール: zapatos de ~ [alto] (de ~ bajo) ハイヒール(ローヒール)の靴. ~ [de] aguja (alfiler) スパイクヒール. ❷《フラメンコ》かかとで床を打つ技

taconazo [takonáθo] 男 かかとを打ちつけること; 敬意を表して: cuadrarse dando un fuerte ~ かかとをカチッと鳴らして敬礼する

taconear [takoneár] 自 [急ぎ足で歩いて] かかとを鳴らす; [かかとを鳴らして] 尊大に歩く;《フラメンコ》かかとで床を打つ
◆ 他 歩き回る: Ha taconeado toda la ciudad en busca de piso. 彼はマンションを捜して町中歩き回った
taconeo 男 かかとを鳴らすこと, 足音

táctica[1] [táktika] 女 戦術; 策略, 駆け引き: ~ de la campaña electoral 選挙戦術. utilizar una buena ~ うまい手を使う

táctico, ca[2] [táktiko, ka] 形 戦術[上]の: arma nuclear ~ca 戦術核兵器
◆ 名 戦術家

táctil [táktil] 形 触覚の: sensación ~ 触感

tacto [tákto] 男 ❶ 触覚 [~ sensitivo, sentido del ~]. ❷ さわること; 感触, 手ざわり: La seda tiene un ~ agradable./La seda es agradable al ~. 絹は手ざわりがよい. Reconoció su chaqueta con (por) el ~. 彼はさわった感じで自分の上着とわかった. mecanografía al ~ [キーボードの] ブラインドタッチ. ~ de codos 結束, 団結. ❸ 機転, 如才なさ: tener ~ 機転がきく, 如才なさがある. hablar con ~ 話し上手である. ❹《医学》内診: ~ rectal 直腸内診

tacuara [takwára] 女《植物》南米産の竹の一種

tacurú [takurú] 男 [複 ~[e]s]《南米》蟻塚; それを作るアリの一種

-tad [接尾辞] [形容詞+. 名詞化. 性状] leal**tad** 忠実

taekwondo [taekwóndo] 男《←朝鮮語. スポーツ》テコンドー

taf [táf] 男《西. 略語》←tren articulado Fiat 軽油エンジンの特急列車

tafeta [taféta] 女《中南米》= tafetán

tafetán [tafetán] 男《繊維》タフタ[織り]

tafia [táfja] 女《南米》タフィア〖サトウキビの蒸留酒〗

tafilete [tafiléte] 男 モロッコ革

tagalo, la [tagálo, la] 形 名 タガログ人[の]
◆ 男 タガログ語

tagarino, na [tagaríno, na] 形 名《歴史》タガリーノ[の]〖北アフリカへ移住したモリスコ morisco〗

tagarnia [tagárja] 女《中南米》飽食; 酔い

tagarnina [tagarnína] 女 品質の悪い葉巻

tagarote [tagaróte] 男《鳥》= baharí;《中米》重要人物, 大物

tagua [tágwa] 女《植物》ゾウゲヤシ;《鳥》[チリ産の] オオバン

tahalí [taalí] 男 [複 ~[e]s] [剣を吊った り太鼓を支える] 肩帯, 負い革 [☞カット]

tahona [taóna] 女 パン店〖panadería〗
tahonero, ra 名 パン店の人

tahúr [taúr] 名 いかさま師; 賭博師, ばくち打ち

taifa [táifa] 女 *reinos de* ~[s] 1)《歴史》タイファ王国〖コルドバのカリフ滅亡(1031 年)後の群小諸王 taifa の分裂国家〗. 2) 分裂状態

taiga [táiga] 女《地理》タイガ, 針葉樹林帯

tailandés, sa [tailandés, sa] 形《国名》タイ Tailandia 女 [人・語]の); タイ人
◆ 男 タイ語

taimado, da [taimádo, ða] 形 名 過分 悪知恵のはたらく[人], ずる賢い[人]

taimar [taimár] ~se《南米》怒る, むっとする; 怠ける

taíno, na [taíno, na] 形 名 タイノー族[の]〖バハマ諸島やハイチなどに住んでいたインディオ. 現在は絶滅〗
◆ 男 タイノー語〖ブラジル北東部に残る〗

taita [tájta] 男《中南米》お父さん;《南米》ちんぴら

taiwanés, sa [taiwanés, sa] 形 名《地名》台湾 Taiwan 男 の[人]

tajada[1] [taxáða] 女 ❶《料理》切り身: una ~ de melón メロン 1 切れ. ❷《西. 俗語》酔い〖borrachera〗: coger (pillar) una ~ 酔っぱらう. ❸ 切り傷
llevarse muy buena ~ [分け前の] いいところをとる, うまい汁を吸う
sacar ~《軽蔑》[+de+事物 で] 利益を得る, もうける

tajado, da[2] [taxáðo, ða] 形 過分《西. 俗語》[estar+] ひどく酔った

tajador [taxaðór] 男 [肉切り用の] まな板

tajamar [taxamár] 男 ❶ [昔の船の船首の・橋桁の上流側の] 水切り. ❷《南米》防波堤; ダム, 堰

tajante [taxánte] 形 断定的な, きっぱりとした; 明確な: dar una ~ negativa きっぱりと否定する. separación ~ entre su trabajo y su vida privada 仕事と私生活との完全な分離
tajantemente きっぱりと

tajar [taxár] 他 切断する: ~ las mieses con la hoz 鎌で麦を刈る

tajeadura [taxeaðúra] 女《南米》大きな切り傷
tajear 他《中南米》切る, 切断する

tajo [táxo] 男 ❶ [深い] 切り傷: Se hizo un par de ~s al afeitarse. 彼はひげをそっていて 2 か所切った. ❷《西》i) 作業の終わった地点; 仕事場. ii) 仕事: ¡Vuelta al ~! 仕事に戻れ! Por hoy se acabó el ~. 今日の仕事は終わりだ. ❸ [肉切り用の] まな板; 断頭台. ❹ 峡谷

T ~ de Ronda ロンダの峡谷〖☞写真〗. ❺〖鉱山の〗切羽(🔊). ❻〖南米〗スリット〖raja〗

de un ~ ばっさりと

tal [tál]〖不定形容詞・代名詞〗圈〖英 such. 数変化のみ〗❶〖類似・同一〗そのような: i) No vuelvas a hacer ~ cosa. 二度とそんな(こんな)ことはするな. No me suenan *~es* nombres. そんな名前は聞いた覚えがない. ii)〖冠詞+〗La ~ felicidad no existe más que en mis sueños. そのような幸福は私にとっては夢でしかない. iii)〖文語〗〖名詞+〗Le he visto en el sitio ~. そんな場所で私は彼と会った. iv) 前述(以上)のような: *Tal* es mi opinión. 以上が私の意見です. v)〖明言を避けて〗しかじかの: No tienes más que decir: —He gastado tanto dinero para ~ cosa. 君は「しかじかのことにしかじかの金を使った」と言うだけでいい. vi)〖並置して〗De ~ padre, ~ hijo. 親も親なら子供も子供/あの親にしてこの子あり

❷〖強意〗それほどまでに: *Tal* no la puede de cometer él. それほどの過失を彼が犯すわけがない. No he visto nunca ~ descaro. 私はあんな厚かましいやつに会ったことがない

❸〖不定冠詞+~+人名〗とかいう人: Vino un ~ Andrés preguntando por ti. アンドレスとかいう男が君を尋ねて来た

◆ 🙵〖まれ〗❶ そのような事(物・人): ¡No hay ~! そんなことはない! Esa ~ que mencionas es pariente mía. 君の言うその人は私の親戚だ. 〖不定性が強い場合は +que+接続法〗*Tal* habrá *que* lo sienta así. そのように感じる人もいるだろう. ❷《軽蔑》〖不定冠詞+〗Ése es un ~. そいつはつまらぬ奴だ. una ~ 売春婦

con ~ de+不定詞/con ~ [de] que+接続法 〖条件〗…するなら: Todo te irá bien *con ~ de* tener (*con ~ que* tengas) paciencia. 辛抱さえすれば万事うまくいくよ

¿qué ~? 1)〖親しい間柄での挨拶〗やあ元気かい? 2) どのように〖cómo〗;〖+主語名詞〗…はどうだい?: ¿Qué ~ resultó el asunto? その件はどうだった? ¿Qué ~ [fue] el viaje? 旅行はどうだった? ¿Qué ~ [está] ese tabaco? —Muy bien (bueno). そのたばこはどうだい?—とても良い. ¿Qué ~ una taza de café? コーヒーはいかが?

¿qué ~+名詞? どのような…?: El Sr. Lobo, ¿qué ~ persona es? ロボ氏はどんな人ですか?

que si ~ que si cual =~ y cual

~ como 1)〖英 such as〗…するそのままに;

…のようなそんな: *T ~ como* me lo contaron te lo cuento. 私が聞いたことを話してあげるよ. Déjalo ~ *como* estaba. 元通りにしておきなさい. Hay que decir las cosas ~ *como* son. 物事はありのままに言わなければならない. Quiero unos zapatos *~es como* los que llevaba puestos María. 私はマリアが履いていたのと同じような靴が欲しい. Este dibujo es ~ *como* yo quería. この柄は私が望んでいたとおりのものだ. 2)〖譲歩〗そうであっても: Este reloj es un trasto; pero, ~ *como* es, hace su papel. この時計はポンコツだが, そうだとしても役には立っている. 3)〖理由〗そうであるから: *T~ como* me encuentro hoy, no pienso salir. 私は今日そんな状況なので出かけるつもりはない. *T~ como* están las cosas, no hay más remedio. 事態がこんなでは他に仕方がない

~ cual 1) =~ *como*. 2) そのままに;言ったとおりに: La vida hay que aceptarla ~ *cual* es. 人生はあるがままに受け入れねばならない. Todo estaba ~ *cual*. すべて元のままだった. Sucedió ~ *cual*. そのとおりのことが起きた. 3) わずかな;まばらの: Sólo pasa ~ *cual* transeúnte. 歩行者がぽつぽつ通るだけの. Es un muchacho ~ *cual*. 彼は平凡な男の子だ. ¿Cómo sigue usted?—*Tal cual*. いかがですか?—まあまあです

~ o cual 誰か: *Tal o cual* pensará en eso. そんなことは誰かが考えるだろう

~ para cual《軽蔑的》似たりよったり: Ambos son ~ *para cual*. 2人はどんぐりの背比べだ/どっちもどっちだ

~ por cual だれそれ, 何某

~ que+直説法 それほどの・に…なので…する: Pedro tiene ~ fuerza *que* puede levantar con los brazos un coche. ペドロは力持ちなので自動車を腕で持ち上げることができる. *Tal* me habló *que* no supe qué responder. 彼がそんな言い方をするので私は何と答えていいかわからなかった

~ y como =~ *como*〖y が入る方が強調〗

~ y cual/~ y ~ あれやこれや, しかじか: Dijo ~ *y cual*, pero no me enteré de nada. 彼はあれこれ言ったが, 私は少しもわからなかった. Si no nos arreglamos un poquito, luego dicen los hombres que ~ *y cual*. あたしたちがちょっとお化粧しないと男の人はすぐ何だかんだと言う. Dime: Quiero *~es y ~es* libros, y te los voy a comprar.「これこれの本が欲しい」と言いなさい, そうすれば買ってあげよう

un ~ y un cual あんな人だ, こんな人だ: Dicen de él que es *un ~ y un cual*. 彼についてあれこれ噂されている

… y ~ y cual〖列挙して〗…などなど

~ vez ☞vez

tala [tála] 囡 ❶ 木を切ること, 伐採. ❷ 棒打ち遊び〖両端がとがった木片を棒で打ち上げ, さらに打って遠くへ飛ばす〗;それに使う木片

talabarte [talaβárte] 團 剣帯

talabartería [talaβartería] 囡 馬具(革製品)製造所

talabartero, ra 图 馬具(革製品)製造業者
talador, ra [talaðór, ra] 图 きこり
taladradora [talaðraðóra] 囡 ドリル, ボール盤；空気ドリル〖〜 neumática〗
taladrar [talaðrár] 他〖きりなどで〗…に穴を開ける：〜 la pared 壁に穴を開ける. 〜 los oídos《比喩》耳をつんざく
　taladrante 厖 耳をつんざくような
taladro [taláðro] 男 ❶ きり；ドリル, ボール盤：〜 de mano ハンドドリル. 〜 neumático 空気ドリル. ❷ ドリルで開けた穴
talamete [talaméte] 男《船舶》前部甲板
tálamo [tálamo] 男 ❶《文語》寝床；婚礼の床, 新床〖〜 nupcial〗. ❷《植物》花床. ❸《解剖》視床
talanquera [talaŋkéra] 囡 防禦壁, バリケード；避難所
talán talán [talán talán] 男《鐘の音》キンコンカン
talante [talánte] 男 ❶ 気分, 機嫌：Está de buen (mal) 〜 hoy. 彼は今日は機嫌がよい(悪い). Me lo contó de buen 〜 彼は上機嫌で私にその話をした. Limpiaba el cuarto de mal 〜. 彼はしぶしぶ部屋を掃除していた. ❷ 気質：Es una persona de buen 〜. 彼は明るい気質だ
talar [talár] 他 ❶〖木を根元から〗切る, 切り倒す. ❷〖畑・家・町などを〗荒らす, 荒廃させる ◆ 厖《主に聖職者の衣服が》長い, かかとまで届く
talasocracia [talasokráθja] 囡 制海権, 海上の覇権
talasoterapia [talasoterápja] 囡《医学》〖海水浴・航海などによる〗 海水(海洋空気)療法, タラソテラピー
talavera [talaβéra] 男 タラベラ焼き〖☞写真〗

talayot[e] [talajót[e]] 男 バレアレス諸島の巨石建造物〖☞写真〗

talco [tálko] 男 ❶《鉱物》滑石, タルク. ❷《化粧》タルカムパウダー〖polvos de 〜〗
talcualillo, lla [talkwalíʎo, ʎa] 厖 凡庸な, 並の；〖病状が〗少し回復した
taled [talé(ð)] 男 タリス〖ユダヤ人が礼拝時にかぶるショール〗
talega [taléga] 囡 ＝**talego** ❶；〖主に 複〗大金
　talegada 囡／**talegazo** 男 ＝**costalada**
talego [talégo] 男 ❶〖貯蔵・運搬用の〗細長い袋. ❷《西. 俗語》刑務所；千ペセタ紙幣. ❸〖腰回りの〗太った人, ヒップの大きい人
taleguilla [talegíʎa] 囡 トレアドールパンツ〖闘牛士のはく膝下までのズボン. ☞torero カット〗
talento [talénto] 男〖英 talent〗❶〖知的な〗才能；〖仕事をする〗能力, 適性：Es hombre de gran 〜. 彼はきわめて才能がある. No tiene 〜 para pintar. 彼は絵を描く才能がない. mostrar (probar) su 〜 才能を発揮する, 素質を示す. cirujano de 〜 有能な外科医. ❷ 才能のある人. ❸《古代ギリシア・ローマ》タラント貨幣.
talentoso, sa [talentóso, sa] 厖 才能のある
talentudo, da [talentúðo, ða] 厖 ＝**talentoso**
talero [taléro] 男《南米》〖乗馬用の〗鞭
talgo [tálgo] 男《西. 略語》←tren articulado ligero Goicoechea Oriol ディーゼル特急
talidomida [taliðomíða] 囡《薬学》サリドマイド
talio [táljo] 男《元素》タリウム
talión [taljón] 男 ley del 〜 反座法〖被害者と同程度の苦痛を科する〗；〖目には目をのような〗厳しい仕返し
talismán [talismán] 男〖福を呼び災いを払う〗お守り, 魔よけ：llevar un 〜 お守りを身につけている
talla [táʎa] 囡 ❶ 彫る(切る)こと, 彫刻；木彫品：〜 de diamante ダイヤのカット. 〜 de una figura ecuestre 騎馬像の彫刻. media 〜 半浮き彫り. ❷〖主に知的な〗能力, 水準：〜 de escritor (〜 futbolística) 作家(サッカー選手)としての才能. un poeta de gran 〜 大詩人. ❸ 身長：ser de 〜 regular 中背である. Su 〜 es de 1,80. 彼の身長は1メートル80だ. ❹ 身長の計測；身長計. ❺〖衣服の〗サイズ：¿Cuál es la 〜 de su traje? あなたの服はどのサイズですか？ Gasta la 〜 44 en chaqueta. 彼の上着のサイズは44だ. de 〜 única フリーサイズの. ❻《中南米》嘘, でっち上げ. ❼《南米》おしゃべり, 雑談；うわさ話
　dar la 〜〖入隊などの〗身長の基準に達する；必要な基準を満たす：Las aspirantes a azafata han de *dar la* 〜 superior a 160 cm. スチュワーデス志望者は身長が160 cm以上でなくてはならない
　ser de (tener) 〜 para＋不定詞 …できる：No *tiene* 〜 *para* hacer este trabajo. 彼にはこの仕事をする能力がない
tallado [taʎáðo] 男 彫る(切る)こと：〜 de piedra 宝石のカット

tallador, ra [taʎaðór, ra] 名 ❶ [銅凹版・メダルの] 彫工師；[兵器の] 身長計測係

tallar [taʎár] 他 ❶ [石材・木材などを] 切る，彫る：i) ~ un diamante ダイヤモンドをカットする．ii) [形を，+en に] ~ en una roca la imagen de la Virgen 岩を刻んで聖母マリア像を彫る．~ en una plancha de cobre una Santa Cena 銅板に最後の晩餐を彫る．❷ …の身長を測る．❸ [歯車の] 歯を切る
◆ 自 《南米》おしゃべり(うわさ話)をする
bien tallado かっぷくのよい
mal tallado 貧弱な体格の

tallarín [taʎarín] 男 [料理]《主に複》タリアテーレ『パスタの一種』；麺(めん)

talle [táʎe] 男 ❶ 胴，胴回り『cintura』：Ella tiene un ~ esbelto (pequeño). 彼女はウエストが細い．chaqueta ceñida de ~ ウエストを絞った上着．❷ 体つき，スタイル，プロポーション：Ella tiene buen ~. 彼女はプロポーションがいい．❸ [採寸で] 肩から腰までの丈：Su ~ largo la hace muy esbelta. 彼女は胴が長いので，ほっそり見える．❹ 《南米》[衣服の] サイズ『talla』

taller [taʎér] 男 ❶ [自動車] 修理工場：~ de reparación, ~ mecánico. ❷ [手作業の] 仕事場，工場：~ de carpintería 大工の仕事場．~es gráficos 印刷工場．❸ [工場内の一職種の] 作業場，職場：~ de apresto 仕上げ加工場．❹ 医学 [芸術家・科学者の] 門下，一派；製作スタッフ．❺ アトリエ，工房；共同作業(製作)場；[学校の] 実習室：~ de teatro 《演劇》稽古場

tallista [taʎísta] 名 木彫家；[宝石の] カット職人

tallo [táʎo] 男 茎；幹：Se rompió el ~ de un tulipán. チューリップの茎が折れた

talludito, ta [taʎuðíto, ta] 形 [人が] 青年期を過ぎつつある，もう若くはない
talludo, da 形 ＝talludito

talmente [tálménte] 副 《口語》まったくそのままに，まさに：Su casa es ~ un barracón. 彼の家はバラック同然だ

talmud [talmú(d)] 男 タルムード『ユダヤ律法とその解説の集大成』

talo [tálo] 男 [植物] 葉状体
talofita 女 葉状植物

talón [talón] 男 ❶ [足の] かかと：i) Tengo una ampolla en el ~. 私はかかとにまめができている．~ de Aquiles 《解剖》アキレス腱(けん)；弱点，急所．ii) [靴・靴下などの] Tenía un agujero en el ~ del calcetín. 私の靴下のかかとに穴が開いていた．iii) [馬の] 後足のかかと．❷ 《西》[talonario の] 片券；領収書，レシート；小切手 [cheque]．❸ [銃の] 台尻；[バイオリンの弓などの] 握り部分．❹ [建築] 葱花(そうか)線刳(り形．❺ [タイヤの] 輪縁
apretar los talones [人が] 走り出す
pisar los talones a＋人 [口語] …のすぐ後に従う，急追する：El policía le iba *pisando los talones*. 警官が彼の後をぴったりつけていた

talonario [talonárjo] 男 [はぎ取り式の券の] 綴り：~ de cheques 小切手帳．billete ~ ク

ーポン券

talonear [taloneár] 他 《南米》[馬に] 拍車を入れる

talonera [talonéra] 女 [靴の] かかと革；[靴下の] かかとの補強布

talud [talú(d)] 男 ❶ 傾斜，勾配：~ continental [大陸棚と深海の間の] 大陸斜面

tamal [tamál] 男 《中南米》❶ 《料理》タマーレ『トウモロコシ粉の肉入りちまき』：~ de cazuela シチューの一種．❷ 陰口，でっち上げ，陰謀

tamango [tamáŋgo] 男 《南米》[主に複] 粗末な(はき古した) 靴

tamañito, ta [tamaɲíto, ta] 形 当惑(恐縮)した

tamaño[^1] [tamáɲo] 男 [英 size] ❶ 大きさ，サイズ：i) ¿De qué ~ es el sombrero? 帽子のサイズはいくつですか？ animal de gran ~ 体の大きな動物．de ~ portátil 持ち運びできる大きさの．ii) [名詞＋de＋] fotografía [de] ~ postal 葉書大の写真．botella [de] ~ familiar 徳用瓶．[de] ~ natural 実物(等身)大の．[de] ~ bolsillo ポケットサイズの．❷ 重要性

tamaño[^2]**, ña** [tamáɲo, ɲa] 形 [＋名詞] そのような，それほど大きな(小さな)：Es imposible superar ~ña dificultad. そんな大きな障害は克服できない．Con ~ frío, no salí de casa. あまりの寒さに私は外出を控えた．abrir ~s ojos 大きく目を見開く

támara [támara] 女 ❶ [植物] [カナリア諸島産の] ナツメヤシ；その林．❷ 複 [房になった] ナツメヤシの実

tamarindo [tamaríndo] 男 《植物》タマリンド『果実は砂糖漬けにする』

tamarisco/tamariz [tamarísko/-ríθ] 男 《植物》ギョリュウ属の低木

tambache [tambátʃe] 男 《中米》包み，荷物

tambalear [tambaleár] 自/～se よろめく，揺れる：Se tambaleaba debido al exceso de bebida. 彼は飲みすぎでよろよろしていた．Se tambalea su poder. 彼の権力は揺らいでいる
tambaleante 形 よろめく，揺れる
tambaleo 男 よろめく(揺れる)こと

tambarria [tambárja] 女 《中南米》大騒ぎ，どんちゃん騒ぎ

tambero, ra [tambéro, ra] 形 名 《南米》宿屋 tambo の{主人・管理人}

también [tambjén] 副 [英 also, too. ↔tampoco] ❶ …もまた：i) [普通は修飾する語の後] Tengo sed.—Yo ~. のどがかわいた．—僕もだ．ii) [新しいことを導入する場合は修飾する語の前] Si tú asistes, ~ yo asisto. 君が出席するなら，私も出席する．❷ [虚辞的に] [=además]：Anoche leí una novela y ~, escribí una carta. 昨夜私は小説を1冊読み，それに手紙を1通書いた

tambo [támbo] 男 《南米》[インカ時代の] 旅行者用休息所；宿屋，旅館；小商店；搾乳所

tambocha [tambótʃa] 女 《南米》毒蟻

tambor [tambór] 男 ❶ 太鼓：tocar el ~ 太鼓を打つ(鳴らす)．❷ 鼓手，太鼓を叩く人：~

mayor 軍楽隊長. ❸〔円形の〕刺繍(ししゅう)枠. ❹〔建築〕〔ドームを支える〕鼓胴. ❺〔各種部品の〕円筒;〔ロープ・釣り糸の〕ドラム;〔リボルバーの〕回転弾倉: freno de ～ ドラムブレーキ. ～ de la lavadora 洗濯機の〔回転〕水槽. un ～ de detergente 洗剤 1 缶. ❻〔解剖〕鼓膜〔= ～ del oído〕. ❼〔中南米〕ドラム缶

a ～ batiente 意気揚々と

tamboril [tamboríl] 男〔楽器〕小太鼓, 長太鼓

tamborilada [tamboríláda] 囡〔祝賀で・いやがらせで〕小太鼓をドロドロと打ち鳴らすこと

tamborilear 自 小太鼓を叩く;〔小太鼓を叩くように指などで〕コツコツ叩く: ～ con la cuchara encima de la mesa スプーンでテーブルをコツコツ叩く

tamborilero, ra 名 鼓手

tamborrada [tambořáda] 囡 太鼓を叩きながら行進する祭りの行列

tamil [tamíl] 形 タミール人〔の〕

tamiz [tamíθ] 男 ❶〔目の非常に細かい〕ふるい: pasar... por el ～ ～をふるいにかける; 厳選する. ❷ 選別

tamizar [tamiθár] 他他 ❶ ふるいにかける. ❷ 選別する; 浄化する: ～ sus palabras 言葉を選ぶ

tamo [támo] 男 ❶〔布地から抜けた〕毛, けば;綿ぼこり. ❷ 細かい藁(わら)くず

támpax [támpa(k)s] 男〔単複同形〕《←商標》= tampón

tampoco [tampóko] 副〔英 not either. ↔ también〕 ❶〔主に修飾する語の後〕…もまた〔…ない〕: Este lápiz no es negro y aquél ～ (aquél no es negro ～). この鉛筆は黒ではないし, あれも黒ではない. Si tú no asistes, yo ～ no me. 君が出席しないなら, 私もしない. A mí no me gusta esto.—Yo ～. 私はこれは嫌いだ.—私もだ. ❷ その上〔…もない〕: No dijo una palabra y ～ se volvió. 彼は一言も言わなかったし, 振り返りもしなかった. No éramos ricos, pero ～ pobres. 私たちは裕福ではなかったが, 貧乏でもなかった

tampón [tampón] 男 ❶ スタンプ台, 印肉. ❷〔生理用の〕タンポン

tam-tam [tamtán] 男〔単複同形〕《音楽》タムタム; その演奏

tamtan 男 = tam-tam

tamujo [tamúxo] 男《植物》ヒトツバハギの一種〔ほうきを作る〕

tan [tán] 副〔英 so. + 形容詞・副詞. ☞ tanto〕 ❶ それほど, そんなに: No es una herida ～ grave. それほどの傷ではない. No esperaba que llegases ～ pronto. 君がこんなに早く来るとは思ってもみなかった. ❷〔+ como. 同等比較〕i) …と同じくらい: Esta flor es ～ hermosa *como* aquélla. この花はあれと同じくらい美しい. ii)〔否定文で〕…ほど〔…ない〕: Ramón no sabe nadar ～ bien *como* Concha. ラモンはコンチャほど水泳が上手でない. No he leído una novela ～ intere-

sante *como* ésta. こんなに面白い小説を私は読んだことがない. iii)〔…と〕…と同様に: El perro es ～ fiel *como* valiente. 犬は忠実でもあり勇敢でもある

❸〔英 so that〕〔+ que + 直説法〕あまり…なので…する: Es ～ caro *que* no puedo comprarlo. それは高価すぎて私には買えない.〔主節が否定の時は + 接続法〕No es ～ caro *que* no pueda comprarlo. それは私が買えないほど高価ではない

❹〔感嘆文で〕¡Qué idea ～ rara! 何と奇妙な考え方だろう!

cuan... ～... …であるだけに〔それだけ〕…である: *Cuan* bueno era el padre ～ malo era el hijo. 父親が善人だっただけに, 逆に息子の悪さが目立った

de ～ + 形容詞〔+ como...〕 あまり…なので: No podía dormir *de ～* preocupado〔*como* estaba〕. 私は心配のあまり眠れなかった

en ～ que... …している間に〔en tanto que〕

¿qué ～ + 形容詞・副詞? どのくらい…?

～ siquiera せめて, 少なくとも: i) Déme ～ *siquiera* un vaso de agua. せめて水 1 杯だけでもください. ii)〔否定語 +〕…さえ〔…ない〕: Ni ～ *siquiera* me ha dado las gracias. 彼は私にお礼すら言わなかった

tana [tána] 囡 *el año de la ～* 昔々その昔

tanagra [tanágra] 囡《古代ギリシア》タナグラ人形

tanate [tanáte] 男《中米》かご〔= cesto〕; 大きな皮袋

cargar con los ～s 立ち去る, 引っ越す

tanatología [tanatoloxía] 囡 死亡学

tanatorio [tanatórjo] 男〔通夜などをする〕遺体安置所, 霊安室, 葬儀場

tanda [tánda] 囡 ❶〔分けられた〕群れ, 組: una ～ de pan 1 かまのパン. una ～ de ladrillos 1 層の煉瓦. eliminar a cincuenta opositores de la primera ～ 第 1 次選考で 50 人の志願者を落とす. ❷ 一続き: una ～ de inyecciones 一連の注射. una ～ de golpes げんこつの雨. ❸〔西〕〔順番の〕番: ¿Me da ～?〔列の〕最後は誰ですか? ❹《中南米. 演劇》一幕

tándem [tánden] 男〔複 ～〔e〕s〕2 人乗り自転車;〔鉱名〕2 人組

en ～ 組んで, 連繫して;《電気・機械》直列の

tanga [tánga] 囡 ❶《服飾》タンガ, 超ビキニ〔水着, 下着〕. ❷ = chito

tángana [tángana] 囡《南米》〔主に群集での〕もめごと, 騒ぎ

tanganillas [tanganíλas] *a (en) ～* 不安定に, 倒れそうに

tangencial [tanxenθjál] 形 ❶《数学》接線の: coordenadas ～es 接線座標. ❷〔話題などが〕本質的でない, 脇道にそれた

tangente [tanxénte] 形《数学》〔+ a に〕接する: curvas ～s en un punto 1 点で接する 2 曲線

◆ 囡 接線〔línea ～〕; タンジェント, 正接: trazar una ～ a una curva 曲線に接する直線を引く

salirse (*irse・escapar*[*se*]) *por la* ～ 巧みに言い逃れる

tangerino, na [taŋxeríno, na] 形 名〔地名〕［モロッコの〕タンジールの Tánger 男 の〔人〕
◆ 女《植物》タンジェリン

tangible [taŋxíβle] 形 触知できる；有形の；明白な，確実な: prueba ～ 明白な証拠. ganancias ～s〔帳簿上でなく〕実際のもうけ

tango [táŋɡo] 男《舞踊・音楽》タンゴ；=**tanguillo**

tanguear 自《南米》タンゴを踊る
tanguero, ra 形 タンゴ好きの
tanguillo 男〔カディスの〕タンゴフラメンコ
tanguista 名 タンゴの歌手(踊り手). ◆ 女〔キャバレーなどで〕客の踊りの相手をする女性

tánico, ca [tániko, ka] 形 タン皮の；タンニンの

tanino [taníno] 男《化学》タンニン

tano, na [táno, na] 形 名《南米. 軽蔑》イタリア系の〔人〕

tanque [táŋke] 男 ❶《軍事》タンク, 戦車. ❷ タンクローリー. ❸ タンク, 貯水槽；石油タンク. ❹〔主にビールの〕大ジョッキ
tanqueta 女 小型戦車

tantalio [tantáljo] 男《元素》タンタル
tántalo [tántalo] 男《鳥》トキコウ
tantán [tantán] 男〔船の〕銅鑼(ど)
tantarantán [tantarantán] 男［太鼓の音］ドンドン, トントン
tantarán =**tantarantán**

tanteador, ra [tanteaðor, ra] 名 得点記録係, スコアラー
◆ 男 スコアボード, 得点表示板

tantear [tanteár] 他 ❶《おおよその数量を》見積る, 見当をつける: ～ el tamaño 大きさを目分量で測る. ～ el peso 手で重さの見当をつける. ❷ 調べる, 試す: *Tanteó* el piso con el pie para ver si era fuerte. 彼は床が丈夫かどうか足で確かめた. ❸ …に探りを入れる, 打診する: Le *he tanteado* antes de pedirle permiso. 私は許可を求める前に彼の意向を打診した. ❹《スポーツ》得点を記録する, スコアをつける. ❺《美術》素描する. ❻《闘牛》[本番前に牛の]状態や勇猛さなどを調べる
◆ 自 ❶ 手探りで進む: El ciego marcha por el camino *tanteando* con el bastón. 目の不自由な人が杖で探りながら道を行く. ❷《スポーツ》スコアをつける

tanteo [tantéo] 男 ❶ 見積り, 見当；探り: hacer un ～ de…… の見当をつける. pregunta de ～ 探りの質問. ❷《スポーツ》得点, スコア: El ～ está muy igualado. スコアは接近している. Ganamos con un ～ de tres contra uno. 私たちは3対1で勝った. ❸《美術》素描, 下絵. ❹《法律》買い戻し[権]
a (*por*) ～ 目分量で, 概数で: Dime *a* ～ el dinero de que dispones. 使う金のおよその額を教えてくれ

tántico [tántiko] 形《主に中南米》少量: un ～ de sal 塩ほんの少々

tantito, ta [tantíto, ta]《中米》形 少しの

◆ 男 少量. ◆ 副 少し

tanto, ta [tánto, ta]『英 so many, so much. 数量の不定語』❶ それほど多くの: ¿Qué hace él con ～ dinero (～tas flores)? あんなにたくさんの金(花)を彼はどうするのだろう? Se desmayó de ～ta alegría. 彼はうれしさのあまり気が遠くなった. Nunca podré corresponder a ～ta benevolencia. 大変なご親切に感謝のしようもありません
❷ [+**como**. 同等比較] …と同じくらい多くの: i) Tengo ～s libros *como* tú. 僕は君と同じくらいたくさんの本を持っている. Puedes ir al cine ～*tas* veces *como* quieras. 〔何度でも〕好きなだけ映画に行っていいよ. Le di ～ dinero *como* me pidió. 彼が要求しただけの金を私は与えた. ii) [否定文で] …ほど[…ない]: No hace ～ frío *como* para ponerse un abrigo. オーバーを着るほど寒くはない
❸ [+**que**+直説法] あまり多くの…なので…する 『主節が否定の時は +接続法』: Hay ～ ruido *que* no puedo oírle bien. 騒音がひどすぎてよく聞き取れません
❹ [数詞の代用] いくらかの: Le presté ～*tas* pesetas. 私は彼に何ペセタか貸した. treinta y ～s hombres 三十数人. 『参考 dieci*tantos* hombres 十数人』 ～ por mil 千につきいくつか

◆ 代 ❶ それほどの事(物・人): Ya sabía yo que a ～ no podía llegar. それほどのことにはならないと私はわかっていた. Para él soy yo ～s. 彼にとって私はその他大勢の中の一人にすぎない
❷ [数詞の代用] el año mil novecientos ochenta y ～s 千九百八十何年. Estaba a ～s de mayo. それは5月何日かだった. Ya son las ～*tas*. もうこんな(かなり遅い)時刻だ. Compré dos kilos de naranjas y ～s de manzanas. 私はオレンジ2キロとリンゴを2キロ買った
❸ [+**que**+直説法] あまりに多くの事(物・人)が…なので…する 『主節が否定の時は +接続法』: Vinieron ～s, *que* no pude atender a todos. あまりに大勢の人が来たので, 私は全員の面倒は見きれなかった

◆ 副 『+形容詞・副詞で tan. ⊏**tan**』❶ それほど多く, そんなに: No creía que la corbata costara ～. ネクタイがそんなに高いとは思わなかった. No será para ～. 大した(騒ぐほどの)ことはないだろう. No trabajes ～. そんなに働くな. ❷ [+**como**] i) …と同じくらい: Te quiero ～ *como* a Carmen. 僕はカルメンと同じくらい君が好きだ. Puedes beber ～ *como* quieras. 飲みたいだけ飲んでいいよ. No nos hemos burlado de él ～ *como* para que se enfade. 私たちは彼が怒るほどからかってはいない. *T*～ *como* eso, no. それほどのことはない/そこまでは言わない. ii) [配分] …と同様に…も: Aquí fuman ～ los menores *como* los mayores. ここでは大人も子供もたばこを吸っている. *T*～ si viene *como* si no viene no cambia el resultado. 彼が来ようが来まいが結果は変わらない. El fracaso no se debe ～ a su ignorancia *como* a su pereza. 失敗したのは彼の無知のせいでも怠惰のせいでもない

❸ 〖英 so that〗〔+que＋直説法〗あまり…なので…する 〖主節が否定の時は ＋接続法〗: He estudiado ～ que quiero descansar. 私はたくさん勉強したので休憩したい

❹ 〔+比較語〕一層, さらに: i) Lo hizo ～ peor a medida que iba pasando el tiempo. 時間がたつにつれて彼はますます仕事が雑になった　Si no vienes, ～ mejor. 君が来ないならそれに越したことはない　ii) 〔cuanto+比較語 と共に〕☞ **cuanto**

❺ 〔繰返して〕…するそれだけ: T～ gana, ～ gasta. 彼は稼ぐそばから使ってしまう

◆ 男 ❶ ある数(量) ; 〔un+〕いくらか, 何がしか: No sé qué ～ percibiré cada semana. 私は週給いくらになるか知らない　Hay que fijar el ～ por ciento de ganancia. 何パーセントの利益を見込むか決めなくてはならない　Me dan un ～ al mes. 私は毎月何がしかをもらっている　Tienes un ～ de culpa. 責任の一端は君にある. Es un ～ difícil. それはやや困難だ. ❷ 得点, 点数: Nuestro equipo ganó por tres ～s a uno (por dos ～s) al equipo local. 我々のチームはホームチームに3対1で(2点差で)勝った. Marcó un ～. 彼は1点(1ゴール)いれた. Con esa respuesta te has apuntado un ～ a tu favor (en contra). その返事で君は点数を稼い(失っ)だね

a (*hasta*) *las* ～*tas* とても遅くに(まで): Acabamos de cenar *a las* ～*tas*. 私たちは夜遅くに夕食を終えた

al ～ *de…* …を知って; 注意を払って: Está *al* ～ *de* los últimos acontecimientos. 彼は最近の出来事に通じている. Está *al* ～ *de* si eso sale bien o no. 彼はそれが成功するかどうか見守っている

en (*entre*) ～ 〔*que*〕 1) 〔+直説法〕…している間に: *En* ～ *que* tú haces la cama, yo limpiaré el comedor. 君がベッドを整えている間に, 私は食堂を掃除しよう　Vea usted la televisión *en* ～ *que* mi marido viene. テレビも見ててください. そのうち夫も帰って来ますから. 2) 〔+直説法〕…だが一方では: Éstos son simpáticos *en* ～ *que* aquéllos son desagradables. あれはいやな連中だが, この人たちは感じがいい. 3) 〔+接続法. 条件〕…する限りは, …しさえすれば: Acepto la propuesta *en* ～ *que* usted estés conforme. 君が同意しさえすれば, 私は提案を受け入れる

hasta ～ *que*＋接続法 …するまで: No me acostaré *hasta* ～ *que* 〔no〕 vuelvas. 君が帰って来るまで私は寝ない

ni ～ *así* 少しも〔…ない〕: No comí *ni* ～ *así*. 私は全然食べなかった

ni ～ *ni tan poco* 〔非難して〕ほどほどに〔しなさい〕

otro ～ 1) 同じ〔数量・事〕: Compré dos kilos de naranjas y *otras* ～*tas* de manzanas. 私はオレンジ2キロとリンゴを2キロ買った.

Tú harías *otro* ～. 君だって同じことをしただろう. Se divide el trabajo en *otras* ～*tas* porciones. 仕事は均等に分けられる. 2) 2倍〔以上〕: Con arreglos el coche vale *otro* ～. 修理したので車の値段は倍になる. Es un asunto más grave que *otro* ～. 類のないほど重大な事件だ

por 〔*lo*〕 ～ 〔原因〕そのため, したがって…: Llegué tarde ; *por lo* ～, no pude verle. 私は遅刻した. それで彼に会えなかった

～ *da* 〔無関心〕どちらでもいい

～ *monta* 〔*monta* ～〕《西》同じことである, どうでもいい: i) Puedo venir hoy o mañana.—T～ *monta*. 今日でも明日でもうかがえますが.—どちらでも結構です. T～ *monta*, *monta* ～ Isabel como Fernando. イサベル女王とフェルナンド王は共に同じ権力を持つ. ii) 〔+que＋接続法〕T～ *monta que* seas tú quien salga perjudicado como que lo sea yo. 損するのが君であろうと僕であろうと結果は同じことだ

～ *mejor* さらによい: Si está en casa, ～ *mejor*. 彼が在宅なら, なお結構だ

〔*y*〕～*s más* 〔*otros*〕〔列挙して〕その他いろいろ〔の〕: Necesito lápiz, pluma, regla *y* ～*tas más* 〔cosas〕. 私は鉛筆, ペン, 定規, その他いろいろ必要だ. Además del trabajo tengo ～ *tas otras* obligaciones, que no paro. 私は仕事のほかにいろいろしなければならないことがあって息もつけない

¡y ～! 〔同意〕まさにその通り: Hace mucho calor.—*¡Y* ～! ひどく暑いね.—まったくだ!

tantrismo [tantrísmo] 男 タントラ教

tanzano, na [tanθáno, na] 形 图 《国名》タンザニア Tanzania 囡 の(人)

tañer [tanér] 他 他 〔現分 tañéndo〕《文語》 〔打楽器・弦楽器を〕弾く: ～ el arpa ハープを弾く. ～ las campanas 鐘を鳴らす

◆ 自 指でトントン叩く: ～ sobre la mesa 指でテーブルを叩く

tañido 男 〔鐘などの〕音

taoísmo [taoísmo] 男 道教; 老荘哲学.

taoísta 形 图 道教の(信者) ; 老荘哲学の, 道家

tapa [tápa] 囡 ❶ 〔箱・瓶・鍋などの〕ふた: levantar la ～ de una caja 箱のふたを開ける. ～ de los sesos 頭のてっぺん. ❷ 〔本・雑誌の〕表紙: Se ha despegado la ～ del libro. 本の表紙が取れた. libro de ～〔s〕 dura〔s〕 ハードカバー. ❸ 《料理》i) 《西》〔酒の〕おつまみ: En un bar pidió una cerveza y una ～ de gambas. 彼はバルでビール1杯とおつまみにエビを頼んだ. ii) 〔牛の〕もも肉. ❹ 〔上着・コートの〕上えり; 〔靴の〕かかとの底〔地面と接する部分〕

levantar (*saltar*) *la* ～ *de los sesos a*＋人 〔ピストルなどで〕…の頭を打ち抜く

tapabarro [tapaβár̄o] 男 《南米》＝**guardabarros**

tapaboca [tapaβóka] 男 ❶ 《服飾》〔幅の広い〕マフラー. ❷ 《軍事》〔砲口の〕木栓, 砲栓. ❸ 《フェンシング》たんかでの一撃. ❹ 他の人を黙らすような理屈(言行)

tapabocas 男〖単複同形〗＝**tapaboca** ❶ ❷

tapacubos [tapakúβos] 男〖単複同形〗《自動車》ハブキャップ

tapaculo [tapakúlo] 男 野バラの実

tapadera [tapaðéra] 囡 ❶〖主に鍋の〗ふた：poner la ～ a la olla 鍋にふたをする． ❷ 隠れみの，偽装：Su esposa le sirve de ～ en el negocio. 彼は表向きには妻を商売の責任者にしている

tapadillo [tapaðíʎo] de ～〖口語〗こっそり，内緒で

tapado, da [tapáðo, ða] 图〖中米. 口語〗[既に選挙前に確定的な] 次期大統領(首相)
◆ 男《南米》外套，コート；[インディオの] バナナと肉の料理

tapaporos [tapapóros] 男〖単複同形〗下塗り用塗料；にじみ止め用糊

tapar [tapár] 他 ❶ [見えないように] 覆う：i) Una alfombra *tapa* el suelo. じゅうたんが床を覆っている． Una nube va a ～ el sol. 雲が太陽を覆い隠そうとしている． ii) [+con で] ～ la herida con una gasa 傷口をガーゼで覆う． ～ al niño dormido *con* una manta 眠った子供に毛布を掛ける． ❷ さえぎる，防ぐ：El árbol *tapa* el sol a la ventana. 木にさえぎられて窓に日が当たらない． El muro no *tapa* el viento. 塀が風を防いでくれる． ～ el panorama (la vista) 眺望(視線)をさえぎる． ❸ ふさぐ：Una gran piedra *tapaba* la entrada de la cueva. 大きな岩が洞窟の入り口をふさいでいた． ～ los agujeros de la pared 壁の穴をふさぐ． ～ la puerta ドアをしめる． ❹ …にふた(栓)をする：～ la olla con su tapadera 鍋にふたをする． ～ una botella 瓶に栓をする． ❺ 包み隠す；かくまう：～ una falta 失敗を覆い隠す． ～ a un criminal 犯人をかくまう
◆ ～se 身をくるむ：*Tápate*, que hace frío. 何か羽織りなさい. 寒いから． ❷ 自分の…を覆う(ふさぐ)：*Se tapó* la cara *con* las manos. 彼は手で顔を覆った．～se los ojos 目をふさぐ． ❸ [+a+人 の] 耳・鼻などが] ふさがる，詰まる：*Se me tapan* los oídos. 耳に膜が張ったようになる

taparrabos [tapařáβos] 男〖単複同形〗ふんどし；ビキニ型水泳パンツ：en ～ ふんどしを締めた
taparrabo ＝**taparrabos**

tapatío, a [tapatío, a] 形 图《地名》[メキシコの] グアダラハラ Guadalajara の〔人〕〖Jarisco 州の州都〕

tapeo [tapéo] 男《西》おつまみ tapa をつまむこと：ir de ～ [おつまみを食べに] バルへ行く
tapear 自 おつまみを食べる

tapera [tapéra] 囡《南米》廃村；廃屋

tapete [tapéte] 男 ❶ テーブルセンター；[ソファーなどの] 背(肘)カバー；小さい敷物． ❷ トランプ用テーブル〖～ verde〗． ❸《中南米》じゅうたん
estar sobre el ～ 話題になっている：Ese asunto *está sobre el* ～. その件は今論議されている
poner (colocar)... sobre el ～ …を議題(話題)として取り上げる，俎上(^{そ}じょう)にのせる

tapia [tápja] 囡 塀(^{へい})，囲い〖⇨囲裏 muro〗
a caballo en la ～ 日和見をして，勝者につこ

うとして
estar (ser) más sordo que una ～*/estar (ser) sordo como una* ～《口語》まったく耳が聞こえない

tapial 男 ＝**tapia**；[塀・壁工事用の] 型枠

tapiar [tapjár] 他 壁でふさぐ；塀で仕切る：～ una ventana 窓を壁でふさぐ． ～ el solar 空き地を塀で囲う

tapicería [tapiθería] 囡〖←tapiz〗❶ 匯痘つづれ織り，タペストリー；その技法：cartón de ～ つづれ織りの下絵． ❷ 室内装飾店；室内装飾用の布地〖じゅうたんや椅子に張る布など〗
tapicero, ra 图 つづれ織りの織工；室内装飾業者

tapilla [tapíʎa] 囡 靴のかかと革

tapioca [tapjóka] 囡 タピオカ〖キャッサバの根からとる澱粉〗

tapir [tapír] 男《動物》バク

tapisca [tapíska] 囡《中米》トウモロコシの取り入れ

tapiz [tapíθ] 男〖覆 ～ces〗❶ [壁掛け用の] つづれ織り，タビスリー，タペストリー． ❷《レスリング》マット
tapizar 7 他 [壁・床をタピスリーなどで] 飾る，覆う；[ソファーなどに布地を] 貼る

tapón [tapón] 男 ❶ [瓶などの] 栓，ふた：quitar (arrancar) el ～ 栓を抜く． ～ corona 口金，王冠． ～ de desagüe ドレーンプラグ，排水口の栓． Al primer ～, zurrapas.《諺》最初はうまくいかないものだ． ❷ 耳栓；《医学》止血栓，綿球；[生理用の] タンポン． ❸《口語》背が低く太った人，ずんぐりした人〖～ de alberca, ～ de cuba〗． ❹ [進行などの] 障害，妨害：Se produce un ～ en la circulación. 交通渋滞が起きている． ❺《バスケ》シュートをインターセプトすること． ❻ 耳垢〖～ de cerumen〗． ❼ estado ～ 緩衝国． ❽《中南米》ヒューズ〖fusible〗

taponar [taponár] 他 ❶ …に栓をする；詰め物をする：～ una botella 瓶に栓をする． ～ un orificio 穴に栓をする． ～ la brecha すき間をうめる． ❷ [ガーゼ・綿などで] 止める：～ la hemorragia 止血する
◆ ～se ❶ 自分の…に詰める：*Se taponó* los oídos. 彼は耳栓をした． ❷ [+a+人 の耳・鼻などが] ふさがる，詰まる：*Se me ha taponado* la nariz. 私は鼻が詰まっている

taponamiento 男 栓をすること；[傷口に] ガーゼ(綿)を詰めること

taponazo [taponáθo] 男 [炭酸飲料などの栓を抜く時の] ポンという音；その飛んだ栓が当たること

tapujo [tapúxo] 男〖主に覆〗隠し立て；偽り：andar con ～s つまらぬ隠し立てをする，秘密めかす． sin ～s 隠さずに

taquear [takeár] 他《中南米》ぎゅうぎゅう詰めにする
◆ 自《中南米》ビリヤードをする；《中米》タコスを食べる

taquicardia [takikárðja] 囡《医学》頻拍，心拍急速

taquigrafía [takiɣrafía] 囡 速記術：to-

〖**T**〗

mar... en ～ …を速記する

taquigrafiar 他 速記する

taquigráfico, ca 形 速記の

taquígrafo, fa 名 速記者

taquilla [takíʎa] 女 ❶ 切符売り場, 出札口；［そこの］売上金. ❷ 整理（分類）棚, ファイリングキャビネット；ロッカー. ❸《中米》居酒屋
éxito de ～［芝居などの］大当たり

taquillero, ra [takiʎéro, ra] 名 ❶ 切符売り, 窓口係；《中米》居酒屋の主人
◆ 形 ［ser+. 出し物・俳優などが］大当たりする：
cantante ～ ドル箱歌手

taquillón [takiʎón] 男 ［応接室の］キャビネット, 飾り棚

taquimecanografía [takimekanografía] 女 タイプと速記の技術

taquimecanógrafo, fa タイピスト兼速記者

taquímetro [takímetro] 男 ❶ スタジア（視距）測量器. ❷ タコメーター《tacómetro》

tara [tára] 女 ❶ 風袋(ふうたい)：El arroz pesa diez kilos con ～. その米は風袋込みで10キロある. ❷ ［積荷を積まない時の］車体重量. ❸ タラ［容器分の重さの分銅］. ❹ ［人・物の価値を減ずる］欠陥, 欠点：Este vestido tiene una ～, por eso es tan barato. このドレスは傷物なので, こんなに安いのだ

tarabilla [tarabíʎa] 女 ❶ 早口, 性急な話し方. ❷ ［戸口・窓の戸締まり用の］桟. ❸《鳥》ノビタキ
◆ 名 早口な人, よく舌が回る人

taracea [taraθéa] 女 寄せ木（きりばめ）細工

taracear 寄せ木（きりばめ）細工を施す

tarado, da [taráðo, da] 形 過分 ❶ ［estar+. 商品などが］傷んだ；欠陥のある〔人〕. ❷《親愛・軽蔑》ばか［な］, とんま［な］

tarahumara [tarauμára] 形 名 タラウマラ族〔の〕『メキシコ北部山岳地帯のインディオ』
◆ 男 タラウマラ語

tarambana [tarambána] 形 名《口語》思慮の足りない〔人〕, 頭のおかしい〔人〕

taranta [taránta] 女 ❶《音楽》タランタ『アンダルシア・ムルシアのフラメンコの歌』. ❷《中米》失神；《南米》激怒, 狂気

tarantela [tarantéla] 女《舞踊・音楽》タランテラ

tarántula [tarántula] 女《昆虫》タランチュラコモリグモ

tarar [tarár] 他 風袋の重さを測る

tarará [tarará] 男 『ラッパの音』ブーブー

tararear [tarareár] 他 ハミングで歌う, 鼻歌を歌う

tareo 男 鼻歌, ハミング

tararí [tararí] 男《西. 口語》[estar+] 気の変な
◆ 間 まさか, 冗談じゃない
◆ 男 =tarará

tararira [tararíra] 女 ❶ どんちゃん騒ぎ. ❷ ［アルゼンチン産の］食用の川魚の一種
◆ 落ち着きのない人, 不まじめな人

tarasca [taráska] 女 ❶ ［聖体の祝日に担ぎ出される］蛇の怪物像. ❷ 醜くて厚かましい意地

悪女

tarascada [taraskáða] 女 すばやく激しい一噛み（ひっかき・殴打）；噛みつくような激しい応答；《闘牛》［角の］激しい突き上げ

tarascón [taraskón] 男《南米》噛み傷

taray [tárai] 男《植物》ギョリュウ（御柳）

tarco [tárko] 男《南米. 植物》ユキノシタ科の高木

tardanza [tarðánθa] 女 遅れ；遅さ：sin ～ 遅れずに；ぐずぐずしないで

tardar [tarðár] 自《英 take time, delay》❶ 時間がかかる, 時間を要する. i) [+en+不定詞 するのに] 時間を使う（かける）：He tardado veinte minutos en escribir la carta. 私は手紙を書くのに20分かかった. ii) [+a+不定詞. かなり・期待したより] Este trabajo tarda mucho. この仕事は大変時間がかかる. Todavía tardarán a empezar las obras. 工事が始まるまでにまだ間がある. iii) [行程] ¿Cuánto tarda el tren de Madrid a Salamanca? この列車はマドリードからサラマンカまで行くのにどれくらい時間がかかりますか? Tardamos una hora de la universidad al centro. 大学から市中心部へ行くのに1時間かかる

❷ 遅れる, 手間どる, ぐずぐずする：No tardes en venir. 早く来なさい. He tardado un poco porque me he encontrado con una amiga por el camino. 私は途中で友人に会ったので少し遅れた. No tardaré mucho en terminarlo. 私はもうちょっとでそれを終えます

a más ～ 遅くとも：Volveré el jueves a más ～. 彼は遅くとも木曜日には戻るだろう

sin ～ すぐに, ぐずぐずせずに

◆ ～se 《一般に》時間がかかる：Se tarda cinco minutos [en ir] de mi casa a la estación. 私の家から駅まで5分かかる

tarde [tárðe] 女《英 afternoon. ↔mañana》午後；夕方《スペインでは午後3時より8時まで》：Por la ～ no veremos. 午後に会いましょう. Siempre sale a pasear por la ～. 彼はいつも夕方散歩する. Sólo trabaja por la ～. 彼は午後だけ働いている. Jugamos a las cartas todas las ～s. 私たちは毎晩トランプをする. en la ～《主に中南米》/a la (de) ～《主に南米》午後に；夕方に

a media ～ 午後6時ごろに

de la ～ [時刻が] 午後の：La clase termina a las cinco de la ～. 授業は午後5時に終わる

de ～ [衣服が] 昼用の, [興行が] 夕方の, 昼の 《↔de noche》：vestido de ～ アフタヌーンドレス. función de ～ 昼興行, マチネー

de ～ en ～ たまに, 時おり：Escribe a sus padres de ～ en ～. 彼はたまに両親に手紙を書く

◆ 副《英 late》❶ 遅く, 遅い時間に《↔temprano》：Siempre come ～. 彼はいつも遅く食事をする. Me levanté ～. 私は遅く起きた. Si vienes ～, encontrarás cerrado el portal. 夜遅く来ると, 玄関は閉まっているよ. Ya es ～ para salir. 出かけるにはもう遅い. Más vale que nunca.《諺》遅くともしないよりはまし/六十の手習い

❷ 遅れて, 遅刻して 〖↔a tiempo〗: Llegué ～ a la oficina (a clase). 私は会社(学校)に遅刻した. No vengas ～ a almorzar. 昼食に遅れるな. El remedio llegó ～. 治療は手遅れだった. Siempre llega ～ el arrepentimiento. 後悔先に立たず

hacerse ～ 〖時刻は〗遅くなる: *Se me hizo* ～ y no pude ir al cine. 遅くなってしまったので私は映画に行けなかった

lo más ～ ぎりぎり最後に

más ～ 後で, のちほど: *Más* ～ te telefonearé. のちほど電話します. Semanas *más* ～ volvió a su país. 彼は数週間後に帰国した

～, mal y nunca のろいし, 下手だし, ちゃんとやりとげたことがない

～ o temprano/más ～ o más temprano 遅かれ早かれ: *Más* ～ *o más temprano tendré que salir de aquí.* 私はいつかはここから出て行かなければならないだろう

tardío, a [tardío, a] 〖形〗遅い 〖↔temprano〗: i) llegada ～a 延着. ～ en reaccionar 反応がのろい(鈍い). ii) 時期を失した: consejo ～ 手遅れの忠告. iii) 〖果実の成熟が〗fruto ～ おそなりの果物. iv) 晩年の: amor ～ 老いらくの恋. hijo ～ 遅くできた子供. v) 晩期の: latín ～ 後期ラテン語

◆ 〖男〗[主に〖植〗. 植物の] 晩生(ばん)

tardíamente 〖副〗おそまきながら; 遅い時間(時期)に

tardo, da [tárdo, ða] 〖形〗《文語》[行動などが] 遅い, のろい: i) con paso ～ ゆっくりした足どりで. ～*da* tortuga のろまな亀. ser ～ de oído 聴覚が鈍い. ～*das* horas de espera 長々とした待ち時間. ii) [+en+不定詞] ～ *en* comprender 物わかりが悪い

tardón, na [tardón, na] 〖形〗〖名〗《口語》のろまな[人], ぐず(な)

tarea [taréa] 〖女〗〖英 task〗 ❶ [課せられた] 仕事, 任務: Está en las ～s del campo. 彼は畑仕事をしている. Esto es mi ～. これは私の仕事だ. dar una ～ a+人 …に仕事を課する. ～s domésticas 家事(労働). ❷ [一定時間内に終えるべき] 仕事: Hoy no podré acabar la ～. 今日の分の仕事は終えられそうにない. Esto no es ～ de unos días. これは簡単に終えられる仕事ではない. ❸ 宿題 〖deberes〗

～ te (*le*) *mando* [相手の困難を予測して] 一筋縄ではいかないよ/大変だぞ

tareco [taréko] 〖男〗《中米》がらくた

tarifa [tarífa] 〖女〗定価(表), 料金(表): Han subido las ～s de la luz. 電気料金が上がった. ～ de los taxis タクシー料金. ～ de los crudos 原油価格. ～s fiscales 税率(表)

tarifar [tarifár] 〖他〗…の価格(料金)を定める

◆ 〖自〗[+con と] 口論(敵対)する

tarifeño, ña [tariféɲo, ɲa] 〖形〗〖名〗《地名》タリファ Tarifa の[人]〖カディス県の都市〗

tarima [taríma] 〖女〗❶ [移動できる] 壇, 教壇. ❷ [輸送用の] 台, パレット

tarja [tárxa] 〖女〗[騎士の馬上用の] 大盾

tarjeta [tarxéta] 〖女〗〖英 card〗 ❶ カード: marcar ～ タイムカードを押す. sacar dinero con ～ カードで金を引き出す. pago con ～ カードによる支払い. ～ bancaria 銀行カード. ～ de cobro automático デビットカード. ～ de crédito クレジットカード. ～ telefónica テレフォンカード. ～ verde 《中米》[外国人に対する米国の] 永住証書 ❷ 絵葉書 〖postal〗 ❸ 名刺 〖～ de visita〗: Me dio su ～. 彼は私に名刺をくれた. dejar ～ [訪問先に] 名刺を置いてくる. pasar ～ [取次ぎの人を通して] 名刺を渡す ❹ 〖鉄道〗 ～ joven 若者用割引カード. ～ dorada 60 歳以上の人の割引カード. ～ turística [スペイン国内の] 乗り放題切符 ❺ 〖スポーツ〗 ～ amarilla イエローカード. ～ roja レッドカード ❻ 〖情報〗 ～ de expansión 拡張カード. ～ de vídeo ビデオカード. ～ inteligente スマートカード

tarjetero [tarxetéro] 〖男〗カード入れ, 名刺入れ. **tarjetera** 〖女〗《中南米》=**tarjetero**

tarlatana [tarlatána] 〖女〗《繊維》ターラタン, 薄地モスリン

tarot [tar̃ó(t)] 〖男〗タロットカード 〖cartas de ～〗; タロットゲーム, タロット占い

tarquín [tarkín] 〖男〗[洪水で運ばれて来た] 泥土

tarra [tár̃a] 〖形〗〖名〗《軽蔑》もう若くない[人], 年寄り[の]

tarraconense [tar̃akonénse] 〖形〗〖名〗《地名》タラゴナ Tarragona の[人]〖カタルーニャ地方の県・県都〗

tarrina [tar̃ína] 〖女〗 ～ de margarina マーガリンのケース

tarro [tár̃o] 〖男〗 ❶ [主にガラス製で蓋付きの] 壺(び), 広口瓶: ～ de mermelada ジャムの壺. ❷《鳥》ツクシガモ. ❸ 《西. 戯語》頭〖cabeza〗. ❹《南米》シルクハット

comer el ～ a+人《口語》…をまるめ込む

comerse el ～ con...…のことばかり考える, 頭が一杯になる

tarsero [tarséro] 〖男〗《動物》メガネザル

tarso [társo] 〖男〗《解剖》足根[骨]; [昆虫の] 跗節; [鳥の] 跗蹠(ひ)

tarta [tárta] 〖女〗 ❶《菓子》ケーキ 〖語源 tarta は主に大きなケーキ, デコレーションのあるケーキ. pastel は小さなケーキ, 総称〗; パイ〖torta〗: ～ de cumpleaños バースデーケーキ. ～ de queso チーズケーキ. ～ helada アイスケーキ. ～ de Reyes クリスマスケーキ. ～ nupcial ウェディングケーキ. ❷《情報》パイ図表, 円グラフ〖gráfico de ～〗

tártago [tártago] 〖男〗《植物》トウダイグサ

tartaja [tartáxa] 〖形〗〖名〗=**tartajoso**

tartajear [tartaxeár] 〖自〗舌がうまく回らない, ろれつの回らないしゃべり方をする

tartajeo 〖男〗ろれつが回らないこと

tartajoso, sa 〖形〗ろれつの回らない

T

tartaleta [tartaléta] 囡《菓子》タルト

tartamudear [tartamuðeár] 圁 どもる
 tartamudeo 男 どもること
 tartamudez 囡 どもり
 tartamudo, da 形 名 どもりの〔人〕

tartán [tartán] 男 ❶《服飾》タータンチェック〔の毛織物〕. ❷《←商標》タータンターフ〔競技場用の人工芝〕

tartana [tartána] 囡 ❶〔田舎の〕二輪馬車;《口語》ぽろ自動車. ❷ 一本マストの小型帆船, タータン船

tártaro, ra [tártaro, ra] 形 名 ❶《歴史》タタール人の〔人〕, 韃靼の〔人〕. ❷《料理》bistec ～ タルタルステーキ. salsa ～ra タルタルソース
 ◆ 男 ❶ 歯石〔sarro〕. ❷ 酒石：～ emético 吐酒石, 酒石酸アンチモニルカリウム. ❸《文語》地獄
 tartárico, ca 形 酒石〔酸〕の：ácido ～ 酒石酸

tartera [tartéra] 囡《料理》タルト型；弁当箱〔fiambrera〕

tartesio, sia [tartésjo, sja] 形 名《歴史》タルテッソスの〔人〕《紀元前2000–500年ごろにイベリア半島南部の Tartéside に住んでいた民族. その首都が Tartesos》

tarugo [tarúɣo] 男 ❶〔円盤状の〕木片；《料理》〔固い〕丸パン. ❷《軽蔑》頭の悪い人；粗野な人

tarumba [tarúmba] 形〔estar+〕茫然とした, 狂乱した：volverse ～ 茫然とする

tarúpido, da [tarúpiðo, ða] 形《南米》頭の悪い〔人〕

tas [tás] 男 小型の鉄床(￥￥)

tasa [tása] 囡 ❶ 公定価格, 相場：Ha subido la ～ sobre los crudos. 原油価格が上がった. ❷ 率, パーセンテージ：～ de interés 利率. ～ de crecimiento económico 経済成長率. ❸〔公共の〕料金, 税金：～ de importación 輸入税. ～s académicas 授業料. ❹〔価格の〕決定. ❺ 制限：poner una ～ a los gastos mensuales 毎月の出費を制限する
 sin ～ 〔ni medida〕 杓子れなく；限りなく：codicia *sin ～* 途方もない強欲. comer *sin ～* とてつもなくたくさん食べる

tasación [tasaθjón] 囡〔価格の〕決定；査定, 評価

tasador, ra [tasaðór, ra] 形 名 査定(評価)する〔人〕

tasajo [tasáxo] 男《料理》干し肉〔cecina〕

tasar [tasár] 他 ❶ …の公定価格を決める：El gobierno *tasa* los productos de primera necesidad. 政府が生活必需品の価格を決定する. ❷〔税額などを, +en 〕査定する；〔価値を〕評価する：El anticuario me *ha tasado* esta pulsera *en* cinco mil pesetas. 古道具屋は私のこのブレスレットを5千ペセタと踏んだ. ～ alto な cuadro 絵を高く値踏みする. los costes de la reparación 修理代を見積る. ❸ 制限する：En la pensión *tasaron* hasta el agua. 下宿では水まで制限された. ～ la comida a un enfermo 病人に食事制限をする. ～ el

dinero 金を出し惜しむ

tasca [táska] 囡 居酒屋〔taberna〕

tascar [taskár] 他〔動物が草を〕むしゃむしゃ食べる

tasita [tasíta] 囡〔taza の示小語〕《南米》casa como una ～ de té 大変清潔な家

tata¹ [táta] 男《西. 幼児語》〔家政婦に対する呼びかけ〕ばあや〔niñera〕, お姉ちゃん〔muchacha de servicio〕
 ◆ 男《中南米》❶〔親愛をこめて〕親父, パパ. ❷〔雇い主への敬称〕ご主人様

tatami [tatámi] 男《←日本語. 柔道》たたみ

tatarabuelo, la [tataraβwélo, la] 名 高祖父(母)

tataranieto, ta [tataranjéto, ta] 名 玄孫

tatarear [tatareár] 他 =**tararear**

tate [táte] 間 わかった!/〔驚き・奇異〕おや!/〔いやなことに気づいて〕あーあ!

tatetí [tatetí] 男《南米》=**tres en raya**

tato, ta² [táto, ta] 名《幼児語》お兄ちゃん, お姉ちゃん

tatú [tatú] 男《南米. 動物》〔総称〕アルマジロ

tatuaje [tatwáxe] 男〔行為, 絵〕入れ墨：llevar un ～ en el brazo 腕に入れ墨をしている

tatuar [tatwár] 他 …の入れ墨をする：Tiene *tatuado* un dragón en las espaldas. 彼は背中に龍の彫り物がある

tau [táu] 囡《ギリシア文字》タウ〔T, τ〕

taula [táula] 囡《考古》バレアレス諸島の T 字型メガリス

taumaturgo, ga [taumatúrɣo, ga] 名 奇跡を行なう人

taumaturgia [taumatúrxja] 囡 奇跡を起こす力

taurino, na [taurino, na] 形 闘牛の

tauro [táuro] 男《占星》〔主に T～〕牡牛座〔☞zodíaco 参考〕

tauromaquia [tauromákja] 囡 闘牛術

tautología [tautoloxía] 囡《修辞》トートロジー, 類語反復
 tautológico, ca 形 トートロジーの

taxativo, va [ta(k)satíβo, βa] 形〔語義・状況が〕明確な, 厳密な：definir de forma ～va 明確に定義する. norma ～va 明確な規範
 taxativamente 副 厳密な意味で；きっぱりと

taxi [tá(k)si] 男《英 taxi》タクシー：Los ～s circulan por la calle en busca de clientes. タクシーが町を流している. coger (tomar) un ～ タクシーを拾う. llamar un ～ タクシーを呼ぶ. ir en ～ タクシーで行く

taxidermia [ta(k)siðérmja] 囡 剝製(￥￥)術
 taxidermista 名 剝製を作る人

taxímetro [ta(k)símetro] 男 タクシーメーター；タクシー〔taxi〕

taxista [ta(k)sísta] 名 タクシー運転手

taxonomía [ta(k)sonomía] 囡〔動植物の〕分類学；分類
 taxonómico, ca 形 分類学の

taylorismo [tajlorísmo] 男 テーラーシステム〔←Taylor. 科学的労働管理法〕

taza [táθa] 囡《英 cup》❶〔取っ手付きの〕茶碗；茶碗1杯分：Una ～ de café,

por favor. コーヒー1つお願いします。He tomado dos 〜s de leche. 私はミルクを2杯飲んだ。〜 de café (de té) コーヒー(ティー)カップ。〜 de desayuno モーニングカップ。❷ 便器〖〜 del inodoro, retrete〗。❹〔剣の椀形の〕つば。❺《南米》=**tapacubos**

tazar [taθár] ⑨ 〜se〔衣服が〕すり切れる

tazón [taθón] 圐 マグカップ；椀(㍃)；鉢，ボール：un 〜 de caldo マグ(椀)1杯分のスープ

te[1] [te] 倪〖英 you. 人称代名詞2人称単数〗❶〔直接目的〕君を，お前を：*Te* espero aquí. ここで待ってるよ。❷〔間接目的〕君に：¿*Te* leo este cuento? このお話を読んであげようか？❸〔再帰代名詞〗☞se：Levánta*te* ya. もう起きなさい

te[2] [te] 囡 文字 t の名称

té [té] 圐〖英 tea.囮〜s〗❶〔飲み物の〕茶；紅茶〖té inglés・negro〗：i) 不可囝 preparar (hacer) *té* お茶を入れる. tomar *té* お茶を飲む. servir el *té* a+人 …にお茶を出す. *té* con leche ミルクティー. *té* con limón レモンティー. *té* de los jesuitas/*té* del Paraguay マテ茶〖mate〗. *té* moro (moruno) 香草入りの紅茶. *té* verde 緑茶. ii) 可囝〔カップ入りの〕Toma dos *tés* todas las mañanas. 彼は毎朝お茶を2杯飲む. ❷〔午後の茶〕お菓子つきの軽食と〗；ティーパーティー，茶話会《スペインではまれ》：dar un *té* お茶の会をする. invitar a+人 a un *té* …をお茶に招く. hora del *té*〖文語〗お茶の時間. ceremonia del *té* 〔日本の〕茶道，茶会 ❸《植物》チャノキ；その葉：*té* borde/*té* de España (Europa・México) アリタソウ
dar a+人 el té …をうんざりさせる

tea [téa] 囡 ❶ 松明(㍑)，トーチ。❷《口語》酔い〖borrachera〗：coger una 〜 酔っ払う

teatino, na [teatíno, na] 圀 圐《宗教》テアチ修道会の〔修道士〕

teatral [teatrál] 圀 ❶ 演劇の，演劇的な：representación 〜 芝居の上演. grupo 〜 演劇グループ. ❷《軽蔑》芝居がかった，わざとらしい：tono 〜 芝居じみた調子
  teatralidad 囡 演劇性；わざとらしさ
  teatralizar ⑫ 劇化する，芝居にする；〔仕草・表現を〕大げさにする
  teatralmente 圖 演劇的に；芝居がかって，大げさに

teatrero, ra [teatréro, ra] 圀 芝居好きの；芝居がかった

teatro [teátro] 圐〖英 theater〗❶ 劇場 ☞カット：Voy al 〜 esta noche. 私は今晩芝居を見に行く. El 〜 en pleno aplaudió la obra. 観客全員がその作品に拍手をおくった. 〜 de la ópera オペラ座，歌劇場. 〜 de variedades 演芸場. ❷〔演劇，芝居；[el+]職業としての演劇，演劇界：escribir para el 〜 戯曲を書く. crisis del 〜 演劇の危機〔衰退〕. el 〜 del mundo この劇的な世界. ❸ 匛図 劇〔作品〕，戯曲：〜 de Calderón カルデロンの戯曲. 〜 barroco バロック演劇. ❹《比喩》[事件などの]舞台：〜 de la contienda 争いの舞台. ❺《軍事》〜 de la batalla (la

guerra) 戦域，交戦圏. 〜 de operaciones 作戦区域
  hacer 〜 芝居をする；芝居がかる，大げさにする
  tener 〜 芝居がかる，大げさにする

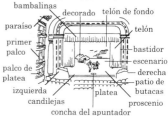

tebano, na [tebáno, na] 圀 图《歴史・地名》テーベ Tebas 囡 の〔人〕

tebeo [tebéo] 圐《西》〔子供向けの〕漫画雑誌
  de 〜 ふまじめな
  estar más visto que el 〜《口語》大変有名である

teca [téka] 囡《植物》チーク；チーク材

techado [tetʃádo] 圐 屋根〖techo〗：dormir bajo 〜〔野天ではなく〕屋根の下で寝る

techar [tetʃár] ⑫ 屋根をふく

techo [tétʃo] 圐〖英 ceiling, roof〗❶ 天井：habitación de 〜 alto (bajo) 天井の高い(低い)部屋. ❷ 屋根〖tejado〗；《自動車》ルーフ：〜 de paja 藁(㍃)ぶき屋根. 〜 solar〜 corredizo サンルーフ. acoger a+人 bajo su 〜 …を自宅へ迎え入れる. acogerse bajo 〜 雨宿りする；日ざしを避ける. vivir bajo el mismo 〜 一つ屋根の下に住む. sin 〜 ホームレスの. ❸《航空》上昇限度，最高高度. ❹〔最大〕限度；頂点，トップ；《経済》最高限度，シーリング：sobrepasar el 〜 previsto 予想された限度を越える. ❺ 避難所
  tocar al 〜 限界(最高高度)に達する

techumbre [tetʃúmbre] 囡 屋根〖組み〕

teckel [tékel] 图〖囮〜s〗《犬》ダックスフント

tecla [tékla] 囡 ❶〔ピアノなどの〕鍵(㍍)：〜 blanca (negra) 白(黒)鍵. ❷《情報》キー：tocar las 〜s キーを打つ. 〜 [de] borrar (comando・control・escape・función・mayús・retorno・tabulación) デリート(コマンド・コントロール・エスケープ・ファンクション・シフト・リターン・タブ)キー. 〜 con flecha 矢印キー. ❸《口語》手段：tocar (pulsar) muchas 〜s 色々な手を打つ，多くのことに気を配る. tocar (pulsar) todas las 〜s あらゆる手段をとる
  dar en la 〜 正確に合う，うまく当たる

teclado [tekládo] 圐 ❶《音楽》鍵盤，キーボード. ❷《情報》キーボード：〜 numérico テンキーパッド

teclear [tekleár] ⑫ ❶ …のキーを打つ(押す)：〜 su número de identificación ID 番号を打ち込む. ❷《口語》…に働きかける
  ◆ 圁 ❶ ピアノをひく；キーを打つ. ❷ 指でトントンたたく：〜 sobre la mesa 指でテーブルを叩く. ❸《南米》[体調・仕事が]不調である；手詰まり

である

tecleo [男] キーを打つこと

teclista [teklísta] [名] 《情報》キーオペレーター；《音楽》キーボード奏者

tecnecio [tɛknéθjo] [男] 《元素》テクネチウム

técnica[1] [téknika] [名] 《英 technique》❶ 技術：i) [科学の応用として] progresos de la 〜 技術の発達. 〜 mecánica 機械技術. 〜 electrónica 電子工学. 〜 financiera 財テク. ii) 技法, 手法：〜 de la pintura 絵画の技法. 〜 literaria 文学的手法. iii) [うまい] やり方：Sabe muchas 〜s para ligar con las chicas. 彼は女の子をひっかける色々な手を知っている. echar mano de 〜s sutiles 技巧を弄する. iv) 腕前：aprender (adquirir) la 〜 技術を身につける. tener una 〜 技術を持っている. adelantar en la 〜 技術が向上する. jugador con 〜 うまい(技巧派の)選手. ❷ 《格闘技》技〈ぎ〉：〜 de suelo 寝技. ❸ 《バスケ》テクニカルファール

técnicamente [téknikaménte] [副] 技術的に；専門的に, 術語を使って：ser 〜 imposible 技術的に不可能である

tecnicismo [tɛkniθísmo] [男] ❶ 専門性. ❷ 専門用語, 術語, テクニカルターム

técnico, ca[2] [tékniko, ka] [形] 《英 technical》技術の, 技術的な；専門的な：ayuda 〜ca 技術援助. diccionario 〜 技術用語辞典. escuela 〜ca 専門(技術)学校. renovación 〜ca 技術革新
◆ [名] ❶ 技術者；[特殊技術の]専門家：〜 de sonido 音響技師. 〜 en restauración de pinturas 絵画修復の専門家. ❷ i) [選手に対して] 監督, コーチ《entrenador》. ii) 技巧派；《プロレス》善玉 《↔rudo》

tecnicolor [tɛknikolɔ́r] [男] 《←商標. 映画》テクニカラー

tecnificar [tɛknifikár] [他] 進んだ技術を…に導入する

tecno [tékno] [男] 《音楽》テクノ〔ポップ〕

tecnócrata [tɛknókrata] [形] [名] テクノクラート〔の〕
tecnocracia [女] テクノクラシー

tecnología [tɛknoloxía] [女] ❶ テクノロジー, 工学, 科学技術：alta (baja) 〜 ハイテク(ローテク). 〜 punta (puntera・avanzada・de vanguardia) 先端技術. 〜 química 化学工学. ❷ 〖科学・芸術の〗専門用語
tecnológico, ca [形] 科学技術の
tecnólogo, ga [名] 科学技術者

tecolote [tekolóte] [男] 《中米》フクロウ 〔lechuza〕；《口語》夜勤の警官
◆ [形] 酔っ払った

tecomate [tekomáte] [男] 《中米》ヒョウタン型の容器

tectónico, ca [tɛktóniko, ka] [形] [女] 構造地質学〔の〕；地体構造の：〜ca de placas プレートテクトニクス

tedeum [tedéʊn] [男] テデウム 〖カトリックの謝恩歌. Te Deum laudamus「神よ私たちはあなたをほめたたえます」で始まる〗

tedio [téðjo] [男] 退屈, 倦怠：La oficina me produce 〜 会社がおもしろくない. provocar 〜 en+人 …をうんざりさせる
tedioso, sa [形] 退屈な, うんざりさせる

tee [tí] [男] 《ゴルフ》ティー

teflón [teflón] [男] 《←商標》テフロン：sartén de 〜 テフロン加工のフライパン

tegmen [tégmen] [男] 《昆虫》翅鞘(ししょう), さやばね

tegucigalpense [teguθigalpénse] [形] [名] 《地名》テグシガルパ Tegucigalpa [女] の〔人〕〖ホンデュラスの首都〗

tegumento [teguménto] [男] 《生物》外皮, 外被, 被蓋

teína [teína] [女] 《化学》テイン, カフェイン

teísmo [teísmo] [男] 有神論
teísta [形] [名] 有神論の(論者)

teja [téxa] [女] ❶ 瓦(かわら)：〜 árabe 三角瓦. 〜 [de] cumbrera 棟瓦. 〜 plana 平瓦. ❷ 司祭の帽子 〔sombrero de 〜〕. ❸ 赤褐色 〔color 〜〕. ❹ 《菓子》瓦型のクッキー. ❺ 《植物》ライム
a 〜 vana [屋根だけで] 天井のない
de 〜s abajo この世では, 現世では
de 〜s arriba 天国で, あの世で
pagar a toca 〜 《西》即金(現金)で支払う

tejadillo [texaðíʎo] [男] 庇(ひさし)

tejado [texáðo] [男] 《主に西》屋根；[特に] 瓦屋根：〜 de pizarra (de zinc) スレート(トタン)屋根
empezar la casa por el 〜 物事をあべこべに行なう, 本末を転倒する

tejano, na [texáno, na] [形] [名] 《地名》テキサス Texas [男] の〔人〕
◆ [男] 《服飾》i) [主に 複] ジーンズ《pantalón 〜》. ii) 《西》デニム. iii) 《中米》テンガロンハット《sombrero 〜》

tejar [texár] [他] [屋根に] 瓦をふく
◆ [男] 瓦(煉瓦)製造工場

tejavana [texaβána] [女] [屋根だけで] 天井のない建物

tejedor, ra [texeðór, ra] [形] [名] 織る；織工, 織物職人
◆ [女] 織機〔máquina 〜ra〕

tejemaneje [texemanéxe] [男] 《口語》❶ 抜け目のなさ；要領, こつ. ❷ [ちょっとした] 陰謀, 小細工：Se lleva un 〜. 彼は何かたくらんでいる

tejer [texér] [他] ❶ 織る：máquina de 〜 織機. 〜 con (de) seda 絹で織る. alfombra *tejida* a mano 手織りのじゅうたん. La araña *ha tejido* una gran tela. クモは大きな巣をかけた. ❷ 編む：〜 un cesto de mimbre 柳の枝でかごを編む. 〜 una corona de flores 花の冠を編む. ❸ [計画などを] 作る, 構成する：〜 su porvenir 将来の設計をする. 〜 un embuste tras otro 次々に嘘を考え出す
〜 y destejer 朝令暮改をする, 定見がない
◆ [自] 織り物を織る；編み物をする

tejera [texéra] [女] 瓦(煉瓦)製造工場

tejeringo [texeríŋgo] [男] 《西. 料理》ドーナツの一種

tejido [texíðo] 男 ❶ 織物, 布〖tela〗: ～ de seda (algodón・lana) 絹(綿・毛)織物. ❷ 織り方, 織り目: tela de ～ ralo 目の粗い布. 《生物》組織: ～ muscular (nervioso) 筋肉(神経)組織. ～ conjuntivo (conectivo) 結合組織. ❹ 〖事柄の〗連続: un ～ de aventuras 一連の冒険

tejo [téxo] 男 ❶ 〖的当て遊びで投げる〗瓦や石のかけら; =**rayuela**〖chita で〗賭け金を置く目印の棒. ❷《植物》イチイ
tirar a+人 los ～s《西. 口語》…を口説く, 言い寄る

tejocote [texokóte] 男《植物》〖メキシコ産の〗サンザシの一種; その果実

tejón [texón] 男《動物》アナグマ; タヌキ

tejonera [texonéra] 女 その巣穴

tejuelo [texwélo] 男 〖書名を記して本の背に貼る, 主に革の〗ラベル, 題箋; 書名

tel.《略語》←teléfono 電話

tela [téla] 女《英 cloth》❶ 布, 布地: de ～ 布製の. ～ de lana ウール地. ～ de lino 亜麻布. ～ de saco ズック, 袋用麻布. ～ metálica 金網. ～ de araña クモの巣. ❷ 画布, カンバス; 油絵. ❸ 話題, 議論; 題材: tener ～ para rato 話題がたくさんある; 暇つぶしの仕事がある. ❹ 《解剖》膜: ～ de cebolla 玉ネギの各層の間の薄皮; 薄っぺらで弱い布. ～ de la leche 牛乳の表面にできる皮膜. ～ del corazón 心膜. ❺ 手間, やっかい. ❻《西. 口語》お金〖dinero〗
estar en ～ de juicio 疑いが持たれている; 厳しく検討される: La veracidad de sus declaraciones *está en ～ de juicio*. 彼の陳述の真実性には疑いがもたれている
haber ～ [de] que cortar 多くの検討すべき点がある: Respecto a sus comportamientos *hay ～ que cortar*. 彼のふるまいには問題として取り上げるべき点がある
llegar a las ～s del corazón 胸をうつ, 痛ましい
poner... en ～ de juicio …に疑いを持つ; 厳しく検討する
tener ～ marinera《西. 口語》やっかいである, 手間がかかる

telamón [telamón] 男《建築》男像柱〖atlante〗

telar [telár] 男 ❶ 織機,〖複〗織物工場: ～ manual (automático) 手織機(自動織機). ❷《建築》〖窓・戸などの〗抱き. ❸《演劇》〖舞台の上の〗裏天井

telaraña [telarána] 女 ❶ クモの巣: techo lleno de ～s クモの巣だらけの天井. ❷ 非常に薄い雲; 〖目の前にかかる〗もや. ❸《情報》web
mirar las ～s 注意が散漫になっている, ぼんやりしている
tener ～ en los ojos 判断力を失っている, 何も見えていない

tele [téle] 女 テレビ〖televisión・televisor の省略語〗: ¿Qué ponen esta noche en la ～? 今晩はテレビで何がありますか?

tele-〖接頭辞〗〖遠い〗 teléfono 電話

teleadicto, ta [teleaðíkto, ta] 名 テレビ狂

telebanco [telebáŋko] 男 〖銀行の〗現金自動預金支払機

telecabina [telekaβína] 男 〖小型の〗ゴンドラ式ロープウエー

telecomedia [telekoméðja] 女 〖テレビの〗コメディ番組

telecompra [telekómpra] 女 テレホンショッピング

telecomunicación [telekomunikaθjón] 女 〖電話・電信・ラジオ・テレビなどによる〗遠距離通信; 〖複〗〖集合的に〗その手段: ingeniero de *telecomunicaciones* 通信技師

teleconferencia [telekonferénθja] 女 テレビ会議

telecontrol [telekontról] 男 遠隔操作, リモートコントロール

telediario [teleðjárjo] 男《西》テレビニュース

teledifusión [teleðifusjón] 女 テレビ放送

teledirección [teleðirekθjón] 女 遠隔操縦, 無線誘導: equipo de ～ 遠隔操縦装置

teledirigir [teleðirixír] 他 遠隔操縦(無線誘導)する: proyectil *teledirigido* 誘導ミサイル. vehículo *teledirigido* ラジコンカー

teléf.《略語》←teléfono 電話

telefax [telefá(k)s] 男《単複同形》電話ファックス〖器具, 文書〗

teleférico [telefériko] 男 ロープウエー〖ゴンドラ, 設備, システム〗

telefilm [telefílm] 男〖複 ～s〗テレビ用映画

telefilme 男 =**telefilm**

telefonazo [telefonáθo] 男《口語》電話をかけること: dar un ～ a+人 …に電話する

telefonear [telefoneár] 自 〖+a に〗電話する, 電話をかける〖llamar〗: *Telefonéa*me esta noche. 今晩電話をください
◆ 他 電話で知らせる: Le *telefoneé* la noticia. 私は彼に電話でその知らせを伝えた

telefonema [telefonéma] 男 電話電報

telefonía [telefonía] 女 電話〖システム〗: ～ sin hilos 無線〖電話〗. ～ móvil 移動電話

telefónico, ca [telefóniko, ka] 形 電話の: aparato ～ 電話機. compañía ～ca 電話会社. comunicación ～ca 通話. línea ～ca 電話線, 電話回線

telefonillo [telefoníʎo] 男 インターホン〖interfono〗

telefonista [telefonísta] 名 電話受付係; 電話交換手

teléfono [teléfono] 男《英 telephone》❶ 電話〖システム〗: José está al ～. ホセは今電話中だ. hablar por ～ con+人 …と電話で話す. ～ de la esperanza 悩み事相談電話. ii) 電話番号〖número de ～〗: Dame tú ～. 君の電話番号を教えてください. ¿Tienes mi ～? 私の電話番号知ってますか? iii) 電話機: coger el ～ 受話器を取る. colgar el ～ 受話器を置く, 電話を切る. ～ celular セルラーホン, 携帯電話. ～ de teclado プッシュホン. ～ inalámbrico (sin hilos) コードレス電話. ～ portátil (móvil) 携帯電話. ～ público 公衆

電話. ～ rojo ホットライン. iv) ⸤商⸥ 電話会社.
❷〔シャワーの〕ヘッド：ducha de ～ 固定式でな
いシャワー
llamar a+人 por ～ …に電話をかける：Te
llaman por ～. 君に電話だよ
ponerse al ～ 電話に出る：¿Puede *ponerse
al ～* Miguel, por favor? ミゲルを電話に出し
ていただけますか?

telefotografía [telefotoɣrafía] 囡 電送写
真〖技術, 写真〗；望遠写真〖技術, 写真〗

telegénico, ca [telexéniko, ka] 厖 テレビ映
りのよい

telegrafía [teleɣrafía] 囡 電信〖システム, 設
備〗：～ sin hilos 無線電信

telegrafiar [teleɣrafjár] 迵 囮 電信で送る,
電報で知らせる：Me *telegrafió* que llegaría al
día siguiente. 明日着くと彼から電報が来た
◆ 圓 [+a に] 電報を打つ, 打電する：Te *tele-
grafiaré* en cuanto llegue. 着いたらすぐ君に電
報を打って

telegráfico, ca [teleɣráfiko, ka] 厖 ❶ 電
信の, 電報による. ❷〔言葉づかいが〕簡潔な

telegrafista [teleɣrafísta] 囡 電信技手

telégrafo [teléɣrafo] 男 ❶ 電信〖システム〗；
電信機. ⸤商⸥ 電信電話局. ❷《船舶》～ ma-
rino 旗などによる信号

telegrama [teleɣráma] 男 電報, 電文：
enviar (expedir・mandar・poner) un ～ a+
人 …に電報を打つ. avisar por ～ 電報で知ら
せる. distribuidor de ～s 電報配達員. ～
cifrado (en cifra・en clave) 暗号電報. ～
de felicitación 祝電. ～ urgente 至急電報

teleimpresor [teleimpresór] 男 ＝**teletipo**

telele [teléle] 男《戯谑》❶ 失神, 気絶；精神
的ショック：dar a+人 el ～ …を気絶させる. ❷
気力の衰え, 元気のなさ

telemando [telemándo] 男 リモートコントロール
；リモコン装置

telemática [telemátika] 囡《情報》テレマティ
ーク〖電話とコンピュータによる情報サービス〗

telémetro [telémetro] 男 遠隔測定器, テレ
メーター；〔カメラの〕距離計

 telemetría [telemetría] 囡 遠隔測定

telencéfalo [telenθéfalo] 男《解剖》終脳

telenovela [telenoβéla] 囡〔連続ものの, 特
にメロドラマの〕テレビ小説

telenque [telénke] 厖《中南米》震えがちな,
病弱な；がにまたの；ばかな

teleobjetivo [teleoβjetíβo] 男〔カメラの〕望
遠レンズ

teleología [teleoloxía] 囡《哲学》目的論

 teleológico, ca 厖 目的論の, 目的論的な

teleósteos [teleósteos] 男 囲《魚》硬骨類,
真骨類

telepatía [telepatía] 囡 テレパシー,〔遠隔〕精
神感応；以心伝心：adivinar por ～ テレパシー
で読み取る

 telépata 囝 テレパシー能力者

 telepático, ca 厖 テレパシーの

telepredicador, ra [telepreðikaðór, ra]
囝 テレビ説教(伝道)師

teleproceso [teleproθéso] 男《情報》テレプ
ロセッシング

telequinesia [telekinésja] 囡 テレキネシス,
念動

telera [teléra] 囡 ❶〔器具の〕横木. ❷《中南
米》大きな塊のパン；四角形のビスケット

telerruta [teler̄úta] 囡〔電話などによる〕道路
交通情報

telescópico, ca [teleskópiko, ka] 厖 ❶
望遠鏡の(による)；望遠鏡でなければ見えない：
observaciones ～cas 望遠鏡観察. fusil con
mira ～ca 照準器(サイトスコープ)付きの銃. ❷
入れ子式の, 伸縮できる：antena ～ca ロッドアン
テナ

telescopio [teleskópjo] 男〔主に天体用の〕
望遠鏡：～ astronómico 天体望遠鏡. ～
reflector (de reflexión) 反射望遠鏡. ～
refractor 屈折望遠鏡. ～ en el espacio 宇
宙望遠鏡

teleserie [telesérje] 囡〔テレビの〕連続もの

telesilla [telesíʎa] 男《スキー》リフト

telespectador, ra [telespektaðór, ra] 囝
テレビ視聴者

telesquí [teleskí] 男 ⸤複⸥ ～[e]s《スキー》T
バーリフト

teletexto [teletéksto] 男 文字放送

teletipo [teletípo] 男 テレタイプ

televentas [teleβéntas] 囡 囲 電話によるセ
ールス

 televendedor, ra 囝 電話によるセールスマン

televidente [teleβiðénte] 囝 ＝**tele-
spectador**

televisar [teleβisár] 囮 テレビで放映する：El
concierto será *televisado* en directo. 演奏会
はテレビで生中継されるだろう

televisión [teleβisjón] 囡《英 tele-
vision》テレビジョン〖放
送, 番組〗；テレビ受像機〖televisor〗：ver la
～ テレビを見る. ver un partido de fútbol en
(la) ～ テレビでサッカーの試合を見る. encender
(poner) la ～ テレビをつける. apagar la ～ テ
レビを消す. emisión de ～ テレビ放送. esta-
ción (emisora) de ～ テレビ局. ～ por (en)
circuito cerrado/circuito cerrado de ～ 閉
回路(有線)テレビ. ～ por abonados ペイテレ
ビ, 有料テレビ放送. ～ por cable ケーブルテレ
ビ. ～ privada 民営テレビ

televisivo, va [teleβisíβo, βa] 厖 ❶ テレビ
の：juego ～ テレビゲーム. programa ～ テレビ
番組. ❷テレビに適した：imagen ～va テレビ向
きの顔

televisor [teleβisór] 男 テレビ受像機

télex [téle[k]s] 男〔単複同形〕テレックス〖シス
テム, 装置, 文書〗：enviar (poner) un ～ テレ
ックスを打つ

telilla [telíʎa] 囡〔液体の表面に生じる〕皮膜

telina [telína] 囡《貝》アサリの一種〖食用〗

telón [telón] 男〔舞台の引く・上げる〕幕；緞帳
(どんちょう)〖～ de boca〗：Se levanta (Se alza)
el ～. 幕が開く. alzar el ～ 幕を上げる, 開幕
する. Cae (Se baja) el ～. 幕が下りる/幕にな

る. 〜 de acero《政治》鉄のカーテン. 〜 de fondo《演劇》背景幕, バックドロップ〖🔊teatro カット〗; [事件などの] 背景. 〜 de seguridad [劇場の] 防火幕

bajar el 〜 [衆人環視の的にならないように] 中断(中止)する

telonero, ra [telonéro, ra] 〖形〗〖名〗前座の 〔人〕: cantante (partido) 〜 前座の歌手(試合)

telonio [telónjo] 〖男〗収税所

telson [télson] 〖男〗《動物》〖甲殻類などの〗尾節

telúrico, ca [telúriko, ka] 〖形〗地の, 地球の: sacudida 〜*ca* 地震. ❷《化学》テルルの

telurio [telúrjo] 〖男〗《元素》テルル

   teluro 〖男〗 =telurio

telurismo [telurísmo] 〖男〗風土の影響

tema [téma] 〖男〗《英 theme》❶ 主題, 議論, テーマ: ¿Cuál es el 〜 de este libro? この本の主題は何ですか? atenerse al 〜 本題から逸脱しない. tener 〜 para un rato 話題が豊富である. cambiando de 〜 話題を変えて. 〜 de la conversación 話題. 〜 de un discurso 講演の主題. 〜 principal 主要なテーマ. ❷ [勉強・試験の] テーマ, 問題: Nos salieron los 〜s difíciles. 難しい問題が出た. En el primer examen entraban veinte 〜s. 一次試験では 20 題出た. ❸《音楽》主題, 主旋律; 歌, 曲. ❹《言語》主題; 語幹〖語根と語幹母音から成る〗. ❺ 固定観念, 偏執: Cada loco con su 〜.《諺》誰でも自分の描く幻想に執着するものだ

temario [temárjo] 〖男〗医麼 [研究・討議などの] テーマ, プログラム; [試験の] 科目

temático, ca [temátiko, ka] 〖形〗❶ 主題に関する, テーマの: enciclopedia 〜*ca* テーマ別百科事典. ❷《音楽》主題の;《言語》語基の

  ◆〖女〗医麼 [一つの作品・作家などの] 主題, テーマ

tembladera [tembladéra] 〖女〗[激しい] 身震い: Cuando el juez pronunció su nombre, le entró una 〜 incontrolable. 判事が名前を呼んだ時, 彼は思わずブルッと震えた

tembladeral [tembladerál] 〖男〗《南米》 = tremedal

temblar [temblár] 〖自〗《英 tremble. 🔊活用表》❶ 震える, 揺れる: i) [体の一部が主語. +a+人 の, +de のために] Le temblaban las manos, *temblaba* la voz *del* nerviosismo que tenía. 彼の手が, 声が興奮で震えていた. ii) [物が] La casa *temblaba* como un flan durante el terremoto. 地震の時家はゆらゆら揺れた. *Tiemblan* las hojas por el viento. 葉が風にそよいでる. hacer 〜 la tierra 大地を揺るがす. ❷ 心配する, 恐れる: *Tiembla* por su futuro incierto. 彼は不確かな将来を案じている. *Tiembla* al entrar en el examen. 彼は試験が始まる時びくついている. hacer 〜 を震え上がらせる. ❸《口語》[現在分詞で. dejar・estar・quedar+] 尽きかけている: Empezó la botella de whisky ayer, y lo dejó *temblando*. 彼は昨日ウイスキーの瓶をあけて, もうほとんど

残っていない

temblar	
直説法現在	接続法現在
t*ie*mblo	t*ie*mble
t*ie*mblas	t*ie*mbles
t*ie*mbla	t*ie*mble
temblamos	temblemos
tembláis	tembléis
t*ie*mblan	t*ie*mblen

tembleque [tembléke] 〖男〗震え, 身震い: Le entró un 〜. 彼は身震いした

   temblequear 〖自〗《口語》ブルブル(ガタガタ)震える

temblón, na [temblón, na] 〖形〗震える

temblor [temblór] 〖男〗❶ 震え, 震動: Tiene 〜 por la fiebre. 彼は高熱で震えている. Le dio 〜 pensar en lo que iba a pasar. 彼は先行きのことを考えると震えが来た. 〜 de las piernas 脚の震え. 〜 de la voz 声の震え. ❷ 地震〖〜 de tierra〗

tembloroso, sa [tembloróso, sa] 〖形〗震える, 揺れる: con manos 〜*sas* 震える手で. con voz 〜*sa* 震え声で

temer [temér] 〖他〗❶ 恐れる, 怖がる: Teme mucho a su padre. 彼はひどく父親を怖がっている. 〜 a Dios 神を畏敬する. ❷ [+不定詞/+que+接続法 するのではないかと] 心配する, 疑う: Temo llegar tarde a la escuela. 私は学校に遅刻しやしないかと心配だ. Temo que caiga enfermo. 彼は病気になるかもしれない

   no 〜 ni a Dios ni al diablo 何物も恐れない

  ◆〖自〗[+por・de を] 心配する: Temía por su hijo. 彼は息子のことを心配していた. No *temas*: llegará a tiempo. 心配しないで. 彼は間に合うよ

   ser de 〜 危険である: Es de 〜 el tifón de este año. 今年の台風は手強い

  ◆ **〜se** ❶ [+que+直説法・接続法] 心配する, 疑う: Me temo que he perdido el dinero. 私は金をなくしたかもしれない. ❷ 互いに恐れを抱く

temerario, ria [temerárjo, rja] 〖形〗無謀な, 向こう見ずな; 軽率な: Ese luchador es 〜. そのレスラーは無鉄砲だ(恐れを知らない). juicio 〜 軽率な判断, 早計

temeridad 〖女〗無謀〖な行為〗; 軽率, 早計

temeroso, sa [temeróso, sa] 〖形〗❶ [+de を] 恐れる: Ahora está 〜. 彼は今びくびくしている. Es 〜 de Dios. 彼は神を畏怖している. [+de que+接続法] Está 〜 de que le riñan. 彼は叱られるのではないかと怖がっている. ❷ 臆病な: niño 〜 怖がり屋の子供. ❸ 恐ろしい: El tifón es 〜. 台風は恐ろしい

temerosamente 〖副〗おそるおそる, おずおずと

temible [temíble] 〖形〗《絶対最上級 temib*ílísi-mo*》恐るべき, 危険な: arma 〜 恐るべき武器

temor [temór] 〖男〗《英 fear》❶ [+a・de の可能性への] 恐れ, 不安, 心配〖🔊miedo 類義〗:

T

i) No dije nada por ~ *a* herir sus sentimientos. 私は彼の気持ちを傷つけることを恐れて何も言わなかった。 ~ *a* (*de*) la muerte 死の恐怖. por el ~ *al* castigo 罰が怖くて. ii) [+ de que+接続法] Le angustia el ~ *de que* le ocurra algo a su marido. 彼女は夫の身に何か起きるのではないかという不安にさいなまされている. No hay ~ *de que* llueva. 雨になる恐れはない. ❷《カトリック》~ de Dios 神を畏れる心, 信心深さ

temp.《略語》←temperatura 温度

témpano [témpano] 男 ❶ 氷塊, 浮氷 〖~ de hielo〗[固いもの] 破片. ❷ [冷たくて] おし高くとまった人
quedarse como un ~ こごえる, かじかむ

témpera [témpera] 女 =templa

temperado, da [temperáðo, ða] 形《中南米》=templado

temperamental [temperamentál] 形 ❶ 気質の: característica ~ 個性. ❷ 気性の激しい; 気分のよく変わる

temperamento [temperaménto] 男 ❶ 気質, 気性; 体質: Su ~ irascible le hace quedar mal en todos los sitios. 短気な気性のせいで彼はどこへ行っても他人とうまくいかない. de ~ vehemente 気性の激しい. ❷ 生気, 活力; 積極性: lleno de ~ 元気はつらつとした. Ese viejo es todo ~. その老人は精気がみなぎっている. Es una mujer con mucho ~. 彼女はとてもやる気がある. ❸ [芸術家の] 表現力. ❹《音楽》平均律. ❺《中南米》気温, 気候

temperancia [temperánθja] 女 =templanza

temperar [temperár] 他 ❶ 和らげる; [鎮静剤で興奮を] 静める. ❷《音楽》調律する
◆ 自《中南米》転地[療養]する

temperatura [temperatúra] 女〖英 temperature〗温度; 気温: La ~ está alta (baja) para la estación. この季節にしては気温が高い(低い). Es de veinte grados. 気温は 20 度だ. Hoy hace una ~ deliciosa. 今日は気持ちのいい気温だ. ~ de la habitación 室温. servir el vino a ~ ambiente ワインを室温で出す. ❷ 体温: tomar la ~ a+人 …の体温を計る. Tiene 38 grados de ~. 彼は熱が 38 度ある. Le ha subido (bajado) la ~. 彼は熱が上がった(下がった). animal de ~ variable (fija) 変温(恒温)動物

temperie [tempérje] 女 [気温·湿度による] 大気の状況

tempero [tempéro] 男 [耕作に適した] 土地の乾湿状態

tempestad [tempestáð] 女〖英 tempest〗 ❶ 暴風雨; 時化(しけ): Amenaza ~. 嵐が来そうだ. Se enfureció la ~. 嵐が荒れ狂った. Ha pasado la ~. 嵐が通りすぎた. Nos cogió una ~. 私たちは嵐にぶつかった. ~ de arena 砂嵐. ~ de nieve 雪嵐. ❷ 騒乱, 動乱; [感情の] 激発, 激情: levantar una ~ de protestas 抗議の嵐を引き起こす. acoger con una ~ de aplausos 嵐のような拍手で迎える

tempestuoso, sa [tempestwóso, sa] 形 ❶ 嵐の来そうな; 嵐の: La tarde se presenta ~sa. 午後は嵐になりそうだ. El tiempo está ~. 空模様は嵐だ. ❷ 騒乱の: Ese tema va a desencadenar sesiones ~sas. その議題をめぐって会議は荒れそうだ

tempisque [tempíske] 男《植物》[南米産の] アカテツ科の樹木

templa [témpla] 女《美術》テンペラ絵の具

templado, da [templáðo, ða] 形 過分 ❶ 緩和された; 静められた: nervios ~s 静まった神経. ❷ 暖かい, 温暖な; 暖かい: clima ~ 温かな気候. invierno ~ 暖冬. sopa ~da 温かいスープ. ❸ 高潔で肝のすわった: [+en に] 節度のある: Es un hombre muy ~. 彼は高潔で勇敢な男だ. ser ~ *en* la bebida ほどほどに酒を飲む. ❹ 正解に少し近い 〖⇨caliente ❻〗. ❺《口語》ほろ酔い機嫌の. ❻《南米》恋をしている; [性格的に] 強い

templanza [templánθa] 女 ❶ 節度, 穏健; 節制. ❷ 暖(温)かさ, 温暖

templar [templár] 他 ❶ 和らげる, 静める: La brisa marina *templa* el calor. 海からの微風が暑さを和らげる. ~ los ánimos de la muchedumbre exaltada 群集の興奮を静める. ~ el whisky con agua ウイスキーを水で割る. ❷《技術》焼入れする: ~ el acero 鋼に焼入れをする. ❸ 暖める, 温める: ~ el agua de la piscina プールの水を温かくする. ❹ [ねじなどを] 締める: ~ las bisagras ちょうつがいを締め直す. ❺《音楽》調律する: ~ la guitarra ギターの調弦をする. ❻《美術》~ los colores 色を混ぜる. ❼《闘牛》[カポーテやムレータの動きと牛の速度·激しさとを] 調和させる
◆ 自 [気候が] 暖かく(涼しく)なる
~-se 自 ❶ 節制する; [感情を] 抑える. ❷ 暖まる, 温まる: Se templa la habitación. 部屋が暖まる. ❸《中南米》恋をする 〖enamorarse〗

templario [templárjo] 男《歴史》テンプル(聖堂)騎士団[員]

temple [témple] 男 ❶ [困難·危険に立ち向かう] 強靭さ, 勇気: hombre de ~ 筋金入りの男. ❷ 機嫌: Hoy está de buen (mal) ~. 彼は今日は機嫌がよい(悪い). ❸《美術》テンペラ画 〖pintura al ~〗; テンペラ画法. ❹《技術》焼入れ, 焼戻し, 硬度. ❺ 気温, 天気. ❻《歴史》[T~] テンプル(聖堂)騎士団 〖orden militar del T~〗. ❼《闘牛》[カポーテやムレータと牛との] 動きの調和

templén [templén] 男 [織機の] 伸子(しんし)

templete [templéte] 男 [聖画などを納める] 小廟; 野外音楽堂

templista [templísta] 名 テンペラ画の画家

templo [témplo] 男 ❶ 神殿, 寺院; 聖堂: ~ griego ギリシアの神殿. ~ budista 仏教寺院. ~ sintoísta 神社. ❷ [広義に] 殿堂: ~ de la música (del saber) 音楽(知識)の殿堂
como un ~ 巨大な; すごい, ひどい

tempo [témpo] 男〖←伊語〗[事柄が進行する] 速さ, 調子;《音楽》テンポ

témpora [témpora] 女《カトリック》[主に 複]

四季の斎日〖各季第１週の特別な節食〗

temporada [temporáda] 囡〖数日ないし数か月の〗時期；シーズン: En setiembre comienza la ～ de fútbol. 9 月にサッカーのシーズンが始まる. Llevo una ～ de mucho trabajo. 私はこのところずっと仕事で忙しくしている. rebaja por ～ 期末バーゲン. ～ de las lluvias／lluviosa 雨季. ～ seca 乾季. ～ teatral 演劇シーズン. ～ alta シーズンの盛り, 最盛期. ～ baja シーズンオフ. ～ media 最盛期とシーズンオフの中間期
de ～ 一時的な: trabajo de ～ 季節労働

temporal [temporál] 厖 ❶ 一時的な, 臨時の；仮の: cierre ～ 臨時休業. empleo ～ 臨時雇い. obrero ～ 臨時雇いの労働者. ❷ 世俗の, 俗界の: intereses ～*es* 世俗の利害. poder ～ 俗事上の権力. ❸ 時の, 時を示す. ❹〖解剖〗こめかみの, 側頭部の: región ～ 側頭部. músculo ～ 側頭筋
◆ 團 ❶ 嵐, 悪天候；雨嵐: Se acerca un ～. 嵐が近づいている. ～ de nieve 雪嵐. ❷〖解剖〗側頭骨〖hueso ～〗
capear el ～ 困難(嵐)をうまく乗り切る
temporalmente 剾 一時的に, 臨時に

temporalidad [temporalidá(d)] 囡 ❶ 一時性；時間性. ❷ 圈 世俗的所有物

temporario, ria [temporárjo, rja] 厖《南米》一時的な〖temporal〗

temporero, ra [temporéro, ra] 厖 囝 臨時(季節)労働者；臨時(季節)労働者の

temporizador [temporiθaðór] 團 〖電気器具などの〗タイマー

temporizar [temporiθár] 囝 圁 時勢に迎合する

tempranero, ra [tempranéro, ra] 厖 ❶〖時期的に通常より〗早い；早生(㣺)の. ❷ いつも早起きの；性急な, せっかちな. ❸ 珍しく早起きした

temprano, na [tempráno, na]
厖〖時間が〗早い〖↔tardío〗: a una hora ～*na* 早い時間に. escarcha ～*na* 早霜. literatura ～*na* 初期の文学. patatas ～*nas* 新ジャガ. pera ～*na* 早生(㣺)の梨. rosal ～ 早咲きのバラ
◆ 剾〖英 early. ↔tarde〗 ❶〖朝・夜の〗早い時間に: levantarse (acostarse) ～ 早起き(早寝)する. Todavía es ～ para levantarnos. 起きるにはまだ早い. desde ～ 早くから. ❷〖いつもより〗早く, 急いで: Este año los cerezos han florecido ～. 今年は桜の咲くのが早かった. cerrar ～ la tienda 店を早じまいする. a lo más ～ 早くとも

temu [tému] 囡《チリ産の》フトモモ科の木

ten[1] ☞**tener** 58

ten[2] [tén] ～ *con* ～ 1) 團〖単複同形〗慎重, 自制: Los dos viven en un ～. 彼は何とか譲り合って暮らしている. 2) 剾《中米》ふらふらと, 千鳥足で: Va andando ～ *con* ～. 彼はよろめきながら歩いていく

tenacidad [tenaθiðá(d)] 囡〖↔tenaz〗 ❶

粘り強さ；頑固さ: Es persona de poca ～. 彼は粘り気に欠ける. ❷〖金属などの〗靭性(㣺)

tenacillas [tenaθíʎas] 囡〖主に 圈〗 ❶ カールごて, ヘアアイロン〖～ de rizar el pelo〗；角砂糖ばさみ, シュガートング〖～ del azúcar〗；〖菓子用の〗トング〖～ de dulces〗

tenante [tenánte] 團《紋章》盾を持つ天使(人物)

tenaz [tenáθ] 厖〖圈～*ces*〗 ❶ 粘り強い；〖ほめて〗頑固な: hombre ～ 一徹者, 頑固者. ❷ 強靱な, 執拗な: dolor ～ しつこい痛み. mancha ～ なかなか取れない汚れ

tenaza [tenáθa] 囡 ❶〖主に 圈〗 ❶ やっとこ, くぎ抜き；ペンチ；火ばさみ；〖菓子用の〗トング: coger con las ～*s* ペンチではさむ. ❷〖エビ・カニの〗はさみ〖pinza〗. ❸〖城の〗凹角堡(㣺㣺). ❹《軍事》挟撃隊形〖↔cuña〗: movimiento de ～*s* 挟撃
no poder sacar... *a*＋人 *ni con* ～*s* ～から…を引き出すことができない: No le *pudieron sacar ni con* ～*s* el nombre del culpable. どうしても彼に犯人の名前を吐かせられなかった
no poderse coger (agarrar) ni con ～*s* ひどく不潔である

tenca [ténka] 囡《魚》テンチ〖食用の淡水魚〗

tendal [tendál] 團 ❶ 天幕, キャンバス. ❷ オリーブの実を落とす時などして敷く大きな布. ❸ 圏《南米》地面にばらばらに横たわっている(人)；〖羊などの〗毛刈り場
un ～ *de*... たくさんの…

tendalada 囡《南米》＝tendal ❸

tendedero／tendedor [tendedéro／- dór] 團 ❶ 物干し場. ❷ 圏《南米》物干し綱；〖針金などを何本も張った〗物干しハンガー

tendel [tendél] 團〖煉瓦などを並べる時の〗そろえるためのひも；モルタル(しっくい)の層

tendencia [tendénθja] 囡 ❶〖＋*a* への〗傾向；〖主に 圈〗政治・芸術などの〗風潮, 趨勢(㣺㣺): La ～ es *al* alza (*a la* baja). 〖価格が〗上昇(下降)傾向にある. Hay una ～ *a* despreciar la vida. 生命を軽視する風潮がある. ～*s* económicas 経済の動向. ～*s* filosóficas 哲学的風潮. ❷ 性向, 性癖: Tiene una ～ *a* la pereza. 彼は怠けがちだ

tendencioso, sa [tendenθjóso, sa] 厖 偏向した, 客観性を欠いた: versión ～*sa* 意図的に曲げられた解釈. literatura ～*sa*〖批判的に〗傾向文学

tendenciosidad 囡 偏向

tendente [tendénte] 厖《主に西》〖＋*a* を〗目指す, …するような: medidas ～*s a* paliar el paro 失業を一時的に減らす方策

tender [tendér] 24 他〖英 hang. ☞活用表〗 ❶〖綱などを〗張る, 張り渡す: ～ una cuerda entre dos árboles 2 本の木の間にロープを張る. ～ la línea telefónica hasta... …まで電話線を引く. ～ un puente 橋をかける. ～ las velas 帆を張る. ❷〖＋*sobre* の上に〗広げる〖extender〗；横たえる: ～ el mantel *sobre* la mesa テーブルにテーブルクロスをかける. ～ al enfermo *sobre* la cama ベッドに病人を寝かせる. ❸〖洗

濯物を] 干す：Voy a ～ la ropa. 洗濯物を干して来ます. ❹ 差し出す, 差し伸べる：Le *tendí* un lápiz. 彼に鉛筆を差し出した. ❺ [欺瞞・罠を] 仕掛ける. ❻《中南米》～ la cama ベッドメーキングをする. ～ la mesa 食卓の用意をする

◆ 圓《英 tend》[＋a] …の傾向がある；性質をもつ：Los precios *tienden a* subir. 物価は上昇傾向にある. Últimamente *tiende a* estar solo. 彼は最近一人でいがちだ. Las plantas *tienden* hacia la luz. 植物は光の方向に伸びる. ❷ […の性質に] 似る, 近づく：amarillo que *tiende a* blanco 白みがかった黄色. ❸《数学》[数値に] 近づく：～ *a* cero (infinito) ゼロ(無限大)に近づく

◆ ～se [ベッドなどに] 横たわる：*Se tendía* en el sofá y se dormía profundamente. 彼はソファーに横になってぐっすり眠っていた. ～*se* de espaldas en el suelo 床に仰向けに寝る

dejar tendido a＋人 …を打ち倒す：De un golpe le *dejé tendido* en el suelo. 私は一発で彼を倒した

largo y tendido たくさん, 広範に：hablar *largo y tendido* あれやこれやと話す

tender	
直説法現在	接続法現在
t**ie**ndo	t**ie**nda
t**ie**ndes	t**ie**ndas
t**ie**nde	t**ie**nda
tendemos	tendamos
tendéis	tendáis
t**ie**nden	t**ie**ndan

ténder [ténder] 男《蒸気機関車の》炭水車

tenderete [tenderéte] 男 ❶ [露天の] 物売り台. ❷ [針金などを何本も張った] 物干しハンガー. ❸ 医名 散らばったもの

tendero, ra [tendéro, ra] 名 [主に食品関係の店の] 店主, 店員

tendido [tendído] 男 ❶ [電線・橋・線路などの] 敷設, 医名 [敷設された] 電線 [～ eléctrico]. ❷ 医名 [干された] 洗濯物：recoger el ～ del patio 中庭の洗濯物を取り入れる. ❸ [闘牛場の] 3 列目以下の屋根のない観客席 [☞plaza カット]：～ baja (alto) その前(後)の方の席. ❹ 医名《中南米》シーツ, ベッドカバー [ropa de cama]

tendón [tendón] 男《解剖》腱(ᡬ)：～ de Aquiles アキレス腱

tendinitis 医《単複同形》《医学》腱炎, 腱鞘炎

tendinoso, sa 形 腱の, 腱から成る；筋の多い

tendr-, tendría- ☞tener 58

tenebrismo [tenebrísmo] 男《美術》明暗のコントラストを強調する傾向

tenebrista 形 名 その傾向の[画家]

tenebroso, sa [tenebróso, sa] 形 ❶ 暗闇の, 暗い：porvenir (pasado) ～ 暗い未来(過去). ❷ 後ろ暗い, いかがわしい；陰険な：conspiración ～*sa* 腹黒い陰謀

tenebrosidad 医 暗さ：～ de las pers-

pectivas 見通しの暗さ

tenedor[1] [tenedór] 男《英 fork》フォーク：i) comer con un ～ フォークで食べる. ～ libre《表示》バイキング, 食べ放題. ii) [1本から5本までのレストランのランク付け] restaurante de cinco ～*es* 5つ星のレストラン

tenedor[2]**, ra** [tenedór, ra] 名 ❶ [手形などの] 所持者, 持ち主：～ de acciones 株主. ❷ ～ de libros 簿記係, 帳簿係

teneduría [teneduría] 医 簿記, 簿記係の職務 [～ de libros, contabilidad]；簿記事務所

tenencia [tenénθja] 医 ❶ 所有, 所持：～ de drogas 麻薬の所持. ❷ 中尉の職(位階). ❸ ～ de alcaldía 助役の職

tener [tenér] 58 他《英 have.☞活用表》 **I** 持つ：❶ [所有] *Tiene* una casa de campo. 彼は別荘を1軒持っている. *Tienen* mucho dinero. 彼らはお金をたくさん持っている. *Tenemos* el documento a mano. その書類は私たちの手もとにある. *Tuvimos* noticias de Juan. 私たちはフワンの消息を知った. ❷ [所持・保持・保管] i) *Tiene* un libro en la mano. 彼は手に本を1冊持っている. Me *tenía* por un brazo y me ayudaba a andar. 彼は私の腕を支えて, 歩くのを助けてくれた. Aquí hay un cacharro para ～ las galletas. ここにビスケットを入れておく器がある. ii) [命令形で] 取る [tomar]：*Tenga* usted la vuelta. お釣りをどうぞ. ❸ [＋人. 普通は直説目的の前置詞 a は不用] i) [家族・友人などが] いる：*Tengo* tres hermanos. 私には兄弟が3人いる. *Tiene* un montón de amigos. 彼には大勢の友達がいる. Hoy *tengo* muchos invitados. 今日は客がたくさんある. *Tengo* a mi mujer en cama. 私は病身の妻をかかえている. *Tuvimos* al profesor A el año pasado. 私たちは昨年A先生が担任だった. ii) 配置する：*Tienen* un corresponsal en Roma. ローマに特派員が置かれている. iii) [子を] 産む：Va a ～ un niño. 彼らに子供が産まれる. ❹ [肉体的・精神的特徴が] ある：i) Ella *tiene* el pelo negro. 彼女は髪が黒い. *Tiene* la cabeza hueca. 彼は頭が悪い. ii) [状態] Este niño *tiene* las manos frías. この子は冷たい手をしている. *Tenemos* enferma a nuestra hija. 娘は病気なのです. iii) [＋de. 類似] El animal más *tiene* de lobo que de perro. その動物は犬というよりは狼に似たところがある. Su aspecto *tiene* un no sé qué de criminal. 彼の顔にはどことなく犯罪者じみたところがある. ❺ [付属物・部分として] 付いている；[条件などとして] 含む：La casa *tiene* cuatro habitaciones. その家には部屋が4つある. El cargo *tiene* una buena retribución. その仕事は報酬がよい. ❻ [形状を] なしている：i) El edificio *tiene* una forma extraña. その建物は奇妙な形をしている. La caja *tiene* el aspecto de una concha grande. その箱は大きな貝の格好をしている. ii) [＋数詞] La habitación *tiene* 3 metros por 10. その部屋〔の広さ〕は3×10メートルだ. La torre *tiene* 100 metros de alto. 塔の高さは 100 メートルだ. Este río *tiene* aquí una profundidad de 5 metros. この川はここで5メートルの深さがある. Hoy *tenemos* 32 grados a la sombra. 今日は日陰で32度ある

❼ [+動詞概念の名詞 を]する;[状態に]ある: *Tengo* una cita a las tres de la tarde. 私は午後の3時に約束がある. *Tiene* influencia en la temperatura. それは温度に影響を与える. Eso *tiene* fácil remedio. それは簡単に処置できる. *Tenemos* el control de esa región. 我々はその地方を制圧している

❽ [感情を]持つ, 抱く: *Tuve* un verdadero desengaño. 私は本当に失望した. *Tendrá* una sorpresa. 彼は驚くだろう. El abuelo nos *tiene* cariño. 祖父は私たちをかわいがってくれる

❾ [会合などを]開く: *Tenemos* una reunión en el ayuntamiento. 私たちは市役所で集会がある. El ministro *tiene* una rueda de prensa esta tarde. 大臣は今日の午後記者会見をする

❿ [業務・授業などが]ある: El sábado no *tengo* trabajo. 私は土曜日は仕事がない. Mañana *tenemos* aeróbic. 私たちは明日エアロビクスがある. El doctor *tiene* consulta todos los días de tres a cinco. その先生は毎日3時から5時まで診察する

⓫ [日・時を]過ごす;[+para の時間が]ある: He *tenido* un día muy bueno. 私はいい一日を過ごした. Pronto *tendremos* las vacaciones de verano. もうすぐ夏休みになる. Que *tengan* ustedes un buen viaje. 楽しいご旅行をなさってください. No *tengo* tiempo *para* ir a la peluquería. 私は理髪店に行く時間がない

⓬ [+時間を表わす名詞 時が]たっている: i) *Tenemos* diez años de vivir en esta ciudad. 私たちはこの町に住んで10年になる. La casa *tiene* ya muchos años. その家は〔建ってから〕長い年月がたつ. ii) [年齢] ¿Cuántos años *tienes*? ―*Tengo* veinte años. 何歳ですか?―20歳です

⓭ [場所を示しながら]…がある: Enfrente *tenemos* Correos. 私たちの正面が郵便局です

⓮ [慣用表現. +無冠詞名詞] *Tengo* calor (frío). 私は暑い(寒い). Ayer yo *tenía* dolor de cabeza. 昨日私は頭が痛かった. Mi madre *tiene* miedo de caer enferma. 母は病気になるのを心配している. ¿Qué *tienes*? ―No *tengo* nada. どうしたの?―何でもありません

⓯ [+直接目的語+que+不定詞]…すべき…がある: Parece que *tiene* algo *que* decirnos. 彼は何か私たちに言うことがあるらしい. *Tengo* mucho *que* contaros de este viaje. 私はこの旅行について君たちに話すことがたくさんある. Es cosa que *tiene que* oír. それは聞かなければならない事柄だ. Es una ciudad que *tiene que* ver. それは一見に値する町です

⓰ [+en mucho 高く/+en poco・menos 低く]評価する: i) Ella me *tiene en* mucho. 彼女は私を高く評価してくれる. No por eso te *tendrán en* menos. だからといって彼らは君を軽視

しないだろう. Le *tienen en* poco en aquella casa. あの家では彼を軽んじている. ii) [+estima・aprecio・consideración では en は省略可能] Te *tendrán* [*en*] más estima cuanto más modesto te muestres. 慎ましくふるまえば君はますます評価されるだろう

⓱ 判断する: i) [+por・como. 命令形でよく使われる] No le *tengáis por* informal. 彼を無作法だとは思わないでもらいたい. Se *tiene* el (al) melón *como* una fruta indigesta. メロンは消化の悪い果物だと考えられている 〖a は統語関係の明示〗. *Tenga por* seguro que ellos lo saben tanto como usted. 彼らがそれをあなたと同じ位よく知っているのは確実だと思ってください. *Ten por* cierto que vendré. もちろん(必ず)行くよ. ii) [+a. 熟語的] Él lo *tiene a* desprecio. 彼はそれをさげすんでいる. Lo *tenemos a* [mucha] honra. 私たちはそれを〔大変な〕名誉だと思っている

⓲ [+直接目的語+形容詞(句)](直接目的語と性数一致). ☞II ❶] i) [状態] …を…している: *Tengo* amarga la boca. 私は口の中が苦い. *Tenemos* enferma a nuestra hija. 娘が病気です〖=Nuestra hija está enferma〗. ii) [使役] …を…の状態にする: El profesor *tiene a* Luis de pie. 先生はルイスを立たせている. Nos *tiene* intranquilos la falta de noticias. ニュースが入らないので私たちは落ち着かない

⓳ [+直接目的語+現在分詞] i) [使役] …を…させておく: *Tengo* un taxi esperando abajo. 私はタクシーを下に待たせておく. ii) [状態] *Tengo a* mi hija trabajando en el hospital. 私の娘は今病院で働いている

II [助動詞的] ❶ [+過去分詞(直接目的語と性数一致). 完了・状態・結果・反復]…してある: *Tengo* mojados los pies. 私は足が濡れている. 〖参考〗 He mojado los pies. 私は足を濡らした〗 Te *tengo* dicho mil veces que no fumes. 君にはたばこを吸うなと何度も言ってある

❷ [+que+不定詞]〖英 have to. ☞hay que+不定詞題義〗…しなければならない, …する必要がある; …するに違いない: i) *Tengo que* levantarme temprano mañana por la mañana. 私は明日の朝は早起きしなければならない. No *tienes que* venir a trabajar mañana. 君は明日は仕事に来なくていい. *Tiene que* estar loco para ir allí. あそこへ行くなんて彼はどうかしているのに違いない. ¡*Tenía que* ser el imbécil de tu hermano! やっぱり大ばか者の君の弟のせいだったんだ! ii) [過去未来形で婉曲] *Tendrías que* asistir a la fiesta. 君はパーティーに出なくてはいけないのだが

❸ [+de+不定詞] i)《古語》…しなければならない〖〜 que〗. ii) …するつもりである〖1人称単数のみ. その他の人称は古語〗: *Tengo de* averiguarlo. 私はそれを調べるつもりだ

¡ahí tienes (*tiene usted*)**!** [表明の強調] ほらね!: Se enfadó por lo que le dije. ―¡*Ahí tienes!* 彼は僕の言ったことで腹を立てたよ. ―それ見たことか!

aquí tienes (*tiene usted*)**...** [物を手渡し

ながら] ここに…があります，どうぞ…です；[人を紹介する時に] こちらは…さんです；[場所を示しながら] ここが…です：*Aquí tienes* la llave. これが鍵です/鍵をどうぞ. *Aquí tiene usted* a mi amigo, el señor Gómez. こちらが私の友人のゴメス氏です. *Aquí tiene usted* el comedor. ここが食堂です

[*conque*] *¿ésas tenemos?* [不信・怒り] 何だって/そうだろうか?：*Conque ¿ésas tenemos? ¿Te niegas a trabajar?* 何だ? 働きたくないだと?

no ~ más que+不定詞 …しさえすればよい：Usted *no tiene más que* llamarme por teléfono de antemano. あなたは事前に私に電話するだけでよい

no ~ por dónde cogerla (*dejarla*) [主語は人・事物] 非常に悪い，悪人である

no ~las todas consigo 自信がない；[+de que+接続法 するか] 不安(心配)である：Aunque lo ha prometido, *no las tengo todas conmigo de que* lo cumpla. 彼は約束したが，私は彼が本当にそれを実行するかどうか確信を持てない

~ ante sí 目前にある；[事柄が] 切迫している

~ encima [労苦などに] 苦しむ：*Tiene encima* muchas preocupaciones. 彼は多くの心配事に苦しんでいる

~ lo suyo [事物が] それなりの価値(魅力)がある：No es una obra genial, pero *tiene lo suyo*. それは傑作ではないが，なかなかいい

~... para sí …を考えている，疑っている

~ siempre que+不定詞 [人を非難して] 本当は…しなければならない：*Él siempre tiene que* darse a entender. 彼は自分の考えをはっきり言うべきだ

~la tomada con+人 …を嫌う，非難する

~las tiesas a+人 《まれ》 …に対して自分の意見(行動)を変えない，主張し続ける

tenga usted... =*aquí tiene usted...*

◆ 圓 金持ちである：Sí, ellos *tienen*. そう，彼らは金持ちだ. Quien más *tiene*, más quiere. 《諺》人は金持ちになればなるほど，さらに金を欲しがる. Tanto vales cuanto *tienes*./Tanto *tienes* tanto vales. 《諺》人は金持ちであればあるほど高い評価を受ける

◆ *~se* ❶ [物が倒れたり落ちたりせずにその位置を] 保つ；[人が倒れずに] 立っている：Este muñeco *se tiene* de pie. この人形は立っている. Esta copa *se tiene* mal con el pie que tiene. このグラスの脚では安定が悪い. *Se le tiene* la pelota sobre la punta de la nariz. ボールは彼の鼻の上にのっている. Este niño ya *se tiene* solo. この子はもう一人で立てる. Tiene tanto sueño que no *se tiene*. 彼はとても眠くて立っていられない. ❷ 立ち止まる；自制する，我慢する：¡*Tente*! 止まれ! ❸ [自分を, +por と] 考える：*Se tiene por* inteligente. 彼は自分は頭がいいと思っている. 彼は自分の考えをはっきり ❹ [+a を] 固守する『atenerse』

no poder ~se へとへとに疲れている，ひどく弱っている

~se a menos de+不定詞 …である(…する)の

を屈辱的だと思う

~se en mucho 自分を高く評価する；威厳を保つ

~se en poco 自信がない，卑下している

~se fuerte 果敢に困難に立ち向かう

~se tieso (*firme*) [物が] まっすぐ立っている；[人が] 自分の位置からしりぞかない，確固たる思想(意見)を持つ

tener	
直説法現在	点過去
tengo	tuve
tienes	tuviste
tiene	tuvo
tenemos	tuvimos
tenéis	tuvisteis
tienen	tuvieron
直説法未来	過去未来
tendré	tendría
tendrás	tendrías
tendrá	tendría
tendremos	tendríamos
tendréis	tendríais
tendrán	tendrían
接続法現在	接続法過去
tenga	tuviera, -se
tengas	tuvieras, -ses
tenga	tuviera, -se
tengamos	tuviéramos, -semos
tengáis	tuvierais, -seis
tengan	tuvieran, -sen

tenería [tenería] 囡 なめし革工場 『curtiduría』

tenerifeño, ña [teneriféɲo, ɲa] 形 图 = tinerfeño

tenga-, tengo ☞tener 58

tenguerengue [teŋgeréŋge] *en ~* ぐらぐらと，ゆらゆらと

tenia [ténja] 囡 ❶《動物》ジョウチュウ(条虫)，サナダムシ. ❷《建築》タイニア，平縁

tenida [tenída] 囡 [フリーメーソンの] 集会，会議；《中南米》[楽しい] 集まり

teniente [tenjénte] 囲 ❶《陸軍・空軍》中尉：*~ coronel* 中佐. *~ general* 中将. *~ de navío*《海軍》大尉. ❷ *~ de alcalde* [市町村の] 助役. ❸ 警部補

◆ 形《戯語》[*estar*+] 耳の遠い(聞こえない)

tenientazgo 團 中尉の位階

tenífugo [tenífuɣo] 團《医学》条虫駆除剤

tenis [ténis] 團《単複同形》❶《スポーツ》テニス：jugar *al ~* テニスをする. *~ de mesa* ピンポン，卓球. ❷ 囲《服飾》スニーカー，スポーツシューズ

tenista [tenísta] 囲 テニスの選手(プレーヤー)

tenístico, ca 形 テニスの：mundo *~* テニス界

tenonitis [tenonítis] 囡 =tendinitis

tenor [tenór] 團 ❶ [文書の] 内容，文面. ❷《音楽》テノール；テノール歌手

a este ~ この調子で，こんな風に

a ~ de... …を考慮に入れて，…から判断して

tenora [tenóra] 囡《楽器》[スペインの民俗的

T

な] オーボエの一種

tenorio [tenórjo] 男 女たらし，ドン・フワン 《donjuán》

tenositis [tenosítis] 女 =tendinitis

tensar [tensár] 他 ぴんと張る：~ el arco 弓を引き絞る

tensímetro [tensímetro] 男 張力計，引張計

tensiómetro 男 =tensímetro

tensión [tensjón] 女 ❶ 張り，緊張：i) ~ de un elástico ゴムひもの張り．Los músculos están en estado de ~. 筋肉が張っている．ii) [精神的な] poner en ~ los nervios 神経を張り詰める．con una cara de ~ 緊張した面持ちで．provocar *tensiones* en la pareja 2 人の関係をぎくしゃくさせる．Crece la ~ internacional. 国際緊張が高まっている．❷《物理》張力，応力；圧力：~ superficial 表面張力．~ de vapor 蒸気圧．❸ 電圧 〔~ eléctrica〕：cable de alta ~ 高圧線．~ de cien voltios 100 ボルトの電圧．❹《医学》i) 血圧 〔~ arterial〕：Él tiene la ~ alta (baja). 彼は血圧が高い(低い)．bajada brusca de ~ 血圧の急激な低下．ii) ストレス：~ premenstrual 月経前緊張．❺《言語》[発声器官の] 緊張

tensionar [tensjonár] 他《南米》[人を] 緊張させる

tenso, sa [ténso, sa] 形 ぴんと張った 〔↔ flojo〕；緊張した：cable ~ ぴんと張った綱．Se me ponen ~s los músculos de las piernas. 私は脚の筋肉が張っている．Se ponía ~ antes del examen. 彼は試験前で緊張していた．Las relaciones entre los dos países están muy ~sas. 両国間の関係は緊張している

tensón [tensón] 女《詩法》[プロバンスの] 論争詩

tensor [tensór] 男《機械》ターンバックル，引き締めねじ；《解剖》張筋；《数学》テンソル

tentación [tentaθjón] 女 [+de+不定詞] …したい気持ち，誘惑；心をそそるもの：caer en la ~ 誘惑に負ける．resistir la ~ de beber 酒の誘惑と戦う．Los helados son mi ~. アイスクリームは私を誘惑する

tentáculo [tentákulo] 男《動物》触手；[タコ・イカなどの] 足

tentacular 形 触手の

tentadero [tentadéro] 男《闘牛》若牛を試し評価する囲い場 corral

tentado, da [tentádo, ða] 形 過分 〔estar+．+de+不定詞〕誘惑に駆られた

tentador, ra [tentaðór, ra] 形 ❶ 心を惑わす[人]，悪の道に誘う[人]：precio ~ (idea ~ra) 魅力的な値段(考え)．el ~ 悪魔．❷《闘牛》若牛を試し評価する人

tentar [tentár] 他 ❶ [+con・de で] 誘惑する，心をそそる：i) Me tentó con los pasteles. 彼はケーキで私を釣った．No me *tienta* nada su plan. 彼の計画は私には少しも魅力的でない．ii) 悪の道に誘う：El demonio *tentó* a Jesús. 悪魔はイエスを誘惑した．[+a+不定詞 するように] Me *tentó* a fumar. 彼は私をそそのかしてたばこ

を吸わせようとした．❷ [探って，手で] 触る，手探りする：*Bajó* la escalera tentando la pared. 彼は壁を手探りしながら階段を下りた．❸《闘牛》[若牛の] 勇猛さを試す

~ a Dios/~ al diablo ばちあたり(むちゃ)なことをする

tentativa[1] [tentatíba] 女 ❶ 試み，企て；《法律》未遂[罪]：quedar en ~ 試み(未遂)に終わる．~ de asesinato 殺人未遂．❷《スポーツ》試技：En la segunda ~ logró saltar esa altura. 彼は 2 回目の試技でその高さをクリアできた

tentativo, va[2] [tentatíbo, ba] 形 試験的な，探りを入れるための

tentemozo [tentemóθo] 男 つっかい棒，支柱；=tentetieso

tentempié [tentempjé] 男 ❶ 間食，軽食 《refrigerio》．❷ =tentetieso

tentenelaire [tenteneláire] 名 cuarterón と mulato の間に生まれた混血児

◆《南米》ハチドリ《colibrí》

tentetieso [tentetjéso] 男《玩具》起き上がり小法師

tenue [ténwe] 形 ❶《文語》[主に +名詞．厚さ・太さが] 薄い，細い：~ tela 薄い布．~ niebla 薄い霧．❷ 微細な，弱い；[色調が] 柔らかい：~ claridad ほの明かり

tenuidad 女 薄さ，細さ

teñido, da [teníðo, da] 形 過分 染められた：Lleva el pelo ~ de (en) negro. 彼女は髪を黒く染めている．recuerdo ~ de nostalgia 懐しさで一杯の思い出．ideología ~*da* de totalismo 全体主義的傾向のイデオロギー

◆ 男 染色

teñir [tenír] 20 35 《ロ活用表．現分 tiñendo》 他 ❶ [+de・en 色に/+con で] 染める：~ la tela de (en・con) azul 布を青く染める．❷ ニュアンス(色合い)をつける：~ la historia *de* un cierto dramatismo 話を少しドラマチックにする．❸《美術》[より暗い色を使って] 色調を落とす

◆ ~se ❶ 色づく；ニュアンスを帯びる：Todo el país *se tiñe* de tristeza. 国中が悲しみに沈んでいる．❷ [自分の…を] 染める：Se ha *teñido* el pelo *de* rubio./Se ha *teñido de* rubia. 彼女は金髪に染めた

teñir	
直説法現在	直説法点過去
tiño	teñí
tiñes	teñiste
tiñe	tiñó
teñimos	teñimos
teñís	teñisteis
tiñen	tiñeron
接続法現在	接続法過去
tiña	tiñera, -se
tiñas	tiñeras, -ses
tiñamos	tiñéramos, -semos
tiñáis	tiñerais, -seis
tiñan	tiñeran, -sen

T

teocali [teokáli] 男 アステカの神殿

teocincle [teoθíŋkle] 男 =**teosinte**

teocracia [teokráθja] 女 神権(教権)政治
teocrático, ca 形 神権政治の

teodicea [teoðiθéa] 女 《哲学》弁神論, 神義論

teodolito [teoðolíto] 男 〔測地用の〕経緯儀

teofanía [teofanía] 女 《神学》神の出現；御公現〔の祝日〕〖epifanía〗

teogonía [teoɣonía] 女 神統記, 神々の系譜

teología [teoloxía] 女 神学：~ dogmática 教理神学. ~ mística 神秘神学. ~ natural 自然神学. ~ positiva 天啓神学. ~ de la liberación 解放の神学. facultad de ~ 神学部
  no meterse en ~ 知らないことは話さない(手を出さない)

teologal 形 =**teológico**
teológico, ca 形 神学の
teologizar 自 神学的に研究する；神学を論じる

teólogo, ga 名 神学者

teorema [teoréma] 男 《数学》定理：~ de Pitágoras ピタゴラスの定理

teorético, ca [teorétiko, ka] 形 理論的な〖↔práctico〗

teoría [teoría] 女 《英 theory》❶ 理論；学説：crear una ~ 学説を立てる. ~ de la música 音楽理論. ~ de Keynes ケインズ理論. ❷ 意見, 持論
  en ~ 理論上は；理屈では

teórico, ca [teóriko, ka] 形 理論の, 理論的な；理論上の；《軽蔑》理論だけの：física ~ca 理論物理学. Sus conocimientos son sólo ~s. 彼の知識は理論の上だけだ
  ◆ 名 理論家
  ◆ 女 理論〖teoría. ↔práctica〗

teóricamente 副 理論上(は), 理論的に(は)

teorizar [teoriθár] 自 [+sobre について] 理論(学説)を立てる. 理論づける

teosinte [teosínte] 男 《植物》ブタモロコシ

teosofía [teosofía] 女 神知学, 神知論

teósofo, fa 名 神知論者

tepache [tepátʃe] 男 《中米》パイナップルなどの発酵酒

tépalo [tépalo] 男 《植物》花被片

tepe [tépe] 男 〔切り出した土つきの〕芝生, 切り芝

tepegua [tepéɣwa] 女 《昆虫》軍隊アリ

teporocho [teporótʃo] 男 《中米》酔っ払い

tequila [tekíla] 女 《酒》テキーラ

tequio [tékjo] 男 《中米》やっかい事；《歴史》[スペイン人によるインディオの] 強制労働

TER [tér] 男 〔西. 略語〕←Tren Español Rápido 電車特急

terapeuta [terapéuta] 名 療法士, セラピスト；臨床医：~ ocupacional 作業療法士

terapéutico, ca [terapéutiko, ka] 形 治療の, 治療に関する：método ~ 治療法
  ◆ 女 治療学；治療法

terapia [terápja] 女 治療〔法〕：~ de grupo

集団療法. ~ ocupacional 作業療法. ~ de pareja 結婚生活相談

teratógeno, na [terat5xeno, na] 形 《生物》奇形生成の

teratología [teratoloxía] 女 奇形学

terbio [térβjo] 男 《元素》テルビウム

tercer [terθér] 形 ☞**tercero**

tercería [terθería] 女 ❶ 調停, 取りなし. ❷ 仲介, 取り持ち；[デートの] 付き添い. ❸ 《法律》第三者異議〔の訴え〕

tercerista 名 《法律》第三者異議の申立人

tercerilla [terθeríʎa] 女 《詩学》3 行連句, 3 行詩

tercermundista [terθermundísta] 形 第三世界の；《軽蔑》第三世界的な

tercermundismo 男 《主に軽蔑》第三世界らしさ；[第三世界特有の] 後進性

tercero, ra [terθéro, ra] 形 〖英 third〗 +男性単数名詞 では tercer〗3番目の；3分の1の：tercer mundo 第三世界. ~ra vía de solución 第3の(中間的な)解決策. tercer estado《歴史》第三身分, 平民
  a la ~*ra* 3回目に
  ◆ 名 ❶ [主に 週] 第三者 〖~ra persona〗：seguro contra ~s/seguro de daños a ~s 第三者賠償責任保険. ~ en discordia《法律》第三調停人. ❷ 恋をとりもつ人；ポン引き
  ◆ 女 [列車などの] 3 等；[ギアの] サード；《音楽》3 度〔音程〕
  ◆ 男 ❶ 3 分の1. ❷ 第三国：transmitir la tecnología nuclear a ~s 核技術を第三国に移転する

tercerola [terθeróla] 女 〔騎兵用の〕銃身の短い銃；《音楽》[フルートとピッコロの中間の] 小型の笛

terceto [terθéto] 男 ❶《音楽》三重奏(唱)曲, 三重奏(唱)団〖trío〗：~ para cuerda 弦楽三重奏曲. ❷《詩法》三行連句, 三行詩

tercia[1] [térθja] 女 《古代ローマ》[一日を4分割した] 2番目の時間区分；《カトリック》〔聖務日課の〕3時課

terciado, da [terθjáðo, ða] 形 過分 ❶ 中位の大きさの. ❷ 斜めになった：con la escopeta ~da a la espalda 猟銃を肩から斜めに背負って. ❸ 3分の1を費した：~ jamón 食べかけのハム

terciana [terθjána] 女 《医学》[主に 週] 三日熱：~ de cabeza 間欠的な頭痛

terciar [terθjár] 他 ❶ [衣服などを] 斜めに掛ける：~ la banda a+人 …に懸章を掛けてやる. ~ la capa al brazo [畳んだ] ケープを腕に掛ける. ❷ [積み荷の重さが左右同じになるように] 釣合いを取る. ❸ 3分割する. ❹ [畑に] 第三耕を施す. ❺《中南米》肩にかつぐ；[酒などに] 水を混ぜる
  ◆ [+entre の間を] 仲介する, 仲裁する；[第三者として, +en 討論などに] 参加する, 発言する：He terciado para reconciliarlos. 彼らを和解させるために私は間に立った. ~ en la plática おしゃべりに加わる

◆ **~se ❶**［自分の体に］…を斜めに掛ける：
~*se* el rifle a la espalda 小銃を斜めに背負う.
❷《西》［3人称単数のみ. 好條件などが］偶然生じ
る：Si *se tercia*, iremos a la costa. 機会があっ
たら海に行こう

terciario, ria［terθjárjo, rja］形 **❶**《経済》
第三次産業の. **❷**《地質》第三紀の. **❸**《化学》
alcohol ~ 第三アルコール
◆ 名《カトリック》第三会員『修道会の戒律に従っ
て暮らしている平信徒』
◆ 男《地質》第三紀

tercio, cia²［terθjo, θja］形［主に2桁以上
の序数で］3番目の：vigésimo ~ 23番目の
◆ 男 **❶** 3分の1：Un ~ de los presentes
son mujeres. 出席者の3分の1は女性だ. **❷**
《歴史》［16-17世紀スペインの］歩兵連隊；［カル
ロス党などの］義勇軍. **❸**［治安警備隊などの］
部隊, 方面隊. **❹**［闘牛場の］中央 medio と
木柵付近 tablas の中間部分；［一回の闘牛を
構成する］3段階『varas, banderillas, muer-
te』. **❺**［ビールの］3分の1リットル瓶
cambiando de ~ 話題を変えて
hacer buen (mal) ~ (*a*+人《古語》［人が主
語］)の助け(利益)になる(ならない)
◆ 名《南米》［不特定の］人, やつ

terciopelo［terθjopélo］男《繊維》ビロード, ベ
ルベット

terciopersonal［terθjopersonál］形《文法》
［動詞が］3人称(単数)のみに活用する

terco, ca 形 **❶**［けなして］頑
固な〔人〕, 強情な〔人〕 題義 頑固さの順：ob-
stinado<porfiado<pertinaz<terco<tozu-
do<testarudo<cabezón<contumaz：Mi
abuelo es ~. 私の祖父は頑固だ. **❷**［動物・物
が］扱いにくい, 御しにくい

terebinto［terebínto］男《植物》テレビンノキ
terebrante［terebránte］形［痛みなどが］突
き刺すような

tereré［tereré］男《南米》冷水でいれたマテ茶

teresa［terésa］名 **❶**《女性名》［*T*~］テレサ
『英 Theresa』. **❷**《戯劇》［主に復. 女性の］乳
房
teresiano, na 形 名 聖テレサ Santa Teresa
de Jesús 『スペインの宗教家・文学者. 1515-
82』；カルメル会聖テレジア派の〔修道女〕. ◆
女 ＝**quepis**

tergal［tergál］男《←商標》テルガル『ポリエステ
ル系の合成繊維』

tergiversar［terxibersár］他［事実を］曲げ
る, 歪曲する：La prensa *tergiversó* las pala-
bras del ministro. 新聞は大臣の発言を歪めて
報道した
tergiversación 女 歪曲

terliz［terlíθ］男 丈夫な麻布(綿布)

termal［termál］形 温泉の：aguas ~*es* 温泉.
cura ~ 湯治, 温泉療法

termas［térmas］名復 **❶**《古代ローマ》共同浴
場『~ romanas』. **❷** 湯治場, 温泉施設

termes［térmes］男『単複同形』＝**termita**
termia［térmja］女《物理》サーム

térmico, ca［térmiko, ka］形 熱の, 温度の：

conductibilidad ~*ca* 熱伝導性.　energía
~*ca* 熱エネルギー. fiebre ~*ca*《医学》熱射病.
máquina (motor) ~*ca* 熱機関
◆ 女《気象》サーマル

terminación［terminaθjón］女 **❶** 終わり, 終
えること：La ~ del teatro fue trágica. 芝居
の結末は悲劇的だった. ~ de las obras 工事の
完了. **❷** 末端：coser un volante en la ~ de
las mangas 袖の端にフリルを縫いつける.　~
nerviosa《解剖》神経終末. **❸**《文法》語末,
語尾

terminado［termináðo］男《技術》最終仕上
げ

terminal［terminál］形 **❶**《医学》［病気・患
者が］末期(症状)の：enfermo ~ 末期患者.
❷《植物》頂生の. **❸** 最終の, 最後の
◆ 男 **❶**《電気》端子, ターミナル. **❷**《情報》端
末装置『unidad ~』.
◆ 女 **❶** ターミナル駅, 終着駅『estación ~』；
空港ターミナル：~ de autobús バスターミナル.
~ de carga 貨物操車場. **❷**《解剖》~
nerviosa 神経終末. **❸** ＝男 **❷**

terminante［terminánte］形 断定的な, 決定
的な：decisión ~ 最終決定. medida ~ 断固
とした手段

terminantemente 副 決定的に；断固とし
て：negarse ~ 断固拒否する.　Prohibido
entrar ~. 入場厳禁

terminar［terminár］《英 finish, end》他 終
える, 完了する：*Terminaré* este trabajo la
semana próxima. 来週の仕事を終えます. Si
has terminado ese libro, préstamelo. その本
を読み終えたら貸してくれ.　*Terminó* sus días
en la pobreza. 彼は貧困のうちに死んだ
◆ 自 **❶** 終わる：i) Ya *ha terminado* la
huelga. ストライキはもう終わった.　El camino
termina aquí. 道はここで行き止まりだ. ii)［形
状が, +en で］Este palo *termina* en punta. こ
の棒は先が尖っている. iii)［+por で］*Terminó*
por casarse. 彼はついに結婚した. iv)［+主格
補語］*Terminó* arruinado. 彼は結局は身を滅ぼ
した. v)［+現在分詞］La niña *terminó* dur-
miéndose. 少女はとうとう眠り込んだ. **❷** i)［+
con+名詞 を］終わらせる：Tenemos que ~
con los robos. 我々は盗難をなくさなければなら
い. ii)［+con+人 と不和になって］別れる. **❸**
［+de+不定詞］…し終える：Déjame ~〔*de*
hablar〕. 最後まで話させてください
no ~ *de*+不定詞 どうしても…できない：No
termina *de* comprender. 彼にはどうしても理
解できない
para ~ 終わりにあたって
~ *bien (mal)* よい(悪い)結果に終わる
◆ **~se ❶** 尽きる, なくなる：*Se terminó* el
vino. ワインが切れた(なくなった). **❷**［期間・行
為が］終わる：*Se ha terminado* el viaje. 旅行
は終わった. **❸** …をすばやく終える：*Me terminé*
el desayuno. 私は朝食をさっさと済ませた

término［término］男 **❶**《文語》終わり, 最終
段階：esperar el ~ de sus días 死を迎える.
al ~ de la función 公演が終わって. **❷** 端, 末

端；限界〖límite〗: Al ~ de este camino hay una monasterio. この道の行き止まりには修道院がある. llegar al ~ de la paciencia 忍耐の限度に達する. ❸ 期限, 期日: fijar un ~ para el pago 支払い期日を定める. en el ~ de veinticuatro horas 24時間以内に. al ~ de una semana 1週間たったら. ❹ 位置, 順位: poner... en el segundo ~ de la lista …をリストの2番目に置く. ❺《西》[市町村の] 行政区域: ~ municipal 市域. ❻ 用語, 術語；〖複〗言葉づかい, 表現: ~ culto 教養語, 雅語. ~ técnico 専門用語, テクニカルターム. contestar en ~s claros 明快に答える. hablando en ~s generales 一般的に言って. ❼〖複〗状態, 条件；想定, 推定；観点: según los ~s del intercambio 交易条件に従って. ❽ 部分, 構成要素: considerar ~ por ~ 細かく分けて考える. ❾《数学》項: ~s semejantes 同類項. ❿《演劇・美術》primer (segundo・último) ~ 前(中・後)景

a ~《商業》先物の: tipo de cambio *a* ~ 先物為替相場

dar ~ *a...* …を終える: Pronto *doy* ~ *a* este trabajo. この仕事はすぐ片付けます

en otros ~s 言いかえれば

en último ~ 最後の手段として: *En último* ~ les escribiré a tus padres. 最後には君の両親に手紙を書くことになりますよ

estar en buenos (*malos*) ~s [+con+人と] 仲がよい(悪い)

invertir los ~s 立場を変えてみる；《数学》項を入れ換える

llevar a 〔feliz〕 ~ 完了する, 完成する

poner ~ *a...* …を終わらせる: *Puso* ~ *a* la conversación. 彼は話を打ち切った

~ *medio* 1) 平均〖promedio〗: Por (Como) ~ *medio*, trabajo nueve horas diarias. 私は毎日平均9時間働く. 2) 中庸, 間をとった解決策: No hay ~ *medio* entre A y B. AB間に妥協の余地はない

terminología [tɛrminolɔxía] 囡 医名 専門用語, 術語: ~ gramatical 文法用語

terminológico, ca 形 専門用語の: diccionario ~ 専門語辞典

termiónico, ca [tɛrmjóniko, ka] 形 熱電子の

termistor [tɛrmistór] 男《電気》サーミスター

termita [tɛrmíta] 囡《昆虫》シロアリ(白蟻)；《技術》テルミット. **termite** 男 = termita

termitero 男 白蟻の巣

termo [tɛrmo] 男 魔法瓶

termoconductor [tɛrmokɔnductór] 男《物理》熱伝導体

termodinámico, ca [tɛrmoðinámiko, ka] 形 囡 熱力学(の)

termoelasticidad [tɛrmoelastiθiðáð] 囡 熱弾性

termoelectricidad [tɛrmoelɛktriθiðáð] 囡 熱電気；熱電気学

termoeléctrico, ca 形 熱電気の: efectos ~s 熱電効果. par ~ 熱電対

termoestable [tɛrmoestáble] 形《生化》熱安定の, 耐熱の

termófilo [tɛrmófilo] 男《生物》高温菌, 好熱性生物(細菌)

termogénesis [tɛrmɔxénesis] 囡〖単複同形〗《生物》熱発生

termógeno, na 熱発生の

termógrafo [tɛrmógrafo] 男 自記温度計, サーモグラフ

termografía 囡 温度記録法, サーモグラフィー

termoiónico, ca [tɛrmojóniko, ka] 形《化学》熱イオンの

termolábil [tɛrmolábil] 形《生化》熱不安定性の, 易熱性の

termólisis [tɛrmólisis] 囡〖単複同形〗《化学》熱分解；《生理》体温発散

termología [tɛrmolɔxía] 囡 熱学

termómetro [tɛrmómetro] 男 温度計；体温計〖~ clínico〗: centígrado セ氏温度計. ~ de máxima y mínima 最高最低温度計. ~ de mercurio 水銀温度計. ~ diferencial 示差温度計. ponerse el ~ [口中に] 体温計を入れる

termometría 囡 温度測定〔学〕, 検温

termométrico, ca 形 温度計の, 温度測定の

termonuclear [tɛrmonukleár] 形 熱核〔反応〕の: bomba ~ 熱核爆弾

termopar [tɛrmopár] 男《物理》熱電対

termopila [tɛrmopíla] 囡 [主に 複] サーモパイル, 熱電堆

termoplástico, ca [tɛrmoplástiko, ka] 形 熱可塑性の〔物質〕

termoquímica [tɛrmokímika] 囡 熱化学

termorregulación [tɛrmɔrˌeɣulaθjón] 囡 温度調節；《生物》体温調節

termosfera [tɛrmɔsféra] 囡 熱圏〖大気の中間層より上の部分〗

termosifón [tɛrmosifón] 男 熱サイホン；給湯器；温水暖房器

termostable [tɛrmɔstáble] 形 = termoestable

termostato [tɛrmɔstáto] 男 サーモスタット

termostático, ca 形 サーモスタットの

termotanque [tɛrmotáŋke] 男《南米》湯わかし器

terna [tɛrna] 囡 医名 [そこから1人選ぶ] 3人の候補者〔の名簿〕；《闘牛》[1回の corrida に出場する] 3人のマタドール

ternario, ria [tɛrnárjo, rja] 形 3〔要素〕からなる；《音楽》3拍子の: compuesto ~ 《化学》3元化合物. ◆《カトリック》3日勤行

ternasco [tɛrnásko] 男 乳飲み子羊

terne [tɛrne] 形 からいばり屋の, 強がりの；頑固な, 強情な；頑健な

ternera¹ [tɛrnéra] 囡《料理》牛肉, [特に] 子牛肉

ternero, ra² [tɛrnéro, ra] 名 [1歳までの] 子牛: ~ recental (de leche) 乳飲み子牛

terneza [tɛrnéθa] 囡 ❶ = ternura. ❷ [主に 複] 愛情の表現: susurrar ~s 甘い言葉をささやく

ternilla [tɛrníʎa] 囡 軟骨 〖cartílago〗

terno [tɛ́rno] 男 ❶〘服飾〙三つぞろい. ❷ ののしり, 悪態：echar ～s 毒づく. ❸〘カトリック〙ミサの3人の司祭会 〖oficiante, diácono, subdiácono〗. ❹《中南米》背広；《中米》イヤリング・首飾り・ブローチの宝飾品一式

ternura [tɛrnúra] 囡〖←tierno〗❶ 優しさ：mirada llena de ～ 愛情のこもったまなざし. ❷ 愛情の表現, 甘い言葉

tero [tɛ́ro] 男〘鳥〙タゲリの一種

terquedad [tɛrkeða(ð)] 囡〖←terco〗頑固さ, 強情な態度

terracota [tɛrakóta] 囡 テラコッタ

terrado [tɛráðo] 男 平屋根, 屋上 〖azotea〗

terraja [tɛráxa] 囡《技術》型取り工具；ねじ切り器, ダイス回し

terraje [tɛráxe] 男 地代 〖terrazgo〗

terral [tɛrál] 男〖スペインの地中海岸で〗夜間に吹く〔西〕風, 陸風 〖viento ～〗

terramicina [tɛramiθína] 囡《薬学》テラマイシン

terranova [tɛranóba] 名 ニューファウンドランド犬 〖perro de T～〗

terraplén [tɛraplén] 男 盛土〔された土手〕；急勾配, 崖

terraplenar 他 盛土をする

terráqueo, a [tɛrákeo, a] 形 水陸からなる

terrario [tɛrárjo] 男 テラリウム, 小動物飼育用容器

terrateniente [tɛratenjénte] 名 大地主

terraza [tɛráθa] 囡 ❶ テラス, 大型バルコニー：Esta casa tiene ～. この家はテラス付きだ. ❷〔カフェなどの〕テラス：beber en la ～ de un bar バルのテラスで飲む. ❸ 屋上 〖azotea〗：tendedero en la ～ 屋上の物干し場. ❹《地理》段丘；〔畑〕段々畑：～ aluvial 堆積段丘

terrazgo [tɛráθɣo] 男 農地；地代

terrazguero 男 小作人

terrazo [tɛráθo] 男《美術》下塗り, バック；《建築》テラゾー

terremoto [tɛremóto] 男 地震：Hubo un gran ～ en esa isla. その島で大地震があった

terrenal [tɛrenál] 形〖←tierra〗現世の, 世俗の：paraíso ～ エデンの園, 地上の楽園

terreno[1] [tɛréno] 男〖英 ground, land〗❶〔具体的な使用目的のある〕土地, 地所：comprar un ～ 土地を買う. casa con ～ 土地付き家屋. propietario del ～ 土地所有者. precio de un ～ 地価. ～ agrícola 農地. ～ para viviendas 宅地
❷ 地形, 地表：～ accidentado 起伏の多い土地(地形). ～ lunar 月の表面
❸〔活動の〕場, 分野：Ese asunto está fuera de mi ～. その件は私の専門外だ. ～ de la medicina 医学の分野
❹《スポーツ》コート, グラウンド 〖～ de juego〗
❺〘地質〙～ cretáceo 白亜紀層
estar (hallarse·encontrarse) en su propio ～ 有利な位置にある；得意な領域にいる
ganar ～ 地歩を占める；進歩する：Este diario ha ido *ganando ～*. この新聞が勢力を伸

ばしてきている
llevar a su ～ 自分の陣地(得意分野)に引っぱり込む
minar el ～ a+人 〔陰謀を企てて〕…の計画をぶち壊す
perder ～ 地歩を失う, 劣勢になる：Ha perdido mucho ～. 彼はひどく劣勢になった
preparar (allanar·trabajar) el ～ a+人 …のために下工作する, 根回しする
pisar a+人 el ～ …の領域に入り込む, お株を奪う
saber el ～ que pisa 事情に通じている
sobre el ～ 1) その場で, 現地で：solucionar el problema *sobre el ～* 問題をその場で解決する. 2) あらかじめ計画を立てずに, 準備なしに
tantear el ～ 状況(意図)を見きわめる
～ abonado (propicio) 温床, 好適な場所(環境)：La suciedad es ～ *abonado* para las enfermedades. 不潔は病気の温床である
～ conocido よく知っている場所；得意な分野

terreno[2]**, na** [tɛréno, na] 形 =**terrestre**：mundo ～ この世, 現世. vida ～na 現世の生活

térreo, a [tɛ́reo, a] 形 土の, 土のような：color ～ 土色

terrero, ra [tɛréro, ra] 形 土の；土運び用の
◆ 男 廃土の山, ぼた山
◆ 囡 ヒバリ 〖alondra〗

terrestre [tɛréstre] 形 ❶ 陸上の；陸生の：fuerzas ～s 陸軍, 陸上兵力. animales (plantas) ～s 陸生動物(植物). ❷ 地球の：eje ～ 地軸. ❸ 現世の, 俗界の
◆ 名 地球人 〖terrícola〗

terrible [tɛríble] 形〖英 terrible〗❶ 恐ろしい, 怖い：monstruo ～ 恐ろしい怪物. con los ojos ～s 怖い目で. ❷ すさまじい, 我慢ならない；ひどい：Tiene un genio ～. 彼はひねくれ者だ. Hace un frío ～. ひどい寒さだ. niño ～ 手に負えない腕白小僧(いたずらっ子)

terriblemente [tɛríblemènte] 副 ひどく

terrícola [tɛríkola] 名 ❶ 地球人〔の〕〖↔ extraterrestre〗. ❷《植物》陸生の

terrier [tɛrjɛ́r] 男〖複 ～s〗《犬》テリヤ 〖perro ～〗

terrífico, ca [tɛrífiko, ka] 形 =**terrorífico**

terrina [tɛrína] 囡 料理の保存・販売用の逆円錐形陶器, テリーヌ

territorial [tɛritorjál] 形 領土の：extensión ～ 領土の拡張. mar ～ 領海

territorialidad 囡 領土であること；属土権；なわばり意識；《生物》なわばり制

territorilalismo 男《生物》なわばり制

territorio [tɛritórjo] 男〖英 territory〗❶ 領土；国土 〖～ nacional〗：perder su ～ 領土を失う. explotación del ～ 国土開発. ❷ 管轄区域, 地区：～ de la diócesis 司教区. ❸《生物》なわばり, テリトリー. ❹ 準州 〖完全な自治権を持たない州〗

terrizo, za [tɛríθo, θa] 形 土の, 泥の

terrón [tɛrón] 男 ❶ 土塊；《文語》耕地,

畑: destripar *terrones* en el campo 荒畑を
起こす. vivir de sus *terrones* 畑を耕けて生活
する. ❷ 塊; [特に] 角砂糖 《~ de azúcar》:
~ de harina 粉の塊, だま. Se toma el café
con dos *terrones*. 彼はコーヒーに角砂糖を2個
入れて飲む

terror [teř5r] 男 ❶ [激しい] 恐怖 《☞miedo
類義》: Le da ~ salir por la noche. 彼は夜外
出するのが怖い. sentir ~ 恐怖を感じる. ❷
[el+] 恐怖を与えるもの(こと): Fue el ~ del
barrio. 彼は町の人たちの恐怖の的だった. go-
bernar por el ~ 恐怖政治を行なう, 圧政をし
く. ❸ [T~]. フランス革命期の恐怖政治. ❹
[映画・小説などの] ホラーもの: película de ~
ホラー映画

terrorífico, ca [teř5rífiko, ka] 形 恐怖を与
える, 恐ろしい; ひどい, 猛烈な

terrorismo [teř5rísmo] 男 テロリズム, テロ行
為; 恐怖政治 《~ de Estado, ~ institucio-
nal》

terrorista [teř5rísta] 形 名 テロリズムの; テロ
リスト

terroso, sa [teř5so, sa] 形 土のような; 土を
含む: cara ~*sa* 土気色の顔. aguas ~*sas* 泥
水

   terrosidad 女 土らしさ; 泥汚れ

terruño [teřúɲo] 男 ❶ 生まれた故郷, 郷土:
saber al ~ 郷土臭がある. ❷《口語》[主に生
活手段としての狭い] 私有地, 地所

terso, sa [teřso, sa] 形 ❶ なめらかな, 張りのあ
る: piel ~*sa* すべすべした肌. ❷ 澄んだ, 透明な:
~ mar 澄んだ海. ❸ [言葉づかいなどが] 整った,
洗練された

   tersura 女 なめらかさ, 張り

tertulia [teřtúlja] 女 ❶ [常連の] 集まり: Los
amigos asistieron a la ~ del café. 友人たち
がいつものように喫茶店に集まった. ~ literaria
作家仲間, 文学サークル. ❷《口語》雑談, おしゃ
べり: estar de ~ 雑談をする

teruteru [terutéru] 男《鳥》タゲリの一種

tesalonicense [tesaloniθénse] 形 名《地
名》[古代ギリシアの] テサロニカの[人]

tesar [tesár] 他《索・帆などを》ぴんと張る

tesauro [tesáуро] 男 言葉(知識)の宝庫; 《情
報》シソーラス

tesela [teséla] 女 [モザイク用の] 四角い嵌石
(はめ)

tesina [tesína] 女 [licenciatura を取得するた
めの] 卒業論文, 修士論文

tesis [tésis] 女《単複同形》❶ 学位論文, 博士
論文 《~ doctoral》. ❷ 主張, 説: defender
una ~ ある説を擁護する. novela de ~ 傾向
小説 《スペインではガルドスやアラルコンの作品》.
❸《哲学》テーゼ, 定立

tesitura [tesitúra] 女 ❶ 精神状態; 状態, 立
場: Estaba muy cansado, y no me en-
contraba en ~ de pensar en eso. 私は大変
疲れていてそのことを考える気分になれなかった. ❷
《音楽》テシトゥーラ

tesla [tésla] 男《物理》テスラ

teso, sa [téso, sa] 形《中米》ぴんと張った
《tenso》
◆ 男 [頂上が平らな] 丘

tesón [tes5n] 男 [精神的な] 強さ, 揺るぎなさ;
断固とした態度: trabajar con ~ たゆまず働く.
defender con ~ 断固として擁護する

tesorería [tesorería] 女 財務局; 財務行
政: Certificado de *T*~ 大蔵証券. ❷ [主に
企業の] 流動資産, 資金

tesorero, ra [tesoréro, ra] 名 財務官; 経理
(会計)係; 《軍事》主計官

tesoro [tes5ro] 男《英 treasure》❶ 宝, 宝
物: esconder el ~ en una cueva 宝物を洞穴
に隠す. ❷ 富, 大金: dejar a su hijo un ~ 子
供に財産を残す. ❸ [*T*~] 国庫 《*T*~ pú-
blico・nacional》: hacer pasar al *T*~ 国庫
に入れる. ❹ 大事なもの(人), 愛する人: Esta
chica es un ~. この子は本当にかわいい. ¡Un ~
mío!, no llores. よしよし, 泣かないでね! ❺ [辞
典などの書名として] 宝典

test [tés] 男《複 ~s》[←英語] [知能・性能な
どの] テスト, 試験, 検査; [多項選択式・短い問
題の] テスト: ~ de inteligencia 知能テスト.
~ de embarazo 妊娠テスト

testa [tésta] 女 ❶《文語》頭, 頭部《cabeza》;
額《frente》. ❷ ~ coronada 君主, 王

testáceo, a [testáθeo, a] 形《動物》殻のあ
る, 有殻の

testado, da [testáðo, ða] 形 過分 遺言を残
して死んだ; 遺贈された

testador, ra [testað5r, ra] 名 遺言者

testaferro [testaféřo] 名 名義人, ダミー

testamentaría [testamentaría] 女 匿名 遺
言の執行(に関する書類)

testamentario, ria [testamentárjo, rja]
形 遺言の: documento ~ 遺言書. disposi-
ción ~*ria* 遺言の規定(条項)
◆ 男 遺言執行者

testamento [testaménto] 男 ❶ 遺言[書]:
hacer ~ 遺言書を作成する. ~ abierto (ce-
rrado) 公正(秘密)証書による遺言. ❷ 遺作.
❸ [権力者が死に際に] 個人の利益を目的に
発する命令(決定). ❹ ひどく長い文書. ❺
Antiguo (Viejo) *T*~ 旧約聖書. Nuevo
T~ 新約聖書

testar [testár] 自 遺言する, 遺言書を作成する;
遺贈する

testarada [testaráða] 女 頭による一撃, 頭突
き《cabezazo》

testarazo [testaráθo] 男 ❶ =testarada.
❷ 打撃, 衝突: darse un ~ con+人 …とぶつ
かる

testarudo, da [testarúðo, ða] 形 名 [けなし
て] 頭が固い[人], 頑固な[人] 《☞terco 類義》

   testarudez 女 頑固, 意固地

testear [testeár] 他《南米》[人を] テストする

testera [testéra] 女 正面, 前面; [馬の] 額飾
り

   testero 男 =testera; 主壁, 正面壁

testículo [testíkulo] 男《解剖》睾丸(こう), 精
巣

   testicular 形 睾丸の

testifical [testifikál] 形 証人の: prueba ~ 証拠

testificar [testifikár] ⑦ 他 証言する；[物が] 証拠となる.
　testificación 女 証言；証拠
　testificativo, va 形 証拠となる

testigo [testíɣo] 名 ❶ 証人：~ de cargo (de descargo) 原告(被告)側証人. ~ de oídas 直接耳で聞いた証人. ~ de Jehová エホバの証人, ものみの塔. ❷ 目撃者〖~ocular・de vista・presencial〗：No hubo ~s oculares del asesinato. 殺人の目撃者がいなかった. ❸ 立会人
　◆ 男 ❶ 証拠〖prueba〗：Esa herida es ~ del accidente que sufrió. その傷は彼が事故に会った証拠だ. ❷ [リレーの] バトン：cambio de ~ バトンタッチ. ❸ [実験などの] 対照標準. ❹ 標識
　poner por ~ ***a***+人 …に立会ってもらう
　pongo a Díos (al cielo) por ~/***Díos es*** ~ 神かけて誓います(断言します)

testimonial [testimonjál] 形 証拠となる：documento ~ 証拠書類
　◆ 女 覆 証明書

testimoniar [testimonjár] ⑩ 圁 他 証言する：~ en favor de+人 …に有利な証言をする. *Testimonió* que no había tomado parte en el asunto. 彼は事件に関与していないと証言した

testimonio [testimónjo] 男 ❶ 証言：dar ~ a las autoridades 当局に証言する. falso ~ 偽証. ❷ 証拠〖prueba〗：~ de agradecimiento 感謝のしるし. ❸ 証拠書類；証書
　levantar falso ~ 中傷する

testosterona [testosteróna] 女 《生化》テストステロン

testuz [testúθ] 男/女 [馬などの] 額；[牛などの] 首のうしろ

teta [téta] 女 [女性・乳牛などの] 乳房, 乳首：dar [la] ~ a un niño 子供におっぱいをあげる, 授乳する. quitar la ~ a un niño 子供を離乳させる. ~ gallega [ガリシア産の] 円錐形のチーズ
　de ~ 授乳期の：niño *de* ~ 乳児

tetamen [tetámen] 男 《俗語》[女性の] 乳房

tetania [tetánja] 女 《医学》テタニー, 強直痙攣

tétanos [tétanɔs] 男 [単複同形]《医学》破傷風
　tetánico, ca 形 破傷風の[患者]；テタニーの：bacilo ~ 破傷風菌
　tétano 男 =**tétanos**

tetera [tetéra] 女 ❶ 紅茶ポット, やかん. ❷《中米》[哺乳瓶の] 乳首〖tetilla〗
　tetero 男《中南米》哺乳瓶

tetilla [tetíʎa] 女 [男性・動物の雄の] 乳首；[哺乳瓶の] ゴム乳首

tetina [tetína] 女 [哺乳瓶の] ゴム乳首〖tetilla〗

tetón [tetón] 男 [枝を剪定した後の] 幹のこぶ

tetona [tetóna] 形 女 《口語》乳房の大きな[女], ボインの

tetrabrik [tetraβrík] 男 《←商標》[飲料などの] 直方体の紙製容器, ブリック

tetraciclina [tetraθiklína] 女 《薬学》テトラサイクリン

tetracloruro [tetraklorúro] 男 《化学》4 塩化物

tetracordio [tetrakɔ́rðjo] 男 《音楽》4 音音階

tétrada [tétraða] 女 ❶ 4 つ組. ❷《生物》4 分子；4 分染色体

tetraedro [tetraéðro] 男 《数学》4 面体

tetrágono [tetráɣono] 形 《数学》4 角形の[], 4 辺形の[]
　tetragonal 形 4 角形の

tetragrámaton [tetraɣrámaton] 名 4 文字言葉；4 文字で表わす神の名〖例 INRI〗

tetralogía [tetraloxía] 女 《古代ギリシア》4 部劇；[小説などの] 4 部作

tetramorfo [tetramɔ́rfo] 形 ❶ [空想上の動物で] 4 種の生き物の形を持つ〖人間の頭, ワシの翼, 獅子の前足, 牛の後足〗. ❷《結晶》4 形の
　◆ 男 覆 4 福音書記者を象徴する組合わせ形象〖マタイが人間, ルカが雄牛, マルコが獅子, ヨハネが鷲〗

tetrápodo [tetrápoðo] 男 ❶《動物》四肢動物, 四足獣. ❷ [消波用の] テトラポッド

tetrarquía [tetrarkía] 女 《歴史》四分領[統治]；四分統治
　tetrarca 男 《歴史》四分領主；分国王

tetrasílabo, ba [tetrasílaβo, βa] 形 《言語》4 音節の[語]

tetrástrofo, fa [tetrástrofo, fa] 形 《詩法》4 連から成る：~ monorrimo 4 連単韻詩；[中世の教養派俗語文芸で] 一連 4 行単韻詩〖cuaderna vía〗

tétrico, ca [tétriko, ka] 形 ❶ 悲しい, 陰鬱(いんうつ)な：Está de un humor ~. 彼は暗い気持ちになっている. ❷ 死の, 死を連想させる；薄気味悪い

tetuaní [tetwaní] 形 名 覆 ~[e]s 《地名》[モロッコの] テトゥアン Tetuán の[人]

tetudo, da [tetúðo, ða] 形 《軽蔑》乳房の非常に大きい

teúrgia [teúrxja] 女 [古代の] 魔術, 神わざ

teutón, na [teutón, na] 形 名 《歴史》チュートン人の[]；ドイツ人の[]〖alemán〗
　teutónico, ca 形 チュートン人の；ドイツ人の

textil [te(k)stíl] 形 織物の, 繊維の：industria (producto) ~ 繊維産業(製品)
　◆ 男 繊維〖fibra ~〗

texto [té(k)sto] 男 〖英 text〗 ❶ 原文, テクスト：leer "la rebelión de las masas" en el ~ 『大衆の反逆』を原書で読む. ❷ 本文；印刷部分：Esa revista tiene muchas ilustraciones y poco ~. その雑誌は写真ばっかりで文章は少ない. al margen del ~ 本文の余白に. ❸ 印刷物, 本：conocer a través de los ~s 本から知識を得る. ❹ [文学作品の] 抜粋, 引用：citar un ~ de Baroja バローハの文章を引用する. ❺ 教科書〖libro de ~〗：~ de arte 美術の教科書. ❻《音楽》歌詞

textual [te(k)stwál] 形 ❶ 原文(本文)の. ❷

原文どおりの: Son palabras ～*es* del autor. それは著者の言葉そのままだ

textualmente 圖 原文どおりに；一字一句違えずに: traducir ～ 逐語訳をする

textura [te(k)stúra] 囡 ❶ 織り方，織り目；織り[の状態]. ❷ [皮膚・木材などの] きめ，手ざわり: piel de una ～ fina きめの細かい肌. ❸ [作品などの基本的・全体的な] 構造，構成

tez [teθ] 囡《文語》[顔の] 肌，皮膚《☞piel 類義》: de ～ blanca 白い肌の

ti [ti] 代《英 you. 前置詞格の人称代名詞 2人称単数. con＋ は contigo となる》君，お前: i) Esta carta es para ～. この手紙は君あてだ. No tienes confianza en ～. 君は自分に自信がない. ii) [a＋. 目的代名詞と重複させて強調] A ～ te quiero. 僕は君が好きだ *de ～ para mí* ここだけの話だが，内密に *por ～* 君としては: ¿Por ～, no intentas impedirlo? 君はそれを防ごうとしないのか？ *por ～ mismo* 君一人の力で，独力で [*y*] *a ～ qué…* [相手にとってどうでもいいことなどを無礼にも質問する] ¿A ～ qué te regaló Juana? フアナから何をもらったんだい？

tialina [tjalína] 囡《生化》プチアリン

tialismo [tjalísmo] 男《医学》流涎(りゅうぜん)症，唾液過多

tiamina [tjamína] 囡《生化》チアミン

tianguis [tjáŋgis] 男《中米》[祭りの日の] 仮設市場

tiara [tjára] 囡 ❶ [教皇の] 三重冠；教皇の権威. ❷ [古代近東諸国の] 王冠，宝冠. ❸ [女性の正装用の，宝石などをちりばめた] 髪飾り，ティアラ

tiarrón, na [tjarrón, na] 图 背が高くがっしりした体格の

tiberio [tibérjo] 男《まれ》騒音；大騒ぎ，混乱

tibetano, na [tibetáno, na] 图《地名》チベット Tibet 男《人・語》；チベット人の ◆ 男 チベット語

tibia[1] [tíbja] 囡《解剖》脛骨(けいこつ)

tibial 形《解剖》～ anterior 前脛骨筋

tibiar [tibjár] 《中南米》[一瞬] 腹を立てる，むかっとする

tibieza [tibjéθa] 囡 ぬるさ；不熱心

tibio, bia[2] [tíbjo, bja] 形 ❶ [estar＋] 温かい，ぬるい: agua tibia 温かい水，ぬるま湯. viento ～ なまあたたかい風. ❷ 熱意のない，煮え切らない；微温的な: carácter ～ さめた(やる気のない)性格. Estos días está tibia conmigo. 近ごろ彼女は私によそよそしい *poner ～ a* ＋人《口語》…をこきおろす；侮辱する *ponerse ～* 《口語》[＋de と] 飽きる，食傷する；ひどく汚れる(濡れる)

tibor [tibór] 男 [中国・日本製の] 素焼き(陶器)の大壷，大がめ

tiburón [tiburón] 男 ❶《魚》サメ(鮫). ❷ 野心家；[企業の] 乗っ取り屋

tiburoneo 男 乗っ取り

tic [tík] 男《複 ～s》❶《医学》チック《～ nervioso》: tener un ～ nervioso 顔をピクピクと引きつらせる. ❷ 癖. ❸ [チェックなどの] しるし

ticket [tíkεt] ☞tique

tico, ca [tíko, ka] 图 图《中南米. 口語》コスタリカの(人)《costarricense》

tictac [tikták] 男 [時計などの音] チクタク，コチコチ: hacer ～ チクタクいう

tiempo [tjémpo] 男 I《英 time》❶ 時，時間: i) ¡Qué rápido pasa el ～! 時のたつのは早いものだ！ ¿Cuánto ～ hace que vive usted en Madrid? マドリードにどの位お住まいですか？ ¿Cuánto ～ hace que ha salido el autobús? どれほど前にバスは出ましたか？ ¿Cuánto ～ tardas en venir a la escuela? 学校に来るのにどの位時間がかかるの？ Todavía hay suficiente ～ antes de que salga el tren. 発車までまだ十分時間がある. El ～ es oro.《諺》時は金なり. Y, si no, al ～. 時間がたてばわかることである. ii) [個人的な] 時間，余暇: Paso el ～ en la lectura. 私は読書して時間を過ごす. Tenemos mucho ～ para charlar. おしゃべりをする時間はたっぷりある. ¿Tienes ～ (libre)？ 暇ですか？ Ahora no tengo ～. 私は今時間(暇)がない. iii) 時期，時代: Le llegará el ～ de la vejez. 彼にも老いる時が来る. Llegará un ～ en que no exista el dinero. 金が存在しなくなる時代が来るだろう. El concepto del amor está fuera del espacio y del ～. 愛の概念は時と場所を超越している. Vivimos malos ～s. 悪い時代だ. En mis ～s las costumbres eran muy diferentes. 私の若いころの風俗は今とは大違いだった. en ～ de guerra 戦時に. de aquel ～ 当時の. ～ de Augusto アウグストゥスの時代. ～ antiguos 古代，昔 ❷ 好機，潮時: i) Llega el buen ～. 好機が到来した. Habrá ～ para hablar de eso. いつかその話をしましょう. Estamos en ～ de ostras. 今はカキがしゅんだ. fruta cogida antes de ～ 摘み取りの早すぎた果実. ii) [ser ～ de＋不定詞・que＋接続法] Ahora es ～ de acabar con esos vicios (de que se tome una medida definitiva contra el narcotráfico). 今こそその悪弊を絶つ(麻薬取引に対して断固たる措置をとる)時だ. Todavía no es ～ para (de) sembrar. まだ種まきの時期ではない ❸《文法》時，時称，時制: adverbio de ～ 時の副詞. ～ simple (compuesto) 単純(複合)時制. ～ de un verbo principal 主節の時制. poner el verbo en ～ futuro 動詞を未来形に変える ❹ [体操・舞踊などの] 一動作；[エンジンの] サイクル；[操作などの] 段階: ejercicio en seis ～s 6つの動作からなる体操. dos ～s《重量挙げ》ジャーク. motor de cuatro ～s 4サイクルエンジン ❺《スポーツ》i) タイム: hacer el mejor ～ ベストタイムを出す. ii) ハーフタイム: a los diez minutos del primer ～ 前半10分で. en el segundo ～ 後半に. iii) ～ muerto タイムアウト. pedir ～ [muerto] タイムをとる. iv) ～ suplementario (complementario) 延長時間，エキストラタイム ❻《宗教》[典礼暦上の] 季節，節《～ litúrgico〕: ～ pascual 復活節. ～ de pasión 受難節

❼《天文》時(じ): ～ sidéreo (sideral) 恒星時. ～ solar (verdadero) 真太陽時. ～ universal 世界時

❽《情報》～ real リアルタイム. ～ compartido タイムシェアリング

❾〔子供の〕年齢: ¿Qué ～ tiene su hijo? お子さんは何歳ですか?

❿《音楽》速度, テンポ; 拍; 楽章

II 〖英 weather〗天候, 天気: ¿Qué ～ hace en Barcelona? バルセナはどんな天気ですか? Hace buen (mal) ～. 天気がよい(悪い). Tuvimos buen (mal) ～. 天候がよくて楽しかった(悪くてつまらなかった). ¡Qué ～ más molesto! 何ていやな天気だ! avión de caza para todo ～ 全天候戦闘機. hombre del ～ 〔放送局などの〕天気予報係; 気象予報士. A mal ～, buena cara.《諺》不幸な時こそ明るくふるまおう/武士は食わねど高楊子

a su ～ よい時機に, 必要になった時に: *A su ～* conocerás mi decisión. その時が来れば私の決心を教えよう

a ～ 間に合って〖英 in time.↔tarde〗; ちょうどよい時に: Llegué *a ～* al concierto. 私はコンサートに間に合った. Has llegado *a ～*. いい時に来たね/君は間に合った. Más vale llegar *a ～* que rondar un año.《諺》長い間待った人よりチャンスをつかんだ人の方が勝ち

a ～ completo フルタイムの: profesor *a ～ completo* 〔専任ではないが〕常勤の先生

a ～ parcial パートタイムの

a un ～ 同時に: No puede estar en los dos sitios *a un ～*. 同時に2つの場所にいることはできない/体は1つしかない

acomodarse al ～ 状況に従う

al correr del ～ 将来になって, 時がたってから, 後になって

al mismo ～ 〖英 at the same time〗 [+que と] 同時に: Salí *al mismo ～ que* él. 私は彼と同時に出発した. *Al mismo ～ que* llegué a casa, empezó a llover. 私が家に着くのと同時に雨が降り出した. Hablaron *al mismo ～*. 彼らは同時に話した

al poco ～ 間もなく

al ～ = al mismo ～: *al ～ que*+直説法〔ちょうど〕…する時に

andando el ～ = al correr del ～

andar con el ～ なりゆきに任せる

con el ～ 時がたつにつれて, やがて: *Con el ～* se le pasará la tristeza. 時間がたてば彼の悲しみも癒えるだろう

con ～ あらかじめ, 余裕を見て: Me gusta llegar a los sitios *con ～*. 私は早目に約束の場所に行っているのが好きだ. *con ～ de sobra* 十分余裕をとって

correr el ～ 時間がたつ: Corría el ～ sin que llegara nadie. 時間はたったが誰も到着しなかった

¡cuánto ～ [sin vernos]*!* 久しぶりですね!

dar ～ a+人 …を急がせない, 時間の余裕を与

る: *Dale ～* para que te pueda demostrar lo que vale. 彼が真価を発揮できるように時間を与えなさい. No me *daba ～* a pensar. 私は考える間がなかった

dar ～ al ～ 好機を待つ: *Dale ～ al ～*. チャンスを待て/あせるな

de algún (un) ～ a esta parte/de algún ～ atrás 少し前から: Esta situación ya viene *de ～*. この状況は大分前から続いている

de ～ en ～ 時々: *De ～ en ～* aparece por aquí. 彼は時々ここに顔を出す

dejar... al ～ …に対して手を打たない, 時が解決するに任せる

del ～ 〔果物が〕旬(しゅん)の; 〔飲み物が〕冷えていない, 室温の

en otro ～ 以前に, かつて

en otros ～s 昔に

en poco ～ 短時間で, たちまちのうちに

en ～s 昔は, かつては: *En ～s* fue una mujer muy hermosa. 彼女も昔は美人だった

faltar a+人 ～ *para*+不定詞 …が…する時間が足りない; …がたちまち…される

fuera de ～ 時期(季節)外れに; 時機を失して: Nieva *fuera de ～*. 季節外れの雪が降っている

ganar ～ 時間を節約する; 時間かせぎをする

gastar el ～ 時間を無駄にする, 無為に過ごす; 無駄なことをする

hace ～ ずっと前から: Hacía ～ que no llovía. 長い間雨が降っていなかった

hacer ～ 〔予定の時刻が来るまで〕時間つぶしをする

malgastar el ～ = gastar el ～

matar el ～ 時間をつぶす

meterse el ～ en agua 長雨が降る

pasar el ～ 〔単なる〕気晴らし(暇つぶし)をする

perder el ～ = gastar el ～

perder 〔すべきことを遅らせて〕時間を無駄にする

sin perder ～/sin pérdida de ～ 時を移さず, 直ちに: Hay que avisar al médico *sin perder ～*. 直ちに医師に知らせなければならない

¡tanto ～ sin vernos! 久しぶりですね!

～ perdido 遅れた時間; 無駄に過ごした時間

tomar el ～ como viene なりゆき任せにする

tomarse ～ 時間の余裕を見る

un ～ 昔は, かつて

tienda [tjénda] 女《英 store》❶ 店, 商店: Voy a la ～ a comprar comestibles. 私は店に行って食料品を買ってくる. zona de ～s 商店街. ❷ テント〖～ de campaña〗: montar (armar) la ～ テントを張る. desmontar (desarmar) la ～ テントを畳む. vivir en una ～ テント暮らしをする. ～ de oxígeno《医学》酸素テント. ❸《中南米》生地店, 洋服店

tiene- ☞**tener** 58

tienta [tjénta] 女《闘牛》若牛の勇猛さを試すテスト

a ～s 1) 手さぐりで: buscar *a ～s* el interruptor de la luz 手さぐりで電灯のスイッチを捜す. 2) 不確かなまま: tomar la decisión *a* 〜*s* 手さぐり状態で決断を下す

tiento [tjénto] 男 ❶ 機敏, 如才なさ; 確かな技術: Actúa con mucho 〜, que no te engañen. だまされないように, うまく立ち回りなさい. dibujar con buen 〜 絵が上手である. ❷ 感触, 手ざわり; 手探り. ❸《口語》殴打. ❹《西》[食べ物・飲み物の]一口: dar un 〜 a... 一口食べる(飲む). ❺《西》《口語》体をまさぐること, 愛撫. ❻ 盲人用の杖; [綱渡り用の] バランス棒. ❼《音楽》ティエント『昔の楽曲形式の一つ』. ⑱《タンゴの影響を受けた》フラメンコの一様式. ❽《南米》細い皮ひも
con 〜 注意深く

tierno, na [tjérno, na] 形 [英 tender. 絶対最上級《文語》ternísimo, 《口語》tiernísimo] ❶ 柔らかい 〚↔duro〛: El barro aún está 〜. 土はまだ柔らかい. carne 〜*na* 柔らかい肉. pan 〜 柔らかいパン. ❷ 若い; brote 〜 若芽. niño 〜 幼児. ❸ 優しい, 思いやりのある, 愛情の深い: mirada 〜*na* 優しいまなざし. carácter 〜 優しい性格

tierra [tjéřa] 女 [英 earth, land, ground, soil] ❶ [主に T〜] 地球: La T〜 es el tercer planeta del sistema solar. 地球は太陽系の第3惑星である ❷ 陸, 陸地: transporte por 〜 陸上輸送. avistar (divisar) 〜 陸を初認する ❸ 地面, 大地: cavar la 〜 地面を掘る. caer en 〜 地面に倒れる. bajo 〜 地下に ❹ [一般的に] 土地: mil metros cuadrados de 〜 1千平方メートルの土地. 〜 caliente (templada・fría) [メキシコからペルーまでの] 暑い(中位の・寒い)土地 〚海抜約1200 m以下(1200-2200 m・2200 m以上)の土地〛. 〜 de nadie 主のない土地, 無人の地; 敵味方の中間地帯. T〜 del Fuego ティエラデルフエゴ『南米南端の島』. 〜 firme [海に対して] 大陸, 陸地; [島に対して] 本土; 地盤のしっかりした土地. T〜 Prometida/T〜 de Promisión《聖書》約束の地『パレスチナのこと』. T〜 Santa 聖地『パレスチナのこと』 ❺ 土壌, [圏]地所, 耕地: 〜 de brezo ヒース土壌. 〜 baldía 不毛の地, 荒廃地. 〜 campa 木の生えていない土地『穀物畑に使われる』. comprar 〜s en Andalucía. 彼はアンダルシアに畑を持っている ❻ 不可算 土: tirar un puñado de 〜 土くれを投げる. cubrir... de 〜 …に土をかける. camino de 〜 舗装されていない道路, 泥道. 〜 de alfareros 陶土. 〜 vegetal 腐植土 ❼ 国, 地方; 故郷 [〜 natal]: abandonar su 〜 国(故郷)を捨てる. pasar las vacaciones en su 〜 休暇を故郷で過ごす. 〜 mexicana メキシコ ❽ [天国に対して] 地上, 現世; 地上の人々: desgracias en la 〜 この世の不幸. No hay nadie en la 〜 que te quiera como yo. 私ほどあなたを愛している人はいない ❾《テニス》〜 batida クレーコート

❿《電気》アース: conectar a 〜/hacer 〜 アースする ⓫《歴史》属域『中世都市の周辺地域』 ⓬《元素》〜s raras 希土類 ⓭《軍事》〜-aire (〜-tierra) 地対空(地対地)ミサイル. 〜 quemada 焦土『状態, 戦術』 ⓮《中南米》ほこり『polvo』
besar la 〜《口語》うつぶせに倒れる
besar la 〜 donde (que) pisa+人《口語》…に敬意を払う
caer por 〜 地面に倒れる; 崩壊する: Cayeron por 〜 todas mis esperanzas. 私の希望はすべて打ち砕かれた
dar en 〜 con... 倒す, 落とす; 打倒する, 破滅させる
dar 〜 a+人 …を葬る, 埋葬する
de la 〜 [果実などが] その土地の産の, 国産の: vino *de la* 〜 地ワイン
echar por 〜 崩壊させる; 名を汚す: *Ha echado por* 〜 el esfuerzo de los últimos años. 彼はここ数年の努力を無にしてしまった
echar 〜 a (sobre)... [それ以上] 言及しない, 蒸し返さない: Vamos a *echar* 〜 *a* este asunto. この件は忘れることにしよう
faltar [la] 〜 *debajo de los pies* 確信がない
ganar 〜《船舶》岸に近づく
irse a 〜 崩れる; 駄目になる, 失敗に帰す
poner 〜 [de] *por medio* 大急ぎで逃げる
quedarse en 〜《口語》[満員などで乗り物に] 乗れない; 旅行がお流れになる
sacar 〜 de [la] 〜 苦労してやっと…を手に入れる
tirar por 〜 =**echar por 〜**: *tirar por* 〜 el honor de su familia 家族の名誉を泥まみれにする
tomar 〜 [船に] 接岸する;[飛行機が] 着陸する
¡trágame 〜! 穴があれば入りたい!
tragarse la 〜 a+人 [恥ずかしくて] …は穴があれば入りたい気持ちである
venirse a 〜 =**irse a 〜**

tierral [tjeřál] 男《中南米》土煙, 土ぼこり

tieso, sa [tjéso, sa] 形 ❶ 硬直した, こわばった: perro con las orejas 〜*sas* 耳をぴんと立てた犬. Le quedó 〜*sa* la pierna izquierda. 彼は左脚が曲がらなくなってしまった. tela 〜*sa* ごわごわした布. ❷ 胸を張った, 背筋を伸ばした: andar muy 〜 しゃちほこばって歩く. ❸ 思い上がった, 傲慢な; [態度が] 堅苦しい, 冷淡な: Anda siempre 〜, no saluda a nadie. 彼はいつも高くとまっていて誰にもあいさつしない. Nos recibió muy 〜. 彼は私たちを冷ややかに迎えた. ❹ [estar+] 健康な, 元気な. ❺《口語》寒さでかじかんだ; 死んだ, 即死した: dejar 〜 a+人 …を殺す;[ショックで] 啞然とさせる. quedarse 〜 [寒さで] こわばる, かじかむ; 死ぬ, くたばる; 啞然とする
tenérselas 〜*sas* a+人《口語》[議論・けんかで] …に敢然と立ち向かう, 食い下がる

◆ 圖 強く, 勢いよく; 元気よく

tiestazo [tjestáθo] 圐《南米》強打

tiesto [tjésto] 圐 ❶ 植木ばち 〖maceta〗; 植木ばちに入った植物: regar los ~s 植木ばちに水をやる. ❷《南米》入れもの, 容器

mear (regar) fuera del ~《口語》的外れ (場違い)なことをする(言う)

salirse del ~《口語》急に大胆になる

tiesura [tjesúra] 囡 硬さ; 思い上がり

tífico, ca [tífiko, ka] 圀 チフスの

tifo [tífo] 圐 =tifus

tifoideo, a [tifoíðeo, a] 圀 チフス性の; 腸チフスの

◆ 囡 〔主に 圏〕腸チフス 〖fiebre ~a〗

tifón [tifón] 圐《気象》台風; [海上の] 竜巻

tifus [tífus] 圐 〔単複同形〕《医学》チフス: ~ vulgar 腸チフス. ~ exantemático 発疹チフス. ~ icteroides 黄熱

tigra [tíɣra] 囡 雌のジャガー

ponerse como una ~ parida 怒り狂う

tigre [tíɣre] 圐 ❶《動物》トラ(虎);《中南米》ジャガー 〖~ americano, jaguar〗: ~ de Bengala ベンガルトラ. ❷ 残忍な人. ❸《口語》トイレ, 〔特に〕公衆便所

oler a ~ 悪臭がする

portarse como un ~《南米》勇敢なところを見せる

ser un ~《南米》傑出していて決断力がある

tigresa [tíɣrésa] 囡 雌のトラ; 妖婦, 男たらし

tigrillo [tíɣríʎo] 圐《中南米》ヤマネコ(山猫)

tija [tíxa] 囡 〔錠前の中の〕鍵のはまる円棒

tijera [tixéra] 囡 ❶ 〔主に 圏〕はさみ: cortar un papel con ~s はさみで紙を切る. ~s de podar 剪定ばさみ. ~s dentadas すきばさみ. ❷ 木びき台. ❸〔レスリング〕はさみ絞め, シザーズ. ❹〔体操〕両脚開閉;〔サッカー〕シザーズキック 〖tijereta〗

de ~ 〔椅子など〕折畳み式の: escala (escalera) de ~ 脚立(㿽)

echar (meter) la ~ はさみを入れる, ばっさりと切る; [記事・映画などの一部を] カットする

¡piensa antes de echar la ~!《まれ》物事を行なう前はよく考えてからするべき

ser una buena ~《まれ》仕立てが上手である

tijereta [tixeréta] 囡 ❶《昆虫》ハサミムシ. ❷〔体操〕両脚開閉;〔サッカー〕シザーズキック 〖ジャンプし片足を上げ, 次に反対の足でオーバーヘッドキックする〗. ❸〔ブドウの〕巻きひげ

tijeretazo [tixeretáθo] 圐 はさみによる切断

tijeretada 囡 =tijeretazo

tijeretear [tixereteár] 他 [誤って・下手に] はさみで切る

◆ 圁《南米》うわさ話をする, 陰口を言う

tijereteo 圐 はさみで切ること(音)

tila [tíla] 囡《植物》シナノキ 〖tilo〗; その花; シナノキの茶

tílburi [tílburi] 圐 ティルバリー 〖2人乗りの軽装二輪馬車〗

tildar [tildár] 他 ❶ [人に, +de 欠点を] 指摘する: Todos le *tildaron de* insensato. 彼は常識外れだとみんなに言われた. ❷《文法》ティルデ (アクセント記号)をつける

tilde [tílde] 囡 〖❶ ❷ ではまれに 圐〗 ❶《文法》ティルデ 〖ñ の ˜ の記号〗; アクセント記号 〖´〗. ❷ 欠点, 欠陥. ❸ 取るに足りないこと

tiliche [tilítʃe] 圐《中米》〔主に 圏〕がらくた

tilín [tilín] 圐〔鈴の〕チリンチリン(リンリン)という音

hacer ~ a+人《口語》[人が] ひどく…の気に入る: Esa chica me *hace ~*. 私はその娘にほれ込んだ

tilingo, ga [tilíŋgo, ga] 圀《中南米》[人が] くだらない, ばかなことばかり言う

tilo [tílo] 圐《植物》シナノキ, ボダイジュ(菩提樹)

timador, ra [timaðór, ra] 图 詐欺師, ぺてん師

tímalo [tímalo] 圐《魚》カワヒメマス

timar [timár] 他 ❶ だまし取る, 詐取する: Le *han timado* diez mil pesetas. 彼は1万ペセタだまし取られた. ❷ 〔売買で・約束を違えて, 人を〕だます

◆ *~se*《西》[+con+人 に] 色目を使う

timba [tímba] 囡 ❶〔口語〕[賭博での] 勝負, ゲーム, 賭博場. ❷《中米》大きな腹

timbal [timbál] 圐 ❶《楽器》ティンバニー; [祭りなどで叩く] 長太鼓 〖tamboril〗. ❷《料理》タンバル(の型)

timbalero, ra 图 ティンバニー奏者; 鼓手

timbear [timbeár] 圁《南米》賭け事をする

timbero, ra 圀 賭け事の好きな

timbó [timbó] 圐《南米産の》マメ科の太い木 〖幹でカヌーを作る〗

timbrar [timbrár] 他 ❶ [書類などに] 証印を押す. ❷ [声を] 響かせる. ❸《紋章》頂飾をつける

◆ 圁《南米》呼び鈴を鳴らす

timbrado, da 圀 証印のある; レターヘッド付きの; 〔主に bien+. 声が〕響きのよい

timbrazo [timbráθo] 圐 呼び鈴・ベルの大きな音: dar un ~ 呼び鈴を鳴らす

timbre [tímbre] 圐 ❶ 呼び鈴, ベル: tocar (sonar) el ~/llamar al ~ 呼び鈴を鳴らす (押す). ~ de alarma 非常ベル. ❷ [他と区別される] 音色, 響き: El ~ de su voz me era desconocido. それは聞き覚えのない声だった. ❸ 証紙, 印紙: impuesto del ~ 印紙税. ~ fiscal (móvil) 収入印紙. ❹ 証印, スタンプ: Los pasaportes llevan estampado un ~ en relieve sobre la fotografía. パスポートの写真には打ち出し印が押してある. ~ de agua 透かし(模様). ❺ 偉業, 殊勲 〖~ de gloria〗. ❻《紋章》[盾の] 頂飾. ❼《中米》切手 〖sello〗

tímidamente [tímiðaménte] 圖 おずおずと, 遠慮がちに; はにかんで

timidez [timiðéθ] 囡 内気, 気の弱さ

tímido, da [tímiðo, ða] 圀 图 〖英 timid, shy〗 ❶ 内気な(人), 遠慮がちな; 気の弱い〔人〕, 臆病な〔人〕: Es una chica muy ~*da*. この子はとても内気だ(はにかみ屋だ). ❷ [+名詞] 弱い, かすかな: ~*da* sonrisa かすかな笑み. ~*das* protestas 控えめな抗議

timo [tímo] 圐 ❶《軽蔑》詐欺, かたり: dar un

T

〜 a+人 …から詐取する，だます．〜 de la estampita にせ札詐欺．

timón [timón] 男 ❶ 〔船の〕舵，舵柄: i) manejar el 〜 舵を取る．〜 mecánico 自動操舵装置．ii) 〔飛行機の〕方向舵 《= de dirección》: 〜 de profundidad 昇降舵．iii) 《比喩》llevar el 〜 de una empresa 会社の舵取りをする，経営する．❷ 〔牛馬をつなぐ〕ながえ，梶棒．❸《中南米》〔車の〕ハンドル 〖volante〗

timonear [timoneár] 自 舵を取る
◆ 他《中南米》指揮する，采配をふるう

timonel [timonél] 男 操舵手；《ボート》コックス

timonera [timonéra] 女 〔鳥の〕尾羽 〖pluma 〜〗

timorato, ta [timoráto, ta] 形 名 小心な〔人〕，決断力のない；道徳に凝り固まった〔人〕，偽善者

timpanitis [timpanítis] 女 〖単複同形〗《医学》鼓腸

tímpano [tímpano] 男 ❶《解剖》鼓膜 〖membrana del 〜〗；鼓室，中耳腔．❷《楽器》i) 〔木琴・鉄琴状の〕ガラス琴．ii) 小太鼓，ケトルドラム；履 ティンパニー．iii)《文語》〔祭りで使われる〕小太鼓．❸《建築》タンパン，ティンパヌム．❹ 〔樽の〕ふた

tina [tína] 女 手桶，たらい；〔染色などに使う〕大きな釜状の容器；〔素焼きの〕かめ 〖tinaja〗；浴槽 〖bañera〗: papel de 〜 手すき紙

tinaja [tináxa] 女 〔油・ワイン・塩漬け肉の保存用の〕かめ，つぼ

tincar [tiŋkár] 自《南米》予感がする

tinción [tinθjón] 女 〖←teñir〗染色

tinerfeño, ña [tinerféɲo, ɲa] 形 名 《地名》テネリフェ島 Tenerife の〔人〕〖カナリア諸島の一つ〗

tinglado [tiŋgláðo] 男 ❶ 陰謀，悪だくみ；混乱，大騒ぎ．❷ 納屋，物置 〖cobertizo〗；倉庫．❸〔板張りの〕壇，観覧席

tinieblas [tinjéblas] 女 (複) ❶ 闇，暗闇: No veía nada en las 〜. 私は暗闇の中で何も見えなかった．〜 de la noche 夜の闇．❷ 無知，蒙昧(％)): Estamos en 〜 sobre lo que pueda ocurrir. 何が起こるのか私たちには皆目見当がつかない．❸《カトリック》暗闇の聖務 〖復活祭前の聖木曜日・金曜日に行なわれるキリスト受難の典礼〗

tinnitus [tinnítus] 男 〖単複同形〗《医学》耳鳴り

tino [tíno] 男 ❶ 射撃の腕前: No tiene 〜. 彼は射撃が下手だ．〜〔一般に〕狙い〔目測〕の確かさ．❸ 分別，判断力: perder el 〜 分別を失う．con mucho 〜 思慮深く．❹ 節度，節制: beber con 〜 ほどほどに酒を飲む
sacar de 〜 a+人 …を怒らせる
sin 〜 度を越して: gastar *sin* 〜 湯水のように金を使う
tener buen 〜 いつもうまく言い当てる，狙いがいい

tinta¹ [tínta] 女 《英 ink》❶ インク: escribir con 〜 インクで書く．〜 china 墨．〜 de imprenta 印刷インク．〜 simpática (invisible)

隠しインク，あぶり出しインク．❷ 〔イカ・タコの〕墨: soltar su 〜 墨を吐く．calamares en su 〜《料理》イカの墨煮．❸ 色合い，色調: paisaje de 〜s apagadas くすんだ色の景色
cargar (*recargar*) *las* 〜*s* 誇張する，大げさに言う
correr 〔*ríos de*〕 〜 *sobre...* 〔新聞・雑誌などで〕…が盛んに書かれる，取り沙汰される: Corrieron ríos de 〜 sobre el terremoto. 地震のことが盛んに報じられた
media 〜 〔色彩の〕半濃淡；〔明暗の〕中間色，ハーフトーン
medias 〜*s* 婉曲な言葉，ほのめかし: Este contrato deja todo a *medias* 〜*s*. この契約はすべてがあいまいだ
saber de buena 〜 確かな筋からの情報で知る
sudar 〜 〔*china*〕血のにじむような努力をする

tintar [tintár] 他 染める 〖teñir〗

tinte [tínte] 男 ❶ 染色；染料: 〜 de cabello 染髪；髪染め剤．❷《西》クリーニング店，染物店 〖tintorería〗．❸ ニュアンス 〖matiz〗: Sus palabras tuvieron un cierto 〜 de optimismo. 彼の言葉には楽観的なところが感じられた．❹ 見てくれ，上っ面: Tiene 〜 de hombre de mundo. 彼は上べだけは世慣れている

tintero [tintéro] 男 インク瓶(壺)
dejar〔*se*〕*... en el* 〜 …を忘れる；…に言及しない
quedarse en el 〜 〔+a+人 に〕忘れられる: Se le *quedó en el* 〜 lo que me había dicho. 彼は私に言ったことを忘れてしまった

tintín [tintín] 男 〔鈴・コップなどの鳴る音〕チリン，カチン

tintin〔**e**〕**ar** [tintin(e)ár] 自 チリン(カチン)と鳴る

tintineo 男 =tintín

tinto, ta² [tínto, ta] 形 暗赤色の: 〜 en sangre《文語》血に染まった
◆ 男 ❶ 赤ワイン 〖vino 〜〗．❷《南米》ブラックコーヒー

tintóreo, a [tintóreo, a] 形 染色用の；〔植物が〕染料の原料となる

tintorería [tintorería] 女 ❶《西》クリーニング店．❷ 染物，染色

tintorero, ra 名 クリーニング業者(店員)；染物師，染色工．◆ 女《魚》サメ 〖tiburón〗

tintorro [tintórro] 男 《親愛・軽蔑》〔主に安物の〕赤ワイン

tintura [tintúra] 女 ❶ 染色；染料液．❷《薬学》チンキ〔剤〕: 〜 de yodo ヨードチンキ

tiña [tíɲa] 女 ❶《医学》白癬(５ん)，しらくも．❷《昆虫》蜂の巣を害する毛虫．❸《口語》不潔，汚れ；けち
más viejo que la 〜 ひどく古い

tiñoso, sa 形 名 《軽蔑》白癬にかかった〔人〕；けちん坊〔な〕

tío, a [tío, a] 名 《英 uncle, aunt》❶ おじ，おば (伯父, 伯母；叔父, 叔母): casa de los 〜s おじ夫婦の家．〜 abuelo (tía abuela) 大おじ(おば)．〜 segundo 父(母)のいとこ．❷ 〔既婚者・年輩の人に対して，+洗礼名〕

…おじさん，…おばさん：El ～ Antonio aparenta menos edad de la que tiene. アントニオおじさんは実際の歳より若く見える. ❸《主に西》i) [尊敬して・時に軽蔑して] 人，やつ：Eres un ～ grande. 君はすごいやつだよ. ¡Qué ～ más grosero! 何て失敬なやつだ! ii) [名前を知らない・言いたくない] 人：Me recibió un ～ que no conocía. 私は見知らぬ男の出迎えを受けた. iii)《口語》[呼びかけ] お前，あんた

cuéntaselo a tu tía《俗語》そんな話は信じるものか，ほかの人に言え

no hay tu tía《口語》どうしようもない，打つ手がない

tener un ～ en América (*en las Indias*)《口語》[夢物語のように急場を救ってくれる] 大金持ちの親戚 (知り合い) がいる，いい話があるがあてにできない

～ bueno [体つきが] 魅力的な人：¡Qué *tía buena*! 何ていい女だ!

Tío Sam 米国 [政府]; 典型的アメリカ人; 米連邦政府の捜査官

-tión[接尾辞] [動詞＋. 名詞化. 動作・結果] suges*tión* 示唆

tiovivo [tjoβíβo] 男 メリーゴーラウンド，回転木馬：montar en el ～ メリーゴーラウンドに乗る

tipa [típa] 女《植物》[南米産の] マメ科の木『木材は黄色みがかって固く，家具などに使われる』

tiparraco, ca [tipařáko, ka] 名 =**tipejo**

tipear [tipeár] 他《中南米》タイプで打つ『escribir a máquina』

tipejo, ja [tipéxo, xa] 名《軽蔑》おかしな (変な) やつ

tipi [típi] 男 ティピ『北米インディアンの円錐形のテント』

típico, ca [típiko, ka] 形 典型的な，代表的な; 特有の：ejemplo ～ 典型的な例. plato ～ de la región 郷土料理. Se fue sin pagar.—*T*～ de él. 金を払わないで出て行った.—いかにも彼らしい

típicamente 副 典型的に

tipicidad 女 典型性;《法律》犯罪構成要件の該当性

tipificación 女 標準型とすること

tipificar ⑦ 他 標準型とする (に含める); …の典型である

tipismo 男 典型性; 医学 典型的特徴

tiple [típle] 男《音楽》i) ソプラノ; 最高音部楽器. ii) 12弦の高音部ギター

◆ 名 ソプラノ歌手

tipo¹ [típo]《英 type》❶ 男，類型，タイプ，型式：i) Es el ～ de hombre reflexivo. 彼は熟考型の人間だ. comprar un nuevo ～ de coche 新型の車を買う. diferentes ～s de sociedades 様々な社会の型. personas de todo ～ [年齢・地位など] あらゆるタイプの人々. hombre de ～ eslavo スラブ系の男. este ～ de cámara/cámara de este ～ この種のカメラ. ～ de datos《情報》データタイプ. ii) [形容詞的] El español ～ toma café en el desayuno. 平均的なスペイン人は朝食にコーヒーを飲む. sombrero ～ Bogart ボガートタイプの帽子. ❷

体つき，スタイル：¡Qué buen ～ tiene esa chica! あの子のスタイルのいいことったら! ❸ [作品の] 登場人物『personaje』. ❹《印刷》活字; 字体. ❺《生物》型，種. ❻ [貨幣・メダルの] 図柄，意匠. ❼《経済》率，レート：～ de cambio 外国為替相場，為替レート. ～ de interés 利率. ～ de seguro 保険料率

jugarse el ～《西》命をかける，身を危険にさらす

mantener (*aguantar*) *el ～*《西》[危険・困難を前に] 平然としている，たじろがない

su ～《西》…の好きなタイプの人：Esa actriz es *mi ～*. あの女優は私好みだ

tipo², pa [típo, pa] 名《主に軽蔑》[誰だか知らない・言いたくない] 人，やつ：El ～ que me acompañó no habló nada. 私についてきた男は一言もしゃべらなかった. Es un buen ～. 彼はいやつだ. ～ sospechoso 怪しいやつ

tipografía [tipoɣrafía] 女 活版印刷; 印刷所

tipográfico, ca 形 活版印刷の：error ～ 誤植

tipógrafo, fa 名 活版印刷工，植字工

tipología [tipoloxía] 女 類型学;《言語》類型論

tipómetro [tipómetro] 男《印刷》活字尺

tipoy [típoi] 男《南米》スクエアカットで半袖・丈長のブラウス

típula [típula] 女《昆虫》ガガンボ

tique [t]/tíquet [tíke[t]] 男《複 ～s》《←英語》❶ 領収書『～ de compra』; 証書; 債券. ❷ 切符，入場券『billete』; 食券

tiquete 男《中南米》=**tique**

tiquismiquis [tikismíkis] 男《単複同形》《口語》偏執的な人

◆ 男 名 ❶ 枝葉末節にこだわること：Anda preocupado por esos ～. 彼はそんな細かいことばかり気にしている. ❷ 理由もなしによく怒る (口論する) こと：Siempre andan con ～. 彼らはしょっちゅう言い争っている. ❸ 気どったおかしな表現

TIR [tir] 男《←仏語. 略語》国際道路輸送

tira [tíra] 女 ❶ 細長い布 (紙)，細，帯：romper la sábana en ～s シーツをずたずたに (細長く) 裂く. ～ adhesiva《中南米》セロテープ. ❷ [数こまの] 続き漫画『～ cómica』. ❸ 複 [綴り式の] 回数券. ❹《中南米. 口語》警察

de ～ 一触即発の，危機をはらんだ

hacer ～s＋物《口語》…をびりびりに裂く，こなごなに砕く

la ～《口語》1) たくさん，とても：Me he divertido *la ～*. とても楽しかった. 2) [＋de] たくさん…：desde hace *la ～ de* tiempo ずっと前から

quitar (*sacar*) *la piel a ～s* 厳しく批判する

◆ 名《南米. 軽蔑》[私服の] 刑事

◆ 男 ～ *y afloja* 硬軟の巧みな使い分け，あめとむち; のらりくらりとした言い逃れ：Después de un largo ～ *y afloja* llegaron a un compromiso. 彼らは巧みに押したり引いたりして協

定にこぎつけた

tirabuzón [tiraβuθón] 男 ❶ [髪の] 縦ロール, 渦巻毛. ❷ コルク抜き《sacacorchos》. ❸《野球》スクリューボール, シュート

tirachinas [tiratʃínas] 男《単複同形》[石など を飛ばす] ぱちんこ

tirada¹ [tiráða] 女 ❶ 印刷；印刷部数：～ de los periódicos 新聞の印刷. Esta revista tiene una ～ de cinco mil ejemplares. この雑誌は発行部数 5 千部だ. ❷ かなりの時間(距離)：Falta una ～ para las vacaciones. 休暇はまだ先だ. Hay una ～ hasta el pueblo. 村までまだ遠い. ❸ 一続きのこと：recitar una ～ interminable de versos 長い詩を朗読する ❹ 投げる(引く)こと；[賭け事などの] 開始. ❺《中南米》長広舌

de (en) una ～ 一度に, 中断せずに：hacer el viaje *de una* ～ 休まずに旅を続ける

tirado, da² [tiráðo, ða] 形 過分 ❶ 放りっぱなしの, 乱雑な：Lo encontré ～ en el suelo. 私はそれが床に投げ捨てられているのを見つけた. dinero ～ 無駄金, 濫費. ❷ 引っ張られた：carro ～ por seis caballos 6 頭立ての馬車. ❸ [estar+] i) 市場にあふれている；安売りされている：Este año las naranjas están ～*das*. 今年はオレンジが安くて安い. ii) 手の施しようがない, どうしようもない. iii) 非常に容易な, たわいない：El examen estuvo ～. 試験は簡単だった

escribir [*muy*] ～ 急いで書く, 走り書きする

◆ 名 堕落した人

tirador, ra [tiráðor, ra] 名 ❶ [銃・弓の上手な] 射手. ❷《スポーツ》キッカー, シューター. ❸ 針金製造業者

◆ 男 ❶ 引いて鐘(ベル)を鳴らす紐；[ドア・箱などの] 取っ手, 握り. ❷ ぱちんこ《tirachinas》. ❸《南米》[農夫の用いる] 幅広の革ベルト；履 ズボン口

tirafondo [tirafóndo] 男 [大きな] 木ねじ；《医学》[傷口の奥を探る] 鉗子

tiragomas [tiráɣomas] 男《単複同形》=tirachinas

tiraje [tiráxe] 男 ❶ 印刷(部数). ❷《中南米》[暖炉などの] 通風, 吸い込み

tiralevitas [tiraleβítas] 名《単複同形》《軽蔑》おべっか使い, ごますりする人

tiralíneas [tiralíneas] 男《単複同形》[製図用の] からす口

tiranía [tiranía] 女 ❶《軽蔑》圧政, 暴政；横暴：bajo la ～ de... …の圧政下に. ～ de un padre 父親の暴君ぶり. ❷ [感情などの] 圧倒的な支配：～ de ambición 抑えがたい野心. ❸《歴史》僭主政治

tiranicidio [tiraniθíðjo] 男 暴君殺害

tiránico, ca [tiRániko, ka] 形 暴君の, 専制的な；横暴な：poder ～ 独裁的権力. marido ～ 横暴な夫, 亭白関白

tiranizar [tiraniθár] 他 圧政を行なう；横暴にふるまう：～ a su familia 家族に対して暴君としてふるまう

tirano, na [tiráno, na] 形 名 暴君(の), 専制君主

tiranicidio 男 暴君を殺すこと

tiranosaurio [tiranosáu̯rjo] 男《古生物》ティラノザウルス

tirante [tiránte] 形 ❶ ぴんと張った：Ponga la cadena más ～.《自転車》チェーンをもっと締めてください. Este cable está poco ～. このケーブルはたるんでいる. ❷ 緊迫した：relaciones ～s 緊張関係, 険悪な関係. situación ～ 緊迫した状況. estar ～ con+人 …と仲が悪い. ❸ 引く, 引っ張る

◆ 男 ❶ 複《服飾》サスペンダー；[下着・エプロンなどの] ストラップ, つり紐：llevar ～s サスペンダーをしている. ❷ [馬車の] 引き綱. ❸ 支柱を引っ張って支える綱(索)；《建築》下弦材, つなぎ梁；[吊橋の] 桁

tirantez [tiránteθ] 女 ❶ [ケーブルなどの] 張り. ❷ 緊迫：～ de las relaciones entre dos países 2 国間の緊迫した関係

tirar [tirár] 他《英 throw, shoot》❶ 投げる；投げ捨てる：～ una piedra a la ventana 窓に石を投げる. ～ agua a+人 …に水をひっかける. Esta camisa está ya para ～. このシャツはもうお払い箱だ. Comprar esto es ～ el dinero. これを買うのは金を捨てるようなものだ. ～ su fortuna 財産を濫費する. ～ los precios ダンピングする, 捨て値をつける ❷ 倒す, 倒壊させる：～ el jarrón con el codo 肘で花瓶を倒す. ～ la vieja casa 古い家を取り壊す ❸《数学》[線を] 引く《trazar》 ❹ [+打撃動作の名詞] …をする：～ a+人 una coz …を蹴とばす. ～ a+人 un pellizco …をつねる ❺ 印刷する：Esa revista tira cien mil ejemplares. その雑誌は刷り部数 10 万部だ ❻ 撃つ, 発射する：～ un cañonazo 大砲を1発撃つ. ～ cohetes 花火を打ち上げる ❼ [写真を] 撮る：Les tiré unas fotos a los niños. 私は子供たちの写真を何枚かうつした ❽《口語》[試験で] 不合格にする

◆ 自《英 pull》❶ [+de] i) 引く, 引っ張る：～ de una cuerda 綱を引く. ～ de un carro 荷車を引く. ～ a+人 de la mano …の手を引っ張る. El imán tira del hierro. 磁石は鉄をひきつける. ii) リードする, 推進する：～ de la economía 経済を牽引する. iii) 取り出す, 手に持つ；手に入れる：～ de navaja ナイフを取り出す ❷ [+a+人 を] 引きつける, …の気に入る：No le tira el estudio. 彼は勉強が嫌いだ ❸ [空気などが] よく通る：Esta chimenea no tira. この煙突は煙の通りが悪い ❹《主に西》[+a•hacia の方向に] 進み続ける：Vamos, tira. さあ, このまま行こう. ～ por la calle de enfrente 正面の道をまっすぐ進む. ～ a la derecha 右折する ❺ [+a の] 傾向がある；似ている：marrón tirando a negro 黒みを帯びた茶色. La hija tira a su padre. 娘は父親似だ. Tira más bien a prudente. 彼はどちらかというと慎重な方だ ❻ [+para•a の] 途次にある：Tira para cura. 彼は司祭を目ざしている

❼ きつい, 小さすぎる: Esta chaqueta me *tira* de las mangas. この上着は私には袖が短かすぎる
❽ [車などが] 馬力がある: Este coche no *tira* en las cuestas. この車は登攀力がない
❾ 持ちこたえる, 何とか使える: Aún *tirarán* estos zapatos. この靴はまだ使える
❿ 射撃する, 発射する: ~ al blanco 的を撃つ
⓫ [ゲームで] プレーする, 札を引く: Ahora te toca ~ a ti. 今度は君が札を引く番だ

a todo 多くとも, せいぜい: Les quedan provisiones, *a todo* ~, para una semana. 彼らにはせいぜい1週間分の食糧しかない

ir tirando 何とかやっていく: ¿Cómo estás? — *Voy tirando*. 元気かい？—何とかやっているよ. *Van tirando* con la pensión. 彼らは年金で何とか暮らしている

~ a matar 悪意する(言う): *Tiró a matar* en cada una de las preguntas. 彼の質問はどれも悪意に満ちたものだった

◆ *~se* ❶ [+de から/+en·a に] 身を投げる; [+sobre に] 飛びかかる: ~se *del* tren en marcha 走っている汽車から飛び降りる. ~se al suelo de risa 床の上を笑いころがる. ~se en la cama ベッドに身を投げ出す. ~se al río 川に飛び込む. ~se sobre el ladrón 泥棒にとびかかる. ❷ [時間が] 過ぎる; [時間を] 過ごす: Se ha *tirado* el día lloviendo. 一日中雨だった. Se *tiró* la tarde durmiendo. 彼は午後ずっと寝ていた. ❸ [俗語] [+a·con と] 性交する

tirilla [tiríʎa] 囡 [服飾] バンドカラー, スタンドカラー, 立ち衿; [カラーをとじつける] 台カラー

tirillas 图 [単複同形] [口語] 弱々しい人; 取るに足らない人

tirio, ria [tírjo, rja] 形 图 [歴史・地名] ティルス Tiro の[人] 『古代フェニキアの海港』
~s y troyanos 敵味方, 犬猿の仲

tirita [tiríta] 囡 [西] 救急ばんそうこう, バンドエイド: ponerse una ~ en… …にバンドエイドを貼る

tiritar [tiritár] 圁 [寒さ・発熱で] 震える: Le encontré *tiritando* de frío. 見ると彼は寒くてガタガタ震えていた
estar (quedarse·dejar) tiritando 破滅寸前である(になる・に追い込む)

tiritón 男 震え, 身震い

tiritona 囡 [寒さ・発熱による] 震え

tiro [tíro] 男 ❶ i) Le dieron dos ~s de pistola en el pecho. 彼はピストルの弾を胸に2発受けた. Se cruzaron varios ~s entre las dos tropas. 両軍の間で射撃が交わされた. Se oyen ~s. 銃声(砲音)が聞こえる. dar (pegar·disparar) un ~ 一発撃つ. matar de un ~ 一発で仕止める. revólver de seis ~s 6連発銃. ejercicios de ~ 射撃練習. línea de ~ 射線. ~ al blanco 標的射撃, 射的. ~ de gracia とどめの一発. ~ oblicuo 斜射. ~ rasante 接地射. ii) 弾丸の跡: En la pared había muchos ~s. 壁にはたくさんの弾痕があった. Fue curado de un ~ en el brazo. 彼は腕の弾傷が治った. iii) 射撃練習場. iv) 射程: El ~ es de dos mil metros.

射程は2キロだ. ❷ [スポーツ] i) [軍事] 射撃およびアーチェリー. ii) [バスケ・サッカー] シュート; [ゴルフ] ショット: largo ~ ロングシュート; ロングショット. ~ libre フリースロー; フリーキック. ~ directo (indirecto) 直接(間接)フリーキック. ❸ [軍事] [馬車を引く] 馬: ~ par 4 頭立て. [馬車などの] 引き革, 引き綱. ❺ 一続きの階段 『tramo』. ❻ [暖炉などの] 通風, 吸い込み: Esta chimenea tiene muy buen ~. この暖炉は吸い込みがいい. ❼ [服飾] [ズボンなどの] 太さ, 脚回り: Estos shorts son demasiado largos de ~. このショートパンツは脚のあきが広すぎる

a ~ 射程距離内に; 可能な: El tigre estaba *a* ~. 虎は射程内にいた. Si se pone *a* ~, compraré el coche. 手の届く値段なら車を買おう

a ~ de piedra [+de の] すぐ近くに

a ~ hecho 意図して, あらかじめ考えて

a ~ limpio 激しく銃撃して

a ~s 銃撃して, 銃弾を浴びせて

a ~ de piedra 近くに.

al ~ [中南米] すぐに, ただちに 『enseguida』

caer como un ~ = *a+人* = *sentar como un ~ a+人*

como un ~ [主に南米] 突然, 電光石火の如く

de ~s largos [口語] 着飾った: El día de la boda toda la familia se puso *de ~s largos*. 結婚式の日, 家族全員が着飾った

errar el ~ 当てが外れる

ir como un ~ = *a+人* = *sentar como un ~ a+人*

ni a ~s [口語] 1) どうしても[…ない]: Dice que no me acompañará *ni a ~s*. 彼は絶対に私と一緒に行かないと言っている. 2) [不快] ごめんだね!: ¿Quieres venir conmigo? —¡Ni a ~s! 一緒に来るかい？—まっぴらだ!

no ir por ahí los ~s [口語] 的外れ(見当違い)である

pegar cuatro ~s a+人 …を殺す

pegarse un ~ 自分を撃つ, 自殺する

por ahí van los ~s [相手の狙いは] 大体そんなところ(感じ)です

saber por dónde van los ~s [流行・事態の] 動向を知っている

sentar como un ~ a+人 [肉体的・精神的に] …に打撃を与える; まったく似合わない: La comida me ha *sentado como un ~*. その料理で私はお腹をこわした. Cuando sepa la verdad le *sentará como un ~*. 彼が事実を知ったらショックを受けるだろう

tiroides [tiróiðes] 男 [単複同形] [解剖] 甲状腺 『glándula ~』; 甲状軟骨 『cartílago ~』

tiroideo, a 形 甲状腺の: hormona *~a* 甲状腺ホルモン

tiroidina 囡 甲状腺製剤

tirolés, sa [tirolés, sa] 形 图 [地名] チロル Tirol の[人]: sombrero ~ チロリアンハット

tirón [tirón] 男 ❶ 強く引くこと: dar un ~ a la puerta ドアをぐいと引く. dar a+人 un ~ de pelo (de oreja) …の髪(耳)を引っ張る. ❷ [筋肉の] 引きつり. ❸ ひったくり: dar el (un)

〜 a+人 …から荷物をひったくる. ❹ 魅力, 人気. ❺《スポーツ》スパート: dar un 〜 スパートする. *de un* 〜 1) 一気に, 一度に: Me leí la novela *de un* 〜. 私はその小説を一気に読んでしまった. 2) dormir *de un* 〜 ぐっすり眠る

tironazo [tironáθo] 男 ひったくり.

tironear 自 他《中南米》強く引っ張る

tiroriro [tiroríro] 男《笛などの音》ピーヒャラリ;圏 笛などの楽器

tirotear [tiroteár] 他 繰返し(何発も)撃つ: La policía *tiroteó* al atracador. 警官が強盗をバンバンと撃った
  ◆ **〜se** 撃ち合う;口論する
  tiroteo 男 激しい銃撃

tirotropa [tirotrópa] 女《生理》甲状腺刺激ホルモン

tiroxina [tirɔ(k)sína] 女《生化》チロキシン

tirreno, na [tiréno, na] 形 名 ティレニア海 Tirreno 男 の, ティレニ族(の)

tirria [tírja] 女《いわれのない》敵意, 反感: tener 〜 a+人 …に敵意を抱く

tirso [tírso] 男《植物》密錐花序;《神話》酒神バッカスの杖

tirulo [tirúlo] 男 葉巻に使うタバコの葉

tisana [tisána] 女 せんじ薬, ハーブティー

tisis [tísis] 女《単複同形》《医学》肺結核;肺病
  tísico, ca 形 名《古語》肺結核にかかった(人)

tisú [tisú] 男《圏 〜[e]s》《←仏語》❶《金糸・銀糸を織り込んだ》薄絹. ❷ ティッシュペーパー

tisular [tisulár] 形《生物》生体組織の

titán [titán] 男 ❶《神話》《T〜》タイタン;《比喩》巨人, 超人: 〜 de las finanzas 財界の大立物. ❷ 大型クレーン
  titánico, ca 形 超人的な: esfuerzo 〜 超人的な努力

titanio [titánjo] 男《元素》チタン

titear [titeár] 自《ウズラがひなを呼んで》ピーチク鳴く. ◆ 他《南米》からかう

títere [títere] 男 ❶ 操り人形, 指人形;圏 人形芝居, 曲芸. ❷《軽蔑》他人の言いなりになる人, 傀儡(かいらい): gobierno 〜 傀儡政権. ❸ 気どって・いい気になって》奇妙なかっこうをしている人
  no dejar (*quedar*) 〜 *con cabeza* ひどく破壊する(される);全面的に批判する(される)

titi [títi] 名《西. 俗語》若者《主に女性》

tití [tití] 名《動物》ティーティーザル

titilar [titilár] 自 ❶《体の一部が》びくびく動く: Hacía 〜 sus párpados. 彼はまぶたをびくびくさせていた. ❷ きらめく, またたく: Se veían 〜 las luces del pueblo. 町の明かりがまたたいているのが見えた
  titileo 男 びくつき;きらめき

titipuchal [titiputʃál] 男《南米》大量のもの;群衆

titiritar [titiritár] 自 =**tiritar**

titiritero, ra [titiritéro, ra] 名 人形使い;[旅回りの] 曲芸師, 軽業師

tito, ta [títo, ta] 名《幼児語》おじ, おば〖tío〗
  ◆ 男《植物》レンリソウ〖almorta〗;[果実の]種

titubeante [titubeánte] 形 口ごもる: con voz 〜 こもった声で, 小声で. contestación 〜 しどろもどろの答え

titubear [titubeár] 自 ❶ 口ごもる, 言いよどむ: No *titubees* y contesta claramente. もぐもぐ言わず, はっきり答えなさい. contestar sin 〜 すらすら返答する. ❷ [+en で] ちゅうちょする, ためらう: *Titubea en* la elección. 彼は選択に迷っている. No *titubearé en* salir de viaje si hay oportunidad. 機会があれば私はためらわず旅行に出かける. ❸ よろめく, ぐらつく

titubeo [titubéo] 男 ちゅうちょ: sin 〜 ためらうことなく

titulación [titulaθjón] 女 ❶ 学歴, 学卒の資格: tener la 〜 de economista 経済学士の肩書がある. ❷ 題名をつけること. ❸ 圏素 [不動産の] 権利証書. ❹《化学》滴定

titulado, da [tituláðo, ða] 形 名 [+en] 学士(の), 資格のある: 〜 *en* ingeniería 工学士. 〜 medio [大学の 3 年間の] 基礎課程卒業者. 〜 superior (universitario) 大学卒業者

titular [titulár] 形 名 ❶ 肩書(資格)を持った[人]: médico 〜 正規の医師. profesor 〜 教授〖ayudante と catedrático の中間〗. miembro 〜 正会員. 〜 de la cartera de comercio 商務大臣をつとめた人. ❷《法律》名義人: 〜 de la patente 特許権の所有者. 〜 de una cuenta 口座名義人. ❸《スポーツ》正選手. ❹《印刷》letra 〜 見出し用の大文字
  ◆《新聞》[主に 圏] 見出し;《ラジオ・テレビ》トップニュース: La noticia apareció con (en) grandes 〜*es*. そのニュースは大見出しで報じられた
  ◆ 他 …に題名をつける: película *titulada* "El espíritu de la colmena"『みつばちの囁き』という題の映画
  ◆ 自 ❶ 爵位(貴族の称号)を得る. ❷《化学》滴定する
  ◆ **〜se** ❶ [+en・de] 学卒の資格をとる: *Se tituló* en derecho. 彼は法学士号を得た. ❷ …という題名である

titularidad [titulariðá(ð)] 女 名義

titulatura [titulatúra] 女 圏素 [一個人・企業の] 権利証書, 証券;資格, 肩書

titulillo [titulíʎo] 男《印刷》柱, 欄外見出し

título [título] 男《英 title》❶ 題名, 表題: ¿Cuál es el 〜 de esa película? その映画は何という題名ですか? 〜 de una conferencia 講演の表題. ❷ 肩書, 資格;その免状: Tiene el 〜 de abogado. 彼は弁護士の資格を持っている. 〜 universitario (de bachiller) 大卒(高卒)の資格. ❸ 称号, 爵位 [〜 nobiliario];貴族: tener el 〜 de duque 公爵の位を持っている. ❹ [財産に関する] 証書, 認可書;証券: 〜 de propiedad 不動産登記証書. 〜 al portador 無記名(持参人払い)債券. ❺ [法典の] 編: 〜 primero de la constitución española スペイン国憲法第 1 編. ❻ [+de・para に対する] 資格, 権利. ❼ 選手権, タイトル
  a 〜 de... …として, …の資格で: Acepto este dinero *a* 〜 *de* préstamo. この金は借りにして

おきます
〜 de crédito 信用証券；《映画》クレジットタイトル

tiza [tíθa] 囡 ❶ 白墨, チョーク：escribir con 〜 チョークで書く. ❷ [ビリヤード] [キューの先端に塗る] チョーク

tiznajo [tiθnáxo] 男 煤の汚れ, 黒い汚れ

tiznar [tiθnár] 他 [煤などで] 黒く汚す；…の名誉を汚す
◆ **〜se** ❶ すすける；[自分の身体を] 黒く汚す. ❷ 《中南米》酔っ払う

tizne [tíθne] 男 ❶ [時に] 囡 煤(ｽｽ) [hollín]. ❷ =tizón

tiznón 男 煤の汚れ

tizo [tíθo] 男 [くすぶる] 焼えさし

tizón [tiθón] 男 ❶ [薪などの] 燃えさし, 燠(ｵｷ). ❷ 《建築》[煉瓦の] 一番小さい面：a 〜 小口積みの [a sogo]. ❸ 《植物》黒穂病；黒穂病菌

tizona [tiθóna] 囡 《文語》剣, 武器 [←el Cid の剣 Tizona]

tizonada 囡/**tizonazo** 男 剣の一撃；[主に複] 地獄の火責めの刑

tlaconete [tlakonéte] 男 《中米》ナメクジの一種

tlapalería [tlapalería] 囡 《中米》金物屋

tlascal [tlaskál] 男 《中米》[トウモロコシ粉の] トルティージャ

TLC 男 《略語》←Tratado de Libre Comercio de América del Norte 北米自由貿易協定, NAFTA

Tm. 《略語》←tonelada métrica 重量トン

toalla [toáʎa] 囡 《英 towel》タオル；《繊維》タオル地：secarse las manos con una 〜 タオルで手をふく. 〜 continua (sin fin) ローラータオル. 〜 de baño バスタオル. 〜 de papel ペーパータオル. 〜 higiénica 《主に南米》生理用ナプキン. 〜 refrescante [主に紙製の] お手ふき, おしぼり
tirar (arrojar・echar) la 〜 《ボクシング》タオルを投げ入れる；[困難にぶつかって計画などを] 投げ出す

toallero [toaʎéro] 男 タオル掛け

toallita [toaʎíta] 囡 フェイスタオル；おしぼり

toar [toár] 他 [船を] 曳航する

toba [tóba] 囡 ❶ 凝灰岩. ❷ 《口語》指ではじくこと. ❸ 層 《植物》オオヒレアザミ；たばこの吸いがら

tobera [tobéra] 囡 [高炉の] 羽口(ﾊｸﾞﾁ)；[ジェット機関の] 排気コーン

tobillero, ra [tobiʎéro, ra] 形 くるぶしまで届く：abrigo 〜 くるぶしまであるオーバー
◆ 囡 [くるぶしなどの] サポーター

tobillo [tobíʎo] 男 《解剖》くるぶし, 足首：Me torcí un 〜. 私は足首を捻挫した. llevar la pistolera en el 〜 足首にホルスターをつけている
no llegar a+人 ni al 〜 *(a los 〜s)* …の足元にも及ばない

tobogán [tobogán] 男 ❶ [遊園地・プール・緊急脱出用の] すべり台. ❷ 《スポーツ》トボガン；そのコース

toca [tóka] 囡 《服飾》[各地方特有の] 婦人のかぶり物；[つばの狭い] 婦人用の帽子；[修道女の] 頭巾 [〜 de monja]. ☞benedictino カット]

tocable [tokáble] 形 《音楽が》演奏できる

tocadiscos [tokaðískos] 男 [単複同形] レコードプレーヤー [giradiscos]：poner un 〜 レコードをかける

tocado¹ [tokáðo] 男 ❶ 《服飾》かぶり物：llevar un 〜 de seda 絹のかぶり物をしている. ❷ 髪型 [peinado]. ❸ 《レスリング》フォール. ❹ 《古語》化粧 [maquillaje]

tocado², da [tokáðo, ða] 過分 [estar+] ❶ 《口語》頭が少しおかしい, 気のふれた：No le hagas caso；está 〜. 彼にかまうな. 頭がいかれているんだから. ❷ 《スポーツ》i) [ボクサーがパンチを受けて] ふらふらの. ii) [+de+部位 が] 病気の；傷を負った. ❸ 《古語》[+de] 身に飾った：estar 〜 de un sombrero de plumas 羽飾りのついた帽子をかぶっている. ❹ [果実が] 傷んだ, 腐りかけた. ❺ [+de に] 影響された：Esta doctrina está 〜da de herejía. この教義は異端の気味がある. *T〜 de fervor*, se hincó de rodillas ante el altar. 彼は熱情に打たれたように祭壇の前にひざまずいた

tocador [tokaðór] 男 ❶ 化粧台, 鏡台；化粧品入れ, 化粧ポーチ：agua de 〜 化粧水. ❷ 《古語》化粧室, 洗面所, トイレ [servicio, cuarto de aseo]

tocamiento [tokamjénto] 男 手で触ること

tocante [tokánte] 形 *[en lo]* 〜 *a...* 《文語》…に関して：No diré nada 〜 al sueldo. 給料のことは言わずにおこう

tocar [tokár] 他 [英 touch, play. ☞活用表] ❶ [+con で] 触る, ふれる：i) No *toque* las mercancías. 商品には手をふれないでください. Me *tocó* la espalda *con* el paraguas. 彼は私の背中をかさでつついた. Le *toqué* en el hombro. 私は彼の肩に触った. La mesa *toca* la pared. テーブルは壁に寄せられている. ii) [変更] El maestro le devolvió la composición 〜 una sola letra. 先生は一字も直さずに作文を彼に返した. iii) [言及] *Tocó* un asunto arduo. 彼はやっかいな問題に触れた. iv) [心に] 〜 a+人 el corazón …の心の琴線に触れる, 感動させる. 〜 a+人 el amor propio …の自尊心に訴える
❷ [楽器を・作品を] 弾く：¿*Toca* usted el piano? ピアノが弾けますか？ *Toca* muy bien la guitarra. 彼はギターが上手だ. 〜... al (con el) piano …をピアノで演奏する. *Tocaban* jazz en el café. 喫茶店にはジャズが流れていた
❸ [ベル・合図などを] 鳴らす：El reloj *tocó* las doce. 時計が12時を打った. 〜 [la] retirada 退却ラッパを鳴らす
❹ [帽子などを] 被る：*Tocará* las consecuencias de su mala conducta. 彼は不品行の報いを受けるだろう
❺ 《西》…と血縁関係にある：¿Qué te *toca* José? ホセは君の何に当たるの？ Él no me *toca* nada. 彼と私は何のつながりもない
❻ [船舶・航空] 寄港する
❼ [金・銀の純度を] 試金石で調べる

◆ 圓 ❶ [+a に] 当たる：i) [順番・役割が] ¿A quién le *toca* ahora? 今度は誰の番ですか？ Le *toca a* él limpiar el cuarto. 部屋を掃除するのは彼の役目だ．ii) [くじなどが] Le *ha tocado* la lotería. 彼は宝くじに当たった．Le *ha tocado* un millón en las quinielas. 彼はキニエラで100万ペセタ当てた．Me *tocó* la mala suerte de encontrarme con él. 私は運悪く彼に出くわした．iii) [分け前が] 当たる：Le *tocó* la mitad de la herencia. 彼に遺産の半分がころがり込んだ．iv) 関係がある：Esto no le *toca* a ella. この件は彼女とは無関係だ．v) [+que+接続法] 偶然…である：Aquel día *tocó que* su marido no estuviese en casa. その日たまたま夫が家にいなかった．❷ 鳴る：i) *Tocó* la sirena. サイレンが鳴った．ii) [+a の合図が] Las campanas *tocan a* muerto. 弔鐘が鳴っている．~ *a* misa (*a* fuego) [鐘が] ミサを告げる（火事を知らせる）．❸ [+en] 同然である：Su ingenuidad *toca en* tontería. 彼の無邪気さは愚かさと紙一重だ．❹ 《野球》バントする．❺ [+en に] 寄港する：El avión *tocó en* París. 飛行機はパリに立ち寄った

por (*en*) *lo que toca a...* [話題の提示] …に関して：*Por lo que toca* al sueldo, cobrará cien mil al mes. 給料の方は月 10 万ペセタ出します．*por lo que a mí me toca* 私に関する限り

~ *de cerca* 1) 実際的な知識がある：*Toca* muy *de cerca* todas las operaciones. 彼はあらゆる業務に精通している．2) [+a に] 密接な関わりがある：Este asunto me *toca de cerca*. この件は私と深い関係がある

◆ ~-*se* ❶ [自分の身体に] 触る：*Se* está *tocando* la barba. 彼はひげに触っている．❷ 互いに接触する：Nuestras casas *se tocan*. 私たちの家が隣り合っている．❸ 《文語》[+con かぶり物を] かぶる：*Se tocaba con* un pañolón negro. 彼女は黒いショールを頭にかけていた．❹ 身だしなみを整える

tocárselas 《まれ》逃げる，逃げ出す

tocar	
直説法点過去	接続法現在
to*qué*	to*que*
to*caste*	to*ques*
to*có*	to*que*
to*camos*	to*quemos*
to*casteis*	to*quéis*
to*caron*	to*quen*

tocata [tokáta] 囡《音楽》トッカータ
◆ 圐《西．口語》レコードプレーヤー

tocateja [tokatéxa] 囡 *a* ~《西》現金で，即金で

tocayo, ya [tokájo, ja] 图 同名の人：Los dos son ~*s*: se llaman Pablo. 2 人は同名で，パブロという

tocho, cha [tótʃo, tʃa] 厖 图 愚かな[人]；[本が] 厚い
◆ 圐 [主に退屈な] 厚い本；鉄の塊

tocinería [toθinería] 囡 豚肉・ハム・ソーセージ店

tocinillo [toθiníʎo] 圐《菓子》~ de cielo フラン；カスタードプリン

tocino[1] [toθíno] 圐《料理》i) [主に塩漬けの] 豚の脂身：~ gordo 赤身のまじっていない背脂．ii) ベーコン [~ entreverado]．iii) ~ de cielo =**tocinillo** de cielo

tocino[2], **na** [toθíno, na] 图《軽蔑》頭の回転の遅い[人]

toco [tóko] 圐《南米》大量のもの

tocoginecología [tokoxinekoloxía] 囡 産婦人科学

tocoginecólogo, ga 图 産婦人科医

tocología [tokoloxía] 囡 産科学 〖obstetricia〗

tocólogo, ga 图 産科医

tocomocho [tokomótʃo] 圐 当たりくじを餌にした詐欺

tocón, na [tokón, na] 厖 图《口語》何にでも触りたがる[人]
◆ 圐 [木の] 切り株

tocuyo [tokúʃo] 圐《南米》平織りの綿布

todavía [todaβía] 圖 [英 yet. ↔ya]
❶ まだ[…ない] 〖aún よりも口語的．肯定文でも使われるが，否定の意味を含んでいる〗：T~ no he leído el libro. 私はまだその本を読んでいない．T~ falta un poco para la salida. 出発まではまだ少し間がある．T~ está soltera. 彼女はまだ独身だ．¿Has comido ya? —T~ no. もう食べた？—いやまだだ
❷ [不当などの意味を含んだ逆接] しかし，ところが：He estudiado todo el día y ~ me riñen. 私は一日中勉強したが，それでも叱られる．No puedo leer este libro de filosofía, pero si ~ fuera de sociología. こんな哲学の本なんて僕には読めないよ．社会学ならまだしもだけど
❸ [比較語と共に] もっと，一層：Su hermana es guapa, pero ella lo es más ~. 彼女の姉も美人だが，彼女はさらに美しい．Es ~ más aplicada que su hermano. 彼女は兄よりさらに一層勤勉だ．Este coche cuesta ~ más. この車はもっと高い

todito, ta [todíto, ta] 厖 代《←todo》《口語》[強調] Se ha pasado ~*ta* la noche llorando. 彼女は夜っぴき泣き明かした．Lo sabe ~. 彼は何でもかんでも知っている

todo, da [tódo, ða] [英 all. 不定形容詞・代名詞] 厖 [普通は +定冠詞・所有形容詞・指示形容詞+名詞] ❶ すべての：i) 圐 [全体] Me duele ~ el cuerpo. 私は体中が痛い．Le han robado ~ el dinero. 彼は有り金残らず盗まれた．*toda* mi vida 私の全生涯．*toda* esta ciudad この町全体．~ el día 一日中．ii) 圏 [全部] 〖諷義 todos los... はまとめてその全部，cada は各個別々にその全部〗Se salvaron ~*s* los pasajeros. 乗客全員が救助された．*todas* sus obras 彼の全作品．~*s* esos árboles それらの木全部．~*s* los meses 毎月．iii) [+地名. 全域・全住民] Ha viajado por *toda* España. 彼女はスペイン全土を旅行した．T~

Quito ha salido al aeropuerto para recibir al presidente. キトの全市民は空港で大統領を出迎えた. iv) [+代名詞] *T* ~ yo me convertiría en piedra. 私は全身が石になりそうだ. *T* ~s nosotros estamos de acuerdo. 私たちは全員意見が一致している. Compró muchas flores y adornó la sala con *todas* ellas. 彼は花をたくさん買って, それを全部部屋に飾った. v) [+関係代名詞] *T* ~ el que la visite será bien recibido. 彼らを訪ねる者はみな歓迎されるだろう. Le hice unas preguntas, a *todas* las cuales contestó bien. 私はいくつか質問したが, 彼はそのすべてにうまく答えた. Hizo ~ lo que podía. 彼はできる限りのことをした. Bebe ~ lo que quieras. 飲みたいだけ〔何でも〕飲みなさい. vi) [主語の強調] La casa es *toda* de piedra. その家はすべて石造りだ. Me hice ~ ojos. 私は目を皿のようにして見た. Mis amigas están *todas* chifladas por Antonio. 私の友達はみんなアントニオに夢中です. vii) [名詞+. 強調] El pueblo ~ ansía la libertad. 国民はこぞって自由を渇望している

❷ [類似] …そっくりの: Tiene ~s los ojos del abuelo. 彼は目もまた祖父とそっくりだ

❸ [+無冠詞の単数名詞] どんな…も〔それぞれに〕 [願義] cada と異なり本質的特徴や定義付けを述べる]: *T* ~ hombre es mortal. どんな人も必ず死ぬ [×*Cada* hombre es mortal.]. *T* ~ día trae sus penas. 日々それなりの悩みがある [〇 *Cada* domingo viene a comer con nosotros. 彼は日曜日ごとに食事を一緒にしに来る. ×*Todo* domingo viene a comer con nosotros.]. [〇 Hay que repartir esto a *cada* miembro. それを各メンバーに配らなければならない. × Hay que repartir esto a *todo* hombre.]

❹ [+不定詞+名詞] まったくの, 完全な: Ya eres ~ un hombre. お前はもうすっかり一人前だ. Su vida es *toda* una novela. 彼の人生はまさに一篇の小説だ

❺ [+lo+形容詞] まったく; 一杯に: Mis opiniones son ~ lo contrario de las tuyas. 私の意見は君とはまったく逆だ. Dejó las semillas a ~ lo largo de camino. 彼はずっと道に沿って種をまいた

◆ 代 [無冠詞. 性変化しない] ❶ 囲 すべての事(物): i) *T* ~ va bien. すべてうまくいっている. ¿Cuánto es ~?—Es (Son) … pesetas. 全部でいくらですか?―…ベセタです. Esto es ~. これで全部だ. *T* ~ nos habla de Dios. すべては神について我々に語ってくれている. Gracias por ~. 色々ありがとう. ii) [lo と組んで直接目的語] Ya *lo* he oído ~. 話はすべて聞きました. Te *lo* doy ~. 君に全部あげよう

❷ 图 すべての人: Han llegado ~s. 全員到着した. Critica a ~s. 彼は誰でも批判する. Tú responderás por ~s. 君は皆の責任をとるのだ. [todos が主語の時, 動詞が todos ではなく, 隠れた主語と性数一致することがある: *T* ~s somos amigos. 私たちはみんな友だちだ]

◆ 男 [囲 のみ] 全体: El ~ es mayor que

sus partes. 全体はその部分よりも大きい

◆ 副 すべて, すっかり, まったく: Este jersey es ~ lana. このセーターは純毛だ. Llegaron ~ borrachos. 彼らはすっかり酔っぱらってやって来た. Se echó a llorar ~ bruscamente. 彼女はまったく突然に泣きだした

a ~ esto/a todas éstas 1) [時間] その間〔ずっと〕: A todas *éstas*, seguía hablando al teléfono. その間, 彼は電話で話し続けていた. 2) ところで, それはそうと, そういえば

ante ~ 《英 first of all》何よりも〔まず〕, 何はさておき: Para ganar se impone *ante* ~ el entrenamiento. 勝つには練習が第一だ

así y ~ [結局] それにもかかわらず, そうであっても: *Así y* ~, no podemos admitirlo. それはそうだとしても, 我々は容認できない

como un ~ 全体として

con [eso y] ~/con ~ [y con] eso =*así y* ~

con ~+無冠詞の単数名詞 きわめて, まったく: *con toda* franqueza きわめて率直に. *con toda* puntualidad まったく時間どおりに

contra ~ 万事にさからうとも

de ~ あらゆる種類のもの [目的語として使われる]: Aquí se vende *de* ~. ここでは何でも売っている. Hay *de* ~. 何でもある/あらゆる物がそろっている. Como *de* ~. 私は何でも食べる/好き嫌いがない

de ~ en ~ =*del* ~

de todas todas [断定の強調] きっと: Ganará *de todas todas*. 彼は絶対に勝つ

del ~ すっかり, まったく: Ya está *del* ~ mejorado. 彼はもうすっかり回復している. No lo entendí *del* ~. 私はそれを完全には理解しなかった

en medio de ~ つまるところ, 結局; いずれにしても: *En medio de* ~ aquí hemos comido bien. ともかくここの料理はおいしかった

en ~...+動詞 [否定の強調. no は最近は省略されない] *En* ~ el día [no] ha aparecido por aquí. 彼は一日中ここに現れなかった. *En toda* España [no] lo encuentra usted. スペイン中捜したってそんなものは見当たりませんよ

en ~ y por ~ =*del* ~: El éxito depende de tu esfuerzo *en* ~ *y por* ~. 成功するかどうかはすべて君の努力次第だ

en un ~ 全体として

estar en (a) ~ 全責任を引き受けている, すべてに目を配る

[o] ~ o nada [妥協を排した] オール・オア・ナッシング

por encima de ~ =*ante* ~: La veré *por encima de* ~. 私は何としても彼女に会うつもりだ

ser el ~ en... …の中で一番立派(大切)である

ser ~ uno 同時である; 同じこと(同然)である: Ver al policía y salir huyendo *fue* ~ *uno*. 警官を見たのと逃げ出したのとが同時だった

ser ~s unos 同等の人である; 見下げ果てた連中ばかりである: Trata a los profesores como si él y ellos *fuesen* ～*s unos*. 彼は仲間どうしであるかのように先生たちに接している

sobre ～ 『英 above all』多くの中でも特に、とりわけ: Me gustan los deportes, *sobre* ～ el fútbol. 私はスポーツが、とりわけサッカーが好きだ

～ *lo*+形容詞・副詞+*que...* 1)［＋直説法］どんなに…か；…であるだけ: Le he contado ～ *lo* feliz *que* soy. 私は自分がどれほど幸せか彼に話した。Corrió ～ *lo* rápido *que* le fue posible. 彼は精一杯速く走った。2)［＋接続法］…するだけ一杯の・に: Hazlo ～ *lo* largo *que* permita la tela. 布の長さが許す限り長く作りなさい

～ *lo demás* その他すべてのこと: *T*～ *lo demás* no me importa nada. それ以外のことはどれも私にとって重要でない

～ *lo más* 多くても、せいぜい: Costará mil pesetas ～ *lo más*. それは高くて千ペセタだろう

～ *lo que poder* できるだけのこと: Voy a ayudarte ～ *lo que pueda*. できるだけの援助はしてあげよう

～ *lo que sea*［理由を問わず］…であれ；いかなるものであれ

～ *puede ser* さあどうかな／どうなることやら

～ *puede ser que*+接続法 せいぜい…である

... y ～ 1)［名詞＋］…までも；…など: Perdí mis gafas *y* ～. 私は眼鏡までなくした。Compró una finca con una piscina *y* ～. 彼はプールやら何やらのある別荘を買った。2)［形容詞・副詞＋］…ではあるが: Hambriento *y* ～ siguió andando. 空腹だったが彼は歩き続けた

todopoderoso, sa [todopoðeróso, sa]［形］絶大な力を持つ；全能の: Dios *T*～ 全能の神
◆［男］［el *T*～］全能者、神

todoterreno [todoteréno]［形］悪路(オフロード)でも走行できる
◆［男］《自動車》ジープ、ランドローバー

tofe [tófe]［男］《←英語. 菓子》タフィー、コーヒー(チョコレート)キャラメル

tofo [tófo]［男］《医学》痛風結石

toga [tóga]［女］《古代ローマ. 服飾》トーガ、長衣《現在では教授や司法官が着る》

togado, da［形］［名］toga を着た〔人〕；司法官

togolés, sa [togolés, sa]［形］［名］《国名》トーゴ Togo［男］の(人)

toilet[t]e [twalé(t)]［女］《←仏語》❶ 身繕い、洗面、化粧: hacerse la ～ 手を洗う、身繕いをする。❷［時に］洗面所、トイレ

toisón [toisón]［男］《歴史》金羊毛騎士団、金羊毛勲章［～ de oro］

tojo [tóxo]［男］《植物》ハリエニシダ

tokiota [tokjóta]［形］［名］《地名》東京 Tokio［男］の；東京人、江戸っ子

tolda [tólda]［女］《中米》=toldo；党党、派閥

toldo [tóldo]［男］❶［テラス・店先などの］天幕、日よけ；［馬車などの］幌: extender el ～ 日よけを張る。❷《南米》インディオの小屋(テント)

toldería［男］**/toldería**［女］インディオの村(野営地)

toldilla［女］《船舶》船尾楼

tole [tóle]［男］［主に繰返して］大騒ぎ；悪い噂:

¡Vaya ～ ～ se armó! ひどい騒ぎだった！levantar ～ ～ 大騒ぎを引き起こす

coger (*agarrar・tomar*) *el* ～［急いで］立ち去る

toledano, na [toleðáno, na]［形］［名］《地名》トレド Toledo［男］の(人)《カスティーリャ＝ラ・マンチャ地方の県・県都》

tolemaico, ca [tolemájko, ka]［形］プトレマイオス Tolomeo の《ギリシアの天文・地理学者；エジプトの王》

tolerable [toleráble]［形］許容(我慢)できる

tolerado, da [toleráðo, ða]［過分］《映画》［成人向きに対して］一般(家族)向きの

tolerancia [toleránθja]［女］❶ 許容: ～ a climas fríos 寒冷な気候に対する適応力。❷［思想・意見上の］寛容: poca ～ del gobierno 政府の狭量さ。～ religiosa 信仰の自由。❸《医学》耐性。❹《技術》許容差、公差；誤差。❺［貨幣の量目・純分の］公差。❻《中南米》casa de ～ 売春宿。zona de ～ 赤線(売春)地帯

tolerante [toleránte]［形］寛容な: Él es ～ con sus hijos. 彼は息子たちに寛大だ

tolerantismo［男］《宗教》寛容主義

tolerar [tolerár]［他］❶ 大目に見る、我慢する；耐える；［異なる思想・意見を］受け入れる: *Tolera* un error de poca importancia. 小さな誤りは大目に見てくれる。No puedo ～ este desorden. こんな乱雑さには我慢できない。Mi estómago no *tolera* la leche. 私の胃は牛乳を受けつけない。Este puente, aunque es viejo, *tolera* mucho peso. この橋は古いが大きな重量に耐えられる。Como demócrata, debes ～ todas las opiniones. 民主主義者として君はあらゆる意見を容認しなければならない。［＋que＋接続法］El profesor no *tolera* que hablen en clase. 先生は授業中の私語を許さない。❷《医学》［薬に対して］耐性がある

tolete [toléte]［形］《主に中南米》間抜け(な)、うすのろ(の)
◆［男］［ボートの］オール受け；《中南米》短い棍棒

toletole [toletóle]［男］=tole

tolla [tóʎa]［女］ぬかるみ、湿地、沼地；《中米》［家畜に水をやる］おけ、水槽

tolmo [tólmo]［男］［道標になるような］岩山

toloache [toloátʃe]［男］［メキシコ産の］ナス科の毒草の一種

tolondrón, na [tolondrón, na]［形］頭のおかしい；ばかな
◆［男］［頭にできた］こぶ、たんこぶ

tolteca [toltéka]［形］［名］《歴史》トルテカ族〔の〕《アステカの前のメキシコの先住民族》

tolueno [tolwéno]［男］《化学》トルエン

toluidina［女］トルイジン

tolva [tólba]［女］❶［漏斗型の口・容器］ホッパー；《鉄道》ホッパー車。❷ 投票箱・献金箱上部の口

tolvanera [tolbanéra]［女］土煙、砂煙

toma [tóma]［女］❶ 取ること: ～ de conciencia 意識化、自覚。～ de contacto 接触、連絡。～ de declaración 証人調べ。～ de muestras

見本抽出. ～ de posesión 就任〔式〕. ～ de postura 態度, 姿勢. ～ de sangre 採血. ～ de sonido 録音. ～ de tierra 着陸；《電気》アース〔線〕. Más vale un ～ que dos te daré. 《諺》明日の百より今日の五十. ❷ 占領, 奪取：～ de Granada por los Reyes Católicos カトリック両王によるグラナダ攻略. ❸ 摂取；〔薬などの〕服用〔量〕：Dos ～s diarias bastarán para curarte. 一日 2 回服用すれば治ります. una ～ de rapé ひとつまみ(1 服分)の嗅ぎたばこ. ❹〔電気の〕差し込み口, コンセント 〖～ de corriente〗；〔水・空気などの〕取り込み口, 栓：～ de agua 取水口；蛇口, 水栓；水門の口. ～ de aire 通風口, 換気口. ～ de gas ガスの元栓. ～ de luz 採光窓. ～ aérea アンテナ. ❺《レスリングなど》技, 攻め手：～ de tijera はさみ絞め. ❻ 撮影 〖～ de vista〗：Vamos a sacar una ～. 1 枚撮ろう. ～ directa 生撮り. ❼《南米》用水路, 小川

～ y daca 男 互譲, ギブアンドテイク；〔戦いなどでの〕応酬, 攻防

tomacorriente [tomakorjénte] 男《主に中南米》コンセント, 差し込み口

tomado, da [tomáðo, da] 形 過去 ❶ 錆びた. ❷ [estar+] i)〔声が〕しわがれた. ii)《中南米》酒に酔った

tomador, ra [tomaðór, ra] 名 ❶〔手形・小切手の〕受取人；被保険者, 保険契約者. ❷《中南米》酒飲み, 酔っぱらい

tomadura [tomaðúra] 女 **～ de pelo** からかい, 冗談；思いやりのなさ, 軽視

tomahawk [tomax5k] 男〔北米インディアンの〕戦闘用斧(ﾃ)

tomar [tomár] 他〔英 take；eat, drink〕 ❶〔手に〕取る, つかむ：i) *Tomó* un dulce de la bandeja. 彼はお盆から菓子を 1 つ取った. *Tomé* una piedra y la lancé. 私は石を拾って投げた. ～ la aguja 針を持つ, 裁縫をする. ～ flores del jardín 庭の花を摘む. La *tomé* por (de) un brazo. 私は彼女の腕をつかんだ. ii) 取り出す, 引き出す：～ agua de la fuente con un cubo バケツで泉から水を汲む. ～ la corriente eléctrica 電気を引く. iii) 受け取る：*Tome* usted la vuelta. お釣りをどうぞ. ～ un pedido 注文をとる. iv) 〔選択〕*Tomaré* el que más me gusta. 一番気に入ったのを取ろう. *Tomó* la calle que se dirige al centro. 彼は町の中心へ向かう道をとった. v) 〔名前を〕*Tomó* el apellido materno. 彼は母方の姓を名乗った ❷ 得る, 手に入れる；買う；借りる：i) He *tomado* dos entradas para esta noche. 私は今日の夜の回の切符を 2 枚買った. *Ha tomado* una tienda. 彼は店を買い取った. ～ una casita para veranear 避暑のために別荘を借りる. Esta frase la *he tomado* de Lope de Vega. この句はロペ・デ・ベガから引用した. ii) 〔習慣・癖などを〕*Tomó* malas costumbres. 彼は悪習に染まった. iii) [+直接目的語+過去分詞] Le *tomé* prestadas mil pesetas. 私は彼から千ペセタ借りた. ～… fiado …を掛けで買う.

Les *tomaron* presos. 彼らは逮捕された ❸〔食事などを〕とる, 食べる；飲む 〖☞beber 頭項〗：¿A qué hora *toma* usted el desayuno? 朝食は何時にしますか? ¿Qué va a ～? 何を召し上がりますか? Sírvase ～. どうぞお上がりください. Vamos a ～ algo en un café. 喫茶店で何か飲もう. ～ un pastel ケーキを 1 つ食べる. ～ un café コーヒーを 1 杯飲む. ～ una aspirina アスピリンを 1 錠飲む ❹〔空気などを〕吸う；〔水などを〕浴びる：～ el aire fresco 新鮮な空気を吸う, 涼をとる. ～ un baño caliente 熱い風呂に入る ❺《主に中南米》〔公共の乗り物に〕乗る：*Tomaremos* un taxi. タクシーを拾おう. *Tomó* el tren bala para llegar a Tokio. 彼は東京へ行くのに新幹線に乗った. ～ el avión 飛行機に乗る ❻〔道を〕行く, 進む：El coche *toma* la Calle Alcalá. 車はアルカラ通りを行く ❼〔場所を〕占める；〔席に〕着く；占領する：～ un palco ボックス席をとる(に座る). Las fuerzas enemigas *tomaron* la ciudad. 敵軍は町を攻略した ❽〔記録・写真などを〕とる：*Tome* nota. 私の言うことをメモしてください. *Tomé* fotografías del palacio. 私は宮殿の写真を撮った. ～ un paisaje 景色を写生する(うつす). ～… en cinta magnetofónica …をテープに録音する ❾ 計測する：～ la altura de la estantería 戸棚の高さを測る ❿〔物事を〕受け止める, 解釈する：*Tomó* como una ofensa lo que dije. 彼は私の言葉を侮辱と受け取った. No lo *tomes* en ese sentido. そんな意味にとらないでくれ ⓫〔人を〕i) 受け入れる；雇用する：Este tren no *toma* pasajeros. この列車は客を乗せない. *Hemos tomado* una muchacha nueva en la oficina. 私たちは事務所に新しく女の子を採用した. ii) [+por と] みなす；取り違える：Le *toman* por tonto. 彼はばかだと思われている. Parece que te *tomaba* por tu hermano. 彼は君を君の弟と間違えたらしい ⓬〔行動・態度を〕とる, 行なう；〔感情などを〕持つ, 味わう：～ contacto con+人 …と連絡をとる. ～ medidas preventivas 予防策をとる. ～ venganza 仕返しをする. ～ una satisfacción 償いをする. ～ aborrecimiento 憎む. ～ afecto a… …に愛着を抱く. ～ ánimo 元気づく. ～ frío 寒気がする, 風邪を引く. ～ importancia 重要性を帯びる ⓭〔生理的欲求などが〕…に起こる：Le *tomó* el sueño (la risa・un desmayo). 彼は眠気に襲われた(笑いに込み上げた・気絶した) ⓮〔雄が〕交尾する

haberla tomado con… …をいじくり回す；〔事柄と〕取り組む：La ha *tomado* con el estuche de mis gafas. 彼は私の眼鏡ケースをいじっていた. La ha *tomado* con el esperanto. 彼はエスペラント語を勉強している

lo toma o lo deja 承諾するかしないかは本人次第だ

tenerla tomada con+人 …につらく当たる

¡toma! 1) [ものを渡すとき] はい, ほら: *¡Toma!* Aquí tienes un lápiz. はい, 鉛筆だよ. 2) [驚き] おや!: *¡Toma!*, no sabía que ya estuviera aquí. おや! もうここに来ていたとは知らなかった. *¿No querías engañarle tú? Pues, ¡toma!* 彼をだますつもりはなかっただと? いい加減にしろ! 3) [新味・重要性のなさ] くだらない!: *¡Toma!* Eso también lo hago yo. 何だ! そんなことは私だってやってるよ. 4) なるほど/わかった!

¡toma esto! [殴打・発砲] これでも食らえ/[相手をやりこめて] これでぐうの音も出ない!

~ sobre sí 引き受ける: *He tomado sobre mí la responsabilidad de toda la empresa.* 私は事業の全責任を引き受けた

~ y+動詞 突然…する: *Tomó y dijo lo siguiente.* 彼はいきなり次のように切り出した

~la con+人 …を責める, 非難する: *La ha tomado conmigo.* 彼は私につらく当たった

◆ 自 ❶ [+a・hacia・por の方に] 進む: *Tome a (por) la izquierda.* 左の道を行きなさい. ❷《主に中南米》酒を飲む: Le gusta ~. 彼は酒好きだ. Él *toma* mucho. 彼は大酒飲みだ. ❸ [植物が] 根づく

◆ *~se* ❶ = 他: Se *tomó* las vacaciones. 彼は休暇をとった. Acabo de ~me un baño. 私はひと風呂浴びたところだ. No *te* lo *tomes* así. そんな風に受け取ってはいけない. *¿Nos tomamos un café?* コーヒーでも飲まない? *Tómese* estas pastillas. この薬を飲んでください. ❷ 嫌われる, 当たりちらされる: *Se toma* muy malos ratos. 彼はひどい目に会っている. ❸ 錆びる: El cuchillo *se toma* con el limón. レモンを切るとナイフが錆びる. ❹《医学》*Me tomé* la presión. 私は血圧を測った(測ってもらった). ❺《主に中南米》[写真を] 撮ってもらう: *Se tomó* una foto vestida de novia. 彼女は花嫁衣装で写してもらった. ❻ しわがれ声になる

¡tómate esa! [殴打] これでも食らえ/ざまを見ろ!

Tomás [tomás] 男 [男性名] トマス [英 Thomas]

tomatal [tomatál] 男 トマト畑

tomatazo [tomatáθo] 男 トマトの投げつけ

tomate [tomáte] 男 [英 tomato] ❶《植物・果実》トマト; [小さな] 緑色のトマト: salsa de ~ トマトソース; ケチャップ. ~ de árbol《植物》トマトノキ. ~ de milpa [南スペイン産の] 小型のトマト. ~ [de] pera プラムトマト. ❷《口語》[衣服の] 穴, 破れ目. ❸《西. 口語》複雑, 困難; 混乱, 紛糾: haber [mucho] ~ 大騒ぎが起こる. *¡Vaya ~!* 何という騒ぎだ! *colorado como un ~* [顔が] 真っ赤になって *ponerse como un ~* 真っ赤になる; 赤面する *tener ~* ひどくやっかいである

tomatazo [tomatáθo] 男 dar un ~ a+人 …にトマトを投げつける

tomatero, ra [tomatéro, ra] 名 トマト栽培(販売)業者. ◆ 女《植物》トマト

tomatillo [tomatíʎo] 男《植物》サクランボの一

種;《中南米》オオブドウホオズキ

tomatina [tomatína] 女 [バレンシアの Buñol 村の] トマトをぶつけ合う祭り

tomavistas [tomaβístas] 男《単複同形》[8 ミリなど小型の] 撮影機

tómbola [tómbola] 女 [福祉が目的の] 福引, 宝くじ; その販売店

tómbolo [tómbolo] 男 [島と陸を結ぶ] 砂州

tomento [toménto] 男 [植物の] 繊毛, 綿毛; [亜麻・麻などの] くず繊維

tomillo [tomíʎo] 男《植物・香辛料》タイム, タチジャコウソウ: ~ blanco シナヨモギ. ~ salsero 《植物》キダチハッカ

tomismo [tomísmo] 男 トマス・アクィナス Tomás de Aquino の神学説, トマス説

tomista 形 トマス説の[信奉者]

tomo [tómo] 男 ❶ [書物の] 巻: obra en tres ~s 3 巻からなる作品. el primer ~ de la enciclopedia 百科事典の第 1 巻. ❷ [大型の] 本: varios ~s de derecho 数冊の法律書 *de ~ y lomo* 非常に重要な, 大変な: Es un descarado *de ~ y lomo*. 彼はひどく厚かましい

tomografía [tomografía] 女《医学》断層撮影

ton [tón] 男 ☞sin ton ni **son**

ton.《略語》←tonelada トン

toná [toná] 女 伴奏なしで歌うフラメンコ

tonada [tonáða] 女 ❶ 歌曲用の詩, 歌詞; 歌; そのメロディー: ~ bonita [歌詞が] 美しい歌(曲). ❷《南米》[特徴的な] イントネーション, なまり

tonadilla [tonaðíʎa] 女 [短い] 歌曲用の詩, その歌曲; [18 世紀後半の, サルスエラより小規模な] 劇音楽

tonadillero, ra 名 その作曲家(歌手)

tonal [tonál] 形 音調の;《音楽》調性の

tonalidad [tonaliðáð] 女 ❶《音楽》調性. ❷ 色調; 調子: cuadro de ~ azulada 青い色調の絵. foto de ~ suave 柔らかいトーンの写真. ❸《言語》声調, イントネーション

tondo [tóndo] 男《建築》[壁面の] 円形剥形(レリーフ)装飾;《美術》円形絵画(彫刻)

tonel [tonél] 男 ❶ 樽(½); 樽 1 樽分の量: vino en ~ 樽詰めのワイン. un ~ de cerveza 1 樽のビール. ❷ ビヤ樽のように太った人

tonelada [tonɛláða] 女 [重量の単位] トン, メートルトン [~ métrica];[船の] 排水トン: camión de siete ~s 7 トン積みトラック. barco de cien mil ~s 10 万トンの船. ~s-kilómetro《鉄道》トンキロ. ~ corta 小トン [米トン. =907 kg]. Esta maleta pesa una ~. このスーツケースはずしりと重たい

tonelaje [tonɛláxe] 男 [船・車両の] トン数, 積量: ~ bruto (neto) 総(純)トン数. ~ de peso muerto 載貨重量トン数. buque (camión) de gran ~ 大型船(トラック)

tonelero, ra [toneléro, ra] 名 樽職人. **tonelería** 女 その技術(職・工場);集合 樽

tonelete [toneléte] 男《服飾》[ひざまでの] 短いスカート; [甲冑の] スカート型腰当て;《演劇》

［昔の］男用の短いスカート

tonema [tonéma] 男《音楽・言語》音調素, ト
ニーム

tóner [tónɛr] 男［コピー機・プリンターの］トナー

tonga [tóŋga] 囡 ❶［同じ種類の物の］一並び,
層：Hay una ～ de troncos sobre el río. 川
に丸太が並んで浮いている. poner los ladrillos
a ～s 煉瓦を一層づつ積む. ❷《南米》仕事

tongada [～] 囡 **=tonga** ❶.

tongalés, sa [toŋgalés, sa] 形 名《国名》ト
ンガ Tonga の(人)

tongo [tóŋgo] 男 八百長［試合］

tónica[1] [tónika] 囡 ❶ 全体的な傾向(調子)：
marcar la ～ del vestir 着こなしの手本を示す.
❷《音楽》主音. ❸《飲料》トニックウォーター
〖agua ～〗

tonicidad [toniθiða[d]] 囡《医学》［筋］張度,
緊張

tónico, ca[2] [tóniko, ka] 形 ❶ 活力をつける,
強壮にする. ❷ 音調の. ❸《言語》アクセント(強
勢)のある：sílaba ～ca アクセントのある音節.
forma ～ca 強勢形
◆ 男 トニック剤；強壮剤：～ capilar ヘ
アトニック. ～ cardíaco《医学》強心剤

tonificar [tonifikár] [7] 他［器官・神経組織
に］活力を与える；引き締める
tonificación 囡 活力を与えること
tonificante 形 活力を与える

tonillo [toníʎo] 男［時に皮肉の・単調な］口
調, 語気

tonina [tonína] 囡《南米》小型のイルカ

tono [tóno] 男［英 tone］❶［声・音の］調子,
音調；口調, 語調：Siempre habla en el
mismo ～. 彼はいつも同じ調子で話す/話し方が
単調だ. hablar en un ～ duro (alto) 厳しい
口調（高い調子）で話す. ❷［文章の］調子, 文
体；言葉づかい：Esta obra tomó un ～
frívolo. この作品は軽薄な感じの文体だ. ❸ 色
調：～ claro 明るい色調. vestido de un ～
rojo oscuro くすんだ赤色のドレス. pintarse
las uñas en un ～ rosado 爪をピンクに塗る.
❹ 傾向, 様子：～ del mercado 市況. ❺ 精
力, 活力：Ha perdido ～. 彼は元気がなった. ❻《音楽》音高, ピッチ；主調：～ mayor
(menor) 長（短）調. ❼ 品格, 気品, 風格. ❽
［電話などの］通信音：～ de discar (de mar-
car) 発信音. ～ de ocupado 話中音. ❾［ラ
ジオ・テレビなどの］音量. ❿［筋肉などの］緊張
a ～［+con と］調和した・して：La cortina
está **a** ～ con los muebles. カーテン[の色]は
家具にマッチしている
bajar el ～ 語調を和げる；音量を下げる
darse ～ 偉そうに言う, 得意げになる
de buen (mal) ～ 上品な(品のない)
estar a ～ 気分が高揚している, ご機嫌になって
いる
fuera de ～ 不適切な, 場違いな：Su discur-
so estaba *fuera de* ～ en esa reunión. 彼の
スピーチはその集まりにふさわしくなかった
ponerse a ～ 気分が高揚する, ご機嫌になる
salida de ～ 不適切, 場違い

sin venir a ～ 不適切に

subido de ～ [estar+] 下品な, きわどい

subir el ～ 語気を荒げる；音量を上げる

tonsura [tonsúra] 囡《カトリック》［頭頂の］剃
髪(ていはつ)〖現代では行なわれていない〗；剃髪式
〖聖職者になる式〗；剃髪した頭頂部
tonsurar 他 剃髪する, ［羊毛などを］刈る

tontada [tontáða] 囡 愚かさ, 愚かな言動：No
digas ～s. ばかなことを言うな.

tontaina [tontáina] 形 名《戯語》ばかげた；ば
か, 間抜け：Es un ～, no sabe lo que dice. あ
いつはばかだ. 自分が何を言っているのかもわから
ない.
tontainas 形 名［単複同形］=**tontaina**

tontamente [tóntaménte] 副 ばかなことに

tontear [tonteár] 自 ❶ ばかなことを言う(する).
❷《口語》[+con 異性を]からかう；言い寄る, く
どく

tontera [tontéra] 囡 =**tontería**

tontería [tontería] 囡 ❶ 愚かさ；複 愚かな言
動：No digas ～s. ばかなことを言うな. ［ser
una ～+不定詞・que+接続法］Es una ～ tener
(*que* tengas) fe en sus palabras. 彼の言葉を
信じるのは(君が信じるとは)愚かなことだ. ❷ 取る
に足りないこと(もの)：No debes enfadarte
por una ～ así. そんなつまらないことで腹を立て
てはいけないよ. Me trajo una ～. 彼はちょっとした
ものを私に持ってきてくれた. ❸ 甘い言葉, お世辞
dejarse de ～*s* 無駄なことに時間を費さない：
Déjate de ～s y ponte a trabajar. くだらない
ことをしていないで, さっさと働け

tonto, ta [tónto, ta] 形 ［英 foolish］❶
[ser+, 人・言行が] ばかな, 間抜けな（理解力や
理性の足りない・欠けた）；お人好しな：i) Es un
niño ～. ばかな子だ. Ha sido una caída ～ta.
ばかげたことで転んでしまった. pregunta ～ta ば
かばかしい質問. ii) 感じやすい：Soy tan ～ta
que lloro en todas las películas. 私はばかみた
いにどんな映画でも泣いてしまう. iii) 無駄な, 意
味のない：Hemos hecho un viaje ～. 私たちは
無益な旅をした. ❷ 迷惑な, わずらわしい；甘えん
坊な：No seas ～ y estudia. うるさく言ってない
で勉強しろ. Este niño se pone ～ cuando
tiene sueño. この子は眠くなるとむずかる. ❸
[estar+] 高慢な, 無礼な
a lo ～《軽蔑》[時に繰返して] 無意識のうちに,
いつの間にか：pasar los días *a lo* ～ 漫然と
暮らす
dejar ～ a+人《西》…を呆然とさせる
hacer el ～ ばかなまねを(くだらないことをして)
時を過ごす：Deja de *hacer el* ～ y come. ば
かなことをしていないで食べなさい
hacerse el ～ しらばくれる, 無知を装う：Deja
de *hacerte el* ～ y dinos la verdad. いい加
減しらばくれるのはよして本当のことを言え
ponerse ～ もったいぶる, 気どる
ser ～ *del bote (del culo)*《西. 口語》正真
正銘のばかである
◆ 名［英 fool］ばか, 間抜け；愚か者；道化
役：～ útil 何でもいうことを聞くばか

tontorrón, na [tontoɾɾón, na] 形 名《口語》

大ばか者〔の〕

tontuna [tontúna] 囡 ＝**tontería**

toña [tóɲa] 囡《西.口語》殴打；酔い；両端の尖った棒を別の棒で叩いて遠くへ飛ばす遊び

Toño [tóɲo] 男《男性名》トーニョ《Antonio の愛称》

top [tóp] 男《←英語.服飾》ハーフトップ，短いタンクトップ

topacio [topáθjo] 男《鉱物》トパーズ，黄玉

topadora [topaðóra] 囡《南米》ブルドーザー

topar [topár] 自／〜**se** [+con に] ❶ ぶつかる，衝突する: *Toparon los dos trenes.* 2本の列車が衝突した. 〜 *con* (contra) un árbol 木にぶつかる. ❷〔たまたま〕出会う，出会う: *Topé con un libro antiguo.* 私は1冊の古い本を見つけた. *Me topé con* Miguel en la calle. 私は通りでミゲルにばったり出会った. ❸〔動物〕角で突く

tope [tópe] 男 ❶〔主に同格用法で〕〔最大〕限度: precio 〜 最高価格. fecha 〜 期限. poner 〜 a... …に限度を設ける. *Mi paciencia ha llegado al* 〜. 私の我慢も限界に来た. ❷〔ドアの〕戸当たり；〔線路の〕車止め；〔車両の〕緩衝器: 〜 *del coche* バンパー. ❸ 障害: *Aquí está el* 〜. ここが難しいところだ. ❹《船舶》檣楼，トップ；その見張り

a (*al*) 〜《西》懸命に，最大限で；ぎゅうぎゅう詰めに: estudiar *a* 〜 一所懸命勉強する. repostar *a* 〜 満タンにする. *El autobús va a* 〜. バスは超満員だ

hasta el 〜 (*los* 〜*s*) 最大限で；ぎゅうぎゅう詰めに: camión cargado *hasta los* 〜*s* 荷を満載したトラック

topera [topéra] 囡 モグラの巣穴

topetar [topetár] 自〔角のある動物が，+contra を〕頭で突く

topetada [topetáða] 囡 ＝**topetazo**

topetazo [topetáθo] 男 ❶ 衝突: 〜 *de dos coches* 2台の車の衝突. ❷ 角(ｽ)での突き；頭突き

topetear [topeteár] 自 ＝**topetar**

topetón [topetón] 男 ＝**topetazo**

topicalización [topikaliθajsón] 囡《言語》話題化

tópico, ca [tópiko, ka] 形 ❶〔題材・意見などが〕陳腐な，ありきたりの: observación 〜*ca* 常識的な(月並みな)意見. ❷〔表示〕uso 〜 外用薬

◆ 男 ❶ 一般原則，一般的真理. ❷ 陳腐な話題(事柄)，常套句: *Los toros y el flamenco son unos* 〜*s de la cultura española.* スペイン文化と言えば闘牛とフラメンコがありきたりの話題だ. ❸ 話題，トピックス. ❹《言語》話題〖談話の中心部分〗

topillo [topíʎo] 男《動物》モグラの一種

topless [tóples] 男《←英語》トップレス: en 〜 トップレスで

topo [tópo] 男 ❶《動物》モグラ. ❷ 潜入スパイ. ❸ 目のよく見えない人；へま(どじ)な人. ❹《西》内戦後もスペインに隠れ住んだ共和派〖布の〗水玉模様. ❺《南米》〔インディオがマントを留める

のに使う〕大型の留めピン；〔円形の〕イヤリング；〔インカ文明で〕距離の単位

topo-〔接頭辞〕〔土地〕*topo*grafía 地形学, *top*ónimo 地名

topografía [topoɣrafía] 囡 地形測量〔法〕；地形図；地勢

topográfico, ca 形 地形〔測量〕の: levantamiento 〜 測図，地形測量

topógrafo, fa 囲《地理》(地形)学者

topología [topoloxía] 囡 位相幾何学，トポロジー

topometría [topometría] 囡 地形計測

topónimo [topónimo] 男《言語》地名

toponimia 囡 地名学；[集合] 〔一国・一時代の〕地名

toponímico, ca 形 地名の

toponomástica 囡 地名学論

toque [tóke] 男《英 touch.←tocar》❶〔一瞬・軽く〕触ること，接触: El hada le dio un 〜 con una varita mágica. 妖精は魔法の杖で彼にふれた. Un 〜 enciende el aparato. Un 〜 lo apaga. この器具はワンタッチでつけたり消したりできる. ❷〔鐘・楽器などの〕音: i) Las campanas dieron el 〜 de llamada a misa. ミサを告げる鐘が鳴った. Se oye el 〜 de difuntos. 弔いの鐘が聞こえる. 〜 *a muerte* 弔鐘. ii)〔軍事〕ラッパ〔の合図〕: 〜 *de incendio* 火災警報. 〜 *de diana* (*de alborada*) 起床ラッパ. 〜 *de asamblea* 集合ラッパ. 〜 *de silencio* 消灯(就寝)ラッパ. iii)《フラメンコ》ギターの演奏. ❸ 感じ，趣: En la decoración de la habitación se veía el 〜 femenino. 部屋の飾りつけには女性らしさがうかがえた. En la fiesta no faltó algún 〜 de humor negro. そのパーティーには多少ブラックユーモアの気味があった. ❹ 微妙な点，重要なポイント. ❺〔絵などの〕タッチ，筆づかい；手直し: dibujar con un 〜 ligero 軽いタッチで描く. 〜 *de luz* (*obscuro*) 色調を明るく(暗く)すること. Faltan algunos 〜*s.* もう少し手を入れる必要がある. ❻〔喉などへの薬の〕塗布. ❼《野球》バント

a 〜 *de campana* 規律(時間)を厳守して: En esta fábrica van *a* 〜 *de campana.* この工場は時間に厳しい

a toque de 〜 起床ラッパと共に；整然と，厳しく

dar los primeros 〜*s a...* …をし始める，とりかかる

dar los últimos 〜*s a...* …に最後の仕上げをする

dar un 〜 *a*+人 …に注意を与える；打診する；《口語》電話する

〜 *de atención* 警告，訓戒

toquetear [toketeár] 他 いじる，やたらにさわる

toqueteo 男 いじること

toquilla [tokíʎa] 囡 ❶《服飾》〔主に三角形の〕スカーフ；〔ニットの〕ショール. ❷《植物》パナマソウ《パナマ帽の材料》

-tor〔接尾辞〕〔動詞+〕i)〔品質形容詞化〕conduc*tor* 誘導する，seduc*tor* 誘惑する. ii)〔名詞化. 行為者〕escri*tor* 作家

tora [tóra] 囡 ❶ [la *T* ～. モーゼの] 律法[の巻物], トラー. ❷ 牛毛の仕掛け花火

torácico, ca [toráθiko, ka] 厖 胸部の

torada [toráða] 囡 雄牛の群れ

toral [torál] 厖 主要な, 肝要な; 丈夫な, 強度の高い

tórax [tóra(k)s] 男 [単複同形]《解剖》胸郭, 胸部

torbellino [torβeyíno] 男 ❶ 竜巻, つむじ風. ❷ [事柄の] 急旋回; めまぐるしく動く人: ～ de ideas 渦巻く思考. ～ de preguntas 矢つぎばやの質問, 質問の嵐. Ese niño es un ～. その子はちょこまかとよく動く

torca [tórka] 囡 すり鉢状の(縁が急斜面の)窪地

torcaz [torkáθ] 囡 [複 ～ces]《鳥》カワラバト〖paloma ～〗

torcecuello [torθekwéʎo] 男《鳥》アリスイ

torcedor [torθeðór] 男 [糸によりをかける] 紡錘

torcedura [torθeðúra] 囡 ❶ ねじること, ねじれ. ❷《医学》捻挫(↗): Sufrió una ～ de tobillo. 彼は足首をくじいた

torcer [torθér] 他 29 [↗活用表] 他 ❶ ねじる, よじる; 絞る: Le *torció* el brazo. 私は彼の腕をねじ上げた. *Torció* la cabeza para verlo. 彼はそれを見ようと振り向いた. ～ la ropa 洗濯物を絞る. ❷ ねじ曲げる, ゆがめる: El fuerte viento *torció* el tronco del árbol. 強風で木の幹がたわんだ. ～ el gesto (la cara・el rostro) 顔をしかめる, 不満な顔をする. ～ el sentido de una frase 文意を曲げる(曲解する). ～ un ojo (los ojos) やぶにらみする. ❸ [方向などを] 変える: ～ el rumbo 針路を変える. ～ el curso de los acontecimientos 事態の流れを変える. ～ la decisión 決定を変更する. ❹ 堕落させる: Le **han** *torcido* las malas compañías. 彼は悪友たちのせいで堕落した

◆ 自 [+a に] 曲がる: El coche *torció* a la izquierda. 車は左折した

◆ ～se ❶ 捻挫する, くじく: Me *torcí* un pie. 私は足を捻挫した. ❷ ねじれる, 曲がる: Se ha *torcido* el cuadro. 絵が傾いた. *Se torció* su voluntad. 彼は気が変わった. ❸ 挫折する; 堕落する: Creo que las cosas *se están torciendo*. 事態はこじれている(うまく行っていない)ようだ. Debido a su muerte *se torció* el plan. 彼の死によってその計画は頓挫した. El hombre *se ha torcido*. 男は身を持ちくずした

torcer	
直説法現在	接続法現在
t**ue**rzo	t**ue**rza
t**ue**rces	t**ue**rzas
t**ue**rce	t**ue**rza
torcemos	torzamos
torcéis	torzáis
t**ue**rcen	t**ue**rzan

torcido, da [torθíðo, ða] 厖 過分 ❶ [estar+] ねじれた, 曲がった: Usted lleva la corbata ～*da*. ネクタイが曲がっていますよ. piernas ～*das* 曲がった脚. ❷ [人が] ひねくれた, 下心のある: cabeza ～*da* 偽善者. ❸《中米》いつも不幸な, 連続して不運な

◆ 囡 [ろうそく・ランプの] 芯, 灯心

torcijón [torθixón] 男 急激な腹痛〖retortijón〗

torcimiento [torθimjénto] 男 = torcedura

tórculo [tórkulo] 男 刻印機

tordo, da [tórðo, ða] 厖 囡 葦毛の[馬]

◆ 男《鳥》ツグミ: ～ de agua カワセミ, カワガラス

toreador, ra [toreaðór, ra] 囡《古語》闘牛士

torear [toreár] 他 ❶《闘牛》[牛を] あしらう: *Toreó* magistralmente su toro. 彼は見事に牛と戦った. ❷ [人・困難などを] 避ける, かわす; だます. ❸《西》からかう. ❹《南米》挑発する, 怒らす; [犬が人に] ほえる

◆ 闘牛をする

toreo [toréo] 男 闘牛[術]: ～ a pie [馬上の闘牛に対して] 徒歩の闘牛. ～ de salón [牛を使わない] 闘牛の練習(真似)

¡se acabó el ～! 悪戯はもうたくさんだ!

torera[1] [toréra] 囡 [闘牛士の着る] 短い上衣, ボレロ〖↗torero カット〗

saltar[*se*]...+事物 *a la* ～〖口語〗…を無視する

torería [toréria] 囡 闘牛士の勇猛果敢さ;《中南米》[子供の] いたずら, 悪ふざけ

torero, ra[2] [toréro, ra] 厖 闘牛[士]の

◆ 囡 闘牛士〖特にマタドール matador を指す. ↗カット〗

traje de luces / montera / capote de paseo / taleguilla / torera

torete [toréte] 男 ❶ 若い雄牛; 勇敢でない牛. ❷ 元気のいい子供

toril [toríl] 男《闘牛》[牛がリングに出る前に入れておかれる] 囲い〖↗plaza カット〗

torio [tórjo] 男《元素》トリウム

torito [toríto] 男《中南米》張り子の牛を使った踊り

tormenta [torménta] 囡 ❶ [雷・強風・雨などを伴った] 荒天, 嵐: ～ de arena (de nieve) 砂(雪)嵐. ～ de verano 夕立ち. ～ eléctrica 激しい雷雨. ～ en un vaso de agua 内輪もめ; 小波乱, コップの中の嵐. levantar una ～ de protestas 抗議の嵐を引き起こす. ❷ [感情の] 爆発: ～ de celos 嫉妬の嵐. ❸ [突然の] 混乱, 波乱; 不運, 逆境

～ de ideas ブレーンストーミング

tormento [torménto] 男 ❶ 拷問〖tortura〗:

dar ～ a+人 …を拷問にかける. ❷ [肉体的・精神的な激しい] 苦しみ: Está pasando unos días de ～ al recibir esa noticia. その知らせを受け取ってから彼はつらい日々をおくっている. ❸ 苦しめるもの(人): Este calor (niño) es un ～. この暑さは耐えがたい(この子にはほとほと苦労させられる)

tormentoso, sa [tormentóso, sa] 形 ❶ 荒天をもたらす: El tiempo está ～. 天候は荒れ模様だ. borrasca ～sa 雷雨を伴った嵐. ❷ 波乱に富んだ, 激烈な: Se respira un ambiente ～. 険悪な雰囲気だ/雲行きが怪しい. ～ sueño 波乱万丈の夢

tormo [tórmo] 男 [土などの] 小さな塊; そそり立った岩山

torna [tórna] 女 戻ること; [川の] 水門
　volver (cambiar) las ～s a+人 …の役割(つき・流れ)を変える
　volverse las ～s 役割(つき・流れ)が変わる

tornaboda [tornabóða] 女 結婚式の翌日; その日のお祝い

tornachile [tornatʃíle] 男《中米. 植物》トウガラシの一種

tornadiscos [tornaðískos] 男 =giradiscos

tornadizo, za [tornaðíθo, θa] 形 名 移り気な〔人〕, 飽きっぽい〔人〕; 浮気な〔人〕

tornado [tornáðo] 男《気象》《アフリカ・米国の》大竜巻

tornaguía [tornaɣía] 女《貨物の》受領証, 受取り

tornapunta [tornapúnta] 女《建築》方杖(ほうづえ), 枝束

tornar [tornár] 《古語的》 自 ❶ 戻る, 帰る〔regresar, volver〕: Tornó desengañado a su pueblo. 彼は夢が破れて故郷へ帰った. ❷ [+ a+不定詞] 再び…する: Ella tornó a llorar. 彼女はまたも泣き出した. ～ en sí 意識を取り戻す ◆ 他 返す, 元に戻す〔devolver〕; 変える: ～ la fotografía a su sitio 写真を元の場所に戻す. El nuevo ambiente le ha tornado más alegre. 新しい環境で彼はずっと明るくなった ◆ ～se 変わる: El cielo se fue tornando cada vez más negro. 刻一刻と空は暗くなっていった

tornasol [tornasól] 男 ❶ [繻子などの] 玉虫色のきらめき. ❷《植物》ヒマワリ〔girasol〕. ❸《化学》papel [de] ～ リトマス試験紙

tornasolado, da 形 玉虫色に光る, きらめく

tornavoz [tornabóθ] 男《圏 ～ces》反響板, 反響装置

tornear [torneár] 他 旋盤(ろくろ)で加工する;《料理》[野菜を] 一定の形に切る ◆ 自 ぐるぐる回る, 旋回する

torneado, da 形 過分 [主に身体が] なめらかな曲線の. ◆ 男 旋盤(ろくろ)にかけること

torneo [tornéo] 男 ❶《スポーツ》トーナメント, 勝抜き戦. ❷ [中世の] 馬上槍試合〖～ a caballo〗

tornero, ra [tornéro, ra] 名 旋盤工 ◆ 女 受付口(渉外担当)の修道女〔hermana ～ra〕

tornillo [torníʎo] 男 ❶ ねじ; ねじ釘: Se han salido los ～s. ねじが取れた. fijar con un ～ ねじでとめる. girar el ～ ねじを回す. ～ de ajuste 調整ねじ. ～ de Arquímedes アルキメデスのらせん揚水機, ねじポンプ. ～ de banco 万力. ～ sin fin ウォーム〔歯車〕. ❷《南米》ひどい寒さ
　apretar los ～s a+人《口語》…に厳しくする: Tenemos que apretarle los ～s para que apruebe el curso. 及第できるように彼を締めつける必要がある
　faltar un ～ a+人 …は頭が少しおかしい
　tener flojos los ～s《口語》頭が少しおかしい

torniquete [tornikéte] 男 ❶ [1人ずつ通すための] 回転式出札口. ❷《医学》止血帯(器)

torniscón [torniskón] 男 [顔・頭への] 殴打; つねること

torno [tórno] 男 ❶ 巻上げ機, ウインチ. ❷ 旋盤; ろくろ; [歯科の] ドリル. ❸ 回転式窓; [修道院などの] 回転式受付口. ❹ ～ de banco 万力
　en ～ a... 1) …の周囲で: Los fotógrafos se agolparon en ～ al ministro. カメラマンたちが大臣の回りに殺到した. 2) [概数] …ぐらい: Esta casa cuesta en ～ a 20 millones. この家は2千万ぐらいする. 3) …に関して

toro [tóro] 男《主に中南米. 果実》《英 bull. ↔vaca》 ❶ 雄牛: ～ bravo (de lidia) 闘牛用の牛. ～ mexicano バイソン, 野牛. ～ de fuego 牛形の仕掛け花火. ser fuerte como un ～ 牛のようにたくましい. ❷ たくましい男: estar hecho un ～ 体格ががっしりしている. ❸《建築》トルス, 玉縁;《数学》円環面, トーラス. ❹《圏》闘牛〔corrida de ～s〕: ir a los ～s 闘牛を見物に行く
　a ～ pasado 今さら, 後の祭りで
　ciertos son los ～s《口語》[主に悪い予想が的中して] やっぱりそうだった
　echar (soltar) el ～ a+人 …を厳しく叱る(罰する)
　haber ～s y cañas 騒ぎ(もめごと)が起こる
　ir al ～ 困難に正面から立ち向かう
　¡otro ～! 話題を変えよう!
　pillar a ～ a+人《口語》…が追い詰められる; 時間に追われる: Entonces me pillaba el ～. 当時私はせっぱ詰まっていた
　～ corrido したたかな(ずる賢い)男
　ver (mirar) los ～s desde la barrera (el andamio・el balcón) 高見の見物をする

torohuaco [torowáko] 男 Quetzalcóatl に捧げる踊り

toroide [toróiðe] 男《数学》円錐曲線回転面, トロイド

torón [torón] 男《化学》トロン

toronja [torónxa] 女《主に中南米. 果実》グレープフルーツ〔pomelo〕; ブンタン

toronjo 男《植物》グレープフルーツ; ブンタン

toronjil [toronxíl] 男《植物》=melisa

torovenado [toroβenáðo] 男 聖ヘロニモに捧げるインディオの踊り

torpe [tórpe] 形 ❶ 動きの鈍い(遅い), よく動かない〔↔ágil〕; 不器用な: A causa de la herida está ～ de movimiento. 彼はけがのせいで体が十分に動かない．Tiene las manos ～s./ Es ～ con las manos. 彼は手先が器用でない．Soy ～ para cocinar. 私は料理が苦手だ．❷ 頭の回転が遅い，間抜けな：Es un niño ～, a quien cuesta entender las cosas. この子は鈍くて，なかなか理解できない．❸ [生き方が] 不器用な，つきあい下手な，気のきかない；品のない

torpemente 副 鈍く，不器用に

torpedo [torpéðo] 男 ❶《軍事》魚雷：lanzar un ～ 魚雷を発射する．❷《魚》シビレエイ

torpedear 他 魚雷攻撃する；《政治》[計画などを] 粉砕する

torpedero, ra 形 [船・飛行機が] 魚雷攻撃用の．◆ 男 魚雷艇〖lancha ～ra〗；雷撃機〖avión ～〗；魚雷射手．◆ 名《野球》ショート

torpeza [torpéθa] 女 ❶ 鈍さ；不器用さ：El viejo subía las escaleras con ～. 老人は階段をゆっくりゆっくり上った．❷ へま，どじ：Ha sido una ～ por tu parte hablar de eso. そのことを話してしまうとはどじなことをしたな

torpón, na [torpón, na] 形 少し鈍い

torpor [torpór] 男 活動停止，麻痺；遅鈍

torrar [torár] 他 炒(い)る，あぶる

torrado 男 炒ったエジプト豆；頭〖cabeza〗

torre [tóre] 女 ❶《英 tower》塔，やぐら：T～ de Hércules ヘラクレスの塔〖ローマ時代の灯台．☞写真〗．～ de control 管制塔．～ de iglesia 鐘楼．～ de fraccionamiento 分留(精留)塔．～ de mando [潜水艦の] 司令塔．～ del homenaje (de ángulo・flanqueante) [城の] 主塔(隅塔・壁塔)〖☞castillo カット〗．～ [軍艦の] 砲塔．❷ [カタルーニャ地方などで] 別荘〖villa〗．❸《チェス》ルーク．❹ 高く積み上げられたもの：～ de libros 本の山．❺ 背の高い人，のっぽ

torrefacción [torefa(k)θjón] 女 [コーヒーなどの] 焙煎(ばいせん)

torrefactar 他 焙(ばい)じる，煎(い)る

torrefacto, ta 形 焙じた

torreja [toréxa] 女《中南米》=torrija

torrencial [torenθjál] 形 急流の(ような)：lluvia ～ 滝のような雨

torrencialmente 副 llover ～ 滝のような雨が降る

torrente [torénte] 男 ❶ 急流，早瀬．❷《比喩》ほとばしり：ganar un ～ de dinero あふれるほど金をもうける．tener un ～ de voz 声量がある．Avanzaba un ～ de gente. おびただしい群衆が進んでいた．❸ [体内の] 血流〖～ sanguíneo〗

～ de voz [歌手などの] 豊かな声量，声の伸び

torrentera [torentéra] 女 小峡谷，渓流

torrentoso, sa [torentóso, sa] 形《南米》急速な，激しい

torreón [toreón] 男 [城の，防備を施した] 大きな塔

torrero, ra [toréro, ra] 名 灯台守り；[監視塔の] 監視員

torreta [toréta] 女 ❶ [潜水艦の] 司令塔；[戦車の] 砲塔；[爆撃機の] 銃座．❷ [通信用の] 鉄塔

torrezno [toréθno] 男《料理》小さく切って炒めた豚の脂身の肉

tórrido, da [tóriðo, da] 形 大変熱い，炎熱の：zona ～da《地理》熱帯

torrija [toríxa] 女 ❶《料理》フレンチトースト．❷《口語》酔い

torsión [torsjón] 女 ねじること，ねじれ：balanza de ～ ねじれ秤．barra de ～《自動車》ねじり棒，トーションバー．～ intestinal《医学》腸捻転

torso [tórso] 男 上半身；《美術》トルソー

torta [tórta] 女 ❶《料理・菓子》i) トルテ，パイ：～ de aceite アニス入りの揚げパイ．～ imperial ライスペーパーで包んだヌガー状の菓子．ii)《西》[粗末な] スポンジケーキ：A falta de pan buenas son ～s.《諺》有り合わせで我慢しなければならない．iii)《中南米》=tarta；サンドイッチ〖bocadillo〗．iv)《中米》～ de huevos = tortilla ❶．❷《口語》平手打ち〖bofetada〗；[転倒・衝突などによる] 激しい打撃：dar a+人 un par de ～s en la cara …の顔に往復ビンタを食わす．Se dio una ～ con la bicicleta. 彼は自転車をぶつけた．❸《卑語》酔い：coger una ～ 酔っぱらう

costar la ～ un pan《西》努力(犠牲)のわりに成果がお粗末である

darse de ～s =darse de **bofetadas**

eso es ～s y pan pintado 児戯に類する

ni ～《西，口語》まったく何も[…ない]：No sabía **ni** ～. 私は何も知らなかった

no tener [ni] media ～ =no tener [ni] media **bofetada**

tortada [tortáða] 女《菓子》[大型の] パイ

tortazo [tortáθo] 男《口語》❶ 平手打ち〖bofetada〗．❷ [衝突などによる] 激しい打撃：Se ha pegado un ～ impresionante con la moto. 彼はオートバイでひどい衝突事故を起こした

tortel [tortél] 男《料理》[主にパイ生地の] ドーナツ

tortera [tortéra] 女 [主に陶製の] パイ皿

tortícolis [tortíkolis] 女 [時に 男，単複同形] [寝違えなどによる] 首筋の痛み；《医学》斜頚

tortilla [tortíʎa] 女 ❶ ジャガイモ入りオムレツ〖～ española・de patatas〗：～ francesa《西》プレーンオムレツ．～ paisana 野菜入りのオムレツ．❷《中米》トルティーリャ〖トウモロコシ粉または小麦粉を練り，薄く円形状に伸ばし焼

いたもの〕. **❸**《南米》熾(ﾟ)で焼いたパン

cambiarse la ～ =**volverse la** ～

dar la vuelta a la ～《口語》予想をくつがえす；つき(流れ)を変える

hacer ～ 押しつぶす；打ちのめす

hacerse ～ ぺちゃんこになる；打ちのめされる

volverse la ～ 予想外の結果になる；つき(流れ)が変わる：Al final *se volvió la* ～ y ganó el equipo que no se esperaba. 最後には予想外なことになって思いがけないチームが勝った

tortillero, ra [tortiʎéro, ra] **形 名** トルティーリャの製造(販売)業者

◆ **女**《俗語》レスビアン

tortita [tortíta] **女 ❶**《料理》詰め物をした torta. **❷ 複** 歌に合わせて手を叩く幼児の遊び

tórtola[1] [tórtola] **女**《鳥》キジバト

tortolito, ta《口語》**名**〔べたべたしている〕恋人. ◆ **男 複** 恋人同士, カップル

tórtolo, la[2] [tórtolo] **男** =**tortolito**

tortosino, na [tortosíno, na] **形 名**《地名》トルトサ Tortosa の〔人〕〖大聖堂で有名なカタルーニャ地方タラゴナの都市〗

tortuga [tortúɣa] **女**《動物》カメ(亀)；《口語》のろまな人, のろのろ動く乗り物：a paso de ～ 〔歩みが〕のろのろと

tortuoso, sa [tortwóso, sa] **形 ❶** 曲がりくねった：camino ～ 曲がりくねった道. **❷** 陰険な, 悪賢い

tortuosidad **女** 曲がりくねり；陰険さ

tortura [tortúra] **女 ❶** 拷問：aplicar la ～ a+人 …を拷問にかける. instrumentos de ～ 拷問の道具. **❷**〔肉体的・精神的な, 激しく長い〕苦しみ, 虐待：Este estado de incertidumbre es una ～. この宙ぶらりんの状態は地獄の責め苦だ

torturar [torturár] **他 ❶** 拷問にかける. **❷** ひどく苦しめる, 虐待する：Le *torturaron* con tantas preguntas. 彼は質問攻めにあった. El remordimiento le *tortura*. 彼は悔恨の念に責めさいなまれている

◆ ～**se** ひどく苦しむ

torturador, ra **形 名** 拷問する〔人〕

torunda [torúnda] **女**《医学》綿球

toruno [torúno] **男**《南米》3 歳以後に去勢された牛

torvisco [torbísko] **男**《植物》ジンチョウゲ(沈丁花)

torvisca **女** =**torvisco**

torvo, va [tórbo, ba] **形**〔目つきなどが〕すごみのある, 恐ろしげな

torzal [torθál] **男**〔より合わせた〕絹糸, 刺繍糸；《南米》編みひも

tos [tós] **女** 咳(ﾟ)：No se le quita la ～. 彼は咳が止まらない. tener ～ 咳が出る. ataque (golpe) de ～ 咳の発作, 咳込み. ～ aga-rrada しつこい咳. ～ ferina (convulsa•convulsiva)《医学》百日咳. ～ perruna (de perro) 激しい咳. ～ seca から咳

toscano, na [toskáno, na] **形 名**《地名》トスカーナ Toscana **女** 地方の〔人〕

◆ **男**《建築》トスカーナ式オーダー〖orden ～〗；

《南米》葉巻き〖puro〗

tosco, ca [tósko, ka] **形 ❶** 洗練されていない, あかぬけない；粗末な：mueble ～ ひなびた(粗末な)家具. **❷** 粗野な, 教養のない

toser [tosér] **自** 咳をする：Ha *tosido* terri-blemente. 彼はひどい咳をした. fingir ～ [注意を引くために] 咳払いをする

no hay quién tosa a+人/*no tose nadie* a+人《西》誰も…にかなわない；誰も…を批判しようとしない

tósigo [tósiɣo] **男 ❶** 毒〖ponzoña〗. **❷** 悩み, 心配

tosquedad [toskeðá(d)] **女**〔←**tosco**〕粗末さ；粗野

tostada[1] [tostáða] **女**《料理》トースト〔パン〕

dar (pegar) a+人 *la* ～ …をだます, ぺてんにかける

no ver la ～ 面白さが理解できない

olerse la ～ 危険(罠)に気づく

tostadero [tostaðéro] **男**〔コーヒー豆の〕焙煎場；ひどく暑い場所

tostado, da[2] [tostáðo, ða] **形 過分** 焼いた；きつね色の：maíz ～ 焼きトウモロコシ. tez ～*da* 日焼けした顔

◆ **男 ❶** 焼くこと, トースト；焙煎. **❷**《料理》トーストサンド

tostador [tostaðór] **男** トースター〖～ eléctri-co•de pan〗；コーヒーロースター

tostadora **女** トースター

tostar [tostár] **28 他 ❶**〔きつね色になるまで〕焼く：～ el pan パンをトーストにする. ～ las castañas 栗を焼く. ～ el pescado 魚を焼く. **❷**〔コーヒー豆を〕焙煎する. **❸** 日焼けさせる. **❹**《中南米》殴る, 罰する

◆ ～**se ❶** 焼ける. **❷** 日焼けする〖～*se* al sol〗：Los turistas *se tuestan* en las costas mediterráneas. 観光客たちが地中海岸で体を焼く

tostón [tostón] **男 ❶**《料理》i)《西》[主に **複**] クルトン. ii) 子豚の丸焼き；炒ったエジプト豆. **❷**《西》退屈な人(もの), しつこい人(もの)：El discurso ha sido un ～. その講演は退屈だった

tota [tóta] **女**《動物》サバンナモンキー

total [totál] **形**〖英 total〗**❶** 全体の, 全部の；総計の；完全な：El peso ～ es de una tonelada. 全重量は 1 トンになる. Sentí una ～ tranquilidad. 私はすっかり安心した. cambio ～ 全面的な変革. guerra ～ 総力戦, 全面戦争. suma ～ 総額. **❷**《口語》完璧な, すばらしい

◆ **男 ❶** 総計, 合計：El ～ de los gastos es cinco mil. 費用の総計は 5 千ペセタだ. **❷** 全体, 全部〖totalidad〗

en ～ **❶** 結局；合計で：¿Cuánto es en ～? 全部でいくらになりますか？

◆ **副 ❶** 結局, その結果：Estuve todo el día ocupado；～, que no pude llamarle. 私は一日中忙しかった. それで結局, 彼に電話できなかった. **❷**〔無関心・無価値を表わして〕実際, つまるところ

totalidad [totaliðá(d)] **女** 全体, 全部；《哲

学》総体性：La 〜 de los asistentes votó a favor. 出席者全員が賛成票を投じた. criticar la 〜 de las obras de＋人 …の作品のすべてを批判する

totalitario, ria [totalitárjo, rja] 形 ❶ 包括的な, 総括的な：estudio 〜 包括的な研究. ❷ 全体主義の：país 〜 全体主義国家

totalitarismo [totalitarísmo] 男 全体主義

totalizar [totaliθár] 他 ❶ 総計する；総計…に達する：Sus gastos *totalizan* una cantidad de cien mil pesetas. 彼の支出は総額10万ペセタになる

totalizador 男《賭博》払戻金表示器

totalmente [totálménte] 副 まったく, 完全に：transformar la casa 〜 家をすっかり（全面的に）改築する. 〜 diferente まったく別物の

tótem [tóten] 男《複 〜[e]s》《民俗》トーテム；トーテムポール

totémico, ca 形 トーテムの：pilar 〜 トーテムポール

totemismo 男 トーテム制度

totonaco, ca [totonáko, ka] 形 名 トトナコ族の〔メキシコのベラクルス州のインディオ〕

totoposte [totopóste] 男《中米. 料理》カリカリしたトルティーリャ

totovía [totoβía] 女《鳥》カンムリヒバリ

totora [totóra] 女《植物》南米産のガマの一種

totumo [totúmo] 男《植物》ヒョウタンノキ

tótum revolútum [tótun ｒeβolútun]《ラテン語》混乱, 乱雑

tour [túr] 男《複 〜s》《←仏語》❶《観光》旅行；[劇団・音楽家などの] 巡業, ツアー：〜 operador 団体旅行業者. ❷《自転車》T〜 de Francia ツールドフランス
〜 de force 力わざ, 離れわざ, 神わざ

tournedos [turnéðos] 男《←仏語. 料理》トゥルヌドー

tournée [turné] 女《←仏語》周遊旅行；巡業, ツアー《gira》

toxemia [to(k)sémja] 女《医学》毒〔素〕血症

tóxico, ca [tó(k)siko, ka] 形 有毒の, 毒性のある：gas 〜 有毒ガス. sustancia 〜*ca* 有毒物質, 毒物
◆ 男 毒物, 毒素

toxicidad 女 毒性

toxicología [to(k)sikoloxía] 女 毒物学

toxicológico, ca 形 毒物学の

toxicomanía [to(k)sikomanía] 女《医学》麻薬中毒

toxicómano, na 形 名 麻薬中毒の〔患者〕

toxina [to(k)sína] 女《医学》毒素

tozudo, da [toθúðo, ða] 形 名 ❶《けなして》頑固な, 強情な《←terco 類義》；頑固者, 強情っ張り. ❷《動物が》扱いにくい, 言うことを聞かない
tozudez 女 頑固, 強情

tpo.《略語》←tiempo 時

traba [trába] 女 ❶ かいもの, 輪止め：poner una 〜 en la rueda 車輪にかいものをする. ❷ [馬などの] 足かせ, 足綱. ❸ 束縛, 桎梏(しっこく)：

La falta de dinero es una 〜 para su negocio. 資金不足が彼の事業にとっての障害の一つだ. ❹《南米》ネクタイピン《〜 de corbata》
poner 〜*s* [＋a を] 邪魔する

trabacuenta [traβakwénta] 女 [全体の障害による] 計算間違い；論争

trabado, da [traβáðo, ða] 形 過分 ❶ 首尾一貫した：discurso 〜 よくまとまった講演. ❷ [馬が] 右前脚と左後脚(左前脚と右後脚)の白い. ❸ 頑丈な, たくましい. ❹《中米》どもる

trabajado, da [traβaxáðo, ða] 形 過分 ❶ [製品・作品が] 手の込んだ, 入念な：jarrón de plata muy 〜 細かい細工の施された銀の壺. estilo 〜 よく練った文体. ❷ [estar＋. 仕事などで] 疲れ果てた

trabajador, ra [traβaxaðór, ra] 形 ❶ 働き者の, 勤勉な：Lola es muy 〜*ra*. ロラは大変働き者だ. alumno 〜 勤勉な生徒. ❷ 労働者の
◆ 名 労働者《類義 trabajador は経済学的に見た労働者, obrero は作業・肉体労働の労働者, empleado は事務職員》：〜 de minas 炭坑労働者. 〜 estacional 季節労働者. 〜 autónomo (independiente・por cuenta propia) 自家営業労働者. 〜 industrial 工場労働者. 〜 mental 頭脳労働者. 〜 por cuenta ajena 被雇用労働者. mal 〜 怠け者

trabajar [traβaxár] 自《英 work》❶ 働く, 仕事をする；勉強する：i) *Trabajó* día y noche sin descanso. 彼は昼夜の別なく働いた. El que no *trabaja*, no come. 働かざる者食うべからず. Sólo *trabaja* en tejidos. 彼はもっぱら織物の仕事をしている（織物を商っている）. Esos estudiantes *trabajan* mucho. その学生たちはよく勉強する. *Trabaja* muy bien esa actriz. あの女優はとても演技がうまい. ii) [＋en に] 勤める, 勤務する：Mi padre *trabaja* en una fábrica. 私の父は工場勤めをしている. *En* esta empresa *trabajan* tres mil personas. この会社では3千人が働いている. 〜 *en* una librería como dependiente 書店の店員として働く. 〜 *en* el teatro (el cine) 芝居(映画)に出演する. iii) [＋de 職業として] *Trabaja* diez años *de* enfermera. 彼女は看護婦として10年のキャリアがある. Cuando sea grande, voy a 〜 *de* intérprete. 僕は大きくなったら通訳になる. 〜 *de* Don Juan ドン・フワンの役を演じる
❷ 作業する；活動する；働きかける：Las máquinas están *trabajando* a pleno rendimiento. 機械はフル操業している. Esta viga *trabaja* a flexión. この梁はしなって曲げに耐えている. Su imaginación *trabaja* continuamente. 彼の想像力は絶え間なく活動している. La naturaleza *trabaja* para vencer la enfermedad. 自然治癒力というものがある. hacer 〜 el dinero 資金を活用する
◆ 他 ❶ 加工する, 細工する：〜 la madera 木工する. 〜 la masa del pan パン生地をこねる. 〜 la tierra 土地を耕す, 畑仕事をする. ❷ 勉強する：Tienes que 〜 mucho las matemáticas. 君は数学をみっちり勉強すべきだ. ❸ 処理す

る： 〜 los trámites precisos 必要な手続きをする． 〜 conversación con+人 …と話し始める． ❹ ［人に］働きかける： *Trabaja* a sus padres para que la dejen ir de viaje. 彼女は旅行に行かせてくれと両親に頼んでいる． ❺ 商う，扱う： Estos géneros no los *trabajamos*. これらの商品は私どもでは扱っていません

trabajo [trabáxo] 男 《英 work》❶ 仕事，労働： i) vivir de su 〜 働いて生計を立てる． ir al 〜 仕事に出かける． ponerse al 〜 仕事にとりかかる． comida de 〜 ワーキングランチ，仕事の話を兼ねた昼食会． contrato de 〜 労働契約． día del *T*〜 メーデー． fuerza de 〜 労働力． horas de 〜 労働(勤務)時間． Ministerio del *T*〜 労働省． relaciones entre el capital y el 〜 労資関係． en el campo 農作業． Ha sido 〜 perdido (inútil). 骨折り損のくたびれもうけだった． ii) 職，職業： ¿Cuál es su 〜? お仕事(ご職業)は何ですか？ tener 〜 regular (fijo) 定職についている． estar sin 〜 失業している． perder su 〜 職を失う． 〜 bien pagado 給料のいい職． iii) 複 作業，活動： 〜s forzados (forzosos) 強制労働； 懲役． 〜s de rescate 救助作業． Dirija los 〜s de investigación. 彼は調査活動を指揮する ❷ 勉強，研究；論文，報告書，レポート；業績： Ha desarrollado un 〜 sobre el geomagnetismo. 彼は地磁気に関する研究を発展させた． Ha escrito un buen 〜. 彼はいい論文を書いた． 〜 de campo フィールドワーク，実地調査 ❸ 仕事場： llamar al 〜 職場に電話をする ❹ 造作，細工；作品： Este jarrón es un 〜 bien acabado. この壷はいい出来だ． 〜 de manos 手工芸品． 〜 de defensa 防御工事 ❺ 複 苦労，困窮： Pasó 〜s para sacar adelante a la familia. 彼は家族を養うのに大変苦労した． 〜s de Hércules [不死を得るための] ヘラクレスの労苦 ❻ 機能，作用： 〜 de la fermentación 発酵作用 ❼ 《物理》仕事；《情報》ジョブ

cercar a (de) 〜 *a*+人 …をひどく苦しめる(悩ます)

con 〜 苦労して，努力して

costar 〜(*s*) [事柄が] 手間がかかる，骨が折れる： Me *costó* mucho 〜 conseguirlo. 私はそれを手に入れるのに大変苦労した． Me *cuesta* 〜 creerlo. それは信じがたい

dar 〜 面倒である，手間がかかる： *T*〜 te *doy*. やっかいなことになるぞ／簡単にはいかないぞ． Este niño apenas *da* 〜. この子はほとんど手がかからない

de 〜 仕事用の： ropa *de* 〜 作業服

pasar 〜(*s*) 難儀する

sin 〜 容易に，わけなく

tomarse el 〜 *de*+不定詞 …の労をとる，労を惜しまず…する

trabajoadicto, ta [trabaxoadíkto, ta] 名 仕事中毒(ワーカホリック)の人

trabajoso, sa [trabaxóso, sa] 形 [主に

ser+] 困難な，骨の折れる： Esa operación es muy 〜*sa* de hacer. この手術は非常に難しい． ¡Qué 〜 eres! 君はうんざりさせる奴だ． marcha 〜*sa* 難行軍． estudio 〜 面倒な研究． vida 〜*sa* 困窮生活

trabajosamente 副 苦労して，骨を折って： Lo consiguió 〜. 彼はやっとのことでそれを手に入れた

trabalenguas [trabaléngwas] 男《単複同形》発音しにくい(舌をかみそうな)語句，早口言葉 《例 Tres tristes tigres》

trabamiento [trabamjénto] 男 接合

trabar [trabár] 他 ❶ 接合する，継ぎ合わせる： 〜 las patas de la mesa テーブルの脚を付ける． ❷ …にかいものをする；［動物に］足かせをはめる： 〜 la puerta ドアにかいものをする． ❸ [会話・関係を] 始める： *Trabé* amistad con ella durante el viaje. 私は旅行中に彼女と親しくなった． ❹ 障害となる： La falta de mano de obra *traba* el desarrollo de la industria. 人手不足が工業の発展を阻害している． ❺ 濃くする，引っ掛かる： 〜 las claras de huevo 卵の白味を固く泡立てる

◆ ❶ つかむ，引っ掛かる： El ancla no *ha trabado* bien. 錨がうまくかかっていない

◆ 〜*se* ❶ [ひっかかって] うまく動かなくなる： Se le *ha trabado* la lengua. 彼は舌がもつれた／どもった． ❷ どもる． ❸ [+en やっかい事に] 巻き込まれる

trabazón [trabaθón] 女 ❶ 接合，組み合わせ： 〜 de las piezas 部品の組立て． ❷ 関連(づけ)： 〜 de conceptos 概念の組立て

trabe [trábe] 女《建築》梁

trabilla [trabíʎa] 女 [ズボンなどの] ベルト通し；[足の裏にかけてズボンなどをとめる] ストラップ；[上着などの背につける] ハーフベルト

trabucaire [trabukáire] 男 [18-19世紀のカタルーニャで] らっぱ銃で武装した反徒

trabucar [trabukár] 他 ❶ [綴り・言葉などを] 取り違える，混同する： *Trabucó* "cocer" por "coser". 彼は「煮る」と「縫う」を言い(書き)間違えた． ❷ ごちゃごちゃにする

◆ 〜*se* すっかり取り違える

trabuco [trabúko] 男 [昔の] らっぱ銃

trabucazo 男 その発射；[思いがけない悪い知らせなどの] 衝撃

traca [tráka] 女 [長くつなげた] 爆竹；《船舶》列状の外板

trácala [trákala] 女《中米》ぺてん，罠

tracalada [trakaláda] 女《南米》群衆，雑踏： *una* 〜 *de...* 多くの…

tracción [tra(k)θjón] 女 ❶ 引っぱること，牽引： 〜 animal 動物による牽引． resistencia (prueba) a la 〜《物理》引っぱり強さ(試験)． ❷《自動車》駆動： 〜 delantera (trasera) 前輪(後輪)駆動． 〜 a (en) las cuatro ruedas／〜 total (integral)／doble 〜 4輪駆動． ❸《医学》牽引

tracería [traθería] 女《建築》はざま飾り

tracio, cia [tráθjo, θja] 形《地名》[古代ギリシアの] トラキアの Tracia 女 の(人)

tracoma [trakóma] 男《医学》トラコーマ，トラ

tracto [trákto] 男 ❶〖解剖〗管；〖神経の〗束：
～ intestinal 腸管. ～ urinal 尿管. ❷《カト
リック》詠誦

tractomula [traktomúla] 男《南米》トレーラ
ートラック

tractor [traktór] 男 トラクター：～ oruga キャ
タピラー式トラクター

tradición [traðiθjón] 女 〖英 tradition〗❶
伝統, 慣習；因襲, しきたり：mantener (rom-
per con) la ～ 伝統を守る(破る). ～ de la
casa その家のならわし. ❷ 伝承, 言い伝え〖～
oral〗：～ popular 民間伝承. ❸《法律》移転,
譲渡

tradicional [traðiθjonál] 形 伝統的な, 伝承
に基づく；恒例の；因襲的な：fiesta ～ 伝統的
な祭り

tradicionalmente 副 伝統的に

tradicionalismo [traðiθjonalísmo] 男 伝
統主義

tradicionalista 形 名 伝統主義の(主義者)

traducción [traðu(k)θjón] 女 ❶ 翻訳；訳
書, 訳文；通訳：～ japonesa 日本語訳. ～
automática (mecánica) 自動(機械)翻訳.
～ directa 外国語から自国語への翻訳. ～ do-
ble 重訳. ～ interlineal 行間への書き込み訳.
～ inversa 自国語から外国語への翻訳. ～
libre 自由訳, 意訳. ～ literal 逐語訳, 直訳.
～ simultánea 同時通訳. ～ yuxtalineal 対
訳. ❷《情報》変換

traducible [traðuθíble] 形 翻訳可能な

traducir [traðuθír] 41 他 〖英 translate〗☞活
用表〗❶ [+de から, +a へ] 翻訳する, 訳す；通
訳する：～ una obra española al japonés ス
ペイン語の作品を日本語に訳す. Esta parte
está mal *traducida*. この個所は誤訳だ. ～
directamente (simultáneamente•de corri-
da) 同時通訳する. ～ literalmente/～ al pie
de la letra 逐語訳(直訳)する. ❷ 表現する；
解釈する：No encuentro palabras adecua-
das para ～ mi pensamiento. 私の考えをうま
く表わす言葉が見つからない. No *tradujo* bien
mi gesto. 彼は私の身ぶりを誤解した. ❸ [+en
に] 変える；《情報》[別の形式に] 変換する

traducir	
直説法現在	直説法点過去
traduzco	traduje
traduces	tradujiste
traduce	tradujo
traducimos	tradujimos
traducís	tradujisteis
traducen	tradujeron
接続法現在	接続法過去
traduzca	tradujera, -se
traduzcas	tradujeras, -ses
traduzca	tradujera, -se
traduzcamos	tradujéramos, -semos
traduzcáis	tradujerais, -seis
traduzcan	tradujeran, -sen

◆ ～se 変わる：Su alegría *se tradujo* en
lloros. 彼の喜びは悲しみに変わった

traductor, ra [traðuktór, ra] 形 名 翻訳者, 翻
訳家；通訳：nota del ～ 訳者注. ～ infiel 原
文に忠実でない訳者. *T*～, traidor. 翻訳者は原
文の味わいを損ねるものだ.
◆ 男《情報》トランスレーター
◆ 女 翻訳機

traedizo, za [traeðíθo, θa] 形 [他所から]
運ばれた；運ぶことのできる

traer [traér] 45 他 〖英 bring. ☞活用表.
過分 traído, 現分 trayendo〗❶ 持っ
て来る〖↔llevar〗；連れて来る：Te *he traído*
un regalo. プレゼントを持ってきてあげたよ.
¿Puede ～me un café, por favor? コーヒー 1
杯お願いします. *Tráe*me un vaso de agua. 水
を 1 杯持って来てくれ. ¡Hola! ¿Qué te *trae*
por aquí? やあ！〔ここに来るとは〕どういう風の吹
き回しだい?
❷ 引き寄せる：La madre patria *trae* a sus
hijos en el extranjero. 母なる祖国は異郷の子
らを引き寄せる
❸ もたらす, 生じさせる：Ese rumor nos *trajo*
muchos disgustos. その噂のせいで私たちに不愉
快なことが起きた
❹ [+目的格補語の 精神状態に] させる：La en-
fermedad de la hija *trae* preocupados a los
padres. 娘の病気で両親は心配している
❺ …の状態である：Anoche *traía* una borra-
chera increíble. 昨夜彼は信じられないくらい酔
っ払っていた. ～ una depresión 気が滅入ってい
る
❻《まれ》身につける, 着る〖llevar〗：*Trae* [pues-
ta] una blusa de seda. 彼女は絹のブラウスを着
ている
❼ [新聞などが] 掲載(記載)している：El perió-
dico de hoy *trae* un artículo sobre Japón.
今日の新聞に日本に関する記事が載っている

traer	
直説法現在	直説法点過去
traigo	traje
traes	trajiste
trae	trajo
traemos	trajimos
traéis	trajisteis
traen	trajeron
接続法現在	接続法過去
traiga	trajera, -se
traigas	trajeras, -ses
traiga	trajera, -se
traigamos	trajéramos, -semos
traigáis	trajerais, -seis
traigan	trajeran, -sen

tener a+人 a mal ～ …をつらい目に会わせる,
苦しめる

～ a+人 *de acá para allá* (*aquí para
allí*)《口語》…を翻弄する, てんてこ舞いさせる

～ *consigo* [結果として] …につながる：Tanto
vicio *trae consigo* la enfermedad. 悪習にふ

けると病気になる

~ **y llevar** 駆けずり回らせる, 引きずり回す

◆ **~se ❶** …を持って来る, 連れて来る: *Tráete la caja que está allí.* そこにある箱を持って来てくれ. *Debiste ~te a los niños.* 君は子供たちを連れて来るべきだった. **❷** [こっそり] …をたくらむ, 策する: *¿Qué se traerá Paco con tantas visitas?* 何度も訪ねてパコは何をたくらんでいるのだろう?

traérselas 何か裏がある; 見かけより難しい: *¡El comentario se las traía, desde luego!* やっぱり, その論評には裏があった!

trafagar [trafagár] ⑧ 圓 忙しく動き回る, 立ち働く

tráfago 圐 忙しく動き回ること

traficante [trafikánte] 图 取引業者; [特に麻薬の] 密売人; ~ **de armas** 武器商人

traficar [trafikár] ⑦ 圓 [主に不正に, +con・en の] 取引をする: ~ **con (en) drogas** 麻薬の密売をする

tráfico [tráfiko] 圐 **❶** [車・船などの] 交通, 往来: *Hay mucho ~ en esta calle.* この通りは交通量が多い. *luz de ~* 交通信号灯. **❷** [不正な] 取引, 密売: ~ **de drogas** 麻薬の密売. ~ **de influencia** [政府との商談などでの] 政治的影響力 [権力] の不正利用. ~ **de negros** 黒人奴隷売買

trafulcar [trafulkár] ⑦ 圓 取り違える, 混同する

traga [trága] 囡 《南米》(強い) 恋愛感情

tragabolas [tragabólas] 圐 〖単複同形〗《玩具》口の中に玉を投げ入れて遊ぶ人形

tragacanto [tragakánto] 圐 《植物》トラガカントゴムノキ

tragaderas [tragadéras] 囡 圏 《口語》信じ易さ; 寛容さ: *tener buenas ~* 何でも信じ込む; 非常に寛容である

tragadero [tragadéro] 圐 [液体などの] 吸い込み口

trágala [trágala] 圐 **❶** トラガラ 〖19 世紀初頭, スペインの自由主義者が絶対王制を諷刺した歌. *Trágala o muere, tu servilón* で始まる〗. **❷** 無理強い, 押しつけ: *a la ~* 無理やりに

tragaldabas [tragaldábas] 图 〖単複同形〗《西, 口語》大食漢, 食いしん坊; 信じやすい人, 寛大すぎる人

tragaleguas [tragalégwas] 图 〖単複同形〗《口語》健脚家, 歩くのが好きな人

tragaluz [tragalúθ] 圐 〖圏 ~ces〗明かり取り窓, 天窓 《claraboya》

tragamillas [tragamíλas] 图 〖単複同形〗[海峡横断・マラソンなどの] 長距離泳者 (走者)

tragamonedas [tragamonédas] 圐/囡 〖単複同形〗スロットマシン 《máquina ~》

tragantona [tragantóna] 囡 《口語》すごいごちそう; 無理やり飲み込むこと

tragaperras [tragapéras] 圐/囡 〖単複同形〗《西》[お金を入れる] ゲーム機械, スロットマシーン 《máquina ~》

tragar [tragár] ⑧ 𝈯/**~se** [多くは ~se] **❶** 飲み込む: *Se tragó la carne sin masticarla.*

彼は肉を〔かまずに〕丸飲みした. *Tienes que ~ esa pastilla.* その錠剤を飲まなくてはいけないよ. *El terreno traga mucha agua.* その土地は水をよく吸う. *Las aguas 〔se〕 tragaron su cuerpo.* 彼の体は水中に飲み込まれた. *¡Trágame, tierra!* 穴があったら入りたい! **❷** 急いで (がつがつ) 食べる (飲む): *Se ha tragado dos litros de vino.* 彼はワインを 2 リットル飲み干した. **❸** 我慢して受け入れる, 甘受する; 隠す: *Tenía que ~se todo el discurso.* 彼は辛抱して最後まで演説を聞かなければならなかった. *Me tragué el dolor que sentía e intenté parecer alegre.* 私は悲しみをこらえつとめて明るくふるまった. ~ **sus lágrimas** 涙を隠す. **❹** [嘘などを] 信じ込む, うのみにする: *Se tragó fácilmente mis palabras.* 彼は簡単に私の言葉を信じてしまった. **❺** 消費する: *Este coche traga mucha gasolina.* この車はガソリンをたくさん食う. **❻** 《西》[+人 に] ほれこむ

hacer ~ 無理やり聴かせる (納得させる); [だまして] 信じさせる

no 〔poder〕 ~ a+人 …をひどく嫌う: *No puedo ~ a ese tipo.* あいつは我慢ならない.

~se lo dicho (las palabras) [脅し文句で] 言ったことを取り消す

tragasables [tragasábles] 图 〖単複同形〗剣 (ナイフ) を飲み込む曲芸師

tragedia [traxéðja] 囡 〖英 tragedy〗 **❶** 悲劇, 悲劇作品: ~ **griega** ギリシア悲劇. **❷** 悲劇的な事件, 惨事. **❸** 悲劇性: *parar (terminar) en ~* 悲劇的な結果に終わる

trágico, ca [tráxiko, ka] 圈 **❶** 悲劇の, 悲劇的な, 悲惨な: *accidente ~* 悲惨な事故 ◆ 图 悲劇作家 《autor ~》; 悲劇俳優 《actor ~》

trágicamente 圖 いたましいことに

tragicomedia [traxikoméðja] 囡 悲喜劇; 悲喜こもごもの出来事 (状況)

tragicómico, ca 圈 悲喜劇の; 悲喜こもごもの

trago [trágo] 圐 **❶** 1 回に飲み込む分量: *Se bebió la leche de un ~.* 彼はミルクを一息に飲んでしまった. *Ha tomado dos ~ de vino y ya está borracho.* 彼はワインを一口飲んだだけなのに, もう酔っ払っている. *beber a ~s* ちびちび飲む. **❷** 《主に中南米》酒; 飲酒: *ser aficionado al ~* 辛党である. *salir a tomar un ~* 一杯飲みに出かける. *Vamos a echarnos un ~.* まあ一杯やろう. **❸** つらさ, 不快さ: *pasar un mal ~ (un ~ amargo)* つらい目に会う, いやな思いをする

pasar la vida a ~s 人生の辛酸をなめる

tragón, na [tragón, na] 圈 图 《口語》大食らいの (人), 食いしん坊の (人)

traición [traiθjón] 囡 **❶** 裏切り, 背信; 不貞: *hacer ~ a+人* …を裏切る. **❷** 反逆罪: *cometer ~ contra su país* 反逆罪を犯す. *alta ~* [国家・元首に対する] 大逆罪

a ~ 陰険に, 卑劣に: *Me disparó por la espalda a ~.* 彼は卑怯にも背後から私を撃った

traicionar [traiθjonár] 他 ❶ 裏切る, 背く: ～ a su mujer [夫が] 不倫をする. ❷ …の失敗の原因となる: Le *traicionó* su falta de experiencia. 経験不足が彼に仇となった. ❸ [無意識に] 暴露してしまう: La mirada *traicionó* sus intenciones. 彼が何をしようとしているか目つきでわかってしまった

traicionero, ra [traiθjonéro, ra] 形 名 偽りの, 油断のならない; 裏切り者[の]: Sus ojos ～s me robaron el corazón. 彼の偽りのまなざしに私は心を奪われた

traído, da [traído, ða] 形 過分 [estar+] 使い古した
～ *y llevado* 陳腐な, 言い古された
◆ 囡 持って来ること: ～*da* de aguas 送水, 水利. canal de ～*da* 導水路

traidor, ra [traiðór, ra] 形 名 ❶ [+a への] 裏切り者[の], 不実な[人]. ❷ [動物が] 言うことを聞かない, 性の悪い. ❸ [口語] 見かけに反して有害な, 人をだます

traiga-, traigo ⇨**traer** 45

trail [tréil] 囡 [履 ～s] トレールバイク

tráiler [tráiler] 男 [履 ～s] [←英語] ❶ [大型の] トレーラー; トレーラーハウス. ❷ [西. 映画] 予告編

traílla [traíʎa] 囡 ❶ [馬に引かせる] 地ならし器. ❷ [犬の] 引き綱; 医図 引き綱で結んだ猟犬

traína [traína] 囡 [主にイワシ漁の] 引き網

trainera 囡 引き網漁船; [北スペインなどの] レガッタの一種

traj-, traje- ⇨**traer** 45

traje [tráxe] 男 [英 suit, costume] ❶ 服; [男·女の] スーツ, 背広, 衣装: Se puso de prisa un ～ y salió a la oficina. 彼は急いで服を着て会社に出かけた. No tengo un ～ adecuado para asistir a la fiesta. パーティーに着ていく服がない. ～ corto [フラメンコダンサー·闘牛士の着る] ボレロとトレアドールパンツの組合わせ. ～ de agua 防水服;《自動車》ウォータージャケット. ～ de baño 水着. ～ de calle 背広, ビジネススーツ. ～ de chaqueta/～ sastre [上着とスカートまたはパンツの男物風の] スーツ. ～ de etiqueta [de ceremonia] 礼服, 正装. ～ de luces [闘牛士の着る] きらびやかな服. ～ de pantalón パンツスーツ. ～ espacial 宇宙服. ❷ [女性用の] ドレス『vestido』: ～ de noche (de gala) イブニングドレス, 夜会服. ～ largo ロングドレス, イブニングドレス. ❸ 民族衣装『～ regional』: ～ de gitana ジプシーの民族衣装

trajear [traxeár] 他 …に衣類を供給する
◆ ～se きちんとした服を着る, 盛装する
trajeado, da 形 過分 身なりを整えた, 盛装した『bien ～』: mal ～ 身なりの悪い

trajín [traxín] 男 大忙し

trajinar [traxinár] 自 ❶ 忙しく動き回る, あくせく働く. ❷ [俗語. 軽蔑] 性交する
◆ 他 運搬する

tralla [tráʎa] 囡 先が房になった鞭; その房
dar ～ 激しく打つ(批判する)
trallazo 男 1) [tralla による] 鞭打ち; その音.

2) 激しい打撃;《サッカー》力強いキック(シュート)

trama [tráma] 囡 ❶ 医図 横糸 [↔urdimbre]. ❷ [小説などの] 骨組み, 大筋: ～ de una comedia 芝居の筋立て. ❸ 陰謀: ligar una ～ 陰謀をたくらむ. ❹《生物》網状組織. ❺《印刷》網目

tramar [tramár] 他 ❶ たくらむ, 企てる: ～ la venganza 復讐をたくらむ. ❷ [複雑な·難しいものを] 組み立てる, 組織する. ❸ 横糸を通す, 織る. ❹ 網目スクリーンをかけて撮影する
◆ ～se …をたくらむ

tramitar [tramitár] 他 …の手続きをとる, 処理する: Está *tramitando* su divorcio. 彼は離婚の手続き中だ
tramitación 囡 手続きをとること; 一連の手続き

trámite [trámite] 男 ❶ 手続き: Para obtener la beca hay que hacer muchos ～s. 奨学金をもらうためには数多くの手続きをとらなければならない. patente en ～ 特許出願中. ❷ 履《法律》訴訟手続き
de ～ 形式上の, 形式だけの

tramo [trámo] 男 ❶ [道路などの] 区間: ～ de la carretera en obras 高速道路の工事中の区間. ❷ 医図 [踊り場と踊り場の間の] 階段: Cada ～ tiene diez escalones. 一つの階段は10段ある. ❸ [内容·継続を分割した] 一区切り: El curso se divide en tres ～s. 講習は3期に分かれている

tramontana [tramontána] 囡 [ピレネー山脈越えの] 北風『mistral』

tramoya [tramója] 囡 ❶《演劇》仕掛け, からくり. ❷ 陰謀, 奸策: ～ política 政治的陰謀
tramoyero, ra 形《中米》詐欺師の, ぺてん師の
tramoyista 名 形 1)《演劇》道具方. 2) 陰謀家[の], 嘘つき[の]

trampa [trámpa] 囡 ❶《狩猟》落とし穴, 罠: armar (disponer) una ～ 罠を仕掛ける. ❷ [床·天井の] 揚げ戸; [カウンターの] 上げ板. ❸ 策略, 罠: tender una ～ a+人 …に罠をはる. caer en la ～ 罠にはまる. ❹ [賭け事の] いかさま. ❺ 借金: Está lleno de ～s. 彼は借金で首が回らない
coger a+人 *en la* ～ …の悪事の現場を押さえる
hacer ～ いかさま(ずる)をする

trampantojo [trampantóxo] 男《軽蔑》嘘, ごまかし

trampear [trampeár] 自 ❶ いかさまをする. ❷ あちこちから借金して暮らす; 細々と暮らす

trampero, ra [trampéro, ra] 名《狩猟》罠師

trampilla [trampíʎa] 囡 [床の] 揚げ戸

trampolín [trampolín] 男 ❶ i)《体操》跳躍板, 踏み切り台, スプリングボード『～ de impulso』; トランポリン. ii)《水泳》飛び板, 板飛び込み. iii)《スキー》ジャンプ台, シャンツェ: ～ largo ラージヒル. ～ corto ノーマルヒル. ❷ [目的達成の] 踏み台, ステップ

tramposo, sa [trampóso, sa] 形 名 いかさま
をする〔人〕, いかさま師

tranca [tráŋka] 女 ❶ 杖, 棍棒；閂(ホムね). ❷
《主に中南米. 口語》酔い〖borrachera〗. ❸《俗
語》陰茎〖pene〗. ❹《中南米》[柵囲いなどの]
木片；《南米》交通渋滞
　a ~s y barrancas 苦労して, 困難に出会いな
　がらも

trancada [traŋkáða] 女 [広い] 歩幅
　en dos ~s 間もなく, すぐに

trancar [traŋkár] 他 [戸などに] 閂(ホムね)
(差し錠)をかける
　◆ *~se* 《中南米》便秘する

trancazo [traŋkáθo] 男 ❶ 杖(棍棒)による一
撃. ❷《西. 口語》流感〖gripe〗

trance [tránθe] 男 ❶ 危機, 決定的な時点：
Está pasando por un ~. 彼は難局にある. ❷
[霊媒の] 神がかりの状態：estar en ~ 神がかり
になっている
　a todo ~ どんな危険があろうと, 何としても：
　Hay que arreglarlo *a todo ~*. どうしてそれ
　を解決しなければならない
　estar en ~ de+名詞・不定詞 まさに…しようと
　している：*Está en ~ de* muerte. 彼は危篤状
　態にある
　postrer (último) ~ 臨終：estar en el
　último ~ 臨終の床にある

tranco [tráŋko] 男 ❶ 広い歩幅：avanzar a
grandes ~s 大股で歩く. ❷ [戸口の] 敷居
　a ~s 急いで, あわてて
　en dos ~s 間もなく, すぐに

tranquera [traŋkéra] 女 柵；《南米》[柵状
の] 木戸

tranquero [traŋkéro] 男 《建築》[石の] 楣
(ホォ), 戸(窓)枠

tranqui [tráŋki] 間《主に西. 俗語》落ち着いて!

tranquilamente [traŋkilaménte] 副 落ち着い
て, ゆっくりと：Vamos ~. ゆっくり
行こう

tranquilidad [traŋkiliðá(ð)] 女 ❶ 静かさ,
平穏：~ de la noche 夜の静けさ(しじま). ~
del paisaje 風景の安らかさ. Necesitas un
mes de ~. 君は1か月の安静が必要だ. ❷ 安
寧, 秩序：recobrar la ~ 秩序を回復する；平
静を取り戻す. ❸ 平静, 安心：afectar ~ 平静
を装う. con ~ 平穏に, 落ち着いて；安心して；
平然と

tranquilizador, ra [traŋkiliθaðór, ra] 形
安心させる, ほっとさせる

tranquilizante [traŋkiliθánte] 形 男 精神
安定剤(の), 鎮静剤(の)

tranquilizar [traŋkiliθár] 他 安心させる；
心を静める：Sus palabras me *tranquilizaron*.
彼の話を聞いて私はほっとした
　◆ *~se* 安心する；平静になる：¡*Tranquilíza-
te!* 安心しなさい, 落ち着いて!

tranquillo [traŋkíʎo] 男 《西》こつ, 要領：
coger (pillar) el ~ de... …のこつを覚える

tranquilo, la [traŋkílo, la] 形 [英 tran-
quil] ❶ 静かな, 穏やかな：i) [estar+. 場所
が] zona ~*la* 閑静な地区. El mar estaba

~. 海は穏やかだった. ii) [人が] 物静かな, おとな
しい；のんびりした. Ese joven es
~. その青年は物静かだ(おっとりしている). Hoy
los niños están ~s. 今日は子供たちはおとなし
い. ❷ [estar+. 人が] i) 落ち着いた, 平静な, 平
然とした；平穏な：Estáte ~. 落ち着きなさい.
llevar una vida ~*la*/vivir ~ 平穏な生活(心
安らかな日々)を送る. ii) 安心した：No me
siento ~. 私は心安らかでない/どうも落ち着かな
い. Me quedé ~ al verle. 私は彼の姿を見て安
心した. Saldremos a las seis para llegar
~s a la estación. ゆとりをもって駅に着けるよう
6時に出よう. tener la conciencia ~*la* 心にや
ましいところがない. sueño ~ 安らかな眠り. ❸
[間投詞的に] ¡T~! No pasa nada. 大丈夫!
何ともないよ

tranquiza [traŋkíθa] 女《中米》殴打, 鞭打ち

trans-《接頭辞》[越えて] *trans*parente 透明
な

transa [tránsa] 女《南米》不法な取引き(商
売)

transacción [transa(k)θjón] 女 ❶ 商取引,
売買(契約). ❷《法律》和解, 示談

transalpino, na [transalpíno, na] 形 アル
プス山脈の向こう側の 〖↔cisalpino〗；アルプス
横断の

transaminasa [transaminása] 女《生化》
アミノ基転移酵素, トランスアミナーゼ

transandino, na [transandíno, na] 形 アン
デス山脈の向こう側の 〖↔cisandino〗；アンデス
横断の
　◆ 男 アンデス横断鉄道

transar [transár] 自《南米》妥協する〖tran-
sigir〗；取引する, 売買契約を結ぶ

transatlántico, ca [transatlántiko, ka]
形 大西洋横断の；大西洋の向こう側の
　◆ 男 大西洋横断定期船；大型船

transbordador [transborðaðór] 男 ❶《船
舶》フェリー. ❷ ケーブルカー. ❸《宇宙》スペース
シャトル〖~ espacial〗

transbordar [transborðár] 他 [積み荷を]
積み換える；乗り換えさせる：~ los equipajes
del barco a la chalupa 積み荷を船からはしけに
積み換える
　◆ 自 乗り換える

transbordo [transbórðo] 男 積み換え；乗り
換え：hacer dos ~s en el metro 地下鉄を2
回乗り換える

transcendencia [transθendénθja] 女 ❶
重要性；深刻さ：noticia de gran ~ 重大ニュー
ス. ❷ 波及：~ del suceso 事件の波及；事
件が知れ渡ること. ❸《哲学》超越性

transcendental [transθendentál] 形 ❶ き
わめて重要(重大)な, 大変意義のある：proble-
ma ~ para la existencia humana 人類の生
存にとって非常に重大な問題. ❷ [スコラ哲学
で] 超越的な. ❸《数学》超越数：número ~ 超越数
　transcendentalismo 男《哲学》先験論

transcendente [transθendénte] 形 ＝
transcendental ❶；[カント哲学で] 超越的な

transcender [transθendér] 24 自 ❶ [情報

が〕もれ広がる，知れ渡る：*Ha trascendido* el secreto. 秘密がもれた. *Ha trascendido* que+直説法 …と聞くところによると…だ. según *ha trascendido* 噂によると. ❷〔影響などが，+a に〕広がる，波及する：La resistencia *trascendió a* todas las provincias. レジスタンスは全地方に広がった. Su amor a la humanidad *trasciende a* todos los aspectos de su vida. 彼の人間愛は生活のすべての面に及んでいる. ❸〔+de 限界・枠を〕越える：asunto importante que *trasciende del* ámbito nacional 一国の枠を越えた重要な問題. ❹〔強烈な〕臭いを放つ，臭いが届く

transcontinental [transkontinentál] 形 大陸横断の

transcribir [transkribír] 他〔過分 transcri(p)to〕❶ 書き写す，転写する；〔他の字母などに〕書き替える，翻字する；文字化する：～ un texto griego en caracteres latinos ギリシア語の文章をラテン文字に書き替える. ～ un discurso 講演を口述筆記する. ❷〔印象記などを〕書く. ❸〔他の楽器用に〕編曲する
　transcripción 女 転写，筆写；転写したもの；文字化；編曲：～ fonética (fonológica) 《言語》音声(音韻)転写

transcultur(iz)ación [transkulturaθjón, -riθa-] 女〔他の文化からの〕文化移植(受容)
transcultural [transkulturál] 形 あらゆる文化に共通の，異文化間の

transcurrir [transkurír] 自〔時間が〕経過する，推移する：*Han transcurrido* muchos años desde entonces. それから長い年月が流れた. Su vida *transcurría* tranquila y apacible. 彼は平穏無事な生活を送っていた

transcurso [transkúrso] 男 経過，推移：con el tiempo trascurre 時とともに. Se construyó el castillo en el ～ de ocho años. その城は8年の歳月をかけて建てられた

transducción [transduk θjón] 女 《生物》形質導入

transductor [transduktór] 男 《物理》変換器；《生物》生物学的変換器

transepto [transépto] 男 《建築》〔教会の〕交差廊，袖廊『☞iglesia カット』

transeúnte [transeúnte] 形 名 ❶ 通行人〔の〕. ❷〔都市・国を〕通過するだけの〔人〕，一時寄港の〔旅客〕：viajero ～ 通過乗客

transexual [transe(k)swál] 形 名 《医学》性転換の，性転換者；異性化願望の〔持ち主〕
　transexualidad 女/**transexualismo** 男 性転換

transferencia [transferénθja] 女 ❶ 譲渡，名義変更；移動；移転支出：～ bancaria 銀行振替. ～ telegráfica 電報為替. ～ de tecnología 技術移転. ～ del derecho 権利の移動. ❷《心理》〔感情の〕転移

transferir [transferír] 他〔現過 transfi-riendo〕❶ 譲渡する；移動させる：～ sus bienes a+人 財産を…に譲渡する. ～ el dinero a la cuenta del otro banco 金を別の銀行の口座に移す. ❷〔語意を〕比喩によって拡大(変化)さ

せる
transferible 形 譲渡可能な

transfigurar [transfigurár] 他 変貌させる：El dolor le *transfiguró* la cara. 彼の顔は苦痛にゆがんだ
　◆ ～**se** 変貌する
　transfiguración 女 1) 変貌. 2) La T～ ＝キリストの変容；御変容の祝日〔8月6日〕

transfixión [transfi(k)sjón] 女〔特に聖母マリアの悲しみの〕刺し貫き；《医学》穿刺(ぜ^)

transfluencia [transflwénθja] 女 《地理》貫流

transformable [transformáble] 形 変形できる：sillón ～〔en cama〕ソファーベッド

transformación [transformaθjón] 女 ❶ 変形；加工；〔大きな・構造的な〕変化：～ del voltaje《電気》変圧. ❷《ラグビー》コンバート. ❸《言語》変形
　transformacional 形 変形の

transformador, ra [transformaðór, ra] 形 形を変える：industria ～ra 加工産業. estación ～ra 変電所
　◆ 男《電気》変圧器，トランス

transformar [transformár] 他 ❶〔形・性質などを，+en に〕変える，変形する；加工する：El tiempo lo *transforma* todo. 時はすべてを変える. El matrimonio le *ha transformado*. 結婚して彼は別人のようになった. ～ *en* oro 金に変える. ～ la harina *en* pan 粉からパンを作る. ❷ 改善する；元気にする：Las vacaciones le *han transformado*. 休暇で彼は元気になった
　◆ 自《ラグビー》コンバートする
　◆ ～**se**〔別のものへの無意志で思いがけない変化〕変わる：La aldea *se transformó en* un mar de barro. 村は泥の海と化した

transformativo, va [transformatíbo, ba] 形 変形させる

transformismo [transformísmo] 男 生物変移説〔一種の進化説〕；早変わりの物まね
　transformista 名 生物変移説の支持者；次々に早変わりする物まね芸人

transfronterizo, za [transfronteríθo, θa] 形 国境を越えた，国際的な

tránsfuga [tránsfuga] 名〔tránsfugo 男 もある〕転向者，変節漢

transfundir [transfundír] 他 ❶〔液体を〕移し替える；《医学》輸注(輸血)する：～ el vino de la cuba a una botella 樽のワインを瓶に移す. ❷〔ニュースなどを，人から人へ〕伝える，広める

transfusión [transfuθjón] 女 ❶《医学》輸注，輸液；輸血〔～ de sangre〕：hacer una ～ a un herido 負傷者に輸血する. ❷〔液体の〕移し替え

transfusor, ra [transfusór, ra] 形 輸血を行なう

transgredir [transgreðír] 他《文語》違反する，背く：～ las ordenanzas 法令に違反する
　transgresión 女 違反；《地質》海進
　transgresor, ra 形 違反する；違反者

transiberiano, na [transiβerjáno, na] 形

囮 シベリア横断の(鉄道)

transición [transiθjón] 囡 ❶ [+a への] 推移, 移り変わり: ～ del invierno *a* la primavera 冬から春への変わり目. gobierno de ～ 臨時政府. período de ～ 過渡期. ❷《西》[1975-78 年の民主主義への]移行期《～ a la democracía》

transicional 圏 移行(期)の

transido, da [transíðo, ða] 圏《文語》[estar+. 肉体的・精神的苦痛で]動揺した: ～ de dolor 悲しみに取り乱して

transigente 圏 寛容な, 妥協的な

transigencia 囡 譲歩, 妥協; 寛容さ

transigir [transixír] 囚 圁 [+en の点で] 和解する, 妥協する; [+con を] 我慢する: ～ *en* los principios 原則を曲げる. No puedo ～ *con* la hipocresía. 私は偽善には我慢ならない

transilvano, na [transílβano, na] 圏 囜《地名》[ルーマニアの]トランシルバニア Transilvania 囡 の(人)

transistor [transistór] 團《電気》トランジスター; トランジスターラジオ《radio a (de) ～》

transistorizado, da 圏 トランジスター式の

transitar [transitár] 圁 [+por を] 通行する: *Transita* la gente *por* las calles. 人々が通りを歩いている. calle *transitada* 交通量の多い通り

transitable 圏 [場所が]通行可能な

transitivo, va [transitíβo, βa] 圏 團《文法》他動詞(の)

transitividad 囡 他動性

tránsito [tránsito] 團 ❶ 通行, 交通: El ～ por esta carretera se hace difícil. この国道の通行は困難になっている. El fin de semana hay mucho ～ en la autopista. 週末は高速道路の交通量が多い. ～ pesado 大型車両の通行. ～ rodado 車両通行. ～ al otro mundo あの世へ行くこと, 死. ❷ 通過; 短期滞在: mercancías de ～ 通過貨物. pasajero en (de) ～ 通過客. tarjeta de ～ トランジットカード. ❸ [修道院などの]廊下, 通路. ❹《文語》[聖人などの]死; [T～]聖母マリアの被昇天(祭) *de* ～ 立ち寄っただけの: Sólo estoy *de* ～. 私, は立ち寄っただけだ *hacer* ～ 宿泊する

transitorio, ria [transitórjo, rja] 圏 過渡的な; 一時的な, 臨時の: período ～ 過渡期. instalación ～ria 仮の施設

transitoriedad 囡 過渡性

translación [translaθjón] 囡 《←trasladar》❶ 移動: ～ de un cuerpo 物体の移動. ❷ [職務の]公転. ❸《文法》品詞転換《圆 joven 若い>un joven 若者》. ❹《数学》平行移動

translaticio, cia [translatíθjo, θja] 圏《言語》転義の, 比喩的な: sentido ～ 転義

transliteración [transliteraθjón] 囡 [異なる文字体系への]書き直し, 翻字

transliterar 囮 翻字する

translúcido, da [translúθiðo, ða] 圏 半透明の: cristal ～ 半透明ガラス

translucir [transluθír] 囮 圁/～se 透けて見える; [徴候などを通して]感じ取れる: Detrás de las cortinas se *traslucía* una silueta. カーテンの背後に人影が見えた. De su cara se *trasluce* su ira. 彼の顔つきから怒っていることがわかる. Dejó ～ sus sentimientos. 彼は思わず感情を表に出してしまった ◆ 囮 かいま見せる; 感じ取らせる: Su sonrisa *trasluce* su tristeza. 彼の微笑には悲しみがにじみ出ている

transmediterráneo, a [transmeðiteráneo, a] 圏 地中海横断の: comercio ～ 地中海貿易

transmigrar [transmigrár] 圁 ❶ [特に一民族が]移住する. ❷《宗教》転生する

transmigración 囡 移住; 転生, 輪廻《～ de las almas》

transmisible [transmisíβle] 圏 伝達(伝染・遺伝)し得る; 譲渡可能な

transmisión [transmisjón] 囡 ❶ 伝達; 移転, 譲渡: enfermedad de ～ sexual 性病. ～ de dominio 所有権の譲渡. ～ de pensamiento 直覚的思考伝達, 以心伝心. ❷ 放送: derechos de ～ 放送権料. ～ en directo 生放送. ～ en diferido 録画中継. ～ en exterior スタジオ外放送. ❸《機械》伝動[装置], トランスミッション. ❹《情報》通信: ～ de datos データ通信

transmisor, ra [transmisór, ra] 圏 伝える ◆ 團 送信機, 送話器, 発信機: ～-receptor トランシーバー

transmitir [transmitír] 囮 ❶ [+a に]伝える: i) [伝達] Me dijo que le *transmitiera* sus saludos. 彼からよろしくとのことでした. ～ una noticia a+人 …に知らせを伝える. ii) [ラジオ・テレビで] ～ un concierto en directo (en diferido) コンサートを生放送(録画中継)する. iii) [物理] [運動・熱などの伝導] El aire *transmite* el sonido. 空気は音を伝える. ～ la fuerza del motor *a* las ruedas エンジンの力を車輪に伝える. ❷ [病気を]伝染させる: Los mosquitos *transmiten* la malaria. 蚊はマラリアを媒介する. Nos *transmitió* su desesperación. 彼の絶望が私たちにもうつった. ❸ 譲渡する: ～ sus bienes *a* su hijo 財産を息子に譲る. Los españoles *han transmitido* los romances de generación en generación. スペイン人は代々ロマンセを語り継いできた ◆ ～se ❶ 伝染する; 遺伝する: El carácter se *transmite* de padres *a* hijos. 性格は親から子へと伝わる. ❷ 伝わる: En su rostro se *transmitía* el dolor que sufría. 彼の表情からは彼の受けている苦しみが伝わってきた

transmundo [transmúndo] 團 夢(幻想)の世界; 来世, あの世

transmutar [transmutár] 囮 ❶ [錬金術で, +en 金などに]変質させる. ❷《物理》変換する: ～ el uranio *en* plutonio ウランをプルトニウムに変換する

T

◆ **～se** 変質する；変換される

transmutable 形 変質（変換）され得る

transmutación 囡 変質；変換；《生物》[種の] 変移

transnacional [transnaθjonál] 形 国家の枠を超えた，超国家的な

◆ 囡 多国籍企業『empresa ～』

transoceánico, ca [transoθeániko, ka] 形 海の向こうの；大洋横断の

transpacífico, ca [transpaθífiko, ka] 形 太平洋の向こう側の；大洋横断の

transparencia [transparénθja] 囡 ❶ 透明〔度〕：～ del agua 水の透明度．～ de la cortina カーテンが透けて見えること．～ de la actuación 行動のわかりやすさ．❷《写真》スライド；《映画》[背景を合成する] スクリーンプロセス；《美術》透かし絵，透明画

transparentar [transparentár] 他 [透けて] 見せる：Su rostro *transparentaba* la felicidad. 彼の顔は幸せを隠しきれなかった

◆ **～se** 透けて見える：A través de los visillos *se transparentaba* la habitación. 薄いカーテン越しに部屋が透けて見えた．vestido que *se transparenta* シースルーのドレス．Su temor *se transparenta*. 彼の恐怖はありありとわかる

transparente [transparénte] 形 ❶ 透明な『↔opaco』：cristal ～ 透明ガラス．papel ～ 透き通った紙．❷ 明白な，見え透いた：intención ～ 見え透いた意図

◆ 男 [窓などの] シェード；[祭壇奥の] ステンドグラス；内側から照明を当てた看板(広告)

transpirar [transpirár] 自 ❶ 汗をかく『sudar』．❷《植物》蒸散する．❸ [衣服などが] 汗を通す

transpiración 囡 発汗，蒸散

transpirenaico, ca [transpirenáiko, ka] 形 ピレネー山脈の向こう側の；ピレネー横断の

transplantar [transplantár] 他 ❶ [+a に] 植え替える：～ los rosales *a* otro lugar バラを別の場所に植え替える．～ el sistema moderno *a*... 近代的システムを…に導入する．❷《医学》[提供者から] 移植する：～ un riñón 腎臓を移植する．❸ [人を] 移住させる

transplantador 男 移植ごて，シャベル

transplante 男 植え替え；《医学》移植：～ de córnea 角膜移植

transpolar [transpolár] 形 北極(南極)を越える(横断する)

transpondedor [transpondedór] 男 トランスポンダー

transponer [transponér] 60 他《過分 trans*puesto*》《文語》❶ 移し替える．❷ [障害・限界などを] 越える

◆ **～se** ❶ 日が沈む．❷ うとうとする

transportable [transportáble] 形 運送(運搬)できる；持ち運びのできる

transportador, ra [transportaðór, ra] 形 運ぶ：cinta (banda) ～*ra* コンベヤーベルト．compañía ～*ra* 運送会社

◆ 男 ❶《数学》分度器．❷ コンベヤー，運搬装置：～ de correa (de cinta) ベルトコンベヤー．～ aéreo ケーブルカー

transportar [transportár] 他 ❶ 運ぶ，運搬(輸送)する：El barco *transporta* coches. その船は車を輸送する．～ los muebles desde el comedor a la sala 家具を食堂から居間に移す．～ electricidad 送電する．Este libro le *transporta* a usted al pasado. この本はあなたを過去の世界に連れていく．❷《音楽》移調する．❸ うっとりさせる，恍惚とさせる

◆ **～se** うっとりする，恍惚となる

transporte [transpórte] 男 ❶ 運送，輸送：gasto de ～ 交通費．～ aéreo (marítimo/terrestre) 空輸(海運・陸上輸送)．～ de mercancías 貨物輸送．❷ 運送料，運賃．❸ 輸送機関；《軍事》輸送船舶(トラック・列車・機)：～ público 公共輸送機関．～ de tropas 兵員輸送船(車・機)．❹《地質》tierras de ～ 沖積土．❺《南米》～ escolar スクールバス

transportista 図 運送業者；トラック運転手

transposición [transposiθjón] 囡 『←transponer』移し替え；《化学》[分子内]転位；《音楽》移調；《数学》移項，移動；《解剖》転位

transpositor, ra 形《音楽》instrumento ～ 移調楽器

transubstanciación [transuβstanθjaθjón] 囡 ＝transustanciación

transuranio, nia [transuránjo, nja] 形《化学》超ウランの；超ウラン元素の

transuránico, ca/transuránido, da 形 男 ＝transuranio

transustanciación [transustanθjaθjón] 囡《キリスト教》化体(ボ)『聖餐のパンとワインはキリストの肉と血であるとする』

transustanciar 他 化体させる

transvasar [transβasár] 他 [液体を他の容器に] 移し替える：～ la leche a una lechera 牛乳を牛乳瓶に移し替える

transvase 男 移し替え；[ある川から] 別の流域に水を引くこと

transverberación [transβerβeraθjón] 囡《カトリック》～ del corazón de Santa Teresa 聖テレサのトランスベルベラシオ『心臓を天使の矢で突き通される恍惚状態になった神秘体験』

transversal [transβersál] 形 ❶ 横切る，横断する：tejido con listas ～*es* 横縞の布．❷ [より広い範囲と] 交差する：camino ～ de (a) la calle de Ginza 銀座通りと交差する道．❸ [家系が] 傍系の

◆ 囡 交差する通り『calle ～』；《数学》横断線『línea ～』

transversalmente 副 横向きに；横断して；交差して

transverso, sa 形 ＝transversal：eje (diámetro) ～ [双曲線の] 交軸，横軸

tranvía [trambía] 男 ❶ 路面電車，市電：ir en ～ 市電で行く．❷《西》[1 両だての] 郊外電車『2 両以上は tren de cercanías』

tranviario, ria 形 图 路面電車の；市電の従業員

tranza [tránθa] 囡《中米》ペテン師

trapa [trápa] 男/女《まれ》[主に繰返して, 人々の声・足音の] 大騒ぎ
◆ 女《宗教》La *T*~ トラピスト修道会

trapacería [trapaθería] 女 不正取引, 詐欺商法
　　trapacear 自 詐欺を働く
　　trapacero, ra 形 名 不正を働く〔人〕

trapajoso, sa [trapaxóso, sa] 形 ぼろをまとった; 発音の不明瞭な

trápala [trápala] 女 ❶ 騒ぎ, 騒音. ❷ [見え透いた] 嘘, 欺瞞. ❸ [馬の足音] パカパカ
◆ 形 名 [つまらないことばかり] よくしゃべる〔人〕, おしゃべり; 嘘つき〔の〕
　　trapalear 自 [行ったり来たりして] 足音をたてる; 無駄口をたたく

trapatiesta [trapatjésta] 女 [けんかなどの] 騒ぎ, 叫び声

trapaza [trapáθa] 女 ＝trapacería
　　trapazar 9 自 ＝trapacear

trapeador [trapeaðór] 男《中南米》モップ〖fregona〗

trapear [trapeár] 他《中米》ボカボカ殴る;《南米》雑巾でふく

trapecio [trapéθjo] 男 ❶《数学》台形: ~ isósceles 等脚台形. ❷ [サーカスの] 空中ブランコ. ❸《解剖》僧帽筋; 大菱形骨, 大多角骨

trapecista [trapeθísta] 名 空中ブランコ乗り

trapelacucha [trapelakútʃa] 女 [アラウコ族の女性が着ける] 銀の首飾り

trapense [trapénse]
形《宗教》トラピスト修道会 la Trapa の〔修道士・修道女〕〖ロカット〗

trapero, ra
[trapéro, ra] 名 ❶ くず物商, 廃品回収業者. ❷ 着道楽な人; おざなりな人
　　trapería 女 1)〔集合〕くず, ぼろ. 2) 中古品店, 中古衣料店

trapezoedro [trapeθoéðro] 男《結晶》偏方多面体

trapezoide [trapeθójðe] 男《数学》台形, 不等辺四辺形;《解剖》小多角骨
　　trapezoidal 形 台形の

trapiche [trapítʃe] 男 [サトウキビなどの] 汁を絞る機械;《南米》[鉱石の] 粉砕器

trapichear [trapitʃeár] 自《軽蔑》不正取引をする; 巧妙な手段を捜す
　　trapicheo 男 [主に複] 不正取引; 巧妙な手口

trapillo [trapíʎo] 男 [貯めた] 小金
　　de ~ 普段着のままで

trapío [trapío] 男 [女性の動きの] 優雅さ; [闘牛用の牛の] 総合的な良さ

trapisonda [trapisónda] 女 ❶ けんか騒ぎ, もめごと. ❷《軽蔑》ペテン, かたり
◆ 女 ＝trapisondista
　　trapisondear 自 けんか騒ぎをする
　　trapisondista 名 けんか好きの人, トラブルメーカー

---

trapo [trápo] 男 ❶ ぼろぎれ, はぎれ: Los ~s sucios se lavan en casa.《諺》内輪の恥を他人の目にさらすな. ❷ 布巾〔~ de cocina〕; 雑巾〔~ del polvo・de sacudir〕: limpiar con un ~ 布巾(雑巾)でふく. ❸ 複《戯語》[女性用の] 服, ドレス: hablar de ~s [女性同士が] おしゃれの話をする. ❹《闘牛》ケープ〖capa〗; ムレータ〖muleta〗. ❺ 複 [一隻の船の] 帆

a todo ~ 1)《船舶》総帆を張って. 2) 大急ぎで: En cuanto me enteré, salí *a todo* ~. 私は知ると大急ぎで出かけた

acabar como (*hecho*) *un* ~ [身も心も] ほろぼろになる

dejar a+人 *como* (*hecho*) *un* ~ [口論などで] …をぼろくそにやっつける

estar (*quedar*) *como* (*hecho*) *un* ~ [肉体的・精神的に] ぼろぼろになっている

ir como (*hecho*) *un* ~ 粗末な身なりをしている, ひどい服装である

lavar los ~s *sucios* [両者の間で問題点・意見の相違を] 調整する

lengua de ~ 口ごもり, 舌たらずな話し方

poner a+人 *como un* ~ 〔*sucio*〕…を侮辱する, 悪く言う

sacar (*salir*) 〔*todos*〕 *los* ~s 〔*sucios*〕 *a relucir* (*a la colada*) ありったけの悪口(不平)をならべる

soltar el ~ [こらえきれずに] 笑い(泣き)出す

tratar a+人 *como a un* ~ 〔*sucio・viejo*〕…にひどい仕打ちをする, 虐げる

tráquea [trákea] 女《解剖》気管;《植物》導管

　　traqueal 形 気管の; 気管で呼吸する
　　traqueítis 女《単複同》《医学》気管炎
　　traqueotomía 女《医学》気管切開

traquear [trakeár] 他《中南米》しばしば…を通る(…に通う)

traquetear [traketeár] 自 [乗り物などがリズミカルに音を立てて] 揺れる, ガタゴトいう
　　traqueteo 男 振動

traquido [trakíðo] 男 [銃砲の] 発射音; [木の] 折れる音

trarilonco [trarilóŋko] 男 [アラウコ族が着ける] 飾り付き鉢巻

tras¹ [tras] 前《英 after, behind》[時に ＋de〕❶《文語》[時間] …の後に: *T*~ este tiempo vendrá otro mejor. この時期が過ぎれば, もっといい時期が来るだろう. *T*~ los años viene el juicio. 年季を積めば(年をとれば) 判断力がつく. [＋不定詞] *T*~ descansar una hora, reanudamos el trabajo. 1 時間休んだら, 私たちはまた仕事を始める
❷ [空間] …のうしろに 〖ロdetrás 類義〗: i) Llevaba ~ 〔*de*〕 sí más de doscientas personas. 彼は背後に 200 人以上の人を従えていた. ii) …を追って; 追い求めて: Corrí ~ el ratero. 私はすりの後を追いかけた. Anda ~ 〔*de*〕 una colocación. 彼は職を捜している. Se fue deslumbrado ~ los honores. 彼は名誉心にかられて目がくらんだ
❸《口語》[＋〔*de*〕不定詞・*que*＋直説法. 強調]

…の上に, さらに: *T 〜 de* ser malo, es caro. それは品質が悪い上に値段が高い

❹ [名詞＋〜＋同一名詞] día 〜 día 来る日も来る日も

echar[*se*] 〜＋人 …の追跡を始める

tras² [trás] 男《俗語》お尻 ; [ドアをノックする音] トントン

tras-《接頭辞》[越えて] *tras*nochar 徹夜する

trasaltar [trasaltár] 男 祭壇の後ろ(裏), 奥内陣

trasatlántico, ca [trasatlántiko, ka] 形 ＝**transatlántico**

trasbocar [trasbokár] ⑦ 他《南米》嘔吐する

trasbordar [trasbordár] 他 ＝**transbordar**
　　trasbordador 男 ＝**transbordador**
　　trasbordo 男 ＝**transbordo**

trascacho [traskátʃo] 男 風が遮られた場所

trascendencia [trasθendénθja] 女 ＝**transcendencia**

trascendental/trascendente [trasθendentál/- dénte] 形 ＝**transcendental/transcendente**

trascender [trasθendér] ㉔ 自 ＝**transcender**

trasconejar [traskonexár] 〜**se** 所在がわからなくなる

trascordar [traskordár] ㉘ 〜**se** 思い出さない, 判然としない ; 紛れる

trascoro [traskóro] 男 聖歌隊席のうしろ, 奥内陣

trascribir [traskriβír] 他 ＝**transcribir**
　　trascripción 女 ＝**transcripción**

trascurrir [traskuřír] 自 ＝**transcurrir**

trascurso [traskúrso] 男 ＝**transcurso**

trasdós [trasðós] 男《建築》[アーチなどの] 外輪(そと)

trasegar [trasegár] ⑧ ㉓《☞*negar* 活用表》他 ❶ [主に液体を, 十de から/十a に] 移し替える, 入れ替える : 〜 el agua *a* otra botella 水を別の瓶に移す. ❷ [酒を] たくさん飲む. ❸ [書類などを] ひっかき回す, ちらかす

trasera¹ [traséra] 女 [家の] 裏 ; [車などの] 後部 : tomar asiento en la 〜 del autobús バスのうしろの席に座る

trasero, ra² [traséro, ra] 形 うしろの, 後部の〖↔delantero〗: En la parte 〜*ra* de la casa hay un patio. 家の裏側には中庭がある. puerta 〜*ra* 裏口, 裏門 ; 後部のドア. rueda 〜*ra* 後輪

　　◆ 男《婉曲》お尻 〖nalgas〗

trasferir [trasferir] ㉝ 他 ＝**transferir**
　　trasferencia 女 ＝**transferencia**

trasfigurar [trasfigurár] 他 ＝**transfigurar**

trasfixión [trasfi(k)sjón] 女 ＝**transfixión**

trasfondo [trasfóndo] 男 [外見・意図の] 背後にあるもの, 底流, 底意 : 〜 social 社会的な背景

trasformar [trasformár] 他 ＝**transformar**

trásfuga [trásfuga] 名 ＝**tránsfuga**

trasfundir [trasfundír] 他 ＝**transfundir**

trasfusión [trasfusjón] 女 ＝**transfusión**

trasgo [trásgo] 男 小妖精, 小鬼 ; いたずらっ子

trasgredir [trasgreðír] 他 ＝**transgredir**

trashumancia [trasumánθja] 女 [季節ごとの] 移動牧畜 ; その移動
　　trashumante 形 季節移動する
　　trashumar 自 移動する

trasiego [trasjégo] 男 〖←*trasegar*〗かき回し, 移し替え ; 混乱 : el 〜 de coches y transeúntes 車と人の洪水

traslación [traslaθjón] 女 ＝**translación**

trasladar [trasladár] 他 [十a に] 移動させる, 移し替える : 〜 el armario *a* otra habitación たんすを別の部屋に移す. 〜 a十人 *al* hospital …を病院に運び込む. 〜 a la secretaría a la sección de negocios …を秘書課から営業部へ配置転換する. 〜 la fiesta *a* la semana que viene パーティーを来週に延ばす. 〜 una obra *a* varios idiomas 作品を数か国語に翻訳する. 〜 sus emociones *a*l papel 感動を文字で表わす

　　◆ 〜**se** 移動する, 引っ越す : Se *trasladaron* de casa. 彼らは転居した

　　trasladable 形 移動可能な

traslado [trasláðo] 男 ❶ 移動, 移転 : 〜 de casa 転居. ❷ 写し

traslapo [traslápo] 男《映画》オーバーラップ
　　traslapar 他 オーバーラップさせる

traslaticio, cia [traslatíθjo, θja] 形 ＝**translaticio**

traslúcido, da [traslúθiðo, ða] 形 ＝**translúcido**

traslucir [trasluθír] ㊵ 自 他 ＝**translucir**

trasluz [traslúθ] 男 *al* 〜 透かして : mirar el negativo *al* 〜 ネガを透かして見る

trasmallo [trasmáʎo] 男《漁業》刺し網

trasmano [trasmáno] 男 *a* 〜 手が届かない ; 離れた : Ahora lo tengo a 〜. 今それは私の手もとにない. Su casa está tan a 〜 que apenas recibe visitas. 彼の家は人里離れていて訪れる人とてない

trasmigrar [trasmigrár] 自 ＝**transmigrar**

trasminar [trasminár] 他 浸透させる
　　◆ 自/〜**se** 浸透する, にじみ出る

trasmitir [trasmitír] 他 ＝**transmitir**
　　trasmisión 女 ＝**transmisión**

trasmundo [trasmúndo] 男 ＝**transmundo**

trasmutar [trasmutár] 他 ＝**transmutar**

trasnochado, da [trasnotʃáðo, ða] 過分 [estar＋] 新鮮でない, 気の抜けたような : lechuga 〜*da* しなびたレタス. noticia 〜*da* 新鮮味のないニュース. chiste 〜 陳腐な冗談

　　◆ 夜ふかし ; 徹夜

trasnochar [trasnotʃár] 自 夜ふかしをする ; 徹夜をする : *Trasnocha* todos los días y nunca llega antes de las cinco de la mañana. 彼は毎晩遅くまで遊び歩いて朝５時前に帰ったためしがない

　　trasnochador, ra 形 名 宵っぱり[の] ; 夜遊びする[人]

trasnoche 男《口語》夜ふかし；徹夜：programa de ～ 深夜番組

traspapelar [traspapelár] 他〖書類を所定の場所以外に入れて〗行方不明にする, 紛失する ◆ ～se 所在がわからなくなる

trasparente [trasparénte] 形 =transparente

trasparencia 女 =transparencia
trasparentar 他 =transparentar

traspasar [traspasár] 他 ❶〖+de から, +a に〗移す, 運ぶ：～ la mesa de la sala al comedor テーブルを広間から食堂に移す. ❷〖営業権・借地権などを〗売る, 譲渡する；《スポーツ》トレードする：Traspasó la tienda a un amigo. 彼は店を友人に売った. Traspasó a su hermano menor los libros que había usado el año anterior. 彼は前年に使った教科書を弟に譲った. ❸〖弾丸などが〗貫く, 貫通する：La espada le traspasó el corazón. 剣は彼の心臓を貫いた. La lluvia me traspasa los zapatos. 雨が私の靴にしみ通る. ❹〖感覚・感情に〗深い影響を与える：El chillido le traspasó el oído. 金切り声が彼の耳をつんざいた. Me traspasó el pinchazo de una espina. 私はとげが刺さって鋭い痛みを感じた. La película nos traspasó el alma. その映画は私たちの魂をえぐった. ❺〖越える, 横切る〗〖atravesar〗：～ un río 川を渡る. ～ los Alpes アルプスを越える. ❻〖範囲などを〗越える；〖法律などに〗違反する：Sus acciones han traspasado el límite de lo tolerable. 彼の行為は許容の範囲を越えた. ❼ 再び通り過ぎる：Pasó y traspasó la calle muchas veces. 彼は通りを何度も行ったり来たりした

traspaso [traspáso] 男 ❶ 売り渡し, 譲渡；トレード：～ de clientela 営業権(のれん)の譲渡. ❷ 譲渡料；トレードマネー. ❸ 移動

traspatio [traspátjo] 男《南米》裏庭

traspié [traspjé] 男 ❶ つまずき, よろめき：dar un ～ つまずく. ❷ しくじり, 失態：cometer un ～ 失敗をしでかす

traspirar [traspirár] 自 =transpirar

traspirenaico, ca [traspirenájko, ka] 形 =transpirenaico

trasplantar [trasplantár] 他 =transplantar

trasplante 男 =transplante

trasponer [trasponér] 62 他 =transponer
traspontín [traspontín] 男 =traspuntín
trasportar [trasportár] 他 =transportar
trasportador, ra 形 男 =transportador
trasporte 男 =transporte
trasportín [trasportín] 男 =traspuntín；〖自転車などの〗荷物台
trasposición [trasposiθjón] 女 =transposición
traspunte [traspúnte] 男《演劇》プロンプター
traspuntín [traspuntín] 男〖乗り物などの〗補助球
trasquilar [traskilár] 他〖羊などの〗毛を刈る；〖人間の髪を〗虎刈りにする

trasquilador, ra 名 毛を刈る人

trasquiladura 女 剪毛(ぜん)；虎刈り
trasquilón [traskilón] 男 虎刈り
a trasquilones めちゃくちゃに

trastabillar [trastabiʎár] 自 つまずく, よろめく；ためらう；口ごもる, どもる

trastabillón 男 つまずき

trastada [trastáða] 女〖←trasto〗《口語》❶〖意表をつく〗悪いこと：hacer (jugar) a+人 una ～ …に不正(卑怯)なことをする. ❷〖子供の〗悪さ, いたずら〖travesura〗：Este niño hace ～s a los animales. この子は動物をいじめる

trastazo [trastáθo] 男《口語》〖転倒などによる〗強打

traste [tráste] 男 ❶〖ギターなどの〗フレット. ❷《南米》家具, 道具
dar al ～ con+事物 …を消滅させる, だいなしにする：Su mezquindad dio al ～ con nuestra amistad. 彼がけちくさいせいで私たちの友情は壊れた
irse al ～ だいなしになる, 失敗に帰する：Sus planes de vacaciones se le han ido al ～. 彼の休暇の計画は流れてしまった

trastear [trasteár] 他 ❶ ひっかき回す, ひっくり返す：El ladrón trasteó toda la casa buscando el dinero. 泥棒が金を捜して家中をひっかき回した. ❷〖人を〗操る, 引き回す. ❸〖闘牛〗〖ムレータで牛を〗かわす. ❹〖ギターなどに〗フレットをつける ◆ 自 ❶〖+en に〗いじる；いたずらをする：El niño está trasteando en el bolso de su madre. 子供が母親のハンドバッグをいじっている. ❷ フレットで弦を押さえる

trastero, ra [trastéro, ra] 形 男 物置(の), 納戸(の)

trastienda [trastjénda] 女 ❶ 店の奥(の部屋). ❷ 用心, 慎重；抜け目なさ：actuar con mucha ～ 抜け目なくふるまう

trasto [trásto] 男 ❶〖主に壊れた・古くなった〗不用な家具(器具), がらくた：Tiré todos los ～s viejos. 私は古くて使いものにならない物は全部捨てた. ❷ 大きすぎるもの. ❸《西》不まじめな人, いたずらっ子；役立たず：Este chico es un ～. この子はめちゃくちゃだ. ¡Eres un ～! お前はやっかい者だ! ❹〖複〗道具, 用具：～s de la cocina 台所用品. ～s de cazar 狩猟の道具. ❺〖複〗《西》〖sus+〗所有物, 持ち物. ❻《演劇》〖主に舞台袖の〗背景装置, 大道具
tirarse los ～s〔a la cabeza〕激しく口論する, けんかする

trastocar [trastokár] 7 他《まれ》ごちゃごちゃにする, ひっかき回す〖trastornar〗 ◆ ～se〖精神的に〗おかしくなる

trastornar [trastornár] 他 ❶ ごちゃごちゃにする, ひっかき回す：Los niños han trastornado todo el cuarto. 子供たちは部屋中ひっくり返した. ❷〖秩序などを〗乱す：La nueva ley trastornó la economía. 新しい法律は経済を混乱させた. ～ el equilibrio 均衡を揺るがす. ～ el viaje proyectado 予定していた旅行をだいなしにする. ～ la digestión 消化を損ねる. ❸〖精神的に〗動揺させる, ろうばいさせる；錯乱させる：

Me *trastornó* mucho la enfermedad de mi marido. 夫の病気で私は気が動転した。 La muerte de su hijo le *trastornó* la mente. 息子の死で彼は気が変になった。 ❹ …に迷惑をかける。 ❺ ひどく…の気に入る。 La *trastornan* los pasteles. 彼女はケーキに目がない

◆ **~se** 錯乱する：A raíz del accidente *se trastornó*. 事故のせいで彼はおかしくなった

trastornar [trastórnar] ⑩ ❶ 混乱，動揺；causar un gran ~ entre el pueblo 国民の大きな動揺を招く。 experimentar unos ~s en los órdenes de la vida 生活面での変動を体験する。 ~ mental 精神錯乱 ~ /si no le sirve de ~ ご迷惑でなければ，すみませんが。 ❷ 体の不調：Sufro un ~ en el estómago. 私はおなかの具合が悪い

trastrabillar [trastrabiʎár] 圓 つまずく，よろめく；ためらう

trastrocar [trastrokár] ⑦ ㉘ [☞trocar 活用表] ⑩ 〖順番などを〗変える；〖意味を〗取り違える：~ en su mente el orden de los acontecimientos 出来事の順序を記憶違いする。 *Ha trastrocado* mis palabras. 彼は私の言葉を誤解した

    trastrocamiento/trastrueque 男 変更；誤解

trasudor [trasudór] 男〖軽い〗発汗

    trasudar 圓 汗ばむ

trasunto [trasúnto] 男《文語》写し，写本；模写

    trasuntar ⑩ 写す

trasvasar [trasβasár] ⑩ =transvasar

    trasvase 男 =transvase

trasversal [trasβersál] 形 =transversal

    trasverso, sa 形 =transverso

trata [tráta] 女 人身売買：~ de esclavos 奴隷売買。 ~ de blancas 白人女性の売買

tratable [tratáble] 形 ❶ 人づきあいのよい，愛想のよい。 ❷ 治療し得る

tratadista [tratadísta] 图 [専門書などの] 著述家，著者：~ de cuestiones urbanísticas 都市問題の専門家

tratado [tratádo] 男 ❶ 条約：concertar (ratificar・denunciar) un ~ 条約を締結(批准・廃棄)する。 ~ de comercio 通商条約。 firmar un ~ de paz 和平条約に調印する。 *T~* de Tordesillas トルデシーリャス条約〖1494年スペイン=ポルトガル間で南米の領有権を定めた〗。 ❷ 専門書，論文：escribir un ~ de historia medieval 中世史の研究書を書く

tratamiento [tratamjénto] 男 〖英 treatment〗 ❶ 待遇，取り扱い：recibir un ~ magnífico すばらしい待遇を受ける。 malos ~s 虐待，冷遇。 Los empleados dan al director el ~ de usted. 社員たちは社長を usted（敬称）で呼ぶ。 ❷ 敬称：Los sacerdotes tienen el ~ de reverendo. 司祭は「…師」の敬称で呼ばれる。 ❸ 処理，加工：~ térmico 熱処理。 ~ de la información 情報処理。 ~ de datos (de textos)《情報》データ(文書)処理。 ❹ 治療，手当て〖~ médico〗：seguir un ~ 治療を受ける。 poner (dar) a+人 un ~ por choques eléctricos 電気ショック療法を…に施す。 enfermo en ~ 治療中の病人

    apear el ~ 敬称抜きで話しかける，敬称(肩書き)を省く

tratante [tratánte] 图 [主に家畜の] 商人，ディーラー：~ de esclavos 奴隷商人

tratar [tratár] 〖英 treat, handle〗 ⑩ ❶ 取り扱う；[人を] Nos *tratan* con mucha simpatía. 彼らは私たちに大変親切にしてくれる。 Me *trata* como a (como si fuera) un niño. 彼は私を子供扱いする。 [+de で] No me *trates* de usted. 敬称で呼ばない(他人行儀にしない)でくれ。 En la oficina le *trataban* de inútil. 会社で彼は無能呼ばわりされた。 ii) [物を] *Trate* esta porcelana con delicadeza. この陶器は丁寧に扱ってください。 iii) [題材を] El discurso *trató* un tema muy interesante. 講演はとても面白いテーマを取り上げていた。 ❷ 交渉する，談判する：~ las condiciones de pago 支払い条件の交渉をする。 ~ la paz 和平交渉をする。 ❸ 処理する，加工する：~ el hierro con el ácido sulfúrico 鉄を硫酸と反応させる。 ~ el mineral 鉱石を加工する。 ❹ 治療する：~ a un enfermo 病人を治療する。 ~ la pulmonía con penicilina ペニシリンで肺炎の治療をする。 ❺《情報》処理する

~ bien (mal) ... …によい(悪い)扱いをする：~ bien a los clientes 客あしらいがよい。 ~ mal la bicicleta 自転車を乱暴に扱う

◆ 圓 I ❶ [+de・sobre について] 論じる，扱う：Este libro *trata de*l flamenco. この本はフラメンコについて書いている。 ❷ [+en で] 商う，商売をする：*Trata en* muebles. 彼は家具屋だ。 ❸ [+con で] 操作する，使う：En la fábrica *trata con* máquinas. 彼は工場で機械を動かしている。 ❹ [+con と] 交際する，親交がある：No quiere ~ *con* nadie. 彼は誰ともつき合いたがらない。 *Trato con* él desde hace diez años. 私は彼とは10年来のつき合いだ

II 〖英 try to〗 [+de+不定詞・que+接続法] …しようとする，試みる：i) *Tratemos de* hacer todo lo posible. できる限りのことはしてみよう。 No *trato de* convencerte. 私はなにも君を納得させようとしているのではない。 ii) [過去のことでは，達成されなかったことを表わす] *Traté de* alcanzarle, pero no lo conseguí. 私は彼に追いつこうとしたが，だめだった。 He *tratado de* olvidarme del suceso. 私は事件を忘れようと努力した。 *Trató de* que mis padres vivieran bien. 両親に楽な暮らしをしてもらおうと私はがんばった

◆ **~se** つき合う：Me *trato con* José. 私はホセと親交がある。 ❷ [3人称のみ. +de で] 話(問題)は…である：¿*De qué se trata*? 何の話ですか？ *Se trataba de* un proyecto. 話はある計画についてだった。 *Se trata de* encontrar una solución. 事は解決法を見いだすことだ。 Si sólo *se trata de* eso, no hay peligro. それだけのことなら危険はない。 Desde lejos no pude adivinar que *se trataba de* Juan. 私は遠くからではそれがフワンかどうか見分けがつかなかった

T

tratativa [tratatíβa] 囡《南米》[主に 徼] 交渉，折衝

trato [tráto] 男 ❶ 待遇，取り扱い；敬称〚tratamiento〛：Es una persona de ～ muy amable. 彼は大変親切な人だ．～ afable 厚遇．❷ 交友関係：no querer ～〔s〕con+人 …との交際(関係)を嫌う．romper el ～ con+人 …と絶交する．～ de gentes 社交性，人づき合いのよさ．～ carnal 肉体関係．❸ [時に 徼．商売上の〛協定，契約〚acuerdo〛：Hicieron un ～ conveniente para los dos. 両者に好都合のよい契約が結ばれた

cerrar el ～ 契約を決める，合意に達する

hacer buenos (malos) ～s …に有利(不利)な条件を出す

¡～ hecho! いいな〔約束したぞ〕/話は決まった!

trauma [tráuma] 男 ❶《医学》心理的外傷；外傷，損傷．❷《口語》[主に悪いことに] 強い印象，ショック

traumático, ca 形 外傷(性)の

traumatismo 男 外傷性障害：～ cervical むち打ち症

traumatizar [⑨] 他 …に外傷を与える；心に痛手を与える

traumatología 囡 外傷学，災害外科学

traumatológico, ca 形 外傷学の

traumatólogo, ga 男 外傷の専門医

travelling/travelín [tráβelin/traβelín] 男《英語. 映画》移動撮影

travertino [traβertíno] 男 湧泉沈殿物；石灰華

través [traβés] 男 *a ～ de...* 〚英 through〛…を通して，…の間から：colocar un tablón *a ～ del* río 川に板をかけ渡す．hacer el camino *a ～ del* bosque 森の中を抜けて行く．Pasaban todos los ruidos *a ～ del* tabique. 間仕切りを通して物音が筒抜けだった．*A ～ de* la ventana se veía el jardín. 窓越しに庭が見えた．Me enteré de la noticia *a ～ de* la televisión. 私はテレビでそのニュースを知った．pagar el gas *a ～ del* banco ガス料金を銀行振込みにする

al ～ 横切って．

al ～ de... =a ～ de...

dar al ～ con+事物 …をだめにする：Su poca experiencia *dio al ～ con* el negocio. 彼は経験の足りないで商売に失敗した

de ～ 横方向に；横切って：El sofá está puesto *de ～* en la habitación. ソファーは部屋に横に置かれている

mirar de ～ 横目で見る

travesaño [traβesáɲo] 男 横材，横木；[はしごの] 段；《スポーツ》ゴールバー

travesear [traβeseár] 自 ゴソゴソ動き回る，いたずらをする

travesía [traβesía] 囡 ❶ [船・飛行機による] 横断，渡航：～ del Atlántico 大西洋横断．❷《西》[幹線道路をつなぐ] 支道，横道，横丁；幹線道路の都心部分

travestí [traβestí] 名 [徼 ～s] 異性の衣服を着た人；《医学》服装倒錯者

◆ 男《俗語》ニューハーフ

travesti 名 ＝**travestí**

travestido, da 形 過分 男 服装倒錯の；ニューハーフ[の]

travestir ㉟ ～se 異性の衣服を着る

travestismo 男 服装倒錯

travesura [traβesúra] 囡 [子供の] 悪さ，いたずら

traviesa¹ [traβjésa] 囡《鉄道》枕木；《建築》梁，桁

travieso, sa² [traβjéso, sa] 形 ❶ いたずらな，じっとしていない：niño ～ いたずらっ子．❷ 悪賢い，抜け目のない

trayecto [trajékto] 男 ❶ 道のり，行程；旅程：Todavía falta un largo ～ para llegar al destino. 目的地までまだ道のりは遠い．Siempre ando el mismo ～. 私はいつも同じ道を行く．¿Qué ～ llevaremos en nuestra excursión por España? 私たちのスペイン旅行はどんなコースをとりますか？ Me mareé durante el ～ en autobús. バスに乗っているうちに私は気分が悪くなった．❷ [道路・鉄道・バスの] 区間

trayectoria [trajektórja] 囡 軌道；《数学》軌線：～ de una bala 弾道．～ de un misil ミサイルの軌道．～ de un planeta 惑星軌道．～ ortogonal 直交軌線．Su carrera ha tenido una ～ muy brillante. 彼の経歴は大変輝かしいものだった

traza [tráθa] 囡 ❶ 外観，外見：Tiene ～ de maleante. 彼は人相がよくない．Esta torta tiene buena ～. このパイはおいしそうだ．❷ 徴候，跡：Esta conferencia lleva (tiene) ～s de no acabar nunca. この会議はいつまでたっても終わりそうにない．seguir las ～s del carro 荷車の跡をたどる．❸ 設計図〚trazado〛．❹ 腕前，巧みさ．❺《数学》跡(ᵃ)，トレース

darse ～ [s] 技能を発揮する：Se dio ～s para atrapar una liebre. 彼は巧みにウサギを捕えた

por las ～s 見たところ，外見から判断すると：*Por las ～s*, se diría que es joven. 見たところ彼は若そうだ

trazado¹ [traθáðo] 男 ❶ [建築の] 図面，設計図：realizar el ～ de …の設計をする．❷ 道筋；川筋：El ～ del ferrocarril atravesaba el lugar. 鉄道の路線がその場所を横切っていた．❸ 線を引くこと，図を描くこと

trazado², da [traθáðo, ða] 形 過分 [bien- mal+] 外見(容貌)のよい・悪い

trazador, ra [traθaðór, ra] 形 痕跡(光跡)を残す：bala ～ra 曳光弾

◆ 名 立案者；作図者；トレーサー

◆ 男《化学・生理》トレーサー，追跡標識

trazar [traθár] ⑨ 他 ❶ [線を] 引く；[特に図形などを] 描く：～ una raya 線を1本引く．～ un círculo 円を描く．～ las letras 文字を書く．～ los planos de un edificio ビルの図面を引く．❷ [簡潔に] 描写する，素描する：～ el esquema general de un plan 計画の概要を描く．El profesor nos *trazó* la semblanza del poeta. 先生はその詩人の横顔を語った．❸ [計

画を立てる, 立案する. ❹《建築》線引きする; 罫書きする

trazo [tráθo] 男 ❶ [書かれた] 線: Los ～s del dibujo quedan poco claros. 図の線が消えかかっている. ❷ 顔だち, 目鼻だち: Tiene ～s. La dama tiene ～s elegantes. その婦人は上品な顔だちだ. ❸ 字画: carácter chino de ocho ～s　8 画の漢字

TRB 女《略語》←tonelada de registro bruto 総登簿トン数

TRC 男《略語》←tubo de rayos catódicos ブラウン管

trébedes [tréβeðes] 女 複 [こんろの] 五徳

trebejo [treβéxo] 男 [主に 複] 道具, 用具: ～s de cocina 台所用品. ～s de labranza 農器具

trébol [tréβol] 男 ❶《植物》シロツメクサ, クローバー: ～ de cuatro hojas 四つ葉のクローバー. ❷ [四つ葉のクローバー状の] 立体交差路. ❸《トランプ》クラブ [☞carta 参考]

trece [tréθe] 形 名 《英 thirteen》13(の); 13番目の
　mantenerse (seguir・estar [se]) en sus ～ 自分の考えに固執する, 人の意見に耳を貸さない, 強情を張る

treceañero, ra 形 名 13 歳の〔人〕
treceavo, va 形 名 13 分の1〔の〕

trecho [trétʃo] 男 [不定の] 距離, 時間: Para llegar a la estación aún nos queda un buen ～. 駅まではまだかなりある.　Me esperó largo ～. 彼は長い間私を待っていた
　a ～s [ずっとではなく] とぎれとぎれに, ところどころに
　de ～ en ～ 間隔を置いて: Paraba *de ～ en ～* para descansar. 彼は時々立ち止まって休んだ. Me escribe muy *de ～ en ～*. 彼はたまにしか手紙をよこさない

trefilar [trefilár] 他 [針金を] 引き伸ばす
trefilería 女 [工場] 延伸工場

tregua [tréɣwa] 女 ❶ 休戦, 停戦: pedir una ～ 休戦を申し入れる. ～ navideña クリスマス休戦. ～ de Dios《歴史》神の休戦〖11世紀, 領主間の争いが水曜午後から次の月曜までクリスマス・四旬節などに中止された〗. ❷ 休止, 休息: hacer una ～ para comer 食事のために休憩する. Trabajó sin ～ para vivir. 彼は生きていくために休みなく働いた
　dar ～[s] [痛みが] 一時おさまる; 余裕を与える: Su enfermedad no le *da ～*. 彼の病気は小康状態にならない

treinta [tréinta] 形 男 《英 thirty》❶ 30〔の〕; 30番目の: ～ y uno (dos...) 31(32...). ❷ [los+] 1930 年代; 30 歳台
treintañero, ra 形 名 30 歳台の〔人〕
treintavo, va 形 男 30 分の1〔の〕
treintena [tréinténa] 女 30〔のまとまり〕: una ～ de personas 約 30 人

tremebundo, da [treméβúndo, da] 形 恐ろしい, ぞっとするような

tremedal [tremeðál] 男 [足元がゆらゆらする] 沼状地, 湿地

tremendismo [tremendísmo] 男 ❶ デマを流す(信じる)傾向. ❷ [20世紀スペインの] 現実の過酷な面を強調して表現する風潮. ❸《闘牛》派手なスリルを追求する傾向
tremendista 形 名 デマを流す〔人〕; tremendismo ❷ の〔人〕

tremendo, da [treméndo, da] 形 恐ろしい, ひどい; すごい, 驚くべき: incendio ～ 恐ろしい火事. frío ～ ひどい寒さ. tipo ～ すごいやつ. niño ～ いたずらっ子. hombre de estatura ～da ばかでかい男
　echar por la ～da 平静さを失う
　por la ～da [解決方法として] 乱暴に, 徹底的に
　tomarse+事物 a (por) la ～da …を大げさに考える

trementina [trementína] 女 松やに, テレベンチン: aceite de ～ テレビン油

tremielga [tremjélga] 女《魚》シビレエイ〖torpedo〗

tremolar [tremolár] 《文語》他 [旗などを] 振る
◆ 自 はためく

tremolina [tremolína] 女 騒ぎ, 騒動

trémolo [trémolo] 男《音楽》トレモロ; [わざと出す] 震え声

trémulo, la [trémulo, la] 形《文語》震える: Está ～ de ira. 彼は怒りに震えている

tren [trén] 男《英 train》❶ 列車, 汽車; 電車〖～ eléctrico〗: tomar el ～ para Madrid マドリード行きの列車に乗る. subir al ～ 乗車する. viajar en ～ 汽車で旅行する. ～ tranvía [短距離で各駅停車の] 普通列車. ❷ 歩度, 足の速さ: llevar buen ～ 足が速い. ❸ ぜいたくさ: Su ～ de vida es alto. 彼の暮らしぶりは派手だ. llevar un ～ 豪奢な暮らしをする. ❹ [連動する機械の] 一組, 装置: ～ de embalaje 梱包ライン. ～ de montaje 組立ライン. ～ de lavado 洗車機
　a todo ～ 1) 金に糸目をつけず, ぜいたくに: vivir *a todo ～* ぜいたくな暮らしをする. 2) 全速力で
　estar como un ～《西. 口語》美男(美女)である, 魅力的である
　estar en ～ de...《南米》…の途中である, 途上にある
　para parar un ～《口語》大量の・に, たっぷりと; ものすごく
　perder el último ～ ラストチャンスを逃す
　subirse al ～ [+de 計画などに] 参加する, 乗り遅れまいとする

trena [tréna] 女《西. 俗語》刑務所, ブタ箱〖cárcel〗

trenca [trénka] 女《西. 服飾》ダッフルコート

trencilla [trenθíʎa] 女 飾りひも

treno [tréno] 男 歌, 哀悼歌

trenza [trénθa] 女 ❶ 三つ編み髪; 三つ編みの組みひも. ❷《南米》派閥

trenzar [trenθár] 9 他 三つ編みにする, 編む: ～ sus cabellos 髪を三つ編みにする. ～ los juncos イグサを編む

T

◆ ～**se**《南米》口論(けんか)する

trenzado 囲 1) 三つ編み, 組ひも 『行為』.
2) 『バレエ』アントルシャ

trepa [trépa] 囡 よじ登ること
◆ 图《軽蔑》立身出世主義の(主義者)

trepador, ra [trepaðór, ra] 形 よじ登る:
planta ～ra つる植物
◆ 男 よじ登る場所, 登攀場所; 囲 昇柱器
◆ 男 囡 つる植物; 《鳥》攀禽(はん)類

trepanación [trepanaθjón] 囡《医学》[頭蓋
の] 穿孔, 開孔術

trepanar 他 穿孔する

trépano 男 1)《医学》トレパン, 管鋸. 2)《穿
孔機・削岩機の》先金, ビット

trepar [trepár] 自 ❶ [+a に, +por を] よじ登
る, はい上がる: ～ a un árbol 木によじ登る. La
hiedra *trepa por* el muro. つたが塀をはってい
る. ❷《口語》立身出世する

trepariscos [trepaŕískɔs] 男 『単複同形』
《鳥》カベバシリ

trepatroncos [trepatrónkɔs] 男 『単複同形』
《鳥》セキレイ 『herrevillo』

trepidar [trepiðár] 自 ❶ [物が] 震える, 振動
する. ❷《中南米》迷う, 確信が揺らぐ

trepidación 囡 震え, 振動

trepidante 形 急震する, 激しい

treponema [treponéma] 男《生物》トレポネ
ーマ

tres [trés] 形 男《英 three》❶ 3(の); 3 番
目の: No hay dos sin ～. [悪いことにつ
いて] 二度あることは三度ある. ❷《ゲーム》～ en
raya (en línea) 三目並べ
como ～ y dos son cinco きわめて明白(確
実)に
de ～ al cuarto 安物の, 品質の悪い
ni a la de ～ 決して(…ない)
～ *cuartos* 1)《服飾》七分丈のコート. 2) 图
《ラグビー》スリークォーター

tresbolillo [tresbolíʎo] 男 *a*(*l*) ～ 五の目
型に, 五点型に [《正方形の四隅とその中心に植
樹するやり方》]

trescientos, tas [tresθjéntos, tas] 形 男
300(の); 300 番目の

tresillo [tresíʎo] 男 ❶ 応接 3 点セット [ソファ
と椅子 2 つ]; 3 人掛けのソファ. ❷ 石が 3 個の
指輪. ❸《トランプ》オンブレ. ❹《音楽》3 連音
符

treta [tréta] 囡 策略, 計略;《フェンシング》フェイ
ント

trezavo, va [treθáβo, βa] 形 男 =**trece-
avo**

tri-《接頭辞》[三] *tri*ángulo 三角形

tría [tría] 囡 選別; 区分け

triaca [trjáka] 囡 [昔の] 解毒剤

tríada [tríaða] 囡 ❶ 匟皿 3 つ(3 人)で 1 つのも
の: la ～ de dioses 三尊像. ❷ [麻薬取引な
どをする] 中国の秘密結社

trial [trjál] 男《スポーツ》モトクロス

triangular [trjaŋgulár] 形 三角形の: vela
～ 三角帆. comercio ～ 三角貿易
◆ 男《スポーツ》3 カ国(3 チーム)対抗試合

◆ 他《建築》三角に配置する; 三角測量をする;
《スポーツ》三角パスをする

triangulación 囡 三角測量

triángulo [trjáŋgulo] 男 ❶ 三角形: ～ equi-
látero 正三角形. ～ rectángulo (ortogo-
nio) 直角三角形. ～ de la muerte 鼻柱と口
の両端を結ぶ三角形. ～ de las Bermudas バ
ミューダトライアングル. ❷《口語》三角関係 [～
amoroso]: formar un ～ 三角関係になる. ❸
《楽器》トライアングル

triar [trjár] 自 他 選別する; 区分けする

triásico, ca [trjásiko, ka] 形 男《地質》三
畳紀(の)

triates [trjátes] 男 複《中米》三つ子

triatlón [trjatlón] 男《スポーツ》トライアスロン

tribal [triβál] 形 部族の

tribalismo 男 部族制, 部族組織;《軽蔑》同
族的忠誠心

triboluminiscencia [triβoluminisθén-
θja] 囡《物理》摩擦ルミネッセンス

tribu [tríβu] 囡 ❶ 部族, 種族. ❷《口語》大家
族, 一族郎党; …連中. ❸《生物》連

tribulación [triβulaθjón] 囡 [主に 複] 苦
悩; 苦難: pasar sus *tribulaciones* 何度もつら
い目に会う

tríbulo [tríβulo] 男《植物》ハマビシ

tribuna [triβúna] 囡 ❶ [議会などの] 演壇:
subir a la ～ 登壇する. ❷ 席: i) [競技場な
どの上等な観覧席] ～ de la prensa 記者席.
ii) [法廷・議会の] ～ del acusado 被告席.
～ del jurado 陪審員席. ～ pública (para el
público) 傍聴席. ❸ [教会の, ガラスのはまった
出窓式の] 正面回廊. ❹ [新聞・雑誌など] 意
見発表の場. ❺ [主に政治的な] 雄弁術

tribunado [triβunáðo] 男《古代ローマ》護民
官の職(任期) [フランス第一帝政以前の] 法
政審議院

tribunal [triβunál] 男 ❶ 裁判所, 法廷《機
関, 場所》; 複 法の裁き: llevar... a los ～*es*
…を裁判ざたにする. acudir a los ～*es* 法的手
段に訴える. presentarse al ～ 法廷に立つ. El
～ le condenó. 法廷は彼に有罪を宣告した. ～
civil 陪審法廷. T～ Constitucional 憲法
裁判所. ～ de apelación 高等裁判所, 控訴
院. ～ de casación 破毀院. ～ de comercio
商事裁判所. ～ de cuentas 会計検査院.
T～ de Justicia Europeo [EU の] 欧州裁判
所. T～ de las Aguas 水裁判所. ～ de lo
contencioso administrativo 行政不服審判
所. ～ Internacional de Justicia 国際司
法裁判所. ～ militar 軍事法廷. T～ Su-
perior 上位裁判所. ～ supremo/alto ～ 最
高裁判所. ～ [tutelar] de menores/～ ju-
venil 少年裁判所. ～ de Dios 神の裁き. ～
de la conciencia 良心の裁き. ❷ 匟皿 審査員,
試験官

tribuno [triβúno] 男 ❶《古代ローマ》護民官
[～ de la plebe]; 軍団司令官. ❷ 雄弁な政
治演説家

tribunicio, cia 形 護民官の; 演説家の

tributar [triβutár] 他 ❶ [税金・年貢・貢ぎ物

を］納める. ❷［賛辞などを］与える；［敬意を］表する：～ un homenaje a+人 …を賞賛する
◆ 🔘 納税する
tributación 🔘 納税

tributario, ria [triβutárjo, rja] 🔘 ❶ 租税の, 貢ぎ物の；納税する, 納税義務のある：administración ～ria 税務署〖機関〗. derecho ～ 税法. reforma ～ria 税制改革. ❷［川が, +de に］注ぐ, 支流の. ❸［+de に］起因する
◆ 🔘 納税者

tributo [triβúto] 🔘 ❶ 税金, 年貢, 貢ぎ物：pagar los ～s al estado 国に税を納める. ❷［感謝・賞賛・尊敬・愛情の］あかし, ささげもの：rendir ～ a+人 …に敬意を表する. ～ de amor 愛情の印, 愛の言葉. ❸［便宜などを享受するための］代価, 犠牲

tricampeón, na [trikampeón, na] 🔘 3 度の優勝者

tricéfalo, la [triθéfalo, la] 🔘 3 つの頭を持つ

tricentenario [triθentenárjo] 🔘 300 年〔祭〕

tricentésimo, ma [triθentésimo, ma] 🔘 🔘 300 番目の；300 分の 1(の)

tríceps [triθeps] 🔘〖単複同形〗《解剖》三頭筋〖músculo ～〗

triceratops [triθeratóps] 🔘〖単複同形〗《古生物》トリケラトプス, 三角竜

triciclo [triθíklo] 🔘 三輪車

triclínico, ca [triklíniko, ka] 🔘《鉱物》三斜〔晶系〕の

triclinio [triklínjo] 🔘《古代ローマ》食事用の寝椅子；［それが置かれた］食堂

tricolor [trikolór] 🔘 三色の
◆ 🔘/🔘 三色旗〖bandera ～〗

tricomona [trikomóna] 🔘《動物》トリコモナス

tricornio [trikórnjo] 🔘［昔の治安警備隊員などがかぶった］三角帽〖sombrero ～〗；《西・口語》治安警備隊員

tricot [trikó(t)] 🔘《←仏語》編み物；《繊維》トリコット, ニットの衣料
tricota 🔘《南米》ニットのセーター
tricotadora 🔘 = tricotosa
tricotar 🔘 編む. ◆ 🔘 編み物をする
tricotomía [trikotomía] 🔘 三分割；《論理》三分法
tricotosa [trikotósa] 🔘 編み機〖máquina ～〗
tricromía [trikromía] 🔘《印刷》三色版
tricúspide [trikúspiðe] 🔘《解剖》［心臓の］三尖弁〖válvula ～〗
tridáctilo, la [triðáktilo, la] 🔘《動物》3 指の
tridente [triðénte] 🔘［みつまたの］やす, 鋤；《神話》［ネプチューンの持つ］みつまたの矛(ほこ)
tridentino, na [triðentíno, na] 🔘 🔘《地名》［イタリアの］トレント Trento の(人)
tridimensional [triðimensjonál] 🔘 三次元の, 立体的な
triduo [tríðwo] 🔘《カトリック》聖三か日〖聖週

間の木・金・土曜日〗
triedro, dra [trjéðro, ðra] 🔘《数学》三面〔角〕の
◆ 🔘 三面角〖ángulo ～〗
trienal [trjenál] 🔘 3 年ごとの；3 年間の：plan ～ 3 か年計画
trienio [trjénjo] 🔘 3 年間；3 年ごとの昇給：T～ Liberal《歴史》自由主義の 3 か年〖1820 -23〗
trifásico, ca [trifásiko, ka] 🔘《電気》三相〔交流〕の：corriente ～ca 三相交流
trífido, da [trífiðo, ða] 🔘《植物》3 裂の
trifoliado, da [trifoljáðo, ða] 🔘《植物》三小葉の
trifolio [trifóljo] 🔘《植物》= trébol
triforio [trifórjo] 🔘《建築》トリフォリウム
trifulca [trifúlka] 🔘 激しい口論；乱闘
trifurcar [trifurkár] 🔘 ～se みつまたに分かれる
trigal [trigál] 🔘 小麦畑
trigémino [trixémino] 🔘《解剖》三叉神経〔nervio ～〕
trigésimo, ma [trixésimo, ma] 🔘 🔘 30 番目の；30 分の 1(の)
triglifo/tríglifo [triglífo/trígli-] 🔘《建築》トリグリュポス
trigo [trígo]〖英 wheat〗❶《植物》小麦：harina de ～ entero 全粒小麦粉. ～ blando 軟質小麦. ～ durillo (duro) デューラム小麦. ～ trechel (tremés・tremesino) 春小麦. ～ sarraceno ソバ. ❷［主に 🔘］小麦畑〖trigal〗 *no ser ～ limpio* 清廉でない：Este negocio *no es ～ limpio*. この商売ははっとうでない
trigonometría [trigonometría] 🔘《数学》三角法：～ esférica 球面三角法
trigonométrico, ca 🔘 三角法の：función ～ca 三角関数
trigueño, ña [trigéɲo, ɲa] 🔘 ❶［頭髪が］金茶色の. ❷［肌が］小麦(オリーブ)色の, 黄褐色の；《中南米》鈍(にぶ)い黒い
triguero, ra [trigéro, ra] 🔘 ❶ 小麦の：cosecha ～ra 小麦の収穫. ❷ 小麦の間で栽培される；小麦栽培に適した
triles [tríles] 🔘 🔘《口語》3 つのカップやカードをすばやく動かして中の 1 つを当てる路上賭博
trilero, ra 🔘 その賭博師
trilingüe [trilíŋgwe] 🔘 3 か国語を話す；3 か国語で書かれた
trilita [trilíta] 🔘 TNT 火薬；= trinitroto- lueno
trilítero, ra [trilítero, ra] 🔘 3 字(3 子音)から成る
trilito [trilíto] 🔘《考古》トリリトン〖直立した 2 つの石の上に 1 つの石を渡したドルメン〗
trilla [tríʎa] 🔘 ❶ 脱穀；脱穀期. ❷《魚》ホウボウ. ❸《中南米》めった打ち
trillado, da [triʎáðo, ða] 🔘 🔘〖話題などが〗ありふれた, 陳腐な；〖estar+〗大変容易な
trillar [triʎár] 🔘 ❶ 脱穀する. ❷《口語》ありふれている, 陳腐である.
trilladora 🔘 脱穀機：～ segadora コンバイン

〔T〕

trillizo, za [triyíθo, θa] 形 名 三つ子の(1人)：tres hermanos ~s 三つ子の兄弟. tener ~s 三つ子を生む

trillo [tríʎo] 男 ❶ 脱穀器. ❷《中南米》[踏み固められてできた] 小道

trillón [tri.ʎón] 男 100 京《10¹⁸》

trilobite [trilobítes] 男《古生物》三葉虫

trilocurar [trilokurár] 形《生物》3 室(3 房)を持つ

trilogía [triloxía] 女《文学作品の》三部作

trimarán [trimarán] 男《船舶》三胴船

trimembre [trimémbre] 形 三者の；三部の

trimestral [trimestrál] 形 3 か月間の；3 か月ごとの：nota ~ 学期[末]の成績. revista ~ 季刊雑誌

trimestralmente 副 3 か月ごとに

trimestre [triméstre] 男 3 か月間；[3学期制の学校の] 一学期；[家賃・年金などの] 3 か月分：el segundo ~ 第 2 四半期；2 学期

trimotor [trimotór] 男《航空》三発機

trinar [trinár] 自 ❶《鳥が》さえずる. ❷ 激怒する. ❸《音楽》トリルで歌う
estar que trina 激怒している, ひどくいらだっている

trinca [tríŋka] 女 ❶《同種のものの》三つ組；[トランプの] 三枚組；三人組. ❷ 遊び仲間, 友人グループ. ❸ 集合 グループ討論をする 3 人の受験者. ❹《中米》酔い

trincar [triŋkár] 他 ❶《西》捕える, 投獄する. ❷《口語》盗む；[酒を] 飲む. ❸《中南米》抑えつける
◆ 自《口語》酒を飲む
~se《西. 俗語》…と性交する

trincha [tríntʃa] 女《服飾》[ボタン・バックルで長さを調節する, チョッキなどの] ベルト, アジャスター

trinchar [trintʃár] 他 [食卓で肉などを] 切り分ける
trinchante 男 カービングナイフ(フォーク)

trinche [tríntʃe] 男《中南米》フォーク；=trinchero

trinchera [trintʃéra] 女 ❶《軍事》塹壕(ざんごう)：guerra de ~s 塹壕戦. ❷《交通》切り通し. ❸《服飾》トレンチコート

trinchero [trintʃéro] 男 [配膳・切り分け用の] ワゴン, サイドテーブル

trineo [trinéo] 男 そり：subir en el ~ にそりに乗る. ir en ~ そりで行く

Trini [tríni] 女《女性名》トリニ『Trinidad の愛称』

trinidad [trinidá(d)] 女 ❶《キリスト教》三位一体『Santísima T~』. ❷《女性名》[T~] トリニダード. ❸《国名》T~ y Tobago トリニダード・トバゴ. ❹《軽蔑》3人組

trinitario, ria [trinitárjo, rja] 形 名《宗教》三位一体会 orden de la Santísima Trinidad の〔修道士・修道女〕. ❷《地名》トリニダード Trinidad の〔人〕『キューバ・ボリビア・ウルグアイの都市』
◆ 女《植物》パンジー, 三色スミレ『通称は pensamiento』

trinitrotolueno [trinitrotolwéno] 男《化学》トリニトロトルエン

trino, na [tríno, na] 形《キリスト教》三位一体の
◆ 男《鳥の》さえずり；《音楽》トリル, 顫音(せんおん)

trinomio [trinómjo] 男《数学》三項式

trinque [tríŋke] 男《西. 口語》酒；酒好き

trinquete [triŋkéte] 男 ❶《船舶》フォアマスト, 前檣；フォアヤード；船首三角帆. ❷ ベロータ pelota の屋内競技場. ❸《歯車の》つめ, 歯止め. ❹《中米》汚職, 収賄

trinquis [tríŋkis] 男《単複同形》=trinque

trío [trío] 男 ❶《音楽》三重奏[曲・団]；三重唱[曲・団]：~ para piano, violín y violoncello ピアノ三重奏. ❷ 三人組, トリオ. ❸《トランプ》スリーカード

triodo [trjóðo] 男《電気》3 極管

Triones [trjónes] 男 複《天文》北斗七星

tripa [trípa] 女 ❶《主に 複. 主に動物の》腸『人間の腸は intestino』；内臓：quitar las ~s a un pez 魚のはらわたを取る. embutido de ~ de cerdo 豚肉のソーセージ. ❷《西》《特に》大きな腹, 太鼓腹：ir muy bien de ~ おなかの調子がよい. tener [un poco de] ~ [少し]腹が出ている. tener mucha ~《妊娠して》腹が大きい：太鼓腹をしている；[妊娠して] 腹が大きい. rebajar ~ 腹のぜい肉を取る. *T~s llevan corazón que no corazón ~s./T~s llevan pies.《諺》腹がへってはいくさはできぬ. ❸《口語》妊娠 妊娠《embarazo》. ❹《壺などの》ふくらんだ部分. ❺《機》中身：sacar las ~s a un reloj 時計の内部を取り出す
echar las ~s [激しく] 嘔吐する
echar ~ [裕福な生活で] 腹が出ている
gruñir (cantar) a+人 las ~s [空腹で]…のおなかが鳴る
hacer de ~s corazón 恐怖心(不快感)を抑える, 勇気を奮い起こす
¿qué se le habrá roto? [都合の悪い呼び出しに対して] 一体何の用だ?
revolver (volver) a+人 las ~s …を不快にさせる
revolverse a+人 las ~s …が不快になる：Se me *revolvían las ~s* sólo de pensarlo. そのことを考えただけで私は胸くそ悪くなった
tener malas ~s 残忍である

tripada [tripáða] 女 ❶ 満腹, 飽食：darse una ~ de... …を腹一杯食べる. ❷ 腹への一撃

tripanosoma [tripanosóma] 男《動物》トリパノソーマ

tripartición [tripartiθjón] 女 3 分割

tripartito, ta [tripartíto, ta] 形 ❶ 3 つに分かれた, 3部分からなる. ❷ 三者間の：acuerdo ~ 三者協定

tripe [trípe] 男《繊維》[主にじゅうたん用の羊毛・エスパルトの] ビロード状の織り物

tripear [tripeár] 自《口語》がつがつ食べる, むさぼり食う

tripería [tripería] 女 臓物店

tripero, ra [trípero, ra] 形 名《口語》大食らい[の], 大食漢[の]

tripi [trípi] 男《←英語. 俗語》LSD の一服分

tripicallos [tripikáʎos] 男 複《料理》=**callos**

triplano [tripl.no] 男《航空》三葉機

triple [tríple] 形 男 ❶ 3 倍(の): He efectuado un gasto ～ del previsto. 私は予定の 3 倍もお金を使ってしまった. Doce es el ～ de cuatro. 12 は 4 の 3 倍である. Esto es el ～ de largo que aquello. これはあれより 3 倍長い. ❷ 三重の: ～ puerta 三重扉. ❸ 三者からなる: ～ alianza 三国(三者)同盟. ❹《バスケ》3 ポイント.《野球》3 塁打. ❺《電気》3 つ口コンセント

triplicar [triplikár] 他 ❶ 3 倍にする: ～ las ventas 売上げを 3 倍に伸ばす. ❷ [同じこと を] 3 回繰返す
por triplicado [同じ書類を] 3 通作成して
◆ ～**se** 3 倍になる: *Se ha triplicado* la población. 人口が 3 倍になった

triplicación 女 3 倍にする(なる)こと

triplicidad [tripliθiða(đ)] 女 3 倍であること

triplo, pla [tríplo, pla] 形 男 3 倍(の) 〖**triple**〗

trípode [trípođe] 男 [カメラなどの] 三脚(台・架); 三脚の机(椅子)

trípol(i) [trípol/-poli] 男《鉱物》トリポリ石

tripón, na [tripón, na] 形 名《口語》=**tripudo**

tríptico [tríptiko] 男 ❶ 三枚続きの絵画; 三部作の彫刻; 三部から成る本(論文). ❷ 3 ページから成る書類(パンフレット)

triptongo [triptóŋgo] 男《言語》三重母音

tripudo, da [tripúđo, đa] 形 名《軽蔑》太鼓腹の(人), 腹のつき出た(人)

tripulación [tripulaθjón] 女 集[船·飛行機の] 乗員, 搭乗員: La ～ está en sus puestos. 搭乗員は配置についている

tripulante [tripulánte] 名 [船·飛行機の] 乗組員, 搭乗員, クルー: Es ～ de aquel barco. 彼はあの船の乗組員だ

tripular [tripulár] 他 ❶ [船·飛行機に] 乗務する, 乗り組む: Veinte hombres *tripulaban* el barco. 20 人の男がその船に乗り組んでいた. ❷ 乗務員をおく. ❸ [車を] 運転する

triquina [trikína] 女《動物》センモウチュウ(旋毛虫)

triquinosis 女《単複同形》《医学》旋毛虫病

triquiñuela [trikiɲwéla] 女《口語》策略; [特に] 言い逃れ, 逃げ口上: inventarse una ～ 言い訳を考え出す

triquitraque [trikitráke] 男 ❶ [連続する] ガタガタいう音(振動): ～ del tren 列車のガタゴト走る音. ❷ 連続して鳴る爆竹の一種
a cada ～ 絶えず, いつも

trirreme [triréme] 男《古代の》3 段オールのガレー船

tris [tris] 男 *estar en un* ～ *de*+不定詞 (《*de*》*que*+接続法)《口語》…する直前である, もう少しで…するところである: *Hemos estado en un* ～ *de* perder el tren. 私たちはもう少しで列車に乗り遅れるところだった

por un ～ もう少しで, 危ういところで

trisagio [trisáxjo] 男《キリスト教》三聖唱

trisar [trisár] 自《ツバメなどが》鳴く

triscar [triskár] 自 他 ❶ 飛びはねる; ふざける, はしゃぎ回る. ❷ 足を踏み鳴らす
◆ ❶ [のこぎりの] 目立てをする. ❷ もつれさせる, からませる

trisemanal [trisemanál] 形 週 3 回の

trisílabo, ba [trisílaβo, βa] 形 男《言語》3 音節の(語)

triste [tríste] 形《英 sad. ↔alegre》❶ 悲しい. i) [estar+] 悲しんでいる: Cuando pienso en ese accidente me pongo ～. その事故のことを考えると私は悲しくなる. ii) 悲しげな: cara ～ 悲しそうな顔; 浮かぬ顔. iii) 悲しむ, 悲惨な: historia ～ 悲しい物語. noticia ～ 悲しい知らせ
❷ [ser+] 寂しい; 陰気な, くすんだ: paisaje ～ 寂しい景色. casa ～ 陰気な家. vida ～ わびしい暮らし. color ～ くすんだ色. Este vestido es muy ～. このドレスはひどく地味だ. [ser que+接続法] 残念な, 嘆かわしい: Es ～ que no puedas viajar con nosotros. 君が私たちと一緒に旅行できないのは寂しい
❸ [+名詞] 取るに足りない; ひどい状態の; 単純には喜べない: Tiene un ～ sueldo. 彼の給料は雀の涙ほどだ. ～ empleado しがないサラリーマン
ni un ～+名詞 …さえも(ない): No he dormido *ni una* ～ hora. 私は 1 時間も寝ていない
◆ 男 [アンデス地方の民謡でギターによる伴奏の] 物悲しい恋の歌

tristemente [trísteménte] 副 悲しみに沈んで, 悲しげに; 悲しい(残念な)ことに

tristeza [tristéθa] 女《英 sadness. ↔alegría》❶ 悲しみ, 悲哀; 悲哀: estar sumido en la ～ 悲しみに沈んでいる. contar sus ～s 自分の悲しみを語る. ❷ 寂しさ; 陰気さ: ～ de soledad 一人暮らしのわびしさ. ❸ 複 悲しい知らせ(出来事)

tristón, na [tristón, na] 形 [少し] 悲しげな; 寂しげ屋の

tris tras [tristrás] 男 ❶ [はさみの音] チョキチョキ. ❷ 一瞬: en un ～ たちまち, 即座に

tritio [trítjo] 男《化学》三重水素, トリチウム

tritón [tritón] 男 ❶《動物》イモリ.《貝》ホラガイ;《神話》[T～] トリトン. ❷《物理》三重子, トリトン

triturar [triturár] 他 ❶ すりつぶす, 粉砕する: ～ las almendras en el mortero アーモンドをすり鉢ですりつぶす. ❷ [食物を] 咀嚼(そしゃく)する, かみ砕く. ❸ ひどい目に会わせる; 酷評する

trituración 女 すりつぶすこと; 咀嚼

triturador, ra 形 すりつぶす. ◆ 男 1) ～ de ajos ニンニクつぶし器. 2) =**trituradora** 2).
◆ 女 1) 粉砕器: ～ra de basura [ごみ処理の] ディスポーザー. 2) シュレッダー

triunfador, ra [trjunfaðór, ra] 形 戦勝した; 凱旋した
◆ 名 勝者, 成功者

triunfal [trjunfál] 形 勝利の, 凱旋の；勝ち誇った：marcha ～ 凱旋行進

triunfalmente 副 勝ち誇って, 意気揚々と；熱狂的に

triunfalismo [trjunfalísmo] 男《軽蔑》自信にあふれた態度, 自信過剰

triunfalista 形 名 自信にあふれた〔人〕, 自信過剰な〔人〕

triunfante [trjunfánte] 形 勝利(成功)を収めた, 勝った：Salió ～ en el concurso. 彼はコンクールで優勝した. ejército ～ 戦勝軍

triunfar [trjunfár] 自 ❶ [+en で] 勝利(成功)を収める, 優勝する；[+sobre に] 打ち勝つ：Triunfó en la olimpiada. 彼はオリンピックで優勝した. Los aliados *triunfaron sobre* los países del Eje. 連合国は枢軸諸国を打ち負かした. ～ en el estreno 初演で大当たりを取る. ～ en la vida この世で成功する, 出世する. ❷ [+de を] 克服する：～ de las dificultades 困難を乗り越える. ❸《トランプ》切り札である

triunfo [trjúnfo] 男《英 triumph》❶《華々しい》勝利, 大勝；大成功：ganar un ～ 勝利(成功)を収める. ❷ トロフィー《trofeo》. ❸《トランプ》切り札：palo de ～ 切り札の組. ❹ トリウンフォ《足を踏み鳴らしながら踊るアルゼンチン・ペルーの民俗舞踊》

costar un ～《口語》非常な努力を要する

en ～ ＝triunfalmente

sin ～s もう手段がない

tener todos los ～s *en la mano* 圧倒的に有利な立場にある

triunvirato [trjumbiráto] 男《古代ローマ》三頭政治；[権勢をふるう] 三巨頭

triunviro [trjumbíro] 男《三頭政治の》執政官

trivalente [tribalénte] 形 3つの効力を持つ；《化学・生物》3価の

◆ 男 3種混合ワクチン《vacuna ～》

◆ 名 3価染色体

trivial [tribjál] 形 ささいな, 取るに足りない；平凡な：Siempre habla de temas ～es. 彼はいつもつまらない話ばかりする

trivialidad [tribjaliðá(ð)] 名 取るに足りないこと；平凡さ：Comentó cuatro ～es sobre el tiempo. 彼は二言三言, どうでもいい天気の話をした

trivializar [tribjaliθár] 他 [事柄を] 小さく扱う, 軽視する

trivialización 名 矮小化, 軽視

trivio [tríbjo] 男 [中世の大学の] 3学, 3科《雄弁術に必要な文法・修辞・論理》

triza [tríθa] 名 細片, 断片

estar hecho ～s 悲しんでいる, がっかりしている；疲れ果てている

hacer ～s 1) [物を] 粉々にする；[衣服などを] ずたずたにする. 2) [人を] 手ひどくやっつける：En el debate *ha hecho* ～s a su oponente. 彼は討論で相手をこっぴどくやっつけた

hacerse ～s 粉々になる：Se cayó el vaso al suelo y *se hizo* ～s. コップが床に落ちて粉々に割れた

trizar [triθár] 他 粉々にする；ずたずたにする

trizamiento 男 ずたずたにすること

trocaico, ca [trokáiko, ka] 形 長短格(強弱格) troqueo の

trocánter [trokánter] 男《解剖》転子；《昆虫》転節

trocar [trokár] 他 ❷❽《☞活用表》他 ❶ [+por と] 物々交換する：～ un caballo *por* un fusil 馬を銃と取り換える. ❷《文語》[+en 正反対のものに] 変える, 変化させる：～ el amor *en* odio 愛を憎しみに変える. ❸ 取り違える, 間違える

◆ ～*se*《文語》変わる：La risa *se trocó en* llanto. 笑いが涙に変わった

◆ 男《医学》套管(とうかん)針

trocar		
直説法現在	点過去	接続法現在
tr**ue**co	tro**qué**	tr**ueque**
tr**ue**cas	trocaste	tr**ueque**s
tr**ue**ca	trocó	tr**ueque**
trocamos	trocamos	tro**quemos**
trocáis	trocasteis	tro**quéis**
tr**ue**can	trocaron	tr**ueque**n

trocear [troθeár] 他《←trozo》❶ 細かく分ける：～ la carne 肉をぶつ切りにする. ❷ [不発弾などを] 爆発させて処理する

troceo 男 細かくすること

trocha [tróʧa] 名 ❶ [茂みの中の] 小道；近道. ❷《南米. 鉄道》軌間

troche [tróʧe] 男《ra ～ y **moche** [a troche-moche ともいう]》

trocisco [troθísko] 男《薬学》薫蒸(くんじょう)剤

trocito [troθíto] 男《trozo の示小語》cortar en ～s さいの目に切る

tróclea [tróklea] 名《解剖》滑車

trocoide [trokóide] 名《解剖》車軸関節

trócola [trókola] 名 滑車《polea》

trofeo [troféo] 男 ❶ [勝利などの] 記念品, トロフィー. ❷ 戦利品；戦勝記念碑. ❸ [壁などを装飾する] 飾り武具；[猟の獲物の] 剥製の首

trófico, ca [trófiko, ka] 形 栄養の：cadena ～*ca* 食物連鎖

trofología [trofoloxía] 名 栄養学

trofólogo, ga 形 栄養学の

troglodita [trogloðíta] 形 名 ❶《人類》穴居人〔の〕：vivienda ～ 岩窟住居. ❷ 野蛮な〔人〕, 粗野な〔人〕

◆ 男《鳥》ミソサザイ

troica/troika [trójka] 名《←露語》トロイカ；三頭支配, トロイカ体制；三巨頭

troj[e] [tróx[e]] 名 [仕切られた] 穀物倉；オリーブ貯蔵庫

troja 名《南米》＝troj

trola [tróla] 名《口語》嘘, 偽り《mentira》：contar ～s 嘘をつく

trole [tróle] 男《鉄道》触輪杆(しょくりんかん)

trolebús [trolebús] 男 トロリーバス

trolero, ra [troléro, ra] 形 名《口語》嘘つき〔の〕《mentiroso》

tromba [trómba] 名 ❶ [水上・陸上の] 竜巻. ❷ [激しい] にわか雨《～ de agua》. ❸ 激発

como una ～ すさまじい勢いで

en ～ 大量に；激しく，どっと

trombo [trómbo] 男《医学》血栓

　trombocito 男 血小板

　tromboflebitis 囡《単複同形》血栓〔性〕静脈炎

trombón [trombón] 男《楽器》トロンボーン：～ *de varas (de pistones)* スライド(バルブ)トロンボーン

　◆ 图 トロンボーン奏者.

　trombonista 图 トロンボーン奏者

trombosis [trombósis] 囡《単複同形》《医学》血栓症

trompa [trómpa] 囡 ❶《楽器》ホルン〖cor-no〗：～ *de los Alpes* アルプスホルン. ～ *de caza* 狩りのラッパ. ❷ [象・バクなどの] 鼻；[昆虫の] 吻管(ﷺ). ❸《解剖》～ *de Falopio* 輸卵管. ～ *de Eustaquio* エウスタキオ管，欧氏管. ❹《建築》スキンチ，隅迫れ持ち. ❺《技術》～ *de agua* 水流ポンプ. ～ *de mercurio* 水銀ポンプ. ❻《玩具》[大きな] こま〖peonza〗. ❼《西. 口語》酔い：*coger una* ～ 酔っぱらう

　◆ 图 ホルン奏者.

　◆ 厖《西. 口語》[estar+] 酔っぱらっている

trompada [trompáða] 囡 ぶつかり，打撲：*Se pegó una* ～ *con un señor que venía de frente.* 彼は前からやって来た人と鉢合わせした. *darse una* ～ 打撲傷を負う

　trompazo 男 ＝trompada

trompear [trompeár] 他《南米》殴る

　◆ ～**se** 殴り合う；酔う

trompe-l'oeil [trompléi] 男《複 ～s-～》〖＜仏語. 美術》トロンプルイユ

trompeta [trompéta] 囡《楽器》トランペット；[軍隊の] ラッパ

　◆ 图 ❶ トランペット奏者；ラッパ手. ❷《南米》役立たず；おしゃべりな人

　trompetazo 男 ラッパなどの耳ざわりな音

　trompetería 囡𝌆[楽団の] トランペットセクション；[オルガンの] トランペット音栓

　trompetero, ra ❶ ラッパ手，トランペット奏者；トランペット(ラッパ)製造者

　trompetilla 囡 [昔の] 補聴器；《中米》屁，おなら

　trompetista 图 トランペッター，トランペット奏者

trompicar [trompikár] 🄸 個 [何度も] つまずく，ぶつかる；よろめく

trompicón [trompikón] 男 ❶ つまずき〖tro-pezón〗；よろめき. ❷ [乗り物の] 激しい振動；強打

　a trompicones とぎれとぎれに：*leer el texto a trompicones* 教科書をつっかえつっかえ読む

trompiza [trompíθa] 囡《南米》殴り合いのけんか

trompo [trómpo] 男 ❶《玩具》こま. ❷《自動車》スピン. ❸《貝》ニシキウズガイ

　ponerse como (hecho) un ～ いやというほど食べる(飲む)

trompudo, da [trompúðo, ða] 厖《中南米》[主に黒人について] 唇の厚い，口の突き出た

tronado, da [tronáðo, ða] 厖 過形 ❶《口語》頭のおかしい，錯乱した. ❷ 使い古した，すり切れた：*pantalones* ～*s* 着古したズボン. ❸《中南米》一文なしの

　◆ 囡《激しい》雷雨

tronar [tronár] 🄸 個 ❶ [単人称] 雷が鳴る：*Truena lejos.* 遠くで雷鳴がする. ❷ [激しく，＋*contra* を] ののしる，けなす：*El profeta trona-ba contra* los impíos. 予言者は不信心な人々をひどくののしった. ❸ 轟音(𝄪)を発する，とどろく：*Truena* el cañón. 大砲が鳴り響く. *Tronó* la voz temible del entrenador. コーチの恐ろしい声が響き渡った

　por lo que pueda ～ 万一に備えて，用心のために

　◆ 他《中米》❶ 銃殺する. ❷ [生徒が科目を] 落とす；[先生が生徒を] 落第させる

　tronazón 男《中米》雷雨〖tronada〗

troncal [troŋkál] 厖 主要な：carretera ～ 幹線道路. vía férrea ～《鉄道》の 本線

　troncalidad 囡《法律》[遺言も縁繼もない場合] 遺産を本家のものとする制度

troncha [trónʧa] 囡《南米》一片，一切れ

tronchar [tronʧár] 他 ❶ [幹などを刃物を使わずに] 割る，折る：*El fuerte viento tronchó* el pino. 強風で松の木が折れた. ❷ 挫折させる：～ *sus ilusiones* 夢をうち砕く. ❸ ひどく疲れさせる

　◆ ～**se** ❶ 折れる. ❷ [我慢できず] 大笑いする〖～*se de risa*〗

　tronchante 厖《口語》笑わせる，おかしい

troncho [trónʧo] 男 [野菜・果物の] 芯(ﷺ)；《南米》＝troncha

tronco¹ [tróŋko] 男 ❶ [木の] 幹；丸太〖le-ño〗：～ *de Navidad*《菓子》コールログ〖薪に似せたチョコレートケーキ〗. ❷ [人・動物の] 胴，胴体. ❸ 祖先〖～ *familiar*〗：～ *ascendiente* [家系家族の] 共通の祖先. ❹ 本流，本線. ❺ [馬車馬の] 2頭. ❻《解剖》～ *arterial* 総動脈幹. ❼《数学》～ *de cono* 円錐台. ～ *de pirámide* 角錐台

　dormir (estar) como un ～ ぐっすり眠る(眠っている)

tronco², ca [tróŋko, ka] 图《西. 俗語》友達，仲間；[呼びかけ] お前

tronera [tronéra] 囡 ❶ [幅の狭い] 小窓；[城壁の] 銃眼，狭間(ﷺ)；[船の] 砲門. ❷ 紙鉄砲〖勢いよく振ると鳴るように紙を折り畳んだもの〗. ❸《ビリヤード》ポケット

　◆ 图 ふしだらな人，遊び人；無鉄砲な人

tronío [tronío] 男《金づかいでの》見栄，気前のよさ；[ジプシーなどの] 粋がり，優雅さ，品格

trono [tróno] 男 ❶ 玉座，王座；王位：*subir al* ～ 王座に登る，王位につく. *estar en el* ～ 王位にある. ❷《宗教》i) [祭壇上の] 聖櫃；聖像を置く祭壇. ii) 囡 座天使〖☞*ángel* 参照〗. ❸《口語》便所，トイレ

tronzar [tronθár] 🄸 他 ❶ [木材・金属管などを] 切断する. ❷ ひどく疲れさせる

　tronzadera 囡/**tronzador** 男 両端に取っ手のある鋸

tropa [trópa] 囡 團名 ❶ ［士官に対する階級とし
て］兵隊，下士官兵：pertenecer a la ～ 兵隊
である．❷ ［民間人に対して］軍隊，軍部．❸ 團
［いくつかの］部隊，軍隊：～s en (de la) pri-
mera línea 前線部隊．❹ ［人の］集団，一団：
una ～ de niños 子供の一団．❺《南米》［移動
中の］家畜の群れ
en ～ 一団をなして：Entraron todos *en ～* en
la sala. 彼らは全員まとまって会場に入った

tropear [tropeár] 圓《南米》［家畜の］群れを
追う(導く)

tropecientos, tas [tropeθjéntos, tas] 形
團 数百の

tropel [tropél] 團 ❶ ［騒々しい］群衆，雑踏：
Un ～ de gente rodeaba al campeón. 群衆
がチャンピオンを取り囲んでいた．❷ ［乱雑な］山
積み：un ～ de libros 本の山
en ～ 殺到して，どっと，ひしめき合って

tropelía [tropelía] 囡《軽蔑》［権力を乱用し
た］不法行為，暴挙

tropero [tropéro] 團《南米》牧童

tropezar [tropeθár] 囮 ㉓ ［☞empezar 活用
表］圓 ❶ ［+en・con に］つまずく；[人が，+
contra に］衝突する：i) *Tropecé con* (*en*)
una piedra. 私は石につまずいた．*Tropezó* al
bajar corriendo las escaleras. 彼は階段をか
け降りてころびそうになった．ii) ［障害に］El pro-
yecto *tropezó con* dificultades. 計画は困難
にぶちあたった．❷ ［+con と］偶然出会う：
Tropecé con Julio en la estación. 私は駅でフ
リオに出くわした．❸ 過ちを犯す：Los jóvenes
suelen ～ mucho. 若者に過ちはつきものだ．❹
言い争う，口げんかする
◆ ～**se** ［互いに］偶然出会う：*Nos tropeza-
mos* en el cine. 私たちは映画館でばったり会った

tropezón [tropeθón] 團 ❶ つまずき，衝突：
Me di un ～ con una piedra. 私は石につまずい
た．❷ 過ち，しくじり．❸ ［料理］［主に 圂．スー
プなどに入れる］具，実：sopa con muchos
tropezones 実だくさんのスープ
a tropezones 途中休み休みして，断続的に：
Escribe el libro *a tropezones*. 彼は四苦八
苦しながら本を書いている

tropical [tropikál] 形 熱帯(性)の：clima ～
熱帯性気候．frutas ～*es* トロピカルフルーツ．
planta ～ 熱帯植物．región (zona) ～ 熱帯
地方

trópico [trópiko] 團 ❶《天文》回帰線：～ de
Cáncer (Capricornio) 北(南)回帰線，夏至
(冬至)線．❷ 圂 熱帯地方

tropiezo [tropjéθo] 團 ［☞tropezar］❶ 障
害，困難：encontrarse con un serio ～ 重大
な障害にぶつかる．Llegó sin ～. 彼は無事に到
着した．❷ ［性的関係における］過ち，しくじり．
❸ つまづくこと：Di un ～ en el bordillo de la
acera. 私は歩道の縁でつまづいた．❹ ［意見の］
衝突，いさかい．❺ ［料理］具：paella con
pocos ～ 具の少ないパエーリャ

tropismo [tropísmo] 團《生物》向性，屈性

tropo [trópo] 團《修辞》転義，比喩
tropología 囡 比喩的語法；比喩的解釈

tropopausa [tropopáusa] 囡《気象》圏界面

troposfera [troposféra] 囡《気象》対流圏

troquel [trokél] 團 ❶ ［貨幣・メダルの］押し型，
打ち型；［皮革などの］打ち抜き型，型抜き刃
troquelado 團 刻印を打つこと；打ち抜き
troquelar 囮 刻印を打つ；打ち抜く

troqueo [trokéo] 團 ［ギリシア・ラテン詩の］長
短格；［スペイン詩の］強弱格

trotacalles [trotakáλes] 名 ［単複同形］《口
語》のらくら(ぶらぶら)している人［☞azotacalles］

trotaconventos [trotakombéntos] 囡 ［単
複同形］《文語》やり手ばばあ ［←イタの大僧正
Arcipreste de Hita の『よき恋の書』Libro de
buen amor の登場人物］

trotador, ra [trotaðór, ra] 形［馬が］速歩の
得意な

trotamundos [trotamúndos] 名 ［単複同形］
世界旅行者，世界を駆け巡る人

trotar [trotár] 圓 ❶ ［馬が］速歩(紮)で駆け
る；［騎手が］馬を速歩で駆けさせる．❷ ［急い
で］歩き回る：He trotado mucho para con-
seguir el visado. 私はビザをとるために駆けずり
回った

trote [tróte] 團 ❶《馬術》速歩，トロット：～
inglés 騎手が馬の歩みに合わせて腰を浮かせる速
歩．❷ 忙しい仕事(活動)：A mi edad ya no
estoy para esos ～s. 私の年齢ではもうそんな忙
わしい仕事はできない．❸ やっかいこと，面倒事．
❹ 激しい(継続的な)使用：aguantar muchos
～s 酷使に耐える．Este pantalón es de (pa-
ra) mucho ～. このズボンは丈夫で長持ちする
a(l) ～ 速歩で；大急ぎで：Fue *al ～* a la
policía. 彼は警察に駆け込んだ
amansar al ～ 中庸を守る，度を越さない
no estar para muchos ～s ［人・物が］調子
(状態)がよくない
para (de) todo ～ ［衣類などが］日常用の，
普段着の

trotón, na [trotón, na] 形 團 速歩馬，速歩
向きの［馬］：carrera de *trotones* 繋駕競走

trotskismo [trotskísmo] 團 トロツキスム
［←ロシアの革命家 Trotski］
trotskista [trup] 名 トロツキスト(の)

troupe [trup] 囡 ［←仏語］［芝居・サーカスの］
巡業の一座

trousseau [trusó] 團 ［←仏語］嫁入り道具
一式［☞ajuar］

trova [tróßa] 囡 詩 ［verso］；［trovador が歌
った］恋愛詩；歌詞；替え歌

trovador, ra [troßaðór, ra] 名《文語》詩人
［poeta］
◆ 團 ［中世の］吟遊詩人
trovadoresco, ca 形 吟遊詩人風の
trovar 圓 詩を作る．◆ 囮 ［既成の詩に］
もじる，替え歌にする

trovo [tróßo] 團 ［大衆的な］恋愛詩
trovero, ra 名 ［即興で］恋愛詩を歌う人．◆
團 トルヴェール ［11-14 世紀フランスの吟遊詩
人］

Troya [trója] 囡《歴史・地名》トロイ
allí (aquí) fue ～ それがもめごとの始まりだ

arda ～ あとは野となれ山となれ

troyano, na 形 トロイの(人)

trozo [tróθo] 男 一片, 切れ端 『pedazo』: ～ de papel 紙切れ. ～ de tela 布切れ, 余り布. leer un ～ del texto 教科書の一部を読む
a ～*s* 一様でなく, むらになって; ところどころ: cortar *a* ～*s* ぶつ切りにする

truca [trúka] 女 《映画》特殊撮影用カメラ
◆ 自 特殊撮影のカメラ

trucaje [trukáxe] 男 ❶ 集合 からくり, トリック; 《賭博など》いかさま, 不正. ❷ 《映画》特殊効果 (撮影)

trucar [trukár] 他 自 …に仕掛け(トリック)をする
◆ 自 特殊(トリック)撮影をする

trucha[1] [trútʃa] 女 ❶ 《魚》マス, マス(鱒): ～ arco iris ニジマス. ～ asalmonada ベニマス; サケ. ～ de mar ウミマス. No se cogen (pescan) ～*s* a bragas enjutas. 《諺》目的を達成するためには何らかの犠牲を払わなくてはならない. ❷ 《中米》屋台; 《南米》《人の》口, 顔
ser una ～ 《中米》ずる賢い

truchero, ra 形 マスの

trucho, cha[2] [trútʃo, tʃa] 形 《南米》偽造の, 違法の

truchuela [trutʃwéla] 女 《料理》塩鱈(ﾀﾞﾗ)

truco [trúko] 男 ❶ トリック, からくり: hacer ～*s* トリックを使う. ❷ 秘訣, こつ, うまいやり方. ❸ 複 《ビリヤード》プール
coger el ～ トリックをあばく; こつを覚える
como si dijera ～ 馬耳東風で
tener ～ [事柄が] 容易でない
～ *del almendruco* 《軽蔑》単純な(ばかばかしい)解決策

truculento, ta [trukulénto, ta] 形 [物語・場面などが] 残酷な, 残忍な

truculencia 女 残酷, 残忍

trueno [trwéno] 男 [←tronar] ❶ 雷鳴: Hay ～*s*. 雷がゴロゴロ鳴っている. fragor del ～ 落雷の轟音(ﾄﾞ). ❷ [雷鳴のような] 轟音, とどろき: ～*s* de los cañones ドロドロという砲音. ～ gordo 花火の終わりの華々しい炸裂. voz de ～ どら声, 響き渡る声

trueque [trwéke] 男 [←trocar] ❶ 物々交換; [+por との] 交換: comercio de ～ バーター貿易. ❷ 複 《中南米》釣り銭
a (en) ～ de... …の代わりに: Se empeña en decirlo, aun *a* ～ *de* perder el puesto. たとえ地位を失うことになっても彼は言おうと考えている

trufa [trúfa] 女 ❶ 《植物》トリュフ, セイヨウショウロ. ❷ 《菓子》チョコレートクリーム; [チョコレートの] トリュフ. ❸ 《犬の》鼻

trufar 他 《料理》…にトリュフを添える(詰める)

truhán, na [trwán, na] 形 名 ❶ 《軽蔑》やくざ(の), ごろつき(の). ❷ 《古語》おどけ者(の), ひょうきんな(人)

truhanería 女 おどけ

trujal [truxál] 男 [ブドウ・オリーブの] 圧搾器

trullo [trúʎo] 男 ❶ 《鳥》コガモ. ❷ [ブドウの] 搾り桶; 《西. 俗語》刑務所

truncar [truŋkár] 他 他 ❶ [文章などの] 一部を削除する: ～ un discurso 演説の一部をはしょる. ❷ 挫折させる: ～ las ilusiones 夢の実現をはばむ. ❸ 一部を切り取る: ～ las espigas de trigo 小麦の穂を刈り取る. ～ la vida 殺す, 命を奪う

truncamiento 男 削除; 挫折

trupial [trupjál] 男 《鳥》オレンジムクドリモドキ 《ベネズエラの国鳥》

truque [trúke] 男 《遊戯》石けり; 西式トランプ遊びの一種

trusas [trúsas] 女 複 [昔の] 半ズボン; 《中米》[下着の] パンツ

trust [trúst] 男 『単複同形』[←英語. 経済] トラスト, 企業合同

trutruca [trutrúka] 女 [マプーチェ族の] 角笛

tse-tsé [tsetsé/sesé] 女 《昆虫》ツェツェバエ

tsunami [tsunámi] 男 《←日本語》津波

tu [tu] 形 《英》your. 所有形容詞2人称単数短縮形. 変化形のみ. 『←名詞』❶ 君の, お前の: *tu* casa 君の家. *tus* hermanos 君の兄弟たち. Míralo con *tus* propios ojos. 自分の目で見たまえ. ❷ [強調] Si tú lo dices, tendrás *tus* razones. 君がそう言うからには君なりの理由があるのだろう. ❸ [神に対して] 御身の

tú [tu] 代 《英》you. 主語人称代名詞2人称単数. usted と違い, 家族・友人などの親しい間柄や子供に対して使う】❶ 君, お前: [*Tú*] Lo has dicho. 君がそう言ったんだ. ¡Oye, *tú*! ねえ[聞いてよ]! ¿Cuántos años tienes [*tú*], niño? 坊や, 年はいくつ? ❷ [一般に] 人: Cuando *tú* viajas, aprendes muchas cosas. 人は旅行をすると多くのことを学んでいく
a tú por tú 無遠慮に, 無礼な言葉づかいで
de tú [usted ではなく] 「君」で, 親称で: Es una persona ya de edad; no debes hablarle *de tú*. 彼はもう年配なのだから「君」で話すべきではないよ
de tú a tú [敬語を使わず] 対等に
más eres tú [反論] お前の方こそ; [名詞的に] 口論: Andan a *más eres tú*. 彼らはいつもののしり合っている
tú por tú 「君-僕」の間柄で, うちとけて
tú y tus... 《口語》君は…のことしか頭にない

tuareg [twárɛɡ] 形 名 『単複同形/～s』トゥアレグ族[の] 『北アフリカの遊牧民』

tuba [túba] 女 《楽器》チューバ

tuberculina [tubɛrkulína] 女 《医学》ツベルクリン

tubérculo [tubɛ́rkulo] 男 《植物》塊茎, 塊根; 《解剖》隆起; 《医学》結節

tuberculosis [tubɛrkulósis] 女 『単複同形』《医学》結核; [特に] 肺結核 『～ pulmonar』

tuberculoso, sa [tubɛrkulóso, sa] 形 ❶ 結核(性)の; 結核のある: bacilo ～ 結核菌. ❷ 塊茎状の
◆ 名 結核患者

tubería [tubería] 女 配管, 管路

tuberoso, sa [tubɛróso, sa] 形 塊茎[状]の, 塊根の; 《医学》結節のある
◆ 女 《植物》チュベローズ, ゲッカコウ(月下香)

T

tuberosidad 囡 塊茎状態；結節状, 隆起

tubo [túbo] 男 ❶ 管, パイプ：~ de acero 鋼管. ~ de vidrio (goma) ガラス〔ゴム〕管. ~ de ensayo 試験管. ~ de desagüe 排水管. ~ de respiración 〔潜水用の〕シュノーケル. ❷ 〔容器〕チューブ：~ de pintura 絵の具のチューブ. ❸ 〖解剖〗~ digestivo 消化管. ~ intestinal 腸. ❹ 〖技術〗~ de Crookes 《物理》クルックス管. ~ de Geissler ガイスラー管. ~ de imagen 〔テレビの〕受像管. ~ de rayos catódicos 陰極線管, ブラウン管. ~ Pitot ピトー管. ❺ 地下鉄 〖metro〗. ❻ 《南米》受話器 〖auricular〗；ヘアカーラー 〖rulo〗
meter a+人 *un* ~ 《俗語》…を折檻する
pasar por el ~ 不自由な思いをする, 枠にはめられる
por un ~ 《口語》たくさん, 非常に：estudiar *por un* ~ 猛勉強する

tubolux [tuβolú(k)s] 男 《南米. 商標》蛍光灯 〖fluorescente〗

tubular [tuβulár] 形 管の；管(筒)状の：conducción ~ 導管. caldera ~ 煙管式ボイラー

túbulo [túβulo] 男 〖解剖〗細管

tucán [tukán] 男 《鳥》オオハシ

tucano, na [tukáno, na] 形 名 トゥカノ族 の 〔アマゾン川流域のインディオ〕
◆ 男 〈←トゥカノ語

tuciorismo [tuθjorísmo] 男 《神学》安全採用説

tuco, ca [túko, ka] 形 名 《南米》手足の一部に欠損のある〔人〕
◆ 男 〈←伊語. 南米〉パスタソース

tucura [tukúra] 囡 《南米. 昆虫》バッタ, イナゴ

tucutucu [tukutúku] 男 《動物》ツコツコ 〔地下に穴を掘るネズミ〕

-tud 《接尾辞》〔形容詞→. 名詞化. 性状〕multitud 多数

tudesco, ca [tuðésko, ka] 形 名 〔ゲルマン民族の〕チュートンの〔人〕；ドイツの〔人〕

tueco [twéko] 男 〔木食い虫による〕木のうろ

tuerca [twérka] 囡 《技術》ナット, 雌ねじ
apretar las ~*s a*+人 …への締めつけを厳しくする

tuerto, ta [twérto, ta] 形 名 片目の〔人〕：Se quedó ~. 彼は片方の目が見えなくなった. Es ~ del ojo derecho. 彼は右目が見えない
a ~*tas* 逆に, 反対に
a ~*tas o a derechas* 良かれ悪しかれ；軽はずみに, でたらめに
parece que ha mirado a+人 *un* ~ …はついてないようだ

tueste [twéste] 男 〔←tostar〕焼くこと

tuétano [twétano] 男 ❶ 髄, 骨髄 〖médula〗. ❷ 真髄, 根底：llegar al ~ de un asunto 事の本質に触れる
hasta los ~*s* (*el* ~) 骨の髄まで：calarse *hasta los* ~*s* びしょぬれになる. enamorarse *hasta los* ~*s* 心底ほれる
sacar los ~*s* 脅す, 苦しめる

tufarada [tufaráða] 囡 〔漂ってくる〕強い香り (匂い)：~*s del mercado de pescado* 魚市場

の匂い

tufillas [tufíʎas] 名 〖単複同形〗怒りっぽい人

tufo [túfo] 男 ❶ 発酵(不完全燃焼)によって発生するガス. ❷ 悪臭：~ de alcantarilla 下水の悪臭. ❸ 〔詐欺・罠などの〕疑念, 不審：Eso me da el ~ de una mentira. それは嘘みたいな気がする. ❹ 〔主に 複〕思い上がり, 傲慢：darse ~*s* 思い上がり, ひどくいばる. ❺ 〔耳にかかる〕鬢〔毛〕；〔額に垂れる〕前髪

tugurio [tuɣúrjo] 男 ❶ みすぼらしい家(部屋・施設)；牧畜小屋. ❷ 複 貧民街, スラム

tul [túl] 男 〔繊維〕チュール

tulio [túljo] 男 《元素》ツリウム

tulipán [tulipán] 男 《植物》チューリップ

tulipa [tulípa] 囡 〔電灯の〕チューリップ型のほや

tulipero [tulipéro] 男 《植物》ユリノキ, チューリップツリー

tullido, da [tuyíðo, ða] 形 名 過分 〖軽蔑〗手足の不自由な(痲痺した)〔人〕

tullir 21 他 〖侮》tullendo〕〔手足を〕麻痺させる. ~**se** 手足が不自由になる(麻痺する)

tumba [túmba] 囡 ❶ 墓, 墓所. ❷ 《中米》〔開発のための〕樹木の伐採
cavar su 〔*propia*〕~ 自ら墓穴を掘る
lanzarse a ~ *abierta* 1)《文語. 自転車》〔急坂を〕まっしぐらに駆け下りる. 2) 捨て身で事に当たる.
revolverse en su ~ 《口語》〔死者が生きている者の行状に辟易して〕墓の中でのたうち回る
ser 〔*como*〕*una* ~ 《口語》〔人が〕口が堅い

tumbaga [tumbáɣa] 囡 〔安物の装飾品用の〕金と銅の合金；その指輪

tumbar [tumbár] 他 ❶ 倒す, なぎ倒す：Le *tumbé* de un golpe. 私は一発で殴り倒した. El vendaval *tumbó* un árbol. 突風で木が倒れた. El vino nos *tumbó*. 私たちはワインで酔いつぶれた. ❷《西. 口語》〔人を〕試験で〕落第させる, 不合格にする：Me *tumbaron* en física. 私は物理で落とされた. ❸〔成句的. 精神的・感覚的に〕呆然とさせる, 辟易(ふき)させる：Actúa siempre con una desfachatez que *tumba*. 彼はいつもあきれるほど図々しくふるまう. El paquete despedía un olor que *tumbaba* de espalda. 包みはむっとするような悪臭を放っていた. ❹《口語》殺す. ❺《南米》〔木を〕切り倒す；整地する
◆ ~**se** ❶〔寝るために〕横になる, 寝そべる；倒れる：Me *tumbé* debajo de un árbol. 私は木の下に寝ころがった. Las espigas del trigo *se tumban* humildemente. 麦の穂が慎しく頭を垂れている. ❷ 油断する, 努力を怠る

tumbo [túmbo] 男 ❶ 激しい揺れ：El coche dio un ~ al arrancar. 車は発進する時ガクンと揺れた. ❷〔教会などの〕記録簿
dar ~*s* ❶ つまずきながら〔よたよたと〕歩く；どうにかこうにか過ごす, 色々と苦労する：Daba ~*s como si hubiera bebido*. 彼は酒を飲んだようにふらふらしていた. Va por la vida *dando* ~*s*. 彼はどうにかこうにか暮らしを立てている

tumbón, na [tumbón, na] 形 名 《口語》怠け者〔の〕；陰でこそこそする〔人〕
◆ 囡 デッキチェアー

tumefacción [tumefakθjón] 囡《医学》腫脹(しゅちょう)

  tumefacto, ta 腫れた，腫れ上がった

tumescencia [tumesθénθja] 囡 膨張，肥大；[性交直前の] 興奮状態

  tumescente 形 膨張した；興奮した

túmido, da [túmido, ða] 形 腫れた；《建築》[アーチなどが] 上部が幅広の

tumor [tumór] 男《医学》腫瘍(しゅよう)；腫瘤(しゅりゅう)：～ benigno (maligno) 良性(悪性)腫瘍

  tumoración 囡 [腫瘍による] 腫れ

  tumoral 形 腫瘍の

túmulo [túmulo] 男 土墓，墳墓；棺台

tumulto [tumúlto] 男 ❶ 騒動，暴動：Tuvieron lugar violentos ～s cuando se anunció la subida de precio. 値上げが伝えられると暴動が起きた. ❷ 混乱，喧騒：A la salida de la escuela se forman ～s de niños. 学校の出口は子供たちで大騒ぎだ. Aprovechó el ～ para huir. 彼はどさくさまぎれに逃亡した

tumultuario, ria [tumultwárjo, rja] 形 ＝ **tumultuoso**

tumultuoso, sa [tumultwóso, sa] 形 暴動の；騒々しい，混乱した；騒ぎ(混乱)を引き起こす：protestas ～sas 騒然とした抗議集会. mar ～ 荒海

  tumultuosamente 副 騒々しく：Los chicos salieron ～ de la clase. 子供たちはガヤガヤと教室を出た

tuna[1] [túna] 囡 ❶《植物》ノパルサボテン『nopal』；その果実. ❷ トゥナ『学生の流しの小楽団. ☞写真』

correr la ～ ぶらぶらして(遊んで)暮らす

tunante, ta [tunánte, ta] 形 名《親愛・軽蔑》ずる賢い(人)，ごろつき(の)

  tunantada 囡 いたずら，悪さ；下劣な行為

tunda[1] [túnda] 囡 ❶ [棒・鞭での] めった打ち：El padre le dio una buena ～. 父親は彼をひどく叩いた. ❷ 剪毛(せんもう). ❸ [努力による] 消耗

tundir[1] [tundír] 他 ❶ [織物・動物の毛を] 刈り込む，剪毛(せんもう)する. ❷《口語》[棒・鞭で] めった打ちする. ❸《口語》消耗させる，へとへとにする

  tundidor, ra 形 名 剪毛する(人). ◆ 囡 剪毛機；バリカン

  tundidura 囡 剪毛，刈り込み

tundra [túndra] 囡《地理》ツンドラ，〔永久〕凍土帯

tunecino, na [tuneθíno, na] 形 名《国名》チュニジア Tunicia 囡 の(人)；《地名》チュニス Túnez 男 の(人)

túnel [túnel] 男 トンネル，地下道：perforar (abrir) un ～ トンネルを掘る. ～ aerodinámico (de aire・de viento) 風洞. ～ de lavado カーウォッシュ. ～ del tiempo タイムトンネル

tungsteno [tungsténo] 男《元素》タングステン

túnica [túnika] 囡 ❶《服飾》[古代ギリシア・ローマ人の，司教の] チュニカ；[婦人用の] チュニック. ❷《解剖》膜，皮膜；《植物》外皮，種皮；《生物》被囊：～ úvea〔目の〕ブドウ膜

  tunicados[2] 形 複《動物》尾索類

tuno, na[2] [túno, na] 形 名 ❶ やくざ(な)，ろくでなし(の). ❷ トゥナ tuna を構成する学生

tuntún [tuntún] 男 *al*〔*buen*〕～ 不用意に，十分な裏付けもなく：Se puso a hablar al buen ～. 彼は思いつきで話し始めた

tupamaro, ra [tupamáro, ra] 形 名 トゥパマロス(の)『ウルグアイの左翼ゲリラ』

tupaya [tupája] 囡《動物》ツパイ

tupé [tupé] 男 ❶ 前髪，額にかかる髪；[男性用の] 部分かつら：ir peinado con ～ 前髪を垂らした髪型をする. ❷ 厚かましさ，大胆さ：tener ～ 厚かましい

tupí [tupí] 形 名 トゥピ族〔の〕『ブラジルのインディオ』◆ 男 トゥピ語

  tupí-guaraní 形 名 トゥピ＝グアラニー語族〔の〕

tupido, da [tupído, ða] 形 過分 ❶ 密な，濃い：tela ～da 目の詰んだ布地. follaje ～ 濃い茂み. ❷《中南米》詰まった，ふさがった ◆ 副《南米》激しく；しばしば

tupinambo [tupinámbo] 男《植物》キクイモ

tupir [tupír] 他 密にする，詰め込む ◆ ～se 密になる，ぎっしり詰まる

tur [túr] 男 ＝ **tour**

turba [túrβa] 囡 ❶ 泥炭，ピート. ❷《軽蔑》[騒ぎ立てる] 群衆，暴徒；下層の人々，俗衆

turbación [turβaθjón] 囡《文語》困惑，当惑；混乱，動揺

turbamulta [turβamúlta] 囡《軽蔑》[無秩序な] 群衆

turbante [turβánte] 男《服飾》ターバン：llevar ～ ターバンを巻いている

turbar [turβár] 他《文語》❶ 困惑させる，どぎまぎさせる：La pregunta del profesor *turbó* al pobre alumno. 先生の質問にその哀れな生徒はどぎまぎした. ❷ 混乱させる；動揺させる：Una banda de motos *turbaba* la tranquilidad del lugar. オートバイの一団があたりの静かさをかき乱していた. La noticia nos *ha turbado* mucho. そのニュースは私たちをひどく動揺させた. ❸ 妨害する，中断させる：Nada *turbó* el desarrollo del plan. 計画の進展を妨げるものは何もなかった ◆ ～se 困惑する；混乱(動揺)する：Se *turbó* toda la nación por la rendición. 降伏で全国民はショックを受けた

  turbador, ra 困惑(混乱)させる

turbelarios [turβelárjos] 男複《動物》渦虫類

turbera [turβéra] 囡 泥炭の炭田

turbidez [turβiðéθ] 囡 濁り, 混濁[度]

turbina [turβína] 囡 タービン： ～ hidráulica 水力タービン, 水車． ～ de gases ガスタービン． ～ de vapor 蒸気タービン

turbinar 他 …を利用してタービンを回す

turbinto [turβínto] 男 《植物》コショウボク〖果実は飲料用〗

turbio, bia [túrβjo, βja] 形 ❶ [液体が] 濁った, 不透明な： agua ～bia 濁り水． vino ～ [発酵が不十分で] 濁ったワイン． ojos ～s とろんと濁った目つき． Veo ～. 私は目がかすむ． ❷ あいまいな, 不鮮明な；怪しげな： expresión ～bia あいまいな表現． negocio ～ いかがわしい商売. época ～bia 騒然とした時代

pescar en agua ～bia どさくさまぎれにうまいことをする

turbión [turβjón] 男 ❶ [風を伴った] 激しいにわか雨, スコール． ❷ 多量, 多数： Ha pasado un ～ de sucesos en una semana. 事件の非常に多い1週間だった

turbit [turβí(t)] 男 《植物》ツルベス

turbo [túrβo] 男 ❶ ターボチャージャー〔付きの〕；《自動車》ターボエンジン搭載車：motor ～ ターボエンジン

turboalimentado, da 形 ターボチャージャーで過給される

turboalternador [turβoaltεrnaðór] 男 タービン発電装置

turbobomba [turβoβómba] 男 ターボポンプ

turbocompresor [turβokompresór] 男 ターボコンプレッサー, ターボチャージャー

turbodiesel [turβoðíeι] 形 motor ～ ターボ付きディーゼルエンジン

turbogenerador [turβoxeneraðór] 男 タービン発電機

turbohélice [turβoéliθe] 男 ターボプロップエンジン〔の〕

turbonada [turβonáða] 囡 激しい雷雨

turbopropulsor [turβopropulsór] 男 ターボプロップエンジン

turborreactor [turβořεaktór] 男 ターボジェット〔エンジン〕

turbulencia [turβulénθja] 囡 ❶ 濁り；不鮮明, あいまいさ． ❷ 混乱, 騒がしさ, 騒乱． ❸ 《物理》乱流；《航空》乱気流

turbulento, ta [turβulénto, ta] 形 ❶ 大荒れの；騒がしい： mar ～ 荒海． sociedad ～ta 騒然とした社会． ❷ 騒動を起こす, 騒乱を好む： masa ～ta 不穏な群衆

turca¹ [túrka] 囡 《口語》酔い： coger (tener) una ～ 酔っぱらう

turco, ca² [túrko, ka] 形 名 ❶ 《国名》トルコ Turquía 囡《人・語》の；トルコ人；オスマントルコの〔人〕． ❷ 《中南米. 主に軽蔑》アラブ系移民〔の〕, 中近東の〔人〕

◆ 男 トルコ語

celoso como un ～ ひどく嫉妬深い

ser el cabeza de ～ 身代わり(スケープゴート)にされる

turcochipriota [ ] 形 名 トルコ系キプロス人〔の〕

turcomano, na / turcumano, na [turkománo, na/-ku-] 形 名 トルコマンの〔人〕 〖旧ソ連・アフガニスタン・イランなどのトルコ系住民〗

turdetano, na [turðetáno, na] 形 名《歴史》トゥルデタニー族 Turdetania の〖ローマの征服以前にスペイン南部にいた部族〗

túrdiga [túrðiga] 囡 皮帯

turf [túrf] 男《←英語》競馬〔場〕

turfístico, ca 形 競馬の

turgencia [turxénθja] 囡 《生理》[鬱血による] 膨満〔状態〕, 勃起(ぼっ)〔...〕

turgente 形 膨満〔状態〕の, ふくらんだ

turgescencia 囡 =turgencia

turgescente/túrgido, da 形 =turgente

turíbulo [turíβulo] 男 吊り香炉 〖incensario〗

turibulario/turiferario [turibulárjo/-ferá-] 男《カトリック》香炉持ち

turión [turjón] 男《アスパラガスの》若茎

turismo [turísmo] 男《英 tour》❶ 観光；観光旅行《viaje de ～》；観光事業： Ahora estoy en Madrid de ～. 私は観光でマドリードに来ている． hacer ～ a... …を観光〔旅行〕する． ～ verde 自然を楽しむ旅行． oficina de ～ 観光案内所〔協会〕． ❷ 《集合的》観光客． ❸ 《自動車》ツーリング車；自家用車《coche de ～》： gran ～ 長距離・高速走行用車, GT

turista [turísta] 名《英 tourist》観光客： i) ～ japonés 日本人観光客. ii) 〔形容詞的〕 clase ～ ツーリストクラス

turístico, ca [turístiko, ka] 形 観光の： viaje ～ 観光旅行． ciudad ～ca 観光都市． mapa ～ 観光地図

turkmeno, na/turkmenio, nia [turkméno, na/-njo, nja] 名《国名》トルクメニスタン Turkmenistán 男 の〔人〕

turma [túrma] 囡 睾丸《testículo》；トリュフ《trufa》

turmalina [turmalína] 囡 《鉱物》電気石, トルマリン

túrmix [túrmi(k)s] 囡/男 〖単複同形〗《←商標》ミキサー

turnar [turnár] ～se [互いに] 交替する： Se turnaron para conducir el coche. 彼らは交替で車を運転した． Los dos partidos se turnan en el poder. 2 つの政党がかわるがわる政権を担当している

◆ 他《中南米》[+a 他の法廷・官庁などへ, 文書を] 提出する, 手続きをとる

turnedó [turneðó] 男《←仏. 料理》トゥルネード, 牛ヒレ肉のステーキ

turno [túrno] 男《英 turn》❶ 順番, 番, シフト： Ahora te toca el ～ de cantar. さあ君の歌う番だ． Por fin ha llegado mi ～. とうとう私の番が来た． Hoy es mi ～, pago yo. 今日は私の番だ, 私が払う． establecer (guardar) el ～ 順番を決める(守る)． limpiar la casa por ～ 交替で家の掃除をする． trabajar por ～s 輪番制で働く． ～ de día (noche) 日勤(夜勤)． ～ de preguntas 質疑応答． ～ ro-

tativo 交代制, 輪番制. ❷ 当番の人
a ~s 次々に, 代わる代わる
de ~ 1) 当番の: farmacia *de ~* 夜間(休日)当番薬局. 2) 目下の, 現在の; よく知られた, いつもの

turolense [turolénse] 形 名《地名》テルエル Teruel の〔人〕『アラゴン地方の県・県都』

turón [turón] 男《動物》ケナガイタチ

turquesa [turkésa] 囡《鉱物》トルコ石
◆ 形 名 青緑色の

turquí [turkí] 形 名 濃青色〔の〕

turro, rra [túr̄ɔ, r̄a]《南米・軽蔑》形 名 邪悪な〔人〕, 不誠実な〔人〕; 愚かな〔人〕
◆ 囡 売春婦

turrón [tur̄ón] 男 ❶《菓子》トゥロン『アーモンドなどを蜜で固めたもの. 特にクリスマスに食べる』: ~ de Alicante (de Jijona)／~ duro (blando) アーモンドが粒状の固い(粉状の柔らかい)トゥロン. ❷《口語》楽な仕事

turronero, ra 名 トゥロンの製造(販売)業者

turulato, ta [turuláto, ta] 形《口語》[estar +] 呆然とした

turullo [turúʎo] 男《牧童が家畜の群れを呼ぶ》角笛

tururú [tururú] 圊《否定・拒絶・嘲笑》とんでもない, 冗談じゃない, そんなばかな!

turuta [turúta] 囡《隠語》軍隊ラッパ

tus [tús] 圊《犬を呼んで》おいで!

tusa [túsa] 囡《南米》トウモロコシの芯; 馬のたてがみ

tusígeno, na [tusíxeno, na] 形 咳を引き起こす

tusilago [tusilágo] 男《植物》フキタンポポ

tusón [tusón] 男 羊の毛

tusor [tusór] 男《繊維》〔綿の〕タッサー

tute [túte] 男 ❶《西式トランプ》ゲームの一種; その上がり手『王または馬が4枚』. ❷《似た者同士の》四人組. ❸ 骨の折れる仕事: darse un ~ 一所懸命に働く(努力する)
dar un ~ a... …を消耗するまで使う: He dado un ~ a los zapatos. 私は靴をはきつぶした
darse un ~〔長時間休まずに〕重労働をする

tutear [tuteár] 他 …に tú を使って話しかける, 君-僕で話す
◆ *~se* 互いに tú を使って話す

tutela [tutéla] 囡 ❶《法律》後見: tener a+人 bajo su ~ …を後見する. ~ dativa (legítima・testamentaria) 選任(法定・遺言)後見. ❷ 保護, 監督: encargar la ~ de los niños a+人 …に子供たちの面倒を見てもらう. estar bajo la ~ del gobierno 政府の監督下にある. ❸ 指導教官(家庭教師)の職. ❹《国連の》信託統治

tutelar [tutelár] 形 後見の; 守護する: gestión ~ 後見. dios ~ 守護神
◆ 他 後見する, 保護監督する

tutelado, da 名 過分 被後見人; 指導教官についている生徒

tuteo [tutéo] 男 tú を使って話すこと

tutifruti [tutifrúti] 男《←伊》数種類の砂糖漬けの果物入りのアイスクリーム

tutiplé〔n〕 [tutiplé(n)] 男 *a ~*《西. 古語》たっぷりと, 大量に

tutor, ra [tutór, ra] 名 ❶ 後見人: servir de ~ a+人 …の後見人をつとめる. ~ dativo 選任後見人. ❷ 保護者, 守護者: La Virgen es la ~ra de este lugar. 聖母マリアがこの土地の守護聖人だ. ❸《全教科の》家庭教師: poner a su hijo un ~ 息子に家庭教師をつける. ❹ 指導教官, チューター
◆ 男〔植え木などの〕支柱

tutoría 囡 後見職; 指導教官の職務

tutú [tutú] 男《服飾》〔バレリーナの〕チュチュ

tuturuto, ta [tuturúto, ta] 形《中南米》呆然とした;《中米》ほろ酔い機嫌の

tuv-, tuvie- ☞ tener 58

tuya[1] [túja] 囡《植物》クロベ; ヌマヒノキ, ニオイヒバ

tuyo, ya[2] [tújo, ja] 形《英 your. 所有形容詞2人称単数完全形. ☞suyo》君の, お前の: i)〔名詞+〕He usado una corbata *tuya*. 君のネクタイを借りたよ. ii)〔主格補語〕Este balón no es ~. このボールは君のではない. Esas palabras son muy *tuyas*. いかにも君らしい言い方
◆ 代《英 yours》〔定冠詞+〕君のそれ: Presento a mis amigos a *los* ~s. 僕の友達を君の友人たちに紹介するよ
la tuya 1) 君の好機(都合のいい時): Ésta es *la tuya*. これはチャンスだよ. 2) 君の本心(言い分): Tienes que soltar *la tuya*. 本音を言えよ
lo ~ 1) 君のこと(もの). 2) 君の得意(本分): Lo ~ es el dibujo. 君の得意なのは絵だ. 3)〔副詞的〕かなり, とても: De radios sabes lo ~. ラジオについて君はかなり詳しい
los ~s 君の家族(仲間・味方)
[una] de las tuyas 君のいつもの悪ふざけ(失敗): Has llegado tarde; has hecho *una de las tuyas*. 君は遅刻だ. また例の癖を出したな

TV.《略語》←Televisión テレビジョン

TVE [tebeé]《略語》←Televisión Española スペイン国営テレビ

tweed [twíd] 男『単複同形』《←英語. 繊維》ツイード

twist [twís] 男《←英語. 舞踊》ツイスト

txacolí/txakolí [tʃakolí] 男《←バスク語》バスク産の弱いワイン

txapela [tʃapéla] 男《←バスク語》ベレー帽

txistu [tʃístu] 男《←バスク語》フルート
txistulari 名 フルート奏者

T

U

u¹ [u] 膤 ☞**o²**

u² [ú] 膤 圈《醦 ~es》アルファベットの第 22 字；そ
の名称

U. [ustéⱰ] 《略語》=**usted**

uadi [wáⱰi] 團 =**wadi**

ualabi [walábi] 團《動物》ワラビー

uapití [wapití] 團 =**wapití**

-uar《接尾辞》[動詞化] except**uar** 除外する，
sit**uar** 位置づける

ubérrimo, ma [ubĕrrimo, ma] 刑《文語》
[土地などが] 非常に肥沃な；[植物が] 繁茂し
た：campos ~s 実りの豊かな畑． cosecha
~ma 豊作

ubicar [ubikár] 固 囮《中南米》[+en に] 置く，
設置する：_Ubiqué los libros devuel-
tos en la estantería._ 私は本を本棚に戻した
◆ 団/~**se ❶** ある，いる，位置する：_Mi casa se
ubica cerca del río._ 私の家は川のそばにある．
❷《経済》参入する
estar bien ubicado《南米》いい職についてい
る，いい生活をしている

ubicación 囡 置くこと，設置；位置

ubicuo, cua [ubíkwo, kwa] 刑《文語》[同
時に] 至る所にある；[特に，神が] 遍在する；[人
が] 神出鬼没の，どこにでも顔を出す

ubicuidad 囡《神の》遍在

ubre [úbre] 囡 [哺乳動物の] 乳房

ucase [ukáse] 團 **❶**《歴史》ロシア皇帝の勅令．
❷ 不当（専制）的な命令令（布告）

UCD 囡《西．略語》←Unión de Centro De-
mocrático 民主中道連合

ucedista 囵 UCD の（党員）

-ucho《軽蔑接尾辞》animal**ucho** 醜い動物，
cas**ucha** あばらや，cald**ucho** 薄いスープ

uchú [utʃú] 團 ペルー産のトウガラシ

uchuvito, ta [utʃubíto, ta] 囵《南米》酔っ払
い

UCI [úsi/úθi] 囡《略語》←unidad de cuida-
dos intensivos 集中治療室

-uco《軽蔑接尾辞》frail**uco** 生ぐさ坊主，cas**u-
ca** あばらや

ucraniano, na [ukranjáno, na] 刑 囵《国
名》ウクライナ Ucrania 囡 の（人）
◆ 團 ウクライナ語

ucranio, nia 刑 囵 =**ucraniano**

Ud. [ustéⱰ] 《略語》=**usted**

-udo《接尾辞》[名詞+．品質形容詞化] barri-
gudo 腹の出た

Uds. [ustéⱰes] 《略語》=**ustedes**

UEFA [uéfa] 囡《略語》←Unión Europea de
Fútbol Asociación ヨーロッパサッカー協会

-uelo《示小接尾辞》pañu**uelo** ハンカチ

UEP《略語》←Unión Europea de Pagos ヨー
ロッパ決済同盟

uf [úf] 圖 [疲労・退屈・不快など] あーあ：_¡Uf!_
¡Qué calor! ああ暑い！

ufa [úfa] 圖《南米》[不快] フン！

ufanar [ufanár] ~**se** 思い上がる；[+con・de
を] 誇る，鼻にかける：_Se ufana de su éxito._ 彼
は成功して得意になっている

ufano, na [ufáno, na] 刑 **❶** estar+] 思い
上がった，高慢な；[+con を] 誇っている，満足し
ている：_Va ~ con su nuevo coche._ 彼は新車
に乗って鼻高々だ． **❷** 意気ごんだ，張り切った．
❸ [植物が] 繁茂した

ufanía 囡 思い上がり

ufo [úfo] 團 囵《←英語》未確認飛行物体，UFO
〔OVNI〕

ufología 囡 UFO 研究

ufólogo, ga 囵 UFO 研究家

ugandés, sa [ugandés, sa] 刑 囵《国名》ウ
ガンダ Uganda 囡 の（人）

ugrofinés, sa [ugrofinés, sa] 刑 團 フィン＝
ウゴル語族の〔の〕

UGT《西．略語》←Unión General de Traba-
jadores 労働総同盟

U.I.《略語》←unidad internacional 国際単位

ujier [uxjér] 團 [宮廷・法廷の] 門衛，廷吏；執
行官，執達吏

ukelele [ukeléle] 團《楽器》ウクレレ

ulano [uláno] 團《歴史》槍騎兵

úlcera [úlθera] 囡 **❶**《医学》潰瘍（かい）：~ de
estómago 胃潰瘍． ~ duodenal 十二指腸潰
瘍． **❷**《植物》[木部の] 腐れ

ulceración 囡 潰瘍化，潰瘍形成；[主に表層
部の] 潰瘍

ulcerar 囮 潰瘍を生じさせる． ◆ ~**se** 潰瘍形
成する

ulcerativo, va 刑 潰瘍形成性の

ulceroso, sa 刑 潰瘍性の；潰瘍患者

ulema [uléma] 團 ウラマー〔イスラム教国の法
学者・神学者〕

uliginoso, sa [ulixinóso, sa] 刑 湿地の；湿
地に生育する

ulmáceas [ulmáθeas] 囡 醦《植物》ニレ科

ulmo [úlmo] 團《植物》[チリ産の] 白い花をつけ
る大木

ulterior [ulterjór] 刑 **❶**《文語》その後の；その
向こうの〔↔citerior〕． **❷**《歴史》[ローマ帝国
領土でローマから] 最も遠い：Hispania ~ 遠イ
スパニア

ulterioridad 囡 con ~ その後

ulteriormente 圖 その後〔después〕

ulticante [ultikánte] 刑 [イラクサや蕁麻疹の
ような] かゆみをもたらす

últimamente [últimaménte] 圖 最後に；最

近になって, 近ごろ

ultimar [ultimár] 他 ❶ [工事などを] 終える, 完成する. ❷《中南米. 文語》殺す
　ultimación 囡 完了, 完成
ultimátum [ultimátun] 男『単複同形/腹〜s』[主に 腹] 最後通牒; 最終的な要求 (提案)

último, ma [último, ma] 形『英 last. 序数詞の一種』 ← primero』 ❶ [順序. 定冠詞+. +名詞] 最後の, 最終の: Es el 〜 de la clase. 彼はクラスでビリだ. ¿Quién es el 〜? [列の] 最後は誰ですか? hacer el 〜 esfuerzo 最後の努力をする. 〜 día del mes 月の終わりの日, みそか. 〜ma fila 最後尾の列. 〜mas palabras 臨終の言葉. 〜 tren 終電車 ❷ 究極の: fin 〜 究極の目的. Le acabo de decir mi 〜 precio. これがぎりぎりの値段です ❸ 最も遠い(辺鄙な): Se vive incluso en el 〜 rincón del mundo. どんな地の果てにも人は住んでいる. en el 〜 piso (cajón) 最上階(一番下の引き出し) ❹ 最近の, 最新の: en la 〜ma carta この前の(最近の)手紙で. en estos 〜s años この 2・3 年, 近年. en los 〜s cinco años ここ 5 年間に. de 〜ma moda 最新流行の ❺ [estar+] 最低の, 最悪の
◆ 图 最後(最後尾)の人
a lo 〜ma 最新流行の: ir *a la 〜ma* 流行の先端を行く
ahora 〜《南米》最近
estar a lo 〜 (a los 〜s・en las 〜mas) 死に(終わり)かけている; 金(貯え)が尽きかけている: *Estoy a lo 〜 del libro.* 私は本の最後まで[読み進んで]来ている
por 〜 最後に; 結局: Primero... Segundo... Tercero... Y *por 〜* les hablaré sobre... 第 1 に… 第 2 に… 第 3 に… そして最後に…についてお話ししましょう
ser lo 〜 [物事が] 極端(最悪)である: Vender la casa *sería lo 〜*; antes intentaremos encontrar otras soluciones. 家を売るのは本当にどうしようもなくなった時だ. その前に他の解決策を見つける努力をしよう. Que le pida dinero *es lo 〜*. 彼に金をせびるなんて最低だ
〜ma palabra [議論・譲歩などで] 最終判断 (提案): decir la *〜ma palabra* 最終判断を下す; 議論をしめくくる. tener la *〜ma palabra* 最終的な決定権を持っている. Ésta es mi *〜ma palabra.* これが最後だ/これ以上一歩も譲れない

últ[m]o [略語] ←último 最後の, 最近の

ultra [últra]《西》 ❶《西》 超過激な右翼[の], 極右[の]; 《サッカー》フーリガン

ultra- [接頭辞] [超] *ultra*mar 海外, *ultra*derecha 極右派

ultrabásico, ca [ultrabásiko, ka] 形《化学》超塩基性の
ultracentrifugación [ultraθentrifugaθjón] 囡 超遠心[分離]機
ultraconfidencial [ultrakɔnfiðenθjál] 形 重要機密の
ultracongelación [ultrakɔŋxelaθjón] 囡《西》急速冷凍
　ultracongelado, da 形 急速冷凍された
　ultracongelador 男 急速冷凍冷蔵庫
ultraconservador, ra [ultrakɔnsɛrbaðór, ra] 形 超保守的な
ultracorrección [ultrakɔrɛ(k)θjón] 囡《言語》過剰訂正. 直しすぎ[例 正しい espontáneo を類推などで expontáneo と間違える]
ultracorto, ta [ultrakórto, ta] 形《電気》 onda 〜ta 超短波
ultraderecha [ultraðerétʃa] 囡 [la+] 極右
　ultraderechista 形 图 極右の[人]
ultrafiltración [ultrafiltraθjón] 囡 限外濾過
ultrafino, na [ultrafíno, na] 形 超微細な
ultraísmo [ultraísmo] 男《文学》ウルトライズム『スペインに起こった詩の改革運動. 1919-23 年』
ultraizquierda [ultraiθkjérða] 囡 [la+] 極左
　ultraizquierdista 形 图 極左の[人]
ultrajar [ultraxár] 他 [+con で, ひどく] はずかしめる, 侮辱する: 〜 *con* palabras 口汚くののしる
　ultrajante 形 侮辱的な
ultraje [ultráxe] 男 [ひどい] はずかしめ, 侮辱: 〜 a las buenas costumbres 猥褻物陳列罪. 〜 [público] al pudor 公然猥褻罪
ultraligero, ra [ultralixéro, ra] 形 男 超軽量の[飛行機], ウルトラライト
ultramar [ultramár] 男 ❶ 海外; 海外領土, 海外県. ❷ 群青色 [azul de 〜]
ultramarino, na [ultramaríno, na] 形 海外の
ultramarinos [ultramarínɔs] 男《古語》的 ❶ [単複同形] 食料品店 [tienda de 〜]. ❷ 腹 [保存のきく] 食料品
ultramicroscopio [ultramikroskópjo] 男 限外顕微鏡
ultramoderno, na [ultramoðɛrno, na] 形 超現代的な
ultramontanismo [ultramɔntanísmo] 男 教皇権至上主義
　ultramontano, na 形 图 教皇権至上主義の(主義者)
ultranza [ultránθa] 囡 *a 〜* 断固とした・して, 妥協しない・せずに: defender *a 〜* 死守する. familia católica *a 〜* きわめて厳格なカトリックの家庭
ultrarrápido, da [ultraříápiðo, ða] 形 超高速の
ultrarrojo, ja [ultraříóxo, xa] 形 赤外線の [infrarrojo]
ultrasecreto, ta [ultrasekréto, ta] 形 最高機密の
ultrasensitivo, va / ultrasensible [ultrasensitíbo, ba/-síble] 形 超高感度の
ultrasofisticado, da [ultrasofistikáðo, ða] 形 超高性能の

ultrasonido [ultrasonído] 男 超音波.
　ultrasónico, ca 形 超音波の；超音速の. ◆
　女 超音波学

ultratumba [ultratúmba] 女 *de* ~ 死後の：
　voces *de* ~ あの世からの声
　◆ 副 死後に, あの世で

ultravioleta [ultraβjoléta] 形 〔単複同形／
　~s〕紫外線の：rayos ~s 紫外線

úlula [úlula] 女 《鳥》モリフクロウ 《autillo》

ulular 自 ホーホーと鳴く；〔風で〕鳴る；〔人は〕
　泣き叫ぶ

ululato 男 ホーホー〔という鳴き声〕；うなり；泣
　き叫ぶ声

umbela [umbéla] 女 ❶《植物》繖形花序. ❷
　〔バルコニー・窓の〕ひさし
　umbelíferas 女 セリ科植物

umbilical [umbilikál] 形 《解剖》へその
　umbilicación 女 へそ状のくぼみ

umbráculo [umbrákulo] 男 《農業》日よけ

umbral [umbrál] 男 ❶ 敷居；戸口, 入り口：
　pasar (atravesar) el ~ de+人 …の家の敷居
　をまたぐ. ❷ 始まり, 端緒；限界：el ~ del
　español リテラシー スペイン語の第一歩〔初歩〕. en el ~
　de la vida 誕生期に；青春期に. ❸《心理・生
　理》閾(いき), 閾値：~ de audición 聴覚閾. ❹
　《経済》de rentabilidad 損益分岐点
　estar en los ~*es de*… …寸前である；ほとん
　ど…同然である
　pisar los ~*es* 間近にある
　umbralado 《南米》=umbral

umbrela [umbréla] 女《動物》〔クラゲの〕傘

umbrío, a [umbrío, a] 形《文語》日陰の, 陰
　になった
　◆ 女 常に日陰の所

umbro, bra [úmbro, bra] 形《古代の》ウンブ
　リア〔人・語〕の
　◆ 女 ウンブリア語

umbroso, sa [umbróso, sa] 形《文語》日陰
　の；陰をなす

un, una¹ [ún, úna] 冠 〔英 a. 不定冠詞〕
単数形. 複 unos, unas. アクセ
ントのある a-・ha- で始まる女性単数名詞の直前
で un とすることがある：un alma, un hada〕❶
〔話し手・書き手がある名詞を使う時, ただそういう
言葉で呼ばれる人・物・事というだけで, その指示す
る対象を知らないか, あるいはそれを知っていても聞
き手・読み手に知らせるつもりがないとき〕ある
〔《alguno 類義》：Te llamó un hombre. ある
男から君に電話があった. Tráigame un perió-
dico de hoy. 今日の新聞をどれか持ってきてくれ.
Un viernes vino a verme. 彼はある金曜日私
に会いにやって来た. 〔参考〕1）¿No tienes reloj?
時計を持っていないのか？ Encontró usted
criada? お手伝いさんは見つかりましたか？ No
uso paraguas. 私はかさをささない. 2）不定冠詞
の複数形はないという考え方もある：¿Qué es
esto?—Es un libro./Son libros. これは何です
か？—それは本です／それらは本です〕
❷ i）冠 1つの〔《基数形容詞 uno と用法が重な
る》：Aquí hay un libro. ここに1冊の本がある.
Tengo una hermana. 私には姉が1人いる. ii）

〔複〕〔+可算名詞の複数形〕いくつかの：Tráeme
unas muestras. 見本をいくつか持ってきてくれ.
Vinieron unos señores. 男が2, 3人来た.
〔参考〕Estaba fumando cigarrillos sin parar.
彼はひっきりなしにたばこを吸っていた〕iii）〔複〕〔+
双数名詞〕1対の, 1組の：Tengo que hacer-
me unas gafas. 私は眼鏡を1つ作らねばならな
い. iv）〔+不可算名詞, 一まとまりの抽象概念,
一回の動作, 一定の時間, 一定の物質など〕
Deseo ardientemente una reconciliación.
私は和解を切望している. José me ha dicho
una grosería. ホセは私に下品なことを言った.
Tengo una idea. 私に考えがある. Me levanté
de un salto. 私はとび起きた. Hubo una pau-
sa. ちょっと間があった. Le di una propina. 私
は彼に少しばかりのチップをやった. 〔参考〕Le di
propina. 私は彼にチップをやった. Me causó
terror. 私は彼にぞっとさせられた. Hice café y
lo tomamos. 私はコーヒーを入れ, 私たちはそれを
飲んだ〕
❸〔分類〕一種の：¿Qué es esto?—Es una
revista. これは何ですか？—雑誌です. ¿Qué es
un médico…!? おれでも医者になれる？〔参考〕El
Sr. López es profesor. ロペス氏は教師だ〕
❹〔修飾語による類別・強調〕Tiene una cara
pálida. 彼は青ざめた顔をしている. Siempre lle-
va una corbata discreta. 彼はいつも地味なネ
クタイをしている. Ha salido un sol naranja. オ
レンジ色の太陽がのぼった. Ella tiene unos ojos
azules. 彼女は〔一種独特の〕青い目をしている.
〔参考〕Es mal estudiante. 彼は出来の悪い学生
だ. Siempre lleva corbata. 彼はいつもネクタイ
をしている. Ella tiene 〔los〕ojos azules. 彼女
は青い目をしている〕
❺〔比喩〕¡Eres un sol! 君は太陽だ！ Es un
Nerón. 彼はネロのような暴君だ. Son unos pi-
ratas. 彼らはまるで海賊だ
❻〔主語で, 1つを取り上げて総称〕¿Tú crees
que un hombre como yo puede hacer feliz
a una mujer? 私のような男が女を幸せにできると
思うかい？ Una mujer no debe andar sola en
el mundo. 女性は一人で生きてゆくべきではない
❼〔強調〕i）¡Japón es un país! 日本は大した
国だ！ ¡Necesito una paciencia! とにかく忍耐
が必要だ！ ii）〔否定の強調〕一つの…も〔…な
い〕：En el cielo no hay una nube. 空には雲
一つない. No digo 〔ni〕una palabra. 私は一
言もしゃべらない. No dijo palabra. 彼は
言葉を発しなかった〕
❽〔+人名〕i）〔作品〕Posee un Goya. 彼はゴ
ヤの絵を1枚持っている. ii）…という名前の人：
En mi clase también hay un Antonio. 私の
クラスにもアントニオが1人いる.
❾〔+数詞. 概数〕およそ, 約…：Costará
unas treinta mil pesetas. それは3万ペセタぐ
らいするだろう. Mi casa está a unos quince
minutos de la estación andando. 私の家は駅
から歩いて約15分の所にある

una² [úna] 女 〔☞un, uno〕《口語》ひどいこと, い
やがらせ：Le hicieron ~ en el trabajo. 彼は仕
事で意地悪をされた

de ～ 一度に〚de una vez〛

no dar (*acertar・coger・tocar*)〔*ni*〕… うまくいかない; 一問もできない: *No ha dado* ～ *en el examen.* 彼は試験ができなかった

～ *de*+名詞《口語》大量の…, 多数の…: *Había* ～ *de gente.* 大勢の人がいた

～ *de dos* 二者択一: *Una de dos* : o lo haces tú o me dejas que lo haga yo. 君がするか私に任せるか, 2つに1つだ

unamuniano, na [unamunjáno, na] 形 ウナムノの『スペインの思想家 Miguel de Unamuno. 1864-1936』

unánime [unánime] 形 〚意見が〛全員一致の: aprobación ～ 満場一致の賛成. estar ～ en+不定詞 …することで意見が一致している. grupo ～ 一体感のあるグループ

unánimemente 副 満場一致で, 異口同音に

unanimidad [unanimiðáð] 女 満場一致; 一体感: por ～ 満場一致で

uncial [unθjál] 形 女 アンシャル字体(の)

unciforme [unθifórme] 形 男 鉤状の;〔解剖〕有鉤骨

uncinariasis [unθinarjásis] 女《医学》鉤虫症

unción [unθjón] 女 〚←ungir〛❶ 聖油を授けること, 聖別『～ sacerdotal』. ❷〔臨終の〕塗油(式)〚extremaunción〛: administrar la ～ al agonizante 臨終の秘跡を授ける. ❸ 信心, 熱中: escuchar la lección con ～ 熱心に授業を聞く

uncir [unθir] 7 他 軛(ながえ)につなぐ: ～ los bueyes al carro 牛を荷車につなぐ

uncu [únku]《インディオの》袖なしの長衣

undécimo, ma [undéθimo, ma] 形 男 11番目の; 11分の1(の)

undécuplo, pla [undékuplo, pla] 形 男 11倍の

UNED [unéð] 女《西. 略語》←Universidad Nacional de Educación a Distancia 通信教育制大学

UNESCO [unésko] 女《略語》国連教育科学文化機関, ユネスコ

ungir [unxír] 4 他 ❶《宗教》聖油を塗る, 塗油で聖別する: David fue *ungido* por el profeta como rey de Israel. ダビデは予言者によってイスラエルの王として聖別された. al moribundo ～ 臨終の秘跡を授ける. el *ungido* del Señor 主に油を注がれた者『キリストのこと』. ❷ [+con 芳香油などを] …に塗る, 塗布する

ungimiento 男 塗油

ungüento [uŋgwénto] 男 ❶ 軟膏, 塗り薬: aplicar ～ a la herida 傷口に薬を塗る. ～ amarillo《皮肉》万能薬. ❷ 気休め的な対策(手段)

unguiculado, da [uŋgikuláðo, ða] 形 爪のある;《動物》有爪性の

unguis [úŋgis] 男《複数同形》《解剖》涙骨

ungulado, da [uŋguláðo, ða] 形《動物》ひづめのある, 有蹄類の

◆ 男 複 有蹄類

uni-《接頭辞》[一] *uni*cornio 一角獣, *uni*for-

únicamente [únikaménte] 副 単に, もっぱら: dedicarse ～ al estudio ひたすら勉学に励む

unicameral [unikamerál] 形 一院制の

unicameralismo 男 一院制〔議会〕

unicaule [unikáule] 形《植物》単茎の

UNICEF [uniθéf] 女《略語》国連児童基金, ユニセフ

unicelular [uniθelulár] 形《生物》単細胞の

unicidad [uniθiðá(ð)] 女 唯一であること

único, ca [úniko, ka] 形 〚英 only, unique〛❶ 唯一の, ただ一つ(一人)の: Es mi ～*ca* esperanza. それは私の, 唯一の希望だ. Es hijo ～. 彼は一人息子だ. Lo ～ que no le gusta es trabajar. 彼が嫌いなのは働くことだけだ. ❷ [名詞+] 特異な, ユニークな: Es un libro ～ en su género. その本は異色だ

unicolor [unikolór] 形 単色の

unicornio [unikórnjo] 男 一角獣, ユニコーン『伝説上の動物』; サイ『rinoceronte』: ～ de mar/～ marino《動物》イッカク(一角)

unidad [uniðá(ð)] 女 〚英 unit, unity〛❶ 単位: i) ～ de longitud 長さの単位. ～ monetaria 貨幣単位. ～ monetaria europea ヨーロッパ統一通貨. ～ de cuenta ニューメレール. ii)《教育》〔取得すべき〕単位〚～ de valor〛; [学習の] 単元: Le faltan ～*es*. 彼は単位が足りない. iii) 構成要素, 一個: caja de seis ～*es* 6個入りの箱. ❷ 統一性, 一体性; 単一性〚↔ pluralidad〛: No hay ～ de opiniones. 意見のまとまりがない. ～ de acción (lugar・tiempo)〔古典劇の規則で〕筋(場所・時間)の統一性. ❸ 設備(器具)一式, 装置: ～ piloto 自動操縦装置. ～ de vigilancia intensiva/～ de cuidados intensivos〔病院で〕集中治療室(病棟・部). ～ de prematuros 未熟児室. ～ móvil スタジオ外放送装置. ❹《軍事》戦闘単位〚～ de combate. 部隊, 艦艇など〛. ❺《数学》1(1桁の位)の数. ❻《情報》～ de almacenamiento 記憶装置. ～ de procesamiento central/～ central de proceso 中央演算装置, CPU

unidimensional [uniðimensjonál] 形 1次元の

unidireccional [uniðire(k)θjonál] 形《物理》一方向の: antena ～ 単指向性アンテナ. corriente ～ 単向(一方向)電流

unido, da [uníðo, ða] 形 過分 結びついた; 緊密な仲で: con las manos ～*das* 手をつないで

unifamiliar [unifamiljár] 形 1家族で構成される, 1家族用の: empresa ～ 家族企業. vivienda ～ 一戸建て住宅

unificar [unifikár] 7 他 1つにする, 統一する: ～ ambos estados 2つの国家を統合する. ～ esfuerzos 努力を結集する. ～ los sueldos 賃金を一本化する

◆ ～se 1つになる

unificación 女 統一, 統合

unificador, ra 形 統一化する

unifoliado, da [unifoljáðo, ða] 形《植物》単葉の

uniformar [uniformár] 他 一様(一律)にする，画一化する；制服を着せる：～ el estilo 様式を統一する．～ a todos de negro 全員一様に黒い服を着せる
uniformado 男 制服警官〖policía ～〗
uniformador, ra 形 一様(一律)にする

uniforme [unifórme] 形 同形の，一様な；単調な：casas ～s 同じ形の家々．movimiento ～ 等速度運動．vida ～ 変化のない生活
◆ 男 制服，ユニホーム，〖～ militar〗：llevar／estar de ～ 制服(軍服)を着ている
uniformidad 女 画一性，類似性；単調さ

unigénito, ta [unixénito, ta] 形 名 一人っ子〔の〕：hijo ～ 一人息子
◆ 男〖el U～〗イエス・キリスト

unilateral [unilaterál] 形 ❶ 片側だけの：tráfico ～ 片側通行．flor ～《植物》側生花．❷ 一方的な：crítica ～ 一方的な批判．contrato ～《法律》片務契約
unilateralismo 男 一方的な軍備撤廃(縮小)論
unilateralmente 副 一方的に

unilineal [unilineál] 形 父系(母系)のみの

unilocular [unilokulár] 形《生物》一室(単室・単房)の

unión [unjón] 女〖英 union〗❶ 結合，団結，結婚：consolidar la ～ 団結を強める，結束を固める．～ familiar 家族の結びつき．La ～ hace la fuerza.《諺》団結は力なり．❷ 連合，同盟；組合：U～ Europea ヨーロッパ連合，EU．～ agrícola 農業組合．U～ Postal Universal 万国郵便連合．❸ 結合部，接合個所

unionismo [unjonísmo] 男〖政党・国家の〗統一主義
unionista 形 名 統一主義の(主義者)

uníparo, ra [uníparo, ra] 形《植物》単花梗の；《動物》一度に一子(一卵)を産む

unípede [unípede] 形 一本足の

unipersonal [unipersonál] 形 ❶ 個人の：sociedad ～ 個人会社．❷ 一人の；一人用の：vivienda ～ 単身者用住宅．❸《文法》verbo ～ 単人称動詞〖3人称単数のみ使われる動詞：llover, nevar など〗

unipolar [unipolár] 形《生物・電気》単極の

unir [unír] 他〖英 unite〗❶ 結合させる，結びつける；結婚させる：Los intereses *unen* a las dos familias. 利害がその2家族を結びつけている．Una autopista *une* las dos ciudades. 1本の高速道路が2つの都市をつないでいる．～ los pedazos 破片をつなぎ合わせる．～ las claras 卵白を泡立てて固くする．～ las voces 声を合わせる．～ a diversos partidos políticos いくつかの政党を合併させる．❷ 結婚させる．❸《料理》～ una salsa ソースをつなげる．❹《医学》〖傷口を〗閉じる
◆ ～se ❶ 互いに結びつく；団結する．❷〖+a に〗加わる：～se *al* equipo チームに入る．❸〖一点に〗集まる，交わる．❹ 結婚する，一緒になる

unisex [unisé(k)s] 形《単複同形》《服飾》ユニセックスの

unisexual [unisé(k)swál] 形《生物》単性の：flor ～ 単性花

unísono [unísono] 男《音楽》ユニゾン，同音，同度
al ～ 1) 声をそろえて：hablar *al* ～ 一斉にしゃべる．cantar *al* ～ 斉唱する．2) 全員一致で：actuar *al* ～ 力を合わせる，協力する
marchar al ～ 同時に進行する；一定速度で進む

unitario, ria [unitárjo, rja] 形 名 ❶ 統一的な；単位の；単一の：teoría de campo ～《物理》統一場理論．estado ～ 単一国家．❷ 単一政府(中央集権)の〖支持者〗．❸《宗教》ユニテリアン派(の)〖キリストの神性や三位一体を否認する〗
unitarismo 男 単一政府(中央集権)主義；ユニテリアン派の教義

univalente [unibalénte] 形《化学・生物》一価の

univalvo, va [unibálbo, ba] 形《動物》単殻の，単弁の

universal [unibersál] 形〖英 universal〗❶ 全世界的な：historia ～ 世界史．paz ～ 世界平和．fama ～ 世界的名声．❷ 全体の；普遍的な，どこにでもある：opinión ～ 世間一般の声．valor ～ 普遍的な価値．❸ 汎用(はん)の．❹《論理》全称の
◆ 男 圏 一般概念：～es lingüísticos 言語の普遍的特性

universalidad [unibersaliðá(ð)] 女 普遍性

universalizar [unibersaliθár] 他 普遍化する

universalmente [unibersálménte] 副 全世界的に，普遍的に

universiada [unibersjáða] 女《スポーツ》ユニバーシアード

universidad [unibersiðá(ð)] 女〖英 university〗大学，総合大学 〖スペインには単科大学はない〗：estudiar en la U～ de Salamanca サラマンカ大学で学ぶ．～ a distancia 通信制大学，公開大学．～ laboral 科学技術専門学校

universitario, ria [unibersitárjo, rja] 形 名 ❶ 大学の(教員・学生)；大学生(の)：profesor ～ 大学教授．educación ～ria 大学教育．curso de orientación ～ria 大学準備コース〖スペインでは中等教育を終えた後，1年間の大学準備コースを経て大学に進む〗．escuela ～ria 大学付属の教育機関．❷ 大学を卒業した；大卒者

universo¹ [unibérso] 男 ❶ 宇宙，万物；世界：ley del ～ 宇宙(万有)の法則．～ poético de Bécquer ベッケルの詩的世界．❷《統計》母集団〖～ poblacional〗

universo², sa [unibérso, sa] 形 ＝**universal**

unívoco, ca [uníboko, ka] 形〖語などが〗一

義の, 常に同じ意味を持つ；《数学》一対一の
univocidad 囡 一義性

uno, una³ [úno, úna]〖英 one〗厖 男
〖基数詞. +男性名詞 では
un〗❶ 1つ(の)：i) *una* peseta　1ペセタ.
treinta y *un* días　31日. Déme *un* (*una*
taza de) café. コーヒーを1杯ください. Allí no
hay más que *un* señor. あそこには男は1人しか
いない. *Uno* y dos son tres. 1足す2は3. Ha
sacado muy mala nota：sólo le han puesto
un uno. 彼はひどい点を取った. たった1点しかも
らえなかった. ii) 〖序数の代用〗página cua-
renta y *una*　第41ページ, 41ページ目. sen-
tarse en la fila *uno*　1列目に座る. iii)《西》
1日〖primero〗：el *uno* de abril　4月1日.
❷〖主格補語〗一体の, 同じ：Asia es
una. アジアは一つである. Es *uno* con su co-
che. 彼は車と一体になっている. Su razón y la
que digo es *una*. 彼の言い分と私の言い分とは
同一である
◆ 囥〖不定代名詞〗❶〖一般的に〗人；〖不特
定〗ある人：i) En este país *uno* se acuesta
muy tarde. この国では一般に寝るのが遅い.
Una es débil. 女は弱いものだ. Llamó *uno*
preguntando por ti. ある人から電話があって君
のことを尋ねていた. ii) 〖+再帰動詞〗不特定主語
の se では se が重複するため〗Nunca se puede
uno sentir seguro. 人は決して自分に自信が持
てないものだ. iii) 〖暗に自分・相手などを指して〗
No está *uno* siempre de buen humor. 人は
いつも機嫌がいいとは限らないのだ
❷〖複数の中の〗1人, 1つ：Entre los profe-
sores Lola es *una* de las mejores. 先生の中
ではロラは一番いい先生だ. Aquí hay unos
cuadernos. Toma *uno* cualquiera. ここに何
冊かノートがある. どれでも1冊取りなさい
❸〖otro と共に〗i) *Unos* dicen que sí, y
otros que no. ある人たちは肯定し, また別の人た
ちは否定する. Hay dos casas：*una* es vieja y
la otra nueva. 家が2軒ある. 1軒は新しく, もう
1軒は古い. ¿Es médico o abogado?—No,
no es ni *uno* ni otro；es pintor. 彼は医者か,
それとも弁護士か?—いや, どちらでもない. 画家だ.
No lo sabían ni el *uno* ni el otro. 2人のどち
らもそのことを知らなかった. ii) 〖el uno… el
otro…〗で前者, 後者〗Hay un ambiente
exterior y un ambiente interior. Nadie
puede decir dónde acaba el *uno* y el otro
empieza. 外界と内界(精神界)がある. どこで前
者が終わり, どこで後者が始まるか, 誰も言うことは
できない
a una　一斉に；協力して：Vamos a tirar *a*
una de la cuerda. 同時に(力を合わせて)綱を
引こう
¡a la una, a las dos, a las tres!《競売》
ありませんか, ありませんか, はい売れました/《号令》
1, 2, の3
de uno en uno〖順々に〗1つ(1人)ずつ：Tu-
vieron que marchar *de uno en uno* en
fila india. 彼らは縦に1人ずつ並んで進まなければ
ならなかった

lo uno… lo otro…　一つには…また一つには
…：Cayó enfermo, *lo uno*, por exceso de
trabajo, y *lo otro*, por descuido de salud.
一つには過労, また一つには不節制のため, 彼は
病気になった
lo uno por lo otro　釣り合いのとれたこと：Me
pagan menos, pero trabajo menos horas.
Lo uno por lo otro. 給料は少ないが, 仕事時
間も少ない. 帳尻は合っている
más de uno　一つ(一人)ならず, 多く〖の人〗：
Más de uno lo va a sentir. それを残念に思
うのは一人だけではあるまい
ser todo uno/ser uno 〖y lo mismo〗1)
同じ一つのものである；変わりばえしない. 2) 同
時である：Llegar el invierno y empezar a
coger resfriado *es todo uno*. 冬になると風
邪を引き始める
uno a otro〖英 each other〗互いに〖相手を・
に〗：Nos ayudaremos *uno a otro*. 互いに助
け合おう. Se miraban el *uno al otro*. 彼ら
は見つめ合っていた. Se acercaron *uno a*
otro. 彼らは互いに近づいた
uno a uno〖英 one by one〗〖別々に〗1つ(1
人)ずつ：Responderé las preguntas *una a*
una. 質問に1つずつ答えよう
uno con otro　互いに〖相手と〗：Disputaron
unos con otros. 彼らは互いに言い争った
uno de otro　互いに〖相手から・相手のことを〗：
Se despidieron *unos de otros*. 彼らは別れた.
Vivieron *unos lejos de otros*. 彼らは互いに離
れて暮らした. Se burlaron *uno de otro*. 彼ら
は互いにからかい合った. Los países dependen
unos de otros. 国々は互いに依存し合っている
uno de tantos　取り立ててどうということもない
人(物)：Ese sitio de veraneo es *uno de*
tantos. それはどこにでもあるような避暑地だ
uno detrás de otro　次から次へと
uno por uno =uno a uno
uno más　普通の人：El jefe siempre procu-
ra ser *uno más*. 部長はお高くとまらないように
つとめている
uno que otro　いくつかの, わずかな：A lo lejos
se veía *una que otra* casa. 遠くに家がぽつぽ
つと見えただけだった
uno u otro　どちらか〖一方〗の：Los nombres
se usan en *uno u otro* género. 名詞はどちら
かの性(男性か女性)で用いられる
uno tras otro (*uno*) 次々に, 順々に：Han
ocurrido los accidentes *uno tras otro*. 事
故が次から次へと起きた. Despachó sus asun-
tos *uno tras otro*. 彼は用件を一つ一つ片付け
た
uno y otro　どちらも：*Uno y otro* tienen mo-
tivos para estar contentos. 2人とも満足し
ているのには訳がある

-uno《接尾辞》〖名詞+. 品質形容詞化〗va-
cuno 牛の

untadura [untadúra] 囡 ❶ 塗布；注油, グリ
ースアップ. ❷ グリース, 潤滑油〖untura〗

untar [untár] 他 ❶ 〖+con・de 油脂・クリーム
状のものを〗…に塗る：～ la tostada con man-

tequilla トーストにバターを塗る. 〜 el cuerpo *con* bálsamo 体に香油を塗る. ❷ [+en 油脂状のものに] 漬ける : 〜 sardinas *en* el aceite イワシを油漬けにする. 〜 pan *en* la salsa パンをソースにつける. ❸ 汚す, しみをつける. ❹ 買収する, 賄賂をつかませる : Le *untaron* para que lo pasara por alto. 見逃すがように彼は賄賂をつかまされた

〜 **la[s] mano[s] a**+人 …を買収する

◆ 〜**se ❶** [油などで] 汚れる, 自分の…を汚す : *Me he untado* el pantalón *con* grasa del coche. 私は車のグリースでズボンを汚してしまった. **❷** [公金などを] ごまかす, くすねる : *Se untó* bien el gerente. 支配人はかなりの金をちょろまかしていた

unto [únto] 圐 軟膏, 塗り薬;[皮革に塗る] 油脂;《料理》ラード, 脂身;《南米》靴墨
〜 **de rana** 《俗語》口止め料, 内済金

untuoso, sa [untwóso, sa] 圏 ❶ ぬるぬるした, つるつるした;べとべとした, 油状の. ❷《軽蔑》優しすぎる, 愛想のよすぎる
untuosidad 囡 ぬるぬる(つるつる・べとべと)していること

untura [untúra] 囡 ❶ 軟膏. ❷ グリース, 潤滑油;[皮革に塗る] 油脂

uña [úɲa] 囡 ❶ 爪(ᵃ) : Tienes las 〜*s* largas./Te han crecido las 〜*s*. 爪が伸びてるよ. ❷ [器具の] 爪;[折畳みナイフなどの] 爪がかり;《船舶》錨爪. ❸ [サソリの] 毒針;[植物の] とげ. ❹《料理》〜 de vaca 牛の足
a 〜 de caballo 全速力で[馬を走らせて]
afilar[se] las 〜s 知恵を働かせる
de 〜s 敵意のある : Está *de* 〜*s* conmigo. 彼は私に対してとげとげしい
defender con 〜s y dientes 必死に(あらゆる手段を尽くして)守る
dejarse las 〜s en... …に精一杯努力する
mostrar (enseñar・sacar) las 〜s 脅す, 敵意(本心)を見せる
hacer las 〜s 爪の手入れ(マニキュア)をする
ser largo de 〜s/tener las 〜s afiladas 盗癖がある, 手癖が悪い

uñada [uɲáða] 囡 爪の跡;ひっかき傷
uñero [uɲéro] 圐《医学》ひょうそ;爪内生
uñeta [uɲéta] 囡 [石工用の] のみ, たがね;《南米》[ギターなどの] 爪
uñetas 圐《単複同形》《中南米》こそ泥, すり
upa [úpa] 囮 ＝aúpa
a 〜 抱いて
UPA 囡《略語》←Unión Panamericana 汎米同盟
UPAE 囡《略語》←Unión Postal de las Américas y de España アメリカ・スペイン郵便連合
upar [upár] 囮 ＝aupar
UPEB 囡《略語》←Unión de Países Exportadores de Banano バナナ輸出国連合
uperización [uperiθaθjón] 囡 [牛乳の長期保存用の] 超高温処理
uperizar 团 囮 超高温処理する
upite [upíte] 圐《南米》[鳥の] 肛門

-ura《接尾辞》[形容詞+. 名詞化. 性状] hermos*ura* 美しさ
uralita [uralíta] 囡《←商標》石綿セメント, アスベスト
ural[o]altaico, ca [ural[o]altáiko, ka] 圐 圐《言語》ウラルアルタイ語族(の)
uranio [uránjo] 圐《元素》ウラン : 〜 natural (enriquecido・empobrecido) 天然(濃縮・劣化)ウラン
urano [uráno] 圐 [U〜]《天文》天王星
uranografía [uranoɣrafía] 囡 天体学
uranometría [uranometría] 囡 天体測量
urape [urápe] 圐《植物》ハカマカズラの一種《南米産. キノコ栽培に使われる》
urato [uráto] 圐《化学》尿酸塩
urbanidad [urbaniðáð] 囡 丁重さ, 上品さ : manual de 〜 エチケットブック, 作法書
urbanismo [urbanísmo] 圐 都市計画《plan de 〜》;都市工学
urbanista [urbanísta] 囲 都市計画の[専門家]
urbanístico, ca [urbanístiko, ka] 圐 都市計画の;都市化の
urbanita [urbaníta] 囲 圐《戯言》都会人[の]
urbanizar [urbaniθár] 团 囮 ❶ 都市化する : zona *urbanizada* 市街地. ❷ 洗練する
◆ 〜**se** 洗練される
urbanización 囡 都市化;新興住宅地, 分譲地, 団地
urbano, na [urbáno, na] 圐 ❶ 都市の, 都会の : población 〜*na* 都市人口. ❷ 都会風の, 洗練された
◆ 囮 [都市の, 主に交通整理をする] 警官《guardia 〜》
urbe [úrbe] 囡《文語》都会;[特に] 大都会
urca [úrka] 囡 [穀物などを運ぶ] 船体中央部が広い船
urchilla [urtʃíʎa] 囡《植物》リトマスゴケ;[それからとる染料] リトマス
urdidera [urðiðéra] 囡《繊維》整経機
urdimbre [urðímbre] 囡《繊維》❶ たて糸《繊維《←trama》. ❷ たくらみ, 陰謀;筋立て
urdir [urðír] 囮 ❶ [悪事・陰謀を] たくらむ. ❷《繊維》縦糸をそろえる, 整経する
urdu [úrðu] 圐 ウルドゥー語
urea [uréa] 囡《化学》尿素
uremia [urémja] 囡《医学》尿毒症
uréter [uréter] 圐《解剖》尿管
uretra [urétra] 囡《解剖》尿道
uretritis [uretrítis] 囡《単複同形》《医学》尿道炎
urgencia [urxénθja] 囡 ❶ 緊急[の必要性], 切迫 : con 〜 緊急に, 大至急. En caso de 〜 aprieta este botón. 緊急の場合はこのボタンを押しなさい. Fui a la biblioteca en una 〜 de consultar un libro. 私は急いで本を調べる必要があって図書館へ行った. Tengo una 〜 de dinero. 私はすぐに金が必要だ. moción de 〜 緊急動議. declaración de 〜 緊急事態宣言. ❷ 救急[の治療];[圏] [病院の] 救急センター : clínica de 〜 救急病院. servicio de 〜 救急医療サービス. llamar a 〜*s* 救急車を呼ぶ
urgente [urxénte] 圐 ❶ 緊急の, 切迫した :

negocio ～ 急ぎの商用, 急用. cuestión ～ 緊急の課題. No es ～. それは急を要しない. [ser ～+不定詞+que+接続法] Es ～ *que* despachemos el asunto. 早急にその件を片付ける必要がある. ❷ 速達の；至急電報の：carta ～ 速達郵便

urgentemente 副 緊急に, 大急ぎで

urgir 4 自 [+a+人 にとって] 緊急である, 差し迫っている：i) Me *urge* ese libro. 私はその本が至急必要だ. El tiempo *urge*. 時間がない. ii) [+不定詞+que+接続法] Nos *urge* terminar el trabajo. 私たちは急いで仕事を終える必要がある. *Urge que* vayas a verle. 君は早急に彼に会いに行くべきだ
◆ 他 [規則・法などが, +a+不定詞+que+接続法 するように] 義務づける

úrico, ca [úriko, ka] 形 尿の：ácido ～《化学》尿酸

urinario, ria [urinárjo, rja] 形 尿の：aparato ～《解剖》泌尿器
◆ 男 [主に公衆用の] 男性用トイレ

urinífero, ra [urinífero, ra] 形《解剖》輸尿の

urna [úrna] 女 ❶ 投票箱；くじびきの箱：ir (acudir) a las ～s 投票に行く. ❷ [展示物の] ガラスケース. ❸ 骨壺 [～ cineraria]

uro [úro] 男《動物》オーロックス《17世紀に絶滅した野牛》
◆ 形 名 ウロ族〔の〕《チチカカ湖畔に住むインディオ》

urogallo [urogáʎo] 男《鳥》オオライチョウ(大雷鳥)

urogenital [uroxenitál] 形 尿生殖[器]の

urografía [urografía] 女《医学》尿路造影[法]

urología [uroloxía] 女 泌尿器科学
urológico, ca [uroláxiko, ka] 泌尿器科学の
urólogo, ga 名 泌尿器科[専門]医

uroscopia [uroskópja] 女《医学》尿検査

urpila [urpíla] 女 [南米産の] カワラバトの一種

urraca [uřáka] 女《鳥》カササギ；何でも集めてしまっておく人

-urrón《軽蔑接尾辞》sant*urrón* 偽善者

URSS [úrs] 女《歴史. 略語》←Unión de Repúblicas Socialistas Soviéticas ソ連

ursulina [ursulína] 形 女 ❶《宗教》ウルスラ会の《修道女》；趣 ウルスラ会. ❷ ひどく慎み深い女

urticáceas [urtikáθeas] 女 複《植物》イラクサ科
urticante 形 [イラクサに刺されたように] ちくちくする, かゆい

urticaria [urtikárja] 女《医学》蕁麻疹(じんま)

urú [urú] 男《鳥》ジャネイロウズラ

urubú [urubú] 男《鳥》クロコンドル

Uruguay [urugwái] 男《国名》ウルグアイ

uruguayo, ya [urugwájo, ja] 形 名 ウルグアイ[人]の；ウルグアイ人
uruguayismo 男 ウルグアイ特有の言葉や言い回し

urunday [urundái] 男《植物》[南米産の] ウル

シ科の大木

urutaú [urutaú] 男《鳥》[南米産の] タチヨタカの一種

usado, da [usáðo, ða] 形 過分 ❶ [estar+] 使い古した, すり切れた；使用済みの：palabra poco ～*da* あまり使われない語. papel ～ くず. ❷ [ser+] 中古の《↔nuevo》：coche ～ 中古車

usanza [usánθa] 女《文語》=**uso**：a la antigua ～ 昔風の

usar [usár] 他《英 use》❶ 使う, 用いる《ロ emplear 願意》：Apenas *uso* el coche. 私はめったに車には乗らない. un lápiz de labios 口紅を塗る. ～ el español en el trabajo 仕事でスペイン語を使う. ❷ [習慣的に] 身につける：Normalmente *usa* sombrero. 彼はふだん帽子をかぶっている. ❸ [+不定詞 する] 習慣がある：*Uso* salir de paseo. 私はよく散歩に出かける
◆ 自 ❶《文語》[最大限に, +de を] 利用する：～ de su influencia 影響力を行使する. ❷ [+de+不定詞 する] 習慣がある
de ～ *y tirar* 使い捨ての
◆ ～**se** [習慣・流行として] 使われる：Estas palabras ya no *se usan*. これらの単語はもう使われていない

usía [usía] 女 [古語] [敬称] 閣下《vuestra señoría》：¿Da ～ su permiso? よろしいでしょうか, 閣下?

usina [usína] 女《中南米》[大きな] 工場；《南米》発電所 [～ eléctrica]

uso [úso] 男《英 use》❶ 使用；用途：i) Este aparato tiene muchos ～s. この道具は色々に使える. con ～ 使用するにつれて. de ～ personal 個人用の. producto de ～ diario 日用品. ～ de las armas 武力の行使. ～ pacífico de la energía nuclear 原子力の平和利用. ii)《表示》～ obligatorio del casco ヘルメット着用のこと. de ～ externo 外用薬. ❷ 使用法：aprender el ～ de... …の使い方を覚える. ❸ 慣習, 慣習：Eso es el ～ del país. それがこの国のならわしだ. ～s funerarios 葬式の慣習. ～ comercial 商慣習. ❹《法律》使用権
al ～ 1) 慣例に従って, しきたりどおりに. 2) 通常の
en buen ～ 壊れて(すり切れて)いない：Esta chaqueta todavía está *en buen* ～. この上着はまだ十分着られる
en el ～ *de la palabra* 発言中に
en ～ 使用中の：Las expresiones están *en* ～ *entre los jóvenes*. その表現は若い人の間で使われている
en ～ *de su derecho* 自分の権利を [最大限に] 行使して
fuera de ～ 使われていない：Esta máquina está ya *fuera de* ～. この機械はもう使われていない
hacer ～ *de...* …を使用(利用)する：*hacer* mal ～ *de* las leyes 法律を悪用する. *hacer* buen ～ *del* dinero 金を上手に使う
～ *de razón* 物心〔のつく年頃〕：tener ～ *de*

razón 物心がつく

USO [úso] 囡《西. 略語》←Unión Sindical Obrera 労働者組合同盟

usted [usté(d)] 代《英 you. 人称代名詞 3 人称単数. 語源は vuestra merced「閣下」なので 3 人称扱い〕あなた: i)〔主語〕¿Quiere ～ abrir la ventana? 窓を開けてくださいませんか？ ¡Es ～ muy amable! ご親切に〔ありがとうございます！〕 ii)〔前置詞格〕Contamos con ～. あなたを頼りにしています. 〔a+. 目的代名詞と重複させて目的語を明示〕No le conoce a ～. 彼はあなたを知らない. iii)〔呼びかけ〕¡U～! Venga aquí. ちょっと! ここへ来てください. iv)《戯語》=**tú**

de ～〔君 tú ではなく〕あなたで, 敬称で: Quería que su personal le llamara *de ～*. 彼は部下が自分に親しくしないことを望んだ

entre ～ y yo ここだけの話ですが

ustedes [ustédes] 代《英 you. 人称代名詞 3 人称複数. 主格, 前置詞格〕❶ あなたがた: U～ los españoles son muy amables. あなたがたスペイン人はとても親切です. ❷ 貴社, 貴団体: Siento no poder visitarles a ～. 貴社を訪問できず申し訳ありません. ❸《中南米》君たち《vosotros》

usual [uswál] 形 日常の, 常用の: términos ～es 日常語. llegar a la hora ～ いつもの時間に着く

usualmente 副 通常, ふつう

usuario, ria [uswárjo, rja] 形 名 ❶ 利用者〔の〕, ユーザー〔の〕: ～s del metro 地下鉄の利用者. ～ final 末端消費者;《情報》エンドユーザー. ❷《法律》使用権者〔の〕

usucapión [usukapjón] 囡〔ローマ法で, 一定期間引き続き所有したことによる〕所有権取得

usucapir〔不定詞・現在分詞・過去分詞のみ〕所有権を取得する

usufructo [usufrúkto] 囲《法律》用益〔物〕権

usufructuar 14 他 …の用益権を所有〔享受〕する

usufructuario, ria 形 名 用益権の;用益権者

usura [usúra] 囡 ❶ 高利貸し〔行為〕;〔法外な〕高利: dar a ～ 高利で貸す. ❷ 不当に大きな利益, 暴利

pagar con ～ 何倍にもして恩返しをする

usurario, ria [usurárjo, rja] 形 高利の;暴利の

usurero, ra [usuréro, ra] 名 高利貸し〔人〕;暴利をむさぼる人

usurpación [usurpaθjón] 囡 ❶《文語》不当取得, 横取り;簒奪(ﾃﾞ). ❷《法律》侵害;横領

usurpar [usurpár] 他 ❶《文語》〔地位などを〕不当に手に入れる, 横取りする: ～ la corona 王位を簒奪する. ❷《法律》〔権利などを〕侵害する;横領する

usurpador, ra 形 名 簒奪者〔の〕;横領者〔の〕

usuta [usúta] 囡《南米》〔インディオの〕サンダルの一種

uta [úta] 囡《医学》〔ペルーの〕皮膚リーシュマニア症

utensilio [utensíljo] 囲 家庭用品, 什器;道具: ～s de cocina 台所用品. ～s de pesca 釣り道具

útero [útero] 囲《解剖》子宮: alquiler de ～s 代理母《行為》

uterino, na 形 子宮の: fiebre ～*na* =**ninfomanía**

útil [útil] 形《英 useful》❶〔+para・a に〕役立つ, 有用な: libro ～ *para* viajeros 旅行者に役立つ〔有益な〕本. Sus consejos me resultaron muy ～*es*. 彼の忠告はとても役に立った. ¿En qué puedo serle ～? 何かお手伝いしましょうか/何のご用でしょうか. ❷《技術》有効な: abertura ～ 有効口径. ❸《法律》días ～*es* 有効期間

◆ 囲〔主に 複〕道具, 工具: ～*es* de piedra 石器. ～*es* de labranza 農器具

utilería [utilería] 囡 ❶《主に中南米. 演劇》小道具. ❷ 道具, 用具

utilero, ra 名《主に中南米》小道具係

utilidad [utiliðá(d)] 囡 ❶ 有用性: Esta máquina no tiene gran ～. この機械は大して役に立たない. ❷ 利得, 成果: sacar la máxima ～ a... …から最大限の利益をあげる. ❸《中南米》利益《ganancia, beneficio》

utilitario, ria [utilitárjo, rja] 形 功利主義の;実用本位の

◆ 囲 ❶ 軽自動車《coche ～》. ❷《情報》ユーティリティ

utilitarismo 囲 功利主義, 実利主義

utilitarista 名 功利〔実利〕主義者

utilizable [utiliθáble] 形 使用され得る

utilización [utiliθaθjón] 囡 利用, 使用

utilizar [utiliθár] 他〔+para に〕利用する, 使用する;役立たせる: Utilizó a su familia *para* conseguir un empleo. 彼は就職するのに家族〔のコネ〕を利用した. ～ el ascensor エレベーターを使う

utillaje [utiʎáxe] 囲 医器 用具, 道具

útilmente [útilménte] 副 有効に;有益に

utopía [utopía] 囡 理想郷, ユートピア: No pasa de ser una ～. それは夢物語にすぎない

utopia 囡 =**utopía**

utópico, ca 形 空想的な, ユートピアの: socialismo ～ 空想的社会主義

utopista 形 理想家〔の〕, 夢想家〔の〕

utrero, ra [utréro, ra] 名 2 歳の子牛

UU. [ustédes]《略語》=**ustedes**

uva [úba] 囡《英 grape》《果実》ブドウ: comer un racimo de ～s 1 房のブドウを食べる. ～ abejar 大粒の白いブドウ. ～ blanca (negra) 黄緑色(紫黒色)のブドウ. ～ de Corinto〔中近東産の〕小粒の種なし干しブドウ. ～ de mesa〔ワイン用ではない〕食用のブドウ. ～ moscatel マスカット. ～s de la felicidad 大みそかの夜の 12 時に食べるブドウ. ～s pasas 乾しブドウ

conocer las ～s de su majuelo 自分の仕事を完全に心得ている

de ～s a peras (brevas) めったに〔…ない〕

entrar por ～s あえて介入する
ir a vendimiar y llevar ～s de postre
屋上屋を架す
mala ～《西. 口語》1) 不機嫌；悪意：Está
hoy de *mala ～*. 彼は今日機嫌が悪い. con
mala ～ 悪意で；不機嫌に. tener *mala ～*
怒りっぽい；悪意がある. 2) 图 Es un mala ～.
彼は性格が悪い
uve [úbe] 囡《西》文字 v の名称：～ doble
《西》文字 w の名称
úvea [úbea] 囡《解剖》ブドウ膜
uvero, ra [ubéro, ra] 厖 图 ブドウの；ブドウ販
売業者
UVI [úbi] 囡《西. 略語》←unidad de vigilan

cia intensiva 集中治療室(病棟・部)：～ mó-
vil 救急医療士チーム
úvula [úbula] 囡《解剖》口蓋(ぷ)垂, のどひこ
uvular 厖 口蓋垂の；《言語》口蓋垂音の
uxoricidio [u(k)soriθíðjo] 阳 妻殺し
uxoricida 厖 阳 妻殺しの(犯人)
uy [úi] 圃 [驚き] おや/[不快] おえっ/[苦痛] い
てっ/[喜び] おお!
uzbeko, ka [uθbéko, ka] 厖 图《国名》ウズ
ベク(ウズベキスタン) Uzbekistán 阳 の(人)
◆ 阳 ウズベク語
 uzbego, ga 厖 图 =uzbeko
-uzco《示小接尾辞》pard*uzco* ねずみ色がかった
-uzo《軽蔑接尾辞》gent*uza* くだらない連中

U

V

v [úbe] 囡 アルファベットの第 23 字. 〖参考〗中南米では [bé] と呼ばれ, b と区別したい時は b を be alta, v を be baja という〗

V. 《略語》←*véase* 参照のこと; *voltio* ボルト

v/ 《略語》←*vista* 一覧

va ☞*ir* 52

vaca [báka] 囡《英 cow. ↔*toro*》❶ 雌牛: ～ de leche/～ lechera 乳牛. ～ sagrada [インド の] 聖牛. mal de las ～s locas 狂牛病. ❷《料理》牛肉〖carne de ～. 成牛の固い肉. 普通の牛肉は ternera〗: filete de ～ 牛ヒレ. ❸ 牛革〖piel de ～〗. ❹《軽蔑》でぶ《主に女性》. ❺ ～ de San Antón《昆虫》テントウムシ. ～ marina《動物》マナティー. ❻《中南米》出資額に応じて利益を分配する共同経営
～*s gordas (flacas)* 幸運に恵まれた(恵まれない)年(時期)

vacación [bakaθjón] 囡《英 vacation》[主に 履]休暇, 休み; [sus+] 有給休暇: Han empezado las *vacaciones* veraniegas (de verano). 夏休みが始まった. Estamos de *vacaciones*. 私たちは休暇中だ. Los estudiantes tienen unos cuatro meses de *vacaciones* al año. 学生たちは一年に約4か月の休みがある. tomar las *vacaciones* 休暇を取る. tomar cinco días de (de sus) *vacaciones* 5日間の休暇(有給休暇)を取る. pedir *vacaciones* 休暇を願い出る. ir de *vacaciones* a España 休暇でスペインに行く

vacacional [bakaθjonál] 形《文語》休暇の

vacada [bakáða] 囡 牛の群れ

vacaje 男《主に南米》=**vacada**

vacante [bakánte] 形 欠員の; [部屋などが] 空いている: Está ～ la cátedra de latín de la universidad. 大学のラテン語教授のポストが空いている. Ahora hay dos camas ～s en el hospital. 今その病院には空きベッドが2つある. asiento ～ 空席. bienes ～s 地主のいない土地
◆ 囡 欠員〖puesto・plaza ～〗: Se produjo una ～ en el ministerio. その省で1人欠員が生じた. cubrir la ～ 欠員を埋める

vacar [bakár] 自 ❶ 欠員になる: *Vacará* el puesto de inspector. 検査官の職が空くだろう. ❷ [部屋などが] 空く: Va a ～ el local de la tienda. 店舗が空く予定である. ❸《まれ》仕事を休む, 休暇をとる

vacceo, a [bakθéo, a] 囡 形《歴史》バクセオ族〖の〗〖ローマの支配以前にドゥエロ川流域に居住していた〗

vaciado [baθjáðo] 男 ❶ から(中空)にすること; 排水. ❷ 型入れ, 鋳造〖～ en molde〗; 鋳造物: ～ de yeso 石膏像. ❸ 発掘調査. ❹

研ぎ. ❺《船舶》～ rápido [緊急時の] 投げ荷, 打ち荷

vaciar [baθjár] 11 他 ❶ [容器を] からにする; [中身を, +en に] あける; [+de …から]取り除く: ～ una botella 瓶をからにする; 1 瓶飲み干す. ～ el agua *en* la pila 水を水槽にあける. ～ la habitación *de* trastos viejos 部屋からがらくたを運びだし部屋を空にする. ～ el local 立ち退く. ❷ 中空にする: ～ un tronco de árbol 木の幹をくり抜く. ❸ [本などから] 情報を引き出す. ❹ [刃物を] 研ぐ. ❺ 型に入れて作る: ～ una estatua 像を鋳造する
◆ ～se ❶《口語》[秘密などを] 話してしまう, ぶちまける. ❷《口語》[+en に] 精力を注ぎ込む

vaciedad [baθjeðá(ð)] 囡 無内容, 愚かさ: decir ～es くだらないことを言う

vacilación [baθilaθjón] 囡 ❶ ためらい, 優柔不断: Tienes que declararte a ella sin *vacilaciones*. 君はぐずぐずしていないで彼女に愛を告白しなければならない. ❷ ぐらつき; 揺らめき
sin ～ きっぱりと, ためらわずに

vacilada [baθiláða] 囡 ❶ 詐欺, ぺてん. ❷《中米》どんちゃん騒ぎ; 冗談

vacilante [baθilánte] 形 ❶ 優柔不断な: actitud ～ はっきりしない(ぐずぐずした)態度. ❷ よろよろ(ゆらゆら)した: paso ～ よろよろした足どり. mano ～ 震える手. luz ～ ちらちらする光

vacilar [baθilár] 自 ❶ [+en の間で] ためらう, 迷う: *Vacila en* comprar esa casa. 彼はその家を買おうか思案している. *Vacilaba entre* viajar a las montañas o a la playa. 彼は山に行こうか海に行こうか迷っていた. ❷ ぐらつく; 揺らめく: *Vacila* la mesa. 机がぐらぐらしている. *Vacilaba* la luz. 明かりがちらちらしていた. *Vaciló*, pero no llegó a caer. 彼はよろめいたが倒れなかった. ❸ [状況などが] 揺れ動く, 不安定である: *Vacilan* las bases económicas. 経済基盤が揺らいでいる. ❹ 中間にある, どっちつかずである: El sabor de la fruta *vacilaba entre* dulce y agrio. その果物の味は甘いとも酸っぱいともつかなかった. ❺《俗語》[まじめな口調で] からかう;《西》[+de で] 自慢する, 見せびらかす. ❻《中米. 口語》楽しむ, どんちゃん騒ぎをする
sin ～ きっぱりと, ためらわずに

vacile [baθíle] 男《俗語》❶ からかい, 悪ふざけ, 冗談. ❷《西》すばらしい物(事)

vacilón, na [baθilón, na] 男《俗語》❶ からかい(冗談)好きな〔人〕. ❷《西. 軽蔑》虚勢を張る〔人〕; ごろつき
◆ 男《中米》どんちゃん騒ぎ; からかい, 冗談

vacío, a [baθío, a] 〖英 empty. ↔*lleno*〗

❶ [estar+. 中身が] からの: botella 〜a 空き瓶. calle 〜a 人けのない通り. casa 〜a 家具付きではない部屋; 空き部屋. silla 〜a 空いている椅子. vivienda 〜a 空き家. tener el estómago 〜 腹ぺこである. ❷ 内容のない, 空虚な, むなしい: Es un muchacho guapo, pero 〜. 彼は美男子だが, 頭はからっぽだ. Me siento 〜. 私はむなしさを感じている. discusión 〜a 空疎な議論. expresión 〜a うつろな表情. vida 〜a 空漠とした人生. ❸《中南米》[食物について] …だけ: pan 〜 パンだけ. queso 〜 [パンなしで] チーズだけ

con las manos 〜*as* 得るところなく, 手ぶらで

◆ 男 ❶ 真空: bomba de 〜 真空ポンプ. descarga en el 〜 真空放電. freno al 〜 真空ブレーキ. ❷ すき間, 空白: Aquí hay un 〜. ここに空き(空席・欠員)が1つある. Su muerte dejó en la casa un gran 〜. 彼が死んで家にぽっかり穴があいたようだった. Mi grito resonó en el 〜. 私の叫びは虚空にむなしく消えた. arrojarse al 〜 宙に身を投げる. 〜 legal 法律の抜け穴. 〜 political (de poder) 政治的空白. ❸《解剖》[仮肋骨下の] わき腹; [料理] リブ肉

caer en el 〜 すき間に落ちる; [提案などが] 聞き入れられない, 反応がない

de 〜 が荷で; 成果なく

en [*el*] 〜 空転して; 成果なく: dar un golpe *en el* 〜 から振りする

hacer el 〜 a+人 …をのけ者にする

volver de 〜《西》[求めるものが得られず] 手ぶらで帰る; 当てが外れる

vacuidad [bakwiðá(d)] 女《文語》無内容

vacuna[1] [bakúna] 女《医学》ワクチン; 牛痘, 馬痘: poner a+人 la 〜 contra la viruela …に天然痘の予防接種をする. 〜 antigripal インフルエンザ予防ワクチン. 〜 viva 生ワクチン

vacunar [bakunár] 他 [+contra の] 予防接種(注射)を…にする, ワクチンを投与する: 〜 a+人 *contra* el tétanos …に破傷風の予防注射をする. hacerse 〜 *contra* el sarampión はしかの予防接種を受ける. ❷《比喩》免疫にする: Está *vacunado contra* las adversidades. 彼は逆境には慣れている

◆ 〜*se* 〜*se contra* la influenza インフルエンザの予防注射を受ける

vacunación 女 予防接種(注射), ワクチンの投与

vacunatorio 男 予防接種をする機関(場所)

vacuno, na[2] [bakúno, na] 形 男 牛(の); 牛革(の)

vacuo, cua [bákwo, kwa] 形《文語》内容のない

vacuola [bakwóla] 女《生物》空胞, 液胞

vade [báðe] 男 ❶ 書類ばさみ『cartera』; 紙ばさみ. ❷ 蓋つきのライティングデスク

vadear [baðeár] 他 ❶ [川などを] 歩いて渡る, 徒渉する. ❷ [困難を] 克服する, 乗り越える

vadeable 形 歩いて渡れる

vademécum [baðemékun] 男《単複同形》便覧, 手引書『manual』;《まれ》書類かばん

vadera [baðéra] 女 浅瀬, 徒渉点

vade retro [báðe r̃étro]《←ラテン語》立ち去れ

vado [báðo] 男 ❶ 浅瀬, 徒渉点. ❷ [建物の前などで, 車両が入りやすいように] 縁を低くした歩道: 〜 permanente《表示》出入口につき駐車禁止

al 〜 *o a la puerta* どちらかに決めねばならない

vaga[1] [bága] 女 [布の] ほつれた糸; ほどけた毛糸

vagabundear [bagabundeár] 自 ❶ 放浪する, さまよい歩く. ❷ [目的もなく] ぶらぶら歩く; 当てのない旅をする

vagabundeo 男 放浪; ぶらぶら歩き

vagabundo, da [bagabúndo, da] 形 放浪の: vida 〜*da* 放浪生活

◆ 名 放浪者, 浮浪者

vagamente [bágaménte] 副 ぼんやりと, 漠然と

vagancia [bagánθja] 女 ❶ 怠け癖; 怠けること, 怠惰. ❷ 無職. ❸《法律》浮浪

vagar [bagár] 8 自 [+por を] 放浪する, さまよう; ぶらぶら歩き回る: 〜 *por* el bosque 森の中をさまよい歩く. 〜 de un pueblo a otro 村から村へと放浪する. Los turistas *vagaban por* las calles. 観光客たちは街をぶらついていた

◆ 男 暇; 悠長さ: no tener 〜 暇がない

vagido [baxíðo] 男 [新生児の] 泣き声: el primer 〜 産声

vagina [baxína] 女《解剖》膣(ち)

vaginal 形 膣の

vaginismo 男《医学》膣痙

vaginitis 女《単複同形》《医学》膣炎

vago, ga[2] [bágo, ga] 形 ❶ あいまいな, 漠然とした: orden *vaga* あいまいな命令. color 〜 ぼんやりした色. tener un ojo 〜 片方の視力が衰えている. *vaga* impresión 漠然とした印象. ❷《軽蔑》怠け者の; 放浪する, 定職のない

◆ 名《軽蔑》怠け者; 浮浪者: No le gusta trabajar, es un 〜. 彼は働くのが嫌いだ. 怠け者なのだ

◆ 男《解剖》迷走神経 [nervio 〜]

vagón [bagón] 男 [鉄道の] 車両; 貨車 [〜 de mercancías]: 〜 cubierto (descubierto) 有蓋(無蓋)貨車. 〜 de cola 車掌車. 〜 de ganado/〜 cuadra 家畜車. 〜 de pasajeros 客車. 〜 de primera (segunda) [clase] 一等(二等)車. 〜 frigorífico 冷凍車. 〜 mirador 展望車. 〜 restaurante (comedor) 食堂車. 〜 tolva ホッパー車

vagoneta [bagonéta] 女 トロッコ

vagotonía [bagotonía] 女《医学》迷走神経緊張[症]

vaguada [bagwáða] 女 ❶《地理》凹線, 谷線. ❷《西》商店街

vaguear [bageár] 自《軽蔑》怠ける

vaguedad [bageðá(d)] 女 ❶ あいまいさ: decir 〜*es* あいまいなことを言う. hablar sin 〜*es* はっきりと言う. ❷ 無為

vaguería [bagería] 女《口語》=**vagancia**

vaguitis [bagítis] 男《西. 口語》怠惰, 無精

vaharada [ba(a)ráða] 女《文語》息 vaho を

吐くこと；〔臭気・香気の〕発散

vahído [baíðo] 男 〔一瞬〕気が遠くなること，目まい：La visión de la sangre le produjo 〜s. 彼は血を見て目まいがした

vaho [báo] 男 ❶〔目に見える〕息；湯気，水蒸気：lanzar 〜 sobre el espejo 鏡に息を吹きかける．Al entrar en la sala un 〜 caliente me dio en la cara. 会場に入ると熱気が私の顔にむっと来た．Los cristales se empañan de 〜. 窓ガラスは湯気で曇っている．❷ 複《医学》吸入〔法〕：tomar 〜s 吸入をする

vaina [báina] 女 ❶〔刀剣などの〕鞘(ؤؤ)：sacar la espada de su 〜 剣を鞘から抜く，鞘を払う．❷《植物》鞘，葉鞘：quitar las 〜s a los guisantes エンドウマメの鞘をむく．❸《主に中南米．口語》困ったこと，いやなこと：¡Qué 〜!, salir a esta hora. こんな時間に出かけるなんていやだなあ！
◆ 名 不愉快な人，いやなやつ

vainazas [bajnáθas] 男《単複同形》だらしない人，不精者

vainica [bajníka] 女《手芸》ドロンワーク，糸抜きかがり飾り：〜 ciega 糸を抜かないかがり飾り

vainilla [bajníʎa] 女《植物·香料》バニラ：helado de 〜 バニラアイスクリーム

vainita [bajníta] 女《中南米》インゲンマメ

vais [bájs] 52

vaivén [bajβén] 男《va y ven》❶ 往復運動：〜 del péndulo 振り子の振動．puerta de 〜 スイングドア，自在ドア．❷〜 de la vida 人生の浮き沈み．〜 de la fortuna 運不運

vaivoda [bajβóða] 男 =voivoda

vajilla [baxíʎa] 女 医名 食器：una 〜 de plata 銀の食器ひとそろい

valar [balár] 形 囲いの，柵の，塀の

valdense [baldénse] 形 名《キリスト教》ワルド – Pedro de Valdo 派〔の〕

valdepeñas [baldepéɲas] 男《単複同形》バルデペーニャスワイン〔シウダー・レアル県の Valdepeñas 産のワイン〕

valdr-, valdría- ⇒valer 61

vale [bále] 男 ❶ 引換券：Se regala una muñeca por diez 〜s. 券 10 枚で人形をプレゼントします．Hay que comprar 〜s en este restaurante. この食堂では食券を買わなければならない．〜-regalo ギフト券，商品券．❷ 受領証，レシート．❸ 無料入場券，優待券．❹ 約束手形《pagaré》．❺《中南米》友達
◆ 間 ❶《西．口語》〔承諾·同意〕オーケー！：¿Vienes al cine?– V〜. 映画を見に行くかい？ – うん．/ V〜?–Sí –. いいかい？–いいよ．todo – すべてオーケー，何でもあり．❷ もうたくさんだ！❸《←ラテン語》〔別れの挨拶〕さらば，さようなら

valedero, ra [baleðéro, ra] 形《文語》〔+para·por の期間·価値で〕有効な，使用できる：billete 〜 por dos meses 2 か月間有効の切符

valedor, ra [baleðór, ra] 名《文語》保護(庇護·後援)者；《中米》仲間，相棒

valencia [balénθja] 女 ❶《地名》〔V〜〕バレンシア〔スペイン東部の自治州（正式名称 Comunidad Valenciana），その首府·県〕．❷《化学》原子価

valenciano, na [balenθjáno, na] 形 名 バレンシア Valencia の〔人〕：naranja 〜na バレンシア産オレンジ．arroz a la 〜na《料理》パエーリャ
◆ 男 バレンシア方言
◆ 名《中米》〔ズボンの〕折り返し

valencianismo [...] バレンシアの地方主義；バレンシア方言

valentía [balentía] 女 ❶ 勇敢さ，勇気；大胆さ，度胸：probar su 〜 勇気を証明する．❷ 勇敢な行為

valentísimo, ma [balentísimo, ma] 形 valiente の絶対最上級

valentón, na [balentón, na] 形 名《軽蔑》からいばりする〔人〕，強がり屋〔の〕

valentonada 女 からいばり，虚勢

valer [balér] 61 【英 be worth. ⇒活用表】 自 ❶ 役に立つ，利用価値がある：i)〔+a にとって〕Estas botas me valen todavía. このブーツはまだはける．Me valió el casco al caerme de la moto. バイクで転倒した時ヘルメットが役立った．No les valió pedir perdón. 彼らは謝まったが無駄だった．ii)〔+para のために〕Este cuero no vale para bolsos. この皮はハンドバッグには使えない．Este tipo de tierra vale para hacer porcelanas. この種の土は陶器を作るのに使われる．〔人が〕No valgo para este trabajo. 私はこの仕事には向かない．Aquel ministro vale para este fin. この目的のためにはあの大臣は力がある〔役に立つ〕

❷ 有効である，効力を持つ：i) El documento, si no está firmado, no vale. 署名がなければ書類は無効だ．No vale este gol porque no estábamos en el juego. タイムがかかっていたので，このゴールは認められない．ii)〔不定詞が主語〕…してよい：Vale pasar hasta dos veces. パスは 2 回までできる．En el boxeo no vale golpear debajo de la cintura. ボクシングではベルトから下を打ってはいけない

❸〔主に +副詞〕すぐれている，価値がある：i) Su última obra no vale nada. 彼の最新作は駄作だ．La primera sinfonía vale más que la segunda. 第一交響曲は第二よりよい．ii)〔人が〕立派である，有能である：Su marido vale mucho. 彼女の夫は立派な人だ．Este año hay muchos alumnos que valen. 今年はよくできる生徒が多い．iii)〔否定文で美醜〕Su hermana no vale mucho. 彼の妹は大したことない

❹〔一定の単位·効力．+por に〕相当する：Cada cupón vale por un litro de gasolina. クーポン券 1 枚でガソリン 1 リットルと換えられる．Un acto ejemplar vale por cien amonestaciones. 一回のお手本は百回のお説教と同じ効果がある

❺〔一定量の価格．+a の〕値段である：Las patatas valen a cien pesetas el kilo. ジャガイモは 1 キロ 100 ペセタだ

❻〔+con+人 に〕影響力がある：¡Díselo tú,

que *vales* más que yo *con* él! 彼には君から言ってくれ! 私より君の方が効き目があるから

en lo que vale... 価値ある…に対して: Le agradecemos *en lo que valen* sus advertencias. 貴重なご忠告をありがとうございます

hacer ～ [権力などを] 行使する, 主張する: Para ocupar el puesto *hizo ～* su antigüedad. その地位を手に入れるために彼は勤続年数に物を言わせた

hacerse ～ [当然の権利として] 優位に立つ, 重きをなす: Se hace *～* en la empresa. 彼は会社で高い地位にある

más vale+不定詞・*que*+接続法〖英 it is better〗…する方がよい, …の方がましである: *Más vale* callar. 黙っている方がいい. *Más vale* no hacerlo. やらない方がましだ

más valiera+不定詞《皮肉》…する方がよいだろう: Si vais a volver a discutir, *más valiera* no hacer las paces. またけんかするつもりなら, 仲直りなんてしない方がいいよ

no poderse ～ 一人で身の回りの用を足すことができない

no... que valga …もへちまもあるものか: *No* hay pero *que valga*. しかしもくそもない

no ～ para nada 何の役にも立たない; 無能である

... que valga …もへったくれもない: No hay "peros" *que valgan*. 「しかし」もへったくれもない

◆ ⑩ ❶ …の値段である: ¿Cuánto *vale* este vestido? このドレスはいくらですか? La entrada *vale* mil pesetas. 入場料は千ペセタだ. ❷ …に相当する, …と同じ価値がある: i) En este juego un gol *vale* dos tantos. このゲームでは1ゴールが2点である. Una nota negra *vale* dos corcheas. 4分音符は8分音符2つに相当する. ii) [計算の答・未知数が] …となる, …である: La suma *vale* ocho. 和は8である. X *vale* 3. xは3である. ❸ [+a+人 に] 結果として…をもたらす: Su retraso le *valió* una dura reprimenda del jefe. 彼は遅刻して部長にこっぴどく叱られた. Su buena acción le *ha valido* un premio. 彼の善行に賞が与えられた. ❹ [神などが] 助ける, 加護を与える: Si se enfada, espero que Dios me *valga*. 神様, 彼が怒ったら私をお助けください

～ lo que pesa 大変価値がある, 尊敬に値する: Se ha casado con una mujer que vale *lo que pesa*. 彼は大変立派な女性と結婚した

valga la expresión（*la palabra la comparación*）たとえて言えば: Es como intentar jugar al fútbol sin balón, *valga la comparación*. それは, たとえて言えば, ボールなしでサッカーをやろうとするようなものだ

¡válgame〔Dios〕!〔不快なことに対するあきらめ〕おやおや/何ともはや!

◆ **～se ❶** 利用する, うまく使う: *Se valió de* su astucia para conseguirlo. 彼はそれを手に入れるために悪知恵を働かせた. ❷ [老人・病人などが] 一人で身の回りの用を足す: A sus noventa años puede *～se* sola. 彼女は90歳だが一人で自分のことができる

～se por sí mismo 自立(独立)する

◆ ⑨ 能力, 偉さ: Es lástima que un hombre de tu *～* se pierda por el alcohol. 君ほどの才能の持ち主が酒で身を滅ぼすとは残念だ

valer	
直説法現在	直説法未来
val**go**	val**dré**
vales	val**drás**
vale	val**drá**
valemos	val**dremos**
valéis	val**dréis**
valen	val**drán**
直説法過去未来	接続法現在
val**dría**	val**ga**
val**drías**	val**gas**
val**dría**	val**ga**
val**dríamos**	val**gamos**
val**dríais**	val**gáis**
val**drían**	val**gan**

valeriana [balerjána] ⑨《植物》カノコソウ;《薬学》吉草根

valeroso, sa [baleróso, sa] ⑱ [美徳としての] 勇気のある, 勇敢な: niño *～* que lucha por mantener a la familia 家族を養うために奮闘するけなげな子供

valet [balέ(t)] ⑨ 〖複 ～s〗〖←仏語〗❶ [トランプ] ジャック. ❷ 従者, 従僕

valetudinario, ria [baletuðinárjo, rja] ⑱ ⑳ 病弱な〔人〕, 体の弱い〔人〕

valga-, valgo- ☞valer ⑥

valí [balí] ⑨ 〖複 ～[e]s〗 [オスマン帝国の] 州総督

valía [balía] ⑳ [人の] 真価, 評価; [事物の] 価値, 値打: hombre de gran *～* 高く評価されている人

valiato [baljáto] ⑨ valí の統治(領)

validar [baliðár] ⑩ 法律的に有効とする
validación ⑳ 有効にすること

validez [baliðéθ] ⑳ [法的な] 有効性, 効力: dar *～* a... …を有効とする(認める). plazo de *～* 有効期間

valido [balíðo] ⑨ [王の] 寵臣, お気に入り

válido, da [báliðo, ða] ⑱ ❶ [法的に] 有効な, 通用する: El pasaporte es *～* por cinco años. そのパスポートは5年間有効だ. No fue *～da* esa elección. その選挙は無効だった. ❷ 強い; たくましい

valiente [baljénte] ⑱ 〖英 brave. ↔cobarde〗❶ 勇敢な, 勇気のある: Es un muchacho *～*. この子は勇気がある. *～* guerrero 勇敢な戦士. *～* más *～* que el Cid 非常に勇敢な. ❷ からいばりをする, 強がりの. ❸ 強い, 頑丈な; たくましい. ❹ [+名詞] すばらしい, すごい;《皮肉》あきれた, ひどい: *～* villa de la Corte 荘麗なる王都. Hemos tenido un *～* susto. 私たちは非常に驚いた. ¡*V～* amigo tienes! 君はあきれた友人をもっているな!

◆ ⑳ 勇敢な人; からいばりする人

valientemente [baljénteménte] 副 勇敢に, 大胆に

valija [balíxa] 安 ❶《主に中南米》スーツケース〖maleta〗. ❷〖郵便配達人の〗郵便かばん：~ diplomática 外交公文書袋. ❸《中南米》〖車の〗トランク

valijero, ra 名 外交公文書伝達官

valimiento [balimjénto] 男 寵愛, 引き立て；庇護

valioso, sa [baljóso, sa] 形 貴重な, 有益な：joya ~sa 高価な宝石. ayuda ~sa ありがたい援助. acto ~ 立派な行為

valla [baʎa] 安 ❶〖板·金網などの〗囲い, 柵：~ de seguridad (de protección) ガードレール. ❷ 障害；《スポーツ》ハードル：carrera [de saltos] de ~s 障害競走. 110 (400) metros ~s 110(400)メートル障害. No existen ~s para su ambición. 彼の野望を妨げるものはない. ❸〖道路わき·ビルの屋上などの〗広告板, サインボード〖~ publicitaria, ~ de publicidad〗
romper (saltar[se]) la[s] ~[s] 習慣や道徳を無視する

valladar [baʎadár] 男 囲い, 柵；障害物：Se ha levantado un ~ entre nosotros. 私たちの間には溝ができた

vallar [baʎár] 他 …に囲いをする, 柵をする
vallado 男 =valla；生け垣, 土塀

valle [báʎe] 男〖英 valley〗❶ 谷：pueblo en un ~ 谷間の村. ❷ 流域；盆地. ❸〖波動の〗谷〖↔cresta〗
¡hasta el ~ de Josafat! 最後の審判の日が来るまで〖もう二度と会わないだろう, など〗
~ de lágrimas この世, 浮き世
~-inclanesco, ca 形 Valle Inclán の〖スペインの作家, 1866-1936〗

vallenato [baʎenáto] 男〖コロンビアの〗アコーディオンで伴奏する民俗舞踊

vallico [baʎíko] 男《植物》ライグラス

vallisoletano, na [baʎisoletáno, na] 形 名《地名》バリャドリード Valladolid の〖人〗〖カスティーリャ=レオン地方の首都·県〗

valón, na [balón, na] 形 名《地名》ワロニア地方 Valonia の, ワロン人〖の〗. ◆ 男 ワロン語
◆ 安 ❶〖服飾〗バンダイクえり〖17-18 世紀に流行した広いえり〗. ❷ メキシコの民謡；《南米》〖馬の〗刈り込んだたてがみ

valor [balór] 男〖英 value, courage〗❶ 価値, 値打；額, 価格：i)《Cuánto es el ~ de esta porcelana? この陶器の値打はどの位ですか? estimar el ~ de un cuadro 絵の価値を鑑定する. collar de mucho ~ 高価な首飾り. ~es declarados〖現金書留の〗表記価額. ii)《経済》~ del yen en el mercado de divisas 為替市場における円の価値. ~ adquisitivo 貨幣価値, 購買力. ~ añadido 付加価値. ~ de cambio (de uso) 交換(使用)価値. ~ unitario 単価. ~es brutos de producción 粗生産額. iii) ~ alimenticio (nutritivo) 栄養価
❷〖主に 複〗有効性, 効力：Estos documentos ya no tienen ~. この書類はもう効力がない

❸〖主に 複〗重要性, 意義：Sus palabras tienen gran ~. 彼の言うことは非常に大切だ. No sabemos qué ~ dar a su negativa. 彼の拒絶をどう解釈したらいいかわからない
❹ 有名人, スター
❺〖主に 複〗勇気, 勇敢さ；[不愉快なことに対する] 忍耐心：i) No tengo ~ para presentarme delante del profesor. 私は先生の前に顔を出す勇気はない. con ~ 勇敢に. ~ cívico 市民としての義務を果たす勇気. ii) [間投詞的] 勇気を出して, がんばれ!
❻ 厚かましさ, ずうずうしさ：Ha tenido el ~ de pedirme dinero. 彼はずうずうしくも私に金をせがんだ
❼〖口語〗才能のある人
❽ 複 価値額, 価値規準：escala (jerarquía) de ~es 価値の階梯〖[1}〗
❾ 複 有価証券：~es al portador 無記名証券. ~es [no] cotizables〖非〗上場証券. ~es inmovilizados 不動産
❿《数学》数値, 値〖~ numérico〗：~ absoluto 絶対値
⓫《音楽》〖音符·休符の〗拍数, 長さ
⓬《美術》色〖光〗の強さ, 明暗の度合い
armarse de ~ 勇気をふるい起こす
con ~ de... …として, …の機能(意味)で
conceder ~ a+事物 …を尊重する, 価値を認める
de ~ 価値の高い, 貴重な：Es una joya de ~. それは高価な宝石だ
por ~ de 金額…の：sello por ~ de cien pesetas 100ペセタの切手
quitar ~ a+事物 …を過少評価する, 価値を認めない

valoración [baloraθjón] 安 ❶ 評価, 見積り；査定. ❷《文語》考慮. ❸ 価値の上昇

valorar [balorár] 他 ❶ [+en 価格に] 評価する, 見積る；査定する：Valoraron el terreno en un precio muy alto. その土地は大変高い評価額がつけられた. ~ las pérdidas del incendio 火事の被害額を査定する. ❷ 高く評価する, 尊重する：Los críticos *valoran* a esta actriz. 評論家たちはこの女優を高く買っている. A los niños hay que ~ los. 子供は大事にしなければならない. ❸《文語》考慮する：Primero *valora* las posibles consecuencias de tu actitud. 自分のしたことの結果がどうなるかまず考えなさい. ❹ …の価値を高める：El regadío ha *valorado* esta región. 灌漑によってこのあたりの土地は値上がりした. ❺《化学》滴定する
◆ ~se 評価される：Ese pintor *se valora* en mucho. その画家は高く評価されている

valorizar [baloriθár] 他《主に中南米》= valorar

valorización 安 =valoración

valquiria [balkírja] 安《北欧神話》ワルキューレ

vals [báls] 男《舞踊·音楽》ワルツ：bailar el ~ ワルツを踊る. ~ vienés ウィンナワルツ
valsar 自 ワルツを踊る
valse 男/安《中南米》=vals

valuar [balwár] ⑭ ⑯《主に中南米》＝**valo-rar**

valva [bálba] ⑤ ❶《動物》[二枚貝の]貝殻；[フジツボなどの]殻板. ❷《植物》弁

válvula [bálbula] ⑤ ❶《機械》弁, バルブ：～ de admisión 吸込み弁. ～ de escape 排気弁；趣味, 息抜き. ～ de un neumático [タイヤの] チューブバルブ. ～ de seguridad 安全弁. La taberna es la ～ de los obreros. 居酒屋は労働者たちの息抜きの場だ. ❷《解剖》[心臓などの] 弁：enfermedad de la ～ cardiaca 心臓弁膜症. ～ tricúspide 三尖弁. ❸《電気》電子管 [～ electrónica]：～ rectificadora 整流管. ～ termoiónica 熱電子管
　valvular ⑯ 弁の, 弁のある

vamos ☞**ir**

vampiro [bampíro] ⑨ ❶ 吸血鬼；《軽蔑》[高利貸など] 人を食いものにする人. ❷《動物》チスイコウモリ, 吸血コウモリ
　vampiresa [bampiréa] ⑤ 1)《軽蔑》妖婦, 男たらし. 2) その役を演じる女優
　vampirismo ⑨ 吸血鬼伝説(迷信)

van ☞**ir** ⑤

vanadio [banádjo] ⑨《元素》バナジウム, バナジン

vanagloria [banaglórja] ⑤ 虚栄[心], 見栄
vanagloriar [banaglorjár] ⑩/⑪ ～**se** [＋de・por] 自慢する, うぬぼれる：Se vanagloria del cargo. 彼は役職を鼻にかけている
vanaglorioso, sa [banaglorjóso, sa] ⑯ ⑧ 得意げな, 自慢をする[人], 虚栄心の強い[人], 見栄っぱり[の]

vanamente [bánaménte] ⑳ むなしく, 無駄に；うぬぼれて, 得意気に

vanar [banár] ～**se**《南米》[果実が] 熟す前にいたむ；挫折する

vándalo, la [bándalo, la] ⑯ ⑧ ❶《歴史》バンダル人[の]. ❷《軽蔑》破壊を好む, 乱暴な[人]
　vandalaje ⑨《南米》山賊行為
　vandálico, ca ＝**vándalo**
　vandalismo ⑨ 芸術・文化財・公共物などの破壊

vanguardia [baŋgwárdja] ⑤《軍事・芸術》前衛 [↔retaguardia]：literatura de ～ 前衛文学. ir a (la) ～/ir en ～ [＋de の] 先頭に立つ；先端を行く
　vanguardismo ⑨ 前衛派
　vanguardista ⑯ ⑧ 前衛派の〔芸術家〕

vanidad [banidá(d)] ⑤ ❶ 虚栄心, 見栄；うぬぼれ：halagar (herir) a＋人 la ～ …の虚栄心をくすぐる(傷つける). ❷ ⑯ 空虚, むなしさ：～ de ～es《聖書》この世のむなしさ
　vanidoso, sa ⑯ ⑧《軽蔑》虚栄心の強い[人]

vano, na [báno, na] ⑯《英 vain》❶ むなしい, 無駄な：Todos sus esfuerzos fueron ～s. 彼の努力はすべてむなしかった. gloria vana むなしい栄光. alabanzas vanas そらぞらしいお世辞. palabra vana 空虚な言葉. vanas esperanzas はかない期待. vana ilu-sión はかない夢. adornos ～s [虚栄のための] くだらない飾り物. Eso es una vana superstición. それは意味のない迷信だ. ❷ 表面的な, 内容のない《軽蔑》虚栄心の強い. ❸ [estar＋. 果実が] 中空の
　◆ ⑨《建築》[戸口・窓など] 壁の開口部
　en ～ [結果] むなしく, 無駄に：resultar *en* ～ 無駄になる. Se lo pedí *en* ～. 彼に頼んだが無駄だった. Todo fue *en* ～. すべて無駄だった. No *en* ～ se dice eso. そう言われるのにはそれなりの理由がある

vánova [bánoba] ⑤ [縁飾りと模様のあるバスク風の] ベッドカバー

vapor [bapór] ⑨《英 steam》❶ 蒸気, 湯気：calefacción de ～ スチーム暖房. ～ de agua 水蒸気. ❷ 汽船 [buque de ～]. ❸《医学》めまい；⑱ 吸入剤. ❹ ⑲ おくび, げっぷ
　a todo ～ 全速力で
　al ～ 1) 急いで, 手っとり早く. 2)《料理》蒸して：patatas *al* ～ ふかしたジャガイモ

vaporar [baporár] ⑯ ＝**evaporar**

vaporera [baporéra] ⑤《料理》蒸し器

vaporizar [baporiθár] ⑨ ⑯ 蒸発(気化)させる；噴霧する
　◆ ～**se** 蒸発(気化)する
　vaporización ⑤ 蒸発, 気化；《医学》蒸気療法：calor de ～s 気化熱
　vaporizador ⑨ 蒸発器, 気化器；噴霧器

vaporoso, sa [bapolóso, sa] ⑯ ❶ [布地が] ごく薄手の. ❷ 蒸気を出す

vapulear [bapuleár] ⑯ ❶ [人・じゅうたんなどを] 繰返し強く打つ, はたく. ❷ 厳しく叱る, 激しく非難する, バッシングする
　vapuleo ⑨ 叩くこと, 殴打；叱責, 非難, バッシング

vaquería [bakería] ⑤《古語》搾乳所, 酪農場；牛乳販売所

vaqueriza [bakeríθa] ⑤ [冬用の] 牛舎, 牧場

vaquero, ra [bakéro, ra] ⑯ ⑧ ❶ 牛飼い[の], カウボーイ[の]：película de ～s 西部劇. ❷《服飾》デニムの, ジーンズの. ❸《南米》ずる休みをする生徒
　◆ ⑨《服飾》[主に ⑲] ジーパン [pantalón ～]

vaqueta [bakéta] ⑤ [なめした] 子牛の皮

vaquilla [bakíλa] ⑤ [←vaca] ❶《南米》[1歳半-2歳の] 子牛. ❷ ⑲《素人闘牛用の》若牛；闘牛
　vaquillona ⑤《南米》[2・3歳の] 子牛

V.A.R.《略語》←Vuestra Alteza Real 殿下

vara [bára] ⑤ ❶ [葉のない] 細長い；細長い棒：～ *mágica*/くれ～ de [las] virtudes 魔法の杖. ❷ [市長などの職権を示す] 棒, 官杖：empuñar la ～ [市長の] 地位につく. ❸《植物》[ユリ・スイセンなどの] 花茎：～ de oro アキノキリンソウ. ❹ [昔の長さの単位] バーラ [＝83.59 cm]. ❺ [馬車の] ながえ, かじ棒：de ～ s [馬が] 馬車を引いて. ❻《闘牛》槍 [pica]：poner ～s [牛に] 槍を突き刺す
　doblar la ～ *de la justicia* [裁判官が] 一方の味方をする, 公平を欠く

ir en ~s [馬が] 馬車(荷車)を引いて行く

meterse en camisa de once ~s よけいな世話をやく

tener ~ alta 人を意のままに支配できる, 権威(支配力)がある

varadero [baraðéro] 男 [船の傾船修理のための] 安全な乗り上げ場所

varado, da [baráðo, ða] 形 名 過分 ❶ [estar+] 座礁した; 浜に引き上げられた. ❷《中南米》無一文の(人); 定職のない(人)

varadura [baraðúra] 女 座礁; [舟を] 浜に引き上げること

varal [barál] 男 ❶ 長くて太い棒; [荷馬車の] ながえ, かじ棒. ❷ 背の高い人, のっぽ. ❸《南米》[肉を干すための] 棚

varano [baráno] 男《動物》オオトカゲ

varapalo [barapálo] 男 ❶ 長い棒. ❷ [棒での] 殴打; 叱責

varar [barár] 自 座礁する: El buque *varó* en un arrecife. 船は岩礁に乗り上げた

◆ **~se** ❶ 座礁する;《比喩》暗礁に乗り上げる. ❷《中南米》[車が] 故障で動かなくなる

◆ 他 [舟を] 浜に引き上げる; [傾船修理のために] 浜に乗り上げさせる

varayoc [baraj5k] 男 [ペルーの] インディオの村長

varear [bareár] 他 ❶ [棒で] 打つ, 叩く; [オリーブ・アーモンドなどを棒で] 叩き落とす. ❷《南米》[競走馬を] 調教する

    vareador, ra 名 オリーブ・アーモンドの収穫労働者

    vareo 男 叩き落とすこと

varenga [barénga] 女《船舶》船底床板, 助板; =**brazal** ❹

vareta [baréta] 女 [鳥を捕える] 黐竿(もちざお)

varetazo [baretáθo] 男《闘牛》角(つの)の横側による打撃

varetón [baretón] 男 一本角の若鹿

Vargas [bárgas]《人名》バルガス

vari [barí]《鳥》ハイイロチュウヒ

variable [barjáβle] 形 ❶ 変わりやすい; 移り気な: tiempo ~ 変わりやすい天気. Este niño es ~. この子は気まぐれだ(むら気がある). ❷ 変化する, 可変の: palabra ~《文法》変化語 [語尾変化する語]. capital ~ 可変資本

◆ 女《数学》変数; 指標

    variabilidad 女 変わりやすさ, 可変性

variación [barjaθjón] 女 ❶ 変化, 変動: *variaciones* del tiempo 天候の変化. ❷《音楽》変奏(曲). ❸《数学》変分. ❹《地学》磁気偏差(偏角)《~ magnética》

variado, da [barjáðo, ða] 形 過分 変化に富んだ, 種々の: El paisaje es ~. そこの風景は変化に富んでいる. postres ~s《表示》デザートはチョイス式

variamente [bárjaménte] 副 様々に

variante [barjánte] 女 ❶ 変形, 変種; [文献の] 異本, 異文. ❷ その相違: Esa técnica no es más que una ~ de la nuestra. その技術は我々の技術の一変形にすぎない. ❷《西》[幹線道路からの] 迂回路, バイパス; [サッカーくじの] 1つ

違い. ❸《言語》異形, 変異体. ❹《古語・料理》[主に 複] ピクルス

variancia/varianza 女《統計》分散, 平方偏差

variar [barjár] 他 他 変化をつける, 多彩にする; [今までと] 変える: ~ el menú 定食に変化を持たせる. ~ la colocación de los muebles 家具の配置を変える

◆ 自 自 [様々に] 変わる, 異なる: La noción de felicidad *varía* según los tiempos. 幸福の概念は時代によって変化する. ¿Cuánto cuestan estos cuadros?— *Varían*. これらの絵はいくらですか—色々です. ❷ [+de・en 形・状態など] 変える: Le gusta ~ de peinado. 彼女は髪型を変えるのが好きだ. ~ de color 色を変える. ~ en los deseos 気が変わる

varice/várice [baríθe/bári-] 女 =**variz**

varicela [bariθéla] 女《医学》水痘, 水疱瘡

varicoso, sa [barikóso, sa] 形《医学》静脈瘤の: úlcera ~sa 静脈瘤性潰瘍

    varicocele 女《医学》精索静脈瘤, 静脈節瘤

variedad [barjeðá(d)] 女 ❶ 変化に富むこと, 多様性: postre con ~ 色々な(バラエティーのある)デザート. Del mismo modelo hay muchas ~es en colores. 同じ型で色違いのがたくさんある. En la ~ está el gusto.《諺》変化があるから人生はおもしろい. ❷ 品種; [生物] 変種: ~ nueva de naranja オレンジの新種. ❸ 複 バラエティーショー, 寄席演芸 [espectáculo de ~es]

una gran ~ de... 色々な種類の, 多様な: En este tema hay *una gran ~ de* opiniones. このテーマについては色々な意見がある

varietés [barjetés] 男 複《←仏語》バラエティーショー 『variedades』

varilarguero [barilargéro] 男 =**picador**

varilla [baríʎa] 女 ❶ [主に金属製の] 細長い棒: ~ indicadora《機械・自動車》オイルゲージ. ~ empujadora [エンジンの] 押し棒. ❷ [傘・扇の] 骨: Se ha roto una ~ del paraguas. 傘の骨が折れた. ❸《服飾》[コルセットなどの] 芯. ❹《口語》あごの[各々の]骨

    varillaje 男 [傘・扇の] 骨の全体

vario, ria [bárjo, rja] 形《英 various》❶ 様々の, 色々な; 雑多な: asuntos ~s 色々なこと; [議事日程で] その他. productos ~s 多種多様な製品. gastos ~s 雑費. ❷ [+名詞] いくつかの: Tengo ~s amigos. 私には何人か友人がいる. Han pasado ~s años. 数年たった

◆ 名 複 数人; いくつかの物(事): V ~s piensan que... …と考える人もいる

◆ 男 [分類項目の] 雑; [本・書類などの] 雑多な寄せ集め

variólico, ca [barjóliko, ka] 形《医学》天然痘の. **varioloso, sa** 形 =**variólico**

variopinto, ta [barjopínto, ta] 形 [色・形などが] 様々な; 多様な, 雑多な

varita [baríta] 女 [魔法使いなどの] 細長い杖: ~ mágica 魔法の杖; [手品師の] 魔法の棒

variz/váriz [baríθ/báriθ] 女 複 ~ces《医学》静脈瘤

varo [báro] 男《中米》[少しの] 金

varón [barón] 男 ❶ 男性『性別の記入など特に男性であることを示すのに使われる. ↔hembra』; 成人男子: Tengo tres hijos, todos son *varones*. 私には子供が 3 人いるが, みんな男だ. hermanos *varones* 男だけの兄弟. ❷ 紳士 *santo* ~ お人好し

varonil [baroníl] 形 男の; 男らしい 〖↔afeminado〗: colonia ~ 男性用コロン. semblante ~ 男らしい顔. mujer ~ 男まさりの女

varsoviano, na [barsoβjáno, na] 形 名《地名》ワルシャワ Varsovia 女 の〔人〕

vas ☞**ir** 52

vasallo, lla [basáʎo, ʎa] 名《歴史》封臣〔の〕, 臣下; 隷属した: un señor y sus ~s 領主と家臣たち

　vasallaje 男 封臣の身分, 隷属; 封臣としての義務, 貢ぎ物: rendir ~ a... に仕える

vasar [basár]《古語》[簡単な] 食器棚

vasco, ca [básko, ka] 形 名《地名》バスク País Vasco〔人・語〕の, バスク人『スペイン北部の自治州』
◆ 男 バスク語〖vascuence〗
　vascófilo, la 名 バスク〔語〕研究者
　vascofrancés, sa 形 名 フランス領バスク地方の〔人〕
　vascón, na 形 名 バスコニア Vasconia の〔人〕『バスクの古名』
　vascongado, da 形 バスコンガダス Vascongadas の『バスクの別名』
　vascoparlante 形 バスク語を話す
　vascuence 男 バスク語

vascular [baskulár] 形 血管の; 脈管の

vasectomía [basektomía] 女《医学》精管切除〔術〕, パイプカット

vaselina [baselína] 女 ❶《化学》ワセリン. ❷《サッカー》[ゴールキーパーの頭上を越える] ふわっとしたキック

vasija [basíxa] 女《主に考古》[総称. 料理用の] 器, 容器

vaso [báso] 男〖英 glass〗 ❶ コップ, [脚付きでない] グラス: beber vino en ~ ワインをコップで飲む. un ~ de agua コップ 1 杯の水. ~ litúrgico (sagrado)《キリスト教》聖杯. ~ medidor 計量カップ. ❷ 容器: ~ de flores 花瓶. ~ de noche 寝室用便器. ❸《考古》壺. ❹《解剖・生物》管; 脈管, 導管. ❺《物理》~s comunicantes 連通管. ❻ [馬の] ひづめ
ahogarse en un ~ de agua ささいなことでくよくよする
colmar el ~ もう限界である; やりすぎ(いきすぎ)である
como quien se bebe un ~ de agua 容易に, たやすく

vasoconstricción [basokonstri(k)θjón] 女《医学》血管収縮
　vasoconstrictor, ra 形 男 血管収縮〔性〕の; 血管収縮薬

vasodilatación 女 [basoðilataθjón]《医学》血管拡張

vasodilatador, ra 形 男 血管拡張〔性〕の; 血管拡張薬

vasomotor, ra [basomotór, ra] 形《医学》血管運動の: nervios ~es 血管運動神経

vástago [bástaɣo] 男 ❶ 新芽, 若枝. ❷《文語》子供, 子孫. ❸ [ワイングラスなどの] 脚. ❹《機械》軸, 棒: ~ del émbolo ピストン棒. ❺《中南米》バナナの軸

vasto, ta [básto, ta] 形 [主に +名詞] 大変広い, 広大な: ~ta llanura 大平原. ~s conocimientos 広範な知識
◆ 男《解剖》~ interno 内側広筋
　vastedad 女 広大さ

vate [báte] 男《文語》詩人〖poeta〗;《歴史》占い師, 予言者

váter [báter] 男〖←英語〗[水洗の] 便所; [特に] 便器

vaticano, na [batikáno, na] 形 バチカン〔市国; 宮殿〕の, 教皇庁の: concilio ~ バチカン公会議, バチカン宗教会議〔特に〕第 2 バチカン公会議〖Concilio V~ II (1962-65). 近代的な大改革を成し遂げた〗. monte ~ バチカン丘. postura ~na バチカンの態度(姿勢). sede ~na 教皇座
◆ 男〖V~〗バチカン〔宮殿〕, 教皇庁: El V~ no autoriza el aborto. バチカンは妊娠中絶を認めていない. Ciudad del V~《国名》バチカン市国

vaticinar [batiθinár] 他《文語》[キリスト教以外で] 予言する
　vaticinador, ra 形 名 予言者〔の〕

vaticinio [batiθínjo] 男 予言

vatímetro [batímetro] 男 電力計

vatio [bátjo] 男 [電力の単位] ワット: bombilla de cien ~s 100 ワットの電球

vaudeville [boðeβíl] 男《←仏語》=**vodevil**

vaya ☞**ir** 52

Vázquez [báθkeθ]《人名》バスケス

V.B.《略語》←visto bueno 可, 検査済, OK

V/c《略語》←vuelta de correo 折返し便

Vd. [usté(ð)]《略語》=**usted**

vda.《略語》←viuda 未亡人

Vds. [ustéðes]《略語》=**ustedes**

ve¹ ☞**ver** 50, **ir** 52

ve² [bé] 女《中南米》文字 v の名称〖~ corta・chica・pequeña〗: ~ doble 文字 w の名称

V.E.《略語》←Vuestra Excelencia 閣下

vea- ☞**ver** 50

vecinal [beθinál] 形 近隣の: camino ~ 市(町・村)道

vecindad [beθindá(ð)] 女 ❶ 医名 隣人, 近所の人々: Asistió a la fiesta toda la ~. 近所の人はみんなパーティーに出席した. ❷ 隣接; 近隣: por la ~ 近所で. en esta ~ この近くに. política de buena ~ 近隣友好政策. ❸ carta de ~ 居住許可書

vecindario [beθindárjo] 男 医名 [同じ建物・市町村の] 住民; その名簿

vecino, na [beθíno, na] 形 〖英 neighboring〗 ❶ 隣の; [+a の] 近所の: Vive en un pueblo ~ del tuyo. 彼は君の隣村に住んでいる.

Su oficina está ～na al palacio. 彼のオフィスは王宮のすぐそばにある. casa ～na 隣家. habitación ～na 隣室. país ～na 隣国. ❹《まれ》類似の: suertes ～nas 似たような運命
◆ 图《英 neighbor》隣人, 近所の人;[同じ建物・ある地域の] 住民: Es sociable [para] con los ～s. 彼は近所づきあいがいい

vector [bektór] 男 ❶《数学》ベクトル: radio ～ 動径(位置)ベクトル;《天文》動径. ❷ 病原菌を媒介する昆虫. ❸《軍事》核運搬手段, ミサイル

vectorial 形 ベクトルの: cálculo ～ ベクトル計算

veda [béða] 囡 [法律などによる] 禁止;禁漁(猟)期間: Se ha levantado la ～ de la trucha. マス漁が解禁になった
◆ 男 [V～]. 主に 覆 ベーダ『バラモン教の聖典』

vedado, da [beðáðo, ða] 形 過分 禁止された: V～da la entrada a menores de dieciocho años. 18歳未満入場禁止. tema ～ 禁句
◆ 男 立入禁止区域: ～ de caza 鳥獣保護区域, 禁猟区

vedar [beðár] 他 [法律・命令で] 禁止する

vedegambre [beðeɣámbre] 男《植物》バイケイソウ

vedeja [beðéxa] 囡 長い髪;[ライオンなどの] たてがみ

vedette [beðét(e)] 囡《←仏語》[バラエティーショーなどの] スター

védico, ka [béðiko, ka] 形 ベーダ Vedas の;古サンスクリット語の

vedija [beðíxa] 囡 [羊毛・もつれた毛の] 房(ᵃ)

vedismo [beðísmo] 男 ベーダ宗教, 原始バラモン教

veedor [be(e)ðór] 男 [昔の] 検察官;[ギルドの] 検査役

vega [béɣa] 囡 ❶ [主に河川流域の] 沃野;《中米》タバコ農園;《南米》湿地. ❷《天文》[V～] ヴェガ, 織女星

vegetación [bexetaθjón] 囡 ❶ 匯匮 [一地域の] 植物;植生: ～ alpina 高山植物[の群落]. ❷ 発芽;成長. ❸ 覆《医学》[皮膚・粘膜の] 増殖肥大: vegetaciones adenoideas 扁桃腺肥大, アデノイド

vegetal [bexetál] 形 植物[性]の [↔animal]: aceite ～ 植物性油
◆ 男 ❶ 植物《植物》[planta];《植物人間. ❷ 覆 野菜 [verduras]

vegetar [bexetár] 自 ❶ [植物が] 成長する. ❷ [人が] 無為な生活を送る;[活動が] 沈滞する. ❸ 植物人間になる

vegetarianismo [bexetarjanísmo] 男 菜食主義

vegetariano, na 形 图 菜食主義の(主義者)

vegetativo, va [bexetatíßo, ßa] 形《生物》植物性の;栄養性の: aparato ～ 栄養器官. sistema nervioso ～ 植物性(自律)神経系

veguer [beɣér] 男 ❶ フランス大統領およびスペインのウルヘル司教からアンドラ公国へ派遣される

代理者. ❷《歴史》[アラゴン・カタルーニャ・マジョルカの] 行政官

veguero [beɣéro] 男 [葉1枚の細い] 葉巻きたばこ

vehemente [be(e)ménte] 形 [感情・表現の] 激しい, 熱烈な;よく考えずに行動する, 衝動的な: discurso ～ 熱弁. ～ admirador 熱烈な崇拝者

vehemencia 囡 激しさ

vehículo [beíkulo] 男 ❶ 乗り物, 交通(運搬)手段;車, 車両: ～ espacial 宇宙船. ～ 4×4 4輪駆動車. espacio para ～ 駐車スペース. ❷ 伝達手段, 媒介物(者): La lengua es el ～ de la cultura. 言葉は文化の伝達手段である. ❸《医学》保菌者, キャリアー. ❹《薬学》賦形剤. ❺《仏教》gran (pequeño) ～ 大乗(小乗)

vehicular 形 交通の

veía- ☞ ver 50

veinte [béinte] 形 图《英 twenty》❶ 20[の];20番目の. ❷ 1920年代;20歳台
a las ～ 常識外れの時刻に, 非常に遅く
veint(e)avo, va 形 20分の1[の]
veintena 囡 匯匮 20[のまとまり];約20: una ～ de días 約20日

veinticinco [béintiθíŋko] 形 男 25[の]
veinticuatro [béintikwátro] 形 男 24[の]
veintidós [béintiðós] 形 男 22[の]
veintinueve [béintinwéße] 形 男 29[の]
veintiocho [béintjótʃo] 形 男 28[の]
veintipocos, cas [béintipókos, kas] 图 = veintitantos
veintiséis [béintiséis] 形 男 26[の]
veintisiete [béintisjéte] 形 男 27[の]
veintitantos, tas [béintitántos, tas] 形 图 20いくつか[の], 20あまり[の]
veintitrés [béintitrés] 形 男 23[の]
veintiún [béintjún] 形 男 ☞ veintiuno
veintiuno, na [béintjúno, na] 形 男《+男性名詞では veintiún》21[の]: tener veintiún años 21歳である. ～na personas 21人
◆ 囡《トランプ・ダイス》21

vejar [bexár] 他 [自尊心の傷つくような仕方で] いじめる, 侮辱する: Su jefe la veja constantemente. 上司は彼女をいつもいびる
vejación 囡/**vejamen** 男 いじめ;侮辱

vejatorio, ria [bexatórjo, rja] 形 いじめる, 心を傷つける;屈辱的な: trato ～ いじめ, 虐待
vejestorio, ria [bexestórjo, rja] 图《軽蔑》老いぼれ

vejete [bexéte] 形 男《親愛・軽蔑》年寄り[の]

vejez [bexéθ] 囡《←viejo. 覆 ～ces》老齢, 老い;毫碌(ᵇᵗᵘ): entrar en la ～ 老年期に入る. morir de ～ 老衰で死ぬ. pasatiempo de la ～ 老後の楽しみ. A la ～, viruelas.《諺》年寄りの冷や水/老らくの恋/時季外れである. El que tuvo y retuvo, guardó para la ～.《諺》節制が若さの秘訣である

vejiga [bexíɣa] 囡 ❶《解剖》膀胱(氷⁵⁵). ❷ [皮膚の] 水ぶくれ, 水疱. ❸ ～ de perro《植

物〗ホオズキ. 〜 natatoria [魚の] 浮き袋

vela [béla] 囡 ❶《船舶》帆：alzar 〜s 帆を上げる；出帆する；立ち去る. bajar 〜s 帆を下ろす. desplegar 〜s 帆を張る. navegar a 〜 帆走する. 〜 al tercio ラグスル. 〜 de cruz/〜 cuadrada 横帆. 〜 de estay (de cuchillo) ステイスル. 〜 de gavia トプスル. 〜 latina 大三角帆, ラテンセール. 〜 mayor 主帆. ❷ ヨット；帆船；セーリング, ヨット競技：hacer 〜 ヨットに乗る. regata de 〜 ヨットレース. ❸ ろうそく：encender (apagar) una 〜 ろうそくをつける(消す). Se derrite la 〜. ろうそくのうろがたれる. ❹ 目が覚めていること, 覚醒；不眠, 徹夜；夜通しの看病；通夜. ❺ 阃《口語》鼻水：llevar con las 〜s colgando 鼻をたらしている. ❻《闘牛》[牛の] 角

a dos 〜s 1) [ほとんど] 無一文で：Como es final de mes, estoy *a dos 〜s*. 私は月末で金がない. 2) 何もわからずに(知らずに)

a toda 〜/a 〜s desplegadas 総帆を張って；急いで, あわてて；全力を尽くして

aguantar la 〜《口語》[恋人たちが2人きりにならないよう] デートに付き添う

dar 〜 en un entierro 介入(口出し)を許す

[derecho] *como una 〜/más derecho* (*tieso*) *que una 〜* きわめてまっすぐな；[首・背筋などが] ぴんと伸びた；[行動の] きちんとした, まともな

en 〜 眠らずに：pasar la noche [entera] *en 〜* 徹夜する

hacer [se] (*darse*) *a la 〜* 出帆する, 出航する

no dar a+人 〜 en (*para*) *este* (*ese・aquel*) *entierro* …に口をはさませない, …の権威を認めない

poner (*encender*) *una 〜 a Dios* (*a San Miguel*) *y otra al diablo* [対立する] 両方の肩を持つ, 両方にいい顔をする

recoger (*arriar*) *〜s* 帆を下ろす；前言を撤回する, 引き下がる

sujetar (*sostener*) *la 〜*《口語》=**aguantar la 〜**

velación [belaθjón] 囡 ❶《主に 復. 昔のカトリックの結婚式で》新郎新婦がベールをかぶる儀式. ❷ 通夜〖velatorio〗

velada [beláda] 囡 ❶ 夜会, 夜のパーティー. ❷ 夜の催し(公演), 夜間興業〖一般に9時ごろから始まる〗

veladamente [beládaménte] 副 あからさまでなく, 間接的に

velador [beladór] 男 [一本脚の] 小型円卓；《中南米》ナイトテーブル

veladura [beladúra] 囡《美術》グラッシ, 透明絵の具の上塗り

velamen [belámen] 男 匤旬 [一隻の船の] 帆

velar [belár] 圊 ❶ 眠らずに過ごす, 徹夜する：*Ha velado* para preparar el examen. 彼は試験勉強のために徹夜した. ❷ [+por・sobre に] 注意する, 気をつける：〜 *por* la salud de la familia 家族の健康に気を配る. 〜 *por* su niño 子供から目を離さない

◆ 他 ❶ 〜 a un enfermo 夜通し病人の看護をする. 〜 a un muerto 通夜をする. ❷ [+por 憲法などで, 権利・義務の遂行を] チェックする, 監視する. ❸ …にベールをかける；覆い隠す：La niebla *vela* el horizonte. 霧で地平線がかすんでいる. 〜 la verdad 真実を覆い隠す. ❹《写真》[光量過多で] かぶらせる

〜 *las armas*《騎士叙任式の前夜》武具のそばで終夜祈りをささげる

◆ 〜*se* ❶ ベールをかぶる：Las moras *se velaban* el rostro. モーロ人の女性は顔をベールで覆っていた. ❷《写真》かぶる

◆ 厖 囡《解剖》軟口蓋の；《言語》軟口蓋音[の]

velarizar [belariθár] 俚 他《言語》軟口蓋音化する

Velasco [belásko]《人名》ベラスコ

velatorio [belatórjo] 男 ❶ 通夜；通夜の人たち. ❷ [病院などの] 霊安室

velazqueño, ña [belaθkéɲo, ɲa] 厖 ベラスケス Diego Rodríguez de Silva y Velázquez の(ような)《画家, 1599-1660》

Velcro [bélkro]《商標》マジックテープ

veleidad [beleiðá(d)] 囡 移り気, むら気, 気まぐれ

veleidoso, sa [beleiðóso, sa] 厖 移り気な, 気まぐれな

velero, ra [beléro, ra] 厖《帆船が》軽快な
◆ 男 帆船〖buque 〜〗；《航空》グライダー

veleta [beléta] 囡 風見, 風向計；《釣り》[羽根の] 浮き
◆ 图 意見(趣味)がよく変わる人；すぐ強い方につく人

vélico, ca [béliko, ka] 厖《船舶》帆の：superficie 〜*ca* 帆面積

velista [belísta] 图 ヨットマン

vélite [bélite]《古代ローマ》軽装歩兵

veliz [belíθ] 男《中米》スーツケース

vello [béʎo] 男 [時に 匤旬] ❶ [人の, 頭髪・ひげ以外の] 体毛：eliminar el 〜 superfluo むだ毛を取り除く. 〜 fino うぶ毛. ❷ [植物・織物などの] 綿毛

vellocino [beʎoθíno] =**vellón** ❶；[羊の] 毛皮：〜 de oro《神話》金羊毛

vellón [beʎón] 男 匤旬 ❶ [羊など一頭分の] 毛, 羊毛. ❷ 羊毛の房. ❸ 銀と銅の合金〖昔の銅貨の材料〗；その銅貨

velloso, sa [beʎóso, sa] 厖 体毛の生えた〖〜 de cuerpo〗

vellosidad [beʎosiðá(d)] 囡 体毛が生える(生えている)こと；毛深いこと

velludo, da [beʎúðo, ða] 厖 毛深い：brazo 〜 毛むじゃらの腕
◆ 男《繊維》ビロード, ベルベット

velo [bélo] 男《服飾》[花嫁・服喪の女性・イスラム教徒の女性・修道女などの] ベール, 覆い：i) La novia lleva un 〜 en la cabeza. 花嫁はベールをかぶっている. ii)《比喩》quitar el 〜 del misterio a... …から神秘のベールをはぐ. 〜 de la noche 夜のとばり. ❷《写真》[光量過多などによる] かぶり. ❸《航空》〜 negro [加速時

の] ブラックアウト
correr (descorrer) el ～ 秘密を明かす
correr (echar) un tupido ～ sobre... …
を隠す, 秘密にする; 忘れてしまう
tomar el ～ 修道女になる

velocidad [beloθiðáｄ] 囡 《英 speed》 ❶ 速さ; 速度,

速力: ¿A qué ～ corría él (la coche)? 彼
(車)はどのくらいのスピードで走っていましたか?
La ～ máxima permitida es de 50
kilómetros. 制限速度は50キロだ. aumentar
(acelerar・ganar・tomar) la ～ スピードを上げ
る. reducir (disminuir・moderar) la ～ 速度
を落とす. perder ～ 失速する. alcanzar una
～ de 300 kilómetros por (a la) hora 時速
300キロに達する. a gran (poca) ～ 高速(低
速)で. a ～ máxima (tope・punta) 最高速
度で. a toda ～ 全速力で. de alta ～ 高速の.
～ de circulación [通貨の] 流通速度. ～ de
liberación (de escape) 重力脱出速度. ～
del sonido (de la luz) 音速(光速). ～ del
viento 風速
❷ [車などの] 変速装置: cambiar de (la) ～
ギヤチェンジする. meter una ～ ギヤを入れる.
de cinco ～es 5段変速の. en primera ～ ロ
ーで
❸ 《スポーツ》 スプリント: carrera de ～ 短距離
競走

velocímetro [beloθímetro] 囲 速度計, スピ
ードメーター
velocípedo [beloθípeðo] 囲 [昔の, 足で地
面をけって進む] 自転車
velocista [beloθísta] 图《スポーツ》スプリンタ
ー, 短距離走者
velódromo [belóðromo] 囲 自転車競技場,
競輪場
velomotor [belomotór] 囲 小型オートバイ,
原動機付き自転車
velón [bel5n] 囲 [火口が1つ以上で, 金属製
の] ランプ
velorio [belórjo] 囲 ❶ [家での仕事が終わった
後の] 夜の集い. ❷《主に中南米》通夜《velato-
rio》. ❸ [修道女の] 誓願式
velour [belúr] 囲《繊維》ベロア
veloz [bel5θ] 厖 《囷 ～ces》速い《rápido》:
i) movimiento ～ 速い動き. ii) [副詞的] El
corazón late ～. 脈が速い. Huyó ～. 彼は逃
げ足が速かった
velozmente 剾 速く
ven ☞venir 59, ver 50
vena [béna] 囡 ❶《解剖》静脈《↔arteria》:
～ basílica 尺側皮静脈. ～ cava 大静脈. ❷
木目, 石目; 葉脈; 鉱脈, 水脈. ❸ [芸術的な]
感興; 才能: tener la ～ インスピレーションがわ
く. Tiene ～ de actor. 彼は俳優の才能がある
coger (hallar) de (en) ～ a+人 …がその
気(やる気)になる
dar (entrar・coger) a+人 la ～ de (por)
... [自動的に] …が…する気になる: Le ha
dado la ～ de cantar. 彼は突然歌いたくなっ
た

estar en (de) ～ [執筆・演技などについて] 気
分が乗っている: Hoy no estoy en ～ para
escribir. 今日は筆が乗らない
tener ～ de loco 少し頭がおかしい
venablo [benáblo] 囲 投げ槍
echar ～s [怒って] わめき立てる
venado, da [benáðo, ða] 厖 《口語》
[estar+] 狂った, 気のふれた
◆ 囲《動物》シカ《ciervo》;《料理》鹿肉
囡 狂気の発作
venal [benál] 厖《文語》金で動く(買える); 売
り物の
venalidad 囡 買収されやすいこと
venático, ca [benátiko, ka] 厖《文語》狂気
じみた, 偏執的な
venatorio, ria [benatórjo, rja] 厖《文語》
狩猟の
vencedero, ra [benθeðéro, ra] 厖 期限の
来る: letra ～ra el día diez de mayo 5月10
日に期限が切れる手形
vencedor, ra [benθeðór, ra] 厖 戦勝の, 勝
利の: país ～ 戦勝国
◆ 图 勝利者, 勝者
vencejo [benθéxo] 囲 ❶《鳥》アマツバメ. ❷
[麦束などを] 縛るもの, ひも
vencer [benθér] 囮 囮 《英 defeat. ☞活用表》
❶ 打ち破る, 負かす: Me vence en inteligen-
cia. 彼は頭のよさで私に勝つ. La razón venció
a las sinrazones. 道理が無法に打ち勝った. Le
venció el sueño. 彼は眠気に負けた. ～ al
enemigo 敵に勝つ. ～ a sus contrincantes
競争相手に勝つ. ～ en la carrera 競走で勝つ.
❷ 克服する; 征服する: ～ un obstáculo 障害
を乗り越える. ～ la enfermedad 病魔に打ち勝
つ. ～ la depresión económica 不況を乗り切
る. ～ el miedo 恐怖を克服する. ～ la cum-
bre 頂上を征服する. ～ la resistencia 抵抗を
打ち破る. ❸ [重みで] 傾斜させる, そらせる; 壊
す: La pesada maleta le vencía. 重いスーツケ
ースのために彼の体は傾いていた
◆ 圓 ❶ [期限が] 来る: Mañana vence el
plazo para matricularse. 明日登録の期限が
切れる. La letra ha vencido. その手形は期限
が来た. ❷ [+en で] 勝つ: Nuestro ejército
venció en la batalla. 我が軍が戦闘で勝利を収
めた. ¡Venceremos! 勝つぞ!
◆ ～se ❶ 自分に打ち勝つ. ❷ [重みで] 傾く,
そる; 壊れる: El equilibrista se venció hacia
un lado y estuvo a punto de caerse. 綱渡り
師はぐらついて落ちるところだった. ❸ 期限が来る
(切れる)

vencer	
直説法現在	接続法現在
venzo	venza
vences	venzas
vence	venza
vencemos	venzamos
vencéis	venzáis
vencen	venzan

vencetósigo [benθetósiɣo] 男《植物》カモメ
ヅル、イケマ

vencible [benθíβle] 形 打ち勝ち得る；克服で
きる

vencido, da [benθído, ða] 形 過去分 ❶ 期限
の来た: letra 〜*da* 期限切れの手形. pagar
los intereses por trimestres 〜*s* 3 か月〔経
過する〕ごとに利子を払う. ❷ 敗北した: país 〜
敗戦国. darse por 〜 敗北を認める. A la
tercera (A las tres) va la 〜*da*.《諺》三度目
の正直/二度失敗したらあきらめろ/仏の顔も三度
◆ 名 敗者

vencimiento [benθimjénto] 男 ❶ [支払い
などの] 期限, 満期: Hoy es el 〜 de este
giro. この為替の期限は今日切れる. pagadero
a 〜 満期払いの. ❷ [主に 印. 板の] そり, ゆが
み. ❸ 勝利『victoria』, 敗北『derrota』; 克
服

venda [bénda] 女 包帯: Lleva una 〜 en la
cabeza. 彼は頭に包帯をしている. atar la heri-
da con una 〜 傷口に包帯を巻く. poner a+人
una 〜 …に包帯をする
　caerse a+人 la 〜 de los ojos [迷いなどか
ら] …が覚める、目からうろこが落ちる
　quitar a+人 una 〜 de los ojos [迷いなど
から] …の目を覚めさせる、真実を知らせる
　tener (llevar·poner) una 〜 en los ojos
[迷いなどで] 目が見えない, 真実を見ようとしな
い: Debes quitarte *la* 〜 que *tienes en los
ojos*. 君は真実に目をふさいではいけない

vendaje [bendáxe] 男 ❶ 医学 [傷口の] 包帯,
帯具: 〜 de hernia 脱腸帯. ❷ 包帯をすること

vendar [bendár] 他 [体の一部に] 包帯をする:
Me han *vendado* la herida. 私は傷口に包帯
をしてもらった. La pasión le *vendaba* los ojos.
彼は恋するあまり真実が見えなかった
◆ 〜*se* [自分の…に] 包帯をする: 〜*se* los
ojos 目隠しをする

vendaval [bendaβál] 男 [特に南·南西からの,
季節外れの] 強風, 嵐

vendedor, ra [bendeðór, ra] 名 形 ❶ 売り
手(の), 売り主: mercado de (favorable
para los) 〜*es* 売り手市場. tipo 〜 売り相
場. ❷ [店の] 売り子, 店員; 販売員: 〜 de
periódicos 新聞売り

vendepatria [bendepátrja] 名 売国奴

vendepatrias [名《単複同形》] ＝**vendepa-
tria**

vender [bendér] 他 《英 sell. ↔com-
prar》❶ [+a に, +por 代価で]
売る, 販売(売却)する: Le *vendió* su reloj a
un amigo *por* cinco mil pesetas. 彼は自分の
時計を5千ペセタで友人に売った. En esta li-
brería *venden* también cassettes. この本屋
ではカセットも売っている. Ella *vende* frutas en
el mercado. 彼女は市場で果物を売っている.
❷ 《軽蔑》[良心などを] 売り渡す; 裏切る:
Vendió su honra. 彼は利益と引き換えに名誉
を失った. 〜 a su amigo 友人を売る. ❸ […
の秘密などを] 暴露する: El acento lo *vende*.
アクセントで彼の正体がばれた

estar sin 〜 売れ残っている

estar (ir) vendido 身があやうい: Para un
viaje con este coche tan viejo *vas ven-
dido*. こんな古い車でドライブは危険だよ

〜 *caro* 高く売りつける; やすやすとは与えない:
Vendió caro su apoyo. 彼の支持を得るのは
一筋縄ではいかなかった

◆ 〜*se* ❶ 売られる: i) Este libro *se vende*
mucho. この本はよく売れる. 〜*se* como (el)
pan caliente (como rosquillas) 飛ぶように売
れる. ii) 《表示》*Se vende* coche 自動車売りま
す. Todo *se vende* a mil yenes 千円均一セー
ル. No *se vende* 非売品. ❷ 《軽蔑》裏切る,
買収される. ❸ うっかり本性(秘密)をさらけ出す.
❹ [事実と異なって, +por であるとの] 評判であ
る

〜*se caro* お高くとまっている

vendetta [bendéta] 女《←伊語》血の復讐, か
たき討ち

vendible [bendíβle] 形 売ることのできる；売り
物の

vendimia [bendímja] 女 ❶ ブドウの取り入れ.
❷ ブドウの収穫期: el 〜 de 1993 1993 年もの
〔のワイン〕. ❸ 大もうけ

vendimiador, ra 名 ブドウを摘む人

vendimiar 自 他 [benémjo]『ブドウを』摘む

vendr-, vendría- ⇒**venir** 59

veneciano, na [beneθjáno, na] 形 名《地
名》ベニス Venecia の〔人〕, ベネチアの: vi-
drio 〜 ベネチアグラス

venencia [benénθja] 女 [ワインの樽から試飲
するための] 長い柄の付いたカップ〖☞写真〗

venenciador 男 それでワインをつぐ人

veneno [beneno] 男 毒, 毒物: El tabaco es
un 〜. たばこは体に毒だ. Esta película es un
〜 para los niños. この映画は子供によくない.
Sus palabras destilaban 〜. 彼の言葉には毒
があった. beber 〜 毒を飲む. matar con 〜 毒
殺する. 〜 violento 猛毒. 〜 fulminante
(lento) 即効(遅効)性の毒物

venenoso, sa [benenóso, sa] 形 ❶ 有毒
の: serpiente 〜*sa* 毒蛇. gas 〜 毒ガス. libro
〜 有害な本. ❷ 意地の悪い: frases 〜*sas* 悪
意のある文章. lengua 〜*sa* 毒舌

venenosidad 女 毒性

venera [benéra] 女 ❶ 帆立貝の貝殻〖サンテ
ィアゴ・デ・コンポステーラへの巡礼者がマントに縫い
付けた. ☞peregrino カット〗; [騎士団員が胸に
つけた] 巡礼の貝殻印. ❷《料理》貝柱『ojos

de ～〗

venerar [benerár] 他 ❶ 敬う，尊ぶ：～ la memoria de sus padres 両親の思い出を大切にする．❷ [神などを] あがめる，崇拝する：～ la imagen de la Virgen 聖母マリア像を崇拝する

venerable [形] [名] [高齢で] 尊敬すべき；《カトリック》尊者『聖者の最下位』．◆ 男 〔フリーメーソンの〕大本部長

veneración 女 崇拝；尊敬，敬愛

venéreo, a [benéreo, a] [形] ❶ 性病の．❷ 性愛の

venereología 女 性病学

venero [benéro] 男 ❶ 鉱脈．❷《文語》泉：Este libro es un ～ de datos. この本は知識の泉だ．❸ [日時計の] 示時線

Venezuela [beneθwéla] 女〔国名〕ベネズエラ

venezolanismo [形] ベネズエラ特有の表現

venezolano, na [形] [名] ベネズエラ〔人〕の；ベネズエラ人

venga- ⮕venir 59

vengador, ra [bengaðór, ra] [形] [名] 復讐者〔の〕

venganza [bengánθa] 女 復讐，報復：tomar ～ en+人 …に仕返しをする．gritar por ～ 報復(償い)を求める．sed (espíritu) de ～ 復讐心．～ de Moztezuma (de Cuauhtémoc)《メキシコ》下痢

vengar [bengár] 8 他 [＋事・人] …の復讐をする：～ un agravio 侮辱に対して仕返しをする ◆ ～se [＋de・por・en] …に復讐をする：Se vengó de su padre. 彼は父親の仇を討った．Me vengaré de él por haberme engañado. 彼にだまされた仕返しをしてやるぞ

vengativo, va [bengatíbo, ba] [形] 復讐心の強い，恨み深い

vengo ⮕venir 59

venia [bénja] 女 ❶《文語》[主に公的機関・上司・先生などの] 許可，裁可：solicitar la ～ para las vacaciones 休暇願いを出す．con la ～ de su jefe 上司の許可を得て．❷《まれ》[罪の] 許し．❸《南米》軽い会釈，敬礼

venial [benjál] [形] [罪が] 軽い，許される：pecado ～《宗教》[恩寵をまったく失うには至らない] 小罪

venialidad 女 罪の軽さ

venida [beníða] 女 ❶ 来ること，来訪『↔ida』．la segunda ～ de Cristo キリストの再来．❷ 帰って(戻って)くること『vuelta』

venidero, ra [beniðéro, ra] [形] 来るべき：los tiempos ～s 未来，将来．el mundo ～ 来たるべき[神の]世．los ～s 子孫，後代

venir [benír] 59 自『英 come．↔ir．活用表．現分 viniendo』❶ 来る，やって来る：i) Viene en coche. 彼は車でやって来る．Mira, viene un autobús. ほらバスが来たよ．Ya han venido los huéspedes. もう客たちは来ている(=来ている)．Mi padre todavía no ha venido. 父はまだ帰宅していません．Di a los niños que vengan. 子供たちに来るように行ってくれ．Ha venido el calor. 暑さがやって来た．ii) [これから行く場所・話し相手のいる場所を基準に

して] Voy a tomar café, ¿quieres ～ conmigo? コーヒーを飲みに行くけど，君も一緒に行かないか？¿Vienes?— Vengo. 来るかい？—行くよ．iii) [＋a＋不定詞 するために] Vino a buscarme (verme). 彼が私を迎えに(私に会いに)来た．iv) [時] ～においでください．[元の論点に] 戻る：Vengamos al punto de partida de este tema. もう一度このテーマの出発点に立ち返ってみよう．v) [＋de から] ¿De dónde vienes?— Vengo de Japón./Vengo del dentista. どこから来ましたか/どこへ行って来たのですか？—日本から来ました/歯医者に行って来たところです．Esa cantante (Esta postal) ha venido de España. その歌手(この葉書)はスペインから来た．Esa palabra viene del inglés. その単語は英語から来た．vi) [時が] el mes (el año) que viene 来月(来年)．vii) [順序として] Después del prólogo venía la introducción. 序文の後に序論があった．Viene de la página anterior. 前ページより続く

❷ 生じる，起こる：i) [＋a に] Le vino una desgracia. 彼に不幸が起きた．ii) [考え・感覚・感情などが] Me viene sueño. 私は眠い．Le vinieron de repente ganas de reír. 彼は急におかしさがこみあげてきた．Me vienen al pensamiento nuestros juegos infantiles. 子供時代の遊びが思い出される．Te veo ～. 君の気持ちはお見通しだ．iii) [＋de に] 起因する：Su enemistad viene de un malentendido. 彼らの対立は誤解が原因だ．Su resfriado viene de la falta de descanso. 彼の風邪は疲労から来ている

❸ [植物が] 生える，成長する：Los espárragos vienen bien en tierras arenosas. アスパラガスは砂地でよく育つ

❹ [＋en に] 記載されている：Su nombre viene en el formulario. 彼の名前は用紙に書いてある．La noticia viene en primera plana. そのニュースは第一面にのっている

❺ [＋a にとって，＋主格補語] …である：i) El pantalón me venía ancho. そのズボンは私には大きすぎた．ii) [＋bien・mal] 適合する・しない：Esa camiseta te viene mal. そのシャツは君に似合わない．Esta tarde me viene mal salir de paseo. 今日の午後は散歩に出かけるのは都合が悪い．Si te viene bien, te iré a las cuatro voy a verte. よければ4時に君の所へ行くよ．Una bebida no me viene mal. 一杯やるのも悪くない

❻ [当面が，＋en を] 決定する：Vengo en decretar la celebración de elecciones. 選挙の実施を布告することにしました

❼ [＋en＋名詞] …するに至る：Cuando vino en conocimiento de lo que había pasado, ya era demasiado tarde. 何が起きたか彼が知った時にはもう手遅れだった

❽ [＋a＋不定詞] [接近・完了] …するようになる：Vienes a ocupar el vacío que dejó él. 彼の後釜は君が座ることになるよ．Han venido a cambiar de ideas. 彼らは考えを変えてしまった．ii) [近似．不定詞は ser・tener・decir など] …

と同様である：Esto *viene a* ser un aviso. これ
は警告と考えてよい. *Viene a* tener la misma
altura que yo. 彼の身長は私と同じ位らしい
❾〔[+過去分詞] …の状態で来る；…している：
Vine sentado en el metro. 私は地下鉄で座っ
て来た. Este moho *viene* producido por el
exceso de humedad. このかびは湿気がひどいた
めに発生したものだ
❿〔[+現在分詞] ある時点まで徐々に展開してきて
いることを表わす進行形〕 ずっと…してきている：
Lo *vengo* diciendo desde hace un mes. 私は
1か月前からそのことを言い続けてきた. Los alum-
nos *vienen* adelantando mucho. 生徒たちは
非常に上達してきている
⓫ 妥協する, 同意する：Por mucho que por-
fíes, no *vendré* en lo que has pedido. 君がど
んなにしつこく言っても, 頼みは聞けないよ
⓬〔[+con 普通でないこと・思いがけないことを]言
い出す：¡Mira *con* lo que me *viene* ahora!
今度は何を言い出すやら！ No me *vengas* aho-
ra *con* ésas. 今ごろそんなことを言わないでくれ
⓭〔[+sobre に]思いがけず起こる；攻撃する：
Vino sobre él un cúmulo de desgracias. 不
幸が一度に彼を襲った. El enemigo *vino so-
bre* la ciudad. 敵が町を襲った
⓮〔[+de+不定詞] …してきたところである：*Ven-
go de* estudiar de la biblioteca. 私は図書館
で勉強して帰って来たところで
⓯《法律》〔[+en+不定詞] これによって（ここにおい
て）…する
¿a qué viene+名詞・不定詞**?**〔不当性をとがめ
て〕なぜ…？：¿*A qué viene* no ir a clase
hoy? どうして今日学校を休んだんだ？
**bien venidas sean, vengan de donde
vengan** どこから来たかわからないが, いいものだか
ら受け取っておこう
**cuando viene Alnea/cuando vienen los
cabos de Cuba**〔おねだりに対して, かなえる気
がないのに〕いつかね
en lo que por ~ 将来において
no ~ a+人 *de...〔単人称〕…にとって…は大
した迷惑（費用）でない：No me *viene de* una
hora o dos. 1, 2時間なら構いません. No le
viene de millón más o menos. 彼にとって
100万ペセタ位どうということはない
por ~ まだ起こっていない
¡venga!《西》1)〔激励・催促〕さあ！；[+名詞]
…をよこせ（返せ）！：¡Devuélveme el carnet!
¡Venga! さあ証明書を返してくれ！ 2)〔不信・
拒絶〕よせよ！
venga a+不定詞《西》しつこく（繰返し）…する
venga lo que venga（viniere） 何が起ころう
とも, どんなことがあっても
~ dado 来る時には片付いている：*Vienes* da-
do. 今ごろ来ても君のすることは何もない
◆ ～se ❶〔[+de を去って]やって来る：Se han
venido de su país. 彼らは祖国を捨てて来た.
❷ 妥協する：Después de mucho discutir *se
vino a* las nuestras. 長い議論の末, 彼は我々
の意見を受け入れた. **❸**《卑語》エクスタシーに達
する, いく

venir	
直説法現在	点過去
ven*go*	*v*i*n*e
*v*i*e*nes	*v*i*n*iste
*v*i*e*ne	*v*i*n*o
venimos	*v*i*n*imos
venís	*v*i*n*isteis
*v*i*e*nen	*v*i*n*ieron
直説法未来	過去未来
ven*dr*é	ven*dr*ía
ven*dr*ás	ven*dr*ías
ven*dr*á	ven*dr*ía
ven*dr*emos	ven*dr*íamos
ven*dr*éis	ven*dr*íais
ven*dr*án	ven*dr*ían
接続法現在	接続法過去
ven*g*a	*v*i*n*iera, -se
ven*g*as	*v*i*n*ieras, -ses
ven*g*a	*v*i*n*iera, -se
ven*g*amos	*v*i*n*iéramos,-semos
ven*g*áis	*v*i*n*ierais,-seis
ven*g*an	*v*i*n*ieran, -sen

venoso, sa [benóso, sa]〔形〕《←vena》静脈
の；葉脈の：sistema ～ 静脈系. sangre ～*sa*
静脈血. mano ～ 静脈の浮き出た手. inyec-
ción ～*sa* 静脈注射

v/en pza.《略語》←valor en plaza 市場価
格

venta [bénta]〔女〕《英 sale. ←vender. ↔com-
pra》**❶** 販売, 売却：exposición y ～s 展示
即売会. precio de ～ 販売価格. punto de ～
販路, 小売店. red de ～s 販売網. ～ de
pisos マンションの販売. ～ a bajo precio 安売
り. ～ al por menor 小売り. **❷** 売上げ〔高〕,
売行き：Han aumentado las ～s. 売上げが伸
びた. impuesto sobre ～s 売上げ税. **❸**《古
語》[人里離れた所の]小ホテル, 旅館. **❹**《中南
米》[祭りの, 食べ物・飲み物の] 屋台, スタンド
《puesto》
en ～ 発売中の, 売りに出された：Este artículo
no está *en* ～. この商品は市販されていない／
これは非売品だ. Tiene la casa *en* ～. 彼は家を
売りに出している. poner... *en* ～ …を発売す
る, 売りに出す

ventada [bentáda]〔女〕突風《ventolera》
ventaja [bentáxa]〔女〕《英 advantage》**❶** 優
位, 有利；利点, 長所：Tiene la ～ de ser
más alto que yo. 彼は私より背が高くて得だ.
Eso tiene sus ～s, pero también sus in-
convenientes. それには利点もあるが, また不都合
な点もある. llevar ～ a... …より優位に立ってい
る. **❷**[スポーツなどで] 先行, 上位；ハンディキャ
ップ《handicap》；《テニス》アドバンテージ：llevar
una ～ a+人 de cien metros/llevar a+人 a
～ cien metros …を100メートルリードしている.
ley de la ～《サッカーなど》アドバンテージルール.
❸[その人だけの] 割増手当. **❹**《南米》[商いに
よる] 利益
dar a+人... de …に…のハンディを与える：

Mi hermano y yo hicimos una carrera；me *dio* cinco metros *de* 〜 en la salida. 兄と僕は駆けっこをした．出発点で僕は5メートルのハンディをもらった．Me *da* una torre *de* 〜. 《チェス》彼はルーク1つ落としてくれた

sacar 〜 *de...* …で得をする，利用する

ventajear [bentaxeár] 圓《中南米》恩恵を受ける；不当な利益を得る

ventajero, ra 形 名 =ventajista

ventajista [bentaxísta] 形 名《軽蔑》[商売などで] あくどい〔人〕

ventajoso, sa [bentaxóso, sa] 形 有利な，得な：situación 〜*sa* 有利な状況．contrato 〜 有利な契約．Eso es más 〜 para usted. その方がお得です

ventajosamente 副 有利に，得になるように：estar 〜 colocado うまみのある職についている．ganar 〜 a un partido あるチームに大勝する

ventana [bentána] 名《英 window》❶ 窓：abrir (cerrar) la 〜 窓を開ける(閉める)．asomarse a la 〜 窓の所に姿を見せる；窓から顔を出す．mirar por la 〜 窓から眺める．〜 fraılera シャッター付きの窓．❷ 鼻の穴．❸《情報》ウインドー

echar (*tirar・arrojar*) *... por la* 〜 …を窓から投げる；無駄づかいする；…のチャンスを棒に振る

echar (*tirar・arrojar*) *la casa por la* 〜 金を湯水のように使う，金に糸目をつけない

ventanaje [bentanáxe] 男 医名[一つの建物の] 窓

ventanal [bentanál] 男 大窓

ventanilla [bentaníʎa] 名 ❶ [列車・飛行機などの乗り物の] 窓．❷ [銀行・切符売り場などの] 窓口：comprar en la 〜 窓口で買う．❸ 鼻の穴．❹ [封筒の] 窓，透かし．❺《情報》ウインドー

ventanillo [bentaníʎo] 男 [ドアなどの] 小窓，のぞき窓

ventano [bentáno] 男 [採光・換気用の] 小窓

ventarrón [bentařón] 男 強風

ventear [benteár] 圓《単人称》風が吹く
◆ 他 ❶ [犬などが臭いを] かぎ回る．❷ [衣類・布団などを] 風にあてる，干す．❸《中米》[買った家畜に] 焼き印を押す；《南米》[競走・ゲームで相手を] 引き離す
◆ 〜se 乾いてひびが入る

ventero, ra [bentéro, ra] 名 旅館 venta の主人

ventilación [bentilaθjón] 名 風通し，空気の流れ，換気，通風；その手段：conducto de 〜 送風ダクト

ventilador [bentilaðór] 男 ❶ 扇風機：〜 de aspas／〜 hélice 天井の扇風機．❷ 通風設備，換気装置；通風ダクト，換気孔．❸ [エンジンの] ファン

ventilar [bentilár] 他 ❶ [自然に・機械で] 換気する，風にあてる：Esta habitación está bien *ventilada*. この部屋は風通しがいい．〜 la habitación 部屋の空気を入れ替える．〜 las

mantas 毛布を干す．❷ [話し合って，問題を] 解決する；[私的なことを] 公表する
◆ 〜se ❶ 換気する；干す．❷ [人が] 外気に当たる．❸《西．口語》[仕事などを] 終わらせる，片付ける；[料理を] たいらげる，[酒を] 飲み干す；[+a+人 を] 殺す．❹《俗語》[+a+人 と] 性交する，寝る

ventiloconvector [bentilokɔmbɛktɔr] 男 ファンヒーター

ventisca [bentíska] 名 吹雪；強風

ventiscar [7]／**ventisquear** 圓《単人称》ふぶく；[雪が主語] 強風で舞い上がる

ventisquero [bentiskéro] 男 =ventisca；[吹雪が] 吹きさらしの場所；[山の] 吹きだまり，根雪；雪原，氷原

vento [bénto] 男《南米》お金《dinero》

ventolera [bentoléra] 名 ❶ 突風：Se ha levantado una 〜. 突風が吹いた．❷ 虚勢
*dar a+*人 *la* 〜 *de...*《軽蔑》…が突然…を決心する：Le *dio* la 〜 de marcharse a América. 彼は突如としてアメリカへ行く気になった

ventorrillo [bentoříʎo] 男 場末の飲食店

ventosa[1] [bentósa] 名 ❶ 換気孔，通風孔；[ストーブなどの] 空気取入れ口．❷ [タコなどの・人工の] 吸盤．❸《医学》[瀉血用の] 吸角，放血器

ventosear [bentoseár] 圓《婉曲》放屁する

ventosidad [bentosiðá(ð)] 名《婉曲》[腸内の] ガス，屁 (へ)

ventoso, sa[2] [bentóso, sa] 形 ❶ 〖←viento〗風の強い：día 〜 風の強い日．lugar 〜 吹きさらしの場所．❷《医学》鼓腸の

ventral [bentrál] 形 〖←vientre〗腹の，腹部の

ventrecha [bentrétʃa] 名 [魚の] 腹部，腹
ventresca 名《料理》[魚の] 腹の部分 〖↔lomo〗

ventrículo [bentríkulo] 男《解剖》室；心室；脳室：〜 derecho (izquierdo) 右(左)心室
ventricular 形 室の；心室の；脳室の

ventrílocuo, cua [bentrílokwo, kwa] 形 名 腹話術師(の)
ventriloquia 名／**ventriloquismo** 男 腹話術

ventrisca [bentríska] 名《料理》[魚の] 腹の部分 〖↔lomo〗

ventrudo, da [bentrúðo, ða] 形 太鼓腹の，腹が大きい

ventura [bentúra] 名《文語》❶ 幸運；運：Le deseo mucha 〜 en su nuevo trabajo. 新しい仕事でのご幸運をお祈りします．mala 〜 不運．❷ 偶然
a la (*buena*) 〜 偶然に任せて，行き当たりばったりに：salir de viaje *a la* 〜 当てどもない旅に出る
echar la buena 〜 運命を占う
por 〜 幸運にも；もしかすると
probar 〜 運を試す，一か八かやってみる

venturoso, sa [benturóso, sa] 形《文語》幸運な，幸福な：Tu hija hermosa y la mía

〜*sa.*《諺》美人薄命/美より運が勝る

vénula [bénula] 囡《解剖》小(細)静脈

venus [bénus] 囡 絶世の美女；《神話》[V〜]
ビーナス

◆ 男《天文》[V〜] 金星

venusiano, na 形 金星の

venza-, venzo ☞vencer ①

veo ☞ver ⑤

veoveo [beobéo] 男 言葉当て遊び〖見える物
の最初の一文字から名称を当てる〗

ver [bér] ⑤ 他〖英 see．☞活用表．過分
visto〗❶ 見る，見える〖類義 ver は漠然
と見る・視覚によって認識する，mirar は注意力･
を働かせて見る：*Miré*, pero no *vi* nada. 私は目
を向けたが何も見えなかった〗: i) *Ha visto* ese
libro en alguna librería. 彼はどこかの本屋でそ
の本を見かけた．Ahora *veo* la televisión. 私は
今テレビを見ている．*He visto* ese accidente
con mis propios ojos. その事故は確かにこの目
で見ました．ii)〖+直接目的語+不定詞・現在分
詞〗*Veía* a los niños correr (jugando). 私は
子供たちが走る(遊んでいる)のを見ていた．iii) 見
物する：〜 el carnaval カーニバルを見る．iv)
調べる：Sal a 〜 qué ha pasado. 何が起きたの
か見てきてくれ．*Veremos* si este coche corre
tan rápido. この車がそんなに速いか見てみよう．
Voy a 〜 qué puedo hacer. 何とかやってみまし
ょう．Quiero que me *vea* un buen médico.
私はいい医者に診てもらいたい．¿Puedo 〜 su
pasaporte? 旅券を拝見できますか？〜 la tem-
peratura 温度を見る．v) 考慮する：Sólo *ve*
sus propios intereses. 彼は自分の利害しか見
ない

❷ 見いだす，知る：i) *He visto* en la prensa
que se prepara una huelga general. 私はゼネ
ストが計画されていることを新聞で知った．　No
quiere 〜 los motivos de mi enfado. 彼は私
が怒った原因を考えようとしない．¿Cómo *ves* a
Goya a través de su pintura? 絵からゴヤをど
う思う？ para 〜 si …かどうか知るため
に．por lo que *veo* 私の見たところ．ii)〖+目的
格補語〗Te *veo* muy feliz. とても幸せそうだね．
iii)〖+que+直説法〗Veo que estudias. 勉強
しているようだね

❸ 予測する：Estoy *viendo* que llegará ma-
ñana. 彼は明日着くように思える

❹ 体験する：Nunca *he visto* una guerra. 私
はまったく戦争を知らない．Hace un gris que
no *veas*. おったまげるほど冷たい風だね．Es una
ciudad que *ha visto* muchas batallas. この町
は数多くの戦いを見てきた

❺ 理解する〖entender〗：Ya *veo* lo que
quieres decir. 君が何を言いたいかやっとわかった

❻〖人に〗会う，面会する：Ven a 〜me esta
noche. 今晩会いに来てくれ．Hace mucho
tiempo que no *veo* a Ana. 私は長いことアナに
会っていない．¡Cuánto tiempo sin 〜te! お久し
ぶり!

❼〖トランプ〗Las *veo*. 相手と同額の賭け金で応
じる

◆ 自 ❶ 見る，調べる；会う：Este niño no *ve*
bien. この子は目がよく見えない．*Ver* es creer.
百聞は一見にしかず．〜 de cerca (de lejos)
近く(遠く)を見る．❷〖+de の〗つもりである：
Envíenos una solicitud en regla y *veremos
de* complacerle. 規定どおりの申請書をお送りい
ただければ喜んで対処いたす所存です

ver	
直説法現在	直説法点過去
veo	*vi*
ves	*viste*
ve	*vio*
vemos	*vimos*
veis	*visteis*
ven	*vieron*
直説法線過去	接続法現在
veía	*vea*
veías	*veas*
veía	*vea*
veíamos	*veamos*
veíais	*veáis*
veían	*vean*

¡a más 〜!〖別れの挨拶〗さようなら!

a 〜 1)〖好奇心〗どれどれ，見てみよう：¿Te
gusta mi sortija nueva?—¿*A* 〜〔, *a* 〜〉?
私の新しい指輪はどう?—どれどれ? *A* 〜 cómo
te queda el cuadro. さて絵は描けたかな? 2)
〖強意の肯定〗そのとおり：¿Quién? ¿Yo?—¡*A*
〜! 誰が? 私が?—そのとおり! 3)〖命令の予
告〗注目!：¡*A* 〜! Pónganse todos en fila.
注目，全員整列!〖口〗

a 〜 si+直説法〖口語〗…はどうだろうか：i)〖提
案・依頼〗*A* 〜 *si* terminas el trabajo hoy.
今日で仕事を仕上げたらどうだ? *A* 〜 *si* te
callas. 黙ってくれないかな．ii)〖疑惑〗*A* 〜 *si*
llueve. 雨は降るのかな

darse a 〜 目立つ：sin *darse a* 〜 こっそりと

dejar 〜 ほのめかす

dejarse 〜 目立つ；〖+por 集会などの場所に〗
姿を現す：No *se deja* 〜 por aquí con
frecuencia. 彼はあまりここには顔を見せない

estar(se) viendo/estar por 〜〖口語〗〖相
手の言葉などの疑わしいことを〗予覚する：Es-
toy viendo que nos va a dar un plantón.
我々は約束をすっぽかされるかもしれない．*Está
por* 〜 el juicio del caso. その事件の裁判の
結果はどうなるか分かったものではない

habrá que 〜…〖懐疑〗…はどうだろうか：
Habrá que 〜 si llega a tiempo. 彼は間に合
うかどうか疑問だ

¡habráse visto…!〖驚き・嫌悪〗何ということ
だ/ひどい!

hacer 〜+人 〜〖誤りなどを指摘して〗…にわか
らせる：Le *hice* 〜 que el camino que
seguía era erróneo. 私は道が間違っていること
を彼にわからせた

¡hasta más 〜! =¡a más 〜!

¡hay que 〜!〖諦め・不愉快〗まったくもう/
〖驚き・強調〗見てごらん，すごい!

hay que 〜 lo para creerlo〖懐疑〗どうだか

ね

lo estaba viendo 恐れていたとおりだ

lo no (nunca) visto 驚くべきこと : *Lo nunca visto* : el director ha seguido el consejo de su secretaria. 驚いたことに社長が秘書の忠告に従った

ni visto ni oído あっという間に起きた

no haber visto nunca めったにお目にかからない : *No he visto nunca* una plaza tan limpia. こんな清潔な広場は珍しい

no haberlas visto nunca tan (más) gordas [人が] 困難な(未知の)状況に置かれる

no poder [*ni*] ~ *a*+人…を嫌悪する, 我慢がならない : *No puede* ~ *a* su vecino. 彼は隣人をひどく嫌っている

no poderse ~ 互いに嫌う, 憎み合う

no veas [強意] ¡*No veas* lo nervioso que se puso! 彼のうろたえようといったら!

para que veas ざまあ見ろ/[相手の判断の誤りを指摘して] わかったかね?

¿pero has visto? [驚き・怒り] 何だと?

¿qué ven mis ojos?/¿Pero qué veo? [大げさな表現で] 何だこれは/信じられない!

ser de (para) ~ すばらしい, 賞賛に値する : *Es de* ~ lo tranquilo que es este niño. この子のおとなしさには感心する. *Es de* ~ lo bien arreglada que va siempre. 彼女はいつも大変着飾っていて, それはみものだ

tener que ~ 1) [+con o/+en に] 関わりがある ; [+con+人 と] 性的な関係にある : Él *tiene* algo (no *tiene* nada) *que* ~ *con* el robo. 彼は盗みと何か関係がある(何も関係がない). 2) [no+] 重要ではない, 大したことではない ; 不都合ではない

¡*vamos a* ~! [調べたり実行する前に] どれどれ [見てみよう], さて[やってみよう]/[言いよどみ] えーと, ですね/[命令の予告] 注目!

~ *venir a*+人 …の意図は予測できる : Te *veo* venir. 君の考えは見え見えだ

~ *para* (*y*) *creer* 1) 実物を見るまでは信じられない/百聞は一見にしかず. 2) [疑い・不信・驚き] まさか!

¡*verás*! [説明などの導入で] えーと[こういうことなんだ]/[脅し文句] いいか!

verás como+直説法 きっと…するぞ : *Verás como* mañana llueve. 明日は雨だよ

veremos [断定・明言を避けて] さあ/どうなか : ¿Me dejarás salir?—*Veremos*. 出かけていい?—考えておくよ. *Veremos* si no se cae esta casa. この家がどうなるかどうかは様子を見よう. Ya *veremos*. さあどうだか/そのうち分かるさ

~*las venir* なりゆきを見る(予測する) ; 相手の意図を見透かす : Siempre *las ve venir*. 彼はいつも事にも目がきく

¿*ves*? ほら[わかったでしょう] : ¿*Ves*? Te has hecho daño. ほら, 痛いでしょ

ya lo ves わかった/わかってるよ

◆ ~*se* ❶ 見える : i) [受身] Desde su casa *se ven* las montañas. 彼の家からは山が見える. ii) [不特定主語] *Se ve* el tren (a un chico) corriendo. 列車(1人の子供)が走っているのが

見える. iii) [見える状態で] ある : Sobre la mesa *se veía* un libro abierto. 机の上には本が開いて置かれていた. ❷ 自分の姿を見る, 自分の…を見る : *Me vi* la cara reflejada en el agua. 私は水面に映った自分の顔を見た. ❸ [互いに] 会う : ¿*Dónde y cuándo nos vemos*? いつどこで会いましょうか? ❹ 《文語》[+主格補語] …の状態にある : i) [+形容詞・過去分詞] *Se veía* pobre y sin amigos. 彼は貧しく友人もなかった. *Me veo* apurado de tiempo. 私はまったく暇がない. *Me vi* obligado a hacerlo. 私はそうせざるを得なかった. ii) [+en] *Se ve en* un apuro. 彼は苦境に陥っている. ❺ 《主に中南米》…のように見える 《parecer》

bien se ve que+直説法 …は明らかである

se ve que+直説法 …であるとわかる

vérselas con+人 …と対決する, 口論(けんか)する : *Se las ve con* cualquiera que le contradiga. 彼は反論されると誰彼なしにけんかする

vérselas y deseárselas ひどく手間がかかる, ひと苦労である : *Se las ve y se las desea* para poder mantener a su familia. 家族を養うのに彼は大変な苦労をしている

◆ 男 ❶ 視覚 : recuperar el ~ 目が見えるようになる. ❷ 外観, 様子 : de buen ~ 美男(美女)の

a su ~ …の見るところ

vera [béra] 女 《古語》岸 『orilla』 : a la ~ 岸辺で

a la ~ *de...* …のそばに・で

veracidad [beraθiðá(d)] 女 『←veraz』 真実性

veracruzano, na [berakruθáno, na] 形 名 《地名》ベラクルス Veracruz の[人]『メキシコ東部の州 ; その港市』

veranda [beránda] 女 [日本・インドなどの建物の] 縁側 ; [ガラス張りの] ベランダ

veranear [beraneár] 自 夏[の休暇]を過ごす, 避暑をする : Todos los años *veraneamos* en la costa. 私たちは毎年夏には海へ行く

veraneante 名 避暑客

veraneo [beranéo] 男 避暑 : ir de ~ 避暑に行く. estar de ~ 避暑に行っている(来ている). lugar de ~ 避暑地, リゾート地

veraniego, ga [beranjégo, ga] 形 夏の[ような] : calor ~ 夏の[ような]酷暑. vestido ~ 夏服. Estás (Vas) muy ~ hoy. 今日はずいぶん夏向きの格好をしているね

veranillo [beraníʎo] 男 秋の暑い(暖かい)一時期, 《中米》雨期中の数日の晴天続き : ~ de San Miguel 《主に西》9月下旬の残暑. ~ de San Martín 《主に西》11月中旬の小春日和. ~ de San Juan 《主に南米》6月の小春日和

verano [beráno] 男 [英 summer] ❶ 夏 : en [el] ~ 夏に. horario de ~ 夏時間, サマータイム. vestido de ~ 夏服. vestirse de ~ 夏服を着る. ❷ 《中南米の熱帯地方》[暑い] 乾期

¡*de* ~! 《まれ》そんなつもりは全然ない!

veras [béras] 女 復 [話の] 真実性

de ~ 1) 本当に ; 心から : Lo siento *de* ~. 本

当にお気の毒です．*¿De 〜?* 本当か/本気か？
2) 非常に：Ha llegado cansado *de 〜*. 彼は
疲れ切って到着した

ir de 〜 ［言葉・行為が］本気である：Ahora
va de 〜 que me voy. 今度は本当に出て行く
ぞ

veraz [beraθ] 圏 ［覆 〜ces］［人が］真実を語
る，正直な；［話・報告などが］真実の，正確な

verba [bérba] 囡《軽蔑》口達者なこと，饒舌：
Tiene mucha 〜. 彼はよくしゃべる

verbal [berbál] 圏 ❶ 言葉による，口頭の：
promesa 〜 口約束. ❷ 言葉の：facilidad 〜
言語能力. ❸《文法》動詞の；動詞から派生し
た：frase 〜 動詞句

verbalismo 男 ［内容より］言葉を偏重するこ
と

verbalizar 囹 他 言語に表わす，言葉にする

verbasco [berbásko] 男《植物》ビロードモウズ
イカ

verbena [berβéna] 囡 ❶ 夜祭り；戸外でのダ
ンスパーティー．❷《植物》クマツヅラ
coger la 〜 早起きする

verbenero, ra 圏 夜祭りの，お祭りの；夜祭り
（お祭り騒ぎ）の好きな

verbigracia [berβigráθja] 男《←ラテン語》た
とえば［por ejemplo］

verbo [bérβo] ❶《文法》動詞：〜 tran-
sitivo (intransitivo) 他(自)動詞. ❷《詩語》
言葉［palabra］. ❸《キリスト教》[el V〜] み
言葉［三位一体の第2位格］

verborrea [berβoř̃éa] 囡《軽蔑》おしゃべり，
多弁

verboso, sa [berβóso, sa] 圏《軽蔑》饒舌
（じょう）な；冗長な［↔lacónico］
verbosidad 囡 饒舌；冗長さ

verdad [berðá(d)] 囡［英 truth］❶ 真
理：buscar la 〜 真理を探究す
る．〜 científica 科学的真理．❷ 真実；事実，
真相：decir la 〜 真実を述べる，本当のことを言
う．Es 〜 lo que dijo él. 彼の言ったことは事実
だ．Las 〜es amargan. 真実（現実）は厳しいも
のだ．la hora (el momento) de la 〜 真実の
時，正念場；《闘牛》牛に剣を刺す瞬間．una 〜
como un puño (un templo)／〜es como
puños (templos) 火を見るより明らかな事実．
❸ ［付加疑問］Te has levantado tarde,
¿〜?—Sí. 寝坊したんだろう？—うん．Vienes
mañana, *¿〜?* 明日来るよね？［念押し，命令］

a decir 〜/a la 〜 実のところ，本当は：*A
decir 〜* no tengo ningún ánimo de traba-
jar. 実は私は全然働く気がない

bien es 〜 que+直説法 …はもちろん本当だ/も
っとも…ではあるが

decir (plantar) a+人 *las cuatro 〜es
(las 〜es del barquero)/cantar a*+人
las 〜es …の悪いところをはっきり言ってやる

de 〜 1) 本当に，確かに：Te ofrezco *de 〜*
mi domicilio. 本当に僕の家に泊まっていいよ．
Ahora sí que llueve *de 〜*. とうとう本降りに
なってきた．*De 〜 que* pasó como se lo cuento.
今話しているとおり，本当にそれが起こったのだ．

¿De 〜? 本当かい？ 2) ［念押し］=**la 〜**. 3)
本物の：coche *de 〜* 本物の自動車
en 〜 本当に
¿es 〜? 本当かい？

faltar a la 〜 嘘をつく，事実と反対のことを
言う

la 〜 1) 本当のところ：¿Por qué no bailan?
—La 〜, no lo sé. どうして彼らは踊らないのです
か？—本当のところ，私は知らないのです．2) ［念
押し］本当だよ：Una ciudad a las cinco de
la mañana resulta algo rara, *la 〜*. 朝5時
の町なんてちょっと奇妙だね，本当に

la 〜 es que+直説法 本当は…：*La 〜 es que*
ese hombre fue el autor. 実はその男が犯人だ
った．*La 〜 es que* no quiero hablar con él.
正直なところ私は彼と話をしたくない

la 〜 sea dicha... 本当を言うと…

no es 〜 嘘でしょう/まさか

pues también es 〜 まあ，それもそうだ

ser 〜 que+直説法 …は真実である：*Es 〜*
(V〜 es) que el tren está retrasado. 本当
に列車は遅れている．No *es 〜 que* lo quieres.
君は本当はそれを望んでいないのだ

si bien es 〜 ［強調］確かに：*Si bien es 〜*
que es amiga mía, no lo es tanto como tú.
確かに彼女は私と親しいが，君ほどではないよ

¿〜 que+直説法？ 本当に…なのか？：*¿V〜*
que irás? 君は行くのだろうね？

verdaderamente [berðaðeraménte] 圖
本当に，確かに

verdadero, ra [berðaðéro, ra] 圏［英 true.
↔falso］❶ ［+名詞］真実の，本当の：〜ra
causa 本当の理由．〜 amigo 本当の友．〜
responsable 実際の責任者．❷ 誠実な：cari-
ño 〜 心からの愛．❸ 正真正銘の：diamante
〜 本物のダイヤ

verdal [berðál] 圏 ［果実が熟しても］青い：
ciruela (aceituna) 〜 青スモモ（オリーブ）

verde [bérðe] 圏 ［英 green］❶ [ser+]
緑色の：espacio (zona・cordón)
〜 緑地帯．hoja 〜 青葉．［+形容詞］では数変
化しない］rayas 〜 esmeralda エメラルドグリー
ンの縞模様．❷ ［信号が］青い：El semáforo
está 〜. 信号は青だ．❸ [estar+] 熟していな
い；［計画などが］完成していない：fruta 〜 青い
果実．Ese jugador está 〜. あの選手は未熟だ．
❹ ［薪などが］生乾きの．❺ 卑猥な：chiste
(cuento) 〜 猥談．cine 〜 ブルーフィルム．
viejo 〜 すけべおやじ．❻《政治》環境保護派の，
緑の党の

[las uvas] están 〜s ［欲しいものが手に入
らなかったときの負け惜しみ］どうせ大したものでは
ない

luz 〜 1) 青信号．2) dar a+人 *luz 〜* に…に
ゴーサインを出す

poner 〜 a+人 …を厳しく叱る；…の悪口を言
う

◆ 男 ❶ 緑色：〜 agua 薄緑．〜 botella [瓶
の色の] 濃(暗)緑色．〜 hoja リーフグリーン，黄
緑色，草色．〜 manzana アップルグリーン，明る
い緑色．〜 mar 濃い青緑色．〜 musgo モス

グリーン. ～ oliva オリーブグリーン. ❷［信号の］青《luz～》. ❸ 青草, 芝；青葉：sentarse en el ～ 草の上に座る. ❹《口語》千ペセタ紙幣《billete ～》. ❺《政治》los ～s 緑の党. ❻《南米》マテ茶《mate》

verdear [berðeár] 圁 緑色になる；［草木が］青々とする；《南米》マテ茶を飲む

verdecer [berðeθér] 39 圁《文語》＝**verdear**

verdecillo [berðeθíʎo] 男《鳥》アオカワラヒワの一種

verdejo, ja [berðéxo, xa] 形 ＝**verdal**

verderol/verderón [berðerɔ́l/-rɔ́n] 男《鳥》アオカワラヒワ；《貝》ザルガイ, トリガイ

verdial [berðiál] 男 青オリーブ《aceituna ～》
◆ 男複《音楽・舞踊》マラガ地方のファンダンゴ

verdín [berðín] 男 青みど；［緑色の］こけ；緑青；《植物》アオミドロ

verdinegro, gra [berðinégro, gra] 形 男 暗緑色の

verdolaga [berðoláɣa] 女《植物》スベリヒユ

verdor [berðɔ́r] 男［草木の］緑, 生気；若さ

verdoso, sa [berðóso, sa] 形 緑色がかった

verdugo [berðúɣo] 男 ❶ 死刑執行人；《軽蔑》冷血漢, 血も涙もない残忍な人. ❷ 鞭打ち［刑］. ❸ 頭からすっぽりかぶるマスク, バラクラヴァ帽. ❹ 新芽, 若枝；細身の剣. ❺《鳥》モズ《alcandón》

verdugón [berðuɣɔ́n] 男 鞭打ちの跡

verduguillo [berðuɣíʎo] 男 ❶《主に闘牛のとどめ用の》細身の剣. ❷［葉にできる］しみ, ふくれ

verdulería [berðulería] 女 八百屋, 青果店

verdulero, ra [berðuléro, ra] 名 ❶ 八百屋の主人（店員）, 青果商. ❷《軽蔑》［言葉づかいの］がさつな人, 粗野（恥知らず）な人
hablar peor que〔*una*〕*～ra* 粗野な言葉づかいをする

verdura [berðúra] 女 ❶《英 greens》《主に複. 主に緑色の》野菜：ensalada de ～s 野菜サラダ. Toma más ～s. もっと野菜を食べなさい. ❷《文語》＝**verdor**. ❸ 葉むら模様

verdusco, ca [berðúsko, ka] 形 くすんだ緑色の

verecundia [berekúndja] 女《文語》＝**vergüenza**

vereda [beréða] 女 小道, 踏み分け道；《南米》歩道
entrar en ～ 正道に戻る；義務を果たす
meter（*poner・hacer entrar*）*a＋人 en*（*por*）*～* …を正道に戻す

veredicto [bereðíkto] 男 ❶《法律》［陪審員の］評決. ＝ de culpabilidad（inculpabilidad）有罪（無罪）の評決. ❷［権威者の］判定, 判断；答申

verga [bérɣa] 女 ❶《船舶》帆桁, ヤード. ❷ 細い棒. ❸《俗語》［動物・人間の］陰茎
vergajo 男［牛の陰茎で作った］笞（むち）

vergel [berxél] 男《文語》［美しい］花畑；果樹園

vergonzante [berɣonθánte] 形 恥ずかしがりの, 内気な：tomar una actitud ～ おどおどする. pobre ～ 貧乏を隠している人

vergonzoso, sa [berɣonθóso, sa] 形 ❶ 恥ずかしい, 恥ずべき：acción ～sa 恥ずべき行為. partes ～sas 恥部. ❷ 恥ずかしがりの, はにかみ屋の：niña ～sa はにかみ屋の少女. mostrarse ～ はにかむ
◆ 名 恥ずかしがり屋
◆ 男《動物》アルマジロ《armadillo》

vergüenza [berɣwénθa] 女《英 shame》❶ 恥, 恥辱, 不名誉；きまり悪さ, 気おくれ, はにかみ：Siento ～. 私は恥ずかしい. ruborizarse por ～ 恥ずかしくて赤くなる. Es la ～ de la familia. 彼は家族の恥さらしだ. ［ser una ～ que＋接続法］Es una ～ que esté la habitación tan sucia. 部屋をあんなに汚くしているのは恥だ. ❷ 廉恥心：poca ～ 恥知らず. hombre de（sin）～ 信義に厚い（破廉恥な）男. ❸《婉曲》恥部, 陰部：enseñar sus ～s 恥部をさらけ出す
caerse a＋人 la cara de ～ …がひどく恥じ入る
dar a＋人 ～ …に恥ずかしい思いをさせる：Me da ～ hablar en público. 私は人前で話をするのは恥ずかしい
perder la ～ 厚かましい（図々しい）ふるまいをする
¡qué ～! 何たることだ/まあ恥ずかしい!
sacar a＋人 a la ～〔*pública*〕…に恥をかかせる；…をさらし者にする
tener ～ 恥ずかしい, 恥ずかしがる；恥を知っている：Tiene ～ de ti, porque no te conoce. 君は知らない人なので彼女は恥ずかしがっている
～ ajena 他人の言動を自分のことのように恥ずかしく思う気持ち：Sentí ～ ajena al ver sus malos modales. 彼の行儀の悪さを見ると他人事とはいえ恥ずかしい

vericueto [berikwéto] 男 ❶《主に複. 道の》難所, 難路. ❷《複》［物事の］難解（複雑）な部分, 隠れた側面：～s de la ley 法律の裏側. sin ～s 単純明解な

verídico, ca [beríðiko, ka] 形 ❶ 真実を語る, 正直（誠実）な. ❷ 真実の, 信憑（しんぴょう）性のある：historia ～ca 実話

verificable [berifikáβle] 形 実証できる

verificación [berifikaθjɔ́n] 女 ❶ 確認；検査, 点検：～ de frenos ブレーキの点検. ❷《数学》検算：hacer la ～ 検算をする

verificador, ra [berifikaðɔ́r, ra] 形 検査の
◆ 名 検査官, 検査員；点検係
◆ 男《動》検査用の器具《aparato ～》

verificar [berifikár] 7 他 ❶ 確かめる；検査する：～ la declaración 陳述の裏付けをとる. ～ la suma 合計が合っているか検算する. ～ un motor エンジンを点検する. ～ la calidad 品質を検査する. ❷［…の正しさを］実証する. ❸ 実行する
◆ ～se 圁 ❶《文語》起こる, 行なわれる. ❷ 実証される：Sus predicciones se verificaron. 彼の予言が正しかったことが証明された

verigüeto [beriɣwéto] 男 マルスダレ貝の一種

〖食用〗

verismo [berísmo] 男《芸術》真実主義；真実性, 迫真性

verja [bérxa] 女 [扉・窓・囲いの] 鉄柵：〜 de Gibraltar スペインとジブラルタルとの国境

vermicida [bermiθíða] 形 =**vermífugo**

vermicular [bermikulár] 形 虫のような形の

vermicularia [bermikulárja] 女《植物》ベンケイソウ

vermiforme [bermifórme] 形 虫のような形の

vermífugo, ga [bermífuɣo, ɣa] 形 駆虫の；駆虫剤, 虫下し

verminoso, sa [berminóso, sa] 形《医学》寄生虫性の

vermis [bérmis] 男〖単複同形〗《解剖》[小脳の] 虫部

vermívoro, ra [bermíβoro, ra] 形 食虫の

vermut [bermú(t)] 男[翻〜s]《酒》ベルモット；《中南米》昼興行〖matinée〗
　　vermú 男[翻〜s] =**vermut**

vernación [bernaθjón] 女《植物》芽型

vernáculo, la [bernákulo, la] 形 その国(地方)に特有の：lengua 〜la 土地言葉, 土着言語

vernal [bernál] 形 春の

vernier [bernjér] 男《技術》副尺, バーニャ〖nonio〗

vernissage [bernisáxe] 男《←仏語》[絵画展の] 開催式典

veronal [beronál] 男《薬学》ベロナール〖催眠薬の一種〗

verónica [berónika] 女 ❶《植物》クワガタソウ. ❷《闘牛》ベロニカ〖ケープを両手で持って行なう基本的なパス〗. ❸《キリスト教》paño de la V〜 聖面布

verosímil [berosímil] 形 本当らしい, 真実味のある；ありそうな：Su historia es 〜 hasta cierto punto. 彼の話はある程度信憑性がある
　　verosímilmente 副 真実らしく；おそらく, たぶん

verosimilitud [berosimilitú(ð)] 女 真実らしさ, ありそうなこと：dar 〜 a su relato 物語に迫真力をもたせる

verraco, ca [beráko, ka] 形《南米》勇敢な；有能な
　　◆ 男〖繁殖用〗雄豚, 種豚；[スペインのケルト系先住民の] 牛・豚の彫刻

verraquear [berakeár] 自《口語》[腹を立てて] ぶつぶつ言う；[子供が] 泣きわめく

verrucaria [berukárja] 女《植物》ヘリオトロープの一種

verruga [berúɣa] 女《医学》いぼ, 疣贅(ゆうぜい)；《植物》木のいぼ
　　verrugoso, sa 形 いぼの多い

versación [bersaθjón] 女《中南米》専門知識

versado, da [bersáðo, ða] 形 過分 [ser +. en に] 精通した, 堪能な：Es 〜 en griego. 彼はギリシャ語がよくできる

versal [bersál] 形《印刷》大文字(の)：ir

de 〜es 大文字で表わされる
　　versalita 形 女 スモールキャピタル(の)

versallesco, ca [bersaʎésko, ka] 形 ❶ ベルサイユ Versalles 宮殿の；ベルサイユ風の：jardín 〜 ベルサイユ式庭園. ❷《口語》[非常に・大げさなくらい] 礼儀正しい

versar [bersár] 自《文語》[本・講演などが, + sobre を] 主題(話題)とする：La conferencia *versa sobre* la educación. 講演は教育に関してである

versátil [bersátil] 形 ❶ 意見の変わりやすい；気まぐれな：Es un político 〜. あの政治家は節操がない. sentimiento 〜 移り気. ❷ 用途の広い；[人が] 多才(多芸)な. ❸《動物》可転(反転)性の
　　versatilidad 女 意見の変わりやすさ, かわり身の早さ

versículo [bersíkulo] 男 [聖書・コーランなどの] 節

versificar [bersifikár] 自 詩を書く, 詩作する
　　◆ 他 詩にする, 韻文で書く
　　versificación 女 韻文で書くこと；詩作：arte de 〜 詩法
　　versificador, ra 名 韻文で書く人, 作詩家

versión [bersjón] 女 ❶ 翻訳〖traducción〗；[特に学校での] 訳読：〜 japonesa del Quijote『ドン・キホーテ』の日本語訳. ❷ 異本；《映画》…版；《音楽》バージョン：ver la película en su 〜 original (íntegra) 映画をオリジナル(ノーカット)版で見る. ❸ [事柄・主題などの] 解釈, 説明：Fueron varias las *versiones* del accidente. その事故についての描写はそれぞれ[目撃者によって] 異なった
　　versionar 他 …の新しい版(バージョン)を作る

verso[1] [bérso] 男 ❶ 詩句；[詩の] 1行：〜 libre 自由詩. 〜 suelto (blanco) 無韻詩. 〜 silábico 音節数に基づいた詩句. ❷ 韻文〖↔prosa〗；詩：escribir en 〜 韻文で書く. escribir 〜s 詩を書く. comedia en 〜 詩劇. ❸《南米》嘘, 誇張
　　contar bien (mal) el 〜 詩の朗読は上手(下手)である

verso[2], **sa** [bérso, sa] 形 [ページ・紙の] 裏の：plana 〜sa 裏面

versolari [bersolári] 男 [バスク・アラゴン地方の] 即興詩人

versus [bérsus] 前《←ラテン語》…対…, …に対する

vértebra [bérteβra] 女《解剖》椎骨(ついこつ), 脊椎：〜 cervical (dorsal・lumbar) 頚椎(胸椎・腰椎)
　　vertebrado, da 形 過分 脊椎のある. ◆ 男 複 脊椎動物門
　　vertebral 形 椎骨の：columna 〜 脊柱, 背骨；《比喩》[組織の] 支持
　　vertebrar 他 …の骨格(中核)をなす

vertedera [berteðéra] 女《農業》犂(すき)べら, 撥土(はつど)板

vertedero [berteðéro] 男 ごみ捨て場；排出口, 排水口：〜 de un canal 運河の水門

vertedor [bɛrteðór] 男 放水路；［ダムの］余水路

verter [bɛrtér] 24 他 ❶ ［+en に/+de から］注ぐ，つぐ：i)［中身を］~ agua *en* un vaso コップに水を注ぐ．~ aceite *de* la botella 瓶から油を注ぐ．ii)［容器を］~ el cazo *en* un plato sopero スープ皿にお玉でよそう．❷［液体・粒状の物を，+sobre・en・a に］こぼす，ばらまく；投棄する：Vertió la tinta *sobre* la alfombra. 彼はじゅうたんにインクをこぼした．~ residuos radiactivos *al* mar 放射性廃棄物を海に投棄する．❸《文語》［+a に］翻訳する『traducir』；［文字などに］表わす．❹《文語》［意見などを］表明する：La prensa *ha vertido* muchos infundios. 新聞はあることないこと書き立てた

◆ 自［川が］そそぎ込む：El Ebro *vierte* al mar Mediterráneo. エブロ川は地中海にそそぐ

◆ ~se こぼれる：Al ir a beber *se me vertió* la taza de café *sobre* (en) las sábanas. 私はコーヒーを飲もうとしてシーツの上にこぼしてしまった

vertical [bɛrtikál] 形 ❶ 垂直の，鉛直の『↔ horizontal』；plano ~ 鉛直面．caída ~ de los precios 価格の暴落．❷ 縦の：escritura ~ 縦書き．relación ~ 縦の関係．❸《クロスワードパズル》縦の列の

◆ 男 ❶《天文》鉛直(垂直)圏．❷《スポーツ》［高飛びの］支柱

◆ 女 ❶《数学》垂直線，鉛直線『línea ~』．❷《スポーツ》逆立ち，倒立：hacer la ~ 逆立ちをする

verticalidad 女 垂直，鉛直性
verticalismo 男［権力の］縦構造，階級社会
verticalmente 副 垂直に，縦に：escribir ~ 縦書きにする

vértice [bɛrtiθe] 男 ❶《数学》頂点；［2辺の］交差：~ de un triángulo (un cono) 三角形(円錐)の頂点．❷ 脳天，頭頂『coronilla』

verticilo [bɛrtiθílo] 男《植物》輪生

vertido [bɛrtíðo] 男 こぼす(ばらまく)こと；投棄；［液体が］こぼれる(流れる)こと

vertiente [bɛrtjénte] 女 ❶ 斜面：~ sur de una montaña 山の南斜面．~s del tejado 屋根の傾斜面．❷［問題を考える］面：otra ~ del tema 問題の別の側面．❸《中南米》泉

vertiginoso, sa [bɛrtixinóso, sa] 形 めまいを伴う，目が回る；目がくらむほどの，目も くらむような：altura (velocidad) ~sa 目もくらむような高さ(速さ)

vertiginosidad 女 目のくらむほどのすごさ

vértigo [bɛrtiɣo] 男 ❶［高所・回転などによる］めまい，目が回ること：Mirar desde esta torre me produce ~. この塔から見ると私はめまいを起こす．tener ~ めまいがする，目が回る．❷《比喩》目がくらむこと；錯乱：Las cifras de la pérdida me dan ~. 気の遠くなるほどの損害金額だ．Se dejó llevar por un ~ pasional. 彼は激情に我を忘れた．❸ 目まぐるしさ：~ de la vida urbana 都会生活の目まぐるしさ

de ~ 目がくらむほどの，気の遠くなるような：velocidad *de* ~ 目が回るような速さ

ves ☞ver 50

vesania [besánja] 女［激しい］狂気，狂乱
vesánico, ca 形 女 狂気の(人)

vesical [besikál] 形［←vejiga］膀胱の

vesicante/vesicatorio, ria [besikánte/-katórjo, rja] 形 男《薬学》発疱(ひほう)性の；発疱薬

vesícula [besíkula] 女 ❶《解剖》i) 小胞，小囊：~ seminal 精囊(腺) ii) 胆囊『~ biliar』．❷《医学》小水疱，水疱疹．❸《植物》液胞，小胞

vesicular 形 小胞(小囊)の

véspero [béspero] 男《詩語》宵の明星；夕方，たそがれ時

vespertino, na [bespɛrtíno, na] 形 夕方の『↔matutino』：luz ~na 夕方の光

◆ 男 夕刊『diario ~』

vestal [bestál] 形《古代ローマ》女神ウェスタ Vesta の；ウェスタに仕える巫女の

vestíbulo [bestíβulo] 男 ❶ 玄関；［入り口の］ホール；［ホテル・劇場の］ロビー；［駅などの］コンコース：Espere usted en el ~. ホールでお待ちください．❷《解剖》前庭，［特に内耳の］迷路前庭

vestibular 形《解剖》前庭の

vestición [bestiθjón] 女《宗教》［修道服などの］着衣式

vestido[1] [bestíðo] 男『英 clothing, dress』❶ 衣服，衣類『布製・皮製で上着用』：historia del ~ 服飾の歴史．~s de los astronautas 宇宙服．❷［特に］ドレス，ワンピース：Elena lleva un ~ de maternidad. エレナはマタニティドレスを着ている．~ camisero シャツドレス．~ de fiesta パーティードレス．~ largo ロングドレス．❸《南米》背広

vestido[2], **da** [bestíðo, ða] 形 過分［服を］着た：Está (Va) muy bien ~da. 彼女はとてもおしゃれしている(いい服を着ている)．mal ~ 粗末な身なりをした

~ *y calzado* 衣服を支給される

vestidor [bestiðór] 男 着替え部屋，ドレッシングルーム

vestidura [bestiðúra] 女 ❶［主に複］❶《古語》衣服．❷《宗教》祭服『~s sacerdotales』

rasgarse las ~*s*［善人ぶって］騒ぎ立てる，目くじらを立てる

vestier [bestjér] 男《南米》更衣室『vestuario』

vestigio [bestíxjo] 男 ❶ 足跡：dejar los ~s 足跡を残す．seguir los ~s 足跡をたどる．❷ 残存物，名残；［主に複］遺跡『restos, ruinas』．❸ 手がかり

vestigial 形《生物》退化した

vestiglo [bestíɣlo] 男［恐ろしい］怪物

vestimenta [bestiménta] 女 集合 衣服，衣類

vestir [bestír] 35 他［☞活用表．現分 vistiendo］❶ …に衣服を着せる：~ a su niño (una muñeca) 子供(人形)に服を着せる．~ a+人 de blanco (con un abrigo) …に白い服(オーバー)を着せる．*Víste*me despacio que voy deprisa. 急がば回れ. ❷ 衣服を支給する：alimentar y ~ a la familia 家族に食べる物と着る物を与える. ❸《文語》着る：i) El autor *viste* pantalón vaquero. 犯人はジーンズ姿だ. ii) [修道服を] ~ la toca monjil 修道女になる. ❹ …の服を仕立てる：Este sastre *viste* mi padre. この仕立屋が父の服を作っている. ❺ [+ de•con を] 覆う；飾りつける：~ las paredes con madera 壁に板を張る. ❻ 包み隠す，装う：~ el rostro de severidad わざと厳しい顔をする ◆ 圓 ❶ [しかるべき] 服を着る：Tan tarde y todavía sin ~. 遅れているのにまだ服を着ていない. ~ bien (mal) 着こなしが上手(下手)である，服のセンスがよい(悪い). ❷ [布・服が] 品がいい，正装用である：La seda (El negro) *viste* mucho. 絹(黒色)はとてもフォーマル(エレガント)だ. traje de ~ フォーマルウェア. ❸ 見栄えがする：Antes, *vestía* llevar a los hijos a colegios religiosos. 以前は子供をミッションスクールにやるのが格好よかった

a medio ~ 半裸で，下着姿で

el mismo que viste y calza《口語》まさに(他ならぬ)その当人である

◆ ~*se*《英 dress》❶ [服を] 着る：i) Este niño no sabe ~*se* solo. この子は一人では服が着れない. Me *visto* con estos pantalones. 私はこのズボンをはく. *Se viste* con demasiada negligencia. 彼の服装はだらしなさすぎる. ii) [+de] Ella *se viste* de negro (de largo). 彼女は黒い服(ロングドレス)を着ている. ~*se de* etiqueta 正装する. ❷ 服を仕立ててもらう：*Se viste* en una buena modista. 彼女はいい洋服店で服を作ってもらっている. ❸ 覆われる：Los árboles *se visten de* hojas al llegar la primavera. 春が来ると木々は葉に覆われる. El cielo *se vistió de* nubes. 空は雲に覆われた. ❹ [病人が] ベッドから起きられるようになる

vestir	
直説法現在	直説法点過去
visto	vestí
vistes	vestiste
viste	vistió
vestimos	vestimos
vestís	vestisteis
visten	vistieron
接続法現在	接続法過去
vista	vistiera
vistas	vistieras
vista	vistiera
vistamos	vistiéramos
vistáis	vistierais
vistan	vistieran

vestuario [bestwárjo] 男 ❶ 集名 [個人の] 持ち衣装：Tiene un ~ muy completo. 彼はあらゆる服をそろえてある. ❷ 更衣室, ロッカールーム. ❸ 集名 [上演に必要な] 舞台衣装. ❹ 楽屋. ❺ 軍服

veta [béta] 女 ❶ 鉱脈, 鉱層. ❷ 木目；石目. ❸ 性癖, 傾向

descubrir la ~ de+人 …の本心を見抜く

vetar [betár] 他 …に拒否権を行使する

vetear [beteár] 他 木目[模様]をつける

veteado, da 形 過分 木目(石目)のある

veterano, na [beteráno, na] 形 名 ❶ 老練な[人], ベテラン[の]：periodista ~ ベテラン記者. ❷ 古参兵, 帰還兵；老兵, 古つわもの『~ de guerra』

veteranía 女 老練，先任(古参)であること：La ~ es un grado. 経験がものをいう/軍隊では階級より入隊年次だ

veterinario, ria [beterinárjo, rja] 形 名 獣医学の；獣医. ◆ 女 獣医学

veto [béto] 男 [大統領などの, +a に対する] 拒否権；禁止：usar el ~ 拒否権を行使する *poner* (*el*) ~ *a*... …に反対する，拒絶する

vetón, na [betón, na] 形 名 [ローマの征服以前にイベリア半島中央部にいた] ベトン族[の]

vetusto, ta [betústo, ta] 形《文語. 時に戯語》おんぼろの，古ぼけた. **vetustez** 女 老朽化

vez [béθ] 女《英 time. 複 ve*ces*》❶ 度，回：i) [頻度] Voy a la piscina dos *veces* por (a la ~ en) semana. 私は週に2回プールに行く. Faltó a la clase tres *veces* seguidas. 彼は続けて3回欠席した. ¿Cuántas *veces* ha montado a caballo? 馬に乗ったことが何回ありますか? No lo he visto ninguna ~. 私は一度も彼に会ったことがない. muchas (repetidas) *veces* 何度も，何度となく；しばしば. unas (cuantas) *veces* 何度か，2•3 回. Pocas *veces* protesta. 彼はほとんど文句を言ったことがない. Hay *veces* que le entran ganas de fumar. 彼は時々たばこを吸いたくなる時がある. ii) [時] Es la primera ~ que visito este país. 私はこの国を訪れるのは今回が初めてだ. Esta ~ tendré éxito. 今度は成功するだろう. Pudo saltar la barrera a la tercera ~. 私は3度目で柵を飛び越えることができた

❷《西》順番：Le llegó la ~ de cantar. 彼が歌う番だ. ¿Quién tiene la ~? 誰の番ですか/列の最後は誰ですか?

❸ 倍：Argentina es siete *veces* más grande que Japón. アルゼンチンは広さが日本の7倍ある

a la ~ [+que と] 同時に，一時に：hacer unas cosas *a la* ~ 一度にいくつものことをする

a su ~ …は…で：Él me ayuda en su casa, y yo, *a mi* ~, le ayudo en su trabajo. 彼は家事を手伝ってくれ, 私は私で彼の仕事を手伝ってあげる

a veces《英 sometimes》時々『疑問文・命令文では使わない』：A *veces* duerme demasiado. 彼は時々寝坊をする

alguna ~ 時に，時として，たまに；[疑問文で] かつて：Si *alguna* ~ surgen discrepancias, encontremos el método de resolverlas. 食い違いが生じても我々はその解決法を見い出すだろう. *alguna* ~ voy al teatro. 私はたまに芝居を見に行くことがある. ¿Ha leído usted *alguna* ~ ese libro? その本を読んだことがありますか?

alguna que otra ~ たまに

V

algunas veces 時々

cada ～ 毎度, そのたびごとに

cada ～ 〔+比較級〕そのたびに一層…;《中南米》日ごとに…: *Cada ～ está más guapa.* 彼女は〔会うたびに〕ますます美しくなる

cada ～ que+直説法 …するたびにいつも: *Cada ～ que sale deja la puerta abierta.* 彼はいつもドアを開け放しにしたまま出て行く

cien (*cien mil・cientos de*) *veces* 何度も, 何度も, ひんぱんに

de una sola ～ =de una ～

de una ～ 1) 一度に, 一気に: *beber un vaso de vino de una ～* コップ一杯のワインを一息に飲み干す. 2) 〔いらだちの表現〕一度で, 決定的に: *Dilo de una ～.* 〔持って回った言い方をしないで〕はっきり言いなさい. *¡Acaba de una (maldita) ～!* いい加減にしなさい!

de una ～ para siempre 〔一度で!〕決定的に, きっぱりと

de una ～ por todas =de una ～ 2)

de ～ en cuando 時々 *¿Vuelve usted tarde de ～ en cuando?* 時には遅く帰ることがありますか?

de ～ en ～ =de ～ en cuando

en ～ de... …の代わりに; …どころか: i) *beber cerveza en ～ de agua* 水代わりにビールを飲む. ii) 〔+不定詞〕*Si, en ～ de dar un paso atrás, doy un paso adelante me atropella el coche.* もし私が一歩後ろでなく, 前へ出ていたら車にひかれるところだった. *En ～ de enojarse, te lo agradece.* 彼は怒るどころか君に感謝している

en veces 間を置いて, 何回かに分けて

era (*érase・había*) *una ～* (*que se era*) ... 〔おとぎ話の冒頭〕昔々ある所に…がおったとさ

esta ～ 今回, 今度

hacer las veces de... …の代わりをする: *Su hermana le hizo las veces de madre.* 姉が彼の母親代わりだった

la ～ anterior 前回, この前に: *Te vi en Madrid la ～ anterior, ¿verdad?* この前はマドリードでお目にかかりましたね

la próxima ～/la ～ siguiente 次回, この次に

las más de las veces たいていの場合

mil ～ =cien veces

otra ～ 〔英 again〕もう一度, また; 次回: *Dímelo otra ～.* もう一度言ってください. *Otra ～ será.* また今度があるよ. *¡Otra ～!* アンコール!

pedir la ～ 列(順番)の最後は誰か尋ねる

por primera (*segunda・última*) *～* 初めて(2度目に・最後に): *Fue en Madrid cuando la vi por segunda ～.* 私が再び彼女に会ったのはマドリードでだった. 〔時に por が省略される. 特に動詞が不定詞の場合〕*No se permite entrar segunda ～.* 再入場は認められない

rara ～ めったに〔…ない〕: *Rara ～ la veo.* 私はめったに彼女に会わない.

tal ～ 〔英 perhaps, maybe〕〔疑念が強い時は +接続法〕たぶん: i) *Tal ～ no vendrá* (*venga*) *él.* たぶん彼は来ないだろう(もしかすると彼は来ないかも知れない). ii) 〔動詞の後では +直説法〕*Vendrá, tal ～, mañana.* 彼はたぶん明日来るだろう

toda ～ que+接続法 もし…だとしたら 〔*supuesto que*〕

todas las veces que+直説法 …するたびにいつも: *Todas las veces que la veo, me pregunta por ti.* 彼女は私に会うたびに私は君のことを聞かれる

tomar a+人 *la ～* …に先んじる: *Iba a decir yo, pero él me tomó la ～.* 私が言おうとしたのに彼に先を越されてしまった

una ～ 1) 〔話の冒頭〕ある時…. 2) 〔+過去分詞/+que+直説法〕一度…したら; …した後で: *Una ～ terminados los quehaceres, se sientan a tomar café.* 仕事が終わると彼らは座ってコーヒーを飲む. 誰もいないから座ろう 〔仮定の意味が強いと +接続法〕*Una ～ que se quede dormido, es difícil despertarlo.* 彼がいったん寝つくたら起こすのは難しい

una ～ más もう一度

una ～... y otra... ある時は…またある時は…: *Una ～ lloró y otra rió.* 彼女は泣いたり笑ったりした

una y mil veces =cien veces

una y otra ～ 長々と, しつこく: *reprender una y otra ～* ねちねちと叱る

unas veces... y otras (*veces*)... ある時は…またある時は…: *Unas veces van a la discoteca y otras al cine.* 彼らはディスコに行ったり映画を見に行ったりする

v/en pza. 《略語》←valor en plaza 市場価格

vg.; v.g.; v.gr. 《略語》←verbi gracia たとえば

vi ☞ver 50

vi- ☞vice-

vía [bía] 女 〔英 way〕❶〔道路・鉄道・航路などの総称〕交通路 〔～ de comunicación〕: *¿Cúal es la ～ más rápida para ir allí?* あそこへ行く一番早い行き方では? *por ～ aérea* 空路で; 航空便で. *～ marítima* 海路; 船便. *～ terrestre* 陸路. *～ fluvial* 〔河川の〕水路. *～ libre* 《掲示》通行可. ❷ 大通り. 道: *seguir la ～ de Santiago* サンティアゴ・デ・コンポステーラへの道を行く. *Gran V～* 〔固有名詞で〕大通り. *～ Apia* 《古代ローマ》アッピア街道. *～ de servicio* 〔幹線道路と並行する〕側道. *～ romana* ローマ街道. ❸ 線路 〔～ férrea〕: *El tren está en la ～ segunda.* 列車は2番線に入っている. *cruzar la ～* 線路を渡る. *～ única* (*doble*) 単(複)線. *～ estrecha* (*ancha*) 狭(広)軌. *～ muerta* 引込線, 待避線. ❹ 手段, 方法 〔法律〕措置: *recurrir a la ～ judicial* 法的手段に訴える. *seguir la ～ burocrática* お役所的な方法をとる. *～ sumaria* 略式処分. *～ ejecutiva* 強制執行. *～s de hecho* 殴り合い, 暴力行為. ❺〔解

剖〕 ~*s* digestivas 消化管. ~*s* respiratorias 気管. ~*s* urinarias 尿管. ❻《船舶》 de agua 浸水口. ❼《自動車》〔ホイール〕ゲージ. ❽《キリスト教》~ crucis 男 =**viacrucis**. purgativa (iluminativa・unitiva) 浄罪(照明・一致)の道《完徳に至る3段階》

de ~ estrecha《軽蔑》凡庸な, 平凡な

dejar (dar) ~ libre a... …を通してやる；自由にふるまわせる

en ~s de... …の途中にある: Los problemas están en ~s de solución. 問題は解決の方向に向かっている. país en ~s de desarrollo 発展途上国

estar (entrar) en ~ muerta 行き詰まっている(行き詰まる)

por ~ de …の方法(仕方)で: *por ~ de* sufragio 投票で

~ ordinaria《郵便》普通便；正式な(普通の)方法

◆ 慣 …経由で: Salimos para Madrid ~ París. 私たちはパリ経由でマドリードへ出発する

viable [bjáble] 形 ❶〔新生児などが〕生育力のある. ❷〔事業・計画などが〕持続性のある, 実現性のある. ❸〔道が〕通行可能

viabilidad 女 ❶ 生育力；持続性, 実現性；フィージビリティ

viacrucis [bjakrúθis] 男《単複同形》❶〔キリストの受難を再現する〕十字架の道(道行き)；〔14枚からなる〕 その絵(像), キリスト受難図: rezar el ~ 14の十字架の絵を礼拝して回る(持って祈る). ❷ 受難, 苦難

viaducto [bjaðúkto] 男〔谷などに架けた〕高架橋, 陸橋

viajante [bjaxánte] 名 セールスマン, 訪問販売員 [~ de comercio]

viajar [bjaxár] 自《英 travel》❶ 旅行する；[乗り物で] 行く, 通う: ~ en tren 列車で旅行をする. ~ en coche 車で旅行する；ドライブする. ~ por Europa ヨーロッパを旅行する. ~ por negocios 商用で旅行する, 出張する. *Viajo diariamente en metro.* 私は地下鉄で通っている. ❷〔貨物が〕輸送される；[交通機関が] 運行する. ❸《俗語》〔麻薬で〕幻覚を見る, トリップする. ◆ 他〔セールスマンが担当地域を〕回る

viaje [bjáxe] 男《英 travel, trip》❶ 旅行, 旅: i) hacer un ~ (ir de ~) a España スペインに旅行する. salir (marcharse) de ~ 旅に出る. estar de ~ 旅行中である. leer un ~ 旅行記を読む. en el ~ 旅行中に. gastos de ~ 旅費；交通費. ~ aéreo (por aire) 空の旅. ~ de estado [国家元首による] 公式訪問. ~ inaugural 処女航海. ~ organizado パック旅行, パッケージツアー. ii) 〔乗り物・歩行などによる移動〕~ por la autopista 高速道路のドライブ. ~ redondo 往復. ❷〔一回の〕運搬量, 運搬分. ❸《俗語》〔麻薬による〕幻覚体験, トリップ. ❹〔ナイフなどによる〕不意の攻撃；殴打, 突き. ❺〔木・布などの〕斜め切り. ❻《中南米》回, 度: Repitió lo mismo cuatro ~s. 彼は何度も同じことを繰り返した

agarrar [un] ~《南米》申し出(招待)を受

諾する；決心する

¡buen ~! 1) [旅立つ人への挨拶] ご無事で/いってらっしゃい! 2) 勝手にしろ!: Si no quieres beber, pues… *¡buen ~!* 飲みたくないなら, ご勝手に! Si habla mal de mí, *¡buen ~!* 彼が私の悪口を言うのなら, 勝手に言わせておこう

emprender el último ~ 死出の旅に出る

¡feliz ~! =*¡buen ~!* 1) Deseo que tengan un *feliz ~*. ご無事でいってらっしゃい

rendir ~ [船が, +en 目的地に] 到着する

viajero, ra [bjaxéro, ra] 名《英 traveller》❶ 旅行者: ~ en grupo 団体旅行客. ❷〔列車・バスなどの〕乗客, 旅客: Señores ~s, está prohibido bajar del autobús en marcha. 乗客のみなさま, バスの飛び降りは禁じられております

◆ 形 旅をする: aves ~ras 渡り鳥

vial [bjál] 形《←英語》〔注射液・飲み薬の〕瓶

◆ 形 交通路 vía の, 道路の: seguridad ~ 交通安全

vianda [bjánda] 女 ❶〔主に 複〕食べ物, 料理〔特に肉, 魚〕. ❷《南米》弁当箱

viandante [bjandánte] 名 通行人 [transeúnte], 歩行者 [peatón]

viaraza [bjaráθa] 女 ❶ 下痢 [diarrea]. ❷《中南米》突発的な行動；《南米》突然の怒り: estar con la ~ 虫の居所が悪い. dar a+人 la ~ …が向かっ腹を立てる

viario, ria [bjárjo, rja] 形 道路の: red ~*ria* 道路網

viático [bjátiko] 男 ❶《カトリック》臨終の聖体拝領. ❷《主に中南米》〔外交官などが受け取る〕旅費

viaticar 他 臨終の聖体を与える

víbora [bíbora] 女 ❶〔一般に〕毒ヘビ；《動物》クサリヘビ, マムシ: ~ bufadora パフアダー. ❷《軽蔑》毒舌〔家〕, 中傷〔家〕 [lengua de ~]；陰険〔な人〕, 意地の悪い人

viborear 自《南米》蛇行する

viborezno 男 クサリヘビ(マムシ)の子

vibración [bibraθjón] 女 ❶ 振動, 揺れ: vibraciones sonoras 音の振動. ❷《建築》振動によるコンクリートの締め固め. ❸〔複〕感じ, 印象: dar a+人 buenas (malas) vibraciones …に好感(反感)を与える

vibrador [bibraðór] 男《電気》振動子；《機械》加振機；《俗語》〔女性の自慰用の〕バイブレーター

vibráfono [bibráfono] 男《楽器》ビブラフォン

vibrante [bibránte] 形 振動する, 震える；よく響く；活気のある: voz ~ 震え声. sonido ~《言語》震え音

vibrar [bibrár] 自 ❶ 振動する, 揺れる: hacer ~ la espada 剣を小刻みに動かす. *Vibra el puente.* 橋が揺れる. ❷〔声・体などが〕震える: La voz le *vibraba* por la emoción. 彼の声は感動で震えていた. La afición *vibró* mucho viendo ese partido. ファンはその試合に大変興奮した

vibrátil [bibrátil] 形《生物》振動性の；顫動

(髪の)性の：pestaña ～ 繊毛

vibrato [biβráto] 男《音楽》ビブラート

vibratorio, ria [biβratórjo, rja] 形 振動性の, 振動による：masaje ～ 振動マッサージ. movimiento ～ 振動運動

vibrión [biβrjón] 男《生物》ビブリオ, 弧菌

vibrisa [biβrísa] 女《主に 複》《動物》震毛

viburno [biβúrno] 男《植物》ガマズミ

vicalvarada [bikalβaráða]《歴史》ビカルバロ Vicálvaro の蜂起《1854 年 O'Donnell 将軍が起こした》

vicaría [bikaría] 女 総代理司祭の職(管区)；その司祭館

　llevar a+人 a la ～《口語》…との結婚を実現する

　pasar por la ～ 結婚する

vicariato 男 ＝vicaría；その任期

vicario, ria [bikárjo, rja] 形 名 代理(の)：El Papa es el ～ de Dios en la tierra. 教皇はこの世における神の代理人である

　◆ 男《宗教》[教皇・司教の代理をする] 総代理〔司祭〕；[修道院などの] 副院長；[司教座で教会法を担当する] 法務担当司祭；～ apostólico 代牧, 司教代理. ～ de Cristo 教皇. ～ general (capitular) 司教総代理

　◆ 名《植物》ビカリア《キューバ産. 白・ピンク色の花》

vice-/vi-/viz-《接頭辞》[副] *vice*presidente 副大統領, *vi*rrey 副王, *viz*conde 子爵

vicealcalde, desa [biθealkálde, kaldésa] 名 [市の] 助役

vicealmirante [biθealmiránte] 男 海軍中将

vicecampeón, na [biθekampeón, na] 名 第 2 位の人, 準優勝者

vicecanciller [biθekanθiλéɾ] 名 [ドイツなどの] 副首相；[大学の] 副総長；《中南米》外務次官

vicecónsul [biθekónsul] 男 副領事

viceconsulado 男 副領事の職

vicegobernador, ra [biθeɣoβeɾnaðóɾ, ra] 名 副知事

Vicente [biθénte] 男《男性名》ビセンテ《英 Vincent》

　¿dónde va ～? donde va la gente みんなと同じことをする/平凡である

vicepresidente, ta [biθepresiðénte, ta] 名 副大統領；副会長；副社長；副議長

vicepresidencia 女 その職

vicerrector, ra [biθereːktóɾ, ra] 名 副学長；[神学校の] 副校長

　◆ 男 副教区司祭

vicerrectoría 女 副学長の職務(事務室)

vicesecretario, ria [biθesekretárjo, rja] 名 副書記官

vicetiple [biθetíple] 女 コーラスガール

viceversa [biθeβéɾsa] 副 逆に, 反対に《vice versa とも表記する》：Los ancianos hablan mal de los jóvenes, y ～. 老人は若者を悪く言い, 若者は老人を悪く言う

vichy [bísi] 男《繊維》ヴィシー織り

viciar [biθjáɾ] ⑩ 他 ❶ 堕落させる；悪い癖をつける：～ las buenas costumbres よい習慣をだめにする. ❷ 偽造する；《法律》無効にする：～ un contrato 契約を破る. ❸ [大気・血液などを] 汚染する：aire *viciado* 汚れた空気. ❹ 変形させる, 歪ませる

　◆ ～se 堕落する, 悪習に染まる；歪む

vicio [bíθjo] 男 ❶ 悪徳《↔virtud》：mancharse del ～ 悪(悪習)に染まる. abandonarse (entregarse) al ～ 悪にふける. darse a los ～s 放蕩にふける. ～ contra natura 変態性欲, 同性愛. ❷ [悪い] 癖：Tengo el ～ de comerme las uñas. 私は爪をかむ癖がある. Comer cacahuetes es un ～. ピーナッツは食べ出すとやめられない. ～ de dicción 発音の間違い《例 güeno←bueno, juerte←fuerte》. ❸ 変形, 歪み；欠陥：La puerta ha cogido el ～. ドアが歪んだ. ～s de fabricación 製造ミス. ❹《法律》[書式などの] 不備. 瑕疵(①)：～ de fondo (de forma) 重要な(些細な)誤り. ❺ [子供の] 甘やかしすぎ；[植物の] 伸び(茂り)すぎ

　de ～ 1)《口語》非常によい(よく)：viaje *de* ～ すばらしい旅. pasarlo *de* ～ 大いに楽しむ. 2) 理由(必要)もなしに, 癖で：Se queja *de* ～. 彼は文句ばかり言う

vicioso, sa [biθjóso, sa] 形 ❶ 悪徳の；《軽蔑》放埒(黎)な, 悪癖のある：hombre ～ 悪い男. juego ～ よくない遊び. ❷ [制度・文章などが] 欠陥(不備)のある：locución ～sa 誤用成句. ❸《口語》甘やかされすぎた, しつけの悪い. ❹ [植物が] 繁茂した

　◆ 名《軽蔑》放蕩者；悪癖のある人：No soy un ～ del tabaco. 私はタバコの悪習はない

vicisitud [biθisitú(ð)] 女《主に 複》人生などの] 浮沈, 盛衰；変遷；逆境, 困難：sufrir ～es en su vida 人生の浮き沈みに会う. ～es de la historia 歴史の栄枯盛衰. ～es de clima 気候の移り変わり

víctima [bíktima] 女《英 victim》❶ [神にささげられる] 犠牲, いけにえ：ofrecer…～…をいけにえにささげる. ❷ 犠牲者, 被害(被災)者：Hubo muchas ～s del terremoto. 地震で多くの犠牲者が出た. ～ del egoísmo de sus padres 両親のエゴイズムの犠牲者

　hacerse la ～ 自分を被害者だと思い込む, 被害者づらをする

victimar [biktimáɾ] 他《中南米》傷つける, 殺す

victimario, ria [biktimárjo, rja] 名《歴史》いけにえを殺す係；《中南米》殺人者

victoria [biktórja] 女 ❶ 勝利《↔derrota》：La ～ es nuestra. 我々(味方)の勝利だ. conseguir una ～ brillante 輝かしい勝利を収める. ～ moral 事実上の(精神的)勝利. ¡V～! ばんざい！ ❷ 折畳み式屋根の 2 人乗り四輪馬車. ❸《植物》オオオニバス《～ regia》

　cantar ～ 勝ち鬨(黎)をあげる；[苦戦の末] 凱歌をあげる

victoriano, na [biktorjáno, na] 形《歴史》[英国の] ビクトリア女王 reina Victoria の；ビクトリア時代の《1837-1901》

V

victorioso, sa [biktorjóso, sa] 形 勝利の；勝利をもたらした：nación ~a 戦勝国，ejército ~ 凱旋軍．~sa batalla 勝ちいくさ
◆ 名 勝利者

vicuña [bikúɲa] 女《動物》ビクーニャ；その毛〔織物〕

vid [bíd] 女《植物》ブドウ(の木・つる)

vida [bíða] 女〖英 life〗❶ 生命，生：i) No hay peligro de su ~. 彼は命に別条ない．Le debo la ~. 彼は私の命の恩人だ．perder la ~ [事故などで] 命を落とす，死ぬ．~ animal (vegetativa) 動物(植物)的生命．Donde hay ~, hay esperanza.《諺》生きている限り希望はある． ii)《比喩》La música es toda su ~. 音楽が彼の命(生活のすべて)だ．La publicidad es la ~ del comercio. 宣伝は商売の命だ．hora de ~ [製品の] 寿命
❷ 生気，活気：Es un chico lleno de ~. この子は元気一杯だ．La ciudad estaba llena de ~. 町は活気にあふれていた．Este cuadro tiene mucha ~. この絵は生き生きとしている
❸ 一生，生涯；寿命：Ha trabajado toda la ~. 彼は一生働き続けた．Es una oportunidad única en la ~. 一生に一度のチャンスだ．Su ~ fue muy breve. 彼の生涯は大変短かった．Escribió la ~ de Goya. 彼はゴヤの伝記を書いた．Este coche es de larga ~. この車は長持ちする
❹ 人生：Lleva una ~ feliz. 彼は幸せな人生(生活)を送っている．Así es la ~. これが人生というものだ〔仕方がない〕．¡Esto〔sí que〕es ~! [安楽で] 極楽，極楽！contar su ~ 自分の人生について語る，身の上話をする
❺ 生活，生き方：El paro abarca toda la ~ nacional. 失業が国民生活のすべてに影響を与えている．¿Cómo te va la ~?/¿Qué ~ llevas? 調子はどうだい？ modo de ~ 生活様式．condiciones de ~ 生活状態．calidad de ~ 生活の質．~ airada 放蕩生活．~ escolar 学校生活．~ sensitiva 感覚(内面)生活
❻ 生計，暮らし：Aquí la ~ es muy cara. ここでは生活費がとても高い．carestía de la ~ 生活費の高騰
❼ 活動：~ industrial del país 国の産業活動
❽《親愛》[呼びかけ] いとしい人
❾《宗教》la ~ futura (eterna・perdurable)/otra ~ 来世，永遠の生命．libro de la ~ 命の書〖神に救われて天国に入る人々の記録〗
❿ 売春婦の職：chica (mujer) de la ~ 売春婦

abrirse a la ~ 生まれる
arrancar la ~ a+人 =quitar la ~ a+人
buena ~ 立派な生活；安楽な生活
buscar[se] la ~ 生活の糧をかせぐ；しっかりやる，うまくやる
cobrar ~ 命を得る；活気づく，生き生きする
con la ~ *en un* (*pendiente de*) *un hilo* 命が風前の灯の，非常に危険な
con ~ 生きて
consumir la ~ a+人 …をひどくいらいらさせる，憔悴させる
costar la ~ a+人 …の命を奪う：La im-

prudencia le *costó* la ~. 軽はずみな行動が彼の命取りになった
dar la ~ a+人 …を産む，生命を与える；[事柄が] 元気づける：Un baño te *daría* la ~. ひと風呂浴びれば生き返った気分になるよ
dar la ~ *por...* …に命をささげる：*dar* la ~ *por* su patria 祖国のために命を投げ出す
dar mala ~ a+人 …を虐待する，苦しめる
dar ~ *a...* …を創造する：*dar* ~ a sus personajes 登場人物に命を吹き込む
darse buena ~/*darse la gran* ~ 裕福に暮らす，遊び暮らす
de su ~《親愛》[人名など+. 時に腹立ちを抑えて] Pero, hijo *de mi* ~, ¿qué has hecho? 坊や，一体何をしたの？
de por ~ 一生ずっと：El accidente lo ha dejado paralítico *de por* ~. 事故で彼は生涯体が麻痺してしまった
de su ~ 完璧な，理想的な
de toda la ~ ずっと前からの：Es un amigo *de toda la* ~. 彼はずっと以前からの友達だ
de ~ *alegre* いかがわしい；[女性が] 尻軽な，売春をする
dejarse la ~ [+en で] 死ぬ；老いる；精根を使い果たす：Se *dejó* la ~ en esa oficina. 彼はその会社に骨を埋めた
echarse a la ~《婉曲》売春をする
en la (*su*) ~ 決して(…ない)〔+動詞 では no は不用〕：No he fumado *en mi* ~./*En mi* ~ he fumado. 私は一度もたばこを吸ったことがない
en ~ 生存(存命)中に
enterrarse en ~ 隠棲する
entre la ~ *y la muerte* 生きるか死ぬかの
escapar con 〔la〕 ~ =salir con 〔la〕 ~
ganar[se] la ~ 生計を立てる，生活費を稼ぐ：*Se gana* la ~ viajando. 彼はセールスで生計を立てている
gran ~ 安楽な生活
hacer la ~ *imposible* a+人 …を迫害する，苦しめる
hacer por la ~ 食べる，食事をする
hacer ~ *común* [夫婦が] 共同生活をする：No *hacen* ~ *común*. 彼らは別居している
ir a+人 la ~ *en...* …にとって…が死活問題である：Defendía su punto de vista como si en ello le *fuera* la ~. 彼はあくまで自分の見解に固執した
mala ~《婉曲》ふしだらな(娼婦の)生活
media ~ 大きな楽しみ，娯楽：Las vacaciones son *media* ~ para mí. 休暇は私にとって大切な息抜きだ
meterse en ~s *ajenas* 他人の生活に干渉する
mi ~ =*mía*
mudar de (*la*) ~ 生活を変える，素行を改める
partir de esta ~ この世からおさらばする，死ぬ
pasar a mejor ~《婉曲》あの世へ行く，死ぬ
pasar la ~ ぎりぎりの暮らしをする，どうにかこうにかやっていく

pasarse la ~+現在分詞 始終…している: *Se pasa la* ~ *quejándose.* 彼はしょっちゅう不平を言っている

perdonar la ~ *a+人* …を嫌悪(軽蔑)の目で見る.

por 〔*su*〕~ 〔断言・脅しの強調〕何としても: *Te juro por mi* ~ *que no cederé.* 絶対に譲るものか. *¡Por* ~ *mía!* 〔呪い・怒り〕こん畜生め!

¿qué es de tu ~? 〔久しぶりに会った時の挨拶〕やあ, どうてる?

quitar la ~ *a+人* …の命を奪う, 殺す

quitarse la ~ 自殺する

salir con 〔*la*〕~ 危うく助かる, 命からがら逃れる, 九死に一生を得る: *Salió con* ~ *del atentado.* 彼は襲撃を危うく逃れた

ser de ~ *alegre* 《婉曲》調子がよい

tener siete ~*s* 〔*como los gatos*〕〔人が〕根強い生命力がある, 不死身である

tirarse a la ~ =*echarse a la* ~

vender cara su 〔*la*〕~ 多くの敵を道連れにして死ぬ

~ *mía* 《親愛》〔恋人同士・母親から子供への呼びかけ〕*¿Quién te quiere a ti,* ~ *mía?* ねえ, 一体誰が君を愛しているの? 〔僕に決まっているではないか〕

~ *padre* 安楽な生活

vidala [biðála] 囡 アルゼンチン北部の民謡

vidalita [biðáta] 囡 〔特に〕悲しい恋歌

vidarra [biðára] 囡〔植物〕〔イベリア半島産の〕クレマチスの一種

vidente [biðénte] 形 ❶ 目の見える〔人〕. ❷ 予見〔透視〕能力のある〔人〕

videncia 囡 予見〔透視〕能力

vídeo [bíðeo] 男 〔英 video〕《西》ビデオ〔技術, システム〕; ビデオ〔デッキ・カセット・テープ〕: *ver la* ~ ビデオを見る. *grabar el programa en el* ~ 番組をビデオに録画する

video 男 《中南米》=**vídeo**

videoaficionado, da [biðeoafiθjonáðo, ða] 图 ビデオ撮影愛好者

videoarte [biðeoárte] 男 ビデオアート

videocámara [biðeokámara] 囡 ビデオカメラ

videocasete [biðeokaséte] 囡 ビデオカセット

videocinta [biðeoθínta] 囡 ビデオテープ

videoclip [biðeoklíp] 男 〔複 ~s〕ビデオクリップ, プロモーションビデオ

videoclub [biðeoklúb] 男 〔複 ~[e]s〕ビデオショップ

videoconferencia [biðeokɔnferénθja] 囡 テレビ会議

videocontrol [biðeokɔntról] 男 ビデオカメラによる監視

videodisco [biðeoðísko] 男 ビデオディスク; レーザーディスク 〔~ *digital*〕

videófono [biðeófono] 男 テレビ電話

videofrecuencia [biðeofrekwénθja] 囡 《テレビ》映像周波数

videograbar [biðeoɣraβár] 他 ビデオに撮る, 録画する

videograbación 囡 ビデオ撮影, 録画

videograbadora 囡《南米》ビデオデッキ

videojuego [biðeoxwéɣo] 男 テレビゲーム

videopiratería [biðeopiratería] 囡 ビデオグラムの海賊版

videoteca [biðeotéka] 囡 ビデオコレクション

videoteléfono [biðeoteléfono] 男 =**videófono**

videotexto [biðeotɛ(k)sto] 男 ビデオテックス

vidorra [biðóra] 囡 《口語》安楽な生活

vidriar [biðrjár] 自/他 《製陶》釉(うわぐすり)を塗る

◆ ~**se** ガラス状になる; 輝きを失う: *Se han vidriado sus ojos.* 彼の目はどんよりとなった

vidriado 男 釉をかけること; 釉のかかった陶器; 〔金属用〕ワニス

vidriera[1] [biðrjéra] 囡 ❶ ガラス窓〔扉〕; ステンドグラス 〔~ *de colores*〕. ❷《中南米》ショーウインド〔*escaparate*〕

vidriero, ra[2] [biðrjéro, ra] 图 ガラス職人; ガラス商

vidriería 囡 ガラス工場; ガラス店

vidrio [bíðrjo] 男 〔英 glass〕❶ 不可算 ガラス〔素材〕: *botella de* ~ ガラス瓶. *fibra (lana) de* ~ グラスファイバー(ウール). ~ *armado* 網入りガラス. ~ *blanco (colorado)* 無色(色)ガラス. ~ *esmerilado (deslumbrado)* 曇りガラス, すりガラス. ~ *plano (en hojas・laminado)* 板ガラス. ❷《主に中南米》窓ガラス; ガラス器

pagar los ~*s rotos* 〔責任がないのに〕一人だけ〕罪を負わされる

vidrioso, sa [biðrjóso, sa] 形 ❶ ガラスのような, 透明な; 壊れやすい. ❷〔問題などが〕微妙な, 注意して扱うべき. ❸〔*estar*+, 床が〕滑りやすい. ❹〔人が〕怒りっぽい; すぐ体調を崩す. ❺〔視線・目が〕輝きのない, どんよりした

vidriosidad 囡 微妙さ; 滑りやすさ; 怒りっぽさ

vieira [bjéira] 囡〔貝〕ホタテガイ(帆立貝); その貝殻

vieja[1] [bjéxa] 囡〔魚〕ベラ

viejales [bjexáles] 图〔単複同形〕《西. 軽蔑・戯語》〔主に陽気で快活な〕老人

viejo, ja[2] [bjéxo, xa] 形 〔英 old〕❶〔名詞+. 人が〕〔*ser*+〕年を取った; 〔*estar*+〕老けた〔類義 *viejo* より *anciano* の方が丁重な感じを与える. ↔*joven*〕: *Ya es* ~. 彼はもう年寄りだ. *Está muy* ~ *para su edad.* 彼は年の割りに非常に老けている. *hombre* ~ 老人. *hacerse* ~ 老いる, 老ける. *parecer* ~ 老けて見える, 年寄りじみている ❷〔名詞+. 事物が〕〔*ser*+〕古い; 〔*estar*+〕古びた, 使い古した 〔↔*nuevo*〕: *El mueble ya es* (*está*) ~. その家具は古い(古びている). *vestido* ~ 着古した服, 古着. *costumbre* ~*ja* 古い習慣. *ciudad* ~*ja* 古都. *jerez* ~ 年代もののシェリー酒 ❸〔+名詞. 古くからの, 昔の〕: ~ *amigo* 旧友〔参考 *amigo* ~ 年老いた友〕. ~ *periodista* ベテランの新聞記者. ~ *árbol* 古木. ~*ja fotografía* 昔の写真. *recurrir a la* ~*ja trampa* 昔からの(いつもの)手を使う

caerse de ～ 老衰する；老朽化する：Esta casa *se cae de* ～*ja.* この家は古くてがたがただ。*de* ～ 古物の：librería *de* ～ 古本屋
más ～ *que* [*el patriarca*] *Matusalén/ más* ～ *que andar a pie* [*para adelante*] 非常に年を取っている
◆ 图 ❶ 老人，おじいさん［⇨edad］［参考］：Los ～*s* tomaban el sol. 老人たちが日なたぼっこしていた。❷［親愛〕親；友人：Viajaré con mis ～*s.* おやじたちと旅行に行くつもりだ
la cuenta de la ～*ja* [俗語] 指を使った計算

viene- ⇨venir 59

vienés, sa [bjenés, sa] 囮 图［地名］ウィーン Viena 囡 の（人）

viento [bjénto] 團［英 wind］❶ 風：i) 風が吹く。Hace [mucho] ～. 〔強い〕風が吹く。Hay [un poco de] ～. 風が〔少し〕ある。Se ha levantado el ～. 風が出てきた。a favor del ～ 順風を受けて，contra el ～ 風に逆って。agua ～ 吹き降り。línea del ～ 風向。～ de cola 追い風。～ solar〔天文〕太陽風。Quien siembra ～*s* recoge tempestades.《諺》悪事の報いは幾層倍にもなって返ってくる。*V.*～ y ventura poco dura.《諺》風と運は長続きしない。ii)〔比喩〕Soplan ～*s* de liberación. 自由化の風が吹く。 tener el ～ de tristeza. 彼の心に寂寞感が吹き抜けていた。❷〔テントなどの〕張り綱，支え線。❸〔獲物の〕臭い，臭跡；〔婉曲〕屁（^へ^）。❹〔音楽〕instrumento de ～ 吹奏楽器，管楽器
a los cuatro ～*s* あらゆる方面に，公然と
beber los ～ *por...* 懸命に…したがる；…にほれ込む，あこがれる
como el ～ 素早く，あっという間に
contra ～ *y marea* 万難を排して
correr malos ～ *s* 情勢が悪い：Ahora *corren malos* ～*s para los radicales.* 過激派にとって今は風向きが悪い
dar a ～ *y el* ～ [*de*] …は…のような気がする：Me *da el* ～ [*de*] *que van a boicotear la función.* 私はその公演はボイコットされるような気がする
dejar atrás los ～*s* 一目散に走り去る
despedir (*echar*) *a+人 con* ～ *fresco* …をとっとと追い出す
echarse el ～ 風が凪ぐ
henchir a+人 la cabeza de ～ …をおだてる
irse a tomar ～ [*s*]〔口語〕❶ 〔人を追い出す時の表現〕*Vete a tomar* ～. さっさと出て行け。❷ 失敗する
irse (*marcharse*) *con* ～ *fresco*〔口語〕さっさと出て行く
lleno de ～ 虚栄心の強い；内容のない：Está *lleno de* ～. 彼は見栄っぱりだ。cabeza *llena de* ～ 頭がからっぽな人，軽率（軽薄）な人
llevarse... el ～ …が消え去る：Todas mis esperanzas *se las llevó el* ～. 私の希望はすべて失われた
mandar a+人 con ～ *fresco*〔口語〕…をとっとと追い出す
saltar el ～ 急に風向きが変わる

vientre [bjéntre] 團［英 belly］❶ 腹，腹部；腹腔；胃腸：i) dar un golpe *a+人 en el* ～ …の腹を殴る。descompensación (soltura) de ～ 下痢〔diarrea〕. dolor de ～ 腹痛．el bajo ～ 下腹部；〔婉曲〕性器。ii)〔物の〕de un buque 船腹。jarrón de ancho ～ 胴の大きい壺。❷〔物理〕〔振幅の〕腹
hacer de[*l*] ～/*mover el* ～ 排便する
regir bien el ～ 排便が規則正しい
sacar el ～ *de mal año* (*de pena*) 〔いつもより〕おいしいものをたらふく食べる

vier.〔略語〕←**viernes** 金曜日

viera [bjéra] 囡 =vieira

viera- ⇨ver 50

viernes [bjérnes] 團［英 Friday. 単複同形. 参考〕金曜日：*V.* ～ Santo 聖週間の金曜日。un ～ y trece〔スペイン語圏以外で〕13 日の金曜日
cara de ～ 憂鬱な顔
comer de ～〔カトリック〕〔金曜日の〕小斎をする
haber aprendido (*oído*) ... *en* ～〔同じことの繰返しへの評語〕Parece que *has aprendido eso en* ～. それにしても同じことばかり言えるね

vierteaguas [bjǝrteáɣwas] 團〔単複同形〕《建築》雨押え，水切り

viese- ⇨ver 50

vietnamita [bjetnamíta] 囮 图《国名》ベトナム Vietnam 團〔人・語〕の；ベトナム人
◆ 團 ベトナム語

viga [bíɣa] 囡《建築》梁（^はり^），桁（^けた^），ビーム：～ maestra 主桁

vigencia [bixénθja] 囡《法律》効力：estar en ～ 効力がある。entrar en ～ 発効する

vigente [bixénte] 囮 [estar+. 法律が〕効力のある，[習慣などが〕現在も行われている：ley ～ 現行法

vigesimal [bixesimál] 囮《数学》20 を基礎にした：numeración ～ 20 進法

vigésimo, ma [bixésimo, ma] 囮 團 20 番目の；20 分の 1 の

vigía [bixía] 囡 監視塔，見張り台，[海面から突き出た〕岩礁
◆ 图 見張り，監視員

vigilancia [bixilánθja] 囡 ❶ 監視；警備，警戒，用心：reforzar la ～ 警戒を厳重にする。estar bajo la ～ de su padre 父親の監視下にある。❷ 警備陣；警戒システム

vigilante [bixilánte] 囮 警戒している，用心深い
◆ 图 監視員，警備員：～ jurado ガードマン．～ nocturno 夜警

vigilar [bixilár] 囮 監視する；警備（警戒）する，用心する：～ al sospechoso 容疑者の張り込みをする。～ al enfermo 病人を見守る
◆ 圓 [+por・sobre を〕監視（警戒）する：～ por su salud 健康に注意する。～ sobre sus hijos 息子たちに目を配る

vigilia [bixília] 囡 ❶ 夜遅くまで起きていること；徹夜，不眠：El libro es el fruto de sus ～*s.* その本は彼が長い間睡眠を切り詰めて書き

上げたものだ. pasar la noche en ～ 徹夜をする. Los celos lo tienen en ～. 彼は嫉妬で眠れない. ❷〖宗教的な祭りの〗前日, 前夜『víspera』：～ pascual 復活祭の前日. ❸〖カトリック〗肉抜きの食事, 小斎：día de ～ 小斎の日『金曜日』. comer de ～ 小斎をする

vigor [bigór] 男 ❶ 力強さ；活力, 精力；生気：con mucho ～ 力を込めて；元気よく, 精力的に. falto de ～ 元気(生気)のない. estilo lleno de ～ 力強い文体. ❷〖法律の〗効力：entrar (ponerse) en ～ 発効する. carecer de ～ 効力がない. ley en ～ 現行法

vigorizar [bigoriθár] 他 …に力を与える, 元気づける

◆ ～**se** 強くなる, 元気づく

vigorizador, ra/vigorizante 形 強くする, 元気づける

vigoroso, sa [bigoróso, sa] 形 力強い, たくましい；頑健な：hombre ～ たくましい男. prosa ～sa 力強い文章

viguería [bigería] 女 医建〖一つの建物の〗梁, 骨組み

vigués, sa [bigés, sa] 形 名《地名》ビゴ Vigo の〔人〕『ガリシア地方の港湾都市』

vigueta [bigéta] 女〖建築〗小梁

VIH 男《略語》←Virus de Inmunodeficiencia Humana HIV(エイズ)ウィルス

vihuela [biwéla] 女 ビウエラ 『ギターに似た6対複弦の古楽器』

vihuelista 名 ビウエラ用音楽の作曲家；ビウエラの奏者

vikingo, ga [bikíŋgo, ga] 形 名《歴史》バイキング(の)

vil [bíl] 形 ❶《文語》卑しい, あさましい；不名誉な：hombre ～ 卑劣な男. acción ～ 恥ずべき行ない. ❷〖物が〗値打ちのない

vilano [biláno] 男〖タンポポ・アザミなどの種子の〗冠毛, うぶ毛

vileza [biléθa] 女《文語》卑劣さ, 恥ずべき言動

vilipendiar [bilipendjár] 他《文語》嘲弄する

vilipendio 男 嘲弄

vilipendioso, sa 形 嘲弄するような

villa [bíʎa] 女 ❶ 別荘：Tiene una ～ suntuosa en la costa. 彼は海辺に豪荘な別荘を持っている. ❷〖歴史的名称として〗町：la V～ 〔y Corte・del Oso y el Madroño〕マドリード：casa de la ～ 市庁舎. ❸ ～ turística リゾート村. ～ miseria/～ de emergencia スラム街

Villadiego [biʎadjéɣo] 男 tomar (coger) las de ～《皮肉》一目散に逃げる

villanaje [biʎanáxe] 男 平民の身分；医囲村民

villancico [biʎanθíko] 男〖クリスマスに歌われる〗民謡的な宗教歌, クリスマスキャロル；リフレインを用いた短い民謡(詩歌)

villanía [biʎanía] 女 ❶ 平民〔の身分〕. ❷ 卑劣な行為, 卑few劣な表現

villano, na [biʎáno, na] 形 名 ❶《歴史》〖貴族・郷士に対して〗 平民(の). ❷ 卑劣な〔人〕, 悪党；田舎の, 粗野な

◆ 男 〖16-17 世紀の〗スペイン舞踊

villero, ra [biʎéro, ra] 名《南米》スラム街の住人

villorrio [biʎórjo] 男《軽蔑》僻村, 寒村

vilo [bílo] 男 **en ～** 1) 宙ぶらりんの：levantar … en ～ …を宙に持ち上げる. 2) 不安な, はらはらした：Esta película nos tiene en ～. この映画ははらはらさせる. estar en ～ はらはらしている

vilorta [bilórta] 女〖木の〗輪, たが；すきの刃をねり木に固定する締め金具；部品同士のすり減りを防ぐ座金. ＝**vilorto**

vilorto [bilórto] 男〖植物〗〖葉の広い〗クレマチス

vinagre [bináɣre] 男 ❶〖料理〗酢, ワインビネガー. ❷ 怒りっぽい人, いつも不機嫌な人：hecho un ～ 不機嫌に, 気難しそうに. cara de ～《まれ》不愛想な顔

vinagrera 女〖食卓用の〗酢の小瓶；複〖酢・油・塩・コショウの〗調味料入れ

vinagreta 女 フレンチドレッシング, ビナグレットソース

vinajera [binaxéra] 女〖ミサ用の〗水瓶, ぶどう酒瓶；複 それらと盆のセット『カット』

vinatero, ra [binatéro, ra] 形 ワインの；industria ～a ワイン産業

◆ 名 ワイン商；ワイン好きの人

vinatería 女 ワイン店, 酒屋；ワインの売買

vinaza [bináθa] 女〖澱から作った〗質の悪いワイン

vinazo 男 強くて濃いワイン

vinca〔pervinca〕 [bíŋka/biŋkapérbíŋka] 女〖植物〗ヒメツルニチニチソウ

vincha [bíntʃa] 女《南米》〖髪をおさえる〗リボン, スカーフ, ヘアバンド

vinchuca [bintʃúka] 女《昆虫》サシガメ

vinculable [biŋkuláble] 形 結ばれ得る

vinculación [biŋkulaθjón] 女 ❶〖+con・との〗結びつき：～ de parentesco 親戚関係. ～ comercial 通商貿易関係. ❷《法律》継嗣限定

vinculante [biŋkulánte] 形〖ser+.+para+人 を〗拘束する

vincular [biŋkulár] 他 ❶〖+a に/+con と〗結びつける；拘束する：El contrato lo vincula a la empresa. 彼は契約で会社に縛られている. Los dos vinculan sus destinos. 2 人は運命を共にする. No vincules tu fracaso a mis errores. 君の失敗を私のミスのせいにするな. ❷《法律》〖所有者を限定して財産を〗譲渡する：～ todos sus bienes a la iglesia 全財産を教会に譲る

◆ ～**se** 結びつけられる；〖互いに〗結び合う：Se vinculó a la ciudad en que vivía. 彼は住んでいる町から離れられなかった. Se vinculan los dos hechos. 2 つの事実はつながりがある. Se vincularon los lazos de amistad. 友情の絆が結ばれた

vínculo [bíŋkulo] 男 ❶ 絆(きずな)；関連性：～

del matrimonio 結婚の絆. 〜 de amistad 友情の絆. 〜 de parentesco 親戚関係. 〜 de sangre 血の絆. romper los 〜s 絆を断ち切る. ❷《法律》継嗣限定

vindicar [bindikár] ⑦ ⑩《文語》❶ 復讐する〖vengar〗. ❷《中傷などに対して文書で》擁護する: 〜 la fama de sus antepasados 先祖の名誉を守る. ❸ =reivindicar

vindicación 囡 復讐; [名誉の] 擁護; = reivindicación

vindicativo, va/vindicatorio, ria 圈 復讐心の強い; 名誉を守るための; =reivindicatorio

vindicta [bindíkta] 囡 復讐〖venganza〗: 〜 pública《法律》公罰, 公訴

vine ☞venir ⑤

vinería [binería] 囡《南米》[主にワインの] 酒店

vínico, ca [bíniko, ka] 圈 ワインの

vinícola [biníkola] 圈 ワイン醸造の, ブドウ栽培の

vinicultor, ra 囝 ワイン醸造家

vinicultura 囡 ワイン醸造

viniera-, vinieron, viniese- ☞venir ⑤

vinificación [binifikaθjón] 囡 ワイン醸造〔の全過程〕

vinillo [biníʎo] 囝 ワインの小瓶; 薄いワイン

vinilo [biní́lo] 囝《化学》ビニル〔基〕: cloruro de 〜 塩化ビニル

vinílico, ca 圈 ビニル〔基〕の: resinas 〜cas ビニル樹脂

vino¹ ☞venir ⑤

vino² [bíno] 囝【英 wine】❶ ワイン, ぶどう酒: i) 不可算 〜 blanco (tinto) 白 (赤)ワイン. 〜 rosado ロゼ. 〜 pardillo〔ごく薄い赤色の〕ロゼ. 〜 dulce (seco) 甘口(辛口)のワイン. 〜 de agujas 渋みの強いワイン. 〜 de pasto 並み(普段用)のワイン. 〜 nuevo (del año) 新酒. 〜 verde de yema (青臭い)ワイン. 〜 hecho 熟成ワイン. de color 〜 ワインカラーの. Donde no hay 〜 y sobra el agua, la salud falta.《諺》酒は百薬の長. 〜 V— y amigo, añejo. 酒と友は古いほどよい. El buen 〜 es de oro fino. 良いワインは純金と同じ価値がある. ii) 可算 [グラス入りの] Dos 〜s, por favor. ワイン2杯下さい. ❷ [酒以外の] 〜 de coco ココナッツ酒. 〜 de arroz 日本酒. ❸ 歓迎〖〜 de honor〗

dormir el 〜 酔っ払って寝てしまう

echar agua al 〜 前言を一部ひるがえす

tener mal (buen) 〜 酒癖が悪い(悪くない)

vinoso, sa [binóso, sa] 圈 ワインのような: color 〜 ワインカラー

viña [bíɲa] 囡 ブドウ畑

de todo hay en la 〜 **del Señor**〔: uvas, pampanos y agraz〕その人(事・物)には長所もあれば短所もある/完璧は得がたい

ser una 〜 ドル箱である

tener una 〜 [+con で] 大もうけする

viñador, ra [biɲadór, ra] 囝 ブドウ園の労働者

viñal [biɲál] 囝《南米》=viñedo

viñatero, ra [biɲatéro, ra]《中南米》圈 ブドウの木(つる)の

◆ 囝 ブドウ園所有者(労働者); ワイン醸造者

viñedo [biɲédo] 囝 大ブドウ園

viñeta [biɲéta] 囡 ❶ [本の] 口絵; [ページの余白の] 装飾模様; [ラベルなどの] 装飾図案. ❷ [漫画の] 一こま; 一こま漫画; [主に戯画調の] 挿し絵, カット. ❸ [団体などの] シンボルマーク

vio ☞ver ⑤

viola [bjóla] 囡《楽器》ビオラ: 〜 de gamba ビオラダガンバ

◆ 囝 ビオラ奏者

violáceo, a [bjoláθeo, a] 圈 囝 薄紫色〔の〕, 紫色がかった

◆ 囡 圈《植物》スミレ科

violación [bjolaθjón] 囡 ❶ 婦女暴行, 強姦. ❷ [法律・契約などの] 違反; [権利の] 侵害; 冒瀆(ぼう): 〜 de la ley 法律違反. 〜 de domicilio 住居不法侵入

violado, da [bjoládo, da] 圈 過分 紫色〔の〕

violador, ra [bjoladór, ra] 圈 囝 婦女暴行の, 暴行犯; 違反する, 違反者

violar [bjolár] ⑩ ❶ [法律などに] 違反する; [権利を] 侵害する: 〜 un acuerdo 協定を破る. Eso viola los derechos humanos. それは人権じゅうりんだ. ❷ [女性を] 暴行し強姦する. ❸ [聖地を] 冒瀆する; [国境を] 侵犯する

violencia [bjolénθja] 囡《英 violence》❶ 暴力: usar la 〜 暴力を用いる. recurrir a la 〜 暴力に訴える. por la 〜 暴力によって. ❷ 激しさ: La lluvia adquirió 〜. 雨が激しさを増した. ❸ 強姦〖violación〗. ❹ [精神的な] つらさ, 気まずさ: Me ha costado 〜 decírselo. 彼にそう言うのはとてもつらかった

hacer 〜 **a (sobre)**+人 …に無理強いする

violentamente [bjolentaménte] 圃 乱暴に, 激しく

violentar [bjolentár] ⑩ ❶ …に暴行(暴力)を加える: 〜 una rama 枝を折る. 〜 la cerradura 錠をこじ開ける. ❷ [不法に] 侵入する: 〜 una casa 家に押し入る. ❸ 曲解する: 〜 un texto 原文の意味をねじ曲げる. ❹ 気まずい(つらい)思いをさせる

◆ 〜se ❶ 自分に無理強いする: Me violenté mucho para acompañarle. 私はいやなのを我慢して彼に付き合った. ❷ 気まずい思いをする

violento, ta [bjolénto, ta]【英 violent】❶ 乱暴な, 荒々しい: hombre 〜 乱暴者. palabras 〜tas 乱暴な(激しい)言葉. revolución 〜ta 暴力革命. ❷ 激しい, 猛烈な: tempestad 〜ta 激しい嵐. pasión 〜ta 激情. cólera 〜ta 激怒. golpe 〜 強打. ❸ 不自然な; [精神的に] つらい, 気まずい: postura 〜ta 無理な姿勢. sentirse 〜 気まずい思いをする. Me resulta 〜 no aceptar su oferta. 彼の申し出を断るのは気がひける. Es muy 〜 tener que no hablar ni una palabra. 一言も口をき

いてはいけないというのは無茶だ. ❹ [解釈が] こじつけの

violeta [bjoléta] [女]《植物》スミレ: ~ africana アフリカスミレ, セントポーリア
◆ [形] スミレ色の[の], 薄紫色[の]
violetera [bjoletéra] [女] スミレ売り

violín [bjolín] [男]《英 violin》《楽器》バイオリン: tocar el ~ バイオリンを弾く
◆ [名] バイオリン奏者: primer ~ 第一バイオリン; コンサートマスター. segundo ~ 第二バイオリン
embolsar el ~《南米》しっぽを巻いて逃げる
estar hecho un ~《中南米》やせこけている
~ *de Ingres* 趣味, 余技

violinista [bjolinísta] [名] バイオリニスト

violón [bjolón] [男]《楽器》コントラバス
◆ [名] コントラバス奏者
tocar el ~ 間の抜けたことをする(言う)

violoncelo/violonchelo [bjolonθélo/-tʃélo] [男]《楽器》チェロ
◆ [名] チェロ奏者

violoncelista/violonchelista [名] チェロ奏者

vip/VIP [bíp] [名] [複 ~s]《←英語》要人, 貴賓

viperino, na [bipeŕíno, na] [形] ❶ クサリヘビの, マムシの. ❷《軽蔑》中傷の: lengua ~na 毒舌[家], 中傷[家]

vira [bíra] [女] ❶ [靴の縫い目を補強する] 当て革, 細革. ❷《トランプ》切り札

Viracocha [birakótʃa] [男]《インカ神話》ビラコチャ [創造神. 先住民はスペイン人征服者を神の子と思い, こう呼んだ]

virada [biráda] [女] =**viraje**

virador [biraðór] [男]《写真》調色液

virago [birágo] [男]《時に [女]》男まさりの女

viraje [biráxe] [男] ❶《船などの》方向転換, 旋回: dar ~s 旋回する. radio de ~ 旋回半径. ❷《水泳》ターン. ❸《写真》調色

viral [birál] [形]《医学》ウィルスの, ビールスの

virar [birár] [自] ❶《船・車が, +a·hacia に》方向転換する, 旋回する: La moto *viró a (hacia)* la izquierda. オートバイは左折した. ❷ [考え・方針などが] 変わる: ~ en redondo 180度方針転換する. ❸《水泳》ターンする
◆ [他] ❶ [乗り物を] 方向転換させる, 旋回させる. ❷《写真》調色する

virazón [biraθón] [女] [海岸地方で] 昼は海から夜は陸から吹く風; 風向きの急激な変化; [考え・方針などの] 突然の転換(変化)

viremia [birémja] [女]《医学》ウィルス血症
virémico, ca [形] ウィルス血症の

víreo [bíreo] [男]《鳥》=**oropéndola**

virgen [bírxen] [形] [複 vírgenes] ❶ 処女[の], 童貞の; 純潔な: ~ del sol [インカの] 太陽の神殿に仕えた巫女. ❷ 未使用の, 未開拓の: cinta ~ 生テープ. tierra (nieve) ~ 処女地[雪]; cera ~ 天然蜜蠟
◆ [女]《キリスト教》[la V~] 聖母; その像(図)
fíate de la V~ y no corras 他人に頼りすぎるな

ser un viva la ~《軽蔑》だらしがない, 無責任である
¡~ *Santa (Santísima)!* [驚き・苦痛・抗議] おや, ああ!

virginal [birxinál] [形] 処女の; 純潔な, けがれのない; 聖母マリアの
◆ [男]《楽器》バージナル [16-17世紀のハープシコードの一種]

virginidad [birxiniðáð] [女] 処女性, 童貞; 純潔

virgo [bírgo] [男] 処女性;《口語》処女膜 [himen];《占星》[主に V~] 乙女座 [☞zodíaco 参照]

virguería [birgeŕía] [女]《西. 口語》❶ すばらしいもの: Esta foto es una ~. この写真はとてもきれいだ. hacer ~s 非常に上手である. ❷ 過剰(不必要)な装飾

virguero, ra [形] [名] すばらしい; 上手な[人]

vírgula [bírgula] [女] 細く小さな記号 [コンマ, アクセント, ティルダなど]

virgulilla [女] =**vírgula**

vírico, ca [bíriko, ka] [形]《医学》ウィルスの, ビールスの: hepatitis ~ca ビールス性肝炎

viril [biríl] [形] 男の; 男性的な, 男らしい: No es ~. 彼は男らしくない
◆ [男] 聖体納器 [☞custodia カット]; ガラスケース

virilidad [女] 男らしさ; 壮年期

virilismo [男]《医学》男性化

virilizar [自] ~se《医学》男性化する

virio [bírjo] [男]《鳥》=**oropéndola**

virola [biróla] [女]《技術》[接合部を補強する] 着せ金具, はめ輪

virología [biroloxía] [女] ウイルス学
virólogo, ga [名] ウイルス学者

viropausia [biropáusja] [女]《生理》男子更年期 [andropausia]

virosis [birósis] [女]《単複同形》《医学》ウイルス感染, ウイルス病

virrey [birréi] [男]《歴史》副王, 総督 [国王の代理として植民地を統治する貴族]
virreina [女] 副王夫人; 副女王
virreinal [形] 副王[領]の; 副王統治時代の
virreinato [男] 副王の職(位・統治期間); 副王領; 総督府

virtual [birtwál] [形] ❶ 既に事実上の, 潜在的な [現在はそうではないが将来確実にそうなる]: Hasta este momento el equipo es el ~ campeón. この時点でそのチームが優勝したも同然だ. capital ~ 含み資産. facultad ~ 潜在能力. ❷《物理など》虚の[↔real]: imagen ~ 虚像. realidad ~ 仮想現実, バーチャルリアリティ

virtualmente [副] 既に事実上は: trabajo ~ terminado 終わったも同然の仕事

virtud [birtúð] [女]《英 virtue. ↔vicio》❶ 徳, 美徳; 貞節: i) Posee la ~ de la modestia. 彼女は謙譲の美徳がある. hombre de gran ~ 大変高潔な人. ii)《カトリック》~ cardinal 枢要徳 [prudencia 賢明, justicia 正義, fortaleza 勇気, templanza 節制]. ~ teologal 対神徳, 神学的徳 [fe 信, esperanza 望, caridad 愛]. iii)《皮肉》Tiene la ～ de enfadar a cualquier persona. 彼は人を怒らせる名人だ. ❷ 能力, 効力：Tiene una ～ para tratar a los niños. 彼は子供の相手をするのが上手だ. tener la ～ de ayudar la digestión 消化を助ける効果がある. ～ medicinal 薬効. ❸ 長所. ❹ 圖 力天使『ⅬＰángel 参考』

en (por) ～ *de...*《文語》…(の力)によって：*en* ～ *de* la ley de la gravedad 重力の法則によって

virtuoso, sa [birtwóso, sa] 厖 图 ❶ 徳のある, 高潔な〔人〕; 貞淑な：conducta ～*sa* 立派な行ない. ❷〔主に音楽の〕名手(の), 技巧派, ビルトゥオーゾ

virtuosismo 男 名人芸, 妙技

viruela [birwéla] 囡《医学》天然痘, 痘瘡 ; 圖〔疱瘡状の〕ぶつぶつ：picado de ～*s* あばたのある. picadura de ～ あばた. ～*s locas* 水痘

virulé [birulé] 囡《西》*a la* ～ 壊して ; ねじ曲げて：tener un ojo *a la* ～ 目の回りがあざになっている ; へんてこりんな目をしている. llevar el sombrero *a la* ～ 帽子をあみだにかぶっている

virulento, ta [birulénto, ta] 厖 ❶ 辛辣(½ぷ)な, 手厳しい：crítica ～*ta* 辛辣な批評. ❷〔病気が〕ウイルスによる, 悪性の ;〔傷が〕膿を持った

virulencia 囡 悪性 ; 辛辣さ

virus [bírus] 男〔単複同形〕❶《医学》ウイルス, ビールス：～ de la rabia 狂犬病ウイルス. ❷《情報》コンピュータウイルス〔ⅬＰ informático〕

viruta [birúta] 囡〔木・金属の〕削りくず

vis [bís] ～ *a* ～ 1) 面と向かって, 直接会って. 2) 男 直接会っての会談

～ *cómica* 囡 人を笑わせる才能

visa [bísa] 囡《中南米》ビザ, 査証〔visado〕

visado [bisádo] 男《西》〔旅券の〕ビザ, 査証 〔査印〕：solicitar el ～ ビザを申請する. ～ *temporal* 一時滞在ビザ. ～ *permanente* 永住ビザ. ～ *de turismo* 観光ビザ. ～ *de trabajo* 労働ビザ

visaje [bisáje] 男〔こっけいな〕しかめ面, 顔をゆがめること ; 百面相

visar [bisár] 他 ❶〔書類などを〕承認する, 確認する：～ la factura 送り状を確認する. ❷ 〔旅券などに〕査証する, 証明する：tener *visado* su pasaporte 旅券に査証してもらってある. ❸ …に銃の照準を合わせる, 狙いを定める

víscera [bísθera] 囡《解剖》〔主に 圖〕内臓

visceral [bisθerál] 厖 ❶ 内臓の. ❷〔感情が〕腹の底からの：odio ～ 心底からの嫌悪. ❸ 感情的な

viscosa [biskósa] 囡《化学》ビスコース

viscosidad [biskosiðá(d)] 囡 ぬるぬる ; 粘り, 粘着性 ;《物理》粘性, 粘度

viscoso, sa [biskóso, sa] 厖 ぬるぬるした ; ねばねばする, 粘着性のある

viscosímetro [biskósímetro] 男 粘度計

visera [biséra] 囡 ❶〔帽子の〕ひさし ;〔頭につける・車の〕サンバイザー. ❷〔かぶとの〕面頬(ｅｎ)

visibilidad [bisibiliðá(d)] 囡 ❶ 目に見えること, 可視性. ❷ 視界：Hay poca ～ a causa

de la niebla. 霧で視界がきかない. curva sin ～ 見通しのきかないカーブ. vuelo sin ～ 計器(無視界)飛行. vuelo sin ～ 視界ゼロ

visible [bisíβle] 厖 ❶〔ser+〕i)〔目に〕見える, 可視の：El eclipse de sol no fue ～ desde Japón. 日本では日食は見られなかった. rayo ～ 可視光線. ii) 目立つ ; 明白な：con ～ desagrado 不満をありありと見せて. ❷〔estar+. きちんと服を着て〕見苦しくない, 人前に出られる ; 面会できる：A esta hora la señora no está ～. こんな時間では奥様はどなたにもお会いになりません

visiblemente 圖 目に見えて ; 明白に

visigodo, da [bisiγóðo, ða] 厖《歴史》西ゴート族(の). **visigótico, ca** 厖 西ゴートの

visillo [bisíʎo] 男〔主に 圖〕薄地のカーテン

visión [bisjón] 囡 ❶ 観点, 見方：～ de conjunto 全体像. ～ del mundo 世界観. ～ del porvenir 見通し, ビジョン. ❷ 視覚, 視力 〔vista〕：campo de ～ 視野, 視界. pérdida de ～ 視力の喪失. ～ borrosa かすみ目. ❸ 洞察力, 先見の明. ❹ 見たもの, 光景：quedarse estupefacto ante una insólita ～ 途方もない光景を前に唖然とする. ❺ 幻影, 幻覚 ;《宗教》 神秘：ver *visiones* 幻を見る, 幻影を信じ込む. ～ *beatífica* 至福直観. ❻ 醜悪(奇妙)な人 (もの)：Va hecha una ～. 彼はおかしなかっこうをしている

quedarse como quien ve visiones びっくり仰天する, 呆然とする

visionador [bisjonaðór] 男《写真》ビューアー

visionadora 囡＝visionador

visionar [bisjonár] 他〔批評・検討などのために, 映画・テレビ・ビデオを〕見る

visionario, ria [bisjonárjo, rja] 厖 图 幻を見る(人), 妄想を抱く(人), 夢想家(の)

visir [bisír] 男《歴史》〔イスラム教国の〕大臣：gran ～〔トルコの〕宰相

visita [bisíta] 囡《英 visit》❶ 訪問, 来訪：El presidente está de ～ oficial (de amistad) en Perú. 大統領はペルーを公式(親善)訪問中だ. Gracias por su ～.《表示》ご来店ありがとうございます. hacer una ～ a+人/ir de ～ a+場所 …を訪ねる. recibir la ～ de+人 …の訪問を受ける. ～ de cortesía〔短時間の〕表敬訪問. ～ de cumplido (de cumplimiento)〔相手に会わない〕儀礼的訪問. ～ domiciliaria (a domicilio)〔聞き込み・募金・セールスなどのための〕戸別訪問 ; 往診. ～ de pésame (de duelo) 弔問. ❷ 訪問者：Hoy he tenido muchas ～*s*. 今日は来客が多かった. libro de ～*s* 来客名簿. ❸ 見学, 見物：～ de un museo 博物館見学. ～ a la ciudad 市内見学. ❹〔病院・刑務所などへの〕面会：Se prohíben las ～*s*. 面会謝絶. ❺ 視察, 巡視 ; 臨検：～ pastoral《宗教》教会巡察. ❻ 検診, 回診〔～ *médica*〕：pasar ～ en el hospital 回診する. ❼〔婉曲〕＝**menstruación**：tener la ～ 生理がある

devolver（*pagar*）*la ～ a*+人 …を答礼訪問する

girar una ～ oficial a... …を公式訪問する

visitación [bisitaθjón] 囡《カトリック》聖母マリアの御訪問《～ de la Virgen María a su prima Santa Isabel》；その祝日《7月2日》

visitador, ra [bisitaðór, ra] 厖 訪問する〔のが好きな〕

◆ 图 ❶ 見学者, 見物人；訪問者. ❷ 〔製薬会社が医者に派遣する〕プロパー《～ médico》. ❸ 視察員, 巡察官；《宗教》巡察使

◆ 囡《中南米》浣腸〔剤·器〕〔lavativa〕

visitante [bisitánte] 厖 訪問する：equipo ～《スポーツ》〔自分たちの地元に来て試合をする〕ビジターチーム. profesor ～ 客員教授

◆ 名 訪問者, 来客；見物人

visitar [bisitár] 他《英 visit》❶ 訪れる. i) 会いに行く：*Visitó al director en su despacho.* 彼は社長を執務室に訪問した. ii) 見学する, 見物する：～ Londres ロンドンを訪れる（見物する）. ～ un acuario 水族館を見学する. ❷ 見舞う, 慰問に行く：～ a los ancianos 老人たちを慰問する. ❸ 視察する. ❹ 往診する, 回診する. ❺《教会へ》祈りに行く

◆ ～*se* 往診してもらう

visiteo [bisitéo] 男《軽蔑》〔頻繁に·大勢が〕訪問する（される）こと

vislumbrar [bislumbrár] 他〔暗く·遠くて〕ぼんやり見える：*Apenas vislumbré dos bultos.* 2つの人影がぼんやり見えただけだ. Ya comenzamos a ～ la solución. おぼろげながらやっと解決法が見えてきた

vislumbre [bislúmbre] 囡 ❶〔遠くの〕弱い輝き：En los montes se veía la ～ de hogueras. 山中にかがり火がかすかに見えた. ❷ かすかな徴候；わずかな情報：Se aparecía alguna ～ de mejoría en el enfermo. 病人に少し回復の兆しが見えた. Tenemos una ～ de lo que está pasando. 今起こっていることについて私たちの少しわかりかけてきた

viso [bíso] 男 ❶〔主に 覆〕i)〔本来の色とは異なる色の〕輝き, きらめき：traje de color azul con ～*s* violetas 青色だが光線の具合いで紫色に見える服. ii) 外見, 様子：La excusa tiene ～*s* de ser falsa. その言い訳は嘘のようだ. ❷〔透ける服の下に着る〕色物の下着；裏地

a dos ～s 2つの目的をもって

de ～〔人が〕主だった, 地位の高い；〔物が〕豪華な外観の

hacer ～s きらめく

visón [bisón] 男《動物》ミンク；その毛皮

visor [bisór] 男〔銃砲の〕照準器；〔カメラの〕ファインダー；〔スライドの〕ビューアー

víspera [bíspera] 囡 ❶〔祭りなどの〕前夜：Preparé el equipaje la ～ del viaje. 私は旅行の前日に荷物をまとめた. ～ de〔la〕Navidad クリスマスイブ. fiesta de ～ 前夜祭. Día de mucho, ～ de nada.《諺》明日のことはわからない. ❷ 覆《宗教》晩課

en ～s de... …の直前に：Están *en ～s de*

divorciarse. 彼らは離婚寸前だ

vista[1] [bísta] 囡《英 sight, view》❶ 視覚, 視力：La ～ se le ha debilitado. 彼は視力が低下した. Tiene bien la ～. 彼は両目とも見える（そろっている）. perder la ～ 失明する. perder ～ 視力が衰える. tener buena（mala）～ 目がよい（悪い）. hasta donde llega（alcanza）la ～ 見渡す限り. ～ cansada 疲れ目, 眼精疲労；老眼

❷ 視線, まなざし〔mirada〕；見ること：saludar con la ～ 目であいさつする. con la ～ baja 下を見て, うつむいて

❸ 眺め, 見晴らし：Este cuarto tiene buena ～ al puerto. この部屋は港の眺めがいい. obstruir（impedir·tapar）la ～ 視界をさえぎる. ～ desde la colina 丘からの眺望. ～ nocturna 夜景

❹ 風景画（写真）：pintar la ～ del palacio 王宮を描く. "*V～ de Toledo*" de Sorolla ソローリャの『トレド風景』. marina 海洋画

❺ 外見, 様子：Esta tela tiene buena ～. この布はきれいだ. La paella tuvo mala ～. そのパエーリャは見てくれが悪かった

❻ 洞察力, 先見の明：tener ～ para los negocios 商売に抜け目がない（目はしがきく）

❼《法律》審理, 口頭弁論〔～ oral〕：Hoy se celebra la ～ de la causa contra él. 今日彼に対する訴訟の審理が行われる. ～ preliminar 予審

❽《建築》〔光の入る·外が見える〕開口部：abrir ～*s* 窓を開ける

❾《商業》letra a la ～ 一覧払い手形. letra a tres meses ～ 一覧後3か月払い手形. préstamo（dinero）a la ～ コール貸付金（マネー）

❿ 覆〔ワイシャツ·ブラウスの〕袖口·えりの見返し部分

a la ～ 1)〔+de の〕面前で：Se desnudó *a la ～ de* todos. 彼は皆の見ている前で服を脱いだ. 2) 見たところ：*A la ～* no tiene herida. 彼は見たところ無傷だ. *A la ～ de* todos, es culpable. 衆人の見るところ, 彼は有罪だ. 3) 目に見える：¡Tierra *a la ～*! 陸地が見えるぞ！ Pusieron *a la ～* todas las existencias. 在庫品がすべて展示された. Ponlo bien *a la ～*. それをよく見えるところに置け. 4) 明白な：Está *a la ～* que no sabe nada. 彼が何も知らないのは明らかだ. 5) 近い将来の, 予測できる：No tengo ningún proyecto *a la ～*. 私はさしあたって何の計画も持っていない. 6)〔+de に〕注目している；考慮して：Estaré *a la ～ de* lo que ocurra. 私は何が起きるかよく見ているつもりだ. *A la ～ de* lo que dicen, cambiará de opinión. 彼は評判を聞いて意見を変えるだろう

a primera（media）～ ちょっと見ると；一見で：*A primera ～* parece un buen negocio. それは一見うまい話に思える

a simple ～ 1) ＝*a primera ～*：La reconocí *a simple ～*. 私は一目で彼女だとわかった. 2) 肉眼で：perceptible（imperceptible）*a simple ～* 肉眼で見える（見えない）

a ～ de... 1) …の面前で；近くで：*A ～ del peligro se amedrentó.* 彼は危険を前に恐れをなした. *Le atacaron a ～ ya del pueblo.* 彼は村を目の前にして襲われた. 2) …を考慮して, 比較して：*Creía que estaba moreno, pero a ～ de ellos, estoy blanco.* 私は色が黒いと思っていたが, 彼らと比べたら白い

alzar la ～ 1) 上を見る：*Alzó la ～ del libro.* 彼は本から目を上げた. *Alza la ～ hacia metas más elevadas.* 目標をもっと高い所に置きなさい. 2) 頼み事をする：*No tenía a quien alzar la ～.* 彼には相談相手がいなかった

clavar la ～ en... …を注視する, 穴のあくほど見つめる

comerse... con la ～ [怒り・好奇心・欲望で] …をじっと見つめる

con la ～ puesta en... …のことを考えて：*Está siempre con la ～ puesta en su trabajo.* 彼はいつも仕事のことを考えている

con ～s a... 1) …に面した：*terraza con ～s al mar* 海の見えるテラス. *con ～s al norte* 北向きの. 2) …を意図して：*Está ahorrando con ～s a viajar por el extranjero.* 彼は海外旅行のために貯金している

dar ～ a+場所 …が見える[所にいる]

de mucha ～ 見ばえのよい, 外見の立派な

desviar la ～ de... ＝*apartar la ～ de...*

devorar... con la ～ ＝*comerse... con la ～*

echar la ～ a+物 …に目を注ぐ, 注目する

echar la ～ [encima] a+人 [捜していて・会いたくて] …に出会う, 近くで見る；目を奪われる

echar una ～ 1) さっと(ざっと)見る：*echar una ～ a los chicos (por la habitación)* 子供たち(の部屋)を見回す. 2) [+a+物 に] 気をつける, 時々目をやる：*Échale una ～ a la comida, no se vaya a pegar.* こげつかないように料理に注意しなさい

empañarse la ～ ＝*nublarse la ～*

en ～ de... …を考慮して, …から判断して：*En ～ de tu informe cambiamos nuestros planes.* 君の報告を考慮に入れて我々の計画を変更することにしよう

extender la ～ ＝*tender la ～*

fijar la ～ en... …を注視する, じっと見つめる：*Al entrar todos fijaron la ～ en ella.* 入って行くとみんな彼女を見つめた

hacer la ～ gorda 見ないふりをする, 目をつぶる

herir la ～ a+人 …の目をくらませる：*El sol me hiere la ～.* 日の光がまぶしい

irse la ～ a+人 気を失う；めまいがする：*A veces se me va la ～.* 私は時々めまいがする

llevar... a la ～ …を見せる, 示す：*Ha llevado a la ～ su simpatía.* 彼は共感を示した

no perder de ～ 1) …を忘れない；考慮に入れる：*No pierdas de ～ mi solicitud.* 私が頼んだことを忘れないでくれ. 2) …から目を離さない, 監視する：*No pierdas de ～ a los niños.* 子供たちから目を離すな

no tener a dónde volver la ～ 孤立無援である, ひとりぼっちである

nublarse la ～ a+人 …の目がかすむ；[涙で] 目が曇る：*Al ver la escena se le nublaba la ～.* その光景を見て彼は目頭が熱くなった

pasar la ～ por... …にざっと目を通す, ざっと見る

perder de ～... …が見えなくなる, 見失う；…と会わなくなる, 交際をやめる：*Lo perdí de ～.* 私は彼を見失った(見かけなくなった)

perderse de ～ 見えなくなる：*El avión se perdió de ～.* 飛行機は空の彼方に消えた

poner la ～ en... …に注目する；目をつける：*Ha puesto la ～ en esa chica.* 彼はその娘に目をつけた

poner la ～ encima... …を見つける, 見かける

punto de ～ 観点, 視点：*desde este punto de ～* この観点からすれば. *desde todos los puntos de ～* あらゆる見地からして. *Tenemos distintos puntos de ～ sobre el asunto.* 私たちはその件に関して意見が異なっている

quitar... de la ～ …をかたづける, 見えない所におく：*Quita los trastos de la ～.* がらくたをどこかにしまってくれ

saltar a la ～ 一目瞭然である：*Salta a la ～ que no tiene ninguna experiencia.* 彼にまったく経験がないことは一目瞭然だ

sin perder de ～... …を忘れずに；…から目を離さずに

tender la ～ [広く] 視線を走らせる：*tender la ～ alrededor* あたりをずっと見回す

tener... a la ～ …を心に残す：*No dejes de tener a la ～ mis consejos.* 私の忠告を忘れないように

torcer (trabar) la ～ 斜視のような目つきをする

volver la ～ そっぽを向く, あらぬ方を見る

volver la ～ atrás 過去(後ろ)を振り返る

◆ 图 税関の検査官 *(～ de aduanas)*

vistazo [bistáθo] 男 一瞥(いちべつ)；ざっと読むこと：*echar (dar) un ～ por (a)...* …をちらっと(ざっと)見る

viste ☞ver 50

vistillas [bistíʎas] 女 複 眺望のよい高台, 見晴らし台

visto², ta² [bísto, ta] 過分 《←ver》 ❶ 見られた：*Su piso es tan pequeño que en un momento está ～.* 彼のマンションは大変狭くて一目で見渡せる. *Una vez ～ta la exposición tomaremos cerveza en el bar.* 展覧会を見たらバーでビールを飲もう. *～ta la seriedad de la falta* 過ちの重大さを考慮して. ❷ [estar+] ありふれた, 流行遅れの：*Ese traje está muy ～.* その服はごくありきたりだ. ❸ [bien·mal+] よく・悪く思われている：*Ella está bien ～ta de todos.* 彼女はみんなから尊敬されている. *No está bien ～ bostezar en público.* 人前であくびをするのはよく思われない. [+que+接続法] *No está bien ～ que una chica ande sola.* 若い娘の一人歩きはよく思われない. ❹ 《法律》審理さ

れた. ❺ [煉瓦・梁が] むき出しの

está (*es*) ～ [確言] 確かに: *Está* ～ que nunca se puede ser feliz. 完全な幸福などありえないことは確かだ

ni ～ *ni oído*/～ *y no* ～ あっという間に

nunca ～/*no* ～ 見たこともない, 驚くべき ～: El partido fue algo *nunca* ～. その試合は非常にすばらしかった

por lo ～ 見たところ; おそらく: *Por lo* ～ no viene. どうやら彼は来ないらしい

～ *bueno* 男 可, 検査済み: dar el ～ *bueno* 承認する, オーケーを出す

～ *que*+直説法 [理由] …だから, …であるからには

～ *y no* ～ 《口語》またたく間の: La actriz ha pasado por el festival del cine ～*ta y no* ～*ta*. その女優は映画祭にちらっとしか姿を見せなかった

vistoso, sa [bistóso, sa] 形 派手な, 人目を引く: atuendo ～ 派手な衣装
　vistosidad 女 派手さ

visu [bísu] *de* ～ 自分の目で見て

visual [biswál] 形 視覚の, 視覚による: representación ～ ディスプレイ. memoria ～ 視覚による記憶
　◆ 女 視線 [línea・rayo ～]: tapar la ～ a+人 …の視野をさえぎる
　visualmente 副 視覚によって, 目で見て

visualidad [biswalidá(d)] 女 視覚効果, 見た目のよさ

visualizar [biswaliθár] 他 視覚(映像)化する; ありありと思い浮かべる, 心に描く
　visualización 女 視覚化
　visualizador 男 《情報》表示装置, ディスプレー

vital [bitál] 形 ❶ 生命の, 生の: fuerza ～ 生命力. reacción ～ 生体反応. [ser+] 最重要の, 不可欠の: Para los niños es ～ el cariño. 子供にとって愛情は不可欠だ. ❸ 活力 (バイタリティー)のある

vitalicio, cia [bitaliθjo, θja] 形 終身の, 終生の: senador ～ [上院の] 終身議員. miembro ～ 終身会員
　◆ 男 終身年金 [pensión・renta ～*cia*]; 生命保険

vitalidad [bitalidá(d)] 女 ❶ 重要性. ❷ 生気, 活力: lleno de ～ 元気はつらつとした. Tiene mucha ～. 彼はバイタリティーがある

vitalismo [bitalísmo] 男 《生物》生気論, 活力論;《哲学》生の哲学;《口語》生気, 活力
　vitalista 形 生気論の(論者);生の哲学の(論者);《口語》はつらつとした〔人〕

vitalizar [bitaliθár] 他 …に活力を与える, 元気づける

vitamina [bitamína] 女 ビタミン: ～ A ビタミン A
　vitaminado, da 形 ビタミン添加の
　vitamínico, ca ビタミンの; ビタミンを含む

vitando, da [bitándo, da] 形 避けるべき; 憎むべき, 嫌悪すべき

vitela [bitéla] 女 [子牛皮の] 上等皮紙

vitelo [bitélo] 男 《生物》卵黄
　vitelino, na 形 卵黄の: membrana ～*na* 卵黄膜

viticultura [bitikultúra] 女 ブドウ栽培〔法〕
　vitícola 形 ブドウ栽培の
　viticultor, ra 名 ブドウ栽培者

vitiligo [bitilígo] 男 《医学》白斑

vitivinicultura [bitibinikultúra] 女 ブドウ栽培とワイン醸造
　vitivinícola 形 ブドウ栽培とワイン醸造の
　vitivinicultor, ra 名 [ブドウを栽培する] ワイン醸造家

vito [bíto] 男 アンダルシア地方の軽快な民俗舞踊・音楽

vitola [bitóla] 女 ❶ 葉巻の等級; 葉巻に巻き付けてあるラベル. ❷ 様子, 外見: con la ～ de… …の外観をした; …みたいな

vítor [bítor] 男 [主に 複] 歓呼, 拍手喝采: recibir con ～*es* 歓呼の声で迎える
　vitorear 他 …に歓呼する

vitoriano, na [bitorjáno, na] 形 名 《地名》ビトリア Vitoria の〔人〕 [バスク地方の首市で Álava 県の州都]

vitral [bitrál] 男 ステンドグラス [vidriera]

vítreo, a [bítreo, a] 形 [←vidrio] ガラスの; ガラスに似た: porcelana ～*a* 半透明の磁器. humor (cuerpo) ～ 《解剖》[眼球の] ガラス体液

vitrificar [bitrifikár] 他 ガラス化する; [表面に] 透明な合成樹脂を塗る; 透化する; 磁器化する
　vitrificable 形 ガラス化できる
　vitrificación 女 ガラス化, 透化

vitrina [bitrína] 女 ❶ ショーケース; 飾り棚. ❷《中南米》ショーウィンドー [escaparate]

vitriolo [bitrjólo] 男 《化学》濃硫酸 [aceite de ～]: ～ azul 胆礬, 硫酸銅

vitro [bítro] 男 *in* ～ 《生物》生体外での, ガラス器内での: fecundación *in* ～ 試験管内受精

vitrola [bitróla] 女 《中南米》レコードプレーヤー [tocadiscos]

vitualla [bitwáʎa] 女 《古語》[主に 複] 軍隊の] 食糧

vituperar [bituperár] 他 激しく非難する, 罵倒する [↔alabar]
　vituperable 形 非難されるべき
　vituperación 女 非難
　vituperio 男 非難, ののしり

viudedad [bjudedá(d)] 女 =viudez; 寡婦年金

viudez [bjudéθ] 女 やもめ暮らし

viudita [bjudíta] 女 《鳥》[南米の] オオムの一種

viudo, da [bjúdo, da] 形 名 ❶ やもめ〔の〕, 配偶者を亡くした〔人〕; 未亡人, 寡婦: ～*da* de guerra 戦争未亡人. ❷ [estar+. 一時的に] 単身の: Esta semana estoy (me quedo) ～. 今週私はチョンガーだ. ～ de verano 妻がバカンスに出かけて不在の夫. ❸ [料理が豆やジャガイモだけで] 肉や魚のない. ❹《動物》～*da* negra ク

ロゴケグモ

viva¹ [bíba] 圖 万歳！：¡V~ la democracia! 民主主義万歳！ dar ~s a... …に万歳を唱える. con ~s 歓呼して

vivac [bibák] 男 [複 ~s]《登山》ビバーク；《軍事》露営, 野営

vivace [bibátʃe] 男 圖《←伊語. 音楽》ビバーチェ〔で〕

vivacidad [bibaθidá(d)] 囡 活発さ, 生気：Hay gran ~ en la calle. 通りは大変活気がある. ~ del ingenio 頭の回転の速さ

vivalavirgen [bibalabírxen] 男 囡《西. 軽蔑》だらしがない, 無責任な〔人〕

vivales [bibáles] 名〔単複同形〕《軽蔑》厚かましい人, 図々しい人

vivamente [bíbamente] 圖 活発に；激しく：Lo siento ~. 心から申し訳なく思います

vivaque [bibáke] 男 =**vivac**
　vivaquear 自 ビバークする；露営する

vivar [bibár] 男 飼育地
◆ 他《南米》歓呼する〖vitorear〗

vivaracho, cha [bibarátʃo, tʃa] 形《口語》快活な, 陽気な：ojos ~s 生き生きとした目

vivario [bibárjo] 男 ビバリウム, 自然(生態)動物園

vivaz [bibáθ] 形 [複 ~ces]《植物》多年性の：planta ~ 多年生植物. ❷《植物》頭の回転の速い. ❸〔人が〕元気のよい, 活発な

vivencia [bibénθja] 囡〔人格・性格形成に影響を及ぼした〕体験
　vivencial 形 個人的体験の

víveres [bíberes] 男 複〔貯えられた〕食糧：La tropa andaba escasa de ~. 部隊の食糧は乏しくなっていた

vivero [bibéro] 男 ❶ 苗床：~ forestal 樹木の苗床. ❷〔魚貝類の〕養殖場：Estas truchas son de ~. このマスは養殖物だ. ❸ 原因：~ de delincuencia juvenil 青少年非行の温床

viveza [bibéθa] 囡 ❶ 活発さ, 生気；敏捷さ：perder su ~ 生気を失う. ~ de ingenio 頭の回転の速さ. ~ de los ojos 目の生き生きとした輝き. ❷〔感情などの〕激しさ, 辛辣さ. ❸〔色彩などの〕鮮明さ, 鮮烈さ

vivido, da [bibíðo, ða] 形 過分 ❶ 体験された, 実際にあった：relato ~ 実話. ❷ 生き生きとした, はつらつした. ❸〔家が〕人が住んでいる〔ような〕, 住み慣らされた. ❹ los ocho ~s en España スペイン在住 8 年

vívido, da [bíbiðo, ða] 形 生き生きとした, 激しい：realidad ~da 生々しい現実. ~da luz 強烈な光

vividor, ra [bibiðór, ra] 形《軽蔑》人生を謳歌する〔人〕；処世術にたけた〔人〕, 社会の寄生虫

vivienda [bibjénda] 囡〔一般的に〕住まい, 住居：problema de la ~ 住宅問題. ~ popular/~ de protección oficial/《中南米》~ de interés social 低所得者住宅. ~ unifamiliar (plurifamiliar) 一戸建て(集合住宅)

viviente [bibjénte] 形 名 生きている〔人〕, 生

者：ser ~ 生物. muerto (cadáver) ~ 生ける屍

vivificar [bibifikár] 了 他 ❶ 生き返らせる：La lluvia ha vivificado los campos. 雨で畑がよみがえった. ❷ 活気づける, 元気づける：Sus palabras me vivificaron. 彼の言葉で私は元気が出た

vivificador, ra/vivificante 形 生き返らせる；活気づける

vivíparo, ra [bibíparo, ra] 形《生物》胎生の
　viviparismo 男 胎生

vivir [bibír] 自《英 live. ↔morir》❶ 生きる, 生きている：Este pez vive todavía. この魚はまだ生きている. Vivió hasta los cien años. 彼は 100 歳まで生きた. Quien más vive, más sabe.《諺》年をとればとるほど賢くなる. Como se vive se muere.《諺》雀百まで踊り忘れず/生き方がよければ死に方もよい
❷ 存続する：Su memoria vive en la mente de todos. 彼の思い出は皆の心の中に生きている. Ese caserón vivirá poco. そのぼろ家は長持ちしないだろう
❸〔暮らす, 生活する：i) Quiero ~ tranquilo. 私は平穏に暮らしたい. ii)〔+con と〕同居する；同棲する：Vivía con una mujer. 彼は一人の女と一緒に暮らしていた(同棲していた). iii)〔+en に〕住む：Los Martínez viven en Madrid (en un piso). マルティネス一家はマドリード(マンション)に住んでいる. Esa criada vive en casa. その女中さんは住み込みだ. iv)〔+de で〕生計を立てる, 糧(ﾃ)とする：Vive de su propio trabajo. 彼は自分で働いて食べている. La tribu vive de la caza. その種族は狩猟生活をしている
❹ 人生を送る：Vivía para la música. 彼は音楽に生きた. ~ honestamente 誠実な生き方をする. manera de ~ 生き方
¡a ~! 楽しくやろう！
no dejar ~ a+人 …に迷惑(やっかい)をかける；つらい思いをさせる, 後悔させる：El miedo por las represalias no le deja ~. 彼は仕返しが怖くていても立ってもいられない
no saber ~ 処世術にたけていない, 世渡りが下手である；世間のしきたりを知らない
no ~《口語》生きた心地がしない
¡quién vive!〔歩哨の誰何〕誰か？
tener con qué ~ 生活費を稼いでいる, 生活手段がある
¡viva! ☞**viva**¹
~ bien (mal) 裕福である(貧しい)；まっとうな(よからぬ)暮らしをしている；仲よく(けんかして)暮らす；居心地が良い(悪い)
¡~ para ver! これは驚いた(意外だ)/将来が楽しみだ！
◆ 他 ❶ 経験する：Vivieron la guerra. 彼らは戦争を体験した. Vivimos con angustia los minutos del atraco. 私たちは強盗の恐怖の瞬間を味わった. ❷〔+同族名詞・時の名詞〕~ una vida honrada まっとうな生き方をする. Vivimos un periodo crítico. 我々は危険な時代を生きている. Picasso vivió noventa y dos años. ピカソは 92 歳まで生きた

◆ 男 ❶ 生き方；生活：No puedo soportar un ~ tan azaroso. そんな危険な生き方には私は耐えられない。❷ 生活手段：ganarse el ~ 生活費を稼ぐ

de mal ~ [人が] いかがわしい

vivisección [biˈbiseˈ(k)θjón] 囡 生体解剖

vivo[1] [ˈbiβo] 男 ❶ 縁，端。❷ 《服飾》装飾輪郭線，ブレード，トリミング

vivo[2], **va**[2] [ˈbiβo, ˈβa] 形 《英 alive. ↔ muerto》❶ [estar+] 生きている：i) Aún está ~. 彼はまだ生きている。enterrar ~ a+人 …を生き埋めにする。ii) [残存] En ese pueblo siguen *vivas* antiguas costumbres. その村には古い習慣が残っている。Su recuerdo sigue ~ entre nosotros. 彼の思い出は私たちの間で今も生き続けている。herida *viva* 生々しい傷

❷ [ser+] 生き生きとした，活気のある：i) niño ~ 活発な子，いたずらっ子。ojos ~s 生き生きとした目。centro cultural muy ~ 最先端の文化の中心地。ii) [描写など] hacer un relato ~ de los hechos 事実を生き生きと語る。prosa *viva* y ágil 精彩があって軽快な文章

❸ 激しい，強烈な：i) discusión *viva* 激論。dolor ~ 激痛。deseo ~ 激しい欲望。llama *viva* 燃えさかる炎。ritmo ~ 激しいリズム。temperamento ~ 激しやすい気性。ii) [色に] rojo ~ あざやかな赤

❹ [ser+] 鋭敏な，頭の回転が速い；抜け目のない：Como es ~, lo comprendió pronto. 鋭い彼はすぐに事を理解した

❺ 鋭い，鋭角な：canto ~ de la mesa テーブルの尖った（丸くしていない）角

a lo ~/*al* ~ 活発な，生き生きと；激しく：describir *a lo* ~ 生々しく描写する。discutir *a lo* ~ 激しく議論する

comer a+人 [《口語》[蚊などが] …を刺す

comerse ~ *a*+人 [《口語》…に大変腹を立てている，仕返しをしたがっている；[蚊などが] …をそこらじゅう刺す

como de lo ~ *a lo pintado* まったく正反対に

en ~ 1) 生きた状態の・で。2) 生中継の，ライブ（録音）の。3) 自身で 《en persona》

lo ~ 核心，急所：buscar ~ ~ del problema 問題の核心を探る。herir a+人 en *lo* ~ …の痛い所を突く

¡~*!* 急げ

◆ 图 ❶ 巫 生者，生きている人：los ~s y los muertos 生者と死者。❷ 鋭敏な人，抜け目のない人

viyela [biˈjéla] 囡 《←商標，繊維》ビエラ

viz- ⊏vice-

vizcacha [biθˈkátʃa] 囡 《動物》ビスカーチャ『南米産の野ウサギ』

　vizcachera 囡 《南米》ビスカーチャの巣；狭くてむさくるしい部屋

vizcaíno, na [biskaˈíno, na] 形 图 《地名》ビスカヤ Vizcaya の〔人〕『バスク地方の県』

　vizcaitarra 形 图 ビスカヤ自治独立主義の（主義者）

vizconde [biθˈkónde] 男 子爵；《歴史》伯爵の代理

　vizcondado 男 子爵の位；子爵領

　vizcondesa 囡 女子爵；子爵夫人

V.M. 《略語》←Vuestra Majestad 陛下

V.ºB.º 《略語》←visto bueno 可，検査済，OK

vocablo [boˈkáβlo] 男 《文語》語，単語『palabra』：juego de ~s 語呂合わせ

vocabulario [bokaβuˈlárjo] 男 《匣图》i) 語彙，用語：~ español スペイン語の語彙。rico de ~ ボキャブラリーが豊富である。ii) 言葉づかい：¡Modera tu ~! 言葉を慎みなさい！❷ 語彙集，[主に基本語・専門用語の] 辞典：~ de la medicina 医学用語辞典

vocación [bokaˈθón] 囡 ❶ 天職；天性，資質：errar la ~ 職業の選択を誤る。Tiene ~ de médico. 彼は医者に向いている。~ artística 芸術的天分。❷ 《宗教》召命；[主に 匣] 聖職志願者

vocacional [bokaθjonál] 形 天職の；《中南米》職業教育の

◆ 图 《中米》職業学校

vocal [boˈkál] 〖←voz〗 形 声の，発声の：música ~ 声楽[曲]。oración ~ 声祷，口祷

◆ 图 [協会・委員会などで] 発言権（議決権）のある理事・委員

◆ 图 《言語》母音 〖↔consonante〗；母音字 〖letra ~〗：~ abierta (fuerte) 開口(強)母音。~ cerrada (débil) 閉口(弱)母音。~ larga (corta) 長(短)母音。~ temática 〔語〕幹母音，テーマ母音

vocálico, ca 形 母音の

vocalismo 男 [一言語の] 母音組織，母音体系；[語における] 母音の配置（組み合わせ）

vocalista [bokaˈlísta] 图 《音楽》ボーカリスト，歌手

vocalizar [bokaliˈθár] 间 他/自 ❶ 発音が明瞭である：La primera actriz *vocaliza* de maravilla. 主演女優の発音はすばらしい。❷ 《音楽》母音唱法で歌う；発声練習する。❸ 《言語》[子音を] 母音化する，[アラビア語などで] 母音符を付ける

vocalización 囡 明瞭な発音；母音唱法，ボーカライズ；発音（発声）練習；母音化

vocativo, va [bokaˈtíβo, βa] 男 《文法》呼格[の]

vocear [boθeˈár] 自 大声を出す，叫ぶ

◆ 他 ❶ [売り子が商品を] 大声で売る，呼び売りする；[人を] 大声で呼ぶ，歓呼する：~ los periódicos 新聞を呼び売りする。~ al héroe 英雄に歓呼の声を上げる。❷ [秘密などを] 言い触らす，公表する；明らかにする：La revista *vocea* sus amores secretos. 彼の秘密の情事が雑誌に書き立てられている。Sus acciones vocean su buen corazón. 彼の善良な心はその行ないから明らかだ。❸ [自分の善行を] 自慢する

voceador, ra 形 图 叫ぶ，触れ回る；呼び売りの商人。◆ 图 《古語》布告を触れ回る役人；《中南米》新聞売り子

voceras [boˈθéras] 图 《単複同形》口の軽い人，おしゃべり

vocería [boθería] 囡 ❶《主に中南米》スポーク
スマンの地位. ❷《まれ》=**vocerío**

vocerío [boθerío] 男《大勢の騒がしい》叫び声

vocero, ra [boθéro, ra] 图《主に中南米》スポ
ークスマン, 代弁者〖portavoz〗

vociferar [boθiferár] 圓 わめき立てる, 怒号す
る
◆ 圓 触れ回る
vociferador, ra/vociferante 形 图 わめき
立てる〔人〕

vocinglero, ra [boθiŋgléro, ra] 形 图 大声
で話す〔人〕;《軽蔑》〔無内容なことを〕よくしゃべ
る〔人〕
vocinglería 囡 わめき声, 喧騒

vodca [bóðka] 男/囡 =**vodka**

vodevil [boðeβíl] 男《←仏語》軽喜劇, ボード
ビル
vodevilesco, ca 形 ボードビル風の

vodka [bóðka] 男/囡《←露語. 酒》ウォッカ

vodú [boðú] 男 =**vudú**

voivoda [boiβóða] 男《歴史》〔東欧諸国の〕
町の軍司令官, 町長
voivodato [boiβóða] voivoda の管轄区

vol.《略語》←volumen …冊, …部; 量, 額

volada¹ [boláða] 囡 ❶〔一回の, 短距離の〕
飛行. ❷《中米》うわさ, デマ;《南米》好機, チャ
ンス
de ～《中米》速く, さっさと

voladito, ta [boláðito, ta] 形《印刷》letra
～ta〔肩付きの〕小活字

voladizo, za [boláðiθo, θa] 形〔垂直面か
ら〕突き出た: viga *～za* 張り出した梁
◆ 男《建築》突出部, 出っ張り

volado, da² [boláðo, ða] 形 過分 ❶
[estar+] i)《西》不安な, 落ち着かない, 気が気
でない. ii)《中米》恋をしている, 夢中になった. ❷
《口語》頭がおかしい. ❸ =**voladito ; voladizo**.
❹《中米》[ser+] 怒りっぽい
echar un ～《中米》コイントスをする
◆ 男《中米》うわさ, 虚報; 情事
◆ 副《中米》急いで

volador, ra [bolaðór, ra] 形 飛ぶ, 飛べる
◆ 男 ❶〔打ち上げ花火〖cohete〗. ❷《植物》
〔熱帯アメリカ産の〕クスノキの一種. ❸《魚》トビ
ウオ〖pez ～〗; ヤリイカの一種. ❹《中米. 玩具》
風車(ぢゃ). ❺ 圏《メキシコ》ボラドール〖高い柱
のてっぺんから吊るした回転ブランコ. ☞写真〗

voladura [bolaðúra] 囡 爆破: *～ de un
edificio* ビルの爆破

volandas [bolándas] 囡 圏 *en ～* 1)〔地面
につかないように〕抱えて, かつぎ上げて: El pú-

blico sacó al torero *en ～ de la plaza.* 観
衆は闘牛士を肩車して闘牛場から送り出した.
2) 急いで, 一瞬にして

volandero, ra [bolandéro, ra] 形 ❶ はため
いている, 風に揺れる: hojas *～ras* そよぐ葉. ❷
偶発の, 思いがけない: Fue una alusión *～ra.*
それはたまたま言及されたにすぎない. ❸ 一時的
な; 固定されていない: amor *～* 戯れの恋.
rumor *～* すぐ消える噂
◆ 囡〔ひき臼の〕回転石; 《機械》ブシュ, 入れ子

volandillas [bolandíʎas] *en ～* =**en vo-
landas**

volanta [bolánta] 囡 ❶ 圏《漁業》流し網漁.
❷《南米》〔昔の〕四輪馬車

volantazo [bolantáθo] 男《自動車》dar un
～ 急ハンドルを切る

volante [bolánte] 形 ❶ 飛ぶ, 飛べる: pez *～*
《魚》トビウオ. ❷ 移動する, 固定されていない:
tropa *～* 遊撃隊. campo *～* 移動キャンプ.
tienda *～* 巡回販売店
◆ 男 ❶〔自動車などの〕ハンドル; モータースポー
ツ: ponerse al *～* ハンドルを握る. Mi padre
va al *～.* 私の父が運転している. sentarse al *～*
運転席に座る. girar el *～* ハンドルを切る. as
del *～* ハンドルさばき(運転)のうまい人. *～ a la
izquierda* 左ハンドル. ❷〔羽根突きの〕羽根;
《バドミントン》シャトル〔コック〕: jugar al *～* 羽根
つき(バドミントン)をする. ❸《技術》はずみ車;
[時計の] 風切. ❹〔スカート・カーテンなどの〕す
その飾り, フリル. ❺ メモ;《西》〔一般医が患者を
専門医に紹介するメモ: pasar el *～* a+人 …に
メモを渡す. ❻《南米》ちらし, ビラ

volantín [bolantín] 男《漁業》さびき〖何本
もの釣針を付けた釣り糸〗. ❷《中南米》〔紙製の
小型の〕凧(た); とんぼがえり〖voltereta〗

volantista [bolantísta] 图〔カーレースの〕ドラ
イバー

volapié [bolapjé] 男《闘牛》ボラピエ〖止まって
いる牛を殺す技〗

volar [bolár] 图 圓《英 fly. ☞活用表》❶ [鳥・
矢・飛行機などが] 飛ぶ: i) Los pájaros
vuelan de árbol en árbol. 鳥が木から木へと飛
ぶ. El helicóptero *vuela* sobre nuestras
cabezas. ヘリコプターが我々の頭上を飛んでいる.
Volaban los papeles. 紙が空中を舞った. ii)
[人が]: aviador que *ha volado* muchas
horas 飛行時間の長いパイロット. Los pasaje-
ros *volaron* a Canarias en un Caravelle. 旅
行客たちはカラベル機でカナリア諸島へ行った. ❷
飛ぶように進む; 急速に広がる: i) *Voló* a bus-
car al médico. 彼は医者を呼びに飛び出した.
El tiempo *vuela.* 光陰矢の如し. Las noticias
vuelan. ニュースはまたたく間に伝わる. ii)[現在
分詞で] 急いで: Me voy *volando.* 急いで帰り
ます. Hizo los deberes *volando.* 彼は大急ぎ
で宿題をした. ❸ 突然見えなくなる; 急速に消費
される: El pastel *ha volado* en un momento.
ケーキはあっという間になくなった. Le *volará* el
dinero en unos pocos días. わずか2, 3日で彼
の金は羽が生えたようになくなるだろう. ❹ [子供
が] 親から自立する, ひとり立ちする

¡*volando*! 急げ!

◆ 他 ❶ 爆破する, 吹き飛ばす: ～ un puente 橋を爆破する. ❷《狩猟》[射つために鳥を脅して]飛び立たせる

echar a ～ [ニュース・噂などを] 広める, ふりまく

◆ ～**se** 飛び去る;《中南米》激怒する

volar	
直説法現在	接続法現在
v*ue*lo	v*ue*le
v*ue*las	v*ue*les
v*ue*la	v*ue*le
volamos	volemos
voláis	voléis
v*ue*lan	v*ue*len

volateo [bolatéo] 男 *al* ～ 飛んでいる〔al vuelo〕

volatería [bolatería] 女 ❶ 集合 家禽〔の肉〕. ❷ 鷹狩り

volátil [bolátil] 形 ❶ 飛ぶ(ことのできる). ❷ 軽々と(空中を)動く: polen ～ 飛ぶ花粉. ❸ [気持ちなどが] 変わりやすい: ser ～ en sus sentimientos 情緒不安定である. ❹《化学》気化しやすい, 揮発性の: aceite ～ 揮発油

　男 家禽(ੈん)

volatilidad 女 揮発性

volatilizar [bolatiliθár] 他 気化させる

◆ ～**se** ❶ 気化する, 蒸発する. ❷《口語》[不意に・急速に] 消える: Se le *volatilizó* el dinero en seguida. 彼の金はすぐなくなってしまった

volatilización 女 気化, 揮発

volatín [bolatín] 男 [綱渡りなどの] 曲芸, 軽業; =volatinero

volatinero, ra 名 曲芸師, 軽業師

volcado [bolkáðo] 男《情報》ダンプ〔～ de memoria〕

volcán [bolkán] 男 ❶ 火山: ～ vivo (activo·en actividad) 活火山. ～ inactivo 休火山. ～ apagado (extinto) 死火山. ❷《文語》[感情などの] 激発; 激しやすい人, 情熱的な人: Su cerebro es un ～ de ideas ingeniosas. 彼の頭脳からは独創的なアイディアがほとばしり出る. ❸《中南米》山積み, 大量;《南米》落盤, 地滑り; 断崖, 絶壁

estar sobre un ～ 非常に危険な状態にある

volcanada [bolkanáða] 女《南米》[風・悪臭などの] 一吹き, 噴出

volcánico, ca [bolkániko, ka] 形 ❶ 火山の: zona ～*ca* 火山帯. ceniza (bomba) ～*ca* 火山灰(弾). roca ～*ca* 火山岩. colada ～*ca* 溶岩流. lago ～ 火口湖. ❷ 激しやすい; 熱烈な: carácter ～ 激しやすい気性

volcar [bolkár] 7 28 〔☞活用表〕他 ひっくり返す, 逆にする: Sin querer, *volcó* el vaso. 彼はうっかりコップを倒してしまった. ～ el contenido del bolso sobre la mesa ハンドバッグの中味をテーブルの上にあける

◆ 自 [車両が] ひっくり返る, 転覆する: *Volcó* el camión. トラックが横転した

◆ ～**se** ❶ ひっくり返る: *Se volcó* el vaso (el

autobús). コップが倒れた(バスが横転した). ❷ [+en に] 専心する; [+para+不定詞 するために] 一所懸命になる: *Se volcaron para* terminar la obra. 彼らは工事を終えようと懸命だった. *Se vuelca* a tu favor. 彼は君のために一所懸命になっている. ❸ [+con+人 のために] とても親切にする: *Se ha volcado con* su amigo. 彼は友人のために一肌脱いだ

volcar		
直説法現在	点過去	接続法現在
v*ue*lco	volqué	v*ue*lque
v*ue*lcas	volcaste	v*ue*lques
v*ue*lca	volcó	v*ue*lque
volcamos	volcamos	volquemos
volcáis	volcasteis	volquéis
v*ue*lcan	volcaron	v*ue*lquen

volea [boléa] 女《スポーツ》ボレー: marcar de ～《サッカー》ボレーシュートを決める;《テニス》ボレーで得点する. media ～ ハーフボレー

volear [boleár] 他 ボレー[シュート]する;《農業》[種を] ばらまきする

voleibol [boleiβól] 男《スポーツ》バレーボール

voleo [boléo] 男 ❶ =volea: dar al balón al ～ ボールをボレーで打つ. ❷《口語》平手打ち〔bofetón〕

a[l] ～ 1)《農業》sembrar *al* ～ 種をばらまきする. 2)《口語》無原則に: repartir *a* ～ los caramelos 誰かれかまわずあめを与える

de un ～/*del primer* ～ すぐに, 急いで

voley playa [bolei plája] 男《スポーツ》ビーチバレー

volframio [bolfrámjo] 男《元素》タングステン〔tungsteno〕: acero de ～ タングステン鋼

volframita [bolframíta] 女《鉱物》鉄マンガン重石

volición [boliθjón] 女《心理》意欲, 意志

volitivo, va 形 意欲(意志)に関する

volován [boloβán] 男《←仏語. 料理》肉·魚などのクリーム煮を詰めたパイ

volquete [bolkéte] 男 ダンプカー〔camión ～〕

volqueta 女《南米》=volquete

volsco, ca [bólsko, ka] 形 名 [古代イタリアの] ボルスカ族[の]

voltaico, ca [boltájko, ka] 形《電気》流電気の: pila ～*ca* ボルタ電池

voltaje [boltáxe] 男《電気》電圧: cables de alto ～ 高圧線

voltámetro [boltámetro] 男《電気》ボルタメーター, 電量計

voltamperio [boltampérjo] 男《電気》ボルトアンペア

voltario, ria [boltárjo, rja] 形《南米》頑固な; 気まぐれな; おしゃれした, めかし込んだ

volteada [bolteáða] 女《南米》家畜の駆り集め

caer en la ～ 警察の一斉手入れにひっかかる

voltear [bolteár] 他 ❶ [位置が反対になるほど] 回す: ～ la tierra 土地を掘り返す. ～ el heno 乾し草をすき返す. 〜 la mesa テーブルを回す. ❸[鐘を]揺らす. ❸[人を]投げ飛ばす, 空中で1回転させる. ❹《中南米》i) 突き倒す, ひっくり返す. ii) …の方向(位置)を変える: 〜 la espalda a+人 …に背を向ける. 〜 a la derecha (la izquierda) 右(左)を向く; 右折(左折)する

◆ 圓《中南米》帰る, 戻る

◆ 〜**se**《中南米》帰る, 戻る;[他党へ]鞍替えする

voltereta [bolteréta] 囡 前転, 後転; 宙返り, とんぼ返り: dar una 〜 でんぐり返し(宙返り)をする

volteriano, na [bolterjáno, na] 厖 囝 ヴォルテール Voltaire の, ヴォルテール主義の(主義者)『18 世紀フランスの思想家』

　volterianismo 男 ヴォルテール主義

voltímetro [boltímetro] 男 電圧計

voltio [bóltjo] 男 ❶[電圧の単位]ボルト: corriente eléctrica de 125 〜s　125 ボルトの電流. ❷《口語》散歩 [paseo]

voluble [bolúble] 厖 ❶ 意見の変わりやすい, 節操のない; 移り気な, 軽薄な: carácter 〜 気まぐれな性格. ❷《植物》[茎などが]巻きつく

　volubilidad 囡 気まぐれ, 無節操

volumen [bolúmen] 男 [英 volume. 閥 volúmenes] 男 ❶ 体積, 容量: El 〜 es de cinco metros cúbicos. 体積は5立方メートルだ. 〜 de una caja 箱の容量. ❷ かさばり, 大きさ:《美術》量感: 〜 de un elefante 象の大きさ. ❸ 音量, 声量: poner (dar) más 〜 a la radio/subir el 〜 de la radio ラジオのボリュームを上げる. bajar el 〜 ボリュームを下げる. ❹ [取引などの]量: controlar un gran 〜 de dinero 大金を動かす. 〜 de ventas 売上高. ❺ [本の]巻, 冊: Historia de España en tres volúmenes スペイン史全三巻

volumétrico, ca [bolumétriko, ka] 厖《物理》容積(容量)測定の: módulo 〜 体積弾性係数. análisis 〜《化学》容量分析

　volumetría 囡 容積測定

　volúmetro 男 体積計

voluminoso, sa [boluminóso, sa] 厖 ❶ かさの大きい, かさばる: paquete 〜 大きな荷物. libro 〜 分厚い本. ❷《美術》量感のある

voluntad [boluntá(d)] 囡 ❶ 意志, 意欲: Tiene una 〜 fuerte (débil). 彼は意志が強い(弱い). no tener 〜 propia 自分の意志がない. hacer a+人 perder su 〜 …の意志を奪う. 〜 férrea (de hierro・indomable) 鉄の意志. ❷ 意思, 意向: Su 〜 es ingresar en la universidad. 彼の望みは大学に入ることだ. tener [la] 〜 de dimitir 辞任の意思がある. manifestación de 〜 意思表示: expresa 明確な意思. última 〜 遺言. divina 〜 神意. ❸ 努力; 勇気; 好意, 愛情. ❹ [la+]《西》¿Cuánto le debo?—La 〜. おいくらですか?—おぼしめしで結構です

　a 〜 任意に, 随意に; 好きなだけ, ふんだんに: Hay vino a 〜. ワインは飲み放題だ

　a su 〜 自分の好きなように, 任意に: Salir o

no queda *a tu* 〜. 行こうと行くまいと君の自由だ

ajeno a la 〜 *de*+人 …の意志とは無関係に

buena 〜 1) 好意; 善意: con toda *buena* 〜 まったくの好意から. visita de *buena* 〜 親善訪問. persona de *buena* 〜 善意の人. 2) 意欲: Tiene *buena* 〜 para resolver el problema. 彼には問題を解決しようという前向きな気持ちがある. A *buena* 〜 nunca falta facultad.《諺》やる気さえあれば力の及ばないことはない

contra su 〜 自分の意に反して, いやいやながら

de 〜 好意で; 好きで

ganar[se] la 〜 *de*+人 …の好意を得る

hacer su [santa] 〜 したい放題をする

mala 〜 悪意: tener a+人 *mala* 〜 …に対して悪意を持っている

por 〜 *de*+人 …の意志(命令)により: *por su* 〜 自分の意志で

tener mucha (poca) 〜 やる気がある(ない)

voluntariado [boluntarjáðo] 男 ❶《西》志願兵役. ❷ 集合 志願兵, ボランティア

voluntariedad [boluntarjeðá(d)] 囡 ❶ 自発性; 気まぐれ. ❷《法律》故意

voluntario, ria [boluntárjo, rja] 厖 ❶ 自発的な, 自由意志による. 〜 ボランティア活動. músculo 〜《解剖》随意筋. trabajo 〜 無償労働

◆ 囝 志願者, ボランティア; [特に]志願兵

voluntarioso, sa [boluntarjóso, sa] 厖 ❶ 意欲のある, 熱心な; 粘り強い. ❷ わがままな, 気まぐれな

voluntarismo [boluntarísmo] 男《哲学》主意主義

voluptuoso, sa [boluptwóso, sa] 厖 ❶ 官能的な, 快感を与える; なまめかしい, 扇情的な: imágenes 〜sas 官能的な映像. ❷ 享楽的な, 好色な: mujer 〜sa 好色な女

　voluptuosidad 囡 好色さ; 快楽

voluta [bolúta] 囡《建築》[柱頭の]渦巻き装飾; 渦巻き形のもの

volver [bolßér] 囲 他 [英 turn. ☞ 活用表. 過分 vuelto] ❶ 裏返す, ひっくり返す: 〜 la tortilla オムレツをひっくり返す. 〜 la página ページをめくる. 〜 el abrigo オーバーを裏返す. 〜 la tierra 土をすき返す. ❷ [+a・hacia の方向へ]向ける, 向きを変える: 〜 los ojos hacia... …に視線をそそぐ. 〜 la proa al viento 船首を風上に向ける. ❸ [ドア・窓を]閉める, 細めに開く. ❹ [+a に]返す, 返却する 【devolver】: 〜 a la piel su frescor juvenil 肌に若々しいみずみずしさを取り戻させる. 〜 el cambio al comprador 客に釣り銭を返す. 〜 bien por mal 悪に対して善を返す. 〜 la comida 食べ物を吐く. La pared *vuelve* la pelota. 壁はボールをはね返す. ❺ [+目的格補語]…に変える: Con tanto mimo vas a 〜 al niño insoportable. そんなに甘やかすと鼻持ちならない子供にしてしまうよ. ❻ 翻意させる: He conseguido 〜le a mi opinión. 私は彼を説得して私の意見に賛同させた

~ *lo de arriba abajo* ひっくり返す；乱す
◆ [英 return] ❶ [+a 出発点・元の場所に，+de から] 帰る，戻る〖=regresar〗：*Vuelvo a casa a las seis.* 私は6時に帰宅する. ~ *a su país* 帰国する. *Volvió de Osaka.* 彼は大阪から戻って来た. Ya *habrá vuelto de* viaje. もう彼は旅行から戻っただろう. *Volveré* en seguida. すぐ戻ります. No pienso ~ por aquí. 二度とこのあたりに来るつもりはない. Vamos a ~ *a lo que estábamos diciendo.* さっきの話に戻りましょう. *Ha vuelto* el frío. 寒さがぶり返した
❷ [+a+不定詞] 再び…する：No *vuelvas a* pronunciar esa palabra. 二度とその言葉を口にするな. ~ *a casarse* 再婚する
❸ 曲がる，方向を変える：*Vuelva a* la derecha. 右折しなさい
❹ [+por を] 守る：~ *por* el buen nombre 名声を守る
~ *atrás* 圐 過去への回帰，後戻り
~ *sobre sí* 自省する
◆ ~*se* ❶ 裏返しになる，ひっくり返る：El paraguas se le *volvió* con el viento. 風で彼の傘がおちょこになった. ❷ ふり返る：*Se volvió a* mí. 彼は私の方をふり向いた. ❸ [+主格補語 主に急激に・悪い方に] …になる，変わる：El tiempo *se ha vuelto* malo. 天候が悪化した. Con los años *se ha vuelto* orgulloso (un misántropo). 年がたつにつれて彼は高慢（人間嫌い）になった. ❹ [+de] 翻意する：~*se de* su decisión 決心を変える. ❺ 帰る，戻る：*Me volví* por el mismo camino. 私は同じ道を通って帰った
no tener a dónde (a quién) ~*se* みんなから見捨てられる，頼る人がいない
~*se contra (en contra de)*+人 …に敵対する：Todos *se han vuelto en contra de* mí. みんなが私に敵対するようになった/何もかも私に不利になった
~*se por donde ha venido* 何も得るものがなく帰る〖主に命令文で〗：Dile que *se vuelva por donde ha venido.* とっとと帰れと彼に言え
~*se todo a*+人 1) [+目的格補語 を] …が何度も経験している〖目的格補語が複数形の時，動詞が複数形になることがある〗：*Todo se le vuelve (vuelven)* amenazas. 彼にはいやなことばかり起こる. 2) [+不定詞] …してばかりである：Últimamente, *todo se me vuelve* pagar multas. このところ私は罰金ばかり払うはめに陥っている

volver	
直説法現在	接続法現在
vuelvo	vuelva
vuelves	vuelvas
vuelve	vuelva
volvemos	volvamos
volvéis	volváis
vuelven	vuelvan

vólvulo [bólbulo] 圐《医学》腸捻転，軸捻
vómer [bómεr] 圐《解剖》鋤骨（ｼﾞｮ）

vomitar [bomitár] 囮 ❶ 吐く，嘔吐する：*Vomitó* lo que había comido. 彼は食べた物を吐いた. ~ *sangre* 血を吐く，吐血する. *tener ganas de* ~ 吐き気がする. ❷ 吐いた物で汚す. ❸ [激しく] 噴出する，放出する：El volcán *vomitaba* lava. 火山は溶岩を吹き上げていた. Los cañones *vomitaron* fuego. 大砲が火を吹いた. ❹ [激しい言葉などを] 吐く，浴びせる：~ *toda suerte de insultos contra*+人 …に悪感の限りをつく. ❺ [口語] 白状する，吐く
vómito [bómito] 圐 吐くこと，嘔吐；嘔吐物：~ *de sangre* 吐血
provocar a ~ *a*+人 …に嫌悪感を催させる：Su petulancia me *provoca a* ~. 彼の物知り顔には虫が走る
vomitina [囡] ひどい嘔吐
vomitivo, va 圀 圐《軽蔑》吐き気を催させる[ような]；《薬学》吐剤[の]
vomitona [囡][口語] ひどい嘔吐
vomitorio, ria 圀 囡 ＝vomitivo. ◆ 圐 [競技場の] スタンドの出入口
voracidad [boraθiðá(d)] 囡 [←voraz] 貪食，大食；貪欲：comer con ~ がつがつ食べる
vorágine [boráxine] 囡 ❶ [川・海の] 渦巻き；大混乱. ❷ 抑えがたい情熱
voraz [boráθ] 圀 [圐 ＝ces] がつがつ食べる，大食の〖比喩以外は主に人については用いない〗；貪欲な；権力欲の強い：insecto muy ~ あっという間に食べ尽くす昆虫. apetito ~ ものすごい食欲. fuego ~ 火事
vórtice [bórtiθe] 圐 ❶ 渦巻き. ❷ [台風・ハリケーンの] 中心，目
vorticela [bortiθéla] 囡《動物》ツリガネムシ
vos [bós] 囮 [主語人称代名詞2人称単数] ❶《古語》あなた〖usted〗：*Vos,* Señor, sois mi salvación. 神よ，あなたは私の救いです. ❷《中南米》君，おまえ〖tú〗：i) *Vos* y tu hermana pueden estudiar en el pueblo. おまえと妹は町で勉強してもいいぞ. ii) [前置詞格] Si a ~ te parece bien lo haremos. 君がよければそうしよう.〖参考〗❷ の vos に対する動詞の活用形は中南米の各地域によって異なる〗
voseo [boséo] 圐 [中南米で，話し相手を tú でなく] vos で呼ぶこと
vosear 囮 vos で呼ぶ

vosotros, tras
[bosótrɔs, tras] 囮〖英 you. 人称代名詞2人称複数〗君たち，お前たち：〖中南米ではほとんど vosotros を使わず，ustedes で「君たち」を表わす〗 i) [主語][V～] Debéis ayudaros mutuamente. 君たちは互いに助け合わなくてはいけない. ii) [前置詞格] Voy con ~. 君たちと一緒に行くよ. iii) [a+. 目的代名詞と重複させて強調] ¿Quién os golpeó a ~? 誰が君たちを殴ったんだ？
¡a ~ *qué!* 君たちには関係ない！
para ~ *mismos* 心の中で，声に出さずに：Rezad *para* ~ *mismos.* 黙禱しなさい
por ~ 君たちとしては
por ~ *mismos* 君たち自身［の力］で
votación [botaθjón] 囡 投票；票決，採決：

elegir por 〜 投票によって選出する. poner...
a 〜を票決に付す. proceder a la 〜 採決
に入る. índice de 〜 投票率. 〜 nominal
(secreta) 記名(無記名)投票. 〜 ordinaria
挙手や起立による採決

votante [botánte] 图 投票者, 有権者

votar [botár] 圁 ❶ [+a・por+人 に] 投票す
る; 議決する: 〜 al partido de la oposición
野党に投票する. 〜 a favor (en contra) de...
…に賛成(反対)票を投じる. 〜 en blanco 白
票を投じる. derecho de 〜 議決権. ❷ [神な
どに] 誓う

◆ 囮 …に投票する; 議決する

¡voto a...! [脅迫・驚嘆など] ¡Voto a tal! ち
くしょうめ, いまいましい! ¡Voto a bríos! [怒り]
くそっ, ちくしょう!

votivo, va [botíßo, ßa] 厖 祈願の: lámpara
〜*va* 灯明

voto [bóto] 男 ❶ 票; 投票 〖votación〗: Fue
aprobado por 50 〜*s* a favor y 40 en
contra. それは賛成50票反対40票で可決され
た. dar su 〜 a+人 …に投票する. adoptar
por mayoría de 〜*s* 過半数で採択する. por
una pequeña diferencia de 〜*s* わずかな票差
で. decidir por 〜*s* 投票で決定する, 議決する.
〜 bloque (grupo) [代議員にその代表する人
数分の票数を与える] ブロック投票. 〜 de cali-
dad/〜 decisivo (preponderante) キャスティ
ングボート. 〜 de castigo [有力候補への反感か
ら勝てそうにない候補へ投じた] 抗議票. 〜 de
censura (de no confianza) 不信任票. 〜 de
confianza [政府への] 信任票; [個人に与える]
自由裁量. 〜 de gracias 感謝決議. 〜
nominal (secreto) 記名(無記名)[投]票. 〜
particular 少数票. 〜 por correo 郵便投票,
不在投票. 〜 táctico (útil) [最有力候補
を当選させないために次点が予想される候補に投じ
る] 戦術的投票. ❷ 投票権, 議決権 〖derecho
de 〜／〜 activo〗. ❸ [神への] 誓い; [修道院
に入る時の] 修道誓願 〖pobreza 清貧, cas-
tidad 貞潔, obediencia 従順の3つ〗: hacer
〜 de+不定詞 …する誓いを立てる. 〜 simple
(solemne) 単式(盛式)誓願. 〜 simple
(solemne) 単式(盛式)誓願. 〜 《文語》願
い: Hago 〜*s* por su salud. あなたが健康であり
ますように. Mis mejores 〜*s* de felicidad. 幸
せでありますように. ❺ 意見, 見解: no tener
ningún 〜 sobre... …について何も意見を持って
いない. ❻ 悪態, ののしり

echar 〜*s* 呪う

vox pópuli [boks pópuli] 〖←ラテン語〗民衆の
声 〖voz del pueblo〗: ser 〜 que+直説法 …
は民の声である

voyeurismo [boʃerísmo] 男 《←仏語. 医学》
窃視[症], のぞき

voyeur 厖 图 〖圏〜s〗のぞき魔[の]

vóytelas [bóʲtelas] 圁《中米》[驚き] わあ/何
てことだ!

VOZ [bóθ] 囡 [英 voice. 圏 voces] ❶ 声:
Tiene buena 〜. 彼は声がいい. Se
oyen *voces* afuera. 外で人声が聞こえる. con
〜 amable 優しい声で. 〜 natural 肉声. 〜

de perro 犬の鳴き声. 〜 del viento 風の音.
〜 del mar 海鳴り

❷ 発言, 意見: Se ha extendido la 〜 de que
se debe abandonar el plan. 計画を中止すべき
だという声が広がっている. Una 〜 interior me
dijo: "¡Ten mucho cuidado!" 私の心の中で
「用心しろ」という声がした. *Voz* del pueblo, 〜
de Dios (del cielo). 《諺》民の声は天の声. 〜
de la conciencia 良心の声. 〜 de la natura-
leza 心の奥底の声. 〜 de mando 命令. 〜 de
trueno ツルの一声. 〜 del pueblo／〜 pública
民衆の声, 世論

❸ 噂, 漠然とした情報: Corre la 〜 de que se
aproxima una catástrofe. 大災害が迫ってい
るという噂が流れている

❹ [投票・議決権のない] 発言権: con 〜 pero
sin voto 発言権はあるが議決権のない. con 〜
y voto 発言権と議決権のある

❺ 代表吟

❻ 単語, 言葉: 〜 culta 教養語

❼ 《言語》態: 〜 pasiva (activa) 受動(能
動)態. 〜 media 中間態, 中動態 〖例: me
despierto, el rumor se extendió〗

❽ 《音楽》声部; 歌声, 歌い手: canto a dos
voces 二部合唱. 〜 cantante 主旋律

a media 〜 抑えた声で, 小声で

a una 〜 異口同音に

a viva 〜 =de viva 〜

a voces 大声で

a 〜 en grito (en cuello) 声を張り上げて,
張り裂けんばかりの声で

aclarar la 〜 咳払いをする

ahuecar la 〜 口調を重々しくする, もったいぶ
った言い方をする

alzar la 〜 =levantar la 〜

anudarse la 〜 a+人 [感動などで] …は声が
出ない

bajar la 〜 声を小さくする(低める)

dar una 〜／*dar voces* 叫ぶ, どなる; [+a を]
大声で呼ぶ: Da una 〜 al camarero para
que venga a servirnos. 私たちの所へ注文を
取りにくるようにボーイに声をかけろ

dar voces al viento (en el desierto) 無
駄な努力をする

de viva 〜 口頭で, 肉声で

empañarse la 〜 涙声である

en 〜 口頭で

en 〜 *alta* 大声で, 声に出して: Lea usted *en*
〜 *alta*. 声に出して読んで下さい. Miguel
sueña *en* 〜 *alta*. ミゲルは寝言を言う

en 〜 *baja* 小声で

estar en 〜 [歌うのに] 声の調子がよい, 状態
がよい

estar pidiendo a voces... …を切実に必要
としている: Esta moto *está pidiendo a voces*
una reparación. このオートバイはすぐ修理しな
ければいけない

levantar la 〜 [怒りなどで] 声を高める; [+a
に対して] 声を荒げる, 居丈高になる: *levantar
la* 〜 de protesta 抗議の声を上げる

llevar la 〜 *cantante* [集会・交渉などで]

主導する

mudar de (la) ～ 声変わりする

pasar por la ～ 順送りに伝言していく

ser la ～ **de su amo** 模倣(追随)者である

temblar la ～ [感動で]声を震わせる

tomarse (perder) la ～ 声を枯らす, 声がしわがれる

vozarrón [boθarrón] 男 朗々とした声, 大きくて太い声

vozn〔e〕ar [boθn〔e〕ár] 自 [ハクチョウなどが]ガーガー鳴く

v/r. 《略語》←valor recibido 受領額

vrs. 《略語》←valores 価格

vs 《略語》←versus …対…, …に対する

vs. 《略語》←varas バーラ [長さの単位]

V.S. 《略語》←Vuestra Señoría 貴下, 尊下

vt〔o〕. 《略語》←vencimiento 満期, 支払期日

Vto.Bno. 《略語》←visto bueno 可, 検査済, OK

vudú [budú] 男 《複》～〔e〕s ブードゥ教《ハイチなどの民間信仰》; その神

vuecencia [bweθénθja] 名 閣下 《vuestra excelencia の縮約語》: Solicito permiso a ～ para retirarme. 下がらせていただきます

vuel- ☞volar 28

vuelapluma [bwelaplúma] *a* ～ 筆の赴くままに

vuelco [bwélko] 男 [←volcar] ❶ 転覆; 転換, 変化; 破綻: El coche (La empresa) dio un ～. 車はひっくり返った(会社が倒産した). La vida da muchos ～s. 人生に浮沈はつきものだ. ❷《情報》ダンプ

dar a+人 un ～ **el corazón** …の胸がどきっとする; 予感がする: Al oírle hablar, me *dio un* ～ *el corazón.* 彼が話すのを聞いて私は心臓がとび出しそうになった

vuelillo [bwelíʎo] 男 [裁判官・聖職者などの衣服の]袖飾り, フリル

vuelo [bwélo] 男 《英 flight.《略》v.》 ❶ 飛行, 飛ぶこと; [飛行機の]便《略》, フライト: duración (velocidad) de ～ 飛行時間(速度). el ～ nº 5 de Iberia イベリア航空第 5 便. ～ a ciegas/～ ciego 盲目飛行. ～ de reconocimiento 偵察飛行. ～ directo 直行便. ～ libre ハンググライダーによる滑空. ～ nocturno 夜間飛行. ～ regular 定期便. ～ sin motor/～ a vela/～ planeado [グライダーなどの]滑空. ❷ [鳥などの] 飛翔; その距離: dar un ～ largo 長い距離を飛ぶ. ❸ [主に《複》. 鳥の翼の]羽毛, 主翼羽. ❹ [服飾など] [裾の]ゆとり, フレアー: traje con mucho ～ 裾の大変広がった服. ii) =**vuelillo**. ❺《建築》出っ張り, 突起

a〔l〕 ～ 1) 飛翔中を, 空中で: cazar una mosca *al* ～ 飛んでいるハエをつかまえる. 2) [理解などが] すばやく: Pesca las cosas *al* ～. 彼は事態をすぐに把握する

alzar (emprender・levantar) el ～ 飛び立つ; 去る; 自立する, 独立する

cogerlas (cazarlas・pillarlas・pescar-las) al ～ すばやく理解する

cortar los ～**s** **a+人** …の好き勝手を抑える

de altos (muchos) ～**s** とても重要な, 大規模な: negocio *de altos* ～**s** 大きな取引; 手広い商売

de cortos ～**s** あまり重要でない, 小規模な

de (un) ～/**en un** ～ すぐに, 急いで

(muchas) horas de ～ 長い経験

tomar (coger) ～ 発展する; 増加する: Las tiendas de vídeo van *tomando* ～. ビデオ店が増えている

vuelta[1] [bwélta] 女 《英 turn, return》 ❶ 回転, 旋回; 一周, ひと巡り: i) La Tierra da ～s sobre sí misma y alrededor del Sol. 地球は自転しながら太陽のまわりを回る. La faja le da varias ～s alrededor de la cintura. 彼の腰には帯がぐるぐる巻かれている. dar una ～ 一回転する. dar una ～ por Hokkaido 北海道を一周する. dar ～s en la cama ベッドで何度も寝返りをうつ. sufrir un trompo en la ～ 10 10周目でスピンする. ii) [国・地域の] 一周レース: ～ ciclista a España スペイン一周自転車レース. iii)《闘牛》～ al ruedo [闘牛士が観客の歓呼に答えて]砂場を一周すること. iv)《競馬, ラップ: dar una ～ al circuito サーキットを一周する. ～ de honor ビクトリーラン. v)《競泳》往復, ラップ. vi)《ゴルフ》ラウンド. vii)《体操》～ de manos 倒立宙返り. viii)《フラメンコ》回転

❷ 方向転換; 逆戻り, 帰還 [～ atrás. ↔ ida.]: El coche dio la ～. 車はUターンした. en el camino de ～ del teatro 芝居からの帰り道で. ～ a casa 帰宅. ～ al trabajo 仕事への復帰. ～ al derecho 正常化

❸ [急激な・大きな] 変化: El país ha dado la ～ en los últimos años. その国はこの数年で大きく変わった

❹ [道・川などの] 曲がり, カーブ: La carretera daba muchas ～s. その道路はカーブが多かった. Da ～ a la derecha. 右へ曲がりなさい

❺ 裏側: El cine se encuentra a la ～ de este edificio. 映画館はこのビルの裏にある. A la ～ de esta página hay un plano. このページの裏面には地図がある

❻ [順番などの] 一巡; [トーナメントなどの] …回戦: Repartiremos tres por cabeza, y si quedan, daremos otra ～. 一人に3個ずつ分けて, 余ったらもう 1 個ずつ分ける. la segunda ～ de la elección 2 回目の投票. la segunda ～ del examen 追試験. La partida era a tres ～s.《トランプ》ゲームは3回勝負だった. primera ～ 第 1 回戦

❼ 復習, 読み返し: dar otra ～ a las matemáticas 数学をもう一度勉強し直す

❽ 返却; [贈り物の] お返し, 返礼: Aún espero la ～ del libro que le presté. 私は彼に貸した本をまだ返してもらっていない

❾《西》釣り銭: Aquí tiene usted la ～. お釣りをどうぞ. Te doy mil y me dejas la ～.《戯語》[値引き交渉で] 千ペセタ以上は出せないよ

❿ 殴打; ひどい仕打ち

⓫ [両端をつなげて] 輪状にしたもの; [ネックレスの] 連: una ～ de chorizo 輪状のサラミ 1 本

⑫《服飾》[えり・袖口などの] 折り返し, リバース; [編み物の] 目の1段

⑬《船舶》[綱の] 結び目

⑭《音楽》歌曲の前奏・間奏・後奏の器楽部分

⑮ [間投詞的. いらだち] やめろ, もうたくさんだ!

a la ～ 1) 帰りに, 帰路で: A la ～ tomaremos un taxi. 帰りはタクシーにしよう. 2) すぐ近くに: La tienda está aquí a la ～. その店はこのすぐそばにある. 3) 裏側に, 向こう側に

a la ～ de... 1) …から戻って: A la ～ de Madrid te llamaré. マドリードから戻ったら電話するよ. 2) [+人] …の帰りに: A tu ～ ya no estaré aquí. 君が戻って来る時には私はもうここにはいないだろう. 3) [+時間] …の後で: A la ～ de tres años habrá conseguido un puesto importante. 3年後には彼は高い地位についているだろう

a la ～ lo venden tinto《戯語》知らんぷりをしたり確答を避ける時の無意味な言葉

a ～[s] 1) [+de の] 近くに, ほとんど: Estamos a ～ de Navidad. もうすぐクリスマスだ. 2) [+de を] 多用して: A ～ de razonamientos logré convencerle. 私はあれこれ弁じてやっと彼を納得させた

andar a ～s けんかする, 争う: Los dos hermanos siempre andan a ～s. 2人の兄弟はしょっちゅうけんかしている

andar a ～s con (para・sobre)... …にかかずらう, 手間どる: Anda a ～s con la compra de un coche. 彼は車を買うのにあれこれ迷っている

buscar las ～s a+人 …のあら捜しをする; すきを狙う

coger a+人 **las ～s** …の計画(意図)を見抜く; 性格(付き合い方)を知る

dar cien (cuarenta・mil・demasiadas・muchas) ～s a... 1) [知能・知識で, +人に] まさる: Das cien ～s a tus compañeros. 君は仲間たちよりぐんと優秀だ. 2) [+事を] あれこれ考えさせる

dar la ～ 1) 意見(態度)を変える, [政党の] 鞍替えをする. 2) [+a を] 裏返しにする; 一周する: dar la ～ a un tortilla (a la página・al partido) トルティージャをひっくり返す(ページをめくる・試合を逆転する). Ese camino da la ～ a la ciudad. その道は町の回りを一周している

dar media ～ 半回転する; 振り向く; きびすを返す; 立ち去る: A mitad de la fiesta dio media ～. 彼はパーティーの途中で帰ってしまった

dar ～s 1) [無駄に] あちこち捜す: Por más ～s que doy no aparecen las gafas. いくら捜しても眼鏡は出て来ない. 2) あれこれ考える: Por más ～s que doy a este asunto, no le veo la solución. いくら考えてもこの件の解決法は見つからないな. 3) [車が] スピンする. 4) かき回す, かきまぜる

dar ～s a (en) la cabeza 脳みそをしぼる, よく考える

dar ～s la cabeza a+人 …が乗物酔いをする,

気持ちが悪くなる: La cabeza me daba ～s. 私は頭がくらくらした

dar (se) una ～ 散歩する; 小旅行をする; ざっと見て回る: Salió a dar una ～. 彼は散歩に出かけた

de ～ 帰路で, 帰り道で: De ～, visitaré Toledo. 帰る途中でトレドに寄ろう

estar a ～s con... …を何度も繰返している; …にこだわっている

estar de ～ 1) 帰っている: Ya está de ～. 彼はもう帰っている. 2) [+de を知らないと思われるが] 実はすでに知っている; 経験がある: Ya estaba de ～ de todo. 彼はもう全部知っていた. 3) [すべて体験ずみで] 老練である; もう幻滅を感じている

hacer dar ～s a+人 [解決するために] …を走り回らせる, 奔走させる

¡hasta la ～! [また戻ってくるまで] さようなら!

media ～ 半回転; 回れ右〖media ～ a la derecha〗

no hay que darle ～s これで決定だ/ほかに解決法はない

no tener ～ de hoja/ser sin ～ de hoja 明白である: No tiene ～ de hoja: o pagas, o vas a la cárcel. 事は単純で, お前が金を払うか刑務所へ行くかだ

poner de ～ y media a+人 …をひどく侮辱する, 悪口を言う; 厳しく叱る

tener ～ [物が] 返却を要する

～ a (con)... [いらだって] また…だ: Otra vez ～ a empezar con esa canción. またあの歌が始まった

～ en redondo 1) [完全な] 1回転: La manecilla del reloj ha dado una ～ en redondo. 時計の針が完全に1周した. 2) 半回転, 反転〖media ～〗: La veleta ha dado una ～ en redondo. 風向計が完全に逆転した. El tiempo dio una ～ en redondo. 天候が一変した

vuelto, ta[2] [bwέlto, ta] 形 過分 《←volver》

❶ 裏返しの: poner el cuadro ～ hacia la pared 壁の絵を裏返しにする. llevar el jersey ～ del revés セーターを裏返しに着る. colocar los vasos ～s en el armario コップを伏せて食器棚に置く. ❷ 通常の位置と違った: con la cara ～ta そっぽを向いて

◆ 男《中南米》釣り銭〖vuelta〗

vuelv- ⟹volver ㉙

vuelvepiedras [bwelβepjέðras] 男〖単複同形〗《鳥》キョウジョシギ

vuesa merced [bwésa mɛrθέ(d)] 代《古語》なんじ, そなた

vuestro, tra

[bwéstro, tra] 形《英語》人称複数. ⟹su, suyo ❶ 君たちの, お前たちの〖中南米ではほとんど vuestro を使わず, su で「君たちの」を表わす〗: i) [+名詞. 発音は [bwestro] となる] V～tra madre está ocupada. お母さんは今忙しいのよ. Pienso visitar ～ pueblo. 君たちの町を訪ねるつもりだ. ii) [名詞+] Aquella casa ～tra me ha gustado. 私はあの

君たちの家が気に入った. iii) [主格補語] ¿Estos libros son ～s? これらの本は君たちのか? ❷ [強調] Vosotros tenéis ～ mérito. 君たちには君たちなりの良いところがある. ❸ [尊称] i) V ～tra Majestad es generoso. 陛下は寛大であらせられる. ii) [呼びかけ] V ～tra Alteza Real 殿下. ～tra señoría 閣下
◆ 代 [英 yours] [定冠詞+] 君たちのそれ: Nuestra opinión coincide con la ～tra. 私たちの意見は君たち[の意見]と一致している
ésta es la ～tra 君たちのチャンスだ 『希望をかなえてあげるよ』
la ～tra 君たちの行為(好機・言い分・願望): Como siempre habéis hecho la ～tra. 例によって君たちは好きなようにやったな. Ahora es *la ～tra*. 今が君たちのチャンスだ
lo ～ 1) 君たちのこと(もの). 2) 君たちらしさ: Ese género de vida es *lo ～*. それは君たちらしい暮らし方だ. 3) 君たちの得意(言い分). 4) [副詞的] かなり, とても: Os habéis cansado *lo ～*. 君たちはかなり疲れたね
los ～s 君たちの家族(仲間・味方)
[*una*] *de las ～tras* [君たちの] いつもの悪ふざけ(いたずら)

vulcaniano, na [bulkanjáno, na] 形 [火山が] ブルカノ式の

vulcanismo [bulkanísmo] 男 火山活動

vulcanita [bulkaníta] 女 硬質ゴム, エボナイト;《地質》火山からの噴出岩

vulcanización [bulkaniθaθjón] 女 [ゴムの] 加硫

　　vulcanizar 9 他 加硫する

vulcanología [bulkanoloxía] 女 火山学
　　vulcanólogo, ga 名 火山学者

vulgar [bulgár] 形 [英 vulgar] ❶ 俗悪な, 下品な; 卑俗な: gusto ～ 低俗な趣味. expresión ～ 下品な表現. mujer ～ はすっぱな女性. ❷ ごく普通の, 並の [《洗練されてない, 専門

的でない]: opinión ～ 俗説. nombre ～ 俗称. literatura ～ 通俗文学. economía ～ 俗流経済学

vulgaridad [bulgariðá(ð)] 女 俗悪, 粗野; 通俗なこと: decir ～es 俗説(ありふれたこと)を言う

vulgarismo [bulgarísmo] 男 俗語, 通俗な表現

vulgarizar [bulgariθár] 9 他 通俗化させる, 普及させる: ～ la música clásica 古典音楽を大衆化する
◆ ～se 普及する
　　vulgarización 女 通俗化, 普及

vulgarmente [bulgárménte] 副 俗に

vulgata [bulgáta] 女 ウルガタ聖書 『405 年. 聖ヒエロニムス San Jerónimo のラテン語訳聖書』

vulgo [búlgo] 男 医名《軽蔑》[el+. 粗野な・知識の浅い] 民衆, 大衆
　　　副 通称は

vulnerable [bulneráble] 形 [肉体的・精神的に, +a に] 傷つきやすい: punto ～ 弱点. Es muy ～ a la crítica. 彼は批判されるとすぐ傷つく
　　vulnerabilidad 女 傷つきやすさ

vulnerar [bulnerár] 他 ❶ [文語] [肉体的・精神的に] 傷つける: ～ la reputación 評判を傷つける. ❷ [法律などに] 違反する: ～ unas disposiciones いくつかの条項に抵触する. ～ el derecho de+人 …の権利を侵害する
　　vulneración 女 傷つけること; 違反

vulnerario, ria [bulnerárjo, rja] 形 男 外傷に効く; 傷薬
◆ 女《植物》アンチリス

vulpeja [bulpéxa] 女 雌ギツネ 《zorra》
　　vulpino, na 形 キツネのような

vulva [búlḃa] 女《解剖》外陰(部), 陰門
　　vulvitis 女 [単複同形]《医学》外陰炎

V

W

w [ube dóble] 囡 アルファベットの第 24 字

W. 《略語》←vatio ワット

wadi [wáđi] 男 《地理》ワジ, 雨期だけの川

wagneriano, na [bagnerjáno, na] 形 名 ワーグナー Wagner の〔崇拝者〕, ワグネリアン；ワーグナー風の 《ドイツの作曲家》

walhalla [baláʎa] 《神話》バルバラ 《英雄たちの霊のすみか》

walkie-talkie [walkitálki] 男 《←英語》ウォーキートーキー, トランシーバー

walkiria [walkírja] 囡 =valquiria

walkman [(g)wálman] 男 《複 ～s》《←商標》ウォークマン

walón, na [walón, na] 形 =valón

wapití [wapití] 男 《動物》ワピチ

washingtoniano, na [basintonjáno, na] 形 名 《地名》《米国の》ワシントン Washington 市・州の〔人〕

wáter [báter] 男 《←英語》=váter
　water-closet 男 =váter

waterpolo [baterpólo] 男 《←英語. スポーツ》水球

wau [wáu] 男/囡 《言語》半母音の u

weber/weberio [wéber/-rjo] 男 《電気》ウエーバー

wedge [(g)wéʧ] 男 《ゴルフ》ウェッジ

week-end [wíken(d)] 男 《←英語》週末 《fin de semana》

welter [wélter] 男 《←英語. ボクシング》ウエルター級 《peso ～》

western [wéster] 男 《単複同形/複 ～s》《←英語. 映画》西部劇

whiskería [(g)wiskería] 囡 ウェートレスが挑発的な服装をしているバー, トップレスバー

whisky [(g)wíski] 男 《複 ～s》《酒》ウイスキー 《güisqui》: ～ con hielo オンザロック. ～ americano バーボン. ～ de malta モルト

winchester [(g)wínʧesteɾ(r)] 男 《複 ～s》《←英語. 商標》ウィンチェスター銃

windsurf [windsúrf] 男 《←英語. スポーツ》ウインドサーフィン
　windsurfista 名 ウインドサーファー

wing [wíŋg] 男 《南米. スポーツ》ウイング

wolframio [bolfrámjo] 男 =volframio

wombat [wombát] 男 《動物》ウォンバット

won [wón] 男 《韓国・北朝鮮の貨幣単位》ウォン

X

x [ékis] 囡 アルファベットの第 25 字

xantofila [santofíla] 囡《化学》キサントフィル

xantoma [santóma] 男《医学》黄色腫

xenófilo, la [senófilo, la] 形 名 外国人好きの〔人〕

xenofobia [senofóbja] 囡 外国人嫌い
　xenófobo, ba 形 名 外国人嫌いの〔人〕

xenón [senón] 男《元素》キセノン

xeremies [serémjes] 囡《楽器》[マジョルカ島の] 双管の笛

xerocopia [serokópja] 囡 [ゼロックスによる] コピー
　xerocopiar ⑩ 他 コピーにとる, コピーする

xerófilo, la [serófilo, la] 形《生物》耐乾性の

xerofítico, ca [serofítiko, ka] 形《植物》乾生的な
　xerófito, ta 形 ＝xerofítico

xeroftalmía [serɔftalmía] 囡《医学》眼球乾燥症

xeroftalmia 囡 ＝xeroftalmía

xerografía [serografía] 囡 ゼロックス複写法
　xerografiar ⑪ 他 コピーにとる
　xerográfico, ca 形 コピーの

xi [sí] 男《ギリシア文字》クシー〖Ξ, ξ〗

xifoides [sif5iđes] 形〖単複同形〗《解剖・植物》剣状の; 剣状突起〖apéndice ～〗

xilema [siléma] 男《植物》木質部, 木部

xileno [siléno] 男《化学》キシレン

xilófago, ga [silófago, ga] 形 [昆虫などが] 木を食う, 木に穴を開ける

xilófono [silófono] 男《楽器》木琴, シロホン
　xilofón 男 ＝xilófono
　xilofonista 名 木琴奏者

xilografía [silografía] 囡 木版術(印刷・画)
　xilográfico, ca 形 木版の

xilórgano [sil5rgano] 男《楽器》[古代の] 木琴の一種

Xunta [júnta] 囡 [la＋] ガリシアの自治州政府

Y

y¹ [i grjéga] 図 アルファベットの第 26 字

y² [i] 腰 〖英 and. ↔o, ni. i-・hi- の前では e となる: China *e* India 中国とインド, cursi *e* hipócrita きざで猫かぶりの. ただし疑問文・感嘆文の文頭と hie- の前では y のまま: ¿Y Ignacio va también? ではイグナシオも行くのか? flores *y* hierbas 花や雑草〗…, そして. ❶ [語句の並列] i) casa moderna *y* cómoda 現代的で住みよい家. el alma, la tierra *y* la vida argentinas アルゼンチンの精神と大地と生活. Él *y* yo somos novios. 彼と私は恋人同士です. Los jóvenes cantan *y* bailan. 若者たちは歌い, 踊っている. He estado en Madrid *y* [en] Sevilla. 私はマドリードとセビーリャに行ったことがある. ii) [同一語の並列. 強調] miles *y* miles de turistas 何千何万もの観光客. Transcurrieron días *y* días. 何日も何日も時が流れた. iii) [足し算] Dos *y* tres son cinco. 2 足す 3 は 5

❷ [文の並列] i) Yo toqué la guitarra *y* él cantó. 私がギターを弾き, 彼が歌った. El padre lloraba *y* el hijo reía. 父親は泣いていた. そして (しかし・一方) 息子は笑っていた. ii) [結果・帰結] 従って: Estudió mucho *y* pasó los exámenes. 彼はよく勉強したので試験に合格した. Tú eres bueno *y* no me engañarás. 君はいい人だ. だから私をだましたりしないだろう. iii) [逆接] しかし: Lo llamé *y* no vino. 私は彼を呼んだが来なかった. Algunos no lo creen *y* se equivocan. それを信じない人がいるが, その人は間違っている. iv) [対立] それでも: Estaba cansado *y* seguía andando. 彼は疲れていたが, それでもあるき続けた. v) [譲歩] たとえ…でも: Ándeme yo caliente *y* ríase la gente. 笑いものにされようとも私は安楽な方がいい

❸ [命令文+] i) そうすれば: Corre, *y* alcanzarás el tren. 走れ. そうすれば電車に間に合うよ. ii) [+no] そうしても (…ない): Dígalo usted, *y* no le creerán. あなたがそう言っても誰も信用しないでしょう

❹ [文頭] i) [話の切り出し] ところで: Estoy bien, gracias. ¿Y usted? ありがとう. 私は元気です. で, あなたは? ¿Y qué le parece esto? ところで, これをどう思いますか? ii) [色々な意味あいで] Y la vida sigue. それでも生活は続く. Y ahora llueve. [そして] 今は雨が降っている. Y no me lo has avisado. しかし君はそれを知らせてくれなかったね

❺ [時刻] …分後: Son las dos *y* diez. 2 時 10 分です

y/o [時刻] …または…: apoyo de los nacionalistas catalanes *y/o* vascos カタランまたはバスク (そのどちらか) の民族派の支持

---

ya [já] 剾 〖英 already. ↔todavía〗 ❶ [完了] すでに, もう: i) *Ya* son las seis. もう 6 時だ. *Ya* le he avisado. 私はもう彼に連絡してある. Mañana *ya* habrán terminado el trabajo. 明日には仕事は終わっているだろう. *Ya* lo sé. ちゃんと知っているよ 〖だから任せておけ, いちいち言わなくていいよ〗/ああわかったぞ. ii) [強調] Esto *ya* es la caraba: nos han hecho esperar dos horas sin dar ninguna explicación. もうひどい. 2 時間も待たせて, 何の説明もないんだ

❷ [+現在形] 今すぐ: *Ya* voy. 今行きます

❸ [+未来形. 不確実] いずれ, 将来に: *Ya* te llamaré. いずれ電話するよ

❹ [間投詞的] i) [皮肉・想起] まあ, そう: Hemos quedado a las ocho.—*Ya*, ¿pero estás seguro de que el tren sale a la hora fijada? 私たちは 8 時に集まることにした.—そう. だけど列車は定刻に出るのかね? Te digo que he estado trabajando.—¡*Ya, ya...*! 僕は今まで働いていたのだ.—そうだろうとも! ¡Ah, *ya*!, tú eres el nuevo alumno. 君が新入生だね. ii) [拒絶・無関心] もういい, もうたくさんだ: ¡*Ya, ya!*, déjate de rollo. もうわかった! くどくど言うのはやめてくれ

❺ [繰返して, 接続詞的に] ある時は…またある時は…; …であろうと…であろうと: *Ya* se ríe, *ya* llora. 彼は笑ったり泣いたりしている. *Ya* en la guerra, *ya* en la paz la vida sigue igual. 戦争中でも平和時でも生活に変わりはない. *Ya* pronto, *ya* tarde, lo sabrás. 遅かれ早かれ君はそれを知ることだろう

❻ 《スポーツ》[スタートの合図] ドン: ¡Preparados! ¡Listos! ¡*Ya!* 位置について, 用意, ドン!

desde ya 《南米》今すぐ; 今から, 今後

ya estar+現在分詞 [相手がいやがっている時などの強い命令] *Ya estás* yendo por las cartas. さあ, 手紙を取ってくるんだ

ya no (no ya) sino... …だけでなく…も: No deberías haber dicho eso, *no ya* por ti, *sino* por mí. 君は自分のためにも私のためにもそんなことを言うべきでなかった

ya poder+不定詞 1) [線過去. 不平・嫌悪] *Ya podías* haberme avisado antes. 前もって知らせてくれてもよかったじゃないか. 2) [現在. 激励・警告] *Ya puedes* ir preparando el dinero. 金を用意しておけよ

ya poder+不定詞 [+que]+直説法 [譲歩] …するからといって…: *Ya pueden* discutir [que] no van a conseguir nada. 議論したところで何にもならないだろう

ya que+直説法 [自明の理由] …する (…である) からには: *Ya que* estás en casa, ayúdame en el negocio. 家にいるのだから仕事を手伝ってくれ．No lo toques, *ya que* es muy delicado y se puede romper. それに触わるな．とても壊れやすいから

yaacabó [ja(a)kabó] 男 [南米産の] タカの一種

yaba [jába] 女 [中南米産の] 黄色い実をつけるマメ科の中位の高さの木

yac [ják] 男 《動物》ヤク

yacal [jakál] 男 《植物》[フィリピン産の] フタバガキ科の高木

yacaré [jakaré] 男 《中南米. 動物》クチヒロカイマン

yacente [jaθénte] 形 《文語》横たわった

yacer [jaθér] 42 自 ❶ 《文語》横たわっている：En la habitación *yacía* el enfermo. 部屋には病人が寝ていた．El pueblo *yace* a orillas del río. 村は川岸に沿って広がっている．❷ 《文語》葬られている：Aquí *yace* el Sr. García. [墓碑名] ガルシア氏ここに眠る．❸ [ある場所に] 存在する：Aquel manuscrito *yace* sepultado (olvidado). その写本はどこかに埋められている．❹ 性交する，同棲する

yachting [yátin] 男 [←英語] ヨットレース

yacija [jaθíxa] 女 ❶ 《軽蔑》[粗末な] ベッド，わら布団．❷ 墓穴

yacimiento [jaθimjénto] 男 ❶ 《地質》鉱床；鉱脈：〜 petrolífero (de petróleo) 石油鉱床，油田．❷ [考古学上の] 遺跡 〔〜 arqueológico〕

yacio [jáθjo] 男 《植物》[熱帯アメリカ産の] ゴムノキに似た木

yaco [jáko] 男 《動物》[南米の] カワウソの一種

yagua [jáɡwa] 女 《植物》ダイオウヤシ

yagual [jaɡwál] 男 《中米》[荷物を頭にのせて運ぶ時に敷く] 当て布

yaguar [jaɡwár] 男 《動物》＝**jaguar**

yaguareté 男 《南米》＝**jaguar**

yaguré [jaɡuré] 男 《中南米. 動物》スカンク 〖mofeta〗

yak [ják] 男 ＝**yac**

yakuza [jakúza] 女 [←日本語] やくざ

yambo [jámbo] 男 ❶ 《植物》フトモモ．❷ 《詩法》[ギリシア・ラテン詩の] 短長格

yámbico, ca 形 短長格の

yanacón [janakón] 男 《南米》インディオの小作農

yanacona [janakóna] 女 《南米》[昔の] インディオの召使；＝**yanacón**

yang [ján] 男 [←中国語] [陰陽の] 陽 〖↔yin〗

yanomami [janomámi] 男 ヤノマミ（ヤノマモ・ヤノアマ）族〔の〕〖ブラジル北部・ベネズエラ南部に住むインディオ〗

yanqui [jánki] 形 〖複 〜s〗 ❶ 《軽蔑》米国人〔の〕，ヤンキー〔の〕：imperialismo 〜 アメリカ帝国主義．¡Fuera los 〜s! ヤンキー，ゴーホーム！ ❷ [南北戦争の] 北軍〔の〕

yanquilandia 女 《軽蔑》米国

yantar [jantár] 自 他 《古語》[昼食を] 食べる ◆ 男 《まれ》食べ物，料理 〖comida〗

yapa [jápa] 女 《南米》❶ [買い物の] おまけ，景品．❷ 手数料，仲介料；チップ；割戻し金 *de* 〜 おまけに 《比喩的にも》；その上 《además》；根拠なしに，わりもなく

yaqui [jáki] 形 ヤキ族〔の〕〖メキシコ北西部に住むインディオ〗

yarará [jarará] 女 《動物》クサリヘビの一種

yaraví [jaraβí] 男 〖複 〜[e]s〗《南米》[インディオの] 甘く感傷的な歌

yarda [járða] 女 [長さの単位] ヤード

yareta [jaréta] 女 [アンデス高地産の] セリ科の小型の植物

yarey [jaréi] 男 《植物》[キューバの] オオギバヤシ

yatagán [jataɡán] 男 [トルコなどの] つばなしで緩いS字形の長剣

yatay [jatái] 男 〖複 yatáis〗《植物》[ラプラタ産の] 食用のヤシの一種

yate [játe] 男 《船舶》[主に大型の] ヨット

yayo, ya [jájo, ja] 名 《親愛》祖父，祖母 〖abuelo〗；老人

ye [jé] 女 文字 y の名称 〖i griega〗

yedra [jéðra] 女 《植物》＝**hiedra**

yegua [jéɡwa] 女 ❶ 雌馬 〖↔caballo〗．❷ 《中米》葉巻の吸いがら；《南米》[軽蔑的に] 女 ◆ 形 《中南米》ばかな

yeguada 女 馬の群れ

yeguar 形 雌馬の

yeguato, ta 形 雄ロバと雌馬から生まれた 〔ラバ〕

yegüerizo, za 名 ＝**yegüero**. ◆ 形 ＝**yeguar**

yegüero, ra 名 馬番

yeísmo [jeísmo] 男 《言語》ll を y [j] の音で発音すること

yelmo [jélmo] 男 兜 (½⅓) 〖☞armadura カット〗

yema [jéma] 女 ❶ [卵の] 黄身，卵黄；砂糖と卵黄で作った菓子：〜 mejida 《飲料》エッグノッグ．Siempre está en medio como la 〜. 彼はいつも邪魔する．❷ 《植物》芽 〖brote〗．❸ 指頭の腹，指先の柔らかい部分 〖〜 del dedo〗

yemení [jemení] 形 名 〖複 〜[e]s〗《国名》イエメン Yemen 男 の(人)．〖参考〗República Árabe del Yemen イエメンアラブ共和国(北イエメン)，República Democrática del Yemen イエメン人民民主共和国(南イエメン)〗

yemenita 形 名 ＝**yemení**

yen [jén] 男 〖複 〜[e]s〗 [日本の貨幣単位] 円

yendo [jéndo] 現分 ☞**ir**

yerba [jérβa] 女 ❶ ＝**hierba**. ❷ 《植物》マテチャノキ 〖〜 mate〗；その葉

yerbal 男 《南米》マテ茶の農園

yerbatero, ra 形 名 《南米》マテ茶の〔栽培・販売業者〕；薬草で治療する〔人〕

yerbear 自 《南米》マテ茶を飲む

yerbera 女 マテ茶の葉入れ

yermo, ma [jérmo, ma] 形 《文語》住む人のいない，無人の；不毛の：paraje 〜 人里離れた土地．campos 〜s 荒れ野 ◆ 男 不毛の地

yerno [jérno] 男 娘婿 〖↔nuera〗

yerna 囡《中南米》嫁〖nuera〗

yero [jéro] 男《植物》[飼料用の] ソラマメ

yerra [jɛ́ra] 囡《南米》=hierra

yerro [jɛ́rɔ] 男 [不注意・無知による] 失敗, 誤り

yérsey [jɛ́rsei] 男《中南米》=jersey

yerto, ta [jɛ́rto, ta] 形 [寒さ・死・恐怖などで体が] こわばった: Me quedé 〜 de frío./El frío me dejó 〜. 私は寒くて体がこわばってしまった

yesar [jesár] 男 石膏採掘場, 石膏床
　yesal 男 =yesar

yesca [jéska] 囡 ❶ 火口(ﾎ̇ǵち). ❷ [感情を] あおり立てるもの

yeso [jéso] 男 ❶ 石膏, しっくい: busto de 〜 石膏の胸像. 〜 mate (de París・calcinado) 焼石膏. ❷《医学》ギプス: poner 〜 en un brazo 腕にギプスをはめる. ❸ 石膏像
　yesería 囡 石膏工場; 石膏細工, 石膏像
　yesero, ra 形 囡 石膏の; 石膏製造工(業者)
　yesoso, sa 形 石膏を含んだ; 石膏のような

yesquero [jeskéro] 男 ❶ [火口を使った] 点火器;《南米》ライター〖mechero〗. ❷《植物》hongo 〜 タマチョレイタケの一種

yeta [jéta] 囡《中南米. 口語》不運, 不幸
　yetatore 囡《南米》不運な人; 不幸をもたらす人, 疫病神

yeti [jéti] 男《ヒマラヤの》雪男, イエティ

yeyé [jejé] 形 イエイエの〖1960 年代に流行した音楽・風俗〗

yeyuno [jejúno] 男《解剖》空腸

yiddish [jídiʃ] 男 イディッシュ語

yin [jin] 男《←中国語》[陰陽の] 陰〖↔yang〗

yira [jíra] 囡《南米. 軽蔑》街娼, 売春婦

yo [jó] 代 Ⅰ. 主語人称代名詞 1 人称単数〗私, 僕:〖Yo〗Soy pescador. 私は漁師です. Es más alto que yo. 彼は私より背が高い. —¿Quién es el último?—Yo. 最後は誰ですか?—私です. El que aparece en esta foto soy yo. この写真に移っているのは私だ
　yo de ti (*él·usted·*…)**/yo que tú** (*él·usted·*…)《口語》私が君(彼・あなた…)なら: Yo que usted, aceptaría la oferta. 私だったらその申し出を受けるのだが
　◆ 男《哲学》[el+] 自我: afirmación del yo 自我の確立

y/o ☞y²

yod [jɔ́(d)] 囡《言語》ヨッド〖1) 二重母音で半子音 j, 半母音 i としての表われ: pie, reino. 2) ラテン語からスペイン語への変化でこの j, i が先行母音の音色に影響したり特殊な子音を発生させた現象: canté←cantai, viña←vinia←vinea. 3) フェニキア・ヘブライ語の文字列の 10 番目の文字〗

yodo [jódo] 男《元素》ヨウ素, ヨード
　yodado, da 形 ヨードを含む
　yodoformo 男《化学》ヨードホルム
　yoduro 男《化学》ヨウ化物

yoga [jóɣa] 男《ヒンズー教》ヨガ
　yogui 囡 ヨガ行者, ヨガをする人

yogur [joɣúr] 男《料理》ヨーグルト
　yoghourt/yogurt 男〖複 〜s〗=yogur

yogurtera 囡 ヨーグルト製造器;《西. 口語》バトロールカー

yola [jóla] 囡《船舶》ジョリー艇, 雑用艇

yonqui [jɔŋki] 名〖複 〜s〗《←英語》麻薬中毒者

yoquei/yoqui [jókεi/-ki] 男 =jockey

yorkshire [jɔ́rʃir] 男《犬》ヨークシャーテリア

yoyó [jojó] 男〖複 〜s〗《玩具》ヨーヨー

yterbio [itɛ́rbjo] 男 =iterbio

ytrio [ítrjo] 男 =itrio

yuan [jwán] 男〖中国の貨幣単位〗元

yuca [júka] 囡《植物》ユッカ, イトラン; =mandioca

yucateco, ca [jukatéko, ka] 形 名《地名》[メキシコの] ユカタン半島 Península Yucatán の〖人〗

yudo [júðo] 男 =judo
　yudoca 名 =judoca

yugada [juɣáða] 囡 yunta の 1 日分の耕作面積〖=約 32 ヘクタール〗

yugo [júɣo] 男 ❶ [牛・ラバの] くびき: poner el 〜 a los dos bueyes 2 頭の牛にくびきをつける. ❷ [鐘を吊るす] 横木. ❸ [結婚式の] ve-laciones でかぶるベール. ❹《古代ローマ》[服従の証しとして捕虜にその下をくぐらせた] 絞首台. ❺ 束縛, 拘束: sujetar a+人 bajo el 〜 …を屈服させる. sacudir el 〜 de un tirano 暴君の圧政を払いのける

yugo[e]slavo, va [juɣo(e)sláβo, βa] 形 名《歴史・国名》ユーゴスラビア Yugoslavia 囡 の〖人〗

yugular [juɣulár] 囡《解剖》頸静脈〖vena 〜〗. ◆ 形 頸部の
　◆ 他 [初期のうちに・速やかに] 進行を抑制する, …の発展を阻止する

yuju [júju] 間 オーイ, ヤッホー!

yuma [júma] 形 名 ユーマ族の〖北米インディアン〗

yunga [júŋga] 囡 [ペルーの] 海抜 500-2300 メートル地帯;〖アンデスの〗温暖な谷間

yunque [júŋke] 男 ❶ 鉄床(½ち), 鉄敷き. ❷《解剖》[耳の] きぬた骨. ❸ 不撓不屈の人

yunta [júnta] 囡 ❶ [牛・ラバなどの] 2 頭立て. ❷ [牛・ラバの][主に 複] カフスボタン
　yuntero 男 それで畑を耕す人;《歴史》[18 世紀のエストレマドゥラに多かった yunta しか所有しない] 貧農

yupi [júpi] 形 名〖複 〜s〗《←英語》ヤッピー〖の〗

yuquerí [jukerí] 男〖南米産の〗ネムノキ科の木〖キイチゴに似た果実をつける〗

yurta [júrta] 囡〖モンゴル人などの〗円形のテント, パオ

yusivo, va [jusíβo, βa] 形《言語》[接続法が] 命令を表わす

yute [júte] 男《植物》ツナソ;《繊維》ジュート, 黄麻(ﾟ̇)

yuxtaponer [ju(k)staponɛ́r] 60 他〖過分 yuxta*puesto*〗並べて置く, 並列する
　yuxtaposición 囡 置置, 並列

yuyo [jújo] 男《中南米》雑草; ハーブ, 薬草

Z

z [θéta] 囡 アルファベットの第 27 字

zabordar [θaβorðár] 囲 座礁する

zacate [θakáte] 團 《中米》牧草, まぐさ;スポンジ, へちま

zacatal 團 《中米》牧草地

zacateca [θakatéka] 圏 名 サカテカ族〔の〕《メキシコのインディオ》

zafar [θafár] 〜se 圏 ❶ [+de 危険・面倒を] 避ける, 逃れる; 身をかわす: Se zafó del compromiso (del castigo). 彼は窮地を逃れた(罰を受けないですんだ). ❷ [綱などが] ほどける, 外れる. ❸ 《中南米》脱臼する

zafado, da 圏 過分 《南米》[言行が] はれんちな, 大胆な

zafadura 囡 《中南米》脱臼

zafaduría 囡 《南米》はれんち, 厚顔無恥

zafarrancho [θafaránt∫o] 團 ❶ 《船舶》〜 de limpieza 清掃. Z〜 de combate. 戦闘配置につけ! ❷ 大騒ぎ, 大混乱: Se le cayó la bandeja llena de vasos y armó un 〜. 彼はコップをたくさんのせたお盆を落として大騒ぎを引き起こした. ❸ 大げんか, 騒動

zafio, fia [θáfjo fja] 圏 名 粗野な〔人〕, 下品な〔人〕

zafiedad 囡 粗野, 下品

zafiro [θafíro] 團 《鉱物》サファイア 《〜 oriental》

zafra [θáfra] 囡 ❶ [金属製で大型の] 油入れ; 油受け. ❷ [サトウキビの] 収穫, 取り入れ; その時期. ❸ 鉱滓(ぷ), スラグ

zaga [θáγa] 囡 医医《サッカーなど》ディフェンス陣, バックス

a la 〜/en 〜 後ろに: quedarse *a la* 〜 *de los corredores* 走者たちの最後尾にいる(しんがりを行く)

dejar en 〜 追い越す; 上回る

no ir (quedarse) a la 〜 a+人 …にひけをとらない: Es muy trabajador, pero su hermano no le *va a la* 〜. 彼は大変働き者だが, 弟も負けず劣らず働き者だ

zagal, la [θaγál, la] 名 ❶ [思春期に入った] 少年, 少女; 《戯語》男, 女. ❷《古語》[牧童頭の命令で働く] 若い羊飼い.

zagual [θaγwál] 團 [カヌーなどで使う短い] 櫂(ぷ)

zaguán [θaγwán] 團 玄関〔のホール〕.

zaguero, ra [θaγéro, ra] 圏 後部の; 最下位の): equipo 〜 最下位のチーム

◆ 名 《サッカーなど》ディフェンス, バックス;《ペロータ》後衛

zahareño, ña [θaareɲo, ɲa] 圏 [鳥が] 人に慣れない, 気の荒い; [人が] 無愛想な

zaherir [θaerír] 题 他 《殴父 zahiriendo》[からかったり侮辱したりして] 叱る, 非難する; [精神的に] 傷つける

zahína [θaína] 囡 《植物》モロコシ

zahiriente [θairjénte] 圏 [精神的に] 傷つけるような

zahón [θaón] 團 《服飾》[主に 圈. カウボーイなどがズボンの上につけた] チャプス

zahorí [θaorí] 名 《覆 〜[e]s》千里眼の持ち主; 炯眼(ぷ)の人, 洞察力の鋭い人

zahúrda [θaúrða] 囡 豚小屋; 汚い(粗末な)住居

zaida [θáiða] 囡 《鳥》シラサギ

zaino, na/zaíno, na [θáino, na/θaí-] 圏 ❶ 裏切り者の, 不誠実な. ❷ [馬が] 濃い栗色の; [牛が] 真っ黒な, 白い部分がまったくない

mirar a lo (de) 〜 横目で見る, 盗み見る

zaireño, ña [θairéɲo, ɲa] 圏 名 《国名》ザイール Zaire の〔人〕

zalagarda [θalaγárða] 囡 大騒ぎ;《軍事・狩猟》待ち伏せ

zalamería [θalamería] 囡 [時に 覆] へつらい, おべっか: con 〜s へつらって, 甘い言葉で

zalamero, ra [θalaméro, ra] 圏 名 へつらう〔人〕: hombre muy 〜 con las mujeres 女性にちやほやする男

zalea [θaléa] 囡 羊の毛皮

zalema [θaléma] 囡 へつらい 《zalamería》; へり下った挨拶

zamacuco, ca [θamakúko, ka] 名 陰険な人, 腹黒い人

◆ 團 酔い

zamacueca [θamakwéka] 囡 =**cueca**

zamarra [θamára] 囡 《服飾》[毛皮の] チョッキ; [皮製などの防寒用の] 上着

zamarrear [θamaréar] 圏 ❶ [オオカミなどが口で獲物を] 振り回す. ❷ [人が] 乱暴にこづき回す; [議論で] 追い詰める

zamarrilla [θamaríʎa] 囡 《植物》[イベリア半島産の] ニガクサの一種

zamarro [θamáro] 名 ❶ =**zamarra**. ❷ 覆 =**zahón**

zamba¹ [θámba] 囡 サンバ 《ハンカチを使う, ペルー起源のアルゼンチンの民族舞踊・音楽》

zambaigo, ga [θambáiγo, ga] 圏 名 《中米》中国人とインディオの混血の〔人〕

zambardo [θambárðo] 名 《南米》[物を壊す] 不器用〔な人〕; [賭け事での] つき

zambiano, na [θambjáno, na] 圏 名 《国名》ザンビア Zambia の〔人〕

zambo, ba² [θámbo, ba] 圏 名 ❶ X 脚(外反膝)の〔人・馬〕. ❷ 《中南米. 時に軽蔑》黒人とインディオの混血の〔人〕

◆ 團 《動物》ヒヒ 《papión》

zambomba [θam-
b5mba] 囡 [ドラム形
で] 棒をこすって鳴らす
楽器 [カット]
◆ [間] [驚き] うわあ/
これはこれは！
zambombazo 男
大音響

zambra [θámbra] 囡 ❶ [アンダルシアの] ジプシ
ーの歌と踊りの祭り; morisco の祭り. ❷ 大騒
ぎ, 騒動

zambucar [θambukár] 他 [さっと] 隠す

zambullir [θambuʎír] ②1 他 [既為 zambu-
llendo] [さっと, +en 水などに] 浸す, 沈める: ～
el tomate en agua hirviendo トマトを湯通し
する
◆ ～se ❶ [水に] 飛び込む: ～se en la pis-
cina プールに飛び込む. ❷ 身を隠す. ❸ [突
然, +en に] 没頭する: ～se en la lectura 急
に読書を始める
zambullida 囡 飛び込み; 短時間の入浴, ひと
浴び

zamburiña [θamburíɲa] 囡 《動物》帆立貝に
似た二枚貝

zamora [θamóra] 男《サッカー》[その年の] ベス
トゴールキーパー

zamorano, na [θamoráno, na] 形 名《地
名》サモーラ Zamora 囡 の[人]《カスティーリ
ャ＝レオン地方の県・県都》

zampabollos [θampaβóʎos] 名 [単複同形]
《西. 軽蔑》大食漢, 食いしん坊

zampar [θampár] 他《主に中南米》❶ [不注
意で, +en に] 突っ込む: Anda distraído y
zampó un pie en un agujero. 彼はぼんやり歩
いていて片足を穴に突っ込んでしまった. ❷ 素早
く隠す: Zampó mil pesetas en el bolsillo. 彼
はさっと千ペセタをポケットに入れた. ❸ [激しく] 投
げつける, 落とす: Zampó la revista en la
mesa. 彼は雑誌を机に叩きつけた
◆ 自《西》がつがつ食べる
◆ ～se ❶ はまり込む: ～se en un charco 水
たまりにはまる. ❷ [こっそり・許可なく] 入り込
む: ～se en una fiesta パーティーにもぐり込む.
～se en el despacho sin llamar a la puerta
ノックしないで(あわてて)オフィスに入る. ❸ がつが
つと食べる: Se ha zampado una caja de
bombones. 彼はチョコレートを1箱食べてしまっ
た

zampatortas [θampatórtas] 名 [単複同
形] ＝zampabollos

zampón, na [θampón, na] 形 名《軽蔑》大
食らいの[人]

zampoña [θampóɲa] 囡《楽器》パンフルート

zamuro [θamúro] 男《南米》＝zopilote

zanahoria [θanaórja] 囡《植物》ニンジン[の
根]

zanca [θáŋka] 囡 [鳥の] 長い脚 [比喩的に人
間や他の動物にも使われる]

zancada [θaŋkáða] 囡 大きな歩幅: andar a
grandes ～s 大またで歩く
en (de) dos ～s [目的地へ行くのが] 容易に,

すぐに: En dos ～s se recorrió toda la
calle. 彼はさっとひとわたり街を見て回った

zancadilla [θaŋkaðíʎa] 囡 [人を倒す] 足掛
け, 足がらみ; 《スポーツ》トリッピング; [人を失脚さ
せる] 策動: echar (poner) la ～ a+人 …の足
を引っ掛けて倒す; …を地位から蹴落とす
zancadillear …の足を引っ掛ける

zancajo [θaŋkáxo] 男 ❶ かかと[の骨] [ta-
lón]; [主に穴の開いた] 靴(靴下)のかかと.
❷ ＝zancarrón. ❸《口語》醜い人
no llegar a los ～s (al ～) a+人《口語》…
の足元にも及ばない
roer los ～s a+人《口語》…の陰口を言う

zancarrón [θaŋkarón] 男《口語》[食肉獣な
どの肉をそぎ取った後の] 脚の骨

zanco [θáŋko] 男 [主に 複] 竹馬, 高足 [カ
ット]: andar en ～s 竹馬に乗る

zancón, na [θaŋkón, na] 形《中南米》[衣服
が] 短かすぎる

zancudo, da [θaŋkúðo, ða] 形 [鳥などが]
脚の長い
◆ 男《昆虫》ガガンボ; 《中南米》蚊
◆ 囡 複《鳥》渉禽類

zanfona [θanfóna] 囡《楽器》ハーディガーディ

zángano, na [θáŋgano, na] 名 怠け者; おも
しろみのない人
◆ 男 [ミツバチの] 雄バチ; 田舎風の fandango
zanganear 自 ＝holgazanear; ばかな(つまら
ない)ことをする(言う)

zangolotear [θaŋgoloteár]《口語》他 [激し
く] 揺さぶる; [せかせかと] いじくり回す
◆ 自 [当てもなく] うろつく, ぶらつく
◆ ～se ❶ 揺れる; がたつく, がたびしいう. ❷ そ
わそわ(せかせか)する

zangolotino, na [θaŋgolotíno, na] 形 名
《口語》甘ったれの[若者]; ばかな[子供]

zanguango, ga [θaŋgwáŋgo, ga] 形 名
《主に南米. 口語》無気力な[人], 怠け者[の]

zanja [θáŋxa] 囡 ❶ 溝, 堀: ～ de desagüe
排水溝. ❷《中南米》雨溝

zanjar [θaŋxár] 他 ❶ …に溝を掘る. ❷ [口
論・意見の対立などを] 終わらせる, 解決する: ～
un debate 討論にけりをつける. ～ una dificul-
tad 困難を解決する

zanquear [θaŋkeár] 自 足をよじりながら歩く;
大またでさっさと歩く

zanquilargo, ga [θaŋkilárgo, ga] 形《軽
蔑》[主に人が] 足が細くて長い

zapa [θápa] 囡 ❶《軍事》溝(堀)の掘削:
labor (trabajo) de ～ 対壕構築; 地下工作,
陰謀. ❷ 洋鋤(⚒). ❸ さめ皮, シャークスキン

〖piel de 〜〗；さめ皮状に加工した皮革（金属）

zapador 〖軍事〗工兵

zapar 自 洋鋤で掘る

zapallo [θapáʎo] 男《南米》カボチャ〖calabaza, calabacera〗

zapapico [θapapíko] 男 つるはし；《登山》ピッケル

zapata [θapáta] 女 ❶《自動車》ブレーキ片〖〜 de freno〗. ❷《建築》〖フェルト製などの〗ドア・窓のちょうつがい側に貼るこすれ止め；〖柱の上に置く〗梁を支える横材. ❸〖テーブルなどの〗脚のすべり止め，脚端. ❹《船舶》仮竜骨，張付けキール

zapatazo [θapatáθo] 男 ❶ 靴での殴打；ドスンという落下（衝突）. ❷《帆の》はためき
mandar a+人 a 〜s …を意のままに操る
tratar a+人 a 〜s …を邪険に扱う，ひどい目に会わせる

zapateado [θapateáðo] 男《フラメンコ》サパテアード〖靴底で床を打つ技〗

zapatear [θapateár] 自 ❶ サパテアードする；〖抗議などで，床を〗踏み鳴らす. ❷《帆が》はためく
zapateo 男 サパテアードする（踏み鳴らす）こと

zapatería [θapatería] 女 製靴業（工場）；靴店

zapatero, ra [θapatéro, ra] 名 製靴業者，靴職人：〜 remendón/〜 de viejo 靴直し．Z〜, a tus zapatos.《諺》余計なことに手を出さず，自分の持ち場を守れ
dejar 〜《中南米》〖相手を〗零点におさえる
quedarse 〜《中南米》零敗する
◆ 男 下駄虫；《昆虫》アメンボ；《魚》〖熱帯アメリカ産の〗イトヒキアジ
◆ 形〖料理法が悪い等の原因で，豆などが〗固い

zapateta [θapatéta] 女〖喜びの表現で，跳び上がったり靴を手に持って〗靴を打ち鳴らすこと；《舞踊》〖主に複〗カブリオール

zapatiesta [θapatjésta] 女《西》大騒ぎ，騒動：armar una 〜 大騒きする

zapatilla [θapatíʎa] 女 ❶ スリッパ，室内履き：ponerse las 〜s スリッパ（運動靴）を履く．en 〜s スリッパ履きで；運動靴で，〜s de bailarina,スニーカー；バレーシューズ〖〜s de bailarina,：〜s de tenis テニスシューズ. ❸《闘牛》マタドールの礼装用の靴. ❹《自動車》ブレーキ片
zapatillazo 男 スリッパで叩くこと

zapato [θapáto] 男《英 shoes》〖主に複〗靴，短靴：ponerse (quitarse) los 〜s 靴をはく（脱ぐ）．unos 〜 par de 〜s 1足の靴．Perdió un 〜. 彼は靴の片方を失くした．〜s bajos (planos) ローヒールの靴，フラットシューズ．〜 de golf ゴルフシューズ．〜 (de) salón パンプス．〜 femenino 婦人靴
como (un) chico (niño) con 〜s nuevos《口語》大変うれしそうに
no importar a+人 a la suela del 〜 …の足元にも及ばない
saber dónde le aprieta el 〜 自分の〖困難な〗状況がわかっている

zape [θápe] 間《口語》❶〖猫などを追い払う時〗しっしっ！ ❷〖被害などへの驚き・奇異・怒り〗あれ!：¡Z〜!, qué calor hace hoy! 何とまあ今日は暑いのだろう！

zapeo [θapéo] 男《テレビ》ザッピング

zaperoco [θaperóko] 男《南米》混乱

zapote [θapóte] 男《植物》サポジラ

zapoteca/zapoteco [θapotéka/-ko] 形 名 サポテカ（サポテコ）族〔の〕〖メキシコのオアハカ州に住むインディオ〗
◆ 男 サポテカ（サポテコ）語

zaque [θáke] 男 小型の皮袋 odre

zaquizamí [θakiθamí] 男〖複 〜es〗屋根裏部屋；狭くてむさくるしい部屋

zar [θár] 男 ツァー〖帝政ロシアなどの皇帝〗

zara [θára] 女 トウモロコシ〖maíz〗

zarabanda [θarabánda] 女 ❶《舞踊・音楽》サラバンド〖16-17 世紀にスペインなどで流行した〗. ❷ 騒ぎ，混乱：Se armó una gran 〜. 大騒ぎが起きた

zaragata [θaragáta] 女 けんか，乱闘

zaragatero, ra [θaragatéro, ra] 形 名 騒がしい，飲み騒ぐ人；けんか好きの人，乱暴者

zaragatona [θaragatóna] 女《植物》〖イベリア半島産の〗オオバコの一種；その種《薬用》

zaragozano, na [θaragoθáno, na] 形 名《地名》サラゴサ Zaragoza 女 の〔人〕〖アラゴン地方の首市・県〗

zaragüelles [θaragwéʎes] 男 複 ❶《服飾》
i)〖昔の，ゆったりした〗半ズボン〖バレンシアとムルシアの民族衣装に残っている．▫カット〗.
ii)〖アラゴンの民族衣装の半ズボンの下からのぞく〗白いパンツ. iii) 粗野でだぶだぶの半ズボン. ❷〖茎が中空で弱く穂状花の〗イネ科植物の一種

zaranda [θaránda] 女 ふるい〖criba〗

zarandajas [θarandáxas] 女 複《西. 口語》取るに足りないこと：Déjate de 〜. つまらないことはやめろ

zarandear [θarandeár] 他 ❶ ふるいにかける：〜 arena 砂をふるう. ❷ 振る，揺らす：Agarrándole por los hombros lo *zarandeé* para que se despertara. 目をさまそうと私は彼の肩をつかんでゆすった．Me vi *zarandeado* por la multitud. 私は群衆にもみくちゃにされた．〜 un sonajero がらがらを振る
◆ 〜se《主に中南米》揺れる
zarandeo 男 揺れ

zarandillo [θarandíʎo] 落ち着きのない人，〖特に〗じっとしていない子供
traer (llevar) a+人 como un 〜 …をあちこちに行かせる：En el ayuntamiento, siempre me *traen como un 〜* durante una hora como mínimo. 私は市役所でいつも最低 1 時間ははたらき回しされる

zarape [θarápe] 男《中米. 服飾》幾何学模様のある毛布状の肩掛け

zarapito [θarapíto] 男《鳥》ダイシャクシギ

zarazo, za [θaráθo, θa] 形《中南米》半ば酔った；[果実が]半ば熟した

zarcillo [θarθíʎo] 男《服飾》[輪状の]イヤリング；《植物》[ブドウ・キュウリなどの]巻きひげ

zarco, ca [θárko, ka] 形 明るい青色の: ojos ～s 青い目

zarevich [θareβítʃ] 男《帝政ロシアの》皇太子

zarigüeya [θariɣwéja] 女《動物》フクロネズミ

zarina [θarína] 女 ロシア皇后；ツァー zar の妃

zarismo [θarísmo] 男 ロシアの帝政，ツァーリズム

zarpa [θárpa] 女 ❶ [ライオン・トラなどの]鈎爪(づめ)のある肢；《口語》[人間の]手. ❷ 出帆 echar la ～ (las ～s) a...《口語》…にしがみつく；…をわしづかみにする；…からひったくる，だまし取る

zarpar [θarpár] 自 錨を上げる，出帆する: El buque *zarpó* rumbo a Ceuta. 船はセウタに向け出航した

zarpazo [θarpáθo] 男 わしづかみにすること；鈎爪での一撃

zarpear [θarpeár] 他《中米》[泥などの]はねをかける

zarracina [θaraθína] 女 みぞれ混じりの吹雪

zarrapastroso, sa [θarapastróso, sa] 形 名《軽蔑》薄汚れた[人]，ぼろをまとった[人]

zarria [θárja] 女《西. 口語》ぼろ布；ぼろ着

zarza [θárθa] 女《植物》キイチゴ；いばら: ～ ardiente《聖書》燃え尽きることのない柴

zarzal 男 キイチゴ(いばら)の茂み

zarzamora 女 キイチゴの実；いばら

zarzaparrilla [θarθaparíʎa] 女《植物》シオデ，サルトリイバラ；それから作る清涼飲料

zarzuela [θarθwéla] 女 ❶《音楽》サルスエラ『スペインの歌劇』. ❷《料理》サルスエラ『～ de mariscos・pescado. 魚貝類のトマトソース煮』. ❸ [la Z～. マドリードの]王宮

zarzuelista 名 サルスエラ作家

zas [θás] 間 [衝撃音]バン!/[突然さ]ぶっつり，ぱッ!: Estábamos en el cine, y *¡～!*, se apagó la luz. 私たちが映画館にいると，ふっと明りが消えた

zascandil [θaskandíl] 男《西. 口語》落ち着かない人，面倒ばかり起こす人；《親愛》ちょこまかする子供

zascandilear 自 面倒を起こす；[つまらないことで]騒ぎ立てる

zeda [θéða] 女 =zeta

zedilla [θeðíʎa] 女 =cedilla

zéjel [θéxel] 男 セヘル『イベリア半島のアラブ人，主に8音節の大衆詩』

zelote [θelóte] 名《歴史》ゼロテ党員『ローマ支配に抵抗したユダヤ愛国者』

zelotas 名《単複同形》=zelote

zen [θén] 形 男《←日本語》禅[の]

zenit [θénit] 男 =cenit

zeolita [θeolíta] 女《鉱物》沸石

zepelín [θepelín] 男 ツェッペリン飛行船

zeta [θéta] 女 ❶ 文字 z の名称. ❷《ギリシア文字》ゼータ『Z, ζ』

◆ 男《西. 口語》パトロールカー

zeu[g]ma [θéu̯(g)ma] 男《言語》くびき語法

Zeus [θéu̯s]《ギリシア神話》ゼウス

zigoto [θiɣóto] 男 =cigoto

zigurat [θiɣurát] 男《考古》[バビロニア・アッシリアの寺院の]段階状ピラミッド型の塔

zigzag [θiɣθáɣ] 男《複》～[ue]s]ジグザグ，Z字形

zigzaguear 自 ジグザグに進む；[道などが]曲がりくねる

zimbabuense [θimbaβwénse] 形 名《国名》ジンバブエ Zimbabwe 男 の[人]

zinc [θíŋk] 男《複》zines] =cinc

zíngaro, ra [θíŋgaro ra] 形 名 =cíngaro

zíper [θíper] 男《中南米》ファスナー『cremallera』

zipizape [θipiθápe] 男《西. 口語》[小さな]けんか，口論

zircón [θirkón] 男 =circón

zirconio [θirkónjo] 男 =circonio

zis, zas [θís θás] 間 [物が連打する音]ガンガン，バンバン

zloty [θlóti] 男 [ポーランドの貨幣単位]ズロチ

zócalo [θókalo] 男 ❶《建築》i) 基壇；[壁の]下部. ii) 台石，台座 『～ columna カット』. ❷《情報》ソケット. ❸《中米》[特にメキシコシティーの]中央広場

zoco, ca [θóko, ka]《南米. 口語》左手(左腕)のない(不自由な)

◆ 男《アラブ諸国の》市場，スーク

zodiacal [θoðjakál] 形 黄道の: constelación ～ 十二宮の星座

zodíaco/zodiaco [θoðjako/-ðjáko]《天文・占星》黄道: signos de ～ 黄道十二宮. 『参考 Aries 牡羊座，Tauro 牡牛座，Géminis 双子座，Cáncer 蟹座，Leo 獅子座，Virgo 乙女座，Libra 天秤座，Escorpión さそり座，Sagitario 射手座，Capricornio 山羊座，Acuario 水瓶座，Piscis 魚座. 各星座名の頭文字は大文字表記。男女共通名詞として「…座生まれの人」の意味の時は小文字でもよく，単複同形である。同格用法で形容詞的に「…座生まれの」としても使われる: Es [de] Géminis. 彼は双子座だ. las mujeres escorpión さそり座生まれの女たち』

zombi[e] [θómbi/-bje] 男 ゾンビ

◆ 形 名 ゾンビのような[人]；《俗語》頭のおかしい，ばか、放心

zona [θóna] 女《英 zone》❶ 地帯，地域；区域，領域: ～ de fomento (de desarrollo) 開発促進地域. ～ de la libra esterlina スターリング地域，ポンド圏. ～ de operación 作戦区域. ～ de seguridad [道路の]安全地帯. ～ de urbana 市街地. ～ desmilitarizada 非武装地帯. ～ forestal 森林地帯. ～ fronteriza 国境地帯. ～ glacial (templada・tórrida) 寒(温・熱)帯. ～ industrial 工業団地. ～ parachoque (tampón) 緩衝地帯. ❷《数学》[球・円柱などの] 帯(たい). ❸《スポーツ》i) defensa de ～ ゾーンディフェンス. ii)《バスケ》フリースローレーン

zonación [θonaθjón] 女 [都市計画の]地域

設定, ゾーニング

zonal [θonál] 形 地域の: defensa 〜《スポーツ》ゾーンディフェンス

zonda [θónda] 男 [アルゼンチンで] 北からの暖かい強風

zonificar [θonifikár] 他 区域に分ける; [都市計画で] 指定地域にする
zonificación 女 =zonación

zonzo, za [θónθo, θa] 形 名 おもしろみのない〔人〕, 退屈な〔人〕;《中南米》ばか〔な〕, 単細胞の〔人〕
zoncear 自《中南米》ばかなことを言う(する)
zoncera 女《中南米》愚かな言動

zoo [θóo] 男 動物園《parque zoológico の省略語》: ir al 〜 動物園に行く

zoófago, ga [θoófago, ga] 形 肉食〔動物〕の

zoofilia [θoofília] 女 [人の] 動物性愛

zoofito [θoofíto] 男《動物》植虫類

zoogeografía [θooxeografía] 女 動物地理学

zoografía [θoografía] 女 動物誌学

zoolatría [θoolatría] 女 動物崇拝

zoología [θoolxía] 女 動物学
zoológico, ca 形 動物学の ◆ 男 動物園《parque・jardín 〜》
zoólogo, ga 名 動物学者

zoom [θúm] 男《←英語. 写真・映画》ズーム; ズームレンズ《objetivo 〜》

zoomorfo, fa [θoomórfo, fa] 形 動物をかたどった
zoomórfico, ca 形 =zoomorfo

-zuelo 《示小接尾辞》plazuela 小さな広場

zoonosis [θoonósis] 女《単複同形》《医学》動物原性感染症

zooplancton [θooplánkton] 男 動物プランクトン

zoospermo [θoospérmo] 男 精子, 精虫《espermatozoide》

zoospora [θoospóra] 女《生物》精胞子, 遊走子

zootecnia [θootéknja] 女 畜産学
zootécnico, ca 形 畜産学の

zopas [θópas] 男《単複同形》s を c [θ] で発音する人

zopenco, ca [θopénko, ka] 形 名《口語. 軽蔑》愚かな〔人〕, 間抜け〔な〕

zopilote [θopilóte] 男《鳥》ヒメコンドル

zoquete [θokéte] 男 ❶ 木片; パンのかけら. ❷ 複《南米》ソックス
◆ 形 名《軽蔑》愚かな〔人〕, 間抜け〔な〕

zorcico [θorθíko] 男 バスク地方の民族舞踊(民謡)の一種

zorongo [θoróngo] 男 ❶ [アラゴンの農民などが] 頭に巻いたハンカチ; 後頭部に平たく束ねて巻いた髪. ❷ アンダルシア地方の民族舞踊(民謡)

zorrear [θořeár] 自《軽蔑》売春(買春)をする
zorrera [θořéra] 女 [キツネの] 隠れ穴;《西》煙くて不快な部屋
zorrería [θořería] 女 ずるい(汚い)手段
zorrillo [θoříljo] 男《中南米》スカンク《mofeta》

zorro, rra [θóřo, řa] 男 ❶《動物》キツネ(狐): 〜 azul アオギツネ. 〜 plateado ギンギツネ, シルバーフォックス. 〜 (del) Ártico 北極ギツネ. ❷ キツネの毛皮. ❸ 複 はたき
◆ 女 ❶ 雌ギツネ. ❷《軽蔑》売春婦. ❸《口語》酔い: agarrar (coger) una zorra 酔っぱらう. ❹ [重い荷の] 運搬車
◆ 形 名 ずる賢い〔人〕, 抜け目のない〔人〕: 〜 viejo 古だぬき
estar hecho un 〜 非常に眠い
estar hecho unos 〜s《西》疲れはてた
hacerse el 〜 とぼける, 知らん顔をする
no tener ni zorra [idea]《口語》まったく知らない(わからない)

zorruno, na [θořúno, na] 形 狐の〔ような〕; 臭い

zorzal [θorθál] 男 ❶《鳥》ノハラツグミ. ❷《魚》〜 marino ベラ

zotal [θotál] 男《←商標. 西》[主に牧舎用の] 消毒剤

zote [θóte] 形 名《軽蔑》うすのろ〔の〕, 物覚えの悪い〔人〕

zozobra [θoθóbra] 女 不安; 沈没

zozobrar [θoθobrár] 自 ❶ [船が] 沈没する, 難破する; [計画などが] 破綻する. ❷ 不安になる

zuavo [θwábo] 男《歴史》ズワーブ兵: 〜s pontificios 教皇護衛隊〔員〕

zueco [θwéko] 男 ❶ 木靴; 木(コルク)底の皮靴. ❷ [看護婦の履く, 前部のみ覆われた] サンダル

zulaque [θuláke] 男《技術》封泥, 封塗料

zulo [θúlo] 男《←バスク語》[主に地下の狭い] 隠れ場所

zulú [θulú] 形 名 ズールー族〔の〕; 粗野な〔人〕, 非社交的な〔人〕
◆ 男 ズールー語

zumaque [θumáke] 男《植物》ウルシ(漆)

zumba [θúmba] 女 ❶ からかい, 冷やかし: dar 〜 冷やかす. ❷《中南米》殴打

zumbado, da [θumbádo, da] 形 過分《西. 口語》[estar+] 頭のおかしい, 気のふれた

zumbador, ra [θumbaðór, ra] 男 ブザー: tocar el 〜 ブザーを鳴らす

zumbar [θumbár] 自 [虫・モーターなどが] 低い振動音をたてる, ブンブンうなる, うなる: Las abejas zumbaban alrededor de los cerezos en flor. 蜜蜂が桜の花のまわりを羽音を立てて飛んでいた. Me zumban los oídos. 私はひどい耳鳴りがする
zumbando 大急ぎで: Salió zumbando de la oficina. 彼は大急ぎで会社を出た
◆ 他《南米》殴る
◆ 〜se からかう, 愚弄する

zumbido [θumbíðo] 男 ブンブンいう音, うなり; 耳鳴り: 〜 del motor エンジンのうなり. 〜 del mosquito 蚊の羽音

zumbón, na [θumbón, na] 形 名 ブンブンうなる; からかいの, からかい好きな〔人〕

zumo [θúmo] 男《英 juice》《主に西》❶ 不可算

[主に生の] ジュース: 〜 de naranja オレンジジ
ュース. ❷ 利益, もうけ: exprimir 〜 うまい汁
を吸う

zuncho [θúntʃo] 男 [補強用の] 金環, 帯鋼
　zunchar 他 金環(帯鋼)を取りつける

zurcir [θurθír] 2 他 縫う: 〜 calcetines 靴下
を繕う
　¡qué te zurzan! 《西》[拒絶・無関心など] い
い かげんにしろ/もうたくさんだ/ざまを見ろ!
　〜 *voluntades* 色事の取り持ちをする; 《古語》
売春の仲介をする
　zurcido 男 繕い縫い, つぎはぎ, かけはぎ
　zurcidor, ra 图 1) 繕いものをする人. 2) 《古
語》〜 de voluntades やり手ばばあ

zurda[1] [θúrđa] 女 左手; 左足: escribir con
la 〜 左手で書く
　a 〜s 左手(左足)で: dar a la pelota *a 〜s*
左手でボールを投げる

zurdazo [θurđáθo] 男 《サッカー》左足でのキッ
ク; 《中南米》左パンチ

zurdear [θurđeár] 自 《中南米》わざと左手を使
う

zurdo, da[2] [θúrđo, đa] 形 图 ❶ 左ききの
〔人〕『↔diestro』: tijeras para 〜s 左きき用
のはさみ. ❷ 左の『izquierdo』; 左手の: ojo 〜
左目
　no ser 〜 器用である; 頭がよい, 抜け目がない

zurear [θureár] 自 [鳩が] クークー鳴く

zurito, ta [θuríto, ta] 形 [鳩が] 野生の

zuro, ra [θúro, ra] 形 =zurito
　◆ 男 [粒を取った後のトウモロコシの] 芯

zurra [θúra] 女 ❶ 殴打, めった打ち: dar una
〜 a+人 …をボカボカ殴る. ❷ [皮の] なめし加
工. ❸ [ラ・マンチャ地方の] サングリアに似た飲み
物
　darse una 〜 重労働をする

zurracapote [θurakapóte] 男 温めて砂糖・
卵黄などを入れたワイン

zurrapa [θurapa] 女 [主に 複] 澱(ʤ), かす

zurrar [θurár] 他 ❶ [したたかに] 殴る; 厳しく
罰する. ❷ [皮を] なめし, 加工する

zurraspa [θuráspa] 女 [パンツについた] 大便
の汚れ

zurriago [θuríágo] 男 [鞭打ち用の] 鞭; [こま
回し用の] 鞭
　zurriagazo 男 [鞭などによる] 殴打, 鞭打ち;
[不意の] 不幸, 不運

zurriburri [θuribúri] 男 騒ぎ, 混乱; 下劣なや
つ

zurrón [θurón] 男 ❶ [獲物・食糧を入れる] 皮
袋. ❷ [果物の] 皮. ❸ 《解剖》羊膜

zurrullo [θurúʎo] 男 《口語》[柔らかいものの]
塊; 大便の塊, 糞

zutano, na [θutáno, na] 图 ⏏fulano

zuzo [θúθo] 間 [鶏などを追う掛け声] シッ

zzz [θ] 間 [いびき] グーグー

Z

付　　　録

文 法 概 要

1　文字と発音

1 字母

A a	$\mathcal{A}$ a	[a ア]	**Ñ ñ**	$\mathcal{N}$ $\tilde{n}$	[éɲe エニェ]
B b	$\mathcal{B}$ b	[be ベ]	**O o**	$\mathcal{O}$ o	[o オ]
C c	$\mathcal{C}$ c	[θe セ]	**P p**	$\mathcal{P}$ p	[pe ペ]
D d	$\mathcal{D}$ d	[de デ]	**Q q**	$\mathcal{Q}$ q	[ku ク]
E e	$\mathcal{E}$ e	[e エ]	**R r**	$\mathcal{R}$ r	[ére エレ]
F f	$\mathcal{F}$ f	[éfe エフェ]	**S s**	$\mathcal{S}$ s	[ése エセ]
G g	$\mathcal{G}$ g	[xe ヘ]	**T t**	$\mathcal{T}$ t	[te テ]
H h	$\mathcal{H}$ h	[átʃe アチェ]	**U u**	$\mathcal{U}$ u	[u ウ]
I i	$\mathcal{I}$ i	[i イ]	**V v**	$\mathcal{V}$ v	[úβe ウベ]
J j	$\mathcal{J}$ j	[xóta ホタ]	**W w**	$\mathcal{W}$ w	[úβe dóβle　ウベドブレ]
K k	$\mathcal{K}$ k	[ka カ]	**X x**	$\mathcal{X}$ x	[ékis エキス]
L l	$\mathcal{L}$ l	[éle エレ]	**Y y**	$\mathcal{Y}$ y	[i grjéga　イグリェガ]
M m	$\mathcal{M}$ m	[éme エメ]	**Z z**	$\mathcal{Z}$ z	[θéta セタ]
N n	$\mathcal{N}$ n	[éne エネ]			

　　スペイン語のアルファベットは 27 文字ある.
　　a, e, i, o, u が母音字, 他の文字は子音字である.
　　ch, ll, rr は複文字といい, かつては辞書などの配列では 1 つの文字として
扱われていた. rr は語頭に置かれることはない.

Ch ch　　[tʃé チェ]
Ll ll　　[éʎe エリェ]
-　rr　　[ér̃e エルレ]

2 母音

単母音

舌 の 位 置

前←————————→奥

口の開き　狭↑　広↓

i　　　　　　　u　＝弱母音
　e　　　　　o
　　ε　　　ɔ　＝強母音
　　　a

[a]

a　[a]（アの音）：p*a*p*á* [papá パパ], m*a*m*á* [mamá ママ].

[e]

e　1)　開音節および [d, m, n, s, θ] で終わる閉音節中で [e]（エの音）：P*e*p*e*
　　　[pépe ペペ], m*e*s [més メス].
　　2)　上記以外の閉音節中および [r̃] の前後, [x] の前で [ε]（やや口の開き
　　　の大きいエの音）：pap*e*l [papél パペル], p*e*rro [pér̃o ペルロ], t*e*ja
　　　[téxa テハ].

i　［i］（イの音）：p*i*no［píno ピノ］, m*i*sa［mísa ミサ］.

o　1)　開音節中では［o］（オの音）：*o*so［óso オソ］, m*o*no［móno モノ］.
　　2)　閉音節中, ［r̄］の前後, ［x］の前, および［a］とはさまれ, かつ
　　　アクセントがかかる時は ［ɔ］（やや口の開きの大きいオの音）：m*o*sca
　　　［mɔ́ska モスカ］, t*o*rre［tɔ́r̄ɛ トルレ］, *o*jo［ɔ́xo オホ］, ah*o*ra［aɔ́ra ア
　　　オラ］.

u　［u］（唇を丸めて突き出したウの音）. 日本語のウとはかなり異なるので注
　　意を要する：p*u*ma［púma プマ］, g*u*sto［gústo グスト］.

　　　［e］と［ɛ］,［o］と［ɔ］の区別は, 過度に意識する必要はない.

二重母音　　2つの母音が組み合わさって, 単母音相当とみなされるもの.
　　　なお,［i/u］は半母音と呼ばれ, 強母音に軽く添えるように発音する.
　　　［j］は y の発音と同じ半子音,［w］は w の発音と同じ半子音（☞3子音 y, w）.
　　　強母音＋弱母音 **ai, ei, oi**（この場合の e, o は［ɛ, ɔ］. なお, 語末の場合は ay, ey,
　　　oy）；**au, eu, ou**（この場合の e, o も［ɛ, ɔ］）：
　　　*ai*re［áire アイレ］, h*ay*［ái アイ］, p*ei*ne［pɛ́ine ペイネ］, l*ey*［lɛ́i レイ］,
　　　b*oi*na［bɔ́ina ボイナ］, h*oy*［ɔ́i オイ］；*au*la［áula アウラ］, d*eu*da［dɛ́uða デ
　　　ウダ］, b*ou*［bɔ́u ボウ］.
　　　弱母音＋強母音 **ia, ie, io；ua, ue, uo**：
　　　A*si*a［ásja アシア］, d*ie*z［djéθ ディエス］, ap*io*［ápjo アピオ］；ag*ua*［ágwa
　　　アグワ］, b*ue*no［bwéno ブエノ］, c*uo*ta［kwɔ́ta クオタ］.
　　　弱母音＋弱母音 **iu, ui**（語末の場合は uy）：
　　　c*iu*dad［θjuðá(ð) シウダ］, r*ui*do［r̄wíðo ルルイド］.
　　　＜強母音＋強母音＞の組み合わせは二重母音にはならない：
　　　tar*ea*［ta-ré-a タレア］.
　　　また弱母音にアクセントがかかる場合は強母音扱いされ, 分立する. この場
　　　合は弱母音字の上にアクセント符号をつける：
　　　pa*ís*［pa-ís パイス］, le*í*do［le-í-ðo レイド］, t*í*o［tí-o ティオ］, p*ú*a［pú-a プ
　　　ア］.

三重母音　　3つの母音が組み合わさって, 単母音相当とみなされるもの.
　　　弱母音＋強母音＋弱母音 **iai, iei；uai, uei**（語末の場合は uay, uey）：
　　　camb*iái*s［kambjáis カンビアイス］, camb*iéi*s［kambjɛ́is カンビエイス］；
　　　lic*uái*s［likwáis リクワイス］, Urug*uay*［urugwái ウルグワイ］, lic*uéi*s
　　　［likwɛ́is リクエイス］, b*uey*［bwɛ́i ブエイ］.

3 子音
単子音

	両唇音	唇歯音	歯間音	歯茎音	歯口蓋音	硬口蓋音	軟口蓋音	
破裂音(無声)	p			t			k	
〃 (有声)	b			d			g	(点線で結んだ音は,
破擦音(無声)						tʃ		単一の音素の亜種同士
摩擦音(無声)		f	θ	s		x		であることを示す)
〃 (有声)	ƀ		đ			g		
鼻 音(有声)	m			n		ɲ	ŋ	
側 音(有声)				l		ʎ		
はじき音(有声)				r				
震え音(有声)				r̃				

b　1)　発声の始めと [m] の後では [b] (バ行音)：*b*oca [bóka ボカ], hom-*b*re [ómbre オンブレ].
　　2)　上記以外の位置では [ƀ] (唇を閉じ切らず, その狭い隙間からバ行の子音を出す)：ra*b*o [ráƀo ルラボ], la *b*oca [la ƀóka ラ ボカ].
　　3)　[s] の前では消えやすい：o*b*scuro [ó(ƀ)skúro オ(ブ)スクロ].

c　1)　ca, co, cu の綴りでは [k] (カ行音)：*c*asa [kása カサ], *c*osa [kósa コサ], *c*ura [kúra クラ].

　　2)　ce, ci の綴りでは上下の前歯で舌を軽くはさむ [θ]. 英語の th よりも摩擦が強い：*c*ena [θéna セナ], *c*ima [θíma スィマ].
　　3)　音節末の c は [k]：a*c*to [ákto アクト].

ch　1)　[tʃ] (チャ行音)：mu*ch*acho [mutʃátʃo ムチャチョ], no*ch*e [nótʃe ノチェ].
　　2)　外来語で [ʃ] (シャ行音)：*ch*arme [ʃárm シャルム]

d　1)　発声の始めと [l, n] の後では [d] (ダ行音)：*d*ama [dáma ダマ], espal*d*a [espálda エスパルダ], hon*d*o [óndo オンド].
　　2)　上記以外の位置では [đ] (舌先を歯に密着させず, その狭い隙間からダ行の子音を出す)：espa*d*a [espáđa エスパダ], co*d*o [kóđo コド], la *d*ama [la đáma ラ ダマ].
　　3)　語末では [đ], [θ] または無音になりやすい：uste*d* [usté(đ·θ) ウステ], Madri*d* [mađrí(đ·θ) マドリ].

f　[f] (上の前歯を下唇にあてるファ行音)：*f*ama [fáma ファマ], ca*f*é [kafé カフェ].

g　1)　ga, go, gu の綴りでは,
　　i)　発声の始めと [ŋ] の後では [g] (ガ行音)：*g*ato [gáto ガト], *g*usto [gústo グスト], tan*g*o [táŋgo タンゴ].
　　ii)　上記以外の位置では [g] (喉を閉じ切らず, その狭い隙間からガ行の音を出す)：la*g*o [lágo ラゴ], anti*g*uo [antígwo アンティグオ], una *g*ota [úna góta ウナ ゴタ].
　　iii)　gue, gui は [ge ゲ], [gi ギ]：*g*uerra [gér̃a ゲルラ], *g*uitarra

[gitára ギタルラ], pagué [pagé パゲ], seguí [segí セギ].
　　iv)　güe, güi は [gwe グエ], [gwi グイ]：vergüenza [bɛrgwénθa ベル
　　　　グエンサ], lingüista [liŋgwísta リングイスタ].
　2)　ge, gi の綴りでは, j と同じ [x]：gente [xénte ヘンテ], giro [xíro ヒ
　　　ロ].

h　発音されない：hotel [otél オテル], Alhambra [alámbra アランブラ].

j　1)　[x]（喉の奥を息でこするようにして出すハ行音）：caja [káxa カハ],
　　　jefe [xéfe ヘフェ], jinete [xinéte ヒネテ], ojo [óxo オホ], justo
　　　[xústo フスト].
　2)　語末では無音になりやすい：reloj [ř̥elɔ́(x) ルレロ〔ホ〕].

k　[k]（カ行音）．k の文字は外来語にのみ用いる：Kioto [kjóto キョト],
　　kaki [káki カキ].

l　[l]（舌先を上の前歯の歯茎に当てたまま，舌の両側から声を流すラ行
　　音）．英語の舌を持ち上げて発音する<dark l>とは異なる：lana [lána
　　ラナ], pelo [pélo ペロ], sol [sɔ́l ソル], soldado [soldáðo ソルダド].

ll　[ʎ]（舌先を下の前歯に当てたまま，前舌面を持ち上げて発音する, きしみ
　　の多いリャ行音）．ヤ行音 [j] で発音されることもある（ll発音の地域
　　差）：llama [ʎáma, jáma リャマ, ヤマ], calle [káʎe, káje カリェ, カィ
　　ェ], lluvia [ʎúbja, júbja リュビア, ユビア].

m　1)　[m]（マ行音）：mano [máno マノ].
　2)　語末では [n]（ンの音）：álbum [álbun アルブン].

n　1)　[n]（ナ行音. ni [ni] は日本語のニ（硬口蓋音）とは異なり, 舌先だけを
　　　上歯茎の裏に当てる）：nada [náða ナダ], nuca [núka ヌカ], nido
　　　[níðo ニド].
　2)　[m, p, b] の前では [m] の音になる：inmóvil [i(m)móbil イ〔ム〕モビ
　　　ル], un paso [úm páso ウム パソ], un beso [úm béso ウム ベソ],
　　　invierno [imbjérno インビエルノ].
　3)　[k, g, x] の前では [ŋ]（鼻に抜けるンの音）になる：cinco [θíŋko ス
　　　ィンコ], tango [táŋgo タンゴ], monja [mɔ́ŋxa モンハ].

ñ　[ɲ]（舌先を下の前歯に当てて出すニャ行音）：España [espáɲa エスパニ
　　ャ], albañil [albaɲíl アルバニル], niño [níɲo ニニョ].

p　1)　[p]（パ行音）：pan [pán パン].
　2)　[s, t] の前では綴りも音も消えやすい：(p)sicología [(p)sikolɔxía
　　　〔プ〕シコロヒア], se(p)tiembre [sɛ(p)tjémbre セ〔プ〕ティエンブレ].

q　que, qui の綴りで [k]（カ行音）．que [ke ケ], qui [ki キ]：queso [késo
　　ケソ], máquina [mákina マキナ].

[r] **r** 1) [l, n, s] の後を除く語中では [r] (舌先を上の前歯の歯茎に当ててはじくラ行音): cara [kára カラ], pero [pero ペロ], arder [ardér アルデル], primo [prímo プリモ].

2) 語頭および [l, n, s] の後では rr と同じ [r̄] ([l, s]＋[r̄] のとき [l, s] は消えやすい): rana [r̄ána ㇽラナ], ropa [r̄ópa ㇽロパ], alrededor [a(l)r̄eḍeḍór ア(ル)ㇽレデドル], honra [ónr̄a オンㇽラ], Israel [i(s)-r̄aél イ(ス)ㇽラエル].

[r̄] **rr** ([r̄]) ([r] を連続して発音する, 巻き舌のラ行音): perro [pér̄ɔ ペㇽロ], ferrocarril [fer̄ɔkar̄íl フェルロカルリル].

[s] **s** 1) [s] (サ行音. si [si] は日本語のシ(硬口蓋音)とは異なり, 舌先が上歯茎の裏に位置する): saco [sáko サコ], señor [señɔ́r セニョㇽ], sitio [sítjo シティオ], dos [dós ドス].

2) sh [ʃ] (英語などでシ): show [ʃóu̯ ショウ]

[t] **t** 1) [t] (タ行音): tema [téma テマ], tonto [tɔ́nto トント].

2) tz/ts [ts̺] (バスク語などでツ): ertzaintza [erts̺áints̺a エルツァインツァ].

v b と同じ.

1) 発声の始めと [m] の後では [b]: vaca [báka バカ], invierno [imbjérno インビエルノ].

2) 上記以外の位置では [ƀ]: nave [náƀe ナベ], una vaca [úna ƀáka ウナ バカ].

[w] 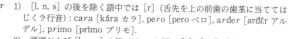 **w** 外来語に限られ, その原音に従う.

1) 半子音 [w] (ワ行音): whisky [wíski ウィスキ].

2) b と同じ [b]. 原音が [w] でも [b] と発音することがある: Wágner [bágner バグネル], Wáshington [wásiŋton/básiŋton ワシントン/バシントン].

x 1) [ks] だが [k] は弱いか消えてしまう: taxi [tá(k)si タ(ク)シ], examen [e(k)sámen エ(ク)サメン], fénix [féni(k)s フェニ(ク)ス].

2) 子音の前および語頭では [k] が脱落して [s] になりやすい: expreso [e(k)spréso エ(ク)スプレソ], xilófono [silófono シロフォノ].

3) 古い綴りやメキシコ先住民語に由来する語には, j と同じ [x] で発音するものがある: Ximénez [ximéneθ ヒメネス], México [méxiko メヒコ].

[j] **y** 1) 半子音 [j] (ヤ行音): yoyó [jojó ヨヨ], yerno [jérno イエルノ], yerba [jérƀa イエルバ].

2) [l, n] の後では [ɟ] (ジャ行音)になる: el yerno [ɛlɟérno エルジェルノ], inyección [inɟekθjón インジェクスィオン].

z 1) za, zo, zu と音節末で [θ] (ce, ci と同じ): zapato [θapáto サパト], mozo [móθo モソ], azúcar [aθúkar アスカㇽ], lápiz [lápiθ ラピス]. (ze, zi の綴りはまれ: zeta [θéta セタ], zinc [θíŋk スィンク]).

2) 子音の前で有声化し, [z̺] (ザ行音)で発音されることがある: juzgar [xuz̺gár フズガㇽ].

注意すべき綴り

[k]	**ca** [ka]	**que** [ke]	**qui** [ki]	**co** [ko]	**cu** [ku]
[g]	**ga** [ga]	**gue** [ge]	**gui** [gi]	**go** [go]	**gu** [gu]
[θ]	**za** [θa]	**ce** [θe]	**ci** [θi]	**zo** [θo]	**zu** [θu]
[x]	**ja** [xa]	**je·ge** [xe]	**ji·gi** [xi]	**jo** [xo]	**ju** [xu]
[gw]	**gua** [gwa]	**güe** [gwe]	**güi** [gwi]	**guo** [gwo]	

発音の地域差

スペイン南部と中南米には, 一般に seseo ([θ] の代わりに [s] で発音する) と yeísmo ([ʎ] の代わりに [j] で発音する) という特徴が見られる:

ceja [séxa セハ], *zona* [sóna ソナ], *llover* [joβér ヨベル].

したがって *caza* と *casa*, *pollo* と *poyo* などは共に [kása カサ], [pójo ポヨ] となって, 音の上では区別が付かなくなる.

また, スペイン・中南米の一部では音節末の [s] が脱落する傾向がある:

los dos esposos [lo(s) dó(s) e(s)póso(s) ロ〔ス〕ド〔ス〕エ〔ス〕ポソ〔ス〕]

さらにアルゼンチン, ウルグアイなどでは [ʎ, j] の代わりにジャ行音 [ʝ] で発音され, スペインでも [ʝ] の発音がしばしば聞かれる:

allá [aʝá アジャ], *mayo* [máʝo マジョ], *yo* [ʝo ジョ].

二重子音

p, t, c, b, d, g, f と l, r の組み合わせは, 単子音相当とみなされる (tl と dl は除く):

plaza [plá-θa プラサ], *compra* [kóm-pra コンプラ], *trigo* [trí-go トリゴ], *clase* [klá-se クラセ], *secreto* [se-kré-to セクレト], *noble* [nó-ble ノブレ], *abril* [a-bríl アブリル], *madre* [má-ðre マドレ], *siglo* [sí-glo シグロ], *tigre* [tí-gre ティグレ], *inflamar* [in-fla-már インフラマル], *África* [á-fri-ka].

4 音節

開音節と
閉音節

母音で終わる開音節と, 子音で終わる閉音節とがある. 例えば,

開音節 : *mañana* (ma-ña-na), *ahora* (a-ho-ra) の全音節.
閉音節 : *contestar* (con-tes-tar), *ascensor* (as-cen-sor) の全音節.

分節法

1) 分節にあたっては開音節を優先し, 母音間の子音は後の母音につく. つまり *asado* は a-sa-do であり, as-ad-o ではない.

2) 子音が2つ続く場合はそれぞれ前後の母音につく:

cos-ta, *ton-to*, *per-la*.

なお, ch, ll, rr は1子音を表わすので分節されない. つまり 1) の規則によって処理される:

mu-cho, *ca-lle*, *pe-rro*.

3) 二重母音・三重母音は単母音相当, 二重子音は単子音相当とみなされるので, 分節されない.

二重母音・三重母音 : *bue-no*, *pia-no*, *na-ción*, *cam-biáis*
二重子音 : *so-bre*, *Ma-drid*, *a-fli-gir*, *in-cluir*

4) 子音が3つ連続する場合は, 最初の子音2個が前の母音につき, 最後の子音1個が後の母音につく:

cons-tar, *su-pers-ti-ción*, *abs-trac-to*.

5) 母音が2つ以上続いても, どちらも強母音である場合や, 弱母音にアクセントがかかる場合は, 重母音ではないので分節される:

o-a-sis, *rí-o*, *ba-úl*, *co-mí-ais*.

接頭辞などを伴う語は, 通常の分節法に従ってもよいし, 意味単位に従って分節してもよい:

bi-sa-bue-lo または *bis-a-bue-lo*, *no-so-tros* または *nos-o-tros*.

5 アクセント

アクセントの
かかる音節

1) 母音または s・n で終わる語は, うしろから2番目の音節:

nada [ná-ða], *diccionario* [dik-θjo-ná-rjo], *lunes* [lú-nes], *orden* [ór-ðen].

2) s・n 以外の子音 (-y を含む) で終わる語は, 最後の音節:

animal [a-ni-mál], *matador* [ma-ta-ðór], *rapaz* [řa-páθ], *convoy* [kom-bói].

3) アクセント符号付きの語は例外:

café [ka-fé], *áspero* [ás-pe-ro], *revés* [ře-bés], *Japón* [xa-pón], *mármol* [már-mɔl], *lá*piz [lá-piθ].

6 句読記号

アクセント符号 acento
1) 例外的な位置にアクセントのかかる語に付く：Panam*á*.
2) 弱母音の強母音化を示す：t*í*o.
3) 同音異義の区別を示す：*é*ste これ — este この, s*ó*lo 単に — solo 単独の（発音はどちらも [éste], [sólo]）.
同形異義の区別（強勢と無強勢）を示す：m*í* 私 — mi 私の, t*ú* 君 — tu 君の.
なお, 大文字に付くアクセント符号は省略できる：*Á*frica または Africa（発音はどちらも [áfrika]）.

分音符 diéresis：g*ü*e, g*ü*i.

波形記号 tilde：ni*ñ*o.

ハイフン guión
1) 音節の区切り（単語が行末から次の行頭に続くこと）を示す.
2) 複合語に用いることがある：Castilla-La Mancha.

ピリオド punto
1) 文の終わりを示す.
2) 略語：Sr. D. Juan Pérez.
3) 数字の桁の区切り：1.500 pesetas (1,500 ペセタ).

コンマ coma
1) 句の切れ目を示す（短い休止）.
No puedo ir, porque tengo trabajo. 私は行けない, 仕事があるから.
2) 小数点を示す：3,14（日本では 3.14）.
3) 時間と分の間〖：も使う〗：
El horario de las clases es de 9.30 a 18.30. 授業時間は 9 時 30 分から 18 時 30 分までです.

セミ・コロン punto y coma　長い句の切れ目を示す（コンマより長い休止）：
No volveré a trabajar con él ; aunque me pague doble sueldo. 私は二度と彼とは仕事をしない. 2 倍給料をもらってもね.

コロン dos puntos
1) 後の句が前の句の説明や例証の場合に用いる：
Había tres personas : dos mujeres y un niño. 3 人いた. すなわち 2 人の女性と 1 人の男の子.
2) 手紙の冒頭：Muy amigo mío : 拝啓.
3) 直接話法：
Ella dijo : Soy de Madrid. 「私はマドリード生まれです」と彼女は言った.

連続符 puntos suspensivos　絶句を示す：
¡Si él estuviera aquí...! もし彼がここにいてくれたならなあ…!

疑問符 signo de interrogación　疑問文の前後に付ける：
¿Qué es esto? これは何ですか?

感嘆符 signo de admiración　感嘆文の前後に付ける：
¡Qué bien baila! 彼は何と上手に踊るのだろう!

( ) 〔 〕　かっこ paréntesis　ただし書きを示す.

《 》 " "　引用符 comillas　引用文に用いる.

—　ダッシュ guión largo　会話の部分と地の文の区別に用いる：
— ¡Hola, María! — dijo Juan — ¿Cómo estás?「やあ, マリア. 元気かい?」とフワンは言った.

7 大文字

1) 大文字で書くのは, 文頭の文字, 略語, 固有名詞の語頭：
*O*iga, *Sr. L*ópez, ¿sabe *V*d. dónde está la *E*mbajada de *J*apón? もしもし, ロペスさん. 日本大使館はどこにあるか, ご存知ですか?
2) 国籍, 言語, 方位, 四季, 月, 曜日の語頭は小文字で書く：

Soy *japonés*. 私は日本人です.

Hablo *español*. 私はスペイン語を話します.

Hoy es *jueves*, 5 de *mayo*. 今日は5月5日, 木曜日です.

8 文の抑揚

強勢語と無強勢語

強勢語（文中で強く発音される）：名詞, 形容詞, 不定冠詞, 動詞, 副詞, 間投詞, 主語人称代名詞, 所有形容詞完全形, 指示形容詞・代名詞, 不定形容詞・代名詞, 疑問詞, 数詞.

無強勢語（文中で前後の強勢語に依存して発音される）：定冠詞, 所有形容詞短縮形, 直接目的・間接目的人称代名詞, 再帰代名詞, 関係詞(cual を除く), 接続詞, 前置詞(según を除く)

Entonces, yo le dije que me disculpara, que tenía mucha prisa, y lo dejé con la palabra en la boca. そこで私は彼に, 大変急いでいるので失敬, と言い, 言いたいことも言わせてやらなかった.

イントネーション

平叙文：下降調.

Son las dos. ↘ 2時です.

疑問詞を用いた疑問文：主に下降調. 丁寧な表現では上昇調.

¿De dónde es usted? ↘(↗) あなたはどこの出身ですか?

疑問詞を用いない疑問文：上昇調.

¿Es usted japonés? ↗ あなたは日本人ですか?

感嘆文：下降調.

¡Qué bonita es su casa! ↘ あなたの家は何と美しいのでしょう!

命令文：下降調.

Tome asiento. ↘ お座りください.

コンマにおける切れ目：主に上昇調.

José canta, ↗ y Lola baila. ↘ ホセは歌い, ロラは踊る.

Si vienes, ↗ ¿puedes traerme un libro? ↗ もし来るのなら本を持ってきてくれないか?

母音融合と連音

通常の会話では, 語尾の母音とこれに続く語頭の母音が組み合って重母音のように発音される. 両者が同一の母音の時は一音化する(una amiga [ú-na-mí-ga]). また, 語尾子音とこれに続く語頭母音が組み合って発音されることもある：

Pedro y Luis van a Italia. [pé-ðroi/lwís/ƀá-nai-tá-lja] ペドロとルイスはイタリアへ行く.

No está en España. [nóes-táe-nes-pá-ɲa] 彼はスペインにいない.

Vamos a comer. [ƀá-mo-sa-ko-mɛ́r] 食べましょう.

② 名　詞

1 名詞の性

1) スペイン語の名詞には男性と女性の2つの文法的な性がある.

2) 自然の性を有する名詞は文法的な性もそれに一致する：niño 男の子(男性名詞) — niña 女の子(女性名詞), padre 父(男性名詞) — madre 母(女性名詞), caballo 雄馬(男性名詞) — yegua 雌馬(女性名詞).

3) 男性も女性も同形の名詞 (語尾が -ista や -ante). これらの語は必要なら冠詞・形容詞などでその性を表わす：un pianista 男性ピアニスト, una pianista famosa ある有名な女性ピアニスト.

4) 動物には男性あるいは女性名詞しかないものがある. 性を区別する時は macho「雄の」, hembra「雌の」を添える：el buitre macho 雄のハゲタカ — el buitre hembra 雌のハゲタカ, la codorniz macho 雄のウズラ — la codorniz hembra 雌のウズラ.

5)　男性名詞の複数形は＜男性名詞＋対応する女性名詞＞も意味する．例えば los padres は「父親たち」のほか「両親，父母」の意味でも用いられる．

6)　-o で終わる語の大半は男性名詞(libro)，-a で終わる語の大半は女性名詞 (casa)．-ción・-sión・-tión，-dad・-tad・-tud，-umbre，-ie で終わる語は女性名詞 (nación, tensión, cuestión；ciudad, amistad, juventud；costumbre；serie)．

7)　自然の性をもつ名詞における，男性と女性の代表的な語尾の転換．

o → a：alumno 男子生徒 → alumna 女子生徒

- → a：profesor 男性教師 → profesora 女性教師

2 名詞の数

1)　単数形が母音字で終わる名詞は -s をつけると複数形になる：alumno → alumnos, clase → clases.

2)　子音字(-y を含む)で終わる名詞は -es をつけると複数形になる：profesor → profesores, ciudad → ciudades, rey → reyes.

ただし，-s で終わる語は，その -s を含む音節にアクセントがあれば -es をつけて複数形を作るが，そこにアクセントがなければ単複同形である：país → países, mes → meses；lunes → lunes, paraguas → paraguas.

3)　外来語は -s をつけて複数形を作る傾向が強い：club → clubs, whisky → whiskys.

ただし，外来語の意識が薄いものは -es：bar → bares, mitin → mítines.

4)　双数名詞(2 つの部分から成り立っているものを表わす名詞)は複数形で用いられる：las tijeras はさみ，las gafas 眼鏡，los zapatos 靴.

5)　＜名詞＋名詞＞の場合：punto clave キーポイント → puntos clave(s).

3　形　容　詞

1 語尾変化

-o, -os；
-a, -as

形容詞はそれが修飾する名詞の性と数に応じて語尾変化する．

1)　男性形が -o で終わる形容詞は右の表のように性と数の変化をする．

	単　数	複　数
男性	mucho	muchos
女性	mucha	muchas

2)　男性形が -o 以外で終わる形容詞は男女同形である：bastante → bastante, azul → azul.

ただし，-án，-ón，-or で終わる形容詞と国名・地名形容詞の大半は，男性形に -a をつけたものが女性形である：holgazán → holgazana, preguntón → preguntona, hablador → habladora, español → española, japonés → japonesa.

3)　母音で終わる形容詞は -s，母音以外で終わるものは -es をつけると複数形になる：alegre → alegres；azul → azules, feliz → felices.

2 形容詞の位置

原則は名詞
＋形容詞

1)　名詞を修飾する形容詞の位置は，

品質形容詞(人や物の性状を説明する形容詞)は普通は名詞の後：una señora alta 背の高い婦人，un libro interesante 面白い本.

限定形容詞(所有・指示・数・不定・疑問・関係形容詞)は名詞の前：mi libro 私の本，esta señora この婦人.

2)　品質形容詞が名詞の後にくるのは，名詞によって表わされる対象がいくつかある時に，その対象のもつ性状を表わす形容詞を用いることで聞き手にその名詞の指す対象を指定する場合である：

Tengo dos diccionarios, ¿quieres el diccionario pequeño o el grande? 辞書が 2 冊あります．小さい辞書がほしいですか，大きいのですか？

品質形容詞を名詞の前で用いるのは，名詞によって表わされる対象がすでに聞き手にとって明確であるにもかかわらず，ことさらその対象のもつ性状

の特色を述べようとする時，あるいは単に形容詞の意味を強めたい時である：

El señor García tiene sólo una hija. ¿Conoces a su *hermosa* hija? ガルシア氏には娘が一人います．その美しい娘さんをご存知ですか？

aquel *alto* edificio あのたかーいビル, las *mansas* ovejas おとなしーい羊.

3) 名詞の前にくるか，後にくるかで意味の変わる形容詞がある．　原則として前にくると主観的な意味，後にくると客観的な意味である：

una *pobre* mujer かわいそうな女 — una mujer *pobre* 貧しい女.

un *viejo* amigo 旧友 — un amigo *viejo* 年老いた友人.

4) 国名・地名形容詞など，主に名詞の後にのみ置かれる形容詞がある：　un profesor *español* スペイン人の先生, una amiga *madrileña* マドリードっ子の友人, una iglesia *católica* カトリックの教会, la mano *derecha* 右手, el género *masculino* 男性, el partido *socialista* 社会党, la zona *industrial* 工業地帯, una visión *económica* 経済的観点, la reacción *química* 化学反応.

3 比較級

文型

> 優等比較 **más**+形容詞+**que**...
> 劣等比較 **menos**+形容詞+**que**...
> 同等比較 **tan**+形容詞+**como**...

María es *más* alta *que* Isabel. マリアはイサベルよりも背が高い.

María es *menos* alta *que* Isabel. マリアはイサベルほど背が高くない.

María es *tan* alta *como* Isabel. マリアはイサベルと同じくらい背が高い.

同等比較の否定は「…のレベルに達しない」で，劣等比較と同じ意味になる．口語ではこちらの表現の方が多く用いられる：

María *no* es *tan* alta *como* Isabel. マリアはイサベルほど背が高くはない.

不規則形

mucho → **más**	poco → **menos**
bueno → **mejor**	malo → **peor**
grande → **mayor**	pequeño → **menor**

差の表現

数量・程度の差を表わす表現は比較級の前に置く：

Este coche es *mucho* más caro que ése. この車はそれよりずっと高い.

Soy *tres años* mayor que mi hermana. 私は妹より3歳年上だ.

Este país es *tres veces* más grande que Japón. この国は日本より3倍広い.

4 最上級

定冠詞(所有形容詞)+比較級〔+**de**・**en**・**entre**〕

María es *la* (alumna) *más* alta *de* la clase. マリアはクラスで一番背が高い.

Ésta es *su mejor* obra. これが彼の最高傑作だ.

なお，<比較級+que+否定語>でも最上級の意味を表わす：

María es *más* alta *que nadie*. マリアは誰よりも背が高い.

5 絶対最上級

形容詞に接尾辞 -**ísimo** を付け，<**muy**+形容詞>と同じ意味を表わす．性数変化する：-ísimo (-ma, -mos, -mas)

1) 子音で終わる形容詞には，そのまま -**ísimo** を付ける：fácil → facil*ísimo* きわめて容易な. ただし，-n・-r で終わる形容詞は -císimo：joven → joven*císimo*, hablador → hablador*císimo*.

2) 母音で終わる形容詞は，その母音を取ってから -**ísimo** を付ける：mucho → much*ísimo*, alegre → alegr*ísimo*.

3) 発音を維持するために綴りを変えるものや，語幹変化を起こすものがある：feliz → feli*císimo*, poco → po*quísimo*, largo → lar*guísimo*；ama*ble* → ama*bilísimo*；vali*ente* → val*entísimo*, b*ue*no → b*onísimo* (ただし valientísimo, buenísimo とも言う).

4 冠　　詞

1 定冠詞

語形

	単数	複数
男性	el	los
女性	la	las
中性	lo	

1) 前置詞 a・de+el は al・del と綴る: *al* chico, *del* chico.
　ただし固有名詞の場合を除く: ir a *El* Escorial エル・エスコリアルへ行く.
director *de El* País エル・パイス紙の編集長.
2) アクセントのある a-, ha- で始まる女性単数名詞の直前につく定冠詞は el
である: *el* ama, *el* hada, *el* agua fría; la limpia agua.

定冠詞の用法　☞本文の **el**, 中性定冠詞の用法 ☞本文の **lo**

2 不定冠詞

語形

	単　数	複　数
男性	un	unos
女性	una	unas

アクセントのある a-・ha- で始まる女性単数名
詞の直前につく不定冠詞は una よりも un であ
る方が普通: *un* ama, *un* hada.

**不定冠詞
の用法**　☞本文の **un**

3 無冠詞
の用法

名詞が単に質・種別を表わす場合は無冠詞で用いられる.
1) ser・parecer・resultar・considerarse・creerse・hacerse・sentirse・volverse
のような繋辞動詞類の主格補語として, 職業・身分・国籍を表わす名詞が, 修
飾語なしで用いられる時:
Es *profesor*. 彼は教師だ.
Soy *japonés*. 私は日本人です.
2) 同格の名詞は通常無冠詞:
Madrid, *capital* de España スペインの首都マドリード.
el vestíbulo o *entrada* de la casa 玄関つまり家の入り口.
　ただし職業名には定冠詞をつける: Goya *el* pintor 画家のゴヤ, Ramón *el*
médico ラモン医師, mi hermano *el* ingeniero 技師である私の兄.
3) 否定文における動詞や前置詞の目的語でしかも修飾語句を伴わない名詞は
通常無冠詞:
No tiene *coche*. 彼は車を持っていない.
No tenemos *hijos*. 私たちに子供はいない.
No se puede entrar sin *chaqueta* ni *corbata* en este hotel. 上着とネクタイ
なしではこのホテルには入れない.
　不定冠詞をつけると否定の強調「一つの…もない」:
En la calle no se ve *una* persona. 通りには人っ子一人見えない.
No tiene *un* coche sino tres. 彼は1台どころか3台も車を持っている.
4) 抽象名詞が修飾語なしで目的語として用いられている時:
¿Tienes *tiempo*? 暇はあるかい?
5) 普通名詞の複数形は, 動詞の目的語や主格補語で意味の限定のない時には
一般に無冠詞:
Quiero comprar *naranjas*. 私はオレンジを買いたい.
Son *profesores*. 彼らは教師だ.
6) 本の題名などは無冠詞が多い:
Introducción a la gramática española 『スペイン文法入門』.

7)　物質名詞が動詞の目的語で意味の限定がなく，「そういう名詞で呼ばれているもの」という場合:

Quiero tomar *café*. コーヒーが飲みたい.

Póngame *gasolina*. ガソリンを入れてください.

Fuma *negro* y bebe *anís*. 彼は強いたばこを吸いアニス酒を飲む.

8)　<前置詞＋名詞>で単に材料・道具・手段・方法・原因・否定, その他慣用的な表現をする場合:

una chaqueta de *lana* ウールの上着, cerrar la puerta con *llave* ドアに鍵をかける, ir en *coche* 車で行く, temblar de *frío* 寒くて震える, hombres sin *trabajo* 失業者たち, estar de *viaje* 旅行中である.

9)　呼びかけや間投詞・感嘆文として用いる名詞は無冠詞:

Oiga, *señor*. もしもし.

¿Qué haces?, ¡*hombre*! 一体, 何やってんだよ!

¡Ay!, pobre *mujer*. ああ, かわいそうに!

¡Qué *edificio* tan grande! 何て大きな建物だろう!

10)　対句では共に無冠詞のことが多い:

Vendrán *padre* e *hijo*. 親子で来るだろう.

de *Norte* a *Sur* 北から南へ.

de *9* a *5* 9時から5時まで.

día y *noche* 昼も夜も.

las relaciones de *causa* y *efecto* 因果関係.

11)　文脈からして, ただ一つと考えられるもの:

Estoy seguro de que tiene *mujer*. 彼には間違いなく奥さんがいる.

Hoy lleva 〔el〕 *sombrero*. 彼は今日は帽子をかぶっている.

12)　科目名は無冠詞が普通:

Aprendemos *biología*. 私たちは生物学を学んでいる.

13)　諺では無冠詞のことがよくある:

Poderoso *caballero* es don dinero. 地獄の沙汰も金次第.

14)　物質名詞や抽象名詞は主語であっても, 動詞より後にくる時には無冠詞のことがよくある:

De los grifos manaba *agua*. 蛇口から水が出ていた.

Me entró *sueño*. 私は眠くなった.

Le falta *fuerza*. 彼には力が足りない.

15)　<名詞¹＋de＋名詞²>で意味上ひとまとまりの名詞句となるものは, 名詞²が無冠詞であることが多い:

este fin de *semana* この週末, el camino de *campo* 田舎道.

16)　比喩的な意味の<de＋名詞>は無冠詞:

sus ojitos de *ratón* ねずみのように小さな目.

Tiene gestos de verdadera *princesa*. 彼女は本当の王女様のような顔つきをしている.

4 名詞の種類・機能と冠詞

1)　普通名詞の単数は定冠詞か不定冠詞がつくのが普通で, 無冠詞になるのは否定文中の動詞の目的語や sin の目的語といった限られた場合である. 普通名詞の複数は定冠詞のことも不定冠詞のことも無冠詞のこともあるが, 主語の場合に無冠詞ということは非常に少ない.

2)　固有名詞は原則として無冠詞.

3)　物質名詞と抽象名詞は修飾語句がなければ定冠詞がつくか無冠詞で用いられるが, 主語の場合に無冠詞ということは少ない.

4)　普通名詞であれ抽象名詞であれ物質名詞であれ, 主語の名詞が文頭にくれば定冠詞がつくのが原則である.

5)　修飾語のつかない抽象名詞や物質名詞が動詞の目的語である時には無冠詞で用いるのが原則である.

⑤ 人称代名詞

	主語		直接目的	間接目的	前置詞格	再帰
1人称単数	**yo**	私	me	me	**mí**	me
2人称単数	**tú**	君	te	te	**ti**	te
3人称単数	**él**	彼	lo/le	le	**él**	se
	ella	彼女	la		**ella**	
	usted	あなた（男女）	lo/le, la		**usted**	
	ello	そのこと（中性）	lo		**ello**	
1人称複数	**nosotros** **nosotras**	私たち（男性） 私たち（女性）	nos	nos	**nosotros** **nosotras**	nos
2人称複数	**vosotros** **vosotras**	君たち（男性） 君たち（女性）	os	os	**vosotros** **vosotras**	os
3人称複数	**ellos**	彼ら	los/les	les	**ellos**	se
	ellas	彼女ら	las		**ellas**	
	ustedes	あなたがた（男女）	los/les, las		**ustedes**	

使用地域の問題

1) 中米と南米の一部では，tú の代わりに vos を用い，動詞もいくつかの時制で tú のとは異なった語形をとる（これを voseo という）.

2) 中南米では，2人称複数の vosotros(tras) は用いられず，ustedes が「君たち」の意味でも使われる.

3) 主にスペインの中部と北部では，直接目的3人称男性形の人「彼〔ら〕を，あなた〔がた〕（男性）を」に le〔s〕を用い（この現象を leísmo という），スペイン南部と中南米では lo〔s〕を用いている:

¿Conoces a Pepe? — Sí, *lo/le* conozco bien. ペペを知ってるかい? — うん，よく知ってるよ.

4) 主にスペインの中部と北部では，間接目的3人称が女性を指す場合，le〔s〕ではなく la〔s〕を用いることがある（これを laísmo という）:

A Carmen *la/le* regalé un collar. 私はカルメンにネックレスを贈った.

また，この地域では俗語で，間接目的3人称が男性を指す場合，le〔s〕ではなく lo〔s〕を用いることがある（これを loísmo という）:

Los/Les impedí el paso. 私は彼らが通るのを邪魔した.

1 主語人称代名詞

1) スペイン語では動詞の活用形で主語が区別される（1人称「私〔たち〕」・2人称「君〔たち〕」し，文脈で明らかな場合も多いので，主語人称代名詞はしばしば省略される:

Conozco muy bien a ese señor. *Es* el padre de mi amigo. 私はあの方をよく知っています. 彼は私の友人のお父さんです.

省略しない場合

i) 3人称で主語が判別しにくいとき:

María no puede ir con José porque *ella* tiene otro asunto. マリアはほかに用事があって，ホセと行けない.

ii) 1人称単数形と3人称単数形が同一の活用形のとき（線過去など）:

Yo estaba enfermo. 私は病気だった.

iii) 強調（特に1人称と2人称で）:

Tú eres mi único pariente. お前は私のたった一人の親戚だ.

iv) 主語を対立的に示すとき:

Mientras *yo* trabajo, *él* juega. 私が働いている間，彼は遊んでいる.

v) 丁寧:

¿Qué desea *usted*? 何のご用でしょうか?

2) 2人称の tú と vosotros(tras) は家族・友人など親しい間柄で使われ，3人

称の usted と ustedes は初対面など親しくない間柄で使われる. なお, 子供に対しては初対面から 2 人称で呼ぶし, 若者同士でもその傾向がある.

　　親が子供を叱る場合などに, 親しい間柄を一時的に否定してみせる意味で usted〔es〕を用いることがよくある:

— Coma *usted*, José — dijo su madre. 「食べなさい, ホセ」と母親は言った.

　　部下や使用人に対して tú を使っても軽蔑的ではなく, むしろ信頼を表わし得る. 逆に usted を使うとよそよそしい感じになる.

3)　usted と ustedes は, それぞれ Vd. と Vds. または Ud. と Uds. のように省略されて書かれることがある.

4)　主語としての él・ella・ellos・ellas が事物を指すことはほとんどない.

5)　ello は既に出た話の内容などを指す「そのこと」. 口語ではあまり使われず, その代わり eso がよく用いられる:

Ello no es obstáculo para irse. そのことは出発の妨げにならない.

6)　主語以外の用法:

Es más alta que *tú*. 彼女は君より背が高い.〖比較の que+〗

El que aparece en la foto eres *tú*. その写真に写っているのは君だ.〖主格補語〗

¿Quién es el primero? — *Yo*. 誰が最初ですか? — 私です.〖単独〗

2 直接目的人称代名詞

1)　活用した動詞の前に置かれる:

Me han recibido cordialmente. 私は丁重に迎えられた.

　　ただし, 肯定命令では動詞の語末に付ける. (☞1③の 3 命令法)

　　不定詞と現在分詞でも語末に付ける (動詞句の場合は☞6):

Fui al aeropuerto para despedir*la*. 私は彼女を見送りに空港へ行った.

La madre cantaba meciéndo*la* en los brazos. 母親は彼女をあやしながら歌っていた.

2)　3 人称は事物についても用いられ, lo〔s〕は男性名詞, la〔s〕は女性名詞を受ける:

Perdí la llave y no *la* he encontrado todavía. 私は鍵をなくして, まだ見つからない.

3)　3 人称は意味範囲が広いので<a+前置詞格人称代名詞>を補って, あいまいさを避けることがある:

Isabel *le* está esperando *a él*. イサベルは彼を待っている.

4)　中性の lo は「そのこと」:

Dijo que pagaría, pero no *lo* creo. 彼は払うと言ったが私はそれを信じない.

3 間接目的人称代名詞

1)　動詞との語順については直接目的の場合と同じ:

Te enviaron un paquete. 君に小包が送られてきた.

Se fue sin pedir*me* permiso. 彼は私に無断で出かけた.

2)　3 人称では<a+前置詞格人称代名詞>を補って, あいまいさを避ける点も直接目的の場合と同じ:

Le reservaremos el sitio *a ella*. 彼女のために席を取っておいてあげよう.

3)　直接目的語と間接目的語がともに人称代名詞の場合の語順は<間接目的+直接目的>:

Me lo han avisado. 私はそのことを知らされた.

Voy a regalár*telo*. 君にそれをプレゼントしよう.

　　直接目的と間接目的がともに 3 人称の場合は, 間接目的の le〔s〕の代わりに **se** を用いる:

Se lo regalé. 私は彼〔ら〕(彼女〔ら〕)にそれをプレゼントした.

　　人称代名詞の順序については, <se+2 人称+1 人称+3 人称>の規則もある:

Se me olvidó la llave. 私は鍵を忘れた. (× Me se olvidó la llave.)

Te me caíste en los brazos. 君は私の胸に寄りかかった. (× Me te caíste…)

4 前置詞格 　 人称代名 　 詞	前置詞の後で用いられる人称代名詞で, 1 人称単数の mí と 2 人称単数の ti 以外は主語人称代名詞と同じ形:

Hablan mal de *mí*. 彼らは私の悪口を言っている.

Es un regalo para *ti*, no para *él*. これは彼へのじゃなくて, 君へのプレゼントだよ.

1) 前置詞格の él・ella・ellos・ellas は事物にも用いられる:
Este Madrid de hoy… no creo que haya ofrecido a todas esas gentes lo que esperaban de *él*. この現在のマドリードは期待されていただけのものをすべての人々にもたらしただろうか. (él＝Madrid)

2) 直接・間接目的語を強調したり明確にするための重複用法:
A *mí* me gustan las montañas. 私は山が好きだ.
Se lo regalé a *ella*. 私は彼女にそれをプレゼントした.

3) 自分自身を表わす時(再帰前置詞格人称代名詞ともいう), 3 人称は単数も複数もすべて **sí** になるのが普通である:
Está contenta de *sí* misma. 彼女は自分自身に満足している.

4) <con＋mí・ti・sí>はそれぞれ conmigo, contigo, consigo となる:
¿Vas *conmigo* o con él? — Pues, voy *contigo*. 僕と行くの, 彼と行くの? — そうね, あなたと行くわ.

5 再帰人称 　 代名詞 　　　用法	再帰人称代名詞を伴う動詞は再帰動詞と呼ばれる. 再帰代名詞は主語と人称・数が一致し, 直接目的語または間接目的語になる. 置かれる位置は直接・間接目的人称代名詞と同じである. 　　☞本文 **se**

複合時制を除いては, 再帰動詞の過去分詞は再帰代名詞を必要としない:
Ya estoy *levantado* a las seis. 私は 6 時にはもう起きている. (← levantarse)

La joven, *apoyada* en la ventana, contemplaba el mar. 娘は窓に寄りかかって海を眺めていた. (← apoyarse)

6 動詞句と 　 目的・再帰 　 人称代名 　 詞の位置	動詞句を構成している不定詞・現在分詞の目的語となっている人称代名詞(再帰代名詞も含める)は, 口語では主動詞の前に, 文語では不定詞・現在分詞の語末に付くことが多い:

No nos *lo* dejaban leer./No nos dejaban leer*lo*. 私たちはそれを読ませてもらえなかった.

Me tengo que dedicar a dar clases./Tengo que dedicar*me* a dar clases. 私は授業することに専念しなければならない.

Se está haciendo una ciudad antipática./Está haciéndo*se* una ciudad antipática. そこは感じの悪い町になりつつある.

7 目的人称 　 代名詞の 　 重複構文	文の統語関係(どちらが主語か目的語か)を明示するために, 目的人称代名詞を置くことができる:

La verdad *la* respeta la libertad. 真理を自由は尊重する.

また, 次のような場合にも重複構文が生じる.

1) <a＋前置詞格人称代名詞>が目的語の場合, 目的人称代名詞を重複させる:
José *me* esperó a mí. ホセは私を待った. 〚× José esperó a mí.〛
A ti *te* mandé el paquete. 君にその小包を送ったよ. 〚× A ti mandé el paquete.〛

　　ただし usted〔es〕は他の前置詞格人称代名詞と異なり, 単独でも用いられる: 〔*Le*〕 Espero a usted. あなたをお待ちします.

　　また, 動詞を省略して前置詞格人称代名詞を用いるときは重複しない:
¿A quién regalaste el libro? — A ella. 誰にその本をプレゼントしたの? — 彼女に.

2) 目的語が動詞より前にくる場合は, 直接目的・間接目的を問わず, 目的人称代名詞が重複するのが普通:

A María *la* esperó José. マリアをホセは待った.〖× A María esperó José.〗
A María *le* regalé un collar. 私はマリアにネックレスをプレゼントした.〖×
A María regalé un collar.〗

その目的語が不定の場合(特に直接目的の時)は重複しない:
Secretaria bilingüe necesitamos. 二か国語を話せる秘書が必要だ.〖× Se-
cretaria bilingüe *la* necesitamos.〗

3) 目的語が動詞より後にくる普通の語順の場合は, それが直接目的なら重複し
ないのが普通だが, 間接目的なら重複することもしないこともある:
José esperó a María. ホセはマリアを待った.〖× José *la* esperó a María.〗
〔*Le*〕Regalé un collar a María. 私はマリアにネックレスをプレゼントした.

⑥ 副 詞

1 -mente の副詞

ほとんどすべての品質形容詞は -mente を付けて副詞化できる.
i) -o で終わる形容詞は, -o を -a に換えて -mente を付けると副詞になる:
clar*o* 明らかな → clar*amente* 明らかに, rápid*o* 速い → rápid*amente* 速く.
ii) -o 以外の母音・子音で終わる形容詞は, そのまま -mente を付ける:
breve 簡潔な → breve*mente* 簡潔に, feliz 幸福な → feliz*mente* 幸福に.
iii) -mente の副詞は元の形容詞のアクセント(第一アクセント)と -mente
の [mén] のアクセント(第二アクセント)の2つのアクセントを持つ (ただ
し第二アクセントは第一アクセントより弱い):
solo [sólo] → solamente [sólaménte].
iv) -mente の副詞が2つ以上続く場合, 一般に最後の -mente だけを残し,
前のものは省略する:
Siempre habla clara y exacta*mente*. 彼はいつもはっきりと正確に話す.
Contesta afirmativa o negativa*mente*. 肯定または否定で答えなさい.

2 他品詞の副詞的用法

i) 時の名詞は, 指示詞・不定語・数詞などを伴う場合, 前置詞なしに副詞的に
使われる:
Estos días ha subido mucho el petróleo. 最近石油が大変値上がりした.
Habló *mucho rato* por teléfono. 彼は長電話をした.
ii) 形容詞の男性単数形は副詞として使われることがある:
No hables tan *alto*. そんな大声でしゃべるな.
Ellas comieron *rápido* y volvieron al trabajo. 彼女たちは急いで食事を済ま
せ, 仕事に戻った.
iii) 自動詞文では, 形容詞が副詞的に使われることがある. この形容詞は主
語の様態を述べ, 主語に性数一致し, 主格補語になる:
La niña duerme *tranquila*. その子は静かに眠っている.
Es preferible que vaya *cenado*. 夕食を済ませて行く方がいい.

3 副詞の機能

1) 副詞は動詞・形容詞・副詞を修飾するのに加えて, 〔代〕名詞・句・節・文を修
飾することがある:
José es *todavía* un niño. ホセはまだ子供だ.
Si no lo haces, *allá* tú. もしお前がそうしないなら, 後は勝手にしろ.
La reunión comenzó *justo* a las cinco de la tarde. 会議は午後5時ちょうど
に始まった.
Lo he hecho *sólo* porque pensé que podía hacerlo. 私はできると思ったので,
そうしたまでだ.
No todos estamos de acuerdo. 私たち全員が同意しているわけではない.
2) 時の副詞は名詞に転用される (無冠詞). その他の副詞は男性単数定冠詞を
とることが多い:
Hoy es domingo. 今日は日曜日だ.
Mañana será otro día. 明日は明日の風が吹く.

La fiesta de *ayer* fue muy divertida. 昨日のパーティーはとても面白かった.
No pensemos en *el mañana*. 先のことなど考えまい.
Aún no me han dado *el sí*. 私はまだ承諾をもらっていない.

4 副詞の位置

1) 形容詞・副詞を修飾する場合は, 必ずその前に置かれる:
Es una chica *muy* bonita. 彼女はとてもきれいな娘だ.
Habla español *bastante* bien. 彼はかなり上手にスペイン語を話す.
2) 動詞を修飾する場合.
i) 原則は動詞の直後:
Habla *bien* japonés. 彼は日本語が上手だ.
Subí *lentamente* la escalera. 私は階段をゆっくり登った.
ii) 強調のために動詞の前に置かれる:
Muy mal se han portado conmigo. ひどい仕打ちを私は受けた.
iii) 話者の発言の態度を示す副詞は, 普通は文頭に置かれる:
Ciertamente hay un reajuste del gobierno. 確かに内閣改造がある.
Felizmente no ha llovido hoy. ありがたいことに今日は雨が降らなかった.
iv) 時・場所の副詞は, 動詞の後, 文頭, 文末など比較的自由に置かれる:
Siempre dice lo mismo. 彼はいつも同じことを言う.
Me acordaré *siempre* de ti. 私はどんな時でも君のことは忘れないよ.
v) 副詞と前置詞で始まる副詞句とがある場合は, 副詞の方を前に置く:
Estuve *allí* hace mucho tiempo. 私はずっと前にそこへ行ったことがある.
vi) 目的語と前置詞で始まる副詞句とがある場合は, 目的語の方が前:
Habló a esa mujer *en francés*. 彼はその女性にフランス語で話しかけた.

5 比較級

形容詞の場合と同じ:
María corre *más* rápido *que* Isabel. マリアはイサベルよりも足が速い.
María corre *menos* rápido *que* Isabel. マリアはイサベルほど足が速くない.
María corre *tan* rápido *como* Isabel. マリアはイサベルと同じ位足が速い.

不規則形

bien → **mejor**, mal → **peor**, mucho → **más**, poco → **menos**:
Lola escribe *mejor que* yo. ロラは私より字がうまい.

6 最上級

<más・menos＋副詞>の形式で表わす:
Mi madre se levanta *más* temprano. 私の母が一番早起きだ.
副詞の最上級は比較級と区別しにくいので, 明確にするためには<ser＋定冠詞＋que＋動詞＋más・menos＋副詞>の構文を用いる:
Mi madre *es la que* se levanta *más* temprano de la familia. 私の母が家族の中で一番早起きだ.
比較級と否定語を組み合わせて最上級の意味を表わすことができる:
Él canta *mejor que nadie*. 彼は誰よりも上手に歌う.

7 所 有 詞

1 所有形容詞

語形

	単　　　　　数		複　　　　　数	
	短縮形	完全形	短縮形	完全形
1人称	**mi**(s)	**mío**(a,os,as)	**nuestro**(a,os,as)	
2人称	**tu**(s)	**tuyo**(a,os,as)	**vuestro**(a,os,as)	
3人称	**su**(s)	**suyo**(a,os,as)	**su**(s)	**suyo**(a,os,as)

中南米では vuestro は用いられず, su が「君たちの」の意味でも使われる.

用法	1)	短縮形は名詞の前に置いて用いる:

用法

1) 短縮形は名詞の前に置いて用いる:
Éste es *mi* libro. これは私の本だ.
Ahí vienen *tus* amigas. ほら, 君の友人たちがやってくるよ.
　完全形は, 主格補語として, また主に冠詞・指示形容詞などを伴う名詞の後で用いる:
Este libro es *mío*. この本は私のだ.
Ahí viene una amiga *tuya*. ほら, 君の友人の一人がやってくるよ.
2) 3人称 su・suyo は意味が広いので, <de+前置詞格人称代名詞>を使ってあいまいさを避けることがある:
Éste es su libro./Éste es el libro *de él*. これは彼の本です.
3) 英語に比べると所有形容詞の使用範囲は狭く, 文脈から<誰が所有しているか>が明らかな時は, 所有形容詞でなく定冠詞を使うのが普通である:
Me enseñó *las* fotos. 彼は〔自分の〕写真を見せてくれた.
Bajó *los* ojos al verme. 彼女は私を見ると目を伏せた.
　身体の一部に行為を加える表現では, 目的人称代名詞を使って所有者を表わす:
Me cogió del pelo. 彼は私の髪をつかんだ.
Le limpio los dientes. 私は彼の歯を磨いてやる.
　自分の身体の一部の場合は再帰動詞になる:
Me limpio los dientes. 私は歯を磨く.
　ただし, 所有形容詞を用いることもある:
Bajó *sus* ojos al verme. 彼女は私を見ると目を伏せた.
4) <+行為名詞>では行為の主体と客体も表わす:
Su evaluación es baja. 彼の下した/彼に対する評価は低い.

2 所有代名詞

語形　定冠詞+所有形容詞完全形

用法
Este sombrero es mío. ¿Dónde está *el tuyo*? この帽子は私のだ. 君のはどこだ?
Mi hermana y *la suya* salieron juntas. 私の妹と彼の妹は一緒に外出した.
<lo+>は抽象的に所有物を表わす:
Te doy la mitad de *lo mío*. 私のを半分あげよう.
Lo tuyo me afecta a mí también. 君のことは私にも関わりがある.
　男性複数形は独立的に用いられて, 所有者と関係のある人たち(家族・友人・部下など)を表わすことがある:
¿Cómo están usted y *los suyos*? あなた, そしてご家族はお元気ですか?

8　指　示　詞

1 指示形容詞

語形

	近称 「この」		中称 「その」		遠称 「あの」	
	単　数	複　数	単　数	複　数	単　数	複　数
男性	este	estos	ese	esos	aquel	aquellos
女性	esta	estas	esa	esas	aquella	aquellas

用法
　近称は話し手の, 中称は聞き手の, 遠称は第三者の位置または場所に対応する. ただし第三者に関するものが中称で表わされることも多い:
Le traigo a usted *estas* fotografías. これらの写真をお持ちしました.
¿Dónde compraste *ese* jersey? そのセーターはどこで買ったの?
A él no le gusta *aquella* casa. 彼はあの家が好きではない.

文脈の中での指示にも使われる：

No me importa *ese* suceso. その事件は私にはどうでもいい.

時の指示にも使われ, 近称は現在, 中称は近い過去や未来, 遠称は遠い過去を表わす：

estos días このごろ, *esos* días そのころ, *aquellos* días あのころ.

指示形容詞は名詞の前に置かれるが, 時に名詞の後に置かれて強調を表わす：

Lo hizo mi amigo *aquel*. あの僕の友達がやったんだ.

定冠詞にも指示的な機能があるが, 無強勢語であるだけに, その指示性は弱い.

2 指示代名詞

語形　　指示形容詞にアクセント符号を付ける.

近称 **éste**,...「これ」, 中称 **ése**,...「それ」, 遠称 **aquél**,...「あれ」

ただし, 指示形容詞と紛らわしくない時は, アクセント符号を付けないことがある：

Este libro y *ese* que tienes son del mismo autor. この本と君の持っているそれは同じ著者のだ.

用法　　Me gusta esa falda, pero no me gusta *aquélla*. そのスカートは好きだけど, あれはいや.

Éste es mi colega, el Sr. Montes. こちらは私の同僚のモンテス氏です.

3 中性指示代名詞

語形　　近称 **esto**, 中称 **eso**, 遠称 **aquello**

用法　　物の名前を尋ねたり, 既に述べられた内容や漠然とした概念を指すのに用いられる：

¿Qué es *esto*? これは何ですか?

Soy rico, por *eso* todos me envidian. 私は金持ちだ. だからみんなは私をうらやむ.

場所「ここ, そこ, あそこ」を指すこともある：

¿Qué le parece *esto*? ここはいかがですか?

4 指示副詞

語形　　近称 **aquí**「ここ」, 中称 **ahí**「そこ」, 遠称 **allí**「あそこ」

用法　　*Aquí* está mi pasaporte. 私のパスポートはここにあります.

Se va a la salida por *ahí*. そこを通って出口に行ける.

Desde *allí* no se ve bien. あそこからではよく見えない.

aquí・ahí・allí は主として静止した位置を示すのに対し, 運動の方向を示し, 指示範囲が漠然としている **acá** (近称)と **allá** (遠称)がある：

Mira para *acá*. こちらの方を見てください.

Vamos a dar una vuelta para *allá*. あのあたりを一回りしよう.

時の指示にも用いられる：

Hasta *aquí* todo ha ido bien. ここまではすべて順調だ.

⑨ 数 詞

1 基数詞

0	cero	80	ochenta
1	uno(na)	90	noventa
2	dos	100	cien[to]
3	tres	101	ciento uno(na)
4	cuatro	102	ciento dos
5	cinco	110	ciento diez
6	seis	200	doscientos(tas)
7	siete	201	doscientos(tas) uno(na)
8	ocho	221	doscientos(tas) veintiuno(na)
9	nueve	300	trescientos(tas)
10	diez	400	cuatrocientos(tas)
11	once	500	quinientos(tas)
12	doce	600	seiscientos(tas)
13	trece	700	setecientos(tas)
14	catorce	800	ochocientos(tas)
15	quince	900	novecientos(tas)
16	dieciséis	999	novecientos(tas) noventa y nueve
17	diecisiete	1,000	mil
18	dieciocho	1,991	mil novecientos(tas) noventa y uno(na)
19	diecinueve	2,000	dos mil
20	veinte	3,000	tres mil
21	veintiuno(na)	10,000	diez mil
22	veintidós	11,000	once mil
23	veintitrés	21,000	veintiún(una) mil
26	veintiséis	100,000	cien mil
29	veintinueve	200,000	doscientos(tas) mil
30	treinta	201,000	doscientos(tas) un(na) mil
31	treinta y uno(na)	100万	un millón
32	treinta y dos	200万	dos millones
33	treinta y tres	1千万	diez millones
40	cuarenta	1億	cien millones
50	cincuenta	10億	mil millones
60	sesenta	1兆	un billón
70	setenta	100京	un trillón

1) 基数詞は男性名詞および形容詞として用いられる:
Eres el *cinco* en la lista. 君はリストの5番目だ.
Uno y *dos* son *tres*. 1足す2は3.
Vinieron *cuatro*. 4人来た.
Somos *veinte* entre hombres y mujeres. 私たちは男女合わせて20人だ.
　形容詞として名詞を直接修飾する時は名詞の前に置く:
Aquí hay *ocho* personas. ここには8人いる.
　序数詞の代用をする時は名詞の後: el capítulo *cinco* 第5章.
2) 10の位と1の位が続く時(31以上)は, その間に y を入れる:
cincuenta *y* dos 52, ciento cuarenta *y* tres 143, cincuenta *y* cuatro mil
5万4千, doscientos sesenta *y* siete mil ochenta *y* nueve 267,089.
3) uno と -uno, -cientos だけは性変化する:
una casa 1軒の家, veinti*ún* libros 21冊の本, treinta y *una* casas 31軒
の家, doscient*as* casas 200軒の家, trescient*as* cincuenta y *una* casas 351
軒の家.
　ただし序数詞の代用をする時は, 性変化しないこともある:

lección veinti*una*/veinti*uno* 第 21 課.

4) 単に「100」と言う時は, ciento より cien の方がよく用いられる. ciento は端数が続く時に使われる:

cien libros　100 冊の本, *cien* mil libros　10 万冊の本; *ciento* cuatro libros 104 冊の本, *ciento* cuarenta libros　140 冊の本, *ciento* cuatro mil libros　10 万 4 千冊の本.

5) mil が端数として使われる時は un をつける:

mil casas　千軒の家; treinta y *un* mil libros　3 万 1 千冊の本, doscientas *una* mil casas　20 万 1 千軒の家.

6) millón, billón, trillón は数詞ではなく名詞なので, 名詞を修飾する時は間に de を入れる:

un millón *de* dólares　100 万ドル, dos billones *de* dólares　2 兆ドル.

ただし下位の数詞があるときは de は不要:

un millón treinta mil dólares　103 万ドル.

2 序数詞

第 1	primero	第 60	sexagésimo
第 2	segundo	第 70	septuagésimo
第 3	tercero	第 80	octogésimo
第 4	cuarto	第 90	nonagésimo
第 5	quinto	第 100	centésimo
第 6	sexto	第 101	centésimo primero
第 7	sé(p)timo	第 110	centésimo décimo
第 8	octavo	第 200	ducentésimo
第 9	noveno/nono	第 300	tricentésimo
第 10	décimo	第 400	cuadringentésimo
第 11	undécimo	第 500	quingentésimo
第 12	duodécimo	第 600	sexcentésimo
第 13	decimotercero	第 700	septingentésimo
第 14	decimocuarto	第 800	octingentésimo
第 15	decimoquinto	第 900	noningentésimo
第 16	decimosexto	第 1000	milésimo
第 17	decimosé(p)timo	第 1300	milésimo tricentésimo
第 18	decimooctavo	第 2000	dos milésimo
第 19	decimonoveno/decimonono	第 1 万	diez milésimo
第 20	vigésimo	第 10 万	cien milésimo
第 21	vigésimo primero	第 100 万	millonésimo
第 30	trigésimo	第 200 万	dos millonésimo
第 40	cuadragésimo	第 1 兆	billonésimo
第 50	quincuagésimo		

1) 21 より上は 2 語〔かそれ以上〕を並列する.

2) 序数詞はすべて性数変化する.

primero と tercero は男性単数名詞の前で語尾の -o を脱落する:

el *primer* día 第 1 日, el *tercer* volumen 第 3 巻.

2 語以上が並列した場合, すべて性数変化する:

Llegó a la meta la centésim*a* vigésim*a* non*a*. 彼女は 129 位でゴールインした.

3) 序数詞は名詞の前後どちらに置いてもよい:

el *quinto* capítulo/el capítulo *quinto* 第 5 章.

4) 日付や頁数は第 1 だけ序数を使うこともあるが, 以降は基数を用いるのが普通:

el *primero* (el *primer* día・uno) de enero　1 月 1 日, la página *primera* 第 1 ページ; el día diecisiete de marzo　3 月 17 日, la página veintiuna 第 21 ページ.

5) 序数は定冠詞を伴うのが普通だが, 定冠詞を伴わない使い方もある:
por *primera* vez 初めて, por *segunda* vez 2 度目に, mi *tercer* chico 私の 3 人目の子.
Sería como un *primer* paso en la investigación. それは〔ある意味で〕研究の第一歩だろう.

6) 国王名, 世紀名は第 10 くらいまで序数で, それ以降は基数:
Carlos V (*quinto*) カルロス 5 世, Alfonso XIII (*trece*) アルフォンソ 13 世;
el siglo VIII (*octavo*・ocho) 8 世紀, el siglo XX (*veinte*) 20 世紀.

3 分数

1/2	un medio	1/20	un veintavo
1/3	un tercio	1/21	un veintiunavo
2/3	dos tercios	1/22	un veintidosavo
1/4	un cuarto	1/30	un treintavo
1/5	un quinto	1/100	un centésimo
1/10	un décimo	1/101	un cientounavo
1/11	un onzavo	1/1000	un milésimo
1/12	un dozavo	1/10000	un diezmilésimo
1/13	un trezavo	1/1000000	un millonésimo

1) 1/4 から 1/10 までは分母に序数を用い, 1/11 以降の分母は＜基数＋-avo＞を用いる. 分子が 2 以上の時は分母は複数形:
Un cuarto de doce es (son) tres. 12 の 1/4 は 3 である.
La probabilidad de tener éxito es más de *tres quintos*. 成功する確率は 3/5 以上だ.

2) 1 1/2 は uno y medio, 2 2/3 は dos y dos tercios.

3) parte〔s〕を使った形式もある: 1/3 una (la) tercera *parte*, 1/4 una (la) cuarta *parte*, 3/4 tres cuartas *partes*, 1/5 una (la) quinta *parte*, 1/100 una centésima *parte*, 1/1000 una milésima *parte*.

4 倍数

2 倍の	doble/duplo, pla	7 倍の	séptuplo, pla
3 倍の	triple/triplo, pla	8 倍の	óctuplo, pla
4 倍の	cuádruple/cuádruplo, pla	9 倍の	nónuplo, pla
5 倍の	quíntuplo, pla	10 倍の	décuplo, pla
6 倍の	séxtuplo, pla	100 倍の	céntuplo, pla

倍数詞は形容詞としても名詞としても用いられる:
una *doble* satisfacción 二倍の満足.
Ocho es el *duplo* de cuatro. 8 は 4 の 2 倍である.

10 疑 問 詞

代名詞	quién		
形容詞		qué, cuál	cuánto
副 詞	cuándo, dónde, cómo		

用法

quién 「誰」 ¿*Quién* es ese señor? あの方はどなたですか?

qué 「何」 ¿*Qué* es un ordenador de la quinta generación? 第 5 世代コンピュータというのはどんなものですか?

		¿De *qué* color es tu maleta? 君のスーツケースは何色?
		¿Por *qué* lloras? なぜ泣くの?
cuál	「どれ」	Déme esas naranjas.—¿*Cuáles*? そのオレンジをください.—どれですか?
cuánto	「どれだけ,いくつ」	¿*Cuántos* vienen a cenar? 夕食には何人来ますか?
		¿*Cuánta* cerveza bebe usted cada día? ビールを毎日のどのくらいお飲みですか?
		¿*Cuánto* has dormido? どれくらい眠りましたか?
cuándo	「いつ」	¿*Cuándo* has terminado la carrera? 大学はいつ卒業したのですか?
dónde	「どこ」	¿Por *dónde* se va a la estación? 駅へはどう行くのですか?
cómo	「どのように」	¿*Cómo* es el aeropuerto de Moscú? モスクワ空港はどんな所ですか?

11　関 係 詞

代名詞	quien, que, el que, el cual	cuanto
形容詞	cuyo	
副　詞	cuando, donde, como	

用法

1) 限定用法:
Los alumnos *que* viven lejos llegan tarde a la escuela. 遠くに住んでいる生徒たちは学校に遅刻する.

2) 説明用法:
Los alumnos, *que* viven lejos, llegan tarde a la escuela. その生徒たちは遠くに住んでいて,それで学校に遅刻する.

3) 独立用法(関係詞自体が先行詞の意味を含んだ用法):
Quien tiene arte, va por toda parte. 芸は身を助ける.

4) <ser+関係詞>の強調構文(文中のある要素(動詞を除く)を文頭に出して強調する. その要素に対応した関係詞を用いる):
Andrés *es quien* lo ha hecho. それをやったのはアンドレスだ. 〖←Andrés lo ha hecho.〗
Por aquí *fue por donde* entró el ladrón. 泥棒が侵入したのはここからだ. 〖←Por aquí entró el ladrón.〗

5) 先行詞と結びつく前置詞は関係詞の直前に置く:
¿*Quién* es esa muchacha *con quien* bailaste? 君が踊ったその女の子というのは誰だい?

quien	(人)	Hay *quien* habla muy bien de "Pueblo". プエブロ紙をとてもいいと言う人がいる.
que	(人・事物)	El chico *que* esperamos no aparece todavía. 私たちが待っている少年は現れない.
el que	(人・事物)	Es un amigo en *el que* tengo gran confianza. 彼は私が信頼している友人である.
		Su gato no quiere comer, *lo que* la pone muy triste. 猫は食欲がなくて,それで彼女は悲しんでいる.
lo cual	(人・事物)	Hay dos cuadros, de *los cuales* uno es de Picasso. 絵が2枚あって,その1枚はピカソのだ.
cuanto	(全部)	Todos *cuantos* entraron en la aldea se rindieron. その村に入ってきた者は全員降伏した.
cuyo	(所有)	Este es el muchacho *cuya* madre es una modista muy famosa. この子は母親が有名なデザイナーである少年だ.

cuando	(時)	En agosto, *cuando* más calor hace, nos vamos a la playa. 8 月は一番暑いので、私たちは海へ行く.
donde	(場所)	La casa *donde* vivimos es muy antigua. 私たちが住んでいる家はとても古い.
como	(方法・様態)	La manera *como* me habló era muy violenta. 彼の私に対する物の言い方はとても乱暴だった.

12　動　詞

1　不定詞

語形

スペイン語の不定詞には -ar, -er, -ir の 3 種類の語尾しかない.

単純形(不定詞自体)は完了していない動作、主動詞と同時かそれより後の動作を表わし、複合形(haber+過去分詞)は完了した動作、主動詞より前の動作を表わす:

Pídamelo, creo *poder*le *ayudar* en algo. 私に言ってみてください. 何かお役に立てると思いますので.

Creemos *haber*le *visto* antes. 私たちは以前彼に会ったことがあると思う.

用法

不定詞は動詞としての性質と名詞としての性質を合わせ持っており、目的語や補語を持つことができる. また、名詞としては男性単数扱いされる:

Levantarse y *acostarse* temprano es bueno para la salud. 早寝早起きは健康によい.

1) 不定詞は文における名詞としての位置に置くことができる.

　i) 主語、主格補語:

　El *saber* es *amar*. 知は愛なり.

　ii) 直接目的語:

　Deseo *ver*le mañana. 明日お目にかかりたい.

　iii) 目的格補語 (使役動詞・知覚動詞の構文で):

　Los rayos del sol hacen *crecer* las plantas. 日光は植物を成長させる.

　Veo *jugar* a los niños. 私は子供たちが遊ぶのを見ている.

　iv) 前置詞の目的語:

　Vienen aquí para *hablar* con usted. 彼らはあなたと話すために来ている.

2) 命令・感嘆を表わす:

　¡No *fumar* aquí! ここでたばこを吸うな!

　¡*Poder* irme a aquel país! あの国に行けるなんて!

3) 関係詞・疑問詞+ (…すべき):

　Tengo mucho que *hacer*. 私はしなければならないことがたくさんある.

　No sé qué *hacer*. 私はどうしたらいいのかわからない.

2　現在分詞

語形

-**ar** 動詞　　語幹+-ando : hablar → habl*ando*
-**er**・-**ir** 動詞　語幹+-iendo : comer → com*iendo*, vivir → viv*iendo*

不規則な現在分詞

　i) 母音+-er・-ir → -yendo : creer → cre*yendo*, oír → o*yendo*

　ii) 点過去で語幹母音変化する -ir 動詞は同じ語幹母音変化をする: pedir → p*i*diendo, seguir → s*i*guiendo, sentir → s*i*ntiendo, servir → s*i*rviendo, venir → v*i*niendo ; dormir → d*u*rmiendo

　　その他: decir → d*i*ciendo, poder → p*u*diendo

　iii) ch・ll・ñ に続く -iendo の i は脱落する: henchir → hinch*endo*, mullir → mull*endo*, tañer → tañ*endo*

単純形(現在分詞自体)は主動詞と同時かそれより後の動作を表わし、複合形(habiendo+過去分詞)は主動詞より前の動作を表わす:

*Haciéndo*lo bien, no habrá problemas. うまくやれば問題はないだろう.
*Habiéndo*lo *hecho* bien, ya no hay problema. うまくやったのでもう問題はない.

用法　　　現在分詞は動詞としての性質と副詞としての性質を合わせ持っている.

1)　副詞として, 主動詞と同時の行為・状態を表わす (…しながら):
Juan desayuna *viendo* la televisión. フワンはテレビを見ながら朝食を食べる.

2)　現在分詞構文を作る:
Llegando la primavera, los árboles empiezan a verdear. 春が来ると木々は緑になる. 〖時〗
Viviendo muy lejos, él llegaba tarde a la escuela. 彼は遠くに住んでいたのでよく学校に遅刻した. 〖原因〗
Yendo en taxi, podemos llegar allí en media hora. タクシーで行けば 30 分でそこに着ける. 〖条件〗
〔Aun〕*Siendo* muy difícil el trabajo, debíamos haberlo terminado hasta el final. 仕事が難しかったにせよ, 我々は最後までやりとげるべきだった. 〖譲歩〗

3)　目的格補語として (知覚動詞の構文で):
Oigo a los niños *cantando* en la clase. 私は子供たちが教室で歌っているのを聞いている.

4)　まれに形容詞として (絵画・写真などの題名など):
César *pasando* el Rubicón ルビコン河を渡るシーザー.

5)　感嘆・命令を表わす:
¡Mi madre *muriendo*! お母さんが死んでしまう!
¡*Trabajando* ya! さあ, もう仕事だ!

6)　進行形を作る (estar+現在分詞. estar 以外の場合は ☞動詞句):
Ahora está *trabajando* en la oficina. 彼は今事務所で働いている.
Estaba *lloviendo* mucho cuando llegó él. 彼が来た時, 雨が激しく降っていた.
　　　スペイン語では特に進行・継続を強調する場合以外は進行形は用いられず, 普通は直説法現在, 線過去で表わされる:
Ahora trabaja en la oficina./Llovía mucho cuando llegó él.

3　過去分詞

語形　　{ **-ar** 動詞　　語幹＋-ado: hablar → habl*ado*
　　　　　　{ **-er・-ir** 動詞　語幹＋-ido: comer → com*ido*, vivir → viv*ido*
不規則な過去分詞は, 本文の各見出語の後に 過分 として表示してある.

用法　　　過去分詞は主動詞よりも前に完結していた動作を表わす. また, 動詞としての性質のほかに形容詞としての性質を合わせ持っている. したがって複合時制以外の用法では性数変化する.

1)　名詞を修飾する (完了の意味のほかに, 他動詞の過去分詞は受動的な意味, 自動詞・再帰動詞の過去分詞は能動的な意味を持つ):
la carta *escrita* 書かれた手紙, las personas *amadas* 愛された人たち.
hojas *caídas* 落ち葉, una mujer *casada* 結婚している女性.

2)　主格補語・目的格補語として用いられる:
La carta está *certificada*. その手紙は書留だ.
Concha llegó muy *cansada*. コンチャはへとへとになって着いた.
Dejé *abiertas* las ventanas. 私は窓を開けたままにしておいた.

3)　過去分詞構文を作る (現在分詞構文と異なり, 主文の時に対して完了を表わす):
Terminadas las clases, los alumnos se reunieron. 授業が終わると学生たちは集会を開いた. 〖時〗

Me espera, *apoyada* la cara en las manos. 彼はほおづえをついて私を待っている.〖様態〗

Acostumbrado a la vida perezosa tanto tiempo, ya no le entraron ganas de trabajar. あまりにも長い間怠惰な生活に慣れてしまったので彼には働く意欲が起こらなかった.〖原因〗

Mirado con buenos ojos, no tiene perdón su comportamiento. 好意的に見たとしても, 彼の行為は許しがたい.〖譲歩〗

4) 受動態を形成する (ser・estar+):☞受動態.

5) 複合時制を形成する (haber+. 性数変化しない):☞直説法現在完了など.

4 助動詞

1) 本来の助動詞は haber と ser である.
haber+過去分詞〖複合時制を作る. ☞〗3 法と時制〗:
Hemos llegado aquí ahora mismo. 私たちはたった今ここに着いた.
ser+過去分詞〖☞受動態〗:
Él *es conocido* por muchos hombres en esta ciudad. 彼はこの町では多くの人に知られている.

2) このほかに助動詞的に用いられる動詞がある: tener, llevar, quedar, dejar などは過去分詞を伴って完了を表わし, estar, andar, ir, venir などは現在分詞を伴って行為の進行を表わす〖☞動詞句〗.

5 法動詞

これは不定詞を直接目的語とし, 不定詞の表わす行為の様態に修正を加える動詞である (法助動詞とも呼ばれる). deber, poder, querer, saber が最も多く使われる法動詞である:
Debes estudiar más. 君はもっと勉強しなければいけない.
Puedo venir aquí mañana. 私は明日ここに来ることができる.
Quiero hacer un viaje. 私は旅行したい.
Sabe patinar muy bien. 彼はとても上手にスケートができる.

その他, 意図・願望・命令・期待・必要性などを表わす法動詞がたくさんある:
Intentó decir, pero no pudo. 彼は何か言おうとしたができなかった.
Les *mandé* callar. 私は彼らに黙るように命じた.

6 単人称動詞

単人称動詞とは主語を持たず, 3人称単数形でのみ用いられる動詞のことである.

1) 本来の単人称動詞 (自然現象を表わす llover「雨が降る」, nevar「雪が降る」, amanecer「夜が明ける」など):
Nieva rara vez en Madrid. マドリードではめったに雪は降らない.

2) 単人称動詞としての用法がある動詞.
ser (時間):
Ya *es* tarde para salir. 出かけるにはもう遅い.
estar (天候):
Está muy nublado. とても曇っている.
hacer (天候, 時間の経過):
Hoy *hace* buen tiempo. 今日はいい天気だ.
Hace tres años que estudio español. 私はスペイン語を勉強して3年になる.
haber (存在):
Hay un libro en la mesa. 机の上に本がある.
法動詞と組む場合には, その法動詞が3人称単数形になる:
Puede llover mañana. 明日は雨になるかもしれない.

7 無人称文

主語(動作主)を特定しないで「人は…する」の意味を表わす文を無人称文といい, <動詞の3人称複数形>, <se+3人称単数形>の2つの形式がある. 無人称文は主語が不定または不明, あるいは主語を特定したくない場合に使われ, またスペイン語では受動態よりも能動態の方が好んで使われるので,

受動の意味が無人称文によって表わされることも多い.
1) 3人称複数形 (自動詞でも他動詞でもよく, また実際の動作主が単数であっても3人称複数形で表わされる):
   Llaman a la puerta. 誰かドアをノックしている.
   Dicen que aquel cantante famoso va a venir. あの有名な歌手が来ると人々は言っている.
   Me *robaron* la cartera. 私は財布を盗まれた.
2) se+3人称単数形 (自動詞でも他動詞でもよい):
   Se tarda media hora de aquí a la universidad. ここから大学まで30分かかる.
   Se buscó al niño desaparecido. 人々は行方不明の子供を捜索した.
   <3人称複数形>は「誰かわからない・誰とは言えないが〔ある〕人が」, <se+3人称単数形>は「人は誰でも」という意味の違いがある.
   Me *preguntaron* si había viajado por Europa. ヨーロッパを旅行したことがありますかと私は尋ねられた. (× Se me preguntó…)
   En este restaurante *se come* muy bien. このレストランはとてもおいしい. (× … comen muy bien)

8 動詞句

助動詞と不定詞・現在分詞・過去分詞の組合わせを動詞句という. 助動詞として使われているかどうかは, その動詞の本来の意味の一部または全部が失われたかどうかで決まる. 例えば,
Andaba mirando las nubes del cielo. 彼は空の雲を眺めていた.
では, andar はその独自の意味「歩く」を失っているので助動詞である. 一方,
Ellas *andaban charlando* por la calle. 「彼女たちはおしゃべりしながら通りを歩いていた」
では andar は普通の動詞である.
1) **助動詞+前置詞・接続詞+不定詞** (+前置詞・接続詞で助動詞的に用いられた動詞も便宜上ここでは助動詞として扱う)
   i) 開始 (助動詞の示す時点から未来・以後の動きを表わす. ir a+不定詞 …しようとする, pasar・echar〔se〕・ponerse a+不定詞 …し始める):
   Mañana *voy a* leer este libro. 明日この本を読もう.
   La niña *se echó a* llorar. その子は泣き出した.
   ii) 接近 (終了に近づく行為・終了に向かって動く動作. venir a+不定詞 …するようになってくる):
   Hablando más de eso, *vendrán a* ponerse de acuerdo. もっとそのことについて話し合えば意見の一致をみるようになるだろう.
   iii) 完了 (動作の終了. venir a+不定詞 …するようになる, llegar・alcanzar a+不定詞 …するに至る, acabar de+不定詞 …したばかりである):
   Acabo de llegar aquí. 私はここに着いたばかりだ.
   iv) 反復 (行為の繰返し. volver a+不定詞 再び…する):
   Volví a pensarlo. 私はまたそのことを考えた.
   v) 義務 (haber de+不定詞, haber que+不定詞, tener que+不定詞>:
   Hay que trabajar para comer. 食べていくには働かなければならない.
   Usted *tiene que* decir eso. あなたはそのことを言わなければならない.
   vi) 推定 (deber 〔de〕+不定詞 …に違いない):
   Ahora *debe* 〔*de*〕 estar en su oficina. 彼は今会社にいるに違いない.
2) **助動詞+現在分詞** (継続を表わす)
   estar+現在分詞 (進行形): ☞現在分詞
   ir+現在分詞 (ある時点以後の継続進行):
   El paciente *va* mejorando cada día. 患者は日一日とよくなっていく.
   venir+現在分詞 (ある時点までの継続):
   Vengo observando este fenómeno. 私はこの現象を観察してきた.
   seguir+現在分詞 (ある時点における継続の強調):
   Aquel día *seguía* lloviendo. あの日は雨が降り続いていた.

andar＋現在分詞（主語の動きを含む継続）：
Anda murmurando contra su jefe. 彼らは上役に対する不平を言いふらしている.

3)　助動詞＋過去分詞

i)　llevar・tener・dejar＋過去分詞（能動行為の完了を示し, 過去分詞は直接目的語と性数一致する）：
Lleva guardados los documentos en el sitio secreto. 彼は秘密の場所に書類をしまってある.
Tiene escritas las cartas ya. 彼はもう手紙を書いてしまってある.
Dejé dicho que volvería por la noche. 私は夜帰ると言っておいた.

ii)　quedar＋過去分詞（受動行為の完了の結果を示し, 過去分詞は主語と性数一致する）：
Quedé muy sorprendido al saber la noticia. そのニュースを知って私は大変驚いた.

iii)　haber＋過去分詞（複合時制を形成する）：☞13 法と時制.

iv)　ser・estar＋過去分詞：☞受動態.

9　受動態

　　＜ser＋過去分詞＞が本来の受動態であるが, この形式は現代スペイン語の口語ではあまり用いられず, 文語でも使用されなくなってきている. その代わり, 事物が主語の場合は再帰受身, 人が主語の場合は無人称文を用いることが多い『☞無人称文』.

1)　ser＋過去分詞（過去分詞は他動詞の過去分詞で, 主語と性数一致する. 動作主は por または de で示されるが, 省略されることもある）：
Ese libro *fue publicado* hace más de un siglo. その本は1世紀以上も前に出版された.

2)　estar＋過去分詞（過去分詞は主語と性数一致する. すでに行われた行為の結果(状態受身)を表わすが, 実際には再帰動詞の過去分詞がよく用いられ, したがって受身の意味を表わさないことが多い）：
El palacio ya *estaba destruido*. 王宮はすでに破壊されていた.
Ella *estaba casada*. 彼女は結婚していた. 『←casarse』

13　法と時制

1　直説法

　　スペイン語には, 直説法, 接続法, 命令法の3つの法がある. 直説法は事柄を現実のこと(事実)として述べる. したがって, この表現については真・偽の判断を下すことができる：
El libro *está* sobre la mesa. その本は机の上にある.
Yo sabía que ya *había salido* de Japón. 私は彼がすでに日本を発ったことを知っていた.

　　直説法の未来形は未来の出来事を表わす, つまり確定した事物を示さないので, 接続法に最も近い表現形式である. しかし未来形は, 現実において起こるであろうことをある程度の確信をもって言明する. ここに接続法との違いがある：
Mañana *iré* al museo con ella. 明日私は彼女と美術館に行くだろう.

1)　**直説法現在**

規則変化

	-**ar** 動詞 hablar		-**er** 動詞 comer		-**ir** 動詞 vivir	
	単数	複数	単数	複数	単数	複数
1人称	hablo	habl**amos**	como	com**emos**	vivo	viv**imos**
2人称	hablas	habl**áis**	comes	com**éis**	vives	viv**ís**
3人称	habla	habl**an**	come	comen	vive	viv**en**

正書法上の変化(規則動詞)	i) 1人称単数の変化:

正書法上の変化(規則動詞)

i) 1人称単数の変化:

vencer (ven*z*o), zurcir (zur*z*o); coger (co*j*o), exigir (exi*j*o); distinguir (distin*g*o); delinquir (delin*c*o)

ii) -iar・-uar の動詞:

enviar			actuar			同類の動詞
enví**o**	enviamos		actú**o**	actuamos		confiar, criar,
enví**as**	enviáis		actú**as**	actuáis		guiar, variar,
enví**a**	enví**an**		actú**a**	actú**an**		acentuar, continuar

iii) 語幹の二重母音の分立:

reunir		prohibir		同類の動詞
reú**no**	reunimos	prohí**bo**	prohibimos	aislar, aullar;
reú**nes**	reunís	prohí**bes**	prohibís	rehusar
reú**ne**	reú**nen**	prohí**be**	prohí**ben**	

不規則変化

i) 語幹母音変化動詞

e → ie: pensar

		同類の動詞
p**ie**nso	pensamos	cerrar, empezar;
p**ie**nsas	pensáis	entender, querer;
p**ie**nsa	p**ie**nsan	divertir, mentir, sentir

o → ue: contar

		同類の動詞
c**ue**nto	contamos	encontrar;
c**ue**ntas	contáis	mover, poder, soler;
c**ue**nta	c**ue**ntan	dormir, morir

e → i: pedir

		同類の動詞
p**i**do	pedimos	medir, repetir, seguir, servir, vestir
p**i**des	pedís	
p**i**de	p**i**den	

ii) 1人称単数が不規則な動詞

-zco: conocer

		同類の動詞(母音+-cer・-cir)
cono**zco**	conocemos	agradecer, obedecer;
conoces	conocéis	conducir (condu*zco*), producir,
conoce	conocen	traducir

-go: poner

		同類の動詞
pon**go**	ponemos	hacer (ha*go*), caer (cai*go*), traer
pones	ponéis	(trai*go*), salir (sal*go*), valer (val*go*)
pone	ponen	

その他: dar (doy), saber (sé), ver (veo)

i) との複合: tener (ten*go*, e → ie), venir (ven*go*, e → ie); decir (di*go*, e → i)

iii) 全く不規則な動詞 (☞動詞活用表)

ser ☞51, ir ☞52, haber ☞53, estar ☞66

用法

動詞の表わす事柄が発話時と一致することを示す.

i) 今現在行われている出来事:

Ahora *escribe* una carta. 彼は今手紙を書いている.

Vivo aquí desde hace diez años. 私は10年前からここに住んでいる.

　現在と区別できないほど近い過去を表わすことがある:

Vengo a ayudarte. 助けに来たよ.

Ya *caigo*. ああ, わかった.

ii) 現在における習慣的な出来事:

Juego al tenis los domingos. 私は毎週日曜日テニスをする.

iii) 永遠に続く真理, 不定の継続を持つ事柄:

La Tierra *gira* alrededor del Sol. 地球は太陽の回りを回る.

Madrid *está* en el centro de España. マドリードはスペインの中央にある.

iv) 確実なこととしての未来の出来事:

Voy al Museo del Prado mañana. 私は明日プラド美術館に行くつもりだ.

v) 歴史的現在としての過去の出来事:

Colón *descubre* América en 1492. コロンブスは 1492 年にアメリカ大陸を発見する.

vi) 命令 (2 人称に多い):

Me *hablas* lo de ayer. 昨日のことを私に話すのだ.

2)　直説法点過去　(完了過去, 不定過去, 過去とも呼ばれる)

規則変化

hablar		comer		vivir	
habl**é**	habl**amos**	com**í**	com**imos**	viv**í**	viv**imos**
habl**aste**	habl**asteis**	com**iste**	com**isteis**	viv**iste**	viv**isteis**
habl**ó**	habl**aron**	com**ió**	com**ieron**	viv**ió**	viv**ieron**

正書法上の変化

i)　1 人称単数の変化

sacar (sa*qué*), buscar (bus*qué*) ; pagar (pa*gué*), llegar (lle*gué*) ; alzar (al*cé*), alcanzar (alcan*cé*) ; averiguar (averi*güé*)

ii)　母音+-er•-ir の動詞

leer		oír	
le**í**	le**ímos**	o**í**	o**ímos**
le**íste**	le**ísteis**	o**íste**	o**ísteis**
le**yó**	le**yeron**	o**yó**	o**yeron**

不規則変化

i)　共通語尾　　　　同類の動詞　〖カッコ内は点過去の語幹〗

-e	-imos
-iste	-isteis
-o	-ieron

poder (pud-), haber (hub-), tener (tuv-), saber (sup-), poner (pus-), estar (estuv-), andar (anduv-) ; venir (vin-), querer (quis-) ; hacer (hic-)

-e	-imos
-iste	-isteis
-o	-eron

decir (dij-), traer (traj-), conducir (conduj-)

dar		ser, ir	
di	dimos	fui	fuimos
diste	disteis	fuiste	fuisteis
dio	dieron	fue	fueron

ii)　語幹母音変化 (直説法現在で語幹母音が変化する –ir 動詞)

sentir		同類の動詞
sentí	sentimos	pedir, reír, seguir
sentiste	sentisteis	
sintió	sintieron	

dormir		同類の動詞
dormí	dormimos	morir
dormiste	dormisteis	
durmió	durmieron	

用法

動詞の意味が発話時より以前であることを示す. つまり, 過去の完了した行為・状態を表わし, 現在時と関わりを持たない.

i)　完全に終了した出来事:

El poeta *nació* en Madrid y *murió* en París. その詩人はマドリードに生まれ, パリで死んだ.

ii)　行為の開始 (行為は終了するが内容は持続する):

Supe la noticia ayer. 私はその知らせを昨日知った.

iii)　現在時における否定（すべての過去形は「今は…でない」という現在時における<u>その出来事の存在の否定</u>をほのめかすが, 点過去は特にこの点を強く暗示する）:

Él no es lo que *fue* él. 彼は昔の彼ではない.

Antes *tuve* dos hijos. 私にはかつて2人の息子がいた.　〘今はいない〙

3)　直説法線過去　（不完了過去とも呼ばれる）

規則変化	hablar		comer		vivir	
	habl**aba**	habl**ábamos**	com**ía**	com**íamos**	viv**ía**	viv**íamos**
	habl**abas**	habl**abais**	com**ías**	com**íais**	viv**ías**	viv**íais**
	habl**aba**	habl**aban**	com**ía**	com**ían**	viv**ía**	viv**ían**

不規則変化　ver 〔50〕, ser 〔51〕, ir 〔52〕の3動詞のみ.

用法　　動詞の表わす事柄が, 継続の形で過去のある時点と共存することを示す. この＜過去のある時点＞は他の動詞や副詞などで示されるが, コンテクストに依存して明示されないこともある.

i)　継続する過去の出来事:

Llovía cuando vino a mi casa. 彼が私の家に来た時, 雨が降っていた.

Dijo que *vivía* en Toledo. 彼はトレドに住んでいると言った.

ii)　過去における習慣的な出来事:

En mi juventud *paseaba* muchas veces en este parque. 若いころ私はよくこの公園を散歩したものだった.

iii)　過去において始まろうとしていた出来事・行なおうと意図した行為:

Salía de casa, cuando sonó el teléfono. 私が家を出ようとした時, 電話が鳴った.

iv)　婉曲に表現される現在の出来事:

Quería ver al Sr. García. ガルシアさんにお目にかかりたいのですが.

v)　物語の背景描写:

Cerca de la montaña *había* un pueblo en donde la gente *vivía* tranquila. 山の近くには一つの村があって, そこでは人々は平穏に暮らしていた.

vi)　完全に終了した出来事でも, それに描写性を持たせるため, 点過去の代わりに用いられることがある:

El 6 de agosto de 1945, *se lanzaba* sobre Hiroshima la primera bomba atómica. 1945年8月6日, 広島に最初の原爆が投下されたのであった.

4)　直説法未来

規則変化	不定詞に -é, -ás, -á, -emos, -éis, -án を加える.					
	hablar		comer		vivir	
	hablar**é**	hablar**emos**	comer**é**	comer**emos**	vivir**é**	vivir**emos**
	hablar**ás**	hablar**éis**	comer**ás**	comer**éis**	vivir**ás**	vivir**éis**
	hablar**á**	hablar**án**	comer**á**	comer**án**	vivir**á**	vivir**án**

不規則変化　語尾は規則変化と同じ　〘カッコ内は1人称単数形〙

i)　不定詞語尾の e が脱落

caber (**cabr**é), haber (**habr**é), poder (**podr**é), querer (**querr**é), saber (**sabr**é)

ii)　不定詞語尾の e・i → d

poner (**pondr**é), tener (**tendr**é), valer (**valdr**é); salir (**saldr**é), venir (**vendr**é)

iii)　hacer (**har**é), decir (**dir**é)

用法　　動詞の表わす事柄が発話時より以後であることを示す.

i)　未来の出来事, 未来への意志:

El próximo mes *vendrá* mi tío a verme. 来月私の叔父が会いに来るだろう.

Mañana *hará* dos años que nos conocemos. 私たちが知り合って明日で 2 年になる.

Estudiaré dos horas todos los días. 私は毎日 2 時間勉強するつもりだ.

Pedro dice que *trabajará* mucho. ペドロは一所懸命働くと言っている.

ii)　現在の出来事に関する推定:

Ahora *estará* Juan en casa. フワンは今家にいるだろう.

iii)　命令 (2 人称に多い):

Volverás pronto. すぐ戻ってきなさい.

iv)　疑問文・感嘆文で驚き・不安を表わす:

¿Te *atreverás* a negarlo? 君はそれを否定しようというのか?

　　口語では直説法未来の代わりに<ir a+不定詞>が多く用いられる:

Voy a verle mañana. 私は明日彼に会うつもりだ.

Parece que *va a* llover. 雨が降りそうだ.

5)　直説法過去未来　(可能法不完了形とも呼ばれる)

規則変化　不定詞に -ía, -ías, -ía, -íamos, -íais, -ían を加える.

hablar		comer		vivir	
hablaría	hablaríamos	comería	comeríamos	viviría	viviríamos
hablarías	hablaríais	comerías	comeríais	vivirías	viviríais
hablaría	hablarían	comería	comerían	viviría	vivirían

不規則変化　未来形と同じ語幹　〖例: caber (**cabría**), poner (**pondría**)〗

用法　i)　動詞の表わす事柄が過去のある時点よりも以後であることを示す (過去から見た未来の出来事):

Dijo que *volvería* al día siguiente. 彼は翌日戻ってくると言った.

ii)　過去の出来事に関する推定:

Cuando volvió, *serían* las doce. 彼が戻ったのは 12 時ごろだったろう.

　　直説法未来が<確実性の高い推定>を表わすのに対し, 過去未来は<過去・現在・未来のことに関する臆測>を表わす:

¿Cuánto costará este coche? — Costará/*Costaría* mucho. この車はいくらぐらいするだろう? — 高いのではあるまいか.

iii)　現在のことを婉曲に表現する (主に意志・可能・必要の法動詞):

Desearía ver a la señora. 奥様にお会いしたいのですが.

Podrías correr más rápido. 君はもっと早く走れるはずなのだが.

iv)　反語を表わすことがある:

¡〔Pues・Sí que〕*Estaría* bien! 《皮肉》何とまあ結構なことだ.

v)　現在・未来の出来事に関する非現実的仮定文の帰結節に用いられる:

Si tuviera mucho dinero ahora, *compraría* aquel coche extranjero. もし今お金がたくさんあったら, あの外車を買うのだが.

6)　直説法現在完了

haber の直説法現在+過去分詞 (性数変化しない)

he	hemos	
has	habéis	+ hablado・comido・vivido
ha	han	

用法　現在時と何らかのつながりを持つ過去の完了した行為・状態を表わす.

i)　発話時より少し前に完了した出来事:

Mi hija *ha vuelto* a casa ahora mismo. 私の娘はたった今帰宅した.

ii)　心理的現在(今日・今週・今月・今年のように現在時を含んで心理的に把握された時間の流れ)でとらえた出来事:

Este mes *han ocurrido* unos accidentes terribles. 今月は恐ろしい事故がいくつか起こった.

iii) 現在まで継続してきた出来事, またはその結果が残っている出来事:

¿Dónde *has estado*? 君は〔今まで〕どこにいたのか?

Se *han publicado* innumerables libros. 〔今まで〕数えきれないほどの本が出版されてきた.

iv) 現在まで心理的影響が強く及んでいる過去の出来事:

Mi padre *ha muerto* hace dos años. 父は2年前に亡くなったのだ.

v) 現在までの経験:

He estado una vez en España. 私は一度スペインに行ったことがある.

7) 直説法過去完了
haber の直説法線過去+過去分詞 (性数変化しない)

había	habíamos	
habías	habíais	+ hablado・comido・vivido
había	habían	

用法

i) 過去のある時点よりさらに以前の出来事を表わす:

El tren ya *había salido* cuando llegué a la estación. 私が駅に着いた時, 列車はすでに出てしまっていた.

ii) 過去の出来事に関する非現実的仮定文の帰結節に用いられることがある (普通は接続法過去完了 -ra 形, または直説法過去未来完了):

Si hubiera tenido dinero entonces, *había comprado* ese coche. もしあの時お金があったら, その車を買ったのだが.

8) 直説法直前過去
haber の直説法点過去+過去分詞 (性数変化しない)

hube	hubimos	
hubiste	hubisteis	+ hablado・comido・vivido
hubo	hubieron	

用法

過去のある時点の直前の出来事を表わす. <直前>の意味を表わす接続詞〔句〕の後で用いられる. ただし現代スペイン語では点過去で代用するのが普通である.

Tan pronto como *hubo comido* (comió), salió de casa. 彼は食事をすませるやいなや家を出た.

9) 直説法未来完了
haber の直説法未来+過去分詞 (性数変化しない)

habré	habremos	
habrás	habréis	+ hablado・comido・vivido
habrá	habrán	

用法

i) 動詞の表わす事柄が未来のある時点より以前である (完了している) ことを示す:

Habrán terminado el trabajo para la próxima semana. 彼らは来週までにはその仕事を終えているだろう.

ii) 現在時と何らかの関わりを持つ過去の完了した出来事に関する推定 (現在完了の推定):

Ya *habrán llegado* al hotel. 彼らはもうホテルに着いただろう.

iii) 疑問文・感嘆文で, すでに完了した過去の出来事についての驚き・不安:

¿*Habrá visto* cosa semejante? こんなことを見たことがありますか?

10) 直説法過去未来完了
haber の直説法過去未来＋過去分詞 （性数変化しない）

habría	habríamos
habrías	habríais
habría	habrían

＋　hablado・comido・vivido

用法

　i)　動詞の表わす事柄が, 過去のある時点よりも以後で, しかももう一つの時点より以前に完了したことを示す（過去から見た未来の完了した出来事）：
Me dijeron que *habrían vuelto* para el día siguiente. 翌日までには戻ってきているだろうと彼らは私に言った.

　ii)　過去のある時点より以前に完了した出来事に関する推定（過去完了の推定）：
Antes de ocurrir la guerra ya *habría salido* del país esa persona. 戦争が起きる前にその人物は国外に出ていただろう.

　iii)　過去の出来事に関する非現実的仮定文の帰結節に用いられる：
Si él no me hubiera dado su ayuda, yo no *habría tenido* éxito. もし彼が援助してくれなかったら, 私は成功しなかっただろう.

時制の照応

　主動詞と従属動詞の時制の照応
　i)　現在－直説法**現在** → 過去－直説法**線過去**：
Dice que Ana *está* enferma. 彼はアナは病気だと言っている.
Dijo que Ana *estaba* enferma. 彼はアナは病気だと言った.
　ii)　現在－直説法**未来** → 過去－直説法**過去未来**
Dice que Ana *vendrá*. 彼はアナは来るだろうと言っている.
Dijo que Ana *vendría*. 彼はアナは来るだろうと言った.
　iii)　現在－直説法**現在完了** → 過去－直説法**過去完了**
Dice que Ana ya *ha venido*. 彼はアナはもう来たと言っている.
Dijo que Ana ya *había venido*. 彼はアナはもう来たと言った.

2　接続法

　接続法とは, 話者の心の中で考えられたこと（願望されたこと・意図されたこと・可能であること・疑わしいことなど）として事柄を述べる法である.　つまり事柄を非現実のこととして述べる動詞形態である.

　接続法は基本的には従属節の中で用いられる.　この場合, 直接目的節または前置詞の目的節では主動詞の主語と動詞（接続法）の主語が同一であることはあまりなく, 2つの動詞の行為者が同一であれば従属動詞は原則として不定詞になる：
Deseo que *vea* esto. 私は彼にこれを見てもらいたい.
Deseo *ver* esto. 私はこれを見たい.
He abierto la puerta para que *vean* mis amigos lo que ocurrió fuera. 外で何が起きたのか友人たちに見てもらうために私はドアを開けた.
He abierto la puerta para *ver* lo que ocurre fuera. 私は外で何が起きたのか見るためにドアを開けた.

　主動詞の目的語が従属動詞の主語である場合, スペインでは従属動詞は＜que＋接続法＞となり, 中南米では不定詞になることが多い：
Te prohíbo que *cantes*./Te prohíbo *cantar*. 私は君が歌うのを禁じる.

接続法の用法

1)　**名詞節で**
　i)　主節が願望を表わす（意志・命令・許可・必要性なども含む）：
Quiero que *venga* pronto. すぐ彼に来てもらいたい.　〖願望〗
Me mandan que *trabaje* más. もっと働けと私は命じられている.　〖命令〗
¿Me permite usted que le *haga* una pregunta? 一つ質問していいでしょうか?　〖許可〗
Es necesario que *preparen* la siguiente lección. 彼らは次の課を予習しなければならない.　〖必要性〗

ii)　主節が疑惑を表わす（可能性・否定なども含む）:
Dudo que lo *terminen* para mañana. 彼らがそれを明日までに終えられるなんて疑わしい.　〖疑惑〗
Puede que *llueva* mañana. 明日は雨かもしれない.　〖可能性〗
No creo que nos lo *cuente* todo. 彼が私たちにすべてを話してくれるとは私は思わない.　〖否定〗

iii)　主節が感情を表わす（この場合は事実を述べることができる）:
Me alegro de que *estés* mejor. 君の体がよくなってうれしい.
Es lástima que no *haya salido* bien en el examen. 彼が試験に落ちたとは残念だ.

2)　形容詞節で（先行詞が不定・否定の意味を含む場合）:
Buscamos un joven que *hable* inglés. 我々は誰か英語を話せる若者を探しています.
Puedes hacer lo que *quieras*. 好きなことをしていいよ.
Llévate cuanto *necesites*. 必要なだけ持っていきなさい.
No hay nadie que me *entienda*. 私を理解してくれる人は誰もいない.

3)　副詞節で
i)　目的・条件の副詞節:
Salieron a medianoche para que no los *encontrasen*. 見つからないように彼らは真夜中に出かけた.
Mañana partirán de aquí a menos que *llueva*. 雨が降らない限り, 彼らは明日出発するだろう.

ii)　仮定的な時・譲歩の副詞節:
Cuando *vayamos* a España, te llevaré a ti también. 我々がスペインに行く時には君も連れて行ってあげよう.
Aunque él *sea* mi mejor amigo, no quiero contarle esto. たとえ彼が私の親友だとしても, このことは話したくない.

4)　命令文や願望・疑惑を表わす独立文で: ☞文の種類.

5)　＜接続法＋関係詞＋接続法＞で「…しようと」:
vayas cuando *vayas* 君がいつ行っても.
Digas lo que *digas*, yo sigo mi camino. 君が何と言おうと私は我が道を行く.

直説法/接続法 による意味 の違い

i)　主動詞の意味の違い:
Él me dice que *volverá* pronto. 彼はすぐ戻ると私に言う.　〖言明〗
Él me dice que *vuelva* pronto. 彼はすぐ戻れと私に言う.　〖命令〗

ii)　未来(仮定)の概念の有無:
Cuando *voy* a París, le veo. 私はパリに行く時は彼に会う.　〖習慣〗
Cuando *vaya* a París, le veré. パリに行く時, 彼に会おう.　〖未来〗
Haré como usted me *manda*. ご命令どおりにします.　〖現実〗
Haré como usted me *mande*. ご命令があれば, そのようにします.　〖仮定〗

iii)　先行詞の不定の程度:
Te diré lo que *dice* José. ホセが何と言っているか教えてやろう.　〖確定〗
Te diré lo que *diga* José. ホセが何と言うか教えてやろう.　〖不確定〗
Busco al joven que *habla* alemán. ドイツ語が話せるその若者を私は探している.　〖特定〗
Busco un joven que *hable* alemán. 誰かドイツ語が話せる若者を私は探している.　〖不特定〗

接続法の 各時制 規則変化

1)　接続法現在

hablar

hable	hablemos
hables	habléis
hable	hablen

comer

coma	comamos
comas	comáis
coma	coman

vivir

viva	vivamos
vivas	viváis
viva	vivan

正書法上の変化

i)　語尾が -zar, -cer, -cir, -car, -ger, -gir, -gar, -guir, -guar, -quir の動詞

alcanzar → alcan*ce*, alcan*ces*, …; vencer → ven*za*, ven*zas*, …;
sacar → sa*que*, sa*ques*, …; coger → co*ja*, co*jas*, …;
pagar → pa*gue*, pa*gues*, …; distinguir → distin*ga*, distin*gas*, …;
averiguar → averi*güe*, averi*gües*, …

ii)　-iar・-uar の動詞（同類の動詞は直説法現在と同じ）

enviar		actuar	
envíe	enviemos	actúe	actuemos
envíes	enviéis	actúes	actuéis
envíe	envíen	actúe	actúen

iii)　語幹の二重母音の分立（同類の動詞は直説法現在と同じ）

reunir		prohibir	
reúna	reunamos	prohíba	prohibamos
reúnas	reunáis	prohíbas	prohibáis
reúna	reúnan	prohíba	prohíban

不規則変化

i)　直説法現在で1人称単数が不規則な動詞はその1人称単数形を元にする:

conocer (conozco) → cono*zca*, cono*zcas*, …
poner (pongo) → pon*ga*, pon*gas*, …
tener (tengo) → ten*ga*, ten*gas*, …
venir (vengo) → ven*ga*, ven*gas*, …
decir (digo) → di*ga*, di*gas*, …

ii)　直説法現在の語幹母音変化動詞は接続法現在でも同じ語幹母音変化をする．ただし -ir 動詞は1・2人称複数の語幹も変化する:

pensar		contar		pedir	
piense	pensemos	cuente	contemos	pida	pidamos
pienses	penséis	cuentes	contéis	pidas	pidáis
piense	piensen	cuente	cuenten	pida	pidan

iii)　完全な不規則変化の動詞（直説法現在1人称単数が -o でない動詞. ただし dar は規則変化）:

ser ☞ ⑤1, ir ☞ ⑤2, haber ☞ ⑤3, saber ☞ ⑤5, estar ☞ ⑥6

用法

i)　直説法の現在・未来に対応する．主動詞の時制が直説法現在・未来・現在完了・未来完了の時に用いるのが普通である:
Me dice que *vaya* pronto. 彼は私にすぐ行くように言っている.
No te he permitido que *vengas* aquí. 君がここに来ることを私は許してはいない.

ii)　2人称の肯定命令以外の命令文に用いる（☞命令文）．1人称複数形は勧誘を意味する:
Tomemos un taxi. タクシーに乗りましょう.

iii)　実現の可能性のある願望を表わす: ☞願望文.

2)　接続法過去
　　直説法点過去の3人称複数形の -ron を取り除き，次の語尾をつける．ただし発音上のアクセントの位置は同一となる（1人称複数形にアクセント符号がつく）.
　　不規則変化はない.
　　中南米では -ra 形の方が圧倒的に多く用いられる.

```
-ra 形：-ra, -ras, -ra, -ramos, -rais, -ran
-se 形：-se, -ses, -se, -semos, -seis, -sen
```

hablar (hablaron)		comer (comieron)		vivir (vivieron)	
hablara	habláramos	comiera	comiéramos	viviera	viviéramos
hablaras	hablarais	comieras	comierais	vivieras	vivierais
hablara	hablaran	comiera	comieran	viviera	vivieran
hablase	hablásemos	comiese	comiésemos	viviese	viviésemos
hablases	hablaseis	comieses	comieseis	vivieses	vivieseis
hablase	hablasen	comiese	comiesen	viviese	viviesen

用法

i) 直説法の点過去・線過去・過去未来に対応する．主動詞の時制が直説法の未来・未来完了以外の時に用いるのが普通である：
Me dijo que *fuera* (*fuese*) pronto. 彼は私にすぐ行くように言った．
Te había dicho que *fueras* de aquí enseguida. すぐ出て行くように私は君に言っておいた．
ii) 現在・未来の婉曲表現 (-ra 形を用いる)：
Quisiera pedirle un favor. お願いしたいことがあるのですが．
No *debieras* beber tanto. 君はそんなに飲むべきではないのだが．
iii) 現在・未来の非現実的仮定文の条件節に用いる：
Si *tuviera* tiempo, le acompañaría con placer. 時間があれば喜んでご一緒するのですが．
iv) 現在の事実に反する願望を表わす：⟹ 願望文．

3) 接続法現在完了
haber の接続法現在＋過去分詞 (性数変化しない)

haya	hayamos
hayas	hayáis
haya	hayan

＋ hablado・comido・vivido

用法

直説法の現在完了と未来完了に対応する．主動詞の時制が直説法の現在・未来の時に用いるのが普通である：
Me alegro de que *hayas salido* bien en el examen. 君が試験に合格して私はうれしい．

4) 接続法過去完了
haber の接続法過去＋過去分詞 (性数変化しない)

hubiera	hubiéramos
hubieras	hubierais
hubiera	hubieran
hubiese	hubiésemos
hubieses	hubieseis
hubiese	hubiesen

＋ hablado・comido・vivido

用法

i) 直説法の過去完了と過去未来完了に対応する．主動詞の時制が直説法の未来と未来完了以外の時に用いるのが普通である：
No podía creer que *hubieran llegado* a casa tan pronto. そんなに早く彼らが帰宅したとは信じられなかった．
ii) 過去の非現実的仮定文の条件節や帰結節に用いる．ただし帰結節は -ra 形のみ：
Si *hubiera tenido* tiempo, le habría acompañado con placer. 時間があったら喜んでご一緒したのですが．
Si *hubiese llovido*, no *hubieran salido*. 雨が降ったら彼らは出かけなかったろうに．
iii) 過去の事実に反する願望を表わす：⟹ 願望文．

5)　接続法未来・未来完了

接続法過去 -ra 形の語尾を -re, -res, -re, -remos, -reis, -ren に代えると接続法未来になる. 不規則変化はない.

hablar		comer		vivir	
hablare	habláremos	comiere	comiéremos	viviere	viviéremos
hablares	hablareis	comieres	comiereis	vivieres	viviereis
hablare	hablaren	comiere	comieren	viviere	vivieren

未来完了は haber の接続法未来＋過去分詞 (性数変化しない)

hubiere	hubiéremos
hubieres	hubiereis
hubiere	hubieren

＋　hablado・comido・vivido

接続法未来と未来完了は, 現代スペイン語では諺, 成句などでしか用いられない (普通は接続法現在と現在完了が未来のことも表わす):
Donde *fueres*, haz como *vieres*. 郷に入っては郷に従え.

時制の照応

主動詞と従属動詞の時制の照応
i)　現在－接続法**現在** → 過去－接続法**過去**:
No creo que *compre* un coche. 私は彼が車を買うとは思わない.
No creía que *comprara* un coche. 私は彼が車を買うとは思わなかった.
ii)　現在－接続法**現在完了** → 過去－接続法**過去完了**
No creo que *haya comprado* un coche. 私は彼が車を買ったとは思わない.
No creía que *hubiera comprado* un coche. 私は彼が車を買ったとは思わなかった.

なお, 主動詞が現在・現在完了・未来・未来完了・命令形の時には, 従属動詞には現在・現在完了・過去がくるのに対し, 主動詞が点過去・線過去・過去完了・過去未来・過去未来完了の時には, 従属動詞には過去・過去完了がくるのが普通である.

3　命令法
　　規則変化

2 人称の肯定命令に使われる 〖☞命令文〗.
2 人称単数は直説法現在 3 人称単数と同形. 2 人称複数は不定詞語末の -r → -d:

	hablar	comer	vivir
2 人称単数	habla	come	vive
2 人称複数	hablad	comed	vivid

　　不規則変化

次の動詞の 2 人称単数のみ:
poner → pon, tener → ten, venir → ven, salir → sal, hacer → haz, decir → di, ir → ve, ser → sé ; componer → compón, sostener → sostén

　　目的人称
　　代名詞の
　　位置

肯定命令(接続法現在を使った命令も含めて)では動詞の後に付ける.
否定命令では動詞の前に置く:
Cóme*lo*. それを食べなさい.　　　　　No *lo* comas.
Prestád*melo*. 私にそれを貸しなさい.　No *me lo* prestéis.
Espére*me* usted. 待ってください.　　No *me* espere.
Terminémos*lo*. それを終えましょう.　No *lo* terminemos.

再帰代名詞の場合も同様だが, 2 人称複数・1 人称複数の肯定命令では語尾の -d, -s を取り除いて, -os, -nos を付ける (ただし irse は idos となる):
Levánta*te*.　　　　　　　　　　　No *te* levantes.
Levanta*os*.　　　　　　　　　　　No *os* levantéis.
Levánte*se*.　　　　　　　　　　　No *se* levante.
Levánten*se*.　　　　　　　　　　No *se* levanten.
Levantémo*nos*.　　　　　　　　　No *nos* levantemos.

14 文 の 種 類

1 平叙文

Lola tiene dos hijas. ロラには娘が2人いる.〖肯定文〗
No va a tardar mi hermano. 兄は遅くはなりません.〖否定文〗

2 疑問文

1) 全体疑問:
¿Ha hecho usted la maleta? — Sí, ya la he hecho./No, todavía no la he hecho. 旅行の準備はできましたか? — はい, もうできています./いいえ, まだできていません.
¿Te vas o te quedas? — Me quedo. 君は出かける, それとも残る? — 残ります.

2) 部分疑問:
¿*Qué* vestido te compraste? — Me compré el azul. どの服を買ったの? — ブルーのです.
¿*Cuándo* llegaron ustedes? — Llegamos ayer. いつお着きですか? — 昨日着きました.

3) 付加疑問 (¿no?/¿[no es] verdad?/¿no es así (cierto)? などの語句を文の後ろに付加する):
Te ha gustado, ¿*verdad*? 気に入っただろ, ね?

間接疑問文 (全体疑問では si, 部分疑問では疑問詞をつなぎに使う):
Dime *si* vendrás hoy o mañana. 君が今日来るのか明日来るのか知らせてくれ.
Me preguntaron *cuándo* ingresé en el país. 私はいつ入国したのかと尋ねられた.

間接話法の部分疑問:
¿Dijo usted *dónde* había estado? 今までどこにいたのかとおっしゃいましたか?〖←¿Dijo usted?: ¿Dónde ha estado?〗
¿*Dónde* dijo usted que había estado? 今までどこにいたとおっしゃいましたか?〖←¿Dijo usted?: He estado en... 点線部が不明〗
¿*Cuánto* piensa usted que ha costado este abrigo? このオーバーはいくらしたとお思いですか?

3 感嘆文

1) 全体感嘆:
¡Es una locura! それは狂気のさただ!
¡Ya lo creo! もちろんそうです.

2) 部分感嘆 (qué, cuánto, cómo などの疑問詞を感嘆詞に転用する):
¡*Qué* frío hace! 何て寒いこと!
¡*Cuánta* (*Qué*) hambre tengo! ああ, 腹がへった!

3) ¡**Qué**+名詞+**tan** (**más**)+形容詞!/¡**Qué de**+名詞…!:
¡*Qué* día *tan* caluroso! 何と暑い日だろう!
¡*Qué de* tonterías dijiste! 君は何とばかなことをあれこれ言ったことか!

4 願望文

Ojalá〔que〕, que, así などの語句によって導かれ, 必ず接続法を用いる.

1) 実現の可能性のある願望は +接続法現在:
¡*Ojalá* no *llueva* mañana! 明日は雨が降りませんように!
¡*Que* no se *repita* tal cosa! そんなこと二度と起きませんように
¡*Así* te *estalles*! お前なんかくたばっちまえ!

2) 現在の事実に反する願望は +接続法過去:
¡*Ojalá estuviera* aquí el difunto director! 亡き社長がここに居られたらなあ!

3) 過去の事実に反する願望は +接続法過去完了:
¡*Ojalá hubiera permanecido* aquí tres días más! 彼があと3日ここに残っていたらよかったのに!

5 命令文

1)　命令法（2人称の肯定命令のみ）:
Ven a casa. お前，私の家に来い.
Corred, niños. 坊やたち，走りなさい.

2)　接続法現在（2人称の否定命令，3人称と1人称複数に対する命令）:
No *vengas* a casa. お前，私の家に来るな.
*Espére*me usted un poco. ちょっと待ってください.
Comamos y *bebamos*. さあ食べて飲みましょう.
No se *sienten* ustedes en estas sillas. あなたがた，この椅子には座らないでください.
第三者に対する間接命令（que＋接続法現在3人称）:
Que no *entre* nadie en este cuarto. 誰もこの部屋に入れるな.
Que tome tres píldoras. 彼に3錠飲ませなさい.

6 疑惑文

　主として疑惑の副詞（tal vez・quizá・acaso・posiblemente・probablemente
など）によって導かれ，接続法を用いる:
Tal vez venga en avión. おそらく彼は飛行機で来るだろう.
Quizá nieve mañana. たぶん明日は雪だろう.
　疑惑の程度が少ない場合は直説法を用いる:
Quizá no te *llegó* la carta. たぶん手紙が君に届かなかったのだ.

動詞活用表　範例動詞一覧

基本規則動詞
-ar 動詞：hablar
-er 動詞：comer
-ir 動詞：vivir

正書法などの注意を要する規則動詞

正書法上の変化をする動詞：

1 vencer	4 exigir	7 sacar
2 zurcir	5 distinguir	8 pagar
3 coger	6 delinquir	9 alzar

-iar・-uar の動詞：

10 cambiar	12 adecuar	14 actuar
11 enviar	13 averiguar	

語幹の2重母音が分立する動詞：

15 aislar	17 rehusar	18 prohibir
16 reunir		

-ñer・-ñir・-llir の動詞：

19 tañer	20 gruñir	21 mullir

-eer の動詞

22 leer

不規則動詞

語幹母音変化動詞：

23 pensar	29 volver	35 pedir
24 perder	30 oler	36 reír
25 cernir	31 avergonzar	37 erguir
26 errar	32 jugar	38 henchir
27 adquirir	33 sentir	
28 contar	34 dormir	

現在形で子音を挿入する動詞：

39 conocer	41 conducir	43 asir
40 lucir	42 yacer	

-aer・-oer・-oír・-uir の動詞：

44 caer	46 roer	48 huir
45 traer	47 oír	

単音節動詞：

49 dar	51 ser	52 ir
50 ver		

未来・過去未来が不規則な動詞：

53 haber	57 querer	61 valer
54 caber	58 tener	62 salir
55 saber	59 venir	63 hacer
56 poder	60 poner	64 decir

点過去で語幹が増加する動詞：

65 andar	66 estar

動 詞 活 用 表

基 本 規 則 動 詞

-ar 動詞	-er 動詞	-ir 動詞	複合形
不定詞 **hablar**	**comer**	**vivir**	haber 　＋過分
現在分詞 habl**ando**	com**iendo**	viv**iendo**	habiendo ＋過分
過去分詞 habl**ado**	com**ido**	viv**ido**	
直説法現在			**直説法現在完了**
habl**o** habl**as** habl**a** habl**amos** habl**áis** habl**an**	com**o** com**es** com**e** com**emos** com**éis** com**en**	viv**o** viv**es** viv**e** viv**imos** viv**ís** viv**en**	he has ha hemos ＋過分 habéis han
直説法点過去			**直説法直前過去**
habl**é** habl**aste** habl**ó** habl**amos** habl**asteis** habl**aron**	com**í** com**iste** com**ió** com**imos** com**isteis** com**ieron**	viv**í** viv**iste** viv**ió** viv**imos** viv**isteis** viv**ieron**	hube hubiste hubo ＋過分 hubimos hubisteis hubieron
直説法線過去			**直説法過去完了**
habl**aba** habl**abas** habl**aba** habl**ábamos** habl**abais** habl**aban**	com**ía** com**ías** com**ía** com**íamos** com**íais** com**ían**	viv**ía** viv**ías** viv**ía** viv**íamos** viv**íais** viv**ían**	había habías había habíamos ＋過分 habíais habían
直説法未来			**直説法未来完了**
hablar**é** hablar**ás** hablar**á** hablar**emos** hablar**éis** hablar**án**	comer**é** comer**ás** comer**á** comer**emos** comer**éis** comer**án**	vivir**é** vivir**ás** vivir**á** vivir**emos** vivir**éis** vivir**án**	habré habrás habrá habremos ＋過分 habréis habrán

過去分詞が不規則な基本規則動詞がある：abrir (abierto), cubrir (cubierto), escribir (escrito), imprimir (impreso), pudrir (podrido), romper (roto).

直説法過去未来			直説法過去未来完了
hablaría	comería	viviría	habría
hablarías	comerías	vivirías	habrías
hablaría	comería	viviría	habría
hablaríamos	comeríamos	viviríamos	habríamos ＋過分
hablaríais	comeríais	viviríais	habríais
hablarían	comerían	vivirían	habrían

命令法			
habla	come	vive	
hablad	comed	vivid	

接続法現在			接続法現在完了
hable	coma	viva	haya
hables	comas	vivas	hayas
hable	coma	viva	haya
hablemos	comamos	vivamos	hayamos ＋過分
habléis	comáis	viváis	hayáis
hablen	coman	vivan	hayan

接続法過去 -ra 形			接続法過去完了 -ra 形
hablara	comiera	viviera	hubiera
hablaras	comieras	vivieras	hubieras
hablara	comiera	viviera	hubiera
habláramos	comiéramos	viviéramos	hubiéramos ＋過分
hablarais	comierais	vivierais	hubierais
hablaran	comieran	vivieran	hubieran

接続法過去 -se 形			接続法過去完了 -se 形
hablase	comiese	viviese	hubiese
hablases	comieses	vivieses	hubieses
hablase	comiese	viviese	hubiese
hablásemos	comiésemos	viviésemos	hubiésemos ＋過分
hablaseis	comieseis	vivieseis	hubieseis
hablasen	comiesen	viviesen	hubiesen

正書法上の変化をする動詞

	直・現在	直・点過去	直・線過去	直・未来
① **vencer** 現在分詞 venciendo 過去分詞 vencido	*venzo* vences vence vencemos vencéis vencen	vencí venciste venció vencimos vencisteis vencieron	vencía vencías vencía vencíamos vencíais vencían	venceré vencerás vencerá venceremos venceréis vencerán
② **zurcir** zurciendo zurcido	*zurzo* zurces zurce zurcimos zurcís zurcen	zurcí zurciste zurció zurcimos zurcisteis zurcieron	zurcía zurcías zurcía zurcíamos zurcíais zurcían	zurciré zurcirás zurcirá zurciremos zurciréis zurcirán
③ **coger** cogiendo cogido	*cojo* coges coge cogemos cogéis cogen	cogí cogiste cogió cogimos cogisteis cogieron	cogía cogías cogía cogíamos cogíais cogían	cogeré cogerás cogerá cogeremos cogeréis cogerán
④ **exigir** exigiendo exigido	*exijo* exiges exige exigimos exigís exigen	exigí exigiste exigió exigimos exigisteis exigieron	exigía exigías exigía exigíamos exigíais exigían	exigiré exigirás exigirá exigiremos exigiréis exigirán
⑤ **distinguir** distinguiendo distinguido	*distingo* distingues distingue distinguimos distinguís distinguen	distinguí distinguiste distinguió distinguimos distinguisteis distinguieron	distinguía distinguías distinguía distinguíamos distinguíais distinguían	distinguiré distinguirás distinguirá distinguiremos distinguiréis distinguirán
⑥ **delinquir** delinquiendo delinquido	*delinco* delinques delinque delinquimos delinquís delinquen	delinquí delinquiste delinquió delinquimos delinquisteis delinquieron	delinquía delinquías delinquía delinquíamos delinquíais delinquían	delinquiré delinquirás delinquirá delinquiremos delinquiréis delinquirán
⑦ **sacar** sacando sacado	saco sacas saca sacamos sacáis sacan	*saqué* sacaste sacó sacamos sacasteis sacaron	sacaba sacabas sacaba sacábamos sacabais sacaban	sacaré sacarás sacará sacaremos sacaréis sacarán

①〜⑥ 直・現在の1人称単数と接・現在の全人称で，原音を保持するため，語幹末子音を活用語尾母音 a・o の前で変える必要のあるもの：
　　①，②：子音＋-cer・-cir の全動詞（および mecer）は c → z.
　　③，④：-ger・-gir の全動詞は g → j.
　　⑤：-guir の全動詞は gu → g.
　　⑥：-quir の全動詞は qu → c.

直・過去未来	命 令 法	接・現 在	接・過去 -ra 形	主な同類の動詞
vencería		*venza*	venciera	convencer
vencerías	vence	*venzas*	vencieras	ejercer
vencería		*venza*	venciera	mecer
venceríamos		*venzamos*	venciéramos	
venceríais	venced	*venzáis*	vencierais	
vencerían		*venzan*	vencieran	
zurciría		*zurza*	zurciera	esparcir
zurcirías	zurce	*zurzas*	zurcieras	
zurciría		*zurza*	zurciera	
zurciríamos		*zurzamos*	zurciéramos	
zurciríais	zurcid	*zurzáis*	zurcierais	
zurcirían		*zurzan*	zurcieran	
cogería		*coja*	cogiera	acoger
cogerías	coge	*cojas*	cogieras	escoger
cogería		*coja*	cogiera	proteger
cogeríamos		*cojamos*	cogiéramos	recoger
cogeríais	coged	*cojáis*	cogierais	
cogerían		*cojan*	cogieran	
exigiría		*exija*	exigiera	corregir
exigirías	exige	*exijas*	exigieras	dirigir
exigiría		*exija*	exigiera	fingir
exigiríamos		*exijamos*	exigiéramos	surgir
exigiríais	exigid	*exijáis*	exigierais	
exigirían		*exijan*	exigieran	
distinguiría		*distinga*	distinguiera	extinguir
distinguirías	distingue	*distingas*	distinguieras	
distinguiría		*distinga*	distinguiera	
distinguiríamos		*distingamos*	distinguiéramos	
distinguiríais	distinguid	*distingáis*	distinguierais	
distinguirían		*distingan*	distinguieran	
delinquiría		*delinca*	delinquiera	
delinquirías	delinque	*delincas*	delinquieras	
delinquiría		*delinca*	delinquiera	
delinquiríamos		*delincamos*	delinquiéramos	
delinquiríais	delinquid	*delincáis*	delinquierais	
delinquirían		*delincan*	delinquieran	
sacaría		*saque*	sacara	atacar
sacarías	saca	*saques*	sacaras	buscar
sacaría		*saque*	sacara	dedicar
sacaríamos		*saquemos*	sacáramos	explicar
sacaríais	sacad	*saquéis*	sacarais	indicar
sacarían		*saquen*	sacaran	tocar

7〜9 直・点過去１人称単数と接・現在の全人称で, 原音保持のため, 語幹末子音を活用語尾 e の前で変える必要のあるもの：

7：-car の全動詞は c → qu.

正書法上の変化をする動詞（続き）／-iar・-uar の動詞

	直・現在	直・点過去	直・線過去	直・未来
⑧ **pagar**	pago pagas paga	*pagué* pagaste pagó	pagaba pagabas pagaba	pagaré pagarás pagará
pagando	pagamos pagáis	pagamos pagasteis	pagábamos pagabais	pagaremos pagaréis
pagado	pagan	pagaron	pagaban	pagarán
⑨ **alzar**	alzo alzas alza	*alcé* alzaste alzó	alzaba alzabas alzaba	alzaré alzarás alzará
alzando	alzamos alzáis	alzamos alzasteis	alzábamos alzabais	alzaremos alzaréis
alzado	alzan	alzaron	alzaban	alzarán
⑩ **cambiar**	cambio cambias cambia	cambié cambiaste cambió	cambiaba cambiabas cambiaba	cambiaré cambiarás cambiará
cambiando	cambiamos cambiáis	cambiamos cambiasteis	cambiábamos cambiabais	cambiaremos cambiaréis
cambiado	cambian	cambiaron	cambiaban	cambiarán
⑪ **enviar**	*envío* *envías* *envía*	envié enviaste envió	enviaba enviabas enviaba	enviaré enviarás enviará
enviando	enviamos enviáis	enviamos enviasteis	enviábamos enviabais	enviaremos enviaréis
enviado	*envían*	enviaron	enviaban	enviarán
⑫ **adecuar**	adecuo adecuas adecua	adecué adecuaste adecuó	adecuaba adecuabas adecuaba	adecuaré adecuarás adecuará
adecuando	adecuamos adecuáis	adecuamos adecuasteis	adecuábamos adecuabais	adecuaremos adecuaréis
adecuado	adecuan	adecuaron	adecuaban	adecuarán
⑬ **averiguar**	averiguo averiguas averigua	*averigüé* averiguaste averiguó	averiguaba averiguabas averiguaba	averiguaré averiguarás averiguará
averiguando	averiguamos averiguáis	averiguamos averiguasteis	averiguábamos averiguabais	averiguaremos averiguaréis
averiguado	averiguan	averiguaron	averiguaban	averiguarán
⑭ **actuar**	*actúo* *actúas* *actúa*	actué actuaste actuó	actuaba actuabas actuaba	actuaré actuarás actuará
actuando	actuamos actuáis	actuamos actuasteis	actuábamos actuabais	actuaremos actuaréis
actuado	*actúan*	actuaron	actuaban	actuarán

⑧：-gar の全動詞は g → gu.

⑨：-zar の全動詞は z → ce.

⑩〜⑭　-iar・-uar には，語幹末母音と活用語尾母音が二重・三重母音を作る動詞（規則変化）と，直・現在と接・現在で語幹末の弱母音が分立しアクセント符号をつける動詞とがある：

⑩：-iar の動詞だが規則変化で，語幹末母音 i にアクセント符号をつけないもの. auxiliar は⑩と⑪のどちらの変化もするが，⑩の場合の方が多い（同類動詞は agriar, rumiar, vanagloriar, vidriar など）.

直・過去未来	命 令 法	接・現 在	接・過去 -ra形	主な同類の動詞
pagaría		*pague*	pagara	apagar
pagarías	paga	*pagues*	pagaras	cargar
pagaría		*pague*	pagara	entregar
pagaríamos		*paguemos*	pagáramos	juzgar
pagaríais	pagad	*paguéis*	pagarais	llegar
pagarían		*paguen*	pagaran	obligar
alzaría		*alce*	alzara	alcanzar
alzarías	alza	*alces*	alzaras	avanzar
alzaría		*alce*	alzara	lanzar
alzaríamos		*alcemos*	alzáramos	organizar
alzaríais	alzad	*alcéis*	alzarais	rechazar
alzarían		*alcen*	alzaran	utilizar
cambiaría		cambie	cambiara	anunciar
cambiarías	cambia	cambies	cambiaras	apreciar
cambiaría		cambie	cambiara	estudiar
cambiaríamos		cambiemos	cambiáramos	limpiar
cambiaríais	cambiad	cambiéis	cambiarais	pronunciar
cambiarían		cambien	cambiaran	
enviaría		*envíe*	enviara	confiar
enviarías	*envía*	*envíes*	enviaras	contrariar
enviaría		*envíe*	enviara	criar
enviaríamos		enviemos	enviáramos	fiar
enviaríais	enviad	enviéis	enviarais	guiar
enviarían		*envíen*	enviaran	variar
adecuaría		adecue	adecuara	anticuar
adecuarías	adecua	adecues	adecuaras	
adecuaría		adecue	adecuara	
adecuaríamos		adecuemos	adecuáramos	
adecuaríais	adecuad	adecuéis	adecuarais	
adecuarían		adecuen	adecuaran	
averiguaría		*averigüe*	averiguara	menguar
averiguarías	averigua	*averigües*	averiguaras	
averiguaría		*averigüe*	averiguara	
averiguaríamos		*averigüemos*	averiguáramos	
averiguaríais	averiguad	*averigüéis*	averiguarais	
averiguarían		*averigüen*	averiguaran	
actuaría		*actúe*	actuara	acentuar
actuarías	*actúa*	*actúes*	actuaras	continuar
actuaría		*actúe*	actuara	habituar
actuaríamos		actuemos	actuáramos	situar
actuaríais	actuad	actuéis	actuarais	
actuarían		*actúen*	actuaran	

⑪：-iar の動詞で，語幹末母音 i と活用語尾母音が分立して i→í となるもの．

⑫：-uar の動詞だが規則変化で，語幹末母音 u にアクセント符号をつけないもの．evacuar, licuar は⑫と⑭のどちらの変化もする．

⑬：-guar の全動詞は，直・点過去 1 人称単数と接・現在の全人称で，二重母音を保持するため，活用語尾母音 e の前で，u→ü となる．

⑭：-uar の動詞で，語幹末母音 u と活用語尾母音が分立して u→ú となるもの．

語幹の二重母音が分立する動詞／-ñer・-ñir・-llir の動詞／-eer の動詞

	直・現在	直・点過去	直・線過去	直・未来
15 **aislar** aislando aislado	*aíslo* *aíslas* *aísla* aislamos aisláis *aíslan*	aislé aislaste aisló aislamos aislasteis aislaron	aislaba aislabas aislaba aislábamos aislabais aislaban	aislaré aislarás aislará aislaremos aislaréis aislarán
16 **reunir** reuniendo reunido	*reúno* *reúnes* *reúne* reunimos reunís *reúnen*	reuní reuniste reunió reunimos reunisteis reunieron	reunía reunías reunía reuníamos reuníais reunían	reuniré reunirás reunirá reuniremos reuniréis reunirán
17 **prohibir** prohibiendo prohibido	*prohíbo* *prohíbes* *prohíbe* prohibimos prohibís *prohíben*	prohibí prohibiste prohibió prohibimos prohibisteis prohibieron	prohibía prohibías prohibía prohibíamos prohibíais prohibían	prohibiré prohibirás prohibirá prohibiremos prohibiréis prohibirán
18 **rehusar** rehusando rehusado	*rehúso* *rehúsas* *rehúsa* rehusamos rehusáis *rehúsan*	rehusé rehusaste rehusó rehusamos rehusasteis rehusaron	rehusaba rehusabas rehusaba rehusábamos rehusabais rehusaban	rehusaré rehusarás rehusará rehusaremos rehusaréis rehusarán
19 **tañer** *tañendo* tañido	taño tañes tañe tañemos tañéis tañen	tañí tañiste *tañó* tañimos tañisteis *tañeron*	tañía tañías tañía tañíamos tañíais tañían	tañeré tañerás tañerá tañeremos tañeréis tañerán
20 **gruñir** *gruñendo* gruñido	gruño gruñes gruñe gruñimos gruñís gruñen	gruñí gruñiste *gruñó* gruñimos gruñisteis *gruñeron*	gruñía gruñías gruñía gruñíamos gruñíais gruñían	gruñiré gruñirás gruñirá gruñiremos gruñiréis gruñirán
21 **mullir** *mullendo* mullido	mullo mulles mulle mullimos mullís mullen	mullí mulliste *mulló* mullimos mullisteis *mulleron*	mullía mullías mullía mullíamos mullíais mullían	mulliré mullirás mullirá mulliremos mulliréis mullirán
22 **leer** *leyendo* *leído*	leo lees lee leemos leéis leen	leí *leíste* *leyó* *leímos* *leísteis* *leyeron*	leía leías leía leíamos leíais leían	leeré leerás leerá leeremos leeréis leerán

15〜18　直・現と接・現 1・2 複を除く全人称, 命・単で語幹二重母音が分立, アクセント符号が必要：
　15, 16：ai-・eu-（au-）の動詞では, i・u にアクセント符号をつける.
　17, 18：語幹二重母音の間に h がはさまれる場合も同様に i・u にアクセント符号をつける.

直・過去未来	命 令 法	接・現 在	接・過去 -ra 形	主な同類の動詞
aislaría		*aísle*	aislara	airar
aislarías	*aísla*	*aísles*	aislaras	
aislaría		*aísle*	aislara	
aislaríamos		aislemos	aisláramos	
aislaríais	aislad	aisléis	aislarais	
aislarían		*aíslen*	aislaran	
reuniría		*reúna*	reuniera	aullar
reunirías	*reúne*	*reúnas*	reunieras	aunar
reuniría		*reúna*	reuniera	aupar
reuniríamos		reunamos	reuniéramos	
reuniríais	reunid	reunáis	reunierais	
reunirían		*reúnan*	reunieran	
prohibiría		*prohíba*	prohibiera	ahijar
prohibirías	*prohíbe*	*prohíbas*	prohibieras	ahilar
prohibiría		*prohíba*	prohibiera	cohibir
prohibiríamos		prohibamos	prohibiéramos	prohijar
prohibiríais	prohibid	prohibáis	prohibierais	
prohibirían		*prohíban*	prohibieran	
rehusaría		*rehúse*	rehusara	ahumar
rehusarías	*rehúsa*	*rehúses*	rehusaras	
rehusaría		*rehúse*	rehusara	
rehusaríamos		rehusemos	rehusáramos	
rehusaríais	rehusad	rehuséis	rehusarais	
rehusarían		*rehúsen*	rehusaran	
tañería		taña	*tañera*	
tañerías	tañe	tañas	*tañeras*	
tañería		taña	*tañera*	
tañeríamos		tañamos	*tañéramos*	
tañeríais	tañed	tañáis	*tañerais*	
tañerían		tañan	*tañeran*	
gruñiría		gruña	*gruñera*	bruñir
gruñirías	gruñe	gruñas	*gruñeras*	
gruñiría		gruña	*gruñera*	
gruñiríamos		gruñamos	*gruñéramos*	
gruñiríais	gruñid	gruñáis	*gruñerais*	
gruñirían		gruñan	*gruñeran*	
mulliría		mulla	*mullera*	bullir
mullirías	mulle	mullas	*mulleras*	
mulliría		mulla	*mullera*	
mulliríamos		mullamos	*mulléramos*	
mulliríais	mullid	mulláis	*mullerais*	
mullirían		mullan	*mulleran*	
leería		lea	*leyera*	creer
leerías	lee	leas	*leyeras*	poseer
leería		lea	*leyera*	proveer
leeríamos		leamos	*leyéramos*	(過分
leeríais	leed	leáis	*leyerais*	provisto)
leerían		lean	*leyeran*	

⑲～㉒　直・点過去3人称, 接・過去の全人称, 現在分詞で綴り字に注意が必要なもの:
　⑲～㉑: -ñer・-ñir・-llir の全動詞は, ie・io の i が脱落し, 現在分詞も -endo となる.
　㉒: -eer の全動詞は強母音間の i → y. 直・点過去と過分は i のアクセント符号にも注意.

語幹母音変化動詞

	直・現在	直・点過去	直・線過去	直・未来
23 **pensar** pensando pensado	*pienso* *piensas* *piensa* pensamos pensáis *piensan*	pensé pensaste pensó pensamos pensasteis pensaron	pensaba pensabas pensaba pensábamos pensabais pensaban	pensaré pensarás pensará pensaremos pensaréis pensarán
24 **perder** perdiendo perdido	*pierdo* *pierdes* *pierde* perdemos perdéis *pierden*	perdí perdiste perdió perdimos perdisteis perdieron	perdía perdías perdía perdíamos perdíais perdían	perderé perderás perderá perderemos perderéis perderán
25 **cernir** cerniendo cernido	*cierno* *ciernes* *cierne* cernimos cernís *ciernen*	cerní cerniste cernió cernimos cernisteis cernieron	cernía cernías cernía cerníamos cerníais cernían	cerniré cernirás cernirá cerniremos cerniréis cernirán
26 **errar** errando errado	*yerro* *yerras* *yerra* erramos erráis *yerran*	erré erraste erró erramos errasteis erraron	erraba errabas erraba errábamos errabais erraban	erraré errarás errará erraremos erraréis errarán
27 **adquirir** adquiriendo adquirido	*adquiero* *adquieres* *adquiere* adquirimos adquirís *adquieren*	adquirí adquiriste adquirió adquirimos adquiristeis adquirieron	adquiría adquirías adquiría adquiríamos adquiríais adquirían	adquiriré adquirirás adquirirá adquiriremos adquiriréis adquirirán
28 **contar** contando contado	*cuento* *cuentas* *cuenta* contamos contáis *cuentan*	conté contaste contó contamos contasteis contaron	contaba contabas contaba contábamos contabais contaban	contaré contarás contará contaremos contaréis contarán
29 **volver** volviendo *vuelto*	*vuelvo* *vuelves* *vuelve* volvemos volvéis *vuelven*	volví volviste volvió volvimos volvisteis volvieron	volvía volvías volvía volvíamos volvíais volvían	volveré volverás volverá volveremos volveréis volverán
30 **oler** oliendo olido	*huelo* *hueles* *huele* olemos oléis *huelen*	olí oliste olió olimos olisteis olieron	olía olías olía olíamos olíais olían	oleré olerás olerá oleremos oleréis olerán

23～34　直・現, 接・現, 命・単で語幹母音にアクセントがかかると二重母音に割れるもの：
23～25：e → ie. 同類動詞 negar・empezar などは 8・9 の正書法上変化も (nie*gu*e・empie*c*e).
26：語頭の e が割れる場合は, ie を ye と綴る. 　27：-quirir の全動詞は, 語幹母音 i → ie.

直・過去未来	命 令 法	接・現 在	接・過去 -ra 形	主な同類の動詞
pensaría		*piense*	pensara	calentar
pensarías	*piensa*	*pienses*	pensaras	cerrar
pensaría		*piense*	pensara	gobernar
pensaríamos		pensemos	pensáramos	nevar
pensaríais	pensad	penséis	pensarais	recomendar
pensarían		*piensen*	pensaran	sentar
perdería		*pierda*	perdiera	atender
perderías	*pierde*	*pierdas*	perdieras	defender
perdería		*pierda*	perdiera	descender
perderíamos		perdamos	perdiéramos	entender
perderíais	perded	perdáis	perdierais	extender
perderían		*pierdan*	perdieran	verter
cerniría		*cierna*	cerniera	
cernirías	*cierne*	*ciernas*	cernieras	
cerniría		*cierna*	cerniera	
cerniríamos		cernamos	cerniéramos	
cerniríais	cernid	cernáis	cernierais	
cernirían		*ciernan*	cernieran	
erraría		*yerre*	errara	
errarías	*yerra*	*yerres*	erraras	
erraría		*yerre*	errara	
erraríamos		erremos	erráramos	
erraríais	errad	erréis	errarais	
errarían		*yerren*	erraran	
adquiriría		*adquiera*	adquiriera	inquirir
adquirirías	*adquiere*	*adquieras*	adquirieras	
adquiriría		*adquiera*	adquiriera	
adquiriríamos		adquiramos	adquiriéramos	
adquiriríais	adquirid	adquiráis	adquirierais	
adquirirían		*adquieran*	adquirieran	
contaría		*cuente*	contara	costar
contarías	*cuenta*	*cuentes*	contaras	encontrar
contaría		*cuente*	contara	mostrar
contaríamos		contemos	contáramos	probar
contaríais	contad	contéis	contarais	recordar
contarían		*cuenten*	contaran	volar
volvería		*vuelva*	volviera	devolver
volverías	*vuelve*	*vuelvas*	volvieras	doler
volvería		*vuelva*	volviera	llover
volveríamos		volvamos	volviéramos	mover
volveríais	volved	volváis	volvierais	resolver
volverían		*vuelvan*	volvieran	soler
olería		*huela*	oliera	
olerías	*huele*	*huelas*	olieras	
olería		*huela*	oliera	
oleríamos		olamos	oliéramos	
oleríais	oled	oláis	olierais	
olerían		*huelan*	olieran	

28, 29：o → ue. 同類動詞のうち volcar・colgar などは⑦・⑧の正書法上変化もする (vuel*que*・cuel*gue*). cocer などは①の正書法上変化もする (cue*z*o).

30：語頭の o が割れる場合は, ue を hue と綴る.

語幹母音変化動詞（続き）

	直・現在	直・点過去	直・線過去	直・未来
③1 **avergonzar** avergonzando avergonzado	*avergüenzo* *avergüenzas* *avergüenza* avergonzamos avergonzáis *avergüenzan*	*avergoncé* avergonzaste avergonzó avergonzamos avergonzasteis avergonzaron	avergonzaba avergonzabas avergonzaba avergonzábamos avergonzabais avergonzaban	avergonzaré avergonzarás avergonzará avergonzaremos avergonzaréis avergonzarán
③2 **jugar** jugando jugado	*juego* *juegas* *juega* jugamos jugáis *juegan*	*jugué* jugaste jugó jugamos jugasteis jugaron	jugaba jugabas jugaba jugábamos jugabais jugaban	jugaré jugarás jugará jugaremos jugaréis jugarán
③3 **sentir** *sintiendo* sentido	*siento* *sientes* *siente* sentimos sentís *sienten*	sentí sentiste *sintió* sentimos sentisteis *sintieron*	sentía sentías sentía sentíamos sentíais sentían	sentiré sentirás sentirá sentiremos sentiréis sentirán
③4 **dormir** *durmiendo* dormido	*duermo* *duermes* *duerme* dormimos dormís *duermen*	dormí dormiste *durmió* dormimos dormisteis *durmieron*	dormía dormías dormía dormíamos dormíais dormían	dormiré dormirás dormirá dormiremos dormiréis dormirán
③5 **pedir** *pidiendo* pedido	*pido* *pides* *pide* pedimos pedís *piden*	pedí pediste *pidió* pedimos pedisteis *pidieron*	pedía pedías pedía pedíamos pedíais pedían	pediré pedirás pedirá pediremos pediréis pedirán
③6 **reír** *riendo* *reído*	*río* *ríes* *ríe* *reímos* reís *ríen*	reí *reíste* rió *reímos* *reísteis* rieron	reía reías reía reíamos reíais reían	*reiré* *reirás* *reirá* *reiremos* *reiréis* *reirán*
③7 **erguir** *irguiendo* erguido	irgo, yergo irgues, yergues irgue, yergue erguimos erguís *irguen, yerguen*	erguí erguiste *irguió* erguimos erguisteis *irguieron*	erguía erguías erguía erguíamos erguíais erguían	erguiré erguirás erguirá erguiremos erguiréis erguirán
③8 **henchir** *hinchendo* henchido	*hincho* *hinches* *hinche* henchimos henchís *hinchen*	henchí henchiste *hinchó* henchimos henchisteis *hincheron*	henchía henchías henchía henchíamos henchíais henchían	henchiré henchirás henchirá henchiremos henchiréis henchirán

③1：g に続く ue を üe と綴る．⑨の正書法上変化もする．ただし同類動詞は o → üe の変化のみ．
③2：u → ue．⑧の正書法上変化もする（juegue）．
③3：e → ie．③4：o → ue．直・点過去 3 人称，接・現 1・2 複，[現分]は③3が e → i，③4が o → u.

直・過去未来	命 令 法	接・現 在	接・過去 -ra 形	主な同類の動詞
avergonzaría avergonzarías avergonzaría avergonzaríamos avergonzaríais avergonzarían	*avergüenza* avergonzad	*avergüence* *avergüences* *avergüence* *avergoncemos* *avergoncéis* *avergüencen*	avergonzara avergonzaras avergonzara avergonzáramos avergonzarais avergonzaran	agorar degollar regoldar (⇨下の注)
jugaría jugarías jugaría jugaríamos jugaríais jugarían	*juega* jugad	*juegue* *juegues* *juegue* *juguemos* *juguéis* *jueguen*	jugara jugaras jugara jugáramos jugarais jugaran	
sentiría sentirías sentiría sentiríamos sentiríais sentirían	*siente* sentid	*sienta* *sientas* *sienta* *sintamos* *sintáis* *sientan*	*sintiera* *sintieras* *sintiera* *sintiéramos* *sintierais* *sintieran*	advertir herir hervir mentir preferir referir
dormiría dormirías dormiría dormiríamos dormiríais dormirían	*duerme* dormid	*duerma* *duermas* *duerma* *durmamos* *durmáis* *duerman*	*durmiera* *durmieras* *durmiera* *durmiéramos* *durmierais* *durmieran*	adormir morir (過分は muerto)
pediría pedirías pediría pediríamos pediríais pedirían	*pide* pedid	*pida* *pidas* *pida* *pidamos* *pidáis* *pidan*	*pidiera* *pidieras* *pidiera* *pidiéramos* *pidierais* *pidieran*	gemir medir rendir repetir servir vestir
reiría *reirías* *reiría* *reiríamos* *reiríais* *reirían*	*ríe* *reíd*	*ría* *rías* *ría* *riamos* *riáis* *rían*	*riera* *rieras* *riera* *riéramos* *rierais* *rieran*	freír (過分 frito もある) sonreír
erguiría erguirías erguiría erguiríamos erguiríais erguirían	*irgue, yergue* erguid	irga, yerga irgas, yergas irga, yerga irgamos, yergamos irgáis, yergáis irgan, yergan	irguiera irguieras irguiera irguiéramos irguierais irguieran	
henchiría henchirías henchiría henchiríamos henchiríais henchirían	*hinche* henchid	hincha hinchas hincha hinchamos hincháis hinchan	hinchera hincheras hinchera hinchéramos hincherais hincheran	

㉟〜㊳ 直・現在, 接続法, 直・点過去3人称, 命令法単数, 現在分詞で語幹母音 e → i :
㉟：同類動詞 elegir は④, seguir は⑤, reñir は⑳の正書法上変化もする (elijo, sigo, riñó).
㊱：語幹母音分立 i → f. ㊲：⑤正書法上変化もし, ㉖の形も持つ. ㊳：直・点過3と接・過に注意.

現在形で子音を挿入する動詞／-aer の動詞

	直・現在	直・点過去	直・線過去	直・未来
39 **conocer** conociendo conocido	*conozco* conoces conoce conocemos conocéis conocen	conocí conociste conoció conocimos conocisteis conocieron	conocía conocías conocía conocíamos conocíais conocían	conoceré conocerás conocerá conoceremos conoceréis conocerán
40 **lucir** luciendo lucido	*luzco* luces luce lucimos lucís lucen	lucí luciste lució lucimos lucisteis lucieron	lucía lucías lucía lucíamos lucíais lucían	luciré lucirás lucirá luciremos luciréis lucirán
41 **conducir** conduciendo conducido	*conduzco* conduces conduce conducimos conducís conducen	*conduje* *condujiste* *condujo* *condujimos* *condujisteis* *condujeron*	conducía conducías conducía conducíamos conducíais conducían	conduciré conducirás conducirá conduciremos conduciréis conducirán
42 **yacer** yaciendo yacido	*yazco, ya[z]go* yaces yace yacemos yacéis yacen	yací yaciste yació yacimos yacisteis yacieron	yacía yacías yacía yacíamos yacíais yacían	yaceré yacerás yacerá yaceremos yaceréis yacerán
43 **asir** asiendo asido	*asgo* ases ase asimos asís asen	así asiste asió asimos asisteis asieron	asía asías asía asíamos asíais asían	asiré asirás asirá asiremos asiréis asirán
44 **caer** *cayendo* *caído*	*caigo* caes cae caemos caéis caen	caí *caíste* *cayó* *caímos* *caísteis* *cayeron*	caía caías caía caíamos caíais caían	caeré caerás caerá caeremos caeréis caerán
45 **traer** *trayendo* *traído*	*traigo* traes trae traemos traéis traen	*traje* *trajiste* *trajo* *trajimos* *trajisteis* *trajeron*	traía traías traía traíamos traíais traían	traeré traerás traerá traeremos traeréis traerán

39〜**42**　直・現在の１人称単数と接・現在の全人称で語幹末に z を挿入するもの：
39：母音＋-cer. 同類動詞のうち placer は直・点過去３人称単数 plugo・複数 pluguieron, 接・現在３人称単数 plegue と plega, 過去３人称単数 pluguiera の不規則形も持つ（同類の動詞 complacer, desplacer）. なお, mecer は⇨**1**, hacer は⇨**63**.
40：母音＋-cir. ただし -ducir の動詞については⇨**41**, decir は⇨**64**.
41：-ducir の全動詞は, 直・点過去と接・過去で c→j となる.
42：直・現在１人称単数に３種の形があり, 従って接・現在にも同様の形がある.

直・過去未来	命　令　法	接・現　在	接・過去 -ra 形	主な同類の動詞
conocería		*conozca*	conociera	agradecer
conocerías	conoce	*conozcas*	conocieras	crecer
conocería		*conozca*	conociera	nacer
conoceríamos		*conozcamos*	conociéramos	obedecer
conoceríais	conoced	*conozcáis*	conocierais	parecer
conocerían		*conozcan*	conocieran	reconocer
luciría		*luzca*	luciera	relucir
lucirías	luce	*luzcas*	lucieras	
luciría		*luzca*	luciera	
luciríamos		*luzcamos*	luciéramos	
luciríais	lucid	*luzcáis*	lucierais	
lucirían		*luzcan*	lucieran	
conduciría		*conduzca*	*condujera*	introducir
conducirías	conduce	*conduzcas*	*condujeras*	producir
conduciría		*conduzca*	*condujera*	reducir
conduciríamos		*conduzcamos*	*condujéramos*	traducir
conduciríais	conducid	*conduzcáis*	*condujerais*	
conducirían		*conduzcan*	*condujeran*	
yacería		*yazca, ya〔z〕ga*	yaciera	
yacerías	*yaz,* yace	*yazcas, ya〔z〕gas*	yacieras	
yacería		*yazca, ya〔z〕ga*	yaciera	
yaceríamos		*yazcamos, ya〔z〕gamos*	yaciéramos	
yaceríais	yaced	*yazcáis, ya〔z〕gáis*	yacierais	
yacerían		*yazcan, ya〔z〕gan*	yacieran	
asiría		*asga*	asiera	desasir
asirías	ase	*asgas*	asieras	
asiría		*asga*	asiera	
asiríamos		*asgamos*	asiéramos	
asiríais	asid	*asgáis*	asierais	
asirían		*asgan*	asieran	
caería		*caiga*	*cayera*	decaer
caerías	cae	*caigas*	*cayeras*	recaer
caería		*caiga*	*cayera*	raer
caeríamos		*caigamos*	*cayéramos*	(⇨下の注)
caeríais	caed	*caigáis*	*cayerais*	
caerían		*caigan*	*cayeran*	
traería		*traiga*	*trajera*	atraer
traerías	trae	*traigas*	*trajeras*	contraer
traería		*traiga*	*trajera*	distraer
traeríamos		*traigamos*	*trajéramos*	
traeríais	traed	*traigáis*	*trajerais*	
traerían		*traigan*	*trajeran*	

43　直・現在の1人称単数と接・現在の全人称で, 語幹末に g を挿入する.

44, 45　-aer の動詞で, 直・現在1人称単数の語尾が -igo, 接・現在の全人称で -iga になるもの:

44：22と同様の綴り字の変化, アクセント符号にも注意を要する. 同類動詞のうち raer は直・現在1人称単数 rayo, 接・現在 raya・rayas・raya・rayamos・rayáis・rayan の不規則形も持つ.

45：直・点過去と接・過去で語幹末に j を挿入する.

-oer・-oír・-uir の動詞／単音節動詞

	直・現在	直・点過去	直・線過去	直・未来
46 **roer** *royendo* *roído*	*ro[y]o, roigo* roes roe roemos roéis roen	roí *roíste* *royó* *roímos* *roísteis* *royeron*	roía roías roía roíamos roíais roían	roeré roerás roerá roeremos roeréis roerán
47 **oír** *oyendo* *oído*	*oigo* *oyes* *oye* *oímos* *oís* *oyen*	oí *oíste* *oyó* *oímos* *oísteis* *oyeron*	oía oías oía oíamos oíais oían	*oiré* *oirás* *oirá* *oiremos* *oiréis* *oirán*
48 **huir** *huyendo* huido	*huyo* *huyes* *huye* huimos huís *huyen*	huí huiste *huyó* huimos huisteis *huyeron*	huía huías huía huíamos huíais huían	huiré huirás huirá huiremos huiréis huirán
49 **dar** dando dado	*doy* das da damos *dais* dan	*di* *diste* *dio* *dimos* *disteis* *dieron*	daba dabas daba dábamos dabais daban	daré darás dará daremos daréis darán
50 **ver** viendo *visto*	*veo* ves ve vemos *veis* ven	*vi* viste *vio* vimos visteis vieron	*veía* *veías* *veía* *veíamos* *veíais* *veían*	veré verás verá veremos veréis verán
51 **ser** siendo sido	*soy* *eres* *es* somos *sois* *son*	*fui* fuiste fue fuimos fuisteis fueron	era eras era éramos erais eran	seré serás será seremos seréis serán
52 **ir** *yendo* ido	*voy* vas va vamos vais van	*fui* fuiste fue fuimos fuisteis fueron	iba ibas iba *íbamos* ibais iban	iré irás irá iremos iréis irán

46〜**48**　直・現在の 1 人称単数が不規則で, **22** と同じ綴り字・アクセントの注意も要するもの：
46：直・現在 1 人称単数と接・現在で, 規則形の他に **44**, **48** と同様の不規則形も持つ.
47：直・現在は **44** と **48** の不規則が混ざっている.
48：-uir の全動詞は, 語幹末に y を挿入し, 過去分詞の i にはアクセント符号をつけない.

直・過去未来	命 令 法	接・現 在	接・過去 -ra 形	主な同類の動詞
roería		ro[y]a, *roiga*	*royera*	corroer
roerías	roe	ro[y]as, *roigas*	*royeras*	
roería		ro[y]a, *roiga*	*royera*	
roeríamos		ro[y]amos, *roigamos*	*royéramos*	
roeríais	roed	ro[y]áis, *roigáis*	*royerais*	
roerían		ro[y]an, *roigan*	*royeran*	
oiría		*oiga*	*oyera*	desoír
oirías	*oye*	*oigas*	*oyeras*	entreoír
oiría		*oiga*	*oyera*	
oiríamos		*oigamos*	*oyéramos*	
oiríais	*oíd*	*oigáis*	*oyerais*	
oirían		*oigan*	*oyeran*	
huiría		*huya*	*huyera*	atribuir
huirías	*huye*	*huyas*	*huyeras*	concluir
huiría		*huya*	*huyera*	constituir
huiríamos		*huyamos*	*huyéramos*	construir
huiríais	huid	*huyáis*	*huyerais*	destruir
huirían		*huyan*	*huyeran*	influir
daría		*dé*	*diera*	
darías	da	des	*dieras*	
daría		*dé*	*diera*	
daríamos		demos	*diéramos*	
daríais	dad	deis	*dierais*	
darían		den	*dieran*	
vería		*vea*	viera	entrever
verías	ve	*veas*	vieras	prever
vería		*vea*	viera	(⇨下の注)
veríamos		*veamos*	viéramos	
veríais	ved	*veáis*	vierais	
verían		*vean*	vieran	
sería		*sea*	*fuera*	
serías	*sé*	*seas*	*fueras*	
sería		*sea*	*fuera*	
seríamos		*seamos*	*fuéramos*	
seríais	sed	*seáis*	*fuerais*	
serían		*sean*	*fueran*	
iría		*vaya*	*fuera*	
irías	*ve*	*vayas*	*fueras*	
iría		*vaya*	*fuera*	
iríamos		*vayamos*	*fuéramos*	
iríais	id	*vayáis*	*fuerais*	
irían		*vayan*	*fueran*	

49～52 直・現在の1人称単数が不規則で，直・現在の2人称複数と直・点過去の1・3人称単数のアクセント符号をつけない単音節の動詞：

49：直・点過去と接・過去は -er・-ir 動詞のような活用をする．接・現在の1・3人称単数で e → é.

50：prever など2音節以上の動詞はアクセント符号に注意を要する．直・現在 preveo・prevés・prevé・prevemos・prevéis・prevén，直・点過去 previ・previste・previó・previmos・previsteis・previeron，命令法単数 prevé.

51：不定詞の語形と異なる活用形をとる時制がある．直・点過去と接・過去は52と同形．

52：不定詞の語形と異なる活用形をとる時制がある．現在分詞は語頭に ie- がくるので yendo. 再帰動詞 irse の命令法は不規則で単数 vete・複数 idos，1人称複数に対する命令形 vámonos.

未来・過去未来が不規則な動詞

	直・現在	直・点過去	直・線過去	直・未来
53 **haber** habiendo habido	*he* *has* *ha, hay* *hemos* *habéis* *han*	*hube* *hubiste* *hubo* *hubimos* *hubisteis* *hubieron*	*había* *habías* *había* *habíamos* *habíais* *habían*	*habré* *habrás* *habrá* *habremos* *habréis* *habrán*
54 **caber** cabiendo cabido	*quepo* cabes cabe cabemos cabéis caben	*cupe* *cupiste* *cupo* *cupimos* *cupisteis* *cupieron*	cabía cabías cabía cabíamos cabíais cabían	*cabré* *cabrás* *cabrá* *cabremos* *cabréis* *cabrán*
55 **saber** sabiendo sabido	*sé* sabes sabe sabemos sabéis saben	*supe* *supiste* *supo* *supimos* *supisteis* *supieron*	sabía sabías sabía sabíamos sabíais sabían	*sabré* *sabrás* *sabrá* *sabremos* *sabréis* *sabrán*
56 **poder** *pudiendo* podido	*puedo* *puedes* *puede* podemos podéis *pueden*	*pude* *pudiste* *pudo* *pudimos* *pudisteis* *pudieron*	podía podías podía podíamos podíais podían	*podré* *podrás* *podrá* *podremos* *podréis* *podrán*
57 **querer** queriendo querido	*quiero* *quieres* *quiere* queremos queréis *quieren*	*quise* *quisiste* *quiso* *quisimos* *quisisteis* *quisieron*	quería querías quería queríamos queríais querían	*querré* *querrás* *querrá* *querremos* *querréis* *querrán*
58 **tener** teniendo tenido	*tengo* *tienes* *tiene* tenemos tenéis *tienen*	*tuve* *tuviste* *tuvo* *tuvimos* *tuvisteis* *tuvieron*	tenía tenías tenía teníamos teníais tenían	*tendré* *tendrás* *tendrá* *tendremos* *tendréis* *tendrán*
59 **venir** *viniendo* venido	*vengo* *vienes* *viene* venimos venís *vienen*	*vine* *viniste* *vino* *vinimos* *vinisteis* *vinieron*	venía venías venía veníamos veníais venían	*vendré* *vendrás* *vendrá* *vendremos* *vendréis* *vendrán*

53〜**57** 直・未来と過去未来で, 語尾母音 e が脱落するもの：

53：直・現在は 2 人称複数を除いて不規則で, 語幹母音 a → e, 語幹末子音 b の脱落などがある. 直・現在 3 人称単数の hay は単人称動詞としてのみ使われる形. 直・点過去と接・過去で語幹母音 a → u (**54**, **55** にも共通).

54：直・現在 1 人称単数と接・現在の全人称で ca- → que-, 語幹末子音 b → p (直・点過去と接・過去にも共通).

55：**54** と同様の変化の他に, 直・現在 1 人称単数でアクセント符号を必要とする.

56：直・現, 接・現, 命・単で**29**と同じ変化 (o → ue), 直・点過, 接・過, 現在分詞で o → u.

57：直・現, 接・現, 命・単で**24**と同じ変化 (e → ie), 直・点過, 接・過で語幹の er → is.

直・過去未来	命 令 法	接・現 在	接・過去 -ra 形	主な同類の動詞
habría		*haya*	*hubiera*	
habrías		*hayas*	*hubieras*	
habría		*haya*	*hubiera*	
habríamos		*hayamos*	*hubiéramos*	
habríais		*hayáis*	*hubierais*	
habrían		*hayan*	*hubieran*	
cabría		*quepa*	*cupiera*	
cabrías	cabe	*quepas*	*cupieras*	
cabría		*quepa*	*cupiera*	
cabríamos		*quepamos*	*cupiéramos*	
cabríais	cabed	*quepáis*	*cupierais*	
cabrían		*quepan*	*cupieran*	
sabría		*sepa*	*supiera*	
sabrías	sabe	*sepas*	*supieras*	
sabría		*sepa*	*supiera*	
sabríamos		*sepamos*	*supiéramos*	
sabríais	sabed	*sepáis*	*supierais*	
sabrían		*sepan*	*supieran*	
podría		*pueda*	*pudiera*	
podrías	*puede*	*puedas*	*pudieras*	
podría		*pueda*	*pudiera*	
podríamos		podamos	*pudiéramos*	
podríais	poded	podáis	*pudierais*	
podrían		*puedan*	*pudieran*	
querría		*quiera*	*quisiera*	
querrías	*quiere*	*quieras*	*quisieras*	
querría		*quiera*	*quisiera*	
querríamos		queramos	*quisiéramos*	
querríais	quered	queráis	*quisierais*	
querrían		*quieran*	*quisieran*	
tendría		*tenga*	*tuviera*	contener
tendrías	*ten*	*tengas*	*tuvieras*	detener
tendría		*tenga*	*tuviera*	mantener
tendríamos		*tengamos*	*tuviéramos*	obtener
tendríais	tened	*tengáis*	*tuvierais*	sostener
tendrían		*tengan*	*tuvieran*	(⇨下の注)
vendría		*venga*	*viniera*	avenir
vendrías	*ven*	*vengas*	*vinieras*	convenir
vendría		*venga*	*viniera*	intervenir
vendríamos		*vengamos*	*viniéramos*	provenir
vendríais	venid	*vengáis*	*vinierais*	(⇨下の注)
vendrían		*vengan*	*vinieran*	

58～62　直・未来と過去未来で，語尾母音の代わりに d を挿入するもの．さらに直・現在で１人称単数が -go（命令法単数はこの -go が脱落した形），接・現在の全人称で -ga になる：

58：直・現在で24と同じ変化（e → ie）もし，直・点過去，接・過去で語幹の en → uv. detener などすべての同類動詞の命令法単数はアクセント符号を必要とする（detén）．

59：直・現在で25と同じ変化（e → ie）もし，直・点過去，接・過去，現在分詞で語幹母音 e → i. intervenir などすべての同類動詞の命令法単数はアクセント符号を必要とする（intervén）．

未来・過去未来が不規則な動詞（続き）／点過去で語幹が増加する動詞

	直・現在	直・点過去	直・線過去	直・未来
⑥⓪ **poner** poniendo *puesto*	*pongo* pones pone ponemos ponéis ponen	*puse* *pusiste* *puso* *pusimos* *pusisteis* *pusieron*	ponía ponías ponía poníamos poníais ponían	*pondré* *pondrás* *pondrá* *pondremos* *pondréis* *pondrán*
⑥① **valer** valiendo valido	*valgo* vales vale valemos valéis valen	valí valiste valió valimos valisteis valieron	valía valías valía valíamos valíais valían	*valdré* *valdrás* *valdrá* *valdremos* *valdréis* *valdrán*
⑥② **salir** saliendo salido	*salgo* sales sale salimos salís salen	salí saliste salió salimos salisteis salieron	salía salías salía salíamos salíais salían	*saldré* *saldrás* *saldrá* *saldremos* *saldréis* *saldrán*
⑥③ **hacer** haciendo *hecho*	*hago* haces hace hacemos hacéis hacen	*hice* *hiciste* *hizo* *hicimos* *hicisteis* *hicieron*	hacía hacías hacía hacíamos hacíais hacían	*haré* *harás* *hará* *haremos* *haréis* *harán*
⑥④ **decir** *diciendo* *dicho*	*digo* *dices* *dice* decimos decís *dicen*	*dije* *dijiste* *dijo* *dijimos* *dijisteis* *dijeron*	decía decías decía decíamos decíais decían	*diré* *dirás* *dirá* *diremos* *diréis* *dirán*
⑥⑤ **andar** andando andado	ando andas anda andamos andáis andan	*anduve* *anduviste* *anduvo* *anduvimos* *anduvisteis* *anduvieron*	andaba andabas andaba andábamos andabais andaban	andaré andarás andará andaremos andaréis andarán
⑥⑥ **estar** estando estado	estoy *estás* *está* estamos estáis *están*	*estuve* *estuviste* *estuvo* *estuvimos* *estuvisteis* *estuvieron*	estaba estabas estaba estábamos estabais estaban	estaré estarás estará estaremos estaréis estarán

⑥⓪：直・点過去, 接・過去で語幹母音 o → u. 過去分詞は不規則. componer などすべての同類動詞の命令法単数はアクセント符号を必要とする (compón).
⑥①：命令法単数に不規則形と規則形を持つ. ただし equivaler などすべての同類動詞では規則形のみ (equivale).
⑥③, ⑥④　直・未来と過去未来で語幹末音節が脱落するもの. さらに直・現在1人称単数が -go, 接・現在の全人称で -ga になり, 直・点過去, 接・過去で語幹母音が変化する:
　⑥③：語幹母音 a → i. 直・点過去3人称単数は正書法上の注意を要する. 命令法単数と過去分詞は不規則. satisfacer など全同類動詞の命令法単数は satisfaz と規則形の satisface を持つ.

直・過去未来	命 令 法	接・現 在	接・過去 -ra形	主な同類の動詞
pondría		*ponga*	*pusiera*	componer
pondrías	*pon*	*pongas*	*pusieras*	disponer
pondría		*ponga*	*pusiera*	oponer
pondríamos		*pongamos*	*pusiéramos*	proponer
pondríais	poned	*pongáis*	*pusierais*	suponer
pondrían		*pongan*	*pusieran*	(⇨下の注)
valdría		*valga*	valiera	equivaler
valdrías	*val*, vale	*valgas*	valieras	(⇨下の注)
valdría		*valga*	valiera	
valdríamos		*valgamos*	valiéramos	
valdríais	valed	*valgáis*	valierais	
valdrían		*valgan*	valieran	
saldría		*salga*	saliera	sobresalir
saldrías	*sal*	*salgas*	salieras	
saldría		*salga*	saliera	
saldríamos		*salgamos*	saliéramos	
saldríais	salid	*salgáis*	salierais	
saldrían		*salgan*	salieran	
haría		*haga*	*hiciera*	deshacer
harías	*haz*	*hagas*	*hicieras*	satisfacer
haría		*haga*	*hiciera*	(⇨下の注)
haríamos		*hagamos*	*hiciéramos*	
haríais	haced	*hagáis*	*hicierais*	
harían		*hagan*	*hicieran*	
diría		*diga*	*dijera*	bendecir
dirías	*di*	*digas*	*dijeras*	contradecir
diría		*diga*	*dijera*	desdecir
diríamos		*digamos*	*dijéramos*	maldecir
diríais	decid	*digáis*	*dijerais*	predecir
dirían		*digan*	*dijeran*	(⇨下の注)
andaría		ande	*anduviera*	desandar
andarías	anda	andes	*anduvieras*	
andaría		ande	*anduviera*	
andaríamos		andemos	*anduviéramos*	
andaríais	andad	andéis	*anduvierais*	
andarían		anden	*anduvieran*	
estaría		*esté*	estuviera	
estarías	*está*	*estés*	estuvieras	
estaría		*esté*	estuviera	
estaríamos		estemos	estuviéramos	
estaríais	estad	*estéis*	estuvierais	
estarían		*estén*	estuvieran	

64：直・線過去を除く全時制・法, 現在分詞で語幹母音 e → i. 直・点過去, 接・過去で綴り字に注意を要する. 命令法単数は直・現在1人称単数の -go が脱落した形. 過去分詞は不規則. desdecir などすべての同類動詞の命令法単数は規則形 (desdice). bendecir と maldecir は, 直・未来と過去未来, 過去分詞も規則形 (bendeciré, bendeciría, bendecido).

65, 66 直・点過去と接・過去で語幹が増加するもの：

65：上記以外の全時制・法で規則動詞.

66：直・現在の1人称単数が不規則で, 直・現在と接・現在でアクセント符号に注意を要する.

本文中の活用表一覧

重要な不規則動詞と正書法上変化動詞，および正書法上変化もする不規則動詞と欠如動詞

編者紹介
宮城　　昇（みやぎ　のぼる）　　　　元東京外国語大学
山田　善郎（やまだ　よしろう）　　　元大阪外国語大学
Germán Arce　　　　　　　　　　　　関西大学
Juan M. Benavides　　　　　　　　　　清泉女子大学
有本　紀明（ありもと　としあき）　　中京大学
木村　榮一（きむら　えいいち）　　　神戸市外国語大学
佐藤玖美子（さとう　くみこ）　　　　駒沢大学
清水　憲男（しみず　のりお）　　　　上智大学
染田　秀藤（そめだ　ひでふじ）　　　大阪外国語大学
高橋　覺二（たかはし　かくじ）　　　南山大学
田尻　陽一（たじり　よういち）　　　関西外国語大学
寺崎　英樹（てらさき　ひでき）　　　東京外国語大学
中岡　省治（なかおか　しょうじ）　　大阪外国語大学
中山　直次（なかやま　なおじ）　　　日本大学
西川　　喬（にしかわ　たかし）　　　神戸市外国語大学
東谷　穎人（ひがしたに　ひでひと）　神戸市外国語大学
平田　　渡（ひらた　わたる）　　　　関西大学
福嶌　教隆（ふくしま　のりたか）　　神戸市外国語大学
堀田　英夫（ほった　ひでお）　　　　愛知県立大学
宮本　正美（みやもと　まさみ）　　　神戸市外国語大学
村山　光子（むらやま　みつこ）　　　常葉学園大学
森本　久夫（もりもと　ひさお）　　　元大阪外国語大学
薮中　　暁（やぶなか　さとる）　　　京都産業大学
吉田秀太郎（よしだ　ひでたろう）　　元大阪外国語大学

現代スペイン語辞典（改訂版）

1999年 1 月15日　　第 1 刷発行
2002年 3 月15日　　第 4 刷発行

編者代表 ©　　　宮　　　城　　　　　昇
　　　　　　　　山　　田　　善　　郎
発 行 者　　　　川　　村　　雅　　之
製 版 所　　　株　式　会　社　写　研
印 刷 所　　　共 同 印 刷 株 式 会 社
製 本 所　　　松岳社株式会社青木製本所

発 行 所　　　株 式 会 社　　白　水　社

101-0052　東京都千代田区神田小川町 3 の24
電話 03-3291-7811（代）　振替 00190-5-33228

Printed in Japan
ISBN4-560-00046-8

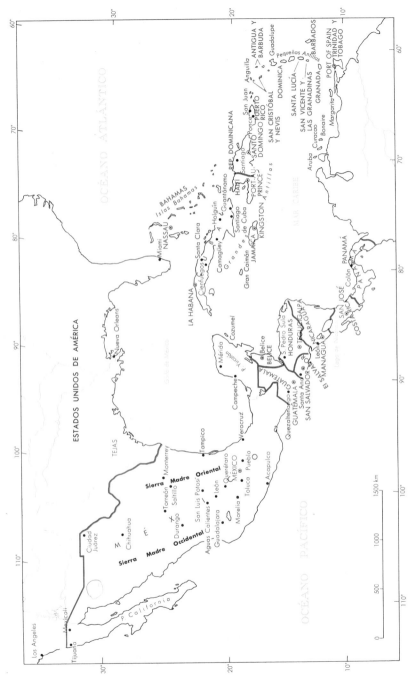